GW00838495

DIZIONARIO INGLESE ITALIANO ITALIANO INGLESE

Adattamento e ristrutturazione dell'originale "Advanced Learner's Dictionary of Current English" della

OXFORD UNIVERSITY PRESS

a cura di MALCOLM SKEY

SOCIETÀ EDITRICE INTERNAZIONALE - TORINO

The English-Italian section of this Dictionary in based on THE ADVANCED LEARNER'S DICTIONARY OF CURRENT ENGLISH, second edition, by A. S. Hornby, E. V. Gatenby, and H. Wakefield - © OXFORD UNIVERSITY PRESS, 1963.

Il procedimento seguito per la composizione del testo dell'opera è totalmente innovativo rispetto ai sistemi tradizionali.

Il testo è stato rilevato, corretto, impaginato e fotocomposto in modo completamente automatizzato utilizzando l'elaboratore Siemens 4004 e la fotocompositrice Digiset T 51 operanti nello stabilimento tipografico ILTE di Moncalieri (Torino).

Torino 1977
Officine Grafiche SEI • Torino

ISBN 88-05-04929-8

PRESENTAZIONE DELL'EDITORE

Il Dizionario Inglese SEI nasce da un profondo ripensamento sui compiti che i vocabolari bilingui hanno solitamente svolto – o potrebbero svolgere – da un punto di vista pratico e funzionale. Risponde all'esigenza, sempre più sentita, di far fronte all'eccezionale interesse per le lingue straniere, in seguito al grande sviluppo dei rapporti economico-politico-culturali allacciatisi tra i vari paesi del mondo e all'incalzante progresso scientifico-tecnologico del nostro tempo.

Base e punto di riferimento costante, per quanto riguarda la sezione inglese-italiano, *è stato l'ADVANCED LEARNER'S DICTIONARY OF CURRENT ENGLISH, della Oxford University Press.*

Il piano del Dizionario Inglese SEI (con ovvia aggiunta di una sezione «italiano-inglese») supera tuttavia i limiti del semplice adattamento dell'opera inglese. Questo è, infatti, il primo vocabolario inglese concepito e realizzato ad uso esclusivo *del lettore italiano. I dizionari bilingui in commercio tengono presenti le esigenze dei due mercati (italiano e anglofono), rinunciando così alla possibilità – o, meglio, necessità – di una diversa caratterizzazione delle due sezioni. In questo Dizionario, invece, la sezione* inglese-italiano *– la più importante – si preoccupa di aiutare il lettore (alla luce dei nuovi indirizzi metodologici e di ricerca lessicografica) a comprendere e ad interpretare, talvolta persino ad imparare; mentre quella* italiano-inglese *lo aiuta a tradurre il proprio pensiero e a renderlo in inglese. Le due lingue sono, cioè, considerate come sistemi dinamici, autonomi, ma caratterizzati da costanti interrelazioni. Si è tentato, perciò, di presentare e chiarire il significato delle singole parole al di là di una statica trattazione lessicale, penetrando nell'uso vivo del linguaggio. Dizionario quindi moderno, scientifico, didattico.*

Quanto alla scelta dei lemmi, si è tenuto conto di quelli colloquiali e gergali, di uso formale, poetico, letterario e commerciale, di molti americanismi e di un notevole numero di neologismi, nonché di termini di uso scientifico e tecnologico.

In tal modo l'opera andrà incontro alle esigenze dello studente, del professore, dell'operatore commerciale e tecnologico: insomma, di tutti coloro che imparano, usano, insegnano la lingua inglese.

Questo Dizionario è frutto di oltre sette anni di lavoro da parte di una équipe bilingue di traduttori, insegnanti ed esperti di glottodidattica. Si è voluto, nel presentarlo, offrire qualcosa di diverso e di più funzionale rispetto ai normali vocabolari: un effettivo contributo alla rivoluzione della didattica delle lingue in atto nel nostro paese.

INTRODUZIONE

« *Every other author may aspire to praise; the lexicographer can only hope to escape reproach, and even this negative recompense has been yet granted to very few* » [1].

Un dizionario – soprattutto un moderno dizionario bilingue – è uno strumento di lavoro, non un oggetto fine a se stesso. I compilatori si trovano sempre di fronte al problema di ordinare una massa di informazioni particolareggiate con la maggiore funzionalità e chiarezza possibili [2].

In questo dizionario abbiamo cercato di sfruttare al massimo le possibilità proprie delle moderne tecniche tipografiche, mediante un uso discreto ma sistematico del neretto per facilitare la ricerca di molte espressioni idiomatiche e di un numero relativamente alto di rimandi; abbiamo però contenuto al massimo il numero di segni convenzionali, sigle ed abbreviazioni (che se sovrabbondanti rendono spesso faticosa la ricerca).

Per un corretto uso di questo vocabolario si consiglia pertanto di leggere attentamente le note che seguono.

1. I LEMMI

a) Generale

I lemmi, stampati in neretto – ad esempio l'inglese **big** o **friend**, e l'italiano **giocare** o **pieno** – sono collocati a sinistra della colonna del testo. Sono disposti in ordine alfabetico (essendo i verbi inglesi preceduti dalla particella « to »: **to go, to see**, ecc.), indipendentemente dal fatto che il lemma sia costituito da una parola sola (**general**; **had**; **untidy**), da due o più parole unite da trattini (**free-for-all**; **let-up**; **sit-in**), o da due o più parole separate (**Epsom salts**; **fait accompli**; **to freak out**).

---

[1] « Ogni altro autore può aspirare alla lode: il lessicografo può soltanto sperare di sfuggire al rimprovero, e persino questa ricompensa negativa è stata finora concessa a pochi ». Samuel Johnson, prefazione ad *A Dictionary of the English Language*, 1755 (quarta edizione, 1773).

[2] Un'analisi piuttosto chiara del problema « logistico » si trova in *Problems in Lexicography*, a cura di Fred W. Householder e Sol Saporta (Indiana University, Bloomington, 1962; terza edizione, 1975); specialmente pp. 45-46 (Mary R. Haas) e 51-55 (Richard S. Harnell); e in *Manual of Lexicography*, a cura di Ladislav Zgusta et al. (Academia, Praha, 1971), specialmente il capitolo VII.

Nel caso in cui un lemma si presti a *due diverse grafie*, vengono date entrambe, separate da una virgola. Ad esempio:

bandoleer, bandolier
hydride, hydrid
impenetrability, impenetrableness

Una eventuale *grafia o forma americana* viene segnalata separatamente tra parentesi:

centre (*USA* **center**)
coloured (*USA* **colored**)
guarantee (*USA* **warranty**)

Gli *omografi* vengono trattati come lemmi distinti, preceduti da un numero d'ordine [3]. Ad esempio:

[1] **page** *s* (*pagina...*)
[3] **page** *s* (*paggio...*)

[1] **saw** *s* (*sega...*)
to saw *vt* (*segare...*)
[3] **saw** *pass di* **to see**
[5] **saw** *s* (*detto; proverbio...*)

[1] **tasso** *sm* (*l'animale*)
[2] **tasso** *sm* (*l'albero*)
[3] **tasso** *sm* (*incudine...*)
[4] **tasso** *sm* (*percentuale, aliquota...*)

b) Lemmi che hanno più funzioni grammaticali

Alcune parole omografe aventi la stessa derivazione etimologica possono svolgere due o più funzioni grammaticali (cioè fungono come più « parti del discorso »). In alcuni casi esse sono state trattate come lemmi distinti, precedute ove necessario da un numero d'ordine:

[1] **set** *s* (*serie...*)
[2] **set** *agg* (*fermo...*)
to set *vt e i* (*porre...*)

[1] **stiff** *agg* (*rigido...*)
[2] **stiff** *s* (*morto; cadavere...*)
[3] **stiff** *avv* (*moltissimo...*)

[1] **nitrito** *sm* (*del cavallo...*)
[2] **nitrito** *sm* (*chim.*)

---

[3] Fanno eccezione i verbi inglesi, dove il « to » serve a distinguerli da avverbi, sostantivi, aggettivi, ecc.

Talvolta, invece, le varie funzioni sono così strettamente connesse le une alle altre da renderle difficilmente distinguibili (ad esempio l'inglese « any » che è aggettivo, pronome e avverbio; o « either » che è aggettivo, pronome, congiunzione e avverbio; e l'italiano « tanto » che è aggettivo, pronome, avverbio e congiunzione). In questi casi la voce è quasi sempre unica: le varie parti del discorso vengono sviluppate all'interno di essa, trattate separatamente e precedute da numeri romani a margine. Per esempio:

any **I** *agg*
II *pron*
III *avv*

either **I** *agg*
II *pron*
III *congiunz*
IV *avv*

tanto **I** *agg indef*
II *pron indef*
III *in funzione di sm*
IV *avv*
V *congiunz*

Questa convenzione si applica soltanto ad un numero ristretto di voci « portanti » o « strutturali ». Quei termini che, pur essendo meno complessi, adempiono però a due o più funzioni diverse, vengono trattati come voci univoche:

Czech *s e agg (ceco; boemo; cecoslovacco...)*
neurotic *agg e s (nevrotico...)*

oppure tali funzioni si trovano separate da un quadratino (soprattutto se si danno ulteriori informazioni o esemplificazioni):

epidemic *agg (epidemico...)*
□ *s (epidemia...)*

facial *agg (facciale; della faccia)*
□ *s (massaggio facciale)*

c) Informazioni preliminari (trascrizione fonetica, categorie grammaticali, « irregolarità » morfologiche, ecc.)

– *trascrizione fonetica*

Il lemma è seguito, nella sezione inglese-italiano, da una trascrizione fonetica (posta, com'è d'uso, tra parentesi quadre) che documenta la pronunzia « standard » inglese:

to be [bi:]
get-at-able [get'ætəbl]
gettable ['getəbl]

Tale trascrizione, condotta sulle norme dell'alfabeto fonetico internazionale (International Phonetic Alphabet, abbreviato in IPA) [4], è in alcuni casi completata da una o più varianti (ad esempio la cosiddetta « forma debole » di parole monosillabiche di uso assai frequente, quali « can » o « that ») o da pronunce americane.

– *categorie grammaticali*

Dopo il lemma, con la trascrizione fonetica, si trova un'abbreviazione (vedi l'elenco a pagina XXIX) che indica la categoria grammaticale a cui esso appartiene: ad esempio *verbo* (*transitivo, intransitivo*, e per l'italiano anche *riflessivo, reciproco*); *sostantivo* (per l'italiano anche *maschile, femminile*); *aggettivo* (per l'inglese anche *predicativo, attributivo*), ecc.

– « *irregolarità* » *morfologiche*

Seguono poi, nella sezione inglese-italiano, eventuali informazioni relative a:

– *grafia americana* (vedi sopra, punto I *a*)

– *forme comparative e superlative* di alcuni aggettivi e avverbi:

big (**bigger, biggest**)
good (**better, best**)

– *plurali* « *irregolari* » di alcuni sostantivi:

Frenchman (*pl.* **Frenchmen**)
mouse (*pl.* **mice**)
sheep (*pl.* **sheep**)

– *forme abbreviate* o contratte:

mister *s.* I (*scritto quasi sempre nella forma abbr.* Mr.)
to have *vt* (*3ª persona del pres.* **has**; *pass. e p. pass.* **had**; *pres. negativo spesso abbr. in* **haven't, hasn't,** *pass. in* **hadn't**)

– *verbi* « *forti* »: la forma del " past tense " e del participio passato (in alcuni casi anche del participio presente):

to come (*p. pres.* **coming**; *pass.* **came**; *p. pass.* **came**)
to get (*p. pres.* **getting**; *pass.* **got**; *p. pass.* **got**)

– *raddoppio della consonante finale della radice di alcuni verbi* (*o altra modifica analoga*):

to parallel (**-ll-**; *USA* **-l-**)
to stop (**-pp-**)
to bivouac (**-ck-**)

---

[4] Si è preferito continuare ad usare il sistema di trascrizione adottato nella seconda edizione (1963) dell'*Advanced Learner's Dictionary of Current English* poiché rimane – e probabilmente rimarrà – quello più usato dagli insegnanti in Italia e altrove. Ma va detto che negli ultimi anni sono state proposte varie modifiche a tale sistema. La più stimolante ed interessante è indubbiamente quella sviluppata da J. Windsor Lewis dell'Università di Leeds, applicata nel suo *A Concise Pronouncing Dictionary of British and American English* (Oxford University Press, London, 1972) e anche nella terza edizione dell'*Advanced Learner's Dictionary* (1974).

NB (i) – Relativamente ai *verbi*, nella sezione italiano-inglese si indicano, per le rispettive traduzioni, le eventuali « irregolarità » nella coniugazione mediante un asterisco. Ad esempio:

bere *vi e t* 1 to drink*; ...
salire *vi e t* 1 to go* (to come*) up; to climb; to ascend; to mount; (*sorgere, levarsi*) to rise*...

L'asterisco rimanda alla tabella dei verbi « forti » e anche alla sezione inglese-italiano (dove sono reperibili i paradigmi relativi oltre alle solite informazioni sull'uso).

(ii) Nel caso dei *sostantivi* vengono indicati i plurali « irregolari »:

persona *sf* 1 person (*collettivo*: *pl* people *o* persons)
poliziotto *sm* policeman (*pl* -men)

e anche eventuali forme americane:

colore *sm* 1 colour (*USA* color)...

2. DEFINIZIONI, TRADUZIONI, ecc.

a) Le accezioni

I diversi significati (o « accezioni ») dei lemmi sono evidenziati mediante l'impiego di numeri arabi stampati in neretto:

gay [gei] *agg* **1** gaio; felice; festoso; allegro; vivace (*anche di musica e di colori*). **2** licenzioso; immorale; gaudente: *to lead a gay life*, condurre una vita dissipata. **3** (*sl.*) omosessuale; " gay ".

Come si vede, se di una sola accezione vengono date più traduzioni, queste sono separate tra loro da un punto e virgola. Le traduzioni (o « definizioni ») sono spesso precedute da informazioni tra parentesi, volte ad aiutare l'utente nella scelta dell'equivalente più appropriato: esse specificano il significato preciso della traduzione fornita o ne documentano il « registro » o l'uso contestuale (ad esempio « slang », « familiare », « molto formale », volgare », ecc). [5].
In generale, le varie accezioni del lemma sono disposte in successione secondo l'ordine decrescente d'uso (o « frequenza ») e comunque dalla più generale alla più specifica, dalla letterale alla figurata.
Abbiamo fatto talvolta ricorso alle lettere dell'alfabeto per introdurre distinzioni molto nette all'interno di una stessa accezione. Per esempio, sotto la voce **D, d** si troverà:

D-Day, - **a**) il giorno dello sbarco alleato in Normandia (*il 6 giugno 1944*); (*fig.*, *per estensione*) giorno decisivo - **b**) (= *Decimal Day*) → **decimal,** *agg.*

---

[5] L'acuto (e anonimo) recensore del *Sansoni-Harrap Standard Italian and English Dictionary* (parte prima, volume primo) sul « Times Literary Supplement » del 13 ottobre 1972 (p. 1231) critica aspramente « this tendency to rope off words with warning notices...; ...these misguided attempts to adjudicate usage » (questa tendenza a recintare le parole con segni di divieto ... questi tentativi errati di delimitarne gli usi). Ma a noi è parso che simili informazioni potessero aiutare molto il lettore.

e sotto **to fetch** *vt e i*:

> 5 **to fetch up,** - **a**) vomitare; espettorare - **b**) arrivare (finalmente): *After a journey of ever seven hours, we fetched up at Beachy Head*, Dopo un viaggio di oltre sette ore, giungemmo finalmente a Beachy Head.

b) *Gli esempi illustrativi*

La vasta scelta di frammenti di linguaggio corrente, quotidiano, come esempi illustrativi – siano essi « idioms », « compound lexical items » [6], usi interiettivi, o interi periodi costruiti *ad hoc* – costituisce uno degli elementi caratterizzanti di questo vocabolario, specialmente per quanto riguarda la sezione inglese-italiano. Composti in corsivo, gli esempi sono seguiti da una o più traduzioni in tondo. Ad esempio, sotto **friend** (prima accezione) si troverà:

> *my friend Smith*, il mio amico Smith – *some friends of ours*, alcuni nostri amici – *We are good* (*great*) *friends*, Siamo buoni (ottimi) amici – *He has been a good friend to me*, Mi è stato veramente amico – *to make friends* (*with sb*), fare (stringere) amicizia (con qcno) – *to make friends again*, tornare amici; rappacificarsi.

e sotto [3]**deal**:

> 1 affare; buon affare; accordo: *It's a deal!*, Affare fatto! – *to do a deal with sb*, fare un affare con qcno. **2** (*fam.*) trattamento: *He gave me a square deal*, Mi ha riservato un trattamento equo (Si è comportato lealmente, È stato onesto con me). **3** (*nel gioco*) turno nella distribuzione delle carte; mano: *It's your deal*, Tocca a te fare le carte. □ *New Deal*, riforma economica avviata da Franklin Delano Roosevelt – *new deal*, (*per estensione*) piano di riforme.

Non mancano le annotazioni sull'uso. Per esempio, alla voce **to have** (prima accezione) si troverà:

> 1 (*come verbo modale, viene sempre più spesso usato con l'ausiliare* do *al presente semplice e al passato semplice, spec. negli USA. Quando* to have *indica possesso, in linguaggio non formale, viene seguito molto spesso dalla particella* got)

e sotto **mister 1** (abbreviato in Mr)

> signore (*seguito sempre dal cognome della persona; oppure, talvolta, dal nome della funzione che questa svolge. NB:* Mr *sostituisce pure tutti i titoli professionali italiani* Ing., Prof., Avv.,

---

[6] L'espressione è di M. A. K. Halliday. Cfr. *Manual of Lexicography*, a cura di Ladislav Zgusta et al. (Academia, Praha, 1971), p. 143.

Dott., *ecc. salvo* Prof. *nel caso di professori universitari e* Dr. *per i medici e per coloro che hanno conseguito la laurea superiore di* Doctor of Philosophy).

Sotto **to mistime** (prima accezione)

to **mistime** [mis'taim] *vt* (*spec. al p. pass.*)

e sotto **to pace** (terza accezione)

3 (*di solito seguito da* out).

In fondo a molte voci è reperibile una sezione supplementare, separata da ciò che precede mediante un quadratino □. Tale sezione ospita gli esempi non collocabili – data la loro peculiarità idiomatica – sotto le singole accezioni del lemma. Si tratta di « frasi fatte », proverbi, locuzioni avverbiali, alcuni tipi di esclamazione o interiezione e, nella sezione inglese-italiano, di varie parole composte.

3. VOCI ED ACCEZIONI « STRUTTURALI »

a) *Avverbi, aggettivi, pronomi, sostantivi, ecc.*

Si è già parlato (vedi p. X, sopra) dello speciale trattamento accordato ad alcuni lemmi che assolvono a più di una funzione grammaticale (i quali possono cioè essere usati come parti diverse del discorso: ad esempio l'inglese « any » o l'italiano « tanto »).
Anche per le voci meno ampie e meno complesse si è deciso di evidenziare come accezioni distinte (stampate in neretto) alcuni usi « grammaticali » o « strutturali », onde facilitarne la ricerca e sottolineare il principio, molto valido dal punto di vista didattico, che l'unità linguistica « da tradurre » non è la singola parola.
Non si tratta di *accezioni* propriamente dette, ma di locuzioni – o « funzioni », « compound lexical items » – che, avendo poco o nulla a che fare con lo stretto « significato » del lemma sotto il quale vengono per forza elencate, hanno chiaramente diritto ad un grado di autonomia.

Così, nella sezione inglese-italiano, abbiamo:

sotto **earnest** *agg*:

3 in earnest, sul serio; seriamente.

sotto [3] **even** *avv*:

3 even if; even though, (*congiunz.*) anche se...

e **4 even as,** (*congiunz.*) proprio come; proprio nell'istante in cui; proprio mentre...,

di ciascuno dei quali si dà uno o più esempi illustrativi. E nella sezione italiano-inglese,

sotto **vero** *agg*:

6 vero?; non è vero?...

con le esemplificazioni del caso.

b) I verbi

Altro elemento di innovazione è il tipo di sistemazione adottato nel caso di molti verbi, specie quelli particolarmente complessi quali, in inglese, « to be », « to have », « to get », « to take » e, in italiano, « andare », « avere », « fare », « volere », ecc.

Si raccomandano all'attenzione i seguenti punti:

– *gli usi transitivi ed intransitivi* vengono raggruppati separatamente solo in un numero limitato di casi, e cioè quando tale suddivisione risponde ad una qualche esigenza funzionale: ciò è più frequente per l'italiano che per l'inglese [7];

– *le forme riflessive* (*e reciproche*) vengono generalmente trattate nella sezione inglese-italiano mediante esemplificazioni concrete dei vari significati del lemma: ad esempio, « to kill oneself » (uccidersi) deve essere cercato sotto **to kill 1**. Così pure le forme riflessive *apparenti* « to wash one's... » va perciò cercato sotto **to wash.**
Nella sezione italiano-inglese, invece, le forme riflessive e reciproche assumono la posizione di un « sotto-lemma », stampato in neretto e collocato dopo le accezioni transitive e intransitive: mentre gli usi riflessivi « apparenti » vengono anche qui collocati tra gli esempi delle accezioni transitive. Ad esempio, sotto **lavare** *vt* **1**:

... *lavarsi le mani* (*la faccia*), to wash one's hands (one's face)

Non si è esitato a presentare come *accezioni distinte* certe peculiarità che saltano agli occhi di chi compie un po' di « contrastive analysis » tra le due lingue [8]. Per esempio, l'uso inglese del verbo « to be » (essere) in espressioni quali « to be hot / hungry / in a hurry », nelle quali l'italiano usa invece il verbo « avere » (aver caldo / fame / fretta).
Conseguenza logica di questa trattazione è la presentazione come *sottolemmi separati* dei cosiddetti « phrasal verbs » (combinazioni di verbi con particelle avverbiali o con preposizioni). Queste forme, com'è noto, costituiscono una delle difficoltà maggiori per chi impara l'inglese (ad esempio « to be off », « to get up », « to put something over », « to see to something », « to turn somebody down », ecc.).
Tali sottolemmi, stampati in neretto e collocati sulla sinistra della colonna del testo, seguono le accezioni del verbo da cui derivano e sono disposti in ordine alfabetico secondo la lettera iniziale della particella avverbiale o della preposizione (chiamata appunto « postposition » da alcuni studiosi di lingua inglese).

---

[7] È ormai quasi un luogo comune dire che le vecchie « categorie grammaticali » o « parti del discorso » derivate dallo studio sistematico delle lingue antiche di origine indoeuropea hanno ben poco da offrire – se non una certa comodità – a coloro che si occupano di una lingua moderna come l'inglese. Questa osservazione è più che mai valida nel caso dei *verbi*, i cui usi vengono tradizionalmente raggruppati in « transitivo », « intransitivo », « riflessivo » (compreso, di solito, anche il « reciproco »), per non parlare dell'intransitivo « pronominale » e del riflessivo « apparente » che altro non è se non un uso particolare dell'aspetto transitivo.
Per altro è stato notato che la logica richiederebbe alcune altre distinzioni: ad esempio (tra gli aspetti intransitivi) l'uso « assoluto », e (tra quelli transitivi) l'uso « ergativo ». Per quest'ultimo cfr. M. A. K. Halliday, « Language Structure and Language Function » in *New Horizons in Linguistics*, a cura di John Lyons, Penguin, London, 1970 (trad. Einaudi, Torino, 1976).

[8] Un interessante tentativo di analisi contrastiva (ahimè assai incompleto e a volte poco coraggioso) è contenuto in *The Grammatical Structures of English and Italian* di F. B. Agard e R. J. di Pietro (Chicago University Press, 1965).

Così **to get** (*vt e i.*) – che ha dodici accezioni, tra cui **to have got sth, to have got to do sth, to get sb to do sth,** e **to get sth done**, oltre ai vari significati del verbo *tout court*, come « ottenere », « diventare », ecc. – è seguito da:

to get about (around)
to get above oneself
to get abroad
to get across
to get ahead
to get along
to get around → to get about
to get at
to get away
to get back
to get behind
to get by
to get down
to get in
to get into
to get off
to get on
to get on to
to get out
to get over
to get round
to get through
to get to
to get together
to get up

tutti con le relative traduzioni. Anzi, in molti di questi sottolemmi si possono trovare più accezioni, distinte con le lettere dell'alfabeto. Ad esempio:

> **to get across,** - **a**) (riuscire ad) attraversare: *The bridge was destroyed, so the tanks couldn't get across*, Il ponte era stato distrutto, così i carri armati non poterono passare dall'altra parte - **b**) *to get sb across*, far attraversare qcno – *The general had to get his troops across the river*, Il generale dovette far attraversare il fiume alle sue truppe - **c**) *to get sth. across,* (*fam.*) far capire: *He found it difficult to get his British jokes across to an American audience*, Trovò difficile far intendere il suo umorismo inglese ad un pubblico americano [9].

---

[9] Sulla questione dei « phrasal verbs » e delle « verb phrases » si rimanda al primo volume, *Verbs with Prepositions and Particles* dell'*Oxford Dictionary of Current Idiomatic English* di A. P. Cowie e R. Mackin (Oxford University Press, London, 1975), non fosse che per l'approfonditissima analisi del fenomeno contenuta nell'introduzione. Purtroppo quest'opera è uscita quando la sezione inglese-italiano del presente dizionario era ormai in bozze.

4. I RIMANDI

Per rinviare il lettore ad un'altra parte del dizionario si è usata la freccia (→) seguita dall'indicazione del nuovo lemma da cercare.
I rimandi sono di cinque tipi:

(i) *rimandi ad altra grafia*

to enquire → **to inquire**
liter → **litre**
nett → [2] **net**
sonare → **suonare**

(ii) *rimandi ad un lemma « chiave »*

am *1ª persona sing. del pres. di* **to be** →
teso *agg p. pass di* **tendere** →

(iii) *rimandi (da un lemma o da un esempio) ad un'accezione particolare di un altro lemma*

knock-down *agg* 1 (nelle aste: → **to knock down, d**)...
knocked-down *agg* (→ **to knock down, c**)...
e sotto
sinking *agg*: ... *sinking fund* → **to sink** *vi* 5...

(iv) *rimandi a una più ampia definizione di un concetto « culturale » che si è ritenuto inutile ripetere*

sotto 1 **bar** (sesta accezione):
... *the Bar,* (*GB*) la professione forense; l'Ordine degli Avvocati (*o* « Barristers » → **barrister**)...
e sotto **fellowship** (seconda accezione)
... grado o posizione di « fellow » (→ **fellow 3**)

(v) *rimandi (sotto un lemma « chiave ») a parole composte trattate come lemmi a parte*

Così, in fondo alla voce **head**, abbiamo:
→ *anche* **headache, headband, headdress, headgear, headhunter,** ecc.;
e in fondo a **pipe**:
→ *anche* **pipeclay, pipedream, pipeline.**

5. IL LESSICO

a) Generale

Uno dei problemi più delicati per chi si accinga a compilare un dizionario è quello del *lessico*, cioè della quantità di lemmi da includervi. Questa difficoltà è maggiore per i vocabolari bilingui, poiché non è possibile, per varie ragioni, creare due elenchi strettamente paralleli [10]. E aumenta ancora se una delle due lingue è l'inglese, con la sua « distribuzione » mondiale e il suo eclettismo esasperato, con la tendenza a creare parole ed espressioni nuove per ogni esigenza, e un sincretismo che rende difficile la ripartizione delle voci stesse in facili « categorie » [11].

Occorre aggiungere che anche l'italiano – sotto l'influenza del francese e dell'inglese (americano più che britannico) e sotto la spinta della televisione e del cinema – si sta « livellando » lessicalmente e presenta ormai anch'esso una spiccata tendenza ad adoperare termini stranieri [12] e persino ad inventare parole ed espressioni nuove [13].

Di fronte a un campo così vasto, così dinamico, e a una tale esuberanza imitativa e creativa, il lessicografo non può far altro che « suonare a orecchio » e scegliere secondo il principio del « do-it-yourself ». Abbiamo usato, naturalmente, i vari lessici di frequenza [14] ma questi si sono rivelati di ben poco aiuto per chi redige un vocabolario bilingue. Abbiamo inoltre adoperato i vocabolari monolingui e bilingui esistenti in com-

---

[10] Si pensi, per esempio, alla quantità nutrita di termini « dotti » usati quotidianamente nell'italiano comune e ancor più nel linguaggio tecnico e scientifico (« cardiologia », « daltonico », « otorinolaringoiatra ») dove l'inglese preferisce termini composti (« heart surgery », « colour-blind », « ear, nose, and throat specialist »).
Giacché qui tocchiamo per la prima volta problemi di teoria e di metodologia lessicografica, occorre fare una precisazione. È strano che la maggior parte degli studiosi di linguistica abbiano dedicato così poco spazio alla *lessicologia* e ad una delle sue applicazioni pratiche più comuni, la *lessicografia*. Persino coloro che scrivono di semantica riescono a non trattare quasi mai la questione dei dizionari. Se poi si parla di dizionari o di vocabolari *bilingui*, il quadro diventa ancor più deprimente. Per citare soltanto qualche esempio: tra gli esperti italiani della didattica delle lingue, persino Wanda d'Addio Colosimo in *Lingua straniera e comunicazione: problemi di glottodidattica* (Zanichelli, Bologna, 1975) non parla di dizionari; così pure E. Arcaini in *Dalla linguistica alla glottodidattica* (SEI, Torino, 1968) anche se dedica un capitolo intero al problema dell'insegnamento del lessico.
Tra gli stessi lessicografi J. R. Hulbert, *Dictionaries: British and American* (André Deutsch, London, 1955) non parla affatto di vocabolari bilingui; e Bruno Migliorini in *Che cos'è un vocabolario* (Le Monnier, Firenze, 1961) vi dedica soltanto due pagine (111-113); mentre Georges Matoré nella sua *Histoire des dictionnaires français* (Larousse, Paris, 1968), come Jean e Claude Dubois, *Introduction à la lexicographie: le dictionnaire* (Larousse, Paris, 1971) mantengono un atteggiamento rigorosamente monolingue.
Due studiosi che invece non hanno mai perso di vista l'importanza dell'analisi del nesso tra semantica e « grammatica » o « struttura » quale viene trattato nei dizionari sono M. A. K. Halliday (vedi *The Linguistic Sciences and Language Teaching*, Longman, London, 1964; trad. *La scienza linguistica e la didattica delle lingue*, R.A.D.A.R., Padova, 1968) e Giulio C. Lepschy (vedi ad esempio l'articolo *Which Dictionary?* sullo « Universities Bulletin » della Society for Italian Studies, n. 6, 1973 dove, però, il problema è considerato soltanto dal punto di vista dello studente inglese).

[11] Si pensi, per esempio, a quei verbi che diventano facilmente sostantivi: « must » (That film is a *must*) e « to have » (the *haves* and the *have-nots*).

[12] Molti dei quali sono, ovviamente, « inutili » (per esempio l'uso dell'inglese « team » o del francese « équipe » per l'italianissima ma storicamente infelice voce « squadra »). Problematiche, poi, sono quelle parole che si vorrebbero inglesi ma che non lo sono o che non sono mai state adoperate con quei particolari significati in inglese: « footing », « night », « smoking », « thrilling », « tight », ecc.

[13] Per esempio, per citare solo alcuni casi tra i più recenti: « cedolare secca », « autoriduzione », « indiani metropolitani », « opposti estremismi », « sinistrese ».

[14] Per l'inglese, soprattutto M. L. West, *A General Service List of English Words* (Longman), opera utilissima che sta a metà tra il lessico di frequenza e il dizionario vero e proprio. Utile è stato – anche e soprattutto a livello « strutturale » – un libretto dalle dimensioni assai modeste: *A Grammar of English Words*, di Harold E. Palmer (Longmans Green, London, 1938 e successive edizioni).
Per l'italiano si veda, per quanto deludente, il *Lessico di frequenza della lingua italiana contemporanea* di U. Bortolini, C. Tagliavini e A. Zampolli (IBM Italia, 1971).

mercio [15], nonché i dizionari settoriali o disciplinari (specialmente quelli tecnici e scientifici) e vari volumi sui neologismi [16].

È ovvio, però, che se si conta di lavorare per più di cinque o sei anni (e sono davvero pochi per un'impresa del genere) si corre il rischio di ignorare un numero considerevole di parole ed espressioni usate quotidianamente – e perciò frequenti nelle riviste e nei giornali, i quali, nonostante la renitenza di molti giornalisti, specie quelli politici o sportivi, tendono sempre più a essere scritti in un linguaggio « normale ». Abbiamo perciò molto discusso sui termini ed espressioni da includere: americanismi; tecnicismi; espressioni del linguaggio commerciale, burocratico, giuridico, medico, parole gergali, ecc. E abbiamo deciso di sfruttare, quale base per la scelta, un certo numero di giornali, riviste e libri [17] – letti in modo sistematico – anche se, ovviamente, non è stato possibile farlo con gli stessi mezzi di cui solitamente dispongono i compilatori dei grandi dizionari monolingui [18].

b) Una nota sulle parole di uso « antiquato »

Nonostante la sostanziale sincronicità di un vocabolario come questo (che si vuole, appunto « moderno » o « contemporaneo » e che si ispira a un'opera intitolata *Advanced Learner's Dictionary of* Current *English*) si è deciso di includere tutta una serie di termini e modi di dire più o meno desueti o antiquati, tra cui le varie voci di « to be », « to have », ecc., compresa l'antica seconda persona singolare (« art », « hast »). Questo perché molte parole, espressioni e forme antiche si trovano ancora nella poesia, nei romanzi,

---

[15] Per l'inglese – oltre all'*Advanced Learner's Dictionary of Current English* – l'*Oxford English Dictionary*, lo *Shorter Oxford English Dictionary*, il *Webster's* e *Chambers Twentieth Century Dictionary* (1972).
Per l'italiano, N. Zingarelli, *Vocabolario della lingua italiana*, Zanichelli, Bologna, edizione riveduta, 1970; e in qualche caso anche G. Devoto e Gian Carlo Oli, Le Monnier, Firenze, 1971.
Tra i vocabolari bilingui si è consultato M. Hazon (Garzanti, 1961), G. Ragazzini (Zanichelli, 1967) e l'*editio minor* del Sansoni a cura a V. Macchi et al. Talvolta ci è servito anche l'inspiegabile primo volume del *Cambridge Italian Dictionary* a cura di Barbara Reynolds (CUP, 1950). A livello metodologico sono serviti moltissimo il dizionario bilingue inglese-francese-inglese di J. E. Mansion - George G. Harrap, London, 1934; edizione nuova, a cura di R. P. L. e Margaret Ledésert (in corso di pubblicazione presso la Harrap) e quello inglese-cèco-inglese a cura di Ivan Poldauf (Státní Pedagogické Nakladatelství, Praha, 1965).

[16] In particolare, per l'inglese, *A Dictionary of New English 1963-1972* di Clarence L. Barnhart, Sol Steinmetz e Robert K. Barnhart (Longman, London, 1973) e i due volumi finora usciti del *Supplement to the Oxford English Dictionary* a cura di R. W. Burchfield (A-G, 1972; e H-P, 1977). Per l'italiano, vi sono molti studi di Bruno Migliorini, tra cui *Lingua contemporanea* (Sansoni, Firenze, 1938: quarta edizione 1963); *Parole e storia* (Rizzoli, Milano, 1975). Cfr. anche Giuseppe L. Messina, *Parole al vaglio* (Signorelli, Roma, 1954: settima edizione 1970).

[17] Per la parte inglese, i quotidiani « The Times » e il « Daily Mirror » due volte alla settimana; i domenicali « Sunday Times » e « Observer »; i settimanali « Economist », « New Statesman », « Times Literary Supplement », « Listener », « New Scientist », « New York Times Book Review » e « Newsweek » (talvolta sostituito da « Time »); il quindicinale « New Review of Books »; e il mensile « Encounter »; oltre a numerosi volumi di « non-fiction », specialmente biografie, autobiografie, diari e lettere; e alcuni romanzi (specie « gialli » o romanzi di spionaggio: tutti i romanzi di Eric Ambler, John Le Carré e Len Deighton e quasi tutti quelli di Agatha Christie; libri di fantascienza, soprattutto Arthur C. Clarke e Isaac Asimov; tutti i romanzi e i racconti di Ernest Hemingway, Graham Greene – salvo i primi due romanzi – e Somerset Maugham, essendo questi tra gli scrittori più letti dagli italiani che conoscono o che studiano l'inglese).

[18] Cfr. Marghanita Laski nel « Times Literary Supplement », 11 gennaio 1968 e numeri successivi.

nelle preghiere, e spesso anche nei giornali o nel linguaggio parlato quando si vuol ottenere un effetto particolare (per esempio solennità, pompositä, ironia, ecc.) [19].

* * *

Oltre a queste scelte di ordine generale, si è dovuta prendere una decisione circa l'inclusione o meno di alcune categorie di parole: le più importanti sono gli avverbi, i participi passati, gli alterativi, le parole composte.

Gli avverbi

Tutte le persone che abbiano studiato per qualche mese l'inglese sanno che in questa lingua gli avverbi si formano aggiungendo la desinenza -ly all'aggettivo corrispondente, talvolta con qualche lieve modifica (ad esempio: bad - badly; beautiful - beautifully). Per ragioni di spazio, molti vocabolari bilingui seguono l'esempio della maggior parte dei dizionari monolingui e cioè non considerano l'avverbio in -ly (che equivale poi a quello italiano in -mente) come lemma separato, anche perché una trattazione separata dell'avverbio occuperebbe uno spazio non minore di quello occupato dall'aggettivo. Nel nostro caso abbiamo inserito pressoché tutti gli avverbi inglesi come « appendici » degli aggettivi da cui derivano: li abbiamo trattati come lemmi autonomi soltanto quando sono graficamente distanti. Traduzioni ed esempi vengono forniti solo in casi di una certa importanza:

(i) quando l'avverbio si presta a uno o più usi idiomatici (ad esempio « hardly » o « faithfully »);

(ii) quando viene usato in un'unica accezione piuttosto ristretta (è il caso di molti avverbi derivati da participi passati, quale « advisedly »);

(iii) quando il significato è tale da provocare confusione nel lettore italiano (« actually », « eventually », ecc.);

(iv) quando le traduzioni italiane più comuni sono idiomatiche (è il caso di « usually » che oltre a « solitamente » equivale anche a « di solito »; e di « rarely » che oltre a « raramente » equivale anche a « di rado »).

Gli avverbi *italiani* formati col suffisso -mente, essendo generalmente usati in alternativa a locuzioni avverbiali quali « in modo... » o « in maniera... », vengono spesso esclusi. Noi abbiamo preferito invece includerli e trattarli come lemmi autonomi, pur traducendoli quasi esclusivamente con avverbi inglesi in -ly (escludendo cioè, per ovvie ragioni di spazio, altre traduzioni del tipo « in a . . . way » o « in a . . . manner », che in inglese rappresenterebbero più che altro un problema di scelta personale, di *stile*). Abbiamo comunque documentato quei casi in cui non si tratta di un semplice avverbio di modo o di maniera bensì dell'equivalente di un'espressione del tipo « dal punto di vista di... »

---

[19] Poiché capita di leggere di tanto in tanto opere scritte prima del 1800, abbiamo incluso in una appendice una sintesi delle differenze più significative tra la sintassi e la morfologia dell'inglese odierno e della lingua in uso tra il 1550 circa e il 1800.

o « ...parlando ». Si veda, ad esempio, « economicamente », che significa non solo « in modo economico » ma anche « dal punto di vista dell'economia », o « igienicamente » che significa non solo « in modo igienico » ma anche « dal punto di vista dell'igiene », ecc.

I participi passati (usati come aggettivi)

Sia l'inglese come l'italiano rivelano una particolare propensione ad usare il participio passato come aggettivo. In molti casi il significato del participio corrisponde esattamente a quello del verbo relativo (vedi l'uso aggettivale del participio « sung » nell'espressione « The song was well sung »). Altre volte, invece, l'aggettivo ha vita autonoma, e può caricarsi di significati aggiuntivi (i quali possono a volte soffocare o sopprimere il significato del verbo base). Per esempio, il verbo « fondere » (inglese « to melt »; participio passato « melted ») può essere usato al participio passato in senso « proprio » (« burro fuso » = « melted butter ») ma anche in senso figurato (« Sono fuso » = « I'm worn out »). L'aggettivo « fuso » è stato quindi inserito come lemma autonomo. Così pure « gremito » (indubbiamente più comune del verbo da cui deriva); « morto » (vedine l'uso colloquiale *avverbiale* in « stanco morto », in inglese « dead tired »); e ancora lemmi quali « pervertito »; « rotto »; « riservato »; ecc.
(Esistono casi in cui le forme aggettivali e participiali, pur mantenendo all'incirca lo stesso significato, vengono tradotte diversamente nelle due lingue, ponendo così al lessicografo problemi di non facile soluzione. Ad esempio:

forma participiale: « Hai pulito le camere? » = « Have you *cleaned* the rooms? »;

forma aggettivale: « Questa stanza non mi sembra molto *pulita* » = « This room doesn't look very *clean* to me ».

Cioè, l'inglese ha qui una forma aggettivale *indipendente*; l'italiano no. Abbiamo cercato di rispettare queste caratteristiche anisomorfiche ricorrendo talvolta a rimandi incrociati e inserendo spesso i participi passati come veri e propri lemmi nella sezione inglese e in quella italiana).

Gli alterativi

La lingua italiana è particolarmente ricca di forme cosidette alterate (cioè diminutivi, accrescitivi, peggiorativi e vezzeggiativi, ecc.); ovviamente, però, per ragioni di praticità e di spazio, non sono state incluse nel dizionario parole quali « grassone », « maschietto », « femminuccia », « casetta », « verdastro ». Chi traduce dall'italiano in inglese – o meglio chi cerca di esprimersi in inglese senza tradurre – deve sapersi regolare di volta in volta, tenendo presente che si tratta qui più di una questione di *stile* che non di un problema semantico facilmente risolvibile a livello lessicale.
Abbiamo però trattato come lemmi separati alcuni particolari nomi alterativi (« colonnina », « padronissimo », « libretto », « figliastro », ecc.) che hanno ormai una connotazione autonoma e che sono anzi abitualmente od esclusivamente usati con questi nuovi significati.

Le parole composte inglesi

L'inclusione di parole composte non rappresenta un problema qualora esse formino una singola parola: « bookshop »; « postcard »; « schoolboy ». Queste vengono naturalmente incluse nel dizionario come lemmi a sé stanti, in ordine alfabetico. Sorgono invece diffi-

coltà quando le due componenti sono separate o legate da un trattino, essendo in questi casi la grafia inglese costantemente fluttuante e perciò difficilmente codificabile [20].
La tendenza generale è verso una eliminazione del trattino (particolarmente negli Stati Uniti). Ma è comunque possibile trovare, ad esempio, « postcard » (cartolina postale) scritto « post-card » e persino « post card »; e « headmaster » (preside) si troverà a volte anche nella forma « head-master » o addirittura « head master ». Le ragioni di questa diversità sono complesse. Talvolta si tratta di preferenze personali (tendenze che potremmo definire « reazionarie »: una vana lotta britannica contro l'odiato trattino o contro una presunta invasione statunitense, ecc.), talvolta di considerazioni fonetiche che hanno a che fare con la leggibilità immediata della parola in questione [21]. Per quanto riguarda questo dizionario, vale la regola generale che le parole composte scritte come parola singola vanno cercate come lemmi autonomi. Se poi non si trovano, occorrerà cercarle sotto il primo elemento (nel caso di « postcard », sotto « post »; e nel caso di « headmaster », sotto « head »). La stessa cosa vale anche per i composti scritti come due parole separate o legate da un trattino.
Un discorso a parte meritano questi ultimi. In generale, abbiamo preferito inserire come lemmi distinti tutti quei composti la cui ricerca sotto altri lemmi potrebbe causare difficoltà – soprattutto quelli derivati (per lo più in questi ultimi anni) dai « phrasal verbs » –: per esempio « look-out »; « print-out »; « set-up »; « sit-in »; « take-off »; « take-over »; « turn-over ».

6. PROBLEMI STILISTICI E DI REGISTRO

Il problema dei « registri » stilistici è una *vexata quaestio* per il lessicografo, il quale si vede perennemente costretto ad affrontare due interrogativi fondamentali:

(i) Quante informazioni occorre dare al lettore circa l'uso delle singole parole?

(ii) A quale tipo di stile o di « registro » bisogna ricorrere negli esempi illustrativi?

Per quanto riguarda il primo punto abbiamo cercato di mettere il lettore in condizione di non cadere in errore, informandolo esaurientemente circa particolari aspetti sintattici e peculiarità grammaticali dovute ad anisomorfismi – ad esempio, i « false friends » (parole tranello) quali « actually » (= attualmente) o « coherent » (= coerente), ecc., o quei termini inglesi che, terminando in -s, sembrano plurali quando invece reggono il verbo al singolare (« ergonomics », « electronics », ecc.).
Finché si tratta di fenomeni fondamentalmente « grammaticali », va tutto bene. Ma cosa fare dei termini usati talvolta in contesti specializzati o specialistici (nella vita militare, nella giurisprudenza, nello sport)? E come trattare, per esempio, le parole *gergali*, specie quelle in qualche modo datate o usate esclusivamente da marinai, studenti, tossicomani, gangsters newyorchesi o fiorai ambulanti londinesi? In generale, abbiamo ritenuto che fosse opportuno segnalare e documentare questi usi in tutti quei casi in cui il non farlo avrebbe potuto indurre in equivoco il lettore. Perciò abbiamo accompagnato termini

[20] La discussione più comprensibile e più sensata del problema della « hyphenization » (l'uso del trattino) è ancora quella compresa sotto la voce « hyphens » in *A Dictionary of Modern English Usage* di H. W. Fowler (seconda edizione, Clarendon Press, Oxford, 1965).

[21] Per esempio, molti inglesi sono restii a scrivere « to spindry » (asciugare centrifugando) poiché scritta così si ha l'impressione che la parola si debba pronunziare non [spin drai] ma ['spindri] – il che sarebbe un non senso.

ed espressioni « settoriali » con un'ampia gamma di informazioni abbreviate (*sl*, *fam*, *sl mil*, *dir*, ecc.) o per esteso (*piuttosto desueto*, *poco comune*, *linguaggio formale*, *stile epistolare burocratico*, *sl studentesco Anni 60*, ecc.).

In ogni caso, sarebbe bene che il lettore non adoperasse mai una parola inglese incontrata nella sezione italiano-inglese senza averne prima controllato le « modalità d'uso » nella sezione inglese-italiano.

Quanto allo « stile » dei singoli esempi illustrativi, abbiamo già altrove specificato come essi siano per la maggior parte tratti dal linguaggio quotidiano: vengono cioè usate forme contratte o abbreviate (per esempio « can't » anziché « cannot » o « can not »; « I' ve » anziché « I have », ecc.).
Ma abbiamo cercato di presentare termini ed espressioni particolari nel contesto linguistico appropriato: americano, commerciale, legale, burocratico, ecc.
Seguono qui alcune brevi note su un numero ristretto di « registri ».

L'inglese americano

Anche se la battuta di Oscar Wilde, « The English and the Americans have everything in common except language » (Gli Inglesi e gli Americani hanno tutto in comune fuorché la lingua) è una palese esagerazione, è comunque vero che l'inglese parlato negli Stati Uniti – e, in misura minore, in Canada e altrove – presenta alcune difficoltà per il cittadino medio del Regno Unito, e perciò anche per lo straniero che conosce solo il « British English ». Il lessicografo non può ignorare questo fatto. Alcuni problemi, è vero, possono essere risolti a livello lessicale con l'inserimento di termini americani come lemmi a sé stanti. Così « faucet » (rubinetto) è considerato nella sezione inglese-italiano come lemma autonomo, ed è naturalmente reperibile nell'altra sezione, sotto la voce « rubinetto », tra parentesi dopo la traduzione britannica « tap ». La stessa cosa avviene per « elevator » (= *GB* « lift » = ascensore), « sidewalk » (= *GB* « pavement » = marciapiede) e « suspenders » (= *GB* « braces » = bretelle).
Sempre a livello lessicale, un'utile innovazione è l'inclusione delle trascrizioni correnti di quelle abbreviazioni e contrazioni colloquiali più comuni negli Stati Uniti [22] come « ain't » (= am not, are not, is not, has not, have not), « gonna » (= going to), « helluva » (= hell of a), « sorta » (= sort of), e « wanna » (= want to) come lemmi autonomi. Così pure alcune forme scritte tipiche del linguaggio pubblicitario, quale « brite » (= bright).
Altri problemi, di natura fondamentalmente fraseologica ma in alcuni casi anche grammaticale, sono stati risolti con il ricorso a due traduzioni parallele o a due esempi distinti. Così, alla voce « parte » si legge:

> ... *da qualche altra parte*, somewhere else (*USA* someplace else)
>
> e alla voce **2 certo I** *agg* **1**:
>
> ... *Certo che eravamo stupiti*, We certainly (*USA* sure) were surprised [23].

---

[22] Alcune delle quali, occorre precisare, vengono usate anche in Gran Bretagna (persino per iscritto, per esempio nei titoli delle canzonette).

[23] Lo stesso sistema è stato adottato per alcune varianti regionali o dialettali britanniche, come l'espressione « any road » in uso nello Yorkshire, al posto di « anyway » (comunque; in ogni modo).

In generale, però, bisogna tener presente che l'inglese colloquiale degli Stati Uniti e quello del Regno Unito rivelano una sensibilità linguistica molto diversa (che investe anche quegli aspetti del parlare, quali l'intonazione e la cadenza della frase, che nessun dizionario convenzionale ha finora saputo affrontare). Per rendere giustizia a entrambi questi « dialetti » dell'inglese, occorrerebbe creare due vocabolari indipendenti [24].

Il linguaggio volgare

Un'ovvia difficoltà presenta l'inserimento delle parole volgari, di solito indicate con l'abbreviazione *volg* [25]. Il meno che si possa dire di queste parole è che sarebbe imprudente servirsene in una lingua straniera a meno di non essere sicurissimi delle persone con le quali si parla. Fino a non molto tempo fa tali espressioni erano soggette a una specie di tabù. Registi televisivi e cinematografici, professori, giornalisti e persino lessicografi fingevano di non averle mai sentite. Il tabù sembra ora essere stato tolto, sicché films, libri, e (almeno nel Regno Unito e in gran parte degli Stati Uniti) radio e televisione fanno liberamente uso di queste parole nel loro contesto naturale. Proprio per questo il lettore ha tutto il diritto di trovarle in un dizionario [26].
Ma il problema non si risolve facilmente, per motivi « tecnici ». Compito di un vocabolario bilingue è di fornire *equivalenti*; senonché, nel caso del linguaggio volgare – che usa frequentemente (e senza alcuna precisione semantica) espressioni dotate di un'origine precisa, spesso sessuale – trovare questi equivalenti non è affatto facile. Anche qui, infatti, come nel caso degli avverbi e degli alterativi, sorge un problema di *traduzione* o di *stile*, che esula dal nostro scopo [27].

---

[24] Per un'analisi approfondita delle differenze sintattiche, si veda il volume di A. H. Marckwardt, *American English* (Oxford University Press, New York).
Particolarmente suggestivo è l'articolo di Ian M. Ball, *Amerenglish* su « Encounter », ottobre 1974, pp. 56-62, e la polemica da esso scatenata nei numeri successivi della rivista.
Raccomandiamo inoltre caldamente i seguenti volumetti specifici che potrebbero essere utili al lettore nell'affrontare l'inglese statunitense: Norman Moss, *What's the difference?* (Hutchinson, London, 1973), un agile prontuario, appunto, delle differenze lessicali tra le due parlate. Per lo « slang » vi è *The Pocket Dictionary of American Slang* di Harold Wentworth e Stuart Berg Flexner (Pocket Books, New York, 1968); e per lo slang nero *Black Slang: A Dictionary of Afro-American Talk* di Clarence Major (Routledge and Kegan Paul, London, 1971). Infine, per i molti termini « yiddish » in uso negli Stati Uniti: *The Joys of Yiddish*, di Leo Rosten (Penguin Books, Harmondsworth, 1971).

[25] Occorre forse precisare che si tratta di *informazioni*, non di condanna, di giudizio di valore prescrittivo: per esempio, sotto « damn » (sostantivo) e il verbo « to damn » (prima accezione) si troverà semplicemente « *da taluni considerato volg.* ».

[26] Cfr. R. W. Burchfield nell'introduzione al *Supplement to the Oxford English Dictionary* (volume primo, A-G, Clarendon Press, Oxford, 1972, p. xv): « ... whereas in 1957, when we began our work, no general English-language dictionary contained the more notorious of the sexual words, " nous avons changé tout cela ", and two ancient words, once considered too gross and vulgar to be given countenance in the decent environment of a dictionary, now appear with full supporting evidence along with a wide range of colloquial and coarse expressions referring to sexual and excretory functions » (« ... mentre nel 1957, allorché mettemmo mano all'opera, nessun dizionario generale della lingua inglese conteneva le parole sessuali più note, ora " nous avons changé tout cela "; oggi due parole antiche, considerate un tempo troppo rozze e volgari per poter essere accolte nel contesto decente di un dizionario, fanno la loro comparsa, con tutta la documentazione del caso, insieme con un'ampia gamma di espressioni colloquiali e volgari che si riferiscono alle funzioni sessuali ed escretive »).
Cfr. anche l'articolo (dello stesso Burchfield) *Four-letter words and the OED*, in « The Times Literary Supplement », 13 ottobre 1972, p. 1233; e Peter Farb, *Word Play: What Happens when People Talk* (Jonathan Cape, London, 1974, pp. 91-94).

[27] L'inglese, ad esempio, ha due aggettivi – « bloody » and « fucking » – che taluni usano molto frequentemente e che sono generalmente considerati piuttosto volgari (specie il secondo, date le sue connotazioni sessuali). In italiano non esistono aggettivi equivalenti, sicché queste due parole non possono

La contestualizzazione dei termini commerciali, scientifici, ecc.

I termini di uso commerciale, scientifico, tecnico, medico, giuridico, non presentano particolari problemi. Indicati come tali, sono accompagnati (dove occorre) da esempi « contestualizzati » nello stile appropriato. Così sotto « to advise » (seconda accezione), si troverà:

> **2** (*spec comm*) avvisare; informare; notificare: *Please advise us when the goods are despatched*, Vi preghiamo di avvisarci non appena la merce sarà stata spedita...

e sotto **seguito** *sm* (sesta accezione)

> *A seguito della Vostra lettera del 3 dicembre...*, Following your letter of December 3... – *Facendo seguito alla nostra raccomandata del 12 ottobre...*, Further to (*o* With further reference to) our registered letter of October 12...

Naturalmente vengono trattate anche quelle locuzioni fisse, tipiche del linguaggio burocratico e di quello commerciale, quali:

sotto **estraneo**

> *Vietato l'ingresso agli estranei*, No admittance (except on business); Unauthorized persons not admitted; (*in un circolo, ecc.*) Members only

sotto **caldo** (*in funzione del* sostantivo)

> *Teme il caldo*, Keep in a dry place

e sotto **cambiamento**

> *Cambiamento di proprietario*, Under new management.

7. TABELLE E APPENDICI

In fondo alla sezione inglese-italiano vi è una serie di tabelle che offrono una quantità considerevole di informazioni non strettamente lessicali, raggruppate per argomenti o settori: espressioni numeriche (numeri cardinali e ordinali, numeri decimali e frazioni, numeri telefonici e di serie, risultati sportivi, espressioni matematiche); pesi e misure; scale termometriche; sistemi monetari; l'ora e la data; la punteggiatura; l'alfabeto; gli alfabeti telefonici; nomi di città e di paesi; le denominazioni territoriali (contee, stati, province, ecc.) dei principali paesi di lingua inglese; una tabella dei verbi forti; e una nota sulla morfologia e la sintassi dell'inglese prima del 1800 circa.

---

essere tradotte senza ricorrere a circonlocuzioni (inserendo possibilmente un sostantivo oppure una voce verbale ugualmente osceni in qualche altra parte della frase). Allo stesso modo, l'italiano dispone di un'ampia gamma di espressioni volgari tra le quali spiccano termini come « cazzo », « coglione », « culo », ecc. che non possono essere tradotti direttamente per un'analoga mancanza di equivalenti. Gli esempi forniti sotto le varie voci serviranno forse al lettore come criterio per risolvere le difficoltà di questo genere.

Questo dizionario non si presenta come « il migliore », « il più completo », ecc. Vuol semplicemente essere il più utile. È uno strumento, non una « summa »; ed è quindi da considerarsi un *work in progress.*
Inutile dire che i redattori saranno felici di accogliere suggerimenti e di ricevere segnalazioni di errori o ingiustificate omissioni per poter migliorare le edizioni future.

* * *

Intanto desidero ringraziare qui – oltre agli altri membri dell'équipe, soprattutto John A. Iliffe e Graziella Pozzo – tutti coloro che hanno contribuito alla realizzazione di questo dizionario, troppo numerosi per essere menzionati singolarmente. Ma sarebbe ingiusto non ringraziare l'Editore; la Oxford University Press (specialmente Christina A. Ruse, e in un primo tempo anche Simon Nugent); e la ILTE di Torino, in modo particolare gli amici dell'Ufficio Analisi Lavori Grafici.

Malcolm Skey
Torino, settembre 1977

ESEMPIO DEI SIMBOLI FONETICI USATI NELLA TRASCRIZIONE DEI LEMMI INGLESI

vocali

[i]	come in	six	[siks]
[i:]	» »	see	[si:]
[e]	» »	bed	[bed]
[æ]	» »	bad	[bæd]
[ɑ:]	» »	car	[kɑ:*]
[ɔ]	» »	hot	[hɔt]
[ɔ:]	» »	door	[dɔ:*]
[u]	» »	book	[buk]
[u:]	» »	you	[ju:]
[ʌ]	» »	but	[bʌt]
[ə]	» »	father	['fɑ:ðə*]
[ə:]	» »	work	[wə:k]

dittonghi

[ei]	come in	made	[meid]
[ou]	» »	home	[houm]
[ai]	» »	fly	[flai]
[au]	» »	house	[haus]
[ɔi]	» »	boy	[bɔi]
[iə]	» »	here	[hiə*]
[ɛə]	» »	there	[ðɛə*)]

semivocali

[j]	come in	yes	[jes]
[w]	» »	work	[wə:k]

consonanti

[p]	come in	pen	[pen]
[b]	» »	book	[buk]
[t]	» »	ten	[ten]
[d]	» »	day	[dei]
[k]	» »	coat	[kout]
[g]	» »	go	[gou]
[f]	» »	foot	[fut]
[v]	» »	verb	[və:b]
[θ]	» »	three	[θri:]
[ð]	» »	this	[ðis]
[s]	» »	speak	[spi:k]
[z]	» »	his	[hiz]
[ʃ]	» »	ship	[ʃip]
[tʃ]	» »	much	[mʌtʃ]
[ʒ]	» »	pleasure	['pleʒə*]
[dʒ]	» »	page	[peidʒ]
[h]	» »	he	[hi:]
[m]	» »	man	[mæn]
[n]	» »	name	[neim]
[ŋ]	» »	thing	[θiŋ]
[l]	» »	leg	[leg]
[r]	» »	run	[rʌn]

['] rappresenta l'accento tonico principale: viene collocato prima della sillaba su cui cade. Per esempio:

['britiʃ] = **Bri** tish

[ˌ] rappresenta l'accento tonico secondario: viene collocato anch'esso prima della sillaba su cui cade. Per esempio:

['intə, tʃein*d*ʒ] = **in** ter **change**

[*] denota la presenza della *r* finale, che può essere pronunziata in certi casi:

a) dagli Americani, in generale:

father ['fɑ:ðə*] = *USA* ['fɑ:ðər]
GB ['fɑ:ðə]

b) anche nella pronunzia « britannica » qualora la parola seguente incominci con una vocale e segue senza pausa nella frase:

This is my father = [ðis iz mai 'fɑ:ðə*]

ma:

My father is tall = [mai fɑ:ðər iz tɔ:-l]

I simboli in corsivo – per esempio [*ə*], [*u*] – rappresentano un suono « opzionale » che può essere omesso.

La lineetta [-] posta tra due sillabe indica che queste devono essere pronunciate come se fossero autonome.

ABBREVIAZIONI USATE

abbr.	abbreviazione; abbreviato	*lett.*	letterario
agg.	aggettivo; aggettivale	*letteralm.*	letteralmente
anat.	anatomia	*m.*	maschile
ant.	antico; arcaico	*mecc.*	meccanica
archit.	architettura	*med.*	medicina
attrib.	attributivo; attributivamente	*mil.*	militare
avv.	avverbio; avverbiale; avverbialmente	*mus.*	musica; musicale
bot.	botanica	*naut.*	nautica; marina
cfr.	confrontare	*p.*	participio
chim.	chimica	*pass.*	passato
comm.	commercio; commerciale	*p.es.*	per esempio
comp.	comparativo	*pl.*	plurale
compl.	complemento	*poet.*	poesia; linguaggio poetico
condiz.	condizionale	*pron.*	pronome
congiunz.	congiunzione	*prep.*	preposizione
contraz.	contrazione	*pres.*	presente
dial.	dialettale	*prov.*	proverbio
dir.	legale; giuridico	*qcno*	qualcuno
ecc.	eccetera	*qcsa*	qualche cosa; qualcosa
econ.	economia	*rifl.*	riflessivo
elettr.	elettricità	*s.*	sostantivo
f.	femminile	*sb*	somebody; someone
fam.	familiare; colloquiale	*scherz.*	scherzoso; scherzosamente
fig.	figurato; figurativamente	*scient.*	scientifico
fis.	fisica	*sing.*	singolare
fr.	francese	*sl.*	slang; gergo; gergale
generalm.	generalmente	*spec.*	specialmente
GB	Gran Bretagna; Inghilterra; uso inglese o britannico	*spreg.*	spregiativo
		sth	something
gramm.	grammatica	*stor.*	storia
i.	intransitivo	*superl.*	superlativo
impers.	impersonale	*t.*	transitivo
indef.	indefinito	*tec.*	tecnico
indic.	indicativo	*USA*	Stati Uniti; uso statunitense
inf.	infinito	*v.*	verbo
interr.	interrogativo	*volg.*	volgare
ital.	italiano	*zool.*	zoologia
lat.	latino		

□ indica *l'inizio della fraseologia*, oppure il *cambiamento* da una funzione grammaticale ad un'altra (da *vi* in *vt*; da *s.* in *agg.*, ecc.) nel corpo di una singola voce.

→ = vedi.

INGLESE-ITALIANO

A

A, a [ei/ə] (*pl.* **A's,a's; As, as**) [eiz] **1** A, a *(prima lettera dell'alfabeto inglese): He knows the subject from A to Z,* Conosce la materia dall'a alla zeta — *A for Andrew, (al telefono, ecc.)* A come Ancona. **2** *(mus.)* la *(sesta nota della scala).* **3** *(votazione)* ottimo. □ *A-bomb,* bomba atomica — *A1, (di nave)* di prima classe; eccellente *(di prima categoria ai fini assicurativi, e così classificata dalla Lloyd's); (fig., fam.)* ottimo; eccellente — *an A1 dinner,* un pranzo ottimo, eccellente — *I am A1,* Mi sento in perfetta forma — *A level* ⇨ **advanced 2.**

a, an [ei/æn] *art indeterminativo* (**a** *davanti a suoni consonantici, compresi* [h], [j], [w]; **an** *davanti a vocale o* h *muta)* **1** un; uno; una: *a pen; a watch,* una penna; un orologio — *an agent; an exhibition; an hour,* un rappresentante; una mostra; un'ora — *many a man, (lett.)* molti uomini — *What an opportunity you missed!,* Che occasione hai perso! — *Such an opportunity does not come often,* Una simile occasione non capita spesso — *What a pity!,* Che peccato! — *What a shame!,* Che vergogna! — *It's not so easy a job as it looks,* Non è un compito facile come sembra — *She's not such a fool as you think,* Non è poi così sciocca come credi — *It's too difficult a book for me,* È un libro troppo difficile per me — *a friend of mine (yours, his),* un mio (tuo, suo) amico — *in a way,* in un certo modo; in un certo senso — *In a way I quite like him,* In un certo senso lo trovo simpatico — *He thinks he's a Napoleon,* Crede di essere un Napoleone — *He's an engineer (a teacher),* È ingegnere (insegnante); Fa l'ingegnere (l'insegnante) — *half a dozen,* mezza dozzina — *half an hour,* mezz'ora — *half a crown,* (⇨ *Appendice)* mezza corona — *a few...* ⇨ **few**; *a little* ⇨ **little**; *a lot (of)* ⇨ **lot.**

2 *(può sostituire l'art. determinativo ital.): He has a big nose,* Ha il naso grosso — *He smokes a pipe,* Fuma la pipa — *A horse is an animal,* Il cavallo è un animale.

3 un certo (una certa); un (una) tale: *A Mr White has called,* È venuto un certo signor White — *A Mrs Green is asking to see you, sir,* Una certa signora Green chiede di vederLa, signore.

4 stesso; medesimo: *They are all of a size,* Sono tutti della stessa taglia — *three at a time,* tre alla (per) volta — *Birds of a feather flock together, (prov.)* Dio li fa, poi li accoppia.

5 *(nel senso di* ogni, *distributivo)* al (allo; alla): *twice a month,* due volte al mese — *thirty pence a pound,* trenta pence alla libbra — *a pound an hour,* una sterlina all'ora — *eighty miles an hour,* ottanta miglia all'ora.

a- [ə] *(ant. e USA: prep. usata come prefisso del gerundio): The house is a-building,* La casa è in costruzione — *They set the bells a-ringing,* Incominciarono a suonare le campane.

aback [ə'bæk] *avv (naut.)* all'indietro: *to be taken aback, (di veliero)* essere colto da vento di prua; *(fig.)* essere colti di sorpresa.

abacus ['æbəkəs] *s.* (*pl.* **abaci, abacuses**) abaco; pallottoliere.

abaft [ə'bɑ:ft] *avv e prep (naut.)* a, verso poppa; a poppavia.

abandon [ə'bændən] *s.* abbandono; effusione; entusiasmo; trasporto: *They were waving their arms with abandon,* Agitavano le braccia con grande trasporto.

to **abandon** [ə'bændən] *vt* **1** abbandonare; lasciare: *The order was given to abandon ship,* Fu dato ordine di abbandonare la nave — *He abandoned his wife and child,* Abbandonò la moglie e il bambino. **2** rinunziare; smettere; desistere: *They abandoned the attempt,* Rinunziarono al tentativo — *They had abandoned all hope,* Avevano abbandonato ogni speranza. **3** *to abandon oneself to (sth),* abbandonarsi a (qcsa); darsi completamente a (qcsa); lasciarsi andare a *(impulsi o emozioni): He abandoned himself to despair,* Si abbandonò alla disperazione.

abandoned [ə'bændənd] *agg* (*p. pass. di* **to abandon** ⇨) **1** abbandonato; deserto. **2** depravato; dedito al male; dissoluto. □ *avv* **abandonedly.**

abandonment [ə'bændənmənt] *s.* **1** abbandono; rinunzia; *(dir.)* derelizione; cessione *(di beni): notice of abandonment,* notifica di abbandono *(di una nave, comunicata alla società di assicurazione).* **2** abbandono; trasporto; effusione; dedizione.

to **abase** [ə'beis] *vt* umiliare; abbassare: *to abase oneself so far as to do sth,* abbassarsi sino al punto di fare qcsa.

abasement [ə'beismənt] *s.* umiliazione; degradazione.

to **abash** [ə'bæʃ] *vt (generalm. passivo)* confondere; intimidire; imbarazzare; sconcertare.

abashed [ə'bæʃd] *agg* imbarazzato; confuso; sconcertato.

to **abate** [ə'beit] *vi (di vento, febbre, ecc.)* diminuire; scemare; calmare, calmarsi; *(di acque)* abbassarsi. □ *vt* **1** diminuire; ridurre; lenire; alleviare. **2** *(comm.)* ribassare; ridurre *(prezzi);* scontare. **3** eliminare; abolire; porre fine. **4** *(dir.)* annullare; abrogare; cassare.

abatement [ə'beitmənt] *s.* **1** diminuzione; eliminazione; lenimento; abolizione: *noise abatement,* eliminazione di rumori molesti *(nelle grandi città).* **2** *(comm.)* ribasso; riduzione; sconto. **3** *(dir.)* annullamento; estinzione.

abattoir ['æbətwɑ:*] *s. (fr.)* mattatoio; macello pubblico.

abbé ['æbei] *s. (fr.)* abbé; abate; *(spesso, nell'uso moderno)* sacerdote; 'reverendo'.

abbess ['æbes] *s.* badessa; madre superiora.

abbey ['æbi] *s.* **1** abbazia; badia. **2** *(collettivo)* i monaci; le monache *(di un'abbazia).* **3** chiesa o edificio già abbazia o parte di abbazia: *the Abbey,* l'Abbazia di Westminster.

abbot ['æbət] *s.* abate; superiore di un'abbazia.

to **abbreviate** [ə'bri:vieit] *vt* abbreviare; accorciare: *an abbreviated version,* una versione ridotta; un sunto.

abbreviation [ə,bri:vi'eiʃən] *s.* **1** abbreviazione; l'abbreviare. **2** forma abbreviata *(spec. di parole).*

abc [,eibi:'si:] *s.* **1** abbicì; alfabeto. **2** guida; elenco *(di alberghi, ecc.).* **3** primi elementi; rudimenti.

to **abdicate** ['æbdikeit] *vt e i.* abdicare; rinunciare.

abdication [,æbdi'keiʃən] *s.* abdicazione.

abdomen ['æbdəmən] *s.* addome; ventre.

abdominal [æb'dɔminl] *agg* addominale. □ *avv* **abdominally.**

to **abduct** [æb'dʌkt] *vt* **1** rapire *(donna o bambino).* **2** *(anat.)* abdurre.

abduction [æb'dʌkʃən] *s.* **1** *(dir.)* rapimento; ratto; sottrazione. **2** *(anat.)* abduzione.

abeam [ə'bi:m] *avv (naut.)* sul (al) traverso: *The lighthouse lay abeam of the ship,* Il faro si trovava al traverso della nave.

abed [ə'bed] *avv (ant.)* a letto.

Aberdonian [,æbə(r)'dounjən] *agg* di Aberdeen. □ *s.* abitante di Aberdeen.

aberrant [æ'berənt] *agg (bot., zool., ecc.)* atipico; aberrante; anormale.

aberration [,æbə'reiʃən] *s.* aberrazione *(anche fig.): He stole the book in a moment of mental aberration,* Rubò il libro in un momento di aberrazione mentale.

to **abet** [ə'bet] *vt* (**-tt-**) *(dir., ecc.)* spalleggiare; favoreggiare; appoggiare *(in attività illecite): to aid and abet sb in a crime,* essere complice di qcno in un delitto — *aiding and abetting,* complicità.

abeyance [ə'beiəns] *s.* sospensione: *The question is in abeyance,* La questione è in sospeso — *to fall into abeyance, (di regola, legge, costume)* cadere in disuso.

to **abhor** [əb'hɔ:*] *vt* (**-rr-**) aborrire; detestare.

abhorrence [əb'hɔrəns] *s.* aborrimento; avversione; ripugnanza: *to hold sth in abhorrence,* aborrire, detestare qcsa.

abhorrent [əb'hɔrənt] *agg* disgustoso; ripugnante; odioso; detestabile. □ *avv* **abhorrently.**

to **abide** [ə'baid] *vt* (*pass. e p. pass.* **abode**) **1** *(spec. in frasi negative)* soffrire; sopportare; tollerare: *I can't abide that man,* Non posso soffrire (sopportare) quell'individuo. **2** *(seguito da* by*)* mantenere (tenere) fede a; attenersi; rispettare; accettare: *to abide by a decision,* tener fede a una decisione — *I abide by what I said,* Tengo fede a ciò che ho detto — *to abide by the consequences,* essere pronto ad accettare le conseguenze. **3** *(lett.)* attendere; aspettare: *to abide the event,* attendere gli eventi — *to abide sb's coming,* aspettare l'arrivo di qcno.

□ *vi (ant. e lett.)* dimorare; risiedere; stare; soggiornare: *to abide at (in) a place,* dimorare (risiedere) in un luogo — *to abide with sb,* stare con qcno.

abiding [ə'baidiŋ] *agg (lett.)* sempiterno; perpetuo; senza fine; duraturo; costante. □ *avv* **abidingly.**

ability [ə'biliti] *s.* capacità; forza; abilità; intelligenza; ingegno: *I do not doubt your ability to do the work,* Non ho affatto dubbi sulla tua capacità di fare il lavoro — *to do a job to the best of one's ability,* fare un lavoro con il massimo impegno.

abject ['æbdʒekt] *agg* abbietto; miserabile; spregevole; vile; indegno: *abject behaviour,* comportamento spregevole — *an abject apology,* una scusa indegna — *abject poverty,* la più nera miseria. □ *avv* **abjectly.**

abjectness [,æbd'ʒektnis] *s.* viltà; abiezione.

abjuration [,æbdʒu'reiʃən] *s.* abiura; ritrattazione; rinuncia.

to **abjure** [əb'dʒuə*/-dʒɔ:*] *vt* abiurare; ritrattare; ripudiare: *to abjure one's religion,* abiurare la propria religione.

ablative ['æblətiv] *agg e s.* ablativo.

ablaut ['æblaut] *s. (tedesco)* variazione vocalica in radici di parole indo-europee *(p.es.* to drive, drove, driven*).*

ablaze [ə'bleiz] *avv e agg (solo predicativo)* in fiamme; *(fig.)* fiammeggiante; splendente; *(fig.)* acceso; rosso: *The whole building was soon ablaze,* L'intero fabbricato fu subito in fiamme — *The streets were ablaze with lights,* Le strade splendevano di luci — *Her face was ablaze with anger,* La sua faccia era rossa di rabbia.

able ['eibl] *agg* **1** (**abler, ablest**) capace; abile; esperto; competente; bravo: *He was an able lawyer,* Era un abile (bravo) avvocato — *He is the ablest man I know,* È l'uomo più esperto che io conosca — *able-bodied,* robusto; valido; sano; forte — *able-bodied seaman* ⇨ **seaman** — *able-minded,* intelligente; intellettualmente dotato.

2 *(predicativo, seguito generalmente da* to *+ l'inf.):* **to be able to do sth,** avere la capacità, la possibilità di far qcsa; essere in grado di fare qcsa — *(serve anche per sostituire i tempi mancanti di* can*): Will you be able to come to the concert?,* Potrai venire al concerto? — *He was not able to persuade me,* Non poté convincermi; Non riuscì a convincermi.

ablution [ə'blu:ʃən] *s. (generalm. pl.)* abluzione; il lavarsi rituale: *to perform one's ablutions, (fam. e scherz.)* lavarsi.

ably ['eibli] *avv* abilmente; in maniera capace, esperta.

abnegation [,æbni'geiʃən] *s.* **1** abnegazione; rinuncia. **2** *(spesso* self-abnegation*)* sacrificio.

abnormal [æb'nɔ:məl] *agg* abnorme; anormale; non usuale. □ *avv* **abnormally.**

abnormality [,æbnɔ:'mæliti] *s.* anormalità; deformità; anomalia.

aboard [ə'bɔ:d] *avv e prep* a bordo *(di nave, aeroplano; in USA, anche di automobile e treno): It's time to go (to get) aboard,* È ora di salire a bordo — *All aboard!,* Tutti a bordo! — *to take (sb, sth) aboard,* imbarcare, prendere a bordo (qcno, qcsa).

[1]**abode** [ə'boud] *s.* **1** *(ant., lett., e scherz.)* dimora; abitazione; residenza: *to take up one's abode with one's parents-in-law,* stabilire la propria dimora in casa dei suoceri. **2** *(dir.)* domicilio; dimora: *place of abode,* domicilio — *with (of) no fixed abode,* senza fissa dimora.

[2]**abode** [ə'boud] *pass e p. pass di* **to abide.**

to **abolish** [ə'bɔliʃ] *vt* abolire; sopprimere.

abolition [,æbə'liʃən] *s.* abolizione.

abolitionist [,æbə'liʃənist] *s.* abolizionista.

abominable [ə'bɔminəbl] *agg* **1** abominevole; odioso; disgustoso: *the abominable snowman,* l'abominevole uomo delle nevi. **2** *(fam.)* pessimo: *abominable weather,* tempo pessimo. □ *avv* **abominably.**

to **abominate** [ə'bɔmineit] *vt* aborrire; abominare; detestare; non poter soffrire.

abomination [əˌbɔmi'neiʃən] *s.* aborrimento; abominio; disgusto; odio: *to hold sth in abomination,* detestare qcsa — *to be an abomination to sb,* essere in odio a qcno — *This soup is an abomination!, (fam.)* Questa minestra è uno schifo!

aboriginal [ˌæbə'ridʒinəl] *agg e s.* aborigeno.

aborigine [ˌæbə'ridʒini] *s.* aborigeno.

to **abort** [ə'bɔ:t] *vt e i.* **1** abortire *(nel linguaggio comune, solo per l'aborto procurato).* **2** *(fig.)* fallire.

abortion [ə'bɔ:ʃən] *s.* **1** aborto *(procurato o spontaneo): to have an abortion,* avere un aborto. **2** creatura nata prematuramente per aborto; *(fig.)* 'aborto'; persona o cosa fatta male, mal riuscita; piano o progetto che non si è realizzato.

abortionist [ə'bɔ:ʃənist] *s.* **1** chi procura aborti. **2** chi è a favore della legalizzazione dell'aborto.

abortive [ə'bɔ:tiv] *agg* abortivo; *(fig.)* fallito; vano. □ *avv* **abortively.**

to **abound** [ə'baund] *vi (seguito da* in *o* with*)* avere in abbondanza; abbondare (di); essere pieno (di): *The river abounds in fish,* Il fiume abbonda di pesci — *The hut abounded with insects,* La capanna era piena (pullulava) di insetti — *Fish abound in the lake,* I pesci abbondano nel lago.

about [ə'baut] **I** *prep* **1** intorno a; per; *(per estensione)* addosso; con sé: *He had a rope about his waist,* Aveva una corda intorno alla vita — *There's an air of mystery about him,* Intorno a lui c'è un'aria di mistero — *There were books and papers lying about the room,* C'erano libri e giornali sparsi per la stanza — *Keep your wits about you!, (fig.)* Stai attento a ciò che fai! — *He had twenty watches concealed about his person,* Aveva nascosti addosso venti orologi.

2 circa; quasi; sì e no; su per giù: *We walked (for) about 5 miles,* Camminammo per cinque miglia circa — *I'll come (at) about 6,* Verrò intorno alle 6 (alle 6 circa) — *There were about thirty people at the party,* Alla festa vi erano, sì e no, una trentina di persone — *I've had about enough!, (fig.)* Ne ho quasi abbastanza! — *It's about time you got up!,* È quasi ora che ti alzi! — *'The train is coming in' - 'And about time too!',* 'Arriva il treno' - 'Era proprio ora!'.

3 su; su di; di; circa: *What do you know about him?,* Cosa sai su di lui? — *to talk about sb,* parlare di qcno — *to be angry about sth,* essere arrabbiato per qcsa.

4 quanto a; per quanto riguarda (concerne): *Now, about that money you owe me...,* Dunque, quanto a quei soldi che mi devi... — *Mary's very careful about her health,* Mary sta molto attenta alla propria salute — *Be quick about it!,* Sbrigati! — *While you're about it...,* Mentre ci sei... — *to be worried about sth (sb),* essere preoccupato per qcsa (qcno) — *(per ellissi) how about...?; what about...?,* che ne dici di...?; che ne diresti di...? — *How (What) about going to France for our holidays?,* Che ne diresti di andare in Francia per le vacanze? — *Well, what about it?,* E con ciò?; E allora? — *'It's raining again' - 'What about it? We can't go out this afternoon anyway',* 'Piove di nuovo' - 'E con questo? Tanto non possiamo uscire questo pomeriggio' — *What's all this about?,* Cos'è questa storia? — *He's gone to see a man about a dog, (fam.)* È andato a vedere qualcuno *(quando non si vuol dire né perché né dove).*

5 in: *What is it about him you don't like? (What don't you like about him?),* Cosa c'è in lui che non ti piace?

II *avv* **1** intorno; attorno; in giro; qua e là: *Some loafers were standing about,* Alcuni sfaccendati se ne stavano lì — *Don't leave your toys lying about,* Non lasciare in giro i tuoi giocattoli — *The children were rushing about,* I bambini correvano qua e là — *There was no one about at that hour,* A quell'ora non si vedeva anima viva (non c'era nessuno) in giro.

2 dietro-front; per traverso: *About turn!, Right about!, (mil.)* Dietro-front! — *the wrong way about,* per traverso — *to turn and turn about (to take turns about),* alternarsi; fare a turno — *to go about, (naut.)* virare — ⇨ *anche* **to be about** *e* **to be about to do sth** *sotto* **to be; to come about** *sotto* **to come,** *ecc.*

above [ə'bʌv] **I** *prep* **1** più in alto di; sopra; al di sopra di; oltre: *The sun rose above the horizon,* Il sole salì oltre l'orizzonte — *We were flying above the clouds,* Stavamo volando al di sopra delle nuvole — *His conduct has always been above suspicion,* La sua condotta è sempre stata al di sopra di ogni sospetto.

2 più alto *(di numero, di prezzo, di peso, ecc.): The temperature has been above the average recently,* Recentemente la temperatura è stata superiore alla media — *There is nothing in this shop above three pounds,* Non c'è niente in questo negozio che costi più di tre sterline.

3 più di: *A soldier should value honour above life,* Il soldato dovrebbe aver caro l'onore più della vita — *above all,* soprattutto — *over and above* ⇨ **over II, 4.**

4 al di sopra di *(perché troppo grande, troppo buono, troppo difficile): This book is above me,* Questo libro è al di sopra delle mie capacità, è troppo difficile per me — *to live above one's means,* condurre un tenore di vita superiore ai propri mezzi — *to be above oneself (with joy),* essere fuori di sé (dalla gioia) — *to get above oneself,* diventare presuntuoso.

5 a monte di: *Above Oxford the Thames is far more beautiful,* Il Tamigi è assai più bello a monte di Oxford.

II *avv* **1** dall'alto; qui sopra *(retto talvolta dalla prep.* from*): My bedroom is just above,* La mia camera è proprio qui sopra — *Seen from above, the fields looked like a geometrical pattern,* Visti dall'alto, i campi sembravano un disegno geometrico.

2 prima; sopra *(in un libro, ecc.): As stated above...,* Come già detto... — *above-mentioned, (agg.)* suddetto; sopra citato.

3 in cielo; lassù: *the Powers above,* le potenze celesti — *Heavens above!,* Santo cielo! **4** sopra lo zero: *20 degrees above,* 20 gradi sopra zero.

above-mentioned [ə'bʌv 'menʃənd] *agg* ⇨ **above II, 2.**

to **abrade** [ə'breid] *vt* abradere; scorticare *(la pelle);* raschiare.

abrasion [ə'breiʒən] *s.* abrasione.

abrasive [ə'breisiv] *agg e s.* abrasivo. □ *avv* **abrasively.**

abreast [ə'brest] *avv* fianco a fianco; per due, tre *(ecc., in movimento); (talvolta, naut.)* di fronte: *walking three abreast,* marciando in riga per tre — *warships in line abreast,* navi da guerra affiancate. □ *to keep abreast of sth; to be abreast of (with) sth,* - **a)** tenersi in linea - **b)** tenersi aggiornato, informato su qcsa; marciare coi tempi — *We must read the newspapers to keep abreast of the times,* Dobbiamo leggere i giornali per tenerci aggiornati.

to **abridge** [ə'bridʒ] *vt* abbreviare; accorciare; riassumere; ridurre: *an abridged edition of 'David*

Copperfield', un'edizione ridotta di 'David Copperfield'.

abridgement [ə'bridʒmənt] *s.* abbreviazione; edizione ridotta; riassunto; limitazione; privazione *(di diritti, ecc.)*.

abroad [ə'brɔ:d] *avv* **1** all'estero: *to be (to go, to live, to travel) abroad,* essere (andare, abitare, viaggiare) all'estero. **2** *(ant. e in certe espressioni)* in giro: *There's a rumour abroad that...,* Si dice in giro che... — *The news quickly spread abroad,* La notizia si diffuse presto in giro. **3** *(ant.)* fuori; all'aperto; all'aria libera: *You were abroad early this morning,* Sei uscito presto stamattina.

to **abrogate** ['æbrəgeit] *vt* abrogare.

abrogation [,æbrə'geiʃən] *s.* abrogazione.

abrupt [ə'brʌpt] *agg* **1** improvviso; repentino; inaspettato: *The road is full of abrupt turns,* La strada è piena di curve impreviste. **2** *(di discorso)* sconnesso; slegato. **3** *(di comportamento)* brusco; sgarbato: *a man with an abrupt manner,* un uomo dai modi scortesi (bruschi). □ *avv* **abruptly.**

abruptness [ə'brʌptnis] *s.* **1** precipitazione; fretta. **2** ripidezza. **3** rudezza *(di modi)*. **4** sconnessione; frammentarietà *(di stile)*.

abscess ['æbses/-sis] *s.* ascesso.

to **abscond** [əb-/æb'skɔnd] *vi* fuggire; scappare; rendersi latitante: *to abscond with the takings,* fuggire con l'incasso.

absence ['æbsəns] *s.* **1** assenza; periodo di tempo di un'assenza: *absence from school,* assenza da scuola — *during his absence,* mentre era assente — *in the absence of the manager,* in assenza (durante l'assenza) del direttore — *an absence of three months,* un'assenza di tre mesi — *leave of absence,* aspettativa *(esonero temporaneo dal lavoro)*. **2** mancanza: *in the absence of definite information,* in mancanza di informazioni precise — *absence of mind,* distrazione; sbadataggine.

absent ['æbsənt] *agg* **1** assente; non presente; mancante: *absent from school,* assente da scuola. **2** assente; distratto; svagato; disattento; sbadato: *When I asked him a question he looked at me in an absent way and did not answer,* Quando gli feci una domanda mi guardò con aria distratta e non mi rispose. □ *absent-minded,* distratto — *absent-mindedly,* distrattamente; sbadatamente — *absent-mindedness,* distrazione; sbadataggine.
□ *avv* **absently.**

to **absent** [æb'sent/əb-] *vt to absent oneself,* assentarsi; essere assente: *Why did you absent yourself (from school) yesterday?,* Perché ti sei assentato (da scuola) ieri?

absentee [,æbsən'ti:] *s.* (persona) assente: *an absentee landowner,* un proprietario di terre che non risiede sui suoi fondi.

absenteeism [,æbsən'ti:izm] *s.* assenteismo.

absinth(e) ['æbsinθ] *s.* assenzio.

[1]**absolute** ['æbsəlju:t] *s.* assoluto.

[2]**absolute** ['æbsəlju:t] *agg* **1** assoluto; perfetto; completo; incondizionato; senza riserve: *A child usually has absolute trust in its mother,* Il bambino ha di solito una fiducia completa nella madre — *He's an absolute idiot,* È un perfetto imbecille — *When giving evidence in a law-court, we must tell the absolute truth,* Quando si testimonia in un tribunale bisogna dire tutta la verità. **2** *(di fatti)* reale; vero; sicuro; certo: *an absolute fact,* un fatto incontrovertibile — *He must not be punished unless you have absolute proof of his guilt,* Non deve essere punito, a meno che tu non abbia prove sicure (ineccepibili) della sua colpevolezza. **3** assoluto; illimitato; *(di potere)* dispotico; autoritario.
□ *avv* **absolutely 1** assolutamente; completamente; categoricamente; del tutto; senza riserve: *absolutely impossible,* assolutamente impossibile — *You're absolutely right,* Hai perfettamente ragione — *I absolutely refuse,* Mi rifiuto assolutamente, categoricamente. **2** *(fam., usato come affermazione)* certo!; certamente!; sicuro!

absolution [,æbsə'lju:ʃən] *s.* assoluzione.

absolutism ['æbsoulutizəm] *s.* assolutismo; dispotismo.

absolutist ['æbsoulutist] *s. e agg* assolutista.

to **absolve** [æb'zɔlv/əb-] *vt* assolvere; sciogliere *(da un voto, da una promessa, ecc.)*.

to **absorb** [əb'sɔ:b/æb-] *vt* **1** assorbire; *(fig.)* incorporare; assimilare; far proprio: *Paper that absorbs ink is called blotting-paper,* La carta che assorbe inchiostro si chiama carta assorbente — *The boy absorbed all the knowledge that his teachers could give him,* Il ragazzo assimilò tutto il sapere che i suoi insegnanti erano in grado di trasmettergli. **2** impegnare; consumare; esaurire: *His business absorbs him completely,* È tutto preso dagli affari — *He was absorbed in a book,* Era tutto assorto nella lettura di un libro.

[1]**absorbent** [əb'sɔ:bənt] *agg* assorbente: *absorbent cotton-wool,* cotone idrofilo. □ *avv* **absorbently.**

[2]**absorbent** [əb'sɔ:bənt] *s.* (sostanza) assorbente.

absorber [əb'sɔ:bə*] *s.* **1** *(fis.)* assorbitore. **2** *(anche* shock absorber*)* ammortizzatore.

absorbing [əb'sɔ:biŋ] *agg* assorbente; *(fig.)* interessantissimo; avvincente: *an absorbing tale,* un racconto interessantissimo. □ *avv* **absorbingly.**

absorption [əb'sɔ:pʃən] *s.* assorbimento; *(fig.)* impegno; dedizione: *Complete absorption in sport interfered with his studies,* La dedizione completa allo sport ostacolò i suoi studi.

to **abstain** [əb'stein/æb-] *vi* astenersi.

abstainer [əb'steinə*/æb-] *s.* chi si astiene: *total abstainer,* astemio.

abstemious [əb'sti:miəs/æb-] *agg* sobrio; moderato: *an abstemious meal,* un pasto frugale. □ *avv* **abstemiously.**

abstemiousness [əb'sti:miəsnis/æb-] *s.* sobrietà; temperanza.

abstention [əb'stenʃən/æb-] *s.* astensione *(spec. dal voto)*: *six votes for, three against, and two abstentions,* sei voti favorevoli, tre contrari e due astensioni.

abstinence ['æbstinəns] *s.* astinenza.

[1]**abstract** ['æbstrækt] *agg* **1** astratto: *A flower is beautiful but beauty itself is abstract,* Un fiore è bello, ma la bellezza in sé è astratta — *an abstract noun,* un nome astratto — *abstract art,* arte astratta. **2** *(come agg. sostantivato)* astrazione; concetto astratto: *in the abstract,* in astratto; teoricamente.

[2]**abstract** ['æbstrækt] *s.* riassunto; compendio; sommario; estratto: *an abstract of a sermon,* un riassunto di una predica — *abstract of title,* estratto di certificato di proprietà.

to **abstract** [æb'strækt] *vt* **1** estrarre; separare; ricavare; astrarre; fare astrazione (da); fare un estratto; riassumere: *to abstract metal from ore,* estrarre metallo dal minerale grezzo. **2** rubare: *to abstract a watch from sb's pocket,* rubare un orologio dalla tasca di qcno.

abstracted [æb'stræktid] *agg* **1** distratto; preoccupato; assorto; astratto. **2** *(di sostanze varie)* estratto; ricavato; separato; distillato. □ *avv* **abstractedly.**

abstraction [æb'strækʃən] *s.* **1** estrazione; separazione; sottrazione *(di denaro, ecc.).* **2** distrazione: *in a moment of abstraction,* in un momento di distrazione — *with an air of abstraction,* con aria svagata. **3** astrazione; idea astratta; idea campata in aria; fisima: *Don't lose yourself in abstractions,* Non perderti in fisime.

abstruse [æb'stru:s/əb-] *agg* astruso; recondito. □ *avv* **abstrusely.**

abstruseness [æb'stru:snis/əb-] *s.* astrusità.

absurd [əb'sə:d] *agg* assurdo; ridicolo; *(talvolta)* sciocco. □ *avv* **absurdly.**

absurdity [əb'sə:diti] *s.* assurdità; sciocchezza.

abundance [ə'bʌndəns] *s.* abbondanza; grande quantità; ricchezza: *food and drink in abundance,* da mangiare e da bere a volontà — *to live in abundance,* vivere nell'abbondanza, riccamente — *an abundance of good things,* un gran numero di cose buone.

abundant [ə'bʌndənt] *agg* **1** abbondante; in quantità; più che sufficiente: *We have abundant proof of his guilt,* Abbiamo prove più che sufficienti della sua colpevolezza. **2** ricco: *to be abundant in sth,* essere ricco di qcsa — *a land abundant in minerals,* una regione ricca di minerali. □ *avv* **abundantly.**

abuse [ə'bju:s] *s.* insulti; ingiurie: *to greet sb with a stream of abuse,* accogliere qcno con una valanga di insulti — *to shower abuse on sb,* rovesciare insulti su qcno.

to **abuse** [ə'bju:z] *vt* **1** abusare; far cattivo uso: *He abused the confidence they had placed in him,* Abusò della fiducia che avevano riposto in lui. **2** ingiuriare; insultare; offendere; parlare male (di). **3** *(ant.)* trattar male. **4** *(ant., solo al pass.)* ingannare: *The serpent abused Eve,* Il serpente ingannò Eva.

abusive [ə'bju:siv] *agg* ingiurioso; offensivo; scurrile: *to use abusive language to sb,* usare un linguaggio offensivo verso qcno — *to become abusive,* cominciare ad offendere. □ *avv* **abusively.**

to **abut** [ə'bʌt] *vi* (**-tt-**) *(seguito da* on, onto*)* **1** confinare con *(di terreno, ecc.);* essere a ridosso di. **2** *(di un arco)* appoggiarsi. **3** attestare, attestarsi.

abutment [ə'bʌtmənt] *s.* *(industria edile, ecc.)* spalla; appoggio; attestatura.

abysm [ə'bizəm] *s.* *(poet.)* abisso.

abysmal [ə'bizməl] *agg* abissale *(spec. fig.).* □ *avv* **abysmally.**

abyss [ə'bis] *s.* abisso; inferno: *the abyss of despair,* l'abisso della disperazione.

Abyssinian [,æbi'sinjən] *s. e agg* abissino.

acacia [ə'keiʃə] *s.* **1** acacia: *false acacia,* robinia. **2** gomma arabica.

academic [,ækə'demik] *agg* **1** accademico; universitario; letterario; dotto: *the academic year,* l'anno accademico, universitario — *academic subjects,* materie umanistiche *(non tecniche o scientifiche)* — *academic rank,* ordine accademico — *academic costume,* toga accademica. **2** teorico; accademico; troppo astratto; non pratico.

□ *s.* (professore) universitario; accademico.

academical [,ækə'demikəl] *agg* universitario: *academical training,* istruzione universitaria. □ *avv* **academically.**

□ *s.* *(solo al pl.)* toga accademica.

academician [ə,kædə'miʃən] *s.* accademico.

academy [ə'kædəmi] *s.* **1** accademia; scuola superiore a indirizzo speciale: *a naval (military) academy,* un'accademia navale (militare) — *an academy of music,* un'accademia musicale; un conservatorio. **2** accademia; società o associazione di uomini illustri: *the Royal Academy of Arts, (GB)* l'Accademia Reale delle Belle Arti — *the Academy, (GB)* la mostra annuale organizzata dall'Accademia Reale delle Belle Arti.

to **accede** [ək'si:d] *vi* **1** accedere; acconsentire: *We accede to your request,* Accogliamo la vostra richiesta. **2** assumere; succedere; prendere possesso *(di una carica, ecc.): to accede to the throne,* salire al trono. **3** *(raro)* aderire; entrare a far parte di: *to accede to a political party,* aderire a un partito politico.

to **accelerate** [æk'seləreit] *vt e i.* accelerare; aumentare di velocità; accorciare *(i tempi).*

acceleration [æk,selə'reiʃən] *s.* accelerazione.

accelerator [æk'seləreitə*] *s.* acceleratore.

accent ['æksənt] *s.* **1** accento *(anche fig.);* rilievo *(della voce, di un suono, ecc.): In the word 'above' the accent is on the second syllable,* Nella parola 'above' l'accento è sulla seconda sillaba — *In this election campaign the accent is on the problem of education,* In questa campagna elettorale l'accento viene posto sul problema della scuola. **2** accento; intonazione: *to speak English with a foreign accent,* parlare inglese con un accento straniero — *to speak without an accent,* parlare perfettamente, senza inflessioni particolari. **3** *(al pl.)* tono; modo di esprimersi; linguaggio particolare: *in the tender accents of love,* nel dolce linguaggio dell'amore.

to **accent** [æk'sent/ək-] *vt* accentare; accentuare; *(fig.)* mettere in evidenza; sottolineare; dar risalto.

to **accentuate** [æk'sentjueit] *vt* accentuare; mettere in evidenza; attirare l'attenzione (su qcsa).

accentuation [æk,sentju'eiʃən] *s.* accentuazione; *(fig.)* enfasi; risalto.

to **accept** [ək'sept/æk-] *vt* **1** accettare; accogliere; gradire: *to accept a gift; to accept an invitation,* accettare un regalo (accogliere un invito) — *an accepted truth,* una verità accettata da tutti. **2** *(comm.)* accettare; prendersi la responsabilità: *to accept a bill of exchange,* accettare una cambiale — *to accept delivery of goods,* accettare la consegna di merci.

acceptability [ək,septə'biliti] *s.* accettabilità.

acceptable [ək'septəbl] *agg* accettabile; soddisfacente; gradevole: *If this proposal is acceptable to you,* Se questa proposta (offerta) vi soddisfa. □ *avv* **acceptably.**

acceptance [ək'septəns] *s.* **1** accoglienza favorevole; consenso; approvazione; benevolenza: *The proposal met with general acceptance,* La proposta venne accolta con il consenso generale. **2** *(comm.)* accettazione: *non-acceptance,* non (mancata) accettazione.

acceptation [,æksep'teiʃən] *s.* **1** accettazione; accoglienza favorevole. **2** *(gramm.)* accezione; significato.

access ['ækses] *s.* **1** accesso; adito; via libera: *to be easy (difficult) of access,* essere di facile (difficile) accesso — *good access roads,* buone strade di accesso — *The only access to the farmhouse is across the fields,* L'unica via di accesso alla cascina passa attraverso i campi. **2** accesso; facoltà di accedere: *Only high Court officials had access to the Emperor,* Soltanto i grandi funzionari di Corte avevano libero accesso presso l'Imperatore. **3** accesso; attacco *(d'ira, di disperazione, di malattia).*

accessary [ək'sesəri/æk-] *agg e s.* ⇨ **accessory.**

accessibility [ək,sesi'biliti] *s.* accessibilità.

accessible [ək'sesibl] *agg* **1** accessibile; avvicinabile; raggiungibile: *The collection of paintings is not accessible to the public,* La collezione di dipinti non è accessibile al pubblico — *facts that are accessible to* *all,* fatti che tutti possono verificare. **2** capace di; aperto a: *He is not accessible to pity,* Non è capace di pietà. □ *avv* **accessibly.**

accession [æk'seʃən] *s.* **1** ascesa *(al trono);* raggiungimento; entrata *(in carica): on his accession to the estate,* alla sua entrata in possesso del patrimonio — *on his accession to manhood,* una volta divenuto uomo adulto. **2** accessione; aumento; aggiunta *(di patrimonio, ecc.): accession book,* registro dei nuovi acquisti *(nelle biblioteche).* **3** adesione: *the accession of new members to a political party,* l'adesione (iscrizione) di nuovi membri a un partito politico.

accessory [æk'sesəri] *s.* **1** accessorio; parte complementare: *auto accessories,* accessori per automobili. **2** *(dir.)* complice.
□ *(come agg. predicativo)* partecipante.

accidence ['æksidəns] *s. (gramm.)* morfologia.

accident ['æksidənt] *s.* **1** incidente; disgrazia; infortunio: *a railway accident; a motoring accident,* un incidente ferroviario; un incidente d'auto — *He has had (He has met with) an accident,* Ha avuto un incidente (È rimasto vittima di un incidente) — *accident insurance,* assicurazione contro gli infortuni — *accident-free,* senza incidenti — *He has been driving accident-free for twenty years,* Guida da vent'anni senza incorrere in incidenti — *without accident,* senza incidenti. **2** caso: *by accident,* per caso — *I met him by accident,* L'ho incontrato per caso.
□ *Accidents will happen, (prov.)* Non tutte le ciambelle riescono col buco.

accidental [,æksi'dentl] *agg* accidentale; fortuito; casuale: *an accidental meeting with a friend,* un casuale incontro con un amico. □ *avv* **accidentally 1** per caso; accidentalmente. **2** per disgrazia.
□ *s.* accidente *(anche mus.).*

acclaim [ə'kleim] *s.* acclamazione; grida di applauso.

to **acclaim** [ə'kleim] *vt* **1** acclamare; applaudire: *to acclaim the winner of a race,* applaudire il vincitore di una corsa. **2** acclamare; proclamare: *They acclaimed him king,* Lo acclamarono re.

acclamation [,æklə'meiʃən] *s.* **1** acclamazione: *The emperor was elected by acclamation,* L'imperatore fu eletto per acclamazione. **2** *(generalm. al pl.)* acclamazioni; grida della folla; applausi.

to **acclimate** [ə'klaimeit] *vt e i. (USA)* ⇨ **to acclimatize.**

acclimatization [ə,klaimətai'zeiʃən] *s.* acclimazione; acclimatazione.

to **acclimatize** [ə'klaimətaiz] *vt e i.* acclimare; acclimatare, acclimatarsi *(anche fig.): You will soon get acclimatized,* Ti adatterai facilmente al clima.

acclivity [ə'kliviti] *s.* erta; salita.

accolade ['ækəleid] *s.* **1** *(stor.)* accollata; abbraccio. **2** *(fig.)* approvazione. **3** *(mus.)* graffa.

to **accommodate** [ə'kɔmədeit] *vt* **1** alloggiare; accogliere; ricevere; ospitare: *The hotel can accommodate 500 guests,* L'albergo può accogliere (ospitare, dare alloggio a) 500 persone. **2** fornire; dare; favorire; procurare: *The bank will accommodate you with a loan,* La banca ti concederà un prestito. **3** adattare; armonizzare; comporre; mettere d'accordo: *We must accommodate ourselves to circumstances,* Dobbiamo adattarci alle circostanze.

accommodating [əkɔmə'deitiŋ] *agg* accomodante; compiacente; servizievole. □ *avv* **accommodatingly.**

accommodation [ə,kɔmə'deiʃən] *s.* **1** *(sempre al pl. negli USA)* alloggio, alloggi; ricettività *(alberghiera, ecc.).* **2** posti a sedere. **3** comodità; facilitazioni. **4** adattamento; aggiustamento; accomodamento; sistemazione; accordo. **5** disponibilità; compiacenza; arrendevolezza. □ *an accommodation ladder, (naut.)* un barcarizzo — *an accommodation bill, (comm.)* una cambiale di comodo, di favore — *an accommodation train, (USA)* un treno accelerato.

accompaniment [ə'kʌmpənimənt] *s.* **1** ciò che segue naturalmente o si accompagna; seguito; conseguenza: *Disease is often an accompaniment of famine,* La malattia è spesso una conseguenza della (si accompagna spesso alla) carestia. **2** *(mus.)* accompagnamento: *a song with piano accompaniment,* una canzone con accompagnamento di pianoforte.

accompanist [ə'kʌmpənist] *s. (mus.)* accompagnatore.

to **accompany** [ə'kʌmpəni] *vt* **1** accompagnare; scortare: *He was accompanied by his secretary,* Era accompagnato dal suo segretario — *Warships will accompany the convoy across the Atlantic,* Navi da guerra scorteranno il convoglio nella traversata atlantica. **2** seguire; associare; unire: *fever accompanied by delirium,* febbre accompagnata da delirio — *lightning accompanied by thunder,* lampo seguito da tuono — *to accompany one's words with blows,* rafforzare i propri argomenti a suon di pugni. **3** *(mus.)* accompagnare: *The singer was accompanied at the piano by Mr Moore,* Il cantante era accompagnato al pianoforte dal signor Moore.

accomplice [ə'kʌmplis] *s.* complice.

to **accomplish** [ə'kʌmpliʃ] *vt* compiere; realizzare; ultimare; completare; portare a compimento: *to accomplish a task,* portare a termine un compito — *A man who will never accomplish anything,* Un uomo che non combinerà mai nulla.

accomplished [ə'kʌmpliʃd] *agg (p. pass. di* **to accomplish** ⇨) compiuto; perfetto; raffinato; compito; ben educato; istruito; colto: *an accomplished fact,* un fatto compiuto — *an accomplished dancer,* un ballerino perfetto — *an accomplished young lady,* una signorina colta e educata.

accomplishment [ə'kɔmpliʃmənt] *s.* **1** compimento; completamento; realizzazione: *difficult of accomplishment,* di difficile realizzazione. **2** compitezza; finitura. **3** dote; pregio; qualità; talento: *Among her accomplishments were playing the piano, dancing, sewing, and cooking,* Fra gli altri pregi aveva quello di saper suonare il piano, ballare, cucire e cucinare.

accord [ə'kɔ:d] *s.* **1** accordo; trattato. **2** *(mus., poesia, colori, ecc.)* armonia.
□ *of one's own accord,* spontaneamente — *in accord with,* d'accordo con; in conformità con — *out of accord with,* in disaccordo con — *with one accord,* di comune accordo; all'unanimità.

to **accord** [ə'kɔ:d] *vt e i.* **1** accordare; concedere: *He was accorded a warm welcome,* Gli fu riservata una calorosa accoglienza. **2** *(di cose, di fatti)* andar d'accordo; accordarsi: *What you say does not accord with the previous evidence,* Quello che dici non va d'accordo con la precedente testimonianza.

accordance [ə'kɔ:dəns] *s.* conformità; accordo: *(generalm. nella frase) in accordance with (USA* to*) your wishes,* in conformità con i vostri desideri.

according [ə'kɔ:diŋ] **1 according to** *(prep.),* - **a)** secondo; a seconda di: *According to the Bible, God created the earth in six days,* Secondo la Bibbia, Dio creò la terra in sei giorni - **b)** conformemente a: *He will be punished according to the seriousness of his crime,* Sarà punito conformemente alla gravità del suo reato.
2 according as *(congiunz.),* a seconda che; secondo che; nella misura in cui: *You will be praised or blamed according as your work is good or bad,* Sarai lodato o

biasimato secondo che il tuo lavoro sia buono o cattivo.

accordingly [ə'kɔ:diŋli] *avv* **1** per questo motivo; perciò. **2** di conseguenza; in conformità: *I have explained the circumstances to you: now you must act accordingly,* Vi ho spiegato i fatti: ora tocca a voi agire di conseguenza.

accordion [ə'kɔ:djən] *s.* fisarmonica. □ *accordion door,* porta a libro (a soffietto) — *accordion pleat,* piega a fisarmonica.

to **accost** [ə'kɔst] *vt* avvicinare; accostare; abbordare *(per strada): I was accosted by a beggar,* Fui avvicinato da un mendicante.

account [ə'kaunt] *s.* **1** *(comm. e fig.)* conto; acconto; conteggio: *to open an account,* aprire un conto *(in banca o in un negozio)* — *to settle an account,* saldare un conto — *to balance (to square) accounts with sb, (fig.)* sistemare i conti con qcno — *to pay money on account,* dare un acconto — *current account (talvolta* account current*),* conto corrente — *account rendered,* saldo del conto precedente — *money of account,* moneta senza conio *(p.es. come la ghinea)* — *account payable,* conto passivo — *account receivable,* conto attivo — *cheque account,* conto corrente di corrispondenza — *deposit account,* conto vincolato — *overdrawn account,* conto scoperto — *expense account,* conto spese — *capital account,* conto capitale — *goods account,* conto merci — *sales account,* conto vendite — *statement of account,* estratto conto — *transfer account,* giro conto — *joint account,* conto in partecipazione; conto sociale — *on one's own account,* per conto proprio.
2 *(solo al sing.)* profitto; beneficio: *to turn (to put) sth to (good) account,* trarre profitto da qcsa.
3 resoconto; versione; relazione; rapporto: *Don't always believe newspaper accounts,* Non credere sempre a quello che dicono i giornali — *By his own account,* Secondo la sua versione; A quanto egli dice — *by all accounts,* a detta di tutti.
4 conto; considerazione; importanza: *of no account,* di poco conto — *of some (little) account,* di una certa (poca) importanza — *to leave sth out of account (to take no account of sth),* non tenere qcsa in alcuna considerazione — *to take sth into account (to take account of sth),* tenere conto di qcsa.
5 motivo; causa: *on this (that) account,* per questo (quel) motivo — *on account of,* a causa di — *on no account; not on any account,* in nessun caso; per nessuna ragione.
□ *to call (to bring) sb to account,* chiedere conto (spiegazione) a qcno — *to have an account to settle with sb, (fig.)* avere un conto da regolare con qcno — *to give a good account of oneself,* - **a)** giustificarsi - **b)** farsi onore — *He has gone to his account,* È morto.

to **account** [ə'kaunt] *vt e i.* **1** considerare; reputare: *In English law a man is accounted innocent until he is proved guilty,* Secondo la legge inglese una persona è considerata innocente fin quando non ne è stata provata la colpevolezza.
2 *(seguito da* for*)* uccidere; distruggere: *We accounted for five brace of partridges,* Uccidemmo dieci pernici — *Our submarines accounted for over 20 enemy ships last month,* I nostri sottomarini distrussero più di 20 navi nemiche il mese scorso.
3 *(spesso seguito da* for*)* spiegare; giustificare; rendere conto di: *He has been asked to account for his conduct,* Gli chiesero di giustificare la sua condotta — *His illness accounts for his absence,* La sua malattia spiega la sua assenza — *The boy had to account to his parents for the money they had given him,* Il ragazzo dovette rendere conto ai suoi genitori del denaro che gli avevano dato — *There is no accounting for tastes,* Sui gusti non si discute — *Three of the books have not been accounted for,* Non si spiega dove siano finiti tre dei libri.

accountability [ə,kauntə'biliti] *s.* **1** responsabilità. **2** attendibilità.

accountable [ə'kauntəbl] *agg* responsabile: *accountable for,* responsabile di. □ *avv* **accountably.**

accountancy [ə'kauntənsi] *s.* ragioneria; computisteria; contabilità.

accountant [ə'kauntənt] *s.* ragioniere; contabile: *chartered accountant (GB); certified public accountant (USA),* ragioniere iscritto all'albo professionale.

accounting [ə'kauntiŋ] *s.* contabilità; tenuta dei conti: *cost accounting,* contabilità industriale.

accoutrements [ə'ku:trəmənts] *(fr.) s. pl* accessori; equipaggiamento.

to **accredit** [ə'kredit] *vt* **1** accreditare; fornire le credenziali *(di ambasciatore): He was accredited to Lisbon,* Fu accreditato ambasciatore a Lisbona. **2** (= **to credit**) accreditare; registrare a credito. **3** confermare; rendere credibile.

accredited [ə'kreditid] *agg* accreditato; riconosciuto; accettato (da tutti); ritenuto vero.

accretion [ə'kri:ʃən] *s.* accrescimento; aumento; aggiunta; *(dir.)* accessione *(anche per alluvione).*

accrual [ə'kru:əl] *s. (comm.)* **1** accumulazione. **2** rateo.

to **accrue** [ə'kru:] *vt* risultare; conseguire; provenire; derivare; accumulare: *If you keep money in a bank, interest accrues,* Se depositi denaro in banca ne risulta (matura) un interesse — *accrued expense,* rateo passivo — *accrued income,* rateo attivo.

to **accumulate** [ə'kju:mjuleit] *vt e i.* accumulare; ammassare; ammucchiare; mettere insieme; accumularsi; ammassarsi; ammucchiarsi: *By working hard you may accumulate a fortune,* Lavorando molto puoi accumulare un patrimonio — *By buying ten books every month, he accumulated a library,* Comperando dieci libri al mese, mise insieme una biblioteca — *Dust soon accumulates if one doesn't sweep out the rooms,* La polvere fa presto ad accumularsi se non si scopano le stanze.

accumulation [ə,kju:mju'leiʃən] *s.* **1** accumulazione: *the accumulation of money (of useful knowledge),* l'accumulazione di denaro (di nozioni utili). **2** ammasso; cumulo; mucchio. **3** *(econ.)* aumento di capitale *(con gli interessi capitalizzati).*

accumulative [ə'kju:mjulətiv] *agg* accumulativo; *(di persona)* avido. □ *avv* **accumulatively.**

accumulator [ə'kju:mju,leitə*] *s.* **1** *(elettr.)* accumulatore: *to charge an accumulator,* caricare un accumulatore. **2** *(di persona)* accumulatore; accaparratore.

accuracy ['ækjurəsi] *s.* esattezza; precisione; diligenza; accuratezza.

accurate ['ækjurit] *agg* **1** esatto; giusto; senza errori: *Clocks in railway stations should be accurate,* Gli orologi delle stazioni ferroviarie dovrebbero essere esatti — *accurate scales,* bilancia di precisione. **2** diligente; accurato; preciso: *to be accurate in one's work,* essere diligente nel proprio lavoro — *to be quick and accurate at figures,* essere svelto e preciso nei calcoli. □ *avv* **accurately.**

accursed [ə'kə:sid] *(ant.)* **accurst** [ə'kə:st] *agg* maledetto; detestabile; esecrando.

accusation [,ækju'zeiʃən] *s.* accusa; atto d'accusa; incriminazione: *to bring an accusation of theft against sb,* incriminare qcno di furto — *to be under an accusation of theft,* essere accusato di furto.

accusative [ə'kju:zətiv] *agg e s.* accusativo.

accusatory [ə'kju:zətri] *agg* accusatorio; di accusa.

to **accuse** [ə'kju:z] *vt* accusare; incriminare: *to accuse sb of theft (of having committed a crime),* accusare qcno di furto (di aver commesso un delitto) — *to be accused of sth,* essere accusato di qcsa.

accused [ə'kju:zd] *s. (dir.: quasi sempre con l'art. determinativo)* (l')accusato; (l')imputato.

accuser [ə'kju:zə*] *s.* accusatore.

accusing [ə'kju:ziŋ] *agg* accusatorio; accusatore: *an accusing look,* uno sguardo accusatore. ☐ *avv* **accusingly.**

to **accustom** [ə'kʌstəm] *vt (spec. al passivo)* abituare; avvezzare; adattare: *This is not the kind of treatment I am accustomed to,* Questo non è il genere di trattamento cui sono abituato — *I am not accustomed to listening to such things,* Non sono abituato a prestare attenzione a simili cose — *to accustom oneself to working at night,* abituarsi a lavorare di notte — *to get (to become) accustomed to doing sth,* abituarsi a fare qcsa.

accustomed [ə'kʌstəmd] *agg (p. pass. di* **to accustom**) solito; abituale; usuale: *sitting in his accustomed chair,* seduto sulla sua solita sedia.

ace [eis] *s.* **1** asso *(dadi, carte): an ace up one's sleeve (an ace in the hole),* un asso nella manica. **2** asso; campione *(spec. aviatore o pilota).* ☐ *within an ace of...,* sul punto di...; a un pelo da... — *I came within an ace of death (of being killed),* Poco ci mancò che non ci lasciassi la pelle.

acerbity [ə'sə:biti] *s.* acerbità; *(fig.)* acredine; amarezza.

acetate ['æsiteit] *s.* acetato: *acetate silk,* seta artificiale fatta con acetato di cellulosa.

acetic [ə'si:tik] *agg* acetico.

acetylene [ə'setili:n] *s.* acetilene.

[1]**ache** [eitʃ] *s.* ⇨ **aitch.**

[2]**ache** [eik] *s.* dolore persistente; male *(spec. nei composti): ear-ache,* mal d'orecchi — *stomach-ache,* mal di stomaco — *to have aches and pains all over,* essere pieno di dolori. ☐ *heart-ache, (fig.)* angoscia.

to **ache** [eik] *vi (p. pres.* **aching**) **1** dolere; far male: *My head aches,* Mi fa male la testa — *After climbing the mountain, he was aching all over,* Dopo aver scalato la montagna si sentiva tutto indolenzito — *It makes my heart ache,* Mi fa male al cuore; Mi rende triste. **2** desiderare ardentemente: *My heart aches for her,* Non vedo l'ora di vederla — *He ached to be free,* Non vedeva l'ora di essere libero.

achievable [ə'tʃi:vəbl] *agg* ottenibile; raggiungibile; conseguibile.

to **achieve** [ə'tʃi:v] *vt* **1** compiere; portare a termine; ultimare: *He will never achieve anything,* Non combinerà mai niente. **2** ottenere; conseguire; raggiungere *(uno scopo): He soon achieved his purpose,* Raggiunse presto il suo scopo — *to achieve success in public life,* ottenere successo nella vita pubblica.

achievement [ə'tʃi:vmənt] *s.* **1** compimento; conseguimento; raggiungimento: *the achievement of the undertaking,* il compimento dell'impresa — *impossible of achievement,* impossibile a compiersi. **2** impresa; conquista; risultato; realizzazione; successo: *The inventor was rewarded by the government for his scientific achievements,* L'inventore fu premiato dal governo per i suoi risultati scientifici — *That's quite an achievement!,* È un bel risultato! **3** *(araldica)* stemma commemorativo di un'impresa.

Achilles [ə'kili:z] *nome proprio (nelle espressioni) Achilles' tendon, (anat.)* tendine di Achille — *Achilles' heel,* tallone di Achille *(anche fig.).*

achromatic [,ækrou'mætik] *agg* acromatico; incolore.

acid ['æsid] *agg* **1** acido; aspro; acre; agro: *Vinegar has an acid taste,* L'aceto ha un sapore acido — *acid drops,* caramelline dure dal gusto acidulo. **2** *(fig.)* aspro; acido; risentito; sarcastico. ☐ *avv* **acidly.**

☐ *s.* **1** acido: *acid-proof; acid-resisting,* resistente agli acidi; inattaccabile dagli acidi — *the acid test,* la prova dell'acido; *(fig.)* la prova del fuoco; prova del valore di qcno o di qcsa. **2** *(sl.)* 'acido'; allucinogeno; LSD: *acid-head, (sl.)* persona dedita all'uso degli allucinogeni.

to **acidify** [ə'sidifai] *vt e i.* acidificare, acidificarsi.

acidity [ə'siditi] *s.* acidità.

to **acidulate** [ə'sidjuleit] *vt* acidulare; rendere acidulo.

acidulous [ə'sidjuləs] *agg* **1** acidulo; lievemente acido. **2** *(fig.)* aspretto; risentito; sarcastico; amaro. ☐ *avv* **acidulously** ⇨ **acidulous 2.**

ack-ack ['æk'æk] *s. e agg (sl. mil.)* artiglieria antiaerea.

to **acknowledge** [ək'nɔlidʒ] *vt* **1** riconoscere; ammettere; confessare: *He refused to acknowledge defeat,* Si rifiutò di ammettere la sconfitta — *He would not acknowledge his mistake,* Non riconoscerebbe il suo errore — *Do you acknowledge the signature?,* Riconosce la Sua firma? — *Stephen acknowledged Henry as his heir,* Stephen riconobbe Henry come suo erede. **2** accusare ricevuta *(di lettera, ecc.);* confermare il ricevimento *(di un messaggio): We acknowledge (receipt of) your letter of October 12th,* Abbiamo ricevuto la vostra lettera del 12 ottobre. **3** ringraziare; dare atto: *We must not fail to acknowledge his services to the town,* Non dobbiamo mancare di ringraziarlo per i servigi resi alla città. **4** riconoscere *(qcno);* mostrare di riconoscere *(qcno, facendo un cenno di saluto, ecc.);* rispondere *(ad un saluto): I met him in town but he didn't acknowledge my 'Good morning',* Lo incontrai in città, ma non rispose al mio 'buon giorno'.

acknowledgement [ək'nɔlidʒmənt] *s.* **1** riconoscimento; ammissione; apprezzamento; ringraziamento: *We are sending you a small present in acknowledgement of your valuable help,* Le inviamo un piccolo dono come riconoscimento del Suo prezioso aiuto. **2** ricevuta; dichiarazione di ricevuta; risposta; riscontro; dono o segno di riconoscenza: *We have had no acknowledgement of our letter,* Non abbiamo avuto riscontro alla nostra lettera.

acme ['ækmi] *s.* acme; culmine; sommo; il punto più alto; crisi *(di malattia): the acme of his desires,* il massimo dei suoi desideri.

acne ['ækni] *s.* **1** acne. **2** pustola; pustoletta; foruncolo.

acolyte ['ækəlait] *s.* accolito; novizio; *(per estensione)* principiante.

aconite ['ækənait] *s.* aconito; napello; estratto di aconito.

aconitin, aconitine ['ækənaitin] *s.* aconitina.

acorn ['eikɔ:n] *s.* ghianda: *acorn-cup,* cupola di ghianda.

acoustic [ə'ku:stik] *agg* acustico: *an acoustic gramophone,* un grammofono a tromba. ☐ *avv* **acoustically.**

acoustics [ə'ku:stiks] *s.* **1** *(con il v. al sing.)* acustica; scienza dei suoni. **2** *(con il v. al pl.)* acustica; qualità o proprietà acustiche: *The acoustics of the new hall are excellent,* L'acustica della nuova sala è eccellente.

to **acquaint** [ə'kweint] *vt* **1** informare; avvisare; far sapere a; annunciare a; mettere al corrente: *to acquaint sb with the facts,* informare qcno dei fatti; aggiornarlo. **2** *to be acquainted with (sb, sth),* conoscere personalmente (qcno, qcsa); essere al corrente (di qcsa) — *I am not acquainted with the lady,* Non conosco la signora — *Are you fully acquainted with the facts of the case?,* Siete pienamente al corrente dei fatti in questione? □ *to acquaint oneself with one's new duties,* familiarizzarsi con i propri nuovi compiti.

acquaintance [ə'kweintəns] *s.* **1** conoscenza *(generalm. non profonda): He has some acquaintance with German, but does not speak it fluently,* Ha una certa conoscenza del tedesco, ma non lo parla correntemente — *to make sb's acquaintance; to make the acquaintance of sb,* fare la conoscenza di qcno — *upon further acquaintance,* una volta approfondita la conoscenza — *to have a nodding (bowing) acquaintance with sb,* avere una conoscenza di qcno limitata al saluto. **2** conoscente; conoscenza (persona conosciuta): *He has a wide circle of acquaintances but few real friends,* Ha moltissimi conoscenti, ma pochi veri amici — *a wide acquaintance, (ant.)* un gran numero di conoscenze.

acquaintanceship [ə'kweintənʃip] *s.* conoscenza; *(come s. collettivo)* conoscenti; conoscenze; relazioni.

to **acquiesce** [,ækwi'es] *vi* **1** acconsentire *(generalm. senza entusiasmo): She wants to marry a poor school teacher but her parents will never acquiesce,* Vuole sposare un povero insegnante, ma i suoi genitori non acconsentiranno mai. **2** *to acquiesce in sth,* rassegnarsi a qcsa; accettare qcsa *(senza proteste).*

acquiescence [,ækwi'esns] *s.* acquiescenza; freddo consenso; sottomissione; docilità.

acquiescent [,ækwi'esnt] *agg* acquiescente; (tacitamente) consenziente.

to **acquire** [ə'kwaiə*] *vt* acquisire; acquistare; procurarsi; ottenere; farsi *(un nome, ecc.): to acquire a good knowledge of English,* acquisire una buona conoscenza dell'inglese — *to acquire a reputation for dishonesty,* guadagnarsi la fama di disonesto — *to acquire a taste for whisky,* prendere gusto al whisky — *an acquired taste,* un gusto acquisito.

acquirement [ə'kwaiəmənt] *s.* **1** acquisizione; apprendimento. **2** cosa acquisita; cognizioni; doti; qualità: *Knowledge of a foreign language is a useful acquirement,* La conoscenza di una lingua straniera è (un'acquisizione) utile — *They are always boasting of Mary's acquirements,* Non fanno che esaltare le doti di Mary.

acquisition [,ækwi'ziʃən] *s.* acquisizione; *(fig.)* acquisto: *Mr Brown will be a valuable acquisition to the teaching staff of our school,* Il signor Brown sarà un acquisto molto valido per il corpo insegnante della nostra scuola.

acquisitive [ə'kwizitiv] *agg* desideroso di acquisire, di imparare; avido *(anche di guadagno): to be acquisitive of new ideas,* essere avido di nuove idee. □ *avv* **acquisitively.**

acquisitiveness [ə'kwizitivnis] *s.* attitudine ad (desiderio di) acquisire.

to **acquit** [ə'kwit] *vt* (**-tt-**) **1** assolvere; prosciogliere: *He was acquitted of the crime,* Fu prosciolto dall'accusa di aver commesso il delitto. **2** *to acquit oneself of (from),* liberarsi; assolvere *(un dovere);* adempiere: *He acquitted himself well,* Assolse bene il suo compito.

acquittal [ə'kwitl] *s.* **1** proscioglimento; assoluzione: *sentence of acquittal,* sentenza di assoluzione — *three convictions and two acquittals,* tre condanne e due assoluzioni. **2** adempimento *(di un compito, dovere, ecc.).* **3** *(comm.)* saldo *(di debito).* **4** *(fig.)* sgravio *(di coscienza, ecc.).*

acre ['eikə*] *s.* **1** acro *(misura di superficie pari a m^2 4.046).* **2** *(ant.)* campo: *God's acre,* il camposanto.

acreage ['eikəridʒ] *s.* area misurata in acri; superficie; estensione: *What is the acreage of the London parks?,* Che superficie (estensione) hanno i parchi di Londra?

acrid ['ækrid] *agg (anche fig.)* acre; pungente; aspro: *the acrid smell of burning feathers,* l'acre odore di piume bruciate.

acrimonious [,ækri'mounjəs] *agg* astioso; malevolo; acrimonioso; amaro *(di parole, ecc.).* □ *avv* **acrimoniously.**

acrimony ['ækriməni] *s.* acrimonia; astiosità; asprezza; amarezza.

acrobat ['ækrəbæt] *s.* acrobata.

acrobatic [,ækrə'bætik] *agg* acrobatico. □ *avv* **acrobatically.**

acrobatics [,ækrə'bætiks] *s. pl* acrobazie.

acronym ['ækrənim] *s.* acronimo; sigla.

acropolis [ə'krɔpəlis] *s.* acropoli; cittadella: *the Acropolis,* l'Acropoli *(di Atene).*

across [ə'krɔs] **I** *prep* **1** *(di moto)* attraverso; da una parte all'altra; da un lato all'altro; *(talvolta)* sopra: *He threw my book across the room,* Gettò il mio libro dall'altra parte della stanza — *They drew a line across the page,* Tirarono una riga da una parte all'altra della pagina — *The ball rolled across the line,* Il pallone passò dall'altra parte della linea — *We have to drive across (the) town to reach the station,* Dobbiamo attraversare la città per arrivare alla stazione. **2** *(di luogo)* oltre; di là di; dall'altra parte di: *He lives just across the street,* Abita proprio al di là della strada. **3** di traverso: *He cut across the road in front of me,* Tagliò la strada davanti a me — *to fire a shot across a ship's bows,* tirare un colpo *(di avvertimento)* davanti alla prua di una nave — *to come across sb (sth), (fig.)* imbattersi in qcno (qcsa); trovare qcno (qcsa) per caso.

II *avv* **1** in larghezza: *six feet long and two across,* sei piedi in lunghezza e due in larghezza. **2** *(con molti v. di moto equivale alla prep.) Can you swim across?,* Riesci ad arrivarci a nuoto (ad attraversare a nuoto)? □ *(nei cruciverba) 6 across,* 6 orizzontale.

acrostic [ə'krɔstik] *s. e agg* acrostico.

acrylic [ə'krilik] *agg* acrilico.

act [ækt] *s.* **1** atto; azione: *To kick a cat is a cruel act,* Prendere a calci un gatto è un'azione crudele — *an act of kindness,* un atto di gentilezza — *in the (very) act (of doing sth),* proprio nel momento, nell'atto (di fare qcsa); in flagrante — *The thief was caught in the act of breaking into the house,* Il ladro fu sorpreso proprio nell'atto di introdursi nella casa — *act of God,* causa di forza maggiore; 'atto di Dio' *(spec. calamità naturale, ecc.).*

2 decreto; legge: *an act of Parliament,* un provvedimento legislativo; una legge.

3 *(teatro, ecc.)* atto; numero di varietà: *a one-act play,* un atto unico — *'Hamlet', Acts III and IV,* 'Amleto', atti III e IV — *to put on an act,* comportarsi in modo affettato e insincero; 'fare la commedia'.

4 *(ant.)* tesi di laurea.

□ *the Acts of the Apostles,* gli Atti degli Apostoli.

to **act** [ækt] *vt e i.* **1** agire; prendere provvedimenti: *The time for talking is past; we must act at once,* Non è più tempo di parlare; dobbiamo agire subito — *The Minister has declined to act in this matter,* Il ministro si è rifiutato di prendere provvedimenti su questa questione.

2 comportarsi: *We have acted very generously,* Ci siamo comportati in modo assai generoso — *Don't act the fool,* Non fare lo sciocco.

3 funzionare: *The brakes refused to act, so there was an accident,* I freni non funzionarono, così ci fu un incidente.

4 far la parte di; impersonare; mettere in scena; rappresentare, rappresentarsi: *Who is acting Hamlet?,* Chi fa la parte di Amleto? — *Browning's plays won't act,* Le commedie di Browning non si possono mettere in scena (non sono rappresentabili).

5 fingere; fare la commedia; recitare: *She's not really crying, she's only acting to get your sympathy,* In realtà non sta piangendo, sta solo fingendo per commuoverti.

to act as, fungere da: *He will act as headmaster till my return,* Farà da preside fino al mio ritorno.

to act for (sb), sostituire (qcno); agire per conto di (qcno).

to act up to, agire secondo; conformarsi a: *He failed to act up to his reputation,* Non si dimostrò all'altezza della sua reputazione.

to act upon (on), agire su; avere effetto su; agire in conformità a: *This medicine acts upon the heart,* Questa medicina agisce sul cuore — *He acted upon my advice,* Agì su mio consiglio — *to act upon an order,* eseguire un ordine.

[1]**acting** ['æktiŋ] *agg* facente funzione di; in qualità di; incaricato: *acting manager,* direttore provvisorio — *acting headmaster,* preside incaricato — *acting captain, (mil.)* tenente con funzioni di capitano.

[2]**acting** ['æktiŋ] *s.* rappresentazione; recitazione: *She did a lot of acting while she was at college,* Partecipò a molte recite quando era in collegio — *acting copy,* copione — *acting version,* riduzione per la scena.

actinic [æk'tinik] *agg* attinico.

actinism [æk'tinizəm] *s.* attinicità.

action ['ækʃən] *s.* **1** azione; atto; funzionamento; effetto: *The time has come for action,* È venuto il momento di agire — *A man of action really does things; he is not content to talk,* Un uomo d'azione agisce; non s'accontenta di parlare — *We shall judge you by your actions, not by your promises,* Vi giudicheremo in base ai vostri atti, non alle vostre promesse — *to put (to set) sth in action,* far funzionare qcsa; avviare qcsa — *to put sth out of action,* mettere qcsa fuori uso — *to take action,* cominciare ad agire; prendere provvedimenti; provvedere — *out of action,* guasto; 'non funziona'; fuori uso (servizio).

2 meccanismo *(di pianoforte o di altro strumento);* movimento del corpo *(p.es. di atleta): a good running action,* un ottimo stile *(di corridore, podista).*

3 azione legale; provvedimento disciplinare: *to bring an action against sb,* far causa a qcno; intentare un processo contro qcno — *to take legal action,* adire le vie legali; intentare un processo; sporgere denuncia.

4 azione militare; combattimento: *to go into action,* entrare in azione — *killed in action,* ucciso in combattimento — *action stations,* posti di combattimento.

5 *(teatro, ecc.)* azione; intreccio; scena.

6 *(come ordine, dato da un regista)* Azione!; Si gira!

actionable ['ækʃnəbl] *agg (dir.)* perseguibile; passibile di azione legale.

to **activate** ['æktiveit] *vt* **1** attivare. **2** *(talvolta)* rendere radioattivo.

activation [,ækti'veiʃən] *s.* attivazione.

active ['æktiv] *agg* **1** attivo *(vari sensi);* energico; laborioso; operante; *(fig.)* vivace: *He's a very active sort of chap,* È un tipo molto attivo — *He takes an active part in school affairs,* Prende parte attiva agli affari della scuola — *a boy with an active brain,* un ragazzo dall'intelligenza vivace — *an active volcano,* un vulcano attivo — *She has an active imagination,* Ha una fantasia fervida — *on active service, (mil.)* in servizio attivo *(non nella riserva).* **2** fattivo; effettivo; concreto: *I need active help,* Ho bisogno di aiuto concreto. □ *avv* **actively.**

activist ['æktivist] *s. (politica)* attivista.

activity [æk'tiviti] *s.* **1** attività; movimento: *When a man is over seventy, his time of full activity is usually past,* Quando un uomo ha superato i settant'anni, si è in genere lasciato alle spalle il periodo più attivo della sua vita — *The office was a hive of activity,* L'ufficio era un pullulare di attività. **2** attività; occupazione; impresa; impegno; lavoro: *My numerous activities leave me little leisure,* Le mie numerose attività mi lasciano poco tempo libero.

actor ['æktə*] *s.* **1** attore *(di cinema, teatro, ecc.).* **2** protagonista *(di un fatto importante, ecc.).*

actress ['æktr*i*s] *s.* attrice.

actual ['æktjuəl/'ækt∫uəl] *agg* reale; effettivo: *It's an actual fact; I haven't invented or imagined it,* È un fatto reale; non l'ho inventato o immaginato — *actual cost, (comm.)* costo effettivo — *In actual fact, I'm not sure,* Per dir la verità, non ne sono sicuro. □ *avv* **actually** ⇨.

actuality [,æktju'æliti] *s.* **1** realtà. **2** *(al pl.* **actualities***)* condizioni reali; fatti veri.

actually ['æktjuəli] *avv* **1** realmente; effettivamente; in realtà: *the political party actually in power,* il partito politico effettivamente al potere — *He looks honest: actually he's a rogue,* Sembra onesto, ma in realtà è un farabutto.

2 addirittura: *He not only ran in the race; he actually won it!,* Non soltanto ha partecipato alla corsa; l'ha addirittura vinta!

3 *(GB, usato come intercalare)* in effetti; a dire il vero; a dir la verità: *Actually, I simply don't know,* A dir la verità, non ho la più pallida idea.

actuarial [,æktju'εəriəl] *agg* attuariale.

actuary ['æktjuəri] *s.* attuario; chi si occupa di matematica attuariale; chi calcola i premi di una polizza di assicurazione per mezzo di calcoli attuariali.

to **actuate** ['æktjueit] *vt* muovere; animare; spingere ad agire: *A great statesman is actuated by love of his country,* Un grande statista è mosso dall'amore per il proprio paese — *He was actuated by the best of intentions,* Era animato dalle migliori intenzioni.

acuity [ə'kjuiti] *s.* acutezza.

acumen [ə'kju:men] *s.* acume: *business acumen,* perspicacia negli affari.

acupuncture ['ækjupʌŋkʃə(*)] *s.* agopuntura.

acute [ə'kju:t] *agg* **1** *(di animo, sentimenti, ecc.)* acuto; spiccato; intenso; pronunciato; profondo; perspicace: *Our anxiety became more acute,* La nostra ansia si fece ancor più acuta — *Dogs have an acute sense of smell,* I cani hanno il senso dell'olfatto molto spiccato — *A bad tooth can cause acute pain,* Un dente cariato può causare dolore intenso — *He is an acute observer,* È un osservatore acuto. **2** *(di malattia, ecc.)* acuto; critico: *The patient has reached the acute stage of the disease,* Il malato è giunto alla fase critica della malattia — *Pneumonia is an acute disease,* La polmonite è una malattia acuta. **3** *(di suoni)* acuto; stridulo. **4** appuntito; *(geometria)* acuto: *an acute angle,* un angolo acuto. **5** *(gramm.)* acuto: *acute*

accent, accento acuto — *e acute,* e con l'accento acuto. □ *avv* **acutely.**
acuteness [ə'kju:tnis] *s.* acutezza *(anche fig.);* perspicacia.
ad [æd] *s.* (*pl.* **ads**: *abbr. fam. di* **advertisement**) annuncio pubblicitario: *small ads,* piccola pubblicità *(in un giornale).*
adage ['ædidʒ] *s.* adagio; vecchio proverbio.
adagio [ə'dɑ:dʒjo] *agg, avv e s. (mus.)* adagio.
Adam ['ædəm] *nome proprio (nelle espressioni) Adam's apple,* il pomo d'Adamo — *Adam's ale,* acqua — *not to know sb from Adam,* non avere la più pallida idea dell'identità di una persona.
adamant ['ædəmənt] *agg* **1** adamantino; duro come il diamante. **2** *(per estensione)* insensibile; inflessibile: *He was adamant to their prayers,* Fu insensibile alle loro preghiere — *On this point I am adamant,* Su questo punto sono inflessibile. □ *avv* **adamantly.**
adamantine [,ædə'mæntain] *agg* adamantino *(anche fig.).*
to **adapt** [ə'dæpt] *vt* adattare, adattarsi; accomodare; modificare; ridurre: *to adapt oneself to sth,* adattarsi a qcsa — *Difficult books are often adapted for use in schools,* I libri difficili vengono spesso modificati (ridotti) per uso scolastico — *The play has been adapted from the French,* Il dramma è un adattamento dal francese — *Novels are often adapted for the stage and for the radio,* I romanzi sono spesso ridotti per la scena e per la radio — *failure (inability) to adapt, (psicologia)* mancanza (incapacità) di adattamento.
adaptability [ə,dæptə'biliti] *s.* adattabilità.
adaptable [ə'dæptəbl] *agg* che sa adattarsi; adattabile.
adaptation [,ædæp'teiʃən] *s.* **1** adattamento. **2** riduzione: *an adaptation of a novel for the stage,* la riduzione di un romanzo per il teatro.
adapter, adaptor [ə'dæptə*] *s.* **1** riduttore *(di opere per il teatro, ecc.).* **2** *(mecc. e elettr.)* adattatore; correttore; pezzo di connessione.
to **add** [æd] *vt e i.* **1** aggiungere; soggiungere: *Add some more hot water,* Aggiungi un altro po' di acqua calda — *'And I hope you'll come early', he added,* 'E spero che veniate presto', soggiunse.
2 *(spesso seguito da* up*)* fare la somma (di); addizionare; far di conto: *Add (up) these columns of figures,* Fate la somma di queste cifre in colonna — *adding machine,* calcolatrice; macchina addizionatrice.
to add in, includere.
to add to, aumentare; accrescere: *This only adds to our difficulties,* Ciò non fa che aumentare le nostre difficoltà.
to add up (to) - **a)** ammontare: *The figures add up to a million,* La cifra ammonta ad un milione - **b)** ⇨ **2** *sopra* - **c)** *(fig.)* significare; equivalere: *What this adds up to is that you don't want to help me,* Il significato di tutto questo è che non vuoi aiutarmi — *It just doesn't add up!, (fam.)* Non quadra!
addendum [ə'dendəm] *s.* (*pl.* **addenda**) addendo; aggiunta.
adder ['ædə*] *s.* vipera (europea).
addict ['ædikt] *s.* persona dedita a un vizio *(o, per estensione, ad un 'hobby'): a drug addict,* un tossicomane; un drogato — *an opium addict,* un oppiomane — *a skiing addict,* un 'maniaco' dello sci.
to **addict** [ə'dikt] *vt (generalm. usato al passivo) to be addicted to sth,* essere dedito a qcsa: *He is addicted to smoking (to drink, ecc.),* È dedito al fumo (al bere, ecc.).
addiction [ə'dikʃən] *s.* soggezione a un vizio: *drug addiction,* tossicomania.
addictive [ə'diktiv] *agg* che dà assuefazione.
addition [ə'diʃən] *s.* **1** addizione: *The sign + stands for addition,* Il segno + è il segno dell'addizione. **2** aumento; aggiunta: *They have just had an addition to the family,* La famiglia si è recentemente accresciuta. □ *in addition,* in più; inoltre — *in addition to...,* in aggiunta a...; oltre a...
additional [ə'diʃənəl] *agg* supplementare; aggiuntivo. □ *avv* **additionally.**
additive ['æditiv] *s.* **1** aggiuntivo. **2** *(chim.)* additivo.
addle- ['ædl] *agg (nei composti)* vuoto; confuso; scombinato: *addle-pated; addle-brained,* sciocco; scervellato — *addle-head,* persona svanita, dalle idee confuse.
to **addle** ['ædl] *vt e i.* **1** confondere: *to addle one's head (brains),* confondersi. **2** *(di uovo)* andare a male; guastarsi.
addled ['ædld] *agg (raro, di uova di covata)* marcio; andato a male; guasto.
address [ə'dres/*(USA)* 'ædres] *s.* **1** indirizzo; recapito: *of no fixed address,* senza fissa dimora. **2** discorso; allocuzione; indirizzo; messaggio; arringa; *(talvolta)* omelia. **3** modo di presentarsi, di fare, di parlare.
to **address** [ə'dres] *vt* **1** indirizzare *(una lettera, ecc.).* **2** rivolgersi a; rivolgere la parola a. **3** fare un discorso a; rivolgere un indirizzo a; arringare; parlare a: *public address system,* impianto di diffusione sonora. **4 to address oneself to (sth),** *v. rifl* mettersi a (fare qcsa); dedicarsi a (qcsa).
addressee [,ædre'si:] *s.* destinatario, destinataria *(di una lettera).*
to **adduce** [ə'dju:s] *vt* addurre; produrre; presentare *(prove, ragioni, ecc.);* citare.
adenoidal [,ædi'nɔidəl] *agg* **1** *(med., di intervento, ecc.)* alle adenoidi. **2** adenoide.
adenoids ['ædinɔidz] *s. pl* adenoidi.
adept [ə'dept] *agg* esperto; abile: *to be adept in sth (at, in doing sth),* essere abile in qcsa o nel fare qcsa. □ *s.* esperto: *I am not an adept in photography,* Non sono un esperto di fotografia.
adequacy ['ædikwəsi] *s.* adeguatezza.
adequate ['ædikwət/-kwit] *agg* **1** adeguato; sufficiente: *Six pounds a week is not adequate to support a family,* Sei sterline la settimana non sono una somma sufficiente per mantenere una famiglia — *adequate to...,* all'altezza di... **2** discreto; sufficiente: *His work is always adequate but never outstanding,* Il suo lavoro è sempre discreto ma non eccelle mai. □ *avv* **adequately.**
to **adhere** [əd'hiə*] *vi* **1** aderire; attaccarsi: *Glue is used to make one surface adhere to another,* La colla viene usata per fare aderire una superficie ad un'altra. **2** *(fig.)* sostenere; aderire; essere favorevole a; rimanere fedele a; attenersi a; mantenere: *to adhere to a political party,* aderire a un partito politico — *to adhere to a promise,* mantenere una promessa — *We decided to adhere to the programme,* Decidemmo di aderire al programma.
adherence [əd'hiərəns] *s.* aderenza; adesione; *(fig.)* attaccamento; fedeltà: *adherence to a plan,* fedeltà ad un piano.
adherent [əd'hiərənt] *agg* aderente.
□ *s.* sostenitore; aderente; seguace: *The party is gaining more and more adherents,* Il partito sta gua-

dagnando un numero sempre più grande di sostenitori.

adhesion [əd'hi:ʒən] *s.* **1** adesione. **2** *(fig.)* attaccamento; sostegno. **3** *(med.)* aderenza.

adhesive [əd'hi:siv] *agg* adesivo; autoadesivo: *adhesive tape,* nastro adesivo — *adhesive plaster,* cerotto (adesivo).
□ *s.* sostanza adesiva.

adieu [ə'dju:] *(interiezione ant.: dal fr.)* addio: *to bid sb adieu,* dire addio a qcno — *to make one's adieus,* congedarsi; dire addio; prendere congedo.

adipose ['ædipous] *agg* adiposo.

adjacent [ə'dʒeisənt] *agg* adiacente.

adjectival [,ædʒik'taivəl] *agg* aggettivale.

adjective ['ædʒiktiv] *s.* aggettivo. □ *agg* accessorio.

to **adjoin** [ə'dʒɔin] *vt e i.* essere vicino, attiguo, adiacente: *The firm's canteen adjoins the works,* La mensa aziendale è adiacente allo stabilimento.

adjoining [ə'dʒɔiniŋ] *agg* attiguo; adiacente; vicino.

to **adjourn** [ə'dʒə:n] *vt e i.* **1** rimandare; aggiornare; differire; rinviare: *The meeting was adjourned for a week,* L'incontro fu rinviato di una settimana. **2** sospendere i lavori *(di un'assemblea, ecc.): The meeting was adjourned at five,* La riunione fu sospesa alle cinque. **3** *(fam. o scherz.)* passare *(in un'altra stanza);* spostarsi; cambiare luogo: *When dinner was over, they adjourned to the sitting-room,* Finito il pranzo, essi passarono nel salotto.

adjournment [ə'dʒə:nmənt] *s.* rinvio; sospensione; aggiornamento.

to **adjudge** [ə'dʒʌdʒ] *vt* **1** giudicare; decidere; stabilire: *to adjudge sb (to be) guilty,* giudicare qcno colpevole — *to adjudge that a man is insane,* stabilire che un uomo è pazzo. **2** aggiudicare; assegnare con sentenza; dare: *to adjudge land and property to sb,* aggiudicare terreni e proprietà a qcno — *to adjudge a prize to sb,* conferire un premio a qcno.

to **adjudicate** [ə'dʒu:dikeit] *vt e i.* fare da giudice; giudicare; aggiudicare; assegnare per legge; decidere; dichiarare: *to adjudicate a claim,* decidere su una rivendicazione di diritti — *to adjudicate a prize to sb,* assegnare un premio a qcno — *to adjudicate on (upon) a question,* far da giudice su una questione — *to adjudicate sb bankrupt,* dichiarare qcno fallito.

adjudication [ə,dʒu:di'keiʃən] *s.* **1** giudizio; sentenza. **2** aggiudicazione; dichiarazione *(di fallimento).*

adjudicator [ə'dʒu:dikeitə*] *s.* giudice; arbitro (legale); membro di giuria *(in un concorso).*

adjunct ['ædʒʌŋkt] *s.* **1** aggiunta; appendice. **2** impiegato; aggiunto. **3** *(gramm.)* attributo; apposizione; epiteto; frase aggiunta *(per modificare o qualificare il significato di un'altra frase).*

adjuration [,ædʒuə'reiʃən] *s.* **1** implorazione; supplica. **2** impegno solenne *(sotto giuramento).*

to **adjure** [ə'dʒuə*] *vt* **1** scongiurare; implorare; supplicare: *I adjure you to tell the truth,* Ti scongiuro di dire la verità. **2** far giurare; richiedere sotto giuramento.

to **adjust** [ə'dʒʌst] *vt* sistemare; aggiustare; regolare; mettere a punto: *The body adjusts itself to changes in temperature,* Il corpo si adatta ai cambiamenti di temperatura — *You cannot see through a telescope unless it is adjusted to your eyesight,* Non si può vedere attraverso un telescopio se esso non è regolato alla vista.
□ *agg well-adjusted, (spec. di persona)* equilibrato.

adjustable [ə'dʒʌstəbl] *agg* adattabile; regolabile. □ *avv* **adjustably.**

adjuster [ə'dʒʌstə*] *s.* **1** *(dir.)* perito *(spec. nelle cause che riguardano le assicurazioni).* **2** *(comm.)* liquidatore. **3** *(mecc.)* regolatore.

adjustment [ə'dʒʌstment] *s.* **1** aggiustamento; adattamento; regolazione; *(mecc.)* registrazione; *(ottica)* rettifica. **2** *(di liti)* composizione; *(dir.)* accomodamento; *(di assicurazioni)* determinazione di danno; perizia.

adjutant ['ædʒutənt] *s.* **1** aiutante *(di stato maggiore).* **2** (*anche* adjutant bird) marabù indiano.

ad lib [æd'lib] *agg (dal lat.* ad libitum*)* improvvisato.

to **adlib** [æd'lib] *vi e t. (dal lat.* ad libitum*)* improvvisare *(un discorso): He adlibbed for twenty minutes until they brought him his text,* Improvvisò per venti minuti, finché non gli portarono il testo del discorso.

adman ['æd,mæn] *s.* (*pl.* **admen**) impiegato o funzionario di una agenzia di pubblicità; agente pubblicitario.

admass ['æd,mæs] *s.* quella parte del pubblico che si lascia facilmente influenzare dai 'mass media'.

to **administer** [əd'ministə*] *vt e i.* **1** amministrare; controllare; dirigere; governare: *to administer a country,* governare un paese. **2** somministrare; dare; distribuire: *to administer medicine (punishment),* somministrare una medicina (una punizione) — *to administer relief (help) to people,* portare soccorso (aiuto) alla gente — *to administer a severe blow to the enemy,* assestare un duro colpo al nemico. **3** far prestare (giuramento): *The oath was administered to him,* Gli fecero prestare giuramento. **4 to administer to** ⇨ **to minister 1.**

to **administrate** [əd'ministreit] *vt* **1** somministrare. **2** *(USA)* amministrare.

administration [əd,minis'treiʃən] *s.* **1** amministrazione; direzione *(degli affari, ecc.).* **2** amministrazione pubblica; governo: *the Administration,* il Governo (in carica). **3** somministrazione *(di medicine, di aiuti, ecc.).* **4** prestazione di giuramento. **5** *(dir.)* curatela: *letters of administration,* nomina di curatore *(dei beni di una persona morta senza fare testamento).*

administrative [əd'ministrətiv] *agg* amministrativo; direttivo: *an administrative post,* un posto direttivo; un posto di amministratore — *to be lacking in administrative ability,* essere senza capacità amministrative. □ *avv* **administratively.**

administrator [əd'ministreitə*] *s.* **1** amministratore; abile nell'amministrazione; somministratore. **2** curatore dei beni *(in una successione 'ab intestato').*

admirable ['ædmərəbl] *agg* mirabile; ammirevole; eccellente. □ *avv* **admirably.**

admiral ['ædmərəl] *s.* **1** ammiraglio. **2** (*zool., come corruzione di* **admirable**) *white admiral,* limenitide — *red admiral,* vanessa atalanta.

admiralty ['ædmərəlti] *s.* **1** ammiragliato *(grado e ufficio dell'ammiraglio).* **2** *the Admiralty, (GB)* l'Ammiragliato; il Ministero della Marina Militare. **3** *the Court of Admiralty,* il Tribunale dell'Ammiragliato *(competente per le leggi concernenti la navigazione).*

admiration [,ædmi'reiʃən] *s.* **1** ammirazione; meraviglia; stupore: *He speaks English so well that his friends are filled with admiration,* Parla così bene l'inglese che i suoi amici ne sono ammirati — *Everyone cried out in admiration,* Tutti gridarono per la meraviglia — *We were lost in admiration of the beauty of the scene,* Eravamo immersi nella contemplazione del paesaggio. **2** *(al sing. con l'art. determinativo)* oggetto di ammirazione: *She was so beautiful and clever that she was the admiration of all the young men in the village,* Era così bella e intelligente che tutti i giovanotti del paese l'ammiravano.

to **admire** [əd'maiə*] *vt* **1** ammirare; apprezzare;

stimare: *Visitors to England usually admire the lawns,* I turisti in Inghilterra generalmente provano ammirazione per i tappeti erbosi. **2** esprimere ammirazione: *Don't forget to admire her baby,* Non dimenticare di esprimere ammirazione per il (suo) bambino.

admirer [əd'maiərə*] *s.* ammiratore; *(fam.)* corteggiatore; innamorato.

admiring [əd'maiəriŋ] *agg* ammirativo; ammirato: *to cast admiring glances,* lanciare occhiate (sguardi) di ammirazione. □ *avv* **admiringly.**

admissibility [əd,misi'biliti] *s.* ammissibilità.

admissible [əd'misibl] *agg* ammissibile.

admission [əd'miʃən] *s.* **1** ammissione; entrata; accesso: *Admission to certain schools is by examination only,* L'ammissione a certe scuole avviene solo mediante esami — *Price of admission 2 pounds,* Prezzo d'ingresso due sterline — *Admission free,* Entrata libera; Ingresso libero. **2** ammissione *(di responsabilità, ecc.)*; confessione: *by his own admission,* per sua stessa ammissione.

to **admit** [əd'mit] *vt e i.* (**-tt-**) **1** ammettere; far entrare: *The servant opened the door and admitted me into the house,* Il domestico aprì la porta e mi fece entrare in casa — *This ticket will admit two persons,* Questo biglietto è valido per due persone — *Only one hundred boys are admitted to the school every year,* Soltanto cento ragazzi all'anno sono ammessi alla scuola — *I ordered that he was not to be admitted,* Diedi ordine di non lasciarlo entrare — *Unaccompanied children not admitted,* Vietato l'ingresso ai bambini non accompagnati — *The windows are small and do not admit enough light and air,* Le finestre sono piccole e non lasciano passare abbastanza luce ed aria.

2 contenere *(in uno spazio limitato)*; ospitare; accogliere: *The harbour admits large liners and cargo-boats,* Il porto può ospitare grossi transatlantici e navi da carico — *The theatre admits only 200 persons,* Il teatro può contenere solo 200 persone.

3 accettare; riconoscere; concedere: *to admit a claim,* riconoscere un diritto.

4 ammettere; riconoscere; confessare: *The accused man admitted his guilt,* L'accusato ammise la sua colpevolezza — *I admit my mistake,* Ammetto il mio errore — *He admitted that he was wrong,* Confessò di essersi sbagliato — *You must admit that the task is difficult,* Devi ammettere che il compito è difficile — *It is generally admitted that...,* È generalmente ammesso che... — *to admit to sth,* confessare qcsa — *I must admit to feeling ashamed,* Devo confessare che provo vergogna.

5 *to admit of,* ammettere; lasciare adito: *The words admit of no other meaning,* Le parole non lasciano adito a nessun altro significato — *It admits of no excuse,* Non ci sono scuse.

admittance [əd'mitəns] *s.* ammissione; ingresso: *No admittance,* Vietato l'ingresso — *No admittance except on business,* Vietato l'ingresso agli estranei.

admittedly [əd'mitidli] *avv* per ammissione o confessione; dichiaratamente: *He is admittedly an atheist,* È ateo per sua propria ammissione — *The presence of an admittedly minor defect in the pump was taken as an excuse to cancel the entire order,* Il fatto che nella pompa vi era un difetto, pur lieve, servì da pretesto per annullare tutta l'ordinazione.

to **admix** [æd'miks] *vt* aggiungere mescolando *(un ingrediente).*

admixture [əd'mikstʃə*] *s.* **1** mistura; miscela. **2** ingrediente.

to **admonish** [əd'mɔniʃ] *vt* ammonire; esortare; avvertire: *The teacher admonished the boys against being inattentive,* L'insegnante esortò i ragazzi a non essere disattenti.

admonition [,ædmə'niʃən] *s.* ammonimento; avvertimento.

admonitory [əd'mɔnitəri] *agg* ammonitorio.

ado [ə'du:] *s.* **1** chiasso; confusione; rumore; baccano: *Why are you making so much ado about it?,* Perché fai tanto chiasso sulla faccenda? **2** difficoltà: *Without more ado, he signed the agreement,* Senza altre difficoltà (Senza fare altre storie), firmò il contratto.

adobe [ə'doubi] *s.* mattone cotto al sole: *an adobe house,* una casa di mattoni cotti.

adolescence [,ædou'lesəns] *s.* adolescenza.

adolescent [,ædou'lesənt] *s. e agg* adolescente.

to **adopt** [ə'dɔpt] *vt* **1** adottare: *As they had no children of their own, they adopted an orphan,* Poiché non avevano bambini, adottarono un orfano. **2** adottare *(di idee, ecc.)*; far proprio; scegliere: *I like your methods of teaching and shall adopt them in my school,* Mi piacciono i vostri metodi d'insegnamento e li adotterò nella mia scuola. **3** *(di corpo legislativo)* votare favorevolmente; accettare: *Congress adopted the new measure,* Il Congresso votò favorevolmente il nuovo provvedimento.

adoption [ə'dɔpʃən] *s.* adozione; scelta: *the country of his adoption,* il suo paese di adozione.

adoptive [ə'dɔptiv] *agg* adottivo: *adoptive son (father),* figlio (padre) adottivo.

adorable [ə'dɔ:rəbl] *agg* adorabile; *(fam.)* amabile; delizioso. □ *avv* **adorably.**

adoration [,ædə'reiʃən] *s.* adorazione; venerazione; amore profondo; *(fam.)* infatuazione.

to **adore** [ə'dɔ:*/ə'dɔə*] *vt* **1** adorare; venerare. **2** *(fam.)* amare molto; andare pazzo per: *I adore champagne,* Mi piace moltissimo lo champagne.

adorer [ə'dɔ:rə*] *s.* adoratore.

adoringly [ə'dɔ:riŋli] *avv* (*da* **to adore**) con molta tenerezza o amore; in adorazione; con venerazione.

to **adorn** [ə'dɔ:n] *vt* adornare; abbellire.

adornment [ə'dɔ:nmənt] *s.* ornamento.

adrenal [ə'dri:nl] *agg* surrenale.

adrenalin [ə'drenəlin] *s.* adrenalina.

adrift [ə'drift] *avv e agg predicativo* alla deriva *(anche fig.)*: *to set a boat adrift,* mandare un'imbarcazione alla deriva — *to turn sb adrift,* mettere qcno sul lastrico; cacciar qcno (di casa) senza una lira.

adroit [ə'drɔit] *agg* abile; destro; perspicace; sagace. □ *avv* **adroitly.**

adroitness [ə'drɔitnis] *s.* destrezza; abilità; sagacia.

adulation [,ædju'leiʃən] *s.* adulazione.

adulatory ['ædjuleitəri] *agg* adulatorio.

adult [ə'dʌlt] *agg e s.* adulto; maturo; *(dir.)* maggiorenne.

adulterant [ə'dʌltərənt] *s.* adulterante.

to **adulterate** [ə'dʌltəreit] *vt* adulterare; sofisticare; corrompere *(un testo)*; alterare: *adulterated wine,* vino sofisticato — *adulterated milk,* latte annacquato.

adulteration [ə,dʌltə'reiʃən] *s.* adulterazione; sofisticazione; corruzione *(di un testo, lingua, ecc.).*

adulterer [ə'dʌltərə*] *s.* adultero.

adulteress [ə'dʌltəris] *s.* adultera.

adulterine [ə'dʌltərain] *agg* **1** adulterino. **2** sofisticato. **3** illegale; illecito.

adulterous [ə'dʌltərəs] *agg* adultero; relativo ad adulterio.

adultery [ə'dʌltəri] *s.* adulterio.

adulthood ['ædʌlt,hud] *s.* la posizione e la responsabilità di un adulto; maturità.

to **adumbrate** ['ædʌmbreit] *vt* adombrare; far presagire; lasciar intravvedere.

advance [əd'vɑ:ns] *s.* **1** avanzata; progresso; cammino; miglioramento; sviluppo: *Nothing could stop the advance of our soldiers,* Niente poté arrestare l'avanzata dei nostri soldati — *With the advance of age, he could no longer do his work well,* Con l'avanzar degli anni non poté più far bene il suo lavoro — *Science has made great advances during the last fifty years,* Durante gli ultimi cinquant'anni la scienza ha fatto grandi progressi — *in advance,* in anticipo; prima — *Send your luggage in advance,* Spedisci in anticipo i bagagli — *Galileo's ideas were in advance of the age in which he lived,* Le idee di Galileo erano in anticipo sui suoi tempi. **2** *(di prezzi, ecc.)* aumento; rialzo: *the advance in the cost of living,* l'aumento del costo della vita — *the average advance in prices,* l'aumento medio dei prezzi. **3** *(di denaro)* anticipo; acconto; *(talvolta)* prestito. **4** *(al pl.)* tentativi; approcci; profferte *(di amicizia, ecc.)*; 'avances': *to make advances to sb,* fare approcci o tentativi con qcno — *to encourage (to repel) sb's advances,* incoraggiare (respingere) gli approcci di qcno. **5** *(attrib.: generalm. nelle espressioni) an advance copy,* copia anticipata *(di un libro: mandata generalm. ai critici prima della pubblicazione ufficiale)* — *an advance party, (mil. e fig.)* una pattuglia di 'arditi'; una unità esplorativa.

to **advance** [əd'vɑ:ns] *vi* **1** avanzare; progredire; procedere: *Our troops have advanced two miles,* Le nostre truppe sono avanzate di due miglia — *He advanced on (upon) me in a threatening manner,* Mi si avvicinò con aria minacciosa — *Has civilization advanced during this century?,* È progredita la civiltà in questo secolo? **2** *(di prezzi)* salire; crescere; aumentare: *Prices continue to advance,* I prezzi continuano a salire.

□ *vt* **1** anticipare *(una data): The date of the meeting was advanced from the 10th to the 3rd of June,* La data dell'incontro fu anticipata dal 10 al 3 giugno. **2** esporre; esprimere *(pareri);* offrire: *May I advance my opinion on the matter?,* Posso esprimere la mia opinione sulla faccenda? **3** promuovere; migliorare *(una carriera, ecc.): He worked so well that he was soon advanced to the position of manager,* Fece così bene il suo lavoro che fu presto promosso direttore — *Such behaviour is not likely to advance your interests,* È probabile che un simile comportamento non vada a favore dei tuoi interessi. **4** anticipare *(denaro);* prestare: *He asked his employer to advance him a month's salary,* Chiese al suo datore di lavoro di anticipargli un mese di paga — *Banks often advance money to farmers for the purchase of seed and fertilizers,* Spesso le banche prestano denaro ai contadini per l'acquisto di sementi e fertilizzanti.

advanced [əd'vɑ:nst] *agg* **1** avanzato; progredito: *advanced in years,* essere avanti negli anni — *at an advanced age,* a un'età avanzata — *advanced ideas,* idee avanzate. **2** *(di corsi, ecc.)* superiore: *Advanced Level, (GB)* grado superiore del 'General Certificate of Education' *(equivale più o meno alla Maturità).*

advancement [əd'vɑ:nsmənt] *s.* **1** avanzamento; promozione; progresso. **2** *(comm.)* rilancio; rialzo.

advantage [əd'vɑ:ntidʒ] *s.* vantaggio; beneficio; profitto: *Living in a big town has many advantages, such as good libraries and theatres,* Vivere in una grande città comporta molti vantaggi come biblioteche e teatri buoni — *to have (to gain, to win, to give) an advantage,* avere (guadagnare, dare) del vantaggio — *He had a first-rate education and this gave him an advantage over the others,* Aveva un'istruzione di prim'ordine e questo lo avvantaggiava sugli altri — *to take (full) advantage of sth,* approfittare (pienamente) di qcsa — *He always takes full advantage of the mistakes made by his rivals,* Trae sempre pieno profitto dagli errori dei suoi avversari — *to take advantage of sb,* approfittare di qcno; ingannare qcno — *to turn sth to (one's) advantage,* volgere qcsa a proprio vantaggio; trarre profitto da qcsa — *to (better, best) advantage,* meglio; nel migliore dei modi — *The picture is seen to better advantage from a distance,* Il quadro si vede meglio da una certa distanza — *to lay out one's money to the best advantage,* spendere il denaro nel modo migliore — *to be (to prove) to sb's advantage, to the advantage of sb,* essere (risultare, riuscire) di vantaggio per qcno — *The new timetable is to everyone's advantage,* Il nuovo orario avvantaggia tutti.

to **advantage** [əd'vɑ:ntidʒ] *vt* avvantaggiare; favorire.

advantageous [,ædvən'teidʒəs] *agg* vantaggioso; proficuo; conveniente. □ *avv* **advantageously.**

advent ['ædvent] *s.* **1** avvento; arrivo; venuta; introduzione: *Since the advent of jet aircraft, travel has been speeded up,* Dopo l'introduzione degli aerei a reazione, si viaggia assai più rapidamente. **2** *(religione)* l'Avvento.

adventist [,æd'ventist] *s. e agg (religione)* avventista.

adventitious [,ædven'tiʃəs] *agg* fortuito; casuale. □ *avv* **adventitiously.**

adventure [əd'ventʃə*] *s.* **1** avventura; vicenda singolare: *The explorer told the boys about his adventures in the African forests,* L'esploratore narrò ai ragazzi le sue avventure nelle foreste africane. **2** rischio; pericolo: *He is fond of adventure,* Gli piace il rischio — *an adventure story,* una storia avventurosa. **3** spirito d'avventura. **4** *(comm.)* speculazione.

adventurer [əd'ventʃərə*] *s.* **1** avventuriero; *(stor.)* mercenario; soldato di ventura. **2** *(comm.)* speculatore; persona poco scrupolosa.

adventuresome [əd'ventʃəsəm] *agg* avventuroso; temerario.

adventuress [əd'ventʃəris] *s.* avventuriera.

adventurous [əd'ventʃərəs] *agg* avventuroso; rischioso: *an adventurous journey,* un viaggio pieno d'imprevisti. □ *avv* **adventurously.**

adverb ['ædvə:b] *s.* avverbio.

adverbial [əd'və:biəl] *agg* avverbiale. □ *avv* **adverbially.**

adversary ['ædvəsəri] *s.* avversario; antagonista: *the Adversary,* il Diavolo.

adverse ['ædvə:s] *agg* avverso; sfavorevole; contrario: *adverse weather conditions,* condizioni atmosferiche sfavorevoli. □ *avv* **adversely.**

adversity [əd'və:siti] *s.* avversità.

to **advert** [əd'və:t] *vi* alludere; riferirsi a; volgere l'attenzione a.

to **advertise** ['ædvətaiz] *vt e i.* **1** fare pubblicità; reclamizzare: *to advertise one's goods,* reclamizzare la propria merce — *to advertise in all the newspapers,* fare pubblicità su tutti i giornali — *to advertise for a maid in the local paper,* mettere un'inserzione per una domestica sul giornale locale. **2** *(ant.)* informare; annunciare.

advertisement [əd'və:tismənt] *s.* **1** pubblicità:

Advertisement helps to sell goods, La pubblicità aiuta a vendere i prodotti. **2** inserzione: *If you want a maid, put an advertisement in the newspaper,* Se vuoi una domestica, metti un'inserzione sul giornale.

advertiser ['ædvətaizə*] *s.* inserzionista.

advertising ['ædvətaiziŋ] *s.* pubblicità; annuncio pubblicitario; inserzione. □ *agg* pubblicitario: *advertising agency,* agenzia pubblicitaria.

advice [əd'vais] *s.* **1** *(collettivo)* consiglio, consigli: *some good advice,* dei buoni consigli — *This is a good piece of advice,* Questo è un buon consiglio — *If you take my advice and study hard, you will pass the exam,* Se ascolti il mio consiglio e studi con impegno, supererai l'esame — *You should take legal advice,* Dovresti consultare un avvocato — *to act on sb's advice,* agire su consiglio di qcno. **2** *(comm., dir.)* notizia; comunicazione; avviso: *advice note; (talvolta) letter of advice,* lettera (nota, avviso) di avvenuta spedizione delle merci.

advisability [əd,vaizə'biliti] *s.* opportunità.

advisable [əd'vaizəbl] *agg* consigliabile; raccomandabile; opportuno; saggio: *Do you think it advisable to wait?,* Credi che sia consigliabile aspettare? □ *avv* **advisably.**

to **advise** [əd'vaiz] *vt e i.* **1** consigliare; raccomandare: *The doctor advises a complete rest,* Il dottore consiglia il riposo assoluto — *What do you advise me to do?,* Cosa mi consigli di fare? **2** *(spec. comm.)* avvisare; informare; notificare: *Please advise us when the goods are dispatched,* Vi preghiamo di avvisarci non appena la merce sarà stata spedita.

advised [əd'vaizd] *agg (raro)* deliberato; considerato; cauto *(generalm. nelle espressioni): ill-advised,* sconsiderato; incauto — *well(-)advised,* cauto; avveduto; giudizioso — *You would be well advised to pay more attention,* Faresti bene a stare più attento. □ *avv* **advisedly,** con la debita considerazione; con avvedutezza.

adviser [əd'vaizə*] *s.* consigliere; consulente: *adviser to the Government,* consigliere del governo.

advisory [əd'vaizəri] *agg* consultivo: *an advisory committee,* comitato consultivo.

advocacy ['ædvəkəsi] *s.* **1** difesa; appoggio; propugnazione. **2** avvocatura; funzione dell'avvocato.

advocate ['ædvəkət] *s.* **1** sostenitore; fautore; patrocinatore: *an advocate of equal pay for men and women,* un fautore delle perequazioni salariali fra uomini e donne. **2** *(spec. in Scozia, USA, e mil.)* avvocato: *the Faculty of Advocates,* l'avvocatura scozzese — *the Lord Advocate,* il Primo Magistrato (di Scozia) — *Judge Advocate,* Pubblico Ministero di tribunale militare.

to **advocate** ['ædvəkeit] *vt* sostenere; difendere; patrocinare; essere del parere; essere in favore: *Do you advocate keeping all children at school till the age of eighteen?,* Siete favorevoli all'obbligo scolastico fino ai diciotto anni?

advowson [æd'vauzən] *s.* collazione; diritto di conferire un beneficio.

adze [ædz] *s.* ascia *(di falegname).*

aegis ['i:dʒis] *s.* egida *(anche fig.): under the aegis of,* sotto l'egida di; sotto la protezione di.

Aeolian [æ'ouljən] *agg* eolio: *Aeolian harp,* arpa eolia.

aeon, eon ['i:ən] *s.* **1** eternità. **2** eone.

to **aerate** ['ɛəreit/'eiəreit] *vt* gassare *(acqua minerale);* esporre all'azione chimica dell'aria; ossigenare: *aerated water,* acqua gassata — *Blood is aerated in the lungs,* Il sangue viene ossigenato nei polmoni.

aeration [ɛə'reiʃən] *s.* aerazione; ossigenazione.

[1]**aerial** ['ɛəriəl] *agg* **1** aereo: *aerial ropeway (railway),* funivia; teleferica — *aerial ladder,* scala aerea *(p.es. dei pompieri).* **2** *(fig.)* etereo; immateriale; immaginario.

[2]**aerial** ['ɛəriəl] *s. (radio, ecc.)* antenna; aereo.

aerie, aery ['ɛəri] *s.* *(anche* **eyry, eyrie)** **1** nido d'aquila *(e di uccello rapace in genere: anche fig. p.es. una fortezza).* **2** nidiata di aquilotti.

aero ['ɛərou] *agg* di aereo: *aero engine,* motore d'aereo; motore avio — *an aero club,* un club aeronautico.

aerobatics [,ɛərə'bætiks] *s.* acrobatismo aereo; *(col v. al sing.)* acrobazia aerea.

aerodrome ['ɛərədroum] *s.* aerodromo.

aerodynamics ['ɛəroudai'næmiks] *s. (col v. al sing.)* aerodinamica.

aerofoil ['ɛəroufɔil] *s.* ala portante; profilo d'ala; superficie portante.

aeronaut ['ɛərənɔ:t] *s.* aeronauta.

aeronautics [,ɛərə'nɔ:tiks] *s. (col v. al sing.)* aeronautica.

aeroplane ['ɛərəplein] *s.* aeroplano: *commercial aeroplane,* aeroplano da trasporto.

aerosol ['ɛərəsɔl] *s.* aerosol; 'spray'.

aerospace ['ɛərouspeis] *s.* spazio atmosferico e extratmosferico. □ *(attrib.)* aerospaziale.

aery ['ɛəri] *agg* ⇨ **airy.**

aesthete ['i:sθi:t] *s.* esteta.

aesthetic(al) [i:s'θetik(l)] *agg* **1** estetico. **2** dotato di senso estetico. □ *avv* **aesthetically.**

aesthetics [i:s'θetiks] *s. (col v. al sing.)* estetica.

aether ['i:θə*] *s.* = **ether.**

aetiology [,i:ti'ɔlədʒi] *s.* eziologia.

afar [ə'fɑ:*] *agg (ant.)* lontano; distante: *from afar,* da lontano.

afeard [ə'fiə:d] *agg (dial., spec. USA)* = **afraid.**

affability [,æfə'biliti] *s.* affabilità.

affable ['æfəbl] *agg* affabile. □ *avv* **affably.**

affair [ə'fɛə*] *s.* **1** evento; fatto; avvenimento; caso; affare: *The railway accident was a terrible affair,* L'incidente ferroviario fu un avvenimento terribile — *the Dreyfus affair,* il caso Dreyfus.

2 affare; cosa da farsi; interesse particolare; faccenda: *That's my affair, not yours,* Questo è affar mio, non tuo — *Mind your own affairs,* Pensa (Bada) ai fatti tuoi.

3 *(al pl.)* affari; occupazioni; cose; doveri; compiti: *affairs of state,* affari di Stato — *the present state of affairs,* lo stato attuale delle cose — *His affairs are in confusion,* I suoi affari sono in uno stato di confusione — *Secretary of State for Foreign Affairs, (GB)* ministro degli Esteri — *current affairs,* attualità *(pl.).*

4 affare; questione; relazione: *affair of honour,* questione d'onore; duello — *a love affair,* una relazione amorosa — *to have an affair with sb,* avere (intrattenere) una relazione sentimentale *(di solito illecita)* con qcno.

5 *(fam.)* cosa; oggetto; articolo: *Her hat was a wonderful affair,* Il suo cappellino era una cosa meravigliosa.

[1]to **affect** [ə'fekt] *vt* **1** avere effetto; agire; toccare; colpire; incidere; danneggiare; riguardare; concernere; interessare: *The climate affected his health,* Il clima danneggiò la sua salute — *Some plants are quickly affected by cold,* Certe piante risentono subito del freddo — *Will the changes in taxation affect you personally?,* I mutamenti nel sistema fiscale ti toccheranno personalmente? — *The rise in prices affects all classes,* L'aumento dei prezzi colpisce tutte le classi

sociali. **2** *(di sentimenti)* colpire; muovere; commuovere; emozionare; scuotere; rattristare: *He was much affected by the news,* Fu molto rattristato dalla notizia — *He was too much affected to answer,* Era troppo emozionato per rispondere — *to be well (ill) affected towards sb,* essere bendisposto (maldisposto) verso qcno. **3** *(di malattia)* colpire; attaccare; intaccare; aggredire; affliggere: *The left lung is also affected,* È colpito (intaccato) anche il polmone sinistro.

[2]to **affect** [ə'fekt] *vt* **1** fingere; simulare: *He affected not to hear me,* Fece finta di non sentirmi. **2** affettare; ostentare; prediligere; usare volentieri; fare sfoggio di: *He affected rare and learned words,* Fece sfoggio di parole rare e dotte — *She affected bright colours,* Faceva sfoggio di colori vivaci.

affectation [,æfek'teiʃən] *s.* **1** affettazione; posa. **2** *(con l'art. indeterminativo)* simulazione; finzione.

affected [ə'fektid] *agg* **1** affettato; ricercato; sdolcinato; simulato; non sincero o genuino: *an affected politeness,* una gentilezza affettata — *to have affected manners,* avere un modo di fare affettato — *with an affected cheerfulness,* con un'allegria simulata — *written in an affected style,* scritto in uno stile ricercato. **2** commosso; scosso; turbato (⇨ **'to affect 2**). **3** *(di malattie)* affetto (⇨ **'to affect 3**). □ *avv* **affectedly.**

affecting [ə'fektiŋ] *agg* commovente; emozionante: *an affecting sight,* uno spettacolo commovente (emozionante). □ *avv* **affectingly.**

affection [ə'fekʃən] *s.* **1** affetto; affezione; amore; viva simpatia: *Every mother feels affection towards (o for) her children,* Tutte le mamme sentono affetto per i loro figli — *He is held in great affection,* Tutti gli vogliono un gran bene — *He hopes to win her affection,* Spera di guadagnarsi il suo affetto. **2** *(spesso al pl.)* amore; viva simpatia: *to gain (to win) sb's affections,* conquistarsi la simpatia di qcno — *to set one's affections on sb,* riversare il proprio affetto su qcno — *the object of his affection,* l'oggetto dei propri affetti. **3** *(med.)* affezione; stato morboso: *an affection of the throat,* un'affezione alla gola.

affectionate [ə'fekʃənət] *agg* affezionato; affettuoso. □ *avv* **affectionately,** affettuosamente: *yours affectionately, (formula di chiusura di una lettera: non molto comune)* con affetto, tuo; affettuosamente; tuo aff.mo.

to **affiance** [ə'faiənts] *vt (generalm. al passivo)* promettere in matrimonio; fidanzare: *to be affianced to sb,* essere fidanzato ufficialmente con qcno.

affidavit [,æfi'deivit] *s. (dir.)* affidavit *(deposizione scritta e giurata): to swear an affidavit,* rilasciare (fare) un affidavit.

to **affiliate** [ə'filieit] *vt e i.* **1** affiliare, affiliarsi; associare, associarsi. **2** ascrivere; mettere in rapporto.

affiliation [ə,fili'eiʃən] *s.* affiliazione *(anche dir.);* connessione.

affinity [ə'finiti] *s.* **1** affinità; stretta somiglianza o relazione. **2** affinità di sangue; parentela. **3** simpatia; attrazione. **4** *(chim.)* affinità: *the affinity of common salt for water,* l'affinità chimica tra il sale comune e l'acqua.

to **affirm** [ə'fə:m] *vt* affermare; asserire; dichiarare solennemente; confermare; convalidare: *to affirm the truth of a statement,* confermare la veridicità di una dichiarazione (di una deposizione) — *to affirm to sb that...,* asserire (riferire) a qcno che...

affirmation [,æfə'meiʃən] *s.* **1** affermazione; asserzione; dichiarazione. **2** dichiarazione solenne o pubblica.

affirmative [ə'fə:mətiv] *agg* affermativo.
□ *s.* affermativa: *to answer in the affirmative, (spesso scherz.)* dire di sì; dare una risposta affermativa.
□ *avv* **affirmatively.**

affix ['æfiks] *s.* **1** aggiunta. **2** *(linguistica)* affisso.

to **affix** [ə'fiks] *vt* affiggere; attaccare; apporre: *to affix a seal to a document,* apporre un sigillo ad un documento — *to affix one's signature to a contract,* apporre la propria firma in calce ad un contratto.

afflatus [ə'fleitəs] *s.* afflato; ispirazione *(divina, poetica, ecc.);* estro.

to **afflict** [ə'flikt] *vt* affliggere; far soffrire: *to be afflicted with rheumatism,* soffrire di reumatismi — *to feel afflicted at (o by) sad news,* sentirsi addolorato per una triste notizia.

affliction [ə'flikʃən] *s.* **1** afflizione; dolore; sofferenza: *to help people in affliction,* aiutare la gente che soffre. **2** acciacco: *the afflictions of old age,* gli acciacchi della vecchiaia.

affluence ['æflu:əns] *s.* opulenza; ricchezza; abbondanza: *to live in affluence,* vivere nell'abbondanza — *to rise to affluence,* diventare ricco.

[1]**affluent** ['æflu:ənt] *agg* opulento; florido; abbondante; ricco: *in affluent circumstances,* in floride condizioni — *the affluent society,* la società del benessere.

[2]**affluent** ['æflu:ənt] *s.* affluente; fiume tributario.

to **afford** [ə'fɔ:d] *vt* **1** *(di solito all'inf. preceduto da* can, *ecc.)* permettersi: *We can't afford a holiday this summer,* Quest'estate non possiamo permetterci una vacanza — *But can you really afford it?,* Ma puoi permettertelo davvero? — *I can't afford the time to speak to him now,* Adesso non ho tempo di parlargli. **2** offrire; dare; elargire; fornire; procurare: *The trees afford a pleasant shade,* Gli alberi offrono un'ombra piacevole — *It afforded great pleasure to all those who were present,* Procurò un grande piacere a tutti coloro che erano presenti.

to **afforest** [ə'fɔrist] *vt* imboschire; mettere a bosco *(un terreno).*

afforestation [ə,fɔris'teiʃən] *s.* imboschimento.

to **affranchise** [ə'fræntʃaiz] *vt* affrancare; liberare *(dalla schiavitù).*

affray [ə'frei] *s.* rissa; tafferuglio; baruffa.

to **affright** [ə'frait] *vt (ant. per* to frighten*)* spaventare; terrorizzare.

affront [ə'frʌnt] *s.* affronto; offesa; insulto; oltraggio: *to suffer an affront,* subire un affronto; patire un'ingiuria — *to offer an affront to sb,* fare un affronto a qcno — *an affront to his pride,* una offesa, un affronto al suo orgoglio.

to **affront** [ə'frʌnt] *vt* offendere; insultare deliberatamente *(generalm. in pubblico);* oltraggiare; affrontare: *to feel affronted at having one's word doubted,* sentirsi offesi perché la propria parola (d'onore) viene messa in dubbio.

Afghan ['æfgæn] *s. e agg* afgano.

afield [ə'fi:ld] *avv* distante *(da casa, dalla propria città, ecc.): Don't go too far afield,* Non andare troppo distante.

afire [ə'faiə*] *avv e agg predicativo* infuocato; in preda al fuoco *(anche fig.).*

aflame [ə'fleim] *avv e agg predicativo* in fiamme; infiammato; acceso *(anche fig.): aflame with passion,* infiammato di passione.

afloat [ə'flout] *avv e agg predicativo* **1** a galla; galleggiante: *The ship stuck fast on the rocks and we* *couldn't get her afloat again,* La nave si incagliò tra gli scogli e non riuscimmo a disincagliarla. **2** in mare; su di una nave; a bordo: *life afloat,* la vita di mare, di bordo. **3** *(raro)* a fior d'acqua; inondato. **4** *(fig., di affari)* in movimento; in azione: *to get a newspaper afloat,* lanciare un giornale. **5** *(di dicerie, storie, ecc.)* in giro: *There is a rumour afloat that...,* Si dice in giro che...

afoot [ə'fut] *avv e agg predicativo* **1** in corso; avviato; in marcia: *There's mischief afoot,* Si stanno preparando dei guai — *There's a scheme afoot to improve the roads,* C'è in vista un progetto per il miglioramento della rete stradale. **2** *(ant.)* a piedi.

afore- [ə'fɔ:*/-fɔə*] *avv (ant. o dir.: in diversi composti)* prima: *aforesaid,* suddetto; predetto — *aforementioned,* succitato — *aforetime,* un tempo; una volta; in passato; di altri tempi; di un tempo — *aforethought,* premeditato — *with malice aforethought,* con premeditazione.

afoul [ə'faul] *avv (raro: nell'espressione) to run afoul of sth (sb),* entrare in collisione con qcsa; *(di persona, fig.)* urtarsi (litigare) con qcno.

afraid [ə'freid] *agg predicativo* spaventato; pauroso; timoroso: *to be afraid of sth (sb); to be afraid of doing sth (afraid to do sth),* aver paura di qcsa (qcno); aver paura di fare qcsa — *There's nothing to be afraid of,* Non c'è niente da temere — *I was afraid of hurting his feelings,* Temevo di ferire i suoi sentimenti — *Don't be afraid to ask for help,* Non aver paura di chiedere aiuto — *I've never seen anyone so afraid of the dark,* Non ho mai visto nessuno che avesse tanta paura del buio.

☐ **to be afraid (that)...,** - **a)** temere: *I'm afraid we shall be late,* Temo che arriveremo in ritardo - **b)** dispiacere; rincrescere *(con la costruzione impersonale): I'm afraid I can't help you,* Mi rincresce di non potervi aiutare.

afresh [ə'freʃ] *avv* da capo; di nuovo; in un altro modo.

African ['æfrikən] *agg e s.* africano.

Afrikaans [,æfri'kɑ:ns] *s.* 'afrikaans' *(una delle due lingue ufficiali del Sud Africa, derivata dall'olandese).*

Afrikaner [,æfri'kɑ:nə*] *s.* abitante del Sud Africa di origine olandese; boero.

Afro- ['æfrou] *prefisso* afro-. ☐ *(attrib.) an Afro wig,* una parrucca all'africana (a cespuglio).

aft [ɑ:ft] *avv (naut.)* a poppa; verso poppa: *to go aft,* andare verso poppa — *fore and aft,* da prua a poppa *(nel senso della lunghezza della nave).*

[1]**after** ['ɑ:ftə*] **I** *prep* **1** dopo; dopo di; dietro di: *after dinner,* dopo pranzo — *after 2 o'clock,* dopo le due — *the day after tomorrow,* dopodomani — *day after day,* un giorno dopo l'altro — *time after time,* ripetutamente; spesse volte — *one after another; one after the other,* uno dopo l'altro; a turno — *to go (to run) after sth,* andare (correre) dietro qcsa — *What's he after?* A cosa sta dietro?; Cosa cerca?; A cosa mira? — *after dark,* dopo il crepuscolo; di sera — *after that,* dopo di ciò — *After you!,* Dopo di te! — *After you with the salt,* Passami il sale (dopo che ti sei servito) — *after all,* dopo tutto; malgrado tutto — *half after seven, (USA)* le sette e mezza — *I shall never speak to him again after what has happened,* Non gli parlerò mai più dopo quanto è accaduto — *Put the direct object after the verb,* Mettete il complemento oggetto dopo il verbo — *Shut the door after you when you leave the room,* Chiudi la porta (dietro di te) quando esci dalla stanza — *to ask after sb,* chiedere informazioni di qcno.

2 alla maniera di; nello (secondo lo) stile di; secondo: *a painting after Rembrandt,* un dipinto alla maniera di Rembrandt — *He can swim after a fashion,* Riesce a cavarsela nel nuoto — *She is a woman after my own heart,* È una donna di mio gusto — *to name (a baby, sb, sth) after sb,* imporre *(a un neonato, a qcno o qcsa, ecc.)* il nome di qcno — *to take after sb, (fig.)* prendere da (assomigliare a) qcno.

II *avv* dopo; in seguito: *He fell ill on Monday and died three days after,* Si ammalò (di) lunedì e morì tre giorni dopo — *What comes after?,* Cosa viene dopo? — *many years after,* molti anni dopo — *soon after,* poco dopo — *ever after,* da allora in poi.

III *congiunz* dopo che: *I arrived after he (had) left,* Arrivai dopo che lui era partito.

[2]**after-** ['ɑ:ftə*] *(nei composti) after-care,* cura particolare *(durante una convalescenza, dopo un trattamento)* — *after-ages,* i secoli a venire — *after-clap,* avvenimento inatteso; contraccolpo — *after-effect,* effetto ritardato, postumo — *after-life,* vita dopo la morte; vita futura — *after-sales service, (industria automobilistica)* servizio di assistenza al cliente — ⇨ *anche* **afterbirth, afterglow, aftermath, afternoon,** *ecc.*

[3]**after** ['ɑ:ftə*] *agg di grado comparativo* (*da* **aft**) più a poppa: *the after-mast, (naut.)* l'albero di mezzana — *after-cabin,* cabina di poppa.

afterbirth ['ɑ:ftəbə:θ] *s.* **1** *(dir.)* nascita postuma. **2** *(anat.)* placenta.

afterglow ['ɑ:ftəglou] *s.* **1** luce diffusa dopo il tramonto; riverbero. **2** bagliore residuo *(in una cellula fotoelettrica).* **3** *(radar)* persistenza della immagine.

aftermath ['ɑ:ftəmɑ:θ] *s.* **1** *(ormai raro)* fieno di secondo taglio. **2** conseguenza *(spiacevole).* **3** *(med.)* postumi.

aftermost ['ɑ:ftəmoust] *agg* **1** ultimo; (il) più arretrato. **2** *(naut.)* (il) più a poppa.

afternoon [,ɑ:ftə'nu:n] *s.* pomeriggio: *in (o during) the afternoon,* nel pomeriggio; di pomeriggio — *this (yesterday, tomorrow) afternoon,* questo (ieri, domani) pomeriggio — *on Sunday afternoon,* domenica pomeriggio; nel pomeriggio di domenica — *on the afternoon of May the first,* il pomeriggio del 1° maggio — *an afternoon concert,* un concerto pomeridiano. ☐ *Good afternoon, (detto dopo mezzogiorno o comunque dopo la seconda colazione)* Buon giorno — *the afternoon of life,* l'autunno della vita.

afters ['ɑ:ftə*z] *s. pl (fam.)* dessert; frutta; dolce, ecc. *(alla fine di un pasto).*

aftertaste ['ɑ:ftəteist] *s.* **1** sapore che resta in bocca. **2** *(fig.)* ricordo; strascico.

afterthought ['ɑ:ftəθɔ:t] *s.* riflessione; ripensamento.

afterwards ['ɑ:ftəwədz] *avv* in seguito; dopo; poi; successivamente.

again [ə'gen/ə'gein] *avv* **1** di nuovo; un'altra volta; ancora; nuovamente: *If you fail the first time, try again,* Se fallisci la prima volta, prova di nuovo — *Do you think she will marry again?,* Credi che si sposerà di nuovo? — *You must write this letter again,* Devi riscrivere questa lettera — *Here he comes again!,* Eccolo di nuovo! — *now and again,* occasionalmente; talvolta — *again and again; time and again; over and over again,* ripetutamente; molto spesso; più volte.

2 *(con* not, never*)* più: *This must never happen again,* Questo non deve accadere mai più — *Never again!,* Mai più! — *Don't do that again,* Non farlo più.

3 *(spesso preceduto da* and, then, and then*)* inoltre;

d'altra parte: *(Then) again I feel doubtful whether...,* Inoltre, sono in dubbio se...
□ *as much (as many) again,* due volte tanto (tanti); altrettanto (altrettanti) — *half as long again,* lungo una volta e mezza — *once again,* ancora una volta — *over again,* una volta di più — *to be oneself again,* stare di nuovo bene.

against [ə'genst/ə'geinst] *prep* **1** contro *(in molti sensi);* contrario a: *We were rowing against the current,* Stavamo remando contro corrente — *Are you for or against?,* Sei pro o contro? (favorevole o contrario?) — *The rain was beating against the windows,* La pioggia batteva contro le finestre — *He hit his head against the wall,* Batté la testa contro il muro — *The ladder was placed against the tree,* La scala fu sistemata contro l'albero — *payment against documents, (comm.)* pagamento contro documenti — *as against,* in confronto a — *over against,* di fronte a; opposto a — *to run up against sb,* imbattersi in qcno.
2 su; sullo sfondo di: *The pine-trees were black against the morning sky,* I pini si stagliavano scuri contro il cielo mattutino.
3 per; in previsione di: *to save money against a rainy day,* risparmiar denaro per i giorni di magra.

agape [ə'geip] *avv e agg predicativo* a bocca aperta.

agate ['ægit] *s.* **1** agata. **2** *(tipografia)* corpo 5.

agave [ə'geivi/ə'gɑvi] *s.* agave.

age [eidʒ] *s.* **1** età: *What's his age?,* Che età ha?; Quanti anni ha? — *He is nine years of age,* Ha nove anni — *At what age do children start school in your country?,* A che età incominciano la scuola i ragazzi del tuo paese? — *I have a son of your age,* Ho un figlio della tua età — *She ought to be earning her own living at her age,* Alla sua età dovrebbe guadagnarsi da vivere — *to be (to come) of age,* essere (diventare) maggiorenne — *to be over age,* essere troppo vecchio; aver superato i limiti di età — *to be under age,* essere minorenne, sotto il limite d'età — *to look one's age,* dimostrare la propria età — *Be your age!,* Non fare il bambino!
2 *(spesso* old age*)* vecchiaia: *His back was bent with age,* La sua schiena era curva per gli anni.
3 età; epoca; era; periodo: *the Stone Age,* l'Età della pietra — *the Atomic Age,* l'Era atomica — *the Elizabethan Age,* il periodo elisabettiano — *the Middle Ages,* il Medio Evo — *our age,* il nostro tempo; la nostra generazione — *in past ages,* nel passato; una volta.
4 *(generalm. al pl., fig.)* secoli; una vita: *We've been waiting for ages (*talvolta *for an age),* È da secoli che aspettiamo — *age-old,* antico; vecchio di secoli; antichissimo.

to **age** [eidʒ] *vt e i.* (*p. pres.* **aging** *o* **ageing**) invecchiare: *He's ag(e)ing fast,* Invecchia rapidamente — *wine aged in oak casks,* vino invecchiato in fusti di rovere.

[1]**agèd** ['eidʒid] *agg attrib* anziano; vecchio: *an aged man,* un uomo anziano.

[2]**aged** [eidʒd] *agg predicativo* **1** dell'età di: *a girl aged fifteen,* una ragazza di quindici anni (quindicenne) — *a middle-aged man,* un uomo di mezza età.
2 *p. pass di* **to age** ⇨.

ageless ['eidʒlis] *agg* eterno; che non invecchia mai.

agelong ['eidʒlɔŋ] *agg* che dura a lungo (per secoli).

agency ['eidʒənsi] *s.* **1** agenzia; rappresentanza: *The company has agencies in all parts of Africa,* La società ha agenzie in tutta l'Africa — *He found a job through an employment agency,* Ha trovato un lavoro attraverso un'agenzia di collocamento — *a sales agency,* una agenzia di vendita — *a news agency,* un'agenzia di stampa. **2** ente (governativo). **3** azione; opera; influenza; aiuto; mediazione: *through the agency of...,* per opera di...; grazie a...; con l'aiuto di... — *Rocks are worn smooth through the agency of water,* Le pietre vengono levigate dall'azione dell'acqua — *He obtained a good position in a government office through (o by) the agency of friends,* Ottenne un buon posto in un ufficio governativo con l'aiuto di amici.

agenda [ə'dʒendə] *s.* ordine del giorno; (lista di) cose da farsi: *item n. 5 on the agenda,* il punto n. 5 dell'ordine del giorno.

agent ['eidʒənt] *s.* **1** *(spec. comm.)* agente; rappresentante; *(talvolta)* concessionario: *to be sole agents for sth,* avere la rappresentanza esclusiva di qcsa — *commission agent,* commissionario — *forwarding agent; shipping agent,* spedizioniere — *law agent, (Scozia)* procuratore legale; avvocato — *secret agent,* agente segreto. **2** agente *(elemento naturale o chimico).*

agent provocateur ['æʒɔŋ ˌprɔvɔkə'tə:*/aʒɑ̃ prɔvɔkatœr] *s. (fr.)* agente provocatore.

agglomerate [ə'glɔmərət] *agg e s.* agglomerato.

to **agglomerate** [ə'glɔməreit] *vt* agglomerare. □ *vi* agglomerarsi.

agglomeration [əˌglɔmə'reiʃən] *s.* **1** agglomeramento; agglomerazione. **2** *(insieme di edifici)* agglomerato.

agglutinate [ə'glu:tineit] *agg* agglutinato.

to **agglutinate** [ə'glu:tineit] *vt e i.* agglutinare, agglutinarsi; diventare come colla; incollarsi.

agglutination [əˌglu:ti'neiʃən] *s.* agglutinazione.

agglutinative [ə'glu:tinətiv] *agg (linguistica)* agglutinante.

to **aggrandize** ['ægrəndaiz] *vt* **1** ingrandire *(potere, autorità, ricchezza, ecc.).* **2** esagerare.

aggrandizement [ə'grændizmənt] *s.* **1** ingrandimento *(di potere, ecc.).* **2** esagerazione: *self-aggrandizement,* autoesaltazione.

to **aggravate** ['ægrəveit] *vt* **1** aggravare; peggiorare; rendere più grave: *to aggravate an illness (an offence),* rendere più grave una malattia (un'offesa). **2** *(fam.)* irritare; seccare; esasperare: *He aggravates her beyond endurance,* La irrita oltre ogni possibilità di sopportazione.

aggravating ['ægrəveitiŋ] *agg* **1** aggravante. **2** *(fam.)* seccante; irritante. □ *avv* **aggravatingly.**

aggravation ['ægrə'veiʃən] *s.* **1** peggioramento; aggravamento. **2** *(fam.)* irritazione; seccatura; esasperazione. **3** *(dir.)* aggravante; circostanza aggravante.

aggregate ['ægrigət] *agg e s.* totale; importo globale: *in the aggregate,* complessivamente; nel complesso; globalmente; in totale; nell'insieme.
□ *s.* materiale inerte.

to **aggregate** ['ægrigeit] *vt e i.* **1** aggregare, aggregarsi; ammassare, ammassarsi. **2** *(fam.)* ammontare; assommare.

aggregation [ˌægri'geiʃən] *s.* aggregazione; unione.

aggression [ə'greʃən] *s.* aggressione; attacco: *It was difficult to decide which country was guilty of aggression,* Era difficile decidere quale fosse il paese colpevole della aggressione.

aggressive [ə'gresiv] *agg* **1** aggressivo; violento; litigioso: *an aggressive sort of chap,* un tipo un po' violento — *a man with an aggressive disposition,* un uomo dal temperamento litigioso. **2** offensivo; fatto per l'attacco: *aggressive weapons,* armi offensive. **3** intraprendente; energico: *You must be aggressive if you* *want to succeed,* Devi essere intraprendente se vuoi aver successo. □ *avv* **aggressively.**

aggressiveness [ə'gresivnis] *s.* aggressività; *(talvolta)* intraprendenza.

aggressor [ə'gresə*] *s.* aggressore.

to **aggrieve** [ə'gri:v] *vt (usato al passivo)* addolorare; offendere: *to be aggrieved,* essere addolorato — *to feel very aggrieved at (o by) sth,* sentirsi molto addolorato (offeso) per qcsa — *the aggrieved party, (dir.)* la parte lesa.

aggro ['ægrou] *s.* (*GB, abbr. fam. di* **aggression**) aggressione; aggressività *(spec. tra 'gangs' di giovinastri o di 'gangs' verso minoranze razziali).*

aghast [ə'gɑ:st] *agg predicativo* atterrito; inorridito; esterrefatto: *He stood aghast at the terrible sight,* Davanti a quel terribile spettacolo restò atterrito (rimase inorridito).

agile ['ædʒail/*(USA)* 'ædʒil] *agg* agile; destro; svelto; attivo. □ *avv* **agilely.**

agility [ə'dʒiliti] *s.* destrezza; agilità.

agin [ə'gin] *prep* (*dial. per* **against**) contro: *(quasi unicamente nell'espressione) to be agin the government,* essere contro il governo.

to **agitate** ['ædʒiteit] *vt e i.* **1** agitare; scuotere. **2** disturbare; sconvolgere; commuovere; turbare; mettere in agitazione; causare inquietudine: *She was greatly agitated until she learnt that her husband was among the survivors,* Rimase sconvolta finché non apprese che il marito era tra i sopravvissuti — *He was agitated about his wife's health,* Era inquieto (in ansia) per la salute della moglie — *Don't get all agitated!,* Non agitarti! **3** *to agitate for sth,* battersi (lottare, fare l'agitatore) per qcsa — *to agitate for the repeal of a law,* battersi per l'abrogazione di una legge — *The workers agitated for higher wages,* Gli operai erano in agitazione per un aumento di salario.

agitation [,ædʒi'teiʃən] *s.* **1** agitazione. **2** turbamento; eccitamento; sconvolgimento: *She was in a state of agitation,* Era tutta sconvolta. **3** dibattito; discussione. **4** agitazione; lotta sociale; tumulto; moto; contestazione: *Small shopkeepers carried on a long agitation against the supermarkets,* I piccoli bottegai rimasero in agitazione a lungo contro i supermercati.

agitator ['ædʒiteitə*] *s.* agitatore *(spec. politico).*

agitprop ['ædʒitprɔp] *s.* **1** propaganda filocomunista. **2** agitatore (attivista) comunista.

aglow [ə'glou] *avv e agg predicativo* acceso; ardente; eccitato; raggiante; splendente: *aglow with pleasure,* acceso (raggiante) di piacere — *a face aglow with health,* una faccia che scoppia di salute.

agnostic [æg'nɔstik] *agg e s.* agnostico.

agnosticism [æg'nɔstisizm] *s.* agnosticismo.

ago [ə'gou] *avv* fa; or è (or sono): *The train left a few minutes ago,* Il treno è partito pochi minuti fa — *It was seven years ago that my brother died,* Sono ormai sette anni che mio fratello è morto — *some time ago,* parecchio tempo fa — *How long ago is it that you last saw her?,* Quand'è che l'hai vista l'ultima volta? — *I met Mary no longer ago than last Sunday,* Incontrai Mary non più in là di domenica scorsa.

agog [ə'gɔg] *avv e agg predicativo (spec. preceduto da* all*)* impaziente; in ansia; bramoso; eccitato: *to be all agog for news,* essere ansioso di novità — *He was all agog to hear the news,* Era ansioso di sentire le notizie — *The whole village was agog with excitement,* Tutto il villaggio era in fermento.

to **agonize** ['ægənaiz] *vi* **1** *(non comune)* tormentarsi; soffrire. **2** *(ant.)* fare sforzi disperati; sforzarsi in ogni modo: *She agonized to be admired,* Faceva sforzi disperati per sentirsi ammirata.

agonized ['ægənaizd] *agg* angoscioso; disperato.

agonizing [,ægə'naiziŋ] *agg* assai doloroso; straziante. □ *avv* **agonizingly.**

agony ['ægəni] *s.* parossismo *(di dolore, gioia, ira, ecc.);* angoscia; estrema sofferenza: *She looked on in agony at her child's sufferings,* Guardava angosciata il figliuolo che soffriva — *I've suffered agonies (I've been in agonies) with toothache,* Ho sofferto indicibilmente per il mal di denti — *He was in an agony of remorse,* Provava un cocente rimorso. □ *agony column, (scherz., per* personal column*)* rubrica di inserzioni personali *(specie sul 'Times' di Londra).*

agoraphobia ['ægərə'foubiə] *s.* agorafobia.

agrarian [ə'grɛəriən] *agg* agrario; pertinente ai campi, all'agricoltura.

to **agree** [ə'gri:] *vt e i.* **1** acconsentire; dire di sì; convenire: *He agreed to my proposal,* Acconsentì alla mia proposta — *Mary's father has agreed to her coming with us,* Il padre di Mary le ha permesso di venire con noi.

2 essere d'accordo, della stessa opinione *(con qcno,* with sb; *su qcsa,* on, about sth*);* mettersi d'accordo; convenire: *I hope you will agree with me that our teacher's advice is excellent,* Spero che conveniate con me che il consiglio del nostro insegnante è ottimo — *to agree on the price,* mettersi d'accordo sul prezzo — *We agreed on a early start,* Ci accordammo di partire di buon'ora — *We are all agreed that the proposal is a good one,* Siamo tutti d'accordo sulla validità della proposta — *We couldn't agree (as to) how it should be done,* Non riuscimmo ad accordarci su come dovesse essere fatto — *I couldn't agree more,* D'accordissimo.

3 andar d'accordo: *We shall never agree,* Non andremo mai d'accordo — *Why can't you children agree?,* Ragazzi, perché non potete andar d'accordo?

4 *(spesso seguito da* with*)* concordare *(anche gramm.): Your story agrees with what I had already heard,* La tua storia concorda con quanto avevo già sentito — *The verb agrees with its subject in number and person,* Il verbo concorda in numero e persona col soggetto.

5 *(seguito da* with*)* confarsi; andare bene per: *The climate doesn't agree with me,* Il clima non mi si confà — *That fish I had for dinner hasn't agreed with me,* Quel pesce che ho mangiato a pranzo mi è rimasto sullo stomaco.

6 accettare; approvare *(una denuncia di tasse, un conto, ecc.): The Inspector of taxes has agreed your return of income,* L'ispettore delle tasse ha approvato la Sua denuncia dei redditi.

agreeable [ə'griəbl] *agg* **1** piacevole; gradevole. **2** favorevole; propizio; propenso: *Are you agreeable to the proposal?,* È favorevole alla proposta? □ *avv* **agreeably.**

agreed [ə'gri:d] *agg* convenuto; pattuito; stipulato: *at the agreed price,* al prezzo convenuto. □ *Agreed!,* D'accordo!

agreement [ə'gri:mənt] *s.* **1** accordo: *We are in agreement on that point,* Siamo d'accordo su quel punto — *I'm quite in agreement with what you say,* Sono completamente d'accordo su quanto Lei dice — *to come to an agreement,* giungere ad un accordo. **2** *(comm., dir.)* contratto; accordo: *to make an agreement with sb,* stipulare un contratto con qcno — *to sign an agreement,* firmare un contratto.

agricultural [,ægri'kʌltʃərəl] *agg* agricolo.

agriculture ['ægrikʌltʃə*] *s.* agricoltura.
agriculturist [,ægri'kʌltʃərist] *s.* **1** perito agrario. **2** agricoltore.
aground [ə'graund] *avv e agg predicativo* in secco; arenato; incagliato: *to go (to run) aground,* incagliarsi.
ague ['eigju:] *s.* febbre malarica.
ah [ɑ:] *interiezione (di sorpresa, ecc.)* ah!; toh!
aha [ə'hɑ:] *interiezione (di trionfo, soddisfazione)* ah! ah!
ahead [ə'hed] *avv e agg predicativo* avanti; dritto; in avanti; in testa: *Tom was a quick walker and soon got ahead of the others,* Tom era un camminatore lesto e si portò presto in testa agli altri — *Standard time in Turkey is two hours ahead of Greenwich Mean Time,* L'ora solare in Turchia è due ore avanti rispetto all'ora solare di Greenwich — *Full speed ahead!, (spec. naut.)* Avanti a tutta forza! — *Road works ahead!,* Attenzione: lavori in corso! *(più avanti)* — *in line ahead, (di navi)* in linea di fila; in fila una accanto all'altra — *to be ahead of one's time,* essere in anticipo sui propri tempi — *to get ahead of sb,* superare, battere qcno — *to go ahead,* andare avanti; procedere; progredire; continuare *(a fare qcsa)* — *Things are going ahead,* Le cose procedono (bene) — *to look ahead,* guardare avanti; pensare al futuro.
ahem [ə'hem] *interiezione (per attirare l'attenzione, esprimere dubbio)* ehm!
ahoy [ə'hɔi] *interiezione (di marinai)* ehi!; ohè!; olà!: *Ship ahoy!,* Ehi, di bordo!
aid [eid] *s.* **1** aiuto; soccorso; assistenza: *He came to my aid,* Venne in mio aiuto — *What is the collection in aid of?,* In favore di chi è la colletta? — *What's all this in aid of?, (fam.)* A che serve tutto questo? — *first aid,* pronto soccorso — *aid to developing countries,* aiuti ai (assistenza per i) paesi in via di sviluppo. **2** aiuto; sussidio: *visual aids,* sussidi (didattici) visivi — *a deaf-aid,* un apparecchio acustico.
to **aid** [eid] *vt* **1** aiutare; soccorrere. **2** contribuire a.
aide [eid] **1** *s.* *(fr., abbr. di* **aide-de-camp** ⇨*)*. **2** aiutante *(p.es. di uomo politico);* addetto.
aide-de-camp ['eiddəkɔŋ/ɛddəkɑ̃] *s. (fr.)* aiutante di campo.
aide-mémoire ['eidmemwɑ:*/*(fr.)* ɛdmemwar] *s. (spec. in diplomazia)* memorandum; pro-memoria.
aigrette ['eigret] *s. (fr.)* **1** aigrette; asprì; ciuffo di piume; pennacchio. **2** rametto con gemme o gioielli *(che imitano piume).*
to **ail** [eil] *vt (ant.)* addolorare; angustiare; affliggere: *What ails him?,* Che cosa lo turba?
□ *vi (generalm. nella forma* to be ailing*)* essere ammalato: *The children are always ailing,* I bambini sono sempre malati — *He has an ailing mother to support,* Ha la madre inferma a carico.
aileron ['eilərɔn] *s.* alettone; alerone.
ailing ['eiliŋ] *agg* ⇨ **to ail 2.**
ailment ['eilmənt] *s.* afflizione; indisposizione; malattia *(di solito non grave).*
aim [eim] *s.* **1** mira; bersaglio: *to take aim,* prendere la mira — *He missed his aim,* Mancò il bersaglio. **2** *(fig.)* scopo; proposito; meta: *What's your aim in life?,* Qual è il tuo scopo nella vita?
to **aim** [eim] *vt e i.* **1** puntare *(un fucile, ecc.);* mirare (a): *He aimed at the lion and fired,* Mirò al leone e fece fuoco. **2** lanciare; tirare; dirigere *(anche fig.): Tom got angry with his brother and aimed a heavy book at his head,* Tom si arrabbiò con suo fratello e gli tirò un pesante libro in testa — *My remarks were not aimed at you,* Le mie osservazioni non erano dirette a te. **3** *to aim at doing sth; to aim to do sth, (fig.)* mirare a fare qcsa; aspirare a qcsa — *Harry aims at becoming (aims to become) a doctor,* Harry aspira a diventare medico — *We aim to please,* Il nostro scopo è di essere utili; Siamo al servizio del pubblico.
aimless ['eimlis] *agg* vago; senza scopo. □ *avv* **aimlessly.**
aimlessness ['eimlisnis] *s.* mancanza di scopo.
ain't [eint] *contraz fam, dial e USA di* am not; are not; is not; has not; have not: *I ain't going there, (= I'm not going there)* Non ci vado — *We ain't got none, (= We haven't got any)* Non ne abbiamo.
air [ɛə*] *s.* **1** aria: *a breath of fresh air,* un soffio (una boccata) di aria fresca — *in the open air,* all'aria aperta — *to travel by air,* viaggiare per via aerea — *castles in the air,* castelli in aria — *hot air, (fam.)* parole vane; fumo — *in the air,* - **a)** per aria; incerto; in sospeso: *My plans are still quite in the air,* I miei progetti sono ancora completamente per aria (sono ancora incerti) - **b)** *(mil.)* indifeso; incustodito; scoperto; sguarnito: *Their left flank was left in the air,* Il loro fianco sinistro era rimasto indifeso (scoperto) - **c)** *(di opinioni, notizie, ecc.)* nell'aria; in giro; in circolazione: *There are rumours in the air that...,* Ci sono voci in circolazione (nell'aria, in giro) che... — *to clear the air,* - **a)** rinnovare l'aria; dare aria; far cambiare l'aria - **b)** chiarire la situazione; eliminare dubbi o sospetti.
2 *(attrib.)* - **a)** aereo; aeronautico; aviatorio: *the Air Force,* l'Aviazione Militare — *air terminal,* 'terminal'; aerostazione — *air letter,* aerogramma — *air cover (support),* appoggio aereo — *air-defences,* protezione antiaerea — *air-drop,* lancio di rifornimenti — *air-lift,* ponte aereo — *air raid,* incursione aerea — *air-raid shelter,* rifugio antiaereo — *air-sea rescue,* servizio di salvataggio aereo e marittimo — *air space,* spazio aereo (atmosferico) — *air-space,* cubatura *(di un locale)* — *air-speed, (di velivolo)* velocità relativa — *an air-crash,* un incidente aereo — ⇨ *anche* **airborne, aircrew, airfield,** *ecc.*
b) ad aria: *air-brake,* freno ad aria compressa — *air-conditioned,* ad aria condizionata; dotato di aria condizionata — *air-conditioning,* condizionamento dell'aria — *air-cooled,* raffreddato ad aria — *air-cushion (-pillow),* cuscino pneumatico — *air-jacket,* involucro per il raffreddamento ad aria; *(talvolta)* giubbotto pneumatico *(tipo di salvagente)* — *air-pump,* compressore d'aria; pompa a vuoto — *air-rifle,* fucile ad aria compressa — *air-bladder,* vescica natatoria — *air-inlet; air-intake,* presa d'aria — *air-lock,* camera di equilibrio; cassa d'aria; *(talvolta)* bolla d'aria *(in una conduttura)* — *air-passages,* vie respiratorie — *air pocket,* sacca d'aria; vuoto d'aria.
3 brezza; arietta; aria.
4 *(radio) on the air,* in onda; in trasmissione; *(fam.)* alla radio: *The Prime Minister will be on the air at 9.15,* Il Primo Ministro andrà in onda (parlerà alla radio) alle 21,15 — *to go off the air,* interrompere la trasmissione; terminare la trasmissione.
5 *(mus.)* motivo; aria; melodia.
6 aspetto; apparenza; sembianza; aria; atteggiamento; modo; maniera; espressione: *He has an air of importance,* Ha l'aria di essere importante — *The house has an air of comfort,* La casa ha un aspetto comodo — *with an air of triumph,* con aria di trionfo — *to give oneself (to put on) airs,* darsi delle arie — *airs and graces,* leziosaggini; preziosità.
to **air** [ɛə*] *vt* **1** dare aria; arieggiare; ventilare; mettere all'aria; esporre all'aria; sciorinare; spiegare all'aria; stendere all'aria: *The mattress needs to be aired,*

Occorre far prendere aria al materasso — *airing cupboard,* armadio con riscaldamento ad aria (per asciugare la biancheria). **2** far conoscere; rendere manifesto; mettere in mostra: *He likes to air his knowledge,* Gli piace mettere in mostra la sua cultura.

airborne ['ɛəbɔ:n] *agg* **1** aviotrasportato; aerotrasportato. **2** *(di aereo)* in volo; che ha effettuato il decollo: *to get airborne,* decollare — *We were soon airborne,* Ben presto fummo in volo. **3** *(mil.)* addestrato per operazioni aeree: *an airborne division,* una divisione addestrata per le operazioni aeree.

airbus, aerobus [ɛə'bʌs] *s.* aerobus.

aircraft ['ɛəkrɑ:ft] *s. (sing. o pl. collettivo)* aereo; velivolo: *aircraft carrier,* nave portaerei.

aircraft(s)man ['ɛəkrɑ:ftmən] *s.* aviere.

aircrew ['ɛəkru:] *s.* equipaggio di un aereo; personale di bordo (di un aereo).

airdrome ['ɛədroum] *s. (USA)* aerodromo.

Airedale ['ɛədeil] *nome proprio* airedale *(grosso cane 'terrier' inglese dal pelo corto e ruvido).*

airfield ['ɛəfi:ld] *s.* campo d'aviazione.

airframe ['ɛəfreim] *s. (di un velivolo)* cellula; l'intera struttura del velivolo *(tranne il motore).*

airily ['ɛərili] *avv* ⇨ **airy.**

airing ['ɛəriŋ] *s.* **1** *(spec. di biancheria)* ventilazione; aerazione; esposizione all'aria: *to give sth an airing,* esporre qcsa all'aria; far prendere aria a qcsa. **2** boccata d'aria; passeggiata all'aria aperta: *to go for an airing,* andare a prendere una boccata d'aria — *to take the children for an airing,* portare i bambini a prendere una boccata d'aria.

airless ['ɛələs] *agg* **1** senz'aria; privo di aria; dall'aria viziata: *an airless room,* una stanza senz'aria (dall'aria viziata). **2** *(di tempo atmosferico)* calmo; tranquillo; senza vento.

airline ['ɛəlain] *s.* linea aerea; aviolinea; compagnia aerea.

airliner ['ɛəlainə*] *s.* aereo di linea.

airmail ['ɛəmeil] *s.* posta aerea: *airmail edition, (di giornali, periodici, ecc.)* edizione per posta aerea *(stampata su carta leggera).*

airman ['ɛəmən] *s.* (*pl.* **airmen**) aviatore; aviere.

airplane ['ɛəplein] *s. (USA)* aeroplano.

airport ['ɛəpɔ:t] *s.* aeroporto.

airscrew ['ɛəscru:] *s.* elica.

airshaft ['ɛəʃɑ:ft] *s.* pozzo d'aerazione *(delle miniere).*

airship ['ɛəʃip] *s.* aeronave; dirigibile.

airsickness ['ɛə,siknis] *s.* mal d'aria.

airstrip ['ɛəstrip] *s.* pista d'atterraggio *(generalm. improvvisata o provvisoria).*

airtight ['ɛətait] *agg* a tenuta d'aria.

airway ['ɛəwei] *s.* **1** rotta aerea. **2** *(anat.)* via respiratoria.

airworthy [ɛə'wə:θi] *agg (di aereo)* abilitato al volo.

airy ['ɛəri] *agg* (*ant. e poet.* **aery**) **1** arioso; arieggiato: *a nice, airy room,* una bella stanza arieggiata. **2** aereo; etereo; immateriale. **3** immaginario; insincero; falso; superficiale: *airy promises,* promesse vane (da marinaio). **4** spensierato; allegro; vivace; gaio: *an airy manner,* un modo di fare spensierato. ☐ *avv* **airily.**

aisle [ail] *s.* **1** *(archit.)* navata laterale *(di chiesa).* **2** spazio tra file di banchi *(in chiese piccole).* **3** *(USA)* passaggio; corridoio fra posti a sedere *(di autobus, treni, teatro, ecc.);* corridoio di vagone ferroviario.

aitch [eitʃ] *s.* (*anche* **ache**) acca; la lettera acca: *to drop one's aitches* ⇨ **H, h.**

aitchbone ['eitʃbɔn] *s. (anche* edge-bone*) (di bue)* osso sacro; culatta.

[1]**ajar** [ə'dʒɑ:*] *avv e agg predicativo* socchiuso; semiaperto *(di uscio).*

[2]**ajar** [ə'dʒɑ:*] *avv e agg predicativo* stridente; in disaccordo; in disarmonia *(anche fig.); (di nervi)* a pezzi.

akimbo [ə'kimbou] *avv* sui fianchi: *with arms akimbo,* con le mani ai fianchi.

akin [ə'kin] *agg predicativo* **1** consanguineo; della stessa famiglia. **2** affine; simile: *Liking is often akin to love,* La simpatia è spesso affine all'amore.

alabaster ['æləbɑ:stə*] *s.* alabastro.

☐ *agg* del colore *(trasparenza e levigatezza)* dell'alabastro; alabastrino.

à la carte [ɑ:lɑ:'kɑ:t] *avv e agg (fr.)* alla carta.

alack [ə'læk] *interiezione (ant.: spesso* alack-a-day*)* ahimè!; ohimè!

alacrity [ə'lækriti] *s.* alacrità; solerzia.

alarm [ə'lɑ:m] *s.* **1** allarme: *an air-raid alarm,* un allarme aereo — *to sound an alarm,* suonare (dare) l'allarme — *to give (to raise) the alarm,* dare l'allarme; mettere in stato d'allarme — *alarm (-clock),* orologio a sveglia; sveglia — *to set the alarm(-clock) for six o'clock,* mettere (regolare) la sveglia per le sei — *fire alarm,* segnalatore d'incendio — *burglar alarm,* allarme antifurto. **2** paura; agitazione; fermento: *He jumped up in alarm,* Saltò su allarmato — *I hope you didn't take (o feel) alarm at the news,* Spero non ti sia allarmato per la notizia.

to **alarm** [ə'lɑ:m] *vt* **1** mettere in stato d'allarme; dare l'allarme. **2** agitare; spaventare; turbare; mettere in fermento: *Everybody was alarmed at the news that war might break out,* Tutti erano in agitazione per la notizia che poteva scoppiare la guerra.

alarming [ə'lɑ:miŋ] *agg* allarmante; preoccupante; grave. ☐ *avv* **alarmingly.**

alarmist [ə'lɑ:mist] *s.* allarmista.

alas [ə'læs] *interiezione (di dolore, rincrescimento, rimpianto)* ahimè!; ohimè!

alb [ælb] *s.* camice sacerdotale.

albacore ['ælbəkɔ:*] *s.* alalonga; albacora.

Albanian [æl'beinjən] *s. e agg* albanese.

albatross ['ælbətrɔs] *s.* albatro.

albeit [ɔ:l'bi:it] *congiunz (lett.)* sebbene; benché.

Albigensian [,ælbi'dʒensiən] *s. e agg* albigese.

albino [æl'bi:nou] *s.* albino.

☐ *agg* di colore albino; bianchiccio; che è affetto da albinismo.

album ['ælbəm] *s.* album.

albumen ['ælbju:men] *s.* **1** albume. **2** *(per estensione)* sostanza animale o vegetale simile al bianco d'uovo; albume.

alchemist ['ælkəmist/-kim-] *s.* alchimista.

alchemy ['ælkəmi/-kimi] *s.* alchimia.

alcohol ['ælkəhɔl] *s.* **1** alcool; alcole. **2** bevanda alcoolica; *(collettivo)* bevande alcooliche *(spec. liquori).*

alcoholic [,ælkə'hɔlik] *agg* alcoolico; che contiene alcool.

☐ *s.* alcoolizzato: *Alcoholics Anonymous, (GB)* associazione che aiuta gli alcoolizzati.

alcoholism ['ælkəhɔlizəm] *s.* alcoolismo; etilismo.

alcove ['ælkouv] *s.* **1** alcova; nicchia. **2** *(nei parchi, giardini, ecc.)* pergola; padiglione d'estate.

alder ['ɔ:ldə*] *s.* ontano.

alderman ['ɔ:ldəmən] *s.* (*pl.* **aldermen**) consigliere comunale anziano *(GB: nell'amministrazione di una 'municipality').*

ale [eil] *s.* birra chiara: *ale-house,* birreria; taverna.

alee [ə'li:] *avv e agg* sottovento.

alert [ə'lə:t] *agg* vigile; sveglio; all'erta; agile; pronto;

intelligente: *to be alert in answering questions,* essere pronto nel rispondere alle domande.

□ *s.* allarme: *to be on the alert,* stare all'erta, sul chi va là — *They received the alert at 10 a.m.,* Ricevettero il segnale di allarme alle 10 del mattino — *a nuclear alert,* un allarme nucleare. □ *avv* **alertly.**

to **alert** [ə'lə:t] *vt* mettere in stato d'allarme; mettere in guardia.

alertness [ə'lə:tnis] *s.* **1** vigilanza. **2** prontezza; vivacità.

Alexandrian [,ælik'sændriən] *agg* **1** alessandrino. **2** *(molto meno comune)* di Alessandro Magno.

Alexandrine [,ælig'zændrain/-drin] *agg e s.* alessandrino *(verso o poesia).*

alfalfa [æl'fælfə] *s.* erba medica.

alfresco [æl'freskou] *(anche* al fresco*) agg e avv* all'aperto: *an alfresco lunch,* un pranzo all'aperto.

alga ['ælgə] *s.* (*pl.* **algae**) alga.

algebra ['ældʒibrə] *s.* algebra.

algebraic(al) [,ældʒi'breiik(l)] *agg* algebrico. □ *avv* **algebraically.**

Algerian [æl'dʒiəriən] *s. e agg* algerino.

algorism, algorithm ['ælgərizəm/'ælgəriðm] *s.* algoritmo.

alias ['eiliæs/-iəs] *s.* (*pl.* **aliases**) nome fittizio; falso nome; pseudonimo.

□ *avv* 'alias'; altrimenti detto; anche chiamato: *the accused, John Smith, alias Konrad Smirkovsky,* l'imputato John Smith, conosciuto anche come Konrad Smirkovsky.

alibi ['ælibai] *s.* **1** alibi: *The accused man was able to establish (to prove) an alibi,* L'accusato riuscì a fornire (a provare) un alibi. **2** *(fam.)* scusa; attenuante; pretesto.

alien ['eiljən] *s.* straniero; forestiero.

□ *agg* straniero; alieno; estraneo; contrario; che ripugna: *Cruelty was completely alien to his nature,* La crudeltà era completamente estranea alla sua natura.

to **alienate** ['eiljəneit] *vt* **1** alienare; estraniare; allontanare; distogliere: *to alienate sb from his friends,* distogliere qcno dai suoi amici. **2** alienare; trasferire *(di proprietà immobiliari).*

alienation [,eiljə'neiʃən] *s.* **1** alienazione. **2** disaffezione; allontanamento.

alienist ['eiljənist] *s.* alienista; studioso di malattie mentali.

alight [ə'lait] *agg predicativo* in fiamme; acceso *(anche fig.): Their faces were alight with joy,* I loro volti brillavano di gioia.

to **alight** [ə'lait] *vi* **1** scendere; smontare *(da cavallo, autobus, ecc.); (di uccello)* posarsi. **2** *(fig.: seguito da* on*)* imbattersi in; trovare per caso.

to **align** [ə'lain] *vt e i.* **1** allineare, allinearsi: *to align the sights of a rifle,* prendere la mira con un fucile. **2** *(fig., di idee, ecc.)* schierarsi; allinearsi: *They aligned themselves with us,* Si schierarono con noi. □ *non-aligned countries,* paesi non allineati.

alignment [ə'lainmənt] *s.* allineamento; schieramento: *The desks are in (out of) alignment,* I tavoli sono (non sono) allineati — *There was a new alignment of European powers,* Ci fu un nuovo schieramento delle potenze europee — *a non-alignment policy,* una politica di non allineamento.

alike [ə'laik] *agg predicativo* simile; uguale: *The two sisters are very much alike,* Le due sorelle si assomigliano molto — *All music is alike to him,* Per lui tutta la musica è uguale.

□ *avv* parimenti; similmente: *to treat everybody alike,* trattare tutti nello stesso modo, alla stessa stregua.

alimentary [,æli'mentəri] *agg* **1** alimentare. **2** nutritivo.

alimony ['æliməni] *s.* alimenti o somma corrisposta dal marito alla moglie *(dopo il divorzio o la separazione).*

alive [ə'laiv] *agg* **1** vivente; vivo; al mondo: *Who's the greatest man alive?,* Chi è il più importante uomo vivente? — *It's good to be alive,* È bello essere vivi — *to be alive and kicking,* essere vivo e vegeto — *You wouldn't like to be buried alive,* Non ti piacerebbe certo essere sepolto vivo — *any man alive,* chiunque. **2** in vita; in vigore; in atto: *If a claim is kept alive it is more likely to be recognized,* Se la rivendicazione di un diritto è tenuta in vita, è più probabile che venga riconosciuta. **3** vivace; attivo; indaffarato: *He is very much alive,* È vivacissimo *(di bambino);* È molto attivo *(di adulto)* — *Look alive!,* Datti da fare!; Sbrigati!; Muoviti! □ *alive to,* conscio di — *He is fully alive to the dangers of the situation,* È perfettamente conscio dei pericoli della situazione — *Man alive!,* Perbacco! — *to be alive with sth,* essere pieno (brulicare, formicolare) di qcsa.

alkali ['ælkəlai] *s.* alcali.

alkaline ['ælkəlain] *agg* alcalino.

alkaloid ['ælkəlɔid] *s.* alcaloide.

all [ɔ:l] **I** *agg* **1** tutto; intero: *All horses are animals, but not all animals are horses,* Tutti i cavalli sono animali ma non tutti gli animali sono cavalli — *He has lived all his life in London,* Ha vissuto tutta la sua vita a Londra — *All the boys enjoyed themselves,* Tutti i ragazzi si divertirono — *He spent all that year in London,* Trascorse quell'intero anno a Londra — *Don't eat all the cake,* Non mangiare tutta la torta (l'intera torta) — *Why ask me to help of all people?,* Perché fra tutti chiedi aiuto a me? — *to go on all fours,* andare carponi — *It's not so difficult as all that,* Non è così difficile come dici — *all things considered,* tutto sommato.

2 ogni; qualsiasi: *It's beyond all doubt,* È al di fuori di ogni dubbio — *He hates all criticism of his work,* Odia qualsiasi (tipo di) critica al suo lavoro. □ *All Fools' Day,* il 1° aprile; il pesce d'aprile — *All Hallows'; All Saints' Day,* Ognissanti — *All Souls' Day,* il giorno dei morti.

II *pron* **1** tutto; tutto quello che; ogni cosa: *all or nothing,* tutto o niente — *All I want is peace and quiet,* Tutto quello che voglio è pace e tranquillità — *He took all there was,* Prese tutto quello che c'era — *all told,* in tutto — *all found,* tutte le spese pagate — *above all* ⇨ **above I, 3** — *after all* ⇨ **'after I, 1** — *at all,* minimamente — *If you are at all worried,* Se tu sei minimamente preoccupato — *not at all...; not... at all,* per niente; niente affatto — *He is not at all honest (not honest at all),* Non è per niente onesto — *Not at all, (in risposta ad un ringraziamento)* Prego!; S'immagini! — *for all...,* a dispetto di...; malgrado... — *For all his wealth he was not happy,* Malgrado la sua ricchezza non era felice — *For all I know (I care ecc.),* Per quanto io sappia (me ne importi, ecc.) — *He may be dead, for all I know,* Per quanto io sappia, può anche essere morto — *in all,* in tutto — *We were fifteen in all,* Eravamo quindici in tutto — *and all,* e tutto (il resto) — *The dog ate the whole rabbit, head, bones and all,* Il cane mangiò l'intero coniglio, la testa, le ossa e tutto il resto — *once for all; once and for all,* una volta per tutte — *all in all,* completa-

mente; esclusivamente — *Taking it all in all,* Considerando tutto — *all together,* tutti insieme.
2 ciascuno; tutto; tutti *(seguito da* of*): All of us wanted to go there,* Ciascuno di noi volle andarci — *all of you,* voi tutti; tutti voi — *Take all of it,* Prendilo tutto.
III *avv* **1** completamente; del tutto: *They were dressed all in black,* Erano vestiti completamente di nero — *She was all excited,* Era tutta eccitata — *all alone,* tutto solo; solo soletto — *all along* ⇨ **along,** *prep e avv* — *all for, (fam.)* del tutto; in favore di — *I'm all for accepting the offer,* Sono del tutto d'accordo sulla necessità di accettare l'offerta — *all in,* - **a)** tutto compreso *(di tariffe alberghiere, ecc.)* - **b)** *(fam.)* esausto: *He was all in at the end of the race,* Alla fine della corsa era esausto — *all of a sudden,* tutt'a un tratto; all'improvviso — *all one to,* lo stesso; indifferente — *Do as you like: it's all one to me,* Fa' come vuoi, per me fa lo stesso — *to go all out,* mettercela tutta *(di forza, di energia);* sforzarsi al massimo — *He was going all out,* Stava mettendocela tutta — *all over,* dappertutto; in ogni parte — *He has travelled all over the world,* Ha viaggiato in tutto il mondo — *That's him all over, (fam.)* È proprio tipico di lui — *all right,* sano e salvo; in buone condizioni; bene — *I hope they've arrived all right,* Spero che siano arrivati sani e salvi — *All right!,* Va bene!; D'accordo! *(in risposta ad un suggerimento o proposta)* — *all the same,* tuttavia; nondimeno; comunque — *tc be all the same to...,* essere lo stesso per... — *It's all the same to me whether you go or stay,* Che tu vada o stia, per me fa lo stesso — *all there, (fam.)* mentalmente sveglio; pronto di riflessi — *not all there, (fam.)* deficiente — *It's all up with him now,* Adesso per lui è finita.
2 tanto *(come rafforzativo nei comparativi): If that is so, all the better,* Se è così, tanto meglio — *You'll be all the better for a holiday,* Se prenderai una vacanza ti sentirai ancora meglio.
IV *s.* tutto *(soltanto in) my (his, their, ecc.) all,* tutto quello che io possiedo (lui possiede, loro posseggono) — *We must stake our all in this struggle,* Dobbiamo rischiare il tutto per tutto in questa lotta — *He has lost his all,* Ha perso tutto.

all- [ɔ:l] *prefisso* **1** *(davanti ad alcuni agg., al p. pass., ecc.)* al massimo grado; estremamente: *all-important,* estremamente importante; fondamentale — *all-inclusive, (di prezzo)* globale; comprensivo; 'tutto compreso' — *all-powerful,* potentissimo; onnipotente — *all-seeing,* onniveggente.
2 *(davanti ad alcuni s. e agg.)* completamente: *all-American,* completamente o tipicamente americano; americano al cento per cento — *all-electric,* completamente elettrificato — *all-male,* per (*o* di) soli uomini; maschile — *all-silk,* di pura seta — *all-wool,* di pura lana.
□ *All-Black, (agg.)* appartenente alla squadra di rugby della Nuova Zelanda; *(s.)* membro di detta squadra — *all-clear,* - **a)** segnale di cessato allarme *(specie in caso di attacco aereo)* - **b)** via libera — *all-day, (agg.)* che dura tutto il giorno — *All-Father,* Odino; Giove; Dio — *all-in,* comprensivo — *all-in price,* prezzo globale (forfettario) — *all-in wrestling,* lotta libera — *all-mains, (di apparecchio radio)* a tutti i voltaggi — *all-out,* completo; incondizionato — *all-party, (politica)* di tutti i partiti — *all-round,* completo; abile in più attività — *an all-round sportsman,* uno sportivo completo — *all-rounder,* persona che eccelle in diverse attività — *all-time,* assoluto — *an all-time high,* un record assoluto — *an all-time low,* un minimo assoluto — *all-up weight,* peso totale *(di un aereo, camion, ecc.).*

to **allay** [ə'lei] *vt* alleviare; lenire; placare; dissipare.

allegation [ˌæli'geiʃən] *s. (specialm. nell'uso legale)* accusa *(ancora da provarsi);* incriminazione; *(fig.)* insinuazione.

to **allege** [ə'ledʒ] *vt* addurre *(come scusa, attenuante, ecc.);* asserire; dichiarare: *He alleged illness as his reason for not going to work,* Addusse un malessere per giustificare la sua assenza dal lavoro — *the alleged thief,* il presunto ladro.

allegedly [ə'ledʒidli] *avv* **1** secondo quanto si dice. **2** *(dir.)* secondo l'accusa; come sostiene l'accusa.

allegiance [ə'li:dʒəns] *s.* lealtà; fedeltà; devozione *(anche fig.): oath of allegiance,* giuramento di fedeltà.

allegoric(al) [ˌæle'gɔrik(l)] *agg* allegorico. □ *avv* **allegorically.**

allegory ['æligɔri/'ælegəri] *s.* allegoria.

allegro [æ'leigrou] *agg (mus.)* allegro.

alleluia [ˌæli'lu:jə] *interiezione* ⇨ **hallelujah.**

allergen ['ælədʒen] *s.* allergene.

allergic [ə'lə:dʒik] *agg* allergico *(anche fig.): I'm allergic to modern music,* Sono allergico alla musica moderna.

allergy ['ælədʒi] *s.* **1** allergia. **2** *(fig.)* ipersensibilità; ripugnanza; idiosincrasia.

to **alleviate** [ə'li:vieit] *vt* alleviare; lenire.

alleviation [əˌli:vi'eiʃən] *s.* alleviamento; lenimento.

alley ['æli] *s.* **1** vicolo *(stretto in luoghi abitati): a blind alley,* un vicolo cieco; *(fig.)* lavoro senza prospettive di carriera. **2** vialetto *(nei parchi, giardini, ecc.).* **3** corsia *(nel giuoco dei birilli, del 'bowling', ecc.).*

alliance [ə'laiəns] *s.* **1** alleanza *(di stati, ecc.).* **2** apparentamento; parentela; unione *(di famiglie attraverso matrimonio).*

allied ['ælaid] *agg* **1** alleato; apparentato; imparentato; *(biologia)* della stessa famiglia. **2** simile; affine.

alligator ['æligeitə*] *s.* alligatore.

alliteration [əˌlitə'reiʃən] *s.* allitterazione.

alliterative [ə'litərətiv] *agg* allitterativo. □ *avv* **alliteratively.**

to **allocate** ['æləkeit] *vt* distribuire; assegnare *(doveri o compiti);* stanziare *(denaro): Large sums have been allocated for reconstruction,* Sono state stanziate ingenti somme per la ricostruzione.

allocation [ˌælə'keiʃən] *s.* assegnazione; stanziamento.

to **allot** [ə'lɔt] *vt* (**-tt-**) assegnare *(quote, parti uguali, dividendi, ecc.);* distribuire: *Can we do the work within the time allotted?,* Ce la faremo a finire il lavoro entro il termine fissato? — *the allotted span, (Bibbia)* i settant'anni *(gli anni di vita concessi all'uomo).*

allotment [ə'lɔtmənt] *s.* **1** assegnazione; divisione; ripartizione. **2** quota o cosa assegnata; porzione. **3** piccolo lotto di terreno comunale dato in affitto per coltivazioni ad uso familiare.

to **allow** [ə'lau] *vt e i.* **1** permettere; lasciare; ammettere: *Smoking is not allowed here,* Non è permesso fumare qui — *No dogs allowed,* I cani non sono ammessi — *Please allow me to carry your bag,* Permetta che le porti la valigia — *She is not allowed out after dark,* Non le permettono di uscire di sera — *to allow oneself sth,* concedersi (permettersi) qcsa.
2 dare; passare; lasciare; concedere; elargire; *(comm.)* concedere *(uno sconto, ecc.): How much money does your father allow you for books?,* Quanto denaro ti passa tuo padre per i libri? — *She allowed her imagination full play,* Lasciò libero sfogo alla fantasia — *The bank allows 5 per cent interest on*

deposits, La banca accorda sui depositi un interesse del 5 per cento — *We can allow 5 per cent for cash,* Possiamo concederVi uno sconto del 5 per cento dietro pagamento in contanti.
3 ammettere; affermare; riconoscere; dare ragione: *The judge allowed the claim,* Il giudice riconobbe il diritto *(al risarcimento, ecc.)* — *We must allow him to be a genius,* Dobbiamo ammettere che è un genio.
4 to allow for, tener conto (di); considerare: *It will take thirty minutes to get to the station, allowing for traffic delays,* Ci vorranno trenta minuti per andare alla stazione, tenendo conto degli imprevisti dovuti al traffico.
5 to allow of, ammettere; tollerare: *The situation allows of no delay,* La situazione non ammette indugi.
allowable [ə'lauəbl] *agg* ammissibile; assegnabile; accordabile; permesso; lecito.
allowance [ə'lauəns] *s.* **1** assegno; gratifica; indennità: *a clothing allowance of 90 pounds a year,* un'indennità di vestiario di 90 sterline l'anno — *an entertainment allowance,* un assegno per le spese di rappresentanza — *family allowances,* assegni familiari — *lodging allowance,* indennità di alloggio — *mess allowance,* indennità di mensa. **2** concessione; assegnazione; razione. **3** *(comm.)* sconto; abbuono; deduzione. **4** autorizzazione; permesso. □ *to make allowance(s) for sth,* tener conto di qcsa; tenere qcsa in considerazione — *We must make allowance(s) for his youth,* Dobbiamo tener conto della sua giovinezza.
alloy ['ælɔi/ə'lɔi] *s. e agg attrib (in metallurgia)* lega; fatto con lega di: *alloy steel,* lega d'acciaio.
to **alloy** ['ælɔi/ə'lɔi] *vt* **1** legare *(di metalli);* amalgamare. **2** *(fig.)* avvilire; guastare; incrinare: *Nothing occurred to alloy our happiness,* Niente venne a incrinare la nostra felicità.
allsorts ['ɔ:lsɔ:ts] *s. pl (generalm.* liquorice allsorts*)* caramelle miste alla liquirizia.
allspice ['ɔ:lspais] *s.* pepe della Giamaica.
to **allude** [ə'lju:d] *vi (seguito da* to*)* alludere (a qcsa); fare allusione (a qcsa).
allure [ə'ljuə*] *s. (lett.)* fascino.
to **allure** [ə'ljuə*] *vt* attrarre; affascinare; lusingare.
allurement [ə'ljuəmənt] *s.* allettamento; attrazione; attrattiva: *the allurements of a big city,* il fascino (le attrattive) di una grande città.
alluring [ə'ljuəriŋ] *agg* attraente; affascinante; allettante. □ *avv* **alluringly.**
allusion [ə'lju:ʒən] *s.* allusione.
allusive [ə'lju:siv] *agg* allusivo. □ *avv* **allusively.**
alluvial [ə'lju:viəl] *agg* alluvionale.
ally [ə'lai] *s.* alleato; sostenitore: *the Allies, (durante la Seconda Guerra Mondiale)* gli Alleati.
to **ally** [ə'lai] *vt* **1** alleare, allearsi: *Great Britain was allied with the United States in both World Wars,* La Gran Bretagna si alleò con gli Stati Uniti in entrambe le guerre mondiali. **2** collegare; imparentare: *English is allied to German,* La lingua inglese è imparentata con quella tedesca.
Alma Mater ['ælmə 'meitə*] *s. (lat.)* **1** 'Alma Mater' *(nome dato all'università che si è frequentata).* **2** *(USA)* inno della scuola che si frequenta.
almanac(k) ['ɔ:lmənæk] *s.* almanacco.
almighty [ɔ:l'maiti] *agg* **1** onnipotente: *the Almighty,* l'Onnipotente; Dio. **2** *(fam.)* enorme; grande; estremo: *There was an almighty bang!,* Ci fu un botto tremendo!
almond ['ɑ:mənd] *s.* mandorla: *shelled almonds,* mandorle sgusciate — *almond tree,* mandorlo — *almond paste,* pasta di mandorle — *almond-eyed,* dagli occhi a mandorla.
almoner ['ɑ:mənə*] *s.* **1** *(stor.)* elemosiniere. **2** *(GB)* assistente sociale di ospedale.
almost ['ɔ:lmoust] *avv* quasi: *He slipped and almost fell,* Scivolò e quasi cadde — *He's almost as tall as you,* È alto quasi come te.
alms [ɑ:mz] *s. (invariato al pl.)* elemosina; carità: *to give alms to sb,* fare l'elemosina a qcno — *to ask an alms of sb,* chiedere a qcno l'elemosina, la carità — *alms box,* cassetta per l'elemosina — *alms-house,* ospizio; ricovero *(per i poveri).*
aloe ['ælou] *s.* **1** aloe. **2** *(al pl.)* succo d'aloe *(lassativo).*
aloft [ə'lɔft] *avv e agg predicativo* in alto; sulle sartie *(spec. se sospeso in aria);* in coffa: *Aloft there!,* Ehi!, voi, di coffa!
alone [ə'loun] *agg predicativo e avv* **1** solo; da solo: *He likes living alone,* Gli piace vivere da solo — *to stand alone,* essere l'unico — *You can't lift the piano alone,* Non puoi sollevare il pianoforte da solo.
2 soltanto; solamente: *Time alone will tell,* Soltanto il tempo lo può dire — *You alone can help me in this task,* Solamente tu puoi aiutarmi in questa impresa — *all alone* ⇨ **all III, 1** — *to be alone in doing sth,* essere il solo a fare una cosa — *to let (to leave) sb alone,* lasciar stare qcno; lasciar qcno in pace — *You had better leave that dog alone,* Faresti meglio a lasciar stare quel cane — *Leave her alone!,* Lasciala in pace! — *let alone...,* tanto meno...; figurarsi poi... — *He doesn't like music, let alone modern music,* Non gli piace la musica, tanto meno (figurarsi poi) quella moderna — *to let (to leave) well alone,* accontentarsi di ciò che è già soddisfacente — *Let well alone, (prov.)* Il meglio è nemico del bene.
along [ə'lɔŋ] *prep* lungo; per: *We walked along the road,* Passeggiammo lungo la strada — *There are trees along the river banks,* Ci sono alberi lungo le rive del fiume — *There are trees all along the road,* Ci sono alberi lungo tutta la strada — *Pass along the bus, please!,* Scorrere (Avanti), per favore! *(su un autobus, per lasciare libera l'entrata)* — *along here (there),* da questa (quella) parte; in questa (quella) direzione.
□ *avv* **1** avanti: *Come along!,* Avanti, venite! — *Move along, please!,* Avanti, muovetevi!; Sgombrare!; Circolare! **2** con sé; insieme: *Take it along!,* Prendilo con te! — *along with,* insieme con — *Come along with me please, sir,* Prego, signore, venga con me — *We're having a party tonight: why don't you come along, too?,* Diamo un ricevimento stasera: perché non vieni anche tu? □ *all along,* già da prima; dall'inizio — *But I knew that all along!,* Ma se lo sapevo dall'inizio!
alongside [ə'lɔŋ'said] *avv e prep* a fianco di; presso; vicino a: *to come alongside, (spec. di nave)* accostare; accostarsi.
aloof [ə'lu:f] *avv e agg predicativo* a distanza; in disparte: *to stand aloof (from),* tenersi in disparte, a distanza.
aloofness [ə'lu:fnis] *s.* distacco; freddezza; riserbo.
aloud [ə'laud] *avv* ad alta voce; forte: *Please read it aloud,* Per favore, leggilo ad alta voce — *to think aloud,* pensare ad alta voce.
alp [ælp] *s.* **1** alpe; montagna alta. **2** alto pascolo; alpeggio *(spec. nelle Alpi).*
alpaca [æl'pækə] *s.* alpaca *(l'animale e la lana).*
alpenstock ['ælpənstɔk] *s.* bastone da montagna.
alpha ['ælfə] *s.* **1** alfa *(prima lettera dell'alfabeto greco): Alpha and Omega,* il principio e la fine. **2** voto

molto buono *(spec. all'università): alpha plus,* ottimo. □ *alpha test,* prova dell'intelligenza.

alphabet ['ælfəbet] *s.* alfabeto.

alphabetical [,ælfə'betikl] *agg* alfabetico. □ *avv* **alphabetically,** in ordine alfabetico.

alpine ['ælpain] *agg* alpino. □ *s.* pianta alpina.

alpinist ['ælpinist] *s.* alpinista.

already [ɔ:l'redi] *avv* **1** già: *The postman has already been,* Il postino è già venuto — *Is it ten o'clock already?,* Sono già le dieci? — *You're not leaving us already, are you?,* Non te ne andrai già, vero? **2** di già; in precedenza; prima d'ora: *I've been there already, so I don't want to go again,* Ci sono stato prima d'ora, perciò non voglio tornarvi.

Alsatian [æl'seiʃən] *s. e agg* alsaziano *(spec. riferito al cane da pastore tedesco).*

also ['ɔ:lsou] *avv* anche; pure; altresì: *They also took my pen,* Hanno anche preso la mia penna — *not only... but also,* non solo... ma anche — *He not only read the book but also remembered what he had read,* Non solo lesse il libro, ma ricordò anche quanto aveva letto.

also-ran ['ɔ:lsou'ræn] *s. (ippica)* cavallo perdente, che non si è 'piazzato' tra i primi tre; *(fig.)* candidato o concorrente perdente *(in elezioni, concorsi, ecc.).*

altar ['ɔ:ltə*] *s.* altare *(anche fig.): high altar,* altar maggiore — *altar boy,* chierichetto — *altar piece,* pala d'altare; ancona — *altar rail,* balaustra.

to **alter** ['ɔ:ltə*] *vt e i.* modificare, modificarsi; mutare, mutarsi; *(di carattere, di aspetto, ecc.)* cambiare, cambiarsi; alterare, alterarsi: *That alters matters,* Questo modifica la situazione — *These clothes are too large; they must be altered,* Questi vestiti sono troppo grandi, bisogna modificarli — *He has altered a great deal since I saw him a year ago,* È molto cambiato da quando lo vidi un anno fa.

alterable ['ɔ:ltərəbl] *agg* modificabile.

alteration [,ɔ:ltə'reiʃən] *s.* **1** cambiamento; mutamento; alterazione. **2** *(di abiti)* modifica; ritocco: *My new suit needs a few alterations,* Il mio nuovo vestito ha bisogno di qualche ritocco.

altercation [,ɔ:ltə'keiʃən] *s.* alterco.

alter ego ['æltər 'egou] *s. (lat.)* alter ego; amico intimo; sostituto.

alternate [ɔ:l'tə:nit] *agg* alterno; alternato: *Tom and Harry come on alternate days,* Tom e Harry vengono a giorni alterni. □ *avv* **alternately.**

to **alternate** ['ɔ:ltəneit] *vt* alternare; avvicendare: *He alternated kindness with severity,* Alternava la gentilezza con la severità — *Most farmers alternate their crops,* La maggior parte degli agricoltori alternano le coltivazioni (praticano la rotazione delle coltivazioni). □ *vi* alternarsi; avvicendarsi; venire uno dopo l'altro; succedersi; seguire: *Wet days alternated with fine days,* I giorni di pioggia si alternavano a quelli sereni — *alternating current,* corrente alternata.

alternation [,ɔ:ltə'neiʃən] *s.* alternazione; avvicendamento.

alternative [ɔ:l'tə:nətiv] *agg* alternativo; scambievole; altro: *There is an alternative answer to that question,* C'è un'altra risposta possibile a quella domanda. □ *avv* **alternatively** ⇨.
□ *s.* alternativa; scelta *(tra due o più cose): Is there no alternative to what you propose?,* Non c'è altra alternativa a quanto proponi? — *There is no (other) alternative,* Non c'è (altra) scelta.

alternatively [ɔ:l'tə:nətivli] *avv* alternativamente; in cambio; oppure: *a fine of one hundred pounds or alternatively six weeks' imprisonment,* una multa di cento sterline, oppure sei settimane di carcere.

although [ɔ:l'ðou] (*USA* **altho**) *congiunzione* ⇨ **though.**

altimeter [æl'timitə*] *s.* altimetro.

altitude ['æltitju:d] *s.* **1** altitudine; altezza. **2** *(generalm. al pl.)* quota.

alto ['æltou] *s.* **1** contralto. **2** spartito per contralto.

altogether [,ɔ:ltə'geðə*] *avv* **1** completamente; del tutto: *I don't altogether agree with him,* Non sono completamente d'accordo con lui — *It's altogether out of the question,* È del tutto fuori discussione. **2** tutto sommato; nell'insieme; in complesso: *Altogether, it wasn't a very satisfactory excursion,* Tutto sommato, non è stata una gita molto soddisfacente. □ *in the altogether, (fam.)* completamente nudo.

altruism ['æltruizm] *s.* altruismo.

altruist ['æltruist] *s.* altruista.

altruistic [,æltru'istik] *agg* altruistico. □ *avv* **altruistically.**

alum ['æləm] *s.* allume.

aluminium [,ælju'miniəm] (*USA* **aluminum**) *s.* alluminio.

alumna [ə'lʌmnə] *s.* (*pl.* **alumnae**) *(USA)* ex-studentessa *(di scuola superiore o università).*

alumnus [ə'lʌmnəs] *s.* (*pl.* **alumni**) *(USA)* ex-studente *(di scuola superiore o università).*

alveolar [,ælvi'oulə*] *agg* alveolare.

always ['ɔ:lwəz/-weiz] *avv* sempre: *The sun always rises in the east,* Il sole sorge sempre ad est — *He nearly always goes home for lunch,* Va quasi sempre a casa per colazione — *I'm not always at home on Sundays,* Non sono sempre a casa la domenica — *He is always asking me for money,* Mi chiede sempre denaro.

am [æm/əm] *1ª persona sing del pres di* **to be** ⇨: *I am English,* Sono inglese.

amah ['ɑ:mə] *s. (nei paesi orientali)* balia; domestica.

amain [ə'mein] *avv (ant.)* **1** violentemente. **2** in fretta.

amalgam [ə'mælgəm] *s.* amalgama *(anche fig.).*

to **amalgamate** [ə'mælgəmeit] *vt e i.* amalgamare, amalgamarsi.

amalgamation [ə,mælgə'meiʃən] *s.* **1** fusione; unione: *an amalgamation of two firms,* la fusione di due ditte. **2** mescolanza; incrocio.

amanuensis [ə,mænju'ensis] *s.* (*pl.* **amanuenses**) amanuense.

amaryllis [,æmə'rilis] *s.* amarillide.

to **amass** [ə'mæs] *vt* ammucchiare; accumulare *(spec. denaro, ricchezze).*

amateur ['æmətə:*/-juə*/,æmə'tə:*] *s. e agg attrib* dilettante: *an amateur painter (golfer, photographer),* un pittore (giocatore di golf, fotografo) dilettante.

amateurish [,æmə'tə:riʃ/-'tjuəriʃ] *agg* dilettantesco; approssimativo; non professionale. □ *avv* **amateurishly.**

amateurism [,æmə'tə:rizəm] *s.* dilettantismo.

amatory ['æmətəri] *agg* amatorio.

to **amaze** [ə'meiz] *vt* stupire; meravigliare; sbalordire: *You amaze me!,* Mi stupisci! — *to be amazed at sth,* stupirsi di qcsa; essere stupito (meravigliato, stupefatto) — *I was amazed at the news,* La notizia mi lasciò di stucco.

amazement [ə'meizmənt] *s.* stupore; sorpresa; meraviglia; sgomento: *His amazement at the news was immense,* Il suo stupore alla notizia fu enorme — *I heard with amazement that...,* Ho sentito con sgomento che... — *He looked at me in amazement,* Mi guardò stupito.

amazing [ə'meiziŋ] *agg* sorprendente; stupefacente. □ *avv* **amazingly.**
Amazon ['æməzən] *s.* **1** *(mitologia)* donna guerriera. **2** *(con la iniziale minuscola)* virago; donnone. **3** *the Amazon,* il Rio delle Amazzoni.
Amazonian [,æmə'zouniən] *agg* **1** di (da) amazzone; amazzonio. **2** del Rio delle Amazzoni.
ambassador [æm'bæsədə*] *s.* ambasciatore *(anche fig.): the British Ambassador to Greece,* l'ambasciatore del Regno Unito in Grecia — *ambassador at large,* ambasciatore a disposizione — *roving ambassador,* ambasciatore volante.
ambassadorial [æm,bæsə'dɔ:riəl] *agg* da, di ambasciatore.
ambassadress [æm'bæsədris] *s.* ambasciatrice.
amber ['æmbə*] *s.* ambra *(la sostanza e il colore).*
ambergris ['æmbəgri:s] *s.* ambra grigia.
ambidextrous [,æmbi'dekstərəs] *agg* ambidestro.
ambience ['æmbiənts] *s.* *(dal fr.)* ambiente *(spesso fig.);* atsmosfera.
ambient ['æmbiənt] *agg* ambientale; circostante.
ambiguity [,æmbi'gjuiti] *s.* ambiguità.
ambiguous [æm'bigjuəs] *agg* ambiguo. □ *avv* **ambiguously.**
ambit ['æmbit] *s.* *(spesso al pl.)* ambito.
ambition [æm'biʃən] *s.* ambizione; forte desiderio; aspirazione: *His ambition to become prime minister is likely to be realized,* La sua aspirazione a diventare primo ministro probabilmente si realizzerà — *He has great ambitions,* Ha grandi ambizioni.
ambitious [æm'biʃəs] *agg* ambizioso. □ *avv* **ambitiously.**
ambivalence [æm'bivələns/'æmbi'veiləns] *s.* ambivalenza.
ambivalent [æm'bivələnt/æmbi'veilənt] *agg* ambivalente. □ *avv* **ambivalently.**
amble ['æmbl] *s.* **1** *(di cavallo)* ambio lento. **2** passo tranquillo: *He was going along the street at an amble,* Andava per la strada con passo tranquillo.
to **amble** ['æmbl] *vi* **1** *(di cavallo)* ambiare lentamente. **2** cavalcare, camminare lemme lemme.
ambrosia [æm'brouziə] *s.* ambrosia.
ambulance ['æmbjuləns] *s.* autoambulanza: *ambulance driver,* conducente d'autoambulanza.
ambuscade [,æmbʌs'keid] *s.* ⇨ **ambush.**
to **ambuscade** ['æmbʌs'keid] *vt* ⇨ **to ambush.**
ambush ['æmbuʃ] *s.* imboscata; agguato: *to fall into an ambush,* cadere in un'imboscata — *to lay an ambush for sb,* tendere un'imboscata a qcno — *to be (to lie) in ambush for sb,* stare in agguato per qcno.
to **ambush** ['æmbuʃ] *vt* tendere un'imboscata.
ameba [ə'mi:bə] *s.* *(USA)* = **amoeba.**
ameer [ə'miə*] *s.* ⇨ **amir.**
to **ameliorate** [ə'mi:liəreit] *vt e i.* migliorare.
amelioration [ə,mi:liə'reiʃən] *s.* miglioramento.
amen ['ɑ:'men/'ei'men] *interiezione* 'amen'; così sia.
amenable [ə'mi:nəbl] *agg* **1** responsabile: *We are all amenable to the law,* Siamo tutti responsabili di fronte alla legge. **2** *(di persona)* sensibile; suscettibile; disposto; trattabile; docile: *amenable to kindness,* sensibile alla gentilezza. **3** *(di cose)* riconducibile; riferibile; che rientra in: *The case is not amenable to ordinary rules,* Il caso non rientra nell'ambito delle norme ordinarie. □ *avv* **amenably.**
to **amend** [ə'mend] *vt e i.* **1** migliorare; introdurre un emendamento *(a una proposta di legge, ecc.).* **2** *(raro)* emendare, emendarsi; correggere; rettificare; riparare: *to amend one's ways,* mettersi sulla retta via.
amendment [ə'mendmənt] *s.* emendamento; correzione; miglioramento.
amends [ə'mendz] *s. pl* *(nell'espressione) to make amends to sb for sth,* fare ammenda di qcsa a qcno.
amenity [ə'mi:niti] *s.* **1** amenità; piacevolezza; bellezza; attrattiva: *the amenity of the climate,* l'amenità del clima. **2** *(al pl.)* cose attraenti o piacevoli; attrazioni; *(di parole, ecc.)* gentilezze; cortesie: *a town with many amenities,* una città ben attrezzata *(p.es. con parchi, piscine, ecc.)* — *an exchange of amenities,* uno scambio di cortesie.
American [ə'merikən] *agg e s.* americano *(generalm. statunitense): American Indians,* pellerossa, indios, ecc.
Americanism [ə'merikənizəm] *s.* americanismo.
americanized [ə'merikənaizd] *agg* americanizzato.
amethyst ['æmiθist] *s.* ametista.
amiability [,eimjə'biliti] *s.* amabilità.
amiable ['eimjəbl] *agg* amabile; affabile. □ *avv* **amiably.**
amicability [,æmikə'biliti] *s.* amichevolezza.
amicable ['æmikəbl] *agg* amichevole: *to come to an amicable agreement,* giungere ad un accordo amichevole. □ *avv* **amicably.**
amid, amidst [ə'mid(st)] *prep* nel mezzo di *(anche fig.);* durante.
amidships [ə'midʃips] *avv* a mezza nave.
aminoacid [æ,minou'æsid] *s.* aminoacido.
amir, ameer [ə'miə*/'æmiə*] *s.* emiro.
amiss [ə'mis] *agg predicativo* sbagliato; inopportuno; fuori posto: *There is not much amiss with it,* Non c'è molto di sbagliato (È quasi tutto a posto) — *Nothing comes amiss to him,* Per lui niente è inopportuno. □ *(avv.)* fuori luogo; a sproposito; inopportunamente; in modo sbagliato; di traverso: *to take sth amiss,* prendersela; prendere qcsa in mala parte — *to go amiss,* andare di traverso; andar male — *to speak amiss,* parlare fuori luogo, a sproposito.
amity ['æmiti] *s.* amicizia; rapporti cordiali.
ammeter ['æmitə*] *s.* amperometro.
ammonia [ə'mounjə] *s.* ammoniaca.
ammoniated [ə'mounieitid] *agg* ammoniacato.
ammonite ['æmənait] *s.* ammonite.
ammunition [,æmju'niʃən] *s.* **1** munizioni. **2** *(fig.)* argomenti; spunti; dati: *This document will provide excellent ammunition for our election campaign,* Questo documento costituirà un'arma eccellente per la nostra campagna elettorale.
amnesia [æm'ni:zjə] *s.* amnesia.
amnesty ['æmnəsti/-nis-] *s.* amnistia.
amoeba [ə'mi:bə] *s.* (*pl.* **amoebas, amoebae**) ameba.
amoebic [ə'mi:bik] *agg* amebico: *amoebic dysentery,* dissenteria amebica.
amok, amuck [ə'mɔk/ə'mʌk] *avv* con furore o furia omicida: *(generalm. nell'espressione) to run amok,* essere in preda a furore omicida; *(fam.)* perdere la testa; correre freneticamente.
among, amongst [ə'mʌŋ(st)] *prep* **1** fra; tra; in mezzo a: *They divided the prize among the three authors,* Divisero il premio fra i tre autori — *a village among the hills,* un villaggio fra le colline — *She was sitting among her children,* Sedeva in mezzo ai suoi bambini — *They had less than twenty pounds among them,* Fra tutti, non avevano neanche venti sterline — *You must settle the matter among yourselves,* Dovete sistemare la faccenda tra di voi (di comune accordo) — *among others,* fra gli altri.
2 uno di; uno fra: *Leeds is among the largest*

industrial towns in England, Leeds è una fra le più grandi città industriali d'Inghilterra.

amoral [æ'mɔrəl] *agg* amorale. □ *avv* **amorally.**

amorous ['æmərəs] *agg* amoroso; innamorato: *amorous poetry,* poesia d'amore. □ *avv* **amorously.**

amorphous [ə'mɔ:fəs] *agg* amorfo; informe.

amortization [ə,mɔ:ti'zeiʃən] *s.* ammortamento; somma di denaro destinata ad un ammortamento.

to **amortize** [ə'mɔ:taiz] *vt* ammortare *(una spesa, un debito, ecc.).*

amount [ə'maunt] *s.* **1** importo; somma; ammontare; totale complessivo; cifra: *He owes us 100 pounds but can pay only half that amount,* Ci deve 100 sterline, ma può pagare solo la metà della somma. **2** quantità: *a large (considerable) amount,* una grande (notevole) quantità — *any amount,* - **a)** qualunque cifra (somma); una cifra (somma) qualsiasi - **b)** moltissimo — *He has any amount of money,* È ricchissimo — *There is still quite an amount of prejudice against him,* C'è ancora una gran quantità di pregiudizi contro di lui — *in large (small) amounts,* in grandi (piccole) quantità. **3** *(fig.: non molto comune)* valore; importanza; rilievo: *The information is of little amount,* Le informazioni sono di scarso valore (rilievo).

to **amount** [ə'maunt] *vi* **1** ammontare; assommare; ascendere: *His debts amount to 5,000 pounds,* I suoi debiti ammontano a 5.000 sterline. **2** corrispondere; equivalere; essere lo stesso che; essere come; significare: *What he had to say amounted to very little,* Ciò che aveva da dire era ben poco — *Riding on a bus without paying the fare amounts to cheating the company,* Viaggiare su un autobus senza pagare la corsa equivale a truffare l'azienda.

amour [ə'muə*/æ-] *s.* *(fr.)* relazione amorosa: *to have an amour with sb,* avere una relazione amorosa con qcno.

amour-propre ['æmuə'prɔpr/amurprɔpr] *s.* *(fr.)* amor proprio; orgoglio personale; puntiglio.

ampère ['æmpεə*] *s.* ampère.

amphetamine [æm'fetəmin] *s.* anfetamina.

amphibian [æm'fibiən] *s.* anfibio; mezzo anfibio.

amphibious [æm'fibiəs] *agg* anfibio: *amphibious vehicles,* mezzi di trasporto anfibi — *amphibious operations, (mil.)* operazioni anfibie.

amphitheatre ['æmfiθiətə*] *s.* (*USA* **amphitheater**) anfiteatro; *(GB, anche)* emiciclo: *natural amphitheatre,* anfiteatro naturale.

amphora ['æmfərə] *s.* (*pl.* **amphorae, amphoras**) anfora.

ample ['æmpl] *agg* **1** ampio; spazioso; abbondante: *He has ample resources,* Ha risorse abbondanti. **2** bastevole; più che sufficiente: *Five pounds will be ample,* Cinque sterline saranno più che sufficienti — *There's ample room for all of you in the car,* Nell'auto c'è spazio a sufficienza per voi tutti. □ *avv* **amply** ⇨.

amplification [,æmplifi'keiʃən] *s.* amplificazione.

amplifier ['æmplifaiə*] *s.* amplificatore.

to **amplify** ['æmplifai] *vt* **1** ampliare; allargare; arricchire; esagerare: *to amplify a story,* arricchire una storia (la narrazione di un fatto) di molti particolari. **2** amplificare *(segnali radio, ecc.).*

amplitude ['æmplitju:d] *s.* ampiezza; estensione; amplitudine; abbondanza; quantità.

amply ['æmpli] *avv* ampiamente; abbondantemente: *to be amply supplied with money,* essere ben provvisto di denaro.

ampoule ['æmpu:l] *s.* ampolla; fiala.

to **amputate** ['æmpjuteit] *vt* amputare.

amputation [,æmpju'teiʃən] *s.* amputazione.

amputee [æmpju'ti:] *s.* persona cui è stato amputato un arto.

amuck [ə'mʌk] *avv* ⇨ **amok.**

amulet ['æmjulet] *s.* amuleto.

to **amuse** [ə'mju:z] *vt* divertire; dilettare; svagare; fare ridere; far passare il tempo in modo piacevole: *We were amused to learn that...,* Ci divertì sapere che... — *The boys amused themselves (by) drawing caricatures of their teachers,* I ragazzi si divertivano a fare le caricature dei loro insegnanti — *Keep the baby amused with these toys,* Fai divertire il bambino con questi giocattoli — *His foolish mistakes amused all of us,* I suoi strafalcioni ci fecero ridere tutti — *The boys were amused at (o by) the storyteller's jokes,* Le arguzie del narratore divertirono i ragazzi.

amusement [ə'mju:zmənt] *s.* **1** divertimento; spasso; aria divertita: *to the great amusement of everybody...,* con grande spasso di tutti... — *She looked at him in amusement,* Lo guardò divertita. **2** divertimento; svago; passatempo; distrazione: *There are plenty of amusements here: cinemas, theatres, concerts, football matches, and so on,* Ci sono molti svaghi qui: cinema, teatri, concerti, partite di calcio e così via — *amusement park (ground),* parco dei divertimenti — *places of amusement,* luoghi di divertimento *(teatri, ecc.)* — *to do sth for amusement,* fare qcsa per svago, per divertimento.

amusing [ə'mju:ziŋ] *agg* divertente; spassoso; faceto. □ *avv* **amusingly.**

[1]**an** [æn/ən] *art indeterminativo* ⇨ **a, an.**

[2]**an** [æn/ən] *congiunz (ant.)* se.

Anabaptism [,ænə'bæptizəm] *s.* anabattismo.

Anabaptist [,ænə'bæptist] *s.* anabattista.

anachronism [ə'nækrənizəm] *s.* anacronismo.

anachronistic [ə,nækrə'nistik] *agg* anacronistico. □ *avv* **anachronistically.**

anaconda [,ænə'kɔndə] *s.* anaconda.

anaemia [ə'ni:mjə] *s.* anemia.

anaemic [ə'ni:mik] *agg* anemico.

anaesthesia [,ænis'θi:zjə] *s.* anestesia.

anaesthetic [,ænis'θetik] *s.* anestetico: *under an anaesthetic,* sotto (in) anestesia.

anaesthetist [æ'ni:sθətist] *s.* anestesista.

to **anaesthetize** [æ'ni:sθitaiz] *vt* anestetizzare.

anagram ['ænəgræm] *s.* anagramma.

anal ['einəl] *agg* anale.

analgesia [,ænæl'dʒi:zjə] *s.* analgesia.

analgesic [,ænæl'dʒi:sik] *s. e agg* analgesico.

analogous [ə'næləgəs] *agg* analogo; comparabile; simile. □ *avv* **analogously.**

analogy [ə'nælədʒi] *s.* analogia.

to **analyse** ['ænəlaiz] (*USA* **to analyze**) *vt* **1** analizzare; studiare; indagare su; esaminare. **2** *(gramm.)* fare l'analisi. **3** *(matematica)* risolvere mediante l'analisi. **4** *(USA)* psicanalizzare.

analysis [ə'nælisis] *s.* (*pl.* **analyses**) **1** analisi; scomposizione *(di una sostanza);* dati o risultati (di un'analisi). **2** *(USA)* psicanalisi.

analyst ['ænəlist] *s.* **1** analista. **2** *(USA)* psicanalista.

analytic(al) [,ænə'litik(əl)] *agg* analitico; *(fig.)* particolareggiato. □ *avv* **analytically.**

anapaest ['ænəpi:st] *s.* anapesto.

anapaestic [,ænə'pi:stik] *agg* anapestico.

anarchic(al) [,ænə:'kik(əl)] *agg* anarchico. □ *avv* **anarchically.**

anarchism ['ænəkizəm] *s.* anarchia; anarchismo.

anarchist ['ænəkist] *s.* anarchico.

anarchy ['ænəki] *s.* anarchia; disordine; confusione.

anathema [ə'næθimə] *s.* anatema.

to **anathematize** [ə'næθimətaiz] *vt e i.* colpire d'anatema; maledire.

anatomical [,ænə'tɔmikəl] *agg* anatomico. □ *avv* **anatomically.**

anatomist [ə'nætəmist] *s.* anatomista.

anatomy [ə'nætəmi] *s.* **1** anatomia. **2** scheletro; corpo *(talvolta scherz.).*

ancestor ['ænsistə*] *s.* antenato; avo.

ancestral [æn'sestrəl] *agg* ancestrale; atavico. □ *avv* **ancestrally.**

ancestress ['ænsistris] *s.* antenata; ava.

ancestry ['ænsistri] *s.* ascendenza; stirpe; schiatta.

anchor ['æŋkə*] *s.* ancora: *to let go (to drop, to cast) the anchor,* gettare, mollare l'ancora; *(fig.)* fermarsi; stabilirsi in un luogo — *to weigh anchor,* levar l'ancora; salpare; *(fig.)* andarsene; partire — *to come to anchor,* ancorarsi; *(fig.)* fermarsi — *to bring (a ship) to anchor,* ancorare; mettere all'ancora *(una nave)* — *to lie (to ride, to be) at anchor,* essere all'ancora, alla fonda. □ *anchor man,* coordinatore; moderatore *(nei programmi televisivi).*

to **anchor** ['æŋkə*] *vt e i.* ancorare; gettare l'ancora; ancorarsi; *(fig.)* fermarsi; assicurare.

anchorage ['æŋkəridʒ] *s.* ancoraggio; *(fig.)* ancora di salvezza; appiglio; punto fermo; punto d'appoggio: *anchorage dues,* diritti d'ancoraggio.

anchorite ['æŋkərait] *s.* anacoreta; eremita.

anchovy ['æntʃəvi/æn'tʃouvi] *s.* acciuga.

ancient ['einʃənt] *agg* **1** antico: *the ancients,* gli antichi; i classici. **2** vecchissimo; antiquato *(spesso scherz.).*

ancillary [æn'siləri] *agg* **1** subordinato. **2** ausiliare; sussidiario.

and [ænd/ənd/ən/n] *congiunz* **1** - **a)** e; ed: *a knife and fork,* un coltello e una forchetta — *my father and mother,* mio padre e mia madre — *This is my friend and adviser, Mr Brown,* Questo è il mio amico e consigliere, il signor Brown — *Man and boy I've worked here forty years,* Prima da ragazzo e poi da uomo ho lavorato qui per quarant'anni.

b) *(nei numeri composti oltre il cento, davanti alle unità, nella prima decina, poi davanti alle decine) a hundred and two,* centodue — *two hundred and ten,* duecento dieci — *three thousand and six,* tre mila sei.

c) *(talvolta fra unità e decine: ant., e per dire l'ora) five and twenty to six,* le sei meno venticinque.

2 *(per esprimere ripetizione o continuazione) for hours and hours,* per ore e ore — *for miles and miles,* per miglia e miglia — *better and better; worse and worse,* sempre meglio; sempre peggio — *more and more,* sempre più — *We knocked and knocked,* Bussammo ripetutamente — *time and again,* tante volte.

3 più: *Five and five makes (o make) ten,* Cinque più cinque fa dieci.

4 *(fam., per collegare due verbi) Try and come early,* Cerca di venire presto — *Go and buy one,* Va' a comprarne uno — *Come and see me,* Vieni a trovarmi — *We sat and watched,* Ci sedemmo a guardare.

5 *(nelle frasi ipotetiche; cfr. gli esempi) Work hard and you will pass,* Se lavorerai sodo passerai (l'esame) — *Wait and see,* Aspetta e vedrai — *Seek and ye shall find, (biblico)* Cercate e troverete.

6 *(talvolta inserito tra un positivo e un negativo)* ma; però: *I work on Sundays and not on Mondays,* Lavoro di domenica, ma non di lunedì — *I may come, and (then) I may not,* Può darsi che io venga, ma può anche darsi di no.

7 *(all'inizio di una frase, molto enfatico)* e poi; per giunta: *And you forgot to buy me a paper!,* E poi, hai dimenticato di comprarmi il giornale!

□ *by and by,* tra poco — *now and then,* ogni tanto; di quando in quando — *and yet,* eppure — *and/or, (comm.)* e/o — *nice and clean,* bell'e pulito — *nice and hot,* bell'e caldo — *Of course, there are beaches and beaches,* Ovviamente, c'è spiaggia e spiaggia.

Andalusian [,ændə'lu:zjən] *s. e agg* andaluso.

andante [æn'dænti] *avv (mus.)* andante.

Andean ['ændiən] *agg* andino.

andiron ['ændaiən] *s.* alare *(di camino).*

anecdotage ['ænik,doutidʒ] *s. (scherz.)* vecchiaia *(dalla tendenza dei vecchi alla garrulità) cfr.* **dotage.**

anecdotal ['ænikdoutəl] *agg* aneddotico.

anecdote ['ænikdout] *s.* aneddoto.

anemia, anemic [ə'ni:mjə/ə'ni:mik] *s. e agg* = **anaemia, anaemic.**

anemometer [,æni'mɔmitə*] *s.* anemometro.

anemone [ə'neməni] *s.* anemone: *sea anemone,* anemone di mare; attinia.

anent [ə'nent] *prep (lett. o scozzese)* circa; riguardo a; in merito a.

aneroid ['ænərɔid] *agg e s.* aneroide.

anesthesia [,ænis'θi:zjə] *s.* = **anaesthesia.**

anew [ə'nju:] *avv* **1** di nuovo. **2** in modo nuovo, diverso.

angel ['eindʒəl] *s.* angelo *(anche fig.);* messaggero celeste: *guardian angel,* angelo custode.

angelica [æn'dʒelikə] *s.* angelica.

angelic(al) [æn'dʒelik(əl)] *agg* angelico. □ *avv* **angelically.**

anger ['æŋgə*] *s.* rabbia; collera; ira; stizza: *to do sth in a moment of anger,* fare qcsa in un momento di rabbia — *to speak in anger,* parlare con rabbia — *She looked at him in anger,* Lo guardò infuriata.

to **anger** ['æŋgə*] *vt* mandare in collera; fare arrabbiare; adirare.

angle ['æŋgl] *s.* **1** *(geometria)* angolo: *at right angles,* ad angolo retto; perpendicolarmente — *angle-dozer,* ruspa; livellatrice; bulldozer — *angle-iron,* squadra; riga a L *(per il disegno, ecc.)* — *angle-parking,* parcheggio ad angolo, a pettine — *cars angle-parked like herring-bones,* automobili parcheggiate l'una accanto all'altra a lisca di pesce. **2** *(fig.)* punto di vista; angolazione; modo di vedere; visuale; idea; opinione; aspetto *(spec. nel linguaggio pubblicitario, ecc.): from the human angle,* dal punto di vista umano — *from all angles,* da tutti i punti di vista; sotto tutti gli aspetti.

Angle ['æŋgl] *s.* Anglo.

[1]to **angle** ['æŋgl] *vt* piegare ad angolo. □ *to angle the news, (fig.)* presentare le notizie in modo distorto.

[2]to **angle** ['æŋgl] *vi* **1** pescare con l'amo. **2** *(fig.)* adescare; cercar di ottenere (qcsa) con l'astuzia: *to angle for compliments,* andare a caccia di complimenti — *to angle for an invitation to a party,* cercare di farsi invitare ad un ricevimento.

angler ['æŋglə*] *s.* pescatore *(con l'amo).*

Anglian ['æŋgliən] *agg* anglico. □ *East Anglian, (GB)* della regione a nord-est di Londra.

□ *s.* **1** Anglo. **2** anglico *(lingua).*

Anglican ['æŋglikən] *agg e s.* anglicano.

anglicism ['æŋglisizəm] *s.* anglicismo.

to **anglicize** ['æŋglisaiz] *vt* anglicizzare.

angling ['æŋliŋ] *s.* pesca *(con la lenza).*

Anglo- ['æŋglou] *prefisso (in varie combinazioni) Anglo-American, (s. e agg.)* anglo-americano *(americano di origine inglese o comunque britannica)* — *Anglo-Catholic, (s. e agg.)* anglo-cattolico — *Anglo-Indian, (s. e agg.)* anglo-indiano — *Anglo-Saxon, (stor.: s. e agg.)* anglosassone.

anglomania [,æŋglou'meinjə] *s.* anglomania.
anglophil, anglophile ['æŋgloufail] *s.* anglofilo.
anglophilia ['æŋgloufiliə] *s.* anglofilia.
anglophobe ['æŋgloufoub] *s.* anglofobo.
anglophobia [,æŋglou'foubjə] *s.* anglofobia.
angora [æŋ'gɔ:rə] *s.* **1** gatto, capra o coniglio d'angora. **2** lana d'angora.
angrily ['æŋgrili] *avv* ⇨ **angry.**
angry ['æŋgri] *agg* **1** arrabbiato; incollerito; infuriato; stizzoso; in collera: *He was angry at being kept waiting,* Era arrabbiato perché lo facevano aspettare — *He was angry with himself,* Era arrabbiato con se stesso — *to make sb angry,* far arrabbiare qcno; mandare qcno in collera — *to get angry,* arrabbiarsi — *angry young man,* 'giovane arrabbiato' *(GB, intellettuale contestatore degli anni Cinquanta).* **2** *(di piaga, ferita, ecc.)* rosso; infiammato; irritato. □ *avv* **angrily.**
anguish ['æŋgwiʃ] *s.* angoscia; angustia.
anguished ['æŋgwiʃt] *agg* angosciato.
angular ['æŋgjulə*] *agg* angolare; angoloso: *an angular gait,* un portamento rigido.
angularity [,æŋgju'læriti] *s.* angolarità; angolosità; rigidezza.
aniline ['ænili:n/-lain] *s.* anilina.
animadversion [,ænimæd'və:ʃən] *s.* critica; rimprovero; osservazione sfavorevole.
to **animadvert** [,ænimæd'və:t] *vi (lett.)* criticare: *to animadvert on sb,* criticare qcno.
animal ['æniməl] *s.* animale *(in ogni senso): the animal kingdom,* il regno animale. □ *(usato come agg. attrib.)* animale; animalesco; carnale: *animal needs (desires),* bisogni (desideri) animaleschi — *animal spirits,* vivacità innata; slancio naturale.
animalcule [,æni'mælkju:l] *s.* organismo animale microscopico; microbo.
animate ['ænimit/-meit] *agg* animato; vivace. □ *avv* **animately.**
to **animate** ['ænimeit] *vt* animare: *A smile animated her face,* Un sorriso le animò il viso — *an animated discussion,* una discussione animata — *All his life this great man was animated by love of his country,* Per tutta la vita questo grand'uomo fu animato dall'amore della patria.
animation [,æni'meiʃən] *s.* animazione; vivacità.
animism ['ænimizəm] *s.* animismo.
animist ['ænimist] *s.* animista.
animosity [,æni'mɔsiti] *s.* animosità.
animus ['æniməs] *s. (lat., solo al sing.)* **1** animosità. **2** *(dir.)* intenzione.
anise ['ænis] *s.* anice.
aniseed ['ænisi:d] *s.* semi di anice: *aniseed balls,* piccole caramelle dure all'anice.
ankle ['æŋkl] *s.* caviglia: *ankle socks,* calzini corti — *ankle bone,* astragalo.
anklet ['aŋklit] *s.* **1** ornamento *(bracciale, anello, ecc.)* della caviglia. **2** cavigliera.
anna ['ænə] *s.* 'anna' *(moneta indiana, la 16ª parte di una rupia).*
annalist ['ænəlist] *s.* annalista.
annals ['ænəlz] *s. pl* annali.
to **anneal** [ə'ni:l] *vt* temperare *(metallo, vetro, ecc.).*
annex, annexe [ə'neks] *s.* **1** edificio annesso *(ad uno più grande);* dipendenza *(p.es. d'albergo).* **2** allegato *(ad un documento).*
to **annex** [ə'neks] *vt* **1** annettere *(un territorio).* **2** unire; congiungere.
annexation [,ænek'seiʃən] *s.* annessione; aggiunta.
to **annihilate** [ə'naijəleit] *vt* annientare; annichilire.
annihilation [ə,naijə'leiʃən] *s.* annientamento; annichilimento.
anniversary [,æni'və:səri] *s.* anniversario.
Anno Domini ['ænou 'dɔminai] *locuzione avverbiale (lat.: abbr.* **A.D.**) **1** nell'anno del Signore: *in A.D. 1500,* nel 1500 dopo Cristo. **2** *(GB, scherz. come s.)* il passar degli anni; la vecchiaia.
to **annotate** ['ænəteit] *vt* annotare; chiosare.
annotation [,ænou'teiʃən] *s.* annotazione; nota; chiosa.
to **announce** [ə'nauns] *vt e i.* **1** annunciare; comunicare; far conoscere; rivelare; dichiarare: *Mr Green announces his engagement to Miss White,* Il signor Green annuncia il suo fidanzamento con la signorina White — *The Government announced that the danger was past,* Il governo annunciò che il pericolo era cessato. **2** annunciare; introdurre *(in una sala, in un ricevimento): The servant announced Mr and Mrs Brown,* Il domestico annunciò il signore e la signora Brown.
announcement [ə'naunsmənt] *s.* annuncio; dichiarazione; notificazione; avviso; proclama: *An announcement will be made next week,* Una dichiarazione (ufficiale) verrà rilasciata la prossima settimana — *announcements of deaths, marriages and births,* annunci di morte, di matrimonio e di nascita.
announcer [ə'naunsə*] *s.* annunciatore; presentatore *(spec. di radio e televisione).*
to **annoy** [ə'nɔi] *vt* infastidire; importunare; molestare; contrariare; seccare; irritare: *Don't annoy him,* Non importunarlo — *He was annoyed with his wife because the dinner was badly cooked,* Era seccato con la moglie perché il pranzo era stato cucinato male — *I felt annoyed when he refused to help,* Mi seccai quando egli si rifiutò di collaborare.
annoyance [ə'nɔiəns] *s.* **1** fastidio; seccatura: *with a look of annoyance,* con aria seccata — *much to our annoyance,* con nostra grande seccatura — *to subject sb to annoyance,* infastidire qcno. **2** *(al pl.)* noie; grane; fastidi; contrattempi; seccature; contrarietà: *All these little annoyances did not spoil her sweet temper,* Tutti questi piccoli fastidi non turbarono la sua indole dolce.
annoying [ə'nɔiŋ] *agg* irritante; seccante; fastidioso: *It's annoying to miss the train,* È seccante perdere il treno — *How annoying!,* Che seccatura!; Che disdetta! — *The annoying thing about it is that...,* La cosa irritante al riguardo è che... □ *avv* **annoyingly.**
[1]**annual** ['ænjuəl] *agg* annuale; annuo: *his annual income,* le sue entrate annue — *the annual production,* la produzione annuale. □ *avv* **annually.**
[2]**annual** ['ænjuəl] *s.* **1** annuario. **2** pianta annua: *hardy annual,* - **a)** pianta annua e resistente al gelo - **b)** manifestazione (pubblicazione, ecc.) che si ripete ad intervalli regolari. **3** libro strenna.
annuitant [ə'njuitənt] *s.* beneficiario di rendita annuale, di vitalizio, di pensione dello Stato; pensionato *(in genere).*
annuity [ə'njuiti] *s.* annualità; rendita annuale: *life annuity,* vitalizio.
to **annul** [ə'nʌl] *vt* (**-ll-**) annullare *(un documento, ecc.);* abrogare; abolire.
annular ['ænjulə*] *agg* anulare.
annulment [ə'nʌlmənt] *s.* annullamento; abrogazione; rescissione.
annunciation [ə'nʌnsi'eiʃən] *s.* annuncio; annunciazione.
anode ['ænoud] *s.* anodo.

anodyne ['ænədain] *agg e s.* anodino; calmante *(anche fig.).*
to **anoint** [ə'nɔint] *vt* ungere *(spec. in cerimonie religiose);* consacrare *(sacerdoti, sovrani, ecc.): the Lord's Anointed,* l'Unto del Signore.
anointment [ə'nɔintmənt] *s.* unzione; consacrazione.
anomalous [ə'nɔmələs] *agg* anomalo; irregolare: *anomalous verb,* verbo anomalo. □ *avv* **anomalously.**
anomaly [ə'nɔməli] *s.* anomalia; irregolarità.
[1]**anon** [ə'nɔn] *avv (ant.)* presto; fra poco: *ever and anon,* di tanto in tanto — *See you anon!, (fam.)* Ci vediamo presto!
[2]**anon** [ə'nɔn] *abbr di* by an anonymous author, di anonimo.
anonymity [,ænə'nimiti] *s.* anonimato; anonimia.
anonymous [ə'nɔniməs] *agg* anonimo; non firmato; sconosciuto: *an anonymous letter,* una lettera anonima — *an anonymous gift,* un regalo di uno sconosciuto — *a donor who wishes to remain anonymous,* un donatore che vuole mantenere l'anonimato. □ *avv* **anonymously.**
anopheles [ə'nɔfəli:z] *s.* anofele *(tipo di zanzara).*
anorak ['ænəræk] *s.* giacca a vento *(lunga, di tipo norvegese).*
another [ə'nʌðə*] *pron e agg indef* **1** un altro; un secondo; uno in più; ancora: *Will you have another cup of tea?,* Vuole un'altra tazza di tè? — *Where shall we be in another ten years?,* Dove saremo tra (altri) dieci anni?
2 un altro (nuovo); simile; uguale; pari a: *This young man is very clever; he may be another Edison,* Questo giovanotto è molto intelligente; può diventare un nuovo Edison — *Ask me another!,* - **a)** Mi faccia un'altra domanda! *(scherz. quando uno ha già dato una risposta giusta)* - **b)** Non so proprio!; Non saprei!
3 un altro; differente; diverso: *That's quite another matter,* È tutt'altra cosa; È un'altra faccenda — *We can do that another time,* Possiamo farlo un'altra volta — *Taking one thing with another,* Prendendo le cose così come vengono (buone e cattive assieme) — *one with another, (di cose)* alla rinfusa — *What with one thing and another I never have time to go to the theatre,* Tra una cosa e l'altra non ho mai il tempo di andare a teatro.
4 *one another, (pron. di reciprocità)* ⇨ [2]**one III.**
answer ['ɑ:nsə*] *s.* **1** risposta: *Have you had an answer to your letter?,* Hai avuto una risposta alla tua lettera? — *to make (to give) an answer,* rispondere — *She made (gave) no answer,* Non rispose nulla — *in answer to...,* in risposta a...; in seguito a... — *in answer to yours of June 21,* in risposta alla Vostra lettera del 21 giugno. **2** soluzione; risultato *(di cifre, ecc.): The answer to 3 x 17 is 51,* Il risultato di 3 x 17 è 51 — *You must see a psychiatrist: that's the answer!,* Devi andare da uno psichiatra: ecco la risposta! — *to know all the answers,* essere onnisciente; sapere tutto; saperla lunga. **3** *(dir., ecc.)* replica.
to **answer** ['ɑ:nsə*] *vt e i.* **1** rispondere: *to answer a question (the teacher, a letter),* rispondere a una domanda (all'insegnante, a una lettera) — *to answer the telephone,* rispondere al telefono — *He answered nothing,* Non rispose nulla — *to answer the door,* andare alla porta a vedere chi ha bussato (o suonato).
2 soddisfare; servire a; rispondere; *(fig.)* riuscire: *Will this answer your purpose?,* Servirà questo al tuo scopo?
3 esaudire.
to answer (sb) back, rispondere male (a qcno); ribattere; rimbeccare.
to answer for, rispondere di; essere garante per; pagare per: *I can't answer for his honesty,* Non posso rispondere della sua onestà — *You will have to answer for your wrongdoing one day,* Un giorno dovrai rendere conto per le tue malefatte.
to answer to, - **a)** corrispondere: *to answer to a description,* corrispondere a una descrizione - **b)** obbedire: *to answer (to) the helm (the controls),* obbedire al timore (agli organi di comando) - **c)** *to answer to the name of,* rispondere al nome di — *My dog answers to the name of Spot,* Il mio cane si chiama Spot.
answerable ['ɑ:nsərəbl] *agg* **1** cui si può rispondere: *That question is readily answerable,* A quella domanda si può rispondere subito. **2** responsabile; garante: *to be answerable to sb for sth,* essere responsabile (garante) di qcsa verso qcno.
ant [ænt] *s.* formica: *ant-eater,* formichiere; tamandua — *ant-hill,* formicaio; termitaio — *ant-like, (agg.)* laborioso; industrioso — *white ant,* termite; formica bianca.
an't [ɑ:nt] ⇨ **aren't.**
antacid ['ænt'æsid] *agg e s.* antiacido.
antagonism [æn'tægənizəm] *s.* antagonismo.
antagonist [æn'tægənist] *s.* antagonista.
antagonistic [æn,tægə'nistik] *agg* antagonistico. □ *avv* **antagonistically.**
to **antagonize** [æn'tægənaiz] *vt* inimicarsi (qcno); opporsi a.
antarctic [ænt'ɑ:ktik] *agg* antartico. □ *s.* Antartico.
ante ['ænti] *s. (al poker)* apertura al buio.
to **ante** ['ænti] *vt* **1** *(poker)* fare il 'buio' di una somma. **2** *(USA)* puntare; scommettere. **3** *to ante up,* pagare *(la propria quota).*
antecedence [,ænti'si:dəns] *s.* precedenza; anteriorità; antecedenza.
antecedent [,ænti'si:dənt] *agg* antecedente; precedente; anteriore a; prima di.
□ *s.* **1** antecedente *(gramm., ecc.).* **2** (fatto) precedente; *(al pl.)* i precedenti; il passato; gli antenati.
antechamber ['ænti,tʃeimbə*] *s.* anticamera.
to **antedate** ['æntideit] *vt* **1** antidatare; *(in una lettera, documento, ecc.)* mettere una data anteriore a quella vera. **2** anticipare; precedere.
antediluvian [,æntidi'lju:viən] *agg* antidiluviano *(anche fig.).*
□ *s.* persona antidiluviana; fossile.
antelope ['æntiloup] *s.* antilope.
antenatal [,ænti'neitəl] *agg* prenatale.
antenna [æn'tenə] *s. (pl.* **antennae** *o* **antennas**) antenna.
antenuptial [,ænti'nʌpʃəl] *agg* prematrimoniale.
antepenultimate [,æntipi'nʌltimit] *agg e s.* terzultimo.
anterior [æn'tiəriə*] *agg* anteriore.
ante-room ['æntirum] *s.* anticamera.
anthem ['ænθəm] *s.* **1** inno: *the National Anthem,* l'inno nazionale. **2** composizione religiosa per coro *(spec. con organo).*
anther ['ænθə*] *s.* antera.
anthologist [æn'θɔlədʒist] *s.* compilatore, curatore di un'antologia.
anthology [æn'θɔlədʒi] *s.* antologia.
anthracite ['ænθrəsait] *s.* antracite.
anthrax ['ænθræks] *s.* antrace.
anthropocentric [,ænθrəpɔ'sentrik] *agg* antropocentrico.
anthropoid ['ænθrəpɔid] *agg* antropoide.

anthropological [,ænθrəpə'lɔdʒikl] *agg* antropologico.
anthropologist [,ænθrə'pɔlədʒist] *s.* antropologo.
anthropology [,ænθrə'pɔlədʒi] *s.* antropologia.
anthropomorphic [,ænθrəpə'mɔ:fik] *agg* antropomorfo.
anthropomorphism [,ænθrəpə'mɔ:fizəm] *s.* antropomorfismo.
anthropomorphous [,ænθrəpə'mɔ:fəs] *agg* antropomorfo.
anti- ['ænti] *prefisso* ⇨ **antiacid, anti-aircraft,** *ecc.*
antiacid ['ænti'æsid] *agg* antiacido.
anti-aircraft [,ænti'ɛəkrɑ:ft] *agg* antiaereo.
antibiotic [,æntibai'ɔtik] *agg e s.* antibiotico.
antibody ['æntibɔdi] *s.* anticorpo.
antic ['æntik] *s.* *(generalm. al pl.)* comportamento strano; movimento bizzarro; buffonata; gesto grottesco: *the antics of clowns,* le buffonate dei pagliacci.
Antichrist ['æntikraist] *s.* Anticristo.
to **anticipate** [æn'tisipeit] *vt* **1** prevenire; precedere: *We say Columbus discovered America, but he was probably anticipated by sailors from Norway,* Si dice che Colombo abbia scoperto l'America, ma probabilmente fu preceduto da navigatori provenienti dalla Norvegia. **2** *(fam.)* aspettarsi; attendersi; ripromettersi; pregustare: *We anticipate a very good turnout,* Ci aspettiamo un notevole afflusso di gente. **3** prevenire; prevedere: *He tries to anticipate all my needs,* Cerca di prevenire ogni mia necessità — *A good general tries to anticipate the enemy's movements,* Un buon generale cerca di prevenire le mosse del nemico. **4** fare, usare o spendere in anticipo; *(comm.)* anticipare *(una somma);* pagare in anticipo: *Don't anticipate your income,* Non spendere le tue entrate in anticipo.
anticipation [æn,tisi'peiʃən] *s.* **1** previsione; aspettazione. **2** *(comm., med., mus.)* anticipazione. **3** pregustazione. □ *in anticipation,* in attesa.
anticipatory [æn'tisipeitəri] *agg* che anticipa.
anticlimax [,ænti'klaimæks] *s.* anticlimax; smontatura; sgonfiatura; 'doccia fredda'; distensione.
anticoagulant [æntikou'ægələnt] *agg e s.* anticoagulante.
anticonstitutional [,æntikɔnsti'tju:ʃənl] *agg* anticostituzionale.
anticyclone [,ænti'saikloun] *s.* anticiclone.
anticyclonic [,ænti'saiklounik] *agg* anticiclonico.
anti-dazzle [,ænti'dæzl] *agg* antiabbagliante; anabbagliante.
antidotal ['æntidoutəl] *agg* che serve da antidoto.
antidote ['æntidout] *s.* antidoto.
anti-fog [,ænti'fɔg] *agg* antinebbia; antiappannante.
anti-freeze [,ænti'fri:z] *s.* anticongelante.
anti-hero ['ænti'hiərou] *s.* anti-eroe.
anti-knock [,ænti'nɔk] *s.* ⇨ **to knock 4.**
antilogarithm [,ænti'lɔgəriθəm] *s.* antilogaritmo.
antimacassar [,æntimə'kæsə*] *s.* coprischienale.
anti-matter [,ænti'mætə*] *s.* antimateria.
antimony ['æntiməni] *s.* antimonio.
anti-noise [,ænti'nɔiz] *agg* silenziatore *(attrib.);* contro il rumore.
antinomy [æn'tinəmi] *s.* antinomia.
antipathetic [,æntipə'θetik] *agg* **1** antipatico. **2** contrario; opposto; ostile; avverso.
antipathy [æn'tipəθi] *s.* **1** antipatia; avversione; ripugnanza: *antipathy to (towards, against) sb,* antipatia per (contro, nei confronti di) qcno. **2** contrasto; opposizione.
anti-personnel [,æntipə:sə'nel] *agg (mil.)* anti-uomo.
antiphon ['æntifən] *s.* antifona.
antiphony ['æntifəni] *s.* **1** antifona. **2** canto alternato; *(fig.)* replica; risposta.
antipodean [æn,tipə'di(:)ən] *agg* che sta agli antipodi.
antipodes [æn'tipədi:z] *s. pl* antipodi.
antipope ['æntipoup] *s.* antipapa.
antiquarian [,ænti'kwɛəriən] *agg* antiquario; archeologico.
□ *s.* antiquario; archeologo *(spec. dilettante).*
antiquary ['æntikwəri] *s.* antiquario; archeologo; collezionista o studioso di antichità.
antiquated ['ænti,kweitid] *agg* antiquato; antidiluviano.
antique [æn'ti:k] *agg* antico; antiquato; classico.
□ *s.* oggetto d'arte antico: *the antique,* l'arte antica; lo stile antico — *antique dealer,* antiquario.
antiqueness [æn'ti:knis] *s.* antichità; arcaicità.
antiquity [æn'tikwiti] *s.* **1** antichità; l'antichità *(spec. romana e greca e spesso con la maiuscola): the heroes of Antiquity,* gli eroi dell'antichità — *a city of great antiquity,* una città molto antica — *in remote antiquity,* in epoche remote, lontane. **2** *(al pl.)* le antichità *(monumenti, oggetti, ecc.);* costumi, vicende dell'antichità.
antirrhinum [,ænti'rainəm] *s.* antirrino; 'bocca di leone'.
antirust ['æntirʌst] *agg* antiruggine.
antisemite [,ænti'si:mait] *agg e s.* antisemita.
antisemitic [,æntise'mitik] *agg* antisemita.
antisemitism [,ænti'semitizəm] *s.* antisemitismo.
antisepsis [,ænti'sepsis] *s.* antisepsi.
antiseptic [,ænti'septik] *agg e s.* antisettico.
antiskid [,ænti'skid] *agg* antisdrucciolevole; antislittante.
antisocial [,ænti'souʃəl] *agg* antisociale.
antitank [,ænti'tæŋk] *agg* anticarro.
antitheft [,ænti'θeft] *agg* antifurto: *antitheft device,* dispositivo antifurto.
antithesis [æn'tiθisis] *s.* (*pl.* **antitheses**) antitesi.
antithetic(al) [,ænti'θetik(əl)] *agg* antitetico. □ *avv* **antithetically.**
antitoxin [,ænti'tɔksin] *s.* antitossina.
anti-trade [,ænti'treid] *agg e s.* *(vento)* controaliseo.
antler [,æntlə*] *s.* corno ramificato; ramificazione di corna *(di cervo, daino, ecc.).*
antonym ['æntənim] *s.* antonimo; opposto; parola di significato contrario: *Hot is the antonym of cold,* Caldo è l'opposto di freddo.
anus ['einəs] *s.* ano.
anvil ['ænvil] *s.* incudine.
anxiety [æŋ'zaiəti] *s.* **1** ansia; inquietudine; apprensione; preoccupazione: *We waited with anxiety for news of her safe arrival,* Aspettavamo con ansia di sapere se era arrivata sana e salva — *Tom's foolish behaviour caused his parents great anxiety,* L'insensato comportamento di Tom preoccupava moltissimo i suoi genitori. **2** *(generalm. al pl.)* preoccupazioni; fastidi; grattacapi: *All those anxieties made him look pale and tired,* Tutti quei fastidi gli davano un'aria pallida e stanca — *The Minister's statement removed all anxieties about higher taxes,* La dichiarazione del Ministro tolse ogni preoccupazione circa un aumento delle tasse. **3** bramosia; desiderio ardente: *anxiety for knowledge,* grande desiderio d'imparare — *His anxiety to please was pathetic,* Il suo desiderio di compiacere era patetico.
anxious ['æŋkʃəs] *agg* **1** ansioso; in ansia; inquieto; preoccupato: *I am very anxious about my son's health,* Sono molto preoccupato per la salute di mio figlio — *He is anxious for (about) her safety,* È in

ansia per la sua incolumità. **2** angoscioso; inquietante; preoccupante: *We have had an anxious time,* Abbiamo passato delle ore angosciose — *His illness has been a very anxious business,* La sua malattia è stata una cosa molto preoccupante. **3** bramoso; impaziente; fortemente desideroso: *He was extremely anxious to meet you,* Aveva molto desiderio di fare la tua conoscenza — *We were anxious that help should be sent promptly,* Era nostro vivo desiderio che gli aiuti fossero inviati con sollecitudine. □ *avv* **anxiously.**

any ['eni] **I** *agg* **1** *(sostituisce* some *nelle frasi negative, interrogative, dubitative, condizionali, ecc.)* qualche; alcuno; nessuno; un po' di; del (dei; degli; della; delle); un (uno; una): *Are there any chairs in the room?,* Ci sono delle sedie nella stanza? — *Is there any wine in the bottle?,* C'è del vino nella bottiglia? — *That house doesn't seem to have any door,* Sembra che quella casa non abbia porte — *This bucket is useless: it hasn't any handle,* Questo secchio non serve: non ha manico — *I haven't got any new record(s),* Non ho nessun disco nuovo — *We did the work without any difficulty,* Facemmo il lavoro senza alcuna difficoltà.
2 qualsiasi; qualunque *(in frasi affermative e generalm. enfatiche): Please try to prevent any loss while the goods are on the way,* Si cerchi, per favore, di impedire che le merci subiscano qualsiasi perdita mentre sono in viaggio — *Any excuse will do,* Qualunque scusa andrà bene — *at any time,* a qualsiasi ora — *You will find me in the office at any hour of the day,* Mi troverai in ufficio a qualunque ora del giorno — *any old how* ⇨ **anyhow** — *in any case,* in ogni caso — *(at) any rate,* in ogni modo; almeno — *It isn't any good,* Non serve a nulla — *any road, (GB, dial. settentrionale)* = **anyway** ⇨ — *any day...* ⇨ **day 1.**
II *pron* **1** alcuno; nessuno; qualcuno: *Do you know any of these novels?,* Conosci qualcuno di questi romanzi?
2 ne: *We haven't any,* Non ne abbiamo — *if any,* se pur ce n'è; se pur ve ne sono — *There is very little wine, if any,* C'è pochissimo vino, se pur ce n'è.
III *avv* **1** un po'; in qualche misura *(spesso non si traduce): They were too tired to go any further,* Erano troppo stanchi per andare oltre — *Is your father any better?,* Sta un po' meglio il papà? — *Is it any good?,* È buono?; C'è del buono in esso?; Può servirvi?
2 *(USA)* affatto; per niente: *He didn't help me any,* Non mi aiutò per niente.

anybody ['enibɔdi] *pron* (= **anyone**) **1** qualcuno; nessuno: *Is there anybody at home?,* C'è qualcuno in casa? — *There isn't anybody,* Non c'è nessuno — *anybody else,* qualcun (nessun) altro. **2** qualcuno *(persona importante): You must work hard if you wish to be anybody,* Devi sgobbare se vuoi diventare qualcuno. **3** chiunque: *Anybody can do that,* Chiunque sa farlo.

anyhow ['enihau] *avv* **1** in nessun modo. **2** *(anche* any old how*)* in qualsiasi modo (in un modo qualsiasi); alla meglio.
□ *congiunz* in ogni caso; comunque; ad ogni modo: *Anyhow, you can always try,* In ogni caso, puoi sempre provare.

anyone ['eniwʌn] *pron* ⇨ **anybody.**

anyplace ['enipleis] *avv (USA)* da qualsiasi parte.

anyrate ['enireit] *pron* (= any rate) ⇨ **any 1, 2.**

anything ['eniθiŋ] **I** *pron* **1** *(sostituisce* something *nelle frasi negative, interrogative, dubitative e condizionali)* qualche cosa (qualcosa); alcuna cosa; niente; nulla; alcunché: *Have you anything to say?,* Avete qualcosa da dire? — *I can't see anything,* Non riesco a vedere niente.
2 *(in frasi affermative e generalm. enfatiche)* qualunque cosa; qualsiasi cosa: *Anything will do,* Qualsiasi cosa va bene — *I wouldn't do it for anything,* Non lo farei per qualunque cosa (per nulla al mondo) — *It's as easy as anything,* È estremamente facile.
□ *like anything, (fam.)* moltissimo; da pazzi (da matti) — *if anything...,* se mai... — *anything but,* nient'altro che.
II *avv (in frasi negative)* affatto; per niente; in nessun modo; in alcuna misura; *(in frasi interrogative)* un poco; in qualche modo: *This isn't anything like French wine,* Questo non assomiglia in nulla a un vino francese — *Is this photograph anything like your husband, madam?,* Questa fotografia assomiglia in qualche modo a suo marito, signora?

anyway ['eniwei] *avv* in ogni modo.
□ *congiunz* comunque; tuttavia; ad ogni modo: *I'm not coming, anyway,* Comunque, io non vengo.

anywhere ['eni*h*wɛə*] *avv* **1** *(sostituisce* somewhere *nelle frasi negative, interrogative, dubitative, ecc.)* in qualche luogo; da qualche parte; da nessuna parte. **2** *(in proposizioni affermative)* in qualsiasi luogo (posto); dovunque: *Go anywhere you like!,* Va' dove vuoi! □ *This isn't getting us anywhere,* Questo non approda a nulla.

Anzac ['ænzæk] *agg e s.* soldato dell''Australian and New Zealand Army Corps'.

aorta [ei'ɔ:tə] *s.* aorta.

apace [ə'peis] *avv (lett.)* velocemente; di buon passo: *Ill news spreads apace,* Le cattive notizie si diffondono rapidamente.

apanage, appanage ['æpənidʒ] *s.* **1** prerogativa. **2** appannaggio.

apart [ə'pɑ:t] *avv* **1** alla distanza di; distante: *The two houses are a mile apart,* Le due case sono alla distanza di un miglio.
2 *(poco comune)* da parte; in disparte; a parte: *He took me apart in order to speak to me alone,* Mi prese da parte per parlarmi da solo — *Why does she hold herself apart?,* Perché si tiene in disparte? — *to set (to put) sth apart,* mettere qcsa da parte, in serbo.
3 a parte: *joking apart...,* scherzi a parte...
4 separato; separatamente: *I can't keep these two things apart,* Non riesco a tener queste due cose separate — *to tell (to know) two things apart,* distinguere due cose.
5 a pezzi: *to take a machine apart,* ridurre una macchina a pezzi (smontarla).
6 apart from, *(prep.)* - **a)** indipendentemente da; a parte: *apart from these reasons,* indipendentemente da, a parte queste ragioni - **b)** salvo; eccezion fatta per: *Apart from a few scratches he was unhurt,* Salvo qualche graffio, rimase illeso.

apartheid [ə'pɑ:theit] *s.* 'apartheid'; (politica di) discriminazione razziale *(nel Sud Africa).*

apartment [ə'pɑ:tmənt] *s.* **1** camera; stanza. **2** *(al pl.* apartments*)* appartamenti. **3** *(USA)* appartamento: *an apartment block,* una casa suddivisa in appartamenti.

apathetic [,æpə'θetik] *agg* apatico; indifferente. □ *avv* **apathetically.**

apathy ['æpəθi] *s.* apatia; indifferenza.

ape [eip] *s.* **1** scimmia senza coda; primate. **2** imitatore: *to play the ape,* scimmiottare; imitare. **3** *(spreg., di persona)* scimmione.

to **ape** [eip] *vt* scimmiottare; imitare.

aperient [ə'piəriənt] *agg e s.* lassativo; purgante.

aperitif [ə'peritif] *s. (fr.)* aperitivo.
aperture ['æpətjuə*] *s.* apertura; foro *(spec. quando lascia passare la luce).*
apex ['eipeks] *s.* (*pl.* **apexes** *o* **apices**) apice; vertice: *at the apex of his career,* all'apice della sua carriera — *the apex of a triangle,* il vertice di un triangolo.
aphasia [ə'feizjə] *s.* afasia.
aphis ['æfis/'eifis] *s.* (*pl.* **aphides**) afide.
aphorism ['æfərizəm] *s.* aforisma.
aphoristic ['æfəristik] *agg* aforistico.
apiarist ['eipiərist] *s.* apicoltore.
apiary ['eipiəri] *s.* apiario; alveare.
apiculture ['eipikʌltʃə*] *s.* apicultura.
apiece [ə'pi:s] *avv* a testa; per uno; ciascuno: *He gave the boys a pound apiece,* Diede ai ragazzi una sterlina a testa.
apish ['eipiʃ] *agg* **1** scimmiesco. **2** sciocco.
aplomb [ə'plɔm] *s. (fr.)* **1** appiombo. **2** sicurezza; padronanza di sé.
apocalypse [ə'pɔkəlips] *s.* apocalisse.
apocalyptic [ə'pɔkəliptik] *agg* apocalittico *(anche fig.).*
Apocrypha [ə'pɔkrifə] *s.* libri apocrifi *(della Bibbia).*
apocryphal [ə'pɔkrifəl] *agg* apocrifo; spurio. □ *avv* **apocryphally.**
apogee ['æpoudʒi:] *s.* apogeo *(anche fig.).*
apologetic [ə,pɔlə'dʒetik] *agg* umile; contrito: *He was apologetic for arriving late,* Si scusò di essere arrivato tardi — *an apologetic letter,* una lettera di scusa. □ *avv* **apologetically.**
apologetics [ə,pɔlə'dʒətiks] *s. pl (col v. al sing.)* apologetica.
apologia [,æpə'loudʒiə] *s.* apologia; autodifesa.
apologist [ə'pɔlədʒist] *s.* apologista.
to **apologize** [ə'pɔlədʒaiz] *vi* scusarsi; chiedere scusa: *to apologize to sb for sth (for having done sth),* chiedere scusa a qcno di qcsa (per aver fatto qcsa).
apology [ə'pɔlədʒi] *s.* **1** scusa; giustificazione: *to make an apology,* chiedere scusa (fare le proprie scuse) — *to offer one's apologies,* presentare le proprie scuse — *to make an apology to sb for sth,* scusarsi con qcno di qcsa. **2** apologia; difesa; dimostrazione apologetica. **3** ripiego; misero sostituto; cattivo esemplare: *an apology for a dinner,* una cena misera misera.
apophthegm ['æpəθem] *s.* apoftegma.
apoplectic [,æpə'plektik] *agg* apoplettico: *an apoplectic stroke (fit),* un colpo apoplettico.
apoplexy ['æpəpleksi] *s.* apoplessia.
apostasy [ə'pɔstəsi] *s.* apostasia.
apostate [ə'pɔstit] *agg* reo di apostasia. □ *s.* apostata.
apostle [ə'pɔsl] *s.* **1** apostolo. **2** fautore; propugnatore *(di riforme, idee, ecc.).*
apostolic [,æpəs'tɔlik] *agg* apostolico.
apostrophe [ə'pɔstrəfi] *s.* **1** *(gramm.)* apostrofo. **2** *(in retorica)* apostrofe.
to **apostrophize** [ə'pɔstrəfaiz] *vt* apostrofare.
apothecary [ə'pɔθikəri] *s. (ant.)* farmacista: *apothecaries' weight,* peso da farmacista.
apothegm ['æpəθem] *s.* ⇨ **apophthegm.**
apotheosis [ə,pɔθi'ousis] *s.* (*pl.* **apotheoses**) **1** apoteosi; deificazione. **2** liberazione dalla vita terrena; *(pittura)* gloria *(di un santo, ecc.).* **3** *(fig.)* glorificazione; trionfo.
to **appal** [ə'pɔ:l] (*USA anche* **to appall**) *vt* (**-ll-**) atterrire; sgomentare; spaventare: *They were appalled at the news,* Alla notizia restarono sgomenti.
appalling [ə'pɔ:liŋ] *agg* terribile; spaventoso; pessimo: *Your English is frankly appalling,* Il tuo inglese è francamente pessimo. □ *avv* **appallingly.**
appanage ['æpənidʒ] *s.* ⇨ **apanage.**
apparatus [,æpə'reitəs] *s.* (*pl.* **apparatuses**) apparato; apparecchio; apparecchiatura; impianto: *a heating apparatus,* un impianto di riscaldamento.
apparel [ə'pærəl] *s.* **1** *(lett.)* veste; abbigliamento: *wearing apparel, (USA)* abiti; vestiti. **2** ornamento; addobbo; paramenti.
to **apparel** [ə'pærəl] *vt* vestire; ornare; addobbare.
apparent [ə'pærənt/ə'pɛərənt] *agg* **1** evidente; ovvio; chiaro; palese. **2** apparente. **3** vero; legittimo: *heir apparent,* erede legittimo.
apparently [ə'pærəntli] *avv* **1** apparentemente. **2** a quanto pare: *Apparently no one had told him what to do,* A quanto pare nessuno gli aveva detto cosa dovesse fare.
apparition [,æpə'riʃən] *s.* apparizione; fantasma.
appeal [ə'pi:l] *s.* **1** appello; richiesta: *to make an appeal for help,* rivolgere un appello di aiuto. **2** appello; diritto o causa o giudizio di appello; ricorso legale: *an appeal from a decision,* un ricorso legale contro una sentenza — *to lodge an appeal,* presentare ricorso — *to be acquitted on appeal,* venire assolto in (giudizio di) appello. **3** interesse; attrattiva; richiamo: *This modern music hasn't much appeal for me,* Questa musica moderna non mi dice molto — *sex-appeal,* attrazione sessuale; fascino femminile (maschile). **4** supplica; invocazione: *with a look of appeal on her face,* con uno sguardo supplichevole.
to **appeal** [ə'pi:l] *vi* **1** fare appello; rivolgersi; chiedere; invocare: *The slave appealed to the emperor for mercy,* Lo schiavo invocò clemenza dall'imperatore. **2** appellarsi; fare ricorso *(a un tribunale superiore): to appeal from a judgement,* impugnare una sentenza; presentare ricorso contro una sentenza — *to appeal to another court,* appellarsi a un altro tribunale. **3** rivolgersi *(per una decisione);* ricorrere: *to appeal to the country,* rivolgersi direttamente alla nazione, all'elettorato *(di un governo che indice le elezioni dopo lo scioglimento anticipato del parlamento)* — *to appeal to the sword, (lett.)* lasciare che decida la guerra; ricorrere alla guerra. **4** attrarre; interessare; piacere: *Do these paintings appeal to you?* Ti dicono qualcosa (Trovi interessanti) questi quadri? — *Bright colours appeal to small children,* I colori vivaci attraggono i bambini.
appealing [ə'pi:liŋ] *agg* **1** supplichevole; commovente. **2** attraente. □ *avv* **appealingly.**
to **appear** [ə'piə*] *vi* **1** apparire; presentarsi: *When we reached the top of the hill, the town appeared below us,* Quando giungemmo in cima alla collina, la città apparve ai nostri piedi — *The ship appeared on the horizon,* La nave apparve all'orizzonte.
2 arrivare; comparire; farsi vivo: *He promised to be here at four but didn't appear until six,* Promise di essere qui per le quattro ma non arrivò che alle sei — *He hasn't appeared yet,* Non si è ancora fatto vivo.
3 apparire; comparire; esibirsi *(di attori, cantanti, oratori);* essere pubblicato *(di libro);* comparire *(dinanzi alla corte): He has appeared in every concert hall in Europe,* Si è esibito in tutte le sale di concerto d'Europa — *When will your new novel appear?,* Quando sarà pubblicato il tuo nuovo romanzo? — *The defendant failed to appear,* L'imputato non si presentò.
4 sembrare; parere: *Why does she appear so sad?,* Perché ha l'aria così triste? — *He appears to have many friends,* Sembra che abbia molti amici — *It*

appears to me that..., Mi pare che... — *There appears to have been a mistake,* Sembra che ci sia stato un errore — *So it appears,* Così sembra — *As it appears,* Come sembra.

appearance [ə'piərəns] *s.* **1** apparizione *(anche in teatro);* comparsa *(di attore, cantante, ecc.);* atto di presenza; *(dir.)* comparizione; *(di libro)* pubblicazione: *to make an appearance,* esibirsi *(di attore, cantante, ecc.)* — *Cast in order of appearance, (teatro)* Personaggi in ordine di apparizione in scena — *to make one's first appearance,* fare la prima apparizione in pubblico; debuttare — *to put in an appearance,* fare atto di presenza; farsi vedere *(ad un ricevimento, riunione, ecc.).* **2** apparenza; aspetto; parvenza: *to judge by appearances,* giudicare dalle apparenze — *a slightly foreign appearance,* un aspetto leggermente straniero — *to all appearances,* da quanto si può vedere; stando alle apparenze — *in appearance,* in apparenza; dall'aspetto esteriore — *to keep up (to save) appearances,* salvare le apparenze — *for appearance's sake,* per salvare le apparenze.

to **appease** [ə'pi:z] *vt* **1** placare; calmare; soddisfare: *to appease sb's anger,* placare l'ira di qcno — *to appease sb's hunger,* calmare la fame di qcno — *to appease sb's curiosity,* soddisfare la curiosità di qcno. **2** *(in politica)* placare a mezzo di concessioni.

appeasement [ə'pi:zmənt] *s.* **1** appagamento; soddisfazione; pacificazione. **2** pacificazione a mezzo concessioni *(specie nella politica estera inglese durante gli anni Trenta).*

appeasor [ə'pi:zə*] *s.* fautore di una politica di pacificazione (⇨ **appeasement 2**).

appellant [ə'pelənt] *agg e s.* appellante; che (chi) fa ricorso.

appellation [,æpe'leiʃən] *s.* **1** appellativo; titolo; epiteto. **2** appello.

to **append** [ə'pend] *vt* apporre *(una firma, un sigillo, ecc.).*

appendage [ə'pendidʒ] *s.* **1** pendaglio. **2** aggiunta.

appendectomy [,æpen'dektəmi] *s.* appendectomia.

appendicitis [ə,pendi'saitis] *s.* appendicite.

appendix [ə'pendiks] *s.* *(pl.* **appendices**; *in senso anatomico anche* **appendixes**) appendice *(in tutti i sensi): a grumbling appendix,* un'appendice infiammata.

to **appertain** [,æpə'tein] *vi* essere pertinente; appartenere: *the duties appertaining to his office,* i doveri pertinenti al suo incarico.

appetite ['æpitait] *s.* appetito; *(fig.)* brama; avidità: *to suffer from lack of appetite,* soffrire d'inappetenza.

appetizer ['æpitaizə*] *s.* tutto ciò che stuzzica, stimola l'appetito *(p.es. un aperitivo, talvolta un antipasto, ma anche semplicemente una passeggiata).*

appetizing ['æpitaiziŋ] *agg* appetitoso; allettante. □ *avv* **appetizingly.**

to **applaud** [ə'plɔ:d] *vi e t.* **1** applaudire: *The audience applauded the singer for five minutes,* Il pubblico applaudì il cantante per cinque minuti. **2** plaudire; approvare: *I applaud your decision,* Approvo caldamente la vostra decisione.

applause [ə'plɔ:z] *s.* applauso; approvazione; applausi.

apple ['æpl] *s.* mela; pomo: *apple-pie,* (specie di) torta di mele — *to upset sb's apple-cart,* rovinare i piani a qcno; rompere le uova nel paniere a qcno — *the apple of one's eye, (fig.)* la pupilla degli occhi — *in apple-pie order,* in perfetto ordine; tutto a puntino — *apple-sauce,* salsa di mele; *(USA)* stupidaggine; sciocchezza; sciocca adulazione — *apple-jack, (USA)* acquavite di mele — *apple-pie bed,* letto in cui si è fatto lo scherzo del 'sacco'.

appliance [ə'plaiəns] *s.* **1** apparecchio; congegno; strumento; dispositivo; protesi: *an appliance for opening tin cans,* un congegno per aprir scatole; un apriscatole. **2** applicazione.

applicable ['æplikəbl] *agg* **1** applicabile: *Is this rule applicable to this case?,* Si può applicare in questo caso questa regola? **2** appropriato; adatto.

applicant ['æplikənt] *s.* richiedente; postulante; candidato *(a un impiego, ecc.).*

application [,æpli'keiʃən] *s.* **1** domanda; istanza; richiesta: *A complete list of new books may be had on application to the publishers,* Un elenco completo dei nuovi libri verrà inviato dall'editore su richiesta — *The manager received twenty applications for the position,* Il direttore ricevette venti domande per l'impiego — *We made an application to the court for an inquiry,* Presentammo istanza al tribunale per un'indagine — *application form,* modulo di domanda — *free on application,* gratis a richiesta. **2** applicazione *(in ogni senso);* uso; sostanza usata: *the application of the rule to this case,* l'applicazione della regola nel presente caso — *the application of a new process in industry,* l'applicazione di un nuovo metodo di lavorazione nell'industria — *This oil is for external application only,* Quest'olio è solo per uso esterno. **3** applicazione; cura; diligenza; attenzione; assiduità; concentrazione: *My work demands close application,* Il mio lavoro esige una costante applicazione — *If you show application in your studies, you will succeed,* Se ti applicherai con cura allo studio, ce la farai.

applied [ə'plaid] *agg* applicato: *applied mathematics,* matematica applicata — *applied art,* arte applicata *(p.es. nel disegno tessile).*

appliqué [æ'pli:kei] *s.* *(in sartoria, ecc.)* applicazione; lavoro di sovrapposizione *(di differenti stoffe o colori).*

to **appliqué** [æ'pli:kei] *vt* ornare con applicazioni.

to **apply** [ə'plai] *vt e i.* **1** applicare; impiegare; adoperare; usare; dare *(vernice, colore, ecc.): to apply a rule to a case,* applicare una regola ad un caso particolare — *to apply the brake,* fare uso del freno; frenare — *to apply oneself to sth (to doing sth),* dedicarsi, applicarsi a qcsa (a fare qcsa) — *to apply a plaster,* mettere un cerotto — *to apply one's mind to one's work,* applicarsi nel lavoro — *to apply money for the benefit of the poor and homeless,* impiegare del denaro per soccorrere i poveri e i senza tetto. **2** fare (presentare) domanda *(di impiego, ecc.);* richiedere; rivolgersi: *to apply for sth,* fare domanda per qcsa — *You may apply in person or by letter,* Si può fare domanda sia presentandosi di persona sia per lettera — *to apply to sb,* rivolgersi a qcno — *to apply to the Consulate for a visa,* rivolgersi al Consolato per un visto — *Apply within,* Rivolgersi qui. **3** riferirsi a; applicarsi a; essere rivolto a; concernere; riguardare; essere valido: *What I have said does not apply to you,* Quanto ho detto non riguarda te — *The rule does not apply in all cases,* La regola non si applica in tutti i casi (non è sempre valida).

to **appoint** [ə'pɔint] *vt* **1** fissare; stabilire; determinare: *on the day appointed,* nel giorno fissato (stabilito). **2** nominare; eleggere; scegliere: *They appointed White (to be) manager,* Nominarono White direttore — *The newly appointed officials are all experts,* Tutti i funzionari di nuova nomina sono degli esperti. **3** stabilire;

ordinare; assegnare; prescrivere: *to appoint that sth shall be done,* ordinare che si faccia qcsa.

appointed [ə'pɔintid] *agg* arredato; ammobiliato *(spec. con* well *o* badly*)*; sistemato: *a well-appointed flat,* un appartamento bene arredato.

appointment [ə'pɔintmənt] *s.* **1** appuntamento: *to meet sb by appointment,* incontrare qcno dietro appuntamento — *I have an appointment with the dentist at 3 p.m.,* Ho un appuntamento col dentista per le 3 del pomeriggio — *to keep an appointment,* mantenere un appuntamento. **2** posto; carica; ufficio: *to get a good appointment in a business firm,* ottenere un buon posto presso una ditta commerciale — *an appointment as manager,* un posto di direttore. **3** assegnazione; attribuzione; nomina: *by appointment to the Queen,* per nomina della regina *(formula usata dai fornitori e provveditori della real casa).* **4** *(al pl.)* equipaggiamento; attrezzature; mobilio; suppellettili; corredo.

to **apportion** [ə'pɔːʃən] *vt* dividere; ripartire; distribuire; assegnare; fare le parti: *I have apportioned you different duties each day of the week,* Vi ho assegnato compiti diversi per ciascun giorno della settimana — *This sum of money is to be apportioned among the six boys,* Questa somma di denaro deve essere ripartita tra i sei ragazzi.

apposite ['æpəzit] *agg* adatto; appropriato; giusto: *an apposite remark,* un'osservazione giusta (e appropriata) — *arguments apposite to the case,* argomentazioni che fanno proprio al caso. □ *avv* **appositely.**

apposition [,æpə'ziʃən] *s.* **1** *(gramm.)* apposizione. **2** accostamento; avvicinamento. **3** apposizione *(di sigillo, ecc.).*

appraisal [ə'preizəl] *s.* valutazione.

to **appraise** [ə'preiz] *vt* valutare; stimare; precisare il valore di qcsa: *to appraise property for taxation,* stimare il valore della proprietà ai fini delle tasse.

appreciable [ə'priːʃiəbl] *agg* sensibile; notevole; apprezzabile; valutabile: *an appreciable change in the temperature,* una sensibile variazione di temperatura. □ *avv* **appreciably.**

to **appreciate** [ə'priːʃieit] *vt e i.* **1** valutare (giustamente); stimare; apprezzare; comprendere; capire e gustare: *You can't appreciate English poetry unless you understand its rhythm,* Non si può apprezzare la poesia inglese se non se ne comprende il ritmo — *We all appreciate a good holiday after a year of hard work,* Tutti apprezzano una buona vacanza dopo un anno di duro lavoro — *We greatly appreciate all your help,* Apprezziamo molto l'aiuto che ci date. **2** comprendere; capire; rendersi conto di: *I quite appreciate that this is not at all easy for you,* Ben capisco (Mi rendo perfettamente conto) che questo non è affatto facile per voi. **3** crescere; aumentare di valore: *The land has appreciated greatly since the new railway was built,* Il valore del terreno è aumentato di molto da quando è stata costruita la nuova ferrovia.

appreciation [ə,priːʃi'eiʃən] *s.* **1** valutazione; stima; calcolo. **2** apprezzamento; riconoscimento; comprensione; interpretazione: *... in sincere appreciation of your valuable help,* ... in sincero riconoscimento del Suo valido aiuto — *She showed no appreciation of good music,* Diede prova di non capire nulla della buona musica. **3** composizione; descrizione; saggio interpretativo: *to write an appreciation of a new symphony,* scrivere un saggio interpretativo su una nuova sinfonia. **4** aumento di prezzo o di valore; rivalutazione.

appreciative [ə'priːʃjətiv] *agg* **1** che apprezza; da intenditore; sensibile a: *an appreciative audience,* un pubblico intenditore — *to be appreciative of kindness,* essere sensibile alla cortesia. **2** *(di un articolo, ecc.)* elogiativo; eulogistico. □ *avv* **appreciatively.**

to **apprehend** [,æpri'hend] *vt* **1** *(raro)* capire; afferrare (con la mente); comprendere; rendersi conto: *You are, I apprehend, ready to leave,* Vedo che sei pronto per partire. **2** *(raro, lett.)* temere; presagire; paventare: *Do you apprehend any difficulty?,* Temi (Paventi) qualche difficoltà? **3** arrestare; catturare: *to apprehend a thief,* arrestare un ladro.

apprehensible [,æpri'hensəbl] *agg* afferrabile; comprensibile; percepibile.

apprehension [,æpri'henʃən] *s.* **1** apprensione; inquietudine; timore; paura: *to feel apprehension for sb's safety,* essere inquieto per la incolumità di qcno — *to be under some apprehension about a matter,* nutrire dei timori su una data cosa. **2** comprensione; perspicacia; intelligenza: *to be quick (slow) of apprehension,* essere di intelligenza sveglia (lento; duro di comprendonio). **3** arresto; cattura: *the apprehension of a deserter,* l'arresto di un disertore.

apprehensive [,æpri'hensiv] *agg* preoccupato; timoroso; in pena; in ansia: *apprehensive of further defeats,* in ansia per ulteriori sconfitte — *apprehensive for sb's safety,* preoccupato per l'incolumità di qcno — *apprehensive that sb will be hurt,* preoccupato che qcno possa farsi male. □ *avv* **apprehensively.**

apprentice [ə'prentis] *s. e agg attrib* apprendista; principiante; novizio.

to **apprentice** [ə'prentis] *vt* **1** mettere a mestiere; mettere a bottega: *to apprentice a boy to sb,* mettere un giovanotto come apprendista presso qcno — *to be apprenticed to a smith,* lavorare come apprendista presso un fabbro. **2** accettare come apprendista.

apprenticeship [ə'prentisʃip] *s.* apprendistato; tirocinio *(anche fig.)*: *to serve one's apprenticeship with sb,* fare il tirocinio (far pratica) presso qcno.

to **apprise** [ə'praiz] *vt (lett.)* informare; avvisare: *to be apprised of sb's intentions,* essere a conoscenza delle intenzioni di qcno.

appro ['æprou] *s. (comm., abbr. di* approval*)*: *on appro,* in prova; in esame *(di merce)* — *goods on appro,* merce in esame.

approach [ə'proutʃ] *s.* **1** avvicinamento; accostamento; l'avvicinarsi; l'approssimarsi: *The enemy ran away at our approach,* Al nostro avvicinarsi il nemico scappò — *to be easy (difficult) of approach,* essere di facile (difficile) accesso; *(di persone)* facilmente (difficilmente) avvicinabile — *to make approaches to sb,* cercare di interessare qcno; fare degli approcci con qcno; iniziare delle trattative con qcno. **2** modo di affrontare (qcsa); introduzione: *an approach to music,* un'introduzione alla musica — *Your approach to the problem is wrong,* Il tuo modo di affrontare il problema è sbagliato. **3** via di accesso; strada; sentiero; entrata: *approach road,* via (strada) d'accesso — *All the approaches to the Palace were guarded by soldiers,* Tutte le vie di accesso al palazzo erano sorvegliate da soldati. **4** *(matematica)* approssimazione.

to **approach** [ə'proutʃ] *vt e i.* **1** avvicinare; avvicinarsi a; accostarsi a; approssimarsi a *(anche fig.)*: *As winter approached, the weather became colder,* Man mano che si approssimava l'inverno, il tempo si faceva più rigido — *Few writers can approach Shakespeare in greatness,* Ben pochi scrittori possono avvicinarsi alla grandezza di Shakespeare. **2** avvicinare; rivolgere la parola (a qcno); iniziare delle trattative (con qcno); fare degli approcci (con qcno): *When is the best time to approach the boss about a rise?,* Qual è il momento migliore per rivolgersi al padrone per un aumento? — *He is rather difficult to approach,* È piuttosto difficile avvicinarlo.

approachable [ə'prouʃəbl] *agg* avvicinabile; accessibile; accostabile.

approbation [,æprə'beiʃən] *s.* approvazione; benestare; *(comm.)* prova; esame *(di merce).*

appropriate [ə'proupriit] *agg* appropriato; adatto: *Woollen clothes are not appropriate for a hot summer day,* Gli indumenti di lana non sono adatti a una calda giornata estiva — *Write in a style appropriate to your subject,* Scrivete in uno stile appropriato all'argomento. □ *avv* **appropriately.**

to **appropriate** [ə'proupriieit] *vt* **1** assegnare; destinare; stanziare *(una somma): 25,000 pounds has (have) been appropriated for the new school buildings,* Sono state stanziate 25.000 sterline per la costruzione dei nuovi edifici scolastici. **2** rubare; sottrarre; appropriarsi (di qcsa): *He often appropriates my ideas,* Mi ruba spesso le idee.

appropriation [ə,proupri'eiʃən] *s.* **1** appropriazione; appropriazione indebita; furto. **2** assegnazione; stanziamento *(di denaro): to make an appropriation for payment of debts,* destinare una somma al pagamento di debiti. **3** cosa appropriata.

approval [ə'pru:vəl] *s.* approvazione; benestare; ratifica: *Your plans have my approval,* I vostri piani hanno il mio benestare (la mia approvazione) — *Does what I have done so far meet with your approval?,* Lei approva quanto ho fatto finora? — *She gave a nod of approval; She nodded her approval,* Fece un cenno di approvazione — *goods on approval,* merce in prova, in esame.

to **approve** [ə'pru:v] *vt e i.* **1** *(generalm. seguito da* of*)* approvare; dare il proprio consenso (a qcsa); accettare: *Her father will never approve of your marriage,* Suo padre non darà mai il suo consenso al vostro matrimonio — *I clearly cannot support a policy of which I have never approved,* È ovvio che non posso sostenere una politica che non ho mai approvato — *I don't approve of his behaviour,* Non approvo la sua condotta. **2** confermare; sanzionare; ratificare: *The minutes (of the meeting) were read and approved,* Il verbale (dell'assemblea) fu letto e approvato.

approved [ə'pru:vd] *agg* **1** accettato; riconosciuto: *approved school,* riformatorio; casa di correzione — *an approved society,* una società riconosciuta (per legge). **2** provato; dimostrato.

approvingly [ə'pru:viŋli] *avv* affermativamente; con approvazione.

approximate [ə'prɔksimit] *agg* approssimato; approssimativo; molto simile a; vicino a. □ *avv* **approximately.**

to **approximate** [ə'prɔksimeit] *vi e t.* avvicinarsi a; approssimarsi a; essere molto vicino o simile *(in numero o qualità, ecc.): His description of the event approximated to the truth,* La sua descrizione del fatto si avvicinava alla realtà.

approximation [ə,prɔksi'meiʃən] *s.* approssimazione; avvicinamento.

appurtenance [ə'pə:tinəns] *s.* **1** *(dir.)* appartenenza; diritto accessorio. **2** *(linguaggio burocratico)* accessorio; beni: *the house and its appurtenances,* la casa e gli annessi — *all his appurtenances,* tutti i suoi beni.

apricot ['eiprikɔt] *s.* **1** albicocca. **2** albicocco.

April ['eipril] *s.* aprile: *April Fools' Day,* il 1° aprile — *April fool,* vittima di un 'pesce d'aprile'.

apron ['eiprən] *s.* **1** grembiule; grembiale: *tied to his mother's apron,* attaccato alle sottane di sua madre. **2** *(vari usi)* area di stazionamento *(di un aeroporto o davanti ad una autorimessa);* proscenio *(di teatro);* cuneo *(di una pialla);* graticcio protettivo *(di bacino, lago, ecc.);* nastro trasportatore; bocchetta *(di cannone).*

à propos [,æprə'pou] *avv e agg predicativo (fr.)* opportuno; appropriato; opportunamente: *à propos of...,* a proposito di...; circa...

apse [æps] *s.* abside.

apt [æpt] *agg* **1** atto; adatto; appropriato; azzeccato; felice: *an apt remark,* un'osservazione a proposito, appropriata. **2** propenso; proclive: *He is a clever boy but apt to get into mischief,* È un ragazzo sveglio, ma propenso alle birichinate — *Cast iron is apt to break,* La ghisa tende a rompersi. **3** *(raro)* sveglio; pronto; intelligente. □ *avv* **aptly.**

aptitude ['æptitju:d] *s.* **1** attitudine; tendenza; propensione; predisposizione; idoneità: *He shows an aptitude for languages,* Rivela predisposizione per le lingue — *aptitude tests,* test attitudinali. **2** prontezza; intelligenza; perspicacia; capacità: *He has a singular aptitude for tackling a crisis,* Ha una capacità (tutta) particolare nell'affrontare le crisi.

aptness ['æptnis] *s.* **1** opportunità; precisione; felicità *(di osservazioni, commenti, ecc.).* **2** tendenza; propensione.

aqualung ['ækwəlʌŋ] *s.* autorespiratore.

aquamarine [,ækwəmə'ri:n] *s.* acquamarina *(minerale e colore).*

aquaplane ['ækwəplein] *s.* acquaplano.

to **aquaplane** ['ækwəplein] *vi* praticare lo sport dell'acquaplano; correre sull'acquaplano.

aquarelle [,ækwə'rel] *s.* acquarello.

aquarellist [,ækwə'relist] *s.* acquarellista.

aquarium [ə'kwεəriəm] *s.* (*pl.* **aquariums** *o* **aquaria**) acquario.

aquatic [ə'kwætik] *agg* acquatico *(di piante, animali, ecc.).*

aquatint ['ækwətint] *s.* acquatinta.

aqueduct ['ækwidʌkt] *s.* acquedotto.

aqueous ['eikwiəs] *agg* acqueo.

aquiline ['ækwilain] *agg* aquilino: *an aquiline nose,* un naso aquilino.

Arab ['ærəb] *s. e agg* arabo: *the Arab League,* la Lega Araba — *the United Arab Republic,* la Repubblica Araba Unita. □ *street arab,* bambino (bambina) senzatetto; ragazzotto di strada; monello.

arabesque [,ærə'besk] *s.* arabesco.

Arabian [ə'reibjən] *agg e s.* arabo; dell'Arabia.

Arabic ['ærəbik] *s.* - **a)** arabo - **b)** lingua araba - **c)** cavallo arabo.

□ *agg* arabico: *Arabic numerals,* cifre arabiche; numeri arabi.

Arabist ['ærəbist] *s.* arabista.

arable ['ærəbl] *agg* arabile.

arbiter ['ɑ:bitə*] *s. (dir. e fig.)* arbitro *(non di competizioni sportive).*

arbitrament [ɑ:'bitrəmənt] *s.* **1** *(dir. e comm.)* arbitrato. **2** arbitraggio; la decisione dell'arbitro.

arbitrary ['ɑ:bitrəri] *agg* **1** arbitrario; capriccioso. **2** dispotico. **3** *(dir.)* discrezionale. □ *avv* **arbitrarily.**

to **arbitrate** ['ɑ:bitreit] *vt e i.* arbitrare; sottoporre ad arbitrato; giudicare per arbitrato.
arbitration [,ɑ:bi'treiʃən] *s.* **1** arbitrato: *to submit a dispute to arbitration,* sottoporre una controversia ad arbitrato. **2** arbitraggio.
arbitrator ['ɑ:bitreitə*] *s. (dir. e comm.)* arbitro; mediatore.
arboreal [ɑ:'bɔ:riəl] *agg* **1** arboreo; simile ad albero. **2** arboricolo.
arboretum [,ɑ:bə:'ri:təm] *s.* (*pl.* **arboretums, arboreta**) albereto; arboreto; orto botanico.
arbour ['ɑ:bə*] *s.* (*USA* **arbor**) pergola; pergolato; luogo ombroso.
arbutus [ɑ:'bju:təs] *s.* arbuto; corbezzolo.
arc [ɑ:k] *s. (geometria, fis.)* arco: *arc-lamp,* lampada ad arco — *arc-light,* - **a)** lampada ad arco - **b)** luce intensissima *(di lampada ad arco).*
arcade [ɑ:'keid] *s.* **1** portico; colonnato; galleria; arcata: *amusement arcade,* sala (galleria) dei divertimenti *(con le macchinette mangiasoldi per giochi vari).* **2** viale alberato.
Arcadian [ɑ:'keidjən] *agg* arcadico; dell'Arcadia; di gusti arcadici.
□ *s.* - **a)** abitante dell'Arcadia; arcade - **b)** persona di gusti arcadici - **c)** *(stor., lett.)* membro dell'Accademia dell'Arcadia.
arcane [ɑ:'kein] *agg* arcano.
[1]**arch** [ɑ:tʃ] *s.* **1** arco; arcata; volta: *a triumphal arch,* un arco di trionfo. **2** qualsiasi struttura o supporto a forma di arco.
to **arch** [ɑ:tʃ] *vt e i.* inarcare; curvare ad arco; fornire di arcata; inarcarsi: *The cat arched its back when it saw the dog,* Alla vista del cane il gatto inarcò la schiena — *The trees arch over the river,* Gli alberi si piegano ad arco sul fiume.
[2]**arch** [ɑ:tʃ] *agg* birichino; malizioso: *an arch glance,* uno sguardo birichino — *an arch smile,* un sorriso malizioso. □ *avv* **archly** ⇨.
arch- ['ɑ:tʃ] *prefisso (in varie combinazioni)* per eccellenza: *arch-enemy,* (il) nemico per eccellenza — *arch-fiend,* arcidiavolo — ⇨ *anche* **archangel, archbishop, archdeacon,** *ecc.*
archaeological [,ɑ:kiə'lɔdʒikəl] *agg* archeologico.
archaeologist [,ɑ:ki'ɔlədʒist] *s.* archeologo.
archaeology [,ɑ:ki'ɔlədʒi] *s.* archeologia.
archaic [ɑ:'keiik] *agg* **1** arcaico; di tempi remoti. **2** antiquato; non più usato.
archaism ['ɑ:keiizəm] *s.* **1** arcaicità. **2** arcaismo; parola o forma antiquata, non più usata.
archangel ['ɑ:keindʒəl] *s.* arcangelo.
archbishop [ɑ:tʃ'biʃəp] *s.* arcivescovo.
archbishopric [ɑ:tʃ'biʃəprik] *s.* arcivescovado; diocesi arcivescovile.
archdeacon [ɑ:tʃ'di:kən] *s. (nella Chiesa anglicana)* arcidiacono; vicario episcopale.
archdeaconry [ɑ:tʃ'di:kənri] *s.* arcidiaconato; carica di arcidiacono.
archduke ['ɑ:tʃdju:k] *s.* arciduca.
archer ['ɑ:tʃə*] *s.* arciere; tiratore d'arco. □ *the Archer, (astrologia)* il Sagittario.
archery ['ɑ:tʃəri] *s.* l'arte del tiro con l'arco.
archetype ['ɑ:kitaip] *s.* archetipo; prototipo.
archimandrite [,ɑ:ki'mændrait] *s. (nella Chiesa di rito greco)* archimandrita; abate ortodosso.
archipelago [,ɑ:ki'peligou] *s.* (*pl.* **archipelagos, archipelagoes**) arcipelago.
architect ['ɑ:kitekt] *s.* architetto; *(fig.)* artefice.
architectural [,ɑ:ki'tektʃərəl] *agg* architettonico.
architecture ['ɑ:kitektʃə*] *s.* architettura; *(fig.)* struttura.
archives ['ɑ:kaivz] *s. pl* archivi; documenti d'archivio.
archivist ['ɑ:kivist] *s.* archivista.
archly ['ɑ:tʃli] *avv* furbescamente; *(fam.)* in modo birichino o malizioso: *She smiled at me archly,* Mi sorrise furbescamente.
archway ['ɑ:tʃwei] *s.* arco *(trionfale o ornamentale);* passaggio a volta; volta; voltone.
arctic ['ɑ:ktik] *agg* artico; del Polo Artico; polare; molto freddo: *the Arctic Circle,* il Circolo Polare Artico — *arctic weather,* tempo, temperatura polare. □ *s. (the) Arctic,* (l')Artico.
ardent ['ɑ:dənt] *agg* ardente; fervente; pieno di ardore. □ *avv* **ardently**.
ardour ['ɑ:də*] *s.* (*USA* **ardor**) ardore; fervore; entusiasmo.
arduous ['ɑ:djuəs] *agg* arduo; difficile; scabroso; *(di pendio)* ripido; *(di persona)* energico; strenuo. □ *avv* **arduously.**
are [ɑ:*/ə*] *2ª persona sing e 1ª, 2ª e 3ª persona pl del pres del v.* **to be** ⇨: *Are you English?,* Sei inglese? — *Are you hungry?,* Hai fame?
area ['ɛəriə] *s.* **1** area; superficie: *It is 150 sq ft in area,* Ha una superficie (un'area) di 150 piedi quadrati. **2** zona; regione; distretto; area: *the desert areas of North Africa,* le zone desertiche del Nord Africa — *postal area,* distretto postale. **3** *(fig.)* campo; raggio; sfera *(di azione, di attività).* **4** *(nelle case di vecchia costruzione in città)* cortiletto d'ingresso al seminterrato: *area steps,* scaletta esterna del seminterrato — *area-bell,* campanello di servizio.
arena [ə'ri:nə] *s.* arena *(anche fig.): the arena of politics,* l'agone politico.
aren't [ɑ:nt] *contraz di* are not: *You are Italian, aren't you?,* Siete italiani, non è vero?
arête [æ'reit/arɛt] *s. (fr.)* cresta *(di montagna).*
argent ['ɑ:dʒənt] *s. e agg (in araldica e in poesia)* argento; color argento; argenteo.
argon ['ɑ:gɔn] *s.* argon.
argosy ['ɑ:gəsi] *s. (poet.)* argusea; nave che trasporta spezie e altre merci pregiate.
argot ['ɑ:gou] *s. (fr.)* gergo *(spec. dei malfattori, ecc.).*
arguable ['ɑ:gju:əbl] *agg* **1** discutibile. **2** sostenibile. □ *avv* **arguably.**
to **argue** ['ɑ:gju:] *vi e t.* **1** argomentare; discutere; disputare; ragionare; sostenere: *He argues soundly,* Ragiona bene (Porta buoni argomenti) — *He argued that poverty is a blessing,* Sosteneva che la povertà è una benedizione del cielo — *to argue with sb about sth,* discutere con qcno su qcsa — *to argue against sth,* parlare contro qcsa. **2** dibattere; controbattere; fare obiezioni; sollevare eccezioni. **3** *(raro)* provare; dimostrare; denotare; indicare; rivelare. **4** *to argue sb into sth (into doing sth),* persuadere qcno a fare qcsa — *to argue sb out of sth (out of doing sth),* dissuadere qcno dal fare qcsa.
argument ['ɑ:gjumənt] *s.* **1** discussione; dibattito; disputa; controversia: *They spent hours in argument about how to spend the money,* Passarono ore a discutere sul come spendere il denaro — *It is beyond argument that...,* È indiscutibile che... **2** argomento; argomentazione; ragione; motivo: *an argument for (against) sth,* un argomento a favore di (contro) qcsa — *strong arguments against gambling,* forti argomentazioni contro il gioco d'azzardo. **3** *(raro)* argomento; sommario. **4** *(matematica)* argomento.
argumentation [ɑ:gjumen'teiʃən] *s.* **1** argomenta-

zione; modo e metodo del ragionare. **2** dibattito; discussione.

argumentative [,ɑ:gju'mentətiv] *agg* **1** *(di persona)* polemico; dialettico; cui piace discutere o ragionare. **2** *(di idea, ecc.)* controverso; discutibile; attinente all'argomento.

aria ['ɑ:riə] *s. (mus.)* aria.

arid ['ærid] *agg* asciutto; arido *(anche fig.).*

aridity [ə'riditi] *s.* aridità *(anche fig.).*

aright [ə'rait] *avv* in modo giusto; correttamente.

to **arise** [ə'raiz] *vi* (*pass.* **arose**; *p. pass.* **arisen**) **1** *(ant.)* alzarsi; levarsi in piedi. **2** sorgere; levarsi; *(della nebbia)* sollevarsi. **3** *(fig.)* sorgere; presentarsi: *A new difficulty has arisen,* È sorta un'altra difficoltà — *If the need should arise...,* Se dovesse presentarsi la necessità... **4** derivare; risultare: *Serious obligations may arise from the proposed clause,* Dalla clausola proposta possono derivare seri impegni.

arisen [ə'rizn] *p. pass di* **to arise.**

aristocracy [,æris'tɔkrəsi] *s.* aristocrazia.

aristocrat ['æristəkræt/ə'ris-] *s.* aristocratico; nobile.

aristocratic [,æristə'krætik] *agg* aristocratico; nobile; raffinato: *with an aristocratic bearing,* con portamento aristocratico. □ *avv* **aristocratically.**

arithmetic [ə'riθmetik] *s.* aritmetica.

arithmetical [,æriθ'metikəl] *agg* aritmetico. □ *avv* **arithmetically.**

arithmetician [,æriθmə'tiʃən] *s.* aritmetico; esperto in aritmetica.

ark [ɑ:k] *s.* **1** *(Bibbia)* arca: *the ark of the Covenant,* l'arca dell'Alleanza — *Noah's ark,* l'arca di Noè. **2** barcone.

[1]**arm** [ɑ:m] *s.* **1** braccio: *She was carrying a child in her arms,* Portava un bambino in braccio — *He was carrying a book under his arm,* Portava un libro sotto il braccio — *to fold one's arms,* incrociare le braccia — *infant in arms,* bambino in fasce; bambino ancora piccolo — *to welcome sb with open arms,* accogliere qcno a braccia aperte — *to walk arm in arm,* camminare, passeggiare a braccetto — *to keep sb at arm's length,* tenere qcno a distanza; trattare qcno con distacco o freddezza. **2** manica: *The arms of this shirt are too long,* Le maniche di questa camicia sono troppo lunghe. **3** grosso ramo *(di albero).* **4** *(oggetto a forma di braccio)* bracciolo *(di sedia);* ramo; braccio *(di mare).* **5** *(fig.)* ramo; branca; potere; autorità: *the secular arm,* il braccio secolare — *the arm of the law,* l'autorità, il potere della legge — *the long arm of the law, (scherz.)* il poliziotto — ⇨ **armchair, armhole, armpit.**

[2]**arm** [ɑ:m] *s.* **1** *(generalm. al pl.)* arma: *fire-arms,* armi da fuoco — *The soldiers had plenty of arms and ammunitions,* I soldati avevano armi e munizioni in abbondanza — *small arms,* armi leggere *(fucili, ecc.)* — *to bear arms,* essere sotto le armi — *to carry arms,* portare armi addosso — *to take (up) arms,* prepararsi a combattere *(anche fig.)* — *to rise up in arms,* levarsi in armi — *to lay down one's arms,* deporre (abbassare) le armi — *up in arms,* in armi; in rivolta; *(fig.)* in fiera protesta — *under arms,* in assetto di guerra. **2** arma *(divisione particolare delle forze armate).* **3** *(al pl.)* simbolo araldico; insegna (di città): *a coat of arms,* uno stemma *(su uno scudo, bandiera, ecc).*

to **arm** [ɑ:m] *vt e i.* armare, armarsi; fortificarsi; munirsi: *armed neutrality,* (politica della) neutralità armata.

armada [ɑ:'mɑ:də/ɑ:'meidə] *s. (dallo spagnolo)* armata (navale); flotta da guerra: *the (Invincible) Armada, (stor.)* l'Invincibile Armata.

armadillo [,ɑ:mə'dilou] *s.* armadillo.

armament ['ɑ:məmənt] *s.* armamento.

armature ['ɑ:mətjuə*] *s.* **1** armatura *(di un motore elettrico o di una dinamo).* **2** *(raro)* armatura *(di guerriero, ecc.).*

armchair ['ɑ:m'tʃεə*] *s.* poltrona; sedia a braccioli.

armed ['ɑ:md] *agg* armato.

Armenian [ɑ:'mi:njən] *agg e s.* armeno.

armful ['ɑ:mful] *s.* bracciata *(quanto si riesce ad afferrare con le braccia).*

armhole ['ɑ:mhoul] *s.* imboccatura della manica.

armistice ['ɑ:mistis] *s.* armistizio: *Armistice Day,* l'11 novembre *(il giorno dell'armistizio della Prima Guerra Mondiale).*

armlet ['ɑ:mlit] *s.* **1** bracciale. **2** piccolo braccio di mare.

armor ['ɑ:mə*] *s. (e derivati, USA)* = **armour.**

armorial [ɑ:'mɔ:riəl] *agg* araldico: *armorial bearings,* blasone; stemma di famiglia gentilizia.

armour ['ɑ:mə*] *s.* **1** corazza; armatura *(di guerriero, di animale e anche fig.);* corazza; blindatura *(di navi, di carri armati, ecc.);* protezione. **2** *(collettivo)* mezzi blindati; unità corazzate: *armour-plate,* piastra metallica di protezione — *armour-plating,* rivestimento corazzato.

to **armour** ['ɑ:mə*] *vt* corazzare; blindare: *an armoured cruiser,* un incrociatore corazzato — *armoured car,* autoblindo — *an armoured column,* una colonna corazzata.

armourer ['ɑ:mərə*] *s.* **1** fabbricante di armi; armaiolo. **2** armiere.

armoury ['ɑ:məri] *s.* armeria; arsenale; sala d'armi; *(raro)* fabbrica d'armi.

armpit ['ɑ:mpit] *s. (anat.)* ascella.

army ['ɑ:mi] *s.* **1** esercito; *(come agg. attrib.)* militare: *to be in the army,* prestare servizio militare — *to go into (to join) the army,* entrare, arruolarsi nell'esercito — *army slang,* gergo militare — *army corps,* corpo d'armata — *the Army list,* l'elenco degli ufficiali di servizio — *the Salvation Army,* l'Esercito della Salvezza. **2** gran numero; massa; orda; esercito: *an army of workmen,* una gran massa di lavoratori — *An army of angry housewives besieged the Town Hall,* Un esercito di massaie furibonde assediò il Palazzo Comunale.

arnica ['ɑ:nikə] *s.* arnica.

aroma [ə'roumə] *s.* aroma; fragranza *(anche fig.): the aroma of wealth,* l'attrattiva della ricchezza.

aromatic [,ærou'mætik] *agg* aromatico; fragrante.

arose [ə'rouz] *pass di* **to arise.**

around [ə'raund] (⇨ *anche* **round**) *avv* **1** attorno; intorno; in giro; da ogni parte; *(spec. USA)* qua e là; intorno; nei paraggi; vicino: *He's been around a lot,* È stato in giro (Ha viaggiato) parecchio; *(fig.)* È uno che la sa lunga — *All around we heard the laughter of children,* Sentivamo tutt'intorno le risate dei bambini — *I'll come around tomorrow,* Passerò da te domani. **2** vicino; nei paraggi: *It must be around here somewhere,* Deve essere qui da qualche parte (qui vicino) — *Stick around, (fam.)* Resta nei paraggi (Non allontanarti).

□ *prep* **1** attorno a; intorno a: *just around the corner,* - **a)** appena girato l'angolo - **b)** *(fig.)* in un prossimo futuro; fra poco.

2 *(spec. USA)* circa: *The price is around 20 dollars,* Il prezzo è di circa 20 dollari.

to **arouse** [ə'rauz] *vt* **1** svegliare; far sorgere; suscitare;

destare: *to arouse suspicion,* destare sospetti — *Their suffering aroused our sympathy,* Le loro sofferenze suscitarono la nostra compassione — *to arouse sb from sleep,* svegliare qcno dal sonno. **2** *(fig.)* scuotere; smuovere *(qcno).*

arpeggio [ɑ:'pedʒiou] *s.* arpeggio.

arquebus, arquebuse ['ɑ:kwibʌs] *s.* archibugio.

arrack ['ærək] *s.* arak; arac.

to **arraign** [ə'rein] *vt* **1** chiamare a giudizio *(penale);* accusare: *to be arraigned on a charge of theft,* essere chiamato in giudizio sotto l'imputazione di furto. **2** *(raro)* biasimare; criticare; trovare da ridire *(su qcsa o qcno).*

arraignment [ə'reinmənt] *s.* **1** accusa; imputazione; chiamata in giudizio *(penale).* **2** *(raro)* critica; biasimo.

to **arrange** [ə'reindʒ] *vt e i.* **1** ordinare; sistemare; classificare: *I have arranged the books on the shelves,* Ho sistemato i libri sugli scaffali — *Before going away, he arranged his business affairs,* Prima d'andar via ha sistemato i suoi affari. **2** combinare; predisporre; organizzare; provvedere; fissare; fare in modo di: *I have arranged for you to see Mr White at 9 o'clock,* Le ho fissato un incontro con il signor White alle 9 — *The Tourist Bureau arranged everything for our journey to Moscow,* L'Ufficio turistico organizzò ogni cosa per il nostro viaggio a Mosca — *The meeting arranged for tomorrow has been postponed,* La riunione fissata per domani è stata rinviata — *I can't arrange for everything,* Non posso provvedere a tutto. **3** raggiungere un accordo. **4** appianare; comporre *(liti, divergenze): Mrs Brown often has to arrange disputes between the two boys,* La signora Brown deve spesso comporre le liti fra i due ragazzi. **5** *(mus.)* arrangiare; adattare; elaborare.

arrangement [ə'reindʒmənt] *s.* **1** sistemazione; disposizione: *The arrangement of the furniture in our new house took a long time,* La sistemazione dei mobili nella (nostra) casa nuova richiese molto tempo — *flower arrangement,* - **a)** l'arte di disporre i fiori in un vaso, ecc. - **b)** composizione di fiori — *seating arrangement,* disposizione dei posti a sedere. **2** *(di solito al pl.)* piani; preparativi; disposizioni: *Have you made arrangements for your journey to Scotland?,* Hai fatto preparativi per il tuo viaggio in Scozia? **3** *(spec. comm.)* concordato; compromesso; accomodamento; accordo; intesa; concessione: *to come to an arrangement,* venire (giungere) ad un accordo — *by special arrangement,* per concessione speciale. **4** *(mus.)* arrangiamento; elaborazione; adattamento: *an arrangement for the piano,* un arrangiamento per pianoforte. **5** *(fam.)* aggeggio; coso.

arrant ['ærənt] *agg* completo; arcinoto; matricolato; di prim'ordine: *an arrant liar,* un bugiardo di tre cotte — *an arrant rogue,* un malandrino matricolato — *a piece of arrant nonsense,* una stupidaggine bell'e buona.

arras ['ærəs] *s.* *(stor.)* arazzo.

array [ə'rei] *s.* **1** *(lett.)* ordine; assetto; dispiegamento; schieramento: *troops in battle array,* truppe in schieramento di battaglia. **2** *(lett.)* abito; abbigliamento; ornamento: *in bridal array,* in abito da sposa. **3** numero; schiera; serie: *a fine array of tools,* una bella serie (fila) di strumenti — *an imposing array of statistics,* un impressionante numero (elenco) di dati statistici.

to **array** [ə'rei] *vt* **1** ordinare; disporre; schierare: *The Duke and his men arrayed themselves against the King,* Il duca e i suoi uomini si schierarono contro il re. **2** *(lett.)* rivestire; paludare; adornare: *to be arrayed like a queen,* essere vestita come una regina.

arrears [ə'riəz] *s. pl (talvolta al sing.)* **1** arretrati: *arrears of rent,* arretrati della pigione — *to be in arrears with the rent,* essere in ritardo (in arretrato) col pagamento dell'affitto. **2** *(lavoro)* arretrato: *arrears of correspondence,* corrispondenza arretrata.

arrest [ə'rest] *s.* arresto; fermo; sospensione *(di giudizio, ecc.): The police made several arrests,* La polizia operò parecchi arresti — *under arrest,* in stato di arresto; *(mil.)* agli arresti — *The lieutenant was put (placed, held) under arrest,* Il tenente fu posto agli arresti.

to **arrest** [ə'rest] *vt* **1** arrestare; bloccare; sospendere; fermare *(anche fig.): The police arrested the thief,* La polizia arrestò il ladro — *Poor food arrests the natural growth of children,* Il cibo scadente arresta il naturale sviluppo dei bambini. **2** attirare, fermare *(l'attenzione, ecc.): The bright colours of the flowers arrested the child's attention,* I colori vivaci dei fiori attirarono l'attenzione del bambino.

arrester [ə'restə*] *s.* persona o cosa che arresta: *arrester (hook),* uncino d'arresto *(per l'atterraggio su portaerei)* — *lightning arrester,* scaricatore per sovratensioni di carattere atmosferico *(specie di parafulmine).*

arresting [ə'restiŋ] *agg* interessante; che fa colpo. □ *avv* **arrestingly.**

arrival [ə'raivəl] *s.* **1** l'arrivare. **2** arrivo: *To await arrival, (sulle lettere che precedono in un luogo il destinatario)* Posta in attesa — *On his arrival home, he found the door open,* Al suo arrivo a casa, trovò la porta aperta. **3** arrivato: *the new arrivals,* i nuovi arrivati.

to **arrive** [ə'raiv] *vi* **1** arrivare; giungere: *At what time will your sister arrive?,* A che ora arriverà tua sorella? — *At last the day arrived,* Quel giorno finalmente arrivò. **2 to arrive at** *o* **in,** arrivare in (a); giungere a *(anche fig.): I arrived at Alassio (in London) in the morning,* Arrivai ad Alassio (a Londra) di mattina — *to arrive home,* arrivare a casa — *to arrive at a conclusion,* giungere ad una conclusione.

arrogance ['ærəgəns] *s.* arroganza; alterigia.

arrogant ['ærəgənt] *agg* arrogante; altezzoso: *in an arrogant tone,* in tono arrogante. □ *avv* **arrogantly.**

to **arrogate** ['ærəgeit] *vt* **1** arrogare, arrogarsi; pretendere indebitamente: *He arrogated to himself the dignity of a chair,* Si arrogò il titolo di professore ordinario. **2** attribuire (a torto): *Don't arrogate evil motives to me,* Non attribuitemi moventi malevoli.

arrow ['ærou] *s.* **1** freccia; dardo; strale: *broad arrow(-head),* punta larga di freccia *(GB, a indicare che qcsa è proprietà dello Stato; si trova ad es. sui vestiti dei carcerati).* **2** *(nella segnaletica)* freccia; segnalazione di; direzione *(a mezzo freccia).*

arrowroot ['ærouru:t] *s.* pianta e amido da questa ricavato, usato per la pasta di certi biscotti; fecola di arundinacea.

arse [ɑ:s] *s.* *(volg.)* culo.

arsenal ['ɑ:sənl] *s.* arsenale.

arsenic ['ɑ:sənik] *s.* arsenico; *(fig.)* qualunque potente veleno.

arsenical ['ɑ:senikəl] *agg* arsenicale; di arsenico.

arson ['ɑ:sn] *s.* incendio doloso.

'art [ɑ:t] *s.* **1** arte; lavoro o intervento dell'uomo: *Her beauty owed more to art than to nature,* La sua bellezza era dovuta più all'arte che alla natura. **2** arte; abilità: *Grammar is a science but speaking a language is an art,* La grammatica è una scienza, ma parlare una lingua è un'arte — *Bachelor (Master) of Arts,* laureato (dottore) in Lettere — *the black art,* magia nera — *a work of art,* un'opera d'arte — *art gallery,* galleria d'arte — *Concept (conceptual) art,* arte concettuale — *Pop art,* pop-art. **3** astuzia; furbizia; accorgimento; trucco; stratagemma; artificio: *A public speaker cultivates the art of pleasing his audience,* Un oratore coltiva l'arte di piacere al suo pubblico. **4** *(usato come agg. attrib.)* artistico *(cioè non soltanto utilitario o decorativo): art pottery,* ceramica artistica.

[2]**art** [ɑ:t] *forma ant o poet della 2ª persona sing del pres del v.* **to be**: *thou art,* tu sei.

artefact ['ɑ:tifækt] *s.* ⇨ **artifact.**

arterial [ɑ:'tiəriəl] *agg* **1** *(anat.)* arterioso. **2** *(fig.)* importante: *arterial road,* strada principale; arteria.

arteriosclerosis [ɑ:'tiəriou'skliə'rousis] *s.* arteriosclerosi.

artery ['ɑ:təri] *s.* **1** *(anat.)* arteria. **2** *(fig.)* grande via di comunicazione *(strada, canale, via marittima, ecc.);* arteria.

Artesian ['ɑ:ti:zjən] *agg* artesiano: *Artesian well,* pozzo artesiano.

artful ['ɑ:tful] *agg* astuto; furbo; scaltro. □ *avv* **artfully.**

artfulness ['ɑ:tfulnis] *s.* astuzia; furbizia; scaltrezza.

arthritic [ɑ:'θritik] *agg* artritico.

arthritis [ɑ:'θraitis] *s.* artrite.

Arthurian [ɑ:'θjuriən] *agg* arturiano *(di re Arturo).*

artichoke ['ɑ:titʃouk] *s.* carciofo: *globe artichoke,* carciofo romano — *artichoke heart,* cuore del carciofo — *Jerusalem artichoke,* topinamburo.

article ['ɑ:tikl] *s.* **1** articolo; soggetto; capo: *articles of clothing,* capi di vestiario — *toilet articles,* articoli da toeletta. **2** articolo *(di giornale): leading article,* articolo di fondo. **3** articolo; clausola: *articles of apprenticeship,* contratto di apprendista — *articles of association,* statuto sociale — *Articles of war,* Codice militare — *the Thirty-nine Articles,* i trentanove articoli della Chiesa Anglicana. **4** *(gramm.)* articolo: *the definite and indefinite articles,* gli articoli determinativi e indeterminativi. **5** *(religione, lett.)* punto; momento: *in the article of death,* in punto di morte.

to **article** ['ɑ:tikl] *vt* **1** esporre; formulare in articoli. **2** impegnare con contratto: *articled clerk,* apprendista *(spec. in un ufficio notarile).*

articulate [ɑ:'tikjulit] *agg* **1** *(di discorso, suono, ecc.)* chiaro; distinto; ben articolato; ben formulato. **2** *(di persona)* che sa spiegarsi con chiarezza. □ *avv* **articulately.**

to **articulate** [ɑ:'tikjuleit] *vt e i.* **1** esprimere, formulare, pronunciare chiaramente. **2** collegare; unire; articolarsi; muoversi: *bones that articulate with others,* ossi che si articolano con altri — *an articulated vehicle,* un mezzo di trasporto articolato, snodabile.

articulation [ɑ:,tikju'leiʃən] *s.* **1** articolazione *(dei suoni);* pronunzia distinta; dizione chiara: *The speaker's ideas were good but his articulation was poor,* Le idee dell'oratore erano buone ma la sua dizione era scadente. **2** *(delle ossa, ecc.)* articolazione; giuntura.

artifact, artefact ['ɑ:tifækt] manufatto.

artifice ['ɑ:tifis] *s.* **1** abilità; ingegno; destrezza. **2** artificio; trucco; espediente.

artificer [ɑ:'tifisə*] *s.* artefice; artigiano; artiere; artificiere: *engine-room artificer, (nella marina)* artificiere *(meccanico specializzato)* di sala macchine.

artificial [,ɑ:ti'fiʃəl] *agg* artificiale; *(fig.)* non sincero; affettato: *artificial silk,* seta artificiale — *artificial tears,* false lacrime — *artificial manners,* modi affettati. □ *avv* **artificially.**

artillery [ɑ:'tiləri] *s.* artiglieria; *(l'insieme dei)* cannoni *(o, scherz., di pistole, ecc.).*

artilleryman [ɑ:'tilərimæn] *s.* (*pl.* **artillerymen**) artigliere.

artisan [,ɑ:ti'zæn] *s.* artigiano.

artist ['ɑ:tist] *s.* artista *(anche fig.): an artist in words,* un artista della parola.

artiste [ɑ:'ti:st] *s. (fr.)* artista *(della danza, del canto, ecc.);* ballerino, ballerina; cantante.

artistic [ɑ:'tistik] *agg* **1** artistico; fatto bene. **2** *(di persona)* amante delle arti. □ *avv* **artistically.**

artistry ['ɑ:tistri] *s.* arte; abilità o elaborazione artistica.

artless ['ɑ:tlis] *agg* **1** naturale; semplice; schietto; spontaneo; ingenuo. **2** rozzo; incolto; senz'arte. □ *avv* **artlessly.**

artlessness ['ɑ:tlisnis] *s.* **1** ingenuità; spontaneità; semplicità. **2** mancanza d'arte; rozzezza.

arty ['ɑ:ti] *agg (fam.)* che ha pretese artistiche. □ *arty-crafty, (fam.)* infatuato dello stile rustico, artigianale.

arum ['ɛərəm] *s.* aro: *arum lily,* varietà di giglio bianco.

Aryan ['ɛəriən] *agg e s.* ariano; di stirpe o di lingua ariana.

as [æz/əz] **I** *avv* **1** così; come; tanto... quanto: *I'm as tall as you,* Io sono (così) alto come te — *Is it as difficult as they say it is?,* È così difficile come dicono? — *It is not so (o as) difficult as I expected,* Non è (così) difficile come mi aspettavo — *You hate him as much as I (do),* Lo odi quanto me (quanto lo odio io) — *You hate him as much as me,* Odi lui quanto me (quanto odi me) — *as easy as ABC,* facile come l'ABC — *as heavy as lead,* pesante come il piombo — *as above,* come sopra — *as against,* in confronto — *as before,* come prima — *as a rule,* di regola; in generale — *as you were!, (mil.)* come prima!; *(fam.)* come non detto!

2 come; nel modo in cui; allo stesso modo di; in qualità di; quale: *Do as I do,* Fai come me — *Leave it as it is,* Lascialo com'è — *He was respected both as a judge and as a man,* Era rispettato sia come giudice che come uomo — *Looking at Napoleon as a statesman, not as a soldier...,* Considerando Napoleone come statista e non come soldato... — *Most people regarded him as a fool,* La maggior parte della gente lo considerava pazzo — *As president of this society, I suggest...,* Nella mia qualità di presidente di questa società, propongo... — Speaking as your friend..., Parlando da amico...

II *congiunz* **1** mentre; man mano; *(talvolta)* da: *I saw him as he was getting off the bus,* Lo vidi mentre stava scendendo dall'autobus — *As he grew older, he became kinder,* Man mano che invecchiava, diventava più gentile — *He lived in India as a child,* Da bambino visse in India.

2 poiché; siccome; giacché: *As he wasn't ready, we went without him,* Siccome egli non era pronto, ce ne andammo senza di lui.

3 quantunque; benché; sebbene; malgrado: *I know some of the family secrets, young as I am,* Benché giovane, conosco alcuni segreti di famiglia — *Try as he would, he could not lift the rock,* Malgrado i suoi tentativi, non riuscì a sollevare il masso.

III *pron* che; di; quale *(preceduto da* such *o* the same*): Such women as knew Tom thought he was charming,* Le donne che conoscevano Tom pensavano che fosse attraente — *You must show my wife the same respect* *as you show me,* Devi portare a mia moglie lo stesso rispetto che porti a me — *Bring me the same as before,* Portami lo stesso di prima — *Many insects, such as butterflies, can fly,* Molti insetti, come per esempio la farfalla, possono volare.

as far as, - **a)** per quanto riguarda: *As far as I'm concerned...,* Per quanto mi riguarda... - **b)** fino a *(distanza): As far as I know,* Per quel che ne so io — *As far as that goes you can take two,* Per tutto quello che importa, puoi prenderne due.

as for; as to, quanto a: *As for you, I never want to see you again,* Quanto a te, non voglio più vederti.

as from, a partire da: *The games start as from June 1st,* I giochi cominciano a partire dal 1° giugno.

as good as, quasi; praticamente: *He's as good as dead,* È quasi morto.

as if...; as though..., come se...; come per...: *He talks as if he knew all about it,* Parla come se sapesse tutto della cosa — *He opened his lips as if to say something,* Aprì le labbra come per dire qualcosa.

as it is, in realtà; invero; sta di fatto che: *as it were,* per così dire.

as long as, finché; fino a *(tempo).*

as many, tanti; altrettanti.

as much (much as, as much... as) ⇨ **much.**

as near as, *(nelle espressioni): As near as anyone can remember, he died in about 1915,* Per quello che se ne ricorda morì nel 1915 circa — *We got to the top, or as near as makes no difference,* Raggiungemmo la cima, o quasi.

as per, *(comm.)* come da.

as soon as, non appena: *as soon as possible,* il più presto possibile.

as the case may be, a seconda dei casi.

as well, pure; anche: *as well as,* come pure.

as yet, ancora; finora.

asbestos [æz'bestɔs] *s.* asbesto; amianto.

to **ascend** [ə'send] *vt e i.* salire; innalzarsi; risalire: *We watched the mist ascending from the valley,* Guardavamo la bruma che saliva dal fondo valle — *to ascend the throne,* salire al trono — *to ascend a river,* risalire un fiume.

ascendancy, ascendency [ə'sendənsi] *s.* ascendente; influenza; predominio: *to gain the ascendancy over one's rivals,* ottenere la supremazia sui (dominare i) propri rivali.

ascendant, ascendent [ə'sendənt] *s.* **1** *(astronomia ed astrologia)* ascendente; dominante: *in the ascendant,* in ascesa. **2** antenato.

ascension [ə'senʃən] *s.* ascensione; ascesa.

ascent [ə'sent] *s.* ascensione; ascesa; salita: *The ascent of the mountain was not difficult,* L'ascensione della montagna non fu difficile — *The last part of the ascent is steep,* L'ultima parte della salita è ripida.

to **ascertain** [,æsə'tein] *vt* accertare; appurare; stabilire; constatare; assicurarsi: *to ascertain the facts,* appurare i fatti — *to ascertain that the news is true,* accertarsi che la notizia sia vera.

ascertainable [,æsə'teinəbl] *agg* accertabile.

ascetic [ə'setik] *agg* ascetico. □ *s.* asceta. *avv* **ascetically.**

asceticism [ə'setisizəm] *s.* ascetismo.

ascorbic [əs'kɔ:bik] *agg* ascorbico.

ascribable [əs'kraibəbl] *agg* ascrivibile; imputabile; attribuibile a: *His quick recovery is ascribable to his sound constitution,* La sua pronta guarigione è ascrivibile (è da attribuirsi) alla sua sana costituzione.

to **ascribe** [əs'kraib] *vt* **1** ascrivere; attribuire; imputare: *He ascribed his failure to bad luck,* Ascrisse (Attribuì, Imputò) il suo insuccesso alla malasorte — *This play has been ascribed to Shakespeare,* Questo dramma è stato attribuito a Shakespeare. **2** dare; attribuire: *to ascribe a wrong meaning to a word,* dare un significato sbagliato a una parola.

ascription [əs'kripʃən] *s.* ascrizione; attribuzione.

asdic ['æzdik] *s.* ecogoniometro.

asepsis [æ'sepsis] *s.* asepsi.

aseptic [æ'septik] *agg* asettico.

asexual [æ'seksjuəl] *agg e s.* asessuale.

asexuality [æ,seksju'æliti] *s.* asessualità.

[1]**ash** [æʃ] *s.* frassino: *ash key,* samara *(seme alato del frassino).*

[2]**ash** [æʃ] *s.* **1** cenere: *Don't drop cigarette ash on the carpet,* Non lasciar cadere la cenere della sigaretta sul tappeto — *to burn (to reduce) sth to ashes,* ridurre qcsa in cenere — *ash-bin,* pattumiera — *ash-pan,* cinerario *(di stufa, di caldaia a carbone)* — *ash-tray,* portacenere. **2** *(al pl.)* ceneri *(di morto cremato);* spoglie mortali. □ *Ash Wednesday,* mercoledì delle Ceneri; il primo giorno di Quaresima — *the Ashes,* 'Le Ceneri' *(premio in palio nelle serie di partite di cricket, dette 'Test matches', tra l'Inghilterra e l'Australia: è il ricordo di una sconfitta inglese particolarmente clamorosa)* — *to bring back the Ashes,* vincere una serie di 'Test matches'.

ashamed [ə'ʃeimd] *agg predicativo* vergognoso; che sente vergogna: *to be ashamed of sb (or sth),* aver vergogna di qcno (o qcsa) — *You should be ashamed of yourself,* Dovresti aver vergogna di te stesso — *He was ashamed to ask for help,* Si vergognava di chiedere aiuto — *I feel ashamed for you,* Provo vergogna per te.

ashen ['æʃən] *agg* cinereo; pallido; color cenere: *His face turned ashen at the news,* A quella notizia il suo viso diventò cinereo.

ashore [ə'ʃɔ:*/ə'ʃɔə*] *avv* sulla spiaggia; a riva; a terra: *to go ashore,* sbarcare; andare a terra — *to be driven ashore,* essere portato (gettato, spinto) a riva.

ashy ['æʃi] *agg* coperto di cenere; cinereo; pallido.

Asian ['eiʃən/'eiʒən] *s. e agg* asiatico: *Asian toilet,* gabinetto alla turca.

Asiatic [,eiʃi'ætik] *s. e agg* asiatico.

aside [ə'said] *avv* a parte; da parte; in disparte; via: *He laid the book aside,* Mise da parte il libro — *We turned aside from the main road,* Lasciammo la strada principale — *The decision was set aside,* La sentenza fu annullata (cassata) *(generalm. da un Tribunale superiore)* — *Please put this aside for me,* Per piacere, metta questo da parte per me — *joking aside...,* scherzi a parte... — *aside from...,* fatta eccezione per...; a parte...

□ *come s. (teatro)* **1** a parte; a solo *(di attore);* battuta a solo. **2** *(fig., come s.)* iniziativa, attività o azione personale: *That was an aside on his part,* Quella fu una sua iniziativa personale.

asinine ['æsinain] *agg* **1** asinino; di asino. **2** *(fig.)* stupido.

to **ask** [ɑ:sk] *vt e i.* **1** chiedere; domandare; richiedere: *Did you ask the price?,* Hai chiesto il prezzo? — *Ask him his name,* Chiedigli il nome — *to ask a question,* fare una domanda — *He asked to go out,* Chiese di uscire — *Did I ask too much?,* Ho chiesto troppo?; Ho fatto un prezzo troppo alto? — *to ask too much of sb,* chiedere troppo a qcno — *to ask sb to do sth,* chiedere a qcno di fare qcsa — *to ask sth of sb,* chiedere qcsa a qcno — *to ask around,* chiedere un po' in giro — *to ask for sb,* chiedere di qcno — *to ask sb for sth,* chiedere qcsa a qcno — *to ask for trouble*

(fam. for it*)*, cercar grane; cercar fastidi — *You've asked for it!*, Tè la sei voluta! — *to ask about sth*, chiedere informazioni su qcsa *(orario dei treni, ecc.)* — *to ask after sb*, chiedere informazioni su qcno *(spec. sulla salute)*.
2 invitare: *I've been asked (out) to dinner*, Sono stato invitato a pranzo — *to ask sb round*, invitare qcno a casa propria — *to ask sb in (out, up, down)*, invitare qcno ad entrare (ad uscire, a salire, a scendere).

askance [ə'skæns] *avv* obliquamente; di traverso: *to look askance at sb*, guardare qcno di traverso.

askew [ə'skju:] *avv* di traverso; di sghimbescio; obliquamente: *to hang a picture askew*, appendere un quadro di traverso — *to have one's hat on askew*, avere il cappello di traverso — *to cut a plank askew*, tagliare un asse obliquamente.
□ *agg predicativo* sghembo; storto; obliquo: *That shelf is askew*, Quello scaffale è storto.

asking [ə'skiŋ] *s. (solo nella frase) You may have it for the asking; It is yours for the asking*, Basta che tu lo chieda, è tuo.

aslant [ə'slɔ:nt] *avv* di traverso; a sghembo; obliquamente.
□ *prep* di traverso a (su); attraverso: *The wrecked coach lay aslant the railway track*, La carrozza disastrata era (giaceva) di traverso sui binari.

asleep [ə'sli:p] *avv e agg predicativo* **1** addormentato: *He was fast asleep*, Era profondamente addormentato — *He fell (dropped) asleep during the sermon*, Si addormentò durante la predica. **2** *(di parte del corpo)* intorpidito; insensibile.

[1]**asp** [æsp] *s.* ⇨ **aspen.**

[2]**asp** [æsp] *s.* aspide.

asparagus [əs'pærəgəs] *s. (collettivo, col v. al pl. o al sing.)* asparago, asparagi.

aspect ['æspekt] *s.* **1** aspetto; apparenza: *a man with a serious aspect*, un uomo dall'aspetto serio — *to study every aspect of a subject*, studiare ogni aspetto di un argomento. **2** esposizione *(p.es. di una casa)*: *a house with a southern aspect*, una casa esposta a mezzogiorno.

aspen ['æspən] *s.* pioppo tremulo. □ *agg* di, simile a pioppo tremulo; *(fig.)* timoroso; tremante; tremulo.

asperity [æs'periti] *s.* **1** rudezza; asprezza; durezza; severità *(di modi, ecc.)*: *to speak with asperity*, parlare con asprezza. **2** *(di clima, ecc.)* inclemenza; rigore; asprezza. **3** *(di superfici)* asperità. **4** *(al pl.)* asperità; rigori *(di clima, di terreni)*; parole aspre; insulti: *the asperities of the Canadian winter*, i rigori dell'inverno nel Canadà — *an exchange of asperities*, uno scambio di insulti.

to **asperse** [əs'pə:s] *vt* **1** *(lett.)* denigrare; calunniare; sparlare di: *to asperse sb's good name (honour, reputation)*, denigrare il buon nome (l'onore, la reputazione) di qcno. **2** *(ant. o lett.)* aspergere; cospargere; spruzzare.

aspersion [əs'pə:ʃən] *s.* **1** denigrazione; calunnia: *to cast aspersions on sb*, calunniare, denigrare qcno. **2** *(raro)* aspersione.

asphalt ['æsfælt] *s.* asfalto.

to **asphalt** ['æsfælt] *vt* asfaltare.

asphodel ['æsfoudel] *s.* asfodelo.

asphyxia, asphyxy [æs'fiksjə/'æsfiksi] *s.* asfissia; soffocamento.

to **asphyxiate** [æs'fiksieit] *vt* asfissiare; soffocare: *The miners were asphyxiated by gas*, I minatori furono asfissiati dal gas.

asphyxiation [æs,fiksi'eiʃən] *s.* asfissia; soffocamento.

aspic ['æspik] *s.* aspic; gelatina di carne: *chicken in aspic*, pollo in gelatina.

aspidistra [,æspi'distrə] *s.* aspidistra.

aspirant [əs'pairənt] *agg e s.* aspirante; candidato; chi ambisce.

aspirate ['æspirit] *s.* aspirata; la 'h' in inglese. □ *agg* aspirato.

to **aspirate** ['æspireit] *vt* **1** aspirare *(una h)*: *The 'h' in 'hour' is not aspirated*, La 'h' in 'hour' non si aspira. **2** *(med.)* aspirare.

aspiration [,æspi'reiʃən] *s.* aspirazione.

to **aspire** [əs'paiə*] *vi* aspirare: *to aspire after sth*, aspirare a qcsa; ambire qcsa.

aspirin ['æspirin] *s.* aspirina.

[1]**ass** [æs] *s.* asino; somaro: *she-ass*, asina — *wild ass*, onagro. □ *to make an ass of oneself*, rendersi ridicolo — *to play the ass*, fare lo stupido (lo sciocco, il fesso).

[2]**ass** [æs] *s. (USA e talvolta GB, volg.)* culo.

assagai ['æsəgai] *s.* ⇨ **assegai.**

to **assail** [ə'seil] *vt* assalire; assaltare; investire; infastidire; seccare: *to assail sb with questions*, assalire qcno (investire qcno) di domande — *to be assailed with doubts*, essere assalito da dubbi.

assailable [ə'seiləbl] *agg* attaccabile; che offre il fianco ad assalti; esposto a critiche.

assailant [ə'seilənt] *s.* assalitore; attaccante.

assassin [ə'sæsin] *s.* assassino; sicario.

to **assassinate** [ə'sæsineit] *vt* assassinare *(spec. un personaggio politico)*.

assassination [ə,sæsi'neiʃən] *s.* assassinio.

assault [ə'sɔlt] *s.* **1** assalto; attacco: *They made an assault on (o upon) the enemy's positions*, Lanciarono un attacco contro le posizioni nemiche — *The enemy positions were taken by assault*, Le posizioni del nemico furono prese d'assalto — *assault course*, pista disseminata di ostacoli usata per l'addestramento di truppe d'assalto. **2** aggressione; *(eufemismo)* violenza carnale: *assault and battery*, *(dir.)* minacce e vie di fatto.

to **assault** [ə'sɔlt] *vt* **1** attaccare; *(anche fig.)* assaltare; assalire. **2** minacciare; *(eufemismo)* stuprare.

assay [ə'sei] *s.* **1** *(di metalli)* analisi; assaggio; campione di analisi: *to make an assay of an ore*, fare un assaggio (una analisi) di un minerale. **2** *(ant.)* tentativo; prova ardua.

to **assay** [ə'sei] *vt* **1** analizzare; assaggiare; saggiare *(la purezza di un metallo, ecc., o fig.)*. **2** *(ant.)* provare; tentare *(di fare qcsa di difficile)*.

assegai ['æsəgai] *s.* zagaglia.

assemblage [ə'semblidʒ] *s.* **1** riunione; raduno; assemblea. **2** raccolta *(di cose)*. **3** *(matematica)* famiglia; classe *(di curve, ecc.)*. **4** *(mecc.)* montaggio.

to **assemble** [ə'sembl] *vt e i.* **1** riunire; radunare; riunirsi; radunarsi: *The pupils assembled in the school hall*, Gli studenti si radunarono nell'atrio della scuola. **2** montare: *to assemble a watch*, montare un orologio.

assembly [ə'sembli] *s.* **1** assemblea; riunione; adunanza; trattenimento; *(mil.)* adunata: *the Legislative Assembly*, l'Assemblea Legislativa — *assembly-room*, sala da riunioni; sala da ballo; salone dei trattenimenti. **2** *(mecc., ecc.)* montaggio: *assembly hall*, reparto *(capannone, sala, ecc.)* di montaggio — *assembly-line*, linea (catena) di montaggio.

assent [ə'sent] *s.* consenso; assenso; approvazione; benestare: *by royal assent*, per sanzione sovrana — *by common assent*, con il consenso generale — *with one assent*, all'unanimità; unanimemente; senza alcun voto contrario.

to **assent** [ə'sent] *vi* assentire; consentire; approvare;

sanzionare: *to assent to a proposal,* approvare una proposta.

to **assert** [ə'sə:t] *vt* **1** affermare; far valere; rivendicare; difendere; sostenere. **2** dichiarare; asserire: *to assert one's innocence,* dichiarare la propria innocenza — *to assert sth to be true,* asserire la verità di qcsa — *to assert oneself,* farsi valere; farsi avanti; far valere i propri diritti o la propria autorità; imporsi.

assertion [ə'sə:ʃən] *s.* **1** rivendicazione; difesa *(dei propri diritti, ecc.).* **2** asserzione; affermazione; dichiarazione: *to make an assertion,* fare una dichiarazione; affermare qcsa esplicitamente.

assertive [ə'sə:tiv] *agg* assertivo; dogmatico: *speaking in an assertive tone,* parlare in tono dogmatico. □ *avv* **assertively.**

to **assess** [ə'ses] *vt* **1** valutare; stimare; stabilire *(l'ammontare di un danno, di una tassa, di un patrimonio, ecc.): Damages were assessed at 1,000 pounds,* I danni furono valutati a 1.000 sterline. **2** tassare; multare: *to assess a house at 1,000 pounds for taxation purposes,* gravare un'abitazione di un imponibile fiscale per l'ammontare di 1.000 sterline — *to assess a speech at its true worth,* giudicare un discorso per quel che vale.

assessment [ə'sesmənt] *s.* **1** valutazione; accertamento; stima. **2** tassa; imposta; imponibile fiscale.

assessor [ə'sesə*] *s.* funzionario del fisco; perito *(di compagnie assicurative);* consulente o perito tecnico *(presso tribunali, comitati, ecc.).*

asset ['æset] *s.* **1** *(generalm. al pl.)* beni; proprietà; patrimonio. **2** *(generalm. al pl.)* attività; attivo; disponibilità finanziaria; valore disponibile *(di proprietà facilmente trasformabile in denaro contante).* **3** qualità; pregio; bene; vantaggio: *Good health is a great asset,* La salute è un bene importante — *In a job like this, languages are an asset,* In un impiego come questo, la conoscenza delle lingue è un vantaggio.

to **asseverate** [ə'sevəreit] *vt* asserire con solennità; dichiarare.

asseveration [ə'sevə'reiʃən] *s.* asserzione; asseverazione.

assiduity [,æsi'djuiti] *s.* **1** assiduità. **2** *(al pl.)* attenzioni; cure; premure.

assiduous [ə'sidjuəs] *agg* assiduo; tenace; costante. □ *avv* **assiduously.**

to **assign** [ə'sain] *vt* **1** assegnare: *Those rooms have been assigned to us,* Quelle stanze sono state assegnate a noi — *Your teacher will assign you work to be done at home,* L'insegnante vi assegnerà dei compiti da fare a casa. **2** stabilire; fissare; precisare: *Has a day been assigned for the trial?,* È stata fissata una data per il processo? **3** nominare; designare; incaricare: *Two pupils were assigned to sweep out the classroom,* Due allievi furono incaricati di scopare l'aula.

assignable [ə'sainəbl] *agg* **1** attribuibile; assegnabile: *These results are assignable to several causes,* Questi risultati are assignable a parecchie cause. **2** cedibile; trasferibile.

assignation [,æsig'neiʃən] *s.* **1** assegnazione. **2** il fissare un appuntamento. **3** trasferimento; cessione *(di beni).* **4** incontro furtivo di amanti.

assignment [ə'sainmənt] *s.* **1** assegnazione; designazione; nomina; attribuzione. **2** trasferimento; cessione *(di titoli, ecc.);* documento di cessione, ecc. **3** incarico; compito (assegnato).

to **assimilate** [ə'simileit] *vt* **1** assimilare; assorbire *(anche fig.): We assimilate some kinds of food more easily than others,* Alcuni tipi di cibo si assimilano più facilmente di altri. **2** incorporare; venire incorporato: *The USA has assimilated people from many European countries,* Gli Stati Uniti d'America hanno incorporato gente proveniente da diversi paesi europei. **3** *to assimilate to (o with) sth,* rendere simile a qcsa.
□ *vi* **1** venire assimilato; *(fonetica)* assimilarsi: *Some kinds of food assimilate easily,* Alcuni tipi di alimenti vengono assimilati facilmente. **2** *to assimilate with (o to) sth,* divenire simile a qcsa.

assimilation [ə,simi'leiʃən] *s.* assimilazione; assorbimento; incorporazione.

to **assist** [ə'sist] *vt e i.* **1** assistere; aiutare: *to assist sb with a job,* assistere (aiutare) qcno in un lavoro — *to assist sb in doing sth,* aiutare qcno a fare qcsa. **2** *(raro) to assist at,* presenziare.

assistance [ə'sistəns] *s.* assistenza; aiuto: *to give (to render) assistance to sb,* prestare aiuto a qcno — *to come to sb's assistance,* venire in aiuto di qcno — *Can I be of any assistance to you?,* Posso esservi di qualche aiuto? — *National Assistance, (GB)* sistema sociale assistenziale *(a carico dello Stato).*

assistant [ə'sistənt] *s. e agg* assistente; aiutante; aiuto: *an assistant to the Manager,* un collaboratore del direttore — *assistant manager,* vice-direttore — *assistant director, (cinema)* aiuto-regista — *assistant master, (GB)* professore incaricato *(nelle scuole secondarie)* — *assistant professor, (spec. USA)* assistente universitario — *shop-assistant,* commesso *(in un negozio).*

Assize [ə'saiz] *s. e agg attrib* Assise; d'Assise: *Assize Court,* Corte d'Assise — *Court of Assize,* Corte d'Assise — *the assizes, (pl.)* le Assise; la Corte d'Assise. □ *the great assize,* il Giudizio Universale.

associate [ə'souʃiit] *agg* associato; aggiunto; alleato; aggregato: *associate company,* (società) consociata — *associate judge,* giudice 'a latere' — *associate professor, (USA)* professore aggregato *(all'università).*
□ *s.* socio; collega; compagno; membro associato *(di un club, ecc.).*

to **associate** [ə'souʃieit] *vt e i.* **1** associare; entrare in società; unire; collegare: *to associate oneself with sb in a business undertaking,* associarsi (entrare in società) con qcno in un'impresa commerciale — *to associate one thing with another,* collegare una cosa con un'altra — *We associate Egypt with the Nile,* Noi colleghiamo l'Egitto con il Nilo — *I don't wish to associate myself with what has been said,* Non desidero associarmi a quanto è stato detto. **2** associarsi; accompagnarsi; aggregarsi; frequentare: *Don't associate with dishonest boys,* Non accompagnarti con (Non frequentare) ragazzi disonesti.

association [ə,sousi'eiʃən] *s.* **1** associazione; colleganza; contatto; rapporto; compagnia: *in association with,* in associazione con — *I benefited much from my association with him,* I miei contatti con lui mi sono stati molto utili. **2** *(come nome collettivo)* associazione; lega; club; unione: *the Young Men's Christian Association,* Associazione Cristiana dei Giovani — *Association football, (abbr. fam.* soccer*)* il gioco del calcio. **3** *(di idee)* associazione; connessione; rapporto.

assonance ['æsənəns] *s.* assonanza.

assorted [ə'sɔ:tid] *agg* assortito; vario; misto: *a pound of assorted toffees,* una libbra di caramelle assortite — *an ill-assorted (well-assorted) couple,* una coppia male (ben) assortita.

assortment [ə'sɔ:tmənt] *s.* assortimento; scelta; selezione.

to **assuage** [ə'sweidʒ] *vt* lenire; calmare; placare; alleviare; mitigare.

to **assume** [ə'sju:m] *vt* **1** supporre; presumere; prendere per vero: *You must assume his innocence (assume him to be innocent, assume that he is innocent) before hearing the evidence against him,* Dovete considerarlo innocente finché non avrete le prove a suo carico — *He is not such a fool as you assumed him to be,* Non è così sciocco come tu supponevi — *Assuming this to be true...,* Supponendo che ciò sia vero... **2** prendere; assumersi: *to assume the direction of a business,* assumersi la direzione di un'impresa — *to assume office,* entrare in carica — *to assume the reins of government,* prendere le redini del governo; incominciare a governare. **3** assumere; fingere; darsi l'aria: *to assume a look of innocence,* darsi un'aria (assumere un atteggiamento) da innocente — *to assume a new name,* cambiare nome. **4** usurpare *(un trono, un titolo di nobiltà).*

assumed [ə'sju:md] *agg* **1** finto. **2** presunto.

assuming [ə'sju:miŋ] *agg* presuntuoso; arrogante.

assumption [ə'sʌmpʃən] *s.* **1** supposizione; ipotesi; convincimento; convinzione ritenuta ovvia o certa *(ma non provata): Their assumption that the war would end quickly was proved wrong,* La loro convinzione che la guerra sarebbe finita presto risultò errata — *I am acting (going) on the assumption that...,* Parto dal convincimento che... **2** aria; finzione: *with an assumption of indifference,* con aria d'indifferenza. **3** presunzione; arroganza. **4** l'Assunzione *(in cielo).*

assurance [ə'ʃuərəns] *s.* **1** fiducia; confidenza; certezza; convincimento: *Nothing can shake my assurance that he will succeed,* Niente può scuotere la mia certezza che egli ce la farà. **2** *(spesso* self-assurance*)* fiducia in sé; padronanza; sicurezza: *He answered all the questions with assurance,* Rispose con sicurezza a tutte le domande. **3** promessa formale; assicurazione: *He gave me a definite assurance that the repairs would be finished tomorrow,* Mi garantì che le riparazioni sarebbero state completate l'indomani. **4** assicurazione *(sulla vita).* **5** presunzione; impudenza; sfacciataggine; faccia tosta.

to **assure** [ə'ʃuə*] *vt* **1** assicurare; garantire; rassicurare: *I assure you (that) there's no danger,* Ti assicuro che non c'è nessun pericolo — *We tried to assure the old lady that flying was safe,* Cercammo di rassicurare la vecchia signora che l'aereo è un mezzo sicuro. **2** promettere; rendere certo; garantire: *Hard work does not always assure success,* Il duro lavoro non sempre garantisce il successo — *Nothing can assure permanent happiness,* Niente può garantire eterna felicità. **3** assicurare *(la vita).*

assured [ə'ʃuəd] *agg* **1** certo; sicuro; assicurato: *You may rest assured that...,* Può stare certo che... — *the assured; the life assured, (nelle polizze)* l'assicurato. **2** sicuro di sé. □ *avv* **assuredly.**

Assyrian [ə'siriən] *s. e agg* assiro.

aster ['æstə*] *s. (bot.)* astro.

asterisk ['æstərisk] *s.* asterisco.

astern [ə'stə:n] *avv* a poppa; indietro: *Full speed astern!,* Indietro a tutta forza! — *to fall astern,* rimanere dietro *(ad un'altra nave).*

asteroid ['æstərɔid] *agg* a forma di stella.
□ *s.* **1** *(astronomia)* asteroide. **2** *(al pl., zool.)* asteroidi.

asthma ['æsmə] *s.* asma.

asthmatic [æs'mætik] *agg* asmatico.

astigmatic [,æstig'mætik] *agg* astigmatico.

astigmatism [ə'stigmətizəm] *s.* astigmatismo.

astir [ə'stə:*] *avv e agg predicativo* **1** in moto; in agitazione; eccitato; sottosopra: *The whole village was astir when the news arrived that the baron was coming next day,* Tutto il paese fu in agitazione quando si seppe che il barone sarebbe arrivato l'indomani. **2** *(lett. e scherz.)* in piedi; alzato; fuori del letto: *You're astir very early this morning!,* Stamattina sei in piedi molto presto!

to **astonish** [əs'tɔniʃ] *vt* stupire; sorprendere grandemente; meravigliare: *The news astonished everybody,* La notizia stupì tutti — *I was astonished to see him there,* Mi stupì di vederlo lì — *I am astonished that he didn't come,* Mi meraviglio che non sia venuto.

astonishing [əs'tɔniʃiŋ] *agg* stupefacente; sorprendente; straordinario. □ *avv* **astonishingly.**

astonishment [əs'tɔniʃmənt] *s.* sorpresa; stupore; meraviglia: *I heard to my astonishment that...,* Con mio grande stupore ho saputo che... — *He looked at me in astonishment,* Mi guardò stupito.

to **astound** [əs'taund] *vt* sopraffare dallo stupore; sbalordire.

astounding [əs'taundiŋ] *agg* sbalorditivo. □ *avv* **astoundingly.**

astrakhan [,æstrə'kæn] *s.* astracan; astrakan.

astray [əs'trei] *avv e agg predicativo* **1** fuori strada *(spec. fig.).* **2** fuori dalla retta via; sviato: *The boy was led astray by bad companions,* Il ragazzo fu traviato da cattive compagnie — *to go astray,* andar fuori strada; traviarsi.

astride [əs'traid] *avv, agg predicativo e prep* a cavalcioni: *He was sitting astride his father's knees,* Era seduto a cavalcioni sulle ginocchia di suo padre.

astringency [əs'trindʒənsi] *s.* **1** astringenza. **2** *(fig.)* severità.

astringent [əs'trindʒənt] *s.* astringente. □ *agg* **1** astringente. **2** *(fig.)* severo.

astrodome ['æstrə,doum] *s. (di aereo)* astrodomo.

astrolabe ['æstrouleib] *s.* astrolabio.

astrologer [əs'trɔlədʒə*] *s.* astrologo.

astrological [,æstrə'lɔdʒikl] *agg* astrologico.

astrology [əs'trɔlədʒi] *s.* astrologia.

astronaut ['æstrounɔ:t] *s.* astronauta.

astronautics [,æstrou'nɔ:tiks] *s. (col v. al sing.)* astronautica.

astronomer ['æstrɔnəmə*] *s.* astronomo.

astronomical [,æstrə'nɔmikl] *agg* astronomico *(anche fig.): astronomical figures, (fam.)* cifre astronomiche.

astronomy [,əs'trɔnəmi] *s.* astronomia.

astrophysics ['æstrou'fiziks] *s. (con il v. al sing.)* astrofisica.

astute [əs'tju:t] *agg* astuto; scaltro; intelligente; sagace. □ *avv* **astutely.**

asunder [ə'sʌndə*] *avv* **1** *(ant. e lett.)* separatamente: *Parents and children were driven asunder by the war,* Genitori e figli furono separati dalla guerra. **2** *(ant. e lett.)* in pezzi; a pezzi: *to tear asunder,* strappare (fare) a pezzi; stracciare — *to fall asunder,* andare in pezzi; rompersi.

asylum [ə'sailəm] *s.* **1** asilo; rifugio; diritto di asilo: *to ask for political asylum,* chiedere asilo politico. **2** *(spesso* lunatic asylum*)* ospedale psichiatrico; manicomio; *(più raro)* ospizio; istituto; ricovero *(per malati vari).*

at [æt/ət] *prep* **1** *(di luogo)* a; ad; da; in: *He is at his office (at my uncle's; at the station),* È nel suo ufficio (da mio zio; alla stazione) — *We arrived at Calais yesterday,* Siamo arrivati a Calais ieri.
2 *(in direzione di, anche fig.)* a; di; verso; contro: *to shoot at sth,* sparare a qcsa — *to laugh at sb,* ridere di qcno — *to look at sth,* guardare qcsa — *He had to*

guess at the meaning, Dovette indovinare il significato — *The drowning man clutched at the oar,* L'uomo che stava per annegare si afferrò al remo.
3 *(di tempo)* a: *at 2 o'clock,* alle due — *at sunset,* al tramonto — *at night,* di notte.
4 *(occupazione)* a: *at work; at play,* al lavoro; a giocare — *What is he at now?,* Cosa sta facendo (combinando) ora? — *What are you playing at?, (fam.)* Che diavolo fai? — *He is hard at it,* Sta lavorando sodo.
5 *(modo)* a: *at a gallop,* al galoppo — *at leisure,* con comodo.
6 *(età)* a; all'età di: *He left school at (the age of) 15,* Lasciò la scuola all'età di 15 anni.
7 *(prezzo, velocità, ecc.) at best, (comm.)* al miglior prezzo: *I got one in the end, at a price,* Finalmente ne comprai uno, pagandolo caro, però — *They're expensive at 5 pounds each,* Al prezzo di 5 sterline ciascuno sono cari — *to sell sth at a loss,* vendere qcsa in perdita — *at 100 miles an hour,* a cento miglia all'ora.
8 *(stato, condizione) at rest,* a riposo — *at war,* in guerra.
9 da; per (attraverso): *to go in at one ear and out at the other,* entrare da un orecchio ed uscire dall'altro.
□ *at all; not at all* ⇨ **all II, 1** — *at a distance,* ad una certa distanza — *at all events,* in tutti i casi — *at a glance,* con un solo sguardo — *at a guess,* a occhio e croce — *at a snail's pace,* a passo di lumaca — *at any rate,* ad ogni modo — *(two) at a time,* (due) alla volta — *at arm's length,* alla distanza di un braccio — *at first,* dapprima — *at full speed,* a tutta velocità — *at hand,* a portata di mano — *at last,* finalmente — *at least,* almeno — *at most,* al massimo — *at once,* subito; immediatamente — *at present,* ora; adesso — *at regular intervals,* ad intervalli regolari — *at sight,* a vista — *at the (at that) time,* allora — *At them!, (fam.)* Dagli!; Addosso! — *to be clever at sth,* essere bravo in qcsa — *to be at a school (university),* frequentare una (certa) scuola (università) — *to be surprised (frightened, ecc.) at sth,* essere sorpreso (spaventato, ecc.) di qcsa — *I'm delighted at the idea of going to England,* Sono felice all'idea di andare in Inghilterra — *He is impatient at the delay,* È impaziente per il ritardo.

atavism ['ætəvizəm] *s.* atavismo.

atavistic, atavic ['ætəvistik/ə'tævik] *agg* atavico.

ate [et/eit] *pass di* **to eat.**

atelier ['ætəljei/atəlje] *s. (fr.)* 'atelier'; studio *(di artista);* sartoria di alta moda.

atheism ['eiθiizəm] *s.* ateismo.

atheist ['eiθiist] *s.* ateo.

atheistic(al) [,eiθi'istik(əl)] *agg* ateo; ateistico.

Athenian [æ'θi:njən] *agg e s.* ateniese.

athirst [ə'θə:st] *agg predicativo (ant. e lett.)* assetato: *athirst for, (fig.)* avido di; bramoso di; desideroso di.

athlete ['æθli:t] *s.* atleta *(generalm. soltanto nel senso di chi pratica l'atletica leggera o pesante).*

athletic [æθ'letik] *agg* atletico; dall'aspetto atletico. □ *avv* **athletically.**

athletics [æθ'letiks] *s. pl (di solito col v. al sing.)* atletica: *track athletics,* (tutte le) specialità atletiche su pista — *field athletics,* le specialità di salto e di lancio.

at home [ət'houm] *s.* ricevimento *(in casa privata).*

athwart [ə'θwɔ:t] *avv e prep (poet.)* di traverso; obliquamente; da un lato all'altro; *(fig.)* in opposizione; in contrasto.

atishoo [ə'tiʃu:/æti'ʃu:] *interiezione (onomatopeico per il suono dello starnuto)* eccì; etcì etciù.

Atlantic [æt'læntik] *agg e s. (geografia)* Atlantico.

atlas ['ætləs] *s. (pl.* **atlases**) atlante *(geografico, anatomico, ecc.).*

atmosphere ['ætməsfiə*] *s.* atmosfera *(in vari sensi, anche fig.);* aria; ambiente: *a pressure of 10 atmospheres,* una pressione di 10 atmosfere — *an atmosphere of peace and calm,* un'atmosfera di pace e di calma.

atmospheric(al) [,ætməs'ferik(əl)] *agg* atmosferico: *atmospheric conditions,* condizioni atmosferiche — *atmospheric pressure,* pressione atmosferica.

atmospherics [,ætməs'feriks] *s. pl (radio, ecc.)* disturbi atmosferici; scariche.

atoll [ə'tɔl/'ætəl] *s.* atollo.

atom ['ætəm] *s.* **1** atomo: *A molecule of water is made up of two atoms of hydrogen and one of oxygen,* Una molecola d'acqua è composta di due atomi di idrogeno e uno di ossigeno — *atom bomb,* bomba atomica. **2** *(fig.)* particella; frammento; cosa piccolissima; briciola: *There's not an atom of truth in anything he said,* In tutto ciò che ha detto non c'è una briciola di verità.

atomic [ə'tɔmik] *agg* atomico; dell'atomo: *atomic bomb,* bomba atomica.

to **atomize** ['ætəmaiz] *vt* atomizzare; polverizzare; nebulizzare *(di liquido).*

atomizer ['ætəmaizə*] *s.* atomizzatore; polverizzatore; spruzzatore *(di profumi).*

atonal [æ'tounəl] *agg* atonale.

atonality [,ætou'næliti] *s.* atonalità.

to **atone** [ə'toun] *vi* espiare; rimediare; riparare *(una colpa);* fare ammenda: *to atone (for) a fault by doing sth,* espiare una colpa facendo qcsa.

atonement [ə'tounmənt] *s.* espiazione; riparazione; ammenda: *to make atonement for a fault,* espiare una colpa — *the Atonement,* la Redenzione, le sofferenze di Cristo — *the Day of Atonement, (festa ebraica)* il giorno di propiziazione.

atop [ə'tɔp] *avv e prep* in cima (a).

atrabilious [,ætrə'biljəs] *agg* **1** atrabiliare. **2** malinconico; ipocondriaco.

atrocious [ə'trouʃəs] *agg* **1** atroce; crudele: *an atrocious crime,* un delitto atroce. **2** *(fam.)* orribile; pessimo; abominevole; di pessimo gusto: *an atrocious dinner,* un orribile (pessimo) pranzo — *atrocious weather,* tempo pessimo (orribile). □ *avv* **atrociously.**

atrocity [ə'trɔsiti] *s.* atrocità.

atrophy ['ætrəfi] *s.* atrofia.

to **atrophy** ['ætrəfi] *vt e i.* atrofizzare, atrofizzarsi.

attaboy ['ætəbɔi] *interiezione* **1** *(USA)* bravo! **2** dài!; coraggio!

to **attach** [ə'tætʃ] *vt* **1** attaccare; legare; fissare; unire; *(comm.)* allegare; apporre *(la firma): to attach labels to a trunk,* attaccare i cartellini a un baule — *the sample attached to the letter,* il campione allegato alla lettera — *a house with a garage attached,* una casa con annesso il garage — *to attach one's signature,* apporre la propria firma. **2** *(fig.)* attaccare; attirare; avvincere; essere affezionato; rendersi simpatico: *She is deeply attached to her younger brother,* È molto affezionata (attaccata) al suo fratello più giovane — *He is foolishly attached to old customs,* È stupidamente attaccato alle vecchie usanze. **3** dare; annettere; attribuire: *Do you attach much importance to what he says?,* Attribuisci molta importanza a quello che dice? **4** assegnare; aggregare: *an officer attached to the Regiment (to the General Staff),* un ufficiale aggregato al reggimento (allo Stato Maggiore). **5** *(dir.)* sequestrare; arrestare; vincolare: *Part of his salary was attached by shopkeepers to whom he owed money,* Parte del suo stipendio venne sequestrato (fatto sequestrare) dai bottegai ai quali doveva del denaro. **6 to attach oneself**, unirsi; aderire; iscriversi; aggiungersi; entrare a far parte di: *to attach oneself to a political party,* entrare a far parte di un partito politico — *to attach oneself to an expedition,* unirsi a una spedizione.

□ *vi* essere attribuibile; essere annesso o connesso: *No suspicion attaches to him,* Non esistono sospetti contro di lui.

attaché [ə'tæʃei] *(fr.) s.* addetto *(di ambasciata): the naval (military, press) attaché,* l'addetto navale (militare, stampa) — *attaché case,* borsa *(di cuoio, per documenti).*

attachment [ə'tætʃmənt] *s.* **1** attaccatura; unione. **2** la cosa aggiunta o attaccata; dispositivo; accessorio *(di strumento, di macchina).* **3** affetto; devozione; attaccamento: *a romantic attachment,* una relazione amorosa. **4** *(dir.)* sequestro; arresto.

attack [ə'tæk] *s.* **1** attacco; assalto; offensiva: *Attack is said to be the best form of defence,* Si dice che l'attacco sia la migliore forma di difesa. **2** *(fig.)* attacco; critica spietata (orale o scritta): *a violent attack on the Government's policy,* un violento attacco contro la politica del governo. **3** *(di malattia)* attacco; accesso: *an attack of fever,* un accesso di febbre — *a heart attack,* un attacco di cuore, cardiaco; un infarto. **4** inizio; attacco; modo di iniziare *(un pezzo di musica, ecc.).*

to **attack** [ə'tæk] *vt* **1** attaccare; assalire; intaccare: *Rust attacks metals,* La ruggine intacca i metalli. **2** *(di malattie)* colpire: *a disease that attacks children,* un male che colpisce i bambini. **3** criticare duramente. **4** mettersi a; incominciare; iniziare a: *He attacked his meal at once,* Si mise subito a mangiare.

attacker [ə'tækə*] *s.* assalitore; aggressore; attaccante.

to **attain** [ə'tein] *vt* ottenere; conseguire; raggiungere: *to attain the end one has in view,* conseguire lo scopo prefisso. □ *vi* arrivare; pervenire; giungere a: *to attain to power (prosperity),* giungere al potere (alla ricchezza) — *to attain to man's estate, (lett.)* giungere alla maggiore età.

attainable [ə'teinəbl] *agg* ottenibile; conseguibile; raggiungibile.

attainder [ə'teində*] *s. (dir., ant.)* perdita dei beni e dei diritti civili *(in conseguenza di una condanna a morte, ecc.).*

attainment [ə'teinmənt] *s.* **1** raggiungimento; conseguimento; la cosa conseguita: *easy (difficult, impossible) of attainment,* facile (difficile, impossibile) a conseguirsi — *for the attainment of his purpose,* per il raggiungimento del suo scopo. **2** *(generalm. al pl.)* cognizioni; cultura; sapere; abilità; risultati: *linguistic attainments,* cognizioni linguistiche — *a scholar of the highest attainments,* uno studioso di grande talento.

attar ['ætə*] *s.* essenza *(di fiori, spec. di rose).*

attempt [ə'tempt] *s.* **1** tentativo; sforzo; prova: *an attempt to escape,* un tentativo di fuga — *Her first attempt at English composition was poor,* La sua prima prova di composizione inglese fu scadente. **2** esemplare mal riuscito; tentativo fallito; 'aborto': *Her attempt at a Christmas cake had to be thrown away,* La sua torta natalizia fu un fallimento e dovette essere buttata via. **3** attentato: *an attempt upon (o against) the liberty of our people,* un attentato contro la libertà del nostro popolo — *to make an attempt on sb's life,* attentare alla vita di qcno.

to **attempt** [ə'tempt] *vt* tentare; provare; sforzarsi; provarsi: *The prisoners attempted to escape,* I prigionieri tentarono di evadere — *Don't attempt the impossible,* Non tentare l'impossibile.

to **attend** [ə'tend] *vi e t.* **1** frequentare; assistere; essere presente: *to attend church regularly,* andare in chiesa regolarmente — *He is attending university,* Frequenta l'università — *to attend a lecture,* assistere ad una conferenza — *to attend a meeting,* presenziare ad una riunione — *His lectures were well attended,* Alle sue conferenze (lezioni) c'era un folto pubblico — *to attend sb's lectures,* seguire le lezioni di qcno. **2** assistere; servire; essere al servizio di *(spesso seguito da* upon*): Which doctor is attending you?,* Qual è il medico che ti assiste? — *She has many servants attending (upon) her,* Ha molte domestiche che la servono. **3** *(lett.)* accompagnare; seguire: *This method is attended by some risk,* Questo metodo è accompagnato da qualche rischio — *May good luck attend you!,* Possa accompagnarti la fortuna! **4** *(seguito da* to*)* badare; fare attenzione; aver cura di: *Please attend to what he is saying,* Per favore, fai attenzione a quello che dice — *to attend to the wants of customers,* badare (essere attento) alle necessità (esigenze) dei clienti — *Are you being attended to, sir?, (in un negozio)* La stanno servendo, signore?

attendance [ə'tendəns] *s.* **1** servizio; assistenza *(spec. med.): lady-in-attendance,* dama di compagnia. **2** presenza; frequenza *(a scuola, ecc.): The boy was given a prize for regular attendance,* Diedero un premio al ragazzo per la regolarità della sua frequenza — *attendance register,* registro delle presenze. **3** pubblico; spettatori: *There was a large attendance at church this morning,* C'era molta gente stamattina in chiesa.

[1]**attendant** [ə'tendənt] *s.* **1** servitore; compagno; inserviente; custode *(di parcheggio, ecc.).* **2** *(al pl.)* seguito; personale *(di negozio, ecc.): the Prince and his attendants,* il principe e il suo seguito. **3** prestatore di assistenza: *medical attendant,* medico. **4** persona presente; frequentatore assiduo.

[2]**attendant** [ə'tendant] *agg* che accompagna o segue: *famine and its attendant diseases,* la carestia e le malattie da essa derivate — *old age and its attendant evils,* la vecchiaia con gli acciacchi che l'accompagnano.

attention [ə'tenʃən] *s.* **1** attenzione: *to pay attention to sb, sth,* prestare (fare) attenzione a qcno, qcsa — *May I have your attention please!,* Attenzione, prego! — *Your attention is drawn to the warning on the back of the packet,* Attenzione alle avvertenze sul retro del pacchetto — *to be all attention, (fam.)* essere tutt'orecchi. **2** *(spesso al pl.)* attenzioni; cortesie; premure; gentilezze: *They showed the old lady numerous little attentions,* Prodigarono alla vecchia signora ogni sorta di piccole attenzioni — *to pay one's attentions to a girl,* fare la corte ad una ragazza. **3** *(mil.)* attenti: *Attention!,* Attenti! — *to come to attention,* mettersi sull'attenti — *to stand at attention,* stare sull'attenti. **4** prime cure; assistenza: *The poor boy received attention at the hospital,* Il povero ragazzo ricevette le prime cure all'ospedale.

attentive [ə'tentiv] *agg* attento; in guardia; assiduo; premuroso; cortese; sollecito: *A speaker likes to have an attentive audience,* Un conferenziere ama avere un pubblico attento — *A good host is attentive to his* *guests,* Un buon ospite è pieno di premure per i suoi invitati. □ *avv* **attentively.**

to **attenuate** [ə'tenjueit] *vt* attenuare; indebolire; ridurre *(di intensità, ecc.).*

to **attest** [ə'test] *vt e i.* **1** attestare; confermare; dare prova di; provare; dimostrare: *His ability was attested by his rapid promotion,* Le sue capacità furono attestate dalla sua rapida carriera — *These papers attest the fact that...,* Questi documenti provano il fatto che... **2** autenticare; legalizzare; vidimare: *to attest a signature,* autenticare una firma. **3** dichiarare; asserire; affermare *(sotto giuramento, solennemente).* **4** arruolarsi; prestare il giuramento militare. **5** *to attest to sth,* testimoniare su qcsa *(in un tribunale): He attested to the court,* Testimoniò davanti alla corte.

attic ['ætik] *s.* soffitta; solaio; attico. □ *agg (con la maiuscola)* attico; dell'Attica.

attire [ə'taiə*] *s.* abbigliamento; abito; acconciatura.

to **attire** [ə'taiə*] *vt* vestire: *attired in white (in satin),* vestita di bianco (di raso).

attitude ['ætitju:d] *s.* **1** atteggiamento; posa; *(di aeroplano)* assetto: *He stood there in a threatening attitude,* Rimase lì in atteggiamento minaccioso — *to strike an attitude,* assumere una posa. **2** modo di pensare o di comportarsi; atteggiamento; pensiero; opinione; idee; condotta: *What is your attitude towards this question?,* Qual è la tua opinione su questa faccenda? — *We must maintain a firm attitude,* Dobbiamo mantenere un atteggiamento deciso.

to **attitudinize** [,æti'tju:dinaiz] *vt* posare; atteggiarsi; essere affettato.

attorney [ə'tə:ni] *s.* **1** procuratore; mandatario: *letter (warrant) of attorney, (dir.)* procura; documento di procura — *power of attorney,* (autorità di) procura. **2** *Attorney General, (GB)* Procuratore Generale; *(USA)* Ministro della Giustizia. **3** *(in USA: GB solo scherz., spreg.)* avvocato.

to **attract** [ə'trækt] *vt* attirare; attrarre *(anche fig.): A magnet attracts steel,* La calamita attrae l'acciaio — *Bright colours attract children,* I colori vivaci attirano i bambini — *He shouted to attract her attention,* Gridò per attirare la sua attenzione.

attraction [ə'trækʃən] *s.* **1** attrazione. **2** attrattiva; seduzione; bellezza; allettamento: *the attractions of a big city,* le attrattive di una grande città. **3** *(al pl.)* spettacoli: *coming attractions,* programmazioni future; 'prossimamente' *(al cinema, ecc.).*

attractive [ə'træktiv] *agg* **1** avvincente; attraente; invitante: *goods offered at attractive prices,* merce offerta a prezzi allettanti. **2** *(fis.)* attrattivo. □ *avv* **attractively.**

attributable [ə'tribjutəbl] *agg* attribuibile.

attribute ['ætribju:t] *s.* attributo *(in ogni senso);* caratteristica; prerogativa; parte integrante; complemento naturale: *Mercy is an attribute of God,* La misericordia è un attributo di Dio — *Politeness is an attribute of a gentleman,* La cortesia è una caratteristica del gentiluomo — *The crown is an attribute of kingship,* La corona è un attributo della regalità.

to **attribute** [ə'tribju:t] *vt* attribuire; ascrivere: *He attributes his success to long years of work,* Attribuisce la sua riuscita a lunghi anni di lavoro — *This comedy has been attributed to Shakespeare,* Questa commedia è stata attribuita a Shakespeare.

attribution [,ætri'bju:ʃən] *s.* attribuzione.

attributive [ə'tribjutiv] *agg e s.* attributivo. □ *avv* **attributively.**

attrition [ə'triʃən] *s.* attrito; logorio: *a war of attrition,* una guerra di logoramento.

to **attune** [ə'tju:n] *vt* accordare *(strumenti musicali); (fig.)* mettere in sintonia, in pieno accordo; armonizzare.

aubergine ['oubəʒi:n] *s.* melanzana.

auburn ['ɔ:bən] *agg (di capelli di donna)* biondo rame; castano chiaro con riflessi ramati.

auction ['ɔ:kʃən] *s.* asta; incanto: *sale by auction,* vendita all'asta — *to sell goods by auction,* vendere della merce all'incanto — *to put sth up to (o for) auction,* mettere qcsa all'asta — *auction room,* sala aste — *Dutch auction,* asta in cui il banditore progressivamente abbassa il prezzo finché non si presenta un'offerta.

to **auction** ['ɔ:kʃən] *vt* **1** vendere all'asta; mettere all'incanto. **2** *to auction sth off,* sbarazzarsi di qcsa vendendola all'asta, mettendola all'incanto.

auctioneer [,ɔ:kʃə'niə*] *s.* banditore.

audacious [ɔ:'deiʃəs] *agg* **1** audace; intrepido. **2** temerario. **3** sfacciato; insolente; impudente. □ *avv* **audaciously.**

audacity [ɔ:'dæsiti] *s.* audacia; temerarietà; sfacciataggine; insolenza; impudenza.

audibility [,ɔ:di'biliti] *s.* udibilità.

audible ['ɔ:dibl] *agg* udibile; percettibile; intelligibile: *in a scarcely audible voice,* con voce appena udibile — *The speaker was scarcely audible,* Si riusciva a stento a sentire il conferenziere. □ *avv* **audibly.**

audience ['ɔ:diəns] *s.* **1** pubblico *(di una sala, di un concerto, di lettori, ecc.);* uditorio; spettatori: *He has addressed large audiences all over England,* Ha parlato davanti a sale gremite in tutta l'Inghilterra — *A broadcast speaker may have an audience of several million,* Un presentatore della radio può avere un uditorio di parecchi milioni di persone. **2** udienza; ascolto: *to give audience,* dare udienza; *(lett.)* dare ascolto.

audio- ['ɔ:diou] *prefisso* audio- *(primo elemento che in parole composte indica relazione con l'udito o con l'acustica): audio-visual aids,* sussidi (didattici) audiovisivi — *audio-frequency,* audiofrequenza. □ *an audio fair,* una mostra o esposizione di materiale per la riproduzione dei suoni *(radio, giradischi, ecc.).*

audit ['ɔ:dit] *s.* verifica ufficiale; revisione *(di conti).*

to **audit** ['ɔ:dit] *vt* verificare; controllare; rivedere *(conti, bilanci, procedure legali, ecc.).*

audition [ɔ:'diʃən] *s.* **1** udito. **2** audizione.

auditor ['ɔ:ditə*] *s.* **1** *(raro)* uditore; ascoltatore. **2** revisore ufficiale *(dei conti);* sindaco *(di società).*

auditorium [,ɔ:di'tɔ:riəm] *s.* **1** spazio *(di teatro, ecc.)* riservato al pubblico. **2** auditorio; sala concerti. **3** *(di convento o scuola)* parlatorio.

auditory ['ɔ:ditəri] *agg* uditivo.

au fait [ou'fei/ofɛ] *agg predicativo (fr.)* al corrente; aggiornato; informato *(dei fatti): to put sb au fait of sth,* mettere qcno al corrente di qcsa.

au fond [ou'fɔ̃/ofõ] *avv (fr.)* in fondo.

auger ['ɔ:gə*] *s.* trivella; trivello; succhiello; verrina.

aught [ɔ:t] *s. (ant. e lett.)* alcunché; alcuna cosa: *For aught I know (For aught I care),* Per quel poco che ne so io (Per quel poco che mi interessa).

augment [ɔ:g'ment] *s. (gramm.)* aumento.

to **augment** [ɔ:g'ment] *vt e i.* crescere; aumentare; accrescere: *to augment one's income by writing short stories,* aumentare i propri introiti scrivendo novelle.

augmentation [,ɔ:gmen'teiʃən] *s.* **1** aumento; accrescimento; aggiunta. **2** *(mus.)* aumento.

augur ['ɔ:gə*] *s.* **1** augure. **2** *(fig.)* indovino; profeta.

to **augur** ['ɔ:gə*] *vt e i.* **1** predire; presagire; divinare. **2** essere d'augurio, auspicio, presagio: *to augur well (ill),* essere di buono (di cattivo) auspicio.
augury ['ɔ:gjuri] *s.* **1** arte della divinazione; cerimonia degli auguri. **2** auspicio; augurio; presagio; *(fam.)* pronostico.
august [ɔ:'gʌst] *agg* augusto; maestoso; venerando.
August ['ɔ:gəst] *s.* agosto.
Augustan [ɔ:'gʌstən] *agg* augusteo; dell'epoca dell'imperatore Augusto; *(fig.)* classico; elegante. □ *the Augustan Age,* l'età augustea *(in Inghilterra, periodo che va dal 1700 al 1740 circa, spec. per la letteratura).*
Augustinian [,ɔ:gəs'tiniən] *agg e s.* agostiniano.
auk [ɔ:k] *s.* alca.
auld [ɔ:ld] *(scozzese)* vecchio. □ *Auld Lang Syne,* canto tradizionale scozzese *(noto in Italia come 'Valzer delle candele').*
aunt [ɑ:nt] *s.* zia: *great-aunt,* prozia. □ *Aunt Sally,* gioco tradizionale delle fiere; *(fig.)* bersaglio; capro espiatorio — *'Aunt Edna',* guastafeste incorreggibile.
auntie, aunty ['ɑ:nti] *s. (fam.)* zia; zietta. □ *'Aunty', (GB, fam.)* la B.B.C.
au pair [ou'pɛə*/opɛr] *s. e agg (fr.)* alla pari.
aura ['ɔ:rə] *s.* aura *(vari sensi);* atmosfera; emanazione: *an aura of holiness,* un'aura di santità.
aural ['ɔ:rəl] *agg* auricolare; uditivo.
aureole ['ɔ:rioul] *s.* aureola; alone.
au revoir [ou,rə'vwɑ:r/orəvwar] *interiezione (fr.)* arrivederci; addio.
auricle ['ɔ:rikl] *s.* **1** orecchio esterno; padiglione auricolare. **2** auricola; orecchietta; atrio *(del cuore).*
auricular [ɔ:'rikjulə*] *agg* auricolare; dell'orecchio.
auriferous [ɔ:'rifərəs] *agg* aurifero.
aurochs ['ɔ:rɔks] *s.* **1** uro. **2** bisonte europeo.
aurora [ɔ:'rɔ:rə] *s. (vari sensi)* aurora.
auspices ['ɔ:spisiz] *s. pl* auspici; *(fig.)* patronato; protezione: *under the auspices of,* sotto gli auspici di — *under favourable auspices,* sotto favorevoli auspici; *(fig.)* in condizioni favorevoli; con buone prospettive.
auspicious [ɔ:s'piʃəs] *agg* di lieto auspicio; propizio; *(fig.)* favorevole; prospero. □ *avv* **auspiciously.**
Aussie ['ɔsi] *s. e agg (abbr. fam.)* australiano.
austere [ɔ:s'tiə*] *agg (di persona)* austero; severo; *(di vita, stile, ecc.)* semplice; parco; disadorno. □ *avv* **austerely.**
austerity [ɔ:s'teriti] *s.* **1** austerità. **2** clima di austerità *(dovuto a misure governative, in tempo di crisi economica);* 'austerity'. **3** *(al pl.)* austerità; ristrettezze; sacrifici.
Australasian [,ɔstrə'leiʒjən] *s. e agg* australasiano.
Australian [ɔs'treiljən] *s. e agg* australiano.
Austrian ['ɔstriən] *s. e agg* austriaco.
Austro-Hungarian ['ɔstrouhʌŋ'gɛəriən] *agg* austro-ungarico.
autarchy ['ɔ:tɑ:ki] *s.* dispotismo; *(improprio)* autarchia.
autarky ['ɔ:tɑ:ki] *s.* autarchia *(di economia di Stato).*
authentic [ɔ:'θentik] *agg* autentico; genuino; fondato: *authentic news,* notizie autentiche, vere — *an authentic signature,* una firma autentica. □ *avv* **authentically.**
to **authenticate** [ɔ:'θentikeit] *vt* autenticare; legalizzare; vidimare; dimostrare la verità *(di un fatto);* provare l'autenticità *(di un'opera).*
authentication [ɔ:,θenti'keiʃən] *s.* autenticazione.
authenticity [,ɔ:θen'tisiti] *s.* autenticità; genuinità; *(di notizie, ecc.)* fondatezza.
author ['ɔ:θə*] *s.* **1** scrittore; autore *(di opere letterarie); (USA anche)* autrice: *Dickens is his favourite author,* Dickens è il suo autore preferito. **2** autore; fattore; creatore: *God, the author of our being,* Dio, l'autore della nostra esistenza.
authoress ['ɔ:θəris] *s.* autrice.
authoritarian [,ɔ:θɔri'tɛəriən] *agg* autoritario.
authoritative [ɔ:'θɔritətiv] *agg* **1** autorevole: *authoritative orders,* ordini autorevoli. **2** autorevole; su cui si può fare affidamento *(circa la veridicità, ecc.);* bene informato: *an authoritative report,* un resoconto autorevole — *authoritative information,* informazioni ben fondate — *from an authoritative source,* da fonte ben informata. **3** *(raro)* autoritario. □ *avv* **authoritatively.**
authority [ɔ:'θɔriti] *s.* **1** autorità; potere o diritto di dare ordini: *Who is in authority here?,* Chi comanda qui? — *He has made his authority felt,* Ha fatto sentire la sua autorità (Si è imposto; Si è fatto ubbidire). **2** diritto concesso; autorizzazione: *Only the treasurer has authority to make payments,* Soltanto il tesoriere è autorizzato a fare dei pagamenti — *He had the authority of the Governor for what he did,* Aveva l'autorizzazione del governatore per quello che ha fatto. **3** *(al pl.)* persone di autorità; autorità: *the health authorities,* le autorità sanitarie — *the City (Municipal, County) Authorities,* le autorità cittadine (municipali, della contea) — *the Atomic Energy Authority, (GB)* la Commissione per l'Energia Atomica. **4** specialista; persona esperta, competente; luminare; erudito: *He is a great authority on phonetics,* È una grande autorità (È un grande esperto) in fatto di fonetica. **5** fonte; sorgente; ascendente: *What is your authority for this statement?,* Su che cosa basa (Qual è la fonte di) questa Sua affermazione? — *You should always quote your authorities,* Dovresti sempre citare le fonti.
authorization [,ɔ:θərai'zeiʃən] *s.* autorizzazione; permesso; concessione.
to **authorize** ['ɔ:θəraiz] *vt* autorizzare; concedere facoltà: *I have authorized him to act for me while I am abroad,* L'ho autorizzato ad agire in mia vece durante la mia permanenza all'estero — *Authorized Version,* la traduzione ufficiale anglicana della Bibbia (1611).
authorship ['ɔ:θəʃip] *s.* **1** professione di scrittore. **2** paternità; attribuzione *(di opera letteraria): Nothing is known of the authorship of the book,* Non si sa affatto chi abbia scritto il libro.
autism ['ɔ:tizəm] *s.* autismo.
auto ['ɔ:tou] *s. e agg attrib, abbr di* **automobile.**
auto- ['ɔ:tou] *prefisso* auto- *(usato nei composti): auto-suggestion,* autosuggestione.
autobahn ['ɔ:toubɑ:n/'aut-] *s. (tedesco)* autostrada.
autobiographer [,ɔ:toubai'ɔgrəfə*] *s.* chi scrive la propria biografia.
autobiographic(al) ['ɔ:tə,baiə'græfik(əl)] *agg* autobiografico.
autobiography [,ɔ:toubai'ɔgrəfi] *s.* autobiografia.
autocracy [ɔ:'tɔkrəsi] *s.* autocrazia; governo autocratico.
autocrat ['ɔ:təkræt] *s.* autocrate.
autocratic [,ɔ:tə'krætik] *agg* autocratico; dispotico: *Don't be so autocratic, (fam.)* Non essere così prepotente. □ *avv* **autocratically.**
autogiro, autogyro [,ɔ:tou'dʒaiərou] *s.* autogiro.
autograph ['ɔ:təgrɑ:f] *s.* autografo: *autograph book (album),* libro (album) degli autografi.
to **autograph** ['ɔ:təgrɑ:f] *vt* scrivere, firmare di proprio pugno: *a book autographed by the author,* un libro

autografato dall'autore — *an autographed photograph,* una fotografia firmata.

automat ['ɔ:təmæt] *s.* ristorante con distribuzione automatica delle vivande; buffet a gettone.

[1]**automatic** [,ɔ:tə'mætik] *s.* arma automatica.

[2]**automatic** [,ɔ:tə'mætik] *agg* **1** automatico: *automatic (vending) machine,* distributore automatico — *automatic weapons,* armi automatiche. **2** *(di movimenti, ecc.)* automatico; istintivo; inconscio; involontario: *Breathing is automatic,* Il respiro è un fenomeno automatico. □ *avv* **automatically.**

automation [,ɔ:tə'meiʃən] *s.* automazione.

automaton [ɔ:'tɔmətən] *s.* (*pl.* **automatons, automata**) automa.

automobile [,ɔ:təmou'bi:l] *s.* *(spec. USA)* automobile.

autonomous [ɔ:'tɔnəməs] *agg* autonomo; indipendente. □ *avv* **autonomously.**

autonomy [ɔ:'tɔnəmi] *s.* autonomia; autogoverno; indipendenza.

autopsy ['ɔ:tɔpsi] *s.* autopsia.

autumn ['ɔ:təm] *s.* **1** autunno: *in autumn,* in autunno — *in early autumn,* all'inizio dell'autunno — *in the late autumn of 1975,* verso la fine dell'autunno del 1975. **2** *(fig.)* fine; tramonto; vecchiaia: *in the autumn of his life,* nei suoi ultimi anni; nel tramonto della sua vita.

autumnal [ɔ:'tʌmnəl] *agg* autunnale; d'autunno.

[1]**auxiliary** [ɔ:g'ziliəri] *agg* ausiliario; di appoggio; supplementare; ausiliare: *auxiliary troops,* truppe ausiliarie — *an auxiliary ship,* una nave appoggio — *an auxiliary verb,* un verbo ausiliare.

[2]**auxiliary** [ɔ:g'ziliəri] *s.* **1** *(gramm.)* verbo ausiliare. **2** organizzazione supplementare; sezione; filiale; dipendenza. **3** *(al pl.)* ausiliari; truppe ausiliarie.

avail [ə'veil] *s.* utilità; profitto; vantaggio: *of no avail,* di nessun vantaggio; inutile — *(working) to no avail,* (lavorando) senza risultato, per niente — *without avail,* senza profitto; inutilmente.

to **avail** [ə'veil] *vi (lett.)* servire; giovare; essere utile: *Money does not avail on a desert island,* Il denaro non serve in un'isola deserta.

□ *vt* **1** *(lett.)* servire; giovare; valere (a qcsa). **2** *to avail oneself of sth,* approfittare di qcsa; valersi di qcsa; trarre profitto da qcsa: *You should avail yourself of every opportunity to practise speaking English,* Dovresti approfittare di ogni occasione per esercitarti a parlare inglese.

availability [ə,veilə'biliti] *s.* disponibilità; accessibilità; *(di biglietti, ecc.)* validità.

available [ə'veiləbl] *agg* disponibile; libero; accessibile; alla portata; ottenibile; utilizzabile; *(di biglietti, ecc.)* valido.

avalanche ['ævəlɑ:nʃ] *s.* valanga *(anche fig.);* slavina.

avant-garde [ævɔ'gɑ:d] *s.* *(fr.)* avanguardia.

avarice ['ævəris] *s.* **1** avarizia. **2** *(fig.)* avidità; cupidigia.

avaricious [,ævə'riʃəs] *agg* **1** avaro; spilorcio. **2** avido; bramoso. □ *avv* **avariciously.**

avast [ə'vɑ:st] *interiezione (naut., ant.)* alt!

avaunt [ə'vɔ:nt] *interiezione (ant.)* via!; andatevene!

to **avenge** [ə'vendʒ] *vt* vendicare; fare vendetta di: *to avenge an insult,* vendicare (vendicarsi di) un insulto — *to avenge oneself (to be avenged) on an enemy,* vendicarsi di un nemico.

avenue ['ævənju:] *s.* **1** viale; larga via cittadina *(anche se non alberata).* **2** *(fig.)* via; accesso: *avenues to success,* le vie del successo.

to **aver** [ə'və:*] *vt* **1** asserire; affermare; dichiarare. **2** *(dir.)* dimostrare (la verità di un'affermazione).

[1]**average** ['ævəridʒ] *s.* **1** media (matematica); valore medio; livello medio; norma: *The average of 4, 5 and 9 is 6,* La media matematica tra 4, 5 e 9 è 6 — *above (below) average,* al di sopra (al di sotto) della media — *on an average (on the average),* in media. **2** *(dir. comm.)* avaria: *general average,* avaria generale, comune — *particular average,* avaria particolare — *average adjuster,* liquidatore d'avaria — *average bond,* obbligazione d'avaria.

to **average** ['ævəridʒ] *vt e i.* **1** calcolare la media matematica: *If you average 7, 14 and 6, you get 9,* Se si calcola la media di 7, 14 e 6 si ottiene 9. **2** essere in media; assommare in media; fare in media; tenere una media; lavorare in media; produrre in media; ammontare in media: *The rainfall averages 36 inches a year,* La piovosità è in media di 36 pollici all'anno — *During our trip by car round England, we averaged 200 miles a day,* Nel nostro viaggio automobilistico attraverso l'Inghilterra facevamo in media (tenevamo una media di) 200 miglia al giorno. **3 to average out at...,** raggiungere la media di...

[2]**average** ['ævəridʒ] *agg* medio; comune; corrente; normale; ordinario: *The average age of the boys in this class is fifteen,* L'età media dei ragazzi di questa classe è quindici anni — *boys of average intelligence,* ragazzi di intelligenza media — *men of average ability,* uomini di comune capacità.

averse [ə'və:s] *agg* avverso; contrario a; alieno; riluttante: *He is averse to hard work,* Non gli piace lavorare sodo.

aversion [ə'və:ʃən] *s.* **1** avversione; ripugnanza; riluttanza; antipatia: *He has a strong aversion to getting up early,* Ha una forte riluttanza ad alzarsi presto al mattino — *He took an aversion to me,* Mi prese in antipatia — *aversion therapy,* terapia dell'avversione. **2** persona o cosa antipatica: *Dick is my pet aversion,* Dick è la mia antipatia numero uno.

to **avert** [ə'və:t] *vt* **1** distogliere; allontanare: *to avert one's eyes (gaze) from a terrible spectacle,* distogliere gli occhi (lo sguardo) da un orribile spettacolo — *to avert a suspicion,* allontanare un sospetto. **2** prevenire; evitare: *to avert a disaster by a hair's breadth,* evitare un disastro per un pelo.

aviary ['eiviəri] *s.* aviario; uccelliera.

aviation [,eivi'eiʃən] *s.* aviazione: *aviation spirit,* benzina ad alto numero di ottani *(per motori d'aereo, per smacchiare).*

aviator ['eivieitə*] *s.* aviatore.

avid ['ævid] *agg (con* of, for*)* avido; bramoso. □ *avv* **avidly.**

avidity [ə'viditi] *s.* avidità; bramosia; cupidigia.

avocado [,ævə'kɑ:dou] *s.* avocado.

avocation [ævou'keiʃən] *s.* **1** occupazione secondaria. **2** *(dir.)* avocazione.

to **avoid** [ə'vɔid] *vt* evitare; scansare; schivare; sfuggire: *We only just avoided an accident,* Abbiamo evitato un incidente per un pelo — *You can hardly avoid meeting her if you both work in the same office,* Difficilmente puoi fare a meno di incontrarla se lavorate entrambi nello stesso ufficio.

avoidable [ə'vɔidəbl] *agg* evitabile.

avoidance [ə'vɔidəns] *s.* l'evitare; lo stare alla larga.

avoirdupois [,ævədə'pɔiz] *s. e agg attrib (fr.)* **1** 'avoirdupois' *(sistema di misura e di peso in uso nei Paesi anglosassoni).* **2** *(fam., scherz.)* peso superfluo *(spec. di persona).*

to **avow** [ə'vau] *vt* ammettere; confessare; dichiarare

apertamente: *to avow a fault,* ammettere una colpa — *He avowed himself to be a Christian,* Si proclamò cristiano.

avowal [ə'vauəl] *s.* ammissione; confessione; dichiarazione esplicita: *to make an avowal,* fare un'ammissione (una confessione); ammettere pubblicamente; dichiarare esplicitamente.

avowedly [ə'vauidli] *avv* per confessione; per pubblica ammissione; in modo manifesto; chiaramente; apertamente: *He was avowedly in the wrong,* Era chiaramente dalla parte del torto.

avuncular [ə'vʌŋkjulə*] *agg* **1** di zio; da zio. **2** condiscendente.

to **await** [ə'weit] *vt* attendere; aspettare: *I await your instructions,* Rimango in attesa di vostre istruzioni — *A hearty welcome awaits you,* Vi attende un'accoglienza cordiale.

awake [ə'weik] *agg predicativo* sveglio; desto; *(fig.)* consapevole; conscio di: *Is he awake or asleep?,* È sveglio o addormentato? — *to be awake to sth,* essere conscio di qcsa — *He is very much awake to what is going on,* È perfettamente conscio (Si rende perfettamente conto) di quanto sta succedendo.

to **awake** [ə'weik] *vt* (*pass.* **awoke**; *p. pass.* **awoken** *o* **awaked**) svegliare; risvegliare; destare.
□ *vi* **1** svegliarsi; destarsi: *He awoke to find himself famous,* Si risvegliò famoso. **2** *to awake to,* rendersi conto di; accorgersi d'un tratto (finalmente): *He awoke to his opportunities,* Si rese conto delle sue occasioni favorevoli — *You must awake to the fact that...,* Devi renderti conto una buona volta del fatto che...

to **awaken** [ə'weikən] *vt* svegliare; risvegliare; destare *(anche fig.)*: *to awaken sb to a sense of his responsibility,* richiamare qcno alle sue responsabilità.
□ *vi* svegliarsi; destarsi.

awakening [ə'weikəniŋ] *s.* risveglio *(anche fig.)*: *It was a rude awakening when he was told that he was to be dismissed for inefficiency,* Fu per lui un crudo risveglio il sentirsi dire che sarebbe stato licenziato per inefficienza.

award [ə'wɔ:d] *s.* **1** ricompensa; premio; onorificenza; riconoscimento: *His horse was given the highest award at the show,* Alla fiera equina il suo cavallo ebbe il primo premio. **2** *(dir.)* giudizio arbitrale; sentenza. **3** *a pay award,* un aumento di paga accordato dopo una vertenza sindacale.

to **award** [ə'wɔ:d] *vt* dare; concedere; accordare; assegnare; aggiudicare: *He was awarded the first prize,* Gli fu assegnato il primo premio — *The judge awarded her a total of 1,500 pounds damages,* Il giudice le concesse un risarcimento di danni per un ammontare di 1.500 sterline.

aware [ə'wɛə*] *agg predicativo* conscio; consapevole; informato; prevenuto; al corrente: *to be aware of sth,* essere consapevole di qcsa; rendersi conto di qcsa — *We are fully aware of the gravity of the situation,* Siamo pienamente consci della gravità della situazione — *Are you aware that you're sitting on my hat?,* Ti rendi conto che sei seduto sul mio cappello?

awareness [ə'wɛənis] *s.* consapevolezza; *(più raramente)* perspicacia; prontezza di spirito.

awash [ə'wɔʃ] *agg predicativo* **1** a fior d'acqua; bagnato appena; lambito dalle onde. **2** a fior d'acqua; a galla; *(di stanza)* invasa dall'acqua: *rocks awash at high tide,* scogli a fior d'acqua durante l'alta marea — *The deck was awash,* Il ponte (della nave) era lambito dalle onde — *The bathroom was awash,* La stanza da bagno era invasa dall'acqua.

away [ə'wei] **I** *avv* **1** via; lontano: *Take these things away,* Porta via queste cose — *The sea is two miles away,* Il mare è lontano due miglia.
2 *(seguito da* with, *in certe esclamazioni)* *Away with them!,* Portateli via! — *Away with you!,* Via! — *Away with care!,* Basta con le preoccupazioni!
3 di continuo; costantemente: *He was working away,* Lavorava di continuo — *He was laughing away,* Continuava a ridere — *The soldiers blazed away until they had no ammunition left,* I soldati continuarono a sparare finché non ebbero più munizioni.
4 *(usato con certi verbi per indicare perdita, diminuzione, ecc.)* *The water has all boiled away,* L'acqua è tutta evaporata (a forza di bollire) — *The snow soon melted away,* La neve si sciolse presto — *The sound of their footsteps died away,* Il rumore dei loro passi si spense piano piano — *Try and explain that away!,* Prova a spiegarlo, se ci riesci! — *to pine away,* languire.
5 *(sport)* fuori casa: *Are we at home or away next Saturday?,* Giochiamo in casa o fuori casa sabato prossimo?
□ *far and away...,* di gran lunga... — *This is far and away better,* Questo è di gran lunga migliore — *out and away,* oltre ogni dire — *right (straight) away,* subito; immediatamente.
II *agg (sport)* fuori casa: *It's an away match,* È una partita in trasferta.

awe [ɔ:] *s.* timore sacro; sgomento; paura; soggezione: *Savages often live in awe of nature,* I selvaggi hanno spesso un sacro terrore dei fenomeni naturali — *to stand in awe of sb,* aver soggezione di qcno — *awe-inspiring,* che incute timore; maestoso; solenne — *an awe-inspiring view,* un panorama, una visione solenne, maestosa — *awe-stricken (awe-struck),* atterrito; sgomento; in preda a timore reverenziale.

to **awe** [ɔ:] *vt* ispirare soggezione o timore; impaurire; sgomentare: *I was awed by his solemn words,* Mi ispirò soggezione con le sue solenni parole — *He awed them into obedience,* Li intimorì al punto da costringerli ad obbedirlo.

awesome ['ɔ:səm] *agg* terrificante; pauroso; che incute timore; *(più raramente)* imponente; maestoso; solenne.

awful ['ɔ:ful] *agg* **1** spaventoso; orribile; atroce; terribile; terrificante: *He died an awful death,* Morì in modo atroce — *His sufferings were awful to behold,* Le sue sofferenze erano spaventose a vedersi. **2** *(fam.)* orribile; pessimo; schifoso; abominevole: *What awful weather!,* Che tempaccio! — *What an awful bore!,* Che terribile seccatura! **3** (*USA, come avv.* = **awfully**) *I'm awful sorry,* Sono terribilmente spiacente. □ *avv* **awfully** ⇨.

awfully ['ɔ:fuli] *avv* terribilmente; tremendamente; *(fam.)* molto; moltissimo: *It has been awfully hot this week,* Questa settimana ha fatto terribilmente caldo — *I'm awfully sorry,* Sono spiacentissimo; Mi dispiace proprio molto — *Thanks awfully,* Mille grazie; Tante grazie.

awhile [ə'hwail] *avv (lett.)* per un po'; ancora un po' *(di tempo)*.

awkward ['ɔ:kwəd] *agg* **1** *(di oggetti, luoghi, ecc.)* malfatto; goffo; sgraziato; strano; scomodo; pericoloso; difficile; brutto; imbarazzante; delicato; inopportuno: *This is an awkward car to park,* Questa macchina non è facile da posteggiare — *The meeting was at 9 a.m. which was an awkward time for many people,*

L'incontro era per le 9 del mattino, un'ora scomoda per molti — *It's rather awkward that Brown should be unable to play this week,* È piuttosto brutto (spiacevole) che Brown non possa giocare questa settimana — *an awkward situation,* una situazione scomoda (imbarazzante, difficile, delicata). **2** *(di persona)* goffo; sgraziato; maldestro; imbarazzato: *The child is still awkward with his knife and fork,* Il bambino è ancora maldestro nell'usare coltello e forchetta — *I feel awkward about this, but...,* Questo mi mette in imbarazzo, ma... — *the awkward age,* l'età ingrata; gli 'anni difficili' *(dell'adolescenza)* — *an awkward customer, (fam.)* una persona difficile, intrattabile, poco maneggevole, fastidiosa.

□ **awkwardly** *avv* goffamente; in modo malaccorto; in modo imbarazzante; imbarazzato.

awkwardness ['ɔ:kwədnis] *s.* goffaggine; mancanza di tatto; inopportunità; imbarazzo; difficoltà.

awl [ɔ:l] *s.* punteruolo; lesina.

awning ['ɔ:niŋ] *s.* tenda; tendone *(davanti a negozio, sul ponte di navi, per riparare dal sole).*

awoke [ə'wouk] *pass di* **to awake.**

awry [ə'rai] *avv e agg predicativo* storto; di traverso: *Our plans have gone awry,* I nostri piani sono falliti.

axe [æks] *s.* (*USA* **ax**) ascia; accetta; scure: *ice axe,* piccozza — *pick-axe,* piccone. □ *to get the axe, (fam).* rimetterci la testa; essere licenziato — *to have an axe to grind, (fam.)* curare il proprio tornaconto; fare i propri interessi; tirare acqua al proprio mulino — *to apply the axe to public expenditure,* dare un taglio netto alla spesa pubblica; ridurre considerevolmente la spesa pubblica.

to **axe** [æks] *vt* dare un taglio netto; ridurre drasticamente *(spese, ecc.).*

axiom ['æksiəm] *s.* assioma.

axiomatic [,æksiə'mætik] *agg* assiomatico.

axis ['æksis] *s.* **1** asse *(vari sensi scientifici): the earth's axis,* l'asse terrestre. **2** *(fig.)* unione; base d'accordo politico: *the Axis,* l'Asse Berlino-Roma nella Seconda Guerra Mondiale — *Axis propaganda,* propaganda delle potenze dell'Asse.

axle ['æksl] *s.* asse *(di ruota, tra due ruote): axle-shaft,* semiasse — *axle tree,* assale — *dead axle,* asse portante.

ay (aye) [ai] *interiezione (dial. e naut.)* sì: *aye, aye, sir,* signorsì.

□ *s.* (*pl.* **ayes**) voto favorevole: *The ayes have it,* Hanno vinto i sì.

ayah ['aiə] *s. (in India, ecc.)* bambinaia; cameriera.

aye [ei] *avv (ant. e lett.)* sempre.

azalea [ə'zeiliə] *s.* azalea.

azimuth ['æziməθ] *s. (astronomia)* azimut: *azimuth difference,* parallasse.

Aztec ['æztek] *agg e s.* azteco.

[1]**azure** ['eiʒə*/'æʒə*] *agg* **1** *(poet.)* azzurro; azzurrino. **2** *(di cielo)* sereno; senza nuvole.

[2]**azure** ['eiʒə*/'æʒə*] *s.* **1** *(colore)* azzurro *(spec. araldica).* **2** lapislazzuli.

B

B, b [bi:] *s.* (*pl.* **B's, b's; Bs, bs**) **1** B, b *(seconda lettera dell'alfabeto inglese): B for Benjamin, (al telefono, ecc.)* B come Bologna. **2** *(mus.)* si *(nota): B flat,* si bemolle. **3** *(votazione)* inferiore all'ottimo; buono: *a B in English,* una votazione di B in inglese. □ *b---, (convenzione tipografica)* = **bastard, bloody, bugger,** *ecc.*

baa [bɑ:] *s.* belato: *baa-lamb,* agnellino o pecora *(nel linguaggio infantile).*

to **baa** [bɑ:] *vi* (*pass. e p. pass.* **baaed**) belare; fare il verso della pecora.

baas [bɑ:s] *s. (usato in Sud Africa: dall'olandese* = 'boss'*)* padrone.

babble ['bæbl] *s.* **1** balbettio; balbettamento. **2** chiacchiera; ciancia; discorso a vanvera. **3** *(di ruscello, ecc.)* mormorio.

to **babble** ['bæbl] *vi e t.* **1** balbettare; barbugliare; farfugliare. **2** cianciare; parlare a vanvera; bisbigliare *(un segreto): to babble (out) nonsense,* dire fesserie. **3** *(di ruscello, ecc.)* mormorare.

babbler ['bæblə*] *s.* chiacchierone; ciarlone.

babe [beib] *s.* **1** *(lett.)* bimbo; bimba: *babe in arms,* bambino (bambina) in braccio, in fasce. **2** persona estremamente ingenua. **3** *(USA, sl.)* bella ragazza; pupa.

Babel ['beibəl] *nome proprio* **1** Babele: *the Tower of Babel,* la torre di Babele. **2** *(con l'art. indeterminativo)* babele; confusione; caos rumoroso; frastuono: *What a babel!,* Che confusione! — *A babel of voices could be heard from the schoolroom,* Dall'aula proveniva una babele di voci.

baboo, babu ['bɑ:'bu:] *s.* **1** *(titolo indù)* signore. **2** impiegato indiano: *babu English, (spreg.)* inglese da impiegato indiano *(caratterizzato dall'uso di termini arcaici e da una certa confusione strutturale).*

baboon [bə'bu:n] *s.* babbuino.

baby ['beibi] *s.* **1** neonato; bimbo; bambino; neonata; bimba; bambina: *She has a baby boy (a baby girl),* Ha un maschietto (una femminuccia) — *to baby-sit,* sorvegliare un bambino; fare da 'babysitter' — *Which of you is the baby of the family?,* Chi di voi è il più giovane della famiglia? — *to hold (to carry) the baby, (fig., fam.)* incaricarsi di una cosa non gradita — *to be left holding (carrying) the baby, (fig., fam.)* essere lasciato nei guai. **2** *(USA, fam.)* bambina; bambola; ragazza; amorosa. □ *(attrib.)* - **a)** piccolo; minuscolo; 'mini': *baby car,* (auto) utilitaria — *baby grand,* pianoforte a mezza coda - **b)** da bambini; puerile; bambinesco; fanciullesco: *baby talk,* linguaggio puerile.

to **baby** ['beibi] *vt* trattare da bambino.

babyhood ['beibihud] *s.* prima infanzia.

babyish ['beibiʃ] *agg (spreg.)* puerile; bambinesco; immaturo.

Babylonian [,bæbi'lounjən] *agg e s.* babilonese.

babysitter ['beibi,sitə*] *s.* sorvegliante di bambini; 'babysitter'.

babysitting ['beibi,sitiŋ] *s.* sorveglianza di bambini.

bacchanal ['bækənæl] *s.* **1** baccante; seguace di Bacco; *(fig.)* chi è in preda ad ebbrezza dionisiaca; gaudente in preda ai fumi del vino; individuo ebbro. **2** baccanale; orgia; baldoria; festa dionisiaca.
□ *agg* bacchico; dionisiaco; orgiastico; sfrenato: *a bacchanal feast,* una festa bacchica (orgiastica, sfrenata); un'orgia.

bacchanalian [,bækə'neiljən] *agg* bacchico; dionisiaco; orgiastico; sfrenato.

baccy ['bæki] *s. (fam.)* tabacco.

bachelor ['bætʃələ*] *s.* **1** celibe; scapolo; non sposato: *bachelor girl, (attrib.)* ragazza nubile e indipendente. **2** uomo o donna che ha conseguito nei paesi anglosassoni il primo grado accademico; dottore; laureato: *Bachelor of Arts (Science),* laureato in lettere (in scienze).
□ *(come agg. attrib.)* di scapolo; per scapoli: *bachelor flats,* appartamenti per persone non sposate.

bacillus [bə'siləs] *s.* bacillo.

[1]**back** [bæk] *s.* **1** schiena; spalle; dorso *(del corpo umano, di un libro, ecc.);* groppa *(di cavallo, ecc.);* schienale *(di sedia, ecc.): to lie on one's back,* sdraiarsi sulla schiena; stare (giacere) supino — *to break one's back,* rompersi la schiena — *to break the back of sth,* fare la parte più importante, il grosso di qcsa *(p.es. di un lavoro)* — *to break sb's back,* ammazzare qcno di lavoro — *back-ache,* mal di schiena — *to turn one's back on sb,* voltar la schiena a qcno (per disprezzo); piantarlo in asso — *to be with one's back to the wall,* essere con le spalle al muro — *at the back of,* dietro a — *to be at the back of sb,* stare alle spalle di qcno; sostenere qcno stando nell'ombra — *He knows that he has the head of the Department at his back,* Sa di avere l'appoggio del capo sezione — *to do (to say) sth behind sb's back,* fare (dire) qcsa dietro le spalle di qcno, a sua insaputa — *to put one's back into sth,* mettercela tutta in qcsa — *to put (to get, to set) sb's back up,* fare arrabbiare qcno; mandar qcno su tutte le furie — *to give a back; to make a back,* piegarsi; curvare la schiena *(spec. nel gioco del saltamontone)* — *to be glad to see the back of sb,* essere felice di vedere qcno andarsene — *to be on one's back,* essere a letto ammalato — *the back of beyond,* un posto completamente fuori mano.
2 rovescio; retro; parte posteriore: *You can't cut with the back of the knife,* Non puoi tagliare col rovescio del coltello — *You mustn't write the address of an envelope on the back,* Non si deve scrivere l'indirizzo sul retro della busta — *a room in the back of the house,* una stanza nel retro.
3 fondo; sfondo: *the back of the stage* (⇨ **backstage**), il fondale (del palcoscenico).
4 *(gioco del calcio)* difensore: *half-back,* mediano — *full-back,* terzino.

[2]**back** [bæk] *avv* **1** indietro; addietro *(luogo e tempo): Stand back, please,* State indietro, per favore — *The police held the crowd back,* La polizia tenne indietro la folla — *some years back,* alcuni anni addietro; qualche anno fa — *to go back on (back upon) one's*

word, rimangiarsi la parola; non mantenere una promessa.

2 a posto; nella posizione o condizione di prima; a casa; di ritorno: *Put the dictionary back on the shelf,* Rimetti il dizionario sullo scaffale — *We shall be back before dark,* Saremo di ritorno prima di sera — *back and forth,* avanti e indietro.

□ *in back of, (USA)* = **behind.**

³**back** [bæk] *agg* **1** posteriore: *the back door of a house,* la porta posteriore di una casa; la porta di servizio — *the back wheels of a car,* le ruote posteriori di un'automobile — *back-room boys, (fam., collettivo)* esperti; tecnici; scienziati — *to take a back seat, (fig.)* accontentarsi di una posizione secondaria — *a back-seat driver, (fam.)* chi dà consigli al guidatore standosene nel sedile posteriore; *(per estensione)* chi dà consigli da una posizione protetta e senza responsabilità — *back streets,* vicoli stretti *(contigui a strade principali);* vie secondarie — *back-formation,* creazione di parola nuova da una già esistente *(p.es.* to televise *da* television*)* — *back-slang,* gergo in cui le parole vengono pronunciate all'incontrario *(p.es.* xob *per* box*).*

2 arretrato; scaduto: *to pay back rent,* pagare l'affitto arretrato — *back number,* - **a)** numero arretrato *(di rivista, giornale non più in vendita)* - **b)** *(fig.)* cosa superata, fuori moda.

3 *(fonetica)* velare; gutturale.

□ *back-blocks, (in Australia)* terreni lontani da zone costiere, ferrovie, fiumi e di conseguenza scarsamente popolati — ⇨ *anche* **backache, backbencher, backbone, background, backlog,** *ecc.*

to **back** [bæk] *vt e i.* **1** indietreggiare; fare indietreggiare; far marcia indietro: *The horse backed suddenly,* Il cavallo indietreggiò all'improvviso — *He backed the car into (o out of) the garage,* Fece entrare (uscire) la macchina nel garage a marcia indietro — *The wind backed,* Il vento cambiò direzione *(in senso antiorario)* — *to back water,* invertire la direzione della barca; sciare.

2 *(spesso seguito da* up*)* sostenere; appoggiare; garantire: *to back (up) a friend in an argument or quarrel,* sostenere un amico in una discussione o in un litigio — *Our products are backed by 30 years' experience,* I nostri prodotti sono garantiti da 30 anni d'esperienza — *to back a bill,* avallare una cambiale.

3 scommettere; puntare su *(spec. cavalli): The favourite was heavily backed,* Sul favorito si fecero molte puntate — *to back a winner,* puntare su un cavallo vincente *(anche fig.).*

4 mettere una fodera, un rivestimento, un fondo: *backed with foam rubber,* rivestito di gomma piuma.

5 *(naut.)* appennellare (l'ancora); bracciare le vele; portare a fileggiare le vele: *to back and fill,* bordeggiare; navigare a zig-zag — *to back a sail,* tenere una vela spiegata.

to back down, rinunciare; recedere; far marcia indietro *(fig.): He has backed down from the position he took last week,* Ha fatto marcia indietro dalla posizione presa la settimana scorsa.

to back into ⇨ **1** *sopra.*

to back off, *(mecc.)* tornire a spoglia; spogliare.

to back on to (onto), essere situato dietro a: *Their house backs on to our garden,* La loro casa è situata dietro al nostro giardino.

to back out (of sth) - **a)** ⇨ **1** *sopra* - **b)** tirarsi indietro: *He promised to help me and then he backed out,* Promise di aiutarmi e poi si è tirato indietro.

to back up - **a)** ⇨ **2** *sopra* - **b)** *(di acqua)* rigurgitare.

backache ['bækeik] *s.* mal di schiena.

backband ['bæk'bænd] *s.* portastanghe.

backbencher ['bæk'bentʃə*] *s. (GB)* membro della Camera dei Comuni senza incarico ministeriale.

to **backbite** ['bækbait] *vt* sparlare; parlar male di (qcsa o qcno).

backbiter ['bækbaitə*] *s.* calunniatore; maldicente.

backbiting ['bækbaitiŋ] *s.* maldicenza; calunnia.

backbone ['bækboun] *s.* spina dorsale *(anche fig.): Such men are the backbone of the country,* Uomini di questo genere sono la spina dorsale della nazione — *He hasn't enough backbone,* Non ha abbastanza spina dorsale — *... to the backbone,* completamente; da cima a fondo; fino alla punta dei capelli; fino al midollo.

backbreaking ['bækbreikiŋ] *agg (di lavoro)* pesante; estenuante; logorante.

backchat ['bæktʃæt] *s.* osservazione impertinente; insolenza.

backcloth ['bækklɔθ] *s.* fondale.

to **back-comb** ['bæk'koum] *vt* cotonare; accotonare.

to **backdate** ['bæk'deit] *vt* risalire *(di data);* retrodatare.

backdoor ['bæk'dɔ:*] *agg (da* back door, *porta posteriore)* segreto; clandestino: *a backdoor influence,* una influenza segreta.

backdown ['bækdaun] *s. (fig.)* marcia indietro; ritrattazione.

-backed [bækt] *agg (nei composti)* dal dorso...; dalla schiena...; dalle spalle...: *stiff-backed,* dalla schiena rigida — *broad-backed,* dalle spalle larghe.

backend ['bæk'end] *s. (GB)* tardo autunno.

backer ['bækə*] *s.* **1** scommettitore *(spec. di cavalli).* **2** sostenitore *(p.es. di partito politico).*

backfire ['bæk'faiə*] *s.* accensione anticipata *(nei motori a scoppio).*

to **backfire** ['bæk'faiə*] *vi* **1** produrre un'accensione anticipata. **2** *(fig.)* fallire: *The plot backfired,* Il complotto ebbe una svolta inattesa (fallì).

backgammon [bæk'gæmən] *s.* tric-trac; sbaraglio.

background ['bækgraund] *s.* **1** sfondo *(di panorama, scena, quadro).* **2** *(fig.)* ambiente; bagaglio di esperienze passate; 'background'; *(fig.)* retroterra culturale. **3** *(fig.)* oscurità; ombra: *to be (to keep, to stay) in the background,* essere (tenersi, restare) nell'ombra. **4** antefatto; precedenti. **5** effetti di fondo *(musica, rumori, ecc., al cinema, radio, ecc.): background music,* commento musicale; sfondo musicale.

backhand ['bæk'hænd] *agg* dato col dorso della mano o nel verso sbagliato: *a backhand stroke, (tennis)* un colpo di rovescio.

backhanded ['bæk'hændid] *agg* ambiguo; sarcastico; a doppio taglio: *a backhanded compliment,* un complimento ambiguo.

backhander ['bæk'hændə*] *s.* colpo di rovescio.

backing ['bækiŋ] *s.* **1** aiuto; sostegno; appoggio *(anche fig.).* **2** *(con l'art. indeterminativo)* sostenitori; seguaci: *The new leader has a large backing,* Il nuovo capo gode di un vasto seguito. **3** rinforzo posteriore. **4** rivestimento *(di poltrone, divani, ecc.).* **5** arretramento; marcia indietro.

backlash ['bæklæʃ] *s.* **1** *(di molla)* scatto; *(di ingranaggi)* gioco; lasco. **2** *(fig.)* reazione violenta *(spec. politico-sociale).*

backless ['bæklis] *agg* senza schiena; senza dorso *(detto di vestito).*

backlog ['bæklɔg] *s.* cumulo di lavoro arretrato.

backmost ['bækmoust] *agg* il più indietro possibile.

to **backpedal** [,bæk'pedl] *vi* (-**ll**-) **1** pedalare all'indietro. **2** *(fig.)* far marcia indietro.

backsheesh ['bækʃi:ʃ] *s.* ⇨ **baksheesh**.

backside [,bæk'said] *s.* *(fam.)* sedere; culo *(volg.)*: *a kick in the backside,* un calcio nel sedere.

to **backslide** [,bæk'slaid] *vi* (*pass. e p. pass.* **backslid**) ricadere nei vizi; perdere la fede, il senso morale; ricadere in basso.

backstage ['bæk'steidʒ] *avv* dietro le scene; nel retroscena: *I was taken backstage by the leading actor,* Fui portato dietro le scene dal primo attore — *the backstage life,* la vita dell'attore quando non è sulla scena (la sua vita privata).

backstairs [bæk'stɛəz] *s.* scala di servizio.
□ *agg backstair(s),* segreto; clandestino: *backstair(s) influence,* un'influenza segreta.

backstays ['bæksteiz] *s.* paterazzo.

backstroke ['bæk'strouk] *s.* **1** contraccolpo. **2** manrovescio. **3** *(mecc.)* corsa di ritorno. **4** nuoto sul dorso.

backsword ['bæksɔ:d] *s.* sciabola.

backtalk ['bæktɔ:k] *s.* risposta impertinente; insolenza.

to **backtrack** ['bæktræk] *vt* tornare (indietro) sui propri passi.

backward ['bækwəd] *agg* **1** volto indietro. **2** *(fig., di persona)* arretrato; 'indietro'; tardo di mente; *(di stagione, raccolta, ecc.)* tardivo; in ritardo. **3** riluttante; esitante.

backwardness ['bækwədnis] *s.* **1** arretratezza; tardività. **2** riluttanza.

backward(s) ['bækwəd(z)] *avv* indietro; all'indietro; a ritroso: *backwards and forwards,* avanti e indietro.

backwash ['bækwɔʃ] *s.* ondata di ritorno *(spec. sulla scia di una nave).*

backwater ['bækwɔ:tə*] *s.* **1** acqua morta (di un fiume). **2** *(fig.)* posto tranquillo, un po' fuorimano; *(per estensione)* letargo mentale.

backwoods ['bæk,wudz] *s. pl* foreste selvagge *(spec. dell'America Settentrionale).*

backwoodsman [,bæk'wudzmən] *s.* *(pl.* **backwoodsmen**) **1** abitante di foreste selvagge. **2** *(fig.)* chi conduce vita ritirata, lontano dalle città. **3** *(GB)* membro del Parlamento che partecipa raramente alle sedute della Camera *(spec. quella dei Pari).*

bacon ['beikən] *s.* tipo di pancetta o prosciutto grasso *(salato o talvolta affumicato),* da servire caldo. □ *to save one's bacon, (fam.)* salvare la pelle — *to bring home the bacon, (fam.)* riuscire in un'impresa.

bacterial [bæk'tiəriəl] *agg* batterico.

bacteriological [bæk,tiəriə'lɔdʒikəl] *agg* batteriologico.

bacteriologist [bæk,tiəri'ɔlədʒist] *s.* batteriologo.

bacteriology [bæk,tiəri'ɔlədʒi] *s.* batteriologia.

bacterium [bæk'tiəriəm] *s.* (*pl.* **bacteria**) batterio.

[1]**bad** [bæd] *agg* (**worse, worst**) **1** cattivo; spiacevole; sgradevole: *We've had bad news,* Abbiamo avuto cattive notizie — *There's a bad smell here,* C'è un odore sgradevole qui — *What bad weather we're having!,* Che brutto tempo abbiamo! — *He's in a bad temper,* È di cattivo umore — *He's in a bad way,* È in cattivo stato — *in bad, (USA, fam.)* in disgrazia — *He is in bad with the boss,* È in disgrazia col principale.

2 immorale; malo; brutto: *He leads a bad life,* Conduce una vita immorale — *to act in bad faith,* agire in mala fede — *with bad grace,* con mala grazia — *bad language,* turpiloquio; linguaggio blasfemo, offensivo, sconcio — *a bad word,* una parola oscena, blasfema — *to call sb bad names,* insultare qcno.

3 scadente; scorretto: *His pronunciation of English is bad,* La sua pronuncia inglese è scorretta (cattiva) — *What a bad translation!,* Che traduzione scadente!; Che brutta traduzione! — *He speaks bad English,* Parla un inglese scorretto.

4 guasto; marcio: *The egg was bad and smelt horrible,* L'uovo era marcio e puzzava terribilmente — *to go bad,* andare a male; guastarsi *(di cibi).*

5 serio; forte; grave: *That was a bad mistake,* Quello fu un grave errore — *He had a bad headache,* Ha avuto un forte mal di capo — *He has had a bad accident,* Ha avuto un grave incidente — *to have got it bad, (sl.)* cascarci — *Poor Jack! He's really got it bad!,* Povero Jack, c'è cascato!

6 *(seguito da* for*)* dannoso; nocivo: *They say that smoking is bad for the health,* Si dice che il fumo sia dannoso per la salute — *Very small print is bad for the eyes,* I caratteri di stampa molto piccoli nuociono alla vista.

7 malato: *a bad finger,* un dito malato — *She feels bad today,* Si sente male oggi — *She was taken bad during the night, (fam.)* Si sentì male durante la notte.

8 *(fam.)* spiacente: *He felt bad about his error,* Era spiacente del suo errore.
□ *bad law, (dir.)* sentenza ritenuta non vincolante — *not bad (not so bad), (fam.)* abbastanza buono; abbastanza bene; non male — *a bad business (job), (fam.)* un affare sfortunato; un cattivo affare — *a bad debt,* un debito insoluto — *to go from bad to worse,* andare di male in peggio — *a bad lot (egg, hat),* un buonannulla; un poco di buono — *a bad shot, (fig.)* una congettura sbagliata. □ *avv* **badly** ⇨.

[2]**bad** [bæd] *avv (forma impropria per* **badly**, *comune in USA)* male; gravemente: *He got hit bad,* È stato colpito gravemente.

[3]**bad** [bæd] *s.* male: *to take the bad with the good,* accettare la buona e la cattiva sorte — *to go to the bad,* darsi alla mala vita; rovinarsi — *... to the bad,* ... in perdita — *I am 50 pounds to the bad,* Sono in perdita di 50 sterline.

baddie ['bædi] *s.* *(fam., un po' infantile)* 'cattivo' *(nei films gialli, nei westerns, ecc.).*

bade [bæd/beid] *pass di* **to bid**.

badge [bædʒ] *s.* **1** distintivo; insegna; gallone. **2** emblema; simbolo; segno: *Chains are a badge of slavery,* Le catene sono simbolo di schiavitù.

badger ['bædʒə*] *s.* *(zool.)* tasso.

to **badger** ['bædʒə*] *vt* tormentare; molestare; insistere: *Tom has been badgering his uncle to buy him a camera,* Tom ha continuato a molestare suo zio che gli comprasse una macchina fotografica — *I was badgered into doing what she wanted,* Mi tormentò a tal punto che alla fine feci ciò che lei voleva.

badinage ['bædinɑ:ʒ] *s.* scherzo; burla; schermaglia scherzosa.

badly ['bædli] *avv* **1** male; malamente: *badly made,* mal fatto. **2** gravemente; seriamente: *They were badly beaten,* Furono clamorosamente battuti. **3** intensamente: *She wants it badly,* Lo vuole moltissimo — *to be badly in need of sth,* avere assoluta necessità di qcsa. □ *to be badly off,* - **a)** essere in cattivo stato - **b)** essere povero, squattrinato.

badminton ['bædmintən] *s.* **1** gioco del volano. **2** bevanda di vino rosso, zucchero e seltz.

badness ['bædnis] *s.* **1** cattiveria. **2** bruttezza; cattiva qualità. **3** inclemenza.

baffle ['bæfl] *s.* deflettore; diaframma; schermo: *a baffle wall,* una parete antiacustica.

to **baffle** ['bæfl] *vt* **1** confondere; lasciar perplesso; sconcertare; eludere: *One of the examination* *questions baffled me completely,* Una delle domande d'esame mi disorientò — *They succeeded in baffling the enemy,* Riuscirono a confondere il nemico. **2** ostacolare; frustrare; impedire; render vano: *They were baffled in their attempt,* Il loro tentativo fu reso vano — *The scene baffled all description,* La scena superava ogni descrizione (era indescrivibile) — *a baffling face,* una faccia impenetrabile — *baffling winds,* venti variabili *(che impediscono di tenere la rotta).*

bag [bæg] *s.* **1** borsa; sacchetto: *paper bag,* sacchetto di carta — *money-bag,* borsa, sacchetto dei soldi — *hand-bag,* borsetta *(da signora)* — *vanity-bag,* borsetta elegante *(da sera, da teatro, ecc.)* — *travelling-bag,* borsa da viaggio — *kit-bag,* zaino; sacco militare — *sea-bag,* zaino da marinaio — *sleeping-bag,* sacco a pelo — *tool-bag,* borsa degli arnesi — *wind-bag, (fig.)* ciarlone — *bag and baggage, (fig.)* armi e bagagli — *a bag of bones, (fig.)* un sacco di ossa; pelle e ossa — *the whole bag of tricks, (fam.)* tutto l'occorrente *(per fare qcsa);* tutto l'insieme — *to let the cat out of the bag, (fig.)* lasciarsi scappare un segreto. **2** carniere; cacciagione; selvaggina uccisa: *They secured a good bag,* Presero molta cacciagione — *to be in the bag, (fam.)* essere già nel sacco (nel carniere); essere cosa sicura; essere cosa fatta — *The election is in the bag,* La vittoria elettorale è cosa fatta. **3** *(GB, fam.: al pl.)* calzoni; pantaloni; brache. **4** *(fam.: al pl., ma con il verbo al sing.)* **bags of,** un sacco di; moltissimo: *There's bags of room,* C'è un sacco di spazio; C'è tutto lo spazio che vuoi — *He has bags of money,* Ha un sacco di denaro. **5** *(fam.)* borsa; gonfiore sotto gli occhi. **6** *(di animale)* cavità; sacco; vescica; mammella. **7** *(sl., spreg.) old bag,* vecchia strega.

to **bag** [bæg] *vt e i.* **(-gg-) 1** mettere in una borsa, in un sacco; insaccare: *to bag (up) wheat,* insaccare il frumento. **2** *(di cacciatore)* mettere in carniere; prendere; abbattere: *They bagged nothing except a couple of rabbits,* Non presero che due conigli. **3** *(fam.)* intascare; mettere nel sacco; far sparire; appropriarsi; impadronirsi di; accaparrarsi; arraffare; rubacchiare: *Who has bagged my matches?,* Chi mi ha preso i fiammiferi? — *She bagged the most comfortable chair,* Si accaparrò la sedia più comoda — *(GB: sl. scolaresco) Bags I!,* A me per primo! **4** gonfiarsi; essere cascante; pendere; fare le borse: *trousers that bag at the knees,* calzoni che fanno le borse alle ginocchia.

bagatelle [,bægə'tel] *s.* **1** bagatella; inezia: *a mere bagatelle,* una cosa da nulla; un'inezia. **2** biliardino *(con dei fori sul piano di giuoco al posto delle buche angolari e laterali).*

baggage ['bægidʒ] *s.* **1** *(spec. USA)* bagaglio: *baggage check, (negli aeroporti)* scontrino (tagliando) per il bagaglio. **2** *(mil.)* salmeria; bagaglio: *baggage animals,* animali da soma, da carico o da tiro — *baggage train,* salmerie. **3** *(ant.)* prostituta; bagascia. **4** *(fam., scherz.)* bricconcella; ragazzina sfrontata: *You little baggage!,* Bricconcella che non sei altro!

baggy ['bægi] *agg* rigonfio; sformato; floscio; che fa le borse: *baggy trousers,* pantaloni sformati — *baggy skin under the eyes,* borse sotto agli occhi; occhiaie gonfie.

bagman ['bægmən] *s.* *(pl.* **bagmen**) *(GB, fam.)* commesso viaggiatore.

bagpipes ['bægpaips] *s. pl* zampogna; cornamusa.

bags [bægz] *s. pl* ⇨ **bag 3** *e* **4.** □ *voce verbale* ⇨ **to bag 3.**

bah [bɑ:] *interiezione* bah!; ohibò!

[1]**bail** [beil] *s. (dir.)* cauzione; somma fornita come garanzia *(per avere la libertà provvisoria): to go bail for sb,* pagare la cauzione per qcno — *to be out on bail,* essere in libertà provvisoria *(su cauzione)* — *to surrender to one's bail,* comparire in processo *(dopo aver usufruito di libertà provvisoria)* — *to forfeit one's bail,* perdere la cauzione *(non presentandosi al processo)* — *to refuse bail,* rifiutare la domanda di libertà provvisoria — *I'll go bail for that, (fig.)* Mi rendo garante io di questo.

[1]to **bail** [beil] *vt* **1** *(ant.)* liberare su cauzione. **2** far ottenere (a qcno) la libertà provvisoria pagando la cauzione: *to bail sb out,* ottenere la scarcerazione di qcno dietro pagamento di cauzione. **3** affidare merci in consegna o deposito.

[2]**bail** [beil] *s. (nel gioco del cricket)* una delle due sbarrette poste sopra i tre picchetti *(stumps)* che formano la porta *(wicket).*

[2]to **bail** [beil] *vt* gettare fuori l'acqua da una barca: *to bail water out; to bail (out) the boat,* svuotare la barca dell'acqua.
□ *vi (seguito da* out*)* ⇨ [2]**to bale.**

bailey ['beili] *s.* corte; muro esterno di un castello: *the Old Bailey,* l'Old Bailey *(il principale tribunale penale di Londra).*

bailiff ['beilif] *s.* **1** *(stor.)* aiutante dello sceriffo. **2** amministratore o fattore di una tenuta agricola.

bailiwick ['beiliwik] *s. (generalm. stor.)* distretto o ufficio di bailiff.

bailor, bailee [bei'lɔ:/bei'li:] *s.* comodante; comodatario; depositante; depositario.

bain-marie ['bein'mɑ:ri] *s. (fr.)* bagnomaria.

bairn ['bɛərn] *s. (in Scozia e nell'Inghilterra settentrionale)* bambino; bambina.

bait [beit] *s.* **1** esca: *live bait,* esche vive — *The fish took (swallowed) the bait,* Il pesce abboccò. **2** *(fig.)* lusinga; tentazione; allettamento; adescamento; trappola: *to rise to the bait, (fig.)* abboccare.

to **bait** [beit] *vt e i.* **1** munire *(l'amo, una trappola)* di esca; adescare: *to bait a hook with a worm,* mettere un'esca (un verme) all'amo; *(fig.)* lusingare; allettare. **2** *(ant.)* mangiare o dar da mangiare *(a cavalli durante una sosta);* fermarsi a una locanda. **3** aizzare; incitare: *bear- (bull-) baiting, (stor.)* combattimento di cani contro orsi (tori) — *to bait a bear with dogs,* aizzare i cani contro un orso (incatenato).

baiting ['beitiŋ] *s.* ⇨ **to bait 3.**

baize [beiz] *s.* panno di lana pesante *(solitamente verde, usato per ricoprire tavoli da gioco, ecc.): a baize-covered door,* una porta ricoperta di panno — *green baize,* tappeto verde.

to **bake** [beik] *vt e i.* **1** cuocere al forno; cuocersi: *The bread is baking (is being baked),* Il pane è in cottura — *baking day,* giorno di cottura — *half-baked, (agg.)* crudo; *(fig.)* immaturo; inesperto; mezzo scemo — *baking-hot,* caldissimo; caldo di forno — *a baking hot day,* una giornata torrida — *baking-powder,* lievito in polvere. **2** *(per effetto del calore)* indurire, indurirsi; seccare, seccarsi; disseccarsi: *The sun baked the ground hard,* Il sole indurì il terreno — *Bricks and earthenware articles are baked in kilns,* I mattoni e le terraglie vengono cotti nelle fornaci. **3** abbronzarsi: *We are baking in the sun,* Stiamo abbrustolendoci al sole.

bakehouse ['beikhaus] *s.* forno; panificio.

bakelite ['beikəlait] *s.* bachelite.

baker ['beikə*] *s.* fornaio; panettiere. □ *a baker's dozen, (fam.)* tredici.

bakery ['beikəri] *s.* forno; panificio; panetteria; negozio del pane.

baking ['beikiŋ] *agg* ⇨ **to bake.**

baksheesh ['bækʃi:ʃ] *s. (in Medio Oriente)* mancia: *The porter expects baksheesh from you,* Il portabagagli si aspetta una mancia da te.

Balaclava helmet [,bælə'klɑ:və 'helmit] *s. (stor. mil.)* passamontagna.

balance ['bæləns] *s.* **1** bilancia. **2** equilibrio; bilico: *to keep one's balance,* tenersi in equilibrio; tenersi in bilico; *(fig.)* mantenere la calma; dominarsi — *to throw sb off his balance,* far perdere l'equilibrio a qcno; far cadere qcno; *(fig.)* sconvolgere qcno — *balance of power,* equilibrio delle forze *(politiche)* — *to hold the balance, (fig.)* avere il potere di decidere; essere l'ago della bilancia; essere l'arbitro di una situazione — *to be (to hang) in the balance, (fig.)* essere ancora incerto — *to strike a balance, (fig.)* trovare una soluzione o un compromesso ragionevole per le due parti. **3** *(di orologio, anche* balance wheel*)* bilanciere. **4** *(in pittura, ecc.)* proporzione; armonia; equilibrio: *a picture lacking in balance,* un dipinto che manca di armonia. **5** *(comm.)* bilancia; bilancio; pareggio; conguaglio: *balance sheet,* bilancio; prospetto del dare e dell'avere; bilancio di esercizio; bilancio annuale; stato patrimoniale — *balance of trade,* bilancia commerciale con l'estero; bilancia delle importazioni-esportazioni — *balance of payments,* bilancia dei pagamenti — *on balance,* a conti fatti; tutto sommato. **6** *(comm.)* resto; rimanenza; saldo; differenza a saldo: *credit (debit) balance,* saldo a credito (a debito) — *balance to be paid within one week,* rimanenza da saldarsi entro una settimana — *balance in hand,* saldo attivo. **7** *(fam.) the balance,* il rimanente *(di qualsiasi cosa);* ciò che resta.

to **balance** ['bæləns] *vt e i.* **1** bilanciare, bilanciarsi; tenere o tenersi in equilibrio; controbilanciare: *Can you balance a stick on the end of your nose?,* Sei capace a far stare in equilibrio un bastone sulla punta del naso? — *How long can you balance (yourself) on one foot?,* Quanto tempo riesci a stare in equilibrio su un piede solo? **2** *(fig.)* pesare; soppesare; valutare; ponderare. **3** *(comm.)* pareggiare; conguagliare; saldare: *to balance the budget,* pareggiare il bilancio preventivo — *My accounts balance,* I miei conti tornano. **4** *(di cibi, ecc.)* equilibrare; integrare; compensare; dosare: *a balanced diet,* una dieta equilibrata — *a well-balanced person,* una persona equilibrata.

balconied ['bælkənid] *agg* fornito di balcone; con loggia: *a balconied house,* una casa con loggia.

balcony ['bælkəni] *s.* **1** balcone; loggia; terrazzino. **2** *(teatro)* balconata; prima galleria.

bald [bɔ:ld] *agg* **1** calvo; pelato; *(di uccello)* spelacchiato; *(spec. di cavalli)* con macchia bianca sulla fronte; *(di colle, ecc.)* spoglio; nudo; pelato: *bald at the temples,* stempiato — *bald eagle,* aquila nordamericana — *bald-head; bald-pate,* (un) calvo; (una) testa pelata — *to go at it bald-headed, (fam.)* mettercela tutta, rischiando il tutto per il tutto; buttarsi allo sbaraglio. **2** *(fig.)* scialbo; disadorno; senza ornamenti; schietto; preciso *(di stile): a bald statement of the facts,* un crudo resoconto dei fatti. □ *avv* ⇨ **baldly.**

balderdash ['bɔ:ldə,dæʃ] *s.* sciocchezza; sciocchezze; ciancia; ciance; sproloquio.

baldly ['bɔ:ldli] *avv (fig.)* nudamente; poveramente; schiettamente: *speaking baldly,* parlando senza peli sulla lingua; in parole semplici — *to put it baldly,* per dirla in parole povere.

baldness ['bɔ:ldnis] *s.* **1** calvizie. **2** *(fig.)* nudità; semplicità; immediatezza.

baldric ['bɔ:ldrik] *s.* balteo.

[1]**bale** [beil] *s.* balla: *Cloth is packed in bales,* La tela si imballa.

[1]to **bale** [beil] *vt* imballare.

[2]**bale** [beil] *s. (ant. e lett.)* male.

[2]to **bale, to bail** [beil] *vi (seguito da* out*)* gettarsi con il paracadute *(da aereo in avaria, ecc.).*

baleful ['beilful] *agg* malefico; sinistro; pericoloso. □ *avv* **balefully.**

balk, baulk [bɔ:k] *s.* **1** asse di legno. **2** intoppo; ostacolo.

to **balk, to baulk** [bɔ:k] *vt e i.* **1** ostacolare; intralciare; impedire; sventare: *to balk sb's plans,* ostacolare (sventare) i piani di qcno — *to balk sb of his prey,* impedire a qualcuno di impossessarsi della sua preda — *to be balked in one's purpose,* essere ostacolato nei propri propositi. **2** *(spec. di cavallo, ma anche fig., di persona)* recalcitrare; rifiutare di andare avanti; arrestarsi; esitare; opporsi: *The horse balked at the hedge,* Il cavallo si impennò davanti alla siepe — *Her husband balked at the idea of buying her another fur coat,* Suo marito si oppose all'idea di comperarle un'altra pelliccia. **3** evitare *(un argomento);* tirarsi indietro *(da un dovere);* trascurare.

Balkan ['bɔ:lkən] *agg* balcanico.

[1]**ball** [bɔ:l] *s.* **1** palla; pallone; globo; sfera: *tennis-ball,* palla da tennis — *cricket-ball,* palla da cricket — *to play ball,* giocare a palla, a pallone; *(fam., fig.)* cooperare; collaborare. **2** *(in alcuni giochi)* punto; colpo; *(al cricket, al baseball)* lancio: *no ball, (al cricket)* lancio della palla ritenuto non valido — *a foul ball,* un colpo, un lancio irregolare. **3** gomitolo; cosa rotonda; parte rotondeggiante *(di qcsa): a ball of wool (of string),* un gomitolo di lana (di spago) — *snow-ball,* palla di neve — *a meat-ball,* una polpetta di carne — *the ball of the thumb,* il polpastrello del pollice — *the ball of the foot,* la protuberanza sotto l'alluce. **4** proiettile; palla; pallottola: *cannon ball,* palla da cannone — *ball-cartridge,* cartuccia a pallottola *(non a salve).* **5** *(volg., al pl.)* testicoli. **6** *(volg., al pl., spesso come interiezione)* balle; fandonie; frottole. □ *three balls,* le tre palle *(l'insegna del Monte di Pietà)* — *ball-bearings,* cuscinetti a sfera — *ball cock,* galleggiante — *ball-pen; ball-point pen,* penna a sfera; 'biro' — *ball and chain,* palla a catena *(dei forzati); (scherz.)* moglie — *to start (to set) the ball rolling, (fig.)* iniziare; dar principio *(a una faccenda, a una conversazione, ecc.)* — *to keep the ball rolling, (fig.)* mandare avanti la baracca; tener viva la conversazione — *to have the ball at one's feet, (fig.)* avere il successo a portata di mano — *The ball is in your court; The ball is with you,* Tocca a te ora; È il tuo turno.

to **ball** [bɔ:l] *vt e i.* appallottolare, appallottolarsi. □ *(USA, sl.) balled up, (GB, volg.* ballsed up*)* pasticciato; sballato; tutto confuso.

[2]**ball** [bɔ:l] *s.* ballo; danza: *ball-dress,* vestito, costume da ballo — *ball-room,* sala da ballo.

ballad ['bæləd] *s.* ballata *(spec. poesia narrativa popolare del Medio Evo).*

ballade [bæ'lɑ:d] *s.* ballata; componimento poetico o musicale.

ballast ['bæləst] *s.* **1** zavorra: *in ballast, (di nave)* in zavorra; senza carico. **2** *(fig.)* equilibrio; fermezza; stabilità *(di temperamento, ecc.).* **3** pietrisco *(di massicciata).*

to **ballast** ['bæləst] *vt* **1** zavorrare; inzavorrare; caricare di zavorra. **2** *(fig.)* consolidare; rendere sicuro, fermo. **3** fare la massicciata a *(una strada, ecc.).*

ballet ['bælei] *s.* balletto *(spettacolo e corpo di ballo): a member of the ballet,* un componente del balletto — *ballet-dancer,* danzatore classico; danzatrice classica — *ballet-skirt,* gonnellino da danzatrice; tutù.

ballistic [bə'listik] *agg* balistico: *intercontinental ballistic missile,* missile a gittata intercontinentale.

ballistics [bə'listiks] *s. (col v. al sing.)* balistica.

ballocks ['bɔləks] *s. pl* ⇨ **bollocks.**

balloon [bə'lu:n] *s.* **1** pallone aerostatico; mongolfiera; *(anche* toy-balloon*)* palloncino: *captive balloon,* pallone frenato *(per ricognizione topografica, ecc.)* — *balloon barrage,* sbarramento di palloni frenati — *barrage balloon,* pallone di sbarramento antiaereo — *sounding balloon,* pallone sonda — *balloon-tyre,* pneumatico a bassa pressione e di larga sezione *(per veicoli speciali).* **2** *(nei giornali)* fumetto. **3** grande bicchiere da cognac. □ *Then the balloon went up, (fig.)* Allora scoppiò la bomba.

to **balloon** [bə'lu:n] *vt e i.* **1** gonfiare, gonfiarsi. **2** viaggiare in pallone.

balloonist [bə'lu:nist] *s.* aeronauta; pilota di pallone aerostatico; aerostiere.

ballot ['bælət] *s.* **1** *(anche* ballot paper*)* scheda *(per la votazione);* palla; pallottola: *ballot-box,* urna. **2** scrutinio; votazione *(quasi sempre segreta): by ballot,* allo scrutinio; a mezzo scrutinio — *to take a ballot,* decidere attraverso votazione; passare ai voti — *second ballot,* ballottaggio. **3** numero dei voti riportati; elenco dei candidati; lista da votare.

to **ballot** ['bælət] *vi* votare *(a scrutinio segreto);* tirare a sorte: *to ballot for precedence,* votare per stabilire l'ordine di precedenza *(di lavori o interpellanze parlamentari).*

ballsed up ['bɔ:lzdʌp] *agg* ⇨ **to ball.**

balls-up ['bɔlzʌp] *s.* (*volg., da* **¹ball 5** *e* **6**) pasticcio; 'casino'.

bally ['bæli] *agg e avv* (*GB sl., corruzione di* **bloody 3**) maledetto; maledettamente; estremo; estremamente: *What a bally nuisance!,* Che maledetta seccatura! — *He was too bally drunk to answer the phone,* Era talmente ubriaco che non riusciva a rispondere al telefono.

ballyhoo [,bæli'hu:] *s. (USA, fam.)* baccano; frastuono; pubblicità chiassosa e volgare; strombazzamento; pandemonio.

balm [bɑ:m] *s.* **1** balsamo. **2** *(fig.)* linimento; consolazione; refrigerio.

balmy ['bɑ:mi] *agg* **1** balsamico; fragrante. **2** *(fig.)* dolce; tiepido; calmante; riposante; profumato. **3** *(talvolta)* ⇨ **barmy.**

baloney [bə'louni] *s. (fam.)* frottole; fandonie; sciocchezze; 'balle'.

balsa ['bælsə/'bɔ:lsə] *s.* balsa *(spec. di legno molto leggero, di origine sudamericana); (talvolta)* zattera costruita con il legno di balsa.

balsam ['bɔ:lsəm] *s.* **1** balsamo *(anche fig.).* **2** abete del balsamo. **3** balsamina; begliuomini; 'noli-me-tangere'. □ *friar's balsam,* tintura di benzoino.

Baltic ['bɔ:ltik] *agg e s.* baltico.

baluster ['bæləstə*] *s.* **1** pilastrino; balaustro; colonnina. **2** *(al pl.)* ringhiera; balaustrata *(di scale).*

balustrade [,bæləs'treid] *s.* balaustrata.

bamboo [bæm'bu:] *s.* bambù.

to **bamboozle** [bæm'bu:zl] *vt* ingannare; imbrogliare; turlupinare; confondere; impappinare: *You can't bamboozle me,* Non puoi gabbarmi — *to bamboozle sb into (out of) doing sth,* turlupinare qcno inducendolo a fare (a non fare) qcsa.

ban [bæn] *s.* bando; divieto; proibizione; interdizione.

to **ban** [bæn] *vt* (**-nn-**) vietare; bandire; interdire; mettere all'indice: *The play was banned by the censors,* La commedia venne proibita dalla censura.

banal ['beinəl/bə'nɑ:l] *agg* banale; insignificante: *banal remarks,* osservazioni banali.

banality [bə'næliti] *s.* banalità.

banana [bə'nɑ:nə] *s.* banana.

band [bænd] *s.* **1** banda; striscia; nastro; riga; *(industria)* cinghia; correggia; lamina; cerchio *(di botte);* collare; baverina *(di ecclesiastico, di avvocato): papers kept together with a rubber band,* carte tenute assieme da una fascetta elastica, da un elastico — *a white plate with a blue band round the edge,* un piatto bianco con una riga blu attorno al bordo — *band-saw,* sega a nastro. **2** banda; compagnia; gruppo di persone: *a band of robbers,* una banda di ladri. **3** banda musicale; orchestrina; *(scherz.)* orchestra: *the Regimental Band,* la banda del reggimento — *band(-) master,* maestro di banda — *a dance band,* un'orchestrina da ballo — *brass band,* fanfara — *band-wagon,* carro della banda *(nei circhi, nei cortei)* — *to be (to jump) on the band-wagon, (fig.)* essere (mettersi) dalla parte del vincitore. **4** *(radio)* banda *(gamma di frequenze o di lunghezza d'onde).*

to **band** [bænd] *vt e i.* riunire, riunirsi in gruppo; costituire un gruppo: *to band people together,* mettere insieme della gente — *to band with others to do sth,* riunirsi con degli altri per fare qcsa.

bandage ['bændidʒ] *s.* bendaggio; fasciatura.

to **bandage** ['bændidʒ] *vt* fasciare; bendare; avvolgere con bende: *to bandage (up) a boy's leg,* fasciare la gamba di un ragazzo — *a man with a bandaged hand,* un uomo con la mano fasciata.

bandanna [bæn'dænə] *s.* fazzoletto di seta a grandi macchie gialle o rosse.

bandbox ['bænd*b*ɔks] *s.* cappelliera. □ *She looks as if she had just come out of a bandbox, (fig.)* Sembra uscita di fresco da una vetrina.

bandeau ['bændou] *s.* (*fr., pl.* **bandeaux**) 'bandeau'; benda o nastro per capelli.

bandit ['bændit] *s.* (*pl.* **bandits** *o* **banditti**) brigante; bandito. □ *one-armed bandit, (scherz.)* macchina mangiasoldi.

banditry ['bænditri] *s.* banditismo; impresa da bandito.

bandoleer, bandolier [,bændou'liə*] *s.* bandoliera.

bandsman ['bænd*z*mən] *s.* (*spec. mil.: pl.* **bandsmen**) bandista; musicante.

bandy ['bændi] *agg (di gambe)* storto; arcuato; a ciambella: *bandy-legged,* dalle gambe a ciambella o storte.

to **bandy** ['bændi] *vt* passarsi; scambiarsi *(p.es. una palla; e fig., delle parole, ecc.);* far circolare *(una storia, ecc.): to bandy words with sb,* venire a parole, litigare con qcno — *to have one's name bandied about,* essere 'chiacchierato'; essere oggetto di pettegolezzi.

bane [bein] *s.* **1** *(solo lett. o in parole composte e derivati)* veleno (*cfr.* wolf's bane, *sotto* **wolf 1**). **2** *(fig.)* rovina; causa di rovina; sventura: *Drink was the bane of his existence,* Il bere fu la rovina della sua vita.

baneful ['beinful] *agg* malefico; pernicioso; cattivo;

perverso: *a baneful influence,* un'influenza perniciosa.
☐ *avv* **banefully.**

[1]**bang** [bæŋ] *s.* botta; colpo; urto violento; scoppio; esplosione; 'bang' *(come suono onomatopeico): He fell and got a nasty bang on the head,* Cadde e urtò malamente il capo — *He always shuts the door with a bang,* Sbatte sempre la porta quando la chiude — *The firework went off with a bang,* Il fuoco d'artificio scoppiò con un botto. ☐ *to go (off) with a bang, (di spettacolo)* avere un grandissimo successo; essere accolto con favore — *big bang, (fam.)* scoppio d'ira; *(fig.)* bomba atomica; fine del mondo, ecc.

[1]to **bang** [bæŋ] *vt e i.* **1** battere; sbattere; picchiare; percuotere; colpire violentemente; *(fig.)* inculcare a forza; far entrare: *He banged at the door,* Picchiò forte alla porta — *He banged his fist on the table,* Batté il pugno sul tavolo — *The teacher tried to bang grammar into the heads of his pupils,* L'insegnante cercava di far entrare la grammatica nella testa dei suoi allievi. **2** scoppiare; esplodere; tuonare *(di cannoni); (fig.)* far baccano: *The guns banged away,* I cannoni continuavano a tuonare — *Tell the children to stop banging about,* Di' ai bambini di smetterla di far baccano. **3** *(USA, volg.)* chiavare.

[2]**bang** [bæŋ] *s.* frangetta di capelli sulla fronte.

[2]to **bang** [bæŋ] *vt (di capelli)* tagliare a frangia; mozzare.

[3]**bang** [bæŋ] *avv e interiezione* **1** *(come avv.)* esattamente; proprio; violentemente: *bang in the middle,* proprio nel mezzo — *to come bang up against sth,* andare a sbattere con violenza contro qcsa. **2** *(come interiezione)* bum!; bang!: *As soon as my wife sees a sale, bang goes 10 pounds or more!,* Non appena mia moglie vede una svendita, ecco che partono 10 sterline o anche di più!

banger ['bæŋgə*] *s.* **1** *(fam.)* petardo. **2** *(fam.)* salsiccetta: *bangers and mash, (sl., spec. nel gergo studentesco)* salsiccia e puré di patate.
☐ *an old banger,* una vecchia macchina scassata; un 'macinino'.

bangle ['bæŋl] *s.* armilla; bracciale da caviglia.

banian ['bænjən] *s.* ⇨ **banyan.**

to **banish** ['bæniʃ] *vt* bandire; scacciare; esiliare; mandare in esilio; allontanare: *He was banished (from) the realm,* Venne bandito dal regno — *to banish care,* bandire le preoccupazioni.

banishment ['bæniʃmənt] *s.* esilio; bando; allontanamento: *to go into banishment,* andare in esilio.

banisters ['bænistəz] *s. pl* ringhiera *(di scale);* balaustra.

banjo ['bændʒou] *s.* (*pl.* **banjos** *o* **banjoes**) banjo.

[1]**bank** [bæŋk] *s.* **1** *(istituto di credito e finanziario)* banca: *to have money in the bank,* avere del denaro in banca — *the Bank,* la Banca d'Inghilterra — *bank holiday,* giorno di vacanza nazionale *(stabilito dalla legge: in GB il Venerdì Santo; il lunedì di Pasqua; il lunedì di Pentecoste; fino al 1969 il primo lunedì di agosto, dal 1969 l'ultimo; il giorno di Natale e il giorno di Santo Stefano; in USA qualsiasi giorno feriale in cui le banche restano chiuse)* — *bank-bill,* tratta bancaria; *(USA)* banconota — *bank-book,* libretto di banca — *bank-note,* banconota; assegno circolare — *bank paper,* biglietti di banca; effetti bancari — *bank rate,* tasso di sconto — *discount bank,* banco di sconto — *joint-stock bank,* banca per azioni — *savings bank,* cassa di risparmio — *blood bank,* banca del sangue — *eye-bank,* banca degli occhi — *piggy bank,* salvadanaio. **2** banco *(di giuoco): to break the bank,* far saltare il banco. **3** gruppo o insieme; batteria *(p.es. di lampade, altoparlanti, ecc.).*

[1]to **bank** [bæŋk] *vt e i.* **1** mettere, depositare in banca: *He banks half his salary every month,* Mette in banca ogni mese metà del suo stipendio. **2** tenere denaro in banca; essere cliente *(di una banca): Whom do you bank with?,* Qual è la tua banca? **3** fare il banchiere; dirigere una banca; trafficare in valuta; tenere il banco *(a un giuoco d'azzardo).* **4** incassare *(presso una banca).* **5** *to bank on* (o *upon*) *sb or sth,* porre le proprie speranze, fare affidamento su qcno o qcsa; fidarsi di qcno o qcsa: *I'm banking on your help,* Faccio affidamento sul tuo aiuto — *Smith said he was coming, but I would not bank on it if I were you,* Smith ha detto che verrà, ma io, se fossi al tuo posto, non mi fiderei.

[2]**bank** [bæŋk] *s.* **1** argine; sponda; riva *(di fiume, canale, lago, ecc.);* margine elevato *(di strada);* terrapieno: *His house is on the south bank of the Thames,* La sua casa si trova sulla sponda destra del Tamigi — *the Left Bank,* la 'Rive Gauche' *(della Senna)* — *low banks of earth between ricefields,* bassi argini di terra tra campi di riso. **2** banco *(di nubi, di ghiaccio, di pesci);* secca *(di mare);* cumulo *(di neve): The sun went down behind a bank of clouds,* Il sole tramontò dietro un banco di nubi. **3** *(di strada)* scarpata; pendio; pendenza. **4** *(di aereo)* inclinazione trasversale di virata.

[2]to **bank** [bæŋk] *vi e t.* **1** accumularsi in banchi *(di nuvole, ecc.);* sistemare *(il fuoco perché bruci lentamente);* accatastare, accatastarsi; arginare *(un fiume);* costruire un terrapieno di protezione: *The snow has banked up,* La neve si è ammucchiata. **2** inclinare, inclinarsi *(spec. di aereo nella virata);* sopraelevare *(una curva di strada); (di automobile)* prendere una curva su due ruote. **3** *(al biliardo)* colpire di sponda.

banker ['bænkə*] *s.* banchiere; *(a un giuoco d'azzardo)* chi tiene il banco.

banking ['bænkiŋ] *s.* **1** attività bancaria; tecnica bancaria: *banking hours, 10 a.m. to 3 p.m.,* orario della banca: dalle 10 alle 15 — *banking house,* banca privata. **2** sopraelevazione; inclinazione *(di curva);* argine; arginatura. **3** pesca su banchi marini.

bankrupt ['bæŋkrʌpt] *s.* fallito; persona dichiarata fallita.
☐ *(come agg.)* **1** insolvente; che non può pagare. **2** *to be bankrupt of (in) sth,* essere completamente sprovvisto di qcsa — *The newspapers accused the Government of being bankrupt of ideas,* I giornali accusarono il governo di essere completamente privo di idee.

to **bankrupt** ['bæŋkrʌpt] *vt* far fallire; *(fam.)* mandare in rovina; rovinare.

bankruptcy ['bæŋkrʌptsi] *s.* bancarotta; fallimento.

banner ['bænə*] *s.* **1** stendardo; vessillo *(anche fig.).* **2** striscione con slogans, usato nei cortei: *banner headline, (nei giornali)* titolo a tutta pagina.

bannister ['bænistə*] *s.* ⇨ **banisters.**

bannock ['bænək] *s. (in Scozia e nell'Inghilterra Settentrionale)* specie di focaccina di avena o di orzo.

banns [bænz] *s. pl* pubblicazioni matrimoniali: *to put up (to publish) the banns* esporre (o fare) le pubblicazioni — *to have one's banns called,* avere esposte le proprie pubblicazioni — *to forbid the banns,* dichiarare formalmente la propria opposizione a un matrimonio.

banquet ['bæŋkwit] *s.* banchetto: *a wedding banquet,* un banchetto nuziale.

to **banquet** ['bæŋkwit] *vt e i.* offrire un banchetto; festeggiare banchettando; banchettare.

banshee ['bæŋʃi:] *s. e agg attrib (nell'Irlanda e nelle 'Highlands' scozzesi)* spirito il cui lugubre urlo è presagio di morte: *a banshee wail,* un grido terrificante.

bantam ['bæntəm] *s.* **1** specie di gallo piccolo e battagliero. **2** *(anche* bantam-weight*)* peso gallo *(nella boxe).*

banter ['bæntə*] *s.* beffa; scherzo; ironia bonaria.

to **banter** ['bæntə*] *vt e i.* beffare; canzonare; fare dell'ironia senza intenzione di offendere.

bantering ['bæntəriŋ] *agg* scherzoso; canzonatorio. □ *avv* **banteringly.**

Bantu ['bɑ:n'tu/'bæn'tu:] *s. e agg* bantù.

banyan ['bænjən] *s.* **1** commerciante indù. **2** tunichetta indiana di lana o di flanella. **3** *(anche* Banyan tree*)* fico del Banian.

baptism ['bæptizəm] *s.* battesimo *(anche fig.);* iniziazione: *There were six baptisms at our church last week,* La settimana scorsa nella nostra chiesa ci sono stati sei battesimi — *baptism of fire,* battesimo del fuoco — *the baptism of blood,* il battesimo di sangue; il martirio.

baptismal [bæp'tizməl] *agg* battesimale; di battesimo: *baptismal name,* nome di battesimo.

baptist ['bæptist] *s.* **1** battezzatore: *John the Baptist,* san Giovanni Battista. **2** *(anche attrib.)* anabattista.

to **baptize** [bæp'taiz] *vt* battezzare: *He had been baptized a Roman Catholic,* Era stato battezzato cattolico.

[1]**bar** [bɑ:*] *s.* **1** sbarra; spranga; stecca; pezzo *(di cioccolata, ecc.): prison bars,* le sbarre della prigione — *parallel bars, (ginnastica)* parallele — *bar-bell, (ginnastica)* manubrio — *gold in bars,* oro in lingotti. **2** barra *(deposito di sabbia, sassi, fanghiglia di fiume, ecc.).* **3** *(di colore, di luce)* striscia: *There was a bar of red across the sky,* Nel cielo c'era una striscia di rosso. **4** *(di stemma, medaglia)* sbarra; striscia. **5** *(in un tribunale)* sbarra; *(fig.)* tribunale: *prisoner at the bar,* l'accusato — *the bar of public opinion (of conscience),* il tribunale dell'opinione pubblica (della coscienza) — *to be tried at the bar,* essere processato pubblicamente. **6** *the Bar, (GB)* la professione forense; l'Ordine degli Avvocati (o 'Barristers' ⇨ **barrister**): *to be called to the Bar, (GB)* essere ammesso all'Ordine degli Avvocati. **7** *(fig.)* barriera; ostacolo; impedimento: *a bar to happiness (to success),* un ostacolo alla felicità (al successo). **8** banco *(di mescita);* sala bar *(d'albergo, ristorante, ecc.).* **9** *(mus.)* sbarretta; battuta. □ *to cross the bar, (fig.)* morire.

to **bar** [bɑ:*] *vt* (**-rr-**) **1** sbarrare; sprangare; barricare: *He barred himself in,* Si barricò in casa. **2** ostruire; chiudere: *to bar a road,* ostruire una strada. **3** escludere; eliminare: *to bar sb from a competition,* escludere qcno da una gara. **4** striare; rigare: *a sky barred with clouds,* un cielo striato di nubi. **5** *(fam.)* non permettere; disapprovare: *She bars smoking in the drawing-room,* Lei non permette che si fumi in salotto. □ ⇨ *anche* **barring.**

[2]**bar** [bɑ:*] *prep (fam.)* eccetto; tranne: *I've found them all bar one,* Li ho trovati tutti tranne uno.

barb [bɑ:b] *s.* **1** punta ricurva *(di amo, freccia, ecc.).* **2** *(di pesce)* cirro; *(di piuma)* barba. **3** soggolo. **4** pungiglione; aculeo; *(fig.)* asprezza.

barbarian [bɑ:'bɛəriən] *agg e s.* barbaro.

barbaric [bɑ:'bærik] *agg* barbaro; barbarico: *the barbaric splendour of Attila's court,* lo splendore barbarico della corte di Attila.

barbarism ['bɑ:bərizəm] *s.* **1** barbarie. **2** atto di barbarie. **3** *(gramm.)* barbarismo.

barbarity [bɑ:'bæriti] *s.* barbarie: *the barbarities of modern warfare,* le barbarie della guerra moderna.

to **barbarize** ['bɑ:bəraiz] *vt e i.* barbarizzare; rendere barbaro; divenire barbaro; imbastardire *(una lingua).*

barbarous ['bɑ:bərəs] *agg* barbaro; incivile; crudele; selvaggio. □ *avv* **barbarously.**

barbecue ['bɑ:bikju:] *s.* **1** 'barbecue'; carne alla brace; pasto *(spesso un 'party' o ricevimento)* all'aperto durante il quale si mangia carne arrostita alla graticola. **2** griglia con spiedo. □ *barbecue sauce,* salsa piccante per 'barbecue'.

to **barbecue** ['bɑ:bikju:] *vt* arrostire carne ecc. all'aperto (*cfr.* **barbecue**).

barbed [bɑ:bd] *agg* **1** uncinato; a punta ricurva. **2** con spine; spinoso; spinato: *barbed wire,* filo spinato. **3** *(fig.)* duro; pungente.

barbel ['bɑ:bəl] *s.* **1** barbo. **2** *(al pl.)* barbigli; bargigli.

barber ['bɑ:bə*] *s.* barbiere; parrucchiere: *barber's pole,* insegna di barbiere *(costituita da un palo con strisce a colori, di solito bianco e rosso).*

barbican ['bɑ:bikən] *s.* barbacane.

barbitone ['bɑ:bitoun] *s.* veronal.

barbiturate [bɑ:'bitjurit] *s.* barbiturico.

barcarole ['bɑ:kəroul] *s.* barcarola.

bard [bɑ:d] *s. (lett.)* bardo; poeta: *the bard of Avon,* Shakespeare.

bardic ['bɑ:dik] *agg* di (o da) bardo.

bardolatry [bɑ:'dɔlətri] *s.* infatuazione per Shakespeare.

bare [bɛə*] *agg* **1** nudo; spoglio; scoperto: *to sleep on bare boards,* dormire sulle nude tavole — *to fight with bare hands,* fare a pugni, combattere (senza guantoni) — *in his bare skin,* nudo; senza vestiti — *bare to the waist,* a torso nudo — *to lay bare,* mettere a nudo; *(fig.)* svelare; scoprire; far conoscere — *bareheaded,* a capo scoperto — *bare-legged,* scalzo — ⇨ *anche* **bareback, barebacked, barefaced, barefoot, barehanded,** *ecc.* **2** vuoto: *The cupboard was bare,* L'armadio era vuoto. **3** senza vegetazione; arido; *(di albero)* senza foglie; *(di stanza, ecc.)* disadorna; senza mobili; *(di spada)* sguainata: *a bare hillside,* un pendio arido — *hills bare of vegetation,* colline prive di vegetazione — *Those trees are already bare,* Quegli alberi sono già spogli — *bare shelves,* scaffali vuoti. **4** semplice; puro; schietto; mero; appena sufficiente; scarso; minimo: *This is the bare truth,* Questa è la semplice verità — *the bare necessities of life,* le cose essenziali per vivere — *to earn a bare living,* guadagnarsi appena da vivere — *to be approved by a bare majority,* venire approvato da un'esigua maggioranza — *There is just a bare possibility,* Rimane appena una minima possibilità. □ *avv* **barely** ⇨.

to **bare** [bɛə*] *vt* denudare; spogliare; scoprire; rivelare; sguainare *(la spada);* digrignare: *He bared his head,* Si scoprì il capo — *to bare one's heart,* aprire il cuore (l'animo) — *to bare the end of a wire,* togliere l'isolante all'estremità di un filo elettrico — *The tiger bared its teeth,* La tigre digrignò i denti.

bareback ['bɛəbæk] *avv (di cavallo)* senza sella.

barebacked ['bɛəbækt] *agg* a torso nudo; *(di cavallo, talvolta)* senza sella.

barefaced ['bɛə,feist] *agg* **1** col viso scoperto; senza

maschera; *(fig.)* a viso aperto. **2** sfacciato; impudente; spudorato. **3** imberbe; *(fig.)* novellino; inesperto.
barefoot ['bɛəfut] *agg e avv* scalzo; a piedi scalzi.
barehanded [bɛə'hændid] *agg e avv* **1** inerme; a mano nuda. **2** con le mani nel sacco.
bareheaded [,bɛə'hedid] *agg e avv* a capo scoperto.
barely ['bɛəli] *avv* **1** scarsamente; poveramente: *a barely furnished room,* una stanza arredata poveramente. **2** appena; a mala pena; a stento: *We had barely time to catch the train,* Facemmo appena in tempo a prendere il treno — *He can barely read and write,* Sa a mala pena leggere e scrivere — *I barely know her,* La conosco appena.
bareness ['bɛənis] *s.* **1** nudità. **2** scarsità; povertà; squallore *(di una stanza, ecc.).*
bargain ['bɑ:gin] *s.* **1** affare; accordo; contratto; patto: *a good (bad) bargain,* un buon (cattivo) affare — *a hard bargain,* un contratto gravoso — *to make the best of a bad bargain,* fare buon viso a cattivo gioco — *A bargain's a bargain,* I patti sono patti — *into the bargain,* per giunta; in più. **2** *(fam.)* affare vantaggioso; affarone; occasione unica: *It's a bargain!,* È un affare!; È un'occasione!; Affare fatto! — *a bargain sale,* una svendita; una vendita a stralcio con forti riduzioni di prezzo — *bargain-counter (-basement), (in un grande negozio)* banco, reparto (scantinato) delle 'occasioni' — *bargain price,* prezzo ridotto; prezzo di liquidazione — *bargain-hunter,* chi va in cerca di 'occasioni' *(p.es. un collezionista).*
to **bargain** ['bɑ:gin] *vi e t.* **1** contrattare; mercanteggiare; tirare sul prezzo: *We bargained with the farmer for a supply of milk and butter,* Contrattammo col contadino per una provvista di latte e burro. **2 to bargain for,** aspettarsi; prevedere: *That's more than I bargained for,* È più di quanto mi aspettassi — *He got more than he bargained for,* Ebbe di più di quanto non si aspettasse *(detto, in genere, di conseguenze spiacevoli).* **3 to bargain away,** vendere; sacrificare; rinunciare *(a qcsa, in cambio di altro): to bargain away one's freedom,* vendere la propria libertà. **4** *(raro)* mettere come condizione: *The men bargained that they should not have to work on Saturday afternoon,* Gli operai misero come condizione di non dover lavorare il sabato pomeriggio.
barge [bɑ:dʒ] *s.* **1** chiatta; barcone *(per trasporto merci).* **2** lancia degli ufficiali *(di una nave da guerra).* **3** lancia da parata; grande barca a remi *(per feste).* **4** *(di un 'college' di Oxford)* 'casa' su chiatta sul Tamigi *(usata come spogliatoio dei rematori e come posto di osservazione per le gare di canottaggio).* □ *barge-pole,* pertica *(per sospingere una chiatta)* — *I wouldn't touch it with a barge-pole, (fig.)* Mi ripugna; Mi fa nausea, ribrezzo.
to **barge** [bɑ:dʒ] *vi* **1** trasportare su chiatta. **2** *(fam.) to barge into (o against) sb or sth,* sbattere, andare a sbattere violentemente contro qcno o qcsa. **3** *(fam.) to barge in,* intromettersi; entrare a sproposito; interrompere. **4** *(fam.) to barge about,* muoversi o avanzare goffamente, traballando.
bargee ['bɑ:'dʒi:] *s.* barcaiolo; battelliere: *to swear like a bargee,* imprecare (bestemmiare) come uno scaricatore di porto.
baritone ['bæritoun] *s.* baritono.
barium ['bɛəriəm] *s.* bario: *a barium meal,* un pastone (radiopaco) di bario *(da ingerire prima di fare una radiografia).*
[1]**bark** [bɑ:k] *s.* corteccia; scorza; *(fam.)* pelle.
[1]to **bark** [bɑ:k] *vt e i.* **1** scortecciare *(un albero).* **2** scorticarsi; sbucciarsi *(la pelle, spec. di ginocchio o stinco).*
[2]**bark** [bɑ:k] *s.* latrato; *(fam.)* tosse; colpo di arma da fuoco: *His bark is worse than his bite,* Morde di più con la lingua che con i denti.
[2]to **bark** [bɑ:k] *vi e t.* **1** abbaiare; latrare: *The dog barks at strangers,* Il cane abbaia agli estranei. **2** sbraitare; dire rabbiosamente o in modo petulante e perentorio: *The officer barked his orders,* L'ufficiale urlò gli ordini — *'Come here!', he barked (out),* 'Vieni qua!', gridò iroso. □ *He's barking up the wrong tree, (fig.)* Se la prende con chi non c'entra — *Barking dogs don't bite, (prov.)* Can che abbaia non morde.
[3]**bark, barque** [bɑ:k] *s.* **1** brigantino. **2** *(poet.)* imbarcazione.
barkeeper ['bɑ:,ki:pə*] *s.* proprietario o gestore di un bar.
barker ['bɑ:kə*] *s.* *(fam.)* imbonitore; strillone.
barley ['bɑ:li] *s.* orzo: *barley-water,* orzata — *pearl barley,* orzo perlato.
barleycorn ['bɑ:likɔ:n] *s.* **1** chicco d'orzo: *John Barleycorn,* liquore di malto. **2** unità di misura *(= 1/3 di pollice).* **3** parte superiore del mirino.
barm [bɑ:m] *s.* lievito.
barmaid ['bɑ:məid] *s.* cameriera *(al banco).*
barman ['bɑ:mən] *s.* (*pl.* **barmen**) barista.
barmy ['bɑ:mi] *agg* **1** *(fam.)* sciocco; scemo. **2** in lievitazione; in fermentazione.
barn [bɑ:n] *s.* **1** granaio; fienile; barchessa: *barn-door,* portone del granaio; *(fig.)* bersaglio facile — *Dutch barn,* granaio o fienile molto alto, generalmente senza pareti — *barn-yard,* aia — *barn dance, (USA)* specie di quadriglia — *barn owl,* barbagianni. **2** *(spreg.)* brutto edificio *(spec. troppo grosso o disadorno): What a barn of a house!,* Che brutta casa!; Che casermone! **3** *(USA)* stalla; scuderia; rimessa; deposito *(di autobus, di auto pubbliche).*
barnacle ['bɑ:nəkl] *s.* **1** cirripede; *(fig.)* persona attaccaticcia o importuna; attaccabottoni. **2** *(anche* barnacle-goose*)* bernacla.
to **barnstorm** ['bɑ:n,stɔ:m] *vi (USA)* spostarsi rapidamente da un luogo all'altro per tenere comizi, presentare spettacoli, ecc.
barnstormer ['bɑ:n,stɔ:mə*] *s. (USA)* chi si sposta rapidamente da una città all'altra per tenere comizi, presentare spettacoli, ecc.
barometer [bə'rɔmitə*] *s.* barometro *(anche fig.);* altimetro barometrico: *recording barometer,* barografo.
barometric ['bærə,metrik] *agg* barometrico.
baron ['bærən] *s.* **1** *(GB)* barone. **2** *(USA)* grande industriale; magnate: *oil barons,* i magnati del petrolio — *beer baron,* il re della birra. □ *baron of beef,* i due lombi del bue, non separati.
baroness ['bærənis] *s.* baronessa.
baronet ['bærənit] *s.* baronetto *(spesso abbreviato in* Bart *e posposto al nome): Sir John Williams, Bart,* il baronetto Sir John Williams.
baronial [bə'rouniəl] *agg* di, da barone; baronale.
barony ['bærəni] *s.* **1** baronia *(grado e possedimento): to confer a barony on sb,* far barone qcno. **2** *(in Scozia)* proprietà terriera.
baroque [bə'rouk/-rɔk] *agg* barocco *(anche fig.).*
barouche [bə'ru:ʃ] *s.* barroccio; calesse.
barque [bɑ:k] *s.* ⇨ **bark.**
barrack, barracks ['bærək(s)] *s.* **1** caserma. **2** *(fig.)* casermone; edificio brutto; baracca.
to **barrack** ['bærək] *vt e i.* **1** *(negli incontri sportivi e spec. nel cricket)* schernire; fischiare; *(in Australia)* ap-

plaudire. 2 acquartierare, acquartierarsi; accasermare; vivere in baracche.

barrage ['bærɑːʒ/bæ'rɑːʒ] *s.* 1 *(fr.)* sbarramento; diga. 2 *(mil.)* barriera; sbarramento: *barrage-fire,* tiro di sbarramento.

barred [bɑːd] *agg* ⇨ **to bar.**

barrel ['bærəl] *s.* 1 barile; fusto; botte *(il recipiente e il contenuto).* 2 canna *(di fucile, pistola, cannone).* 3 serbatoio *(di penna stilografica).* □ *barrel-organ,* organetto a cilindro; organino — *barrel-vault,* volta a botte — *barrel-chested,* dal torace molto sviluppato.

to **barrel** ['bærəl] *vt* (-ll-) mettere in barili, in botti, in fusti.

barrelled ['bærəld] *agg* 1 *(talvolta)* a forma di barile. 2 *(raro)* messo in barili, in fusti. □ *a double-barrelled gun,* un fucile a due canne; una doppietta — *a double-barrelled name,* un cognome composto *(con trattino: p.es.* Wiffyngton-Bagshawe*).*

barren ['bærən] *agg* 1 *(di terreno)* arido; povero; magro. 2 *(di albero)* infruttifero; *(di donne, di animali)* sterile. 3 *(fig.)* arido; privo; mancante; infruttuoso; senza risultati: *a barren subject,* un argomento arido — *a barren discussion,* una discussione inutile, sterile — *an attempt that was barren of results,* un tentativo che fu senza risultati.

barrenness ['bærənnis] *s.* 1 sterilità. 2 aridità.

barricade [,bæri'keid] *s.* 1 barricata; *(fig.)* barriera. 2 cancelli di partenza *(di un ippodromo);* cancellata *(di stadio, ecc.).*

to **barricade** [,bæri'keid] *vt* alzare una barricata o barricate; sbarrare la strada: *They barricaded themselves in,* Si barricarono dentro.

barrier ['bæriə*] *s.* barriera *(anche fig.);* cancello *(di stazione, ecc.);* ostacolo; limite; muro *(p.es. del suono): The Mount Blanc range is a natural barrier,* Il massiccio del Monte Bianco è una barriera naturale — *Show your ticket at the barrier,* Mostrare il biglietto ai cancelli, all'uscita — *Poor health and lack of money may both be barriers to educational progress,* Sia la salute cagionevole come la mancanza di denaro possono essere ostacoli all'avanzamento negli studi — *barrier cream,* crema protettiva *(per le mani).*

barring ['bɑːriŋ] *prep* salvo; tranne: *Barring accidents we should be there by six,* Salvo disguidi dovremmo esserci per le sei.

barrister ['bæristə*] *s. (GB)* avvocato *(con diritto di discutere cause anche in tribunali superiori: cfr.* solicitor*);* patrocinatore legale.

[1]**barrow** ['bærou] *s.* 1 *(anche* wheel-barrow*)* carriola. 2 *(anche* hand-barrow, coster barrow*)* carrettino *(a mano): barrow-man, barrow-boy,* venditore ambulante *(spec. di frutta e verdura)* con carrettino. 3 *(GB, anche* luggage-barrow*)* carrettino portabagagli.

[2]**barrow** ['bærou] *s.* tumulo preistorico.

bartender ['bɑːtendə*] *s.* barista *(uomo o donna).*

barter ['bɑːtə*] *s.* baratto; scambio; permuta.

to **barter** ['bɑːtə*] *vt e i.* barattare; scambiare: *to barter wheat for machinery,* dare frumento in cambio di macchinari — *to barter away one's rights,* cedere i propri diritti per un compenso irrisorio.

barytone ['bæritoun] *s.* ⇨ **baritone.**

basalt ['bæsɔːlt/bə'sɔːlt] *s.* basalto.

bascule ['bæskjuːl] *s.* bascula; pesa: *bascule bridge,* ponte levatoio *(ribaltabile).*

[1]**base** [beis] *s.* 1 *(in vari sensi)* base; basamento; fondamento; *(archit.)* zoccolo: *the base of a pillar,* lo zoccolo di un pilastro — *the base of a triangle,* la base di un triangolo — *a naval (an air) base,* una base navale (aerea) — *a base camp,* un campo base *(in una spedizione esplorativa)* — *to get to first base,* raggiungere la prima base *(nel giuoco del baseball); (fig.)* ottenere un successo iniziale — *base hit, (al baseball)* un colpo messo a segno *(che permette la conquista della prima base).* 2 *(USA)* basso *(di voce, di cantante, di strumento musicale).*

to **base** [beis] *vt* basare; fondare: *Direct taxation is generally based upon income,* Le imposte dirette sono generalmente basate sulle entrate (sul reddito) — *I base my hopes upon the news we had yesterday,* Le mie speranze sono basate sulle notizie che abbiamo avuto ieri — *to base oneself upon sth,* fondarsi (basarsi) su qcsa.

[2]**base** [beis] *agg* vile; meschino; ignobile; basso.

baseball ['beisbɔːl] *s.* il gioco del baseball.

baseless ['beislis] *agg* senza base; privo di fondamento; infondato. □ *avv* **baselessly.**

basement ['beismənt] *s.* 1 seminterrato; piano di edificio interrato o seminterrato. 2 scantinato. 3 fondamenta di un edificio; basamento.

bases ['beisiːz] *pl di* **basis** *e di* [1]**base.**

bash [bæʃ] *s.* colpo; urto violento. □ *to have a bash at sth, (sl.)* tentare di fare qcsa *(spec. per la prima volta)* — *Go on, have a bash!,* Forza (Dai), provaci!

to **bash** [bæʃ] *vt (fam.)* battere; colpire; urtare *(con violenza);* fracassare: *to bash in the lid of a box,* sfondare il coperchio di una cassa — *to bash sb on the head with a golf club,* colpire qcno in testa con un bastone da 'golf' — *to bash one's head against sth in the dark,* andare a sbattere la testa contro qcsa nel buio.

bashful ['bæʃful] *agg* timido; pauroso; modesto. □ *avv* **bashfully.**

basic ['beisik] *agg* 1 basilare; fondamentale; di base: *the basic vocabulary of a language,* il vocabolario essenziale di una lingua — *the basic processes of arithmetic,* le operazioni fondamentali dell'aritmetica — *Basic English,* l'inglese essenziale *(con un lessico di 850 parole).* 2 basico *(anche chim.): basic slag,* scoria basica. □ *avv* **basically.**

basil ['bæzil] *s. (spesso* sweet basil*)* basilico.

basilica [bə'silikə] *s.* basilica.

basilisk ['bæzilisk] *s.* basilisco: *a basilisk-stare,* uno sguardo da basilisco.

basin ['beisn] *s.* 1 bacino; bacinella; catino; lavandino: *wash-basin; hand-basin,* lavandino. 2 scodella; recipiente *(per la preparazione di budini, ecc.): sugar-basin,* zuccheriera. 3 *(naut.)* bacino; darsena: *wet basin,* darsena — *repairing basin,* bacino di carenaggio. 4 *(geografia)* bacino: *the Thames basin,* il bacino del Tamigi.

basinful ['beisnful] *s.* (contenuto di una) bacinella o catino. □ *I've had a basinful, (fam.)* Basta, ne ho fin sopra i capelli.

basis ['beisis] *s.* (*pl.* **bases**) 1 base; sostanza base; sostanza principale. 2 *(fig.)* base; fondamento; consistenza: *the basis of morality,* il fondamento della moralità — *on a solid basis,* su una base solida; su buone ragioni — *arguments that have a solid basis,* argomenti fondati su solide basi.

to **bask** [bɑːsk] *vi* scaldarsi; crogiolarsi *(al sole o vicino al fuoco): He was sitting in the garden, basking in the sunshine,* Se ne stava seduto in giardino a crogiolarsi al sole. □ *to bask in sb's approval, (fig.)* gongolarsi per il consenso ricevuto da qcno.

basket ['bɑːskit] *s.* 1 cesto; cestello; sporta; paniere; canestro: *basket-maker,* panieraio — *basket-ball,* pallacanestro — *basket-ball player,* cestista — *shopping basket,* sporta — *clothes basket,* il cesto della biancheria — *waste-paper basket,* cestino *(della carta straccia).* **2** *(anche* basketful*)* cestello; contenuto di un cesto, ecc.: *They ate a whole basket of plums,* Mangiarono un intero paniere di prugne. **3** *(di pallone aerostatico)* navicella. **4** *(di sci)* rotella. **5** (*sl., eufemistico per* **bastard**) bastardo.

basketful ['bɑ:skitful] *s.* ⇨ **basket 2.**

Basque [bɑ:sk] *agg e s.* basco.

bas-relief ['bæsri,li:f] *s. (fr.)* bassorilievo.

[1]**bass** [bæs] *s.* pesce persico; branzino.

[2]**bass** [beis] *agg (mus.)* basso *(di tono);* profondo: *bass viol,* viola da gamba — *thorough bass,* basso continuo.

□ *s. (mus.)* basso: *double-bass,* contrabbasso.

[3]**bass** [bæs] *s.* fibra di tiglio.

[4]**bass** [bæs] *s.* birra *(dal nome del proprietario di una nota fabbrica di birra).*

basset ['bæsət] *s. (spesso* basset hound*)* bassotto.

basset-horn ['bæsət hɔ:n] *s.* corno di bassetto.

bassinet [,bæsi'net] *s.* culla o cesto di vimini per bambini.

bassoon [bə'su:n] *s. (mus.)* fagotto: *double bassoon,* controfagotto.

bassoonist [bə'su:nist] *s.* suonatore di fagotto.

bastard ['bæ:stəd] *s.* figlio illegittimo; bastardo *(in vari sensi).*

□ *agg* bastardo; illegittimo.

[1]to **baste** [beist] *vt* imbastire: *to baste (on) a lining to a coat,* imbastire la fodera di una giacca.

[2]to **baste** [beist] *vt* ungere con burro, olio, o con il suo stesso grasso, la carne che arrostisce.

basting ['beistiŋ] *s. (fam.)* bastonatura.

bastion ['bæstjən] *s.* bastione; baluardo *(anche fig.).*

[1]**bat** [bæt] *s.* pipistrello. □ *as blind as a bat,* cieco come una talpa; completamente cieco — *to be (to have) bats in the belfry, (fam.)* avere idee strane per la testa; essere strano, pazzo, eccentrico — *bats, (usato come agg. attrib.)* pazzo; strano; eccentrico — *John must be bats,* John deve essere pazzo (*cfr. anche* **batty**).

[2]**bat** [bæt] *s.* **1** bastone *(da baseball);* mazza *(da cricket);* racchetta *(da ping-pong);* bastone robusto; randello: *to carry one's bat, (al cricket)* rimanere ancora 'dentro' alla fine del turno di giuoco della propria squadra — *to keep a straight bat, (cricket)* tener la mazza dritta; *(fig.)* rispettare le regole del giuoco. **2** *(al cricket)* ribattitore; *(in altri sport)* battitore: *He is a useful bat,* È un buon battitore. □ *to do sth off one's own bat, (fig.)* fare qcsa tutto da solo, con le proprie forze.

[1]to **bat** [bæt] *vi e t.* (**-tt-**) **1** effettuare la battuta *(al cricket, ecc.);* battere la palla: *Green batted (for) two hours,* Green tenne la battuta per due ore. **2** colpire con un bastone, con un randello.

[3]**bat** [bæt] *s. (sl.)* passo; velocità del passo; velocità di marcia: *to go off at a rare bat,* allontanarsi a passo veloce.

[2]to **bat** [bæt] *vt* (**-tt-**) battere (ciglio): *not to bat an eyelid,* non battere ciglio; non chiudere occhio.

batch [bætʃ] *s.* infornata *(anche fig.);* contingente; *(comm.)* partita; lotto *(di merce): cakes baked in batches of twenty,* torte cotte in infornate di venti — *a batch of letters to be answered,* un mucchio di lettere da evadere — *a batch of recruits,* un contingente di reclute.

to **bate** [beit] *vt* smorzare; ridurre; trattenere: *with bated breath,* con il fiato mozzo.

bath [bɑ:θ] *s.* **1** bagno *(vari sensi); (mecc.)* vasca; bagno: *to have a bath,* fare il bagno — *a room with a bath,* una camera con bagno — *bath-robe,* vestaglia da bagno — *bath-tub,* vasca da bagno — *water-bath,* bagnomaria — *a blood bath,* un bagno di sangue — ⇨ *anche* **bathouse, bathroom. 2** *(al pl.)* (stabilimento di) bagni, spesso con piscina coperta; terme; piscina.

to **bath** [bɑ:θ] *vt* far fare il bagno *(p.es. ad un bambino).*

Bath chair ['bɑ:θ'tʃɛə*] *s.* poltrona a rotelle *(per invalidi).*

bathe [beið] *s.* bagno *(al mare, in un fiume, ecc.);* nuotata.

to **bathe** [beið] *vi* **1** fare i bagni *(per divertimento).* **2** fare il bagno *(per lavarsi).*

□ *vt* **1** bagnare; immergere; mettere a bagno. **2** lavare *(spec. una ferita).*

bather ['bəiðə*] *s.* bagnante.

bathhouse ['bɑ:θhaus] *s.* capanno *(per bagnanti).*

bathing ['beiðiŋ] *s.* i bagni; il fare i bagni; il nuotare: *bathing-costume,* costume da bagno — *bathing-machine,* capanno su ruote *(dentro il quale ci si svestiva in riva al mare).*

bathos ['beiθɔs] *s.* sentimentalismo; pateticità; passaggio improvviso dal sublime al ridicolo.

bathroom ['bɑ:θrum] *s.* stanza da bagno; bagno.

bathysphere ['bæθisfiə*] *s.* batisfera.

bating ['beitiŋ] *prep* salvo; eccetto; tranne.

batiste [bæ'ti:st] *s.* batista *(tipo di cotone).*

batman ['bætmən] *s.* (*pl.* **batmen**) *(GB, mil.)* attendente; ordinanza.

baton ['bætən] *s.* **1** manganello *(da poliziotto);* sfollagente. **2** *(mus.)* bacchetta *(del direttore).* **3** bastone di comando: *a Field-Marshal's baton,* un bastone da feldmaresciallo.

bats [bæts] *agg* ⇨ [1]**bat.**

batsman ['bætsmən] *s.* (*pl.* **batsmen**) **1** *(cricket)* battitore. **2** *(aeronautica)* segnalatore *(per l'atterraggio, spec. su portaerei).*

battalion [bə'tæljən] *s.* battaglione.

battels ['bætlz] *s. pl (GB, all'università di Oxford)* retta trimestrale di un 'college'.

batten ['bætən] *s.* **1** traversina (di legno); assicella; listello; rinforzo di legno; tassello. **2** battente *(di telaio).* **3** *(GB)* luci della ribalta.

to **batten** ['bætən] *vt* assicurare o rinforzare con un'assicella *(una traversa, un listello): to batten down the hatches, (naut.)* chiudere *(ermeticamente)* i portelli di boccaporto.

batter ['bætə*] *s.* **1** pastella *(di latte, uova, farina, ecc.).* **2** *(USA, baseball)* battitore.

to **batter** ['bætə*] *vt e i.* battere; sbattere; sbatacchiare; rompere *(a suon di colpi);* sfasciare: *Someone was battering (away) at the door,* Qualcuno stava battendo colpi alla porta — *Let's batter the door down!,* Buttiamo giù la porta! — *The heavy waves battered the wrecked ship to pieces,* Le onde enormi sfasciarono la nave naufragata — *He was driving a badly battered old car and wearing a battered old hat,* Guidava un'auto mezza sfasciata e aveva in testa un vecchio cappello malandato. □ *battering-ram, (stor.)* ariete *(per l'assedio); (mecc.)* mazza; battente; maglio; mazzapicchio.

battery ['bætəri] *s.* **1** *(mil., fis.)* batteria: *a battery of big guns on a warship,* una batteria di cannoni di grosso calibro su una nave da guerra — *a coast (coastal) battery,* una batteria costiera — *to charge a battery,* caricare una batteria (elettrica). **2** serie; un certo numero *(di oggetti simili);* batteria da cucina; batteria di allevamento: *a battery of lights,* una batteria di luci — *battery-chickens,* polli di allevamento. **3** *(dir.)* percosse; assalto; aggressione: *assault and battery,* minacce e vie di fatto.

battle ['bætl] *s.* battaglia; combattimento; *(fig.)* lotta; cimento; prova: *the battle of life,* la lotta per la vita — *battle-axe, (stor.)* mazza; *(fam.)* arpia; donna *(spec. di mezza età)* alquanto aggressiva — *to give (to offer) battle,* dar battaglia; attaccare; *(fig.)* sfidare — *to refuse battle,* rifiutare di battersi — *to die in battle,* morire in combattimento; *(anche fig.)* cadere sulla breccia — *battle piece,* quadro raffigurante una battaglia — ⇨ *anche* **battledress, battlefield, battleship.** □ *Youth is half the battle,* Chi è giovane è già vittorioso a metà; Il mondo è dei giovani.

to **battle** ['bætl] *vi* combattere; lottare; darsi battaglia.

battledore ['bætldɔ:*] *s.* paletta di legno; racchetta *(del volano): battledore and shuttlecock,* gioco del volano.

battledress ['bætldres] *s.* uniforme da campo.

battlefield ['bætlfi:ld] *s.* campo di battaglia.

battlement ['bætlmənt] *s. (generalm. al pl.)* spalto merlato; merlo; bastione.

battleship ['bætlʃip] *s.* nave da guerra; corazzata: *pocket battleship,* corazzata tascabile.

batty ['bæti] *agg (sl.)* pazzo; lunatico; strambo.

bauble ['bɔ:bl] *s.* bigiotteria; ninnoli; gioielli falsi.

baulk, to **baulk** [bɔ:k] *s. e vt e i.* ⇨ **balk, to balk.**

bauxite ['bɔ:ksait] *s.* bauxite.

Bavarian [bə'vɛəriən] *agg e s.* bavarese.

bawbee ['bɔ:bi:] *s. (Scozia)* mezzo penny.

bawd [bɔ:d] *s.* **1** 'maitresse'; tenutaria di casa chiusa. **2** prostituta; sgualdrina; puttana.

bawdy ['bɔ:di] *agg (di parola, discorso)* osceno: *bawdy house,* bordello. □ *avv* **bawdily.**

bawl [bɔ:l] *s.* schiamazzo; vocio.

to **bawl** [bɔ:l] *vt e i.* urlare; strillare; vociare; schiamazzare: *He bawled out a curse,* Urlò un'imprecazione — *He bawled to me across the street,* Mi chiamò a gran voce dall'altro lato della strada — *The frightened child bawled for help,* Il bimbo spaventato gridava aiuto. □ *to bawl sb out, (USA, fam.)* rimproverare qcno aspramente.

[1]**bay** [bei] *s. (anche* bay-tree, bay laurel*)* lauro; alloro: *bays, (pl.)* allori — *bay-wreath,* corona di alloro *(data ai vincitori); (fig.)* onore; gloria — *to carry off the bays, (fig.)* riportare vittoria — *bay rum,* profumo distillato dall'alloro *(usato per i capelli).*

[2]**bay** [bei] *s.* baia; golfo: *the Bay of Biscay,* il golfo di Biscaglia — *Hudson's Bay,* la baia di Hudson.

[3]**bay** [bei] *s.* **1** alcova; recesso; campata: *bay-window,* bovindo; finestra sporgente. **2** *(ferrovia)* marciapiede di un binario morto. □ *sick-bay,* infermeria *(di collegio, di nave, ecc.)* — *bomb-bay,* scompartimento per bombe *(in un aereo).*

[4]**bay** [bei] *s.* **1** abbaiamento *(spec. di cani da caccia);* latrato; ululato. **2** fermo *(della preda): at bay, (di preda puntata e bloccata dai cani)* a bada; *(fig.)* alle corde; obbligato ad affrontare la lotta; agli estremi — *to keep (to hold) sb at bay,* tenere qcno a bada (lontano, in distanza); non lasciarlo avvicinare — *to bring to bay, (di cani)* fermare *(la preda); (fig.)* mettere (qcno) alle corde.

to **bay** [bei] *vi* abbaiare *(di mastini, di cani da caccia);* latrare; ululare: *to bay at the moon,* abbaiare alla luna *(anche fig.).*

[5]**bay** [bei] *agg e s.* (cavallo) baio.

bayonet ['beiənit] *s.* baionetta; *(al pl.)* soldati armati di baionetta: *a bayonet thrust,* una baionettata — *a bayonet base, (di lampadina elettrica)* uno zoccolo a baionetta.

to **bayonet** ['beiənit] *vt* colpire con la baionetta.

bazaar [bə'zɑ:*] *s.* **1** *(nei paesi dell'Oriente)* strada o quartiere dei negozi; bazar. **2** *(in GB e USA)* 'bazar'; negozio di articoli vari *(generalm. a prezzi economici).* **3** vendita di beneficenza.

bazooka [bə'zu:kə] *s.* bazooka; lanciarazzi anticarro.

be- [bi] *prefisso aggettivale (in espressioni quali) bewhiskered,* con le basette — *benighted* ⇨.

to **be** [bi] *vi* (*pres.* **I am, you are, he is, we (you, they) are;** *pass.* **I was, you were, he was, we (you, they) were;** *p. pass.* **been)** **I** *(copula)* **1** essere: *The world is round,* Il mondo è rotondo — *Aren't you ready yet?,* Non sei ancora pronto? — *This is my brother John,* Questo è mio fratello John — *My cousin is a doctor (a teacher),* Mio cugino è medico (professore) — *It's a year since I saw him,* È da un anno che non lo vedo — *What's this?,* Che cos'è questo? — *'Who is that?'* - *'It's I' (fam.,* It's me*),* 'Chi è?' - 'Sono io' — *It's him; it's her; it's them,* È lui; è lei; sono loro — *What's Mr Jones like?,* Com'è (Che razza d'uomo è) il signor Jones? — *What's the water like?,* Com'è l'acqua? *(calda, fredda, sporca, ecc.)* — *It's five o'clock,* Sono le cinque — *Today is Sunday,* Oggi è domenica — *How long (big, deep, wide) is it?,* Quanto è lungo (grande, profondo, largo)?

2 *(con espressioni di quantità)* costare; essere; distare; ammontare a; fare: *How much is it?,* Quanto costa? (Quant'è?; Quanto fa?) — *This book is two pounds,* Questo libro costa due sterline — *The station is a mile away,* La stazione dista un miglio (è a un miglio da qui) — *Six and five are eleven,* Sei più cinque fanno undici.

3 valere; significare; importare: *A hundred pounds is nothing to him,* Per lui, cento sterline non sono niente.

4 stare *(di salute): How are you?,* Come stai? — *How are things today?,* Come stanno (vanno) le cose oggi?

5 *(per indicare l'età, e in certe locuzioni idiomatiche)* avere...: *How old are you?,* Quanti anni hai? — *I'm ten (years old),* Ho dieci anni — *to be cold (hot),* avere freddo (caldo) — *I'm cold,* Ho freddo — *Her hands are cold,* Ha freddo alle mani (Ha le mani fredde) — *to be hungry (thirsty, sleepy),* aver fame (sete, sonno) — *to be right (wrong),* aver ragione (torto).

6 diventare; fare: *What are you going to be when you grow up?,* Cosa vuoi diventare (Cosa farai) da grande?

7 avvenire; aver luogo; essere: *When will the wedding be?,* Quando avranno luogo le nozze? — *When is your birthday?,* Quand'è il tuo compleanno?

8 esistere; vivere; trovarsi; essere: *God is,* Dio esiste — *There is a God,* C'è un Dio — *For there to be life there must be air and water,* Perché ci possa essere la vita ci deve essere l'aria e l'acqua — *per* **there is, there are,** *ecc.* ⇨ **there I, 2;** *per* **here is, here are,** *ecc.* ⇨ **here 3.**

9 rimanere; stare; continuare: *Don't be long,* Non rimanere a lungo (Non tardare; Fa' presto) — *Let them be!,* Lasciali stare! (Lasciali vivere!).

10 *(solo in alcuni tempi composti, p.es.* I have been*)* andare; venire; stare: *I have been to see my uncle,* Sono andato (stato) a trovare mio zio — *Has the postman been yet?,* Non è ancora venuto il postino? — *Has he ever been to Paris?,* È mai stato a Parigi? — *to have been and done sth, (fam., esprime sorpresa, protesta, ecc.)* fare qcsa — *Who's been and taken my dictionary?,* E chi ha preso il mio dizionario? — *Now* *you've been and done it!,* E ora, ne hai fatta una grossa!

II *(come verbo ausiliare)* **1** *(la forma 'progressiva': al presente esprime talvolta un futuro prossimo o una intenzione): They are reading,* Stanno leggendo — *They were getting ready,* Si stavano preparando — *I shall be seeing him soon,* Lo vedrò presto — *Where are you going tomorrow?,* Dove vai domani? — *What are you doing this evening?,* Cosa fate stasera? — *They were eating sandwiches,* Stavano mangiando panini.

2 *(nella forma passiva)* essere; venire; rimanere; andare: *He was killed in the explosion,* Fu (Rimase, Venne) ucciso nello scoppio — *Where are these chocolates made?,* Dove si fabbricano questi cioccolatini?

3 (to be + *l'inf. con* to*)* dovere *(esprime necessità, intenzione, predestinazione, ecc.): I am to inform you that..., (stile epistolare)* Devo informarVi che... — *They are to be married in May,* Devono sposarsi in maggio — *He is to be pitied,* Dev'essere compatito — *The book was nowhere to be found,* Il libro non si trovava da nessuna parte — *If I were to tell you...; Were I to tell you...,* Se dovessi dirti... — *At what time am I to be here?,* A che ora devo trovarmi qui? — *Every member of the group was to pay his own expenses,* Ogni membro del gruppo doveva pagare la sua quota.

☐ *for the time being,* per il momento — *in being,* in essere — *as it were,* per così dire — *Let it be!, (ant.)* Così sia! E sia! — *So be it!, (ant.)* Così sia! — *What, is it now?,* E adesso cosa vuoi? *(per esprimere irritazione, ecc.)* — *'What's yours?' - 'Mine's a whisky',* 'Cosa prendi?' - 'Un whisky'.

to be about (at) sth, star facendo qcsa: *What was he at (about)?,* Che cosa stava facendo?

to be about to do sth, star per fare qcsa: *The play is about to start,* La commedia sta per incominciare.

to be after sb (sth), cercare qcno (qcsa); dare la caccia a qcno (qcsa): *I can't make out what he's after,* Non riesco a capire il suo gioco.

to be at sth ⇨ **to be about (at) sth.**

to be for, - **a)** essere per (in favore di qcno) - **b)** *(fam.)* essere punito: *Now he's for it!,* E ora sarà punito!

to be in, - **a)** essere in casa - **b)** essere di moda - **c)** *(di battitore al cricket)* essere di turno - **d)** *to be in on sth,* essere a conoscenza di qcsa; partecipare; prendere parte a qcsa: *I'd like to be in on this scheme,* Vorrei partecipare anch'io a questo progetto - **e)** *to be in for sth,* - **1)** essere iscritto per qcsa *(p.es. un esame)* - **2)** essere probabile *(con la costruzione impers. in ital.): I'm afraid we're in for a storm,* Temo che ci sarà un temporale - **3)** *You're in for it!,* Ora sei nei guai!

to be off, - **a)** andarsene; partire: *We're off to Paris!,* Siamo di partenza per Parigi! — *Be off with you!,* Vattene!; Via! - **b)** essere sospeso, annullato *(di spettacolo);* non esserci più *(di piatto, tolto dalla lista in un ristorante): Quails are off, sir,* Le quaglie sono finite, signore - **c)** *(di comportamento)* essere poco leale: *I say, that's a bit off, isn't it?,* Però, è un po' sleale, non trovi? (⇨ *anche* **off**).

to be on ⇨ **on.**

to be on about sth, parlare *(spec. in continuazione)* di qcsa: *What's he on about now?,* E di cosa sta blaterando adesso?

to be out, - **a)** essere fuori casa, fuori ufficio, ecc. - **b)** *(di battitore al cricket)* venire sconfitto *(dal lanciatore)* - **c)** essere fuori moda (⇨ *anche* **out**).

to be over, essere finito, terminato, compiuto.

to be through (with sth, sb) ⇨ **through, II, 3** *e* **4.**

to be up, - **a)** essere alzato (in piedi) - **b)** *(di tempo)* essere scaduto - **c)** *It's all up with him,* Per lui, è finita.

to be up to sth, - **a)** essere impegnato in qcsa di illecito - **b)** essere in grado di fare qcsa.

to be with it, *(fam.)* essere alla moda *(spec. se riferito alla moda 'beat').*

beach [bi:tʃ] *s.* spiaggia; litorale; località balneare; lido. ☐ ⇨ *anche* **beachcomber, beach-head, beachwear.**

to **beach** [bi:tʃ] *vi* tirare in secco.

beachcomber ['bi:tʃ,koumə*] *s.* **1** cavallone (*anche* **comber**). **2** accattone *(nei porti delle città sul Pacifico).*

beach-head ['bi:tʃhed] *s.* testa di sbarco.

beachwear ['bi:tʃwiər] *s.* indumenti per la spiaggia.

beacon ['bi:kən] *s.* **1** *(stor.)* fuoco di segnalazione *(sulla cima di colline, ecc.): beacon fire,* falò. **2** *(anche* beacon-light*)* faro *(per navi e aeroplani).* **3** *(in GB: anche* Belisha beacon, *dal nome del ministro che lo introdusse)* segnalatore di passaggio pedonale. **4** *(radio)* radiofaro.

bead [bi:d] *s.* **1** grano *(di rosario, di collana);* perlina. **2** *(al pl.)* collana; vezzo di perle; rosario: *to tell one's beads,* recitare il rosario — *bead-roll,* lista dei nomi *(per i quali si doveva pregare).* **3** bolla; goccia; perla *(di sudore, ecc.): His face was covered with beads of sweat,* Il suo volto era imperlato di sudore. **4** mirino *(di fucile): to draw a bead on sb or sth,* prendere bene la mira; mirare a qcno o qcsa.

beading ['bi:diŋ] *s.* **1** decorazione di perline *(su vestiti, ecc.).* **2** modanatura con motivi ornamentali rotondeggianti *(su mobili, ecc.).*

beadle ['bi:dl] *s.* scaccino; sagrestano; mazziere; usciere; bidello.

beady ['bi:di] *agg (detto degli occhi)* piccolo e luminoso come perla.

beagle ['bi:gl] *s.* **1** piccolo cane usato nella caccia alla lepre. **2** *(fig.)* spia; informatore.

beagling ['bi:gliŋ] *s.* caccia alla lepre con i 'beagles'.

[1]**beak** [bi:k] *s.* **1** becco; *(di vaso)* beccuccio. **2** rostro *(di nave antica).* **3** *(scherz.)* naso.

[2]**beak** [bi:k] *s. (GB, sl.)* **1** magistrato: *to come up before the beak,* comparire davanti al magistrato. **2** professore nelle 'public schools' e nelle 'grammar schools'.

beaked [bi:kt] *agg* munito di becco; rostrato.

beaker ['bi:kə*] *s.* **1** 'becher'; bicchiere con beccuccio *(usato in farmacia e negli esperimenti di chimica).* **2** *(lett.)* coppa; calice; bicchiere. **3** bicchiere di plastica.

be-all ['bi:(j)ɔ:l] *s. (nell'espressione) the be-all and end-all,* il fine; lo scopo supremo.

beam [bi:m] *s.* **1** trave; travatura. **2** asta; giogo *(di una bilancia); (di aratro, carro)* bure; timone; stanga; *(industria tessile)* subbio. **3** *(naut.)* baglio; larghezza massima di una nave: *on the starboard (port) beam,* a dritta (a babordo) — *on her beam-ends, (di nave)* inclinata; abbattuta sul fianco; semirovesciata; ingavonata — *to be on one's beam-ends, (di persona)* essere sull'orlo della rovina; essere agli estremi; trovarsi a malpartito; essere quasi in miseria — *broad in the beam, (di nave)* largo; *(di persona)* grande e grosso; massiccio; ben piantato. **4** raggio; fascio di luce; *(radiofonia)* segnale unidirezionale; fascio; portata; raggio d'azione *(di microfono o altoparlante);* segnale di radiofaro: *to be on the beam,* seguire la rotta giusta; *(fig.)* essere sulla giusta strada — *off the beam, (di aereo e anche fig. di persona)* fuori strada. **5** *(fig.)* aspetto radiante; espressione, sguardo o sorriso raggiante; sfavillio; radiosità. **6** *(di cervo)* corno. ☐ *to kick the beam, (fig.)* essere battuto, sconfitto.

to **beam** [bi:m] *vi e t.* **1** irradiare; diffondere; sprigionare; *(fig.)* irradiare; sorridere radiosamente: *beaming with satisfaction,* raggiante di soddisfazione. **2** *(radio, telegrafo)* irradiare; trasmettere; *(radar)* individuare; localizzare: *beamed to South America,* trasmesso in Sud America.

bean [bi:n] *s.* **1** fagiolo; seme o chicco: *broad bean,* fava — *French beans, string beans,* fagiolini (verdi) — *kidney beans,* fagioloni; fagioli di Spagna — *baked beans,* fagioli con salsa di pomodoro *(in scatola)* — *bean-stalk,* gambo *(di pianta di fagioli)* — *bean-pole,* bastone *(per sostenere piante di fagioli); (fig.)* spilungone. **2** *(USA, fam.)* testa; cocuzzolo.
□ *I haven't a bean, (fam.)* Non ho un soldo — *to give sb beans, (fam.)* dare una lavata di capo a qcno — *full of beans,* vivace; pieno di vigore; euforico — *old bean!, (fam.)* mio caro!; caro amico! — *to spill the beans, (fig., fam.)* vuotare il sacco; sputare il rospo — *bean feast, (GB, fam.)* - **a)** baldoria - **b)** pranzo offerto dal datore di lavoro.

beano ['bi:nou] *s. (GB, sl.)* festa; baldoria.

beanpole ['bi:npoul] *s.* ⇨ **bean 1.**

bear [bɛə*] *s.* **1** orso; *(anche fig.)* persona rozza e scontrosa: *bear-baiting, (stor.)* combattimento di cani contro un orso incatenato — *bear-garden, (stor.)* recinto con orsi; *(fig.)* gabbia di matti. **2** *(in Borsa)* ribassista. □ *the Great (Little) Bear,* l'Orsa Maggiore (Minore) — *He's like a bear with a sore head this morning,* È molto irascibile stamattina.

to **bear** [bɛə*] *vt e i. (pass.* **bore**; *p. pass.* **borne** *o* **born** ⇨) **1** portare; portar via: *That porter is bearing a heavy load,* Quel facchino sta portando un grosso peso — *to bear away,* portar via — *to bear away the palm,* riportare la palma della vittoria — *to bear away the prize,* vincere il premio.

2 portare; mostrare; avere: *His face bears the marks of the blows,* Il suo viso porta i segni dei colpi — *That document bears your signature,* Quel documento porta la tua firma — *to bear no relation (o resemblance) to sb or sth,* non avere nessuna relazione (rassomiglianza) con qcno o qcsa — *to bear a part in sth,* avere parte in qcsa — *to bear a good character,* avere un buon carattere — *to bear a grudge against sb (for sth),* serbare rancore verso qcno (per qcsa).

3 dare; fornire: *to bear a hand,* dare una mano; aiutare — *to bear witness,* testimoniare; deporre — *to bear false witness,* fornire falsa testimonianza.

4 reggere; sostenere: *The ice is too thin to bear your weight,* Il ghiaccio è troppo sottile per reggere il tuo peso — *Who will bear the expense?,* Chi sosterrà la spesa? — *Grin and bear it!,* Tieni duro!; Stringi i denti!

5 *(preceduto da* can *o* could, *spec. in frasi interrogative e negative)* sopportare; tollerare: *I cannot bear that man,* Non posso sopportare quell'uomo — *She can't bear to be laughed at,* Non tollera di venire derisa — *It was more than he could bear,* Era più di quanto non potesse sopportare.

6 meritare; essere degno: *His language won't bear repeating,* Il suo linguaggio è irripetibile.

7 premere; spingere: *We were borne backwards by the crowd,* Fummo spinti indietro dalla folla.

8 appoggiarsi; gravare: *Taxation bears hard on all classes in Great Britain,* In Gran Bretagna le tasse sono molto gravose per tutti.

9 rendere; fruttare; dar frutti: *The bonds bear 5 per cent interest,* Le obbligazioni fruttano il 5% di interesse — *Do your trees bear much fruit?,* Fanno molti frutti le vostre piante? — *At last his efforts bore fruit,* Alla fine i suoi sforzi ebbero successo.

10 partorire; generare (⇨ **born**): *to bear a child,* partorire un bambino — *She has borne him six sons,* Gli ha dato sei figli maschi.

11 girare; svoltare: *When you reach the top of the hill bear right,* Quando arrivi sulla sommità del colle gira a destra.

12 to bear oneself, portarsi; comportarsi: *He bears himself like a soldier,* Si comporta da soldato — *He bore himself with dignity,* Si comportò con dignità.

to bear away ⇨ **to bear 1.**

to bear down, abbattere; sconfiggere: *to bear down the enemy,* abbattere il nemico.

to bear down upon, *(naut.)* accostarsi da sopravvento; *(fig.)* avvicinarsi velocemente a.

to bear on, aver relazione con; riguardare: *These are matters that bear on the welfare of the community,* Queste sono questioni che riguardano il benessere della comunità — *How does this bear on the problem?,* Che relazione ha questo col problema? — *to bring to bear on (o upon),* applicare; mettere in moto; fare appello — *Bring all your energies to bear on (o upon) this task,* Getta tutte le energie in questa impresa; Metticela tutta.

to bear out, confermare: *This only serves to bear out what he said,* Ciò non fa che confermare quel che ha detto — *You will bear me out when I say that...,* Mi sosterrai quando dirò che...

to bear up, farsi forza; farsi coraggio; tener duro: *Tell her to bear up,* Dille di farsi forza — *'How are you, John?' - 'Oh, bearing up!',* 'Come stai, John?' - 'Oh, si tira avanti!'.

to bear upon ⇨ **to bear on.**

to bear with, portar pazienza; sopportare: *Please bear with me a little longer,* La prego, abbia pazienza con me ancora un poco.

bearable ['bɛərəbl] *agg* sopportabile. □ *avv* **bearably.**

beard [biəd] *s. (di uomo, o animale)* barba; resta *(di frumento, ecc.)*; chioma *(di cometa)*: *a man with a beard,* un uomo barbuto — *a week's (growth of) beard,* barba (lunga) di una settimana. □ *old-man's beard,* vitalba.

to **beard** [biəd] *vt* prendere per la barba; sfidare apertamente; provocare: *to beard the lion in his den, (fig.)* provocare il leone nella sua tana.

bearded ['biədid] *agg* barbuto.

beardless ['biədlis] *agg* senza barba: *a beardless youth,* uno sbarbatello.

bearer ['bɛərə*] *s.* **1** portatore; latore: *the bearer of good news,* il latore di buone notizie — *the bearer of this letter,* il latore della presente — *bearer bonds, (comm.)* titoli al portatore — *a cheque payable to bearer,* un assegno pagabile al portatore. **2** *(di albero)* fruttifero: *a good (poor) bearer,* una buona (cattiva) pianta da frutto.

bearing ['bɛəriŋ] *s.* **1** condotta; comportamento; atteggiamento; modo di camminare; aspetto: *a man of soldierly bearing,* un uomo dal portamento militare. **2** aspetto; relazione; rapporto: *This has no bearing on the matter,* Questo non ha nessun rapporto con la questione. **3** direzione; posizione; rilevamento: *to take a bearing, (sport., naut.)* fare un rilevamento *(p.es. con la bussola)* — *to lose one's bearings,* perdersi *(anche fig.)*; perdere l'orientamento; smarrirsi; essere perplesso. **4** (⇨ **to bear 5**) sopportazione: *beyond bearing,* insopportabile. **5** (⇨ **to bear 9, 10**) capacità di produrre o di generare dei frutti (figli): *child-bearing,* il procreare. **6** *(mecc., spesso* ball-bearing*)* cuscinetto a sfera; supporto.

bearish ['bɛəriʃ] *agg* **1** orsino; da orso; *(fig.)* rude; scontroso; sgarbato. **2** *(alla Borsa)* ribassistico; da ribassista; *(talvolta)* tendente al ribasso. □ *avv* **bearishly.**

bearskin ['bɛəskin] *s.* pelle d'orso; colbacco *(di pelle d'orso).*

beast [bi:st] *s.* **1** bestia; animale: *beast of burden,* bestia da soma — *beast of prey,* animale da preda. **2** *(fig.)* bestia; bestione; persona crudele, maleducata: *Don't make a beast of yourself!,* Non fare la bestia (Sii più educato, ecc.)! — *They hate that beast of a foreman,* Detestano quel bestione di caposquadra. **3** *the Beast,* l'Anticristo.

beastliness ['bi:stlinis] *s.* bestialità; *(fig.)* sgradevolezza; schifezza.

beastly ['bi:stli] *agg* bestiale; da bestia; schifoso; sgradevole; da cane: *What beastly weather!,* Che tempaccio!

□ *(come avv., per intensificare il significato negativo di agg. e avv.: cfr.* jolly*)* molto; terribilmente; scandalosamente: *It was beastly cold,* Faceva un freddo cane.

[1]**beat** [bi:t] *s.* **1** colpo; battito; pulsazione: *We heard the beat of a drum,* Udimmo i colpi di un tamburo — *His heart beats were getting weaker,* Le sue pulsazioni cardiache si facevano più deboli. **2** *(mus.)* battuta; tempo: *on the beat,* a tempo. **3** giro; itinerario *(solito)*; ronda: *The policeman was on his beat,* Il poliziotto stava facendo il suo giro — *to be off (o out of) one's beat, (fig.)* fare qcsa di differente dal proprio lavoro, qcsa in cui non si ha molta pratica; essere fuori dal proprio seminato. **4** *(USA, fam.)* imbroglio; imbroglione; vagabondo. **5** 'beat'; membro della 'beat generation'; *(spreg.)* capellone. **6** *(caccia)* battuta.

to **beat** [bi:t] *vt e i. (pass.* **beat**; *p. pass.* **beaten** *o* **beat,** *in alcuni casi)* **1** battere; colpire; percuotere; picchiare; bussare; perlustrare; aprire *(un sentiero, ecc.)*; ridurre *(un metallo)* in lamiere: *She was beating the carpet,* Stava sbattendo il tappeto — *The boy was beaten until he was black and blue,* Il ragazzo fu conciato per le feste — *The hunters had to beat a way through the undergrowth,* I cacciatori dovettero aprirsi un sentiero nel sottobosco — *Somebody was beating at (o upon) the door,* Qualcuno batteva (picchiava) alla porta — *to beat (sb) up,* bastonare (qcno); suonargliele di santa ragione — *to beat the woods, (caccia)* battere i boschi — *to beat a retreat,* battere in ritirata; *(fig.)* scappare; svignarsela — *The rain was beating against the windows,* La pioggia batteva contro le finestre — *The hot sun was beating down on our heads,* Il sole infuocato ci martellava in testa — *to beat time, (mus.)* battere il tempo — *to beat one's brains out,* lambiccarsi il cervello; scervellarsi; tormentarsi — *to beat the air, (fam.)* pestar l'acqua nel mortaio.

2 *(talvolta seguito da* up*)* sbattere; mescolare assieme: *to beat up eggs (cream),* sbattere uova (la panna) — *to beat flour, eggs, and sugar to a paste,* impastare farina, uova e zucchero.

3 battere; pulsare; palpitare: *His heart was still beating,* Il suo cuore batteva ancora — *Her heart was beating with joy,* Il suo cuore palpitava di gioia.

4 battere; superare; vincere; sconfiggere: *I hope to beat him in the finals,* Spero di batterlo in finale — *to beat sb hollow,* battere qcno facilmente — *I'll beat you to the top of that hill,* Vediamo chi di noi due arriva primo in cima a quella collina — *I knew the answer but she beat me to it,* Sapevo la risposta ma lei fu più veloce — *He beat me at chess,* Mi vinse agli scacchi — *The attack was beaten off,* L'attacco fu respinto — *to beat the record,* battere, superare il record.

5 *(fam.)* rendere perplesso; essere troppo difficile per: *That problem has beaten me (has me beaten),* Non sono riuscito a capire quel problema — *Beats me! (That beats me!), (fam.)* Non ci capisco nulla! — *He had me beat,* Non riuscivo a dargli la risposta.

6 to beat sb down, battere qcno sul prezzo; far abbassare il prezzo a qcno.

□ *to beat it, (sl.)* tagliar la corda; svignarsela.

[2]**beat** [bi:t] *agg* 'beat'; alla 'beat' (⇨ [1]**beat 5**): *beat clothes,* vestiti 'beat'.

[3]**beat** [bi:t] *agg (fam., spec.* dead beat*)* stanco morto.

beaten ['bi:tn] *agg* battuto *(di metallo; anche fig.)*: *beaten silver,* argento battuto — *the beaten track,* la via, il sentiero battuto; *(fig.)* qualcosa di familiare, di ben noto — *to go off (to keep to) the beaten track, (fig.)* allontanarsi (non allontanarsi) dalla via battuta; fare qcsa (non fare niente) di insolito.

beater ['bi:tə*] *s.* **1** strumento usato per battere: *a carpet beater,* un battitappeto; un battipanni — *an egg beater,* - **a)** un frullatore per le uova - **b)** *(fam.)* un elicottero. **2** *(caccia)* battitore.

beatific [,bi:ə'tifik] *agg* beatifico; beatificante; beato.

beatification [bi,ætifi'keiʃən] *s.* beatificazione.

to **beatify** [bi'ætifai] *vt* beatificare; *(fig.)* render beato; far felice.

beating ['bi:tiŋ] *s.* **1** bastonatura; botte; percosse; vergate; frustate; *(fig.)* punizione. **2** sconfitta; batosta. **3** il battere; il pulsare; battito; pulsazione.

beatitude [bi'ætitju:d] *s.* beatitudine.

beatnik ['bi:tnik] *s.* 'beatnik'; esponente della 'beat generation'.

beau [bou] *s. (fr., pl.* **beaux***)* **1** elegantone. **2** damerino; galante; zerbinotto. **3** spasimante; cicisbeo.

beau ideal [bou ai'diəl] *s. (fr.)* bellezza ideale.

beauteous ['bju:tjəs] *agg (poet.)* bello.

beautician [bju:'tiʃn] *s.* estetista.

beautiful ['bju:tiful] *agg* bellissimo; leggiadro; fine; eccellente; magnifico; stupendo: *a beautiful face,* un bel volto — *a beautiful voice,* una bellissima voce — *a beautiful example,* un esemplare molto fine — *a beautiful goal,* una magnifica rete (un magnifico gol).

□ *avv* **beautifully.**

to **beautify** ['bju:tifai] *vt* abbellire; ornare; adornare.

beauty ['bju:ti] *s.* **1** bellezza; leggiadria; vaghezza: *(poet.) Beauty is only skin deep, (prov.)* La bellezza è una cosa effimera; *(fig.)* Non giudicare dalle sole apparenze — *Beauty is in the eye of the beholder, (prov.)* Non è bello quel che è bello, è bello quel che piace. **2** persona o cosa molto bella o eccellente; una bellezza; uno splendore: *Isn't she a beauty!,* Com'è bella!; È un amore! — *the Sleeping Beauty,* la Bella Addormentata — *Her smile is one of her beauties,* Una delle sue bellezze è il sorriso — *We are always finding new beauties in Shakespeare's poetry,* Nella poesia di Shakespeare continuiamo a scoprire bellezze sempre nuove — *That's the beauty of it!, (fam.)* Questo è il bello! — *beauty-parlour,* istituto di bellezza — *beauty-sleep,* primo sonno — *beauty-spot,* - **a)** neo *(artificiale o naturale)* - **b)** luogo di grande bellezza; posto panoramico.

[1]**beaver** ['bi:və*] *s.* **1** castoro. **2** pelliccia o berretto di castoro. **3** felpa; tessuto felpato.

[2]**beaver** ['bi:və*] *s.* **1** sottogola di elmo. **2** *(fam.)* lunga barba. **3** *(fam.)* uomo barbuto; barbone.

be-bop ['bi(:)bɔp] *s.* 'be-bop' *(varieta di jazz).*

to **becalm** [bi'kɑ:m] *vt (principalmente nell'espressione) to be becalmed,* essere in bonaccia.

became [bi'keim] *pass di* **to become.**

because [bi'kɔz/-kɔ:z] *congiunz* **1** perché; *(talvolta)* poiché: *I did it because they asked me to do it,* Lo feci perché mi chiesero di farlo — *Just because I don't complain, you mustn't suppose that I am satisfied,* Non devi supporre ch'io sia soddisfatto, solo perché non mi lamento. **2 because of,** per; a causa di; per via di: *I said nothing about it, because of his wife('s) being there,* Non dissi niente al riguardo, perché c'era lì sua moglie — *We didn't go because of the weather,* Non (ci) andammo per via del (cattivo) tempo.

[1]**beck** [bek] *s. (nell'Inghilterra Settentrionale)* torrente.

[2]**beck** [bek] *s.* cenno *(del capo, mano, ecc.): to be at sb's beck and call,* esser sempre agli ordini di qcno — *to have sb at one's beck and call,* avere qcno pronto al proprio cenno.

to **beckon** ['bekən] *vt e i.* **1** chiamare con un cenno; fare un cenno: *He beckoned (to) me to follow,* Mi fece cenno di seguirlo — *He beckoned me on (in),* Mi fece cenno di proseguire (di entrare). **2** *(fig.)* invitare: *a beckoning fire,* un fuoco invitante.

to **become** [bi'kʌm] *vi (pass.* **became**; *p. pass.* **become**) **1** diventare; divenire; farsi: *He has become famous,* È diventato famoso — *It's becoming more and more expensive to travel,* Diventa sempre più caro viaggiare — *to become acquainted with sb,* fare la conoscenza di qcno. **2 to become of,** accadere; avvenire; esserne di: *What will become of those poor children?,* Che accadrà a quei poveri bambini? — *I don't know what has become of him,* Non so che ne sia di lui.

□ *vt* **1** star bene; donare: *Her new hat becomes her,* Il suo cappello nuovo le sta bene (le dona). **2** addirsi; essere conveniente: *His language does not become an educated man,* Il suo linguaggio non si addice ad una persona colta.

becoming [bi'kʌmiŋ] *agg* **1** adatto; appropriato; conveniente: *in a becoming style,* con uno stile adatto. **2** che dona; che sta bene; indovinato. □ *avv* **becomingly.**

bed [bed] *s.* **1** letto; materasso; giaciglio; lettiera *(per un cavallo, ecc.): to go to bed,* andare a letto — *to get into bed,* coricarsi — *to get out of bed,* alzarsi dal letto — *to put the children to bed,* mettere a letto i bambini — *to find a bed for sb,* trovare da dormire per qcno — *single bed,* letto singolo, a una piazza — *double bed,* letto doppio, matrimoniale, a due piazze — *twin beds,* due letti (singoli) separati; letti gemelli — *spare bed (room),* camera da letto per gli ospiti — *a feather bed,* un materasso di piume — *a spring bed,* un materasso a molle — *bed-clothes,* biancheria e coperte da letto — *bed-sitter, (fam. per* bed-sitting room*)* cameretta *(spec. per studenti)* — *bed-time,* l'ora di coricarsi — *His usual bed-time is eleven o'clock,* Di solito va a letto alle undici — *to make the beds,* fare, rassettare i letti — *bed and board,* vitto e alloggio — *to take to (to keep) one's bed,* mettersi (stare) a letto *(perché malato)* — *He got out of bed on the wrong side, (fig.)* Si è alzato col piede sinistro, con l'umore di traverso — *She was brought to bed of a boy, (ant.)* Partorì un maschietto — *to put a paper to bed, (sl.)* aver finito di comporre un giornale — *As you make your bed so you must lie on it, (prov.)* Hai ciò che ti meriti; Bisogna accettare le conseguenze dei propri atti — ⇨ *anche* **bedbug, bedfellow, bedmaker, bedpost,** *ecc.*

2 base; basamento; strato; fondo; massicciata; letto fondo *(di mare, lago);* alveo *(di fiume): The machine rests on a bed of concrete,* La macchina poggia su una base di cemento — *If you dig here, you will find a bed of clay,* Se scavi qui, troverai uno strato di argilla — *bed rock,* fondo o strato roccioso; *(fig.)* fondamento; base.

3 *(mecc.)* banco; bancale: *test bed,* banco di prova.

4 aiuola; appezzamento *(di orto): flower bed,* aiuola di fiori — *onion-bed,* aiuola (appezzamento) di cipolle — *Life isn't all a bed of roses,* La vita non è tutta un letto di rose.

to **bed** [bed] *vt* (**-dd-**) **1** *(generalm. seguito da* out*)* piantare *(piante): He was bedding out some young cabbage plants,* Stava trapiantando alcune piantine di cavoli — ⇨ *anche* **bedding 3. 2** (⇨ **to embed**) fissare; sistemare; incastrare; sistemare o disporre in strati: *Bricks and stones are bedded in mortar or concrete,* Mattoni e pietre vengono fissati in calce o cemento — *The bullet bedded itself in the wall,* La pallottola s'incastrò nel muro. **3** *(ant. o fam.)* portare, mettere a letto. **4** *to bed down,* fare un letto *(di paglia, strame)* per un animale: *to bed down a horse,* preparare la lettiera per il cavallo.

□ *vi (di persone)* dormire per terra.

to **bedaub** [bi'dɔ:b] *vt* imbrattare *(anche spreg. per dipingere).*

bedbug ['bedbʌg] *s.* cimice *(dei letti).*

bedclothes ['bedklouðz] *s. pl* ⇨ **bed 1.**

bedding ['bediŋ] *s.* **1** biancheria da letto, coperte e materassi. **2** lettiera *(per animali).* **3** *(da* **to bed 1**) il piantare fiori ecc. in aiuola: *bedding plants,* piante adatte per un'aiuola. **4** strato; basamento; fondamento.

to **bedeck** [bi'dek] *vt* adornare; addobbare: *The church was bedecked with flowers,* La chiesa era addobbata con fiori.

to **bedevil** [bi'devil] *vt* (**-ll-**) **1** tormentare diabolicamente. **2** confondere; frastornare.

bedevilment [bi'devilmənt] *s.* scompiglio; scombussolamento; pandemonio; confusione.

to **bedew** [bi'dju:] *vt* aspergere; irrorare: *a face bedewed with tears,* un volto bagnato di lacrime.

bedfellow ['bed,felou] *s.* compagno di letto; *(fig.)* compagno.

to **bedim** [bi'dim] *vt* (**-mm-**) velare *(lo sguardo);* ottenebrare *(la mente): eyes bedimmed with tears,* occhi velati di pianto — *a mind bedimmed by old age,* una mente ottenebrata dalla vecchiaia.

to **bedizen** [bi'daizən] *vt* agghindare; ornare di fronzoli.

bedlam ['bedləm] *s.* **1** *(ant.)* manicomio *(anche con la maiuscola: dal nome dell'antico manicomio di Londra).* **2** bailamme; pandemonio.

bedmaker ['bed,meikə*] *s. (GB)* uomo o donna che rifà i letti *(nei 'colleges' di Cambridge).*

bedouin ['beduin] *s.* beduino.

bedpan ['bedpæn] *s.* padella *(per ammalati).*

bedpost ['bedpoust] *s.* colonnina del letto. □ *(fam.) between you and me and the bedpost,* detto tra noi due; in confidenza.

to **bedraggle** [bi'drægl] *vt* inzaccherare.

bedridden ['bedridn] *agg* costretto a letto; ammalato.

bedroom ['bedrum] *s.* camera da letto.

bedside ['bedsaid] *s. e agg* fianco del letto; capezzale: *bedside books,* libri per la sera, per la notte. □ *Dr Green has a good bedside manner,* Il dottor Green ha molto tatto (modi molto rassicuranti) coi pazienti.

bed(-)sitter ['bed,sitə*] *s.* ⇨ **bed 1.**

bedsore ['bedsɔ:*] *s.* piaga da decubito.

bedspread ['bedspred] *s.* copriletto.
bedstead ['bedsted] *s.* telaio del letto; lettiera.
bed(-)time ['bed,taim] *s.* ⇨ **bed 1**.
bee [bi:] *s.* **1** ape; *(fig.)* persona laboriosa; lavoratore indefesso: *bee-keeper, bee-master,* apicoltore — *bumble-bee,* calabrone. **2** *(spec. USA)* incontro; riunione; gara amichevole: *spelling bee, (GB)* gara (scolastica) di compitazione. □ *to have a bee in one's bonnet, (fig.)* essere ossessionato da un'idea; avere delle idee fisse; essere fissato — *as busy as a bee,* molto indaffarato — *to make a bee-line for sth,* prendere la strada diretta (più corta) per qcsa; andare diritto verso qcsa.
beech [bi:tʃ] *s.* faggio: *beech-mast,* faggiola; faggina.
beechwood ['bi:tʃwud] *s.* faggeta; faggeto.
beef [bi:f] *s.* **1** carne *(di manzo, bue, vacca): beef tea,* brodo di carne. **2** (*con pl.* **beeves**) bue macellato; *(ant. e USA)* bue *(vivo).* **3** *(fam., detto di persone)* muscolo; nerbo; muscolosità: *He's got plenty of beef,* Ha buoni muscoli; È forte come un toro. **4** *(sl.)* lagnanza.
to **beef** [bi:f] *vi (sl.)* lagnarsi.
beefeater ['bi:fi:tə*] *s.* **1** mangiatore di manzo; *(fig.)* mangione; persona sanguigna. **2** *Beefeater, (GB)* membro del corpo dei 'Yeomen of the Guard' *(i guardiani della Torre di Londra).* **3** *(USA, fam.)* inglese.
beefsteak ['bi:fsteik] *s.* bistecca di manzo.
beefy ['bi:fi] *agg* **1** nerboruto; muscoloso; molto robusto. **2** *(di brodo, ecc.)* che sa di manzo. □ *avv* **beefily**.
beehive ['bi:haiv] *s.* alveare; arnia.
been [bi:n/bin] *p. pass di* **to be**.
beep [bi:p] *s.* segnale acustico *(spec. in telefonia).*
beer [biə*] *s.* birra: *draught beer,* birra alla spina — *ginger-beer,* birra (bevanda) di zenzero — *nettle-beer,* bevanda a base di ortiche — *small beer, (un tempo)* birra leggera; *(fig.)* cosa di poca importanza; inezia. □ *beer and skittles,* divertimento — *It wasn't all beer and skittles,* Non è che ci fosse tanto da divertirsi; Non furono tutte rose e viole.
beery ['biəri] *agg* **1** birroso; simile alla birra. **2** che sa (che puzza) di birra; ebbro di birra. □ *avv* **beerily**.
beeswax ['bi:zwæks] *s.* cera vergine.
beet [bi:t] *s.* **1** barbabietola; bietola. **2** (*USA* ⇨ **beetroot**).
[1]**beetle** ['bi:tl] *s.* **1** scarafaggio. **2** *(scherz.)* 'maggiolino' *(automobile 'Volkswagen').*
[2]**beetle** ['bi:tl] *s.* mazzuolo.
to **beetle** [bi:tl] *vi* **1** sporgere; incombere: *beetling cliffs,* scogliere a strapiombo. **2** *(sl., spec.) to beetle along,* filare; andare veloce.
beetle-browed ['bi:tl'braud] *agg* dalle sopracciglia folte e sporgenti.
beetlecrusher ['bi:tlkrʌʃə*] *s. (sl.)* scarpone.
beetroot ['bi:tru:t] *s. (GB)* (radice di) barbabietola: *white beetroot,* barbabietola da zucchero.
to **befall** [bi'fɔ:l] *vt e i.* (*pass.* **befell**; *p. pass.* **befallen**) *(usato solo impersonalmente)* accadere; capitare: *It befell that...,* Accadde che...
to **befit** [bi'fit] *vt* (**-tt-**) *(ant., lett. o dir.)* convenire a; addirsi; confarsi; stare bene: *It ill befits a man in his position to...,* Non sta bene (Non si confà) ad un uomo con la sua posizione...
befitting [bi'fitiŋ] *agg* conveniente; adatto.
befogged [bi'fɔgd] *agg* annebbiato; *(fig.)* disorientato; confuso; ottenebrato.
before [bi'fɔ:*/-fɔə*] **I** *prep* **1** prima di; avanti: *two days before Christmas,* due giorni prima di Natale — *before the holidays,* prima delle vacanze — *before Christ, (abbr.* B.C.*)* avanti Cristo — *the day before yesterday,* l'altro ieri; ier l'altro — *before now,* prima d'ora — *before long,* fra breve; tra poco.
2 davanti; dinanzi: *He was brought before the judge,* Fu portato davanti al giudice — *to sail before the mast,* essere (su una nave in qualità di) marinaio semplice — *to sail before the wind,* navigare col favore del vento; avere il vento in poppa — *to carry all before one,* riuscire in pieno; avere successo in qualsiasi tentativo.
3 piuttosto di: *Death before dishonour!,* La morte piuttosto del disonore!
II *avv* **1** prima; già; in passato: *You should have told me so before,* Avresti dovuto dirmelo prima — *I've seen that film before,* Ho già visto quel film — *That happened long before,* Accadde molto tempo prima.
2 avanti: *They have gone on before,* Ci hanno preceduto *(spesso usato come eufemismo per* Sono morti*).*
III *congiunz* **1** prima di; prima che: *I must finish my work before I go home,* Devo finire il lavoro prima di andare a casa — *It will be five years before we meet again,* Ci vorranno cinque anni prima che ci incontriamo di nuovo.
2 piuttosto di; piuttosto che: *The soldier said he would die before surrendering,* Il soldato disse che avrebbe preferito morire piuttosto che arrendersi.
beforehand [bi'fɔ:hænd] *avv* in anticipo; prima: *Please let me know beforehand,* Per favore, fatemelo sapere in anticipo.
to **befoul** [bi'faul] *vt (lett.)* insozzare; insudiciare; imbrattare; infamare.
to **befriend** [bi'frend] *vt* agire da amico; comportarsi da amico (verso qcno); aiutare; favorire; diventare amico (di qcno).
to **befuddle** [bi'fʌdl] *vt* stordire *(generalm. con bevande alcooliche).*
to **beg** [beg] *vt e i.* (**-gg-**) **1** elemosinare; chiedere l'elemosina: *He had to beg for his bread,* Doveva elemosinare il pane. **2** implorare; supplicare; pregare; chiedere: *They begged him not to punish them,* Lo implorarono di non punirli — *I begged (of) him to stay,* Lo supplicai di rimanere — *to beg a favour of sb,* chiedere un favore a qcno — *to beg sb's pardon,* chiedere scusa a qcno — *I beg your pardon,* Chiedo scusa; Scusi, non ho capito; Scusi, può ripetere? — *to go begging, (di cose)* essere ancora disponibile; non trovare acquirente — *If these things are going begging, I'll take them,* Se nessuno vuole queste cose, le prenderò io. **3** permettersi *(di dire o di fare): I beg to differ,* Mi permetto di non essere d'accordo — *to beg off,* tirarsi indietro. **4** *(comm.)* pregiarsi: *I beg to state that...,* Mi pregio comunicarVi che... □ *to beg the question,* fare una petizione di principio; non provare nulla; dare qcsa per scontato.
begad [bi'gæd] *interiezione (ant.)* Dio!; Perdio!; Perbacco!
began [bi'gæn] *pass di* **to begin**.
to **beget** [bi'get] *vt* (*p. pres.* **begetting**; *pass.* **begot** *o* **begat**, *p. pass.* **begotten**) **1** *(ant.)* generare; essere padre di: *Abraham begat Isaac,* Abramo generò Isacco — *the only begotten of the Father,* l'Unigenito del Padre (Cristo, figlio di Dio). **2** *(lett.)* originare; essere causa di; portare con sé: *War begets misery and ruin,* La guerra porta con sé miseria e rovina.
begetter [bi'getə*] *s.* **1** generatore; padre. **2** *(fig.)* autore; ideatore; creatore.
beggar ['begə*] *s.* **1** accattone; mendicante; pezzente; povero: *Beggars cannot be choosers, (prov.)* A caval donato non si guarda in bocca. **2** *(fam., per estensione)*

chi raccoglie denaro per scopi caritatevoli; chi fa una colletta; questuante: *He is a good beggar,* È bravo nel fare le collette; È un abile questuante. **3** *(fam., scherz.)* tipo; individuo; poveraccio; birbante; birichino: *You lucky beggar!,* Va', che sei fortunato! — *What a fine little beggar your boy is!,* Che simpatico birichino è tuo figlio!

to **beggar** ['begə*] *vt* ridurre in miseria; ridurre sul lastrico; rovinare: *You'll beggar your family if you spend so much money on drink,* Rovinerai la tua famiglia spendendo tanti soldi nel bere — *to be beggared (eufemistico per* buggered, *volg.)* ⇨ **to bugger.**

□ *to beggar description,* essere indescrivibile; essere superiore ad ogni descrizione — *The scenery beggared description,* La scena era impossibile a descriversi.

beggarly ['begəli] *agg* misero; miserabile; da pezzente; da accattone; meschino; vile: *What a beggarly salary!,* Che stipendio da pezzente!

beggary ['begəri] *s.* indigenza; estrema povertà; mendicità; miseria: *He complained that taxation was reducing him to beggary,* Lamentava che le tasse lo stavano riducendo in miseria.

to **begin** [bi'gin] *vt e i.* (*p. pres.* **beginning**; *pass.* **began**; *p. pass.* **begun**) cominciare; incominciare; iniziare: *It's time to begin work,* È ora di iniziare il lavoro — *She began to feel afraid,* Cominciò a sentirsi spaventata — *I'm beginning to understand,* Comincio a capire — *He began to cry,* Cominciò a piangere — *When did you begin English?,* Quando incominciasti a studiare l'inglese? — *Today we begin at page 30,* Oggi cominciamo da pagina 30 — *to begin upon sth,* mettersi a fare qcsa.

□ **to begin with...,** prima di tutto...; tanto per cominciare...: *It's useless taking the car. To begin with, there's nowhere to park when we get there!,* È inutile prendere l'automobile: tanto per cominciare, non c'è posto per parcheggiare quando arriviamo! — *Well begun is half done, (prov.)* Chi ben comincia è a metà dell'opera.

beginner [bi'ginə*] *s.* principiante; esordiente; novizio: *beginner's luck,* fortuna (dell'esordiente).

beginning [bi'giniŋ] *s.* **1** inizio; principio: *I've read the book from beginning to end,* Ho letto il libro dal principio alla fine — *to start at the beginning,* cominciare dall'inizio. **2** *(al pl.)* origini; fonte: *Democracy had its beginnings in Athens,* La democrazia ebbe le sue origini ad Atene — *the beginnings of Italian literature,* le origini della letteratura italiana.

begone [bi'gɔn] *v. (usato solo all'imperativo)* vattene via! □ *woe-begone* ⇨ **woebegone.**

begonia [bi'gounjə] *s.* begonia.

begorra [bi'gɔrə] *interiezione (irlandese: deformazione di* By God!*)* Per Dio!; Perbacco!

begot, begotten [bi'gɔt(n)] *pass* e *p. pass di* **to beget.**

to **begrime** [bi'graim] *vt* insudiciare; sporcare; ungere.

to **begrudge** [bi'grʌdʒ] *vt* **1** provare, mostrare insoddisfazione o invidia (per qcsa): *We don't begrudge your going to Italy,* Non ci dispiace che tu vada in Italia — *No one begrudges you your good fortune,* Nessuno ti invidia la tua fortuna. **2** lesinare; dar malvolentieri; dare brontolando: *He begrudged every penny he had to spend on my education,* Lesinò ogni lira che dovette sborsare per la mia istruzione.

to **beguile** [bi'gail] *vt* **1** ingannare; gabbare; persuadere o indurre con astuzia; abbindolare; allettare: *He beguiled me into lending him most of my savings,* M'indusse con l'astuzia a prestargli la maggior parte dei miei risparmi. **2** ingannare il tempo: *Our journey was beguiled with pleasant talk,* Durante il viaggio ingannammo il tempo chiacchierando piacevolmente. **3** intrattenere; distrarre; divertire: *We beguiled the children with fairy tales,* Divertimmo i bambini raccontando loro storie di fate.

begun [bi'gʌn] *p. pass di* **to begin.**

behalf [bi'hɑ:f] *s. (generalm. nell'espressione* on behalf of; *oppure, raramente,* in behalf of*)* interesse; favore; beneficio: *on (in) behalf of,* in favore di; nell'interesse di; a nome di; per — *On behalf of my colleagues and myself,* A nome dei miei colleghi e mio personale — *Don't be uneasy on my behalf,* Non sentirti a disagio a mio riguardo (per causa mia).

to **behave** [bi'heiv] *vi e rifl* **1** comportarsi: *He has behaved shamefully towards his wife,* Si è comportato in modo vergognoso con sua moglie — *He behaves like a child,* Si comporta come un bambino — *to behave well (badly, wisely),* comportarsi bene (male, saggiamente). **2** *(spesso rifl.)* comportarsi bene: *Can't you get your little boy to behave (himself)?,* Non puoi fare in modo che il tuo bambino sia (un po' più) educato? — *Behave yourself!,* Comportati bene! **3** funzionare: *How is your new car behaving?,* Come va la tua nuova automobile?

behaviour [bi'heivjə*] (*USA* **behavior**) *s.* **1** comportamento; condotta; maniere: *His behaviour towards me shows that he does not like me,* Il suo modo di comportarsi verso di me dimostra che non gli piaccio — *Tom won a prize for good behaviour at school,* Tom prese un premio di buona condotta a scuola — *to be on one's good (on one's best) behaviour,* fare di tutto per comportarsi bene — *to put sb on his best behaviour,* mettere alla prova qcno. **2** *(spec. mecc.)* funzionamento; andamento.

behaviourism [bi'heivjərizəm] *s.* comportamentismo.

behaviourist [bi'heivjərist] *s.* comportamentista.

to **behead** [bi'hed] *vt* decapitare.

beheading [bi'hediŋ] *s.* decapitazione.

beheld [bi'held] *pass e p. pass di* **to behold.**

behest [bi'hest] *s. (ant.)* comando; ordine; volere: *at sb's behest,* al comando di qcno — *at your behest,* ai tuoi ordini.

behind [bi'haind] **I** *prep* **1** dietro *(luogo e tempo): The boy was hidden behind a tree,* Il ragazzo era nascosto dietro ad un albero — *behind one's back,* dietro alle proprie spalle — *behind the scenes,* dietro le quinte — *to leave sth behind one,* lasciar qcsa dietro a sé — *He put the idea behind him,* Mise da parte (Accantonò) l'idea.

2 indietro; in ritardo: *He is behind other boys of his age,* È indietro rispetto agli altri ragazzi della sua età — *behind time,* in ritardo — *behind the times,* antiquato; fuori moda.

3 *(fig.)* sotto: *'The politicians are behind this', he said,* 'C'è sotto la politica', disse.

II *avv* dietro; indietro *(luogo e tempo): The others are a long way behind,* Gli altri sono rimasti molto indietro — *to be behind with sth,* essere indietro, in ritardo con qcsa (in qcsa) — *to fall behind,* rimanere indietro; non farcela più — *to leave sth behind,* lasciare, dimenticare qcsa.

III *s. (fam.)* sedere; didietro: *He kicked the boy's behind,* Diede un calcio nel sedere al ragazzo — *He fell on his behind,* Cadde sul sedere.

behindhand [bi'haindhænd] *avv e agg predicativo* in arretrato; in ritardo.

to **behold** [bi'hould] *vt* (*pass. e p. pass.* **beheld**) *(ant.,* *poet.)* guardare; scorgere; notare; osservare; contemplare.

beholden [bi'houldn] *agg* obbligato; grato.

beholder [bi'houldə*] *s.* spettatore; osservatore.

behoof [bi'hu:f] *s. (ant.)* vantaggio; interesse: *to (for, on) sb's behoof,* nell'interesse di qcno — *to (for, on) the behoof of sb,* per conto di qcno.

to **behove** [bi'houv] (*USA* **behoove**) *vt (ant.: usato impersonalmente)* essere giusto; essere necessario; convenire; addirsi: *It behoves you,* È tuo dovere — *It does not behove you to...,* Non ti si addice...; Non è da te...

beige [beiʒ] *s.* beige.

[1]**being** ['bi:iŋ] *s.* **1** esistenza: *to come into being,* incominciare a esistere; aver origine — *We do not know when this world came into being,* Non sappiamo quando il mondo ebbe origine — *to bring (to call) sth into being,* dar vita a, chiamare alla vita qcsa — *in being,* esistente; in vita; vigente; in vigore. **2** essere; vita; anima; creatura; persona: *the Supreme Being,* l'Essere Supremo; Dio.

[2]**being** ['bi:iŋ] *agg* presente: *for the time being,* per il momento — *I'll wait here for the time being,* Per il momento aspetto qui.

to **bejewel** [bi'dʒu:əl] *vt* (**-ll-**; *USA* **-l-**) ingioiellare; ingemmare.

to **belabour** [bi'leibə*] *vt* **1** battere; picchiare; bastonare. **2** *to belabour a point,* insistere molto su un punto.

belated [bi'leitid] *agg* tardivo; ritardatario; *(talvolta)* colto dall'oscurità: *a belated apology,* una scusa tardiva — *The belated travellers lost their way in the forest,* I viandanti, colti dall'oscurità, persero la strada nella foresta.

belay [bi'lei] *s.* giro, nodo di fune *(attorno a qcsa o qcno).*

to **belay** [bi'lei] *vt (naut. e alpinismo)* assicurare; legare *(con fune o corda): belaying-pin,* scalmo *(di una imbarcazione).* □ *Belay!, (imperat.: sl., spec. naut.)* Alt!; Basta così!

belch [beltʃ] *s.* **1** rutto; eruttazione; vomito; cosa vomitata. **2** eruzione *(di vulcano, ecc.);* uscita di fiamma; scoppio *(in motori, ecc.).*

to **belch** [beltʃ] *vt e i.* eruttare; ruttare: *A vulcano belches out smoke and ashes,* Un vulcano erutta fumo e ceneri.

beldam(e) ['beldəm] *s. (ant.)* arpia; megera; vecchiaccia; strega.

to **beleaguer** [bi'li:gə*] *vt* assediare *(anche fig.).*

belfry ['belfri] *s.* campanile; cella campanaria.

Belgian ['beldʒən] *agg e s.* belga.

to **belie** [bi'lai] *vt* **1** ingannare; celare; mascherare; dare una falsa immagine di: *His cheerful appearance belied his feelings,* Il suo aspetto gaio mascherava i suoi sentimenti. **2** deludere; non rispondere alle aspettative; mancare; non giustificare.

belief [bi'li:f] *s.* **1** credenza; fede; credito; fiducia: *beyond belief,* incredibile. **2** opinione; convinzione: *He was imprisoned for his beliefs,* Fu incarcerato per le sue opinioni — *It is my belief that...,* Io credo che... (Confido che...; È mia opinione che...). □ *to the best of my belief,* per quanto io ne sappia.

believable [bi'li:vəbl] *agg* credibile.

to **believe** [bi'li:v] *vt e i.* **1** credere; aver fiducia: *I believe that man,* Io credo a quell'uomo — *I believe what you say,* Credo a ciò che dici — *I believe in that man,* Io credo (ho fiducia) in quell'uomo — *I believe in God,* Io credo in Dio — *He believes in old-fashioned remedies,* Crede nelle cure di una volta. **2** credere; ritenere; supporre: *I believe it to have been a mistake,* Credo che sia stato un errore — *They believed him to be insane,* Credevano che fosse matto; Lo ritenevano matto — *'Will they be ready tomorrow?' - 'Yes, I believe so (No, I believe not)',* 'Saranno pronti domani?' - 'Credo di sì (Credo di no)'. □ *make-believe, to make believe* ⇨ **make-believe, to make-believe.**

believer [bi'li:və*] *s.* credente *(spec. in un Dio o in dogmi).*

belike [bi'laik] *avv (ant.)* forse; verosimilmente; probabilmente.

to **belittle** [bi'litl] *vt* minimizzare; sminuire; diminuire: *Don't belittle yourself!,* Non sottovalutarti!; Non sminuirti!

bell [bel] *s.* **1** campana; campanello; campanaccio; *(di sveglia)* suoneria: *That rings a bell, (fam.)* Ciò mi fa ricordare qualcosa (che avevo dimenticato) — *bell-clapper,* batacchio — *bell-metal,* bronzo per campane — *bell-pull,* cordone o maniglia per campanello — *bell-push,* pulsante del campanello — *bell-tower,* campanile — *bell-wether,* montone munito di campanaccio; pecora guida; *(fig., spreg.)* caporione; capobanda — *as sound as a bell, (fam.)* sano come un pesce. **2** tocco; rintocco; suono *(di campana, ecc.): to be saved by the bell,* salvarsi in extremis, all'ultimo momento. **3** *(naut., di solito al pl.)* campana (suono) dei turni di guardia *(di solito ogni mezz'ora);* rintocco; turno di guardia: *eight bells,* gli otto rintocchi *(alle ore 4, 8, 12, 16, 20 e 24).* □ *diving-bell,* campana di immersione *(per palombari, ecc.)* — *dumb-bell,* manubrio *(per la ginnastica)* — *bell-boy, (USA) bell-hop,* fattorino d'albergo — *bell captain, (USA)* portiere d'albergo — *bell-tent,* tenda conica.

[1]to **bell** [bel] *vt* mettere il campanello, il campanaccio, ecc.: *to bell the cat, (fam.)* appendere il campanello al (collo del) gatto *(detto del topo in una nota favola);* mettere a repentaglio la vita per salvare gli altri; far qcsa di estremamente rischioso.

[2]to **bell** [bel] *vi (di cervo)* bramire.

belladonna [,belə'dɔnə] *s.* belladonna.

belle [bel] *s.* bellezza; bella; bella donna: *the belle of the ball,* la bellezza del ballo; la reginetta della festa.

belles-lettres ['bel'letr] *s. pl (fr.)* 'belle lettere'; studi umanistici; saggi letterari.

bellicose ['belikous] *agg* bellicoso.

-bellied ['belid] *agg* (*da* **belly**) panciuto: *big-bellied,* dal grosso ventre; enormemente panciuto — *pot-bellied,* panciuto (come un otre) — *yellow-bellied, (di animale)* dal ventre giallo; *(fam., di persona)* pusillanime; vile.

belligerency [bi'lidʒərənsi] *s.* belligeranza.

belligerent [bi'lidʒərənt] *agg e s.* belligerante.

bellow ['belou] *s.* **1** muggito; mugghio; barrito. **2** *(fig.)* urlo; sbraitio; *(delle onde)* fragore.

to **bellow** ['belou] *vi e t.* **1** muggire; mugghiare; barrire; *(fig.)* urlare *(dal dolore): He began bellowing before the dentist had even started,* Incominciò a urlare ancora prima che il dentista lo toccasse. **2** gridare irosamente; sbraitare; cantare a squarciagola: *They bellowed out a drinking song,* Si misero a cantare a squarciagola una canzone da osteria.

bellows ['belouz] *s. sing o pl* mantice; soffietto; *(scherz.)* polmoni: *a pair of bellows, (anche* a bellows*),* un soffietto.

belly ['beli] *s.* **1** ventre; pancia; *(fam.)* addome; utero. **2** stomaco *(anche fig.): He was left with an empty belly,* Fu lasciato a stomaco vuoto (Rimase a pancia vuota) — *belly-worship,* golosità; gola — *belly landing,* atterraggio di emergenza senza carrello — *a belly-flop,* una spanciata; tuffo sulla pancia. **3** oggetto panciuto; *(di vela)* pancia; *(di muscolo)* ventre.

to **belly** ['beli] *vt e i.* gonfiare, gonfiarsi; *(di un muro)* far pancia: *The wind bellied (out) the sails,* Il vento gonfiò le vele.

to **bellyache** ['belieik] *vi (sl.)* lagnarsi; piagnucolare.

to **belly-flop** ['beliflɔp] *vi (di aereo)* spanciare.

bellyful ['beliful] *s.* scorpacciata; spanciata; *(fig.)* più che abbastanza: *He has had his bellyful of fighting,* Ha lottato abbastanza (Ne ha viste abbastanza).

to **belong** [bi'lɔŋ] *vi* **1** appartenere; essere di: *These books belong to me,* Questi libri mi appartengono — *It belongs to my brother,* È di mio fratello. **2** fare parte: *Which club do you belong to?,* Di quale club fai parte? **3** *(di persona)* risiedere; essere di pertinenza (di): *Do you belong here?,* Risiedi qua? — *Does this item of expenditure belong under the head of office expenses?,* Questa spesa va (messa) sotto la voce delle spese d'ufficio? — *Put it back where it belongs!,* Rimettilo al suo posto!

belongings [bi'lɔŋiŋ] *s. pl* proprietà; cose; bagagli; 'roba': *I hope you've left none of your belongings in the hotel,* Spero che tu non abbia dimenticato nessuna delle tue cose in albergo — *personal belongings,* effetti personali.

beloved [bi'lʌvd] *p. pass e agg* caro; amato; adorato; diletto: *beloved by all,* amato da tutti — *She was beloved of all who knew her,* Era cara a tutti coloro che la conoscevano. □ *Dearly beloved brethren...,* *(detto da un sacerdote, durante una funzione religiosa)* Miei cari fratelli...

□ *s.* bene; tesoro; persona amata.

below [bi'lou] **I** *prep* **1** sotto; al di sotto di: *His overcoat reaches just below his knees,* Il cappotto gli arriva appena sotto le ginocchia — *Shall I write my name above or below the line?,* Devo scrivere il mio nome sopra o sotto la riga? — *The temperature was five degrees below freezing (below zero),* La temperatura era di cinque gradi sotto zero — *below the average,* al di sotto della media — *below sea level,* sotto il livello del mare — *below par, (comm.)* sotto la pari.

2 a valle di: *a few yards below the bridge,* poche yarde a valle del ponte.

3 inferiore a; *(fig.)* indegno di: *A captain in the Army ranks below a captain in the Navy,* Un capitano dell'Esercito è di grado inferiore rispetto ad un capitano di Marina.

II *avv* **1** *(molte volte è usato dopo* from, *in qualità di sostantivo)* sotto; di sotto: *From the hilltop we could see the blue ocean below,* Dalla cima del colle potevamo vedere di sotto il mare — *We heard voices from below,* Udimmo delle voci (provenire) dal basso — *to be (to go) below, (naut.)* essere (andare) sottocoperta — *here below,* quaggiù; sulla terra.

2 a piè di pagina; sotto: *See paragraph six below,* Vedi il paragrafo sei, sotto — *Please affix your signature below,* Per favore apponga sotto la sua firma.

belt [belt] *s.* **1** cintura; cinghia; cintola; cinturone; cinto di protezione: *to hit below the belt, (pugilato e fig.)* assestare un colpo basso; combattere slealmente. **2** *(mecc.)* cinghia di puleggia; nastro trasportatore. **3** cinta; cintura *(di città);* strada di circonvallazione; zona; fascia: *a green belt,* una zona verde *(nei pressi delle grandi città)* — *the cotton (wheat) belt,* la zona del cotone (del grano).

to **belt** [belt] *vt* **1** legare; allacciare; assicurare con cinghia; munire di cintura protettiva *(di corazza);* segnare attorno *(con una striscia).* **2** battere con una cinghia o *(per estensione, nello sport, ecc.)* con il piede, la mazza, ecc.; *(fam.)* picchiare. □ *Belt up!, (sl.)* Chiudi il becco!

belting ['beltiŋ] *s.* **1** *(collettivo)* cinture; cinghie. **2** cinghiate; staffilate; percosse: *to give sb a good belting,* suonarle a qcno.

to **bemean oneself** [bi'mi:n wʌn'self] *v. rifl* abbassarsi *(a fare qcsa).*

to **bemoan** [bi'moun] *vt* piangere; lamentare; compiangere; gemere: *to bemoan one's sad fate,* lamentare il proprio triste fato.

to **bemuse** [bi'mju:z] *vt* confondere; istupidire.

ben [ben] *s. (Scozia)* **1** stanza interna *(la seconda camera di una abitazione di due stanze).* **2** *(nei nomi geografici)* montagna; picco; vetta.

bench [bentʃ] *s.* **1** panca; panchina; sedile; seggio *(in Parlamento, di giudice, di vescovo);* banco: *the Treasury bench,* il seggio (la carica di ministro) del Tesoro — *the front bench,* il banco dei ministri *(in Parlamento)* — *the back bench (benches),* i banchi dei deputati senza incarico ministeriale — *the cross bench (benches),* i settori degli indipendenti — *(the) King's (Queen's) Bench, (stor.)* tribunale reale. **2** *(collettivo:* the Bench*)* i giudici; la magistratura; l'episcopato: *to be raised to the Bench,* essere nominato giudice. **3** banco; tavolo di lavoro *(di falegname, ecc.);* desco *(di calzolaio).* **4** *bench mark, (topografia)* segno di riferimento *(di caposaldo).*

bencher ['bentʃə*] *s.* **1** *(GB)* avvocato anziano; membro del Collegio degli Avvocati *(Corporazioni londinesi dei 'Barristers' ⇨).* **2** *(GB) front- (back-) bencher,* deputato che siede nei banchi anteriori (posteriori) del Parlamento (⇨ **bench 1**); *(fig.)* deputato influente (poco influente).

bend [bend] *s.* **1** curva; svolta; *(di fiume)* ansa; piegatura; flessione: *a sharp bend in the road,* una curva brusca della strada. **2** nodo di marinaio *(di una corda).* **3** *(fam.) the bends,* male del palombaro. **4** *(sl., anche* **bender***)* baldoria; gozzoviglia.

to **bend** [bend] *(pass. e p. pass.* **bent***)* *vt* **1** piegare; curvare: *Bend the end of the wire upwards,* Piega in su la parte terminale del filo (metallico) — *Rheumatism prevents him from bending his back,* I reumatismi gl'impediscono di piegare la schiena — *Her head was bent over her book,* Teneva la testa curva sul libro — *to bend back,* ripiegare — *to bend the knee,* piegare le ginocchia; inginocchiarsi — *on bended knee (o knees), (lett.)* genuflesso; in ginocchio; raccolto in preghiera — *to bend a rule,* fare uno strappo alla regola. **2** dirigere, dirigersi; rivolgere *(lo sguardo, le intenzioni, ecc.): It's time for us to bend our steps homeward,* È ora di dirigerci verso casa — *All eyes were bent on me,* Gli occhi di tutti erano fissi su di me — *She stood there with eyes bent on the ground,* Stette lì con gli occhi a terra — *He couldn't bend his mind to his studies,* Non poté dedicare la sua attenzione agli studi. **3** sottomettere: *to bend sb to one's will,* sottomettere qcno alla propria volontà. **4** tendere; piegare *(un arco): None of the suitors could bend the bow of Odysseus,* Nessuno dei pretendenti riuscì a piegare l'arco di Ulisse. **5** *(naut.)* inferire; allacciare *(una vela).*

□ *vi* **1** piegarsi; curvare; cedere; girare: *The branches were bending (down) with the weight of the fruit,* I rami si piegavano sotto il peso dei frutti — *Can you bend down and touch your toes without bending your knees?,* Riesci a piegarti in giù e toccare le punte dei piedi senza piegare le ginocchia? — *The road bends to the left here,* Qui la strada gira a sinistra — *The river bends several times before reaching the sea,* Il fiume fa parecchie anse prima di buttarsi in mare — *to bend forward,* piegarsi in avanti — *to bend over backwards, (fig.)* sforzarsi al massimo; non risparmiarsi. **2** sottomettersi. **3 to be bent on sth (on doing sth),** essere propenso al fare qcsa; avere l'intenzione di fare qcsa; essere deciso a fare qcsa: *He is bent on mastering English,* È deciso a imparar bene l'inglese — *He is bent on mischief,* Ha intenzione di combinarne qualcuna.

bender ['bendə*] *s. (USA, fam.)* bicchierata; baldoria.

beneath [bi'ni:θ] *prep e avv* **1** sotto; al di sotto. **2** *(fig.)* indegno; inferiore: *It is beneath you to complain,* Non è degno di te lamentarti — *His accusations are beneath contempt,* Le sue accuse non meritano neppure il disprezzo.

Benedictine [,beni'diktin] *s. e agg* benedettino.

benediction [,beni'dikʃən] *s.* benedizione.

benefaction [,beni'fækʃən] *s.* beneficenza.

benefactor ['beni,fæktə*] *s.* benefattore.

benefactress ['beni,fæktris] *s.* benefattrice.

benefice ['benifis] *s.* beneficio; prebenda.

beneficed [be'nifist] *agg* beneficiato *(che usufruisce di una prebenda).*

beneficence [bi'nefisəns] *s.* beneficenza.

beneficent [bi'nefisənt] *agg (non comune)* benefico; caritatevole.

beneficial [,beni'fiʃəl] *agg* utile; vantaggioso; benefico. □ *avv* **beneficially.**

beneficiary [,beni'fiʃəri] *s.* beneficiario.

benefit ['benifit] *s.* **1** profitto; beneficio; giovamento; utilità: *Did you get much benefit from your holiday?,* Hai tratto molto giovamento dalla tua vacanza? — *The book wasn't of much benefit to me,* Il libro non mi è stato molto utile — *The money is to be used for the benefit of the poor,* Il denaro deve essere usato a beneficio dei poveri — *benefit match,* spettacolo, partita di beneficenza — *to give sb the benefit of the doubt,* concedere a qcno il beneficio del dubbio. **2** atto di gentilezza; favore; attenzione; vantaggio: *the benefits of a good education,* i vantaggi di una buona istruzione. **3** assegno; indennità; assistenza: *medical benefit,* indennità di malattia.

to **benefit** ['benifit] *vt* giovare; essere di vantaggio o profitto; far bene a: *The new railway will benefit the district,* La nuova ferrovia sarà di vantaggio (utilità) a tutta la zona.
□ *vi* **to benefit by,** beneficiare (di); trarre vantaggio (da): *You will benefit by a holiday,* Trarrai beneficio da una vacanza; Una vacanza ti farà bene.

benevolence [bi'nevələns] *s.* **1** benevolenza; generosità; atto benevolo. **2** *(stor.)* prestito forzoso.

benevolent [bi'nevələnt] *agg* benevolo; generoso; caritatevole. □ *avv* **benevolently.**

Bengalee, Bengali [beŋgɔ:'li(:)] *agg e s.* bengalese.

benighted [bi'naitid] *agg* **1** *(ant., di viandante)* sorpreso dall'oscurità. **2** *(fig.)* ignaro del bene; privo della luce del bene; ottenebrato; arretrato.

benign [bi'nain] *agg* **1** *(di persona)* gentile; benevolo; favorevole. **2** *(di suolo, clima)* mite; favorevole *(a determinate colture);* temperato. **3** *(di malattia)* a decorso benigno; non grave. □ *avv* **benignly.**

benignant [bi'nignənt] *agg* benevolo; condiscendente. □ *avv* **benignantly.**

benignity [bi'nigniti] *s.* benignità; benevolenza; gentilezza.

benison ['benizn] *s. (ant.)* benedizione.

[1]**bent** [bent] *agg (p. pass. di* **to bend**) **1** curvo; ricurvo. **2** propenso; deciso (⇨ **to bend,** *vi* **3**). **3** *(sl.)* corrotto; venduto: *a bent copper,* un poliziotto venduto.

[2]**bent** [bent] *s.* tendenza; inclinazione; disposizione; propensione: *She has a bent for music,* Ha inclinazione per la musica — *to the top of one's bent,* secondo il proprio desiderio o inclinazione; *(fam.)* a più non posso; moltissimo; al massimo — *to follow one's bent,* seguire la propria inclinazione.

[3]**bent** [bent] *s.* **1** *(bot.)* agrostide; sparto, ecc. **2** *(ant.)* pascolo; prateria.

to **benumb** [bi'nʌm] *vt (usato di solito nella forma passiva)* intorpidire; rendere torpido; bloccare; irrigidire; paralizzare: *His fingers were benumbed with cold,* Le sue dita erano rigide per il freddo.

benzene ['benzi:n] *s.* benzene; benzolo.

benzine ['benzi:n] *s.* benzina di tipo purissimo *(usata come smacchiatore).*

benzol ['benzɔl] *s.* benzolo.

to **bequeath** [bi'kwi:ð] *vt* **1** lasciare *(beni mobili)* in eredità; legare per testamento: *He has bequeathed me his gold watch,* Mi ha lasciato per testamento il suo orologio d'oro. **2** trasmettere *(ai propri discendenti, a chi viene dopo): discoveries bequeathed to us by the scientists of the last century,* scoperte che ci sono state trasmesse dagli scienziati del secolo scorso.

bequest [bi'kwest] *s. (dir.)* lascito; legato testamentario *(di beni mobili);* eredità: *He left bequests of money to all his servants,* Lasciò del denaro (dei lasciti in denaro) per tutta la servitù.

to **berate** [bi'reit] *vt* sgridare; rimproverare aspramente; redarguire.

to **bereave** [bi'ri:v] *vt (pass.* **bereft;** *p. pass.* **bereft, bereaved**) **1** privare: *bereft of hope,* privo di speranza; senza speranza — *bereft of reason,* pazzo; impazzito — *Indignation bereft him of speech,* Lo sdegno gl'impedì di parlare (lo privò della parola). **2** *(con pass. e p. pass.* **bereaved**) orbare; privare *(della vita): the bereaved,* i familiari del defunto — *the bereaved husband,* il marito dolente — *That accident bereaved him of his wife and children,* In quell'incidente perse la moglie e i bambini.

bereavement [bi'ri:vmənt] *s.* perdita; lutto.

bereft [bi'reft] *pass e p. pass di* **to bereave.**

beret ['berei] *s.* berretto.

berg [bə:g] *s., abbr di* **iceberg.**

bergamot ['bə:gəmɔt] *s.* bergamotto; essenza di bergamotto.

beri-beri ['beri'beri] *s.* beriberi.

berry ['beri] *s.* **1** bacca; coccola *(frutto a forma di bacca): holly berries,* bacche di agrifoglio — *as brown as a berry,* abbronzatissimo. **2** chicco.

berserk ['bə:sə:k] *agg (solo nell'espressione) to go berserk,* essere assalito da furore indomabile; impazzire; dare i numeri.

berth [bə:θ] *s.* **1** cuccetta *(in treno, nave, aereo).* **2** *(naut.)* posto di ancoraggio *(in un porto).* **3** *(fam.)* posticino; impiego o lavoro facile: *to find a snug berth,* trovare, trovarsi un impieguccio comodo. □ *to give sb (sth) a wide berth, (fig.)* tenersi alla larga da qcno (qcsa).

to **berth** [bə:θ] *vi (di nave)* ancorare; ormeggiare.
□ *vt* provvedere di cuccetta o letto; provvedere da dormire (arrangiandosi un po'): *Six passengers can be berthed amidships,* Sei passeggeri possono dormire nelle cuccette di mezzeria.

beryl ['beril] *s.* berillo.

beryllium [be'riljəm] *s.* berillio.

to **beseech** [bi'si:tʃ] *vt (pass. e p. pass.* **besought,** *USA*

beseeched) *(lett.)* implorare; supplicare; scongiurare; chiedere insistentemente.

beseeching [bi'si:tʃiŋ] *agg (di sguardo, voce)* supplicante; implorante. □ *s.* supplica; il supplicare; l'implorare. □ *avv* **beseechingly.**

to **beseem** [bi'si:m] *vt (ant.: usato solo impersonalmente)* convenire; addirsi: *It ill beseems you to refuse,* Non ti si addice rifiutare.

to **beset** [bi'set] *vt* (*p. pres.* **besetting**; *pass. e p. pass.* **beset**) circondare; assediare; attaccare *(anche fig.)*; cospargere; punteggiare; essere irto di: *Temptations beset young people,* I giovani sono assediati dalle tentazioni — *a problem beset with difficulties,* un problema irto di difficoltà — *beset by doubt,* preso (assalito) dal dubbio — *his besetting sin,* il suo peccato ricorrente; il suo lato debole.

to **beshrew** [bi'ʃru:] *vt (ant.)* maledire: *Beshrew you!,* Mal ti colga!

beside [bi'said] *prep* **1** accanto; vicino a: *Come and sit beside me,* Vieni a sederti accanto a me — *She would like to live beside the sea,* Le piacerebbe vivere vicino al mare. **2** in confronto a: *You are quite tall beside your sister,* Sei altissimo in confronto a tua sorella — *to set beside,* mettere a confronto; reggere il confronto — *There's no one to set beside him as a general,* Non c'è nessun generale che possa competere lon lui. □ *beside the mark (question, point),* estraneo; non pertinente *(all'argomento in questione)* — *to be beside oneself (with joy),* essere fuori di sé (dalla gioia).

besides [bi'saidz] *prep* oltre a: *I have three other hats besides this one,* Ho altri tre cappelli oltre a questo. □ *avv* inoltre; per di più; e poi: *I don't like French perfume; besides it's too expensive,* Non mi piace il profumo francese, e poi costa troppo.

to **besiege** [bi'si:dʒ] *vt* **1** assediare; accerchiare; assalire da tutti i lati: *Troy was besieged by the Greeks for ten years,* Troia fu assediata dai Greci per dieci anni. **2 to besiege (sb) with (sth),** importunare, tempestare qcno *(di domande, ecc.)*: *The new minister was besieged with questions and requests from his old comrades,* Il nuovo ministro fu tempestato di domande e di richieste dai suoi vecchi compagni.

besieger [bi'si:dʒə*] *s.* assediante.

to **besmear** [bi'smiə*] *vt* imbrattare; sporcare; spalmare *(di grasso, ecc.)*; ungere.

to **besmirch** [bi'smə:tʃ] *vt* **1** sporcare; coprire di sporco. **2** *(fig.)* oscurare *(la fama, la reputazione di qcno)*.

besom ['bi:zəm] *s.* ramazza; granata; scopa.

besotted [bi'sɔtid] *agg* istupidito; abbrutito. □ *avv* **besottedly.**

besought [bi'sɔ:t] *pass* e *p. pass di* **to beseech.**

to **bespangle** [bi'spæŋgl] *vt* ricoprire di lustrini; decorare con lustrini.

to **bespatter** [bi'spætə*] *vt* inzaccherare dappertutto; gettare o schizzar fango.

to **bespeak** [bi'spi:k] *vt* (*pass.* **bespoke**; *p. pass.* **bespoke** *o* **bespoken**) **1** *(GB)* prenotare; ordinare; impegnare in anticipo *(una stanza, un tavolo, ecc.)*: *bespoke tailor,* sarto che taglia e confeziona abiti su misura. **2** rivelare; indicare: *His polite manners bespoke the gentleman,* Le sue maniere gentili rivelavano il gentiluomo.

bespoke [bi'spouk] *pass e p. pass di* **to bespeak.**

best [best] **I** *agg* (*superl. di* **good**) (il) migliore; (il) meglio; la cosa migliore: *the best dinner I have ever had,* il miglior pranzo che io abbia mai fatto — *He is the best of husbands,* È il migliore dei mariti — *What is the best thing to do?,* Qual è la cosa migliore da fare? — *to be all for the best,* andare per il meglio; andare a finir bene — *to have (to get) the best of it,* avere (ottenere) la meglio *(in una discussione, ecc.)* — *to get the best of both worlds,* riuscire a trarre vantaggio (piacere) da situazioni anche contrastanti — *to be at one's best,* essere in ottima forma — *at best,* - **a)** nel migliore dei casi - **b)** *(comm.)* al miglior prezzo — *to do one's best,* fare del proprio meglio — *to do sth to the best of one's ability,* fare qcsa nel miglior modo possibile.

□ *the best man,* il testimone dello sposo — *the best part,* la maggior parte; quasi — *I've been waiting the best part of an hour,* Aspetto da quasi un'ora — *to be dressed in one's best (Sunday best),* indossare il vestito della festa — *The best of it was that...,* Il bello era che... — *with the best (of them),* alla pari con i migliori — *Although he's nearly fifty, he can still play tennis with the best (of them),* Sebbene sia quasi cinquantenne, nel tennis tiene testa a tutti (anche ai migliori) — *to the best of my knowledge (belief, recollection, ecc.),* per quel che so (credo, ricordo, ecc.) — *to make the best of things (of it),* accontentarsi — *to make the best of a bad job,* far buon viso a cattivo gioco; trarre il massimo da una situazione sfavorevole — *to put one's best foot forward,* camminare il più in fretta possibile; *(fig.)* fare del proprio meglio — *The best is the enemy of the good, (prov.)* Il meglio è nemico del bene — *A half of best, please!,* Mezza pinta (di birra) della più buona, per favore!

II *avv* (*superl. di* **well**) **1** nel modo migliore; meglio: *He works best in the morning,* Lavora meglio di mattino — *Do as you think best,* Fa' come meglio credi — *Do it as best as you can,* Fallo come meglio puoi.
2 di più; più: *Which do you like best?,* Quale ti piace di più? (Quale preferisci?) — *best-seller,* libro che ha raggiunto una grande tiratura — *He is the best-hated man in the village, (iron.)* È l'uomo più odiato del paese.

to **best** [best] *vt (fam.)* avere la meglio; superare.

bestial ['bestiəl] *agg* bestiale; brutale; selvaggio. □ *avv* **bestially.**

bestiality [,besti'æliti] *s.* bestialità; brutalità; depravazione; oscenità.

bestiary ['bestiəri] *s. (stor.)* bestiario.

to **bestir** [bi'stə:*] *vt* (**-rr-**) agitare; muovere: *to bestir oneself (to do sth),* agitarsi, darsi da fare (per qcsa).

to **bestow** [bi'stou] *vt* **1** accordare; conferire; concedere; donare; dedicare *(di tempo)*; dare: *to bestow an honour on sb,* conferire un onore a qcno. **2** *(ant.)* dare in moglie.

bestowal [bi'stouəl] *s.* concessione; conferimento; donazione; dono.

to **bestrew** [bi'stru:] *vt* (*pass.* **bestrewed**; *p. pass.* **bestrewn** *o* **bestrewed**) *(ant., lett.)* cospargere; disseminare.

to **bestride** [bi'straid] *vt* (*pass.* **bestrode**; *p. pass.* **bestridden, bestrid** *o* **bestrode**) sedere a cavalcioni; stare a gambe larghe *(su qcsa)*; *(fig.)* dominare: *to bestride a horse,* stare a cavalcioni su un cavallo.

bet [bet] *s.* scommessa; puntata *(di denaro)*: *to make a bet,* fare una scommessa; scommettere — *Care to make a bet on it?,* Scommettiamo? — *to win (to lose) a bet,* vincere (perdere) una scommessa — *to accept (to take up) a bet,* accettare una scommessa.

to **bet** [bet] *vt e i.* (*p. pres.* **betting**; *pass. e p. pass.* **bet** *o* **betted**) **1** scommettere; puntare: *He bet me five pounds that Hyperion would win,* Scommise con me cinque sterline che avrebbe vinto Hyperion — *I never* *bet on horses,* Io non scommetto mai (non punto mai denaro) sui cavalli — *Bet you (USA:* Betcha*) can't touch your toes!,* Scommetto che non riesci a toccare la punta dei piedi! **2** *(fam.)* essere certo: *I bet you are right,* Sono sicuro che hai ragione — *You bet he'll come,* Puoi stare certo che verrà — *You bet!,* Ma certo!; Ci puoi scommettere!

beta ['bi:tə] *s.* **1** beta *(seconda lettera dell'alfabeto greco).* **2** *(votazione)* buono: *beta plus, (nelle votazioni scolastiche)* a metà tra 'buono' e 'ottimo'.

to **betake (oneself)** [bi'teik] *v. rifl (pass.* **betook**; *p. pass.* **betaken**) dedicarsi; applicarsi.

betcha ['betʃə] *(USA)* ⇨ **to bet 1.**

betel ['bi:tl] *s.* betel: *betel nut,* noce di betel.

bête noire [beit 'nwɑ:*/bɛt nwa:r] *s. (fr. fig.)* bestia nera.

bethel ['beθəl] *s.* cappella per il culto dei nonconformisti *(cioè non anglicani); (USA)* cappella per marinai.

to **bethink (oneself)** [bi'θiŋk] *v. rifl (pass. e p. pass.* **bethought**) *(ant.)* considerare; riflettere; meditare; ricordarsi.

bethought [bi'θɔ(:)t] *pass e p. pass di* **to bethink.**

to **betide** [bi'taid] *vt e i. (ant., usato solo al congiunt. e nelle espressioni) whatever may betide,* qualunque cosa possa accadere — *Woe betide him if...,* Male lo colga se...

betimes [bi'taimz] *avv (ant. e lett.)* per tempo; di buonora; presto: *We must be up betimes tomorrow,* Domani mattina dobbiamo alzarci presto.

to **betoken** [bi'toukən] *vt* annunciare; presagire; anticipare; suggerire: *Those black clouds betoken rain,* Quelle nuvole nere sono foriere di pioggia.

betook [bi'tuk] *pass di* **to betake.**

to **betray** [bi'trei] *vt* **1** tradire; vendere; denunciare; rivelare; palesare *(un segreto, ecc.).* **2** rivelare; mostrare; indicare; far capire: *The boy's face betrayed the fact that he had been eating cream cakes,* La faccia del ragazzo mostrava chiaramente che aveva mangiato delle paste alla panna — *His accent immediately betrayed him to be a foreigner,* Il suo accento fece immediatamente capire che egli era straniero. **3** far cadere in errore; trarre in inganno. **4** *to betray oneself,* tradirsi; rivelarsi; farsi conoscere: *He had a good disguise, but as soon as he spoke he betrayed himself,* Si era travestito bene, ma si tradì non appena cominciò a parlare.

betrayal [bi'treiəl] *s.* tradimento.

betrayer [bi'treiə*] *s.* traditore.

to **betroth** [bi'trouð] *vt (ant. e lett.)* fidanzare; promettere in matrimonio: *His daughter was betrothed to a banker,* Sua figlia fu promessa sposa a un banchiere.

betrothal [bi'trouðəl] *s.* fidanzamento; promessa di matrimonio.

betrothed [bi'trouðd] *s.* promesso sposo; fidanzato; promessa sposa; fidanzata: *the betrothed,* i promessi sposi; i fidanzati.

better ['betə*] **I** *agg (comp. di* **good**) migliore; meglio: *This is good but that is better,* Questo è buono ma quello è migliore — *He is better than his brother,* È migliore di suo fratello — *Haven't you anything better?,* Non avete niente di meglio? — *I'm quite better now,* Adesso mi sento proprio meglio — *That's much better,* Così va molto meglio — *to change for the better,* cambiare in meglio. ☐ *for better for worse,* nella buona e nella cattiva sorte — *no better than,* non altro che; lo stesso di — *He's no better than a beggar,* Non è altro che un mendicante — *one's better feelings,* la parte migliore di sé stesso — *one's better half, (fam.)* la propria moglie; la propria metà — *to be better off,* essere più ricco, in condizioni migliori — *the better part of sth,* la parte più grande; più della metà — *to do better than one's word,* fare ancora di più di quanto promesso (della parola data) — *to get the better of sb,* avere la meglio su qcno; prevalere su qcno — *to know better,* avere il buon senso di non fare qcsa; saper bene come stanno le cose — *You ought to know better than to go out without an overcoat,* Dovresti avere il buon senso di non uscire senza il cappotto — *He says he didn't cheat but I know better,* Dice di non aver barato ma io so come stanno le cose — *to think better of sth,* ripensarci; cambiare idea — *I had decided to marry Susan, but I thought better of it when I saw her mother,* Avevo deciso di sposare Susan, ma ci ripensai quando vidi sua madre — *to think (all) the better of sb,* avere un'opinione migliore di qcno *(in base a nuovi fatti)* — *I shall think all the better of you after having seen you bear such misfortune so bravely,* D'ora innanzi avrò maggior stima di te avendoti visto superare tali disgrazie con tanto coraggio.

II *come s. (al pl.)* superiori.

III *avv* **1** meglio; in modo migliore: *You would write better if you had a good pen,* Scriveresti meglio se avessi una buona penna — *You play tennis better than I do,* Giochi a tennis meglio di me — *better and better,* di bene in meglio; sempre meglio — *The more the better,* Quanto più, tanto meglio.

2 più: *The better I know her the more I admire her,* Più la conosco e più l'ammiro — *You'll like it better when you understand it more,* Ti piacerà di più quando lo capirai meglio.

☐ *I (you, he ecc.) had better...,* Farei (faresti, farebbe ecc.) meglio a... — *You had better mind your own business,* Faresti meglio a badare ai tuoi affari.

to **better** ['betə*] *vt* **1** migliorare: *to better oneself,* migliorare le proprie condizioni. **2** superare; sorpassare: *He bettered his last time by two seconds,* Migliorò il suo ultimo record di due secondi.

[2]**better** ['betə*] *s.* scommettitore.

betterment ['betəmənt] *s.* **1** miglioramento; miglioria. **2** plus-valore.

betting ['betiŋ] *s.* lo scommettere; (le) scommesse: *betting shop,* negozio o ufficio di allibratore.

bettor ['betə*] *s.* scommettitore.

between [bi'twi:n] **I** *prep* **1** fra; tra; nel mezzo di *(di solito fra due elementi): Twe letter B comes between A and C,* La lettera B sta fra la A e la C — *Switzerland lies between France, Italy, Austria and Germany,* La Svizzera si stende tra la Francia, l'Italia, l'Austria e la Germania — *between the two world wars,* tra le due guerre mondiali — *between you and me,* in confidenza; detto tra noi — *to be caught between two fires, (fig.)* essere fra due fuochi — *between-whiles,* negli intervalli; nell'intervallo; nel frattempo — *I'll be back between three and four,* Sarò di ritorno tra le tre e le quattro — *between the devil and the deep blue sea,* fra l'incudine e il martello.

2 *(seguito da un pronome)* tutti insieme: *Between them they soon finished the work,* Tutti insieme finirono presto il lavoro — *The first five batsmen scored 253 runs between them, (al cricket)* Tutti insieme i primi cinque battitori totalizzarono 253 punti.

II *avv* in mezzo: *few and far between,* a lunghi intervalli — *In this part of Canada houses are few and* *far between,* In questa parte del Canada le case sono poche e molto distanti l'una dall'altra — *in between,* frapposto; in uno stato intermedio — *to stand between,* mettersi di mezzo; fare da mediatore — ⇨ *anche* **go-between.**

betwixt [bi'twikst] *prep e avv (ant. e poet.)* tra; fra *(in mezzo a due elementi): betwixt and between, (fam.)* in uno stato intermedio; né carne né pesce.

bevel ['bevəl] *s.* **1** angolo obliquo; smussatura; ugnatura: *bevel gear,* ingranaggio conico — *bevel wheel,* ruota dentata conica. **2** *(mecc.)* bisello; smusso.

to **bevel** ['bevəl] *vt* (**-ll-**) smussare: *to bevel a pane of glass,* molare un vetro a smusso.

beverage ['bevəridʒ] *s.* bevanda; bibita.

bevy ['bevi] *s.* **1** gruppo; frotta *(spec. di ragazze o donne).* **2** stormo *(spec. di quaglie e allodole).* **3** *(fam.)* raccolta *(di piccoli oggetti, di ricordi, ecc.).*

to **bewail** [bi'weil] *vt e i.* lamentare; piangere; deplorare; lamentarsi: *to bewail one's lot,* lamentarsi della propria sorte.

to **beware** [bi'wɛə*] *vi e t. (solo all'inf. e all'imperat.)* guardarsi; stare in guardia; badare; stare attento: *Beware of the dog,* Attenti al cane — *Beware how you do it,* Bada a come lo fai.

to **bewilder** [bi'wildə*] *vt* confondere; rendere perplesso; sconcertare; disorientare: *The old peasant woman was bewildered by the traffic of the big city,* La vecchia contadina era disorientata dal traffico della grande città — *Tom was bewildered by the examination questions,* Tom si lasciò confondere dalle domande d'esame.

bewildering [bi'wildəriŋ] *agg* sconcertante; stupefacente; sbalorditivo. □ *avv* **bewilderingly.**

bewilderment [bi'wildəmənt] *s.* stupore; smarrimento; perplessità; confusione.

to **bewitch** [bi'witʃ] *vt* **1** stregare. **2** ammaliare; incantare; affascinare; deliziare: *She danced so well that she bewitched all the young men,* Danzò così bene che incantò tutti i giovanotti.

bewitching [bi'witʃiŋ] *agg* affascinante; seducente; incantevole; maliardo: *a bewitching smile,* un sorriso affascinante. □ *avv* **bewitchingly.**

bey [bei] *s.* bey *(governatore turco o la sua provincia).*

beyond [bi'jɔnd] **I** *prep* **1** oltre *(di tempo, di luogo e fig.);* al di là; al di sopra: *The house is beyond the river,* La casa è oltre il fiume — *His family tree goes back beyond the War of the Roses,* Il suo albero genealogico risale oltre la Guerra delle Due Rose — *Your work is beyond all praise,* Il tuo lavoro è al di là di ogni lode — *It's beyond a joke,* Questo va al di là di un semplice scherzo — *He lives beyond his income,* Il suo tenore di vita è superiore ai suoi mezzi — *It's quite beyond me,* È al di sopra delle mie facoltà — *beyond belief,* incredibile — *beyond endurance,* insopportabile.

2 tranne; al di fuori *(in frasi negative e interrogative): He has nothing beyond his pension,* Non ha niente, al di fuori della pensione.

□ *the back of beyond* ⇨ **'back** — *the beyond,* l'aldilà.
II *avv* più in là; più lontano: *India and the lands beyond,* l'India e i paesi che stanno al di là di essa — *What is beyond?,* Che c'è più in là?

bezique [bi'zi:k] *s.* bazzica *(gioco di carte).*

bias ['baiəs] *s.* **1** *(bocce)* peso o rigonfio che dà 'effetto'. **2** *(fig.)* inclinazione; prevenzione; predisposizione; pregiudizio: *He has a bias against the plan,* Ha un pregiudizio contro il piano — *He is without bias,* È senza alcuna prevenzione *(sia contro, sia a favore).* **3** linea *(cucitura)* diagonale: *to cut on the bias,* tagliare in diagonale, di sbieco. **4** *(elettr.)* polarizzazione.

to **bias** ['baiəs] *vt (pass. e p. pass.* **biased** *o* **biassed**) influenzare; prevenire *(generalm. in senso negativo): The government shamelessly used newspapers and the radio to bias public opinion,* Il governo si servì sfacciatamente dei giornali e della radio per influenzare l'opinione pubblica — *to be biassed,* essere prevenuto.

bib [bib] *s.* bavaglino; pettorina: *to be in one's best bib and tucker, (fam.)* essere in ghingheri.

to **bib** [bib] *vi* (**-bb-**) bere smodatamente; trincare *(di uso raro, tranne nelle espressioni 'wine-bibbing',* il bere smodatamente vino, *e 'wine-bibber',* beone).

bibber ['bibə*] *s.* beone.

Bible ['baibl] *s. (anche fig., con la minuscola)* Bibbia.

biblical ['biblikəl] *agg* biblico: *biblical style,* stile biblico *(spec. lo stile della 'Authorized Version' della Bibbia del 1611).*

bibliographer [,bibli'ɔgrəfə*] *s.* bibliografo.

bibliographic(al) [,bibliə'græfik(l)] *agg* bibliografico.

bibliography [,bibli'ɔgrəfi] *s.* bibliografia.

bibliophile ['biblioufail] *s.* bibliofilo.

bibulous ['bibjuləs] *agg* **1** dedito al bere; beone; bevitore. **2** bibulo; assorbente. □ *avv* **bibulously.**

bicameral [bai'kæmərəl] *agg* bicamerale *(di sistema politico).*

bicarbonate [bai'kɑ:bənit] *s.* bicarbonato.

bicentenary [,baisen'ti:nəri] *s.* bicentenario.

bicentennial [,baisen'tenjəl] *agg e s.* **1** bicentennale. **2** bicentenario.

biceps ['baiseps] *s.* **1** bicipite. **2** *(fig.)* forza muscolare umana.

to **bicker** ['bikə*] *vi* litigare; altercare.

bicycle ['baisikl] *s.* bicicletta.

to **bicycle** ['baisikl] *vi (di solito abbr. in* **to cycle**) andare in bicicletta.

bid [bid] *s.* **1** offerta; somma offerta *(ad un'asta): Are there no bids for this very fine painting?,* Nessuno fa un'offerta per questo bel quadro? — *Will no one make a higher (further) bid?,* Nessun'altra offerta? **2** *(USA)* offerta d'appalto *(per costruzioni, ecc.): advertisement for bids,* bando di appalto. **3** *to make a bid for sth, (fig.)* sforzarsi per ottenere qcsa — *He made a bid for popular support,* Cercò di conquistarsi il sostegno popolare. **4** *(alle carte)* dichiarazione; 'accuso'.

to **bid** [bid] *vt e i. (p. pres.* **bidding**; *pass. e p. pass.* **bid**) *(ma* ⇨ *anche significato* **3**) **1** offrire; fare un'offerta *(in vendite all'asta): Will anyone bid 20 pounds for this painting?,* C'è qualcuno che è disposto a offrire 20 sterline per questo quadro? — *What am I bid for this fine commode?,* Quanto mi si offre per questo bel comò? — *to bid up,* fare un'offerta superiore *(ad un'asta).* **2** *(USA)* fissare, precisare, determinare, far conoscere, comunicare il prezzo *(per un appalto di lavori)* (⇨ **tender**): *The firm decided to bid on the new turnpike link,* La ditta decise di comunicare il suo prezzo d'appalto per la costruzione del nuovo raccordo autostradale. **3** *(ant., lett. e poet.) (pass.* **bade**; *p. pass.* **bidden**) ordinare; ingiungere; intimare; invitare; dire: *Soldiers must do as they are bidden,* I soldati devono ubbidire agli ordini — *to bid sb to a wedding,* invitare qcno a nozze — *the bidden guests,* gli invitati — *He bade me come in,* Mi disse di entrare — *to bid farewell to sb,* dire addio a qcno — *to bid sb good morning,* dare il buongiorno a qcno. **4**

(in giuochi di carte) fare una dichiarazione: *He bid two hearts,* Dichiarò due carte di (Accusò due) cuori.
□ *to bid fair to,* promettere bene — *Our plan bids fair to succeed,* Il nostro piano promette bene — *to bid defiance to sb,* sfidare qcno.

bidden ['bidn] *p. pass di* **to bid 3.**

bidder ['bidə*] *s.* **1** offerente *(ad un'asta): to the highest bidder,* al miglior offerente. **2** appaltatore; chi assume un appalto. **3** *(alle carte)* dichiarante.

bidding ['bidiŋ] *s.* **1** *(ad un'asta)* l'offerta; le offerte: *Bidding was brisk,* Le offerte erano vivaci (numerose, alte). **2** ordine; comando: *to do sb's bidding,* eseguire gli ordini di qcno. **3** *(al giuoco delle carte)* dichiarazioni; 'accusi'.

biddy ['bidi] *s. (fam., dial.)* gallina; pollo.

to **bide** [baid] *vt* aspettare; *(ant. e lett., salvo nell'espressione) to bide one's time,* aspettare l'occasione favorevole; aspettare il momento buono.

[1]**biennial** [bai'eniəl] *agg* biennale. □ *avv* **biennially.**

[2]**biennial** [bai'eniəl] *s.* pianta biennale.

bier [biə*] *s.* cataletto; catafalco; tavolo sul quale si posa una bara.

biff [bif] *s. (sl.)* scapaccione; colpo; percossa.

to **biff** [bif] *vt (sl.)* dare uno scapaccione.

bifocal [bai'foukəl] *agg* bifocale.

bifocals [bai'foukəlz] *s.* occhiali, lenti bifocali.

bifurcate, bifurcated ['baifə:kit(id)] *agg* biforcuto.

to **bifurcate** ['baifə:keit] *vt e i.* biforcare, biforcarsi.

bifurcation [,baifə:'keiʃən] *s.* biforcazione.

big [big] (**bigger, biggest**) **I** *agg* **1** grande; grosso; importante: *a big tree (house, ecc.),* un grande albero (casa, ecc.) — *It was a big day in my life,* Fu un giorno importante della mia vita — *a big man,* un omone; *(fig.)* un uomo importante — *a big shot, (fam.)* un pezzo grosso — *big noise, (spec. USA)* grosso papavero; pezzo grosso — *big stick, (fam., USA)* gran dispiego di forze — *big toe,* alluce — *to have big ideas,* avere grandi idee; essere ambizioso.
2 *(ant.)* gravido: *She was big with child,* Era incinta; Aspettava un bambino — *big with fate, (fig.)* gravido di eventi.
3 *(fam.)* generoso: *That's big of you!,* È generoso da parte tua! *(anche iron.).*
□ *big business,* - **a)** grossi affari - **b)** il mondo degli affari; i capitani d'industria; il patronato — *big end, (mecc.)* testa di biella — *big-headed,* dalla testa grossa; *(fam.)* borioso — *big-hearted,* dal cuore grande; generoso — *big-mouthed,* dalla bocca grande; *(fam.)* gradasso — *big-souled,* dal grande animo; magnanimo — *to get (to grow) too big for one's boots, (fam.)* diventare presuntuoso; darsi troppe arie; montarsi la testa.
II *avv (fam., spec. USA)* in modo esagerato o eccessivo: *to think big,* avere idee grandiose — *to talk big,* 'spararle grosse'.

bigamist ['bigəmist] *s.* bigamo.

bigamous ['bigəməs] *agg* bigamo. □ *avv* **bigamously.**

bigamy ['bigəmi] *s.* bigamia.

bight [bait] *s.* **1** *(naut.)* doppino; cappio fatto con una fune. **2** *(geogr.)* ansa; baia.

bigot ['bigət] *s.* bigotto; persona bigotta.

bigoted ['bigətid] *agg* bigotto; *(fig.)* intollerante; fanatico. □ *avv* **bigotedly.**

bigotry ['bigətri] *s.* **1** bigottismo; bigotteria; *(fig.)* fanatismo; intolleranza. **2** atto (gesto) di bigottismo, di fanatismo, d'intolleranza.

bigwig ['bigwig] *s. (sl.)* pezzo grosso.

bijou ['bi:ʒu:] *s. e agg attrib (fr.)* gioiello.
□ *agg (nel linguaggio pubblicitario)* piccolo; carino; elegante: *bijou villas,* graziosi villini.

bike [baik] *s.* (*abbr. fam. per* **bicycle**) bicicletta; 'bici'.

to **bike** [baik] *vi (fam.)* andare in bicicletta: *Why take the car when you can bike it?,* Perché prendere l'automobile quando si può andare in bicicletta?

bikini [bi'ki:ni] *s.* bikini.

bilateral [bai'lætərəl] *agg* bilaterale; delle due parti; concernente le due parti. □ *avv* **bilaterally.**

bilateralism [bai'lætərəlizəm] *s.* bilateralità; bilateralismo.

bilberry ['bilbəri] *s.* mirtillo.

bile [bail] *s.* **1** bile. **2** *(fig.)* rabbia.

bilge [bildʒ] *s.* **1** *(naut.)* sentina: *bilge-water,* acqua di sentina. **2** *(fig.)* sciocchezze; discorsi insignificanti.

bilharzia [bil'hɑ:ziə] *s.* bilarzia.

bilingual [bai'liŋgwəl] *agg* bilingue.

bilionaire [biljə'nεə*] *s. (USA)* miliardario.

bilious ['biljəs] *agg* biliare; bilioso *(anche fig.): a bilious attack,* un travaso di bile. □ *avv* **biliously.**

biliousness ['biljəsnis] *s.* temperamento o carattere bilioso.

to **bilk** [bilk] *vt (fam.)* ingannare un creditore; eludere un pagamento: *He bilked us out of the money,* Riuscì a non pagarci la somma dovuta.

[1]**bill** [bil] *s. (anche* bill-hook*)* roncola; falcetto.

[2]**bill** [bil] *s.* becco; rostro.

[1]to **bill** [bil] *vi* beccuzzarsi: *to bill and coo, (propriamente di piccioni; scherz. anche di innamorati)* tubare; scambiarsi tenerezze.

[3]**bill** [bil] *s.* **1** conto *(da pagare);* nota; fattura: *It's wrong to leave a place without paying all your bills,* Non è bello lasciare un posto senza pagare tutti i conti — *There are some bills to pay (to be paid),* Ci sono alcuni conti (alcune fatture) da pagare — *to foot the bill,* sostenere le spese. **2** manifesto; avviso; cartellone; programma; lista: *a theatre bill,* un manifesto teatrale — *to head (to top) the bill,* avere il proprio nome scritto in testa al cartellone; essere presentato come interprete (attore, cantante, concertista, ecc.) principale — *bill of fare,* lista delle vivande; menu *(di ristorante)* — *bill-poster; bill-sticker,* attacchino *(di manifesti pubblicitari).* **3** *(spesso con la maiuscola)* disegno di legge parlamentare. **4** *(USA)* banconota: *a ten-dollar bill,* una banconota di dieci dollari. **5** *(anche* bill of exchange*)* cambiale; effetto; tratta: *to honour a bill,* pagare una cambiale alla scadenza. **6** documento; atto scritto; certificato; bolletta; polizza: *bill of health,* certificato sanitario — *clean bill of health,* certificato in cui si dichiara che uno è esente da malattie infettive; *(talvolta, fig.)* nulla osta *(spec. per l'assunzione di personale per compiti delicati)* — *a bill of lading, (naut., comm.)* una polizza di carico — *bill of sale,* atto di vendita.
□ *to fit the bill,* essere adeguato, sufficiente; andar bene; corrispondere alle necessità.

[2]to **bill** [bil] *vt* **1** annunciare nel programma: *Olivier was billed to appear as Hamlet,* Era annunciata la partecipazione di Olivier nella parte di Amleto. **2** ricoprire di manifesti; affiggere. **3** *(USA, comm.)* fatturare.

billboard ['bil,bɔ:d] *s.* riquadro per le affissioni; tabella; tabellone; bacheca (grande).

[1]**billet** ['bilit] *s.* **1** alloggio *(di militari in case di privati);* accantonamento: *The troops are in billets,* I soldati hanno alloggio in case di privati. **2** *(fam.)* impiego; lavoro; occupazione.

to **billet** ['bilit] *vt* alloggiare *(truppe);* porre gli alloggiamenti; acquartierare: *to billet soldiers on a town,* alloggiare i soldati in una città.

[2]**billet** ['bilit] *s.* **1** ceppo; ciocco. **2** billetta.

billet-doux ['bili'du:] *s. (fr., scherz.)* lettera d'amore.

billfold ['bil,fould] *s. (USA)* portafogli.

billiard ['biljəd] *agg* da (di) bigliardo: *billiard-cue,* stecca da bigliardo.

billiards ['biljədz] *s. (con v. al sing.)* bigliardo.

billing ['biliŋ] *s. (USA, comm.)* fatturazione.

billingsgate ['biliŋzgeit] *s. (collettivo)* linguaggio volgare, sboccato *(dal nome del mercato del pesce di Londra).*

billion ['biljən] *s. (USA, ora anche GB)* miliardo; bilione; *(GB, talvolta)* trilione.

billow ['bilou] *s. (lett.)* flutto; maroso; grossa onda; *(al pl., poet.,* the billows*)* il mare.

to **billow** ['bilou] *vi* ondeggiare; fluttuare: *The flames billowed over the prairie,* Le fiamme ondeggiavano alte sulla prateria.

billowy ['biloui] *agg* fluttuante; ondeggiante.

billy ['bili] *s.* **1** *(spec. in Australia)* gavetta; paiolo; pentolino *(anche* billy-can*).* **2** *(USA)* manganello *(dei poliziotti).*

billy-goat ['bili,gout] *s.* caprone; becco.

billy-(h)o ['biliou] *s. (fam., solo nell'espressione) like billy-(h)o,* con violenza; con intensità: *It was raining like billy-(h)o,* Pioveva a dirotto, 'da matti' — *They were fighting like billy-(h)o,* Stavano lottando, azzuffandosi violentemente.

biltong ['biltɔŋ] *s. (nel Sud Africa)* carne secca tagliata a strisce.

bimetallic [baime'tælik] *agg* bimetallico.

bimetallism [bai'metəlizəm] *s.* bimetallismo.

bimonthly ['baimʌnθli] *agg* bimestrale. □ *avv* ogni due mesi.

bin [bin] *s.* cassone; recipiente; contenitore; bidone: *grain bin,* cassone per il grano — *bread bin,* contenitore per il pane — *dust bin, rubbish bin,* bidone portarifiuti.

binary ['bainəri] *agg e s.* binario. *avv* **binarily.**

bind [baind] *s. (sl.)* 'barba'; cosa noiosa; seccatura: *Now I'll have to type it all again. What a bind!,* Adesso dovrò di nuovo battere tutto a macchina. Che barba!

to **bind** [baind] *vt (pass. e p. pass.* **bound***)* **1** legare *(anche fig.);* fissare; assicurare; far indurire: *The prisoner was bound hand and foot,* Il prigioniero fu legato mani e piedi — *We are bound to him by gratitude,* Siamo legati a lui da gratitudine — *Frost binds the soil,* Il gelo fa indurire il terreno. **2** orlare *(per rinforzare, ecc.): to bind the cuffs of a jacket with leather,* orlare di pelle i polsi d'una giacca. **3** *(spesso seguito da* up*)* fasciare; bendare: *to bind up a wound,* fasciare una ferita. **4** rilegare: *to bind two books into one volume,* rilegare due libri in un volume unico — *a well-bound book,* un libro ben rilegato — *bound in leather,* rilegato in pelle. **5** obbligare; vincolare; costringere (⇨ *anche* [4]**bound 2**): *to bind sb to pay a debt,* obbligare qcno a pagare un debito — *to bind sb to secrecy,* vincolare qcno alla segretezza — *to bind oneself to do sth,* obbligarsi (impegnarsi) a fare qcsa — *to bind sb (over) as an apprentice,* allogare qcno come apprendista — *to bind sb over, (dir.)* obbligare qcno per legge *(a comparire in giudizio).* **6** costipare *(l'intestino).*

□ *vi* **1** indurirsi; rassodarsi; *(mecc.)* gripparsi: *Clay binds when it is baked,* L'argilla si indurisce quando viene cotta. **2** *(chim.)* legare.

binder ['baində*] *s.* **1** chi o ciò che lega. **2** rilegatore. **3** copertina volante; sopraccoperta.

bindery ['baindəri] *s.* legatoria.

[1]**binding** ['baindiŋ] *agg* vincolante; impegnativo; obbligatorio. □ *avv* **bindingly.**

[2]**binding** ['baindiŋ] *s.* **1** il legare; il rilegare; rilegatura. **2** legatura. **3** nastro; orlo.

bindweed ['baindwi:d] *s.* convolvolo selvaggio; rampicante.

bine [bain] *s.* tralcio; stelo sottile di pianta rampicante *(spec. del luppolo).*

binge [bindʒ] *s. (sl.)* bisboccia; allegra bevuta; bicchierata: *to have (to go on) a binge,* far bisboccia.

bingo ['biŋgou] *s.* 'bingo' *(specie di tombola).*

binnacle ['binəkl] *s. (naut.)* chiesuola; abitacolo.

binocular [bi'nɔkjulə*] *agg* fornito di due occhi o lenti; binoculare.

binoculars [bi-/bai'nɔkjuləz] *s. pl* binocolo.

binomial [bai'noumiəl] *agg* relativo ad un binomio. □ *s.* binomio.

biochemical [,baiou'kemikəl] *agg* biochimico.

biochemist [,baiou'kemist] *s.* biochimico.

biochemistry [,baiou'kemistri] *s.* biochimica.

biodegradable ['baioudi,greidəbl] *agg* biodegradabile.

biograph ['baiougrɑ:f] *s.* ⇨ **bioscope.**

biographer [bai'ɔgrəfə*] *s.* biografo.

biographical [,baiou'græfikəl] *agg* biografico. □ *avv* **biographically.**

biography [bai'ɔgrəfi] *s.* biografia.

biological [,baiə'lɔdʒikəl] *agg* biologico: *biological warfare,* guerra batteriologica. □ *avv* **biologically.**

biologist [bai'ɔlədʒist] *s.* biologo.

biology [bai'ɔlədʒi] *s.* biologia.

biometry, biometrics [bai'ɔmitri/baiə'metriks] *s.* biometria.

biophysics [,baiou'fiziks] *s. (col v. al sing.)* biofisica.

bioscope ['baiəskoup] *s. (ant., ma ancora in uso nel Sud Africa)* **1** bioscopio; proiettore cinematografico. **2** cinematografia.

bipartisan ['baipɑ:ti'zæn] *agg* bipartitico.

biped ['baiped] *s. e agg* bipede.

biplane ['baiplein] *s.* biplano.

bipolar [bai'poulə*] *agg* bipolare.

birch [bə:tʃ] *s.* **1** betulla. **2** *(anche* birch-rod*)* verga; sferza *(di betulla, come strumento di punizione): to give sb the birch,* prendere qcno a vergate.

to **birch** [bə:tʃ] *vt* sferzare; prendere a vergate; fustigare.

bird [bə:d] *s.* **1** uccello: *bird of prey,* uccello rapace — *bird of passage,* uccello di passo; migratore; *(fig.)* persona di passaggio — *to give an actor the bird,* fischiare un attore — *to get the bird,* essere fischiato; farsi fischiare — *bird-cage,* gabbia per uccelli — *bird-fancier,* avicoltore; venditore di uccelli; appassionato di uccelli — *bird-lime,* vischio; pania *(anche fig.)* — *to tell sb all about the birds and the bees, (fam.)* raccontare (ai bambini) la storia della cicogna e del cavolo — *A little bird told me,* So tutto, me lo ha detto un uccellino — *bird's eye view,* veduta a volo d'uccello; *(fig.)* scorsa; sguardo generale o riassuntivo *(a un argomento, ecc.)* — *The early bird catches the worm, (prov.)* Le ore del mattino hanno l'oro in bocca — *A bird in the hand is worth two in the bush, (prov.)* Meglio un uovo oggi che una gallina domani — *a bird in the hand, (fig.)* una cosa certa, sicura — *a bird in the bush, (fig.)* qualcosa di ancora incerto; una semplice possibilità — *to kill two birds with one stone, (prov.)* prendere due piccioni con una fava —

Birds of a feather flock together, (prov.) Ogni simile ama il suo simile; Dio li fa poi li accoppia — *birds of a feather, (fig.)* individui dello stesso pelo; persone dello stesso stampo. **2** *(fam.)* tipo; individuo; tizio: *He is a queer bird,* È un tipo strano — *He's a cunning old bird,* È una vecchia pellaccia (volpe); È un furbo matricolato. **3** *(fig.)* persona ricercata; *(spesso* jail-bird*)* carcerato; prigioniero: *Your (Our) bird has flown,* Il prigioniero (Il ricercato) ha preso il volo. **4** *(sl.)* ragazza; 'bambola'.

[1]**birdie** ['bəːdi] *s. (nel linguaggio infantile)* uccellino: *Watch the birdie!,* Guarda l'uccellino!

[2]**birdie** ['bəːdi] *s. (golf)* buca ottenuta con un colpo in meno rispetto al numero considerato necessario.

birdlike ['bəːd'laik] *agg* di, da uccello.

biretta [bi'retə] *s.* berretta da prete.

biro ['baiərou] *s.* (*pl.* **biros**) 'biro'; penna a sfera.

birth [bəːθ] *s.* **1** nascita; parto: *The baby weighed seven pounds at birth,* Alla nascita, il bambino pesava sette libbre — *The boy has been delicate from (his) birth,* Il ragazzo è stato di salute cagionevole sin dalla nascita — *Cats generally have four or five young at a birth,* In genere i gatti mettono al mondo quattro o cinque piccoli alla volta — *There were more births than deaths in the town last year,* L'anno scorso in città ci sono state più nascite che morti — *to give birth to,* dare alla luce; mettere al mondo; procreare; creare; originare — *to give birth to a child,* mettere al mondo un bambino — *to give birth to a poem,* comporre una poesia — *to give birth to a dispute,* dar origine a una controversia — *birth-control,* controllo delle nascite — ⇨ *anche* **birthday, birthplace, birthmark, birthrate, birthright. 2** origine; discendenza; famiglia: *He's of good birth,* È di buona famiglia — *She is Russian by birth and British by marriage,* È russa di nascita e inglese per matrimonio.

birthday ['bəːθdei] *s.* compleanno: *birthday suit, (scherz.)* la pelle; come mamma ci ha fatto — *birthday honours,* onorificenze conferite in occasione del genetliaco del sovrano.

birthmark ['bəːθmɑːk] *s.* segno; macchia connaturata; voglia.

birthplace ['bəːθpleis] *s.* luogo natale; luogo di nascita *(spec. la casa stessa).*

birthrate ['bəːθreit] *s.* indice di nascita.

birthright ['bəːθrait] *s.* diritto di nascita.

biscuit ['biskit] *s.* **1** *(GB)* biscotto *(anche di pasta dolce): military biscuit, ship's biscuit, sea-biscuit,* galletta. **2** *(USA)* pagnottella; bocconcino. **3** 'biscuit'; porcellana bianca non verniciata. **4** *(colore)* biscotto; marron chiaro. **5** *(GB, mil.)* paglericcio *(in due o tre pezzi).*

to **bisect** [bai'sekt] *vt e i.* tagliare in due; *(geom.)* bisecare; *(di strada)* biforcarsi.

bisection [bai'sekʃən] *s.* bisezione.

bisexual ['bai'seksjuəl] *agg* bisessuale.

bishop ['biʃəp] *s.* **1** vescovo. **2** *(al giuoco degli scacchi)* alfiere. **3** 'vin brulé'; vino caldo aromatizzato *(spesso fatto con il 'porto').*

bishopric ['biʃəprik] *s.* **1** *(carica)* episcopato. **2** diocesi.

bismuth ['bizməθ] *s.* bismuto.

bison ['baisn] *s.* bisonte.

bistro ['biːstrou] *s. (fr.)* specie di bar; tavola calda alla francese; 'bistro'.

[1]**bit** [bit] *s.* **1** pezzo; pezzetto; (un) po': *He took some paper and a few bits of wood and made a fire,* Prese della carta e alcuni pezzetti di legna e accese un bel fuoco — *He has saved a nice bit of money,* Ha risparmiato un bel po' di denaro — *bit by bit,* a poco a poco; gradualmente — *a bit at a time,* un po' alla volta — *a bit,* piuttosto — *She's feeling a bit tired,* Si sente piuttosto stanca — *He's a bit of a coward,* È un bel codardo — *bits and pieces,* pezzetti; *(fig.)* armi e bagagli — *in bits and pieces,* a pezzi e bocconi; poco alla volta — *not a bit; not a bit of it,* per niente; niente affatto — *He's not a bit better,* Non sta niente affatto meglio — *He doesn't care a bit,* Non gliene importa niente — *to go (to come) to bits,* andare in mille pezzi — *to pull (to cut, to tear) sth to bits,* mandare (tagliare, strappare) qcsa in mille pezzi — *Wait a bit,* Aspetta un po'.
2 boccone: *He ate every bit of his meal,* Consumò il suo pasto fino all'ultimo boccone — *a dainty bit,* un buon bocconcino.
3 - **a)** *(USA, fam.)* 12,5 centesimi *(cioè, la metà di un 'quarter'): a two-bit saloon,* una tavernetta da quattro soldi - **b)** *(GB, soltanto nelle espressioni) a threepenny (sixpenny) bit,* una monetina da tre (sei) penny.
4 *(usato come* piece *con* news, advice, luck, *ecc.) a bit of good advice,* un buon consiglio — *a nice bit of goods, (fam.)* una bella ragazza.
5 *bit part,* particina *(in un film o in una commedia)* — *a bit player,* un attore modesto; una attricetta.
6 brano; passo *(d'autore).*
7 *(cibernetica)* 'bit' *(la più piccola unità di informazione; derivato da* binary digit, *cifra binaria).*
□ *to be every bit as...,* essere in tutto e per tutto come... — *He's every bit as competent as the boss,* È in tutto e per tutto competente come il padrone — *to do one's bit,* fare il proprio dovere — *to give sb a bit of one's mind,* dire a qcno chiaramente cosa si pensa.

[2]**bit** [bit] *s.* **1** morso della briglia: *to take the bit between one's teeth, (di cavallo)* stringere il morso tra i denti; *(fig.)* essere indomabile; ribellarsi al controllo. **2** parte tagliente di un utensile; punta di trapano; congegno *(di chiave).*

[3]**bit** [bit] *pass di* **to bite.**

bitch [bitʃ] *s.* **1** cagna; femmina di certi animali *(come il lupo e la volpe).* **2** *(volg.)* cagna; donna scostumata, linguacciuta.

to **bitch** [bitʃ] *vi* trovare a ridire su tutto e tutti; sparlare.

bitchy ['bitʃi] *agg* malevolo: *a bitchy remark,* un'osservazione offensiva e malevola. □ *avv* **bitchily.**

bite [bait] *s.* **1** morso; l'atto di morsicare: *He ate it at one bite,* Lo mangiò con un boccone. **2** morsicatura; puntura *(di insetti): His face was covered with insect bites,* La sua faccia era ricoperta da punture di insetti. **3** morso; boccone; *(fam.)* cibo; spuntino: *Have a bite to eat with us!,* Mangia un boccone con noi! — *I haven't had a bite since yesterday morning,* È da ieri mattina che non tocco cibo. **4** l'abboccare *(dei pesci): He had been fishing all morning but hadn't had a bite,* Era tutta la mattina che pescava, ma nessun pesce aveva abboccato. **5** forte dolore *(anche morale);* stimolo; pungolo; mordacità: *the bite of hunger,* il morso (i morsi) della fame — *There is a bite in the air this morning,* Stamattina l'aria è pungente (fa piuttosto frescolino) — *the bite of his words,* la mordacità delle sue parole. **6** presa; stretta: *a file (screw) with plenty of bite,* una lima (una vite) con molta presa.

to **bite** [bait] *vt e i.* (*p. pres.* **biting;** *pass.* **bit;** *p. pass.* **bitten) 1** mordere; morsicare; addentare: *The dog bit me in the leg,* Il cane mi morsicò la gamba — *to bite off,* staccare con un morso — *He bit off a large piece*

of the apple, Diede un bel morso alla mela — *to bite at sth,* cercare di mordere (qcsa).
2 *(di insetti, ecc.)* pungere; *(di pesce e fig.)* abboccare: *He was badly bitten by mosquitoes,* Era tutto 'mangiato' dalle zanzare — *The fish wouldn't bite,* Il pesce non voleva abboccare — *I tried to sell him my old car but he wouldn't bite,* Cercai di vendergli la mia vecchia auto, ma non abboccò (non ne volle sapere).
3 *(di parole, ecc.)* pungere; offendere; ferire.
4 dolere; far male; pizzicare *(la lingua): Mustard and pepper bite the tongue,* La senape e il pepe pizzicano la lingua.
5 far presa; aderire; attaccare; intaccare; *(di acidi)* corrodere; danneggiare; prendere: *The rails were covered with ice and the wheels would not bite,* Le rotaie erano ricoperte di ghiaccio e le ruote non facevano presa — *He was bitten by a real mania,* Fu preso da una vera e propria mania.
□ *to bite off more than one can chew,* fare il passo più lungo della gamba — *to bite one's tongue, (fig.)* mordersi la lingua — *to have sth to bite on,* avere un osso da rosicchiare *(anche fig.)* — *to bite the dust, (fig.)* mordere la polvere; cadere a terra; essere ucciso o umiliato — *the biter bit (bitten),* il truffatore truffato — *Once bitten twice shy, (prov.)* Gatto scottato teme l'acqua fredda — *to bite sb's head off, (fig.)* mangiarsi qcno (vivo).
biting ['baitiŋ] *agg* **1** mordente; pungente; tagliente: *a biting wind,* un vento gelido. **2** *(di parole, ecc.)* amaro; sarcastico; mordace; caustico. □ *avv* **bitingly.**
bitt [bit] *s. (naut.)* bitta.
bitten ['bitn] *p. pass di* **to bite.**
[1]**bitter** ['bitə*] *agg* **1** amaro *(anche fig.);* aspro; sgradevole; spiacevole; intenso; cocente: *bitter hardships,* aspre difficoltà — *bitter experiences,* esperienze amare — *His failure in the exam was a bitter disappointment,* La sua bocciatura all'esame fu una delusione cocente. **2** *(di parole, ecc.)* amaro; ostile; iroso; doloroso; invidioso; duro; accanito; sarcastico; pungente: *bitter tears (reproaches),* lacrime amare (duri rimproveri). **3** *(di vento, ecc.)* freddo; gelido; pungente; frizzante; intenso; forte. □ *to the bitter end,* fino all'ultimo; fino in fondo; a oltranza — *to fight to the bitter end,* combattere fino all'ultimo. □ *avv* **bitterly.**
[2]**bitter** ['bitə*] *s.* **1** amaro; amarezza; il gusto amaro; *(fig.)* le amarezze della vita: *to take the bitter with the sweet,* accettare gli alti e i bassi della vita; prendere la buona e la cattiva sorte. **2** birra amara.
bittern ['bitən] *s.* tarabuso.
bitterness ['bitənis] *s.* amarezza; asprezza; *(di clima, ecc.)* rigidità.
bitters ['bitəz] *s. pl* amaro *(il liquore): a gin and bitters,* un gin con alcune gocce di amaro.
bitter-sweet ['bitəswi:t] *agg* agrodolce *(anche fig.).* □ *s.* dulcamara.
bitumen [bi'tju:min] *s.* bitume.
to **bituminize** [bi'tju:minaiz] *vt* bitumare.
bituminous [bi'tju:minəs] *agg* bituminoso.
bivalence, bivalency ['baiveiləns(i)] *s.* bivalenza.
bivalent ['baiveilənt] *agg* bivalente.
bivalve [bai'vælv] *s.* bivalve.
bivcuac ['bivuæk] *s.* bivacco.
to **bivouac** ['bivuæk] *vi* (**-ck-**) bivaccare.
bi-weekly ['bai'wi:kli] *agg e s.* **1** quindicinale. **2** *(impropriamente)* bisettimanale.
biz [biz] *s.* (*abbr. sl. di* **business**): *Good biz!,* Ben fatto! — *show-biz,* il mondo dello spettacolo.
bizarre [bi'zɑ:*] *agg* bizzarro; strano; stravagante. □ *avv* **bizarrely.**
bizonal [bai'zounl] *agg* bizonale; relativo a due zone *(come in Germania).*
to **blab** [blæb] *vt e i.* (**-bb-**) cianciare; spiattellare; spifferare; svelare: *to blab out a secret,* spiattellare un segreto — *Don't blab!,* Non cianciare!
[1]**black** [blæk] *agg* **1** nero *(anche fig.);* oscuro; buio; *(poet.)* negro; corvino: *black as a raven's wing,* nero come (l'ala di) un corvo — *black as ink (as night),* nero come l'inchiostro (la notte) — *black coffee,* caffè (senza latte) — *black in the face,* paonazzo *(per la rabbia, ecc.)* — *a black sheep,* una pecora nera — *a black eye,* un occhio pesto, nero — *in black and white, (di pellicola)* in bianco e nero — *to get sth down in black and white,* mettere nero su bianco — *black art,* magia nera; negromanzia — *black market,* mercato nero — *black box, (aeronautica)* 'scatola nera' — *a black hole, (astrofisica)* un 'buco nero' — *black with age,* annerito dal tempo — *to be in sb's black book(s),* essere segnato nel libro nero di una persona. **2** *(fig.)* nefasto; bieco; truce; brutto; nero: *black tidings,* notizie disastrose — *black deeds,* fattacci; azioni perverse — *to look black at sb,* rivolgere a qcno sguardi truci — *in one of his black moods...,* in uno dei suoi momenti neri... **3** *(anche s.)* negro; nero: *a black man,* un negro — *a black woman,* una negra — *Black Power, (USA)* Potere Nero — *the Black Panthers,* le 'Pantere Nere'.
□ *to be black and blue,* essere tutto pesto — *a black swan, (fig.)* una mosca bianca — *black beetle,* scarafaggio — *the Black Country, (GB)* zona industriale tra lo Staffordshire e il Warwickshire — *the Black Death, (stor.)* la peste — *the black flag,* la bandiera nera *(della pirateria; anche quella che un tempo si issava su una prigione dopo l'esecuzione di una condanna a morte)* — *black-friar,* frate domenicano — *Black Maria,* cellulare; furgone cellulare — *black monk,* monaco benedettino — *black oil,* petrolio grezzo — *black pudding,* sanguinaccio — *the black cap* ⇨ **cap** — ⇨ *anche* **to blackball, blackberry, blackboard, black-lead, blackleg, blackmail, blackout,** *ecc.*
[2]**black** [blæk] *s.* **1** colore nero; vernice nera; inchiostro nero: *He was dressed in black,* Era vestito di nero — *Let's have (get, put) it down in black and white,* Mettiamo nero su bianco; Mettiamolo per iscritto. **2** fuliggine; particella di fuliggine. **3** negro. **4** *(nel gioco dello 'snooker')* la palla nera. □ *to put up a black, (fig.)* fare una gaffe.
to **black** [blæk] *vt* **1** annerire; tingere di nero; verniciare di nero. **2** insudiciare; sporcare. **3** *(fig.)* diffamare. **4** *to black out,* - **a)** cancellare *(con un tratto nero);* eliminare - **b)** (*cfr.* **blackout,** *s.*) oscurare - **c)** perdere i sensi; svenire.
blackamoor ['blækəmuə*] *s. (scherz. o spreg.)* negro; moro.
blackball ['blækbɔ:l] *s.* pallina nera *(nelle urne delle votazioni);* voto contrario.
to **blackball** ['blækbɔ:l] *vt* bocciare la candidatura per l'ammissione ad un 'club' (⇨ **blackball,** *s.*); votare contro.
blackberry ['blækbəri] *s.* mora.
blackberrying ['blæk,beriiŋ] *s.* raccolta delle more.
blackbird ['blækbə:d] *s.* merlo.
blackboard ['blækbɔ:d] *s.* lavagna scolastica.
blackcap ['blækkæp] *s.* capinera.
blackcurrant ['blæk'kɑrənt] *s.* ribes nero.

to **blacken** ['blækən] *vt e i.* **1** annerire, annerirsi. **2** diffamare; sparlare.

blackguard ['blægɑ:d] *s.* furfante; mascalzone.

blackguardly ['blægɑ:dli] *agg* furfantesco.

blackhead ['blækhed] *s.* puntino nero sulla pelle; comedone.

blacking ['blækiŋ] *s.* lucido per scarpe di colore nero.

blackish ['blækiʃ] *agg* nerastro.

black-lead ['blæk'led] *s.* grafite; piombaggine.

to **black-lead** ['blæk'led] *vt* pulire *(p.es. una stufa)* con la piombaggine.

blackleg ['blækleg] *s. (GB)* crumiro.

blacklist ['blæklist] *s.* lista nera *(elenco delle persone pericolose o sgradite).*

to **blacklist** ['blæklist] *vt* mettere nella lista nera.

blackmail ['blækmeil] *s.* ricatto; estorsione.

to **blackmail** ['blækmeil] *vt* ricattare: *to blackmail sb into doing sth,* costringere qcno a fare qcsa ricattandolo.

blackout ['blækaut] *s.* **1** oscuramento. **2** *(per estensione)* interruzione della corrente, delle comunicazioni, ecc.

to **black(-)out** ['blækaut] *vt* oscurare *(una città, ecc.).*

blackshirt ['blækʃə:t] *s.* camicia nera; fascista.

blacksmith ['blæksmiθ] *s.* fabbro ferraio.

blackthorn ['blækθɔ:n] *s.* prugnolo; prugno selvatico.

bladder ['blædə*] *s.* **1** *(in vari sensi)* vescica. **2** camera d'aria *(di pallone, ecc.).* **3** *(fig.)* 'pallone gonfiato'; persona vuota e tronfia.

blade [bleid] *s.* **1** lama; lametta. **2** parte piatta *(di remo, ecc.);* pala *(di elica);* patta *(di vestito).* **3** filo d'erba; stelo; lamina *(di foglia): corn in the blade,* grano verde, ancora senza spiga. **4** spadaccino; persona vivace o attaccabrighe. □ *blade bone,* osso piatto *(spec. la scapola).*

blaeberry ['bleibəri] *s.* = **bilberry.**

blah [blɑ:] *s. (fam.)* sproloquio; discorso o scritto iperbolico ma inconsistente; 'bla-bla'.

blame [bleim] *s.* **1** colpa; responsabilità: *You mustn't put (lay) the blame for the accident upon me,* Non devi addossare la colpa dell'incidente a me — *I always have to take the blame,* Devo prendermi sempre io la responsabilità. **2** biasimo: *If you don't do the work well, you will incur blame,* Se non eseguirai bene il lavoro, sarai oggetto di biasimo.

to **blame** [bleim] *vt* biasimare; dare la colpa; prendersela con: *You have nothing to blame yourself for,* Non hai niente da rimproverarti — *Bad workmen often blame their tools,* Il cattivo lavoratore se la prende con gli arnesi — *He blamed his failure on his teacher,* Diede la colpa della sua bocciatura all'insegnante — *I can't blame you,* Non posso darti torto — *I am in no way to blame,* Non sono in nessun modo da biasimare; Io non c'entro.

blamed [bleimd] *agg (eufemismo fam. per* **damned**) benedetto *(iron., eufemistico);* maledetto; dannato.

blameless ['bleimlis] *agg* innocente; senza colpa. □ *avv* **blamelessly.**

blameworthy ['bleim,wə:ði] *agg* biasimevole; riprovevole; degno di biasimo.

to **blanch** [blɑ:ntʃ] *vt* **1** rendere bianco; candeggiare. **2** pelare; sbucciare *(scottando).* **3** *to blanch sth over, (fig.)* attenuare, minimizzare qcsa.
□ *vi* impallidire; sbiancare.

blancmange [blə'mɔnʒ] *s. (fr.)* bianco-mangiare.

bland [blænd] *agg* **1** blando; tenue; dolce; carezzevole; temperato; mite. **2** ironico. □ *avv* **blandly.**

blandishment ['blændiʃmənt] *s. (di solito al pl.)* blandizia; lusinga.

blandness ['blændnis] *s.* dolcezza; soavità; *(talvolta)* mitezza.

blank [blæŋk] **I** *agg* **1** bianco; vuoto; con nulla di scritto; *(comm.)* in bianco: *a blank page,* una pagina bianca — *a blank cheque,* un assegno in bianco — *a blank endorsement,* una girata in bianco — *to give sb a blank cheque, (fig.)* dar carta bianca a qcno; dargli pieni poteri. **2** *(fig.)* vuoto; vacuo; privo d'espressione o interesse; incerto: *There was a blank look on his face,* Aveva un'aria assente — *to look blank,* rimanere interdetto; non sapere che pesci prendere — *His future looks blank,* Il suo futuro appare incerto — *blank wall,* muro cieco *(senza porta e finestre)* — *blank cartridge,* cartuccia a salve — *blank verse,* versi sciolti. **3** assoluto; completo: *a blank denial,* un reciso diniego. □ *avv* **blankly.**

II *s.* **1** spazio vuoto; spazio in bianco; vuoto; lacuna: *In a telegraph form there are blanks for the name and address,* Nei moduli per telegramma ci sono spazi vuoti per scrivere il nome e l'indirizzo — *a telegraph blank,* un modulo per telegramma — *In your translation leave blanks for all the words you don't know,* Nella traduzione lasciate spazi vuoti per tutte le parole che non conoscete — *The death of her husband in the war left a big blank in her life,* La morte di suo marito in guerra lasciò nella sua vita un grande vuoto — *His mind (memory) was a complete blank,* Non ricordava assolutamente nulla (C'era un vuoto assoluto nella sua memoria). **2** *(in una lotteria)* biglietto o numero non vincente. **3** mira; centro di bersaglio. **4** cartuccia o colpo, a salve: *They fired twenty rounds of blank,* Spararono venti colpi a salve. **5** *(tipografia)* tratto lungo; lineetta *(p.es. al posto di una parola triviale).* **6** *(industria)* pezzo greggio.
□ *to draw a blank, (fig.)* non ottenere nulla *(spec. dopo lunghe ricerche);* non approdare a niente — *point blank,* di punto in bianco; a bruciapelo — *blank!; blanky!; blankety!; blanked!, (scherz., fam.)* espressioni che lasciano intendere parolacce o parole comunque triviali.

blanket ['blæŋkit] *s.* **1** coperta *(spec. di lana);* coltre; manto *(anche fig.): a wet blanket, (fam.)* un guastafeste — *to be born on the wrong side of the blanket,* essere figlio illegittimo. **2** *(attrib.)* contro ogni imprevisto; generale; che copre tutti i casi: *a blanket insurance policy,* una polizza di assicurazione generale — *blanket instructions,* norme generali; istruzioni protettive *(cioè contro ogni imprevisto).*

to **blanket** ['blæŋkit] *vt* **1** coprire con una coperta; *(fig.)* ammantare. **2** far rimbalzare (qcno) su una coperta tesa *(per scherzo o per punizione).* **3** mettere a tacere *(uno scandalo);* sopraffare; coprire. **4** *(naut.)* rubare il vento ad un'altra imbarcazione.

blare [blɛə*] *s.* squillo; strombettio; risonanza; rumore allegro *(di tamburi, ecc.): the blare of a brass band,* il frastuono di una banda musicale.

to **blare** [blɛə*] *vi e t.* dar fiato; far suonare; far riecheggiare; squillare; strombazzare; pronunciare ad alta voce: *The trumpets blared (forth),* Fu dato fiato alle trombe — *Five minutes after the coup d'état, the radio was blaring out military music,* Cinque minuti dopo il colpo di stato, la radio già diffondeva marce militari.

blarney ['blɑ:ni] *s. (spec. riferito ad irlandesi)* blandizia; lusinga; moina. □ *to kiss the Blarney Stone, (fig.)* acquisire una parlantina suadente.

to **blarney** ['blɑ:ni] *vt e i. (spec. riferito ad irlandesi)* blandire; lusingare; adulare.

blasé ['blɑ:zei] *agg (fr.)* blasé; stanco del piacere; annoiato.

to **blaspheme** [blæ'sfi:m] *vi e t.* bestemmiare; imprecare; maledire: *to blaspheme the name of God,* bestemmiare il nome di Dio.

blasphemer [blæ'sfi:mə*] *s.* bestemmiatore; spergiuro; empio.

blasphemous ['blæsfəməs] *agg* blasfemo; empio. □ *avv* **blasphemously.**

blasphemy ['blæsfəmi] *s.* **1** bestemmia; imprecazione. **2** empietà; atto di empietà.

blast [blɑ:st] *s.* **1** raffica; folata; soffio; colpo di vento: *A blast of hot air came from the furnace,* Un getto d'aria infuocata uscì dalla fornace — *When the window was opened, an icy blast came into the room,* Quando si aprì la finestra, nella stanza entrò una folata di aria gelida. **2** spostamento d'aria; esplosione; deflagrazione: *Thousands of windows were broken by blast during the air raids,* Durante le incursioni aeree migliaia di finestre andarono in frantumi per gli spostamenti d'aria provocati dalle esplosioni — *an atomic blast,* un'esplosione atomica. **3** getto d'aria *(per intensificare la fiamma in altiforni, ecc.): in (out of) blast, (di altoforno)* in funzione (spento) — *at full blast,* funzionante al massimo; a tutta forza; a pieno regime; *(fig.)* nel pieno dell'attività — *blast-furnace,* altoforno — *blast-hole,* fornello di mina. **4** scoppio; colpo; squillo: *The hunter blew a blast on his horn,* Il cacciatore fece echeggiare uno squillo di corno — *The ship sounded a prolonged blast on its siren,* Dalla nave venne un lungo suono di sirena. **5** carica esplosiva *(per una mina).*

to **blast** [blɑ:st] *vt* **1** far saltare; far brillare *(di mine): Danger! Blasting in progress,* Pericolo! Scoppio di mine. **2** rovinare; danneggiare; inaridire; disseccare; bruciare *(anche dal gelo): The tree had been blasted by lightning,* L'albero era stato disseccato dal fulmine. **3** *(nelle imprecazioni) Blast it!,* Maledizione! — *Blast you!,* Accidenti a te!

blasted ['blɑ:stid] *agg* **1** disseccato. **2** *(fig.)* maledetto; dannato.

blasting ['blɑ:stiŋ] *s.* **1** abbattimento *(con esplosivi).* **2** brillamento. □ *sand-blasting, (mecc.)* sabbiatura.

blastoff ['blɑ:stɔf] *s.* partenza; lancio *(di razzo, ecc.).*

blatant ['bleitənt] *agg* **1** flagrante; manifesto. **2** chiassoso; volgare; blaterone. □ *avv* **blatantly.**

blather ['blæðə*] *s.* ⇨ **blether.**

[1]**blaze** [bleiz] *s.* **1** fiamma; vampa; fiammata; incendio; edificio in fiamme: *I put some wood on the fire and it soon burst into a blaze,* Misi della legna sul fuoco e subito divamparono le fiamme — *It took the firemen two hours to put the blaze out,* Ai pompieri ci vollero due ore per spegnere l'incendio. **2** scatto; scoppio; slancio; impeto: *in a blaze of anger,* in uno scatto d'ira. **3** splendore; bagliore: *The tulips made a blaze of colour,* I tulipani erano uno splendore — *The main street of the town is a blaze of light(s) in the evening,* Di sera, la strada principale della città è tutta una fantasmagoria di luci.
□ *(al pl.* blazes *sta per* l'inferno*) Go to blazes!,* Va' al diavolo (all'inferno)! — *What the blazes!,* Che diamine! — *He was working like blazes,* Lavorava come un pazzo (come una furia) — *Like blazes!,* Ma neanche per sogno!

[1]to **blaze** [bleiz] *vi* **1** ardere; bruciare; fiammeggiare; avvampare: *There was a fire blazing in the hearth,* Sul focolare ardeva il fuoco — *When the firemen arrived the whole building was blazing,* Quando arrivarono i pompieri tutto l'edificio era in fiamme. **2** splendere; risplendere; luccicare: *The garden was blazing with colour,* Il giardino splendeva di colori — *The Governor's uniform blazed with gold braid,* La divisa del governatore era tutta luccicante di nastrini d'oro — *The sun blazed down on us,* Il sole risplendeva su di noi. **3 to blaze away,** sparare senza sosta; *(fig.)* lavorare con entusiasmo. **4 to blaze up,** divampare.

[2]**blaze** [bleiz] *s.* **1** stella; macchia bianca *(sul muso di un cavallo, ecc.).* **2** incisione; taglio; segnavia *(sulla corteccia di un albero).*

[2]to **blaze** [bleiz] *vt* segnare, incidere sulla corteccia di un albero: *to blaze a trail,* segnare un sentiero *(nel bosco, ecc.); (fig.)* aprire una nuova via.

[3]to **blaze** [bleiz] *vt (di solito* to blaze abroad*)* divulgare; diffondere; propalare.

blazer ['bleizə*] *s.* giacchetta sportiva *(generalm. a tinta unita e con il blasone o distintivo di un club o di un collegio).*

blazing ['bleiziŋ] *agg* **1** *(di fuoco)* che divampa. **2** *(caccia: di una traccia)* molto facile da fiutare. □ *(fig.) They had a blazing row,* Ebbero uno scontro furioso.

blazon ['bleizn] *s.* blasone; stemma.

to **blazon** ['bleizn] *vt* **1** decorare con motivi araldici. **2** fare il panegirico di (qcno).

blazonry ['bleiznri] *s.* **1** araldica. **2** illustrazione; panegirico.

to **bleach** [bli:tʃ] *vt e i.* diventare bianco; sbiancare; candeggiare; rendere bianco; scolorire, scolorirsi: *to bleach linen,* candeggiare il bucato (la biancheria) — *Bones of animals were bleaching on the desert sand,* Ossa di animali si stavano scolorendo sulla sabbia del deserto — *bleaching-powder,* polvere candeggiante.

bleachers ['bli:tʃəz] *s. pl (USA: in uno stadio)* posti di gradinata (*in quanto esposti al sole:* ⇨ **to bleach**).

bleaching ['bli:tʃiŋ] *s.* imbianchimento; candeggio.

bleak [bli:k] *agg* tetro; spoglio; arido; desolato; freddo; esposto al vento: *I'm afraid the future looks bleak,* Temo che l'avvenire non sia roseo — *a bleak look,* uno sguardo freddo (arcigno). □ *avv* **bleakly.**

blear [bliə*] *agg* velato; offuscato; ottenebrato *(dello sguardo o della vista): blear-eyed,* dagli occhi offuscati (velati); con gli occhi offuscati.

to **blear** [bliə*] *vt* velare *(la vista);* ottenebrare; oscurare; offuscare.

bleary ['bliəri] *agg* velato; confuso; ottenebrato; oscuro. □ *avv* **blearily.**

bleat [bli:t] *s.* **1** belato. **2** *(fig.)* piagnucolio.

to **bleat** [bli:t] *vi e t.* **1** belare. **2** *(fig.)* piagnucolare; dire con voce tremante: *He bleated (out) a complaint,* Si lamentò con voce tremante.

bled [bled] *pass e p. pass di* **to bleed.**

to **bleed** [bli:d] *vi e t.* (*pass. e p. pass.* **bled**) **1** sanguinare; *(fig.)* sanguinare; provare grande dolore: *He was bleeding from the nose,* Gli sanguinava il naso — *to bleed to death,* morire per dissanguamento; morire dissanguato — *My heart bleeds for what has happened,* Il mio cuore sanguina per quel che è successo. **2** fare un salasso; cavar sangue: *Doctors used to bleed people when they were ill,* Una volta i dottori usavano cavar sangue a chi si ammalava. **3** estorcere denaro; *(fig.)* dissanguare: *The blackmailers bled him for 5,000 pounds,* I ricattatori gli estorsero 5.000 sterline — *to bleed sb white,* dissanguare qcno. **4** *(di piante, ecc.)* stillare; emettere linfa. **5** *(mecc., ecc.)*

spurgare; sfiatare; prelevare *(vapore);* spillare; trasudare.

bleeding ['bli:diŋ] *s.* emorragia; perdita di sangue. □ *agg* = **bloody 3.**

bleep [bli:p] *s.* 'bip' *(suono onomatopeico per indicare il segnale emesso da una trasmittente, e spec. dalla radio di un satellite).*

to **bleep** [bli:p] *vi (di trasmittente)* emettere suoni acuti (*cfr.* **bleep,** *s.*).

bleeper ['bli:pə*] *s.* trasmittente che emette suoni acuti (*cfr.* **bleep,** *s.*)

blemish ['blemiʃ] *s.* macchia; imperfezione; difetto: *without blemish,* senza macchia.

to **blemish** ['blemiʃ] *vt* sfigurare; deformare; offuscare; *(fig.)* macchiare *(p.es. la reputazione).*

to **blench** [blentʃ] *vi e t.* **1** trasalire; sussultare. **2** chiudere gli occhi *(per non vedere);* ignorare; nascondere a se stesso.

blend [blend] *s.* miscela *(di tè, caffè, tabacco, ecc.);* mistura; mescolanza.

to **blend** [blend] *vt* (*pass. e p. pass.* **blended,** *o lett.* **blent**) mescolare; miscelare; mischiare; fondere: *Our coffee is carefully blended,* Il nostro caffè è ben miscelato.

□ *vi* **1** mescolarsi; mischiarsi: *Oil and water do not blend,* Olio e acqua non si mescolano. **2** fondere, fondersi; sfumare l'uno nell'altro; armonizzare, armonizzarsi *(di gusti, di colori): How well their voices blend!,* Come si fondono armoniosamente le loro voci! — *The new factory blends in with the landscape,* La nuova fabbrica si armonizza bene con il paesaggio.

blender ['blendə*] *s.* mescolatore; miscelatore.

blending ['blendiŋ] *s.* **1** miscela. **2** mescolanza; mescolatura.

blent [blent] *pass e p. pass (ant. e lett.) di* **to blend.**

to **bless** [bles] *vt* (*pass. e p. pass.* **blessed,** *in taluni casi* **blest**) **1** benedire; chiedere la protezione divina (su qcsa); consacrare; esaltare; lodare; celebrare: *The priest blessed the crops,* Il prete benedisse i raccolti — *O Lord, we bless Thy Holy Name,* O Signore, noi benediciamo il tuo santo nome — *bread blessed at the altar,* pane benedetto all'altare. **2** *(eufemistico per* to damn, *maledire) I could have blessed him!,* L'avrei maledetto! — *I could have blessed myself!,* Mi sarei preso a pugni! **3** *(in talune espressioni, quali) Bless me! Bless my soul!,* Dio mio! — *Well, I'm blest!,* Per Bacco! — *I'm blest if I know!,* Mi venga un accidente se lo so! — *Bless the boy!,* Benedetto ragazzo! — *Bless you, my boy!,* Ti auguro ogni bene, mio caro!; Che tu sia benedetto, figliuolo!

□ **to bless oneself** *v. rifl* segnarsi; farsi il segno della croce. □ ⇨ *il* **2,** *sopra.*

blessed ['blesid; *talvolta* blest] *agg* **1** benedetto; beato; santo; consacrato; *(fig.)* fortunato; felice: *the Blessed Virgin,* la Beata Vergine; la Vergine Santissima; la madre di Gesù — *the Blessed Sacrament,* il Santissimo Sacramento; il pane e il vino consacrati; la comunione — *Blessed* [blest] *are the poor in spirit,* Beati i poveri di spirito — *your blessed ignorance,* la tua beata ignoranza — *the Blessed,* [blest] i Beati del Paradiso; i Santi; le anime morte nella Grazia di Dio. **2** (*eufemismo fam. per* **damned**) maledetto; dannato; benedetto; fottuto *(volg.): I've broken the whole blessed lot,* Li ho rotti tutti, maledizione — *I want to get rid of that blessed dog as soon as possible,* Voglio liberarmi di quel maledetto cane (di quell'accidenti di un cane) il più presto possibile. **3 to be blessed with,** [blest] avere in dono *(dalla sorte);* sorbirsi *(anche scherz.): I'm blessed with these three kids for two whole weeks,* Devo sorbirmi questi tre benedetti bambini per la bellezza di due settimane.

blessedness ['blesidnis] *s.* beatitudine; felicità. □ *in single blessedness, (scherz.)* in beata solitudine *(detto di persona non sposata).*

blessing ['blesiŋ] *s.* **1** benedizione; 'benedicite'; ringraziamento *(dopo i pasti): to ask a blessing,* chiedere la benedizione. **2** dono del cielo: *What a blessing it is!,* È un vero dono del cielo! — *a blessing in disguise,* un male solo apparente; un beneficio inaspettato. **3** augurio; beneplacito: *You have my blessing!,* Con i migliori auguri da parte mia!

blest [blest] *(ant.) pass e p. pass di* **to bless.**

blether, blather ['bleðə*/'blæðə*] *s.* discorso insensato.

to **blether, to blather** ['bleðə*/'blæðə*] *vi (fam.)* parlare sconsideratamente; fare discorsi insensati.

blew [blu:] *pass di* **to blow.**

blight [blait] *s.* **1** *(di piante)* carbone; ruggine; golpe; carbonchio. **2** *(fig.)* influsso malefico: *It was a blight upon his hopes,* Fu la rovina delle sue speranze.

to **blight** [blait] *vt* colpire; influenzare malamente; intristire; far appassire o sfiorire; frustrare; rovinare: *Her life was blighted by constant illness,* La sua vita fu rattristata da malattie continue — *His hopes were blighted,* Le sue speranze svanirono.

blighter ['blaitə*] *s.* **1** *(fam.)* seccatore; persona noiosa. **2** *(fam.)* persona; tizio: *You lucky blighter!,* Fortunato che non sei altro!

Blighty ['blaiti] *s. (sl. dell'esercito britannico)* la patria *(spec. l'Inghilterra): blighty wound,* ferita che consente il ritorno in patria.

blimey ['blaimi] *interiezione (GB, corruzione di* God blind me!*)* Accidenti!; Caspita!

blimp [blimp] *s. (fam.)* piccolo dirigibile. □ *Colonel Blimp,* personaggio creato dal 'cartoonist' David Low; *(ora, per estensione)* qualsiasi reazionario *(spec. se imperialista).*

[1]**blind** [blaind] *agg* **1** cieco; orbo; *(fig.)* cieco; immotivato; istintivo; irragionevole: *Tom helped the blind man across the road,* Tom aiutò il cieco ad attraversare la strada — *Help the blind,* Date il vostro aiuto ai ciechi — *He is blind in the right eye,* È cieco dall'occhio destro — *as blind as a bat,* cieco come una talpa — *to go blind,* diventare cieco — *Mothers are sometimes blind to faults of their children,* Le madri sono talora incapaci di vedere i difetti dei loro figliuoli — *I am not blind to the drawbacks of the method,* Vedo benissimo gli inconvenienti del metodo — *Some people think that the world is governed by blind forces,* Alcuni ritengono che il mondo sia governato da forze cieche. **2** sconsiderato; spericolato; avventato; precipitoso: *In his blind haste he almost ran into the river,* Nella sua fretta precipitosa andò quasi a finire nel fiume. **3** *(fam.)* ubriaco fradicio: *I think he's blind (o blind drunk),* Penso sia ubriaco fradicio.

□ *a blind alley,* un vicolo cieco — *blind spot,* punto cieco — *blind flying, (aeronautica)* volo cieco; volo strumentale — *blind turning,* curva cieca — *blind-man's buff, (gioco)* mosca cieca — *to turn a blind eye to sth,* ignorare di proposito, passar sopra a qcsa. □ *avv* **blindly.**

to **blind** [blaind] *vt* **1** accecare *(anche fig.);* abbagliare; impedire di vedere: *The soldier had been blinded in the war,* Il soldato era rimasto cieco in guerra — *His admiration for her beauty blinded him to her faults,* L'ammirazione per la sua bellezza gl'impedì di vederne i difetti. **2** *(radio)* schermare. **3** *(sl.)* guidare spericolatamente: *He was blinding along the road at breakneck speed,* Stava volando lungo la strada ad una velocità pazza.

[2]**blind** [blaind] *s.* **1** scuretto; scuro *(spesso di grossa tela): to pull down the blinds,* chiudere (tirare giù, abbassare) gli scuretti — *Venetian blinds,* veneziane. **2** *(fig.)* pretesto; finzione; schermo. **3** *(fam.)* sbronza; ubriacatura: *They're out on a blind,* Sono fuori a sbronzarsi.

blindfold ['blaindfould] *agg e avv* **1** con gli occhi bendati; con gli occhi chiusi; *(fig.)* irriflessivo. **2** *(come avv.)* ad occhi bendati o chiusi; *(fig.)* alla cieca; senza riflettere: *I could do it blindfold,* Saprei farlo ad occhi chiusi.

to **blindfold** ['blaindfould] *vt* bendare gli occhi *(anche fig.).*

blinding ['blaindiŋ] *agg* accecante; abbagliante.

blindingly ['blaindiŋli] *avv* estremamente: *blindingly obvious,* estremamente ovvio.

blindness ['blaindnis] *s.* cecità *(anche fig.).*

blindworm ['blaindwə:m] *s.* orbettino.

blink [bliŋk] *s.* **1** occhiata (molto rapida); battito (d'occhio). **2** attimo; baleno.

to **blink** [bliŋk] *vi e t.* **1** battere le palpebre; battere gli occhi; ammiccare: *to blink at sb,* ammiccare a qcno; guardare qcno di sottecchi — *to blink the eyes,* chiudere e aprire gli occhi ripetutamente; battere gli occhi. **2** andare e venire *(di luce elettrica);* spegnersi e accendersi; brillare a intervalli; brillare di luce incerta o instabile; lampeggiare: *We saw the lights of a steamer blinking on the horizon,* Vedemmo all'orizzonte le luci intermittenti di un piroscafo.

blinkers ['bliŋkəz] *s. pl* **1** paraocchi *(anche fig.).* **2** lampeggiatori. **3** *(fam.)* palpebre.

blinking ['bliŋkiŋ] *agg* **1** ammiccante; scintillante; luccicante; intermittente. **2** (*fam.* = **bloody 3**) perfetto; maledetto; dannato: *It's a blinking nuisance,* È una maledetta seccatura.

blip [blip] *s.* macchia luminosa sullo schermo di un apparecchio 'radar'.

bliss [blis] *s.* beatitudine; felicità; perfetta letizia.

blissful ['blisful] *agg* felice; beato; lieto. □ *avv* **blissfully.**

blister ['blistə*] *s.* **1** vescica (cutanea); bolla. **2** *(aeronautica)* controcarena. □ *blister-pack,* confezione in plastica a forma di bolla.

to **blister** ['blistə*] *vt e i.* provocare o provocarsi delle vesciche; coprirsi di vesciche: *He is not used to manual work, and his hands blister easily,* Non è abituato al lavoro manuale e le sue mani si coprono facilmente di vesciche — *The hot sun has blistered the paint on the door,* Il sole scottante ha fatto rigonfiare la vernice della porta — *blistering speech, (fig.)* un discorso scottante — *blistering sarcasm,* sarcasmo pungente.

blithe [blaið] *agg (poet.)* gaio; gioioso; spensierato. □ *avv* **blithely.**

blithering ['blaiðəriŋ] *agg* ciarlone: *a blithering idiot,* un perfetto imbecille.

blithesome ['blaiðsəm] *agg* ⇨ **blithe.**

blitz [blits] *s. (tedesco)* attacco aereo improvviso: *the Blitz,* il periodo dei bombardamenti aerei più intensi sull'Inghilterra durante la seconda guerra mondiale.

to **blitz** [blits] *vt (mil.)* danneggiare; distruggere (*cfr.* **blitz,** *s.*): *blitzed areas,* zone danneggiate o distrutte da bombardamento aereo.

blitzkrieg ['blits,kri:g] *s. (tedesco)* guerra lampo.

blizzard ['blizəd] *s.* **1** tormenta; bufera di neve. **2** colpo violento.

bloated ['bloutid] *agg* gonfio; congestionato; tronfio; borioso.

bloater ['bloutə*] *s.* aringa salata e affumicata.

blob [blɔb] *s.* bolla; goccia densa di liquido; macchia di vernice.

bloc [blɔk] *s. (fr.)* blocco *(di partiti politici, stati, ecc.);* area: *the sterling bloc,* l'area della sterlina.

block [blɔk] *s.* **1** blocco *(di pietra, di legno);* ceppo; *(nei giuochi di costruzione)* cubo; blocchetto: *A butcher cuts up his meat on a large block of wood,* Il macellaio taglia la carne su un grosso blocco di legno — *The blocks of stone in the Pyramids are five or six feet high,* I blocchi di pietra delle Piramidi sono alti cinque o sei piedi — *a chip off the old block, (fig.)* un figlio che assomiglia al padre; un rampollo (una scheggia) del vecchio ceppo.

2 *(stor.)* ceppo del boia: *to be sent to the block,* essere condannato alla decapitazione.

3 piattaforma; palco *(per vendite all'asta, ecc.): to be on the block,* essere in vendita; essere messo all'asta.

4 forma *(per parrucca, per scarpe).*

5 carrucola; puleggia; bozzello; paranco: *block and tackle,* paranco.

6 *(tipografia)* incisione in legno o metallo; zincotipia; 'cliché'.

7 casamento; blocco di edifici; *(USA)* isolato; ala di isolato: *To reach the post-office, walk two blocks and turn left,* Per arrivare all'ufficio postale cammini per due isolati e poi giri a sinistra — *to go round the block (to take a walk round the block),* fare il giro dell'isolato.

8 divisione; ripartizione; settore *(dei posti a sedere in teatro, ecc.);* fetta *(di eredità, capitali);* pacchetto *(di azioni); (in Australia)* lotto di terreno: *a block booking,* una prenotazione *(a teatro, in un ristorante)* 'in blocco' *(cioè per un gruppo).*

9 blocco; ostruzione; impedimento; ostacolo; ingorgo; intasamento: *There was a block in the pipe,* C'era un intasamento nella tubatura — *road block,* blocco stradale.

10 ⇨ **bloc.**

11 *(fam.)* testa: *I'll knock your block off!,* Ti farò saltare la testa!

□ *(attrib.) block letters; block writing,* stampatello; lettere maiuscole distanziate — *in block form, (nelle lettere)* a paragrafi distanziati e senza rientri a capolinea.

to **block** [blɔk] *vt* **1** bloccare; intasare; ostruire; rendere impraticabile: *The road was blocked by the avalanche,* La strada fu resa impraticabile dalla valanga — *They blocked (up) the entrance to the cave with big rocks,* Bloccarono l'entrata della caverna con grossi massi — *The harbour was blocked by ice,* Il porto era bloccato dal ghiaccio. **2** *(fig.)* ostacolare; rendere *(un'azione)* difficile o impossibile; neutralizzare; rendere chimicamente inattivo; fare dell'ostruzionismo contro un disegno di legge parlamentare: *The general succeeded in blocking the enemy's plans,* Il generale riuscì a neutralizzare i piani del nemico. **3** restringere *(la libera circolazione di valuta monetaria);* bloccare: *blocked sterling,* sterline bloccate; le restrizioni della sterlina. **4** tagliare in blocchi; modellare *(cappelli, ecc.)* su una forma. **5** *to block sth in (out),* abbozzare, sbozzare, squadrare, delineare qcsa.

blockade [blɔ'keid] *s. (mil.)* blocco; assedio: *to run the* *blockade,* forzare il blocco — *to raise the blockade,* togliere, porre termine al blocco.

to **blockade** [blɔ'keid] *vt* bloccare; imporre il blocco; stringere d'assedio.

blockage ['blɔkidʒ] *s.* ostruzione; blocco: *There is a blockage in the drain-pipe,* C'è un'ostruzione nel tubo di scarico.

blockbuster [,blɔk'bʌstə*] *s.* bomba capace di distruggere un intero isolato (*da* **block,** *s.,* **7** *e* **-buster** *s.*); bomba gigante.

blockhead ['blɔkhed] *s.* testone; zuccone.

blockhouse ['blɔkhaus] *s.* fortificazione militare; fortino; casamatta; bunker.

bloke [blouk] *s.* *(sl.)* individuo; uomo; ragazzo; tipo: *He's not a bad sort of bloke,* È un tipo abbastanza bravo.

blond, *(f.)* **blonde** [blɔnd] *agg* biondo.

blonde [blɔnd] *s.* bionda; biondina.

blood [blʌd] *s.* **1** sangue; liquido vitale; *(fig.)* vita: *He gave his blood to save his sister,* Diede il sangue per salvare sua sorella — *You cannot get blood out of a stone, (prov.)* Non si può cavar sangue da una rapa — *It was more than flesh and blood could stand,* Era più di quanto l'umana natura potesse sopportare — *to let blood,* cavar sangue; fare un salasso — *blood-letting,* salasso; spargimento di sangue — *His blood is up,* Il sangue gli è montato alla testa — *His blood ran cold,* Gli si agghiacciò il sangue — *bad blood,* cattivo sangue — *in cold blood,* a sangue freddo; deliberatamente.

2 famiglia; stirpe; prole; discendenza; ceppo: *They are of the same blood,* Sono della stessa stirpe; Discendono dagli stessi antenati — *blood relation,* consanguineo — *blood brother,* fratello — *blood feud,* odio di sangue — *fresh blood,* membri nuovi *(di famiglia, ecc.)* — *blue blood,* stirpe nobile; alto lignaggio; 'sangue blu' — *to be of the (royal) blood,* essere di stirpe (sangue) reale — *one's own flesh and blood,* il proprio sangue; i propri figli o parenti — *Blood is thicker than water, (prov.)* Il sangue non è acqua; I vincoli di sangue contano.

3 *(ant.)* elegantone; zerbinotto; uomo alla moda.

4 *(nei composti e come agg. attrib.)* di sangue; sanguigno; sanguinario: *blood-curdling,* che fa gelare il sangue nelle vene; agghiacciante — *blood group,* gruppo sanguigno — *blood money,* compenso dato ad un sicario o delatore; prezzo del sangue — *blood orange,* arancia sanguigna — *blood poisoning,* setticemia; avvelenamento del sangue — *blood sports,* sport sanguinari *(p.es. la caccia alla volpe)* — *blood-vessel,* vaso sanguigno — *blood-stained,* sporco, macchiato di sangue — *blood-red,* rosso come il sangue — *blood donor,* donatore di sangue — *blood transfusion,* trasfusione di sangue — *blood stock, (collettivo)* cavalli puro sangue — *blood bank,* banca del sangue — *blood bath,* lavacro o bagno di sangue; massacro — ⇨ *anche* **bloodhound, bloodshot, bloodsucker, bloodthirsty.**

□ *blood-and-thunder, (agg. predicativo)* sensazionale; drammatico; violento *(detto spesso di racconti d'avventure)* — *blood and iron, (fig.)* continuo uso della forza, violenza e soprusi.

to **blood** [blʌd] *vt* **1** salassare; cavar sangue. **2** *(caccia)* far vedere o odorare il sangue ai cani; *(fig.)* assuefare alla vista del sangue. **3** *(fig.)* incitare; aizzare.

-blooded ['blʌdid] *agg (nei composti) blue-blooded,* di sangue blu — *cold-blooded,* dal sangue freddo — *hot-blooded,* dal sangue caldo.

bloodhound ['blʌdhaund] *s.* **1** bracco; segugio. **2** investigatore privato; 'detective'.

bloodily ['blʌdili] *avv* sanguinosamente; crudelmente.

bloodless ['blʌdlis] *agg* **1** senza sangue; esangue; pallido; *(fig.)* senza sangue nelle vene; debole; fiacco; anemico; smidollato. **2** senza spargimento di sangue; incruento: *a bloodless victory,* una vittoria senza colpo ferire. □ *avv* **bloodlessly.**

bloodshed ['blʌdʃed] *s.* spargimento di sangue; massacro; ecatombe.

bloodshot ['blʌdʃɔt] *agg (di occhio)* rosso; arrossato; iniettato di sangue.

bloodstone ['blʌdstoun] *s.* *(mineralogia)* eliotropio.

bloodsucker ['blʌdsʌkə*] *s.* **1** sanguisuga; mignatta; vampiro. **2** *(fig.)* usuraio.

bloodthirstiness [,blʌd'θə:stinis] *s.* sete di sangue.

bloodthirsty [,blʌd'θə:sti] *agg* **1** sanguinario; assetato di sangue. **2** *(di romanzo, racconto)* violento. □ *avv* **bloodthirstily.**

bloody ['blʌdi] *agg* **1** sanguinante. **2** sanguinoso; sanguinario: *Bloody Mary,* - **a)** Maria la Sanguinaria - **b)** 'cocktail' fatto di vodka e succo di pomodoro. **3** *(volg.)* dannato; maledetto; 'fottuto' *(spesso è usato come agg. rafforzativo, senza alcun significato preciso): a bloody man,* una carogna; un maledetto.

□ *bloody-minded,* sanguinario; crudele; *(fig.)* testardo; difficile; ostruzionista.

□ *avv (volg.)* molto; estremamente: *bloody awful,* terribile; atroce — *Not bloody likely!,* Stai fresco! — *That's where you're bloody well wrong!,* È proprio lì che sbagli!

bloom [blu:m] *s.* **1** fiore. **2** fioritura: *in bloom,* in fiore — *The tulips are in full bloom now,* I tulipani sono ora in piena fioritura. **3** freschezza; splendore: *She was in the bloom of youth,* Era nel fiore della giovinezza. **4** peluria; lanugine *(di frutta, di gemme);* efflorescenza *(di muro, incrostazioni, cristalli, ecc.).* □ *to take the bloom off sth,* far appassire qcsa; farle perdere l'attrattiva migliore.

to **bloom** [blu:m] *vi* **1** fiorire; essere in fiore; sbocciare: *The roses have been blooming all summer,* Le rose sono state in fiore per tutta l'estate. **2** *(fig.)* risplendere; essere nel fiore degli anni. **3** arrossire.

bloomer ['blu:mə*] *s.* *(sl.)* svarione; errore grossolano.

bloomers ['blu:məz] *s. pl* **1** gonna a pantalone. **2** mutande grandi da donna. **3** calzoncini da ginnastica *(per ragazze).*

blooming ['blu:miŋ] *agg* **1** fiorente; in fiore; *(fig.)* risplendente di bellezza. **2** (*fam., eufemismo per* **bloody** **3**) perfetto; completo: *You're a blooming idiot!,* Sei un perfetto idiota!

blossom ['blɔsəm] *s.* fiore *(spec. collettivo, di alberi da frutta);* fioritura *(anche fig.): The apple-trees are in blossom,* I meli sono in fiore.

to **blossom** ['blɔsəm] *vi* **1** fiorire *(anche fig.);* essere in fiore. **2** svilupparsi; crescere; divenire: *He blossomed out as a first-rate athlete,* Divenne un atleta di prim'ordine.

blot [blɔt] *s.* macchia *(di inchiostro, ecc.); (fig.)* difetto; pecca; disgrazia; disonore; vergogna: *a blot on his character,* un difetto del suo carattere; una macchia nella sua reputazione — *a blot on the landscape,* uno sconcio che deturpa il paesaggio.

to **blot** [blɔt] *vt e i.* **(-tt-)** **1** macchiare *(con l'inchiostro);* scarabocchiare; sporcare; deturpare; *(fig.)* disonorare: *to blot one's copy-book, (fam.)* disonorare (sporcare) il proprio nome. **2** asciugare *(con carta assorbente): blotting-paper,* carta assorbente. **3** *to blot out,* cancellare *(tirando una riga sopra, ecc.);* distruggere; sterminare; celare; nascondere: *Several words in his letter had been blotted out,* Diverse parole della sua lettera erano state cancellate — *The mist came down and blotted out the view,* Scese la nebbia e nascose la vista.

blotch [blɔtʃ] *s.* chiazza; macchia.

blotchy ['blɔtʃi] *agg* coperto di macchie.

blotter ['blɔtə*] *s.* tampone o foglio di carta assorbente.

blotto ['blɔtou] *agg (sl.)* ubriaco fradicio; sbronzo.

blouse ['blauz] *s.* camicetta; blusa *(da donna);* camiciotto di tela *(di operaio, ecc.);* giubba; giubbotto *(di divisa militare).*

[1]**blow** [blou] *s.* **1** boccata d'aria: *to have (to go for) a blow,* andare a prendere una boccata d'aria. **2** soffio; colpo di vento; burrasca; *(fam.)* soffiata al naso: *Give your nose a good blow,* Soffiati bene il naso. **3** *(fam., anche* blow-out*)* pasto abbondante; banchetto; una bella mangiata. **4** *(anche* blow-out*)* fuga *(d'aria, di gas, di vapore);* scoppio *(di pneumatico);* fusione *(di fusibile).* □ ⇨ *anche* **blowback, blowfly, blowgun,** *ecc.*

to **blow** [blou] *vi e t.* *(pass.* **blew**; *p. pass.* **blown** *o* **blowed**) **1** soffiare *(vari sensi);* tirar vento: *It was blowing hard,* Soffiava un forte vento — *The wind was blowing round the street-corners,* Il vento infuriava agli angoli delle strade — *to blow (on) hot soup,* soffiare sulla minestra bollente — *to blow the dust off a book,* soffiare via la polvere da un libro — *to blow one's nose,* soffiarsi il naso — *to blow sb a kiss,* lanciare un bacio a qcno sulle dita — *to blow glass,* soffiare il vetro — *to blow bubbles,* fare (soffiando) le bolle di sapone — *to blow bellows,* soffiare il mantice.

2 soffiare via; far volare via; portar via: *The wind blew my hat off,* Il vento mi fece volar via il cappello — *I was almost blown over by the wind,* Fui quasi buttato a terra dal vento — *The wind blew the papers out of my hand,* Il vento mi fece volar via i fogli di mano.

3 suonare *(uno strumento a fiato, ecc.): The referee blew his whistle,* L'arbitro suonò il fischietto.

4 ansare; ansimare: *The old man was puffing and blowing when he got to the top of the hill,* Il vecchio raggiunse la cima della collina sbuffando e ansimando.

5 *(della balena)* emettere un soffio d'aria e d'acqua: *There she blows!,* Eccola! *(di balena, e ora anche di geyser, locomotiva a vapore, ecc.).*

6 (far) scoppiare; saltar in aria; *(di fusibile)* saltare: *The steel door had been blown with dynamite,* La porta di acciaio fu fatta saltare con la dinamite — *The fuse has blown,* La valvola è saltata.

7 *(sl.)* sperperare; scialacquare: *He blew 10 pounds on a dinner,* Buttò via 10 sterline per un pranzo.

8 *(di certe mosche)* deporre le uova: *fly-blown* ⇨ [1]**fly.**

□ *to blow the gaff,* smascherare un complotto; rivelare un segreto — *to blow hot and cold, (fam.)* oscillare continuamente tra l'entusiasmo e l'indifferenza; essere una banderuola — *to blow one's own trumpet, (fam.)* vantarsi — *Well I'm blowed!, (fam.)* Che il diavolo mi porti! — *Blow me down!, (fam.)* Perbacco! — *I'll be blowed if..., (fam.)* Che io sia dannato se... — *Blow the office!, (fam.)* Al diavolo l'ufficio! — *Blow the expense!,* Non badiamo a spese!; Crepi l'avarizia!

to blow back, *(di una miscela di gas e aria, in un tubo)* esplodere.

to blow down, *(spec. del vento)* abbattere; buttar giù.

to blow in, *(fam.)* fare un salto a casa di (qcno); entrarvi improvvisamente e con una certa disinvoltura.

to blow out, - **a)** scoppiare; spegnere: *The candle was blown out by the wind,* La candela fu spenta dal vento - **b)** *to blow out one's brains,* farsi saltare le cervella.

to blow over, passare; placarsi; essere dimenticato *(fig.): The storm will soon blow over,* La tempesta passerà presto — *The scandal will soon blow over,* Lo scandalo sarà presto dimenticato.

to blow up, - **a)** gonfiare - **b)** scoppiare; far scoppiare: *The barrel of gunpowder blew up,* Il barile di dinamite esplose — *The soldiers blew up the bridge,* I soldati fecero saltare in aria il ponte - **c)** *(fotografia)* fare un ingrandimento - **d)** *(di tempesta)* sopraggiungere; infuriare - **e)** *(fam.)* dare una lavata di capo.

[2]**blow** [blou] *s.* **1** colpo: *He struck the burglar a heavy blow on the head,* Appioppò al ladro un forte colpo in testa — *to come to blows,* venire alle mani — *to exchange blows,* picchiarsi — *to get a blow in,* mandare a destinazione un colpo — *to strike a blow for sth (sb),* combattere a favore di qcsa (qcno) — *at one blow, at a (single) blow,* in un colpo solo — *without striking a blow,* senza colpo ferire. **2** *(fig.)* colpo; disgrazia: *His wife's death was a great blow to him,* La morte di sua moglie fu un grave colpo per lui. □ *a blow-by-blow report,* una cronaca diretta (particolareggiata).

blowback ['bloubæk] *s. (mecc., ecc.)* vampa di ritorno.

blower ['blouə*] *s.* **1** apparecchio per soffiare aria dentro o attraverso qcsa. **2** soffiatore: *a glass blower,* un maestro soffiatore *(nell'arte del vetro).* **3** *(fam.)* telefono; altoparlante.

blowfly ['blouflai] *s.* mosca carnaia; moscone.

blowgun ['blougʌn] *s.* cerbottana.

blowhole ['blouhoul] *s.* **1** sfiatatoio. **2** soffiatura.

blowlamp ['bloulæmp] *s.* fiaccola per saldatura.

blown [bloun] *agg* (*p. pass. di* **to blow**) **1** sfiatato; senza fiato; sfiancato. **2** soffiato: *blown glass,* vetro soffiato. □ *fly-blown* ⇨ [1]**fly.**

blow(-)out ['blou(w)aut] *s.* ⇨ **blow** *s.* **2** *e* **3.**

blowpipe ['bloupaip] *s.* **1** soffione; cannello *(industria).* **2** cerbottana.

blowtorch ['bloutɔ:tʃ] *s.* fiaccola per saldatura.

blow(-)up ['blou(w)ʌp] *s.* (*cfr.* **to blow up**) **1** esplosione. **2** *(per estensione)* discussione molto 'calda': *a blow-up in the Commons over pensions,* un aspro dibattito ai Comuni sulle pensioni. **3** ingrandimento (fotografico).

blowzy ['blauzi] *agg (di solito riferito a una donna)* rosso in viso e trasandato o male in arnese.

to **blub** [blʌb] *vi* (**-bb-**) ⇨ **to blubber.**

blubber ['blʌbə*] *s.* grasso di balena; sego.

to **blubber** ['blʌbə*] *vi e t.* *(anche* to blub*)* singhiozzare; piangere rumorosamente.

bludgeon ['blʌdʒən] *s.* randello; mazza.

to **bludgeon** ['blʌdʒən] *vt* colpire con un randello; prendere a randellate; *(fig.)* minacciare; intimidire; impaurire.

blue [blu:] **I** *agg* **1** blu; celeste; azzurro; turchino: *navy blue,* blu mare — *sky-blue,* azzurro — *royal blue,* blu reale; azzurro intenso — *to be dressed in blue,* essere vestito in blu. **2** triste; depresso; di umor nero; giù di corda; tetro; nero; deprimente; scoraggiante; *(di musica o danze, spec. dei negri d'America)* ossessionante e melanconica: *to feel (to look) blue,* sentirsi (apparire) depresso — *Things are looking blue,* Le prospettive sono nere — *to have the blue devils, (fam.)* essere depresso; *(med.)* avere il 'delirium tremens'. **3** *(fam.)* osceno; sconcio: *blue jokes,* barzellette grassocce, 'spinte'. **4** *(USA)* severo; rigido: *blue laws,* leggi severe. □ *blue baby,* bambino (nato) cianotico — *true blue,* conservatore — *blue black,* nero brunito; blu nero — *blue blood,* sangue blu — *blue book, (GB)* libro bianco; pubblicazione o rapporto ufficiale del Governo su una questione; *(USA)* 'libro azzurro'; registro o annuario dei funzionari di stato — *blue-chip, (di azioni commerciali, ecc.)* abbastanza sicuro; solido; fidato — *blue jacket,* marinaio *(della marina militare)* — *blue-nose,* uomo rigido, di tendenze puritane; *(fam.)* abitante della Nuova Scozia — *to blue-pencil,* segnare un errore con matita blu; *(fig.)* censurare — *Blue Peter,* bandiera issata su nave che sta per partire — *once in a blue moon,* molto raramente; una volta ogni morte di papa — *to be in a blue funk,* essere preso dal panico; essere livido dalla paura; avere una fifa blu — *to run like blue murder,* correre a rompicollo — *blue ribbon,* nastro azzurro *(dell'ordine della Giarrettiera)* — *blue riband, (fig.)* massima distinzione *(spec. della nave che detiene il primato di velocità nella traversata atlantica)* — *blue-stocking* ⇨ **bluestocking** — *blue-stone,* turchese; solfato di rame — *blue-water strategy,* strategia dei mari aperti. **II** *s.* **1** *(colore)* blu; azzurro; turchese: *Oxford (dark) blue,* azzurro fondo — *Cambridge (light) blue,* azzurro chiaro. **2** *(GB, nelle università di Oxford e Cambridge)* atleta che rappresenta l'università in una competizione importante: *to get (to win) a blue,* essere scelto come 'blue' — *He was a rowing blue,* È stato membro dell'equipaggio della sua università — *half-blue,* atleta che rappresenta l'università in uno sport minore. **3** *(poet.)* cielo: *a bolt from the blue,* un fulmine a ciel sereno *(anche fig.)* — *to appear (to come) out of the blue,* apparire, arrivare inaspettatamente. **4** membro fedele di un partito politico *(spec. del partito conservatore)*: *a true blue,* un membro leale del partito; un vero conservatore. **5** *(GB: al pl.)* *the Blues,* guardie reali a cavallo. **6** *(USA: al pl.)* *the blues,* i canti, le danze, le melodie ossessive e melanconiche dei negri d'America; canzoni popolari negre; 'blues'. **7** *(al pl.)* *the blues, (fam.)* malinconia; depressione; tristezza: *He has the blues,* È molto malinconico.

to **blue** [blu:] *vt* **1** tingere di blu. **2** *(sl.)* scialacquare; sperperare.

bluebell ['blu:bel] *s.* *(Scozia, Inghilterra settentrionale)* campanula; *(Inghilterra meridionale e altrove)* cipollaccio; giacinto delle vigne; giacinto di bosco.

bluebird ['blu:bə:d] *s.* uccello azzurro.

bluebottle ['blu:bɔtl] *s.* **1** moscone azzurro. **2** fiordaliso. **3** *(in Australia)* medusa. **4** *(sl.)* poliziotto.

blueprint ['blu:print] *s.* **1** cianografia; copia cianografica. **2** progetto; schema; piano; programma.

blues [blu:z] *s. pl (vari sensi)* ⇨ **blue, s., 5, 6, 7.**

bluestocking ['blu:ˌstɔkiŋ] *s.* donna intellettuale; 'calza blu'.

[1]**bluff** [blʌf] *agg* **1** ampio e ripido; *(di nave)* tozzo. **2** *(di persona, di comportamento)* franco e cordiale; *(talvolta)* brusco. □ *avv* **bluffly.**

[2]**bluff** [blʌf] *s.* promontorio ripido a tavoliere; scogliera ampia e ripida.

[3]**bluff** [blʌf] *s.* **1** *(al poker)* bluff. **2** *(fig.)* inganno; millanteria; smargiassata: *to call sb's bluff,* invitare qcno a passare dalle minacce ai fatti; scoprire un 'bluff'.

to **bluff** [blʌf] *vt e i.* *(al poker)* bluffare; *(fig.)* ingannare con minacce a vuoto o con false apparenze; fare lo smargiasso o il gradasso; vantarsi.

bluffer ['blʌfə*] *s.* **1** bluffatore. **2** *(fig.)* millantatore; gradasso.

bluffness ['blʌfnis] *s.* tono brusco; franchezza; bonarietà.

bluish [blu:iʃ] *agg* bluastro; azzurrognolo.

blunder ['blʌndə*] *s.* errore grossolano; strafalcione; sbaglio sciocco.

to **blunder** ['blʌndə*] *vi e t.* **1** *(spesso seguito da* about*)* andare alla cieca; muoversi con incertezza: *to blunder into a wall,* andare a finire contro un muro — *to blunder upon sth,* imbattersi in, trovare per caso qcsa. **2** *to blunder sth out,* venir fuori *(con parole poco sensate)*; dire storditamente o sbadatamente. **3** commettere errori grossolani; agire stupidamente: *Our leaders have blundered again,* I nostri capi si sono di nuovo sbagliati di grosso.

blunderbuss ['blʌndəbʌs] *s.* trombone; schioppo.

blunderer ['blʌndərə*] *s.* pasticcione; persona confusionaria.

blunt [blʌnt] *agg* **1** ottuso; spuntato; *(di lama)* smussato: *a blunt knife,* un coltello che non taglia — *a blunt pencil,* una matita senza punta. **2** *(di un detto, di una persona)* brusco; reciso; spiccio: *He is a blunt sort of chap,* È un tipo che taglia corto (che non ha peli sulla lingua) — *The blunt fact is that...,* Il semplice fatto (La verità) è che...
□ *avv* **bluntly,** seccamente: *to speak bluntly,* parlare schiettamente, senza troppe cerimonie.

to **blunt** [blʌnt] *vt e i.* smussare; spuntare; ottundere; attutire: *If you try to cut a stone with a knife, you will blunt the edge,* Se cerchi di tagliare una pietra con un coltello, rovini il filo della lama.

bluntness ['blʌntnis] *s.* **1** ottusità; mancanza di punta o di taglio. **2** rudezza; tono reciso; schiettezza.

blur [blə:*] *s.* **1** macchia *(spec. d'inchiostro)*. **2** visione confusa, molto sfocata; offuscamento; *(fig.)* macchia: *If I try to read small print without my glasses, I see only a blur,* Se cerco di leggere un testo stampato a caratteri piccoli senza gli occhiali, non vedo che una macchia confusa.

to **blur** [blə:*] *vt e i.* (**-rr-**) **1** macchiare *(d'inchiostro, ecc.)*; sporcare. **2** rendere confuso o indistinto; oscurare; offuscare; annebbiare; far velo: *Tears blurred her eyes,* Le lacrime le facevano velo agli occhi — *Mists blurred the view,* Le foschie rendevano indistinto il paesaggio — *Rain blurred the windows of our car,* La pioggia velò i finestrini della nostra auto.

blurb [blə:b] *s.* fascetta pubblicitaria *(usata per presentare brevemente un libro)*; soffietto.

to **blurt** [blə:t] *vt (generalm. seguito da* out*)* spifferare; rivelare sconsideratamente *(un segreto, una notizia delicata, ecc.)*.

blush [blʌʃ] *s.* **1** rossore *(per vergogna, ecc.)*; colore roseo *(p.es. dell'alba)*: *She turned away to hide her blushes,* Si voltò per nascondere il suo rossore — *to put sb to the blush,* far arrossire qcno. **2** *(lett.)* occhiata: *at first blush,* a prima vista; ad una prima occhiata; di primo acchito.

to **blush** [blʌʃ] *vi* **1** arrossire *(di vergogna, per la confusione)*: *She blushed for (o with) shame,* Arrossì per la vergogna — *She blushed at the thought of...,* Arrossì al pensiero di... — *I blush for you,* Arrossisco per te (per quello che hai fatto, ecc.) — *He blushed as red as a peony,* Divenne rosso come un gambero. **2** vergognarsi: *I blush to own that...,* Mi vergogno di (dover) ammettere che...

blushing ['blʌʃiŋ] *agg* rosso di vergogna *(per la confusione)*.
□ *avv* **blushingly,** arrossendo; con rossore.

bluster ['blʌstə*] *s.* **1** furia; fragore *(del vento, degli* *elementi);* grosso temporale. **2** *(fig.)* sfuriata; scoppio d'ira; discorso minaccioso.

to **bluster** ['blʌstə*] *vi e t.* **1** infuriare; imperversare; rumoreggiare *(di onde, di vento).* **2** *(di persone)* dire in modo violento; dare in escandescenze; fare una sfuriata: *to bluster out threats,* minacciare furiosamente; uscire in terribili minacce *(spesso vane) — to bluster at sb,* gridare contro qcno.

blusteringly ['blʌstəriŋli] *avv (da* **to bluster**) furiosamente; rumorosamente; minacciosamente.

blusterous, blustery ['blʌstərəs/'blʌstəri] *agg* **1** burrascoso; tempestoso. **2** *(fig.)* minaccioso; borioso; spavaldo; rumoroso.

bo, boh [bou] *interiezione* ⇨ **boo.**

boa ['bouə] *s.* **1** *(anche* boa-constrictor*)* serpente boa. **2** boa; lunga stola di piume *(di moda agli inizi del secolo).*

boar [bɔ:*/bɔə*] *s.* **1** verro. **2** cinghiale.

board [bɔ:d] *s.* **1** asse *(di qualsiasi specie);* assicella; tavola *(spec. di legno): notice-board,* tabellone; quadro — *chess-board,* scacchiera — *diving-board,* trampolino di lancio *(per i tuffi) — board walk, (USA)* piattaforma di legno; ponticello per passeggiata sul lungomare.
2 tavolo *(d'assemblea, ecc.); (per estensione)* commissione; consiglio; comitato; ministero: *the Board of Trade, (GB, un tempo)* il Ministero dell'Industria e del Commercio — *School Board,* Comitato Scolastico locale *(per la direzione di una o più scuole) — Board of Directors,* Consiglio d'Amministrazione — *a member of the Board,* un consigliere d'amministrazione — *a board meeting,* una riunione del consiglio di amministrazione *(di una società)* — ⇨ *anche* **boardroom.**
3 bordo; ponte *(di nave): to be on board,* essere a bordo — *to go (to get) on board,* salire a bordo *(di nave o aereo; in USA anche di treno) — to go by the board,* - **a)** essere spazzato via *(di albero maestro, ecc.)* - **b)** *(fig.)* essere abbandonato; venir meno *(di speranze, illusioni, ecc.).*
4 vitto: *Our maid servant gets 8 pounds a week and free board,* La nostra domestica percepisce 8 sterline la settimana più vitto — *board and lodging,* vitto e alloggio — *bed and board,* - **a)** pensione completa - **b)** vita coniugale — *groaning board,* pasto abbondante.
5 *(al pl.)* il palcoscenico: *the boards,* il teatro — *on the boards,* sulla scena; sul palcoscenico — *to tread the boards,* calcare le scene.
6 cartone *(talvolta rivestito di tela per copertina di libri): Bristol board,* cartoncino 'Bristol'.
□ *above board, (agg.)* corretto; leale; franco; aperto; *(avv.)* a carte scoperte; apertamente — *to sweep the board,* fare cappotto *(nel gioco delle carte); (fig.)* avere pieno successo; sfondare.

to **board** [bɔ:d] *vt e i.* **1** coprire di assi: *to board sth up,* chiudere qcsa con assi. **2** essere a pensione; far pensione: *Many people make a living by boarding University students,* Molta gente si guadagna da vivere tenendo a pensione studenti universitari — *He boards at his aunt's,* È in pensione da sua zia — *to board out,* mangiare fuori *(e non dove si è alloggiati).* **3** salire a bordo *(di nave, treno, tram, ecc.);* andare all'abbordaggio; abbordare *(una nave).*

boarder ['bɔ:də*] *s.* **1** pensionante; convittore. **2** chi va all'abbordaggio.

boarding ['bɔ:diŋ] *s.* **1** assito; tavolato. **2** il tenere o essere a pensione: *boarding house,* pensione — *boarding school,* convitto; collegio. **3** abbordaggio; imbarco: *boarding card (o pass),* carta d'imbarco *(spec. per un viaggio aereo).*

boardroom ['bɔ:drum] *s.* sala di un consiglio di amministrazione; 'sala consiglio'.

boast [boust] *s.* **1** millanteria. **2** vanto: *It was his boast that he had never failed in an examination,* Il suo vanto era di non essere mai stato bocciato ad un esame — *to make a boast of sth,* farsi vanto di qcsa.

to **boast** [boust] *vt e i.* vantare, vantarsi; gloriarsi: *He boasts of being the best tennis-player in the town,* Si vanta di essere il miglior tennista della città — *Our school boasts a fine swimming-pool,* La nostra scuola vanta una bella piscina — *It's nothing to boast about,* Non c'è niente da vantarsi.

boaster ['boustə*] *s.* **1** spaccone. **2** scalpello da sbozzo.

boastful ['boustful] *agg* vanaglorioso. □ *avv* **boastfully.**

boat [bout] *s.* barca; imbarcazione; battello; scafo; piccola nave: *rowing (sailing, motor) boat,* barca a remi (a vela, a motore) — *ferry-boat,* nave traghetto — *life-boat,* scialuppa di salvataggio — *We crossed the river by boat (in a boat),* Attraversammo il fiume in barca (con una barca) — *to take to the boats,* salire nelle scialuppe di bordo (o di salvataggio) — *boat-house,* rimessa, tettoia per barche — *boat train,* treno in coincidenza con un battello — *fishing-boat,* peschereccio — *flying-boat,* idrovolante — *ship's boat,* lancia di bordo — *to be (all) in the same boat,* essere (tutti) nella stessa barca; correre gli stessi pericoli. □ *sauce-boat,* salsiera.

to **boat** [bout] *vi e t.* **1** andare in barca: *to go boating,* andare a fare un giro in barca — *We boated down the river,* Discendemmo il fiume in barca. **2** trasportare con barca; mettere sulla barca o nave.

boater ['boutə*] *s.* paglietta *(cappello maschile di paglia dura).*

boatman ['boutmən] *s.* *(pl.* **boatmen**) barcaiolo.

boatswain ['bousn] *s.* nostromo.

[1]**bob** [bɔb] *s.* (leggero) inchino; riverenza.

[1]to **bob** [bɔb] *vi* (**-bb-**) **1** muoversi su e giù; ballonzolare; sobbalzare; *(fig.)* saltar fuori; farsi vivo; venire a galla; cavarsela: *The float on his fishing-line was bobbing on the water,* Il galleggiante della sua lenza sobbalzava sull'acqua — *That fellow bobs up like a cork, (fig.)* Quel tizio torna sempre a galla come un sughero — *That question often bobs up,* Quella questione salta fuori sovente. **2** *to bob to sb,* fare un inchino a qcno; salutare qcno con un leggero inchino.

[2]**bob** [bɔb] *s.* **1** capelli tagliati corti *(alla maschietta).* **2** coda di cavallo tagliata corta (⇨ *anche* **bobtail**).

[2]to **bob** [bɔb] *vt* (**-bb-**) tagliare i capelli corti *(di donna): She wears her hair bobbed,* Porta i capelli corti alla maschietta.

[3]**bob** [bɔb] *s. (GB, sl.: pl. invariato)* scellino: *ten bob,* dieci scellini *(nel sistema monetario in uso prima del febbraio 1971).*

bobbin ['bɔbin] *s.* bobina.

bobbish ['bɔbiʃ] *agg (sl.)* vivace; spigliato; agile; in forma.

bobby ['bɔbi] *s. (GB, sl.)* poliziotto.

bobby-sox ['bɔbisɔks] *s. pl (USA: grafia popolare di* bobby-socks*)* calzini corti.

bobby-soxer ['bɔbisɔksə*] *s. (USA)* ragazza che porta ancora i 'bobby-sox'; 'fan'; fanatica di divi, cantanti, ecc.

bobcat ['bɔbkæt] *s.* lince rossa.

bobolink ['bɔbəliŋk] *s.* doliconice.

bobsled, bobsleigh ['bɔbsled/-slei] *s.* 'bob'; guidoslitta.

bobtail ['bɔbteil] *s.* 'coda mozza' *(cavallo o cane dalla coda mozza).* □ *the rag-tag and bobtail,* la plebaglia.

Boche [bɔʃ] *s. e agg (sl. della prima guerra mondiale)* tedesco; 'crucco'.

to **bode** [boud] *vt e i.* **1** preannunciare; presagire; essere auspicio di. **2** promettere: *to bode well (ill) for sb,* promettere bene (male) per qcno — *His idle habits bode ill for his future,* Le sue abitudini oziose promettono poco di buono.

bodice ['bɔdis] *s.* corsetto; corpetto.

-bodied ['bɔdid] *agg (usato nei composti per indicare una caratteristica corporea): big-bodied,* di grande corporatura — *strong-bodied,* di forte corporatura — *able-bodied* ⇨ **seaman** — *full-bodied (p.es. di vino)* corposo.

[1]**bodily** ['bɔdili] *agg* corporeo; corporale: *to supply a person's bodily wants,* provvedere alle necessità (o ai bisogni corporali) di una persona — *in bodily fear,* per paura di farsi male (di venire aggredito, ferito, ecc.).

[2]**bodily** ['bɔdili] *avv* **1** tutto intero; in massa; tutto insieme; come un sol uomo; completamente: *The building was transported bodily one hundred yards down the street,* La costruzione venne trasportata tutta intera un centinaio di metri più avanti. **2** *(raro)* in persona; personalmente.

boding ['bɔdiŋ] *s.* presagio; presentimento *(di qcsa di spiacevole).*

bodkin ['bɔdkin] *s.* **1** punteruolo; passanastro. **2** *(ant.)* stiletto.

body ['bɔdi] *s.* **1** corpo *(vari sensi, anche fig.): We wear clothes to keep our bodies warm,* Portiamo indumenti per tenere caldo il corpo — *a legislative body,* un corpo legislativo — *heavenly bodies,* corpi celesti — *a foreign body in the eye,* un corpuscolo estraneo nell'occhio — *body-belt,* panciera — *body-stocking,* calzamaglia; 'body' — *body corporate,* persona giuridica — *body-building, (agg.)* ricostituente; che irrobustisce il corpo — *body servant,* valletto — *body-guard,* guardia del corpo; 'gorilla' — *to earn scarcely enough to keep body and soul together,* guadagnare appena il necessario per vivere.

2 corpo; cadavere; salma: *His body was brought back to England for burial,* Portarono in Inghilterra la salma per la sepoltura — *body snatcher,* dissotterratore di cadaveri.

3 tronco; torso: *He received one wound in the left leg and another in the body,* Si ebbe una ferita nella gamba sinistra ed un'altra nel tronco.

4 parte principale; corpo *(vari sensi, anche in tipografia);* carrozzeria; scocca; cassone *(d'autocarro);* fusoliera *(di aereo); (mecc.)* gambo; *(naut.)* scafo; *(archit.)* navata centrale: *the body of a car,* la carrozzeria di un'auto — *the body of a letter,* il testo di una lettera *(cioè senza l'indirizzo, la firma, ecc.).*

5 *(fam.)* persona; tipo; individuo: *She is a nice old body,* È una simpatica vecchietta — *What can a body do?,* Che cosa si può fare?

6 massa; quantità; gruppo *(di persone): A lake is a body of water,* Un lago è una massa d'acqua — *He had a large body of facts to prove his statements,* Poteva addurre una grande quantità di fatti per provare quanto asseriva — *a fine body of men, (mil.)* una bella formazione — *in a body,* tutti insieme; compatti — *Ten minutes after half time, the visiting team walked off in a body,* Dieci minuti dopo l'intervallo, tutta quanta la squadra ospite lasciò il campo.

7 *(di liquidi)* consistenza; concentrazione: *a wine with real body,* un vino corposo (generoso).

8 *(geometria)* solido.

9 *(mineralogia)* giacimento.

bodyguard ['bɔdi'gɑ:d] *s.* guardia del corpo; 'gorilla'.

Boer ['buə*] *s. e agg* boero.

boffin ['bɔfin] *s. (sl.)* studioso; scienziato; esperto *(spec. del settore aeronautico).*

bog [bɔg] *s.* **1** palude; acquitrino. **2** *(sl., spesso al pl.)* cesso.

to **bog** [bɔg] *vt* (**-gg-**) *(è usato quasi sempre al passivo:* to get bogged down*)* impantanarsi.

bogey, bogey-man, *s.* ⇨ **bogy.**

Bogey ['bougi] *s. (golf)* norma.

to **boggle** ['bɔgl] *vi* **1** esitare; essere restio. **2** trasalire: *The mind boggles (at the thought)!,* L'animo trema (al solo pensiero)!

boggy ['bɔgi] *agg* paludoso; acquitrinoso.

bogie ['bougi] *s.* (*anche* **bogey, bogy**) carrello (ferroviario).

bogus ['bougəs] *agg* falso; finto; simulato; fasullo.

bogy, bogey ['bougi] *s. (anche* bogey-man*)* spirito malvagio; spauracchio; babau. □ ⇨ *anche* **bogie.**

bohemian [bou'hi:mjən] *s. e agg* **1** 'bohémien'; 'bohémienne'. **2** *(con la maiuscola)* della Boemia.

bohunk ['bouhʌnk] *s. (USA, fam.)* **1** oriundo dell'Europa centrale. **2** operaio incapace, rozzo.

[1]**boil** [bɔil] *s.* foruncolo; pustola.

[2]**boil** [bɔil] *s.* bollore; bollitura; punto di ebollizione: *to come to (to be at, to be on) the boil,* essere al punto di ebollizione; stare per bollire; incominciare a bollire — *to bring sth to the boil,* portare qcsa al punto di ebollizione.

to **boil** [bɔil] *vi* **1** bollire; ribollire; gorgogliare: *When water boils it changes into steam,* Quando l'acqua bolle, si trasforma in vapore — *The kettle is boiling,* L'acqua del bricco sta bollendo — *Let the vegetables boil gently,* Fa' bollire la verdura a fuoco lento — *boiling-point,* punto di ebollizione; *(fig.)* stato di massima eccitazione — *boiling hot,* caldissimo; scottante — *a boiling hot day,* una giornata torrida. □ *to keep the pot boiling,* guadagnarsi da vivere; tirare avanti — ⇨ *anche* **pot-boiler.**

2 *(fig.)* ribollire; essere mosso o agitato: *He was boiling (over) with indignation,* Ribolliva d'indignazione — *Cruelty to animals makes her blood boil,* La crudeltà verso gli animali le fa ribollire il sangue — *The boat was swallowed up by the boiling waves,* La barca fu inghiottita dalle onde ribollenti.

□ *vt* far bollire; lessare; cuocere bollendo: *boiled potatoes,* patate lesse — *a (soft-) boiled egg,* un uovo 'à la coque' — *a hard-boiled egg,* un uovo sodo — *hard-boiled, (fam., di persona)* duro; incallito — *Please boil my egg for three minutes,* Per favore, fa' bollire il mio uovo per tre minuti — *a boiled shirt, (scherz.)* una camicia inamidata.

to boil away, - **a)** continuare a bollire o gorgogliare: *The kettle was boiling away on the fire,* Il bricco se ne stava bollendo sul fuoco - **b)** evaporare (completamente): *The water had all boiled away and the kettle was empty,* L'acqua era evaporata del tutto e il bricco era vuoto.

to boil down, ridurre o ridursi bollendo; condensare, condensarsi: *It (all) boils down to this..., (fam.)* Tutto si riduce a questo...; Il nocciolo della cosa è questo...

to boil over, traboccare (bollendo): *The milk had boiled over,* Il latte era traboccato.

boiler ['bɔilə*] *s.* **1** bollitore; caldaia; scaldabagno. **2**

(nelle cucine di albergo, in fabbriche, ecc.) persona addetta alle bolliture — ⇨ *anche* **pot-boiler.**

boisterous ['bɔistərəs] *agg* esuberante; vigoroso; chiassoso. □ *avv* **boisterously.**

boko ['boukou] *s. (sl. e infantile)* naso; *(per estensione)* testa.

bold [bould] *agg* **1** baldo; baldanzoso; ardito; audace; coraggioso; intraprendente: *to make bold to do sth,* avere l'ardire di fare qcsa — *to make bold with sb,* prendersi delle libertà con qcno — *to make so bold as to do sth,* permettersi di fare qcsa. **2** immodesto; sfacciato; sfrontato; svergognato: *as bold as brass,* impudente. **3** ben delineato; marcato; chiaro; netto; fermo; sicuro: *the bold outline of a mountain,* il profilo stagliato di una montagna — *a painting made with a few bold strokes of the brush,* una pittura eseguita con poche e sicure pennellate — *bold (-faced) type,* (caratteri in) neretto. □ *avv* **boldly.**

boldface ['bouldfeis] *s. (tipografia)* neretto.

boldness ['bouldnis] *s.* **1** audacia; coraggio; ardimento. **2** sfacciataggine; faccia tosta; impudenza.

bole [boul] *s.* tronco (d'albero).

bolero [bə'lɛərou] *s.* **1** bolero; danza spagnola. **2** bolero; giubbetto femminile; giacchetta corta.

Bolivian [bə'liviən] *agg e s.* boliviano.

boll [boul] *s.* capsula sferica contenente i semi *(di lino o cotone).*

bollard ['bɔləd] *s.* **1** bitta; palo d'ormeggio. **2** piccolo palo spartitraffico.

bollocks, ballocks ['bɔləks] *s. pl (volg.)* coglioni; *(come esclamazione)* balle!

boloney [bə'louni] *s. (sl.)* stupidaggine; sciocchezza; fola.

Bolshevik ['bɔlʃəvik] *s. e agg* bolscevico.

Bolshie, Bolshy ['bɔlʃi] *s. e agg (sl., spesso spreg.)* bolscevico; *(per estensione, sempre spreg.)* anticonformista; rivoluzionario.

bolster ['boulstə*] *s.* capezzale; cuscino di appoggio.

to **bolster** ['boulstə*] *vt (generalm. seguito da* up*)* sostenere; appoggiare *(anche fig.).*

[1]**bolt** [boult] *s.* **1** chiavistello *(per porta o finestra); (di arma da fuoco)* otturatore. **2** bullone: *nuts and bolts,* (dadi e bulloni) bulloneria. **3** *(lett.)* freccia; dardo (di balestra); fulmine; saetta: *He has shot his (last) bolt, (fig.)* Ha fatto il suo ultimo sforzo; Ha sparato l'ultima cartuccia — *a bolt from the blue,* un fulmine a ciel sereno. **4** rotolo *(di carta);* pezza *(di stoffa arrotolata).*

[1]to **bolt** [boult] *vt e i.* chiudere col chiavistello: *to bolt sb in (out),* chiudere qcno in casa (fuori) — *The door bolts on the inside,* La porta si chiude dall'interno.

[2]**bolt** [boult] *s.* balzo; scatto; fuga improvvisa: *to make a bolt for it,* svignarsela; darsela a gambe — *bolt-hole,* riparo.

[2]to **bolt** [boult] *vi* **1** balzare; scattar via; svignarsela; darsela a gambe; fuggire precipitosamente: *As soon as I came downstairs, the burglar bolted through the back door,* Non appena scesi dalle scale il ladro se la svignò per la porta di servizio. **2** *(di piante, ecc.)* crescere in fretta e andare (montare) in seme.

□ *vt* ingoiare; inghiottire; mandar giù; trangugiare: *We bolted a few mouthfuls of food and hurried on,* Mangiammo due bocconi alla svelta e ripartimmo.

[3]**bolt** [boult] *avv (solo nell'espressione) bolt upright,* dritto come un chiodo.

[4]**bolt** [boult] *s.* pezza.

bomb [bɔm] *s.* bomba: *bomb-bay,* vano bombe — *bomb-proof,* a prova di bomba — *bomb-sight,* dispositivo di puntamento — *buzz bomb,* bomba volante (V1) — *A-bomb,* bomba atomica — *H-bomb,* bomba all'idrogeno — *cobalt bomb,* bomba al cobalto — *fragmentation bomb,* bomba dirompente — *smoke-bomb,* bomba fumogena — *incendiary bomb,* spezzone.

to **bomb** [bɔm] *vt* **1** bombardare; attaccare con bombe: *to bomb out,* snidare *(da un edificio, ecc.)* con le bombe. **2** *to bomb up,* caricare *(un aereo)* di bombe.

to **bombard** [bɔm'bɑ:d] *vt* bombardare; bersagliare *(di domande, richieste, ecc.).*

bombardier ['bɔm-/'bʌmbə'diə*] *s.* **1** 'bombardiere' *(GB, grado all'interno di un reggimento di artiglieria, simile al grado di caporale).* **2** *(USA)* puntatore *(membro dell'equipaggio di un aereo da bombardamento).*

bombardment [bɔm'bɑ:dmənt] *s.* bombardamento.

bombast ['bɔmbæst] *s.* enfasi; magniloquenza.

bombastic [bɔm'bæstik] *agg* enfatico; retorico; falso; magniloquente. □ *avv* **bombastically.**

bomber ['bɔmə*] *s.* **1** aereo da bombardamento; bombardiere. **2** *(persona)* bombardiere; *(nell'uso moderno, anche)* dinamitardo; attentatore.

bombshell ['bɔmʃel] *s.* **1** granata. **2** *(fig.)* bomba; grande sorpresa; avvenimento del tutto inatteso.

bonafide ['bounə'faidi] *agg e avv (lat., dir.)* genuino; sincero; autentico; in buona fede.

bona fides ['bounə 'faidi:z] *s. (lat., dir.)* onestà di intenzioni; buona fede.

bonanza [bə'nænzə] *s. (USA)* filone d'oro; sorgente di grande ricchezza *(anche attrib., nel senso di apportatore di ricchezza): a bonanza year,* un anno prospero.

bon-bon ['bɔnbɔn] *s. (fr.)* bon-bon; zuccherino; caramella.

bond [bɔnd] *s.* **1** legame; vincolo *(anche fig.); (costruzione)* legamento; legame di giunco o vimini *(per fascine); (dir.)* documento vincolante; patto; impegno; garanzia: *to enter into a bond with sb,* far un patto con qcno — *His word is as good as his bond,* La sua parola è sicurissima — *the bond(s) of affection,* i vincoli d'affetto. **2** obbligazione; titolo di debito pubblico; buono del tesoro: *bond-holder,* possessore, portatore di obbligazioni — *mortgage bond,* obbligazione ipotecaria. **3** vincolo doganale: *in bond,* in magazzino doganale; da sdoganare — *to take out of bond,* sdoganare — *warehouse bond,* buono di carico *(di magazzino doganale, di deposito franco).* **4** *(al pl.)* ceppi; catene: *in bonds,* in prigionia; in catene; prigioniero — *to burst one's bonds, (fig.)* spezzare le catene; liberarsi. **5** *(disposizione di mattoni)* apparecchio.

bond- [bɔnd] *prefisso* in schiavitù: *bond-man (-slave),* schiavo — *bond-maid,* schiava — *bond-servant,* servitore; schiavo.

to **bond** [bɔnd] *vt* **1** porre; depositare *(merci)* in magazzino doganale: *bonded goods,* merci vincolate, da sdoganare — ⇨ *anche* **bonded.** **2** collocare; connettere; mettere insieme *(p.es. di mattoni, di materiali dissimili).*

bondage ['bɔndidʒ] *s.* schiavitù.

bonded ['bɔndid] *agg* **1** *(di merci)* vincolato; da sdoganare: *bonded warehouse,* magazzino doganale; deposito franco. **2** *(di debito)* garantito da obbligazioni.

bone [boun] *s.* **1** osso; tessuto osseo; *(di pesce)* lisca; spina: *No bones broken, I hope,* Nessun osso rotto, spero; Spero che non ti sia fatto male — *The fish is full of bones,* Il pesce è pieno di spine — *Buttons are sometimes made of bone,* I bottoni sono talvolta fatti di osso — *He's all skin and bones, (fam.)* È tutto pelle

e ossa — *my old bones, (fam.)* le mie povere ossa. **2** *(al pl.)* dadi; castagnette; nacchere.
□ *to have a bone to pick with sb,* avere un motivo di discordia (qcsa in sospeso) con qcno — *the bone of contention, (fig.)* il pomo della discordia — *to make no bones about doing sth,* non esitare a fare qcsa; non farsi scrupoli — *They dismissed him and made no bones about it,* Lo licenziarono senza tanti scrupoli — *to the bone, (fig.)* fino all'osso; fino in fondo; decisamente — *to feel in one's bones that...,* sentire dentro di sé che...; intuire che... — *to make old bones, (fam.)* vivere cent'anni; campare a lungo; tirare avanti molto — *a lazy-bones,* un pigrone — *bone-dry,* asciuttissimo; *(di vino anche)* molto secco — *bone-head, (fam.)* testa di rapa — *bone-idle (-lazy),* pigro fino alle midolla — *bone-setter,* aggiustaossi — *bone-shaker, (fam.)* bicicletta a gomme dure; carro, calesse, corriera o vecchia auto tutta scossoni.

to **bone** [boun] *vt* **1** disossare; *(di pesce)* togliere le spine. **2** rinforzare con stecche d'osso di balena *(corsetti, ecc.).* **3** *(GB, fam.)* rubare; sgraffignare. **4** *to bone up on (a subject), (USA, fam.)* studiar sodo *(un argomento per un esame imminente, ecc.);* darci dentro.

boned ['bound] *agg* **1** disossato; senz'ossa. **2** ossuto: *big-boned,* dalle ossa grosse.

boneless ['bounlis] *agg* disossato; senz'ossa; *(di pesce)* senza spine.

bonfire ['bɔnfaiə*] *s.* falò.

bonhomie ['bɔnɔmi:] *s. (fr.)* bonomia.

bonito [bou'ni:tou] *s.* tipo di tonno dell'Atlantico *(spec. il tonno striato).*

bonkers ['bɔŋkəz] *agg predicativo (spec. nell'espressione rafforzativa) stark raving bonkers,* pazzo; scemo; matto.

bon mot ['bɔn'mou/*(fr.)* bɔ̃mo] *s. (fr.)* battuta spiritosa.

bonnet ['bɔnit] *s.* **1** berretto *(da uomo, senza tesa; da bambino, generalm. allacciato sotto il mento);* cappellino *(da donna, senza tesa);* cuffia; berretto scozzese; berretto militare *(di alcuni reggimenti): to have a bee in one's bonnet, (fam.)* essere fissato; avere un'idea fissa. **2** *(mecc.)* coperchio di protezione; parascintille *(di fumaioli); (GB)* cofano *(di auto); (naut.)* vela di riserva; bonetta. **3** *(fig.)* complice *(in una vendita all'asta);* complice di baro *(al giuoco delle carte, ecc.).*

bonny ['bɔni] *agg (spec. in Scozia)* **1** bello; grazioso; carino. **2** rubicondo; paffuto. □ *avv* **bonnily.**

bonus ['bounəs] *s.* (*pl.* **bonuses**) indennità; gratifica; premio; buono: *cost-of-living bonus,* indennità di carovita — *long service bonus,* premio di anzianità.

bony ['bouni] *agg* **1** ossuto. **2** *(di pesce)* pieno di lische.

boo [bu:] *interiezione* (*anche* **bo**) puah; bu; suono emesso per esprimere disapprovazione o per sorprendere qcno. □ *He cannot (couldn't, wouldn't) say boo to a goose,* Avrebbe paura di una mosca; Non saprebbe far del male a una mosca.

to **boo** [bu:] *vt e i.* rumoreggiare *(del pubblico, per esprimere disapprovazione).*

boob [bu:b] *s. (sl.)* **1** errore madornale. **2** ⇨ **booby. 3** *(volg.)* seno.

to **boob** [bu:b] *vi (sl.)* fare un errore madornale.

booby ['bu:bi] *s.* **1** tonto; sciocco; stupido: *booby prize,* premio all'ultimo arrivato, a chi ha fatto meno punti; premio di consolazione — *booby-trap, (all'origine)* scherzo del vaso d'acqua che cade in testa a chi apre la porta; *(spec. mil.)* ordigno esplosivo dall'apparenza innocua; trappola esplosiva. **2** alca *(di vari tipi).*

book [buk] *s.* **1** libro; tomo; volume: *exercise-book,* quaderno — *telephone book,* elenco del telefono — *to speak like a book,* parlare come un libro stampato — *book-ends,* fermalibri — *book-learning,* cultura libresca — *book-plate,* 'ex-libris' — *book-token,* buono d'acquisto libri — *the Good Book,* la Bibbia — *to swear on the Book,* giurare sulla Bibbia. **2** blocchetto; libretto: *a book of tram tickets,* un blocchetto di biglietti del tram — *a cheque-book,* un libretto di assegni — ⇨ *anche* **bookbinder, bookcase, booklet, bookmark,** *ecc.* **3** *(al pl.)* registro; registrazioni; conti; contabilità: *to keep the books of a firm,* tenere la contabilità d'una azienda — *to close the books,* chiudere i conti — *to bring sb to book,* costringere qcno alla resa dei conti — *book-keeper,* contabile — *book-keeping,* contabilità — *book value,* valore di registro. **4** libretto d'opera. **5** *(ippica)* elenco delle scommesse: ⇨ *anche* **bookmaker.**
□ *book designer,* impaginatore — *to suit sb's book,* fare al caso di qcno — *to be in sb's good books,* essere nelle grazie (nelle maniche) di qcno — *to be in sb's bad (o black) book(s),* essere nel libro nero di qcno — *to know sth like a book,* conoscere qcsa alla perfezione — *to take a leaf out of sb's book,* prendere l'esempio di qcno — *to throw the book at sb, (fam.)* accusare qcno con tutte le aggravanti possibili — *by the book,* correttamente; autorevolmente; in modo conforme ai regolamenti — *minute book,* registro dei verbali — *to be on the book,* essere iscritto come membro, registrato — *signal book,* codice dei segnali — *waste book,* brogliaccio — *without book,* senza citare la fonte.

to **book** [buk] *vt* **1** registrare; annotare; prendere il nome di qcno *(per una contravvenzione): to book a motorist for speeding,* prendere le generalità di un automobilista per eccesso di velocità. **2** prenotare; fissare *(posti per il teatro, per il treno, per un albergo, ecc.);* prendere un biglietto: *Seats can be booked from 10 a.m. to 6 p.m.,* I posti si possono prenotare dalle 10 alle 18 — *Have you booked to Naples?,* Hai prenotato il biglietto per Napoli? — *fully booked,* tutto esaurito — *booking-clerk,* impiegato di biglietteria — *booking-office,* biglietteria; ufficio prenotazioni (di viaggio) — *to be booked up, (fam., di persona)* essere impegnato ('preso').

bookable ['bukəbl] *agg* che si può prenotare.

bookbinder ['buk,baində*] *s.* legatore; rilegatore di libri.

bookcase ['bukkeis] *s.* libreria.

bookie ['buki] *s.* (*fam. di* **bookmaker** ⇨).

booking ['bukiŋ] *s.* prenotazione.

bookish ['bukiʃ] *agg* **1** *(non comune)* inerente ai libri. **2** studioso; amante della lettura; appassionato di libri. **3** pedante; libresco: *a bookish style,* uno stile letterario, formale.

bookishness ['bukiʃnis] *s.* **1** amore per i libri. **2** pedanteria.

booklet ['buklit] *s.* libriccino; libretto; opuscolo.

bookmaker ['buk,meikə*] *s.* (*spesso abbr. fam.:* **bookie**) allibratore.

bookmark ['bukmɑ:k] *s.* segnalibro.

bookrest ['bukrest] *s.* leggio.

bookseller ['buk,selə*] *s.* libraio: *bookseller's (shop),* libreria.

bookshelf ['bukʃelf] *s.* (*pl.* **bookshelves**) scaffale per i libri.

bookshop ['bukʃɔp] *s.* libreria *(negozio).*

bookstall ['bukstɔ:l] *s.* bancarella; edicola.

bookstore ['bukstɔ(:)] *s. (USA)* libreria *(negozio).*

bookworm ['bukwə:m] *s.* **1** tarma; tignola. **2** *(fig.)* topo di biblioteca.

[1]**boom** [bu:m] *s.* **1** rombo; rimbombo *(di cannoni, ecc.)*; tuono; frastuono; rumore profondo: *the boom of the guns (of the surf),* il rombo dei cannoni (della risacca). **2** verso del tarabuso.

[1]to **boom** [bu:m] *vt e i.* **1** rimbombare; tuonare *(di cannoni, ecc.).* **2** risuonare cupamente; pronunciare con voce profonda.

[2]**boom** [bu:m] *s.* **1** *(econ.)* 'boom'; forte espansione industriale e commerciale; congiuntura alta; periodo di rialzo economico: *a boom town,* una città divenuta di colpo importante *(p.es. per la scoperta di una vena d'oro).* **2** improvvisa popolarità.

[2]to **boom** [bu:m] *vi* espandere; fiorire; essere in piena espansione; andare a gonfie vele: *Business is booming,* Gli affari vanno a gonfie vele.
□ *vt* lanciare; far pubblicità *(per qcsa);* battere la grancassa *(a qcno).*

[3]**boom** [bu:m] *s.* **1** *(naut.)* boma; asta *(che tiene tesa la vela in fondo);* braccio *(di gru): derrick-boom,* braccio di albero di carico, di gru — *microphone boom, (cinema, radio, televisione)* 'giraffa'. **2** barriera galleggiante di tronchi; sbarramento galleggiante *(all'entrata di un porto, di una baia, attraverso un fiume).*

boomerang ['bu:məræŋ] *s.* **1** 'boomerang' *(arma da caccia di aborigeni australiani).* **2** *(fig.)* accusa che ricade su chi l'ha formulata; argomento che sortisce l'effetto contrario; proposta controproducente.

to **boomerang** ['bu:məræŋ] *vi (di accusa)* produrre l'effetto contrario.

[1]**boon** [bu:n] *s.* **1** *(ant. e lett.)* richiesta; favore; domanda: *to ask (to crave) a boon of sb,* fare una richiesta a qcno — *to grant a boon,* acconsentire a una richiesta. **2** vantaggio; beneficio; dono: *Parks are a great boon to people in big cities,* I parchi sono un notevole beneficio per chi abita nelle grandi città — *This automatic juice extractor is a boon,* Questo spremiagrumi automatico è utilissimo.

[2]**boon** [bu:n] *agg* gaio; spensierato: *boon companions,* compagni di bagordi.

boor [buə*] *s.* zoticone; bifolco; burino.

boorish ['buəriʃ] *agg* da zotico; da bifolco; villano.
□ *avv* **boorishly.**

boorishness ['buəriʃnis] *s.* rozzezza; villania; zoticheria.

boost [bu:st] *s.* **1** spinta in su *(in molti sensi); (fig.)* 'spintarella'; lancio pubblicitario. **2** *(di motore)* alimentazione sotto pressione.

to **boost** [bu:st] *vt* spingere in su; *(fig.)* aumentare *(il valore, la reputazione, ecc.);* portare alle stelle; lanciare *(un prodotto);* alzare *(la pressione);* elevare *(il potenziale, la tensione elettrica);* sovralimentare *(un motore da competizione): to boost sb into a good job,* aiutare qcno ad ottenere un buon impiego *(parlando molto bene di lui a chi di dovere, ecc.)* — *to boost sb's morale,* tirar su il morale a qcno.

booster ['bu:stə*] *s. e agg attrib* **1** *(fam.)* sostenitore entusiasta; uno che fa pubblicità chiassosa o sensazionale. **2** elevatore *(di pressione, ecc.);* apparato di sovralimentazione *(di motori);* amplificatore *(radio);* preamplificatore *(di televisione): booster rocket,* razzo vettore; razzo di spinta — *booster injection,* 'richiamo' *(iniezione supplementare che corrobora l'effetto di quella precedente).*

[1]**boot** [bu:t] *s.* **1** stivale; mezzo stivale; stivaletto; scarpone: *high boots,* stivali alti, alla scudiera; stivali da caccia — *boot-laces, (GB)* legacci o cordicelle per stivali — *The boot is on the other leg, (fam.)* La verità (La colpa, ecc.) sta dall'altra parte — *to lick sb's boots, (fam.)* lustrare o leccare gli stivali a qcno; adularlo — ⇨ *anche* **bootblack, bootlicker.** **2** *(GB)* bagagliaio *(di auto).* □ *to bet one's boots,* scommettere la camicia — *to give sb the boot, (fam.)* licenziare qcno; mandarlo via; liquidarlo — *to get the boot, (fam.)* essere licenziato — *to die in one's boots, (fam.)* morire in piedi, sulla breccia, ancora in piena attività — *to have one's heart in one's boots,* avere la tremarella — *boot and saddle, (mil.)* segnale di tromba con cui si ordina ai soldati di salire 'in sella!' — *like old boots, (sl.)* moltissimo; enormemente.

[1]to **boot** [bu:t] *vt* calciare; prendere a calci: *He was booted out of the house,* Fu cacciato di casa a pedate.

[2]**boot** [bu:t] *s. (ant. e lett., solo nell'espressione) to boot,* inoltre; in aggiunta.

[2]to **boot** [bu:t] *vt (ant.: usato sempre impersonalmente)* servire; essere utile; essere di vantaggio: *What boots it to...,* A che cosa serve... — *What boots it to weep?,* A che serve piangere?

bootblack ['bu:tblæk] *s.* lustrascarpe.

booted ['bu:tid] *agg* che calza stivali; con stivali.

bootee [bu:'ti:] *s.* scarpetta di lana da bambino; stivaletto da donna.

booth [bu:ð] *s.* **1** baraccone; bancarella coperta *(da telo, da assito);* telone *(davanti a un negozio).* **2** cabina *(elettorale, telefonica, ecc.).*

bootlegger ['bu:tlegə*] *s. (spec. USA)* distillatore o spacciatore clandestino di liquori *(nel tempo del proibizionismo).*

bootless ['bu:tlis] *agg* **1** *(ant. e lett.: cfr.* [2]**to boot**) inutile; di nessun vantaggio; vano: *It is bootless to complain,* È vano lamentarsi. **2** *(letteralm.)* senza stivali.

bootlicker ['bu:t,likə*] *s. (fam.)* adulatore; lustrascarpe; leccapiedi.

boots [bu:ts] *s. (pl., ma con il v. al sing.)* facchino d'albergo; lustrascarpe.

booty ['bu:ti] *s.* bottino; preda.

booze [bu:z] *s.* **1** *(fam.)* bevande alcooliche: *He lost his job because he couldn't keep off the booze,* Perdette il posto perché non riusciva a trattenersi dal bere. **2** bevuta; sbornia: *to go on the booze,* prendersi una sbornia; ubriacarsi.

to **booze** [bu:z] *vi (fam.)* bere eccessivamente *(sostanze alcooliche).*

boozer ['bu:zə*] *s.* **1** *(fam.)* beone; ubriacone. **2** taverna; bar.

boozy ['bu:zi] *agg (fam.)* ubriaco; alticcio; bevuto.

bo-peep [bou'pi:p] *s. (gioco infantile)* cucù.

boracic [bə'ræsik] *agg* boracico.

borage ['bʌridʒ] *s.* borragine.

borax ['bɔ:ræks] *s.* borace.

border ['bɔ:də*] *s.* **1** margine; limite; estremità; orlo; contorno; bordo; fregio: *a handkerchief with a lace border,* un fazzoletto con l'orlo di pizzo — *There was a border of flowers round the lawn,* Attorno al praticello c'era una bordura di fiori. **2** demarcazione; frontiera; confine: *The criminal escaped over the border,* Il criminale scappò oltre frontiera — *a border town,* una città di confine (di frontiera) — *border incidents,* incidenti di frontiera — *the Border,* la frontiera tra Inghilterra e Scozia — *Border ballads,* le ballate della frontiera anglo-scozzese.

to **border** ['bɔ:də*] *vt* orlare; delimitare: *Our garden is bordered by a stream,* Il nostro giardino è delimitato da un ruscello.
□ *vi* **1** *(generalm. seguito da* on *o* upon*)* confinare;

toccare; essere vicino; estendersi: *My land borders (upon) yours,* La mia proprietà confina con la tua — *The park borders on the shores of the lake,* Il parco si estende sino ai bordi del lago. **2** *(seguito da* upon*)* sconfinare; sembrare; essere simile; rasentare: *The proposal borders upon the absurd,* La proposta rasenta l'assurdo.

borderer ['bɔ:dərə*] *s.* abitante di zona di confine *(spec. fra Scozia e Inghilterra).*

borderland ['bɔ:dəlænd] *s.* **1** zona (distretto, provincia) di confine. **2** *(fig.)* confini; limite; zona; condizione, situazione incerta: *the borderland between sleeping and waking,* i confini tra il sonno e la veglia; il dormiveglia.

borderline ['bɔ:dəlæin] *s.* linea di demarcazione; *(fig.)* limite: *a borderline case,* un caso limite.

[1]**bore** [bɔ:*/bɔə*] *s.* **1** foro; buco; pozzo: *bore-hole,* foro di trivellazione. **2** diametro interno *(di tubi, ecc.);* camera cilindrica; diametro; cilindro; alesaggio *(di motore a scoppio); (di arma da fuoco)* calibro. **3** trivella.

[1]to **bore** [bɔ:*/bɔə*] *vt e i.* forare; perforare; trivellare; trapanare: *to bore a hole in a block of wood,* praticare (fare) un foro in un blocco di legno — *to bore a well,* perforare (scavare) un pozzo — *to bore a tunnel through a mountain,* scavare una galleria attraverso una montagna — *to bore for oil,* trivellare per cercare petrolio — *animals that bore their way under the ground,* animali che si scavano la via sottoterra.

[2]**bore** [bɔ:*/bɔə*] *s.* **1** persona noiosa; la noia in persona; seccatore. **2** noia; seccatura; 'barba'.

[2]to **bore** [bɔ:*/bɔə*] *vt* annoiare; tediare; seccare: *I hope you're not getting bored listening to me,* Spero che tu non ti annoi ascoltandomi — *She was bored to death (to tears),* Era annoiata da morire.

[3]**bore** [bɔ:*] *pass di* **to bear.**

[4]**bore** [bɔ:*] *s.* ondata di insolita altezza provocata dalla marea *(generalm. sizigiale)* che risale un estuario stretto.

boredom ['bɔ:dəm] *s.* noia; tedio; fastidio.

borer ['bɔ:rə*] *s.* **1** trivella. **2** (operaio) scavatore di pozzi. **3** tarlo, talpa, insetto o animale che si scava la via.

boric ['bɔ:rik] *agg* borico.

boring ['bɔ:riŋ] *agg* noioso; 'barboso': *a boring evening,* una serata noiosa. □ *avv* **boringly.**

born [bɔ:n] *(p. pass. di* **to bear:** *usato nell'espressione) to be born,* nascere; venire al mondo: *He was born on October 12, 1896,* Nacque il 12 ottobre 1896 — *Where were you born?,* Dove sei nato? — *first-born,* primogenito — *new-born,* appena nato — *a born orator,* un oratore nato — *a born idiot,* un perfetto imbecille.

borne [bɔ:n] *p. pass di* **to bear.**

boron ['bɔ:rɔn] *s.* boro.

borough ['bʌrə] *s. (in Inghilterra)* municipalità; città con una propria amministrazione municipale; *(stor.)* città (o quartiere) che mandava uno o più rappresentanti in Parlamento.

to **borrow** ['bɔrou] *vt e i.* **1** prendere in prestito: *May I borrow your dictionary?,* Posso prendere in prestito il tuo dizionario? — *to borrow sth from sb,* prendere in prestito qcsa da qcno — *He fell into the river and had to go home in borrowed clothes,* Cadde nel fiume e dovette andarsene a casa con abiti presi in prestito. **2** plagiare: *to borrow sb's idea,* plagiare l'idea di qcno. □ *borrowed light,* finestra interna — *borrowed plumes, (fig.)* penne altrui — *to be living on borrowed time, (fig.)* avere i giorni contati.

borrower ['bɔrouwə] *s.* chi prende in prestito; *(comm.)* mutuatario.

Borstal ['bɔ:stəl] *s. (GB)* riformatorio; istituto correzionale.

borzoi ['bɔ:zɔi] *s.* 'barzoi'; segugio russo per la caccia alla lepre.

bosh [bɔʃ] *s. e interiezione* sciocchezze; stupidaggini; fesserie.

bosky ['bɔski] *agg (lett.)* boschivo; boscoso.

bo's'n, bos'n, bo'sn ['bousn] *s. corruzione di* **boatswain** ⇨.

Bosnian ['bɔzniən] *agg e s.* bosniaco.

bosom ['buzəm] *s.* **1** petto; parte di vestito che copre il petto. **2** *(fig.)* cuore; centro: *a bosom friend,* l'amico (l'amica) del cuore; amico intimo o prediletto. **3** *(fig.)* in seno: *in the bosom of one's family,* in seno alla propria famiglia. **4** *(USA)* sparato *(della camicia).* **5** superficie *(di lago).*

[1]**boss** [bɔs] *s.* **1** capo; padrone; caposquadra; dirigente; datore di lavoro: *Who's the boss in this house?,* Chi comanda in questa casa *(il marito o la moglie)?* **2** *(USA)* capo di un'organizzazione politica.

to **boss** [bɔs] *vt* dare ordini; comandare; spadroneggiare; farla da padrone; *(fig.)* tenere in pugno: *He wants to boss the show,* Vuole fare tutto lui — *to boss sb about (o around), (fam.)* farla da padrone con qcno.

[2]**boss** [bɔs] *s.* **1** parte sporgente; 'borchia' *(p.es. di scudo).* **2** *(archit.)* bugna; pietra sporgente.

bossy ['bɔsi] *agg. (fam.)* autoritario; con aria da padrone.

bosun ['bousn] *s. corruzione di* **boatswain.**

botanic, botanical [bə'tænik(l)] *agg* botanico.

botanist ['bɔtənist] *s.* botanico; studioso di botanica.

to **botanize** ['bɔtənaiz] *vi* **1** studiare *(dal vivo);* essere appassionato di botanica. **2** raccogliere piante *(per studio).*

botany ['bɔtəni] *s.* botanica.

botch [bɔtʃ] *s.* **1** rappezzo; rattoppo. **2** cosa o lavoro fatto male; pasticcio; 'castroneria'.

to **botch** [bɔtʃ] *vt* riparare, fare o eseguire malamente; rabberciare; rattoppare; abborracciare: *to botch sth up,* aggiustare qcsa alla bell'e meglio — *a botched piece of work,* un lavoro fatto male.

botcher ['bɔtʃə*] *s.* **1** rabberciatore; rappezzatore. **2** pasticcione.

botch-up ['bɔtʃʌp] *s. (fam.: nell'espressione) to make a botch-up (of sth),* combinare un pasticcio.

both [bouθ] **I** *agg* ambedue; entrambi; tutt'e due; l'uno e l'altro: *I saw him on both occasions,* Lo vidi in entrambe le occasioni — *Hold it in both hands,* Tienilo con tutt'e due le mani — *Both his brothers are in the army,* Entrambi i suoi fratelli sono nell'esercito — *Parking permitted on both sides,* È permesso parcheggiare su ambo i lati — *Both these books are useful,* Questi libri sono utili entrambi. □ *to have it both ways, (fam.)* dare un colpo al cerchio e uno alla botte.

II *pron* ambedue; entrambi; tutt'e due; l'uno e l'altro: *Both are good (Both of them are good),* Sono entrambi buoni — *We both want to go (Both of us want to go),* Vogliamo andare entrambi — *Take them both,* Prendili tutti e due.

III *avv* (**both... and**) sia... sia; nello stesso tempo; tanto... quanto...; non solo... ma...: *He is remarkable for both his intelligence and his skill,* È notevole sia per la sua intelligenza sia per la sua abilità — *He is both a soldier and a poet,* È ad un tempo soldato e poeta.

bother ['bɔðə*] *s.* **1** disturbo; fastidio: *Did you have much bother (in) finding the house?,* Hai faticato molto a trovare la casa? — *We had quite a lot of bother (in) getting here because of the fog,* Abbiamo faticato molto ad arrivare qui per via della nebbia. **2** preoccupazione; seccatura: *That son of his is quite a bother to him,* Quel figlio è una vera preoccupazione per lui — *This drawer won't shut; isn't it a bother!,* Che seccatura, questo cassetto non vuol chiudersi!

to **bother** ['bɔðə*] *vt e i.* **1** infastidire; importunare; disturbare; scocciare: *Tell the children to stop bothering their father,* Di' ai bambini che la piantino di disturbare papà — *Don't bother me with foolish questions,* Non infastidirmi con domande sciocche — *That man is always bothering me to lend him money,* Quel tale viene sempre a seccarmi con richieste di denaro — *to bother oneself (o one's head) about,* stare in ansia; preoccuparsi — *It's not important; don't bother your head about it,* Non preoccuparti, non è importante. **2** disturbarsi; preoccuparsi: *Don't bother about getting (to get) dinner for me today; I'll eat in town,* Non preoccuparti di prepararmi il pranzo oggi; mangerò in città. **3** *(interiezione, per esprimere impazienza o disappunto) Oh, bother (it)! Oh, bother you!,* Accidenti (a te)!; Per la miseria! — *Bother these flies!,* Uffa! Queste mosche!

botheration [,bɔðə'reiʃən] *interiezione* all'inferno!; che seccatura!

bothersome ['bɔðəsəm] *agg* seccante; fastidioso; noioso.

bottle ['bɔtl] *s.* **1** bottiglia: *Mary drinks two bottles of milk a day,* Mary beve due bottiglie di latte al giorno — *to be brought up on the bottle, (di bambino)* essere allattato col poppatoio — *to hit the bottle,* darsi al bere — *to be on the bottle,* bere troppo — *bottle party,* festa in cui gli invitati portano da bere — *bottle-green,* verde bottiglia — *bottle-neck,* collo di bottiglia; *(fig.)* strozzatura; *(di strada)* strettoia; strozzatura nel processo di produzione industriale che costringe a lavorare a rilento *(per mancanza di materiali, ecc.)* — *bottle-washer, (fam.)* lavapiatti; tuttofare — *head cook and bottle-washer, (fam.)* factotum. **2** *(di gas)* bombola.

to **bottle** ['bɔtl] *vt* **1** imbottigliare *(vino, birra, ecc.);* conservare *(frutta, ecc.)* in recipienti di vetro. **2** *to bottle up, (fig.)* contenere; frenare; tenere sotto controllo.

bottom ['bɔtəm] *s.* **1** fondo; estremità inferiore; la parte più bassa *(interna o esterna)* di un recipiente; la parte più lontana: *There are some tea-leaves in the bottom of the cup,* In fondo alla tazza ci sono alcune foglie di tè — *The ship went to the bottom,* La nave andò a fondo — *to send to the bottom,* mandare a picco; affondare — *We were glad to reach the bottom of the mountain,* Eravamo lieti di essere arrivati ai piedi della montagna — *Notes are sometimes printed at the bottom of the page,* Qualche volta le note sono stampate in fondo alla (a piè di) pagina — *at the bottom of the garden,* in fondo al giardino — *The children were seated at the bottom of the long table,* I bambini sedevano in fondo alla lunga tavola. **2** sedile: *This chair needs a new bottom,* Questa sedia ha bisogno di un nuovo sedile. **3** *(fam.)* sedere: *She smacked the child's bottom,* Sculacciò il bambino. **4** *(naut.)* chiglia; carena; opera viva; nave *(da carico);* barca: *The ship was found floating bottom upwards,* La nave fu trovata galleggiante con la chiglia in su (capovolta) — *Goods exported from this country usually go in British bottoms,* La merce esportata da questo paese viaggia di solito su navi britanniche. **5** *(fig.)* fondamento; essenza; causa; origine: *We must get to the bottom of this mystery,* Dobbiamo andare in fondo a questo mistero — *Who's at the bottom of this business?,* Chi c'è sotto questo affare? □ *Bottoms up!, (fam.)* Cin-cin! — *from the bottom of my heart,* dal più profondo del cuore; sinceramente — *at bottom,* in fondo; dopo tutto — *He's a good fellow at bottom,* In fondo è un brav'uomo — *to be bottom of the class,* essere l'ultimo della classe — *to knock the bottom out of an argument,* dimostrare l'infondatezza di un ragionamento — *to touch the bottom, (fig.)* toccare il fondo.

II *agg attrib* più basso; ultimo: *Put the book on the bottom shelf,* Metti il libro sul ripiano più basso (dello scaffale) — *What's your bottom price?,* Qual è il tuo ultimo prezzo? — *Who is the bottom boy of the class?,* Chi è l'ultimo della classe? — *bottom gear, (GB, di auto, ecc.)* la marcia più bassa; la prima marcia — *bottom drawer, (fam.)* corredo *(di ragazza).*

bottomless ['bɔtəmlis] *agg* senza fondo; profondissimo: *a bottomless pit,* un pozzo, una voragine senza fondo; l'inferno; *(fam.: p.es. di un ragazzo che ha sempre fame)* un pozzo senza fondo.

botulism ['bɔtjulizəm] *s.* botulismo.

boudoir ['bu:dwɑ:] *s. (fr.)* boudoir; salottino femminile.

bough [bau] *s.* ramo (d'albero).

bought [bɔ:t] *pass e p. pass di* **to buy.**

bouillon ['bu:jɔ̃ŋ/*(fr.)* bujɔ̃] *s. (fr.)* brodo; brodino: *bouillon cube,* dado (per brodo).

boulder ['bouldə*] *s.* macigno.

boulevard ['bu:ləvɑ:*/'bulva:r] *s. (fr.)* 'boulevard'; largo viale, di solito alberato.

bounce [bauns] *s.* **1** rimbalzo; balzo; salto: *to catch the ball on the bounce,* prendere la palla al balzo. **2** *(di persona)* sfacciataggine; vanteria. **3** *(fam.)* slancio; energia; spirito: *to have plenty of bounce,* essere pieno di energia.

to **bounce** [bauns] *vi e t.* **1** rimbalzare; far rimbalzare: *A rubber ball bounces well,* Una palla di gomma rimbalza bene — *She was bouncing a ball,* Stava giocando con la palla. **2** rotolare; far rotolare; saltellare; traballare; balzare; precipitarsi dentro (o fuori): *The boy was bouncing (up and down) on the bed,* Il ragazzo stava saltellando sul letto — *He bounced into the room,* Entrò di slancio nella stanza — *She bounced out of the chair,* Balzò via dalla sedia — *The old car bounced along the bad roads,* La vecchia auto procedeva traballando sulle strade accidentate. **3** *(sl., di un assegno)* risultare scoperto.

bouncer ['baunsə*] *s.* 'buttafuori' *(di un night, ecc.).*

bouncing ['baunsiŋ] *agg* vivace; vigoroso: *a bouncing girl,* una ragazza vivace, piena di spirito.

[1]**bound** [baund] *s. (di solito al pl.)* limite: *It is beyond the bounds of human knowledge,* È oltre i limiti della conoscenza umana — *to be out of bounds,* essere al di fuori dei limiti dell'area consentita; essere vietato, proibito *(usato soprattutto per le zone vietate ai militari o agli studenti di un 'college');* 'zona vietata' *(anche fig.)* — *to beat the bounds, (stor.)* segnare i confini *(di una parrocchia, durante una cerimonia annuale).*

[1]to **bound** [baund] *vt* porre un limite; avere un limite.

[2]**bound** [baund] *s.* rimbalzo; balzo; salto.

[2]to **bound** [baund] *vt* rimbalzare; balzare; saltellare.

[3]**bound** [baund] *agg* diretto (a); in viaggio (per): *His ship is bound for Sydney,* La sua nave è diretta a

Sydney — *homeward bound,* diretto al paese (al porto) di origine; sulla via del ritorno — *outward bound,* diretto all'estero — *London-bound (Rome-bound) traffic,* il traffico diretto a Londra (a Roma) — *west-bound trains,* treni diretti verso ovest.

[4]**bound** [baund] *pass e p. pass di* **to bind** **1** *(di un libro)* rilegato. **2** **to be bound to do sth,** essere obbligato (costretto) a fare qcsa: *He's bound to come!,* Deve per forza venire! — *You're bound to win!,* Vincerai certamente! **3** **to be bound up in sth,** essere molto interessato, essere coinvolto in qcsa: *He is all bound up in his work,* È tutto preso dal suo lavoro. **4** **to be bound up with sth,** essere legato, in stretta relazione con qcsa. □ *per* **fog-bound** ⇨ **fog 1**; *per* **ice-bound** ⇨ **ice**; *per* **muscle-bound** ⇨ **muscle.**

boundary ['baundəri] *s.* **1** confine; linea di confine; demarcazione; linea divisoria; limite: *This stream forms a boundary between my land and his,* Questo torrente segna il confine tra il mio terreno e il suo. **2** *(nel cricket)* colpo che manda la palla oltre il limite del campo, facendo segnare 4 o 6 punti.

bounden ['baundən] *agg (solo nell'espressione) bounden duty,* sacrosanto (assoluto) dovere.

bounder ['baundə*] *s. (fam.)* fracassone; maleducato.

boundless ['baundlis] *agg* illimitato; infinito; senza limite; sconfinato. □ *avv* **boundlessly.**

bounteous, bountiful ['bauntiəs/'bauntiful] *agg* munifico; liberale; generoso; benefico. □ *avv* **bounteously, bountifully.**

bounty ['baunti] *s.* **1** liberalità; generosità. **2** dono generoso; premio d'incoraggiamento; ricompensa. **3** premio governativo *(di produzione, ecc.);* premio o gratifica *(di natura varia: per chi uccide animali velenosi, ecc.): bounty-hunter, (USA)* cacciatore di taglie.

bouquet ['bukei/bu'kei] *s.* **1** 'bouquet'; mazzetto di fiori. **2** aroma, profumo di un vino.

bourbon ['buəbən] *s.* 'bourbon'; whisky statunitense *(ottenuto dalla distillazione del mais e della segala).*

bourgeois ['buəʒwɑ:] *s. e agg (fr.)* borghese: *petit-bourgeois,* piccolo borghese.

bourgeoisie ['buəʒwɑ:zi] *s. (fr.)* borghesia.

bourn [buən] *s. (ant.)* corrente; flusso; ruscello.

bourn(e) [buən] *s. (ant.)* confine; limite; meta.

bourse [buəs] *s.* borsa valori *(riferito a paesi non di lingua inglese; in questi ultimi viene invece chiamata 'Stock Exchange').*

bout [baut] *s.* **1** turno *(di attività, ecc.);* periodo. **2** *(sport)* incontro; scontro; gara: *a wrestling bout,* un incontro di lotta — *a boxing bout,* un incontro di pugilato — *a drinking bout,* una gara a chi beve di più. **3** *(di malattia, ecc.)* attacco; accesso: *a bout of influenza,* un attacco d'influenza — *a bad coughing bout,* un brutto accesso di tosse.

bovine ['bouvain] *agg* **1** bovino. **2** *(fig.)* lento; stupido; ottuso.

bovver ['bɔvə*] *s.* (*trascrizione della pronunzia londinese di* **bother**) violenza *(spec. tra giovinastri): bovver boys, (fam.)* giovinastri — *bovver boots, (fam.)* scarpe pesanti con puntale di acciaio *(portate dai giovinastri).*

[1]**bow** [bou] *s.* **1** arco: *bow and arrows,* arco e frecce — *to draw the bow,* tendere l'arco — *to draw the long bow, (fig.)* esagerare — *to have two strings to one's bow, (fig.)* avere due corde al proprio arco *(un piano di riserva, ecc.).* **2** *(mus.)* archetto *(di strumento a corda).* **3** *(geometria, ecc.)* arco; curva. **4** *(fam.)* arcobaleno. **5** fiocco; nodo a cappio, ad asola; nastro; cerchietto *(dei capelli, ecc.): Tie your shoe-laces in a bow,* Legati le scarpe ad asola — *She had a bow of pink ribbon in her hair,* Portava nei capelli un nastro rosa con la cocca — *bow-tie,* cravatta a farfalla; farfallina. □ *bow-legged,* dalle gambe arcuate; con le gambe storte — *bow-legs, (al pl.)* persona con le gambe storte; 'gambestorte' — *bow-window,* 'bovindo'; finestra ad arco.

[1]to **bow** [bou] *vt* **1** inarcare; piegare ad arco. **2** suonare uno strumento ad arco.

[2]**bow** [bau] *s.* inchino; saluto: *He answered with a low bow,* Rispose con un profondo inchino — *He made his bow to the company and left the room,* Fece un inchino ai presenti (alla compagnia) e uscì dalla stanza.

[2]to **bow** [bau] *vt e i.* **1** piegare *(la testa, il corpo);* curvarsi; inchinarsi; fare un inchino: *I raised my hat to her and she bowed in return,* La salutai togliendomi il cappello e lei in risposta mi fece un inchino — *They bowed down to the idol,* S'inchinarono profondamente davanti all'idolo — *They bowed their heads in prayer,* Chinarono il capo in preghiera — *to bow sb in,* ricevere (far entrare) qcno con un inchino — *to bow sb out,* congedare qcno con un inchino — *to bow oneself out,* uscire (andarsene) dopo aver salutato con un inchino — *to bow to sb's opinion,* inchinarsi all'opinione (accettare il parere) di qcno — *to bow and scrape,* profondersi in inchini, ecc. — *to have a bowing acquaintance with sb,* conoscere qcno molto poco; conoscere qcno solo di vista. **2** curvare; piegare: *His father is bowed with age,* Suo padre è curvo per gli anni — *The branches were bowed down with the weight of the snow,* I rami erano piegati per la neve.

[3]**bow** [bau] *s.* **1** *(spesso al pl.)* prua; prora: *on the (port, starboard) bow,* entro 45° (a sinistra, a destra) dalla linea di prua. **2** *(di canotto, ecc.)* il rematore più vicino alla prora.

Bow bells ['bou'belz] *s. pl* le campane della chiesa di St Mary-le-Bow a Londra: *born within the sound of Bow Bells,* 'cockney'; londinese autentico *(nato entro il raggio del suono delle campane di Bow).*

to **bowdlerize** ['baudləraiz] *vt* espurgare *(un libro).*

bowel ['bauəl] *s. e agg attrib* **1** *(spesso al pl.)* budella; intestini: *a bowel complaint,* un'affezione intestinale. **2** *(fig., sempre al pl.)* sentimenti; viscere: *He has no bowels of mercy,* Non ha viscere; Non ha cuore — *in the bowels of the earth,* nelle viscere della terra.

bower ['bauə*] *s.* **1** pergolato. **2** *(lett.)* boudoir; salottino. □ *bower-bird,* uccello giardiniere.

bowie-knife ['boui'naif] *s.* coltello da caccia *(dalla lama a filo doppio in punta).*

bowing ['bouiŋ] *s. (mus.)* tocco dell'archetto: *The violinist's bowing is excellent,* Il tocco del violinista è eccellente.

[1]**bowl** [boul] *s.* **1** scodella; ciotola; piatto fondo; coppa: *a bowl of fruit,* un piatto (fondo) di frutta — *fruit-bowl,* fruttiera — *finger-bowl,* coppa lavadita — *salad-bowl,* insalatiera — *sugar-bowl,* zuccheriera. **2** cavità rotondeggiante; cavo; incavo; fornello *(di pipa): the bowl of a spoon,* il cavo di un cucchiaio — *He filled the bowl of his pipe,* Riempì la pipa di tabacco. **3** *(spec. USA)* anfiteatro. **4** *(geografia)* bacino.

[2]**bowl** [boul] *s.* boccia: *bowls (pl.)* gioco delle bocce *(sull'erba).*

to **bowl** [boul] *vt e i.* **1** giuocare alle bocce. **2** *(nel cricket)* lanciare, servire la palla: *to bowl (out),* mettere fuori gioco (il battitore) colpendo il suo 'wicket' con la palla — *bowled out, (del battitore)* messo fuori gioco. **3** rotolare; scorrere dolcemente su ruote *(spesso seguito da along): Our car bowled along over the smooth road,* La nostra auto filava dolcemente sulla strada liscia. **4** *to bowl (sb) over,* abbattere (qcno); *(fig.)* sopraffare; vincere; sconcertare (qcno) — *Her impudence bowled me over,* La sua impudenza mi lasciò allibito (mi sconcertò).

[1]**bowler** ['boulə*] *s.* **1** giocatore di bocce. **2** *(cricket)* il giocatore che serve la palla.

[2]**bowler** ['boulə*] *s. (spesso* bowler hat*)* bombetta; cappello duro.

bowline ['boulin] *s. (anche* bowline knot*)* gassa di amante.

bowling ['bouliŋ] *s.* gioco delle bocce; gioco dei birilli (automatici): *bowling-green,* campo di bocce — *bowling-alley,* corsia coperta per il gioco dei birilli.

bowls [boulz] *s. pl* ⇨ [2]**bowl.**

bowman ['boumən] *s.* (*pl.* **bowmen**) arciere.

bowser ['bauzə*] *s.* autocisterna *(spec. negli aeroporti).*

bowshot ['bouʃɔt] *s.* tiro d'arco.

bowsprit ['bousprit] *s.* bompresso; albero di bompresso.

bow-wow ['bau'wau] *interiezione e s.* **1** bau bau. **2** *(come s.)* il cane *(nel linguaggio infantile).*

[1]**box** [bɔks] *s.* **1** scatola; cassetta *(di cartone, legno, metallo);* cassa; astuccio: *Pack the books in a stout wooden box,* Imballa i libri in una robusta cassa di legno — *a box of matches,* una scatola di fiammiferi — *money-box,* salvadanaio — *tool-box,* cassetta degli arnesi — *letter-box (post-box, pillar-box),* cassetta delle lettere; pilastrino per la posta — *Post-Office box (spesso* P.O. box*) number,* numero di casella postale — *box number, (nella piccola pubblicità dei giornali)* numero di codice per l'inoltro della corrispondenza. **2** palco; palchetto *(spec. al teatro);* banco; posto; compartimento; sezione riservata; *(al baseball)* posto del battitore; sedile del cocchiere *(su una carrozza): press box,* palco della stampa — *jury box,* banco della giuria *(in un tribunale)* — *witness box,* banco dei testimoni — *box office,* botteghino *(di teatro, ecc.).* **3** capanno; cabina; garitta; cassoncino *(di carro funebre): call-box (telephone-box),* cabina telefonica — *fishing (shooting) box,* capanno da pesca (da caccia) — *sentry-box,* garitta militare — *signal box, (ferrovia)* cabina di segnalazione. **4** stanzetta; cubicolo; *(di cavalli)* posta: *loose box,* posta in cui il cavallo può muoversi. **5** *(poco usato)* dono; strenna; regalia; mancia *(spec. a Natale).* **6** *(altri composti) box-bed,* letto ad armadio — *box car, (USA)* carro merci chiuso — *box-coat,* mantello o pastrano pesante *(di cocchiere a cassetta)* — *box-coupling,* giunto a manicotto — *box-spanner (USA* box-wrench*),* chiave a tubo — *fire-box,* camera di combustione — *gear-box,* scatola del cambio.

[1]to **box** [bɔks] *vt* mettere in scatole o casse: *to box up,* chiudere in uno spazio stretto; inscatolare; impacchettare.

[2]**box** [bɔks] *s.* ceffone; schiaffo; scapaccione.

[2]to **box** [bɔks] *vt (solo nell'espressione) to box sb's ear(s),* dare un ceffone a qcno; prenderlo a schiaffi.
□ *vi* **1** fare a pugni; battersi. **2** fare il pugile; fare del pugilato: *boxing-gloves,* guantoni (da pugile) — *a boxing-match,* un incontro di pugilato.

[3]**box** [bɔks] *s.* bosso.

boxed ['bɔkst] *agg (p. pass. di* [1]**to box**) messo in una cassa, in una scatola: *the 3 volumes, boxed, price ten pounds,* i tre volumi in astuccio, dieci sterline.

boxer ['bɔksə*] *s.* **1** pugile. **2** cane 'boxer'.

boxful ['bɔksful] *s.* contenuto di una scatola.

boxing ['bɔksiŋ] *s.* pugilato.

Boxing Day ['bɔksiŋ,dei] *s.* il giorno di S. Stefano (*cfr.* [1]**box 5**).

boxwood ['bɔkswud] *s.* bosso; martello.

boy [bɔi] *s.* **1** ragazzo; fanciullo; giovanotto; *(naut.)* mozzo: *boy-friend,* amico; amichetto; *(fam.)* fidanzato (o quasi); *(al pl.)* compagni; amici cari — *boy scout,* giovane esploratore — *office boy,* fattorino — *news-boy,* strillone. **2** figlio maschio: *He has two boys and one girl,* Ha due figli e una figlia. **3** *(spec. in Asia e Africa)* servo; cameriere *(di qualsiasi età).* **4** *old boy,* - **a)** *(fam., al vocativo)* vecchio mio; caro mio - **b)** *(scherz.)* vecchio; vecchietto - **c)** ex-alunno *(di certe scuole).*

boycott ['bɔikɔt] *s.* boicottaggio; ostracismo; bando: *to put sb (his shop, goods) under a boycott,* boicottare qcno (il suo negozio, le merci).

to **boycott** ['bɔikɔt] *vt* boicottare; dare l'ostracismo; mettere al bando.

boyhood ['bɔihud] *s.* fanciullezza; adolescenza.

boyish ['bɔiiʃ] *agg* **1** di o da ragazzo. **2** fanciullesco; puerile. □ *avv* **boyishly.**

bra [brɑ:] *s.* (*abbr. fam. di* **brassière**) reggiseno.

brace [breis] *s.* **1** collegamento; sostegno; fermaglio; graffa; tirante; braccio; cinghia di sospensione *(di automobile); (mus.)* legatura. **2** manubrio rotante; menarola. **3** busto ortopedico; arco ortodontico. **4** *(invariato al pl.)* paio; coppia *(di cani, di selvaggina e spreg. di persone): five brace of partridge,* cinque coppie di pernici. **5** *(al pl.)* bretelle.

to **brace** [breis] *vt* **1** sostenere; fasciare; controventare. **2** rinvigorire; fortificare: *to brace oneself against sth,* far appello a tutte le proprie forze per far fronte a qcsa.

bracelet ['breislit] *s.* **1** braccialetto; bracciale. **2** *(al pl. fam.)* manette.

bracer ['breisə*] *s. (fam.)* bevanda alcoolica che sostiene (*cfr.* **to brace**); bicchierino.

bracing ['breisiŋ*] *agg (di aria, clima)* corroborante; tonificante.

bracken ['brækən] *s.* **1** felce. **2** macchia di felci; felceto.

bracket ['brækit] *s.* **1** mensola *(di sostegno);* staffa; supporto; braccio *(portatile);* beccatello; tassello. **2** *(tipografia, ecc.)* parentesi *(quadra, tonda, ecc.);* graffa. **3** gruppo o categoria di persone: *people in the lower income brackets,* la gente dei ceti economici più bassi.

to **bracket** ['brækit] *vt* **1** provvedere di mensola, di supporto, di tassello, ecc. **2** mettere tra parentesi o entro graffe. **3** *(fig.)* raggruppare; classificare; unire: *They are all bracketed together at the top of the list,* Sono tutti raggruppati insieme in cima alla lista. **4** *(mil.)* fare forcella.

brackish ['brækiʃ] *agg* salmastro.

brad [bræd] *s.* chiodo privo di testa o con la testa molto piccola; semenza.

bradawl ['brædɔ:l] *s.* punteruolo.

Bradshaw ['brædʃɔ:] *s. (GB, fino al 1960)* orario ferroviario generale *(dal nome del primo stampatore).*

brae [brei] *s. (scozzese)* pendio; fianco di una collina.

to **brag** [bræg] *vi* (**-gg-**) vantare, vantarsi.

braggart ['brægət] *s.* millantatore; spaccone.
□ *agg* vanaglorioso.

Brahmin ['brɑ:min] *s.* **1** bramino *(membro della casta sacerdotale indù).* **2** *(USA)* letterato conservatore e 'snob'.

braid [breid] *s.* **1** treccia *(di capelli): She wears her hair in braids,* Porta i capelli a trecce. **2** *(senza pl.)* passamano; spighetta; gallone: *The uniforms of the* *generals were covered with gold braid,* Le divise dei generali erano cariche di galloni dorati.

to **braid** [breid] *vt* **1** intrecciare *(capelli, ecc.);* farsi le trecce. **2** ornare con nastri. **3** guarnire di galloni.

braille [breil] *s.* 'braille' *(sistema di scrittura in rilievo per ciechi).*

brain [brein] *s. (spesso al pl.)* cervello; cervella *(anche fig., di persona): to have sth on the brain, (fig.)* avere un chiodo in testa — *enough to turn sb's brain,* abbastanza da fare impazzire qcno — *to beat (to cudgel, to rack, to puzzle) one's brains,* lambiccarsi il cervello; spremersi le meningi — *to pick sb's brains,* sfruttare (rubare) le idee di qcno — *brain-fag, (fam., un po' desueto)* esaurimento nervoso, cerebrale — *brain fever,* febbre cerebrale; encefalite — *brain-pan,* scatola cranica; cranio — *brain-storm,* disturbi cerebrali; attacco di pazzia; *(fig.)* idea folgorante; tempesta di idee — *the Brain Drain,* la 'fuga dei cervelli' — *Brains Trust, (alla televisione, ecc.)* tavola rotonda di esperti — *brain-wave, (fam.)* ispirazione improvvisa; idea brillante — ⇨ *anche* **brainless, to brainwash, brainwashing.**

to **brain** [brein] *vt* spaccare la testa.

brainless ['breinlis] *agg* scervellato; stupido.

to **brainwash** ['breinwɔʃ] *vt* praticare il lavaggio del cervello; lavare il cervello (a qcno).

brainwashing ['breinwɔʃiŋ] *s.* lavaggio del cervello; *(per estensione)* condizionamento ideologico.

brainy ['breini] *agg (fam.)* intelligente; sveglio; in gamba.

to **braise** [breiz] *vt* stufare; brasare.

[1]**brake** [breik] *s.* freno; apparato frenante: *to put on (to apply) the brakes,* frenare; usare il freno — *to act as a brake upon sb's activities, (fig.)* far da freno (essere di remora) a qcno nelle sue attività; indurlo ad agire con più cautela.

to **brake** [breik] *vt e i.* frenare: *The driver braked suddenly,* L'autista frenò improvvisamente.

[2]**brake** [breik] *s.* boschetto; cespuglio; macchia.

[3]**brake** [breik] *s.* (*anche* **break**) **1** giardiniera *(sorta di carrozza a quattro ruote).* **2** (= shooting brake) ⇨ **shooting.**

bramble ['bræmbl] *s.* rovo; roveto; pruno. □ *bramble-rose,* rosa canina.

bran [bræn] *s.* crusca: *bran mash,* pasticcio di crusca *(per i cavalli).*

branch [brɑ:ntʃ] *s.* **1** ramo *(d'albero, di fiume, ecc.): He climbed up the tree and hid among the branches,* Si arrampicò sull'albero e si nascose tra i rami. **2** diramazione; succursale; filiale; derivazione; ramo *(di famiglia): There is a branch post-office quite near,* C'è una succursale della posta proprio qui vicino — *The Bank has branches in all parts of the country,* La banca ha filiali in tutto il paese — *English is a branch of the Germanic family of languages,* L'inglese è una lingua appartenente al ceppo germanico.

to **branch** [brɑ:ntʃ] *vi* **1** ramificare, ramificarsi; estendersi; diramarsi; biforcarsi: *The trees branch (out) over the river,* Gli alberi protendono i rami sopra il fiume — *The road branches here,* La strada si biforca qui. **2 to branch out,** estendersi; *(di aziende, ecc.)* creare filiali o succursali; iniziare nuove attività.

branchy ['brɑ:ntʃi] *agg* frondoso; ramoso; ricco di rami.

brand [brænd] *s.* **1** tizzone; *(poet.)* fiaccola; spada; brando: *a brand from the burning, (fig.)* un peccatore ravveduto. **2** *(anche* branding-iron*)* marchio a fuoco; stigma; *(fig.)* segno d'ignominia: *the brand of Cain,* il marchio di Caino. **3** marchio commerciale; marca: *the best brands of cigars,* le migliori marche di sigari — *an excellent brand of coffee,* un'ottima marca di caffè. □ *brand-new,* nuovo di zecca; nuovo fiammante.

to **brand** [brænd] *vt* **1** marcare *(a fuoco).* **2** segnare col marchio di fabbrica. **3** *(fig.)* bollare; stigmatizzare; tacciare: *He was branded (as) a heretic,* Fu tacciato di eresia — *to brand sb with infamy,* bollare qcno d'infamia. **4** fissare (imprimere) indelebilmente *(nella memoria): These frightful experiences are branded on his memory,* Queste spaventose esperienze si sono indelebilmente impresse nella sua memoria.

to **brandish** ['brændiʃ] *vt* brandire.

brandy ['brændi] *s.* acquavite; brandy; cognac *(quasi sempre il cognac francese, se non meglio specificato): plum brandy,* distillato di prugne; 'slivovitz' — *apple brandy,* 'calvados' — *brandy-ball,* caramella dura al brandy — *brandy-snap,* biscotto al brandy.

brash [bræʃ] *agg* **1** sfrontato; impertinente. **2** frettoloso; avventato; imprudente. □ *avv* **brashly.**

brass [brɑ:s] *s.* **1** ottone; *(attrib.)* di ottone: *brass plate,* targa d'ottone *(del portone di casa).* **2** oggetto di ottone; *(mecc.)* bronzina: *to clean (to do) the brass, the brasses,* pulire, lucidare gli ottoni. **3** *(mus.) the brass,* gli ottoni: *brass band,* banda musicale *(di ottoni);* fanfara. **4** *(fam., spec. nell'Inghilterra settentrionale)* denaro; moneta: *He always has plenty of brass,* Ha sempre molto denaro — *I don't care a brass farthing,* Non me ne importa un bel niente. **5** impudenza; sfrontatezza; sfacciataggine; faccia tosta. **6** targa commemorativa *(in chiesa, con effige della persona defunta): brass-rubbing,* l'atto di ricavare l'impronta di una tale effige con carta e cera nera; *(talvolta)* l'impronta stessa. □ *brass hat, (sl.)* alto ufficiale *(dai galloni d'oro)* — *the big brass, the top brass, (sl.)* i pezzi grossi — *to get down to brass tacks, (fig.)* venire al sodo.

brassard [bræ'sɑ:d] *s.* bracciale; fascia; distintivo di appartenenza a qualche organizzazione.

brasserie ['bræsəri] *s. (fr.)* 'brasserie'; birreria-rosticceria.

brassière ['bræzjɛə*] *s. (fr.)* reggiseno.

brassy ['brɑ:si] *agg* **1** di ottone; simile a ottone. **2** sfacciato; impudente; sfrontato.
□ *(come s., anche* **brassie**) mazza da golf *(con paletta di ottone).*

brat [bræt] *s. (spreg.)* marmocchio; moccioso.

bravado [brə'vɑ:dou] *s.* bravata; smargiassata.

[1]**brave** [breiv] *agg* **1** coraggioso; audace; prode: *as brave as a lion,* coraggioso come un leone — *It was brave of him to enter the burning building,* È stato un atto di coraggio da parte sua entrare nell'edificio in fiamme — *a brave action,* un atto di coraggio. **2** *(lett.)* bello; splendido: *this brave new world,* questo nuovo splendido mondo. □ *avv* **bravely.**

to **brave** [breiv] *vt* affrontare; sfidare (coraggiosamente): *We decided to brave the storm,* Decidemmo di sfidare il temporale — *to brave it out,* affrontare *(sospetti, ecc.)* a testa alta.

[2]**brave** [breiv] *s.* giovane guerriero pellerossa.

bravery ['breivəri] *s.* **1** coraggio; audacia. **2** *(ant., lett.)* bellezza; splendore: *They were decked out in all their bravery,* Erano ornati di tutto il loro splendore.

bravo ['brɑ:'vou] *interiezione (pl.* **bravoes** *o* **bravos)** bravo; bene *(a teatro o comunque per esprimere vivace approvazione).*
□ *s.* bravo; sicario.

brawl [brɔ:l] *s.* rissa; zuffa.

to **brawl** [brɔ:l] *vi* **1** azzuffarsi; rissare. **2** *(di torrente, ruscello, ecc.)* rumoreggiare.
brawling ['brɔ:liŋ] *agg (di torrente, ruscello, ecc.)* rumoreggiante.
brawn [brɔ:n] *s.* **1** muscolo; muscoli; muscolatura; forza muscolare. **2** soppressata.
brawny ['brɔ:ni] *agg* muscoloso; nerburuto.
bray [brei] *s.* **1** raglio. **2** suono rauco *(di tromba, ecc.)*.
to **bray** [brei] *vi* **1** ragliare. **2** sbraitare; risuonare.
to **braze** [breiz] *vt* brasare; saldare ad ottone.
brazen ['breizn] *agg* **1** di ottone; simile a ottone: *a brazen voice,* una voce metallica — *the brazen notes of a trumpet,* gli squilli metallici di una cornetta. **2** *(spesso* brazen-faced*)* dalla faccia di bronzo; sfacciato; impudente: *a brazen hussy,* una donna leggera e sfacciata.
to **brazen** ['breizn] *vt (solo nell'espressione) to brazen it out,* comportarsi sfacciatamente; fare lo gnorri.
brazier ['breizjə*/'breiʒə*] *s.* braciere.
Brazilian [brə'ziljən] *agg e s.* brasiliano.
breach [bri:tʃ] *s.* **1** rottura; frattura; infrazione; violazione: *a breach of the peace,* una violazione dell'ordine pubblico — *a breach of promise,* inadempimento di una promessa *(spec. di matrimonio)* — *a breach of faith,* un atto di slealtà — *breach of contract,* inadempimento di contratto. **2** breccia; squarcio: *to throw (to fling) oneself into the breach, (anche fig.)* buttarsi (slanciarsi) nella breccia — *to stand in the breach,* stare sulla breccia; *(fig.)* fare il lavoro più duro, ecc. **3** apertura; varco; passaggio: *a breach in the hedge,* un'apertura, un varco nella siepe — *The waves made a breach in the sea wall,* Le onde aprirono un varco nel murazzo.
to **breach** [bri:tʃ] *vt* aprire un varco, una breccia; aprirsi un passaggio; irrompere in.
bread [bred] *s.* pane: *a bread roll,* una pagnottella — *brown bread,* pane nero — *bread and butter,* pane e burro; *(fig.)* il cibo necessario; i mezzi di sussistenza — *a bread-and-butter letter, (fig.)* una lettera di ringraziamento per l'ospitalità ricevuta — *to know which side one's bread is buttered on, (fig.)* saper fare i propri interessi — *to take the bread out of sb's mouth, (fig.)* levare il pane di bocca a qcno; ridurlo alla miseria — *daily bread,* pane quotidiano; cibo; sostentamento — *to earn one's bread,* guadagnarsi da vivere; guadagnare abbastanza (il sufficiente) per vivere — *bread basket,* cestello del pane; *(fam.)* stomaco — *bread-crumbs,* briciole di pane; pan pesto — *to bread-crumb,* impanare — *bread-fruit,* frutto dell'albero del pane — *the bread-line,* la coda dei poveri, ecc. *(in attesa della distribuzione di viveri o aiuti)* — *bread-stuffs, (pl.)* grano; farina — *bread-winner,* chi guadagna il pane per sé e la famiglia.
breadth [bredθ] *s.* **1** larghezza; ampiezza *(anche fig.)* **2** *(fig.)* tolleranza. □ *by a hair's breadth,* per un pelo.
breadthways, breadthwise ['bredθweiz/-waiz] *avv* nel senso della larghezza; in larghezza.
[1]**break** [breik] *s.* **1** rottura; guasto; frattura: *a break in the water mains,* un guasto nelle condutture dell'acqua — *It's a clean break and should heal quickly,* La frattura è netta e dovrebbe guarire presto.
2 *(fig.)* rottura; separazione; secessione: *a break away from the party,* una secessione dal partito.
3 intervallo; pausa; sosta; interruzione (di circuito): *a break in the conversation,* una pausa nella conversazione — *a tea-break,* un intervallo (una pausa) per il tè — *The break is over!,* L'intervallo è finito! *(p.es. a scuola)* — *without a break,* di continuo; senza interruzione; senza soluzione di continuità — *He has been writing since two o'clock without a break,* Sta scrivendo senza una pausa fin dalle due.
4 cambiamento; turbamento: *There was a break in the weather,* Ci fu un cambiamento nel tempo — *a break in one's way of living,* un cambiamento (improvviso) nella vita di ogni giorno.
5 deviazione *(di palla nel gioco del tennis o del cricket)*.
6 punteggio continuo *(al biliardo)*.
7 *(fam.)* opportunità; occasione; possibilità (di rifarsi): *Give him a break!,* Dagli un'occasione! — *a lucky break,* un colpo fortunato.
□ *the break of day,* lo spuntar del giorno; l'alba.
to **break** [breik] *vt* *(pass.* **broke**; *p. pass.* **broken**) **1** *(anche fig.)* rompere; spezzare; infrangere; spaccare: *Who has broken the teapot?,* Chi ha rotto la teiera? — *to break one's leg,* rompersi la gamba — *The enemy broke (their lines) and fled,* Il nemico ruppe le file e fuggì — *to break in two (ecc.),* spezzare in due (ecc.) — *to break into pieces,* mandare in frantumi — *to break the silence (darkness),* rompere il silenzio (le tenebre) — *to break one's fast,* rompere il digiuno — *to break the peace,* rompere la pace — *to break ranks,* rompere le file.
2 staccare: *He broke a branch from the tree,* Staccò un ramo dall'albero — *to break oneself of a habit,* liberarsi da un'abitudine.
3 battere; demolire *(un primato)*.
4 violare; trasgredire; infrangere: *to break the rules,* infrangere le regole — *to break the law,* violare la legge — *to break one's word,* venir meno alla parola data — *to break an appointment,* mancare ad un appuntamento — *to break faith with sb,* tradire, ingannare qcno.
5 mandare in rovina: *A series of tragedies broke the poor man,* Una serie di disavventure hanno mandato in rovina il poveretto.
6 *(mil.)* degradare; destituire.
7 domare; soggiogare; addestrare; troncare: *to break a horse,* domare un cavallo — *a well-broken horse,* un cavallo ben addestrato, temprato — *He broke the rebellion,* Domò la rivolta — *to break the enemy's resistance,* stroncare la resistenza del nemico.
8 indebolire; smorzare; attutire: *A tall hedge breaks the force of the wind,* Un'alta siepe smorza la forza del vento — *to break a blow,* attutire un colpo.
9 interrompere: *to break a journey,* interrompere un viaggio — *a broken night's sleep,* un sonno disturbato, interrotto.
10 fuggire; evadere *(cfr.* **to break out, a**): *The thief broke prison,* Il ladro evase dalla prigione.
11 comunicare *(una notizia, generalm. cattiva, con tatto)*: *He broke the bad news to me,* Mi comunicò con delicatezza la cattiva notizia.
12 cambiare *(danaro per avere moneta)*: *Could you break a five pound note for me, please?,* Per favore, mi potrebbe cambiare un biglietto da cinque sterline?
□ *vi* **1** rompersi; spezzarsi; infrangersi; spaccarsi; staccarsi: *The stick broke,* Il bastone si spezzò — *The waves were breaking against the rocks,* Le onde si infrangevano sugli scogli — *to break in two,* rompersi (spezzarsi) in due.
2 scoppiare *(anche fig., di notizia)*; diffondersi: *The abscess broke,* L'ascesso scoppiò — *The storm broke,* Scoppiò la tempesta.
3 incominciare; spuntare: *Day was beginning to break,* Cominciava a spuntare il giorno.
4 mutare; alterarsi; spezzarsi *(di voce)*: *His voice is beginning to break,* La sua voce comincia a mutare

(*per sopraggiunta pubertà*) — *She was filled with emotion and her voice broke,* Era tutta emozionata e le mancò la voce.
5 fallire: *When the bank broke, many people were ruined,* Quando la banca fallì molta gente andò in rovina.
6 deviare (*di palla nel cricket dopo il rimbalzo*): *A good bowler can make the ball break,* Un buon lanciatore riesce a deviare la palla.
7 (*mecc.*) guastarsi.
8 sparpagliarsi; disintegrarsi.
9 (*di periscopio*) emergere; (*di pesce*) saltare.
□ *to break the back, to break one's back, to break sb's back, to break the back of a job* ⇨ [1]**back 1** — *to break the bank* ⇨ [1]**bank 2** — *to break bulk,* - **a)** (*comm.*) cominciare a scaricare - **b)** compiere un'azione di appropriazione indebita (*di un depositario*) — *to break even,* cavarsela con un pareggio (*in senso economico*) — *to break ground,* arare; iniziare uno scavo — *to break new* (*o fresh*) *ground,* iniziare una nuova attività — *to break sb's heart,* spezzare il cuore di qcno — *to break the ice,* (*fig.*) rompere il ghiaccio — *to break a lance with sb,* (*fig.*) intavolare una lite con qcno — *to break loose,* liberarsi; sciogliersi (*da legami*); darsi alla fuga — *to break a set of books* (*china, ecc.*), rovinare una serie di libri (un servizio di porcellana, ecc.) vendendone una parte — *to break sth open,* aprire qcsa con la forza — *to break step,* rompere il passo — *to break a strike,* soffocare uno sciopero — *to break wind,* far vento (*dallo stomaco o dagli intestini*) — *Break!,* 'Break'! (*ordine di separazione dell'arbitro ai pugili*) — *a record-breaking performance,* una prestazione da primato.
to break away, - **a)** sfuggire; allontanarsi in fretta: *The prisoner broke away from his guards,* Il prigioniero sfuggì alle sue guardie - **b)** staccarsi (*p.es. da un partito politico*); abbandonare: *He broke away from the party,* Si staccò dal partito — *Can't you break away from old habits?,* Non puoi abbandonare le tue vecchie abitudini?
to break down, - **a)** abbattere: *They broke down all resistance,* Stroncarono ogni resistenza — *The police broke down the door,* Gli agenti buttarono giù la porta - **b)** analizzare (*spese, statistiche*): *Our overheads can be broken down as follows...,* Le nostre spese generali si possono analizzare come segue... - **c)** guastarsi: *The engine broke down,* Si guastò il motore - **d)** fallire: *Our plans have broken down,* I nostri piani sono falliti - **e)** crollare (*anche fig.*): *His health has broken down from overwork,* La sua salute è crollata per il lavoro eccessivo.
to break forth, - **a)** scoppiare (*spec. fig., di rabbia, sdegno*) - **b)** irrompere; scaturire; diffondersi.
to break in, - **a)** domare (*spec. cavalli*) - **b)** irrompere: *Burglars broke in while we were away,* Mentre eravamo fuori gli scassinatori fecero irruzione - **c)** *to break in on* (*o upon*), interrompere; disturbare; intromettersi: *Please, don't break in on our conversation,* Per favore, non interrompere la nostra conversazione.
to break into, - **a)** irrompere; fare irruzione in: *His house was broken into last night,* La notte scorsa fecero irruzione a casa sua - **b)** scoppiare: *He broke into a loud laugh,* Scoppiò in una forte risata - **c)** *to break into a trot* (*a gallop, a run*), mettersi al trotto (a galoppare, a correre).
to break off, - **a)** staccare: *Why do you want to break off that branch?,* Perché vuoi staccare quel ramo? - **b)** rompere: *to break off relations,* rompere i rapporti - **c)** interrompersi; fare una pausa: *Let's break off for half an hour and have some tea,* Facciamo una pausa di mezz'ora e prendiamoci il tè — *He broke off in the middle of a sentence,* S'interruppe a metà della frase.
to break out, - **a)** fuggire: *Several prisoners broke out of the compound,* Parecchi prigionieri fuggirono dal recinto - **b)** scoppiare; divampare: *The quarrel will break out afresh,* La lite scoppierà di nuovo — *Plague broke out in several parts of the country,* La peste scoppiò in varie parti del paese - **c)** prorompere; esclamare: *He broke out into curses,* Proruppe in imprecazioni.
to break through, penetrare (attraverso); sfondare; farsi strada (*anche fig.*): *The sun broke through the clouds,* Il sole fece capolino attraverso le nuvole — *I broke through his reserve,* Feci un varco nel suo riserbo.
to break up, - **a)** fare a pezzi; demolire; smantellare: *Break up that box and light the fire,* Fai a pezzi quella scatola ed accendi il fuoco — *The old ship was broken up,* La vecchia nave venne demolita - **b)** andare a pezzi; frantumarsi - **c)** disperdere: *The police broke up the crowd,* La polizia disperse la folla - **d)** perdere le forze: *He's over ninety and is breaking up,* Ha oltre novant'anni e sta perdendo le forze - **e)** cambiare (*di tempo*): *The weather is breaking up,* Il tempo sta cambiando - **f)** (*di scuole, riunioni*) finire; sciogliersi: *When do you break up?,* Quando cominci le vacanze?
to break with, rompere un'amicizia; liberarsi di (qcno o qcsa).

[2]**break** [breik] *s.* = [3]**brake.**

breakable ['breikəbl] *agg* fragile.

breakables ['breikəblz] *s. pl* oggetti fragili.

breakage ['breikidʒ] *s.* rottura; guasto; (*al pl.*) danni.

break(-)away ['breikəwei] *s.* scissione; separazione. □ *agg* scissionistico; separatista.

breakdown ['breikdaun] *s.* **1** (*mecc.*) guasto; 'panne': *breakdown van,* carro attrezzi. **2** (*fig., di sistema, impero, ecc.*) crollo; sfacelo. **3** (*fig., spesso* nervous breakdown) esaurimento nervoso. **4** (*fig., di negoziati*) rottura. **5** (*fig., spec. comm.*) analisi (*di cifre, ecc.*).

breaker ['breikə*] *s.* **1** chi rompe, ecc.: *record-breaker,* primatista. **2** domatore (*di cavalli*). **3** (*elettr.*) (*anche* circuit breaker) interruttore. **4** frangente; ondata.

break-even [,breik'i:vən] *s.* (*comm.*) pareggio: *break-even point,* punto di pareggio.

breakfast ['brekfəst] *s.* prima colazione: *to have breakfast,* fare colazione — *at breakfast time,* all'ora di colazione.

to **breakfast** ['brekfəst] *vi* far (la prima) colazione.

breaking ['breikiŋ] *s.* (*da* **to break**: *usato in vari composti*) rottura: *breaking point,* limite di rottura — *breaking-in,* (*cfr.* **to break in** - **a)**) domatura; addestramento; 'rodaggio' — *breaking-up,* (*cfr.* **to break up f)**) fine di un trimestre.

breakneck ['breiknek] *agg* pericoloso: *at breakneck speed,* a rotta di collo; a rompicollo; ad una velocità pazzesca.

break(-)out ['breikout] *s.* evasione (*spec. in massa*) da un carcere.

break(-)through ['breik'θru:] *s.* **1** (*spec. mil.*) sfondamento; breccia; varco. **2** (*geologia*) affioramento. **3** passaggio di comunicazione (*fra gallerie adiacenti*). **4** risultato importante (*p.es. una clamorosa scoperta scientifica*) che apre la strada a nuovi studi.

break(-)up ['breikʌp] *s.* **1** dispersione; scioglimento. **2** disintegrazione; disfacimento; (*naut.*) smantellamento (*di una nave*). **3** disgelo. **4** smembramento (*d'uno Stato*).

breakwater ['breik,wɔ:tə*] *s.* frangiflutti.

bream [bri:m] *s. (invariato al pl.)* abramide; *(anche* sea-bream*)* varietà dello stesso pesce.

breast [brest] *s.* **1** mammella; seno *(anche fig.); poppa (di animale): to breast-feed a child,* allattare un bambino al seno. **2** petto; torace; parte di vestito che lo ricopre: *breast pocket,* taschino *(della giacca)* — *breast stroke,* nuoto a rana — *breast-high,* che arriva al petto — *The wheat was breast-high,* Il frumento arrivava al petto — *breast-deep,* profondo; che giunge fino al petto — *In the middle of the stream the water was breast-deep,* In mezzo al fiume l'acqua giungeva al petto — *breast-plate* ⇨ **breastplate. 3** *(fig.)* cuore; coscienza; sentimenti; pensieri: *a troubled breast,* un cuore (un animo) turbato — *to make a clean breast of sth,* confessare, fare una completa confessione di qcsa; vuotare il sacco.

to **breast** [brest] *vt* affrontare; tener testa; prendere di petto; muovere contro: *to breast the waves,* affrontare le onde.

breastbone ['brestboun] *s.* sterno.

-breasted ['brestid] *agg (nei composti)* dal petto...: *broad-breasted,* dal petto largo — *single (double)-breasted, (di giacca, soprabito, ecc.)* monopetto (a doppio petto).

breastplate ['brestpleit] *s.* pettorale *(di corazza).*

breastwork ['brestwə:k] *s.* parapetto; riparo difensivo; muretto.

breath [breθ] *s.* **1** respiro; fiato; alito: *to catch (to hold) one's breath,* trattenere il respiro — *to lose one's breath,* rimanere senza fiato — *to say sth below one's breath,* dire qcsa sottovoce; sussurrare qcsa — *to take breath,* prendere fiato — *to take a deep breath,* respirare profondamente — *to take sb's breath away,* far restare qcno senza fiato — *in the same breath,* quasi contemporaneamente; senza pigliar fiato — *to waste one's breath,* sprecar fiato — *bad breath,* alito cattivo — *the last breath,* l'ultimo respiro — *to be out of breath,* essere senza fiato — *breath-taking* ⇨ **breathtaking. 2** soffio; alito di vento; brezza leggera: *There wasn't a breath of wind,* Non c'era un alito di vento — *There was not even a breath of suspicion,* Non vi era neanche un'ombra di sospetto. **3** mormorio; sussurro.

breathalyzer ['breθə,laizə*] *s.* apparecchio usato dalla polizia stradale per misurare la quantità di alcool nel sangue di un automobilista.

to **breathe** [bri:ð] *vi e t.* **1** respirare; *(fig.)* vivere: *He's still breathing,* Respira ancora; È ancora vivo — *to breathe hard,* respirare con affanno — *to breathe on a window before cleaning it,* soffiare sul vetro di una finestra prima di pulirlo — *to breathe again (o freely),* riprendere fiato; respirare di sollievo *(anche fig.)* — *to breathe forth,* esalare — *to breath in (out),* inspirare (espirare) — *to breathe a sigh,* sospirare. **2** pronunciare; sussurrare: *Don't breathe a word of this to anybody,* Non farne parola con nessuno; Non fiatare — *He breathed a prayer,* Mormorò una preghiera. **3** far pigliar fiato: *Why don't you breathe your horse?,* Perché non fai pigliar fiato al tuo cavallo? **4** *(fonetica)* aspirare.

-breathed [breθt] *agg (nei composti, p.es.) foul-breathed,* dall'alito cattivo.

breather ['bri:ðə*] *s.* **1** *(fam.)* pausa *(per prender fiato): Take (Have) a breather,* Prendi un attimo di respiro. **2** breve (ma intenso) esercizio fisico. **3** *(mecc.)* sfiatatoio; valvola di sfiato.

breathing ['bri:ðiŋ] *s.* **1** respirazione; respiro: *breathing exercises,* esercizi di respirazione — *heavy breathing,* respiro pesante — *a breathing-space,* un attimo di respiro. **2** *(fonetica)* aspirazione; spirito: *a rough (smooth) breathing,* uno spirito aspro (dolce).

breathless ['breθlis] *agg* **1** senza fiato; ansante; ansimante: *She was in a breathless hurry,* Aveva una fretta indiavolata — *He was listening with breathless attention,* Ascoltava trattenendo il fiato. **2** *(non comune)* senza un alito di vento: *a breathless evening,* una serata senza un alito di vento. □ *avv* **breathlessly.**

breathtaking ['breθ,teikiŋ] *agg (di notizia, spettacolo)* tale da togliere il fiato; strabiliante; sbalorditivo.

bred [bred] *pass e p. pass di* **to breed.**

breech [bri:tʃ] *s.* **1** *(ant.)* deretano. **2** *(ostetricia) breech-delivery,* parto podalico. **3** culatta *(di fucile, cannone): breech-block,* otturatore — *breech-loader,* fucile, cannone a retrocarica.

breeches ['britʃiz] *s. pl* **1** calzoni: *court-breeches,* calzoni di corte — *knee-breeches,* calzoni alla zuava — *riding-breeches,* calzoni alla cavallerizza. **2** *(fam.)* pantaloni; *(ant.)* brache: *to wear the breeches, (fig., di donna)* portare i calzoni (comandare il marito; essere autoritaria) — *breeches-buoy,* calzoni di salvataggio *(sono di tela, fissati a un galleggiante e scorrono su una corda tesa).*

breed [bri:d] *s.* razza; varietà; tipo; discendenza: *a good breed of cattle,* una buona razza di bestiame — *cross-breed,* incrocio; razza incrociata — *half-breed,* mezza razza; meticcio — *Breed will tell, (prov.)* Buon sangue non mente.

to **breed** [bri:d] (*pass. e p. pass.* **bred**) *vt* **1** allevare. **2** *(di persone)* allevare; istruire; educare; tirar su; allenare; destinare: *an Englishman born and bred,* un inglese dalla testa ai piedi — *well-bred,* educato; cortese — *ill-bred,* maleducato — *What's bred in the bone will come out in the flesh, (prov.)* Buon sangue non mente. **3** *(fig.)* generare; causare; provocare; portare con sé: *Dirt breeds disease,* La sporcizia porta con sé le malattie — *War breeds misery and ruin,* La guerra genera miseria e rovina.

□ *vi* figliare; *(di animali)* generare; riprodursi: *Rabbits breed quickly,* I conigli si riproducono rapidamente.

breeder ['bri:də*] *s.* **1** allevatore; riproduttore. **2** *(fis. nucleare)* reattore autofissilizzante *(che produce più materiale radioattivo di quanto non ne consumi);* produttore di combustibile radioattivo.

breeding ['bri:diŋ] *s.* **1** allevamento; l'allevare *(animali);* riproduzione; procreazione: *the breeding of horses,* l'allevamento di cavalli (la riproduzione dei cavalli) — *the breeding season for birds,* la stagione in cui gli uccelli si riproducono — *in-breeding,* accoppiamento tra consanguinei. **2** educazione; buona educazione; belle maniere: *a man of good breeding,* un uomo di belle maniere.

breeks [bri:ks] *s.* = **breeches.**

[1]**breeze** [bri:z] *s.* **1** brezza; venticello; vento: *a land (sea) breeze,* una brezza di terra (di mare) — *not much of a breeze,* una brezza appena percepibile — *a stiff breeze,* una forte brezza. **2** *(fig., fam.)* leggero alterco; sfogo di malumore; bizza.

to **breeze** [bri:z] *vi* **1** soffiare; spirare *(di brezza, ecc.).* **2** *to breeze in (out), (di persona)* entrare (uscire) senza alcun preavviso, inaspettatamente.

[2]**breeze** [bri:z] *s.* piccole scorie di carbone bruciato: *breeze blocks,* blocchi leggeri per costruzioni fatti di cemento e scorie di carbone.

breeziness ['bri:zinis] *s.* brio; disinvoltura *(di stile, di persona);* spensieratezza.

breezy ['bri:zi] *agg* **1** arioso; ventilato; arieggiato: *breezy weather,* tempo di brezza — *a breezy corner,* un angolo ben ventilato. **2** *(di persona)* spensierato; disinvolto; spigliato. □ *avv* **breezily.**

Bren [bren] *s.* *(anche* Bren-gun*)* 'bren'; fucile mitragliatore: *Bren carrier,* veicolo cingolato e blindato, armato di bren.

Brer [brɔ:] *s.* compare *(nelle fiabe).*

brethren ['breðrin] *s. pl* (⇨ **brother 2** *e* **3**) fratelli; confratelli: *the Plymouth Brethren,* i 'Confratelli di Plymouth' *(setta protestante).*

Breton ['bretən] *agg e s.* bretone.

breve [bri:v] *s.* **1** *(mus.)* breve. **2** *(tipografia)* segno che indica il suono breve di una vocale. **3** breve; lettera papale.

brevet ['brevit] *s.* brevetto; promozione; nomina o grado onorario: *brevet-major,* maggiore che ha ancora la paga di un capitano.

breviary ['bri:viəri] *s.* breviario.

brevity ['breviti] *s.* brevità; concisione: *Brevity is the soul of wit, (prov.)* La concisione è l'anima dell'arguzia.

brew [bru:] *s.* **1** fermentazione; infusione. **2** mescolanza; bevanda risultante dalla fermentazione: *the best brews of beer,* le migliori birre.

to **brew** [bru:] *vt e i.* **1** fabbricare o fare la birra *(o altre bevande fermentate).* **2** mettere in infusione *(il tè).* **3** *(fig.)* preparare; complottare; tramare; macchinare; prepararsi; formarsi: *Those boys are brewing mischief,* Quei ragazzi stanno combinando una qualche marachella — *There's a fine storm brewing,* Si sta preparando un bel temporale — *There's trouble brewing between them,* Va a finire che si bisticciano. **4** *(fam.) to brew up,* - **a)** fare il tè - **b)** andare in fiamme (*sl., mil., spec. di carro armato*).

brewer ['bruə*] *s.* fabbricante di birra; birraio.

brewery ['bruəri] *s.* fabbrica di birra.

briar ['braiə*] *s.* **1** radica *(legno di radice d'erica).* **2** (= briar pipe) pipa di radica. **3** ⇨ **brier.**

bribe [braib] *s.* dono *(specie una somma di denaro)* dato o promesso per corrompere un funzionario; 'bustarella'; *(fig.)* esca; allettamento.

to **bribe** [braib] *vt* corrompere *(con denaro, ecc.);* indurre *(a fare o a non fare qcsa)* con denaro, ecc.: *to bribe a judge,* corrompere un giudice — *The child was bribed to take the nasty medicine,* Il bambino fu indotto a prendere la medicina disgustosa.

bribery ['braibəri] *s.* corruzione *(a mezzo di denaro, ecc.).*

bric-à-brac ['brikəbræk] *s.* *(fr.)* 'bric-à-brac'; 'bibelots'; ninnoli; cineserie; soprammobili strani, vecchi, fuori moda, ecc.

brick [brik] *s.* **1** mattone; laterizio: *a brick wall,* un muro di mattoni — *brick red,* rosso mattone — *brick-field, brick kiln,* fornace — *brick-layer,* muratore; posatore di mattoni — *brick-flooring,* ammattonato. **2** *(cose a forma di mattone)* blocco; blocchetto di legno; pezzo duro di gelato *(spec. formato 'familiare').* **3** *(fam.)* persona generosa e leale: *You've behaved like a real brick,* Sei stato un vero amico. □ *to come down on sb like a ton of bricks, (fig.)* mangiarsi vivo qcno; scagliarsi violentemente contro qcno — *to make bricks without straw,* tentare di fare qcsa senza gli strumenti necessari; fare un lavoro difficile e infruttuoso — *to drop a brick, (fam.)* fare una topica, una 'gaffe'; lasciarsi sfuggire qcsa di indiscreto o inopportuno.

to **brick** [brik] *vt (generalm. seguito da* in *o* up*)* ricoprire; murare; chiudere con mattoni: *to brick up a window,* murare una finestra.

brickbat ['brikbæt] *s.* **1** mezzo mattone. **2** critica (aspra).

bricklayer ['brikleiə*] *s.* ⇨ **brick 1.**

brickwork ['brikwə:k] *s.* muratura in mattoni; laterizio.

brickyard ['brikjɑ(:)d] *s.* fabbrica di mattoni; mattonaia.

bridal ['braidl] *agg* nuziale; della sposa: *the bridal suite, (in un albergo)* le camere riservate agli sposi in viaggio di nozze.

bride [braid] *s.* sposa: *bride cake,* torta nuziale — *bride of Christ,* sposa di Cristo; suora.

bridegroom ['braidgrum] *s.* *(anche solo* groom*)* sposo.

bridesmaid ['braidzmeid] *s.* damigella d'onore della sposa.

[1]**bridge** [bridʒ] *s.* **1** ponte *(in vari sensi);* ponte di comando *(di una nave);* plancia: *bascule bridge,* ponte levatoio *(che si apre nel mezzo)* — *draw-bridge,* ponte levatoio *(di castello, ecc.)* — *foot-bridge,* passerella — *swing bridge,* ponte girevole. **2** ponticello *(di strumento musicale).* **3** dorso *(del naso);* ponte *(di denti o dentiera).*

to **bridge** [bridʒ] *vt* **1** collegare o unire con un ponte; gettare un ponte sopra. **2** *(fig.)* superare; colmare: *to bridge the gap,* colmare la lacuna — *to bridge over difficulties,* superare difficoltà.

[2]**bridge** [bridʒ] *s.* *(il giuoco del)* 'bridge'.

bridgehead ['bridʒhed] *s.* *(mil.)* testa di ponte.

bridle ['braidl] *s.* **1** briglia. **2** *(fig.)* freno. **3** *(anat.)* frenulo; legamento. □ *bridle-path, bridle-road,* mulattiera; pista transitabile a cavallo, ma non in automobile.

to **bridle** [braidl] *vt* **1** mettere la briglia a; imbrigliare. **2** *(fig.)* frenare; bloccare; domare.
□ *vi (talvolta seguito da* up*)* alzare il capo per ira o orgoglio; adombrarsi; adontarsi: *to bridle at sb's remarks,* adombrarsi per le osservazioni di qcno.

[1]**brief** [bri:f] *agg* breve; corto; conciso: *to be brief,* essere breve — *in brief,* in breve; in poche parole — *the news in brief,* sommario delle notizie. □ *avv* **briefly.**

[2]**brief** [bri:f] *s.* **1** sommario; riassunto (giudiziario); breve (papale). **2** difesa giudiziaria: *to hold a brief for sb,* patrocinare qcno; *(fig.)* difendere, appoggiare qcno — *a watching brief* ⇨ **to watch** — *brief-case,* borsa; cartella *(in origine, da avvocato).*

to **brief** [bri:f] *vt* **1** riassumere. **2** dare istruzioni *(ad un avvocato di tribunale, all'equipaggio di un aereo, ecc.).*

briefcase ['bri:fkeis] *s.* ⇨ [2]**brief 2.**

briefing ['bri:fiŋ] *s.* istruzioni *(spec. mil.: date p.es. all'equipaggio di un aereo): briefing room,* sala delle istruzioni.

briefs [bri:fs] *s. pl* mutande; mutandine; 'slip'.

brier ['braiə*] *s.* (*anche* **briar**) rovo; rosa selvatica; *(pl.)* tralcio spinoso.

brig [brig] *s.* **1** brigantino. **2** *(USA)* carcere su una nave da guerra.

brigade [bri'geid] *s.* **1** *(mil.)* brigata. **2** corpo organizzato; associazione; organizzazione: *fire brigade,* corpo dei vigili del fuoco — *the Brigade of Guards, (GB, mil.)* il corpo delle Guardie Reali.

brigadier [,brigə'diə*] *s.* *(spesso* brigadier-general*)* generale di brigata.

brigand ['brigənd] *s.* brigante; bandito.

brigandage ['brigəndidʒ] *s.* brigantaggio; banditismo.

brigantine ['brigənti:n] *s.* brigantino.

bright [brait] *agg* **1** splendente; luminoso; brillante; rilucente; lucido; *(di colore)* brillante; acceso. **2** vivace; gaio; allegro; brillante; illuminato: *bright faces,* volti raggianti — *a bright smile,* un sorriso radioso — *to look on the bright side of things,* guardare il lato allegro delle cose. **3** pronto; intelligente; acuto; brillante. □ *avv* **brightly.**

to **brighten** ['braitən] *vt e i. (spesso seguito da* up*)* illuminare; ravvivare, ravvivarsi *(anche fig.);* rallegrare, rallegrarsi: *These flowers brighten (up) the classroom,* Questi fiori rallegrano l'aula — *The sky is brightening,* Il cielo si va rischiarando — *His face brightened (up),* Il suo volto si illuminò.

brightness ['braitnis] *s.* **1** splendore; luminosità; lucentezza. **2** vivacità; allegrezza; intelligenza.

brill [bril] *s.* pesce piombo; rombo.

brilliance, brilliancy ['briljəns(i)] *s.* **1** brillantezza. **2** intelligenza vivace e acuta.

[1]**brilliant** ['briljənt] *agg* brillante; splendente; scintillante *(anche fig.): a week of brilliant sunshine,* una settimana di sole splendente — *a brilliant scientist,* uno scienziato brillante. □ *avv* **brilliantly.**

[2]**brilliant** ['briljənt] *s.* **1** brillante. **2** *(tipografia)* corpo 3 e mezzo.

brilliantine ['briljənti:n] *s.* brillantina.

brim [brim] *s.* **1** orlo *(di tazza, di bicchiere e simile): full to the brim,* pieno sino all'orlo; colmo — *brim-full* ⇨ **brimful(l). 2** *(di cappello)* falda; tesa.

to **brim** [brim] *vi e t.* (**-mm-**) essere pieno; riempire sino all'orlo; colmare: *(generalm. nella forma) to brim over,* traboccare — *to be brimming over with high spirits, (fig.)* traboccare di gaiezza, di vivacità.

brimful(l) ['brim'ful] *agg* colmo; traboccante; pieno sino all'orlo: *He is brimful of new ideas,* Trabocca di idee nuove.

brimless ['brimlis] *agg* senza orlo; *(di cappello)* senza tesa.

-brimmed [brimd] *agg (nei composti)* con tesa: *a broad-brimmed hat,* un cappello a larga tesa.

brimstone ['brimstən] *s. (ant.)* zolfo.

brindle(d) ['brindl(d)] *agg (di animali)* chiazzato; maculato; striato.

brine [brain] *s.* acqua salsa; salamoia.

to **bring** [briŋ] *vt e i.* (*pass. e p. pass.* **brought**) **1** portare *(verso l'interlocutore);* portare o prendere con sé; condurre: *Take this empty bottle away and bring me a full one,* Porta via questa bottiglia vuota e portamene una piena — *The soldiers brought back ten prisoners,* I soldati tornarono portando dieci prigionieri — *My books are upstairs; will you bring them down?,* I miei libri sono al piano di sopra: vuoi portarmeli giù? — *to bring sth to light,* portar qcsa alla luce — *to bring sb to his senses,* richiamar qcno alla ragione — *to bring oneself to do sth,* rassegnarsi a fare qcsa — *to bring sb to book,* chiedere il resoconto a qcno; farla pagare a qcno.

2 procurare; cagionare; far venire; rendere: *The sad news brought tears to her eyes,* La triste notizia le fece venire le lacrime agli occhi — *Spring brings warm weather and flowers,* La primavera porta con sé il caldo e i fiori — *His writings bring him two hundred pounds a month,* I suoi scritti gli rendono duecento sterline al mese — *to bring a good price,* vendersi a un prezzo alto.

3 *(seguito dall'inf.)* persuadere; indurre: *I wish I could bring you to see the situation from my point of view,* Vorrei poterti convincere a vedere la situazione dal mio punto di vista — *to bring pressure to bear on sb,* far valere certe pressioni su qcno; costringere qcno con minacce velate — *to bring sth to pass,* far accadere, causare qcsa.

4 *(dir.)* portare; addurre; muovere *(un'accusa): to bring an action against sb,* fare causa a qcno.

to bring about, - **a)** causare; cagionare; fare accadere; determinare: *What brought the quarrel about?,* Che cosa ha determinato la lite? — *to bring about a war,* provocare una guerra — *to bring about sb's ruin,* causare la rovina di qcno - **b)** *(naut.)* invertire la rotta.

to bring along, portare, condurre con sé.

to bring around ⇨ **to bring round.**

to bring back, restituire; riportare; richiamare alla memoria: *Please bring the book back tomorrow,* Per favore riporta il libro domani — *Your letter brought back many memories,* La tua lettera mi richiamò alla memoria tanti ricordi.

to bring down, abbattere; far scendere; uccidere; far cadere: *The tyrant was brought down,* Il tiranno fu rovesciato — *He aimed, fired and brought down the antelope,* Mirò, sparò e uccise l'antilope — *to bring the house down, (fig.)* far crollare il teatro per lo scrosciare degli applausi; riscuotere un grandissimo successo.

to bring forth, produrre; generare; elaborare.

to bring forward, - **a)** produrre *(una prova);* addurre: *Can you bring forward any proof of what you say?,* Puoi produrre una prova di quello che dici? - **b)** anticipare: *The meeting has been brought forward to May 3rd,* La riunione è stata anticipata al 3 maggio - **c)** *(contabilità)* riportare.

to bring in, - **a)** rendere *(di capitale, investimenti, ecc.): This investment brings me in 8 per cent,* Questo investimento mi rende l'8 per cento - **b)** introdurre: *to bring in a new fashion,* introdurre una nuova moda - **c)** *(dir.)* emettere *(un verdetto).*

to bring off, - **a)** portare in salvo; portar via: *The passengers were brought off by a helicopter,* I passeggeri furono portati in salvo da un elicottero - **b)** riuscire felicemente; riuscire a compiere: *It was a difficult task but we brought it off,* Era un compito arduo ma lo portammo a termine felicemente.

to bring on, causare; far venire; procurare: *He was out all day in the rain and this brought on a bad cold,* Rimase fuori tutto il giorno nella pioggia e questo gli procurò un brutto raffreddore.

to bring out, - **a)** spiegare; chiarire: *The teacher brought out the meaning of the passage,* L'insegnante spiegò il significato del brano - **b)** far apparire: *The sunshine will bring out the peach blossoms,* Il sole farà fiorire i peschi - **c)** pubblicare; 'far uscire': *When are they bringing out your new book?,* Quando pubblicheranno il tuo nuovo libro?

to bring over, convincere (qcno) a cambiar parere.

to bring round, - **a)** portare: *He brought the conversation round to his favourite subject,* Portò la conversazione sul suo argomento preferito - **b)** far rinvenire: *The girl fainted but she was soon brought round,* La ragazza svenne ma fu fatta presto rinvenire.

to bring through, far superare (una malattia a qcno): *He was very ill but the doctors brought him through,* Era molto ammalato ma i medici lo salvarono.

to bring to, - **a)** far rinvenire (qcno) - **b)** *(naut.)* far fermare *(una nave).*

to bring under, - **a)** sottomettere: *The rebels were quickly brought under,* I ribelli furono rapidamente sottomessi - **b)** comprendere; includere *(in una data categoria): The various points to be dealt with can be brought under three main heads,* I vari punti da trattare possono essere suddivisi in tre argomenti principali.

to bring up, - **a)** allevare; tirar su; educare: *She has brought up five children,* Ha tirato su cinque bambini — *If children are badly brought up they behave badly,* Se i bambini sono allevati male, si comportano male - **b)** sollevare, richiamare l'attenzione su: *I'd like to bring up the question of my salary,* Vorrei richiamare la sua attenzione sulla questione del mio stipendio - **c)** vomitare: *He brought up his dinner,* Vomitò il pranzo - **d)** (far) fermare: *His remarks brought me up short,* Le sue osservazioni mi fecero rimanere di sasso - **e)** *(spec. di nave)* terminare il viaggio: *The ship brought up at a port in Greece,* La nave terminò il viaggio in un porto della Grecia.

bringing-up ['briŋiŋ'ʌp] *s.* **1** allevamento *(dei figli).* **2** educazione.

brink [briŋk] *s.* **1** orlo *(spec. di burrone, abisso, crepaccio, ecc.);* margine; bordo: *to be on the brink of doing sth,* essere sul punto di fare qcsa — *to be on the brink of the grave,* avere un piede nella fossa. **2** *(fig.)* punto; vicinanza; prossimità *(di un avvenimento, ecc.): on the brink of war,* sull'orlo della guerra.

brinkmanship ['briŋkmənʃip] *s.* la politica del 'rischio calcolato'.

briny ['braini] *agg* salso; salmastro. □ *s. (fam.) the briny,* il mare.

briquette, briquet [bri'ket] *s.* mattonella di carbone.

brisk [brisk] *agg* vispo; vivace; agile; svelto: *at a brisk walk (o pace),* ad un'andatura svelta — *a brisk demand for cotton,* una vivace domanda di cotone. □ *avv* **briskly.**

brisket ['briskit] *s.* punta di petto *(taglio di carne, spec. di manzo).*

bristle ['brisl] *s.* setola *(di animale, di spazzola): a toothbrush with stiff bristles,* uno spazzolino da denti di setola dura.

to **bristle** ['brisl] *vi* **1** *(spesso seguito da* up*)* rizzarsi *(di capelli);* arruffarsi *(di pelo): The dog was angry and bristled up (and its hair bristled up),* Il cane era arrabbiato e col pelo ritto. **2** essere adirato; mostrare i denti: *to bristle with anger,* adirarsi fortemente. **3** *(seguito da* with*)* essere irto (di): *The problem bristles with difficulties,* Il problema è irto di difficoltà.

bristly ['brisli] *agg* setoloso; ruvido *(anche fig.);* con la barba non fatta.

Britannic [bri'tænik] *agg* britannico *(usato quasi soltanto nell'espressione) Her (His) Britannic Majesty,* Sua Maestà Britannica.

brite [brait] *agg (grafia usata nel linguaggio pubblicitario)* = **bright.**

British ['britiʃ] *agg* britannico: *British English,* l'inglese parlato in Gran Bretagna. □ *British warm, (mil.)* soprabito corto da ufficiale *(spec. di cavalleria).*

Britisher ['britiʃə*] *s. (USA)* britannico.

Britishism ['britiʃizəm] *s. (USA)* anglicismo.

Briton ['britən] *s.* **1** britanno. **2** britannico. **3** *(poet. e impropriamente)* inglese.

brittle ['britl] *agg* **1** fragile; friabile. **2** *(fig.)* instabile; incostante.

[1]to **broach** [broutʃ] *vt* **1** spillare *(vino, birra, ecc.).* **2** intavolare una discussione. **3** brocciare.

[2]to **broach** [broutʃ] *vi e t. (naut.)* straorzare.

[1]**broad** [brɔ:d] *agg* **1** largo; ampio: *A river grows broader as it nears the sea,* Un fiume si fa più largo man mano che si avvicina al mare — *The canal is forty feet broad,* Il canale è largo quaranta piedi.
2 *(fig.)* ampio; largo (di vedute): *a man of broad views,* un uomo di larghe vedute — ⇨ *anche* **broad(-)mindedness.**
3 pieno; completo; chiaro; esplicito: *in broad daylight,* in pieno giorno — *He gave me a broad hint,* Mi fece una chiara allusione.
4 generico; generale: *He gave his view in broad outline,* Diede un'idea generica del suo punto di vista — *a broad distinction,* una distinzione generale.
5 marcato; spiccato *(di accento): to speak in broad Scots,* parlare con un accento scozzese molto marcato — *a broad accent,* un accento spiccato.
6 sguaiato; triviale; grasso *(fig.): the broad humour of Rabelais,* la grassa comicità di Rabelais — *a broad joke,* uno scherzo volgare.
□ *It's as broad as it is long, (fam.)* È la stessa cosa; Se non è zuppa è pan bagnato — *broad bean,* fava — *broad Church,* Chiesa latitudinaria — *broad-faced,* dal viso largo. □ *avv* **broadly** ⇨.

[2]**broad** [brɔ:d] *s.* la parte larga di qcsa; larghezza: *the broad of the back,* l'ampiezza della schiena — *the (Norfolk) Broads, (pl.)* zona paludosa del Norfolk *(GB).*

[3]**broad** [brɔ:d] *s. (USA, sl.)* prostituta; puttana; *(talvolta)* ragazza.

broadcast ['brɔ:dkɑ:st] *s.* **1** programma o trasmissione radio. **2** seminagione a mano. □ *agg attrib* radiofonico; radiodiffuso: *a broadcast speech,* un discorso radiodiffuso.

to **broadcast** ['brɔ:dkɑ:st] *vt e i. (pass. e p. pass.* **broadcast,** *talvolta* **broadcasted**) **1** trasmettere per radio; radiodiffondere; parlare (alla radio): *The Prime Minister will broadcast this evening,* Il primo ministro parlerà questa sera alla radio — *to broadcast a concert,* trasmettere un concerto (via radio). **2** spargere *(di sementi);* diffondere in giro; spargersi *(di notizie).*

broadcaster [brɔ:d'kɑ:stə*] *s.* persona che parla spesso alla radio.

broadcasting [brɔ:d'kɑ:stiŋ] *s. e agg* radiodiffusione: *the British Broadcasting Corporation,* la BBC — *a broadcasting station,* una stazione radiotrasmittente.

broadcloth ['brɔ:dklɔθ] *s. (stor.)* panno fine di colore nero *(usato generalm. per abiti maschili).*

to **broaden** ['brɔ:dn] *vt e i.* allargare, allargarsi: *His face broadened into a smile,* La sua faccia si allargò in un sorriso.

broadly ['brɔ:dli] *avv* **1** ampiamente; largamente: *He smiled broadly,* Fece un largo sorriso. **2** in generale; all'ingrosso; grosso modo: *broadly speaking,* grosso modo; parlando in linea generale.

broad(-)minded [brɔ:d'maindid] *agg* di mente aperta; tollerante; liberale.

broad(-)mindedness [brɔ:d'maindidnis] *s.* larghezza di vedute; tolleranza.

broadness ['brɔ:dnis] *s.* **1** larghezza; ampiezza. **2** grossolanità; rozzezza; volgarità.

broadsheet ['brɔ:dʃi:t] *s. (stor.)* manifestino *(spec. per distribuzione o vendita ai passanti).*

broadside ['brɔ:dsaid] *s.* **1** *(di nave)* fiancata; murata: *to be broadside on to sth,* trovarsi con la fiancata rivolta verso qcsa — *a collision broadside on,* una collisione contro la fiancata. **2** *(naut., mil.)* i cannoni di fiancata; bordata *(di cannoni): to fire a broadside,* sparare una bordata. **3** *(fig.)* bordata; attacco violento o simultaneo *(contro una persona o un gruppo).* **4** ⇨ **broadsheet.**

broadways, broadwise ['brɔ:dweiz/-waiz] *avv (spesso seguito da* on*)* nel senso della larghezza.

brocade [brə'keid/brou'keid] *s.* broccato.

to **brocade** [brə'keid/brou] *vt* decorare una stoffa con ricami in rilievo; broccare.

broccoli ['brɔkəli] *s.* broccolo.

brochure [brou'ʃuə*/brɔ-] *s.* opuscolo *(spec. pubblicitario);* 'dépliant'.

[1]**brogue** [broug] *s.* **1** scarpa di cuoio grezzo. **2** scarpa pesante da campagna.

[2]**brogue** [broug] *s.* cadenza; accento dialettale *(spec. irlandese): He spoke with a thick Irish brogue,* Parlava con una forte cadenza irlandese.

broil [brɔil] *s. (ant.)* rissa; baruffa.

to **broil** [brɔil] *vt e i.* cuocere (far cuocere) alla griglia, ai ferri, o comunque a diretto contatto con il fuoco; abbrustolire *(anche fig.).*

[1]**broiler** ['brɔilə*] *s. (spesso* broiler chicken*)* pollastro da cuocersi alla griglia.

[2]**broiler** ['brɔilə*] *s.* facinoroso; fomentatore di risse.

broke [brouk] *agg (ant. p. pass. di* **to break**) squattrinato: *(stony) broke, (sl.)* senza il becco di un quattrino — *to go broke,* andare in rovina.

broken ['broukən] *agg (p. pass. di* **to break**) **1** rotto; spezzato; infranto; guasto: *a broken marriage,* un matrimonio fallito — *a broken home,* una famiglia disunita *(spec. in seguito a separazione legale, divorzio, ecc.)* — *broken-hearted,* col cuore infranto; accasciato dal dolore — *broken-down,* guasto; inservibile — *to speak in broken English,* parlare un inglese scorretto, sgrammaticato. **2** avvilito; finito; rovinato: *a broken man,* un uomo rovinato, ridotto alla disperazione. **3** interrotto; irregolare; sconnesso; frammentario; intermittente: *broken ground,* terreno sconnesso, accidentato — *broken sleep,* sonno intermittente.

broker ['broukə*] *s.* **1** intermediario; mediatore; sensale: *ship-broker,* mediatore di noleggi marittimi. **2** *(anche* stock-broker*)* agente di cambio. **3** agente autorizzato per la vendita di beni pignorati.

brokerage ['broukəridʒ] *s.* senseria; mediazione.

brolly ['brɔli] *s. (fam.)* ombrello.

bromide ['broumaid] *s.* **1** bromuro. **2** osservazione banale.

bromine ['broumi(:)n/-ain] *s.* bromo.

bronchi ['brɔŋkai] *s. pl* bronchi.

bronchial ['brɔŋkiəl] *agg* bronchiale; dei bronchi.

bronchitis [brɔŋ'kaitis] *s.* bronchite.

bronco ['brɔŋkou] *s. (USA)* cavallo selvaggio: *bucking bronco* ⇨ **to buck 1.**

bronze [brɔnz] *s.* **1** bronzo: *a bronze statue; a statue in bronze,* una statua di bronzo — *the Bronze Age,* l'Età del Bronzo. **2** colore del bronzo: *a bronze sky,* un cielo di bronzo. **3** bronzo; oggetto in bronzo: *a fine collection of bronzes and ivories,* una bella collezione di bronzi e di avori.

to **bronze** [brɔnz] *vt e i.* abbronzare, abbronzarsi: *faces bronzed by the sun and wind,* facce abbronzate dal sole e dal vento.

brooch [broutʃ] *s.* spilla; fermaglio.

brood [bru:d] *s.* **1** covata; nidiata; *(scherz.)* prole; figliolanza: *a brood of chickens,* una covata di pulcini — *brood-mare,* cavalla da riproduzione — *brood-hen,* chioccia. **2** *(fig., spreg.)* gruppo; genia; branco; sciame; turba.

to **brood** [bru:d] *vi* **1** *(di uccelli e gallinacei)* covare. **2** *(fig.)* covare; pensare; riflettere tristemente; meditare; rimuginare: *He was brooding over (o on) his misfortunes,* Meditava sulle sue sventure. **3** *to brood on (o over), (fig., della notte)* incombere; sovrastare.

broody ['bru:di] *agg* **1** covaticcio *(di gallina).* **2** *(di persona)* meditabondo.

brook [bruk] *s.* ruscello; torrentello.

to **brook** [bruk] *vt* **1** *(spec. in frasi negative)* sopportare; tollerare: *He cannot brook interference (being interfered with),* Non può tollerare interferenze. **2** *(lett.)* permettere; ammettere: *The matter brooks no delay,* La faccenda non ammette ritardi.

broom [bru:m] *s.* **1** scopa; granata; ramazza: *A new broom sweeps clean, (prov.)* Scopa nuova scopa bene. **2** ginestra.

broomstick ['bru:mstik] *s.* manico di scopa.

bros [brɔs] *s. (abbr. di* **brothers**) ⇨ **brother.**

brose [brɔz] *s. (scozzese)* farina d'avena inzuppata nell'acqua bollente o nel latte: *Atholl brose,* miscela di whisky e miele.

broth [brɔθ] *s.* brodo.

brothel ['brɔθl] *s.* bordello; casa di tolleranza. □ *brothel-creepers* ⇨ **creeper.**

brother ['brʌðə*] *s.* **1** fratello: *my elder (younger) brother,* il mio fratello maggiore (minore) — *the brothers Smith; the Smith brothers,* i fratelli Smith — *Smith Brothers; Smith Bros, (comm.)* Ditta F.lli Smith — *brother-in-law, (pl.* brothers-in-law*)* cognato. **2** *(spesso con pl. ant.* **brethren**) membro *(della stessa professione);* collega; confratello *(di corporazioni, di ordini cavallereschi, ecc.);* compagno *(tra membri di partiti e associazioni socialiste, sindacati, ecc., ma non tra comunisti)* — *a brother doctor,* un medico mio collega — *brothers in arms,* compagni d'armi — *brother officers,* ufficiali dello stesso reggimento. **3** *(con pl. ant.* **brethren**) fratello; confratello; fedele: *Dearly beloved brethren,* Miei cari fratelli; Cari fedeli. **4** frate. **5** *(nel linguaggio biblico)* parente *(consanguineo).* **6** *(USA, appellativo)* amico.

brotherhood ['brʌðəhud] *s.* **1** fratellanza; sentimenti fraterni; cameratismo. **2** associazione; confraternita; società.

brotherly ['brʌðəli] *agg* fraterno.

brougham ['bru:əm/bru:m] *s.* 'brum'; carrozza chiusa a un tiro solo.

brought [brɔ:t] *pass e p. pass di* **to bring.**

brow [brau] *s.* **1** *(di solito al pl.; anche* eye-brow*)* sopracciglia. **2** fronte. **3** ciglio; cima *(di un pendio, di una scarpata).* □ *high-brow, (spesso spreg.)* intellettuale — *low-brow,* persona di cultura modesta o scarsa.

to **browbeat** ['braubi:t] *vt (pass.* **browbeat**; *p. pass.* **browbeaten**) intimidire; intimorire; atterrire; impaurire con lo sguardo e con parole minacciose: *to browbeat sb into doing sth,* costringere qcno *(intimidendolo con minacce)* a far qcsa.

brown [braun] *agg* **1** marrone; bruno; castano-scuro; *(talvolta)* giallo-scuro: *brown bread,* pane nero (integrale) — *brown paper,* carta *(color sabbia)* da pacchi, da imballaggio — *brown sugar,* zucchero scuro; zucchero semigrezzo — *brown ware,* terraglie comuni. **2** abbronzato: *brown as a berry,* nero come il carbone. □ *to be in a brown study,* essere assorto, meditabondo.

□ *s.* **1** color marrone, ecc. **2** *(GB, fam.)* moneta di bronzo. **3** *(con art. determinativo)* stormo di uccelli *(spec. pernici)* in volo: *to fire into the brown, (letteralm. e fig.)* sparare senza prendere la mira.

to **brown** [braun] *vt e i.* abbrunire; rosolare; abbrunirsi; rosolarsi. □ *to be browned off, (GB, fam.)* essere stufo (annoiato, arcistufo).

brownie ['brauni] *s.* **1** gnomo. **2** *(GB)* 'giovane esploratrice'. **3** *(USA)* tipo di biscotto.

brownstone ['braunstoun] *s.* pietra arenaria da costruzione: *brownstone district, (USA)* quartiere elegante.

browse [brauz] *s.* **1** pascolo; il pascolare. **2** il leggere per diletto senza un piano definito; leggicchiare.

to **browse** [brauz] *vi* **1** brucare; pascolare. **2** leggere disordinatamente; curiosare.

bruin ['bruin] *s. (fam., spec. nelle favole: spesso con la maiuscola)* orso bruno.

bruise [bru:z] *s.* livido; contusione; ammaccatura; colpo.

to **bruise** [bru:z] *vt e i.* **1** ammaccare, ammaccarsi; farsi male; coprire, coprirsi di lividi; fracassare; picchiare; battere: *He fell and bruised his leg,* Cadde e si ammaccò la gamba — *Pack the peaches carefully so that they won't get bruised,* Sistema con cura le pesche in modo che non si ammacchino — *A child's flesh bruises easily,* Nella carne di un bambino i lividi si formano con facilità. **2** *(fig.)* urtare; ferire.

bruiser ['bru:zə*] *s.* **1** *(sl.)* pugile che combatte per denaro. **2** *(fig.)* individuo prepotente; attaccabrighe. **3** frantoio; macchina frantumatrice.

to **bruit** [bru:t] *vt (ant. e USA, ora anche GB: spesso seguito da* abroad*)* propalare; diffondere; spargere voci, notizie.

Brum [brum] *(GB, abbr. della forma dial.* Brummagum*)* Birmingham.

brunch [brʌntʃ] *s.* (*contrazione fam. di* **breakfast** *e* **lunch**) pasto unico che fa da prima e seconda colazione *(spesso durante il 'weekend').*

brunette [bru'net] *s. e agg* donna dai capelli neri o castani; brunetta; moretta.

brunt [brʌnt] *s.* urto; scontro; peso: *(di solito nella frase) to bear the brunt of sth,* sostenere l'urto (il peso) di qcsa.

brush [brʌʃ] *s.* **1** spazzola; spazzolino; *(di pittori)* pennello: *flat brush,* pennellessa — *hair-brush,* spazzola per i capelli — *nail-brush,* spazzolino per le unghie — *tooth-brush,* spazzolino da denti. **2** spazzolata; pennellata: *He gave his clothes a good brush,* Diede una bella spazzolata ai suoi abiti. **3** coda *(spec. di volpe).* **4** *(anche* brush wood*)* cespugli; sottobosco; boscaglia. **5** scaramuccia; schermaglia; rissa; scontro.

to **brush** [brʌʃ] *vt* **1** spazzolare; pulire; spolverare; ordinare; lisciare *(con spazzola): to brush one's shoes,* pulirsi (spazzolarsi) le scarpe — *to brush up the dust,* spolverare — *to brush sth off* (*o away*), togliere via spazzolando; asciugarsi *(una lagrima);* cacciare via *(con la mano)* — *He brushed away a fly from his plate,* Cacciò via una mosca dal piatto — *to brush sth clean,* pulire qcsa con la spazzola — *to brush aside* (o *away*), *(letteralm.)* scostare; cacciare; *(fig.)* passar sopra; mettere in disparte; dimenticare *(le preoccupazioni, ecc.);* respingere; rifiutare di ascoltare *(un'istanza, ecc.).* **2** sfiorare; toccare lievemente: *He brushed past me,* Mi sfiorò passando; Mi passò accanto in fretta — *The leaves of the tree brushed my face as I ran through the forest,* Mentre correvo nella foresta le foglie delle piante mi sfioravano il viso.

to brush off, venir via *(con una spazzolata);* togliersi: *The mud will brush off when it dries,* Il fango, una volta secco, si spazzola via con facilità.

to brush up, *(fig.)* ripassare *(una materia scolastica, ecc.): If you're going to France, you'd better brush up your French,* Se intendi andare in Francia, faresti meglio a rispolverare il tuo francese.

brush-off ['brʌʃɔf] *s. (cfr.* **to brush off**: *nelle espressioni) to get the brush-off,* essere respinto — *to give sb the brush-off, (fig.)* respingere qcno malamente.

brush-up ['brʌʃʌp] *s.* (*cfr.* **to brush up**) ripassata; rispolverata: *'Wash and brush-up: 5 p.', (p.es. in un albergo diurno)* Uso di lavabo, sapone e asciugamano, 5 pence.

brushwood ['brʌʃwud] *s.* sottobosco; boscaglia.

brusque [brusk] *agg* brusco; rude. □ *avv* **brusquely.**

brusqueness ['brusknis] *s.* asprezza; rozzezza.

Brussels ['brʌslz] *agg attrib* di Bruxelles: *Brussels lace (carpets),* pizzo (tappeti) di Bruxelles — *Brussels sprouts,* cavolini di Bruxelles.

brutal ['bru:təl] *agg* brutale; selvaggio; crudele. □ *avv* **brutally.**

brutality [,bru:təliti] *s.* brutalità.

to **brutalize** ['bru:təlaiz] *vt e i.* **1** abbrutire; imbestialire; abbrutirsi. **2** brutalizzare; infierire brutalmente.

brute [bru:t] *s.* **1** bestia; bruto. **2** *(con l'art. determinativo)* istinti animali. **3** *(fig.)* un bruto; una persona stupida, crudele o bestiale.

□ *come agg attrib* bruto; animalesco; bestiale; materiale: *brute force (strength),* forza bruta — *brute matter,* materia bruta; pura materia.

brutish ['bru:tiʃ] *agg* **1** brutale; bestiale. **2** rozzo; ignorante; abbrutito. □ *avv* **brutishly.**

bryony ['braiəni] *s.* **1** brionia; vitebianca. **2** fescera; barbone.

bubble ['bʌbl] *s.* **1** bolla; bollicina: *soap bubbles,* bolle di sapone *(anche fig.)* — *bubble bath,* bagno di schiuma. **2** *(fig.)* piano solo fantastico; idea o speranza non realizzate: *to prick the bubble,* sgonfiare un progetto. **3** ribollimento; gorgoglio: *bubble and squeak, (fam.)* fritto di verdure bollite *(spec. patate e cavoli),* talvolta con avanzi di carne.

to **bubble** ['bʌbl] *vi* **1** ribollire; gorgogliare; spumeggiare; fare delle bollicine; fare gorgogliare: *The water bubbled up through the sand,* L'acqua fuorusciva gorgogliando attraverso la sabbia. **2** *to bubble over,* traboccare; riboccare: *She was bubbling over with joy,* Traboccava di gioia. **3** *(di batteria sotto carica)* bollire.

bubbly ['bʌbli] *agg* pieno di bolle; tutto bollicine; gorgogliante; spumeggiante.

□ *s. (GB, fam.)* champagne; spumante.

bubonic [bju'bɔnik] *agg* bubbonico: *bubonic plague,* peste bubbonica.

buccaneer [,bʌkə'niə*] *s.* bucaniere; pirata.

[1]**buck** [bʌk] *s.* **1** daino, cervo, coniglio o lepre *(l'animale maschio): buck shot, (s. collettivo)* pallini grossi da caccia — *buck skin,* pelle di daino, antilope o capretto morbida, usata per fabbricare guanti e altri indumenti. **2** *(USA, spreg. per pellerossa, negri; anche attrib.)* maschio: *buck nigger, (spreg.)* negro. **3** *(ant.)* damerino.

[2]**buck** [bʌk] *s. (USA, sl.)* dollaro *(dalla moneta raffigurante un pellerossa).*

[3]**buck** [bʌk] *s.* gettone che si passa al vincitore di ogni 'jackpot': *to pass the buck to sb, (fig.)* trasferire la responsabilità a qcno.

[4]**buck** [bʌk] *s.* **1** cavalletto su cui si sega il legno. **2** cavallo *(attrezzo ginnico).*

to **buck** [bʌk] *vi e t.* **1** *(di cavallo)* sgroppare; saltar col dorso arcuato; buttar di sella; disarcionare; *(di aereo)* cabrare: *bucking bronco, (USA)* cavallo non domato. **2** **to buck up,** *(fam.)* - **a)** affrettarsi; sbrigarsi *(spec. come imperat.): Buck up!,* Fatti animo!; Dacci dentro!; Sbrigati! - **b)** rincuorare, rincuorarsi; fare animo; riaversi: *The good news bucked us all up,* La buona notizia ci rincuorò tutti. **3** *(USA)* opporsi (a); contestare.

bucked ['bʌkt] *agg* *(fam.:* ⇨ **to buck 2, - a)** rincuorato.

bucket ['bʌkit] *s.* **1** secchio; secchia; (*anche* **bucketful**) la quantità contenuta in un secchio: *It was raining buckets,* Piove a catinelle. **2** il secchione di una macchina per drenare. **3** *(attrib.) bucket seat,* sedile anatomico a 'baquet'. □ *bucket shop,* cambiavalute clandestino — *to kick the bucket, (sl.)* tirare le cuoia; crepare.

[1]to **bucket** ['bʌkit] *vi (generalm. seguito da* down*)* piovere a catinelle.

[2]to **bucket** ['bʌkit] *vi e t.* cavalcare sfrenatamente forzando il cavallo.

bucketful ['bʌkitful] *s.* quantità contenuta in un secchio: *The rain was coming down in bucketfuls, (fam.)* Pioveva a catinelle.

buckle ['bʌkl] *s.* **1** fibbia; fermaglio. **2** *(raro)* deformazione; rigonfiamento *(di metallo, ecc.).*

to **buckle** ['bʌkl] *vt* affibbiare; fermare o fissare con fibbia o fermaglio; allacciare, allacciarsi: *to buckle a belt,* allacciarsi una cintura — *to buckle on a sword,* cingere la spada — *to buckle on one's armour,* indossare l'armatura.

□ *vi* **1** *(di metallo, ecc.)* deformarsi; piegarsi; storcersi; tirarsi; cedere. **2** *to buckle down to sth,* mettersi a fare qcsa sul serio, accingersi a fare qcsa seriamente. **3** *to buckle under,* sottomettersi.

buckler ['bʌklə*] *s.* piccolo scudo.

buckram ['bʌkrəm] *s.* tela rigida *(per legatoria);* garza rigida.

buckshee ['bʌkʃi:] *agg e avv (GB, sl.)* gratis; senza spese.

buckshot ['bʌkʃɔt] *s.* ⇨ [1]**buck.**

buckskin ['bʌkskin] *s.* ⇨ [1]**buck.**

buckthorn ['bʌkθɔ(:)n] *s. (bot.)* **1** ramno. **2** spincervino.

buckwheat ['bʌk*h*wi:t] *s.* grano saraceno.

bucolic [bju:'kɔlik] *agg* bucolico; agreste; pastorale.

bucolics [bju:'kɔliks] *s. pl* poemi pastorali.

[1]**bud** [bʌd] *s.* **1** gemma; boccio; germoglio: *in bud,* in boccio — *The trees are in bud,* Gli alberi stanno germogliando — *to nip in the bud,* stroncare *(un complotto, ecc.)* al suo nascere; distruggere in germe. **2** boccio; bocciolo.

to **bud** [bʌd] *vi* (**-dd-**) gemmare; sbocciare; germogliare; *(fig.)* crescere; spuntare; svilupparsi; promettere bene.

[2]**bud** [bʌd] *s. (USA, fam.: spesso come appellativo)* amico; compagno.

Buddhism ['budizəm] *s.* buddismo.

buddhist ['budist] *s.* buddista.

budding ['bʌdiŋ] *s.* gemmazione; il germogliare; riproduzione per innesto.

□ *agg* promettente; in erba: *a budding lawyer (poet),* un avvocato (un poeta) che promette bene.

buddy ['bʌdi] *s. (USA, fam.: spesso come appellativo)* compagno; amico.

budge, budgie, budgy ['bʌdʒ(i)] *s. (fam., abbr. di* **budgerigar**).

to **budge** [bʌdʒ] *vi* spostarsi; muoversi. □ *vt* scostare; muovere.

budgerigar ['bʌdʒiri'gɑ:*] *s.* pappagallino ondulato; parrocchetto canuto; cocorita.

budget ['bʌdʒit] *s.* **1** bilancio; calcolo preventivo *(delle entrate, di spese, di lavori): to introduce (to open) the Budget,* presentare (al Parlamento) il bilancio dello Stato — *the household budget,* il bilancio domestico; la contabilità di casa. **2** *(ant.)* contenuto di un sacco; *(fig.)* raccolta; buon numero; collezione: *a budget of news,* un sacco di notizie — *a budget of letters,* una collezione di lettere.

to **budget** ['bʌdʒit] *vi* fare un bilancio preventivo: *to budget for sth,* preventivare (stanziare) denaro per qcsa — *to budget for the coming year,* fare un bilancio per l'anno successivo.

budgetary ['bʌdʒitəri] *agg* che riguarda un bilancio preventivo.

[1]**buff** [bʌf] *s.* **1** pelle di camoscio. **2** colore giallo opaco. □ *stripped to the buff; in the buff,* nudo.

to **buff** [bʌf] *vt* lucidare *(metalli)* usando pelle di camoscio.

[2]**buff** [bʌf] *agg e s. (USA)* appassionato.

buffalo ['bʌfəlou] *s.* (*pl.* **buffaloes**) bufalo; *(impropriamente)* bisonte nordamericano.

[1]**buffer** ['bʌfə*] *s.* **1** paracolpi; respingente *(di vagone ferroviario, ecc.): buffer state,* stato cuscinetto. **2** *(chim.)* tampone. **3** *(di computer)* memoria di transito.

[2]**buffer** ['bʌfə*] *s. (sl.: di solito* old buffer*)* uomo sciocco o all'antica.

[1]**buffet** ['bʌfit] *s.* **1** buffetto; schiaffo; *(più raro)* pugno. **2** *(fig.)* colpo; avversità: *a buffet of fate,* un brutto tiro del destino.

to **buffet** ['bʌfit] *vt* colpire *(con la mano, col pugno);* battere; *(fig.)* avversare: *The flowers were buffeted by rain and wind,* I fiori erano battuti dalla pioggia e dal vento — *to be buffeted by the waves (by misfortunes),* essere colpito dalle onde (dalle avversità).

□ *vi* contendere; lottare: *to buffet (with) the waves,* lottare con le onde.

[2]**buffet** ['bufei] *s. (fr.)* **1** tavola dei rinfreschi; 'buffet': *cold buffet,* servizio di cibi freddi; 'buffet' freddo — *buffet car, (ferrovia)* vagone ristorante 'self-service'. **2** credenza.

buffoon [bʌ'fu:n] *s.* buffone: *to play the buffoon,* fare il buffone.

buffoonery [bʌ'fu:nəri] *s.* buffoneria; buffonata; *(al pl.)* scherzi rozzi.

bug [bʌg] *s.* **1** *(anche* bed bug*)* cimice. **2** *(USA)* insetto *(qualsiasi, ma spec. della famiglia dei coleotteri): bug hunter, (scherz.)* entomologo. **3** *(fam.)* germe: *You've got the Asian 'flu bug,* Ti sei buscato i germi dell'influenza asiatica. **4** *big bug, (fam.)* una persona importante; un pezzo grosso. **5** *(fam.: detto di macchina nuova, ecc.)* piccolo inconveniente; imperfezione; difetto di costruzione: *to iron out the bugs,* eliminare i difetti. **6** *(fam.)* apparecchio spia.

to **bug** [bʌg] *vt* (**-gg-**) *(fam.)* ascoltare *(conversazioni private)* mediante dispositivi elettronici: *to bug a room,* installare in una stanza apparecchiature elettroniche per intercettare conversazioni.

bugaboo, bugbear ['bʌgəbu:/'bʌgbεə*] *s.* spauracchio; babau.

bugger ['bʌgə*] *s.* **1** *(dir.)* sodomita. **2** *(volg.)* individuo; tipo; tizio; (*spreg., volg.*) bastardo.

to **bugger** ['bʌgə*] *vt* **1** *(dir. e volg.)* avere rapporti sodomitici (con); sodomizzare. **2** *to bugger sb about, (volg.)* rompere le scatole a qcno. **3** *to bugger off, (volg.)* andarsene: *Bugger off!,* Vattene!; Fuori di qua! □ *Well, I'm buggered!,* Caspita!; Porca miseria!

buggery ['bʌgəri] *s.* sodomia.

bugging ['bʌgiŋ] *s. (fam.)* intercettazione (*di telefonate, ecc.:* ⇨ **to bug**).

buggy ['bʌgi] *s.* carrozzino; calessino.

bugle ['bju:gl] *s.* tromba; fanfara.

bugler ['bju:glə*] *s.* trombettiere; suonatore di fanfara.

bugles ['bju:glz] *s. pl* perline di vetro *(usate come ornamento negli abiti femminili).*
buhl [bu:l] *s.* lavoro ad intarsio fatto con ottone e tartaruga.
build [bild] *s.* **1** costruzione; stile *(d'un edificio).* **2** corporatura: *a man of powerful build,* un uomo dalla possente corporatura — *We are of the same build,* Siamo della stessa corporatura.
to **build** [bild] *vt e i.* (*pass. e p. pass.* **built**) costruire; fabbricare; fare: *The new hospital is being built,* Il nuovo ospedale è in costruzione — *Birds build their nests in spring,* Gli uccelli fanno il nido in primavera — *I'm going to build,* Ho intenzione di farmi una casa — *to build castles in Spain,* far castelli in aria.
to build in, incorporare; incassare: *a built-in closet,* un armadio a muro — *a radio receiver with a built-in aerial,* una radio ricevente con l'antenna incorporata.
to build up, - **a)** murare *(porte, finestre, ecc.);* costruire: *to be built up,* essere circondato da altri edifici — *a built-up area,* una zona densa di fabbricati; abitato - **b)** farsi; costruirsi *(anche fig.): He has built up a good reputation,* Si è fatto una buona reputazione — *He went for an ocean voyage and built up his health,* Fece una crociera nell'oceano e rafforzò la sua salute - **c)** rafforzare; mettere insieme: *We are building up our military forces,* Stiamo costruendo il nostro potenziale militare.
to build upon, basare; fondare *(fig.): Don't build too many hopes upon his helping you,* Non fondare troppe speranze sul suo aiuto — *Don't build upon his promises,* Non basarti sulle sue promesse.
builder ['bildə] *s.* **1** costruttore; imprenditore. **2** creatore *(fig.): a great empire builder,* il creatore di un grande impero.
building ['bildiŋ] *s.* **1** edilizia; costruzione *(spesso attrib.): building materials,* materiale edile — *a building lot,* un'area fabbricabile — *building society,* cooperativa edilizia. **2** edificio; fabbricato.
(-)built [bilt] *pass e p. pass di* **to build**: *well-built, (di persona)* dal fisico forte e ben proporzionato — *custom-built, (di automobile, ecc.)* fuori serie — ⇨ *anche* **built-up**.
built-in [,bilt'in] *agg* ⇨ **to build in.**
built-up [,bilt'ʌp] *agg* ⇨ **to build up a).**
bulb [bʌlb] *s.* **1** bulbo; tubero. **2** bulbo *(di vetro, ecc.);* lampadina elettrica. **3** *bulb horn,* tromba a pera.
bulbous ['bʌlbəs] *agg* bulboso; a forma di bulbo; che nasce da un bulbo.
bulbul ['bulbul] *s.* usignolo orientale.
Bulgarian [bʌl'gɛəriən] *agg e s.* bulgaro.
bulge [bʌldʒ] *s.* **1** rigonfiamento *(di un muro, ecc.);* protuberanza; convessità; 'pancia'. **2** aumento temporaneo *(di un volume, di cifre, del numero delle nascite, ecc.).* **3** *(di grafico, diagramma)* punta. **4** *(mil.)* saliente.
to **bulge** [bʌldʒ] *vt e i.* gonfiare *(più del normale);* gonfiarsi; far 'pancia'; deformarsi: *He bulged out his cheeks,* Gonfiò le gote.
bulk [bʌlk] *s.* dimensione; volume; massa; grande quantità: *in bulk,* in grande quantità; *(di merce caricata)* sciolto; non imballato; sfuso; alla rinfusa; *(di vendite)* all'ingrosso — *bulk buying,* compera all'ingrosso — *the bulk,* la maggior parte; il grosso — *He left the bulk of his property to his brother,* Lasciò la maggior parte dei suoi beni al fratello.
to **bulk** [bʌlk] *vt e i.* far massa; crescere di volume; ammassare; accumulare: *to bulk large, (fig.)* occupare un posto importante; aver grande peso; essere un pezzo grosso.
bulkhead ['bʌlkhed] *s.* paratia.
bulky ['bʌlki] *agg* voluminoso; grosso; ingombrante.
[1]**bull** [bul] *s.* **1** toro *(anche fig.): a man with a neck like a bull,* un uomo dal collo taurino — ⇨ *anche* **bullfight, bullring,** *ecc.* **2** maschio *(di taluni grandi mammiferi): bull-elephant,* elefante — *bull-whale,* maschio della balena. **3** *(alla Borsa Valori)* 'rialzista'; speculatore del rialzo. **4** ⇨ **bulldog 2.**
□ *bull's eye,* - **a)** *(di bersaglio)* barilotto - **b)** lanterna con lente sporgente - **c)** oblò - **d)** *(tipo di)* caramella dura alla menta — *bull-terrier,* incrocio tra un 'bulldog' (mastino) e un 'terrier' — *to take the bull by the horns, (fig.)* prendere il toro per le corna; affrontare di petto le difficoltà, una situazione — *a bull in a china shop, (fig.)* una persona maldestra.
[2]**bull** [bul] *s.* bolla pontificia.
[3]**bull** [bul] *s. (spesso* Irish bull*)* freddura; controsenso.
[4]**bull** [bul] *s. (collettivo: GB, sl. mil.)* **1** pignolerie assurde. **2** *(volg.)* balle (⇨ *anche* **bullshit**).
bulldog ['buldɔg] *s.* **1** mastino. **2** *(GB, sl.)* 'vigile universitario' *(assistente del* proctor ⇨*).*
to **bulldoze** ['buldouz] *vt* **1** livellare *(terreno).* **2** *(USA, sl.)* intimidire; intimorire; angariare; costringere con minacce.
bulldozer [,bul'douzə*] *s.* **1** 'bulldozer'; apripista. **2** fucinatrice. **3** *(USA)* persona prepotente; bullo.
bullet ['bulit] *s.* pallottola: *bullet-headed,* dalla testa a forma di pallottola — *bullet-proof,* a prova di pallottola.
bulletin ['bulitin] *s.* bollettino; comunicato ufficiale.
bullfight ['bulfait] *s.* corrida.
bullfighting ['bulfaitiŋ] *s.* tauromachia.
bullfinch ['bulfintʃ] *s.* ciuffolotto.
bullfrog ['bulfrɔg] *s.* rana gigante.
bullion ['buljən] *s.* verga *(d'oro o d'argento).*
bullock ['bulək] *s.* manzo.
bullring ['bulriŋ] *s.* arena *(per corride).*
bullshit ['bulʃit] *s. (volg.)* sciocchezze; stupidaggini; fesserie.
[1]**bully** ['buli] *s.* bullo; bravaccio.
to **bully** ['buli] *vt* fare il bullo, il prepotente; tiranneggiare. □ *(all'hockey) to bully off,* aprire il gioco.
[2]**bully** ['buli] *s. (anche* bully beef*)* carne di manzo (lessata) in scatola.
[3]**bully** ['buli] *agg (sl.)* splendido; eccellente; bello: *Bully for you!,* Bene per te!; Bravo!
bulrush ['bulrʌʃ] *s.* giunco di palude; *(nella Bibbia)* papiro.
bulwark ['bulwək] *s.* **1** bastione; baluardo; spalto. **2** parapetto.
[1]**bum** [bʌm] *s. (GB, fam.)* sedere; deretano: *bum-bailiff,* funzionario di polizia incaricato un tempo di arrestare i debitori *(toccandoli sulla schiena)* — *bum-bag, (fam.)* piccolo zaino da sciatore; 'marsupio' — *bum-freezers, (fam.)* calzoni molto corti.
[2]**bum** [bʌm] *s. (USA, sl.)* mendicante o vagabondo abituale; fannullone.
□ *agg* scadente; di infima qualità.
to **bum** [bʌm] *vi* (**-mm-**) *(USA: spesso seguito da* around *o* about*)* vagabondare; gironzolare senza fare nulla.
bumble-bee ['bʌmbl,bi:] *s.* bombo.
bumbledom ['bʌmbldəm] *s.* boria *(da impiegato, da burocrate).*
bumboat ['bʌmbout] *s.* barca che fornisce di viveri una nave; bettolina.
bumf [bʌmf] *s.* = **bumph.**
bump [bʌmp] *s.* **1** colpo; botta; urto; collisione. **2**

rumore sordo *(di un colpo).* **3** botta; enfiagione; protuberanza; bernoccolo *(anche fig.).* **4** irregolarità del terreno o della strada; rigonfiamento; sobbalzo. **5** *(di aereo, ecc.)* scossa; sobbalzo.
□ *(come avv.)* violentemente; di botto; all'improvviso: *Our bus ran bump into the wall,* Il nostro autobus andò improvvisamente a sbattere contro il muro.

to **bump** [bʌmp] *vt e i.* **1** urtare; battere; andare a sbattere; colpire: *The room was dark and I bumped (my head) against the door,* La stanza era buia e andai a urtare (a sbattere la testa) contro la porta — *The blind man bumped into me,* Il cieco mi venne a sbattere contro — *The car bumped against the kerb,* L'auto urtò contro il rialzo del marciapiede. **2** traballare; sussultare; procedere a sbalzi; muoversi sobbalzando: *The old bus bumped along the rough mountain road,* Il vecchio autobus procedeva traballando sull'impervia strada di montagna. **3** *(di palla)* rimbalzare. **4 to bump sb off,** *(fam.)* uccidere (far fuori, 'liquidare') qcno. □ *to bump up prices, (fam.)* aumentare *(improvvisamente)* i prezzi.

[1]**bumper** ['bʌmpə*] *s.* paraurti.

[2]**bumper** ['bʌmpə*] *s.* **1** bicchiere colmo di vino. **2** *(come agg.)* sovrabbondante; ricco; generoso: *bumper crops,* raccolti sovrabbondanti — *a bumper harvest,* una messe generosa.

bumph [bʌmf] *s. (GB, sl.)* **1** carta igienica. **2** scartafacci burocratici; papiri.

bumpkin ['bʌm*p*kin] *s.* zotico; zoticone; rustico.

bumptious ['bʌm*p*ʃəs] *agg* pretenzioso. □ *avv* **bumptiously.**

bumptiousness ['bʌm*p*ʃəsnis] *s.* pretenziosità.

bumpy ['bʌmpi] *agg* **1** *(di terreno)* irregolare; accidentato. **2** *(di viaggio in aereo, in nave)* burrascoso.

bun [bʌn] *s.* **1** tipo di pandolce o focaccia con canditi *(a forma di panino): hot cross bun, (GB)* piccola focaccia rotonda segnata con una croce *(per il venerdì santo)* — *bun-fight, (fam.)* festa. **2** crocchia *(di capelli femminili): bun penny, (GB)* 'penny' raffigurante la testa della regina Vittoria con la crocchia.

buna ['bju:nə] *s.* gomma sintetica; para.

bunch [bʌntʃ] *s.* **1** *(di piccole piante e frutti che crescono assieme)* racemo; cespo; gruppo; mucchietto: *a bunch of grapes,* un grappolo d'uva. **2** mazzo: *a bunch of flowers (of keys),* un mazzo di fiori (di chiavi) — *the best (the pick) of the bunch, (fig.)* il meglio del gruppo (di tutti). **3** *(sl.)* comitiva; gruppo; squadra.

to **bunch** [bʌn*t*ʃ] *vt e i.* **1** raggruppare, raggrupparsi; raccogliere in mazzo o mazzi. **2** *(di stoffa, ecc.)* drappeggiare; raccogliere in pieghe.

bundle ['bʌndl] *s.* fascio; fastello; fagotto; pacco: *a bundle of sticks,* una fascina di legna da ardere — *a bundle of rags,* un fagotto di stracci — *The books were tied up in bundles of twenty,* I libri erano legati in pacchi da venti.

to **bundle** ['bʌndl] *vt* **1** dividere o legare in fasci, pacchi, ecc.: *We bundled everything up,* Legammo tutto in pacchi. **2** ammucchiare; mettere via alla rinfusa: *We bundled everything into a drawer,* Buttammo tutto in un cassetto. **3** far partire alla svelta *(senza complimenti);* mandar via: *They bundled him into a taxi,* Lo caricarono su di un taxi — *His mother bundled him off to school,* Sua madre lo spedì a scuola.
□ *vi* far fagotto: *They bundled out (away, off),* Fecero fagotto.

bung [bʌŋ] *s.* tappo *(di botte, ecc.);* turacciolo; zipolo: *bung-hole,* cocchiume.

to **bung** [bʌŋ] *vt* **1** tappare; mettere il cocchiume *(alla botte);* otturare *(con uno zipolo, ecc.).* **2** *(sl.)* lanciare; scagliare: *Bung it over here, Peter!,* Buttamelo qui, Peter!
□ *bunged up,* occluso; otturato *(di naso, di tubature);* intasato; *(degli occhi)* pesti *(per botte, raffreddore, ecc.).*

bungalow ['bʌŋgəlou] *s.* 'bungalow'; casa ad un solo piano.

bungle ['bʌŋgl] *s.* lavoro abborracciato; pasticcio.

to **bungle** ['bʌŋgl] *vt e i.* pasticciare; abborracciare; lavorare male.

bungler ['bʌŋglə*] *s.* pasticcione; 'casinista'; azzeccagarbugli.

bunion ['bʌnjən] *s.* callo; infiammazione *(alle dita dei piedi).*

[1]**bunk** [bʌŋk] *s.* cuccetta: *bunk bed,* letto a castello.

[2]**bunk** [bʌŋk] *s. (sl.)* fuga: *to do a bunk,* tagliar la corda; svignarsela.

to **bunk** [bʌŋk] *vi* **1** fuggire; darsela a gambe. **2** *(fam.)* dormire alla meglio: *to bunk down,* dormire per terra.

[3]**bunk** [bʌŋk] *s.* (*abbr. di* **bunkum**).

bunker ['bʌŋkə*] *s.* **1** *(di nave)* carbonile; stiva del carbone. **2** *(golf)* buca od ostacolo artificiale. **3** rifugio sotterraneo; 'bunker'.

to **bunker** ['bʌŋkə*] *vt* **1** *(al golf)* mandare la palla contro un ostacolo (o dentro una buca di sabbia): *to be bunkered,* avere la palla ferma accanto (dentro) l'ostacolo; *(fig.)* trovarsi in difficoltà. **2** *(di nave)* rifornirsi di carbone.

bunkum ['bʌŋkəm] *s.* affermazioni prive di senso; sciocchezze; fandonie.

bunny ['bʌni] *s.* **1** coniglietto, coniglietta. **2** pelliccia di coniglio; lapin *(fr.).*

[1]**bunting** ['bʌntiŋ] *s.* **1** stamigna *(tessuto per bandiere).* **2** bandiere; pavese.

[2]**bunting** ['bʌntiŋ] *s.* zigolo; ortolano.

buoy [bɔi] *s.* **1** *(naut.)* boa; gavitello; *(fig.)* sostegno; appoggio; salvezza. **2** *(anche* life-buoy*)* salvagente.

to **buoy** [bɔi] *vt* **1** provvedere di boe; segnare la posizione; segnalare con gavitelli: *to buoy a wreck,* segnalare un relitto di nave con boe o gavitelli. **2** *to buoy up,* tenere a galla; *(fig.)* sostenere; incoraggiare: *to be buoyed up with new hope,* essere sostenuto da nuova speranza.

buoyancy ['bɔiənsi] *s.* **1** galleggiabilità; spinta di galleggiamento. **2** *(fig.)* capacità di recupero; abbondanza di risorse; esuberanza.

buoyant ['bɔiənt] *agg* **1** galleggiante; capace di galleggiare. **2** brioso; esuberante; ottimista. **3** *(comm., econ.: di mercato)* in rialzo; vivace. □ *avv* **buoyantly.**

burberry ['bə:bəri] *s. (generalm. con la maiuscola)* soprabito di stoffa impermeabile *(dal nome del fabbricante).*

to **burble** ['bə:bl] *vi* gorgogliare; mormorare.

burden ['bə:dn] *s.* **1** peso; carico; gravame; soma; fardello; onere: *beasts of burden,* animali da soma — *to be a burden to one's parents, (fig.)* essere di peso ai propri genitori — *the burden of taxation; tax burdens,* oneri fiscali — *the white man's burden,* il fardello dell'uomo bianco (l'impero) — *the burden of proof, (dir.)* l'onere della prova — *The burden of proof rests with him,* L'onere della prova tocca a lui — *The burden of his remarks was that...,* Il motivo di fondo delle sue osservazioni era che... **2** *(naut.)* stazza; tonnellaggio: *a ship of 3,000 tons burden,* una nave della stazza di 3.000 tonnellate. **3** *(raro)* coro; ritornello; motivo dominante o ricorrente; tema principale; *(mus.)* basso continuo o fondamentale; bordone.

to **burden** ['bə:dn] *vt* caricare; gravare; imporre: *to burden oneself with too much work,* accollarsi un lavoro eccessivo — *to burden one's memory with useless facts,* caricarsi (affaticarsi) la memoria con inutili dettagli — *to be burdened with taxation,* essere oberato dalle tasse.

burdensome ['bə:dnsəm] *agg* gravoso; oneroso; opprimente.

burdock ['bə:dɔk] *s.* lappa; lappola; bardana.

bureau ['bjuərou] *s.* *(fr., pl.* **bureaux**) **1** scrivania; scrittoio; *(USA)* armadio *(con cassetti per la biancheria ecc. e generalm. con specchio).* **2** dipartimento; ufficio *(governativo, ecc.);* divisione *(amministrativa);* agenzia: *Information Bureau,* Ufficio Informazioni — *Federal Bureau of Investigation, (USA)* FBI *(sezione investigativa della polizia federale).*

bureaucracy [bjuə'rɔkrəsi] *s.* burocrazia.

bureaucrat ['bjuəroukræt] *s.* burocrate.

bureaucratic [,bjuərou'krætik] *agg* burocratico. □ *avv* **bureaucratically.**

burette [bjuə'ret] *s.* buretta.

burg [bə:g] *s. (USA, fam.)* città; *(stor.)* città fortificata.

to **burgeon** ['bə:dʒən] *vi (poet.)* germogliare.

burger ['bə:gə*] *s., contraz fam USA di* **hamburger**.

burgess ['bə:dʒis] *s.* cittadino; elettore *(avente certi diritti municipali).*

burgh ['bʌrə] *s. (spec. in Scozia)* borgo; borgata; municipio.

burgher ['bə:gə*] *s.* **1** *(ant.)* cittadino *(spec. di una città tedesca, olandese, francese, o di un 'borough' in GB).* **2** *(Sud Africa)* cittadino di discendenza europea.

burglar ['bə:glə*] *s.* scassinatore; ladro. □ *cat burglar,* ladro che entra dalle finestre arrampicandosi sui muri esterni delle case.

burglarious [bə:'glɛəriəs] *agg* relativo a furto con scasso.

burglary ['bə:gləri] *s.* furto con scasso.

to **burgle** ['bə:gl] *vt* svaligiare.

burgomaster ['bə:gou,mɑ:stə*] *s.* borgomastro.

Burgundian [bə'gʌndjən] *agg e s.* borgognone.

Burgundy ['bə:gəndi] *s.* Borgogna *(la regione, il vino e il colore).*

burial ['beriəl] *s.* seppellimento; inumazione; sepoltura; esequie: *burial service,* ufficio funebre — *burial ground,* cimitero; necropoli.

burin ['bjuərin] *s.* bulino.

to **burke** [bə:k] *vt* mettere a tacere; soffocare.

burlap ['bə:læp] *s.* tela di sacco.

burlesque [bə:'lesk] *s. (fr.)* caricatura; parodia; farsa; 'burlesque' *(specie di varietà americano); (lett.)* poema eroicomico: *burlesque acting,* imitazione; recitazione burlesca (o caricaturale).

to **burlesque** [bə:'lesk] *vt* imitare; parodiare; mettere in ridicolo.

burly ['bə:li] *agg* nerboruto; grande e grosso; corpulento.

Burman ['bə:mən] *agg e s.* birmano.

[1]**burn** [bə:rn] *s. (scozzese)* ruscelletto; torrentello.

[2]**burn** [bə:n] *s.* bruciatura; scottatura; ustione.

to **burn** [bə:n] *vt e i.* (*pass. e p. pass.* **burnt** *o* **burned**) **1** bruciare; scottarsi; corrodere; ardere; *(di luce)* risplendere: *to burn oneself,* ustionarsi — *This lamp burns oil,* Questa lampada va a olio — *Be careful not to burn the meat,* Attento a non bruciare la carne — *The coffee is very hot, don't burn your mouth,* Il caffè è bollente; non scottarti la bocca — *Some acids are strong enough to burn metal,* Alcuni acidi sono tanto forti da corrodere il metallo — *All the lights were burning,* Tutte le luci risplendevano — *to burn low,* bruciare a fiamma bassa — *He was burning with anger,* Ardeva dalla rabbia — *Her cheeks were burning with shame,* Le sue guance erano accese per la vergogna — *They were burning to avenge the death of their leader,* Ardevano dal desiderio di vendicare la morte del loro capo.
2 cuocere; calcinare *(mattoni).*
3 *(med.)* cauterizzare.
□ *to burn one's boats behind one, (fig.)* bruciare i ponti alle spalle — *to burn the candle at both ends, (fig.)* consumare energie lavorando giorno e notte — *to burn daylight,* fare cose assurde, inutili — *to be burnt out of house and home,* aver perduto tutto; essere completamente rovinato — *to burn one's fingers, (fig.)* rimanere scottato — *to burn the water,* pescare salmoni di frodo *(alla luce di torce)* — *burnt almonds,* mandorle tostate — *burnt offering,* olocausto; sacrificio — *to burn the midnight oil,* lavorare (spec. studiare) fino alle ore piccole.

to burn away, continuare a bruciare; consumarsi: *The fire was burning away cheerfully,* Il fuoco continuava a bruciare allegramente — *Half the candle had burnt away,* Metà candela si era consumata.

to burn down, distruggere col fuoco; essere distrutto dal fuoco: *His house was burnt down,* La sua casa fu distrutta dal fuoco.

to burn in, marchiare a fuoco; imprimere indelebilmente *(anche fig.).*

to burn out, - **a)** estinguersi; consumarsi *(anche fig. di persone): The candle burnt out,* La candela si consumò — *The fire burnt out for lack of fuel,* Il fuoco si estinse per mancanza di combustibile - **b)** distruggere o cacciar via col fuoco: *The soldiers burnt the enemy out,* I soldati cacciarono il nemico col fuoco.

to burn up, - **a)** liberarsi di qcsa bruciandola: *We burnt up all the rubbish,* Bruciammo tutte le immondizie - **b)** far divampare: *Put some wood on the fire and make it burn up,* Metti un po' di legna sul fuoco e falla ardere - **c)** consumare completamente *(anche energie, ecc.).*

burner ['bə:nə*] *s.* **1** bruciatore; incendiario: *a charcoal burner,* carbonaio *(che brucia la legna per ottenere il carbone).* **2** becco (a gas): *a four burner oil-stove,* una stufa a cherosene con quattro becchi — *Bunsen burner,* becco Bunsen.

burning ['bə:niŋ] *agg* **1** che brucia o scotta; *(fig.)* scottante. **2** intenso; grave; cocente.

to **burnish** ['bə:niʃ] *vt e i.* brunire; lustrare.

burnous(e) [bə:'nu:s/-'nu:z] *s.* 'burnus' *(mantello di lana con cappuccio, degli arabi).*

burnt [bə:n] *pass e p. pass di* **to burn.**

burp [bə:p] *s. (USA)* rutto; singhiozzo. □ *burp gun, (sl. mil.)* arma semi-automatica.

to **burp** [bə:p] *vi (USA, sl.)* ruttare; avere il singhiozzo.

[1]**burr, bur** [bə:*] *s.* **1** lappola; bardana. **2** persona appiccicosa. **3** bavatura; bava.

[2]**burr** [bə:*] *s.* **1** ronzio. **2** pronuncia arrotata della 'r'. □ *burr-drill,* trapano da dentista.

burrow ['bʌrou] *s.* fossa; tana; buca; cunicolo.

to **burrow** ['bʌrou] *vi e t.* **1** scavar buche. **2** *(fig.)* indagare.

bursar ['bə:sə*] *s.* **1** tesoriere; economo *(di collegio universitario).* **2** borsista *(di università, di enti culturali).*

bursary ['bə:səri] *s.* **1** economato *(di collegio universitario).* **2** borsa di studio.

burst [bə:st] *s.* **1** scoppio; esplosione *(anche fig.): the burst of a bomb,* lo scoppio di una bomba — *a burst of anger,* un'esplosione d'ira. **2** scroscio; raffica: *a burst of applause,* uno scroscio di applausi. **3** *(sport)* volata; scatto. **4** squarcio; rottura.

to **burst** [bə:st] *vi* (*pass. e p. pass.* **burst**) **1** esplodere; scoppiare *(anche fig.): The bomb burst near the hospital,* La bomba esplose vicino all'ospedale — *The storehouses are bursting with grain,* I magazzini scoppiano (traboccano) di grano — *The greedy boy ate till he almost burst,* Il ragazzo goloso mangiò fin quasi a scoppiare — *They were bursting with happiness (with health),* Scoppiavano di felicità (di salute) — *to burst one's sides with laughing,* sbellicarsi dalle risa — *to burst a blood vessel, (letteralm. e fig.)* farsi venire un colpo — *to burst with envy,* crepare d'invidia.

2 *(di fiori)* sbocciare; aprirsi.

3 irrompere: *He burst into the room,* Irruppe nella stanza *(cfr.* **to burst in,** *sotto).*

□ *vt* far spaccare (rompere; esplodere); sfondare: *The river burst its banks,* Il fiume ruppe gli argini — *If you get much fatter you'll burst your clothes,* Se ingrassi ancora farai scoppiare i vestiti — *We had to burst the door open,* Dovemmo sfondare la porta.

to burst forth ⇨ **to burst out.**

to burst in, irrompere spalancando la porta; interloquire; apparire o arrivare all'improvviso: *He burst in upon the conversation,* Si intromise nella conversazione — *He may burst in upon us at any moment,* Può piombar qui da un momento all'altro.

to burst into, prorompere: *to burst into tears,* prorompere in lacrime; scoppiare a piangere.

to burst out, scoppiare; sorgere all'improvviso *(di guerra, epidemia, ecc.): He burst out into threats,* Sbottò fuori con delle minacce — *to burst out laughing (crying),* scoppiare a ridere (piangere).

to burst upon, apparire improvvisamente: *The truth burst upon him,* All'improvviso gli apparve la verità.

burthen ['bə:ðən] *s. (lett.)* = **burden.**

burton ['bə:tn] *s.* **1** piccola carrucola a mano; paranchino. **2** *(GB)* tipo di birra. □ *to go for a burton, (sl. mil.)* andare perso; essere dato per disperso.

to **bury** ['beri] *vt* seppellire *(anche fig.);* sotterrare; nascondere; coprire: *to be buried at sea,* essere sepolto in mare — *dead and buried, (fig.)* dimenticato — *to be buried alive,* essere sepolto vivo — *So far she has buried five husbands,* Finora ha seppellito cinque mariti — *burying-ground,* cimitero — *buried treasure,* tesoro nascosto (sepolto) — *The end of the post was buried in the ground,* L'estremità del palo era infissa nel terreno — *The house was buried under the snow,* La casa era sepolta sotto la neve — *She buried her face in her hands,* Nascose il volto tra le mani — *to bury oneself in the country,* andarsi a seppellire (andare ad abitare) in campagna — *to bury oneself in one's books,* sprofondarsi nei libri (nello studio) — *to be buried in thought,* essere assorto nei propri pensieri — *to bury one's head in the sand, (fig.)* chiudere gli occhi alla realtà — *to bury the hatchet,* seppellire l'ascia di guerra; fare la pace; non litigare più.

bus [bʌs] *s.* (*pl.* **buses**) **1** autobus: *bus-stop,* fermata dell'autobus — *to miss the bus,* perdere l'autobus; *(fig.)* perdere il treno; lasciarsi sfuggire l'occasione buona. **2** *(sl.)* automobile; aereo; motocicletta.

to **bus** [bʌs] *vi e t.* (**-ss-**; *USA anche* **-s-**) **1** *(fam.)* viaggiare, andare in autobus: *Let's bus it!,* Prendiamo l'autobus! **2** *(USA)* portare (ragazzi) ad una scuola in un'altra zona *(per attuare una politica integrazionista).*

busby ['bʌzbi] *s.* colbacco.

[1]**bush** [buʃ] *s.* **1** cespuglio; arbusto: *rose-bush,* un rosaio — *fruit-bushes,* cespugli fruttiferi (di bacche, di uva spina, ecc.). **2** (*in Sud Africa, Australia: spesso* **the bush**) macchia; boscaglia; terreno cespuglioso; zona selvaggia; deserto: *to take to the bush,* darsi alla macchia — *bush telegraph,* telegrafo della foresta *(inspiegabile trasmissione di notizie da un luogo ad un altro, come si dice avvenga nella giungla)* — *bush-fighting,* guerriglia. □ *to beat about the bush, (fig.)* menare il can per l'aia — *Good wine needs no bush, (prov.)* Il buon vino non ha bisogno di frasca.

[2]**bush** [buʃ] *s.* **1** *(mecc.)* boccola; bussola. **2** *(elettr.)* rivestimento; guaina isolante.

bushel ['buʃl] *s.* staio *(misura di capacità per i cereali = l. 36,35): bushels of..., (fam.)* una grande quantità di... — *to hide one's light under a bushel, (biblico)* nascondere la fiaccola sotto il moggio.

bushman ['buʃmən] *s.* (*pl.* **bushmen**) **1** boscimano. **2** abitanti di regioni selvagge *(spec. in Australia).*

bushwhacker ['buʃwækə*] *s.* guerrigliero.

bushy ['buʃi] *agg* cespuglioso; folto; spesso; irsuto; a forma di pennello: *bushy eyebrows,* sopracciglia folte, irsute — *a fox's bushy tail,* la coda a pennello della volpe.

business ['biznis] *s.* **1** affari; commercio: *We do not do much business with them,* Non trattiamo molti affari con loro — *He's in the wool business,* È nel commercio della lana — *Which do you want to do, go into business, or become a lawyer?,* Cosa vuoi fare, metterti nel commercio o diventare avvocato? — *business address,* indirizzo d'ufficio — *business hours,* orario d'ufficio — *to travel on business,* viaggiare per affari — *Business is business, (prov.)* Gli affari sono affari.

2 azienda; ditta; impresa: *He runs three different businesses,* Dirige tre aziende diverse.

3 compito; dovere; affare: *It's a teacher's business to help his pupils,* È dovere dell'insegnante aiutare i suoi allievi — *That's no business of yours,* Non è affar tuo — *Mind your own business,* Bada agli affari tuoi — *to get down to business,* cominciare il proprio lavoro — *to send sb about his business,* dire a qcno di occuparsi dei fatti propri, di non interferire.

4 diritto: *You have no business to speak like that,* Non hai alcun diritto di parlare così.

5 *(con l'art. indeterminativo)* affare serio; faticaccia: *What a business it is taking the children to school!,* Che fatica (Che traffico) accompagnare i bambini a scuola!

6 faccenda; affare *(generalm. spreg.): I'm sick of the whole business,* Sono stufo dell'intera faccenda.

7 *(teatro)* pantomima; azione mimica.

□ *the business end of sth, (fam., letteralm.)* l'estremità che conta; la parte funzionante; *(p.es. la punta di uno spillo; la bocca di un'arma da fuoco, ecc.)* — *He means business!,* Fa sul serio!

businesslike ['biznislaik] *agg* pratico; pronto; tempestivo; sistematico.

businessman ['biznismæn] *s.* (*pl.* **businessmen**) uomo d'affari.

busing ['bʌsiŋ] *s.* ⇨ **bussing.**

busker ['bʌskə*] *s.* girovago; suonatore ambulante.

buskin ['bʌskin] *s. (stor.)* coturno: *to put on the buskin,* calzare il coturno.

busman ['bʌsmən] *s.* (*pl.* **busmen**) conducente di autobus. □ *busman's holiday, (fig.)* vacanza passata nelle occupazioni solite.

bussing ['bʌsiŋ] *s.* (*USA, anche* **busing**) trasporto di ragazzi ad una scuola in un'altra zona *(per attuare una politica integrazionista).*

[1]**bust** [bʌst] *s.* **1** *(scultura)* busto. **2** petto; seno; giro petto.

[2]**bust** [bʌst] *agg (sl.* = **burst**, *spec. nell'espressione) to go bust, (comm.)* fallire.

bustard ['bʌstəd] *s.* otarda.

-buster ['bʌstə*] *s.* chi o che rovina, spezza, stronca completamente (*nei composti: p.es. dam-buster,* bomba che distrugge una diga; *block-buster,* bomba capace di distruggere un intero isolato; bomba gigante; *strike-buster,* crumiro).

[1]**bustle** ['bʌsl] *s.* agitazione; confusione; tramestio; trambusto; attività affannosa: *Everybody was in a bustle,* Tutti erano in agitazione — *Why is there so much bustle?,* Perché tutta questa confusione?

to **bustle** ['bʌsl] *vi* muoversi; agitarsi; *(fig.)* darsi da fare: *Everyone was bustling about,* Tutti si davano molto da fare.
□ *vt* pungolare; far lavorare: *to bustle sb off,* mandar via qcno senza complimenti — *She bustled the children off to school,* Mandò in fretta i bambini a scuola.

[2]**bustle** ['bʌsl] *s. (di abito femminile)* crinolina; puf.

bust-up ['bʌstʌp] *s. (sl.)* lite; rissa.

busy ['bizi] *agg* (**-ier**; **-iest**) **1** affaccendato; occupato; indaffarato; attivo: *He was busy with (o over) his work,* Era affaccendato nel suo lavoro — *I'm busy!,* Sono occupato!; Ho da fare! — *The doctor is a busy man,* Il dottore è una persona molto attiva — *You had better get busy,* Fareste meglio a darvi da fare. **2** *(di lavoro, traffico, ecc.)* pieno di attività; intenso: *a busy day,* una giornata intensa, attiva — *The shops are very busy before Christmas,* I negozi hanno molto lavoro prima di Natale — *This is one of the busiest stations in London,* Questa è una delle stazioni di maggior traffico di Londra — *busy-body, (s.)* ficcanaso; intrigante; faccendone. **3** *(USA, di linea telefonica e per estensione di telefono)* occupato.

to **busy** ['bizi] *vt* tenere occupato: *to busy oneself with (o about, in) sth,* occuparsi di qcsa — *He busied himself with all sorts of little tasks,* Si occupava di ogni specie di lavoretti — *She busied herself (in) tidying up her desk,* Si mise a riordinare la sua scrivania.

busyness ['bizinis] *s.* operosità; attività.

[1]**but** [bʌt] **I** *congiunz* **1** ma; però; eppure: *Tom was not there but his brother was,* Tom non c'era ma suo fratello sì — *He's a hardworking but not very intelligent boy,* È un ragazzo che lavora sodo ma non molto intelligente — *We tried to do it but couldn't,* Cercammo di farlo, però non ci riuscimmo.
2 senza che; se non; da non *(in frasi negative): Never a month passes but she writes to her old parents,* Non passa un mese senza che lei scriva ai suoi vecchi genitori — *It never rains but it pours, (prov.)* Piove sempre sul bagnato; Le disgrazie non vengono mai sole.
3 *(dopo* cannot, could + *inf.) I cannot help but think that...;* Non posso fare a meno di pensare che... — *I cannot but admire your decision,* Non posso che ammirare la tua decisione.
II *avv* solo; soltanto; non... che: *We can but try,* Non possiamo (far altro) che tentare — *If I had but known...,* Se solo avessi saputo... — *He left but an hour ago,* È partito soltanto un'ora fa — *He's but a boy,* Non è che un ragazzo.
III *prep* tranne; eccetto; fuorché; che: *They're all wrong but John,* Hanno tutti torto tranne John — *nothing but the truth,* nient'altro che la verità — *last but one (last but two),* penultimo (terz'ultimo) — *Take the next turning but one on your left,* Prenda la seconda svolta a sinistra — *but for...,* (se) non fosse per... — *But for your help we should not have finished in time,* (Se) non fosse stato per il tuo aiuto non avremmo finito in tempo — *but that,* (se) non fosse (stato) per... — *He would have helped us but that he didn't have much money,* Ci avrebbe aiutato (se) non fosse stato per il poco denaro che aveva — *all but,* quasi — *It is all but full,* È quasi pieno — *anywhere (anyone, anything, ecc.) but...,* dappertutto (chiunque, qualsiasi cosa, ecc.) fuorché...
IV *(come s.)* ma: *But me no buts,* Non c'è ma che tenga.

[2]**but** [bʌt] *s. (in Scozia)* seconda camera *(la posteriore)* di una casetta di due camere.

butane ['bju:tein] *s.* butano *(gas).*

butch [butʃ] *agg (di uomo, ragazzo)* duro; *(di donna)* mascolina.
□ *s.* lesbica.

butcher ['butʃə*] *s.* **1** macellaio *(anche fig.);* beccaio: *the butcher's,* la macelleria. **2** *(fig.)* carnefice; assassino. □ *butcher-bird,* averla — *to have a butcher's, (dal 'cockney')* dare uno sguardo.

to **butcher** ['butʃə*] *vt* **1** macellare. **2** far strage; fare una carneficina *(di persone, di cacciagione).*

butchery ['butʃəri] *s.* **1** carneficina: *He is in the butchery business,* Fa il macellaio. **2** *(fig.)* strage; carneficina; grande spargimento di sangue; macello.

butler ['bʌtlə*] *s.* maggiordomo.

[1]**butt** [bʌt] *s.* botte; barile; fusto.

[2]**butt** [bʌt] *s.* manico; calcio; impugnatura: *butt joint,* giunto di testa — *cigarette butt,* mozzicone.

[3]**butt** [bʌt] *s.* **1** *(di solito* the butts, *pl.)* poligono o campo di tiro; bersaglio. **2** *(fig.)* bersaglio; zimbello.

to **butt** [bʌt] *vt e i.* cozzare *(spec. di capra);* andare a cozzare *(col capo);* dare una testata: *to butt sb in the stomach,* dare a qcno una testata nello stomaco — *to butt into (against) sb, sth,* lanciarsi a testa bassa contro qcno, qcsa. □ *to butt in, (fig.)* intervenire di botto *(in una conversazione);* inframmettersi: *Let me butt in!, (fam.)* Lasciatemi dire la mia!

butter ['bʌtə*] *s.* **1** burro. **2** pasta; estratto *(di sostanze varie, p.es. cacao).* **3** *(fig.)* adulazione. □ *Butter would not melt in her mouth, (fig.)* Ha l'aspetto innocente; Fa la santerellina — *butter-fingers, (fig.: riferito a persona)* dalle mani di pasta frolla; *(nei giochi con la palla)* un buono a niente *(che si lascia sfuggire la palla).*

to **butter** ['bʌtə*] *vt* **1** imburrare; cuocere con burro. **2** *to butter (sb) up, (fig.)* adulare, insaponare qcno.

buttercup ['bʌtəkʌp] *s.* ranuncolo; bottone d'oro.

butterfly ['bʌtəflai] *s.* **1** farfalla. **2** *(fig.)* persona frivola. □ *to break a butterfly on a wheel, (fig.)* fare spreco di energie per un risultato minimo — *butterfly-nut,* dado ad alette; galletto — *butterfly-stroke,* nuoto a farfalla — *to have butterflies in the stomach, (fam.)* avere la tremarella; essere in grande apprensione *(prima di una prova).*

buttermilk ['bʌtəmilk] *s.* siero *(del latte).*

butterscotch ['bʌtəskɔtʃ] *s.* caramella dura fatta con burro e zucchero.

butterwort ['bʌtəwə(:)t] *s.* pinguicola.

[1]**buttery** ['bʌtəri] *s.* *(in alcune Università inglesi)* dispensa.

[2]**buttery** ['bʌtəri] *agg* burroso.

buttock ['bʌtək] *s.* natica.

button ['bʌtn] *s.* **1** bottone; distintivo *(da portare all'occhiello): belly-button, (fam.)* ombelico. **2** pulsante; interruttore: *to press (to push, to touch) the button,* premere il pulsante. **3** germoglio; bottoncino; gemma: *button mushroom,* piccolo 'champignon'; fungo non ancora aperto. **4** *(fam., al pl.:* buttons*)* paggio in livrea; ragazzo; 'lift' *(d'albergo, ecc.).*

to **button** ['bʌtn] *vt e i.* abbottonare, abbottonarsi: *Button (up) your coat,* Abbottonati la giacca — *My collar won't button,* Non riesco ad abbottonarmi il colletto — *This dress buttons down the back,* Questo vestito si abbottona sulla schiena — *Button up (your mouth)!, (sl.)* Chiudi il becco!

buttonhole ['bʌtnhoul] *s.* **1** asola; occhiello. **2** fiore all'occhiello.

to **buttonhole** ['bʌtnhoul] *vt (fig.)* attaccare bottone (con qcno).

buttons ['bʌtnz] *s.* ⇨ **button 4.**

buttonwood ['bʌtnwud] *s.* platano americano.

buttress ['bʌtris] *s.* contrafforte; sperone; *(fig.)* sostegno; supporto: *flying buttress,* arco rampante.

to **buttress** ['bʌtris] *vt* **1** *(nell'edilizia)* sostenere; rafforzare *(con un contrafforte o sperone).* **2** *(fig., spesso seguito da* up*)* appoggiare; rafforzare: *to buttress up an argument,* rafforzare una tesi.

[1]**butty** ['bʌti] *s.* **1** *(fam.)* amico; compagno. **2** *(nelle miniere)* capogruppo.

[2]**butty** ['bʌti] *s.* *(dial. Inghilterra settentrionale)* fetta di pane imburrata: *a jam butty,* una fetta di pane, burro e marmellata.

buxom ['bʌksəm] *agg (di donna)* florida; fiorente; formosa.

buy [bai] *s.* *(fam.)* compera; acquisto: *a good buy,* una vera occasione; un affarone.

to **buy** [bai] *vt e i.* (*pass. e p. pass.* **bought**) comperare; acquistare; provvedersi; *(fig.)* ottenere qcsa con sacrificio: *Can money buy happiness?,* Può il denaro comperare la felicità? — *I bought this car from Green,* Ho comperato quest'auto da Green — *I must buy myself a new hat,* Devo comperarmi un nuovo cappello — *He bought fame at the expense of his health and happiness,* Ottenne la celebrità a costo della salute e della felicità.

□ *I'll buy it,* Rinuncio *(in risposta ad un indovinello)* — *He bought it, (sl. mil.)* È morto; È caduto in azione.

to buy back, ricomprare.

to buy in, comprare in quantità; far provvista; *(alle aste)* ricomprare per conto del venditore *(quando le offerte sono troppo basse): to buy in coal for the winter,* fare la provvista di carbone per l'inverno — *to buy into a company, (fam.)* comprare azioni (una quota) in una società.

to buy off, tacitare *(un ricattatore, ecc.)* pagando.

to buy out, - **a)** comprare; rilevare *(un negozio, ecc.)* - **b)** *to buy oneself out,* ottenere il congedo militare pagando una certa somma.

to buy over, corrompere *(pagando);* dare una 'bustarella'.

to buy up, accaparrare; fare incetta di.

buyer ['baiə*] *s.* compratore; acquirente: *a buyer's market,* un mercato favorevole ai compratori.

buzz [bʌz] *s.* ronzio; brusio; mormorio.

to **buzz** [bʌz] *vi e t.* **1** ronzare *(anche fig.): My ears are buzzing,* Le orecchie mi ronzano. **2** affannarsi: *to buzz about (around),* girare affannosamente — *to buzz along the road,* camminare svelto per la strada. **3** *to buzz off, (sl.)* 'filare'; svignarsela; squagliarsi; tagliare la corda: *Buzz off!,* Fila! **4** *(di aereo)* sorvolare a bassa quota *(per minacciare)*; avvicinarsi minaccioso: *Two fighters buzzed the airliner,* Due caccia si avvicinarono minacciosi all'aereo di linea.

buzzard ['bʌzəd] *s.* poiana.

buzzer ['bʌzə*] *s.* **1** insetto ronzante. **2** cicalino elettrico; segnale acustico.

by [bai] **I** *prep* **1** *(di luogo)* vicino; accanto; presso; davanti; per; attraverso: *Come and sit by me,* Vieni a sederti vicino a me — *My house is by the river,* La mia casa è presso il fiume — *I go by the post office every day,* Passo davanti all'ufficio postale tutti i giorni — *He walked by me without speaking,* Mi passò accanto senza parlare — *to have sth by one,* aver qcsa a portata di mano — *It's useful to have a good dictionary by you when you're reading,* È utile avere un buon dizionario a portata di mano quando si legge — *North by East,* Nord-Nord-Est.

2 *(di tempo)* per; entro; di; durante: *Can you finish it by tomorrow?,* Puoi finirlo per (entro, prima di) domani? — *I can't be ready by Saturday,* Non ce la faccio ad essere pronto per sabato — *by this time; by now,* ormai — *by then,* allora — *Do you prefer travelling by night or by day?,* Preferisci viaggiare di notte o di giorno? — *by daylight,* alla luce del giorno — *by moonlight,* al chiar di luna.

3 *(di maniera)* a; per; secondo; da: *to pay a labourer by the day (by the hour),* pagare un operaio a giornata (a ore) — *to buy (to sell) by retail,* comprare (vendere) al minuto — *to sell cloth by the yard,* vendere la stoffa al metro — *by air mail,* (per) via aerea — *to travel by land (sea),* viaggiare per terra (mare) — *by bus (car, boat),* in autobus (macchina, barca) — *to send sth by post (by hand),* mandare qcsa per posta (a mano) — *to learn sth by heart,* imparare qcsa a memoria — *by mistake (chance, accident),* per errore; per caso — *by request of sb,* su richiesta di qcno — *judging by appearances,* a giudicare dalle apparenze — *By my watch it is 2 o'clock,* Sono le due secondo il mio orologio; Il mio orologio fa le due.

4 *(agente, mezzo o strumento)* da; per; con: *This church was designed by Wren,* Questa chiesa fu disegnata da Wren — *He was killed by lightning,* Rimase ucciso da un fulmine — *The streets are lighted by electricity,* Le strade sono illuminate elettricamente — *He earns his living by teaching,* Si guadagna da vivere insegnando — *to multiply (to divide) 100 by 5,* moltiplicare (dividere) 100 per 5 — *to take sb by surprise,* prendere qcno di sorpresa — *to swear by God,* giurare nel nome di Dio — *to seize sb by the hair,* prendere qcno per i capelli — *to mean by,* voler dire con — *What do you mean by that?,* Cosa intendi dire con questo?

5 *(di misura, peso, ecc.)* per; di: *The bullet missed me by two inches,* La pallottola mi mancò di due pollici — *I am older than you by 2 years,* Sono più vecchio di te di 2 anni — *It needs to be longer by two feet,* Dovrebbe essere più lungo di due piedi — *a picture 3 feet by 2,* un quadro di 3 piedi per 2 — *by far,* di gran lunga.

□ *by oneself,* solo; da solo — *He was (all) by himself,* Era (tutto) solo — *day by day,* giorno per giorno — *little by little,* a poco a poco — *one by one,* ad uno ad uno — *piece by piece,* un pezzo dopo l'altro — *step*

by step, passo a passo — *side by side,* fianco a fianco — *by the side of,* a fianco di — *to stand by sb,* appoggiare, sostenere qcno.
II *avv* **1** vicino; oltre; accanto: *He hid the money when nobody was by,* Nascose il danaro mentre non c'era nessuno intorno — *He passed by without a word,* Passò oltre senza una parola — *Fame passed him by,* La fama lo ignorò — *I can't get by,* Non posso passare (*cfr. anche* **to get by**) — *close by,* molto vicino. **2** da parte; in disparte: *to put (to lay, to set) sth by,* mettere qcsa da parte — *to stand by,* stare vicino; in attesa; in disparte (pronto ad agire).
□ *by and by,* fra breve — *by the by, by the way,* incidentalmente; a proposito — *by and large,* nell'insieme; nel complesso.

bye [bai] *s.* **1** *(cricket)* punto segnato senza toccare la palla. **2** ⇨ **bye-bye 2**.

bye-bye ['bai'bai] *s.* **1** *(al pl.:* bye-byes*)* nanna *(nel linguaggio infantile).* **2** *interiezione (fam.)* arrivederci *(spesso abbr. in* 'bye*).*

by-election ['baii,lekʃən] *s.* elezioni suppletive *(in una sola circoscrizione).*

bygone ['baigɔn] *agg* remoto; passato.
□ *Let bygones be bygones,* Mettiamoci una pietra sopra.

by-lane ['bailein] *s.* viottolo; vicolo; viuzza secondaria.

by-law, bye-law ['bailɔ:] *s.* **1** regolamento municipale con forza di legge. **2** regolamento di una società costituita.

by-pass ['baipɑ:s] *s.* **1** circonvallazione. **2** *(med.)* 'by-pass'.

to **by-pass** ['baipɑ:s] *vt* fare una circonvallazione; *(fig.)* aggirare un ostacolo.

bypath ['baipɑ:θ] *s.* sentiero; passaggio secondario.

byplay ['baiplei] *s.* **1** *(in un lavoro teatrale)* intreccio secondario *(che si diparte dalla trama principale).* **2** azione secondaria *(spec. mimica)* dei personaggi minori.

by-product ['bai,prɔdəkt] *s.* sottoprodotto.

byre ['baiə*] *s.* stalla.

by-road ['bairoud] strada secondaria.

bystander ['baistændə*] *s.* astante; spettatore casuale.

by(-)way ['baiwei] *s.* strada secondaria *(anche fig.): the byways of history,* gli aspetti meno noti della storia.

byword ['baiwə:d] *s.* sinonimo *(di persona o luogo che gode di una certa fama, quasi sempre cattiva): The place was a byword for iniquity,* Il posto era sinonimo di iniquità.

Byzantine [bi'zæntain] *agg e s.* bizantino.

C

C, c [si:] *(pl.* **C's, c's; Cs, cs)** **1** C, c *(terza lettera dell'alfabeto inglese): C for Cathy, (al telefono, ecc.)* C come Catania. **2** *(mus.)* do: *Symphony No. 5 in C minor,* Sinfonia n. 5 in do minore. **3** *(votazione)* mediocre; appena sufficiente; *(talvolta)* insufficiente.

cab [kæb] *s.* **1** *(anche* hansom cab*)* carrozza da nolo; vettura di piazza; carrozzella. **2** *(anche* taxi-cab*)* tassì; auto pubblica: *cab-rank,* fila (posteggio) di carrozze da nolo o di tassì. **3** cabina *(di locomotiva, autotreno, ecc.);* cabina di guida; posto guida: *forward-control cab,* cabina avanzata *(di autocarro).*

cabal [kə'bæl] *s.* complotto; raggiro; cabala; intrigo *(spec. politico).*

cabalism ['kæbəlizəm] *s.* cabalismo; *(per estensione)* occultismo.

cabalist ['kæbəlist] *s.* cabalista.

cabalistic [,kæbə'listik] *agg* cabalistico.

cabaret ['kæbərei] *s. (fr.)* cabaret.

cabbage ['kæbidʒ] *s.* cavolo: *cabbage butterfly; cabbage white,* cavolaia — *cabbage lettuce,* lattuga cappuccio — *cabbage patch,* orto di cavoli — *cabbage rose,* rosa centifoglia.

cabby ['kæbi] *s. (fam., un po' desueto)* tassista; vetturino.

caber ['keibə*] *s. (in Scozia)* tronco di abete sfrondato *(che si lancia nella gara nota come 'tossing the caber').*

cabin ['kæbin] *s.* **1** cabina *(di nave, aereo, ecc.): cabin-boy,* mozzo; aiuto cameriere di bordo — *cabin class, (di nave)* seconda classe — *cabin cruiser,* cabinato; motoscafo con cabina (o cabine). **2** cabina *(di spiaggia, ecc.);* casupola di assi o di tronchi d'albero; capanna; baracca.

cabinet ['kæbinit] *s.* **1** armadietto; stipo; mobiletto: *medicine cabinet,* armadietto dei medicinali — *filing cabinet,* mobiletto per le schede; schedario — *china cabinet,* credenza a vetri per le porcellane; vetrina delle porcellane — *cabinet-maker,* mobiliere; ebanista; stipettaio. **2** contenitore; cassa; mobiletto *(per apparecchio radio o televisivo, ecc.).* **3** *(ant.)* stanzino; gabinetto; camerino. **4** *(GB)* Gabinetto; Consiglio dei Ministri; *(per estensione)* stanza in cui il Consiglio si riunisce: *a cabinet minister,* un membro del Gabinetto — *cabinet council,* riunione del Consiglio dei Ministri — *the shadow cabinet,* il Ministero 'ombra' *(formato dal partito dell'opposizione).*

cable ['keibl] *s.* **1** canapo; fune; cavo (spec. sotterraneo o sottomarino); catena, corda di un'ancora; gomena: *a cable('s)-length,* un decimo di miglio marino — *cable-car, cable-railway,* teleferica; funicolare. **2** *(fam.)* cablogramma.

to **cable** ['keibl] *vt e i.* trasmettere *(via cavo);* comunicare; informare per mezzo di cablogramma; mandare un cablogramma.

cablegram ['keiblgræm] *s.* cablogramma.

cableway ['keiblwei] *s.* funivia; teleferica.

cabman ['kæbmən] *s.* *(pl.* **cabmen)** **1** vetturino; fiaccheraio. **2** tassista.

caboodle [kə'bu:dl] *s.* *(nell'espressione fam.) the whole caboodle,* tutto quanto; tutti quanti; baracca e burattini.

caboose [kə'bu:s] *s.* **1** cambusa; cucina di bordo. **2** *(USA)* vagone per il personale viaggiante *(nei treni merci).*

cabriolet [,kæbriou'lei] *s. (fr.)* **1** calesse con mantice a soffietto. **2** cabriolet *(automobile con copertura a soffietto).*

cabstand ['kæbstænd] *s.* posteggio di vetture di piazza o di tassì.

cacanny [,kæ'kæni] *locuzione verbale (dial. scozzese)* Sii prudente; Va' piano.
☐ *(come agg. attrib.)* cauto; prudente; guardingo.
☐ *(come s.)* 'sciopero bianco'.

cacao [kə'kɑ:ou] *s.* cacao.

cache [kæʃ] *s. (fr.)* deposito; nascondiglio *(per tesoro, viveri, munizioni, ecc.).*

to **cache** [kæʃ] *vt* nascondere *(viveri, munizioni, ecc.).*

cachet ['kæʃei] *s. (fr.)* **1** segno caratteristico; marca; marchio di garanzia. **2** cachet; cialdino.

cachou [kə'ʃu:] *s.* pasticca aromatica per fumatori.

cackle ['kækl] *s.* **1** coccodé; starnazzio; schiamazzo *(di galline, oche, ecc.).* **2** risata chioccia. **3** discorsi stupidi: *Cut the cackle!,* Basta con le chiacchiere!; Smettetela di ciarlare!

to **cackle** ['kækl] *vt* **1** starnazzare; fare coccodé. **2** parlare o ridere rumorosamente; ciarlare.

cackler ['kæklə*] *s.* chiacchierone.

cacophonous [kæ'kɔfənəs] *agg* cacofonico.

cacophony [kæ'kɔfəni] *s.* cacofonia.

cactus ['kæktəs] *s.* *(pl.* **cactuses, cacti)** cacto; cactus.

cad [kæd] *s.* canaglia; mascalzone; furfante; cialtrone.

cadaver [kə'deivə*] *s.* *(ant., lett., med.)* cadavere; corpo.

cadaverous [kə'dævərəs] *agg* cadaverico; mortalmente pallido.

caddie, caddy ['kædi] *s.* portamazze *(nel golf).*

caddish ['kædiʃ] *agg* furfantesco; villano; volgare; cialtronesco.

caddy ['kædi] *s.* **1** *(anche* tea-caddy*)* barattolo, scatola per il tè. **2** = **caddie.**

cadence ['keidəns] *s.* cadenza; ritmo.

cadenza [kə'denzə] *s.* cadenza *(di solista, p.es. in un concerto).*

cadet [kə'det] *s.* **1** cadetto; allievo *(di scuola militare): cadet corps, (in alcune scuole e collegi inglesi)* corpo dei cadetti *(organizzazione che addestra militarmente).* **2** apprendista; aspirante; allievo. **3** cadetto; figlio non primogenito *(di famiglia nobile).*

to **cadge** [kædʒ] *vt* scroccare: *to cadge a meal,* scroccare un pasto.

cadger ['kædʒə*] *s.* scroccone; mendicante.

cadmium ['kædmiəm] *s.* cadmio.

cadre ['kɑ:dr] *s.* **1** *(fig.)* struttura; cornice; canovaccio. **2** *(mil.)* quadro. **3** *(al pl.)* i quadri *(di un'azienda).*

Caesar ['si:zə*] *s.* **1** cesare; imperatore; autocrate. **2**

(fig.) il potere civile. □ *Caesar's wife,* persona al disopra di ogni sospetto.

Caesarian [si(:)'zɛəriən] *agg* cesareo.

caesium ['si:zjəm] *s.* cesio.

caesura [si(:)'zjuərə] *s. (poet.)* cesura.

café ['kæfei] *s. (fr.)* caffè; bar; ristorante.

café-au-lait ['kæfei ou'lei] *s. (fr.)* caffelatte; cappuccino.

cafeteria [,kæfi'tiəriə] *s.* ristorante (tavola calda) in cui i clienti si servono da soli; 'self service'.

caff [kæf] *s., abbr fam di* **café.**

caffeine ['kæfii:n] *s.* caffeina.

caftan ['kæftən/kɑ:f'tɑ:n] *s.* caffetano.

cage [keidʒ] *s.* **1** gabbia *(di animali, di ascensore, ecc.): cage birds,* uccelli da gabbia. **2** *(fig.)* campo di prigionia o di concentramento. **3** palizzata; steccato. **4** *(di grattacielo)* armatura; impalcatura. **5** *(hockey su ghiaccio)* porta.

to **cage** [keidʒ] *vt* ingabbiare; mettere o tenere in gabbia; rinchiudere in prigione o in campo di concentramento: *a caged bird,* un uccello in gabbia — *a caged-in feeling,* una sensazione di essere chiuso in gabbia (di claustrofobia).

cagey ['keidʒi] *agg (fam.)* guardingo; riservato; poco comunicativo.

cahoots [kə'hu:ts] *s. (sl., nell'espressione) to be in cahoots with sb,* essere in combutta con qcno.

caiman, cayman ['keimən] *s.* caimano.

Cain [kein] *nome proprio (nell'espressione) to raise Cain,* fare il finimondo, l'iradiddio.

caique [kɑ:'i:k] *s.* caicco; lancia.

cairn [kɛən] *s.* **1** cumulo (piramide) di pietre *(che serve a segnare un confine, oppure come monumento).* **2** (= cairn terrier) cane terrier piccolo ed irsuto.

caisson ['keisən] *s.* **1** *(mil.)* cassone; cassonetto *(per il trasporto di munizioni).* **2** *(per fondazioni, ecc.)* cassone pneumatico; cassone di immersione; barca portacassone. **3** *(di soffitto)* cassettone. □ *caisson disease,* malattia dei palombari.

caitiff ['keitif] *s. (ant.)* vigliacco; individuo spregevole; codardo.

to **cajole** [kə'dʒoul] *vt* circuire; raggirare; blandire: *to cajole sb into doing (out of doing) sth,* indurre qcno con adulazioni o raggiri a fare (a non fare) qcsa — *to cajole sth out of sb,* ottenere con adulazioni o raggiri qcsa da qcno.

cajolery [kə'dʒouləri] *s.* raggiro; allettamento; moine.

cake [keik] *s.* **1** focaccia; torta; tortina; pasta; pasticcino: *oat-cake,* focaccia di farina di avena. **2** frittella *(di verdura);* crocchetta *(di pesce, ecc.);* polpettina *(di carne).* **3** tavoletta *(di sostanza compressa e sagomata);* pane; panetto: *a cake of soap,* una saponetta — *a cake of tobacco,* un pacchetto di trinciato. □ *cakes and ale, (fig.)* le gioie della vita; la vita allegra — *a piece of cake, (sl.)* qcsa di molto facile (o piacevole) — *to sell like hot cakes,* vendere con facilità — *You cannot have your cake and eat it, (prov.)* Non si può avere la botte piena e la moglie ubriaca — *to take the cake, (fam.)* eccellere — *That takes the cake!, (fam.)* Fantastico!; Incredibile!

to **cake** [keik] *vt e i.* rivestire *(con qcsa che si rapprende e diventa secco);* incrostare, incrostarsi; indurire, indurirsi; coagularsi: *My shoes were caked with mud,* Le mie scarpe erano incrostate di fango.

calabash ['kæləbæʃ] *s.* zucca a fiasco.

Calabrian [kə'læbriən] *agg e s.* calabrese.

calamitous [kə'læmitəs] *agg* calamitoso; disastroso.

calamity [kə'læmiti] *s.* calamità: *calamity-howler, (USA, fam.)* pessimista; uccello del malaugurio.

to **calcify** ['kælsifai] *vt e i.* calcificare, calcificarsi.

calcination [,kælsi'neiʃən] *s.* calcinazione.

to **calcine** ['kælsain/-sin] *vt* calcinare; ridurre in polvere; ridurre in cenere.
□ *vi* calcinarsi; ridursi in polvere o in cenere.

calcium ['kælsiəm] *s. (chim.)* calcio.

calculable ['kælkjuləbl] *agg* calcolabile.

to **calculate** ['kælkjuleit] *vt e i.* **1** calcolare; computare; prevedere *(in seguito a calcoli): to calculate the cost of a journey,* calcolare il costo di un viaggio — *calculating machine,* (macchina) calcolatrice — *This advertisement is calculated to draw the attention of housewives,* Questa pubblicità è stata studiata per attirare l'attenzione delle casalinghe — *a calculated insult,* un insulto deliberato. **2** *(seguito da* on *o* upon*)* fare affidamento; contare; fidarsi: *We cannot calculate on having fine weather for the sports meeting,* Non possiamo contare sul bel tempo per l'incontro sportivo. **3** *(USA)* credere; supporre; pensare.

calculating [kælkju'leitiŋ] *agg* calcolatore; astuto.

calculation [,kælkju'leiʃən] *s.* **1** calcolo; conteggio; valutazione: *I'm out in my calculations,* Ho sbagliato i miei calcoli; Il conto non mi torna. **2** riflessione accurata; previsione; opinione.

calculator [kælkju'leitə*] *s.* **1** calcolatore; calcolatrice. **2** (macchina) calcolatrice.

calculus ['kælkjuləs] *s.* (*pl.* **calculi**) calcolo *(anche med.): differential calculus,* calcolo differenziale.

caldron ['kɔ:ldrən] *s.* = **cauldron.**

Caledonian [,kæli'dounjən] *agg e s.* caledone.

calendar ['kælində*] *s.* **1** calendario: *calendar month,* mese secondo il calendario. **2** annuario; registro *(delle ricorrenze importanti);* lista *(degli impegni).*

calender ['kælində*] *s.* calandra; pressa.

to **calender** ['kælində*] *vt* calandrare.

calends ['kælindz] *s. pl (anche* Kalends*)* calende: *on the Greek calends,* alle calende greche.

[1]**calf** [kɑ:f] *s.* (*pl.* **calves**) **1** vitello; piccolo di grosso mammifero *(balena, foca, elefante, ecc.): a cow in (o with) calf,* una mucca gravida. **2** *(fig.)* giovincello; persona inesperta: *calf-love,* amore fanciullesco. **3** *(anche* calf-skin*)* pelle (cuoio) di vitello.

[2]**calf** [kɑ:f] *s.* (*pl.* **calves**) polpaccio.

to **calibrate** ['kælibreit] *vt* calibrare *(un tubo, ecc.);* graduare; tarare *(uno strumento).*

calibration [,kæli'breiʃən] *s.* calibratura; taratura.

calibre, *(USA)* **caliber** ['kælibə*] *s.* **1** calibro *(di arma da fuoco, di tubo, ecc.);* diametro interno. **2** *(fig.)* importanza; valore; reputazione: *a man of considerable calibre,* un uomo molto importante; un pezzo grosso.

calico ['kælikou] *s.* (*pl.* **calicoes**) calicò; tela di cotone greggio; cotonina.

calipers ['kælipəz] *s. pl (USA)* = **callipers.**

caliph, calif ['keilif] *s.* califfo.

caliphate, califate ['keilifeit] *s.* califfato.

calisthenics [,kælis'θeniks] *s. pl (USA)* = **callisthenics.**

calk [kɔ:k] *s.* rampone; piastrina di ferro.

to **calk** [kɔ:k] *vt e i.* **1** applicare un rampone a ferro di cavallo; applicare piastrine a scarpe o stivali. **2** = **to caulk.**

call [kɔ:l] *s.* **1** grido; invocazione: *They ran at my call,* Al mio grido accorsero — *Please remain within call,* Per favore, rimanga a disposizione (a portata di voce). **2** richiamo *(anche fig.): Many Englishmen feel the call of the sea,* Molti inglesi sentono il richiamo del mare

— *call bird,* uccello da richiamo — *the call of the wild,* il richiamo della foresta.
3 chiamata; appello; invito: *roll-call, (a scuola)* appello — *call-up,* chiamata alle armi — *distress call, (radio)* segnale, chiamata di pericolo.
4 chiamata (telefonica): *a 'phone call,* una chiamata telefonica; una telefonata — *call-box,* cabina telefonica — *call boy,* garzone *(d'albergo); (teatro)* buttafuori — *call girl,* ragazza squillo — *long-distance call (USA); trunk call, toll call, (GB)* telefonata interurbana.
5 breve visita; capatina; breve sosta; fermata; scalo: *to pay a call (to call) on a friend,* fare visita a (fare un salto da) un amico — *I have several calls to make,* Devo fare diverse visite — *port of call,* porto di scalo — *without call,* senza scalo — *place (house) of call, (ant.)* porto di mare; luogo di passaggio molto frequentato.
6 richiesta *(di denaro, aiuto, ecc.): call loan (money),* prestito da rimborsare senza preavviso; credito esigibile in qualsiasi momento.
7 bisogno; motivo: *There's no call for you to worry,* Non c'è alcun motivo per cui ti debba preoccupare.
8 *(nel gioco delle carte)* dichiarazione.
□ *to have a close call,* scamparla per un pelo.

to **call** [kɔ:l] *vt e i.* **1** chiamare *(in ogni senso);* dar nome; *(talvolta)* ritenere; considerare; reputare: *His name is Richard but we all call him Dick,* Il suo nome è Richard ma lo chiamiamo tutti Dick — *What are you going to call the baby?,* Come chiamerete il bambino? — *What's it called?,* Come si chiama? — *He calls himself a colonel,* Si fa chiamare colonnello — *He called her a slut,* La chiamò sgualdrina — *to call sb names,* rivolgere epiteti a qcno; insultarlo — *to call sth one's own,* reclamare qcsa come propria — *to call a spade a spade,* dire pane al pane — *Do you call English an easy language?,* Ritieni che l'inglese sia facile?; La chiami facile la lingua inglese? — *I call that a shame,* Questa io la chiamo (la ritengo) una vergogna — *Let's call it fifty pounds,* Diciamo (che fa) cinquanta sterline — *Let's call it a day!,* Basta (con il lavoro, ecc.) per oggi!
2 chiamare; gridare; invocare: *Why doesn't the maid come when I call?,* Perché la cameriera non viene quando chiamo? — *I thought I heard somebody calling,* Mi è parso d'aver sentito qualcuno gridare — *She called to her father for help,* Invocò aiuto da suo padre — *I've been calling you (for) ten minutes,* Sono dieci minuti che ti chiamo — *to call the roll,* fare l'appello.
3 chiamare (far venire; svegliare; chiamare per telefono, ecc.): *Please call a doctor,* Per favore, chiama (fa' venire) un medico — *Please call me at six tomorrow morning,* Per favore, domattina mi svegli alle sei — *The fire brigade was called out twice yesterday,* Ieri i vigili del fuoco sono stati chiamati due volte.
4 fare una breve visita; passare da; fare una capatina (un salto) da; *(di mezzo pubblico)* fermarsi: *I called on Mr Green,* Sono andato a far visita al signor Green — *Mr Green was out when I called,* Il signor Green era fuori quando andai da lui — *I ought to call at John's on the way,* Strada facendo, dovrei passare da John — *This train calls at every station,* Questo treno si ferma a tutte le stazioni.
5 indire; proclamare *(una riunione);* convocare: *to call a meeting,* convocare un'assemblea — *to call a strike,* proclamare uno sciopero.
6 *(in certi giochi delle carte)* 'dichiarare'; *(al poker)* 'vedere'.
□ *to call the banns,* fare le pubblicazioni (matrimoniali) — *to call a case, (dir.)* fissare un'udienza — *to call a halt,* dare l'alt — *It's time we called a halt to violence,* È ora di dire basta alla violenza — *to call sb's attention to,* richiamare l'attenzione di qcno — *to call sth in question,* mettere qcsa in dubbio — *to call sb to order,* richiamare qcno all'ordine — *to call sb to account,* chiamare qcno alla resa dei conti — *to be called to the Bar, (GB)* venire iscritto nell'Albo dei 'Barristers' (*cfr.* **barrister**) — *to call sb's bluff* ⇨ [3]**bluff 2.**
to call at ⇨ **to call 4.**
to call back, - **a)** richiamare *(al telefono)* - **b)** ritirare *(un veicolo, un aeroplano, una macchina utensile, ecc.)* dalla circolazione *(per un controllo, per la rettifica di un difetto, ecc.).*
to call down, invocare; far scendere: *She called down curses on his head,* Invocò maledizioni sul suo capo.
to call for, - **a)** passare a prendere: *I'll call for you at 6 o'clock,* Ti passerò a prendere alle 6 - **b)** richiedere: *The occasion calls for prompt action,* La circostanza richiede un'azione immediata — *That was not called for,* Non era il caso che tu lo facessi.
to call forth, causare; fare appello; fare uso; far nascere; provocare: *You will have to call forth all your energy,* Dovrai fare appello a tutte le tue energie — *His behaviour called forth numerous protests,* Il suo comportamento suscitò molte proteste.
to call in, ritirare; chiedere la restituzione (di): *All gold coins were called in by the Government,* Tutte le monete d'oro furono ritirate dal governo — *He had to call in the loans he had made,* Dovette chiedere la restituzione di tutti i prestiti che aveva concesso.
to call off, - **a)** far smettere: *Please, call your dog off!,* Per favore, chiama il tuo cane! (fallo smettere!) - **b)** revocare; disdire; rompere: *The strike was called off,* Lo sciopero fu revocato — *The engagement has been called off,* Hanno rotto il fidanzamento.
to call on, - **a)** ⇨ **to call 4** - **b)** *to call on sb to do sth,* chiedere a qcno di far qcsa.
to call out, - **a)** gridare: *to call out the winner's name,* annunciare il nome del vincitore - **b)** convocare *(operai per sciopero): The miners were called out by the Trade Union,* I minatori furono invitati a scendere in sciopero dai sindacati.
to call up, - **a)** *(fam.)* telefonare: *I'll call you up this evening,* Ti chiamerò (telefonerò) stasera - **b)** richiamare alla memoria: *I often call up scenes of my childhood,* Spesso richiamo alla mente scene della mia infanzia - **c)** richiamare alle armi.
to call upon, - **a)** ⇨ **to call 4** - **b)** invitare: *I called upon him to keep his promise,* Lo invitai a mantenere la sua promessa — *I feel called upon to warn you that...,* Sento il dovere di avvisarti che... - **c)** dare la parola a (qcno).

caller ['kɔ:lə*] *s.* **1** chi chiama (urla, grida, ecc.). **2** chi telefona: *Hang on, please, caller,* Resti in linea, prego. **3** visitatore.

calligrapher, calligraphist [kə'ligrəfə*/,kəli'grəfist] *s.* calligrafo.

calligraphic [,kæli'græfik] *agg* calligrafico.

calligraphy [kə'ligrəfi] *s.* calligrafia.

calling ['kɔ:liŋ] *s.* **1** vocazione; *(per estensione)* professione; mestiere; occupazione. **2** il chiamare o gridare.

calliope [kə'laiəpi] *s.* organo a vapore *(usato sulle giostre).*

callipers ['kælipəz] *s. pl* **1** compasso; calibro. **2** pinze *(dei freni di un veicolo).*
callisthenics [,kælis'θeniks] *s. (col v. al sing.)* ginnastica ritmica.
callosity [kə'lɔsiti] *s.* callosità *(anche fig.).*
callous ['kæləs] *agg* **1** calloso. **2** *(fig.)* insensibile; indifferente; incallito. □ *avv* **callously.**
callousness ['kæləsnis] *s.* durezza *(di cuore);* insensibilità.
call-over ['kɔ:louvə*] *s. (ippica)* lettura delle poste per le scommesse.
callow ['kælou] *agg* **1** implume. **2** *(fig.)* imberbe; in erba: *a callow youth,* un giovane imberbe; uno sbarbatello.
callowness ['kælounis] *s.* inesperienza; acerbità.
call-up ['kɔ:lʌp] *s. (GB)* chiamata alle armi: *call-up papers, (pl.)* cartolina precetto.
callus ['kæləs] *s.* (*pl.* **calluses**) callo.
calm [kɑ:m] *agg* **1** *(del tempo, del mare, ecc.)* calmo; quieto; senza vento. **2** *(di persona)* quieto; tranquillo; padrone di sé; non eccitato: *to keep calm,* mantenersi calmo; controllarsi; non eccitarsi; non perdere la testa. **3** *(fam.)* sfacciato; sfrontato; impudente. □ *avv* **calmly** ⇨.
□ *s.* calma; quiete; tranquillità; serenità; *(di mare)* bonaccia.
to **calm** [kɑ:m] *vt* calmare, calmarsi; acquietarsi; mettersi tranquillo: *Calm yourself!,* Calmati!
□ *vi* **to calm down,** calmarsi: *The sea calmed down,* Il mare si è calmato.
calmly ['kɑ:mli] *avv* **1** con calma; tranquillamente. **2** *(fam.)* sfacciatamente.
calmness ['kɑ:mnis] *s.* calma; tranquillità; *(di mare)* bonaccia.
calomel ['kæləmel] *s.* calomelano.
Calor gas ['kæləgæs] *s. (dal nome di una nota marca)* butano.
calorie ['kæləri] *s.* caloria.
calorific [,kælə'rifik] *agg* calorifico.
to **calumniate** [kə'lʌmnieit] *vt* calunniare.
calumny ['kæləmni] *s.* calunnia; diffamazione.
Calvary ['kælvəri] *s.* **1** Calvario *(anche fig.).* **2** rappresentazione sacra del Calvario; Via Crucis.
to **calve** [kɑ:v] *vi (di vacca, ecc.)* partorire.
calves [kɑ:vz] *s. pl di* **¹calf, ²calf.**
Calvinism ['kælvinizəm] *s.* calvinismo.
Calvinist ['kælvinist] *s.* calvinista.
calvinistic(al) [,kælvi'nistik(əl)] *agg* calvinistico.
calypso [kə'lipsou] *s.* calipso *(danza popolare dei Caraibi).*
calyx ['keiliks] *s.* (*pl.* **calyces, calyxes**) *(anat., bot.)* calice.
cam [kæm] *s. (mecc.)* camma.
camaraderie [,kæmə'rɑ:dəri] *s. (fr.)* cameratismo.
camber ['kæmbə*] *s.* **1** bombatura; curvatura *(spec. di superficie stradale).* **2** inclinazione *(delle ruote).*
to **camber** ['kæmbə*] *vi* avere una bombatura, ecc. □ *vt* dare la curvatura voluta.
Cambrian ['kæmbriən] *agg* **1** gallese. **2** *(geologia, anche come s.)* cambriano: *the Cambrian,* l'era cambriana.
cambric ['keimbrik] *s.* cambrì; tessuto fine di cotone o lino.
came [keim] *pass di* **to come.**
camel ['kæməl] *s.* **1** cammello: *camel hair,* pelo di cammello. **2** cassone pneumatico.
camellia [kə'mi:ljə] *s.* camelia.
cameo ['kæmiou] *s.* (*pl.* **cameos**) **1** cammeo. **2** *(teatro, letteratura)* quadro.
camera ['kæmərə] *s.* **1** macchina fotografica; cinepresa; telecamera: *camera-man,* operatore (cinematografico, televisivo); fotocronista. **2** *in camera, (dir., dal latino)* nell'ufficio del giudizio; in privato; a porte chiuse.
cami-knickers ['kæmi'nikəz] *s. pl* pagliaccetto *(da donna).*
camisole ['kæmisoul] *s.* corpetto; camiciola.
camomile ['kæməmail] *s.* camomilla.
camouflage ['kæmu,flɑ:ʒ] *s.* camuffamento; mascheramento; travestimento; *(mil.)* mimetizzazione.
to **camouflage** ['kæmu,flɑ:ʒ] *vt* camuffare; mascherare; *(mil.)* mimetizzare.
¹camp [kæmp] *s. (sl.)* comportamento, modo di vestire femmineo, affettato.
□ *agg* dalle movenze femminee; affettato; vistoso.
²camp [kæmp] *s.* **1** campo; accampamento; campeggio: *to be in camp,* essere accampato — *to pitch a camp,* piantare il campo — *to strike (to break up) camp,* muovere il campo; levare le tende — *camp-followers, (spesso fig. e spreg.)* civili al seguito di un esercito *(in una campagna); (fig.)* parassita — *camp-stool,* seggiolino da campo (pieghevole) — *camp-fever,* febbre tifoide — *camp-fire,* fuoco all'aperto; falò — *camp-meeting,* raduno religioso all'aperto *(spec. USA)* — *concentration camp,* campo di concentramento (d'internamento); lager. **2** colonia: *summer holiday camp,* colonia estiva. **3** *(fig.)* campo; schieramento; partito; tendenza: *You and I belong to different political camps,* Tu ed io abbiamo due differenti tendenze politiche — *We are in the same camp,* Siamo schierati dalla stessa parte.
to **camp** [kæmp] *vi* accamparsi; piantare le tende; acquartierarsi; passare la notte all'addiaccio: *Where shall we camp tonight?,* Dove ci accampiamo stanotte? — *to go camping,* passare le vacanze in campeggio — *The boys have decided to go camping,* I ragazzi hanno deciso di passare le vacanze in campeggio — ⇨ *anche* **camping.**
campaign [kæm'pein] *s.* **1** campagna; operazione militare. **2** campagna pubblicitaria *(politica, ecc.): a campaign to raise funds; a fund-raising campaign,* una campagna per la raccolta di fondi.
to **campaign** [kæm'pein] *vi* fare (partecipare a) una campagna.
campaigner [kæm'peinə*] *s.* **1** militare che partecipa ad una campagna. **2** persona impegnata in una campagna politica o pubblicitaria: *an old campaigner,* un veterano; *(fig.)* una vecchia volpe; persona che la sa lunga.
campanile [,kæmpə'ni:li] *s.* campanile.
campanula [kəm'pænjulə] *s.* campanula.
camper ['kæmpə*] *s.* *(anche* camper-out*)* campeggiatore.
camphor ['kæmfə*] *s.* canfora: *camphor ball,* pallottola (pallina, perlina) di canfora.
camphorated ['kæmfəreitid] *agg* impregnato di canfora; canforato.
camping ['kæmpiŋ] *s.* l'accamparsi; il campeggiare: *a camping site,* un campeggio; un camping.
campion ['kæmpjən] *s.* silene; erba del cuoco.
campus ['kæmpəs] *s.* (*pl.* **campuses**) **1** il complesso degli edifici, campi sportivi, terreni d'una scuola o università. **2** *(fig.)* mondo universitario.
camshaft ['kæmʃɑ:ft] *s.* albero a camme.
¹can [kæn] *s.* **1** latta; lattina; bidone; barattolo; scatola della pellicola; 'pizza': *oil-can,* lattina d'olio; oliatore

— *milk-can,* bidone del latte. **2** *(spec. USA)* scatoletta *(di carne, ecc.);* barattolo di cibi conservati: *a can of peaches,* un barattolo di pesche sciroppate — *a can-opener,* un apriscatole. **3** *(sl.)* prigione. □ *to carry the can, (sl.)* essere il capro espiatorio.

to **can** [kæn] *vt* (**-nn-**) *(spec. USA)* inscatolare; mettere in scatola *(di metallo);* conservare *(cibi): canned fish,* pesce in scatola (⇨ *anche* **canned**).

²**can** [kæn] *v. difettivo* (*inf.* **to be able**; *pass.* **could**: ⇨ *anche* **able 2**) **1** potere o sapere (fare una cosa); essere capace o in grado di; avere il diritto; avere il permesso: *You can't travel first-class with a second-class ticket,* Non si può viaggiare in prima classe con un biglietto di seconda — *I will come as soon as I can,* Verrò appena potrò — *I told them I would come back as soon as I could,* Dissi loro che sarei tornato appena potevo — *He can speak French,* Sa parlare il francese — *Can you swim?,* Sai nuotare? — *The children asked whether they could go for a swim,* I bambini chiesero se potevano andare a fare una nuotata — *Could you come early?,* Potresti venire presto? — *That can't be true!,* Non può essere vero! — *How could you be so unkind?,* Come hai potuto essere così scortese? — *He said he couldn't arrive before 6 o'clock,* Disse che non sarebbe potuto arrivare prima delle 6.

2 *(usato con i verbi di percezione: di solito non si traduce in italiano) We could hear people talking in the next room,* Udimmo delle persone parlare nella stanza accanto — *I can see a sail on the horizon,* Vedo una vela all'orizzonte — *Can you hear me?,* Mi senti? — *I can't see,* Non ci vedo (Non riesco a vedere).

3 *(in frasi enfatiche e interrogative, indica stupore, impazienza, disperazione, smarrimento, ecc.) What can he mean?,* Cosa può voler dire?; Che vuole intendere? — *Where the devil can they be?,* Ma dove diavolo possono essersi cacciati? — *What can we do about it?,* Che si può fare?; Cosa possiamo fare?

□ *She can be very sarcastic,* Può (Sa) essere molto sarcastica — *Children can be very trying,* I bambini sono a volte proprio insopportabili — *I can't help it!,* Non posso farci nulla! (⇨ *anche* **to help 4**) — *You never can tell,* Non si sa mai; Non si può mai dire — *I can but... (I can only...),* Non posso fare altro che... — *I can but comply with your request,* Non posso che aderire alla tua richiesta.

Canadian [kə'neidjən] *s. e agg* canadese.

canaille [kæ'naij] *s. (fr.)* canaglia.

canal [kə'næl] *s.* **1** canale artificiale (di navigazione o per l'irrigazione): *canal boat,* chiatta. **2** canale: *the alimentary canal,* il canale alimentare. □ *the Canal Zone,* la zona del canale (di Panama o di Suez).

to **canalize** ['kænəlaiz] *vt* **1** canalizzare. **2** *(fig.)* incanalare; convogliare.

canapé ['kænəpei/kænə'pei] *s. (fr.)* piccolo panino; salatino *(al formaggio, al caviale, ecc.).*

canard [kæ'nɑːrd] *s. (fr.)* notizia falsa; fandonia.

canary [kə'nɛəri] *s.* **1** *(anche* canary-bird*)* canarino; uccello delle Canarie. **2** (color) canarino; giallo canarino.

cancan ['kænkæn] *s. (ballo)* cancan.

to **cancel** ['kænsəl] *vt* (*GB* **-ll-**; *USA* **-l-**) **1** cancellare *(con una croce, con un frego, con stampigliatura);* annullare *(con timbro); (tipografia)* sopprimere: *cancelled stamps,* francobolli annullati. **2** *(impegni, ordinazioni, ecc.)* annullare; disdire; revocare; rescindere *(un contratto);* abrogare *(una legge);* 'cancellare' *(un volo, nel gergo delle compagnie aeree): He cancelled his order,* Annullò la sua ordinazione — *The sports meeting was cancelled,* L'incontro sportivo fu annullato.

□ *vt e i.* **to cancel out,** elidere, elidersi; neutralizzare, neutralizzarsi; bilanciare, bilanciarsi; compensare, compensarsi.

cancellation [,kænsə'leiʃən] *s.* **1** segno di annullamento; stampigliatura. **2** cancellamento; cancellatura; annullamento; revoca *(di ordine);* abrogazione *(di norme, ecc.);* soppressione.

cancer ['kænsə*] *s.* **1** carcinoma; cancro *(anche fig.);* tumore. **2** *(astronomia, ecc.)* Cancro: *Tropic of Cancer,* Tropico del Cancro. □ *cancer stick, (fam.)* sigaretta.

cancerous ['kænsərəs] *agg* canceroso.

candelabrum [,kændi'lɑːbrəm] *s.* (*pl.* **candelabra**) candelabro.

candid ['kændid] *agg* candido; franco; sincero; esplicito; onesto: *I will be quite candid with you: I think you acted like a fool,* Voglio proprio essere sincero con te: penso che tu abbia agito da imbecille. □ *candid camera,* minuscola macchina fotografica *(per scattare fotografie segretamente, all'insaputa di chi viene ripreso).* □ *avv* **candidly.**

candidacy ['kændidəsi] *s.* candidatura.

candidate ['kændideit] *s.* candidato.

candidature ['kændiditʃə*] *s.* candidatura.

candied ['kændid] *agg* ⇨ **to candy.**

candle ['kændl] *s.* **1** candela; cero: *candle-ends,* moccoli — *The game is not worth the candle, (fig.)* Il gioco non vale la candela — *to burn the candle at both ends, (fam.)* lavorare eccessivamente; esaurirsi; darci dentro al massimo — *to burn the midnight candle,* studiare (lavorare) fino a tarda notte. **2** *(anche* candle-power*)* candela *(misura d'intensità della luce): a ten candle-power lamp,* una lampadina da dieci candele. □ *He can't (He is not fit to) hold a candle (to sb), (fig.)* Non è degno di lustrar le scarpe (a qcno); È molto (palesemente) inferiore (a qcno).

candlelight ['kændlilait] *s.* lume di candela: *to read by candlelight,* leggere a lume di candela.

Candlemas ['kændlməs] *s.* (festa della) Candelora.

candlestick ['kændlistik] *s.* bugia; candeliere.

candour ['kændə*] *s.* (*USA* **candor**) **1** candore. **2** freschezza.

candy ['kændi] *s.* **1** candito; zucchero candito: *candy-floss,* zucchero filato. **2** *(USA)* caramella; confetto; dolciume: *a box of candies,* una scatola di caramelle.

to **candy** ['kændi] *vt e i.* **1** candire; ricoprire di zucchero candito; cristallizzarsi: *candied plums,* prugne candite. **2** *(fig.)* addolcire: *candied words,* parole dolci, adulatrici.

candytuft ['kænditʌft] *s.* iberide.

cane [kein] *s.* **1** canna *(di bambù, di zucchero, ecc.): a chair with a cane seat,* una sedia col sedile di canna. **2** fusto sottile; stelo: *raspberry cane,* stelo di lamponi. **3** canna; bastone da passeggio; bacchetta *(delle punizioni);* verga: *to get the cane,* essere punito con la bacchetta; prendersi le bacchettate.

to **cane** [kein] *vt* **1** prendere a vergate; battere con una canna. **2** rivestire di canna.

canine ['keinain] *agg* canino.

caning ['keiniŋ] *s.* l'essere preso (o il prendere) a vergate; bastonatura.

canister ['kænistə*] *s.* barattolo; scatola *(generalm. di metallo, per tè, caffè, ecc.).*

canker ['kæŋkə*] *s.* **1** cancro *(delle piante).* **2** *(raro)* stomatite aftosa; noma. **3** cancro del fettone *(del cavallo);* cancro o ulcerazione delle orecchie *(di cani, gatti, ecc.).* **4** *(fig.)* influsso malefico; tendenza nefasta o viziosa; maledizione. □ *a canker in the bud,* un vizio congenito.

to **canker** ['kæŋkə*] *vt (di cancro delle piante)* infettare; attaccare.

cankered ['kæŋkəd] *agg (fig.)* velenoso; maligno; pernicioso; maledetto; disgraziato.

cankerous ['kæŋkərəs] *agg* cancrenoso; *(fig.)* malefico; pernicioso.

canna ['kænə] *s. (bot.)* canna.

cannabis ['kænəbis] *s.* canapa indiana; 'marijuana'; 'hascisc'.

canned [kænd] *agg* **1** *(di cibi, bevande, ecc.)* in scatola; in conserva; *(di musica, discorso)* riprodotto *(spec. su nastro magnetico).* **2** *(USA, fam.)* licenziato. **3** *(GB, sl.)* ubriaco.

cannery ['kænəri] *s.* stabilimento per la produzione di alimenti in scatola.

cannibal ['kænibəl] *s. e agg* **1** cannibale. **2** *(attrib.)* di (da) cannibale; cannibalesco: *a cannibal feast,* un banchetto cannibalesco.

cannibalism ['kænibəlizəm] *s.* cannibalismo.

cannibalistic [,kænibə'listik] *agg* cannibalesco.

to **cannibalize** ['kænibəlaiz] *vt* 'cannibalizzare' *(ricuperare parti di automobili, ecc. per usarle come pezzi di ricambio).*

cannily ['kænili] *avv* **1** con circospezione; prudentemente. **2** astutamente.

cannon ['kænən] *s.* **1** *(spesso collettivo)* cannone *(spec. ant.): cannon-ball,* palla da cannone. **2** cannone; mortaio. □ *cannon-fodder,* carne da cannone.

cannonade [,kænə'neid] *s.* cannoneggiamento; bombardamento.

cannot ['kænɔt] ⇨ **can't.**

canny ['kæni] *agg* (**-ier**; **-iest**) **1** circospetto; guardingo: **ca'canny** ⇨ **cacanny.** **2** scaltro; astuto. **3** *(spec. degli scozzesi)* parsimonioso. □ *avv* **cannily** ⇨.

canoe [kə'nu:] *s.* canoa. □ *to paddle one's own canoe,* badare ai fatti propri; fare da solo.

to **canoe** [kə'nu:] *vt* andare, attraversare, percorrere in canoa.

canoeing [kə'nu:iŋ] *s.* canottaggio *(in canoa).*

canoeist [kə'nu:ist] *s.* canoista.

canon ['kænən] *s.* **1** canone; decreto o legge ecclesiastica: *Canon law,* diritto canonico. **2** canone; principio; norma; regola: *the canons of conduct,* le norme del comportamento. **3** canone; 'corpus': *the Bible canon,* il canone della Bibbia — *the Chaucerian canon,* il 'corpus' chauceriano; gli scritti di Chaucer. **4** canone; elenco ufficiale *(dei santi, ecc.).* **5** canonico. **6** *(mus.)* canone.

canonical [kə'nɔnikl] *agg* canonico; secondo il canone o la legge ecclesiastica; *(fig.)* autorizzato; regolare: *canonical books,* i libri canonici — *canonical dress,* paramenti *(del sacerdote, ecc.).*

canonization [,kænənai'zeiʃən] *s.* canonizzazione; *(fig.)* esaltazione.

to **canonize** ['kænənaiz] *vt* canonizzare; dichiarare santo; *(fig.)* glorificare.

to **canoodle** [kə'nu:dl] *vt e i. (USA)* vezzeggiare; coccolare.

canopy ['kænəpi] *s.* **1** baldacchino; *(fig.)* volta. **2** tettuccio *(di aeroplano).* **3** calotta *(di paracadute).*

can't [kɑ:nt] *contraz di* **cannot** (⇨ **²can**): *We can't find it,* Non lo troviamo; Non riusciamo a trovarlo.

¹cant [kænt] *s.* **1** gergo; linguaggio convenzionale o tecnico: *thieves' cant,* il gergo della malavita. **2** linguaggio ipocrita; frasi vuote, di convenienza; frasi fatte; ipocrisia. **3** *(attrib.)* di gergo; convenzionale; trito; banale; insincero; ipocrita: *a cant phrase,* un'espressione in gergo; una frase convenzionale — *cant words,* parole insincere, banali, ipocrite.

¹to **cant** [kænt] *vi* **1** parlare in gergo; usare un linguaggio convenzionale. **2** parlare *(spec.* predicare*)* in modo ipocrita. □ *canting arms, (araldica)* blasone (stemma) con riferimenti al nome familiare *(con un gallo, se della famiglia Gallo, ecc.).*

²cant [kænt] *s.* sbilanciamento; spostamento.

²to **cant** [kænt] *vt e i.* **1** sbilanciare; spostare. **2** rovesciare; voltare. **3** *(di nave)* ingavonarsi.

Cantab ['kæntæb] *agg (fam., abbr.)* dell'Università di Cambridge.

cantaloup(e) ['kæntəlu:p] *s.* varietà di melone.

cantankerous [kæn'tæŋkərəs] *agg* irascibile; stizzoso; litigioso.

cantankerousness [kən'tæŋkərəsnis] *s.* irascibilità; litigiosità.

cantata [kæn'tɑ:tə] *s.* cantata.

canteen [kæn'ti:n] *s.* **1** spaccio; bettolino; cantina; dispensa: *dry canteen,* spaccio di bevande analcooliche. **2** mensa aziendale. **3** cestino, cassetta, armadietto *(delle posate).* **4** gavetta; borraccia.

canter ['kæntə*] *s.* piccolo galoppo: *The horse won the race at a canter,* Il cavallo vinse la corsa facilmente.

to **canter** ['kæntə*] *vt e i.* andare al piccolo galoppo.

canticle ['kæntikl] *s.* cantico.

cantilever ['kæntili:və*] *s.* trave a sbalzo: *cantilever bridge,* ponte a mensola — *cantilever crane,* gru a braccio.

canto ['kæntou] *s.* (*pl.* **cantos**) canto *(parte di poema).*

canton ['kæntɔn] *s.* **1** cantone *(svizzero);* regione; distretto. **2** *(araldica)* cantone.

cantonment [kən'tu:nmənt] *s.* posto militare permanente *(in India e Pakistan);* accantonamento; acquartieramento.

Canuck [kə'nuk] *s. (sl.)* canadese di origine francese; *(USA)* canadese.

canvas ['kænvəs] *s.* canovaccio; tela *(per imballaggio, per tende, per artisti, ecc.); (per estensione)* quadro; tela: *under canvas,* in tenda; sotto le tende; *(di nave)* a vele spiegate *(in navigazione)* — *canvas town,* tendopoli — *That's a good canvas,* È un buon quadro.

to **canvass** ['kænvəs] *vi* far propaganda elettorale in modo capillare *(per un particolare candidato parlando individualmente agli elettori, per strada o a casa loro);* sollecitare, raccogliere voti; fare un giro elettorale: *He is canvassing for the Conservative candidate,* Sta facendo propaganda elettorale per il candidato del partito conservatore.

□ *vt* discutere a fondo; esaminare minutamente; passare al vaglio.

canvasser ['kænvəsə*] *s.* **1** galoppino elettorale. **2** *(GB, comm.)* piazzista.

canyon, cañon ['kænjən] *s. (spec. USA)* canyon; profondo canalone; burrone.

cap [kæp] *s.* **1** berretto; copricapo *(senza tesa e generalm. con visiera);* bustina militare; cuffia *(di infermiera, di cameriera): cardinal's cap,* berretta cardinalizia — *dunce's cap* ⇨ **dunce** — *cap of liberty,* berretto frigio. **2** *(delle bottiglie)* coperchio o tappo metallico; *(di scarpa)* puntale; *(di monte)* cima rotonda *(spec. se innevata).* **3** *(di pneumatico)* battistrada; *(di cartuccia)* capsula. **4** *cradle cap,* crosta lattea; lattime.

□ *cap in hand,* col berretto in mano; *(fig.)* rispettosamente; umilmente — *if the cap fits, (fig.)* se l'osservazione è giusta, va bene al caso — *to set one's cap at sb, (fig., detto di donne o di ragazze)* posare gli occhi su qcno; prenderlo di mira per farsi sposare — *cap and bells,* berretto a sonagli; berretto da giullare — *cap and gown,* tocco e toga; costume accademico di studenti e professori *(universitari in GB; dei 'colleges' in USA)* — *the black cap, (GB)* il tocco nero *(del giudice che pronunciava una condanna a morte).*

to **cap** [kæp] *vt* (**-pp-**) **1** mettere il berretto a qcno; coprire *(l'estremità di un palo, ecc.);* ricoprire *(di neve una cima);* mettere la capsula *(sullo scodellino del fucile); (fig.)* coronare; finire; completare. **2** fare o dire meglio (di altri); superare: *to cap a story (a joke),* raccontare una storiella migliore della precedente. **3** *(sport)* dare a un giocatore il berretto distintivo della squadra: *to be capped,* fare parte di una squadra — *He was capped five times for Wales,* Giocò cinque volte nella nazionale gallese. **4** *(in certe università scozzesi)* conferire la laurea.

capability [,keipə'biliti] *s.* **1** capacità; idoneità; abilità. **2** *(al pl.)* possibilità: *The boy has great capabilities,* Il ragazzo ha grandi possibilità. **3** *(di macchina, ecc.)* possibilità.

capable ['keipəbl] *agg* **1** capace; abile; bravo; valente; destro: *a very capable doctor,* un medico molto bravo. **2** *(seguito da* of: *di persona)* capace; che ha abilità, inclinazione, tendenza a fare qcsa: *Show your teacher what you are capable of,* Fai vedere al tuo insegnante cosa sei capace di fare — *He's quite capable of neglecting his duty,* È capacissimo di trascurare il suo dovere — *He's capable of anything,* È capace di tutto. **3** *(seguito da* of: *di cose)* suscettibile; aperto: *The situation is capable of improvement,* La situazione è suscettibile di miglioramento. □ *avv* **capably.**

capacious [kə'peiʃəs] *agg* capace; ampio; spazioso; vasto: *a capacious memory,* una memoria ricettiva; una buona memoria.

capaciousness [kə'peiʃəsnis] *s.* capacità; ampiezza.

capacity [kə'pæsiti] *s.* **1** capacità *(in molti sensi);* capienza; portata; *(mecc.)* potenza; cilindrata: *a seating capacity of 500,* una capienza di 500 posti a sedere — *filled to capacity,* assolutamente pieno; al completo — *There was a capacity audience,* C'era il tutto esaurito — *This book is within the capacity of young readers,* Questo libro è alla portata dei giovani lettori. **2** posizione; carica; ufficio; funzione; qualità: *... in his capacity as an officer of the law,* ... nella sua qualità di tutore della legge.

cap-à-pie [,kæpə'pi:] *avv* da capo a piedi; *(fig.)* completamente: *armed cap-à-pie,* armato dalla testa ai piedi; armato di tutto punto (sino ai denti).

caparison [kə'pærisən] *s. (ant., spesso al pl.)* gualdrappa; vesti e ornamenti di cavallo e cavaliere; *(fig.)* corredo.

to **caparison** [kə'pærisən] *vt* bardare; mettere la gualdrappa ad un cavallo; *(fig.)* adornare; corredare.

[1]**cape** [keip] *s.* cappa; mantelletto; mantellina.

[2]**cape** [keip] *s.* capo; promontorio: *the Cape,* il Capo di Buona Speranza; la Provincia del Capo *(in Sud-Africa)* — *Cape Town,* Città del Capo — *Cape doctor,* forte vento sudafricano da sud-est.

[1]**caper** ['keipə*] *s.* capriola; piroetta; saltello: *to cut a caper; to cut capers,* - **a)** fare una capriola (capriole) - **b)** far stramberie. □ *I understand his little caper,* Non mi lascerò ingannare dal suo giochetto.

to **caper** ['keipə*] *vi* far capriole; saltellare.

[2]**caper** ['keipə*] *s.* cappero.

capillary [kə'piləri] *s. e agg* **1** (vaso) capillare. **2** *(attrib., anche fig.)* capillare; dei (vasi) capillari: *capillary attraction,* attrazione capillare *(di carta assorbente, di stoppino, ecc.)* — *capillary outlets, (comm.)* punti di vendita capillari.

[1]**capital** ['kæpitl] *s. (spesso attrib.)* **1** (città) capitale. **2** (lettera) maiuscola; *(al pl.)* stampatello: *The English pronoun 'I' is written with a capital,* Il pronome inglese 'I' si scrive con la maiuscola — *Write in capitals,* Scrivere in stampatello. **3** *(econ.)* capitale: *The company has a paid-up capital of 500,000 pounds,* La società ha un capitale versato di 500.000 sterline — *capital stock,* capitale azionario — *capital account,* conto capitale — *capital expenditure,* spese di investimento; investimento di capitali — *capital goods,* attrezzature; materie prime — *to make capital of sth,* far capitale di qcsa; trarre vantaggio da qcsa; far tornare qcsa a proprio conto — *Capital and Labour,* capitale e lavoro; i detentori di capitale e le forze di lavoro (gli industriali e gli operai). **4** *(archit.)* capitello.

[2]**capital** ['kæpitl] *agg* **1** capitale; punibile con la morte: *capital offences,* delitti passibili di pena capitale. **2** *(di città)* capitale. **3** *(di lettera)* maiuscola. **4** *(fam.)* eccellente; magnifico; ottimo; di prim'ordine; coi fiocchi: *What a capital idea!,* Che magnifica idea! — *Capital!,* Ottimo!; Benissimo! — *He made a capital speech,* Fece un discorso coi fiocchi. □ *capital ship,* corazzata.

capitalism ['kæpitəlizəm] *s.* capitalismo.

capitalist ['kæpitəlist] *s.* capitalista; *(fam.)* riccone.

capitalization [,kæpitəlai'zeiʃən] *s.* **1** uso delle lettere maiuscole *(dello stampatello).* **2** capitalizzazione; capitale complessivo *(di un'azienda).*

to **capitalize** ['kæpitəlaiz] *vt* **1** scrivere in maiuscole, in stampatello. **2** capitalizzare; calcolare o realizzare il valore attuale *(di una rendita, ecc.);* valutare il capitale complessivo *(di una società);* finanziare *(un'impresa).* **3** *(fig.: seguito da* on*)* trarre profitto; usare a proprio vantaggio.

capitation [,kæpi'teiʃən] *s.* capitazione; pagamento 'pro capite'.

Capitol ['kæpitl] *s.* il Campidoglio *(di Roma);* la sede del Congresso degli Stati Uniti *(a Washington).*

to **capitulate** [kə'pitjuleit] *vt* capitolare; arrendersi; venire a patti; *(fam.)* cedere.

capitulation [kə,pitju'leiʃən] *s.* **1** capitolazione; resa *(o l'atto relativo).* **2** *(dir., anche al pl.)* trattato; capitolazioni.

capon ['keipən] *s.* cappone.

caprice [kə'pri:s] *s.* capriccio; fantasia; bizza.

capricious [kə'priʃəs] *agg* capriccioso. □ *avv* **capriciously.**

Capricorn ['kæprikɔ:n] *s. (astronomia, ecc.)* Capricorno.

caps [kæps] *s. pl (abbr. sl. di* capitals*)* stampatello.

capsicum ['kæpsikəm] *s.* capsico; pimento; peperone.

to **capsize** [kæp'saiz] *vt e i.* capovolgere; cappottare; capovolgersi *(spec. di barca);* fare scuffia; ribaltare, ribaltarsi.

capstan ['kæpstən] *s.* argano; verricello; cabestano.

capsule ['kæpsju:l] *s.* **1** capsula *(anche di astronave).* **2** *(bot.)* pericarpo. **3** pillola; cachet. **4** coperchio o tappo metallico *(di bottiglia).*

captain ['kæptin] *s.* capitano *(di nave, squadra, ecc.).* □ *captain of industry,* capitano d'industria.

to **captain** ['kæptin] *vt* capitanare; comandare.

captaincy ['kæptinsi] *s.* grado di capitano.

caption ['kæpʃən] *s. (di illustrazione, ecc.)* leggenda; intestazione; didascalia; sottotitolo: *an Italian film with English captions,* un film italiano con didascalie (sottotitoli) in inglese.

captious ['kæpʃəs] *agg* capzioso; sofistico; insidioso. □ *avv* **captiously.**

to **captivate** ['kæptiveit] *vt* cattivarsi; attrarre; incantare; affascinare: *He was captivated by Helen,* Fu affascinato da Helen.

captive ['kæptiv] *s. e agg* **1** prigioniero: *to be taken captive,* essere fatto prigioniero — *to hold sb captive,* tenere prigioniero qcno. **2** *(come agg.)* prigioniero; in cattività: *a captive balloon,* un pallone frenato.

captivity [kæp'tiviti] *s.* prigionia; cattività; schiavitù.

captor ['kæptə*] *s.* chi cattura; chi fa prigioniero; catturatore.

capture ['kæptʃə*] *s.* **1** cattura; arresto. **2** persona o cosa catturata.

to **capture** ['kæptʃə*] *vt* catturare; far prigioniero; *(della polizia)* arrestare; *(di cose, premi, ecc.)* accaparrarsi; ottenere; vincere; *(di pubblicità)* attirare; attrarre *(l'attenzione).*

car [kɑ:*] *s.* **1** veicolo su ruote; *(fam.)* auto; macchina: *motor-car,* automobile — *tram-car, (GB, raro) street car, (USA)* tram; vettura tranviaria — *car-port,* garage all'aperto. **2** *(ferrovia)* carrozza: *freight car, (USA)* vagone merci — *dining-car,* carrozza (vagone) ristorante — *sleeping-car,* vagone letto — *flat-car, (USA)* pianale. **3** navicella *(di aerostato, dirigibile);* vagoncino; vagonetto *(di miniera);* gabbia *(di ascensore).* **4** *(poet.)* carro; cocchio: *Phoebus' car,* il carro del sole.

carafe [kə'rɑ:f] *s.* caraffa.

caramel ['kærəməl] *s.* **1** caramello; zucchero caramellato. **2** caramella. **3** color caramello.

carapace ['kærəpeis] *s.* carapace *(di tartaruga, ecc.).*

carat ['kærət] *s.* carato.

caravan ['kærəvæn] *s.* **1** carovana *(di pellegrini, di mercanti).* **2** carrozzone; furgone *(degli zingari).* **3** roulotte; carro abitazione.

caravanning ['kærəvæniŋ] *s.* il viaggiare con la roulotte.

caravansary, caravanserai [,kærə'vænsəri/-sərai] *s.* caravanserraglio.

caraway ['kærəwei] *s.* cumino.

carbide ['kɑ:baid] *s.* carburo.

carbine ['kɑ:bain] *s.* carabina.

carbohydrate ['kɑ:bou,haidreit] *s.* carboidrato.

carbolic [kɑ:'bɔlik] *agg* fenico: *carbolic acid,* fenolo; acido fenico.

carbon ['kɑ:bən] *s.* **1** carbonio: *carbon dioxide,* anidride carbonica — *carbon monoxide,* ossido di carbonio. **2** carbone; elettrodo a carbone. **3** *(anche* carbon-paper*)* foglio di carta carbone; carta copiativa. **4** *(anche* carbon copy*)* copia *(fatta con carta carbone);* velina. □ *carbon black,* nerofumo.

carbonate ['kɑ:bənit] *s.* carbonato.

carbonated ['kɑ:bəneitid] *agg (di bevande)* gassosa; impregnata di anidride carbonica.

carbonic [kɑ:'bɔnik] *agg* carbonico: *carbonic acid,* acido carbonico; diossido di carbonio.

carboniferous [kɑ:bə'nifərəs] *agg* carbonifero.

carbonization [,kɑ:bənai'zeiʃən] *s.* carbonizzazione.

to **carbonize** ['kɑ:bənaiz] *vt* carbonizzare.

carborundum [,kɑ:bə'rʌndəm] *s.* carborundo; carburo di silicio.

carboy ['kɑ:bɔi] *s.* damigiana *(per gli acidi).*

carbuncle ['kɑ:bʌŋkl] *s.* **1** *(ant.)* carbonchio; rubino rosso acceso; granato a cabochon. **2** carbonchio; pustola; foruncolo maligno.

carburettor ['kɑ:bju,retə*] *s.* *(anche* **carburetor, carburetter***)* carburatore.

carcass, carcase ['kɑ:kəs] *s.* **1** carogna; cadavere di animale; carcassa: *carcass meat,* carne cruda *(anche fig.).* **2** carcassa *(di pneumatico);* armatura *(di fabbricato);* ossatura *(di nave).*

[1]**card** [kɑ:d] *s.* **1** cartoncino; biglietto; cartolina; scheda: *visiting card (GB); calling card (USA),* biglietto da visita — *Christmas card,* biglietto di Buon Natale — *post-card,* cartolina postale — *card index,* schedario — *card vote,* voto per delega — *to get one's cards,* venir licenziato; *(letteralm.)* ricevere indietro il proprio libretto di lavoro. **2** carta *(da gioco): to play (at) cards,* giocare a carte — *to make a card,* fare un punto *(giocando a carte)* — *card-sharper,* baro — *to have a card up one's sleeve,* avere un asso nella manica *(letteralm. e fig.)* — *to play one's cards well,* giocare bene le proprie carte *(letteralm. e fig.)* — *to put one's cards on the table,* mettere le carte in tavola (giocare a carte scoperte) *(letteralm. e fig.)* — *to throw up one's cards, (fig.)* cedere le armi (darsi per vinto) — *It's a sure (safe) card, (fig.)* È una carta sicura — *It's on the cards, (fig.)* È probabile (se le carte non sbagliano). **3** programma *(di gara, partita, ecc.).* **4** *(di persona, scherz., un po' desueto)* sagoma; tipo (eccentrico).

[2]**card** [kɑ:d] *s.* carda.

to **card** [kɑ:d] *vt* cardare.

cardamom ['kɑ:dəməm] *s.* cardamomo.

cardboard ['kɑ:dbɔ:d] *s.* cartone.

cardiac ['kɑ:diæk] *agg* cardiaco.

cardigan ['kɑ:digən] *s.* cardigan *(giacca di lana a maglia).*

[1]**cardinal** ['kɑ:dinl] *agg* cardinale; *(fig.)* importantissimo: *the cardinal points,* i punti cardinali.

[2]**cardinal** ['kɑ:dinl] *s.* cardinale.

cardiogram ['kɑ:diougræm] *s.* cardiogramma.

cardiologist [,kɑ:di'ɔlədʒist] *s.* cardiologo.

cardiology [,kɑ:di'ɔlədʒi] *s.* cardiologia.

cardoon [kɑ:'du:n] *s.* cardo.

care [kɛə*] *s.* **1** attenzione; cura: *You should give more care to your work,* Dovresti mettere più attenzione nel tuo lavoro — *Glass, with care!,* Attenzione, vetro! — *Handle with care,* Maneggiare con cura — *to take care,* fare attenzione — *to take care of sb or sth,* prendersi cura di qcsa o qcno. **2** cure; protezione; responsabilità: *medical care,* assistenza medica — *The child was left in his sister's care,* Il bambino fu affidato alle cure di sua sorella — *I will leave this in your care,* Lascierò questo sotto la tua responsabilità — *care of (spesso abbr. in 'c/o') Mr John Brown, (su una busta)* presso il signor John Brown. **3** ansietà; affanni; preoccupazioni: *I am free from care,* Non ho preoccupazioni, pensieri — *Care had made him look ten years older,* Gli affanni lo avevano fatto invecchiare di dieci anni — *He has not a care in the world,* È assolutamente libero da preoccupazioni — *care-worn,* logorato dagli affanni. □ *Care killed the cat, (prov.)* Le preoccupazioni scavano la tomba.

to **care** [kɛə*] *vi* **1** preoccuparsi; prendersela: *He failed in the examination but I don't think he cares very much,* Gli è andato male l'esame ma non penso che se la prenda tanto (che gliene importi un granché) — *He doesn't care what they say,* Non gliene importa di quello che dicono — *I don't care who you are,* Non mi importa chi sia Lei — *I don't much care about going,* Non ci tengo molto ad andare — *Who cares?,* Chi se ne frega? — *He doesn't care a pin (a damn, a farthing),* Non gliene importa niente (un accidenti, un fico secco); Se ne infischia — *I couldn't care less,* Me ne infischio; Me ne impipo; M'importa un fico secco; Me ne frego. **2** volere; desiderare: *Would you care to go for a walk?,* Vorresti fare una passeggiata? — *I* *don't care to be seen in his company,* Non desidero (Non ci tengo a) farmi vedere in sua compagnia. **3 to care for,** - **a)** desiderare; piacere *(impers.): Would you care for a drink?,* Ti piacerebbe bere qcsa? — *I shouldn't care for that man to be my doctor,* Non mi piacerebbe che quell'uomo fosse il mio medico - **b)** prendersi cura di; provvedere a: *Who will care for the children?,* Chi si prenderà cura dei bambini? — *The State cares for the families of soldiers killed in the war,* Lo Stato provvede alle famiglie dei soldati uccisi in guerra.

to **careen** [kə'ri:n] *vt* **1** carenare; abbattere in carena *(di barche, ecc., per lavori di riparazione).* **2** far sbandare.
□ *vi* sbandare.

career [kə'riə*] *s.* **1** carriera; occupazione; impiego; professione: *to take up a career,* abbracciare una carriera — *careers open to women,* professioni aperte alle donne. **2** *(attrib.)* di carriera: *a career diplomatist,* un diplomatico di carriera — *a career-girl (-woman), (fam.)* una ragazza (una donna) che vuole fare carriera. **3** andatura veloce; corsa: *in full career,* di gran carriera; di corsa; a tutta velocità — *to stop sb in mid career,* fermare qcno a mezza corsa.

to **career** [kə'riə*] *vi (seguito da* about, along, past, through, *ecc.)* andare di gran carriera; scorrazzare.

careerism [kə'riərizəm] *s.* arrivismo.

careerist [kə'riərist] *s.* arrivista.

carefree ['kεəfri:] *agg* libero da preoccupazioni; *(per estensione)* allegro; spensierato.

careful ['kεəful] *agg* **1** *(di persona)* accurato; diligente; attento; guardingo; prudente; sollecito: *to be careful,* star attento; fare attenzione; essere prudente — *Be careful what you do,* Fai attenzione a quello che fai — *to be careful of sth,* aver cura di qcsa; essere prudente con qcsa — *to be careful with money,* essere parsimonioso. **2** *(di cose)* accurato; fatto bene: *a careful piece of work,* un lavoro fatto bene — *a careful examination of the facts,* un attento esame dei fatti. □ *avv* **carefully.**

carefulness ['kεəfulnis] *s.* **1** accuratezza; diligenza; attenzione; sollecitudine. **2** prudenza; cautela.

careless ['kεəlis] *agg* **1** trascurato; negligente; sbadato; disattento; trasandato; sconsiderato; incauto: *He is careless about (o as to) his clothes,* È trasandato nel vestire — *A careless driver is a danger to the public,* Un guidatore sconsiderato è un pericolo (per il) pubblico — *a careless mistake,* un errore di distrazione, di sbadataggine. **2** noncurante: *The soldiers were careless of hardship,* I soldati erano noncuranti delle privazioni. **3** spensierato; gaio; dal cuor leggero. **4** *(raro)* istintivo; genuino; naturale. □ *avv* **carelessly.**

carelessness ['kεəlisnis] *s.* negligenza; trascuratezza; sconsideratezza; spensieratezza; sbadataggine.

caress [kə'res] *s.* carezza; *(talvolta)* bacio.

to **caress** [kə'res] *vt* accarezzare; abbracciare; baciare; vezzeggiare.

caressing [kə'resiŋ] *agg* carezzevole. □ *avv* **caressingly.**

caret ['kærət] *s. (tipografia)* segno di omissione.

caretaker ['kεə,teikə*] *s.* custode; guardiano *(di castello, museo, ecc.): school-caretaker,* bidello — *a caretaker Government,* governo ad interim; governo ponte.

cargo ['kɑ:gou] *s. (pl.* **cargoes, cargos**) carico *(di una nave, ecc.): cargo boat (ship, plane),* imbarcazione (nave, aereo) da carico.

Caribbean [,kæri'bi:ən] *agg* caraibico. □ *the Caribbean Sea,* il mar dei Caraibi.

caribou ['kæribu:] *s. (pl.* **caribous, caribou**) caribù.

caricature [,kærikə'tjuə*] *s.* **1** caricatura *(di disegno o di gesto).* **2** l'arte o l'abilità di fare caricature.

to **caricature** [,kærikə'tjuə*] *vt* fare la caricatura; mettere in ridicolo; parodiare.

caricaturist [,kærikə'tjuərist] *s.* caricaturista.

caries ['kεərii:z] *s.* carie.

carillon [kə'riljən] *s. (fr.)* concerto di campane; carillon.

carious ['kεəriəs] *agg* cariato.

carking ['kɑ:kiŋ] *agg (poet.: soltanto nella frase) carking care,* cura gravosa; carico; preoccupazione.

carload ['kɑ:loud] *s.* portata (contenuto) di un'automobile; carico.

carmine ['kɑ:min/-main] *s. e agg* carminio.

carnage ['kɑ:nidʒ] *s.* carneficina; carnaio; strage: *a scene of carnage,* una scena orribile (terrificante).

carnal ['kɑ:nl] *agg* carnale; fisico: *to have carnal knowledge of sb, (dir.)* avere rapporti carnali (sessuali) con qcno. □ *avv* **carnally.**

carnation [kɑ:'neiʃən] *s.* garofano; (colore) rosa o rosso; *(poet.)* incarnato.

carnelian [kɑ:'ni:ljən] *s.* = **cornelian.**

carnival ['kɑ:nivəl] *s.* **1** carnevale. **2** *(fig.)* festa rumorosa; baldoria; orgia.

carnivore ['kɑ:nivɔ:*] *s.* carnivoro.

carnivorous [kɑ:'nivərəs] *agg* carnivoro.

carob [kə'rɔb] *s.* carruba: *carob-tree,* carrubo.

carol ['kærəl] *s.* carola; canto di gioia; canto natalizio.

to **carol** ['kærəl] *vt* (**-ll-**) cantare gioiosamente; celebrare con canti.

Caroline ['kærəlain] *agg* (del tempo) di Carlo I e Carlo II d'Inghilterra *(1600-1649 e 1660-1683 rispettivamente).*

Carolingian [,kærə'lindʒiən] *agg e s.* carolingio.

caroller ['kærələ*] *s.* chi canta canti natalizi; cantante.

carousal [kə'rauzəl] *s.* gozzoviglia; bevuta; baldoria.

carouse [kə'rauz] *s.* baldoria.

to **carouse** [kə'rauz] *vt* bere smodatamente e far baldoria.

carousel ['kɑ:ru:'zel] *s.* giostra; carosello.

carp [kɑ:p] *s.* carpa.

to **carp** [kɑ:p] *vi (spesso seguito da* at*)* trovare a ridire; lamentarsi: *She's always carping at her husband,* Tormenta sempre suo marito — *a carping tongue,* una lingua velenosa — *carping criticism,* critica pungente e ingenerosa.

carpenter ['kɑ:pintə*] *s.* carpentiere; falegname.

carpentry ['kɑ:pintri] *s.* carpenteria; falegnameria.

carpet ['kɑ:pit] *s.* **1** tappeto: *bedside carpet,* scendiletto — *carpet slippers,* pantofole (con suola) di stoffa — *carpet-sweeper,* spazzolone per tappeti. **2** tappeto *(di fiori, ecc.);* manto superficiale; *(di strada)* strato liscio e uniforme: *a carpet of moss,* un tappeto di muschio.
□ *to be on the carpet, (di argomenti, ecc.)* essere sul tappeto (in discussione); *(di persona, spec. di impiegato, funzionario, ecc.)* essere ammonito — *He was on the carpet this morning for being late, (fam., GB)* Stamattina si è preso un cicchetto perché è arrivato tardi — *carpet-bag,* sacco; borsa da viaggio — *carpet-bagger, (USA)* mestatore politico *(nordista nel Sud); (fig.)* avventuriero; politicante — *carpet-knight,* - **a)** guerriero da salotto; damerino; cavalier servente; donnaiolo - **b)** *(mil.)* imboscato.

to **carpet** ['kɑ:pit] *vt* coprire con un tappeto; tappezzare; ricoprire con uno strato uniforme. □ *(GB, fam.)* sgridare; fare un cicchetto a qcno.

carping ['kɑ:piŋ] *agg* ⇨ **to carp.**

carriage ['kæridʒ] *s.* **1** carrozza; vettura; carrozza ferroviaria; carrello; carro: *a carriage and pair,* una carrozza a due cavalli; un tiro a due — *carriage-drive,* viale *(di accesso a una villa, ecc.)* — *carriage-way,* carreggiata; (strada) rotabile — *The first class carriages are in front,* Le carrozze di prima classe sono in testa — *gun-carriage,* affusto di cannone. **2** trasporto; porto; spese di trasporto: *carriage forward,* porto assegnato — *carriage paid; carriage free,* franco di porto. **3** portamento; andatura; contegno: *She has a graceful carriage,* Ha un'andatura aggraziata.

carriageway ['kæridʒwei] *s.* carreggiata: *dual carriageway,* strada a doppia carreggiata.

carrier ['kæriə*] *s.* **1** spedizioniere; corriere; vettore; *(USA)* postino: *carrier-pigeon,* piccione viaggiatore. **2** portapacchi *(di bicicletta, ecc.); (mecc.)* trasportatore; piastra portante; supporto. **3** *(med.)* portatore; vettore. **4** veicolo (speciale) da trasporto: *aircraft carrier,* (nave) portaerei — *troop-carrier,* aeroplano per trasporto truppe. □ *carrier-bag, (GB)* sacchetto *(per la spesa).*

carrion ['kæriən] *s.* carogna: *carrion-crow,* cornacchia nera. □ *(come agg. attrib.)* disgustoso; corrotto; in putrefazione; in decomposizione.

carrot ['kærət] *s.* **1** carota: *the stick and the carrot,* il bastone e la carota. **2** *(al pl.) carrots, (fam.)* pel di carota. **3** *(come agg.)* color carota; rosso arancione.

carroty ['kærəti] *agg* **1** color carota. **2** dai capelli rossi.

carry ['kæri] *s.* **1** portata; distanza coperta da un oggetto lanciato. **2** = **portage.** **3** *carry-over,* riporto; rimanenza; giacenza. **4** posizione di saluto con la spada.

to **carry** ['kæri] *vt e i.* **1** portare *(un peso, un pacco, ecc.);* trasportare; portare *(una persona, un messaggio, ecc.)* da un posto all'altro; trasmettere; portare *(suoni): He was carrying a box on his shoulder,* Portava una cassa sulle spalle — *She was carrying a baby in her arms,* Portava un bambino in braccio — *Railways and ships carry goods,* Le ferrovie e le navi trasportano merci — *an incident that carried me back to my childhood,* un episodio che mi riportò all'infanzia — *Wires carry sound,* I fili trasmettono il suono — *to carry sb shoulder high,* portare qcno in trionfo.

2 portare *(con sé, addosso): I never carry much money with me,* Non porto mai molto denaro con me — *The wound left a scar that he will carry with him to the grave,* La ferita gli ha lasciato una cicatrice che si porterà fino alla tomba — *to carry a child,* essere incinta.

3 sostenere: *These pillars carry the weight of the roof,* Questi pilastri sostengono il peso della volta.

4 vincere; conquistare; sopraffare; trascinare *(mil., anche fig.);* far accogliere; far approvare: *The soldiers rushed forward and carried the enemy's positions,* I soldati si lanciarono in avanti e conquistarono le postazioni nemiche — *He carried all before him, (fig.)* Ebbe un successo completo — *He carried his audience with him,* Trascinò il proprio uditorio (il pubblico) — *The bill was carried,* Il disegno di legge fu approvato.

5 raggiungere *(di voce, proiettile, suono);* avere una portata: *Our guns do not carry far enough,* I nostri cannoni non arrivano abbastanza lontano — *The sound of the guns carried many miles,* Il rombo dei cannoni arrivava a molte miglia di distanza.

6 comportare; implicare: *The loan carries 7.5 per cent interest,* Il prestito comporta il 7,50 per cento di interesse — *Power carries responsibility with it,* Il potere implica responsabilità — *to carry weight, (di un ragionamento, ecc.)* aver peso — *to carry conviction,* essere convincente.

7 *(comm.)* accordare un credito.

8 tenere *(in negozio, per vendere).*

9 portare *(di giornale): Today's Times carries an important editorial,* Il Times di oggi porta un importante articolo di fondo.

□ **to carry oneself,** *v. rifl* aver l'aspetto, il portamento; atteggiarsi: *He carries himself like a soldier,* Ha il portamento di un soldato.

to carry across, trasportare *(dall'altra parte, all'altra riva).*

to carry away, *(generalm. usato nella forma passiva) to be carried away,* lasciarsi trasportare *(dalla musica, dal sentimento, ecc.): He was carried away by his enthusiasm,* Si lasciò trascinare dall'entusiasmo.

to carry forward, riportare *(contabilità).*

to carry off, - **a)** vincere *(un premio): He carried off the first prize,* Vinse (Portò via) il primo premio - **b)** *to carry it off,* riuscire sul colpo; farcela; farla franca.

to carry on, - **a)** continuare; portare avanti; persistere *(specie dopo una interruzione): Carry on with your work,* Continua il tuo lavoro — *It's difficult to carry on a conversation in a crowded room,* È difficile portare avanti una conversazione in una stanza affollata - **b)** dirigere o gestire *(un'azienda)* - **c)** parlare, comportarsi scioccamente o in modo strano: *Those foreigners were carrying on very strangely,* Quegli stranieri stavano comportandosi in maniera molto strana - **d)** *(fam.)* amoreggiare; 'filare': *The postman is carrying on with our housemaid,* Il postino se la intende con la nostra cameriera.

to carry out, eseguire; portare a termine; effettuare; realizzare: *It's easier to make plans than it is to carry them out,* È molto più facile fare progetti che realizzarli — *These orders must be carried out at once,* Questi ordini devono essere eseguiti immediatamente.

to carry through, superare un ostacolo, una difficoltà: *His courage will carry him through,* Il suo coraggio gli farà superare ogni ostacolo.

carryings-on ['kæriiŋz'ɔn] *s. pl* **1** manovre. **2** buffonate; stramberie.

cart [kɑ:t] *s.* carro *(a due ruote);* carretta; carretto *(anche a mano);* calesse: *cart-horse,* cavallo da tiro — *cart-load,* carrettata — *to turn cart-wheels,* fare la ruota *(come capriola).* □ *to put the cart before the horse, (fig.)* mettere il carro davanti ai buoi — *to be in the cart, (fam.)* essere nei guai; trovarsi nei pasticci.

to **cart** [kɑ:t] *vt* **1** trasportare col carro, col calesse. **2** *(fam.)* portare: *They carted him off to prison,* Lo portarono in galera. □ *vi to cart about,* scarrozzare.

cartage ['kɑ:tidʒ] *s.* **1** trasporto *(per mezzo di carro o di carri).* **2** spese o costo di trasporto.

carte blanche ['kɑ:t'blɑ̃:nʃ] *s. (fr.)* carta bianca; pieni poteri.

cartel [kɑ:'tel] *s.* **1** *(econ.)* cartello; consorzio di industriali (di industrie). **2** accordo per lo scambio di prigionieri. **3** *(ant.)* cartello di sfida *(per un duello).*

carter ['kɑ:tə*] *s.* carrettiere; barrocciaio.

cartilage ['kɑ:tilidʒ] *s.* cartilagine.

cartilaginous [,kɑ:ti'lædʒinəs] *agg* cartilaginoso.

cartography [kɑ:'tɔgrəfi] *s.* cartografia.

carton ['kɑ:tən] *s.* scatola di cartone; cartoccio; recipiente in carta rigida *(per latte, bibite varie).*

cartoon [kɑ:'tu:n] *s.* **1** vignetta satirica; disegno umoristico *(spec. satirico, sui giornali).* **2** cartone; disegno preparatorio per affreschi o mosaici. **3** cartone (disegno) animato; fumetto.

to **cartoon** [kɑ:'tu:n] *vt e i.* **1** fare un disegno umoristico; disegnare una vignetta; fare la caricatura *(generalm. di personaggi politici).* **2** fare un cartone *(per arazzi, ecc.).* **3** disegnare cartoni animati.

cartoonist [kɑ:'tunist] *s.* **1** caricaturista; vignettista. **2** disegnatore di cartoni animati.

cartridge ['kɑ:tridʒ] *s.* **1** cartuccia *(anche di penna a sfera, ecc.);* rotolo; rullino di pellicola fotografica: *cartridge-belt,* cartucciera — *blank cartridge,* cartuccia a salve. **2** testina staccabile del fonorilevatore *(in un giradischi).* □ *cartridge paper,* carta spessa *(da disegno).*

to **carve** [kɑ:v] *vt e i.* **1** intagliare *(pietra, legno, ecc.);* incidere; scolpire: *to carve an inscription on a slab of stone,* incidere un'iscrizione su una lastra di pietra — *to carve out a career for oneself, (fig.)* farsi una carriera; farsi strada — *to carve one's way, (fam.)* farsi largo; farsi strada. **2** tagliare *(la carne, ecc.);* trinciare; fare a pezzettini; scalcare. **3** suddividere *(terreno, territorio).*

carver ['kɑ:və*] *s.* **1** intagliatore; incisore. **2** scalco; chi trincia le porzioni di carne a tavola. **3** coltello da scalco; *(al pl.)* forchetta e coltello da scalco.

carve-up ['kɑ:vʌp] *s. (fam.)* 'macello' *(spec. riferito ad un tamponamento stradale).*

carving ['kɑ:viŋ] *s.* **1** intaglio; incisione; scultura. **2** l'arte dello scalco, di trinciare la carne: *carving-knife (-fork),* coltello (forchetta) da scalco.

caryatid [,kæri'ætid] *s.* cariatide.

cascade [kæs'keid] *s.* cascata; cascatella; *(fig.)* drappeggio.

to **cascade** [kæs'keid] *vi* scendere a mo' di cascata. □ *vt (elettr.)* collegare in cascata.

[1]**case** [keis] *s.* **1** caso; avvenimento: *I can't make an exception in your case,* Non posso fare un'eccezione per il Suo caso — *a clear case of fraud,* un caso lampante di truffa — *five cases of influenza,* cinque casi di influenza — *case history,* cartella clinica — — *Such being the case (Since this is the case) you can't go away,* Stando così le cose, non puoi andartene — *If that's the case, you'll have to work much harder,* Se le cose stanno così, dovrai lavorare molto di più — *in case...; in case of...;* nel caso...; in caso (di)...; qualora...; caso mai... — *In case I forget, please remind me of my appointment,* Nel caso me ne dimenticassi, per favore ricordami l'appuntamento — *In case of fire, ring the alarm bell,* In caso d'incendio suonare il campanello d'allarme — *in any case,* in ogni caso — *in this (that) case,* in questo (quel) caso — *in no case,* in nessun caso — *as the case may be,* a seconda dei casi. **2** *(dir., ecc.)* caso; causa; processo: *the Dreyfus case,* il caso Dreyfus — *When will the case come before the court?,* Quando sarà esaminato dalla Corte questo caso? — *case law,* giurisprudenza *(nel senso di 'raccolta di casi giudiziari').* **3** *(dir., ecc.)* tesi; pretesa: *the case for the defendant,* la tesi della difesa — *to put (to state) one's case,* esporre la propria tesi — *to make out one's case,* provare le proprie ragioni — *to have a good case,* avere una pretesa fondata — *to have no case,* avere una pretesa non fondata. **4** *(gramm.)* caso: *the dative case,* il caso dativo. **5** *(fam.)* tipo; individuo; sagoma; tipo strano: *He is a case!,* È una bella sagoma! (*cfr.* **nutcase**).

[2]**case** [keis] *s.* **1** cassa; scatola: *packing case,* scatola (cassa) d'imballaggio. **2** astuccio; copertina; fodero; guaina; valigia *(anche* suitcase*);* valigetta: *dressing case,* borsa con completo da viaggio — *glass case,* campana; astuccio di vetro — *jewel case,* cofanetto per gioielli; portagioie — *beauty-case,* borsa per il trucco — *pillow-case,* federa — *powder-case,* bossolo *(di proiettile)* — *revolver case,* fondina — *show-case,* vetrina — *attaché case; brief-case,* cartella; borsa *(di cuoio)* per documenti. **3** *(tipografia)* cassa di lettere: *upper case,* lettere maiuscole — *lower case,* lettere minuscole.

to **case** [keis] *vt* **1** mettere in una cassa, in una scatola, ecc.; imballare. **2** rivestire; foderare *(di carta, tessuto, pelle, ecc.).* **3** *(sl.)* esaminare.

casein ['keisiin] *s.* caseina.

casement ['keismənt] *s.* finestra a battenti, a cerniere; telaio di finestra.

caseous ['keisiəs] *agg* caseoso.

casework ['keiswə:k] *s.* assistenza sociale.

caseworker ['keiswə:kə*] *s.* assistente sociale.

cash [kæʃ] *s. (solo al sing.)* cassa; conto cassa; danaro contante; contanti; *(fam.)* denaro *(sotto qualsiasi forma);* soldi: *Pay at the cash-desk,* Pagare alla cassa — *I have no cash with me, may I pay by cheque?,* Non ho denaro contante, posso pagare con un assegno? — *hard cash, (fam.)* denaro sonante — *for cash,* in contanti — *cash on delivery (abbr. in 'C.O.D.'),* pagamento alla consegna — *cash down (cash payment),* pagamento in contanti, a pronta cassa — *cash on hand,* fondo di cassa — *cash register,* registratore di cassa — *petty cash,* fondo di cassa per le piccole spese — *cash price,* prezzo per contanti.

to **cash** [kæʃ] *vt e i.* incassare; riscuotere; convertire in denaro *(un assegno, ecc.);* realizzare *(in denaro).* □ *to cash in on sth,* realizzare, ricavare un profitto (trarre un vantaggio) da qcsa *(anche fig.)* — *to cash in (one's chips), (fam.)* morire.

cashew [kæ'ʃu:] *s.* anacardio; acagiù.

cashier [kæ'ʃiə*] *s.* cassiere.

to **cashier** [kə'ʃiə*] *vt* destituire *(un militare);* licenziare *(un funzionario).*

cashmere ['kæʃmiə*] *s.* cachemire *(stoffa o maglia).*

casing ['keisiŋ] *s.* **1** involucro; rivestimento: *casings for sausages,* involucri per salsicce. **2** carcassa; scatola.

casino [kə'zi:nou] *s.* (*pl.* **casinos**) casinò; casa da gioco; salone delle feste; locale da ballo.

cask [kɑ:sk] *s.* fusto *(di legno);* barile: *a cask of cider,* un barile di sidro — *a cider cask,* un barile per il sidro.

casket ['kɑ:skit] *s.* **1** cofanetto; scrigno; astuccio. **2** *(USA)* cassa da morto; urna cineraria.

Caspian ['kæspiən] *agg* (del) Caspio: *the Caspian Sea,* il mar Caspio.

casque [kæsk] *s. (ant. e lett.)* casco; elmo.

cassava [kə'sɑ:və] *s.* manioca; cassava.

casserole ['kæsəroul] *s.* **1** casseruola *(spec. se di terracotta o di ghisa).* **2** piatto cotto (stufato) in una 'casserole'.

cassette ['kæset] *s. (fr.)* cassetta.

cassock ['kæsək] *s.* tunica del clero anglicano; tonaca *(da prete).*

cassowary ['kæsə,wɛəri] *s.* casuario.

cast [kɑ:st] *s.* **1** gettata; getto; lancio; tiro: *to stake everything on a single cast of the dice,* rischiare tutto con (puntare tutto su) un solo tiro di dadi. **2** pezzo fuso; fusione; colata: *cast iron,* ghisa (⇨ *anche* cast-iron). **3** calco: *plaster cast,* ingessatura — *worm-cast,* terra scavata da un lombrico. **4** complesso di attori; distribuzione delle parti *(agli attori).* **5** qualità; tipo;

aspetto: *cast of mind,* struttura mentale (forma mentis). **6** strabismo *(leggero).*

to **cast** [kɑ:st] *vt e i.* (*pass. e p. pass.* **cast**) **1** gettare; buttare; lanciare; tirare: *The fisherman cast his net into the water,* Il pescatore gettò la rete nell'acqua — *to cast anchor,* gettare l'ancora — *to cast lots,* tirare a sorte — *to cast a shadow on sth, (anche fig.)* gettare un'ombra su qcsa — *to cast a new light on sth,* mettere qcsa sotto una luce nuova — *to cast an eye (glance, look) at (over) sth,* gettare uno sguardo (dare, lanciare un'occhiata) a qcsa — *to cast sth in sb's teeth,* gettare qcsa in faccia a qcno (rinfacciare qcsa a qcno).

2 lasciar cadere; perdere; mutare: *His horse cast a shoe,* Il suo cavallo perse un ferro — *Snakes cast their skins,* I serpenti mutano la pelle.

3 fondere *(metalli).*

4 assegnare *(una parte ad un attore): He was cast for the part of Hamlet,* Gli fu assegnata la parte di Amleto.

5 *to cast a vote,* dare un voto — *casting vote,* voto decisivo *(d'un presidente, ecc.).*

□ *to cast in one's lot with sb,* condividere la sorte di qcno — *to be cast down,* essere depresso (abbattuto, a terra).

to cast about for, darsi da fare *(per cercare qcsa).*

to cast away, - **a)** buttare; scartare; gettar via - **b)** *to be cast away,* naufragare.

to cast off, - **a)** mollare le cime; salpare - **b)** scartare; smettere *(di abiti)* - **c)** *(lavoro a maglia)* fare la cimasa - **d)** *(fig.)* abbandonare; ripudiare.

to cast on, *(maglieria)* mettere su i punti.

to cast up, - **a)** addizionare *(cifre): to cast up a column of figures,* addizionare una colonna di cifre - **b)** vomitare.

castanets [,kæstə'nets] *s. pl* nacchere.

castaway ['kɑ:stəwei] *s.* reprobo; reietto; naufrago *(anche fig.).*

caste [kɑ:st] *s.* casta; *(per estensione)* gruppo esclusivo: *to lose caste,* calare di grado; scendere nella scala sociale — *half-caste,* meticcio; mezzo sangue.

castellated ['kæstəleitid] *agg* **1** turrito. **2** *(di paese o regione)* ricco di castelli.

caster ['kɑ:stə*] *s.* **1** *(industria)* fonditore; modellatore. **2** ⇨ [1]**castor.**

to **castigate** ['kæstigeit] *vt* **1** castigare; punire; rimproverare aspramente. **2** correggere; emendare; criticare aspramente.

castigation [,kæsti'geiʃən] *s.* **1** castigo *(spec. corporale);* punizione. **2** severa critica.

Castilian [kæs'tiliən] *agg e s.* castigliano.

casting ['kɑ:stiŋ] *s.* **1** *(industria metallurgica)* gettata; colata; fusione. **2** *(zool.)* muta *(di pelo, penne, ecc.).*

cast-iron ['kɑ:st'aiən] *agg* **1** di ghisa. **2** *(di regole, volontà, ecc.)* rigido; inflessibile; duro; *(di alibi)* di ferro.

castle ['kɑ:sl] *s.* castello; *(scacchi)* torre: *castles in the air; castles in Spain,* castelli in aria; fantasticherie; progetti irrealizzabili.

to **castle** ['kɑ:sl] *vt e i. (gioco degli scacchi)* arroccare, arroccarsi.

cast-offs ['kɑ:st'ɔfs] *s. pl* abiti scartati, smessi.

[1]**castor, caster** ['kɑ:stə*] *s.* **1** rotella girevole *(di carrelli, sedie, ecc.).* **2** pepaiola; saliera; spargizucchero; ampolla; salsiera: *caster sugar,* zucchero raffinato, molto fine.

[2]**castor** ['kɑ:stə*] *s. (del cavallo)* castagnetta; castagna.

castor oil ['kɑstər'ɔil] *s.* olio di ricino.

to **castrate** [kæs'treit] *vt* **1** castrare; evirare. **2** *(fig.)* mutilare; *(di libri)* espurgare.

castration [kæs'treiʃən] *s.* **1** castrazione; castratura; evirazione. **2** *(fig.)* mutilazione; *(di libri)* espurgazione.

casual ['kæʒjuəl] *agg* **1** casuale; accidentale; fortuito: *a casual meeting,* un incontro casuale. **2** trascurato; volutamente trasandato; poco impegnativo; *(di tono, aria, ecc.)* indifferente. **3** *(di vestito)* sportivo: *clothes for casual wear; casual clothes,* vestiti informali, sportivi — *a casual jacket,* una giacca sportiva. **4** irregolare; discontinuo; avventizio; saltuario; occasionale: *He earns his living by casual labour,* Si guadagna da vivere facendo lavori saltuari — *casual labourers,* lavoratori avventizi. □ *avv* **casually.**

□ *come s. pl: casuals,* vestiti, scarpe, ecc. informali (sportivi).

casualty ['kæʒjuəlti] *s.* **1** infortunio; incidente; disgrazia; disastro: *casualty ward,* pronto soccorso; reparto traumatologico. **2** infortunato; ferito; morto *(in un incidente);* vittima: *The enemy suffered heavy casualties,* Il nemico subì gravi perdite — *His publishing firm is another casualty of the present crisis,* La sua casa editrice è un'altra vittima della crisi attuale.

casuist ['kæzjuist] *s.* casista.

casuistic(al) [,kæzju'istik(l)] *agg* casistico.

casuistry ['kæzjuistri] *s.* **1** *(teologia)* casistica. **2** sofisticheria.

[1]**cat** [kæt] *s.* **1** gatto; felino: *Tom-cat,* gatto (maschio). **2** *(fig.)* donna bisbetica, dispettosa. **3** *(abbr. di* cat-o'-nine-tails*)* gatto a nove code; staffile: *There is no room to swing a cat,* Non c'è spazio per muoversi; Non ci si rigira. **4** *(sl., USA)* jazzista.

□ *cat burgler, (GB)* ladro acrobata — *cat-nap; cat-sleep,* pisolino; sonnellino — *cat's cradle,* ripiglino *(gioco con la cordicella)* — *cat's eye,* occhio di gatto; dischetto catarifrangente; catodiottro *(su paracarri, biciclette, ecc.)* — *cat's paw,* - **a)** zampa di gatto; *(fig., di persona)* strumento (di altri); zimbello; marionetta - **b)** brezza — *cat-walk,* passerella *(su grossi macchinari, ecc.);* marciapiede *(di ponte)* — *cat's whisker, (radio)* baffo — *to let the cat out of the bag,* lasciarsi scappare un segreto — *to wait for the cat to jump,* aspettare per vedere come si mettono le cose — *to see which way the cat jumps,* vedere da che parte tira il vento (come si mettono le cose) — *to be like a cat on hot bricks,* stare sui carboni ardenti — *to rain cats and dogs,* piovere a catinelle (a dirotto) — *A cat may look at a king, (letteralm.)* Anche un gatto può guardare un re; *(cioè)* Un inferiore può biasimare un superiore — *He thinks he's the cat's whiskers,* Pensa di essere una persona molto in gamba.

[2]**cat** [kæt] *s.* **1** (*abbr. di* **catalysis**) catalisi. **2** (*abbr. di* **caterpillar**) mezzo cingolato.

cataclysm ['kætəklizəm] *s.* cataclisma.

cataclysmic [,kætə'klizmik] *agg* catastrofico; da cataclisma.

catacomb ['kætəkoum] *s.* catacomba.

catafalque ['kætəfælk] *s.* catafalco.

Catalan ['kætəlæn] *s. e agg* catalano.

catalepsy ['kætəlepsi] *s.* catalessi; catalessia.

cataleptic [,kætə'leptik] *agg* catalettico. □ *s.* persona in catalessi.

catalogue ['kætəlɔg] *s.* (*USA* **catalog**) catalogo; listino; schedario.

to **catalogue** ['kætəlɔg] *vt* (*USA* **to catalog**) catalogare; mettere in catalogo.

catalysis [kə'tælisis] *s.* catalisi.

catalyst ['kætəlist] *s.* catalizzatore.

catalytic [,kætə'litik] *agg* catalitico.
catamaran [,kætəmə'ræn] *s.* **1** catamarano; barca a due scafi paralleli. **2** *(fig.)* donna bisbetica.
catapult ['kætəpʌlt] *s.* **1** catapulta. **2** *(GB)* fionda *(a forcella).*
to **catapult** ['kætəpʌlt] *vt* catapultare; lanciare, tirare, colpire con la fionda: *to be catapulted to fame, (fam.)* diventare di colpo celebre.
cataract ['kætərækt] *s.* **1** cateratta; cascata; *(fig., talvolta)* diluvio d'acqua; grosso acquazzone. **2** *(med.)* cateratta.
catarrh [kə'tɑ:*] *s.* catarro.
catastrophe [kə'tæstrəfi] *s.* catastrofe.
catastrophic [,kætə'strɔfik] *agg* catastrofico.
catcall ['kætkɔ:l] *s.* fischio *(di disapprovazione, ecc.).*
to **catcall** ['kætkɔ:l] *vt* fischiare *(in segno di disapprovazione, ecc.).*
catch [kætʃ] *s.* **1** *(sport, spec. cricket, baseball)* presa al volo: *That was a difficult catch,* È stata una presa difficile. **2** caccia; retata; preda: *a fine catch of fish,* una bella retata di pesci — *He's a good catch for some girl,* È un buon partito. **3** tranello; trucco; trappola: *There's a catch in it somewhere,* Ci deve essere un tranello da qualche parte — *a catch question,* una domanda trappola. **4** *(mecc., ecc.)* gancio; fermaporta; fermo; arresto *(di sicurezza);* sicura *(di arma da fuoco).* **5** *(mus., stor.)* canzone a più voci. **6** sussulto; intoppo di voce *(per l'emozione).*
to **catch** [kætʃ] *vt e i.* (*pass. e p. pass.* **caught**) **1** prendere; afferrare; cogliere al volo; acchiappare; agguantare: *I threw the ball to him and he caught it,* Gli lanciai la palla e lui la prese — *The dog caught the bit of meat,* Il cane afferrò il pezzo di carne — *I caught him just as he was leaving home,* Lo presi (Lo trovai, Lo agguantai, Lo fermai) proprio mentre stava uscendo di casa — *to catch hold of sth,* afferrare qcsa.
2 prendere *(nel senso di catturare, pescare): How many fish did you catch?,* Quanti pesci hai preso? — *Cats catch mice,* I gatti prendono i topi — *to catch a rat in a trap,* prendere un topo nella trappola — *to catch a thief,* catturare un ladro.
3 cogliere; sorprendere: *I caught the boys stealing apples from my garden,* Sorpresi i ragazzi a rubare mele nel mio giardino — *They were caught in the act,* Furono colti sul fatto — *to catch sb napping, (letteralm.)* cogliere qcno nel sonno; *(fam.)* cogliere di sorpresa; prendere qcno 'in castagna' — *You won't catch me doing that again!,* Non mi farò più pescare un'altra volta! — *Let me catch you at it again!,* Guai se ti sorprendo ancora (a farlo)!
4 impigliare; trattenere; essere preso; fare presa; chiudere: *Her dress caught on a nail,* Il suo vestito s'impigliò a un chiodo — *The car was caught between two trams,* La macchina restò imprigionata tra due tram.
5 afferrare *(anche fig., capire): I don't quite catch your idea,* Non afferro bene la tua idea — *I didn't catch the end of the sentence,* Non colsi l'ultima parte della frase — *to catch sb's eye,* incontrare (cogliere) lo sguardo di qcno; farsi notare — *to catch sb's attention (fancy),* attirare l'attenzione (le simpatie) di qcno — *to catch sight (a glimpse) of sth,* scorgere qcsa.
6 ricevere *(una punizione, ecc.): You'll catch it!,* La passerai brutta!; Sarai punito!
7 (arrivare in tempo per) prendere *(il treno, l'autobus, ecc.).*
8 prendere; buscarsi *(una malattia, un'abitudine);* prendere fuoco *(anche* to catch fire*): to catch a cold,* prendersi un raffreddore — *The wood soon caught (o caught fire),* Il legno prese subito fuoco.
9 colpire: *He caught him right on the forehead,* Lo colpì proprio in fronte.
□ *to catch one's breath,* trattenere il respiro — *to catch one's foot,* inciampare — *to catch a Tartar,* avere a che fare con un osso duro — *catch as catch can, (GB)* lotta libera.
to catch at, aggrapparsi; cercare di afferrare: *A drowning man will catch at a straw,* Chi sta per annegare si attacca anche a un filo; La speranza è l'ultima a morire — *He will catch at any opportunity of practising English,* Non perde occasione per far pratica del suo inglese.
to catch on, - **a)** diventare popolare: *The new song caught on very quickly,* La nuova canzone divenne subito popolare - **b)** capire; afferrare: *I didn't catch on at first,* Lì per lì non ho capito.
to catch up, raggiungere; mettersi alla pari: *Go on: I'll soon catch you up,* Vai avanti, ti raggiungerò subito — *Tom will have to work hard to catch up with the rest of the class,* Tom dovrà lavorare sodo per mettersi alla pari col resto della classe.
catcher ['kætʃə*] *s.* **1** chi prende; chi afferra. **2** *(mecc.)* arresto. **3** *(mecc.)* separatore. **4** *(baseball)* ricevitore. □ *dog-catcher,* accalappiacani.
catching ['kætʃiŋ] *agg* contagioso: *eye-catching,* attraente.
catchment ['kætʃmənt] *s.* *(nelle espressioni) catchment basin; catchment area,* bacino imbrifero, idrografico, pluviale; *(per estensione)* zona di reclutamento *(di operai, soldati, studenti, ecc.).*
catchpenny ['kætʃ,peni] *s. e attrib* 'acchiappasoldi'; (cosa) da quattro soldi; (cosa) senza valore fatta esclusivamente per la vendita: *a book with a catchpenny title,* un libro dal titolo invitante *(per attirare i compratori).*
catchup ['kætʃəp] *s.* = **ketchup.**
catchword, catch-phrase ['kætʃwə:d/'kætʃfreiz] *s.* slogan *(parola o frase).*
catchy ['kætʃi] *agg* **1** orecchiabile. **2** ingannevole; insidioso.
catechism ['kætikizəm] *s.* catechismo; *(per estensione)* prontuario a domande e risposte: *to put a person through his catechism, (fig.)* interrogare a fondo qcno; fare un mucchio di domande a qcno.
catechist ['kætikist] *s.* catechista.
to **catechize** ['kætikaiz] *vt* **1** catechizzare. **2** interrogare a lungo.
categorical [,kæti'gɔrikl] *agg* categorico. □ *avv* **categorically.**
to **categorize** ['kætegəraiz] *vt* categorizzare.
category ['kætigəri] *s.* categoria.
catenary [kə'ti:nəri] *agg (matematica)* catenaria. □ *s.* catenario.
to **cater** ['keitə*] *vi* **1** *(seguito da* for*)* provvedere *(cibi e bevande): Wedding and parties catered for, (come annuncio pubblicitario)* (Si provvede al) servizio per nozze e ricevimenti — *the catering business,* il settore alberghiero. **2** provvedere *(ai bisogni in genere): Popular newspapers try to cater for all tastes,* I giornali di grande tiratura cercano di soddisfare (venire incontro a) tutti i gusti.
caterer ['keitərə*] *s.* fornitore *(di cibi);* approvvigionatore *(di derrate alimentari);* commerciante in generi alimentari; chi provvede al servizio di banchetti e rinfreschi.

caterpillar ['kætəpilə*] *s.* **1** bruco. **2** cingolo; *(per estensione)* mezzo cingolato; trattore a cingoli.
caterwaul ['kætəwɔ:l] *s.* (*anche* **caterwauling**) miagolio.
to **caterwaul** ['kætəwɔ:l] *vi* miagolare *(spec. di gatti in amore o che si azzuffano).*
catfish ['kætfiʃ] *s.* gatto marino; pesce gatto.
catgut ['kætgʌt] *s.* minugia.
catharsis [kə'θɑ:sis] *s.* **1** catarsi. **2** *(med.)* evacuazione.
cathartic [kə'θɑ:tik] *agg* **1** catartico. **2** purgante; lassativo.
☐ *s.* purgante; purga; lassativo; *(med.)* catartico.
cathedral [kə'θi:drəl] *s.* cattedrale; duomo.
cathode ['kæθoud] *s.* catodo: *cathode ray tube,* tubo catodico.
catholic ['kæθəlik] *agg* **1** cattolico; universale: *the Catholic Church,* la Chiesa Cattolica. **2** liberale; eclettico; aperto; tollerante: *a man with catholic tastes and interests,* un uomo dai gusti e interessi eclettici — *to be catholic in one's sympathies,* essere aperto a tutto (di idee liberali, senza pregiudizi).
☐ *s. (anche* Roman Catholic*)* cattolico: *Anglo-Catholic,* anglocattolico; sostenitore della cattolicità nella Chiesa d'Inghilterra.
catholically ['kæθəlikəli] *avv* **1** cattolicamente. **2** universalmente.
Catholicism [kə'θɔlisizəm] *s.* cattolicesimo.
catholicity [,kæθə'lisiti] *s.* **1** cattolicità *(di gusti, ecc.).* **2** liberalità *(di idee);* universalità; eclettismo *(di gusti);* tolleranza.
catkin ['kætkin] *s.* gattino; amento.
catlike ['kætlaik] *agg* felino; da gatto.
catmint ['kætmint] *s.* erba gattaria.
catspaw ['kætspɔ:] *s.* ⇨ **cat.**
catsup ['kætsəp] *s.* = **ketchup.**
cattish, catty ['kætiʃ/'kæti] *agg* **1** felino. **2** *(fig.)* sornione; dispettoso; vendicativo.
cattle ['kætl] *s. pl* bestiame: *twenty head of cattle,* venti capi di bestiame — *a cattle truck,* un carro bestiame.
catwalk ['kætwɔ:k] *s.* ⇨ **cat.**
Caucasian [kɔ:'keiziən] *agg* caucasico; indo-europeo; *(USA, anche)* di razza bianca.
☐ *s.* caucasico; indo-europeo.
caucus ['kɔ:kəs] *s.* **1** riunione del comitato organizzativo di un partito. **2** cricca politica *(spec. all'interno di un partito).* **3** *(USA)* comizio.
caudal ['kɔ:dl] *agg* caudale.
caught [kɔ:t] *pass e p. pass di* **to catch.**
caul [kɔ:l] *s.* **1** amnio. **2** *(fam.)* camicia della Madonna. **3** omento.
cauldron ['kɔ:ldrən] *s.* calderone.
cauliflower ['kɔliflauə*] *s.* cavolfiore: *cauliflower cheese,* cavolfiori gratinati; cavolfiori al gratin — *cauliflower ear,* orecchio (di pugile) a cavolfiore.
to **caulk** [kɔ:k] *vt* **1** *(nave)* calatafare. **2** cianfrinare; presellare.
caulking ['kɔ:kiŋ] *s.* **1** *(naut.)* calatafaggio. **2** *(mecc.)* cianfrinatura; presellatura.
causal ['kɔ:zəl] *agg* causale; di causa.
causality [kɔ:'zæliti] *s.* causalità.
causation [kɔ:'zeiʃən] *s.* causalità; rapporto di causa ed effetto.
causative ['kɔ:zətiv] *agg* causativo.
cause [kɔ:z] *s.* **1** causa; motivo; ragione: *The cause of the fire was carelessness,* La causa dell'incendio fu l'incuranza — *There is no cause for anxiety (for alarm),* Non c'è motivo di allarmarsi — *You have no cause for complaint,* Non avete alcuna ragione di lamentarvi — *without good cause,* senza un legittimo motivo — *I have good cause for doing that,* Ho le mie buone ragioni per fare ciò. **2** causa; scopo; fine: *to work in (o for) a good cause,* lavorare per una buona causa — *to fight in the cause of justice,* lottare per la causa della giustizia — *to make common cause with sb,* far causa comune con qcno.
to **cause** [kɔ:z] *vt* **1** causare; cagionare; provocare; produrre. **2** *(seguito da un verbo all'inf.)* fare; costringere; indurre: *He caused the prisoners to be put to death,* Fece mandare a morte i prigionieri.
causeless ['kɔ:zlis] *agg* **1** fortuito; senza causa apparente. **2** ingiustificato; infondato; immotivato.
causeway ['kɔ:zwei] *s.* **1** strada o sentiero rialzati *(spec. attraverso zone acquitrinose, paludi, ecc.).* **2** strada selciata.
caustic ['kɔ:stik] *agg* **1** caustico; corrosivo; bruciante. **2** *(fig.)* caustico; pungente; velenoso: *caustic remarks,* osservazioni pungenti — *a caustic manner,* un modo di fare caustico. ☐ *avv* **caustically.**
to **cauterize** ['kɔ:təraiz] *vt* cauterizzare.
caution ['kɔ:ʃən] *s.* **1** cautela; attenzione; circospezione; prudenza: *When crossing the street we must use caution,* Attraversando la strada bisogna usare prudenza. **2** avviso di pericolo; avvertimento; rimprovero; *(dir.)* diffida; ammonimento: *The judge gave the prisoner a caution,* Il giudice ammonì il detenuto — *Caution!,* *(su un avviso, ecc.)* Attenzione! **3** *(fam., preceduto dall'art. indeterminativo)* un tipo strano; una persona originale. **4** cauzione; garanzia; pegno: *caution-money, (GB)* cauzione; denaro dato come cauzione.
to **caution** ['kɔ:ʃən] *vt* **1** avvertire *(di un pericolo);* mettere in guardia; ammonire: *I cautioned him against being late,* Lo ammonii di non far tardi. **2** *(dir.)* diffidare; ammonire.
cautionary ['kɔ:ʃənəri] *agg* precauzionale; di avvertimento: *cautionary measures,* misure precauzionali — *a cautionary tale,* una storiella ammonitrice.
cautious ['kɔ:ʃəs] *agg* cauto; prudente; guardingo.
☐ *avv* **cautiously.**
cavalcade [,kævəl'keid] *s.* **1** cavalcata. **2** sfilata.
cavalier [,kævə'liə*] *s.* **1** *(ant.)* cavaliere. **2** *(stor.)* cavaliere; sostenitore di Carlo I d'Inghilterra.
☐ *(attrib.)* **1** altero; brusco; sdegnoso. **2** allegro; vivace; gaio; spensierato.
cavalry ['kævəlri] *s.* *(generalm. col v. al pl.)* cavalleria *(anche attrib.).*
[1]**cave** [keiv] *s.* caverna; spelonca; grotta: *cave-man; cave-dweller,* uomo delle caverne; troglodita; cavernicolo; *(fig.)* uomo di istinti primitivi.
to **cave** [keiv] *vt* *(raro)* scavare; incavare.
☐ *vi* **to cave in,** cedere *(lett. e fig.);* deformare o deformarsi; franare: *The roof of the tunnel caved in,* La volta della galleria cedette.
[2]**cave** ['keivi:] *interiezione (dal lat.: sl. studentesco)* Attenti! (arriva il professore).
caveat ['keiviæt] *voce verbale lat, usata come s. (dir.)* sospensiva *(di atto legale): to put in (to enter) a caveat against sth,* mettere qcsa in sospensiva.
caver ['keivə*] *s.* speleologo.
cavern ['kævən] *s.* caverna; grotta.
cavernous ['kævənəs] *agg* cavernoso *(anche fig.);* ricco di caverne; *(di occhi)* infossati.
caviar(e) ['kæviɑ:*] *s.* caviale.
to **cavil** ['kævil] *vi* (**-ll-**; *USA* **-l-**) cavillare: *to cavil at sth,* cavillare su qcsa.
cavilling ['kæviliŋ] *agg* cavilloso.
caving ['keiviŋ] *s.* speleologia.

cavity ['kæviti] *s.* **1** cavità *(anche anat.); (in un dente)* carie. **2** intercapedine: *cavity-wall,* muro a cassa vuota.
to **cavort** [kə'vɔ:t] *vi (fam.)* saltare; impennarsi *(come un cavallo eccitato);* saltellare.
caw [kɔ:] *s.* il gracchiare; il verso del corvo e della cornacchia.
to **caw** [kɔ:] *vi* gracchiare.
cayenne [kei'en] *s. (anche* cayenne pepper*)* pepe di Caienna; pepe rosso.
cease [si:s] *s. (solo nell'espressione) without cease,* incessantemente.
to **cease** [si:s] *vt e i.* cessare; finire; smettere; sospendere; far smettere: *Cease fire!,* Cessate il fuoco! — *The factory has ceased making bicycles,* La fabbrica ha smesso di fare biciclette.
ceasefire ['si:sfɑiə*] *s.* ordine di cessare il fuoco; cessate il fuoco.
ceaseless ['si:slis] *agg* incessante; continuo.
cedar ['si:də*] *s.* cedro *(anche il legno).*
to **cede** [si:d] *vt* cedere; rinunciare a *(diritti, terreni, ecc.).*
cedilla [si'dilə] *s.* cediglia.
ceiling ['si:liŋ] *s.* **1** soffitto; *(di nave)* fasciame interno; *(di vagone o carrozza ferroviaria)* cielo. **2** *(vari usi)* quota massima; tangenza; livello delle nubi; limite; livello massimo; 'plafond' *(di prezzi, di misure, ecc.).*
celadon ['selədɔn] *s. e agg* (color) verde pallido.
celandine ['seləndain] *s.* celidonia.
celebrant ['selibrənt] *s.* celebrante; officiante.
to **celebrate** ['selibreit] *vt* **1** celebrare *(un evento, una ricorrenza);* festeggiare; solennizzare; commemorare. **2** celebrare; cantare; esaltare: *The names of the Greek heroes are celebrated by the poets,* I nomi degli eroi dell'antica Grecia sono cantati dai poeti.
□ *vi* far festa.
celebrated ['selibreitid] *agg* famoso; (ben) noto; celebre: *a celebrated painter,* un pittore famoso — *a town celebrated for its hot springs,* una città celebre per le sue sorgenti termali — *a town celebrated as a ski resort,* una città nota come stazione sciistica.
celebration [,seli'breiʃən] *s.* **1** celebrazione; festeggiamento; ricorrenza festiva. **2** esaltazione; canto; celebrazione.
celebrity [si'lebriti] *s.* **1** celebrità; fama. **2** celebrità; persona famosa: *all the celebrities of the London Theatre,* tutte le celebrità del teatro londinese.
celerity [si'leriti] *s.* celerità; velocità.
celery ['seləri] *s.* sedano.
celestial [si'lestjəl] *agg* **1** celestiale; celeste; del cielo: *celestial bodies,* i corpi celesti — *celestial joys,* le gioie del Paradiso. **2** divino; paradisiaco; *(talvolta)* divinamente bello: *the Celestial Empire,* il Celeste Impero (la Cina).
celibacy ['selibəsi] *s.* celibato.
celibate ['selibit] *agg e s.* celibe.
cell [sel] *s.* **1** cella *(di prigione, monastero, alveare, ecc.);* abitacolo *(di automobile).* **2** elemento *(di accumulatore);* pila; cellula; cella. **3** *(anat. e fig.)* cellula: *a communist cell,* una cellula comunista.
cellar ['selə*] *s.* **1** scantinato; sotterraneo; cantina. **2** riserva di vino.
cellarage ['seləridʒ] *s.* **1** spazio utile di una cantina, di uno scantinato. **2** spese di magazzinaggio in una cantina.
cellarer ['selərə*] *s.* (padre) cellerario *(in un monastero).*
cellarman ['seləmən] *s.* (*pl.* **cellarmen**) cantiniere.
'cellist ['tʃelist] *s. abbr di* **violoncellist.**
cello, 'cello ['tʃelou] *s.* (*pl.* **cellos**) *abbr di* **violoncello.**
cellophane ['seləfein] *s.* cellofan(e).
cellular ['seljulə*] *agg* cellulare; alveolare; *(di materiale tessile)* a nido d'ape.
celluloid ['seljulɔid] *s.* celluloide; *(talvolta)* pellicola cinematografica.
cellulose ['seljulous] *s.* **1** cellulosa; fibra di legno. **2** *(fam., per* cellulose acetate*)* acetato di cellulosa.
Celsius ['selsiəs] *agg (riferito alla scala termometrica)* centigrado.
Celt [kelt] *s.* celta.
Celtic ['keltik] *agg* celtico: *the Celtic fringe, (GB)* 'la frangia celtica' *(il Galles, la Scozia, l'Irlanda del Nord).*
□ *s.* celtico (lingua celtica).
cement [si'ment] *s.* **1** cemento. **2** adesivo; mastice; stucco.
to **cement** [si'ment] *vt* cementare *(anche fig.);* consolidare; unire: *to cement a friendship, (fig.)* cementare un'amicizia.
cemetery ['semitri] *s.* cimitero *(non in prossimità di una chiesa).*
cenotaph ['senə,tɑ:f] *s.* cenotafio.
censer ['sensə*] *s.* incensiere; turibolo.
censor ['sensə*] *s.* censore; *(fig.)* persona ipercritica.
to **censor** ['sensə*] *vt* censurare.
censorious [sen'sɔ:riəs] *agg* censorio; facile alla critica.
censorship ['sensəʃip] *s.* censura.
censure ['senʃə*] *s.* censura; disapprovazione; rimprovero; critica sfavorevole: *a vote of censure,* una mozione di censura — *a review containing unfair censures,* una recensione che contiene una critica sfavorevole e ingiusta.
to **censure** ['senʃə*] *vt* criticare aspramente; rimproverare; biasimare: *to censure sb for being lazy,* rimproverare qcno per la sua pigrizia.
census ['sensəs] *s.* censo; censimento.
cent [sent] *s.* **1** centesimo *(di unità monetaria): I don't care a cent,* Non me ne importa niente — *He hasn't a red cent,* Non ha il becco di un quattrino. **2** *per cent,* per cento: *a ten per cent loss,* una perdita del dieci per cento.
centaur ['sentɔ:*] *s.* centauro.
centenarian [,senti'nɛəriən] *s. e agg* centenario.
centenary [sen'ti:nəri] *agg* centenario. □ *s.* centenario *(periodo di cento anni oppure centesimo anniversario).*
centennial [sen'tenjəl] *agg* centennale. □ *s.* centenario.
center ['sentə*] *s. (USA)* = **centre.**
centigrade ['sentigreid] *agg* centigrado.
centigram(me) ['sentigræm] *s.* centigrammo.
centilitre ['senti,li:tə*] *s.* (*USA* **centiliter**) centilitro.
centimetre ['senti,mi:tə*] *s.* (*USA* **centimeter**) centimetro.
centipede ['sentipi:d] *s.* centopiedi.
[1]**central** ['sentrəl] *agg* **1** centrale: *central heating,* riscaldamento centrale — *My house is very central,* La mia casa è molto centrale. **2** principale; fondamentale: *the central idea of an argument,* l'idea centrale di un argomento — *the central figures of a novel,* i personaggi principali di un romanzo. □ *avv* **centrally.**
[2]**central** ['sentrəl] *s. (USA)* centralino telefonico.
centralization [,sentrəlai'zeiʃən] *s.* centralizzazione; accentramento; concentrazione *(di poteri).*
to **centralize** ['sentrəlaiz] *vt* accentrare; concentrare; sottoporre ad una direzione centrale.
□ *vi* accentrarsi; concentrarsi.
centre ['sentə*] *s.* (*USA* **center**) **1** centro; punto o

parte centrale: *the centre of London,* il centro di Londra — *the centre of gravity,* il centro di gravità — *centre-board, (naut.)* centrochiglia; deriva centrale; stabilizzatore di deriva — *centre-piece,* centro, centrino *(da tavola);* centro tavola; *(fig.)* posto d'onore. **2** centro; punto di grande importanza; centrale: *shopping centre, (di una città)* centro commerciale *(dove ci sono i negozi)* — *a centre of learning,* un centro di cultura — *combat operational centre,* centrale (operativa) di combattimento. **3** *(mecc., ecc.)* fulcro; asse; perno; punta: *dead centre,* punto morto (*ma cfr. anche* [1]**dead 6** *e* [3]**dead**). **4** *(biologia)* nucleo. **5** *(archit.)* centina. **6** *(politica)* Centro.

to **centre** ['sentə*] *vt e i.* (*USA* **to center**) centrare; accentrare; convergere (al centro); *(di idee)* collimare.

centr(e)ing ['sentəriŋ] *s. (mecc.)* centraggio; allineamento.

centrifugal [sen'trifjugəl] *agg* centrifugo.

centrifuge ['sentri,fju:dʒ] *s.* centrifuga; macchina centrifuga.

centripetal [sen'tripitl] *agg* centripeto.

centurion [sen'tjuəriən] *s.* centurione.

century ['sentʃuri] *s.* **1** secolo; cento anni. **2** centuria *(di soldati romani).* **3** *(vari usi)* centinaio: *to make a century, (di battitore, al cricket)* segnare cento 'runs'. **4** *(USA, fam.)* cento dollari.

ceramic [si'ræmik] *agg* relativo alla ceramica.

ceramics [si'ræmiks] *s.* **1** *(col v. al sing.)* (l'arte della) ceramica. **2** (articoli di) ceramica.

cereal ['siəriəl] *s.* cereale: *breakfast cereals,* fiocchi di avena, mais, ecc. *(per la prima colazione).*

cerebellum [,seri'bələm] *s.* cervelletto.

cerebral ['seribrəl] *agg* cerebrale.

cerebration [,seri'breiʃən] *s.* lavorio mentale; elucubrazione.

cerement ['siəmənt] *s. (generalm. al pl.)* sudario; bende *(pl.).*

[1]**ceremonial** [,seri'mounjəl] *agg* cerimoniale; di cerimonia. □ *avv* **ceremonially,** con grande cerimonia o pompa; seguendo (secondo) il cerimoniale.

[2]**ceremonial** [,seri'mounjəl] *s.* **1** cerimoniale; etichetta. **2** rito; rituale.

ceremonious [,seri'mounjəs] *agg* cerimonioso. □ *avv* **ceremoniously.**

ceremony ['seriməni] *s.* **1** cerimonia *(religiosa, ecc.).* **2** complimenti; convenevoli; etichetta: *to stand on ceremony,* far complimenti — *without ceremony; without standing on ceremony,* senza far complimenti.

cerise [sə'ri:z] *agg e s.* (color) rosso ciliegia.

cerium ['siəriəm] *s.* cerio.

cert [sə:t] *s.* **1** (*fam., abbr. di* **certainty 1**) certezza; cosa certa: *It's a cert,* È cosa certa — *It's a dead cert,* È cosa certissima. **2** *abbr fam di* **certificate** ⇨.

certain ['sə:tn] *agg* **1** certo; sicuro; stabilito; indubbio: *He's certain to come,* È certo che verrà — *He's not certain of coming,* Non è sicuro di venire — *You can be certain of success,* Puoi essere certo del tuo successo — *I'm certain (that) he saw me,* Sono sicuro che mi ha visto — *There is no certain cure for this disease,* Non esiste una cura ad effetto sicuro per questa malattia — *for certain,* per certo; senza fallo; di sicuro — *I cannot say for certain when he will arrive,* Non posso dire di sicuro quando arriverà — *I don't know for certain,* Non lo so con sicurezza; Non lo do per certo — *to make certain of sth,* assicurarsi (accertarsi) di qcsa. **2** (un) certo; indeterminato; qualche: *a certain coldness,* una certa freddezza — *a certain reluctance,* una qualche riluttanza — *A certain person I met yesterday,* Una certa persona che ho incontrato ieri — *... on certain conditions,* ... a certe condizioni.

□ *avv* **certainly,** certamente; certo; senza dubbio; senz'altro: *May I borrow your book? Certainly,* Posso prendere in prestito il tuo libro? Senz'altro — *Certainly not!,* Certamente no!; No di certo!

certainty ['sə:tnti] *s.* **1** cosa certa; fatto certo: *Prices have gone up: that's a certainty,* I prezzi sono saliti: questo è un fatto certo — *for a certainty,* come cosa certa; per certo; con sicurezza — *I know for a certainty that...,* So per certo che... **2** sicurezza; certezza: *I can't say with any certainty where I shall be next week,* Non posso dire con sicurezza dove sarò la settimana prossima — *We can have no certainty of success,* Non possiamo avere alcuna certezza riguardo all'esito.

certifiable ['sə:tifaiəbl] *agg* **1** attestabile. **2** che dovrebbe essere dichiarato pazzo; matto da legare, da ricovero.

certificate [sə'tifikit] *s. (talvolta abbr. in* cert, *spec. nel gergo studentesco)* certificato; attestato; brevetto; diploma: *a birth certificate,* un certificato di nascita — *a health certificate,* un certificato di buona salute — *school cert, (fam.)* diploma *(di scuola media superiore).*

certificated [sə'tifi,keitəd] *agg* riconosciuto in virtù di un certificato; diplomato; abilitato: *certificated teachers,* insegnanti abilitati.

certified ['sə:tifaid] *agg (vari usi)* legalizzato; autenticato; patentato; omologato; a copertura garantita; iscritto all'albo; regolarmente registrato: *certified milk,* latte igienicamente garantito — *a certified lunatic,* un infermo di mente ufficialmente dichiarato tale; pazzo dichiarato — *certified check,* assegno a copertura garantita.

to **certify** ['sə:tifai] *vt e i.* **1** certificare; attestare; dichiarare: *I certify that this is a true copy of...,* Certifico che questa è una copia autentica di... — *We hereby certify these accounts (as) correct,* Con la presente confermiamo l'esattezza di questi conti — *He was certified insane,* Fu dichiarato infermo di mente. **2** assicurare; garantire: *to certify sb's character,* rendersi garante della serietà di qcno.

certitude ['sə:titju:d] *s.* certezza; convinzione.

cerulean [si'ru:ljən] *agg* ceruleo.

cervical ['sə:vikəl] *agg* cervicale: *cervical smear,* striscia cervicale.

cervix ['sə:viks] *s.* **1** cervice. **2** collo dell'utero.

cessation [sə'seiʃən] *s.* cessazione; arresto; pausa.

cession ['seʃən] *s.* cessione; rinuncia *(di terre, diritti, ecc.).*

cesspit, cesspool ['sespit/'sespu:l] *s.* pozzo nero; latrina; fogna *(anche fig.).*

cetacean [si'teiʃjən] *s. e agg* cetaceo.

Ceylonese [silən'i:z] *agg e s.* cingalese; (abitante, lingua) del Ceylon *(ora Sri Lanka).*

chace [tʃeis] *s.* ⇨ **chase 4.**

chaconne [ʃæ'kən] *s.* ciaccona.

chafe [tʃeif] *s.* **1** irritazione *(della pelle).* **2** sfregamento; attrito; frizione; massaggio. **3** *(di persona)* impazienza; irritazione; stizza; malumore.

to **chafe** [tʃeif] *vt e i.* **1** fregare; sfregare; stropicciare; riscaldare *(generalm. per sfregamento, per attrito);* riscaldarsi; massaggiare *(per riscaldarsi): chafing dish,* scaldavivande. **2** logorare *(per sfregamento, ecc.);* logorarsi; irritare, irritarsi: *A stiff collar may chafe your neck,* Un colletto duro può irritarti il collo — *Her skin chafes easily,* La sua pelle si irrita facilmente. **3** *(fig.)* irritarsi; spazientirsi: *He chafed at the delay,* Si spazientì per il ritardo — *to chafe under restraint (insults),* irritarsi per un impedimento (per degli insulti) — *to chafe at the bit,* mordere il freno.

[1]**chaff** [tʃɑ:f] *s.* **1** pula; loppa; lolla. **2** fieno; paglia trinciata *(come foraggio).* **3** *(fig.)* cosa senza valore; surrogato.

[1]to **chaff** [tʃɑ:f] *vt* trinciare *(paglia, ecc.).*

[2]**chaff** [tʃɑ:f] *s.* burla bonaria.

[2]to **chaff** [tʃɑ:f] *vi* scherzare bonariamente; stuzzicare.

to **chaffer** ['tʃæfə*] *vi* mercanteggiare; tirare sul prezzo.

chaffering ['tʃæfəriŋ] *s.* il mercanteggiare; il contrattare.

chaffinch ['tʃæfin*t*ʃ] *s.* fringuello.

chafing ['tʃeifiŋ] *s. e agg* ⇨ **to chafe.**

chagrin ['ʃægrin] *s.* delusione; dispetto; rincrescimento; dispiacere: *much to his chagrin...,* con suo grande dispiacere...

chagrined ['ʃægrind] *agg* mortificato; deluso: *to be (to feel) chagrined at sth,* essere (sentirsi) mortificato per qcsa.

chain [tʃein] *s.* **1** catena *(in ogni senso);* ornamento a catena; catenella; *(al pl.)* catene; ceppi: *chain-armour; chain-mail,* armatura (corazza) a maglia — *chain-gang,* gruppo di forzati legati da catene. **2** serie; catena *(fig.);* concatenazione *(di cose varie): a chain of mountains,* una catena di montagne — *a chain reaction,* una reazione a catena — *chain-smoker,* fumatore accanito — *chain-store,* negozio appartenente ad una catena di esercizi commerciali — *chain letter,* una lettera della catena di Sant'Antonio. **3** *(come misura di lunghezza, equivalente a m. 20,16)* 'chain'; catena metrica.

to **chain** [tʃein] *vt* incatenare; tenere in catene; legare alla catena *(di cane);* mettere ai ceppi; incarcerare; imprigionare; *(fig.)* rendere schiavo: *The prisoners were chained to the wall,* I prigionieri furono incatenati al muro.

chair [tʃɛə*] *s.* **1** sedia: *Won't you take a chair?,* Prego, vuole sedersi? — *bath-chair,* sedia a rotelle *(per invalidi)* — *deck-chair,* sedia a sdraio — *sedan chair,* portantina — *electric chair,* sedia elettrica — *rocking-chair,* sedia (poltrona) a dondolo — *easy chair,* poltrona — *chair-lift,* seggiovia. **2** seggio *(di autorità);* carica; presidenza: *to take the chair,* presiedere; assumere la presidenza *(di un'assemblea, ecc.)* — *to leave the chair,* togliere la seduta — *to address the chair,* rivolgersi al presidente. **3** cattedra universitaria.

to **chair** [tʃɛə*] *vt* **1** mettere su una sedia; far sedere. **2** portare in trionfo *(dopo gare sportive, ecc.): The newly elected M.P. was chaired by his supporters,* Il deputato neoeletto fu portato in trionfo dai suoi sostenitori. **3** presiedere: *to chair a meeting,* presiedere un'assemblea.

chairman ['tʃɛəmən] *s.* (*raro* **chairwoman**; *pl.* **chairmen, chairwomen**) **1** presidente(-essa) *(di comitato, consiglio di amministrazione, ecc.).* **2** *(raro)* portatore di portantina; chi spinge una sedia a rotelle.

chairmanship ['tʃɛəmənʃip] *s.* presidenza *(d'una assemblea, di un comitato, ecc.).*

chairperson ['tʃɛəpə:sən] *s. (neologismo coniato per soddisfare le richieste delle femministe)* presidente.

chaise [ʃeiz] *s. (fr.)* calesse. □ *chaise-longue,* sedia a sdraio.

Chaldean [kæl'di:ən] *agg e s. (stor.)* caldeo.

chalice ['tʃælis] *s.* **1** (coppa) calice *(spec. ecclesiastico).* **2** *(poet.)* calice *(di fiore).*

chalk [tʃɔ:k] *s.* **1** gesso; *(chim.)* calcare farinoso: *French chalk,* talco. **2** gesso *(per lavagne);* gessetto; pastello: *chalk talk, (sl.)* conferenza illustrata da disegni. □ *by a long chalk,* di gran lunga; di molto; con grande vantaggio — *as like as chalk to cheese,* simili come il giorno e la notte.

to **chalk** [tʃɔ:k] *vt* **1** disegnare, segnare, imbrattare col gesso: *to chalk sth up,* scrivere, segnare *(p.es. i punti di una partita)* col gesso *(letteralm. o fig.)* — *to chalk sth out,* tracciare; delineare; abbozzare *(un piano, un progetto).* **2** *(di terreni)* trattare, fertilizzare con gesso, con calcare.

chalky ['tʃɔ:ki] *agg* **1** gessoso; calcareo. **2** *(di colorito)* terreo; pallidissimo.

challenge ['tʃælin*d*ʒ] *s.* **1** sfida *(anche sportiva): challenge-cup,* coppa; trofeo. **2** *(di sentinella)* alt; ordine di arresto; 'chi va là'; 'alto là': *The sentry gave the challenge,* La sentinella intimò il 'chi va là'. **3** il mettere in dubbio (in discussione); *(dir.)* ricusazione *(di giurato).*

to **challenge** ['tʃælin*d*ʒ] *vt* **1** sfidare; lanciare una sfida; invitare a un confronto: *to challenge sb to a duel,* sfidare qcno a duello. **2** dare, intimare il 'chi va là', 'l'alto là'. **3** sfidare; mettere in dubbio, in discussione: *to challenge sb's right to do sth,* mettere in questione il diritto di qcno a fare qcsa. **4** ricusare; fare opposizione; impugnare. □ *to challenge admiration,* essere degno di ammirazione.

challenger ['tʃælin*d*ʒə*] *s.* **1** sfidante *(anche sportivo);* provocatore. **2** *(dir.)* chi ricusa *(un giurato);* chi impugna *(una sentenza).*

challenging ['tʃælin*d*ʒiŋ] *agg* provocatore; stimolante; impegnativo.

chamber ['tʃeimbə*] *s.* **1** *(ant.)* camera; stanza *(spec. da letto): (ancora in uso nelle seguenti espressioni) chamber-music,* musica da camera — *a chamber concert,* un concerto di musica da camera — *chamber-maid,* cameriera *(addetta alle stanze da letto, in albergo o casa privata)* — *chamber-pot,* vaso da notte — *gas chamber,* camera a gas — *Chamber of Commerce,* Camera di Commercio. **2** *(GB, al pl.)* appartamento; studio *(usato anche per ufficio di giudice): a lawyer's chambers, (pl.)* lo studio di un avvocato. **3** camera legislativa; divisione del Parlamento: *Upper Chamber,* Camera Alta (dei Lord); Senato — *Lower Chamber,* Camera Bassa (dei Comuni); Camera dei Deputati. **4** cavità *(in un corpo animale o vegetale, o in un macchinario);* camera di caricamento *(in fucili e simili).*

chamberlain ['tʃeimbəlin] *s.* ciambellano; camerlengo; tesoriere.

chameleon [kə'mi:ljən] *s.* camaleonte *(anche fig.).*

to **chamfer** ['tʃæmfə*] *vt* smussare; bisettare.

chammy(-leather) ['ʃæmi'leðə*] *s.* ⇨ **chamois.**

chamois ['ʃæmwɑ:] *s. (fr.)* camoscio: *chamois leather (fam.* shammy leather *oppure semplicemente* shammy*),* pelle di camoscio *(NB: in questa espressione la pronunzia è* 'ʃæmi*).*

champ [tʃæmp] *s., abbr fam di* **champion.**

to **champ** [tʃæmp] *vt e i. (di cavallo)* mangiare rumorosamente; mordere: *to champ the bit,* mordere il freno *(anche fig.).*

champers ['ʃæmpəz] *s. (GB, sl. dei ceti sociali alti)* 'champagne'.

[1]**champion** ['tʃæmpjən] *s.* **1** campione; sostenitore; patrocinatore; difensore: *a champion of women's rights,* un sostenitore dei diritti femminili. **2** campione; vincitore *(anche attrib.): a boxing champion,* un

campione di pugilato — *a champion swimmer,* un nuotatore di prim'ordine.

to **champion** ['tʃæmpjən] *vt* sostenere; battersi; farsi paladino.

[2]**champion** ['tʃæmpjən] *agg e avv (fam.)* splendido; magnifico: *That's champion!, (GB, dial., spec. dello Yorkshire)* Magnifico!; Benissimo!; Ottimo!

championship ['tʃæmpjənʃip] *s.* campionato.

chance [tʃɑ:ns] *s.* **1** caso; sorte; fortuna: *Let's leave it to chance,* Lasciamolo al caso — *Let chance decide,* Decida il caso — *to take one's chance,* affidarsi alla propria sorte — *by chance,* per caso — *You wouldn't have any drawing pins, by any chance?,* Non avresti per caso delle puntine da disegno? — *a game of chance,* un gioco d'azzardo — *a chance meeting,* un incontro casuale (fortuito) — *If, by any chance...,* Se, per caso... — *If, by some chance or other...,* Se, per un caso o l'altro... — *on the chance (of, that)...,* nel caso (di, che)... — *on the off chance,* nell'eventualità; caso mai — *I'll call at his office on the chance of seeing him before he leaves,* Passerò dal suo ufficio sperando di riuscire a vederlo prima che esca. **2** possibilità; probabilità: *He has no chance of winning,* Non ha alcuna probabilità di vincere — *What are the chances of success?,* Quali sono le probabilità di riuscire? **3** opportunità; occasione: *This was the chance he had been waiting for,* Questa era l'occasione che aspettava da tanto — *It's the chance of a lifetime,* È un'occasione unica nella vita — *to stand a good (o fair) chance,* avere buone probabilità — *'Shall I be seeing you next week?' - 'Not a chance',* 'Ci rivediamo la settimana prossima?' - 'È impossibile' — *the main chance,* l'occasione d'oro *(per fare quattrini).*

to **chance** [tʃɑ:ns] *vi e t.* **1** capitare; darsi il caso; accadere: *I chanced to be there,* Mi capitò di essere là — *It chanced that I was out when he called,* Si diede il caso che io fossi fuori quando passò. **2** rischiare; tentare: *Let's chance it!,* Tentiamo! — *to chance one's arm,* tentare la fortuna. **3** *to chance upon sb,* incontrare qcno per caso; imbattersi in qcno.

chancel ['tʃɑ:nsəl] *s.* coro; presbiterio.

chancellery ['tʃɑ:nsələri] *s.* residenza o sede di un cancelliere.

chancellor ['tʃɑ:nsilə*] *s.* **1** *(in alcuni paesi)* cancelliere; primo ministro. **2** *(di università inglesi)* rettore *(carica onorifica): vice-chancellor,* rettore (elettivo). **3** alto funzionario di Stato; ministro; alto magistrato: *the Chancellor of the Exchequer, (GB)* il Cancelliere dello Scacchiere *(ministro del Tesoro, del Bilancio e delle Finanze)* — *Lord Chancellor, (GB)* presidente della Camera dei Lords.

chancery ['tʃɑ:nsəri] *s.* **1** *(GB)* Corte di Giustizia del Lord Chancellor *(sezione dell'Alta Corte di Giustizia): a ward in chancery,* un minorenne sotto tutela legale. **2** *(USA)* 'corte d'equità'. **3** cancelleria; archivio. □ *to be in chancery, (sl. pugilistico)* essere in difficoltà (alle corde, in una situazione difficile).

chancy ['tʃɑ:nsi] *agg* rischioso; avventato.

chandelier [,ʃændə'liə*] *s.* lampadario.

chandler ['tʃɑ:ndlə*] *s.* fabbricante, venditore, commerciante *(di candele, saponi, olii, vernici): ship's chandler,* fornitore navale — *corn chandler,* commerciante, rivenditore di granaglie.

change [tʃeind*ʒ*] *s.* **1** cambiamento; mutamento; alterazione; variazione; sostituzione: *You need a change of air,* Hai bisogno di un cambiamento d'aria — *a change in the weather,* un cambiamento del tempo — *We shall have to make a change in the programme,* Dovremo fare una variazione nel programma — *just for a change...,* tanto per cambiare... — *That makes a change!, (iron.)* Sarebbe la prima volta! **2** muta; cambio: *Take a change of clothes with you,* Prendi un cambio di vestiti con te. **3** moneta; resto: *Can you give me (USA: make me) change for a ten pound note?,* Può darmi il resto di dieci sterline? — *to get no change out of sb,* non riuscire a spuntarla con qcno — *small change,* spiccioli — *You may keep the change,* Tenga pure il resto. **4** *(abbr. di* Stock Exchange*)* Borsa Valori: *on Change,* in Borsa.
□ *the changes of life,* le vicissitudini della vita — *change of life (anche: the change),* menopausa — *gear change,* cambio di velocità — *to ring the changes,* - **a)** suonare le campane secondo tutte le possibili variazioni - **b)** *(mus., anche fig.)* far variazioni su un tema.

to **change** [tʃeind*ʒ*] *vt e i.* **1** cambiare, cambiarsi; sostituire: *He changed (his clothes) before going out,* Si cambiò (d'abito) prima di uscire — *changing room,* spogliatoio — *I've changed my address,* Ho cambiato indirizzo — *Can you change this five-pound note?,* Può cambiare questo biglietto da cinque sterline? — *to change one's mind,* cambiare idea — *to change trains,* cambiare treno. **2** scambiare, scambiarsi: *Shall we change seats?,* Ci scambiamo i posti? **3** mutare, mutarsi; trasformarsi: *Caterpillars change into butterflies or moths,* I bruchi si trasformano in farfalle o falene — *Marriage changed her,* Il matrimonio la trasformò — *to change one's note (one's tune),* cambiare tono; mutare atteggiamento, avviso — *He soon changed his tune when he heard how much it would cost,* Quando seppe quanto sarebbe costato mutò subito parere — *to change step,* cambiare il passo *(nella marcia).*
□ *to change about,* cambiare parere spesso e volentieri; essere volubile — *to change one's condition,* sposarsi; mutare il proprio stato — *to change hands,* cambiare proprietario; cambiare di mano — *to change down (up),* passare ad una marcia inferiore (superiore).

changeable ['tʃeind*ʒ*əbl] *agg* mutevole; variabile; incostante: *changeable weather,* tempo variabile — *a changeable sort of person,* un tipo incostante.

changeableness ['tʃeind*ʒ*əblnis] *s.* mutevolezza; variabilità; incostanza; volubilità.

changeful ['tʃeind*ʒ*ful] *agg* mutevole; incostante; variabile.

changeless ['tʃeind*ʒ*lis] *agg* immutabile; costante; inalterabile.

changeling ['tʃeind*ʒ*liŋ] *s. (nelle favole)* bambino sostituito furtivamente a un altro; (bambino) supposito.

change-over ['tʃeindʒouvə*] *s.* cambiamento; conversione *(spec. ad un nuovo sistema).*

channel ['tʃænl] *s.* **1** canale (naturale); stretto: *the (English) Channel,* il Canale (della Manica); la Manica. **2** canale (artificiale); via d'acqua; alveo *(di un fiume navigabile);* condotto; la parte più profonda *(di un porto): The channel is marked by buoys,* Il canale è segnato da boe — *swept-channel,* rotta di sicurezza. **3** *(archit.)* scanalatura. **4** *(fig.)* via; canale; mezzo; fonte; tramite; persona interposta: *secret channels of information,* vie segrete d'informazione — *through official channels,* tramite canali ufficiali. **5** *(comm.)* sbocco. **6** *(televisione, ecc.)* banda di frequenza; canale.

to **channel** ['tʃænl] *vt* (**-ll-**; *USA* **-l-**) **1** fare canali o solchi; aprire un passaggio; *(falegnameria)* scanalare: *The river had channelled its way through the rock,* Il fiume si era scavato l'alveo nella roccia. **2** convogliare; canalizzare.

chant [tʃɑ:nt] *s.* **1** salmodia; canto *(spec. religioso)* con ripetizione di ritornelli o di versetti. **2** cantilena; voce monotona.

to **chant** [tʃɑ:nt] *vi e t.* **1** salmodiare; cantare; intonare *(un salmo, ecc.).* **2** *(poet.)* cantare; celebrare; esaltare. **3** parlare con voce monotona, con la cantilena.

chantey ['ʃænti] *s. (USA)* = **shanty.**

chanticleer [,tʃænti'kliə*] *s. (nelle favole)* cantachiaro; gallo.

chantry ['tʃɑ:ntri] *s. (stor.)* lascito; dotazione *(per messe di suffragio); (per estensione)* cappella, altare, sacerdote *(che beneficiano di tale lascito).*

chanty ['tʃɑ:nti] *s.* = **shanty.**

chaos ['keiɔs] *s.* caos; confusione; disordine; scompiglio: *The room was in a state of chaos,* La stanza era tutta sottosopra.

chaotic [kei'ɔtik] *agg* caotico. □ *avv* **chaotically.**

[1]**chap** [tʃæp] *s.* screpolatura *(spec. della pelle): chap stick, (USA)* 'stick' di pomata per le labbra.

to **chap** [tʃæp] (**-pp-**) *vi (della pelle)* screpolarsi: *My skin soon chaps in cold weather,* La mia pelle si screpola subito con il freddo.
□ *vt* screpolare.

[2]**chap** [tʃæp] *s.* (*anche* **chop**) mandibola *(di animale); (scherz.)* mascella; ganascia *(umana); (al pl.)* fauci; guance.

[3]**chap** [tʃæp] *s. (fam.)* tizio; tale; uomo; individuo; tipo: *Hello, old chap!,* Come va, vecchio mio! — *He's a decent sort of chap,* È un brav'uomo (un bravo tipo).

chapbook ['tʃæpbuk] *s. (stor.)* libretto o fascicolo di ballate e racconti popolari *(venduti per pochi soldi ai mercati e per le strade).*

chapel ['tʃæpəl] *s.* **1** cappella; chiesetta *(spec. privata o di scuola, ecc.): chapel of ease,* cappella distaccata dalla parrocchia — *Lady Chapel,* cappella della Madonna. **2** *(GB)* tempio; luogo di culto dei protestanti non conformisti: *a Methodist chapel,* una chiesa metodista — *Are you church or chapel?,* Lei è anglicano o dissidente? **3** funzione religiosa *(in un collegio, ecc., o nelle chiese dissenzienti): to go to chapel,* andare in chiesa.

chaperon(e) ['ʃæpəroun] *s. (fr.)* chaperon; donna di età matura che accompagna una signorina in società; accompagnatrice; *(fam.)* madre nobile.

to **chaperon(e)** ['ʃæpəroun] *vt* fare da chaperon a una ragazza.

chapfallen ['tʃæp,fɔ:lən] *agg* abbattuto; depresso.

chaplain ['tʃæplin] *s.* cappellano *(spec. militare, di un ente, di corte, ecc.).*

chaplaincy ['tʃæplinsi] *s.* ufficio di cappellano; cappellania.

chaplet ['tʃæplit] *s.* **1** ghirlanda; serto; corona *(di fiori, di foglie, di perle, come ornamento del capo).* **2** filza di grani; rosario comune. **3** filza di uova di rospo. **4** *(archit.)* modanatura a grani.

chapman ['tʃæpmən] *s.* (*pl.* **chapmen**) *(stor.)* venditore ambulante.

chaps [tʃæps] *s. (USA)* calzoni di pelle usati dai cowboys.

chapter ['tʃæptə*] *s.* **1** capitolo *(di libro o fig.): a chapter of accidents,* un incidente dopo l'altro; una serie di guai — *chapter and verse,* capitolo e versetto; citazione esatta e circostanziata; *(fig.)* esattezza; autorevolezza — *to the end of the chapter, (fam.)* per sempre. **2** capitolo *(di canonici, di ordine religioso): chapter-house,* sala capitolare.

[1]**char** [tʃɑ:*] *s. (anche* charlady, charwoman*)* donna delle pulizie *(a ore).*

[1]to **char** [tʃɑ:*] *vi* (**-rr-**) lavorare a giornata, a ore *(per la pulizia di uffici, case, ecc.): to go out charring,* andare a lavorare a ore; uscire per le pulizie.

[2]**char** [tʃɑ:*] *s. (fam., GB)* tè.

[2]to **char** [tʃɑ:*] *vt e i.* (**-rr-**) bruciacchiare; carbonizzare, carbonizzarsi.

char-à-banc, charabanc ['ʃærəbæŋ] *s. (GB)* torpedone; autopullman.

character ['kæriktə*] *s.* **1** *(vari sensi)* carattere; indole; caratteristica: *a man of character,* un uomo di carattere — *a woman of strong character,* una donna di carattere forte — *in (out) of character,* in (non in) carattere. **2** personaggio; *(talvolta)* personaggio eccentrico; 'originale': *the characters in the novels of Charles Dickens,* i personaggi dei romanzi di Charles Dickens — *a bad character,* un cattivo soggetto — *He's quite a character,* È proprio un personaggio (un originale). **3** *(tipografia, ecc.)* carattere; scrittura: *Greek (Chinese) characters,* caratteri greci (cinesi). **4** reputazione; fama: *He has gained the character of a miser,* Si è guadagnato la fama di spilorcio. **5** attestato di servizio; benservito.

characteristic [,kærəktə'ristik] *s.* caratteristica.
□ *agg* caratteristico; tipico. □ *avv* **characteristically.**

characterization [,kærəktərai'zeiʃən] *s.* **1** caratterizzazione. **2** definizione.

to **characterize** ['kærəktəraiz] *vt* **1** caratterizzare; distinguere. **2** definire; qualificare.

characterless ['kærəktəlis] *agg* senza caratteristiche; comune; ordinario.

charade [ʃə'rɑ:d] *s.* sciarada.

charcoal ['tʃɑ:koul] *s.* carbone; carbonella *(di legna);* carboncino *(da disegno): charcoal-burner,* - **a)** carbonaio - **b)** stufa a carbone.

charge [tʃɑ:dʒ] *s.* **1** carica *(di elettricità, esplosivo): depth-charge,* carica (bomba) di profondità.

2 *(mil., sport)* carica; segnale di carica: *a bayonet charge,* una carica alla baionetta.

3 accusa; capo d'accusa; imputazione: *He has been arrested on a charge of theft,* È stato arrestato sotto l'imputazione di furto — *to lay sth to sb's charge,* addossare la responsabilità di qcsa a qcno; ritenere qcno responsabile di qcsa — *charge-sheet, (GB)* elenco delle cause *(tenuto in ciascuna stazione di polizia).*

4 responsabilità; incarico; cura; custodia; persona o cosa affidata in custodia: *The baby was in Mary's charge,* Il bambino fu affidato a Mary — *The nurse took her young charges for a walk,* La bambinaia portò i piccolini a fare una passeggiata — *to be in charge of sth,* avere la responsabilità di qcsa — *to be a charge on the public,* vivere a carico della pubblica assistenza; essere nelle liste dei poveri — *to take charge of sth or sb,* prendersi la responsabilità di qcsa o qcno — *to take charge of a difficult situation,* assumersi la responsabilità in una situazione difficile — *to give sb in charge, (GB)* consegnare qcno alla polizia; farlo arrestare.

5 raccomandazione; esortazione; ordine: *the judge's charge to the jury,* le istruzioni del giudice ai giurati. **6** prezzo richiesto *(spec. di un servizio);* spesa; conto: *What is the charge for breakfast?,* Quanto costa la prima colazione? — *extra charge,* supplemento — *at no extra charge,* senza aumento di prezzo; senza supplemento — *to make a charge for sth,* far pagare per qcsa — *charge free,* gratis — *charges forward,* spese assegnate — *charge account, (USA)* conto aperto *(in un negozio).*

to **charge** [tʃɑ:dʒ] *vt e i.* **1** caricare *(un'arma da fuoco, una batteria, ecc.).*
2 attaccare; assalire; caricare: *Our soldiers charged the enemy,* I nostri soldati attaccarono il nemico — *Our centre-forward was violently charged by the left-half,* Il nostro centravanti fu caricato violentemente dal mediano sinistro.
3 accusare; imputare; incolpare: *to charge sb with murder,* accusare qcno di omicidio — *He charged me with neglecting my duty,* Mi accusò di trascurare il mio dovere.
4 dare istruzioni, ordini *(spec. di giudice, vescovo, ecc.): The judge charged the jury,* Il giudice diede istruzioni alla giuria.
5 incaricare (qcno di qcsa); affidare (qcsa a qcno): *He was charged with an important mission,* Fu incaricato di un'importante missione.
6 far pagare; chiedere *(come prezzo): He charged me five pounds for it,* Me lo ha fatto pagare cinque sterline — *How much do you charge for mending a pair of shoes?,* Quanto chiede per riparare un paio di scarpe?
7 *(spec. USA: seguito da* to*)* addebitare: *Please charge these purchases to my account,* Addebitate questi acquisti sul mio conto, per favore.

chargeable ['tʃɑ:dʒəbl] *agg* **1** accusabile; punibile; perseguibile; passibile di imputazione: *If you steal, you are chargeable with theft,* Se rubi, sei perseguibile di furto; Chi ruba è perseguibile di furto. **2** *(di cifre, ecc.)* da aggiungersi: *sums chargeable to a reserve,* somma da aggiungersi ad una riserva. **3** *(di spese)* da addebitarsi; addebitabili; a carico (di): *Costs of repairs are chargeable on (o to) the owner,* I costi delle riparazioni sono a carico del proprietario.

chargé d'affaires ['ʃɑ:ʒeidæ'fɛə*] *s. (fr.)* incaricato di affari.

[1]**charger** ['tʃɑ:dʒə*] *s.* **1** *(ant. o scherz.)* destriero; cavallo di battaglia. **2** caricatore *(di arma da fuoco);* calcatoio. **3** apparecchio per la carica di batterie.

[2]**charger** ['tʃɑ:dʒə*] *s. (ant. e lett.)* piatto; piatto di servizio.

chariness ['tʃɛərinis] *s.* cautela; prudenza; parsimonia.

chariot ['tʃæriət] *s.* cocchio; carro *(da guerra, di trionfo; anche fig. e poet.): war chariot,* biga da combattimento.

charioteer [,tʃæriə'tiə*] *s.* auriga.

charisma [kə'rizmə] *s.* carisma.

charismatic [,kæriz'mætik] *agg* carismatico.

charitable ['tʃæritəbl] *agg* **1** caritatevole; filantropico: *a charitable institution,* un'istituzione filantropica. **2** *(fig.)* indulgente: *That is the most charitable explanation,* Questa è la spiegazione più indulgente. □ *avv* **charitably.**

charity ['tʃæriti] *s.* **1** carità; amore per il prossimo; benevolenza; beneficenza: *Charity begins at home, (prov.)* La carità incomincia in casa — *to live on charity,* vivere di carità. **2** opera pia; istituzione di carità; istituto di beneficenza: *He left all his money to charities,* Lasciò tutto il suo danaro a istituti di beneficenza — *charity school,* scuola gratuita — *charity ball,* ballo di beneficenza — *as cold as charity, (fig.)* freddo come l'elemosina.

charivari ['ʃɑ:ri'vɑ:ri] *s. (fr.)* baccano; chiassata; serenata di dileggio *(fatta con pentole, coperchi, casseruole).*

charlady ['tʃɑ:leidi] *s.* ⇨ [1]**char.**

charlatan ['ʃɑ:lətən] *s.* ciarlatano.

Charleston ['tʃɑ:lztən] *s.* charleston *(il ballo e la musica).*

charlie ['tʃɑ:li] *s. (fam., GB)* scemo.

charlock ['tʃɑ:lɔk] *s.* senape selvatica.

charlotte ['ʃɑ:lət] *s.* specie di 'pudding' di pane e frutta *(spec. mele)* cotto al forno.

charm [tʃɑ:m] *s.* **1** fascino; attrattiva; incanto; bellezza affascinante; 'charme': *He fell a victim to her charms,* Cadde vittima del suo fascino. **2** incantesimo; malia; magia; formula magica; scongiuro: *It worked like a charm,* Funzionò a meraviglia. **3** amuleto; *(fam.)* portafortuna: *a good luck charm,* un portafortuna.

to **charm** [tʃɑ:m] *vt e i.* **1** affascinare; attrarre; deliziare; incantare: *I'm charmed to meet you,* Sono felice di conoscerLa; Sono molto lieto di fare la Sua conoscenza. **2** fatare; ammaliare; usare incantesimi: *She charmed away his sorrow,* Lo liberò di tutti i suoi crucci — *to lead a charmed life,* essere nato con la camicia. □ *charmed circle,* cerchia ('clan') di privilegiati.

charmer ['tʃɑ:mə*] *s.* **1** incantatore, incantatrice: *snake-charmer,* incantatore di serpenti. **2** *(di donna)* ammaliatrice.

charming ['tʃɑ:miŋ] *agg* affascinante; incantevole; attraente; delizioso. □ *avv* **charmingly.**

charnel-house ['tʃɑ:nlhaus] *s.* ossario *(spec. di cimitero).*

chart [tʃɑ:t] *s.* **1** carta marina; carta idrografica; mappa: *chart house,* sala nautica — *chart table,* tavolo per carteggiare. **2** tabella; grafico; quadro; diagramma *(statistico, ecc.): a weather (temperature) chart,* un grafico del tempo atmosferico (delle temperature) — *organization chart,* organigramma.

to **chart** [tʃɑ:t] *vt* **1** fare, tracciare una carta nautica. **2** tracciare un grafico, un diagramma, ecc.; indicare sulla carta.

charter ['tʃɑ:tə*] *s.* **1** *(vari usi, anche fig.)* carta; statuto; documento di concessione; documento costitutivo *(di società, ecc.);* carta dei privilegi *(di città, di università, ecc.).* **2** contratto di nolo *(di navi, aerei, autobus, ecc.): a charter flight,* un volo 'charter' — *charter-party,* - **a)** contratto di nolo *(di una nave)* - **b)** *(sl.)* comitiva di turisti che viaggia su un volo 'charter'.

to **charter** ['tʃɑ:tə*] *vt* **1** concedere uno statuto, privilegio, ecc.: *chartered accountant, (GB)* ragioniere membro dell'Institute of Accountants. **2** noleggiare *(una nave, un aereo, ecc.).*

chartreuse [ʃɑ:'trə:z] *s. (fr.)* **1** certosa. **2** chartreuse *(il liquore).* **3** (colore) verde pallido.

charwoman ['tʃɑ:,wumən] *s. (pl.* **charwomen***)* ⇨ [1]**char.**

chary ['tʃɛəri] *agg* attento; prudente; guardingo; cauto; parsimonioso; parco: *to be chary of catching a cold,* stare attento a non buscarsi un raffreddore — *a teacher who is chary of giving praise,* un insegnante parco di lodi. □ *avv* **charily.**

chase [tʃeis] *s.* **1** caccia; inseguimento; corsa: *to give chase to sth (sb),* dare la caccia a qcsa (qcno) — *in chase of...,* a caccia di...; in cerca di... — *a wild goose chase, (fig.)* ricerca, impresa disperata. **2** *the chase,* la caccia *(come sport).* **3** animale o cosa cui vien data la caccia; preda; selvaggina; cacciagione. **4** *(anche* chace*)* parco grande.

[1]to **chase** [tʃeis] *vt* dare la caccia; inseguire; correr dietro; cacciar via; mettere in fuga; rincorrere *(per gioco): The letter had been chasing him for weeks,* La lettera l'aveva inseguito per delle settimane — *to chase sb away,* cacciar via qcno — *to chase up a debtor,* sollecitare un debitore.
□ *vi (fam.)* affrettarsi; correre; precipitarsi; scappare:

The children all chased off after the procession, Tutti i bambini si precipitarono dietro la processione.

[2]to **chase** [tʃeis] *vt* cesellare; incidere; intagliare *(fogli metallici o altra materia solida).*

chaser ['tʃeisə*] *s.* **1** cacciatore; inseguitore. **2** *(nei composti)* persona o cosa che insegue o dà la caccia; cannone navale adoperato durante l'inseguimento: *submarine chaser,* cacciasommergibili. **3** *(fam.)* bicchierino di liquore *(spec. dopo un bicchiere di birra, ecc.);* sorso d'acqua.

chasm ['kæzəm] *s.* abisso; crepaccio; baratro *(anche fig.).*

chassis ['ʃæsi] *s. (fr.: pl. invariato)* **1** telaio *(di auto, di apparecchio radio, ecc.);* intelaiatura. **2** *(scherz.)* corpo umano.

chaste [tʃeist] *agg* **1** casto; puro; pudico. **2** *(di stile)* semplice; lineare; disadorno; severo. □ *avv* **chastely.**

to **chasten** ['tʃeisn] *vt* **1** castigare; correggere castigando. **2** temperare; mitigare *(lo stile, ecc.).*

to **chastise** [tʃæs'taiz] *vt* punire; castigare severamente.

chastisement ['tʃæstizmənt] *s.* punizione; castigo *(corporale e severo).*

chastity ['tʃæstiti] *s.* castità; purezza; *(fig.)* semplicità *(di stile).*

chasuble ['tʃæzjubl] *s.* casula; pianeta *(di sacerdote).*

chat [tʃæt] *s.* chiacchieratina; quattro chiacchiere; discorso alla buona.

to **chat** [tʃæt] *vi* (**-tt-**) fare quattro chiacchiere; conversare: *to chat sb up,* frastornare qcno con le proprie chiacchiere — *He is always chatting up the girls, (fam.)* Fa sempre lo spiritoso con le ragazze.

château [ʃæ'tou] *s. (fr.)* castello; casa gentilizia; grande casa di campagna: *château-bottled claret,* vino di Bordeaux imbottigliato dal produttore.

châtelaine ['ʃætəlein] *s. (fr. ant.)* **1** catenella alla cintura *(della padrona di casa, per portare le chiavi).* **2** padrona di casa; castellana.

chattel ['tʃætl] *s. (generalm. al pl.: dir.)* beni mobili: *a person's goods and chattels,* beni ed effetti personali; tutto quanto uno possiede.

chatter ['tʃætə*] *s.* **1** chiacchiere; ciarle *(spec. se futili).* **2** cinguettio; il battere *(dei denti).* **3** *(mecc.)* vibrazione.

to **chatter** ['tʃætə*] *vi* **1** ciarlare; chiacchierare a vanvera; dire sciocchezze; parlare troppo. **2** strepitare; far baccano; garrire; cinguettare *(di uccelli);* battere *(dei denti).* **3** vibrare; far rumore vibrando; battere; fare rumore *(di motori, ecc.).*

chatterbox ['tʃætəbɔks] *s. (fam.)* chiacchierone; ciarlone.

chatty ['tʃæti] *agg* loquace; chiacchierino; ciarliero; *(di conversazione)* alla buona; amichevole.

chauffeur [ʃou'fə:*] *s. (fr.)* autista: *a chauffeur-driven limousine,* una vettura con autista.

chauvinism ['ʃouvinizəm] *s.* sciovinismo.

chauvinist ['ʃouvinist] *s.* nazionalista esasperato; sciovinista: *male chauvinist,* sostenitore della superiorità dell'uomo sulle donne; maschista.

chauvinistic [,ʃouvin'istik] *agg* sciovinistico.

chaw [tʃɔ:] *s.* presa di tabacco da masticare.

to **chaw** [tʃɔ:] *vt (fam., scherz. per* **to chew**) masticare *(spec. tabacco).* □ *chaw-bacon,* zotico; persona ignorante; villanzone.

[1]**cheap** [tʃi:p] *agg* (**-er**; **-est**) **1** a buon mercato; poco costoso; economico; conveniente: *the cheap seats in a theatre,* i posti meno costosi di un teatro — *to travel by the cheapest route,* viaggiare seguendo il percorso meno caro — *cheap tickets,* biglietti a riduzione — *cheap day ticket, (GB)* biglietto (ferroviario) ridotto di andata e ritorno in giornata. **2** *(per estensione)* da pochi soldi; dozzinale; di qualità scadente; *(di sentimenti)* superficiale; insincero: *cheap and nasty,* di poco prezzo e di cattiva qualità — *cheap emotions,* emozioni superficiali — *cheap flattery,* adulazione smaccata, impudente, volgare — *to hold sth cheap,* tenere qcsa in poco conto; disprezzarla — *to make oneself cheap,* mancare alla propria dignità; *(fam.)* vendersi per una pipa di tabacco; tenersi in poco conto. □ *to feel cheap, (fam.)* - **a)** sentirsi poco bene; sentirsi giù di corda - **b)** provar vergogna — *cheap jack* ⇨ *anche* **cheapjack.** □ *avv* **cheaply** ⇨.

[2]**cheap** [tʃi:p] *avv* a buon mercato: *to buy sth cheap,* comperare qcsa a buon mercato — *on the cheap, (fam.)* in economia; in modo da spendere poco; economicamente.

to **cheapen** ['tʃi:pən] *vt e i.* deprezzare; far cadere (abbassare) di prezzo; *(fig.)* screditare; sottovalutare: *You must not cheapen yourself,* Non devi sottovalutarti.

cheapjack ['tʃi:pdʒæk] *agg* da quattro soldi.
□ *s.* venditore ambulante.

cheaply ['tʃi:pli] *avv* **1** a buon prezzo; a buon mercato. **2** in modo grossolano e meschino.

cheapness ['tʃi:pnis] *s.* **1** basso costo; convenienza di prezzo; buon mercato. **2** scarso valore; mediocrità. **3** *(di sentimenti)* volgarità; grossolanità.

cheat [tʃi:t] *s.* **1** imbroglio; truffa; inganno. **2** imbroglione; truffatore; baro.

to **cheat** [tʃi:t] *vt e i.* ingannare; imbrogliare; truffare; gabbare; barare: *to cheat the customs,* farla franca alla dogana — *to cheat sb out of his money,* defraudare qcno del suo denaro; truffargli i soldi — *to cheat at cards,* barare alle carte — *to cheat in an examination,* imbrogliare a un esame; copiare.

[1]**check** [tʃek] *s.* **1** controllo; verifica; esame *check-list,* elenco di controllo; *(talvolta)* pro-memoria. **2** freno *(generalm. fig.);* limite; arresto; fermata improvvisa: *a strict check on public spending,* un severo limite alla spesa pubblica — *Keep a check on yourself!,* Controllati! — *Our assault forces met with a check,* Le nostre truppe d'assalto furono bloccate (dal nemico). **3** *(negli scacchi)* scacco al re. **4** scontrino: *luggage (baggage) check,* scontrino del bagaglio. **5** *(USA, ora talvolta anche GB)* conto *(di ristorante, albergo, ecc.).* **6** *(USA)* assegno bancario.

to **check** [tʃek] *vt e i.* **1** controllare; verificare; esaminare; *(detto di conti)* concordare; corrispondere; 'tornare': *to check a bill,* verificare un conto *(di albergo, ecc.)* — *to check sb's statements,* verificare le dichiarazioni di qcno — *Will you please check these figures?,* Per favore, vuol controllare queste cifre? — *These figures won't check,* Questi conti non tornano; Queste cifre non corrispondono — *to check sth off,* verificare; 'spuntare' *(le voci di un conto, ecc.)* — *to check sth up,* esaminare; verificare qcsa — *to check up on sb; (USA) to check sb out,* effettuare dei controlli su qcno. **2** controllare; trattenere; arrestare; frenare; fermare; bloccare; *(di cane da caccia)* arrestarsi per fiutare meglio la traccia: *We have checked the enemy's advance,* Abbiamo arrestato l'avanzata del nemico — *He couldn't check his anger,* Non poté frenare l'ira — *to check spending,* porre un limite alle spese. **3** sgridare aspramente; rimproverare; ammonire. **4** *(al gioco degli scacchi)* dare scacco al re. **5** *(USA)* depositare *(un pastrano, una valigia, ecc.)* e ottenere lo scontrino per il ritiro: *Have you checked all your baggage?,* Avete depositato tutti i vostri bagagli? **to check in,** *(USA)* arrivare *(in un albergo, all'aero-*

porto, ecc.) e prenotare o fissare *(una stanza, il volo);* registrare: *checking in time,* orario prenotazioni.
to check out, - **a)** *(USA, di albergo, ecc.)* pagare, saldare il conto - **b)** controllare *(p.es. un elenco);* effettuare dei controlli *(su qcno).*
to check up ⇨ **to check 1.**

[2]**check** [tʃek] *interiezione* **1** *(al gioco degli scacchi: da* **to check 4**) Scacco al re! **2** *(fam.)* D'accordo!; Benissimo!

[3]**check** [tʃek] *s.* riquadro; scacco; disegno o stoffa a quadri; *(attrib.)* a quadri; a scacchi; a riquadri; quadrettato: *a check cloth,* una tovaglia a quadri — *a check pattern,* un disegno a quadretti (a scacchi).

checked [tʃekt] *agg. (cfr.* [3]**check**) a scacchi; a quadri: *a checked tablecloth,* una tovaglia a scacchi.

checker ['tʃekə*] *s.* **1** chi esamina, verifica, controlla; controllore *(di contabilità, ecc.).* **2** *(sport, industria, ecc.)* tempista; rilevatore *(di dati aziendali, spec. relativi alla produzione, ecc.);* cronotecnico.

to **checker** ['tʃekə*] *vt* ⇨ **to chequer.**

checkerboard ['tʃekəbɔ(:)d] *s.* scacchiera.

checkered ['tʃekə:d] *agg* ⇨ **chequered.**

checkers ['tʃekəz] *s. (USA)* il gioco della dama.

check-in [tʃek'in] *s.* registrazione *(all'arrivo in albergo o alla partenza da un aeroporto).*

checkmate ['tʃek'meit] *s.* scacco matto.

to **checkmate** ['tʃek'meit] *vt* dare scacco matto; *(fig.)* ridurre all'impotenza.

check-out ['tʃekaut] *s.* cassa *(di un supermercato).*

check-up [tʃek'ʌp] *s.* **1** verifica dei conti. **2** 'check-up'; controllo medico completo ed approfondito.

Cheddar ['tʃedə*] *s.* formaggio 'cheddar' *(dalla pasta compatta e liscia).*

cheek [tʃi:k] *s.* **1** guancia; gota: *to say sth with one's tongue in one's cheek,* dire qcsa ridendo sotto i baffi — *cheek by jowl,* guancia a guancia; vicinissimo — *to be cheek by jowl,* essere vicinissimi l'un l'altro; *(spesso)* essere amici intimi — *cheek-bone,* zigomo — *cheek to cheek,* guancia a guancia. **2** impudenza; sfrontatezza; sfacciataggine; faccia tosta: *He had the cheek to ask me to do his work for him!,* Ebbe la sfrontatezza di chiedermi di fare il suo lavoro! — *What a cheek!,* Che faccia tosta! — *I've had enough of your cheek!,* Basta con la tua impudenza! **3** *(fam.)* chiappa; natica. **4** *(di una morsa)* ganascia. **5** lato di una porta; apertura.

to **cheek** [tʃi:k] *vt* essere impudente; fare lo sfrontato; parlare in modo impertinente: *Stop cheeking your mother!,* Smettila di fare l'irrispettoso con tua madre!

-cheeked [tʃi:kt] *agg (sempre preceduto da un altro agg.)* dalle guance...: *a rosy-cheeked boy,* un ragazzo dalle guance rosa (rosse).

cheeky ['tʃi:ki] *agg* sfacciato; sfrontato; impudente. □ *avv* **cheekily.**

cheep [tʃi:p] *s.* pigolio.

to **cheep** [tʃi:p] *vi* pigolare.

cheer [tʃiə*] *s.* **1** allegrezza; buon umore; lieta disposizione d'animo: *words of cheer,* parole d'incoraggiamento — *good cheer,* ricca imbandigione; buona tavola; buon cibo e buone bevande. **2** applauso; acclamazione; evviva; urrà: *to give three cheers,* gridare tre volte urrà — *cheer-leader,* capo-claque. **3** *(al pl.:* cheers*)* cin-cin. **4** *(al pl.:* cheers *GB, fam.)* = **cheerio 1.**

to **cheer** [tʃiə*] *vt* **1** rallegrare; allietare; confortare; mettere di buon umore: *Your visit has cheered him (up) no end,* La tua visita lo ha rallegrato molto. **2** *(spesso seguito da* on*)* incitare *(p.es. una squadra, un campione con grida di incoraggiamento);* acclamare; applaudire; approvare; accogliere con gioia: *The speaker was loudly cheered,* Il conferenziere fu vivamente applaudito.
□ *vi* **to cheer up,** rallegrarsi; farsi (darsi) coraggio; farsi animo: *He cheered up at once when I promised to help him,* Si rasserenò subito quando gli promisi che l'avrei aiutato.

cheerful ['tʃiəful] *agg* **1** contento; gioioso; allegro; vivace; che dà allegria: *a cheerful day,* una giornata allegra. **2** volenteroso; alacre. □ *avv* **cheerfully.**

cheerfulness ['tʃiəfulnis] *s.* contentezza; allegria; gioia; cordialità; alacrità.

cheerily ['tʃiərili] *avv* ⇨ **cheery.**

[1]**cheering** ['tʃiəriŋ] *s.* (grida di) incitamento; incoraggiamento; applauso; acclamazione; evviva.

[2]**cheering** ['tʃiəriŋ] *agg* incoraggiante; d'incoraggiamento; di sprone: *That's cheering news,* Sono notizie incoraggianti.

cheerio ['tʃiəri'ou] *s.* **1** ciao *(lasciando qcno).* **2** *(GB, un po' desueto)* cin-cin.

cheerless ['tʃiəlis] *agg* triste; desolato; squallido; deprimente; infelice. □ *avv* **cheerlessly.**

cheers ['tʃiəz] *s. pl (interiezione)* = **cheer 3** *e* **4.**

cheery ['tʃiəri] *agg* allegro; cordiale; pieno di buon umore; euforico. □ *avv* **cheerily.**

cheese [tʃi:z] *s.* **1** formaggio; cacio; forma di cacio; formaggino: *cheese-cake,* - **a)** torta di formaggio (di ricotta) - **b)** *(sl.)* fotografia di ragazza provocante — *cheese-cloth,* garza; stamigna *(per formaggi);* tela indiana *(per camicette, ecc.)* — *cheese-paring, (fig.)* taccagneria; avarizia; spilorceria; *(al pl.)* cianfrusaglie — *cheese-paring economies,* economie grette. **2** *(generalm.* the big cheese*)* la persona che conta *(in un'azienda, ecc.).* □ *Say 'cheese'!, (detto dal fotografo),* Un bel sorriso, prego!

cheesecake ['tʃi:zkeik] *s.* ⇨ **cheese 1.**

cheesed off ['tʃi:zdɔf] *agg (fam.)* stufo.

cheesemonger ['tʃi:z,mʌŋgə*] *s.* formaggiaio.

cheetah ['tʃi:tə] *s.* ghepardo.

chef [ʃef] *s. (fr.)* capocuoco *(di ristorante);* 'chef'.

[1]**chemical** ['kemikl] *agg* chimico. □ *avv* **chemically 1** chimicamente. **2** (ottenuto) per sintesi chimica.

[2]**chemical** ['kemikl] *s. (spesso al pl.)* sostanza chimica; prodotto chimico.

chemise [ʃi'mi:z] *s. (fr.)* camicia *(da donna).*

chemist ['kemist] *s.* **1** chimico. **2** *(GB)* farmacista: *chemist's shop,* farmacia.

chemistry ['kemistri] *s.* chimica.

chemotherapy [,kemou'θerəpi] *s.* chemioterapia.

chenille [ʃə'ni:l] *s. (fr.)* ciniglia.

cheque [tʃek] *s.* (*USA* **check**) assegno bancario: *a cheque for 10 pounds,* un assegno bancario (dell'ammontare) di 10 sterline — *to pay by cheque,* pagare con un assegno — *cheque-book,* libretto degli assegni.

chequer ['tʃekə*] *s.* **1** *(al pl.)* scacchiera *(come insegna di locanda).* **2** *(spesso al pl.)* disegno a scacchi *(di tessuto, ecc.).* □ *chequer-wise,* a scacchi; a quadri — *chequer-work,* disegno a scacchi.

to **chequer** ['tʃekə*] *vt* (*USA* **checker**) quadrettare: *a lawn chequered with sunlight and shade,* un prato con macchie di sole e di ombra.

chequered ['tʃekə:d] *agg* (*uso fig. del p. pass. di* **to chequer**) alterno; fortunoso; movimentato: *a chequered life,* una vita fortunosa (di alti e bassi).

to **cherish** ['tʃeriʃ] *vt* **1** aver caro; adorare; prediligere. **2** tenere o nutrire in cuore; accarezzare l'idea; sperare ardentemente: *For years she cherished the hope that her husband might still be alive,* Per anni nutrì la speranza che suo marito potesse essere ancora vivo.

cheroot [ʃə'ru:t] *s.* sigaro spuntato; cicca.

cherry ['tʃeri] *s.* **1** ciliegia; ciliegio *(anche il legno): to take two bites at a cherry,* essere poco intraprendente o troppo cerimonioso. **2** *(USA, volg.)* vulva.
□ *agg* rosso ciliegia: *cherry lips,* labbra rosse come ciliegie.
cherub ['tʃerəb] *s.* (*pl.* **cherubim**) **1** (angelo) cherubino. **2** *(fig.; pl.:* cherubs*)* bambino bellissimo; *(pittura)* angioletto; putto.
cherubic [tʃe'ru:bik] *agg* di o da cherubino; da angioletto; *(fam.)* paffutello.
cherubim ['tʃerəbim] *s. pl di* **cherub**.
chervil ['tʃə:vil] *s.* cerfoglio.
chess [tʃes] *s.* il gioco degli scacchi: *chess-board,* scacchiera — *chess-men,* pezzi degli scacchi.
chest [tʃest] *s.* **1** torace; petto: *He has a strong chest,* È di torace robusto — *to get sth off one's chest, (fam.)* sfogarsi — *to throw out one's chest,* camminare (o stare) impettito. **2** cassapanca; cassettone; cassa; scrigno; cassetta *(di utensili, dei medicinali, ecc.): chest of tea; tea-chest,* cassa di tè — *chest of drawers,* cassettone; comò; canterano.
-chested ['tʃestid] *agg* dal petto...: *(nei composti, p.es.) full-chested,* dall'ampio torace — *pigeon-chested,* dal petto carenato; dal petto di pollo.
chesterfield ['tʃestəfi:ld] *s.* **1** soprabito monopetto. **2** divano imbottito con braccioli.
chestnut ['tʃesnʌt] *s.* **1** *(anche* chestnut-tree*)* castagno: *horse-chestnut,* ippocastano. **2** castagna; *(veterinaria)* castagnetta. **3** *(di colore)* castano. **4** cavallo sauro. **5** *(fam.)* barzelletta trita; fatterello o aneddoto arcinoto.
cheval-glass [ʃə'vælglɑ:s] *s.* psiche; specchio a bilico.
chevalier [,ʃevə'liə*] *s.* membro di alcuni ordini cavallereschi. □ *chevalier of industry,* imbroglione.
chevron ['ʃevrən] *s.* **1** *(USA)* gallone indicante il grado *(a forma di V o Λ).* **2** ornamento architettonico a zig-zag. **3** *(araldica)* scaglione.
to **chevy** ['tʃevi] *vt* ⇨ **to chivy**.
chew [tʃu:] *s.* **1** masticazione. **2** cosa *(tabacco, ecc.)* da masticare: *a chew of tobacco,* una presa di tabacco (da masticare).
to **chew** [tʃu:] *vt e i.* **1** masticare: *to chew the cud,* ruminare *(anche fig.);* rimuginare — *to bite off more than one can chew, (fig.)* fare il passo più lungo della gamba. **2** *(per estensione)* pensare; rimuginare: *to chew upon sth; to chew sth over,* pensarci su; riflettere sopra (qcsa); considerare la cosa a fondo — *to chew the rag, (fam.)* lagnarsi ripetutamente *(per qcsa che non va);* lamentarsi; mugugnare; brontolare.
chewing-gum ['tʃu(:)iŋgʌm] *s.* gomma da masticare.
chewy ['tʃu:i] *agg (fam.)* che deve essere masticato; masticabile: *chocolates with chewy centres,* cioccolatini dal ripieno duro.
chic [ʃi:k] *s. (fr.)* eleganza; 'sciccheria'. □ *agg* elegante; 'chic'.
chicanery [ʃi'keinəri] *s.* cavillo legale; sofisma; *(per estensione)* sotterfugio; inganno.
chichi ['ʃiʃi] *agg (fr., fam.)* vanitoso; pretenzioso.
chick [tʃik] *s.* **1** pulcino; uccellino (implume). **2** *(fam.)* piccolino; bambino. **3** *(fam.)* pollastrella; ragazza.
chickabiddy [,tʃikə'bidi] *s. (fam., per esprimere affetto)* 'pulcino'.
chicken ['tʃikin] *s.* pollo; pollastro; pollastra; carne di pollo: *spring chicken,* pollastrello; pollo novello — *chicken-feed,* mangime per i polli; *(fam.)* piccola somma di denaro; spiccioli. □ *chicken-pox,* varicella — *to count one's chickens before they are hatched, (prov.)* vendere la pelle dell'orso prima ancora d'averlo ammazzato — *She's no chicken, (fam.)* Non è esattamente una giovincella.
□ *agg (anche* chicken-hearted*)* senza coraggio; pusillanime; timido; vile.
to **chicken out** ['tʃikinaut] *vi* rinunciare *(per paura, per timidezza) (cfr.* **chicken,** *agg).*
chickweed ['tʃikwi:d] *s.* centonchia; mordigallina.
chicory ['tʃikəri] *s.* cicoria *(spec. la radice macinata come additivo o succedaneo al caffè).*
to **chide** [tʃaid] *vt e i.* (*pass.* **chided** *o* **chid**; *p. pass.* **chided, chid** *o* **chidden**) rimproverare; sgridare; rimbrottare: *She was chiding her son for not obeying her,* Stava rimproverando suo figlio perché non le obbediva.
chief [tʃi:f] *s.* **1** capo; comandante; condottiero: *a Red Indian chief,* un capo pellerossa — *the chief of the tribe,* il capotribù — *Chief of Staff,* Capo di Stato Maggiore — *Commander-in-chief,* Comandante in capo. **2** *(araldica)* la terza zona superiore dello stemma. □ *in chief, (piuttosto desueto)* principalmente; specialmente — *for many reasons, and this one in chief,* per molte ragioni, e per questa in particolare.
□ *agg* **1** principale; più importante; supremo: *chief town,* (città) capoluogo — *the chief rivers of India,* i principali fiumi dell'India — *the chief thing to remember,* la cosa più importante da ricordare. **2** più elevato (di grado); primo; sommo; capo: *chief inspector,* ispettore capo — *Chief Justice,* Primo Giudice *(Presidente di una Corte di Giustizia)* — *chief priest,* sommo sacerdote.
[1]**chiefly** ['tʃi:fli] *avv* soprattutto; innanzitutto; principalmente; per di più: *It is chiefly composed of...,* È principalmente composto di...
[2]**chiefly** ['tʃi:fli] *agg* di o da capo; da condottiero.
chieftain ['tʃi:ftən] *s.* **1** capo *(p.es. di un 'clan' scozzese);* capo di tribù. **2** capobanda; capo di banditi. **3** *(poet.)* condottiero.
chieftaincy ['tʃi:ftənsi] *s.* la carica di capo tribù, ecc.; *(fig.)* comando.
chiffchaff ['tʃiftʃæf] *s.* luì piccolo.
chiffon ['ʃifɔn] *s. (fr.)* 'chiffon'; velo crespo.
chiffonier [,ʃifə'niə*] *s. (fr.)* **1** *(GB)* basso armadietto movibile con piano superiore adattabile a tavolo. **2** *(USA)* cassettiera.
chigger, chigoe ['tʃigə*/'tʃigou] *s.* ⇨ **jigger 1**.
chignon ['ʃi:njɔŋ] *s. (fr.)* chignon; crocchia.
chilblain ['tʃilblein] *s.* gelone.
chilblained ['tʃil,bleind] *agg* affetto da geloni.
child [tʃaild] *s.* (*pl.* **children**) **1** bambino (bambina); fanciullo (fanciulla); figlio (figlia): *They have three children,* Hanno tre figli — *child's play,* un gioco da bambini — *to be with child, (ant. e lett.)* aspettare un bambino; essere incinta — *child-bearing,* gravidanza. **2** *(fig.)* figlio; creatura: *child of nature,* figlio della natura — *brain-child,* creatura della mente.
childbed, childbirth ['tʃaildbed/'tʃaildbə:θ] *s.* parto: *She died in childbirth,* Morì di parto.
childhood ['tʃaildhud] *s.* puerizia; infanzia: *to have a happy childhood,* avere un'infanzia felice — *second childhood,* senilità.
childish ['tʃaildiʃ] *agg* puerile *(quasi sempre spreg.);* infantile; fanciullesco: *childish games (arguments),* giochi infantili (discussioni puerili). □ *avv* **childishly**.
childless ['tʃaildlis] *agg* senza bambini; senza figli: *a childless couple,* una coppia senza figli.
childlike ['tʃaildlaik] *agg* **1** semplice; innocente; schietto. **2** infantile; da bambino.
children ['tʃildrən] *pl di* **child**.

chile, chili ['tʃili] *s. (USA)* ⇨ **chilli.**
Chilean ['tʃiliən] *agg e s.* cileno.
chill [tʃil] *s.* **1** *(solo al sing.)* freddo; sensazione di freddo; brivido; *(fig.)* brivido; senso di gelo; 'doccia fredda': *There's quite a chill in the air this morning,* Fa piuttosto frescolino stamattina — *to take the chill off the water,* intiepidire l'acqua — *The news cast a chill over the gathering,* La notizia fece rabbrividire l'assemblea. **2** colpo di freddo; infreddatura: *to catch a chill,* buscarsi un'infreddatura; prendere freddo — *to have a chill on the liver,* soffrire per un colpo di freddo al fegato. **3** *(metallurgia)* raffreddatore; conchiglia.
□ *agg* gelido; che fa rabbrividire *(anche fig.)*: *a chill breeze,* un'arietta gelida — *a chill welcome,* un'accoglienza fredda, glaciale.
to **chill** [tʃil] *vt e i.* **1** raffreddare, raffreddarsi; gelare; intirizzire, intirizzirsi. **2** *(fig.)* deprimere; scoraggiare. **3** *(metallurgia)* temprare, temprarsi; fondere in conchiglia.
chilled [tʃild] *agg* raffreddato; gelato: *chilled beef,* carne di manzo tenuta al freddo *(non congelata).*
chilli, chilly, chile, chili ['tʃili] *s.* pepe di Caienna; peperoncino rosso: *chilli sauce,* salsa di peperoncino rosso.
chilly ['tʃili] *agg* (**-ier**; **-iest**) **1** freddo; frescolino; *(di persona)* freddoloso: *a chilly mortal, (fam.)* un tipo freddoloso. **2** *(fig.)* freddo; gelido; non amichevole; senza cordialità: *a chilly welcome,* un'accoglienza fredda — *chilly politeness,* cortesia senza cordialità.
chime [tʃaim] *s.* scampanio; concerto di campane; campane a festa; carillon; *(talvolta)* rintocco delle ore.
to **chime** [tʃaim] *vi e t.* **1** suonare *(di campane)*; scampanare; suonare a festa; rintoccare; battere le ore: *The church clock chimed midnight,* L'orologio della chiesa batté la mezzanotte. **2 to chime in,** - **a)** interloquire; aggiungere; far eco: *'Of course', he chimed in,* 'Ma certo', soggiunse - **b)** *to chime in with sth,* concordare; andar bene (con); intonarsi (a) — *I think your plan will chime in with mine,* Penso che il tuo piano si accorderà bene col mio.
chimera, chimaera [kai'miərə] *s.* **1** chimera. **2** illusione; fantasticheria impossibile.
chimney ['tʃimni] *s.* **1** camino; comignolo; fumaiolo: *chimney-corner,* angolo del focolare — *chimney-piece,* mensola del camino — *chimney-pot,* comignolo di terracotta — *chimney-stack,* gruppo di camini (uniti); fumaiolo — *chimney-sweep,* spazzacamino. **2** tubo di vetro *(delle lampade a petrolio, ecc.)*; tubo metallico *(della stufa).* **3** *(alpinismo)* camino; cunicolo; passaggio verticale strettissimo.
chimp [tʃimp] *s., abbr fam di* **chimpanzee.**
chimpanzee [,tʃimpən'zi:] *s.* scimpanzé.
chin [tʃin] *s.* mento: *chin wagging, (fam.)* chiacchiere; scempiaggini; il parlare a vanvera — *to keep one's chin up,* mostrare determinazione; dimostrare coraggio; non avere affatto paura.
China, china ['tʃainə] *nome proprio e s.* **1** Cina: *China-watcher,* osservatore della vita politica cinese *(generalm. di base a Hong Kong, a Taiwan, a Tokio, ecc.).* **2** *(con l'iniziale minuscola)* porcellana finissima *(in origine importata dalla Cina).* **3** oggetti, articoli di porcellana; porcellane: *china-closet,* credenza o armadietto delle porcellane.
Chinaman ['tʃainəmən] *s.* (*pl.* **Chinamen**) **1** *(spesso spreg.)* cinese. **2** *(cricket)* tipo particolare di lancio della palla.
Chinatown ['tʃainətaun] *s.* *(p.es. di New York)* quartiere cinese.
chinaware ['tʃainəuɛə*] *s.* articoli di porcellana; porcellane.
chinchilla [tʃin'tʃilə] *s.* cincillà *(animale e pelliccia).*
chine [tʃain] *s.* **1** spina dorsale. **2** *(macelleria)* lombata. **3** cresta *(di monte).*
Chinee [tʃai'ne:] *s. e agg (forma singolare inventata, derivata da* Chinese, *che si presumeva fosse pl.)* cinese.
Chinese [tʃai'ni:z] *s. e agg* cinese.
[1]**chink** [tʃiŋk] *s.* crepaccio; fessura.
[2]**Chink** [tʃiŋk] *s. e agg (sl.)* cinese.
[3]**chink** [tʃiŋk] *s.* tintinnio *(spec. di monete, bicchieri).*
to **chink** [tʃiŋk] *vt e i.* tintinnare *(spec. di monete, bicchieri, vasellame, ecc.).*
chinless ['tʃinləs] *agg* **1** dal mento sfuggente. **2** *(di carattere)* debole; molle.
chintz [tʃints] *s.* chintz *(tessuto di cotone lucido stampato a colori, usato spec. nell'arredamento).*
chip [tʃip] *s.* **1** scheggia *(di legno, vetro, ecc.)*; scaglia; frammento; pezzetto: *a chip off the old block, (fig.)* un figlio degno del padre — *to have a chip on one's shoulder, (fig.)* avere un'aria di sfida; aver voglia di litigare. **2** pezzettino; fettina *(di mele, di patate, ecc.)*: *chips, (GB)* patatine fritte (a bastoncino, per il lungo); *(USA)* patatine fritte a fettine sottili, per il largo. **3** scheggiatura *(di un bicchiere, ecc.).* **4** truciolo: *chip baskets,* cestelli di trucioli — *Chips, (fam.)* carpentiere di bordo. **5** gettone; 'fiche' *(nel gioco delle carte, ecc.).*
□ *blue-chips, (Borsa)* azioni sicure.
to **chip** [tʃip] *vt* (**-pp-**) **1** scheggiare; togliere un frammento o pezzetto *(da qcsa)*; raschiar via *(di vernici, ecc.).* **2** tagliare a fettine; fare a pezzetti.
□ *vi* **1** scheggiarsi: *These cups chip if you are not careful,* Queste tazze si scheggiano, se non stai attento. **2** *(carpenteria)* sgrossare; modellare *(una superficie, un bordo, con un'ascia o con uno scalpello).* **3 to chip in (on sb),** interloquire, interrompere (qcno); intervenire *(in una conversazione).* **4 to chip in (with sth),** contribuire; dare un contributo.
chipboard ['tʃipbɔ:d] *s.* legno ricostituito.
chipmunk ['tʃipmʌŋk] *s.* tamia.
Chippendale ['tʃipəndeil] *s.* *(stile)* Chippendale *(di mobili inglesi del '700).*
chippings ['tʃipiŋs] *s. pl* schegge *(di legno, di pietra, ecc.)*; trucioli; ritagli; pezzettini; fettine.
chips [tʃips] *s. pl* ⇨ **chip 2** *e* **4.**
chiropodist [ki'rɔpədist] *s.* pedicure; callista.
chiropody [ki'rɔpədi] *s.* mestiere del pedicure.
chiropractor [,kairou'præktə*] *s.* chi esercita la chiropratica.
chirp [tʃə:p] *s.* *(di uccelli)* cinguettio; trillo; pigolio; *(di grilli, cicale)* stridio; frinire.
to **chirp** [tʃə:p] *vi e t.* cinguettare; pigolare; trillare; frinire.
chirpiness ['tʃə:pinis] *s.* vivacità; allegria.
chirpy ['tʃə:pi] *agg* vivace; allegro. □ *avv* **chirpily.**
chirrup ['tʃirəp] *s.* cinguettio.
to **chirrup** ['tʃirəp] *vt* **1** cinguettare. **2** applaudire a pagamento.
chisel ['tʃizl] *s.* cesello; scalpello; bulino.
to **chisel** ['tʃizl] *vt* (**-ll-**; *USA anche* **-l-**) **1** cesellare; scalpellare: *chiselled features, (di persone)* fattezze ben delineate, ben disegnate; dai lineamenti fini (finemente cesellati). **2** *(sl.)* imbrogliare; gabbare; procurarsi imbrogliando.
chiseller ['tʃizlə*] *s.* *(sl.)* imbroglione; truffatore.

[1]**chit** [tʃit] *s.* **1** bambino; marmocchio. **2** ragazzina; smorfiosetta.

[2]**chit, chitty** [tʃit/'tʃiti] *s. (fam.: anglo-indiano, spec. mil.)* **1** piccola nota; biglietto; messaggio. **2** nota di un debito in sospeso. **3** benservito; lasciapassare.

chit-chat ['tʃittʃæt] *s.* parlottio; cicalеccio.

chitterling ['tʃitəliŋ] *s. (generalm. al pl.)* trippa *(spec. di maiale).*

chivalrous ['ʃivəlrəs] *agg* cavalleresco; nobile; cortese. ☐ *avv* **chivalrously.**

chivalry ['ʃivəlri] *s.* **1** cavalleria *(di comportamento);* cortesia. **2** *(stor.)* cavalleria.

chives [tʃaivz] *s. pl* erba cipollina.

to **chivy, to chivvy, to chevy** ['tʃivi] *vt* cacciare; inseguire; *(per estensione)* spingere; stimolare: *to chivy sb into doing sth,* stimolare (spingere) qcno a fare qcsa.

chlorate ['klɔ:rit] *s.* clorato.

chloric ['klɔ:rik] *agg* clorico: *chloric acid,* acido clorico.

chloride ['klɔ:raid] *s.* cloruro.

to **chlorinate** ['klɔ:rineit] *vt* clorurare.

chlorination [,klɔ:ri'neiʃən] *s.* clorurazione.

chlorine ['klɔ:ri:n] *s.* cloro.

chloroform ['klɔrəfɔ:m] *s.* cloroformio.

to **chloroform** ['klɔrəfɔ:m] *vt* cloroformizzare.

chlorophyl(l) ['klɔ:rəfil] *s.* clorofilla.

chlorous ['klɔ:rəs] *agg* cloroso.

choc [tʃɔk] *s.* (*abbr. fam. di* **chocolate**) cioccolatino: *mint chocs,* cioccolatini ripieni di crema alla menta — *choc-ice,* barretta di gelato con crosta di cioccolato.

chock [tʃɔk] *s.* bietta; calzatoia; cuneo; zeppa *(di botte);* tassello; traversa di supporto; *(naut.)* calastra; passacavi; *(aeronautica)* tacco.

to **chock** [tʃɔk] *vt* **1** fermare; assicurare *(una ruota, una botte, ecc.)* con un cuneo, con una bietta; assicurare con tasselli. **2** *(fam., generalm. seguito da* up*)* riempire esageratamente; stipare: *a room chocked up with furniture,* una stanza stipata di mobili.

chock-a-block, chock-full ['tʃɔkəblɔk/'tʃɔkful] *agg* pieno zeppo; ricolmo; stipato.

chocolate ['tʃɔkəlit] *s.* **1** cioccolata; cioccolato; cioccolatino; (color) cioccolata: *a bar of chocolate,* una tavoletta di cioccolata — *a box of chocolates,* una scatola di cioccolatini. **2** *(attrib.)* di cioccolato; ricoperto di cioccolato: *chocolate biscuits,* biscotti al cioccolato *(spec. se ricoperti di cioccolato)* — *chocolate cream,* cremino al cioccolato; cioccolatino ripieno.

choice [tʃɔis] *s.* **1** scelta; cosa scelta: *to make a careful choice,* scegliere accuratamente — *Take your choice,* Fai la tua scelta; Scegli — *This is my choice,* Questa è la mia scelta; Scelgo questo. **2** possibilità di scelta; alternativa: *I have no choice,* Non ho alcuna alternativa — *for choice; by choice,* di preferenza; a scelta; come alternativa — *I would take this one for choice,* Come alternativa sceglierei questo — *Hobson's choice,* nessuna scelta; prendere o lasciare — *a drug of choice,* un farmaco di elezione. **3** scelta; selezione; raccolta; assortimento; grande numero *(tra cui scegliere): This shop has a large choice of hats,* Questo negozio ha un grande assortimento di cappelli. **4** *(attrib.)* scelto; di prima qualità; eccellente; squisito: *choice fruit,* frutta di prima scelta.

choir ['kwaiə*] *s.* coro *(vari sensi, anche archit.): choir boy,* (fanciullo) corista — *choir master,* maestro di cappella — *choir school,* scuola di piccoli coristi annessa ad una cattedrale o abbazia.

choke [tʃouk] *s.* **1** *(di motore)* valvola dell'aria; 'starter'. **2** *(radio)* bobina d'arresto.

to **choke** [tʃouk] *vi e t.* **1** soffocare; sentirsi soffocare; togliere il respiro; impedire di respirare: *to choke over one's food,* sentirsi soffocare per del cibo andato di traverso — *to be choking with rage,* soffocare dalla rabbia. **2** strangolare; impedire di respirare; strozzare; *(fig.)* soffocare; sventare *(una rivolta, ecc.): to choke the life out of sb,* strangolare qcno (fino a farlo morire). **3** *(generalm. seguito da* up*)* ostruire; intasare; ingombrare; otturare: *a drain choked up with dirt,* un canale di scolo otturato dalla sporcizia. **4 to choke sth back (**o **down),** frenare; contenere; trattenere; reprimere *(le lacrime, la rabbia, ecc.): to choke back one's indignation,* trattenere il proprio sdegno. **5 to choke sb off,** *(fam.)* scoraggiare qcno; indurlo a non fare qcsa; sbarazzarsi di lui.

choke-damp ['tʃouk'dæmp] *s.* anidride carbonica; 'grisou'.

choker ['tʃoukə*] *s.* **1** *(scherz.)* colletto rigido; sciarpa. **2** collana a girocollo *(spec. a più giri).*

choler ['kɔlə*] *s. (ant.)* collera.

cholera ['kɔlərə] *s.* colera.

choleric ['kɔlərik] *agg* collerico.

cholesterol [kɔ'lestərɔl] *s.* colesterolo.

to **choose** [tʃu:z] *vt e i.* (*pass.* **chose**; *p. pass.* **chosen**) **1** scegliere: *There are only five to choose from,* Ce ne sono solo cinque tra cui scegliere — *He had to choose between death and dishonour,* Dovette scegliere tra la morte e il disonore — *There's nothing to choose between them,* Non c'è nessuna differenza tra loro (Non c'è scelta). **2** preferire; piacere; volere; decidere: *I do not choose to be a candidate,* Non voglio presentarmi come candidato *(alle elezioni, ecc.)* — *He chose to stay where he was,* Preferì rimanere dove si trovava — *Do just as you choose,* Fai come credi (come preferisci) — *I cannot choose but obey,* Non posso fare altro che obbedire; Non ho altra alternativa che l'obbedire.

choosing ['tʃu:ziŋ] *s.* scelta; facoltà di scelta.

choosy, choosey ['tʃu:zi] *agg* (**-ier**; **-iest**) *(fam.)* pignolo; incontentabile; di gusti difficili.

[1]**chop** [tʃɔp] *s.* **1** fendente; colpo *(d'ascia, di scure, con la mano, ecc.): to get the chop, (fam.)* - **a)** venir destituito - **b)** venir decapitato. **2** braciola: *pork-chop,* braciola di maiale — *chop-house,* trattoria. **3** maretta (*cfr.* **choppy, 1**).

[1]to **chop** [tʃɔp] *vt e i.* (**-pp-**) **1** tagliare; mozzare; staccare *(con un colpo d'ascia, ecc.);* spaccare; fare a pezzi *(carne, verdura);* trinciare; tritare: *to chop wood,* tagliare (spaccare) legna — *to chop up meat,* tritare carne — *to chop down a tree,* abbattere un albero — *to chop off the head of a traitor,* mozzare il capo a (decapitare) un traditore — *We had to chop our way through the undergrowth,* Dovemmo aprirci un varco nel sottobosco. **2** *to chop at sth,* vibrare un colpo contro qcsa.

[2]to **chop** [tʃɔp] *vi* (**-pp-**) **1** *(ant., ora solo nell'espressione) to chop and change,* essere titubante; cambiare opinione: *He's always chopping and changing,* Cambia continuamente idea. **2** *to chop about, (del vento)* cambiare continuamente direzione.

[2]**chop** [tʃɔp] *s.* mascella; ganascia: *to lick one's chops,* leccarsi i baffi.

[3]**chop** [tʃɔp] *s.* **1** *(spec. in India, Cina)* sigillo ufficiale; bollo; permesso; licenza. **2** *(in Cina)* marca di fabbrica; marchio: *first (second) chop,* di prima (seconda) qualità.

[4]**chop** [tʃɔp] *s. (fam., in Africa occidentale)* cibo.

chop-chop ['tʃɔp'tʃɔp] *avv (sl., dal 'pidgin English', patois anglo-cinese)* in fretta.

chopper ['tʃɔpə*] *s.* **1** ascia; accetta; mannaia *(spec. del macellaio).* **2** *(USA)* controllore *(di biglietti al cinema, teatro, ecc.).* **3** *(sl.)* elicottero. **4** *(elettr.)* interruttore rotante.

choppy ['tʃɔpi] *agg* **1** *(del mare)* mosso; increspato. **2** *(del vento)* variabile.

chopsticks ['tʃɔpstiks] *s. pl* bastoncini di legno o avorio *(usati dai Cinesi, Giapponesi, ecc., come posate).*

chop-suey [tʃɔp'sui] *s.* piatto cinese di carne o pollo servito con riso, cipolle, ecc.

choral ['kɔ:rəl] *agg* corale.

chorale [kɔ'rɑ:l] *s.* corale.

chord [kɔ:d] *s.* **1** *(geometria)* corda *(di una circonferenza o di un arco).* **2** *(mus.)* accordo; *(di strumento musicale)* corda: *to touch the right chord, (fig.)* toccare il tasto giusto. **3** *(anat.)* ⇨ **cord 1.**

chore [tʃɔ:*] *s. (generalm. al pl.)* faccende domestiche; lavori giornalieri *(spec. casalinghi, di fattoria, ecc.).*

choreographer [,kɔri'ɔgrəfə*] *s.* coreografo.

choreographic [,kɔriə'græfik] *agg* coreografico.

choreography [,kɔri'ɔgrəfi] *s.* coreografia.

chorine ['kɔ:ri:n] *s.* ballerina di fila.

chorister ['kɔristə*] *s.* corista *(spec. ragazzo).*

chortle ['tʃɔ:tl] *s.* risata *(non aperta ma soffocata in gola).*

to **chortle** ['tʃɔ:tl] *vi* ridacchiare.

chorus ['kɔ:rəs] *s.* **1** coro *(nei drammi, ecc.);* corpo di ballo *(nelle riviste musicali* = corps de ballet*): chorus-girl,* ballerina di fila — *chorus singer,* corista. **2** ritornello *(di canzone).* **3** personaggio che recita il prologo e l'epilogo; *(nell'antico teatro greco)* coro. **4** coro; subisso *(di proteste, di applausi, ecc.): a chorus of approval,* un subisso di consensi. ☐ *in chorus,* in coro; tutti assieme.

to **chorus** ['kɔ:rəs] *vt* **1** cantare, dire, parlare in coro; fare coro; unirsi *(nelle lodi, ecc.).* **2** *(nei drammi, ecc.)* fare da coro.

chose, chosen [tʃouz/'tʃouzn] *pass e p. pass di* **to choose.**

chow [tʃau] *s.* **1** cane di razza cinese ('chow-chow'). **2** *(USA, sl.)* cibo.

chowder ['tʃaudə*] *s. (spec. USA)* zuppa di pesce *(spesso molluschi)* e verdura *(spec. patate).*

to **christen** ['krisn] *vt* battezzare *(anche una nave); (per estensione)* dare un nome: *The child was christened Mary,* Alla bimba fu dato il nome di Mary.

Christendom ['krisndəm] *s.* cristianità; il popolo cristiano.

christening ['krisniŋ] *s. (cerimonia del)* battesimo.

Christian ['kristjən] *agg e s.* cristiano; che si ispira alla dottrina di Gesù Cristo: *the Christians,* i cristiani — *the Christian era,* l'èra cristiana — *Christian name,* nome di battesimo.

Christianity [,kristi'æniti] *s.* **1** cristianesimo. **2** cristianità.

Christlike ['kraistlaik] *agg* simile a Cristo.

Christmas ['krisməs] *s.* Natale: *Christmas Eve,* la vigilia di Natale — *the Christmas holidays,* le vacanze di Natale — *Christmas cards,* cartoncini d'auguri natalizi — *Christmas box, (GB)* mancia natalizia — *Christmas tree,* albero di Natale.

Christmassy ['krisməsi] *agg (fam.)* natalizio; festoso.

chromatic [krou'mætik] *agg* cromatico. ☐ *avv* **chromatically.**

chrome [kroum] *s.* cromo *(pigmento).*

to **chrome** [kroum] *vt* cromare.

chromium ['kroumjəm] *s.* cromo *(il metallo): chromium plating,* cromatura.

chromosome ['kroumə,soum] *s.* cromosoma.

chronic ['krɔnik] *agg* **1** cronico: *chronic toothache,* un mal di denti cronico. **2** *(sl.)* intenso; duraturo. ☐ *avv* **chronically.**

chronicle ['krɔnikl] *s.* cronaca; resoconto storico.

to **chronicle** ['krɔnikl] *vi* fare la cronaca, la cronistoria; *(per estensione)* annotare.

chronicler ['krɔniklə*] *s. (stor.)* cronista *(scrittore di cronache).*

chronological [,krɔnə'lɔdʒikl] *agg* cronologico. ☐ *avv* **chronologically.**

chronology [krə'nɔledʒi] *s.* cronologia.

chronometer [krə'nɔmitə*] *s.* cronometro.

chronometry [krə'nɔmitri] *s.* cronometria.

chrysalis ['krisəlis] *s.* (*pl.* **chrysalises**) crisalide.

chrysanthemum [kri'sænθəməm] *s.* crisantemo.

chub [tʃʌb] *s. (pl. invariato)* cavedano.

chubby ['tʃʌbi] *agg* paffuto: *chubby child,* un bambino rotondetto.

[1]**chuck** [tʃʌk] *s. (sl.: sempre con l'art. determinativo)* licenziamento: *to get the chuck,* essere licenziato — *to give sb the chuck,* licenziare qcno.

to **chuck** [tʃʌk] *vt (fam.)* **1** gettare; buttare via: *to chuck away rubbish,* buttar via la spazzatura — *to chuck a drunken man out,* buttare fuori un ubriaco. **2** *(spesso seguito da* up*)* abbandonare; lasciare perdere; piantare: *to chuck up one's job,* mollare il proprio impiego — *to chuck work,* piantare il lavoro — *Chuck it!, (sl.)* Piantala! ☐ *to chuck sb under the chin,* dare a qcno un buffetto sotto il mento.

[2]**chuck** [tʃʌk] *s. (di tornio)* mandrino.

chucker-out ['tʃʌkər'aut] *s. (fam.)* 'buttafuori' *(nei night, ecc.).*

chuckle ['tʃʌkl] *s.* risatina *(di compiacimento).*

to **chuckle** ['tʃʌkl] *vt* ridacchiare: *to chuckle over sth,* ridacchiare tra sé e sé per qcsa.

to **chug** [tʃʌg] *vi* scoppiettare *(di motore);* sbuffare *(di locomotiva, ecc.).*

chukker, chukka ['tʃʌkə*] *s. (al polo)* ciascuno dei tempi di una partita.

chum [tʃʌm] *s.* **1** amico intimo *(spec. tra ragazzi): a new chum, (in Australia)* un novellino; un immigrato fresco. **2** *(USA)* camerata; compagno di camera.

to **chum** [tʃʌm] *vi* **(-mm-)** *(fam.: nell'espressione) to chum up (with sb),* fare amicizia (con qcno).

chummy ['tʃʌmi] *agg (fam.)* da amico; amichevole.

chump [tʃʌmp] *s.* **1** ceppo *(di legno);* ciocco. **2** *(GB)* grosso pezzo di carne: *chump chop,* braciola di montone. **3** *(fam.)* stupido; testone; sciocco. **4** *(fam.)* testa; zucca: *to be off one's chump,* essere fuori di sé *(per l'emozione, ecc.);* non capire più niente; essere quasi impazzito.

chunk [tʃʌŋk] *s. (fam.)* un bel pezzo *(di legna, pane, carne, ecc.).*

chunky ['tʃʌŋki] *agg* **1** *(fam.)* grosso; spesso; a grossi pezzi. **2** robusto. **3** *(di marmellata di arance)* con pezzetti di buccia.

chunnel ['tʃʌnəl] *s. (da* Channel tunnel*)* galleria sotto la Manica.

church [tʃə:tʃ] *s.* chiesa *(vari sensi); (per estensione)* cerimonia; funzione; servizio religioso *(anglicano o cattolico): What time does church begin?,* A che ora comincia la funzione? — *They are in (o at) church,* Sono in chiesa — *They are in the church,* Sono nella chiesa — *How often do you go to church?,* Con quanta frequenza vai in chiesa? — *the (Roman) Catholic Church,* la Chiesa Cattolica; i Cattolici —

the Anglican Church, la Chiesa Anglicana; gli Anglicani — *to enter the church,* - **a)** prendere gli ordini; farsi prete - **b)** convertirsi; diventare membro di una chiesa.

churchgoer ['tʃə:tʃ,gouə*] *s.* fedele osservante; praticante.

churchman ['tʃə:tʃmən] *s.* (*pl.* **churchmen**) **1** = **churchgoer. 2** ecclesiastico.

churchwarden [,tʃə:tʃ'wɔ:dn] *s.* **1** fabbriciere; amministratore o rappresentante laico di una comunità parrocchiale. **2** *(fam.)* pipa di terracotta dal bocchino lungo.

churchy ['tʃə:tʃi] *agg (spreg.)* **1** da chiesa. **2** bigotto; fanatico; intollerante.

churchyard ['tʃə:tʃjɑ:d] *s.* cimitero; camposanto; terreno circostante una chiesa.

churl [tʃə:l] *s.* **1** *(ant.)* contadino; campagnolo; cafone; persona di umili natali. **2** persona irascibile, stizzosa o spilorcia.

churlish ['tʃə:liʃ] *agg* irascibile; maleducato. □ *avv* **churlishly.**

churn [tʃə:n] *s.* **1** zangola: *churn-milk,* latte scremato. **2** *(GB)* bidone del latte.

to **churn** [tʃə:n] *vt e i.* **1** agitare; sbattere il latte *(nella zangola).* **2** *(fig.)* agitare; sconvolgere; sommuovere *(liquido, fango, terreno molto bagnato): The ship's propellers churned the waves to foam (churned up the waves),* Le eliche della nave agitavano l'acqua in un turbinio di schiuma.

chute [ʃu:t] *s.* **1** scivolo; piano inclinato; pista inclinata. **2** cascata; rapida. **3** (*abbr. fam. di* **parachute**) paracadute.

chutney ['tʃʌtni] *s.* salsa piccante a base di frutta *(spec. mele, pomodori o 'mango')* e spezie *(per accompagnare carne, pietanze indiane, ecc.).*

chutzpah ['tʃʌtspɑ:] *s.* sfacciataggine; sfrontatezza.

cicada [si'kɑ:də] *s.* cicala.

cicatrice, cicatrix ['sikətris/'sikətriks] *s.* cicatrice.

cicerone [,tʃitʃə'rouni] *s.* (*pl.* **ciceroni**) cicerone; guida.

cider, cyder ['saidə*] *s.* sidro: *cider-press,* pressa da mele *(per ricavarne il succo con il quale si fa il sidro).*

cigar [si'gɑ:*] *s.* sigaro.

cigarette [,sigə'ret] *s.* sigaretta: *cigarette-case,* portasigarette — *cigarette-end,* mozzicone di sigaretta; cicca — *cigarette-holder,* bocchino — *cigarette-lighter,* accendino; accendisigari.

cinch [sintʃ] *s.* **1** *(sl.)* cosa certa e facile. **2** sottopancia.

cinchona [siŋ'kounə] *s.* china; cincona.

cincture ['siŋktʃə*] *s.* **1** *(lett.)* cintura; fascia. **2** filetto; listello.

cinder ['sində*] *s.* **1** tizzone; brace; residuo di fuoco; *(metallurgia)* scoria; scaglia: *to be burnt to a cinder, (di un dolce, ecc.)* essere cotto al forno (alla brace) sino a abbrustolirlo. **2** *(al pl.)* cenere: *cinder-track,* pista per atletica leggera *(fatta con cenere pressata).*

cine- ['sini] *s. (abbr. di* **cinema,** *usato nei composti) cine-camera,* macchina da presa; cinecamera — *cine-film,* pellicola della macchina da presa; pellicola cinematografica — *cine-projector,* cineproiettore; proiettore cinematografico.

cinema ['sinimə] *s.* **1** cinema; cinematografo; l'arte del cinema. **2** cinema; cinematografo; sala cinematografica: *cinema-goer,* frequentatore abituale del cinema.

cinemascope ['siniməskoup] *s.* cinemascope.

cinematograph [,sinə'mætəgrɑ:f] *s. (ant.)* proiettore cinematografico.

cinematography [,sinimæ'tɔgrəfi] *s.* cinematografia.

cinerary ['sinərəri] *agg* cinerario.

Cingalese [,siŋgə'li:z] *agg e s.* = **Ceylonese.**

cinnabar ['sinəbɑ:*] *s.* **1** *(minerale)* cinabro. **2** *(colore)* cinabro; vermiglione.

cinnamon ['sinəmən] *s.* cannella; cinnamomo.

cinquefoil ['siŋkfɔil] *s.* **1** *(bot.)* cinquefoglie; pentafillo. **2** *(archit.)* cinquefoglie; pentalobo.

cipher, cypher ['saifə*] *s.* **1** *(matematica)* zero. **2** cifra. **3** *(fig.)* persona di nessuna importanza; nullità. **4** scrittura in cifra, in codice; cifrario; codice: *a message in cipher,* un messaggio cifrato — *a cipher key,* cifrario; chiave *(per l'interpretazione di un determinato codice)* — *cipher officer, (mil.)* ufficiale addetto ai messaggi cifrati. **5** monogramma.

to **cipher, to cypher** ['saifə*] *vi e t.* **1** *(fam.)* calcolare una somma; fare delle operazioni aritmetiche; risolvere un problema. **2** cifrare; mettere in codice *(un messaggio, ecc.).*

circa ['se:kə] *prep* (*abbr.* **c.** *o* **circ.**) *(lat.)* circa; intorno a: *He was born circa 150 B.C.,* Nacque intorno al 150 a.C.

circle ['sə:kl] *s.* **1** cerchio; circolo; cerchia: *a circle of oaks,* un gruppo di querce (disposte a cerchio) — *to come full circle, (fig.)* arrivare (ritrovarsi) al punto di partenza; compiere un ciclo; maturare — *a vicious circle, (fig.)* un circolo vizioso — *to run round in circles, (fig.)* darsi un gran daffare, affannarsi con scarsi risultati. **2** *(teatro, ecc.)* galleria: *dress circle,* prima galleria — *upper circle,* seconda galleria. **3** circolo; cerchia; ambiente; sfera *(di influenza o di attività);* gran numero: *in theatrical circles,* negli ambienti teatrali — *in diplomatic circles,* negli ambienti diplomatici — *He has a large circle of friends,* Ha una grande cerchia (numero) di amici. **4** *(di stagioni, ecc.)* ciclo.

to **circle** ['sə:kl] *vt e i.* girare intorno; girare in cerchio; volteggiare; circumnavigare; circondare; cintare; racchiudere; andare in giro; *(di notizie)* circolare; propagare; propalare; propagarsi; diffondersi: *The aircraft circled (over) the landing-field,* L'aereo girò intorno all'aeroporto — *Drake circled the globe,* Drake circumnavigò il globo — *The news circled round,* La notizia fu fatta circolare (fece il giro).

circlet ['sə:klit] *s.* cerchietto (ornamentale).

circs [sə:ks] *s. pl, abbr di* **circumstances.**

circuit ['sə:kit] *s.* **1** giro; circuito *(anche sportivo);* giro perimetrale; circonferenza; *(astronomia)* rivoluzione; rotazione: *The circuit of the city walls is three miles,* Il perimetro delle mura cittadine è di tre miglia — *A country postman often has a long circuit,* Un postino di campagna ha spesso un lungo giro da fare — *to make a circuit,* fare un giro *(d'ispezione).* **2** *(di artisti, conferenzieri, ecc.)* giro; serie; tournée. **3** *(GB, fino al 1971)* circoscrizione o distretto visitato da un giudice. **4** catena; organizzazione a catena *(di negozi, di cinema, ecc.).* **5** *(elettr.)* circuito: *circuit diagram,* grafico, schema del circuito — *closed circuit, (televisione)* circuito chiuso — *short circuit,* corto circuito. **6** gruppo di chiese metodiste della stessa regione che si scambiano regolarmente i predicatori.

circuitous [sə(:)'kju(:)itəs] *agg* indiretto; tortuoso. □ *avv* **circuitously.**

circuitry ['sə:kitri] *s.* collegamenti elettrici.

[1]**circular** ['sə:kjulə*] *agg* circolare: *a circular building,* un edificio a forma circolare — *a circular tour (o trip),* un viaggio circolare; una gita — *a circular letter,* una lettera circolare.

[2]**circular** ['sə:kjulə*] *s.* circolare *(pubblicitaria);* lettera circolare.

to **circularize** ['sə:kjuləraiz] *vt* mandare lettere circolari (a).

to **circulate** ['sə:kjuleit] *vi* **1** circolare: *Blood circulates through the body,* Il sangue circola attraverso il corpo — *circulating library,* biblioteca circolante. **2** *(di notizie, ecc.)* diffondersi; *(di merce)* essere venduto, diffuso: *Bad news circulates quickly,* Le cattive notizie circolano (si diffondono) in fretta. **3** *(di persona)* girare (fra); circolare.
□ *vt* propagare; propalare; diffondere; far circolare; mettere in giro.

circulation [,sə:kju'leiʃən] *s.* **1** circolazione; circolo: *He has a good circulation,* Ha una buona circolazione (del sangue) — *These notes have been withdrawn from circulation,* Queste banconote sono state ritirate dalla circolazione. **2** *(di notizie, ecc.)* circolazione; diffusione; propagazione; *(di giornali, ecc.)* tiratura; diffusione.

circulatory ['sə:kjulətəri] *agg* circolatorio.

to **circumcise** ['sə:kəmsaiz] *vt* circoncidere.

circumcision [,sə:kəm'siʒən] *s.* circoncisione.

circumference [sə'kʌmfərəns] *s.* circonferenza.

circumflex ['sə:kəmfleks] *s.* *(anche* circumflex accent*)* accento circonflesso.

circumlocution [,sə:kəmlə'kju:ʃən] *s.* circonlocuzione.

circumlocutory [,sə:kəm'lɔkjutəri] *agg* circonlocutorio.

to **circumnavigate** [,sə:kəm'nævigeit] *vt* circumnavigare; fare la circumnavigazione di.

circumnavigation ['sə:kəm,nævi'geiʃən] *s.* circumnavigazione.

to **circumscribe** ['sə:kəmskraib] *vt* **1** circoscrivere *(vari sensi).* **2** limitare; definire; restringere: *to circumscribe one's interests,* limitare i propri interessi.

circumscription [,sə:kəm'skripʃən] *s.* **1** circoscrizione; *(fig.)* confine; limite; limitazione. **2** iscrizione; leggenda *(sull'orlo di una moneta).*

circumspect ['sə:kəmspekt] *agg* circospetto; cauto. □ *avv* **circumspectly.**

circumspection [,sə:kəm'spekʃən] *s.* circospezione; cautela.

circumstance ['sə:kəmstəns] *s.* **1** circostanza; fatto; caso; particolare; dettaglio: *Don't judge until you know the circumstances,* Non giudicare finché non conosci i fatti — *There is one important circumstance you have not mentioned,* C'è un particolare importante che avete trascurato — *in (o under) the circumstances,* date le circostanze — *in (o under) no circumstances,* in nessun caso. **2** *(al pl.)* condizione economica; situazione finanziaria: *to be in easy circumstances,* essere in buone condizioni economiche. **3** *(lett.)* cerimonie; cerimoniale; etichetta: *too much pomp and circumstance,* troppo sfarzo e troppe cerimonie.

circumstantial [,sə:kəm'stænʃəl] *agg* **1** circostanziato; ricco di dettagli *(di descrizione).* **2** indiziario *(di prove).* □ *avv* **circumstantially.**

to **circumvent** [,sə:kəm'vent] *vt* **1** avere la meglio su (qcno). **2** rovinare i piani di (qcno). **3** impedire *(l'attuarsi d'un piano).* **4** circuire; ingannare.

circumvention [,sə:kəm'venʃən] *s.* circonvenzione; raggiro; il circuire.

circus ['sə:kəs] *s.* **1** circo *(anche lo spettacolo);* anfiteatro; arena. **2** *(fig., scherz., spreg.)* cricca; banda: *Hitler and his circus,* Hitler e la sua cricca. **3** piazza tonda o ovale nella quale convergono più strade *(p.es. Piccadilly Circus).*

cirrhosis [si'rousis] *s.* cirrosi.

cirro-cumulus ['sirou'kju:mjuləs] *s.* *(pl.* **cirro-cumuli***)* cirrocumulo.

cirro-stratus ['sirou'streitəs] *s.* *(pl.* **cirro-strati***)* cirrostrato.

cirrus ['sirəs] *s.* cirro.

cissy ['sisi] *s.* *(sl.)* persona effeminata *(spec. un fanciullo).*

Cistercian [sis'tə:ʃjən] *agg e s.* (monaco) cistercense.

cistern ['sistən] *s.* cisterna; serbatoio d'acqua.

citadel ['sitədl] *s.* cittadella; rocca *(anche fig.).*

citation [sai'teiʃən] *s.* **1** citazione. **2** *(spec. USA)* citazione al merito; menzione onorevole. **3** ordine di comparizione.

to **cite** [sait] *vt* **1** citare; riportare *(un passo, un detto, ecc.).* **2** *(USA)* citare; menzionare a titolo d'onore: *to be cited in dispatches,* essere menzionato nei bollettini *(di guerra).* **3** citare; convocare *(dal giudice, ecc.).*

citizen ['sitizn] *s.* **1** cittadino (abitante della città). **2** cittadino *(di uno Stato, che gode dei diritti civili).* **3** *(USA)* borghese *(contrapposto a militare): senior citizen,* anziano.

citizenry ['sitiznri] *s.* *(con l'art. determinativo)* la cittadinanza *(l'insieme dei cittadini).*

citizenship ['sitiznʃip] *s.* **1** cittadinanza. **2** *(raro)* civismo.

citric ['sitrik] *agg* citrico.

citron ['sitrən] *s.* cedro.

citrous, citrus ['sitrəs] *agg* relativo agli agrumi: *citrous fruits,* agrumi.

citrus ['sitrəs] *s.* agrume; agrumi.

city ['siti] *s.* **1** città *(generalm. grande e importante, spesso ma non sempre dotata di una cattedrale e di speciali diritti di autogoverno conferiti in G.B. dalla Corona, in USA dallo Stato): city centre,* il centro (di una) città. **2** gli abitanti di una città: *city editor, (GB)* redattore finanziario *(di un giornale); (USA)* capocronista — *city hall,* municipio — *garden city,* città satellite *(con molto verde).*
□ *the City,* la parte più antica di Londra, ora il centro commerciale e finanziario — *Cityman,* commerciante, banchiere, uomo d'affari della City — *the Holy City,* la Città Santa (Gerusalemme) — *the Celestial City,* il Paradiso.

civet ['sivit] *s.* zibetto *(animale e profumo).*

civic ['sivik] *agg* civile; civico; cittadino: *civic duties,* i doveri di cittadino — *a civic centre,* un centro civico *(il quartiere dove ci sono gli uffici e gli edifici di interesse pubblico).*

civics ['siviks] *s.* *(col v. al sing.)* educazione e cultura civica.

civies ['siviz] *s. pl* = **civvies.**

civil ['sivil] *agg* **1** civile *(vari sensi);* del cittadino: *civil law,* diritto civile — *civil disobedience,* resistenza passiva — *civil marriage,* matrimonio civile *(non celebrato in chiesa).* **2** civile; borghese; non militare: *He left the army and entered civil life,* Lasciò l'esercito e iniziò una carriera civile — *the Civil Service,* la pubblica amministrazione; la burocrazia — *civil servant,* funzionario di stato; impiegato statale — *Civil Defence (Corps),* (Corpo di) Difesa Nazionale *(per la difesa antiaerea, ecc.).* **3** gentile; cortese; garbato; civile: *The boy gave me a civil answer,* Il ragazzo mi diede una risposta cortese — *Can't you keep a civil tongue in your head?,* Ma non riesci a parlare in modo civile? □ *the civil list, (GB)* l'appannaggio della casa reale. □ *avv* **civilly** ⇨.

civilian [si'viljən] *agg* civile; borghese; non militare: *I*

asked the soldier what he was in civilian life, Chiesi al soldato cosa facesse da borghese.
□ *s.* **1** civile: *In modern wars civilians as well as soldiers are killed,* Nelle guerre moderne vengono uccisi sia i soldati che i civili. **2** *(dir.)* civilista.

civility [si'viliti] *s.* **1** educazione; garbo; garbatezza. **2** *(al pl.)* cortesie.

civilization [,sivilai'zeiʃən] *s.* **1** civilizzazione; incivilimento. **2** civiltà; sistema di vita: *the civilizations of ancient Egypt,* le civiltà dell'antico Egitto. **3** paesi, nazioni civili: *acts that horrified civilization,* atti che hanno fatto inorridire i paesi civili.

to **civilize** ['sivilaiz] *vt* **1** civilizzare. **2** incivilire; educare; migliorare.

civilized ['sivilaizd] *agg* civilizzato.

civilly ['sivili] *avv* (*cfr.* **civil**) **1** secondo la legge civile. **2** civilmente; educatamente; con cortesia.

civvies ['siviz] *s. pl (GB, sl.)* vestito borghese *(cioè non militare).*

Civvy Street ['sivi,stri:t] s. *(GB, sl. mil.)* vita da civile, da borghese *(cioè non militare): to get back to Civvy Street,* essere congedato.

to **clack** [klæk] *vi* **1** produrre un suono forte e secco *(p.es. di tacchi).* **2** fare schioccare la lingua; chiacchierare ad alta voce.

clad [klæd] *p. pass ant di* **to clothe** rivestito; vestito; *(elettr., ecc.)* placcato; armato: *poorly clad, (lett.)* vestito miseramente — *hills clad in verdure, (poet.)* colline ammantate di verde.

cladding ['klædiŋ] *s.* rivestimento.

claim [kleim] *s.* **1** rivendicazione; richiesta; domanda *(di riconoscimento di un diritto);* diritto; titolo; vanto; pretesa: *Has anyone made a claim to this purse?,* Qualcuno ha reclamato questo borsellino? — *His claim to own the house is invalid,* La sua pretesa di essere il proprietario della casa non è valida — *He set up a claim to the throne,* Rivendicò il proprio diritto al trono — *to lay claim to sth,* rivendicare (reclamare) qcsa; vantare diritti su qcsa — *If the land really belongs to you, why don't you lay claim to it?,* Se veramente la terra appartiene a voi, perché non la reclamate? — *to put in a claim for sth,* richiedere *(rimborsi, ecc.);* affermare di essere il proprietario di qcsa. **2** reclamo: *to lodge a claim,* presentare un reclamo. **3** diritto; cosa rivendicata; cosa pretesa: *There are many things that have a claim on my time,* C'è una quantità di cose che richiedono la mia attenzione. **4** concessione *(spec. mineraria): to stake (out) a claim,* delimitare, segnare i confini di una concessione (mineraria).

to **claim** [kleim] *vt* **1** rivendicare; reclamare; chiedere; esigere *(il riconoscimento di un diritto): Does anyone claim this umbrella?,* C'è qualcuno che reclama questo ombrello? — *Every citizen in a democratic country may claim the protection of the law,* In uno stato democratico ogni cittadino può esigere la protezione della legge — *to claim damages,* reclamare i danni o chiederne il risarcimento. **2** pretendere; asserire; affermare; sostenere; vantare, vantarsi: *He claimed to have (He claimed that he had) done the work without help,* Affermò di aver fatto il lavoro senza alcun aiuto — *He claimed to be the best tennis player in the school,* Sosteneva di essere il miglior tennista della scuola. **3** *(di cose)* richiedere; abbisognare; meritare: *There are several matters that claim my attention,* Ci sono parecchie faccende che richiedono la mia attenzione.

claimant ['kleimənt] *s.* rivendicatore; chi fa un ricorso legale; pretendente.

clairvoyance [klɛə'vɔiəns] *s.* chiaroveggenza.

clairvoyant [klɛə'vɔiənt] *s.* chiaroveggente.

clam [klæm] *s.* mollusco bivalve: *baby clams,* vongole.

to **clam** [klæm] *vi* (**-mm-**) **1** cercare molluschi. **2** *to clam up, (fam.)* zittirsi.

clamber ['klæmbə*] *s.* arrampicata difficile.

to **clamber** ['klæmbə*] *vi* arrampicarsi *(con le mani e i piedi): to clamber up a wall,* arrampicarsi su per un muro.

clammy ['klæmi] *agg* viscido; appiccicaticcio: *clammy hands,* mani appiccicaticce.

clamorous ['klæmərəs] *agg* rumoreggiante; schiamazzante; clamoroso. □ *avv* **clamorously.**

clamour ['klæmə*] *s.* (*USA* **clamor**) **1** clamore; schiamazzo; vocio. **2** lagnanze; lamentele; proteste.

to **clamour** ['klæmə*] *vi e t.* (*USA* **to clamor**) rumoreggiare; schiamazzare; vociare; protestare; far rimostranze; chiedere *(ad alta voce): The people were clamouring for war,* La folla chiedeva rumoreggiando la guerra — *The newspapers clamoured against the government's policy,* I giornali protestarono con forza contro la politica del governo.

[1]**clamp** [klæmp] *s.* **1** morsa; ganascia. **2** pinza; tenaglia.

to **clamp** [klæmp] *vt e i.* **1** stringere, tenere in una morsa. **2** *to clamp down (o on) sb (sth),* far pressione su qcno (qcsa); stringere i freni nei confronti di qcno (qcsa); sopprimere, reprimere qcno (qcsa).

[2]**clamp** [klæmp] *s.* pila di patate, ecc. *(conservate all'aperto sotto paglia e terra).*

clan [klæn] *s.* **1** clan; gruppo di famiglie *(spec. scozzesi)* con un comune antenato; tribù. **2** *(per estensione)* gruppo di persone *(unite fra loro da interessi comuni).* **3** *(fam.)* cricca.

clandestine [klæn'destin] *agg* clandestino.

clang [klæŋ] *s. (voce onomatopeica)* suono squillante; clangore.

to **clang** [klæŋ] *vt e i.* far risuonare con fragore.

clanger ['klæŋə*] *s. (solo nell'espressione sl.) to drop a clanger,* fare una gaffe.

clangorous ['klæŋgərəs] *agg* fragoroso; squillante.

clangour ['klæŋgə*] *s.* (*USA* **clangor**) clangore; fragore continuo.

clank [klæŋk] *s.* rumore secco, metallico *(p.es. di catene).*

to **clank** [klæŋk] *vt e i.* produrre un rumore metallico; far risuonare.

clannish ['klæniʃ] *agg* **1** spirito di clan, di parte, di gruppo. **2** relativo ad un clan. □ *avv* **clannishly.**

clansman ['klænzmən] *s.* (*pl.* **clansmen**: *generalm. riferito alla Scozia)* membro di un 'clan'.

[1]**clap** [klæp] *s.* **1** scoppio *(di tuono);* rimbombo; colpo secco. **2** applauso *(con le mani);* battimani; colpo; pacca; colpetto *(con la mano aperta, come segno di affetto, di incoraggiamento, ecc.).*

to **clap** [klæp] *vt e i.* (**-pp-**) **1** applaudire; battere le mani *(per applaudire, per richiamare l'attenzione, ecc.);* battere o sbattere *(di ali): The baby clapped its hands,* Il bambino batté le mani. **2** battere sulla schiena *(come segno di incoraggiamento): I clapped him on the back,* Gli battei la mano sulla spalla *(per augurargli buona fortuna, ecc.).* **3** sbattere; gettare; schiaffare; ficcarsi *(il cappello): to clap eyes on sb,* gettare o buttar l'occhio su qcno; scorgere; vedere (d'improvviso) — *I haven't clapped eyes on him since 1960,* Non l'ho più visto dal 1960 — *to clap sb into* *jail,* gettare qcno in galera — *to clap on sail, (naut.)* spiegare in fretta più vele.

[2]**clap** [klæp] *s. (volg., piuttosto desueto)* gonorrea.

clapboard ['klæpbɔ:d] *s.* asse sporgente *(per riparare i muri dalla pioggia, ecc.).*

clapper ['klæpə*] *s.* **1** battaglio di campana. **2** battimani. **3** battente di porta. **4** clacchista; membro di una claque. □ *clapper-board (o clappers),* 'ciak'.

claptrap ['klæptræp] *s.* imbonimento; sproloquio.

claret ['klærət] *s.* **1** vino rosso di Bordeaux. **2** (color) rosso.

clarification [,klærifi'keiʃən] *s.* chiarificazione; chiarimento.

to **clarify** ['klærifai] *vt e i.* **1** chiarire; chiarificare. **2** purificare *(un liquido, ecc.); (chim.)* chiarificare.

clarinet ['klærinet/,klæri'net] *s.* clarinetto.

clarinet(t)ist [,klæri'netist] *s.* clarinettista.

clarion ['klæriən] *s.* **1** chiarina. **2** squillo di tromba: *a clarion call,* uno squillo di tromba — *a clarion voice,* una voce squillante, argentina; *(fig.)* una voce che chiama il cittadino al dovere.

clarionet [,klæriə'net] *s.* = **clarinet.**

clarity ['klæriti] *s.* chiarezza.

clash [klæʃ] *s.* **1** clangore; frastuono; rumore metallico; strepito; suono *(di cembali).* **2** cozzo; urto; scontro; collisione. **3** *(fig.)* contrasto; scontro; conflitto; disaccordo; diversità *(di idee, ecc.);* disarmonia: *a clash of opinions,* uno scontro di opinioni — *a clash of colours,* un contrasto (una disarmonia) di colori.

to **clash** [klæʃ] *vi e t.* **1** cozzare; sbattere; collidere; risuonare; far risuonare *(cembali, ecc.);* chiudere *(una porta)* con fracasso: *Their swords clashed,* Le loro spade cozzarono — *She clashed the pans down on the floor,* Sbatté rumorosamente le casseruole sul pavimento — *The cymbals clashed,* Risuonarono i cembali. **2** scontrarsi; urtarsi: *I clashed into him as I ran round the corner,* Gli andai a sbattere dentro mentre giravo l'angolo di corsa — *The two armies clashed outside the town,* I due eserciti si scontrarono fuori della città. **3** *(di avvenimenti)* interferire; avvenire contemporaneamente; coincidere: *It's a pity the two concerts clash: I wanted to go to both,* È un peccato che i due concerti abbiano luogo alla stessa ora; volevo andare ad entrambi. **4** essere in disaccordo, in contrasto; stonare; fare a pugni *(fig.);* non confarsi: *My interests clash with his,* I miei interessi sono in contrasto con i suoi — *The colour of the curtains clashes with the colour of the carpet,* Il colore delle tende non si accorda con quello del tappeto.

clashing ['klæʃiŋ] *agg* (*p. pres. di* **to clash**) opposto; contrario; contrastante.

clasp [klɑ:sp] *s.* **1** fermaglio; gancio; borchia; fibbia: *clasp-knife,* coltello a serramanico. **2** *(sui nastri delle medaglie al valore)* fermaglio o sbarretta *(con la scritta del nome di un luogo o di una battaglia).* **3** *(anche* hand-clasp*)* stretta di mano; abbraccio.

to **clasp** [klɑ:sp] *vt* **1** afferrare *(con le mani);* stringere *(con le braccia);* abbracciare; avvinghiare: *The thief was clasping a knife in his hand,* Il ladro stringeva in pugno un coltello — *to clasp sb by the hand,* afferrare qcno per la mano — *to clasp hands,* stringere la mano a qcno — *to clasp one's hands,* congiungere le mani *(in preghiera, con le dita intrecciate)* — *with hands clasped in prayer,* con mani giunte in preghiera — *with his hands clasped behind him,* con le mani allacciate dietro la schiena. **2** fermare; agganciare; affibbiare; chiudere *(un braccialetto, ecc.): to clasp a bracelet round one's wrist,* fermare (chiudere) un braccialetto (attorno) al polso.

□ *vi* chiudersi; agganciarsi; affibbiarsi: *This bracelet won't clasp,* Questo braccialetto non vuole chiudersi (non si chiude).

class [klɑ:s] *s.* **1** classe *(in molti sensi);* qualità; ordine: *a first (second) class carriage,* un vagone di prima (seconda) classe — *the working class,* la classe operaia — *the upper classes,* le classi elevate *(l'alta borghesia e l'aristocrazia)* — *the middle class,* il ceto medio *(la borghesia)* — *class struggle,* lotta di classe — *class-conscious, (agg.)* che ha coscienza di classe — *He's a first-class tennis player,* È un tennista di prim'ordine. **2** distinzione; 'classe': *There's not much class about that woman,* Non ha molta classe (stile) quella donna. **3** lezione; corso; *(per estensione)* scolaresca *(di una stessa classe): to take a class,* tenere una lezione — *to take classes in English,* seguire un corso di inglese — *evening class,* corso serale — *class-mate,* compagno di classe — *class-room,* classe; aula scolastica. **4** *(USA)* gruppo di studenti dello stesso anno di immatricolazione. **5** *(GB, spec. nell'università di Oxford)* laurea con lode: *to take a class,* laurearsi con lode — *class list,* elenco dei neo-laureati.

to **class** [klɑ:s] *vt* classificare. □ *not classed, (alle esposizioni)* fuori concorso.

classic ['klæsik] *agg* **1** classico; tipico; famoso; che fa epoca: *a classic example,* un esempio tipico — *a classic event,* una gara classica. **2** che ha le qualità tipiche degli scrittori e artisti classici: *a classic style,* uno stile classico. **3** *(raro)* tradizionale; usuale; non nuovo.

□ *s.* **1** classico *(scrittore, artista o opera di alto valore): Milton is a classic,* Milton è un classico. **2** scrittore greco o romano. **3** *(al pl.)* i classici; studi classici; la letteratura classica *(greco-romana).* **4** gara classica; avvenimento famoso, che fa epoca: *The Oxford and Cambridge boat race is a classic,* La gara di canottaggio tra le Università di Oxford e Cambridge è un avvenimento sportivo di grande rilievo. **5** *(raro)* classicista.

classical ['klæsikl] *agg* classico *(spec. riferito agli scrittori e artisti greci e romani).* □ *avv* **classically.**

classicism ['klæsisizəm] *s.* **1** classicismo. **2** erudizione classica.

classicist ['klæsisist] *s.* **1** classicista. **2** studente (universitario) che studia lingue, letteratura e filosofia antiche *(greco-romane).*

classifiable ['klæsifaiəbl] *agg* classificabile.

classification [,klæsifi'keiʃən] *s.* classificazione.

classified ['klæsifaid] *agg* **1** classificato. **2** segreto; riservato. □ *classified ads,* annunci economici *(su un giornale).*

classifier ['klæsifaiə*] *s.* classificatore; classificatrice.

to **classify** ['klæsifai] *vt* classificare.

classless ['klɑ:slis] *agg* senza classe.

classy ['klɑ:si] *agg (fam.)* eccellente; elegante; 'di classe': *a classy dress,* un abito di classe.

clatter ['klætə*] *s.* **1** rumore *(di posate, di vasellame, di macchinario, ecc.);* acciottolio; suono assordante; frastuono; sbatacchio; scalpitio. **2** *(fig.)* vocio; fracasso: *The boys stopped their clatter when the teacher came into the classroom,* Quando l'insegnante entrò in classe i ragazzi smisero di fare fracasso.

to **clatter** ['klætə*] *vi e t.* acciottolare; sbattere; sbatacchiare; tintinnare *(di posate, ecc.);* far risuonare; vociare; tumultuare; far fracasso: *Don't clatter your knives and forks,* Non far tintinnare i coltelli e le forchette — *Some of the dishes clattered down during* *the earthquake,* Durante il terremoto alcuni piatti caddero giù con fracasso.

clause [klɔ:z] *s.* **1** *(gramm.)* proposizione: *dependent (subordinate) clause,* proposizione dipendente (subordinata). **2** *(dir.)* articolo; clausola *(di un documento, accordo, ecc.).*

claustrophobia [ˌklɔ:strə'foubiə] *s.* claustrofobia.

clave [kleiv] *pass ant di* **[2]to cleave.**

clavichord ['klævikɔ:d] *s.* clavicordo; spinetta sorda.

clavicle ['klævikl] *s.* clavicola.

claw [klɔ:] *s.* **1** artiglio; unghione; *(per estensione)* zampa: *to clip sb's claws, (fig.)* tagliare gli artigli a qcno; renderlo inoffensivo; ridurlo all'impotenza; indurlo a miti consigli. **2** *(fig.)* grinfia; zampa; mano: *Take your claws off my books!,* Giù le mani dai miei libri! **3** *(di gambero, ecc.)* chele; branca. **4** uncino; raffio; griffa; rampino: *claw-hammer,* martello a coda *(dei carpentieri, per levar chiodi, ecc.).*

to **claw** [klɔ:] *vt* artigliare; ghermire; afferrare *(con gli artigli);* dilaniare; graffiare: *to claw at sth,* cercare di agguantare, di aggrapparsi a qcsa — *to claw one's way up the social ladder,* farsi strada a gomitate; essere un arrampicatore sociale. □ *to claw off, (naut.)* prendere il largo col favore del vento.

clay [klei] *s.* **1** argilla; creta: *clay soil,* terreno argilloso — *clay pipe,* pipa di terracotta — *clay cold,* insensibile; freddo come la pietra. **2** *(fig.)* creta (il corpo umano).

claymore ['kleimɔ:*] *s.* spadone scozzese a doppio taglio.

[1]clean [kli:n] *agg* **1** pulito *(vari sensi);* lindo; netto; nitido: *clean hands,* mani pulite — *a clean bomb,* una bomba atomica 'pulita' *(che non lascia molte ceneri radioattive)* — *Keep the classroom clean,* Tenete pulita l'aula — *Wash it clean,* Lavalo bene — *a clean break,* una rottura netta *(anche fig.)* — *a clean cut,* un taglio netto. **2** innocente; decente; onesto; impeccabile; irreprensibile: *to lead a clean life,* condurre una vita decorosa — *He has a clean record,* Ha la fedina penale pulita — *Keep a clean tongue; Keep it clean; Keep the party clean,* Non dire sconcezze. **3** ben fatto; armonioso; proporzionato: *a motor-car with clean lines,* un'automobile dalla bella linea — *clean-limbed, (di atleta, ecc.)* dalle membra ben fatte, armoniose. **4** accurato; preciso: *a clean stroke,* un colpo preciso, ben assestato. **5** *(uso biblico)* puro; non immondo: *clean and unclean animals,* animali mondi e immondi *(secondo la legge mosaica).* □ *avv* **cleanly.**
□ *s.* pulita; pulizia; atto del pulire: *Give it a good clean!,* Dagli una buona pulita!

to **clean** [kli:n] *vt* **1** pulire; nettare: *Clean your shoes!,* Pulisciti le scarpe! — *I must have this suit cleaned,* Devo far pulire questo vestito. **2 to clean up,** - **a)** rassettare; mettere in ordine *(una camera, ecc.);* fare le pulizie; far pulizia: *You should always clean up after a picnic,* Dopo una merenda in campagna si dovrebbe sempre ripulire il luogo della sosta - **b)** liberarsi *(di criminali, ecc.)* - **c)** *(fam.)* far quattrini a palate. **3 to clean out,** - **a)** curare; ripulire *(stalle, ecc.);* pulire; svuotare *(cassetti, ecc.);* far piazza pulita - **b)** *to be cleaned out, (fam.)* essere lasciato senza un soldo, pulito. **4 to clean down,** pulire; spolverare *(un soffitto, pareti, ecc.): Clean down the walls,* Pulisci le pareti.
□ *vi* pulirsi; nettarsi: *A porcelain sink cleans easily,* Un lavandino di porcellana si pulisce facilmente.

[2]clean [kli:n] *avv* interamente; completamente; del tutto; affatto: *I clean forgot about it,* Me ne sono completamente dimenticato — *The bullet went clean through his shoulder,* La pallottola gli trapassò netto la spalla — *clean-cut, (agg.)* tagliato di netto; *(di profilo di montagna, ecc.)* ben stagliato — *clean-shaven, (agg.)* accuratamente rasato; senza barba e baffi; col volto interamente rasato.

cleaner ['kli:nə*] *s.* **1** chi pulisce; chi fa le pulizie di casa; pulitore *(persona, strumento, sostanza);* depuratore; filtro: *a window cleaner,* pulitore di finestre *(di grattacieli, ecc.);* spazzola (o sostanza) per la pulizia dei vetri — *vacuum-cleaner,* aspirapolvere. **2** *(the) cleaner's,* lavanderia: *to send a suit to the cleaner's,* mandare un vestito in lavanderia — *dry cleaner's,* lavanderia a secco. □ *to be sent to the cleaner's, (sl., fig.)* essere mandato al fresco (in galera).

cleanliness ['kli:nlinis] *s.* pulizia; lindezza; nitidezza; purezza *(dell'acqua, ecc.).*

cleanly ['klenli] *agg (non comune)* pulito; lindo; amante della pulizia.

cleanness ['kli:nnis] *s.* **1** pulizia *(come qualità o condizione).* **2** nitidezza, purezza *(di lineamenti).*

clean-out ['kli:naut] *s. (fam.)* ripulita; pulita: *to give sth a good clean-out,* dare a qcsa una buona ripulita.

to **cleanse** [klenz] *vt* **1** *(lett.)* pulire. **2** *(fig.)* purificare; lavare *(dei peccati, ecc.); (med.)* purgare; depurare *(il sangue).* **3** *(politica)* epurare.

clear [kliə*] *agg* **1** chiaro *(vari sensi);* limpido; luminoso; trasparente; *(di tempo)* sereno; *(fig.)* chiaro; evidente; manifesto; palese; *(talvolta)* certo: *a clear sky,* un cielo limpido — *a clear light,* una luce chiara; un fuoco luminoso — *a clear voice,* una voce chiara — *a clear day,* una giornata serena — *a clear conscience,* una coscienza limpida — *in clear, (mil., di messaggio)* non cifrato — *It was clear to everyone that the war would not end so quickly,* Era chiaro a tutti che la guerra non sarebbe finita tanto presto — *to make oneself (one's meaning) clear,* chiarire il proprio pensiero — *clear-headed,* dalle idee chiare — *clear-sighted,* dalla vista buona — *I want to be quite clear on this point,* Voglio essere assolutamente chiaro su questo punto. **2** sgombro; transitabile; pulito; libero; *(fig.)* libero *(da debiti, sospetti, incarichi, ecc.): Is the road clear?,* È transitabile la strada? — *to keep roads clear of snow,* tenere le strade sgombre dalla neve — *All clear signal,* segnale di 'cessato pericolo' — *The coast is clear, (fig.)* La via è libera; Non ci sono pericoli in vista — *I'm in the clear,* Sono libero da sospetti; Sono in regola — *I wish I were clear of debt,* Vorrei essere libero da debiti — *You are now clear of suspicion,* Ora sei al di fuori di ogni sospetto. **3** completo; netto: *for three clear days,* per tre giorni completi — *a clear profit of fifty pounds,* un profitto netto di cinquanta sterline — *passed by a clear majority,* approvato da una netta maggioranza. □ *avv* **clearly.**
□ *avv* **1** chiaramente; in modo chiaro; distintamente; in modo distinto: *Speak loud and clear, please,* Parlate forte e chiaro, per favore — *clear-cut,* ben definito; netto; preciso. **2** completamente; decisamente: *The prisoner got clear away,* Il prigioniero se la svignò. **3** al di sopra; a debita distanza: *He jumped three inches clear of the bar,* Saltò tre pollici al di sopra dell'ostacolo — *Stand clear of the gates of the lift,* Tieniti lontano dalla porta dell'ascensore — *You should keep clear of that fellow,* Dovresti stare alla larga da quell'individuo.

to **clear** [kliə*] *vt* **1** chiarire; rendere chiaro; schiarire, schiarirsi: *I cleared my mind of doubt,* Liberai la mia mente da ogni dubbio — *He cleared his throat,* Si

schiarì la gola — *The sky is clearing,* Il cielo si va schiarendo.
2 sgombrare; liberare; pulire; preparare *(pulendo e sgomberando): to clear the streets of snow,* sgombrare le strade dalla neve — *to clear the table,* sparecchiare la tavola — *to clear land,* sgombrare il terreno *(spec. disboscare una zona incolta per la seminagione)* — *to clear the decks (for action), (naut.)* preparare il ponte al combattimento; *(fig.)* prepararsi alla lotta, a tutto.
3 svendere; mettere *(merce)* in liquidazione.
4 prosciogliere; liberare (dalla colpa): *to clear oneself (of a charge),* discolparsi (da un'accusa).
5 svincolare; sdoganare.
6 *(vari sensi)* dare un 'nulla osta'; dare (o ottenere) l'approvazione, l'autorizzazione o il permesso; *(comm.)* passare *(p.es. un assegno): Clear this with headquarters first, please,* Per favore, chieda prima l'autorizzazione alla sede centrale.
7 passare vicino o sopra qcsa senza toccarla: *The winner cleared six feet,* Il vincitore superò (saltò) i sei piedi — *Can your horse clear that hedge?,* È in grado il tuo cavallo di saltare quella siepe? — *Jack up that wheel until it clears the ground,* Solleva quella ruota fino a che non tocchi più terra.
8 guadagnare al netto: *to clear fifty pounds,* fare un guadagno netto di cinquanta sterline — *to clear one's expenses,* coprirsi le spese.
to clear away, - **a)** andarsene: *The clouds have cleared away,* Le nuvole se ne sono andate - **b)** liberarsi (di qcsa) ripulendo, spalando, ecc.; sparecchiare; togliere di mezzo.
to clear off, - **a)** liberarsi, sbarazzarsi di: *I cleared off my debts,* Mi sono liberato dei debiti - **b)** andarsene; squagliarsela; tagliar la corda: *We don't give money to beggars. Clear off!,* Non facciamo elemosina ai mendicanti. Andatevene!
to clear out, - **a)** vuotare; ripulire *(fig., di denaro): I cleared out my cupboard,* Ho vuotato l'armadio — *All these hospital expenses have cleared me out,* Tutte queste spese per l'ospedale mi hanno lasciato all'asciutto - **b)** scappare; 'filare': *The police are after you: you'd better clear out!,* La polizia ti sta dando la caccia: faresti meglio a filare (a sparire)! — *Clear out!,* Vattene!; Fuori dai piedi!
to clear up, - **a)** rassettare; mettere in ordine: *Clear up your desk before you leave the office,* Riordini la scrivania prima di lasciare l'ufficio - **b)** schiarirsi; rischiararsi: *The sky is clearing up,* Il cielo si sta rischiarando - **c)** chiarire; risolvere *(un mistero, ecc.).*

clearance ['kliərəns] *s.* **1** sgombero; rimozione; liberazione *(da un ostacolo).* **2** luce; spazio libero disponibile; spazio di manovra; apertura; altezza e larghezza *(di sottopassaggio, ecc.); (di veicolo) ground clearance,* distanza da terra; *(mecc.)* gioco: *a clearance of only two feet,* uno spazio (un margine di manovra) di soli due piedi. **3** svendita: *a clearance sale,* una vendita di liquidazione; una svendita *(a prezzi ridotti).* **4** sdoganamento *(di merce): clearance papers,* documenti di sdoganamento. **5** *(med.)* 'clearance'. **6** autorizzazione *(p.es. per il decollo, per la partenza).*

clearing ['kliəriŋ] *s.* **1** tratto disboscato; radura. **2** rimozione *(di macerie, ecc.);* levata *(della posta): clearing-hospital, (mil.)* ospedale da campo *(per lo smistamento dei feriti).* **3** *(comm.)* compensazione: *clearing-house,* - **a)** stanza di compensazione *(per la liquidazione di assegni tra banche)* - **b)** *(per estensione)* centro di informazione.

clearness ['kliənəs] *s.* chiarezza; purezza; limpidezza: *the clearness of the atmosphere,* la purezza dell'atmosfera — *clearness of vision,* chiarezza di visione.

clearway ['kliəwei] *s.* tratto di strada urbana con divieto di sosta.

cleat [kli:t] *s.* **1** assicella; listello di legno *(sulle passerelle, per impedire di scivolare);* striscia di rinforzo; costola *(di cingolo);* pezzo di legno o di metallo fissato a una parete per avvolgervi una corda. **2** cuneo a forma di V; bietta. **3** galloccia; tacchetto.

cleavage ['kli:vidʒ] *s.* **1** crepa; fessura; spaccatura. **2** sfaldatura; clivaggio. **3** *(biologia)* scissione. **4** *(fig.)* disparità di vedute; disaccordo; divisione; divario. **5** *(fam.)* scollatura di un vestito *(da donna).*

[1]to **cleave** [kli:v] *vt e i.* (*pass.* **clove** *o* **cleft**; *p. pass.* **cleaved** *o* **cloven**) **1** fendere; spaccare: *to cleave a block of wood in two,* spaccare in due un ceppo di legno. **2** fendersi; spaccarsi; aprirsi in due: *This wood cleaves easily,* Questo legno si spacca facilmente. **3** aprirsi una via, un varco, un sentiero *(con la spada, con una roncola, ecc.).*
□ *to be (to be caught) in a cleft stick, (fig.)* rimanere immobilizzato, bloccato, in gravi difficoltà — *cleft palate,* gola lupina; palato spaccato; palatoschisi — *cloven hoof,* zoccolo o piede fesso *(di satiro, del diavolo, di ruminanti)* — *to show the cloven hoof,* mostrare (rivelare) la propria natura malvagia.

[2]to **cleave** [kli:v] *vi* (*pass.* **cleaved,** *ant.* **clave**) **1** aderire; essere attaccato. **2** *(fig.)* essere fedele.

cleaver ['kli:və*] *s.* mannaia *(di macellaio).*

clef [klef] *s. (mus.)* chiave.

[1]**cleft** [kleft] *s.* spaccatura; fenditura; crepaccio.

[2]**cleft** [kleft] *pass e p. pass di* [1]**to cleave.**

clematis ['klemətis/klə'meitis] *s.* clematide.

clemency ['klemənsi] *s.* **1** clemenza. **2** mitezza *(di persona o di clima).*

clement ['klemənt] *agg* **1** clemente. **2** mite *(di clima o di carattere).*

to **clench** [klentʃ] *vt e i.* **1** stringere; serrare. **2** afferrare saldamente. **3** (= **to clinch**) assicurare.

clerestory ['kliəstɔ:ri/-stəri] *s. (archit.)* lanterna *(di chiesa).*

clergy ['klə:dʒi] *s. (con l'art. determinativo)* clero; ecclesiastici: *Thirty of the clergy were present at the ceremony,* Alla cerimonia presenziavano trenta ecclesiastici — *The clergy are opposed to the plan,* Il clero è ostile al piano.

clergyman ['klə:dʒimən] *s.* (*pl.* **clergymen**) ecclesiastico; sacerdote; uomo di chiesa; prete *(spec. anglicano);* pastore protestante.

cleric ['klerik] *s.* ecclesiastico.

clerical ['klerikl] *agg* **1** clericale; ecclesiastico. **2** di impiegato; di scrivano d'ufficio: *clerical workers,* impiegati — *a clerical error,* un errore di copiatura; una svista.

clericalism ['klerikəlizəm] *s.* clericalismo.

clerihew ['klerihju:] *s. (dal nome dell'inventore)* specie di strambotto; breve composizione poetica arguta e farsesca *(generalm. di una sola quartina).*

clerk [klɑ:k/*(USA)* klə:k] *s.* **1** impiegato; funzionario; contabile; addetto *(a un incarico particolare): a bank clerk,* un impiegato di banca — *chief clerk,* capo ufficio — *junior clerk,* giovane impiegato *(di nuova assunzione)* — *a correspondence clerk,* un corrispondente; un addetto alla corrispondenza. **2** commissario; sovrintendente; addetto *(alla registrazione di atti di interesse pubblico);* funzionario laico di parrocchia *(con incarichi vari): parish clerk,* sagrestano — *town clerk,* segretario comunale — *clerk of the court,* cancelliere di tribunale — *clerk of the works,* ispettore dei lavori — *clerk of the course, (sport)* commissario di pista. **3** *(spec. USA)* inserviente *(di negozio);* commesso, commessa. **4** *(ant. e dir.)* chierico; ecclesiastico; sacerdote: *clerk in holy orders,* chierico; sacerdote. **5** *(ant.)* persona che sa leggere e scrivere; persona dotta, erudita: *I'm no great clerk,* Non me la cavo molto bene a scrivere.

to **clerk** [klə:k] *vi (USA)* lavorare come commesso in un negozio.

clever ['klevə*] *agg* **1** bravo; abile; intelligente; esperto; *(fam.)* in gamba: *He's clever at arithmetic,* È bravo (in gamba) in aritmetica — *How clever of you!,* Come sei bravo!; Che bravo che sei! — *He's a clever workman,* È un abile operaio. **2** fatto con abilità, intelligenza; intelligente: *a clever speech (book),* un discorso (un libro) intelligente. **3** sveglio; accorto; furbo: *He was too clever for us,* È stato troppo furbo per noi (Ce l'ha fatta) — *to be too clever by half,* essere troppo furbo. □ *clever-clever, (spreg.)* chi cerca di apparire abile, intelligente, ecc. — *clever-sides; clever-stitches; clever-boots, (fam.)* saputello.
□ *avv* **cleverly.**

cleverness ['klevənis] *s.* bravura; abilità; intelligenza; destrezza.

clew [klu:] *s.* *(anche* **clue)** **1** gomitolo. **2** bugna.

cliché ['kli:ʃei] *s. (fr.)* cliché; frase stereotipata.

click [klik] *s.* 'clic'; scatto metallico *(di giro di chiave, grilletto, ecc.);* suono secco; schiocco *(di lingua).*

[1]to **click** [klik] *vi* fare 'clic'; produrre un suono secco; scattare *(di congegno metallico): The door clicked shut,* La porta si chiuse con uno scatto — *The soldier clicked his heels and saluted,* Il soldato schioccò i tacchi e salutò.

[2]to **click** [klik] *vi (fam., GB)* **1** aver fortuna; raggiungere lo scopo; farcela. **2** *(di due persone di sesso diverso)* andare d'accordo, innamorarsi subito.

client ['klaiənt] *s.* cliente *(spec. di avvocato o altro professionista).*

clientèle [,kli:ɑ:n'teil] *s. (fr.)* clientela.

cliff [klif] *s.* scogliera; dirupo; falesia. □ *cliff-hanger,* gara (racconto, film, ecc.) piena di 'suspense'.

climacteric [klai'mæktərik] *s.* climaterio.

climate ['klaimit] *s.* clima; *(per estensione)* paese; regione *(con determinate caratteristiche climatiche): A drier climate would be good for her health,* Un clima più asciutto le farebbe bene alla salute. □ *climate of opinion,* atmosfera generale; opinione pubblica.

climatic [klai'mætik] *agg* climatico; del clima. □ *avv* **climatically.**

climatology [,klaimə'tɔlədʒi] *s.* climatologia.

climax ['klaimæks] *s.* apice; punto saliente, di massima tensione; crescendo; culmine: *This brings the matter to a climax,* Questo è il colmo — *to work up to a climax,* procedere verso il punto massimo; *(teatro)* portare l'azione al punto culminante del dramma.

to **climax** ['klaimæks] *vt e i.* portare *(un fatto, un'azione, un discorso, ecc.)* al punto culminante.

climb [klaim] *s.* arrampicata; ascensione; scalata; salita; rampa: *a hard climb,* una salita (scalata) difficile — *hill climb, (sport)* corsa in salita *(di automobile).*

to **climb** [klaim] *vt e i.* **1** arrampicarsi; salire; ascendere; scalare *(montagne, ecc.); (di aereo)* prendere quota; *(di strada, pendio, ecc.)* diventar ripido: *to climb a tree,* arrampicarsi su un albero *(anche con una scala a pioli)* — *to climb over a wall,* scavalcare un muro — *Monkeys climb well,* Le scimmie si arrampicano bene — *to climb down,* - **a)** scendere *(lungo un percorso ripido)* - **b)** *(fig.)* far marcia indietro; cedere; ammettere di essersi sbagliato. **2** *(fig.)* dare la scalata; pervenire; giungere *(dopo molta fatica): to climb to power (success),* dare la scalata al potere (al successo).

climber ['klaimə*] *s.* **1** arrampicatore; scalatore. **2** *(spreg.)* arrivista: *social climber,* arrampicatore sociale. **3** *(pianta)* rampicante; *(uccello)* arrampicatore. **4** *(raro)* rampone.

clime [klaim] *s. (poet.)* regione.

clinch [klintʃ] *s.* presa; stretta; *(pugilato)* 'clinch'; corpo a corpo; *(scherz.)* abbraccio: *to get into a clinch,* venire alle prese (al corpo a corpo) — *to break a clinch,* liberarsi dalla stretta (dal corpo a corpo).

to **clinch** [klintʃ] *vt e i.* **1** *(di chiodi, ecc.)* ribadire; ribattere; fissare. **2** *(di questioni, affari, ecc.)* sistemare; concludere definitivamente; decidere: *That clinches the argument,* Questo definisce la questione una volta per tutte. **3** *(nel pugilato)* stringere, stringersi; venire alle prese; avvinghiarsi: *The boxers clinched and the referee intervened,* I due pugili si avvinghiarono e intervenne l'arbitro.

clincher ['klintʃə*] *s. (fam.)* argomento decisivo.

cling, clingstone [kliŋ/'kliŋstən] *s. (spesso* clingstone peach*)* pesca duracina.

to **cling** [kliŋ] *vi (pass. e p. pass.* **clung)** aderire; stringersi; attaccarsi; aggrapparsi; abbarbicarsi: *to cling to one's possessions,* tenersi stretto ai propri beni — *to cling to the hope of being rescued,* aggrapparsi alla speranza di venir salvato — *The child clung to its mother's skirt,* Il bambino si aggrappò alle gonne di sua madre — *clinging clothes (garments),* vestiti (indumenti) aderenti.

clinic ['klinik] *s.* clinica.

clinical ['klinikl] *agg* clinico. □ *avv* **clinically.**

clinician [kli'niʃən] *s.* clinico.

[1]**clink** [kliŋk] *s.* tintinnio *(di monete, bicchieri, ecc.).*

to **clink** [kliŋk] *vi e t.* tintinnare; tinnire; far tintinnare: *They clinked glasses,* Fecero tintinnare i bicchieri; Brindarono assieme.

[2]**clink** [kliŋk] *s. (sl.)* prigione.

clinker ['kliŋkə*] *s.* **1** scoria di fornace, forno, ecc. **2** massa di lava indurita. **3** mattone duro, vetrificato.

clinker-built ['kliŋkəbilt] *agg (di barca, battello, nave)* con il fasciame inchiodato, sovrapposto.

[1]**clip** [klip] *s.* clip; fermaglio di metallo; graffa; graffetta *(p.es. per tenere insieme carte): toe-clip, (di bicicletta da corsa)* fermapiede.

[1]to **clip** [klip] *vt* **(-pp-)** unire; mettere insieme *(fogli, ecc.)* con un fermaglio.

[2]**clip** [klip] *s.* **1** tosatura *(delle pecore).* **2** *(la quantità di)* lana tosata; ritaglio *(di giornale).* **3** *(fam.)* colpo secco; pugno; ceffone; scappellotto: *a clip on the ear,* un colpo secco all'orecchio. **4** *(USA)* grande velocità. **5** *(di fucile)* caricatore *(con cartucce).* **6** *(cinematografia: anche* film clip*)* inserto (filmato).

[2]to **clip** [klip] *vt* **(-pp-)** **1** tagliare *(con forbici);* ritagliare; tosare *(anche fig.); (di controllore)* forare; bucare; perforare; controllare *(perforando il biglietto): to clip a hedge,* tosare una siepe — *to clip a bird's wings,* spuntare (tarpare) le ali ad un uccello — *to clip sb's wings, (fig.)* tarpare le ali a qcno — *to clip sth out of a newspaper,* ritagliare qcsa da un giornale. **2** *(di pronuncia)* mangiare le parole; omettere di pronunciare; pronunciare male *(una vocale o consonante).* **3** *(fam.)* colpire seccamente; picchiare: *to clip sb's ear,* dare un ceffone secco a qcno — *to clip sb's jaw,* dare a qcno un colpo secco sulla mascella.

clipper ['klipə*] *s.* **1** tagliatore; tosatore: *hair-clippers,* macchinetta per tagliare i capelli — *nail-clippers,* forbicine per le unghie. **2** *(ant.)* veliero veloce da trasporto *(spec. per il tè).* **3** *(desueto)* grande aeroplano di linea *(per voli transatlantici).*

clippie ['klipi] *s. (fam.)* bigliettaia di autobus *(a Londra).*

clipping ['klipiŋ] *s. e agg* **1** taglio; tosatura *(di pecore).* **2** ritaglio *(spec. di giornale).* **3** *(metallurgia)* sbavatura.

clique [kli:k] *s.* **1** gruppo ristretto di persone unite da interessi comuni *(spec. letterari ed artistici);* cenacolo. **2** *(fam.)* cricca; consorteria.

cliquish ['kli:kiʃ] *agg* di cenacolo; di cricca; che tende a formare un cenacolo, una cricca.

clitoris ['klitəris] *s.* clitoride.

cloak [klouk] *s.* mantello; manto *(anche fig.): to use patriotism as a cloak for violence,* servirsi del patriottismo per camuffare la violenza — *under (the) cloak of darkness,* col favore delle tenebre — *a cloak-and-dagger story,* un romanzo di cappa e spada. □ *Cloaks,* Guardaroba.

to **cloak** [klouk] *vt* coprire (con un mantello); ammantare; *(fig.)* celare; camuffare; nascondere.

cloakroom ['kloukrum] *s.* **1** guardaroba *(di teatro, albergo, ecc.);* deposito bagagli *(di stazione ferroviaria).* **2** *(eufemismo per)* gabinetto, gabinetti.

clobber ['klɔbə*] *s. (fam., collettivo)* **1** indumenti. **2** 'roba' *(in generale).*

to **clobber** ['klɔbə*] *vt (fam.)* picchiare; pestare; massacrare di botte.

cloche [klɔʃ] *s. (fr.)* **1** cassetta di protezione in vetro per piante, fiori *(un tempo a forma di campana).* **2** *(anche* cloche hat*)* cappellino da donna; 'cloche'.

[1]**clock** [klɔk] *s.* orologio *(non tascabile e non da polso); (fam.)* cronometro: *time clock,* orologio di controllo — *grandfather clock,* (tipo di) pendola — *to work round the clock,* lavorare ventiquattr'ore su ventiquattro; lavorare notte e giorno — *to work against the clock,* lavorare in lotta col tempo (con l'orologio) *(per riuscire ad essere puntuali)* — *to put the clock back,* spostare indietro le lancette di un orologio; *(fig.)* tornare indietro col tempo; prendere dei provvedimenti sorpassati, superati, ecc. — *clock-watching,* (abitudine di) guardare spesso l'orologio; *(fig.)* scarsa voglia di lavorare. □ *dandelion clock,* ricettacolo del soffione *(pieno di semi).*

to **clock** [klɔk] *vt e i.* **1** cronometrare *(anche sport);* segnare, registrare l'ora; prendere i tempi *(di una lavorazione, ecc.).* **2 to clock in (out),** timbrare (bollare) il cartellino per registrare l'ora di entrata (uscita) dall'ufficio, fabbrica, ecc. **3** *(sl., GB)* picchiare; dare un pugno (a).

[2]**clock** [klɔk] *s.* spighetta; freccia; baghetta *(ricamo, al collo di una calza, calzino).*

clockmaker ['klɔk,meikə*] *s.* orologiaio.

clockwise ['klɔkwaiz] *agg* in senso orario; destrorso: *anti(-)clockwise,* antiorario; sinistrorso.
□ *avv* in senso orario: *counter-clockwise; anti(-)clockwise,* in senso antiorario.

clockwork ['klɔkwə:k] *s.* movimento; meccanismo a orologeria: *clockwork toys,* giocattoli meccanici a molla, a carica — *with clockwork precision,* con precisione cronometrica, assoluta — *to go like clockwork,* funzionare come un orologio (bene, tutto liscio, senza intoppi) — *Things went like clockwork,* Tutto filò a perfezione.

clod [klɔd] *s.* **1** zolla; blocco d'argilla. **2** persona goffa, stupida. □ *clod-hopper, (spreg., spesso scherz.)* zoticone; campagnolo.

clog [klɔg] *s.* **1** zoccolo *(con suola di legno).* **2** pezzo di legno legato alla gamba di un animale *(per impedirgli di muoversi);* ceppo. **3** *(fig.)* intasamento; intoppo; impedimento; pastoia; impaccio: *a clog on his movements,* un impaccio ai suoi movimenti (spostamenti).

to **clog** [klɔg] *vt e i.* **(-gg-) 1** intasare, intasarsi; otturare, otturarsi: *pipes clogged with dirt,* tubi intasati di sporcizia — *machinery clogged (up) with grease,* macchinari intasati di grasso. **2** impedire; ingombrare; ostacolare; opprimere: *Don't clog your memory with useless facts,* Non ingombrare la tua memoria con nozioni inutili.

cloggy ['klɔgi] *agg* grumoso; appiccicoso.

cloister ['klɔistə*] *s.* **1** chiostro; loggiato. **2** monastero; convento: *the cloister,* la vita monastica.

to **cloister** ['klɔistə*] *vt* chiudere in un chiostro (in convento, in un monastero): *to live a cloistered life, (fig.)* vivere da recluso; condurre una vita molto appartata — *a cloistered nun,* una suora di clausura.

[1]**close** [klous] *agg* **1** fitto; compatto; serrato; chiuso: *close writing,* scrittura fitta — *material of close texture,* tessuto compatto — *The soldiers advanced in close order,* I soldati avanzarono in file serrate (in ordine chiuso) — *close vowel,* vocale chiusa — *close combat,* combattimento corpo a corpo.

2 stretto; severo; ben custodito; guardato a vista: *to keep a close watch on sb,* tenere qcno sotto stretta sorveglianza — *a close prisoner,* un prigioniero guardato a vista — *in close proximity,* nelle strette vicinanze — *in close confinement,* in segregazione cellulare.

3 attento; accurato; preciso; stringato; *(di traduzione)* fedele: *after closer examination,* dopo un esame più attento.

4 intimo: *a close friend,* un amico intimo.

5 ristretto; limitato: *a close scholarship,* una borsa di studio riservata a pochi.

6 *(anche* close-fisted*)* spilorcio; taccagno; avaro.

7 afoso; soffocante: *close weather,* un tempo afoso — *Open the windows: the air is too close,* Apri le finestre: l'aria è troppo pesante.

8 nascosto; celato; segreto; riservato: *to keep (to lie) close,* tenersi nascosto — *to keep sth close,* tenere celato qcsa — *to be close about sth,* essere riservato nel parlare di qcsa.

□ *close season,* periodo in cui è proibita la caccia o la pesca — *a close contest (match, election),* una lotta (una gara, un'elezione) serrata tra avversari di forza eguale — *a close finish, (sport)* un finale a distanza ravvicinata — *a close shave; a close thing, (fig.)* uno scampato pericolo; un rischio evitato per un pelo — *close-up, (fotografia, cinema)* primo piano.

□ *avv* **closely.**

[2]**close** [klous] *avv* vicino; da vicino; accanto; appresso: *He lives close to (o by) the church,* Abita vicino alla chiesa — *The ship kept close to the coast,* La nave si teneva vicino alla costa — *close against the wall,* vicino al muro (addossato al muro) — *close harmony, (mus.)* armonia caratterizzata da accordi con note molto vicine tra loro — *close upon,* all'incirca — *There are close upon thirty boys in the class,* Ci sono all'incirca trenta ragazzi nella classe — *He's close on sixty,* È vicino ai sessanta (È sulla sessantina) — *close-cropped,* rasato *(di capelli, erba, ecc.)* — *close-fitting,* aderente; attillato — *close-grained,* a grana fitta (compatta) — *close-hauled, (naut.)* stretto di bolina — *close-set,* molto accostato; disposto vicino — *close-set eyes,* occhi molto accostati — *to sail close to the wind,* - **a)** navigare di bolina molto

stretta quasi contro vento - **b)** *(fig.)* essere al limite della legalità.

[3]**close** [klous] *s.* recinto chiuso; terreno cintato *(attorno ad una cattedrale, una scuola, un collegio, ecc.).*

[4]**close** [klouz] *s. (solo al sing.)* termine; chiusura; conclusione; fine *(di un lavoro, di una giornata, ecc.): at the close of the day,* alla fine della giornata — *towards the close of the 17th century,* verso la fine del '600 — *Day had reached its close,* Si era giunti alla fine della giornata — *to draw (to bring) sth to a close,* portare qcsa a termine; finire (completare) qcsa.

to **close** [klouz] *vt e i.* **1** chiudere, chiudersi: *Did you close all the doors and windows?,* Hai chiuso tutte le porte e finestre? — *This box doesn't close properly,* Questa scatola non si chiude bene — *closing-time,* ora di chiusura *(di un negozio, di un 'pub', ecc.)* — *a closed book,* un libro chiuso; un enigma; un mistero — *behind closed doors,* a porte chiuse — *closed circuit, (elettr.)* circuito chiuso — *closed shop,* azienda (mestiere, attività, ecc.) aperta solo agli iscritti (aderenti) a un determinato sindacato.
2 terminare; concludere; porre fine; portare a termine: *The chairman closed the discussion,* Il presidente pose fine alla discussione — *closing remarks, (in un discorso)* osservazioni finali — *I want to close my account,* Voglio chiudere il mio conto — *The meeting closed at six o'clock,* La riunione terminò alle sei — *the closing days of the year,* gli ultimi giorni dell'anno.
3 avvicinarsi; accostarsi; serrare: *to close the ranks, (mil.)* serrare le file.
to close about, circondare; avvolgere.
to close down, - **a)** chiudere *(una fabbrica, un'azienda, ecc.): The factory closed down because of lack of orders,* La fabbrica chiuse per mancanza di ordinazioni - **b)** *(radio)* cessare le trasmissioni.
to close in, - **a)** accorciarsi: *The days are closing in,* Le giornate si stanno facendo più corte - **b)** *to close in on (upon),* avvolgere; circondare: *Darkness closed in on us,* L'oscurità ci avvolse — *The enemy closed in upon us,* Il nemico ci circondò.
to close up, - **a)** otturare; sbarrare; serrare - **b)** serrare le file - **c)** tacere.
to close with, - **a)** farsi sotto; farsi vicino *(al nemico);* arrivare al corpo a corpo - **b)** accettare un'offerta; accordarsi.

close(-)down ['klouz,daun] *s.* chiusura *(di un esercizio).*

closeness ['klousnis] *s.* **1** strettezza; compattezza. **2** attenzione; accuratezza; fedeltà *(di traduzione, versione, ecc.).* **3** intimità. **4** afa; oppressione. **5** taccagneria; spilorceria. **6** segretezza; riservatezza.

closet ['klɔzit] *s.* **1** *(spec. USA)* stanzino; ripostiglio; armadietto per biancheria o oggetti vari; guardaroba; armadio a muro. **2** studiolo; stanza privata *(per udienze particolari, ecc.).* **3** (= water-closet) gabinetto; ritirata. □ *a closet gay, (USA)* un omosessuale che non ammette pubblicamente di essere tale.

to **closet** ['klɔzit] *vt* chiudere; rinchiudere; *(generalm. nella forma* to be closeted*)* essere chiusi in riunione segreta.

closing ['klouziŋ] *s.* chiusura *(di un esercizio): closing-time,* ora di chiusura — *early-closing day,* giorno di chiusura pomeridiana *(dei negozi)* — *closing prices, (Borsa)* prezzi di chiusura.

closure ['klouʒə*] *s.* **1** chiusura; termine; fine; conclusione. **2** *(in Parlamento)* sospensione del dibattito *(in attesa di passare ai voti);* chiusura: *to apply the closure to a debate,* approvare la mozione di chiusura di un dibattito — *to move the closure,* votare la mozione di chiusura.

clot [klɔt] *s.* **1** grumo; coagulo *(spec. di sangue).* **2** embolo; trombo. **3** *(fam., GB)* zuccone; 'fesso'; cretino; imbecille; deficiente.

to **clot** [klɔt] *vt e i.* (**-tt-**) raggrumare; coagulare; raggrumarsi; coagularsi: *clotted hair,* capelli appiccicati — *clotted cream,* panna rappresa.

cloth [klɔθ] *s.* **1** stoffa; tessuto; panno; tela: *cotton cloth,* tessuto di cotone — *linen cloth,* tela di lino — *cloth binding,* rilegatura in tela — *cloth of gold,* tessuto (laminato) d'oro — *loin-cloth,* perizoma — *sail-cloth,* tela da vela (olona). **2** straccio; strofinaccio: *floor-cloth,* straccio per pavimenti — *dish-cloth,* strofinaccio per i piatti — *tea-cloth,* asciugapiatti — *sack-cloth* ⇨ **sackcloth.** **3** (= table-cloth) tovaglia. **4** *the cloth,* l'abito talare; *(talvolta per estensione)* il clero.

to **clothe** [klouð] *vt* (*pass. e p. pass.* **clothed,** *ant.* **clad** ⇨) **1** vestire *(anche fig.);* rivestire; ricoprirsi: *He had to work hard to clothe his five children,* Doveva lavorare sodo per vestire i suoi cinque figli. **2** esprimere; atteggiare: *to clothe ideas in words,* esprimere idee in parole.

clothes [klouðz] *s. pl* **1** abiti; vestiti; panni: *to sleep in one's clothes,* dormire vestito — *clothes-line,* corda per stendere il bucato — *clothes-basket,* cesta per la biancheria, per il bucato — *clothes horse,* stendibiancheria; cavalletto per il bucato. **2** *(anche* bed-clothes*)* biancheria da letto; lenzuola e coperte.

clothier ['klouðiə*] *s.* **1** commerciante di tessuti, abiti. **2** fabbricante di stoffe.

clothing ['klouðiŋ] *s.* abbigliamento; abiti; vestiario.

clotting ['klɔtiŋ] *s.* coagulazione *(spec. del sangue).*

cloud [klaud] *s.* **1** nuvola; nube; *(fig.)* stormo; nugolo: *cloud-burst,* nubifragio; forte acquazzone o piovasco — *a cloud of arrows (insects, horsemen),* un nugolo di frecce (di insetti, di uomini a cavallo) — *a cloud of dust (smoke),* una nuvola di polvere (di fumo) — *a cloud-capped peak,* una vetta ammantata di nubi. **2** offuscamento; intorbidimento; ombra; macchia; chiazza. **3** *(fig.)* nube; qcsa che incombe come una minaccia; tensione; scontento; malumore: *a cloud of grief,* un'ombra (una nube) di dolore — *the clouds of war,* la paura (la minaccia, il terrore) della guerra — *to be under a cloud, (fig.)* essere in disgrazia, in discredito, in sospetto — *to be in the clouds,* avere la testa nelle nuvole — *to drop from the clouds,* cadere dal cielo; *(fig.)* capitare d'improvviso — *Every cloud has a silver lining, (prov.)* Dopo il brutto viene il bello; Ogni cosa ha il suo lato buono.

to **cloud** [klaud] *vi e t.* annuvolare, annuvolarsi; rannuvolarsi *(anche fig.);* rattristare, rattristarsi; intristire; turbare; annebbiare *(la mente, ecc.): The sky clouded over,* Il cielo si ricoperse di nuvoloni — *Her eyes were clouded with tears,* I suoi occhi erano velati di lacrime — *All these troubles have clouded her mind,* Tutte queste disgrazie le hanno turbato la mente.

cloudless ['klaudlis] *agg* sereno; senza nubi: *a cloudless sky,* un cielo sereno.

cloudy ['klaudi] *agg* (**-ier; -iest**) **1** nuvoloso; coperto di nubi: *a cloudy sky,* un cielo nuvoloso. **2** *(di liquidi)* torbido; opaco. **3** *(di marmi, ecc.)* screziato; striato; venato; variegato.

clout [klaut] *s.* **1** straccio; cencio; pezzo di panno vecchio: *a dish-clout,* uno straccio per i piatti. **2** *(ant.)* capo di vestiario: *Ne'er cast a clout till May is out, (prov.)* Aprile non ti scoprire, maggio vai adagio. **3**

colpo; colpetto *(spec. sulla testa con le nocche della mano).*

to **clout** [klaut] *vt* colpire *(con la mano, con le nocche): to clout sb on the head,* colpire qcno in testa; dargliele in testa.

[1]**clove, cloven** [klouv/'klouvn] *pass e p. pass di* [1]**to cleave.**

[2]**clove** [klouv] *s.* chiodo di garofano: *oil of cloves,* essenza (olio) di garofano.

[3]**clove** [klouv] *s.* spicchio *(di aglio, ecc.);* bulbillo.

clove hitch ['klouv'hitʃ] *s.* nodo doppio.

clover ['klouvə*] *s.* trifoglio: *four-leaved clover,* quadrifoglio — *a clover-leaf intersection,* un incrocio (di strade a) quadrifoglio. □ *to be (to live) in clover, (fam.)* vivere agiatamente; nuotare nell'oro.

clown [klaun] *s.* **1** pagliaccio; clown. **2** persona rozza, goffa; buffone *(nella vita).*

to **clown** [klaun] *vi* fare il pagliaccio.

clownish ['klauniʃ] *agg* **1** claunesco; clownesco; da pagliaccio; da buffone. **2** goffo; sgarbato. □ *avv* **clownishly.**

to **cloy** [klɔi] *vt e i.* saziare; rimpinzare; nauseare: *to cloy the appetite by eating too much sweet food,* farsi passare l'appetito mangiando troppi dolci.

cloying ['klɔiiŋ] *agg* dolciastro; nauseante.

[1]**club** [klʌb] *s.* **1** clava; randello; bastone; mazza. **2** *(sport)* bastone da golf, hockey, polo, ecc.

to **club** [klʌb] *vt* (**-bb-**) colpire con un bastone, ecc.; prendere a legnate; bastonare; picchiare: *He had been clubbed to death,* Era stato bastonato a morte — *They clubbed him with their rifles,* Lo picchiarono con i loro fucili — *club-foot,* piede deforme, caprino — *club-footed,* dal piede caprino.

[2]**club** [klʌb] *s.* **1** circolo; società; associazione. **2** *(per estensione)* i locali di un circolo, ecc.

clubbable ['klʌbəbl] *agg* socievole.

clubland ['klʌblænd] *s.* il quartiere londinese dei 'clubs' più noti e esclusivi.

clubs [klʌbs] *s. pl (nei giochi delle carte)* 'fiori'.

cluck [klʌk] *s.* il chiocciare.

to **cluck** [klʌk] *vi* chiocciare.

clue [klu:] *s.* **1** indizio; indicazione; *(di cruciverba)* definizione: *I haven't a clue, (fam.)* Non (ne) ho la minima idea. **2** (*anche* **clew**) gomitolo. **3** (*anche* **clew**) bugna; angolo della vela.

clued-up [klu:d'ʌp] *agg (di persona)* ben informato; aggiornato.

clueless ['klu:lis] *agg* **1** senza indizi; all'oscuro di tutto. **2** privo di guida.

clump [klʌmp] *s.* gruppo; macchia *(di cespugli, di alberi, ecc.).*

[1]to **clump** [klʌmp] *vt* piantare a gruppi *(piante, ecc.).*

[2]to **clump** [klʌmp] *vi* camminare pesantemente: *to clump about,* camminare con passo pesante.

[3]to **clump** [klʌmp] *vt (fam.)* picchiare.

[1]**clumping** ['klʌmpiŋ] *s. (med.)* agglutinazione.

[2]**clumping** ['klʌmpiŋ] *agg (fam.)* pesante; rumoroso; da zoticone.

clumsiness ['klʌmzinis] *s.* goffaggine; mancanza di tatto.

clumsy ['klʌmzi] *agg* (**-ier**; **-iest**) maldestro; sgraziato; senza tatto; goffo: *a clumsy apology,* una scusa goffa. □ *avv* **clumsily.**

clung [klʌŋ] *pass e p. pass di* **to cling.**

clunk [klʌnk] *s. (voce onomatopeica)* tonfo.

cluster ['klʌstə*] *s.* **1** grappolo; mazzo; ciuffo; macchia; gruppo *(di alberi);* ammasso *(di stelle);* cumulo: *hair growing in thick clusters,* capelli (peli) che crescono in folti ciuffi — *a cluster of islands,* un arcipelago — *houses here and there in clusters,* case sparse qua e là a gruppetti. **2** *(di persone, animali)* gruppetto; capannello; sciame: *a cluster of bees,* uno sciame di api — *a cluster of spectators,* un gruppetto di spettatori. **3** *(fonetica)* gruppo: *consonant clusters,* gruppi consonantici. **4** *(sul cruscotto di un autoveicolo)* quadro degli strumenti.

to **cluster** ['klʌstə*] *vi e t.* crescere in grappoli; far grappolo; riunirsi; fare cerchio; raggrupparsi; stringersi assieme: *roses clustering round the window,* rose che si dispongono a cerchio attorno alla finestra — *The children clustered round their teacher,* I bambini si raccolsero attorno al loro insegnante — *The village clusters round the church,* Il villaggio è tutto raccolto attorno alla chiesa.

[1]**clutch** [klʌtʃ] *s.* **1** presa; stretta; l'atto dell'afferrare o la cosa cui ci si afferra: *to make a clutch at sth,* afferrarsi, aggrapparsi a qcsa. **2** *(spec. al pl.)* grinfie; artigli; morsa; potere; dominio; balìa: *to get into (out of) the clutches of the moneylenders,* cadere nelle (sfuggire alle) grinfie degli usurai. **3** *(di autoveicolo, ecc.)* innesto; frizione: *to let in (to disengage) the clutch,* mettere, innestare (togliere, disinnestare) la frizione — *The clutch is in (is out),* La frizione è innestata (non è innestata).

to **clutch** [klʌtʃ] *vt e i.* afferrare; abbrancare; agguantare; stringere fortemente; stringersi forte: *Mary clutched her doll to her breast,* Mary strinse forte al petto la sua bambola — *A drowning man will clutch at a straw, (prov.)* Chi sta per annegare si aggrappa anche ad una pagliuzza; La speranza è l'ultima a morire.

[2]**clutch** [klʌtʃ] *s.* **1** nido di uova *(per la covatura).* **2** covata di pulcini; nidiata.

clutter ['klʌtə*] *s. (nell'espressione) to be in a clutter,* essere in disordine, sottosopra.

to **clutter** ['klʌtə*] *vt (spesso seguito da* up*)* mettere ingombrare: *The desk was cluttered with papers,* La scrivania era ingombra di carte — *to clutter up a room with unnecessary furniture,* ingombrare una stanza con mobili inutili.

[1]**coach** [koutʃ] *s.* **1** carrozza; diligenza; vettura: *stagecoach; mail-coach,* diligenza; diligenza postale — *state coach,* carrozza di gala. **2** *(spec. GB)* carrozza ferroviaria; vagone viaggiatori. **3** *(GB)* torpedone; corriera; pullman: *to travel by coach,* viaggiare in pullman — *a coach-tour of Europe,* un giro d'Europa in torpedone. □ ⇨ *anche* **coachload, coachman, coachwork,** *ecc.*

[2]**coach** [koutʃ] *s.* **1** insegnante privato; ripetitore. **2** *(sport)* allenatore: *a baseball coach,* un allenatore di baseball.

to **coach** [koutʃ] *vt e i.* **1** insegnare privatamente; dare ripetizioni; preparare (agli esami): *to coach sb for an exam,* preparare qcno ad un esame. **2** *(sport)* allenare; preparare per una gara; fare l'allenatore.

coachbuilder ['koutʃbildə*] *s.* carrozziere.

coachload ['koutʃloud] *s.* un carico (un pieno) di viaggiatori (di turisti) *(letteralm. 'quanti ne contiene un pullman').*

coachman ['koutʃmən] *s.* (*pl.* **coachmen**) vetturino; postiglione; cocchiere.

coachwork ['koutʃwə:k] *s.* carrozzeria *(di automobile, ecc.).*

coagulant, coagulator [kou'ægjulənt/kou'ægjuleitə*] *s.* sostanza coagulante.

to **coagulate** [kou'ægjuleit] *vt e i.* coagulare, coagularsi.

coagulation [kou'ægju'leiʃən] *s.* coagulazione.

coal [koul] *s.* carbone (fossile): *live coal,* carbone ardente; un (pezzo di) carbone acceso; un tizzone; brace — *coal-field,* bacino carbonifero — *coal-gas,* gas illuminante — *white coal,* carbone bianco; energia idroelettrica. □ *to carry (to take) coals to Newcastle,* portare vasi a Samo — *to heap coals of fire on sb's head, (Bibbia)* ricambiare bene per male.

to **coal** [koul] *vt e i.* rifornire, rifornirsi di carbone; caricar carbone: *The ship called at Gibraltar to coal,* La nave fece scalo a Gibilterra per far rifornimento di carbone — *coaling-station,* porto per il rifornimento di carbone.

to **coalesce** [,kouə'les] *vi* unirsi; fondersi *(in una sola sostanza o in gruppi, ecc.).*

coalescence [,kouə'lesns] *s.* **1** *(anche med.)* coalescenza; riunione; il saldarsi *(di ossa, ecc.).* **2** unione; coalizione; fusione.

coalite ['koulait] *s.* semi-coke.

coalition [,kouə'liʃən] *s.* coalizione; unione; fusione: *a coalition government,* un governo di coalizione — *to form a coalition,* formare (unirsi in) una coalizione.

coal-tit ['koultit] *s.* cincia rosa.

coaming ['koumiŋ] *s.* **1** *(naut.)* mastra (di boccaporto). **2** *(archit.)* bordo rialzato.

coarse [kɔ:s] *agg* **1** grezzo; rozzo; ruvido; di qualità scadente; *(di cibo)* dozzinale; comune; scadente: *a dress made of coarse cloth,* un vestito fatto di panno ruvido — *coarse sugar,* zucchero grezzo, non raffinato — *a coarse skin (complexion),* una pelle (una carnagione) ruvida — *coarse fish,* pesce di qualità mediocre. **2** *(di maniere)* grossolano; offensivo; volgare; sguaiato; spiccio; rude; rozzo: *coarse manners,* modo di fare grossolano — *coarse language,* linguaggio volgare. □ *avv* **coarsely.**

to **coarsen** ['kɔ:sən] *vt* rendere (più) rozzo, (più) grossolano.

coarseness ['kɔ:snis] *s.* ruvidezza; grossolanità; qualità scadente; volgarità *(di modi, ecc.).*

coast [koust] *s.* **1** costa; litorale: *The coast is clear, (fig.)* La via è libera; Non ci sono pericoli in vista — *a rugged coast,* un litorale frastagliato — *(from) coast to coast, (anche attrib.)* da un lato all'altro di un paese, di un continente — ⇨ *anche* **coastguard, coastline.** **2** *(USA)* pista per toboga o discesa sulla stessa.

to **coast** [koust] *vi e t.* **1** *(naut.)* costeggiare; seguire la costa; fare piccolo cabotaggio; esercitare il commercio costiero. **2** discendere *(da una collina, ecc.)* in slitta, in toboga; *(di bicicletta, ecc.)* discendere a ruota libera, in folle o comunque per inerzia. **3** *(fig.)* lavorare a ritmo ridotto o di cattiva lena.

coastal ['koustəl] *agg* costiero: *coastal navigation,* navigazione costiera.

coaster ['koustə*] *s.* **1** nave di piccolo cabotaggio; battello costiero. **2** *(USA)* sottobicchiere; sottobottiglia; sottopiatto. **3** *(di bicicletta)* appoggia-piedi *(sulla forcella anteriore).* □ *roller-coaster,* ottovolante.

coastguard ['koustgɑ:d] *s.* guardiacoste; guardia costiera.

coastline ['koustlain] *s.* costa; linea costiera.

coastward ['koustwɔ:d] *avv* verso la costa.

coastwise ['koustwaiz] *agg e avv* lungo la costa.

coat [kout] *s.* **1** giacca; giubba; giubbone; cappotto: *dress-coat,* giacca a coda di rondine — *frock-coat,* giacchetta da cavallerizzo; redingote — *overcoat, top-coat,* soprabito; cappotto — *great-coat,* soprabito *(spec. di tipo militare)* — *coat of arms,* blasone; stemma araldico — *coat of mail,* giaco *(di guerriero);* cotta di maglia — *to turn one's coat, (fig.)* voltar gabbana; cambiare idea o partito; cambiar bandiera *(cfr.* **turncoat,** *s.)* — *coat and skirt,* vestito a giacca *(di donna);* tailleur; completo femminile. **2** *(di animale)* mantello; pelliccia; pelo. **3** *(di vernice, ecc.)* strato; mano; intonaco; rivestimento; *(di neve)* manto: *under-coat,* mano di fondo — *top-coat,* ultima mano di vernice.

to **coat** [kout] *vt* **1** provvedere (di), ricoprire con giacca o cappotto. **2** ricoprire; rivestire *(di vernice, ecc.);* ammantare *(di neve): furniture coated with dust,* mobili ricoperti di polvere — *pills coated with sugar,* pillole rivestite di zucchero.

coatee ['kouti:/kou'ti:] *s.* giacca corta; giubbetto.

coating ['koutiŋ] *s.* **1** rivestimento; strato; *(di vernice, ecc.)* mano: *two coatings of wax,* due strati di cera. **2** stoffa per giacche o pastrani.

to **coax** [kouks] *vt e i.* **1** blandire; persuadere con le buone *(un bambino, ecc.);* ottenere con pazienza; indurre: *to coax a child to take its medicine,* far prendere la medicina a un bambino *(con mille blandizie)* — *to coax a fire to burn,* riuscire ad accendere il fuoco — *to coax sb into (out of) doing sth,* persuadere qcno a fare (a non fare) qcsa. **2** riuscire ad ottenere *(con le moine, ecc.);* strappare; far sorgere: *to coax a smile from a baby,* riuscire a far sorridere un bambino.

coaxial ['kou'ækʃəl] *agg* coassiale: *coaxial cable,* cavo coassiale.

coaxing ['kouksiŋ] *s.* adulazione; moine; blandizie; insistenza: *He took a lot of coaxing before he agreed,* Ci vollero un sacco di moine per convincerlo.

coaxingly ['kouksiŋli] *avv* in modo persuasivo, carezzevole; con molte moine.

cob [kɔb] *s.* **1** cigno maschio. **2** cavallo piccolo e robusto da sella. **3** *(anche* cob-nut*)* grossa nocciola. **4** *(anche* corn-cob*)* pannocchia di granoturco: *corn on the cob,* pannocchia di granoturco cotta al forno o alla griglia, servita come primo piatto o come contorno. **5** ovulo *(di carbone);* pagnotta di pane. **6** = **cobber.**

cobalt ['koubɔ:lt] *s.* cobalto: *cobalt bomb,* bomba al cobalto.

cobber ['kɔbə*] *s. (in Australia, fam.)* compagno; camerata.

cobble ['kɔbl] *s. (anche* cobble stone*)* ciottolo.

[1]to **cobble** ['kɔbl] *vt* pavimentare con ciottoli.

[2]to **cobble** ['kɔbl] *vt* rattoppare *(spec. scarpe).*

cobbler ['kɔblə*] *s.* **1** ciabattino; calzolaio. **2** operaio maldestro. **3** *(USA)* bevanda ghiacciata di vino, zucchero e limone.

cobra ['koubrə] *s.* cobra.

cobweb ['kɔbweb] *s.* ragnatela.

cocaine [kou'kein] *s.* cocaina: *cocaine addict,* cocainomane.

coccyx ['kɔksiks] *s.* coccige.

cochineal [,kɔtʃi'ni:l/'kɔtʃini:l] *s.* cocciniglia; carminio.

[1]**cock** [kɔk] *s.* **1** gallo. **2** *(nei composti)* maschio *(di uccelli e di altre specie animali): cock (lobster) salmon,* salmone (aragosta) maschio — *cock-a-doodle-doo,* chicchirichì; gallo — *cock-and-bull story,* panzana; racconto fantastico e incredibile — *cock-crow,* canto del gallo; *(fig.)* alba — *cock-fighting,* combattimento di galli — *to live like fighting cocks,* avere ogni ben di Dio; vivere nel lusso, da pascià — *cock of the walk (of the school), (fig.)* il gallo del pollaio. **3** *(fam., GB)* amico: *Hallo, old cock!,* Salve, vecchio mio!

[2]**cock** [kɔk] *s.* **1** rubinetto a beccuccio o cannello; valvola *(per regolare il deflusso di liquidi).* **2** *(di arma da fuoco)* cane: *at half cock,* col cane sollevato a metà — *at full cock,* col cane in posizione di sparo — *The*

scheme went off at half cock, (fig.) Il piano fu attuato prima che fosse pronto, e perciò fallì. **3** *(volg.)* cazzo; uccello.

[1]to **cock** [kɔk] *vt e i.* **1** alzare; drizzare, drizzarsi: *The horse cocked its ears,* Il cavallo drizzò le orecchie — *The horse stopped with its ears cocked (up),* Il cavallo si fermò con le orecchie dritte — *He cocked his eyes at me,* Mi guardò ammiccando (aggrottando le sopracciglia); Mi diede un'occhiata d'intesa — *cocked hat,* cappello a tre punte; tricorno; *(una volta)* cappello con la falda rialzata; *(navigazione)* triangolo delle linee di posizione — *to knock (sb or sth) into a cocked hat,* ridurre (qcno o qcsa) a uno straccio; pestarlo; suonargliele di santa ragione — *Well, this knocks everything into a cocked hat!, (fig.)* Questo è proprio il colmo! **2** alzare il cane *(di arma da fuoco).* **3** *to cock sth up, (volg.)* fare un pasticcio, un 'casino'.

[3]**cock** [kɔk] *s.* piccolo mucchio di fieno, di paglia.

[2]to **cock** [kɔk] *vt* ammucchiare fieno, paglia.

cockade [kɔ'keid] *s.* coccarda.

cock-a-hoop ['kɔkə'hu:p] *agg e avv* borioso; con boria; esultante; con esultanza.

cockatoo [,kɔkə'tu:] *s.* cacatua.

cockchafer ['kɔk,tʃeifə*] *s.* maggiolino.

cocker ['kɔkə*] *s.* varietà di 'spaniel'.

cockerel ['kɔkərəl] *s.* galletto *(anche fig.).*

cock-eyed ['kɔkaid] *agg* **1** *(sl.)* strabico; storpio. **2** storto. **3** *(sl.)* matto: *What a cock-eyed idea!,* Che idea folle!

cock-horse [kɔk'hɔ:s] *s. e avv* cavalluccio a dondolo; a cavalcioni.

cockiness ['kɔkinis] *s.* **1** presunzione; impertinenza; impudenza. **2** spavalderia.

cockle ['kɔkl] *s. (mollusco)* cuore di mare: *cockle shell,* - **a)** conchiglia *(a cuore)* - **b)** piccola barca piatta. □ *the cockles of one's heart,* i precordi — *His story warmed the cockles of my heart,* La sua storia mi commosse fino ai precordi.

to **cockle** ['kɔkl] *vi* gonfiarsi; arricciarsi; incresparsi. □ *vt* gonfiare; arricciare; increspare.

cockney ['kɔkni] *s.* **1** nativo dell''East End' di Londra; *(per estensione)* individuo tipicamente londinese: *a cockney accent,* un accento dialettale londinese. **2** dialetto londinese.

cockpit ['kɔkpit] *s.* **1** arena per il combattimento dei galli; *(fig.)* teatro di lotte. **2** *(naut.)* quartiere a poppa; quartiere degli ufficiali giovani; infermeria di bordo; pozzetto. **3** *(di aereo)* cabina; abitacolo *(del pilota).*

cockroach ['kɔkroutʃ] *s.* scarafaggio.

cockscomb ['kɔkskoum] *s.* **1** cresta di gallo. **2** berretto di giullare, di clown. **3** celosia a cresta di gallo.

cocksure ['kɔk'ʃuə*] *agg* presuntuoso; sicuro e arrogante come un galletto.

cocktail ['kɔkteil] *s.* **1** cocktail; miscela di liquori *(per estensione anche di medicine).* **2** *(USA)* succo di frutta o di pomodoro *(usato come aperitivo).* **3** *(anche* fruit cocktail*)* macedonia di frutta servita in bicchiere. **4** frutti di mare serviti come antipasti: *a shrimp cocktail,* un antipasto di gamberetti *(generalm. servito in bicchiere, con una salsa piccante).* □ *Molotov cocktail,* bomba Molotov.

cock-up ['kɔkʌp] *s.* **1** *(tipografia)* iniziale stampata in maiuscolo grande. **2** cappello con la falda rialzata davanti; tricorno. **3** pasticcio; 'casino' (⇨ **to cock 3**).

cocky ['kɔki] *agg (fam.)* presuntuoso; impertinente; impudente; troppo sicuro di sé; vanitoso. □ *avv* **cockily.**

coco ['koukou] *s. (anche* coco-palm, coconut palm*)* cocco; pianta di cocco.

cocoa ['koukou] *s.* cacao *(pianta, frutto, polvere e bevanda).*

coconut ['koukənʌt] *s.* cocco (noce di cocco): *coconut matting,* stuoia di fibra di cocco.

cocoon [kɔ-/kə'ku:n] *s.* bozzolo *(spec. del baco da seta).*

to **cocoon** [kɔ-/kə'ku:n] *vt* **1** imbozzolare; *(fig., riferito ad un autoveicolo, un aeromobile, ecc.)* rivestire con involucro di plastica. **2** fare il bozzolo.

cod [kɔd] *s. (invariato al pl.: anche* cod-fish*)* merluzzo: *cod-liver oil,* olio di fegato di merluzzo — *dried cod,* stoccafisso — *salt (o salted) cod,* baccalà.

coda ['koudə] *s. (mus.)* coda.

to **coddle** ['kɔdl] *vt* **1** coccolare; viziare. **2** far bollire *(spec. un uovo);* far cuocere a fuoco lento.

code [koud] *s.* **1** codice; sistema di regole o di principi: *a high moral code,* un elevato codice morale — *code of honour,* codice d'onore. **2** codice; cifra; cifrario; linguaggio cifrato: *post code,* codice postale — *a code telegram,* un telegramma cifrato, in cifra — *a five-letter code,* un alfabeto a cinque unità — *Morse code,* il codice Morse. □ *code number; dialling code (USA spesso: area code),* prefisso telefonico.

to **code** [koud] *vt* = **to codify.**

codeine ['koudi:n] *s.* codeina; pastiglia di codeina.

codex ['koudeks] *s.* (*pl.* **codices**) codice *(manoscritto, spec. di testi classici).*

cod(-)fish ['kɔdfiʃ] *s.* = **cod.**

codger ['kɔdʒə*] *s. (fam.)* vecchio strambo; individuo originale.

codices ['kɔdisis] *pl di* **codex.**

codicil ['kɔdisil] *s.* codicillo.

codification [,kɔdifi'keiʃən/,koud-] *s.* codificazione.

to **codify** ['kɔdifai/'koud-] *vt* codificare; cifrare.

[1]**codling** ['kɔdliŋ] *s.* piccolo merluzzo.

[2]**codlin(g)** ['kɔdlin/-liŋ] *s.* qualità di mela da cuocere.

cod(-)piece ['kɔdpi:s] *s. (ant. e scherz.)* brachetta.

co-ed ['kou,ed/'kou'ed] *agg e s., abbr di* **co-educational.**

co-education ['kou,edju'keiʃən] *s.* istruzione in scuola mista.

co-educational ['kou,edju'keiʃənəl] *agg (di una scuola, ecc.)* misto. □ *s. (un po' desueto)* studentessa in una scuola mista.

coefficient [koui'fiʃənt] *s.* coefficiente.

co-equal [kou'i:kwəl] *agg* eguale.

to **coerce** [kou'ə:s] *vt* costringere; obbligare; forzare; coartare; imporre: *to coerce sb into doing sth,* costringere qcno a fare qcsa.

coercion [kou'ə:ʃən] *s.* coercizione: *He paid the money under coercion,* Pagò il denaro sotto coercizione.

coercive [kou'ə:siv] *agg* coercitivo.

coeternal [,koui(:)'tə:nl] *agg* coeterno.

coeval [,kou'i:vəl] *agg e s.* **1** coetaneo. **2** coevo; contemporaneo.

coexecutor, coexecutrix [,koueg'zekjutə*/-triks] *s.* coesecutore, coesecutrice.

to **coexist** [,koueg'zist] *vi* coesistere.

coexistence [,koueg'zistəns] *s.* coesistenza.

coexistent [,koueg'zistənt] *agg* coesistente.

coffee ['kɔfi] *s.* caffè *(pianta, frutto, bevanda): black coffee,* caffè nero *(cioè senza latte)* — *coffee and milk; white coffee,* caffellatte; cappuccino + *coffee-bean (-berry),* chicco (grano) di caffè — *coffee house,* caffè; bar; *(stor.)* bottega del caffè *(ritrovo per* *discussioni letterarie, politiche, ecc.) — coffee-mill,* macinacaffè.

coffer ['kɔfə*] *s.* **1** forziere; scrigno; cofano; cassa: *the coffers of a bank,* i forzieri di una banca — *the coffers of the State,* le casse dello Stato. **2** *(archit.)* cassettone *(di soffitto).* **3** *(anche* coffer dam*)* cassone *(per impianti idraulici).*

coffin ['kɔfin] *s.* **1** bara; cassa da morto: *to drive a nail into sb's coffin,* accorciare la vita a qcno — *coffin-nail, (fig., fam.)* sigaretta. **2** *(fig.)* nave che non tiene il mare.

cog [kɔg] *s.* dente *(di ruota): cog-wheel,* ruota dentata, a ingranaggi.

cogency ['koudʒənsi] *s.* forza; validità *(di un argomento).*

cogent ['koudʒənt] *agg (di argomento)* stringente; valido; convincente; forte. □ *avv* **cogently.**

cogged ['kɔgd] *agg (d'ingranaggio)* dentato: *a cogged wheel,* una ruota dentata.

to **cogitate** ['kɔdʒiteit] *vi e t.* **1** meditare; pensarci su; considerare attentamente; ponderare: *to cogitate upon sth,* meditare su qcsa — *to cogitate mischief against sb,* pensare, meditare di fare del male a qcno. **2** concepire.

cogitation [,kɔdʒi'teiʃən] *s.* **1** meditazione; riflessione; ponderazione; considerazione: *after much cogitation,* dopo averci pensato seriamente; dopo attenta considerazione. **2** *(al pl.)* pensieri; riflessioni; meditazioni; considerazioni.

cognac ['kounjæk] *s.* cognac *(solo se francese).*

[1]**cognate** ['kɔgneit] *agg* **1** affine; congiunto; cognato; *(linguistica)* appartenente alla stessa famiglia; avente la stessa origine o radice: *English, Dutch and German are cognate languages,* L'inglese, l'olandese e il tedesco sono lingue affini. **2** affine; analogo; simile: *Physics and astronomy are cognate sciences,* La fisica e l'astronomia sono scienze affini.

[2]**cognate** ['kɔgneit] *s.* cosa *(spec. parola)* analoga ad un'altra.

cognition [kɔg'niʃən] *s.* **1** *(filosofia)* apprensione; cognizione; percezione. **2** conoscenza; fatto o cosa conosciuta o riconosciuta.

cognizance ['kɔgnizəns] *s.* **1** conoscenza; cognizione; consapevolezza: *to take cognizance of sth,* prendere conoscenza di qcsa; venire informato di qcsa. **2** giurisdizione; competenza: *That falls within (goes beyond) my cognizance,* Ciò rientra nella (esula dalla) mia competenza.

cognizant ['kɔgnizənt] *agg* al corrente; conscio *(di qcsa).*

cognomen [kɔg'noumen] *s.* **1** *(raro)* cognome. **2** *(stor. romana)* soprannome.

to **cohabit** [kou'hæbit] *vi* coabitare; convivere.

cohabitation [kou,hæbi'teiʃən] *s.* coabitazione.

to **cohere** [kou'hiə*] *vi* **1** aderire; restare unito. **2** *(di argomenti)* essere coerente; rispondere a logica.

coherence, coherency [kou'hiərəns/-rənsi] *s.* **1** coesione; aderenza. **2** *(di discorso, argomenti, ecc.)* coerenza; chiarezza; *(per estensione)* logica.

coherent [kou'hiərənt] *agg* **1** aderente; che ha coesione; compatto. **2** *(di stile, ecc.)* coerente; ben connesso; logico; chiaro. □ *avv* **coherently.**

cohesion [kou'hi:ʒən] *s.* coesione.

cohort ['kouhɔ:t] *s.* **1** coorte *(la decima parte di una legione romana).* **2** *(fam.)* schiera *(di soldati, di persone, ecc.).* **3** *(statistica)* coorte.

coif [kwæf/kɔif] *s.* **1** cuffia *(di suora, neonato).* **2** calotta di cuoio *(nelle antiche armature).* **3** tocco bianco *(portato un tempo dagli avvocati).*

coiffeur [kwɑ:'fə:*] *s. (fr.)* parrucchiere *(spec. per signore).*

coiffure [kwɑ:'fjuə*] *s. (fr.)* acconciatura *(dei capelli).*

coign [kɔin] *s. (solo nella frase) coign of vantage,* posizione strategica *(tale da facilitare l'osservazione o l'azione).*

[1]**coil** [kɔil] *s.* **1** spira *(di serpente, ecc.);* giro *(di corda arrotolata);* crocchia *(di capelli).* **2** rotolo *(di corda, ecc.); (mecc.)* serpentina; serpentino; *(elettr.)* bobina; rocchetto.

to **coil** [kɔil] *vt e i.* avvolgere, avvolgersi *(a spirale);* attorcigliare, attorcigliarsi: *to coil a rope,* avvolgere (far su) una corda — *The snake coiled (itself) round the branch,* Il serpente si avvolse attorno ad un ramo.

[2]**coil** [kɔil] *s. (solo nell'espressione) this mortal coil,* questa vita piena d'affanni mortali.

coin [kɔin] *s.* **1** moneta *(metallica);* monetina: *a small heap of coins,* un piccolo mucchio (gruzzolo) di monete — *a gold coin,* una moneta d'oro — *coin-operated,* azionato a gettone. **2** *(collettivo)* moneta; denaro: *false coin,* moneta falsa *(anche fig.)* — *to pay sb back in his own coin,* ripagare qcno della stessa moneta; rendere pan per focaccia.

to **coin** [kɔin] *vt* **1** coniare; battere moneta; punzonare *(un massello, ecc.).* **2** *(fig.)* coniare; inventare; escogitare *(nuove parole, ecc.).*

coinage ['kɔinidʒ] *s.* **1** conio; coniatura. **2** monete; sistema monetario: *decimal coinage,* sistema monetario decimale. **3** *(fig.)* invenzione di parole nuove; neologismo.

to **coincide** [,kouin'said] *vi* **1** *(di oggetti)* avere la stessa forma e dimensione; combaciare; essere uguali. **2** *(di eventi)* coincidere; capitare o succedere contemporaneamente; corrispondere. **3** *(di idee, ecc.)* coincidere; corrispondere; essere uguale: *His tastes and habits coincide with those of his wife,* I suoi gusti e le sue abitudini sono uguali a quelli di sua moglie.

coincidence [kou'insidəns] *s.* coincidenza: *by a curious coincidence,* per uno strano caso; per una strana coincidenza — *What a coincidence!,* Che coincidenza!

coincident [kou'insidənt] *agg* coincidente; perfettamente corrispondente.

coincidental [kou,insi'dentl] *agg* casuale; accidentale.

coiner ['kɔinə*] *s.* **1** chi conia *(monete, ecc.);* coniatore. **2** falsario.

coir ['kɔiə*] *s.* fibra della noce di cocco.

coition [kou'iʃən] *s.* coito.

[1]**coke** [kouk] *s.* carbone coke.

[2]**coke** [kouk] *s. (abbr. fam. di)* **1** cocacola. **2** cocaina; 'coca'.

cokernut ['koukənʌt] *s.* = **coconut.**

col [kɔl] *s.* **1** colle; passo; sella *(d'una catena montuosa).* **2** *(meteorologia)* sella.

colander, cullender ['kʌləndə*] *s.* colabrodo; colino.

cold [kould] *agg* **1** freddo *(anche fig.): cold weather,* tempo freddo — *a cold snap,* un'ondata improvvisa di freddo — *to feel cold,* sentire (avere) freddo — *to throw cold water on sth, (fig.)* gettare acqua fredda su qcsa — *to give sb the cold shoulder, (fam.)* trattare qcno freddamente, con mala grazia; mostrargli antipatia (*anche* **to cold-shoulder**) — *to make one's blood run cold, (fam.)* terrorizzare; riempire di paura — *in cold blood,* a sangue freddo; volutamente; intenzionalmente — *to have (to get) cold feet, (fam.)* sentirsi scoraggiato; provare paura; essere timido — *a cold scent, (caccia o fig.)* traccia difficile da seguire —

to have sb cold, tenere qcno alla propria mercè — *to leave sb cold, (fig.)* lasciar freddo qcno; non impressionarlo (non entusiasmarlo) affatto — *cold war,* guerra fredda. **2** *(fig.)* freddo; non cordiale; riservato; ostile: *a cold greeting,* un freddo saluto — *in the cold light of day,* alla cruda luce del giorno — *cold-blooded, (di animali)* dal sangue freddo; *(fig., di persona)* freddo; insensibile; spietato; *(fam.)* che soffre il freddo — *cold-hearted, (di persona)* freddo; insensibile;, indifferente. **3** *(di colore)* freddo; deprimente; tetro: *Grey and blue are cold colours,* Il grigio ed il blu sono colori freddi. **4** *(fam.)* privo di sensi: *to knock sb cold, (fam.)* mettere qcno k.o. — *to be out cold, (fam.)* essere k.o. □ *cold steel,* arma bianca. □ *avv* **coldly** ⇨.

□ *s.* **1** *(spesso* the cold*)* freddo; temperatura fredda; assenza di calore: *in the cold,* al freddo — *He was shivering with cold,* Tremava dal freddo — *He disliked both the heat of summer and the cold of winter,* Non gli piaceva né il caldo dell'estate né il freddo dell'inverno — *out in the cold, (fig.)* trascurato; ignorato; in disparte. **2** *(fis.)* punto di congelamento *(dell'acqua);* temperatura sotto zero: *five degrees of cold,* cinque gradi sotto zero. **3** raffreddore; infreddatura; colpo di freddo: *to have a cold,* avere il raffreddore — *to catch (a) cold,* buscarsi un raffreddore; prendersi del freddo.

coldly ['kouldli] *avv* freddamente *(soltanto fig.).*

coldness ['kouldnis] *s.* tempo freddo; freddezza *(anche fig.): Because of the coldness of the weather we stayed indoors,* Restammo in casa a causa del freddo (perché faceva molto freddo).

cole-slaw ['koulslɔ:] *s. (USA, ora anche GB)* insalata di cavolo crudo tagliato fine.

colic ['kɔlik] *s.* colica.

colitis [kɔ'laitis] *s.* colite.

to **collaborate** [kə'læbəreit] *vi* **1** collaborare. **2** essere un collaborazionista.

collaboration [kə,læbə'reiʃən] *s.* **1** collaborazione. **2** collaborazionismo.

collaborationist [kə,læbə'reiʃənist] *s.* collaborazionista.

collaborator [kə'læbəreitə*] *s.* collaboratore.

collapse [kə'læps] *s.* **1** crollo; rovina; franamento; sprofondamento; caduta; sgonfiamento *(di pallone, ecc.): the collapse of a table (tent, tower),* il crollo di un tavolo (di una tenda, di una torre). **2** *(fig.)* rovina; fallimento; collasso: *the collapse of their plans,* il fallimento dei loro piani. **3** *(med.)* collasso.

to **collapse** [kə'læps] *vi* **1** crollare; franare; cadere in rovina; sprofondare. **2** *(di persona)* svenire; crollare a terra svenuto; perdere le forze; venir meno; perdersi di coraggio. **3** *(di piani)* fallire; *(di prezzi)* crollare; *(di governo)* cadere: *Our plans will collapse unless we get more help,* I nostri piani falliranno se non otterremo altro aiuto — *The price of copper collapsed,* Il prezzo del rame crollò. **4** afflosciarsi; sgonfiarsi; chiudersi; cedere *(di meccanismo, ecc.): The table has collapsed,* Il tavolo ha ceduto.

□ *vt* ripiegare *(p.es. un tavolo pieghevole);* far rientrare *(l'obiettivo di una macchina fotografica).*

collapsible, collapsable [kə'læpsibl] *agg* pieghevole; apribile; smontabile; sgonfiabile: *a collapsible boat,* un canotto sgonfiabile — *a collapsible chair,* una sedia pieghevole.

collar ['kɔlə*] *s.* **1** colletto; bavero: *collar stud,* bottone del colletto; fermacolletto — *collar-bone,* clavicola. **2** collare *(di cane, ecc.; insegna di ordine cavalleresco).* **3** *(mecc.)* collare; anello; fascetta; rivestimento. **4** rolatina di carne *(da cuocere).* **5** colletto di schiuma *(di birra).* **6** bocca *(di caverna, di miniera).*

to **collar** ['kɔlə*] *vt* **1** prendere per il colletto; agguantare; acciuffare. **2** *(fam.)* fermare qcno per parlargli. **3** *(fam.)* prendere qcsa *(senza chiedere il permesso);* appropriarsi di qcsa; 'fregare': *Who's collared my pen?,* Chi ha preso ('fregato') la mia penna?

to **collate** [kɔ'leit] *vt* **1** collazionare; confrontare *(testi, manoscritti, edizioni).* **2** *(legatoria)* raccogliere *(controllando le segnature).*

[1]**collateral** [kɔ'lætərəl] *agg* **1** collaterale; parallelo. **2** secondario; aggiuntivo; accessorio; sussidiario: *collateral evidence,* prove aggiuntive — *collateral security,* garanzia addizionale; *(comm.)* titolo di credito garantito. **3** *(comm.)* garantito *(con ipoteca): a collateral loan,* un prestito garantito.

[2]**collateral** [kɔ'lætərəl] *s.* **1** parente collaterale. **2** garanzia.

collation [kɔ'leiʃən] *s.* **1** collazione. **2** *(generalm.* cold collation*)* pasto leggero freddo; spuntino.

colleague ['kɔli:g] *s.* collega.

collect ['kɔlekt] *s.* colletta *(preghiera).*

to **collect** [kə'lekt] *vt e i.* **1** adunare; radunare; raccogliere; mettere assieme; riscuotere *(di crediti, ecc.): to collect waste paper,* raccogliere carta straccia. **2** fare raccolta; fare una colletta: *to collect china,* fare raccolta di porcellane — *to collect for the poor,* fare una colletta per i poveri. **3** raccogliersi; adunarsi; *(di polvere, ecc.)* ammucchiarsi; accumularsi; depositarsi: *A crowd soon collects when there's a road accident,* Quando succede un incidente stradale si raccoglie subito una gran quantità di gente — *Dust soon collects if rooms are not swept,* La polvere fa presto ad accumularsi se le stanze non vengono spazzate. **4** andare o venire a prendere: *to collect a child from school,* andare a prendere un bambino a scuola. **5** *(di idee, coraggio, ecc.)* coordinare; riordinare; raccogliere; ritrovare; concentrare: *Before you begin to make a speech, you should collect your thoughts,* Prima di incominciare un discorso, è meglio raccogliere le idee.

collected [kə'lektid] *agg* **1** raccolto; concentrato; assorto. **2** padrone di sé; sicuro; tranquillo; calmo. □ *avv* **collectedly.**

collection [kə'lekʃən] *s.* **1** raccolta; collezione; levata *(delle lettere): How many collections of letters are there every day?,* Quante levate ci sono al giorno? — *a fine collection of old swords,* una bella collezione di spade antiche — *a stamp collection,* una raccolta di francobolli. **2** mucchio; accumulo; cumulo; deposito: *a collection of dust (rubbish),* un mucchio di polvere (di spazzatura). **3** raccolta; colletta; riscossione; esazione *(di tasse, ecc.); (per estensione)* denaro riscosso: *to make (to take up) a collection,* fare una colletta — *The collection will be taken up after the sermon,* La colletta sarà fatta dopo la predica. **4** gruppo di persone *(specie se diverse tra loro).* **5** *(al pl.:* collections*)* scrutini, esami trimestrali non ufficiali *(nei collegi dell'università di Oxford).*

collective [kə'lektiv] *agg* **1** collettivo: *collective ownership of the land (of the means of production),* proprietà collettiva della terra (dei mezzi di produzione) — *collective security,* sicurezza collettiva *(di più Stati che coordinano i propri mezzi di difesa)* — *collective farm,* fattoria collettivistica. **2** *(gramm.)* collettivo: *Cattle, crowd, and audience are collective nouns,* Bestiame, folla, pubblico sono nomi collettivi. □ *avv* **collectively.**

collectivism [kə'lektivizəm] *s.* collettivismo.

collectivist [kə'lektivist] *s.* collettivista.
collectivistic [kə,lekti'vistik] *agg* collettivistico.
collectivization [kə'lekti,vai'zeiʃən] *s.* collettivizzazione.
to **collectivize** [kə'lektivaiz] *vt* collettivizzare.
collector [kə'lektə*] *s.* raccoglitore; collezionista; esattore *(di imposte, ecc.)*: *a stamp collector,* un collezionista di francobolli — *a tax-collector,* un esattore delle imposte — *a collector's piece,* un pezzo raro da collezionista — *ticket-collector,* bigliettaio *(delle ferrovie)*; controllore.
colleen ['kɔli:n/kɔ'li:n] *s.* *(in Irlanda)* ragazza; ragazzina.
college ['kɔlidʒ] *s.* **1** collegio *(ordine professionale, corporazione o corpo gerarchico)*: *the College of Surgeons,* l'Ordine dei chirurghi — *the College of Cardinals,* il Collegio dei cardinali. **2** scuola secondaria. **3** collegio *(nel senso di istituto di studi superiori)*; collegio universitario: *College of Agriculture (Pharmacy),* Istituto Superiore di Agricoltura (di Studi Farmaceutici) — *the Oxford and Cambridge colleges,* i 'colleges' di Oxford e Cambridge — *to go to college,* andare in un 'college'; andare (iscriversi) all'università — *to be at college,* essere (studiare) all'università, in un istituto superiore. **4** *(USA)* università che concede soltanto la laurea di primo grado (il 'Bachelor's degree') e non il 'Master's degree' (dottorato di ricerca).
collegiate [kə'li:dʒiit] *agg* **1** collegiato: *a collegiate church,* una (chiesa) collegiata. **2** di collegio; relativo a un 'college': *a collegiate school,* una scuola superiore — *collegiate life,* vita universitaria o di 'college' — *collegiate dictionary,* dizionario per le scuole superiori.
to **collide** [kə'laid] *vi* collidere; scontrarsi; urtarsi *(anche fig.)*; cozzare; *(naut.)* venire a collisione.
collie ['kɔli] *s.* collie *(cane pastore scozzese)*.
collier ['kɔliə*] *s.* **1** minatore *(di carbone)*. **2** nave carboniera.
colliery ['kɔljəri] *s.* miniera *(di carbone)*.
to **collimate** ['kɔlimeit] *vt (scient.)* far collimare.
collimation [,kɔli'meiʃən] *s.* *(scient.)* collimazione.
collision [kə'liʒən] *s.* collisione; scontro; *(fig.)* conflitto *(di interessi, ecc.)*.
to **collocate** ['kɔləkeit] *vt* collocare; porre *(in un dato luogo)*.
collocation [,kɔlou'keiʃən] *s.* collocazione; ordinamento; costruzione *(spec. di parole)*.
colloidal [kə'lɔidl] *agg* colloidale.
colloquial [kə'loukwiəl] *agg* colloquiale; d'uso corrente *(di parole, frasi, ecc.)*; della lingua parlata. □ *avv* **colloquially.**
colloquialism [kə'loukwiəlizəm] *s.* parola o espressione colloquiale.
colloquy ['kɔləkwi] *s.* colloquio; conversazione.
collusion [kə'lu:ʒən] *s.* collusione: *to act in collusion with sb,* agire in collusione con qcno.
collusive [kə'lu:siv] *agg* collusivo.
collywobbles ['kɔliwɔblz] *s. pl (fam.)* brontolii intestinali.
cologne [kə'loun] *s.* *(sta per* eau-de-cologne*)* acqua di colonia.
Colombian [kə'lʌmbiən] *agg e s.* colombiano *(della Colombia)*.
[1]**colon** ['koulən] *s.* *(anat.)* colon.
[2]**colon** ['koulən] *s.* due punti: *semi-colon,* punto e virgola.
colonel ['kə:nəl] *s.* colonnello.
colonial [kə'louniəl] *agg* coloniale: *the Colonial Office, (GB)* il Ministero delle Colonie.
□ *s.* coloniale; abitante di una colonia.
colonialism [kə'louniəlizəm] *s.* colonialismo.
colonialist [kə'louniəlist] *s.* colonialista.
colonist ['kɔlənist] *s.* colono; pioniere; coloniale.
colonization [,kɔlənai'zeiʃən] *s.* colonizzazione.
to **colonize** ['kɔlənaiz] *vt* stabilire (stabilirsi in) una colonia; colonizzare.
colonizer ['kɔlənaizə*] *s.* colonizzatore.
colonnade [,kɔlə'neid] *s.* colonnato.
colonnaded [,kɔlə'neidid] *agg* con colonnato.
colony ['kɔləni] *s.* colonia: *the American colony in Paris,* la comunità americana di Parigi — *a colony of artists,* una comunità di artisti — *a colony of ants,* una colonia di formiche.
colophon ['kɔləfən] *s.* *(tipografia)* colofone.
color ['kʌlə*] *s.* *(USA)* = **colour.**
coloratura [,kɔlərə'tuərə] *s.* coloratura; passi musicali infiorati di trilli, acciaccature, ecc. *(spec. nelle parti del soprano)*.
colossal [kə'lɔsl] *agg* **1** colossale. **2** *(fam.)* magnifico; splendido; 'fantastico'. □ *avv* **colossally.**
colossus [kə'lɔsəs] *s.* *(pl.* **colossi**) colosso *(anche fig.)*.
colour ['kʌlə*] *s.* *(USA* **color**) **1** colore; tinta; *(mus.)* tonalità; timbro: *to change colour,* cambiar colore — *fast colour,* colore indelebile; tinta solida — *colour-blind,* - **a)** daltonico - **b)** *(USA, stor.)* neutrale *(al tempo della Guerra di Secessione)* — *colour scheme,* disposizione; combinazione dei colori *(in un disegno, in un'aiuola, ecc.)* — *water-colours,* acquarelli.
2 *(del volto)* carnagione; colorito: *She has very little colour,* È un po' pallida — *to lose colour,* impallidire — *to have a high colour,* avere un colorito sanguigno, acceso — *to be off colour, (fam.)* non stare tanto bene; essere un po' giù di corda.
3 *(di eventi, descrizioni, ecc.)* apparenza; sembianza; pretesto; scusa: *His story has some colour of truth,* Il suo racconto sembra, a tratti, vero — *to give (to lend) colour to,* rendere probabile; confermare — *His torn clothing gave colour to his story that he had been attacked and robbed,* I suoi vestiti strappati sembravano confermare l'aggressione e la rapina di cui raccontava di essere stato vittima — *under colour of...,* sotto il pretesto di...; con la scusa di... — *They attacked their opponents under colour of patriotism,* Attaccarono gli avversari sotto il falso manto del patriottismo — *to give a false colour to...,* falsificare (storpiare, travisare) qcsa; presentare qcsa in una luce sbagliata — *Newspapers often give a false colour to the news they report,* I giornali spesso travisano le notizie che riportano.
4 *(di idee, di politica)* colore; tendenza; orientamento politico.
5 *(letteratura)* tono; qualità; caratteristica *(di uno scrittore)*: *local colour,* color locale.
6 *(al pl.)* colori sportivi; colori di squadra; emblemi; distintivi; insegne: *The owner of a horse is always glad to see his colours get to the winning-post first,* Il proprietario di un cavallo è sempre lieto di vedere i suoi colori arrivare primi al traguardo — *to get (to win) one's colours, (GB)* essere incluso definitivamente in una delle squadre sportive di un 'college', di una scuola, ecc.
7 *(al pl.)* bandiera; stendardo: *to salute the colours,* salutare la bandiera — *to serve with (to join) the colours,* fare il servizio militare (arruolarsi) — *to stick to one's colours, (fam., fig.)* essere fedele ai propri principi; rifiutarsi di cambiare idea — *to come off (to*

come through) with flying colours, riuscire vittorioso; *(fam.)* cavarsela splendidamente — *to nail one's colours to the mast,* prendere una decisione definitiva e pubblica; impegnarsi pubblicamente *(in una impresa, ecc.)* — *to lower one's colours,* abbassare bandiera; *(fam.)* darsi per vinto; rinunciare; arrendersi; dimettersi — *to show one's true colours,* mostrarsi per quel che si è — *to sail under false colours,* essere un ipocrita, un impostore.

□ *a man (woman) of colour,* un uomo (una donna) di colore — *colour-bar,* barriera razziale; pregiudizi contro la gente di colore — *to ask to see the colour of sb's money, (fig.)* chiedere a qcno se ha i soldi per pagare.

to **colour** ['kʌlə*] *vt* **1** colorare; colorire; dare il colore; tingere; tinteggiare; dipingere: *to colour a wall green,* colorare (tinteggiare) un muro di verde. **2** *(fig.)* colorire; esagerare; alterare; travisare *(di notizie, ecc.).*

□ *vi* colorirsi; prendere colore; *(di persona)* arrossire: *The leaves have begun to colour,* Le foglie hanno incominciato a prendere colore — *The girl is so shy that she colours whenever a man speaks to her,* La ragazza è così timida che arrossisce tutte le volte che un uomo le parla.

(-)coloured ['kʌləd] *agg (nei composti)* dal colore di; colorato di: *cream-coloured,* color crema — *flesh-coloured,* color carne; carnicino; incarnato.

coloured ['kʌləd] *agg (di persona)* di colore; di razza non bianca; di razza mista.

□ *come s.* negro; uomo (donna) di colore: *Cape Coloureds,* la popolazione di razza mista del Sudafrica *(concentrata nella provincia del Capo).*

colourful ['kʌləful] *agg* colorito; pittoresco; vivido; pieno di colore: *a colourful scene,* una scena pittoresca — *a colourful style of writing,* un modo di scrivere colorito, vivace — *to lead a colourful life,* condurre una vita brillante. □ *avv* **colourfully.**

colouring ['kʌləriŋ] *s.* **1** coloritura *(anche fig.);* colorito; arte o modo di applicare il colore: *colouring matter,* sostanza colorante; additivo colorante *(nelle bibite, ecc.).* **2** il colorire; l'esagerare.

colourless ['kʌləlis] *agg* **1** incolore; pallido. **2** *(fig.)* scialbo; monotono; insipido; senza carattere: *a colourless style,* uno stile piatto — *to lead a colourless existence,* condurre un'esistenza monotona (scialba). **3** imparziale; neutrale.

colporteur ['kɔlpɔ:tə*] *s.* distributore o venditore di bibbie e di altri libri religiosi.

colt [koult] *s.* **1** puledro. **2** giovane inesperto. **3** *(sport)* giocatore alle prime armi; aspirante. **4** *(con l'iniziale maiuscola)* rivoltella 'Colt'.

colter ['koultə*] *s.* ⇨ **coulter.**

coltish ['koultiʃ] *agg* **1** da puledro. **2** saltellante; vivace.

Columbian [kə'lʌmbiən] *agg* colombiano *(pertinente a Cristoforo Colombo).*

□ *s. (tipografia)* corpo 16.

columbine ['kɔləmbain] *s.* **1** aquilegia. **2** *(con la maiuscola)* Colombina.

column ['kɔləm] *s.* **1** colonna: *the spinal column,* la colonna vertebrale — *a column of smoke,* una colonna di fumo — *a column of mercury,* una colonnina di mercurio *(del termometro, ecc.)* — *the advertising columns,* le colonne degli annunci pubblicitari *(nei giornali)* — *to add up a long column of figures,* fare la somma di una lunga colonna di numeri — *motor column, (mil.)* autocolonna — *fifth column,* quinta colonna. **2** *(di giornali, riviste)* rubrica: *sports column,* rubrica sportiva.

columnist ['kɔləmnist] *s.* cronista *(di giornale);* articolista.

coma ['koumə] *s.* coma.

comatose ['koumətous] *agg* comatoso.

comb [koum] *s.* **1** pettine: *curry-comb,* striglia. **2** (= **honey comb**) favo. **3** (= cocks-comb) cresta di volatile *(spec. di gallo).* **4** cresta *(di onda, collina, ecc.).*

□ ⇨ *anche* **combs.**

to **comb** [koum] *vt e i.* **1** pettinare, pettinarsi; strigliare *(un cavallo, ecc.);* pettinare; cardare *(lana).* **2** *(fig.)* passare al vaglio; rastrellare; perlustrare; cercare accuratamente: *The police combed the whole city in their effort to find the murderer,* La polizia perlustrò tutta la città nel tentativo di scovare l'assassino. **3** *to comb out, (fig.)* fare una retata; eliminare l'inutile: *to comb out a government department,* fare pulizia (licenziare il personale inutile) in un dipartimento o dicastero governativo. **4** *(di onde)* frangersi: *The waves combed over the ship,* Le onde si frangevano contro la nave.

combat ['kʌmbət/'kɔm-] *s.* **1** combattimento; battaglia; conflitto; lotta: *single combat,* duello; tenzone. **2** *(attrib.)* da combattimento; da battaglia: *combat troops,* truppe da combattimento.

to **combat** ['kʌmbət/'kɔm-] *vt e i.* combattere; lottare; dare battaglia: *to combat the enemy,* combattere il nemico — *to combat error,* lottare contro l'errore — *The ship was combating with the wind and waves,* La nave stava lottando contro il vento e i flutti.

combatant ['kɔmbətənt] *agg e s.* combattente.

combative ['kɔmbətiv] *agg* combattivo; battagliero; pugnace; aggressivo. □ *avv* **combatively.**

combe [ku:m] *s. (GB, dial.)* valletta; burrone.

comber ['koumə*] *s.* **1** chi pettina o striglia (*da* **to comb**); pettinatore; cardatore. **2** *(industria tessile)* (macchina) pettinatrice; cardatrice. **3** cavallone; grande ondata.

combination [,kɔmbi'neiʃən] *s.* **1** combinazione; associazione; unione; alleanza; lega: *in combination with...,* in associazione con... — *to enter into combination with sth,* associarsi con (reagire chimicamente con, combinarsi con) qcsa — *The institute is supported by a combination of income from endowments and fees from students,* L'istituto è finanziato e dai lasciti e dalle rette degli studenti. **2** motocarrozzella; 'sidecar'. **3** *(al pl.)* sottoveste; sottabito *(femminile);* combinazione. **4** *(anche* combination-lock*)* serratura a combinazione.

□ *Combination Room, (nei 'colleges' dell'università di Cambridge)* salotto dei professori.

combine ['kɔmbain] *s.* **1** lega; associazione; sindacato; unione. **2** *(anche* combine-harvester*)* mietitrebbia.

to **combine** [kəm'bain] *vt e i.* combinare *(anche chim.);* mettere insieme e d'accordo; unire; associare; congiungere; unirsi; associarsi; congiungersi: *One cannot always combine work with pleasure,* Non si può sempre unire l'utile al dilettevole — *Hydrogen and oxygen combine (Hydrogen combines with oxygen) to form water,* Idrogeno ed ossigeno si combinano per formare acqua — *Everything combined against him,* Tutto congiurò contro di lui — *combined operations,* operazioni (militari) combinate *(tra le varie forze);* azioni congiunte.

combo ['kɔmbou] *s. (USA, sl., abbr. di* combination*)* **1** combinazione *(vari sensi).* **2** piccolo complesso jazzistico.

comb-out ['koumaut] *s.* (*fig.* ⇨ **to comb 3**) rastrellamento; pulizia; licenziamento *(di personale inutile, inefficiente, ecc.).*

combs [kɔmbs] *s., abbr fam di* **combinations** (⇨ **combination 3**).

combustible [kəm'bʌstibl] *agg* combustibile; *(di persona)* facile ad infiammarsi; irascibile.
□ *s. (generalm. al pl.)* sostanza combustibile.

combustion [kəm'bʌstʃən] *s.* **1** combustione. **2** agitazione violenta; tumulto; eccitazione.

to **come** [kʌm] *vi (pass.* **came**; *p. pass.* **come**) **1** venire: *Come this way, please,* Venga da questa parte, prego — *Come here!,* Vieni qua! — *You must come and see us soon,* Dovete venire a trovarci presto — *Come and get it!, (fam.)* Venite a tavola! — *He has come here to work,* È venuto qui a lavorare — *to come and go,* andare e venire; andare su e giù; *(fig.)* essere di passaggio (transitorio) — *The children came running to meet us,* I bambini ci vennero incontro correndo — *Where do you come from?,* Di dove sei? — *He comes from Kent,* Viene dal Kent — *It comes natural (expensive),* Viene naturale (caro) — *Let them all come!, (fam.)* Vengano pure! (e avranno ciò che si meritano).
2 giungere; arrivare; presentarsi: *They came to a river,* Giunsero a un fiume — *He hasn't come yet,* Non è ancora arrivato — *Where have you (did you) come from?,* Da dove sei venuto? — *Nobody has come,* Non si è presentato nessuno — *'Hurry up, Susan!' - 'Coming!',* 'Sbrigati, Susan!' - 'Arrivo!'.
3 provenire: *He comes of a good family,* Viene da una buona famiglia — *They came of peasant stock,* Erano di origine contadina.
4 *(seguito da un agg.)* essere; diventare: *to come true,* avverarsi — *Your dream will come true one day,* Un giorno il tuo sogno si avvererà — *Public speaking comes easy with practice,* Parlare in pubblico diviene facile con un po' di esercizio — *to come loose, (mecc., ecc.)* allentarsi.
5 accadere; venire; capitare: *No harm will come to you if you're careful,* Non ti accadrà alcun male se starai attento — *That's what comes of being careless,* Ecco cosa capita ad essere imprudenti — *When your turn comes, do your best,* Quando viene il tuo turno, fai del tuo meglio — *He had it coming to him,* Doveva succedergli prima o poi — *to come to pass,* succedere; avvenire — *come what may...,* qualunque cosa accada...
6 trovarsi; esserci: *On what page does it come?,* A che pagina si trova? — *May comes between April and June,* Maggio si trova tra aprile e giugno — *They don't come any better,* Non ce ne sono di migliori.
7 *(seguito da un inf.)* arrivare a fare qcsa: *to come to see sth,* arrivare a capire qcsa; rendersi conto di qcsa — *He came to see that he was mistaken,* Alla fine si rese conto (arrivò a capire) che si era sbagliato — *He had come to see the problem in a new light,* Era giunto a vedere il problema sotto una nuova luce — *I have come to believe that...,* Sono arrivato a credere che... — *Now that I come to think of it; Come to think of it,* Ora che ci penso — *The new speed limit has come to stay,* Il nuovo limite di velocità è diventato definitivo — *When we come to know them better...,* Quando arriveremo a conoscerli meglio...
8 *(dopo* how *in frasi interrogative del seguente tipo) How comes it (How come) that you didn't get there in time?,* Come mai (Com'è che) non sei arrivato in tempo? — *How did you come to learn where she is living?,* Come hai fatto a scoprire dove abita? — *How come you're late?, (USA)* Come mai sei in ritardo?
9 *(con l'uso avverbiale di s. e agg.)* far la parte; comportarsi; parlare come se si fosse...: *Don't come the bully over me,* Non fare il prepotente con me — *He tried to come the artful over me,* Cercò di fare il furbo con me.
10 *(sl.)* 'venire'; giungere all'orgasmo sessuale.
□ *I don't know whether I'm coming or going, (fam.)* Non so più che cosa sto facendo; Non ci capisco più niente — *in years to come,* negli anni a venire — *books to come,* libri in corso di stampa — *the life to come,* la vita futura — *for some time to come,* ancora per un po' di tempo — *She will be twenty-one come May,* A maggio compirà ventun anni — *Mary is coming ten,* Mary va per i dieci — *to come clean, (fam.)* confessare — *to come home to sb,* entrare in testa a qcno — *to come a cropper* ⇨ **cropper 4** — *to come undone, (letteralm.)* disfarsi; *(fig.)* essere rovinato; rovinarsi — *Come again!,* Ripeti, prego!

to come about, accadere; avvenire: *It came about in this way,* Accadde in questo modo — *How does it come about that...?,* Come è accaduto che...?

to come across, - **a)** attraversare: *We have come across the Alps by car,* Abbiamo attraversato le Alpi in macchina - **b)** trovare o incontrare per caso; imbattersi in: *I came across it in a curio shop,* Lo trovai per caso in un negozio di curiosità.

to come after, seguire.

to come along, - **a)** svilupparsi; andare (bene): *The project is coming along well,* Il progetto sta venendo fuori bene - **b)** capitare - **c)** *Come along!,* Su! Cammina!

to come at, - **a)** raggiungere; avere accesso (a): *The truth is often difficult to come at,* È spesso difficile arrivare alla verità - **b)** attaccare: *The man came at me with a big stick,* L'uomo mi attaccò con un grosso bastone.

to come around ⇨ **to come round.**

to come away, venir via; staccarsi: *The door handle came away in my hand,* La maniglia della porta mi rimase in mano.

to come back, - **a)** ritornare *(anche alla mente);* tornare di moda: *Their names are all coming back to me now,* Adesso mi stanno tornando in mente tutti i loro nomi — *I wonder whether stiff collars will ever come back,* Mi chiedo se torneranno di moda i colletti rigidi - **b)** ribattere; replicare.

to come before, - **a)** precedere: *Baronets come before knights,* I baronetti precedono i cavalieri - **b)** comparire davanti: *to come before the Judge,* comparire davanti al giudice - **c)** essere presentato *(a un'assemblea, ecc.): The complaint will come before the United Nations Assembly next week,* La protesta sarà presentata all'assemblea delle Nazioni Unite la settimana prossima.

to come by, - **a)** passare: *Did you see anyone come by?,* Hai visto passare qcno? - **b)** *to come by sth,* ottenere (procurarsi) qcsa.

to come down, - **a)** calare *(di prezzi);* abbassarsi; scendere *(anche fig.; talvolta anche di pioggia): They have come down in the world,* Sono andati giù (Sono diventati poveri) — *He had come down to begging,* Si era ridotto a chiedere l'elemosina — *Her hair comes down to her waist,* I capelli le scendono fino alla vita - **b)** essere tramandato; tramandarsi: *The legends that have come down to us,* Le leggende che ci sono state tramandate - **c)** *to come down with,* pagare; sborsare; 'sganciare' *(denaro): My uncle came down with a* *fiver,* Mio zio sganciò un biglietto da 5 sterline - **d)** *to come down upon,* rimproverare; punire; piombare addosso; chiedere *(denaro): The head-master came down upon the boy like a ton of bricks,* Il preside piombò sul ragazzo come una furia - **e)** *to come down on sb for sth,* chiedere qcsa a qcno: *The tax-collector came down on me for...,* L'esattore delle tasse mi chiese...

to come forward, - **a)** offrirsi; presentarsi: *Will no one come forward as a candidate?,* Non si presenta nessuno come candidato? - **b)** essere disponibile: *the number of cattle coming forward for slaughter,* il numero del bestiame disponibile per il macello.

to come in, - **a)** entrare; salire *(di marea): The tide is coming in,* La marea sta salendo - **b)** arrivare *(in una gara): Which horse came in first?,* Quale cavallo arrivò primo? - **c)** essere eletto; entrare al potere: *If the Democrats come in...,* Se i democratici vanno al potere... - **d)** venire di moda: *When did the fashion for short skirts come in?,* Quando vennero di moda le gonne corte? - **e)** trarre vantaggio: *Where do I come in?,* Quale vantaggio ne ho io? - **f)** *to come in handy (o useful),* servire; essere utile: *Don't throw it away: it may come in handy one day,* Non gettarlo via: può essere utile un giorno - **g)** *This is where we came in,* Siamo di nuovo al punto di partenza - **h)** *(radio)* incominciare a parlare - **i)** *to come in for,* ricevere; essere il bersaglio di *(critiche, ecc.);* avere diritto a *(p.es. una eredità).*

to come into, - **a)** entrare in *(un luogo, ecc.): to come into the world,* venire al mondo (alla luce) — *to come into sight,* apparire alla vista - **b)** *to come into effect, force,* avere effetto; entrare in vigore - **c)** *to come into leaf (bud, blossom),* mettere le foglie (germogli, boccioli) - **d)** ereditare: *to come into a fortune,* ereditare una fortuna — *He came into his own,* Entrò in possesso di ciò che gli spettava.

to come of, derivare; venire fuori: *I don't know what will come of it,* Non so che cosa ne verrà fuori.

to come off, - **a)** staccarsi (da qcsa); cadere (da qcsa); scendere (da qcsa) *(anche fig.): A button has come off my coat,* Si è staccato un bottone dal cappotto — *He came off his horse,* Cadde da cavallo — *Come off your perch!,* Scendi dal tuo piedistallo! - **b)** aver luogo: *The marriage did not come off,* Il matrimonio non ebbe luogo - **c)** riuscire: *The experiment did not come off,* L'esperimento non riuscì - **d)** cavarsela: *They came off well (badly),* Se la cavarono bene (male) - **e)** *(fam.) Come off it!,* Ma dài!; Smettila, ti prego!

to come on, - **a)** seguire: *You go first: I'll come on later,* Vai tu per primo: io ti seguirò più tardi - **b)** fare progressi; progredire: *The baby is coming on well,* Il bambino sta facendo dei bei progressi - **c)** sopraggiungere; venire: *Night came on,* Sopraggiunse la notte — *I can feel a cold coming on,* Sento che mi sta venendo un raffreddore - **d)** *to come on to,* incominciare a: *It came on to rain,* Si mise a piovere - **e)** comparire *(davanti alla corte);* apparire; essere rappresentato *(sulla scena): When does the case come on for trial?,* Quando apparirà il caso davanti alla corte? — *'Macbeth' is coming on again next month,* Il 'Macbeth' sarà rappresentato di nuovo il prossimo mese - **f)** *Come on!,* Andiamo!; Forza!; Dài!

to come out, - **a)** uscire; venir fuori; apparire; rivelarsi; trapelare; venir via: *The sun came out,* Apparve il sole — *If the truth ever comes out...,* Se mai verrà fuori la verità... — *His arrogance comes out in every speech he makes,* La sua arroganza trapela da ogni suo discorso — *These ink stains won't come out,* Queste macchie di inchiostro non andranno via — *Will the colour come out if the material is washed?,* Si stingerà il colore se si lava il tessuto? - **b)** venir pubblicato: *When will his new book be coming out?,* Quando sarà pubblicato il suo nuovo libro? - **c)** *(anche* to come out on strike*)* scioperare; scendere in sciopero: *The miners have all come out (on strike),* Tutti i minatori sono scesi in sciopero - **d)** riuscire *(in una fotografia): You have come out well in that photograph,* Sei riuscito (venuto) bene in quella fotografia - **e)** risolvere: *I can't make this equation come out,* Non riesco a risolvere questa equazione - **f)** *to come out at,* ammontare a - **g)** risultare; arrivare *(in una classifica): Tom came out first (second, ecc.),* Tom risultò primo (secondo, ecc.) - **h)** *to come out in a rash (in spots),* fiorire di un esantema (di pustole) - **i)** debuttare: *When is your daughter coming out?,* Quando debutta vostra figlia? - **j)** *to come out with (sth),* uscire con *(una frase, una battuta);* dire.

to come over, - **a)** venire *(da una certa distanza, dall'altra sponda di un fiume, di un lago, ecc.): A family that came over with William the Conqueror,* Una famiglia che venne *(in Inghilterra, e cioè attraversò la Manica)* con Guglielmo il Conquistatore — *He will never come over to our side,* Non verrà mai dalla nostra parte - **b)** prendere: *A fit of dizziness came over her,* Fu presa da forte senso di vertigine — *to come over weak (dizzy, ecc.), (fam.)* soffrire di debolezza (vertigini, ecc.) — *I don't know what has come over him,* Non so che cosa gli abbia preso - **c)** giungere *(di suono trasmesso, ecc.): His speech did not come over very clear,* Non si riusciva a sentire bene quello che diceva.

to come round (around), - **a)** fare il giro: *The road was blocked so we had to come round by the fields,* La strada era bloccata e così dovemmo fare il giro dei campi - **b)** fare una breve visita (un salto): *Won't you come round and see me?,* Non vuoi fare un salto da me? - **c)** ricorrere *(di festività): Christmas will soon come round,* Presto sarà di nuovo Natale - **d)** cambiar punto di vista: *He has come round to our point of view,* Ha accettato, è d'accordo con noi - **e)** riprendere conoscenza: *Pour a jug of water on his face! He'll soon come round,* Versagli una brocca d'acqua in faccia! Si riavrà subito - **f)** riprendere il controllo di sé; tornare in sé: *Don't scold the boy: he'll come round in time,* Non sgridare il ragazzo: tra poco si calmerà.

to come through, passare attraverso *(esperienze);* superare: *He has come through two world wars,* È passato attraverso due guerre mondiali — *She has come through a serious illness,* Ha superato (È venuta fuori da) una grave malattia.

to come to, - **a)** *(anche* to come to one's senses*)* tornare in sé; riprendere i sensi: *When he came to, he found himself in another room,* Quando rinvenne (Quando riprese i sensi), si trovò in un'altra stanza - **b)** ammontare a: *Your bill comes to 3 pounds,* Il tuo conto ammonta a 3 sterline - **c)** significare: *What you say comes to this,* Quello che dici significa questo - **d)** *(varie frasi) If it comes to that,* Se le cose stanno così — *He will never come to much,* Non farà mai nulla di buono — *All his plans came to nothing (to naught),* Tutti i suoi piani finirono in nulla — *to come to a decision,* giungere a una decisione — *to come to an end,* arrivare alla fine — *to come to blows,* venire alle mani — *to come to terms (with sb),* venire a patti (con qcno) — *to come to one's notice,* giungere all'orecchio — *to come to pieces,* andare a pezzi.

to come under, - **a)** rientrare; cadere *(sotto una certa classe, categoria, ecc.): 'Tomatoes' come under 'vegetables', not 'fruit',* I pomodori rientrano nella voce 'verdura', non 'frutta' - **b)** essere sotto: *to come under sb's influence,* cadere sotto l'influenza di qcno.

to come up, - **a)** salire *(verso chi parla)* - **b)** spuntare *(di piante): The seeds haven't come up yet,* I semi non sono ancora germogliati - **c)** sorgere: *The question hasn't come up yet,* La questione non è ancora sorta - **d)** essere discusso: *The case comes up tomorrow,* Il caso sarà discusso domani - **e)** *to come up to,* eguagliare; essere all'altezza; raggiungere; arrivare fino: *Your work has not come up to my expectations,* Il tuo lavoro non è stato all'altezza delle mie aspettative — *The water came up to my waist,* L'acqua mi arrivava fino alla vita - **f)** *to come up against,* urtare contro *(difficoltà, opposizioni, ecc.)* - **g)** *to come up with,* trovare; presentare *(spec. un'idea, una proposta).*

to come upon, - **a)** colpire: *Disaster came upon them,* La sventura li colpì — *Fear came upon us,* La paura s'impadronì di noi - **b)** imbattersi; trovare: *I came upon this reference only yesterday,* Ho trovato, per caso, questo riferimento soltanto ieri.

to come within, rientrare in: *This doesn't come within my powers,* Non rientra nella mia competenza.

□ ⇨ *anche* **come(-)at(-)able, come(-)back, come(-)down, come(-)uppance, [1]coming, [2]coming.**

come(-)at(-)able [kʌ'mætəbl] *agg* accessibile.

come(-)back ['kʌmbæk] *s.* **1** il tornare in auge *(spec. di pugili e uomini politici);* rilancio: *to stage a comeback,* preparare un rilancio. **2** replica; risposta; rimbecco. **3** (possibilità di) risarcimento; compensazione.

comedian [kə'mi:djən] *s.* **1** attore comico *(di commedia, ma spec. di rivista e varietà).* **2** persona amena, divertente.

comedienne [kə,medi'en] *s.* **1** *(fr.)* attrice di prosa. **2** attrice comica *(cfr.* **comedian 1**).

come(-)down ['kʌmdaun] *s.* rovescio di fortuna; umiliazione; rovina; crollo: *He has had to sell his house and furniture. What a comedown (for him)!,* Ha dovuto vendere la casa ed i mobili. Che umiliazione!

comedy ['kɔmidi] *s.* commedia; *(fig.)* cosa, fatto divertente: *He prefers comedy to tragedy,* Preferisce la commedia alla tragedia — *There's not much comedy in modern war,* C'è poco da stare allegri nelle guerre di oggi.

comeliness ['kʌmlinis] *s.* grazia; avvenenza.

comely ['kʌmli] *agg* (**-ier**; **-iest**) *(ant., generalm. di persona)* piacevole; grazioso.

comer ['kʌmə*] *s.* **1** chi viene; chi si presenta *(per una gara, ecc.): The race is open to all comers,* La corsa è aperta a tutti — *late-comer,* ritardatario — *new-comer,* nuovo venuto. **2** persona che sta facendo grandi progressi *(nella carriera, ecc.).*

comestible [kə'mestibl] *s. (generalm. al pl.)* generi alimentari; i commestibili.

comet ['kɔmit] *s.* cometa.

come(-)uppance [kʌm'ʌpəns] *s. (fam., spec. USA)* ciò che uno si merita; punizione meritata.

comfit ['kʌmfit] *s.* **1** *(ant.)* confetto. **2** *(al pl., anche* liquorice comfits*)* piccoli canditi ripieni di liquirizia.

comfort ['kʌmfət] *s.* **1** agiatezza; benessere: *to live in great comfort,* vivere in grande agiatezza. **2** comodità: *The hotel has every comfort,* L'albergo è provvisto di ogni comodità. **3** conforto; consolazione: *a few words of comfort,* qualche parola di conforto — *The news brought comfort to all of us,* La notizia portò conforto a tutti noi — *That is cold comfort!,* Questa è una magra consolazione!

to **comfort** ['kʌmfət] *vt* confortare; consolare: *The child ran to his mother to be comforted,* Il bambino corse da sua madre per essere consolato — *The insurance money comforted her for the death of her husband,* I soldi dell'assicurazione la consolarono della morte del marito.

comfortable ['kʌmfətəbl] *agg* **1** comodo; confortevole: *a comfortable chair (bed),* una sedia comoda; un letto comodo — *Please, make yourself comfortable!,* Prego, mettiti a tuo agio! (Sta' comodo!) — *a comfortable life,* una vita comoda, tranquilla. **2** sereno; tranquillo *(talvolta spreg.);* sufficiente; soddisfatto: *to be (to feel) comfortable,* essere (sentirsi) tranquillo — *He was sitting there with a comfortable look on his face,* Se ne stava seduto con aria di sufficienza. **3** *(fam.)* sufficiente; soddisfacente; non eccessivo *(di stipendio, pensione, ecc.).* □ s. (USA) coperta imbottita. □ *avv* **comfortably,** comodamente: *to be comfortably off,* essere agiato, abbiente.

comforter ['kʌmfətə*] *s.* **1** consolatore; chi conforta. **2** sciarpa di lana. **3** tettarella; 'ciuccio'. □ *the Comforter, (Nuovo Testamento)* lo Spirito Santo.

comfortless ['kʌmfətlis] *agg* **1** senza conforto; sconsolato. **2** senza comodità; squallido: *a comfortless room,* una stanza squallida.

comfrey ['kʌmfri] *s.* consolida.

comfy ['kʌmfi] *agg (fam. abbr. di* comfortable*)* comodo; confortevole; a proprio agio: *Are you comfy?,* Sei comodo?; Sei a tuo agio?

comic ['kɔmik] *agg* **1** comico; umoristico; buffo; che fa ridere: *a comic song,* una canzone umoristica; un canto buffo — *comic strip,* raccontino a fumetti *(anche se non comico o umoristico).* **2** comico; della commedia: *the Greek comic writers,* i commediografi greci — *comic opera,* opera comica; opera buffa. □ *s.* **1** attore comico. **2** giornale a fumetti; 'giornalino'.

comical ['kɔmikəl] *agg* comico; divertente; buffo. □ *avv* **comically.**

[1]**coming** ['kʌmiŋ] *s.* arrivo; venuta; *(talvolta)* avvento: *coming-and-going (generalm. al pl.* comings and goings*),* andirivieni — *coming of age,* raggiungimento della maggiore età — *home-coming,* ritorno a casa; *(spesso)* rimpatrio — *coming-out,* debutto — *a coming-out ball,* ballo per il debutto in società di una ragazza.

[2]**coming** ['kʌmiŋ] *agg* **1** prossimo; futuro: *the coming generation,* la prossima generazione. **2** che si fa strada; che diventa importante: *a coming man,* un uomo (astro) nuovo — *an up and coming young executive,* un giovane dirigente in ascesa.

comity ['kɔmiti] *s.* cortesia; gentilezza: *the comity of nations,* rispetto reciproco di leggi e costumi.

comma ['kɔmə] *s.* **1** virgola: *inverted commas,* virgolette. **2** *(mus.)* comma.

command [kə'mɑ:nd] *s.* **1** comando; ordine: *His commands were quickly obeyed,* I suoi ordini furono prontamente eseguiti — *on the command (at the word of command), (mil.)* ad ordine dato; non appena dato l'ordine. **2** autorità; potere di controllo: *He has twenty men under his command,* Ha venti uomini sotto il suo comando — *to take (to have) command,* prendere il comando — *to do sth at (o by) sb's command,* fare qcsa per ordine di qcno — *to be at sb's command,* essere agli ordini di qcno — *command paper, (GB, generalm. abbr. in* 'CMD.' *seguito da un numero)* documento presentato al Parlamento per ordine della Corona — *command performance,* spettacolo teatrale dato per ordine del sovrano — *command decision,* decisione superiore. **3** truppe; forza militare; comando. **4** possesso; padronanza; dominio; disposizione: *He has a good command of English,* Ha una buona padronanza dell'inglese.

to **command** [kə'mɑ:nd] *vt e i.* **1** ordinare; comandare. **2** comandare; avere il comando; essere a capo; avere il controllo: *The captain of a ship commands all the officers and men,* Il capitano di una nave ha il comando di tutti gli ufficiali e di tutti gli uomini a bordo. **3** *(di emozioni, ecc.)* dominare; frenare; controllare; trattenere: *to command oneself,* controllarsi. **4** disporre; possedere; essere padrone di: *He commands great sums of money,* Dispone di forti somme di denaro — *A Minister of State commands the services of many officials,* Un ministro di Stato dispone dei servizi di molti funzionari — *Yours to command, (lett. o scherz.)* Sempre ai vostri ordini. **5** meritare; cattivarsi: *Great men command our respect,* I grandi uomini si meritano il nostro rispetto — *Sometimes it is difficult to command sympathy,* Qualche volta è difficile cattivarsi la comprensione. **6** *(di luoghi, forti, ecc.)* dominare; controllare; dare su: *The fort commanded the entrance to the valley,* Il forte dominava l'accesso alla valle — *The hills commanded a fine view,* Dalle colline si poteva dominare uno splendido panorama.

commandant [,kɔmən'dænt/-'dɑ:nt] *s.* comandante *(spec. di fortezza, distretto militare).*

to **commandeer** [,kɔmən'diə*] *vt* **1** requisire *(cavalli, provviste, case, ecc. per uso militare).* **2** arruolare con la forza.

commander [kə'mɑ:ndə*] *s.* comandante; capo: *the commander of the expedition,* il capo della spedizione — *Wing-Commander,* comandante di stormo — *Commander-in-Chief,* comandante in capo.

commanding [kə'mɑ:ndiŋ] *agg* **1** comandante; in comando: *the commanding officer,* l'ufficiale comandante. **2** dominante; prominente; imponente; maestoso; *(di tono)* autoritario: *in a commanding tone,* in tono autoritario; con voce ferma — *to be in a commanding position,* essere in una posizione dominante, prominente.

commandment [kə'mɑ:ndmənt] *s.* comandamento.

commando [kə'mɑ:ndou] *s.* *(pl.* **commandos**) **1** commando; reparto speciale di truppe d'assalto, da sbarco, ecc. **2** soldato appartenente ad un commando.

to **commemorate** [kə'meməreit] *vt* commemorare; ricordare.

commemoration [kə,memə'reiʃən] *s.* commemorazione.

commemorative [kə'memərətiv] *agg* commemorativo.

to **commence** [kə'mens] *vt e i.* cominciare; iniziare.

commencement [kə'mensmənt] *s.* **1** inizio. **2** *(nelle università di Cambridge e di Dublino, e in quelle americane)* cerimonia annuale del conferimento della laurea.

to **commend** [kə'mend] *vt* **1** lodare; encomiare; parlare favorevolmente di qcno o qcsa; raccomandare: *His work was highly commended,* Si parlò molto bene del suo lavoro. **2** affidare; consegnare; dare in custodia: *to commend one's soul to God,* raccomandare (affidare) l'anima a Dio.

□ **to commend oneself,** *(v. rifl.)* raccomandarsi; piacere; essere accettabile o gradito; riscuotere approvazione o favore.

commendable [kə'mendəbl] *agg* lodevole; encomiabile; commendevole; raccomandabile. □ *avv* **commendably.**

commendation [,kɔmen'deiʃən] *s.* encomio; lode; elogio; approvazione: *letters of commendation,* lettere commendatizie.

commendatory [kɔ'mendətəri] *agg* **1** elogiativo; d'encomio. **2** *(talvolta)* commendatizio; di raccomandazione.

commensurable [kə'menʃərəbl] *agg* commensurabile.

commensurate [kə'menʃərit] *agg* proporzionato; commisurato; adeguato.

comment ['kɔment] *s.* commento; osservazione; chiosa; critica; diceria; mormorazione: *Have you any comments to make?,* Hai qualche osservazione da fare? — *Her strange behaviour caused a good deal of comment,* Il suo strano comportamento provocò molte chiacchiere — *no comment,* nessuna dichiarazione; 'no comment'.

to **comment** ['kɔment] *vi (spesso seguito da* on*)* fare osservazioni o commenti; commentare; criticare *(il comportamento, ecc.).*

commentary ['kɔməntəri] *s.* **1** commentario; commento: *a Bible commentary,* un commentario (un commento) della Bibbia. **2** cronaca; commento sonoro; radiocronaca; telecronaca: *a radio commentary on a football match,* una radiocronaca di una partita di calcio — *a running commentary, (alla radio, ecc.)* una cronaca in diretta *(di un avvenimento); (scherz.)* una serie di osservazioni e commenti, anche umoristici e mordaci, su un 'avvenimento' banale — *He kept up a running commentary on my attempts to get the car started,* Commentava via via i miei tentativi di avviare la macchina.

commentator ['kɔmenteitə*] *s.* **1** radiocronista; telecronista. **2** commentatore.

commerce ['kɔmə(:)s] *s.* **1** commercio *(su larga scala, spec. fra nazioni): Chamber of Commerce,* Camera di Commercio. **2** contatto; relazione.

commercial [kə'mə:ʃəl] *agg* commerciale: *commercial traveller,* commesso viaggiatore; rappresentante — *commercial television, (GB)* televisione commerciale *(sovvenzionata dalla pubblicità)* — *commercial vehicles,* autoveicoli commerciali *(per il trasporto di merci);* veicoli industriali.

□ *s.* pubblicità commerciale; annuncio o inserto pubblicitario *(alla radio, alla televisione).*

to **commercialize** [kə'mə:ʃəlaiz] *vt* commercializzare; rendere commerciabile.

commie ['kɔmi] *s. (fam., di solito spreg.)* comunista.

commination [,kɔmi'neiʃən] *s.* **1** *(dir.)* comminazione. **2** *(nella Chiesa anglicana)* litania delle minacce che incombono sui peccatori.

comminatory ['kɔminətəri] *agg (dir.)* comminatorio.

to **commingle** [kə'miŋgl] *vt e i.* mescolare; mescolarsi insieme.

to **commiserate** [kə'mizəreit] *vt e i.* commiserare; condolersi: *to commiserate (with) a friend on his misfortune,* commiserare (condolersi con) un amico per le sue disgrazie.

commiseration [kə,mizə'reiʃən] *s.* commiserazione; condoglianza; compassione.

commissar [,kɔmi'sɑ:*] *s.* commissario del popolo.

commissariat [,kɔmi'sɛəriət] *s. (mil.)* commissariato; intendenza.

commissary ['kɔmisəri] *s.* **1** *(mil., un tempo)* ufficiale del commissariato, dell'intendenza. **2** delegato. **3** commissario di polizia *(non nei paesi anglosassoni).*

commission [kə'miʃən] *s.* **1** commissione; incarico;

missione. **2** commissione; esecuzione; perpetrazione *(di un crimine)*. **3** commissione; provvigione: *to sell goods on commission,* vendere merce a provvigione — *He receives a commission of ten per cent on sales, as well as a salary,* Riceve una provvigione del dieci per cento sulle vendite, oltre lo stipendio. **4** *(GB)* mandato regio; brevetto (regio) di ufficiale; grado di ufficiale: *to get one's commission,* essere nominato ufficiale — *to resign one's commission,* dare le dimissioni da ufficiale. **5** commissione; comitato; delegazione: *commission of inquiry,* commissione d'inchiesta — *a Royal Commission to report on gambling, (GB)* una commissione regia (d'inchiesta) per riferire sui giochi d'azzardo. **6** alta autorità; corpo rappresentativo *(di colonia, ecc.)*.

□ *in commission, (di nave)* pronta per salpare, armata ed equipaggiata; *(di persona)* incaricato; delegato; autorizzato — *out of commission, (di nave)* in riserva; in disarmo; *(fig.)* non disponibile; non in funzione; fuori servizio.

to **commission** [kə'miʃən] *vt* dare una commissione; fare un'ordinazione; commissionare; incaricare qcno di fare qcsa: *to commission an artist to paint a portrait,* commissionare un ritratto a un artista.

commissionaire [kə,miʃə'nɛə*] *s.* portiere in livrea *(di cinema, teatro, albergo, ecc.)*.

commissioned [kə'miʃənd] *agg* **1** *(di persona)* autorizzato; delegato. **2** *(di nave)* pronta a salpare, equipaggiata e armata: *to be commissioned,* passare in armamento. **3** *(GB, mil.) commissioned officer,* ufficiale *(con nomina di brevetto regio): non-commissioned officer (abbr.* NCO*),* sottufficiale.

commissioner [kə'miʃənə*] *s.* **1** membro di una commissione; commissario. **2** persona cui è stato affidato un incarico particolare; sovrintendente; delegato: *the commissioner of police,* il capo della polizia metropolitana di Londra — *the Inland Revenue Commissioners, (GB)* i sovrintendenti alle entrate fiscali — *the Civil Service Commissioners, (GB)* i commissari che presiedono alla promozione dei funzionari statali — *commissioner for oaths,* notaio. **3** commissario o delegato di alto rango: *the High Commissioner for Canada,* l'Alto Commissario del Canada *(funzionario che rappresenta il governo canadese a Londra)*.

to **commit** [kə'mit] *vt* (**-tt-**) **1** commettere; perpetrare; compiere: *to commit murder,* perpetrare un omicidio — *to commit suicide,* suicidarsi — *to commit a crime,* compiere un reato. **2** affidare; mettere; rimettere; mandare: *to commit (a prisoner) for trial,* rinviare (un detenuto) a giudizio — *to commit sth to paper (to writing),* mettere qcsa per iscritto — *to commit sth to memory,* affidare qcsa alla memoria. **3** *to commit oneself to sth (to doing sth),* prendersi la responsabilità di qcsa — *to be committed to doing sth,* essersi impegnato a fare qcsa — *Unfortunately I'm committed to going,* Purtroppo mi sono impegnato, e perciò devo andare. **4** *(spesso nella forma rifl.:* to commit oneself*)* avere a che fare; compromettersi; essere coinvolto: *He refused to commit himself by talking about the crime,* Non volle assolutamente compromettersi parlando del delitto.

commitment [kə'mitmənt] *s.* **1** impegno; promessa; incarico; mandato: *I have quite a lot of commitments,* Ho un mucchio di impegni. **2** *(non comune)* perpetrazione *(di un crimine, ecc.)*.

committal [kə'mitəl] *s. (dir.)* (ordine di) arresto; carcerazione; rinvio a giudizio.

committed [kə'mitid] *agg* (*p. pass. di* **to commit**) impegnato *(spec. di scrittore)*.

committee [kə'miti] *s.* comitato; commissione; consiglio: *to attend a committee meeting,* presenziare a una seduta di consiglio — *to be (to sit) on the committee,* essere (far parte) del comitato, del consiglio, ecc. — *a Parliamentary Committee,* una commissione parlamentare — *a committee of the whole House, (GB)* una seduta plenaria della Camera.

commode [kə'moud] *s. (fr.)* **1** cassettone. **2** lavabo *(da camera da letto)*. **3** comoda; seggetta.

commodious [kə'moudiəs] *agg* spazioso; ampio. □ *avv* **commodiously.**

commodity [kə'mɔditi] *s.* **1** merce; prodotto; articolo *(spec. derrata)*. **2** *(ant.)* comodità.

commodore ['kɔmədɔ:*] *s.* **1** commodoro. **2** presidente di un circolo nautico. **3** capitano anziano della marina mercantile.

[1]**common** ['kɔmən] *agg* **1** comune; della comunità; in comune; vicendevole; di tutti: *common land,* terreno pubblico, di proprietà del comune — *common law,* legge non scritta; diritto consuetudinario — *common ground, (fig.)* terreno comune — *common knowledge,* notizia o cosa nota a tutti (di dominio pubblico) — *It was common knowledge among the bankers that...,* Negli ambienti bancari tutti sapevano che... — *a common nuisance, (dir.)* un fastidio per tutti — *the Book of Common Prayer,* il Libro della Liturgia Anglicana — *senior (junior) common-room, (GB, nelle università ed in certe scuole secondarie)* sala di ritrovo dei professori (degli studenti). **2** usuale; consueto; ordinario; frequente; abituale; trito; vieto: *the common man,* l'uomo comune, medio; l'uomo della strada — *common sense,* buon senso; senso comune. **3** *(fam., di persone, comportamento, ecc.)* rozzo; volgare; grossolano; ordinario; di poca finezza: *common manners,* maniere grossolane — *to speak with a common accent,* parlare con una pronuncia grossolana (poco coltivata) — *a girl who looks common (who wears common clothes),* una ragazza dall'aspetto volgare (vestita dimessamente). **4** *(vari sensi)* comune: *common factor,* fattore comune — *common noun,* nome comune. □ *avv* **commonly** ⇨.

□ *common-or-garden, (di fiore, piante)* comune; di normale coltivazione; *(fam., fig.)* banale; dozzinale — *It's nothing serious, just a common-or-garden cold,* Non è niente di grave, solo un banale raffreddore — *out of the common,* fuori del comune; insolito; strano; eccezionale; raro — *in common,* in comune — *They have nothing in common,* Non hanno niente in comune — *in common with...,* unitamente a...

[2]**common** ['kɔmən] *s.* terreno di proprietà comune; pascolo demaniale; prato dei giochi; spiazzo verde comunale: *right of common, (di persone, comunità parrocchiale, ecc.)* diritto di servitù attiva *(di servirsi di una determinata proprietà)*.

commonalty ['kɔmənəlti] *s. the commonalty,* la gente comune; il popolo; la comunità; l'umanità in genere.

commoner ['kɔmənə*] *s.* cittadino comune *(non nobile)*.

commonly ['kɔmənli] *avv* **1** comunemente; usualmente; di solito. **2** in modo ordinario; mediocremente: *commonly dressed,* vestito con abiti dozzinali, semplicemente.

commonplace ['kɔmənpleis] *agg* banale; ordinario; trito: *a commonplace kind of man,* un tipo ordinario. □ *s.* luogo comune; osservazione trita, ovvia; avvenimento di ordinaria amministrazione o di tutti i giorni: *a conversation full of commonplaces,* una conversazione piena di luoghi comuni. □ *a commonplace book,* una raccolta personale di citazioni, brani, ecc.; uno 'zibaldone'.

commons ['kɔmənz] *s. pl* **1** il popolo; la gente comune. **2** *the (House of) Commons, (GB)* la Camera dei Comuni — *He sits in the Commons,* È deputato *(cioè membro della Camera dei Comuni).* **3** vitto o cibo in comune; viveri; razioni fisse *(nei collegi universitari, ecc.): to be on short commons,* essere a corto di viveri; non aver abbastanza da mangiare; avere il cibo razionato; *(fam.)* passarsela male.

commonwealth ['kɔmənwelθ] *s.* **1** repubblica *(nel senso originale di 'res publica',* bene comune*);* stato; gruppo o comunità di Stati: *the Commonwealth of Australia,* l'Australia *(in quanto unione di Stati)* — *the commonwealth of letters, (fig.)* la repubblica delle lettere; i letterati. **2** *the Commonwealth,* - **a)** il 'Commonwealth' britannico - **b)** *(stor.)* la Repubblica inglese *(1649-60).*

commotion [kə'mouʃən] *s.* **1** confusione; agitazione. **2** tumulto; insurrezione.

communal ['kɔmjunl] *agg* **1** della comunità; d'uso pubblico. **2** del comune; comunale.

commune ['kɔmju:n] *s.* **1** comune; municipio *(non in GB e USA).* **2** *(USA)* comunità di 'hippies'.

to **commune** [kə'mju:n/'kɔmju:n] *vi* **1** *(seguito da* with*)* essere in comunione spirituale (con). **2** comunicarsi; prendere (ricevere) la Comunione.

communicable [kə'mju:nikəbl] *agg* **1** comunicabile; trasmissibile. **2** *(di morbo)* contagioso.

communicant [kə'mju:nikənt] *s.* **1** chi riceve la Comunione. **2** chi fa comunicazioni.

to **communicate** [kə'mju:nikəit] *vt e i.* **1** *to communicate sth to sb,* comunicare; trasmettere; far conoscere *(qcsa a qcno).* **2** *to communicate with sb,* comunicare con qcno; essere in contatto, in relazione (con qcno): *I communicate with him regularly by letter,* Mantengo con lui contatti epistolari regolari. **3** *(di stanze, ecc.)* comunicare; essere in comunicazione: *We asked the hotel to let us have communicating rooms,* Chiedemmo all'albergo di darci delle camere comunicanti.

communication [kə,mju:ni'keiʃən] *s.* **1** comunicazione; contatto; relazione; rapporto; diffusione *(di notizie, malattie, ecc.): I am in constant communication with him on this subject,* Su questo argomento ci scambiamo continue informazioni. **2** ciò che viene comunicato; comunicazione; notizia trasmessa; comunicato: *This communication is confidential,* Questa comunicazione è riservata. **3** mezzo di comunicazione: *All communication with the north has been stopped by snowstorms,* Tutte le comunicazioni col nord sono state interrotte a causa di bufere di neve — *communication cord, (nelle carrozze ferroviarie)* dispositivo di allarme.

communicative [kə'mju:nikətiv] *agg* comunicativo; espansivo; estroverso.

communion [kə'mju:njən] *s.* **1** comunione; comunanza; società; familiarità *(con qcno).* **2** comunione; relazione spirituale; rapporti confidenziali; intimità: *to hold communion with oneself,* pensare o meditare profondamente *(di cose religiose, ecc.);* essere assorto in meditazione — *to hold communion with sb,* comunicare spiritualmente con qcno. **3** comunità; persone che professano la stessa fede: *We belong to the same communion,* Siamo della stessa fede religiosa; Apparteniamo alla stessa Chiesa. **4** *Holy Communion,* la Santa Comunione.

communiqué [kə'mju:nikei] *s. (fr.)* comunicato ufficiale; bollettino.

communism ['kɔmjunizəm] *s.* comunismo.

communist ['kɔmjunist] *s. e agg* comunista.

community [kə'mju:niti] *s.* **1** *(con art. determinativo)* comunità; collettività; società: *to work for the good of the community,* lavorare per il bene della comunità — *community centre, (edificio pubblico)* centro sociale; centro culturale — *community chest, (USA)* fondo per il soccorso pubblico *(di persone bisognose).* **2** comunità; collettività; società: *the Jewish community in London,* la comunità ebraica di Londra. **3** comunione; comunanza: *community of race (religion, interests),* comunanza di razza (di religione, di interessi) — *community singing,* canto corale; canto collettivo.

commutable [kə'mju:təbl] *agg* commutabile.

commutation [,kɔmju'teiʃən] *s.* **1** commutazione *(di pena, di forme di pagamento, ecc.);* permuta; scambio. **2** *commutation ticket, (USA)* abbonamento ferroviario; biglietto in abbonamento.

commutator ['kɔmjuteitə*] *s.* commutatore.

to **commute** [kə'mju:t] *vt e i.* **1** commutare: *to commute an annuity into (o for) a lump sum,* commutare una rendita annua in una somma in contanti — *The death sentence was commuted to life imprisonment,* La condanna a morte fu commutata in ergastolo. **2** *(USA)* viaggiare con un abbonamento ferroviario; essere un pendolare.

commuter [kə'mju:tə*] *s. (USA)* abbonato ferroviario; *(viaggiatore, lavoratore)* pendolare.

[1]**compact** ['kɔmpækt] *s.* patto; accordo; contratto.

[2]**compact** [kəm'pækt] *agg* **1** compatto; denso. **2** *(di stile)* conciso. □ *avv* **compactly.**

to **compact** [kəm'pækt] *vt (generalm. al passivo)* congiungere saldamente; comporre.

[3]**compact** ['kɔmpækt] *s. (spesso* powder compact*)* portacipria *(da borsetta).*

[4]**compact** ['kɔmpækt] *s. (USA, anche* compact car*)* automobile utilitaria.

compactness [kəm'pæktnis] *s.* **1** compattezza. **2** concisione.

[1]**companion** [kəm'pænjən] *s.* **1** compagno; socio: *companions in arms,* compagni d'arme; commilitoni — *companions in misfortune,* compagni di sventura. **2** compagno; compagnone *(compagno di svaghi): He's an excellent companion,* È un compagno molto piacevole — *His brother is not much of a companion for him,* Suo fratello non gli è di molta compagnia. **3** donna o dama di compagnia; donna che assiste un malato o una persona anziana. **4** cosa che si accompagna ad un'altra; riscontro; 'pendant': *companion volume,* il compagno *(di una serie di due o più volumi).* **5** manuale; vademecum.

[2]**companion** [kəm'pænjən] *s. (naut.)* **1** cappa di boccaporto. **2** = **companionway.** □ *companion hatch,* chiusura di boccaporto — *companion hatchway,* boccaporto — *companion-ladder,* scala di boccaporto.

companionable [kəm'pænjənəbl] *agg* socievole; di gradevole o piacevole compagnia.

companionship [kəm'pænjənʃip] *s.* compagnia; amicizia; cameratismo: *to enjoy sb's companionship,* gradire molto la (godere della) compagnia di qcno.

companionway [kəm'pænjənwəi] *s.* scaletta di boccaporto.

company ['kʌmpəni] *s.* **1** compagnia: *to keep (to bear) sb company,* far compagnia a qcno — *to part company,* separarsi; staccarsi; lasciarsi *(di persona o cose)* — *Thank you for your company!,* Grazie della compagnia! — *for company,* per compagnia — *in company (with),* in compagnia (di); assieme (a); con — *to be good (bad) company,* essere di buona, (cattiva) compagnia. **2** compagnia; comitiva; brigata; gruppo; ospiti: *I sin in good company,* Pecco in buona compagnia (È un peccato che ha fatto gente migliore di me) — *We're expecting company next week,* Aspettiamo ospiti per la settimana prossima — *company manners,* maniere ricercate; comportamento formale e freddo — *Two's company, three's a crowd, (prov.)* Poca brigata, vita beata. **3** compagnia, compagnie; persone con le quali ci si accompagna: *Don't keep bad company,* Non frequentare compagnie cattive — *You may know a man by the company he keeps, (prov.)* Dimmi con chi vai e ti dirò chi sei. **4** società; azienda; compagnia: *a steamship company,* una compagnia di navigazione — *a joint-stock company,* una società per azioni — *a limited liability company,* una società a responsabilità limitata — *a company canteen,* una mensa aziendale — *a company director,* un membro di un consiglio d'amministrazione. **5** compagnia; gruppo di persone che lavorano assieme: *a theatrical company,* una compagnia teatrale — *the ship's company,* l'equipaggio della nave. **6** *(mil.)* compagnia.

comparable ['kɔmpərəbl] *agg* comparabile; paragonabile. □ *avv* **comparably.**

comparative [kəm'pærətiv] *agg e s.* **1** *(gramm.)* comparativo: *in the comparative,* al (grado) comparativo — *'Better' is the comparative of 'good',* 'Migliore' è il comparativo di 'buono'. **2** comparato: *comparative literature,* letteratura comparata. **3** relativo; soddisfacente *(in rapporto ad un termine di confronto): She lives in comparative comfort,* Se la passa in relativo benessere (abbastanza bene). □ *avv* **comparatively.**

compare [kəm'pɛə*] *s.* confronto; paragone: *beyond (without, past) compare,* senza paragone; incomparabilmente; oltre ogni dire.

to **compare** [kəm'pɛə*] *vt* **1** confrontare; paragonare; comparare: *Poets have compared sleep to death,* I poeti hanno paragonato il sonno alla morte — *to compare notes,* scambiarsi idee, punti di vista, pareri. **2** fare il comparativo *(di un agg., ecc.).*
□ *vi* reggere il confronto; paragonarsi: *He cannot compare with Conrad as a writer,* Come scrittore non può sostenere il confronto con Conrad.

comparison [kəm'pærisn] *s.* **1** paragone; confronto; comparazione: *There's no comparison between them,* Non è possibile fare un paragone tra loro — *by comparison,* al confronto; a paragone — *by (o in) comparison with,* rispetto a; a paragone di — *By comparison with her sister, Mary's an angel,* A paragone di sua sorella, Mary è un angelo — *to bear (to stand) comparison with,* reggere al confronto, al paragone. **2** comparazione: *degrees of comparison,* i gradi comparativi, di comparazione *(di agg. e avv.).*

compartment [kəm'pɑ:tmənt] *s.* **1** scompartimento; scomparto. **2** *(di scafo)* compartimento. **3** *passenger compartment,* abitacolo *(di automobile, ecc.).*

to **compartmentalize** ['kəmpɑ:t,mentəlaiz] *vt* dividere in (assegnare a) compartimenti (o scompartimenti).

compass ['kʌmpəs] *s.* **1** bussola: *the points of the compass,* i punti della bussola; i punti cardinali; i rombi. **2** *(al pl.)* compasso: *a pair of compasses,* un compasso. **3** *(fig.)* circonferenza; ambito; estensione; portata; limite: *beyond the compass of the human mind,* oltre la portata della mente umana — *in a small compass,* in un piccolo ambito.

to **compass** ['kʌmpəs] *vt* **1** *(ant.)* circondare; cingere: *to be compassed about by enemies,* essere circondato dai nemici. **2** raggiungere *(uno scopo).* **3** afferrare con la mente. **4** *(dir.)* complottare.

compassion [kəm'pæʃən] *s.* compassione; pietà; comprensione *(per le sofferenze altrui, ecc.): to have (to take) compassion on sufferers,* avere (sentire) pietà per chi soffre — *to look at sb in (o with) compassion,* guardare qcno con compassione — *to give money out of compassion,* dare del denaro per compassione.

compassionate [kəm'pæʃənit] *agg* compassionevole: *compassionate leave, (mil.)* congedo straordinario *(di solito per gravi motivi familiari).* □ *avv* **compassionately.**

compatibility [kəm,pætə'biliti] *s.* compatibilità.

compatible [kəm'pætəbl] *agg* compatibile; conciliabile. □ *avv* **compatibly.**

compatriot [kəm'pætriət] *s.* compatriota.

compeer [kɔm'piə*] *s.* eguale; pari; compagno.

to **compel** [kəm'pel] *vt* (**-ll-**) **1** costringere; obbligare; forzare; imporre: *to compel obedience,* imporre l'obbedienza — *to be compelled to do sth,* essere costretto (obbligato) a fare qcsa; dover fare qcsa. **2** esigere: *to compel respect from sb,* esigere rispetto da qcno.

compelling [kəm'peliŋ] *agg* (*p. pres. di* **to compel**) irresistibile; trascinante: *a compelling personality,* una personalità irresistibile.

compendious [kəm'pendiəs] *agg* compendioso; conciso.

compendium [kəm'pendiəm] *s.* compendio.

to **compensate** ['kɔmpenseit] *vt e i.* compensare; risarcire.

compensation [,kɔmpen'seiʃən] *s.* compensazione; risarcimento; indennizzo.

compensatory [kəm'pensətəri] *agg* compensativo.

compère ['kɔmpɛə*] *s. (fr.)* presentatore *(radio, teatro, ecc.).*

to **compete** [kəm'pi:t] *vi* competere; gareggiare; concorrere: *to compete in a race (with others),* gareggiare in una corsa (con altri) — *to compete against (o with) other countries in commerce,* competere con altre nazioni nel commercio.

competence ['kɔmpitəns] *s.* **1** competenza *(anche in senso linguistico);* abilità. **2** *(solo al sing., preceduto dall'art. indeterminativo)* mezzi di sussistenza; rendite; entrate; fondi per vivere: *to have (to enjoy) a small competence,* fruire (disporre) di una piccola rendita. **3** *(dir.)* competenza; capacità legale *(di testimoniare, ecc.);* ammissibilità *(di prova);* pertinenza.

competent ['kɔmpitənt] *agg* **1** competente. **2** sufficiente; adeguato: *Has she a competent knowledge of French?,* Ha una conoscenza adeguata del francese? □ *avv* **competently.**

competition [,kɔmpi'tiʃən] *s.* **1** competizione; gara; concorso; torneo; sfida: *boxing (chess) competitions,* incontri pugilistici (tornei di scacchi) — *an open competition,* una gara aperta a tutti. **2** *(comm.)* concorrenza; rivalità: *to face stiff competition,* dover affrontare una concorrenza agguerrita.

competitive [kəm'petitiv] *agg* competitivo; di concorrenza. □ *avv* **competitively.**

competitor [kəm'petitə*] *s.* competitore; concorrente.

compilation [,kɔmpi'leiʃən] *s.* compilazione.

to **compile** [kəm'pail] *vt* **1** compilare. **2** *(cricket)* segnare punti.

compiler [kəm'pailə*] *s.* compilatore.

complacence, complacency [kəm'pleisəns(i)] *s.* compiacimento (di sé); soddisfazione.
complacent [kəm'pleisənt] *agg* compiaciuto; soddisfatto (di sé). □ *avv* **complacently.**
to **complain** [kəm'plein] *vi* lamentarsi; dolersi: *We have nothing to complain of (o about),* Non abbiamo niente di cui lamentarci.
complainant [kəm'pleinənt] *s.* **1** persona che si lamenta. **2** querelante; *(dir.)* attore.
complaint [kəm'pleint] *s.* **1** lagnanza; lamento; protesta; reclamo; motivo di reclamo; *(dir.)* denuncia; *(USA)* istanza: *Have you any complaints to make? (spesso semplicemente* Any complaints*),* Avete qualche reclamo da fare? — *to lodge a complaint,* fare un esposto. **2** *(fam.)* disturbo *(di salute);* malattia: *a heart (o liver) complaint,* un disturbo di cuore (di fegato).
complaisance [kəm'pleizəns] *s.* compiacenza; condiscendenza; cortesia; deferenza: *to do sth out of complaisance,* fare qcsa per compiacenza.
complaisant [kəm'pleizənt] *agg* compiacente; condiscendente; deferente; cortese. □ *avv* **complaisantly.**
complement ['kɔmplimənt] *s.* **1** ciò che completa il numero: *the ship's complement,* l'effettivo della nave. **2** complemento.
to **complement** ['kɔmpliment] *vt* completare; fare da complemento.
complementary [,kɔmpli'mentəri] *agg* complementare.
complete [kəm'pli:t] *agg* **1** completo; intero; integro. **2** completo; portato a termine; finito; compiuto. **3** completo; assoluto; perfetto: *It was a complete surprise to me,* Fu per me un'assoluta sorpresa — *He is a complete idiot,* È un perfetto imbecille. **4** *(ant.)* impeccabile; rifinito; compito; colto; raffinato: *He's a complete horseman,* È un impeccabile cavaliere. □ *avv* **completely.**
to **complete** [kɔm'pli:t] *vt* **1** completare; finire; ultimare. **2** riempire *(un modulo, ecc.).*
completeness [kəm'pli:tnis] *s.* completezza; pienezza; integrità; interezza.
completion [kəm'pli:ʃən] *s.* completamento; compimento; conclusione.
¹**complex** ['kɔmpleks] *agg* complesso; complicato.
²**complex** ['kɔmpleks] *s.* *(pl.* **complexes***)* complesso; insieme di parti; *(psicanalisi)* complesso; *(fam.)* ossessione.
complexion [kəm'plekʃən] *s.* **1** carnagione; colorito. **2** *(fig.)* aspetto; significato; carattere; natura; sapore: *You have put a false complexion on my remarks,* Lei ha dato un falso significato alle mie osservazioni.
complexity [kəm'pleksiti] *s.* complessità.
compliance [kəm'plaiəns] *s.* **1** adeguamento; conformità: *in compliance with your wishes,* in conformità con i vostri (i suoi) desideri. **2** sottomissione; acquiescenza; servilismo. **3** *(mecc., ecc.)* cedevolezza.
compliant [kəm'plaiənt] *agg* **1** compiacente; condiscendente. **2** sottomesso; servile. □ *avv* **compliantly.**
to **complicate** ['kɔmplikeit] *vt* complicare.
complicated ['kɔmplikeitid] *agg* complesso; complicato. □ *avv* **complicatedly.**
complication [,kɔmpli'keiʃən] *s.* complicazione.
complicity [kəm'plisiti] *s.* complicità.
compliment ['kɔmplimənt] *s.* **1** complimento: *to pay sb a compliment (on his work),* complimentarsi con qcno (per il suo lavoro) — *to pay a compliment to a lady,* fare un complimento ad una signora. **2** *(al pl.)* omaggi; rispetti; ossequi; saluti: *My compliments to your wife,* I miei rispetti alla sua signora — *compliments of the season,* gli auguri *(di Natale, Capodanno, Pasqua).*
to **compliment** ['kɔmplimənt] *vt* fare un complimento; complimentarsi; congratularsi; elogiare: *to compliment a person on his skill,* complimentarsi con una persona per la sua abilità.
complimentary [,kɔmpli'mentəri] *agg* **1** complimentoso; lodativo. **2** in omaggio; di favore: *a complimentary ticket,* un biglietto omaggio.
complin(e) ['kɔmplin] *s.* compieta.
to **comply** [kəm'plai] *vi (generalm. seguito da* with*)* assentire a; aderire a; soddisfare a; adeguarsi a; osservare; rispettare *(la legge).*
compo ['kɔmpou] *s.* *(abbr. di* composition*)* composto sintetico *(spec. stucco).*
¹**component** [kəm'pounənt] *agg* componente.
²**component** [kəm'pounənt] *s.* parte; elemento; componente.
to **comport** [kəm'pɔ:t] *vt e i.* **1** *to comport oneself,* comportarsi. **2** *(generalm. seguito da* with*)* adeguarsi; corrispondere; addirsi; accordarsi.
comportment [kəm'pɔ:tmənt] *s.* portamento; comportamento.
to **compose** [kəm'pouz] *vt e i.* **1** comporre *(anche in senso tipografico);* unire assieme. **2** comporre; creare; fare: *He teaches music and also composes,* Insegna musica e compone anche. **3** calmare; controllare; riordinare; raccogliere, raccogliersi: *to compose one's thoughts (passions),* raccogliere i propri pensieri (controllare le proprie passioni). **4** *(raro)* comporre; far finir bene: *to compose a quarrel (dispute),* comporre una lite (una vertenza).
composed [kəm'pouzd] *agg* calmo; composto; tranquillo; padrone di sé. □ *avv* **composedly.**
composer [kəm'pouzə*] *s.* compositore *(di musica).*
composing [kəm'pouziŋ] *s.* *(tipografia: da* **to compose 1***)* composizione: *composing machine,* compositrice — *composing room,* stanza per la composizione.
composite ['kɔmpəzit] *agg* composito; *(di nave, aereo)* a struttura mista.
composition [,kɔmpə'ziʃən] *s.* **1** composizione *(in vari sensi): He played a piano sonata of his own composition,* Eseguì al piano una sonata di sua composizione — *Scientists study the composition of the soil,* Gli scienziati studiano la composizione del suolo — *He has a touch of madness in his composition, (fam.)* È un po' tocco — *composition billiard balls,* palle sintetiche da biliardo *(fatte di marmo artificiale).* **2** *(dir., comm.)* accordo; concordato; transazione.
compositor [kəm'pɔzitə*] *s.* compositore (tipografico).
compos mentis ['kɔmpɔs 'mentis] *agg (lat., dir.)* sano di mente: *He's a bit non compos mentis, you know!, (fam.)* È un po' svitato, sai!
compost ['kɔmpɔst] *s.* miscela fertilizzante, composta di materie vegetali in decomposizione.
to **compost** ['kɔmpɔst] *vt* **1** trasformare, trasformarsi in composto. **2** concimare.
composure [kəm'pouʒə*] *s.* compostezza; calma.
compote ['kɔmpout] *s.* *(fr.) (piatto di)* frutta cotta.
¹**compound** ['kɔmpaund] *s.* *(vari sensi)* composto; *(farmacia)* preparato. □ *agg* composto: *compound interest, (comm.)* interesse composto.
to **compound** [kəm'paund] *vt e i.* **1** comporre; mescolare o miscelare; preparare: *to compound a medicine,* preparare una medicina. **2** comporre *(una vertenza);* conciliare; portare a termine; saldare (un

debito) concordando un pagamento inferiore al dovuto. **3** incrementare; rendere maggiore *(p.es. una difficoltà);* aggravare; complicare.

[2]**compound** ['kɔmpaund] *s.* **1** *(stor. coloniale: in India, Cina, ecc.)* recinto. **2** *(per estensione)* campo per prigionieri di guerra, profughi, ecc.

to **comprehend** [,kɔmpri'hend] *vt* **1** comprendere; capire; intendere. **2** comprendere; includere.

comprehensibility ['kɔmpri,hensə'biliti] *s.* comprensibilità.

comprehensible [,kɔmpri'hensəbl] *agg* comprensibile. □ *avv* **comprehensibly.**

comprehension [,kɔmpri'henʃən] *s.* **1** comprensione; capacità di intendere. **2** portata; contenuto; ampiezza di significato. **3** tolleranza; indulgenza.

comprehensive [,kɔmpri'hensiv] *agg* che raccoglie in sé più cose; comprensivo; ampio; esauriente; completo: *a comprehensive description,* una descrizione esauriente, dettagliata — *a man with a comprehensive mind,* un uomo dalla mente aperta — *comprehensive school, (GB)* scuola 'comprensiva' *(globale, senza separazione tra i vari indirizzi di studio);* scuola media unica. □ *avv* **comprehensively.**

comprehensiveness [,kɔmpri'hensivnis] *s.* facoltà di comprendere; intelligenza; apertura mentale.

compress ['kɔmpres] *s.* compressa; impacco.

to **compress** [kəm'pres] *vt* **1** comprimere; condensare. **2** esprimere con poche parole; condensare.

compression [kəm'preʃən] *s.* **1** compressione. **2** condensamento.

compressor [kəm'presə*] *s. (mecc.)* compressore.

to **comprise** [kəm'praiz] *vt* comprendere; includere; essere costituito (da).

compromise ['kɔmprəmaiz] **1** compromesso. **2** *(dir.)* transazione.

to **compromise** ['kɔmprəmaiz] *vt e i.* **1** giungere a un compromesso; comporre, risolvere *(una vertenza)* con un compromesso. **2** compromettere *(un risultato, ecc.);* mettere in pericolo.

compromising ['kɔmprəmaiziŋ] *agg* compromettente.

comptometer [kɔmp'tɔmitə*] *s.* macchina calcolatrice.

comptroller [kən'troulə*] *s.* (*raro, ant. o burocratico per* **controller**) controllore; sovrintendente.

compulsion [kəm'pʌlʃən] *s.* costrizione; obbligo.

compulsive [kəm'pʌlsiv] *agg* costrittivo; coercitivo: *a compulsive liar,* persona che mente per coazione psichica; un incorreggibile bugiardo. □ *avv* **compulsively.**

compulsory [kəm'pʌlsəri] *agg* obbligatorio. □ *avv* **compulsorily.**

compunction [kəm'pʌŋkʃən] *s.* compunzione; rimorso; pentimento.

computation [,kɔmpju'teiʃən] *s.* calcolo; computo; stima.

computator ['kɔmpjuteitə*] *s.* macchina calcolatrice.

to **compute** [kəm'pju:t] *vt e i.* calcolare.

computer [kəm'pju:tə*] *s.* elaboratore; calcolatore elettronico; 'computer'.

to **computerize** [kəm'pju:təraiz] *vt* computerizzare; immettere (dati) in un calcolatore.

comrade ['kɔmrid/'kʌm-] *s.* amico; compagno leale; camerata; compagno di partito *(soprattutto comunista).*

comradely ['kɔmridli] *agg* cameratesco.

comradeship ['kɔmridʃip] *s.* cameratismo; cameratería.

[1]**con** [kɔn] *avv (abbr. di* **contra**, *lat.)* contro. □ *s. (nella espressione) pros and cons,* il pro e il contro *(gli argomenti a favore di, e contro una certa cosa).*

[2]**con** [kɔn] *attrib (abbr. di* **confidence**: *usato nelle espressioni) con-man; con-game* ⇨ **confidence 1.**

[1]to **con** [kɔn] *vt* (**-nn-**) (*fam., da* [2]**con 1**) raggirare; truffare: *to con sb into doing sth,* indurre qcno a fare qcsa con un inganno.

[2]to **con** [kɔn] *vt* (**-nn-**) *(seguito spesso da* over*)* mandare a memoria; imparare a memoria; studiare.

concatenation [kɔn,kæti'neiʃən] *s.* concatenazione.

concave ['kɔn'keiv] *agg* concavo.

concavity [kɔn'kæviti] *s.* concavità.

to **conceal** [kən'si:l] *vt* nascondere; tener segreto; celare; occultare; dissimulare: *to conceal sth from sb,* nascondere qcsa a qcno — *concealed turning, (nella segnaletica stradale)* svolta nascosta alla vista *(da alberi, cespugli, case).*

concealment [kən'si:lmənt] *s.* **1** occultamento. **2** nascondiglio.

to **concede** [kən'si:d] *vt* ammettere; concedere; consentire; convenire.

conceit [kən'si:t] *s.* **1** presunzione; vanità: *He's full of conceit,* È pieno di presunzione — *to be wise in one's own conceit,* essere saggio secondo il proprio modo di vedere — *out of conceit with,* non più soddisfatto di. **2** idea (paragone, immagine) bislacca o barocca; preziosità verbale.

conceited [kən'si:tid] *agg* pieno di sé; presuntuoso. □ *avv* **conceitedly.**

conceivable [kən'si:vəbl] *agg* concepibile; pensabile; immaginabile. □ *avv* **conceivably.**

to **conceive** [kən'si:v] *vt e i.* **1** concepire *(un piano, ecc.);* pensare; escogitare; formulare. **2** *(di donna)* concepire; generare.

concentrate ['kɔnsəntreit] *s.* concentrato.

to **concentrate** ['kɔnsəntreit] *vt e i.* **1** concentrare, concentrarsi; convergere: *You should concentrate (your attention) upon your work,* Dovresti concentrarti (concentrare, fissare la tua attenzione) sul tuo lavoro. **2** condensare; concentrare.

concentrated ['kɔnsentreitid] *agg* concentrato; condensato; *(fig.)* intenso; forte; concentrato: *concentrated hate,* odio intenso.

concentration [,kɔnsen'treiʃən] *s.* **1** concentrazione. **2** ammasso; concentramento: *concentration camp,* campo di concentramento; 'lager'.

concentric [kɔn'sentrik] *agg* concentrico.

concept ['kɔnsept] *s.* concetto.

conception [kən'sepʃən] *s.* **1** concezione *(di un piano, ecc.);* idea; concetto; inventiva: *I have no conception of what you mean,* Non ho la minima idea di quello che vuoi dire. **2** concezione; concepimento.

conceptual [kən'septjuəl] *agg* concettuale.

concern [kən'sə:n] *s.* **1** cosa che riguarda; affare: *It's no concern of mine,* Non è affar mio (Non è cosa che mi riguardi) — *Mind your own concerns!,* Bada agli affari tuoi! **2** azienda; ditta; società: *It's a going concern,* È un'azienda che prospera. **3** *(comm.)* partecipazione; cointeressenza: *He has a concern in the business,* Ha una partecipazione nell'azienda. **4** ansietà; preoccupazione; inquietudine: *filled with concern,* pieno d'ansia.

to **concern** [kən'sə:n] *vt* **1** concernere; riguardare; interessare; coinvolgere: *So (As) far as I am concerned,* Per quanto mi riguarda (Quanto a me) — *I don't think this concerns you,* Non credo che ciò ti riguardi — *to whom it may concern, (linguaggio burocratico)* a chi di spettanza — *the person concerned,* l'interessato — *Where the children are concerned...,*

Quando ci sono di mezzo dei bambini...; Là dove si tratta di bambini... **2** *(alla forma passiva* to be concerned*)* essere preoccupato: *Please don't be concerned about me,* Ti prego, non preoccuparti per me — *We are all concerned for (o about) her illness,* Siamo tutti preoccupati per la sua malattia. **3** *to concern oneself with (in, about sth),* occuparsi; interessarsi (di qcsa). **4** *(alla forma passiva* to be concerned*)* essere coinvolto: *He is said to have been concerned in that crime,* Si dice che fosse coinvolto in quel delitto.

concerned [kən'sə:nd] *agg* **1** interessato; coinvolto. **2** ansioso; preoccupato: *with a concerned look,* con uno sguardo ansioso (con un'aria preoccupata).

concerning [kən'sə:niŋ] *prep* riguardo a; quanto a; circa.

concert ['kɔnsət] *s.* **1** concerto *(esecuzione musicale): concert grand,* (grande) pianoforte da concerto — *concert performer,* concertista — *concert-pitch,* diapason da concerto — *at concert pitch,* perfettamente intonato; *(fig.)* in piena efficienza; pronto per l'uso; *(fam.)* in perfetta forma. **2** *(di voci, ecc., e fig.)* accordo; concerto; insieme: *to work in concert with sb,* lavorare d'amore e d'accordo con qcno.

to **concert** [kən'sə:t] *vt* concordare; concertare *(più spesso al p. pass.* **concerted**).

concerted [kən'sə:tid] *agg* concertato; concordato; studiato; convenuto.

concertina [,kɔnsə'ti:nə] *s.* piccola fisarmonica.

concerto [kən'tʃə:tou] *s.* (*pl.* **concertos,** *talvolta* **concerti**) concerto *(composizione musicale).*

concession [kən'seʃən] *s.* concessione.

concessionaire [kən,seʃə'nεə*] *s.* concessionario.

concessive [kən'sesiv] *agg (gramm.)* concessivo.

conch [kɔŋk] *s.* **1** conchiglia grande; nicchio; nicchia. **2** semicupola.

conchology [kɔŋ'kɔlədʒi] *s.* conchiliologia.

conchy ['kɔnʃi] *s. (GB, spreg., sl.: abbr. di* conscientious objector*)* obiettore di coscienza.

concierge [,kɔ̃:nsi'εəʒ/kɔ̃sjεrʒ] *s. (fr.)* portinaia, portinaio *(non in GB).*

to **conciliate** [kən'silieit] *vt* **1** conciliarsi; cattivarsi. **2** placare; blandire; calmare. **3** attirare qcno dalla propria parte.

conciliation [kən,sili'eiʃən] *s.* conciliazione; conciliamento: *a conciliation board, (sindacalismo)* una commissione d'arbitraggio.

conciliatory [kən'siliətəri] *agg* conciliante.

concise [kən'sais] *agg* conciso; stringato; denso di significato. □ *avv* **concisely.**

conciseness [kən'saisnis] *s.* concisione.

conclave ['kɔnkleiv] *s.* conclave.

to **conclude** [kən'klu:d] *vt e i.* **1** concludere; finire; terminare; portare a termine: *to conclude a speech (a lecture),* concludere un discorso (una conferenza). **2** concludere; stipulare: *to conclude a treaty with another nation,* stipulare un trattato con un'altra nazione. **3** arrivare alla conclusione; dedurre; arguire. **4** *(spec. in USA)* decidere: *We concluded not to go,* Decidemmo di non andare.

conclusion [kən'klu:ʒən] *s.* **1** conclusione; fine; termine. **2** accordo; stipulazione; sistemazione; decisione: *a foregone conclusion,* una decisione (conclusione) scontata. **3** idea risultante; conclusione: *to come to the conclusion that...,* arrivare alla conclusione che... — *to draw a conclusion from sth,* tirare una conclusione da qcsa. □ *to try conclusions with sb,* misurarsi con qcno; fare a gara con qcno.

conclusive [kən'klu:siv] *agg* conclusivo; risolutivo; decisivo. □ *avv* **conclusively.**

to **concoct** [kən'kɔkt] *vt* **1** ideare, preparare (mettendo insieme ingredienti diversi) un piatto nuovo. **2** architettare; tramare; inventare.

concoction [kən'kɔkʃən] *s.* **1** intruglio; mistura; preparato *(spesso scherz. o spreg. di piatto, medicina, ecc.).* **2** invenzione; trama; macchinazione.

concomitant [kən'kɔmitənt] *agg* concomitante. □ *avv* **concomitantly.**

concord ['kɔŋkɔ:d] *s.* **1** concordia; armonia; accordo. **2** *(gramm.)* concordanza.

concordance [kən'kɔ:dəns] *s.* **1** concordia; accordo. **2** concordanza; *(talvolta)* indice analitico.

concordant [kən'kɔ:dənt] *agg* concorde; in armonia (con).

concordat [kɔn'kɔ:dæt] *s.* concordato.

concourse ['kɔŋkɔ:s] *s.* **1** concorso; partecipazione; affluenza. **2** atrio; spiazzo; *(USA, spesso)* atrio di stazione ferroviaria.

[1]**concrete** ['kɔnkri:t/'kɔŋ-] *agg* concreto; reale. □ *avv* **concretely.**

[2]**concrete** ['kɔnkri:t] *s.* **1** cosa concreta: *in the concrete,* nella realtà; in concreto. **2** calcestruzzo; *(fam.)* cemento: *roads surfaced with concrete,* strade ricoperte di calcestruzzo — *green concrete,* calcestruzzo fresco.

to **concrete** [kən'kri:t] *vt e i.* ricoprire di calcestruzzo; costruire in cemento; solidificare, solidificarsi *(di conglomerato di cemento): to concrete a road,* costruire una strada in calcestruzzo (ricoprirla di calcestruzzo).

concretion [kən'kri:ʃən] *s.* concrezione.

concubine ['kɔŋkjubain] *s. (stor., dir.)* concubina.

concupiscence [kən'kju:pisəns] *s.* concupiscenza.

to **concur** [kən'kə:*] *vi* (**-rr-**) **1** coincidere *(di idee);* essere d'accordo. **2** *(di circostanze, ecc.)* essere concomitante; concorrere; contribuire.

concurrence [kən'kʌrəns] *s.* concorso; incontro; concorrenza *(di fattori);* convergenza *(di circostanze);* accordo; concordanza *(di idee);* cooperazione *(di persone): concurrence of ideas,* convergenza di idee — *concurrence in doing good,* cooperazione nel fare del bene.

concurrent [kən'kʌrənt] *agg* concorrente; coesistente; convergente; cooperante. □ *avv* **concurrently.**

to **concuss** [kən'kʌs] *vt* provocare uno stato di concussione cerebrale (in qcno); colpire violentemente.

concussion [kən'kʌʃən] *s.* **1** urto; trauma *(anche fig.).* **2** commozione cerebrale.

to **condemn** [kən'dem] *vt* **1** condannare *(in vari sensi).* **2** dichiarare *(qcsa)* inservibile, non praticabile, pericolante: *This old bridge is unsafe; it should be condemned,* Questo vecchio ponte è pericolante; dovrebbe essere dichiarato non transitabile. **3** condannare; imporre una pena: *to condemn a murderer to life imprisonment,* condannare un assassino all'ergastolo — *to be condemned to death,* essere condannato a morte — *condemned cell,* cella dei condannati a morte. **4** destinare *(a una sorte avversa); (di ammalato)* dichiarare inguaribile; dare per spacciato. **5** confiscare *(una nave);* espropriare; radiare. **6** rivelare la colpevolezza: *His looks condemned him,* Il suo aspetto lo condannò (lo tradì).

condemnation [,kɔndem'neiʃən] *s.* condanna; biasimo.

condensate [kən'densit] *s. (chim., fis.)* condensa.

condensation [,kɔnden'seiʃən] *s.* condensazione.

to **condense** [kən'dens] *vt e i.* **1** condensare, condensarsi; concentrare, concentrarsi *(di soluzione, ecc.)*. **2** compendiare; riassumere.

condenser [kən'densə*] *s.* condensatore.

to **condescend** [,kɔndi'send] *vi* **1** *(in senso buono)* condiscendere; accondiscendere; acconsentire; accettare *(un invito, ecc.)*. **2** *(in senso cattivo)* acconsentire; cedere; abbassarsi. **3** mostrarsi accondiscendente; degnarsi; accettare; trattare *(ma con aria di superiorità)*: *Mr Black sometimes condescends to help his wife with the housework,* Il signor Black talvolta si degna di aiutare sua moglie nelle faccende domestiche.

condescending [,kɔndi'sendiŋ] *agg* condiscendente; accondiscendente. □ *avv* **condescendingly.**

condescension [,kɔndi'senʃən] *s.* condiscendenza; degnazione; *(fam.)* cortesia; affabilità.

condign [kən'dain] *agg* giusto; adeguato; esemplare *(generalm. di punizione, condanna, vendetta, ecc.)*.

condiment ['kɔndimənt] *s.* condimento.

condition [kən'diʃən] *s.* **1** condizione; clausola; patto; limitazione: *on condition that...,* a condizione che...; a patto che...; purché... — *You can go swimming on condition that you don't go too far,* Puoi andare a nuotare a patto che non ti allontani troppo — *on this (that) condition,* a questa (quella) condizione — *on no condition,* in nessun caso. **2** condizione; condizioni; stato; situazione: *Everything arrived in good condition,* Tutto arrivò in perfetto stato *(di conservazione, ecc.)* — *to be in (out of) condition, (fam.)* essere in buona (cattiva) salute; essere (non essere) in forma — *to be in poor condition, (med.)* essere in condizioni scadenti. **3** stato; qualità; natura: *to change one's condition, (fam., scherz.)* cambiare stato; sposarsi. **4** *(al pl.)* circostanze: *under existing conditions,* nelle presenti circostanze. **5** condizioni sociali; stato; categoria; classe: *persons of every condition (of all conditions),* persone di tutti i ceti.

to **condition** [kən'diʃən] *vt* **1** determinare; regolare; governare; condizionare. **2** *(spec. di animali)* mettere in buone condizioni fisiche: *conditioning powders, (veterinaria)* polveri ricostituenti.

conditional [kən'diʃənl] *agg* condizionale; condizionante. □ *avv* **conditionally.**

conditioned [kən'diʃənd] *p. pass e agg* condizionato; che si trova in un determinato stato: *ill-conditioned cattle,* bestiame in cattive condizioni — *to be conditioned to sth,* essere condizionato a qcsa. □ *air-conditioned,* con aria condizionata.

conditioning [kən'diʃəniŋ] *s.* **1** allenamento *(spec. fisico)*. **2** condizionatura. **3** *(p.es. dell'aria)* condizionamento.

to **condole** [kən'doul] *vi* condolersi: *to condole with sb on (o upon) sth,* condolersi con qcno per qcsa.

condolence [kən'doulens] *s.* *(generalm. al pl.)* condoglianza.

condominium [,kɔndə'minjəm] *s.* **1** protettorato congiunto; condominio *(di più Stati su uno Stato)*. **2** *(USA)* appartamento in un condominio.

condonation [,kɔndou'neiʃən] *s.* condono.

to **condone** [kən'doun] *vt* **1** condonare; perdonare. **2** fare perdonare; compensare.

condor ['kɔndɔ:*] *s.* condor.

to **conduce** [kən'dju:s] *vi* condurre; contribuire.

conducive [kən'dju:siv] *agg* contribuente; volto; tendente; favorevole *(a uno scopo, un obbiettivo, ecc.)*.

conduct ['kɔndʌkt] *s.* **1** condotta; comportamento. **2** conduzione; modo di condurre.

to **conduct** [kən'dʌkt] *vt e i.* **1** guidare; condurre; accompagnare: *Mr Black conducted the visitors round the museum,* Il signor Black guidò i visitatori per il museo — *a conducted tour,* un giro guidato. **2** dirigere; controllare; amministrare: *Who is conducting (the orchestra) this evening?,* Chi dirige l'orchestra stasera? **3** trasmettere; comunicare; lasciar passare *(calore, ecc.)*. **4** **to conduct oneself** *v. rifl* comportarsi: *He conducted himself well,* Si comportò bene.

conductibility [kən,dʌkti'biliti] *s.* conducibilità; conduttività.

conduction [kən'dʌkʃən] *s.* conduzione; conduttività; conducibilità *(di un metallo)*; convogliamento *(di acque, ecc.)*.

conductive [kən'dʌktiv] *agg* conduttivo.

conductivity [,kəndʌk'tiviti] *s.* conduttività; conducibilità.

conductor [kən'dʌktə*] *s.* **1** capo; guida; accompagnatore. **2** direttore d'orchestra; maestro del coro. **3** *(di autobus, ecc.)* bigliettario; controllore. **4** *(USA)* capotreno. **5** *(fis.)* conduttore: *conductor rail, (di ferrovia elettrica)* rotaia d'alimentazione — *lightning conductor,* parafulmine.

conductress [kən'dʌktris] *s.* *(di tram, autobus)* bigliettaia.

conduit ['kɔndit/'kʌndit] *s.* condotto; conduttura.

cone [koun] *s.* **1** cono; qualsiasi cosa a forma di cono. **2** cono; cesto *(usato come segnale di imminente temporale, ecc.)*. **3** pigna *(delle conifere)*.

coney ['kouni] *s.* ⇨ **cony.**

confab, to **confab** ['kɔnfæb] *abbr di* **confabulation, to confabulate.**

to **confabulate** [kən'fæbjuleit] *vi* conversare amichevolmente; chiacchierare.

confabulation [kən,fæbju'leiʃən] *s.* chiacchierata; conversazione amichevole.

confection [kən'fekʃən] *s.* **1** composizione; miscela; composto; preparato medicinale. **2** dolce; torta; preparato dolciario. **3** confezione; articolo di vestiario *(spec. femminile)*.

confectioner [kən'fekʃənə] *s.* pasticciere; confettiere: *confectioner's (shop),* pasticceria.

confectionery [kən'fekʃənri] *s.* **1** *(non molto comune)* pasticceria; negozio dolciario. **2** *(come s. collettivo)* dolciumi; confetture.

confederacy [kən'fedərəsi] *s.* **1** confederazione. **2** cospirazione; complotto.

confederate [kən'fedərit] *agg* confederato; alleato. □ *s.* confederato; alleato; complice.

to **confederate** [kən'fedəreit] *vt e i.* confederare, confederarsi; allearsi; formare una lega.

confederation [kən,fedə'reiʃən] *s.* confederazione; lega; alleanza.

to **confer** [kən'fə:*] *vi e t.* (**-rr-**) **1** conferire; assegnare; attribuire; dare. **2** consultare; comunicare; discutere; parlare; conferire *(con qcno)*: *to confer with one's lawyer,* conferire, consultarsi col proprio avvocato.

conference ['kɔnfərəns] *s.* **1** convegno; congresso; conferenza; riunione: *Many international conferences have been held in Geneva,* Molte conferenze internazionali sono state tenute a Ginevra. **2** rapporto; consultazione; abboccamento; consulto; scambio di idee; colloquio; riunione: *The director is in conference now,* In questo momento l'amministratore è in riunione.

conferment [kən'fə:mənt] *s.* conferimento *(di una carica, ecc.)*.

to **confess** [kən'fes] *vt e i.* **1** confessare; riconoscere; ammettere. **2** confessare *(di prete)*; confessarsi: *He confessed his sins,* Confessò i suoi peccati.

confessedly [kən'fesidli] *avv* *(dal p. pass. di* **to**

confess) per ammissione spontanea; per confessione propria.

confession [kən'feʃən] *s.* **1** confessione; ammissione; riconoscimento *(di una colpa, ecc.): The accused made a full confession,* L'accusato fece una piena confessione. **2** professione; dichiarazione: *a confession of faith,* una professione di fede.

confessional [kən'feʃənl] *s.* confessionale.

confessor [kən'fesə*] *s.* **1** confessore. **2** chi si confessa. **3** chi professa una fede.

confetti [kən'feti] *s. pl (con il v. al sing.)* coriandoli.

confidant [,kɔnfi'dænt] *s.* confidente; persona di fiducia.

to **confide** [kən'faid] *vt e i.* **1** confidare; rivelare in confidenza; affidare: *He confided his troubles to a friend,* Confidò le sue pene (i suoi guai) ad un amico. **2** *(talvolta)* fare affidamento; fidarsi; contare: *Can I confide in you?,* Posso fidarmi di te?; Posso contare su di te?

confidence ['kɔnfidəns] *s.* **1** confidenza; fiducia; familiarità; riservatezza: *to take a person into one's confidence,* confidare i propri segreti a qcno — *to be in sb's confidence,* godere della confidenza di qcno — *confidence trick (GB); confidence game, (USA)* truffa all'americana; raggiro — *confidence trickster; (spesso abbr. in) con man,* lestofante; imbroglione; truffatore. **2** *(di solito al pl.)* confidenza; notizia riservata; segreto. **3** fiducia; sicurezza *(di sé): Don't put too much confidence in what the newspapers say,* Non fidarti troppo di quanto dicono i giornali — *The prisoner answered the questions with confidence,* Il prigioniero rispose alle domande con sicurezza — *a motion of no confidence,* una mozione di sfiducia.

confident ['kɔnfidənt] *agg* fiducioso; confidente. □ *avv* **confidently.**

confidential [,kɔnfi'denʃəl] *agg* **1** segreto; riservato; confidenziale. **2** di fiducia; particolare: *a confidential clerk (secretary),* un impiegato di fiducia (un segretario particolare). **3** pronto a concedere la propria fiducia; facile alle confidenze; espansivo; comunicativo. □ *avv* **confidentially.**

confidentiality [,kɔnfiden'ʃæliti] *s.* segretezza; riservatezza.

confiding [kən'faidiŋ] *agg* fiducioso; senza sospetti; confidente: *The girl is of a confiding nature,* La ragazza è di temperamento fiducioso.

configuration [kən,figju'reiʃən] *s.* conformazione; configurazione; disposizione.

to **confine** [kən'fain] *vt* **1** limitare; restringere: *I wish the speaker would confine himself to the subject,* Come vorrei che l'oratore si attenesse all'argomento. **2** confinare; relegare; costringere; imprigionare; chiudere; rinchiudere: *He is confined to the house by illness,* È costretto a casa per via della malattia — *to be confined to barracks, (mil.)* essere consegnato in caserma. **3** *(solo al passivo) to be confined, (di donna)* essere costretta a letto per parto; *(per estensione)* partorire: *She expects to be confined next month,* Prevede di dover partorire nel prossimo mese.

confined [kən'faind] *agg (di spazio)* limitato; ristretto; scarso.

confinement [kən'fainmənt] *s.* **1** prigionia; imprigionamento; reclusione; ricovero *(in manicomio);* confino. **2** parto; puerperio.

confines ['kɔnfainz] *s. pl* confini; limiti.

to **confirm** [kən'fə:m] *vt* confermare; raffermare; rafforzare; *(di trattati, ecc.)* ratificare: *to confirm a booking,* confermare una prenotazione — *The report of an earthquake in Greece has now been confirmed,* È stata or ora confermata la notizia di un terremoto in Grecia — *What you tell me confirms my suspicions,* Quanto mi dici rafforza (conferma) i miei sospetti.

confirmation [,kɔnfə'meiʃən] *s.* **1** conferma. **2** cresima.

confirmatory [kən'fə:mətəri] *agg* confermativo; che conferma.

confirmed [kən'fə:md] *agg e p. pass* **1** cronico; permanente. **2** inveterato; incallito; ostinato; impenitente; recidivo: *a confirmed drunkard,* un bevitore incallito (ostinato). **3** *(come p. pass.)* confermato; rafforzato; ratificato. **4** cresimato.

to **confiscate** ['kɔnfiskeit] *vt* confiscare.

confiscation [,kɔnfis'keiʃən] *s.* confisca.

conflagration [,kɔnflə'greiʃən] *s.* conflagrazione; grande incendio distruttivo.

conflict ['kɔnflikt] *s.* **1** conflitto; battaglia; lotta. **2** *(di idee, ecc.)* antagonismo; contrasto; opposizione; differenza: *a conflict of evidence, (dir.)* un conflitto di testimonianze; testimonianze contrastanti — *to be in conflict with sb (sth),* essere in contrasto con qcno (qcsa).

to **conflict** [kən'flikt] *vi* **1** essere in conflitto; contrastare. **2** contendere; lottare.

conflicting [kən'fliktiŋ] *agg* contrastante; in conflitto. □ *avv* **conflictingly.**

confluence ['kɔnfluəns] *s.* confluenza.

confluent ['kɔnfluənt] *agg* confluente.

to **conform** [kən'fɔ:m] *vi e t. (seguito da* to*)* conformare; adattare; corrispondere; conformarsi; adattarsi: *to conform to the rules,* attenersi alle regole.

conformable [kən'fɔ:məbl] *agg* **1** *(di persona)* obbediente; docile; malleabile; compiacente; accomòdante. **2** *(di idee, ecc.)* conforme; simile; adatto; consentaneo; compatibile. □ *avv* **conformably.**

conformation [,kɔnfɔ:'meiʃən] *s.* conformazione; struttura.

conformist [kən'fɔ:mist] *s.* conformista.

conformity [kən'fɔ:miti] *s.* **1** conformità; il conformarsi. **2** accordo; conformità: *in conformity with your request,* in accordo con la vostra richiesta — *an action in conformity with the law,* un'azione conforme alla legge.

to **confound** [kən'faund] *vt* **1** turbare; rendere perplesso; sconcertare: *His behaviour amazed and confounded her,* Il suo comportamento la fece stupire e la sconcertò. **2** *(di piani, ecc.)* sconvolgere; sconcertare; confondere. **3** *(di nemici)* mandare in rovina; sconfiggere; umiliare; svergognare. **4** *(nelle esclamazioni)* mandare al diavolo: *Confound it!,* Accidenti! — *Confound you!,* Accidenti a te!; Vai al diavolo!

confounded [kən'faundid] *agg* **1** confuso; stupito; sconcertato. **2** maledetto: *You're a confounded nuisance,* Sei un maledetto scocciatore. □ *avv* **confoundedly,** maledettamente.

confraternity [,kɔnfrə'tə:niti] *s.* **1** confraternita (religiosa). **2** associazione professionale.

confrère ['kɔnfrεə*] *s. (fr.)* confratello; collega.

to **confront** [kən'frʌnt] *vt* **1** mettere a confronto; mettere di fronte: *When confronted with the evidence of his guilt, he confessed at once,* Messo di fronte alla prova della sua colpevolezza, confessò subito. **2** incontrare; affrontare; far fronte; attendere; aspettarsi. **3** *(non molto comune: di case, ecc.)* essere di fronte; ergersi: *My house confronts his,* La mia casa è di fronte alla sua.

confrontation [,kɔnfrʌn'teiʃən] *s.* **1** confronto *(spec. di imputati).* **2** contestazione *(spec. in senso politico).*

Confucian [kən'fju:ʃjən] *agg e s.* seguace di Confucio; confuciano.
to **confuse** [kən'fju:z] *vt* **1** turbare; disorientare; sconcertare. **2** confondere; scambiare.
confused [kən'fju:zd] *agg* confuso; disorientato. □ *avv* **confusedly.**
confusion [kən'fju:ʒən] *s.* confusione; disordine; trambusto; caos: *Everything was in confusion,* Tutto era in disordine — *to be covered with confusion, (fam.)* essere pieno di imbarazzo; sentirsi morire dalla vergogna.
confutation [,kɔnfju:'teiʃən] *s.* confutazione; il confutare.
to **confute** [kən'fju:t] *vt* confutare; ribattere.
congé ['kɔ̃ʒei] *s. (fr.)* **1** congedo. **2** brusco licenziamento.
to **congeal** [kən'dʒi:l] *vt e i.* **1** congelare. **2** coagulare, coagularsi.
congenial [kən'dʒi:njəl] *agg* congeniale; analogo; affine; simpatico. □ *avv* **congenially.**
congenital [kɔn'dʒenitl] *agg* congenito. □ *avv* **congenitally.**
conger ['kɔŋgə*] *s. (anche* conger eel*)* grongo; anguilla di mare.
congested [kən'dʒestid] *agg e p. pass* congestionato; *(di linee telefoniche, ecc.)* sovraccarico; carico.
congestion [kən'dʒestʃən] *s.* congestione *(anche fig.).*
conglomerate [kən'glɔmərit] *agg e s.* conglomerato.
to **conglomerate** [kən'glɔməreit] *vt e i.* conglomerare, conglomerarsi.
conglomeration [kən,glɔmə'reiʃən] *s.* conglomerazione.
to **congratulate** [kən'grætjuleit] *vt* **1** congratularsi; felicitarsi; rallegrarsi: *to congratulate sb on his marriage,* felicitarsi con qcno per il suo matrimonio. **2** *(come v. rifl.:* to congratulate oneself*)* ritenersi fortunato; rallegrarsi: *I congratulated myself on having escaped unhurt,* Mi ritenni fortunato di esserne uscito indenne.
congratulation [kən,grætju'leiʃən] *s. (spesso al pl.)* congratulazione; felicitazione: *This is a matter for congratulation,* C'è di che rallegrarsi — *Congratulations!,* Complimenti!; Rallegramenti!; Felicitazioni!
congratulatory [kən'grætjulətəri] *agg* gratulatorio; congratulatorio; di congratulazione; di felicitazione.
to **congregate** ['kɔŋgrigeit] *vi e t.* adunare, adunarsi; raccogliersi; raggrupparsi; riunirsi.
congregation [,kɔŋgri'geiʃən] *s.* **1** congregazione; assembramento; riunione; raduno; assemblea *(di università, ecc.).* **2** assemblea di fedeli; congregazione *(di religiosi, ecc.).*
congregational [,kɔŋgri'geiʃənl] *agg* **1** appartenente a congregazione; assembleare: *congregational worship,* culto pubblico. **2** congregazionalista *(appartenente all'Unione delle Chiese Libere Protestanti).*
congress ['kɔŋgres] *s.* **1** congresso; conferenza *(politica);* incontro; convegno *(di medici, scienziati, ecc.).* **2** *(USA)* il Congresso *(le due Camere legislative statunitensi).* **3** il (partito politico indiano del) Congresso.
congressional [kɔŋ'greʃənl] *agg* **1** congressuale. **2** del Congresso *(degli Stati Uniti, ecc.).*
congressman ['kɔŋgresmən] *s.* (*pl.* **congressmen**) *(USA)* membro o rappresentante del Congresso.
congruence ['kɔŋgruəns] *s.* **1** congruenza *(anche in matematica);* corrispondenza. **2** *(gramm.)* concordanza.
congruent ['kɔŋgruənt] *agg* congruente *(anche in matematica);* conforme; idoneo. □ *avv* **congruently.**
congruity [kɔŋ'gru:iti] *s.* congruenza *(anche in matematica);* rispondenza; armonia.
congruous ['kɔŋgruəs] *agg* congruo; proprio; adatto; in armonia. □ *avv* **congruously.**
conic ['kɔnik] *agg* conico; relativo, appartenente ad un cono.
conical ['kɔnikl] *agg* conico; a forma di cono. □ *avv* **conically.**
conifer ['kounifə*] *s.* conifera.
coniferous [kou'nifərəs] *agg* conifero.
conjectural [kən'dʒektʃərəl] *agg* **1** congetturale. **2** *(di persona)* incline a far congetture. □ *avv* **conjecturally.**
conjecture [kən'dʒektʃə*] *s.* congettura; supposizione.
to **conjecture** [kən'dʒektʃə*] *vi e t.* congetturare; fare congetture; immaginare; pensare.
to **conjoin** [kən'dʒɔin] *vt e i.* unire; congiungere; combinare; combinarsi.
conjoint [kən'dʒɔint] *agg* congiunto; unito. □ *avv* **conjointly.**
conjugal ['kɔndʒugəl] *agg* coniugale. □ *avv* **conjugally.**
to **conjugate** ['kɔndʒjugeit] *vt e i.* coniugare; coniugarsi.
conjugation [,kɔndʒu'geiʃən] *s.* coniugazione.
conjunction [kən'dʒʌŋkʃən] *s.* **1** congiunzione; congiungimento. **2** *(gramm.)* congiunzione.
conjunctive [kən'dʒʌŋktiv] *agg* connettivo; atto a congiungere. □ *s.* congiunzione.
conjunctivitis [kən,dʒʌŋkti'vaitis] *s.* congiuntivite.
conjunctural [kən'dʒʌŋktʃərəl] *agg* congiunturale.
conjuncture [kən'dʒʌŋktʃə*] *s.* congiuntura; circostanza; combinazione di eventi.
conjuration [,kɔndʒuə'reiʃən] *s.* evocazione; esorcismo; incantesimo; magia.
to **conjure** ['kʌndʒə*] *vt e i.* **1** evocare; fare incantesimi; far apparire *(di un prestigiatore);* fare un sortilegio; esercitare la magia; fare giochi di prestigio: *to conjure a rabbit out of a hat,* far apparire un coniglio da un cappello. **2** *(di immagini, ecc.)* evocare; richiamare: *to conjure up visions of the past,* evocare ricordi (visioni) del passato — *to conjure up the spirits of the dead,* evocare gli spiriti dei morti. **3** *(ant.: pronunzia* 'kəndʒjuə**)* scongiurare; supplicare.
conjurer, conjuror ['kʌndʒərə*] *s.* **1** prestigiatore. **2** evocatore *(di spiriti);* mago; stregone: *He is no conjurer, (fam.)* Non è un mago; Non può fare miracoli.
conk [kɔŋk] *s.* **1** *(fam.)* naso. **2** *(USA, sl.)* testa; testata; colpo di testa.
¹to **conk** [kɔŋk] *vt (fam.)* picchiare sulla testa.
²to **conk** [kɔŋk] *vi e t. (di solito* **to conk out,** *fam.)* dare segni di irregolarità; andare in avaria; incepparsi; *(di motore)* perdere colpi; battere in testa.
conker ['kɔnkə*] *s. (GB, sl.)* castagna d'India; frutto dell'ippocastano.
connatural [kə'nætʃrəl] *agg* **1** connaturato; congenito. **2** connaturale; conforme alla natura *(di qcsa).*
to **connect** [kə'nekt] *vt e i.* **1** connettere; collegare; unire; inserire; mettere in comunicazione; collegarsi; unirsi: *'Trying to connect you...',* *(detto dalle centraliniste)* 'Rimanga in linea'; *(letteralm.)* 'Sto cercando di darLe la comunicazione'. **2** avere rapporti *(d'affari, ecc.);* essere in relazione; avere legami con persone influenti; essere imparentato; imparentarsi: *Mr Black has been connected with this firm since 1940,* Il signor Black ha rapporti d'affari con questa ditta dal 1940 — *He is connected with the Smiths by*

marriage, Si è imparentato con gli Smith con il matrimonio — *He is well connected,* Ha conoscenze (relazioni) influenti; Ha buoni appoggi. **3** *(di treno, ecc.)* fare, trovare coincidenza. **4** associare (mentalmente): *to connect Malaya with rubber and tin,* associare la Malesia alla gomma e allo stagno. **5** *(fam.)* connettere *(nel senso di ragionare).* **6** colpire *(p.es. con un pugno).*

connected [kə'nektid] *agg* (*p. pass. di* **to connect** ⇨) coerente: *a connected account,* un resoconto coerente. □ *well-connected* (⇨ **to connect 2**).

connection, connexion [kə'nekʃən] *s.* **1** connessione; comunicazione; relazione; rapporto; mezzo di collegamento; *(mecc.)* attacco: *How long will the connection of the new telephone take?,* Quanto tempo ci vorrà per l'allacciamento del nostro apparecchio (alla rete telefonica)? — *in this (that) connection,* a questo (a quel) proposito — *in connection with,* a proposito di; con riferimento a; insieme con; in rapporto con. **2** rapporto personale; relazione; amicizia. **3** *(ferrovia, ecc.)* coincidenza: *The train was late and I missed my connection,* Il treno era in ritardo e persi la coincidenza. **4** clientela. **5** comunità religiosa; setta. **6** *(al pl.)* conoscenze; relazioni; amici; parenti.

connective [kə'nektiv] *agg* connettivo. □ *s. (matematica)* connettivo; *(gramm.)* connettivo; congiunzione.

connector [kə'nektə*] *s.* **1** *(mecc.)* raccordo; accoppiatore. **2** *(elettr.)* morsetto serrafili.

connexion [kə'nekʃən] *s.* = **connection.**

conning-tower ['kɔniŋ,tauə*] *s.* torretta di comando *(di un sommergibile).*

connivance [kə'naivəns] *s.* connivenza; complicità: *It was done with the connivance of (in connivance with)...,* Fu perpetrato con la connivenza di...

to **connive** [kə'naiv] *vi* essere connivente; essere complice; tollerare: *to connive at an escape from prison,* essere connivente in una fuga dalla prigione.

connoisseur [,kɔni'sə:*] *s. (fr.)* intenditore; conoscitore; esperto.

connotation [,kɔnou'teiʃən] *s.* connotazione.

to **connote** [kə'nout] *vt* connotare; implicare; suggerire; dire implicitamente.

connubial [kə'nju:bjəl] *agg* coniugale; matrimoniale; di connubio.

to **conquer** ['kɔŋkə*] *vt* **1** vincere; sconfiggere; sopraffare. **2** conquistare.

conqueror ['kɔŋkərə*] *s.* conquistatore; vincitore: *the Conqueror,* Guglielmo I d'Inghilterra, il Conquistatore — *My family came over with the Conqueror,* La mia famiglia *(cioè i miei antenati)* arrivarono in Inghilterra con il Conquistatore — *to play the conqueror,* fare (giocare) la 'bella' *(a carte).*

conquest ['kɔŋkwest] *s.* conquista *(l'atto del conquistare e la cosa conquistata): the (Norman) Conquest,* la conquista normanna *(dell'Inghilterra, nel 1066)* — *to make a conquest (of),* fare la conquista (guadagnare l'affetto) (di).

cons [kɔnz] *s. pl (nell'espressione* all mod cons*)* ⇨ **convenience 2.**

consanguinity [,kɔnsæn'gwiniti] *s.* consanguineità.

conscience ['kɔnʃəns] *s.* coscienza: *to have a clear (guilty) conscience,* avere la coscienza pulita (sporca) — *to have sth on one's conscience,* avere qcsa sulla coscienza; ritenersi colpevole di qcsa — *conscience money,* restituzione (anonima) di denaro *(fatta per sgravio di coscienza)* — *for conscience' sake,* per sgravio di coscienza — *to make sth a matter of conscience,* fare di qcsa un caso di coscienza — *in all conscience; upon my conscience,* in coscienza; *(fam.)* certamente; sicuro; senza dubbio.

conscientious [,kɔnʃi'enʃəs] *agg* **1** coscienzioso; serio: *a conscientious worker,* un lavoratore coscienzioso — *a conscientious objector,* un obiettore di coscienza. **2** *(di azioni, ecc.)* scrupoloso; accurato; fatto bene: *conscientious work,* lavoro accurato.
□ *avv* **conscientiously.**

conscious ['kɔnʃəs] *agg* **1** *(come agg. predicativo)* conscio; cosciente; consapevole: *The old man was conscious to the last,* Il vecchio fu cosciente fino all'ultimo istante — *He was conscious of his guilt,* Era consapevole della propria colpa — *They were not conscious of being (that they were being) watched,* Non sapevano di essere tenuti d'occhio. **2** *(di azioni, ecc.)* intenzionale; deliberato. □ *avv* **consciously.**

consciousness ['kɔnʃəsnis] *s.* coscienza; consapevolezza; conoscenza: *The blow caused him to lose consciousness,* Il colpo gli fece perdere la coscienza (i sensi).

conscript ['kɔnskript] *s.* **1** coscritto; soldato di leva. **2** *(usato anche come agg. attrib.) conscript soldiers,* soldati di leva — *conscript fathers, (stor.)* i padri coscritti; i senatori dell'antica Roma.

to **conscript** [kən'skript] *vt* coscrivere; chiamare sotto le armi.

conscription [kən'skripʃən] *s.* **1** coscrizione *(di soldati).* **2** requisizione di proprietà. **3** imposizione di tasse straordinarie *(per spese o riparazioni belliche).*

to **consecrate** ['kɔnsikreit] *vt* consacrare; *(fig.)* dedicare.

consecration [,kɔnsi'kreiʃən] *s.* consacrazione; dedizione.

consecutive [kən'sekjutiv] *agg* consecutivo. □ *avv* **consecutively.**

consensual [kən'senʃjuəl] *agg* consensuale.

consensus [kən'sensəs] *s.* consenso; accordo; opinione generale.

consent [kən'sent] *s.* consenso; assenso; benestare; permesso; consentimento *(lett.)*: *by general consent; by common consent,* per unanime consenso — *government by consent,* governo che si basa sul consenso generale — *with one consent,* all'unanimità. □ *the age of consent,* l'età del consenso — *Silence gives consent, (prov.)* Chi tace acconsente.

to **consent** [kən'sent] *vi* consentire; acconsentire a qcsa: *He consented to the proposal,* Acconsentì alla proposta — *Anne's father would never consent to her marrying Peter,* Il padre di Anne non consentirebbe mai al suo matrimonio con Peter.

consentient [kən'senʃənt] *agg* consenziente.

consequence ['kɔnsikwəns] *s.* **1** *(spesso al pl.)* conseguenza: *to take the consequences,* subire le conseguenze — *in consequence (of),* in conseguenza (di); a causa (di). **2** importanza: *It's of no consequence,* È cosa di nessuna importanza — *He may be a man of consequence in his own village but he's nobody here,* Può darsi che sia un uomo importante nel suo paese, ma qui non è nessuno.

consequent ['kɔnsikwənt] *agg* conseguente; derivante; risultante. □ *avv* **consequently.**

consequential [,kɔnsi'kwenʃəl] *agg* **1** conseguente. **2** *(di persona)* pieno di importanza; pieno di sé. □ *avv* **consequentially.**

conservancy [kən'sə:vənsi] *s.* **1** *(GB)* commissione di controllo di un porto, fiume, ecc. **2** protezione ufficiale *(di parchi, foreste, ecc.)*; conservazione.

conservation [,kɔnsə'veiʃən] *s.* conservazione; protezione; tutela.

conservatism [kən'sə:vətizəm] *s.* conservatorismo.
conservative [kən'sə:vətiv] *agg attrib* **1** conservatore. **2** cauto; prudente: *a conservative estimate,* una valutazione prudente. □ *avv* **conservatively.**
□ *s.* conservatore; membro del partito conservatore.
conservatoire [kən'sə:vətwɑ:*] *s. (fr.)* conservatorio *(scuola di musica; non in GB).*
conservatory [kən'sə:vətri] *s.* **1** serra. **2** conservatorio *(scuola di musica).*
conserve [kən'sə:v] *s.* conserva di frutta; marmellata.
to **conserve** [kən'sə:v] *vt* conservare; preservare; proteggere; tutelare.
to **consider** [kən'sidə*] *vt* **1** considerare; riflettere; esaminare; pensarci sopra: *We are considering going to Canada,* Stiamo pensando di andare in Canada — *Have you considered how to get (how you could get) there?,* Hai pensato in che modo andarci? — *a considered answer,* una risposta meditata, ponderata. **2** considerare; tenere presente; rispettare: *You should consider his youth,* Dovresti tener presente che è ancora giovane — *all things considered,* tutto considerato; a conti fatti — *considering...,* tenendo (tenuto) conto di...; considerato...; in considerazione di... — *Considering his age, he's very active,* Tenuto conto della sua età (avanzata), è molto attivo — *It's not so expensive, considering it's imported,* Non è poi così caro, se pensi che viene importato — *... considering, ...* tutto considerato; ... tutto sommato — *He behaved quite well, considering,* Si è comportato abbastanza bene, tutto considerato. **3** pensare; ritenere; giudicare: *Do you consider it wise to interfere?,* Ritieni che sia saggio intromettersi? — *You should consider yourself lucky,* Dovresti ritenerti fortunato — *Consider yourself under arrest,* Si ritenga in stato di arresto.
considerable [kən'sidərəbl] *agg* considerevole; notevole; grande: *at considerable expense,* a caro prezzo. □ *avv* **considerably,** parecchio; notevolmente; molto; assai; alquanto: *It's considerably colder this morning,* Fa molto più freddo stamane.
considerate [kən'sidərit] *agg* rispettoso; premuroso; preoccupato *(dei bisogni o dei sentimenti altrui).* □ *avv* **considerately.**
considerateness [kən'sidəritnis] *s.* riguardo; delicatezza.
consideration [kən,sidə'reiʃən] *s.* **1** considerazione; riguardo; rispetto; sollecitudine; premura: *He has never shown much consideration for his wife's feelings,* Non ha mai mostrato molto rispetto per i sentimenti di sua moglie — *in consideration of (out of consideration for) his youth...,* in considerazione della sua giovane età... **2** considerazione; meditazione; riflessione; esame: *The proposals are still under consideration,* Le proposte sono ancora in esame — *to leave sth out of consideration,* trascurare di valutare qcsa — *to take sth into consideration,* prendere in considerazione qcsa. **3** fattore; ragione; motivo: *Time is an important consideration in this case,* In questa faccenda il tempo è un fattore importante — *on no consideration,* in nessun caso. **4** importanza. **5** *(comm.)* rimunerazione; pagamento; provvigione; interesse; *(dir.)* controprestazione; corrispettivo: *He's the sort of man who would do anything for a consideration,* È il tipo d'uomo che farebbe qualsiasi cosa per un po' di soldi.
considering [kən'sidəriŋ] *p. pres di* **to consider** *(come avv. e congiunz.)* ⇨ **to consider 2.**
to **consign** [kən'sain] *vt* **1** consegnare; inviare; spedire. **2** affidare; consegnare.
consignee [,kɔnsai'ni:] *s. (comm.)* consegnatario; destinatario.
consigner, consignor [kən'sainə*] *s. (comm.)* mittente *(di una partita di merci);* committente.
consignment [,kən'sainmənt] *s.* **1** invio; spedizione. **2** partita di merce.
to **consist** [kən'sist] *vi* **1** *(seguito da* of*)* constare; essere composto di: *a committee consisting of ten members,* un comitato composto di dieci membri. **2** *(seguito da* in*)* consistere; avere come elemento costitutivo o sostanziale: *The happiness of a country consists in the freedom of its citizens,* La felicità di un paese sta nella libertà dei suoi cittadini. **3** *(talvolta seguito da* with*)* accordarsi; essere in armonia: *a doctrine that does not consist with reason,* una dottrina che non si accorda con la ragione.
consistence, consistency [kən'sistəns(i)] *s.* **1** consistenza; sostanza; accordo; concordanza; coerenza; risolutezza *(in senso fig. si usa sempre* consistency*): His actions lack consistency,* Le sue azioni mancano di coerenza. **2** consistenza; solidità; coesione; densità: *to mix flour and milk to the right consistency,* mescolare farina e latte sino ad ottenere la giusta consistenza.
consistent [kən'sistənt] *agg* **1** *(di persona, ecc.)* costante; coerente; fedele: *The ideas in his various speeches are not consistent,* Le idee nei suoi vari discorsi non sono coerenti. **2** *(seguito da* with*)* in armonia; compatibile: *What you say now is not consistent with what you said last week,* Ciò che dici ora non è compatibile con quanto dicesti la settimana scorsa. □ *avv* **consistently.**
consistorial [,kɔnsis'tɔ:riəl] *agg* concistoriale.
consistory [kən'sistəri] *s.* concistoro.
consolable [kən'souləbl] *agg* consolabile.
consolation [,kɔnsə'leiʃən] *s.* consolazione: *a poor consolation,* una misera consolazione.
consolatory [kən'sɔlətəri] *agg* consolatorio.
console ['kɔnsoul] *s.* **1** staffa di sostegno *(per mensole, scaffali): console-table,* mensola. **2** quadro; tastiera *(di organo).* **3** mobile radio *(che poggia direttamente sul pavimento).* **4** quadro di comando.
to **console** [kən'soul] *vt* consolare.
to **consolidate** [kən'sɔlideit] *vt* **1** consolidare, consolidarsi; solidificare, solidificarsi; comprimere, comprimersi: *to consolidate one's position (influence),* consolidare la propria posizione (la propria influenza). **2** unificare; combinare; fondere (assieme); unire: *to consolidate debts,* unificare debiti pubblici.
consolidation [kən,sɔli'deiʃən] *s.* consolidazione; consolidamento.
consolidator [kən'sɔlideitə*] *s.* consolidatore.
consols [kən'sɔlz] *s. pl (comm. GB, abbr. di* consolidated annuities*)* titoli consolidati.
consommé [kən'sɔmei] *s. (fr.)* consommé; brodo ristretto di carne.
consonance ['kɔnsənəns] *s.* consonanza; armonia; accordo.
[1]**consonant** ['kɔnsənənt] *s.* consonante.
[2]**consonant** ['kɔnsənənt] *agg* consonante; in armonia; consono; conforme.
consort ['kɔnsɔ:t] *s.* **1** consorte: *prince consort,* principe consorte. **2** nave che naviga in coppia con un'altra (di conserva) *(spec. in tempo di guerra).* **3** *(stor. mus.)* gruppo di viole, di flauti a becco, ecc.
to **consort** [kən'sɔ:t] *vi (seguito da* with*)* associarsi; unirsi; essere in armonia; fare comunella.
consortium [kən'sɔ:tjəm] *s.* consorzio; associazione temporanea.

conspectus [kən'spektəs] *s.* **1** visione d'insieme. **2** compendio; tabella sinottica.

conspicuous [kən'spikjuəs] *agg* bene in vista; evidente; lampante; cospicuo; vistoso; notevole; che attira l'attenzione: *He was conspicuous for his bravery,* Era notevole per il suo coraggio — *He was conspicuous by his absence,* Brillava per la sua assenza — *Traffic signs should be conspicuous,* Le segnalazioni stradali dovrebbero essere bene in vista — *to make oneself conspicuous,* farsi notare; richiamare l'attenzione su di sé. □ *avv* **conspicuously.**

conspicuousness [kən'spikjuəsnis] *s.* cospicuità; evidenza; vistosità.

conspiracy [kən'spirəsi] *s.* cospirazione; complotto; congiura; intesa.

conspirator [kən'spirətə*] *s.* cospiratore; congiurato.

conspiratorial [kən,spirə'tɔ:rjəl] *agg* da cospiratore; da congiurato.

to **conspire** [kən'spaiə*] *vi e t.* **1** cospirare; macchinare; tramare; congiurare: *to conspire against the Government,* cospirare contro il governo. **2** *(fig.)* cospirare; contribuire; concorrere: *events that conspired to bring about his downfall,* eventi che contribuirono a provocare la sua rovina.

constable ['kʌnstəbl] *s.* **1** *(GB, anche* police constable*)* poliziotto; agente: *special constable,* cittadino giurato che agisce da poliziotto in determinate occasioni. **2** *(stor.)* conestabile; alto dignitario.

constabulary [kən'stæbjuləri] *s. (GB)* corpo di polizia *(di una contea).*

constancy ['kɔnstənsi] *s.* costanza.

constant ['kɔnstənt] *agg* **1** costante; frequente; continuo. **2** costante; fermo; fedele; irremovibile; perseverante; invariabile. □ *avv* **constantly.**

□ *s.* costante; elemento costante e ricorrente.

constellation [,kɔnstə'leiʃən] *s.* costellazione.

consternation [,kɔnstə'neiʃən] *s.* costernazione.

to **constipate** ['kɔnstipeit] *vt* rendere stitico: *I find some kinds of food constipating,* Trovo che alcuni generi di cibo favoriscono la stipsi.

constipated ['kɔnstipeitid] *agg e p. pass* stitico.

constipation [,kɔnsti'peiʃən] *s.* stitichezza; stipsi.

constituency [kən'stitjuənsi] *s.* circoscrizione (elettorale); gli elettori di un collegio elettorale.

[1]**constituent** [kən'stitjuənt] *agg* **1** *(di assemblea, ecc.)* costituente. **2** costituente; componente.

[2]**constituent** [kən'stitjuənt] *s.* **1** membro di un collegio elettorale; avente diritto al voto. **2** elemento componente; parte essenziale.

to **constitute** ['kɔnstitju:t] *vt* **1** costituire; formare; comporre; dare vita *(a un comitato, ecc.).* **2** nominare; eleggere. **3** fare; costituire: *Twelve months constitute a year,* Dodici mesi fanno un anno.

constitution [,kɔnsti'tju:ʃən] *s.* **1** costituzione; statuto; legislazione. **2** costituzione *(del corpo);* corporatura. **3** composizione; struttura; *(fig.)* indole; temperamento.

constitutional [,kɔnsti'tju:ʃənəl] *agg* **1** costituzionale; sancito dalla costituzione; con poteri delimitati dalla costituzione: *constitutional reform,* riforma della costituzione — *constitutional rights,* diritti sanciti dalla costituzione. **2** legato alla costituzione fisica di una persona: *a constitutional weakness,* una debolezza costituzionale. □ *avv* **constitutionally.**

□ *s.* passeggiata igienica: *to take (to go for) a constitutional,* fare una passeggiata igienica; fare quattro passi.

constitutionalism [,kɔnsti'tju:ʃənəlizəm] *s.* **1** costituzionalismo. **2** governo costituzionale.

constitutionalist [,kɔnsti'tju:ʃənəlist] *s.* costituzionalista.

to **constitutionalize** [,kɔnsti'tju:ʃənəlaiz] *vt* rendere costituzionale, legittimo *(un decreto, ecc.).*

constitutive ['kɔnstitju:tiv] *agg* costitutivo; essenziale.

to **constrain** [kən'strein] *vt* costringere; obbligare; forzare: *I feel constrained to write and ask for your forgiveness,* Mi sento obbligato a scriverLe per chiedere perdono.

constrained [kən'streind] *agg* forzato; falso; innaturale. □ *avv* **constrainedly.**

constraint [kən'streint] *s.* costrizione.

to **constrict** [kən'strikt] *vt* stringere; restringere; limitare; comprimere: *a constricted outlook,* vedute ristrette; prospettive limitate.

constriction [kən'strikʃən] *s.* **1** stringimento; restringimento; contrazione; compressione; oppressione *(di petto, ecc.): a constriction in the chest,* un'oppressione al petto. **2** qualsiasi cosa che comprima, che opprima, ecc.

constrictor [kən'striktə*] *s.* **1** *(anat.)* muscolo costrittore. **2** *(anche* boa-constrictor*)* boa costrittore.

to **construct** [kən'strʌkt] *vt* costruire *(anche fig.).*

construction [kən'strʌkʃən] *s.* **1** costruzione *(vari sensi, anche gramm.): construction machinery,* macchine movimento terra. **2** senso; significato; interpretazione; spiegazione; intenzione: *Please do not put a wrong construction on his action,* Vi prego di non interpretare male la sua azione.

constructional [kən'strʌkʃənəl] *agg* **1** strutturale. **2** di costruzione; riferito alla costruzione; originario: *The aircraft crashed because of a constructional defect,* L'aereo precipitò per un difetto di costruzione. □ *avv* **constructionally.**

constructive [kən'strʌktiv] *agg* **1** costruttivo. **2** di costruzione; strutturale. **3** dedotto; implicito; indiziario. □ *avv* **constructively.**

constructor [kən'strʌktə*] *s.* costruttore: *a building constructor,* un impresario edile.

to **construe** [kən'stru:] *vt e i.* **1** fare l'analisi *(grammaticale, ecc. di una frase);* spiegare; analizzare; capire; interpretare: *to construe a passage,* analizzare (spiegare, tradurre attentamente) un brano — *This sentence won't construe,* Questa frase non ha costrutto, non può essere analizzata — *The verb 'to look' may be construed with 'for',* Il verbo 'to look' può reggere la preposizione 'for'. **2** interpretare: *His remarks were wrongly construed,* Le sue osservazioni furono male interpretate.

consul ['kɔnsəl] *s.* console.

consular ['kɔnsjulə*] *agg* consolare.

consulate ['kɔnsjulit] *s.* consolato.

consulship ['kɔnsəlʃip] *s.* consolato.

to **consult** [kən'sʌlt] *vt e i.* **1** consultare: *to consult one's lawyer (a map, the dictionary),* consultare il proprio legale (una carta geografica, il dizionario) — *consulting hours,* orario di visita — *a consulting engineer,* un consulente tecnico — *to consult one's pillow, (fam.)* pensarci su durante la notte. **2** *(seguito da* with*)* consultarsi; parlare (con); chiedere il parere (di): *to consult with one's lawyer,* consultarsi con il proprio legale. **3** prendere in considerazione; tener conto (di); aver riguardo (per); rispettare: *We must consult his wishes,* Dobbiamo tener conto dei suoi desideri.

consultant [kən'sʌltənt] *s.* **1** consulente; esperto. **2** *(med.)* chi viene chiamato a consulto.

consultation [,kɔnsʌl'teiʃən] *s.* **1** consultazione. **2** consulto.

consultative [kən'sʌltətiv] *agg* consultivo.

to **consume** [kən'sju:m] *vt e i.* **1** consumare; mangiare; bere. **2** consumare; sciupare; sperperare; scialacquare; *(di fuoco)* distruggere: *to consume all one's energies,* consumare tutte le proprie energie — *He soon consumed his fortune,* Scialacquò ben presto il patrimonio. **3** *to be consumed with envy (with curiosity),* struggersi dall'invidia (dalla curiosità).

consumer [kən'sju:mə*] *s.* consumatore; utente: *consumer('s) association,* associazione (o lega) per la protezione del consumatore — *consumer goods,* generi (beni, articoli) di consumo — *consumer durables,* beni di consumo (durevoli) — *consumer price index,* indice del costo della vita.

consuming [kən'sju:miŋ] *agg (p. pres. di* **to consume**) divorante.

consummate [kɔn'sʌmit] *agg* consumato; perfetto; completo.

to **consummate** ['kɔnsʌmeit] *vt* consumare *(un matrimonio, un sacrificio, un delitto).*

consummation [,kɔnsə'meiʃən] *s.* **1** consumazione. **2** adempimento; compimento; conclusione.

consumption [kən'sʌmpʃən] *s.* **1** consumo; uso; *(per estensione)* spreco; sciupio: *home (world) consumption,* consumo interno (mondiale). **2** tubercolosi; tisi; consunzione. **3** *(lett.)* fine; distruzione: *the consumption of the world,* la fine del mondo.

consumptive [kən'sʌmptiv] *agg* tendente (favorevole) alla tisi; relativo alla tisi; tisico.
□ *s.* tisico; malato di consunzione.

contact ['kɔntækt] *s.* **1** contatto: *Our troops are in contact with the enemy,* Le nostre truppe sono in contatto con il nemico — *contact lenses,* lenti a contatto — *to make (to lose) contact,* entrare in (perdere il) contatto — *to break contact,* interrompere il contatto. **2** conoscenza; amicizia; *(al pl.)* contatti *(di affari): He made many useful social contacts while he was in Canada,* Durante la sua permanenza in Canada, ha allacciato molti utili contatti personali. **3** potenziale portatore di germi *(spec. di persone).* **4** agente; intermediario.

to **contact** ['kɔntækt] *vt* mettere, mettersi in contatto; contattare: *Where can I contact Mr Green?,* Dove posso mettermi in contatto con (trovare) il signor Green?

contagion [kən'teidʒən] *s.* contagio; malattia contagiosa *(anche fig.).*

contagious [kən'teidʒəs] *agg* contagioso *(anche fig.): contagious laughter,* riso contagioso.
□ *avv* **contagiously.**

to **contain** [kən'tein] *vt* **1** contenere; racchiudere; includere; comprendere: *How much does this bottle contain?,* Quanto contiene questa bottiglia? — *A gallon contains eight pints,* Un gallone contiene (equivale a) otto pinte. **2** contenere *(nemici, emozioni, ecc.);* trattenere; frenare; reprimere: *He couldn't contain himself for joy,* Non riusciva a contenersi per la grande gioia. **3** comprendere; racchiudere; formare: *The angle contained by the lines AB and BC is a right angle,* L'angolo formato dalle linee AB e BC è un angolo retto. **4** essere divisibile: *12 contains 2, 3, 4 and 6,* Il numero 12 è divisibile per 2, 3, 4 e 6.

container [kən'teinə*] *s.* **1** recipiente; scatola; contenitore. **2** 'container' *(per la spedizione di merci).*

containment [kən'teinmənt] *s.* 'contenimento' *(la politica di impedire ad un altro Stato di estendere la sua sfera di influenza).*

to **contaminate** [kən'tæmineit] *vt* contaminare; infettare; corrompere.

contamination [kən,tæmi'neiʃən] *s.* **1** contaminazione. **2** contaminatore.

contango [kən'tæŋgou] *s.* *(pl.* **contangoes**) *(comm.)* riporto: *last contango day,* ultimo giorno dei riporti *(di un dato mese).*

to **contemn** [kən'tem] *vt (lett.)* spregiare.

to **contemplate** ['kɔntempleit] *vt* **1** contemplare; mirare; meditare; pensare. **2** intendere; avere intenzioni; progettare; proporsi: *She was contemplating a visit to London,* Stava progettando una visita a Londra. **3** prevedere; attendersi; aspettarsi: *I do not contemplate any opposition from him,* Non prevedo alcuna opposizione da parte sua.

contemplation [,kɔntem'pleiʃən] *s.* **1** contemplazione; meditazione; raccoglimento. **2** progetto; intenzione; aspettativa: *in contemplation,* allo studio; in progetto.

contemplative [kən'templətiv/'kɔntempleitiv] *agg* contemplativo; meditativo. □ *avv* **contemplatively.**

contemporaneity [kən,tempərəni:iti] *s.* contemporaneità.

contemporaneous [kən,tempə'reinjəs] *agg* contemporaneo. □ *avv* **contemporaneously.**

contemporary [kən'tempərəri] *agg* contemporaneo; coetaneo; coevo. □ *s.* contemporaneo.

contempt [kən'tempt] *s.* **1** disprezzo: *Such behaviour will bring you into contempt,* Una simile condotta ti farà disprezzare da tutti — *to hold in contempt,* tenere in dispregio — *Such an accusation is beneath contempt,* Una simile accusa non è neppure degna di disprezzo (non merita nemmeno il disprezzo) — *I can feel nothing but contempt for such conduct,* Per una simile condotta non posso provare altro che disprezzo. **2** oltraggio; vilipendio; disobbedienza *(a una ingiunzione di tribunale): contempt (of court),* oltraggio alla corte. □ *Familiarity breeds contempt, (prov.)* Confidenza toglie riverenza.

contemptible [kən'temptəbl] *agg* spregevole; degno di disprezzo. □ *avv* **contemptibly.**

contemptuous [kən'temptjuəs] *agg* sprezzante; che mostra disprezzo. □ *avv* **contemptuously.**

to **contend** [kən'tend] *vi e t.* **1** *(seguito da* with, against, for*)* contendere; lottare; gareggiare; battersi; contrastare; combattere *(con, contro, per): to contend with difficulties,* lottare contro (essere alle prese con) delle difficoltà — *to contend for a prize,* gareggiare per un premio — *contending passions,* passioni contrastanti. **2** sostenere; controbattere; replicare: *He contends that...,* Sostiene che...

contender [kən'tendə*] *s.* contendente; concorrente.

[1]**content** [kən'tent] *agg* **1** *(solo pred.)* contento; soddisfatto; pago: *Are you content with your present salary?,* Sei contento del tuo stipendio attuale? — *She is content with very little,* Si accontenta di molto poco — *Content (Not content), (GB, alla Camera dei Lords, nelle dichiarazioni di voto)* Sì (No). **2** pronto; disposto: *I'm content to remain where I am now,* Sono disposto a rimanere dove sono.

[2]**content** [kən'tent] *s.* contentezza; letizia; soddisfazione; piacere: *to one's heart's content,* a sazietà; a piacere; in grande quantità.

to **content** [kən'tent] *vt* accontentare; soddisfare; fare contento.

[3]**content** ['kɔntent] *s.* **1** *(di solito al pl.)* il contenuto: *the contents of a tin,* il contenuto di una scatola — *the contents of a room,* tutto quanto c'è in una stanza — *the table of contents,* l'indice *(di un libro).* **2** capacità *(di vaso);* volume *(di solido);* area *(di super-*

ficie): the content of a barrel or cask, la capacità di un barile o di un fusto. **3** sostanza; argomento *(di un libro, ecc.): Do you approve of the content of his article?,* Approvi quanto detto nel suo articolo?

contented [kən'tentid] *agg* contento; soddisfatto: *with a contented look (smile),* con uno sguardo (un sorriso) soddisfatto. □ *avv* **contentedly.**

contention [kən'tenʃən] *s.* **1** contesa; disputa. **2** opinione; tesi: *My contention is that...,* La mia tesi è che...

contentious [kən'tenʃəs] *agg* contenzioso; dibattuto; controverso. □ *avv* **contentiously.**

contentiousness [kən'tenʃəsnis] *s.* litigiosità; polemica.

contentment [kən'tentmənt] *s.* contentezza; soddisfazione; l'essere pago: *Contentment is better than riches, (prov.)* Chi si accontenta gode.

conterminous [kɔn'tə:minəs] *agg* contermine; confinante.

to **contest** [kən'test] *vt e i.* **1** contestare; impugnare; controbattere: *to contest a statement (point),* contestare una dichiarazione (un punto) — *to contest sb's right to do sth,* contestare a qcno il diritto di fare qcsa. **2** *(seguito da* with, against, for*)* gareggiare; battersi *(con, contro, per).* **3** contendere; conquistare; contrastare: *The enemy contested every inch of the ground,* Il nemico contese il terreno centimetro per centimetro — *to contest a seat in Parliament,* conquistare un seggio in parlamento.

contestant [kən'testənt] *s.* **1** competitore; concorrente. **2** persona che contesta; contestatore.

context ['kɔntekst] *s.* contesto.

contextual [kən'tekstjuəl] *agg* contestuale.

contiguity [,kɔnti'gju(:)iti] *s.* contiguità; vicinanza.

contiguous [kən'tigjuəs] *agg* contiguo; vicino. □ *avv* **contiguously.**

continence ['kɔntinəns] *s.* continenza; controllo delle passioni.

[1]**continent** ['kɔntinənt] *agg* continente; capace di controllo sulle proprie passioni.

[2]**continent** ['kɔntinənt] *s.* continente: *the Continent, (GB)* il Continente; l'Europa (escluse le isole britanniche e l'Islanda) — *the Dark Continent,* il Continente Nero; l'Africa.

continental [,kɔnti'nentl] *agg* **1** continentale. **2** del continente europeo *(non inglese): continental breakfast,* prima colazione leggera *(per opposizione a quella inglese tradizionale, a base di uova, bacon, ecc.).*
□ *s.* abitante dell'Europa continentale.

contingency [kən'tindʒənsi] *s.* contingenza; eventualità.

contingent [kən'tindʒənt] *agg* **1** accidentale; incerto; eventuale. **2** contingente. □ *s. (mil.)* contingente *(di soldati, navi, ecc.).*

continual [kən'tinjuəl] *agg* continuo; ininterrotto; costante. □ *avv* **continually.**

continuance [kən'tinjuəns] *s.* **1** durata; continuità: *during the continuance of the war,* per tutta la durata della guerra. **2** permanenza; persistenza: *Mary's continuance at school depends on how well she does in the next examination,* Mary continuerà la scuola solo se il prossimo esame le andrà bene. **3** *(dir.)* proroga; rinvio.

continuation [kən,tinju'eiʃən] *s.* **1** continuazione; ripresa. **2** *(di novella, racconto a puntate)* seguito.

continuative [kən'tinjuətiv] *agg* continuativo.

to **continue** [kən'tinju:] *vi e t.* **1** continuare; proseguire; durare; rimanere; estendersi: *How far does this road continue?,* Fin dove continua questa strada? — *I hope this wet weather will not continue,* Mi auguro che questo tempo piovoso non duri — *You must continue your study of French,* Devi proseguire a studiare il francese. **2** seguitare o proseguire *(dopo una interruzione);* riprendere: *to be continued in next month's issue,* prosegue (nel numero del mese prossimo). **3** rimanere; restare; confermare *(una carica, ecc.).*

continuity [,kɔntin'juiti] *s.* **1** continuità; successione logica; nesso; costrutto. **2** *(cinema)* schema di sceneggiatura: *continuity writer,* sceneggiatore incaricato di uniformare il testo di un copione — *continuity girl,* segretaria di edizione. **3** *(radio)* testo scritto; copione; canovaccio; commento parlato.

continuous [kən'tinjuəs] *agg* continuo; ininterrotto; costante. □ *avv* **continuously.**

to **contort** [kən'tɔ:t] *vt* torcere; contorcere *(anche fig.): a face contorted with pain,* un volto contratto per il dolore — *to contort a word,* distorcere una parola.

contortion [kən'tɔ:ʃən] *s.* contorsione; storcimento.

contortionist [kɔn'tɔ:ʃənist] *s.* contorsionista.

contour ['kɔntuə*] *s.* contorno; profilo; *(scherz. del corpo)* curva: *contour line,* curva di livello; linea ipsometrica; isoipsa; isobara — *contour ploughing,* aratura a contorno *(seguendo la forma dei colli per impedire l'erosione del suolo).*

to **contour** ['kɔntuə*] *vt* rilevare le linee ipsometriche; segnare il contorno; seguire il contorno *(di un colle);* costruire *(una strada, ecc.)* seguendo le curve di livello.

contra- ['kɔntrə] *prefisso* contro.

contraband ['kɔntrəbænd] *s. e agg attrib* contrabbando; merce di contrabbando.

contrabass ['kɔntrə'beis] *s. (non comune)* contrabbasso.

contraception [,kɔntrə'sepʃən] *s.* controllo delle nascite.

contraceptive [,kɔntrə'septiv] *agg e s.* contraccettivo; antifecondativo; preservativo.

contract ['kɔntrækt] *s.* **1** contratto; patto; accordo: *to make (to enter into) a contract with sb for sth,* fare un contratto con qcno per qcsa — *to sign a contract,* firmare un contratto, un accordo — *to bind oneself by contract,* impegnarsi per contratto — *breach of contract,* inadempimento di contratto — *the Social Contract, (politica)* il 'patto sociale'. **2** appalto: *work on contract,* lavoro di (in) appalto, a contratto — *to tender for a contract,* essere in gara per un (fare un'offerta per ottenere un) appalto. **3** *(come agg. attrib.)* di contratto; di appalto: *contract work,* lavoro di (in) appalto — *contract price (date),* il prezzo (la data) del contratto, dell'appalto. **4** *(nel gioco del bridge)* impegno di fare un certo numero di 'prese'.

[1]to **contract** [kən'trækt] *vt e i.* **1** contrarre; stipulare un contratto; impegnarsi (per contratto); dare e prendere in appalto: *to contract a marriage,* contrarre matrimonio; sposarsi — *to contract to build a bridge,* prendere in appalto la costruzione di un ponte — *to contract out of a pension scheme,* ritirarsi da una sottoscrizione previdenziale (per la pensione) — *to contract debts,* contrarre (fare) debiti; indebitarsi. **2** *(di malattie, ecc.)* contrarre; buscarsi; prendersi: *to contract an illness (bad habits),* contrarre una malattia (cattive abitudini).

[2]to **contract** [kən'trækt] *vt e i.* **1** contrarre, contrarsi; restringere, restringersi: *Metals contract as they become cool,* I metalli raffreddandosi si contraggono. **2** *(di muscoli, ecc.)* tendere, tendersi; contrarsi: *to contract the brows (forehead),* aggrottare le ciglia (corrugare la fronte).

contracted [kən'træktid] *agg* **1** *(p. pass. di* [1]**to contract**

⇨) acquisito: *a contracted tendency,* una tendenza acquisita. **2** contratto; ristretto; conciso.

contractible [kən'træktəbl] *agg* contrattile.

contractile [kən'træktail] *agg* contrattile; retrattile: *contractile wings,* ali retrattili *(di insetto, aereo, ecc.).*

contraction [kən'trækʃən] *s.* contrazione; abbreviazione; accorciamento: *the contraction of a muscle,* la contrazione di un muscolo — *the contraction of the mercury in a thermometer,* la diminuzione del volume di mercurio nel termometro.

contractor [kən'træktə*] *s.* contraente *(di un contratto, di un accordo, ecc.);* impresario; imprenditore *(spec. edile); (comm.)* appaltatore; fornitore: *engineering contractor,* imprenditore di costruzioni meccaniche — *government (army) contractors,* fornitori del governo (dell'esercito).

contractual [kən'træktʃuəl] *agg* contrattuale. □ *avv* **contractually.**

to **contradict** [,kɔntrə'dikt] *vt* **1** contraddire; smentire; opporsi a: *to contradict a statement,* smentire una dichiarazione — *Don't contradict me!,* Non contraddirmi! **2** *(di fatti, dichiarazioni, ecc.) to contradict each other,* contraddirsi; essere in contraddizione: *The reports contradict each other,* Le versioni sono contraddittorie.

contradiction [,kɔntrə'dikʃən] *s.* contraddizione; smentita: *a contradiction in terms,* una contraddizione in termini — *to be in contradiction with sth,* essere in contraddizione con qcsa.

contradictory [,kɔntrə'diktəri] *agg* contraddittorio.

contradistinction [,kɔntrədis'tiŋkʃən] *s.* distinzione *(per contrasto);* contrapposizione.

to **contradistinguish** [,kɔntrədis'tiŋgwiʃ] *vt* contraddistinguere; caratterizzare.

contralto [kən'træltou] *s.* contralto.

contraption [kən'træpʃən] *s.* marchingegno; macchina bizzarra.

contrapuntal [,kɔntrə'pʌntl] *agg* contrappuntistico.

contrariety [,kɔntrə'raiəti] *s.* contrasto; opposizione; contraddizione.

contrarily [kən'trɛərili] *avv* **1** contrariamente. **2** *(fam.)* caparbiamente; ostinatamente.

contrariness [kən'trɛərinis] *s.* **1** contrarietà. **2** *(fam.)* caparbietà; ostinazione; spirito di contraddizione.

contrariwise ['kɔntrəriwaiz/kən'trɛəriwaiz] *avv* **1** al contrario; contrariamente. **2** all'opposto. **3** in modo ostile.

[1]**contrary** ['kɔntrəri] *agg* **1** contrario; opposto: *'Hot' and 'cold' are contrary terms,* 'Caldo' e 'freddo' sono termini opposti — *The result was contrary to expectation,* Il risultato fu contrario all'aspettativa. **2** *(di tempo, di condizioni atmosferiche)* sfavorevole; avverso; cattivo: *The ship was delayed by contrary winds,* La nave arrivò in ritardo a causa dei venti sfavorevoli (contrari). **3** *(fam.:* kənt'rɛəri*)* ostinato; caparbio. □ *avv* **contrarily** ⇨.

□ *(come avv.) contrary to...,* contrariamente a...; in opposizione...; contro...: *to act contrary to the rules,* agire contro le regole.

[2]**contrary** ['kɔntrəri] *s.* (il) contrario; (l')opposto: *The contrary of 'wet' is 'dry',* L'opposto di 'bagnato' è 'asciutto' — *on the contrary,* invece; al contrario; all'opposto — *to the contrary,* in (senso) contrario — *I will come on Monday unless you write me to the contrary,* Verrò lunedì, a meno che tu non mi scriva (qualcosa) in contrario — *by contraries,* alla rovescia; a rovescio; all'incontrario; in senso opposto all'aspettativa — *Many things in life go by contraries,* Molte cose nella vita accadono contro le nostre aspettative.

contrast ['kɔntræst] *s.* **1** contrasto: *in contrast with,* in antitesi con; contrariamente a — *by contrast with,* a confronto con — *Harry's marks by contrast with Tom's were excellent,* I voti (i punti) di Tom, a confronto di quelli di Harry, erano ottimi. **2** *(fam.)* forte differenza: *The contrast between the two brothers is remarkable,* La differenza tra i due fratelli è notevole.

to **contrast** [kən'træst/'kɔntræst] *vt e i.* **1** mettere in contrasto; contrapporre; opporre; mettere a confronto; paragonare. **2** contrastare; essere in conflitto: *His actions contrast badly with his promises,* Le sue azioni contrastano malamente con le sue promesse.

to **contravene** [,kɔntrə'vi:n] *vt* **1** contravvenire; trasgredire *(a un ordine, ecc.).* **2** contraddire; attaccare; impugnare *(una dichiarazione, ecc.).*

contravention [,kɔntrə'venʃən] *s.* trasgressione; contravvenzione.

contretemps ['kɔ̃:ntrətɑ:ŋ/kɔ̃trətɑ̃] *s. (fr.)* contrattempo.

to **contribute** [kən'tribju:t] *vt* **1** contribuire; fornire; dare (come contributo): *to contribute food and clothing for the refugees,* dare cibo e vestiario per i profughi — *to contribute to the Red Cross,* dare il proprio contributo per la Croce Rossa. **2** scrivere *(per i giornali, per riviste, ecc.): Mr Green has contributed poems to the 'London Magazine' for several years,* Il signor Green scrive poesie per il 'London Magazine' da parecchi anni.

□ *vi* contribuire; prendere parte; collaborare: *Drink contributed to his ruin,* Il bere ha contribuito alla sua rovina.

contribution [,kɔntri'bju:ʃən] *s.* **1** contribuzione; contributo *(in denaro, ecc.);* collaborazione; *(di giornali o riviste)* articolo; composizione; saggio: *contributions to the relief fund,* offerte (contributi) per il fondo di assistenza — *The editor is short of contributions for the May issue,* Il direttore è a corto di articoli per il numero di maggio. **2** contributo di guerra: *to lay a country under contribution,* far pagare, imporre a un paese (occupato) il contributo di guerra. □ *contribution of capital, (comm.)* apporto di capitale.

contributor [kən'tribjutə*] *s.* **1** contribuente; sottoscrittore. **2** collaboratore.

contributory [kən'tribjutəri] *agg* **1** contribuente; che contribuisce. **2** contributorio.

contrite ['kɔntrait] *agg* contrito; pentito. □ *avv* **contritely.**

contrition [kən'triʃən] *s.* contrizione; pentimento.

contrivance [kən'traivəns] *s.* **1** invenzione; escogitazione; piano; disegno; progetto: *The prisoner escaped by the contrivance of his friends,* Il prigioniero scappò con l'aiuto dei suoi amici. **2** capacità inventiva: *Some things are beyond human contrivance,* Alcune cose sono al di sopra della capacità inventiva dell'uomo. **3** congegno; apparato; ritrovato; dispositivo. **4** *(in senso peggiorativo)* artifizio; inganno; espediente.

to **contrive** [kən'traiv] *vt e i.* escogitare; trovare; inventare; fare in modo; trovare il mezzo; riuscire: *to contrive a means of escape from prison,* escogitare un sistema per scappare di prigione — *to contrive to live on a small income,* riuscire a vivere, a farcela, con una piccola entrata — *He contrived to make matters worse,* Trovò il modo di peggiorare le cose — *Can you contrive to be here early?,* Puoi fare in modo di essere qui presto?

contrived [kən'traivd] *agg* artificioso; affettato; studiato.
contriver [kən'traivə*] *s.* **1** chi fa piani o progetti. **2** *(fam.)* chi sa trarsi d'impiccio; chi ce la fa *(spendendo poco): His wife is a good contriver,* Sua moglie se la cava bene con le spese di casa (sa far quadrare il bilancio).
control [kən'troul] *s.* **1** controllo; autorità; padronanza; freno *(fig.): Sometimes children lack parental control,* Talvolta i bambini sentono la mancanza di autorità dei genitori — *That teacher has no control over his pupils,* Quell'insegnante non ha alcuna autorità sui suoi allievi — *to lose control of a car,* perdere il controllo di un'automobile — *to lose control of one's temper,* perdere il controllo (o la padronanza) dei propri nervi — *to get sth under control,* tenere qcsa sotto controllo; riuscire a dominare qcsa — *out of control,* senza controllo (che non risponde ai comandi) — *birth control,* controllo delle nascite — *exchange control regulations,* regolamenti per il controllo degli scambi valutari — *control tower,* torre di controllo — *traffic control,* regolazione del traffico — *self-control,* autocontrollo; padronanza di sé. **2** *(spec. al pl.)* comandi; dispositivo di comando *(mecc.): the controls of an aircraft,* i comandi di un aereo — *control column,* barra di comando — *control stick,* 'cloche' — *remote control,* telecomando. **3** *(anche* control station*)* posto di controllo.
to **control** [kən'troul] *vt* **1** controllare; dominare; frenare; tenere a freno; contenere: *to control one's temper,* controllare i propri nervi — *to control a horse,* tenere a freno un cavallo — *to control expenditure,* contenere le spese — *to control oneself,* dominarsi; controllarsi. **2** regolare; verificare; controllare: *to control prices,* regolare i prezzi — *to control the accounts,* verificare (controllare) i conti. □ *controlled rents,* affitti bloccati.
controllable [kən'trouləbl] *agg* **1** *(raro)* controllabile; verificabile; regolabile. **2** maneggevole; maneggiabile.
controller [kən'troulə*] *s.* controllore; sovrintendente.
controversial [,kɔntrə'və:ʃəl] *agg* **1** *(di persona)* polemico. **2** controverso; dibattuto. □ *avv* **controversially.**
controversialist [,kɔntrə'və:ʃəlist] *s.* polemista.
controversy ['kɔntrəvə:si/kən'trɔvəsi] *s.* controversia; discussione; dibattito; polemica; vertenza: *facts that are beyond controversy,* fatti incontrovertibili (indiscutibili).
to **controvert** ['kɔntrəvə:t] *vt* discutere; obiettare.
contumacious [,kɔntju(:)'meiʃəs] *agg* **1** pervicace; ostinato; caparbio. **2** *(dir.)* contumace.
□ *avv* **contumaciously.**
contumacy ['kɔntjuməsi] *s.* **1** pervicacia; ostinazione; caparbietà. **2** *(dir.)* contumacia.
contumelious [,kɔntju(:)'mi:ljəs] *agg* ingiurioso; offensivo; insolente.
contumely ['kɔntju(:)mli] *s.* contumelia; offesa; insolenza.
to **contuse** [kən'tju:z] *vt* contundere; ferire; colpire.
contusion [kən'tju:ʒən] *s.* contusione.
conundrum [kə'nʌndrəm] *s.* rebus; enigma; rompicapo.
conurbation [,kɔnə:'beiʃən] *s.* conurbazione; agglomerazione urbana di territori limitrofi.
to **convalesce** [,kɔnvə'les] *vi* riprendersi; rimettersi; riacquistare la salute; trascorrere la convalescenza.
convalescence [,kɔnvə'lesns] *s.* convalescenza.
convalescent [,kɔnvə'lesnt] *s. e agg* convalescente: *a convalescent home,* un convalescenziario.
convection [kən'vekʃən] *s.* convezione.
convector [kən'vektə*] *s.* convettore; termoconvettore.
to **convene** [kən'vi:n] *vt e i.* convenire; darsi convegno; riunirsi.
convener [kən'vi:nə*] *s.* chi convoca un'adunanza, un convegno, ecc.
convenience [kən'vi:njəns] *s.* **1** comodità; vantaggio; agio: *I keep my reference books near my desk for convenience,* Per comodità tengo i libri di consultazione vicino alla scrivania — *a marriage of convenience,* un matrimonio di convenienza (d'interesse) — *at your earliest convenience, (comm.)* non appena potete; al più presto; quanto prima. **2** comodità: *The house has all modern conveniences,* La casa è fornita di tutte le comodità moderne — *public conveniences, (GB)* gabinetti pubblici — *to make a convenience of sb,* approfittare di qcno; abusare della sua gentilezza. □ *(attrib.) convenience foods,* cibi surgelati, in scatola o comunque già pronti.
convenient [kən'vi:njənt] *agg* utile; comodo: *Will it be convenient for you to start work tomorrow?,* Potrebbe incominciare il lavoro domani? — *Will the 3.50 train be convenient for you?,* Le va bene il treno delle 3.50? □ *avv* **conveniently.**
convent ['kɔnvənt] *s.* convento *(spec. di suore).*
convention [kən'venʃən] *s.* **1** convegno; riunione *(di partito);* incontro *(politico).* **2** *(tra vari Stati)* convenzione; accordo; patto; trattato. **3** consuetudine; convenienza sociale: *to be a slave to convention (to social conventions),* essere schiavi della consuetudine (delle convenienze sociali). **4** *(nei giochi delle carte)* convenzione; regola; regolamento di gioco.
conventional [kən'venʃənəl] *agg* convenzionale; tradizionale; solito; di uso comune; di maniera: *conventional greetings,* saluti di maniera; convenevoli; i soliti saluti — *a few conventional remarks,* alcune osservazioni di circostanza, convenzionali. □ *avv* **conventionally.**
conventionality [kən,venʃə'næliti] *s.* **1** convenzionalità. **2** conformismo.
to **converge** [kən'və:dʒ] *vi e t.* convergere.
convergence [kən'və:dʒəns] *s.* convergenza.
conversant ['kɔnvəsənt/kən'və:sənt] *agg (seguito da* with*)* versato; che ha dimestichezza; pratico; al corrente: *I'm afraid I'm not very conversant with American politics,* Mi dispiace, ma non me ne intendo molto di politica americana.
conversation [,kɔnvə'seiʃən] *s.* **1** conversazione; discorso: *I saw him in conversation with a friend,* L'ho visto mentre parlava con un amico — *I've had several conversations with him,* Ho avuto parecchie conversazioni con lui. **2** *(dir., ant.) criminal conversation,* adulterio.
conversational [,kɔnvə'seiʃənəl] *agg* **1** di conversazione; che ama la conversazione; loquace. **2** *(di vocabolo)* comune; familiare. □ *avv* **conversationally.**
conversazione ['kɔnvə,sætsi'ouni] *s.* (*pl.* **conversazioni**) ricevimento cui partecipano persone del mondo artistico o letterario.
[1]**converse** ['kɔnvə:s] *s. (ant.)* conversazione.
to **converse** [kən'və:s] *vi* conversare.
[2]**converse** ['kɔnvə:s] *agg* inverso; contrario; opposto. □ *avv* **conversely,** per converso; al contrario; viceversa.
□ *s.* proposizione inversa.
conversion [kən'və:ʃən] *s.* **1** trasformazione; cambiamento *(di direzione, di orientamento);* conversione: *the conversion of cream into butter,* la trasformazione della panna in burro — *a conversion economy,* un'e-

conomia di trasformazione. **2** esempio di conversione *(spec. religiosa); (per estensione)* convertito. **3** malversazione; appropriazione indebita: *the improper conversion of public funds to one's own use,* appropriazione indebita di fondi pubblici; peculato.

convert ['kɔnvə(:)t] *s.* chi si converte; convertito.

to **convert** [kən'və:t] *vt* **1** convertire; trasformare; cambiare: *to convert rags into paper,* trasformare stracci in carta — *to convert securities into cash,* convertire delle obbligazioni in denaro contante — *to convert pounds into francs,* cambiare delle sterline in franchi. **2** malversare; appropriarsi indebitamente *(di denaro);* stornare *(fondi)* ad altri scopi. **3** convertire; far cambiare fede: *to convert sb to Christianity,* convertire qcno al Cristianesimo. **4** *(rugby)* trasformare: *to convert a try,* trasformare una meta.

converted [kən'və:tid] *p. pass e agg* trasformato; adattato; riadattato: *a converted mews,* una scuderia riadattata *(ad abitazione).* □ *to preach to the converted,* predicare ai convertiti.

converter [kən'və:tə*] *s.* **1** chi converte. **2** *(metallurgia)* convertitore; trasformatore.

convertibility [kən,və:ti'biliti] *s.* convertibilità.

convertible [kən'və:təbl] *agg* convertibile; trasformabile. □ *s.* automobile decappottabile.

convex ['kɔnveks] *agg* convesso.

convexity [kən'veksiti] *s.* convessità.

to **convey** [kən'vei] *vt* **1** portare; trasportare; convogliare. **2** *(di idee, ecc.)* trasmettere; comunicare; rendere; dare: *Words fail to convey my meaning,* Non riesco ad esprimere a parole quello che voglio dire — *His message conveys nothing to me,* Il suo messaggio non mi dice niente. **3** *(dir.)* trasferire; *(di beni immobili)* cedere.

conveyance [kən'veiəns] *s.* **1** comunicazione; trasporto. **2** mezzo di comunicazione, di trasporto. **3** *(di beni immobili)* cessione; trasferimento; trapasso *(di proprietà);* documento di cessione.

conveyancer [kən'veiənsə*] *s.* *(dir.)* notaio che prepara i documenti per un trasferimento di proprietà.

conveyer, conveyor [kən'veiə*] *s.* **1** trasportatore; latore. **2** *(mecc.)* trasportatore meccanico; convogliatore; trasmettitore: *overhead conveyer,* trasportatore aereo — *conveyor-belt,* trasportatore a nastro.

convict ['kɔnvikt] *s.* condannato; forzato.

to **convict** [kən'vikt] *vt* dichiarare (qcno) colpevole *(di un reato);* condannare *(anche fig.): He was convicted of murder,* Fu giudicato colpevole di assassinio.

conviction [kən'vikʃən] *s.* **1** condanna; dichiarazione o verdetto di colpevolezza. **2** convinzione; credibilità: *His story does not carry much conviction,* La sua storia non convince molto — *I am open to conviction,* Sono pronto a lasciarmi convincere. **3** persuasione; convinzione; convincimento: *I speak in the full conviction that...,* Sono fermamente convinto che... — *to have the courage of one's convictions,* avere il coraggio delle proprie convinzioni.

to **convince** [kən'vins] *vt* convincere; persuadere: *I am convinced of his honesty (that he is honest),* Sono convinto della sua onestà — *We couldn't convince him of his mistake,* Non riuscimmo a persuaderlo del suo errore.

convincing [kən'vinsiŋ] *agg* convincente; persuasivo. □ *avv* **convincingly.**

convivial [kən'viviəl] *agg* **1** gaio; gioviale; festaiolo: *convivial companions,* compagni gioviali. **2** allegro; conviviale; di festa: *a convivial evening,* una serata allegra.

conviviality [kən,vivi'æliti] *s.* giovialità; festevolezza; allegria.

convocation [,kɔnvə'keiʃən] *s.* **1** convocazione. **2** *(nella Chiesa anglicana)* sinodo. **3** *(nelle università di Oxford e di Durham)* assemblea dei laureati.

to **convoke** [kən'vouk] *vt* convocare.

convoluted ['kɔnvəlu:tid] *agg* **1** circonvoluto; a spirale. **2** *(fig.: di stile, ecc.)* involuto; complicato; circonvoluto.

convolution [,kɔnvə'lu:ʃən] *s.* circonvoluzione; sinuosità; spira.

convolvulus [kən'vɔlvjuləs] *s.* convolvolo.

convoy ['kɔnvɔi] *s.* **1** scorta; protezione; navi di scorta; forze di protezione. **2** convoglio; forze o navi scortate (o guidate da piloti).

to **convoy** [kɔn'vɔi] *vt* **1** scortare. **2** convogliare.

to **convulse** [kən'vʌls] *vt* sconvolgere: *to be convulsed with laughter (anger, toothache),* essere sconvolto per il gran ridere (per la rabbia, per il mal di denti).

convulsion [kən'vʌlʃən] *s.* **1** sconvolgimento; agitazione. **2** *(di solito al pl.)* convulsioni. **3** accesso di risa: *The story was so funny that we were all in convulsions,* La storiella era così buffa che fummo presi tutti da un accesso di risa.

convulsive [kən'vʌlsiv] *agg* convulso; convulsivo *(anche in senso patologico).* □ *avv* **convulsively.**

cony (coney) ['kouni] *s.* (*pl.* **conies, coneys**) **1** *(Bibbia)* irace. **2** *(USA, GB ant.)* coniglio. **3** pelliccia di coniglio.

to **coo** [ku:] *vi e t.* (*p. pres.* **cooing;** *p. pass.* **cooed**) tubare; sussurrare.

cook [kuk] *s.* cuoco, cuoca: *Too many cooks spoil the broth, (prov.)* Troppi cuochi rovinano il brodo — *cook-house,* cucina da campo.

to **cook** [kuk] *vt e i.* **1** cuocere, cuocersi; cucinare; far la cucina: *These apples cook well,* Queste mele si cuociono bene. **2** *(talvolta seguito da* up*)* manipolare; alterare; falsificare; inventare: *to cook the books,* falsificare i conti — *to cook up a story,* inventare una fandonia. □ *What's cooking?, (fig.)* Cosa bolle in pentola? — *to cook sb's goose, (fam.)* conciare qcno per le feste; spacciarlo; dargli il colpo di grazia — *to be cooked, (GB, fam.)* essere esausto, sfinito.

cookbook ['kukbuk] *s.* ricettario; libro di cucina.

cooker ['kukə*] *s.* **1** cucina; fornello; recipiente per cuocere: *pressure cooker,* pentola a pressione. **2** adatto alla cottura: *These apples are good cookers,* Queste mele sono buone da cuocere. **3** *(fam.)* falsificatore; imbroglione.

cookery ['kukəri] *s.* cucina: *cookery lessons,* lezioni di cucina — *cookery book,* libro di cucina; ricettario.

cookie, cooky ['kuki] *s.* *(in Scozia e USA)* focaccina; galletta *(spec. di confezione casalinga).* □ *That's the way the cookie crumbles, (USA, fam.)* Sono cose che succedono.

cooking ['kukiŋ] *s.* **1** cottura. **2** cucina (l'arte culinaria): *cooking lessons,* lezioni di cucina — *to do the cooking,* fare da cucina; cucinare — *plain cooking; good home cooking,* cucina casalinga, alla buona — *French cooking,* cucina francese — *cooking apple,* mela da cucinarsi *(cfr. eating apple,* mela da dessert*).*

'**cool** [ku:l] *agg* **1** fresco; raffreddato: *Let's sit in the shade and keep cool,* Sediamoci all'ombra a prendere il fresco. **2** *(di vestiti, ecc.)* fresco; leggero *(anche fig., di colori, ecc.): a cool dress (room),* un vestito leggero (una stanza fresca). **3** *(di persona)* calmo; tranquillo; *(di jazz)* frenato: *Keep cool!,* Sta' calmo!; Non agitarti!; Non perdere la testa! **4** *(di comportamento, ecc.)*

tiepido; freddo; indifferente: *to be cool in the face of danger,* rimanere calmo di fronte al pericolo — *They gave the Prime Minister a cool reception,* Riservarono al Primo Ministro un'accoglienza piuttosto fredda. **5** sfrontato; impudente: *a cool customer,* un tipo sfrontato. □ *My new car cost me a cool five thousand,* La mia nuova automobile mi è costata la bellezza di cinquemila sterline. □ *avv* **coolly.**
□ *s.* **1** fresco; frescura: *in the cool of the evening,* nel fresco della sera. **2** *(sl.)* calma; flemma; pazienza: *(generalm. nell'espressione) to keep (to lose) one's cool,* conservare (perdere) la calma.
to **cool** [ku:l] *vt* **1** rinfrescare; raffreddare: *to cool one's heels,* aspettare a lungo; fare anticamera — *air-cooled,* raffreddato ad aria. **2** *(fig.)* calmare; smontare. □ *vi (spesso seguito da* down o off*)* **1** raffreddarsi: *to leave sth to cool,* lasciare che qcsa si raffreddi; lasciar sbollire qcsa. **2** *(fig.)* calmarsi: *Cool down!,* Calmati! — *a cooling-off period, (spec. durante trattative difficili)* un periodo di tregua.
coolant ['ku:lənt] *s.* liquido di raffreddamento.
cooler ['ku:lə*] *s.* **1** refrigeratore; contenitore refrigerante: *air cooler, (USA)* condizionatore d'aria. **2** *(sl.)* galera; gattabuia.
coolie ['ku:li] *s.* *(nell'Estremo Oriente)* coolie; portatore; operaio.
cooling ['ku:liŋ] *s.* raffreddamento: *air-cooling,* raffreddamento ad aria. □ *cooling-off period* ⇨ **to cool** *vi,* **2.**
□ *agg* rinfrescante.
coolness ['ku:lnis] *s.* **1** fresco; frescura. **2** calma; sangue freddo. **3** indifferenza; freddezza.
coon [ku:n] *s.* *(USA)* **1** procione. **2** *(fam.)* negro: *a coon song,* un canto negro. **3** tipo; tizio; individuo.
Co-op, Coop [kou'ɔp] *s.* *(GB) the Co-op, (fam.)* la Cooperativa *(catena di negozi).*
coop [ku:p] *s.* stia; gabbia per polli; nassa.
to **coop** [ku:p] *vt (seguito da* up *oppure* in*)* mettere in gabbia; rinchiudere; confinare; stipare.
cooper ['ku:pə*] *s.* **1** bottaio; fabbricante di botti per merci solide *(dry cooper)* o liquide *(wet cooper).* **2** assaggiatore di vini. **3** mistura di birre diverse.
to **cooperate** [kou'ɔpəreit] *vi* cooperare; contribuire.
cooperation [kou,ɔpə'reiʃən] *s.* cooperazione.
cooperative [,kou'ɔpərətiv] *agg* **1** cooperativo; *(talvolta)* cooperativistico. **2** disposto a collaborare; che collabora volentieri.
□ *s.* cooperativa.
cooperator [kou'ɔpəreitə*] *s.* cooperatore.
to **co-opt** [kou'ɔpt] *vt* cooptare.
cooptation, co-optation [,kouɔp'teiʃən] *s.* coopzione.
co(-)ordinate [kou'ɔ:dinit] *agg* coordinato; uguale; dello stesso rango. □ *avv* **co(-)ordinately.**
□ *s.* **1** persona o cosa uguale. **2** *(matematica, ecc.)* coordinata. **3** *(al pl.)* 'coordinati' *(capi di vestiario).*
to **co(-)ordinate** [kou'ɔ:dineit] *vt* coordinare.
co(-)ordination [kou,ɔ:di'neiʃən] *s.* coordinazione.
co(-)ordinator [kou'ɔ:dineitə*] *s.* coordinatore.
coot [ku:t] *s.* **1** folaga: *bald coot,* folaga della macchia (calva) — *as bald as a coot,* pelato come una zucca (come un uovo). **2** *(fam.)* semplicione.
co-owner [kou'ounə*] *s.* comproprietario.
¹**cop** [kɔp] *s.* *(sl.)* = ²**copper.**
²**cop** [kɔp] *s.* *(sl.)* arresto; cattura: *a fair cop,* un arresto in flagranza di reato — *'OK, it's a fair cop', said Bloggs,* 'Va bene, avete ragione, mi arrendo', disse Bloggs.
to **cop** [kɔp] *vt* (**-pp-**) *(sl.)* prendere; acchiappare.
copartner ['kou'pɑ:tnə*] *s.* consocio.
copartnership ['kou'pɑ:tnəʃip] *s.* compartecipazione sociale; consociata.
cope [koup] *s.* cappa; piviale.
to **cope** [koup] *vi (seguito da* with*)* tenere testa; affrontare; essere all'altezza.
copeck ['koupek] *s.* copeco.
coper ['koupə*] *s.* commerciante di cavalli.
Copernican [kou'pə:nikən] *agg* copernicano.
co-pilot [kou'pailət] *s.* secondo pilota *(di un aereo).*
coping ['koupiŋ] *s.* cornicione: *coping-stone,* pietra per cimasa; *(fig.)* coronamento; completamento; ultimo tocco.
copious ['koupjəs] *agg* copioso; abbondante. □ *avv* **copiously.**
¹**copper** ['kɔpə*] *s.* **1** rame. **2** *(usato come agg. attrib.)* di rame; color rame: *copper beech,* faggio rosso. **3** moneta di rame, di bronzo; *(al pl.)* spiccioli. **4** recipiente di rame da cucina o per fare il bucato; caldaia di rame: *copper-smith,* ramaio; calderaio; battirame.
to **copper** ['kɔpə*] *vt* ramare; ricoprire o rivestire di rame.
²**copper** ['kɔpə*] *s.* (*GB, sl., anche* **cop**) poliziotto: *to play cops and robbers,* giocare a guardie e ladri.
copperhead ['kɔpəhed] *s.* testa di rame *(serpente nordamericano).*
copperplate ['kɔpəpleit] *s.* lastra di rame incisa; incisione in rame: *copperplate writing,* calligrafia con svolazzi.
coppery ['kɔpəri] *agg* **1** *(raro)* che contiene rame. **2** color rame.
coppice ['kɔpis] *s.* sottobosco ceduo.
copra ['kɔprə] *s.* copra.
copse [kɔps] *s.* = **coppice.**
Copt [kɔpt] *s.* copto.
'copter ['kɔptə*] *s., abbr fam di* **helicopter.**
Coptic ['kɔptik] *s. e agg* copto.
copula ['kɔpjulə] *s.* *(gramm.)* copula.
to **copulate** ['kɔpjuleit] *vi* accoppiarsi; copulare.
copulation [,kɔpju'leiʃən] *s.* accoppiamento; copulazione; coito.
copulative ['kɔpjulətiv] *agg* copulativo.
copy ['kɔpi] *s.* **1** copia; riproduzione; imitazione; trascrizione: *rough (foul) copy,* brutta copia; minuta — *fair (clean) copy,* bella copia — *copy-book,* quaderno — *copy-book maxims,* massime ordinarie *(quelle che si trovavano una volta sui quaderni o vi si ricopiavano)* — *to blot one's copy-book,* rovinare la propria reputazione *(per via di qualche errore o trasgressione di regole).* **2** modello *(per riproduzioni calligrafiche);* opera presa a modello. **3** copia *(di libro, di rivista, ecc.);* numero; esemplare. **4** testo; materiale da stampare: *hot copy, (collettivo)* notizie recentissime e sensazionali — *The printers are waiting for more copy,* I tipografi sono in attesa di altro materiale da comporre — *copy writer,* redattore pubblicitario — *copy boy,* fattorino *(di giornale).*
to **copy** ['kɔpi] *vt e i.* **1** copiare; fare una copia; trascrivere *(in bella);* riprodurre: *to copy out a letter,* trascrivere una lettera — *to copy sth down (from the blackboard),* copiare qcsa (dalla lavagna) — *He was punished for copying during the examination,* Fu punito per aver copiato durante l'esame. **2** copiare; imitare; seguire l'esempio; scimmiottare: *(fam.) copy-cat,* pappagallo; imitatore sciocco.
copyhold ['kɔpihould] *s.* *(dir., ant.)* possesso di terre secondo le condizioni descritte nei registri feudali; *(per estensione)* il terreno stesso.

copyholder ['kɔpihouldə*] *s. (dir., ant.)* chi possiede terreni sulla base di antichi privilegi.

copyist ['kɔpiist] *s.* copista.

copyright ['kɔpirait] *s.* diritto di autore; *(di libro)* proprietà letteraria.

□ *come agg attrib* tutelato da diritti di autore.

to **copyright** ['kɔpirait] *vt* tutelare *(un libro, ecc.)* con i diritti di autore.

coquetry ['koukitri] *s.* civetteria.

coquette [kou'ket] *s. (fr.)* civetta *(donna)*.

to **coquet(te)** [kou'ket] *vi* (**-tt-**) flirtare; civettare.

coquettish [kou'ketiʃ] *agg* civettuolo. □ *avv* **coquettishly.**

cor [kɔ:*] *interiezione* perbacco; caspita.

coracle ['kɔrəkl] *s. (GB)* imbarcazione di vimini rivestita di materiale impermeabile *(usata dai pescatori gallesi e irlandesi)*.

coral ['kɔrəl] *s.* **1** corallo: *coral-reef,* barriera corallina (banco corallifero). **2** giocattolo di corallo lucido.

□ *agg* corallino; color corallo.

cor anglais ['kɔ:(r)ɔ̃glei] *s. (fr.)* corno inglese (oboe basso).

corbel ['kɔ:bəl] *s. (archit.)* mensola; modiglione.

cord [kɔ:d] *s.* **1** corda; grosso spago; cordone: *the spinal cord,* il midollo spinale — *the (umbilical) cord,* il cordone ombelicale. **2** catasta di legna da ardere. **3** **cords,** *s. pl* ⇨ **corduroy.**

to **cord** [kɔ:d] *vt* annodare; legare con corde.

cordage ['kɔ:didʒ] *s.* cordame; sartiame.

cordial ['kɔ:djəl] *agg* **1** *(di sentimenti, comportamento)* cordiale; caldo: *a cordial smile,* un sorriso cordiale. **2** *(di cibi, bevande o medicine)* cordiale; tonico; tonificante. □ *avv* **cordially.**

□ *s.* cordiale; liquore; sciroppo: *lime-juice cordial,* cedrata.

cordiality [,kɔ:di'æliti] *s.* cordialità.

cordite ['kɔ:dait] *s.* cordite.

cordon ['kɔ:dn] *s.* cordone.

to **cordon** ['kɔ:dn] *vt (spesso seguito da* off*)* tenere a distanza, isolare con un cordone: *The area was cordoned off by the police,* La zona era isolata da un cordone di poliziotti.

corduroy ['kɔ:djurɔi] *s.* cordonetto; fustagno: *corduroys,* pantaloni di velluto a coste. □ *a corduroy road, (USA, fig.)* una strada formata da tronchi di albero *(su terreno paludoso)*.

core [kɔ:*] *s.* **1** torsolo *(di frutta)*. **2** centro; nucleo; anima; parte centrale; cuore; carota *(di roccia)*. **3** *(fig.)* midollo; nocciolo.

to **core** [kɔ:*] *vt* estrarre, togliere il torsolo.

co-religionist ['kouri'lidʒənist] *s.* correligionario.

co-respondent ['kouris,pɔndənt] *s.* correo *(di adulterio)*.

Corinthian [kə'rinθiən] *s. e agg* corinzio.

cork [kɔ:k] *s.* **1** sughero: *a cork jacket,* un giubbotto di salvataggio. **2** tappo; turacciolo (di sughero): *to draw (to pull out) the cork,* sturare (stappare) una bottiglia — *a cork-screw,* un cavatappi. □ *a cork leg,* una gamba artificiale.

to **cork** [kɔ:k] *vt* **1** tappare; turare; mettere il tappo: *to cork a bottle,* tappare una bottiglia — *to cork up one's feeling's, (fig.)* reprimere i propri sentimenti. **2** munire di sughero, di galleggianti *(reti da pesca, ecc.)*. **3** annerire *(con turacciolo bruciacchiato, con nerofumo)*.

corkage ['kɔ:kidʒ] *s.* somma richiesta dall'oste che stappa e serve una bottiglia di vino portata dal cliente.

corked [kɔ:kt] *agg (di vino)* che sa di turacciolo.

corker ['kɔ:kə*] *s. (fam.)* **1** persona (o avvenimento) strabiliante. **2** grossa bugia; fandonia. **3** argomento conclusivo.

corking ['kɔ:kiŋ] *agg (fam., un po' desueto)* ottimo; 'fantastico'; 'favoloso'.

corkscrew ['kɔ:k,skru:] *s.* cavatappi.

to **corkscrew** ['kɔ:k,skru:] *vi* muoversi a spirale; *(di aeroplano)* avvitarsi.

corm [kɔ:m] *s.* cormo.

cormorant ['kɔ:mərənt] *s.* cormorano.

[1]**corn** [kɔ:n] *s.* **1** *(GB)* grano; frumento; *(USA, anche* Indian corn*)* granoturco; *(Scozia)* avena: *a field of corn; a corn-field,* un campo di grano — *a sheaf of corn,* un covone di grano — *corn chandler,* rivenditore di grano — *corn-cob,* pannocchia di granoturco — *corn flour; (USA: corn starch),* farina di granoturco (mais, riso, ecc.) — *the corn laws, (GB, stor.)* le leggi protezionistiche sul grano. **2** cereale; chicco di cereale: *corn exchange,* Borsa dei cereali.

[2]**corn** [kɔ:n] *s. (fam.: collettivo)* banalità; concetti scontati: *This book is utter corn,* Questo libro non è altro che una raccolta di banalità.

[3]**corn** [kɔ:n] *s.* callo; durone: *to tread on sb's corns, (fig.)* pestare i calli a qcno.

to **corn** [kɔ:n] *vt* **1** conservare sotto sale: *corned beef,* manzo salato. **2** *(in Scozia)* nutrire i cavalli con avena. **3** coltivare a grano.

corncrake ['kɔ:n,kreik] *s.* re di quaglie.

cornea ['kɔ:niə] *s.* cornea.

cornelian [kɔ:'ni:ljən] *s.* corniola.

corner ['kɔ:nə*] *s.* **1** angolo: *just round the corner, (fam.)* dietro l'angolo; a due passi; molto vicino — *to cut off a corner,* prendere una scorciatoia — *to drive sb into a corner, (fig.)* mettere qcno alle corde, con le spalle al muro — *to turn the corner,* voltare l'angolo; *(fig.)* passare il punto critico; superare la crisi *(di una malattia, ecc.)* — *to be in a tight corner,* trovarsi in una situazione difficile — *corner-stone,* pietra angolare; *(fig.)* fondamento; base. **2** canto; cantuccio; posto segreto: *money hidden in odd corners,* denaro nascosto in strani cantucci segreti — *hole-and-corner* ⇨ **hole. 3** regione; distretto; zona: *all the corners of the earth,* tutti gli angoli della terra; tutta la terra. **4** accaparramento; incetta: *to make a corner in wheat,* fare un accaparramento di grano. **5** *(nel calcio, ecc.:* = corner-kick*)* calcio d'angolo.

to **corner** ['kɔ:nə*] *vt* **1** mettere all'angolo; mettere con le spalle al muro; ridurre alle corde; *(fig.)* mettere in serio imbarazzo. **2** accaparrare *(merce)*. **3** *(di veicolo)* girare; voltare l'angolo.

cornered ['kɔ:nə:d] *agg* **1** angoloso; che ha molti angoli: *a three-cornered hat,* un tricorno. **2** (*p. pass. di* **to corner 1**) con le spalle al muro.

cornet ['kɔ:nit] *s.* **1** cornetta. **2** cartoccio conico *(per caramelle, ecc.)*; cono; cornetto *(di gelato)*. **3** *(GB)* ufficiale portabandiera di cavalleria. **4** alfiere; trombettiere.

cornflower ['kɔ:nflauə*] fiordaliso.

cornice ['kɔ:nis] *s. (archit.)* stucco; cornice.

Cornish ['kɔ:niʃ] *agg* di Cornovaglia. □ *s.* lingua della Cornovaglia.

Cornishman ['kɔ:niʃmən] *s.* (*pl.* **Cornishmen**) abitante della Cornovaglia.

cornucopia [,kɔ:nju'koupjə] *s.* cornucopia.

corny ['kɔ:ni] *agg* (*fam.: da* [2]**corn**) risaputo; vecchio e trito; sentito e strasentito.

corolla [kə'rɔlə] *s.* corolla.

corollary [kə'rɔləri] *s.* corollario.

corona [kə'rounə] *s.* (*pl.* **coronas** *oppure* **coronae**) **1** corona. **2** *(USA)* sigaro avana di tipo 'corona'.

coronary ['kɔrənəri] *agg* coronario: *coronary trombosis,* trombosi coronaria.
□ *s. (fam.)* attacco di trombosi coronaria.

coronation [,kɔrə'neiʃən] *s.* incoronazione *(cerimonia).*

coroner ['kɔrənə*] *s. (GB)* 'coroner'; pubblico ufficiale che svolge indagini nei casi di morte violenta apparentemente non dovuta a cause naturali.

coronet ['kɔrənit] *s.* corona gentilizia; diadema; ghirlanda.

[1]**corporal** ['kɔ:pərəl] *agg* corporale; corporeo.

[2]**corporal** ['kɔ:pərəl] *s.* caporale: *the little Corporal,* il piccolo caporale *(generalm. Napoleone; talvolta Hitler).*

corporate ['kɔ:pərit] *agg* corporativo: *corporate body,* ente; associazione; *(dir.)* persona giuridica.

corporation [,kɔ:pə'reiʃən] *s.* **1** *(stor.)* corporazione; gilda; *(oggi)* consiglio comunale: *the Mayor and Corporation,* il sindaco e il Consiglio comunale. **2** ente pubblico; *(comm.)* grande ditta; società legalmente costituita; *(USA)* società a responsabilità limitata. **3** *(scherz.)* pancione.

corporeal [kɔ:'pɔ:riəl] *agg* corporeo; fisico; del corpo.

corps [kɔ:*] *s. (invariato al pl.)* **1** corpo; reparto: *corps de ballet,* corpo di ballo — *corps girl,* danzatrice di un corpo di ballo. **2** corpo d'armata.

corpse [kɔ:ps] *s.* cadavere; salma.

corpulence, corpulency ['kɔ:pjuləns(i)] *s.* corpulenza; obesità.

corpulent ['kɔ:pjulənt] *agg* corpulento; obeso.

corpus ['kɔ:pʌs] *s. (lat.)* (*pl.* **corpora**) corpus; corpo; raccolta.

corpuscle ['kɔ:pʌsl] *s.* globulo *(del sangue);* corpuscolo.

corral [kɔ'rɑ:l] *s. (USA)* **1** recinto per il bestiame. **2** disposizione di carri in cerchio per proteggere un accampamento.

to **corral** [kɔ'rɑ:l] *vt* (**-ll-**; *USA anche* **-l-**) **1** spingere il bestiame dentro il recinto. **2** disporre carri in cerchio per proteggere l'accampamento.

correct [kə'rekt] *agg* corretto; giusto; esatto; proprio; preciso. □ *avv* **correctly.**

to **correct** [kə'rekt] *vt* correggere; regolare; rettificare; *(una persona)* rimproverare: *to correct exam papers,* correggere prove d'esame — *I stand corrected,* Riconosco che avevo torto.

correction [kə'rekʃən] *s.* correzione; rettifica: *under (o subject to) correction,* salvo errori — *I speak under correction,* Posso sbagliarmi — *house of correction, (ant.)* prigione.

correctitude [kə'rektitju:d] *s. (poco comune)* correttezza.

corrective [kə'rektiv] *s. e agg* correttivo.

correctness [kə'rektnis] *s.* giustezza; esattezza; correttezza.

to **correlate** ['kɔrileit] *vt* mettere in correlazione.
□ *vi* essere in correlazione.

correlation [,kɔri'leiʃən] *s.* correlazione.

correlative [kɔ'relətiv] *s. e agg* correlativo.

to **correspond** [,kɔris'pɔnd] *vi* **1** *(seguito da* to *o* with*)* corrispondere; rispondere all'esigenza; confarsi. **2** *(seguito da* to*)* corrispondere; eguagliare; essere proporzionato; equivalere; essere simile. **3** *(seguito da* with*)* corrispondere; scambiare (scambiarsi) lettere; essere in corrispondenza con.

correspondence [,kɔris'pɔndəns] *s.* **1** corrispondenza; rispondenza; somiglianza; accordo; armonia: *There is not much correspondence between their ideals and ours,* Non c'è molta rispondenza tra i loro ideali e i nostri. **2** corrispondenza; carteggio; epistolario; scambio di lettere: *He has a great deal of correspondence to deal with,* Deve sbrigare un sacco di corrispondenza — *correspondence course,* corso *(di studi, ecc.)* per corrispondenza.

correspondent [,kɔris'pɔndənt] *s.* **1** corrispondente; persona che scrive lettere: *He's a good (bad) correspondent,* È un buon (cattivo) corrispondente. **2** *(giornalismo)* corrispondente; inviato. **3** *(comm.)* corrispondente; socio *(che opera spec. all'estero).*

corresponding [,kɔris'pɔndiŋ] *agg* corrispondente; equivalente.
□ *avv* **correspondingly,** in misura corrispondente.

corridor ['kɔridɔ:*] *s.* corridoio: *corridor train,* treno con vetture intercomunicanti.

corrie ['kɔri] *s. (scozzese)* conca; anfiteatro *(in montagna).*

corrigendum [,kɔri'dʒendəm] *s.* (*lat.: pl.* **corrigenda**) errore di stampa; parte da correggere: *Corrigenda, (pl.)* Errata corrige.

corrigible ['kɔridʒəbl] *agg* correggibile.

to **corroborate** [kə'rɔbəreit] *vt* corroborare; rafforzare; avvalorare.

corroboration [kə,rɔbə'reiʃən] *s.* corroborazione; corroboramento; conferma; rafforzamento; avvaloramento.

corroborative [kə'rɔbərətiv] *agg* corroborante. □ *avv* **corroboratively.**

to **corrode** [kə'roud] *vt e i.* corrodere; corrodersi.

corrosion [kə'rouʒən] *s.* corrosione.

corrosive [kə'rousiv] *s. e agg* corrosivo. □ *avv* **corrosively.**

to **corrugate** ['kɔrugeit] *vt e i.* corrugare; ondulare; corrugarsi; ondularsi; incresparsi: *to corrugate the forehead,* corrugare la fronte — *corrugated iron,* lamiera (di ferro) ondulata — *corrugated cardboard,* cartone increspato *(per imballaggi)* — *corrugated roads,* strade dissestate.

corrugation [,kɔru'geiʃən] *s.* corrugamento.

corrupt [kə'rʌpt] *agg* **1** corrotto; immorale; depravato: *corrupt practices,* mene o brogli *(spec. elettorali);* mezzi, forme di corruzione *(spec. in politica).* **2** guasto; contaminato; impuro. **3** *(di testi)* alterato; non attendibile; *(di lingue)* derivato; corrotto; con molte imperfezioni: *a corrupt form of Latin,* un latino corrotto *(tardo, non classico).* □ *avv* **corruptly.**

to **corrupt** [kə'rʌpt] *vt e i.* corrompere, corrompersi; andare a male.

corruptibility [kə'rʌpti'biliti] *s.* corruttibilità.

corruptible [kə'rʌptəbl] *agg* corruttibile. □ *avv* **corruptibly.**

corruption [kə'rʌpʃən] *s.* corruzione; decadimento.

corruptness [kə'rʌptnis] *s.* corruzione.

corsage [kɔ:'sɑ:ʒ] *s. (fr.)* **1** bustino; corpetto *(di abito femminile).* **2** *(USA)* mazzolino di fiori da appuntare sul bustino.

corsair ['kɔ:sɛə*] *s.* **1** corsaro. **2** nave corsara.

corse [kɔ:s] *s.* (*ant. o poet. per* **corpse**) cadavere.

corset ['kɔ:sit] *s.* corsetto; busto; modellatore.

Corsican ['kɔ:sikən] *agg e s.* corso.

corslet, corselet ['kɔ:slit] *s.* corsaletto *(corazza leggera).*

cortège [kɔ:'teiʒ] *s. (fr.)* corteggio; corteo; seguito.

cortex ['kɔ:teks] *s. (lat.)* (*pl.* **cortices**) corteccia.

cortical ['kɔ:tikəl] *agg* corticale.

cortisone ['kɔ:tisoun] *s.* cortisone.

to **coruscate** ['kɔrəskeit] *vi* corruscare *(raro);* lampeggiare; brillare *(anche fig.).*

coruscation [,kɔrəs'keiʃən] *s.* corruscazione *(raro);* il brillare.
corvée ['kɔ:vei] *s. (fr.)* corvée; dura fatica.
corvette [kɔ:'vet] *s.* corvetta.
[1]**cos** [kɔz] *s. (anche* cos lettuce*)* varietà di lattuga *(a foglie lunghe).*
[2]**cos** [kɔz] *s.* (*matematica: abbr. di* **cosine**) coseno.
[3]**'cos** [kɔz] *congiunz* (*abbr. fam., spesso infantile o scherz., di* **because**) perché.
cosh [kɔʃ] *s. (fam.)* randello corto *(spec. se di gomma con anima di metallo): cosh boy,* giovane malvivente che usa il randello; teppista.
to **cosh** [kɔʃ] *vt e i.* fustigare; bastonare.
cosher ['kouʃə*] *agg e s.* ⇨ **kosher.**
co-signatory ['kou'signətəri] *agg e s.* co-firmatario.
cosily ['kouzili] *avv* ⇨ **cosy.**
cosine ['kousain] *s.* (*abbr.* **cos**) coseno.
cosiness ['kouzinis] *s.* comodità; confortevolezza.
cosmetic [kɔz'metik] *agg e s.* cosmetico.
cosmetician [,kɔzmə'tiʃən] *s.* truccatore; estetista.
cosmic ['kɔzmik] *s.* cosmico.
cosmogony [kɔz'mɔgəni] *s.* cosmogonia.
cosmology [kɔz'mɔlədʒi] *s.* cosmologia.
cosmonaut ['kɔsmo*u*nɔ:t] *s.* cosmonauta; astronauta.
cosmopolitan [,kɔzmɔ'pɔlitən] *agg e s.* cosmopolita; *(fig.)* di idee aperte.
cosmopolitanism [,kɔzmɔ'pɔlitənizəm] *s.* cosmopolitismo.
[1]**cosmos** ['kɔzmɔs] *s.* cosmo.
[2]**cosmos** ['kɔzmɔs] *s.* cosmea *(pianta da giardino).*
to **cosset** ['kɔsit] *vt* vezzeggiare; viziare.
cost [kɔst] *s.* **1** costo; prezzo; spesa: *the cost of living,* il costo della vita — *cost of living allowance,* indennità di contingenza — *living costs,* spese di sostentamento; diaria — *cost-accounting,* analisi dei costi — *to sell sth at cost,* vendere qcsa a prezzo di costo — *He built his house without regard to cost,* Si costruì la casa senza badare a spese. **2** *(fig.)* prezzo; costo; sacrificio; perdita: *to count the cost,* calcolare i rischi *(prima di iniziare un'impresa)* — *at all costs,* a tutti i costi — *at the cost of...,* a rischio di...; a costo di... — *at (o to) one's cost,* a proprie spese; per esperienza propria — *Wasps' stings are painful, as I know to my cost,* Le punture delle vespe fanno molto male, come so bene per esperienza personale. **3** *(dir., al pl.)* spese processuali.
to **cost** [kɔst] *vi* (*pass. e p. pass.* **cost**) **1** costare *(in ogni senso): cost what it may,* costi quel che costi. **2** preventivare; valutare i costi *(di produzione, ecc.).*
co-star, to **co-star** ['kou'stɑ:*] *s. e vt e i.* ⇨ **star, to star.**
coster(-monger) ['kɔstə,mʌŋgə*] *s.* fruttivendolo ambulante.
costing ['kɔstiŋ] *s.* valutazione *(dei costi di produzione): costing department,* reparto costi.
costive ['kɔstiv] *agg (med.)* stitico.
costliness ['kɔstlinis] *s.* costosità.
costly ['kɔstli] *agg* (**-ier; -iest**) costoso.
costume ['kɔstju:m] *s.* **1** costume; vestito all'antica; vestito tipico regionale: *a costume piece (play),* una recita (un dramma) in costume. **2** abito completo *(giacchetta e gonna per donna).* □ *costume jewellery,* gioielli artificiali portati sugli abiti per abbellirli.
costumer, costumier [kɔs'tju:m(i)ə*] *s.* fabbricante, venditore o noleggiatore di costumi.
cosy ['kouzi] *agg* (**-ier; -iest**) intimo; comodo; confortevole: *a cosy little room,* una cameretta confortevole. □ *avv* **cosily.**
□ *s. (nelle espressioni) tea-cosy,* copriteiera — *egg-cosy,* copriuovo.
[1]**cot** [kɔt] *s.* lettino; culla; cuccetta; *(USA)* letto da campo; branda; brandina.
[2]**cot** [kɔt] *s.* **1** ovile; capanna. **2** *(poet.)* casetta.
cote [kout] *s.* riparo; capanna *(per gli animali): a dove-cote,* una colombaia — *a sheep-cote,* un ovile.
co-tenant ['kou'tenənt] *s.* coaffittuario.
coterie ['koutəri] *s. (fr.)* 'coterie'; consorteria; cricca; congrega.
coterminous ['kou'tə:minəs] *agg* confinante; contiguo.
cotill(i)on [kə'tiljən] *s.* quadriglia *(la danza e la musica).*
cottage ['kɔtidʒ] *s.* 'cottage'; casetta di campagna; casolare: *cottage industries,* industrie leggere, artigianali — *cottage hospital,* casa di cura (senza personale medico interno) — *cottage piano,* piccolo pianoforte verticale — *cottage loaf,* tipo di pagnotta a forma di 'cottage'.
cottar, cotter ['kɔtə*] *s. (Scozia)* contadino; bracciante agricolo.
cotter ['kɔtə*] *s. (mecc.)* bietta o chiavetta trasversale.
cotton ['kɔtn] *s.* **1** cotone. **2** filo *(di cotone): cotton-wool,* bambagia; ovatta; cotone greggio. □ *cotton-tail, (USA)* coniglio.
to **cotton** ['kɔtn] *vi* fraternizzare; andare d'accordo; essere in armonia: *to cotton up (to sb),* cercare di avvicinare (qcno). □ *to cotton on (to sth), (fam.)* capire (qcsa).
cotyledon [,kɔti'li:dən] *s.* cotiledone.
couch [kautʃ] *s.* **1** *(poet.)* giaciglio; letto. **2** divano; canapé (triclinio).
to **couch** [kautʃ] *vt e i.* **1** mettere *(in parole);* esprimere; redigere; stilare: *The reply was couched in insolent terms,* La risposta fu espressa in termini insolenti. **2** *(di animali, ecc.)* acquattarsi *(per nascondersi, per balzare).* **3** *(di lancia)* abbassare; mettere in resta. **4** *(poet.: solo al p. pass.)* adagiare; posare; coricare; giacere: *to be couched in slumber,* essere abbandonato al sonno (immerso nel sonno, in braccio a Morfeo).
couchant ['kautʃənt] *agg (fr.) (araldica)* coricato *(di leone, ecc.).*
couchette [ku'ʃet] *s. (fr.)* cuccetta (ferroviaria).
couch-grass ['kautʃgrɑ:s] *s.* gramigna officinale.
cougar ['ku:gə*] *s.* coguaro.
cough [kɔf] *s.* tosse; colpo di tosse: *He gave me a warning cough,* Mi avvertì con un colpetto di tosse — *cough-drop; cough-lozenge,* pasticca per la tosse.
to **cough** [kɔf] *vi e t.* **1** tossire: *to cough a speaker down,* impedire con la tosse che un oratore venga ascoltato. **2** *(seguito da* up *o da* out*)* espellere tossendo; espettorare. **3** *to cough up, (sl.)* - **a)** sputare fuori - **b)** dire; spiattellare - **c)** sganciare soldi.
could [kud] *v. dif; pass e condiz di* **can** ⇨.
couldn't ['kudnt] *contraz di* could not: *I couldn't tell him,* Non potevo dirglielo — *You couldn't come a little earlier, could you?,* Non potresti mica venire un po' più presto?
couldst [kudst] *forma ant o poet della 2ª persona sing di* could: *Couldst thou do it?,* Potresti farlo?
couloir ['ku:lwɑ:*] *s. (fr.)* canalone *(di montagna).*
coulter ['koultə*] *s.* (*USA* **colter**) coltro; vomere.
council ['kauns*i*l] *s.* consiglio; adunanza di persone; concilio (ecclesiastico): *a city council,* un consiglio (una giunta) comunale — *to be (to meet) in council,* essere (incontrarsi) in riunione di consiglio — *council estate,* quartiere residenziale costruito dal comune —

council-house, casa costruita dal comune; casa popolare.

councillor ['kaunsilə*] *s.* consigliere; membro del consiglio.

counsel ['kaunsəl] *s.* **1** consiglio; consultazione; parere; opinione; avviso: *to keep one's own counsel,* tener segreti i propri piani, le proprie intenzioni; essere riservato — *to hold (to take) counsel with sb,* consultarsi con qcno; scambiarsi i pareri. **2** *(con l'art. indeterminativo)* consiglio: *a counsel of perfection,* un consiglio evangelico; *(fam.)* un consiglio difficile da seguire. **3** *(senza l'articolo; col pl. invariato)* avvocato patrocinante; avvocati o consiglio di difesa: *Queen's (King's) Counsel, (GB)* avvocato patrocinante della Corona *(titolo onorifico a vita).*

to **counsel** ['kaunsəl] *vt* (**-ll-**; *USA generalm.* **-l-**) consigliare; raccomandare (di fare qcsa).
□ *vi (non comune)* consultarsi *(con qcno);* discutere e deliberare.

counsellor ['kaunsələ*] *s.* (*USA anche* **counselor**) **1** consigliere consulente. **2** *(in USA e Irlanda)* avvocato.

[1]**count** [kaunt] *s.* **1** conto; conteggio; calcolo: *to keep (to lose) count,* tenere (perdere) il conto. **2** conto; considerazione; stima: *to take no (some, not much) count of what people say,* far nessun (qualche, non molto) conto di quanto la gente dice. **3** capo d'accusa; punto d'imputazione. **4** *(pugilato)* conteggio dell'arbitro: *to be out for the count,* essere fuori combattimento *(anche fig.).*

to **count** [kaunt] *vt* **1** contare: *to count down,* contare (fare il conto) alla rovescia. **2** conteggiare; calcolare il numero; trovare il totale: *to count up,* fare la somma *(di una colonna di numeri, incominciando dal basso)* — *to be counted out, (di un pugile)* essere dichiarato fuori combattimento — *to count out the House, (GB)* aggiornare la Camera dei Comuni (o dei Lord) per mancanza del numero legale — *counting-frame,* pallottoliere — *counting-house,* ufficio di contabilità, amministrazione. **3** includere; comprendere; annoverare: *fifty people, not counting the children,* cinquanta persone, senza contare i bambini — *I no longer count him among my friends,* Non lo annovero più tra i miei amici — *Count me in,* Includimi — *Count me out,* Escludimi. **4** considerare; ritenere: *to count oneself fortunate,* considerarsi fortunato. **5** *to count on (upon) sth,* contare (fare assegnamento) su qcsa. **6** *to count sth against sb,* imputare qcsa contro qcno; fargliene colpa.
□ *vi* **1** essere incluso; essere annoverato. **2** contare: *That doesn't count,* Ciò non conta; Ciò non vale — *to count for much (for little, nothing),* valere o contare molto (poco, niente) — *Knowledge without common sense counts for little,* Il sapere senza il buon senso vale poco.

[2]**count** [kaunt] *s.* conte *(non usato per nobili britannici).*

countable ['kauntəbl] *agg* contabile; numerabile.

count-down ['kauntdaun] *s.* conto alla rovescia.

countenance ['kauntinəns] *s. (linguaggio formale)* **1** espressione *(del volto);* fisionomia; viso; aspetto; aria: *to change countenance,* mutare espressione; cambiare aspetto; sbiancare in viso *(per lo spavento, ecc.)* — *to keep one's countenance,* rimanere composto; stare calmo; non perdere il controllo di sé — *to stare sb out of countenance,* sconcertare qcno fissandolo a lungo — *to put sb out of countenance,* mettere qcno in imbarazzo. **2** appoggio; sostegno; incoraggiamento; approvazione: *to give countenance to a person (to a plan),* dare il proprio appoggio a una persona (a un progetto).

to **countenance** ['kauntinəns] *vt* approvare; sanzionare; incoraggiare; favorire.

[1]**counter** ['kauntə*] *s.* bancone; banco *(di negozio o banca): under the counter,* sotto banco; in forma clandestina.

[2]**counter** ['kauntə*] *s.* **1** pallina di pallottoliere; gettone *(per contare i punti al gioco).* **2** *(nei composti)* contatore *(nelle macchine, ecc.): rev-counter,* contagiri.

[3]**counter** ['kauntə*] *avv* contrariamente; in contrapposizione; in contrasto.

to **counter** ['kauntə*] *vt e i.* **1** opporre; contrapporre. **2** contrattaccare; obiettare; contraddire; parare; respingere: *The champion countered with a left to the jaw,* Il campione rispose con un sinistro alla mascella. **3** *(mecc.)* invertire (un movimento).

to **counteract** [,kauntə'rækt] *vt* contrapporre; agire contro; controbattere.

counter-attack ['kauntərə,tæk] *s.* contrattacco.

to **counter-attack** ['kauntərə,tæk] *vt e i.* contrattaccare.

counter-attraction ['kauntərə,trækʃən] *s.* attrazione contraria.

counterbalance ['kauntə,bæləns] *s.* contrappeso.

to **counterbalance** ['kauntə,bæləns] *vt* controbilanciare.

counter-claim ['kauntəkleim] *s.* **1** controreclamo. **2** controquerela.

counter-clockwise ['kauntə'klɔkwaiz] *agg* antiorario; sinistrorso.
□ *avv* in senso antiorario.

counter-espionage [kauntər'espiənɑ:ʒ] *s.* controspionaggio.

counterfeit ['kauntəfit] *s.* contraffazione; falso. □ *agg* falso; falsificato; contraffatto.

to **counterfeit** ['kauntəfit] *vt* falsificare; contraffare; imitare.

counterfeiter ['kauntə,fitə*] *s.* contraffattore; falsario.

counterfoil ['kauntəfɔil] *s.* matrice *(p.es. di un libretto di assegni).*

counter-intelligence ['kauntərin,telidʒəns] *s.* controspionaggio.

counter-irritant [,kauntər'iritənt] *s.* vescicante; revulsivo.

to **countermand** [,kauntə'mɑ:nd] *vt* revocare, annullare un ordine.

countermarch ['kauntəmɑ:tʃ] *s.* contromarcia.

to **countermarch** ['kauntəmɑ:tʃ] *vi e t.* fare marcia indietro.

countermine ['kauntəmain] *s.* **1** contromina. **2** complotto volto a sventarne un altro.

to **countermine** ['kauntəmain] *vt e i.* controminare; sventare un complotto.

counter-offensive ['kauntərə'fensiv] *s.* controffensiva.

counterpane ['kauntəpein] *s.* copriletto.

counterpart ['kauntəpɑ:t] *s.* controparte; parte corrispondente o complementare.

counterplot ['kauntəplɔt] *s.* complotto o stratagemma volto a sventarne un altro.

to **counterplot** ['kauntəplɔt] *vt e i.* (**-tt-**) ordire un complotto per sventarne un altro.

counterpoint ['kauntəpɔint] *s.* **1** contrappunto. **2** contrappuntistica.

counterpoise ['kauntəpɔiz] *s.* contrappeso; equilibrio.

to **counterpoise** ['kauntəpɔiz] *vt* bilanciare; mettere in equilibrio.

counter-revolution ['kauntərevə,lu:ʃən] *s.* controrivoluzione.

counter-revolutionary ['kauntərevə,lu(:)ʃənəri] *agg e s.* controrivoluzionario.

countersign ['kauntəsain] *s.* **1** contrassegno; controfirma. **2** parola d'ordine; segno di riconoscimento.

to **countersign** ['kauntəsain] *vt* controfirmare.

to **countersink** [,kauntə'siŋk] *vt* **1** accecare; svasare *(un foro).* **2** calare una vite a testa conica in un foro accecato.

counter-tenor ['kauntə'tenə*] *s.* falsetto.

to **countervail** ['kauntəveil] *vt e i.* **1** controbilanciare; bilanciare. **2** pareggiare; compensare: *countervailing duties,* imposte doganali protettive.

countess ['kauntis] *s.* contessa.

counting-house ['kauntiŋhaus] *s. (comm.)* (ufficio di) contabilità; amministrazione.

countless ['kauntlis] *agg* innumerevole.

countrified ['kʌntrifaid] *agg* campagnolo; agreste; rurale; contadino.

country ['kʌntri] *s.* **1** paese *(mai nel senso di villaggio, regione, ecc.);* nazione: *European countries,* le nazioni europee — *Does the country want war?,* Il paese vuole la guerra? — *to go (to appeal) to the country, (GB)* indire le elezioni generali; consultare il paese.
2 paese natale; patria: *to return to one's own country,* tornare al proprio paese natio; tornare in patria — *the Old Country,* l'Inghilterra; la Gran Bretagna *(detto dai cittadini delle ex-colonie britanniche).*
3 *(con l'art. determinativo; anche attrib.)* la campagna: *to live in the country,* vivere in campagna — *to go into the country,* andare in campagna — *to spend a day in the country,* passare un giorno in campagna — *to leave the country,* lasciare la campagna; andare a vivere in città — *country life,* vita di campagna — *country roads,* strade di campagna — *country club,* circolo sportivo — *country cousin,* chi non si adatta a vivere in città; paesanotto; tipo provinciale — *country dance,* danza folcloristica (campestre) — *country gentleman,* signorotto di campagna; proprietario terriero — *country house (seat),* villa di campagna; residenza di campagna — *country party,* partito agrario — *country town,* cittadina di provincia.
4 territorio; terreno; regione; campo *(fig.): We passed through miles of densely wooded country,* Attraversammo parecchie miglia di fitta boscaglia — *This is unknown country to me,* Questo è per me un campo sconosciuto.

countryman ['kʌntrimən] *s.* (*pl.* **countrymen**) **1** campagnolo; contadino; chi abita in campagna. **2** *(spesso* fellow-countryman*)* compatriota; concittadino.

countryside ['kʌntri'said] *s.* campagna; zona; area di campagna: *The English countryside looks its best in May and June,* La campagna inglese è nel suo fiore in maggio e giugno.

countrywoman ['kʌntri,wumən] *s.* (*pl.* **countrywomen**) **1** campagnola; contadina. **2** *(spesso* fellow-countrywoman*)* compatriota; concittadina.

county ['kaunti] *s.* **1** *(GB)* contea *(divisione amministrativa del Regno Unito, corrispondente a una provincia): the county of Kent (of York),* la contea del Kent (dello Yorkshire) — *county town,* città capoluogo di contea — *county borough,* città di oltre cinquantamila abitanti da amministrarsi come una contea — *county council,* consiglio di contea — *county court,* tribunale di contea — *county family,* famiglia legata da secoli alla contea, dove possiede una casa avita — *the county families,* tutte le famiglie nobili e benestanti della contea — *the home counties,* le contee intorno a Londra. **2** *(USA e altri paesi)* contea *(divisione amministrativa più piccola di uno Stato o provincia).* **3** *the county = the county families* (⇨ **1**).

coup [ku:] *s. (fr.)* colpo; colpo maestro; mossa brillante: *He made (pulled off) a great coup,* Ha fatto un bel colpo — *coup d'état,* colpo di stato — *coup de grace,* colpo di grazia.

coupé ['ku:pei] *s. (fr.)* **1** coupé; carrozza chiusa. **2** coupé; automobile a due posti.

couple ['kʌpl] *s.* **1** coppia; paio *(anche nel senso indeterminato di alcuni): to go (to hunt, to run) in couples,* andare (andare a caccia, correre) in coppia, in due. **2** coppia; marito e moglie: *Ten couples took the floor,* Dieci coppie di danzatori scesero sulla pista da ballo.

to **couple** ['kʌpl] *vt e i.* **1** accoppiare; appaiare; collegare; agganciare. **2** sposare; unire in matrimonio. **3** *(di animali)* accoppiare; unire sessualmente; accoppiarsi. **4** *(di cose)* associare; unire; associarsi; unirsi.

coupler ['kʌplə*] *s.* **1** *(ferrovia)* gancio d'attacco. **2** *(mus.)* tirante *(di organo).* **3** *(radio)* accoppiatore.

couplet ['kʌplit] *s.* 'couplet'; strofa; distico; coppia di versi.

coupling ['kʌpliŋ] *s.* accoppiamento; agganciamento.

coupon ['ku:pɔn] *s.* cedola; tagliando; scontrino; buono.

courage ['kʌridʒ] *s.* coraggio: *to take (to pluck up, to muster up) courage,* farsi coraggio; farsi animo — *to lose courage,* perdersi d'animo — *to take one's courage in both hands,* prendere il coraggio a due mani — *to have the courage of one's convictions,* avere il coraggio delle proprie opinioni (convinzioni) — *He hadn't the courage to refuse,* Non ebbe il coraggio di rifiutare.

courageous [kə'reidʒəs] *agg* coraggioso. □ *avv* **courageously.**

courgette [kɔ:'ʒet] *s. (fr.)* zucchino.

courier ['kuriə*] *s.* **1** messaggero. **2** agente turistico; *(talvolta)* accompagnatore turistico. **3** corriere *(diplomatico, ecc.).*

course [kɔ:s] *s.* **1** corso *(lo scorrere del tempo, delle acque, ecc.); (med.)* decorso: *the course of life from the cradle to the grave,* il corso della vita dalla culla alla tomba — *the course of events,* il corso degli eventi — *in the course of...,* nel corso di...; durante... — *in the course of the conversation,* nel corso della conversazione — *in the course of centuries,* nel corso dei secoli — *in (the) course of time,* dopo un certo tempo — *in due course,* a tempo debito — *in the course of nature; in the ordinary course of things,* secondo natura; secondo l'ordine naturale delle cose — *the clinical course of a disease,* il decorso clinico di una malattia.
2 direzione; rotta; via *(anche fig.);* corso: *The ship is on her right course,* La nave è sulla rotta giusta — *What are the courses open to us?,* Quali sono le vie aperte per noi? — *to run (to take) one's course,* fare (seguire) il proprio corso — *The law must take its course,* La legge deve fare il suo corso — *a matter of course,* una cosa naturale, ovvia, scontata — *They take my help as a matter of course,* Considerano il mio aiuto come una cosa scontata — *of course,* naturalmente; certamente — *Of course you can come!,* Certo che puoi venire!
3 *(sport)* percorso; campo: *golf course,* campo di golf — *race course,* pista per le corse equestri — *to stay*

the course, (fig.) tener duro; andare avanti; non cedere.
4 serie; corso *(di studi, ecc.): a course of lectures,* una serie di conferenze — *a course of X-ray treatments,* un ciclo di applicazioni di raggi X.
5 *(archit.)* corso *(strato continuo di pietre, mattoni, ecc.).*
6 portata; piatto: *a five-course dinner,* un pranzo di cinque portate — *the main course,* il piatto principale; la pietanza.
7 *(naut.)* vela legata alla corda più bassa dell'albero.
to **course** [kɔ:s] *vt e i.* **1** cacciare *(spec. la lepre)* con levrieri. **2** scorrere: *The blood coursed through his veins,* Il sangue scorreva nelle sue vene — *Tears coursed down her cheeks,* Le lacrime scorrevano lungo le sue guance.
courser ['kɔ:sə*] *s. (poet.)* corsiero.
coursing ['kɔ:siŋ] *s.* caccia *(spec. alla lepre)* con levrieri.
court [kɔ:t] *s.* **1** corte (di giustizia); tribunale; sessione; udienza; assemblea; commissione: *contempt of court,* disobbedienza, oltraggio alla corte — *They settled the case out of court,* Conciliarono la questione in via amichevole — *to be ruled (to be put) out of court; to put oneself out of court, (fig.)* perdere il diritto di aver voce in capitolo; squalificarsi. **2** corte *(di un re, ecc.); (per estensione)* famiglia reale; residenza reale; udienza reale: *the Court of St James,* la Corte di San Giacomo; la corte reale inglese — *to be presented at court,* andare (essere presentato) a corte — *court circular, (GB)* cronaca di corte *(riportata sui giornali)* — *court-card, (GB)* figura *(nel gioco delle carte).* **3** campo *(di certi giochi): Do you prefer grass courts or hard courts?, (tennis)* Preferisci campi erbosi o campi in terra battuta? **4** *(anche* court-yard*)* piazzetta; cortile *(di castello, dei 'colleges' di Cambridge, ecc.); (talvolta, GB)* case che danno su una piazzetta. **5** cortile *(generalm. di case povere).* **6** corte; corteggiamento: *to pay court to a woman,* corteggiare una donna.
to **court** [kɔ:t] *vt e i.* **1** corteggiare; fare la corte. **2** sollecitare; cercare; andare in cerca (di): *to court sb's approval (support),* sollecitare l'approvazione (l'appoggio) di qcno — *to court applause,* cercare il plauso della gente — *to court defeat (danger),* andare incontro alla sconfitta; cercare il pericolo.
courteous ['kɔ:tjəs] *agg* cortese. □ *avv* **courteously.**
courtesan [ˌkɔ:ti'zæn] *s.* cortigiana; etera.
courtesy ['kə:təsi] *s.* cortesia; favore; omaggio. □ *a courtesy title,* un titolo di cortesia.
courtier ['kɔ:tjə*] *s.* cortigiano; donna di corte.
courting ['kɔ:tiŋ] *s.* corteggiamento; corte (a una donna).
courtliness ['kɔ:tlinis] *s.* cortesia; urbanità.
courtly ['kɔ:tli] *agg* (**-ier**; **-iest**) cerimonioso; raffinato; cortigianesco.
court-martial ['kɔ:t'mɑ:ʃəl] *s.* (*pl.* **courts-martial**) corte marziale *(il tribunale e il processo).*
to **court-martial** ['kɔ:t'mɑ:ʃəl] *vt* (**-ll-**) sottoporre a giudizio davanti alla corte marziale.
courtship ['kɔ:tʃip] *s.* corte; corteggiamento.
courtyard ['kɔ:tjɑ:d] *s.* cortile; corte; *(talvolta)* porticato.
cousin ['kʌzn] *s.* cugino, cugina.
cousinly ['kʌznli] *agg* da cugino.
covalence [kou'veiləns] *s.* covalenza.
[1]**cove** [kouv] *s.* piccola insenatura; baia; grotta; caverna.
[2]**cove** [kouv] *s. (sl.)* tipo; individuo.
coven ['kʌvən] *s.* congrega *(di streghe).*
covenant ['kɔvinənt] *s.* patto; accordo solenne; intesa.
to **covenant** ['kɔvinənt] *vt e i.* contrarre un patto, un accordo.
covenanter ['kɔvinəntə*] *s.* chi aderisce a una convenzione, a un patto *(spec. membro del 'National Covenant' scozzese).*
Coventry ['kɔvəntri] *nome proprio (nell'espressione) to send a person to Coventry,* dare a qcno l'ostracismo.
cover ['kʌvə*] *s.* **1** coperchio; copertura; calotta; fodera *(di poltrona, ecc.);* copertone *(di pneumatico).*
2 *(di libro, ecc.)* copertina: *to read a book from cover to cover,* leggere un libro da capo a fondo — *cover girl, (fam.)* ragazza da copertina; bella ragazza *(che appare sulle copertine dei rotocalchi).*
3 *(di corrispondenza)* fascetta; busta; involucro: *under separate cover,* in busta a parte; separatamente — *under plain cover,* in busta non intestata.
4 *(luogo di)* protezione; rifugio; riparo: *There was nowhere where we could take cover,* Non c'era dove trovare rifugio — *It's raining; get under cover quickly!,* Sta piovendo; mettiti presto al riparo! — *under cover of night (of darkness),* col favore delle tenebre.
5 *(detto di selvaggina)* sottobosco; coperto; riparo: *to break cover,* venire allo scoperto *(di volpe, ecc.).*
6 apparenza; finzione; pretesto; veste: *under cover of friendship,* col pretesto dell'amicizia.
7 *(mil.)* copertura: *to give an operation fighter cover,* proteggere un'azione militare con una copertura aerea *(di caccia da combattimento).*
8 coperto; posto a tavola: *cover charge,* (prezzo del) coperto.
9 caparra; cauzione; garanzia; somma depositata in garanzia; somma o fondo di riserva.
to **cover** ['kʌvə*] *vt* **1** coprire; ricoprire; rivestire; proteggere; celare; mascherare: *to cover the table with a cloth,* coprire il tavolo con una tovaglia — *He laughed to cover his nervousness,* Rise per mascherare il proprio nervosismo — *to cover in,* colmare; riempire — *to cover over,* turare; chiudere; riparare *(stendendo qcsa sopra)* — *to cover over a hole in the roof,* ricoprire un foro nel tetto — *to cover up,* coprire; vestire; avvolgere; nascondere (*cfr.* **cover-up**) — *Cover yourself up well,* Vestiti bene; Mettiti vestiti pesanti — *How can we cover up our tracks?,* Come possiamo nascondere le nostre tracce? — *to cover up for sb,* coprire le spalle a qcno.
2 *(di solito al passivo) to be covered with sth,* essere ricoperto di qcsa — *He was covered with shame (confusion),* Era pieno di vergogna (tutto confuso).
3 ricoprire; cospargere; spruzzare; inzaccherare: *A taxi went by and covered us with mud,* Passò un tassì e ci inzaccherò per bene.
4 ricoprirsi; rivestirsi: *to cover oneself with glory (honour, disgrace),* ricoprirsi di gloria (di onore, di ignominia).
5 proteggere *(anche mil.);* fare scudo; coprire con polizza di assicurazione: *Warships covered the landing of the invading army,* Navi da guerra proteggevano lo sbarco delle forze d'invasione — *Are you covered against fire and theft?,* Sei assicurato contro l'incendio e il furto?
6 percorrere; viaggiare: *By sunset we had covered thirty miles,* Al tramonto avevamo percorso trenta miglia.
7 *(di cannoni, ecc.)* tenere sotto il fuoco; dominare; *(di*

pistola, ecc.) tenere sotto mira: *Cover your man!*, Tienilo sotto mira!
8 *(di denaro)* essere sufficiente; bastare per: *Ten pounds will cover my needs for the journey,* Dieci sterline basteranno a coprire le spese del viaggio — *We have only just covered our expenses,* Abbiamo appena coperto le spese.
9 includere; comprendere; estendersi; abbracciare; trattare: *This book does not fully cover the subject,* Questo libro non tratta esaurientemente l'argomento — *Do the rules cover all possible cases?*, Le regole comprendono tutti i casi prevedibili?
10 *(in alcuni giochi)* coprire; marcare; stare dietro a un giocatore; difendere *(una base)*.
11 *(di giornalista)* riferire estesamente; fare la cronaca.
□ **to cover in (over, up)** ⇨ **1**, sopra.

coverage ['kʌvəridʒ] *s.* **1** *(giornalismo, ecc.)* ampiezza di trattazione. **2** *(comm.)* copertura *(p.es. di rischi)*.

[1]**covering** ['kʌvəriŋ] *s.* copertura; protezione; rivestimento; guarnizione; volta; manto.

[2]**covering** ['kʌvəriŋ] *agg* di accompagnamento; di protezione: *a covering letter,* una lettera di accompagnamento *(p.es. di merci spedite)* — *covering party, (mil.)* forze di appoggio (di copertura).

coverlet ['kʌvəlit] *s.* copriletto.

[1]**covert** ['kʌvət] *agg* coperto; nascosto; celato; finto. □ *avv* **covertly.**

[2]**covert** ['kʌvət] *s.* macchia; sottobosco *(spec. come nascondiglio di animali): to draw a covert,* battere, setacciare una macchia *(per stanare animali)*.

cover-up ['kʌvə,ʌp] *s. (fam., spesso* a cover-up job*)* operazione di copertura *(p.es. per soffocare uno scandalo)*.

to **covet** ['kʌvit] *vt* bramare; agognare *(spec. la roba altrui);* guardare con cupidigia.

covetous ['kʌvitəs] *agg* avido; bramoso. □ *avv* **covetously.**

covetousness ['kʌvitəsnis] *s.* avidità; bramosia; cupidigia.

covey ['kʌvi] *s.* (*pl.* **coveys**) **1** covata *(spec. di pernici)*. **2** *(fam.)* comitiva; gruppetto.

cow [kau] *s.* mucca; vacca; femmina *(di elefante, balena, ecc.): cow-catcher, (USA, ferrovia)* cacciapietre — *cow-house (cow-shed),* stalla — ⇨ *anche* **cowboy, cowherd, cowman, cowpoke, cow-pox.** □ *poor cow!, (fam.)* povera diavola!; poveraccia!

to **cow** [kau] *vt* spaventare; intimorire; atterrire.

coward ['kauəd] *s.* codardo; vile; vigliacco.

cowardice ['kauədis] *s.* codardia; vigliaccheria; viltà.

cowardly ['kauədli] *agg* **1** vile; meschino. **2** vigliacco; privo di coraggio; pauroso.

cowboy ['kaubɔi] *s.* 'cowboy'; vaccaro; bovaro; buttero.

to **cower** ['kauə*] *vi* accucciarsi; acquattarsi; farsi piccino *(spec. per la paura)*.

cowherd ['kauhə:d] *s.* bovaro; vaccaro.

cowl [kaul] *s.* **1** cappuccio; tonaca da frate con cappuccio. **2** copricomignolo. **3** cofano del motore; cuffia per radiatore.

cowling ['kauliŋ] *s.* cappottatura.

cowman ['kaumən] *s.* (*pl.* **cowmen**) vaccaio; vaccaro; mungitore di vacche; *(raro)* allevatore di bestiame.

cowpoke ['kaupouk] *s. (USA)* = **cowboy.**

cow-pox ['kaupɔks] *s.* vaiolo bovino.

cowrie, cowry ['kauri] *s.* (*pl.* **cowries**) ciprea; porcellana.

cowshed ['kauʃed] *s.* stalla *(per bovini)*.

cowslip ['kauslip] *s.* primula gialla.

cox [kɔks] *s., abbr di* **coxswain.**

to **cox** [kɔks] *vt* stare al timone; fare da timoniere.

coxcomb ['kɔkskoum] *s.* zerbinotto; damerino.

coxswain ['kɔkswein] *s.* **1** timoniere *(nelle regate)*. **2** sottufficiale che ha il comando di una scialuppa; nocchiere.

coy [kɔi] *agg* (**-er**; **-est**) pudibondo; pudico; riservato; modesto; timido; ritroso. □ *avv* **coyly.**

coyness ['kɔinis] *s.* pudicizia; modestia; timidezza; ritrosia.

coyote ['kɔiout/*(USA)* kai'outi] *s.* coyote; lupo della prateria nordamericana.

coypu ['kɔipu] *s.* miopotamo.

to **cozen** ['kʌzn] *vt (lett.)* frodare; gabbare; ingannare: *to cozen sb into doing sth,* indurre qcno (con la frode) a fare qcsa.

cozy ['kouzi] *agg (USA)* = **cosy.**

[1]**crab** [kræb] *s.* granchio. □ *to catch a crab,* dare un colpo di remo a vuoto.

[2]**crab** [kræb] *s. (anche* crab-apple*)* melo selvatico; mela selvatica.

to **crab** [kræb] *vt e i.* (**-bb-**) **1** *(di falchi e talvolta delle donne)* tirare fuori gli artigli. **2** *(fam.)* denigrare; avvilire. **3** *(di aereo)* compensare la deriva.

crabbed ['kræbid] *agg* **1** scorbutico; sgarbato; bisbetico; acido. **2** contorto; *(di autore)* complicato; *(di grafia)* illeggibile; a zampe di gallina.

crabby ['kræbi] *agg* = **crabbed 1.**

crack [kræk] *s.* **1** crepa; incrinatura; spaccatura: *crack-brain; crack-brained, (fam.)* pazzo; matto — *a crack-brained plan,* un piano pazzesco — *crack-voiced,* dalla voce fessa. **2** colpo secco *(di arma da fuoco, ecc.);* schiocco; scoppio; schianto: *the crack of doom,* lo schianto del giorno del Giudizio. **3** botta; batosta; percossa; forte colpo: *to give sb a crack on the head,* dare una botta in testa a qcno. **4** *(fam., anche* wise-crack*)* battuta; osservazione piccante; spiritosaggine; barzelletta. **5** *(fam.)* prova; tentativo; sforzo: *to have a crack at sth,* provare a fare qcsa.
□ *come agg attrib* bravissimo; in gamba; fuoriclasse; di prim'ordine: *a crack shot,* un tiratore scelto; un campione di tiro — *crack troops,* truppe scelte.

to **crack** [kræk] *vt e i.* **1** incrinare, incrinarsi; spaccare, spaccarsi; spezzare, spezzarsi *(con un rumore secco); (fam.)* cedere. **2** schioccare; far schioccare; crepitare; scoppiettare; *(di colpo di arma da fuoco)* risuonare; sparare: *to crack a whip (the joints of the fingers),* far schioccare la frusta (le articolazioni delle dita). **3** *(della voce)* diventare aspra o stridula; incrinarsi; cambiare *(p.es. in un adolescente durante la pubertà)*. **4** scomporre per pirolisi, per piroscissione.
□ *to crack a joke,* dire una barzelletta, una spiritosaggine; fare una battuta — *to crack a bottle of wine, (fam.)* scolarsi una bottiglia di vino — *to crack a crib, (sl.)* penetrare in una casa mediante scasso — *to crack a case, (della polizia)* sbrogliare un caso — *to get cracking,* darsi da fare.
to crack down (on sb), *(fam.)* dare un giro di vite (a qcno); trattare qcno più severamente.
to crack up, - **a)** indebolirsi; perdere le forze *(nella vecchiaia);* avere un collasso nervoso - **b)** *(di aereo)* schiantare, schiantarsi - **c)** *to crack sb or sth up, (fam.)* portare qcno o qcsa alle stelle: *He's not all he's cracked up to be,* Non è poi così bravo (capace, ecc.) come si dice.

cracked [krækt] *agg* (*p. pass. di* **to crack**) **1** incrinato; spaccato; spezzato; rotto. **2** *(della voce)* aspra; fessa; stridula. **3** *(fig., fam.)* matto; rimbambito; scemo; tocco.

cracker ['krækə*] *s.* **1** biscotto croccante *(generalm.*

salato; comunque non dolce); piccola galletta *(che si mangia col formaggio, ecc.); (USA)* qualsiasi tipo di biscotto. **2** petardo; mortaretto: *Christmas crackers,* petardi natalizi. **3** *(al pl.: anche* nut-crackers*)* schiaccianoci.

crackerjack ['krækə,dʒæk] *s. (fam., USA)* cosa (o persona) di prim'ordine; 'fuori classe'.

crackers ['krækəz] *agg predicativo (GB, fam.)* matto; pazzo.

cracking ['krækiŋ] *s.* pirolisi; piroscissione *(del petrolio).*

crackle ['krækl] *s.* **1** scoppiettio; crepitio; scricchiolio. **2** screpolatura: *crackle-china; crackle-ware,* ceramica pregiata ricoperta di minute screpolature.

to **crackle** ['krækl] *vi* scoppiettare; crepitare; scricchiolare.

crackling ['krækliŋ] *s.* **1** crepitio. **2** cicciolo, ciccioli; cotenna croccante *(del maiale).*

crackpot ['krækpɔt] *s.* individuo stravagante, eccentrico.

cracksman ['kræksmən] *s.* (*pl.* **cracksmen**) scassinatore.

cradle ['kreidl] *s.* **1** culla *(anche fig.): from the cradle,* sin dalla culla; sin dall'infanzia. **2** intelaiatura; crivello di legno *(per sabbie aurifere);* supporto *(di telefono);* alzacoperte *(di ammalato);* gabbia *(di salvataggio); (edilizia)* centina; montacarichi.

to **cradle** ['kreidl] *vt* **1** cullare: *to cradle a child in one's arms,* cullare un bambino in braccio. **2** mettere a posto; posare; collocare: *to cradle the telephone receiver,* posare giù il telefono.

craft [krɑ:ft] *s.* **1** occupazione manuale; arte; mestiere: *Every man to his craft, (prov.)* A ciascuno il suo mestiere — *the gentle craft, (lett.)* la pesca con la lenza — *needle-craft,* arte del ricamo — *wood-craft,* lavorazione del legno. **2** unione artigiana; corporazione: *the Craft, (stor.)* la Massoneria — *craft-guild, (stor.)* corporazione di arti e mestieri — *craft-brother,* membro della stessa corporazione. **3** *(al pl. invariato)* imbarcazione; barca: *The harbour was full of all kinds of craft,* Il porto era pieno di imbarcazioni di ogni tipo. **4** astuzia; furberia; inganno; raggiro: *That man is full of craft,* Quell'uomo è pieno di astuzia — *He got it from her by craft,* Glielo prese con l'inganno.

craftiness ['krɑ:ftinis] *s.* astuzia; abilità.

craftsman ['krɑ:ftsmən] *s.* (*pl.* **craftsmen**) artigiano; operaio specializzato; *(per estensione)* lavoratore abile; artista.

craftsmanship ['krɑ:ftsmənʃip] *s.* abilità d'artefice; bravura.

crafty ['krɑ:fti] *agg* (**-ier**; **-iest**) abile; astuto. □ *avv* **craftily.**

crag [kræg] *s.* picco; balza; dirupo.

cragged, craggy ['krægid/'kraegi] *agg* dirupato; roccioso; scosceso.

cragsman ['krægzmən] *s.* (*pl.* **cragsmen**) rocciatore.

crake [kreik] *s.* corvo; cornacchia. □ *corn-crake,* re di quaglie.

to **cram** [kræm] *vt e i.* (**-mm-**) **1** calcare; stipare; riempire *(uno spazio)* pieno zeppo; stiparsi; riempirsi; rimpinzare *(di cibo);* ingozzare; rimpinzarsi; ingozzarsi: *to cram food into one's mouth,* ingozzarsi di cibo — *to cram papers into a drawer,* stipare un cassetto di fogli. **2** *(fam.)* preparare o prepararsi affrettatamente agli esami; imbottire *(di nozioni mnemoniche): to cram pupils,* imbottire (di nozioni) degli allievi — *to cram up a subject,* affastellare nozioni; imparare frettolosamente una materia. □ *cram-full,* pieno zeppo.

crammer ['kræmə*] *s.* insegnante che prepara studenti per gli esami (⇨ **to cram 2**).

[1]**cramp** [kræmp] *s.* crampo: *The swimmer was seized with cramp,* Il nuotatore fu colto da un crampo.

[2]**cramp** [kræmp] *s. (anche* cramp-iron*)* morsetto.

to **cramp** [kræmp] *vt* **1** impacciare; impedire; ostacolare; inceppare: *to cramp sb's style, (fam.)* impedire a qcno di fare a modo suo. **2** stringere o fissare con una grappa (una morsa di ferro, un morsetto): *to cramp a beam,* fissare una trave con una grappa.

cramped ['kræmpt] *agg e p. pass* **1** *(di calligrafia)* stentata; illeggibile. **2** *(di spazio)* limitato; stretto.

crampon ['kræmpən] *s.* **1** rampone. **2** braga a gancio.

cran [kræn] *s.* 'cran' *(misura di capacità, usata unicamente per le aringhe fresche: = 160,6 litri).*

cranberry ['krænbəri] *s.* specie di mirtillo.

crane [krein] *s.* gru *(l'uccello e la macchina).*

to **crane** [krein] *vt e i.* **1** alzare o spostare con una gru. **2** allungare *(il collo): to crane forward,* allungare il collo in avanti; protendersi in avanti — *to crane one's neck to see sth,* allungare il collo per vedere qcsa. **3** *to crane at sth,* esitare di fronte a qcsa *(una difficoltà, ecc).*

crane-fly ['kreinflai] *s.* tipula.

cranial ['kreinjəl] *agg* cranico; del cranio.

cranium ['kreinjəm] *s.* cranio.

[1]**crank** [kræŋk] *s.* manovella.

to **crank** [kræŋk] *vt* manovrare, girare la manovella: *to crank up an engine,* avviare un motore con la manovella.

[2]**crank** [kræŋk] *s.* persona stramba, maniaca, originale, eccentrica: *a fresh air crank,* un maniaco dell'aria pura.

crankshaft ['kræŋkʃɑ:ft] *s. (mecc.)* albero a gomito (a manovella).

cranky ['kræŋky] *agg* (**-ier**; **-iest**) **1** *(di persona)* strambo; eccentrico; pieno di manie. **2** *(di edifici o macchine, ecc.)* malfermo; traballante.

crannied ['krænid] *agg* screpolato; pieno di fessure.

cranny ['kræni] *s.* fessura; buco: *to search every nook and cranny, (fam.)* cercare (qcsa) dappertutto, in ogni angolino.

crap [kræp] *s.* **1** *(volg.)* merda; cacca: *to have a crap,* cacare. **2** *(fig., fam.)* sciocchezze; stupidaggini; fandonie; 'balle'; frottole: *Don't talk crap!,* Non raccontar balle!

to **crap** [kræp] *vt e i.* (**-pp-**) *(volg.)* cacare.

crape [kreip] *s.* ⇨ **crêpe.**

crappy ['kræpi] *agg (da* [1]**crap** ⇨) merdoso; *(per estensione)* stupido; cretino; fasullo; inutile.

craps [kræps] *s. (con il v. al sing., USA)* gioco d'azzardo con due dadi *(anche al sing., attrib., nell'espressione* crap game*): to shoot craps,* giocare a 'craps'.

[1]**crash** [kræʃ] *s.* schianto; fracasso; fragore; scoppio *(di tuono);* caduta rumorosa: *His words were drowned in a crash of thunder,* Le sue parole furono sommerse dal fragore del tuono — *an aircraft crash,* un disastro aereo. □ *a crash course,* un corso (di studi) molto accelerato — ⇨ *anche* **crash-dive, to crash-dive, crash-helmet, crash-landing, to crash-land.**

to **crash** [kræʃ] *vt e i.* **1** fracassarsi; precipitare; crollare; scontrarsi rumorosamente; schiantarsi: *The bus crashed into a tree,* L'autobus andò a schiantarsi contro un albero. **2** aprirsi un varco (sfondando, fracassando); penetrare con la forza: *Some elephants were crashing through the jungle,* Alcuni elefanti si aprivano un varco nella giungla. **3** *abbr fam di* **to gatecrash.** **4** *(di affari, ecc.)* andare in rovina; fallire; fare fiasco (crac): *His great financial scheme crashed,* Il suo grande progetto finanziario fallì miseramente. **5** far precipitare; far cadere: *to crash an aircraft,* far precipitare un aereo.

[2]**crash** [kræʃ] *s.* tela ruvida per asciugamani.

crash-dive [kræʃ'daiv] *s. (di sottomarino)* immersione rapida.

to **crash-dive** [kræʃ'daiv] *vi (di sottomarino)* immergersi precipitosamente.

crash-helmet [kræʃ'helmit] *s.* casco di protezione.

crashing ['kraeʃiŋ] *agg* **1** *(di rumore)* fragoroso: *a crashing noise,* il rumore di qualcosa che si schianta. **2** *(nell'espressione) a crashing bore,* un rompiscatole solenne.

to **crash-land** [kræʃ'lænd] *vi* fare un atterraggio di fortuna.

crash-landing [kræʃ'lændiŋ] *s.* atterraggio di fortuna.

crass [kræs] *agg* crasso; grossolano; completo; assoluto. ☐ *avv* **crassly.**

crate [kreit] *s.* **1** cesta, cassetta da imballaggio; gabbia. **2** *(sl., di aereo, ecc.)* caffettiera.

to **crate** [kreit] *vt* imballare (mettere) in una cesta.

crater ['kreitə*] *s.* cratere *(di un vulcano, o aperto da una bomba): crater lake,* lago vulcanico.

cravat [krə'væt] *s.* cravatta di tipo antiquato; sciarpa *(legata morbidamente intorno al collo).*

to **crave** ['kreiv] *vt e i.* **1** implorare; chiedere appassionatamente: *to crave mercy,* chiedere misericordia. **2** desiderare ardentemente; languire; bramare: *to be craving for a drink,* morire dalla voglia di bere.

craven ['kreivən] *s. e agg* vigliacco; pusillanime.

craving ['kreiviŋ] *s.* desiderio intenso; brama; voglia.

crawfish ['krɔ:fiʃ] *s.* = **crayfish.**

crawl [krɔ:l] *s.* **1** movimento strisciante molto lento. **2** crawl *(tecnica natatoria);* 'stile libero'. ☐ *a pub crawl,* un giro dei pub; una puntata a pub diversi *(nella stessa serata).*

to **crawl** [krɔ:l] *vi e t.* **1** strisciare; trascinarsi; andare, entrare o uscire carponi: *Don't crawl to your boss, (fig.)* Non cercare di ingraziarti il padrone. **2** *(di treno, ecc.)* muoversi lentamente; arrancare. **3** *(di terreno: seguito da* with*)* brulicare; pullulare; formicolare: *The ground was crawling with ants,* Il terreno brulicava di formiche. **4** raccapricciare; accapponare; far venire la pelle d'oca: *The sight of snakes makes her flesh crawl,* La vista dei serpenti le fa venire la pelle d'oca.

crawler ['krɔ:lə*] *s.* **1** persona, animale o cosa che striscia o si muove lentamente; *(fam.)* taxi che gira lentamente in attesa di clienti; *(fam.)* rettile; *(fam.)* pidocchio. **2** *(al pl.)* tuta per bambini piccoli. **3** trattore a cingoli.

crayfish ['kreifiʃ] *s.* gambero di fiume.

crayon ['kreiən] *s.* pastello.

to **crayon** ['kreiən] *vt* disegnare a pastello.

craze [kreiz] *s.* mania; smania; moda; voga: *schoolboy crazes,* manie da ragazzi — *the modern craze for camping,* l'attuale mania del campeggio.

to **craze** [kreiz] *vi e t.* **1** *(generalm. usato al p. pass.)* far ammattire; far impazzire; rendere frenetico. **2** *(ceramica)* far screpolare; incrinare; screpolare; avere piccole crepe.

crazed [kreizd] *agg (p. pass. di* **to craze 1**) matto; pazzo; folle.

craziness ['kreizinis] *s.* **1** pazzia; follia. **2** *(di edifici)* decrepitezza; instabilità; pericolosità.

crazy ['kreizi] *agg* **1** *(fam.)* pazzo; folle: *You were crazy to lend that man your money,* Sei stato pazzo a prestare denaro a quel tale — *It was crazy of you to let such a young girl drive your car,* Sei stato pazzo a lasciare che una ragazzina così giovane guidasse la tua automobile — *to go crazy,* impazzire — *crazy bone, (USA)* olecrano. **2** *(fam., per estensione)* eccitatissimo; fuori di sé; appassionato; entusiasta; maniaco; matto: *He is crazy on (o about) skiing,* Va matto per lo sci. **3** *(di edifici, ecc.)* instabile; pericolante; che minaccia di crollare. **4** *(di pavimenti, trapunte, ecc.)* a mosaico; quadrettato. ☐ *avv* **crazily.**

creak [kri:k] *s.* cigolio; stridio.

to **creak** [kri:k] *vi* cigolare; stridere.

creaky ['kri:ki] *agg* (**-ier**; **-iest**) cigolante.

cream [kri:m] *s.* **1** panna; crema; fior di latte: *cream cheese,* formaggio tenero e fresco — *ice-cream,* gelato. **2** sostanza cremosa; lucido: *cold cream, (in cosmesi)* crema emolliente. **3** *the cream, (fig.)* il fior fiore; la crema; la parte migliore; il meglio: *the cream of society,* il fior fiore della società.

☐ *come agg attrib* color crema; giallognolo: *cream-laid paper,* carta da scrivere color crema.

to **cream** [kri:m] *vt* scremare *(anche fig.);* aggiungere crema; coprire di crema o panna; far diventare cremoso; *(di birra)* far venire la spuma; spumeggiare.

creamery ['kri:məri] *s.* **1** caseificio. **2** latteria.

creamy ['kri:mi] *agg* (**-ier**; **-iest**) cremoso; ricco di crema o panna; butirroso; morbido; vellutato.

crease [kri:s] *s.* **1** piega; piegatura; grinza; sgualcitura: *crease-resisting cloth,* stoffa ingualcibile, antipiega. **2** *(al cricket)* linea bianca dinanzi al 'wicket' *(la porta difesa dal battitore).*

to **crease** [kri:s] *vt e i.* fare la piega; sgualcire, sgualcirsi; raggrinzirsi: *This material creases easily,* Questa stoffa si sgualcisce facilmente.

to **create** [kri(:)'eit] *vt* **1** creare; dare vita; cagionare; produrre: *to create a part, (di attore)* creare un personaggio. **2** causare; dare origine; far sorgere; dare adito; suscitare; destare: *His behaviour created a bad impression,* Il suo comportamento fece una brutta impressione. **3** fare creare; nominare; investire *(di una carica).* **4** *(sl.)* fare tragedie.

creation [kri(:)'eiʃən] *s.* **1** creazione; l'atto creativo: *the Creation,* la creazione; il creato; l'universo; la natura; gli esseri creati: *the brute creation,* gli animali. **2** creazione *(dell'uomo);* prodotto; opera; lavoro.

creative [kri(:)'eitiv] *agg* creativo; produttivo. ☐ *avv* **creatively.**

creativeness [kri(:)'eitivnis] *s.* creatività; produttività; capacità creativa.

creator [kri(:)'eitə*] *s.* creatore.

creature ['kri:tʃə*] *s.* **1** creatura; essere vivente: *dumb creatures,* gli animali; le bestie — *a lovely creature,* una bella donna — *a poor creature,* un poveretto; una poveretta *(che merita disprezzo, compassione).* **2** protetto; favorito. ☐ *creature comforts,* agi materiali; bisogni materiali *(cibo e bevande).*

crèche [kreiʃ] *s. (fr.)* **1** asilo nido. **2** presepio.

credence ['kri:dəns] *s.* fede; credenza; credito: *letter of credence,* lettera di presentazione — *to give (to attach) credence to sth,* prestar fede a qcsa.

credentials [kri'denʃəlz] *s. pl* credenziali.

credibility [,kredə'biliti] *s.* credibilità: *credibility gap* ⇨ **gap 2.**

credible ['kredəbl] *agg* credibile; degno di fede. ☐ *avv* **credibly.**

credit ['kredit] *s.* **1** credito; fiducia; fede: *Do you give credit to his story?,* Dai credito alla sua storia? — *You place too much credit in hearsay,* Presti troppa fede alle dicerie. **2** reputazione; stima; considerazione:

He is a man of very high credit, È un uomo di ottima reputazione — *He is in high credit with his colleagues,* È tenuto in grande considerazione dai suoi colleghi. **3** onore; merito: *This deed does you credit,* Questo gesto ti fa onore — *to your (his) credit,* a tuo (suo) onore — *This new book won't add to his credit,* Questo nuovo libro non aggiungerà nulla ai suoi meriti — *It is dishonest to take credit for work that was done by others,* È disonesto attribuirsi il merito di un lavoro fatto da altri — *I hope you will be a credit to your school,* Spero che tu faccia onore alla tua scuola. **4** *(comm.)* credito; fido: *No credit,* Non si fa credito — *to buy (to sell) sth on credit,* comprare (vendere) qcsa a credito — *to get unlimited credit,* ottenere un fido illimitato — *credit sales,* vendite a credito — *letter of credit,* lettera di credito — *credit department,* ufficio fidi — *credit opening,* apertura di credito — *credit account,* conto creditori — *credit limit,* fido — *credit transfer,* bonifico. **5** *(comm.)* 'avere'; attivo: *How much have I standing to my credit?,* A quanto ammonta il mio attivo? — *Does this item go among the credits or the debits?,* Questa voce va all'avere o al dare? □ *credit report,* informazioni commerciali — *credit reporting service; credit status inquiry service,* servizio informazioni commerciali — *credit squeeze,* stretta creditizia.

to **credit** ['kredit] *vt* **1** credere; dar credito; prestar fede: *to credit a story,* prestar fede a una storia. **2** attribuire: *I had credited you with more sense,* Ti avevo attribuito un po' più di buon senso — *These relics are credited with miraculous powers,* A queste reliquie vengono attribuite facoltà miracolose. **3** *(comm.)* accreditare: *to credit a customer with fifty pounds; to credit fifty pounds to a customer,* accreditare cinquanta sterline a un cliente.

creditable ['kreditəbl] *agg* commendevole; stimabile; degno di elogio. □ *avv* **creditably.**

creditor ['kreditə*] *s.* creditore: *creditor side (of side, creditori* — *secured creditor,* creditore privilegiato, garantito — *sundry creditors,* creditori diversi.

credo ['kri:dou] *s. (lat.)* (*pl.* **credos**) ⇨ **creed.**

credulity [kri'dju:liti] *s.* credulità.

credulous ['kredjuləs] *agg* credulo; ingenuo. □ *avv* **credulously.**

creed [kri:d] *s. (religione o fig.)* credo; fede; dottrina.

creek [kri:k] *s.* **1** *(GB)* piccola insenatura *(della costa o di un fiume).* **2** *(USA, in Australia, ecc.)* fiumicello.

creel [kri:l] *s.* cestino da pescatore.

[1]**creep** [kri:p] *s.* scorrimento; strisciamento. □ *the creeps* ⇨ **creeps.**

to **creep** [kri:p] *vi* (*pass. e p. pass.* **crept**) **1** strisciare; trascinarsi; muoversi con passo lento o furtivamente. **2** arrivare; passare o scorrere lentamente *(di tempo, ecc.);* insinuarsi: *A feeling of drowsiness crept over him,* Si sentì pervadere da un senso di sonnolenza. **3** *(di piante, ecc.)* strisciare; arrampicarsi; abbarbicarsi; invadere. **4** *(della pelle)* accapponarsi: *The sight made her flesh creep,* La scena le fece accapponare la pelle.

[2]**creep** [kri:p] *s. (sl.)* persona sgradevole, noiosa, servile, ecc.

creeper ['kri:pə*] *s.* **1** verme. **2** pianta rampicante. **3** *(sl.)* individuo strisciante, servile. □ *brothel-creepers, (fam.)* scarpe (da uomo) dalla suola di gomma crespata.

creeps [kri:ps] *s. pl* pelle d'oca: *(generalm. nell'espressione) to give sb the creeps,* far venire a qcno la pelle d'oca; far accapponare la pelle a qcno; far rabbrividire qcno.

creepy ['kri:pi] *agg* (**-ier**; **-iest**) orripilante; che dà i brividi; che fa accapponare la pelle. □ *avv* **creepily.**

creese [kri:s] *s.* = **kris.**

to **cremate** [kri'meit] *vt* cremare; ridurre in cenere *(un cadavere, una carogna).*

cremation [kri'meiʃən] *s.* cremazione.

crematorium, crematory [,kremə'tɔ:riəm/'kremətəri] *s.* (*pl.* **crematoria, crematories**) forno crematorio.

crème-de-menthe ['kreimdə'mɑ:nt] *s. (fr.)* liquore alla menta.

crenellated ['krenəleitid] *agg (di bastione, ecc.)* merlato.

creole ['kri:oul] *s. e agg* creolo.

creosote ['kriəsout] *s.* creosoto; creosolo.

crêpe [kreip] *s.* crespo; *(attrib.)* crespato.

to **crepitate** ['krepiteit] *vi* crepitare.

crepitation [,krepi'teiʃən] *s.* crepitio.

crept [krept] *pass e p. pass di* **to creep.**

crepuscular [kri'pʌskjulə*] *agg* crepuscolare.

crescendo [kri'ʃendou] *s. e agg (mus. e fig.)* crescendo.

[1]**crescent** ['kresnt] *s.* **1** oggetto che presenta una curva analoga a quella della luna falcata. **2** la mezzaluna dell'Islam: *the Cross and the Crescent,* la Croce (la Cristianità) e la Mezzaluna (l'Islam). **3** strada a forma di luna falcata; fila curva di case.

[2]**crescent** ['kresnt] *agg* crescente; in forma di luna falcata.

cress [kres] *s.* crescione.

crest [krest] *s.* **1** cresta *(di gallo);* ciuffo; ciuffetto *(di uccello);* criniera *(di cavallo): crest-fallen, (fig.)* umiliato; a testa bassa; con la coda tra le gambe; con la cresta abbassata. **2** pennacchio; cimiero; *(poet.)* elmetto: *the family crest, (araldica)* il cimiero; l'insegna nobiliare di famiglia. **3** cresta *(di monte, di onda);* cima; cocuzzolo: *on the crest of the wave, (fig.)* sulla cresta dell'onda.

to **crest** [krest] *vt* munire di cresta; ornare con pennacchio, con un ciuffetto.

crested ['krestid] *agg* **1** con stemma gentilizio: *crested note-paper,* carta da scrivere con stemma gentilizio. **2** ornato di cresta, di ciuffetto; crestato.

cretaceous [kri'teiʃəs] *agg* cretaceo.

Cretan ['kri:tən] *agg e s.* cretese.

cretin ['kretin] *s.* cretino.

cretinous ['kretinəs] *agg* cretino. □ *avv* **cretinously.**

cretonne [kre'tɔn] *s. (fr.)* cretonne.

crevasse [kri'væs] *s.* crepaccio.

crevice ['krevis] *s.* fessura; fenditura; crepa; interstizio.

[1]**crew** [kru:] *s.* **1** equipaggio *(di nave, di aereo, ecc.);* ciurma; rematori *(di barca);* squadra; personale: *ground crew,* personale a terra — *road crew,* squadra di operai addetti ai lavori stradali — *gun crew, (mil.)* serventi di un pezzo. **2** *(spesso spreg.)* cricca; banda. □ *crew-cut,* taglio *(di capelli)* all'umberto, a spazzola — *crew-neck,* colletto alla marinara.

[2]**crew** [kru:] *pass di* **to crow.**

crew-cut ['kru:kʌt] *s.* ⇨ [1]**crew.**

[1]**crib** [krib] *s.* **1** culla; lettino per bimbo *(con sponde alte protettive).* **2** mangiatoia; greppia; presepio. **3** puntellatura di sostegno. **4** *(USA)* ricettacolo di legno per granoturco, sale, ecc.

[1]to **crib** [krib] *vt* (**-bb-**) rinchiudere in uno spazio ristretto; stipare.

[2]**crib** [krib] *s.* **1** plagio. **2** traduzione letterale; bigino.

[2]to **crib** [krib] *vt e i.* (**-bb-**) **1** usare il bigino. **2** *(fam.)* ru-

bacchiare; saccheggiare; plagiare; *(di studente)* copiare.

cribbage ['kribidʒ] *s.* 'cribbage' *(gioco di carte): cribbage-board,* tavoletta per segnare il punteggio a 'cribbage'.

crick [krik] *s.* crampo: *to have (to get) a crick in the neck,* avere (prendersi) il torcicollo.

to **crick** [krik] *vt* dare (prendersi) il torcicollo, un crampo.

[1]**cricket** ['krikit] *s.* grillo.

[2]**cricket** ['krikit] *s.* 'cricket'. □ *not cricket, (fam.)* sleale; poco sportivo.

cricketer ['krikitə*] *s.* giocatore di cricket.

crier ['kraiə*] *s.* **1** banditore. **2** piagnone; piagnucolone.

crikey ['kraiki] *interiezione (fam., indica stupore)* Per Bacco!; Caspita!

crime [kraim] *s.* **1** crimine; delitto: *crime fiction,* romanzi polizieschi — *a crime wave,* un'ondata di criminalità. **2** *(fig., per estensione)* azione estremamente sciocca; pazzia; crimine. **3** infrazione; trasgressione; violazione *(del regolamento militare).*

to **crime** [kraim] *vt* incriminare; incolpare; riconoscere colpevole *(generalm. di trasgressioni al regolamento militare).*

Crimean [krai'miən] *agg* della Crimea: *the Crimean War,* la Guerra di Crimea.

criminal ['kriminl] *agg e s.* criminale. □ *avv* **criminally**.

criminologist [,krimi'nɔlədʒist] *s.* criminologo.

criminology [,krimi'nɔlədʒi] *s.* criminologia.

to **crimp** [krimp] *vt* arricciolare; ondulare.

crimson ['krimzn] *agg e s.* cremisi.

to **crimson** ['krimzn] *vi* arrossire; diventare cremisi.

to **cringe** [krindʒ] *vi* **1** acquattarsi; accucciarsi; rannicchiarsi; *(di cane, ecc.)* rinculare. **2** *(fig.)* farsi piccolo *(per la paura);* curvar la schiena; umiliarsi; cedere servilmente.

crinkle ['kriŋkl] *s.* grinza; piega; crespo; increspatura.

to **crinkle** ['kriŋkl] *vt e i.* arricciare; increspare; pieghettare; sgualcire.

crinkly ['kriŋkli] *agg* **1** arricciato; increspato; pieghettato; sgualcito. **2** *(di capelli)* crespi; arricciati.

crinoline ['krinəli(:)n] *s.* **1** crinolina; guardinfante. **2** rete parasiluri *(intorno a una nave da guerra).*

cripes [kraips] *interiezione (fam., desueto, indica stupore)* Caspita!; Per Bacco!; Accidenti!

cripple ['kripl] *s.* sciancato; storpio; zoppo; mutilato.

to **cripple** ['kripl] *vt* storpiare; mutilare; azzoppare; *(fig.)* sfiancare; rovinare; sconquassare; paralizzare: *crippled soldiers,* soldati mutilati — *to be crippled with rheumatism,* essere storpiato dai dolori reumatici — *crippling taxes,* tasse molto gravose.

crisis ['kraisis] *s.* *(pl.* **crises**) crisi.

crisp [krisp] *agg* **1** *(di cibo)* croccante; fresco; sodo; friabile. **2** *(di aria, ecc.)* frizzante; tonificante. **3** *(di capelli, ecc.)* crespo; ricciuto. **4** *(di stile, di comportamento)* vivace; deciso; rapido; nitido.
□ *s.* ⇨ **crisps**.

to **crisp** [krisp] *vt e i.* increspare, incresparsi; diventar o far diventare croccante, friabile, ecc.

crispness ['krispnis] *s.* friabilità *(di biscotti, ecc.);* cresposità *(di capelli, ecc.);* freddo intenso *(del mattino, ecc.);* vivacità o immediatezza *(di stile, ecc.).*

crisps [krisps] *s. pl (GB, anche* potato crisps*)* 'patatine' *(fritte, croccanti, già confezionate).*

criss-cross ['kriskrɔs] *agg* a linee incrociate; a rete. □ *avv* a rovescio; di traverso; all'inverso.

to **criss-cross** ['kriskrɔs] *vt e i.* incrociare, incrociarsi; intersecare, intersecarsi.

criterion [krai'tiəriən] *s.* *(pl.* **criteria**) criterio; principio.

critic ['kritik] *s.* critico.

critical ['kritikəl] *agg* **1** critico; difficile; pericoloso. **2** critico; della critica; di un critico: *a critical edition,* un'edizione critica. **3** critico; esigente; scrutatore; pronto a criticare: *She looks on everything with a critical eye,* Ella guarda ogni cosa con occhio critico. □ *avv* **critically** **1** in modo critico. **2** *(di ammalato)* gravemente.

criticism ['kritisizəm] *s.* **1** critica; la critica *(letteraria, artistica, ecc.).* **2** giudizio critico; opinione, valutazione critica; opera critica. **3** biasimo; censura; osservazione critica: *He hates criticism,* Detesta che lo si critichi.

to **criticize** ['kritisaiz] *vt e i.* criticare; fare la critica.

critique [kri'ti:k] *s.* *(fr.)* critica; recensione; saggio critico.

croak [krouk] *s.* gracidio *(di rane);* gracchiamento *(di corvi); (fig.)* voce rauca.

to **croak** [krouk] *vt e i.* **1** gracidare; gracchiare; *(fig.)* dire o pronunciare con voce rauca. **2** *(fam.)* fare l'uccello del malaugurio; predire disastri. **3** *(fam.)* morire; tirare le cuoia. **4** *(USA, sl.)* uccidere.

Croat, Croatian ['krouət/krou'eiʃjən] *agg e s.* croato.

crochet ['krouʃei] *s.* *(fr.)* lavoro o ricamo all'uncinetto.

to **crochet** ['krouʃei] *vt e i.* *(fr.)* lavorare all'uncinetto.

[1]**crock** [krɔk] *s.* **1** pentola, recipiente di coccio. **2** coccio di terracotta.

[2]**crock** [krɔk] *s.* ronzino; *(fig., vari sensi)* persona malandata; rottame; individuo male in arnese; schiappa; vecchia auto malandata.

to **crock** [krɔk] *vi e t.* diventare o rendere debole e malaticcio; diventare o far diventare un rottame.

crockery ['krɔkəri] *s.* terraglia; terrecotte *(pentole e piatti).*

crocodile ['krɔkədail] *s.* **1** coccodrillo: *crocodile tears,* lacrime di coccodrillo. **2** *(fam.)* fila di alunne che camminano a due a due.

crocus ['kroukəs] *s.* *(pl.* **crocuses**) croco: *autumn crocus,* colchico autunnale.

Croesus ['kri:səs] *nome proprio* 'Creso'; *(con l'art. indeterminativo)* persona ricchissima.

croft [krɔft] *s.* *(in Scozia)* campicello; piccolo podere.

crofter ['krɔftə*] *s.* *(in Scozia)* chi affitta un piccolo podere, oppure un piccolo appezzamento di una grossa azienda agricola.

cromlech ['krɔmlek] *s.* 'cromlech' *(tomba megalitica).*

crone [kroun] *s.* *(spreg.)* vecchia incartapecorita; befana; strega.

crony ['krouni] *s.* *(fam.)* intimo; amico intimo.

crook [kruk] *s.* **1** bastone ricurvo *(di pastore);* pastorale *(di vescovo);* uncino; gancio; raffio. **2** curva *(di un sentiero, ecc.);* curvatura; piega; flessione: *crookback(ed),* gobbo. **3** *(fam.)* truffatore; imbroglione; delinquente. □ *on the crook, (fam.)* in modo disonesto — *by hook or by crook,* per amore o per forza; a tutti i costi.

to **crook** [kruk] *vt e i.* **1** curvare; piegare; curvarsi; piegarsi: *to crook one's finger (one's arm),* piegare il dito (il braccio). **2** agganciare; uncinare.

crooked ['krukid] *agg* **1** curvo; ricurvo; storto; deforme: *You've got your hat on crooked,* Ti sei messo il cappello di traverso. **2** disonesto; tortuoso; truffaldino. □ *avv* **crookedly**.

crookedness ['krukidnis] *s.* **1** tortuosità; deformità. **2** disonestà.

to **croon** [kru:n] *vt e i.* cantare sommessamente *(ad es. una ninna nanna).*

crooner ['kru:nə*] *s.* chi canta (sussurrando) canzoni sentimentali.

[1]**crop** [krɔp] *s.* **1** messe; raccolto; *(al pl.)* i prodotti della terra: *to get the crops in,* portare a casa il raccolto — *crop failures,* raccolti andati a male — *crop-dusting,* spargimento nebulizzato di insetticidi sulle messi *(con elicotteri, ecc.).* **2** gruppo; mucchio; quantità.

to **crop** [krɔp] *vt e i.* (**-pp-**) **1** *(di animali)* brucare. **2** spuntare; mozzare; tagliar via. **3** seminare; piantare: *to crop ten acres with wheat,* seminare dieci acri a grano. **4** crescere; rendere; produrre; fruttificare: *The beans cropped well this year,* Quest'anno i fagioli hanno dato un buon raccolto. **5** *(seguito da* up *o* out*)* spuntare *(di rocce, ecc.)*; affiorare. **6** *(seguito da* up*)* sorgere; nascere; venir (saltar) fuori: *All sorts of difficulties cropped up,* Vennero fuori difficoltà di ogni genere.

[2]**crop** [krɔp] *s.* **1** *(di uccello)* gozzo: *neck and crop, (fam.)* completamente; del tutto; tutto compreso. **2** manico di frusta; frustino; manico o maniglia a cappio. **3** taglio cortissimo di capelli: *You look as if you've had a prison crop!,* Sembri quasi uscire dalla prigione così rapato a zero!

cropper ['krɔpə*] *s.* **1** *(generalm. con un agg.)* pianta che cresce bene (o male): *These peas are good croppers,* Questi piselli dànno un buon raccolto. **2** mezzadro; colono; contadino: *a share-cropper, (non in GB)* un mezzadro: **3** persona o cosa che mozza o tosa. □ *to come a cropper, (fam.)* fallire; cadere; fare fiasco *(in un esame, ecc.).*

croquet ['kroukei] *s. (fr.)* 'croquet'; pallamaglio.

croquette [krou'ket] *s. (fr.)* crocchetta; croquette; polpettina fritta.

crosier, crozier ['krouʒə*] *s.* pastorale *(bastone del vescovo).*

[1]**cross** [krɔs] *s.* **1** croce *(in tutti i sensi, anche fig.)*: *the Cross,* la Santa Croce — *the Distinguished Service Cross, (GB)* la Croce al Valor Militare — *The place is marked with a cross,* Il posto è segnato con una croce — *to bear one's cross,* portare la propria croce — *to take up one's cross,* prendersi la propria croce — *to make one's cross,* firmare con una croce. **2** taglio *(lineetta trasversale che incrocia una verticale)*: *the cross of a 't',* il taglio della 't'. **3** incrocio: *A mule is a cross between a horse and an ass,* Il mulo è un incrocio tra il cavallo e l'asino. **4** trucco; imbroglio; partita 'truccata': *double cross,* inganno; doppio gioco. □ *on the cross, (locuzione avv.)* di traverso; diagonalmente; *(fig., fam.)* ambiguamente; disonestamente.

[2]**cross** [krɔs] *agg* **1** trasversale; obliquo; intersecante: *cross-bench, (s., generalm. al pl.)* banco trasversale dei deputati indipendenti *(alla Camera dei Comuni)* — *cross-bencher, (s.)* membro indipendente *(alla Camera dei Comuni)* — *cross talk,* interferenza (in una telefonata); breve e rapido scambio di battute in un alterco o, scherzosamente, fra commedianti, ecc. **2** *(del vento)* contrario; opposto: *Strong cross-winds made it difficult for the boats to leave harbour,* Forti venti contrari rendevano difficile alle imbarcazioni lasciare il porto. **3** di cattivo umore; contrariato; irritato; irascibile; iroso: *Don't be cross with the child for being late,* Non essere adirato col bambino per il suo ritardo — *Don't pull the dog's tail: you'll make him cross,* Non tirare la coda al cane: lo farai arrabbiare — *I've never heard a cross word from her lips,* Non ho mai sentito uscire parole d'ira dalle sue labbra — *as cross as two sticks, (fam.)* irascibile; di pessimo umore. □ ⇨ *anche* **cross-bar, cross-beam, cross-section,** *ecc.*

to **cross** [krɔs] *vt e i.* **1** attraversare; fare una traversata: *to cross a road (a river),* attraversare una strada (un fiume) — *to cross from Dover to Calais,* fare la traversata da Dover a Calais — *to cross sb's path,* trovarsi sulla strada di qcno; *(fig.)* sbarrare la strada a qcno — *I hope I shall never cross that man's path again,* Spero di non dovermi imbattere mai più in quell'uomo — *to cross one's mind,* venire in mente. **2** tirare una riga; sbarrare; cancellare *(con una riga)*: *to cross one's t's and dot one's i's, (fig.)* mettere i puntini sulle 'i' — *to cross a cheque,* sbarrare un assegno — *Two of the words had been crossed out,* Due parole erano state cancellate — *I crossed his name off the list,* Cancellai il suo nome dalla lista. **3** incrociare: *to cross one's legs (one's arms),* incrociare le gambe (le braccia) — *to cross swords with sb,* incrociare la spada con qcno *(generalm. fig.)* — *to cross sb's hand with a piece of money; to cross sb's palm with silver,* mettere una moneta nella mano di qcno *(una chiromante, ecc.)* — *to keep one's fingers crossed, (fig.)* incrociare le dita; fare gli scongiuri — *to cross one's heart,* mettersi una mano sul cuore. **4** incrociarsi: *Your letter crossed mine in the post,* La tua lettera si è incrociata con la mia. **5** ostacolare; contrariare: *He was angry at having his plans crossed,* Era arrabbiato perché avevano ostacolato i suoi piani — *He crosses me in everything,* Mi contraria in tutto — *He has been crossed in love,* È stato sfortunato in amore (Ha avuto un amore contrastato). **6** fare incroci *(di animali)*; accoppiare; fecondare *(piante, ecc.).* **7** *to cross oneself,* farsi il segno della croce.
□ **to cross out (off)** ⇨ **2,** *sopra.*

cross-bar ['krɔsbɑ:*] *s.* traversa.

cross-beam ['krɔsbi:m] *s.* trave trasversale.

crossbelt ['krɔsbelt] *s.* bandoliera; cartuccera a tracolla.

cross-bench, cross-bencher ['krɔsbentʃ(ə*)] *s.* ⇨ [2]**cross 1.**

crossbones ['krɔsbounz] *s. pl* tibie incrociate *(che fanno parte del simbolo della morte noto come 'skull and crossbones').*

cross-bow ['krɔsbou] *s.* balestra.

crossbred ['krɔsbred] *agg* sangue misto; ibrido *(risultato di un incrocio di razze).*

cross-breed ['krɔsbri:d] *s.* incrocio *(di razze).*

cross-bun ['krɔs'bʌn] *s. (di solito* hot cross-bun*)* focaccia segnata con una croce, che si mangia il Venerdì Santo.

cross-check ['krɔstʃek] *s.* verifica.

cross-country ['krɔs'kʌntri] *agg (di competizione, spec. corsa)* campestre; 'cross'; fuori strada; *(letteralm.)* attraverso la campagna; per i campi: *a cross-country race,* una corsa campestre — *a cross-country vehicle (jeep),* una 'campagnola'; un fuori strada.

cross-current ['krɔs'kʌrənt] *s.* interazione.

cross-cut ['krɔskʌt] *agg* tagliato per traverso: *cross-cut saw,* sega da boscaiolo.
□ *s.* scorciatoia; sentiero trasversale.

crosse [krɔs] *s.* racchetta da 'lacrosse'.

cross-examination ['krɔsig,zæmi'neiʃən] *s.* controinterrogatorio.

to **cross-examine** ['krɔsig'zæmin] *vt* controinterrogare; sottoporre a controinterrogatorio.

cross-eyed ['krɔsaid] *agg* strabico.

cross-fertilization ['krɔs,fə:tilai'zeiʃən] *s.* fecondazione incrociata.

cross(-)fire ['krɔsfaiə*] *s. (mil. e fig.)* fuoco incrociato: *a crossfire of questions,* un fuoco incrociato di domande.

cross-grained ['krɔsgreind] *agg* **1** *(di legno)* a fibra tortuosa, irregolare. **2** *(fig., di persona)* irritabile; irascibile.

to **cross-hatch** ['krɔshætʃ] *vt e i.* ombreggiare *(un disegno, un intaglio)* con tratteggio incrociato.

cross-hatching ['krɔs'hætʃiŋ] *s.* tratteggio incrociato.

cross-heading ['krɔs'hediŋ] *s.* sottotitolo.

to **cross-index** ['krɔs'indeks] *vt* fornire *(un libro)* di rimandi.

crossing ['krɔsiŋ] *s.* **1** traversata. **2** incrocio *(di strade);* crocicchio: *a level crossing,* un passaggio a livello *(USA* grade crossing*).* **3** *(anche* street crossing; zebra crossing*)* passaggio pedonale; strisce pedonali.

cross-legged ['krɔslegd] *agg* a gambe incrociate.

crossness ['krɔsnis] *s.* malumore; irritabilità.

crosspatch ['krɔspætʃ] *s. (fam.)* individuo scontroso, irritabile.

cross-piece ['krɔspi:s] *s.* traversa *(asta o sbarra).*

cross-purposes ['krɔspə:pəsiz] *s. pl* scopi diversi; fini contrastanti: *to be at cross-purposes,* essere in contrasto; fraintendersi.

to **cross-question** ['krɔs'kwestʃən] *vt (dir.)* interrogare *(in tribunale)* in contraddittorio; *(per estensione)* mettere alle strette.

cross-reference ['krɔs'refrəns] *s.* rimando *(in un libro).*

cross(-)road ['krɔsroud] *s.* strada trasversale; strada di collegamento *(tra due strade principali).*

cross(-)roads ['krɔsroudz] *s. pl (col v. al sing.)* crocicchio; incrocio; crocevia. □ *to be at the cross-roads,* essere a una svolta determinante.

cross-section ['krɔs'sekʃən] *s.* **1** sezione trasversale; 'spaccato'. **2** *(fig.)* settore o campione rappresentativo: *a cross-section of the middle classes,* un settore rappresentativo della borghesia.

cross-stitch ['krɔsstitʃ] *s.* punto a croce.

cross-talk ['krɔstɔ:k] *s.* ⇨ [2]**cross 1.**

cross-trees ['krɔstri:z] *s. pl (naut.)* crocette; barre.

crosswalk ['krɔswɔ:k] *s. (USA)* passaggio pedonale.

cross-wind ['krɔswind] *s.* ⇨ [2]**cross 2.**

crosswise ['krɔswaiz] *avv* **1** di traverso; per traverso. **2** a forma di croce.

crossword ['krɔswə:d] *s. (generalm.* crossword puzzle*)* cruciverba; parole incrociate.

crotch [krɔtʃ] *s.* **1** biforcazione *(punto dell'albero dal quale si diparte il ramo).* **2** *(del corpo umano, dei pantaloni)* inforcatura; cavallo; inguine.

crotchet ['krɔtʃit] *s.* **1** *(mus.)* semiminima. **2** capriccio; ghiribizzo.

crotchety ['krɔtʃiti] *agg* capriccioso; lunatico.

crouch [krautʃ] *s.* il rannicchiarsi; la posizione di chi è rannicchiato.

to **crouch** [krautʃ] *vi* accovacciarsi; rannicchiarsi.

[1]**croup** [kru:p] *s.* groppa.

[2]**croup** [kru:p] *s.* laringite difterica; crup.

croupier ['kru:pjə*] *s. (fr.)* croupier.

[1]**crow** [krou] *s.* corvo *(in genere);* cornacchia: *as the crow flies,* in linea d'aria — *crow's-nest, (naut.)* coffa; gabbia *(di vedetta)* — *crow's-feet, (fig.)* rughe vicino agli occhi; zampe di gallina.

[2]**crow** [krou] *s.* canto del gallo; grido di gioia o di esultanza.

to **crow** [krou] *vi (pass.* **crowed** *o* **crew**; *p. pass.* **crowed***)* **1** *(del gallo)* cantare. **2** *(di un infante)* fare strilli di gioia. **3** *(di persona)* esultare; cantar vittoria: *to crow over an unsuccessful rival,* cantare vittoria su un rivale perdente.

crowbar ['kroubɑ:*] *s.* palanchino; piede di porco.

crowd [kraud] *s.* **1** folla; calca; ressa; moltitudine: *He pushed his way through the crowd,* Si fece largo tra la folla — *It (He) would pass in a crowd,* Non ha alcun difetto appariscente; È soddisfacente; È buono. **2** *(con l'art. determ.)* la folla; il popolo in genere; la gente: *to follow (to go with) the crowd,* seguire la corrente; fare come fanno tutti. **3** *(fam.)* combriccola; cricca; 'clan'; compagnia. **4** *(fam.)* sacco; mucchio; gran quantità.

to **crowd** [kraud] *vi e t.* affollare, affollarsi; assembrare, assembrarsi; stipare, stiparsi; accalcarsi; pigiarsi; spingersi: *They crowded into the stadium,* Entrarono nello stadio spingendosi a forza — *Let's not crowd the room with furniture,* Non riempiamo (ingombriamo) la stanza di mobili — *Memories crowded in upon me,* I ricordi facevano ressa nella mia mente — *to crowd sb out,* lasciar fuori qcno per troppa ressa — *Many people were crowded out,* Molte persone dovettero rimanere fuori per mancanza di spazio. □ *to crowd on sail, (naut.)* spiegare tutte le vele.

crowded ['kraudid] *agg (p. pass. di* **to crowd***)* affollato; stipato; ammassato; *(di spazio)* ristretto.

crowfoot ['kroufut] *s.* ranuncolo.

crown [kraun] *s.* **1** corona: *to wear the crown,* portare la corona; regnare — *crown prince,* principe ereditario — *to succeed to the crown,* salire al trono. **2** corona; ghirlanda: *martyr's crown,* corona del martirio. **3** *(moneta)* corona: *a half crown,* una mezza corona *(la moneta)* — *half a crown,* mezza corona *(la somma).* **4** cocuzzolo; testa: *the crown of a hat,* il cocuzzolo di un cappello. **5** *(fig.)* coronamento: *the crown of one's labours,* il coronamento delle proprie fatiche. □ *No cross no crown, (prov.)* Non c'è rosa senza spine.

to **crown** [kraun] *vt* **1** incoronare: *They crowned him king,* Lo incoronarono re. **2** coronare: *His efforts were crowned with success,* I suoi sforzi furono coronati da successo. **3** completare; finire degnamente; dare il tocco finale: *to open a bottle of champagne to crown a meal,* aprire una bottiglia di champagne per finire degnamente un pranzo — *to crown (it) all,* per colmo *(di disgrazia o di fortuna);* per giunta — *It was pouring with rain and, to crown (it) all, we missed the last bus,* Pioveva a dirotto e per giunta perdemmo l'ultimo autobus.

crowning ['krauniŋ] *s.* incoronazione; coronamento. □ *agg* supremo; sommo: *crowning glory,* gloria suprema — *crowning happiness,* somma felicità.

crozier ['krouʒə*] *s.* ⇨ **crosier.**

crucial ['kru:ʃjəl] *agg* cruciale; decisivo. □ *avv* **crucially.**

crucible ['kru:sibl] *s.* **1** crogiolo. **2** *(fig.)* prova dura.

crucifer ['kru:sifə*] *s.* **1** crocifero *(d'una processione).* **2** *(bot., al pl.)* crocifero.

crucifix ['kru:sifiks] *s.* crocifisso.

crucifixion [,kru:si'fikʃən] *s.* crocifissione.

cruciform ['kru:sifɔ:m] *agg* cruciforme; a forma di croce.

to **crucify** ['kru:sifai] *vt* **1** crocifiggere; mettere in croce *(anche fig.).* **2** *(fig.)* mortificare.

crude [kru:d] *agg* **1** crudo; grezzo; non lavorato: *crude oil,* petrolio grezzo. **2** rozzo; primitivo; brutale; grossolano. **3** informe; sommario; approssimativo; acerbo; immaturo; rozzo: *crude schemes (methods)* piani (metodi) approssimativi, sommari. □ *avv* **crudely.**

crudity ['kru:diti] *s.* asprezza; crudezza; ruvidità.

cruel [kruəl] *agg* **1** crudele. **2** che provoca dolore; doloroso; penoso; atroce: *a cruel blow,* un colpo doloroso, atroce — *to be in a cruel predicament,* essere in una situazione incresciosa. □ *avv* **cruelly.**

cruelty ['kruəlti] *s.* crudeltà.

cruet ['kruit] *s.* **1** ampolla; bottiglietta *(per l'olio e l'aceto): cruet stand,* oliera. **2** *(erroneamente, ma comunemente)* contenitori per il sale e il pepe.

cruise [kru:z] *s.* crociera: *to go on (to go for) a cruise,* fare (partire per) una crociera.

to **cruise** [kru:z] *vi* **1** andare in crociera; fare una crociera; *(di navi da guerra)* incrociare. **2** andare (correre, navigare, volare) a velocità di crociera: *The car has a cruising speed of seventy miles an hour,* L'automobile ha una velocità di crociera di settanta miglia l'ora. **3** *(di taxi, pantera o gazzella della polizia)* girare.

cruiser ['kru:zə*] *s.* **1** incrociatore; nave veloce. **2** *(anche* cabin-cruiser*)* 'cabinato'. **3** *(USA)* automobile della polizia.

crumb [krʌm] *s.* briciola *(anche fig.).*

to **crumble** ['krʌmbl] *vt e i.* sbriciolare, sbriciolarsi; sgretolare; frantumare; sminuzzare; *(fig.)* andare in rovina; cadere.

crumbly ['krʌmbli] *agg* friabile.

crummy ['krʌmi] *agg (fam., anche* **crumby***)* di qualità inferiore; scadente; sporco.

crumpet ['krʌmpit] *s.* **1** pasticcino; ciambellina; tipo di focaccia a forma circolare, da mangiarsi caldo, di solito all'ora del tè, con burro e marmellata o miele. **2** *(sl.)* testa. **3** *(sl.)* ragazza: *What a nice bit of crumpet!,* Che bel pezzo di ragazza!

to **crumple** ['krʌmpl] *vt e i.* **1** spiegazzare; sgualcire, sgualcirsi; raggrinzire, raggrinzirsi: *to crumple one's clothes,* sgualcire i vestiti *(mettendoli alla rinfusa nella valigia, ecc.)* — *Some kinds of material crumple more easily than others,* Alcuni tipi di stoffa si sgualciscono più di altri. **2** *(seguito da* up*)* abbattere, abbattersi; schiantare, schiantarsi; crollare; sfasciare, sfasciarsi; *(di carta, ecc.)* accartocciare.

crunch [krʌntʃ] *s.* **1** scricchiolio; sgretolio; il tritare. **2** colpo decisivo; momento determinante, critico.

to **crunch** [krʌntʃ] *vt* **1** schiacciare *(coi denti);* masticare rumorosamente; sgranocchiare. **2** far scricchiolare; schiacciare *(rumorosamente).*
□ *vi* **1** sgretolarsi. **2** scricchiolare.

crupper ['krʌpə*] *s.* groppiera; groppa *(di cavallo).*

crusade [kru:'seid] *s. (stor.)* crociata; *(fig.)* crociata; lotta per una causa creduta buona: *a crusade against drunkenness,* una crociata contro l'ubriachezza.

to **crusade** [kru:'seid] *vi* prendere parte ad una crociata.

crusader [kru:'seidə*] *s.* crociato.

cruse [kru:z] *s.* vasetto di terracotta; orcio; orciuolo: *the widow's cruse,* il pozzo di san Patrizio; l'orcio della vedova *(dall'episodio biblico).*

crush [krʌʃ] *s.* **1** *(solo al sing.)* calca; ressa; folla; assembramento: *There was a frightful crush at the gate,* Al cancello c'era una calca spaventosa — *crush barrier,* barriera di protezione; transenne *(per trattenere la folla).* **2** *(fam.)* grande assembramento di folla *(in manifestazioni sociali, ecc.).* **3** *(fam.)* cotta; infatuazione: *to have a crush on sb,* prendersi una cotta per qcno. **4** *(fam.)* sciroppo; bevanda di frutta spremuta; spremuta: *an orange crush,* una spremuta di arancia.

to **crush** [krʌʃ] *vt e i.* **1** schiacciare; pigiare; stipare: *to crush up,* schiacciare; ridurre in polvere; frantumare — *to crush out,* spremere; strizzare; spegnere *(una sigaretta).* **2** sgualcire, sgualcirsi: *crush-proof,* ingualcibile. **3** schiacciare; piegare; sopraffare; sottomettere; sgominare; annientare; fulminare *(con un'occhiata, una risposta, ecc.).* **4** *(riferito a persone e seguito da* past *o* into*)* precipitarsi dentro o attraverso; farsi strada a gomitate: *They all tried to crush into the front seats,* Andarono tutti all'assalto delle poltroncine di prima fila.

crushing ['krʌʃiŋ] *agg* schiacciante *(anche fig.): a crushing defeat,* una sconfitta schiacciante — *a crushing reply,* una risposta che non ammette replica.

crush(-)proof ['krʌʃpru:f] *agg* ingualcibile.

crust [krʌst] *s.* **1** crosta *(di pane, ecc.).* **2** crosta; incrostazione; strato superficiale. **3** *(sl.)* faccia tosta. □ *the upper crust,* il ceto sociale più alto.

to **crust** [krʌst] *vt e i.* coprire di croste; incrostare, incrostarsi; indurirsi *(alla superficie).*

crustacean [krʌs'teiʃən] *s.* crostaceo.

crusted ['krʌstid] *agg* **1** con la crosta. **2** *(di vino, spec. porto)* grommato. **3** vecchio; antiquato; venerabile; inveterato.

crusty ['krʌsti] *agg* (**-ier**; **-iest**) **1** crostoso; dalla crosta dura. **2** irritabile. □ *avv* **crustily.**

crutch [krʌtʃ] *s.* **1** gruccia; stampella. **2** *(fig.)* appoggio. **3** = **crotch 2.**

crux [krʌks] *s.* punto cruciale; culmine; nodo *(di una questione).*

cry [krai] *s.* **1** grido; strillo; urlo; *(degli uccelli)* canto; richiamo; verso: *a cry for help,* un grido di aiuto — *a cry of triumph,* un urlo di trionfo — *the cry of an animal in pain,* il guaito (il lamento) di un animale che soffre — *a far (a long) cry,* - **a)** *(letteralm.)* un grido in lontananza, proveniente da lontano - **b)** *(fig., fam.)* tutt'altra cosa — *It's a far cry from the food you get at the Ritz,* È tutt'altra cosa (È ben diverso) dal cibo che ti danno al Ritz — *within cry of sb,* a portata di voce — *to be in full cry, (di cani, persone)* abbaiare, sbraitare tutti assieme — *Much cry and little wool, (prov.)* Molto fumo e poco arrosto. **2** annuncio; slogan; frase fatta; grido; richiamo *(di venditore ambulante, ecc.).* **3** pianto; lamento: *to have a good cry,* sfogarsi col pianto; farsi un bel pianto *(fam.)* — *Let her have her cry out,* Lascia che si sfoghi un poco — *cry-baby,* piagnucolone.

to **cry** [krai] *vt e i.* **1** *(spesso seguito da* out*)* gridare; urlare: *He cried (out) with pain when the dentist pulled the tooth out,* Urlò dal dolore quando il dentista gli estrasse il dente. **2** esclamare; chiamare (chiedere) a gran voce; reclamare: *'Never again!' he cried,* 'Mai più!', esclamò — *He cried for mercy,* Invocava a gran voce pietà — *to cry one's wares, (di giornalaio, venditore ambulante, ecc.)* strillonare la propria merce — *to cry for the moon,* volere la luna; chiedere l'impossibile. **3** piangere; strillare: *She was crying for joy,* Piangeva dalla gioia — *The boy was crying with pain (with hunger),* Il ragazzo piangeva dal dolore (dalla fame) — *The child was crying for some more cake,* Il bambino piangeva (strillava) perché voleva un altro pezzo di torta — *She cried hot tears,* Piangeva a calde lacrime — *to give sb sth to cry for,* fornire a qcno un buon motivo per piangere — *to cry one's eyes (one's heart) out,* consumarsi gli occhi dal piangere — *to cry oneself to sleep,* piangere fino a cadere addormentato — *It's no use crying over spilt milk, (prov.)* È inutile piangere sul latte versato.

to cry down, deprezzare.

to cry for ⇨ **to cry 2** *e* **3.**

to cry off, tirarsi indietro; disdire: *I promised to go but* *had to cry off at the last moment,* Promisi di andare ma dovetti tirarmi indietro all'ultimo momento.

to cry out, - a) ⇨ **to cry 1** - b) *(fig.: seguito da* for*)* chiedere; chiamare: *an insult that cries out for revenge,* un'offesa che chiama vendetta.

to cry up, esaltare; portare alle stelle.

crying ['kraiiŋ] *agg* evidente; palese: *a crying need,* un bisogno urgente — *a crying shame,* una vergogna manifesta.

crypt [kript] *s.* cripta.

cryptic ['kriptik] *agg* criptico; misterioso; enigmatico. □ *avv* **cryptically.**

cryptogram ['kriptougræm] *s.* criptogramma; crittogramma.

cryptography [krip'tɔgrəfi] *s.* crittografia.

crystal ['kristl] *s.* **1** *(vari sensi)* cristallo; *(attrib.)* di cristallo; simile a cristallo: *crystal clear,* cristallino; *(di argomentazione)* evidente — *a crystal ball,* una palla (un globo) di cristallo — *crystal-gazing,* il leggere il futuro in un globo di cristallo. **2** *(anche* crystal work*)* cristalleria; bicchieri; oggetti di cristallo. **3** *(USA)* vetrino di orologio. □ *crystal set,* apparecchio radio a galena.

crystalline ['kristəlain] *agg* cristallino.

crystallization [,kristəlai'zeiʃən] *s.* cristallizzazione.

to **crystallize** ['kristəlaiz] *vt e i.* **1** cristallizzare, cristallizzarsi; *(più raro)* fossilizzarsi. **2** *(in cucina)* candire: *crystallized fruits,* frutta candita. **3** *(di idee, piani, ecc.)* concretarsi; prendere forma; assumere un aspetto definito.

crystallography [,kristə'lɔgrəfi] *s.* cristallografia.

cub [kʌb] *s.* **1** cucciolo *(di animale selvatico): a lion (bear, tiger, fox) cub,* un leoncino (un orsacchiotto, un tigrotto, un volpacchiotto) — *a wolf cub,* un lupetto *(dei boyscouts).* **2** *(fig.)* giovanotto inesperto, rozzo. **3** *(fig.)* principiante: *a cub reporter,* un cronista alle prime armi.

Cuban ['kju:bən] *agg e s.* cubano.

cubbing ['kʌbiŋ] *s.* caccia ai volpacchiotti.

cubby-hole ['kʌbihoul] *s.* angolino; rifugio confortevole; cantuccio.

cube [kju:b] *s.* **1** cubo: *cube root,* radice cubica. **2** cubetto; dado: *an ice cube,* un cubetto di ghiaccio.

to **cube** [kju:b] *vt* **1** fare il cubo *(di un numero).* **2** *(non molto comune)* fare a pezzettini *(carote, carne, ecc.).*

cubic, cubical ['kju:bik/'kju:bikəl] *agg* cubico.

cubicle ['kju:bikl] *s.* **1** cubicolo. **2** scomparto di uno spogliatoio o di una grande stanza.

cubism ['kju:bizəm] *s.* cubismo.

cubist ['kju:bist] *s. e agg* cubista.

cubit ['kju:bit] *s.* cubito.

cuckold ['kʌkəld] *s.* becco; cornuto.

to **cuckold** ['kʌkəld] *vt* fare becco; fare (rendere) cornuto.

cuckoo ['kuku:] *s.* cuculo.

cucumber ['kju:kʌmbə*] *s.* cetriolo. □ *to be as cool as a cucumber,* essere imperturbabile.

cud [kʌd] *s.* bolo *(di ruminante): to chew the cud,* ruminare; rimuginare; *(fig.)* riflettere; ponderare.

cuddle ['kʌdl] *s.* abbraccio affettuoso; coccolamento; vezzeggiamento.

to **cuddle** ['kʌdl] *vt* abbracciare con affetto; stringere al seno; coccolare; vezzeggiare. □ *vi* stare raggomitolato; rannicchiarsi vicino *(spesso* to cuddle up to sb*).*

cuddlesome, cuddly ['kʌdəlsəm/'kʌdli] *agg* coccolone.

cudgel ['kʌdʒəl] *s.* randello; mazza; clava: *to take up the cudgels for sb (sth),* assumere le difese di qcno (qcsa); spezzare una lancia in favore di qcno (qcsa).

to **cudgel** ['kʌdʒəl] *vt* (**-ll-**) bastonare; randellare; picchiare forte *(con una clava, ecc.): to cudgel one's brains,* lambiccarsi il cervello.

[1]**cue** [kju:] *s.* **1** battuta di entrata *(di attore).* **2** imbeccata; suggerimento; traccia: *to take one's cue from sb,* ricevere l'imbeccata da qcno; regolare la propria condotta su quella di qcno.

[2]**cue** [kju:] *s.* stecca *(da biliardo).*

[1]**cuff** [kʌf] *s.* **1** polsino *(di camicia): cuff-links,* gemelli *(di camicia).* **2** *(USA)* risvolto di pantaloni. **3** *(al pl., abbr. fam. di* **handcuffs***)* manette. □ *on the cuff, (fam.)* a credito — *to speak off the cuff, (fam.)* parlare improvvisando.

[2]**cuff** [kʌf] *s.* buffetto; leggero colpo.

to **cuff** [kʌf] *vt* dare un buffetto (a qcno).

cuirass [kwi'ræs] *s.* corazza.

cuirassier [,kwirə'siə*] *s.* corazziere.

cuisine [kwi'zi:n] *s. (fr.)* cucina; modo di cucinare.

cul de sac ['kuldə'sæk] *s. (fr.)* vicolo cieco; strada senza uscita *(anche fig.).*

culinary ['kʌlinəri] *agg* culinario; gastronomico.

cull [kʌl] *s.* animale non più in grado di riprodurre, scelto per essere ingrassato e macellato.

to **cull** [kʌl] *vt* **1** cogliere *(di fiori).* **2** scegliere; selezionare.

cullender ['kʌlində*] *s.* ⇨ **colander.**

to **culminate** ['kʌlmineit] *vi* culminare.

culmination [,kʌlmi'neiʃən] *s.* culmine.

culpability [,kʌlpə'biliti] *s.* colpevolezza.

culpable ['kʌlpəbl] *agg* colpevole. □ *avv* **culpably.**

culprit ['kʌlprit] *s.* colpevole.

cult [kʌlt] *s.* culto: *personality cult,* culto della personalità — *cult object,* oggetto di culto.

cultivable ['kʌltivəbl] *agg* coltivabile.

to **cultivate** ['kʌltiveit] *vt* **1** coltivare. **2** curare; coltivare l'amicizia: *to cultivate the mind (sb's friendship),* coltivare la mente (l'amicizia di qcno).

cultivated ['kʌltiveitid] *agg (di persona)* colto; raffinato; ben educato.

cultivation [,kʌlti'veiʃən] *s.* coltivazione; coltura.

cultivator ['kʌltiveitə*] *s.* **1** coltivatore. **2** macchina agricola.

cultural ['kʌltʃərəl] *agg* culturale. □ *avv* **culturally.**

culture ['kʌltʃə*] *s.* **1** cultura *(della mente);* istruzione; educazione *(fisica);* sviluppo *(delle facoltà umane).* **2** cultura; sapere: *a culture vulture, (fam., scherz. o spreg.)* un intellettualoide. **3** *(di una società)* cultura; civiltà; livello o sviluppo culturale: *culture pattern,* forma sociale — *culture shock,* 'choc' culturale; trauma dovuto al contatto con una civiltà diversa *(spec. se dominante).* **4** coltura; coltivazione; allevamento: *culture medium,* terreno di coltura — *culture in vitro (in glass),* coltura in vitro.

cultured ['kʌltʃəd] *agg* **1** *(di persona)* colto; istruito; *(di gusti)* raffinato. **2** *(di perla)* coltivato.

culvert ['kʌlvət] *s.* canale, condotto di scolo; *(talvolta)* canale sotterraneo per cavi elettrici.

cum [kʌm] *congiunz (lat.)* **1** con: *cum dividend, (comm.)* col dividendo — *cum rights, (comm.)* incluso il diritto di opzione. **2** *(indica una doppia funzione: per esempio) a sofa-cum-bed,* un divano letto.

to **cumber** ['kʌmbə*] *vt* sovraccaricare; ingombrare: *cumbered with parcels,* stracarico di pacchi.

cumbersome, cumbrous ['kʌmbəsəm/'kʌmbrəs] *agg* ingombrante; scomodo.

cummerbund ['kʌməbʌnd] *s.* fascia di tela portata come cintura attorno alla vita.
cumulative ['kju:mjulətiv] *agg* cumulativo.
cumulus ['kju:mjuləs] *s.* nuvola cumuliforme.
cuneiform ['kjuniifɔ:m] *agg* cuneiforme. □ *s.* carattere cuneiforme; caratteri cuneiformi.
[1]**cunning** ['kʌniŋ] *agg* **1** astuto; furbo: *a cunning old fox, (fig.)* una vecchia volpe; un furbo matricolato — *a cunning trick,* un trucco astuto, ingegnoso. **2** *(ant.)* abile; valente: *a cunning workman,* un bravo lavoratore. **3** *(USA)* attraente; affascinante: *a cunning smile,* un sorriso affascinante. □ *avv* **cunningly.**
[2]**cunning** ['kʌniŋ] *s.* **1** abilità; furberia; astuzia. **2** *(ant.)* maestria; bravura.
cunt [kʌnt] *s. (volg.)* **1** fica. **2** *(di persona)* bastardo; porco.
cup [kʌp] *s.* **1** tazza; tazzina: *a tea (coffee) cup,* una tazza da tè (caffè) — *to drink a cup of tea,* bere una tazza di tè — *one's cup of tea, (fig.)* l'argomento prediletto; il cacio sui maccheroni; proprio quel che ci vuole — *That's not my cup ot tea,* Non è proprio quello che fa per me — *She's not your cup of tea,* Non ti piacerebbe mica — *a different cup of tea,* tutt'altra cosa; un altro paio di maniche. **2** coppa *(anche come premio);* calice; bicchiere *(a forma di calice): his cup of happiness, (fig.)* tutta la sua felicità — *cup-tie, (sport)* partita di campionato — *cup-final,* (partita) finale di campionato. **3** *(per* wine cup*)* vino: *to be in one's (his, ecc.) cups,* essere brillo — *cup-bearer, (stor.)* coppiere. **4** qualsiasi cosa a forma di coppa o calice; *(med.)* coppetta; ventosa; *(di barometro)* vaschetta; *(mecc.)* ghiera conica; *(di un cuscinetto a sfere)* pista esterna: *an egg-cup,* un portauovo.
to **cup** [kʌp] *vt* (**-pp-**) **1** disporre le mani a coppa: *to cup one's hands,* far conca con le mani — *with her chin cupped in her hand,* con il mento nel cavo della mano. **2** togliere sangue a qcno per mezzo di ventose.
cupboard ['kʌbəd] *s.* credenza; armadio a muro; armadietto: *a hanging-cupboard,* un armadio con attaccapanni — *a kitchen-cupboard,* una credenza. □ *the skeleton in the cupboard, (fig.)* l'onta segreta di una famiglia — *cupboard-love,* amore interessato.
cupful ['kʌpful] *s.* (*pl.* **cupfuls** *o* **cupsful**) il contenuto di una tazza; tazza piena.
Cupid ['kju:pid] *s. (mitologia)* Cupido; *(pittura, ecc.)* putto.
cupidity [kju(:)'piditi] *s.* cupidigia; bramosia; avidità.
cupola ['kju:pələ] *s.* **1** cupola. **2** cubilotto.
cuppa ['kʌpə] *s. (sl.)* tazza di tè (*abbr. di* **cup of...**): *I could just do with a cuppa!,* Cosa non darei per una tazza di tè!
cupping ['kʌpiŋ] *s.* applicazione delle coppette: *cupping glass,* coppetta.
cupreous ['kju:priəs] *agg* cupreo.
cupric ['kju:prik] *agg* cuprico; rameico.
cupro-nickel ['kju:prɔ'nikəl] *agg* lega di rame e di nichel.
cuprous ['kju:priəs] *agg* rameoso.
cur [kə:*] *s.* **1** cagnaccio. **2** mascalzone; imbelle.
curability [,kjuərə'biliti] *s.* curabilità.
curable ['kjuərəbl] *agg* curabile.
curacy ['kjuərəsi] *s.* parrocchia; pieve.
curare [kju'rɑ:ri] *s.* curaro.
curate ['kjuərit] *s.* curato; coadiutore.
curative ['kjuərətiv] *agg* curativo; terapeutico.
curator [kjuə'reitə*] *s.* **1** *(di minorenne, ecc.)* curatore; tutore. **2** conservatore *(di museo, ecc.).*
curb [kə:b] *s.* **1** barbazzale; freno. **2** *(fig.)* freno: *to keep (to put) a curb on one's anger,* tenere a freno la propria ira; mettere un freno alla propria ira. **3** (= **kerb**) bordo di marciapiede. □ *curb market,* borsino.
to **curb** [kə:b] *vt* **1** tenere a freno *(un cavallo).* **2** tenere a freno; dominare *(i propri sentimenti): to curb one's impatience,* dominare la propria impazienza.
curd [kə:d] *s.* caglio. □ *lemon-curd,* crema di uova, zucchero e limone *(che si spalma sul pane).*
to **curdle** ['kə:dl] *vi e t.* cagliare; coagulare.
cure [kjuə*] *s.* **1** cura; guarigione. **2** medicina; rimedio: *a rest-cure,* un periodo di riposo *(per la salute).* **3** cura di anime; parrocchia: *to obtain (to resign) a cure,* ottenere una cura di anime (rinunciare a una parrocchia).
to **cure** [kjuə*] *vt e i.* **1** guarire; sanare; *(fig.)* rimediare: *to cure a man of a disease,* guarire un uomo da una malattia — *to cure an illness,* guarire una malattia — *to cure poverty (drunkenness),* porre un rimedio alla povertà (all'ubriachezza) — *a cure-all,* una panacea; un toccasana. **2** trattare *(carni, pelli, tabacco, ecc.);* affumicare; salare; seccare *(pesce).* **3** vulcanizzare.
curfew ['kə:fju:] *s.* coprifuoco; campana del coprifuoco; ora del coprifuoco: *curfew-bell,* campana della sera — *to impose a curfew on a town,* imporre il coprifuoco a una città — *to lift (to end) the curfew,* togliere (far cessare) il coprifuoco.
curio ['kjuəriou] *s.* (*pl.* **curios**) curiosità; oggetto curioso d'arte o d'antiquariato minore: *curio-shop,* negozio di antiquariato minore.
curiosity [,kjuəri'ɔsiti] *s.* **1** curiosità; desiderio di sapere: *to be dying of (to be burning with) curiosity to know what is happening,* morire (ardere) dalla curiosità di sapere che cosa sta succedendo. **2** curiosità; rarità; oggetto strano.
curious ['kjuəriəs] *agg* **1** curioso; avido di conoscere; desideroso di sapere: *I'm curious to know what he said,* Sono curioso di sapere che cosa ha detto. **2** curioso; ficcanaso: *What is he so curious about?,* Per quale motivo è così curioso? **3** curioso; strano; singolare: *What a curious mistake!,* Che strano errore! **4** *(ant.)* scrupoloso; diligente; accurato: *a jewel of curious workmanship,* un gioiello di fine fattura. □ *avv* **curiously.**
curl [kə:l] *s.* **1** riccio; ricciolo; ciocca ricciuta: *curl-paper,* bigodino *(di carta).* **2** voluta; spirale; ondulazione; smorfia: *a curl of smoke rising from a cigarette,* una spirale di fumo che si alza da una sigaretta — *the curl of a wave,* la voluta di un'onda — *a curl of the lips,* una smorfia.
to **curl** [kə:l] *vt e i.* **1** arricciare, arricciarsi; torcere, torcersi; *(di fumo)* sollevarsi in spire; *(di superficie, ecc.)* corrugarsi: *She has curled her hair,* Si è arricciata i capelli — *The smoke curled upwards,* Il fumo si sollevava a spire — *The dog curled up on the rug,* Il cane si raggomitolò sulla stuoia — *curling-tongs, curling-iron,* ferro per arricciare — *curling-pins,* forcine per arricciare. **2** giocare al 'curling' (⇨).
curlew ['kə:lju:] *s.* chiurlo.
curling ['kə:liŋ] *s.* 'curling' *(gioco invernale scozzese che consiste nel far scivolare sul ghiaccio pesanti pietre dal fondo piatto, munite di manico).*
curly ['kə:li] *agg* ricciuto; riccioluto.
curmudgeon [kə:'mʌdʒən] *s. (fam.)* bisbetico; spilorcio; taccagno.
currach, curragh ['kʌrə] *s. (irlandese)* ⇨ **coracle.**
currant ['kʌrənt] *s.* **1** uva passa; uvetta passita *(greca, sultanina, di Corinto).* **2** *(generalm.* blackcurrant *o* redcurrant*)* ribes *(il frutto e l'arbusto).*
currency ['kʌrənsi] *s.* **1** circolazione; corso; diffusione; credito: *The rumour soon gained currency,* La diceria

acquistò presto credito — *Many slang words have short currency,* Molte parole del gergo hanno vita breve. **2** moneta corrente; circolazione monetaria; moneta legale; valuta: *gold (paper) currency,* valuta aurea (cartacea) circolante — *foreign currencies,* valute (divise) estere.

[1]**current** ['kʌrənt] *agg* **1** corrente; d'uso corrente: *current coin,* moneta d'uso corrente — *words that are no longer current,* parole che non sono più d'uso corrente. **2** corrente; attuale; contemporaneo: *the current issue of a magazine,* l'ultimo numero di una rivista — *the current year,* quest'anno. □ *avv* **currently** ⇨.

[2]**current** ['kʌrənt] *s.* **1** corrente: *to swim against the current,* nuotare contro corrente *(anche fig.).* **2** corrente; flusso di elettricità. **3** corso; corrente; movimento; procedere *(di eventi, ecc.).*

currently ['kʌrəntli] *avv* **1** comunemente; generalmente. **2** al presente; attualmente.

curriculum [kə'rikjuləm] *s.* (*pl.* **curriculums, curricula**) curricolo; corso di studi; programma: *curriculum vitae,* 'curriculum vitae'.

curried ['kʌrid] *agg* cotto con 'curry'.

currish ['kə:riʃ] *agg* cagnesco; ringhioso.

curry ['kʌri] *s. (cucina indiana)* 'curry'; miscela di spezie *('curry powder')* usata per preparare una salsa in cui si fanno cuocere carne, pesce, verdure, ecc.: *hot (mild) chicken curry,* piatto di pollo in salsa 'curry' piccante (non molto piccante).

to **curry** ['kʌri] *vt* **1** strigliare *(un cavallo);* conciare *(pelli o fig.): to curry favour with sb,* accattivarsi il favore di qcno con le lusinghe o l'adulazione. **2** condire o cucinare con 'curry'.

curry-comb ['kʌrikoum] *s.* brusca *(per strigliare i cavalli).*

curse [kə:s] *s.* **1** maledizione; improperio; imprecazione: *to lay a person under a curse,* maledire una persona — *to be under a curse,* essere sotto il peso di una maledizione; essere maledetto — *to call down curses upon sb,* invocare maledizioni su qcno; chiedere che Dio punisca qcno — *Curses!,* Dannazione!; Maledizione!; Accidenti! **2** calamità; sventura; rovina; disgrazia: *His wealth proved a curse to him,* La sua ricchezza fu la sua sventura. **3** *(fam.) the curse,* le mestruazioni. □ *What a curse! It's raining again, (fam.)* Che disdetta! Piove di nuovo — *I don't care (o give) a curse,* Non m'importa un accidente.

to **curse** [kə:s] *vt e i.* **1** maledire. **2** scagliare maledizioni; imprecare: *to curse and swear,* imprecare e bestemmiare — *to curse at a stupid servant,* imprecare contro uno stupido servitore. **3** *to be cursed with,* avere la disgrazia di: *to be cursed with a violent temper,* avere la disgrazia di un carattere violento.

cursed ['kə:sid] *agg* maledetto; dannato; *(spesso fam., nel senso di)* seccante; fastidioso: *This work is a cursed nuisance,* Questo lavoro è una maledetta seccatura.

cursive ['kə:siv] *agg* corsivo *(di carattere, grafia).* □ *avv* **cursively.**

cursory ['kə:səri] *agg* frettoloso; affrettato; superficiale; senza sufficiente attenzione: *a cursory glance,* un'occhiata frettolosa. □ *avv* **cursorily.**

curst [kə:st] *pass e p. pass ant di* **to curse.**

curt [kə:t] *agg* brusco; secco; conciso; laconico. □ *avv* **curtly.**

to **curtail** [kə:'teil] *vt* tagliare; ridurre; diminuire; limitare; accorciare.

curtailment [kə:'teilmənt] *s.* taglio; abbreviazione; riduzione.

curtain ['kə:tn] *s.* **1** tenda; tendina: *to draw a curtain over sth, (fig.)* stendere un velo su qcsa; non parlarne più — *curtain-lecture,* litigio serale (tra coniugi); ramanzina a quattr'occhi. **2** sipario: *The curtain rises (falls),* Si apre (Si chiude) il sipario — *safety curtain,* sipario anti-incendio — *curtain-raiser,* avanspettacolo; numero o farsa di apertura — *curtain-call,* chiamata alla ribalta *(con gli applausi del pubblico).* **3** *(fig.)* cortina *(di nebbia, di fuoco di sbarramento, ecc.): the iron curtain,* la cortina di ferro. □ *It was curtains for him, (fam.)* Per lui fu la fine (la morte, ecc.).

to **curtain** ['kə:tn] *vt* **1** fornire, equipaggiare di tendine. **2** *(seguito da* off*)* dividere; separare con una tenda: *to curtain off part of a room,* separare parte di una stanza con una tenda.

curts(e)y ['kə:tsi] *s.* (*pl.* **curtseys o curtsies**) riverenza; inchino: *to make (to drop) a curtsey to the Queen,* fare la riverenza alla regina.

to **curts(e)y** ['kə:tsi] *vi* (*pass. e p. pass.* **curtsied**) fare la riverenza.

curvaceous ['kə:veiʃəs] *agg (di ragazza)* di belle forme; formosa; ben fatta.

curvature ['kə:vətʃə*] *s.* curvatura; incurvamento: *curvature of the spine,* cifosi; scoliosi.

curve [kə:v] *s.* curva: *a curve in the road,* una curva della strada — *a price curve,* una curva dei prezzi.

to **curve** [kə:v] *vt e i.* curvare, curvarsi; fare una curva; descrivere una curva: *The river curves round the town,* Il fiume fa una curva intorno alla città.

curvet [kə:'vet] *s. (del cavallo)* falcata; salto.

cushion ['kuʃən] *s.* **1** cuscino *(di sedia);* strato soffice *(di qualcosa): a cushion of moss,* uno strato soffice di muschio — *a pin-cushion,* un puntaspilli. **2** cuscinetto; imbottitura; sponda elastica *(di biliardo, ecc.).* **3** *(archit.)* bacile; echino.

to **cushion** ['kuʃən] *vt* **1** provvedere di cuscini. **2** smorzare *(un colpo, ecc.).* **3** ammortizzare elasticamente.

cushy ['kuʃi] *agg* (**-ier; -iest**) *(sl., di impiego, lavoro)* facile; agevole; piacevole; di tutto riposo; comodo. □ *avv* **cushily.**

cusp [kʌsp] *s.* cuspide; punta; vertice.

cuspidor ['kʌspidɔ:*] *s. (USA)* sputacchiera.

cuss [kʌs] *s. (fam.)* **1** maledizione. **2** tipo; individuo: *a queer cuss,* uno strano tipo.

to **cuss** [kʌs] *vt e i. (fam.)* maledire; imprecare; bestemmiare.

cussed ['kʌsid] *agg (fam.)* perfido; ostinato.

cussedness ['kʌsidnis] *s. (fam.)* perversità; malvagità.

custard ['kʌstəd] *s.* crema dolce di uova e latte cotta al forno o a bagnomaria *(spesso servita con un 'pudding' o con la frutta cotta).*

custodian [kʌs'toudjən] *s.* custode; guardiano; portiere *(di un grande caseggiato).*

custody ['kʌstədi] *s.* **1** custodia; vigilanza; cura; *(dir.)* protezione; tutela. **2** arresto; imprigionamento; detenzione: *to give sb into custody,* consegnare qcno alla polizia; farlo arrestare — *to be in custody,* essere in stato d'arresto *(in attesa di processo).*

custom ['kʌstəm] *s.* **1** consuetudine; costume; usanza; abitudine: *to be a slave to custom,* essere schiavo della consuetudine — *the customs of different countries,* le usanze di paesi diversi — *It was his custom to get up early in the morning,* Era sua abitudine alzarsi presto al mattino. **2** *(comm.)* cliente; clientela; il diventare cliente; il servirsi: *We should like very much to have your custom,* Desidereremmo molto avervi come cliente — *I shall withdraw my custom from the shop,* Non mi servirò più in quel negozio. **3** *(al pl.)* dogana;

(per estensione) diritti doganali: *How long will it take us to pass (to get through) the Customs?,* Quanto ci vorrà per passare la dogana? — *Customs Officer,* doganiere — *custom house,* dogana. □ *custom-built, (di automobile)* fuori serie.

customary ['kʌstəməri] *agg* **1** abituale; usuale; consueto; consuetudinario. **2** *(di legge)* fondato su una consuetudine. □ *avv* **customarily.**

customer ['kʌstəmə*] *s.* **1** cliente; acquirente abituale. **2** *(fam.)* tipo; individuo *(generalm. strano, difficile): a queer customer,* un tipo strambo, strano — *a nasty customer,* un cattivo soggetto.

cut [kʌt] *s.* **1** taglio *(vari sensi);* sferzata; colpo *(di frusta, spada, ecc.): He gave his horse a cut across the flank,* Diede al cavallo una frustata sul fianco — *a deep cut on the leg,* un taglio profondo nella gamba — *There were several cuts in the film,* C'erano parecchi tagli nella pellicola — *cut and thrust,* lotta corpo a corpo *(anche fig., p.es. durante un dibattito).* **2** taglio *(di carne);* taglio *(d'abito, linea): a nice cut of beef,* un bel taglio di manzo — *I don't like the cut of this coat,* Non mi piace il taglio di questo cappotto — *hair-cut and shave,* capelli e barba. **3** riduzione; ribasso: *a cut in prices,* un ribasso nei prezzi — *a cut in expenditure,* una diminuzione di spese — *a power cut,* una sospensione temporanea dell'erogazione della corrente elettrica. **4** *(tennis, cricket)* colpo veloce e preciso. **5** osservazione *(diretta a qcno): That was a cut at me,* Quell'osservazione era per me. **6** rifiuto di riconoscere qcno; offesa: *to give sb the cut,* offendere qcno fingendo di non riconoscerlo. **7** tratto di ferrovia o di canale scavato nella roccia. **8** illustrazione; disegno; zinco; cliché. **9** taglio, alzata *(di carte).* **10** provvigione; commissione. **11** *(sl.)* parte *(spec. del bottino, di una 'bustarella' o di una quantità di denaro rubato);* tangente. □ *to be a cut above sb,* essere superiore a qcno *(spec. per cultura).*

to **cut** [kʌt] *vt e i.* *(pass. e p. pass.* **cut)** **1** tagliare *(molti sensi): Please, cut me a slice of cake,* Per favore, tagliami una fetta di torta — *to cut sth in half,* tagliare qcsa in due — *This knife cuts well,* Questo coltello taglia bene — *This bread doesn't cut well,* Questo pane non si taglia bene — *cut flowers,* fiori recisi, appena recisi — *to cut (sb) to pieces,* fare a pezzi; tagliare a pezzi; distruggere — *The army was cut to pieces,* L'esercito fu distrutto — *to cut a hedge,* tagliare una siepe — *to cut one's nails,* tagliarsi le unghie — *to have one's hair cut,* farsi tagliare i capelli — *to cut a film,* tagliare una pellicola *(per censurarla o comunque per ridurne la lunghezza)* — *to cut sth short,* troncare; tagliar corto — *to cut a long story short,* per tagliar corto — *to cut short sb's remarks; to cut sb short,* interrompere qcno; troncargli la parola in bocca — *to cut sth open,* provocare un taglio; spaccare — *He fell and cut his head open,* Cadde e si spaccò la testa — *to cut sb loose,* sciogliere, liberare qcno — *to cut oneself loose (to cut loose) from one's family,* tagliare i ponti con la propria famiglia — *to cut sb or sth free,* liberare qcno o qcsa (tagliando) — *He cut himself free from the rope,* Si liberò dalla corda (tagliandola).
2 scavare; incidere; intagliare; scolpire: *They cut a tunnel through the mountain,* Scavarono una galleria nella montagna — *to cut and cover,* tagliare *(una strada, una galleria, ecc.)* e ricoprirla in un secondo tempo — *to cut a figure in stone,* scolpire un'immagine nella pietra — *to cut one's initials on a tree,* incidere le proprie iniziali sulla corteccia di un albero — *to cut a jewel,* intagliare un gioiello — *to cut a key,* fare una chiave — *cut glass,* vetro intagliato.
3 fingere di non vedere o di non riconoscere (qcno): *When I met her at the theatre, she cut me (dead),* Quando la incontrai a teatro, fece finta di non vedermi.
4 assentarsi: *to cut school,* marinare la scuola.
5 *(di linee)* incontrare: *Let the point where AB cuts CD be called E,* Chiamiamo E il punto in cui AB incontra CD.
6 diminuire; abbassare; calare; ridurre: *His salary was cut,* Ha avuto una diminuzione di stipendio.
7 ferire; penetrare; colpire: *The icy wind cut me to the bone,* Il vento gelido mi penetrò fino alle ossa — *His ingratitude cut her to the heart (to the quick),* La sua ingratitudine la colpì al cuore.
8 *(cricket, tennis)* colpire velocemente o nettamente una palla.
9 fare il montaggio di un film.
□ *Cut!,* Alt! *(detto dal regista)* — *to cut and come again, (fam.)* servirsi di nuovo *(a tavola)* — *to cut and run,* darsela a gambe; tagliare la corda — *to cut a tooth,* mettere un dente nuovo — *to cut one's wisdom teeth (one's eye-teeth), (fig.)* mettere giudizio — *to cut the cards,* tagliare le carte — *to cut it fine, (fam.)* farcela; riuscire ad arrivare; finire *(un lavoro, ecc.)* appena in tempo — *to cut a record,* 'demolire' un primato *(stabilendone uno nuovo)* — *to cut no ice (not to cut much ice) with sb,* non avere alcun effetto su qcno; non provocare alcuna impressione — *to cut both ways,* essere a doppio taglio — *to cut the ground from under sb (from under sb's feet), (fig.)* tagliare la terra sotto i piedi a qcno — *to cut a loss (one's losses),* rinunciare in tempo a una speculazione sbagliata; salvarsi le penne — *cut and dried, (di decisione, opinione, ecc.)* definito; definitivo; fisso — *to cut a poor figure,* fare una figura meschina — ⇨ *anche* **cut-away, cut-back, cut-off, cut-out,** *ecc.*

to cut across, - **a)** prendere una scorciatoia; tagliare: *They were in a hurry, so they cut across the fields,* Avevano fretta, perciò tagliarono per i campi - **b)** *(fig.)* trascendere; superare.

to cut after *(sb or sth),* correre dietro (a qcno o qcsa).

to cut along, *(fam.)* andarsene; filare.

to cut at, - **a)** dare, assestare un forte colpo *(con una spada, una frusta, ecc.): He cut at the hedge with a stick,* Colpì la siepe con un bastone - **b)** troncare *(anche fig.): This cuts at all my hopes,* Questo tronca tutte le mie speranze.

to cut away, - **a)** svignarsela; correre via: *The boy stole the apples and cut away across the orchard,* Il ragazzo rubò le mele e corse via per il frutteto - **b)** *to cut sth away,* asportare qcsa *(dopo averla tagliata);* sbarazzarsi di (eliminare) qcsa: *We cut away all the dead wood from the tree,* Tagliammo via tutti i rami secchi dall'albero — *The sailors cut away the broken mast,* I marinai si sbarazzarono dell'albero spezzato.

to cut back, - **a)** potare *(cespugli e arbusti);* ridurre - **b)** *(cinema)* inserire nell'azione un 'flash back'.

to cut down, - **a)** abbattere; stroncare: *to cut down a tree,* abbattere un albero — *He was cut down in the prime of youth,* Fu stroncato nel fiore della giovinezza - **b)** ridurre; tagliare: *to cut down expenses,* ridurre le spese - **c)** accorciare: *to cut down a pair of trousers,* accorciare un paio di calzoni - **d)** *to cut down on sth,* ridurre qcsa *(p.es. le spese).*

to cut in, - **a)** interrompere; sostituirsi a qcno *(in un ballo, in un gioco di carte, ecc.): Don't cut in so rudely while she is telling you what happened,* Non interromperla così bruscamente mentre ti sta raccontando cos'è successo - **b)** tagliare la strada *(dopo un sorpasso);* effettuare un brusco rientro: *Accidents are often caused by drivers who cut in,* Spesso gli incidenti sono provocati da automobilisti che effettuano un rientro brusco.

to cut into, interrompere *(una conversazione, ecc.);* interloquire.

to cut off, - **a)** tagliare *(spec. ad un'estremità);* mozzare; sospendere; troncare: *Mind you don't cut your fingers off!,* Attenzione a non tagliarti le dita! — *to cut sb's head off,* decapitare qcno; mozzare il capo a qcno — *He cut off a yard of cloth from the roll,* Tagliò dalla pezza una iarda di stoffa - **b)** interrompere: *We were cut off,* Siamo stati interrotti; È caduta la linea — *to cut off the gas supply,* sospendere l'erogazione del gas — *to cut off sb's supplies,* tagliare i viveri a qcno - **c)** isolare: *towns cut off by floods,* città isolate da alluvioni — *to be cut off by the tide,* restare isolato *(su uno scoglio, un banco di sabbia)* a causa della marea — *to cut oneself off from the world,* vivere isolato dal mondo — *to cut off an army from its base,* tagliar fuori un esercito dalle sue basi - **d)** *to cut sb off with a shilling,* diseredare qcno; non lasciargli quasi nulla in eredità.

to cut out, - **a)** ritagliare: *to cut a picture out of a newspaper,* ritagliare una fotografia da un giornale - **b)** aprirsi (una via): *to cut out a path through the jungle,* aprirsi un sentiero attraverso la giungla - **c)** tagliare *(tessuto): to cut out a dress,* tagliare un vestito - **d)** eliminare; tralasciare; soppiantare; smettere: *to cut sb out of one's will,* escludere qcno dal proprio testamento — *Let's cut out the details,* Tralasciamo i dettagli — *The doctor said I must cut out tobacco,* Il dottore mi ha detto che devo eliminare il tabacco, smetterla col fumo — *Cut it out!,* Smettila! - **e)** *(mecc.)* staccare; disinnestare: *The aircraft landed with one engine cut out,* L'aereo atterrò con un motore spento - **f)** *to be cut out for sth,* essere tagliato per qcsa; avere le qualità adatte per qcsa: *He is not cut out for that sort of work,* Non è tagliato per quel tipo di lavoro - **g)** *to have one's work cut out,* avere un bel da fare: *It's a big job: he'll have his work cut out for him,* È un grosso incarico: dovrà mettercela tutta.

to cut up, - **a)** tagliare o fare a pezzi; distruggere: *Please, cut up the child's steak,* Per favore tagli a pezzettini la bistecca del bambino — *to cut up the enemy's forces,* distruggere le forze nemiche - **b)** *to be cut up,* essere addolorato: *He was badly cut up by the news, (fam.)* Fu profondamente addolorato dalla notizia; La notizia lo affranse - **c)** *(varie espressioni idiomatiche) The turkey cut up well,* Il tacchino bastò per tutti — *The old man cut up well, (fam.)* Il vecchio lasciò una bella eredità — *to cut up rough, (fam.)* essere adirato *(anche* violento*)* — *He'll cut up rough if you don't give him what he asked for;* Farà fuoco e fiamme se non gli darai ciò che ha chiesto.

cut-away ['kʌtəwei] *agg (di disegno)* spaccato; in sezione.

cut-back ['kʌtbæk] *agg* ridotto: *cut-back production,* produzione ridotta.
□ *s. (comm.)* riduzione *(nelle ordinazioni, ecc.).*

cute [kju:t] *agg* **1** acuto; arguto; vivacemente intelligente. **2** *(USA, fam.)* attraente; affascinante; graziozo. □ *avv* **cutely.**

cuticle ['kju:tikl] *s.* cuticola; epidermide.

cutie ['kju:ti] *s. (fam.)* ragazza graziosa, carina.

cutlass ['kʌtləs] *s.* **1** coltellaccio. **2** machete.

cutler ['kʌtlə*] *s.* coltellinaio.

cutlery ['kʌtləri] *s.* **1** il mestiere del coltellinaio. **2** *(collettivo)* posateria; posate.

cutlet ['kʌtlit] *s.* cotoletta.

cut-off ['kʌtɔf] *s.* **1** *(USA)* scorciatoia. **2** *(USA)* canale artificiale che taglia l'ansa di un fiume. **3** *(mecc.)* arresto; interruttore: *cut-off lever,* leva d'arresto.
□ *agg* tagliato fuori; escluso.

cut(-)out ['kʌtaut] *s. (fotografia)* scontornatura; *(elettr.)* interruttore; salvamotore.
□ *agg* da ritagliarsi.

cutpurse ['kʌtpə:s] *s. (stor.)* borsaiolo.

cutter ['kʌtə*] *s.* **1** *(persona)* tagliatore; *(macchina)* tagliatrice. **2** *(tipo di imbarcazione)* 'cutter'; lancia.

cut-throat ['kʌtθrout] *s.* tagliagole; assassino; criminale.
□ *come agg attrib* spietato; accanito; criminale; omicida: *cut-throat competition, (comm.)* concorrenza spietata — *a cut-throat razor, (scherz.)* un rasoio tagliagola.

[1]**cutting** ['kʌtiŋ] *s.* **1** pezzo tagliato; taglio; trancia; incisione. **2** trincee *(di strada, di ferrovia);* sezione in sterro. **3** ritaglio *(di carta, ecc.);* truciolo: *press cuttings, (GB)* ritagli di giornali. **4** talea; margotta: *to take a cutting,* tagliare, piantare, fare una talea. **5** *(cinema)* montaggio: *cutting-room,* sala di montaggio.

[2]**cutting** ['kʌtiŋ] *agg* **1** tagliente. **2** pungente; sferzante. □ *avv* **cuttingly.**

cuttle-fish ['kʌtlfiʃ] *s.* seppia.

cutworm ['kʌtwə:m] *s.* agrotide.

cyanic [sai'ænik] *agg* **1** *(chim.)* cianico. **2** azzurro; turchino.

cyanide, cyanid ['saiənaid] *s.* cianuro.

cyanosis [ˌsaiə'nousis] *s.* cianosi.

cybernetics [ˌsaibə:'netiks] *s.* cibernetica.

cyclamen ['sikləmən] *s.* ciclamino.

cycle ['saikl] *s.* **1** ciclo. **2** serie; un certo numero di cose organicamente disposte. **3** *(abbr. per* bicycle, tricycle*)* bicicletta; triciclo: *a cycle-car,* un motofurgone — *a cycle race,* una gara ciclistica.

to **cycle** ['saikl] *vi* **1** *(fam.)* andare in bicicletta. **2** attuarsi o svolgersi per cicli.
□ *vt* mettere in ciclo.

cyclic ['siklik] *agg* ciclico.

cyclical ['siklikəl] *agg* ciclico.

cycling ['saikliŋ] *s.* ciclismo; l'andare in bicicletta.

cyclist ['saiklist] *s.* ciclista.

cyclone ['saikloun] *s.* ciclone.

cyclonic [sai'klɔnik] *agg* ciclonico.

cyclopaedia [ˌsaiklə'pi:djə] *s.* ⇨ **encyclopaedia.**

Cyclopean [sai'kloupjən] *agg* ciclopico; colossale.

cyclostyle ['saikləstail] *s.* ciclostile.

to **cyclostyle** ['saikləstail] *vt* ciclostilare.

cyclotron ['saiklətrɔn] *s.* ciclotrone.

cyder ['saidə*] *s.* ⇨ **cider.**

cygnet ['signit] *s.* cigno giovane.

cylinder ['silində*] *s.* cilindro *(vari sensi); (fam.)* bombola *(di gas liquido): a six-cylinder engine,* un motore a sei cilindri — *to be working on all cylinders, (fam.)* funzionare a tutto vapore; *(fig.)* mettercela tutta.

cymbal ['simbəl] *s.* cembalo; piatto.

cynic ['sinik] *s.* cinico.

cynical ['sinikəl] *agg* cinico. □ *avv* **cynically.**

cynicism ['sinisizəm] *s.* cinismo.

cynosure ['sinəzjuə*] *s.* **1** cinosura. **2** *(fig.)* centro di attrazione, d'attenzione: *the cynosure of every eye,* il centro di tutti gli sguardi.

cypher ['saifə*] *s.* ⇨ **cipher.**

cypress ['saiprəs] *s.* cipresso.

Cypriot, Cyprian ['sipriɔt/'sipriən] *s. e agg* cipriota.

Cyrillic [si'rilik] *agg* cirillico.

cyst [sist] *s.* ciste; cisti.

cystitis [sis'taitis] *s.* cistite.

czar [zɑ:*] *s.* (*anche* **tsar**) zar.

czarina [zɑ:'ri:nə] *s.* (*anche* **tsarina**) zarina.

Czech [tʃek] *s. e agg* ceco; boemo; cecoslovacco.

Czecho(-)slovak ['tʃek*ou*'slouvæk] *s. e agg* cecoslovacco.

D

D, d [di:] (*pl.* **D's, d's; Ds, ds**) **1** D, d *(quarta lettera dell'alfabeto inglese): D for David, (al telefono, ecc.)* D come Domodossola. **2** *(mus.)* re: *Symphony in d minor,* Sinfonia in re minore. **3** *(votazione)* insufficiente; *(in certi esami)* appena sufficiente. □ *3-D* ⇨ **dimensional** — *D-notice, (GB)* avviso *(ai giornali)* di non pubblicazione di notizia sottoposta a segreto di Stato — *D-Day,* - **a)** il giorno dello sbarco alleato in Normandia *(il 6 giugno 1944); (fig., per estensione)* giorno decisivo - **b)** *(= Decimal Day)* ⇨ **decimal,** *agg.*

¹**dab** [dæb] *s.* **1** stria; macchia; piccola quantità. **2** colpetto; leggera applicazione; tamponatura: *A dab with a sponge will not remove the dirt: you'll have to rub it,* Un colpetto di spugna non basterà a portare via lo sporco: devi strofinarlo. **3** *(pl.)* ⇨ **dabs.**

to **dab** [dæb] *vt e i.* (**-bb-**) **1** toccare lievemente; tamponare: *to dab one's eyes with a handkerchief,* passarsi un fazzoletto sugli occhi. **2** applicare; cospargere lievemente; spalmare; dare dei colpetti: *to dab paint on a picture,* dare lievi pennellate di colore ad un quadro — *She was dabbing (at) her cheeks with a powder-puff,* Si ritoccava le guance con un piumino da cipria.

²**dab** [dæb] *s.* pleuronettide; passera di mare *(e altre varietà di pesci piatti).*

³**dab** [dæb] *s. (spesso attrib.) (fam.)* persona in gamba, esperta, competente: *She is a dab (spesso: a dab hand) at tennis,* È bravissima nel tennis.

to **dabble** ['dæbl] *vt* immergere; agitare *(nell'acqua).* □ *vi to dabble in (o at) sth,* occuparsi di qcsa; dilettarsi di qcsa *(come seconda attività, a tempo perso).*

dabbler ['dæblə*] *s.* dilettante; arruffone.

dabchick ['dæbtʃik] *s.* tuffetto; svasso piccolo.

dabs [dæbs] *s. pl (sl.)* impronte digitali.

dace [deis] *s. (pl. invariato)* lasca; pesciolino d'acqua dolce.

dacha ['dætʃə] *s.* dacia.

dachshund ['dɑ:kshund] *s.* bassotto.

dacoit [də'kɔit] *s.* brigante *(in India, Pakistan, Birmania).*

dactyl ['dæktil] *s.* dattilo.

dactylic [dæk'tilik] *agg (metrica)* dattilico.

dad, daddy [dæd/'dædi] *s. (fam.: generalm. con la maiuscola)* papà; babbo. □ *daddy-long-legs,* tipula; *(USA)* falangio.

dado ['deidou] *s. (archit.)* **1** dado. **2** zoccolo (decorato).

daemon ['di:mən] *s.* demone; genio.

daemonic [di:'mɔnik] *agg* ⇨ **demonic.**

daff [dæf] *s., abbr fam di* **daffodil.**

daffodil ['dæfədil] *s.* trombone; giunchiglia grande; *(talvolta, spec. poet.)* narciso selvatico; *(ant.)* asfodelo.

daft [dɑ:ft] *agg (fam.)* sciocco; stupido; scemo; sventato. □ *avv* **daftly.**

daftness ['dɑ:ftnis] *s.* **1** l'essere sciocco, stupido, sventato, scemo; scioccaggine. **2** sciocchezza; stupidaggine.

dagger ['dægə*] *s.* **1** daga; pugnale; stiletto: *to be at daggers drawn (with sb),* essere ai ferri corti (con qcno) — *to look daggers at sb,* fissar torvo (con odio) qcno. **2** *(tipografia)* croce mortuaria.

dago ['deigou] *s. (spreg., piuttosto desueto)* individuo di origine italiana, portoghese o spagnola; *(USA)* messicano.

daguerreotype [də'gerou*t*aip] *s.* dagherrotipo *(ritratto fotografico);* dagherrotipia.

dahlia ['deiljə] *s.* dalia.

Dail [dail] *s. (propriamente* Dail Eirann*)* Camera dei deputati della Repubblica di Irlanda.

daily ['deili] *agg* quotidiano; giornaliero; del giorno: *our daily bread,* il nostro pane quotidiano.
□ *avv* quotidianamente; giornalmente; ogni giorno: *Most newspapers appear daily,* La maggior parte dei giornali esce quotidianamente — *Thousands of people cross this bridge daily,* Migliaia di persone attraversano ogni giorno questo ponte.
□ *s.* **1** (giornale) quotidiano. **2** *(fam., anche* daily help*)* domestica a ore.

daintily ['deintili] *avv* ⇨ ¹**dainty.**

daintiness ['deintinis] *s.* delicatezza; ricercatezza; raffinatezza; squisitezza.

¹**dainty** ['deinti] *agg* (**-ier; -iest**) **1** grazioso; fine; delicato: *a dainty little girl,* una graziosa ragazzina. **2** grazioso; delicato; fragile: *dainty cups and saucers,* tazzine e piattini delicati. **3** *(di cibo)* prelibato; squisito; delizioso. **4** esigente; di gusto difficile, raffinato; di difficile contentatura; schizzinoso: *She's dainty about her food,* È esigente in fatto di cibo. □ *avv* **daintily.**

²**dainty** ['deinti] *s.* (*pl.* **dainties**) leccornia; cibo di gusto squisito e delicato; ghiottoneria; bocconcino prelibato.

dairy ['dɛəri] *s.* **1** caseificio: *dairy-farm,* caseificio; fattoria per la produzione lattiero-casearia — *dairy-farming,* produzione lattiero-casearia — *dairy cattle,* bestiame (mucche) da latte. **2** latteria.

dairymaid ['dɛərimeid] *s.* **1** lattaia; lattivendola. **2** *(piuttosto ant.)* donna che lavora in un caseificio, in una cascina.

dairyman ['dɛərimən] *s.* (*pl.* **dairymen**) **1** lattaio; lattivendolo. **2** uomo che lavora in un caseificio, in una cascina.

dais ['deiis/deis] *s.* predella; palchetto; pedana; piccola piattaforma.

daisy ['deizi] *s.* margherita; margherita dei campi; pratolina.

dak [dɑ:k] *s. (anche* dak-bungalow*)* residenza degli ospiti *(in una stazione di posta, in India e Pakistan).*

dale [deil] *s.* valle; valletta.

dalesman ['deilzmən] *s.* (*pl.* **dalesmen**) valligiano *(quasi sempre dello Yorkshire).*

dalliance ['dæliəns] *s.* **1** futilità; leggerezza. **2** amoreggiamento; divertimento amoroso; schermaglia amorosa.

to **dally** ['dæli] *vi* **1** *(seguito da* with*)* trastullarsi; gingillarsi: *to dally with an idea or proposal,* gingillarsi con un'idea o con una proposta — *to dally with a woman's affections,* scherzare con i sentimenti di una donna; amoreggiare con una donna senza intenzioni serie. **2** *(seguito da* over *oppure da* away*)* indugiare; perdere tempo; oziare; sprecare tempo: *Don't dally over your work,* Non perdere tempo nel lavoro — *He dallied his time away,* Sprecò inutilmente il suo tempo.

[1]**dam** [dæm] *s.* **1** diga; argine; sbarramento. **2** bacino; quantità di acqua contenuta in una diga.

to **dam** [dæm] *vt* (**-mm-**) **1** sbarrare con una diga; costruire una diga. **2** arginare; trattenere per mezzo di una diga. **3** *(fig.)* arginare; sbarrare; tenere a freno: *to dam up one's feelings,* tenere a freno i propri sentimenti.

[2]**dam** [dæm] *s.* **1** *(ant., lett.)* madre. **2** genitrice *(di quadrupedi).*

damage ['dæmidʒ] *s.* **1** danno; guasto; disturbo; incomodo: *The storm did great damage,* La bufera provocò gravi danni — *The insurance company will pay for the damage to my car,* La società assicuratrice pagherà i danni della mia automobile — *to my great damage,* con mio grande incomodo (disturbo, danno). **2** *(al pl.)* indennizzo; danni; risarcimento: *He claimed a thousand pounds' damages from his employers for the loss of his right arm,* Chiese mille sterline di risarcimento ai suoi datori di lavoro per la perdita del braccio destro. **3** *(fam.)* costo; spĕsa: *What's the damage?,* Quanto viene a costare?; Quanto devo sganciare?

to **damage** ['dæmidʒ] *vt* danneggiare; recar danno: *furniture damaged by fire,* mobilia danneggiata dal fuoco.

damageable ['dæmidʒəbl] *agg* danneggiabile.

Damascene ['dæməsi:n] *agg* damasceno; di Damasco. □ *s.* damascato.

to **damascene** ['dæməsi:n] *vt* damaschinare.

damask ['dæməsk] *s.* **1** damasco *(anche attrib.): damask table-cloths,* tovaglie di damasco (damascate). **2** *(anche* damascene steel*)* acciaio damaschinato. □ *damask rose,* rosa damascena; rosa di Damasco *(il fiore e il colore rosa intenso).*

to **damask** ['dæməsk] *vt* **1** damascare *(stoffa).* **2** damaschinare *(metallo).*

dame [deim] *s.* **1** *(ant., lett. e scherz.)* dama; signora; donna sposata: *a dame school, (ant.)* una scuola elementare gestita da una signora anziana. **2** *(GB)* titolo che precede il nome di una donna insignita dell'Ordine dell'Impero Britannico. **3** *(ant., poet.)* titolo che precede taluni nomi astratti personificati: *Dame Fortune,* (la) Signora Fortuna. **4** *(USA, fam.)* donna; ragazza. **5** *(GB, nelle farse)* attore che recita la parte di una donna.

damn [dæm] *s. (fam., sempre con l'art. indeterminativo: da taluni considerato volg.)* un bel niente; 'un fico secco'; 'un cazzo': *I don't care (o give) a damn,* Non mi preoccupo affatto; Non me ne frega niente — *It's not worth a damn,* Non vale un fico secco. □ *agg (propriamente* damn'*)* ⇨ **damned 2.**

to **damn** [dæm] *vt* **1** *(fam., da taluni considerato volg.)* dannare; maledire; mandare al diavolo; imprecare contro *(spesso usato come interiezione): I'll be damned if I'll go!,* Figuriamoci se ci vado! — *Damn them all!; Damn the lot of them!,* Al diavolo tutti! — *Damn you!,* Vai al diavolo! — *Damn your impudence!,* Maledetta la tua impudenza! — *Damn!,* Maledizione! **2** condannare; disapprovare; criticare decisamente; stroncare: *The book was damned by the critics,* Il libro fu stroncato dai critici.

damnable ['dæmnəbl] *agg* dannabile; esecrabile; detestabile; *(fam.)* orribile: *damnable weather,* un tempo cane. □ *avv* **damnably.**

damnation [dæm'neiʃən] *s.* dannazione; *(fig.)* maledizione; rovina: *to suffer eternal damnation,* essere dannato per sempre — *(May) damnation take it!,* Che il diavolo se lo porti!; Vada all'inferno!

damned, damn'd, damn' [dæmd] *agg* **1** *(letteralm.: da* **to damn 1***)* dannato: *the damned,* i dannati. **2** *(fam.)* maledetto; infame; esecrabile: *You damn(ed) fool!,* Maledetto imbecille! — *a damned mess,* un bel pasticcio.

□ *avv (fam.)* terribilmente; orribilmente; molto: *It's damned hot,* Fa terribilmente caldo — *...as you know damn' well,* ...come tu sai benissimo — *damn' all,* assolutamente niente; un bel niente; 'un fico secco'; 'un cazzo'.

damning ['dæmniŋ] *agg (p. pres. di* **to damn***)* che condanna; incriminante: *damning evidence,* prove schiaccianti.

damosel ['dæməzel] *s.* = **damsel.**

damp [dæmp] *s.* **1** umidità: *The damp rising from the ground caused the walls to stain badly,* L'umidità proveniente dal suolo fece delle brutte macchie sulle pareti — *Don't stay outside in the damp,* Non stare fuori all'umido — *damp course,* strato isolante *(di ardesia o altro)* contro l'umidità — *damp-proof,* a prova di umidità. **2** *(fig.)* nube; ombra; velo *(di tristezza, malinconia, ecc.): to cast (to strike) a damp over sth,* gettare un'ombra su qcsa — *Their mother's illness cast a damp over the holidays,* La malattia della (loro) madre gettò un'ombra sulle vacanze. **3** *(anche* fire-damp, black-damp, choke-damp*)* grisou; gas di miniera.

□ *agg* umido; madido; (leggermente) bagnato: *to wipe a window with a damp cloth,* pulire una finestra con un panno umido. □ *avv* **damply.**

to **damp** [dæmp] *vt* **1** *(anche* **to dampen***)* inumidire; rendere umido: *to damp clothes before ironing them,* inumidire gli indumenti prima di stirarli. **2** *(anche* **to dampen***)* scoraggiare; rattristare; abbattere: *Nothing could damp his spirits,* Nulla poteva abbattere il suo entusiasmo (scoraggiarlo). **3** *(spesso* **to damp down***)* smorzare; estinguere. **4** *(fis.)* smorzare; ammortizzare *(un'onda).*

□ *vi* **to damp off** *(di pianta)* marcire; morire *(per l'umidità).*

to **dampen** ['dæmpən] *vt* **1** inumidire (⇨ **to damp 1**). **2** *(fig.)* scoraggiare (⇨ **to damp 2**). **3** smorzare *(suoni).*

damper ['dæmpə*] *s.* **1** persona o cosa che deprime, rattrista, scoraggia; guastafeste: *to cast a damper on a party,* smorzare l'allegria d'un trattenimento; fare da guastafeste. **2** *(mecc.)* valvola di tiraggio. **3** *(mecc., elettr.)* smorzatore. **4** *(mus.)* sordina. **5** spugna per inumidire i francobolli, ecc. **6** *(in Australia)* pane non lievitato.

dampness ['dæmpnis] *s.* umidità; umido.

damsel ['dæmzəl] *s. (ant. e poet.)* damigella; donzella; fanciulla; ragazza.

damson ['dæmzən] *s.* susino selvatico: *damson cheese,* conserva di 'damsons'.

dance [dɑ:ns] *s.* ballo; danza: *May I have the next dance?,* Mi concede il prossimo ballo? — *Shall we join the dance?,* Vogliamo ballare? — *dance-band, dance-orchestra,* orchestra da ballo — *dance-hall,* sala da ballo (pubblica) — *dance-hostess,* 'taxi-girl' *(ragazza stipendiata per far ballare i clienti in una sala da ballo)* — *to give a dance,* dare un ballo (una festa da ballo) — *St Vitus' dance,* il ballo di San Vito.

□ *to lead sb a (pretty) dance, (fig., fam.)* dare del filo da torcere a qcno.

to **dance** [dɑ:ns] *vi e t.* **1** danzare; ballare; saltellare; muoversi vivacemente: *They went on dancing until after midnight,* Continuarono a danzare fin dopo mezzanotte — *to dance a waltz,* ballare un valzer — *to dance attendance upon sb,* fare le piroette attorno a qcno; fare da cavalier servente a una signora; seguire qcno a bacchetta — *to dance to sb's tune (pipe, piping),* danzare alla musica di qcno; *(fig.)* eseguire a bacchetta i desideri di qcno — *The leaves were dancing in the wind,* Le foglie danzavano nel vento — *She danced for joy,* Si mise a ballare per la gioia — *Look at that boat dancing on the waves,* Guarda quella barca che danza sulle onde. **2** far saltellare; cullare; ninnare: *to dance a baby on one's knee,* cullare un bimbo sulle ginocchia.

dancer ['dɑ:nsə*] *s.* danzatore; ballerino. □ *the merry dancers, (GB)* l'aurora boreale.

dancing ['dɑ:nsiŋ] *s.* **1** ballo; danza *(spesso attrib.): dancing-master,* maestro di ballo — *dancing-partner,* compagno (compagna) di ballo — *dancing shoes,* scarpine da ballo — *dancing-saloon, (USA)* sala da ballo pubblica. **2** *(mecc.: di una molla)* sfarfallamento.

dandelion ['dændilaiən] *s.* tarassaco; dente di leone; soffione.

dandified ['dændifaid] *agg (da* [1]**dandy**) da damerino: *a dandified appearance,* un aspetto da damerino.

to **dandle** ['dændl] *vt* cullare; ninnare; far saltellare *(sulle braccia, le ginocchia).*

dandruff ['dændrəf] *s.* forfora.

[1]**dandy** ['dændi] *s.* elegantone; damerino; bellimbusto; cicisbeo; uomo affettato nel vestire e nel comportamento.

[2]**dandy** ['dændi] *agg (sl., spec. USA)* splendido; eccellente; magnifico; di prima qualità; 'fantastico'.

Dane [dein] *s.* danese; abitante della Danimarca. □ *Great Dane,* alano; cane danese.

danger ['deindʒə*] *s.* pericolo; rischio: *Danger! Thin ice!,* Pericolo! Ghiaccio sottile! — *Is there any danger of fire?,* C'è qualche pericolo d'incendio? — *He looked around carefully for hidden dangers,* Si guardò attorno attentamente per accertarsi che non vi fossero pericoli nascosti — *The wreck is a danger to shipping,* Il relitto (di una nave) è un pericolo per la navigazione — *His life was in danger,* La sua vita era in pericolo — *He was in danger of losing his life,* Era in pericolo di vita — *out of danger,* fuori pericolo — *The signal was at danger,* Il segnale indicava arresto (rosso) — *danger money,* indennità di rischio.

dangerous ['deindʒrəs] *agg* pericoloso; rischioso: *The river is dangerous to bathe in,* È pericoloso fare il bagno nel fiume. □ *avv* **dangerously.**

to **dangle** ['dæŋgl] *vt* **1** dondolare; far dondolare; far penzolare: *to dangle a toy in front of a baby,* far dondolare un giocattolo davanti a un bimbo. **2** *(fig.)* agitare; far balenare: *to dangle bright prospects before sb,* far balenare brillanti prospettive a qcno. □ *vi* **1** dondolare; ciondolare; penzolare: *He had a bunch of keys dangling at the end of a chain,* Aveva un mazzo di chiavi che ciondolava all'estremità di una catena. **2** *(seguito da* after, round, about*)* ronzare; stare alle costole; fare la ronda *(nella speranza di ottenere qcsa): She always has half a dozen men dangling round her,* Ha sempre una mezza dozzina di uomini che le ronzano intorno.

Danish ['deiniʃ] *agg* danese; della Danimarca: *Danish blue,* formaggio danese *(simile al gorgonzola).* □ *s.* il danese; la lingua danese.

dank [dæŋk] *agg* umido; fradicio; bagnato; stillante umidore; gocciolante: *a dank chilly cave,* una grotta umida e fredda. □ *avv* **dankly.**

dapper ['dæpə*] *agg (detto di persona piccola)* attillato; azzimato; mobile; attivo; lesto: *Isn't he a dapper little man!,* Che omino vivace!

dapple ['dæpl] *s.* **1** screziatura. **2** animale screziato; cavallo pezzato, pomellato.

to **dapple** ['dæpl] *vt* macchiare; screziare; variegare.

dappled, dapple [,dæpld/'dæpl] *agg* macchiato; screziato; variegato; *(di animale)* maculato; pezzato; pomellato: *a dappled deer,* un cervo maculato — *a dapple grey horse,* un cavallo grigio pomellato — *dappled shade,* macchie d'ombra *(prodotte dalla luce del sole che filtra tra le foglie).*

Darby and Joan ['dɑ:bi ənd 'dʒoun] *nome proprio (GB)* (nomi tradizionali di una) vecchia coppia assai affiatata.

dare [dɛə*] *s.* sfida: *He was always ready to accept a dare,* Era sempre pronto ad accettare una sfida.

to **dare** [dɛə*] *vt* (*pass.* **dared,** *ant.* **durst**; *p. pass.* **dared**) **1** *(v. anomalo, generalm. seguito dall'inf. senza* to*)* osare; ardire; avere la sfrontatezza; avere il coraggio; arrischiarsi: *Dare you jump down from the top of that wall?,* Hai il coraggio di saltar giù da quel muro? — *I daren't do it,* Non me la sento (Non oso) — *How dare he say such things about me?,* Come si permette di dire simili cose a mio riguardo? — *Don't (Don't you) dare do that again!,* Non arrischiarti a farlo ancora! **2** sfidare: *He dared me to jump over the stream,* Mi sfidò a saltare il torrente — *I dare you to say that again!,* Guai a te se dici ancora una cosa simile!

dare-devil ['dɛə,devil] *agg* audace; temerario. □ *s.* scavezzacollo.

daresay ['dɛə,sei] *espressione verbale* (= **dare say**: ⇨ **to dare**) *I daresay,* Suppongo; Ritengo; Ho l'impressione — *You're tired, I dare say,* Ho l'impressione che tu sia stanco.

[1]**daring** ['dɛəriŋ] *s.* audacia; coraggio; intrepidezza.

[2]**daring** ['dɛəriŋ] *agg* audace; coraggioso; intrepido. □ *avv* **daringly.**

dark [dɑ:k] *s.* **1** buio; tenebra; oscurità: *to be afraid of the dark,* aver paura del buio — *before (after) dark,* prima (dopo) che faccia buio. **2** ignoranza; mancanza di conoscenza: *to be in the dark (about sth),* essere all'oscuro (di qcsa); non saperne nulla — *to keep sb in the dark (about sth),* tenere qcno all'oscuro (di qcsa). □ *agg* **1** buio; tenebroso; fosco; cupo: *a dark and stormy night,* una notte buia e tempestosa — *a dark corner,* un angolo buio — *It's getting too dark to take photographs,* Si sta facendo troppo buio per far fotografie. **2** *(di colore)* scuro; *(di carnagione)* bruno: *a dark suit,* un vestito scuro — *dark green,* verde scuro — *dark brown eyes,* occhi castano scuro — *a dark complexion,* un colorito bruno. **3** *(fig.)* misterioso; nascosto; segreto; ignoto; oscuro: *to keep sth dark,* tenere una cosa segreta — *to keep (oneself) dark,* nascondersi; tenersi nascosto — *a dark secret,* un oscuro segreto — *a dark saying,* una espressione oscura — *The meaning is still dark to me,* Il significato mi è tuttora oscuro. **4** triste; tetro; nero; senza speranza: *Don't look on the dark side of things,* Non vedere (solo) gli aspetti tristi delle cose. □ *dark lantern,* lanterna cieca — *dark-room,* camera oscura — *the Dark Continent,* il Continente nero *(l'Africa)* — *the Dark Ages,* i secoli bui (del Medio Evo) — *a dark horse,* un 'outsider', cavallo non favorito che rivela doti impreviste; *(fig.: spec. di un candidato)* persona che rivela doti insospettate. □ *avv* **darkly** ⇨.

to **darken** ['dɑ:kən] *vt e i.* oscurare, oscurarsi; offuscare, offuscarsi: *to darken sb's door, (lett. e scherz.)* far visita *(generalm. sgradita)* a qcno — *Never darken my door again!, said the baron,* Non fatevi mai più vedere in casa mia!, disse il barone.

darkie, darky ['dɑ:ki] *s. (fam.)* negro, negra.

darkling ['dɑ:kliŋ] *agg (poet.)* oscuro. □ *avv (poet.)* al buio; nelle tenebre.

darkly ['dɑ:kli] *avv* **1** oscuramente; *(fig.)* indistintamente. **2** minacciosamente.

darkness ['dɑ:knis] *s.* oscurità; buio; tenebra: *The room was in complete darkness,* La stanza era nell'oscurità completa — *the Prince of Darkness,* il Principe delle Tenebre.

darkroom ['dɑ:kru:m] *s.* camera oscura.

darksome ['dɑ:ksəm] *agg (poet.)* oscuro; cupo; tetro.

darky ['dɑ:ki] *s.* ⇨ **darkie.**

darling ['dɑ:liŋ] *s.* **1** *(fam.)* tesoro; persona cara: *She's a little darling,* È un tesoro — *My darling!,* Tesoro!; Mia cara (Mio caro)! **2** *(attrib.)* delizioso; affascinante: *What a darling little cottage!,* Che bella casetta!

darn [dɑ:n] *s.* rammendo; rammendatura.

[1]to **darn** [dɑ:n] *vt e i.* rammendare.

[2]to **darn** [dɑ:n] *vt (fam.* = **to damn** ⇨*)* maledire: *Darn his impudence!,* Maledetto sfacciato!

darning ['dɑ:niŋ] *s.* rammendo; cose da rammendare: *darning-needle,* ago da rammendo.

dart [dɑ:t] *s.* **1** balzo; guizzo; movimento repentino in avanti: *The child made a sudden dart across the road,* Improvvisamente il bimbo si buttò in avanti e attraversò la strada. **2** dardo; freccia: *darts, (GB, al pl.)* tiro al bersaglio di piccole frecce *(che vengono lanciate a mano libera).*

to **dart** [dɑ:t] *vi e t.* **1** dardeggiare; sfrecciare; muoversi velocemente; balzare; guizzare: *The snake darted out its tongue,* Il serpente fece dardeggiare la lingua — *Swallows were darting through the air,* Le rondini sfrecciavano nell'aria — *The deer darted away when it saw us,* Il cervo balzò via appena ci vide — *She darted into the shop,* Piombò nel negozio. **2** scagliare; gettare; lanciare: *She darted an angry look at him,* Gli lanciò un'occhiata furiosa.

Dartmoor ['dɑ:tmuə*] *nome proprio* nota casa di pena *(dal nome della località, nel Devonshire, in cui è situata).*

dash [dæʃ] *s.* **1** balzo; slancio; impeto; foga: *at a dash,* con foga; a precipizio — *to make a dash at the enemy,* lanciarsi contro il nemico — *The cavalry rode off at a dash,* La cavalleria partì al galoppo — *to cut a dash (quite a dash),* fare una bella figura. **2** scroscio; sciabordio; tonfo: *the dash of the waves,* lo sciabordio delle onde — *the dash of oars striking the water,* il tonfo dei remi sull'acqua. **3** spruzzo; (un) po'; (un) goccio; tocco: *a dash of soda water,* uno spruzzo di seltz — *red with just a dash of blue,* rosso con un tocco di blu. **4** lineetta; trattino; linea *(nell'alfabeto Morse).* **5** corsa: *the hundred metres dash,* i cento metri piani. **6** = **dashboard.**

to **dash** [dæʃ] *vt e i.* **1** scagliare; lanciare; battere; sbattere; versare (gettando); distruggere; frantumare; infrangersi: *Frightful waves dashed over the pier,* Onde spaventose si abbattevano sopra il molo — *The boat was dashed against the rocks,* La barca andò a sbattere contro gli scogli — *to dash a bucketful of water over sb,* gettare un secchio d'acqua su qcno — *to dash sth to pieces,* fare a pezzi (frantumare) qcsa — *to dash sb's hopes,* distruggere le speranze di qcno. **2** scagliarsi; precipitarsi; sfrecciare: *A motor-car dashed past us,* Una macchina ci sfrecciò accanto. **3** *(fam.* = **to damn**) mandare al diavolo (all'inferno); maledire: *Dash it!,* Al diavolo!

to dash away, scappare precipitosamente; darsela a gambe.

to dash off, - **a)** scappar via - **b)** *to dash sth off,* fare o scrivere qcsa in fretta; buttare giù *(una lettera, ecc.).*

to dash out, precipitarsi fuori; uscire a precipizio.

dashboard ['dæʃbɔ:d] *s.* cruscotto.

dashing ['dæʃiŋ] *agg* **1** ardito; focoso; impetuoso. **2** vistosamente elegante *(solo di uomo).* □ *avv* **dashingly.**

dastard ['dæstəd] *s. (ant.)* gradasso; bullo; persona vile e prepotente *(con chi è debole);* codardo; vigliacco.

dastardliness ['dæstədlinis] *s.* vigliaccheria; viltà.

dastardly ['dæstədli] *agg* vigliacco; vile; prepotente.

data ['deitə] *s. (pl., spesso considerato sing.)* dati; informazioni: *data processing,* elaborazione (di) dati — *data processing centre,* centro di calcolo — *data bank,* banca dei dati.

datable ['deitəbl] *agg* databile.

[1]**date** [deit] *s.* dattero.

[2]**date** [deit] *s.* **1** data: *date of birth,* data di nascita — *What's the date today?,* Quanti ne abbiamo oggi? — *date-line,* - **a)** linea del cambiamento di data - **b)** = **dateline** — *date-stamp,* timbro della data. **2** periodo; epoca; tempo: *castles of Norman date,* castelli di epoca normanna. **3** *(fam.)* - **a)** appuntamento *(generalm. galante)* - **b)** *(per estensione)* persona con la quale si ha un appuntamento — *blind date,* appuntamento (galante) con persona sconosciuta. □ *to date,* fino a oggi; sinora — *out-of-date,* passato di moda — *up-to-date,* aggiornato; alla moda — *to bring a catalogue up-to-date,* aggiornare un catalogo — ⇨ *anche* **to up-date.**

to **date** [deit] *vt* **1** datare *(una lettera, ecc.).* **2** attribuire o assegnare una data *(p.es. a monete antiche, a documenti);* stabilire una data; determinare la data. **3** determinare l'età di una persona o di una cosa; 'datare' una persona o una cosa *(cfr.* dated*).* **4** *(fam.)* dare un appuntamento *(generalm. galante).*

□ *vi* **1** *(seguito da* from *o* back to*)* risalire (a): *His family dates back to the Conquest,* La sua famiglia risale all'epoca della conquista normanna. **2** incominciare ad essere fuori moda; passare di moda.

dated ['deitid] *agg* fuori moda; passato di moda; antiquato; fuori uso; desueto: *a dated expression,* un'espressione fuori moda, desueta.

dateless ['deitlis] *agg* **1** senza data. **2** *(spec. poet.)* interminabile; esistente da tempo immemorabile.

dateline ['deitlain] *s. (in un articolo di giornale)* riga che porta la data e talvolta il luogo.

to **date-stamp** ['deitstæmp] *vt* timbrare con la data.

dative ['deitiv] *agg e s.* dativo; il caso dativo.

datum ['deitəm] *s.* **1** *sing di* **data. 2** *(topografia) datum line,* linea di riferimento.

daub [dɔ:b] *s.* **1** sostanza da spalmare *(argilla, ecc.).* **2** sgorbio; crosta; pittura mal fatta.

to **daub** [dɔ:b] *vt e i.* **1** impiastricciare; spalmare grossolanamente; imbrattare: *to daub plaster on a wall,* intonacare una parete — *to daub a wall with paint,* impiastricciare una parete di vernice. **2** dipingere malamente; imbrattare.

dauber ['dɔ:bə*] *s.* imbrattatele; pittore scadente.

daughter ['dɔ:tə*] *s.* figlia. □ *daughter-in-law (pl.* daughters-in-law*),* nuora.

daughterly ['dɔ:təli] *agg* filiale *(di figlia).*

to **daunt** [dɔ:nt] *vt* atterrire; spaventare; scoraggiare: *nothing daunted, (piuttosto lett., ma spesso usato scherz.)* niente affatto scoraggiato; imperterrito.

dauntless ['dɔ:ntlis] *agg* intrepido; imperterrito. □ *avv* **dauntlessly.**

dauntlessness ['dɔ:ntlisnis] *s.* coraggio; intrepidezza.

dauphin ['dɔ:fin] *s. (stor.)* delfino *(figlio erede del re di Francia).*

davenport ['dævnpɔ:t] *s.* **1** *(GB)* mobiletto con piano ribaltabile da usare come scrivania. **2** *(USA)* canapè; divano a due o tre posti.

davit ['dævit] *s. (naut.)* gru ricurva *(di àncora, di imbarcazione, ecc.).*

Davy Jones [,deivi'dʒounz] *nome proprio (sl., naut.)* 'Davy Jones' *(spirito maligno): Davy Jones's locker,* il fondo del mare.

daw [dɔ:] *s.* = **jackdaw.**

to **dawdle** ['dɔ:dl] *vi* bighellonare; non concludere nulla: *Stop dawdling and do something useful!,* Finiscila di bighellonare e fa' qualcosa (di utile)!
□ *vt* **to dawdle away,** sprecare, sciupare *(tempo): Don't dawdle away your time!,* Non sprecare il tuo tempo!

dawdler ['dɔ:dlə*] *s.* fannullone.

dawn [dɔ:n] *s.* **1** alba; spuntar del giorno; prima luce: *We must start at dawn,* Dobbiamo partire all'alba — *He works from dawn till dusk,* Lavora tutto il santo giorno (dall'alba al tramonto). **2** *(fig.)* albori; inizio; principio; primi segni: *the dawn of civilization,* gli albori della civiltà.

to **dawn** [dɔ:n] *vi* **1** albeggiare; farsi giorno; farsi chiaro: *The day was just dawning,* Albeggiava; Stava spuntando il giorno. **2** *(fig.)* farsi luce; palesarsi; rivelarsi *(generalm. seguito da* on *o* upon*): The truth began to dawn upon me,* Incominciai a vederci chiaro — *It has just dawned on me that...,* Mi sono appena accorto che...

day [dei] *s.* **1** giorno; giornata; dì; periodo di ventiquattro ore: *the days of the week,* i giorni della settimana — *I shall be seeing Mary in a few days' time,* Vedrò Mary tra qualche giorno — *He has been working all day (all the day, all day long),* Ha lavorato tutto il giorno — *We travelled day and night (night and day) without stopping,* Camminammo giorno e notte senza fermarci — *The day (on which) I met you,* Il giorno che (in cui) ti conobbi — *by day,* di giorno — *before day,* prima dell'alba — *Good day, (un po' desueto)* Buon giorno — *to pass the time of day (with sb),* salutare qcno — — *the day before yesterday,* avant'ieri; l'altro ieri — *the day after tomorrow,* dopodomani — *to-day,* oggi (⇨ *anche* **today**) — *this day, (molto formale)* oggi stesso — *this day week (fortnight, month),* oggi a otto (di qui a quindici giorni; un mese oggi) — *two years ago to a (to the) day,* esattamente due anni fa — *the other day,* l'altro giorno; alcuni giorni fa — *day after day; every day,* ogni giorno — *every other day,* un giorno sì, un giorno no; a giorni alterni — *day in, day out,* continuamente; un giorno dopo l'altro — *one day,* un giorno; un bel giorno (del passato) — *some day,* un giorno o l'altro (nel futuro) — *any day now,* tra breve — *any day you like,* quando vuoi — *any day,* di gran lunga — *I prefer beer to wine any day,* Preferisco di gran lunga la birra al vino — *one of these (fine) days, (facendo una previsione o una promessa)* tra breve; uno di questi giorni — *from day to day; from one day to the next,* da un giorno all'altro; di giorno in giorno — *No one can be certain about what will happen from day to day,* Nessuno può essere certo di ciò che può capitare da un giorno all'altro — *day bed,* divano letto — *day shift,* turno diurno — *day nursery,* asilo nido — *day-blindness,* emeralopia; *(erroneamente)* nictalopia — *day-boarder,* semiconvittore — *day-book, (comm.)* brogliaccio — *day-boy (-girl),* allievo (allieva) esterno di un collegio o convitto — *day-labourer (-worker),* lavoratore, lavoratrice a giornata — *day-lily,* emerocallide — *day-school,* scuola diurna — *day-ticket,* biglietto (ferroviario) di andata e ritorno, valido per un solo giorno — *day-tripper,* viaggiatore con biglietto turistico *(di andata e ritorno in giornata)* — *day of grace, (comm.)* giorno di grazia; dilazione — *lay-days, (comm.)* stallie — *Rome was not built in a day, (prov.)* Il mondo non fu creato in un sol giorno — ⇨ *anche* **daybreak, day-dream, to day-dream, daylight,** *ecc.*
2 giornata (lavorativa): *I've done a good day's work,* È stata una buona giornata di lavoro — *His working day is eight hours,* La sua giornata lavorativa è di otto ore — *Most workers are paid weekly, but some are paid by the day,* Molti lavoratori sono pagati alla settimana, ma alcuni sono pagati alla giornata — *day off,* giornata di riposo *(degli impiegati, ecc.)* — *day out,* giorno di libera uscita *(delle domestiche, ecc.)* — *to call it a day, (fig.)* ritenere di aver lavorato abbastanza; smettere di lavorare — *It's all in the day's work,* Fa parte della normale routine lavorativa.
3 *(spesso al pl.)* tempo; periodo: *It will be a long day before I see him again,* Ne passerà del tempo prima che io possa rivederlo — *the present day,* il tempo, l'età presente; oggigiorno; ora — *present-day writers,* gli scrittori d'oggi, contemporanei — *in these days,* oggigiorno; oggidì — *in those days,* a quei tempi; in quegli anni — *in my school days,* quando andavo a scuola; quand'ero ragazzo — *in the days of Queen Victoria,* durante gli anni (il regno) della regina Vittoria — *in days of old (in olden days),* nei tempi andati; nel passato — *the good old days,* i bei tempi del passato (andati) — *in days to come,* nei giorni futuri; nel futuro — *the men of other days,* gli uomini del passato — *in this day and age,* al giorno d'oggi — *to have known (o seen) better days,* aver conosciuto tempi migliori — *to fall on evil days,* avere dei rovesci di fortuna.
4 *(al sing.: spesso preceduto da* its, his, her, their, *ecc.)* tempo; vita; periodo di successo o di splendore: *Colonialism has had its day,* Il colonialismo ha fatto il suo tempo — *She was a beauty in her day,* Quand'era giovane era una bellezza — *Every dog has its day, (prov.)* Ognuno ha il suo raggio di sole — *Let's make a day of it!,* Spassiamocela!
5 *(mil., stor.)* giornata *(di combattimento);* battaglia: *We've won (We've carried) the day!; The day is ours!,* Abbiamo vinto!; La vittoria è nostra! — *We've lost the day,* Abbiamo perso la battaglia; Siamo stati sconfitti.

daybreak ['deibreik] *s.* lo spuntar del giorno; l'alba.

day-dream ['deidri:m] *s.* sogno ad occhi aperti; fantasticheria; castelli in aria.

to **day-dream** ['deidri:m] *vi* sognare ad occhi aperti; fantasticare.

daylight ['deilait] *s.* **1** luce del giorno; giorno; luce: *in broad daylight,* in pieno giorno. **2** alba: *We must leave before (o at) daylight,* Dobbiamo partire prima dell'alba (all'alba) — *He was up at daylight,* Era già in piedi (Era già alzato) all'alba.
□ *to bring sth out into the daylight,* rivelare (rendere pubblica) una notizia tenuta segreta — *to beat the (living) daylights out of sb, (fam.)* suonarle a qcno di santa ragione — *I'm beginning to see daylight at last,*

Finalmente comincio a capire — *daylight saving time,* ora estiva (legale).

daylong ['deilɔŋ] *agg* della durata di una giornata intera.

dayspring ['deispriŋ] *s. (poet.)* alba.

daytime ['deitaim] *s.* giorno; le ore del giorno.

daze [deiz] *s.* stordimento; confusione; intontimento: *to be in a daze,* essere inebetito, in stato di stordimento.

to **daze** [deiz] *vt* **1** stordire; sbalordire; stupefare; intontire. **2** abbagliare.

to **dazzle** ['dæzl] *vt* abbagliare; abbacinare: *dazzled by bright lights,* abbagliato da luci intense — *dazzling sunshine,* un sole abbagliante.

deacon ['di:kən] *s.* **1** diacono. **2** *(nella Chiesa presbiteriana)* fabbriciere; anziano.

deaconess ['di:kənis] *s.* diaconessa.

[1]**dead** [ded] *agg* **1** morto; estinto; inanimato; inerte: *a dead language,* una lingua morta — *dead matter,* materia inerte (inanimata) — *The hunter fired and the tiger fell dead,* Il cacciatore fece fuoco e la tigre cadde morta — *Dead men tell no tales, (prov.)* I morti non parlano — *a dead march,* una marcia funebre — *dead tired, (fam.)* stanco morto — *to wait for a dead man's shoes,* aspettare la morte di qcno per prendere il suo posto o per ricavarne comunque dei vantaggi — *dead letter,* lettera non recapitata *(perché il destinatario risulta sconosciuto)* — *a regulation that has become a dead letter,* una disposizione che è divenuta lettera morta — *in the dead hours of the night,* nelle ore morte della notte — *a dead weight,* un peso morto — *dead end,* via priva di sbocco; vicolo cieco; *(fig.)* punto morto — *a dead-end job,* un lavoro che non offre possibilità di carriera.

2 *(fig.)* intirizzito; intorpidito; insensibile; informicolito; sordo: *dead fingers,* dita intorpidite (intirizzite) — *to be dead to sth,* essere insensibile (sordo) a qcsa — *dead to all feelings of shame,* insensibile, sordo a ogni sentimento di pudore.

3 cupo; smorto *(di tono, colore, ecc.).*

4 spento; inutilizzabile; inservibile; già sfruttato; *(della palla in vari giochi)* fuori gioco: *a dead match,* un fiammifero usato — *a dead wire,* un filo elettrico senza corrente (fuori tensione) — *The telephone went dead,* Il telefono smise di funzionare.

5 *(del terreno di un campo sportivo)* pesante: *dead pitch, (nel gioco del cricket)* terreno su cui la palla non rimbalza bene.

6 assoluto; completo; esatto; netto; improvviso: *to be in dead earnest,* fare proprio sul serio — *to come to a dead stop,* fermarsi di colpo — *to be on a dead level,* essere perfettamente alla pari — *a dead heat,* una gara che si conclude con un pareggio — *a dead calm,* una calma assoluta — *a dead loss,* una perdita netta; *(sl., di persona)* peso morto; *(sport)* 'brocco' — *in the dead centre,* esattamente al centro — *a dead shot,* - **a)** un colpo assolutamente centrato (a segno) - **b)** tiratore che non sbaglia mai il colpo.

□ *dead-and-alive, (di persona)* mezzo morto; più morto che vivo; *(di luogo, attività, ecc.)* monotono; tedioso; poco interessante — *dead-fire,* fuoco di sant'Elmo — *dead-freight, (comm.)* vuoto per pieno — *dead-head, (sl.)* chi assiste ad uno spettacolo (o chi viaggia) con biglietto omaggio — *dead-house,* obitorio; camera mortuaria — *dead-light,* oblò — *dead-line* = **deadline** — *dead-load, (edilizia)* carico fisso — *dead men, (fam.)* bottiglie vuote — *dead man's handle,* 'uomo morto' *(leva nella cabina di guida di una locomotiva per la fermata d'emergenza)* — *dead(-)reckoning, (naut.)* determinazione del punto stimato — *a dead set,* un violento attacco — *to make a dead set at sb,* attaccare violentemente (portare un violento attacco contro) qcno — *as dead as a doornail,* morto stecchito.

[2]**dead** [ded] *s.* **1** morto: *the dead, (pl.)* i morti. **2** *(fig.)* il cuore; il centro: *in the dead of winter,* nel cuore dell'inverno — *at dead of night,* nel cuore della notte. **3** *(al pl.)* detriti; ganga *(mineralogia).*

[3]**dead** [ded] *avv (fam.)* completamente; del tutto: *to be dead beat (dead tired),* essere completamente sfinito (esausto) — *dead drunk,* ubriaco fradicio — *dead broke,* senza un soldo; al verde — *The wind was dead against us,* Il vento ci era decisamente contrario — *to cut sb dead* (⇨ **to cut 3**) — *to be dead right,* avere completamente ragione — *to be dead wrong,* avere torto marcio — *dead in the centre of the target,* esattamente (proprio) nel centro del bersaglio.

to **deaden** ['dedn] *vt* **1** ammortire; attutire; alleviare; attenuare; smorzare; far sparire. **2** isolare acusticamente. **3** intirizzire; rendere insensibile *(una parte del corpo).*

□ *vi* affievolirsi; attenuarsi; smorzarsi.

deadline ['dedlain] *s.* **1** termine massimo *(di scadenza).* **2** linea non valicabile.

deadlock ['dedlɔk] *s.* arresto; paralisi; punto morto: *The negotiations are at a deadlock,* Le trattative sono ad un punto morto.

deadly ['dedli] *agg* (**-ier; -iest**) **1** mortale; ferale; micidiale; *(in certe espressioni)* capitale; *(fig.)* implacabile: *deadly weapons,* armi mortali — *a deadly poison,* un veleno mortale — *deadly enemies,* nemici mortali — *the seven deadly sins,* i sette vizi capitali — *a deadly paleness,* un pallore mortale — *deadly hatred,* odio implacabile. **2** *(fam.)* estremamente noioso; insopportabile: *a deadly party,* una festa noiosissima. **3** grande; eccessivo: *in deadly haste,* in gran fretta — *in deadly earnest,* molto seriamente.

deadpan ['dedpæn] *agg (di volto)* impassibile; (faccia) di bronzo.

deaf [def] *agg* sordo *(anche fig.)*: *deaf and dumb,* sordomuto — *to be deaf in (o of) one ear,* essere sordo da un orecchio — *deaf to all advice (entreaty),* sordo a ogni consiglio (preghiera) — *He turned a deaf ear to our request for help,* Rimase sordo alla nostra richiesta di aiuto — *to be as deaf as a (door-) post,* essere sordo come una campana — *There's none so deaf as those that won't hear, (prov.)* Non c'è peggior sordo di chi non vuol sentire — *deaf-aid,* apparecchio acustico *(per i sordi)* — *deaf-mute,* sordomuto.

to **deafen** ['defn] *vt* assordare; intronare: *We were almost deafened by the uproar,* Fummo quasi assordati dal baccano.

deafening ['defniŋ] *agg* assordante; fragoroso: *There were deafening cheers when the speaker finished,* Quando il conferenziere terminò seguirono applausi assordanti.

deafness ['defnis] *s.* sordità.

[1]**deal** [di:l] *s.* asse (o legno) di pino o di abete: *deal furniture,* mobili fatti con legno di pino o di abete — *a deal table,* una tavola di abete.

[2]**deal** [di:l] *s. (nelle espressioni)* **a great deal; a good deal,** una gran quantità; assai; moltissimo: *He has to spend a good deal of money on medicines,* È costretto a spendere moltissimo denaro in medicine — *I have devoted a great deal of trouble to that job,* Ho speso un bel po' di fatica in quel lavoro — *I have a good deal to do,* Ho moltissimo da fare — *That's saying a*

great deal!, Non è dire poco! — *She's a good deal better today,* Oggi sta molto meglio.

[3]**deal** [di:l] *s.* **1** affare; buon affare; accordo: *It's a deal!,* Affare fatto! — *to do a deal with sb,* fare un affare con qcno. **2** *(fam.)* trattamento: *He gave me a square deal,* Mi ha riservato un trattamento equo (Si è comportato lealmente, È stato onesto con me). **3** *(nel gioco)* turno nella distribuzione delle carte; mano: *It's your deal,* Tocca a te fare le carte. □ *New Deal,* riforma economica avviata da Franklin Delano Roosevelt — *new deal, (per estensione)* piano di riforme.

to **deal** [di:l] *vt e i.* (*pass. e p. pass.* **dealt**) **1** *(spesso seguito da* out*)* distribuire; dare; ripartire: *The gifts must be dealt out fairly,* I doni devono essere distribuiti equamente — *Who dealt the cards?,* Chi ha distribuito (Chi ha fatto) le carte? **2** assestare *(un colpo): He dealt me a hard blow on the chin,* Mi assestò un forte pugno sul mento. **3** servirsi *(in un negozio): I've stopped dealing at that shop,* Ho smesso di servirmi in quel negozio. **4 to deal in,** trattare *(un articolo): That shop deals in goods of all kinds,* Quel negozio tratta merci di ogni genere. **5 to deal with,** trattare; sistemare; occuparsi (di): *Be careful when you deal with them,* Fai attenzione quando hai a che fare con loro — *That man is easy (difficult, impossible) to deal with,* È facile (difficile, impossibile) trattare con quell'uomo. **6 to deal well (badly) by sb,** trattare qcno bene (male) — *You have been badly dealt by,* Ti hanno trattato male.

dealer ['di:lə*] *s.* **1** distributore; concessionario; commerciante; trafficante: *a dealer network, (comm.)* una rete di distribuzione — *a horse dealer,* un commerciante di cavalli — *a dealer in stolen goods,* un trafficante in merce rubata — *antique dealer,* antiquario — *double dealer,* simulatore; 'doppiogiochista'. **2** *(nei giochi)* chi da o fa le carte.

dealing ['di:liŋ] *s.* **1** commercio; distribuzione. **2** comportamento. **3** *(al pl.)* rapporti commerciali, di affari: *I've always found him honest in his dealings with me,* L'ho sempre trovato onesto nei suoi rapporti con me — *I advise you to have no dealings with that fellow,* Ti consiglio di non avere rapporti d'affari con quell'individuo.

dealt [delt] *pass e p. pass di* **to deal.**

dean [di:n] *s.* **1** decano. **2** preside di facoltà universitaria.

deanery ['di:nəri] *s.* **1** decanato. **2** residenza ufficiale di un decano. **3** gruppo di parrocchie *(posto sotto la guida di un decano).*

dear [diə*] **I** *agg* **1** caro; amato; amabile: *Your mother is dear to me,* Tua madre mi è cara — *What a dear little child!,* Che caro bambino! — *to hold sth (sb) dear,* amare molto qcsa (qcno) — *to run for dear life,* correre come se si trattasse di salvarsi la vita — *He lost everything that was dear to him,* Perse tutto quanto aveva di più caro. **2** *(usato al vocativo, all'inizio di lettere di ogni tipo; nel discorso diretto, in senso gentile o ironico)* caro; egregio: *Dear Madam (Sir)...,* Gentile signora (signore)... — *Dear Mr Green...,* Egregio signor Green... — *Dear Sirs...,* Egregi signori... *(comm., ecc.)* — *my dear fellow,* mio caro; amico mio — *my dear West,* mio caro West. **3** caro *(di prezzo);* costoso: *Everything is getting dearer,* Tutto sta diventando più caro. □ *avv* **dearly** ⇨.

II *avv* caro; a caro prezzo; a prezzi elevati: *to buy cheap and sell dear,* comperare a basso costo e vendere a prezzi alti.

III *s.* caro; tesoro; una persona cara: *Isn't she a dear!,* Che cara (persona)! — *Aren't they dears!,* Che care persone (Che bravi)! — *(spesso al vocativo) Come, my dear!,* Vieni, mia cara! — *Yes, dear!,* Sì, tesoro! — *(in frasi suasorie o adulatorie, sempre preceduto dall'art. indeterminativo) Drink your milk, Anne, there's a dear,* Su, Anne, bevi il tuo latte, da brava.

IV *interiezione (per esprimere sorpresa, impazienza, disappunto, ecc.) Oh dear!; Dear me!,* Povero me!; Dio mio!; Ohimè!

dearly ['diəli] *avv* **1** moltissimo; ardentemente: *He would dearly love to see his mother again,* Desidererebbe ardentemente rivedere sua madre. **2** a caro prezzo: *Victory was dearly bought,* La vittoria fu pagata a caro prezzo.

dearness ['diənis] *s.* **1** *(di persone)* affetto; tenerezza; amabilità; affettuosità. **2** *(di cose, ecc.)* l'alto costo; la dispendiosità.

dearth [də:θ] *s.* carestia; penuria; scarsità; povertà *(anche fig. di idee, ecc.): in time of dearth,* in tempo di carestia — *a dearth of ideas,* una scarsità (penuria) di idee.

deary, dearie ['diəri] *s. (fam.)* tesoro; caro.

death [deθ] *s.* morte *(anche fig.);* decesso; fine; trapasso; distruzione; crollo; estinzione: *There have been several deaths from drowning here this summer,* Ci sono state diverse morti per annegamento qui questa estate — *to be burnt to death,* essere arso vivo; perire in un incendio — *to starve to death,* morire di fame — *He drank himself to death,* Si uccise a forza di bere — *Don't work yourself to death,* Non ammazzarti di lavoro — *The murderer was sentenced to death,* L'assassino venne condannato a morte — *a sentence of death by shooting,* una sentenza di morte mediante fucilazione — *to stone sb to death,* lapidare qcno; uccidere qcno lapidandolo — *to put (to do) sb to death,* mettere a morte qcno; giustiziare qcno — *to die a slow death,* morire di morte lenta — *to fight to the death,* combattere fino alla morte — *to be united in death,* essere uniti nella morte — *a fate worse than death,* un destino (una fine) peggiore della morte — *the death of my hopes,* la fine (il crollo) delle mie speranze — *to catch one's death (of cold), (fam.)* prendersi un raffreddore fortissimo; prendersi un malanno — *Don't make me laugh so much: you'll be the death of me,* Non farmi ridere così, mi farai morire — *at death's door,* in punto di morte — *to be in at the death,* - **a)** *(nella caccia alla volpe)* vedere uccidere la volpe - **b)** *(per estensione)* assistere alla fine di un'impresa, di una vicenda, ecc.

□ *death's head,* testa di morto; teschio *(come simbolo della morte)* — *death-bed,* letto di morte — *The criminal made a death-bed confession,* Il criminale fece una confessione in punto di morte — *death-blow,* colpo mortale; colpo esiziale *(anche fig.)* — *death-duties,* imposte (tasse) di successione — *death-mask,* maschera mortuaria — *death-rate,* tasso di mortalità — *death wish,* desiderio di morte — *death rattle,* rantolo della morte — *death-roll,* lista dei morti; elenco dei morti *(in guerra, in una sciagura, ecc.)* — *death-throes,* agonia — *death-trap,* trappola mortale; luogo o situazione molto pericolosa — *death-watch,* veglia funebre; veglia a un morente — *death-watch beetle,* 'orologio della morte' — *death-warrant,* - **a)** ordine di esecuzione capitale - **b)** *(fig.)* fine delle speranze di un'epoca — *the Black Death,* la Morte Nera *(la peste che infierì in Europa nel XIV secolo)* — *to hold on like grim death,* tener duro; non mollare — *to be sick to death of sth (sb),* averne fin sopra i capelli di qcsa (qcno) — *to be tickled to death about sth, (fam.)* divertirsi da morire per qcsa — *to be* *worried to death about (o over) sth,* essere preoccupato da morire per qcsa.

deathless ['deθlis] *agg* imperituro; immortale; eterno: *deathless fame,* fama immortale.

deathlessness ['deθlisnis] *s.* immortalità.

deathlike ['deθlaik] *agg* simile alla morte; *(di aspetto)* cadaverico.

deathly ['deθli] *agg* mortale; di morte; tombale; simile alla morte: *a deathly stillness,* una immobilità mortale (simile a quella della morte).

□ *avv* come la morte; mortalmente: *deathly pale,* pallido come la morte (mortalmente pallido).

deb [deb] *s. e attrib (fam.)* = **débutante**: *deb ball,* ballo delle 'debuttanti'.

débâcle [dei'bɑ:kl] *(fr.) s.* **1** sfacelo; crollo; disastro; caduta. **2** sgelo improvviso; rottura del ghiaccio.

to **debag** [di'bæg] *vt* (**-gg-**) *(sl.)* togliere i pantaloni *(cfr.* **bag 3***)* a qcno *(generalm. per scherzo).*

to **debar** [di'bɑ:*] *vt* (**-rr-**) **1** escludere; impedire; interdire; privare di un diritto: *to be debarred from voting at elections,* perdere il diritto di voto. **2** *(ant.)* ostacolare.

to **debark** [di'bɑ:k] *vt e i. (raro)* = **to disembark**.

debarkation [di'bɑ:keiʃən] *s. (mil.)* sbarco.

to **debase** [di'beis] *vt* abbassare; avvilire; degradare; alterare; adulterare: *debased coinage,* moneta adulterata.

debasement [di'beismənt] *s.* avvilimento; alterazione; sofisticazione; adulterazione.

debatable [di'beitəbl] *agg* **1** discutibile; contestabile. **2** discusso; messo in dubbio; conteso. □ *avv* **debatably.**

debate [di'beit] *s.* dibattito; discussione; dibattimento; disputa: *After a long debate the bill was passed by the House,* Dopo un lungo dibattito il disegno di legge fu approvato dalla Camera — *After much debate Harry was chosen captain of the team,* Dopo lunghe discussioni Harry venne scelto come capitano della squadra — *the question under debate,* il problema in discussione.

to **debate** [di'beit] *vt e i.* **1** dibattere; discutere; disputare; partecipare a un dibattito. **2** riflettere (su qcsa); ponderare; vagliare; considerare: *to debate (upon) a question with sb,* esaminare un problema insieme a qcno — *to debate about sth,* riflettere su qcsa — *We were debating whether to go to the mountains or to the seaside,* Eravamo in dubbio se andare in montagna o al mare. **3** *(ant.)* contendersi; disputarsi: *They long debated the victory,* Si contesero a lungo la vittoria.

debater [di'beitə*] *s.* **1** chi prende parte a un dibattito. **2** argomentatore.

debauch [di'bɔ:tʃ] *s.* **1** dissolutezza; gozzoviglia; orgia. **2** depravazione; perversione; sregolatezza; pervertimento; scostumatezza.

to **debauch** [di'bɔ:tʃ] *vt* **1** pervertire; corrompere; traviare. **2** sedurre *(una donna).* **3** guastare; corrompere; viziare *(il gusto, il giudizio, ecc.).*

□ *vi* abbandonarsi alla dissolutezza.

debauchee [,debɔ:'tʃi:] *s.* debosciato; dissoluto; depravato; libertino.

debauchery [di'bɔ:tʃəri] *s.* dissolutezza; pervertimento; corruzione: *a life of debauchery,* una vita dissoluta.

debenture [di'ben*t*ʃə*] *s.* obbligazione; titolo obbligazionario: *debenture stock,* capitale rappresentato da obbligazioni — *a mortgage debenture,* un'obbligazione garantita da ipoteca.

to **debilitate** [di'biliteit] *vt* debilitare; indebolire; sfibrare.

debility [di'biliti] *s.* debolezza; spossatezza; prostrazione.

debit ['debit] *s.* **1** addebito; registrazione a debito. **2** *(anche* debit-side*)* 'dare'; colonna del dare *(di un conto).*

to **debit** ['debit] *vt* addebitare; segnare a debito: *to debit sb's account with five pounds; to debit five pounds against sb's account,* addebitare cinque sterline sul conto di qcno.

debonair [,debə'nɛə*] *agg* bonario; disinvolto; cordiale; allegro.

to **debouch** [di'bautʃ] *vi* **1** *(mil.)* uscire *(da boschi, strettoie, ecc.)* su terreno aperto. **2** *(di fiume, ecc.)* sboccare; sfociare.

to **debrief** [di'bri:f] *vt (mil.)* chiamare a rapporto *(dopo un'operazione).*

debriefing [di'bri:fiŋ] *s. (mil.)* rapporto successivo ad un'operazione.

debris, débris ['de*i*bri] *s. (fr.)* **1** frammenti; macerie; avanzi *(di cibo).* **2** *(geologia)* detriti.

debt [det] *s.* debito *(anche fig.);* obbligo; obbligazione: *If I pay all my debts I shall have no money left,* Se pagherò tutti i miei debiti rimarrò senza denaro — *a debt of gratitude,* un debito di riconoscenza — *to be in sb's debt,* avere un debito verso qcno — *to be in debt,* essere nei debiti — *to be out of debt,* essere senza debiti — *National Debt,* Debito Pubblico — *to be deeply in debt, (anche fig.)* essere indebitato fino al collo — *to get into debt,* indebitarsi — *to get out of debt,* sdebitarsi — *a bad debt,* un debito irredimibile.

debtor ['detə*] *s. e agg attrib* debitore: *debtor account,* conto debitori — *debtor side,* colonna del dare *(nei libri di contabilità).*

to **debug** [di'bʌg] *vt* (**-gg-**) eliminare gli errori da un programma di computer, il guasto di una macchina, ecc. (*cfr.* **bug 5**).

to **debunk** ['di:'bʌŋk] *vt (fam.)* screditare; smascherare; ridurre alle giuste proporzioni; 'sgonfiare'.

début ['deibju:/*(fr.)* deby] *s. (fr.)* esordio; debutto *(di un artista);* entrata in società *(di una giovanetta): to make one's début,* debuttare; presentarsi al pubblico; esordire.

débutante [,deibu'tɑ̃:*n*t] *s. (fr.)* signorina *(generalm. sui diciotto anni)* che fa il suo ingresso in società, che viene per la prima volta presentata a Corte; debuttante; esordiente.

decade ['dekeid/'dekəd] *s.* decade; decennio.

decadence ['dekədəns/di'keidəns] *s.* decadenza.

decadent ['dekədənt/di'keidənt] *agg e s.* artista o scrittore decadente; decadente.

decalogue ['dekəlɔg] *s.* decalogo.

to **decamp** [di'kæmp] *vi* levare il campo; andarsene *(di nascosto);* svignarsela; scappare.

to **decant** [di'kænt] *vt* travasare *(vini, ecc.);* decantare.

decanter [di'kæntə*] *s.* boccia di cristallo *(per il vino a tavola);* caraffa.

to **decapitate** [di'kæpiteit] *vt* decapitare; decollare.

decapitation [di,kæpi'teiʃən] *s.* decapitazione; decollazione.

to **decarbonize** [di:'kɑ:bənaiz] *vt (anche* to decarb*)* pulire il motore *(le candele, ecc.)* dalle incrostazioni; decarburare.

decasyllabic ['dekəsi'læbik] *agg* decasillabico.

decasyllable ['dekəsiləbl] *s.* verso decasillabo; verso formato da dieci sillabe.

decay [di'kei] *s.* **1** decadenza; rovina; sfacelo: *The house is in decay,* La casa è in rovina — *dental decay,* carie dentaria — *to fall into decay,* andare in rovina *(anche fig.).* **2** *(fis.)* decadimento.

to **decay** [di'kei] *vi* **1** decadere; deteriorarsi; venir meno: *Our powers decay in old age,* Le forze vengono meno con la vecchiaia. **2** marcire; imputridire; decomporsi; *(di denti)* cariarsi: *decaying vegetables,* verdura marcia — *decayed teeth,* denti cariati.

decease [di'si:s] *s.* decesso; morte.

deceased [di'si:st] *agg* deceduto; estinto; morto. □ *s. (sempre* the deceased*)* il morto; il defunto; l'estinto.

deceit [di'si:t] *s.* inganno; raggiro; disonestà; truffa; falsità: *She is incapable of deceit,* È incapace di ingannare, di dir bugie.

deceitful [di'si:tf*u*l] *agg* disonesto; fraudolento; menzognero; falso. □ *avv* **deceitfully.**

deceitfulness [di'si:tf*u*lnis] *s.* inganno; disonestà; falsità.

to **deceive** [di'si:v] *vt* illudere; deludere; ingannare: *Don't deceive yourself,* Non illuderti — *We were deceived into believing that...,* Ci indussero a credere che... — *He deceived me into giving him all my savings,* Con l'inganno mi indusse a consegnargli tutti i risparmi.

deceiver [di'si:və*] *s.* imbroglione; ingannatore.

to **decelerate** [di:'seləreit] *vt e i.* decelerare; ridurre la velocità; rallentare.

deceleration [di:selə'reiʃən] *s.* decelerazione; rallentamento.

December [di'sembə*] *s.* dicembre.

decency ['di:snsi] *s.* **1** decenza; modestia; pudore; creanza: *an offence against decency,* un'offesa al pudore, alla decenza — *You might have the decency to listen to what I'm saying,* Potresti almeno avere la creanza di ascoltare quello che sto dicendo. **2** *(al pl. sempre con l'art. determinativo)* decoro; convenienze; norme del vivere civile: *We must observe the decencies,* Dobbiamo osservare le convenienze sociali.

decent ['di:snt] *agg* **1** decente; decoroso; dignitoso; adatto; accettabile; ammodo; opportuno: *decent clothes,* abiti decenti — *decent poverty,* una povertà dignitosa. **2** *(fam., di persona)* simpatico; bravo; generoso; indulgente; gentile; comprensivo: *He's a decent enough sort of chap really,* In verità è un tipo abbastanza bravo — *They are always quite decent to me,* Sono sempre piuttosto gentili con me. **3** soddisfacente; adeguato; discreto; decente; passabile; abbastanza buono; accettabile: *He gave us quite a decent dinner,* Ci offerse un pranzo abbastanza buono — *a decent translation,* una traduzione decente (accettabile, discreta) — *a decent night's sleep,* una buona dormita.
□ *avv* **decently 1** decentemente; convenientemente; opportunamente: *decently dressed,* decentemente vestito — *to behave decently,* comportarsi convenientemente. **2** discretamente; abbastanza (piuttosto bene): *He is doing very decently,* Se la cava piuttosto bene.

decentralization [di:,sentrəlai'zeiʃən] *s.* decentramento.

to **decentralize** [di:'sentrəlaiz] *vt* decentrare.

deception [di'sepʃən] *s.* **1** frode; inganno; raggiro; falsità; disonestà: *to practise deception on the public,* raggirare il pubblico. **2** delusione.

deceptive [di'septiv] *agg* ingannevole; menzognero; illusorio: *Appearances are often deceptive,* Spesso le apparenze ingannano. □ *avv* **deceptively.**

decibel ['desibel] *s.* decibel.

to **decide** [di'said] *vt e i.* **1** decidere, decidersi; risolvere, risolversi; prendere una decisione; stabilire: *It's difficult to decide between the two,* È difficile decidere tra i due — *We decided the question by experiment,* Risolvemmo il problema per via sperimentale — *The judge decided in favour of the plaintiff,* Il giudice decise a favore del querelante — *to decide to do sth; to decide on doing sth,* decidere di fare qcsa — *to decide against sth (against doing sth),* decidere di non fare qcsa — *It has been decided that the exhibition will not be open on Sunday,* È stato deciso che la mostra non resterà aperta la domenica — *He could not decide what to do,* Non riusciva a decidere cosa fare. **2** far decidere; far prendere una decisione; indurre a fare qcsa: *What decided you to give up your job?,* Che cosa ti ha indotto a lasciare il tuo posto?

decided [di'saidid] *p. pass e agg* **1** ben definito; preciso; deciso; netto; chiaro: *There is a decided difference between them,* C'è una netta differenza tra loro — *He is a man of decided opinions,* È un uomo dalle idee chiare. **2** risoluto; determinato; deciso: *He is quite decided about it,* È fermamente deciso in merito.
□ *avv* **decidedly 1** in modo deciso e chiaro: *to answer decidedly,* rispondere in modo deciso. **2** decisamente; indubbiamente; nettamente; notevolmente: *I'm feeling decidedly better,* Mi sento decisamente meglio.

decider [di'saidə*] *s.* **1** *(sport)* partita decisiva. **2** chi decide (*cfr.* **to decide**).

deciduous [di'sidjuəs] *agg* deciduo; caduco.

decimal ['desiməl] *agg* decimale: *the decimal system,* il sistema metrico decimale — *the decimal point,* il punto che separa le unità dalle frazioni decimali *(in GB, USA, ecc.)* — *Decimal Day,* il 15 febbraio 1971 *(inizio ufficiale dell'uso del sistema monetario decimale nel Regno Unito).*

decimalization [,desiməlai'zeiʃən/,desiməli'zəʃən] *s.* adozione del sistema decimale; processo di conversione al sistema decimale.

to **decimalize** [desimə'laiz] *vt* convertire al sistema decimale.

to **decimate** ['desimeit] *vt* decimare *(anche fig.).*

decimation [,desi'meiʃən] *s.* decimazione *(anche fig.).*

to **decipher** [di'saifə*] *vt* decifrare *(anche fig.).*

decision [di'siʒən] *s.* **1** decisione; giudizio; definizione; risoluzione: *to reach (to come to, to arrive at, to make) a decision,* giungere a (prendere) una decisione — *His decision to retire surprised all of us,* La sua decisione di ritirarsi ci sorprese tutti — *decision-taking (decision-making) power,* potere decisionale. **2** *(spec. nello sport)* sentenza: *a points decision, (nel pugilato)* un verdetto di vittoria ai punti. **3** fermezza; decisione; risolutezza: *A man who lacks decision cannot hold a position of responsibility,* Un uomo che manca di risolutezza non può tenere un posto di responsabilità.

decisive [di'saisiv] *agg* **1** decisivo; determinante; risolutivo. **2** risoluto; deciso: *He gave a decisive answer,* Diede una risposta risoluta. **3** chiaro; netto; preciso; sicuro: *decisive superiority,* una superiorità netta.
□ *avv* **decisively.**

decisiveness [di'saisivnis] *s.* **1** importanza decisiva. **2** risolutezza.

deck [dek] *s.* **1** tolda; coperta; ponte *(di nave);* pavimento *(di vagone): My cabin is on E deck,* La mia cabina si trova sul ponte 'E' — *Shall we go up on deck?,* Andiamo in coperta? — *deck-chair,* sedia a sdraio — *on deck, (fam.)* pronto; a portata di mano — *to clear the decks,* - **a)** sgombrare i ponti *(per il combattimento, su una nave da guerra)* - **b)** *(fig., per estensione)* prepararsi all'azione — *the lower deck,* - **a)** il primo ponte - **b)** *(fig.)* la ciurma — *main deck,* *upper deck,* ponte di coperta; ponte di manovra — *middle deck,* ponte mediano (batteria) — *flight deck,* - **a)** ponte di volo - **b)** *(di aereo)* cabina piloti. **2** imperiale; tetto *(di un autobus);* piano: *a single deck bus,* un autobus ad un solo piano — *the top deck,* il tetto; l'imperiale *(di un autobus a due piani).* **3** *(USA)* mazzo di carte da gioco. **4** *(sl.)* suolo; terreno: *to hit the deck,* - **a)** alzarsi dal letto - **b)** buttarsi a terra.

to **deck** [dek] *vt* **1** *(spesso seguito da* out*)* decorare; ornare; bardare; addobbare; rivestire: *The streets were decked with flags,* Le strade erano imbandierate — *She was decked out in her finest clothes,* Si era messa in ghingheri. **2** fornire, equipaggiare di ponte *(navi, barconi).*

-decker ['dekə*] *s.* *(nei composti) a three-decker,* un'imbarcazione a tre ponti — *single- (double-) decker,* autobus a un solo piano (a due piani) — *a double- (triple-) decker sandwich,* un doppio (triplo) tramezzino; un panino a due (a tre) strati.

deckle-edged ['dekl'edʒd] *agg (di alcuni tipi di carta pregiata)* con zazzera, sbavatura.

to **declaim** [di'kleim] *vt e i.* declamare; recitare o parlare con enfasi. □ *to declaim against sth,* attaccare violentemente qcsa; inveire contro qcsa.

declamation [,deklə'meiʃən] *s.* declamazione; arringa; discorso retorico; *(spreg.)* sproloquio.

declamatory [di'klæmətəri] *agg* declamatorio; oratorio; retorico.

declaration [,deklə'reiʃən] *s.* dichiarazione; proclamazione: *a declaration of war,* una dichiarazione di guerra — *the Declaration of Independence,* la Dichiarazione di Indipendenza. □ *declaration of income; income-tax declaration,* denuncia dei redditi.

to **declare** [di'klɛə*] *vt e i.* **1** dichiarare; proclamare; affermare; dire (solennemente): *to declare war on (against),* dichiarare guerra a — *to declare the results of an election,* proclamare i risultati di una elezione — *The accused man declared that he was not guilty (declared himself to be innocent),* L'accusato dichiarò di non essere colpevole (si dichiarò innocente) — *Have you anything to declare?, (alla dogana)* Avete qualcosa da dichiarare? — *to declare for (against) sth,* dichiararsi favorevole (contrario) a qcsa. **2** *(di reddito)* denunciare. □ *Well, I do declare!,* Questa poi! — *to declare (an innings closed), (al cricket)* chiudere prematuramente (il periodo della battuta) — *to declare off,* rescindere *(un contratto).*

declassification ['di:,klæsifi'keiʃən] *s.* declassamento; cancellazione *(dalla lista ufficiale dei segreti di Stato, ecc.).*

to **declassify** ['di:'klæsifai] *vt* declassificare; declassare *(spec. documenti segreti): to declassify information concerning nuclear fission,* declassare *(togliere dalla lista ufficiale dei segreti di Stato)* informazioni circa la fissione nucleare.

declension [di'klenʃən] *s.* **1** *(gramm.)* declinazione. **2** *(lett.)* decadenza; deterioramento; declino; abbandono *(della retta via, di una fede, ecc.).*

declination [,dekli'neiʃən] *s.* declinazione; deviazione *(magnetica, di asse astronomico, ecc.).*

decline [di'klain] *s.* **1** declino; decadenza; decadimento: *the decline of the Roman Empire,* la decadenza dell'Impero Romano. **2** abbassamento; calo; ribasso: *a decline in prices,* un ribasso dei prezzi. **3** languore; consumazione; deperimento; tisi: *to fall into a decline,* perdere le forze, la salute; *(un tempo)* ammalarsi di tubercolosi.

to **decline** [di'klain] *vt* **1** declinare; rifiutare; non accettare: *to decline an invitation to dinner,* declinare un invito a pranzo — *He declined to discuss his plans with the newspapermen,* Rifiutò di discutere i suoi progetti con i giornalisti. **2** *(gramm.)* declinare *(un sostantivo).*

□ *vi* **1** decadere; declinare; calare; diminuire; decrescere; abbassarsi: *a declining birth-rate,* un tasso demografico decrescente — *His strength slowly declined,* La sua forza diminuì lentamente — *He spent his declining years in the country,* Trascorse in campagna gli anni del suo declino. **2** *(del sole)* calare; tramontare.

declivity [di'kliviti] *s.* declivio; pendenza; discesa.

to **declutch** ['di:'klʌtʃ] *vi* staccare (disinnestare) la frizione *(di un'automobile).*

to **decode** ['di:'koud] *vt* decifrare *(documenti, ecc., in linguaggio cifrato).*

decoder ['di:'koudə*] *s.* decifratore.

décolleté [dei'kɔltei] *agg (fr.)* scollato *(di abito o di chi lo indossa).*

to **decolorize** [di:'kʌləraiz] *vt* decolorare.

to **decompose** [,di:kəm'pouz] *vt* decomporre; scomporre; separare *(qcsa nei suoi componenti): A prism decomposes light,* Un prisma scompone la luce.

□ *vi* decomporsi; imputridire.

decomposition [,di:kɔmpə'ziʃən] *s.* scomposizione; decomposizione; alterazione *(di cibi, ecc.);* putrefazione.

to **decompress** [,di:kəm'pres] *vt* decomprimere.

decompression [,di:kɔm'preʃən] *s.* decompressione.

to **deconsecrate** [di:'kɔnsikreit] *vt* sconsacrare; secolarizzare.

to **decontaminate** ['di:kən'tæmineit] *vt* decontaminare.

decontamination ['di:kən,tæmi'neiʃən] *s.* decontaminazione.

to **decontrol** ['di:kən'troul] *vt* liberalizzare; togliere il controllo o le leggi restrittive *(sul commercio, ecc.).*

décor ['deikɔ:*] *s.* *(fr.)* **1** decorazione; disposizione dei mobili *(in una stanza).* **2** scenografia; allestimento.

to **decorate** ['dekəreit] *vt* **1** decorare; ornare; adornare; abbellire: *to decorate a street with flags,* decorare una strada con bandiere — *to decorate the house with holly at Christmas,* ornare la casa di agrifoglio a Natale. **2** imbiancare; verniciare; tappezzare; decorare *(le pareti di un'abitazione).* **3** insignire *(di una onorificenza);* decorare: *The two corporals were decorated for bravery,* I due caporali furono decorati al valor militare.

decoration [,dekə'reiʃən] *s.* **1** decorazione; ornamento; abbellimento: *Christmas decorations,* addobbi natalizi. **2** onorificenza; decorazione.

decorative ['dekərətiv] *agg* decorativo; ornamentale. □ *avv* **decoratively.**

decorator ['dekəreitə*] *s.* decoratore: *interior decorator,* arredatore; tappezziere; pittore decoratore *(di appartamenti).*

decorous ['dekərəs/di'kɔ:rəs] *agg* decoroso; dignitoso. □ *avv* **decorously.**

decorum [di'kɔ:rəm] *s.* **1** decoro; dignità; buona educazione. **2** *(al pl., un po' desueto)* buone maniere; tratto civile; correttezza: *the little decorums that are supposed to mark a lady,* quel tratto gentile che si pensa debba contraddistinguere una vera signora.

decoy [di'kɔi] *s.* **1** esca; richiamo *(animale vero o finto usato per attirarne altri).* **2** paretaio *(luogo dove vengono attirati uccelli, anatre selvatiche, ecc. per la caccia).* **3** *(fig., anche* decoy duck*)* trappola; tranello; compare *(di truffatore): decoy ship,* nave civetta.

to **decoy** [di'kɔi] *vt* adescare; mettere in trappola; attirare (in una trappola): *He was decoyed across the frontier and arrested as a spy,* Fu attirato oltre la frontiera e arrestato come spia.

decrease ['di:kri:s] *s.* diminuzione; calo; ribasso: *There has been a decrease in imports this year,* Quest'anno c'è stato un calo nelle importazioni — *to be on the decrease,* essere in ribasso.

to **decrease** [di:'kri:s] *vt e i.* diminuire; decrescere; calare; far calare; far scemare: *The population of the village has decreased to five hundred,* Il numero degli abitanti del paese è sceso a cinquecento.

decreasingly [di:'kri:siŋli] *avv* in modo decrescente; sempre meno.

decree [di'kri:] *s.* **1** decreto; ordinanza; editto: *to issue a decree,* emanare (promulgare) un decreto — *to rule by decree,* governare per decreto. **2** sentenza; decisione; decreto; provvedimento giudiziario: *a divorce decree,* una sentenza di divorzio — *a decree in bankruptcy,* un decreto di fallimento — *decree nisi, (dir., GB)* sentenza di divorzio interlocutoria *(facendo salvi eventuali motivi di opposizione da opporre entro un certo periodo)* — *decree absolute, (dir., GB)* sentenza di divorzio (definitiva).

to **decree** [di'kri:] *vt e i.* decretare; emettere un decreto: *It had been decreed that...,* Era stato decretato che... — *Fate decreed that...,* Il Fato decretò che...

decrepit [di'krepit] *agg* decrepito. □ *avv* **decrepitly.**

decrepitude [di'krepitju:d] *s.* decrepitezza.

to **decry** [di'krai] *vt* **1** denigrare; sminuire; screditare. **2** condannare; denunciare; biasimare.

to **dedicate** ['dedikeit] *vt* **1** dedicare; consacrare: *He dedicated his life to the service of his country,* Dedicò (Consacrò) la vita al servizio del suo paese — *to dedicate a new church,* consacrare una nuova chiesa. **2** inaugurare *(una mostra, un edificio, ecc.).* **3** destinare *(un immobile o un terreno)* ad uso pubblico. **4** fare una dedica *(in un libro, ecc.).*

dedicatee [,dedikə'ti:] *s.* persona cui qcsa è dedicata.

dedication [,dedi'keiʃən] *s.* dedica *(di un libro);* consacrazione *(di una chiesa).*

to **deduce** [di'dju:s] *vt* dedurre; desumere; concludere: *If you see a doctor leaving a house, you may deduce (the fact) that someone in the house is ill,* Quando si vede un medico uscire da una casa si può dedurre che qualcuno in quella casa è ammalato.

to **deduct** [di'dʌkt] *vt* detrarre; dedurre; sottrarre; defalcare.

deduction [di'dʌkʃən] *s.* **1** deduzione; conclusione. **2** detrazione; deduzione; trattenuta; defalco: *deductions for insurance and pension,* trattenute per la mutua e la pensione.

deductive [di'dʌktiv] *agg* deduttivo. □ *avv* **deductively.**

deed [di:d] *s.* **1** fatto; atto; azione: *Deeds are better than words,* I fatti valgono più delle parole — *to be rewarded for one's good deeds,* essere ricompensato per le proprie buone azioni. **2** fatto saliente; impresa coraggiosa; *(al pl.)* gesta. **3** *(dir.)* strumento; atto notarile; documento legale; scrittura pubblica: *deed-box,* cassetta, cassaforte dei documenti.

to **deem** [di:m] *vt* ritenere; giudicare; credere: *He deemed it (He deemed that it was) his duty to help,* Riteneva che fosse suo dovere portare il proprio aiuto.

deep [di:p] *agg* **1** profondo *(in molti sensi);* fondo; *(di neve, ecc.)* alto; *(talvolta)* sprofondato; immerso: *the deep end, (di una piscina)* il settore della vasca in cui l'acqua è più alta *(⇨ anche la fraseologia)* — *a deep well (river),* un pozzo (un fiume) profondo — *deep-sea fishing,* pesca d'alto mare — *a deep shelf,* una mensola, uno scaffale profondo — *a deep wound,* una profonda ferita — *snow three feet deep,* neve alta tre piedi — *with his hands deep in his pockets,* con le mani sprofondate in tasca — *He was deep in a book,* Era immerso in un libro — *He was deep in thought,* Era assorto in gravi pensieri — *to go off the deep end,* - **a)** *(letteralm.)* fare un tuffo dove l'acqua è più profonda - **b)** *(fam.)* buttarsi allo sbaraglio - **c)** *(fam.)* perdere le staffe. **2** *(fig.)* profondo; acuto; penetrante; grande: *a deep sigh,* un profondo sospiro — *in a deep sleep,* in un sonno profondo — *a deep sorrow (feeling),* un dolore (un sentimento) profondo — *a man with deep insight,* un uomo di profondo intuito — *a deep love,* un amore sincero, profondo — *The people were standing twenty deep to see the Queen,* La gente si accalcava in file di venti (persone) per vedere la regina. **3** *(di suoni, di colori, ecc.)* profondo; intenso; cupo; carico: *in a deep voice,* con voce cupa — *the deep notes of a 'cello,* le note profonde di un violoncello — *a deep red,* un rosso intenso. **4** difficile; astruso; impenetrabile: *a deep mystery,* un inspiegabile mistero — *a deep secret,* un impenetrabile segreto — *a deep argument,* un argomento astruso — *He is a deep one, (detto di persona, fam.)* È una persona astuta, riservata, impenetrabile; È un 'dritto' *(fam.).* □ *avv* **deeply** ⇨.

□ *avv* profondamente; in fondo; in profondità: *We had to dig deep to find water,* Dovemmo scavare in profondità per trovare l'acqua. □ *He went on studying deep into the night,* Continuò a studiare sino a tarda notte — *Still waters run deep, (prov.)* L'acqua cheta rovina i ponti — *deep freeze (freezer),* cella o reparto frigorifero a bassissima temperatura — *to deep-freeze,* congelare; surgelare *(cibi)* — *deep-frozen fish,* pesce surgelato — *deep-rooted,* profondo; radicato — *a deep-rooted dislike,* una profonda (radicata) antipatia — *deep-seated,* inveterato — *a deep-seated fear,* un inveterato timore — *The causes of the trouble are deep-seated,* Le cause del malanno sono profonde — *a deep-laid scheme,* un piano ben congegnato — *to drink deep,* bere abbondantemente, a lungo.

□ *s.* **1** *(poet.) the deep, (spesso con la maiuscola)* il mare. **2** *(di solito al pl.)* gli abissi; le profondità *(della mente dell'uomo, del mare, ecc.).* **3** *(nel cricket: abbr. di* deep field*)* le zone più lontane dalla pista sulla quale corrono i battitori.

to **deepen** ['di:pən] *vt e i.* **1** approfondire, approfondirsi; scavare più a fondo. **2** aggravare, aggravarsi; accrescere, accrescersi; aumentare *(di dolore, ecc.).* **3** incupire, incupirsi *(di colore, ecc.).*

deeply ['di:pli] *avv* profondamente; moltissimo: *He is deeply interested in the subject,* Nutre un profondo interesse per quell'argomento — *She felt her mother's death deeply,* Soffrì profondamente per la morte di sua madre.

deepness ['di:pnis] *s. (raro)* profondità; astuzia.

deer [diə*] *s. (invariato al pl.)* cervo: *deer-hound,* cane per la caccia al cervo — *deer-lick, (USA)* rocce ricoperte di sale *(che attirano i cervi)* — *deer-stalking,* caccia al cervo — *fallow deer,* daino — *red deer,* alce.

deerskin ['diəskin] *s.* pelle di daino.

deerstalker ['diə,stɔ:kə*] *s.* **1** cacciatore di cervi. **2** berretto da cacciatore di cervi.

to **de-escalate** [di'eskəleit] *vi e t. (spec. mil.)* far rientrare un processo di 'escalation'.

de-escalation [di'eskəleiʃən] *s.* inversione del processo di 'escalation'.

to **deface** [di'feis] *vt* deturpare; sciupare; sfregiare; sfigurare; rendere illeggibile; cancellare *(una scritta).*
defacement [di'feismənt] *s.* deturpazione; sfregio; cancellazione.
de facto [dei'fæktou] *agg e avv (lat.)* di fatto *(in opposizione a* de jure*).*
defalcation [,di:fæl'keiʃən] *s.* appropriazione indebita; somma di denaro ingiustamente intascata; concussione.
defamation [,defə'meiʃən] *s.* diffamazione; calunnia.
defamatory [di'fæmətəri] *agg* diffamatorio; calunnioso.
to **defame** [di'feim] *vt* diffamare; calunniare; screditare.
default [di'fɔ:lt] *s.* **1** mancanza; difetto. **2** inadempienza *(ad obblighi pecuniari, ecc.);* assenza ingiustificata *(da un tribunale, da una gara sportiva, ecc.);* mancata comparizione; contumacia; *(sport)* abbandono di giuoco: *to win a case by default,* vincere una causa per mancata comparizione del contendente — *to win a game by default,* vincere una partita per abbandono di gioco degli avversari — *in default of...,* in mancanza di...; in difetto di...
to **default** [di'fɔ:lt] *vi* **1** venir meno a un impegno; essere in difetto. **2** non comparire in tribunale; essere contumace. **3** venir meno a obblighi pecuniari; essere inadempiente.
□ *vt* condannare in contumacia.
defaulter [di'fɔ:ltə*] *s.* **1** *(di persona)* inadempiente; contumace. **2** soldato consegnato, punito.
defeat [di'fi:t] *s.* sconfitta; disfatta; fallimento; insuccesso.
to **defeat** [di'fi:t] *vt* **1** sconfiggere; superare; battere; vincere: *They were defeated in their attempt to reach the top,* Furono sconfitti nel loro tentativo di raggiungere la vetta. **2** frustrare; annientare; vanificare; far fallire: *Our hopes were defeated,* Le nostre speranze furono frustrate — *to defeat the law,* eludere la legge. **3** respingere *(una deliberazione, un progetto di legge, ecc.).* □ *to defeat one's own end(s), (fig.)* darsi la zappa sui piedi; andare contro ai propri interessi.
defeatism [di'fi:tizəm] *s.* disfattismo.
defeatist [di'fi:tist] *s.* disfattista.
to **defecate** ['di:fikeit] *vt* purificare. □ *vi* defecare.
defecation [,di:fi'keiʃən] *s.* **1** purificazione. **2** defecazione.
defect [di'fekt/'di:fekt] *s.* difetto; inconveniente; mancanza; imperfezione.
defection [di'fekʃən] *s.* defezione; diserzione; apostasia; abbandono.
defective [di'fektiv] *agg* **1** difettoso; manchevole; imperfetto: *defective in workmanship,* di fattura difettosa — *mentally defective,* deficiente. **2** *(gramm.)* difettivo: *a defective verb,* un verbo difettivo. □ *avv* **defectively.**
defectiveness [di'fektivnis] *s.* **1** imperfezione; manchevolezza; difettosità. **2** comportamento irregolare *(di verbi, ecc.).*
defector [di'fektə*] *s.* chi defeziona; disertore (politico).
defence [di'fens] *s.* (*USA* **defense**) difesa *(mil. e dir.): money needed for national defence,* denaro necessario alla difesa nazionale — *to fight in defence of one's country,* combattere in difesa del proprio paese — *weapons of defence and offence,* armi di difesa e di offesa — *self-defence,* autodifesa; difesa personale; *(dir.)* legittima difesa — *coastal defences,* difese costiere — *Counsel for the defence put in a plea for mercy,* L'avvocato difensore fece una richiesta di grazia.
defenceless [di'fenslis] *agg* **1** indifeso; privo di difesa; inerme. **2** incapace di difesa. □ *avv* **defencelessly.**
defencelessness [di'fenslisnis] *s.* mancanza (incapacità) di difesa.
to **defend** [di'fend] *vt* **1** difendere; proteggere: *to defend one's country against enemies,* difendere il proprio paese dai nemici — *to defend sb from harm,* proteggere qcno dal pericolo. **2** sostenere; appoggiare; difendere: *He made a long speech defending his ideas,* Fece un lungo discorso sostenendo le proprie idee. **3** *(ant.)* impedire; proibire: *God defend!,* Dio non voglia!; Dio ne guardi!
defendant [di'fendənt] *s.* imputato; persona citata in giudizio.
□ *agg* citato in giudizio; convenuto.
defender [di'fendə*] *s.* difensore.
defense [di'fens] *s.* ⇨ **defence.**
defensible [di'fensəbl] *agg* difendibile; *(fig.)* sostenibile; giustificabile. □ *avv* **defensibly.**
defensive [di'fensiv] *agg* difensivo; di difesa: *defensive measures,* manovre (misure) difensive. □ *avv* **defensively.**
□ *s.* difensiva; posizione di difesa: *(di solito nell'espressione) to be on the defensive,* essere sulla difensiva.
¹to **defer** [di'fə:*] *vt* (**-rr-**) differire; rimandare; rinviare; posticipare; prorogare: *to defer one's departure for a week,* rimandare la partenza di una settimana — *to defer making a decision,* rimandare a più tardi una decisione — *on deferred terms,* con dilazioni di pagamento; con pagamento a rate — *a deferred telegram,* un telegramma differito *(spedito tardi per risparmiare sulle tariffe).*
²to **defer** [di'fə:*] *vi* (**-rr-**) condiscendere; consentire; rimettersi; sottomettersi; *(meno comune)* deferire: *to defer to one's elders,* rimettersi a chi ha più esperienza ed età.
deference ['defərəns] *s.* deferenza; condiscendenza; riguardo; rispetto: *to show (to pay) deference to a judge,* dar prova di deferenza a un giudice — *in deference to sb (sth),* per rispetto a qcno (qcsa).
deferential [,defə'renʃəl] *agg* deferente; rispettoso; riguardoso. □ *avv* **deferentially.**
deferment [di'fə:mənt] *s.* **1** differimento; dilazione; rinvio. **2** esonero, rinvio militare.
defiance [di'faiəns] *s.* sfida; spregio; disubbidienza; dispetto: *to act in defiance of orders,* agire in spregio degli ordini — *He jumped into the river in defiance of the icy water,* Si gettò nel fiume a dispetto dell'acqua gelata — *to set sth at defiance,* sfidare qcsa; trattare qcsa con dispregio; non curarsi di qcsa — *If you set public opinion at defiance you'll get into trouble,* Se sfiderai l'opinione pubblica ti metterai nei pasticci — *to bid defiance to sb,* lanciare una sfida a qcno — *to shout (to scream) one's defiance at sb,* lanciare la sfida a qcno.
defiant [di'faiənt] *agg* **1** insolente; spavaldo; provocatorio. **2** ribelle; apertamente disobbediente. **3** diffidente. □ *avv* **defiantly.**
deficiency [di'fiʃənsi] *s.* **1** deficienza; mancanza; difetto; insufficienza; carenza; deficit: *vitamin deficiency,* mancanza di vitamine — *deficiency diseases,* malattie da carenza — *mental deficiency,* deficienza (mentale). **2** ammanco; disavanzo; scopertura: *a deficiency of five pounds,* un ammanco (un disavanzo) di cinque sterline. **3** imperfezione; difetto:

Cosmetics do not always cover up the deficiencies of nature, I cosmetici non sempre mascherano le imperfezioni della natura.

deficient [di'fiʃənt] *agg* manchevole; difettoso; deficiente; poco dotato d'intelligenza: *deficient in courage,* scarso di coraggio — *a mentally deficient person,* un deficiente; uno stupido.

deficit ['defisit/'di:-] *s.* disavanzo; 'deficit': *to make up the deficit,* colmare il disavanzo.

defile [di'fail] *s.* gola montana; passo.

[1]to **defile** ['di:fail] *vi (di truppe)* marciare in fila; formare una colonna stretta.

[2]to **defile** [di'fail] *vt* contaminare; corrompere; lordare; insozzare; deturpare; macchiare; inquinare.

defilement [di'failmənt] *s.* **1** contaminazione; corruzione; profanazione. **2** inquinamento.

definable [di'fainəbl] *agg* definibile; determinabile. □ *avv* **definably.**

to **define** [di'fain] *vt* definire; precisare; chiarire; determinare: *The powers of a judge are defined by law,* I poteri di un giudice sono definiti dalla legge — *The mountain was clearly defined against the sky,* La montagna si stagliava nettamente contro il cielo.

definite ['definit] *agg* definito; determinato; chiaro; preciso; esatto: *I want a definite answer: 'Yes' or 'No',* Voglio una risposta definita: 'sì' o 'no' — *I want an appointment for a definite time and place,* Voglio un appuntamento per un'ora e un luogo ben determinati — *the definite article, (gramm.)* l'articolo determinativo. □ *avv* **definitely.**

definition [,defi'niʃən] *s.* **1** definizione: *To give a definition of a word is more difficult than to give an illustration of its use,* È più difficile dare una definizione di una parola che illustrarne l'uso con esempi. **2** chiarezza *(di contorno);* nitidezza *(di immagine);* fedeltà *(di riproduzione o di immagine);* capacità di una lente di fornire un'immagine a fuoco.

definitive [di'finitiv] *agg* definitivo; finale; decisivo: *a definitive offer,* un'offerta definitiva. □ *avv* **definitively.**

deflagration [,deflə'greiʃən] *s.* deflagrazione.

deflatable [di'fleitəbl] *agg* sgonfiabile.

to **deflate** [di'fleit] *vt* **1** sgonfiare, sgonfiarsi. **2** *(econ.)* deflazionare.

deflation [di'fleiʃən] *s.* **1** sgonfiamento. **2** *(econ.)* deflazione. **3** erosione eolica.

deflationary [di'fleiʃənəri] *agg* deflazionistico.

to **deflect** [di'flekt] *vt e i.* deflettere; deviare; stornare.

deflection [di'flekʃən] *s.* **1** deviazione. **2** *(radio, televisione)* deflessione.

deflector [di'flektə*] *s. (aeronautica, fis.)* deflettore: *deflector coil (plate), (fis.)* bobina (piastra) di deflessione.

to **deflower** [di:'flauə*] *vt* **1** deflorare; sverginare; *(fig.)* sciupare; devastare. **2** *(non comune)* spogliare *(una pianta)* dei fiori.

defoliant [di'fouliənt] *s. (mil.)* defoliante.

to **defoliate** [di'foulieit] *vt (mil.)* defoliare.

to **deforest** [di:'fɔrist] *vt* = **to disafforest.**

to **deform** [di'fɔ:m] *vt e i.* deformare; sformare; sfigurare; deturpare; deformarsi; deturparsi.

deformation [,di:fɔ:'meiʃən] *s.* deformazione.

deformed [di'fɔ:md] *agg* deforme; deformato.

deformity [di'fɔ:miti] *s.* deformità.

to **defraud** [di'frɔ:d] *vt* frodare; defraudare.

to **defray** [di'frei] *vt* pagare il costo; sostenere le spese.

defrayal, defrayment [di'freiəl/di'freimənt] *s.* pagamento.

to **defrock** ['di:'frɔk] *vt* = **to unfrock.**

to **defrost** ['di:'frɔst] *vt* disgelare; sbrinare; rimuovere il ghiaccio *(da un frigorifero, parabrezza, ecc.).*

defroster ['di:'frɔstə*] *s.* sbrinatore; visiera termica.

deft [deft] *agg* abile; destro; bravo; svelto. □ *avv* **deftly.**

deftness ['deftnis] *s.* bravura; abilità; agilità; sveltezza; destrezza.

defunct [di'fʌŋkt] *agg* defunto; estinto; morto: *the defunct,* il defunto — *a defunct company,* una società liquidata.

to **defuse** [di:'fju:z] *vt* disinnescare.

to **defy** [di'fai] *vt* **1** sfidare; spregiare; provocare; avere in spregio; resistere apertamente; rifiutare ubbidienza: *to defy one's superiors,* sfidare i propri superiori — *I defy you to prove that I have cheated you,* Ti sfido a provare che ti ho imbrogliato — *If you defy the law, you may find yourself in prison,* Se tieni in spregio la legge, ti può capitare di ritrovarti in prigione. **2** mostrare difficoltà insormontabili; eludere; sfuggire; frustrare (ogni tentativo di superamento): *The problem defied solution,* Il problema non mostrava possibilità di soluzione — *The door defied all attempts to open it,* La porta resistette ad ogni tentativo di scasso (di aprirla).

to **degauss** [di:'gaus] *vt* demagnetizzare.

degeneracy [di'dʒenərəsi] *s.* degenerazione.

degenerate [di'dʒenərit] *agg e s.* degenerato *(anche in senso biologico);* degenere *(persona o animale).* □ *avv* **degenerately.**

to **degenerate** [di'dʒenəreit] *vi* degenerare; tralignare: *Thrift is desirable, but do not let it degenerate into avarice,* La parsimonia è desiderabile, ma non bisogna far sì che degeneri in avarizia.

degeneration [di,dʒenə'reiʃən] *s.* degenerazione.

degradation [,degrə'deiʃən] *s.* degradazione; avvilimento; bassezza morale.

to **degrade** [di'greid] *vt* degradare; rendere spregevole; abbassare; umiliare: *to be degraded for being drunk and disorderly,* essere degradato per ubriachezza e condotta irregolare — *to degrade oneself by telling lies,* degradarsi dicendo menzogne.

degrading [di'greidiŋ] *agg* degradante; avvilente; umiliante.

degree [di'gri:] *s.* **1** livello; grado; gradino; stadio: *a high degree of excellence,* un alto grado di bravura (un ottimo livello) — *Each is good in its degree,* Ciascuno è buono al suo livello — *He was not in the slightest degree interested,* Non era minimamente interessato — *by degrees,* gradualmente; grado per grado — *to a high (the last) degree,* al massimo grado (all'ultimo grado) — *He is vain to a high degree,* È vanitoso al massimo grado — *third degree methods,* metodi di terzo grado *(nell'interrogatorio)* — *first degree murder,* omicidio di primo grado (premeditato). **2** *(geografia, ecc.)* grado: *a degree of latitude,* un grado di latitudine — *Water freezes at 32 degrees Fahrenheit or zero degrees Centigrade,* L'acqua gela a 32 gradi Fahrenheit o a zero gradi centigradi. **3** rango; posizione sociale: *persons of high degree,* persone di alto rango. **4** laurea; titolo di studio universitario: *to study for a degree,* studiare per conseguire un titolo universitario — *to take one's degree,* laurearsi — *the degree of Master of Arts,* il titolo di Master of Arts — *honorary degree,* laurea 'honoris causa' — *an arts degree,* una laurea in lettere, filosofia, ecc.

□ ... *to a degree, (fam.)* estremamente... — *He is scrupulous to a degree,* È estremamente scrupoloso (scrupolosissimo) — *to what degree...?*, fino a che punto...?; in che misura...?

to **dehorn** [di:'hɔ:n] *vt* togliere o rimuovere le corna *(di animali).*

to **dehumanize** [di:'hju:mənaiz] *vt* rendere disumano; disumanizzare.

to **dehydrate** [di:'haidreit] *vt* disidratare; deidratare: *dehydrated vegetables,* verdura disidratata.

to **de-ice** ['di:'ais] *vt* togliere, liberare dal ghiaccio *(p.es. le ali di un aereo);* sbrinare.

deification [,di:ifi'keiʃən] *s.* deificazione; *(fig.)* esaltazione; idealizzazione.

to **deify** ['di:ifai] *vt* deificare; *(fig.)* adorare; esaltare; idealizzare.

to **deign** [dein] *vi e t.* (*generalm.*) *to deign to do sth,* degnarsi; accondiscendere; concedere; accordare: *He passed by without deigning to look at me,* Mi passò vicino senza degnarmi di uno sguardo.

deism ['di:izəm] *s.* deismo.

deist ['di:ist] *s.* deista.

deity ['di:iti] *s.* divinità; deità.

to **deject** [di'dʒekt] *vt* abbattere; deprimere; scoraggiare; demoralizzare; avvilire.

dejected [di'dʒektid] *agg* abbattuto; depresso; scoraggiato; demoralizzato; avvilito: *Why is she looking so dejected?,* Perché ha l'aria così avvilita? □ *avv* **dejectedly.**

dejection [di'dʒekʃən] *s.* **1** scoraggiamento; abbattimento; avvilimento; depressione; scoramento. **2** *(fisiologia)* deiezione; evacuazione dell'intestino.

de jure [dei'dʒuəri] *agg e avv (lat.)* de jure; di diritto *(in opposizione a* de facto, *di fatto).*

dekko ['dekou] *s. (sl.)* sguardo: *Have a dekko!,* Da' uno sguardo!

delay [di'lei] *s.* **1** ritardo; indugio: *We must leave without delay,* Dobbiamo partire senza indugio. **2** rinvio: *after several delays,* dopo parecchi rinvii. **3** dilazione.

to **delay** [di'lei] *vi e t.* **1** ritardare; ostacolare; indugiare; essere in ritardo: *The train was delayed two hours,* Il treno ritardò di due ore — *Don't delay,* Non ritardare (indugiare). **2** rimandare; differire; rinviare: *Why have they delayed opening the new school?,* Perché hanno rimandato l'apertura della nuova scuola?

delectable [di'lektəbl] *agg* dilettevole *(talora iron.);* delizioso; piacevole. □ *avv* **delectably.**

delectation [,di:lek'teiʃən] *s.* diletto; godimento; divertimento.

delegacy ['deligəsi] *s.* delegazione; delega.

delegate ['deligit] *s.* delegato; rappresentante.

to **delegate** ['deligeit] *vt* delegare; deputare; commettere; demandare *(un diritto): to delegate sb to perform a task,* delegare qcno a svolgere un compito — *to delegate one's rights to a deputy,* delegare (demandare) a un rappresentante i propri diritti.

delegation [,deli'geiʃən] *s.* **1** delega; potere di delega. **2** delegazione; gruppo di delegati.

to **delete** [di'li:t] *vt* cancellare; sopprimere; togliere (un disco) dal catalogo; *(fig.)* annullare; cassare: *Several words had been deleted by the censor,* Parecchie parole erano state cancellate dal censore.

deleterious [,deli'tiəriəs] *agg* deleterio; nocivo; dannoso. □ *avv* **deleteriously.**

deletion [di'li:ʃən] *s.* **1** cancellatura; soppressione; parola soppressa o cancellata. **2** disco eliminato dal catalogo di una casa discografica.

deli ['deli] *abbr fam di* **delicatessen 2.**

deliberate [di'libərit] *agg* **1** deliberato; intenzionale; voluto; calcolato; premeditato: *a deliberate lie,* una menzogna calcolata — *a deliberate insult,* un insulto premeditato (calcolato). **2** cauto; prudente; guardingo; ponderato. □ *avv* **deliberately.**

to **deliberate** [di'libəreit] *vt e i.* deliberare; considerare; discutere accuratamente: *We were deliberating what to do,* Stavamo considerando cosa ci convenisse fare — *They are still deliberating (upon, over) the question,* Stanno ancora discutendo sulla questione.

deliberateness [di'libəritnis] *s.* ponderatezza.

deliberation [di,libə'reiʃən] *s.* **1** dibattito; discussione; considerazione; ponderazione; riflessione: *After long deliberation they decided to send the boy to a boarding school,* Dopo averne discusso lungamente decisero di mandare il ragazzo in collegio. **2** cautela; prudenza; calma; deliberazione; ponderatezza: *to speak with great deliberation,* parlare con grande ponderatezza.

deliberative [di'libərətiv] *agg* deliberativo.

delicacy ['delikəsi] *s.* **1** delicatezza; finezza; squisitezza; salute cagionevole: *Everyone admired the delicacy of her features,* Tutti ammirarono la delicatezza dei suoi lineamenti — *The girl's delicacy has always worried her parents,* La salute cagionevole della ragazza ha sempre preoccupato i suoi genitori — *The violinist played with great delicacy of touch,* Il violinista suonò con grande delicatezza di tocco. **2** delizia; cibo ghiotto o raffinato: *seasonal delicacies,* le delizie della stagione.

delicate ['delikit] *agg* **1** delicato; fine; soffice; tenero; morbido: *the delicate skin of a young girl,* la pelle delicata di una fanciulla — *as delicate as silk,* morbido come seta. **2** squisito; raffinato; delizioso: *jewellery of delicate workmanship,* gioielli di squisita fattura. **3** fragile; delicato: *delicate china,* porcellana fragile — *a delicate-looking child,* un bimbo dall'aspetto fragile — *a delicate operation,* un delicato intervento (chirurgico). **4** *(di colore)* leggero; tenue: *a delicate shade of pink,* una delicata sfumatura di rosa. **5** *(di sensi o di strumenti)* sensibile; delicato; di precisione. **6** *(di carattere)* discreto; sensibile; delicato; attento a non ferire la sensibilità altrui; garbato. **7** *(di sapore, aroma, ecc.)* delizioso; delicato; squisito; leggero: *delicate food,* cibi leggeri (delicati). □ *avv* **delicately.**

delicatessen [,delikə'tesn] *s.* **1** specialità gastronomiche. **2** negozio di specialità gastronomiche.

delicious [di'liʃəs] *agg (di profumo, di cibi)* squisito; *(di persona, ecc.)* divertente: *a delicious cake,* un dolce squisito — *What a delicious joke!,* Che magnifico scherzo! (Che bella barzelletta!) — *Doesn't it smell delicious!,* Senti che profumino squisito! □ *avv* **deliciously.**

deliciousness [di'liʃəsnis] *s.* squisitezza.

delight [di'lait] *s.* gioia; piacere; diletto; divertimento; delizia: *to his great delight...,* con sua grande gioia... — *the delights of country life,* i piaceri della vita di campagna — *to take delight in doing sth,* provar piacere a fare qcsa — *That rascal takes great delight in pulling the cat's tail,* Quel birichino prova un immenso piacere a tirare la coda al gatto.

to **delight** [di'lait] *vt e i.* **1** deliziare; dilettare; incantare; allietare; rallegrare: *Her singing delighted everyone,* Deliziò tutti con il suo canto. **2** dilettarsi; provare grande diletto: *to delight in doing sth,* divertirsi a fare qcsa — *He delights in proving everybody wrong,* Si diverte a dimostrare a tutti che hanno torto.

delighted [di'laitid] *agg* (assai) contento; lietissimo; felice: *I'm delighted to see you,* Sono lietissimo di vederti — *I was delighted to hear the news of your success,* Fui assai felice di sentire la notizia del tuo successo — *He was delighted at (o with) the result,* Fu contentissimo del risultato. □ *avv* **delightedly.**

delightful [di'laitful] *agg* delizioso; piacevole; incantevole. □ *avv* **delightfully.**

to **delimit, to delimitate** [di:'limit/di:'limiteit] *vt* delimitare.

delimitation [di,limi'teiʃən] *s.* delimitazione.

to **delineate** [di'linieit] *vt e i.* delineare; tracciare; ritrarre; disegnare approssimativamente; *(fig.)* descrivere; dare risalto; stagliarsi; fare spicco.

delineation [di,lini'eiʃən] *s.* delineazione; abbozzo; ritratto; descrizione; spicco.

delinquency [di'liŋkwənsi] *s.* **1** delinquenza. **2** negligenza. **3** *(non comune)* colpa; reato; delitto.

delinquent [di'liŋkwənt] *s. e agg* delinquente.

deliquescence [,deli'kwesns] *s.* deliquescenza.

deliquescent [,deli'kwesnt] *agg* deliquescente.

delirious [di'liriəs] *agg* delirante; in delirio; farneticante; fuori di sé *(dall'emozione, ecc.)*: *to become delirious,* cadere in delirio — *The children were delirious with joy,* I bambini erano fuori di sé dalla gioia. □ *avv* **deliriously.**

delirium [di'liriəm] *s.* delirio; vaneggiamento; *(fig.)* frenesia; eccitazione; estasi.

to **deliver** [di'livə*] *vt* **1** consegnare; recapitare; distribuire *(posta, merce, ecc.)*: *The goods will be delivered this week,* La merce verrà consegnata questa settimana. **2** rilasciare *(documenti, certificati, ecc.)*. **3** liberare; scampare; salvare: *May God deliver us from all evil,* Dio ci salvi da ogni male. **4** pronunciare; esprimere; enunciare: *to deliver a sermon,* pronunciare un sermone — *to deliver a lecture,* tenere una conferenza — *to deliver oneself of an opinion, (linguaggio molto formale)* esprimere una opinione. **5** sgravarsi: *to be delivered of a child,* dare alla luce un bambino. **6** *(generalm. seguito da* up, over, to*)* arrendersi; cedere; consegnare; restituire: *to deliver up stolen goods,* restituire merce rubata — *to deliver over one's property to one's son,* cedere il proprio patrimonio al figlio — *to deliver (up) a fortress to the enemy,* cedere una fortezza al nemico — *Stand and deliver!, (stor., intimazione del grassatore)* Fermi tutti e vuotate la borsa! (O la borsa o la vita!). **7** lanciare *(un attacco)*; vibrare *(un colpo, anche fig.)*: *to deliver a blow in the cause of freedom,* spezzare una lancia per la causa della libertà.

deliverance [di'livərəns] *s.* **1** liberazione; salvataggio. **2** asserzione (enfatica).

deliverer [di'livərə*] *s.* **1** salvatore; liberatore. **2** chi consegna, recapita; fattorino. **3** assertore.

delivery [di'livəri] *s.* **1** consegna; distribuzione; recapito: *We guarantee prompt delivery,* Garantiamo una pronta consegna — *cash on delivery,* pagamento alla consegna — *delivery note,* buono (bolla) di consegna — *delivery van; (USA) delivery truck,* furgoncino *(per la consegna di merci a domicilio)* — *Your letter came by the first delivery,* La tua lettera è arrivata con la prima distribuzione. **2** *(solo al sing.)* modo di pronunciare un discorso (di esporre una lezione, ecc.): *His speech was not bad, but his delivery was very poor,* Il suo discorso era discreto, ma lo pronunciò male. **3** *(sport, ecc.)* lancio. **4** parto. **5** *(dir.)* tradizione.

dell [del] *s.* *(GB, lett. e dial.)* valletta *(generalm. con alberi ai lati)*.

to **delouse** [di:'laus] *vt* **1** spidocchiare. **2** *(fam., fig.)* sminare *(un terreno)*.

Delphic ['delfik] *agg* delfico; di Delfo *(l'oracolo)*; *(fig.)* oscuro; ambiguo.

delphinium [del'finiəm] *s.* fiorcappuccio; delfinio.

delta ['deltə] *s.* **1** delta *(quarta lettera dell'alfabeto greco)* — *delta-wing(ed), (di aereo)* con le ali a triangolo, a forma di delta. **2** delta: *the Nile delta,* il delta del Nilo. **3** *(elettr.)* triangolo.

deltoid ['deltoid] *agg* deltoide.

to **delude** [di'lu:d] *vt* ingannare; illudere: *to delude sb with promises,* ingannare (illudere) qcno con delle promesse — *to delude sb into believing that...,* illudere qcno facendogli credere che...

deluge ['delju:dʒ] *s.* diluvio; inondazione *(anche fig.)*: *the Deluge,* il Diluvio Universale — *a deluge of protests,* un diluvio di proteste.

to **deluge** ['delju:dʒ] *vt* inondare; sommergere; tempestare: *He was deluged with questions,* Fu tempestato di domande.

delusion [di'lu:ʒən] *s.* **1** illusione; inganno: *He is under a delusion,* Si fa delle illusioni. **2** idea fissa; mania; fissazione: *delusions of grandeur,* manie di grandezza.

delusive [di'lu:siv] *agg* ingannevole; illusorio; fallace. □ *avv* **delusively.**

de luxe [də'luks/də'lju:ks/də'lʌks] *agg (fr.)* di lusso; lussuoso; di alta (di prima) qualità.

to **delve** [delv] *vt e i.* **1** *(ant.)* scavare. **2** fare ricerche; investigare; approfondire; studiare a fondo: *to delve into sb's past,* rivangare il passato.

demagnetization ['di:,mægnitai'zeiʃən] *s.* smagnetizzazione.

to **demagnetize** ['di:'mægnitaiz] *vt* smagnetizzare.

demagogic [,demə'gɔgik] *agg* demagogico.

demagogue ['deməgɔg] *s.* demagogo.

demagogy ['deməgɔgi] *s.* demagogia.

demand [di'mɑ:nd] *s.* **1** richiesta; esigenza; pretesa: *The workers' demands were refused by the employers,* Le richieste dei lavoratori furono respinte dai datori di lavoro — *It is impossible to satisfy all demands,* È impossibile soddisfare tutte le richieste — *payable on demand,* pagabile a richiesta — *demand note,* ingiunzione di pagamento — *I have too many demands on my time,* Il mio tempo è tutto preso dagli impegni; Ho sempre troppe cose da fare. **2** *(econ., comm.)* domanda; richiesta: *to be in demand,* essere (molto) richiesto — *the law of supply and demand,* la legge della domanda e dell'offerta — *There is not much demand for these goods,* La domanda per questa merce è piuttosto debole.

to **demand** [di'mɑ:nd] *vt* **1** esigere; pretendere: *to demand an apology from sb,* esigere delle scuse da qcno — *The gatekeeper demanded my business,* Il guardiano mi chiese (volle sapere) cosa volevo. **2** richiedere; avere necessità: *This sort of work demands great patience,* Questo tipo di lavoro richiede grande pazienza — *Does the letter demand an immediate answer?,* La lettera richiede una risposta immediata?

to **demarcate** ['di:mɑ:keit] *vt* demarcare; tracciare o segnare i limiti o i confini.

demarcation [,di:mɑ:'keiʃən] *s.* demarcazione; separazione: *a line of demarcation,* una linea di separazione (di demarcazione) — *demarcation problems in industry,* problemi di competenze tra i lavoratori *(spec. se appartenenti a sindacati diversi)* nell'industria.

démarche ['deimɑ:ʃ] *s.* *(fr.)* passo; mossa *(politica)*.

to **demean oneself** [di'mi:n wʌn'self] *v. rifl* **1** abbassarsi; avvilirsi; umiliarsi. **2** comportarsi; condursi.
demeanour [di'mi:nə*] *s. (raro)* comportamento; condotta; contegno; modo di fare.
demented [di'mentid] *agg* pazzo; demente; *(fam.)* impazzito *(per le troppe preoccupazioni).* □ *avv* **dementedly.**
demerara ['demərɛərə] *agg (dal nome di un'isola dei Caraibi: nell'espressione) demerara sugar,* zucchero non raffinato.
demerit [di:'merit] *s.* **1** demerito; colpa. **2** nota di biasimo.
demesne [di'mein] *s.* **1** *(dir.)* dominio; proprietà *(di beni immobili);* i fondi, ecc. su cui si ha dominio *(non affittati): He holds this farm in demesne,* Gode della proprietà di questo fondo — *Royal Demesne,* terreni della Corona — *State Demesne,* terreni demaniali. **2** *(per estensione)* campo d'attività.
demigod ['demigɔd] *s.* semidio.
demijohn ['demidʒɔn] *s.* damigiana.
demilitarization [di:,militərai'zeiʃən] *s.* smilitarizzazione.
to **demilitarize** [di:'militəraiz] *vt* smilitarizzare.
demise [di'maiz] *s. (dir.)* **1** decesso; morte. **2** cessione *(di proprietà);* trasferimento *(di beni, di valori);* trasmissione *(di titoli nobiliari, ecc.).*
demisemiquaver ['demisemi,kweivə*] *s.* semibiscroma.
to **demist** [di:'mist] *vt* disappannare *(vetro o parabrezza).*
demister [di:'mistə*] *s.* apparecchio antiappannante; visiera termica *(di autoveicolo).*
demo [di:'mo] *s.* (*abbr. fam. di* **demonstration**) manifestazione *(generalm. di protesta).*
to **demob** [di:'mɔb] *vt* (**-bb-**) (*dall'abbr. fam. di* **demobilization**) smobilitare; congedare: *a demob suit, (GB)* vestito fornito ai militari smobilitati alla fine della Seconda Guerra Mondiale.
demobilization ['di:,moubilai'zeiʃən] *s.* smobilitazione.
to **demobilize** [di:'moubilaiz] *vt* smobilitare; congedare.
democracy [di'mɔkrəsi] *s.* democrazia: *the democracy, (stor.)* la gente comune; il popolo — *the Democracy, (talvolta, USA)* il Partito Democratico — *a People's Democracy,* una democrazia popolare.
democrat ['deməkræt] *s.* democratico *(membro o sostenitore del partito democratico in USA).*
democratic [,demə'krætik] *agg* democratico: *the Democratic Party, (USA)* il Partito Democratico. □ *avv* **democratically.**
democratization [di,mɔkrətai'zeiʃən] *s.* democratizzazione.
to **democratize** [di'mɔkrətaiz] *vt* democratizzare.
démodé [dei'moudei/demɔde] *agg (fr.)* fuorimoda.
demographic [,di:mə'græfik] *agg* demografico.
demography [di:'mɔgrəfi] *s.* demografia.
to **demolish** [di'mɔliʃ] *vt* **1** demolire; distruggere *(anche fig.).* **2** *(fam.)* divorare.
demolition [,demə'liʃən] *s.* demolizione.
demon ['di:mən] *s.* demonio; diavolo *(anche fig.): He's a demon for work,* È un diavolo di lavoratore — *a demon bowler, (al cricket)* un lanciatore velocissimo, imbattibile, 'micidiale'.
demoniacal [,di:mə'naiəkəl] *agg* **1** demoniaco; indemoniato; diabolico. **2** indiavolato; frenetico. □ *avv* **demoniacally.**
demonic [di:'mɔnik] *agg* demoniaco; indemoniato; diabolico.
demonstrability [,demɔnstrə'biliti] *s.* dimostrabilità.
demonstrable [,demɔnstrəbl] *agg* dimostrabile. □ *avv* **demonstrably.**
to **demonstrate** ['demənstreit] *vt e i.* **1** dimostrare; provare; mostrare: *How would you demonstrate that the world is round?,* Come dimostreresti che la terra è rotonda? — *The salesman demonstrated the new washing-machine,* Il venditore mostrò il funzionamento della nuova lavatrice. **2** fare una dimostrazione; dimostrare; manifestare: *The workers marched through the streets to demonstrate against the high cost of living,* I lavoratori sfilarono lungo le strade per dimostrare contro il carovita.
demonstration [,demən'streiʃən] *s.* **1** dimostrazione: *to teach sth by demonstration,* insegnare qcsa per mezzo di dimostrazione — *a demonstration of affection,* una dimostrazione di affetto. **2** manifestazione; dimostrazione: *a demonstration by underpaid workers,* una dimostrazione di lavoratori mal pagati.
demonstrative [di'mɔnstrətiv] *agg* **1** espansivo; aperto: *Some children are more demonstrative than others,* Taluni bambini sono più espansivi di altri — *demonstrative behaviour,* comportamento espansivo. **2** *(non molto comune)* dimostrativo; che dimostra: *This letter is demonstrative of his innocence,* Questa lettera dimostra la sua innocenza. **3** *(gramm.)* dimostrativo. □ *avv* **demonstratively.**
demonstrator ['demənstreitə*] *s.* **1** dimostrante: *The demonstrators were dispersed by the police,* I dimostranti vennero dispersi dalla polizia. **2** dimostratore (chi dà una dimostrazione). **3** assistente; insegnante tecnico-pratico.
demoralization [di,mɔrəlai'zeiʃən] *s.* **1** demoralizzazione; scoraggiamento; depressione. **2** traviamento; corruzione.
to **demoralize** [di'mɔrəlaiz] *vt* **1** demoralizzare; scoraggiare; deprimere. **2** *(talvolta)* corrompere; traviare; attentare alla moralità: *a boy demoralized by bad companions,* un ragazzo traviato dalle cattive compagnie.
to **demote** [di'mout] *vt* retrocedere di grado.
demotic [di(:)'mɔtik] *agg* demotico.
demotion [di'(:)mouʃən] *s.* retrocessione di grado.
demur [di'mə:*] *s.* esitazione; obiezione; difficoltà: *(quasi esclusivamente nell'espressione) without demur,* senza obiezioni.
to **demur** [di'mə:*] *vi* (**-rr-**) esitare; avere degli scrupoli; fare (sollevare) obiezioni; fare difficoltà: *to demur to a demand,* esitare dinnanzi a una richiesta — *to demur at working on Sunday,* sollevare obiezioni sul lavoro domenicale.
demure [di'mjuə*] *agg* contegnoso; modesto; pudico; riservato. □ *avv* **demurely.**
demurrage [di'mʌridʒ] *s. (dir. comm.)* ritardo *(di nave, carro merci, ecc.);* controstallia: *demurrage days,* giorni di controstallia.
den [den] *s.* **1** tana; covo *(anche fig.);* caverna: *an opium den,* una fumeria d'oppio — *a den of thieves,* un covo di ladri. **2** *(fam.)* stanza personale *(quasi sempre di uomo);* studio; rifugio; luogo tranquillo e appartato *(in cui leggere, studiare, meditare, ecc.).*
denationalization ['di:,næʃənəlai'zeiʃan] *s.* snazionalizzazione.
to **denationalize** [di:'næʃənəlaiz] *vt* snazionalizzare *(un'industria, ecc.).*
to **denature** [di:'neitʃə*] *vt* **1** snaturare. **2** *(chim.)* denaturare: *denatured alcohol,* alcool denaturato.
deniable [di'naiəbl] *agg* negabile.
denial [di'naiəl] *s.* **1** diniego; rifiuto: *a flat denial,* un

netto rifiuto — *the denial of justice,* il rifiuto di concedere giustizia. **2** smentita; negazione. **3** *self-denial,* abnegazione; sacrificio di sé; privazione.

denier [di'niə*] *s.* **1** *(ant.)* moneta di scarso valore; quattrino. **2** denaro *(unità di misura di titolazione di alcuni filati).*

to **denigrate** ['denigreit] *vt* denigrare; diffamare.

denim ['denim] *s.* tessuto di cotone ritorto *(per grembiuli, 'jeans', ecc.): denims, (pl.)* tuta in 'denim'.

denizen ['denizn] *s.* **1** *(di persona, animale o pianta)* appartenente a una determinata zona; autoctono: *the denizens of the deep,* gli abitatori del mare. **2** straniero naturalizzato. **3** parola straniera entrata nell'uso comune. **4** animale o pianta acclimatati.

to **denominate** [di'nɔmineit] *vt* denominare; chiamare.

denomination [di,nɔmi'neiʃən] *s.* **1** denominazione; nome. **2** nome di setta religiosa. **3** unità *(di misura, valore);* taglio: *The U.S. coin of the lowest denomination is the cent,* La moneta statunitense di taglio più basso è il centesimo.

denominational [di,nɔmi'neiʃənəl] *agg* confessionale; settario; di classe: *denominational school,* scuola confessionale.

denominator [di'nɔmineitə*] *s.* denominatore.

to **denote** [di'nout] *vt* indicare; denotare; significare; dimostrare: *The mark (...) denotes an omission,* Il segno (...) indica una omissione.

dénouement [dei'nu:m:ɑ̃:ŋ] *s. (fr.)* scioglimento finale d'un intreccio *(commedia, romanzo, ecc.).*

to **denounce** [di'nauns] *vt* denunciare pubblicamente: *to denounce sb as a spy,* denunciare qcno come spia.

dense [dens] *agg* **1** denso; fitto; folto; spesso; compatto. **2** stupido; ottuso. **3** *(di negativo fotografico)* scuro; forte; opaco.

□ *avv* **densely,** densamente; fittamente: *a densely populated country,* un paese densamente popolato — *densely wooded,* fittamente boscoso.

denseness ['densnis] *s.* **1** densità; compattezza. **2** ottusità.

density ['densiti] *s.* **1** densità; foltezza. **2** peso specifico. **3** densità; *(elettr.)* intensità. **4** *(fotografia)* opacità.

dent [dent] *s.* tacca; incavo; dentello; ammaccatura.

to **dent** [dent] *vt e i.* **1** intaccare; dentellare; intaccarsi: *This metal dents easily,* Questo metallo si intacca facilmente. **2** ammaccare, ammaccarsi.

dental ['dentl] *agg* dei denti; dentale; dentistico: *dental sounds,* suoni dentali — *a dental plate,* una dentiera — *a dental surgeon,* un medico dentista — *a dental technician,* un odontotecnico.

□ *s. (fonetica)* dentale.

dentifrice ['dentifris] *s.* dentifricio.

dentist ['dentist] *s.* dentista.

dentistry ['dentistri] *s.* professione del dentista; odontoiatria.

denture ['denʃə*] *s. (spesso al pl.)* dentiera; protesi buccale.

denudation [,di:nju'deiʃən] *s.* **1** denudamento; spogliazione; privazione. **2** erosione geologica.

to **denude** [di'nju:d] *vt* denudare; spogliare; privare: *trees denuded of leaves,* alberi spogli di foglie — *hillsides denuded of trees,* pendii privi d'alberi.

denunciation [di,nʌnsi'eiʃən] *s. (fig.)* denuncia.

to **deny** [di'nai] *vt* **1** negare; smentire; respingere: *The accused denies the charge,* L'accusato respinge l'accusa — *He denied knowing anything about (He denied any knowledge of) their plans,* Negò di sapere alcunché dei loro piani — *It cannot be denied that...; There is no denying the fact that...,* Non si può negare (il fatto) che... **2** rinnegare; rifiutare di riconoscere; non riconoscere: *He denied the signature,* Si rifiutò di riconoscere la firma. **3** ricusare; rifiutare; negare: *He denies his wife nothing,* Non rifiuta nulla alla moglie — *to deny oneself,* privarsi; fare a meno; sacrificarsi — *He denies himself many things,* Si priva di molte cose — *to deny oneself to sb,* negarsi, rifiutarsi di ricevere (di parlare con) qcno.

deodorant [di:'oudərənt] *s.* deodorante.

to **deodorize** [di:'oudəraiz] *vt* deodorare.

to **depart** [di'pɑ:t] *vi e t.* **1** partire; allontanarsi; lasciare; discostarsi da: *to depart from a place,* allontanarsi da un luogo — *His version departed from the truth at several points,* La sua versione si discostava dalla verità in parecchi punti. **2** abbandonare; perdere: *to depart from old customs,* abbandonare le vecchie usanze. **3** *(ant.)* dipartirsi; morire: *to depart (from) this life,* dipartirsi da questa vita; morire.

departed [di'pɑ:tid] (*p. pass. di* **to depart**) passato; trascorso: *to think of departed glories,* pensare alle glorie passate.

□ *s. (sempre* the departed*)* - **a)** estinto; defunto; morto - **b)** *(pl.)* i morti: *to pray for the souls of the departed,* pregare per le anime dei defunti.

department [di'pɑ:tmənt] *s.* **1** reparto; sezione; ufficio; servizio: *shipping department,* reparto spedizioni — *department store,* grande magazzino — *the men's clothing department,* il reparto abiti da uomo. **2** ministero; dicastero; dipartimento; istituto o facoltà *(in un'università o college): the Deparment of Education and Science, (GB)* il Ministero dell'Educazione — *the State Department, (USA)* il Dipartimento di Stato (Ministero degli Esteri) — *the Department of Sociology; the Sociology Department,* l'istituto di Sociologia — *the Arts Department,* la Facoltà di Lettere. **3** *(fam., per estensione)* campo; sfera d'attività; compito; ramo: *Not my department, I'm afraid,* Mi dispiace, non è il mio ramo. **4** 'département' *(provincia francese).*

departmental [,di:pɑ:t'mentl] *agg* dipartimentale.

departure [di'pɑ:tʃə*] *s.* **1** partenza; congedo; allontanamento; abbandono; deroga; deviazione: *His departure was unexpected,* La sua partenza capitò inattesa — *arrivals and departures,* arrivi e partenze. **2** abbandono; deviazione; distacco; infrazione: *a departure from custom,* un abbandono delle consuetudini — *a departure from duty,* un'infrazione degli obblighi. **3** svolta; innovazione; punto di partenza: *a new departure in physics,* una nuova svolta della fisica. **4** *(ant.)* dipartita; morte.

to **depend** [di'pend] *vi (seguito da* on *o* upon*)* **1** dipendere *(anche gramm.);* procedere; derivare; essere in relazione (con): *That depends!,* Dipende! — *It depends on the weather,* Dipende dal tempo — *It depends on him,* Dipende da lui — *Good health depends upon good food, exercise, and sufficient sleep,* La buona salute dipende da una sana alimentazione, dal moto e da una sufficiente quantità di sonno. **2** dipendere; essere o vivere a carico; essere mantenuto: *Children depend on their parents,* I bambini sono mantenuti dai genitori — *He depends on his pen for a living,* Si guadagna da vivere scrivendo. **3** contare (su); concedere fiducia (a); fidarsi (di); fare assegnamento (su); essere certo (di): *You can always depend upon her,* Puoi sempre fidarti di lei — *You may depend upon his coming,* Puoi star certo che verrà — *Can I depend upon this timetable or it is out of date?,* Posso fidarmi di questo orario o è vecchio? — *Depend upon it; You can depend on it,* Stai sicuro;

Stanne certo; Non dubitare — *The war will ruin the country, depend upon it,* Non c'è dubbio, la guerra rovinerà il paese.

dependable [di'pendəbl] *agg* fidato; sicuro; leale. □ *avv* **dependably.**

dependant, dependent [di'pendənt] *s.* persona a carico.

dependence [di'pendəns] *s.* **1** dipendenza. **2** fiducia: *I wouldn't put much dependence on him, if I were you,* Non mi fiderei molto di lui, se fossi in te. **3** l'essere a carico: *Why don't you end this dependence on your mother?,* Perché mai non smetti di essere a carico di tua madre?

dependency [di'pendənsi] *s.* possedimento; colonia.

dependent [di'pendənt] *agg* dipendente *(anche gramm.): to be dependent on sb (sth),* - **a)** dipendere da qcno (qcsa) - **b)** essere a carico di qcno (qcsa). □ *s.* ⇨ **dependant.**

depersonalization [di'pə:sənəlai'zeiʃən] *s.* spersonalizzazione.

to **depersonalize** [di'pə:sənəlaiz] *vt* spersonalizzare.

to **depict** [di'pikt] *vt* dipingere; descrivere.

depiction [di'pikʃən] *s.* pittura; descrizione; rappresentazione.

depilatory [di'pilətəri] *agg* depilatorio. □ *s.* sostanza depilatoria.

to **deplane** ['di:'plein] *vi* sbarcare da un aeroplano.

to **deplete** [di'pli:t] *vt* vuotare; svuotare; esaurire.

depletion [di'pli:ʃən] *s.* esaurimento.

deplorable [di'plɔ:rəbl] *agg* deplorabile; deplorevole. □ *avv* **deplorably.**

to **deplore** [di'plɔ:*] *vt* deplorare; compiangere; disapprovare.

to **deploy** [di'plɔi] *vt e i. (di truppe, ecc.)* spiegare; dispiegarsi.

deployment [di'plɔimənt] *s. (di truppe, ecc.)* spiegamento.

deponent [di'pounənt] *s.* persona che fa una deposizione; testimone. □ *agg (gramm.)* deponente.

to **depopulate** [di:'pɔpjuleit] *vt* spopolare; decimare *(erroneamente, ma comunemente): a country depopulated by war,* un paese decimato dalla guerra.

depopulation [di:,pɔpju'leiʃən] *s.* spopolamento.

to **deport** [di'pɔ:t] *vt* deportare; esiliare; confinare; espellere da un paese: *The spy was imprisoned for two years and then deported,* La spia venne tenuta per due anni in prigione e quindi espulsa dal paese. □ **to deport oneself** *v. rifl* comportarsi; agire; condursi: *He deported himself like a gentleman,* Si comportò da gentiluomo.

deportation [,di:pɔ:'teiʃən] *s.* deportazione; esilio; espulsione.

deportee [,dipɔ:'ti:] *s.* deportato.

deportment [di'pɔ:tmənt] *s.* comportamento; portamento.

to **depose** [di'pouz] *vt e i.* **1** deporre; destituire; detronizzare. **2** deporre *(davanti ad un tribunale);* attestare; testimoniare; dichiarare.

deposit [di'pɔzit] *s.* **1** deposito; caparra; acconto; pegno: *to leave a deposit,* lasciare un acconto — *a deposit account,* un conto di deposito *(in banca)* — *money on deposit,* denaro depositato — *deposit safe (safe deposit box),* cassetta di sicurezza. **2** sedimento; deposito; detrito: *A thick deposit of mud covered the fields after the floods,* Uno spesso deposito fangoso copriva i campi dopo l'inondazione. **3** giacimento; deposito: *deposits of uranium; uranium deposits,* giacimenti di uranio.

to **deposit** [di'pɔzit] *vt* **1** posare; deporre: *He deposited the books on the desk,* Posò i libri sul banco — *Some insects deposit their eggs in the ground,* Alcuni insetti depongono nel terreno le loro uova. **2** *(comm., ecc.)* depositare; versare, affidare in deposito: *to deposit money in a bank,* depositare denaro in una banca — *to deposit papers with a notary,* depositare documenti presso un notaio. **3** lasciare come caparra; lasciare in deposito. **4** lasciare; depositare *(come sedimento): When the Nile rises it deposits a layer of mud on the land,* Quando il Nilo è in piena lascia sul terreno uno strato di fango.

depositary [di'pɔzitəri] *s. (dir. e fig.)* depositario.

deposition [,depə'ziʃən] *s.* **1** deposizione *(dal regno, da una carica, dalla croce, ecc.).* **2** *(dir.)* deposizione; testimonianza. **3** deposito; sedimento.

depositor [di'pɔzitə*] *s.* depositante *(p.es. di una banca).*

depository [di'pɔzitəri] *s.* **1** deposito; magazzino. **2** depositario.

depôt ['depou/*(USA)* 'di:pou] *s. (fr.)* **1** deposito *(p.es. di autobus);* magazzino *(spec. mil.): depôt ship,* nave appoggio. **2** *(USA)* stazione ferroviaria o di autobus; *(GB)* scalo merci.

to **deprave** [di'preiv] *vt* depravare; corrompere: *depraved persons,* persone pervertite.

depravity [di'præviti] *s.* **1** depravazione; corruzione; perversione. **2** atto malvagio, perverso.

to **deprecate** ['deprikeit] *vt* deprecare; biasimare.

deprecation [,depri'keiʃən] *s.* deprecazione; biasimo.

to **depreciate** [di'pri:ʃieit] *vi* deprezzare; svalutarsi; diminuire.

□ *vt* deprezzare; sminuire; sottovalutare: *Don't depreciate his efforts to help,* Non sottovalutare i suoi tentativi di aiuto.

depreciation [di,pri:ʃi'eiʃən] *s.* deprezzamento; svalutazione.

depreciatory [di'pri:ʃjətəri] *agg* deprezzatorio; screditante.

depredation [,depri'deiʃən] *s. (generalm. al pl.)* depredazione; rapina; saccheggio.

to **depress** [di'pres] *vt* **1** premere; abbassare: *to depress a lever,* abbassare una leva. **2** deprimere; rattristare; avvilire: *Wet weather always depresses her,* Il tempo piovoso la deprime sempre — *Today's paper is full of depressing news,* Il giornale di oggi è pieno di notizie deprimenti. **3** *(econ., comm.)* rallentare; far languire; mettere in crisi; far ristagnare; deprimere: *depressed areas,* aree (zone) depresse.

depression [di'preʃən] *s.* **1** depressione; scoraggiamento; abbattimento: *He committed suicide during a fit of depression,* Si suicidò durante una crisi depressiva. **2** abbassamento *(di livello);* depressione *(del suolo);* avvallamento: *It rained heavily and every depression in the road was soon filled with water,* Piovve intensamente e ben presto ogni avvallamento della strada si riempì d'acqua. **3** *(econ., comm.)* recessione; depressione; ristagno degli affari: *the Depression,* la Grande Depressione (degli Anni Trenta). **4** depressione (atmosferica); abbassamento di pressione: *a depression over Iceland,* una depressione sull'Islanda.

deprivation [,depri'veiʃən] *s.* privazione; perdita.

to **deprive** [di'praiv] *vt* **1** privare; spogliare: *to deprive sb of sth,* privare, spogliare qcno di qcsa. **2** destituire *(un ecclesiastico).*

depth [depθ] *s.* **1** profondità; fondale; *(riferito ad un sommergibile)* quota; *(talvolta)* altezza: *Water was found at a depth of thirty feet,* Si trovò l'acqua a trenta piedi di profondità — *At what depth is the* *wreck lying?,* A che profondità giace il relitto? — *depth-bomb; depth-charge, (mil., naut.)* bomba di profondità; antisommergibile — *depth-finder, (naut.)* scandaglio; ecometro. **2** *(fig.)* profondità *(di pensiero, cultura, sentimenti, ecc.): a book that shows great scholarship and depth of thought,* un libro che dimostra grande cultura e profondità di pensiero. **3** *(sempre con l'art. determinativo, spesso al pl.)* cuore; centro; parte centrale; intimo; abisso: *in the depths of his heart,* nell'intimo del suo cuore — *in the depth(s) of winter,* nel cuore dell'inverno — *in the depth of the night,* nel più profondo della notte — *in the depths of despair,* negli abissi della disperazione — *in the depths of the forest,* nel cuore della foresta.

□ *The snow is three feet in depth,* La neve è alta tre piedi — *to go (to get) out of (beyond) one's depth,* trovarsi in acque troppo alte *(in cui non si tocca più il fondo); (fig.)* essere (sentirsi) in alto mare — *When people start talking about nuclear physics I'm out of my depth,* Quando si parla di fisica nucleare, io mi trovo come un pesce fuor d'acqua.

to **depurate** ['depjureit] *vt* depurare. □ *vi* depurarsi.

depuration [,depju'reiʃən] *s.* depurazione; depuramento.

deputation [,depju'teiʃən] *s.* deputazione; delegazione.

to **depute** [di'pju:t] *vt* deputare; delegare.

to **deputize** ['depjutaiz] *vi (generalm. nell'espressione) to deputize for sb,* fungere da delegato di qcno; fare le veci di qcno.

deputy ['depjuti] *s.* **1** delegato; rappresentante; sostituto; facente funzione; vice *(anche attrib.): I must find someone to act as deputy (as a deputy) for me during my absence,* Debbo trovare qualcuno che agisca come mio sostituto durante la mia assenza — *Deputy Chairman,* vice presidente. **2** deputato *(del parlamento di certi Paesi europei).*

to **derail** [di'reil] *vt* deragliare; far deragliare.

derailment [di'reilmənt] *s.* deragliamento.

to **derange** [di'reindʒ] *vt* **1** *(raro)* disturbare; scompigliare; sconvolgere; scombussolare. **2** turbare *(la mente);* squilibrare; far impazzire: *He is mentally deranged,* È uno squilibrato.

derangement [di'reindʒmənt] *s.* **1** scompiglio; confusione. **2** squilibrio mentale; alienazione.

[1]**Derby** ['dɑ:bi/*(USA)* 'də:bi] *s.* 'derby' *(corsa per cavalli di tre anni che si corre a Epsom in Inghilterra): Derby Day,* il giorno del 'derby' *(il primo mercoledì di giugno)* — *a local derby,* 'derby'; incontro sportivo tra squadre locali.

[2]**derby** ['də:bi] *s. (USA)* cappello duro e tondo; bombetta.

derelict ['derilikt] *agg* derelitto; abbandonato.
□ *s.* relitto *(di nave).*

dereliction [,deri'likʃən] *s.* negligenza; trascuratezza: *dereliction of duty,* negligenza; inadempimento del proprio dovere.

to **derequisition** [,derikwi'ziʃən] *vt* restituire *(beni requisiti)* al proprietario.

to **derestrict** ['di:ri'strikt] *vt* togliere una restrizione (a): *to derestrict a road,* togliere *(ad una strada)* un limite di velocità.

to **deride** [di'raid] *vt* deridere; irridere; schernire: *They derided his efforts as childish,* Derisero i suoi sforzi in quanto puerili.

de rigeur [dəri'gə:*] *agg predicativo (fr.)* di rigore; richiesto dall'etichetta: *Evening dress is de rigeur,* È di rigore l'abito da sera.

derision [di'riʒən] *s.* derisione; scherno; oggetto di derisione: *to be held in derision,* essere alla berlina — *to bring sb or sth into derision,* mettere qcno o qcsa alla berlina — *to become an object of derision,* divenire oggetto di derisione.

derisive [di'raisiv] *agg* derisorio; ridicolo; schernevole: *derisive laughter,* una risata derisoria (di scherno). □ *avv* **derisively.**

derisory [di'raisəri] *agg* **1** derisorio; di scherno: *a derisory remark,* un'osservazione derisoria (di scherno). **2** ridicolo; irrisorio: *a derisory offer,* un'offerta ridicola (irrisoria).

derivation [,deri'veiʃən] *s.* **1** derivazione; origine; discendenza: *a word of Latin derivation,* una parola di origine latina. **2** etimologia; derivazione: *to study the derivations of words,* studiare l'etimologia delle parole.

derivative [di'rivətiv] *agg* derivato. □ *s.* derivazione; derivato: *'Desertion' is a derivative of 'to desert',* 'Diserzione' è una derivazione di 'disertare'. □ *avv* **derivatively.**

to **derive** [di'raiv] *vt* trarre; ricavare; ottenere: *to derive great pleasure from one's studies,* trarre grande piacere dai propri studi.

□ *vi* derivare; discendere: *Thousands of English words are derived from (derive from) Latin,* Migliaia di parole inglesi sono derivate (derivano) dal latino.

dermatitis [,də:mə'taitis] *s.* dermatite.

dermatologist [,də:mə'tɔlədʒist] *s.* dermatologo.

dermatology [,də:mə'tɔlədʒi] *s.* dermatologia.

to **derogate** ['derəgeit] *vi (generalm. seguito da* from*)* togliere *(un merito, un diritto, ecc.);* sminuire; portar detrimento; danneggiare *(p.es. la reputazione di qcno).*

derogation [,derə'geiʃən] *s.* diminuzione; indebolimento *(di autorità, stima, ecc.).*

derogatory [də'rɔgətəri] *agg* **1** dannoso; offensivo; pregiudizievole: *remarks that are derogatory to my reputation,* osservazioni che sono pregiudizievoli per la mia reputazione — *The word 'pig' for 'policeman' is derogatory,* La parola 'pig' *('porco')* per 'poliziotto' è offensiva. **2** peggiorativo; dispregiativo: *This word is used in a derogatory sense,* Questa parola è usata in senso dispregiativo. **3** indegno; degradante.

derrick ['derik] *s.* **1** gru; albero da carico; argano; falcone: *floating derrick,* gru montata su pontone galleggiante. **2** torre di trivellazione *(nell'industria mineraria e petrolifera).*

derring-do ['deriŋ'du:] *s. (ant. e scherz.)* temerarietà: *deeds of derring-do,* gesta temerarie.

derv [də:v] *s. (sigla di* diesel-engined road vehicle*)* combustibile per motori Diesel.

dervish ['də:viʃ] *s.* derviscio.

to **desalinate** [di'sælineit] *vt* dissalare.

to **descale** ['di:'skeil] *vt* disincrostare *(tubature, ecc.).*

descant ['deskænt] *s.* accompagnamento melodico; discanto.

to **descant** [dis'kænt] *vt to descant upon sth,* decantare qcsa; dilungarsi su qcsa.

to **descend** [di'send] *vi e t.* **1** discendere; scendere; andare giù; venire giù: *On turning the corner we saw that the road descended steeply,* Girando l'angolo vedemmo che la strada era in ripida discesa — *The balloon descended in Poland,* L'aerostato discese sulla Polonia — *He descended the stairs,* Scese le scale. **2** trasmettersi; passare *(in eredità);* tramandare, tramandarsi: *The estate has descended from father to son,* La proprietà è passata di padre in figlio. **3 to be descended from,** discendere; aver origine; derivare (da): *According to the Bible, we are all descended from Adam,* Secondo la Bibbia discendiamo tutti da Adamo. **4 to descend upon,** assalire; calare su; effettuare una incursione; attaccare; piombare su *(di ospiti inaspettati o inopportuni)*; piombare in casa: *The bandits descended upon the defenceless village,* I banditi piombarono sul villaggio indifeso. **5 to descend to,** *(fig.)* abbassarsi; scendere in basso: *You would never descend to fraud (cheating), surely?,* Non vorrai scendere tanto in basso da commettere una frode? — *to descend to particulars,* scendere nei (venire ai) particolari.

descendant [di'sendənt] *s.* discendente.

descent [di'sent] *s.* **1** discesa; pendio; china: *a gradual (steep) descent,* una discesa dolce (ripida) — *The descent of the mountain took two hours,* La discesa della montagna durò due ore. **2** discendenza; origine; lignaggio; stirpe: *to be of French descent,* essere di discendenza francese — *He traces his descent from an old Norman family,* Fa risalire la sua origine a un'antica famiglia normanna. **3** incursione; assalto; attacco improvviso; irruzione; scorreria: *The Danes made numerous descents upon the English coasts during the tenth century,* Nel decimo secolo dopo Cristo i Danesi effettuarono numerose incursioni sulle coste inglesi. **4** trasmissione; passaggio *(di proprietà, di eredità).* **5** *(fig.)* caduta; declino; rovina.

to **describe** [dis'kraib] *vt* **1** descrivere; raccontare; dire: *Words cannot describe the beauty of the scene,* Le parole non bastano a descrivere la bellezza della scena — *Can you describe it to me?,* Puoi descrivermelo? **2** *(seguito da* as*)* definire: *I hesitate to describe him as really clever,* Esito a definirlo veramente intelligente — *He describes himself as a doctor,* Si autodefinisce medico. **3** *(geometria)* tracciare; descrivere; disegnare.

description [dis'kripʃən] *s.* **1** descrizione; racconto; raffigurazione: *beautiful beyond description,* bello oltre ogni descrizione (oltre ogni dire) — *Can you give me a description of the thief?,* Potrebbe fornirmi una descrizione del ladro? — *to answer to a description,* corrispondere ad una descrizione (ai connotati). **2** *(fam.)* tipo; genere; specie; sorta: *The harbour was crowded with vessels of every description,* Il porto era gremito di imbarcazioni di ogni specie.

descriptive [di'skriptiv] *agg* **1** descrittivo. **2** amante delle descrizioni: *a descriptive novelist,* un romanziere che ama le descrizioni. □ *avv* **descriptively.**

to **descry** [dis'krai] *vt (ant.)* scorgere; vedere *(spec. da lontano).*

to **desecrate** ['desikreit] *vt* **1** sconsacrare. **2** profanare.

desecration [,desi'kreiʃən] *s.* **1** sconsacrazione. **2** profanazione.

to **desegregate** [di:'segrəgeit] *vt* abolire la segregazione *(in un dato luogo).*

desegregation [di:'segrə,geiʃən] *s.* abolizione della segregazione *(in un dato luogo).*

desert ['dezət] *s.* deserto: *the Sahara Desert,* il deserto del Sahara — *the Desert Rats, (fam.)* i 'topi del deserto' *(soprannome dato ai soldati inglesi della 7ª divisione corazzata che nelle campagne nordafricane del 1941 e 1942 portavano sulle mostrine l'immagine di un topo delle piramidi).*

□ *agg* deserto; disabitato; desolato; arido: *the desert areas of North Africa,* le zone deserte del Nord Africa — *a desert island,* un'isola deserta.

to **desert** [di'zə:t] *vt e i.* **1** abbandonare; evacuare; disertare; lasciare; 'piantare': *The streets were deserted,* Le strade erano deserte — *a deserted hut,* una capanna abbandonata (deserta) — *He deserted his wife and children and went abroad,* Abbandonò la moglie e i figli e se ne andò all'estero — *He has become so rude that his friends are deserting him,* È diventato così sgarbato che i suoi stessi amici lo stanno lasciando. **2** *(mil.)* disertare; abbandonare il proprio posto. **3** venire a mancare; abbandonare: *His courage deserted him,* Il coraggio gli venne a mancare (lo abbandonò).

deserted [di'zə:tid] *agg* (*p. pass. di* **to desert**) abbandonato; *(di luogo, anche)* deserto; disabitato.

deserter [di'zə:tə*] *s.* **1** chi abbandona *(la famiglia, ecc.);* fedifrago. **2** *(mil.)* disertore.

desertion [di'zə:ʃən] *s.* abbandono; diserzione.

deserts [di'zə:ts] *s. pl* meriti: *to be rewarded (punished) according to one's deserts,* essere premiato (punito) secondo i propri meriti — *to get one's deserts,* avere quello che ci si merita.

to **deserve** [di'zə:v] *vt e i.* meritare; avere diritto; essere degno: *Good work deserves good pay,* Un buon lavoro merita un buon compenso — *You all deserve to be shot!,* Meritate tutti di essere fucilati! — *to deserve well (ill) of sb,* meritare di essere trattato bene (male) da qcno — *He deserves well of his country,* Merita di essere trattato bene dalla patria.

deservedly [di'zə:vidli] *avv* meritatamente; giustamente; degnamente: *to be deservedly punished,* essere meritatamente punito.

deserving [di'zə:viŋ] *agg* meritevole; degno: *to give money to a deserving cause,* dare del denaro per una degna causa — *to be deserving of sympathy,* essere degno di comprensione — *a deserving case,* un caso che merita attenzione.

to **desiccate** ['desikeit] *vt* essiccare.

desideratum [di,zidə'reitəm] *s.* (*lat.: pl.* **desiderata**) desiderata; desiderati.

design [di'zain] *s.* **1** disegno; modello; progetto; studio; linea; 'design': *designs for a dress,* disegni per un vestito — *Design Centre,* Centro del 'Design' *(mostra permanente di Londra)* — *of good design,* disegnato (progettato) bene — *a vase with a design of flowers on it,* un vaso con una decorazione a fiori. **2** piano; proposito; disegno; progetto; intenzione: *by accident or by design,* per caso o di proposito — *to have designs on (o against) sb or sth,* avere cattive intenzioni nei confronti di qcno o qcsa — *That man has designs on your money,* Quell'uomo ha cattive intenzioni riguardo al vostro denaro.

to **design** [di'zain] *vt e i.* **1** disegnare; fare disegni; progettare; fare un progetto: *to design a garden,* disegnare un giardino — *He designs for a firm of carpet-manufacturers,* Lavora come 'designer' in una ditta di fabbricanti di tappeti — *This room was designed as a children's playroom,* Questa camera fu progettata come stanza da gioco dei bambini. **2** progettare; avere il proposito; proporsi: *to design an attack upon sb,* progettare (proporsi) un attacco contro qcno. **3** *(raro)* destinare; designare; assegnare: *His parents designed him for the army, but he preferred the navy,* I suoi genitori lo destinarono all'esercito, ma lui preferiva la marina.

designate ['dezignit/-gneit] *agg (sempre posposto al sostantivo)* designato: *chairman designate,* presidente designato.

to **designate** ['dezigneit] *vt* **1** segnare; definire: *to designate boundaries,* segnare (definire) i confini. **2** designare; nominare; scegliere; indicare: *He designated Smith as his successor,* Designò Smith come proprio successore. **3** *(non molto comune)* mostrare; rivelare; denotare: *His dress designated that he* *was a person of importance,* La sua tenuta denotava che era una persona importante.

designation [,dezig'neiʃən] *s.* **1** designazione. **2** nome; titolo.

designedly [di'zainidli] *avv* intenzionalmente; di proposito; deliberatamente.

designer [di'zainə*] *s.* **1** progettista *(di macchine, ecc.);* disegnatore; 'designer'. **2** costumista; modellista.

designing [di'zainiŋ] *agg* abile ed astuto; intrigante.

desirability [di,zaiərə'biliti] *s.* desiderabilità.

desirable [di'zaiərəbl] *agg* desiderabile. □ *avv* **desirably.**

desirableness [di'zaiərəblnis] *s.* = **desirability.**

desire [di'zaiə*] *s.* **1** brama; anelito; desiderio intenso: *He has no desire for wealth,* Non ha brama di ricchezze — *a desire to become rich,* la brama di diventare ricco — *It is impossible to satisfy all their desires,* È impossibile appagare tutte le loro brame. **2** *(solo al sing.)* richiesta; invito; domanda: *at the desire of the manager,* a richiesta del direttore. **3** desiderio (ciò che si desidera): *I hope you will get all your desires,* Spero che possiate realizzare tutti i vostri desideri.

to **desire** [di'zaiə*] *vt* **1** desiderare; bramare; anelare: *The food left much to be desired,* Il cibo lasciava molto a desiderare — *all that can (that could) be desired,* quanto di meglio si possa (si potesse) desiderare. **2** *(formale: solo al passivo)* essere pregato: *I was desired to wait,* Mi fu chiesto (Fui pregato) di aspettare — *It is desired that this rule shall be brought to the attention of the staff,* Si chiede che questa norma venga posta all'attenzione di tutto il personale. □ *... as desired,* ... a piacere; ... a volontà — *Add sugar as desired,* Aggiungere zucchero a volontà.

desirous [di'zaiərəs] *agg* desideroso: *to be desirous of sth (of doing sth),* essere desideroso di qcsa (di fare qcsa).

to **desist** [di'zist] *vi* desistere; cessare: *to desist from gossiping,* desistere dallo spettegolare.

desk [desk] *s.* **1** scrivania; scrittoio; *(a scuola)* banco. **2** banco; sportello; cassa; *(talvolta, in un albergo, ecc.)* ricevimento; 'reception': *desk clerk,* addetto alla 'reception'.

desolate ['desəlit] *agg* **1** solitario; abbandonato; deserto; cadente; rovinato; desolato: *a desolate wind-swept mountainside,* un pendio desolato, sferzato dal vento. **2** afflitto; desolato; sconsolato; abbandonato: *a desolate-looking child,* un bimbo dall'aspetto infelice — *a desolate life,* una vita desolata (disgraziata). □ *avv* **desolately.**

to **desolate** ['desəleit] *vt* **1** desolare; devastare. **2** affliggere; sconsolare; desolare.

desolation [,desə'leiʃən] *s.* **1** devastazione. **2** desolazione.

despair [dis'pεə*] *s.* disperazione; sconforto; perdita di ogni speranza: *to be in despair,* essere disperato — *to drive sb to despair,* portare (spingere) qcno alla disperazione — *He was filled with despair when he read the questions,* Cadde nella disperazione leggendo le domande d'esame — *This boy is the despair of his teachers,* Questo ragazzo è la disperazione dei suoi insegnanti.

to **despair** [dis'pεə*] *vi* disperare: *to despair of success,* disperare di riuscire — *His life was despaired of,* Si disperava di salvarlo.

despairing [dis'pεəriŋ] *agg* disperato; che dispera; di disperazione: *a despairing look,* uno sguardo di disperazione. □ *avv* **despairingly.**

despatch, to despatch [dis'pætʃ] *s. e vt* ⇨ **dispatch, to dispatch.**

desperado [,despə'rɑːdou] *s.* (*pl.* **desperadoes**; *USA anche* **desperados**) 'disperato'; malvivente; bandito.

desperate ['despərit] *agg* **1** disperato; senza speranza; pronto a tutto; violento: *desperate criminals,* criminali pronti a tutto. **2** grave; spaventoso: *The state of the country is desperate,* La situazione del paese è assai grave. □ *avv* **desperately.**

desperation [,despə'reiʃən] *s.* disperazione: *The wretched people rose in desperation against their rulers,* Lo sventurato popolo insorse per disperazione contro i suoi governanti — *You'll drive me to desperation!,* Mi porterai alla disperazione!

despicable ['despikəbl] *agg* disprezzabile; spregevole. □ *avv* **despicably.**

to **despise** [dis'paiz] *vt* disprezzare; sdegnare.

despite [dis'pait] *prep* a dispetto di; nonostante.

despiteful [dis'paitful] *agg (ant.)* dispettoso. □ *avv* **despitefully.**

to **despoil** [dis'pɔil] *vt* spogliare; derubare; saccheggiare.

despond [dis'pɔnd] *s. (solo in) the Slough of Despond, (ant. e lett.: dal 'Pilgrim's Progress' di John Bunyan)* l'Abisso della Disperazione.

despondence, despondency [dis'pɔndəns(i)] *s.* abbattimento; sconforto; scoraggiamento; disperazione.

despondent [dis'pɔndənt] *agg* scoraggiato; abbattuto; sconsolato. □ *avv* **despondently.**

despot ['despɔt] *s.* despota; tiranno.

despotic [des'pɔtik] *agg* dispotico; tiranno. □ *avv* **despotically.**

despotism ['despətizəm] *s.* **1** dispotismo; tirannia. **2** paese soggetto a un tiranno.

dessert [di'zəːt] *s. (GB)* 'dessert'; frutta e dolce: *dessert-spoon,* cucchiaino da dessert.

destination [,desti'neiʃən] *s.* destinazione; destino.

to **destine** ['destin] *vt (generalm. usato nella forma passiva)* destinare: *He was a soldier's son and was destined from birth for the army,* Figlio di soldato, era destinato fin dalla nascita alla carriera militare — *They were destined never to meet again,* Erano destinati a non incontrarsi mai più.

destiny ['destini] *s.* destino; sorte; fato: *the tricks of destiny,* gli scherzi del destino — *It was his destiny to die in a foreign country, far from his family,* Era suo destino morire in un paese straniero, lontano dalla famiglia.

destitute ['destitjuːt] *agg* **1** senza risorse; povero; bisognoso; indigente: *to be left destitute, (di una donna divenuta vedova)* rimanere priva di risorse. **2** privo; mancante: *Officials are often destitute of sympathy,* Spesso i funzionari sono privi di comprensione per gli altri.

destitution [,desti'tjuːʃən] *s.* stato di miseria; indigenza; povertà: *reduced to destitution,* ridotto in stato di miseria.

to **destroy** [dis'trɔi] *vt* distruggere; annientare; rovinare; sterminare; infrangere: *Don't destroy that box; it may be useful,* Non distruggere quella scatola; potrà essere utile — *The forest was destroyed by fire,* La foresta fu distrutta dall'incendio — *All his hopes were destroyed,* Tutte le sue speranze furono infrante. □ *to destroy oneself,* uccidersi.

destroyer [dis'trɔiə*] *s.* **1** distruttore *(persona o causa di distruzione).* **2** cacciatorpediniere.

destructibility [dis,trʌkti'biliti] *s.* distruttibilità.

destructible [dis'trʌktəbl] *agg* distruttibile.

destruction [dis'trʌkʃən] *s.* distruzione; rovina *(anche* *fig.): Gambling was his destruction,* Il gioco fu la sua rovina.

destructive [dis'trʌktiv] *agg* distruttivo; rovinoso: *a destructive storm,* un temporale rovinoso — *destructive criticism,* una critica distruttiva, demolitrice. □ *avv* **destructively.**

destructiveness [dis'trʌktivnis] *s.* rovinosità; distruttività.

desuetude [di'sjuitju:d/'deswitju:d] *s.* dissuetudine; disuso: *to fall into desuetude,* cadere in disuso.

desultory ['desəltəri] *agg* saltuario; irregolare; non metodico: *desultory conversation,* il parlare del più e del meno.

to **detach** [di'tætʃ] *vt* **1** staccare; distaccare; disgiungere; separare: *to detach a coach from a train,* staccare un vagone da un treno. **2** distaccare; destinare: *A number of men were detached to guard the right flank,* Si destinarono alcuni uomini alla guardia del fianco destro.

detachable [di'tætʃəbl] *agg* staccabile; isolabile; smontabile. □ *avv* **detachably.**

detached [di'tætʃt] *p. pass e agg* **1** distaccato; imparziale; obiettivo; sereno; spassionato: *to take a detached view of an event,* avere una visione obiettiva di un fatto. **2** isolato: *a detached house,* una casa non unita ad altre, autonoma; una villa.

detachment [di'tætʃmənt] *s.* **1** distacco; separazione. **2** imparzialità; obiettività; distacco; serenità di giudizio. **3** *(mil.)* distaccamento: *to be on detachment,* essere distaccato (assegnato).

detail ['di:teil] *s.* **1** particolare *(ad es. di un quadro);* dettaglio; minuzia: *Please give me all the details,* Ti prego di fornirmi tutti i dettagli — *Don't omit a single detail,* Non omettere alcun particolare — *to go (to enter) into details,* entrare (scendere) nei particolari — *to explain sth in detail,* spiegare dettagliatamente qcsa. **2** *(mil.)* piccolo distaccamento. **3** *(USA)* compito.

to **detail** [di'teil/'di:teil] *vt* **1** particolareggiare; descrivere minuziosamente (punto per punto); raccontare per filo e per segno. **2** distaccare; assegnare: *Three soldiers were detailed to guard the bridge,* Tre soldati furono distaccati a guardia del ponte.

to **detain** [di'tein] *vt* **1** trattenere; far ritardare; far perdere tempo: *He told his wife that he had been detained in the office,* Disse alla moglie che era stato trattenuto in ufficio — *This question will not detain us long,* Questo problema non ci farà perdere molto tempo. **2** fermare; detenere; tenere agli arresti: *The police detained the man to make further inquiries,* La polizia tenne agli arresti l'uomo per ulteriori indagini — *to be detained until the Queen's pleasure be known, (GB, dir.)* essere detenuto *(in un manicomio criminale)* in attesa del beneplacito della regina.

detainee [,di:tei'ni:] *s.* persona in stato di arresto (o di fermo).

to **detect** [di'tekt] *vt* scoprire; trovare; riuscire a scorgere: *The dentist could detect no sign of decay in her teeth,* Il dentista non riuscì a scoprire alcun segno di carie nei suoi denti.

detectable [di'tektəbl] *agg* scopribile; individuabile; distinguibile.

detection [di'tekʃən] *s.* **1** scoperta. **2** investigazione *(di crimini, ecc.).*

detective [di'tektiv] *s.* 'detective'; investigatore: *private detective,* investigatore privato — *detective story (novel),* racconto (romanzo) poliziesco; 'giallo'.

detector [di'tektə*] *s.* scopritore; rivelatore.

detent ['ditent] *s. (mecc.)* dente di arresto.

détente [dei'tɑ̃nt] *s. (dal fr.: politica)* distensione.

detention [di'tenʃən] *s.* **1** detenzione: *detention barracks, (mil.)* prigione militare. **2** l'essere trattenuto a scuola *(per punizione).*

to **deter** [di'tə:*] *vt* (**-rr-**) scoraggiare; impedire; distogliere; trattenere: *Failure did not deter him from trying again,* L'insuccesso non lo distolse da un nuovo tentativo.

detergent [di'tə:dʒənt] *agg e s.* detergente; detersivo.

to **deteriorate** [di'tiəriəreit] *vt e i.* deteriorare, deteriorarsi.

deterioration [di,tiəriə'reiʃən] *s.* deterioramento.

determinable [di'tə:minəbl] *agg* determinabile. □ *avv* **determinably.**

determinant [di'tə:minənt] *agg* determinante. □ *s.* fattore determinante.

determinate [di'tə:minit] *agg* determinato; definito; definitivo.

determination [di,tə:mi'neiʃən] *s.* **1** determinazione; definizione; valutazione; rilevamento: *The determination of what supplies we should need took a long time,* Ci volle molto tempo a stabilire quali provviste ci sarebbero state necessarie — *The determination of the meaning of a word is often difficult without a context,* È spesso difficile stabilire il significato esatto di una parola fuori del suo contesto. **2** risolutezza; decisione; determinazione: *His determination to learn English is praiseworthy,* La sua determinazione di imparare l'inglese è lodevole — *to carry out a plan with determination,* realizzare un progetto con risolutezza — *with an air of determination,* con aria di decisione; con aria risoluta. **3** deliberazione; decisione.

determinative [di'tə:minətiv] *agg* determinativo. □ *s.* fattore determinante.

to **determine** [di'tə:min] *vt e i.* **1** determinare; causare; essere determinante; fissare; decidere; stabilire: *Do heredity and environment really determine a man's character?,* I caratteri ereditari e l'ambiente determinano davvero il carattere di un uomo? — *to determine a date for a meeting,* fissare la data per una riunione. **2** *(spesso seguito da* on *o* upon*)* decidere, decidersi; determinare; essere determinato: *His future has not yet been determined, but he may study medicine,* Il suo futuro non è stato ancora deciso, ma può darsi che si iscriva alla facoltà di medicina — *He determined to learn Greek,* Decise di imparare il greco — *We determined on an early start,* Decidemmo di partire presto. **3** far decidere; indurre; determinare: *What determined you to accept the offer?,* Che cosa L'ha indotto ad accettare l'offerta? **4** scoprire; conoscere; individuare; valutare; stabilire esattamente: *to determine the meaning of a word,* stabilire con esattezza il significato di una parola.

determined [di'tə:mind] *agg* **1** fissato; stabilito. **2** deciso; fermo: *a determined mind,* un animo risoluto. □ *avv* **determinedly.**

deterrence [di'terəns] *s.* prevenzione; freno; impedimento; remora.

deterrent [di'terənt] *agg e s.* deterrente: *a nuclear deterrent,* un deterrente nucleare.

to **detest** [di'test] *vt* detestare; abominare.

detestable [di'testəbl] *agg* detestabile. □ *avv* **detestably.**

detestation [,di:tes'teiʃən] *s.* odio irriducibile; aborrimento.

to **dethrone** [di'θroun] *vt* detronizzare; deporre.

dethronement [di'θrounmənt] *s.* detronizzazione; deposizione.

to **detonate** ['detəneit] *vt e i.* detonare; fare detonare; fare esplodere.
detonation [,detə'neiʃən] *s.* detonazione; esplosione.
detonator ['detouneitə*] *s.* **1** detonatore *(di bomba).* **2** petardo; detonatore.
detour ['deituə*/'di:tuə*] *s.* deviazione *(di strada);* lungo giro.
to **detract** [di'trækt] *vt e i. (seguito da* from*)* detrarre; sottrarre; togliere; diminuire; screditare: *to detract from sb's merit,* diminuire il merito di qcno.
detraction [di'trækʃən] *s.* **1** detrazione; sottrazione. **2** insinuazione; allusione malevola; calunnia.
detractor [di'træktə*] *s.* detrattore; calunniatore; diffamatore; denigratore.
to **detrain** ['di:'trein] *vt* far scendere *(spec. soldati, ecc.)* dal treno.
☐ *vi* scendere (dal treno).
detribalization [di:,traibəlai'zeiʃən] *s.* **1** espulsione di un individuo dalla sua tribù. **2** annientamento dei costumi tribali.
detriment ['detrimənt] *s.* detrimento; danno; pregiudizio: *to the detriment of his health,* a detrimento della sua salute — *I know nothing to his detriment,* Non conosco nulla a suo danno.
detrimental [,detri'mentl] *agg* dannoso; pregiudizievole: *Such activities would be detrimental to our interests,* Tali (Simili) attività risulterebbero pregiudizievoli per i nostri interessi. ☐ *avv* **detrimentally.**
detritus [di'traitəs] *s.* detrito.
de trop [də 'trou] *agg predicativo (fr.)* di troppo; non desiderato; sgradito.
[1]**deuce** [dju:s] *s.* **1** due *(di carta, di dadi).* **2** *(al tennis)* '40 pari'.
[2]**deuce** [dju:s] *s. (fam., generalm. nelle interiezioni)* diamine; diavolo; maledizione: *Who (Where, What) the deuce...?,* Chi (Dove, Che) diamine...? — *There will be the deuce to pay,* Ci saranno un sacco di grane. ☐ *to play the deuce with sth,* mandare a catafascio (al diavolo) qcsa — *The weather played the deuce with our plans,* Il tempo mandò a catafascio i nostri programmi.
deuced ['dju:sid] *agg (fam.)* tremendo; maledetto; dannato; indiavolato: *to be in a deuced hurry,* avere una fretta indiavolata. ☐ *avv* **deucedly,** molto; maledettamente.
devaluation [,di:vælju'eiʃən] *s.* svalutazione.
to **devalue** ['di:'vælju:] *vt* svalutare.
to **devastate** ['devəsteit] *vt* devastare.
devastating ['devəsteitiŋ] *agg* sconvolgente. ☐ *avv* **devastatingly.**
devastation ['devəs,teiʃən] *s.* devastazione.
to **develop** [di'veləp] *vt* sviluppare *(anche fotografie);* ampliare; svolgere; allargare; *(di nazioni, regioni, anche)* rilanciare; valorizzare; industrializzare: *to develop one's muscles,* sviluppare i muscoli — *developed areas,* regioni industrializzate — *developing (under-developed) countries,* paesi in via di sviluppo (sottosviluppati).
☐ *vi* **1** svilupparsi; ampliarsi; crescere: *Plants develop from seeds,* Le piante si sviluppano dai semi — *to develop into sth,* (crescere fino a) diventare qcsa — *London developed into one of the greatest ports in the world,* Londra arrivò ad essere uno dei porti più grandi del mondo. **2** *(di sintomi, ecc.)* comparire; manifestarsi; insorgere.
developer [di'veləpə*] *s.* **1** sviluppatore *(spec. fotografia).* **2** persona (funzionario) addetto ai problemi dello sviluppo *(di una città, area, ecc.).* **3** *(nelle espressioni) early (late) developer,* ragazzo o ragazza dallo sviluppo precoce (tardivo nello sviluppo).
development [di'veləpmənt] *s.* **1** sviluppo; ampliamento; progresso; crescita; accrescimento; evoluzione: *the development of a business,* lo sviluppo di un'azienda — *the development section, (nel primo tempo di un brano musicale)* lo 'sviluppo'. **2** rilancio; valorizzazione; industrializzazione: *This land is ripe for development,* Questo terreno è pronto per la valorizzazione — *development area,* area di sviluppo; area designata per lo sviluppo. **3** sviluppo; avvenimento: *the latest developments in foreign affairs,* i più recenti sviluppi della politica estera — *to await further developments,* attendere ulteriori sviluppi.
deviant ['di:vjənt] *s.* (persona) anormale; deviato.
to **deviate** ['di:vieit] *vi* deviare; allontanarsi; discostarsi; tralignare: *to deviate from the truth,* allontanarsi (discostarsi) dal vero.
deviation [,di:vi'eiʃən] *s.* deviazione; discostamento; allontanamento; deroga: *deviation from the rules,* deviazione dalle regole — *slight deviations of the magnetic needle,* leggere deviazioni (piccoli spostamenti) dell'ago magnetico — *deviations from the rules of syntax,* deroghe alle regole di sintassi.
deviationism [,di:vi'eiʃənizəm] *s.* deviazionismo.
deviationist [,di:vi'eiʃənist] *s.* deviazionista *(detto soprattutto di chi si discosta dai princìpi dell'ortodossia marxista-leninista).*
device [di'vais] *s.* **1** progetto; piano; disegno. **2** stratagemma; espediente; trucco: *a device to put the police off the scent,* un trucco (un espediente) per mettere fuori pista la polizia. **3** dispositivo; congegno; ordigno; aggeggio: *a self-locking device, (mecc.)* un dispositivo di auto-bloccaggio — *a nuclear device,* un ordigno nucleare. **4** ornamento; motivo ornamentale; disegno. **5** *(araldica)* emblema; insegna; impresa. ☐ *to leave sb to his own devices,* lasciare fare qcno di testa sua; lasciar cuocere qcno nel proprio brodo.
devil ['devl] *s.* **1** diavolo; demonio *(anche fig.): the Devil,* il Demonio; il Diavolo (lo Spirito del Male) — *the devil's advocate,* l'avvocato del diavolo *(nel diritto canonico e fig.)* — *to raise the devil,* - **a)** evocare il demonio - **b)** fare il diavolo a quattro; fare un pandemonio — *Go to the devil!,* Vai al diavolo!; Vai all'inferno! — *a poor devil,* un povero diavolo; un povero disgraziato. **2** *(chi è sfruttato, angariato, costretto a sgobbare per altri: spec. di autori, ecc.)* 'negro' (⇨ **to devil 2**): *printer's devil,* ragazzo di tipografia. **3** *(nelle interiezioni, ecc.)* diamine; diavolo; maledizione: *What (Who, Where, Why) the devil...?,* Che (Chi, Dove, Perché) diavolo...?
☐ *devil-may-care,* sfrenato; irruento; imprudente — *the devil and all,* il diavolo e il suo seguito; il peggio che ci sia — *devil dodger, (scherz.)* prete; predicatore — *the devil's picture gallery (the devil's books),* le carte da gioco — *the devil's bones,* i dadi — *'He swears he wrote the book himself!' - 'The devil he did!',* 'Giura che ha scritto il libro lui stesso!' - 'Figurati un po'!' — *devil-fish,* manta; razza — *If you're late again, there'll be the devil to pay,* Se arriverai in ritardo ancora una volta, dovrai pagarla cara — *to be between the devil and the deep blue sea,* essere tra Scilla e Cariddi — *to give the devil his due* ⇨ **due III 1** — *to play the devil with sth,* rovinare; mandare a monte; sconvolgere — *to go to the devil,* rovinarsi; andare in malora — *We had the devil of a time,* Ci siamo divertiti da pazzi — *He was working (running) like the devil,* Stava lavorando (correndo) come un dannato — *to beat the devil's tattoo,* tamburellare

con le dita — *the devil and one,* nessuno; neanche un cane — *Talk of the devil!,* Lupus in fabula! — *The devil is not so black as he is painted, (prov.)* Il diavolo non è poi così brutto come lo si dipinge.

to **devil** ['devl] *vt e i.* (**-ll-**; *USA* **-l-**) **1** cuocere 'alla diavola' *(alla griglia, con abbondante uso di spezie): devilled kidneys,* rognoni alla diavola. **2** *(gergo degli avvocati)* sgobbare *(detto di giovane che lavora in uno studio legale).*

devilish ['devliʃ] *agg* diabolico; infernale: *a devilish plot,* un complotto diabolico. □ *avv* **devilishly.**

devilment ['devlmənt] *s.* diavoleria: *She's up to some devilment,* Sta facendo qualche diavoleria — *to be full of devilment,* avere il diavolo in corpo.

devilry ['devlri] *s.* = **devilment.**

devious ['di:vjəs] *agg* indiretto; traverso; tortuoso: *to take a devious route to avoid busy streets,* prendere una via secondaria per evitare strade affollate — *to get rich by devious means,* diventare ricco per vie traverse. □ *avv* **deviously.**

deviousness ['di:vjəsnis] *s.* tortuosità *(anche fig.).*

devise [di'vaiz] *s. (dir.)* legato; disposizione testamentaria *(riguardante beni immobili).*

to **devise** [di'vaiz] *vt* **1** escogitare; ideare: *to devise a money-making scheme,* escogitare un modo per far denaro. **2** *(dir.)* legare *(beni immobili).*

devitalization [di:,vaitəlai'zeiʃən] *s.* devitalizzazione.

to **devitalize** [di:'vaitəlaiz] *vt* devitalizzare; indebolire.

devoid [di'vɔid] *agg (sempre seguito da* of*)* privo di; senza: *to be devoid of shame,* essere senza vergogna, svergognato.

devolution [,di:və'lu:ʃən] *s.* **1** devoluzione; delegazione *(di potere, autorità).* **2** decentramento *(spec. nel senso di 'trasferimento di potere alle Regioni').*

to **devolve** [di'vɔlv] *vt* devolvere; trasmettere; passare; trasferire; demandare: *When the President is ill, his duties devolve upon the Vice-President,* Quando il presidente è indisposto i suoi compiti vengono demandati al vice presidente.
□ *vi* devolversi; passarsi.

to **devote** [di'vout] *vt* dedicare (a); consacrare (a); votare (a); occuparsi esclusivamente (di): *to devote all one's spare time to sport,* dedicare tutto il tempo libero allo sport — *He devoted his life to missionary work in Africa,* Dedicò la sua vita all'attività missionaria in Africa — *a magazine devoted to science,* una rivista che si occupa esclusivamente di scienza — *She is devoted to her children,* È tutta dedita ai suoi figli.

devoted [di'voutid] *agg* devoto; fedele: *the queen's devoted subjects,* i sudditi devoti della regina. □ *avv* **devotedly.**

devotee [,devou'ti:] *s.* **1** appassionato: *a devotee of sport,* un appassionato di sport. **2** devoto; fedele sostenitore; fanatico: *a devotee of a sect,* un seguace di una setta religiosa.

devotion [di'vouʃən] *s.* devozione; dedizione; attaccamento; fedeltà: *the devotion of a mother for her children,* l'attaccamento di una madre ai propri figli — *devotion to duty,* attaccamento al dovere.

devotional [di'vouʃənəl] *agg* **1** pio; devoto. **2** devozionale: *devotional literature,* letteratura devozionale.

to **devour** [di'vauə*] *vt* **1** divorare *(anche fig., p.es. con gli occhi).* **2** dilapidare; rovinare; distruggere: *to devour a fortune,* dilapidare una fortuna — *to be devoured by sth,* struggersi per, essere divorato da qcsa *(curiosità, ansia, ecc.)* — *a devouring passion,* una passione divoratrice.

devout [di'vaut] *agg* **1** devoto; pio. **2** sincero; fedele: *a devout supporter,* un fervente sostenitore. □ *avv* **devoutly.**

devoutness [di'vautnis] *s.* devozione.

dew [dju:] *s.* rugiada *(anche fig.): The grass was wet with dew,* L'erba era bagnata di rugiada — *dew-point,* punto di condensazione. □ *dew-claw,* sperone *(sulla zampa di certe razze canine)* — *dew-drop,* - **a)** goccia di rugiada - **b)** goccia al naso — *the dew of youth,* il fiore della giovinezza — *mountain-dew,* whisky di distillazione clandestina.

dewlap ['dju:læp] *s.* giogaia *(di bue, cane bulldog, ecc.).*

dewpond ['dju:pɔnd] *s.* stagno non molto profondo.

dewy ['dju:i] *agg* rugiadoso; imperlato di rugiada: *dewy-eyed,* con occhi rugiadosi.

dexterity [deks'teriti] *s.* destrezza.

dexterous, dextrous ['dekstərəs] *agg* destro; abile. □ *avv* **dexterously** *o* **dextrously.**

dextrose ['dekstrous] *s.* destrosio.

dhobi ['doubi] *s. (in India)* lavandaio.

dhoti ['douti] *s. (in India)* perizoma.

dhow, dow [dau] *s. (naut.)* sambuco.

diabetes [,daiə'bi:ti:z] *s.* diabete.

diabetic [,daiə'betik] *agg e s.* diabetico.

diabolic, diabolical [,daiə'bɔlik(l)] *agg* diabolico. □ *avv* **diabolically.**

diacritical [,daiə'kritikl] *agg* diacritico.

diadem ['daiədem] *s.* diadema.

diaeresis [dai'iərisis] *s.* (*pl.* **diaereses**) dieresi.

to **diagnose** ['daiəgnouz] *vt* diagnosticare.

diagnosis [,daiəg'nousis] *s.* (*pl.* **diagnoses**) diagnosi.

diagnostic [,daiəg'nɔstik] *agg* diagnostico.

diagonal [dai'ægənl] *agg e s.* diagonale; trasversale. □ *avv* **diagonally.**

diagram ['daiəgræm] *s.* diagramma; grafico; schema; planimetria: *wiring diagram,* schema elettrico.

diagrammatic [,daiəgrə'mætik] *agg* diagrammatico. □ *avv* **diagrammatically.**

dial ['daiəl] *s.* **1** *(di orologio)* quadrante; mostra; *(di apparecchio di misurazione)* quadrante; scala graduata; *(di apparecchio radio)* scala parlante; *(di telefono)* disco combinatore: *sun-dial,* meridiana; orologio solare. **2** *(sl.)* faccia; 'muso'.

to **dial** ['daiəl] *vt* (**-ll-**; *USA* **-l-**) **1** telefonare; formare (comporre) il numero telefonico; chiamare al telefono: *to dial the police-station,* telefonare al posto di polizia — *dialling tone,* segnale acustico di 'linea libera' — *dialling code,* prefisso (indicativo) telefonico — *subscriber trunk dialling, (GB, abbr.* STD*); direct dialling,* teleselezione. **2** *(radio)* sintonizzarsi; cercare una stazione; prendere una stazione.

dialect ['daiəlekt] *s.* dialetto; vernacolo; *(talvolta)* lingua *(intesa come membro indipendente di una famiglia linguistica): the Yorkshire dialect,* il dialetto dello Yorkshire — *dialect words,* parole dialettali.

dialectal [,daiə'lektl] *agg* dialettale.

dialectic [,daiə'lektik] *s. (anche al pl., ma con il v. al sing.)* dialettica.

dialectical [,daiə'lektikəl] *agg* **1** dialettico: *dialectical materialism,* materialismo dialettico. **2** dialettale.

dialectician [,daiəlek'tiʃən] *s.* dialettico; persona esperta in dialettica.

dialling ['daiəliŋ] *s. e agg attrib* ⇨ **to dial 1.**

dialogue ['daiəlɔg] (*USA anche* **dialog**) *s.* dialogo: *There is some good descriptive writing in the novel, but the dialogue is poor,* Nel romanzo ci sono alcuni passi descrittivi buoni, ma il dialogo è scadente.

dialysis [dai'ælisis] *s.* (*pl.* **dialyses**) dialisi.

diameter [dai'æmitə*] *s.* diametro: *a lens that*

magnifies twenty diameters, una lente che ingrandisce venti volte.

diametrically [,daiə'metrikəli] *avv* diametralmente: *diametrically opposed views,* punti di vista diametralmente opposti.

diamond ['daiəmənd] *s.* **1** diamante; brillante: *a diamond necklace,* una collana di diamanti — *a diamond ring,* un anello di diamanti — *diamond wedding,* nozze di diamante — *black diamond,* - **a)** diamante nero - **b)** *(fam.)* carbone — *cutting diamond,* diamante da vetraio — *a rough diamond,* - **a)** un diamante grezzo - **b)** *(fig.)* un burbero dal cuore d'oro — *diamond field,* campo, giacimento diamantifero. **2** rombo; losanga: *diamond-panes,* vetrata a losanghe. **3** punta di diamante: *diamond-point,* arnese con punta di diamante. **4** *(nelle carte da gioco)* quadri: *the ten of diamonds,* il dieci di quadri. **5** *(nel baseball)* tracciato interno del campo che ha agli angoli le quattro basi; 'diamante'. **6** *(in tipografia)* corpo quattro e mezzo. □ *diamond-snake,* pitone; serpente diamantino — *Diamond cut diamond,* Astuzia per astuzia — *He tried to get the better of me but diamond cut diamond,* Cercò di farmela, ma trovò pane per i suoi denti.

diapason [,daiə'peisn] *s.* *(mus.)* diapason.

diaper ['daiəpə*] *s.* **1** diaspro; tela damascata. **2** *(USA)* tovagliolino; pannolino (per bambini).

diaphanous [dai'æfənəs] *agg* diafano; trasparente. □ *avv* **diaphanously.**

diaphragm ['daiəfræm] *s.* **1** diaframma. **2** *(mecc., radio)* membrana.

diarchy ['daiɑ:ki] *s.* diarchia.

diarist ['daiərist] *s.* diarista.

diarrhoea [,daiə'riə] *s.* diarrea: *verbal diarrhoea, (scherz.)* 'logorrea'.

diary ['daiəri] *s.* **1** diario. **2** agenda.

Diaspora [dai'æspərə] *s.* diaspora.

diatribe ['daiətraib] *s.* diatriba.

dibble ['dibl] *s.* piolo; chiavicchio; piantatoio.

to **dibble** ['dibl] *vt* piantare con piantatoio.

dice [dais] *s. pl* (*sing.* **die**) dadi: *to play dice,* giocare a dadi — *dice-box,* bussolotto; scatola dei dadi.

to **dice** [dais] *vi e t.* **1** giocare a dadi: *to dice with death, (fig.)* sfidare la morte. **2** tagliare a dadi: *diced cheese,* formaggio tagliato a dadi.

dicey ['daisi] *agg (sl.)* rischioso; di esito incerto.

dichotomy [di'kɔtəmi] *s.* dicotomia.

dick [dik] *s.* *(USA)* investigatore; 'detective'.

dickens ['dikinz] *s.* *(fam.)* diavolo; diamine: *Who (What, Where) the dickens...?,* Chi (Cosa, Dove) diavolo...?

to **dicker** ['dikə*] *vi* barattare; trafficare; mercanteggiare.

[1]**dicky, dickey** ['diki] *agg (sl.)* malsicuro; barcollante.

[2]**dicky, dickey** ['diki] *s.* *(fam. e sl.)* **1** *(GB, anche* dicky seat*)* sedile posteriore ribaltabile nelle automobili degli anni venti; strapuntino. **2** falso sparato di camicia. **3** grembiule. **4** *(anche* dicky bird*)* uccellino *(linguaggio infantile).* **5** *(USA, volg.)* uccello; cazzo: *dicky-waver, (sl.)* esibizionista (psicopatico). □ *dicky-bow, (fam.)* farfallino *(tipo di cravatta).*

dictaphone ['diktəfoun] *s.* dittafono.

dictate ['dikteit] *s.* *(generalm. al pl.)* dettame; norma; precetto: *the dictates of common sense,* i dettami del buon senso — *to follow the dictates of one's conscience,* seguire i dettami della propria coscienza.

to **dictate** [dik'teit] *vt e i.* **1** dettare: *to dictate a letter to one's secretary,* dettare una lettera alla segretaria. **2** dettare; imporre *(condizioni);* impartire *(istruzioni o ordini): to dictate terms to a defeated enemy,* imporre (dettare) condizioni a un nemico sconfitto — *I won't be dictated to by anyone,* Non intendo essere comandato da nessuno.

dictation [dik'teiʃən] *s.* **1** dettatura. **2** dettato. **3** *(raro)* ordine; comando; istruzione: *She left her husband because she was tired of his constant dictation,* Lasciò il marito perché era stanca dei suoi continui comandi.

dictator [dik'teitə*] *s.* **1** dittatore. **2** *(raro)* chi detta; chi impartisce ordini.

dictatorial [,diktə'tɔ:riəl] *agg* dittatoriale; dittatorio: *dictatorial government,* governo dittatoriale — *a dictatorial manner,* modi dittatoriali (autoritari). □ *avv* **dictatorially.**

dictatorship [dik'teitəʃip] *s.* dittatura.

diction ['dikʃən] *s.* **1** dizione; pronunzia. **2** stile: *poetic diction,* linguaggio poetico.

dictionary ['dikʃənri] *s.* dizionario.

dictum ['diktəm] *s.* (*lat.: pl.* **dictums, dicta**) **1** affermazione; *(dir.)* osservazione. **2** detto; proverbio.

did [did] *pass di* **to do.**

didactic [di'dæktik] *agg* didattico. □ *avv* **didactically.**

to **diddle** ['didl] *vt (fam.)* imbrogliare; gabbare: *to diddle sb out of sth,* 'soffiare' qcsa a qcno; 'fregare' qcsa a qcno.

die [dai] *s.* **1** (*pl.* **dice** ⇨) dado: *(il sing. si usa raramente tranne che nell'espressione) The die is cast,* 'Il dado è tratto'. **2** (*mecc.: pl.* **dies**) conio; matrice; stampo; filiera; trafilatrice: *die-stamped,* stampato a freddo — *die-casting,* pressofusione. **3** (*archit.: pl.* **dies**) plinto; zoccolo; dado. □ *as straight as a die,* onesto; leale.

to **die** [dai] *vi* (*p. pres.* **dying;** *pass. e p. pass.* **died**) **1** morire; perire *(anche fig.): Flowers soon die if they are left without water,* I fiori appassiscono presto se vengono lasciati senz'acqua — *His fame will never die,* La sua fama non morirà (perirà) mai — *His secret died with him,* Il suo segreto morì (perì) con lui — *to die of an illness (a disease, hunger, a broken heart),* morire di una malattia (di un morbo, di fame, di crepacuore) — *to die by violence,* morire di morte violenta — *to die by one's own hand,* morire di propria mano — *to die from a wound,* morire in seguito a una ferita — *to die for one's country,* morire per il proprio paese — *to die through neglect,* morire di solitudine *(per essere stati dimenticati)* — *to die in battle,* morire in battaglia — *to die happy (poor),* morire felice (morire povero) — *to die a glorious death,* fare una morte gloriosa — *to die a dog's death,* morire come un cane — *to die a beggar (a martyr),* morire da straccione (da martire) — *to die game,* morire da prode (da valoroso) — *to die hard,* essere duro a morire — *to die in one's bed,* morire nel proprio letto *(di malattia o di vecchiaia)* — *to die with one's boots on, (fam.)* morire in piedi; morire nel pieno delle energie — *to die in harness,* morire sulla breccia; morire ancora nel pieno delle proprie attività — *to die in the last ditch,* morire sugli spalti — *to die at the stake,* morire sul rogo — *to die on the scaffold (on the gallows),* morire sul patibolo (sulla forca).

2 *(usato sempre con la forma progressiva)* desiderare ardentemente (qcsa); morire dal desiderio, dalla voglia di fare (qcsa): *We're all dying for a drink (dying to have a drink)* Moriamo tutti dalla voglia di bere qualcosa — *Mary's dying to know where you've been,* Mary muore dalla voglia di sapere dove sei stato.

to die away, affievolirsi; spegnersi; attenuarsi; smorzarsi; indebolirsi; svanire: *The breeze died away,* La brezza si affievolì — *The noise died away,* Il rumore si spense (si smorzò).

to die back, avvizzire; seccare; seccarsi alle radici: *The dahlias died back when the frost came,* Le dalie avvizzirono quando arrivò il gelo.

to die down, *(di fuoco, rumore, scandalo, ecc.)* languire; affievolirsi; spegnersi.

to die off, *(spec. di piante)* morire uno dopo l'altro.

to die out, estinguersi; scomparire: *With the death of the fifth earl, the family died out,* Con la morte del quinto conte, la famiglia si estinse — *Many old customs are gradually dying out,* Molte vecchie usanze vanno scomparendo gradualmente.

die-hard ['daihɑ:d] *s. (spesso attrib.)* **1** (individuo) ostinato; cocciuto; duro a morire; protervo. **2** intransigente; 'duro'; reazionario; conservatore ostinato.

diesel ['di:zəl] *s.* (motore) Diesel; locomotiva Diesel: *diesel engine,* motore Diesel — *two powerful diesels,* due potenti motori (o locomotiva) Diesel — *diesel oil,* nafta *(per motori Diesel)* — *diesel-electric locomotive,* locomotiva elettrica Diesel.

[1]**diet** ['daiət] *s.* dieta; assemblea.

[2]**diet** ['daiət] *s.* dieta *(sistema di alimentazione);* cibo; vitto: *Too rich a diet is not good for you,* Una dieta troppo ricca non fa bene — *The doctor put her on a diet,* Il dottore la mise a dieta — *to be on a diet,* essere a dieta — *to go on a diet,* mettersi a dieta.

to **diet** ['daiət] *vi* essere (stare, mettersi) a dieta; fare una dieta; seguire una dieta: *She became so fat that she had to diet,* Diventò tanto grassa da doversi mettere a dieta — *Is he still dieting?,* Sta ancora seguendo una dieta?

dietary ['daiətəri] *agg* dietetico.
□ *s.* **1** regime alimentare. **2** vitto quotidiano *(di una comunità, ospedale, ecc.).*

dietetics [,daiə'tetiks] *s. pl (col v. al sing.)* dietetica.

dietitian, dietician [,daiə'tiʃən] *s.* dietista; specialista in dietetica.

to **differ** ['difə*] *vi* **1** differire; essere diverso; essere dissimile: *The two brothers differ widely in their tastes,* I due fratelli sono di gusti completamenti diversi — *Tastes differ,* I gusti differiscono. **2** *(seguito da* from*)* distinguersi; differenziarsi: *Italian differs from English in having gender for all nouns,* L'italiano si distingue (si differenzia) dall'inglese per il fatto che tutti i nomi hanno un genere. **3** dissentire; discordare; non essere dello stesso avviso o opinione: *I'm sorry to differ from (o with) you about (o on, upon) that question,* Mi dispiace di discordare con te su questo punto — *I beg to differ, (molto formale)* Mi permetto di dissentire — *to agree to differ,* riconoscere l'impossibilità di intendersi, di mettersi d'accordo (e quindi rimanere ciascuno del proprio avviso).

difference ['difrəns] *s.* **1** differenza; diversità: *I can't see much difference in them,* Non riesco a vedere che differenza ci sia tra di loro — *What a great difference there is in the temperature today!,* Che temperatura diversa c'è oggi! — *a sauce with a difference,* una salsa insolita, nuova — *to make some difference,* fare qualche differenza — *to make no difference,* non fare nessuna differenza — *It won't make much difference whether you go today or tomorrow,* Non fa molta differenza che tu vada oggi o domani — *to make a difference between two things,* fare delle differenze tra (trattare in modo diverso) due cose. **2** differenza matematica; resto: *The difference between 7 and 18 is 11,* La differenza (matematica) tra 18 e 7 è 11 — *difference in height,* dislivello. **3** divergenza; controversia; disaccordo; discordanza; contrasto: *Why can't you settle your differences?,* Perché non potete appianare le vostre divergenze? □ *What's the difference?,* Che cosa cambia?; Che importa?; E con ciò? — *to split the difference,* fare a mezzo; *(fig.)* giungere ad un compromesso.

different ['difrənt] *agg* **1** diverso; differente: *They must be different people with the same name,* Deve trattarsi di persone diverse ma omonime — *The two boys are different in their tastes,* I due ragazzi sono diversi nei gusti — *Your method is different from (o to) mine,* Il tuo metodo è diverso dal mio. **2** separato; distinto; vario; diverso: *This model is available in different colours,* Questo modello è disponibile in varie tinte — *I called on three different occasions, but he was never in,* Sono passato per ben tre volte, ma non era mai a casa. □ *avv* **differently.**

differential [,difə'renʃəl] *agg* differenziale.
□ *s.* **1** *(anche* differential gear*)* differenziale. **2** *(anche* wage differential*)* differenza di salario *(spec. fra operai comuni e operai specializzati in una stessa azienda).* □ *avv* **differentially.**

to **differentiate** [,difə'renʃieit] *vt* **1** distinguere; contraddistinguere; differenziare; rendere differente: *to differentiate varieties of plants,* distinguere tra diverse varietà di piante — *to differentiate one variety from another,* distinguere una varietà da un'altra — *What differentiates the hare from the rabbit?,* Che cosa differenzia la lepre dal coniglio? **2** *(seguito da* between*)* fare discriminazioni; fare differenze; trattare diversamente.
□ *vi* divenire diverso; cambiare; diversificarsi.

differentiation [,difərenʃi'eiʃən] *s.* differenziazione.

difficult ['difikəlt] *agg* difficile; difficoltoso; arduo: *a difficult problem,* un problema difficile — *He finds it difficult to stop smoking,* Trova difficile smettere di fumare — *The place is difficult to reach (difficult of access),* Il posto è di difficile accesso — *He was placed in difficult circumstances,* Fu messo in una situazione difficile — *Please don't be so difficult,* Non fare tanto il difficile, per favore.

difficulty ['difikəlti] *s.* difficoltà; ostacolo; stento: *Do you have (any) difficulty in understanding spoken English?,* Trovate difficoltà a capire l'inglese parlato? — *He did the work without difficulty (without any difficulty, without much difficulty),* Fece il lavoro senza difficoltà (senza difficoltà alcuna, senza molta difficoltà) — *He managed it, but with difficulty,* Ce la fece, ma a stento — *to be in difficulty (in difficulties),* trovarsi in difficoltà — *to be working under difficulties,* lavorare in difficoltà, in circostanze difficili — *to be in financial difficulties,* essere (trovarsi) in difficoltà finanziarie — *to raise (to make) difficulties,* fare difficoltà (sollevare obiezioni).

diffidence ['difidəns] *s.* sfiducia; timidezza; diffidenza.

diffident ['difidənt] *agg* che manca di fiducia in sé stesso; timido; esitante; *(talvolta)* diffidente: *to be diffident about doing sth,* esitare a fare qcsa — *to speak in a diffident manner,* parlare in modo esitante.
□ *avv* **diffidently.**

to **diffract** [di'frækt] *vt* diffrangere.

diffraction [di'frækʃən] *s.* diffrazione.

diffuse [di'fju:s] *agg* **1** diffuso; verboso; abbondante; prolisso: *a diffuse writer,* uno scrittore verboso (prolisso). **2** diffuso: *diffuse light,* luce diffusa. □ *avv* **diffusely.**

to **diffuse** [di'fju:z] *vt* diffondere; propagare; emanare:

to diffuse learning, diffondere la cultura — *diffused lighting,* illuminazione diffusa.
□ *vi (di liquidi e gas)* mescolarsi; fondersi lentamente; compenetrarsi; spargersi.

diffuseness [di'fju:snis] *s.* **1** verbosità; prolissità. **2** diffusione; propagazione.

diffusion [di'fju:ʒən] *s.* **1** diffusione; propagazione: *the diffusion of knowledge through books and lectures,* la diffusione (propagazione) della conoscenza per mezzo di libri e conferenze. **2** *(di liquidi e gas)* miscelazione lenta; compenetrazione.

dig [dig] *s.* **1** spinta; colpo: *to give sb a dig in the ribs,* dare una gomitata nelle costole a qcno. **2** scavo; zona di scavi archeologici. **3** *(GB, al pl., fam.)* camera ammobiliata: *Are you living at home or in digs?,* Abiti in casa o in una camera ammobiliata? **4** *(fam.)* frecciata: *That was a dig at me,* Quella era una frecciata diretta a me.

to **dig** [dig] *vt e i.* (*p. pres.* **digging**; *pass. e p. pass.* **dug**) **1** zappare; vangare; lavorare (la terra): *to dig sth in,* interrare qcsa con la vanga — *The manure should be well dug in,* Il concime deve essere interrato bene.
2 scavare; aprirsi una strada scavando: *They are digging through the hill to make a tunnel (digging a tunnel through the hill),* Stanno scavando la collina per fare un traforo — *to dig sth out,* tirar fuori qcsa scavando; estrarre (scavando) qcsa — *to dig out a fox,* stanare una volpe — *He was buried by the avalanche and had to be dug out,* Fu sepolto dalla valanga e dovettero scavare per tirarlo fuori — *to dig sth up,* - **a)** dissodare *(il terreno);* vangare: *to dig up land for a new garden,* dissodare il terreno per un nuovo giardino - **b)** rimuovere dal terreno scavando; sradicare: *We dug the tree up by the roots,* Sradicammo l'albero - **c)** *(anche fig.)* portare, far venire alla luce (scavando): *An old Greek statue was dug up here last month,* Un'antica statua greca è stata rinvenuta qui il mese scorso durante uno scavo — *to dig up a scandal,* scoprire uno scandalo — *to dig oneself in,* - **a)** trincerarsi - **b)** *(fig.)* sistemarsi in modo sicuro: *to dig one's toes in, (fam., fig.)* mantenersi fermo; restare saldo nelle proprie posizioni — *to dig a pit for sb,* scavare una trappola per qcno; tendere un trabocchetto a qcno.
3 spingere; cacciare; conficcare; dare un colpo: *The rider dug his spurs in,* Il cavaliere diede di sprone al cavallo — *He dug his fork into the meat,* Conficcò la forchetta nella carne — *He dug me in the ribs,* Mi diede una gomitata nelle costole.
4 ricavare; scovare; andare a fondo *(per tirare fuori);* scoprire; estrarre: *to dig facts from books,* ricavare fatti da libri — *to dig for information,* scovare notizie — *to dig out the truth from a mass of reports,* tirare fuori la verità da un cumulo di notizie.
5 *to dig in (into) sth, (fam.)* divorare qcsa *(anche fig.);* darsi completamente (con passione) a qcsa: *to dig into a pie,* gettarsi con foga su una torta (mangiarne abbondantemente) — *to dig into a book,* leggere un libro con passione.
6 *(sl., spec. USA)* apprezzare; amare: *Do you dig modern jazz?,* Ti piace il jazz moderno? — *I don't dig him!,* Non mi piace quel tipo!
7 *(sl., spec. USA)* capire; afferrare: *I don't dig that!,* Non afferro!

digest ['daidʒest] *s.* compendio; sommario; riassunto.

to **digest** [dai'dʒest/di-] *vt e i.* **1** digerire; assimilare *(anche fig.);* venire digerito, assimilato; essere assimilato: *Some foods digest (are digested) more easily than others,* Alcuni cibi si digeriscono più facilmente di altri — *Have you digested everything that is important in the book?,* Hai assimilato tutto ciò che c'è di importante nel libro? **2** classificare; ordinare; riassumere: *to digest a mass of facts,* classificare (ordinare, riassumere) una massa di fatti.

digestibility [di,dʒestə'biliti] *s.* **1** digeribilità; assimilabilità; comprensibilità. **2** classificabilità.

digestible [di'dʒestəbl] *agg* **1** digeribile; assimilabile. **2** classificabile; ordinabile; riassumibile.

digestion [di'dʒestʃən] *s.* digestione: *to have a poor (*o *good) digestion,* avere una cattiva (buona) digestione.

digestive [di'dʒestiv] *agg* digestivo; digerente: *the digestive system,* l'apparato digerente.

digger ['digə*] *s. (di solito nei composti)* **1** sterratore; scavatore: *gold-digger,* cercatore d'oro. **2** scavatrice. **3** *(sl.)* australiano.

digging ['digiŋ] *s.* **1** scavo; sterro; zappatura. **2** *(spesso al pl.)* giacimento aurifero. **3** (*fam.: al pl.* = **digs**) camera ammobiliata.

digit ['didʒit] *s.* **1** cifra *(numero dallo 0 a 9): The number 57,506 contains five digits,* Il numero 57.506 è composto di cinque cifre. **2** dito; lunghezza di un dito.

digital ['didʒitl] *agg (computeristica)* digitale; numerico.

dignified ['dignifaid] *agg* dignitoso; nobile; dall'aspetto dignitoso; pieno di dignità.

to **dignify** ['dignifai] *vt* onorare; nobilitare; esaltare; conferire dignità; fregiare: *It's absurd to dignify that little school with the name of college,* È assurdo fregiare quella piccola scuola del nome di collegio.

dignitary ['dignitəri] *s.* dignitario.

dignity ['digniti] *s.* **1** dignità; contegno dignitoso: *the dignity of labour,* la dignità del lavoro — *If you are afraid of losing your dignity you can't expect to learn to speak a foreign language,* Se temi di perdere la tua dignità non puoi certo aspettarti di imparare a parlare una lingua straniera — *beneath one's dignity,* al di sotto della propria dignità; lesivo della propria dignità — *to stand on (*o *upon) one's dignity,* non venir meno alla propria dignità. **2** dignità; rango; ufficio; carica: *The Queen conferred the dignity of a life peerage on him,* La regina gli conferì la dignità di pari a vita. **3** (*raro* = **dignitary**) dignitario.

digraph ['daigrɑ:f] *s.* digramma.

to **digress** [dai'gres] *vi (seguito da* from*)* divagare; fare digressioni.

digression [dai'greʃən] *s.* digressione.

digs [digz] *s. pl (fam., abbr. di* diggings*)* camera ammobiliata.

dike, dyke [daik] *s.* **1** canale di scolo. **2** argine; diga. **3** *(geologia)* breccia. **4** *(sl.)* lesbica.

dilapidated [di'læpideitid] *agg* cadente; in rovina; decrepito: *a dilapidated old house,* una vecchia casa in rovina — *a dilapidated-looking car,* una macchina sconquassata.

dilapidation [di,læpi'deiʃən] *s.* stato di rovina, sfacelo.

to **dilate** [dai'leit] *vt* dilatare: *The horse dilated its nostrils,* Il cavallo dilatò le froge.
□ *vi* **1** dilatarsi: *The pupils of your eyes dilate when you enter a dark room,* Quando si entra in una camera buia, le pupille degli occhi si dilatano. **2** *(seguito da* upon*)* diffondersi; dilungarsi: *If there were time, I could dilate upon this subject,* Se il tempo lo consentisse, potrei dilungarmi su questo argomento.

dilation, dilatation [dai'leiʃən/,dailə'teiʃən] *s.* **1** dilatazione. **2** il dilungarsi.

dilatory ['dilətəri] *agg* **1** dilatorio. **2** lento *(nell'agire).*

dilemma [di'lemə/dai-] *s.* dilemma; alternativa; situazione imbarazzante: *to be in a dilemma,* trovarsi in un dilemma — *to be on the horns of a dilemma, (fig.)* essere di fronte ad una alternativa — *to put sb in (into) a dilemma,* mettere qcno di fronte ad un dilemma.

dilettante [,dili'tænti] *s.* (*pl.* **dilettanti**) **1** amante delle arti. **2** dilettante *(spesso spreg.).*

diligence ['dilidʒəns] *s.* **1** diligenza; assiduità. **2** *(stor., carrozza)* diligenza.

diligent ['dilidʒənt] *agg* diligente; assiduo. □ *avv* **diligently.**

dill [dil] *s.* aneto.

to **dilly-dally** ['dili,dæli] *vi* tentennare; esitare; titubare.

dilute [dai'lju:t] *agg* diluito; attenuato.

to **dilute** [dai'lju:t] *vt* diluire *(anche fig.): to dilute wine with water,* diluire vino con acqua.

dilution [dai'lju:ʃən] *s.* diluizione; sostanza diluita.

dim [dim] *agg* (**dimmer; dimmest**) **1** oscuro; incerto; indistinto; confuso; fioco; velato; offuscato: *the dim light of a candle,* la fioca luce di una candela — *the dim outline of buildings on a dark night,* i contorni incerti degli edifici in una notte buia — *eyes dim with tears,* occhi velati dalle lacrime — *a dim recollection (memory),* un ricordo indistinto — *to get dim,* offuscarsi *(della vista);* indebolirsi. **2** oscuro *(fig.);* pessimistico: *The future looks dim,* Il futuro non promette niente di buono — *I take a dim view of your conduct,* Mi piace ben poco il tuo comportamento. **3** *(fam.)* ottuso; sciocco. □ *avv* **dimly.**

to **dim** [dim] *vt e i.* (**-mm-**) oscurare, oscurarsi; offuscare, offuscarsi; affievolire, affievolirsi; velare, velarsi: *to dim the headlights,* abbassare le luci *(passare dalle luci abbaglianti agli anabbaglianti).*

dime [daim] *s. (USA)* 'dime' *(decimo di un dollaro): dime a dozen, (agg., fam.)* da due soldi.

dimension [di'menʃən/dai-] *s.* **1** *(di solito al pl.)* dimensione; misura; grandezza: *What are the dimensions of the room?,* Quali sono le dimensioni della stanza? — *a building (a problem) of great dimensions,* un edificio (un problema) di grandi dimensioni. **2** *(algebra)* grado; dimensione.

dimensional [di'menʃənəl] *agg* dimensionale: *two- (three-) dimensional,* bi- (tri-) dimensionale; a due (a tre) dimensioni — *three-dimensional films (generalm. abbr. in* 3-D films*),* pellicole tri-dimensionali (stereoscopiche).

to **diminish** [di'miniʃ] *vt e i.* diminuire; scemare; ridurre: *The war seriously diminished the country's wealth,* La guerra ridusse gravemente la ricchezza del paese — *a currency that has greatly diminished in value,* una moneta che è molto diminuita di valore.

diminution [,dimi'nju:ʃən] *s.* diminuzione; riduzione; calo: *to hope for a small diminution in taxes,* sperare in una lieve riduzione delle tasse.

diminutive [di'minjutiv] *agg* **1** minuscolo; piccolo; di dimensioni assai ridotte. **2** *(gramm.: usato anche come s.)* diminutivo.

dimity ['dimiti] *s.* tessuto di cotone *(spec. rigato per tende, ecc.).*

dimly ['dimli] *avv* ⇨ **dim.**

dimmer ['dimə*] *s.* **1** *(teatro)* oscuratore graduale. **2** *(auto)* commutatore *(dai fari abbaglianti ai fari antiabbaglianti).*

dimness ['dimnis] *s.* oscurità; incertezza; confusione di contorni.

dimple ['dimpl] *s.* **1** fossetta *(sulle guance, sul mento);* piccola depressione. **2** increspatura *(sulla superficie dell'acqua).*

to **dimple** ['dimpl] *vt e i.* **1** formare fossette *(sulle guance o sul mento).* **2** increspare, incresparsi *(della superficie dell'acqua).*

din [din] *s.* chiasso; baccano; fracasso: *an unholy din,* un fracasso tremendo.

to **din** [din] *vi e t.* (**-nn-**) far chiasso, baccano; assordare. □ *to din sth into sb,* ripetere qcsa a qcno fino a frastornarlo — *How much longer must I din into your ears the importance of hard work?,* Quante volte dovrò ancora continuare a dirti che è importante lavorare sodo?

to **dine** [dain] *vi* fare pranzo; pranzare: *to dine off roast beef,* fare un pranzo a base di arrosto di manzo — *to dine out,* pranzare fuori casa — *dining out,* il pranzare fuori casa — *dining-room,* sala da pranzo — *dining-table,* tavola da pranzo — *dining-car,* vagone ristorante.

□ *vt (non molto comune, tranne nell'espressione* to wine and dine sb*)* ⇨ **to wine.**

diner ['dainə*] *s.* **1** convitato: *diner-out,* chi pranza fuori casa. **2** cliente *(di un ristorante, ecc.).* **3** vagone ristorante.

ding-dong ['diŋ'dɔŋ] *s.* din-don; scampanio.

□ *agg e avv* incerto; ad alterne vicende: *a ding-dong struggle,* un'aspra lotta a fasi alterne (ad esito incerto).

dinghy, dingey ['diŋgi] *s.* (*pl.* **dinghies, dingeys**) **1** lancia di bordo. **2** battello pneumatico. **3** piccola barca aperta a vela *(spec. per diporto).*

dingily ['diŋdʒili] *avv* con squallore.

dinginess ['dindʒinis] *s.* tetraggine; sudiciume.

dingle ['diŋgl] *s.* valletta alberata.

dingy [dindʒi] *agg* (**-ier; -iest**) **1** scuro; nerastro. **2** cupo; squallido. □ *avv* **dingily** ⇨.

dining ['dainiŋ] *agg e s.* ⇨ **to dine.**

dinkum ['diŋkəm] *agg (in Australia)* vero; genuino: *dinkum oil,* la pura verità — *dinkum Aussie, (fam.)* vero australiano. □ *Fair dinkum!,* Giusto!

dinky ['diŋki] *agg* (**-ier; -iest**) *(fam.)* grazioso; carino: *What a dinky little hat!,* Che cappellino grazioso!

dinner ['dinə*] *s. (generalm. non preceduto da art.)* pranzo; cena; il pasto principale del giorno: *It's time for dinner; It's dinner-time,* È ora di pranzo — *Have you had dinner yet?,* Hai già pranzato? — *They were at dinner (They were having dinner) when I called,* Quando son passato da loro, stavano pranzando — *The dinner was badly served,* Il pranzo fu servito male — *Shall we give a dinner (a dinner-party) for her?,* Dobbiamo offire un pranzo in suo onore? — *dinner-dance,* pranzo seguito da ballo.

□ *dinner-dress,* abito da mezza sera, da 'cocktail' — *to eat one's dinners, (GB)* studiare per diventare 'barrister' ⇨ — *dinner-jacket,* 'smoking' — *dinner-service (-set),* servizio da tavola — *to do dinner duty,* occuparsi della refezione scolastica.

dinosaur ['dainəsɔ:*] *s.* dinosauro.

dint [dint] *s.* = **dent.**

□ *by dint of, (prep.)* a forza di: *He got through his exams by dint of hard work,* Passò gli esami a forza di studiare.

diocesan [dai'ɔsisən] *agg* diocesano.

diocese ['daiəsis/-si:z] *s.* diocesi.

dioxide [dai'ɔksaid] *s.* biossido: *carbon dioxide,* anidride carbonica.

dip [dip] *s.* **1** immersione; *(fam.)* breve bagno; nuotata: *to have (to go for) a dip,* fare (andare a fare) un breve bagno, una nuotatina. **2** bagno *(liquido per disinfestare, pulire, ecc.): a sheep dip,* bagno disinfettante per pecore. **3** salsa; intingolo. **4** pendenza; avvallamento; pendio; *(astronomia)* inclinazione: *a dip in the road,*

una pendenza nella strada — *a dip among the hills,* un avallamento tra le colline — *dip needle,* ago d'inclinazione magnetica. **5** *(di bandiera)* abbassata *(p.es. in segno di saluto).* **6** *(ginnastica)* flessione sulle braccia *(alle parallele).* **7** picchiata normale *(di un velivolo).* **8** candela di sego. **9** *(sl.)* borsaiolo.
□ *lucky dip* ⇨ **lucky** — *dip-net,* rete da pesca; bilancino — *dip-stick,* bastoncino (bacchetta) da immergere *(per misurare il contenuto di un serbatoio);* asta di livello.

to **dip** [dip] *vt* (**-pp-**) **1** immergere; bagnare; tuffare; intingere; *(per estensione)* tirar (cavar) fuori; prelevare; estrarre; prendere: *to dip one's pen into the ink,* immergere (intingere) la penna nell'inchiostro — *to dip a bucket into a lake,* attingere acqua ad un lago (con un secchio) — *to dip water out of a lake,* tirare fuori (su) acqua da un lago — *to dip up a bucketful of water,* tirare su un secchio d'acqua — *He dipped his hand into the bag and brought out a sample of wheat,* Mise (Affondò) la mano nel sacco e ne tirò fuori un campione di grano — *to dip sheep,* immergere le pecore *(in un liquido disinfestante)* — *to dip candles,* fabbricare candele *(immergendo lo stoppino nella cera fusa)* — *to dip a garment,* immergere un indumento *(nella tintura per tingerlo).* **2** abbassare; calare: *to dip a flag,* abbassare una bandiera — *to dip one's head-lights, (automobile)* abbassare i fari.
□ *vi* abbassarsi; scendere in modo repentino; tuffarsi; perdere quota: *The sun dipped below the horizon,* Il sole si abbassò sotto l'orizzonte — *The birds rose and dipped in their flight,* Gli uccelli si alzavano e si abbassavano veloci nel loro volo — *The land dips gently to the south,* La terra scende (degrada) dolcemente verso sud. □ *to dip into one's purse,* spendere a piene mani — *to dip into the future,* proiettarsi nel futuro (cercare di prevedere il futuro) — *to dip into a book,* scorrere (le pagine di) un libro.

diphtheria [dif'θiəriə] *s.* difterite.

diphthong ['difθɔŋ] *s.* dittongo.

diploma [di'ploumə] *s.* diploma.

diplomacy [di'ploumәsi] *s.* **1** diplomazia. **2** tatto; accortezza; abilità; diplomazia.

diplomat ['dipləmæt] *s.* diplomatico *(anche fig.).*

diplomatic [,diplə'mætik] *agg* diplomatico *(anche fig.): the diplomatic service,* la carriera diplomatica — *the diplomatic corps,* il corpo diplomatico — *a diplomatic answer,* una risposta diplomatica. □ *avv* **diplomatically.**

diplomatist [di'ploumətist] *s.* diplomatico.

dipper ['dipə*] *s.* **1** mestolo; cucchiaione. **2** chi si immerge; chi immerge. **3** anabattista; battista. **4** merlo acquaiolo. **5** scavatrice; macchina scavatrice. □ *(USA)* il Carro; l'Orsa: *the Big Dipper (the Little Dipper),* l'Orsa Maggiore (l'Orsa Minore).

dippy ['dipi] *agg (fam.)* matto; pazzo; 'picchiato (in testa)'.

dipsomania [,dipso*u*'meinjə] *s.* dipsomania.

dipsomaniac [,dipso*u*'meinjək] *s.* dipsomane.

diptych ['diptik] *s.* dittico.

dire ['daiə*] *agg* **1** terribile; spaventoso; orrendo. **2** disperato: *to be in dire need of help,* avere un disperato bisogno d'aiuto. □ *avv* **direly.**

[1]**direct** [di'rekt/də-/dai-] *agg* **1** diretto; immediato: *in a direct line,* in linea diretta — *direct descendant,* discendente diretto — *a direct hit (shot),* un tiro diretto *(di arma da fuoco)* — *direct speech, (gramm.)* discorso diretto — *to be in direct contact with sb,* essere in diretto contatto con qcno. **2** schietto; franco; sincero; esplicito; preciso: *a direct answer,* una risposta schietta (precisa) — *He has a direct way of speaking,* Ha un modo di parlare esplicito (Parla con franchezza; Non ha peli sulla lingua).
□ *direct contradiction,* piena contraddizione — *the direct contrary (opposite),* proprio l'opposto — *direct current,* corrente continua — *direct object, (gramm.)* complemento oggetto. □ *avv* **directly** ⇨.

[2]**direct** [di'rekt] *avv* diretto; direttamente: *The train goes direct to Paris,* Il treno va direttamente a Parigi.

to **direct** [di'rekt/də-/dai-] *vt e i.* **1** dirigere: *There was no one to direct the workmen,* Non c'era nessuno che dirigesse gli operai — *Who directed?,* Chi ha diretto (l'orchestra, ecc.)?; Chi era il direttore? — *We directed our steps towards home,* Dirigemmo i nostri passi verso casa. **2** volgere; rivolgere; indirizzare: *My remarks were not directed at you,* Le mie osservazioni non erano rivolte a te — *to direct one's attention to sth,* rivolgere la propria attenzione a qcsa. **3** indicare *(la via);* indirizzare: *Can you direct me to the post office?,* Può indicarmi la strada per l'ufficio postale? — *How shall I direct the letter?,* Come devo indirizzare la lettera? **4** ordinare; intimare: *The colonel directed his men to advance slowly,* Il colonnello ordinò ai suoi uomini di avanzare lentamente.

direction [di'rekʃən/dai-] *s.* **1** direzione; senso: *Tom went off in one direction and Harry in another direction,* Tom se ne andò da una parte e Harry dall'altra — *The aircraft was flying in a northerly direction,* L'aereo stava volando verso nord — *We set off in the direction of Oxford,* Partimmo alla volta di Oxford — *When the police arrived, the crowd scattered in all directions,* Quando arrivò la polizia, la folla si disperse da tutte le parti — *Reforms are needed in numerous directions,* Sono necessarie riforme in numerosi settori — *direction-board (-plate),* indicatore stradale — *direction-finder,* radiogoniometro. **2** orientamento: *to have a good sense of direction,* avere un buon senso dell'orientamento. **3** *(spesso al pl.)* istruzioni; indicazioni: *Directions about putting the parts together are to be found in the enclosed leaflet,* Le istruzioni per il montaggio delle parti si trovano nell'accluso fascicolo — *He gave me full directions,* Mi diede tutte le indicazioni possibili. **4** *(generalm. al pl.)* indirizzo: *The parcel was returned to the sender because the directions were insufficient,* Il pacco fu rispedito al mittente, perché l'indirizzo era insufficiente. **5** controllo; sorveglianza; guida; direzione; supervisione: *He did the work under my direction,* Ha fatto il lavoro sotto la mia direzione — *She feels the need of direction,* Sente il bisogno di una guida. **6** *(cinema)* regia.

directional [di'rekʃənl] *agg (radio)* direzionale.

directive [di'rektiv/dai-] *s.* direttiva; ordine; istruzione.

directly [di'rektli/dai-] *avv* **1** direttamente; in modo diretto. **2** subito; immediatamente; tra breve; tra poco. **3** appena: *Directly I put the 'phone down, I realized there was something wrong,* Non appena misi giù il telefono, mi accorsi che c'era qualcosa che non andava.

directness [di'rektnis] *s.* **1** immediatezza. **2** franchezza; schiettezza; precisione.

director [di'rektə*/dai-] *s.* **1** direttore *(di ente).* **2** *(anche* company director*)* membro di un consiglio di amministrazione: *board of directors,* consiglio d'amministrazione — *managing director,* amministratore delegato. **3** *(cinema, teatro)* regista.

directorate [di'rektərit/dai-] *s.* **1** carica di direttore. **2** *(non comune)* consiglio d'amministrazione.

directorship [di'rektəʃip] *s.* carica di direttore (o di consigliere d'amministrazione).

directory [di'rektəri] *s.* elenco; annuario; guida: *telephone directory,* guida telefonica — *trade directory,* guida commerciale.

direful ['daiəful] *agg (ant.)* terribile; spaventoso; orrendo. □ *avv* **direfully.**

dirge [də:dʒ] *s.* **1** canto funebre. **2** lamento *(anche scherz.).*

dirigible [di'ridʒibl] *agg* dirigibile. □ *s.* aeronave; dirigibile; aerostato.

dirk [də:k] *s. (in Scozia)* pugnale.

dirt [də:t] *s.* **1** sporcizia; sudiciume; sporco *(anche fig.): His clothes were covered with dirt,* I suoi abiti erano coperti di sporcizia — *How can I get the dirt off the walls?,* Come posso togliere lo sporco dalle pareti? — *to treat sb like dirt,* trattare qcno come spazzatura — *to fling (to throw) dirt at sb,* gettare fango su qcno. **2** terra; terriccio: *pay-dirt, (USA)* terreno che contiene una quantità di oro sufficiente a permettere un profitto minimo — *a dirt road, (USA)* una strada a fondo naturale — *dirt-track,* pista battuta *(di terriccio, cenere, ecc.)* per le corse motociclistiche o automobilistiche — *dirt-farmer,* coltivatore diretto; piccolo coltivatore. **3** pensieri, discorsi o scritti osceni e triviali.
□ *dirt-cheap; (as) cheap as dirt, (agg.)* da due soldi; da niente; senza valore; *(avv.)* per niente; quasi gratis.

dirtiness ['də:tinis] *s.* **1** sporcizia; immondezza; oscenità. **2** meschinità; cattiveria.

dirty ['də:ti] *agg* (**-ier**; **-iest**) **1** sporco; sudicio; immondo; lurido; *(fig.)* cattivo; perfido; brutto; schifoso: *dirty hands,* mani sporche — *a dirty bomb,* una bomba atomica 'sporca' — *a dirty joke,* una barzelletta spinta — *dirty words,* parolacce — *a dirty business,* un brutto affare (un affare sporco) — *a dirty look,* uno sguardo cattivo — *to play a dirty trick on sb,* giocare un tiro cattivo a qcno (fare un brutto scherzo a qcno) — *a dirty player,* un giocatore scorretto — *to get one's hands dirty,* sporcarsi le mani *(anche fig.)* — *to do sb's dirty work,* fare un lavoro ingrato per conto di qcno. **2** *(del tempo)* burrascoso; brutto; orribile. □ *avv* **dirtily.**

to **dirty** ['də:ti] *vt e i.* sporcare, sporcarsi: *Don't dirty your new dress,* Non sporcare il tuo vestito nuovo — *White gloves dirty easily,* I guanti bianchi si sporcano facilmente.

disability [,disə'biliti] *s.* **1** incapacità; impotenza; mancanza di abilità. **2** invalidità: *Mr Hill has a disability pension,* Il signor Hill ha una pensione di invalidità.

to **disable** [dis'eibl] *vt* **1** rendere incapace, invalido; inabilitare. **2** mutilare: *disabled ex-servicemen,* invalidi di guerra.

to **disabuse** [,disə'bju:z] *vt* disingannare.

disaccord [,disə'kɔ:d] *s.* disaccordo; dissenso; discordia.

disadvantage [,disəd'vɑ:ntidʒ] *s.* **1** svantaggio; condizione o situazione sfavorevole; inconveniente: *It is a disadvantage to be small when you're in a crowd watching a football match,* È uno svantaggio essere di bassa statura quando si assiste ad una partita di calcio in mezzo alla folla — *to put sb at a disadvantage,* mettere qcno in svantaggio (in condizioni sfavorevoli). **2** danno; detrimento.

disadvantageous [,disædvɑ:n'teidʒəs] *agg* **1** svantaggioso; sfavorevole: *in a disadvantageous position,* in una posizione sfavorevole. **2** dannoso; nocivo. □ *avv* **disadvantageously.**

disaffected [,disə'fektid] *agg* ostile; sfavorevole; maldisposto.

disaffection [,disə'fekʃən] *s.* malcontento *(spec. politico);* ostilità; scontentezza.

to **disafforest** [,disə'fɔrist] *vt* diboscare.

disafforestation ['disə,fɔris'teiʃən] *s.* diboscamento.

to **disagree** [,disə'gri:] *vi* **1** dissentire; discordare; essere in disaccordo; non essere d'accordo: *Even friends sometimes disagree,* Anche gli amici talvolta dissentono (sono in disaccordo) — *I'm sorry to disagree with you,* Mi dispiace di non essere d'accordo con te. **2** disputare; avere una controversia. **3** *(di cibo, clima, ecc.: sempre seguito da* with*)* non essere confacente; non fare bene; non giovare: *White wine disagrees with me,* Il vino bianco mi fa male.

disagreeable [,disə'griəbl] *agg* sgradevole; spiacevole; *(di persona)* di carattere difficile; antipatico: *disagreeable weather,* tempo sgradevole — *a disagreeable fellow,* un tipo antipatico. □ *avv* **disagreeably.**

disagreeableness [,disə'griəblnis] *s.* sgradevolezza; spiacevolezza.

disagreement [,disə'gri:mənt] *s.* **1** disaccordo; dissenso: *to be in disagreement with sb (sth),* essere in disaccordo con qcno (qcsa). **2** dissapore; litigio: *disagreements between husbands and wives,* dissapori tra mariti e mogli. **3** *(non comune)* differenza; discordanza.

to **disallow** [,disə'lau] *vt* respingere; non permettere; non ammettere; rifiutare (di riconoscere): *The judge disallowed the claim,* Il giudice respinse la richiesta.

to **disappear** [,disə'piə*] *vi* scomparire; sparire; svanire *(anche fig.): He disappeared into the darkness,* Scomparve nel buio — *Let's hope our difficulties will soon disappear,* Speriamo che le nostre difficoltà svaniscano presto — *The snow soon disappeared,* La neve si sciolse presto.

disappearance [,disə'piərəns] *s.* scomparsa; sparizione.

to **disappoint** [,disə'pɔint] *vt* **1** deludere; mancare alle aspettative; essere (risultare) inferiore alle aspettative; mancar di parola: *The book disappointed me,* Il libro mi deluse — *Please don't disappoint me another time,* Ti prego, non deludermi un'altra volta. **2** frustrare; rendere vano; mandare a monte: *I'm sorry to disappoint your plans,* Mi dispiace mandare a monte i tuoi progetti. □ *cfr anche* **disappointed, disappointing.**

disappointed [,disə'pɔintid] *agg* deluso; contrariato; dispiaciuto: *We were disappointed to learn that you could not come,* Ci dispiacque molto sapere che non potevate venire — *I was disappointed at not finding him in (not to find him in),* Fui deluso di non trovarlo a casa — *We were disappointed in our hopes,* Fummo delusi nelle nostre speranze — *What are you looking so disappointed about?,* Perché hai un'aria così contrariata? — *I am disappointed in you,* Hai deluso le mie speranze. □ *to be agreeably disappointed,* essere piacevolmente sorpresi — *We were agreeably disappointed at his generosity,* Fummo gradevolmente sorpresi dalla sua generosità. □ *avv* **disappointedly.**

disappointing [,disə'pɔintiŋ] *agg* deludente: *The weather this summer has been disappointing,* Il tempo è stato deludente quest'estate. □ *avv* **disappointingly.**

disappointment [,disə'pɔintmənt] *s.* **1** disappunto: *To her great disappointment, it rained,* Con suo grande disappunto, piovve. **2** delusione.

disapprobation [,disæprou'beiʃən] *s.* disapprovazione.

disapproval [,disə'pru:vəl] *s.* disapprovazione; riprovazione; dissenso: *He shook his head in disapproval,* Scosse il capo in segno di disapprovazione.

to **disapprove** [,disə'pru:v] *vi e t. (spesso seguito da* of) disapprovare; riprovare; biasimare: *I'm sorry I must disapprove (of) your action,* Mi rincresce di dover disapprovare la vostra azione — *a disapproving look,* uno sguardo di disapprovazione.

disapprovingly [,disə'pru:viŋli] *avv* con disapprovazione: *When Mary lit another cigarette, her father looked at her disapprovingly,* Quando Mary accese un'altra sigaretta, il padre la guardò con disapprovazione.

to **disarm** [dis'ɑ:m] *vt e i.* **1** disarmare, disarmarsi; privare delle armi; ridurre gli armamenti; abbandonare il ricorso alle armi: *Five hundred rebels were captured and disarmed,* Cinquecento ribelli vennero catturati e disarmati. **2** *(fig.)* disarmare; addolcire; rabbonire; spuntare le armi (di un avversario); rendere innocuo: *I felt pretty annoyed, but her smiles disarmed me,* Ero piuttosto seccato, ma i suoi sorrisi mi disarmarono — *cfr anche* **disarming.**

disarmament [,dis'ɑ:məmənt] *s.* disarmo; riduzione degli armamenti: *disarmament conference,* conferenza per il disarmo.

disarming [di'sɑ:miŋ] *agg* disarmante *(fig.).* □ *avv* **disarmingly.**

to **disarrange** [,disə'reindʒ] *vt* mettere in disordine; scompigliare: *to disarrange sb's plans,* sconvolgere i piani di qcno — *to disarrange sb's hair,* scompigliare i capelli a qcno.

disarrangement [,disə'reindʒmənt] *s.* disordine; scompiglio.

disarray [,disə'rei] *s.* disordine; scompiglio: *The troops were in disarray,* Le truppe erano nello scompiglio.

to **disarray** [,disə'rei] *vt* mettere in disordine; scompigliare *(le file del nemico, ecc.).*

to **disassemble** [,disə'sembl] *vt (mecc.)* smontare.

disassociation [,disə,sousi'eiʃən] *s. (psicologia)* dissociazione.

disaster [di'zɑ:stə*] *s.* disastro; sventura; disgrazia; calamità; sciagura; sinistro: *disaster area (zone),* regione colpita da una sciagura *(p.es. un terremoto).*

disastrous [di'zɑ:strəs] *agg* disastroso; rovinoso: *disastrous floods,* una disastrosa inondazione — *a defeat that was disastrous to the country,* una sconfitta che fu rovinosa per il paese.
□ *avv* **disastrously.**

to **disavow** [,disə'vau] *vt* sconfessare; disconoscere; rinnegare.

disavowal [,disə'vauəl] *s.* sconfessione; disconoscimento; rinnegamento.

to **disband** [dis'bænd] *vt* sciogliere *(un'associazione, ecc.);* disperdere *(una folla); (mil.)* congedare.
□ *vi* sciogliersi; disperdersi.

disbandment [dis'bændmənt] *s.* scioglimento; dispersione; *(mil.)* congedo.

disbelief [,disbi'li:f] *s.* incredulità.

to **disbelieve** ['disbi'li:v] *vt e i.* non credere; rifiutarsi di credere; non prestar fede (a).

to **disbud** [dis'bʌd] *vt* staccare i germogli o i boccioli in eccedenza.

to **disburden** [dis'bə:dn] *vt* scaricare; alleggerire; sbarazzare; liberare: *to disburden one's mind to a friend,* aprire il proprio animo ad un amico — *to disburden oneself of a secret,* alleggerirsi di un segreto.

to **disburse** [dis'bə:s] *vt e i.* sborsare.

disbursement [dis'bə:smənt] *s.* **1** sborso; pagamento. **2** spesa.

disc, disk [disk] *s.* disco *(in vari sensi, anche bot., anat., mecc., ecc.): the sun's disk,* il disco solare — *disc jockey,* presentatore radiofonico di novità discografiche — *identity disk,* piastrina di riconoscimento — *disc brake,* freno a disco — *a slipped disc,* l'ernia del (al) disco.

discard [dis'kɑ:d] *s.* scarto *(anche nel gioco delle carte);* rifiuto: *to be in discard,* essere in disuso.

to **discard** [dis'kɑ:d] *vt* **1** scartare; mettere da parte; smettere di portare (abiti). **2** abbandonare; liberarsi (di): *to discard old prejudices,* abbandonare vecchi pregiudizi. **3** licenziare.

to **discern** [di'sə:n] *vt e i.* discernere; percepire; distinguere; scorgere; comprendere: *One could discern the figure of a man clinging to the mast of the wrecked ship,* Si distingueva la figura di un uomo aggrappato all'albero maestro della nave naufragata — *It is often difficult to discern the truth of what we are told,* È spesso difficile scorgere il vero in ciò che ci viene detto. □ ⇨ *anche* **discerning.**

discernible [di'sə:nibl] *agg* discernibile; percepibile; distinguibile; visibile.

discerning [di'sə:niŋ] *agg* giudizioso; dotato di discernimento; acuto; penetrante.

discernment [di'sə:nmənt] *s.* discernimento; oculatezza; acume; sagacia; giudizio.

discharge [dis'tʃɑ:dʒ] *s.* **1** lo scaricare *(anche elettr.);* il venire scaricato; scarico; scaricamento: *How long will the discharge of the cargo take?,* Quanto tempo ci vorrà per scaricare il carico? — *The discharge of water from the reservoir is carefully controlled,* L'efflusso dell'acqua dal bacino idrico è sotto stretto controllo. **2** *(med.)* spurgo; emissione di pus: *The man was suffering from a nasty discharge from the eyes,* L'uomo soffriva di uno spurgo fastidioso agli occhi. **3** congedo; dimissione; allontanamento: *a dishonourable discharge,* un'espulsione con infamia *(dall'esercito).* **4** proscioglimento; liberazione; rilascio: *The prisoners were glad to get their discharges,* I prigionieri furono contenti di venire rilasciati. **5** assolvimento; adempimento; pagamento: *Will five hundred pounds be enough for the discharge of his liabilities?,* Saranno sufficienti cinquecento sterline per il pagamento dei suoi obblighi? **6** *(dir.)* riabilitazione *(di un fallito).*

to **discharge** [dis'tʃɑ:dʒ] *vt* **1** scaricare *(anche elettr.): The Nile discharges itself into the Mediterranean,* Il Nilo sfocia nel Mediterraneo. **2** spurgare; emettere pus; suppurare; produrre: *The wound is still discharging pus,* La ferita produce ancora pus. **3** far fuoco; sparare; lasciar partire un colpo: *to discharge an arrow,* scagliare una freccia. **4** dimettere; congedare; prosciogliere; licenziare; mandare via; allontanare: *to discharge a patient from hospital,* dimettere un paziente dall'ospedale — *The accused man was found not guilty and was discharged,* L'accusato fu ritenuto non colpevole e venne prosciolto — *The servant was discharged for being dishonest,* Il servitore fu licenziato per la sua disonestà — *The members of the jury were discharged,* I componenti della giuria furono congedati. **5** pagare; assolvere; compiere; adempiere; saldare (un debito): *I have a duty to discharge,* Ho un compito da assolvere — *I've discharged my debt,* Ho pagato il mio debito. **6** *(dir.)* riabilitare *(un fallito).* **7** stingere; decolorare, decolorarsi *(di tessuto): to discharge the dye from a fabric,* decolorare (togliere il colore) a un tessuto.

disciple [di'saipl] *s.* discepolo; seguace.

disciplinarian [ˌdisipli'nɛəriən] *s.* chi sa mantenere la disciplina; *(raro)* disciplinatore: *He's no disciplinarian,* Non sa mantenere la disciplina.

disciplinary ['disiplinəri] *agg* disciplinare: *to take disciplinary measures,* prendere provvedimenti disciplinari.

discipline ['disiplin] *s.* **1** disciplina; *(per estensione)* castigo; punizione: *school discipline,* disciplina scolastica — *military discipline,* disciplina militare — *What he needs is a little discipline, that's all,* Ha bisogno di un po' di frusta: ecco tutto. **2** disciplina *(materia di studio).* **3** esercizio; allenamento; esercitazione.

to **discipline** ['disiplin] *vt* **1** disciplinare. **2** punire: *to discipline badly behaved children,* punire dei bambini che si comportano male.

to **disclaim** [dis'kleim] *vt* **1** disconoscere; negare: *to disclaim all responsibility,* negare ogni responsabilità. **2** rinunciare *(ad un diritto, ecc.).*

disclaimer [dis'kleimə*] *s.* **1** *(dir.)* rinunzia *(a un diritto).* **2** disconoscimento; ripudio; sconfessione.

to **disclose** [dis'klouz] *vt* dischiudere; scoprire; svelare; rivelare; divulgare; rendere manifesto; rendere noto: *to open a box and disclose its contents,* aprire una scatola e scoprirne (rivelarne) il contenuto — *to disclose a secret,* svelare un segreto.

disclosure [dis'klouʒə*] *s.* rivelazione; scoperta; divulgazione *(di un segreto).*

disco ['diskou] *s., contraz fam di* **discotheque.**

to **discolour** [dis'kʌlə*] (*USA* **to discolor**) *vt e i.* scolorare; scolorire; sbiadire: *walls discoloured by damp,* pareti sbiadite per l'umidità — *materials that discolour in sunlight,* stoffe che scoloriscono al sole.

discolo(u)ration [dis,kʌlə'reiʃən] *s.* **1** scoloramento; scolorimento. **2** macchia; chiazza *(derivante dallo scolorimento).*

to **discomfit** [dis'kʌmfit] *vt* confondere; sconvolgere *(piani, ecc.);* sconcertare.

discomfiture [dis'kʌmfitʃə*] *s.* confusione; sconcerto; disagio; imbarazzo.

discomfort [dis'kʌmfət] *s.* **1** disagio; imbarazzo. **2** scomodità; incomodo; mancanza di comodità; privazione; disagio; dolore fisico.

to **discommode** [ˌdiskə'moud] *vt (piuttosto formale)* incomodare; scomodare; disturbare.

to **discompose** [ˌdiskəm'pouz] *vt* scomporre; turbare: *Don't let their jeers discompose you,* Non lasciarti turbare dalle loro beffe.

discomposure [ˌdiskəm'pouʒə*] *s.* scompostezza; turbamento.

to **disconcert** [ˌdiskən'sə:t] *vt* **1** sconcertare; turbare. **2** sconvolgere *(piani).*

to **disconnect** [ˌdiskə'nekt] *vt* sconnettere; staccare; interrompere; disinserire.

disconnected [ˌdiskə'nektid] *agg* **1** sconnesso; *(di scritto o discorso)* slegato. **2** *(mecc.)* staccato; disinserito; interrotto. □ *avv* **disconnectedly.**

disconsolate [dis'kɔnsəlit] *agg* sconsolato; inconsolabile. □ *avv* **disconsolately.**

discontent [ˌdiskən'tent] *s.* scontento; malcontento.

to **discontent** [ˌdiskən'tent] *vt (generalm. nella forma:* to be discontented*)* scontentare: *to be discontented with one's job,* essere scontento del proprio lavoro.

discontentedly [ˌdiskən'tentidli] *avv* con malcontento; in modo insoddisfatto.

discontinuance [ˌdiskən'tinjuəns] *s.* cessazione; interruzione.

to **discontinue** [ˌdiskən'tinju:] *vt e i.* cessare; interrompere: *I'm so busy that I shall have to discontinue (paying) these weekly visits,* Sono così occupato che dovrò interrompere queste visite settimanali.

discontinuity [dis,kɔnti'njuiti] *s.* discontinuità; interruzione.

discontinuous [ˌdiskən'tinjuəs] *agg* discontinuo; interrotto; intermittente. □ *avv* **discontinuously.**

discord ['diskɔ:d] *s.* **1** discordia; disaccordo: *What has brought discord into the family?,* Che cosa ha portato la discordia in famiglia? **2** discordanza; contrasto; divergenza *(di opinioni);* dissenso. **3** disarmonia; dissonanza; rumore (suono) discordante.

to **discord** [dis'kɔ:d] *vi* **1** essere in disaccordo. **2** *(di suoni)* essere dissonante.

discordance [dis'kɔ:dəns] *s.* **1** disarmonia; dissonanza. **2** dissenso; divergenza; contrasto.

discordant [dis'kɔ:dənt] *agg* **1** discordante; in contrasto; divergente: *His views are discordant to (o from) mine,* Le sue opinioni divergono dalle mie. **2** *(di suoni)* disarmonico; stridente; stonato. □ *avv* **discordantly.**

discotheque ['diskoutek] *s. (fr.)* discoteca; 'discothèque'.

discount ['diskaunt] *s.* **1** sconto; riduzione; ribasso: *We give ten per cent discount for cash,* Concediamo uno sconto del dieci per cento dietro pagamento in contanti — *discount house, (GB)* istituto di sconto; *(USA, anche* discount store*)* casa di sconto; magazzino a prezzo ridotto — *discount broker,* agente di sconto — *discount rate,* tasso di sconto — *to offer a bill for discount,* presentare un effetto, una cambiale allo sconto; scontare una cambiale — *to be at a discount,* - **a)** essere in eccesso, in abbondanza, poco richiesto - **b)** *(fig.)* essere poco stimato, poco apprezzato: *Is honesty at a discount today?,* È poco apprezzata al giorno d'oggi l'onestà? — *to sell sth at a discount,* vendere qcsa con lo sconto. **2** tara *(anche fig.).*

to **discount** [dis'kaunt/'diskaunt] *vt* **1** scontare. **2** detrarre *(da un conto).* **3** fare la tara; ridimensionare *(una storia, una notizia, ecc.): One should discount a great deal of what appears in the press,* Molte delle notizie che compaiono sulla stampa dovrebbero essere ridimensionate. **4** sminuire l'importanza *(p.es. di una notizia, anticipandola).*

to **discountenance** [dis'kauntinəns] *vt* disapprovare; scoraggiare; opporsi.

to **discourage** [dis'kʌridʒ] *vt* **1** scoraggiare, scoraggiarsi. **2** distogliere; dissuadere; scoraggiare: *We tried to discourage him from climbing the mountain without a guide,* Cercammo di distoglierlo dal progetto di scalare la montagna senza guida.

discouragement [dis'kʌridʒmənt] *s.* scoraggiamento.

discourse ['diskɔ:s] *s.* discorso; dissertazione; trattazione; conferenza; sermone; *(ant.)* conversazione.

to **discourse** [dis'kɔ:s] *vi (seguito da* of *oppure* upon*)* trattare; dissertare; tenere una conferenza; pronunciare; (fare) un sermone.

discourteous [dis'kə:tjəs] *agg* scortese; sgarbato; ineducato; incivile; villano: *It was discourteous of you to arrive late,* È stato scortese da parte vostra arrivare in ritardo. □ *avv* **discourteously.**

discourtesy [dis'kə:təsi] *s.* scortesia; sgarbo (sgarberia); villania: *No discourtesy intended,* Non intendevo essere scortese.

to **discover** [dis'kʌvə*] *vt* **1** scoprire; trovare; portare alla luce; rivelare; capire; rendersi conto: *Harvey discovered the circulation of the blood,* Harvey scoperse la circolazione del sangue — *It was never discovered how he died,* Non si scoprì mai come fosse morto — *We suddenly discovered (that) it was too late to catch the train,* Scoprimmo improvvisamente che era troppo tardi per prendere il treno. **2** *(raro, e di solito al passivo)* lasciare allo scoperto; rendere visibile: *As the curtain rises John is discovered in his study,* All'alzarsi del sipario si vede John nel suo studio. □ *discovered check,* scacco di scoperta.

discoverer [dis'kʌvərə*] *s.* scopritore.

discovery [dis'kʌvəri] *s.* scoperta; rivelazione.

discredit [dis'kredit] *s.* **1** discredito; disistima: *If you continue to behave in this way, you will bring discredit upon yourself,* Se continuerai a comportarti in questo modo, getterai il discredito su di te. **2** *(al sing., con l'art. indeterminativo; raro al pl.)* vergogna; disonore: *You're a discredit to your family,* Sei una vergogna per la tua famiglia. **3** dubbio; ombra; mancanza di fiducia: *My information throws serious discredit on the newspaper account of the event,* Le mie informazioni mettono in forte dubbio il resoconto giornalistico dell'accaduto.

to **discredit** [dis'kredit] *vt* **1** mettere in dubbio; non credere; non avere fiducia: *His theories were discredited by scientists,* Le sue teorie furono messe in dubbio dagli scienziati — *The judge advised the jury to discredit the evidence of the witnesses,* Il giudice consigliò alla giuria di non credere (non dare credito) alla deposizione dei testimoni. **2** screditare; gettare il discredito; mettere in discredito: *Such foolish behaviour will discredit him with the public,* Un comportamento così sciocco lo screditerà agli occhi del pubblico.

discreditable [dis'kreditəbl] *agg* disdicevole; indegno; apportatore di discredito: *discreditable conduct,* condotta disdicevole (indegna). □ *avv* **discreditably.**

discreet [dis'kri:t] *agg* discreto; prudente: *to maintain a discreet silence,* mantenere un prudente silenzio. □ *avv* **discreetly.**

discreetness [dis'kri:tnis] *s.* discrezione; prudenza.

discrepancy [dis'krepənsi] *s.* divario; discrepanza; disaccordo *(spec. tra resoconti, testimonianze, ecc.).*

discrete ['dis'kri:t] *agg* discontinuo; separato; distinto; diviso; *(matematica)* discreto.

discretion [dis'kreʃən] *s.* **1** discrezione; accortezza; prudenza; giudizio; misura; saggezza; discernimento: *the years (the age) of discretion,* l'età della ragione — *Discretion is the better part of valour,* La prudenza è la parte migliore del coraggio *(detto scherzosamente per giustificare una prudenza apparentemente eccessiva).* **2** libertà d'azione, di movimenti; discrezione: *Use your (own) discretion!,* Agisci liberamente! — *It is within your own discretion,* Dipende da te — *You have full discretion to act,* Puoi contare su una piena libertà d'azione — *at discretion,* a volontà; a discrezione; 'ad libitum' — *to be at the discretion of someone else,* essere alla mercè (in balia) di un altro — *to surrender at discretion,* arrendersi a discrezione (senza condizioni).

discretional, discretionary [dis'kreʃənəl/-nəri] *agg* discrezionale.

to **discriminate** [dis'krimineit] *vt e i.* **1** distinguere; vedere la differenza: *Can you discriminate good books from bad?; Can you discriminate between good and bad books?,* Riesci a distinguere i buoni dai cattivi libri? **2** discriminare; fare delle discriminazioni: *laws which do not discriminate against anyone,* leggi che non discriminano, che trattano tutti allo stesso modo — *to discriminate in favour of sb,* essere parziale con qcno.

discriminating [dis,krimi'neitiŋ] *agg* **1** *(di gusto, ecc.)* sottile; acuto; sagace; perspicace; fine; raffinato. **2** parziale; discriminante; differenziale; di favore: *discriminating tariffs,* tariffe differenziali.

discrimination [dis,krimi'neiʃən] *s.* **1** discernimento; acume; giudizio; perspicacia: *Some people do not show much discrimination in their choice of books,* Alcune persone non dimostrano molto discernimento nella scelta dei libri. **2** discriminazione; parzialità; differenza di trattamento: *racial discrimination,* discriminazione razziale.

discriminatory [dis,krimi'neitəri] *agg* discriminatorio.

discursive [dis'kə:siv] *agg* sconnesso; digressivo *(di discorso).* □ *avv* **discursively.**

discursiveness [dis'kə:sivnis] *s.* digressività; il divagare.

discus ['diskəs] *s. (sport)* disco.

to **discuss** [dis'kʌs] *vt* discutere; trattare; dibattere: *to be discussed, (comm., di prezzo)* trattabile; discutibile.

discussion [dis'kʌʃən] *s.* discussione; dibattito; trattazione: *after much discussion,* dopo lunga discussione — *The question is still under discussion,* Il problema è ancora in discussione — *When will the matter come up for discussion?,* Quando verrà il momento di discutere il problema?

disdain [dis'dein] *s.* sdegno; disprezzo.

to **disdain** [dis'dein] *vt* disdegnare; avere a disdegno; disprezzare: *He disdained to notice the insult,* Non si degnò neppure di prendere in considerazione l'insulto — *He disdained my offer of help,* Disdegnò la mia profferta di aiuto.

disdainful [dis'deinful] *agg* sdegnoso; sprezzante; pieno di sdegno. □ *avv* **disdainfully.**

disease [di'zi:z] *s.* male; malattia; morbo; affezione; malanno; infermità: *disease insurance,* assicurazione contro le malattie — *blue disease, (fam.)* cianosi; 'morbo blu' — *an occupational disease,* una malattia professionale — *foot-and-mouth disease,* afta epizootica.

diseased [di'zi:zd] *agg* malato *(anche fig.);* guasto: *to be diseased in body and mind,* essere malato nella mente e nel corpo.

to **disembark** [,disim'bɑ:k] *vt e i.* sbarcare.

disembarkation [,disembɑ:'keiʃən] *s.* sbarco.

to **disembarrass** [,disim'bærəs] *vt* sbarazzare; togliere d'imbarazzo: *to disembarrass oneself of a burden,* sbarazzarsi di un peso.

disembarrassment [,disim'bærəsmənt] *s.* lo sbarazzarsi; il togliere di imbarazzo.

disembodiment [,disim'bɔdimənt] *s.* incorporeità; il rendere incorporeo.

to **disembody** [,disim'bɔdi] *vt* **1** liberare *(lo spirito)* dal corpo. **2** congedare; sciogliere *(le truppe).*

to **disembowel** [,disim'bauəl] *vt* (**-ll-**; *USA* **-l-**) sbudellare; sventrare.

to **disembroil** [,disim'brɔil] *vt* districare; sbrogliare.

to **disenchant** [,disin'tʃɑ:nt] *vt* disincantare.

disenchantment [,disin'tʃɑ:ntmənt] *s.* disincanto; disillusione.

to **disencumber** [,disin'kʌmbə*] *vt* sgombrare; sbarazzare; liberare.

to **disendow** [,disin'dau] *vt* espropriare dotazioni *(spec. ecclesiastiche).*

disendowment [,disin'daumənt] *s.* espropriazione di dotazioni.

to **disengage** [,disin'geidʒ] *vt* **1** disimpegnare, disimpegnarsi; liberare, liberarsi; sbarazzare, sbarazzarsi; svincolare, svincolarsi: *I shall be disengaged on Friday afternoon,* Sarò libero da impegni venerdì pomeriggio. **2** *(mecc.)* disinnestare; disingranare; sbloccare. □ *disengaging action, (mil.)* 'azione di disimpegno' *(eufemismo per* 'ritirata'*).*

disengagement [,disin'geidʒmənt] *s.* **1** disimpegno *(spec. in senso politico);* liberazione; disponibilità; sganciamento. **2** indipendenza; disinvoltura; naturalezza. **3** rottura di fidanzamento.

to **disentangle** [,disin'tæŋgl] *vt* districare; dipanare; sbrogliare; liberare *(anche fig.);* trarre d'impaccio: *to disentangle truth from falsehood,* districare la verità dalla menzogna.
□ *vi* dipanarsi; districarsi: *This skein of wool won't disentangle,* Questa matassa di lana non si riesce a dipanare.

disentanglement [,disin'tæŋglmənt] *s.* districamento; liberazione; dipanamento; sbrogliamento *(anche fig.).*

disequilibrium ['dis,i:kwi'libriəm] *s.* squilibrio; instabilità; mancanza di equilibrio.

to **disestablish** [,disis'tæbliʃ] *vt* **1** privare un'istituzione del suo carattere pubblico; sciogliere *(un'istituzione).* **2** porre fine al riconoscimento di una Chiesa come religione di Stato.

disestablishment [,disis'tæbliʃmənt] *s.* abolizione del carattere pubblico di un'istituzione (*cfr.* **to disestablish**).

disfavour [dis'feivə*] (*USA* **disfavor**) *s.* disapprovazione; sfavore; disgrazia: *to regard sth with disfavour,* considerare qcsa con disapprovazione — *to be in (to fall into) disfavour,* essere (cadere) in disgrazia.

to **disfigure** [dis'figə*] *vt* sfigurare; deturpare: *a face disfigured by an ugly scar,* un volto deturpato da una brutta cicatrice.

disfigurement [dis'figərmənt] *s.* deturpazione; sfregio.

to **disforest** [dis'fɔrist] *vt* = **to disafforest.**

to **disfranchise** [dis'fræntʃaiz] *vt* privare dei diritti civili; privare di qualsiasi diritto o immunità *(spec. del diritto di voto).*

disfranchisement [dis'fræntʃaizmənt] *s.* privazione o perdita dei diritti civili (⇨ **to disfranchise**).

to **disfrock** [dis'frɔk] *vt* = **to unfrock.**

to **disgorge** [dis'gɔ:dʒ] *vt* **1** rigettare; vomitare. **2** *(fig.)* restituire il mal tolto. **3** riversarsi *(di fiume);* sboccare.

disgrace [dis'greis] *s.* **1** discredito; disonore; disgrazia; sfavore; onta: *There's no disgrace in being poor,* Non c'è disonore nell'essere poveri — *to be in disgrace,* essere in disgrazia — *to bring disgrace on one's family,* arrecare onta alla propria famiglia. **2** *(al sing. con l'art. indeterminativo)* vergogna; ignominia; infamia; disonore; affronto: *These slums are a disgrace to the city authorities,* Questi tuguri sono una vergogna per le autorità cittadine.

to **disgrace** [dis'greis] *vt* **1** disonorare; portare la vergogna; gettare il discredito: *Don't disgrace the family name,* Non disonorare il nome della tua famiglia. **2** destituire; mettere in disgrazia; umiliare.

disgraceful [dis'greisful] *agg* vergognoso; infame; ignobile; disonorevole; scandaloso: *disgraceful behaviour,* comportamento vergognoso. □ *avv* **disgracefully.**

disgruntled [dis'grʌntld] *agg (seguito da* with *oppure* at*)* scontento; di cattivo umore; scontroso.

disguise [dis'gaiz] *s.* **1** travestimento: *He went there in disguise,* Vi andò in incognito. **2** finzione; maschera; trucco; artificio; inganno: *a clever disguise,* un bel trucco — *He tried all sorts of disguises,* Provò ogni genere di inganni — *She made no disguise of her feelings,* Non cercò in alcun modo di nascondere i suoi sentimenti — *under the disguise of friendship,* sotto la maschera dell'amicizia. □ *It's a blessing in disguise, (prov.)* Non tutto il male viene per nuocere.

to **disguise** [dis'gaiz] *vt* **1** travestire; camuffare; contraffare: *He disguised his looks but he could not disguise his voice,* Riuscì a camuffare il suo aspetto, ma non riuscì a contraffare la voce — *He disguised himself as a policeman,* Si travestì da poliziotto — *It is a door disguised as a bookcase,* È una porta camuffata da libreria. **2** nascondere; celare; coprire; dissimulare: *He disguised his sorrow beneath a cheerful appearance,* Nascose il suo dolore sotto un'apparenza allegra — *There is no disguising the fact that...,* È inutile nascondere il fatto che...

disgust [dis'gʌst] *s.* disgusto; nausea; ripugnanza; schifo; avversione: *He went away in disgust,* Se ne andò disgustato — *to his great disgust,* con suo grande disgusto — *His disgust at the government's policy caused him to resign,* La sua avversione per la politica del governo lo indusse a rassegnare le dimissioni.

to **disgust** [dis'gʌst] *vt* disgustare; fare schifo; nauseare; provocare avversione, ripugnanza: *His behaviour disgusted everybody,* Il suo comportamento disgustò tutti — *We were disgusted at* (o *by, with) what we saw,* Fummo disgustati da ciò che vedemmo — *You disgust me!,* Mi fai schifo!

disgustedly [dis'gʌstidli] *avv* con disgusto: *He looked disgustedly at the dirty room,* Guardò con disgusto la camera sporca.

disgusting [dis'gʌstiŋ] *agg* disgustoso; nauseante; ripugnante: *His behaviour is disgusting to all decent folk,* Il suo comportamento ripugna ad ogni persona per bene. □ *avv* **disgustingly.**

dish [diʃ] *s.* **1** piatto *(di cibo);* portata; pietanza: *a meat dish,* un piatto (una portata) di carne — *His favourite dish is steak and chips,* La sua pietanza preferita è bistecca con patatine fritte — *to wash the dishes,* lavare i piatti — *dish-cloth,* strofinaccio dei piatti — *dish-washer,* - **a)** lavapiatti; sguattero, sguattera - **b)** macchina lavastoviglie — *dish-water,* acqua di rigovernatura *(anche fig., per brodaglia, bevanda o minestra scadente)* — *tasty (o dainty) dish,* - **a)** pietanza prelibata; leccornia - **b)** *(sl., talvolta soltanto* dish*)* bella ragazza — *standing dish,* piatto consueto, di tutti i giorni; *(fig.)* la solita minestra; la solita sbobba. **2** *(ant.)* tazza: *a dish of tea,* una tazza di tè. **3** recipiente a forma di piatto; scodella; *(fotografia)* bacinella. **4** riflettore parabolico.

to **dish** [diʃ] *vt* **1** *(seguito da* up *oppure* out*)* servire; distribuire; scodellare; presentare *(anche fig.): to dish up dinner,* servire (mettere nei piatti) il pranzo — *to dish up the usual arguments in a new form,* servire (presentare, scodellare) i soliti argomenti in una nuova forma — *to dish out punishments,* distribuire punizioni a destra e a manca. **2** *(fam.)* battere; travolgere; confondere; sconvolgere; mandare all'aria: *The scandal dished his hopes of being elected,* Lo scandalo mandò in fumo le sue speranze di essere eletto.
□ *vi (spec. di disco microsolco)* incavarsi *(come un piatto fondo).*

disharmony [,dis'hɑ:məni] *s.* disarmonia.

to **dishearten** [dis'hɑ:tn] *vt* scoraggiare.

dishevelled [di'ʃevəld] *agg* (*USA* **disheveled**) arruffato; scarmigliato; spettinato; in disordine.
dishonest [dis'ɔnist] *agg* disonesto. □ *avv* **dishonestly**.
dishonesty [dis'ɔnisti] *s.* disonestà.
dishonour [dis'ɔnə*] (*USA* **dishonor**) *s.* **1** disonore; onta; vergogna: *to bring dishonour on one's family,* portare disonore alla propria famiglia — *He was a dishonour to his regiment,* Era la vergogna del reggimento. **2** *(comm.)* mancato pagamento; mancato assolvimento *(di un impegno).*
to **dishonour** [dis'ɔnə*] (*USA* **to dishonor**) *vt* **1** disonorare; essere causa di disonore, di vergogna. **2** *(comm.)* rifiutare di pagare o di riconoscere un'obbligazione.
dishonourable [dis'ɔnərəbl] (*USA* **dishonorable**) *agg* disonorevole; disonorante; vergognoso. □ *avv* **dishonourably** (*USA* **dishonorably**).
dishwater ['diʃwɔ:tə*] *s.* ⇨ **dish 1**.
dishy ['diʃi] *agg (sl., di ragazza)* bella; attraente; 'favolosa'.
disillusion, disillusionment [,disi'lu:ʒən/,disi'lu:ʒənmənt] *s.* disillusione; disinganno.
to **disillusion** [,disi'lu:ʒən] *vt* disilludere; disingannare.
disincentive ['disin'sentiv] *s.* freno; remora.
disinclination [,disinkli'neiʃən] *s.* antipatia; avversione; riluttanza: *to have a strong disinclination for study,* sentire una forte avversione per lo studio — *to have a strong disinclination to study,* non avere assolutamente voglia di studiare *(in un dato momento).*
to **disincline** ['disin'klain] *vt* suscitare antipatia o riluttanza: *(generalm. nella forma) to be disinclined to do sth,* essere riluttante a fare qcsa — *He was disinclined to help me,* Non era disposto ad aiutarmi.
to **disinfect** [,disin'fekt] *vt* disinfettare.
disinfectant [,disin'fektənt] *agg e s.* disinfettante.
disinfection [,disin'fekʃən] *s.* disinfezione.
to **disinfest** [,disin'fest] *vt* disinfestare.
disinflation [,disin'fleiʃən] *s. (econ.)* deflazione.
disingenuous [,disin'dʒenjuəs] *agg* falso; sleale. □ *avv* **disingenuously**.
disingenuousness [,disin'dʒenjuəsnis] *s.* falsità; slealtà.
to **disinherit** [,disin'herit] *vt* diseredare.
disinheritance [,disin'heritəns] *s.* diseredamento.
to **disintegrate** [dis'intigreit] *vt* disintegrare; disgregare. □ *vi* disintegrarsi; disgregarsi.
disintegration [dis,inti'greiʃən] *s.* disintegrazione; disgregazione.
to **disinter** [,disin'tə:*] *vt* (**-rr-**) dissotterrare; esumare.
disinterested [dis'intristid] *agg* **1** disinteressato; imparziale. **2** *(fam., erroneamente)* = **uninterested**. □ *avv* **disinterestedly**.
disinterestedness [dis'intristidnis] *s.* disinteresse.
disinterment [,disin'tə:rmənt] *s.* dissotterramento; esumazione; disseppellimento.
disinvestment [,disin'vestmənt] *s.* liquidazione degli investimenti; smobilizzo.
to **disjoint** [dis'dʒɔint] *vt* smembrare; slogare; sconnettere.
disjointed [dis'dʒɔintid] *agg* sconnesso. □ *avv* **disjointedly**.
disjointedness [dis'dʒɔintidnis] *s.* sconnessione.
disjunctive [dis'dʒʌŋktiv] *agg* disgiuntivo.
disk [disk] *s.* = **disc**.
dislike [dis'laik] *s.* avversione; antipatia; ripugnanza: *to have a dislike of (o for) cats,* avere antipatia per i gatti — *to take a dislike to sb,* prendere in antipatia qcno — *likes and dislikes,* simpatie e antipatie *(in questo caso* dislikes *si pronuncia con l'accento sulla prima sillaba).*
to **dislike** [dis'laik] *vt* provare avversione o antipatia; non poter soffrire: *to dislike getting up early,* detestare di alzarsi presto — *If you behave like that, you'll get yourself disliked,* Se ti comporterai così, ti farai detestare — *I dislike him intensely,* Non lo posso soffrire *(fam.,* vedere*);* Non mi piace affatto.
to **dislocate** ['disləkeit] *vt* **1** slogare; lussare: *He fell from his horse and dislocated his collar-bone,* Cadde dal cavallo e si slogò la clavicola. **2** sconvolgere; mettere fuori posto; disturbare; intralciare: *Traffic was dislocated by the heavy fall of snow,* Il traffico fu intralciato dalla forte nevicata.
dislocation [,dislə'keiʃən] *s.* **1** slogatura; lussazione. **2** sconvolgimento; disturbo; disordine; intralcio. **3** dislocazione.
to **dislodge** [dis'lɔdʒ] *vt* **1** rimuovere: *to dislodge a stone from a building,* rimuovere una pietra da un edificio. **2** sloggiare; scacciare; far sgombrare: *to dislodge the enemy from their positions,* far sgombrare (scacciare) il nemico dalle sue posizioni.
dislodgement [dis'lɔdʒmənt] *s.* **1** rimozione. **2** sloggiamento.
disloyal [dis'lɔiəl] *agg* sleale. □ *avv* **disloyally**.
disloyalty [dis'lɔiəlti] *s.* slealtà.
dismal ['dizməl] *agg* triste; cupo; fosco; tetro; lugubre: *in a dismal voice,* con voce cupa — *a dismal day,* una giornata tetra. □ *avv* **dismally**.
dismalness ['dizməlnis] *s.* squallore; sconforto.
to **dismantle** [dis'mæntl] *vt* smantellare; demolire: *The old warship was dismantled,* La vecchia nave da guerra fu smantellata — *to dismantle an engine,* demolire un motore.
dismantling [dis'mæntliŋ] *s.* **1** demolizione; smantellamento. **2** *(mecc.)* smontaggio.
to **dismast** [dis'mɑ:st] *vt* disalberare *(una nave).*
dismay [dis'mei] *s.* sgomento; spavento; costernazione: *The news filled her with dismay,* La notizia la riempì di spavento — *He looked at me in dismay,* Mi guardò con sgomento.
to **dismay** [dis'mei] *vt* sgomentare; spaventare.
to **dismember** [dis'membə*] *vt* smembrare; squartare; *(fig.)* dividere *(una famiglia, una città, un paese).*
dismemberment [dis'membərmənt] *s.* smembramento.
to **dismiss** [dis'mis] *vt* **1** cacciare; mandare via; licenziare; destituire; allontanare; congedare: *The cook was dismissed for being lazy and dishonest,* La cuoca fu cacciata perché era pigra e disonesta — *The officer was dismissed (from) the service for neglect of duty,* L'ufficiale venne destituito per negligenza. **2** congedare; lasciare andare; dare l'ordine di rompere le file: *The teacher dismissed his class,* L'insegnante congedò la classe. **3** scacciare; abbandonare; mettere da parte; rinunciare: *to dismiss all thoughts of revenge,* rinunciare a ogni proposito di vendetta. **4** *(al cricket)* mettere fuori gioco *(un battitore o la squadra avversaria).* **5** *(dir.)* prosciogliere: *The accused was dismissed,* L'imputato fu prosciolto. **6** *(dir.)* rigettare; respingere: *The judge dismissed the case,* Il giudice dichiarò che il caso non dava luogo a procedere.
dismissal [dis'misəl] *s.* **1** allontanamento; licenziamento; destituzione. **2** congedo; licenza di partire; commiato. **3** bando; abbandono; rinuncia *(a un progetto, a un'idea, a un proposito).* **4** *(dir.)* proscioglimento. **5** *(dir.)* rigetto *(di una petizione, ecc.).*
dismissible [dis'misibl] *agg* **1** licenziabile. **2** desti-

tuibile. **3** *(di pensiero)* che si può scacciare dalla mente.

to **dismount** [dis'maunt] *vi (seguito da* from*)* scendere; smontare *(da cavallo, motocicletta, bicicletta).* □ *vt* **1** *(da un cavallo)* disarcionare; appiedare: *The knight dismounted his opponent,* Il cavaliere disarcionò il suo avversario. **2** *(da una vettura)* fare scendere; fare smontare. **3** *(mecc.)* smontare.

disobedience [,disə'bi:djəns] *s.* disubbidienza.

disobedient [,disə'bi:djənt] *agg* disubbidiente. □ *avv* **disobediently.**

to **disobey** [,disə'bei] *vt* disubbidire.

to **disoblige** [,disə'blaidʒ] *vt* essere scortese, non compiacente: *I'm sorry to disoblige you, but last time I lent you money you did not repay me,* Mi spiace di non poterti aiutare, ma l'ultima volta che ti ho prestato del denaro non me l'hai restituito.

disorder [dis'ɔ:də*] *s.* **1** disordine; confusione: *The enemy retreated in disorder,* Il nemico si ritirò in disordine. **2** tumulto; disordine (disordini): *Troops were called in to deal with the disorders in the capital,* Vennero chiamate le truppe per fronteggiare i disordini nella capitale. **3** *(med.)* disturbo; disordine; indisposizione: *a disorder of the digestive system,* un disturbo dell'apparato digerente — *to be suffering from mental disorder,* soffrire di disturbi mentali.

to **disorder** [dis'ɔ:də*] *vt* **1** disordinare; provocare disordine, confusione. **2** alterare; turbare *(il normale funzionamento dell'organismo): a disordered imagination,* un'immaginazione alterata (malata).

disorderliness [dis'ɔ:dəlinis] *s.* **1** disordine; confusione. **2** turbolenza; riottosità.

disorderly [dis'ɔ:dəli] *agg* **1** disordinato: *a disorderly room,* una camera in disordine. **2** tumultuoso; sfrenato; che va contro le buone norme: *a disorderly crowd,* una folla tumultuosa. □ *drunk and disorderly, (dir.)* ubriaco e molesto.

disorganization [dis,ɔ:gənai'zeiʃən] *s.* **1** disorganizzazione. **2** sconvolgimento; intralcio.

to **disorganize** [dis'ɔ:gənaiz] *vt* disorganizzare; sconvolgere; intralciare: *The train service was disorganized by fog,* Il servizio ferroviario fu scombussolato dalla nebbia.

to **disorientate** [dis'ɔ:rienteit] *vt* disorientare.

disorientation [dis,ɔ:rien'teiʃən] *s.* disorientamento.

to **disown** [dis'oun] *vt* disconoscere; rinnegare; ripudiare.

to **disparage** [dis'pæridʒ] *vt* denigrare; screditare; disprezzare; svilire.

disparagement [dis'pæridʒmənt] *s.* denigrazione; discredito.

disparaging [dis'pæridʒiŋ] *agg* denigratorio. □ *avv* **disparagingly.**

disparate ['dispərit] *agg* disparato.

disparates ['dispərits] *s. pl* cose disparate.

disparity [dis'pæriti] *s.* disparità; differenza; diversità: *disparity in rank,* disparità di grado.

dispassionate [dis'pæʃənit] *agg* spassionato; obiettivo imparziale; equo; sereno; calmo. □ *avv* **dispassionately.**

dispassionateness [dis'pæʃənitnis] *s.* spassionatezza; obiettività; imparzialità; equità; serenità di giudizio.

dispatch, despatch [dis'pætʃ] *s.* **1** *(comm.)* invio; spedizione: *Please hurry up the dispatch of these goods,* Per favore, sollecitate l'invio di questa merce. **2** dispaccio; messaggio: *The soldier was mentioned in dispatches,* Il soldato venne menzionato nei bollettini di guerra — *dispatch-box,* cassetta dei dispacci — *dispatch-rider, (mil.)* corriere; portaordini. **3** sollecitudine; prontezza; rapidità: *to act with dispatch,* agire con prontezza. **4** esecuzione *(di una condanna a morte): happy dispatch,* harakiri; suicidio giapponese.

to **dispatch,** to **despatch** [dis'pætʃ] *vt* **1** spedire; mandare; inviare: *to dispatch letters,* mandare lettere. **2** sbrigare; portare rapidamente a termine; smaltire; finire; liquidare. **3** uccidere; 'finire' *(nel senso di spacciare, dare il colpo di grazia): The executioner quickly dispatched the traitor,* Il boia finì rapidamente il traditore.

to **dispel** [dis'pel] *vt* (**-ll-**) dissipare; disperdere.

dispensable [dis'pensəbl] *agg* dispensabile; non necessario; superfluo.

dispensary [dis'pensəri] *s.* dispensario; farmacia.

dispensation [,dispen'seiʃən] *s.* **1** distribuzione; dispensazione; dispensa; elargizione: *the dispensation of charity,* la distribuzione della carità. **2** ordine; ordinamento *(spec. l'ordinamento naturale);* volere *(della Provvidenza).* **3** dispensa; esenzione: *to be granted dispensation from fasting during a journey,* ottenere la dispensa dal digiuno durante un viaggio. **4** legge religiosa; religione; sistema religioso: *the Mosaic dispensation,* la legge mosaica.

to **dispense** [dis'pens] *vt e i.* **1** dispensare; distribuire; elargire: *to dispense charity,* dispensare elemosina. **2** amministrare *(la giustizia, ecc.).* **3** preparare; somministrare *(medicine): to dispense a prescription,* preparare e consegnare una medicina — *dispensing chemist,* chi è autorizzato alla preparazione dei farmaci; farmacista. **4** dispensare; esonerare; esentare. **5** *to dispense with,* - **a)** fare a meno (di); fare senza: *He is not yet well enough to dispense with the doctor's services,* Non sta ancora così bene da poter fare a meno delle cure del medico - **b)** rendere inutile; rendere superfluo: *The new machinery dispenses with hand-labour,* Il nuovo macchinario rende inutile il lavoro manuale.

dispenser [dis'pensə*] *s.* **1** chi distribuisce, somministra *(spec. medicine);* dispensiere. **2** *(apparecchio)* dosatore; distributore.

dispersal [dis'pə:sl] *s.* dispersione; disseminazione; spargimento.

to **disperse** [dis'pə:s] *vt e i.* disperdere; sparpagliare; disseminare; spargere: *The police dispersed the crowd,* La polizia disperse la folla — *The cavalry were dispersed along a wide front,* La cavalleria era sparsa lungo un ampio fronte — *A prism disperses light,* Un prisma disperde la luce.
□ *vi* disperdersi: *The crowd dispersed when the police arrived,* La folla si disperse quando arrivò la polizia.

dispersion [dis'pə:ʃən] *s.* dispersione *(spec. della luce).* □ *the Dispersion,* la Diaspora.

to **dispirit** [dis'pirit] *vt* scoraggiare *(spec. al p. pres. e al p. pass.).*

dispirited [dis'piritid] *agg* abbattuto; depresso; scoraggiato: *to look dispirited,* aver l'aria scoraggiata (abbattuta). □ *avv* **dispiritedly.**

to **displace** [dis'pleis] *vt* **1** rimuovere; spostare; togliere dal proprio posto: *displaced persons,* profughi *(di guerra);* apolidi. **2** rimpiazzare; sostituire; subentrare: *The volunteers were displaced by a professional army,* I volontari vennero rimpiazzati da un esercito regolare — *Tom has displaced Harry in Mary's affections,* Tom ha preso il posto di Harry nel cuore di Mary. **3** *(di nave)* dislocare.

displacement [dis'pleismənt] *s.* **1** sostituzione: *the displacement of human labour by machines,* la sostituzione del lavoro umano ad opera delle macchine. **2** *(naut.)* dislocamento. **3** destituzione.

display [dis'plei] *s.* **1** mostra; esibizione; sfoggio; manifestazione; ostentazione; esposizione; dimostrazione: *a fashion display,* una sfilata di moda — *a fine display of courage,* una bella dimostrazione di coraggio — *to make a display of one's knowledge,* fare sfoggio della propria cultura. **2** *(tipografia)* risalto dei caratteri; rilievo tipografico.

to **display** [dis'plei] *vt* **1** mostrare; mettere in mostra; sfoggiare; esporre *(p.es. merce): The peacock displayed its fine tail feathers,* Il pavone sfoggiò la sua bella coda. **2** rivelare: *to display one's ignorance,* rivelare la propria ignoranza — *She displayed no sign of emotion,* Non lasciò trapelare alcun segno d'emozione.

to **displease** [dis'pli:z] *vt* dispiacere; recare dispiacere; urtare; seccare; offendere; scontentare: *to be displeased with sb,* essere seccato con qcno — *to be displeased at sb's conduct,* essere urtati dalla condotta di qcno.

displeasing [dis'pli:ziŋ] *agg* spiacevole; seccante. □ *avv* **displeasingly.**

displeasure [dis'pleʒə*] *s.* scontento; malcontento; corruccio; scontentezza; disapprovazione; dispiacere: *He looked with displeasure at the meal before him,* Guardò scontento il pasto che gli stava davanti — *to incur sb's displeasure,* incorrere nella disapprovazione di qcno.

to **disport** [dis'pɔ:t] *solo come v. rifl: to disport oneself, (ant., ora di solito scherz.)* bearsi; divertirsi; spassarsela.

disposable [dis'pouzəbl] *agg* **1** disponibile; vendibile. **2** da gettare; da perdere. **3** *(raro)* disponibile; pronto.

disposal [dis'pouzl] *s.* **1** disposizione; cessione; vendita; sistemazione; eliminazione; smaltimento: *the disposal of a piece of property,* la cessione di una proprietà — *the disposal of rubbish,* lo smaltimento dei rifiuti — *a bomb disposal squad,* una squadra di artificieri per il disinnescamento e la rimozione delle bombe inesplose. **2** disbrigo; amministrazione; controllo: *the disposal of business affairs,* il disbrigo degli affari commerciali — *In time of war the government must have (the) entire disposal of all material resources,* In tempo di guerra il governo deve avere il pieno controllo di tutte le risorse materiali — *at one's disposal,* a propria disposizione — *We are at your disposal for everything you may need,* Siamo a vostra disposizione per tutto ciò di cui potete avere bisogno — *He placed five thousand pounds at my disposal,* Mise a mia disposizione cinquemila sterline. **3** disposizione; sistemazione; collocazione; schieramento: *the disposal of troops,* la disposizione (lo schieramento) delle truppe.

to **dispose** [dis'pouz] *vi e t.* **1** *(seguito da* of*)* disfarsi; sbarazzarsi; liberarsi; eliminare; smaltire; sistemare; *(fam.)* ingoiare; mangiare: *to dispose of rubbish,* smaltire (eliminare) i rifiuti — *He doesn't want to dispose of the furniture just yet,* Non vuole disfarsi dei mobili per il momento — *I think we have disposed of all his arguments,* Credo che abbiamo eliminato tutte le sue obiezioni — *The dictator soon disposed of his opponents,* Il dittatore si sbarazzò presto dei suoi avversari. **2** disporre; collocare; schierare; ordinare; distribuire: *The cruisers were disposed in line abreast,* Gli incrociatori vennero disposti su una linea frontale — *God disposes all things according to His will,* Dio dispone (di) ogni cosa secondo la Sua volontà — *Man proposes, God disposes, (prov.)* L'uomo propone, Dio dispone. **3** disporre; invogliare; predisporre; rendere propenso, incline: *Your news disposes me to believe that...,* Le vostre notizie mi portano a credere che...

disposed [dis'pouzd] *agg* disposto; incline; propenso: *I'm not disposed (I don't feel disposed) to help them,* Non sono disposto ad aiutarli — *Do you feel disposed for a walk?,* Hai voglia di fare una passeggiata? — *to be well (ill) disposed towards sb,* essere ben (mal) disposto nei confronti di qcno.

disposition [,dispə'ziʃən] *s.* **1** disposizione; collocazione; sistemazione; assetto; schieramento; ordinamento; modo di ordinare o disporre: *a clever disposition of troops,* una disposizione (uno schieramento) intelligente delle truppe — *dispositions to withstand an attack,* schieramenti atti a resistere ad un attacco. **2** predisposizione; inclinazione; attitudine; carattere; temperamento; disposizione; indole: *a man with a cheerful disposition,* un uomo di temperamento allegro — *a disposition to jealousy,* un temperamento geloso — *a disposition to take offence easily,* un'inclinazione a offendersi facilmente; un temperamento suscettibile. **3** tendenza; disposizione; intenzione; desiderio: *There was a general disposition to leave early,* Il desiderio generale era di partire presto. **4** autorità; potere di disporre: *God has the supreme disposition of all things,* Dio ha il potere supremo su ogni cosa — *Who has the disposition of this property?,* Chi ha il potere di disporre di questa proprietà? **5** *(al pl.)* misure; predisposizioni; preparativi. **6** disposizione testamentaria.

to **dispossess** [,dispə'zes] *vt* spodestare; espropriare: *The nobles were dispossessed of their property after the Revolution,* I nobili furono espropriati dopo la Rivoluzione.

dispossession [,dispə'zeʃən] *s.* spogliazione; espropriazione.

disproof [dis'pru:f] *s.* confutazione.

disproportion [,disprə'pɔ:ʃən] *s.* sproporzione: *disproportion in age,* sproporzione (divario) di età.

disproportionate [,disprə'pɔ:ʃənit] *agg* sproporzionato; inadeguato: *to give a disproportionate amount of one's time to sport,* dedicare una quantità sproporzionata del proprio tempo allo sport. □ *avv* **disproportionately.**

to **disprove** [dis'pru:v] *vt* confutare; smentire.

disputable [dis'pju:təbl/'dispju:təbl] *agg* disputabile; discutibile. □ *avv* **disputably.**

disputant [dis'pju:tənt/'dispju:tənt] *s.* disputante; disputatore.

disputation [,dispju'teiʃən] *s.* **1** disputa; controversia. **2** discussione *(di tesi per il dottorato).*

disputatious [,dispju'teiʃəs] *agg* cavilloso; litigioso. □ *avv* **disputatiously.**

dispute [dis'pju:t] *s.* **1** dibattito; discussione; disputa; polemica; argomentazione; controversia; contrasto; contesa; battibecco: *the matter in dispute,* la questione in discussione — *beyond (all) dispute; past dispute,* fuori (da ogni) discussione; senza discussione; senza dubbio — *without dispute,* indiscutibilmente; senza tema di smentite. **2** lotta; vertenza; controversia: *to settle a dispute,* comporre una controversia.

to **dispute** [dis'pju:t] *vi e t.* **1** disputare; contendere; dibattere; argomentare; contrastare; polemizzare; battibeccare; discutere; litigare; altercare: *Some people are always disputing,* Certa gente è sempre in polemica — *They were disputing whether to start out at once or wait,* Stavano discutendo se partire subito o aspettare. **2** discutere; mettere in dubbio o in discussione; contestare; cercare di invalidare: *to dispute a statement (a claim, a decision),* mettere in dubbio (la validità di) un'affermazione (una rivendicazione, una decisione) — *The election result was disputed,* Si contestò il risultato dell'elezione. **3** opporsi; resistere; contendersi; disputarsi; battersi; lottare per: *to dispute an enemy landing,* resistere ad uno sbarco del nemico — *Our team disputed the victory until the last minute,* La nostra squadra si batté per la vittoria fino all'ultimo minuto.

disqualification [dis,kwɔlifi'keiʃən] *s.* **1** incapacità; inidoneità; inabilità. **2** esclusione; squalifica. **3** *(dir.)* interdizione; dichiarazione di incapacità.

to **disqualify** [dis'kwɔlifai] *vt* **1** impedire; rendere incapace o inidoneo; inibire; inabilitare: *His weak eyesight disqualified him for military service,* La vista debole lo rese inabile al servizio militare — *to disqualify sb from driving,* togliere la patente a qcno. **2** *(sport)* escludere; squalificare *(da una gara, ecc.).* **3** *(dir.)* interdire; dichiarare incapace.

disquiet [dis'kwaiət] *s.* inquietudine; turbamento; apprensione; ansietà; allarme.

to **disquiet** [dis'kwaiət] *vt* turbare; rendere inquieto; mettere in apprensione (in ansia).

disquieting [dis'kwaiətiŋ] *agg* inquietante; preoccupante; allarmante. □ *avv* **disquietingly.**

disquietude [dis'kwaiətju:d] *s.* inquietudine; turbamento; ansia; agitazione; preoccupazione; apprensione; allarme.

disquisition [,diskwi'ziʃən] *s. (raro)* disquisizione.

disregard [,disri'gɑ:d] *s.* inosservanza; negligenza; disattenzione; trascuratezza; noncuranza; indifferenza; *(per estensione)* spregio; disprezzo: *disregard of a rule,* inosservanza di una norma.

to **disregard** [,disri'gɑ:d] *vt* trascurare; non tenere in conto; non osservare; ignorare; non fare caso: *to disregard a warning,* ignorare un avvertimento.

disregardful [,disri'gɑ:dful] *agg* noncurante; indifferente.

disrelish [dis'reliʃ] *s. (raro)* avversione; disgusto; antipatia.

to **disrelish** [dis'reliʃ] *vt (raro)* provare disgusto, ripugnanza (per); non poter soffrire *(qcno o qcsa).*

to **disremember** [,disri'membə*] *vt (fam., irlandese)* dimenticare.

disrepair [,disri'pɛə*] *s.* cattivo stato; rovina *(spec. di edifici, ecc.).*

disreputable [dis'repjutəbl] *agg* **1** malfamato; di cattiva reputazione; sconveniente; indecoroso; indecente. **2** *(spec. del vestire)* mal conciato; logoro; male in arnese; malmesso: *a disreputable-looking fellow,* un tipo male in arnese. □ *avv* **disreputably.**

disreputableness [dis'repjutəblnis] *s.* indecenza; indecorosità; cattiva fama.

disrepute [,disri'pju:t] *s.* scredito; cattiva reputazione: *The hotel has fallen into disrepute,* L'albergo si è guadagnato una brutta fama.

disrespect [,disris'pekt] *s.* mancanza di rispetto; scortesia; sgarbo; malagrazia; malcreanza: *He meant no disrespect by that remark,* Con quella osservazione non intendeva fare alcuno sgarbo — *No disrespect meant!,* Non intendevo mancare di rispetto!; Non volevo sembrare irriguardoso!

disrespectful [,disris'pektful] *agg* irriguardoso; irrispettoso; sgarbato; scortese; irriverente; senza rispetto. □ *avv* **disrespectfully.**

to **disrobe** [dis'roub] *vi e t.* svestire, svestirsi; spogliare, spogliarsi *(generalm. riferito a paramenti liturgici o ad abiti cerimoniali).*

to **disrupt** [dis'rʌpt] *vt* infrangere; spaccare; spezzare; smembrare; disgregare; frantumare; mandare in pezzi; sconvolgere; intralciare *(generalm. fig.): Communications were disrupted for 24 hours,* Le comunicazioni vennero interrotte per 24 ore.

disruption [dis'rʌpʃən] *s.* disordine; scompiglio; confusione; frantumazione; disgregazione; separazione; spaccatura; scissione: *the disruption of the Roman Empire,* la disgregazione dell'Impero Romano.

disruptive [dis'rʌptiv] *agg* frantumante; disgregante.

dissatisfaction ['dis,sætis'fækʃən] *s. (seguito da* with *o* at*)* insoddisfazione (per); scontentezza.

dissatisfied [dis'sætisfaid] *agg (seguito da* with *o* at*)* insoddisfatto; non soddisfatto; scontento: *to be dissatisfied with one's salary,* non essere soddisfatto del proprio stipendio.

to **dissect** [di'sekt] *vt* **1** sezionare; dissecare; anatomizzare. **2** *(fig.)* esaminare minuziosamente; analizzare scrupolosamente.

dissection [di'sekʃən] *s.* **1** dissezione; sezionamento. **2** sezione anatomica. **3** esame minuzioso; analisi scrupolosa e attenta.

to **dissemble** [di'sembl] *vt e i.* dissimulare; simulare; celare; nascondere: *to dissemble one's emotions,* dissimulare le proprie emozioni.

dissembler [di'semblə*] *s.* dissimulatore; simulatore; ipocrita; ingannatore.

to **disseminate** [di'semineit] *vt* disseminare; diffondere *(idee, dottrine, ecc.).*

dissemination [di,semi'neiʃən] *s.* disseminazione; diffusione; divulgazione.

dissension [di'senʃən] *s.* dissenso; divergenza.

dissent [di'sent] *s.* **1** dissenso: *to express strong dissent,* esprimere un forte dissenso. **2** *(stor., collettivo)* (i) dissidenti; (gli) scismatici: *Dissent used to be strong in this part of England,* C'era un forte numero di dissidenti *(cioè, di non anglicani)* in questa parte d'Inghilterra.

to **dissent** [di'sent] *vi* **1** dissentire; essere in disaccordo: *I strongly dissent from what the last speaker has said,* Sono in pieno disaccordo con ciò che ha detto l'ultimo oratore. **2** *(religione)* essere dissenziente (dissidente).

dissenter [di'sentə*] *s.* **1** dissenziente. **2** *(religione)* dissidente: *the Dissenters, (stor.)* i Dissidenti *(non anglicani).*

dissertation [,disə'teiʃən] *s.* dissertazione.

disservice [dis'sə:vis] *s. (al sing., con l'art. indeterminativo)* cattivo servizio; danno: *to do sb a disservice,* fare un cattivo servizio a qcno.

to **dissever** [dis'sevə*] *vt* separare; dividere.

dissidence ['disidəns] *s.* dissidenza; dissenso.

dissident ['disidənt] *agg e s.* dissidente; dissenziente.

dissimilar [di'similə*] *agg (seguito da* to *o* from*)* dissimile; diverso: *people with dissimilar tastes,* persone con gusti diversi.

dissimilarity [,disimi'læriti] *s.* dissomiglianza; diversità; differenza.

dissimilitude [,disi'militju:d] *s.* dissimilitudine; dissomiglianza; diversità.

to **dissimulate** [di'simjuleit] *vt e i.* dissimulare.

dissimulation [di,simju'leiʃən] *s.* dissimulazione.

to **dissipate** ['disipeit] *vt e i.* **1** dissipare, dissiparsi; dissolvere, dissolversi; disperdere, disperdersi; scacciare: *to dissipate doubt (ignorance),* dissipare il dubbio (l'ignoranza) — *The wind quickly dissipated the clouds,* Il vento disperse rapidamente le nubi — *The mist* *dissipated,* La foschia si dissolse. **2** *(fig.)* sciupare; dissipare; sprecare: *He soon dissipated his fortune,* Dissipò ben presto il suo patrimonio — *Don't dissipate your energies,* Non sprecare le tue energie.

dissipated ['disipeitid] *agg* dissoluto; dissipato: *to lead a dissipated life,* condurre una vita dissoluta — *to fall into dissipated ways,* cadere nella dissolutezza; abbandonarsi a costumi dissipati.

dissipation [ˌdisi'peiʃən] *s.* **1** *(non comune)* dissipazione; dispersione: *the dissipation of the clouds,* il disperdersi delle nuvole. **2** dissipazione; dissolutezza; spreco: *a life of dissipation,* una vita dissoluta — *an unwise dissipation of one's energy,* uno sconsiderato spreco delle proprie energie.

to **dissociate** [di'souʃieit] *vt* dissociare; separare; disgiungere; scindere: *It is difficult to dissociate a man from his position,* È difficile dissociare un uomo dalle sue funzioni — *I wish to dissociate myself from what has been said here,* Desidero dissociarmi da ciò che è stato detto qui.

dissociation [diˌsousi'eiʃən] *s.* dissociazione; separazione; scissione; discordanza; *(fig.)* sdoppiamento (della personalità).

dissolubility [diˌsɔlju'biliti] *s.* dissolubilità.

dissoluble [di'sɔljubl] *agg* dissolubile.

dissolute ['disəlu:t] *agg* dissoluto; licenzioso: *to lead a dissolute life,* condurre una vita dissoluta. □ *avv* **dissolutely.**

dissolution [ˌdisə'lu:ʃən] *s.* **1** dissoluzione; dissolvimento. **2** scioglimento *(di matrimonio, associazione, parlamento, ecc.).*

to **dissolve** [di'zɔlv] *vt e i.* **1** dissolvere, dissolversi; sciogliere, sciogliersi; disfarsi: *Water dissolves salt,* L'acqua scioglie il sale — *Salt dissolves in water,* Il sale si scioglie nell'acqua — *He dissolved the salt in water,* Sciolse il sale nell'acqua. **2** svanire; dissolversi; scomparire: *to dissolve into thin air,* svanire; andare in fumo. **3** risolvere *(un impegno, un contratto, ecc.);* sciogliere: *to dissolve Parliament early,* sciogliere anticipatamente il Parlamento.

dissonance ['disənəns] *s.* dissonanza; discordanza.

dissonant ['disənənt] *agg* dissonante; discorde. □ *avv* **dissonantly.**

to **dissuade** [di'sweid] *vt* dissuadere; sconsigliare; distogliere; scoraggiare: *to dissuade sb from sth (from doing sth),* distogliere qcno da qcsa (dal fare qcsa).

dissuasion [di'sweiʒən] *s.* dissuasione.

dis(s)yllabic [ˌdisi'læbik] *agg* disillabo; bisillabo.

dis(s)yllable [di'siləbl] *s.* disillabo; bisillabo.

distaff ['distɑ:f] *s.* conocchia; rocca. □ *the distaff side,* la linea femminile *(di una famiglia)* — *on the distaff side,* per parte di madre.

distance ['distəns] *s.* **1** distanza; lontananza: *The house stands on a hill and can be seen from a distance of two miles,* La casa si trova su un poggio e la si può vedere da una distanza di due miglia — *The station is no distance at all,* La stazione non è affatto distante (è vicinissima) — *It's some distance to the school,* La scuola è abbastanza lontana (distante) — *This picture looks better at a distance,* Questo quadro si vede meglio da lontano — *in the distance,* in lontananza — *to keep one's distance,* tenere le distanze — *to keep sb at a distance,* tenere qcno alle debite distanze; trattarlo dall'alto in basso — *to be within striking distance,* essere a tiro, a portata di mano. **2** *(riferito al tempo)* distanza; tratto; intervallo; periodo di tempo: *to look back over a distance of fifty years,* riandare indietro di cinquanta anni — *at this distance of time,* dopo tanti anni (dopo tanto tempo). □ *to be within walking distance,* essere facilmente raggiungibile a piedi — *the middle distance,* la parte mediana; il centro *(di un quadro, ecc.)* — *a long-distance call, (USA, ora anche GB)* una telefonata interurbana — *a middle-distance runner, (sport)* un mezzofondista — *a long-distance runner,* un fondista.

to **distance** ['distəns] *vt* distanziare; staccare; lasciare indietro; superare: *The black horse soon distanced (più comunemente: out-distanced) the others,* Ben presto il cavallo nero distanziò gli altri.

distant ['distənt] *agg* **1** distante; lontano *(di spazio e di tempo);* remoto: *The school is three miles distant from the station,* La scuola dista tre miglia dalla stazione — *We had a distant view of Mont Blanc,* Potemmo vedere il Monte Bianco in lontananza. **2** *(di parentela)* lontano: *She is a distant cousin of mine,* È una mia lontana cugina. **3** *(fig.)* vago *(di somiglianze, ecc.): There is a distant resemblance between the two,* Tra i due c'è una vaga rassomiglianza. **4** *(fig.)* riservato; freddo; altero: *She passed by me with only a distant nod,* Mi passò accanto con un freddo cenno di saluto.

□ *avv* **distantly 1** in distanza; da lontano: *He is distantly related to me,* Siamo lontani parenti. **2** freddamente (*cfr.* **distant 4**).

distaste [dis'teist] *s.* antipatia; avversione; ripugnanza; disgusto: *a distaste for demonstrations of affection,* una ripugnanza per le dimostrazioni di affetto — *He turned away in distaste,* Si ritrasse disgustato.

distasteful [dis'teistful] *agg* sgradevole; spiacevole; disgustoso; ripugnante; antipatico: *It is distasteful to me to have to say this, but...,* È sgradevole per me dover dire questo, ma... □ *avv* **distastefully.**

distastefulness [dis'teistfulnis] *s.* sgradevolezza; ripugnanza; antipatia.

[1]**distemper** [dis'tempə*] *s.* tempera; pittura a tempera.

to **distemper** [dis'tempə*] *vt* dipingere; colorare (pitturare) a tempera; intonacare.

[2]**distemper** [dis'tempə*] *s.* cimurro.

distempered [dis'tempəd] *agg (ant.)* turbato; ammalato *(di mente).*

to **distend** [dis'tend] *vt e i.* dilatare; gonfiare.

distension [dis'tenʃən] *s.* dilatazione; rigonfiamento; gonfiore.

to **distil** [dis'til] (*USA* **to distill**) *vt e i.* (**-ll-**) **1** distillare. **2** stillare; gocciolare; essudare: *flowers that distil nectar,* fiori che stillano nettare.

distillation [ˌdisti'leiʃən] *s.* **1** distillazione. **2** *(fig.)* quintessenza.

distiller [dis'tilə*] *s.* distillatore.

distillery [dis'tiləri] *s.* distilleria.

distilling [dis'tiliŋ] *s.* distillazione.

distinct [dis'tiŋkt] *agg* **1** distinto; chiaro; netto; deciso; definito; nitido: *The earth's shadow on the moon was quite distinct,* L'ombra della terra sulla luna era molto nitida — *There is a distinct improvement in her French accent,* C'è un netto miglioramento nel suo accento francese. **2** separato; distinto; diverso: *Keep these two ideas distinct,* Tenete ben distinti questi due concetti. □ *avv* **distinctly.**

distinction [dis'tiŋkʃən] *s.* **1** distinzione; differenza: *without distinction of rank,* senza distinzioni di rango — *to make a distinction,* fare una distinzione — *a distinction without a difference,* una differenza puramente nominale (apparente, verbale). **2** eccellenza; capacità eccezionale; distinzione: *a writer of distinction,* uno scrittore eminente — *He served with* *distinction in both wars,* Combatté valorosamente in entrambe le guerre. **3** onore; riconoscimento; onorificenza; decorazione.

distinctive [dis'tiŋktiv] *agg* distintivo; caratteristico: *Scouts wear a distinctive uniform,* Gli 'scouts' portano una uniforme caratteristica. □ *avv* **distinctively.**

distinctness [dis'tiŋktnis] *s.* chiarezza; precisione; nettezza; nitidezza.

to **distinguish** [dis'tiŋgwiʃ] *vt e i.* **1** distinguere; riconoscere; discernere. **2** distinguere; differenziare: *The twins were so much alike that it was impossible to distinguish one from the other,* I gemelli si somigliavano a tal punto che era impossibile distinguerli — *to distinguish oneself,* distinguersi; farsi notare — *He distinguished himself by his courage,* Si distinse per il suo coraggio. □ (⇨ *anche* **distinguished**).

distinguishable [dis'tiŋgwiʃəbl] *agg* distinguibile.

distinguished [dis'tiŋgwiʃt] *agg* **1** famoso; illustre; insigne; eminente; eccellente; eccezionale; di grande distinzione. **2** *(spesso* distinguished-looking*)* distinto; dall'aspetto distinto. □ *avv* **distinguishedly.**

to **distort** [dis'tɔ:t] *vt* **1** torcere; distorcere; alterare; deformare; scomporre: *a face distorted by pain,* un volto deformato dal dolore. **2** falsare; travisare; alterare; deformare *(fatti, notizie, informazioni): Newspaper accounts of affairs are often distorted,* I resoconti giornalistici sono talvolta deformati — *You have distorted my motives!,* Avete falsato le mie intenzioni!

distorted [dis'tɔ:tid] *agg* scomposto; alterato; deformato; falso. □ *avv* **distortedly.**

distortion [dis'tɔ:ʃən] *s.* distorsione; alterazione; deformazione; travisamento.

to **distract** [dis'trækt] *vt* **1** distrarre; distogliere l'attenzione: *The noise from the street distracted me from my reading,* Il rumore della strada mi distrasse dalla lettura. **2** sconvolgere; turbare; stordire; fare impazzire.

distracted [dis'træktid] *agg* stordito; confuso; sconvolto; turbato; tormentato; agitato; *(per estensione)* impazzito: *to be distracted between love and duty,* essere combattuto tra l'amore e il dovere — *to be distracted with (*o *by) grief,* essere sconvolto dal dolore — *You will drive her distracted,* La farai impazzire. □ *avv* **distractedly.**

distraction [dis'trækʃən] *s.* **1** distrazione; mancanza di attenzione; causa di distrazione: *Noise is a distraction when you are trying to study,* Il rumore disturba quando si cerca di studiare. **2** divertimento; svago; distrazione; passatempo; ricreazione. **3** follia; confusione mentale: *John loves her to distraction,* John l'ama alla follia — *to drive sb to distraction,* far impazzire qcno.

to **distrain** [dis'trein] *vi (dir.: sempre seguito da* upon*)* sequestrare: *to distrain upon sb's furniture for rent,* sequestrare i mobili di qcno per il mancato pagamento dell'affitto.

distraint [dis'treint] *s.* (*dir., cfr.* **to distrain**) sequestro.

distrait [dis'trei] *agg* (*fr.: f.* **distraite**) distratto.

distraught [dis'trɔ:t] *agg* sconvolto; turbato; quasi pazzo: *to be distraught with grief,* essere pazzo di dolore.

distress [dis'tres] *s.* **1** dolore; pena; angoscia; ambascia; fatica; *(med.)* sofferenza: *At the end of the Marathon several runners showed signs of distress,* Alla fine della maratona parecchi corridori mostravano segni di fatica. **2** povertà; ristrettezze; angustia; sofferenza: *He spent his fortune in relieving distress among the poor,* Spese il suo patrimonio per sollevare i poveri dalle loro sofferenze. **3** pericolo; grave difficoltà: *a ship in distress,* una nave in pericolo — *distress signal,* segnale di allarme. **4** (= **distraint**) sequestro; pignoramento; *(per estensione)* bene pignorato: *distress-warrant,* mandato di pignoramento.

to **distress** [dis'tres] *vt* affliggere; turbare; addolorare: *I'm much distressed to learn of your wife's death,* Sono molto addolorato dalla notizia della morte di tua moglie — *What are you looking so distressed about?,* Perché hai l'aria così afflitta? — *Don't distress yourself,* Non affliggerti. □ *distressed areas,* zone depresse — *a distressed ship,* una nave in difficoltà.

distressful [dis'tresful] *agg* **1** doloroso; angoscioso; penoso. **2** infelice; sventurato. □ *avv* **distressfully.**

distressing [dis'tresiŋ] *agg* penoso; doloroso. □ *avv* **distressingly.**

to **distribute** [dis'tribju:t] *vt* **1** distribuire; dare; assegnare; ripartire; smistare: *He left some money to be distributed among the servants,* Lasciò del denaro da distribuirsi tra i servitori. **2** cospargere; disseminare: *to distribute manure over a field,* cospargere un campo di letame. **3** *(tipografia)* scomporre.

distribution [,distri'bju:ʃən] *s.* **1** distribuzione; ripartizione; diffusione: *the distribution of profits,* la distribuzione dei profitti (degli utili) — *a wide distribution,* una grandissima diffusione. **2** *(tipografia)* scomposizione.

distributive [dis'tribjutiv] *agg* distributivo: *'Each' and 'every' are distributive adjectives,* 'Each' and 'every' *(ciascuno, ognuno)* sono aggettivi distributivi — *the distributive trades,* il settore della distribuzione. □ *avv* **distributively.**

distributor [dis'tribju:tə*] *s.* **1** distributore. **2** *(tipografia)* scompositore.

district ['distrikt] *s.* **1** territorio; regione; zona; area: *a mountainous district,* una regione montuosa — *purely agricultural districts,* zone esclusivamente agricole — *the Lake District,* la regione dei laghi *(nell'Inghilterra settentrionale).* **2** distretto; quartiere; circoscrizione; comprensorio; *(GB)* frazione di una contea: *the London postal districts,* i distretti postali di Londra — *rural and urban districts,* distretti rurali e urbani — *the District of Columbia, (USA)* la Circoscrizione della Columbia *(territorio del governo federale, che comprende la città di Washington)* — *district council,* consiglio distrettuale.

distrust [dis'trʌst] *s.* diffidenza; sospetto; dubbio.

to **distrust** [dis'trʌst] *vt* diffidare; non avere fiducia; sospettare.

distrustful [dis'trʌstful] *agg* sospettoso; diffidente: *I was distrustful of his motives,* Diffidavo delle sue intenzioni. □ *avv* **distrustfully.**

distrustfulness [dis'trʌstfulnis] *s.* sospettosità; diffidenza.

to **disturb** [dis'tə:b] *vt* disturbare; turbare; mettere sottosopra; mettere in disordine: *Do not disturb,* Non disturbare — *Don't disturb the papers on my desk,* Non mettere in disordine le carte sul mio tavolo — *to disturb the peace,* turbare l'ordine pubblico.

disturbance [dis'tə:bəns] *s.* **1** disturbo; incomodo; fastidio; turbamento; perturbazione. **2** agitazione; confusione; scompiglio; disordine: *political disturbances,* disordini politici — *to cause a disturbance,* turbare la quiete pubblica.

disunion [dis'ju:njən] *s.* disunione; separazione.

to **disunite** [,disju:'nait] *vt e i.* disunire; separare, separarsi.

disuse [dis'ju:s] *s.* disuso; mancanza d'uso; abbandono: *words that have fallen into disuse,* parole che sono cadute in disuso (che sono ormai desuete) — *to be rusty from disuse,* essere arrugginito per mancanza d'uso.

disused [dis'ju:dz] *agg* in disuso: *a disused well,* un pozzo in disuso.

ditch [ditʃ] *s.* fosso; fossato; rigagnolo; canale di scolo. □ *dull as ditch-water,* mortalmente noioso — *to die in the last ditch,* morire sull'ultima trincea; difendersi disperatamente — *the Ditch, (GB, sl.)* la Manica; *(talvolta)* il Mare del Nord; *(USA, sl.)* il Canale di Panama.

to **ditch** [ditʃ] *vt e i.* **1** scavare un fosso, un fossato; ripulire un fossato; munire di un fossato (di un canale di scolo). **2** *(fam.)* cadere in un fosso; mandare in un fosso; *(sl., aeronautica)* cadere in mare; ammarare; far ammarare: *The drunken man ditched his car,* L'ubriaco andò a finire com l'auto nel fosso — *The pilot had to ditch his plane,* Il pilota fu costretto ad ammarare. **3** *(sl.)* piantare in asso; lasciare nei guai; abbandonare.

dither ['diðə*] *s.* tremito: *to be all of a dither, (fam.)* essere in grande agitazione; essere tutto un tremito — *to have the dithers, (fam.)* tremare verga a verga; tremare come una foglia.

to **dither** ['diðə*] *vi* **1** tremare. **2** *(fam.)* vacillare; tentennare; esitare; non sapere decidere sul da farsi.

ditto ['ditou] *s.* (*abbr.* **d°, do:** *pl.* **dittos**) idem; medesimo; sopraddetto; lo stesso *(in inventari, ecc.): one hat at two pounds; ditto at three pounds,* un cappello, due sterline; idem, tre sterline — *to say ditto, (fam.)* assentire; dire la stessa cosa; dichiararsi dello stesso avviso — *ditto mark,* segno di ripetizione.
□ *avv* anche; idem; lo stesso.

ditty ['diti] *s.* canzonetta.

diurnal [dai'ə:nl] *agg* diurno.

to **divagate** ['daivəgeit] *vi* divagare.

divagation [,daivə'geiʃən] *s.* divagazione; digressione.

divan [di'væn] *s.* divano: *divan bed,* divano letto.

dive [daiv] *s.* **1** tuffo; immersione: *a graceful dive,* un bel tuffo — *crash dive, (di sommergibile)* immersione rapida. **2** *(di velivolo)* picchiata. **3** *(USA)* bettola: *a low dive,* una bettola di infimo ordine.

to **dive** [daiv] *vi* (*USA, pass.* **dived** *oppure* **dove**) **1** tuffarsi; andare a capofitto; *(fig.)* pescare *(dentro qcsa);* immergersi *(anche fig.): He dived from the bridge and rescued the child,* Si tuffò dal ponte e salvò il bimbo — *to dive for pearls,* (tuffarsi per) pescare perle — *He dived into his pocket and pulled out a handful of coins,* Pescò in tasca e ne trasse una manciata di monetine — *diving board,* trampolino *(per tuffi)* — *diving bell,* campana di immersione — *diving-dress (-suit),* scafandro; tuta da sommozzatore — *to dive into a book,* immergersi in un libro. **2** scendere fulmineamente; *(di velivolo)* picchiare; fare una picchiata: *The rabbit dived into its hole,* Il coniglio si cacciò velocemente nella tana — *The aircraft dived steeply,* Il velivolo fece una picchiata vertiginosa.

to **dive-bomb** ['daivbɔm] *vt e i.* bombardare in picchiata.

diver ['daivə*:] *s.* **1** tuffatore. **2** palombaro; sommozzatore. **3** *(zool.)* strolaga.

to **diverge** [dai'və:dʒ] *vi* divergere; deviare; allontanarsi; scostarsi; dipartirsi: *to diverge from the beaten track,* scostarsi (deviare, allontanarsi) dal sentiero battuto *(anche fig.).*

divergence, divergency [dai'və:dʒənts(i)] *s.* divergenza; discostamento; allontanamento; deviazione: *divergencies from the norm,* deviazioni dalla norma.

divergent [dai'və:dʒənt] *agg* divergente; che si discosta; che si allontana.

divers ['daivəz] *agg pl (ant.)* diversi; parecchi.

diverse [dai'və:s/'daivə:s] *agg* diverso; vario. □ *avv* **diversely.**

diversification [dai,və:sifi'keiʃən] *s.* diversificazione.

to **diversify** [dai'və:sifai] *vt* diversificare; rendere vario, diverso.

diversion [dai'və:ʃən] *s.* **1** deviazione: *the diversion of a stream,* la deviazione di una corrente — *traffic diversions,* deviazioni (del traffico). **2** distrazione; divertimento; passatempo: *Chess and billiards are his favourite diversions,* Gli scacchi e il bigliardo sono i suoi passatempi preferiti. **3** diversione; distrazione dell'attenzione: *to create (to make) a diversion, (mil.)* creare (effettuare) una diversione *(per distogliere l'attenzione del nemico).*

diversionary [dai'və:ʃənəri] *agg* diversivo: *a diversionary raid, (mil.)* una missione a scopo diversivo.

diversity [dai'və:siti] *s.* diversità; varietà.

to **divert** [dai'və:t/di-] *vt* **1** deviare; deflettere; mutare la direzione: *to divert the course of a river,* deviare il corso di un fiume — *to divert a river from its course,* deviare un fiume dal suo corso — *to divert water from a river into the fields,* deviare l'acqua di un fiume per incanalarla nei campi. **2** divertire; distrarre; distogliere l'attenzione: *Some people are easily diverted,* Certa gente si distrae facilmente — *How can we divert her thoughts from this sad loss?,* Come possiamo distogliere i suoi pensieri da questa triste perdita?

diverting [dai'və:tiŋ] *agg* divertente. □ *avv* **divertingly.**

to **divest** [dai'vest/di-] *vt* **1** *(seguito da* of*)* svestire; spogliare. **2** spogliare; privare: *to divest an official of his authority,* privare un funzionario della sua autorità — *to divest oneself of sth, (fig.)* sbarazzarsi, liberarsi, spogliarsi di qcsa — *I cannot divest myself of the idea,* Non riesco a liberarmi da quell'idea.

divide [di'vaid] *s.* *(USA)* spartiacque. □ *the Great Divide,* il confine tra la vita e la morte.

to **divide** [di'vaid] *vt* dividere; ripartire; distribuire; spartire *(anche* to divide out*): He divides his time between work and play,* Divide (Distribuisce) il suo tempo tra lavoro e gioco — *How shall we divide the work up?,* Come dobbiamo distribuire il lavoro? — *If you divide 6 into 30 (divide 30 by 6), the answer is 5,* Se si divide 30 per 6, il risultato è 5 — *Please don't let such a small matter divide us,* Vi prego, non lasciate che una cosa tanto banale ci divida — *Opinions are divided on the question,* Sulla questione i pareri sono discordi.
□ *vi* **1** dividersi: *The Nile divides near its mouth and forms a delta,* Il Nilo si divide vicino alla foce e forma un delta. **2** *(di assemblea, parlamento)* separarsi; dividersi *(per procedere alla votazione): After a long debate the House divided,* Dopo un lungo dibattito, la Camera si divise (per procedere alla votazione).

dividend ['dividend/-dənd] *s.* **1** *(aritmetica)* dividendo. **2** *(comm.)* dividendo *(interesse azionario): to pay a dividend of 10 per cent (a 10 per cent dividend),* pagare un dividendo del 10 per cento — *dividend-warrant,* ordine per la riscossione della cedola — *ex-dividend,* ex-cedola.

divider [di'vaidə*] *s.* divisore.

dividers [di'vaidəz] *s. pl* compasso a punte fisse.

divination [ˌdiviˈneiʃən] *s.* **1** divinazione; profezia; dono, capacità profetica. **2** *(per estensione)* acume; intuizione.

[1]**divine** [diˈvain] *agg* **1** divino: *Divine Service,* Ufficio divino — *to rule by divine right,* governare per diritto divino. **2** *(fam.)* 'divino'; meraviglioso; 'favoloso'; magnifico; splendido; stupendo: *divine weather,* un tempo meraviglioso (splendido) — *a divine hat,* un cappello magnifico, 'favoloso' — *She looks divine in that new dress,* Con quell'abito nuovo è bellissima. □ *avv* **divinely.**

[2]**divine** [diˈvain] *s.* *(ant.)* teologo; ecclesiastico.

to **divine** [diˈvain] *vt e i.* divinare; indovinare; predire: *to divine sb's intentions,* indovinare le intenzioni di qcno — *to divine what the future has in store,* predire ciò che tiene in serbo il futuro.

diviner [diˈvainə*] *s.* divinatore; indovino *(spec. rabdomante).*

diving [ˈdaiviŋ] *s.* *(sport)* tuffo (⇨ *anche* **to dive 1**).

divinity [diˈviniti] *s.* **1** divinità. **2** teologia: *doctor of divinity,* dottore in teologia.

divisible [diˈvizibl] *agg* divisibile: *8 is divisible by 2,* 8 è divisibile per 2.

division [diˈviʒən] *s.* **1** divisione; ripartizione; suddivisione; distribuzione: *the division of labour,* la divisione del lavoro — *Is that a fair division of the money?,* È un'equa ripartizione del denaro? **2** separazione; divisione; linea divisoria: *A hedge forms a division between his land and mine,* Una siepe fa da linea divisoria tra la sua terra e la mia. **3** categoria; grado; specie; serie: *He has a position in the second division of the civil service,* Ha un posto nella seconda sezione *(GB, la sezione di grado inferiore)* della pubblica amministrazione — *a First (Second) Division team, (GB, calcio)* una squadra di serie A (di serie B). **4** *(mil.)* divisione; reparto: *an armoured division,* una divisione corazzata. **5** contrasto; divergenza; divisione. **6** *(in un'assemblea, parlamento, ecc.)* divisione in due settori per procedere ad una votazione: *The Bill was read without a division,* Il disegno di legge passò senza che l'assemblea dovesse dividersi per votare — *division-bell, (GB, al parlamento)* la campana che si suona allorché deve aver luogo la votazione. **7** *(GB, un tempo)* tipo di trattamento *(nelle prigioni).*

divisional [diˈviʒənl] *agg (mil., ecc.)* divisionale.

divisive [diˈvaisiv] *agg* divisorio; tendente a provocare discordia.

divisor [diˈvaizə*] *s.* divisore.

divorce [diˈvɔ:s] *s.* **1** divorzio; *(anche, erroneamente)* annullamento di matrimonio: *to sue for a divorce,* chiedere il divorzio — *to take (to start) divorce proceedings,* iniziare (avviare) le pratiche per il divorzio — *to obtain a divorce from sb,* ottenere il divorzio da qcno. **2** *(fig.)* separazione; frattura; dissidio; divorzio: *the divorce between religion and science,* il divorzio fra religione e scienza.

to **divorce** [diˈvɔ:s] *vt* **1** divorziare; ottenere il divorzio; concedere il divorzio: *Did Mr Hill divorce his wife or did she divorce him?,* È Mr Hill che ha divorziato dalla moglie, o è stata lei a divorziare da lui? **2** *(fig.)* separare.

divorcee [diˈvɔ:si:] *s.* divorziato; divorziata.

divot [ˈdivət] *s.* piota *(scavata da un colpo di golf sbagliato).*

to **divulge** [daiˈvʌldʒ/di-] *vt* divulgare; rivelare (un segreto).

divulgence [daiˈvʌldʒəns] *s.* divulgazione.

divvy [ˈdivi:] *s.* *(GB, sl., comm.)* dividendo; *(talvolta)* sconto.

[1]**Dixie** [ˈdiksi] *s.* *(USA: anche* Dixie Land*)* gli Stati del Sud *(in USA).*

[2]**dixie** [ˈdiksi] *s.* *(mil.)* marmitta.

dizzily [ˈdizili] *avv* ⇨ **dizzy.**

dizziness [ˈdizinis] *s.* vertigine; capogiro.

dizzy [ˈdizi] *agg* (**-ier; -iest**) **1** preso da vertigini; confuso: *to make sb dizzy,* far venire il capogiro a qcno — *to feel dizzy,* avere il capogiro. **2** vertiginoso: *a dizzy height,* un'altezza vertiginosa. □ *avv* **dizzily.**

to **dizzy** [ˈdizi] *vt* far venire il capogiro; dare le vertigini.

djinn [jin] *s.* = **genie.**

to **do** [du:] *vt e i.* (*3ª persona del pres.* **does;** *pass.* **did;** *p. pass.* **done**) **I** *(v. con significato proprio)* **1** fare *(in vari sensi);* eseguire; effettuare: *What are you doing?,* Che fai? (Che stai facendo?) — *I will do what I can,* Farò quello che posso — *I have nothing to do,* Non ho niente da fare — *Nothing doing!,* Niente da fare! — *Are you doing anything tomorrow?,* Cosa fai domani? — *Well done!,* Ben fatto!; Bravo! — *You would do well to take your doctor's advice,* Faresti bene a seguire il consiglio del medico — *Do your duty,* Fa' il tuo dovere — *What does he do for a living?,* Cosa fa per vivere?; Come si guadagna la vita?; Che mestiere fa? — *He still has to do his military service,* Deve fare ancora il servizio militare — *I have done six copies,* Ne ho fatte sei copie — *to do a translation,* fare una traduzione — *He does engineering at Sheffield University,* Fa (Studia) ingegneria all'Università di Sheffield — *I can't do this sum,* Non riesco a fare questa somma — *We did the journey in six hours,* Abbiamo fatto il viaggio in sei ore — *to do one's best (one's utmost),* fare del proprio meglio (di tutto) — *He did his best to help us,* Fece di tutto per aiutarci — *to do all one can,* fare tutto il possibile — *He did everything in his power,* Fece tutto ciò che era in suo potere (di fare) — *to do sb a favour,* fare un favore a qcno — *to do sb a bad turn,* fare uno sgarbo a qcno — *to do sb a good turn,* fare un piacere (un favore) a qcno — *to do good,* far (del) bene — *to do harm,* fare del male — *to do wrong,* far male (sbagliare) — *to do wonders,* fare miracoli (meraviglie).

2 finire; fare; compiere; portare a termine: *I've done it!,* Ho finito!; Ecco fatto! — *What's done cannot be undone,* Quel che è fatto è fatto — *I've done (with) talking: I'm going to act,* Basta con il parlare: ora passo ai fatti.

3 recitare; fare la parte (di): *He does Hamlet very well,* Recita molto bene la parte di Amleto.

4 rendere: *to do honour (homage, justice),* rendere onore (omaggio, giustizia).

5 andar bene; essere adatto; addirsi; bastare: *These shoes won't do for mountain-climbing,* Queste scarpe non sono adatte all'alpinismo — *This room will do me quite well,* Questa stanza mi andrà molto bene — *That will do!,* Basta così! — *to make do,* accontentarsi di qcsa.

6 *(fam.)* visitare; 'farsi': *They did Paris in five hours!,* Hanno visitato Parigi in cinque ore!

7 *(fam.)* trattare: *They do you very well at the Grand Hotel,* Al Grand Hotel (ti) trattano molto bene — *He does himself well,* Si tratta bene; Ha molta cura di sé.

8 truffare; ingannare; farla (a qcno): *Please don't think I'm trying to do you,* Non pensare, ti prego, che io stia cercando d'ingannarti — *I'm afraid you've* *been done,* Temo che ti abbiano truffato (⇨ *anche* **to do out b**).

9 cuocere (bene): *Mind you do the beef well!,* Attenta a far cuocere bene il manzo! — *well done,* ben cotto — *done to a turn,* cotto a puntino.

10 fare progressi *(spec. di salute): The patient is doing quite well,* Il malato si sta riprendendo molto bene.

II *(v. ausiliare)* **1** *(nelle frasi interrogative, negative e in altri casi in cui è necessaria l'inversione del v. e del soggetto, p.es. dopo taluni avv.) Do you know him?,* Lo conosci? — *Does he know you?,* Ti conosce? — *Did he come?,* Venne?; È venuto? — *Do not (Don't) go yet,* Non andartene ancora — *He did not (He didn't) speak,* Non parlò; Non disse nulla — *So hard did they work that...,* Lavorarono così duramente che... — *Not only did they promise to help us, but...,* Non soltanto promisero di aiutarci, ma...

2 *(come rafforzativo, enfatico) That's exactly what he did say!,* Questo è esattamente quanto ha detto! — *But I do want to go!,* Ma io voglio (proprio) andare! — *Do tell me what happened!,* Ti prego, dimmi cosa è accaduto! — *Do stop that noise!,* Basta con questo chiasso!

3 *(per evitare la ripetizione del verbo principale e nei 'question-tags' che corrispondono all'italiano 'non è vero?', 'vero?', ecc.) She plays the piano better than her brother does,* Suona il piano meglio di (quanto non suoni) suo fratello — *'They work hard' - 'Oh, do they?',* 'Lavorano sodo' - 'Oh davvero?' — *'She doesn't speak French' - 'Nor does her sister',* 'Non parla francese' - 'E neanche sua sorella' — *'Who broke the window?' - 'I did',* 'Chi ha rotto la finestra?' - 'Io' — *He lives in London, doesn't he?,* Abita a Londra, vero? — *So you want to be a doctor, do you?,* Sicché vuoi fare il medico, vero? — *You don't happen to have a match, do you?,* Non ha mica un fiammifero per caso? ☐ *Now you've done it!,* L'hai fatta bella! — *No sooner said than done,* Detto fatto — *It's easier said than done!,* Si fa presto a dirlo!; È una parola! — *Try what kindness will do,* Prova con la gentilezza — *That will never do,* Non va per niente — *That sort of thing (just) isn't done,* Questo non sta bene — *It doesn't do to...,* Non sta bene... — *the done thing,* ciò che conviene, che sta bene *(secondo le regole della società)* — *to do time,* stare (essere) in galera — *I will do you next, sir,* Dopo tocca a Lei (servirò Lei), signore *(p.es. dal barbiere)* — *He came to ask what was doing,* Venne a chiedere cosa stesse succedendo — *Roses do quite well in a clay soil,* Le rose crescono bene in un terreno argilloso — *He's doing very well at school,* Va molto bene a scuola — *How do you do(?),* Piacere; Molto lieto *(saluto formale nelle presentazioni)* — *Well begun is half done, (prov.)* Chi ben comincia è a metà dell'opera — *When in Rome, do as the Romans do, (prov.)* Paese che vai, usanze che trovi.

to do away with, abolire; sopprimere; disfarsi (di): *That's a practice that should be done away with,* Quella è una consuetudine che si dovrebbe abolire — *That department was done away with two years ago,* Quel reparto è stato soppresso due anni fa.

to do by, trattare, comportarsi con qcno: *He complains that he has been hard done by,* Si lamenta che lo hanno trattato male — *Do well by your teachers,* Comportati bene con i tuoi insegnanti.

to do for, - **a)** lavorare per qcno *(spec. come domestica)*; aver cura (di): *Old Mrs Green has been doing for me since my wife died,* La vecchia signora Green ha cura della mia casa da quando è morta mia moglie — *to do for oneself,* fare da sé *(senza ricorrere alla domestica)* — *He won't employ a maid; he prefers to do for himself,* Non vuole assumere una domestica; preferisce fare da sé - **b)** *to be done for,* essere rovinato, spacciato: *Poor chap: I'm afraid he's done for,* Poveretto: temo che sia spacciato — *The country's done for,* Il paese è rovinato — *These shoes are done for,* Queste scarpe sono completamente andate.

to do in, - **a)** *to do sb in, (sl.)* uccidere, far fuori qcno - **b)** *to be done in,* essere esausto, stanco morto.

to do out, - **a)** pulire; rassettare; riordinare *(una stanza, ecc.): Tell Tom to do out the stables,* Di' a Tom di pulire le stalle — *This room needs doing out,* Questa stanza ha bisogno di una rassettata - **b)** *to do sb out of sth,* 'soffiare', 'fregare' qcsa a qcno.

to do up, - **a)** restaurare, rimettere a nuovo qcsa: *The house needs to be done up (needs doing up),* Occorre rimettere a nuovo la casa - **b)** acconciare; abbellire: *She went to the mirror to do up her hair,* Andò allo specchio per acconciarsi i capelli - **c)** impacchettare; confezionare: *Please do up these books and post them,* Per favore fa' un pacco con questi libri e spediscili - **d)** allacciare; agganciare; allacciarsi; agganciarsi: *She asked me to do up her dress for her at the back,* Mi chiese di allacciarle il vestito dietro — *This dress does up at the back,* Questo vestito si allaccia dietro - **e)** *to be done up, (fam.)* essere stanchissimo, stanco morto, sfinito: *He was done up after the long ride,* Dopo la lunga cavalcata era sfinito.

to do with, - **a)** fare di (qcsa): *What did you do with my umbrella?,* Che ne hai fatto del mio ombrello? (Dove l'hai messo?) - **b)** passare il tempo: *She didn't know what to do with herself,* Non sapeva come passare il tempo — *Tell me what you did with yourselves on Sunday,* Ditemi cosa avete fatto domenica - **c)** trattare; comportarsi: *What are we to do with this boy?,* Cosa dobbiamo farne di questo ragazzo? - **d)** *(fig.)* stare nella pelle: *The children didn't know what to do with themselves for joy,* I bambini non stavano più nella pelle per la gioia - **e)** *(sempre preceduto da* can, could*)* aver bisogno; desiderare: *You look as if (as though) you could do with a good night's sleep,* Hai l'aria di aver bisogno di una buona dormita — *I could do with a nice cup of tea, tea,* Ho proprio voglia di una bella tazza di tè - **f)** *(preceduto da* to have*)* avere a che fare (con); trattare: *We have to do with facts, not theories,* Abbiamo a che fare con fatti non con idee — *A lawyer has to do with all sorts of people,* Un avvocato deve trattare (ha a che fare) con ogni specie di persone — *to have sth to do (with),* avere qcsa a che fare (con) — *This has nothing to do with it,* Questo non c'entra.

to do without, fare senza; fare a meno; rinunciare: *He can't do without the services of a secretary,* Non può fare a meno dell'aiuto di una segretaria — *We shall have to do without a holiday this summer,* Dovremo rinunciare alle vacanze quest'estate.

[1]**do** [du:] *s. (sl.)* **1** imbroglio; truffa. **2** ricevimento; festa: *We're going to a big do at the Greens' this evening,* Stasera andiamo ad una grossa festa dai Green. **3** *(al pl.) do's,* parti; porzioni: *fair do's,* parti giuste.

[2]**do** ['ditou] *s., abbr di* **ditto**.

[3]**do, doh** [dou] *s. (mus.)* do.

dobbin ['dɔbin] *s. (vezzeggiativo per)* cavallo da tiro.

doc [dɔk] *s. (fam.)* dottore *(medico).*

docile ['dousail/*(USA)* 'dɔsl] *agg* docile.

docility [dou'siliti] *s.* docilità.

[1]**dock** [dɔk] *s.* **1** bacino (navale); 'dock': *to go into (to enter) dock,* entrare nel bacino — *to be in dock,* essere

nel bacino di carenaggio (in riparazione) — *dry (graving) dock,* bacino di carenaggio — *wet dock,* bacino idrostatico. **2** *(al pl.)* docks; moli, banchine e infrastrutture portuali. **3** *(USA)* molo; scalo d'approdo; banchina. **4** *(GB, ferrovia)* piano caricatore. **5** banco degli imputati: *dock brief,* difesa gratuita da parte di un difersore d'ufficio.

[1]to **dock** [dɔk] *vi (di nave)* entrare in bacino. □ *vt* portare (una nave) in un bacino.

[2]**dock** [dɔk] *s.* romice.

[2]to **dock** [dɔk] *vt* **1** mozzare (la coda ad un animale). **2** ridurre; decurtare; diminuire: *to have one's salary docked,* subire una riduzione di stipendio — *to dock the soldiers of part of their rations,* ridurre ai soldati parte delle loro razioni.

docker ['dɔkə*] *s.* portuale; lavoratore di cantiere navale.

docket ['dɔkit] *s.* **1** *(comm., dir.)* scontrino; biglietto; etichetta; attergato. **2** *(comm., dir.)* sommario *(di corrispondenza);* cartella. **3** *(dir., USA)* registro; lista delle cause.

dockyard ['dɔkjɑːd] *s.* arsenale; cantiere navale; darsena.

doctor ['dɔktə*] *s.* **1** medico; dottore: *ship's doctor,* medico di bordo — *to send for a doctor,* mandare a chiamare un medico — *to see a doctor,* consultare un medico. **2** 'doctor' *(il massimo titolo conseguibile nelle università inglesi);* dottore; dottoressa: *Doctor of Laws (Divinity),* Dottore in Diritto (in Teologia). **3** *(gergo marinaro)* cuoco di bordo; cambusiere. **4** strumento per lavori di rifinitura, ecc. **5** *(tipografia)* racla; raschia. □ *witch-doctor,* stregone.

to **doctor** ['dɔktə*] *vt* **1** *(fam.)* curare; medicare *(spec. da profano).* **2** manipolare; adulterare; sofisticare (cibi, vivande). **3** falsificare; truccare (conti). **4** addottorare. **5** castrare (gatti).

doctorate ['dɔktərit] *s.* dottorato (⇨ **doctor 2**).

doctrinaire [,dɔktri'nɛə*] *s.* dottrinario; teorico. □ *agg* dottrinario; teoretico.

doctrinal [dɔk'trainl/'dɔktrinl] *agg* dottrinale.

doctrine ['dɔktrin] *s.* dottrina; teoria.

document ['dɔkjumənt] *s.* documento; attestazione; certificato; dichiarazione scritta: *document of title,* documento (attestazione) di titolo; atto — *a human document, (fig.)* un documento di vita umana.

to **document** ['dɔkjument] *vt* documentare; provare *(per mezzo di documenti).*

documentary [,dɔkju'mentəri] *agg* documentario; fondato su documenti: *documentary proof (evidence),* prova documentata — *documentary film,* documentario.

□ *s.* (film) documentario.

documentation [,dɔkjumen'teiʃən] *s.* **1** documentazione; attestazione; prova documentaria; materiale illustrativo. **2** pratica.

dodder ['dɔdə*] *s.* cuscuta.

to **dodder** ['dɔdə*] *vi* muoversi, procedere barcollando; vacillare: *to dodder along,* procedere barcollando.

dodderer ['dɔdərə*] *s.* chi procede barcollando; persona che vacilla, malferma.

doddery ['dɔdəri] *agg* barcollante; vacillante; malfermo.

dodge [dɔdʒ] *s.* **1** balzo; schivata. **2** *(fam.)* trucco; inganno; imbroglio: *He's up to all the dodges,* Conosce tutti i trucchi. **3** *(fam.)* espediente; progetto ingegnoso.

to **dodge** [dɔdʒ] *vt e i.* **1** scansare; scansarsi; schivare; deviare bruscamente; evitare; spostarsi velocemente: *He dodged cleverly when I threw my shoe at him,* Si scansò abilmente quando gli lanciai contro la mia scarpa — *I dodged behind a tree so that they should not see me,* Mi nascosi prontamente dietro a un albero in modo che non mi vedessero — *You need to be quick in order to dodge the traffic in London nowadays,* Oggigiorno è necessario essere svelti per destreggiarsi nel traffico di Londra. **2** raggirare; eludere; scansare; schivare; evitare con l'astuzia: *to dodge military service,* eludere il (sfuggire al) servizio militare.

dodgem ['dɔdʒəm] *s. (fam.)* autoscontro.

dodger ['dɔdʒə*] *s.* **1** volpone; furbacchione; furfante. **2** paraspruzzi *(sul ponte di una nave).* **3** *(USA)* pane o focaccia di granoturco. **4** *(USA)* volantino pubblicitario. □ *draft dodger* ⇨ **draft 4.**

dodgy ['dɔdʒi] *agg (sl.)* **1** difficoltoso; rischioso. **2** ingannevole; furfantesco.

dodo ['doudou] *s.* dronte; dodo.

doe [dou] *s.* femmina del daino, del coniglio e della lepre.

doer [duə*] *s.* persona che agisce: *He's a doer, not a talker,* Non parla, ma fa i fatti — *evil-doer* ⇨ **evil II.**

does [dʌz/dəz] *3ª persona sing del pres di* **to do.**

doeskin ['douskin] *s.* pelle di daino.

to **doff** [dɔf] *vt (piuttosto desueto)* togliersi *(cappello, cappotto, ecc.).*

dog [dɔg] *s.* **1** cane *(anche fig.: individuo spregevole): to die like a dog (to die a dog's death),* morire come un cane — *dog-biscuit,* biscotto per cani — *to lead a dog's life,* fare una vita da cani — *to lead sb a dog's life,* far fare a qcno una vita da cani. **2** maschio di alcune specie: *dog-fox,* maschio della volpe — *dog-wolf,* lupo maschio. **3** *(fam., come agg.)* tipo; individuo: *He's a sly (lucky, gay) dog,* È un tipo furbo (fortunato, allegro). **4** *(mecc.)* gancio; grappa; rampone; dente d'arresto. **5** *(al pl., anche* fire-dogs) alari.

□ *dog-collar,* colletto duro *(di sacerdote)* — *the dogs,* le corse dei levrieri — *dog's-body, (sl.)* sgobbone; bestia da soma; tirapiedi — *dog-cart,* calesse; biroccino — *dog-days,* i giorni della canicola — *dog-eared, (d'una pagina)* con le orecchie — *dog-latin,* latino maccheronico — *dog-tag, (USA)* piastrina di riconoscimento — *dog-tired, (fam.)* stanco morto — *dog watch,* turno di vedetta — *to help a lame dog over a stile,* soccorrere qcno in un momento di bisogno — *to give (to throw) sth to the dogs,* gettar via, sprecare qcsa — *to go to the dogs,* andare in malora (in rovina) — *to rain cats and dogs,* piovere a catinelle — *to be top dog,* essere una personalità (un pezzo grosso) — *to be dressed up like a dog's dinner, (fam.)* essere tutto in ghingheri, azzimato — *not to have even a dog's chance,* non avere nessuna probabilità (possibilità) di successo (di farcela) — *A living dog is better than a dead lion, (prov.)* Meglio un asino vivo che un dottore morto — *Give a dog a bad name (and hang him), (prov.)* La calunnia uccide — *Let sleeping dogs lie, (prov.)* Non svegliare il can che dorme — *Every dog has his day, (prov.)* Ognuno ha il suo raggio di sole — *Love me, love my dog, (prov.)* Chi ama il padrone, ama il suo cane; Porta rispetto al cane per amore del padrone.

to **dog** [dɔg] *vt* (**-gg-**) pedinare; seguire: *to dog a suspected thief,* pedinare un ladro sospetto — *to be dogged by misfortune, (fig.)* essere perseguitato dalla sfortuna — ⇨ *anche* **dogged.**

dogfight ['dɔgfait] *s.* combattimento aereo *(spec. fra aerei da caccia).*

dogfish ['dɔgfiʃ] *s.* piccolo squalo.

dogged ['dɔgid] *agg* ostinato; caparbio; tenace. □ *avv* **doggedly.**

doggedness ['dɔgidnis] *s.* ostinazione; caparbietà; tenacia.

doggerel ['dɔgərəl] *s.* versi scadenti, irregolari e fortemente scanditi.

doggo ['dɔgou] *avv (sl., nell'espressione) to lie doggo,* fare il morto.

doggy, doggie ['dɔgi] *s. (nel linguaggio infantile)* cagnolino; cane.

doghouse ['dɔghaus] *s.* canile. □ *(fam.: generalm. nell'espressione) to be in the doghouse,* essere in castigo.

dogie ['dougi:] *s. (USA)* vitello senza madre.

dogma ['dɔgmə] *s.* dogma.

dogmatic [dɔg'mætik] *agg* dogmatico. □ *avv* **dogmatically.**

dogmatism ['dɔgmətizəm] *s.* dogmatismo.

to **dogmatize** ['dɔgmətaiz] *vt e i.* dogmatizzare; parlare o scrivere in modo dogmatico.

do-gooder ['du:'gudə*] *s. (fam., generalm. un po' spreg.)* benefattore.

dogrose ['dɔgrouz] *s.* rosa canina.

dogwhip ['dɔgwip] *s.* scudiscio.

dogwood ['dɔgwud] *s.* sanguinella; corniolo.

doh [dou] *s.* ⇨ [3]**do.**

doily ['dɔili] *s.* sottocoppa; centrino; piccola tovaglia.

doings ['du(:)iŋz] *s. pl* **1** fatti; azioni: *Tell me all about your doings in London,* Raccontami tutto quello che hai fatto a Londra. **2** *(fam.: con il v. al sing.)* 'coso'; affare; aggeggio.

do-it-yourself ['duwitjə,self] *s. (spesso attrib.)* il fare cose da soli *(spec. il costruire mobili, ecc.);* 'bricolage'.

doldrums ['dɔldrəmz] *s. pl* **1** *the Doldrums,* zona delle calme equatoriali. **2** *to be in the doldrums, (fig.)* essere depresso, di cattivo umore, 'giù di corda'.

dole [doul] *s.* **1** elemosina; sussidio. **2** *(GB)* sussidio di disoccupazione: *to be on the dole,* ricevere il sussidio di disoccupazione.

to **dole** [doul] *vt (seguito da* out*)* ripartire; distribuire *(cibo, denaro, ecc.)* in piccole quantità *(come sussidio, elemosina).*

doleful ['doulful] *agg* triste; dolente; afflitto; addolorato; melanconico. □ *avv* **dolefully.**

doll [dɔl] *s.* **1** bambola *(giocattolo): stuffed doll,* bambola di pezza. **2** *(sl.)* 'bambola'; bella ragazza; pupa: *guys and dolls,* bulli e pupe.

dollar ['dɔlə*] *s.* **1** *(USA, ecc.)* dollaro. **2** *(GB, fam.)* corona *(cinque scellini).* □ *sand dollar,* specie di stella di mare.

to **doll oneself up** [dɔl wʌn'self ʌp] *v. rifl* agghindarsi: *She was all dolled up for the party,* Era tutta agghindata per la festa.

dollop ['dɔləp] *s. (fam.)* mestolata (cucchiaiata) di cibo sbattuta sul piatto; palla (pallina) di panna montata o di gelato.

dolly ['dɔli] *s.* **1** *(diminutivo)* bambola; bambolina. **2** *(fam., anche* dolly girl*)* 'bambola' vistosa. **3** carrello; piattaforma mobile *(foto, cine, televisione).* **4** rullo; controstampo.

dolorous ['dɔlərəs] *agg* doloroso; penoso.

dolour ['dɔlə*] *s.* (*USA* **dolor**) *(poet.)* dolore; pena.

dolphin ['dɔlfin] *s.* **1** delfino. **2** colonna d'alaggio.

dolt [doult] *s.* stupido; imbecille; individuo ottuso.

doltish ['doultiʃ] *agg* stupido; ottuso. □ *avv* **doltishly.**

domain [də'mein] *s.* **1** dominio; proprietà; territorio. **2** *(fig.)* campo; attività; sfera; dominio *(del pensiero, ecc.): in the domain of science,* nel campo della scienza.

dome [doum] *s.* **1** cupola. **2** *(poet.)* palazzo; magione. **3** *(scherz.)* testa *(spec. se calva).*

domed [doumd] *agg* a cupola.

Domesday ['du:mzdei] *s.* ⇨ **doomsday.**

domestic [də'mestik] *agg* **1** domestico *(anche di animali);* appartenente alla casa; familiare; casalingo. **2** nostrano; nazionale: *This newspaper provides more foreign news than domestic news,* Questo giornale riporta più notizie dall'estero che dall'interno. □ *avv* **domestically.**

□ *s.* servitore; domestico.

to **domesticate** [də'mestikeit/dou-] *vt* **1** *(di animali)* addomesticare; domare. **2** abituare alla vita civile; civilizzare. **3** *(quasi sempre* to be domesticated*)* essere amante della casa, delle attività domestiche: *She is not at all domesticated,* Non ama affatto le faccende domestiche; Non è per niente esperta nelle attività domestiche.

domestication [də,mesti'keiʃən] *s.* **1** addomesticamento. **2** civilizzazione. **3** attaccamento, interesse per la vita domestica.

domesticity [,doumes'tisiti] *s.* (amore per la) vita domestica.

domicile ['dɔmisail/-sil] *s.* **1** dimora; domicilio. **2** *(dir.)* domicilio *(non elettivo); (generalm.)* residenza stabile.

domiciled ['dɔmisaild] *agg* residente; domiciliato.

domiciliary [,dɔmi'siljəri] *agg (linguaggio burocratico o comunque formale)* domiciliare: *domiciliary visit,* perquisizione o visita domiciliare.

dominance ['dɔminəns] *s.* dominio; predominio; potere; autorità.

dominant ['dɔminənt] *agg* dominante: *the dominant partner in a business,* il socio più autorevole di un'azienda. □ *avv* **dominantly.**

□ *s.* la nota dominante *(la quinta nota di una scala musicale).*

to **dominate** ['dɔmineit] *vt e i.* **1** dominare; prevalere; governare. **2** sovrastare; dominare; abbracciare con lo sguardo.

domination [,dɔmi'neiʃən] *s.* dominazione; dominio.

to **domineer** [,dɔmi'niə*] *vi* spadroneggiare; tiranneggiare; fare il prepotente: *Big boys sometimes domineer over their small sisters,* I ragazzi grandicelli talvolta tiranneggiano le loro sorelline.

domineering [,dɔmi'niəriŋ] *agg* prepotente; dispotico: *He is a domineering sort of fellow,* È un tipo prepotente. □ *avv* **domineeringly.**

dominie ['dɔmini] *s.* **1** *(in Scozia)* insegnante; maestro di scuola. **2** *(USA)* ministro; pastore; prete *(della Chiesa Riformista Olandese).*

dominion [də'minjən] *s.* **1** dominio; potere; sovranità; autorità. **2** territorio di uno Stato sovrano. **3** 'dominion' *(paese membro del Commonwealth britannico): the Dominion of Canada,* il Dominion del Canada. **4** *(dir.)* dominio.

domino ['dɔminou] *s.* (*pl.* **dominoes**) **1** tessera di legno del gioco del domino. **2** *(al pl.)* gioco del domino. **3** domino *(veste o chi la indossa).*

don [dɔn] *s.* **1** *(alle università di Oxford e Cambridge)* docente. **2** don *(titolo onorifico spagnolo); (per estensione, talvolta con la* D *maiuscola)* spagnolo. **3** *(USA)* boss mafioso; 'pezzo da novanta'.

to **don** [dɔn] *vt* (**-nn-**) *(ant. e lett.)* mettersi *(il cappello, il cappotto, ecc.).*

to **donate** [dou'neit] *vt* donare.

donation [dou'neiʃən] *s.* donazione; dono.

done [dʌn] *p. pass di* **to do.**

donjon ['dɔndʒən/'dʌn-] *s. (stor.)* mastio.

donkey ['dɔŋki] *s.* asino; ciuco; somaro *(anche fig.);*

imbecille. □ *donkey engine,* motore ausiliario; piccola macchina a vapore *(spec. per trasporto merci su navi)* — *to do the donkey work, (fam.)* lavorare come un mulo *(facendo anche la parte degli altri)* — *for donkey's years, (fam.)* da secoli.

donnish ['dɔniʃ] *agg* pedantesco; (da) accademico (*cfr.* **don 1**).

donor ['dounə*/-nɔ:*] *s.* donatore.

don't [dount] *contraz di* **do not** (⇨ **to do**): *I don't want it,* Non lo voglio — *Don't you like them?,* Non ti piacciono? — *Don't eat it!,* Non mangiarlo!

doodle ['du:dl] *s.* ghirigoro; scarabocchio; disegnino.

to **doodle** ['du:dl] *vi (fam.)* far disegnini, ghirigori; scarabocchiare distrattamente.

doodlebug ['du:dlbʌg] *s.* **1** larve di certi tipi di scarafaggi. **2** *(GB, sl.)* bomba volante *(della Seconda Guerra Mondiale).* **3** *(sl.)* strumento *(p.es. pendolo radioestetico)* per localizzare acqua, minerali, ecc.

doom [du:m] *s. (generalm. solo al sing.)* **1** rovina; morte; destino (tragico, funesto): *to go to one's doom,* andare incontro al proprio destino. **2** (= **Doomsday**) il Giudizio universale; il giorno del Giudizio universale.

to **doom** [du:m] *vt* condannare *(spec. al passivo): to be doomed to die,* essere condannato a morte; *(talvolta)* essere votato alla morte — *poets doomed to oblivion,* poeti condannati all'oblio.

Doomsday, Domesday ['du:mzdei] *s.* il giorno del giudizio (universale): *from now till Doomsday,* da qui all'eternità — *the Domesday Book, (stor., GB)* il Libro del Catasto *(compilato per ordine del Re Guglielmo I dal 1086 in poi).*

door [dɔ:*/dɔə*] *s.* **1** porta; uscio; sportello; portiera *(di automobile, armadio, ecc.): The door opened (was opened) and a man came in,* Si aprì la porta ed entrò un uomo — *back door,* porta posteriore — *side door,* porta laterale — *front door,* porta principale, d'ingresso — *to show sb the door (to turn sb out of doors),* mostrare la porta a qcno; mettere qcno alla porta — *door-keeper (door-man, door-porter),* portiere; portinaio — *door-knocker,* battente — *door-opener,* - **a)** apriporta - **b)** piccolo omaggio offerto da un venditore 'a domicilio' per ingraziarsi la persona che gli ha aperto la porta — *door-stop,* ferma porta. **2** *(fig.)* via; strada; porta aperta; un mezzo per ottenere o avvicinarsi a qcsa: *a door to success,* una via aperta al successo.
□ *next door,* la casa *(talvolta* la stanza, l'ufficio*)* accanto — *I'm just going next door,* Vado un momento dai vicini — *Who lives next door?,* Chi abita nella casa a fianco? — *next door to, (fig.)* quasi; pressoché — *He is next door to crazy,* Poco ci manca che diventi matto — *My brother lives three doors off,* Mio fratello abita a tre case da qui — *(from) door to door,* di porta in porta; di casa in casa — *He went from door to door selling pencils and notepaper,* Andava di casa in casa a vendere matite e carta da scrivere — *It was raining heavily, but the taxi took us from door to door,* Pioveva forte, ma il taxi ci portò da una porta all'altra — *out of doors,* all'aperto — *within doors,* in (dentro) casa — *at death's door,* sulla soglia della morte; in punto di morte — *to lay sth at sb's door,* incolpare; rendere responsabile qcno — *to open the door to sb (sth), (fig.)* aprire la porta a qcno (qcsa) — *to close (to shut) the door against an agreement upon disarmament,* rendere impossibile (bloccare) un accordo sul disarmo — *door-money,* prezzo del biglietto d'ingresso *(a spettacolo, ecc.).*

doorbell ['dɔ:bel] *s.* campanello della porta.

doormat ['dɔ:mæt] *s.* stuoia d'entrata.

doornail ['dɔ:neil] *s.* borchia di porta. □ *dead as a doornail, (fig.)* morto secco; morto stecchito.

doorpost ['dɔ:poust] *s.* stipite. □ *deaf as a doorpost, (fig.)* sordo come una campana.

doorstep ['dɔ:step] *s.* gradino della porta; soglia.

doorway ['dɔ:wei] *s.* arco della porta; soglia *(anche fig.): a doorway to success,* una via verso il successo.

dope [doup] *s.* **1** vernice trasparente. **2** *(fam.)* droga *(usato anche per medicine vere e proprie);* eccitante; narcotico; stupefacente; stimolante; 'bomba': *dope-fiend, (fam.)* drogato; morfinomane. **3** *(GB, sl.)* informazione riservata o confidenziale; pronostico confidenziale *(sul probabile vincitore di una gara): to hand out the dope,* mettere in giro notizie (pronostici).

to **dope** [doup] *vt* drogare; somministrare stupefacenti o eccitanti.

dopey ['doupi] *agg* **1** stupido. **2** *(talvolta)* assonnato; intontito.

doping ['doupiŋ] *s.* 'doping'; drogatura; drogaggio *(somministrazione illecita di droghe ad atleti o animali per accrescerne o diminuirne il rendimento agonistico).*

dopy ['doupi] *agg* = **dopey.**

Doric ['dɔrik] *agg e s.* **1** *(anche* Dorian*)* dorico *(anche mus.).* **2** *(di dialetto non greco)* rustico *(p.es. dell'inglese parlato dagli scozzesi).*

dorm [dɔ:m] *s. (sl. studentesco) abbr di* **dormitory.**

dormant ['dɔ:mənt] *agg* dormiente; inattivo; assopito; in letargo: *a dormant volcano,* un vulcano inattivo — *dormant faculties,* facoltà latenti — *dormant plants,* piante quiescenti. □ *a dormant partner, (comm.)* un socio accomodante.

dormer ['dɔ:mə*] *s. (generalm.* dormer window*)* abbaino.

dormitory ['dɔ:mitri] *s.* **1** dormitorio: *(attrib.) dormitory area (town),* 'quartiere (città) dormitorio'. **2** *(USA)* edificio o camera dormitorio per studenti e insegnanti.

dormouse ['dɔ:maus] *s.* (*pl.* **dormice**) ghiro.

dorsal ['dɔ:səl] *agg* dorsale.

dory ['dɔ:ri] *s.* **1** *(spec. USA)* leggera imbarcazione a fondo piatto. **2** *(anche* John Dory*)* pesce San Pietro.

dosage ['dousidʒ] *s.* dosaggio; dosatura *(spec. di medicina).*

dose [dous] *s.* **1** dose *(med. o fig.): The bottle contains six doses,* La bottiglia contiene sei dosi. **2** *(fam.)* attacco *(di malattia).*

to **dose** [dous] *vt* **1** somministrare: *to dose oneself with quinine,* prendere del chinino. **2** adulterare *(vino, ecc.).*

doss [dɔs] *s. (GB, fam.)* letto; branda: *doss-house,* pensione d'infimo ordine; dormitorio pubblico.

to **doss** [dɔs] *vi (GB)* **1** *(fam.)* dormire in una pensione di infimo ordine. **2** *to doss down, (sl.)* dormire per terra *(o comunque alla buona).*

dosser ['dɔsə*] *s.* chi dorme in una 'doss-house' (⇨ **doss**).

dossier ['dɔsiei] *s.* 'dossier'; incartamento.

dost [dʌst] *(ant.) 2ª persona sing del pres di* **to do.**

dot [dɔt] *s.* punto; puntino; macchiolina: *We watched the ship until it was a mere dot on the horizon,* Seguimmo con lo sguardo la nave fino a quando non fu che un puntino all'orizzonte — *dots and dashes,* punti e linee *(nell'alfabeto Morse).* □ *Dot and carry one,* - **a)** *(formula mnemonica per le addizioni e le moltiplicazioni)* Punto e ne riporto uno - **b)** *(scherz.)* l'andatura di chi ha una gamba di legno o zoppica — *on the dot,* al momento esatto — *a dot of a child,* un bimbo alto come un soldo di cacio.

to **dot** [dɔt] *vt* **(-tt-) 1** mettere il punto: *to dot one's i's* *(and cross one's t's),* mettere i puntini sulle i; essere molto preciso e pignolo. **2** punteggiare: *to sign on the dotted line,* firmare sulla linea punteggiata; *(per estensione)* accettare senza discutere. **3** *(GB, sl.)* assestare un colpo. □ *dotted about,* costellato; cosparso.

dotage ['doutidʒ] *s.* rimbambimento *(dovuto alla vecchiaia): He is in his dotage,* È ormai rimbambito.

dotard ['doutəd] *s.* vecchio rimbambito.

to **dote** [dout] *vi (seguito da* on *o* upon*)* adorare: *She dotes on her grandson,* Adora suo nipote.

doth [dʌθ] *(ant.) 3ª persona sing del pres di* **to do.**

dottle ['dɔtl] *s.* residuo di tabacco in una pipa.

dotty ['dɔti] *agg* (**-ier**; **-iest**) **1** *(fam.)* deboluccio di mente; ebete. **2** *(fam.)* malfermo (sulle gambe). □ *avv* **dottily.**

double ['dʌbl] **I** *agg* **1** doppio: *Is this material double width?,* È di doppia altezza questo tessuto? — *I have to do double work,* Devo fare doppio lavoro — *a double whisky,* un doppio whisky — *double bottom,* doppio fondo — *a man with a double chin,* un uomo dal doppio mento — *double-acting,* a doppio effetto — *double-barrelled,* a doppia canna — *a double-barrelled name, (fam.)* un cognome doppio — *double-breasted,* a doppio petto — *double-decker,* - **a)** nave a due ponti - **b)** autobus o tram a due piani - **c)** tramezzino doppio — *double edged,* a doppio taglio *(anche fig.)* — *double entry,* partita doppia — *double talk,* discorso a doppio senso. **2** *(fig.)* doppio; falso; ambiguo: *double cross,* doppio gioco — *a man with a double character,* un uomo dalla doppia personalità — *double dealer,* individuo ipocrita, falso — *double dealing,* inganno; raggiro. □ *double bed,* letto a due piazze (matrimoniale) — *double bass,* contrabbasso — *double dyed,* di tre cotte; matricolato — *double faced,* ipocrita; falso — *double jointed,* snodato; slogato — *double quick,* rapidissimo — *double harness,* finimenti per due cavalli — *to run in double harness, (fig.)* avere il laccio al collo (essere sposato) — *a double first, (GB)* due lauree con il massimo dei voti; *(per estensione)* chi le consegue. □ *avv* **doubly** ⇨.

II *avv* **1** (il) doppio; due volte tanto: *to cost double,* costare il doppio. **2** in due: *to sleep double,* dormire in due *(in un solo letto).*

III *s.* **1** doppio: *Twelve is the double of six,* Dodici è il doppio di sei — *double or quits,* il doppio o lascio (o pari e patta). **2** doppione; duplicato; sosia. **3** *(tennis)* doppio: *mixed doubles,* doppio misto. **4** *(preceduto da* the*)* passo di corsa: *The soldiers advanced at the double,* I soldati avanzarono a passo di corsa. **5** curva; svolta. **6** una doppia dose *(di whisky, ecc., al bar).*

to **double** ['dʌbl] *vt e i.* **1** raddoppiare: *to double one's efforts,* raddoppiare i propri sforzi. **2** piegare in due. **3** volgersi di scatto; cambiare bruscamente direzione: *The hare doubled on its tracks,* La lepre tornò indietro fulminea. **4** *(spec. mil.)* andare a passo di corsa. **5** doppiare: *The ship doubled Cape Horn,* La nave doppiò Capo Horn. **6** fare due parti; sostenere due ruoli *(in uno stesso film o in una stessa commedia): He's doubling the parts of a servant and a farm worker,* Sostiene entrambi i ruoli d'un servo e d'un contadino — *to double as...,* servire anche da... — *This table can double as a bed,* Questo tavolo può servire anche da letto.

to double back, tornare repentinamente sui propri passi; fare dietro-front: *The fox doubled back and escaped the hounds,* La volpe fece uno scatto improvviso all'indietro e sfuggì ai cani.

to double up, - **a)** piegare; piegarsi in due; piegare del tutto; arrotolare, arrotolarsi: *He doubled up with the pain of the blow,* Si piegò in due per il dolore del colpo - **b)** *to double up with laughter,* crepare dal ridere - **c)** *to double up one's fists,* serrare i pugni (per picchiare).

to **double-cross** ['dʌbl'krɔs] *vt* fare il doppio gioco; ingannare.

to **double-lock** ['dʌbl'lɔk] *vt* chiudere a doppia mandata.

to **double-park** ['dʌbl'pɑ:k] *vi* parcheggiare in due file.

doublet ['dʌblit] *s.* **1** farsetto. **2** *(linguistica)* doppione; allotropo: *Hospital and hostel are doublets,* 'Ospedale' e 'ostello' sono allotropi. **3** *(al pl.)* lo stesso numero sulla faccia di due dadi nello stesso lancio. **4** *(caccia)* doppietta *(colpo che uccide due uccelli).* **5** *(di microscopio)* doppio obiettivo. **6** antenna a dipolo.

doubloon [dʌb'lu:n] *s. (stor.)* doblone.

doubly ['dʌbli] *avv (usato davanti ad agg.)* doppiamente: *to be doubly careful,* stare doppiamente attento.

doubt [daut] *s.* dubbio; incertezza: *I have my doubts,* Ho i miei dubbi — *I have no doubt that you will succeed,* Non ho alcun dubbio che tu avrai successo — *There is not much doubt about his guilt,* Non ci sono molti dubbi sulla sua colpevolezza — *There is no room for doubt,* Non c'è ragione di dubitare — *(There is) no doubt about it,* Su questo non c'è dubbio — *in doubt,* in dubbio; nella incertezza — *He is in doubt (about) what to do,* È in dubbio sul da farsi; Non sa cosa fare — *beyond all doubt; past all doubt; without a doubt,* oltre ogni ragionevole dubbio; senza alcun dubbio; certamente — *no doubt,* senza dubbio; certamente — *He meant to help us, no doubt, but in fact he has been a hindrance,* Voleva aiutarci, non c'è dubbio, ma in realtà è stato di impaccio — *to throw doubt upon sth,* avanzare dei dubbi su qcsa; mettere in dubbio qcsa.

to **doubt** [daut] *vt e i.* dubitare; mettere in dubbio; essere in dubbio; avere dei dubbi: *You cannot doubt your own existence,* Non puoi mettere in dubbio la tua stessa esistenza — *I doubt the truth of this report,* Dubito sulla verità di questa versione dei fatti — *Do you doubt my word?,* Dubiti della mia parola? — *I do not doubt that he will come,* Non ho alcun dubbio che verrà — *I doubt whether he will come,* Sono in dubbio sulla sua venuta — *I doubt if that was what he wanted,* Non so se è questo quello che voleva — *They have never doubted of success,* Non hanno mai dubitato del successo.

doubtful ['dautful] *agg* **1** dubbio; dubbioso; incerto; esitante; indeciso; irresoluto: *I am (I feel) doubtful about what to do,* Sono incerto sul da farsi — *The future looks very doubtful,* Il futuro appare molto incerto — *It's a doubtful blessing,* Non so se sia una fortuna — *Are you doubtful of success?,* Dubiti sulla possibilità di riuscire? **2** dubbio; ambiguo; equivoco: *He's a doubtful character,* È un tipo ambiguo — *a doubtful neighbourhood,* un quartiere equivoco. □ *avv* **doubtfully.**

doubtfulness ['dautfulnis] *s.* **1** incertezza; dubbio. **2** discutibilità. **3** ambiguità.

doubtless ['dautlis] *avv* **1** senza dubbio; certamente. **2** *(fam.)* molto probabilmente.

douche [du:ʃ] *s. (fr.)* doccia *(spec. terapeutica).*

dough [dou] *s.* **1** pasta; impasto per il pane. **2** *(sl.)* quattrini; grana.

doughboy ['douboi] *s.* **1** *(USA, sl.)* soldato di fanteria dell'esercito americano; fantaccino. **2** gnocco bollito *(servito generalm. con lo spezzatino).*

doughnut ['dounʌt] *s.* frittella dolce *(a forma di ciambella o di palla);* 'krapfen'.

doughty ['dauti] *agg (ant.)* prode; valoroso: *a doughty warrior,* un prode guerriero — *doughty deeds,* gesta valorose. □ *avv* **doughtily.**

doughy ['doui] *agg* pastoso; morbido; flaccido; molle.

dour [duə*] *agg* severo; ostinato; duro; arcigno; cupo: *dour silence,* un silenzio ostinato e cupo. □ *avv* **dourly.**

to **douse, to dowse** [daus] *vt* **1** immergere nell'acqua. **2** gettare acqua *(su qcsa).* **3** spegnere *(luce, fuoco).*

[1]**dove** [dʌv] *s.* colomba *(anche fig.);* piccione; tortora; tortorella: *dove-cot(e),* colombaia; piccionaia — *to flutter the dove-cotes, (fig.)* spaventare gente pacifica.

[2]**dove** [douv] *pass (USA) di* **to dive.**

dovetail ['dʌvteil] *s. (spesso* dovetail joint*)* incastro a coda di rondine.

to **dovetail** ['dʌvteil] *vt* incastrare a coda di rondine. □ *vi (fig.)* collimare; coincidere: *My plans dovetailed with his,* I miei progetti collimavano con i suoi.

dowager ['dauədʒə*] *s.* **1** vedova nobile: *the queen dowager,* la regina madre — *the dowager duchess of Kent,* la vedova del duca di Kent. **2** *(fam.)* vecchia e distinta signora.

dowdiness ['daudinis] *s.* sciatteria; trascuratezza.

dowdy ['daudi] *agg* (**-ier; -iest**) sciatto; trasandato; malvestito. □ *avv* **dowdily.**

dowel ['dauəl] *s.* chiodo senza capocchia; grano di riferimento; caviglia.

dower ['dauə*] *s.* **1** legittima spettante alla vedova. **2** dono di natura; dote.

to **dower** ['dauə*] *vt* **1** assegnare la dote ad una sposa. **2** dotare.

[1]**down** [daun] *s. (GB, generalm. al pl.)* collina; duna *(usato generalm. per indicare le colline gessose dell'Inghilterra meridionale).*

[2]**down** [daun] *s.* calugine; peluria; piumino: *down-bed,* letto di piume — *eider-down,* piumino.

[3]**down** [daun] *s.* basso: *the ups and downs of life,* gli alti e bassi della vita. □ *to have a down on sb,* avercela con qcno; provare antipatia per qcno.

[4]**down** [daun] **I** *prep* **1** giù per; verso il basso: *He ran down the hill,* Corse giù per la collina — *The tears ran down her face,* Le lacrime le scorrevano giù per il viso.

2 a valle: *Oxford is farther down the river,* Oxford è più a valle.

3 lungo: *I was walking down the street,* Camminavo lungo la strada — *down the ages,* attraverso i tempi, le età — *down (the) wind,* in direzione del vento; sottovento — *to go down town,* andare in città *(generalm. partendo dalla periferia)* a far compere, commissioni, ecc.

II *avv* **1 - a)** *(con verbi di moto e con alcuni altri verbi;* ⇨ *anche i singoli verbi, p.es.:* to go down, to take down, to come down, to get down, to put down, *ecc.)* giù; in giù; abbasso; a terra; per terra: *down here,* qui giù; quaggiù; nelle vicinanze — *down there,* laggiù — *up and down,* su e giù — *If you can't jump down, get down slowly,* Se non ce la fai a saltar giù, scendi lentamente — *The tall man bent down to speak to me,* L'uomo alto si abbassò per parlarmi — *The sun went down,* Il sole calò — *Some kinds of food go down more easily than others,* Certi alimenti vanno giù meglio di altri — *That story won't go down,* Quella storia non sarà creduta — *He was knocked down by a bus,* Fu scaraventato a terra da un bus — *The temperature has gone down,* La temperatura è scesa — *The heels of my shoes have worn down,* I tacchi delle mie scarpe si sono consumati — *The clock has run down,* L'orologio è scarico — *Please, take down this letter,* Per favore scriva questa lettera — *to die down,* morire; spegnersi a poco a poco *(di fuoco, entusiasmo, ecc.)* — *to lie down,* sdraiarsi; distendersi — *to sit down,* sedersi — *to hand down,* tramandare — *to kneel down,* inginocchiarsi.

b) *(idiomatico con* to be*) Mary isn't down yet,* Mary non è ancora scesa (giù) — *He's down with influenza,* È a letto con l'influenza — *The river is down,* Il fiume è calato — *The sea is down,* Il mare si è calmato — *One of the back tyres is down,* Una delle ruote posteriori è a terra — *The price of fruit is down,* Il prezzo della frutta è diminuito — *to be down for sth,* essere in lista per qcsa — *I see you are down for a speech at the next meeting,* Vedo che sei nella lista degli oratori della prossima riunione — *to be down on one's luck,* essere sfortunato — *to be down on sb,* essere adirato con qcno — *to be down,* essere abbattuto, a terra — *Don't hit a man when he is down, (fig.)* Non colpire un uomo quando è a terra — *to be down in the mouth,* essere depresso, triste, giù di corda — *to be down and out, (pugilato)* essere messo fuori combattimento; *(fig.)* essere senza lavoro e senza denaro — *to be (to feel) down in spirits,* essere, sentirsi triste, di cattivo umore — *to be down at heel,* essere malandato, trasandato.

2 *(idiomatico)* da un luogo *(città, ecc.)* ad un altro luogo meno importante: *We went down to Brighton (p.es. da Londra) for the weekend,* Andammo (giù) a Brighton per il weekend — *The Bill was sent down to the House of Commons,* Il progetto di legge passò alla Camera dei Comuni — *When did he come down from Oxford?,* Quando lasciò (l'università di) Oxford? — *He didn't just go down; he was sent down,* Non ha solo lasciato l'università; l'hanno buttato fuori.

3 down to..., al...; fino al...; giù giù fino...: *the history of Europe down to 1914,* la storia d'Europa fino al 1914 — *coming down to modern times,* giungendo ai tempi moderni — *Everyone, from the queen down to the humblest of her subjects,* Tutti, dalla regina al più umile dei sudditi.

4 Down with!..., Abbasso!...: *Down with the tyrant!,* Abbasso (A morte) il tiranno!

□ *Down!,* Cuccia! — *Down Under, (fam.)* l'Australia; *(talvolta)* gli antipodi — *down-to-earth,* pratico; concreto; realista — *He's a down-to-earth sort of chap,* È un tipo abbastanza realista.

III *agg* **1** che va in giù; verso il basso; in discesa; in pendenza; discendente: *a down-draught,* una corrente d'aria discendente *(p.es. in un camino)* — *to be on the down grade,* essere in decadenza, in ribasso — *down-pipe,* pluviale.

2 (*cfr.* **down,** *avv* **2**) *a down train,* un treno che va da Londra *(da un capoluogo, ecc.)* ad una stazione meno importante. □ *down time,* tempo passivo.

to **down** [daun] *vt* abbattere; mettere a terra; sconfiggere: *to down one's enemies,* abbattere i propri nemici. □ *to down a glass of beer,* tracannare (scolarsi) un bicchiere di birra — *to down tools, (letteralm.)* posare gli attrezzi; *(generalm.)* incrociare le braccia; mettersi in sciopero — *Down the helm!, (naut.)* Orza!

downbeat ['daunbi:t] *s. (mus.)* attacco (della battuta); prima battuta.

downcast ['daunkɑ:st] *agg* **1** *(di persona)* depresso;

abbattuto; triste; avvilito. **2** *(di sguardo)* rivolto verso il basso; abbassato.

downfall ['daunfɔ:l] *s. (fig.)* crollo; rovina; sfacelo: *His downfall was caused by gambling and drink,* La sua rovina fu provocata dal gioco e dal bere.

to **downgrade** ['daun'greid] *vt* degradare; abbassare di grado; retrocedere.

downhearted [daun'hɑ:tid] *agg* depresso; demoralizzato; avvilito; abbattuto.

downhill ['daun'hil] *avv* in declivio: *to go downhill, (fig.)* andar di male in peggio; peggiorare; andare in declino.

Downing Street ['dauniŋ,stri:t] *s.* strada nella quale risiede il Primo Ministro britannico *(al n. 10); (per estensione)* il governo britannico: *What does Downing Street think of the matter?,* Che cosa pensa il governo di questa faccenda?

downpour ['daunpɔ:*] *s.* rovescio; acquazzone; scroscio di pioggia; pioggia torrenziale: *to be caught in a downpour,* essere colto da un acquazzone.

downright ['daunrait] *agg* **1** schietto; franco; diritto; sincero; onesto: *He has a downright manner,* Ha un modo di fare schietto (franco) — *He is a downright sort of person,* È un tipo schietto. **2** perfetto; 'bell'e buono': *It's a downright lie,* È una bugia bell'e buona — *It's downright nonsense,* È una vera sciocchezza. □ *avv* del tutto; assolutamente; perfettamente: *He was downright rude,* Fu molto maleducato.

downrightness ['daunraitnis] *s.* schiettezza; franchezza; rettitudine; onestà.

downstairs ['daun'stɛəz] *avv* al piano di sotto; giù; dabbasso: *He went downstairs to breakfast,* Scese al piano di sotto per fare colazione — *Our neighbours downstairs are very noisy,* I nostri vicini del piano di sotto sono molto rumorosi.
□ *agg (spesso senza la* s *finale)* del piano inferiore; del pianterreno — *the downstair(s) rooms,* le camere del piano inferiore (del pianterreno).

downstream ['daun'stri:m] *avv* **1** lungo la corrente *(d'un fiume).* **2** a valle.

downtown ['daun'taun] *avv (spec. USA)* verso o nella parte bassa della città; verso la parte principale (il centro commerciale) della città *(anche attrib.): downtown Manhattan,* il centro di Manhattan.

downtrodden ['daun,trɔdn] *agg* oppresso; calpestato; tiranneggiato; maltrattato.

downward ['daunwəd] *agg* in discesa; tendente al basso; verso il basso; in giù: *a downward slope,* un pendio in discesa — *on the downward path,* sul sentiero che conduce in basso — *a downward tendency, (comm.)* una tendenza al ribasso.

downwards ['daunwədz] *avv* in giù; verso il basso: *He laid the photograph face downwards on the table,* Posò la fotografia capovolta sul tavolo — *The monkey was hanging head downwards from the branch,* La scimmia penzolava dal ramo a testa in giù.

downy ['dauni] *agg* lanuginoso; coperto di piume e peluria; vellutato.

dowry ['dauəri] *s.* dote *(di sposa).*

to **dowse** [dauz] *vt* ⇨ **to douse.**

dowser ['dauzə*] *s.* rabdomante.

dowsing ['dauziŋ] *s.* rabdomanzia.

doxology [dɔk'sɔlədʒi] *s.* dossologia.

doyen ['dɔiən/*(fr.)* dwajɛ̃] *s. (fr.)* membro anziano *(spec. di corpo diplomatico);* decano.

doyley ['dɔili] *s.* ⇨ **doily.**

doze [douz] *s.* sonnellino; pisolino.

to **doze** [douz] *vi* sonnecchiare: *to doze off,* appisolarsi.

dozen ['dʌzn] *s.* dozzina: *I've been there dozens of times,* Ci sono stato migliaia (un'infinità) di volte — *three dozen bottles of wine,* tre dozzine di bottiglie di vino. □ *to talk nineteen to the dozen,* parlare rapidamente *(come una macchinetta)* — *a baker's dozen,* tredici.

dozy ['douzi] *agg* sonnolento.

[1]**drab** [dræb] *agg (anche s.)* **1** grigiastro; bruno giallastro; grigio. **2** cupo; monotono; tetro: *a drab existence,* una esistenza monotona (grigia). □ *avv* **drably.**

[2]**drab** [dræb] *s.* prostituta.

drabs [dræbz] *s.* ⇨ **dribs and drabs.**

drachm [dræm] *s.* **1** = **drachma. 2** = **dram.**

drachma ['drækmə] *s. (moneta)* dracma.

draft [drɑ:ft] *s.* (*GB, spesso* **draught**) **1** traccia; abbozzo; bozza; schema; progetto; appunto; prima stesura: *a draft for a speech,* una traccia per un discorso — *a draft letter,* una bozza di lettera — *a draft for a Parliamentary Bill,* una bozza per un disegno di legge — *a draft for a machine,* lo schizzo di una macchina. **2** tratta; ordine di pagamento; cambiale: *a draft for 500 pounds upon London,* una tratta di 500 sterline sulla piazza di Londra. **3** *(spesso mil.)* drappello; distaccamento; reparto; gruppo. **4** *(USA)* leva; chiamata alle armi: *draft board,* commissione di leva — *draft card,* cartolina precetto — *draft dodger,* persona che cerca di sfuggire al servizio militare (di farsi riformare).

to **draft** [drɑ:ft] *vt* **1** abbozzare; tracciare uno schema (uno schizzo): *to draft a speech,* preparare la traccia di un discorso. **2** *(spec. mil.)* distaccare un drappello o un reparto *(per una missione).* **3** *(USA)* arruolare; chiamare alle armi: *to be drafted into the army,* essere arruolato nell'esercito.

draftee [drɑ:f'ti:] *s. (USA, mil.)* coscritto; soldato di leva.

drafting ['drɑ:ftiŋ] *s.* abbozzo; progettazione; prima stesura; schema; formulazione: *a drafting committee,* un comitato per lo studio (la progettazione) — *The drafting of this section of the Bill is obscure,* La formulazione di questa parte del disegno di legge è oscura.

draftsman ['drɑ:ftsmən] *s.* (*pl.* **draftsmen**) **1** disegnatore. **2** redattore di documenti *(o di disegni di legge parlamentari).*

drafty ['drɑ:fti] *(USA)* = **draughty.**

drag [dræg] *s.* **1** erpice pesante. **2** *(anche* drag-net*)* rete a strascico; sciabica. **3** *(ant.)* tiro a quattro. **4** freno; martinicca. **5** *(fam.)* peso; ostacolo; zavorra; impaccio; noia: *Driving back into town on a Sunday is such a drag!,* Il rientro in città la domenica è una noia terribile! — *His wife has been a drag on him all his life,* La moglie gli è stata di peso tutta la vita. **6** falsa preda *(p.es. una lepre morta)* trascinata sul terreno per addestrare i cani da caccia: *drag-hounds,* cani da fiuto. **7** *(sl.)* boccata *(di sigaretta);* tirata. **8** *(sl.)* vestiti femminili indossati da attori di teatro o da omosessuali **9** *(sl.)* 'party' di 'travestiti'. **10** *(USA, fam.)* influenza *(spec. nascosta).* **11** resistenza aerodinamica.

to **drag** [dræg] *vt e i.* (**-gg-**) **1** tirare con sforzo; trascinare; tirare fuori: *to drag a heavy box out of a cupboard,* tirare fuori (a fatica) una scatola pesante da una credenza — *The escaped prisoner was dragged out of his hiding-place,* L'evaso fu trascinato fuori dal suo nascondiglio — *He could scarcely drag himself along,* Riusciva a trascinarsi a stento — *to walk with dragging feet,* camminare trascicando i piedi — *to drag one's feet, (spesso fig.)* procedere coi

piedi di piombo; procedere a stento, di malavoglia — *The Government seems to be dragging its feet,* Sembra che il governo stia andando coi piedi di piombo.
2 dragare; rastrellare *(il fondo del mare, di un fiume o di un lago, per cercare qcsa): They dragged the river for the missing child,* Dragarono il fiume alla ricerca del bambino scomparso.
3 *(sl.)* fumare *(spec. una sigaretta).*
4 trascinarsi *(spesso fig.): Classwork often drags somewhat towards the end of term,* Il lavoro in classe spesso si trascina un po' stancamente verso la fine del trimestre.
5 *(naut.)* arare: *The anchor dragged,* L'ancora arò il fondo.
to drag in, *(fig.)* tirare (un argomento) per i capelli; tirare in ballo; far entrare a tutti i costi: *Why drag in what happened twenty years ago?,* Perché tirare in ballo ciò che è successo vent'anni fa?
to drag on, trascinarsi; protrarsi: *His speech dragged on for over an hour,* Il suo discorso si trascinò per oltre un'ora.
to drag out, protrarre; far durare il più possibile: *They tried to drag out the inquiry as long as possible in the hope of new evidence,* Cercarono di far durare l'inchiesta il più possibile nella speranza di ottenere nuove prove.
to drag up, - **a)** *(fam.)* tirar su (allevare, educare) frettolosamente (alla meglio, senza tanta cura, alla carlona): *The children seem to have been dragged up anyhow instead of being properly educated,* I figli sembrano essere stati tirati su alla bell'e meglio, e non educati secondo le regole - **b)** tirar fuori *(uno scandalo, una notizia scandalosa).*

draggled ['drægld] *agg* inzaccherato; infangato.

dragoman ['drægoumən/-mæn] *s.* (*pl.* **dragomans**: *erroneamente* **dragomen**) dragomanno; interprete.

dragon ['drægən] *s. (mitologia)* drago; dragone.

dragon-fly ['drægənflai] *s.* libellula.

dragoon [drə'gu:n] *s. (mil.)* dragone.

to **dragoon** [drə'gu:n] *vt* costringere con la forza: *to dragoon sb into doing sth,* costringere con la forza qcno a fare qcsa.

drain [drein] *s.* **1** canale di scolo; tubo, fosso per lo scolo delle acque; fogna; chiavica. **2** *(al pl.)* tubazioni di scarico; fognature: *drain-pipe,* tubo di fogna (di scolo) — *drain-pipe trousers,* pantaloni a tubo. **3** *(fig.)* salasso; consumo; emorragia; perdita; esaurimento: *Military expenditure is a great drain on the country's resources,* Le spese militari sono un grosso salasso per le risorse del paese — *All this extra work was a drain on his strength,* Tutto questo lavoro extra fu un salasso per le sue energie — *the brain drain,* la 'fuga dei cervelli'. **4** *(sl.)* goccio; goccetto; sorso: *Don't drink it all; leave me a drain!,* Non bere tutto; lasciamene un goccetto! **5** *(med.)* tubo di drenaggio. □ *to laugh like a drain, (fam.)* ridere fragorosamente.

to **drain** [drein] *vt* **1** drenare *(anche med.);* prosciugare; rendere asciutto; munire di canali di scolo: *Land must be well drained for some crops,* Per talune colture la terra deve essere ben drenata — *to drain (off) a liquid,* far defluire un liquido. **2** bere; scolare *(una bevanda, un bicchiere): to drain sth dry; to drain sth to the dregs,* scolare qcsa fino in fondo (fino alla feccia). □ *vi* **1** defluire; asciugarsi; scolare; sgocciolare; scaricare le acque: *This field drains into the river,* Questo campo fa defluire l'acqua nel fiume — *Put the dishes there to drain,* Metti lì i piatti a scolare — *draining-board,* scolapiatti. **2** impoverirsi; esaurirsi; logorare; dissanguare; salassare: *The country was drained of its manpower and wealth by war,* La guerra si portò via gli uomini e le ricchezze del paese — *His life was slowly draining away,* La vita gli fluiva via lentamente.

drainage ['dreinidʒ] *s.* **1** scolo; prosciugamento; bonifica; scarico delle acque; smaltimento delle acque di scarico; drenaggio: *drainage-basin,* bacino idrografico. **2** acque di scarico; liquame. **3** tubazioni di scarico; fognatura.

drake [dreik] *s.* maschio dell'anatra.

dram [dræm] *s.* **1** dramma *(unità di peso e di capacità).* **2** *(spec. in Scozia)* goccetto; 'cicchetto'; bicchierino *(spec. whisky).*

drama ['drɑ:mə] *s.* **1** dramma; lavoro teatrale; *(per estensione)* teatro: *a drama student,* uno studente d'arte drammatica. **2** *(fig.)* dramma; avvenimento drammatico.

dramatic [drə'mætik] *agg* **1** drammatico; teatrale: *dramatic performances,* rappresentazioni teatrali — *dramatic criticism,* critica teatrale. **2** *(fig.)* drammatico; sensazionale: *dramatic changes in the international situation,* mutamenti drammatici (sensazionali) nella situazione internazionale. □ *avv* **dramatically.**

dramatics [drə'mætiks] *s. (generalm. con il v. al sing.)* arte drammatica; rappresentazioni teatrali.

dramatist ['dræmətist] *s.* drammaturgo.

dramatization [,dræmətai'zeiʃən] *s.* drammatizzazione; versione teatrale *(di un romanzo, un avvenimento, ecc.).*

to **dramatize** ['dræmətaiz] *vt* **1** redigere una versione drammatica *(di un avvenimento, un romanzo, ecc.).* **2** drammatizzare.

drank [dræŋk] *pass di* **to drink.**

drape [dreip] *s. (USA)* drappo; panneggio; *(al pl.)* tende opache; tendoni pesanti.

to **drape** [dreip] *vt* drappeggiare; panneggiare; coprire con paramenti: *to drape curtains over a window,* drappeggiare tende su una finestra — *walls draped with flags,* pareti addobbate con bandiere — *He draped one leg idly over the arm of his chair,* Fece penzolare pigramente una gamba dal bracciolo della sedia.

draper ['dreipə*] *s.* drappiere; negoziante di tessuti.

drapery ['dreipəri] *s.* **1** drapperia. **2** drappeggio.

drastic ['dræstik] *agg* drastico. □ *avv* **drastically.**

drat [dræt] *interiezione (fam.)* accidenti; maledizione: *Drat that child!,* Accidenti a quel bambino!

to **drat** [dræt] *vt (esiste solo come interiezione e p. pass.)* ⇨ **drat; dratted.**

dratted ['drætid] *agg (fam.)* maledetto.

draught [drɑ:ft] *s.* (*USA* **draft**) **1** corrente d'aria; spiffero; tiraggio; circolazione d'aria. **2** *(pesca)* tirata; retata. **3** fondo; fondale; pescaggio: *vessels of shallow draught,* imbarcazioni di basso fondale — *a ship with a draught of ten feet,* una nave con un pescaggio di dieci piedi. **4** spillatura: *beer on draught; draught beer,* birra alla spina. **5** sorso; sorsata: *a draught of water,* un sorso (una sorsata) d'acqua — *to drink half a pint of beer at a draught,* bere mezza pinta di birra in un solo sorso (d'un sorso). **6** trazione; tiro; traino: *a draught horse,* un cavallo da tiro — *beasts of draught,* animali da traino. **7** *(GB, al pl. con il v. al sing.)* gioco della dama: *draught-board,* scacchiera; tavoletta per la dama. **8** pozione medicinale: *black draught,* purgante; pozione purgativa.

to **draught** [drɑ:ft] *vt* = **to draft.**

draughtsman ['drɑ:ftsmən] *s.* (*pl.* **draughtsmen**) **1** disegnatore (tecnico). **2** pezzo *(nel gioco della dama).*

draughtsmanship ['drɑ:ftsmənʃip] *s.* tecnica; abilità *(nel disegno; e fig., nella stesura di un progetto di legge).*

draughty ['drɑ:fti] *agg* pieno di correnti d'aria; esposto agli spifferi.

draw [drɔ:] *s.* **1** strappo; strattone; atto o effetto del tirare, dell'estrarre: *to be quick on the draw,* essere lesto nell'estrarre un'arma. **2** estrazione; sorteggio. **3** *(sport)* pareggio; partita conclusa in parità: *The game ended in a draw,* La partita si concluse con un pareggio. **4** attrazione; richiamo: *Bloggs is always a great draw at political meetings,* Bloggs è sempre una grande attrazione ai comizi — *The new play is a great draw,* La nuova commedia è di grande richiamo.

to **draw** [drɔ:] *vt e i.* (*pass.* **drew**; *p. pass.* **drawn**) **1** tirare, tirarsi; far muovere tirando; trainare; trascinare; trarre; tendere (la corda dell'arco): *This chimney draws badly,* Questo camino tira male — *to draw a boat out of the water,* tirare in secca una barca — *to draw a curtain across a window,* tirare una tendina (sulla finestra) — *His face looked drawn,* Aveva la faccia tirata — *to draw one's hat over one's eyes,* tirarsi il cappello sugli occhi — *to draw one's belt tighter,* tirarsi la cinghia (dei pantaloni) — *to draw one's pen through a word,* cancellare una parola — *The fisherman drew in his net,* Il pescatore ritirò (tirò su) la rete — *He drew on his gloves,* Si mise (S'infilò) i guanti — *to draw lots,* tirare a sorte — *to draw a card,* tirare (estrarre) una carta dal mazzo — *to draw trumps,* far calare (tirar giù) le briscole — *a train drawn by two locomotives,* un treno tirato da due locomotive — *tractor-drawn ploughs,* aratri tirati da trattore — *The wagon was drawn by two horses,* Il carro era trainato da due cavalli.

2 togliere; levare (tirando); cavare; sguainare; estrarre; spillare; cavarsi: *to draw a cork,* tirare il turacciolo — *to draw water from a well,* tirar su acqua da un pozzo — *to draw beer from a cask,* spillare birra da una botte — *to draw the nails from a plank,* cavare i chiodi da un'asse — *to draw one's sword,* sguainare la spada — *to have a tooth drawn,* farsi levare (cavare) un dente — *to draw sb's teeth, (fig.)* ridurre qcno all'impotenza (renderlo innocuo) — *to draw blood,* cavar sangue — *to draw (the) stumps, (cricket)* levare i paletti *(per concludere o interrompere la partita); (per estensione, fig.)* concludere (interrompere) i lavori.

3 sventrare: *to draw a chicken,* pulire (sventrare) un pollo — *He was sentenced to be hanged, drawn and quartered, (stor.)* Fu condannato a essere impiccato, sventrato e squartato.

4 ricevere; ottenere; ricavare; riscuotere; ritirare; prelevare; strappare; estorcere: *He draws a decent salary,* Riceve un buono stipendio — *What moral are we to draw from this story?,* Che morale dobbiamo ricavare da questa storia? — *to draw money from the bank,* prelevare denaro dalla banca — *to draw rations,* ritirare le razioni *(di viveri)* — *to draw inspiration from nature,* trarre ispirazione dalla natura — *to draw tears (applause, ecc.),* strappare le lacrime (gli applausi, ecc.) — *to draw a confession from sb,* estorcere una confessione a qcno — *He was not to be drawn,* Non si riuscì a farlo parlare.

5 attrarre; attirare: *Unfortunately street accidents always draw crowds,* Purtroppo gli incidenti stradali attirano sempre una folla di curiosi — *The film drew large audiences,* Il film ebbe un grande successo di pubblico — *He drew my attention to a point I had overlooked,* Attirò la mia attenzione su un punto che mi era sfuggito — *She didn't feel drawn towards him,* Non provava per lui alcuna attrazione.

6 prendere; tirare *(fiato, ecc.): to stop to draw breath,* fermarsi a prendere fiato — *to draw a deep breath,* respirare a fondo — *to draw one's first breath,* dare i primi vagiti — *to draw one's last breath,* esalare l'ultimo respiro.

7 *(seguito da un avv. o espressione avverbiale) Christmas is drawing near,* Il Natale si avvicina — *The day drew to its close,* Il giorno volgeva al termine — *to draw level (with sb or sth),* raggiungere (qcno o qcsa) *(p.es. in una corsa)* — *(⇨ anche* **to draw aside, away, back, up,** *ecc.).*

8 disegnare; tracciare; tirare *(con una penna, ecc.): to draw a picture,* fare un disegno — *to draw a house,* disegnare una casa — *She draws well,* Disegna bene — *to draw the line (at sth), (fig.)* stabilire; porre dei limiti; rifiutarsi di andare oltre determinati limiti — *This sort of behaviour cannot be allowed; we have to draw the line somewhere,* Non si può tollerare un simile comportamento; si deve pur stabilire un limite — *I don't mind lending him my razor, but I draw the line at lending him my toothbrush,* Non ho obiezioni a imprestargli il mio rasoio, ma mi rifiuto di imprestargli il mio spazzolino da denti.

9 *(comm.)* emettere; spiccare *(una tratta, cambiale, ecc.): to draw a bill (cheque, order) on a banker for fifty pounds,* emettere tratta (un assegno, un ordine di pagamento) su una banca per cinquanta sterline — *to draw at sight (at thirty days),* emettere (una tratta) a vista (a trenta giorni).

10 *(di nave)* pescare: *The ship draws twenty feet of water,* La nave pesca venti piedi.

11 *(sport)* pareggiare; concludere con un pareggio: *The two teams drew one-all,* Le due squadre hanno concluso con un pareggio di uno a uno.

12 *(med.)* drenare.

□ *to draw it mild, (fam.)* non esagerare — *to draw a covert, (caccia)* battere un terreno coperto per stanare la selvaggina — *to draw a blank,* non riuscire a trovare ciò che si cerca; far fiasco — *to draw a distinction,* fare una distinzione; sottolineare una differenza — *to draw a parallel,* fare un parallelo.

to draw aside, tirare (tirarsi) da parte (in disparte).

to draw away, allontanarsi.

to draw back, - **a)** tirarsi indietro; indietreggiare: *Everyone drew back in alarm,* Tutti indietreggiarono allarmati - **b)** tirare indietro *(qcsa o qcno).*

to draw down, abbassare; tirare giù; calare.

to draw forth, strappare; suscitare *(applausi, ecc.).*

to draw in, - **a)** tirar dentro; tirar su: *to draw in one's horns, (di lumaca)* ritirare le corna; *(fig., di persona)* farsi prudente - **b)** accorciarsi: *The days are drawing in,* I giorni si accorciano.

to draw off, - **a)** cavare; togliere *(un liquido)* - **b)** ritirare *(le truppe)* - **c)** ritirarsi; partire; andarsene.

to draw on, - **a)** avvicinarsi: *Winter is drawing on,* Si avvicina l'inverno - **b)** *to draw on sth,* far appello a; ricorrere a qcsa: *When newspapermen cannot get facts for their stories, they often draw on their imaginations,* Quando i giornalisti non hanno storie vere per i loro articoli, spesso ricorrono alla fantasia - **c)** prelevare *(denaro): We mustn't draw on our savings,* Non dobbiamo prelevare (denaro) dai nostri risparmi - **d)** *(comm.)* spiccare tratta: *You may draw on us for any amount up to five hundred pounds,*

Potete spiccare tratta su di noi per somme sino a cinquecento sterline.

to draw out, - **a)** tirar fuori *(p.es. un coltello)* - **b)** allungarsi: *The evenings are beginning to draw out,* Le serate incominciano ad allungarsi - **c)** trafilare; assottigliare *(un metallo)* - **d)** *to draw sb out,* indurre qcno a parlare; far parlare qcno - **e)** partire; uscire: *The express drew out of the station six minutes late,* Il direttissimo lasciò la stazione con sei minuti di ritardo - **f)** protrarre; far durare a lungo: *He drew out his speech for too long,* Tirò troppo in lungo il suo discorso — *a long-drawn-out discussion,* una discussione interminabile.

to draw round, disporsi in cerchio *(attorno a qcno).*

to draw up, - **a)** tirar su (qcsa): *to draw oneself up,* tirarsi su; drizzare la schiena - **b)** allineare; schierare *(truppe)* - **c)** *(di automobile, ecc.)* fermarsi *(accostandosi al marciapiede)* - **d)** tirare (vicino); accostare: *He drew his chair up to the table,* Accostò la sua sedia al tavolo - **e)** stendere; redigere *(un documento, ecc.).*

drawback ['drɔ:bæk] *s.* **1** inconveniente; svantaggio; remora; ostacolo. **2** *(comm.)* 'drawback'; premio all'esportazione; rimborso del dazio doganale *(se la merce viene riesportata).*

drawbridge ['drɔ:bridʒ] *s.* ponte levatoio.

drawee [drɔ:'i:] *s. (comm.)* trattario.

drawer [drɔ:*/drɔə*] *s.* **1** cassetto: *chest of drawers,* cassettone. **2** *(al pl.)* mutandoni. **3** *(comm.)* traente. **4** disegnatore.

drawing ['drɔ:iŋ] *s.* disegno: *out of drawing,* mal disegnato — *drawing-board,* tavolo da disegno — *to be still on the drawing-board,* essere ancora in fase di progettazione — *to go back to the drawing-board,* tornare a riprogettare *(un prototipo, ecc.)* — *drawing master,* insegnante di disegno — *drawing-pen,* tiralinee — *drawing-pin, (GB)* puntina da disegno — *rough drawing,* abbozzo; schizzo.

drawing-room ['drɔ:iŋrum] *s.* salotto.

drawl [drɔ:l] *s.* pronuncia strascicata.

to **drawl** [drɔ:l] *vi e t.* strascicare le parole; *(per estensione, spec. in GB)* parlare col birignao: *Don't drawl (out) your words,* Non strascicare le parole — *The speaker drawled on,* L'annunciatore continuava a parlare in quel suo modo affettato.

drawn [drɔ:n] *p. pass di* **to draw.**

dray [drei] *s.* carro senza sponde *(per trasporto di barili, ecc.).*

[1]**dread** [dred] *s.* terrore; paura; timore: *to be in dread of sb or sth,* aver paura di qcno o di qcsa — *to live in constant dread of poverty,* vivere nel costante terrore della povertà.

to **dread** [dred] *vt e i.* temere; aver paura (di qcsa); tremare (all'idea di qcsa): *to dread a visit to the dentist,* avere il terrore d'una seduta dal dentista — *I dread to think (of) what may happen,* Tremo al pensiero di ciò che può accadere.

[2]**dread** [dred] *agg* **1** terribile; temuto; temibile. **2** maestoso; solenne.

dreaded ['dredid] *agg* temuto; temutissimo.

dreadful ['dredful] *agg* spaventoso; terribile: *a dreadful disaster,* uno spaventoso disastro — *What a dreadful story!,* Che storia terribile! — *What dreadful weather!,* Che tempo orribile! □ *avv* **dreadfully.**

□ *(come s., nell'espressione ant.) a penny dreadful,* libro da pochi soldi pieno di racconti dell'orrore.

dreadnought ['dredno:t] *s. (stor.)* corazzata.

dream [dri:m] *s.* sogno *(anche fig.): to have a dream,* fare un sogno (sognare qcsa) — *to have bad dreams,* fare brutti sogni — *to dream a dream,* sognare; fare un sogno — *to awake from a dream,* destarsi da un sogno — *to live (to go about) in a dream,* vivere (andare in giro) come in sogno — *to have dreams of wealth and happiness,* nutrire sogni di ricchezza e di felicità — *His holiday by the sea was like a dream,* La sua vacanza al mare fu come un sogno — *She looked a perfect dream (a dream of delight),* Era assolutamente un sogno — *dream-land; dream-world,* il paese dei sogni; il mondo dei sogni — ⇨ *anche* **day-dream, to day-dream.**

to **dream** [dri:m] *vi e t.* (*pass. e p. pass.* **dreamed** *oppure* **dreamt**) sognare *(anche fig.);* fantasticare; desiderare; immaginare: *He often dreams,* Sogna spesso — *to dream of (o about) sth,* sognare qcsa — *I shouldn't dream of doing such a thing,* Non mi sognerei mai di fare una cosa simile — *He dreamt that he was at sea,* Sognò di essere in mare — *He little dreamed that...,* Neppure si sognava (Non immaginava neanche) che... — *to dream away one's time (the hours, ecc.),* passare il tempo a far sogni; passare il tempo (trastullarsi) in fantasticherie.

dreamer ['dri:mə*] *s.* sognatore; visionario.

dreamily ['dri:mili] *avv* ⇨ **dreamy.**

dreaminess ['dri:minis] *s.* **1** vaghezza; indeterminatezza. **2** tendenza a sognare.

dreamless ['dri:mlis] *agg* senza sogni; privo di sogni.

dreamlike ['dri:mlaik] *agg* da sogno; fantastico; fiabesco.

dreamt [dremt] *pass e p. pass di* **to dream.**

dreamy ['dri:mi] *agg* (**-ier; -iest**) **1** sognante. **2** di sogno; fantastico; irreale; vago; indistinto: *dreamy music,* musica di sogno — *a dreamy recollection of what happened,* un vago ricordo (come di sogno) di ciò che è accaduto. □ *avv* **dreamily.**

drear ['driə*] *agg (poet.)* = **dreary.**

dreariness ['driərinis] *s.* **1** tristezza; desolazione. **2** monotonia.

dreary ['driəri] *agg* (**-ier; -iest**) monotono; cupo; triste; tetro; desolato: *dreary weather,* tempo cupo — *dreary surroundings,* dintorni desolati. □ *avv* **drearily.**

dredge [dredʒ] *s.* draga *(la macchina).*

[1]to **dredge** [dredʒ] *vt e i.* dragare: *to dredge (up) mud,* scavare il fango con la draga — *to dredge a channel (a harbour),* dragare un canale (un porto).

[2]to **dredge** [dredʒ] *vt* spargere; spruzzare: *to dredge meat with flour,* infarinare la carne.

[1]**dredger** ['dredʒə*] *s.* draga *(il battello).*

[2]**dredger** ['dredʒə*] *s.* barattolo con coperchio forato *(per spargere zucchero, farina, ecc.).*

dregs [dregz] *s. pl* feccia *(anche fig.);* fondo *(di vino, ecc.): to drink (to drain) sth to the dregs,* bere qcsa fino all'ultima goccia — *the dregs of society,* la feccia della società.

to **drench** [drentʃ] *vt* **1** inzuppare; rendere fradicio: *to be drenched to the skin,* essere fradicio di pioggia, inzuppato fino al midollo. **2** somministrare una pozione *(ad un animale).*

[1]**drenching** ['drentʃiŋ] *agg (di pioggia)* penetrante; che inzuppa; che rende fradicio.

[2]**drenching** ['drentʃiŋ] *s.* bagnata.

dress [dres] *s.* **1** vestito; abito *(da donna).* **2** *(collettivo)* abbigliamento; vestiti in genere: *He doesn't care much about dress,* Non si preoccupa molto del proprio modo di vestire — *dress shirt,* camicia da sera — *dress sword,* spada da cerimonia — *dress-coat,* marsina; 'frac' — *dress suit,* abito da sera, da cerimonia *(da uomo)* — *full dress; dress uniform,* alta uniforme — *evening dress,* abito da sera *(da donna)* — *morning dress,* abito da mattino, da cerimonia. **3**

veste; *(di uccello)* piumaggio. □ *dress circle, (al teatro)* prima galleria — *dress rehearsal,* prova generale *(generalm. in costume).*

to **dress** [dres] *vt e i.* **1** vestire, vestirsi; abbigliare, abbigliarsi: *Mary was dressing her doll,* Mary stava vestendo la sua bambola — *How much does it cost him to dress his wife and daughters?,* Quanto spende per vestire la moglie e le figlie? — *Jim isn't old enough to dress himself,* Jim non è abbastanza grande per vestirsi da solo — *Have you finished dressing?,* Hai finito di vestirti? — *She was dressed in white,* Era vestita di bianco — *He has to dress well in his position,* Con la posizione che ha, deve vestirsi bene.
2 cambiarsi; mettersi l'abito da cerimonia, da sera: *We don't dress for dinner nowadays,* Oggigiorno non ci si cambia più d'abito per cenare.
3 allestire; adornare: *to dress a shop window,* allestire una vetrina — *to dress the streets,* adornare le strade *(di festoni, di bandiere, ecc.)* — *to dress ship,* alzare il gran pavese — *to dress a Christmas-tree,* fare (preparare) l'albero di Natale — *to dress one's hair,* acconciarsi i capelli.
4 preparare; rifinire; guarnire *(cibi);* levigare *(assi);* conciare *(cuoio);* intonacare *(pareti);* tagliare *(pietre): to dress a salad,* condire un'insalata — *to dress a chicken,* preparare un pollo *(per la cottura).*
5 pulire; medicare; fasciare *(una ferita).*
6 concimare *(campi, alberi da frutto);* potare *(alberi).*
7 *(mil.)* allineare; mettersi, disporsi in riga: *Dress the ranks!,* In riga!
to dress down, - **a)** strigliare; spazzolare *(un cavallo)* - **b)** dare una strigliata (una bella lavata di capo) a qcno.
to dress up, vestirsi sfarzosamente, in costume, in maschera *(per una festa, ecc.): The children dressed up as pirates,* I bambini si vestirono da pirati — *mutton dressed up as lamb* ⇨ **mutton.**

dressage ['dresɑ:ʒ/*(fr.)* drɛsaʒ] *s.* *(fr.)* addestramento di cavalli.

[1]**dresser** ['dresə*] *s.* **1** assistente medico *(che aiuta il chirurgo nelle medicazioni, ecc.).* **2** *(teatro)* vestiarista; costumista. **3** conciatore; apparecchiatore.

[2]**dresser** ['dresə*] *s.* **1** credenza; mobile da cucina. **2** *(USA)* toeletta.

dressiness ['dresinis] *s.* smania d'eleganza; estrema ricercatezza *(nel vestire).*

dressing ['dresiŋ] *s.* **1** abbigliamento; toilette; acconciatura; vestiario: *dressing-case,* nécessaire; valigetta; astuccio *(contenente oggetti da toeletta)* — *dressing-gown,* vestaglia; veste da camera — *dressing-table,* toilette *(il mobile)* — *dressing room,* - **a)** spogliatoio - **b)** *(teatro)* camerino. **2** preparazione; allestimento: *window dressing,* allestimento di una vetrina; *(fig.)* ostentazione. **3** medicazione; fasciatura; medicinali; bende: *dressing-station, (mil.)* posto di medicazione; pronto soccorso. **4** salsa; condimento; intingolo. **5** concime. **6** *(in vari sensi)* appretto; apprettatura; ravvivatura; levigatura, ecc.
□ *(fam.) to give sb a good dressing down,* (*cfr.* **to dress down, b**) dare una strigliata a qcno; lisciargli il pelo.

dressmaker [,dres'meikə*] *s.* sarta, sarto *(per donna).*

dressmaking ['dres,meikiŋ] *s.* confezione d'abiti *(da donna o bambini).*

dressy ['dresi] *agg* (**-ier; -iest**) *(fam.)* elegante; ricercato nel vestire; *(di abito)* elegante; raffinato.

drew [dru:] *pass di* **to draw.**

to **dribble** ['dribl] *vt e i.* **1** colare; gocciolare; sbavare: *Babies often dribble on their bibs,* I bambini spesso sbavano sul loro bavaglino. **2** *(calcio)* 'dribblare'; 'filtrare'; 'scartare'; schivare un calciatore avversario conservando il pallone. **3** *(biliardo, golf, ecc.)* mettere (andare lentamente) in buca.

dribbler ['driblə*] *s.* **1** chi perde bava; persona *(spec. un bambino)* che sbava. **2** *(calcio)* chi esegue il 'dribbling'; 'dribblatore'.

dribbling ['dribliŋ] *s.* *(calcio)* palleggio (⇨ **to dribble 2**).

driblet ['driblit] *s.* piccola quantità: *in (o by) driblets,* poco alla volta; col contagocce.

dribs and drabs [dribs ænd dræbs] *s. pl (fam., nell'espressione) in dribs and drabs,* alla spicciolata.

dried [draid] *pass e p. pass di* **to dry.**

[1]**drier** ['draiə*] *agg* ⇨ **dry.**

[2]**drier** ['draiə*] *s.* = **dryer.**

drift [drift] *s.* **1** movimento; spostamento; impulso; spinta; deriva; *(di automobile)* derapata: *the drift of the current,* l'impulso della corrente — *drift-net,* rete a deriva — *drift-ice,* banchi di ghiaccio alla deriva — *drift-wood,* legname alla deriva. **2** cumulo; mucchio *(di detriti);* deposito alluvionale: *snow-drifts,* cumuli di neve — *a drift of dead leaves,* un cumulo di foglie morte. **3** *(fig.)* tendenza; intento; significato; tenore: *I caught the drift of what he said,* Ho colto il senso (l'intento) del suo discorso — *Did you get the drift of the argument?,* Hai capito dove voleva arrivare il discorso? **4** attesa; inerzia; immobilismo. **5** *(in Sud Africa)* guado. **6** punzone; punteruolo.

to **drift** [drift] *vi* **1** andare alla deriva; lasciarsi trasportare dalla corrente, *(fig.)* dagli avvenimenti; scivolare: *The raft drifted out to sea,* La zattera venne portata al largo dalla corrente — *We drifted downstream,* Ci lasciammo portare giù dalla corrente — *The country is drifting towards bankruptcy,* Il paese sta scivolando verso la bancarotta — *to drift through life,* vagare senza meta nella vita — *to drift off to sleep,* lasciarsi prendere dal sonno; addormentarsi — *to drift apart, (di persone)* - **a)** perdersi di vista a poco a poco - **b)** estraniarsi. **2** ammucchiarsi; accumularsi *(spec. di neve).*
□ *vt* trasportare; lasciar trasportare o trascinare *(dalla corrente, dal vento).*

drifter ['driftə*] *s.* **1** peschereccio con rete a deriva. **2** dragamine. **3** vagabondo.

[1]**drill** [dril] *s.* trapano; trivella.

[1]to **drill** [dril] *vt e i.* trapanare; perforare; trivellare.

[2]**drill** [dril] *s.* **1** esercitazione; addestramento; esercizio pratico *(militare, scolastico, ecc.): drill-ground,* piazza d'armi — *lifeboat drill,* esercitazioni con le scialuppe di salvataggio — *pronunciation drill,* esercizi di pronuncia. **2** *(fam.)* trafila; 'routine'; procedimento consueto: *I want to renew my passport; what's the drill?,* Vorrei rinnovare il mio passaporto: com'è la procedura?

[2]to **drill** [dril] *vt e i.* esercitare; addestrare; fare esercitazioni: *a well drilled crew,* un equipaggio ben addestrato — *to drill sth into someone,* far capire qcsa a qcno a forza di ripetizioni e di prove; fare entrare qcsa in testa a qcno.

[3]**drill** [dril] *s.* **1** solco *(per la semina).* **2** seminatrice. **3** fila di semi *(lungo il solco).*

[4]**drill** [dril] *s.* forte e pesante tessuto di lino o cotone; traliccio.

[5]**drill** [dril] *s.* drillo.

drink [driŋk] *s.* **1** il bere; bevanda, bevande: *food and drink,* cibo e bevande — *Will you have a drink?,* Volete qualcosa da bere? — *to stand drinks all round,* pagare da bere a tutti — *soft drinks,* bibite (analcooliche) — *strong drink,* bevanda alcoolica — *drink-*

money, mancia — *drink-offering,* libagione sacra. **2** bevuta; sorsata; sorso: *Give me a drink of water,* Dammi un sorso d'acqua. **3** liquori; alcool; *(per estensione)* alcoolismo; ubriachezza; il bere: *to take to drink,* darsi al bere — *to be the worse for drink,* essere ubriaco — *to be on the drink,* essere dedito al bere — *to drive sb to drink,* portare qcno al bere — *Mrs Bell's bad temper drove her husband to drink,* Il caratteraccio della signora Bell spinse il marito a bere. **4** *(sl. mil., con* the*)* il mare.

to **drink** [driŋk] *vt e i.* (*pass.* **drank**; *p. pass.* **drunk**) **1** bere: *to drink a pint of milk,* bere una pinta di latte — *What will you have to drink?; What are you drinking?,* Che cosa bevete? — *to drink deep,* bere a grandi sorsi — *The 1970 clarets are now drinking well,* I 'bordeaux' del '70 si bevono bene ormai — *to drink sb's health,* bere alla salute di qcno — *to drink the waters,* far la cura delle acque — *fit to drink, (di acqua)* potabile; *(di altre bevande)* bevibile. **2** bere *(smoderatamente)* sostanze alcooliche; *(per estensione)* spendere nel bere: *He drinks far too much,* Beve decisamente troppo — *He drinks half his earnings,* Spende nel bere metà dei soldi che guadagna — *to drink oneself to death,* uccidersi a forza di bere — *to drink heavily,* bere grosso — *to drink like a fish,* bere come una spugna — *to drink sb under the table,* superare qcno nel bere, al punto da farlo finire sotto il tavolo. **3** brindare: *to drink a toast,* fare un brindisi — *to drink success to sb,* brindare al successo di qcno — *to drink to sb's success (to sb's health),* brindare al successo di qcno (alla salute di qcno). □ *to drink (sth) in,* 'bere'; ascoltare con grande interesse, con rapimento; assorbire *(parole, poesia, ecc.)* — *to drink (sth) off,* tracannare; bere d'un fiato — *to drink (sth) up,* bere tutto; bere sino in fondo; vuotare (il bicchiere, la bottiglia).

drinkable ['driŋkəbl] *agg (di acqua)* potabile; *(di altri liquidi)* bevibile.

drinker ['driŋkə*] *s.* bevitore *(di liquori, ecc.): a hard drinker,* un forte bevitore.

drinking ['driŋkiŋ] *s.* **1** il bere: *drinking-fountain,* fontana pubblica; fontanella — *drinking water,* acqua potabile. **2** l'atto o l'abitudine del bere; ubriachezza; alcoolismo: *He is too fond of drinking,* Gli piace troppo alzare il gomito — *drinking-bout,* bevuta prolungata — *drinking-song,* canto bacchico.

drip [drip] *s.* **1** gocciolio; goccia; gocciolamento; stillicidio: *the drips (of rain) from the trees,* il gocciolio (della pioggia) dagli alberi. **2** *(sl.)* persona noiosa, poco intelligente, poco vivace.

to **drip** [drip] *vt e i.* (**-pp-**) gocciolare; cadere a gocce; grondare; stillare: *The tap was dripping,* Il rubinetto gocciolava — *He was dripping sweat,* Grondava di sudore — *to be dripping wet,* essere bagnato fradicio — *drip-dry, (di camicia, ecc.)* da asciugare senza strizzatura — *to drip-dry,* asciugare senza strizzare.

dripping ['dripiŋ] *s.* **1** grasso d'arrosto *(per friggere o spalmare sul pane).* **2** *(al pl.)* sgocciolio; perdite d'acqua *(da un tetto, ecc.).* □ *agg* ⇨ **to drip.**

drive [draiv] *s.* **1** viaggio; gita; passeggiata *(in automobile, in carrozza): to go for a drive,* fare una gita in automobile — *It's an hour's drive away,* È ad un'ora di macchina da qui. **2** viale; via d'accesso *(ad una villa privata, ecc.: spesso* drive-in*);* corsia di transito. **3** *(cricket, tennis, ecc.)* colpo *(alla palla);* diritto; *(golf)* colpo lungo all'inizio di partita. **4** *(mecc.)* comando; forza motrice; trasmissione; presa: *front (-wheel) drive,* trazione anteriore. **5** *(fig.)* energia; iniziativa; forza; spinta: *We need a young man with drive and initiative,* Abbiamo bisogno di un giovane con molta energia e spirito d'iniziativa. **6** *(psicologia)* impulso: *sex drive,* libido. **7** *(nel linguaggio pubblicitario)* sforzo speciale; campagna intensiva: *a sales drive,* una campagna di vendita. **8** *whist drive,* gara di 'whist'.

to **drive** [draiv] *vt e i.* (*pass.* **drove**; *p. pass.* **driven**) **1** spingere; sospingere *(anche fig.);* cacciare (via); condurre; portare *(bestiame, ecc.): The wind drove the glider into the hill,* Il vento sospinse l'aliante contro la collina — *He was driven to despair,* Fu spinto alla disperazione — *The prosecutor drove him into a corner, (fig.)* Il pubblico ministero lo mise con le spalle al muro — *The enemy were driven out of their positions,* Il nemico fu cacciato dalle sue posizioni — *The farmer drove his cattle to market,* L'agricoltore portò il bestiame al mercato — *to drive sb too hard,* affaticare qcno, esigendo troppo; far lavorare troppo qcno — *to drive a hard bargain,* imporre condizioni molto dure.

2 essere gettato, trascinato, spinto, sospinto, ecc.: *The clouds drove across the sky,* Le nubi erano sospinte (correvano) per il cielo — *driving rain,* pioggia sferzante.

3 *(tennis, cricket, ecc.)* colpire; battere; scagliare *(la palla).*

4 *(caccia)* scovare *(selvaggina);* battere *(un terreno).*

5 condurre; guidare *(un veicolo);* andare; recarsi *(guidando);* portare *(qcno)* su un automezzo privato: *to drive a truck,* guidare un camion — *Shall we drive home or walk?,* Andiamo a casa in macchina o a piedi? — *I'll drive you to the station myself,* Ti porterò io alla stazione *(in automobile)* (⇨ *anche* **driving**).

6 *(generalm. passivo)* azionare; far funzionare; *(talvolta)* comandare: *This machine is driven by electricity,* Questo apparecchio è azionato a corrente elettrica — *driving-wheel,* ruota motrice — *driving belt,* cinghia di trasmissione — *belt-driven, (agg.)* con trasmissione a cinghia.

7 aprire con la forza *(un passaggio): to drive a road through the virgin forest,* far passare una strada attraverso la foresta vergine.

to drive at, mirare (a); volere: *What the devil are you driving at?,* Ma a che cosa diavolo miri?; Dove vuoi arrivare?

to drive away, allontanarsi *(in un veicolo).*

to drive away at, lavorare sodo, assiduamente, a qcsa.

to drive in, - **a)** entrare *(con un veicolo)* - **b)** *to drive sth in,* piantare, conficcare qcsa.

to drive out, - **a)** uscire *(con un veicolo)* - **b)** *to drive sb out,* scacciare (cacciare) qcno - **c)** *to drive sb out of his senses,* far perdere il senno a qcno.

to drive up, fermarsi *(accostarsi al marciapiede, ad una persona, ecc.)* con un veicolo.

drive-in ['draivin] *s. (anche attrib.)* cinema, supermercato, ecc. *(in cui si può entrare in automobile).*

drivel ['drivl] *s.* ciance; stupidaggini.

to **drivel** ['drivl] *vi* (**-ll-**; *USA* **-l-**) cianciare; dire sciocchezze: *What's he drivelling about?,* Che cosa va cianciando?

driveller ['drivlə*] *s.* ciancione; fanfarone; stupido.

driven ['drivn] *p. pass di* **to drive.**

driver ['draivə*] *s.* **1** guidatore; conducente; autista: *taxi-driver,* tassista — *cab-driver,* vetturino. **2** guardiano; sorvegliante: *cattle-driver,* mandriano — *slave-driver,* negriero *(anche fig.).* **3** *(mecc.)* elemento motore *(ruota motrice, biella, ecc.).* **4** *(golf)* mazza di legno *(usata per il colpo d'inizio di una partita).*

driveway ['draivwei] *s. (USA)* = **drive 2.**

driving ['draiviŋ] *s.* (*vari sensi, da* **to drive**) **1** guida; modo di guidare *(un autoveicolo): driving-mirror,* specchio retrovisivo — *driving licence,* patente di guida — *driving lessons,* lezioni di guida — *driving school,* scuola di guida — *driving test,* esame di guida. **2** *(mecc.)* comando; trasmissione: *driving-belt,* cinghia di trasmissione — *driving-wheel,* ruota motrice.

drizzle ['drizl] *s.* pioggerellina.

to **drizzle** ['drizl] *vi* piovigginare.

drizzly ['drizli] *agg* piovigginoso.

drogue [droug] *s.* **1** àncora galleggiante. **2** *(meteorologia)* manica a vento. **3** bersaglio aereo per esercitazioni.

droll [droul] *agg* strano; divertente; buffo; *(di persona, spesso)* faceto.

drollery ['drouləri] *s.* buffoneria; stramberia; scherzo; *(di persona)* facezie.

drome [droum] *s. (fam.)* aerodromo; aeroporto.

dromedary ['drʌmədəri/'drɔm-] *s.* dromedario.

drone [droun] *s.* **1** fuco; *(fig.)* fannullone; parassita. **2** bordone. **3** ronzio; rombo: *the drone of an aeroplane high in the sky,* il ronzio di un aeroplano alto nel cielo. **4** discorso monotono o noioso. **5** oratore monotono o noioso; seccatore: *He's a boring old drone,* È un vecchio noioso (un vecchio brontolone). **6** aeroplano (o nave, ecc.) radiocomandato.

to **drone** [droun] *vi e t.* **1** ronzare; produrre un ronzio. **2** parlare o canticchiare in modo monotono e a bassa voce: *The parson droned out the psalm,* Il parroco biascicò il salmo.

to **drool** [dru:l] *vi* perdere le bave. □ *to drool over sb, (fam.)* essere infatuato di qcno.

droop [dru:p] *s.* **1** posizione reclinata. **2** *(fig.)* abbattimento; sconforto; depressione.

to **droop** [dru:p] *vi* piegarsi; inclinarsi; *(fig.)* abbassarsi; scoraggiarsi; languire: *The flowers were drooping for want of water,* I fiori languivano per mancanza d'acqua — *Her head drooped sadly,* Piegò il capo mestamente.

□ *vt* piegare; chinare *(il capo);* abbassare *(gli occhi).*

drooping ['dru:piŋ] *agg* cascante; reclinato; inclinato. □ **droopingly** *avv* **1** in posizione reclinata. **2** con abbattimento; in atteggiamento depresso.

drop [drɔp] *s.* **1** goccia; goccio; stilla; *(per estensione)* quantità minima; bicchierino, ecc.: *He emptied the glass to the last drop,* Vuotò il bicchiere sino all'ultima goccia — *in drops; by drops,* a goccia a goccia; a gocce; lentamente — *ear-drops,* orecchini a goccia — *eye-drops,* collirio — *It's only a drop in the bucket (in the ocean),* Non è che una goccia in un oceano — *He has had a drop too much,* Ha bevuto un bicchiere di troppo. **2** *(al pl.)* pasticche; pastiglie; caramelline; qualsiasi cosa a forma di goccia: *fruit drops,* caramelle *(dure)* di frutta. **3** abbassamento; ribasso; diminuzione; caduta; calo; salto: *a sudden drop in the temperature,* un improvviso abbassamento di temperatura — *a drop in the price of wheat,* un forte ribasso nel prezzo del grano — *There was a drop of thirty feet from the window to the ground,* Dalla finestra a terra c'era un salto di trenta piedi — *at the drop of a hat,* - **a)** a un segnale dato; a un cenno - **b)** subito; ben volentieri. **4** lancio *(col paracadute).* **5** trabocchetto *(della forca).* **6** (= drop curtain) sipario *(al teatro).*

□ *a drop-kick, (sport)* un calcio di rimbalzo — *drop-hammer; drop-press, (mecc.)* maglio meccanico; pressa verticale; berta — *drop-shot, (tennis)* tiro corto — *drop-shutter, (fotografia)* particolare tipo di otturatore.

to **drop** [drɔp] (**-pp-**) *vi* **1** gocciolare; stillare.

2 cadere; lasciarsi cadere: *The teapot dropped out of her hand,* La teiera le cadde di mano — *The apple blossom is beginning to drop,* I fiori del melo incominciano a cadere — *It was so quiet you could have heard a pin drop,* Era così tranquillo che avresti sentito volare una mosca; *(letteralm.* cadere uno spillo*)* — *She dropped into a chair, utterly worn out,* Si lasciò cadere su una sedia, completamente esausta — *He dropped to (o onto) his knees,* Cadde in ginocchio — *Our boat dropped gently downstream,* La nostra barca scivolò dolcemente a valle — *to drop dead,* crepare — *Drop dead!,* Crepa!

3 diminuire; cadere; abbassarsi; calare: *The wind has dropped,* Il vento è diminuito — *The temperature dropped suddenly,* La temperatura si abbassò improvvisamente — *His voice dropped to a whisper,* La sua voce divenne un sussurro.

4 terminare; cessare: *The correspondence dropped,* La corrispondenza (epistolare) cessò, si interruppe.

□ *vt* **1** far cadere a gocce.

2 lasciare cadere; sganciare; paracadutare: *She dropped the teapot,* Lasciò cadere la teiera — *He dropped the letter into the letter-box,* Lasciò cadere la lettera nella cassetta della posta — *to drop anchor,* gettare l'ancora — *to drop a stitch,* lasciar cadere una maglia — *Let's drop the subject,* Lasciamo cadere l'argomento; Lasciamo perdere (⇨ *anche* **7**, *sotto)* — *Supplies were dropped by parachute,* Le provviste furono paracadutate — *dropping zone,* zona di lancio — *The enemy continued to drop bombs on the town,* Il nemico continuava a sganciare bombe sulla città — *to drop tears,* versare lacrime — *to drop a brick, (fam.)* fare una 'gaffe'.

3 abbattere: *to drop a bird (a tree),* abbattere un uccello (un albero).

4 lasciar cadere *(una parola);* pronunziare; mandare *(una lettera, casualmente): to drop a hint,* dire una mezza parola (lasciar cadere un suggerimento, un'allusione, ecc.) — *to drop sb a postcard (a line),* mandare a qcno una cartolina (due righe).

5 far scendere *(p.es. qcno da un'automobile): When shall I drop you?,* Dove ti faccio scendere?; Dove ti lascio? — *Drop me at the Post Office, please,* Per favore, fammi scendere all'ufficio postale.

6 omettere; non pronunziare; tralasciare: *The relative pronoun is often dropped when it is the object,* Il pronome relativo viene spesso omesso quando è all'accusativo — *The printer has dropped a letter here,* Qui il tipografo (il compositore) ha omesso una lettera — *to drop one's h's* ⇨ **H, h** — *to drop a player from a team,* omettere un giocatore dalla formazione; escluderlo dalla squadra.

7 abbandonare; rinunciare (a); lasciar perdere; mollare; cessare (smettere) di frequentare: *I'm dropping French next year,* Non studierò più il francese l'anno prossimo — *Drop everything and come at once!,* Molla tutto e vieni subito! — *to drop a habit,* smettere (perdere) un'abitudine — *He seems to have dropped most of his friends,* Sembra che abbia smesso di frequentare la maggior parte dei suoi amici.

8 *(fam.)* perdere *(spec. denaro, al gioco).*

9 *(al rugby) to drop a goal,* segnare un calcio di rimbalzo.

10 *(di animale, spec. la pecora)* partorire; figliare.

to drop across, incontrare, imbattersi in (qcno o qcsa).

to drop astern, *(naut.)* rimanere indietro.

to drop away, dileguarsi; scomparire; diminuire.

to drop back, to drop behind, rimanere indietro (in coda).

to drop by = **to drop in (on sb).**

to drop in (on sb), fare una capatina, una visita; andare a trovare; passare (da qcno): *I do wish he wouldn't drop in on me so often!,* Magari non venisse a trovarmi così frequentemente! — *Some friends of ours dropped in to tea,* Alcuni nostri amici hanno fatto una capatina da noi per il tè.

to drop off, - **a)** diminuire *(di clientela, ecc.);* andarsene: *The doctor's practice has dropped off,* Il medico ha perso molti dei suoi clienti — *His friends dropped off one by one,* Ad uno ad uno i suoi amici lo abbandonarono - **b)** addormentarsi: *He dropped off during the sermon,* Si addormentò durante la predica.

to drop out, - **a)** andarsene; dare le dimissioni da *(una associazione, ecc.);* ritirarsi *(spec. da una gara, da un corso di laurea, ecc.): Three of the runners dropped out,* Tre dei corridori si ritirarono (dalla gara) - **b)** ritirarsi dalla società *(p.es. per fare il 'barbone', lo 'hippy', ecc.).*

drop-out ['drɔpaut] *s.* persona che rinuncia, che si ritira *(da una gara, da un corso di laurea, dalla società, ecc.);* chi vive ai margini della società; emarginato.

dropper ['drɔpə*] *s.* contagocce.

droppings ['drɔpiŋz] *s. pl* ciò che viene lasciato cadere; gocce di cera *(cadute dalla candela);* escrementi; sterco *(di uccelli, polli, di altri animali).*

dropsical ['drɔpsikəl] *agg* idropico.

dropsy ['drɔpsi] *s.* idropisia.

droshky ['drɔʃki] *s.* 'troika' *(carretto russo).*

dross [drɔs] *s.* **1** scoria *(di metallo).* **2** *(fig.)* cosa senza valore.

drossy ['drɔsi] *agg* **1** pieno di scorie. **2** senza valore.

drought [draut] *s.* **1** siccità; aridità. **2** *(ant.)* sete.

[1]**drove** [drouv] *pass di* **to drive.**

[2]**drove** [drouv] *s.* branco; gregge; mandria *(in spostamento); (fig.)* folla; turba; moltitudine *(in agitazione): in droves,* a frotte.

drover ['drouvə*] *s.* **1** mandriano; bovaro; pastore *(che conduce il bestiame al mercato).* **2** mercante di bestiame.

to **drown** [draun] *vt e i.* **1** affogare; annegare, annegarsi; sommergere: *He drowned the kittens,* Annegò i gattini — *a drowned village,* un villaggio sommerso *(p.es. per la costruzione di una diga)* — *a face drowned in tears,* un volto inondato dalle lacrime — *to be drowned in sleep,* essere immerso nel sonno. **2** *(di suoni, ecc.)* soffocare; coprire; smorzare; offuscare: *The noises in the street drowned the teacher's voice,* I rumori della strada coprirono la voce dell'insegnante — *to drown one's sorrows in drink, (fam.)* affogare nell'alcool i propri dispiaceri — *to drown the shamrock, (in Irlanda)* celebrare la festa di San Patrizio. **3** *to be drowned out,* essere costretto ad abbandonare la propria casa a causa di un'alluvione, ecc.; rimanere senza tetto.

drowning ['drauniŋ] *s.* annegamento; affogamento.

drowse [drauz] *s.* sonnolenza; sopore.

to **drowse** [drauz] *vi e t.* essere assonnato (mezzo addormentato): *to drowse the time away,* passare il tempo sonnecchiando.

drowsily ['drauzili] *avv* ⇨ **drowsy.**

drowsiness ['drauzinis] *s.* sonnolenza; sopore.

drowsy ['drauzi] *agg* **(-ier; -iest) 1** assonnato; sonnolento. **2** che fa dormire. □ *avv* **drowsily.**

to **drub** [drʌb] *vt* **(-bb-)** picchiare; bastonare: *to drub an idea (a notion) into sb's head,* fare entrare un'idea nella testa di qcno a forza di legnate.

drubbing ['drʌbiŋ] *s.* **1** bastonatura; botte. **2** *(spec. nel giornalismo sportivo)* sconfitta; batosta.

drudge ['drʌdʒ] *s.* chi fa lavori pesanti e ingrati; sgobbone.

to **drudge** ['drʌdʒ] *vi* fare un lavoro duro e lungo; sfacchinare; sgobbare.

drudgery ['drʌdʒəri] *s.* lavoro lungo e ingrato; sgobbata.

drug [drʌg] *s.* **1** farmaco; medicina; sostanza medicinale. **2** droga; narcotico; stupefacente: *the drug habit,* il vizio della droga — *drug addict,* tossicomane — *drug traffic,* il traffico della droga — *truth drug,* il siero della verità — *drug-pusher,* spacciatore di droga. □ *a drug on the market,* un articolo invendibile; una merce poco richiesta.

to **drug** [drʌg] *vt e i.* **(-gg-)** drogare; aggiungere droghe, sostanze dannose o narcotizzanti *(a cibo e bevande);* narcotizzare *(una persona).*

drugget ['drʌgit] *s.* panno grossolano a pelo lungo *(per ricoprire pavimenti).*

druggist ['drʌgist] *s.* **1** farmacista; commerciante in medicinali. **2** *(USA)* venditore di medicinali e altri articoli (*cfr.* **drugstore**).

drugstore ['drʌgstɔ:*] *s.* *(USA)* 'drugstore'; farmacia; negozio tipicamente americano *(spaccio di articoli vari, farmacia e tavola calda).*

Druid ['druid] *s.* *(stor.)* druida *(sacerdote degli antichi Celti); (attualmente)* membro dell'ordine del 'Gorsedd' gallese *(associazione per la difesa della lingua e della cultura del Galles).*

drum [drʌm] *s.* **1** *(in vari sensi)* tamburo; tamburino: *drum roll,* rullo del tamburo — *drum major,* tamburo maggiore; *(USA)* capobanda musicale — *drum majorette, (USA)* 'majorette' — *big drum,* grancassa — *kettle drum,* timpano. **2** contenitore a forma di tamburo; barattolo; bidone; fusto. **3** cilindro intorno al quale si avvolgono cavi, ecc. □ *ear-drum, (anat.)* timpano; membrana del timpano — ⇨ *anche* **drumhead, drumstick.**

to **drum** [drʌm] *vi e t.* **(-mm-) 1** battere sul tamburo; suonare il tamburo; far rullare il tamburo. **2** tamburellare; battere; picchiare ripetutamente; dare dei colpetti continui; *(del beccaccino, ecc.)* fare un frullo d'ali: *to drum on the table with one's fingers,* tamburellare con le dita sul tavolo — *to drum the floor with one's feet,* tamburellare con i piedi sul pavimento. **3** *(seguito da up)* chiamare a raccolta con il suono del tamburo; *(fig.)* far venire in mente. **4** *to drum sth into sb (into sb's head),* ficcare qcsa in testa a qcno a forza di battere e ribattere. **5** *to drum sb out,* scacciare qcno ignominiosamente *(spec. dall'esercito).*

drumhead ['drʌmhed] *s.* pelle del tamburo; *(anat.)* membrana del timpano. □ *drumhead court martial, (mil.)* corte marziale straordinaria *(generalm. all'aperto, durante una campagna).*

drummer ['drʌmə*] *s.* **1** suonatore di tamburo o di tamburino; *(nei complessi di jazz, ecc.)* batterista. **2** *(USA, fam.)* commesso viaggiatore; venditore ambulante.

drumstick ['drʌmstik] *s.* **1** bacchetta *(di tamburo).* **2** parte inferiore di coscia di pollo *(cotta).*

drunk [drʌŋk] *agg predicativo* (*p. pass. di* **to drink**) sbronzo; ubriaco; ebbro *(anche fig.): to get drunk,* ubriacarsi — *to get drunk on brandy,* ubriacarsi di acquavite — *dead (blind) drunk,* completamente

ubriaco (ubriaco fradicio) — *drunk with joy,* ebbro di gioia.
□ *s.* ubriaco; individuo ubriaco; individuo accusato di ubriachezza molesta.

drunkard ['drʌŋkəd] *s.* ubriacone; beone.

drunken ['drʌŋkən] *agg attrib* ebbro; ubriaco; dedito al bere; da ubriaco: *a drunken frolic,* uno scherzo da ubriaco. □ *avv* **drunkenly.**

drunkenness ['drʌŋkənnis] *s.* ubriachezza; ebbrezza.

drupe [dru:p] *s.* drupa.

dry [drai] *agg* (**-ier; -iest**) **1** secco (*anche di bevanda alcoolica:* ⇨ **4**); asciutto; arido; non bagnato; senza umidità; *(di clima)* poco piovoso; *(di pane)* secco; raffermo e senza companatico; *(di pane tostato)* senza burro: *Is this wood dry enough to burn?,* Questo legno è abbastanza secco da potersi bruciare? — *dry (stone) walling,* muratura a secco — *to feel dry, (fam.)* aver sete — *dry work, (fam.)* lavoro che fa venir sete — *dry as a bone; bone-dry,* asciutto, arido come una pietra; completamente secco — *dry cough,* tosse secca — *a dry shampoo,* uno shampoo secco — *dry weather,* tempo asciutto — *dry ice,* ghiaccio secco.
2 che non fornisce acqua *(latte, ecc.);* secco; asciutto: *a dry well,* un pozzo asciutto — *The cows are dry,* Le mucche non danno latte — *a dry nurse,* una balia asciutta.
3 solido; disidratato; reso solido; in polvere: *dry goods,* grano; cereali; merci solide; *(spec. USA)* mercerie; tessuti — *dry measure,* misura per solidi, per cereali.
4 *(di bevande)* secco; asciutto; non dolce: *a dry martini,* un cocktail Martini — *a medium-dry sherry,* uno sherry non troppo dolce.
5 *(di discorso, ecc.)* noioso; arido; privo di interesse; monotono; infruttuoso; poco utile: *a dry lecture,* una conferenza noiosa — *a dry interview,* una intervista infruttuosa — *dry as dust,* terribilmente arido.
6 freddo; impassibile; distaccato; ironico; caustico; pungente: *dry humour (sarcasm),* umorismo (sarcasmo) pungente.
7 *(di fatti, ecc.)* semplice; preciso; nudo; nudo e crudo: *These are the dry facts,* Questi sono i fatti nudi e crudi.
8 *(di stato, di legislazione)* proibizionista: *to go dry,* proibire gli alcoolici.
□ *dry-battery,* batteria a secco — *dry bulb thermometer,* termometro a bulbo asciutto — *to dry-clean,* pulire (abiti) a secco — *dry-cleaning,* lavaggio a secco — *dry-point, (arte)* punta per incisione a secco; puntasecca — *dry-rot,* carie del legno; *(fig.)* decadenza morale nascosta ma profonda — *dry-shod,* a piedi asciutti — *still not dry behind the ears, (fig.)* immaturo; inesperto; ingenuo.

to **dry** [drai] *vt e i.* **1** asciugare, asciugarsi: *Dry your hands,* Asciugati le mani — *We dried our clothes in front of the fire,* Ci asciugammo i vestiti davanti al fuoco. **2** *to dry out,* asciugare, asciugarsi *(spec. quando ci vuole molto tempo).* **3** *to dry up,* asciugare; seccare; essiccare; prosciugare (prosciugarsi, ecc.); *(fig.)* finire; terminare; esaurirsi; inaridirsi: *The long drought dried up all the wells,* La lunga siccità prosciugò tutti i pozzi — *The stream dried up during the summer,* Durante l'estate il torrente si prosciugò — *His imagination seems to have dried up,* Sembra che la sua fantasia si sia inaridita — *Dry up!, (fam.)* Stai zitto!; Piantala!; Smettila di parlare!

dryad ['draiæd] *s.* driade.

dryer ['draiə*] *s.* (*anche* **drier**) **1** essiccativo; sostanza essiccante. **2** *(nei composti)* ciò che asciuga; essiccatore; essiccatoio; asciugatoio: *hair-dryer,* asciugacapelli; 'phon' — *a clothes-dryer,* un asciugatoio per biancheria.

dryness ['drainis] *s.* **1** *(di suolo, ecc.)* aridità; siccità; secchezza; asciuttezza. **2** *(di discorso, ecc.)* asciuttezza; severità; causticità.

[1]**dual** ['dju:əl] *agg* duplice; doppio: *dual control,* doppio comando; *(spesso attrib.)* a doppio comando — *dual carriage-way,* strada a doppia carreggiata.

[2]**dual** ['dju:əl] *s. (gramm.)* duale.

to **dub** [dʌb] *vt* (**-bb-**) **1** *(GB)* nominare (qcno) cavaliere *(battendogli la spada sulla spalla).* **2** soprannominare; dare un soprannome: *They dubbed him 'Shorty' because he was so tall,* Lo soprannominarono 'Shorty' *('Piccoletto')* perché era così alto. **3** *(cinema)* doppiare.

dubbin ['dʌbin] *s.* *(talvolta* dubbing*)* grasso per oggetti di cuoio.

dubbing ['dʌbiŋ] *s.* **1** conferimento *(d'un titolo, ecc.);* il soprannominare. **2** *(cinema)* doppiaggio; doppiatura. **3** ⇨ **dubbin.**

dubiety [dju:'baiəti] *s.* **1** incertezza. **2** cosa dubbia.

dubious ['dju:bjəs] *agg* **1** dubbioso; esitante; incerto: *I feel dubious of (as to, about) his honesty,* Nutro dei dubbi sulla sua onestà — *I feel dubious (about, as to) what to do next,* Sono incerto su cosa fare dopo. **2** dubbio; ambiguo; equivoco; di dubbia fama: *a dubious blessing,* una dubbia fortuna — *a dubious compliment,* un complimento ambiguo — *The result is still dubious,* Il risultato è tuttora dubbio — *He's a dubious character,* È un tipo ambiguo (equivoco). □ *avv* **dubiously.**

dubiousness ['dju:bjəsnis] *s.* dubbiosità; incertezza; ambiguità.

ducal ['dju:kəl] *agg* ducale.

ducat ['dʌkət] *s. (moneta)* ducato.

duchess ['dʌtʃis] *s.* **1** duchessa. **2** *(sl. londinese)* moglie di venditore ambulante *(spec. di fruttivendolo).*

duchy ['dʌtʃi] *s.* ducato *(territorio).*

[1]**duck** [dʌk] *s. (talvolta invariato al pl.)* **1** anatra *(l'uccello e anche la sua carne): duck-bill,* ornitorinco — *duck-shot,* pallino per la caccia all'anatra. **2** *(fam., anche* ducks, ducky*)* tesoro; persona cara. **3** *(nel cricket, anche* duck's egg*)* zero nel punteggio: *to make (to be out for) a duck,* totalizzare zero. □ *to take (to sth) like a duck to water,* dedicarsi (a qcsa), fare (qcsa) con facilità e naturalezza — *to run off sb like water off a duck's back, (di insulti, ecc.)* non lasciare traccia; scivolare via — *lame duck,* individuo minorato, inabile; nave che non governa; ditta, azienda insolvente — *ducks and drakes,* gioco del rimbalzello *(consistente nel far rimbalzare ciottoli piatti sulla superficie dell'acqua)* — *to play ducks and drakes with (one's money),* scialacquare; sperperare; dilapidare (il proprio denaro) — *duck-boards,* passerella di legno per attraversare un terreno fangoso — *duck weed,* lemna; lenticchia d'acqua; lente — *Fine weather for ducks!,* Che pioggia!; Che tempo da funghi!

to **duck** [dʌk] *vt e i.* **1** schivare; scansare: *to duck one's head,* abbassare rapidamente la testa. **2** tuffare; tuffarsi rapidamente; immergere nell'acqua per un momento; cacciare sott'acqua.

[2]**duck** [dʌk] *s.* **1** movimento veloce del capo e del corpo. **2** immersione rapida, momentanea.

[3]**duck** [dʌk] *s.* **1** tela olona *(per vele, zaini, ecc.).* **2** *(al pl.)* calzoni di tela olona.

ducking ['dʌkiŋ] *s.* immersione; bagnata: *to give sb a ducking,* cacciare qcno sott'acqua; inzuppare, bagnare qcno completamente — *It rained heavily and we all got a ducking,* Piovve a dirotto e noi tutti ci prendemmo una bella bagnata. □ *ducking-stool, (stor.)* sgabello su cui venivano legati coloro che subivano la condanna all'"immersione' *(punizione riservata soprattutto alle donne litigiose e linguacciute).*

duckling ['dʌkliŋ] *s.* anatroccolo.

ducks, ducky [dʌks/'dʌki] *s. (appellativo)* ⇨ [1]**duck 2.**

duct [dʌkt] *s.* **1** condotto; conduttura; tubatura. **2** *(anat.)* canale; dotto; tromba.

ductile ['dʌktail/*(USA)* 'dʌktil] *agg* duttile *(anche fig.).*

ductility [dʌk'tiliti] *s.* duttilità; docilità.

ductless ['dʌktlis] *agg* endocrino: *ductless glands,* ghiandole endocrine.

dud [dʌd] *agg e s.* **1** *(sl.: cosa o persona)* di nessuna utilità; del tutto inutile; che non vale una cicca. **2** proiettile che non esplode, che fa cilecca.

dude [dju:d] *s. (USA, generalm. spreg.)* elegantone; 'dandy': *a dude ranch,* una fattoria adibita ad albergo per turisti.

dudgeon ['dʌdʒən] *s. (solo nell'espressione) in high dudgeon,* in grande stizza.

duds [dʌdz] *s. pl (sl.)* cenci; stracci; vestiti logori.

due [dju:] **I** *agg* **1** adeguato; dovuto; opportuno; giusto; proprio; debito: *after due consideration,* dopo adeguata considerazione — *with due care,* con debita cura; *(dir.)* normale diligenza — *in due course,* a tempo debito. **2** dovuto; da pagare; in pagamento: *When is the rent due?,* Quando scade l'affitto? — *The wages due to him will be paid tomorrow,* Il salario che gli è dovuto sarà pagato domani. **3 due to...,** a causa di...; dovuto a...: *The accident was due to careless driving,* L'incidente (Il sinistro) fu dovuto a una guida imprudente. **4** atteso *(per una data ora): When is the steamer due (to arrive)?,* Per quando è atteso il vaporetto (Quando deve arrivare il vaporetto)? — *The train is due (in) at 1,30,* Il treno è atteso per l'1,30 — *He is due back at 8,* Deve tornare alle 8 — *The Prime Minister is due to speak at 6 o'clock,* Il Primo Ministro deve parlare alle 6. □ *avv* **duly** ⇨.

II *avv (con i punti cardinali)* esattamente: *due east (north),* esattamente a est (a nord).

III *s.* **1** *(solo al sing.)* ciò che spetta; il dovuto; il giusto tributo: *to give sb his due,* dare a qcno ciò che gli spetta; *(fig.)* riconoscere i meriti di qcno — *to give the devil his due,* rendere giustizia anche a chi non la merita. **2** *(al pl.)* diritti; tasse; contributi; quote: *harbour dues,* diritti portuali — *university dues,* tasse universitarie.

duel ['dju(:)əl] *s.* duello; scontro *(anche fig.): a duel of wits,* uno scontro di begl'ingegni.

to **duel** ['dju(:)əl] *vi* (**-ll-**; *USA* **-l-**) duellare; fare un duello; battersi.

duellist, duelist ['dju(:)əlist] *s.* duellante.

duenna [dju(:)'enə] *s. (in Spagna)* anziana governante o dama di compagnia.

duet [dju(:)'et] *s.* duetto.

duff [dʌf] *s. dial per* **dough 1** ⇨: *plum duff,* dolce con uvetta.

duffer ['dʌfə*] *s.* pasticcione; inetto.

duffle, duffel ['dʌfəl] *s.* tessuto di lana grossolano con pelo ruvido: *duffle coat,* soprabito 'montgomery' — *duffle bag,* sacco di tela per l'attrezzatura *(di soldato, cacciatore, atleta, ecc.).*

[1]**dug** [dʌg] *pass e p. pass di* **to dig.**

[2]**dug** [dʌg] *s.* capezzolo; mammella (d'animale).

dug-out ['dʌgaut] *s.* **1** trincea coperta. **2** canoa *(ricavata da un tronco).* **3** *(sl.)* ufficiale della riserva richiamato in servizio.

duke [dju:k] *s.* duca.

dukedom ['dju:kdəm] *s. (titolo, territorio)* ducato.

dukes [dju:ks] *s. pl (fam., USA)* pugni.

dulcet ['dʌlsit] *agg (spec. di suono)* dolce; nuovo; melodioso.

dulcimer ['dʌlsimə*] *s.* salterio.

dull [dʌl] *agg* **1** oscuro; opaco; smorto; fosco; cupo; *(di rumore)* sordo: *a dull pain,* un dolore sordo — *dull weather,* tempo noioso. **2** ottuso; tardo; lento; poco acuto; poco intelligente: *dull pupils,* scolari ottusi — *a dull mind,* una mente ottusa — *dull-witted,* tardo di mente. **3** monotono; privo di immaginazione; scialbo; insignificante; tedioso: *a dull book,* un libro tedioso — *dull as ditch-water,* noiosissimo; monotono. **4** non tagliente; spuntato; smussato: *a dull knife,* un coltello che non taglia. **5** *(comm., di mercato, ecc.)* stagnante; inattivo; quasi fermo. **6** depresso; abbattuto; triste; scoraggiato. □ *avv* **dully.**

to **dull** [dʌl] *vt* **1** ottundere; smussare; attutire; smorzare *(anche fig.): to dull the edge of a razor,* smussare il filo di un rasoio — *drugs that dull pain,* droghe che attutiscono il dolore. **2** rendere opaco; offuscare; incupire; attenuare (il fulgore).

dullard ['dʌləd] *s.* persona ottusa, stolta.

dullness ['dʌlnis] *s.* **1** opacità; grigiore; ottusità; mancanza di acutezza; lentezza; mancanza di vivacità. **2** tediosità; tedio; monotonia. **3** ristagno commerciale; mercato fiacco.

duly ['dju:li] *avv* debitamente; a tempo debito.

dumb [dʌm] *agg* **1** muto; ammutolito; silenzioso: *to be dumb from birth,* essere muto dalla nascita — *dumb animals,* le creature senza favella — *the dumb millions,* la maggioranza silenziosa *(che non ha voce in capitolo)* — *The class remained dumb when the teacher asked a difficult question,* La classe ammutolì quando l'insegnante fece una domanda difficile — *He was struck dumb with horror,* Era ammutolito dall'orrore — *dumb show,* pantomima; scena muta — ⇨ *anche dumb-waiter.* **2** *(fam.)* ottuso; tardo; lento. □ *avv* **dumbly.**

dumbbell ['dʌmbel] *s.* manubrio *(per ginnastica).*

to **dumbfound** [dʌm'faund] *vt* confondere; stupire; stordire; far ammutolire.

dumbness ['dʌmnis] *s.* mutismo; silenziosità.

dumb-waiter ['dʌm'weitə*] *s.* **1** carrello; tavolinetto a più ripiani. **2** *(USA)* montavivande.

dummy ['dʌmi] *s.* **1** sostituto; fantoccio; manichino; prestanome; sagoma: *a baby's dummy,* una tettarella; un poppatoio — *a tailor's dummy,* un manichino da sartoria. **2** *(come agg. attrib.)* finto; falso; fittizio: *a dummy gun,* una pistola finta — *to sell the dummy, (rugby e fig.)* fare un finto passaggio. **3** *(nel gioco delle carte)* 'morto': *dummy whist,* 'whist' con il 'morto'. **4** locomotiva con condensatore. **5** *(tipografia)* menabò. □ *a dummy run, (aeronautica mil.)* un volo di prova *(senza sganciare bombe).*

[1]**dump** [dʌmp] *s.* **1** luogo di scarico di rifiuti; cumulo di immondizia e di rifiuti. **2** deposito; spaccio di materiale militare: *an ammunition dump,* un deposito di munizioni. **3** *(sl.)* topaia; 'buco'. **4** tonfo; colpo sordo.

[2]**dump** [dʌmp] *s.* (*ant., anche* **domp**) canto, musica triste. □ *to be in the dumps, (fam.)* essere depresso, malinconico.

to **dump** [dʌmp] *vt* **1** buttare; scaricare; lasciare cadere; scaraventare: *Dump your things there!, (fam.)* Butta la tua roba lì! — *They dumped the coal outside the shed instead of putting it inside,* Scaricarono il carbone all'esterno della tettoia invece di metterlo dentro. **2** svendere; vendere sottocosto all'estero. □ *dump truck* *(dumper),* autocarro con cassone ribaltabile — *dumping ground,* zona di scarico rifiuti.

dumper ['dʌmpə*] *s.* **1** chi scarica, ecc. (⇨ **to dump**). **2** autocarro con cassone ribaltabile.

dumpling ['dʌmpliŋ] *s.* gnocco di pasta. □ *apple dumpling,* mela ricoperta di pasta e cotta al forno.

dumpy ['dʌmpi] *agg* (**-ier**; **-iest**) tozzo; basso e grasso.

[1]**dun** [dʌn] *s.* **1** chi sollecita; esattore. **2** richiesta di pagamento; sollecito.

to **dun** [dʌn] *vt* (**-nn-**) chiedere con insistenza *(un pagamento);* sollecitare: *a dunning letter,* una lettera di sollecito.

[2]**dun** [dʌn] *agg e s.* bruno; grigiastro; bigio.

dunce [dʌns] *s.* testone; asino *(spec. a scuola);* stupido: *dunce's-cap,* berretto d'asino *(usato un tempo a scuola come punizione).*

dunderhead ['dʌndəhed] *s.* testone; zuccone; testa di legno.

dune [dju:n] *s.* duna.

dung [dʌŋ] *s.* letame; concime; sterco *(spec. di animale): to cart and spread dung,* andare col carretto a spargere il letame — *dung cart,* carretto del letame — *dung fork,* forcone per letame — ⇨ *anche* **dunghill.**

dungarees [,dʌngə'ri:z] *s. pl* tuta *(da lavoro).*

dungeon ['dʌndʒən] *s.* prigione sotterranea.

dunghill ['dʌŋgil] *s.* letamaio.

to **dunk** [dʌuŋk] *vt* inzuppare *(pane, pasticcini, ecc.)* nel tè, ecc.

dunlin ['dʌnlin] *s.* piovanello pancia nera.

dunnage ['dʌnidʒ] *s.* pagliolo.

duo ['dju(:)ou] *s. (mus.)* duetto; duo.

duodecimal [,dju(:)ou'desiməl] *agg* dodicesimale.

duodenal [,dju(:)ou'di:nl] *agg* duodenale.

duodenum [,dju(:)ou'di:nəm] *s.* duodeno.

duologue ['djuəlɔg] *s.* dialogo; scena a due.

dupe [dju:p] *s.* credulone; babbeo.

to **dupe** [dju:p] *vt* ingannare; gabbare.

duple ['dju:pl] *agg (spec. mus.)* doppio; duplice.

duplex ['dju:pleks] *agg* duplice; doppio: *a duplex house,* casa per due famiglie.

duplicate ['dju:plikit] *agg* **1** esattamente uguale; conforme: *a duplicate key,* una seconda chiave. **2** duplice; doppio.

□ *s.* duplicato; seconda copia; copia conforme: *in duplicate,* in duplice copia.

to **duplicate** ['dju:plikeit] *vt* **1** duplicare; raddoppiare. **2** ciclostilare.

duplicator ['dju:plikeitə*] *s.* ciclostile; copialettere.

duplicity [dju(:)'plisiti] *s.* duplicità; doppiezza.

durability [,djuərə'biliti] *s.* durevolezza.

durable ['djuərəbl] *agg* durevole; duraturo.

□ *s. (al pl.* durables*)* beni (di consumo) durevoli.

duration [djuə'reiʃən] *s.* durata: *for the duration of the war,* per la durata della guerra — *of short duration,* di breve durata.

durbar ['də:bɑ:*] *s.* corte (sala delle udienze) di governatore indiano.

duress [djuə'res/'djuəres] *s.* costrizione; coercizione; violenza; fermo illegale: *a confession made under duress,* una confessione estorta con minacce, violenza, ecc.

during ['djuəriŋ] *prep* durante; nel corso di: *The sun gives us light during the day,* Il sole ci dà la luce durante il giorno — *during my absence,* durante la mia assenza.

durst [də:st] *pass ant di* **to dare.**

dusk [dʌsk] *s.* crepuscolo; oscurità; imbrunire.

duskiness ['dʌskinis] *s.* **1** oscurità. **2** carnagione scura.

dusky ['dʌski] *agg* (**-ier**; **-iest**) **1** oscuro; fosco; tetro; cupo. **2** di carnagione scura.

dust [dʌst] *s.* **1** polvere; polverio; polverone: *to throw dust in a person's eyes,* gettare la polvere negli occhi di qcno; *(fig.)* impedirgli di veder le cose chiare — *to shake the dust off one's feet, (fig.)* scuotersi la polvere dai calzari; andarsene indignato — *to bite the dust,* - **a)** mordere la polvere; cadere ferito o ucciso - **b)** essere umiliato — *dust-bowl,* regione divenuta arida e polverosa, per opera del vento, del disboscamento, ecc. — *dust-cloth,* coprimobile; parapolvere — *dust-cloak (-coat, -jacket),* spolverina; indumento per ripararsi dalla polvere — *dust-cover (-jacket, -wrapper), (di libro)* 'sopracoperta' — *dust-storm,* tempesta di polvere, di sabbia. **2** *(fig.)* scalpore; confusione: *What a dust!,* Che scalpore! — *to make (to raise) a dust,* fare (suscitare) scalpore. **3** *(GB)* spazzatura; rifiuti; pattume: *dust-cart,* carro o autocarro della nettezza urbana (⇨ *anche* **dustbin, dustman, dustpan**). **4** resti mortali; ceneri: *He was buried with the dust of his ancestors,* Fu sepolto accanto ai resti mortali dei suoi antenati. **5** *(fam.: sta per* gold dust*)* denaro; quattrini.

to **dust** [dʌst] *vt* **1** spolverare; togliere la polvere (da): *to dust the furniture,* spolverare i mobili — *to dust a person's jacket, (fig.)* suonarle a qcno; dargliele di santa ragione. **2** cospargere: *to dust a cake with sugar; to dust sugar on a cake,* cospargere di zucchero una torta.

dustbin ['dʌstbin] *s. (GB)* pattumiera; cassetta per la spazzatura.

duster ['dʌstə*] *s.* **1** straccio per la polvere; spolverino; strofinaccio. **2** *(USA)* spolverina. **3** *(GB, sl. naut.)* bandiera.

dustman ['dʌstmən] *s.* (*pl.* **dustmen**) *(GB)* netturbino.

dustpan ['dʌstpæn] *s. (GB)* paletta per la spazzatura.

dust-up ['dʌstʌp] *s.* rissa; tumulto.

dusty ['dʌsti] *agg* (**-ier**; **-iest**) **1** polveroso. **2** in polvere. **3** vago; incerto. □ *not so dusty, (fam.)* niente male; non c'è male — *dusty miller,* - **a)** auricola *(fiore)* - **b)** mosca artificiale *(per la pesca).*

[1]**Dutch** [dʌtʃ] *agg* **1** olandese; d'Olanda: *a Dutch auction,* un'asta all'olandese *(nella quale il banditore riduce progressivamente il prezzo fino a trovare un acquirente).* **2** germanico; dell'antica Germania; *(USA, fam.)* tedesco. □ *Dutch barn* ⇨ **barn 1** — *Dutch courage,* il coraggio che ci si procura bevendo — *Dutch door,* porta divisa orizzontalmente *(per poter fungere anche da finestra)* — *Dutch oven,* forno di campagna; forno portatile — *Dutch treat,* trattenimento 'alla romana' *(cioè in cui ogni partecipante paga la sua quota)* — *to go Dutch,* fare 'alla romana'; ripartire le spese — *to talk to sb like a Dutch uncle,* fare una ramanzina a (riprendere severamente) qcno.

□ *s.* **1** (*al pl.:* **the Dutch**) gli olandesi. **2** la lingua olandese. □ *double Dutch,* linguaggio incomprensibile; 'arabo' *(fam.)* — *High (Low) Dutch,* alto (basso) tedesco.

[2]**dutch** [dʌtʃ] *s., abbr di* **duchess 2.**

Dutchman ['dʌtʃmən] *s.* (*pl.* **Dutchmen**) **1** olandese; nativo dell'Olanda. **2** *(gergo naut.)* nave olandese o tedesca: *the Flying Dutchman,* l'Olandese Volante; il vascello fantasma. □ *I am a Dutchman if...,* Non sono più io se...

Dutchwoman ['dʌtʃwumən] *s.* (*pl.* **Dutchwomen**) donna olandese.

duteous ['dju:tiəs] *agg* sottomesso; obbediente.

dutiable ['dju:tiəbl] *agg* soggetto a dazio (o dogana).

dutiful ['dju:tiful] *agg* ligio al dovere; obbediente; sottomesso. □ *avv* **dutifully.**

duty ['dju:ti] *s.* **1** dovere; obbligo morale; *(attrib.)* doveroso; di convenienza: *Duty calls,* Il dovere chiama — *Don't forget your duty to your parents,* Non dimenticare il tuo dovere verso i genitori — *sense of duty,* senso del dovere — *a duty call,* una visita di obbligo o di convenienza. **2** compito; mansione; funzione; favore; servizio: *to be on (off) duty,* essere in (fuori) servizio — *He goes on duty at 8 and comes off at 5,* Prende servizio alle 8 e smette alle 5 — *(as) in duty bound, (ant.)* come il dovere impone — *to do duty for,* fungere (servire) da — *An old wooden box did duty for a table,* Una vecchia cassa di legno fungeva da tavola. **3** tassa; imposta; dazio; diritto: *customs duties,* imposta doganale — *excise duties,* imposta di fabbricazione (e di consumo) — *stamp duty,* (tassa di) bollo — *estate duties,* imposte di successione — *duty-free,* esente da dogana; esente da imposte (dazi) — *duty-free shop, (negli aeroporti internazionali e sulle navi di linea in servizio internazionale)* spaccio di alcoolici e generi vari *(tabacchi, profumi, ecc.)* venduti a prezzo esente da dogana.

duvet ['dju:vei] *s. (fr.)* saccone di piume; piumino.

dwarf [dwɔ:f] *s.* (*pl.* **dwarfs** *o* **dwarves**) **1** *(anche attrib.)* nano; organismo animale o vegetale di dimensioni assai inferiori al normale. **2** *(nelle fiabe)* nanetto; gnomo.

to **dwarf** [dwɔ:f] *vt* **1** impedire la crescita; rimpicciolire. **2** fare diventare piccolo; fare sembrare piccolo: *The steamer dwarfed our little launch,* Il piroscafo faceva sembrare minuscola la nostra piccola lancia.

dwell [dwel] *s. (mecc.)* pausa; sosta *(nel movimento di una macchina).*

to **dwell** [dwel] *vi* (*pass. e p. pass.* **dwelt**) **1** *(lett. o dir.)* dimorare; risiedere; abitare; stare. **2** *(seguito da* on *o* upon*)* diffondersi su *(un argomento);* trattare ampiamente; soffermarsi (su): *She dwells too much upon her past,* Indugia troppo sul suo passato.

dweller ['dwelə*] *s.* abitante: *town-dwellers,* abitanti delle città; cittadini — *cave-dwellers,* cavernicoli; abitatori delle grotte.

dwelling ['dweliŋ] *s. (lett. e dir.)* dimora; casa; abitazione: *dwelling house,* casa di abitazione.

dwelt [dwelt] *pass e p. pass di* **to dwell.**

to **dwindle** ['dwindl] *vi* **1** diminuire; rimpicciolire. **2** *(fig.)* perdere importanza.

dye [dai] *s.* **1** tinta; colore. **2** sostanza colorante; tintura: *dye-stuff,* materia colorante — *dye-works,* tintoria *(stabilimento).* □ *a scoundrel of the blackest (deepest) dye,* un delinquente della peggiore risma.

to **dye** [dai] *vt* (*p. pres.* **dyeing**; *pass. e p. pass.* **dyed**) tingere; colorare: *to dye a white dress blue,* tingere di blu un vestito bianco — *to have a dress dyed,* farsi tingere un vestito — *Deep blushes dyed her cheeks,* Un intenso rossore le colorì le guance — *to dye in the wool (in grain),* tingere la lana allo stato grezzo. □ *dyed-in-the-wool, (fig.)* completo; assoluto; totale. □ *vi* tingersi; prendere la tinta: *This material does not dye well,* Questa stoffa non si tinge bene (non prende bene la tinta).

dyer ['daiə*] *s.* tintore.

dying ['daiiŋ] *agg* ⇨ **to die.**

dyke [daik] *s.* = **dike.**

[1]**dynamic** [dai'næmik] *agg* dinamico. □ *avv* **dynamically.**

[2]**dynamic** [dai'næmik] *s.* **1** *(al pl., col v. sing.)* dinamica. **2** forza morale: *driven by an inner dynamic,* guidato da una forza (una spinta) interiore.

dynamism ['dainəmizəm] *s.* dinamismo *(anche fig.).*

dynamite ['dainəmait] *s.* dinamite.

to **dynamite** ['dainəmait] *vt* far saltare in aria con la dinamite.

dynamo ['dainəmou] *s.* dinamo; generatore.

dynast ['dinəst] *s.* dinasta; sovrano.

dynastic [di'næstik] *agg* dinastico.

dynasty ['dinəsti] *s.* dinastia.

dysentery ['disntri] *s.* dissenteria.

dyspepsia [dis'pepsiə] *s.* dispepsia.

dyspeptic [dis'peptik] *agg e s.* dispeptico.

dystrophy ['distrəfi] *s.* distrofia.

E

E, e [i:] (*pl.* **E's, e's; Es, es**) **1** E, e *(quinta lettera dell'alfabeto inglese): E for Edward, (al telefono, ecc.)* E come Empoli. **2** *(mus.)* mi: *E string, (del violino)* corda del mi — *concerto in E flat major,* concerto in mi bemolle maggiore. **3** *(votazione)* decisamente insufficiente; molto scarso. □ *E-boat,* veloce torpediniera tedesca della Seconda Guerra Mondiale.

each [i:tʃ] **I** *agg* ciascuno; ogni; ognuno *(tra due o più): He was sitting with a child on each side of him,* Sedeva con un bambino per parte — *On each occasion I missed the target,* In ciascuna occasione ho mancato il bersaglio — *He had words of encouragement for each one of us,* Ebbe parole di incoraggiamento per ciascuno di noi.

II *pron* **1** ciascuno; ognuno; ciascuna persona o cosa: *Each of them wanted to try,* Ciascuno di loro volle provare — *He had good advice for each of us,* Diede buoni consigli a ciascuno di noi — *Tom, Dick and Harry each put forward a different scheme,* Tom, Dick e Harry presentarono ciascuno un piano diverso. **2 each other,** *(pron. reciproco)* l'un l'altro; a vicenda: *We see each other at the office every day,* Ci vediamo (l'un l'altro) in ufficio ogni giorno — *They are afraid of each other,* Han paura l'uno dell'altro.

III *avv* l'uno; ciascuno; a testa: *He gave the boys a pound each,* Diede una sterlina a testa ai ragazzi — *The oranges are 5p each,* Le arance sono (a) 5 pence l'una.

eager ['i:gə*] *agg* **1** *(seguito da* for, after, about *o seguito da un inf.)* ansioso; desideroso; avido; impaziente: *eager for success,* desideroso (avido) di successo — *to be eager to be off,* essere ansioso (impaziente) di partire. **2** ardente; appassionato; zelante. □ *avv* **eagerly.**

eagerness ['i:gənis] *s.* avidità; bramosia; passione.

eagle ['i:gl] *s.* **1** aquila *(uccello, insegna, moneta, leggio): eagle-eyed,* dall'occhio d'aquila. **2** *(golf)* buca ottenuta con due colpi in meno rispetto al numero considerato necessario *(eccetto quando il numero ritenuto tale è di tre colpi).*

eaglet ['i:glit] *s.* aquilotto.

¹ear [iə*] *s.* **1** *(anche fig.)* orecchio; orecchia: *to have a good (o poor) ear for music,* avere (non avere) orecchio per la musica — *to play sth by ear,* suonare qcsa ad orecchio — *to prick up one's ears,* drizzare gli orecchi; tendere l'orecchio — *to go in at one ear and out at the other,* entrare da un orecchio ed uscire dall'altro — *to be all ears,* essere tutt'orecchi — *May I have a word in your ear?,* Posso dirti una parolina a quattr'occhi? — *ear-ache,* mal d'orecchio — *ear-drum,* timpano — *ear-phone,* cuffia *(per audizione)* — *ear-ring,* orecchino — *ear-trumpet,* cornetto acustico — *ear-wax,* cerume — ⇨ *anche* **earful, earmark, earpiece, earshot, earwig. 2** *(spec. di una brocca)* ansa; manico.

□ *to be up to the ears in work,* aver lavoro fin sopra i capelli — *to be wet behind the ears, (fig.)* essere un pivello — *to set by the ears,* seminare zizzania — *to have (to win) sb's ear(s),* trovare ascolto presso qcno — *to fall on deaf ears,* parlare al muro — *to turn a deaf ear (to sth, sb),* fare orecchie da mercante — *My ears are burning,* Mi fischiano le orecchie — *to keep an ear to the ground, (fig.)* tener d'occhio ciò che succede, che si trama; tenere le orecchie bene aperte.

²ear [iə*] *s.* spiga; pannocchia.

eared [iəd] *agg* provvisto di orecchie; *(bot.)* con spiga; auricolato: *long-eared,* dalle orecchie lunghe — *sharp-eared,* dall'udito fine — *a dog-eared book,* un libro con le orecchie.

earful ['iəful] *s. (fam., nell'espressione) to have (had) an earful of sth,* avere le orecchie che rintronano *(per le chiacchiere, ecc.).*

earl [ə:l] *s. (titolo della nobiltà inglese: f.* countess*)* conte.

earldom ['ə:ldəm] *s. (GB)* contea *(il titolo, e un tempo il territorio, di un 'earl'): to confer an earldom on sb,* creare qcno conte.

early ['ə:li] (-ier; -iest) **I** *agg* **1** primo; appena iniziato: *in the early part of this century,* nella prima parte di questo secolo — *an early work by Coleridge,* una delle prime opere di Coleridge — *an early Van Gogh,* un Van Gogh del primo periodo.

2 di buon mattino; mattiniero; mattutino: *to have an early breakfast,* far colazione di buon mattino — *He's an early riser (fam.: an early bird),* È mattiniero — *He keeps early hours,* Va a letto presto e si alza di buon'ora — *The early bird gets (catches) the worm, (prov.)* Chi dorme non piglia pesci; Chi tardi arriva male alloggia.

3 prossimo; vicino: *Please come at your earliest convenience,* Per favore venga il più presto (appena) possibile.

4 primaticcio; precoce; prematuro: *early peaches,* pesche primaticce — *an early death,* una morte prematura.

5 primitivo; remoto: *early ages,* età remote — *the Early Church,* la Chiesa (cristiana) primitiva.

□ *early closing day,* giorno infrasettimanale di chiusura anticipata — *early warning system,* sistema (radar) di allarme *(per segnalare attacchi aerei o missilistici).*

II *avv* presto; di buon'ora; in anticipo; per tempo: *as early as possible,* il più presto possibile — *at the earliest,* al più presto — *to be early,* essere in anticipo; arrivare presto — *earlier on,* prima; precedentemente — *early in 1910,* all'inizio del 1910 — *early in September,* ai primi di settembre.

earmark ['iəmɑ:k] *s.* **1** marchio *(per contrassegnare gli animali).* **2** *(fig.)* contrassegno.

to **earmark** ['iəmɑ:k] *vt* **1** marchiare (bestiame) sull'orecchio. **2** contrassegnare. **3** accantonare; mettere da parte *(per uno scopo preciso): to earmark twenty thousand pounds for a new laboratory,* accantonare (destinare) ventimila sterline per (a) un nuovo laboratorio.

to **earn** [ə:n] *vt* **1** guadagnare: *to earn one's living (one's* *livelihood, one's daily bread),* guadagnarsi da vivere (il pane quotidiano). **2** procurare, procurarsi; meritare, meritarsi; guadagnarsi: *His achievements earned him respect and admiration,* Il suo operato gli procurò rispetto ed ammirazione — *a well-earned rest,* un meritato riposo — *His eccentricities had earned him the nickname 'the Nut',* Con le sue eccentricità si era guadagnato il soprannome di 'mattacchione'.

earnest ['ɘ:nist] *agg* **1** serio; assiduo; zelante: *an earnest worker,* un lavoratore serio — *an earnest student,* uno studente assiduo. **2** ardente; fervente: *an earnest prayer,* un'ardente preghiera — *an earnest Christian,* un fervente cristiano. **3 in earnest,** sul serio; seriamente — *I am perfectly in earnest,* Dico (Faccio) proprio sul serio — *It is raining in real earnest,* Piove sul serio. □ *avv* **earnestly** ⇨.

[2]**earnest** ['ɘ:nist] *s.* **1** *(anche* earnest money*)* caparra. **2** garanzia; pegno; prova; presagio: *As an earnest of my good intentions I will work overtime this week,* Per dare prova delle mie buone intenzioni, questa settimana lavorerò più del necessario.

earnestly ['ɘ:nistli] *avv* **1** seriamente; sul serio. **2** fervidamente; ardentemente.

earnestness ['ɘ:nistnis] *s.* **1** serietà; assiduità; zelo. **2** fervore; ardore.

earning ['ɘ:niŋ] *agg (nelle espressioni) earning power; earning capacity,* capacità di guadagno.

earnings ['ɘ:niŋz] *s. pl* **1** guadagni; reddito; salario; stipendio: *He spends all his earnings on records,* Spende tutti i suoi guadagni in dischi. **2** utile; utili; proventi.

earpiece ['iɘpi:s] *s.* ricevitore *(di telefono);* cuffia.

earshot ['iɘʃɔt] *s.* portata d'orecchio: *within earshot,* a portata di orecchio.

earth [ɘ:θ] *s.* **1** terra; mondo; globo; *(talvolta)* suolo: *the greatest man on earth,* l'uomo più grande del mondo (della terra) — *The balloon burst and fell to earth (to the earth),* Il pallone scoppiò e cadde al suolo — *to come back (o down) to earth, (fig.)* ritornare con i piedi sulla terra (smetterla di sognare) — *to move heaven and earth,* muovere mari e monti — *How on earth?...; Why on earth?...,* Come mai?...; Perché mai?... — *What on earth's this?,* Che diavolo è questo? **2** terra; suolo; terreno; terriccio: *to fill a pit with earth,* riempire una fossa di terra — *to cover the roots of a plant with earth,* coprire le radici di una pianta di terra — *earth closet,* gabinetto; latrina *(senz'acqua corrente)* — *earth-moving machinery,* macchine movimento terra — *earth-nut,* arachide — ⇨ *anche* **earthquake, earthwork, earthworm. 3** covo; tana *(di volpe, tasso, ecc.): to stop an earth,* chiudere una tana — *to run to earth,* - **a)** *(di volpe)* fuggire nella tana - **b)** inseguire fino alla tana — *to run sth to earth, (fig.)* scovare qcsa. **4** *(GB, elettr.)* terra; massa. **5** *(chim.)* terra; ossido con poco odore o sapore: *fuller's earth,* argilla smettica; terra da follare — *rare earths,* terre rare. □ *earth-shaking, (fig.)* sensazionale; folgorante; madornale — *It costs the earth,* Costa un occhio della testa.

to **earth** [ɘ:θ] *vt (seguito da* up*)* **1** coprire di terra: *to earth up the roots of a newly-planted shrub,* coprire di terra le radici di un arbusto appena piantato. **2** *(GB, elettr.)* mettere a terra (a massa).

earthen ['ɘ:θɘn] *agg* fatto di terra; di terracotta.

earthenware ['ɘ:θɘnwɛɘ*] *s. e agg attrib* terraglia: *an earthenware vessel,* un recipiente di terracotta.

earthiness ['ɘ:θinis] *s.* **1** terrosità. **2** *(fig.)* grossolanità; rozzezza.

earthly ['ɘ:θli] *agg* **1** terrestre; terreno. **2** *(fam.)* possibile; materiale; concepibile: *(spec. nell'espressione) not an earthly chance (spesso abbr. in* not an earthly, *fam.),* nessuna probabilità concreta.

earthquake ['ɘ:θkweik] *s. (spesso abbr. in* 'quake*)* terremoto; scossa tellurica.

earthward(s) ['ɘ:θwɘd(z)] *avv* verso (la) terra.

earthwork ['ɘ:θwɘ:k] *s. (spec. mil.)* terrapieno.

earthworm ['ɘ:θwɘ:m] *s.* lombrico.

earthy ['ɘ:θi] *agg* **1** di terra; terroso. **2** grossolano; rustico: *the earthy and robust people in the paintings of Bruegel,* le figure grossolane e robuste dei quadri di Bruegel.

earwig ['iɘwig] *s.* forfecchia.

ease [i:z] *s.* **1** agio; agiatezza; tranquillità; comodità: *a life of ease,* una vita agiata — *ease of body and mind,* tranquillità di corpo e di mente — *to take one's ease,* prendersela con calma; mettersi a proprio agio. **2** facilità; naturalezza; disinvoltura: *to do sth with ease,* fare qcsa con gran facilità. □ *Stand at ease!; At ease!, (mil.)* Riposo! — *to be ill at ease,* essere ansioso, imbarazzato, a disagio.

to **ease** [i:z] *vt* **1** calmare; alleviare; sollevare; *(scherz.)* alleggerire; derubare: *to ease sb's anxiety,* alleviare l'ansia di qcno. **2** allentare: *to ease a coat under the armpits,* allentare una giacca sotto le ascelle — *to ease a drawer,* facilitare l'apertura d'un cassetto; renderlo più scorrevole. **3** rallentare; decelerare: *to ease (down) the speed of a boat,* rallentare la velocità d'una barca. □ *to ease away the sails,* mollare le vele. □ *vi (di tensione, dolore, ecc.: spesso seguito da* off*)* diminuire; distendersi; calmarsi; diventare meno pesante, meno forte, ecc.: *the easing of tension between the two countries,* l'allentarsi della tensione fra le due nazioni — *The situation has eased (off),* La situazione è calma ora — *The storm eased off towards evening,* Il temporale si calmò verso sera.

easel ['i:zl] *s.* cavalletto *(da pittore, ecc.).*

easily ['i:zili] *avv* **1** facilmente; comodamente; agevolmente: *He won easily,* Vinse senza difficoltà. **2** di gran lunga; senza dubbio: *He was easily the best,* Era di gran lunga il migliore.

easiness ['i(:)zinis] *s.* **1** facilità; comodità; agevolezza. **2** *(di persona)* disinvoltura; indifferenza.

east [i:st] *s.* est; oriente: *the East,* l'Oriente; *(USA, anche)* gli Stati dell'Est — *the Far East,* l'Estremo Oriente — *the Middle East,* il Medio Oriente — *the Near East,* il Vicino Oriente *(la Turchia, ecc.).*
□ *(agg. attrib.)* orientale; di levante: *an east wind,* un vento da est — *the East End, (GB)* i quartieri orientali *(i più poveri)* di Londra.
□ *avv* verso oriente; a oriente: *to go east,* viaggiare verso (l')oriente — *to face east,* guardare verso (l')oriente; volgersi a oriente — *to sail due east,* veleggiare verso oriente *(di nave);* dirigersi verso est — *a town that lies east of the Rhine,* una città situata ad est del Reno.

eastbound ['i:stbaund] *agg* diretto verso est.

Easter ['i:stɘ*] *s.* Pasqua *(la festa e il periodo): Easter day, Easter Sunday,* il giorno di Pasqua; la Domenica di Pasqua — *the Easter holidays,* le vacanze pasquali *(scolastiche)* — *Easter week,* la settimana di Pasqua — *an Easter egg,* un uovo di Pasqua.

easterly ['i:stɘli] *agg e avv* da levante; in direzione o posizione orientale.

eastern ['i:stɘn] *agg* orientale; dell'est.

easternmost ['i:stɘnmoust] *agg* all'estremo oriente; il più orientale *(in senso geografico).*

easting ['i:stiŋ] *s. (naut.)* distanza percorsa verso oriente.

eastward ['i:stwəd] *agg* verso est; ad est; orientale: *in an eastward direction,* con direzione est.

eastward(s) ['i:stwəd(s)] *avv* verso est: *to travel eastwards,* viaggiare verso l'oriente.

easy ['i:zi] **I** *agg* (**-ier**; **-iest**) **1** facile: *an easy book,* un libro facile — *The place is easy to reach (easy of access),* Il posto è facile da raggiungere (di facile accesso) — *easy money,* denaro guadagnato con facilità — *on easy terms,* con facilitazioni di pagamento. **2** comodo; agiato; tranquillo: *to lead an easy life,* condurre una vita comoda — *in easy circumstances,* in condizioni agiate — *an easy pace,* un'andatura tranquilla — *an easy chair,* una sedia comoda; una poltrona — *to be easy on the pocket, (fam.)* essere conveniente, economico. **3** disinvolto; naturale: *easy manners,* modi naturali, disinvolti — *She is easy to get on with,* È facile andare d'accordo con lei; È alla buona — *a woman of easy virtue,* una donna di facili costumi. **4** *(comm., di articolo, ecc.)* poco richiesto.
□ *avv* ⇨ **easily.**
II *avv (fam.)* comodamente; con calma: *to take it (o things) easy,* prendersela con calma — *to go easy on sb,* non trattare qcno con eccessiva severità — *to go easy on sth,* andar piano con qcsa — *easy-going,* tollerante; corrivo. □ *Easy! (Easy does it!),* Piano!; Adagio! — *Easy all!, (spec. a rematori)* Fermi! — *Stand easy!, (GB)* State comodi! — *easy on the eye, (fam., di ragazza)* di bella presenza — *easy come, easy go,* tanti presi, tanti spesi — *easy mark, (fam.)* tonto — *Easier said than done,* Più facile a dirsi che a farsi; Tra il dire e il fare c'è di mezzo il mare *(prov.).*

to **eat** [i:t] *vi* (*pass.* **ate**; *p. pass.* **eaten**) mangiare; prendere i pasti; consumare i pasti: *Where shall we eat?,* Dove mangiamo? — *He was too unwell to eat,* Stava troppo male per (poter) mangiare — *We should eat (in order) to live, not live to eat,* Si dovrebbe mangiare per vivere, non vivere per mangiare — *to eat in (out),* mangiare in casa (fuori).
□ *vt* **1** mangiare: *to eat up one's food,* finire di mangiare ciò che si ha nel piatto — *to eat one's words,* rimangiarsi le proprie parole (ritirare le proprie affermazioni) — *to eat one's heart out,* consumarsi in silenzio; essere pieno di tristezza; struggersi; rodersi il fegato — *to eat its (one's) head off, (di cavallo, e per estensione di persona)* mangiarsi un patrimonio; mangiare più di quanto vale; *(per estensione)* mangiare moltissimo. **2** rodere; corrodere; divorare; consumare; attaccare: *Acids eat into metals,* Gli acidi corrodono (attaccano) i metalli — *He is eaten up with pride,* È divorato dall'orgoglio — *The moths have eaten holes in my coat,* Le tarme mi hanno fatto dei buchi nella giacca.
□ *eating-house,* ristorante; trattoria — *eating-hall,* refettorio — *to be (to make) good eating,* essere buono da mangiare — *to have one's cake and eat it, (prov.)* avere la botte piena e la moglie ubriaca — *eating apple,* mela da dessert *(cfr. cooking apple,* mela da cucinarsi*).*

eatable ['i:təbl] *agg* mangiabile; commestibile; mangereccio: *The prison food was scarcely eatable,* Il cibo della prigione era appena mangiabile.
□ *s. (generalm. al pl.)* cibo; viveri; generi alimentari.

eaten ['i:tn] *p. pass di* **to eat.**

eater ['i:tə*] *s.* chi mangia; mangiatore; consumatore: *He is a big eater,* È un gran mangiatore — *He is a poor eater,* Non è un gran mangiatore. □ *opium-eater,* fumatore d'oppio.

eats [i:ts] *s. pl (fam.)* roba da mangiare; cibo: *There were plenty of eats, but not enough to drink,* C'era una gran quantità di roba da mangiare (di cibo) ma non c'era da bere a sufficienza.

eaves [i:vz] *s. pl* gronda; cornicione.

to **eavesdrop** ['i:vzdrɔp] *vt* (**-pp-**) origliare.

eavesdropper [i:vz'drɔpə*] *s.* chi origlia.

ebb [eb] *s.* **1** riflusso *(della marea): the ebb and flow of the tide,* il flusso e riflusso della marea — *ebb-tide,* bassa marea. **2** declino; ribasso; *(fig.)* decadenza: *to be at a low ebb,* essere in declino, in ribasso; *(di persona)* essere molto 'giù'.

to **ebb** [eb] *vi* **1** *(della marea)* rifluire; calare; abbassarsi. **2** *(fig., spesso seguito da* away*)* declinare; diminuire: *His fortune was beginning to ebb,* La sua fortuna cominciava a declinare — *Daylight was ebbing away,* La luce del giorno stava scemando.

ebonite ['ebənait] *s.* ebanite.

ebony ['ebəni] *s. e attrib* ebano; d'ebano; nero come l'ebano.

ebullience [i'bʌljəns] *s.* esuberanza; vitalità.

ebullient [i'bʌljənt] *agg* esuberante.

eccentric [ik'sentrik] *agg e s.* eccentrico *(di persona e cose);* stravagante; originale. □ *avv* **eccentrically.**

eccentricity [,eksen'trisiti] *s.* eccentricità *(di persona, comportamento, ecc.);* stravaganza: *eccentricity in dress,* eccentricità nel vestire — *One of his eccentricities is sleeping under the bed,* Una delle sue stravaganze è dormire sotto il letto.

ecclesiastic [i,kli:zi'æstik] *s.* ecclesiastico; uomo del clero.

ecclesiastical [i,kli:zi'æstikəl] *agg* ecclesiastico. □ *avv* **ecclesiastically.**

echelon ['eʃəlɔn] *s. (fr.)* **1** *(mil.)* scaglione. **2** *(di navi o aerei)* formazione in linea di rilevamento.

echo ['ekou] *s.* (*pl.* **echoes**) **1** eco: *The speaker was cheered to the echo,* L'oratore fu applaudito fragorosamente — *echo-sounder,* sonda acustica; ecometro. **2** chi fa da eco; chi imita pedissequamente un'altra persona.

to **echo** ['ekou] *vi e t.* **1** fare eco: *The valley echoed as he sang,* La vallata fece eco al suo canto — *The hills echoed back the noise of his shot,* Le colline rimandarono l'eco del suo sparo. **2** echeggiare; riecheggiare: *The shot echoed through the woods,* Lo sparo echeggiò attraverso i boschi. **3** ripetere; fare da eco: *They echoed every word of their leader,* Ripetevano ogni parola del loro capo.

éclair ['eiklɛə*] *s. (fr.: spesso* chocolate éclair*)* pasta simile ad un cannolo ripiena di crema e ricoperta di glassa al cioccolato.

éclat ['eiklɑ:] *s. (fr.)* 'éclat'; grande successo; plauso; trionfo.

eclectic [ek'lektik] *agg* eclettico. □ *avv* **eclectically.**

eclecticism [ek'lektisizəm] *s.* eclettismo.

eclipse [i'klips] *s.* **1** eclisse; eclissi. **2** *(fig.)* momento di crisi; periodo sfortunato o di oscurità: *After suffering an eclipse, he is now famous again,* Dopo un periodo di oscurità, ora è di nuovo famoso.

to **eclipse** [i'klips] *vt* eclissare *(anche fig.): She was so beautiful that she eclipsed every other woman at the ball,* Era così bella che al ballo eclissò tutte le altre.

ecliptic [i'kliptik] *s.* eclittica.

eclogue ['eklɔg] *s.* egloga.

ecological [ekə'lɔdʒikəl] *agg* ecologico. □ *avv* **ecologically.**

ecology [e'kɔlədʒi] *s.* ecologia.

economic [ˌi:kəˈnɔmik] *agg* economico: *the government's economic policy,* la politica economica del governo — *an economic rent,* un affitto economico.

economical [ˌi:kəˈnɔmikəl] *agg* **1** economo; parsimonioso: *to be economical of time and energy,* (fare) risparmiare tempo ed energia. **2** economico: *an economical stove,* una stufa economica.
□ *avv* **economically.**

economics [ˌi:kəˈnɔmiks] *s. (con il v. al sing.)* economia *(la scienza).*

economist [iˈkɔnəmist] *s.* **1** economista; esperto di problemi economici. **2** economo; risparmiatore.

to **economize** [iˈkɔnəmaiz] *vt e i. (spesso seguito da* on*)* fare economia (di); economizzare.

economy [iˈkɔnəmi] *s.* economia: *to practise economy,* fare economia — *the French economy,* l'economia francese — *political economy,* economia politica — *By various little economies, she managed to save enough money for a holiday,* Facendo piccole economie qua e là, riuscì a risparmiare abbastanza danaro per una vacanza. □ *economy class,* classe turistica *(spec. sugli aerei).*

écru [ekˈru:] *s. (fr.)* 'écru'; di tela greggia; color tela greggia.

ecstasy [ˈekstəsi] *s.* estasi.

ecstatic [ekˈstætik] *agg* estatico. □ *avv* **ecstatically.**

ectoplasm [ˈekto*u*plæzəm] *s.* ectoplasma.

ecumenical [ˌi:kju:ˈmenikəl] *agg* ⇨ **oecumenical.**

eczema [ˈeksimə] *s.* eczema.

eddy [ˈedi] *s.* turbine; vortice; mulinello d'acqua.

to **eddy** [ˈedi] *vi* mulinare; turbinare.

edelweiss [ˈeidlvais] *s. (tedesco)* stella alpina.

edge [edʒ] *s.* **1** taglio; filo *(di lama, spada, ecc.): a knife with a sharp edge,* un coltello dal taglio affilato — *to put an edge on a knife,* affilare un coltello — *to take the edge off sth,* smussare; spuntare qcsa *(coltello, ecc.); (fig.)* rendere qcsa noioso; togliere il gusto a qcsa — *to take the edge off sb's appetite,* guastare l'appetito a qcno — *to set sb's teeth on edge,* far allegare i denti a qcno; dare sui nervi a qcno. **2** margine; orlo; spigolo; sponda; ciglio; limitare: *Don't put the glass on the edge of the table,* Non mettere il bicchiere sull'orlo del tavolo — *the edge of a lake,* la sponda di un lago — *to trim the edge of a lawn,* pareggiare, spuntare i bordi di un 'prato inglese' — *a cottage on the edge of a forest,* una casetta sul limitare d'una foresta. **3** *(sl.)* vantaggio: *to have the edge on (o over) sb,* avere il coltello dalla parte del manico; avere un vantaggio su qcno.
□ *to be (all) on edge,* avere i nervi a fior di pelle; essere irascibile — *to give sb the edge of one's tongue,* rimproverare aspramente qcno.

to **edge** [edʒ] *vt e i.* **1** orlare; bordare: *to edge a handkerchief with lace,* orlare un fazzoletto con pizzo — *a road edged with grass,* una strada bordata d'erba. **2** affilare *(una lama, ecc.).* **3** muovere (muoversi) di fianco lentamente, con cautela, con difficoltà *(in avanti o di traverso): to edge oneself (to edge one's way) through the crowd,* farsi strada tra la folla — *to edge along a narrow ledge of rock,* procedere cautamente lungo una stretta sporgenza di roccia — *to edge a piano through the door,* spingere un pianoforte attraverso una porta — *to edge one's chair nearer to the fireplace,* spostare la propria sedia più vicino al camino.

edgeways, edgewise [ˈedʒweiz/-waiz] *avv* di taglio; di sbieco; di fianco: *to be unable to get a word in edgeways,* non riuscire a inserirsi nella conversazione.

edging [ˈedʒiŋ] *s.* orlo; orlatura; frangia; bordo: *an edging of lace on a dress,* un orlo di pizzo su un vestito. □ *edging-shears,* cesoie usate per spuntare il bordo di un 'prato inglese'.

edgy [ˈedʒi] *agg* **1** coi nervi a fior di pelle; irascibile. **2** affilato; tagliente.

edibility [ˌediˈbiliti] *s.* commestibilità.

edible [ˈedibl] *agg* commestibile; mangereccio.

edict [ˈi:dikt] *s.* editto; decreto.

edification [ˌedifiˈkeiʃən] *s.* edificazione.

edifice [ˈedifis] *s.* edificio; costruzione *(anche fig.).*

to **edify** [ˈedifai] *vt* edificare; educare; indurre al bene.

to **edit** [ˈedit] *vt* **1** preparare; curare *(un'edizione);* commentare; annotare *(testi);* compilare *(antologie, ecc.): to edit a Shakespeare play for use in school,* curare l'edizione di un'opera di Shakespeare per uso scolastico — *edited by J. Smith,* a cura di J. Smith — *to edit out a reference,* eliminare un riferimento (redazionalmente). **2** dirigere *(un giornale, una rivista, ecc.).* **3** curare le sequenze d'un film.

edition [iˈdiʃən] *s.* edizione; *(talvolta)* versione; copia; riproduzione; versione: *a cheap edition,* una edizione economica — *a pocket edition,* una edizione tascabile — *revised edition,* edizione riveduta — *This is a de luxe edition of the same car,* Questa è la versione di lusso della stessa automobile.

editor [ˈeditə*] *s.* **1** *(di libri)* redattore; curatore; compilatore. **2** *(di giornale, ecc.)* direttore; redattore capo.

editorial [ˌediˈtɔ:riəl] *agg* redazionale.
□ *s.* editoriale; articolo di fondo.

editorship [ˈeditəʃip] *s.* direzione *(di giornale, rivista, opera collettiva, ecc.).*

to **educate** [ˈedjukeit] *vt* **1** educare; istruire; allevare. **2** educare; affinare *(i gusti, l'indole, ecc.).*

educated [ˈedjuˌkeitid] *agg* istruito; colto.

education [ˌedju(:)ˈkeiʃən] *s.* **1** istruzione: *No country can afford to neglect education,* Nessun Paese può permettersi di trascurare l'istruzione — *He had a classical education,* Ricevette un'istruzione umanistica *(cioè, in lettere classiche)* — *Local Education Authority, (GB)* direzione regionale della pubblica istruzione. **2** educazione; affinamento *(di qualità, gusti, ecc.).* **3** pedagogia.

educational [ˌedjuˈkeiʃənəl] *agg* educativo; istruttivo; didattico: *an educational magazine,* una rivista didattica — *educational work,* lavoro didattico.

educationist, educationalist [ˌedjuˈkeiʃənist/-nəlist] *s.* pedagogista; esperto in metodi didattici.

educative [ˈedju(:)kətiv] *agg* istruttivo; educativo.

educator [ˈedjukeitə*] *s.* **1** educatore. **2** pedagogo.

to **educe** [i(:)ˈdju:s] *vt* evincere; dedurre.

eel [i:l] *s.* anguilla.

e'en [i:n] *avv (poet.)* = **even.**

e'er [ɛə*] *avv (poet.)* = **ever.**

eerie, eery [ˈiəri] *agg* (**-ier**; **-iest**) misterioso; inquietante; strano; arcano; soprannaturale. □ *avv* **eerily.**

eeriness [ˈiərinis] *s.* atmosfera arcana ed inquietante.

to **eff off** [ef ɔ:f] *vi* (*volg.: abbr. fam. di* to fuck off ⇨ *sotto* **to fuck**) andare a farsi fottere.

to **efface** [iˈfeis] *vt* cancellare *(anche fig.): to efface oneself,* tenersi in disparte; stare nell'ombra; tenere nascoste le proprie doti. □ *self-effacing, (agg.)* modesto.

effacement [iˈfeismənt] *s.* cancellatura; cancellazione.

effect [iˈfekt] *s.* **1** effetto; risultato; conseguenza; impressione; efficacia: *the effect of heat upon metals,* l'effetto del calore sui metalli — *to be of no effect,*

non essere di nessun effetto (di nessuna efficacia, inefficace) — *to bring sth into effect,* mettere in atto qcsa — *to give effect to sth,* effettuare qcsa — *to take effect,* fare (avere) effetto; entrare in vigore — *in effect,* in effetto; in realtà; *(di legge, norma)* in vigore — *Did the medicine have any effect?,* Ha fatto effetto la medicina? — *Everything he says and does is calculated for effect,* Tutto quello che dice o fa è calcolato per fare impressione (o per far colpo) — *with effect from... (di leggi, disposizioni, ecc.)* con decorrenza da... **2** significato; tenore: *I have received a cable to this effect,* Ho ricevuto un cablogramma di questo tenore — *That's what he said, or words to that effect,* Questo è quanto ha detto, o qualcosa del genere. **3** *(al pl.)* effetti personali; indumenti.
□ *no effects, (comm.)* a vuoto; insolvibile *(generalm. scritto sugli assegni, con abbr.* N/E*).*

to **effect** [i'fekt] *vt* effettuare; attuare; compiere; realizzare; fare: *to effect a payment (a consignment),* effettuare un pagamento (una consegna) — *to effect an insurance policy,* fare una polizza di assicurazione — *to effect a cure,* ottenere una guarigione — *to effect one's purpose,* conseguire (raggiungere) il proprio scopo.

effective [i'fektiv] *agg* **1** efficace: *effective measures,* provvedimenti efficaci. **2** effettivo: *the effective strength of the army,* le forze effettive dell'esercito. **3** che fa effetto, impressione; che colpisce: *an effective colour,* un colore che colpisce. □ *avv* **effectively.**
□ *s. (mil., al pl.)* effettivo.

effectiveness [i'fektivnis] *s.* efficacia.

effectual [i'fektjuəl] *agg* efficace. □ *avv* **effectually.**

effectualness [i'fektjuəlnis] *s.* efficacia.

to **effectuate** [i'fektjueit] *vt* effettuare; compiere.

effeminacy [i'feminəsi] *s.* effeminatezza.

effeminate [i'feminit] *agg* effeminato.

to **effervesce** [,efə'ves] *vi* spumeggiare; essere effervescente; entrare (essere) in effervescenza.

effervescence [,efə'vesns] *s.* **1** effervescenza. **2** esuberanza.

effervescent [,efə'vesnt] *agg* **1** effervescente. **2** esuberante.

effete [e'fi:t] *agg* esausto; consunto; decadente.

effeteness [e'fi:tnis] *s.* decadenza; logorio; mancanza di vigore.

efficacious [,efi'keiʃəs] *agg (di cose)* efficace. □ *avv* **efficaciously.**

efficacy ['efikəsi] *s. (di cose)* efficacia.

efficiency [i'fiʃənsi] *s.* **1** efficienza. **2** *(USA)* appartamentino.

efficient [i'fiʃənt] *agg* efficiente; di alto rendimento. □ *avv* **efficiently.**

effigy ['efidʒi] *s.* effigie; immagine: *to burn sb in effigy,* bruciare qcno in effigie.

efflorescence [,eflɔ:'resəns] *s.* efflorescenza; fioritura.

efflorescent [,eflɔ:'resnt] *agg* efflorescente; in fiore.

effluence ['efluəns] *s.* emanazione; efflusso; effusione.

effluent ['efluənt] *s.* **1** emissario. **2** scarico *(di fogna).*
□ *agg* defluente.

efflux ['eflʌks] *s.* deflusso.

effort ['efət] *s.* **1** sforzo; fatica: *He lifted the big rock without effort,* Alzò il grosso macigno senza sforzo — *It doesn't need much effort,* Non occorre molta fatica — *to make an effort,* fare uno sforzo; sforzarsi — *Please make an effort to arrive early,* Per favore, sforzati di arrivare presto — *I will make every effort to help you,* Farò tutto quello che potrò per aiutarti. **2** *(fam.)* impresa; opera; lavoro: *That's a pretty good effort,* Niente male! Hai fatto un buon lavoro!

effortless ['efətlis] *agg* **1** indolente. **2** realizzabile senza sforzo; facile; naturale. □ *avv* **effortlessly.**

effrontery [e'frʌntəri] *s.* sfrontatezza; impudenza.

effulgence [e'fʌldʒəns] *s.* splendore; fulgore.

effulgent [e'fʌldʒənt] *agg* risplendente.

effusion [i'fju:ʒən] *s.* **1** effusione; versamento. **2** effusione *(di sentimenti, pensieri, ecc.).*

effusive [i'fju:siv] *agg* espansivo; esuberante; effusivo. □ *avv* **effusively.**

effusiveness [i'fju:sivnis] *s.* effusione; espansività.

eft [eft] *s.* tritone.

eftsoon(s) [eft'su:n(z)] *avv (ant.)* subito dopo.

egad [i'gæd] *interiezione (ant.)* per Bacco!

egalitarian [i,gæli'tεəriən] *agg e s.* egalitario.

egalitarianism [i,gæli'tεəriənizəm] *s.* egualitarismo.

egg [eg] *s.* uovo: *Birds, reptiles and insects come from eggs,* Gli uccelli, i rettili e gli insetti nascono da uova — *You've got some egg on your tie,* Hai dell'uovo sulla cravatta — *in the egg,* allo stato embrionale; in potenza — *a boiled egg,* un uovo 'alla coque' — *a hard-boiled egg,* un uovo sodo — *an egg and spoon race,* corsa fatta tenendo in mano un cucchiaio con un uovo sopra — *new-laid eggs,* uova fresche di giornata — *egg-cup,* portauovo — *egg-head,* 'testa d'uovo' — *egg-plant,* melanzana — *egg-shell,* guscio d'uovo — *egg-whisk,* frullino per montare le uova — *egg-flip; egg-nog,* zabaglione.
□ *to put all one's eggs in one basket,* giocare il tutto per tutto; puntare tutto su una carta — *to teach one's grandmother to suck eggs,* dare consigli a chi ne sa più di noi — *a bad egg,* - **a)** un uovo marcio - **b)** *(fam.)* un poco di buono; un tipo losco — *a good egg,* un brav'uomo — *as sure as eggs is eggs, (fam.)* con certezza assoluta; certo come due più due fanno quattro.

to **egg** [eg] *vt (generalm.* to egg sb on to do sth*)* istigare; incitare; spingere *(qcno a fare qcsa).*

egghead ['eghed] *s. (fam., spesso spreg.)* testa d'uovo; intellettualoide.

eglantine ['egləntain] *s.* **1** rosa canina. **2** eglantina.

ego ['egou] *s. (filosofia e psicanalisi)* io; ego.

egocentric [,egou'sentrik] *agg* egocentrico.

egoism ['egouizəm] *s.* egoismo.

egoist ['egouist] *s.* egoista.

egoistic, egoistical [,egou'istik(əl)] *agg* egoistico.

egotism ['egoutizəm] *s.* egotismo.

egotist ['egoutist] *s.* egotista.

egotistic [,egou'tistik] *agg* egotistico; da egotista. □ *avv* **egotistically.**

egregious [i'gri:dʒəs] *agg* **1** *(ant.)* singolare; egregio. **2** madornale; egregio: *an egregious blunder,* un errore madornale, grossolano, fuori del comune.

egress ['i:gres] *s.* **1** diritto d'uscita. **2** uscita.

egret ['i:gret] *s.* **1** egretta; airone bianco. **2** 'aigrette'; gruppo di piume usato come ornamento.

Egyptian [i'dʒipʃən] *agg e s.* egiziano.

eh [ei] *interiezione* eh!; eh?; cosa?

eider ['aidə*] *s. (anche* eider duck*)* edredone.

eiderdown ['aidədaun] *s.* **1** piume di edredone. **2** copriletto *(imbottito di piume di edredone);* piumino.

eight [eit] *agg e s.* otto *(anche l'imbarcazione): the Eights; Eights week, (GB)* le gare annue di canottaggio fra i 'colleges' *(di Oxford e di Cambridge).*
□ *to have one over the eight,* essere sbronzo; sbronzarsi *(spec. di birra).*

eighteen ['ei'ti:n] *agg e s.* diciotto.

eighteenth ['ei'ti:nθ] *agg e s.* diciottesimo.

eightfold ['eitfould] *agg* ottuplo. □ *avv* otto volte (tanto).

eighth [eitθ] *agg e s.* ottavo: *eighth note,* ottava.

eightieth ['eitiiθ] *agg e s.* ottantesimo.

eightpence ['eitpəns] *s.* otto penny.

eightpenny ['eitpəni] *agg* da otto penny.

eightsome ['eitsəm] *s. (spesso* eightsome reel*)* vivace danza scozzese ballata da quattro coppie.

eighty ['eiti] *agg e s.* ottanta: *during the eighties,* durante gli anni Ottanta *(generalm. dell'Ottocento).*

eisteddfod [ais'teðvɔd] *(gallese) s.* 'eisteddfod'; convegno annuale di poeti e musici.

either ['aiðə*/'i:ðə*] **I** *agg* **1** l'uno o l'altro; uno dei due: *Take either half; they are exactly the same,* Prendi una delle due metà: sono perfettamente uguali — *You must not favour either side in the dispute,* Non bisogna appoggiare né l'una né l'altra parte nella disputa. **2** l'uno e l'altro; tutti e due; entrambi; ambedue: *In either event you will benefit,* Ne trarrai beneficio in entrambi i casi (in ogni caso) — *on either side,* su entrambi i lati.

II *pron* l'uno o l'altro: *I don't want either of them,* Non voglio né l'uno né l'altro — *Either will be satisfactory,* L'uno o l'altro andranno bene.

III *congiunz* o; oppure: *He must be either mad or drunk,* Deve essere o pazzo o ubriaco — *Please either come in or go out, it's cold with the door open,* Per favore, o entra o esci: fa freddo con la porta aperta — *Either you do as you're told or you don't go to the cinema with the others!,* O fai quello che ti dico o non vai al cinema con gli altri!

IV *avv (in frasi negative)* neanche; neppure; nemmeno: *'I haven't finished my homework yet' - 'I haven't finished mine either',* 'Non ho ancora finito i miei compiti' - 'Nemmeno io' — *There was a time, and not so long ago either, when...,* Ci fu un tempo, e neanche tanto lontano, in cui...

to **ejaculate** [i'dʒækjuleit] *vt* **1** esclamare. **2** eiaculare; emettere.

ejaculation [i,dʒækju'leiʃən] *s.* **1** esclamazione. **2** eiaculazione; emissione.

ejaculatory [i'dʒækjulətəri] *agg* **1** esclamativo; veemente. **2** eiaculatorio.

to **eject** [i(:)'dʒekt] *vt* **1** espellere; estromettere; sfrattare: *They were ejected because they had not paid their rent for a year,* Furono sfrattati perché non pagavano l'affitto da un anno. **2** emettere: *lava ejected from a volcano,* lava emessa da un vulcano. **3** *(mecc., ecc.)* eiettare.

ejection [i(:)'dʒekʃən] *s.* **1** espulsione; estromissione; sfratto. **2** emissione. **3** *(mecc., ecc.)* eiezione.

ejector [i(:)'dʒektə*] *s.* **1** chi espelle (estromette, sfratta). **2** espulsore *(d'arma da fuoco);* estrattore. **3** *(mecc., ecc.)* eiettore: *ejector seat, (di aereo)* sedile espulsore.

eke [i:k] *avv (ant.)* anche; pure.

to **eke** [i:k] *vt (sempre seguito da* out*)* accrescere *(la resa di qcsa);* far bastare; supplire alla mancanza di qcsa: *to eke out one's coal by saving the cinders for further use,* far bastare il carbone sfruttando al massimo le scorie — *to eke out a livelihood,* tirare a campare — *He eked out his meagre salary by giving piano lessons,* Arrotondava il suo magro stipendio dando lezioni di pianoforte.

elaborate [i'læbərit] *agg* elaborato; accurato; minuzioso. □ *avv* **elaborately.**

to **elaborate** [i'læbəreit] *vt* studiare; elaborare; sviluppare.

elaboration [i,læbə'reiʃən] *s.* elaborazione; sviluppo.

élan [ei'lɑ:n/*(fr.)* elɑ̃] *s. (fr.)* slancio; vivacità.

eland ['i:lənd] *s.* antilope sudafricana.

to **elapse** [i'læps] *vi (di tempo)* passare; trascorrere.

elastic [i'læstik] *agg* elastico *(anche fig.);* adattabile: *Rubber is elastic,* La gomma è elastica — *elastic rules,* norme elastiche — *an elastic morality,* una moralità elastica — *an elastic temperament,* un carattere mutevole. □ *avv* **elastically.**

□ *s. e attrib (tessuto)* elastico: *a piece of elastic,* un pezzo d'elastico — *elastic braces,* bretelle elastiche — *an elastic band, (GB)* un elastico *(strisciolina di gomma).*

elasticity [,i:læs'tisiti] *s.* elasticità *(anche fig.);* adattabilità.

to **elate** [i'leit] *vt* eccitare; esaltare; inebriare (*usato quasi unicamente al p. pass.:* ⇨ **elated**).

elated [i'leitid] *agg* esultante; giubilante; euforico.

elation [i'leiʃən] *s.* esaltazione; esultanza; euforia.

elbow ['elbou] *s. (vari sensi)* gomito; *(di poltrona)* bracciolo: *at one's elbow,* a portata di mano — *to push with one's elbow,* dar gomitate — *out at the elbows, (di indumento)* sdrucito; *(di persona)* male in arnese. □ *to rub elbows with sb,* essere in confidenza con qcno — *to be up to one's elbows in sth,* averne fin sopra i capelli *(di un lavoro, ecc.)* — *elbow grease, (fam.)* olio di gomito — *elbow room,* spazio in cui muoversi.

to **elbow** ['elbou] *vt* dar gomitate; spingersi (farsi largo) a gomitate: *to elbow one's way through a crowd,* farsi largo tra la folla a gomitate.

[1]**elder** ['eldə*] *agg* (*comp. irregolare di* **old**) più vecchio; maggiore *(spec. di due membri della stessa famiglia): The elder sister is called Mary,* La sorella più vecchia si chiama Mary — *My elder brother is in India,* Il mio fratello maggiore è in India — *Which is the elder?,* Qual è il più anziano? — *an elder statesman,* un anziano (uomo politico).

□ *s.* **1** *(al pl.)* le persone più anziane; gli antenati: *Should we always respect our elders?,* Dobbiamo sempre rispettare le persone più anziane di noi? **2** anziano *(in una comunità religiosa, ecc.);* pastore; dignitario *(spec. presbiteriano).* **3** maggiore; più vecchio *(tra due persone): He is my elder by several years,* È più vecchio di me di parecchi anni.

[2]**elder** ['eldə*] *s.* sambuco: *elder(-)berry wine,* vino di (bacche di) sambuco — *elder(-)flower wine,* vino di fiori di sambuco.

elderly ['eldəli] *agg* anziano; piuttosto vecchio; attempato.

eldest ['eldist] *agg (di più di due fratelli)* primogenito; maggiore.

El Dorado [,eldɔ'rɑ:dou] *s.* Eldorado.

elect [i'lekt] *agg* nominato; eletto *(generalm. segue il nome): the President elect,* il Presidente eletto — *the Elect,* gli Eletti (del cielo).

to **elect** [i'lekt] *vt* **1** eleggere. **2** scegliere; decidere; preferire: *to elect to do sth,* decidere di fare qcsa.

election [i'lekʃən] *s.* elezione: *a general election,* le elezioni generali — *a by-election,* un'elezione suppletiva — *election results,* risultati elettorali.

to **electioneer** [i,lekʃə'niə*] *vi* fare propaganda elettorale.

electioneering [i,lekʃə'niəriŋ] *s.* propaganda elettorale.

elective [i'lektiv] *agg* **1** elettivo: *an elective assembly,* un'assemblea elettiva — *an elective office,* una carica elettiva. **2** *(USA)* facoltativo: *elective subjects,* materie (scolastiche) facoltative.

elector [i'lektə*] *s.* elettore.

electoral [i'lektərəl] *agg* elettorale.
electorate [i'lektərit] *s.* l'elettorato; gli elettori.
electric [i'lektrik] *agg* elettrico *(anche fig.): an electric torch,* una lampada a pile — *electric eel,* gimnoto — *electric shock,* scossa elettrica — *the electric chair,* la sedia elettrica — *electric blue,* blu elettrico.
electrical [i'lektrikəl] *agg* elettrico. □ *avv* **electrically.**
electrician [ilek'triʃən] *s.* elettricista.
electricity [ilek'trisiti] *s.* elettricità.
electrification [i,lektrifi'keiʃən] *s.* **1** elettrificazione. **2** elettrizzazione.
to **electrify** [i'lektrifai] *vt* elettrificare; *(fig.)* elettrizzare: *to electrify the audience by an unexpected announcement,* elettrizzare il pubblico con un annuncio inatteso.
electro- [i'lektrou] *(nei composti, p.es.) electrochemistry,* elettrochimica — *electro-magnet,* elettromagnete; elettrocalamita — *electro-plate,* oggetto placcato *(con galvanostegia)* — *electro-cardiogram,* elettrocardiogramma — *electro-cardiograph,* elettrocardiografo.
to **electrocute** [i'lektrəkju:t] *vt* **1** fulminare *(con la corrente elettrica).* **2** giustiziare sulla sedia elettrica.
electrocution [i,lektrə'kju:ʃən] *s.* **1** morte per fulminazione. **2** elettroesecuzione; (esecuzione sulla) sedia elettrica.
electrode [i'lektroud] *s.* elettrodo.
electrolysis [ilek'trɔlisis] *s.* elettrolisi.
electromagnet [i'lektrou'mægnit] *s.* elettromagnete; elettrocalamita.
electron [i'lektrɔn] *s.* elettrone.
electronic [ilek'trɔnik/elek-] *agg* elettronico: *electronic data processing,* elaborazione dati *(mediante calcolatore).* □ *avv* **electronically.**
electronics [ilek'trɔniks/elek-] *s. (con il v. al sing.)* elettronica.
to **electroplate** [i'lektroupleit] *vt* trattare elettroliticamente.
electrostatic [i'lektrou'stætik] *agg* elettrostatico.
electrostatics [i'lektrou'stætiks] *s. (con il v. al sing.)* elettrostatica.
electrum [i'lektrəm] *s.* **1** lega naturale d'oro e d'argento. **2** lega di rame, nickel e zinco.
eleemosynary [,elii:'mɔsinəri] *agg* **1** caritatevole. **2** relativo all'elemosina; che vive di elemosina.
elegance ['eligəns] *s.* eleganza; finezza.
elegant ['eligənt] *agg* elegante; di buon gusto; fine. □ *avv* **elegantly.**
elegiac [,eli'dʒaiək] *agg* **1** elegiaco. **2** lamentevole. □ *come s. pl* versi elegiaci.
elegy ['elidʒi] *s.* elegia.
element ['elimənt] *s.* **1** elemento: *Water is a compound containing the elements hydrogen and oxygen,* L'acqua è un composto che contiene due elementi: l'idrogeno e l'ossigeno — *the four elements,* i quattro elementi — *to be in (out of) one's element,* trovarsi nel (fuori del) proprio elemento — *exposed to the fury of the elements,* esposto alla furia degli elementi — *Justice is an important element in good government,* La giustizia è un elemento importante del buon governo — *There's an element of truth in his account,* C'è del vero nel suo resoconto. **2** *(al pl.)* rudimenti; nozioni elementari; primi elementi del sapere: *elements of geometry,* elementi di geometria. **3** *(elettr.)* (filo di) resistenza.
elemental [,eli'mentl] *agg* **1** appartenente ai quattro elementi; degli elementi *(forze naturali).* **2** primitivo; primordiale: *the elemental fury of the storm,* la furia primordiale della tempesta. **3** fondamentale; essenziale; elementare.
elementary [,eli'mentəri] *agg* elementare. □ *avv* **elementarily.**
elephant ['elifənt] *s.* elefante: *cow elephant,* elefantessa — *calf (baby) elephant,* elefantino. □ *a white elephant,* un oggetto (un progetto) costoso, inutile e ingombrante.
elephantine [,eli'fæntain] *agg* **1** elefantesco; mastodontico; *(per estensione)* gravoso: *an elephantine task,* un compito gravoso. **2** senza tatto; goffo; pesante: *elephantine humour,* un umorismo goffo e pesante.
to **elevate** ['eliveit] *vt* elevare *(anche fig.);* alzare; innalzare: *to elevate sb to the peerage, (GB)* elevare qcno alla dignità di Pari d'Inghilterra — *to elevate the voice,* alzare la voce — *an elevating book (sermon),* un libro (una predica) edificante.
elevated ['eliveitid] *agg* **1** elevato: *elevated railway,* ferrovia sopraelevata. **2** *(fig.)* elevato; alto; nobile; sublime: *an elevated style,* uno stile elevato — *elevated aims,* nobili scopi.
elevation [,eli'veiʃən] *s.* **1** elevazione; innalzamento; spostamento verticale: *elevation to the peerage,* elevazione alla dignità di Pari d'Inghilterra. **2** elevatezza; nobiltà: *elevation of thought,* elevazione di pensiero. **3** *(topografia)* altezza; altitudine: *an elevation of 5,000 feet,* un'altezza di 5.000 piedi. **4** angolo d'elevazione *(di cannone, ecc.).* **5** *(disegno)* elevazione: *front elevation,* alzata; vista frontale.
elevator ['eliveitə*] *s.* **1** elevatore; montacarichi. **2** silo. **3** *(di un velivolo)* timone di profondità o di quota; equilibratore. **4** *(USA)* ascensore.
eleven [i'levn] *agg e s.* undici: *an eleven,* una squadra di undici giocatori — *the eleven plus, (GB)* l'esame che si dà verso gli 11-12 anni di età, dal cui esito dipende il corso di studi secondari da seguirsi *(ora abolito in gran parte del Regno Unito).*
elevenses [i'levnziz] *s. pl (fam.)* spuntino delle undici del mattino.
eleventh [i'levnθ] *agg e s.* undicesimo: *at the eleventh hour,* all'ultimo momento; appena in tempo.
elf [elf] *s.* (*pl.* **elves**) elfo; folletto *(anche fig.);* fata; nano.
elfin ['elfin] *agg* simile a un elfo, a un folletto; malizioso; maligno: *elfin dances,* danze di folletti — *elfin laughter,* risata maliziosa.
elfish ['elfiʃ] *agg* di (da) elfo; malizioso; maligno.
to **elicit** [i'lisit] *vt* trarre; provocare; suscitare; fare venir fuori: *to elicit the truth,* cavar fuori la verità — *to elicit a dusty reply,* provocare una risposta secca secca.
to **elide** [i'laid] *vt* elidere.
eligibility [,elidʒi'biliti] *s.* eleggibilità.
eligible ['elidʒibl] *agg* eleggibile; dotato dei requisiti necessari per essere scelto: *eligible for promotion,* avente diritto ad una promozione — *an eligible young man,* un buon partito.
to **eliminate** [i'limineit] *vt* eliminare; scartare.
elimination [i,limi'neiʃən] *s.* eliminazione.
elision [i'liʒən] *s.* elisione.
élite [ei'li:t] *s. (fr.) (collettivo sing., usato con l'art. determinativo)* l''élite'; il meglio; il fior fiore.
élitism [ei'li:tizəm] *s. (fr.)* elitarismo.
élitist [ei'li:tist] *s. (fr.)* elitarista. □ *agg* elitaristico; elitario.
elixir [i'liksə*] *s.* elisir(e).
Elizabethan [i,lizə'bi:θən] *agg e s.* elisabettiano.
elk [elk] *s.* alce.
ell [el] *s. (GB, ant.)* braccio; misura di lunghezza, usata

principalmente per le stoffe, corrispondente a 45 pollici *(= 113 cm. circa).*

ellipse [i'lips] *s.* ellisse.

ellipsis [i'lipsis] *s.* (*pl.* **ellipses**) ellissi.

elliptic(al) [i'liptik(əl)] *agg* ellittico (a forma di ellisse, relativo a un'ellisse).

elliptical [i'liptikəl] *agg* ellittico (di ellissi).

elm [elm] *s.* olmo.

elocution [,elə'kju:ʃən] *s.* elocuzione; dizione.

elocutionary [,elə'kju:ʃənəri] *agg* oratorio; relativo al-l'elocuzione.

elocutionist [,elə'kju:ʃənist] *s.* **1** buon declamatore; fine dicitore. **2** maestro di retorica.

to **elongate** ['i:lɔŋgeit] *vt* allungare; prolungare; estendere.
□ *vi* allungarsi; prolungarsi; estendersi.

elongation [,i:lɔŋ'geiʃən] *s.* allungamento; prolungamento; estensione.

to **elope** [i'loup] *vi* fuggire *(con un amante).*

elopement [i'loupmənt] *s.* fuga *(con un amante);* rapimento.

eloquence ['eləkwəns] *s.* eloquenza.

eloquent ['eləkwənt] *agg* eloquente *(anche fig.).* □ *avv* **eloquently.**

else [els] *avv (dopo un avv. o un pron. interr. o dopo i composti di* some-, any-, no-, every-*)* **1** altro: *How else would you do it?,* In quale altro modo vorresti farlo? — *Where else did you go?,* In quale altro posto siete andati? — *Did you see anybody else?,* Hai visto qualcun altro? — *Have you anything else to do?,* Hai qualcos'altro da fare?; Non hai nient'altro da fare? — *Nothing else, thank you,* Nient'altro, grazie — *That must be somebody else's hat,* Quel cappello deve essere di qualcun altro — *It must be somewhere else (USA,* someplace else*),* Dev'essere da qualche altra parte — *Little else remains to be done,* Poche altre cose rimangono da fare — *Everyone else has gone,* Tutti gli altri se ne sono andati. **2** *(generalm. preceduto da* or*)* altrimenti; se no: *Run, (or) else you'll be late,* Corri, altrimenti farai tardi — *He must be joking, or else he's mad,* Sta senz'altro scherzando, se no è pazzo.

elsewhere ['els'wɛə*] *avv* altrove; in qualche altro posto.

to **elucidate** [i'lu:sideit] *vt* delucidare; spiegare; chiarire.

elucidation [i,lu:si'deiʃən] *s.* delucidazione; spiegazione; chiarimento.

to **elude** [i'lu:d] *vt* eludere; evitare; sfuggire; schivare.

elusive, elusory [i'lu:siv/i'lu:səri] *agg* elusivo; sfuggente; evasivo.

elver ['elvə*] *s.* piccola anguilla; ceca.

elves [elvz] *s., pl di* **elf.**

elvish ['elviʃ] *agg* ⇨ **elfish.**

Elysian [i'liziən] *agg* elisio; *(fig.)* beato: *the Elysian Fields,* i Campi Elisi.

Elysium [i'liziəm] *s.* Elisio; luogo di delizie.

'em [em] *pron (abbr. fam. di* them*)* loro; li; le: *Give 'em hell!,* Pestali forte!; Picchiali duro!

to **emaciate** [i'meiʃieit] *vt* emaciare; rendere emaciato; *(fig.)* impoverire.

emaciated [i,meisi'eitid] *agg* emaciato.

emaciation [i,meisi'eiʃən] *s.* emaciazione.

to **emanate** ['eməneit] *vi* emanare.

emanation [,emə'neiʃən] *s.* emanazione.

to **emancipate** [i'mænsipeit] *vt* emancipare; rendere libero; affrancare; liberare.

emancipation [i,mænsi'peiʃən] *s.* emancipazione; liberazione.

to **emasculate** [i'mæskjuleit] *vt* svirilizzare; svigorire; rendere effeminato.

emasculation [i,mæskju'leiʃən] *s.* svirilizzazione.

to **embalm** [im'bɑ:m] *vt* imbalsamare *(con unguenti, ecc.).*

embalmer [im'bɑ:mə*] *s.* imbalsamatore.

embalmment [im'bɑ:mənt] *s.* imbalsamazione.

embankment [im'bæŋkmənt] *s.* **1** argine; terrapieno; alzaia. **2** strada: *the (Thames) Embankment,* il Lungotamigi.

embargo [em'bɑ:gou] *s.* (*pl.* **embargoes**) 'embargo' - **a)** fermo o sequestro di navi straniere nei porti o nelle acque territoriali - **b)** divieto d'esportazione con un dato Stato: *a gold embargo,* divieto di traffico d'oro — *to be under an embargo,* essere in 'embargo' — *to lay an embargo on commerce with enemy countries,* mettere l''embargo' sul commercio con nazioni nemiche — *to lift (to raise, to take off) an embargo on sth,* togliere l''embargo' su qcsa.

to **embargo** [em'bɑ:gou] *vt (3ª persona indic. pres.* **embargoes;** *pass. e p. pass.* **embargoed)** **1** mettere l''embargo' *(su qcsa).* **2** sequestrare; requisire d'autorità *(navi, merci).*

to **embark** [im'bɑ:k] *vt* imbarcare: *The ship embarked passengers and cargo,* La nave imbarcò i passeggeri e il carico.
□ *vi* **1** imbarcarsi: *The soldiers embarked for Malta,* I soldati s'imbarcarono per Malta. **2** *(fig.: seguito da* on *o* upon*)* imbarcarsi; intraprendere: *to embark upon a new business undertaking,* imbarcarsi in una nuova impresa commerciale.

embarkation [,embɑ:'keiʃən] *s.* imbarco.

to **embarrass** [im'bærəs] *vt* imbarazzare; impedire; confondere: *He was embarrassed by his heavy overcoat,* Era impedito nei movimenti dal pesante cappotto — *to be embarrassed by lack of money,* essere nei guai per mancanza di soldi.

embarrassing [im'bærəsiŋ] *agg* imbarazzante. □ *avv* **embarrassingly.**

embarrassment [im'bærəsmənt] *s.* **1** imbarazzo; confusione; impedimento. **2** difficoltà *(spec. finanziaria).*

embassy ['embəsi] *s.* **1** ambasciata *(anche attrib.).* **2** ambasceria.

embattled [im'bætld/em-] *agg* **1** schierato a (pronto per la) battaglia *(anche fig.).* **2** fortificato.

to **embed** [im'bed/em-] *vt* (**-dd-**) incassare; incastrare; incastonare; *(fig.)* essere impresso; *(miscroscopia)* includere: *stones embedded in rock,* pietre incastrate nella roccia — *facts embedded in the memory,* avvenimenti impressi nella memoria.

to **embellish** [im'beliʃ/em-] *vt* abbellire; adornare; infiorare: *to embellish a story,* infiorare un racconto — *to embellish a dress with lace and ribbons,* adornare un vestito di pizzo e nastri.

embellishment [im'beliʃmənt] *s.* abbellimento.

[1]**ember** ['embə*] *s. (di solito al pl.)* tizzone; braci.

[2]**ember** ['embə*] *s. (ecclesiastico: generalm.* ember days*)* le Quattro Tempora.

to **embezzle** [im'bezl/em-] *vt* appropriarsi indebitamente *(di una somma di denaro).*

embezzlement [im'bezlmənt] *s.* appropriazione indebita.

to **embitter** [im'bitə*/em-] *vt* amareggiare; inasprire; esacerbare.

embitterment [im'bitəmənt] *s.* amarezza.

to **emblazon** [im'bleizən/em-] *vt* adornare un blasone *(anche fig.);* onorare.
emblem ['embləm] *s.* emblema; simbolo.
emblematic [,emblə'mætik] *agg* emblematico; simbolico.
embodiment [im'bɔdimənt] *s.* **1** incarnazione; espressione; personificazione: *She is the embodiment of kindness,* È la personificazione della gentilezza. **2** incorporamento; inclusione.
to **embody** [im'bɔdi/em-] *vt* **1** incarnare; esprimere; rappresentare; personificare: *an embodied spirit,* uno spirito incarnato — *to embody one's ideas in a speech,* esprimere le proprie idee in un discorso. **2** comprendere; incorporare; includere: *The latest locomotives embody many new features,* Nelle locomotive più recenti sono state introdotte molte innovazioni.
to **embolden** [im'bouldən/em-] *vt* rinfrancare; rincuorare; rinvigorire.
embonpoint [ãbɔ̃pwɛ̃] *s. (fr., eufemismo per grassezza)* prosperosità; rotondità.
to **embosom** [im'buzəm/em-] *vt* circondare; comprendere; includere; racchiudere *(di solito nella forma passiva* to be embosomed, *essere contenuto, compreso): a house embosomed in trees,* una casa racchiusa (avvolta) da alberi — *a village embosomed with hills,* un villaggio cinto da colline.
to **emboss** [im'bɔs/em-] *vt* sbalzare; scolpire o stampare in rilievo.
embossed [im'bɔst] *agg* in rilievo; a sbalzo: *embossed work,* lavoro in rilievo.
embrace [im'breis/em-] *s.* abbraccio; amplesso: *He held her to him in a warm embrace,* La tenne stretta in un caldo abbraccio.
to **embrace** [im'breis/em-] *vt* **1** abbracciare: *to embrace a child,* abbracciare un bambino. **2** accettare; abbracciare *(fig.);* cogliere: *to embrace an offer,* accettare un'offerta — *to embrace a new profession,* abbracciare una nuova professione — *to embrace an opportunity,* cogliere un'occasione. **3** includere: *to embrace many examples in a single formula,* includere molti esempi in una formula.
□ *vi* abbracciarsi: *They embraced,* Si abbracciarono.
embrasure [im'breiʒə*/em-] *s.* **1** feritoia per cannone; cannoniera. **2** strombatura *(di porta o finestra).*
embrocation [,embrou'keiʃən] *s.* linimento; embrocazione.
to **embroider** [im'brɔidə*/em-] *vt e i.* ricamare *(anche fig.): to embroider a story,* infiorare un racconto.
embroidery [im'brɔidəri/em-] *s.* ricamo.
to **embroil** [im'brɔil/em-] *vt* implicare; coinvolgere.
embroilment [im'brɔilmənt] *s.* confusione; imbroglio; pasticcio.
embryo ['embriou] *s.* embrione *(anche fig.): in embryo,* in embrione.
embryonic [,embri'ɔnik] *agg* embrionale *(anche fig.).*
to **embus** [im'bʌs] *vt* (**-ss-**) caricare *(truppe, ecc.)* su autocarri.
to **emend** [i'mend] *vt* emendare; correggere.
emendation [,i:men'deiʃən] *s.* emendamento; correzione.
emerald ['emərəld] *s.* smeraldo. □ *the Emerald Isle,* l'Irlanda.
to **emerge** [i'mə:dʒ] *vi* emergere; apparire; manifestarsi: *The moon emerged from behind the clouds,* La luna emerse dalle nuvole — *No new ideas emerged during the talks,* Non emerse nessuna idea nuova durante i colloqui.
emergence [i'mə:dʒəns] *s.* emersione; apparizione; manifestazione.
emergency [i'mə:dʒənsi] *s.* emergenza *(anche attrib.): an emergency exit,* un'uscita di emergenza, di sicurezza.
emergent [i'mə:dʒənt] *agg* emergente *(detto p.es. di nazione in via di sviluppo).*
emeritus [i(:)'meritəs] *agg (di professore universitario)* emerito.
emery ['eməri] *s.* smeriglio *(anche attrib.).*
emetic [i'metik] *s.* emetico.
emigrant ['emigrənt] *s. e agg attrib* emigrante; emigrato: *emigrants to Canada,* emigranti in Canada — *emigrant labourers,* lavoratori emigrati.
to **emigrate** ['emigreit] *vi* emigrare.
emigration [,emi'greiʃən] *s.* emigrazione.
émigré ['emigrei] *s. (fr.)* emigrato politico.
eminence ['eminəns] *s.* **1** eminenza; posizione di primato; eccellenza; fama; rinomanza; superiorità: *to reach eminence as a doctor,* acquistare rinomanza come medico — *to win eminence as a scientist,* diventare un celebre scienzato. **2** *(anat. o lett.)* parte eminente; altura; luogo eminente. **3** *(titolo attribuito a un cardinale)* eminenza: *His (Your) Eminence,* Sua (Vostra) Eminenza.
eminent ['eminənt] *agg* **1** eminente. **2** notevole; considerevole: *a man of eminent goodness,* un uomo di notevole bontà.
emir [e'miə*] *s.* emiro.
emirate [e'miərit] *s.* emirato *(rango e territorio di un emiro).*
emissary ['emisəri] *s.* emissario.
emission [i'miʃən] *s.* emissione; emanazione.
to **emit** [i'mit] *vt* (**-tt-**) emettere; emanare.
emollient [i'mɔliənt] *agg e s.* emolliente.
emolument [i'mɔljumənt] *s.* emolumento; retribuzione; stipendio.
emotion [i'mouʃən] *s.* **1** emozione; commozione. **2** sentimento: *He appealed to our emotions rather than to our reasons,* Fece appello ai (nostri) sentimenti più che alla (nostra) ragione.
emotional [i'mouʃənl] *agg* **1** commovente: *an emotional appeal,* un appello commovente — *emotional music,* musica emozionante. **2** emotivo; impressionabile: *an emotional woman,* una donna emotiva — *an emotional nature,* un temperamento impressionabile. **3** affettivo. □ *avv* **emotionally.**
emotionalism [i'mouʃnəlizəm] *s.* **1** emotività; impressionabilità. **2** il fare appello alle emozioni.
emotionless [i'mouʃənlis] *agg* senza emozione; senza commozione; inespressivo.
emotive [i'moutiv] *agg* **1** commovente. **2** emotivo; impressionabile.
to **empale** [im'peil] *vt* = **to impale.**
to **empanel** [im'pænl/em-] *vt* (*pass. e p. pass.* **-ll-**; *USA* **-l-**) iscrivere nella lista dei giurati: *to empanel a jury,* formare una giuria *(scegliendola dagli iscritti).*
empathy ['empəθi] *s.* empatia.
emperor ['empərə*] *s.* imperatore.
emphasis ['emfəsis] *s.* (*pl.* **emphases**) **1** enfasi: *with all the emphasis at his command,* con tutta l'enfasi di cui era capace. **2** importanza; rilievo: *Some schools lay (put) special emphasis on language study,* Alcune scuole dànno una particolare importanza allo studio delle lingue.
to **emphasize** ['emfəsaiz] *vt* **1** pronunciare con enfasi; accentuare. **2** mettere in evidenza; sottolineare: *He*

emphasized the importance of careful driving, Sottolineò l'importanza di una guida prudente.

emphatic [im'fætik/em-] *agg* enfatico; accentuato; energico; teatrale: *an emphatic gesture,* un gesto teatrale — *an emphatic person,* una persona enfatica. □ *avv* **emphatically.**

empire ['empaiə*] *s.* **1** impero: *the Holy Roman Empire,* il Sacro Romano Impero. **2** potere supremo: *the responsibilities of empire,* le responsabilità del potere supremo.
□ *(attrib.: spesso con la maiuscola)* stile Impero *(del periodo di Napoleone I)* — *Empire Day, (festa nazionale in certi paesi del Commonwealth britannico)* 24 maggio, genetliaco della regina Vittoria — *the Empire State,* lo Stato di New York.

empiric [em'pirik] *agg* empirico. □ *avv* **empirically.** □ *s.* **1** empirista. **2** ciarlatano.

empiricism [em'pirisizəm] *s.* empirismo.

empiricist [em'pirisist] *s.* **1** empirista. **2** ciarlatano.

emplacement [im'pleismənt/em-] *s.* postazione; piazzola *(di cannone, ecc.).*

to **emplane** [im'plein/em-] *vi* salire a bordo di un aeroplano.
□ *vt* caricare *(spec. truppe)* su un aeroplano.

employ [im'plɔi/em-] *s.* impiego; occupazione. □ *to be in the employ of sb (sth),* essere alle dipendenze di qcno (qcsa).

to **employ** [im'plɔi/em-] *vt* **1** impiegare; avere alle proprie dipendenze: *He is employed in a bank,* È impiegato in una banca — *They employ five servants,* Hanno al loro servizio cinque domestici. **2** impiegare; usare: *How do you employ your spare time?,* Come impieghi il tuo tempo libero?

employable [im'plɔiəbl] *agg* impiegabile.

employee [,emplɔi'i:] *s.* dipendente.

employer [im'plɔiə*] *s.* datore di lavoro; principale.

employment [im'plɔimənt/em-] *s.* impiego; occupazione; lavoro: *to be in (out of) employment,* avere (non avere) un impiego — *employment exchange,* ufficio di collocamento.

emporium [em'pɔ:riəm] *s.* **1** emporio; mercato. **2** centro commerciale.

to **empower** [im'pauə*/em-] *vt* conferire potere; concedere autorità.

empress ['empris] *s.* imperatrice.

emptiness ['em*p*tinis] *s.* vuoto; vacuità; vuotezza.

empty ['em*p*ti] *agg* **1** vuoto; vano: *an empty box,* una scatola vuota — *words empty of meaning,* parole vuote, senza senso — *empty promises,* vane promesse — *The house was empty,* La casa era vuota (deserta, disabitata) — *empty-handed,* a mani vuote — *empty-headed,* testa vuota; sciocco. **2** *(fam.)* vuoto *(di stomaco);* affamato: *to feel empty,* sentirsi lo stomaco vuoto; aver fame.
□ *s. (generalm. al pl.)* vuoto *(bottiglia, scatola d'imballaggio, ecc.): Empties are not taken back,* I vuoti non si riprendono indietro; Vuoti a perdere.

to **empty** ['em*p*ti] *vt* vuotare; sgombrare: *to empty one's glass,* vuotare il bicchiere — *to empty (out) a drawer,* sgombrare un cassetto — *to empty one's pockets,* vuotare le tasche.
□ *vi* vuotarsi; svuotarsi; scaricarsi; sfociare: *The streets soon emptied when the rain started,* Le strade si vuotarono subito quando cominciò a piovere — *The cistern empties in five minutes,* La cisterna si svuota in cinque minuti — *The Rhone empties into the Mediterranean,* Il Rodano sfocia nel Mediterraneo.

empurpled [im'pə:pld/em-] *agg* imporporato.

empyrean [,empai'riən/-pi-] *agg e s.* empireo.

emu ['i:mju:] *s.* emù; struzzo australiano.

to **emulate** ['emjuleit] *vt* emulare.

emulation [,emju'leiʃən] *s.* emulazione: *in a spirit of emulation,* con spirito di emulazione.

emulous ['emjuləs] *agg (desueto)* **1** emulo. **2** desideroso; bramoso: *emulous of fame,* bramoso di fama.

to **emulsify** [i'mʌlsifai] *vt* emulsionare.

emulsion [i'mʌlʃən] *s.* emulsione.

to **enable** [i'neibl/e-] *vt* rendere capace; mettere in grado; permettere: *enabling legislation,* legislazione che autorizza una determinata prassi.

to **enact** [i'nækt] *vt* **1** decretare; ordinare; emanare *(una legge, ecc.): as by law enacted,* a termine di legge — *Be it further enacted that...,* Si ordina inoltre che... **2** recitare; rappresentare. **3** *(al passivo)* aver luogo: *the scene where the murder was enacted,* il luogo dove venne commesso l'assassinio.

enactment [i'næktmənt] *s.* **1** promulgazione; sanzione. **2** *(per estensione)* decreto; legge.

enamel [i'næməl] *s.* smalto *(anche dei denti);* lacca; vernice: *enamel ware,* oggetti smaltati — *enamel paint,* vernice a smalto.

to **enamel** [i'næməl] *vt* (**-ll-**; *USA* **-l-**) smaltare; verniciare, decorare a smalto.

enamelling [i'næməliŋ] *s.* smaltatura; smalto.

to **enamour** [i'næmə*] *vt* (*USA* **enamor**) innamorare: *(generalm. nella forma) to be enamoured of sb,* essere innamorato di qcno.

to **encamp** [in'kæmp/en-] *vt* accampare. □ *vi* accamparsi.

encampment [in'kæmpmənt] *s.* accampamento.

to **encase** [in'keis/en-] *vt* **1** mettere in una scatola, cassa, astuccio, ecc.; imballare. **2** rinchiudere; ricoprire: *a knight encased in armour,* un cavaliere rivestito d'armatura.

to **encash** [in'kæʃ] *vt* incassare; convertire in contanti; realizzare *(un credito).*

encashment [in'kæʃmənt] *s.* incasso; realizzazione.

encaustic [en'kɔ:stik] *agg* encaustico; cotto e colorato *(in una fornace): encaustic bricks,* mattoni cotti.

encephalitis [,ensəfə'laitis/-kef-] *s.* encefalite.

to **enchain** [in'tʃein/en-] *vt* incatenare *(anche fig.).*

to **enchant** [in'tʃɑ:nt/en-] *vt* incantare; affascinare; stregare; *(fig., per estensione)* rendere felice, contento: *the enchanted palace,* il palazzo incantato — *She was enchanted,* Era molto felice.

enchanter [in'tʃɑ:ntə*] *s.* incantatore; mago.

enchanting [in'tʃɑ(:)ntiŋ] *agg* incantevole. □ *avv* **enchantingly.**

enchantment [in'tʃɑ:ntmənt] *s.* incanto; incantesimo; malia; fascino.

enchantress [in'tʃɑ:ntris] *s.* incantatrice; maga.

to **encircle** [in'sə:kl/en-] *vt* circondare; attorniare: *a lake encircled by (o with) trees,* un lago circondato da alberi — *to be encircled by enemy forces,* essere attorniati dalle forze nemiche.

encirclement [in'sə:klmənt] *s.* accerchiamento.

en clair [ɑ:n'klɛə*] *s. (fr.: di telegrammi, comunicati ufficiali, ecc.)* 'in chiaro'; in linguaggio normale *(non cifrato).*

enclave ['enkleiv] *s.* zona circondata da territori stranieri.

to **enclose** [in'klouz] *vt* **1** cingere; cintare; recingere; racchiudere: *to enclose a garden with a wall,* cintare un giardino con un muro. **2** accludere; allegare: *A cheque for twenty pounds is enclosed,* Si allega un assegno di venti sterline.

enclosure [in'klouʒə*/en-] *s.* **1** recinzione *(di un'area* *fabbricabile; stor.: di terre sulle quali la comunità aveva diritti di pascolo).* **2** recinto; steccato; staccionata. **3** *(comm.)* allegato.

encomium [en'koumiəm] *s.* encomio.

to **encompass** [in'kʌmpəs/en-] *vt* circondare; attorniare; comprendere.

[1]**encore** [ɔŋ'kɔ:*/-kɔə*] *interiezione* bis!

to **encore** [ɔŋ'kɔ:*] *vt* chiedere il bis.

[2]**encore** [ɔŋ'kɔ:*] *s.* bis: *The singer gave three encores,* Il cantante concesse tre bis.

encounter [in'kauntə*] *s.* **1** incontro. **2** scontro; battaglia.

to **encounter** [in'kauntə*] *vt* incontrare; imbattersi.

to **encourage** [in'kʌridʒ] *vt* incoraggiare; incitare; spingere: *to encourage a boy in his studies,* incoraggiare un ragazzo allo studio — *to feel encouraged by the progress which has been made,* sentirsi incoraggiati per i progressi che si son fatti — *to encourage a man to work harder,* incitare un uomo a lavorare di più.

encouragement [in'kʌridʒmənt] *s.* incoraggiamento; sprone: *cries of encouragement,* grida di incoraggiamento — *Praise acts as an encouragement to the young,* La lode è uno sprone per i giovani.

encouraging [in'kʌridʒiŋ] *agg* incoraggiante. □ *avv* **encouragingly.**

to **encroach** [in'kroutʃ/en-] *vt (seguito da* upon *o* on*)* invadere; usurpare; intromettersi; ledere: *to encroach upon sb's rights,* usurpare i diritti di qcno — *to encroach upon sb's land,* invadere le terre altrui — *The sea is encroaching upon the land,* Il mare sta erodendo la terra.

encroachment [in'kroutʃmənt] *s.* **1** usurpazione; invasione. **2** lesione *(del diritto di proprietà).*

to **encrust** [en'krʌst] *vt* incrostare; ricoprire: *a gold vase encrusted with precious stones,* un vaso d'oro incrostato di pietre preziose.
□ *vi* incrostarsi.

encrustation [,inkrʌs'teiʃən] *s.* incrostazione.

to **encumber** [in'kʌmbə*/en-] *vt* **1** gravare; opprimere: *to be encumbered with a large family,* essere gravato da una famiglia numerosa — *an estate encumbered with mortgages,* una proprietà gravata di ipoteche — *to encumber oneself with unnecessary luggage,* caricarsi di bagagli inutili. **2** ingombrare; ostruire; ostacolare: *to encumber a room with old and useless furniture,* ingombrare una stanza di mobili vecchi ed inutili.

encumbrance [in'kʌmbrəns/en-] *s.* **1** ingombro; peso; ostacolo; ostruzione; gravame: *to be an encumbrance to one's parents,* essere di peso ai propri genitori. **2** debito; ipoteca.

encyclical [en'siklikəl] *agg* enciclico. □ *s.* enciclica.

encyclop(a)edia [en,saiklou'pi:djə] *s.* enciclopedia.

encyclop(a)edic [en,saiklou'pi:dik] *agg* enciclopedico.

end [end] *s.* **1** fine; estremità; termine; capo; limite: *the end of the road,* la fine della strada — *the ends of a barrel,* i fondelli di un barile — *big end, (mecc.)* testa di biella — *the end house,* la casa in fondo; l'ultima casa — *end-product,* prodotto finale — *end-man,* l'ultimo di una fila — *the end carriage,* la carrozza di coda — *the east (west) end of a town,* il quartiere orientale (occidentale) di una città — *the ends of the earth,* gli estremi confini (regioni, zone, plaghe) della terra — *That's the end!, (fam.)* Questo è il limite! — *journey's end,* termine del viaggio; fine della corsa — *from beginning to end,* dal principio alla fine; da capo a fondo — *on end,* in piedi; diritto; di seguito; ininterrottamente — *Place the barrel on end,* Metti in piedi il barile — *His hair stood on end,* Gli si rizzarono i capelli — *two hours on end,* due ore di seguito — *end on,* frontalmente — *The two ships collided end on,* Le due navi si sono scontrate frontalmente — *end to end,* con le estremità che si toccano — *Arrange the tables end to end,* Avvicina i tavoli in modo che si tocchino.
2 fine; termine; conclusione: *at the end of the day,* alla fine del giorno — *the end of an adventure,* la fine di un'avventura — *We shall never hear the end of the matter,* Ne sentiremo parlare ancora per un bel po' — *to make an end of sth; to put an end to sth,* finire una cosa; liberarsi di una cosa — *The meeting came to an end at last,* Finalmente la riunione ebbe termine — *in the end,* infine; finalmente — *The year is drawing to an end,* L'anno volge al termine — *The war was at an end,* La guerra era ormai finita — *without end,* senza fine; a non finire.
3 fine; morte; rovina; distruzione: *He is nearing his end,* Si avvicina alla fine; È morente — *to come to a bad end,* fare una brutta fine.
4 mozzicone; rimasuglio; l'ultima parte o pezzo di qcsa: *candle ends,* mozziconi di candele — *a cigarette-end,* una cicca; un mozzicone — *a rope's end,* uno staffile di corda — *the tail end of a broadcast,* la chiusa di una trasmissione — *odds and ends,* scampoli; articoli di rimanenza; cianfrusaglie — *end-papers,* risguardi — *loose ends, (fig.)* ultimi particolari — *We still have to tie up a few loose ends,* Dobbiamo ancora definire qualche particolare rimasto in sospeso.
5 fine; scopo; intenzione; mira; intento; risultato: *to achieve (to win, to gain) one's end(s),* raggiungere il proprio fine — *with this end in view,* con questa intenzione in mente — *for (o to) this end,* a questo fine; per questo scopo — *to the end that..., (piuttosto desueto)* con l'intenzione che...; affinché... — *to no end,* invano; inutilmente — *The end justifies the means,* Il fine giustifica i mezzi.
6 no end, *(fam.)* assai; molto: *I like her no end,* Mi piace moltissimo — **no end of,** *(fam.)* un sacco di; un mucchio di — *We met no end of interesting people,* Incontrammo moltissime persone interessanti — *He thinks no end of himself, (fam.)* Si stima moltissimo (fin troppo).
□ *I am at my wit's end,* Sono perplesso; Non so più che pesci pigliare — *to get hold of the wrong end (the right end) of the stick,* farsi un'idea completamente sbagliata (assolutamente giusta) della cosa — *to have the right end of the stick,* avere il coltello per il manico — *to keep one's end up, (GB)* continuare allegramente, imperterrito — *to make both ends meet,* sbarcare il lunario — *to be at a loose end,* essere disoccupato; non aver niente da fare; non sapere cosa fare.

to **end** [end] *vt e i.* terminare; finire; cessare; porre termine; concludere; porre fine: *The road ends here,* La strada termina qui — *How does the story end?,* Come finisce la storia? — *Let us end our quarrel,* Finiamola di litigare — *He ended his days in peace,* Finì in pace i suoi giorni — *Our attempt ended in failure,* Il nostro tentativo finì in un fallimento.
to end off, terminare; concludere: *He ended off his speech with some amusing stories,* Concluse il discorso con delle storielle divertenti.
to end up, finire; andare a finire: *If you continue to steal, you'll end up in prison,* Se continui a rubare andrai a finire in prigione — *We ended up by*

agreeing, Finimmo per accordarci — *We had fruit to end up with,* Per finire prendemmo la frutta.

to **endanger** [in'deindʒə*/en-] *vt* rischiare; compromettere: *to endanger one's chances of success,* compromettere le proprie possibilità di successo.

to **endear** [in'diə*/en-] vt rendere caro; accattivare: *to endear oneself to everybody,* rendersi simpatico a tutti.

endearing [in'diəriŋ] *agg* affettuoso; tenero; accattivante. □ *avv* **endearingly.**

endearment [in'diəmənt] *s.* **1** affettuosità; tenerezza. **2** gesto affettuoso; carezza: *a term of endearment,* un appellativo affettuoso.

endeavour [in'devə*/en-] *s.* (*USA* **endeavor**) tentativo; sforzo: *Please make every endeavour to be early,* Per favore fa' di tutto per arrivare presto.

to **endeavour** [in'devə*/en-] *vi* (*USA* **to endeavor**) cercare; tentare; sforzarsi: *to endeavour to do sth,* cercare di fare qcsa.

endemic [en'demik] *agg* endemico. □ *s.* endemia.

ending ['endiŋ] *s.* **1** fine; finale; conclusione; termine. **2** *(gramm.)* desinenza.

endive ['endiv] *s.* indivia; scarola.

endless ['endlis] *agg* **1** infinito; senza fine; interminabile: *a woman with endless patience,* una donna con una pazienza infinita. **2** continuo: *an endless belt, (mecc.)* un nastro continuo; una cinghia ad anello. □ *avv* **endlessly.**

endlessness ['endlisnis] *s.* **1** infinità; infinitezza; eternità. **2** interminabilità.

to **endorse** [in'dɔ:s/en-] *vt* **1** girare *(un assegno);* firmare *(un documento); (GB)* scrivere annotazioni: *His driving licence has been endorsed,* Sul retro della sua patente di guida è segnalata un'infrazione commessa. **2** *(fig.)* approvare; appoggiare; sanzionare.

endorsee [,endɔ:'si:] *s. (comm.)* giratario.

endorsement [in'dɔ:smənt] *s.* **1** girata; firma; visto: *blank endorsement,* girata in bianco. **2** *(fig.)* approvazione; appoggio; sanzione.

endorser [in'dɔ(:)sə*] *s.* **1** *(comm.)* girante. **2** *(fig.)* sottoscrittore; chi appoggia, approva.

to **endow** [in'dau/en-] *vt* dotare; provvedere; conferire; concedere; assegnare; finanziare: *to endow a bed in a hospital,* finanziare un posto-letto in un ospedale — *to endow a school,* finanziare una scuola — *to be endowed with great talents,* essere dotato di grandi talenti.

endowment [in'daumənt] *s.* dotazione; sovvenzione; donazione; *(fig.)* dote; dono; talento: *natural endowments,* doti naturali — *The Oxford and Cambridge colleges have numerous endowments,* I collegi di Oxford e di Cambridge hanno numerose dotazioni. □ *endowment policy, (assicurazioni)* polizza dotale (mista).

to **endue, to indue** [in'dju:/en-] *vt (generalm. al passivo seguito da* with*)* dotare; fornire.

endurable [in'djuərəbl] *agg* sopportabile; tollerabile.

endurance [in'djuərəns] *s.* sopportazione; tolleranza; resistenza: *He came to the end of his endurance,* Giunse al limite della sopportazione — *past (o beyond) endurance,* al di là di ogni sopportazione; insopportabile — *endurance test, (mecc.)* prova di durata; *(sport, med., ecc.)* prova di resistenza.

to **endure** [in'djuə*] *vt* soffrire; sopportare; resistere; tollerare: *to endure torture,* resistere alla tortura — *to endure to the end,* resistere fino in fondo — *I can't endure that woman,* Non posso soffrire quella donna — *She can't endure seeing (to see) animals cruelly treated,* Non può tollerare di veder trattare crudelmente gli animali.

□ *vi* durare; continuare ad esistere: *a fame that will endure for ever,* una fama destinata a durare in eterno.

enduring [in'djuəriŋ] *agg* durevole; duraturo. □ *avv* **enduringly.**

endways, endwise ['endweiz/'endwaiz] *avv* **1** di faccia. **2** di punta. **3** per lungo.

enema ['enimə] *s.* clistere; enteroclisma.

enemy ['enimi] *s. e attrib* nemico; avversario: *A successful man has many enemies,* Un uomo di successo ha molti nemici — *Laziness is his chief enemy,* La pigrizia è il suo peggior nemico — *Don't make an enemy of him,* Non fartene un nemico — *enemy-occupied territory,* territorio occupato (dal nemico) — *The enemy was forced to retreat,* Il nemico fu costretto a ritirarsi.

energetic [,enə'dʒetik] *agg* energico. □ *avv* **energetically.**

energy ['enədʒi] *s.* energia: *He had so much energy that he did the work of three men,* Aveva tanta energia che faceva il lavoro di tre uomini — *He's full of energy,* È pieno di energia — *to apply (to devote) all one's energies to a task,* dedicare tutte le proprie energie ad un lavoro. □ *energy-giving, (agg.)* energetico.

to **enervate** ['enəveit] *vt* snervare: *an enervating climate,* un clima snervante.

enervation [,enə(:)'veiʃən] *s.* snervamento; debilitazione; infiacchimento.

to **enfeeble** [in'fi:bl/en-] *vt* indebolire.

to **enfeoff** [in'fef] *vt (stor.)* investire (qcno) di un feudo; infeudare.

enfeoffment [in'fefmənt] *s. (stor.)* **1** investitura *(d'un feudo).* **2** feudo.

to **enfold** [in'fould/en-] *vt* abbracciare; avvolgere.

to **enforce** [in'fɔ:s/en-] *vt* **1** imporre; costringere; far valere; far rispettare; applicare *(una legge): to enforce discipline,* imporre la disciplina — *to enforce a right,* far valere un diritto. **2** rafforzare; sostenere *(un argomento, una domanda, ecc.).*

enforceable [in'fɔ:sibl] *agg* applicabile; che si può costringere; sostenibile.

enforcedly [in'fɔ(:)sidli] *avv* forzatamente; coercitivamente.

enforcement [in'fɔ:smənt] *s.* **1** imposizione; costrizione. **2** rafforzamento. **3** applicazione: *the enforcement of a new law,* l'applicazione di una nuova legge.

to **enfranchise** [in'fræntʃaiz/en-] *vt* **1** concedere il diritto di voto a qcno. **2** affrancare; liberare *(dalla schiavitù).*

enfranchisement [in'fræntʃaizmənt] *s.* **1** concessione del diritto di voto. **2** affrancamento; liberazione *(dalla schiavitù).*

to **engage** [in'geidʒ/en-] *vt e i.* **1** assumere; prendere; affittare; noleggiare; prenotare: *to engage a servant,* assumere una domestica — *to engage sb as a guide (as an interpreter),* prendere qcno come guida (come interprete). **2** *(linguaggio formale: piuttosto desueto)* impegnarsi; garantire: *I will engage to manage the business if you will engage (yourself) to provide the capital,* Mi impegnerò a dirigere l'azienda se vi impegnerete a fornire i capitali. **3** partecipare; impegnarsi: *to engage in politics,* impegnarsi nella politica. **4** *(generalm. nella forma* to be engaged*)* fidanzarsi: *Tom and Anne are engaged,* Tom e Anne sono fidanzati — *Tom is engaged to Anne,* Tom è fidanzato con Anne.

5 *(generalm. nella forma* to be engaged*)* impegnare; occupare: *to be engaged in business,* essere impegnato negli affari — *My time is fully engaged,* Il mio tempo è completamente occupato — *The line is engaged, (GB)* La linea (telefonica) è occupata. **6** attrarre; attirare: *Her attention was engaged by the display of hats in the shop windows,* La sua attenzione fu attratta dai cappelli esposti nelle vetrine. **7** attaccare; impegnare combattimento: *The general did not engage the enemy,* Il generale non attaccò — *Our orders are to engage at once,* I nostri ordini sono di impegnare subito battaglia. **8** innestare; ingranare; incastrarsi: *The teeth of one wheel engage with those of the other,* I denti di una ruota si ingranano in quelli dell'altra.

engagement [in'geidʒmənt] *s.* **1** impegno; promessa: *He has enough money to meet his engagements,* Ha abbastanza denaro da far fronte ai suoi impegni — *He is far too honourable ever to break an engagement,* Ha un senso dell'onore troppo forte per venir meno ad un impegno. **2** fidanzamento: *Their engagement was announced in the papers,* Il loro fidanzamento fu annunciato sui giornali — *engagement ring,* anello di fidanzamento. **3** appuntamento; impegno: *I have numerous engagements for next week,* Ho numerosi appuntamenti per la prossima settimana. **4** combattimento; scontro; battaglia: *The admiral tried to bring about an engagement,* L'ammiraglio cercò di attaccar battaglia. **5** *(mecc.)* ingranaggio; innesto. **6** assunzione; nomina.

engaging [in'geidʒin] *agg* attraente; simpatico; affascinante; accattivante: *an engaging smile,* un sorriso attraente — *an engaging manner,* un modo di fare accattivante. □ *avv* **engagingly.**

to **engender** [in'dʒendə*/en-] *vt* generare; *(fig.)* produrre; causare.

engine ['endʒin] *s.* **1** motore; macchina: *steam-engine,* macchina a vapore — *oil-engine,* motore a nafta — *fire-engine,* macchina dei pompieri; autopompa — *engine-driver,* macchinista — *internal combustion engine,* motore a scoppio — *four-stroke engine,* motore a quattro tempi — *engines of war,* macchine belliche; mezzi bellici. **2** *(anche* railway engine*)* locomotiva.

engineer [,endʒi'niə*] *s.* **1** ingegnere *(non necessariamente laureato); (per estensione)* tecnico: *a civil (military, electrical, mining) engineer,* un ingegnere civile (militare, elettrotecnico, minerario). **2** motorista; *(USA)* macchinista *(di ferrovia): the chief engineer of a ship,* il primo ufficiale di macchina di una nave. **3** ufficiale del genio; geniere: *the Engineers,* i Genieri — *the Engineer Corps,* l'Arma del Genio.

to **engineer** [,endʒi'niə*] *vt e i.* **1** dirigere i lavori; costruire; controllare. **2** *(fam.)* preparare; organizzare; combinare: *to engineer a scheme,* preparare uno schema — *to engineer a plot,* organizzare un complotto.

engineering [,endʒi'niəriŋ] *s.* **1** ingegneria: *a triumph of modern Italian engineering,* un trionfo dell'ingegneria italiana moderna. **2** tecnica. **3** macchinazione; manovra.

Englander ['iŋgləndə*] *s. (raro)* inglese. □ *Little Englander,* fautore della 'Piccola Inghilterra'; isolazionista; *(stor.)* oppositore della politica imperiale.

English ['iŋgliʃ] *agg* **1** inglese: *the English Channel,* la Manica. **2** *(erroneamente)* britannico: *the English Army,* l'esercito britannico.
□ *s.* **1** inglese *(lingua): the Queen's (King's) English,* l'inglese 'standard' *(quello accettato ovunque)* — *in plain English,* in modo esplicito — *Old English,* anglosassone. **2** *(collettivo) the English,* gli Inglesi.

Englishman ['iŋgliʃmən] *s.* *(pl.* **Englishmen)** inglese *(uomo).*

Englishwoman ['iŋgliʃ,wumən] *s.* *(pl.* **Englishwomen)** inglese *(donna).*

to **engraft** [en'grɑ:ft/in-] *vt* **1** innestare. **2** *(fig.)* inculcare; infondere.

to **engrave** [in'greiv/en-] *vt* **1** incidere; intagliare: *to engrave a design on a metal plate,* incidere un disegno su un piatto metallico — *a name engraved on a tombstone,* un nome inciso su una lapide. **2** *(fig.)* imprimere *(nella memoria).*

engraver [in'greivə*/en-] *s.* incisore; intagliatore.

engraving [in'greiviŋ/en-] *s.* incisione.

to **engross** [in'grous/en-] *vt* **1** scrivere a grandi caratteri; copiare; redigere *(un documento).* **2** *(stor.)* accaparrare *(spec. grano).* **3** *(generalm.* to be engrossed*)* assorbire; occupare completamente; monopolizzare *(una conversazione): He is engrossed in his work,* È tutto assorbito dal suo lavoro — *an engrossing story,* una storia avvincente.

to **engulf** [in'gʌlf/en-] *vt* inghiottire.

to **enhance** [in'hɑ:ns/en-] *vt* aumentare *(una qualità, un valore);* accrescere; migliorare; far valere *(spec. la bellezza).*

enharmonic [,enhɑ:'mɔnik] *agg* *(fis., mus.)* enarmonico.

enigma [i'nigmə] *s.* enigma.

enigmatic [,enig'mætik] *agg* enigmatico. □ *avv* **enigmatically.**

enjambment [in'dʒæmbmənt] *s.* *(poesia)* 'enjambment'; continuazione di una frase nel verso successivo.

to **enjoin** [in'dʒɔin/en-] *vt* **1** *(molto formale)* ingiungere; ordinare: *to enjoin sb to obey the rules,* imporre a qcno l'osservanza delle regole — *to enjoin that sth should be done,* ingiungere di fare qcsa. **2** *(dir., spec. USA)* vietare; interdire.

to **enjoy** [in'dʒɔi/en-] *vt* godere; gustare; provar diletto: *to enjoy one's dinner,* gustare il (proprio) pranzo — *I've enjoyed talking to you about old times,* Ho provato piacere nel parlare con te dei vecchi tempi — *to enjoy good health,* godere buona salute — *to enjoy oneself,* divertirsi; godersela.

enjoyable [in'dʒɔiəbl/en-] *agg* divertente; piacevole. □ *avv* **enjoyably.**

enjoyment [in'dʒɔimənt/en-] *s.* godimento; piacere: *to think only of (to live only for) enjoyment,* pensare solo al (vivere solo per il) piacere.

to **enkindle** [in'kindl/en-] *vt* accendere; infiammare *(anche fig.);* stimolare.

to **enlarge** [in'lɑ:dʒ/en-] *vt e i.* **1** ingrandire; allargare; ampliare: *to enlarge a photograph,* ingrandire una fotografia — *to enlarge one's house,* ampliare la propria casa. **2** ingrandirsi; allargarsi; ampliarsi: *Will this print enlarge well?,* Riuscirà bene l'ingrandimento di questa stampa? **3** *(seguito da* on *o* upon*)* dilungarsi; diffondersi (su): *I need not enlarge upon this matter,* Non occorre che mi dilunghi su questo argomento.

enlargement [in'lɑ:dʒmənt/en-] *s.* **1** ingrandimento; allargamento; ampliamento. **2** aggiunta.

enlarger [in'lɑ:dʒə*] *s.* *(fotografia)* ingranditore.

to **enlighten** [in'laitn/en-] *vt* illuminare *(fig.);* liberare dai pregiudizi; chiarire; dar schiarimenti: *Can you enlighten me on this subject?,* Può illuminarmi su questo argomento?

enlightened [in'laitnd] *agg* illuminato *(fig.)*: *in these enlightened times,* in questi tempi illuminati.

enlightenment [in'laitnmənt] *s.* progresso culturale; diffusione della cultura: *Are we living in an age of enlightenment?,* Viviamo in un'epoca di progresso culturale? — *to work for the enlightenment of mankind,* lavorare per migliorare l'umanità *(per liberarla dai pregiudizi, dall'ignoranza)* — *the Enlightenment,* l'Illuminismo.

to **enlist** [in'list/en-] *vt e i.* arruolare, arruolarsi: *to enlist a recruit,* arruolare una recluta — *to enlist as a volunteer (in the army),* arruolarsi come volontario (nell'esercito) — *enlisted men, (USA)* soldati semplici; 'graduati'. □ *to enlist sb's help,* procurarsi (ottenere) l'aiuto di qcno.

enlistment [in'listmənt/en-] *s.* arruolamento; leva.

to **enliven** [in'laivn/en-] *vt* ravvivare; animare.

en masse [ɑ̃:ŋ'mæs/ *(fr.)* ɑ̃ mas] *avv (fr.)* in massa; tutti insieme.

to **enmesh** [in'meʃ/en-] *vt* irretire.

enmity ['enmiti] *s.* inimicizia; ostilità: *to be at enmity with one's neighbours,* essere in cattivi rapporti con i propri vicini.

to **ennoble** [i'noubl/en-] *vt* nobilitare; rendere nobile *(anche fig.)*; elevare.

ennoblement [i'noublmənt/en-] *s.* nobilitazione.

ennui [ɑ̃:'nwi/ɔ'nwi/*(fr.)* ɑ̃nyi] *s. (fr.)* noia.

enormity [i'nɔ:miti] *s.* **1** enormità *(di gesto delittuoso)*; mostruosità: *Does he realize the enormity of his offence?,* Si rende conto dell'enormità della sua colpa? **2** atto criminoso; delitto.

enormous [i'nɔ:məs] *agg* enorme. □ *avv* **enormously.**

enough [i'nʌf] **I** *agg e s.* a sufficienza; il necessario; il sufficiente; quanto sufficiente; quanto basta; abbastanza: *There's enough food (food enough) for everybody,* C'è cibo sufficiente per tutti — *Will five pounds be enough for your journey?,* Ti bastano cinque sterline per il viaggio? — *Have you had enough to eat?,* Hai avuto da mangiare a sufficienza? — *Thank you, I've had more than enough,* Grazie, ne ho avuto più che abbastanza — *Enough has been said on this subject,* Su questo argomento si è detto abbastanza — *Enough said!,* Basta così!; Non aggiungere altro! — *I've had enough of your impudence,* Ne ho avuto abbastanza della tua impudenza. □ *Enough is good as a feast, (prov.)* Chi si contenta gode.

II *avv* abbastanza; sufficientemente; al grado giusto: *The meat is not cooked enough,* La carne non è abbastanza cotta — *Are you warm enough?,* Hai abbastanza caldo? — *I was fool (foolish) enough to believe her,* Sono stato tanto sciocco da crederle — *He wasn't man enough to admit his mistake,* Non fu abbastanza coraggioso da ammettere che aveva sbagliato — *You are old enough to know better than...,* Sei abbastanza grande per...; Hai abbastanza giudizio per... — *It's well enough, in its way,* A suo modo, va abbastanza bene — *She sings well enough,* Canta abbastanza bene. □ *oddly enough,* strano a dirsi — *sure enough,* - **a)** certamente - **b)** guarda caso.

to **enquire** [in'kwaiə*] *vt* = **to inquire.**

enquiry [in'kwaiəri] *s.* = **inquiry.**

to **enrage** [in'reidʒ/en-] *vt* irritare; fare arrabbiare: *to be enraged by (o at) sb's stupidity,* essere irritato dalla stupidità di qcno.

to **enrapture** [in'ræptʃə*/en-] *vt* mandare in estasi; incantare.

to **enrich** [in'ritʃ/en-] *vt* arricchire; migliorare; *(di cibo)* integrare; *(di terreno)* fertilizzare: *to enrich the mind,* arricchire la mente — *soil enriched with manure,* terreno fertilizzato con concimi.

enrichment [in'ritʃmənt/en-] *s.* arricchimento *(anche fig.)*.

to **enrobe** [in'roub/en-] *vt* rivestire *(di panni curiali)*.

to **enroll,** to **enrol** [in'roul/en-] *vt* (**-ll-**) **1** iscrivere; arruolare: *to enroll sb as a member of a society,* iscrivere qcno come membro d'una associazione — *to enroll men in the army,* arruolare uomini nell'esercito. **2** registrare.

enrolment [in'roulmənt/en-] *s.* **1** iscrizione; arruolamento. **2** registrazione.

en route [ɔn'ru:t/ɑ̃n'ru:t/*(fr.)* ɑ̃ rut] *avv (fr.)* in viaggio; durante il viaggio.

ensanguined [in'sæŋgwind/en-] *agg (poet.)* insanguinato; macchiato di sangue.

to **ensconce oneself** [in'skɔns wʌn'self] *v. rifl* sistemarsi; rifugiarsi: *He ensconced himself on the sofa,* Si sistemò sul sofà.

ensemble [ɑ:n'sɑ:mbl/ɑ̃:n'sɑ̃:mbl/*(fr.)* ɑ̃sɑ̃:bl] *s. (fr.)* **1** (l')insieme. **2** *(mus.)* unisono; insieme; complesso vocale o strumentale. **3** completo *(da donna)*.

to **enshrine** [in'ʃrain/en-] *vt* **1** mettere (racchiudere) in un reliquiario; servire da reliquiario: *The casket enshrines the relics,* Lo scrigno racchiude le reliquie. **2** serbare; custodire gelosamente: *memories enshrined in her heart,* ricordi custoditi gelosamente nel suo cuore.

to **enshroud** [in'ʃraud/en-] *vt (da* shroud, *sudario)* avvolgere; ricoprire completamente *(come in un sudario)*; nascondere: *hills enshrouded in mist,* colline avvolte nella nebbia.

ensign ['ensain] *s.* **1** insegna; bandiera; stendardo; emblema: *white (red, blue) ensign, (GB)* bandiera della marina militare (mercantile, riserva navale). **2** *(in passato)* portabandiera; alfiere; sottotenente di fanteria. **3** *(USA)* guardiamarina.

ensilage ['ensilidʒ] *s.* insilamento.

to **enslave** [in'sleiv/en-] *vt* rendere schiavo; asservire.

enslavement [in'sleivmənt/en-] *s.* asservimento; schiavitù.

to **ensnare** [in'snεə*/en-] *vt* intrappolare; irretire.

to **ensue** [in'sju:/en-/-'su:] *vi* seguire; conseguire; derivare; risultare: *Much trouble ensued from this misunderstanding,* Molti guai derivarono da questo equivoco.

ensuing [in'sju:iŋ/en-] *agg* seguente; risultante.

to **ensure** [in'ʃuə/en-] *vt* **1** assicurare *(non comm.)*; garantire; dare per certo: *I cannot ensure his being here (that he will be here) in time,* Non posso assicurare che sarà qui in tempo — *We cannot ensure success,* Non possiamo garantire il successo — *I cannot ensure you a good post,* Non posso assicurarti un buon posto. **2** proteggere; assicurare: *They ensured the Post Office against the risk of rebel attack,* Protessero l'ufficio postale contro il rischio di attacchi da parte dei rivoltosi.

entablature [en'tæblətʃə*] *s. (archit.)* trabeazione.

entail [in'teil/en-] *s.* **1** proprietà terriera con vincolo d'inalienabilità. **2** il vincolo stesso.

to **entail** [in'teil/en-] *vt* **1** comportare; implicare: *Your plans entail great expense,* I tuoi progetti comportano una grossa spesa. **2** trasferire o lasciare in eredità *(proprietà terriere)* con vincolo d'inalienabilità.

to **entangle** [in'tæŋgl/en-] *vt* **1** impigliare; intrappolare: *My fishing line got entangled in weeds,* La mia lenza rimase impigliata tra le erbacce — *The duck flew into the nets and the more it struggled the more it entangled itself,* L'anatra volò dentro le reti e più cercava di liberarsi, più si intrappolava. **2** *(fig.)* impegolare; irretire: *to entangle oneself (to get entangled) with moneylenders,* impegolarsi con usurai.

entanglement [in'tæŋglmənt/en-] *s.* **1** l'impigliarsi; l'intrappolarsi. **2** groviglio; intrico: *emotional entanglements,* complicazioni affettive. **3** *(fig.)* l'irretire o l'essere irretito. **4** *(fig.)* imbroglio. **5** *(di filo spinato)* reticolato.

entente [ɑ̃:n'tɑ̃:nt] *s. (fr.)* intesa *(fra Stati).*

to **enter** ['entə*] *vt e i.* **1** entrare; entrare dentro; penetrare: *to enter a room,* entrare in una stanza — *Where did the bullet enter the body?,* In che punto del corpo è entrata la pallottola? — *The idea never even entered my head,* L'idea non mi è neppure passata per la testa — *'Enter Hamlet',* 'Amleto entra in scena'. **2** iscriversi; entrare in (a far parte di); divenire membro: *to enter a school,* iscriversi a una scuola — *to enter the Army,* entrare nell'esercito — *to enter the Church,* farsi ecclesiastico; prendere gli ordini (sacri) — *to enter a profession,* intraprendere una professione — *to enter oneself for an examination,* iscriversi a un esame — *to enter a horse for the Derby,* iscrivere un cavallo alla corsa del Derby. **3** prendere nota; annotare; segnare; registrare; far registrare: *to enter (up) an item in an account-book,* registrare un'entrata in un libro contabile — *to enter a judgement, (dir.)* emettere (e far registrare) una sentenza — *to enter a plea of guilty, (dir.)* dichiararsi colpevole. **4 to enter into,** unirsi; prendere parte; entrare in; simpatizzare con; riuscire a capire, ad apprezzare; includere; calcolare; valutare: *to enter into conversation (negotiations),* entrare in conversazione (in negoziati) — *to enter into the spirit of the thing,* entrare nello spirito della cosa — *a possibility that had not entered into our calculations,* una possibilità che non era stata inclusa nei nostri calcoli. **5 to enter on (upon),** intraprendere; iniziare; prendere o entrare in possesso (di qcsa): *to enter upon a new career,* iniziare una nuova carriera — *to enter upon one's inheritance,* succedere (a qcno) nell'eredità; prendere possesso dell'eredità di qcno.

enteric [en'terik] *agg* enterico.

enteritis [,entə'raitis] *s.* enterite.

enterprise ['entəpraiz] *s.* **1** impresa; intrapresa; avventura. **2** intraprendenza; spirito d'iniziativa: *a spirit of enterprise,* uno spirito d'intraprendenza — *He is a man of great enterprise,* È un uomo di grande iniziativa. **3** iniziativa: *private enterprise,* l'iniziativa privata.

enterprising ['entəpraiziŋ] *agg* intraprendente. □ *avv* **enterprisingly.**

to **entertain** [,entə'tein] *vt e i.* **1** ricevere *(ospiti);* dare ricevimenti; ospitare: *to entertain friends to dinner,* ricevere amici a pranzo — *The Smiths entertain a great deal,* Gli Smith dànno molti ricevimenti. **2** intrattenere; divertire: *We were all entertained by his tricks,* Ci divertimmo tutti ai suoi scherzi. **3** considerare; prendere in considerazione *(proposte, offerte, ecc.).* **4** avere in mente; nutrire *(dubbi, speranze, ecc.);* carezzare *(un progetto, ecc.): to entertain doubts,* nutrire dubbi.

entertainer [,entə'teinə*] *s.* comico; artista, ecc. *(spec. di cabaret, radio, ecc.).*

entertaining [,entə'teiniŋ] *agg* piacevole; divertente. □ *avv* **entertainingly.**

entertainment [,entə'teinmənt] *s.* **1** ricevimento; trattenimento: *a hotel famous for its entertainments,* un hotel famoso per i suoi ricevimenti. **2** divertimento; ilarità: *He fell into the water, much to the entertainment of the onlookers,* Cadde nell'acqua, tra l'ilarità degli astanti. **3** *(anche al pl.)* spettacolo; divertimento; trattenimento: *entertainment tax,* tassa sugli spettacoli.

to **enthral(l)** [in'θrɔ:l/en-] *vt* **(-ll-) 1** affascinare; incantare: *to be enthralled by an exciting story,* essere affascinato da un racconto emozionante. **2** *(fig.)* asservire; rendere schiavo: *He was enthralled by her beauty,* Divenne schiavo della sua bellezza.

to **enthrone** [in'θroun/en-] *vt* mettere sul trono; *(fig.)* mettere su un piedistallo.

enthronement [in'θrounmənt/en-] *s.* insediamento *(sul trono);* attribuzione di autorità regale, vescovile, ecc.

to **enthuse** [in'θju:z/en-] *vi (fam.)* entusiasmare, entusiasmarsi: *to enthuse over sth,* entusiasmarsi per qcsa.

enthusiasm [in'θju:ziæzəm/en-] *s.* **1** entusiasmo: *to arouse enthusiasm in sb,* suscitare entusiasmo in qcno — *to feel no enthusiasm for (o about) sth,* non provare entusiasmo per qcsa — *an outburst of enthusiasm,* uno scoppio di entusiasmo. **2** *(ant.)* fanatismo *(spec. religioso).*

enthusiast [in'θju:ziæst/en-] *s.* **1** entusiasta; appassionato: *a sports enthusiast,* un appassionato dello sport; un vero sportivo — *an enthusiast for (o about) politics,* un appassionato della politica. **2** *(ant.)* fanatico religioso.

enthusiastic [in,θju:zi'æstik/en-] *agg* entusiastico: *to become enthusiastic over sth,* entusiasmarsi per qcsa. □ *avv* **enthusiastically.**

to **entice** [in'tais/en-] *vt* adescare; allettare: *to entice sb into doing sth,* istigare qcno a fare qcsa — *to entice a young girl away from home,* istigare una ragazza a scappare di casa.

enticement [in'taismənt/en-] *s.* adescamento; istigazione; allettamento.

entire [in'taiə*/en-] *agg* intero; completo; pieno: *She was in entire ignorance of what they were doing,* Era completamente all'oscuro di ciò che stavano facendo — *He enjoys our entire confidence,* Gode della nostra piena fiducia. □ *avv* **entirely** ⇨.

entirely [in'taiəli/en-] *avv* interamente; completamente; del tutto: *My life is entirely given up to work,* La mia vita è interamente dedicata al lavoro — *entirely different,* del tutto diverso.

entirety [in'taiəti/en-] *s.* interezza; completezza; integrità; complesso: *We must examine the matter in its entirety,* Dobbiamo esaminare la questione nel suo complesso.

to **entitle** [in'taitl/en-] *vt* **1** intitolare. **2** autorizzare; dare diritto a: *Those who fail three times are not entitled to try any more,* Chi sbaglia tre volte non ha più diritto a riprovare.

entity ['entiti] *s.* entità.

to **entomb** [in'tu:m/en-] *vt* **1** mettere nella tomba. **2** servire da tomba.

entombment [in'tu:mmənt] *s.* seppellimento; *(talvolta)* sepoltura; tumulazione.

entomological [,entəmə'lɔdʒikəl] *agg* entomologico.

entomologist [,entə'mɔlədʒist] *s.* entomologo.

entomology [,entə'mɔlədʒi] *s.* entomologia.

entourage [,ɔntu'rɑdʒ] *s. (fr.)* seguito *(di un personaggio).*

entr'acte [ɔ'ntrækt] *s. (fr.)* entr'acte; intervallo *(originariamente spettacolo fra un atto e l'altro d'una commedia, ecc.).*

entrails ['entreilz] *s. pl* interiora; viscere; intestini *(spec. di animali).*

to **entrain** [in'trein/en-] *vt* far salire *(spec. truppe)* sul treno.
□ *vi* salire sul treno.

entrance ['entrəns] *s.* **1** entrata; ingresso; accesso: *Visitors are to use the front entrance,* I visitatori sono pregati di usare l'entrata principale — *back entrance,* entrata posteriore — *No entrance!,* Vietato l'ingresso!; Ingresso vietato! — *entrance free,* ingresso libero. **2** entrata in scena; atto dell'entrare. **3** ammissione; iscrizione; accesso: *Entrance is by examination only,* L'ammissione è solo per esame — *entrance examination,* esame d'ammissione — *entrance fee,* tassa d'iscrizione.

to **entrance** [in'trɑ:ns/en-] *vt* mandare in 'trance'; estasiare; incantare: *She stood entranced at the sight,* Rimase incantata da ciò che vide.

entrant ['entrənt] *s.* **1** chi entra. **2** chi inizia *(una professione);* debuttante. **3** iscritto ad una gara; competitore.

to **entrap** [in'træp/en-] *vt* (**-pp-**) intrappolare.

to **entreat** [in'tri:t/en-] *vt* implorare; pregare: *to entreat sb to have mercy,* implorare qcno di avere pietà — *to entreat a favour of sb,* implorare un favore da qcno.

entreatingly [in'tri:tiŋli/en-] *avv* insistentemente; in modo supplichevole; supplicando.

entreaty [in'tri:ti/en-] *s.* implorazione; supplica; preghiera: *He was deaf to all entreaties,* Rimase sordo a tutte le preghiere.

entrée ['ɔntrei] *s. (fr.)* **1** diritto o privilegio di ammissione. **2** piatto servito fra il pesce e la carne *(spesso, nei pranzi formali, un piatto di carne che precede la vera pietanza).*

to **entrench** [in'trentʃ/en-] *vt* **1** trincerare: *to entrench oneself,* trincerarsi — *to be entrenched, (fig. di opinioni, ecc.)* essere radicato. **2** fortificare: *customs entrenched by tradition,* usi rafforzati dalla tradizione. **3** *(talvolta seguito da* upon *o* on*)* usurpare *(un diritto).*

entrenchment [in'trentʃmənt/en-] *s.* trinceramento; trincea.

entrepôt ['ɔntrəpou/*(fr.)* ɑ̃trəpo] *s. (fr.)* **1** magazzino; deposito. **2** centro commerciale *(d'importazione ed esportazione).*

entrepreneur [,ɔntrəprə'nə:*/*(fr.)* ɑ̃trəprənœ:r] *s. (fr.)* imprenditore.

to **entrust** [in'trʌst] *vt* affidare: *to entrust sb with sth,* affidare qcsa a qcno.

entry ['entri] *s.* **1** entrata; ingresso: *The army made a triumphal entry into the town,* L'esercito fece un ingresso trionfale nella città. **2** entrata *(di edificio);* atrio; passaggio. **3** annotazione; registrazione; partita: *to make an entry,* fare un'annotazione — *bookkeeping by double (single) entry,* contabilità in partita doppia (semplice). **4** iscritto; concorrente; iscrizione; lista degli iscritti: *There were nearly fifty entries for the Marathon,* C'erano quasi cinquanta iscritti per la maratona — *a large entry,* un gran numero di concorrenti. □ *No entry,* Vietato l'ingresso.

to **entwine** [in'twain/en-] *vt* intrecciare; allacciare.

to **enumerate** [i'nju:məreit] *vt* enumerare; elencare; fare una lista.

enumeration [i,nju:mə'reiʃən] *s.* enumerazione; elenco; lista.

to **enunciate** [i'nʌnsieit/-ʃieit] *vt e i.* **1** pronunciare: *He enunciates (his words) clearly,* Pronuncia le parole chiaramente; Ha una pronuncia chiara. **2** enunciare.

enunciation [i,nʌnsi'eiʃən] *s.* **1** pronuncia. **2** enunciazione.

to **enure** [i'njuə*] = **to inure 2.**

to **envelop** [in'veləp/en-] *vt* avvolgere: *hills enveloped in mist,* colline avvolte nella foschia.

envelope ['enviloup/'ɔn-] *s.* **1** busta; plico. **2** involucro *(anche di aerostato).*

envelopment [in'veləpmənt] *s.* avvolgimento.

to **envenom** [in'venəm/en-] *vt* **1** avvelenare. **2** *(fig.)* amareggiare.

enviable ['enviəbl] *agg* invidiabile. □ *avv* **enviably.**

envious ['enviəs] *agg* invidioso: *envious eyes,* occhi invidiosi. □ *avv* **enviously.**

to **environ** [in'vairən] *vt (raro)* circondare; attorniare.

environment [in'vaiərənmənt] *s.* **1** ambiente; condizioni ambientali. **2** dintorni.

environmental [in,vaiərən'mentəl] *agg* ambientale.

environs ['envirənz/in'vaiərənz] *s. pl* dintorni; *(talvolta)* periferia; sobborghi.

to **envisage** [in'vizidʒ/en-] *vt* **1** guardare in faccia; affrontare *(un pericolo, una situazione, ecc.).* **2** figurarsi nella mente; considerare: *He had not envisaged the matter in that light,* Non aveva considerato il fatto sotto quel punto di vista. **3** *(spec. comm.)* prevedere; contemplare.

envoi ['envɔi] *s. (poesia)* commiato; congedo *(versi di chiusura di composizioni poetiche arcaiche).*

envoy ['envɔi] *s.* **1** inviato; delegato; rappresentante *(diplomatico).* **2** ministro plenipotenziario.

envy ['envi] *s.* invidia: *He was filled with envy at my success,* Era pieno d'invidia per il mio successo — *His new car was the envy of all his friends,* L'automobile nuova era l'invidia di tutti i suoi amici — *out of envy,* per pura invidia.

to **envy** ['envi] *vt* invidiare: *I envy you,* Ti invidio — *I envy you your good fortune,* Ti invidio per la tua buona fortuna.

to **enwrap** [in'ræp/en-] *vt* (**-pp-**) avvolgere *(con carta, stoffa, ecc.).*

enzyme ['enzaim] *s.* enzima.

eon ['i:ən] *s.* ⇨ **aeon.**

epaulet(te) ['epoulet/'epə-] *s. (mil.)* spallina.

ephemeral [i'femərəl/-'fi:m-] *agg* effimero.

epic ['epik] *s.* epica; poema epico; epopea. □ *agg* epico.

epicentre ['episentə*] *s.* (*USA* **epicenter**) epicentro *(spec. di scossa tellurica).*

epicure ['epikjuə*] *s.* epicureo; *(per estensione, e non spreg.)* buongustaio.

epicurean [,epikjuə'riən] *s. e agg* epicureo.

epicyclic(al) [,epi'saiklik(əl)] *agg (geometria, astronomia)* epicicloidale.

epidemic [,epi'demik] *agg* epidemico.
□ *s.* epidemia; malattia epidemica.

epidermis [,epi'də:mis] *s.* epidermide.

epidiascope [,epi'daiəskoup] *s.* epidiascopio.

epiglottis [,epi'glɔtis] *s.* epiglottide.

epigram ['epigræm] *s.* epigramma.

epigrammatic [,epigrə'mætik] *agg* epigrammatico.

epigraph ['epigrɑ:f] *s.* epigrafe; iscrizione.

epigraphic [,epi'græfik] *agg* epigrafico.

epigraphy [e'pigrəfi] *s.* epigrafia.

epilepsy ['epilepsi] *s.* epilessia.

epileptic [,epi'leptik] *agg e s.* epilettico.

epilogue ['epilɔg] *s.* (*USA* **epilog**) epilogo.

Epiphany [i'pifəni] *s.* Epifania.

episcopal [i'piskəpəl] *agg* episcopale; vescovile: *the Episcopal Church, (USA)* la Chiesa Episcopale.

episcopalian [i,piskə'peiljən] *agg* episcopale. □ *s.* membro della Chiesa Episcopale.
Episcopalianism [i,piskə'peiljənizəm] *s.* dottrina e riti della Chiesa episcopale.
episcopate [i'piskəpit] *s.* **1** episcopato; vescovato: *the episcopate,* l'episcopato (i vescovi). **2** episcopio *(lett.);* vescovado.
episode ['episoud] *s.* episodio.
episodic [,epi'sɔdik] *agg* episodico.
epistle [i'pisl] *s.* epistola; *(spesso scherz.)* lettera: *the Epistles, (Bibbia)* le Epistole.
epistolary [i'pistələri] *agg* epistolare.
epitaph ['epitɑ:f] *s.* epitaffio.
epithet ['epiθet] *s.* epiteto.
epitome [i'pitəmi] *s.* epitome.
to **epitomize** [i'pitəmaiz] *vt* epitomizzare.
epoch ['i:pɔk] *s.* epoca; èra; età: *Einstein's theory marked a new epoch in mathematics,* La teoria di Einstein segnò una nuova èra nella matematica — *epoch-making,* che fa epoca — *an epoch-making discovery,* una scoperta che fa epoca (d'importanza storica).
eponym ['epounim] *s.* eponimo.
Epsom ['epsəm] *nome proprio Epsom salts,* sale inglese *(purgativo: dal nome di una città dell'Inghilterra meridionale).*
equable ['ekwəbl/'i:k-] *agg* uniforme; costante: *an equable climate,* un clima uniforme — *an equable temper,* un umore costante; un temperamento calmo. □ *avv* **equably.**
equal ['i:kwəl] *agg* **1** uguale; stesso; medesimo; pari: *to divide sth into two equal parts,* dividere qcsa in due parti uguali — *equal pay for equal work,* la stessa retribuzione per lo stesso lavoro — *two boys of equal height,* due ragazzi della medesima statura — *He speaks English and Arabic with equal ease,* Parla l'inglese e l'arabo con la stessa facilità — *equal in ability,* pari in abilità — *an equal fight,* una lotta pari. **2** **equal to,** *(fig.)* all'altezza di: *equal to the occasion,* all'altezza della situazione — *She did not feel equal to receiving visitors,* Non si sentiva in grado di ricevere visitatori. □ *avv* **equally** ⇨.
□ *s.* pari; uguale: *without equal,* impareggiabile.
to **equal** ['i:kwəl] *vt* (**-ll-**) uguagliare; raggiungere *(un primato): He equals me in strength,* Mi uguaglia nella forza.
equality [i:'kwɔliti] *s.* uguaglianza; parità.
equalization [,i:kwəlai'zeiʃən] *s.* uguagliamento; pareggiamento; perequazione.
to **equalize** ['i:kwəlaiz] *vt* uguagliare; equiparare; pareggiare: *to equalize incomes,* equiparare i redditi.
equalizer ['i(:)kwəlaizə*] *s.* **1** chi, che pareggia, ecc. **2** *(fis., mecc.)* equilibratore. **3** *(USA, fam.)* pistola; rivoltella.
equally ['i:kwəli] *avv* **1** ugualmente; parimenti: *two equally balanced teams,* due squadre perfettamente equilibrate. **2** in parti uguali; equamente: *Divide it equally,* Dividilo in parti uguali.
equanimity [,ekwə'nimiti] *s.* equanimità; serenità; calma.
to **equate** [i'kweit] *vt* considerare uguale; equiparare; uguagliare.
equation [i'kweiʃən] *s.* **1** equazione. **2** perequazione; pareggio; livellamento.
equator [i'kweitə*] *s.* equatore.
equatorial [,ekwə'tɔ:riəl] *agg* equatoriale.
equerry [i'kweri/'ekwəri] *s.* scudiero; funzionario di corte.
equestrian [i'kwestriən] *agg* equestre: *equestrian skill,* abilità equestre.
□ *s.* cavaliere; cavallerizzo.
equidistant [,i:kwi'distənt] *agg* equidistante.
equilateral [,i:kwi'lætərəl] *agg e s.* equilatero.
equilibrium [,i:kwi'libriəm] *s.* equilibrio *(anche fig.): to maintain (to lose) one's equilibrium,* mantenere (perdere) l'equilibrio.
equine ['i:kwain] *agg* equino.
equinoctial [,i:kwi'nɔkʃəl] *agg* equinoziale.
equinox ['i:kwinɔks] *s.* equinozio.
to **equip** [i'kwip] *vt* (**-pp-**) equipaggiare; allestire; attrezzare; fornire; dotare: *to equip a ship for a voyage,* equipaggiare una nave per un viaggio — *to equip oneself for a task,* attrezzarsi per un compito — *to equip soldiers with uniforms and weapons,* fornire ai soldati uniformi e armi.
equipage ['ekwipidʒ] *s.* **1** *(raro)* equipaggiamento; attrezzatura; apparecchiatura. **2** equipaggio *(di carrozza signorile).*
equipment [i'kwipmənt] *s.* **1** l'equipaggiare; l'allestire; allestimento: *The equipment of his laboratory took time and money,* L'allestimento del suo laboratorio richiese tempo e danaro. **2** equipaggiamento; attrezzatura; apparecchiatura: *a factory with modern equipment,* una fabbrica con attrezzature moderne — *radar equipment,* apparecchiatura radar. □ *mental equipment,* preparazione mentale, culturale; bagaglio intellettuale.
equipoise ['ekwipɔiz] *s.* **1** equilibrio. **2** contrappeso.
equitable ['ekwitəbl] *agg* equo; giusto; ragionevole. □ *avv* **equitably.**
equitableness ['ekwitəblnis] *s.* equità; giustizia.
equity ['ekwiti] *s.* **1** equità; giustizia. **2** *(dir.)* norme giuridiche che mitigano o integrano quelle della 'Common Law'. **3** interesse, titolo, proprietà ecc. al netto di ipoteche. **4** *(GB, al pl.:* equities*)* beni e azioni ad interesse variabile. **5** *Equity, (GB)* il sindacato degli attori.
equivalence [i'kwivələns] *s.* **1** equivalenza. **2** espressione equivalente.
equivalent [i'kwivələnt] *agg e s.* equivalente: *What is five pounds equivalent to in French francs?,* Qual è l'equivalente di cinque sterline in franchi francesi?
equivocal [i'kwivəkəl] *agg* **1** equivoco; ambiguo: *an equivocal reply,* una risposta ambigua. **2** dubbio; discutibile: *an equivocal success,* un successo discutibile.
equivocation [i,kwivə'keiʃən] *s.* **1** equivoco. **2** espressione ambigua, equivoca.
era ['iərə] *s.* èra; età; epoca.
to **eradicate** [i'rædikeit] *vt* sradicare; estirpare; debellare.
eradication [i,rædi'keiʃən] *s.* sradicamento; estirpazione; estinzione.
to **erase** [i'reiz/i'reis] *vt* cancellare; raschiare via.
eraser [i'reizə*] *s.* gomma *(da cancellare);* raschietto.
erasure [i'reiʒə*] *s.* cancellatura; raschiatura.
ere [ɛə*] *avv e prep (ant., poet.)* prima; prima che; prima di.
erect [i'rekt] *agg* eretto; ritto; in piedi: *to hold a banner erect,* tenere una bandiera alzata. □ *avv* **erectly.**
to **erect** [i'rekt] *vt* **1** erigere; innalzare; alzare: *to erect a monument,* erigere un monumento — *to erect a tent,* alzare una tenda. **2** rizzare; raddrizzare: *to erect a flagstaff,* rizzare un'asta per la bandiera — *to erect a mast,* raddrizzare un albero *(della nave).* **3** fondare; istituire. **4** *(mecc.)* montare.

erection [i'rekʃən] *s.* **1** erezione *(vari sensi);* costruzione; fondazione. **2** edificio. **3** *(mecc.)* montaggio.
erectness [i'rektnis] *s.* portamento eretto; posizione eretta.
eremite ['erimait] *s.* eremita.
ergo ['ə:gou] *avv (lat.)* 'ergo'; dunque; perciò.
ergonomics [əgə'nɔmiks] *s. (con il v. al sing.)* ergonomia.
Erin ['erin/'iərin] *nome proprio* Erin *(antico nome dell'Irlanda).*
ermine ['ə:min] *s.* ermellino *(l'animale e la pelliccia): She was dressed in ermine,* Indossava un ermellino — *a gown trimmed with ermine,* un manto bordato d'ermellino.
to **erode** [i'roud] *vt* erodere; corrodere: *Metals are eroded by acids,* I metalli sono corrosi dagli acidi.
erogenous [i'rɔdʒənəs] *agg* erogeno.
erosion [i'rouʒən] *s.* erosione; corrosione: *coast erosion,* erosione delle coste.
erosive [i'rousiv] *agg* erosivo; corrosivo.
erotic [i'rɔtik] *agg* erotico.
erotica [i'rɔtikə] *s. pl* libri, ecc., di contenuto erotico.
eroticism [i'rɔtisizəm] *s.* erotismo.
to **err** [ə:*] *vi* errare; commettere errori; peccare: *to err on the side of mercy,* sbagliare per eccesso di pietà.
errand ['erənd] *s.* **1** commissione; ambasciata: *to go on errands for sb,* fare commissioni per conto di qcno — *to run errands,* fare commissioni — *to send a servant on an errand,* mandare un domestico a fare un'ambasciata — *errand boy,* fattorino *(di negozio).* **2** scopo; oggetto *(di una commissione, ambasciata): a fool's errand,* un incarico balordo; un'ambasciata senza scopo; una presa in giro.
errant ['erənt] *agg* **1** errante *(che sbaglia).* **2** errante *(che vaga): a knight errant,* un cavalier errante.
erratic [i'rætik] *agg* **1** eccentrico; imprevedibile; bizzarro; strano; irregolare. **2** erratico. □ *avv* **erratically.**
erratum [e'ratəm/i-] *s.* (*pl.* **errata**) errore di stampa: *errata slip,* errata corrige.
erroneous [i'rounjəs] *agg* erroneo. □ *avv* **erroneously.**
error ['erə*] *s.* **1** errore; sbaglio: *spelling errors,* errori di ortografia — *to make (to commit) an error,* fare un errore; commettere uno sbaglio — *an error of judgement,* un errore di giudizio — *a clerical error,* un errore di trascrizione. **2** errore; colpa; fallo: *to fall into error,* cadere nell'errore — *to lead sb into error,* indurre qcno nell'errore — *to do sth in error,* fare qcsa per errore.
Erse [ə:s] *s.* gaelico *(lingua irlandese; talvolta quella scozzese).*
to **eruct, to eructate** [i'rʌkt/i'rʌkteit] *vt e i.* eruttare; ruttare.
eructation [,i:rʌk'teiʃən] *s.* **1** eruttazione. **2** eruzione.
erudite ['eru(:)dait] *agg* erudito. □ *avv.* **eruditely.**
erudition [,eru(:)'diʃən] *s.* erudizione.
to **erupt** [i'rʌpt] *vi* **1** *(di vulcano)* eruttare; entrare in eruzione. **2** *(di denti)* spuntare.
eruption [i'rʌpʃən] *s.* **1** eruzione. **2** scoppio *(d'una sommossa, guerra, passioni, ecc.).* **3** dentizione.
to **escalade** [,eskə'leid] *vt (spec. mil.)* scalare.
to **escalate** [,eskə'leit] *vi* intensificare *(i bombardamenti, durante una guerra: ora spesso fig.).*
escalation [,eskə'leiʃən] *s.* intensificazione; inasprimento graduale e progressivo *(spec. di guerra);* 'escalation'.
escalator ['eskəleitə*] *s. (edilizia)* scala mobile.
escapade [,eskə'peid] *s.* scappatella; avventura.
escape [is'keip] *s.* **1** fuga; evasione; scampo: *escape-chamber, (naut.)* garitta di salvataggio — *escape-clause, (comm.)* clausola che prevede la rescissione di un contratto — *escape-door,* porta di sicurezza *(in caso di incendio)* — *escape-shaft, (nelle miniere)* galleria di emergenza — *escape velocity, (astronautica)* velocità di fuga — *fire-escape,* uscita di sicurezza *(in caso di incendio)* — *to have a narrow escape,* sfuggire per un pelo. **2** perdita; fuoriuscita *(di gas, ecc.): Don't look for an escape of gas with a naked light,* Non andare in cerca di una fuga di gas con una fiamma scoperta — *escape-pipe,* tubo di scappamento — *escape-gas,* gas di scappamento — *escape-valve,* valvola di scarico, di sicurezza. **3** *(fig.)* svago; distrazione; evasione.
to **escape** [is'keip] *vi e t.* **1** fuggire; evadere; scappare; uscire; fuoriuscire *(di gas, fluidi, ecc.): Two of the prisoners have escaped,* Due dei prigionieri sono fuggiti — *The canary has escaped from its cage,* Il canarino è fuggito dalla gabbia — *Is the gas escaping somewhere?,* C'è una fuga di gas da qualche parte? — *Make a hole and let the water escape,* Fa' un buco per far uscire l'acqua. **2** scampare; scamparla; cavarsela; evitare; uscire indenne *(da una situazione difficile): You were lucky to escape punishment (to escape being punished),* Sei stato fortunato ad evitare la punizione — *Where can we go to escape the crowd?,* Dove si può andare per evitare la folla? — *How can we escape being seen?,* Come possiamo evitare di essere visti? — *to escape notice,* sfuggire all'attenzione. **3** sfuggire *(alla mente): His name escapes me for the moment,* In questo momento mi sfugge il suo nome.
escapee [,eskə'pi:] *s.* fuggiasco; evaso.
escapement [is'keipmənt/es-] *s.* scappamento *(di orologio).*
escapism [is'keipiʒəm] *s.* evasione dalla realtà *(spec. lett.).*
escapist [is'keipist] *s.* **1** evaso. **2** persona che cerca di evadere dalla realtà. □ *agg* di evasione: *escapist literature,* letteratura di evasione.
escarpment [is'kɑ:pmənt] *s.* scarpata.
eschatology [,eskə'tɔlədʒi] *s.* escatologia.
to **eschew** [is'tʃu:/es-] *vt (linguaggio formale)* evitare; astenersi da.
escort ['eskɔ:t] *s.* **1** scorta: *an escort of soldiers (ships, ecc.),* una scorta di soldati (navi, ecc.) — *under police escort,* sotto la scorta della polizia. **2** accompagnatore o cavaliere; gruppo di accompagnatori.
to **escort** [is'kɔ:t] *vt* **1** scortare *(anche mil.).* **2** accompagnare.
escritoire [,eskri(:)'twɑ:*] *s. (fr.)* scrittoio.
esculent ['eskjulənt] *s. e agg* esculento; commestibile *(spec. di vegetale).*
escutcheon [is'kʌtʃən/es-] *s.* scudo; stemma; arme gentilizia; blasone: *a blot on one's escutcheon, (fig.)* una macchia sul proprio onore.
Eskimo ['eskimou] *s.* (*pl.* **Eskimoes**) esquimese.
esophagus [i(:)'sɔfəgəs] *s. (USA)* esofago.
esoteric [esou'terik] *agg* esoterico; per soli iniziati; *(per estensione)* riservato; segreto.
espalier [is'pæljə*/es-] *s.* intelaiatura a traliccio; spalliera *(per piante).*
especial [is'peʃəl/es-] *agg* speciale; particolare: *a question of especial importance,* una faccenda di particolare importanza — *my especial friend,* il mio grande amico — *for your especial benefit,* apposta per voi. □ *avv* **especially.**
Esperanto [,espə'ræntou] *s.* esperanto.
espionage [,espiə'nɑ:ʒ] *s. (fr.)* spionaggio.

esplanade [,esplə'neid] *s.* spianata; passeggiata *(spec. lungomare).*

espousal [is'pauzəl/es-] *s.* **1** *(ant., di solito al pl.)* nozze; sponsali. **2** lo sposare *(una causa, un'idea).*

to **espouse** [is'pauz/es-] *vt* **1** *(ant., di uomo)* sposare; dare in matrimonio. **2** *(fig.)* sposare *(una causa, un'idea);* abbracciare; adottare.

espresso [es'presou] *s. e agg attrib: espresso café (bar),* bar dove si beve caffè espresso.

esprit ['espri:] *s. (fr.)* spirito: *(spec. nell'espressione) esprit de corps,* spirito di corpo.

to **espy** [is'pai/es-] *vt* scorgere; scoprire.

Esquimau ['eskimou] *s.* (*pl.* **Esquimaux**) esquimese.

esquire [is'kwaiə*] *s.* **1** *(titolo di cortesia posto dopo nome e cognome; spesso abbr. in* Esq.*)* Signore *(usato al posto di* Mr. *negli indirizzi, nelle partecipazioni, ecc.): John Brown, Esq.,* Egr. sig. John Brown. **2** ⇨ **squire 2.**

essay ['esei] *s.* **1** saggio. **2** *(non comune)* prova; tentativo.

to **essay** [e'sei] *vt e i.* provare; tentare.

essayist ['eseiist] *s.* saggista.

essence ['esns] *s.* **1** essenza; sostanza: *The two things are the same outwardly but different in essence,* Le due cose sono identiche all'esterno ma diverse nella sostanza. **2** estratto; essenza: *beef essence,* estratto di carne di manzo.

essential [i'senʃəl/e-] *agg* **1** essenziale; indispensabile: *the essential part of the English character,* la componente essenziale del carattere inglese — *'Wanted, a good cook: long experience essential',* 'Cercasi bravo cuoco: indispensabile lunga esperienza'. **2** di essenza; essenziale; puro: *essential oils,* olii essenziali. □ *avv* **essentially.**

□ *s.* elemento indispensabile; carattere essenziale; (l')essenziale; (l')indispensabile.

to **establish** [is'tæbliʃ/es-] *vt* **1** costituire; instaurare; fondare: *to establish a new state,* costituire un nuovo stato — *to establish a business,* impiantare (mettere su) un'azienda. **2** sistemare; insediare: *We are now comfortably established in our new house,* Ci siamo ora sistemati confortevolmente nella nostra nuova casa — *to establish a new governor,* insediare un nuovo governatore. **3** dimostrare; provare; far riconoscere; enunciare: *He succeeded in establishing a claim to the title,* Riuscì a provare (far riconoscere) la sua rivendicazione al titolo — *to establish a new law,* enunciare una nuova legge — *the Established Church of England,* la Chiesa Anglicana *(Chiesa di Stato).*

establishment [is'tæbliʃmənt/es-] *s.* **1** costituzione; instaurazione: *the establishment of a new state,* la costituzione di un nuovo Stato. **2** stabilimento; fabbrica; azienda; istituto. **3** casa *(intesa come famiglia e servitù).* **4** *(mil.)* personale effettivo. **5** *the Establishment, (GB)* le persone potenti e autorevoli che dettano legge nei campi più svariati *(politico, sociale, economico, letterario, artistico, ecc.);* il sistema dei valori imposti da tale classe dirigente.

estate [is'teit/es-] *s.* **1** proprietà (terriera); tenuta: *He owns large estates in Scotland,* Possiede vaste tenute in Scozia — *estate agent,* agente immobiliare — *estate car,* giardiniera — *housing estate,* zona residenziale nuova — *industrial estate,* zona industriale. **2** beni; patrimonio: *real estate,* beni immobili — *personal estate,* beni mobili. **3** stato; classe sociale; ordine: *the third estate,* il terzo stato; la borghesia — *the fourth estate, (GB, scherz.)* il quarto potere (la stampa). **4** *(raro)* stato; condizione: *to reach man's estate,* raggiungere l'età virile, la maggiore età — *the estate of matrimony,* lo stato coniugale.

esteem [is'ti:m/es-] *s.* stima; considerazione: *We all have the greatest esteem for you,* Noi tutti abbiamo la massima considerazione per Lei — *to hold sb in high esteem,* tenere qcno in grande stima.

to **esteem** [is'ti:m/es-] *s.* **1** stimare; apprezzare: *No one can esteem your father more than I do,* Nessuno può apprezzare tuo padre più di me — *your esteemed letter,* la pregiata Vostra. **2** *(stile formale)* considerare; ritenere.

esthete ['i:sθi:t] *s.* ⇨ **aesthete.**

esthetic [i:s'θetik] *agg* ⇨ **aesthetic.**

estimable ['estiməbl] *agg* stimabile; degno di stima.

estimate ['estimət] *s.* **1** stima; valutazione; calcolo; preventivo: *I hope the builders don't exceed their estimate,* Spero che i costruttori non superino il preventivo — *at a rough estimate,* approssimativamente; grosso modo. **2** giudizio: *I do not know enough about him to form an estimate of his abilities,* Non ne so abbastanza di lui per poter dare un giudizio sulle sue capacità. **3** *(GB, al pl.:* the Estimates*)* il bilancio preventivo dello Stato.

to **estimate** ['estimeit] *vt e i.* stimare; valutare; calcolare; prevedere: *The firm estimated the cost of the house at ten thousand pounds,* La società valutò il costo della casa a diecimila sterline — *We estimate that it would take three months to finish the work,* Noi calcoliamo che ci vorrebbero tre mesi per finire il lavoro — *to ask a contractor to estimate for the repair of a building,* chiedere ad un impresario il preventivo per il restauro di un edificio.

estimation [,esti'meiʃən] *s.* **1** opinione; giudizio; avviso: *in my estimation,* secondo me; a mio avviso — *in the estimation of most people,* secondo la maggioranza; secondo il giudizio dei più. **2** stima; reputazione; considerazione.

to **estrange** [is'treindʒ/es-] *vt* alienarsi; allontanare; estraniare: *His foolish behaviour estranged all his friends,* Il suo comportamento sciocco gli alienò tutti gli amici — *to estrange sb from his friends,* allontanare qcno dai suoi amici.

estrangement [is'treindʒmənt/es-] *s.* alienamento; allontanamento; estraniazione; discordia.

estuary ['estjuəri] *s.* estuario.

et cetera [et setərə] *avv (lat.)* eccetera.

to **etch** [etʃ] *vt e i.* incidere all'acquaforte.

etcher ['etʃə*] *s.* incisore (acquafortista).

etching ['etʃiŋ] *s.* **1** l'arte dell'incidere (all'acquaforte). **2** acquaforte.

eternal [i'tə:nl] *agg* **1** eterno: *the Eternal,* l'Eterno; Dio. **2** *(fam.)* incessante; continuo: *Stop this eternal chatter,* Smettetela con questo incessante cicaleccio. □ *avv* **eternally.**

eternity [i'tə:niti] *s.* **1** eternità *(anche fig.): to send sb to eternity,* mandare qcno all'altro mondo — *It seemed an eternity,* Sembrò un'eternità. **2** *(al pl.:* eternities*)* verità eterne, incrollabili.

[1]**ether** ['i:θə*] *s.* etere.

[2]**ether** ['i:θə*] *s. (sempre con l'art. determinativo:* the ether*)* l'etere; la volta celeste.

ethereal [i'θiəriəl] *agg* etereo.

ethic ['eθik] *s.* etica.

ethical ['eθikəl] *agg* etico *(anche gramm.).* □ *avv* **ethically.**

ethics ['eθiks] *s. pl. (generalm. con il v. al sing.)* etica *(ramo della filosofia);* morale.

Ethiopian [i:θi'oupjən] *s. e agg* etiope.

Ethiopic [i:θi'ɔpik] *s. e agg* etiopico (lingua).

ethnic, ethnical ['eθnik(əl)] *agg* etnico. □ *avv* **ethnically.**
ethnographer [eθ'nɔgrəfə*] *s.* etnografo.
ethnographic(al) [,eθnou'græfik(əl)] *agg* etnografico.
ethnography [eθ'nɔgrəfi] *s.* etnografia.
ethnological [,eθnə'lɔdʒikəl] *agg* etnologico.
ethnologist [eθ'nɔlədʒist] *s.* etnologo.
ethnology [eθ'nɔlədʒi] *s.* etnologia.
ethos ['i:θɔs] *s.* costume, norme di vita di una società, ecc.
ethyl ['eθil/'i:θail] *s.* etile. □ *agg* etilico.
etiology [,i:ti'ɔlədʒi] *s.* *(USA)* eziologia.
etiquette [,eti'ket/'etiket] *s.* etichetta; protocollo.
etymological [,etimə'lɔdʒikəl] *agg* etimologico.
etymologist [,eti'mɔlədʒist] *s.* etimologista.
etymology [,eti'mɔlədʒi] *s.* etimologia.
eucalyptus [,ju:kə'liptəs] *s.* eucalipto.
Eucharist ['ju:kərist] *s.* eucaristia: *the Eucharist,* la Santa Comunione — *to give (to receive) the Eucharist,* impartire (ricevere) la Comunione.
eucharistic(al) [,ju:kə'ristik(əl)] *agg* eucaristico.
eugenics [ju:'dʒeniks] *s.* *(col v. al sing.)* eugenetica.
eulogistic [,ju:lə'dʒistik] *agg* elogiativo; laudativo. □ *avv* **eulogistically.**
to **eulogize** ['ju:lədʒaiz] *vt* elogiare.
eulogy ['ju:lədʒi] *s.* elogio; panegirico.
eunuch ['ju:nək] *s.* eunuco.
euphemism ['ju:fimizəm] *s.* eufemismo.
euphemistic [,ju:fi'mistik] *agg* eufemistico. □ *avv* **euphemistically.**
euphony ['ju:fəni] *s.* eufonia.
euphoria [ju:'fɔ:riə] *s.* euforia.
euphoric [ju:'fɔrik] *agg* euforico.
euphuism ['ju:fuizəm] *s.* *(dal nome di una scuola letteraria inglese del cinquecento)* stile letterario sofisticato e artificioso.
Eurasian [juə'reiʒiən] *agg e s.* eurasiano; eurasiatico.
eurhythmics [ju:'riðmiks] *s.* *(col v. al sing.)* euritmia.
eurocrat ['juərou,kræt] *s.* eurocrate.
Eurodollar [,juərou'dɔlə(*)] *s.* eurodollaro.
European [,juərə'pi(:)ən] *s. e agg* **1** europeo. **2** *(GB, per estensione)* chi è favorevole all'adesione del Regno Unito al MEC.
euthanasia [,ju:θə'neizjə] *s.* eutanasia.
to **evacuate** [i'vækjueit] *vt* evacuare *(vari sensi);* sgombrare; sfollare: *to evacuate a town,* evacuare una città — *The women and children were evacuated to the country,* Le donne e i bambini furono fatti sfollare in campagna.
evacuation [i,vækju'eiʃən] *s.* evacuazione *(vari sensi);* sfollamento.
evacuee [i,vækju'i:] *s.* sfollato.
to **evade** [i'veid] *vt* evitare; schivare; eludere: *to evade military service,* sottrarsi al servizio militare.
to **evaluate** [i'væljueit] *vt* valutare.
evaluation [i,vælju'eiʃən] *s.* valutazione.
evanescence [,i:və'nesəns/,ev-] *s.* evanescenza.
evanescent [,i:və'nesənt/,ev-] *agg* evanescente.
evangelic, evangelical [,i:væn'dʒelik(əl)] *agg* **1** evangelico. **2** *(di solito con la maiuscola)* appartenente alla Chiesa Evangelica; evangelico.
Evangelicalism [,i(:)væn'dʒelikəlizəm] *s.* dottrina delle chiese evangeliche.
evangelism [i(:)'vændʒilizəm] *s.* **1** predicazione evangelica. **2** dottrina delle chiese evangeliche.
evangelist [i'vændʒilist] *s.* **1** evangelista. **2** predicatore evangelico.
evangelistic [i,vændʒi'listik] *agg* evangelistico.
to **evangelize** [i'vændʒilaiz] *vt* evangelizzare.

to **evaporate** [i'væpəreit] *vt e i.* **1** evaporare; far evaporare. **2** svanire; dileguarsi.
evaporation [i,væpə'reiʃən] *s.* evaporazione.
evasion [i'veiʒən] *s.* **1** evasione: *evasion of one's responsibilities,* il sottrarsi alle proprie responsabilità. **2** scusa; pretesto; sotterfugio; scappatoia.
evasive [i'veisiv] *agg* evasivo; ambiguo. □ *avv* **evasively.**
evasiveness [i'veisivnis] *s.* l'essere evasivo; ambiguità; incertezza.
Eve [i:v] *s.* *(nome proprio)* Eva: *daughter of Eve,* donna.
eve [i:v] *s.* **1** vigilia: *Christmas Eve,* la vigilia di Natale — *New Year's Eve,* l'ultimo giorno dell'anno; San Silvestro — *on the eve of the wedding,* alla vigilia delle nozze. **2** *(poet.)* sera.
[1]**even** ['i:vən] *s.* *(poet.)* sera; vespro.
[2]**even** ['i:vən] *agg* **1** liscio; piatto; piano; regolare; uniforme; uguale; della stessa qualità o intensità o ritmo: *A billiard-table must be perfectly even,* Un tavolo da biliardo deve essere perfettamente liscio — *His even breathing showed that he had got over his excitement,* Il suo respiro regolare mostrava che non era più eccitato — *His work is not very even,* Il suo lavoro è discontinuo. **2** uguale; alla pari *(di cifre, distanze, ecc.);* pari *(di numero): Our scores are now even,* Il nostro punteggio è ora pari — *The two horses were even,* I due cavalli arrivarono alla pari — *to be (to get) even with sb, (fam.)* saldare i conti con (vendicarsi di) qcno — *even odds (oppure* evens, *s.),* parità di probabilità o di possibilità — *to break even, (fam.)* pareggiare *(comm.);* finire alla pari *(sport).* **3** equo; giusto; esatto; preciso *(di misure, ecc.): an even mile,* un miglio esatto — *even-handed justice,* giustizia imparziale. **4** calmo; placido; tranquillo *(di temperamento, ecc.): an even-tempered wife,* una moglie di umore costante — *even-minded,* equilibrato. □ *avv* **evenly.**
to **even** ['i:vən] *vt e i.* **1** livellare; appianare; spianare. **2** *(spesso seguito da* up*)* pareggiare; eguagliare; livellare: *That will even things up,* Ciò rimetterà le cose a posto — *to even up on sb, (USA)* saldare il conto con qcno; prendersi la rivincita su qcno — *to even the score,* pareggiare *(di partita)* — *to even the score with sb, (fig.)* prendersi la rivincita su qcno.
[3]**even** ['i:vən] *avv* **1** anche; perfino; persino; addirittura; *(dopo un negativo)* neanche; neppure: *Even a child can understand that,* Anche un bambino può capirlo — *It was quite cold up there even in July,* Faceva piuttosto freddo lassù persino in luglio — *He hasn't even answered my letter,* Non ha neanche risposto alla mia lettera — *even now,* anche ora; ancora adesso — *even then,* persino allora — *He still believes it even now,* Ancora adesso ci crede — *Even then he would not admit his mistake,* Persino allora non volle ammettere di aver sbagliato — *even so,* anche se è così; tuttavia; comunque; eppure; con tutto ciò — *It has many omissions; even so it is quite a useful reference book,* Vi sono molte omissioni; eppure è un libro di consultazione abbastanza utile — *Even so!, (ant.)* Proprio così!; Esattamente!
2 *(con i comp.)* anche; ancora; *(talvolta)* persino: *You know even less about it than I do,* Tu ne sai ancora meno di me — *That's even better!,* È persino meglio! — *You seem even more stupid than usual today,* Oggi mi sembri ancora più stupido del solito.
3 even if; even though, *(congiunz.)* anche se: *I'll get there even if I have to pawn my watch to get the railway fare,* Ci andrò, anche se dovessi impegnare il mio orologio per comperarmi il biglietto del treno —

She won't leave the television set, even though her husband is waiting for his supper, Non si stacca dal televisore, nemmeno se il marito aspetta la cena.

4 even as, *(congiunz.)* proprio come; proprio nell'istante in cui; proprio mentre; appena: *Even as I gave the warning the car skidded,* Proprio nel momento in cui dicevo di fare attenzione l'auto sbandò.

evening ['i:vniŋ] *s.* **1** sera; serata: *a cool evening,* una serata fresca — *a musical evening,* una serata musicale — *to make an evening of it,* (servirsi di un pretesto qualsiasi per) trascorrere piacevolmente una serata — *this (tomorrow, yesterday) evening,* stasera (domani sera, ieri sera) — *in the evening,* di sera — *on Sunday (Monday) evening,* domenica (lunedì) sera — *on the evening of the 8th,* la sera dell'otto — *one warm summer evening,* in una calda sera d'estate — *the evening of life,* il tramonto della vita. **2** *(attrib.)* della sera; serotino: *an evening paper,* un giornale della sera — *evening dress,* abito da sera; *(per uomo)* 'frac' — *evening prayer,* preghiera della sera; funzione religiosa della sera — *the evening star,* vespero; la stella vespertina (Venere).

evenness ['i:vənis] *s.* **1** parità; uniformità; uguaglianza; regolarità *(di movimento, ecc.).* **2** calma; serenità; tranquillità. **3** imparzialità; equità.

evens ['i:vnz] *s.* ⇨ ²**even 2.**

evensong [i:vənsɔŋ] *s.* *(nella chiesa anglicana)* funzione serale *(equivale al vespro cattolico).*

event [i'vent] *s.* **1** evento; avvenimento: *the chief events of 1977,* i principali eventi del 1977 — *It was quite an event,* Fu un vero avvenimento — *in the natural course of events,* nell'ordine naturale delle cose. **2** eventualità; caso: *in the event of his arrival,* nella eventualità del suo arrivo — *in that event,* in quel caso — *in any event,* in ogni caso. **3** gara; competizione: *Which events have you entered for?,* A quali gare ti sei iscritto?

eventful [i'ventful] *agg* pieno di eventi; avventuroso; movimentato: *He has had an eventful life,* Ha avuto una vita avventurosa — *The past year has been eventful,* Quest'anno è stato pieno di avvenimenti — *It was an eventful evening,* Fu una serata movimentata.

eventide ['i:vəntaid] *s.* *(poet.)* sera; vespro.

eventual [i'ventjuəl] *agg* **1** finale; conclusivo. **2** *(raro)* eventuale. □ *avv* ⇨ **eventually.**

eventuality [i,ventju'æliti] *s.* eventualità; evenienza.

eventually [i'ventjuəli] *avv* alla fine; in conclusione; infine; finalmente: *When we eventually reached the station, the train had already left,* Quando finalmente giungemmo alla stazione il treno era già partito.

ever ['evə*] *avv* **1** *(quasi sempre prima del verbo: in proposizioni negative, interrogative, dubitative, condizionali, anche dopo un comparativo o superlativo relativo)* mai: *Nothing ever happens in this village,* Non succede mai niente in questo paesino — *Do you ever wish you were rich?,* Desideri mai di essere ricco? — *Did you ever hear such a thing?,* Hai mai sentito una cosa simile? — *She seldom, if ever, goes to the cinema,* Va al cinema raramente, se mai ci va — *If you ever visit London...,* Se mai ti capitasse di visitare Londra... — *Have you ever been up in a balloon?,* Sei mai salito su un pallone aerostatico? — *It is raining harder than ever,* Sta piovendo più che mai — *It is more necessary than ever for all of us to work hard,* È più che mai necessario che tutti noi ci mettiamo a lavorare sodo — *This is the best work you have ever done,* Questo è il miglior lavoro che tu abbia mai fatto.

2 *(ant.)* sempre *(corrente nelle seguenti espressioni idiomatiche): It was ever thus,* È sempre stato così — *ever after,* da allora in poi — *for ever (and ever),* per sempre — *for ever and a day,* per sempre — *ever since,* fin da quando — *ever and again (o ever and anon), (ant.)* di tanto in tanto — *Yours ever, (come chiusura di una lettera in stile informale)* Tuo...; Sempre tuo...

3 *(fam., come intensivo) Work as hard as ever you can!,* Lavora più che puoi! — *I'll tell her as soon as ever she arrives,* Glielo dirò immediatamente non appena arriva — *ever so, (fam.)* moltissimo; 'un sacco'; tanto — *Do you like it? Ever so,* Ti piace? Moltissimo — *He is ever so rich (ever such a rich man)!, (fam.)* È un uomo così ricco!

4 *(fam., enfatico con pron. o avv. interr.)* mai; diamine; diavolo: *When (Where) ever did you lose it?,* Quando (Dove) diamine l'hai perso? — *What ever do you mean?,* Che diavolo intendi dire? — *Why ever...?,* Come mai...?

everglade ['evəgleid] *s.* *(USA)* terreno paludoso *(coperto da erbe alte).*

evergreen ['evəgri:n] *agg e s.* sempreverde.

everlasting [,evə'lɑ:stiŋ] *agg* eterno; immortale: *the Everlasting,* Dio; il Sempiterno — *I'm tired of his everlasting complaints,* Sono stanco delle sue eterne lamentele.

evermore [,evə'mɔ:*/-mɔə*] *avv* sempre: *for evermore,* per sempre.

every ['evri] *agg indef (usato soltanto al sing.)* **1** ogni; ciascuno; tutti: *Such things do not happen every day,* Simili cose non capitano ogni giorno — *He spends every penny he earns,* Spende ogni lira che guadagna — *He tries to meet her every wish,* Cerca di venire incontro a ogni suo desiderio — *I've read every book on the subject,* Ho letto tutti i libri sull'argomento — *You have every reason to be satisfied,* Hai tutte le ragioni per essere soddisfatto — *every one of them; (fam.) every man Jack of them,* ciascuno di loro; ognuno; tutti senza eccezione — *You deserve to be shot, every one of you,* Tutti senza eccezione meritate di essere fucilati — *every time,* ogni volta; tutte le volte; sempre — *Every time I meet him, he asks for money,* Ogni volta che lo incontro mi chiede dei soldi — *Our team wins every time,* La nostra squadra vince sempre — *(in) every way,* in tutti i modi — *every bit,* tutto quanto — *every bit as...,* in tutto come...; proprio come...; del tutto come...; esattamente come... — *Why don't you stop complaining? I'm every bit as tired as you are,* Perché non la smetti di brontolare? Sono stanco esattamente come te.

2 *(con* few, other *e i numeri: per indicare ricorrenza, intervallo di tempo o di spazio, ecc.): every few days,* ogni tanto — *every other day,* ogni due giorni; un giorno sì e uno no; a giorni alterni — *Write on every other line,* Scrivete una riga sì e una no — *every three days; every third day,* ogni tre giorni — *every ten minutes,* ogni dieci minuti — *every so often; every now and then,* ogni tanto; di quando in quando.

everybody, everyone [,evri'bɔdi/'evriwʌn] *pron indef* ognuno; ciascuno; tutti: *Everybody knows one and one make two,* Tutti sanno che uno più uno fa due — *In a small village everyone knows everyone else,* In un piccolo paese tutti si conoscono tra di loro.

everyday ['evri'dei] *agg (solo attrib.)* quotidiano; di ogni giorno; di tutti i giorni: *an everyday occurrence,* un avvenimento di tutti i giorni — *in everyday clothes,* con i vestiti di tutti i giorni.

Everyman ['evrimæn] *s.* 'ognuno'; l'uomo della strada.

everyone ['evriwʌn] *pron indef* ⇨ **everybody.**

everything ['evriθiŋ] *pron indef* tutto; ogni cosa: *That shop sells everything needed for camping,* Quel negozio vende tutto il necessario per il campeggio — *Tell me everything about it,* Dimmi tutto quello che ne sai — *Money is everything to him,* Per lui il denaro è tutto — *She's beautiful, I agree, but beauty isn't everything,* D'accordo, è una bella ragazza, ma la bellezza non è tutto.

everywhere ['evriwɛə*] *avv* dovunque; dappertutto; in ogni luogo.

to **evict** [i'vikt] *vt* sfrattare.

eviction [i'vikʃən] *s.* sfratto.

evidence ['evidəns] *s.* **1** prova; dimostrazione; testimonianza; deposizione: *There wasn't enough evidence to prove his guilt,* Non c'erano prove sufficienti per dimostrare la sua colpevolezza — *Have you any evidence for this statement?,* Ha qualche prova per suffragare questa Sua dichiarazione? — *We cannot condemn him on such slight evidence,* Non possiamo condannarlo in base a queste prove inconsistenti — *to be called in evidence,* essere chiamato a testimoniare — *to give (to bear) evidence,* testimoniare; deporre — *to turn Queen's (King's) evidence, (GB)* testimoniare *(per conto della Corona)* contro i propri complici. **2** evidenza: *to be in evidence,* essere in evidenza — *She's the sort of woman who likes to be very much in evidence,* È il tipo di donna cui piace moltissimo mettersi in evidenza. **3** segno; traccia: *When the ship reached port, it bore abundant evidence of the severity of the storm,* Quando la nave giunse in porto, recava profondi segni della furiosa tempesta.

to **evidence** ['evidəns] *vt* attestare; dimostrare; provare.

evident ['evidənt] *agg* evidente; chiaro; ovvio; manifesto; palese: *It must be evident to all of you that...,* Sarà evidente a voi tutti che... — *He looked at his twelve children with evident pride,* Guardò i suoi dodici bambini con manifesto orgoglio. □ *avv* **evidently.**

evil ['i:vl] **I** *agg* **1** cattivo; malvagio; peccaminoso; dannoso: *the Evil One,* il Maligno (il Demonio) — *evil minded,* malvagio; malizioso; perverso — *an evil tongue,* una malalingua — *the evil eye,* il malocchio. **2** funesto; sfortunato; disgraziato: *in an evil hour,* in un'ora funesta — *to fall on evil days,* cadere in miseria; attraversare un brutto periodo. □ *avv* **evilly** ⇨.
II *s.* **1** (il) male; (il) peccato: *to return good for evil,* ricambiare il bene per il male — *the spirit of evil,* lo spirito del male — *to wish sb evil,* augurare del male a qcno; desiderare il male di qcno. **2** disgrazia; calamità; male: *the lesser of two evils,* il male minore. □ *evil-doer,* malfattore; individuo malvagio.
III *avv* male: *to speak evil of sb,* parlare male di qcno.

evilly ['i:vli] *avv* con malvagità: *He eyed me evilly,* Mi guardò con cattiveria.

to **evince** [i'vins] *vt* dimostrare; manifestare; rivelare; dare prova: *a child who evinces great intelligence,* un fanciullo che dimostra grande intelligenza.

to **eviscerate** [i'visəreit] *vt* sventrare; *(fig.)* svuotare; vuotare di ogni contenuto.

evocation [,evou'keiʃən] *s.* evocazione.

evocative [i'vɔkətiv] *agg* evocatore; evocativo; suggestivo: *evocative words,* parole evocatrici.

to **evoke** [i'vouk] *vt* evocare; suscitare; provocare: *to evoke a spirit from the other world,* evocare uno spirito dall'aldilà.

evolution [,i:və'lu:ʃən] *s.* **1** *(vari sensi)* evoluzione: *the theory of evolution; the evolution theory,* la teoria dell'evoluzione — *England has always preferred evolution to revolution,* L'Inghilterra ha sempre preferito l'evoluzione alla rivoluzione. **2** sviluppo *(di gas).* **3** emanazione *(di calore).* **4** estrazione *(di radice matematica).*

evolutionary [,i:və'lu:ʃnəri] *agg* evolutivo.

to **evolve** [i'vɔlv] *vi* evolvere; svilupparsi: *The American constitution was planned; the British constitution evolved,* La costituzione americana fu elaborata programmaticamente; la costituzione inglese si sviluppò gradatamente.
□ *vt* elaborare; evolversi; svilupparsi: *He has evolved a new theory,* Ha elaborato una nuova teoria.

ewe [ju:] *s.* pecora *(femmina): ewe-cheese,* formaggio pecorino — *ewe-lamb,* agnella — *one's ewe lamb, (fig.)* il proprio prediletto; la cosa più cara.

ewer ['ju(:)ə*] *s.* brocca.

ex- [eks] *prefisso* **1** ex-; già; un tempo: *ex-president,* ex-presidente — *ex-serviceman,* ex-combattente. **2** *(comm.)* al netto di; ex-: *ex-dividend; ex-coupon,* excedola — *ex-rights,* ex-diritti. **3** franco; fuori da; ex-: *ex works,* franco stabilimento.

to **exacerbate** [eks'æsəbeit] *vt* esacerbare; aggravare; peggiorare; inasprire; irritare; esasperare.

exacerbation [eks,æsə'beiʃən] *s.* esacerbazione; esasperazione; inasprimento; peggioramento; aggravamento.

exact [ig'zækt] *agg* **1** esatto; preciso: *What is the exact size of the room?,* Qual è l'esatta misura della stanza? — *an exact ear,* un buon orecchio. **2** rigido; severo; rigoroso: *an exact scholar,* uno studioso rigoroso — *an exact memory,* una memoria di ferro. □ *avv* **exactly** ⇨.

to **exact** [ig'zækt] *vt* **1** esigere: *to exact taxes,* esigere tasse — *to exact payment from a debtor,* esigere il pagamento da un debitore — *to exact obedience (from, of sb),* esigere l'obbedienza (da qcno). **2** *(desueto)* richiedere.

exacting [ig'zæktiŋ] *agg* **1** impegnativo; difficile: *an exacting piece of work,* un'opera impegnativa. **2** esigente; severo: *an exacting master,* un padrone esigente.

exaction [ig'zækʃən] *s.* **1** esazione. **2** estorsione; concussione. **3** richiesta eccessiva *(di tempo, sforzo, ecc.).*

exactitude [ig'zæktitju:d] *s.* ⇨ **exactness.**

exactly [ig'zæktli] *avv* **1** esattamente; precisamente; proprio: *That's exactly what I expected,* È proprio quello che mi aspettavo — *Your answer is exactly right,* La tua risposta è esattissima. **2** *(interiezione)* Esattamente!; Precisamente!; Proprio così!; Appunto!

exactness, exactitude [ig'zæktnis/ig'zæktitju:d] *s.* esattezza; precisione; rigore.

to **exaggerate** [ig'zædʒəreit/eg-] *vt e i.* esagerare; ingrandire: *You always exaggerate the difficulties,* Tu esageri sempre le difficoltà — *He has an exaggerated sense of his own importance,* Ha un senso sproporzionato della propria importanza.

exaggeration [ig,zædʒə'reiʃən] *s.* esagerazione: *a story full of exaggerations,* una storia piena di esagerazioni.

to **exalt** [ig'zɔ(:)lt/eg-] *vt* **1** innalzare; elevare *(di grado).* **2** esaltare; lodare; vantare; magnificare.

exaltation [,egzɔ:l'teiʃən/,eks-] *s.* **1** elevazione; innalzamento. **2** esaltazione; eccitazione.

exalted [ig'zɔ:ltid/eg-] *agg* elevato; eccelso; eminente:

a person of exalted rank, una persona di alto rango (di rango elevato).

exam [ig'zæm/eg-] *s., abbr fam di* **examination.**

examination [ig'zæmi'neiʃən/eg-] *s. (abbr. in* exam, *ma unicamente in senso scolastico o accademico)* esame; indagine; verifica; interrogatorio: *On examination, it was found that the signature was not genuine,* All'esame, la firma si rivelò non autentica — *an examination in mathematics (a maths exam),* un esame di matematica — *an entrance examination,* un esame di ammissione — *a medical examination,* una visita medica — *competitive examination,* (esame di) concorso — *examination questions,* domande d'esame — *examination papers,* (fogli con) temi d'esame; questionario scritto — *an examination of business accounts,* una verifica di conti aziendali — *The prisoner is still under examination,* Il prigioniero è ancora sotto interrogatorio — *a post-mortem examination,* un'autopsia.

to **examine** [ig'zæmin/eg-] *vt* esaminare *(anche nel senso scolastico);* osservare; ispezionare; verificare; controllare: *to examine old records,* esaminare vecchi documenti — *to have one's teeth (one's eyes) examined,* farsi esaminare i denti (gli occhi) — *to examine a new theory,* verificare (controllare) una nuova teoria — *to examine pupils in Latin (on their knowledge of Latin),* esaminare degli studenti in latino (la loro conoscenza del latino) — *to examine a witness, (dir.)* interrogare un teste (in tribunale).

examinee [igzæmi'ni:/eg-] *s.* candidato (all'esame).

examiner [ig'zæminə*/eg-] *s.* esaminatore; commissario (d'esami).

example [ig'zɑ:mpl] *s.* **1** esempio; modello; esemplare: *for example,* per esempio; ad esempio — *beyond (without) example,* senza precedenti — *to follow sb's example,* seguire l'esempio di qcno — *to set an example to sb,* dare un esempio a qcno — *to set sb a good example,* dare il buon esempio a qcno. **2** avvertimento; punizione; lezione: *Let this be an example to you,* Che questo ti serva di lezione — *to make an example of sb,* dare una punizione esemplare a qcno.

to **exasperate** [ig'zɑ:spəreit] *vt* **1** esasperare; irritare: *to be exasperated by (o at) sb's stupidity,* essere esasperato (irritato) dalla stupidità di qcno. **2** provocare. **3** peggiorare; aggravare; inasprire.

exasperating [ig,zɑ:spə'reitiŋ] *agg* esasperante; irritante; provocante. □ *avv.* **exasperatingly.**

exasperation [ig,zɑ:spə'reiʃən] *s.* **1** esasperazione; irritazione: *'Stop that noise!', he cried out in exasperation,* 'Smettila di far quel rumore!', gridò esasperato. **2** peggioramento; aggravamento.

to **excavate** ['ekskəveit] *vt* scavare; dissotterrare; portare alla luce: *to excavate a trench,* scavare una trincea.

excavation [,ekskə'veiʃən] *s.* scavo; fossa; dissotterramento.

excavator [,ekskə'veitə*] *s.* **1** scavatore; sterratore. **2** escavatrice; macchina escavatrice.

to **exceed** [ik'si:d/ek-] *vt* superare; oltrepassare; andare oltre; eccedere: *Their success exceeded all expectations,* Il loro successo superò ogni aspettativa — *to exceed the speed limit,* superare il limite di velocità — *to exceed one's instructions,* andare oltre le istruzioni ricevute.

exceeding [ik'si:diŋ/ek-] *avv (ant.)* = **exceedingly.**

exceedingly [ik'si:diŋli/ek-] *avv* eccessivamente; estremamente; molto; assai: *an exceedingly difficult problem,* un problema estremamente difficile.

to **excel** [ik'sel/ek-] *vi* eccellere; primeggiare; spiccare; distinguersi: *He excels in courage,* Eccelle per coraggio.

□ *vt* superare; vincere; battere: *He excels all of us in (o at) tennis,* Ci batte tutti a tennis.

excellence ['eksələns] *s.* eccellenza; bravura; perfezione; superiorità: *a prize for excellence,* un premio di merito.

Excellency ['eksələnsi] *s. (titolo)* Eccellenza: *His (Your) Excellency,* Sua (Vostra) Eccellenza.

excellent ['eksələnt] *agg* eccellente; ottimo; molto buono. □ *avv* **excellently.**

excelsior [ek'selsiə*] *s. (USA)* trucioli fini *(da imballaggio).*

except [ik'sept/ek-] *prep* eccetto; salvo; tranne; all'infuori di; ad eccezione di: *He gets up early every day except Sunday,* Si alza presto tutte le mattine, eccetto la domenica — *Nobody was late except me,* Nessuno era in ritardo, tranne me — *My papers seem to be everywhere except where they ought to be,* Sembra che le mie carte si trovino dappertutto tranne dove dovrebbero essere.

except for..., salvo per...; fatta eccezione di...: *Your essay is good except for the spelling,* Il tuo tema va bene, salvo per l'ortografia.

except that... 1 *(congiunz.)* eccetto che...; salvo che...; se non che...; tranne che...: *She knew nothing about his journey except that he was likely to be away for three months,* Non sapeva nulla del suo viaggio, eccetto che sarebbe stato via probabilmente per tre mesi. **2** *(usato come congiunz., ant. e biblico)* a meno che...: *Except (that) ye be born again..., (Bibbia)* A meno che voi non nasciate di nuovo...

to **except** [ik'sept/ek-] *vt* eccettuare; escludere: *When I say that boys are lazy, I except Tom,* Quando dico che i ragazzi sono pigri, escludo Tom — *present company excepted,* esclusi i presenti.

excepting [ik'septiŋ/ek-] *prep e congiunz (usato dopo* not, always *e* without*)* eccetto; tranne; salvo: *the whole staff, not excepting the heads of departments,* tutto il personale compresi i capi dipartimento (sezione).

exception [ik'sepʃən/ek-] *s.* **1** eccezione: *You must all be here at eight a.m.: I make no exceptions,* Dovete essere tutti qui alle otto di mattina senza nessuna eccezione — *I enjoyed all his novels with the exception of the last,* Mi sono piaciuti tutti i suoi romanzi, ad eccezione dell'ultimo. **2** obiezione: *(nell'espressione) to take exception to sth,* - **a)** muovere obiezione a qcsa - **b)** offendersi per qcsa.

exceptionable [ik'sepʃnəbl] *agg* criticabile; riprovevole.

exceptional [ik'sepʃənəl] *agg* eccezionale; insolito: *This is exceptional weather for June,* Questo tempo è insolito per giugno. □ *avv* **exceptionally.**

excerpt ['eksə:pt/ik'sə:pt] *s.* estratto; brano.

excess [ik'ses/ek-] *s.* **1** eccesso; intemperanza: *an excess of enthusiasm,* un eccesso di entusiasmo — *to drink to excess,* bere oltre misura; strabere — *Don't carry your grief to excess,* Non esasperare il tuo dolore. **2** eccedenza: *an excess of imports over exports,* un'eccedenza delle importazioni sulle esportazioni — *in excess of,* in eccedenza su. □ *(attrib.)* in eccedenza; in eccesso; addizionale: *excess luggage (baggage),* bagaglio in eccedenza — *excess fare,* supplemento di tariffa — *excess postage,* affrancatura aggiuntiva — *excess profits duty (o tax),* tasse sui profitti di guerra.

excessive [ik'sesiv/ek-] *agg* eccessivo; intemperante; smodato. □ *avv* **excessively.**

exchange [iks'tʃeindʒ/eks-] *s.* **1** cambio; scambio; baratto: *Is five apples for five eggs a fair exchange?,* Cinque mele contro cinque uova è un buon baratto? **2** cambio: *exchange rate; rate of exchange,* (tasso di) cambio — *exchange control,* controllo dei cambi. **3** borsa; mercato: *the Cotton Exchange,* la Borsa del cotone — *the Stock Exchange,* la Borsa Valori — *bill of exchange,* cambiale — *labour exchange, (GB)* ufficio di collocamento. **4** *(GB: anche* telephone exchange*)* centralino telefonico.

to **exchange** [iks'tʃeindʒ/eks-] *vt e i.* cambiare; scambiarsi: *to exchange greetings (glances),* scambiarsi saluti (occhiate) — *The two drunken men exchanged hats,* I due ubriachi si scambiarono il cappello — *Mary exchanged seats with Anne,* Mary cambiò il posto con Anne — *to exchange blows (words),* venire alle mani (alle parole).

exchangeable [iks'tʃeindʒəbl/eks-] *agg* cambiabile; scambiabile.

exchequer [iks'tʃekə*/eks-] *s.* **1** 'Scacchiere'; erario; finanze; tesoro: *the Chancellor of the Exchequer, (GB)* il Cancelliere dello Scacchiere (ministro delle Finanze, del Bilancio e del Tesoro). **2** fondi; risorse *(statali o private).*

excise [ek'saiz/ik-/'eksaiz] *s.* imposta indiretta; imposta sul consumo: *the excise on tobacco,* l'imposta sul tabacco — *the Excise,* l'ufficio delle Imposte; il Dazio — *excise man, (stor.)* agente delle imposte, del dazio — *excise officer,* funzionario delle imposte.

to **excise** [ek'saiz/ik-] *vt* tagliare; omettere; togliere *(un passo da un libro, ecc.); (med.)* resecare.

excision [ek'siʒən/ik-] *s.* taglio; omissione; recisione; *(med.)* resezione; exeresi.

excitability [ek,saitə'biliti] *s.* eccitabilità.

excitable [ik'saitəbl] *agg* eccitabile.

to **excite** [ik'sait/ek-] *vt* **1** eccitare; stimolare; agitare; provocare; infiammare: *Everybody was excited by the news of the victory,* Tutti erano eccitati alla notizia della vittoria — *It's nothing to get excited about,* Non c'è motivo di agitarsi — *Don't excite yourself!; Don't get excited!,* Non eccitarti!; Non ti agitare! — *to excite the people to rebellion,* incitare il popolo alla rivolta. **2** suscitare; animare; far sorgere o scaturire; originare; provocare: *to excite admiration,* suscitare ammirazione — *to excite a riot,* provocare una sommossa. **3** eccitare; stimolare *(di medicine, ecc.);* richiamare in attività *(di parti del corpo umano, ecc.): drugs that excite the nerves,* farmaci che eccitano i nervi.

excited [ik'saitid/ek-] *agg* emozionato; eccitato. □ *avv* **excitedly.**

excitement [ik'saitmənt/ek-] *s.* eccitazione; agitazione; eccitamento.

exciting [ik'saitiŋ] *agg* eccitante; commovente; emozionante; entusiasmante: *exciting news,* notizie eccitanti, entusiasmanti — *an exciting story,* una storia emozionante.

to **exclaim** [iks'kleim/eks-] *vt* esclamare; gridare: *to exclaim against sb,* inveire contro qcno; accusare qcno a gran voce.

exclamation [,eksklə'meiʃən] *s.* esclamazione; grido: *exclamation mark,* punto esclamativo.

exclamatory [eks'klæmətəri] *agg* esclamativo.

to **exclude** [iks'klu:d/eks-] *vt* escludere; non ammettere: *to exclude all possibility of doubt,* escludere ogni possibilità di dubbio — *to exclude immigrants,* non accettare immigranti.

exclusion [iks'klu:ʒən/eks-] *s.* esclusione: *to the exclusion of...,* ad esclusione di...

exclusive [iks'klu:siv/eks-] *agg* **1** altezzoso; che mantiene le distanze. **2** *(di circolo, ecc.)* scelto; precluso ai più: *He belongs to the most exclusive clubs,* Appartiene ai circoli più chiusi. **3** esclusivo; unico: *exclusive privileges,* privilegi esclusivi — *an exclusive article,* un articolo in esclusiva — *to have (the) exclusive rights for the sale of sth,* avere l'esclusiva della vendita di qcsa. **4** costoso; esclusivo *(di merce, ecc.).* **5** *(come avv.) exclusive of...,* a esclusione di...; eccetto...: *The ship had a crew of 57 exclusive of officers,* La nave aveva un equipaggio di 57 persone esclusi gli ufficiali.

□ *s.* diritto *(spec. su un servizio giornalistico)* di esclusiva.

to **excogitate** [eks'kɔdʒiteit/iks-] *vt* escogitare; architettare; inventare.

excogitation [eks,kɔdʒi'teiʃən] *s.* escogitazione.

to **excommunicate** [,ekskə'mju:nikeit] *vt* scomunicare.

excommunication ['ekskə,mju:ni'keiʃən] *s.* scomunica.

to **excoriate** [eks'kɔ(:)rieit/iks-] *vt* escoriare; scorticare.

excoriation [eks,kɔ(:)ri'eiʃən] *s.* escoriazione; scorticazione.

excrement ['ekskrimənt] *s.* escremento; escrementi.

excrescence [iks'kresns/eks-] *s.* escrescenza.

excreta [eks'kri:tə] *s. pl (lat.)* escrementi.

to **excrete** [eks'kri:t/iks-] *vt* espellere *(escrementi);* secernere *(sudore, ecc.).*

excretion [eks'kri:ʃən/iks-] *s.* escrezione.

excretory [eks'kri(:)təri] *agg* escretorio.

excruciating [iks'kru:ʃieitiŋ] *agg* straziante; atroce. □ *avv* **excruciatingly:** *(spesso nell'espressione, fig.) excruciatingly funny,* divertente da morire.

to **exculpate** ['ekskʌlpeit] *vt* discolpare; giustificare; assolvere.

excursion [iks'kə:ʃən/eks-] *s.* escursione; gita: *to go on (to make) an excursion to the mountains,* fare un'escursione; andare in gita in montagna — *an excursion train (ticket),* un treno (biglietto) turistico.

excursionist [iks'kə:ʃənist] *s. (desueto)* escursionista; gitante.

excursus [eks'kə:səs] *s.* (*pl.* **excursuses**) **1** 'excursus'; dissertazione. **2** digressione.

excusable [iks'kju:zəbl/eks-] *agg* scusabile; perdonabile; giustificabile. □ *avv* **excusably.**

excuse [iks'kju:s/eks-] *s.* scusa; giustificazione; pretesto: *He's always making excuses for being late,* Trova sempre delle scuse per i suoi ritardi — *Please give them my excuses,* Ti prego di presentare loro le mie scuse — *in excuse of...,* a giustificazione...; per scusa — *You cannot plead ignorance in excuse of your conduct,* Non puoi appellarti alla tua ignoranza per giustificare la tua condotta — *without excuse,* senza scusa; senza giustificazione.

to **excuse** [iks'kju:z] *vt* **1** scusare; giustificare: *to excuse sb's conduct,* scusare la condotta di qcno — *Nothing can excuse such rudeness,* Non c'è nulla che possa giustificare una tale villania — *Please excuse my coming late; Please excuse me for being late,* Vi prego di scusare il mio ritardo — *Excuse my interrupting you,* Scusa se ti interrompo; Scusami l'interruzione — *Please sir, may I be excused?, (a scuola)* Scusi, professore, posso uscire (andare al gabinetto)? **2** dispensare; esentare; condonare: *He was excused from attendance at the lecture,* Fu dispensato dall'assistere alla conferenza. **3** *Excuse me!,* - **a)** Permesso! - **b)** Scusami!; Mi scusi!; Scusatemi!: *Excuse me, but I don't think that statement is quite true,* Scusate, ma credo che quell'affermazione non sia del tutto giusta.

exeat ['eksiæt] *s. (lat.)* permesso di assentarsi *(GB, nelle scuole secondarie, ecc.).*

execrable ['eksikrəbl] *agg* **1** esecrabile; odioso. **2** pessimo: *execrable weather,* tempo pessimo. □ *avv* **execrably.**

to **execrate** ['eksikreit] *vt* **1** esecrare; detestare. **2** maledire.

execration [,eksi'kreiʃən] *s.* **1** esecrazione; il detestare. **2** maledizione.

executant [ig'zekjutənt/eg-] *s.* esecutore *(spec. di musica).*

to **execute** ['eksikju:t] *vt* **1** eseguire; attuare; dar corso *(a una pratica): to execute sb's commands,* eseguire gli ordini di qcno — *to execute a plan,* attuare un piano — *to execute a will,* eseguire un testamento. **2** perfezionare; rendere vincolante *(p.es. un contratto, firmandolo).* **3** eseguire *(una sentenza, una condanna);* giustiziare *(una persona).* **4** *(di artista, giocatore, ecc.)* eseguire: *The Appassionata sonata was very badly executed,* L'Appassionata' fu eseguita molto male.

execution [,eksi'kju:ʃən] *s.* **1** esecuzione; attuazione: *to put (to carry) a plan into execution,* mettere in esecuzione un piano. **2** *(di brano di musica, di scultura, ecc.)* esecuzione. **3** esecuzione capitale: *execution by hanging,* esecuzione capitale per impiccagione. **4** *(ant.)* strage; distruzione *(anche fig.): The artillery did great execution,* L'artiglieria fece una grande strage.

executioner [,eksi'kju:ʃənə*] *s.* carnefice; boia.

executive [ig'zekjutiv/eg-] *agg* **1** direttivo; amministrativo: *executive ability,* capacità direttiva — *executive duties,* mansioni direttive. **2** esecutivo: *executive power,* potere esecutivo — *executive order,* decreto legge.
□ *s.* **1** *the Executive,* il potere esecutivo. **2** dirigente; amministratore; capo: *the chief executive, (USA)* il Presidente degli Stati Uniti.

executor [ig'zekjutə*/eg-] *s.* esecutore testamentario: *literary executor,* chi cura la pubblicazione delle opere postume di un autore.

executrix [ig'zekjutriks/eg-] *s.* (*pl.* **executrices**) esecutrice testamentaria.

exegesis [,eksi'dʒi:sis] *s.* esegesi.

exemplary [ig'zempləri/eg-] *agg* esemplare.

exemplification [ig,zemplifi'keiʃən/eg-] *s.* esemplificazione.

to **exemplify** [ig'zemplifai/eg-] *vt* **1** esemplificare. **2** servire d'esempio.

exempt [ig'zem*p*t/eg-] *agg* esente.

to **exempt** [ig'zem*p*t/eg-] *vt* esentare.

exemption [ig'zem*p*ʃən/eg-] *s.* esenzione.

exercise ['eksəsaiz] *s.* **1** esercizio *(vari sensi);* moto; esercitazione: *Walking, running, and riding are all healthy forms of exercise,* Camminare, correre e cavalcare sono tutte forme salutari di esercizio fisico — *The doctor advised her to take more exercise,* Il dottore le consigliò di fare più moto — *exercises in English composition,* esercizi di composizione inglese — *exercise book,* quaderno — *the exercise of patience is essential in diplomatic negotiations,* l'esercizio della pazienza è indispensabile nelle trattative diplomatiche. **2** *(al pl.)* esercitazioni militari. **3** *(USA, al pl.)* cerimonie: *graduation exercises,* cerimonie di laurea — *opening exercises,* cerimonie d'apertura.

to **exercise** ['eksəsaiz] *vt e i.* **1** esercitare; fare esercizi: *Horses get fat and lazy if they are not exercised,* I cavalli diventano grassi e pigri se non vengono tenuti in esercizio — *to exercise oneself,* esercitarsi — *You don't exercise enough,* Non fai abbastanza moto. **2** esercitare; praticare; usare: *to exercise authority (over sb),* esercitare autorità (su qcno) — *to exercise one's rights,* esercitare i propri diritti — *to exercise patience,* usare pazienza. **3** preoccupare; turbare: *the problem that is exercising our minds...,* il problema che impegna adesso le nostre menti... — *to be greatly exercised about sth, (raro)* essere molto preoccupato per qcsa.

to **exert** [ig'zə:t/eg-] *vt* esercitare; fare uso. □ *to exert oneself,* sforzarsi.

exertion [ig'zə:ʃən/eg-] *s.* **1** esercizio; applicazione; uso; ricorso: *the exertion of force,* l'uso della forza; il ricorso alla forza. **2** grande sforzo: *Such were his exertions that he was soon tired out,* Tali furono i suoi sforzi che si stancò presto.

exeunt ['eksiʌnt] *voce verbale (lat.: nelle didascalie teatrali)* 'escono'.

exhalation [,eks*h*ə'leiʃən] *s.* esalazione; emanazione; effluvio.

to **exhale** [eks'heil] *vt e i.* esalare; emettere; emanare.

exhaust [ig'zɔ:st/eg-] *s.* aspiratore di gas, vapore *(in un motore);* scarico; scappamento: *exhaust pipe,* tubo di scappamento — *exhaust valve,* valvola di scarico.

to **exhaust** [ig'zɔ:st/eg-] *vt* **1** esaurire: *to exhaust one's patience,* esaurire la propria pazienza — *to exhaust oneself by hard work,* esaurirsi per il troppo lavoro. **2** vuotare; aspirare *(aria, gas, ecc.): to exhaust a well,* vuotare un pozzo. **3** esaurire *(un argomento).*

exhaustion [ig'zɔ:stʃən/eg-] *s.* esaurimento.

exhaustive [ig'zɔ:stiv/eg-] *agg* esauriente. □ *avv* **exhaustively.**

exhaustiveness [ig'zɔ(:)stivnis] *s.* l'essere esauriente.

exhibit [ig'zibit/eg-] *s.* **1** oggetto (raccolta di oggetti) in mostra *(in una fiera, un museo, ecc.).* **2** documento o oggetto *(esibito in tribunale).*

to **exhibit** [ig'zibit/eg-] *vt* **1** esporre. **2** rivelare *(qualità);* dimostrare. **3** esibire; produrre *(documenti, ecc.).*

exhibition [,eksi'biʃən] *s.* **1** esposizione; mostra. **2** dimostrazione; esibizione: *an exhibition of bad manners,* una dimostrazione di cattivo comportamento — *an opportunity for the exhibition of one's knowledge,* un'occasione per far mostra del proprio sapere — *to make an exhibition of oneself,* mettersi in mostra; rendersi ridicolo. **3** presentazione; esibizione di documenti. **4** *(GB)* borsa di studio; sussidio universitario o scolastico.

exhibitioner [,eksi'biʃənə*] *s. (GB)* borsista; detentore di borsa di studio.

exhibitionism [,eksi'biʃənizəm] *s.* esibizionismo.

exhibitionist [,eksi'biʃənist] *s.* esibizionista.

exhibitor [ek'sibitə*] *s.* espositore.

to **exhilarate** [ig'ziləreit/eg-] *vt (generalm. al passivo)* esilarare; rallegrare: *exhilarating news,* notizie che rallegrano.

exhilaration [ig,zilə'reiʃən/eg-] *s.* ilarità; allegria.

to **exhort** [ig'zɔ:t/eg-] *vt* esortare.

exhortation [,egzɔ:'teiʃən] *s.* esortazione.

exhumation [,eks*h*ju:'meiʃən] *s.* esumazione.

to **exhume** [eks'hju:m] *vt* esumare *(anche fig.).*

exigency [ek'sidʒənsi/'eksidʒənsi] *s.* **1** esigenza; bisogno. **2** emergenza.

exigent ['eksidʒənt] *agg (non comune)* **1** pressante; urgente. **2** esigente.

exiguous [eg'zigjuəs] *agg* esiguo; tenue; piccolo.

exile ['eksail/'egzail] *s.* **1** esilio *(anche fig.).* **2** esule; esiliato.

to **exile** ['eksail/'egzail] *vt* esiliare: *to be exiled for life,* essere esiliato a vita.

to **exist** [ig'zist/eg-] *vi* **1** esistere. **2** vivere: *We cannot exist without food and water,* Non possiamo vivere senza cibo e acqua. **3** sopravvivere; continuare ad esistere.

existence [ig'zistəns/eg-] *s.* esistenza: *Do you believe in the existence of ghosts?,* Credi nell'esistenza degli spiriti? — *to lead a happy existence,* condurre un'esistenza felice — *the oldest Hebrew manuscript in existence,* il più antico manoscritto ebraico che esista.

existent [ig'zistənt/eg-] *agg* esistente; attuale.

existential [,egzis'tenʃəl] *agg* esistenziale.

existentialism [,egzis'tenʃəlizəm] *s.* esistenzialismo.

[1]**exit** ['eksit/'egzit] *s.* **1** uscita *(d'un attore dalla scena): to make one's exit,* uscire; *(fig.)* morire. **2** uscita *(di teatro o cinema).*

[2]**exit** ['eksit] *voce verbale (lat.: nelle didascalie teatrali)* 'esce'.

exodus ['eksədəs] *s.* esodo.

ex officio [,eksə'fiʃiou] *agg e avv (lat.)* d'ufficio; di diritto.

to **exonerate** [ig'zɔnəreit/eg-] *vt* **1** esonerare. **2** prosciogliere; discolpare.

exoneration [ig,zɔnə'reiʃən/eg-] *s.* **1** esonero; dispensa. **2** proscioglimento; discolpa.

exorbitant [ig'zɔ:bitənt/eg-] *agg* esorbitante.

exorcism ['eksɔ:sizəm] *s.* esorcismo.

exorcist ['eksɔ(:)sist] *s.* esorcista.

to **exorcize, to exorcise** ['eksɔ:saiz] *vt* esorcizzare.

exotic [eg'zɔtik/ig-/ek'sɔtik] *agg* esotico. □ *avv* **exotically.**

to **expand** [iks'pænd/eks-] *vt* **1** espandere; ampliare; dilatare; estendere; allargare: *The small pocket dictionary was expanded into a larger volume,* Il dizionarietto tascabile fu esteso e trasformato in un volume più grande. **2** distendere; spiegare.

□ *vi* **1** espandersi; dilatarsi; estendersi; allargarsi; ampliarsi: *Metals expand when they are heated,* I metalli si dilatano quando sono riscaldati — *A tyre expands when you pump air into it,* Un pneumatico si dilata quando vi si pompa aria dentro — *At this point the river expands and forms a lake,* Qui il fiume si allarga e forma un lago — *Our foreign trade has expanded during recent years,* Il commercio con l'estero è andato espandendosi in questi ultimi anni. **2** distendersi; spiegarsi: *His face expanded in a smile of welcome,* Il suo viso si distese in un sorriso di benvenuto — *The petals of many flowers expand in the sunshine,* I petali di molti fiori si aprono al sole. **3** diventare espansivo, di buon umore, cordiale.

expander [iks'pændə*/eks-] *s. (attrezzo da ginnastica: anche* chest expander*)* estensore.

expanse [iks'pæns/eks-] *s.* distesa; estensione.

expansion [iks'pænʃən/eks-] *s.* espansione; dilatazione; estensione; sviluppo: *expansion of territory,* estensione di territorio — *the expansion of an idea,* lo sviluppo di un'idea — *expansion of the currency,* aumento della circolazione monetaria.

expansionist [iks'pænʃənist] *s.* **1** espansionista. **2** inflazionista.

expansive [iks'pænsiv/eks-] *agg* **1** espansivo *(di gas, di persona, ecc.).* **2** esteso; vasto. □ *avv* **expansively.**

expansiveness [iks'pænsivnis/eks-] *s.* **1** espansione. **2** effusione. **3** estensione.

ex parte ['eks'pɑ:ti] *avv (lat.)* unilateralmente. □ *(come agg.: dir.)* unilaterale.

to **expatiate** [eks'peiʃieit/iks-] *vi (seguito da* upon*)* spaziare; parlare o scrivere diffusamente.

expatriate [eks'pætriət/iks-] *s.* espatriato; esule.

to **expatriate** [eks'pætrieit/iks-] *vt e i.* espatriare; rinunciare alla propria nazionalità.

to **expect** [iks'pekt/eks-] *vt* **1** aspettare; attendere *(qcno o qcsa): We expected you yesterday,* Ti aspettavamo ieri — *I'm expecting a letter from her,* Sono in attesa di una sua lettera. **2** aspettarsi; attendersi; esigere; pretendere; contare su: *They expect me to work on Saturdays,* Pretendono che lavori il sabato — *I expect you to be punctual,* Esigo che tu sia puntuale — *You can't learn a foreign language in six months: it's not to be expected,* Non puoi imparare una lingua straniera in sei mesi; non lo si può pretendere — *What do you expect me to do?,* Cosa vuoi che faccia? **3** ritenere; presumere; supporre; credere; pensare: *I expect to be back on Sunday,* Penso che sarò di ritorno domenica — *'Will he need help?' - 'No, I don't expect so' (talvolta: 'No, I expect not'),* 'Avrà bisogno di aiuto?' - 'No, non credo'.

□ *vi (sempre alla forma 'progressiva')* essere incinta, in stato interessante: *I see Mrs. Smith's expecting again,* Vedo che la signora Smith aspetta di nuovo un bambino.

expectancy [iks'pektənsi/eks-] *s.* **1** attesa; aspettativa; ansia: *with a look (an air) of expectancy,* con uno sguardo (un'aria) di attesa. **2** *(dir.)* interesse futuro. □ *life expectancy, (diritto assicurativo)* probabilità di vita.

expectant [iks'pektənt/eks-] *agg* **1** che aspetta; in attesa: *an expectant mother,* una donna incinta. **2** ansioso; speranzoso. □ *avv* **expectantly.**

expectation [,ekspek'teiʃən] *s.* **1** aspettativa; attesa; previsione: *He ate a light lunch in expectation of a good dinner,* Consumò una colazione leggera in previsione di un'ottima cena — *contrary to expectation(s),* contro ogni aspettativa — *beyond expectation,* oltre ogni aspettativa, previsione. **2** *(al pl.)* prospettive; speranze: *a young man with great expectations,* un giovane con grandi prospettive (di grandi speranze). **3** probabilità: *expectation of life,* probabilità di vita.

expectorant [eks'pektərənt] *agg e s.* medicamento espettorante; espettorativo.

to **expectorate** [eks'pektəreit/iks-] *vt e i.* espettorare.

expectoration [eks,pektə'reiʃən] *s.* espettorazione.

expedience, expediency [iks'pi:djəns(i)/eks-] *s.* **1** convenienza; opportunità; vantaggio. **2** opportunismo.

expedient [iks'pi:djənt/eks-] *agg* conveniente; opportuno; utile: *Do what you think expedient,* Fate ciò che vi sembra opportuno.

□ *s.* espediente; ripiego; accorgimento.

to **expedite** ['ekspidait] *vt* accelerare; sbrigare; snellire.

expedition [,ekspi'diʃən] *s.* **1** spedizione: *a hunting expedition,* una spedizione di caccia — *to go on an expedition to the Antarctic,* partecipare ad una spedizione nell'Antartico. **2** speditezza; prontezza.

expeditionary [,ekspi'diʃənəri] *agg* di spedizione: *an expeditionary force,* un corpo di spedizione.

expeditious [,ekspi'diʃəs] *agg* spedito; rapido; pronto; sollecito. □ *avv* **expeditiously.**

expeditiousness [,ekspi'diʃəsnis] *s.* speditezza; prontezza; sollecitudine.

to **expel** [iks'pel/eks-] *vt* (**-ll-**) espellere; scacciare.

to **expend** [iks'pend/eks-] *vt* spendere; consumare.

expendable [iks'pendəbl/eks-] *agg* **1** spendibile. **2**

(spec. mil.: di materiale bellico, ma anche di truppe) che si può sacrificare; *(per estensione)* di poco conto.

expenditure [iks'penditʃə*/eks-] *s.* **1** spesa; spese. **2** consumo.

expense [iks'pens/eks-] *s.* spesa: *to spare no expense,* non badare a spese — *at my (his) expense,* a mie (sue) spese — *at the expense of...,* al costo di...; a spese di... — *He finished the dictionary, but only at the expense of his health,* Portò a termine il dizionario, ma soltanto a spese della propria salute — *to go to the expense of doing sth,* sobbarcarsi la spesa di fare qualcosa — *to put sb to great expense,* far spendere dei soldi a qcno — *expense account,* conto spese — *travelling expenses,* spese di viaggio.

expensive [iks'pensiv/eks-] *agg* caro; costoso; dispendioso. □ *avv* **expensively.**

experience [iks'piəriəns/eks-] *s.* esperienza; pratica: *We all learn by experience,* Tutti impariamo con l'esperienza — *He has not enough experience for the position,* Non ha sufficiente esperienza per quel posto (di lavoro) — *A man of your experience ought to do well,* Un uomo della Sua esperienza dovrebbe far bene — *an unpleasant experience,* una spiacevole esperienza.

to **experience** [iks'piəriəns/eks-] *vt* provare; subire; sentire; incontrare: *to experience pleasure,* provare piacere — *to experience difficulty,* incontrare difficoltà.

experienced [iks'piəriənst] *agg* esperto; pratico; provato.

experiment [iks'perimənt/eks-] *s.* esperimento: *to make (to carry out) an experiment in optics,* fare un esperimento di ottica.

to **experiment** [iks'perimənt/eks-] *vi* sperimentare; fare esperimenti: *to experiment with new methods,* sperimentare nuovi metodi — *to experiment upon dogs,* fare esperimenti su cani.

experimental [eks,peri'mentl/iks-] *agg* sperimentale; empirico. □ *avv* **experimentally.**

experimentation [eks,perimen'teiʃən] *s.* sperimentazione.

experimenter [eks'perimentə*] *s.* sperimentatore.

expert ['ekspə:t] *agg* esperto; abile; competente: *expert witness, (dir.)* perito. □ *avv* **expertly.**
□ *s.* esperto; perito: *an expert in economics,* un esperto in economia.

expertise [,ekspə:'ti:z] *s. (fr.)* abilità; competenza.

expertness ['ekspə:tnis] *s.* perizia; abilità; competenza.

to **expiate** ['ekspieit] *vt* espiare.

expiation [,ekspi'eiʃən] *s.* espiazione.

expiatory ['ekspiətəri] *agg* espiatorio.

expiration [,ekspaiə'reiʃən] *s.* **1** fine; scadenza *(di un periodo).* **2** espirazione.

to **expire** [iks'paiə*/eks-] *vi* **1** finire; scadere. **2** *(lett.)* spirare; morire; *(fig.)* estinguersi *(di titolo di nobiltà, ecc.)*; spegnersi *(di fuoco, ecc.).* **3** espirare.

expiry [iks'paiəri/eks-] *s.* fine; scadenza; termine.

to **explain** [iks'plein/eks-] *vt* spiegare; chiarire; *(talvolta)* giustificare: *Please explain to me what this means,* Per favore, mi spieghi che cosa significa questo — *Please explain yourself,* Si spieghi per favore — *Can you explain his behaviour?,* Puoi spiegare il suo comportamento? — *That explains his absence,* Ciò spiega la sua assenza.
□ **to explain sth away,** render ragione di qcsa; trovare una spiegazione per giustificare qcsa.

explanation [,eksplə'neiʃən] *s.* **1** spiegazione: *Not much explanation will be needed,* Non occorreranno molte spiegazioni — *He had better say a few words by way of explanation,* Farebbe meglio a dire alcune parole di spiegazione — *Had he anything to say in explanation of his conduct?,* Trovò qualcosa da dire per spiegare la sua condotta? **2** giustificazione: *an explanation of his conduct,* una giustificazione della sua condotta.

explanatory [iks'plænətəri/eks-] *agg* esplicativo.

expletive [eks'pli:tiv/iks-] *s.* **1** esclamazione; particella espletiva. **2** parolaccia.

explicable [eks'plikəbl/'eks-] *agg* spiegabile. □ *avv* **explicably.**

to **explicate** ['eksplikeit] *vt* spiegare; illustrare.

explicit [iks'plisit/eks-] *agg* **1** *(di un'affermazione)* esplicito. **2** *(di persona)* franco; chiaro. □ *avv* **explicitly.**

explicitness [iks'plisitnis/eks-] *s.* chiarezza; precisione; franchezza.

to **explode** [iks'ploud/eks-] *vt e i.* **1** esplodere; fare esplodere; far scoppiare: *to explode a charge of gunpowder,* fare esplodere un carico di polvere da sparo — *At last his anger exploded,* Alla fine la sua rabbia esplose. **2** demolire; screditare *(una teoria, un'idea, ecc.)*: *to explode a superstition,* demolire una superstizione — *an exploded theory,* una teoria screditata. □ *an exploded drawing, (fig.)* un disegno schematico nel quale i pezzi sono presentati smontati ma (più o meno) nelle rispettive posizioni di montaggio; un 'esploso'.

exploit ['eksplɔit] *s.* impresa; atto coraggioso; risultato brillante; *(al pl.)* gesta.

to **exploit** [iks'plɔit/eks-] *vt* **1** utilizzare; sfruttare; strumentalizzare. **2** approfittare.

exploitation [,eksplɔi'teiʃən] *s.* utilizzazione; sfruttamento; strumentalizzazione.

exploration [,eksplə'reiʃən] *s.* esplorazione.

exploratory [eks'plɔ:rətəri] *agg* esplorativo.

to **explore** [iks'plɔ:*/eks-/-'plɔə*] *vt* **1** esplorare. **2** indagare; investigare; esaminare attentamente *(problemi, possibilità, ecc.).*

explorer [iks'plɔ:rə*] *s.* esploratore, esploratrice.

explosion [iks'plouʒən/eks-] *s.* esplosione; scoppio *(anche fig.)*: *population explosion,* forte e repentino incremento demografico; 'boom delle nascite'.

explosive [iks'plousiv/eks-] *s. e agg* esplosivo *(anche fig.).* □ *avv* **explosively.**

expo ['ekspəu] *s. (abbr., fam.)* esposizione; mostra; fiera.

exponent [eks'pounənt/iks-] *s.* **1** *(matematica)* esponente; indice. **2** *(persona)* esponente.

export ['ekspɔ:t] *s.* **1** esportazione: *the export trade,* il commercio d'esportazione — *export duty,* tassa d'esportazione. **2** *(generalm. al pl.)* merce d'esportazione.

to **export** [eks'pɔ:t/iks-] *vt* esportare.

exportable [eks'pɔ:təbl] *agg* esportabile.

exportation [,ekspɔ:'teiʃən] *s.* esportazione.

exporter [eks'pɔ:tə*] *s.* esportatore.

exposé [eks'pouzei] *s. (fr.)* esposto; descrizione; esposizione.

to **expose** [iks'pouz/eks-] *vt* **1** esporre: *to expose one's body to the sunlight,* esporre il proprio corpo al sole — *to expose soldiers to unnecessary risks,* esporre i soldati a rischi inutili — *exposed to the weather,* esposto alle intemperie — *to expose oneself to danger,* esporsi al pericolo. **2** svelare; smascherare: *to expose a plot,* smascherare un complotto. **3** *(di fotografia)* impressionare.

exposition [,ekspə'ziʃən] *s.* **1** esposizione *(di fatti).* **2** esposizione; mostra; fiera.

to **expostulate** [iks'pɔstjuleit/eks-] *vi* fare rimostranze; protestare.
expostulation [iks,pɔstju'leiʃən/eks-] *s.* lagnanza; protesta.
exposure [iks'pouʒə*/eks-] *s.* **1** esposizione: *Exposure of the body to strong sunlight may be harmful,* L'esposizione del corpo al sole forte può essere dannosa — *indecent exposure, (dir.)* esibizionismo. **2** assideramento: *to die of exposure,* morire per assideramento. **3** esposizione; orientamento *(d'una casa): a house with a southern exposure,* una casa esposta a mezzogiorno. **4** smascheramento; denuncia; scoperta; rivelazione: *the exposure of a plot,* lo smascheramento di un complotto. **5** *(fotografia)* - **a)** esposizione - **b)** tempo di posa: *How many exposures have you made?,* Quante fotografie hai fatto? — *exposure meter,* esposimetro — *time exposure,* posa lunga.
to **expound** [iks'paund/eks-] *vt* esporre; spiegare; esprimere.
[1]**express** [iks'pres/eks-] *agg* **1** espresso; esplicito; esatto; preciso. **2** chiaro; manifesto; preciso. **3** veloce; espresso: *an express letter,* una lettera espresso; un espresso — *express delivery,* consegna 'espresso' — *an express company,* un'agenzia di spedizioni *(spec. se per espresso)* — *an express train,* un treno direttissimo; *(dal 1974)* un 'espresso' — *an express-way, (USA)* un'autostrada; una superstrada. □ *avv* **expressly** ⇨.
□ *avv* per espresso; in fretta; con un treno direttissimo o rapido.
to **express** [iks'pres/eks-] *vt* **1** esprimere; manifestare: *I cannot easily express my gratitude for your help,* Non so come esprimervi la mia gratitudine per il vostro aiuto — *to express oneself,* esprimersi — *He is still unable to express himself in English,* Non riesce ancora ad esprimersi in inglese. **2** spedire *(lettere, merci, ecc.)* per espresso: *This letter is urgent: you had better express it,* Questa lettera è urgente: è meglio che la spedisca per espresso.
[2]**express** [iks'pres/eks-] *s.* **1** treno direttissimo; *(dal 1974)* espresso; rapido: *the 8.00 a.m. express to Edinburgh,* il rapido delle 8 per Edimburgo. **2** corriere; casa di spedizione. **3** servizio per espresso *(posta, ferrovia, ecc.).* **4** fucile 'espresso'.
expression [iks'preʃən/eks-] *s.* **1** espressione: *to read with expression,* leggere con espressione — *to give expression to sth,* esprimere qcsa — *an expression of discontent,* un'espressione di malcontento — *to be beyond (past) expression,* essere inesprimibile, indicibile — *Her feelings at last found expression in tears,* I suoi sentimenti trovarono infine espressione nel pianto. **2** espressione; locuzione; frase. **3** espressione algebrica.
expressionism [iks'preʃənizəm/eks-] *s.* espressionismo.
expressionist [iks'preʃənist] *agg e s.* espressionista.
expressionistic [iks,preʃə'nistik] *agg* espressionistico.
expressionless [iks'preʃənlis] *agg* senza espressione.
expressive [iks'presiv/eks-] *agg* espressivo; significativo: *an expressive smile,* un sorriso significativo. □ *avv* **expressively.**
expressly [iks'presli] *avv* **1** espressamente. **2** appositamente.
to **expropriate** [eks'prouprieit] *vt* espropriare.
expropriation [eks,proupri'eiʃən] *s.* espropriazione; esproprio.
expulsion [iks'pʌlʃən/eks-] *s.* espulsione.
to **expunge** [eks'pʌndʒ/iks-] *vt (linguaggio formale o giornalistico)* espungere; cancellare.
to **expurgate** ['ekspə:geit] *vt* espurgare; purgare *(anche fig.).*
expurgation [,ekspə:'geiʃən] *s.* espurgazione.
exquisite ['ekskwizit/eks'kwizit] *agg* **1** squisito; eccellente. **2** *(di dolore, pena)* acuto; intenso. **3** delicato; raffinato. □ *avv* **exquisitely.**
exquisiteness [,eks'kwizitnis] *s.* **1** squisitezza. **2** intensità; acutezza. **3** delicatezza; raffinatezza.
ex-serviceman [eks'sə:vismən] *s.* *(pl.* **ex-servicemen)** ex-combattente.
extant [eks'tænt/iks-/'ekstənt] *agg* ancora esistente *(spec. di opera, documento).*
extemporaneous [eks,tempə'reinjəs] *agg* estemporaneo. □ *avv* **extemporaneously.**
extemporary [iks'tempərəri/eks-] *agg* estemporaneo. □ *avv* **extemporarily.**
ex tempore [eks'tempəri/iks-] *avv e agg (lat.)* estemporaneamente; senza preparazione.
extemporization [iks'temperai'zeiʃən] *s.* improvvisazione.
to **extemporize** [iks'tempəraiz/eks-] *vt e i.* parlare improvvisando; improvvisare un discorso.
to **extend** [iks'tend/eks-] *vt e i.* **1** estendere; allungare; allargare; prolungare; protrarre; tendere: *to extend the city boundaries,* estendere i confini della città — *to extend a railway,* prolungare una ferrovia — *an extended visit,* una visita protrattasi nel tempo — *to extend one's arm horizontally,* stendere il braccio orizzontalmente — *soldiers in extended order,* truppe in ordine sparso — *to extend one's hand to sb,* tendere la mano a qcno — *to extend a cable between two posts,* tendere un cavo fra due pali. **2** accordare; offrire; concedere: *to extend hospitality to sb,* accordare ospitalità a qcno. **3** estendersi: *The playing field extends as far as the cemetery,* Il campo sportivo si estende fino al cimitero. **4** *(sl., sport: di atleta, motore, cavallo: di solito* to be extended*)* essere impegnato: *The horse was fully extended,* Il cavallo venne impegnato al limite delle sue forze. **5** dilazionare; prorogare *(il pagamento di un debito).*
extension [iks'tenʃən/eks-] *s.* **1** estensione; allungamento; ampliamento; prolungamento; *(di un tubo, ecc.)* prolunga: *the extension of useful knowledge,* l'ampliamento di conoscenze utili — *University Extension,* università popolare — *an extension of one's holidays,* un prolungamento delle (proprie) vacanze — *to build an extension,* costruire un'aggiunta *(ad un edificio)* — *extension ladder,* scala allungabile. **2** dilazione; proroga; estensione *(di credito).* **3** *(gramm. ant.)* apposizione. **4** *(numero telefonico)* interno: *Ring me at 577015, extension 12,* Mi telefoni al 577015, interno 12.
extensive [iks'tensiv/eks-] *agg* **1** esteso; ampio. **2** esauriente. **3** estensivo. □ *avv* **extensively.**
extent [iks'tent/eks-] *s.* **1** estensione; vastità. **2** grado; misura; punto: *to a certain extent,* fino ad un certo punto — *to such an extent that...,* ad un punto tale che... — *to what extent?,* in che misura?; fino a che punto? — *to be in debt to the extent of a hundred pounds,* avere un debito dell'ordine di cento sterline.
to **extenuate** [eks'tenjueit/iks-] *vt* attenuare; giustificare: *Nothing can extenuate his conduct,* Non c'è nulla che possa giustificare la sua condotta. □ *extenuating circumstances,* (circostanze) attenuanti; *(dir.)* 'le attenuanti'.
extenuation [eks,tenju'eiʃən/iks-] *s.* attenuazione; riduzione; giustificazione: *He pleaded poverty in*

extenuation of the theft, Addusse la povertà a giustificazione del furto.

exterior [eks'tiəriə*] *agg* esteriore; esterno: *the exterior features of a building,* le caratteristiche esterne di un edificio — *the exterior surface,* la superficie esterna.

□ *s.* **1** esterno; aspetto esteriore; parte esterna: *a good man with a rough exterior,* un uomo buono dall'aspetto rude (rozzo). **2** *(fotografia)* veduta (ripresa) esterna.

exteriorization [eks,tiəriərai'zeiʃən] *s.* esteriorizzazione.

to **exterminate** [eks'tə:mineit/iks-] *vt* sterminare; sradicare; disinfestare.

extermination [eks,tə:mi'neiʃən/iks-] *s.* sterminio; *(talvolta)* disinfestazione.

external [eks'tə:nl] *agg* esterno; esteriore: *external evidence,* prove esterne — *alcohol for external use,* alcool per uso esterno — *external examination,* esame esterno. □ *avv* **externally.**

□ *s. (di solito al pl.)* esteriorità; apparenze: *to judge people by externals,* giudicare la gente dalle apparenze — *the externals of religion,* gli aspetti esteriori della religione.

exterritorial ['eks,teri'tɔ:riəl] *agg* extraterritoriale.

extinct [iks'tiŋ*k*t/eks-] *agg* estinto; spento; morto: *an extinct species,* una specie estinta — *an extinct volcano,* un vulcano spento.

extinction [iks'tiŋ*k*ʃən/eks-] *s.* estinzione *(in tutti i sensi).*

to **extinguish** [iks'tiŋgwiʃ/eks-] *vt* estinguere; spegnere.

extinguisher [iks'tiŋgwiʃə*] *s.* estintore.

to **extirpate** ['ekstə:peit] *vt* estirpare; distruggere; sradicare.

extirpation [,eks'tə:peiʃən] *s.* estirpazione; sradicamento.

to **extol** [iks'tɔl/eks-/-'toul] *vt* (**-ll-**) lodare; esaltare; decantare.

to **extort** [iks'tɔ:t/eks-] *vt* estorcere; strappare *(con minacce o con la violenza): to extort a confession from sb,* estorcere una confessione a qcno.

extortion [iks'tɔ:ʃən/eks-] *s.* estorsione.

extortionate [iks'tɔ:ʃənit/eks-] *agg* esorbitante; *(di richieste, prezzi, ecc.)* eccessivo.

extra ['ekstrə] *agg* supplementare; addizionale; straordinario; aggiuntivo; 'extra': *without extra charge,* senza supplemento — *extra pay for extra work,* compenso aggiuntivo per lavoro straordinario — *The company put on extra buses,* L'azienda mise in servizio degli autobus supplementari.

□ *avv* **1** eccezionalmente; extra: *an extra-strong box,* una scatola straordinariamente resistente — *extra-fine quality,* qualità extra fine. **2** in più; a parte; oltre: *price 5 pounds, packing and postage extra,* prezzo 5 sterline, imballaggio e spese postali esclusi.

□ *s.* **1** spesa extra; supplemento: *The regular school fees are three hundred and eighty pounds a term: music and dancing are extras,* La quota scolastica normale è di trecentottanta sterline al trimestre: musica e danza sono a parte. **2** edizione straordinaria *(d'un quotidiano): extra special,* ultimissima edizione. **3** *(cinema)* comparsa.

extract ['ekstrækt] *s.* **1** estratto; essenza: *beef extract,* estratto di manzo — *vanilla extract,* essenza di vaniglia. **2** brano; citazione *(d'un libro, poesia, ecc.).*

to **extract** [iks'trækt/eks-] *vt* **1** estrarre; cavare; togliere: *to extract a bullet from a wound,* estrarre una pallottola da una ferita — *to have a tooth extracted,* farsi togliere (cavare) un dente — *to extract oil from cotton-seed,* estrarre olio dai semi di cotone — *to extract a cork from a bottle,* cavare un tappo da una bottiglia. **2** ricavare; ottenere; spremere *(denaro): to extract information from sb,* ottenere informazioni da qcno — *to extract money from sb,* spremere denaro da qcno. **3** scegliere; citare; togliere *(brani da un libro).*

extraction [iks'trækʃən/eks-] *s.* **1** estrazione; l'estrarre. **2** discendenza; origine; estrazione; lignaggio: *Is Mr Mansion of French extraction?,* Mr Mansion è di origine francese?

extracurricular [,ekstrəkə'rikjulə*] *agg* facoltativo; che esula dal piano normale di studi; marginale.

to **extradite** ['ekstrədait] *vt* estradare; ottenere l'estradizione.

extradition [,ekstrə'diʃən] *s.* estradizione.

extrajudicial ['ekstrədʒu(:)'diʃəl] *agg* extra-giudiziale.

extramarital ['ekstrə'mæritl] *agg* extraconiugale.

extramural ['ekstrə'mjuərəl] *agg* **1** estramurale *(fuori dei confini di una città).* **2** *(di un corso di lezioni, ecc.)* fuori dell'università *(e per estensione, della scuola): extramural studies,* corsi di studio liberi.

extraneous [eks'treinjəs] *agg* estraneo; non pertinente.

extraneousness [eks'treinjəsnis] *s.* l'essere estraneo; estraneità.

extraordinary [iks'trɔ:dnri/eks-] *agg* **1** straordinario *(talvolta posto dopo il nome): envoy extraordinary,* diplomatico in missione straordinaria. **2** eccezionale; raro. **3** singolare; strano: *His behaviour was most extraordinary,* Il suo comportamento fu davvero singolare. □ *avv* **extraordinarily.**

extrasensory ['ekstrə'sensəri] *agg* extrasensoriale: *(spec. nell'espressione) extrasensory perception,* percezione extrasensoriale.

extraterritorial ['ekstrə,teri'tɔ:riəl] *agg* extraterritoriale.

extravagance [iks'trævigəns/eks-] *s.* **1** prodigalità eccessiva; dissipazione. **2** stravaganza.

extravagant [iks'trævigənt/eks-] *agg* **1** prodigo; smodato *(nello spendere).* **2** stravagante. **3** eccessivo. □ *avv* **extravagantly.**

extravaganza [iks,trævə'gænzə] *s.* composizione letteraria, musicale, fantastica o farsesca; fantasia; farsa.

extreme [iks'tri:m/eks-] *agg* estremo: *the extreme edge of a field,* il margine estremo d'un campo — *in extreme old age,* nell'estrema vecchiaia — *in extreme pain,* nel colmo del dolore — *the extreme penalty of the law,* la pena di morte. □ *avv* **extremely.**

□ *s.* estremo *(vari sensi): Extremes meet,* Gli estremi si toccano — *to go to extremes,* arrivare agli estremi — *in the extreme,* estremamente.

extremism [iks'tri:mizəm] *s.* estremismo.

extremist [iks'tri:mist] *s.* estremista.

extremity [iks'tremiti/eks-] *s.* **1** estremità; estremo; punto estremo. **2** *(al pl.)* le estremità. **3** stremo; colmo; eccesso: *an extremity of pain (happiness),* un eccesso di dolore (felicità). **4** *(piuttosto desueto)* disgrazia; frangente; pericolo: *How can we help them in their extremity?,* Come possiamo aiutarli nella loro disgrazia? **5** *(di solito al pl.)* misure estreme; provvedimenti eccezionali: *to be driven to extremities,* essere costretto a prendere misure estreme.

extricable ['ekstrikəbl] *agg* che si può togliere; disinseribile.

to **extricate** ['ekstrikeit] *vt* districare; liberare: *to extricate oneself from a difficulty,* districarsi da una difficoltà — *to extricate an animal from a net,* liberare un animale da una rete.

extrication [,ekstri'keiʃən] *s.* il districare; il togliere d'imbarazzo; liberazione.

extrinsic [eks'trinsik] *agg* estrinseco; esterno; non inerente.

extroversion [,ekstrou'və:ʃən] *s.* estroversione.

extrovert ['ekstrouvə:t] *s.* estroverso.

to **extrude** [eks'tru:d/iks-] *vt* **1** estrudere. **2** espellere; cacciar fuori.

extrusion [eks'tru:ʒən/iks-] *s.* **1** estrusione. **2** espulsione.

exuberance [ig'zju:bərəns/eg-] *s.* esuberanza.

exuberant [ig'zju:bərənt/eg-] *agg* **1** lussureggiante. **2** esuberante. □ *avv* **exuberantly.**

to **exude** [ig'zju:d/eg-] *vt e i.* essudare; trasudare; stillare.

to **exult** [ig'zʌlt/eg-] *vi* esultare; gioire: *to exult at (o in) a success,* esultare per un successo — *to exult over a defeated rival,* trionfare su un rivale sconfitto.

exultant [ig'zʌltənt] *agg* esultante; trionfante. □ *avv* **exultantly.**

exultation [,egzʌl'teiʃən] *s.* esultanza.

eye [ai] *s.* **1** occhio; *(fig.)* vista; sguardo: *He opened his eyes,* Aprì gli occhi — *He gave him a black eye,* Gli fece un occhio nero — *I hope I shall never set eyes on her again,* Spero di non rivederla mai più — *to make eyes (to cast sheep's eyes) at,* fare gli occhi dolci; occhieggiare — *to see eye to eye (with sb),* avere identiche vedute; essere pienamente d'accordo (con qcno) — *to be all eyes,* essere tutt'occhi; fissare attentamente — *to see sth with half an eye,* capire qcsa al volo, immediatamente — *to make sb open his eyes,* far sgranare tanto d'occhi a qcno — *to open sb's eyes to sth,* far vedere qcsa a qcno; aprire gli occhi a qcno su qcsa; togliere le illusioni a qcno — *to close one's eyes to sth,* rifiutare di vedere (di rendersi conto di) qcsa; fare finta di non vedere qcsa — *to keep an eye on (sb),* tenere d'occhio (qcno) — *never to take one's eyes off (sth),* non perdere mai d'occhio (qcsa) — *to get one's eye in, (nel gioco del cricket)* abituarsi alle condizioni di luce; *(fig.)* ambientarsi — *in my eyes,* ai miei occhi; secondo me; per quanto mi riguarda; dal mio punto di vista — *to have an eye for,* avere un buon occhio per; essere buon intenditore — *an eye for an eye,* occhio per occhio; la legge del taglione — *before (under) one's very eyes,* proprio sotto gli occhi di qcno, sotto il naso di qcno; apertamente — *to catch one's eye,* attirare l'attenzione; dare nell'occhio — *to feast one's eyes on,* bearsi della vista di; saziare gli occhi ammirando. **2** cosa a forma di occhio; gemma *(di pianta, patata, ecc.);* occhiello; gassa; cruna di ago: *a hook and an eye,* un gancio e un occhiello — *eye-pin, (mecc.)* spina ad occhi — *the eye of the storm,* l'occhio del ciclone.
□ *an eye-opener,* un fatto sorprendente, rivelatore; *(scherz., USA)* una bevanda alcoolica; il 'cicchetto' del mattino — *eye-tooth,* dente canino — *Eyes right (left)!, (mil.)* Attenti a destra (sinistra)! — *My eye(s)!,* Perdinci!; Davvero! — *(all) my eye,* sciocchezze — *in the eye of the law,* dal punto di vista legale — *to be in the public eye,* avere una posizione eminente; essere in vista — *to be the apple of sb's eye,* essere il prediletto (il beniamino) di qcno — *with an eye to,* con l'intenzione; sperando di — *to have an eye to,* avere come oggetto; interessarsi — *He always has an eye to business,* Pensa sempre agli affari — *to be up to the eyes in work,* avere lavoro fin sopra i capelli.
□ ⇨ *anche* **eyeball, eyebath, eyebrow,** *ecc.*

to **eye** [ai] *vt* guardare; osservare; squadrare: *He eyed me with suspicion,* Mi guardò con sospetto.

eyeball ['aibɔ:l] *s.* bulbo oculare.

eyebath ['aibɑ:θ] *s.* bagno medicamentoso per gli occhi; bagno oculare.

eyebrow ['aibrau] *s.* sopracciglio: *to raise one's eyebrows,* aggrottare le ciglia.

eyed [aid] *agg* **1** *(nei composti)* dagli occhi; con gli occhi: *a blue-eyed boy,* un ragazzo dagli occhi blu; *(fig.)* persona prediletta; favorito — *a one-eyed man,* un uomo cieco da un occhio, con un occhio solo — *starry-eyed, (fam.)* idealistico; che non ha i piedi per terra. **2** occhiuto: *the eyed feathers of the peacock,* le penne occhiute del pavone.

eyeful [aifl] *s. (fam.)* lunga occhiata: *to have (to get) an eyeful,* dare una lunga occhiata.

eyeglass ['aiglɑ:s] *s.* **1** monocolo; caramella; lente da vista. **2 eyeglasses,** *(pl.)* occhiali.

eyelash ['ailæʃ] *s.* ciglio.

eyeless ['ailis] *agg* senz'occhi; cieco.

eyelet ['ailit] *s.* **1** occhiello; asola. **2** feritoia.

eyelid ['ailid] *s.* palpebra. □ *to hang on by the eyelids, (fig.)* rimanere appeso per miracolo.

eyepiece ['aipi:s] *s.* oculare *(di cannocchiale, ecc.).*

eyeshot ['aiʃɔt] *s.* campo visivo; portata visiva.

eyesight ['aisait] *s.* vista; visione; capacità visiva *(dell'occhio).*

eyesore ['aisɔ:*] *s.* cosa brutta; vista sgradita che offende l'occhio; *(fam.)* un pugno nell'occhio.

eyewash ['aiwɔʃ] *s.* **1** collirio; lozione per gli occhi. **2** *(fam.)* inganno; impostura; fumo negli occhi.

eyewitness [ai'witnis] *s.* testimone oculare.

eyrie, eyry ['aiəri] *s.* ⇨ **aerie.**

F

F, f [ef] **1** (*pl.* **F's, f's; Fs, fs**) F, f *(sesta lettera dell'alfabeto inglese): F for Freddie, (al telefono, ecc.)* F come Firenze. **2** *(mus.)* fa: *F sharp minor,* fa diesis minore. □ **f---** = **fuck, to fuck, fucking.**

fab [fæb] *agg* (*abbr. sl. di* **fabulous 3**) favoloso.

Fabian ['feibjən] *agg* fabiano *(del movimento fabiano, il socialismo moderato e riformista, che prese il nome da Quinto Fabio Massimo, il temporeggiatore): a Fabian policy,* una politica fabiana.

fable ['feibl] *s.* **1** favola. **2** leggenda; mito. **3** fola; fandonia.

fabled ['feibld] *agg* favoloso; leggendario; mitico.

fabric ['fæbrik] *s.* tessuto; struttura *(anche fig.)*; fabbricato: *the fabric of society; the social fabric,* la struttura della società — *funds for the upkeep of the fabric,* fondi per la manutenzione del fabbricato.

to **fabricate** ['fæbrikeit] *vt* **1** falsificare; inventare: *a fabricated account,* un racconto inventato (falso). **2** fabbricare.

fabrication [,fæbri'keiʃən] *s.* **1** falsificazione; invenzione. **2** fabbricazione.

fabulous ['fæbjuləs] *agg* **1** favoloso; leggendario. **2** incredibile; assurdo. **3** *(fam.)* stupendo; 'favoloso'; 'fantastico'. □ *avv* **fabulously.**

façade [fə'sɑ:d] *s.* *(fr.)* facciata; *(solo fig.)* aspetto esteriore o superficiale; apparenza.

face [feis] *s.* **1** faccia; volto; viso; muso *(di animale): to look sb in the face,* guardare qcno in faccia (fissarlo, scrutarlo) — *The stone struck him on the face,* La pietra lo colpì in volto — *He fell on his face; He fell face down,* Cadde bocconi (a faccia in giù) — *Her face is her fortune,* La sua (unica) fortuna è che è bella — *to show one's face,* farsi vedere; apparire in pubblico — *How can you show your face here after the way you behaved last time?,* Come osi farti vedere qui dopo quello che hai fatto l'ultima volta? — *face to face,* a faccia a faccia; assieme — *to bring two persons face to face; to bring sb face to face with sb,* far incontrare due persone *(per una franca discussione, ecc.)* — *to meet sb face to face; to come face to face with sb,* incontrare qcno; affrontare personalmente qcno — *to set one's face against sth,* opporsi a qcsa — *in the face of...,* davanti a...; in faccia a...; nonostante... — *What could he do in the face of all these difficulties?,* Cosa poteva fare di fronte a tutte queste difficoltà? — *to fly in the face of Providence (of public disapproval, of all the facts),* sfidare apertamente la Provvidenza (l'opinione pubblica, la realtà dei fatti) — *I'll tell him so to his face,* Glielo dirò in faccia — *in one's face,* in faccia; apertamente — *The rain was beating full in their faces,* La pioggia batteva sul loro volto — *She'll only laugh in your face,* Ti riderà semplicemente in faccia — *Death stared him in the face,* La morte lo guardò in faccia — *face-ache,* nevralgia facciale — *face-cream,* crema per il viso — *face fungus* ⇨ **fungus 3** — *face-pack,* impacco per la pulizia del viso — *face-powder,* cipria — ⇨ *anche* **face(-)lift.**

2 *(per estensione)* espressione del volto; sguardo; aspetto; smorfia: *a sad face,* un'espressione (un volto) triste — *a smiling face,* un aspetto sorridente — *She is a good judge of faces,* È una buona intenditrice di facce (Capisce subito dallo sguardo con chi ha a che fare) — *to keep a straight face,* trattenersi dal ridere; mostrare un volto impassibile; non lasciar trapelare alcuna emozione *(dal volto)* — *to put on (to wear) a long face,* fare il broncio; immusonirsi — *to make (to pull) a face,* fare una smorfia — *to make (to pull) faces,* fare le boccacce.

3 *(fig.)* dignità; prestigio; apparenza; evidenza: *to save face (one's face),* salvare la faccia (le apparenze, la propria dignità) — *to lose face,* perdere la faccia; fare brutta figura — *to put a new face on sth,* conferire (dare) un aspetto nuovo a qcsa — *to put a good (o bold) face on sth,* abbellire; rinnovare; cambiare qcsa in meglio; mostrar coraggio (nel fare qcsa); far buon viso — *on the face of it,* giudicando dalle apparenze, a prima vista.

4 sfrontatezza; sfacciataggine; impudenza: *to have the face to do sth,* avere la sfrontatezza (l'impudenza) di fare qcsa.

5 superficie; faccia; diritto *(di moneta, ecc.)*; facciata *(di edificio)*; quadrante *(di orologio, ecc.)*: *the face of the earth,* la faccia della terra — *face-card,* figura *(nel gioco delle carte)* — *He laid the cards face down on the table,* Posò le carte capovolte sul tavolo — *face-value, (comm.)* valore nominale.

6 *(di monte)* versante; *(talvolta)* parete.

to **face** [feis] *vt e i.* **1** fronteggiare; stare (essere, mettersi) di fronte o dirimpetto; *(di edificio)* essere esposto *(rispetto ai punti cardinali): Turn round and face me,* Vòltati verso di me — *The windows face the street,* Le finestre dànno sulla strada — *the picture facing page 10,* la figura a fronte di pagina 10 — *to sit facing the engine,* essere seduto nel senso di marcia del treno — *'Which way does your house face?' - 'It faces south',* 'Com'è esposta la tua casa?' - 'È esposta a sud' — *about face!, (mil., anche fig.)* dietro front! — *Left (Right) face!,* Fronte sinist! (dest!). **2** *(generalm. fig.; spesso* to face up to sth*)* affrontare; fronteggiare; far fronte; opporsi; tenere testa: *to face the enemy,* affrontare il nemico; tenere testa al nemico — *to face a matter out; to face it out,* tener duro; persistere fino in fondo; portare a compimento una faccenda difficile — *to face the music,* affrontare una situazione difficile (delle conseguenze spiacevoli). **3** guardare; riconoscere; tener conto: *to face the facts,* affrontare la realtà; guardare bene in faccia ai fatti — *Let's face it,* Bisogna riconoscerlo. **4** presentarsi: *This is the problem that faces us,* Questo è il problema che ci sta di fronte. **5** ricoprire; rivestire: *to face a wall with concrete,* rivestire un muro di cemento — *a coat* *faced with silk,* una giacca rivestita *(p.es. coi risvolti)* di seta.

-faced ['feisd] *agg (nei composti)* dalla faccia; dal viso: *bold-faced,* sfacciato ⇨ *anche* **bold 3** *e* **boldface** — *double-faced; two-faced,* bifronte; falso; doppio; ipocrita — *long-faced, (fig.)* dal muso lungo.

faceless ['feislis] *agg* senza volto; senza fisionomia propria; anonimo: *the faceless men who have power in commerce and industry,* gli uomini senza volto che in commercio e nell'industria detengono il potere.

face(-)lift ['feislift] *s.* **1** intervento di chirurgia plastica facciale; 'lifting'. **2** *(fig.)* restauro (lavaggio, ecc.) di un edificio: *to give a building a face-lift,* restaurare (lavare, ecc.) un edificio.

facer ['feisə*] *s. (fam.)* difficoltà; caso difficile: *Well, that's a facer!,* Bene, questo è proprio un caso difficile!

facet ['fæsit] *s.* **1** sfaccettatura. **2** *(fig.)* lato; aspetto: *another facet of the same question,* un altro lato del medesimo problema.

facetious [fə'si:ʃəs] *agg* faceto.

facetiousness [fə'si:ʃəsnis] *s.* facezia.

facia ['feiʃə] *s.* ⇨ **fascia.**

facial ['feiʃəl] *agg* facciale; della faccia.
□ *s.* (= facial massage) massaggio facciale.

facile ['fæsail] *agg* **1** semplicistico. **2** accomodante; compiacente.

to **facilitate** [fə'siliteit] *vt* facilitare; agevolare.

facility [fə'siliti] *s.* **1** facilità; abilità; destrezza: *to have great facility in learning languages,* avere grande facilità nell'imparare le lingue — *to show facility in performing a task,* dimostrare abilità nell'eseguire un compito. **2** *(molti usi, al sing. o al pl.)* mezzo; servizi; attrezzature, ecc.: *a hotel with poor parking facilities,* un albergo con scarse comodità di posteggio — *a new engine-testing facility,* uno stabilimento (*oppure* un impianto) per il collaudo dei motori — *a district with good shopping facilities,* una zona dotata di una buona rete di negozi.

facing ['feisiŋ] *s.* **1** rivestimento. **2** *(al pl.)* guarnizione; risvolto *(di un indumento): a red jacket with green facings,* una giacchetta rossa con guarnizioni verdi. **3** *(al pl., mil.)* cambiamento di posizione nelle esercitazioni.

facsimile [fæk'simili] *s.* facsimile; riproduzione.

fact [fækt] *s.* **1** fatto; azione; realtà; dato di fatto: *an accessary after the fact, (dir.)* un complice (un favoreggiatore) dopo il fatto — *No one can deny the fact that fire burns,* Nessuno può negare il fatto che il fuoco bruci — *Poverty and crime are facts,* Povertà e crimine sono dati di fatto — *The story is founded on fact,* La storia è basata sui fatti — *It is important to distinguish fact from fiction,* È importante distinguere la realtà dall'invenzione — *The fact (of the matter) is that...,* Il vero (Il fatto) è che... — *as a matter of fact,* in effetti — *in fact,* - **a)** infatti; di fatto; in effetti - **b)** *(anche* in point of fact*)* in realtà — *the facts of life,* i fatti che riguardano la vita sessuale *(spesso, fam., equivale al termine* educazione sessuale*)* — *He won't help us at all, and that's a fact,* Non ci aiuterà per niente: questo è certo — *I know it for a fact,* So che ciò è vero — *a fact-finding commission,* una commissione di inchiesta. **2** fattore; elemento.

faction ['fækʃən] *s.* **1** fazione; setta: *The party split into petty factions,* Il partito si divise in piccole fazioni. **2** partigianeria; lotta intestina.

factious ['fækʃəs] *agg* fazioso.

factitious [fæk'tiʃəs] *agg* fittizio; innaturale; artefatto; artificiale.

factor ['fæktə*] *s.* **1** fattore: *2, 3, 4 and 6 are factors of 12,* 2, 3, 4 e 6 sono fattori di 12. **2** fattore; elemento; circostanza; coefficiente: *the deciding factor,* l'elemento determinante — *evolutionary factors,* fattori di evoluzione — *factors in the making of a nation,* i fattori che contribuiscono a formare una nazione — *safety factor,* fattore (coefficiente) di sicurezza — *factor cost,* costo dei fattori della produzione. **3** agente; commissionario. **4** *(in Scozia)* fattore; *(agricoltura)* amministratore *(di poderi).*

factorial [fæk'tɔ:riəl] *s. (matematica)* fattoriale.
□ *agg* di fattore; *(matematica)* di fattoriale.

factory ['fæktəri] *s.* **1** fabbrica; manifattura; officina; stabilimento: *Factory Acts, (GB, stor.)* Leggi di fabbrica *(per il miglioramento delle condizioni dei lavoratori nelle fabbriche inglesi).* **2** *(ant.)* stazione commerciale all'estero; fondaco.

factotum [fæk'toutəm] *s. (spesso scherz.)* factotum; tuttofare.

factual ['fæktjuəl] *agg* reale; concreto; effettivo; relativo ai fatti.

faculty ['fækəlti] *s.* **1** facoltà; capacità. **2** facoltà (universitaria).

fad [fæd] *s.* mania; entusiasmo passeggero.

faddish, faddy ['fædiʃ/'fædi] *agg* capriccioso; maniaco *(fig., fam.).*

fade [feid] *s. (cinema, televisione)* dissolvenza: *fade-in,* dissolvenza in apertura — *fade-out,* dissolvenza in chiusura.

to **fade** [feid] *vt e i.* **1** sbiadire; stingere: *The strong sunlight had faded the curtains,* La forte luce del sole aveva fatto sbiadire le tende — *Will the colour in this material fade?,* Il colore di questa stoffa sbiadirà? **2** appassire; avvizzire; deperire: *Flowers soon fade when cut,* I fiori appassiscono presto quando sono recisi — *She is fading away,* Sta deperendo a poco a poco. **3** svanire; affievolirsi: *Daylight faded away,* La luce del giorno svanì — *As evening came the coastline faded into darkness,* Con il sopraggiungere della sera la linea della costa svanì nel buio — *The sound of the cheering faded away in the distance,* Il fragore delle acclamazioni si spense lontano — *His hopes faded,* Le sue speranze svanirono. **4** aumentare o diminuire gradualmente d'intensità; aprirsi o chiudersi in dissolvenza: *to fade one scene into another,* passare in dissolvenza da una scena ad un'altra — *to fade out a conversation, (radio)* chiudere in dissolvenza una conversazione. **5** *(di freni)* perdere efficienza in seguito ad aumento della temperatura durante una frenata.

faeces ['fi:si:z] *s. pl* feci; escrementi.

faerie, faery ['fɛəri/'feiəri] *s. (ant.)* regno delle fate; *(usato anche attrib.)* fantastico; immaginario.

fag [fæg] *s.* **1** *(solo al sing.)* sgobbata; grossa fatica: *What a fag!,* Che sgobbata! **2** *(sl., GB)* studente giovane che deve prestare certi servizi a uno studente anziano *(in certe scuole private dette 'public schools').* **3** *(sl.)* sigaretta: *fag-end,* mozzicone; cicca; *(fig., al pl.)* frammenti; stralci *(di conversazione).* **4** *(USA, sl.)* 'finocchio'; omosessuale.

to **fag** [fæg] *vi e t.* (**-gg-**) **1** sfacchinare; sgobbare; faticare: *to fag (away) at sth (at doing sth),* sgobbare nell'eseguire un lavoro. **2** affaticare; stancare: *He was almost fagged out,* Era quasi esausto — *Your horse looks fagged,* Il tuo cavallo sembra sfinito. **3** *(GB, sl.)*

fare da servitore; fare servizi (⇨ **fag 2**): *to fag for a senior,* servire uno studente più anziano.

fagged [fægd] *agg* ⇨ **to fag 2.**

fag(g)ot ['fægət] *s.* **1** fascina. **2** pacchetto di materiali ferrosi. **3** *(GB)* polpetta di fegato al forno. **4** *(USA, sl.)* 'finocchio'; omosessuale. □ *fag(g)ot vote, (GB)* voto manipolato; broglio elettorale.

Fahrenheit ['færənhait] *nome proprio* Fahrenheit *(scala termometrica in uso nei paesi anglosassoni:* ⇨ *Tavola).*

faience [fai'ɑ̃:ns] *s. (fr.)* faenza; faentina; ceramica o terracotta decorata.

fail [feil] *s.* **1** *(solo nell'espressione) without fail,* senza fallo; senza dubbio — *I will be there at two o'clock, without fail,* Ci sarò alle due, senza fallo. **2** *(di esame)* bocciatura. **3** *(di candidato)* bocciato.

to **fail** [feil] *vi* **1** *(anche comm.)* fallire; far fiasco; non riuscire; non farcela: *to fail in an examination,* essere bocciato a un esame — *I fail to understand why you are always late,* Non riesco a capire perché sei sempre in ritardo — *All our plans failed,* Tutti i nostri piani sono falliti — *Several of the biggest banks failed during the depression,* Durante la grande depressione parecchie tra le banche più importanti fecero fallimento.

2 mancare; venir a mancare; essere insufficiente, scarso: *The crops failed because of drought,* I raccolti furono scarsi a causa della siccità — *Our water supply has failed,* È venuta a mancare l'acqua — *The wind failed (us),* Ci è venuto a mancare il vento — *Words fail me,* Mi mancano le parole.

3 diminuire; indebolirsi; venir meno *(anche fig.): His heart failed him,* Gli venne meno il cuore; *(fig.)* Gli venne meno il coraggio — *His eyesight is failing,* Gli si sta indebolendo la vista — *He has been failing in health (in failing health) for the last two years,* In questi due ultimi anni la sua salute è divenuta cagionevole.

4 mancare; non ricordare; dimenticare; trascurare; omettere: *He never fails to write to his mother every week,* Non manca mai di scrivere a sua madre ogni settimana — *His promises failed to materialize,* Le sue promesse non furono mantenute — *He did not fail to keep his word,* Non mancò di mantenere la parola.

□ *vt* bocciare; respingere *(candidati): The examiners failed half the candidates,* Gli esaminatori bocciarono metà dei candidati.

[1]**failing** ['feiliŋ] *s.* difetto; debolezza; punto debole.

[2]**failing** ['feiliŋ] *prep* in mancanza di; venendo meno: *Failing an answer, I'll telephone them,* In caso di mancata risposta, telefonerò loro — *Failing this...,* Se ciò non dovesse verificarsi...

fail-safe ['feilseif] *agg attrib* di sicurezza: *a fail-safe mechanism (device),* un meccanismo (un dispositivo) che è sicuro anche in caso di guasto.

failure ['feiljə*] *s.* **1** insuccesso; fallimento *(anche comm.);* fiasco: *His effort ended in failure,* I suoi sforzi si risolsero in un insuccesso. **2** mancanza; difetto; insufficienza; incapacità; negligenza: *His failure to act was disappointing,* Il suo mancato intervento fu una delusione. **3** *(per estensione)* 'disastro'; 'fallimento': *As a writer he was a failure,* Come scrittore era un fallimento (un disastro). **4** *(mecc.)* guasto; avaria: *engine failure,* guasto al motore. **5** *(med.)* collasso; insufficienza: *heart failure,* collasso cardiaco (insufficienza cardiaca).

fain [fein] *avv (ant. o poet.: segue o precede* would*)* volentieri; di buon grado: *I would fain (Fain would I) have stayed at home,* Sarei volentieri rimasto a casa.

[1]**faint** [feint] *agg* **1** debole; indistinto; confuso; flebile; vago: *There is a faint hope that she may be cured,* C'è una debole speranza di poterla guarire — *I haven't the faintest idea (of) what you mean,* Non ho la più pallida idea di quello che vuoi dire — *His breathing became faint,* Il suo respiro si fece debole (si affievolì) — *to make a faint attempt,* fare un debole tentativo — *a faint show of resistance,* una fiacca dimostrazione di resistenza. **2** languido; esangue; fiacco; estenuato; sul punto di svenire: *She looks faint,* Sembra stia per svenire — *She feels faint,* Si sente svenire — *faint with hunger and cold,* stremato per la fame e il freddo. **3** timido: *Faint heart never won fair lady, (prov.)* Amante non sia chi coraggio non ha — *faint-hearted,* pusillanime; codardo. **4** *(anche* feint*)* carta a righe poco distinte.

[2]**faint** [feint] *s.* svenimento; deliquio: *She went off in a faint,* Cadde in deliquio.

to **faint** [feint] *vi* svenire; venir meno; sentirsi mancare: *Several of the girls fainted,* Parecchie ragazze svennero — *He fainted from hunger,* Venne meno per la fame — *He was fainting with hunger,* Si sentiva mancare per la fame.

faintness ['feintnis] *s.* **1** debolezza; fievolezza. **2** languore; fiacchezza. **3** timidezza.

[1]**fair** [fɛə*] *agg* **1** giusto; onesto; leale; imparziale; buono: *a fair share,* una parte equa — *a fair fight,* un combattimento leale *(nello sport)* — *fair-play,* il 'fair-play'; gioco leale — *We charge fair prices and are content with fair profits,* Pratichiamo prezzi onesti e ci accontentiamo di un onesto guadagno.

2 buono; abbastanza buono; discreto; sufficiente; accettabile; *(numismatica)* discreto: *a fair chance of success,* una buona probabilità di successo — *His knowledge of English is fair,* La sua conoscenza dell'inglese è discreta — *The goods arrived in fair condition,* La merce è arrivata in discrete condizioni — *She has a fair amount of sense,* Ha un discreto buon senso — *only fair,* mediocre.

3 *(di tempo atmosferico)* sereno; bello; *(di vento)* favorevole: *to be hoping for fair weather,* sperare nel bel tempo — *They set sail with the first fair wind,* Al primo vento favorevole essi levarono le ancore — *The glass is at set fair,* Il barometro si è stabilizzato sul bello — *fair-weather friends,* amici solo nella buona ventura; falsi amici.

4 promettente: *to be in a fair way to succeed,* avere buone probabilità di successo; essere quasi sicuro di farcela — *to bid fair to do sth,* avere buone probabilità di fare qcsa.

5 *(di pelle, capelli)* chiaro; biondo: *a fair-haired girl,* una ragazza dai capelli biondi — *a fair complexion,* una carnagione chiara.

6 *(ant.: ora solo nella frase* 'the fair sex'*)* bello; meraviglioso; splendido: *a fair maiden,* una splendida fanciulla — *The lady was passing fair,* La dama era assai bella — *the fair sex,* il gentil sesso.

7 *(di parole, ecc.)* bello; gentile; cortese: *to put sb off with fair words,* tranquillizzare qcno con belle parole — *the fair speeches of politicians, (anche iron.)* i bei discorsi dei politici.

8 pulito; senza macchia; nuovo: *Please make a fair copy of this letter,* Per favore, faccia una bella copia di questa lettera — *Such behaviour will spoil your fair name,* Un tale comportamento rovinerà la tua reputazione.

□ *All's fair in love and war, (prov.)* In amore e in

guerra tutto è lecito — *fair-boding,* di buon auspicio — *fair-trade,* commercio libero; *(fam.)* contrabbando. □ *avv* **fairly** ⇨.

[2]**fair** [fɛə*] *avv* **1** lealmente; giustamente; onestamente; imparzialmente. **2** in bella copia: *to write (to copy) sth out fair,* scrivere (copiare) in bella (copia). **3** proprio; direttamente; esattamente: *He was struck (The ball hit him) fair on the chin,* Fu colpito (La palla lo colpì) proprio sul mento. **4** *(ant.)* cortesemente; gentilmente: *to speak sb fair,* parlare cortesemente a qcno — *a fair-spoken young man,* un giovane cortese, garbato.

[3]**fair** [fɛə*] *s.* fiera; mercato; mostra (commerciale); vendita di beneficienza.

fairish ['fɛəriʃ] *agg* discreto; mediocre.

fairly ['fɛəli] *avv* **1** lealmente; onestamente. **2** completamente; bellamente; del tutto: *We were fairly caught in the trap,* Fummo bellamente presi in trappola. **3** discretamente; relativamente; moderatamente: *This is a fairly easy book,* Questo è un libro relativamente facile.

fairness ['fɛənis] *s.* **1** bellezza; bontà. **2** *(di capelli)* l'esser biondi; biondezza; *(di carnagione)* l'esser chiara; chiarezza. **3** equità; equanimità; imparzialità; onestà (⇨ [1]**fair**): *in all fairness...,* per essere giusti...

fairway ['fɛəwei] *s.* **1** canale navigabile. **2** *(golf)* percorso semplice *(senza ostacoli).*

fairy ['fɛəri] *s.* **1** fata; maga. **2** *(usato come agg.)* fatato; incantato: *fairy-tale,* racconto di fate; favola; fiaba; racconto fantastico; *(per estensione)* frottola; invenzione infantile. **3** *(USA, fam.)* 'finocchio'; omosessuale.

fairyland ['fɛərilænd] *s.* (il) regno delle fate; *(fig.)* luogo incantevole.

fait accompli [fetakɔ̃pli] *s. (fr.)* fatto compiuto.

faith [feiθ] *s.* fede; fiducia: *to put one's faith in God,* riporre la propria fede in Dio — *Have you any faith in what he says?,* Hai fiducia in quello che dice? — *I haven't much faith in him,* Non ho molta fiducia in lui — *faith-healing; (talvolta) faith cure,* guarigione per fede, per mezzo della preghiera — *the Christian, Jewish and Muslim faiths,* la fede cristiana, ebraica e mussulmana — *to keep faith,* mantenere la parola data — *to pin one's faith to (o on) sb (sth),* riporre la propria fiducia in qcno (qcsa) — *to give (to pledge) one's faith to,* dare la propria parola a — *in good faith,* in buona fede — *in bad faith,* in cattiva fede — *By my faith!, (ant.)* In fede mia!

faithful ['feiθful] *agg* **1** fedele; leale: *a faithful servant,* un servo fedele — *faithful to one's promise,* fedele alla propria promessa. **2** fedele; esatto; accurato: *a faithful description,* una descrizione fedele — *a faithful account,* un resoconto accurato. **3** *(al pl.) the faithful,* i fedeli; i credenti. □ *avv* **faithfully** ⇨.

faithfully ['feiθfuli] *avv* fedelmente; lealmente. □ *Yours faithfully, (formula di chiusura di lettera commerciale o ufficiale)* Distinti saluti.

faithfulness ['feiθfulnis] *s.* **1** fedeltà; lealtà. **2** esattezza; accuratezza.

faithless ['feiθlis] *agg* sleale; perfido; infedele; senza fede. □ *avv* **faithlessly.**

faithlessness ['feiθlisnis] *s.* slealtà; perfidia; mancanza di fede.

fake [feik] *s.* falso; truffa; imbroglio; *(di persona)* impostore: *(anche attrib.) a fake picture,* un quadro falso.

to **fake** [feik] *vt* falsificare; inventare; simulare.

fakir ['fɑːkiə*] *s.* fachiro.

falchion ['fɔːltʃən] *s.* scimitarra.

falcon ['fɔːlkən] *s.* falcone.

falconer ['fɔːlkənə*] *s.* falconiere.

falconry ['fɔːlkənri] *s.* falconeria *(ant.)*; caccia con il falcone.

fall [fɔːl] *s.* **1** *(anche fig.)* caduta; ruzzolone; cascata; crollo; *(di temperatura)* abbassamento; *(di prezzi)* ribasso; flessione; diminuzione: *a fall from a horse,* una caduta da cavallo — *the Fall of Man, (biblico)* la caduta dell'uomo — *a heavy fall of rain,* un forte rovescio di pioggia. **2** *(spesso al pl.)* cascata, cascate; rapide: *Niagara Falls,* le cascate del Niagara. **3** *(di cascata, ecc.)* salto; dislivello; *(di pioggia, ecc.)* precipitazione; caduta: *The fall of the river here is six feet,* Il dislivello del fiume in questo punto è di sei piedi — *fall-line,* linea di massima pendenza. **4** *(USA, spesso con la maiuscola)* autunno: *in the Fall of 1970,* nell'autunno del 1970 — *Fall-fashions,* la moda autunnale. **5** cavo di comando o manovra.

to **fall** [fɔːl] *vi* (*pass.* **fell**; *p. pass.* **fallen**) **1** cadere; cascare; precipitare; venire abbattuto; crollare (a terra); penzolare; scendere; *(anche di terreno)* inclinare; degradare; *(di fiume)* fluire; defluire; sboccare; *(fig., p.es. di governo)* crollare; essere battuto (sconfitto, rovesciato): *The book fell from the table to the floor,* Il libro cadde dal tavolo sul pavimento — *He fell into the water,* Cadde in acqua — *The rain was falling steadily,* Continuava a piovere ininterrottamente — *The leaves fall in autumn,* Le foglie cadono in autunno — *This basket is full of eggs, don't let it fall,* Questo cesto è pieno di uova, non farlo cadere — *He fell into the trap,* Cadde nel tranello — *He has fallen on evil days,* È caduto in disgrazia; È andato in rovina — *He fell among thieves, (stile biblico)* S'imbatté nei ladroni — *Many trees fell in the storm,* Molte piante furono abbattute dal temporale — *Six tigers fell to his rifle,* Sei tigri furono abbattute dal suo fucile — *to fall on one's feet, (fam.)* cadere in piedi; uscire incolume; essere fortunato; cavarsela abbastanza bene — *Some people always seem to fall on their feet,* Ci sono delle persone che sembra caschino sempre in piedi (se la cavino sempre senza rimetterci nulla) — *to fall flat,* fallire del tutto; fare cilecca; andare a vuoto — *His best jokes fell flat,* Le sue migliori barzellette non ebbero successo — *to fall short, (di missile, ecc.)* non arrivare al bersaglio; *(fig.)* venir meno; venire a mancare; non essere sufficiente — *Your work falls short of my expectations,* Il tuo lavoro delude le (è inferiore alle) mie aspettative — *to fall over oneself,* cadere per terra (incespicando); *(fig.)* fare a gomitate; fare a gara — *The major companies were falling over themselves (over each other) for the services of this brilliant young scientist,* Le principali aziende si contendevano i servizi di questo giovane e brillante scienziato — *His beard fell to his chest,* La barba gli scendeva sino al petto — *The barometer is falling,* Il barometro sta scendendo — *Her voice fell to a whisper,* La sua voce diventò solo più un bisbiglio — *Her spirits fell at the bad news,* La brutta notizia la accasciò — *His eyes fell,* Abbassò lo sguardo — *The wind fell during the night,* Durante la notte il vento diminuì (cessò).

2 cadere in battaglia; soccombere; morire.

3 *(di volto)* farsi triste: *Her face fell,* Il suo volto si fece triste.

4 divenire; diventare; farsi: *He fell silent,* Si fece silenzioso — *His horse fell lame,* Il suo cavallo si azzoppò — *to fall asleep,* addormentarsi — *to fall ill,* ammalarsi — *Do not fall into bad habits,* Non contrarre brutte abitudini — *She fell an easy prey to him,*

Gli fu facile conquistarla — *to fall in love with sb,* innamorarsi di qcno *(e, fam., anche di qcsa).*
5 cadere *(moralmente);* mancare; peccare: *Eve tempted Adam and he fell,* Eva tentò Adamo ed egli peccò — *fallen women,* donne cadute in peccato.
6 dividersi; suddividersi: *The subject falls into four divisions,* L'argomento si divide in quattro parti.
7 *(di date, ecc.)* ricorrere; capitare; cadere; avvenire: *Easter falls early next year,* L'anno prossimo Pasqua cadrà presto — *Christmas Day falls on a Monday this year,* Quest'anno Natale cade di lunedì — *to fall due, (spec. di un pagamento)* scadere.
8 *(di parole)* essere pronunciato; cadere; uscire: *Not a word fell from his lips,* Non una parola gli uscì di bocca — *I guessed what she was going to do from the few words that she let fall,* Indovinai cosa intendeva fare delle poche parole che si lasciò uscire di bocca.
9 *(di agnelli, ecc.)* nascere.
to fall astern, rimanere indietro, in coda *(di un convoglio, ecc.);* perdere i contatti *(con il gruppo, ecc.).*
to fall away, disertare; sparire; svanire: *His supporters began to fall away,* I suoi sostenitori cominciarono a squagliarsela — *In this crisis prejudices fell away and all classes co-operated,* In questa crisi sparirono le differenze e tutte le classi collaborarono.
to fall back, - **a)** ritirarsi; ripiegare; indietreggiare: *Our attack was so vigorous that the enemy had to fall back,* Il nostro attacco fu così vigoroso che il nemico dovette ripiegare - **b)** *to fall back on,* ricorrere a; far ricorso a: *If you don't need the money now, bank it. It's always useful to have something to fall back on,* Se non hai bisogno del denaro adesso, mettilo in banca. È sempre utile avere qualcosa cui poter fare ricorso.
to fall behind, rimanere indietro *(anche fig.): He always falls behind when we are going uphill,* Rimane sempre indietro quando camminiamo in salita — *I've fallen behind with my correspondence,* Sono rimasto indietro con la mia corrispondenza.
to fall for, *(fam.)* - **a)** prendere una cotta per; innamorarsi di: *He falls for every pretty face he sees,* Si innamora di ogni volto grazioso che vede - **b)** 'cascarci'; lasciarsi ingannare: *Did he fall for it?,* C'è cascato?
to fall in, - **a)** *(di un edificio, ecc.)* crollare; cedere; franare; sprofondare: *The roof fell in,* Il tetto crollò — *The (sides of the) trench fell in,* La trincea franò - **b)** *(mil.)* allinearsi; disporsi in riga: *The sergeant ordered the men to fall in,* Il sergente ordinò agli uomini di allinearsi.
to fall into ⇨ **6.**
to fall in with, - **a)** imbattersi in; incontrare per caso - **b)** accordarsi; trovarsi d'accordo con; condividere: *He fell in with my views at once,* Condivise immediatamente i miei punti di vista - **c)** *to fall into line (with),* allinearsi; adeguarsi; adattarsi *(all'azione o volere di altri).*
to fall off, diminuire; peggiorare: *Attendance at church has fallen off this summer,* La frequenza in chiesa è diminuita durante quest'estate — *The number of passengers shows a slight falling-off,* Il numero dei passeggeri mostra una lieve diminuzione.
to fall on (upon), - **a)** posarsi; calarsi; stendersi; proiettarsi; arrivare: *A shadow fell on the wall,* Un'ombra si proiettò sul muro — *His eyes fell on a curious object,* I suoi occhi si posarono su un curioso oggetto — *Strange sounds fell on our ears,* Strani rumori arrivarono alle nostre orecchie — *The lamplight fell on her face,* La luce della lampada le cadeva sul volto — *In 'formidable' the accent may fall on either the first or the second syllable,* Nella parola 'formidable' l'accento può cadere sia sulla prima sia sulla seconda sillaba - **b)** ricadere; toccare: *The responsibility (blame, ecc.) fell upon us all,* La responsabilità (il biasimo, ecc.) ricadde su noi tutti — *Most of the fighting fell on the second regiment,* Il peso maggiore della battaglia toccò al secondo reggimento - **c)** ⇨ **7.**
to fall out, - **a)** litigare: *The two men fell out,* I due uomini bisticciarono — *He has fallen out with his fiancée,* Ha bisticciato con la sua fidanzata - **b)** *(piuttosto desueto)* accadere; succedere; risultare; andare a finire: *It (so) fell out that I could not get there in time,* Successe che non riuscii ad arrivare in tempo — *Everything fell out as we had hoped,* Tutto andò a finire come noi speravamo - **c)** *(mil.)* rompere le righe.
to fall through, fallire; far fiasco: *His scheme fell through,* Il suo progetto fallì.
to fall to, - **a)** incominciare *(a mangiare, ad attaccare, a combattere, ecc.): They fell to with a good appetite,* Incominciarono a mangiare con buon appetito — *I fell to wondering where to go for my holidays,* Incominciai a pensare al luogo in cui trascorrere le vacanze - **b)** toccare; spettare; ricadere; essere assegnato; andare a finire: *All the expenses fell to me,* Tutte le spese ricaddero su di me — *It fell to my lot to open the discussion,* Toccò a me aprire il dibattito.
to fall under, cadere sotto; rientrare in *(una classificazione, una categoria, ecc.): The subject falls under three heads,* La materia va suddivisa in tre argomenti principali.
to fall upon, - **a)** attaccare; andare all'assalto: *to fall upon one's food, (fig.)* gettarsi sul cibo - **b)** ⇨ **to fall on** - **c)** calare; ricoprire; cadere; scendere: *Darkness fell upon the scene,* L'oscurità calò sulla scena — *A great stillness had fallen upon everything,* Una grande quiete era scesa su ogni cosa — *Fear fell upon them,* Furono presi dalla paura.
fallacious [fə'leiʃəs] *agg* fallace; erroneo.
fallacy ['fæləsi] *s.* fallacia; errore.
fal-lal ['fæ'læl] *s.* falpalà.
fall(-)back ['fɔ:bæk] *s.* ripiego; sostituto.
fallen ['fɔ:lən] *p. pass di* **to fall.**
fall-guy ['fɔ:lgai] *s. (sl., USA)* **1** spalla *(di attore comico).* **2** scemo; *(per estensione)* capro espiatorio.
fallibility [,fæli'biliti] *s.* fallibilità.
fallible ['fæləbl] *agg* fallibile.
falling ['fɔ:liŋ] *agg* cadente *(anche fig.): falling star,* stella cadente, filante.
□ *s.* **1** caduta. **2** decadimento; abbassamento. **3** diminuzione: *falling-away,* deperimento; defezione; rivolta; apostasia — *falling-back,* indietreggiamento; ripiegamento; ritirata — *falling-in,* crollo; sprofondamento — *falling sickness,* mal caduco — *falling off* ⇨ **to fall off.**
fall-out ['fɔ:l,aut] *s.* **1** (pioggia di) pulviscolo radioattivo in seguito ad un'esplosione nucleare. **2** *(per estensione, generalm.* technological fall-out*)* sottoprodotto; prodotto derivato; scoperta collaterale *(che deriva incidentalmente da una scoperta importante).*
fallow ['fælou] *agg e s.* incolto; terreno a riposo; maggese.
fallow-deer ['fæloudiə*] *s. (invariato al pl.)* daino.
false [fɔ:ls/fɔls] *agg* **1** falso; falsato; contraffatto; finto; artificiale: *a false alarm,* un falso allarme — *to give false witness, (ant.)* dare falsa testimonianza; deporre il falso — *to take a false step,* fare un passo falso — *to be in a false position,* essere in una po-

sizione falsa — *false weights,* pesi contraffatti — *false pride,* falso orgoglio — *false coins,* monete false — *false teeth,* denti finti, artificiali — *false hair,* capelli finti, posticci — *to sail under false colours,* navigare sotto falsa bandiera; *(fig.)* spacciarsi per quello che non si è. **2** sbagliato; erroneo: *to give a false impression,* dare un'impressione sbagliata — *a false start, (sport)* una falsa partenza. □ *avv* **falsely.**
□ *(in funzione avverbiale, solo nell'espressione) to play sb false,* imbrogliare qcno; ingannare, trattare slealmente qcno.

falsehood ['fɔ:lshud] *s.* falsità; bugia; il mentire; il falso.

falseness ['fɔ:lsnis] *s.* falsità; doppiezza; perfidia.

falsetto [fɔ:l'setou] *s.* (*pl.* **falsettos**) falsetto.

falsies ['fɔ:lsiz] *s. pl (fam.)* reggiseno; seno finto.

falsification [,fɔ:lsifi'keiʃən] *s.* falsificazione; contraffazione.

to **falsify** ['fɔ:lsifai] *vt* falsificare; contraffare; alterare: *to falsify records,* falsificare documenti — *to falsify a story,* alterare un resoconto.

falsity ['fɔ:lsiti] *s.* falsità.

to **falter** ['fɔ:ltə*] *vi e t.* **1** barcollare; esitare; vacillare. **2** *(della voce)* tremolare; rompersi; tremare.

fame [feim] *s.* fama.

famed [feimd] *agg* famoso; celebre.

familiar [fə'miljə*] *agg* **1** familiare; comune; noto: *facts with which every schoolboy is familiar,* fatti ben noti a (conosciuti da) ogni scolaro — *I am not very familiar with botanical names,* Non mi è molto familiare la terminologia botanica — *the familiar voices of one's friends,* le voci familiari dei propri amici. **2** intimo; confidenziale; sfacciato: *Are you on familiar terms with Mr Green?,* Sei in confidenza con Mr Green? — *Don't be too familiar (with him),* Non dargli troppa confidenza. □ *avv* **familiarly.**
□ *s.* **1** amico intimo. **2** cameriere *(di vescovo, ecc.).* **3** *(ant.: anche* familiar spirit*)* demone al servizio di una strega.

familiarity [fə,mili'æriti] *s.* **1** familiarità; dimestichezza; confidenza: *You should not treat her with such familiarity,* Non dovresti trattarla con tanta familiarità — *His familiarity with the language surprised me,* La sua dimestichezza con la lingua mi sorprese — *Familiarity breeds contempt, (prov.)* Confidenza toglie riverenza; La troppa familiarità distrugge il rispetto. **2** *(al pl.)* confidenza eccessiva; sfacciataggine: *She dislikes such familiarities,* Queste confidenze eccessive non le piacciono.

to **familiarize** [fə'miljəraiz] *vt* **1** familiarizzare: *to familiarize oneself with a foreign language,* familiarizzarsi con una lingua straniera. **2** diffondere; far conoscere; rendere familiare *(l'uso d'una parola): The newspapers and radio have familiarized us with the word 'ecology',* I giornali e la radio ci hanno reso familiare la parola 'ecologia'.

family ['fæmili] *s.* **1** famiglia: *Has he any family?,* Ha famiglia? — *a girl of good family,* una ragazza di buona famiglia — *My family are early risers,* In famiglia siamo tutti mattinieri. **2** figli; famiglia: *He has a large family,* Ha molti figli (Ha una famiglia numerosa). **3** gruppo; famiglia *(di piante, animali, ecc.): the Semitic family of languages,* il gruppo delle lingue semitiche — *the cat family,* la famiglia dei felini. □ *a family likeness,* aria di famiglia; somiglianza — *a family hotel,* un albergo familiare — *a family man,* un uomo tutto casa e famiglia — *family name,* cognome — *family tree,* albero genealogico — *to be in the family way, (fam.)* essere incinta.

famine ['fæmin] *s.* carestia; grave penuria *(usato anche come agg.): famine prices,* prezzi da carestia.

to **famish** ['fæmiʃ] *vi* affamare; fare soffrire la fame; far morire di fame.
□ *vt (nell'espressione) to be famished, (fam.)* essere affamato; avere una fame da lupo.

famous ['feiməs] *agg* **1** famoso; notissimo. **2** *(fam., un po' desueto)* straordinario; eccellente.
□ *avv* **famously,** ottimamente.

[1]**fan** [fæn] *s. (in vari usi, anche attrib.)* **1** ventaglio: *fan tracery,* decorazioni *(p.es. della volta di una chiesa)* a forma di ventaglio. **2** ventilatore. **3** ventola; sventola: *fan belt,* cinghia della ventola. **4** coda del pavone: *fan-tail,* piccione con la coda a ventaglio. **5** pinna caudale *(di balena).* **6** pala per mulino a vento. **7** pala d'elica. **8** vaglio *(per il grano).* □ *fan-light, (GB)* lunetta *(di porta o finestra).*

to **fan** [fæn] *vt e i.* (**-nn-**) **1** sventolare; ventilare; far vento: *to fan oneself,* farsi vento — *to fan a fire,* far vento ad un fuoco — *to fan the flame, (fig.)* soffiare sul fuoco. **2** ventilare; soffiare lievemente: *The breeze fanned our faces,* La brezza soffiava lievemente sul nostro viso. **3 to fan out,** aprirsi a ventaglio: *The troops fanned out across the fields,* Le truppe si aprirono a ventaglio attraverso i campi.

[2]**fan** [fæn] *s. (fam.)* 'fan'; ammiratore fanatico; tifoso: *fan mail,* la posta che un divo (una diva) riceve dai suoi 'fans'.

fanatic [fə'nætik] *s.* fanatico; entusiasta: *a fresh-air fanatic,* un fanatico della vita all'aperto.
□ *agg* fanatico; entusiasta. □ *avv* **fanatically.**

fanatical [fə'nætikəl] *agg* fanatico; *(per estensione)* frenetico: *fanatical devotion,* una devozione fanatica — *fanatical enthusiasm,* un entusiasmo frenetico. □ *avv* **fanatically.**

fanaticism [fə'nætisizəm] *s.* fanatismo; 'tifo' *(fam.).*

fancier ['fænsiə*] *s.* amatore; conoscitore; intenditore *(preceduto da nome indicativo): a dog (rose) fancier,* un intenditore di cani (di rose).

fanciful ['fænsiful] *agg* **1** *(di persona)* fantasioso; ricco di immaginazione. **2** fantastico; bizzarro. □ *avv* **fancifully.**

[1]**fancy** ['fænsi] *s.* **1** fantasia; immaginazione: *He has a lively fancy,* Ha una vivace fantasia — *By the power of fancy we may create an unreal world,* Col potere dell'immaginazione noi possiamo creare un mondo irreale. **2** fantasia; illusione; fantasticheria; impressione; idea vaga; cosa solo immaginata: *Did I really hear someone come in or was it only a fancy?,* Ho sentito qualcuno entrare o era solo una mia impressione? **3** simpatia; capriccio; ghiribizzo; inclinazione; desiderio: *to take a fancy to sth (sb),* affezionarsi a (incapricciarsi di, provare simpatia per) qcsa (qcno) — *to take (to catch) sb's fancy,* conquistare qcno; piacere (molto o subito) a qcno — *She saw the hat in a shop window and it caught her fancy,* Vide il cappellino in una vetrina e le piacque subito — *a passing fancy,* una fantasia passeggera; un ghiribizzo; un capriccio — *fancy-free,* non innamorato; distratto (in amore); *(per estensione)* spensierato; poco serio. **4** *the fancy, (sport)* gli appassionati; gli intenditori.

[2]**fancy** ['fænsi] *agg attrib* **1** *(spec. di cose piccole)* 'fantasia'; fatto per piacere all'occhio; dai colori vivaci; capriccioso; fantastico; ricercato; stravagante; speciale; di lusso: *fancy cakes,* pasticcini fantasia — *fancy goods,* articoli di ogni genere — *fancy fair,* fiera — *fancy bread,* pane speciale — *fancy-work,*

ricamo ornamentale; ornato — *fancy dogs,* cani di razza scelta — *fancy pansies,* viole del pensiero variegate — *'Fancy Crab', (sulle etichette)* granchio di qualità superiore — *fancy dress,* costume *(per maschera)* — *a fancy dress ball,* un ballo in maschera. **2** *(fam., di prezzi)* altissimo; fantastico; d'affezione: *a fancy price,* un prezzo fantastico (d'affezione). **3** immaginario; non reale: *a fancy portrait,* un ritratto immaginario. □ *fancy man,* innamorato; fidanzato; *(sl.)* sfruttatore.

to **fancy** ['fænsi] *vt* **1** immaginare, immaginarsi; figurarsi; supporre: *Can you fancy me as a hijacker?,* Mi vedi come dirottatore? — *Fancy her saying such unkind things about you!;* Strano che abbia detto simili cose di te! — *Fancy that, now!,* Pensa un po'! — *Just fancy!,* Immaginati!; Figurati! **2** pensare *(senza esserne certo o con ragioni insufficienti);* avere l'impressione che: *I rather fancy (that) he won't come,* Ho l'impressione che non verrà — *He fancied he heard footsteps behind him,* Gli parve di sentire dei passi dietro di sé — *Don't fancy that you can succeed without hard work,* Non credere (Non metterti in testa) di riuscire senza lavorare sodo. **3** desiderare; gradire; preferire; piacere a: *What do you fancy for your dinner?,* Cosa gradisci per cena? — *I don't fancy this place at all,* Questo posto non mi piace affatto. **4** **to fancy oneself,** stimarsi; valutarsi; avere un'alta opinione di se stessi: *He fancies himself as an orator,* Crede di essere un oratore.

fane [fein] *s. (poet.)* fano; tempio.

fanfare ['fænfɛə*] *s.* squillo di fanfara.

fang [fæŋ] *s.* **1** zanna; dente aguzzo *(spec. di lupo o cane).* **2** dente avvelenato.

fanny ['fæni] *s. (volg.)* **1** *(USA)* sedere. **2** *(GB)* fica.

fantail ['fænteil] *s.* piccione con la coda a ventaglio.

fantasia [,fæntə'ziə/fæn'teizjə] *s. (mus.)* fantasia.

fantastic [fæn'tæstik] *agg* **1** bizzarro; fantastico; strano; grottesco. **2** *(di piano o idea)* assurdo; irrealizzabile. **3** *(sl.)* favoloso. □ *avv* **fantastically.**

fantasy ['fæntəsi] *s.* **1** fantasia; immaginazione *(spec. stravagante).* **2** *(mus.)* fantasia.

far [fɑ:*] **I** *avv* (**farther, farthest** ⇨; *oppure* **further, furthest** ⇨) **1** distante; discosto; remoto; lontano *(nel tempo o nello spazio): How far did you go? Not far!,* Fino a dove sei andato? Non molto lontano! — *How far?,* Fino a che punto? — *How far back does it go?, (nel tempo)* (Fino) a quando risale? — *That young man will go far,* Quel giovanotto andrà lontano (farà molta strada).

2 *(con avv. e prep.)* distante; lungi; lontano *(in una direzione precisa): far off (out, back, in),* molto distante (ben fuori; molto indietro; ben dentro) — *far-away,* lontano; remoto; *(di sguardo)* fisso nel vuoto; sognante — *far-away places (times),* luoghi (tempi) remoti — *far-famed,* rinomato; famoso; di larga fama — *far-fetched,* stiracchiato; affettato; ricercato *(di paragone, ecc.)* — *far-flung,* assai diffuso; esteso; ampio; di largo respiro — *far gone,* malandato; molto avanti *(nel male, nel bere, nei debiti);* con un piede nella tomba; in cattive condizioni — *far-off,* lontano; distante — *far-reaching,* di grande portata — *far-seeing,* lungimirante; preveggente; perspicace — *far-sighted, (med.)* presbite; *(fig.)* prudente; lungimirante — *far beyond the bridge,* ben al di là del ponte — *far above the clouds,* molto al di sopra delle nubi — *not far from here,* non distante da qui — *far into the night,* a notte fonda (inoltrata); nel cuore della notte — *far back in history,* nel lontano passato; molto indietro nella storia — *as far back as 1902,* addirittura nel 1902; *(talvolta)* fin dal 1902 — *far from,* lungi; tutt'altro che — *Your work is far from (being) satisfactory,* Il tuo lavoro è tutt'altro che soddisfacente — *Far from admiring his paintings, I dislike them intensely,* Lungi dall'ammirare i suoi quadri, li detesto intensamente — *Far from it!,* Al contrario!; Tutt'altro!

3 *(con agg. e avv.)* molto; assai; di gran lunga; di molto: *This is far better (better by far),* Questo è assai migliore — *This is far and away the best,* Questo è di gran lunga il migliore — *This is by far the most useful,* Questo è di gran lunga il più utile.

□ *A pound does not go so far today as it did twenty years ago,* Oggi una sterlina vale molto meno di vent'anni fa — *to go too far (to carry sth too far),* oltrepassare i limiti; esagerare; eccedere — *far and near (far and wide),* dappertutto; da tutte le parti — *so far,* finora; fino a questo momento — *So far the work has been easy,* Finora il lavoro è stato facile — *So far, so good,* Finora tutto bene — *as (o so) far as,* fino a; alla stessa distanza di; per quanto — *He walked as far as the station,* Andò a piedi fino alla stazione — *We didn't go as (o so) far as the others,* Non andammo lontano come gli altri — *so far as I know,* per quanto ne so io — *He will help you as far as he can,* Ti aiuterà nella misura delle sue possibilità.

II *agg* (*comp. e superl.* **farther, farthest** ⇨; *oppure* **further, furthest** ⇨) distante; remoto; lontano: *a far country,* un paese remoto (lontano) — *a far cry* ⇨ **cry 1** — *at the far end of the street,* all'altra estremità della strada — *on the far bank of the river,* sull'altra riva del fiume. □ *the Far East,* l'Estremo Oriente — *the Far West,* l'Estremo Occidente; il 'Far West'.

III *come s. (raro)* lontananza; distanza: *(generalm. nell'espressione) Have you come from far?,* Vieni da lontano?

far(-)away ['fɑ:(r)əwei] *agg* ⇨ **[1]far 3.**

farce [fɑ:s] *s.* farsa; situazione farsesca; buffonata: *The Disarmament Conference was a farce,* La Conferenza per il disarmo fu una farsa.

farcical ['fɑ:sikəl] *agg* farsesco. □ *avv* **farcically.**

[1]fare [fɛə*] *s.* **1** tariffa; prezzo di una corsa *(in tram, autobus, treno, ecc.): fare-stage,* tratta. **2** *(per estensione)* passeggero; cliente: *The taxi-driver had only six fares all day,* Il tassista ebbe solo sei clienti in tutta la giornata.

[2]fare [fɛə*] *s.* cibo; vivande servite in un locale: *bill of fare,* lista delle vivande.

to **fare** [fɛə*] *vi* **1** *(non comune)* andare; passarsela: *How did you fare during your journey?,* Come te la sei passata durante il viaggio? — *It has fared well with him,* Gli è andata bene — *You may go farther and fare worse, (prov.)* Chi lascia la via vecchia per la nuova sa quello che lascia e non sa quel che trova. **2** viaggiare: *fare forth,* partire.

farewell ['fɛə'wel] *interiezione* addio: *farewell to...,* addio a...

□ *s.* commiato; congedo *(usato anche come agg.): farewell speech,* discorso di congedo — *farewell party,* festa d'addio.

farinaceous [,færi'neiʃəs] *agg* farinaceo.

farm [fɑ:m] *s.* **1** fattoria; podere; tenuta: *to work on the farm,* lavorare in una fattoria — *down on the farm,* nella tenuta; presso la cascina; in campagna — *farm-hand,* bracciante agricolo. **2** (*cfr.* **farmhouse, farmstead, farmyard**) casa colonica; fabbricati agricoli *(d'una fattoria);* cascina. **3** allevamento: *chicken farm,* allevamento di polli — *oyster farm,* allevamento di ostriche.

to **farm** [fɑ:m] *vt e i.* **1** coltivare; fare l'agricoltore: *He farms two hundred acres,* Coltiva duecento acri — *He farms in Kent,* Fa l'agricoltore nel Kent. **2** allevare: *He is engaged in sheep farming,* Si occupa dell'allevamento di pecore. **3 to farm out,** - **a)** dare in appalto; affittare; dare a mezzadria - **b)** far custodire e allevare *(spec. bambini)* da altri; mettere a pensione.

farmer ['fɑ:mə*] *s.* **1** fattore; agricoltore; coltivatore. **2** *(ant.)* appaltatore *(d'imposte).*

farmhouse ['fɑ:mhaus] *s.* casa colonica; cascina; fabbricati agricoli *(d'una fattoria).*

farming ['fɑ:miŋ] *s.* **1** agricoltura; coltivazione. **2** l'affittare terreni.

farmland ['fɑ:mlænd] *s.* terreno coltivato (*talvolta:* coltivabile).

farmstead ['fɑ:msted] *s.* = **farmhouse.**

farmyard ['fɑ:mjɑ:d] *s.* aia; corte: *farmyard animals,* animali da cortile.

farrago [fə'rɑ:gou] *s.* farragine; guazzabuglio: *a farrago of nonsense,* un guazzabuglio di sciocchezze.

farrier ['færiə*] *s.* maniscalco.

farrow ['færou] *s.* **1** stalla per maiali. **2** figliata *(di scrofa): fifteen at one farrow,* quindici maialini in una sola figliata.

to **farrow** ['færou] *vi* figliare *(di scrofa).*

fart [fɑ:t] *s. (volg.)* scorreggia; peto.

to **fart** [fɑ:t] *vi (volg.)* scorreggiare.

farther ['fɑ:ðə*] *avv* (*comp. di* **far**: *cfr.* **further**) più lontano; oltre: *We can't go any farther without a rest,* Non possiamo andare oltre senza una sosta — *They went farther into the forest,* Si addentrarono nella foresta.

□ *agg* più lontano: *on the farther bank of the river,* sull'altra riva del fiume.

farthermost ['fɑ:ðəmoust] *agg* il più lontano (distante, remoto).

farthest ['fɑ:ðist] *agg e avv* (*superl. di* **far**: *cfr.* **furthest**) il più distante (lontano): *at (the) farthest,* - **a)** all'estremo - **b)** *(di tempo)* al più tardi.

farthing ['fɑ:ðiŋ] *s.* 'farthing' *(moneta inglese non più in uso, del valore di 1/4 di penny): It doesn't matter (He doesn't care) a farthing,* Non importa (Non gliene importa) un fico (secco).

farthingale ['fɑ:ðiŋgeil] *s. (stor.)* guardinfante; crinolina.

fascia ['feiʃə] *s.* **1** *(anche* facia*)* quadro (plancia) portastrumenti; cruscotto. **2** *(anat.)* fascia. **3** benda; fascia.

fascicle ['fæsikl] *s.* **1** fascetta; fastello. **2** fascicolo *(di pubblicazione);* dispensa.

to **fascinate** ['fæsineit] *vt* affascinare; incantare; ammaliare: *The children were fascinated by the toys in the shop windows,* I bambini rimasero incantati dai giocattoli nelle vetrine.

fascinating ['fæsineitiŋ] *agg* affascinante; seducente; ammaliatore.

fascination [,fæsi'neiʃən] *s.* fascino; seduzione; malia; incanto.

Fascism ['fæʃizəm] *s.* fascismo.

Fascist ['fæʃist] *s. e agg* fascista.

fashion ['fæʃən] *s.* **1** modo; maniera; uso; foggia: *to behave in a strange fashion,* comportarsi in modo strano — *to croak crow-fashion,* gracchiare a mo' di corvo — *after the French fashion,* alla francese — *after a fashion* alla meglio; così così; più o meno. **2** *(talvolta senza articolo)* moda; voga: *the latest fashion,* l'ultima moda — *to be in fashion,* essere (vestire) alla moda — *out of fashion,* fuori (di) moda — *to be all the fashion,* essere in voga; molto di moda.

to **fashion** ['fæʃən] *vt* formare; modellare. □ *fully-fashioned, (di calze da donna)* bene aderenti alla gamba.

fashionable ['fæʃnəbl] *agg* alla moda; di moda; elegante. □ *avv* **fashionably.**

[1]**fast** [fɑ:st] *agg* **1** fermo; fisso; saldo: *The post is fast in the ground,* Il palo è ben fisso (conficcato) nel terreno — *Take (a) fast hold of the rope,* Tieni salda la corda — *hard and fast rules,* regole precise e vincolanti; regolamenti rigidi, severi. **2** stabile; leale; sicuro; fidato; provato; intimo: *a fast friend (friendship),* un amico fidato (un'amicizia sicura). **3** *(di colori)* solido; stabile; che non stinge.

□ *avv* fermamente; saldamente: *to hold fast to sth,* tenersi saldo a qcsa; *(fig.)* attenersi fermamente a qcsa — *The door was shut fast,* La porta era ermeticamente chiusa — *The ship was fast aground,* La nave si era saldamente incagliata — *to be fast asleep,* essere profondamente addormentato — *to stand fast,* stare saldo; tenere duro; non cedere (di un passo, di un millimetro) — *to stick fast,* - **a)** stare saldo; tenere duro - **b)** non riuscire a muoversi; piantarsi; impantanarsi — *Fast bind, fast find, (prov.)* Metti al sicuro una cosa e la ritroverai subito — *to play fast and loose with,* giocare a tira e molla — *to play fast and loose with a girl's affections,* giocare coi sentimenti di una ragazza — *to make fast,* attaccare; ormeggiare; *(fig.)* fissare saldamente.

[2]**fast** [fɑ:st] *agg* **1** svelto; veloce; rapido; celere; *(di strade, campi di gioco, ecc.)* veloce; che consente alte velocità o movimento veloce: *a fast train,* un treno rapido (veloce); un direttissimo; un espresso *(dal 1974)* — *a fast horse,* un cavallo veloce. **2** *(del modo di vivere di una persona)* dissoluto; gaudente; libertino: *to lead a fast life,* condurre una vita dissoluta — *a fast woman,* una donna dissoluta — *fast society,* la società gaudente. **3** *(di orologio)* che è (o va) avanti: *My watch is five minutes fast,* Il mio orologio è avanti di cinque minuti. **4** *(di pellicola fotografica)* sensibilissima; adatta a brevissime esposizioni.

□ *avv* **1** velocemente; rapidamente; presto; in fretta: *Don't speak fast,* Non parlare in fretta — *It was raining fast,* Pioveva a dirotto — *Her tears fell fast,* Piangeva copiosamente. **2** dissolutamente. **3** *(ant.)* vicino: *fast by (behind) the church,* proprio accanto (dietro) alla chiesa.

[3]**fast** [fɑ:st] *s.* **1** digiuno; vigilia; il non prendere cibo: *a three days' fast,* un digiuno di tre giorni — *to break one's fast,* rompere il digiuno. **2** giorno o periodo di digiuno.

to **fast** [fɑ:st] *vi* digiunare; far vigilia; osservare il digiuno ecclesiastico: *days devoted to fasting and penitence,* giorni dedicati al digiuno e alla penitenza.

to **fasten** ['fɑ:sn] *vt e i.* **1** chiudere (saldamente); sbarrare; assicurare; fissare; legare; attaccare: *Have you fastened all the doors and windows?,* Hai sbarrato tutte le porte e le finestre? — *He fastened up the box,* Assicurò (Chiuse saldamente) la cassa — *He fastened the two sheets of paper together,* Unì i due fogli di carta. **2** affibbiare *(un nomignolo, ecc.);* fissare; concentrare: *He fastened his eyes on me,* Fissò gli occhi su di me. **3** chiudersi; allacciarsi: *The door won't fasten,* La porta non si chiude, non si vuol chiudere — *This dress fastens at the back,* Questo vestito si allaccia di dietro — *Fasten your seat-belts, please!,* Allacciate le cinture di sicurezza, prego! **4** *(seguito da* on *o* upon*)* attaccarsi; tenersi stretto; aggrapparsi: *He fastened upon the idea,* Si aggrappò a quell'idea.

fastener ['fɑ:snə*] *s.* chi o ciò che lega, fissa, assicura, chiude, ecc.; fermaglio; cerniera; chiusura; legaccio; laccio.

fastening ['fɑ:sniŋ] *s.* **1** legatura; chiusura; fissaggio. **2** gancio; chiavistello; bottone; catenaccio; serratura.

fastidious [fæs'tidiəs] *agg* meticoloso; pedante; pignolo: *He is fastidious about his food (clothes, ecc.),* È pignolo in fatto di cibo (di abiti, ecc.). □ *avv* **fastidiously.**

fastness ['fɑ:stnis] *s.* **1** roccaforte *(anche fig.).* **2** solidità; inalterabilità: *We guarantee the fastness of these dyes,* Garantiamo la solidità (l'inalterabilità) di queste tinte.

[1]**fat** [fæt] *s.* grasso: *Give me lean meat, please; I don't like fat,* Mi dia carne magra, per favore: non mi piace il grasso — *to live on (o off) the fat of the land,* avere ogni ben di Dio — *The fat's in the fire,* Ormai è fatta.

[2]**fat** [fæt] *agg* (**fatter; fattest**) **1** grasso; pingue; paffuto: *fat meat,* carne grassa — *a fat man,* un uomo grasso; un grassone — *to get fat,* ingrassare — *fat cheeks,* guance paffute — *fat cattle,* bestiame ingrassato (grasso). **2** *(fig.)* spesso; gonfio; ben fornito: *a fat pocket-book,* un portafoglio gonfio (ben fornito) — *a fat lot, (fam.)* un bel po'; molto; assai *(spesso iron.)* — *A fat lot you care!,* T'importa assai! **3** *(fig.)* ricco; fertile; produttivo: *fat lands,* terre fertili. □ *fat-head, (fam.)* imbecille; testa di rapa — *fat-guts, (volg.)* pancione; ciccione.

fatal ['feitl] *agg* fatale; ineluttabile; destinato; letale: *a fatal accident,* un incidente fatale — *His illness was fatal to our plans,* La sua malattia fu fatale ai nostri progetti — *the fatal day,* il giorno fatale. □ *avv* **fatally.**

fatalism ['feitəlizəm] *s.* fatalismo.

fatalist ['feitəlist] *s.* fatalista.

fatalistic [,feitə'listik] *agg* fatalistico.

fatality [fə'tæliti] *s.* **1** fatalità; avvenimento funesto; calamità. **2** incidente mortale. **3** esito mortale: *the fatality of certain diseases,* l'esito infausto di certe malattie.

fate [feit] *s.* **1** fato; destino; sorte: *They left (abandoned) the men to their fate,* Lasciarono gli uomini al loro destino — *I was hoping to spend the summer in Europe, but fate has decided otherwise,* Speravo di passare l'estate in Europa, ma il destino ha deciso diversamente — *the Fates,* le Parche — *as sure as fate,* sicuro come il destino; certissimo; quant'è vero Iddio. **2** *(solo al sing.)* morte: *to go serenely to one's fate,* andare serenamente incontro alla morte — *to decide a person's fate,* decidere della vita di qcno — *to meet one's fate,* essere ucciso; morire.

to **fate** [feit] *vt (generalm. al passivo) to be fated to; to be fated that,* essere destinato, condannato a — *It was fated that we should fail,* Era destino che ci andasse male.

fateful ['feitful] *agg* **1** fatidico; fatale. **2** profetico. □ *avv* **fatefully.**

father ['fɑ:ðə*] *s.* **1** padre: *You have been like a father to me,* Tu sei stato come un padre per me — *The property has been handed down from father to son for many generations,* La proprietà è passata di padre in figlio per molte generazioni — *The child is father to the man, (prov.)* Nel bambino si vede già l'uomo — *father-figure, (in psicologia)* figura (immagine) paterna — *father-in-law, (pl.* fathers-in-law*),* suocero — *the Pilgrim Fathers,* i Padri Pellegrini — *the Father of English poetry,* il padre della poesia inglese *(Chaucer)* — *Father Christmas,* Babbo Natale — *father confessor,* padre spirituale — *The wish is father to the thought, (prov.)* Si crede volentieri a ciò che fa piacere. **2** *(al pl.)* antenati; padri: *He sleeps with his fathers,* Riposa coi suoi avi.

to **father** ['fɑ:ðə*] *vt* **1** essere l'ideatore *(d'un piano, d'un progetto, ecc.).* **2** riconoscere la paternità *(d'un figlio, di un'opera, ecc.).* **3** attribuire la paternità, la responsabilità: *Please don't father this article on me,* Per favore non attribuirmi la paternità di questo articolo. **4** mettere al mondo; procreare; generare.

fatherhood ['fɑ:ðəhud] *s.* paternità.

fatherland ['fɑ:ðəlænd] *s.* patria; paese d'origine.

fatherless ['fɑ:ðəlis] *agg* senza padre; orfano di padre; di padre sconosciuto.

fatherly ['fɑ:ðəli] *agg* paterno: *fatherly love,* amore paterno — *fatherly smiles,* sorrisi paterni.

fathom ['fæðəm] *s.* 'fathom'; braccio *(misura di profondità equivalente a sei piedi = m. 1,82): The harbour is four fathoms deep,* Il porto è profondo quattro braccia.

to **fathom** ['fæðəm] *vt* **1** scandagliare. **2** approfondire; penetrare; capire bene.

fathomless ['fæðəmlis] *agg* **1** impenetrabile; incomprensibile. **2** incommensurabile.

fatigue [fə'ti:g] *s.* **1** fatica; stanchezza; lavoro faticoso: *Several men dropped with fatigue during the long march,* Parecchi uomini caddero per la fatica durante la lunga marcia. **2** *(di metalli)* fatica; logorio. **3** *(mil.)* corvè; lavoro di fatica: *fatigue-party,* squadra di corvè — *fatigue-dress (talvolta* fatigues, *pl.),* uniforme di fatica.

to **fatigue** [fə'ti:g] *vt* affaticare; stancare.

fatless ['fætlis] *agg* senza grasso; magro.

fatness ['fætnis] *s.* **1** grassezza; pinguedine; corpulenza. **2** fertilità; ricchezza; produttività.

fatted ['fætid] *agg (p. pass. di* **to fat,** *ant.: ora solo nell'espressione biblica) to kill the fatted calf,* uccidere il vitello grasso; *(fig.)* accogliere con gioia il ritorno di qcno.

to **fatten** ['fætn] *vt e i.* ingrassare; rendere grasso *(un animale).*

fatter, fattest ['fætə*/'fætist] *comp e superl di* [2]**fat.**

fattish ['fætiʃ] *agg* grassoccio; grassottello; paffuto.

fatty ['fæti] *agg* (**-ier; -iest**) grasso; untuoso.

fatuity [fə'tju:iti] *s.* stoltezza; fatuità.

fatuous ['fætjuəs] *agg* fatuo; vanesio. □ *avv* **fatuously.**

faucet ['fɔ:sit] *s. (USA)* rubinetto; zaffo.

faugh [fɔ:] *interiezione* puah! *(per esprimere disprezzo o disgusto).*

fault [fɔ:lt] *s.* **1** difetto; imperfezione; manchevolezza: *She loves me in spite of all my faults,* Mi ama nonostante tutti i miei difetti — *Her only fault is excessive shyness,* Il suo unico difetto è una esagerata timidezza — *There is a fault in the electrical connections,* C'è un difetto nei collegamenti elettrici — *fault-finder,* criticone — *fault-finding,* critica pedante — ... *to a fault,* eccessivamente...; troppo... — *She is generous to a fault,* È fin troppo generosa — *to be at fault,* essere in errore; sbagliare; sentirsi perso, perplesso, disorientato — *My memory was at fault,* Non riuscivo a ricordare — *to find fault with,* trovare a ridire su; lagnarsi di; brontolare su. **2** colpa; sbaglio; responsabilità *(per una cosa fatta male): Whose fault is it that we are late?,* Di chi è la colpa se siamo in ritardo? — *The fault lies with you, not with me,* La colpa è tua, non mia — *It's all your fault,* È tutta colpa tua. **3** errore; pecca; magagna; difetto; *(nel tennis)* fallo. **4** *(geologia)* faglia.

to **fault** [fɔ:lt] *vt* trovare da ridire.

faultless ['fɔ:ltlis] *agg* perfetto; impeccabile; senza difetto. □ *avv* **faultlessly.**

faultlessness ['fɔ:ltlisnis] *s.* irreprensibilità.

faulty ['fɔ:lti] *agg* (**-ier**; **-iest**) difettoso; imperfetto; pieno di errori. □ *avv* **faultily.**

faun [fɔ:n] *s.* fauno.

fauna ['fɔ:nə] *s.* fauna.

faux pas ['fou'pɑ] *s. (fr.)* passo falso; errore; gaffe.

favour ['feivə*] *s.* (*USA* **favor**) **1** *(senza articolo)* favore; benevolenza; cortesia; *(al pl.)* favori; grazie; protezione; considerazione: *to win sb's favour,* meritarsi (guadagnarsi, accattivarsi) il favore di qcno — *to be out of favour with sb,* non godere più del favore di qcno — *to look on a plan with favour,* guardare un progetto con benevolenza — *to obtain a position by favour,* ottenere un posto per raccomandazione — *to find favour in sb's eyes,* essere nelle buone grazie di qcno — *in favour of,* a favore di (favorevole a) — *to be (to stand) high in sb's favour,* essere tenuto in grande considerazione da qcno — *The exchange rate is in our favour,* Il cambio è a nostro favore. **2** *(con l'articolo indeterminativo)* favore (atto di cortesia): *to do sb a favour; to do a favour for sb,* fare un favore a qcno — *May I ask a favour of you?,* Posso chiederti un favore? **3** distintivo; nastro; coccarda *(di associazioni, ecc.).* **4** *(ant.)* aspetto; lineamenti; fattezze. □ *by favour of Mr Hill, (sulla busta di una lettera recapitata a mano: piuttosto desueto)* a mezzo del signor Hill — *by your favour, (lett.)* col vostro permesso.

to **favour** ['feivə*] *vt* (*USA* **to favor**) **1** favorire *(in vari sensi);* prediligere; favoreggiare; avvantaggiare; aiutare; sostenere; approvare: *Fortune favours the brave,* La fortuna aiuta gli audaci — *most favoured nation clause, (econ.)* 'clausola della nazione più favorita' — *I don't much favour that course,* Non approvo molto questa linea (politica). **2** *(generalm.* to favour sb with sth*)* favorire; concedere; dare: *Will you favour me with an interview?,* Volete concedermi un colloquio? — *Please, favour us with an early reply, (stile commerciale)* Abbiate la cortesia di rispondere al più presto. **3** *(ant.)* rassomigliare; assomigliare: *The child favours his father,* Il bambino somiglia al padre (tiene del padre).

favourable ['feivərəbl] *agg* (*USA* **favorable**) **1** favorevole; ben disposto. **2** propizio; promettente. □ *avv* **favourably.**

favourite ['feivərit] *agg* (*USA* **favorite**) favorito; preferito; prediletto.
□ *s.* il favorito; il beniamino; la favorita: *He is a favourite with his uncle (a favourite of his uncle's; his uncle's favourite),* È il beniamino dello zio — *The favourite came third, (sport)* Il favorito arrivò terzo — *to back the favourite,* scommettere sul favorito *(cavallo, ecc.)* — *This novel is a great favourite of mine,* Questo romanzo è tra i miei prediletti.

favouritism ['feivəritizəm] *s.* (*USA* **favoritism**) favoritismo.

fawn [fɔ:n] *s.* **1** cerbiatto; giovane daino. **2** *(colore)* fulvo; *(anche* fawn-coloured*)* di colore fulvo.

to **fawn** [fɔ:n] *vi* **1** *(di cani)* fare festa; saltellare; agitare la coda, ecc. **2** adulare; mostrarsi servile; fare mille salamelecchi: *to fawn on a rich relative,* agitarsi servilmente attorno a (leccare) un parente ricco.

fawning ['fɔ:niŋ] *agg* servile; strisciante.

fax [fæks] *s., abbr (sl.) di* **facsimile.**

fay [fei] *s. (poet.)* fata *(talvolta attrib.).*

fealty [,fi:əlti] *s.* fedeltà *(del vassallo al signore del feudo);* vassallaggio: *to take an oath of fealty,* fare giuramento di fedeltà, di vassallaggio.

fear [fiə*] *s.* **1** timore; paura; ansia; ansietà; apprensione: *They stood there in fear and trembling,* Se ne stavano lì impauriti e tremanti — *The thief passed the day in fear of discovery,* Il ladro passò la giornata con la paura di venir scoperto — *He is in fear of his life,* Teme per la sua vita — *Grave fears are felt for the fate of the missing climbers,* Si nutrono gravi apprensioni per la sorte degli alpinisti dispersi — *He obeyed from fear,* Obbedì per paura — *He was unable to speak for fear,* Era incapace di parlare per la paura — *for fear of...,* per tema (per paura) di... — *She asked us not to be noisy for fear of waking the baby,* Ci chiese di non fare troppo rumore per il timore di svegliare il bambino — *for fear (that)...,* per tema che...; per non... — *I daren't tell you what he did, for fear (that) he should be angry with me,* Non oso dirti cosa ha fatto per timore che si arrabbi con me. **2** rispetto; timore *(di Dio, della legge, ecc.): the fear of God,* il timor di Dio — *without fear or favour,* imparzialmente; senza guardare in faccia nessuno. **3** probabilità; pericolo: *There is not much fear of my losing the money,* Non c'è pericolo che io perda il denaro — *No fear!, (come risposta, fam.)* Non c'è pericolo!; Certamente no!; Ma figurati!; Ma scherzi?

to **fear** [fiə*] *vt e i.* **1** temere; paventare; aver paura di: *to fear death,* aver paura della morte — *These men are not to be feared,* Questi uomini non sono da temere; Non dobbiamo aver paura di questi uomini — *never fear!,* niente paura!; coraggio! — *She feared to speak in his presence,* Aveva paura di parlare in sua presenza — *He did not fear to die,* Non ebbe paura della morte. **2** *(seguito da* for*)* temere per; nutrire delle apprensioni; essere ansiosi: *We feared for his life (safety),* Temevamo per la sua vita (salvezza). **3** temere; prevedere; attendersi: *We fear the worst,* Temiamo il peggio — *I fear he has failed,* Temo che non ce l'abbia fatta — *I fear not,* Temo di no — *I fear so,* Temo di sì. **4** *(ant.)* temere; guardare con riverenza: *Fear God and honour your father,* Temi Iddio e onora il padre.

fearful ['fiəful] *agg* **1** pauroso; spaventoso; spaventevole; terribile; tremendo; *(fam.)* molesto; irritante; seccante: *What a fearful mess!,* Che terribile pasticcio! **2** timoroso; pauroso; apprensivo; preoccupato: *fearful of wakening sb,* timoroso di svegliare qcno. **3** impaurito; spaurito; spaventato; pavido; timido. □ *avv* **fearfully.**

fearfulness ['fiəfulnis] *s.* **1** aspetto terribile; terribilità; spaventosità. **2** apprensione; timidezza; paura; timore.

fearless ['fiəlis] *agg* senza paura; intrepido; coraggioso; impavido: *fearless of the consequences,* senza temere le conseguenze. □ *avv* **fearlessly.**

fearlessness ['fiəlisnis] *s.* intrepidezza; coraggio.

fearsome ['fiəsəm] *agg* **1** *(spesso scherz.)* spaventoso; pauroso; terrificante: *a fearsome apparition,* una spaventosa apparizione. **2** pauroso; timoroso.

feasibility [,fi:zi'biliti] *s.* **1** fattibilità; possibilità. **2** *(fam.)* verisimiglianza.

feasible ['fi:zəbl] *agg* **1** fattibile; possibile; realizzabile: *A counter-revolution is feasible,* Una contro-rivoluzione è possibile. **2** *(fam.)* verosimile: *His story sounds feasible,* La sua storia sembra verosimile. □ *avv* **feasibly.**

feast [fi:st] *s.* **1** festa; festività religiosa; solennità: *feast-day,* giorno dedicato alla festa di un santo. **2**

banchetto; festa; convito. **3** *(fig.)* gioia; festa; delizia: *a feast of reason,* una delizia per la mente.

to **feast** [fi:st] *vt e i.* **1** partecipare ad un banchetto, ad una festa, ecc.: *to feast all evening,* banchettare per l'intera serata — *to feast away the night,* passar la notte banchettando. **2** intrattenere a banchetto, a convito: *to feast one's friends,* intrattenere a banchetto gli amici. **3** *(fig.)* deliziarsi; assaporare; divorare (con gli occhi); rallegrarsi.

feat [fi:t] *s.* impresa eroica o particolarmente abile: *brilliant feats of engineering (engineering feats),* brillanti realizzazioni di ingegneria — *to perform feats of valour,* compiere imprese (gesta) di valore.

feather ['feðə*] *s.* **1** piuma; penna; piumaggio *(anche fig.): as light as a feather,* leggero come una piuma — *to show the white feather,* mostrarsi pauroso, vile — *in high (full) feather,* di ottimo umore — *Fine feathers make fine birds, (prov.)* Vesti un legno, pare un regno; L'abito fa il monaco — *a feather in one's cap,* un motivo d'orgoglio; un segno di distinzione — *feather-bed,* letto di piume; materasso di piume — *feather-brain (head),* cervello di gallina; testa vuota — *feather-brained,* sciocco — *feather-weight, (pugilato)* peso piuma — *to crop sb's feathers,* tarpare le ali a qcno; mortificare qcno — *fur and feather,* animali da pelliccia e animali pennuti — *in feather,* coperto di penne, di piume. **2** pennacchio. **3** scia *(di periscopio).* **4** flangia; aletta; bava; spigolo acuto.

to **feather** ['feðə*] *vt* **1** fornire di piume: *to feather one's nest,* sfruttare la situazione per arricchirsi; portare acqua al proprio mulino. **2** *(naut.)* spalare: *to feather one's oars,* spalare i remi. **3** mettere (un'elica) in bandiera.

to **feather-bed** ['feðəbed] *vt* (**-dd-**) rendere la vita facile; tenere (qcno) nella bambagia: *to feather-bed farmers,* rendere la vita facile agli agricoltori *(con sovvenzioni, agevolazioni fiscali, ecc.).*

feathered ['feðəd] *agg* pennuto; piumato.

feathery ['feðəri] *agg* **1** soffice; leggero (come piuma): *feathery snow,* neve soffice come piuma. **2** piumato; pennuto.

feature ['fi:tʃə*] *s.* **1** fattezza; lineamento; tratto *(generalm. al pl.): Her eyes are her best feature,* Gli occhi sono il suo miglior pregio — *a man of handsome features,* un uomo di belle fattezze. **2** caratteristica; aspetto; configurazione: *the geographical features of a district,* le caratteristiche geografiche d'una regione — *unusual features in a political programme,* aspetti insoliti d'un programma politico. **3** articolo importante *(d'un giornale): a newspaper that makes a feature of sport,* un giornale che dà la preminenza agli articoli sportivi. **4** attrattiva; 'numero': *a two-feature programme,* un doppio programma — *feature film,* lungometraggio.

to **feature** ['fi:tʃə*] *vt* **1** caratterizzare; configurare. **2** mettere in evidenza; assegnare una parte principale: *a film that features a new French actress,* un film che presenta come protagonista una nuova attrice francese.

featureless ['fi:tʃəlis] *agg* informe; scialbo.

febrile ['fi:brail/'febril] *agg* febbrile.

February ['februəri] *s.* febbraio.

feces ['fi:si:z] *(USA)* = **faeces.**

feckless ['feklis] *agg* inetto; incapace.

fecklessness ['feklisnis] *s.* incapacità; inettitudine.

fecund ['fi:kənd/'fekənd] *agg* fecondo; prolifico; fertile.

to **fecundate** ['fi:kəndeit/fekən'deit] *vt* fecondare; rendere fertile.

fed [fed] *p. pass di* **to feed.**

federal ['fedərəl] *agg* federale.

federalist ['fedərəlist] *s.* **1** federalista. **2** *(stor.)* nordista.

to **federate** ['fedəreit] *vt e i.* confederare, confederarsi.

federation [,fedə'reiʃən] *s.* federazione; confederazione; associazione; lega.

fedora [fe'dɔ:rə] *s. (USA)* cappello (floscio) di feltro.

fee [fi:] *s.* **1** onorario; emolumento; compenso; competenze; parcella: *a barrister's fee,* l'onorario d'un legale — *a fat fee,* un lauto compenso. **2** tassa; quota *(d'iscrizione a scuola, circolo, ecc.): school fees,* tasse scolastiche — *registration fee,* tassa d'iscrizione. **3** *(stor.)* feudo; possesso; beneficio feudale. **4** proprietà (immobiliare) ereditaria: *land held in fee simple,* proprietà terriera assoluta — *land held in fee-tail,* proprietà terriera limitata ad alcuni eredi.

feeble ['fi:bl] *agg* flebile; fievole; debole: *feeble-minded,* poco intelligente; debole di mente.
□ *avv* **feebly.**

feebleness ['fi:blnis] *s.* fievolezza; debolezza.

feed [fi:d] *s.* **1** *(di animali e bambini piccoli)* pappa; pasto. **2** mangime; foraggio. **3** tubo, canale, ecc. di rifornimento, di alimentazione. **4** *(mecc.)* avanzamento.

to **feed** [fi:d] *vt* (*pass. e p. pass.* **fed**) nutrire; cibare; dar da mangiare; alimentare: *Have you fed the pigs?,* Hai dato da mangiare ai maiali? — *What do you feed your dog on?,* Cosa dài da mangiare al tuo cane? — *I wouldn't feed that stinking meat to my dog,* Non darei da mangiare quella carne puzzolente al mio cane — *to feed oneself,* nutrirsi; alimentarsi; mangiare da sé, da solo — *The baby can't feed itself yet,* Il bambino non riesce ancora a mangiare da solo — *feeding-bottle,* poppatoio — *This moving belt feeds the machine with raw material (feeds raw material into the machine),* Questa cinghia mobile rifornisce la macchina di materiale grezzo — *The lake is fed by two rivers,* Il lago è alimentato da due fiumi — *to feed sb with hope,* nutrire qcno di speranza — *to feed up,* nutrire bene (qcno); ingrassare *(animali)* — *to be fed up with sb (sth),* non poterne più di qcno (qcsa); essere stufo — *I'm fed up with your grumbling,* Sono stufo del tuo brontolare — *to feed a cold,* cercare di combattere un raffreddore mangiando molto.
□ *vi* **1** pascolare; mangiare *(scherz., di persone): to feed well,* mangiare bene. **2** *(seguito da* on*)* cibarsi di; nutrirsi di: *Cattle feed chiefly on grass,* I bovini si nutrono principalmente d'erba. **3** suggerire; dare la battuta: *to feed an actor,* suggerire la battuta ad un attore.

feed-back ['fi:dbæk] *s.* **1** *(radio, alta fedeltà)* controreazione; retroazione. **2** *(per estensione: informatica, cibernetica, ecc.)* 'feed-back'; retroazione.

feeder ['fi:də*] *s.* **1** *(di animali o piante: preceduto da agg.)* consumatore; mangiatore: *This plant is a heavy feeder,* Questa pianta ha bisogno di molto nutrimento. **2** poppatoio; biberon. **3** *(spesso usato come agg.)* linea ferroviaria secondaria; raccordo. **4** alimentatore; affluente.

feel [fi:l] *s. (solo al sing.)* **1** tatto: *cold (rough, smooth) to the feel,* freddo (ruvido, liscio) al tatto. **2** sensazione; contatto; tocco: *You can tell it's silk by the feel,* Si capisce che è seta, al tatto. **3** toccata; l'atto di toccare: *Let me have a feel,* Fammi toccare (sentire).
□ *to get the feel of sth,* abituarsi a qcsa.

to **feel** [fi:l] *vt e i.* (*pass. e p. pass.* **felt**) **1** sentire; percepire; accorgersi di; accusare; provare (una sensazione); *(fig.)* capire; apprezzare; rendersi conto; soffrire; essere sensibile; provar simpatia; aver compassione; partecipare: *I can feel a nail in my shoe,* Sento un chiodo nella scarpa — *I felt something crawling up my arm,* Sentii che qualcosa mi stava strisciando su per il braccio — *She felt apprehension stealing over her,* Si sentì prendere dall'inquietudine — *We all felt the force of his arguments,* Noi tutti capimmo la portata delle sue ragioni — *Don't you feel the beauty of this landscape?,* Non senti la bellezza di questo panorama? — *He doesn't feel the heat at all,* Non sente (soffre) affatto il caldo — *He felt the insult keenly,* Soffrì moltissimo dell'insulto — *She will feel having to sell up her old home,* Le dispiacerà moltissimo dover vendere la sua vecchia casa — *I feel with you in your sorrow,* Ti sono vicino nel dolore.

2 sentirsi; essere; stare; trovarsi: *to feel cold,* sentire il freddo; aver freddo — *Your hands feel cold,* Hai le mani fredde — *How are you feeling today?,* Come si sente oggi? — *You will feel better after a night's sleep,* Si sentirà meglio dopo una bella dormita — *She doesn't feel (quite) herself today,* Non si sente bene oggi (Oggi non è in forma; È un po' giù di corda) — *We don't feel bound to accept your offer,* Non ci sentiamo tenuti ad accettare la vostra offerta — *to feel as if (as though)...,* sentirsi come se...; avere o dare l'impressione di... — *She felt as if her head were splitting,* Sentiva la testa scoppiarle.

3 provare un'impressione; fare un effetto: *How does it feel to be home again after twenty years?,* Che effetto fa essere di nuovo a casa dopo vent'anni?

4 essere del parere; essere dell'opinione; aver l'idea; pensare; ritenere; giudicare *(in base a sensazioni più che argomentazioni): He felt the plan to be unwise; He felt that the plan was unwise,* Sentiva che il progetto era avventato — *He felt in his bones that he would succeed,* Sentiva dentro di sé che ce l'avrebbe fatta.

5 to feel like (doing sth), sentirsi di, aver voglia di (fare qcsa): *I don't feel like (eating) a big meal now,* Non ho voglia di fare adesso un pasto abbondante — *We'll go for a walk if you feel like it,* Se ne hai voglia, andremo a fare una passeggiata.

6 to feel equal to (up to) doing sth, *(fam.)* sentirsela (sentirsi all'altezza) di fare qcsa: *I don't feel equal to the task,* Non mi sento all'altezza del compito — *He doesn't feel up to a long walk,* Non se la sente di fare una lunga passeggiata.

7 sentire; tastare; toccare; palpare; esplorare *(con la mano, ecc.); (seguito da* about, in, along, *ecc.)* cercare *(a tastoni, con un bastone, ecc.);* frugare *(in tasca, ecc.): Blind persons can often recognize objects by feeling them,* I ciechi possono spesso riconoscere gli oggetti tastandoli — *The doctor felt my pulse,* Il dottore mi tastò il polso — *Just feel the weight of this box!,* Ma senti come pesa questa scatola! — *Feel whether there are any bones broken,* Prova a tastare se ci sono delle ossa rotte — *to feel one's way,* procedere a tastoni; *(fig.)* procedere con cautela, con la massima prudenza — *They were feeling their way towards an agreement,* Stavano procedendo con cautela verso un accordo — *He felt about in the dark for the electric-light switch,* Cercò a tastoni nel buio l'interruttore della luce — *He felt in his pocket for a coin,* Si frugò in tasca per cercare una moneta — *He felt along the wall for the door (to find the door),* Cercò a tastoni la porta lungo il muro.

feeler ['fi:lə*] *s.* antenna *(d'insetto);* tentacolo. □ *to throw (to put) out feelers,* fare (effettuare) dei sondaggi.

[1]**feeling** ['fi:liŋ] *s.* **1** sensibilità fisica; senso del tatto: *He had lost all feeling in his legs,* Aveva perso ogni sensibilità nelle gambe. **2** sentimento; sensazione: *a feeling of gratitude,* un sentimento di gratitudine — *a feeling of joy,* una sensazione di gioia — *a feeling of danger (that sth dreadful was about to happen),* una sensazione di pericolo (che qcsa di terribile stesse per accadere). **3** sensibilità; *(al pl.)* sentimenti: *He doesn't show much feeling for the sufferings of others,* Non mostra molta sensibilità per le sofferenze altrui — *The speaker appealed to the feelings of his audience,* L'oratore fece appello alla sensibilità del pubblico — *to hurt sb's feelings,* ferire i sentimenti di qcno; offendere qcno — *No hard feelings, I hope!,* Niente rancore, spero! — *good feeling,* sentimento di benevolenza, cordialità — *ill feeling,* animosità; rancore; sentimento di avversione. **4** opinione; parere: *The feeling of the meeting was against the proposal,* Il parere dell'assemblea era contrario alla proposta. **5** sentimento di rancore; risentimento; *(talvolta)* eccitazione: *His speech aroused strong feeling(s) on all sides,* Il suo discorso suscitò lo scontento in tutti — *Feeling over the election ran high,* L'eccitazione per le elezioni era diffusa.

[2]**feeling** ['fi:liŋ] *agg* sensibile; pronto a commuoversi; pieno di simpatia, di comprensione: *a feeling remark,* un'osservazione comprensiva, buona.

□ *avv* **feelingly,** in modo sentito; con sentimento; con commozione; con partecipazione: *to speak feelingly on a subject,* parlare d'un argomento con commozione (con viva partecipazione).

feet [fi:t] *s. pl di* **foot.**

to **feign** [fein] *vt* **1** fingere, fingersi; simulare; ostentare. **2** falsificare; inventare.

[1]**feint** [feint] *agg* ⇨ **faint.**

[2]**feint** [feint] *s. (sport e mil.)* finta; falsa mossa.

to **feint** [feint] *vi (sport e mil.: seguito da* at, upon, against*)* fare una finta.

feldspar, felspar ['feldspɑ:*/'felspɑ:*] *s.* feldspato.

to **felicitate** [fi'lisiteit] *vt (raro)* felicitarsi; congratularsi: *to felicitate sb on sth,* felicitarsi (congratularsi) con qcno per qcsa.

felicitation [fi,lisi'teiʃən] *s.* felicitazione; congratulazione.

felicitous [fi'lisitəs] *agg (di parole, osservazioni)* felice; appropriato; ben scelto. □ *avv* **felicitously.**

felicity [fi'lisiti] *s.* **1** felicità. **2** proprietà di linguaggio; felicità di espressione.

feline ['fi:lain] *agg* felino.

[1]**fell** [fel] *pass di* **to fall.**

[2]**fell** [fel] *s.* pelle; pelliccia di animale.

[3]**fell** [fel] *agg (poet. e lett.)* feroce; terribile; funesto.

[4]**fell** [fel] *s.* brughiera; monte brullo *(spec. nel nord dell'Inghilterra).*

to **fell** [fel] *vt* far cadere; atterrare; abbattere: *He felled his enemy with a single blow,* Abbatté con un sol colpo il nemico.

feller ['felə*] *s. (dial. per* fellow*)* individuo; ragazzo; compagno.

fellow ['felou] *s.* **1** *(fam.)* tipo; ragazzo; individuo; uomo; tizio; *(talvolta)* diavolo: *He's a decent sort of fellow,* È un bravo ragazzo — *a poor fellow,* un povero diavolo — *my dear fellow,* mio caro; vecchio mio. **2** *(spesso attrib.)* compagno *(anche di cose appaiate, p.es. guanti);* collega; camerata: *school-fellow,* compagno di scuola — *fellow-feeling,* simpatia; cameratismo — *fellow-citizen,* concittadino; compaesano — *fellow-countryman,* compatriota; compaesano — *fellow-passenger,* compagno di viaggio — *fellow-traveller, (generalm.)* simpatizzante; compagno di strada *(in senso politico); (non comune)* compagno di viaggio — *fellow-worker,* compagno di lavoro. **3** membro; socio *(di un'accademia, ecc.);* docente o ricercatore *(membro di un collegio a Oxford, Cambridge, ecc.).*

fellowship ['felouʃip] *s.* **1** compagnia; amicizia; cameratismo: *good fellowship,* cordialità; socievolezza. **2** grado o posizione di 'fellow' (⇨ **fellow 3**); posizione o incarico di certi insegnanti o ricercatori universitari.

felon ['felən] *s.* criminale.

felonious [fi'lounjəs] *agg* criminale.

felony ['feləni] *s.* impresa delittuosa; crimine.

[1]**felt** [felt] *pass e p. pass di* **to feel.**

[2]**felt** [felt] *s.* feltro *(anche attrib.): felt hats (slippers),* cappelli (pantofole) di feltro.

felucca [fe'lʌkə] *s.* feluca.

female ['fi:meil] *agg* femminile; di sesso femminile. □ *s.* femmina *(di animale o spreg.).* *curiosity,* curiosità femminile. **2** effeminato.

femininity [,femi'niniti] *s.* femminilità.

feminism ['feminizəm] *s.* femminismo.

feminist ['feminist] *s.* femminista.

femur ['fi:mə*] *s.* femore.

fen [fen] *s.* palude; maremma: *the Fens, (GB)* zone paludose del Cambridgeshire e del Lincolnshire.

[1]**fence** [fens] *s.* recinto; palizzata; steccato; staccionata *(spesso fig.): to sit on the fence,* fare da spettatore; rimanere neutrale (in una disputa) — *to come down on one side of the fence,* decidere da che parte stare; schierarsi da una parte — *to come down on the right side of the fence,* mettersi dalla parte del vincitore. □ *fence month (season), (GB)* mese (stagione) di chiusura *(della caccia o pesca).*

[1]to **fence** [fens] *vt* recingere; cingere; cintare: *Farmers fence their fields,* Gli agricoltori recingono i loro campi — *His land is fenced with barbed wire,* La sua terra è cintata con del filo spinato.

[2]to **fence** [fens] *vi e t.* **1** tirar di scherma. **2** *(fig.)* schermirsi; parare; eludere: *to fence with a question,* eludere una domanda.

[2]**fence** [fens] *s.* ricettatore *(anche il luogo in cui opera).*

fencer ['fensə*] *s.* schermitore.

[1]**fencing** ['fensiŋ] *s.* materiale per cintare.

[2]**fencing** ['fensiŋ] *s.* scherma.

to **fend** [fend] *vt e i.* **1** difendersi; scansare. **2** provvedere: *When his father died, Tom had to fend for himself,* Quando suo padre morì, Tom dovette provvedere a se stesso.

fender ['fendə*] *s.* **1** parafuoco *(di camino).* **2** paraurti *(di tram, ecc.).* **3** *(naut.)* parabordo d'accosto.

fennel ['fenl] *s.* finocchio.

feoff [fi:f] *s.* = **fief.**

feoffment ['fefmənt] *s. (stor.)* infeudamento; infeudazione.

feral ['fiərəl] *agg* selvaggio; ferino; brutale.

ferment ['fə(:)ment] *s.* lievito; fermento *(anche fig.).*

to **ferment** [fə(:)'ment] *vt e i.* **1** fermentare; far fermentare. **2** *(fig.)* eccitare, eccitarsi; essere in fermento.

fermentation [,fə:men'teiʃən] *s.* **1** fermentazione. **2** *(fig.)* fermento.

fern [fə:n] *s.* felce.

ferny ['fə:ni] *agg* (luogo) coperto, fitto di felci.

ferocious [fə'rouʃəs] *agg* feroce; crudele; selvaggio. □ *avv* **ferociously.**

ferocity [fə'rɔsiti] *s.* ferocia.

ferret ['ferit] *s.* furetto.

to **ferret** ['ferit] *vt e i.* **1** cacciare col furetto *(conigli, ecc.): to go ferreting,* andare a stanare col furetto *(conigli, ecc.).* **2** frugare; investigare; indagare: *to ferret about among old papers and books,* frugare fra vecchie carte e libri — *to ferret out a secret,* scoprire un segreto.

ferric ['ferik] *agg* ferrico.

ferris wheel ['feriswi:l] *s.* ruota gigante *(nei 'Luna Park').*

ferro-concrete [,ferou'kɔŋkri:t] *s.* cemento armato.

ferrous ['ferəs] *agg* ferroso.

ferrule ['feru:l] *s.* **1** boccola; ghiera. **2** bussola. **3** puntale *(di bastone o ombrello).*

ferry ['feri] *s.* traghetto; navetta: *ferry-boat,* (nave) traghetto — *ferry-man,* traghettatore.

to **ferry** ['feri] *vt* traghettare; trasportare.

fertile ['fə:tail] *agg* **1** fertile; fecondo: *fertile fields (soils),* campi (terreni) fertili — *a fertile imagination,*

fertilization [,fə:tilai'zeiʃən] *s.* fertilizzazione; fecondazione.

to **fertilize** ['fə:tilaiz] *vt* fertilizzare; fecondare.

fertilizer ['fə:tilaizə*] *s.* fertilizzante; concime.

ferule ['feru:l] *s.* ferula; bacchetta.

fervent ['fə:vənt] *agg* fervido. □ *avv* **fervently.**

fervid ['fə:vid] *agg* **1** fervido; ardente. **2** *(poet.)* caldo; infocato.

fervour ['fə:və*] *s.* (*USA* **fervor**) fervore.

festal ['festl] *agg* festoso; gaio.

to **fester** ['festə*] *vi e t.* **1** suppurare. **2** *(fig.)* amareggiare; avvelenare: *The insult festered in his mind,* L'insulto le avvelenava l'animo.

festival ['festəvəl] *s.* **1** festa; sagra; festività. **2** celebrazione; spettacolo; festival; serie di concerti, films, ecc. □ *agg attrib* festivo; di festa.

festive ['festiv] *agg* **1** festivo. **2** gioioso; festoso.

festivity [fes'tiviti] *s.* **1** festa; baldoria. **2** *(al pl.)* festeggiamenti; celebrazioni festive.

festoon [fes'tu:n] *s.* festone.

to **festoon** [fes'tu:n] *vt* decorare, ornare con festoni.

to **fetch** [fetʃ] *vt e i.* **1** andare a prendere; andare a cercare; portare: *Please fetch the children from school,* Per favore va' a prendere i bambini a scuola — *Fetch a doctor at once!,* Va' subito a cercare un dottore! — *Shall I fetch you your coat?,* Devo portarti il cappotto? **2** fruttare; rendere: *These old books won't fetch (you) much,* Questi vecchi libri non ti frutteranno molto — *How much did the car fetch?,* Quanto ti ha reso la (vendita della) macchina? — *to fetch and carry for sb,* fare da servitore a qcno (essere a completa disposizione di qcno). **3** *(fam.)* assestare; appioppare; mollare: *She fetched me a slap across the face,* Mi mollò un ceffone. **4** emettere; tirare; strappare: *to fetch a deep sigh,* emettere un profondo sospiro — *to fetch tears,* strappare lacrime. **5 to fetch up,** - **a)** vomitare; espettorare - **b)** arrivare (finalmente): *After a journey of over seven hours, we fetched up at Beachy Head,* Dopo un viaggio di oltre sette ore, giungemmo finalmente a Beachy Head.

fetching ['fetʃiŋ] *agg* attraente; seducente; avvenente. □ *avv* **fetchingly.**

fête [feit] *s. (fr.)* festa: *the village fête,* la festa del villaggio — *fête-day,* onomastico.

to **fête** [feit] *vt (fr.)* festeggiare: *The hero was fêted* *wherever he went,* Dovunque andasse l'eroe veniva festeggiato.

fetid ['fetid] *agg* fetido.

fetish, fetich ['fi:tiʃ/'fetiʃ] *s.* feticcio *(anche fig.)*; idolo.

fetlock ['fetlɔk] *s.* ciuffo di peli sul garretto di un cavallo; 'barbetta'.

fetter ['fetə*] *s.* ceppi; pastoie *(in senso fig. generalm. al pl.)*.

to **fetter** ['fetə*] *vt* **1** mettere in ceppi; impastoiare. **2** *(fig.)* impedire; ostacolare.

fettle ['fetl] *s.* condizione; stato: *(generalm. nell'espressione) to be in good (fine) fettle,* essere in buone condizioni fisiche.

fetus ['fi:təs] *s.* ⇨ **foetus.**

[1]**feud** [fju:d] *s.* ostilità; faida *(tra due famiglie, persone o gruppi): at feud (with),* in stato di ostilità con.

[2]**feud** [fju:d] *s.* feudo *(stor.)*.

feudal ['fju:dl] *agg* feudale.

feudalism ['fju:dəlizəm] *s.* sistema feudale; feudalesimo.

feudatory ['fju:dətəri] *agg* feudatario. □ *s.* vassallo.

fever ['fi:və*] *s.* **1** febbre; temperatura: *He has a high fever,* Ha la febbre alta — *fever heat,* calore della febbre — *yellow (typhoid, rheumatic) fever,* febbre gialla (tifoidea, reumatica). **2** *(fig.)* eccitazione; agitazione febbrile; febbre: *to be in a fever of impatience,* avere un'impazienza febbrile.

fevered ['fi:vəd] *agg* **1** febbricitante. **2** febbrile; eccitato: *a fevered imagination,* una fantasia eccitata.

feverish ['fi:vəriʃ] *agg* **1** febbricitante: *to be in a feverish condition,* essere in stato febbricitante. **2** *(di attività)* febbrile. **3** causato dalla febbre. **4** che provoca la febbre: *feverish swamps,* paludi malariche. □ *avv* **feverishly.**

few [fju:] **I** *agg pl* (**fewer**; **fewest**) pochi (poche); scarsi (scarse); qualche: *Few people live to be a hundred and fewer still live to be a hundred and ten,* Poche persone vivono sino a cento anni e ancora meno sino a centodieci — *Which of you has made the fewest mistakes?,* Chi di voi ha fatto meno errori? — *a man of few words,* un uomo di poche parole — *We are fewer than at the last meeting,* Siamo in meno di quanti eravamo all'ultima riunione — *no fewer than...,* non meno di...; ben... — *No fewer than twenty workers were absent through illness,* Non meno di venti operai erano assenti per malattia.

II a few *pron e agg pl* qualche; alcuni (alcune); un certo numero di: *I know a few of these people,* Conosco alcune di queste persone — *We are going away for a few days,* Andiamo via per qualche giorno — *a good few; some few; quite a few; not a few,* parecchi; un numero considerevole di.

□ *every few minutes,* ad intervalli di pochi minuti — *few and far between,* pochi; rari nel tempo — *the few,* la minoranza — *the Few, (stor., GB)* gli aviatori della RAF che (inferiori di forze) vinsero nel 1940 la battaglia d'Inghilterra.

fewer ['fju:ə*] *comp di* **few.**

fewest ['fju:ist] *superl di* **few.**

fewness ['fju:nis] *s.* scarsità.

fey [fei] *agg* **1** destinato (condannato) a morire; sul punto di morire. **2** leggermente pazzo; strambo.

fez [fez] *s.* fez.

fiancé, fiancée [fi'ɑ:nsei] *s.* fidanzato, fidanzata.

fiasco [fi'æskou] *s.* (*pl.* **fiascos**; *USA anche* **fiascoes**) fallimento; fiasco.

fiat ['faiæt] *s. (voce verbale lat.)* autorizzazione; decreto.

fib [fib] *s. (fam.)* fandonia; frottola.

to **fib** [fib] *vi* (**-bb-**) *(fam.)* raccontare frottole, fandonie.

fibber ['fibə*] *s. (fam.)* contafrottole; contaballe.

fibbing ['fibiŋ] *s. (fam.)* raccontar frottole.

fibre ['faibə*] *s.* (*USA* **fiber**) **1** fibra *(in ogni senso): fibre-glass,* lana di vetro — *fibre-board,* carta di fibra. **2** *(fig.)* tempra; fibra: *a person of strong moral fibre,* una persona di forte tempra morale.

fibreglass, fiberglass ['faibəglɑ:s] *s. (industria)* lana di vetro.

fibrous ['faibrəs] *agg* fibroso.

fibster ['fibstə*] *s.* bugiardo; bugiardello.

fibula ['fibjulə] *s.* fibula.

fickle ['fikl] *agg (di umore, tempo, ecc.)* instabile; variabile; incostante; volubile: *fickle weather,* (un) tempo instabile, incerto — *a fickle lover,* un innamorato incostante.

fickleness ['fiklnis] *s.* incostanza; instabilità; variabilità; volubilità.

fiction ['fikʃən] *s.* **1** finzione; invenzione: *Is this fact or fiction?,* È vero o inventato? **2** novellistica; narrativa: *non-fiction,* saggistica.

fictitious [fik'tiʃəs] *agg* fittizio; non reale.

fiddle ['fidl] *s.* **1** violino *(talvolta anche viola): to be as fit as a fiddle,* essere sano come un pesce — *to play second fiddle (to sb),* avere una parte di secondo piano (fare da spalla a qcno) — *to have a face as long as a fiddle,* avere il muso lungo, una faccia scontenta — *fiddle stick,* arco di violino — *fiddlesticks!; fiddle-faddle!; fiddle-de-dee!,* sciocchezze! **2** *(sl.)* truffa; imbroglio.

to **fiddle** ['fidl] *vt e i.* **1** suonare il violino; suonare *(un motivo)* sul violino. **2** gingillarsi; trastullarsi; giocherellare: *Stop fiddling!,* Smettila di giocherellare! — *He was fiddling (about) with a piece of string,* Stava trastullandosi con un pezzo di spago. **3** *(sl.)* truffare; alterare; truccare: *to fiddle one's income-tax return,* truccare la propria dichiarazione dei redditi.

fiddler ['fidlə*] *s.* **1** *(fam.)* violinista; strimpellatore. **2** *(sl.)* truffatore. **3** pesce chitarra. □ *Fiddler's Green,* il paese di cuccagna dei marinai.

fiddling ['fidliŋ] *agg (fam.)* futile; inutile; insignificante: *fiddling little jobs,* lavoretti inutili.

fidelity [fi'deliti] *s.* **1** fedeltà; lealtà: *high fidelity (spesso abbr.: hi-fi),* alta fedeltà. **2** precisione; cura.

fidget ['fidʒit] *s.* **1** persona irrequieta, insofferente: *What a fidget you are!,* Come sei irrequieto! **2** *(al pl.)* irrequietezza; agitazione; nervosismo; insofferenza: *Having to sit still for a long time often gives small children the fidgets,* Il dover star seduti a lungo immobili rende spesso i bambini irrequieti — *to be in a fidget; to have the fidgets; to be all of a fidget,* stare sulle spine; essere irrequieto.

to **fidget** ['fidʒit] *vi e t.* **1** agitarsi; innervosirsi; giocherellare nervosamente: *Stop fidgeting!,* Smettila di agitarti! — *The boy was fidgeting with his knife and fork,* Il ragazzo stava giocherellando col coltello e la forchetta — *Hurry up, your father's beginning to fidget!,* Spicciati, tuo padre comincia ad innervosirsi! **2** spazientire; innervosire.

fidgety ['fidʒiti] *agg* agitato; irrequieto; nervoso: *a fidgety child,* un bambino che non sta mai fermo.

fie [fai] *interiezione (lett.)* vergogna!: *Fie upon you!,* Vergogna (Onta) su di te!; Vergognati!

fief [fi:f] *s.* feudo *(stor.)*.

field [fi:ld] *s.* **1** campo *(in vari sensi): a field of wheat,* un campo di grano — *to work in the fields,* lavorare nei campi — *a flying (landing) field,* un campo d'aviazione (d'atterraggio) — *a baseball (cricket) field,* un campo da baseball (cricket) — *field sports,* caccia e pesca — *field events,* atletica leggera *(escluse le attività di corsa)* — *field hockey, (USA)* hockey su prato — *field glasses,* binocolo — *field work, (scienze naturali, archeologia, ecc.)* lavoro pratico eseguito sul terreno. **2** campo *(di battaglia): the field of battle; the battle-field,* il campo di battaglia — *to take (to hold, to lose) the field,* scendere in (tenere, perdere il) campo — *field artillery,* artiglieria da campagna — *field gun,* cannone da campagna — *field day,* giornata di grandi manovre; *(fig.)* giornata campale. **3** giacimento: *coal-field,* terreno carbonifero. **4** campo *(sfera d'attività, ecc.): the field of politics (art),* il campo della politica (dell'arte) — *That is outside my field,* Questo esula dal mio campo. **5** *(fis.)* campo; campo magnetico: *a magnetic field,* un campo magnetico — *field of vision,* campo visivo — *an object that fills the field of a telescope,* un oggetto che riempie il campo visivo di un telescopio. **6** *(con l'art. determinativo)* concorrenti in campo; *(nella caccia alla volpe)* la comitiva dei cacciatori; *(ippica)* i cavalli iscritti ad una corsa *(meno i favoriti).* **7** *(cricket, baseball)* la squadra in campo *(che non sta effettuando la battuta).* □ *to play the field,* correre la cavallina.

to **field** [fi:ld] *vt e i.* **1** *(cricket e baseball)* (essere pronti a) rincorrere o fermare ed eventualmente rilanciare la palla: *He fielded the ball smartly,* Prese la palla abilmente. **2** *(nel gioco del calcio, ecc.)* approntare; allestire; mettere in campo: *The school is fielding a strong team in their next match,* La scuola metterà in campo una forte squadra nella prossima partita. □ *to field a question,* parare una domanda (anche eludendola).

fielder, fieldsman ['fi:ldə*/'fi:ldzmən] *s. (cricket, ecc.)* giocatore che rincorre o ferma e rilancia la palla.

fieldfare ['fi:ldfɛə*] *s.* cesena; viscarda.

fiend [fi:nd] *s.* **1** demonio; diavolo *(anche (fig.).* **2** maniaco; fanatico: *a fresh-air fiend,* un fanatico della vita all'aperto; uno che tiene tutte le finestre aperte, ecc. — *a hi-fi fiend,* un 'maniaco' dell'alta fedeltà.

fiendish ['fi:ndiʃ] *agg* demoniaco; diabolico; malvagio. □ *avv* **fiendishly.**

fierce [fiəs] *agg* **1** violento; feroce; arrabbiato: *fierce winds,* venti violenti — *fierce dogs,* cani arrabbiati — *to have a fierce look,* avere uno sguardo feroce. **2** *(di calore, desiderio, ecc.)* intenso: *fierce hatred,* odio intenso, feroce. □ *avv* **fiercely.**

fierceness ['fiəsnis] *s.* ferocia; violenza; furia.

fieriness ['faiərinis] *s.* **1** ardore; focosità. **2** irritabilità; irascibilità.

fiery ['faiəri] *agg* (**-ier; -iest**) **1** fiammeggiante; ardente: *a fiery sky,* un cielo fiammeggiante — *fiery eyes,* occhi ardenti. **2** *(di persona, ecc.)* infiammabile; irascibile; eccitabile; appassionato: *a fiery temper,* un temperamento infiammabile, appassionato — *a fiery speech,* un discorso appassionato. □ *avv* **fierily.**

fiesta ['fjestə] *s.* festa religiosa; festività *(spec. spagnola).*

fife [faif] *s.* piffero: *a fife band,* una banda di pifferi.

fifteen ['fif'ti:n] *s. e agg* **1** quindici. **2** squadra di giocatori di rugby.

fifteenth [fif'ti:nθ] *s. e agg* **1** quindicesimo. **2** (un) quindicesimo; (la) quindicesima parte.

fifth [fifθ] *s. e agg* **1** quinto. **2** (un) quinto; (la) quinta parte.

fifthly ['fifθli] *avv* in quinto luogo.

fiftieth ['fiftiiθ] *s. e agg* **1** cinquantesimo. **2** (un) cinquantesimo; (la) cinquantesima parte.

fifty ['fifti] *s. e agg* cinquanta: *the fifties,* gli anni tra i 50 e i 60 *(della vita di una persona);* gli anni Cinquanta *(di un secolo)* — *to go fifty-fifty with sb,* fare a metà con qcno — *on a fifty-fifty basis,* su una base di parità.

fig [fig] *s.* fico: *I don't care a fig for you,* Non me ne importa un fico di te — *It isn't worth a fig,* Non vale un fico secco — *fig-leaf, (in vari sensi)* foglia di fico — *fig-tree,* fico *(albero)* — *to be under one's vine and fig-tree,* essere tranquilli (al sicuro, in casa propria).

fight [fait] *s.* **1** lotta; combattimento; battaglia; conflitto; zuffa; rissa; incontro di pugilato: *to put up a good (poor) fight,* battersi bene (male) — *the fight against disease,* la lotta contro le malattie. **2** combattività: *In spite of numerous defeats, they still had plenty of fight left in them,* Malgrado le numerose sconfitte, avevano ancora molto spirito combattivo — *to show fight,* mostrare spirito combattivo; mostrare i denti.

to **fight** [fait] *vi e t.* (*pass. e p. pass.* **fought**) **1** combattere; lottare; dar battaglia; battersi; azzuffarsi; *(fig.)* contrastare; opporsi: *When dogs fight they use their teeth,* Quando i cani si azzuffano si addentano — *The dogs were fighting over a bone,* I cani si stavano azzuffando per un osso — *Great Britain fought against (o with) Germany in two wars,* La Gran Bretagna ha combattuto due guerre contro la Germania — *They were fighting for their independence,* Stavano combattendo per la loro indipendenza — *They were fighting to preserve their freedom,* Combattevano per difendere la loro libertà — *to fight to a (o the) finish,* combattere, lottare fino all'ultimo — *to fight shy of sb (sth),* evitare (stare alla larga da) qcno (qcsa). **2** vincere *(combattendo); (fig.)* progredire; superare; liberarsi *(lottando): He fought his way forward (out),* Si fece strada (Si aprì un varco) lottando — *to fight (sb or sth) off,* vincere (qcno o qcsa); respingere (qcno o qcsa) combattendo — *to fight off a cold (by taking aspirin),* vincere un raffreddore (prendendo aspirina). **3** far combattere; manovrare *(navi, truppe)* in battaglia: *The captain fought his ship well,* (Nella battaglia) il capitano seppe manovrare bene la nave. **4** spingere a combattere, ad azzuffarsi *(di galli, cani, ecc.): cock-fighting,* combattimento di galli.

fighter ['faitə*] *s.* **1** combattente. **2** pugile. **3** *(aeroplano)* caccia: *fighter-bomber,* cacciabombardiere.

fighting ['faitiŋ] *agg* combattente. □ *s.* combattimento.

figment ['figmənt] *s.* finzione; invenzione; fantasia.

figuration [,figju'reiʃən] *s.* **1** *(anche mus.)* figurazione; ornamentazione. **2** allegoria.

figurative ['figjurətiv] *agg* **1** figurato; traslato. **2** figurativo. □ *avv* **figuratively.**

figure ['figə*] *s.* **1** cifra; numero: *double figures,* numeri di due cifre — *an income of six figures; a six-figure income,* un reddito di sei cifre — *Are you good at figures?,* Sei bravo in aritmetica? **2** prezzo; costo: *to buy (to get) sth at a low figure,* comprare qcsa a basso prezzo. **3** diagramma; rappresentazione; figura: *The blackboard was covered with geometrical figures,* La lavagna era coperta di figure geometriche. **4** figura *(anche fig.);* sagoma; immagine; forma: *I saw a figure approaching in the darkness,* Vidi una figura avvicinarsi nell'oscurità — *She's a fine figure of a woman,* È una bella figura di donna — *to cut a fine (poor, sorry) figure,* fare una bella (brutta, meschina) figura — *the greatest figure of his era,* la più grande figura della sua epoca — *I'm dieting to keep my figure,* Sono a dieta per mantenere la linea — *a figure of fun,* una persona bizzarra, grottesca; una sagoma — *figure of speech,* figura retorica — *figure dance,* ballo figurato — *figure skating,* pattinaggio artistico.

to **figure** ['figə*] *vt e i.* **1** raffigurare; adornare con disegni, figure; illustrare; rappresentare: *figured silk,* seta stampata. **2** figurare; immaginare; figurarsi: *to figure sth to oneself,* immaginarsi, figurarsi qcsa — *I figure it like this,* Io la vedo così. **3** figurare; avere parte; apparire: *to figure in history (in a play),* figurare nella storia (in una commedia). **4** quadrare; funzionare *(di ragionamento): That figures!,* La cosa quadra (sta in piedi)!

to figure out, *(fam.)* risolvere col calcolo; calcolare; *(per estensione)* capire: *I can't figure out where all these wasps come from,* Non riesco a capire da dove vengano tutte queste vespe.

to figure on, *(fam.)* contare su; fare affidamento su: *They figured on your arriving early,* Contavano sul vostro arrivo puntuale.

to figure up, - **a)** calcolare l'ammontare di - **b)** *to figure up at...,* ammontare a...

figurehead ['figəhed] *s.* **1** polena. **2** persona di alto grado, ma di scarso potere effettivo; prestanome.

filament ['filəmənt] *s.* filamento.

filature ['filətʃə*] *s.* **1** filatura. **2** filanda.

filbert ['filbət] *s.* **1** nocciolo; avellano. **2** nocciola; avellana.

to **filch** [filtʃ] *vt* rubacchiare.

[1]**file** [fail] *s.* lima.

[1]to **file** [fail] *vt* limare: *to file one's nails,* limarsi le unghie — *to file sth smooth,* pareggiare qcsa con lima.

[2]**file** [fail] *s.* schedario; raccolta; archivio; dossier: *We have placed the correspondence on our files,* Abbiamo messo la corrispondenza nei nostri archivi — *on file,* in archivio.

[2]to **file** [fail] *vt* archiviare; registrare; schedare: *a filing clerk,* archivista — *a filing cabinet,* uno schedario — *Please file (away) these letters,* Per favore, archivi queste lettere.

[3]**file** [fail] *s.* fila; coda: *in single (Indian) file,* in fila indiana — *the rank and file,* - **a)** la truppa e i graduati - **b)** *(fig.)* gente ordinaria, comune.

[3]to **file** [fail] *vi* marciare in fila; sfilare: *The men filed in (out),* Gli uomini entrarono (uscirono) in fila.

filial ['filjəl] *agg* filiale.

filibuster ['filibʌstə*] *s.* **1** filibustiere. **2** *(USA)* ostruzionista *(al Congresso).*

to **filibuster** ['filibʌstə*] *vi* **1** fare il filibustiere. **2** *(USA)* fare dell'ostruzionismo *(al Congresso).*

filigree ['filigri:] *s.* filigrana: *a filigree brooch,* una spilla in filigrana.

filing ['failiŋ] *s.* ⇨ [2]**to file.**

filings ['failiŋz] *s. pl* limatura; residui di limatura.

fill [fil] *s.* **1** sazietà; quantità sufficiente: *to eat (to drink) one's fill,* mangiare (bere) a sazietà. **2** (il) pieno; quantità sufficiente *(per riempire qcsa): a fill of tobacco,* una pipata di tabacco. **3** *(costruzione stradale)* colmata; riporto; rinterro.

to **fill** [fil] *vi* **1** *(spesso seguito da* up*)* riempirsi; colmarsi: *The hall soon filled (up),* La sala si riempì rapidamente.

2 *(di vele)* gonfiarsi.

□ *vt* **1** riempire; colmare; saziare; otturare: *to fill a hole with sand,* riempire un buco (una buca) di sabbia — *Tears filled her eyes,* I suoi occhi si riempirono di lacrime — *I was filled with admiration,* Ero pieno di ammirazione — *The wind filled the sails,* Il vento gonfiava le vele — *to fill a tooth,* otturare un dente — *filling station,* stazione di rifornimento *(di benzina).*

2 occupare; tenere; coprire: *The vacancy has already been filled,* Il posto vacante è già stato occupato (assegnato) — *He fills the office satisfactorily,* Tiene la carica degnamente.

3 *(di ordinazioni, ecc.)* eseguire; evadere; adempiere; compiere: *to fill a doctor's prescription,* preparare una ricetta medica.

to fill in, riempire; compilare; aggiungere: *to fill in an application form,* compilare (riempire) un modulo di domanda.

to fill out, - **a)** ingrossare; ingrassare: *Her cheeks began to fill out,* Le sue guance incominciarono a farsi pienotte - **b)** riempire *(anche un modulo).*

to fill up, riempire *(anche un modulo);* riempirsi; colmarsi; intasarsi: *The channel of the river filled up with mud,* L'alveo del fiume si colmò di fango.

filler ['filə*] *s.* **1** chi riempie. **2** cosa o sostanza riempitiva; riempitivo.

fillet ['filit] *s.* **1** nastro; fascia *(per capelli).* **2** filetto *(di carne o pesce).*

to **fillet** ['filit] *vt* **1** tagliare; disossare *(carne, pesce).* **2** adornare di nastri.

filling ['filiŋ] *s.* **1** riempimento; riempitura: *filling station,* stazione di rifornimento *(di benzina).* **2** ripieno *(di cioccolatino, torta);* imbottitura *(di cuscino, ecc.).* **3** otturazione *(di un dente).*

□ *agg* che riempie; sostanzioso.

fillip ['filip] *s.* **1** schiocco di dita. **2** *(fig.)* stimolo; incentivo: *The advertising campaign gave a fresh fillip to sales,* La campagna pubblicitaria diede una nuova spinta alle vendite.

filly ['fili] *s.* **1** puledra. **2** *(scherz.)* ragazza.

film [film] *s.* **1** pellicola; strato sottile; membrana; patina; *(fig.)* velo: *a film of dust,* un velo di polvere; una patina di polvere — *a film of mist,* un velo di nebbia. **2** pellicola; film; cinema: *a roll (USA: spool) of film,* un rotolo (di pellicola); una bobina — *film strip,* filmina — *film star,* divo, diva del cinema — *to go to the films,* andare al cinema — *a film première,* una prima cinematografica — *a film test,* un provino cinematografico — *to take (to shoot) a film,* girare un film — *film library,* cineteca — *silent film,* film muto — *talking (sound) film,* film parlato.

to **film** [film] *vt e i.* **1** filmare; fare l'adattamento cinematografico: *to film a play,* fare la riduzione cinematografica d'una commedia. **2** *(spesso seguito da* over*)* coprire, coprirsi d'un velo. **3** essere adatto alla riduzione cinematografica; essere fotogenico.

filmy ['filmi] *agg* **1** annebbiato; appannato. **2** trasparente; leggero; sottile: *filmy clouds,* nuvole sottili.

filter ['filtə*] *s.* filtro: *filter tip,* filtro di sigaretta — *filter-tipped, (di sigaretta)* con filtro — *filter bed,* strato filtrante.

to **filter** ['filtə*] *vt e i.* **1** filtrare. **2** *(fig.)* filtrare; trapelare; diffondersi; penetrare: *The news of the defeat filtered through,* La notizia della sconfitta trapelò — *New ideas were filtering into people's minds,* Nuove idee stavano diffondendosi tra la gente.

filtering, filtration ['filtəriŋ/fil'treiʃən] *s.* filtraggio; filtrazione.

filth [filθ] *s.* **1** sudiciume. **2** *(fig.)* oscenità.

filthiness ['filθinis] *s.* **1** sudiciume. **2** oscenità.

filthy ['filθi] *agg* **1** sudicio; sozzo. **2** osceno. □ *avv* **filthily.**

filtration [fil'treiʃən] *s.* ⇨ **filtering.**

fin [fin] *s.* **1** pinna *(di pesce); (sl.)* mano; zampa. **2** *(aeronautica)* aletta; alettone; piano stabilizzatore. **3** *(sl., USA)* biglietto da cinque dollari.

final ['fainl] *agg* **1** finale; ultimo: *the final chapter of a book,* l'ultimo capitolo d'un libro. **2** definitivo; conclusivo; decisivo; inappellabile: *a final judgement,* un giudizio decisivo. □ *avv* **finally.**

□ *s.* **1** *(sport, spesso al pl.)* finale: *the tennis finals,* le finali di tennis — *the Cup Final, (GB)* finale del campionato di calcio. **2** *(spesso al pl.)* esami finali: *the law finals,* gli esami finali di legge — *to take one's finals, (GB)* sostenere gli esami finali. **3** *(GB)* ultima edizione *(d'un quotidiano): late night final,* l'ultimissima edizione della notte.

finale [fi'nɑ:li] *s.* finale *(di opera, dramma, ecc.).*

finalist ['fainəlist] *s. (sport, ecc.)* finalista.

finality [fai'næliti] *s.* cosa definitiva: *to speak with an air of finality,* parlare (dire qcsa) in modo definitivo *(per chiudere un argomento).*

to **finalize** ['fainəlaiz] *vt* portare a termine; completare.

finance [fai'næns] *s.* **1** finanza: *an expert in finance; a finance expert,* un esperto di finanza — *the Department of Finance,* il Ministero delle Finanze — *finance house, (comm., GB)* società finanziaria interessata al finanziamento delle vendite a rate. **2** *(al pl.)* finanze; danaro: *Are the country's finances sound?,* Sono solide le finanze del paese?

to **finance** [fai'næns] *vt* finanziare; sovvenzionare.

financial [fai'nænʃəl] *agg* finanziario: *in financial difficulties,* in difficoltà finanziarie — *a financial centre,* un centro finanziario — *the financial year,* l'anno (l'esercizio) finanziario. □ *avv* **financially.**

financier [fai'nænsiə*] *s.* **1** finanziere. **2** finanziatore.

finch [fintʃ] *s.* fringuello.

find [faind] *s.* scoperta; oggetto trovato; ritrovamento.

to **find** [faind] *vt (pass. e p. pass.* **found***)* **1** trovare *(anche per caso);* scoprire; ritrovare; rinvenire; rintracciare; incontrare; imbattersi (in); ottenere; procurarsi: *They dug twenty feet and then found water,* Scavarono per venti piedi e poi trovarono l'acqua — *Did you ever find that pen you lost?,* Hai poi ritrovato la penna che avevi perduto? — *I can find nothing new to say on this subject,* Non riesco a trovare niente di nuovo da dire su questo argomento — *Can you find your way home alone?,* Ce la fai a trovare la strada di casa da solo? — *I can't find time to read (for reading),* Non riesco a trovare il tempo per leggere (per la lettura) — *They couldn't find the way back,* Non riuscirono a trovare la via del ritorno — *He was found dying at the foot of a cliff,* Fu trovato morente ai piedi di un dirupo — *Where will they find the money for the expedition?,* Dove troveranno i soldi per la spedizione? — *You will find some stamps in that drawer,* Troverai dei francobolli in quel cassetto — *Pine-trees are found in most European countries,* I pini si trovano (crescono) nella maggior parte dei paesi europei — *Water finds its own level,* L'acqua sa trovare il suo livello *(nei vasi comunicanti)* — *to find one's feet, (di bambino)* stare sui propri piedi; *(fig.)* cominciare ad essere indipendente — *How old was the baby when it began to find its feet?,* Quanti mesi aveva il bambino quando incominciò a stare in piedi? — *to find oneself,* - **a)** trovarsi *(in un posto);* ritrovarsi - **b)** *(fig.)* scoprire se stessi; trovare la propria strada o vocazione — *to find one's place,* trovare il segno *(in un libro, ecc.)* — *to find sb up,* trovare qcno alzato — *to find sb in,* trovare qcno in casa — *to find one's bearings,* (riuscire a) orientarsi — *to find favour with sb,* incontrare il favore (la simpatia) di qcno — *to find fault (with sth),* trovare da ridire (su qcsa); lamentarsi (di qcsa).

2 trovare; constatare; reputare; giudicare; stimare; rendersi conto che: *We found the beds quite comfortable,* Abbiamo trovato i letti veramente comodi — *We found him (to be) dishonest (We found that he was dishonest),* Lo abbiamo trovato disonesto — *Do you find that honesty pays? (that it pays to be honest?),* Trovi che valga la pena essere onesti? — *You must take us as you find us,* Devi prenderci così come siamo — *I find it difficult to understand him (find him difficult to understand),* Trovo che è difficile capirlo — *to find it in one's heart to, (generalm. in frasi negative e interrogative e preceduto da* can, could, *ecc.)* avere il coraggio; sentirsela — *How can you find it in your heart to drown these little kittens?,* Come puoi avere il coraggio di annegare questi gattini?

3 *(spesso seguito da* out*)* trovare *(dopo aver cercato);* informarsi; venire a sapere; scoprire; apprendere; calcolare; dedurre: *Did you find out what the total was?,* Hai scoperto a quanto ammontava il totale? — *Please find (out) when the train starts,* Per favore, informati quando parte il treno — *'Where have you hidden my pipe?' - 'Find out!',* 'Dove hai nascosto la mia pipa?' - 'E tu cercala!'.

4 *(sempre seguito da* out*)* scoprire; cogliere in fallo: *Ah! I've found you out at last!,* Ah! Finalmente ti ho pescato! — *Be sure your sins will find you out,* Puoi star certo che i tuoi peccati ti smaschereranno.

5 *(dir.)* decidere; giudicare; concludere: *The jury found a verdict of guilty,* La giuria si accordò su un verdetto di colpevolezza — *They found that the deceased had been murdered by a person or persons unknown,* Conclusero che il morto era stato assassinato da uno o più sconosciuti — *to find for sb,* decidere in favore di qcno — *to find for the defendant (plaintiff),* decidere in favore del convenuto (dell'attore).

6 fornire; provvedere: *Who will find the money for the expedition?,* Chi provvederà ai soldi per la spedizione? — *... all found,* ... tutto compreso *(di alloggio, di spesa)* — *Wanted a good cook: 100 pounds a month and all found,* Cercasi abile cuoco: stipendio di 100 sterline al mese, più vitto e alloggio — *to find (oneself) in sth,* dover provvedere a qcsa; dover comperare — *He pays his servant 20 pounds a week, and she finds herself in clothes,* Paga alla cameriera 20 sterline alla settimana, e lei deve provvedere a vestirsi.

finder ['faində*] *s.* **1** chi trova; scopritore: *Lost, a diamond ring: finder will be rewarded,* È stato smarrito un anello con brillante: chi lo trova sarà ricompensato — *'Finders, keepers',* 'Chi (lo) trova (se lo) tiene'. **2** *(anche* view-finder*)* mirino; traguardo. **3** cannocchiale di ricognizione.

finding ['faindiŋ] *s.* **1** *(generalm. al pl.)* conclusione, conclusioni; risultati: *the findings of the inquiry,* i risultati dell'inchiesta. **2** sentenza; verdetto.

[1]**fine** [fain] *s.* multa; contravvenzione.

to **fine** [fain] *vt* multare: *to fine sb five pounds,* multare qcno di cinque sterline.

[2]**fine** [fain] *s. (solo nell'espressione) in fine,* in fine; in conclusione; in breve.

[3]**fine** [fain] *agg* **1** *(di tempo)* bello; *(in genere)* bello; elegante *(anche fig. e iron.);* fine; delicato; squisito; raffinato; *(numismatica)* molto bello: *It rained all morning but became fine later,* Piovve per tutta la

mattinata ma più tardi il cielo si rasserenò — *One fine day..., (nei racconti)* Un bel giorno...; Un bel dì... — *a fine view,* una bella vista — *She has grown up to be a fine young lady,* (Crescendo) è diventata una bella signorina — *That's a fine excuse!,* Questa sì è una bella scusa! — *a fine mess,* un bel pasticcio — *fine clothes,* vestiti eleganti — *fine silk,* seta fine — *fine workmanship,* lavorazione raffinata — *the Fine Arts,* le Belle Arti — *very fine, (numismatica)* bellissimo — *extremely fine,* splendido. **2** fine; sottile; appuntito: *fine dust,* polvere fine — *Sand is finer than gravel,* La sabbia è più fine della ghiaia — *a fine thread,* un filo sottile — *a pencil with a fine point,* una matita con una punta sottile, appuntita. **3** *(di metalli)* puro; raffinato; fino: *fine gold,* oro puro, fino — *gold 18 carats fine,* oro fino a 18 carati. **4** sottile; spiccato; *(per estensione)* troppo ricercato; lezioso; troppo elegante: *a fine distinction,* una distinzione sottile — *a fine taste in art,* uno spiccato gusto artistico — *She likes to call things by fine names,* Le piace definire le cose con nomi ricercati. □ *avv* **finely**.

[4]**fine** [fain] *avv* **1** *(fam.)* bene; benissimo; benone: *That will suit me fine,* Mi andrà benissimo — *'How's life?' - 'Fine, thanks',* 'Come va la vita?' - 'Benissimo, grazie'. **2** *(nei composti) fine drawn,* molto sottile — *fine spun,* sottile; delicato — *fine-spoken,* cerimonioso; affettato; complimentoso. □ *to cut it fine; to run things fine,* farcela per un pelo, a malapena.

fineness ['fainnis] *s.* **1** bellezza. **2** finezza; purezza; acutezza.

finery ['fainəri] *s.* **1** eleganza; abiti eleganti: *young ladies in their Sunday finery,* signorine con gli abiti della domenica. **2** splendore: *the garden in its summer finery,* il giardino nel suo splendore estivo.

finesse [fi'nes] *s. (fr.)* **1** tatto; finezza; delicatezza: *to show finesse in dealing with people,* mostrare tatto nei rapporti con la gente. **2** *(bridge, ecc.)* 'passata'.

finger ['fiŋgə*] *s.* **1** dito *(della mano): to lay a finger on sb,* toccare leggermente — *to lay (to put) one's finger on,* mettere il dito sulla piaga — *not to stir a finger,* non muovere un dito — *finger-mark,* ditata — *finger-nail,* unghia — *finger-print,* impronta digitale — *finger-stall,* copridito; ditale *(per un dito malato)* — *finger-alphabet,* alfabeto dei sordomuti — *finger-bowl,* vaschetta per lavarsi le dita *(a tavola)* — ⇨ *anche* **fingerboard, fingertip. 2** *(mecc.)* dente; nottolino; lancetta; pistone.
□ *My fingers are itching,* Sono impaziente; Mi prudono le dita — *with a wet finger,* con grande facilità — *to have a finger in the pie,* avere le mani in pasta — *His fingers are all thumbs,* È molto goffo (maldestro) — *to turn (to twist) sb round one's (little) finger,* rigirare (far girare) qcno come si vuole.

to **finger** ['fiŋgə*] *vt* **1** toccare; tastare; palpare: *to finger a piece of cloth,* palpare un pezzo di stoffa. **2** rubacchiare; prendere; intascare. **3** *(mus.)* diteggiare.

fingerboard ['fiŋgəbɔ:d] *s.* manico; tastiera *(di violino, chitarra).*

-fingered ['fiŋgəd] *agg (nei composti)* dalle dita...: *light-fingered,* dalle mani leggere *(magari anche per rubare).*

[1]**fingering** ['fiŋgəriŋ] *s. (mus.)* diteggiatura.

[2]**fingering** ['fiŋgəriŋ] *s.* lana per calze.

fingertip ['fiŋgətip] *s.* punta delle dita: *to have sth at one's fingertips (finger ends),* avere qcsa sulla punta delle dita; conoscere bene qcsa.

finical, finicking, finicky ['finikl/'finikiŋ/'finiki] *agg* **1** schizzinoso *(nel mangiare, ecc.).* **2** ricercato *(nell'abbigliamento).*

finis ['finis] *s. (solo al sing.)* fine *(spec. di un libro).*

finish ['finiʃ] *s.* **1** *(quasi sempre per una gara)* fine; finale; conclusione; compimento: *the finish of a race,* il finale di una corsa — *It was a close finish,* Fu un finale bruciante, a distanza ravvicinata — *from start to finish,* dall'inizio alla fine — *to be in at the finish,* essere presente alla fine, all'ultima fase di qcsa — *to fight to the finish,* battersi fino all'ultimo. **2** finitura; 'effetto' *(verniciatura, ecc.).* **3** rifinitura; ultimo tocco; raffinatezza; perfezione: *His manners lack finish,* I suoi modi sono rozzi (mancano di finezza).

to **finish** ['finiʃ] *vt e i.* **1** finire; terminare; compiere; completare; concludere: *to finish one's work,* finire (completare) il proprio lavoro — *to finish reading a book,* finire di leggere un libro — *Have you finished with that dictionary?,* Hai finito di usare quel vocabolario? — *We have finished the cake,* Abbiamo finito la torta — *After a poor start the favourite finished second,* Dopo una partenza mediocre il cavallo favorito arrivò (finì) secondo. **2** rifinire; rendere perfetto; apprettare *(tessuti): The woodwork is beautifully finished,* Le parti in legno sono rifinite molto bene — *He gave the picture a few finishing touches,* Diede al quadro alcuni tocchi finali. **3** *(fam.)* finire; sfinire; far morire: *The long climb nearly finished me,* La lunga salita mi stancò mortalmente (mi sfinì) — *to finish sb off,* dare il colpo di grazia a qcno. **4** *to finish sth up,* mangiare tutto: *We finished up everything on the table,* Mangiammo tutto quello che era sulla tavola — *to finish up with,* finire con; concludere con — *We had an excellent dinner and a glass of brandy to finish up with,* Facemmo un ottimo pranzo e per finire bevemmo un bicchiere di cognac.
□ *finishing school,* scuola di belle maniere *(per signorine di 'buona famiglia' sui diciotto anni)* — *the finishing post,* il traguardo *(in un ippodromo).*

finite ['fainait] *agg* **1** limitato; circoscritto: *Human understanding is finite,* La conoscenza umana è limitata. **2** *(di verbo, numero)* finito.

fink [fink] *s. (USA)* crumiro; *(per estensione)* persona odiosa.

Finn [fin] *s.* **1** finlandese. **2** *(sl., USA) Mickey Finn,* narcotico.

finnan haddie ['finən 'hædi] *s. (in Scozia)* specie di merluzzo affumicato *(piatto tipico scozzese).*

Finnish ['finiʃ] *agg* finlandese. □ *s. (lingua)* finlandese.

fiord (fjord) [fjɔ:d] *s.* fiordo.

fir [fə:*] *s.* abete.

fire ['faiə*] *s.* **1** fuoco: *There's no smoke without fire, (prov.)* Non c'è fumo senza fuoco — *to set sth on fire; to set fire to sth,* dare o appiccare il fuoco a qcsa — *The house was on fire,* La casa era in fiamme — *to take (to catch) fire,* prendere fuoco; incendiarsi — *to strike fire from a flint,* far sprizzare (accendere) il fuoco da una pietra focaia — *to set the Thames on fire, (fig.)* impegnarsi a fondo; distinguersi; fare qcsa di eccezionale; far colpo — *fire-cracker,* castagnola; petardo — *fire-dog,* alare *(di camino)* — *fire-eater,* (giocoliere) mangiafuoco; *(e per estensione)* persona irascibile — *fire-walking,* il camminare sulle braci ardenti *(di fachiri, ecc.).*
2 incendio: *Have you insured your house against fire?,* Hai assicurato la tua casa contro gli incendi? — *forest fires,* incendi della foresta — *fire alarm,* allarme antincendio — *fire-bomb,* bomba incendiaria — *fire-break,* striscia di terreno dove si abbattono gli alberi per impedire o arrestare un incendio; *(di edi-*

ficio) muro o barriera antincendio — *fire brigade,* vigili del fuoco; corpo dei pompieri — *fire-engine,* macchina dei pompieri; autopompa — *fire escape,* uscita di sicurezza; scala dei pompieri — *fire-extinguisher,* estintore — *fire-fighters,* uomini delle unità forestali antincendio — *fire-hose,* tubo per il getto d'acqua; manichetta; naspo — *fire plug,* bocca d'acqua antincendio — *fire-raising, (dir.)* incendio doloso — *fire-watcher,* vigile del servizio antincendi *(nelle foreste e nelle città durante i bombardamenti).*
3 caminetto acceso; stufa elettrica o a gas: *There is a fire in the next room,* Nella stanza vicina c'è il caminetto acceso — *to lay a fire,* preparare il fuoco (il caminetto) — *to make a fire,* preparare o accendere il fuoco, il caminetto — *to turn on the fire,* accendere una stufa elettrica (o a gas) — *fire-box,* focolaio; focolare (di caldaia); fornello *(di stufa).*
4 *(fig.)* fuoco; ardore; slancio; foga; entusiasmo; vigore: *a speech that lacks fire,* un discorso fiacco (privo di ardore) — *eyes full of fire,* occhi focosi — *hearts filled with fire,* cuori infiammati — *fire-brand, (letteralm.)* tizzone ardente; *(fig.)* agitatore.
5 *(mil.)* fuoco; tiro; sparo; sparatoria: *to open (to cease) fire,* aprire (cessare) il fuoco — *fire-power,* potenziale di fuoco — *between two fires,* tra due fuochi — *under fire, (anche fig.)* sotto il tiro (del nemico, dell'avversario) — *The Minister came under fire for his handling of the strike,* Il ministro venne aspramente criticato (fu preso di mira) per il suo comportamento nei confronti dello sciopero.
□ *fire-water,* acquavite; liquore forte — ⇨ *anche* **firearm, fire-bug, fireguard, fireproof, fireside,** *ecc.*

to **fire** ['faiə*] *vt e i.* **1** dar fuoco; incendiare: *to fire a haystack,* appiccar fuoco a un pagliaio. **2** cuocere *(ceramica, ecc.)*; scaldare *(caldaie)*; essiccare; trattare al fuoco: *to fire tea,* essiccare il tè. **3** fornire di combustibile; alimentare: *an oil-fired furnace,* una fornace alimentata a nafta. **4** *(fig.)* eccitare; stimolare: *to fire sb's imagination,* stimolare la fantasia di qcno. **5** sparare *(anche fig.)*; far fuoco; scaricare *(un'arma)*: *to fire (off) a shot at the enemy,* sparare un colpo contro il nemico — *to fire at a target,* sparare a un bersaglio — *to fire on a crowd,* tirare (sparare) sulla folla — *to fire a salute,* sparare una salva in segno di saluto — *firing-line, (mil.)* linea del fuoco; prima linea — *firing-pin,* percussore *(di arma da fuoco)* — *firing-party; firing squad, (mil.)* plotone d'esecuzione; *(talvolta)* squadra di soldati che spara a salve *(in alcune cerimonie, ecc.)* — *to fire away,* continuare a far fuoco, a sparare; *(fam.)* cominciare, 'attaccare' *(a far domande, ecc.)* — *They were firing away at the enemy,* Continuavano a sparare sul nemico — *He fired away all his ammunition,* Fece fuoco fino all'ultima cartuccia; Sparò tutte le sue cartucce — *I'm ready to answer questions; fire away,* Sono pronto a rispondere alle domande; avanti, incominciate. **6** *(fam.)* licenziare (su due piedi); liquidare: *The cook was fired for being incompetent,* Il cuoco fu licenziato per incompetenza.

firearm ['faiərɑ:m] *s.* arma da fuoco.

fireball ['faiəbɔ:l] *s.* **1** globo di fuoco; meteorite. **2** il centro (nucleo) di un'esplosione nucleare; 'palla di fuoco'.

firebrand ['faiəbrænd] *s.* tizzone; *(fig.)* tizzone della discordia.

firebrick ['faiəbrik] *s.* mattone refrattario.

fire-bug ['faiəbʌg] *s. (sl.)* piromane.

fireclay ['faiəklei] *s.* argilla per mattoni refrattari.

firedamp ['faiədæmp] *s.* grisou; gas esplosivo *(nelle miniere).*

firefly ['faiəflai] *s.* lucciola.

fireguard ['faiəgɑ:d] *s.* **1** parafuoco; paratia; schermo protettivo. **2** guardia del servizio antincendi *(nelle foreste, nelle città in tempo di guerra).*

firelight ['faiəlait] *s.* luce del focolare; luce dei fuochi di un accampamento.

fireman ['faiəmən] *s.* *(pl.* **firemen**) vigile del fuoco; pompiere.

fireplace ['faiəpleis] *s.* caminetto.

fireproof ['faiəpru:f] *agg* resistente al fuoco; antincendio; inattaccabile dal fuoco.

fireside ['faiəsaid] *s.* cantuccio del focolare; *(fig.)* vita domestica: *sitting at the fireside,* seduto (vicino) al focolare — *a homely fireside scene,* una scena d'intimità familiare.

firewood ['faiəwud] *s.* legna da ardere.

firework ['faiəwə:k] *s.* **1** fuoco d'artificio. **2** *(al pl., fig.)* fuoco di fila *(di battute spiritose, di parole irate, ecc.).*

firing ['faiəriŋ] *s.* **1** cottura; verniciatura a fuoco *(di ceramiche, ecc.)*. **2** il rifornire di combustibile *(una fornace, ecc.)*. **3** *(mil.)* il far fuoco; lo sparare; sparatoria; spari; tiro; brillamento; esplosione *(d'una mina, ecc.)*; lancio *(d'un siluro)* — *Per* **firing-line, firing-pin, firing-party (firing squad)** ⇨ **to fire 5**. **4** *(fam.)* licenziamento.

firkin ['fə:kin] *s. (ant.)* **1** barilotto. **2** misura di capacità pari a 9 galloni *(41 litri circa).*

[1]**firm** [fə:m] *s.* ditta; azienda: *publishing firm,* casa editrice.

[2]**firm** [fə:m] *agg* **1** solido; sodo; compatto; saldo; stabile: *firm muscles,* muscoli solidi — *firm ground,* terreno compatto — *to be on firm ground, (anche fig.)* essere su terreno sicuro — *as firm as rock,* saldo come la roccia. **2** fermo; deciso; incrollabile; severo; risoluto: *firm in (o of) purpose,* fermo nel proposito — *to be firm in one's beliefs,* essere fermo nelle proprie convinzioni — *a firm faith,* una fede ferma, incrollabile — *to take firm measures,* prendere severi provvedimenti — *to be firm with children,* essere deciso coi bambini — *to walk with firm steps,* camminare a passi fermi, decisi — *The baby is not very firm on its feet yet,* Il bambino non è ancora molto sicuro sulle gambe — *He spoke in a firm voice,* Parlò con voce ferma. □ *avv* **firmly.**
□ *avv* fermamente; saldamente: *to stand firm,* mantenersi saldo *(nelle proprie convinzioni)* — *to hold firm to one's beliefs,* mantenersi saldo nelle proprie convinzioni.

firmament ['fə:məmənt] *s. (generalm. al sing. con l'art. determinativo)* firmamento.

firmness ['fə:mnis] *s.* fermezza; saldezza; solidità.

first [fə:st] **I** *agg* primo; primario; principale: *January is the first month of the year,* Gennaio è il primo mese dell'anno — *the first chapter,* il primo capitolo — *King Edward the First,* re Edoardo Primo — *the first (man) to arrive,* il primo ad arrivare — *in the first person, (gramm.)* alla prima persona — *first thing tomorrow morning...,* per prima cosa domani mattina... — *at the first opportunity,* alla prima occasione — *the first men in the country,* i personaggi più importanti del paese — *first lady, (USA)* moglie del Presidente — *the first principles,* i principi primi — *He doesn't know the first thing about it,* Non ne sa niente — *at first sight,* a prima vista; ad un primo sguardo — *to fall in love at first sight,* innamorarsi a prima vista — *At first sight the problem seemed easy,* A prima vista il problema sembrava facile — *first* *coat,* prima mano *(di vernice)* — *first floor, (GB)* primo piano *(di casa); (USA)* piano terreno — *first form, (GB)* prima media — *first offender, (dir.)* incensurato; accusato per la prima volta. □ *first aid, (med.)* pronto soccorso — *first-born,* primogenito — *first-class,* - **a)** prima classe *(di treno, ecc.)* - **b)** *(come agg.)* di prima qualità; ottimo — *first-fruits,* primizie; primi risultati *(di un lavoro)* — *first name,* nome di battesimo — *first-rate,* di prim'ordine; ottimo. □ *avv* **firstly** ⇨.

II *s.* **1** il primo (la prima); il primo del mese (⇨ **first,** *agg.*); *(mecc.)* la prima marcia. **2** principio; inizio: *at first,* all'inizio — *from the first,* fin dall'inizio — *from first to last,* dal principio alla fine; completamente. **3** primato; record; primo premio. **4** *(GB, all'università)* votazione massima *(negli esami finali di quasi tutte le facoltà): He got a first in Modern Languages,* Ha avuto la massima votazione in Lingue Moderne — *a double first,* i pieni voti in due materie diverse.

III *avv* **1** prima; per primo: *first of all,* innanzitutto — *first and foremost,* la cosa prima e più importante — *Which horse came in first?,* Quale cavallo è arrivato primo? — *Women and children first!,* Prima le donne e i bambini! — *first and last,* tutto considerato; tutto sommato — *first or last,* prima o poi; presto o tardi. **2** (per) la prima volta: *When did you first see him?,* Quando l'hai visto la prima volta? **3** per prima cosa; innanzitutto: *I must finish this work first,* Innanzitutto devo finire questo lavoro. **4** piuttosto; di preferenza: *He said he would resign first,* Disse che piuttosto avrebbe dato le dimissioni. □ *First come, first served, (prov.)* Chi primo arriva meglio alloggia.

first-hand ['fə:sthænd] *agg e avv* di prima mano; direttamente: *first-hand information,* informazioni dirette, di prima mano — *to learn sth first-hand,* imparare, venire a sapere qcsa direttamente — *at first-hand,* direttamente.

firstly ['fə:stli] *avv* innanzitutto; per prima cosa.

firth, frith [fə:θ/friθ] *s.* stretto braccio di mare; estuario *(spec. in Scozia).*

fiscal ['fiskəl] *agg* fiscale.

fish [fiʃ] *s.* (*pl. generalm. invariato; se preceduto da un numero anche* **fishes**) **1** pesce; carne di pesce: *a fish dinner,* un pranzo a base di pesce — *fish and chips,* pesce con patate fritte — *fish-cake,* polpetta di pesce — *fish-glue,* colla di pesce — *fish-hook,* amo da pesca — *fish-slice,* coltello da pesce; paletta per servire il pesce. **2** *(fam.)* tizio; tipo; individuo: *He's a queer fish,* È un tipo strano. □ *a pretty kettle of fish, (fam.)* un bel pasticcio; una bella confusione — *to have other fish to fry, (fam., fig.)* avere altre gatte da pelare; avere ben altre cose da fare — *All's fish that comes to his net, (prov.)* Tutto fa brodo per lui; È tutto pesce quello che incappa nella sua rete (Gli va bene tutto) — *fish-tail, (come agg. attrib.: detto di fiamma)* a coda di pesce; a due punte; biforcuta — *to drink like a fish,* essere un beone; bere come una spugna — *to feed the fishes,* - **a)** *(iron.)* essere dato in pasto ai pesci - **b)** vomitare per il mal di mare — *to feel like a fish out of water,* sentirsi come un pesce fuor d'acqua — ⇨ *anche* **fishbone, fishmonger, fishwife.**

to **fish** [fiʃ] *vt* **1** pescare: *to go fishing,* andare a pesca — *to fish a river (a pool),* pescare in un fiume (in uno stagno) — *to fish (for) trout,* pescare (andare alla pesca di) trote. **2** *(fig.)* cercare; indagare; venire a sapere; scoprire: *to fish for information,* cercare informazioni — *to fish for compliments,* sollecitare (andare in cerca di) complimenti — *to fish in troubled waters, (fig.)* pescare nel torbido — *to fish out a secret,* scoprire un segreto. **3** tirar fuori; cavare: *to fish out a coin from a fountain,* pescare (tirar fuori) una monetina da una fontana.

fishbone ['fiʃboun] *s.* lisca di pesce.

fisher ['fiʃə*] *s. (ant.)* pescatore.

fisherman ['fiʃəmən] *s.* (*pl.* **fishermen**) pescatore.

fishery ['fiʃəri] *s.* industria della pesca; pesca; peschiera: *in-shore (deep-sea) fisheries,* zone di pesca sottocosta (in alto mare).

fishing ['fiʃiŋ] *s.* pesca: *fishing rod,* canna da pesca — *fishing line,* lenza — *fishing-boat,* peschereccio — *fishing-tackle (-gear),* attrezzature (arnesi) da pesca.

fishmonger ['fiʃmʌngə*] *s.* pescivendolo.

fishplate ['fiʃpleit] *s.* piastra di traversina *(di binario ferroviario).*

fishwife ['fiʃwaif] *s.* (*pl.* **fishwives**) pescivendola.

fishy ['fiʃi] *agg* **1** pescoso. **2** di pesce; da pesce; *(di sguardo)* vitreo. **3** *(fam.)* inverosimile; incredibile; sospetto. □ *avv* **fishily.**

fissile ['fisail] *agg* fissile.

fission ['fiʃən] *s.* **1** *(biologia)* scissione. **2** *(fisica nucleare)* fissione.

fissionable ['fiʃnəbl] *agg* fissile.

fissiparous [fi'sipərəs] *agg* fissiparo.

fissure ['fiʃə*] *s.* fenditura; fessura; crepa.

fist [fist] *s.* **1** pugno: *He struck me with his fist,* Mi colpì con un pugno — *fist law,* la legge del più forte. **2** mano: *He shook his fist at me,* Mi mostrò i pugni. **3** *(fam.)* calligrafia; scrittura.

fisticuffs ['fistikʌfs] *s. pl (ant. o scherz.)* **1** pugilato. **2** il fare a pugni.

fistula ['fistjulə] *s.* fistola.

¹**fit** [fit] *agg* (**fitter; fittest**) **1** adatto; atto; appropriato; favorevole; idoneo; opportuno: *The food was not fit to eat,* Il cibo non era mangiabile — *It was a dinner fit for a king,* Era un pranzo degno di re — *That man is not fit for the position,* Quell'uomo non è idoneo alla carica (che tiene) — *We must decide on a fit time and place for the meeting,* Dobbiamo stabilire un'ora e un luogo convenienti per la riunione. **2** giusto; conveniente: *to think (to see) fit to do sth,* ritenere opportuno fare qcsa — *He didn't see fit to adopt my suggestion,* Non credette opportuno seguire i miei suggerimenti — *Do as you think fit,* Fai come meglio credi. **3** forte; sano; in buona salute; in buone condizioni; *(sport)* in forma: *I hope you're keeping fit,* Spero che ti mantenga in forma — *He has been ill and is not fit for work yet,* È stato malato e non è ancora in condizioni di lavorare — *fit as a fiddle, (fig.)* in ottima forma; sano come un pesce — *the survival of the fittest,* la soppravvivenza dei più idonei.

□ *(fam., come avv.)* in modo tale (da): *He was laughing fit to burst,* Rideva a crepapelle. □ *avv* **fitly.**

²**fit** [fit] *s.* **1** *(di indumenti)* taglio; linea: *The coat is a good (excellent) fit,* La giacca sta a pennello — *a rather tight fit,* una linea (un taglio) un po' troppo stretto o aderente. **2** adattamento: *fit-up, (teatro)* palcoscenico; scenari mobili; tutto l'occorrente. **3** *(mecc.)* accoppiamento; (*anche* **fitting**) aggiustaggio. **4** *(statistica)* corrispondenza.

to **fit** [fit] *vt e i.* (**-tt-**) **1** adattarsi; andare o stare *(bene, male, ecc.)*; combaciare: *shoes that fit well,* scarpe che vanno bene (della misura giusta) — *a badly fitting door,* una porta che non si apre (chiude) bene; una porta che non va bene — *This key doesn't fit the lock,* Questa chiave non entra nella serratura.
2 indossare; provare *(un vestito per vedere se è della*

giusta misura): to have a new coat fitted, provare una giacca nuova (un soprabito nuovo).
3 collocare; adattare; aggiustare; mettere a posto; fissare; far combaciare: *to fit a new lock on a door,* sistemare una nuova serratura alla porta — *to fit the handle on,* metter su (fissare) la maniglia — *to fit a plank,* fissare un'asse.
4 preparare; allenare; rendere idoneo o capace o adatto; mettere in grado di: *to fit oneself for one's new duties,* prepararsi per i propri nuovi compiti — *to make the punishment fit the crime,* rendere la punizione adeguata al crimine.
to fit in, - **a)** inserire: *He just doesn't fit in,* Non si sa proprio adattare (inserire) - **b)** adattarsi: *to fit sth in,* inserire qcsa; *(fig.)* combinare; far quadrare: *I must fit my holidays in with yours,* Devo far quadrare le mie vacanze con le tue.
to fit out, equipaggiare; fornire di attrezzature; provvedere: *to fit out a ship for a long voyage (a party for a polar expedition),* equipaggiare una nave per un lungo viaggio (un gruppo di esploratori per una spedizione al polo).
to fit up, arredare; allestire; fornire: *a hotel fitted up with all modern comforts and conveniences,* un albergo fornito di tutte le comodità e servizi moderni.
[3]**fit** [fit] *s.* **1** accesso; attacco; insulto; colpo; parossismo; convulsione; attacco convulsivo: *a fit of coughing,* un accesso (un attacco) di tosse — *a fainting fit,* uno svenimento — *to fall down in a fit,* cadere in uno stato convulsivo — *to give sb a fit, (fam.)* far venire un colpo a qcno *(per lo spavento, la sorpresa, ecc.)* — *to have a fit, (fam.)* essere fortemente sorpreso; farsi venire un colpo; avere un colpo o un accidente — *She almost had a fit when she saw the bill,* Quando vide il conto le venne quasi un accidente. **2** scatto; scoppio; slancio: *a fit of enthusiasm,* uno scoppio di entusiasmo — *a fit of anger,* uno scatto d'ira — *a fit of the blues, (fam.)* un accesso di malinconia — *by fits (and starts),* a scatti; a sbalzi; in modo irregolare. **3** ticchio; capriccio; voglia; umore: *When the fit was on him he would play the piano for hours,* Quando gli saltava il ticchio suonava il pianoforte per ore ed ore.
fitful ['fitful] *agg* capriccioso; incostante; irregolare; intermittente: *a fitful breeze,* una brezza incostante (intermittente). □ *avv* **fitfully.**
fitment ['fitmənt] *s.* articolo di arredamento: *kitchen fitments,* mobili da cucina.
fitness ['fitnis] *s.* **1** convenienza; appropriatezza; proprietà; idoneità: *the fitness of things,* la convenienza delle cose. **2** buona salute; buone condizioni: *a national fitness campaign,* una campagna nazionale per la salute pubblica.
[1]**fitter** ['fitə*] *s.* **1** chi confeziona, adatta, prova abiti. **2** aggiustatore; montatore.
[2]**fitter, fittest** ['fitə*/'fitist] *comp e superl di* [1]**fit.**
[1]**fitting** ['fitiŋ] *agg* adatto; appropriato; confacente. □ *avv* **fittingly.**
[2]**fitting** ['fitiŋ] *s.* **1** prova *(di abiti): to go to the tailor's for a fitting,* andare dal sarto per una prova. **2** *(generalm. al pl.)* apparecchiature; impianti: *gas and electric light fittings,* impianti del gas e della luce elettrica. **3** *(generalm. al pl.)* accessori; articoli d'arredamento; dotazione; corredo: *office fittings,* arredamento di un ufficio — *pipe fittings,* raccorderia. **4** *(mecc.)* aggiustaggio.
five [faiv] *s. e agg* cinque: *a five-day week,* una settimana di cinque giorni lavorativi; una settimana corta — *five and ten, (USA)* grande magazzino — ⇨ *anche* **fives.**
fivepence ['faifpəns] *s.* (il valore, la somma di) cinque pence.
fivepenny ['faivpəni] *agg* del costo di cinque 'penny'.
fiver ['faivə*] *s. (fam., GB),* banconota da cinque sterline.
fives ['faivz] *s.* gioco della palla al muro.
fix [fiks] *s.* **1** *(fam.)* dilemma; situazione imbarazzante o difficile; imbroglio; pasticcio: *to be in a fix,* essere nei pasticci — *to get oneself into a bad fix,* mettersi in un brutto guaio. **2** *(navigazione, ecc.)* posizione; punto *(ottenuto mediante rilevamenti): to get a fix on a beacon (star, ecc.),* fare il punto su un radiofaro (una stella, ecc.). **3** *(sl.)* dose di droga. **4** broglio; pastetta.
to **fix** [fiks] *vt e i.* **1** fissare *(in vari sensi);* fermare; stabilire; determinare; ficcare; imprimere: *to fix a post in the ground,* ficcare un palo nel terreno — *to fix a shelf to a wall,* fissare una mensola a un muro — *Fix bayonets!, (mil.)* Baionetta in canna! — *to fix the rent,* stabilire il prezzo della pigione — *to sell goods only at fixed prices,* vendere merce solo a prezzi fissi — *a man with fixed principles,* un uomo di fermi principi — *a fixed idea,* un'idea fissa — *fixed assets, (comm.)* immobilizzazioni — *fixed capital, (comm.)* capitale fisso — *a fixed star,* una stella fissa.
2 *(di sguardo, attenzione, ecc.)* fissare; dirigere; attrarre: *to fix one's attention on what one is doing,* fissare l'attenzione su ciò che si fa — *He fixed his eyes on me,* Fissò gli occhi su di me; Mi ficcò gli occhi addosso.
3 *(fam., spec. USA; in GB generalm. seguito da* up*)* organizzare; fornire; preparare; provvedere; sistemare: *to fix sb a meal,* preparare un pasto per qcno — *to fix one's hair,* pettinarsi — *to fix a watch,* riparare un orologio — *to fix sb up with a job,* trovare un lavoro (un impiego) a qcno — *to fix up a friend for the night,* sistemare un amico per la notte — *to fix up a quarrel,* porre fine ad una disputa.
4 *(fam., spec. USA, gergo della malavita)* 'sistemare'; mettere a posto; saldare i conti con qcno: *We have fixed him!, (fam.)* L'abbiamo sistemato!
5 *(fam., spec. USA)* truccare *(elezioni, gare sportive, ecc.)* comperando la vittoria.
6 to fix on (upon), scegliere; optare; fissarsi su; decidere per: *They have fixed upon a little bungalow,* Hanno optato (si sono decisi) per un piccolo bungalow.
fixation [fik'seiʃən] *s.* **1** fissaggio: *the fixation of a photographic film,* il fissaggio d'una pellicola fotografica. **2** *(psicologia)* fissazione.
fixative ['fiksətiv] *agg e s.* (cosa) che serve a fissare *(colori, ecc.);* fissativo; fissatore.
fixed [fikst] *agg* (⇨ **to fix**) fisso; fermo; stabile. □ *avv* **fixedly.**
fixer ['fiksə*] *s.* **1** persona o cosa che fissa, ecc. (⇨ **to fix**). **2** *(chim.)* fissatore. **3** *(fam., spec. USA)* corruttore; intrallazzatore.
fixture ['fikstʃə*] *s.* **1** cosa fissa, installata in un posto. **2** *(al pl.)* installazioni; impianti. **3** avvenimento del calendario sportivo. **4** *(fam.)* istituzione; persona che ha messo radici in un posto: *Professor X seems to be a fixture in the university,* Il professor X sembra un'istituzione dell'università.
fizz [fiz] *s.* **1** effervescenza; sibilo. **2** *(fam.)* champagne; vino o altra bevanda frizzante.
to **fizz** [fiz] *vi* sibilare; frizzare; mussare; spumeggiare *(di vino, ecc.).*

to **fizzle** ['fizl] *vi* **1** sibilare; frizzare. **2** **to fizzle out,** andare in fumo; finire in niente.

fizzy ['fizi] *agg* frizzante; effervescente.

to **flabbergast** ['flæbəgɑ:st] *vt (fam.)* sbalordire; strabiliare: *(generalm. nella forma) to be flabbergasted,* essere sbalordito; rimanere a bocca aperta.

flabbiness ['flæbinis] *s.* **1** flaccidità. **2** debolezza; mollezza *(di carattere, ecc.).*

flabby ['flæbi] *agg* (**-ier**; **-iest**) **1** floscio; flaccido: *flabby muscles,* muscoli flaccidi. **2** debole; molle: *a flabby will (character),* una volontà (un carattere), debole. □ *avv* **flabbily.**

flaccid ['flæksid] *agg* **1** flaccido; floscio. **2** debole; molle; fiacco.

flaccidity [flæk'siditi] *s.* **1** flaccidità. **2** debolezza; fiacchezza.

[1]**flag** [flæg] *s.* **1** bandiera; vessillo; bandierina; insegna: *the national flag of Great Britain,* la bandiera nazionale della Gran Bretagna — *streets decorated with flags,* strade ornate di bandiere — *flag of convenience,* bandiera di comodo *(p.es. quella panamense, usata per usufruire di facilitazioni fiscali)* — *to lower (to strike) one's flag,* ammainare la bandiera *(in segno di resa)* — *to hoist one's flag,* issare la bandiera — *to fly a flag,* battere bandiera — *flag-captain, (GB)* capitano di nave ammiraglia — *flag-day, (GB)* giorno in cui si vendono distintivi *(a forma di bandierina)* per beneficenza; *(USA)* anniversario dell'adozione della bandiera nazionale *(il 14 giugno)* — *flag bearer,* portabandiera — *flag officer,* ufficiale ammiraglio — *to keep the flag flying,* non lasciarsi abbattere; conservare la propria dignità — ⇨ *anche* **flagpole (flagstaff), flagship. 2** coda *(di certi cani da caccia e del cervo).*

[1]to **flag** [flæg] *vt* (**-gg-**) **1** imbandierare: *streets flagged to celebrate a victory,* strade imbandierate per celebrare una vittoria. **2** fare segnalazioni con bandierine: *to flag sb down,* fermare qcno facendo segnalazioni.

[2]to **flag** [flæg] *vi* (**-gg-**) **1** *(di piante, ecc.)* avvizzire; disseccarsi; appassire; pendere. **2** indebolirsi; affievolirsi: *His enthusiasm for the cause was flagging,* Il suo entusiasmo per la causa stava affievolendosi.

[2]**flag** [flæg] *s.* **1** pietra da lastricare. **2** *(al pl.)* lastrico.

[3]**flag** [flæg] *s.* acoro.

flagellant ['flædʒilənt] *s.* flagellante.

to **flagellate** ['flædʒəleit] *vt* flagellare.

flagellation [,flædʒə'leiʃən] *s.* flagellazione.

flageolet [,flædʒə'let] *s.* zufolo; clarinetto.

flagitious [flə'dʒiʃəs] *agg* criminale; infame.

flagon ['flægən] *s.* **1** bottiglione da vino. **2** caraffa; fiasca; brocca.

flagpole, flagstaff ['flægpoul/'flægstɑ:f] *s.* asta *(di bandiera).*

flagrant ['fleigrənt] *agg* **1** flagrante; evidente. **2** scandaloso. □ *avv* **flagrantly.**

flagship ['flægʃip] *s.* nave ammiraglia.

flagstone ['flægstoun] *s.* = [2]**flag.**

flail [fleil] *s.* correggiato *(strumento per battere il grano).*

to **flail** [fleil] *vt* **1** usare il correggiato. **2** colpire ripetutamente. **3** flagellare.

flair [flɛə*] *s.* acume; fiuto; predisposizione; facilità *(di apprendimento): to have a flair for languages,* avere predisposizione per le lingue — *to have a flair for business,* avere fiuto per gli affari.

flak [flæk] *s. (tedesco)* (fuoco dell')artiglieria antiaerea.

flake [fleik] *s.* **1** fiocco; falda: *snow flakes,* fiocchi di neve — *corn flakes,* fiocchi di grano. **2** scaglia: *soap flakes,* scaglie di sapone.

to **flake** [fleik] *vi* **1** *(spesso seguito da* off*)* sfaldarsi; squamarsi. **2** formare, coprirsi di scaglie. □ *to be flaked out, (sl.)* essere stanco morto.

flakiness ['fleikinis] *s.* scagliosità.

flaky ['fleiki] *agg* **1** a falde; a fiocchi. **2** a scaglie: *flaky pastry,* pasta sfoglia.

flambeau ['flæmbou] *s. (fr.)* fiaccola.

flamboyant [flæm'bɔiənt] *agg* **1** fiammeggiante *(stile gotico).* **2** sgargiante; appariscente; vistoso. □ *avv* **flamboyantly.**

flame [fleim] *s.* **1** fiamma; vampa; fiammata; vampata; colore fiammeggiante: *The house was in flames,* La casa era in fiamme — *The papers burst into flame(s),* Gli incartamenti andarono in fiamme — *the flames of sunset,* i colori fiammeggianti del tramonto — *a flame of anger (of indignation),* una vampata d'ira (di sdegno) — *a flame of enthusiasm,* una fiammata d'entusiasmo — *flame-thrower,* lanciafiamme. **2** *(fam.)* fiamma *(innamorato, innamorata): She's an old flame of his,* È una sua vecchia fiamma.

to **flame** [fleim] *vi* fiammeggiare; ardere; divampare; avvampare: *to make the fire flame up,* fare divampare il fuoco — *His face flamed with anger,* Si accese d'ira il volto — *His anger flamed out,* La sua ira divampò.
□ *vt* sterilizzare alla fiamma.

flaming ['fleimiŋ] *agg* **1** fiammeggiante; ardente; infuocato: *a flaming sun,* un sole fiammeggiante. **2** eccessivo; esagerato; focoso. **3** *(fam.)* dannato; maledetto: *You're a flaming nuisance,* Sei un maledetto seccatore.

flamingo [flə'miŋgou] *s.* (*pl.* **flamingos, flamingoes**) fenicottero.

flammable ['flæməbl] *agg* = **inflammable.**

flan [flæn] *s.* **1** torta *(di frutta).* **2** *(numismatica)* tondello. **3** *(tipografia)* flan.

flange [flændʒ] *s.* flangia.

flank [flæŋk] *s.* **1** fianco *(in ogni senso): to attack the left flank,* attaccare il fianco sinistro — *to make a flank attack,* fare un attacco di fianco, laterale. **2** fiancata; lato *(di edificio, montagna, ecc.).*

to **flank** [flæŋk] *vt* **1** fiancheggiare. **2** attaccare di fianco *(il nemico).*

flannel ['flænl] *s.* **1** flanella. **2** *(al pl.)* calzoni sportivi di flanella *(cricket, ecc.).* **3** piccolo asciugamano; straccio di flanella *(per pulire, strofinare, ecc.).* **4** *(fam.)* discorso lusinghiero ma insincero; 'insaponata'.

to **flannel** ['flænl] *vt* (**-ll-**) *(fam.)* lusingare.

flannellette [,flænə'let] *s.* stoffa di cotone simile a flanella; flanella di cotone.

flap [flæp] *s.* **1** battito; colpo: *A flap from the tail of the whale upset the boat,* Un colpo della coda della balena capovolse la barca. **2** lembo; ala; falda; risvolto; patta *(di tasca);* ribalta *(di mobile);* tesa: *the gummed flap of an envelope,* il lembo gommato di una busta — *the upturned flap of a hat,* la tesa rivolta all'insù d'un cappello. **3** *(sl.)* agitazione estrema; confusione: *to be in a flap; to be all of a flap,* essere agitato, eccitato — *There's a terrible flap on at headquarters,* Al quartier generale sono tutti agitatissimi. **4** *(mecc.)* cerniera: *flap valve,* valvola a cerniera. **5** *(di aereo)* 'flaps'; ipersostentatori. **6** scacciamosche. **7** *(med.)* lembo di tessuto *(nei trapianti, ecc.).*

to **flap** [flæp] *vt e i.* (**-pp-**) **1** sbattere; battere; scuotere; agitare; battere le ali: *The sails were flapping against the mast,* Le vele sbattevano contro l'albero — *The wind flapped the sails,* Il vento scuoteva le vele. **2** colpire leggermente *(con qcsa di piatto)*; scacciare: *to flap the flies off (away)*, scacciare le mosche. **3** *(sl.)* agitarsi. **4** penzolare; dondolare.

flapjack ['flæpdʒæk] *s.* **1** frittella. **2** *(fam.)* astuccio per la cipria.

flapper ['flæpə*] *s.* **1** scacciamosche. **2** larga pinna *(di pesce)*. **3** *(sl. degli anni '20)* ragazzina spregiudicata. **4** *(sl.)* mano.

[1]**flare** [flɛə*] *s.* **1** luce tremula; chiarore; bagliore; lampo: *the sudden flare of a match in the darkness*, il bagliore improvviso d'un fiammifero nel buio. **2** segnale luminoso; razzo: *flare path*, pista di atterraggio illuminata da segnali luminosi — *The ship was burning distress flares*, La nave teneva accesi i fuochi di segnalazione. **3** fiammata; vampa.

[1]to **flare** [flɛə*] *vi (seguito da* up *o* out*)* **1** brillare di luce tremula e vivida; ardere; divampare: *The candle began to flare*, La candela cominciò a guizzare vivida. **2** *(seguito da* up *o* out*)* infiammarsi *(anche fig.)*; adirarsi: *When he was accused of lying, he flared up*, Quando venne accusato di menzogna, si infiammò — *She flares up at the least thing*, Si irrita per un nonnulla. **3** allargarsi; essere svasato.

[2]**flare** [flɛə*] *s.* **1** svasatura *(di gonna)*. **2** protuberanza; rigonfiamento *(dei lati d'una nave)*.

[2]to **flare** [flɛə*] *vi (d'una gonna, dei fianchi d'una nave, ecc.)* allargarsi a campana; svasarsi.

flare-up ['flɛərʌp] *s.* vampa; scoppio *(anche fig.)*.

[1]**flash** [flæʃ] *s.* **1** *(anche fig.)* lampo; bagliore; vampata; sprazzo: *a flash of lightning*, il bagliore di un lampo — *a flash of wit (merriment, hope, ecc.)*, un lampo di genio (allegria, speranza, ecc.) — *in a flash*, in un lampo (in un baleno). **2** *(mil.)* mostrina. **3** *(giornalismo: sta per* news-flash*)* notizia-lampo. ☐ *a flash in the pan*, un fuoco di paglia — *a flash flood*, una piena o inondazione improvvisa.

[2]**flash** [flæʃ] *agg* abbagliante; brillante; sgargiante; vistoso; volgare.

to **flash** [flæʃ] *vi e t.* **1** *(anche fig.)* lampeggiare; balenare; scintillare; dardeggiare; brillare; *(di bagliore)* guizzare: *A lighthouse was flashing in the distance*, Un faro brillava in lontananza — *A suspicion suddenly flashed into (o through) his mind*, Improvvisamente gli balenò in mente un sospetto — *Her eyes flashed fire*, Gli occhi di lei sprizzavano fuoco — *The lightning flashed in the sky*, Il lampo guizzò nel cielo. **2** far balenare; proiettare; gettare; trasmettere: *to flash a light in sb's eyes*, proiettare un fascio di luce negli occhi di qcno — *She flashed him a despairing glance*, Gli lanciò uno sguardo disperato — *to flash a signal*, trasmettere un segnale (luminoso) — *to flash news across the world*, trasmettere notizie per il mondo *(via radio)*. **3** sfrecciare; passare in un lampo: *The express flashed past*, Il direttissimo passò in un lampo. **4** *(sl.)* mettere in mostra; tirar fuori con l'intenzione di mettere in mostra: *He flashed a ten pound note at her*, Le sventolò sotto il naso una banconota da dieci sterline.

flash-back ['flæʃbæk] *s.* **1** scena retrospettiva. **2** *(di motore)* ritorno di fiamma.

flasher ['flæʃə*] *s.* **1** faro o boa a luce intermittente. **2** *(GB, sl.)* esibizionista (psicopatico) *(cfr.* **to flash 4**).

flashiness ['flæʃinis] *s.* vistosità; appariscenza; volgarità; scarso valore intrinseco.

flashing ['flæʃiŋ] *agg* lampeggiante; scintillante. ☐ *s.* **1** lampeggiamento. **2** *(elettr.)* scintillio. **3** *(industria costruzioni)* fandale; grembialina.

flashlight ['flæʃlait] *s.* **1** *(fotografia)* lampo di magnesio; flash. **2** *(naut.)* lampeggiamento; luce intermittente. **3** torcia elettrica; pila; lampadina.

flash-point ['flæʃpɔint] *s.* *(fis.)* punto di accensione.

flashy ['flæʃi] *agg (fam.)* (**-ier**; **-iest**) vistoso; appariscente; sgargiante; plateale: *flashy clothes*, abiti vistosi — *flashy jewelry*, gioielli falsi; bigiotterie. ☐ *avv* **flashily**.

flask [flɑ:sk] *s.* **1** beuta. **2** fiasco; fiaschetta; fiasca; borraccia.

[1]**flat** [flæt] **I** *agg* (**flatter**; **flattest**) **1** piatto; piano; liscio; *(di regione)* pianeggiante; *(di pneumatico)* sgonfio; a terra: *A floor ought to be flat*, Un pavimento dovrebbe essere piano — *People used to think that the world was flat*, Una volta si credeva che la terra fosse piatta — *flat-bottomed*, dal fondo piatto — *a flat-car, (USA)* carro ferroviario senza sponde; pianale — *flat fish*, pesce piatto *(sogliola, ecc.)* — *flat-footed*, dai piedi piatti — *flat-foot, (sl.)* poliziotto — *flat-iron*, ferro da stiro — *flat racing*, corse piane *(ippica)*. **2** disteso; orizzontale; a terra; al suolo: *He fell flat on his back*, Cadde disteso sulla schiena — ⇨ *anche* **4** — *to knock (sb) flat*, mettere al tappeto, atterrare, stendere (qcno) — *The earthquake laid the city flat*, Il terremoto rase al suolo la città. **3** reciso; preciso; esatto; netto; del tutto: *to give sb a flat denial (refusal)*, opporre a qcno un netto rifiuto — *flat nonsense*, stupidaggine bell'e buona — *And that's flat!*, Questo è certo!; Su questo non si discute! — *ten seconds flat*, dieci secondi netti. **4** *(fig.)* scialbo; monotono; noioso; *(di bevande e cibi)* svanito; stantio; *(di colori, ecc.)* uniforme; sbiadito; senza risalto; neutro: *Life seemed flat to him*, La vita gli sembrava monotona — *The party was rather flat*, Il ricevimento fu piuttosto scialbo — *to fall flat, (fam.)* non avere successo; fallire; andare a vuoto; fare cilecca. **5** *(comm.)* basso; ridotto *(di prezzi)*; livellato; stagnante *(di mercato)*: *a flat rate*, una tariffa unica, forfettaria. **6** *(mus.)* bemolle *(attrib.)*; *(fam.)* stonato; fuori tono: *a flat note, (anche fig.)* una nota stonata. ☐ *avv* **flatly**.

II *s.* **1** parte piana; piatto; palmo: *with the flat of his sword*, col piatto della sua spada — *the flat of the hand*, il palmo della mano. **2** terreno piano, piatto: *mud flats*, terreni bassi e fangosi. **3** *(mus.)* bemolle: *sharps and flats*, diesis e bemolle. **4** *(USA)* pneumatico sgonfio, a terra. **5** *(teatro)* fondale. **6** *The Flat, (ippica)* le corse piane.

III *avv* **1** in modo piano; chiaro e tondo; apertamente: *He told me flat that...*, Mi disse chiaro e tondo che... — *He went flat against orders*, Trasgredì apertamente gli ordini. **2** *(di canto)* in modo stonato. **3** *flat out, (fam.)* - **a)** a più non posso; con tutte le forze: *He was working flat out*, Stava lavorando a più non posso - **b)** esausto; stremato.

[2]**flat** [flæt] *s. (GB)* appartamento: *an old house divided into flats*, una vecchia casa divisa in appartamenti — *a block of flats*, un caseggiato — *flat-dweller*, inquilino di appartamento.

flatlet ['flætlit] *s.* appartamentino.

flatness ['flætnis] *s.* **1** piattezza; uniformità. **2** monotonia; scipitezza.

to **flatten** ['flætn] *vt e i.* appiattire; spianare; mettere a terra: *to flatten (out) a piece of metal by hammering it*, appiattire un pezzo di metallo con un martello — *He flattened his opponent with an uppercut*, Stese il suo avversario con un montante — *to flatten oneself against a wall*, appiattirsi contro una parete — *a field of wheat flattened by hail*, un campo di grano devastato dalla grandine — *The pilot flattened out at* *one hundred feet,* A cento piedi dal suolo il pilota riprese il volo orizzontale (dopo una picchiata).

flatter, flattest ['flætə*/'flætist] *comp e superl di* [1]**flat.**

to **flatter** ['flætə*] *vt* **1** adulare; blandire; lusingare: *I feel greatly flattered by your invitation,* Mi sento veramente lusingato dal vostro invito. **2** abbellire: *This photograph flatters you,* Questa fotografia ti abbellisce — *to flatter oneself,* compiacersi; vantarsi; illudersi — *He flattered himself that he spoke French with a perfect accent,* Si vantava di parlare il francese con accento perfetto.

flatterer ['flætərə*] *s.* adulatore.

flattering ['flætəriŋ] *agg* adulatorio; lusinghiero.

flattery ['flætəri] *s.* adulazione; lusinga.

flatties ['flætiz] *s. pl (fam.)* pianella senza tacco.

flat-top ['flæt'tɔp] *s. (USA, fam.)* nave portaerei.

flatulence ['flætjuləns] *s.* flatulenza.

to **flaunt** [flɔ:nt] *vt e i.* **1** gloriarsi; ostentare; vantarsi; pavoneggiarsi: *to flaunt one's riches,* ostentare la propria ricchezza. **2** sventolare.

flautist ['flɔ:tist] *s.* flautista.

flavour ['fleivə*] *s.* (*USA* **flavor**) *(di cibo, e fig.)* sapore; gusto; aroma; fragranza: *a flavour of garlic,* un sapore d'aglio — *a choice of flavours,* una scelta di gusti *(p.es. di gelato)* — *a newspaper story with a flavour of romance,* un articolo (di cronaca) con sapore romanzesco — *the flavour of adventure,* il sapore dell'avventura.

to **flavour** ['fleivə*] *vt* (*USA* **to flavor**) aromatizzare; insaporire: *to flavour a sauce with nutmeg,* insaporire una salsa con noce moscata.

flavouring ['fleivəriŋ] *s.* (*USA* **flavoring**) aroma; condimento; profumo.

flavourless ['fleivəlis] *agg* (*USA* **flavorless**) insipido; insaporo; senza aroma.

flavoursome ['fleivəsəm] *agg* (*USA* **flavorsome**) aromatico; fragrante; sapido; piccante; gustoso.

flaw [flɔ:] *s.* **1** crepa; fessura; incrinatura. **2** difetto; imperfezione; macchia; *(dir.)* vizio: *flaws in a jewel,* imperfezioni in un gioiello — *flaws in an argument,* punti deboli in un'argomentazione.

flawless [flɔ:'les] *agg* privo di difetti, di incrinature; integro; perfetto. □ *avv* **flawlessly.**

flax [flæks] *s.* lino *(la pianta e le sue fibre).*

flaxen ['flæksən] *agg* giallo pallido: *flaxen hair,* capelli color stoppa.

to **flay** [flei] *vt* scuoiare; scorticare *(anche fig. nei significati di: criticare aspramente, derubare).*

flea [fli:] *s.* pulce: *flea-bite, (fig.)* seccatura. □ *flea-bitten, (agg., fig.)* seccato; irritato — *flea-pit, (fam.)* teatrucolo vecchio e squallido; cinematografo di quart'ordine — *flea-market,* mercato delle pulci.

fleck [flek] *s.* **1** macchia; chiazza; lentiggine. **2** granello; particella *(di polvere, ecc.).*

to **fleck** [flek] *vt* chiazzare; punteggiare: *a sky flecked with clouds,* un cielo chiazzato di nuvole.

fled [fled] *p. pass di* **to flee.**

fledged [fledʒd] *agg (di uccelli)* pennuto; capace di volare. □ *fully-fledged, (fig.)* esperto; completo; provato.

fledg(e)ling ['fledʒliŋ] *s.* **1** uccellino implume. **2** *(fig.)* sbarbatello; pivello; inesperto; principiante.

to **flee** [fli:] *vi e t.* (*pass. e p. pass.* **fled**) fuggire; scappare; dileguarsi; abbandonare: *The enemy fled in disorder,* Il nemico fuggì disordinatamente — *The clouds fled before the wind,* Le nubi si dileguarono sospinte dal vento — *He killed his enemy and fled the country,* Uccise il suo nemico e abbandonò il paese.

fleece [fli:s] *s.* **1** vello; fiocco; pelliccia *(di un animale): the Golden Fleece,* il Vello d'Oro. **2** testa lanuta.

to **fleece** [fli:s] *vt (generalm. fig.)* tosare; derubare; 'pelare': *He was fleeced of his money,* Fu pelato del suo denaro.

fleecy ['fli:si] *agg* (**-ier; -iest**) lanoso; a fiocchi; simile a lana.

[1]**fleet** [fli:t] *s.* flotta; flottiglia.

[2]**fleet** [fli:t] *agg (poet. o lett.)* lieve; leggero; agile; rapido: *fleet of foot; fleet-footed,* di piè leggero; piè veloce.

fleeting ['fli:tiŋ] *agg* fuggevole; passeggero: *a fleeting glance,* uno sguardo fuggevole. □ *avv* **fleetingly.**

Fleet Street [fli:t stri:t] *s. (GB)* la stampa; il giornalismo *(dal nome della strada di Londra dove ha sede la maggior parte dei giornali inglesi).*

Fleming ['flemiŋ] *s.* fiammingo; abitante delle Fiandre.

Flemish ['flemiʃ] *agg* fiammingo. □ *s.* la lingua fiamminga.

flesh [fleʃ] *s.* **1** carne *(di animale vivo, spec. dell'uomo): to put on flesh,* ingrassare — *to lose flesh,* dimagrire — *flesh and blood,* la natura umana; l'umanità; il corpo — *more than flesh and blood can stand,* più di quanto la natura umana possa sopportare — *one's own flesh and blood,* sangue del proprio sangue; carne della propria carne — *to make sb's flesh creep,* far venire la pelle d'oca a qcno — *to have (to demand) one's pound of flesh,* esigere il pagamento di un debito fino all'ultimo centesimo *(da Shakespeare, The Merchant of Venice)* — *flesh-eating animals,* animali carnivori — *in the flesh,* in carne ed ossa — *to go the way of all flesh,* morire — *flesh-pot,* la vita comoda; il lusso sfrenato; la buona tavola — *a flesh wound,* una ferita superficiale — *flesh colour,* color carne; incarnato — *flesh-coloured,* carnicino — *flesh tights,* calzamaglia color carne — *to be one flesh,* essere due anime in un corpo solo. **2** *(fig.)* la carne: *the sins of the flesh,* i peccati della carne — *The spirit is willing but the flesh is weak,* Lo spirito è forte ma la carne è debole. **3** polpa *(di frutta, ecc.).*

fleshings ['fleʃiŋz] *s. pl* calzamaglia color carne *(dei ballerini).*

fleshly ['fleʃli] *agg* **1** carnale; sensuale. **2** corporeo; mortale.

fleshy ['fleʃi] *agg* **1** grasso; carnoso. **2** polposo.

fleur-de-lis, -lys ['flə:də'li:] *s. (fr. medioevale)* fiordaliso *(lett.);* giglio *(simbolo araldico dei Valois).*

flew [flu:] *pass di* **to fly.**

flex [fleks] *s.* filo elettrico flessibile.

to **flex** [fleks] *vt* flettere; piegare.

flexibility [,fleksi'biliti] *s.* flessibilità; arrendevolezza; condiscendenza.

flexible ['fleksəbl] *agg* **1** flessibile. **2** *(fig.)* flessibile; arrendevole; condiscendente. □ *avv* **flexibly.**

flextime ['flekstaim] *s. (USA)* orario flessibile.

flibbertigibbet ['flibəti'dʒibit] *s. (ant. e fam.)* individuo frivolo, pettegolo e volubile.

flick [flik] *s.* **1** colpo; schiocco *(di frusta, dita);* frustata; buffetto. **2** movimento rapido e improvviso; scarto; scatto: *flick knife,* coltello a scatto. **3** *the flicks, (GB, sl.)* spettacolo cinematografico: *to go to the flicks,* andare al cine.

to **flick** [flik] *vt* colpire leggermente *(con la frusta);* dare un buffetto; (far) schioccare: *He flicked the horse with his whip,* Colpì il cavallo con la frusta — *She flicked the fly off her neck,* Mandò via la mosca dal collo con la mano — *He flicked the knife open,* Aprì il coltello di scatto.

flicker ['flikə*] *s. (di solito al sing.)* **1** guizzo; tremolio. **2** fremito.

to **flicker** ['flikə*] *vi* **1** *(di fiamma, di luce, fig. di speranza, ecc.)* guizzare; tremolare; balenare. **2** ondeggiare; agitarsi; guizzare: *flickering shadows,* ombre che si agitano — *the flickering tongue of a snake,* la lingua guizzante d'un serpente.

flier ['flaiə*] *s.* ⇨ **flyer.**

[1]**flight** [flait] *s.* **1** volo *(in ogni senso, anche fig.): the art of flight,* l'arte del volo — *in flight,* in volo — *a non-stop flight,* un volo senza scalo — *a flight of the imagination,* un volo della fantasia — *flight deck,* ponte di volo; piattaforma di lancio *(di portaerei).* **2** tragitto; traiettoria: *the flight of an arrow,* la traiettoria d'una freccia. **3** stormo; nembo; scarica; nugolo; sciame: *a flight of swallows,* uno stormo di rondini — *a flight of arrows,* un nugolo (una scarica) di frecce. **4** rampa *(di scale).* **5** *(GB, mil.)* squadriglia.

to **flight** [flait] *vt* **1** applicare piume *(a una freccia).* **2** *(al cricket)* giocare d'effetto.

[2]**flight** [flait] *s.* fuga: *to seek safety in flight,* cercare la salvezza nella fuga — *to put the enemy to flight,* mettere in fuga il nemico — *to take flight; to take to flight,* darsi alla fuga; prendere il volo — *the flight into Egypt,* la fuga in Egitto — *a flight of capital,* una fuga di capitali *(all'estero).*

flighty ['flaiti] *agg* strambo; bizzarro; scervellato; volubile; lunatico. □ *avv* **flightily.**

flim-flam ['flimflæm] *s.* ciance; chiacchiere; sciocchezze.

flimsiness ['flimzinis] *s.* inconsistenza; leggerezza; fragilità.

[1]**flimsy** ['flimzi] *agg* (**-ier; -iest**) leggero; fragile; inconsistente: *flimsy curtains,* tendine leggerissime — *a flimsy excuse,* una scusa inconsistente (fragile). □ *avv* **flimsily.**

[2]**flimsy** ['flimzi] *s. (GB)* velina.

to **flinch** [flintʃ] *vi* tirarsi indietro; indietreggiare; esitare *(anche fig.): to have a tooth pulled out without flinching,* farsi togliere un dente senza batter ciglio — *You mustn't flinch from an unpleasant duty,* Non ci si deve tirare indietro davanti a un compito sgradevole.

fling [fliŋ] *s.* **1** lancio; getto; tiro: *to have a fling at sb,* dare una stoccata, una frecciata a qcno; canzonare qcno — *to have a fling at a defeated rival,* dare una frecciata al rivale sconfitto. **2** danza vivace: *the Highland fling,* danza scozzese molto movimentata — *to have one's fling,* correre la cavallina; godersela senza freno — *to have a last fling,* fare un'ultima scappatella — *in full fling,* in piena attività; 'a tutta birra'; 'a tutto gas'. **3** balzo; impennata *(di cavallo);* scarto.

to **fling** [fliŋ] *vt e i.* (*pass. e p. pass.* **flung**) lanciare; gettare; buttare; scagliare: *to fling one's hat up (in the air),* lanciare in aria il cappello — *to fling a stone at sb (sth),* scagliare una pietra contro qcno (qcsa) — *to fling one's clothes on,* vestirsi in fretta e furia — *to fling the doors and windows open,* spalancare (di colpo) porte e finestre — *to be flung into prison,* essere buttato in prigione — *to fling caution to the winds,* mandare all'aria ogni precauzione; agire avventatamente — *to fling off one's pursuers,* 'seminare' gli inseguitori — *to fling one's arms up,* gettare le braccia al cielo — *to fling one's arms out,* spalancare le braccia — *to fling oneself into a chair,* buttarsi, lasciarsi cadere su una sedia — *to fling oneself into an enterprise,* buttarsi a capofitto in un'impresa — *to fling sth into sb's teeth,* rinfacciare qcsa a qcno — *to fling dirt at sb,* macchiare la reputazione di qcno — *to fling up one's job,* lasciare di colpo il proprio impiego.

flint [flint] *s.* **1** selce; silice: *flint-stone,* ciottolo di selce *(per costruire muri, ecc.).* **2** pietra focaia; pietrina *(di accendisigari): flint-lock,* fucile a pietra focaia. □ *to set one's face like a flint,* fare la faccia dura; mostrare la grinta — *to skin a flint,* pelare un sasso; spremere un sasso (essere avaro, avido, esoso) — *to wring water from a flint,* cavare acqua da un sasso.

flinty ['flinti] *agg* (**-ier; -iest**) duro come selce.

flip [flip] *s.* **1** colpetto; lancio. **2** *(fam.)* breve volo in aereo. □ *egg-flip,* zabaglione.

to **flip** [flip] *vt e i.* (**-pp-**) **1** dare un colpetto *(con il pollice e l'indice);* lanciare *(p.es. una moneta, facendo a 'testa o croce').* **2** colpire leggermente. **3** scuotere leggermente. **4** *(seguito da* through*)* sfogliare *(giornali, libri, ecc.).* □ *the flip side, (fam.)* il retro *(di un disco).*

flippancy ['flipənsi] *s.* impertinenza; mancanza di rispetto.

flippant ['flipənt] *agg* irriverente; irrispettoso. □ *avv* **flippantly.**

flipper ['flipə*] *s.* **1** *(di mammifero acquatico)* pinna; natatoia. **2** *(di nuotatore)* pinna.

flirt [flə:t] *s.* **1** vagheggino; damerino; zerbinotto; civetta. **2** amoreggiamento; 'flirt'.

to **flirt** [flə:t] *vt e i.* **1** amoreggiare; civettare; 'flirtare': *She flirts with every boy she meets,* Civetta con tutti i ragazzi che incontra. **2** vagheggiare; trastullarsi: *He is flirting with the idea of going to Moscow,* Sta vagheggiando l'idea di andare a Mosca. **3** muovere rapidamente; agitare *(un ventaglio).* **4** muoversi a scatti.

flirtation [flə:'teiʃən] *s.* amoreggiamento; 'flirt': *to carry on a flirtation,* avere un 'flirt' — *After a brief flirtation with soccer, he turned to athletics,* Dopo una breve infatuazione per il calcio si volse all'atletica leggera.

flirtatious [flə:'teiʃəs] *agg* civettuolo; leggero. □ *avv* **flirtatiously.**

flit [flit] *s. (fam.)* trasloco: *to do a midnight flit,* svignarsela nottetempo *(generalm. per non pagare l'affitto).*

to **flit** [flit] *vi* (**-tt-**) **1** svolazzare; volteggiare. **2** *(nell'Inghilterra del nord e in Scozia)* trasferirsi; sloggiare.

flitch [flitʃ] *s.* **1** lardello. **2** asse ricavato dalla parte esterna di un albero.

flivver ['flivə*] *s. (USA, fam.)* automobile di poco prezzo; 'macinino'.

float [flout] *s.* **1** galleggiante *(in vari sensi);* sughero *(di lenza o rete): float-plane,* idroplano con galleggianti. **2** natante; imbarcazione; chiatta; salvagente. **3** massa galleggiante *(di alghe, ghiacci, ecc.).* **4** carro basso o senza sponde *(per cortei mascherati e processioni): milk float,* furgoncino (aperto) per la consegna a domicilio del latte. **5** pialletto; lima a taglio semplice. **6** *(di solito al pl.)* luci della ribalta. **7** *(di aliante)* veleggio orizzontale. **8** fondo cassa.

to **float** [flout] *vi* **1** galleggiare; stare a galla: *Wood floats on water,* Il legno galleggia sull'acqua. **2** *(seguito da* down, along, *ecc.)* scendere lentamente *(lungo la corrente d'un fiume): The boat floated down the river,* La barca scese lungo il fiume. **3** librarsi in volo; essere sospeso o fluttuare nell'aria: *A balloon floated across the sky,* Un aerostato si librò nel cielo — *dust floating in the air,* polvere sospesa nell'aria. **4** fluttuare *(anche di moneta);* agitarsi. **5** diffondersi; propagarsi *(d'una notizia).*

□ *vt* **1** far galleggiare; spingere sull'acqua; tenere a

galla: *to float a raft of logs down a river,* far scendere una zattera di tronchi lungo un fiume — *The ship was floated off by the tide,* La nave fu disincagliata dalla marea — *There wasn't enough water to float the ship,* Non c'era acqua a sufficienza per far galleggiare la nave. **2** *(comm.)* costituire; promuovere; lanciare *(un prestito): to float a new business company,* promuovere una nuova società commerciale. **3** *(econ.)* far fluttuare *(una valuta).*

flo(a)tation [flou'teiʃən] *s.* **1** galleggiamento. **2** *(comm.)* avviamento; lancio.

floating ['floutiŋ] *agg* **1** fluttuante; oscillante: *the floating population,* la popolazione avventizia — *the floating vote,* i voti fluttuanti *(di coloro che non hanno un atteggiamento politico definito)* — *floating debt, (comm.)* debito fluttuante. **2** galleggiante: *floating bridge,* ponte galleggiante. **3** *(anat.)* - **a)** fluttuante - **b)** mobile; migrante. □ *floating capital,* capitale circolante.

[1]**flock** [flɔk] *s.* gregge *(anche di fedeli);* stormo *(di uccelli);* folla; gruppo; massa *(di persone);* frotta: *flocks and herds,* pecore e bovini; greggi e mandrie — *a priest and his flock,* un prete e il suo gregge — *Visitors came in flocks to see the new bridge,* I visitatori vennero a frotte a vedere il nuovo ponte.

to **flock** [flɔk] *vi* radunarsi; raccogliersi; affollarsi; accalcarsi: *People flocked to hear the new prophet,* La gente si accalcava per ascoltare il nuovo profeta.

[2]**flock** [flɔk] *s.* **1** fiocco; bioccolo; ciuffo. **2** *(al pl.)* cascame di lana o cotone per materassi.

floe [flou] *s.* banco *(generalm. piccolo)* di ghiaccio alla deriva.

to **flog** [flɔg] *vt* (**-gg-**) **1** flagellare; fustigare; battere; picchiare. **2** *(sl.)* vendere *(spec. se a buon prezzo).* □ *to flog a dead horse, (fam.)* sprecare le energie in un lavoro inutile.

flogging ['flɔgiŋ] *s.* flagellazione; fustigazione.

flong [flɔŋ] *s. (tipografia)* flano.

flood [flʌd] *s.* **1** alluvione; allagamento; inondazione; diluvio *(anche fig.);* piena: *in flood,* in piena — *the Flood (Noah's Flood),* il Diluvio — *floods of tears,* fiumi di lacrime — *a flood of rain (tears, words),* un diluvio di pioggia (lacrime, parole). **2** *(anche* flood *tide)* flusso della marea; (alta) marea: *The tide is at the flood,* La marea è alta. **3** *(poet.)* corso d'acqua; fiume. □ *flood gate,* chiusa; cateratta — *flood lights,* riflettori potenti, a giorno.

to **flood** [flʌd] *vt e i.* **1** inondare; allagare; sommergere *(anche fig.): The meadows were flooded,* I prati furono inondati — *The soldiers broke the dikes and flooded the countryside,* I soldati abbatterono gli argini ed allagarono la campagna — *We have been flooded with requests for help,* Siamo stati sommersi da richieste d'aiuto — *The stage of the theatre was flooded with light,* Il palcoscenico del teatro era inondato di luce. **2** *(di pioggia)* gonfiare i fiumi *(fino a farli straripare): The rivers were flooded by heavy rainstorms,* I fiumi straripàrono a causa di forti temporali. **3** *(di fiume)* gonfiarsi; straripare. **4 to be flooded out,** restare senza tetto *(a causa di inondazione): Thousands of people were flooded out,* Migliaia di persone restarono senza tetto. **5 to flood in,** diluviare; fioccare: *Applications flooded in,* Le domande fioccavano. **6** *(di carburatore)* ingolfarsi.

to **flood-light** ['flʌdlait] *vt* illuminare a giorno: *The cathedral was flood-lit,* La cattedrale era illuminata a giorno.

floor [flɔ:*] *s.* **1** pavimento; impiantito; assito: *sitting on the floor,* seduto sul pavimento — *a bare floor,* un pavimento nudo — *floor cloth,* straccio per pulire il pavimento — *floor-polisher,* lucidatrice per pavimenti — *floor lamp,* lampada a piede — *floor show,* spettacolo di locale notturno *(allestito sulla pista).* **2** piano: *the ground floor,* il pianterreno — *the first floor, (GB)* il primo piano; *(USA)* pianterreno — *floor walker, (USA)* sorvegliante, ispettore di grande magazzino. **3** fondo *(del mare, d'una caverna, ecc.).* **4** emiciclo *(della Camera, ecc.): to take the floor,* partecipare ad un dibattito; prendere la parola (alla Camera) — *to hold the floor, (fig.)* tenere il bandolo della conversazione; essere al centro dell'attenzione generale. **5** base; fondamento. **6** livello minimo *(di prezzi, stipendi, ecc.).* **7** *(naut.)* pagliolo; platea; madiere.

to **floor** [flɔ:*] *vt* **1** pavimentare. **2** abbattere *(fig.);* atterrare; mettere al tappeto *(anche fig.): Tom was floored by two of the questions in the examination paper,* Tom fu messo in difficoltà da due domande della prova d'esame.

floorer ['flɔ:rə*] *s.* **1** colpo che atterra l'avversario. **2** domanda che mette in difficoltà.

flooring ['flɔ:riŋ] *s.* materiale per pavimentazione; pavimento; tavolato.

floozie ['flu:zi] *agg (sl.)* sciattona *(detto spec. di prostituta).*

flop [flɔp] *s.* **1** tonfo. **2** *(sl.)* fiasco; fallimento. **3** *(USA, sl.)* dormita; letto.

to **flop** [flɔp] *vi* (**-pp-**) **1** buttarsi (a terra); lasciarsi cadere; piombare pesantemente: *He flopped down on his knees and begged for mercy,* Si buttò in ginocchio e chiese pietà — *to flop about,* dimenarsi; dibattersi. **2** *(fam., di libro, commedia, ecc.)* fallire; far fiasco. **3** *(USA, sl.)* dormire: *flop house,* pensione da due soldi. □ *vt* buttar giù; lasciar cadere pesantemente.

[2]**flop** [flɔp] *avv* di schianto; di peso: *to fall flop into the water,* cadere con un tonfo nell'acqua.

floppy ['flɔpi] *agg* **1** floscio; molle: *a floppy hat,* un cappello floscio. **2** pesante; lento; sgraziato; trascurato. □ *avv* **floppily.**

flora ['flɔ:rə] *s.* flora.

floral ['flɔ:rəl] *agg* floreale; a fiori.

florid ['flɔrid] *agg* florido.

florin ['flɔrin] *s.* **1** fiorino. **2** *(GB)* moneta inglese da due scellini *(prima della riforma monetaria del 1971).*

florist ['flɔrist] *s.* fioraio; fiorista.

floss [flɔs] *s.* **1** bava del bozzolo: *floss silk,* bavella; bava serica. **2** *candy floss,* zucchero filato. **3** scoria fusa galleggiante.

flotation [flou'teiʃən] *s.* ⇨ **floatation.**

flotilla [flou'tilə] *s.* flottiglia.

flotsam ['flɔtsəm] *s. (collettivo: generalm.* flotsam and jetsam*)* **1** relitti galleggianti. **2** *(fig.)* sbandati; relitti della società.

[1]**flounce** [flauns] *s.* scatto; balzo.

[1]to **flounce** [flauns] *vi* dimenarsi; agitarsi; balzare; scattare: *to flounce out of the room,* precipitarsi fuori dalla stanza.

[2]**flounce** [flauns] *s.* balza; falpalà *(di gonna).*

[2]to **flounce** [flauns] *vt* ornare di balze, falpalà, pieghe.

flounder ['flaundə*] *s.* passera.

to **flounder** ['flaundə*] *vi* **1** dibattersi; dimenarsi. **2** esitare; impappinarsi: *to flounder through a speech,* incepparsi e confondersi continuamente in un discorso.

flour ['flauə*] *s.* farina.

to **flour** ['flauə*] *vt* infarinare.

flourish ['flʌriʃ] *s.* **1** l'agitare; il brandire; lo sventolare.

2 ghirigoro; arabesco; svolazzo; abbellimento. **3** squillo; fanfara.

to **flourish** ['flʌriʃ] *vi e t.* **1** *(fig.)* fiorire; prosperare; essere fiorente, florido: *His business is flourishing,* I suoi affari prosperano. **2** brandire; agitare *(braccia, ecc.);* sventolare: *to flourish a sword,* brandire una spada. **3** *(di scrittore, artista famoso, ecc.)* essere in attività; fiorire.

flourishing ['flʌriʃiŋ] *agg* fiorente; prosperoso; rigoglioso.

floury ['flauəri] *agg* **1** farinoso. **2** infarinato.

to **flout** [flaut] *vt* disprezzare; disdegnare: *to flout sb's advice,* disprezzare i consigli di qcno.

flow [flou] *s. (generalm. al sing.)* **1** corso d'acqua; corrente; portata; getto: *a good flow of water,* un buon getto d'acqua. **2** flusso: *the ebb and flow of the sea,* il flusso e riflusso del mare — *The tide is on the flow,* La marea sta salendo — *a flow of angry words, (fig.)* un fiume di parole irate — *flow of spirits,* ondata di gioia.

to **flow** [flou] *vi* **1** fluire; scorrere; sgorgare; *(di sangue)* circolare: *Rivers flow into the sea,* I fiumi fluiscono nel mare — *The river flowed over its banks,* Il fiume straripò — *The tears flowed down her cheeks,* Le lacrime le scorsero giù dalle guance — *to flow out,* uscire; defluire. **2** *(di capelli, vestiti)* ricadere; ondeggiare; scendere. **3** derivare; provenire: *Wealth flows from industry and economy,* La ricchezza deriva dalla laboriosità e dall'economia. **4** *(di marea)* alzarsi: *The tide began to flow,* Cominciava ad alzarsi la marea.

flower ['flauə*] *s.* **1** fiore: *to be in flower,* essere in fiore — *to burst into flower,* sbocciare — *flower-bed,* aiuola — *flower dust,* polline — *flower girl,* fioraia — *the Flower People,* i 'Figli dei Fiori' *(aderenti ad un movimento 'hippy')* — *flower piece,* quadro raffigurante fiori — *a bunch of flowers,* un mazzo di fiori — *wild flowers,* fiori di campo — *No flowers (by request),* Non fiori (per espressa volontà del defunto): *flower-de-luce, (ant. e USA)* = **fleur-de-lis**. **2** *(solo al sing.)* il fior fiore; pieno rigoglio: *in the flower of one's strength,* nel pieno delle proprie forze — *the flower of the nation's manhood,* il fior fiore degli uomini della nazione. **3** *flowers of speech,* i fiori della retorica; fioriture del linguaggio.

to **flower** ['flauə*] *vi* fiorire; essere in fiore *(anche fig.)*: *flowering bushes,* cespugli da fiori.

flowered ['flauəd] *agg* fiorito; ornato di fiori; a fiorami.

flowerless ['flauəlis] *agg* senza fiori.

flowerpot ['flauərpɔt] *s.* vaso *(di terracotta)* da fiori.

flowery ['flauəri] *agg* fiorito *(anche fig.)*.

flowing ['flouiŋ] *agg* scorrevole; fluente *(anche fig.)*.

flown [floun] *p. pass di* **to fly**.

flu [flu:] *s., abbr di* **influenza**.

to **fluctuate** ['flʌktjueit] *vi* fluttuare; oscillare: *fluctuating prices,* prezzi fluttuanti — *to fluctuate between hope and despair,* oscillare tra la speranza e la disperazione.

fluctuation [,flʌktju'eiʃən] *s.* fluttuazione; oscillazione: *fluctuations of temperature,* variazioni di temperatura — *fluctuations in exchange rates,* oscillazioni del tasso di cambio.

flue [flu:] *s.* condotto; tubo; canna fumaria: *to clean the flues of soot,* pulire la canna fumaria della fuliggine.

fluency ['fluənsi] *s.* scorrevolezza *(spec. nel parlare una lingua);* facilità di parola.

fluent ['fluənt] *agg (di persona)* dalla parola facile; *(di parlata)* scorrevole; spedito: *a fluent speaker,* un buon parlatore — *to speak fluent French,* parlare correntemente il francese. □ *avv* **fluently**.

fluff [flʌf] *s.* **1** peluria; lanugine. **2** batuffolo. **3** *(GB, sl.)* papera *(di attore)*. □ *bit of fluff, (fam.)* pezzo di ragazza.

to **fluff** [flʌf] *vt* **1** arruffare; scuotere *(capelli, lana, piume, ecc.)*: *The bird fluffed (out) its feathers,* L'uccello arruffò le penne — *to fluff out a pillow,* scuotere un cuscino. **2** *(teatro, ecc.)* impaperarsi; pigliare una papera; *(sport)* sbagliare; mancare (un colpo): *to fluff a stroke,* sbagliare un colpo — *to fluff a catch,* mancare una presa.

fluffy ['flʌfi] *agg* **1** coperto di peluria; lanuginoso. **2** soffice; vaporoso: *Newly hatched chickens are like fluffy balls,* I pulcini appena nati sono come soffici batuffoli.

fluid ['flu(:)id] *agg* **1** fluido. **2** mutevole; incostante. □ *s.* fluido.

fluidity [flu(:)'iditi] *s.* fluidità.

[1]**fluke** [flu:k] *s.* tiro, colpo fortunato: *to win by a fluke,* vincere per un colpo fortunato *(p.es. al biliardo)*.

[2]**fluke** [flu:k] *s.* **1** patta d'ancora. **2** *(al pl.)* coda della balena.

[3]**fluke** [flu:k] *s.* distoma epatico.

flukey ['flu:ki] *agg* fortuito; fortunato. □ *avv* **flukily**.

flume [flu:m] *s.* canale artificiale *(ad uso industriale)*.

flummery ['flʌməri] *s.* adulazioni; blandizie; chiacchiere; fandonie.

to **flummox** ['flʌməks] *vt (fam.)* sconcertare; confondere.

flung [flʌŋ] *pass e p. pass di* **to fling**.

to **flunk** [flʌnk] *vt (USA, sl.)* essere bocciato in un esame.

flunkey ['flʌŋki] *s.* (*pl.* **flunkeys**; *USA* **flunky**, *pl.* **flunkies**) *(spreg.)* lacchè; servo; tirapiedi.

fluorescence [fluə'resns] *s.* fluorescenza.

fluorescent [fluə'resnt] *agg* fluorescente.

fluoride ['fluəraid/'fluərid] *s.* fluoruro.

fluorine ['fluəri:n] *s.* fluoro.

flurry ['flʌri] *s.* **1** raffica; folata *(di vento, ecc.)*. **2** *(fig.)* orgasmo; agitazione: *in a flurry of excitement,* con grande agitazione.

to **flurry** ['flʌri] *vt* agitare; turbare: *Keep calm! Don't get flurried!,* Sta' calmo! Non agitarti!

[1]**flush** [flʌʃ] *s.* **1** getto d'acqua; scroscio; sciacquone. **2** flusso di sangue al viso; vampa; rossore. **3** ebbrezza; eccitazione; trasporto: *in the first flush of victory,* nella prima ebbrezza della vittoria. **4** il germogliare; l'erompere; rigoglio: *the flush of spring,* il risveglio della primavera — *in the first flush of youth,* nel rigoglio della giovinezza. **5** *(nel poker)* colore: *straight flush,* scala reale — *royal flush,* scala reale all'asso.

[1]to **flush** [flʌʃ] *vi* **1** arrossire: *The girl flushed when he spoke to her,* La ragazza arrossì quando lui le parlò — *He flushed with indignation,* Diventò rosso per lo sdegno. **2** *(di acqua)* scorrere con impeto; sgorgare. **3** germogliare.

□ *vt* **1** fare arrossire; fare salire il sangue: *Shame flushed his cheeks,* La vergogna gli coprì di rossore le guance. **2** *(fig.)* infiammare; eccitare; incoraggiare: *The men were flushed with success (joy),* Gli uomini erano infiammati per il successo (dalla gioia). **3** lavare; sciacquare; ripulire con un getto d'acqua: *to flush the drains,* ripulire i condotti di scolo con un getto d'acqua — *to flush the pan,* tirar l'acqua *(nel gabinetto)*. **4** irrigare. **5** far germogliare. **6** livellare *(una giuntura)*.

[2]**flush** [flʌʃ] *agg* **1** sullo stesso piano; a livello: *doors flush with the walls,* porte a livello delle pareti *(non*

sporgenti né rientranti) — *flush-mounted,* incassato. **2** *(fam.)* ben fornito; ben provvisto; pieno: *He is very flush with money,* È ben fornito di danaro.

[2]to **flush** [flʌʃ] *vt e i.* (far) volare via improvvisamente: *to flush a pheasant,* far alzare in volo un fagiano.

fluster ['flʌstə*] *s.* agitazione; eccitazione; orgasmo: *to be all in a fluster,* essere tutto agitato.

to **fluster** ['flʌstə*] *vt* agitare; innervosire; confondere.

flute [flu:t] *s.* **1** flauto. **2** scanalatura.

to **flute** [flu:t] *vi* suonare il flauto.

fluted ['flu:tid] *agg* scanalato.

fluting ['flu:tiŋ] *s.* *(collettivo)* scanalature *(come decorazione).*

flutist ['flu:tist] *s.* *(non comune)* flautista.

flutter ['flʌtə*] *s.* **1** battito; frullo; svolazzamento; movimento rapido; *(del cuore)* 'flutter': *flutter of wings,* battito (frullio) d'ali. **2** (stato di) agitazione; eccitazione; nervosismo: *to be in a flutter,* essere nervoso, agitato — *to cause (to make) a flutter,* far sensazione; eccitare, turbare *(la gente).* **3** vibrazione; battito; oscillazione *(del suono);* sfarfallamento. **4** *(fam.)* speculazione o scommessa *(generalm. modesta).*

to **flutter** ['flʌtə*] *vt e i.* **1** battere le ali; dibattersi: *The bird fluttered its wings in the cage,* L'uccello in gabbia batteva le ali — *The wounded bird fluttered on the ground,* L'uccello ferito si dibatteva sul suolo. **2** ondeggiare; sbattere; sventolare: *The curtains were fluttering in the breeze,* Le tende ondeggiavano nella brezza. **3** muoversi nervosamente; andare su e giù; agitarsi; tremare: *She fluttered about the room nervously,* Si muoveva nervosamente su e giù per la stanza.

fluvial ['flu:vjəl] *agg* fluviale.

flux [flʌks] *s.* **1** continuo mutamento: *in a state of flux,* in uno stato di continuo mutamento. **2** *(solo al sing.)* flusso; il fluire. **3** *(metallurgia, chim., saldatura)* fondente. **4** *(med.)* versamento: *bloody flux, (ant.)* dissenteria.

[1]**fly** [flai] *s.* mosca; *(pesca)* mosca artificiale: *fly-fishing,* pesca con la mosca artificiale *(per trote, ecc.)* — *fly-blown,* guasto; contaminato *(da uova di mosche); (fig.)* corrotto — *fly-catcher, (ornitologia)* acchiappamosche; muscicapa — *fly-paper,* carta moschicida — *fly-trap, (bot., ecc.)* pigliamosche. □ *a fly in the ointment,* una piccola pecca (un neo) che guasta un po' la bellezza del tutto — *There are no flies on him, (sl.)* È uno in gamba; È difficile fargliela; È un uomo a posto — ⇨ *anche* **flyleaf, flyover, flypast.**

to **fly** [flai] *vi e t.* (*pass.* **flew**; *p. pass.* **flown**) **1** volare; andare (viaggiare) in aereo: *to fly from London to Paris,* volare da Londra a Parigi — *to fly over Vienna,* sorvolare Vienna — *to fly (across) the Atlantic,* sorvolare (attraversare) l'Atlantico in aereo — *to fly high, (fig.)* essere ambizioso; mirare in alto — *to fly away,* volar via — *to fly off,* scappar via; fuggire — *to send things flying, (fam.)* buttare le cose all'aria — *to send sb flying,* far volare (far cadere) qcno — *to make the money fly,* far volare via i quattrini; spendere e spandere — *to fly to bits; to fly to pieces,* volare in pezzi; andare in frantumi — *to fly into a rage (passion),* infuriarsi; montare in collera; adirarsi — *to fly to arms,* correre alle armi.
2 pilotare *(un aeromobile);* trasportare *(con l'aereo): Five thousand passengers were flown to Paris during Easter week-end,* Durante il week-end di Pasqua cinquemila persone furono trasportate a Parigi in aereo. **3** *(fig.)* correre; scendere (velocemente): *He flew down the road,* Si precipitò giù per la strada — *The children flew to meet their mother,* I bambini volarono incontro alla madre — *It's getting late, I must fly,* Sta facendosi tardi, debbo correre — *a flying visit,* una visita di volata.
4 to fly at sb, *(fig.)* attaccare qcno; avventarsi su qcno. **5** far volare; far levare *(un aquilone, ecc.);* far sventolare; inalberare *(una bandiera).*
□ *The door flew open,* La porta si spalancò — *fly-by-night, (letteralm.)* persona che va in giro di notte; *(fig.)* chi taglia la corda senza pagare — *to fly in the face of sb,* sfidare apertamente — *to make the feathers (dust) fly,* mettere confusione; seminar zizzania; far scoppiare una rissa, una lite — *to let fly (at sb),* lasciar volare *(uno schiaffo, degli improperi, ecc.)* — *The bird is (has) flown, (fam., fig.)* Il pollo è scappato; Il ricercato se l'è svignata (si è dileguato).

[2]**fly** [flai] *s.* **1** lembo *(di stoffa);* sparato; patta *(di pantaloni, ecc.): fly-buttons; (talvolta) flies, (fam.)* bottoni dei pantaloni. **2** *(ant.)* carrozza; vettura da nolo. **3** *(al pl., teatro:* the flies*)* soppalco; spazio soprastante il proscenio.

[3]**fly** [flai] *agg (GB, sl.)* sveglio; con gli occhi bene aperti; furbo.

flyer, flier ['flaiə*] *s.* **1** animale, veicolo, ecc. velocissimo; treno rapido. **2** *(di uccello)* volatore *(generalm. con agg.): high flyer,* che vola in alto; *(fig.)* un ambizioso. **3** aviatore. **4** *(sport)* velocista. **5** salto di volata. **6** manifestino; volantino.

[1]**flying** ['flaiiŋ] *s. e attrib* volo; il volare: *flying field,* campo d'aviazione — *flying boat,* idrovolante a scafo centrale — *Flying Officer, (GB)* ufficiale d'aviazione.

[2]**flying** ['flaiiŋ] *agg* **1** volante: *flying fish,* pesce volante (pesce rondine) — *flying fox,* rossetta — *a flying jump,* un salto di volata — *a flying start,* una partenza volante, lanciata — *a 'flying buttress,* un arco rampante (a sprone) — *flying bomb,* missile *(del tipo 'V1', 'V2', usati dai tedeschi durante la Seconda Guerra Mondiale)* — *flying dog,* vampiro — *flying saucer,* disco volante. **2** breve; rapido; frettoloso: *a flying visit,* una visita breve; 'un salto' *(spec. tra un appuntamento ed un altro).* **3** sventolante; al vento; spiegato. □ *'The Flying Dutchman',* 'L'Olandese Volante'; 'Il Vascello Fantasma' — *the Flying Squad,* la Volante; la Mobile — *flying colours* ⇨ **colour 7.**

flyleaf ['flaili:f] *s.* *(tipografia)* foglio di sguardia; risguardo.

flyover ['flaiouvə*] *s.* *(GB)* cavalcavia.

flypast ['flaipɑ:st] *s.* parata aerea.

flysheet ['flaiʃi:t] *s.* foglio volante; volantino.

flyweight ['flaiweit] *s. e agg (pugilato)* peso mosca.

flywheel ['flaiwi:l] *s.* volano.

foal [foul] *s.* puledro: *a mare in (o with) foal,* una giumenta gravida.

to **foal** [foul] *vi (di giumenta)* figliare; partorire.

foam [foum] *s.* **1** schiuma. **2** bava. **3** *(anche* foam rubber*)* gommapiuma; gomma spugnosa.

to **foam** [foum] *vi* spumeggiare; spumare; schiumare: *a glass of foaming beer,* un bicchiere di birra spumeggiante — *He was foaming with rage,* Schiumava di rabbia.

foamy ['foumi] *agg* spumeggiante; schiumante; spumoso; schiumoso.

fob [fɔb] *s.* taschino per l'orologio.

to **fob** [fɔb] *vt* (**-bb-**) gabbare; imbrogliare: *to fob sb off with sth,* rifilare (appioppare) qcsa a qcno — *He fobbed me off with promises that he never intended to keep,* Si fece gioco di me facendomi promesse che non intendeva mantenere.

focal ['foukəl] *agg* focale.

fo'c'sle ['fouksl] *s.* ⇨ **forecastle.**

focus ['foukəs] *s.* (*pl.* **focuses, foci**) **1** *(ottica)* fuoco: *to be out of focus,* essere sfocato — *to be in focus,* essere a fuoco. **2** centro; focolaio; *(di terremoto)* epicentro: *the focus of attention,* il centro dell'attenzione — *the focus of a disease,* il focolaio d'una malattia.

to **focus** ['foukəs] *vt e i.* (**-s-** *oppure* **-ss-**) **1** *(ottica)* mettere a fuoco: *focusing screen (glass),* dispositivo di messa a fuoco. **2** concentrare; far convergere: *to focus one's attention on a problem,* concentrare la propria attenzione su un problema.

fodder ['fɔdə*] *s.* foraggio secco *(fieno, mangime, ecc.).*

foe [fou] *s. (poet.)* nemico.

foeman ['foumən] *s.* (*pl.* **foemen**) *(ant.)* nemico *(di guerra).*

foetus, fetus ['fi:təs] *s.* feto.

fog [fɔg] *s.* **1** nebbia *(anche fig.): Fog is the sailor's worst enemy,* La nebbia è il peggior nemico dei marinai — *to be in a fog, (fig.)* essere confuso, perplesso, disorientato — *fog-bank,* banco di nebbia — *fog-bound,* avvolto dalla nebbia — *fog-horn,* sirena per la nebbia — *fog-light,* (luce) fendinebbia — *fog-signal,* petardo per nebbia. **2** velo; velatura *(di pellicola fotografica).*

to **fog** [fɔg] *vt* (**-gg-**) **1** annebbiare; avvolgere nella nebbia; appannare; offuscare. **2** rendere perplesso; sconcertare: *I'm a bit fogged,* Sono un po' confuso. **3** velare *(una pellicola).* □ *vi* annebbiarsi; appannarsi; offuscarsi.

fogey ['fougi] *s.* (*pl.* **fogeys**; *USA anche* **fogy,** *pl.* **fogies**) persona all'antica, di idee arretrate; matusa.

foggy ['fɔgi] *agg* (**-ier**; **-iest**) **1** nebbioso. **2** oscuro; confuso; vago: *to have only a foggy idea of what something means,* avere soltanto una vaga idea del significato di qcsa — *I haven't the foggiest idea, (fam.: talvolta semplicemente 'the foggiest')* Non ho la più pallida idea. **3** annebbiato; perplesso.

fogy ['fougi] *s.* ⇨ **fogey.**

foible ['fɔibl] *s.* punto debole *(d'una persona);* debolezza.

[1]**foil** [fɔil] *s.* **1** foglia; lamina (di metallo): *lead-foil,* lamina di piombo — *tin-foil,* stagnola. **2** contrasto; rilievo: *A plain old woman serves as a foil to a beautiful young woman,* Una vecchia scialba serve a mettere in risalto una bella ragazza.

[2]**foil** [fɔil] *s.* fioretto.

to **foil** [fɔil] *vt* ostacolare; frustrare; sventare: *We foiled his plans,* Ostacolammo i suoi piani — *He was foiled in his attempt to deceive the girl,* Il suo tentativo d'ingannare la ragazza fu sventato.

to **foist** [fɔist] *vt* rifilare; appioppare: *to foist sth (off) on sb,* affibbiare qcsa a qcno.

-fold [fould] *suffisso moltiplicativo (p.es. in) two-fold,* duplice; doppio — *four-fold,* quadruplice; quattro volte.

[1]**fold** [fould] *s.* **1** *(vari sensi)* piega; piegatura; pieghettatura. **2** cavità; anfratto *(di montagna).* **3** battente *(di porta).* **4** spira *(di serpente).*

to **fold** [fould] *vt e i.* **1** piegare; ripiegare: *to fold back,* ripiegare *(p.es. le coperte).* **2** chiudersi; piegarsi: *a folding chair,* una sedia pieghevole — *a folding bed,* una branda — *folding doors,* porte a soffietto — *to fold up, (fig., fam.)* chiudere (i battenti); aver finito; fallire. **3** *to fold one's arms,* incrociare le braccia — *to fold sb (sth) in one's arms,* stringere qcno o qcsa fra le braccia. **4** avvolgere; avviluppare: *to fold sth (up) in paper,* avvolgere qcsa nella carta — *hills folded in mist,* colline avvolte nella nebbia.

[2]**fold** [fould] *s.* **1** ovile *(anche fig.): to return to the fold,* tornare all'ovile. **2** *(fig.)* gregge *(di fedeli).*

to **fold** [fould] *vt* chiudere *(le pecore)* nell'ovile.

foldaway ['fouldəwei] *agg attrib (di mobile)* convertibile; a scomparsa.

folder ['fouldə*] *s.* **1** piegatore. **2** cartella (per fogli); dossier. **3** opuscolo pubblicitario; 'pieghevole'; 'dépliant'. **4** *(al pl.)* pince-nez.

foliage ['fouliidʒ] *s.* fogliame.

folio ['fouliou] *s.* (*pl.* **folios**) **1** foglio. **2** numero di pagina. **3** foglio di libro mastro. **4** *folio volume,* volume in-folio.

folk [fouk] *s. (sing. o pl. ma col v. al pl.)* **1** gente: *Some folk(s) are never satisfied,* Certa gente non è mai soddisfatta — *Good evening, folks,* Signore e signori, buona sera — *country folk,* gente di campagna, di provincia. **2** *(ant.)* popolo; razza; tribù. **3** *(al pl.)* i parenti; i familiari: *the old folks,* i 'vecchi'; i genitori; i nonni. **4** *(nei composti, attrib.)* popolare: *folk dance,* danza popolare — *folk song,* canzone, canto popolare — *folk tale,* racconto popolare.

folklore ['fouklɔ:*] *s.* folclore.

folksy ['fouksi] *agg (USA)* socievole.

to **follow** ['fɔlou] *vt e i.* **1** seguire; andare (venire) dopo; inseguire; proseguire; seguitare; continuare (a camminare): *You go first and I will follow,* Tu vai per primo e io ti seguo — *Monday follows Sunday,* Il lunedì viene dopo la domenica — *One misfortune followed (upon) another,* Ci fu una sventura dopo l'altra — *His arguments were as follows...,* Le sue argomentazioni erano le seguenti... — *to follow in sb's footsteps,* seguire, calcare le orme di qcno — *to follow on,* seguire; venir dietro; *(al gioco del cricket)* ribattere — *Follow this road until you get to the church,* Prosegua per questa strada finché arriva alla chiesa.

2 capire; comprendere: *Do you follow my argument?,* Segui il mio ragionamento? — *He spoke so fast that I couldn't follow him,* Parlava così in fretta che non riuscivo a capirlo.

3 esercitare; fare (un mestiere); dedicarsi; darsi (a): *to follow the sea,* fare il marinaio — *to follow the law,* fare l'avvocato.

4 prendere; accettare; aderire; seguire: *to follow sb's advice,* seguire il consiglio di qcno — *to follow the fashion,* seguire la moda — *to follow suit, (al gioco delle carte)* rispondere con lo stesso seme; *(fig.)* fare lo stesso; fare altrettanto.

5 conseguire; derivare; dedursi: *Because he is good, it doesn't follow that he is wise,* Il fatto che egli sia buono non significa che sia saggio — *It follows from what you say that...,* Da quel che Lei ha detto ne segue che...

□ *follow-my-leader,* gioco infantile in cui si ripete quel che fa il capintesta.

to follow on ⇨ **1.**

to follow sth out, eseguire; portare a compimento: *to follow out an enterprise,* attuare un piano.

to follow sth through, seguire (qcsa) fino in fondo; portare a termine (qcsa).

to follow sth up, inseguire; sfruttare; trar vantaggio: *to follow up an advantage (a victory),* sfruttare un vantaggio (una vittoria) — *a follow-up campaign, (pubblicità)* campagna pubblicitaria che segue e rafforza quella del 'lancio'.

follower ['fɔlouə*] *s.* **1** seguace; discepolo; compagno; partigiano; persona al seguito: *Robin Hood and his followers,* Robin Hood e i suoi compagni — *camp-followers* ⇨ [2]**camp 1. 2** corteggiatore, spasimante di servette. **3** *(di arma da fuoco)* elevatore. **4** *(mecc.)* anello premistoppa.

following ['fɔlouiŋ] *agg* seguente; che viene dopo; successivo: *the following day,* l'indomani; il giorno seguente.

□ *s.* seguito: *a political leader with a large following,* un capo politico con un grande seguito.

follow-on ['fɔlouɔn] *s. (al cricket)* ribattuta.

follow-up ['fɔlouʌp] *s.* **1** seguito *(di un'azione, ecc.);* lettera di sollecitazione; sollecito; domanda supplementare. **2** *(med., ecc.)* controllo a distanza.

folly ['fɔli] *s.* **1** follia; pazzia. **2** idea, azione folle. **3** ridicolaggine. **4** *(stor.)* edificio bizzarro. **5** *follies, (pl.)* (titolo di) spettacolo di varietà.

to **foment** [fou'ment] *vt* **1** curare con il fomento. **2** fomentare; istigare; incitare.

fomentation [ˌfoumen'teiʃən] *s.* **1** applicazione di fomenti; fomento. **2** fomentazione; istigazione.

fond [fɔnd] *agg* **1** appassionato: *to be fond of,* essere appassionato (di qcsa); amare (avere un debole per, voler bene a) qcno — *to be fond of music,* essere appassionato di musica — *She is very fond of John,* Vuole molto bene a John. **2** amoroso; amorevole; affezionato; tenero; affettuoso: *a fond mother,* una madre amorosa — *a fond farewell,* un commiato affettuoso. **3** innamorato; molto affezionato: *a young wife with a fond husband,* una giovane moglie con un marito innamorato. **4** *(di speranze, ambizioni)* ardente, vivo, ma difficilmente realizzabile. □ *avv* **fondly** ⇨.

fondant ['fɔndənt] *s. (fr.)* fondant; fondente.

to **fondle** ['fɔndl] *vt* vezzeggiare; coccolare; accarezzare.

fondly ['fɔndli] *avv* **1** teneramente; amorevolmente; appassionatamente: *to look fondly at sb,* guardare qcno teneramente. **2** insensatamente; scioccamente; infondatamente: *He fondly imagined that he could learn English in six weeks,* Credeva scioccamente di poter imparare l'inglese in sei settimane.

fondness ['fɔndnis] *s.* **1** tenerezza; passione; amorevolezza. **2** inclinazione; predisposizione; gusto.

font [fɔnt] *s.* **1** fonte battesimale. **2** acquasantiera. □ ⇨ *anche* [2]**fount.**

food [fu:d] *s.* alimento; cibo; nutrimento *(anche fig.): food rationing,* razionamento alimentare — *food for thought (reflection),* argomento di meditazione (riflessione) — *food-stuff,* genere alimentare.

foodless ['fu:dlis] *agg* senza cibo.

[1]**fool** [fu:l] *s.* **1** sciocco; scemo; stupido; imbecille: *What fools we were not to see the joke!,* Che stupidi siamo stati a non accorgerci della burla! — *to make a fool of sb,* prendere in giro qcno; ingannare qcno; imbrogliare qcno — *to go (to be sent) on a fool's errand,* andare a fare (essere mandato a fare) una commissione inutile, assurda — *to play the fool,* fare il buffone, lo stupido — *to live (to be) in a fool's paradise,* vivere nel mondo della luna, in uno stato di felicità immaginaria; vivere fuori dalla realtà — *to be a fool for one's pains,* prodigarsi per nulla; farsi in quattro per niente — ⇨ *anche* **foolproof. 2** *(stor.)* buffone; giullare. **3** *April Fool,* tonto; chi si lascia facilmente ingannare; persona a cui è stato fatto un 'pesce d'aprile' — *All Fools' Day,* il primo di aprile — *fool's cap,* berretto da buffone (da giullare) *(⇨ anche* **foolscap,** *s.).*

□ *agg (USA, fam.)* sciocco; scemo; stupido.

to **fool** [fu:l] *vi e t.* **1** far lo sciocco, il buffone: *Stop fooling (about)!,* Smettila di far lo sciocco! **2** imbrogliare; truffare; raggirare: *He fooled her out of her money,* Le truffò tutto il suo danaro — *You won't fool me into doing that,* Non riuscirai a farmi fare questo — *to fool away,* sperperare; sciupare *(tempo, danaro, ecc.).*

[2]**fool** [fu:l] *s.* dolce fatto di panna liquida e frutta cotta *(spec. uva spina).*

foolery ['fu:ləri] *s.* **1** comportamento sciocco. **2** *(al pl.)* stramberie; sciocchezze.

foolhardiness ['fu:lhɑ:dinis] *s.* avventatezza; temerarietà.

foolhardy ['fu:lhɑ:di] *agg* avventato; temerario. □ *avv* **foolhardily.**

foolish ['fu:liʃ] *agg* insensato; stupido; sciocco: *How foolish of you to consent!,* Che stupido sei stato ad acconsentire! — *It would be foolish for us to quarrel,* Sarebbe insensato da parte nostra litigare. □ *avv* **foolishly.**

foolishness ['fu:liʃnis] *s.* stupidità; sciocchezza; scempiaggine; insensatezza: *a piece of foolishness,* una sciocchezza.

foolproof ['fu:lpru:f] *agg (di aggeggio, progetto, ecc.)* assolutamente sicuro; *(letteralm.);* 'a prova di imbecille'; semplicissimo; facilissimo da operare; garantito contro errori e manomissioni.

foolscap ['fu:lskæp] *s. e agg attrib* (carta) protocollo.

foot [fut] *s.* (*pl.* **feet**) **1** piede *(vari sensi): A dog's feet are called paws,* I piedi del cane si chiamano zampe — *He rose to his feet,* Si alzò in piedi — *bound hand and foot,* legato mani e piedi — *on foot,* a piedi; camminando; *(di progetti, ecc.)* in corso; in fase di attuazione — *to set sth on foot,* mettere in piedi qcsa; dare avvio a qcsa; avviare (iniziare) qcsa — *to be on one's feet again,* essere (di nuovo) in piedi *(dopo una malattia)* — *to stand on one's own two feet, (fig.)* essere autonomo; non avere bisogno dell'aiuto altrui — *to set sb on his own feet,* rendere qcno autonomo, economicamente autosufficiente — *to keep one's feet,* tenersi in piedi *(sul ghiaccio, ecc.);* non perdere l'equilibrio — *to fall on one's feet* ⇨ **to fall 1** — *to carry (to sweep) sb off his feet, (fig.)* entusiasmare, rapire, eccitare qcno — *to have one foot in the grave,* avere un piede nella fossa; essere vicino alla morte — *to find one's feet* ⇨ **to find 1** — *to put one's feet up, (fam.)* riposare con le gambe in posizione orizzontale — *under foot,* per terra; sotto i piedi; *(fig.)* in proprio potere — *foot-and-mouth disease,* afta epizootica — *foot-bath,* pediluvio; vaschetta per il pediluvio — *foot-race,* corsa; gara podistica.

2 passo; andatura; modo di camminare: *light (swift) of foot,* con passo leggero (con andatura svelta) — *to have a light foot,* avere il passo leggero.

3 parte bassa; base; fondo; calce; a piè (di); *(di letto, tomba, ecc.)* piedi: *at the foot of the page,* a piè di pagina — *at the foot of the mountain,* ai piedi della montagna.

4 *(unità di misura di lunghezza: equivale a 30,48 cm. circa)* piede: *3 feet 6 inches,* 3 piedi e 6 pollici — *a man who is five feet two (fam.: five foot two),* un uomo alto cinque piedi e due pollici — *a foot-rule,* un regolo lungo un piede; un 'metro' da muratore o falegname, ecc. — *a square foot, (abbr.* sq. ft.*)* un piede quadrato — *a floor thirty square feet in area,* un pavimento della superficie di trenta piedi quadrati — *a room six feet square,* una stanza che misura sei piedi per sei — *foot-pound,* piede libbra *(energia necessaria per sollevare di un piede una libbra).*

5 *(mil.)* fanteria: *the Fourth Regiment of Foot,* il quarto reggimento di fanteria — *foot and horse,* fanteria e cavalleria — *Foot Guards,* Guardie Reali di fanteria.

□ *to put one's foot down,* puntare i piedi; opporsi — *to put one's foot in it,* fare una papera; farla bella; sbagliare grossolanamente — *He just couldn't put a foot right (wrong),* Qualunque cosa facesse gli veniva sempre (male) bene — ⇨ *anche* **footboard, footbridge, football(er), footlights, footstool,** *ecc.*

to **foot** [fut] *vt e i.* **1** fare il piede *(di una calza, ecc.).* **2** *to foot it,* camminare; fare la strada a piedi: *They missed the last bus and had to foot it,* Persero l'ultimo autobus e dovettero fare la strada a piedi — *to hot foot it, (sl.)* andare a tutto gas (*cfr.* **hotfoot**). **3** *(generalm. seguito da* up*)* fare la somma; sommare; ammontare: *The various items foot up to 85 p.,* I vari articoli ammontano a 85 pence. **4** *to foot the bill, (anche fig.)* pagare il conto.

footage ['futeidʒ] *s.* **1** lunghezza *(in piedi).* **2** *(cinema)* metraggio.

football ['futbɔ:l] *s.* **1** gioco del calcio: *rugby football,* rugby; palla ovale. **2** pallone *(da calcio).*

footballer ['futbɔ:lə*] *s.* calciatore.

footboard ['futbɔ:d] *s.* predellino *(di veicolo, ecc.);* pedana.

footbridge ['futbridʒ] *s.* passerella.

-footed ['futid] *agg (nei composti) four-footed,* quadrupede — *bare-footed,* a piedi nudi — *flat-footed,* dai piedi piatti.

footer ['futə*] *s. (sl., un po' desueto)* il gioco del calcio.

-footer ['futə*] *suffisso: a six-footer,* un uomo alto sei piedi.

footfall ['futfɔ:l] *s.* passo; rumore di passo.

foothills ['futhilz] *s. pl* colline pedemontane.

foothold ['futhould] *s.* appiglio; punto d'appoggio *(anche fig.).*

footing ['futiŋ] *s.* **1** punto d'appoggio *(del piede): He missed his footing and fell,* Perse il punto di appoggio e cadde. **2** posizione; base; rapporto; relazione; piede: *to get a footing in society,* farsi una posizione nella società — *to be on friendly footing with people,* essere in rapporti amichevoli con la gente — *on an equal footing,* su basi uguali; in condizioni di parità. □ *to be on a war (peace) footing,* essere in stato di guerra (in rapporti pacifici) — *footing up, (comm.)* addizione.

to **footle** ['fu:tl] *vi e t. (fam.)* scherzare; fare lo stupido; dire stupidaggini: *to footle about,* fare il buffone — *to footle away one's time,* perdere il proprio tempo stupidamente.

footlights ['futlaits] *s. pl (teatro)* luci della ribalta.

footling ['fu:tliŋ] *agg* stupido; sciocco; insignificante: *footling little jobs,* lavoretti insignificanti.

footloose ['futlu:s] *agg* libero; non vincolato: *(spec. nell'espressione) footloose and fancy-free,* libero da impegni sentimentali.

footman ['futmən] *s.* (*pl.* **footmen**) domestico *(in livrea);* lacchè; valletto.

footmark ['futmɑ:k] *s.* ⇨ **footprint.**

footnote ['futnout] *s.* nota a piè pagina; *(per estensione)* postilla; 'aggiunta' *(non necessariamente scritta).*

footpad ['futpæd] *s.* **1** ladrone; bandito di strada. **2** = **pad 6.**

footpath ['futpɑ:θ] *s.* sentiero *(per i campi);* passaggio pedonale; passaggio riservato ai pedoni *(lungo le strade).*

footplate ['futpleit] *s.* piattaforma del macchinista e fochista *(di una locomotiva): footplate workers,* macchinisti e fochisti.

footprint ['futprint] *s.* orma; impronta di piede.

to **footslog** ['futslɔg] *vi* (**-gg-**) *(fam.)* marciare; camminare *(per lunghe distanze).*

footslogger ['futslɔgə*] *s. (fam.)* camminatore; *(scherz.)* fantaccino.

footslogging ['futslɔgiŋ] *s.* il marciare; il percorrere *(per sport, ecc.)* lunghe distanze a piedi.

footsore ['futsɔ:*] *agg* dai piedi indolenziti *(per il troppo camminare).*

footstep ['futstep] *s.* passo; rumore di passi: *to follow in sb's footsteps,* seguire le orme di qcno *(anche fig.).*

footstool ['futstu:l] *s.* posapiedi; sgabellino.

footsure ['futʃuə*] *agg* saldo sui piedi; sicuro; ben saldo.

footwear ['futwɛə*] *s.* calzatura, calzature.

footwork ['futwə:k] *s.* movimento dei piedi *(spec. nel pugilato).*

fop [fɔp] *s.* bellimbusto; damerino; elegantone.

foppish ['fɔpiʃ] *agg* affettato; frivolo; vanesio. □ *avv* **foppishly.**

[1]**for** [fɔ:*/fə*] *prep* **1** *(compl. di direzione, di destinazione, e fig., di interesse, vantaggio, ecc.)* per *(per i significati particolari che assume in combinazione con certi verbi* ⇨ *anche alle voci dei relativi verbi, p.es.* **to go for, to make for,** *ecc.): to sail for New York,* salpare per New York — *the train for Glasgow,* il treno per Glasgow — *Here's a letter for you,* Qui c'è una lettera per te — *to provide for a large family,* provvedere ad una famiglia numerosa — *Are you for or against the proposal?,* Siete pro o contro la proposta? — *Three cheers for the President!,* Tre urrà per il presidente! — *Put it aside for me,* Mettilo da parte per me — *to care for sth or sb,* aver cura di qcsa; voler bene a qcno — *I paid two pounds for this book,* Ho pagato questo libro due sterline — *He did the job for nothing,* Fece il lavoro per niente — *too beautiful for words,* troppo bello per poterlo esprimere in parole — *It is good enough for me,* È abbastanza buono per me (Per me va abbastanza bene) — *Not bad for a beginner!,* Niente male per un principiante! — *She is tall for her age,* È alta per la sua età — *B for Benjamin,* B come Beniamino — *Will you please act for me in the matter?,* Per favore, volete agire per mio conto in questa faccenda? — *to stand for,* stare per; significare — *The letters M.P. stand for Member of Parliament,* Le lettere M.P. stanno per Membro del Parlamento — *He took me for my brother,* Mi prese per mio fratello.

2 *(compl. di scopo o fine)* per: *to work for one's living,* lavorare per guadagnarsi da vivere — *You are the very man for the job,* Sei proprio l'uomo adatto per questo lavoro — *to read for pleasure,* leggere per diletto — *What for?,* Perché?; Per quale motivo?; A cosa serve? — *What did you do that for?,* Perché l'hai fatto? — *What's this tool for?,* A cosa serve questo arnese? — *a special knife for taking the eyes out of potatoes,* un coltello speciale per togliere le gemme alle patate.

3 *(compl. di causa)* per: *She couldn't speak for laughing,* Non riusciva a parlare per il ridere — *We trembled for their safety,* Tremammo per la loro incolumità — *He was sent to prison for stealing,* Fu mandato in prigione per furto — *to suffer for one's sins,* soffrire per i propri peccati — *for my sake,* per amor mio — *for the sake of peace,* per amor della pace — *for fear of,* per paura di — *for want of,* per mancanza di.

4 *(compl. di qualità)* come: *They were sold for slaves,* Furono venduti come schiavi — *They chose him for*

their leader, Lo scelsero come capo — *for certain,* per certo; come cosa certa.
5 *(compl. di misura o estensione)* per: *We walked (for) three miles,* Camminammo per tre miglia — *The road is lined with trees for ten miles,* La strada è fiancheggiata da alberi per dieci miglia.
6 *(nella 'duration form')* da: *He has known her for two years,* La conosce da due anni — *I had been there for an hour,* Ero là da un'ora — *He had been studying for three hours, when Paul came in,* Studiava da tre ore, quando entrò Paolo.
7 *(nelle proposizioni infinitive o finali, seguito da* to *e l'inf.)* per; affinché: *It seemed useless for them to go on,* Sembrava inutile per loro andare avanti — *Their hope was for David to marry a wealthy girl,* La loro speranza era che David sposasse una ragazza ricca — *There's no need for anyone to know,* Non c'è nessun bisogno che qualcuno lo sappia — *We didn't wait for the others to join us,* Non aspettammo che gli altri ci raggiungessero — *I have brought the books for you to examine,* Ho portato i libri affinché tu li esamini.
8 *(nelle proposizioni concessive)* malgrado: *For all you say, I still like her,* Malgrado tutto quello che dici, lei continua a piacermi — *For all his wealth, he is unhappy,* Malgrado tutta la sua ricchezza, è infelice — *For all I know,* Per quanto io sappia — *for all that,* con tutto ciò.
□ *It's for you to decide,* Tocca a te decidere — *to be in for,* stare per; essere in procinto di; essere sul punto di — *They are in for it!,* Ora se la vedranno bella! — *For shame!,* Vergogna! — *but for...,* non fosse per... — *for ever (and ever),* per sempre; per l'eternità — *for the present,* per ora — *as for...,* quanto a...

[2]**for** [fɔː] *congiunz (mai usata all'inizio di frase)* perché; poiché; dato che: *I asked her to stay to tea, for I had something to tell her,* Le chiesi di fermarsi per il tè, perché avevo qualcosa da dirle.

forage ['fɔridʒ] *s.* foraggio. □ *forage cap, (mil.)* berretto di fatica.

to **forage** ['fɔridʒ] *vi* foraggiare; cercare foraggi, viveri, ecc.

forasmuch as [fərəz'mʌtʃæz] *congiunz (dir.)* giacché; considerato che.

foray ['fɔrei] *s.* scorreria; incursione: *to make (to go on) a foray,* fare una scorreria.

to **foray** ['fɔrei] *vi* fare una scorreria.

forbade [fə'beid] *pass di* **to forbid**.

forbear ['fɔːbɛə*] *s. (generalm. al pl.)* antenato.

to **forbear** [fɔː'bɛə*] *vt e i. (pass.* **forbore**; *p. pass.* **forborne**) **1** astenersi (da); evitare; fare a meno (di): *I forbear to go into details,* Evito di entrare nei dettagli — *I cannot forbear from going into details,* Non posso fare a meno d'entrare nei dettagli. **2** essere paziente; sopportare.

forbearance [fɔː'bɛərəns] *s.* pazienza; indulgenza; tolleranza; sopportazione: *to show forbearance towards sb,* mostrare indulgenza verso qcno — *to show forbearance in dealing with people,* essere paziente nei rapporti con la gente.

to **forbid** [fə'bid] *vt (p. pres.* **forbidding** ⇨; *pass.* **forbade** *o* **forbad**; *p. pass.* **forbidden**) **1** proibire; impedire; vietare; interdire: *to forbid a girl to marry,* proibire ad una ragazza di sposarsi — *to forbid a marriage,* impedire un matrimonio — *to forbid sb to leave,* proibire a qcno di andarsene (di partire) — *God forbid that...,* Dio non voglia che... — *Honesty forbids me to keep silent,* L'onestà mi proibisce di tacere. **2** vietare l'accesso (a).

forbidden [fə'bidn] *p. pass di* **to forbid**.

forbidding [fə'bidiŋ] *agg* **1** austero; severo; arcigno; minaccioso: *a forbidding look,* uno sguardo severo — *a forbidding appearance,* un aspetto austero. **2** *(di roccia, costa, ecc.)* inaccessibile; insormontabile; scoraggiante; di difficile accesso. □ *avv* **forbiddingly**.

forbore, forborne [fɔː'bɔː*/fɔː'bɔːn] *pass e p. pass di* **to forbear**.

[1]**force** [fɔːs] *s.* **1** forza; potenza; energia; vigore; intensità; validità: *the force of a blow,* la potenza di un colpo — *the force of an argument,* la forza di un'argomentazione — *force of character,* forza di carattere — *to be overcome by the force of her emotion,* venire sopraffatto dall'intensità delle sue emozioni — *force of will,* forza di volontà — *owing to the force of circumstances,* per causa di forza maggiore — *the forces of nature,* le forze della natura — *Christianity has been a force for good in the lives of many people,* Il Cristianesimo è stato una forza positiva nella vita di molte persone. **2** *(mil.)* forza; corpo organizzato; reparto: *the armed forces,* le forze armate — *to join the Forces,* intraprendere la carriera militare; arruolarsi — *a Forces newspaper,* un giornale per le forze armate — *the police force; (GB, spesso) the Force,* il corpo di polizia — *a small force of infantry,* un piccolo contingente di fanteria — *to join forces with,* unire le proprie forze a; unirsi a. **3** significato esatto; portata; valore: *to explain the force of a word,* spiegare il significato di una parola. **4** *(dir.)* autorità; costrizione; vigore: *to put a law into force,* far entrare in vigore una legge.

[2]**force** [fɔːs] *s. (dial. Inghilterra settentrionale)* cascata.

to **force** [fɔːs] *vt* **1** obbligare; costringere; forzare: *to force one's way through a crowd,* aprirsi un varco tra la folla — *to force an entry into a building,* entrare (penetrare) a forza in un edificio — *to force a confession from sb,* strappare una confessione a qcno — *to force sb into doing sth,* costringere qcno a fare qcsa — *They said that the war had been forced upon them,* Dissero che la guerra era stata loro imposta — *to force sb back, (spec. mil.)* respingere qcno — *to force up,* far salire *(prezzi, valori, ecc.)* — *forced landing,* atterraggio di fortuna — *forced march,* marcia forzata — *to force a person's hand,* forzare la mano a qcno; indurre qcno a fare qcsa controvoglia. **2** forzare *(piante, ecc.); (fig.)* far crescere o sviluppare in fretta *(usando particolari incentivi, ecc.): to force a pupil,* sforzare un allievo *(impartendogli lezioni supplementari).* **3** fare (qcsa) forzatamente: *a forced smile,* un sorriso forzato (affettato) — *The singer had to force her top notes,* La cantante doveva sforzare i suoi acuti — *Don't force yourself!, (iron.)* Non sforzarti (troppo)!

forceful ['fɔːsful] *agg* forte; vigoroso. □ *avv* **forcefully**.

forcefulness ['fɔːsfulnis] *s.* forza; vigore.

force(-)meat ['fɔːsmiːt] *s.* carne tritata da ripieno.

forceps ['fɔːseps] *s. (invariabile)* **1** forcipe. **2** pinza *(da dentista).*

forcible ['fɔːsəbl] *agg* **1** violento: *a forcible entry into a building,* un'irruzione violenta in un edificio. **2** convincente; energico: *a forcible speaker,* un oratore convincente — *a forcible style,* uno stile vigoroso. □ *avv* **forcibly**.

ford [fɔːd] *s.* guado.

to **ford** [fɔːd] *vt* guadare.

fordable ['fɔːdəbl] *agg* guadabile.

fore [fɔː*] *agg* anteriore: *in the fore part of the train,* nella parte anteriore del treno; in testa — *fore hatch,* portello di boccaporto anteriore.
□ *s. (solo sing.)* prua: *to come to the fore,* farsi

avanti; venire alla ribalta; mettersi in luce — *He has come to the fore recently,* Si è messo in luce recentemente.

□ *avv* a prua: *fore and aft,* da prua a poppa; nel senso della lunghezza di una nave *(ma spesso scherz. per indicare l'asse antero-posteriore di vari oggetti)* — *fore and aft sails,* vele di taglio.

□ *interiezione (golf)* Attenzione lì davanti!

forearm ['fɔ:rɑ:m] *s.* avambraccio.

to **forearm** [fɔ:r'ɑ:m] *vt (generalm. al passivo)* premunire; preparare *(per l'attacco, la difesa): Forewarned is forearmed* ⇨ **to forewarn.**

forebear ['fɔ:beə*] *s.* = **forbear.**

to **forebode** [fɔ:'boud] *vt* **1** preannunziare. **2** presagire; avere un presentimento *(generalm. di qcsa di brutto): to forebode a disaster,* avere il presentimento di una sciagura.

foreboding [fɔ:'boudiŋ] *s.* presentimento *(di una disgrazia).*

forecast ['fɔ:kɑ:st] *s.* pronostico; predizione; previsione.

to **forecast** [fɔ:'kɑ:st] *vt* (*pass. e p. pass.* **forecast** *o* **forecasted**) predire; pronosticare; prevedere.

forecastle, fo'c's'le ['fouksl] *s.* **1** castello di prua. **2** alloggio dell'equipaggio.

to **foreclose** [fɔ:'klouz] *vt e i.* precludere il riscatto *(d'una ipoteca).*

foreclosure [fɔ:'klouʒə*] *s.* preclusione del diritto di cancellazione *(d'una ipoteca).*

forecourt ['fɔ:kɔ:t] *s.* cortile anteriore *(d'un edificio).*

to **foredoom** [fɔ:'du:m] *vt (generalm. al passivo)* condannare in anticipo; predestinare: *an attempt foredoomed to failure,* un tentativo condannato in partenza all'insuccesso.

forefathers ['fɔ:,fɑ:ðəz] *s. pl* antenati; avi.

forefinger ['fɔ:,fiŋgə*] *s.* dito indice.

forefoot ['fɔ:fut] *s.* (*pl.* **forefeet**) piede o zampa anteriore.

forefront ['fɔ:frʌnt] *s. (al sing. con l'art. determinativo)* parte anteriore; (il) davanti: *to be in the forefront,* essere in prima linea; *(fig.)* essere all'avanguardia.

to **foregather** [fɔ:'gæðə*] *vi* = **to forgather.**

to **forego** [fɔ:'gou] *vt* **1** = **to forgo. 2** (*raro: pass.* **forewent;** *p. pass.* **foregone** ⇨) precedere.

foregoing [fɔ:'gouiŋ] *agg* precedente; summenzionato; suddetto.

□ *the foregoing,* ciò che precede.

foregone [fɔ:'gɔn] *agg* preconcetto; previsto; inevitabile; scontato: *foregone conclusion,* esito previsto; risultato scontato.

foreground ['fɔ:graund] *s.* **1** primo piano *(di immagine).* **2** (posizione di) primo piano: *to keep oneself in the foreground,* mantenersi in vista.

forehand ['fɔ:hænd] *agg (tennis)* colpo diritto.

forehead ['fɔrid] *s.* fronte.

foreign ['fɔrin] *agg* **1** straniero; estero: *foreign languages,* lingue straniere — *foreign trade,* commercio estero — *the Foreign Office, (GB)* il Ministero degli Affari Esteri — *the Foreign Secretary (Secretary of State for Foreign Affairs), (GB)* il ministro degli Esteri — *the foreign service, (USA)* la Diplomazia. **2** estraneo: *Lying is foreign to his nature,* La menzogna è estranea alla sua natura — *a foreign body,* un corpo estraneo.

foreigner ['fɔrinə*] *s.* straniero, straniera.

foreignness ['fɔrinnis] *s.* **1** l'essere straniero; estraneità. **2** stranezza.

to **foreknow** [fɔ:'nou] *vt* (*pass.* **foreknew;** *p. pass.* **foreknown**) sapere in anticipo; prevedere.

foreknowledge [fɔ:'nɔlidʒ] *s.* precognizione; conoscenza anteriore; prescienza.

foreland ['fɔ:lənd] *s.* **1** capo; promontorio. **2** zona costiera.

foreleg ['fɔ:leg] *s.* zampa anteriore.

forelock ['fɔ:lɔk] *s.* ricciolo *(di capelli sulla fronte).*

□ *to pull one's forelock,* levarsi il cappello (*letteralm.* tirarsi una ciocca di capelli) in segno di rispetto — *to take time by the forelock,* cogliere il momento opportuno.

foreman ['fɔ:mən] *s.* (*pl.* **foremen**) **1** caporeparto *(di operai);* caposquadra. **2** capo dei giurati.

foremast ['fɔ:mɑ:st] *s.* albero di trinchetto.

foremost ['fɔ:moust] *agg* primo; preminente: *the foremost painter of his period,* il più importante pittore del suo tempo.

□ *avv* in prima fila; in testa: *first and foremost,* in primo luogo; prima di tutto.

forename ['fɔ:neim] *s.* nome di battesimo.

forenoon ['fɔ:nu:n] *s.* mattina; mattinata.

forensic [fə'rensik] *agg* forense: *forensic skill,* abilità forense — *forensic medicine,* medicina legale.

to **foreordain** ['fɔ:rɔ:'dein] *vt* preordinare; predestinare.

forepart ['fɔ:pɑ:t] *s.* parte anteriore.

forerunner ['fɔ:,rʌnə*] *s.* **1** premonitore; antesignano: *swallows, the forerunners of spring,* le rondini, annunciatrici della primavera. **2** battistrada. **3** *(sci)* apripista.

foresail ['fɔ:seil] *s.* vela di trinchetto.

to **foresee** [fɔ:'si:] *vt* (*pass.* **foresaw;** *p. pass.* **foreseen**) prevedere; presentire: *to foresee trouble,* prevedere guai — *to foresee what will happen,* prevedere ciò che accadrà.

to **foreshadow** [fɔ:'ʃædou] *vt* adombrare; presagire.

foreshore ['fɔ:ʃɔ:*] *s.* lido; spiaggia.

to **foreshorten** [fɔ:'ʃɔ:tn] *vt* disegnare in prospettiva: *foreshortening, (pittura)* scorcio.

foresight ['fɔ:sait] *s.* **1** preveggenza. **2** previdenza; prudenza.

foreskin ['fɔ:skin] *s.* prepuzio.

forest ['fɔrist] *s.* **1** foresta; selva *(anche fig.): forest animals,* animali della foresta — *a forest of spears,* una selva di lance. **2** riserva di caccia.

to **forestall** [fɔ:'stɔ:l] *vt* prevenire: *to forestall a plot,* prevenire un complotto.

forester ['fɔristə*] *s.* **1** guardia forestale; guardiaboschi. **2** abitante dei boschi.

forestry ['fɔristri] *s.* silvicoltura.

foretaste ['fɔ:teist] *s.* pregustazione; assaggio *(fig.): This new tax is only a foretaste of the austerity to come,* Questa nuova imposta è solo un assaggio dell'imminente regime di austerità.

to **foretell** [fɔ:'tel] *vt* (*pass. e p. pass.* **foretold**) predire; presagire: *to foretell sb's future,* predire il futuro di qcno.

forethought ['fɔ:θɔ:t] *s.* previdenza.

foretold [fɔ:'tould] *pass e p. pass di* **to foretell.**

forever [fə'revə*] *avv* sempre; per sempre.

to **forewarn** [fɔ:'wɔ:n] *vt* preavvisare: *Forewarned is forearmed, (prov.)* Uomo avvisato è mezzo salvato.

forewoman ['fɔ:,wumən] *s.* (*pl.* **forewomen**) **1** prima lavorante; capo operaia; maestra; direttrice *(di lavoro).* **2** *(dir.)* presidentessa di una giuria femminile.

foreword ['fɔ:wə:d] *s.* prefazione *(di libro).*

forfeit ['fɔ:fit] *s.* **1** fio; pena: *His health was the forfeit he paid for overworking,* Pagò con la salute il troppo lavoro. **2** multa; ammenda; penalità. **3** *(giochi)* pegno; posta; *(al pl.)* gioco di società con pegni.

to **forfeit** ['fɔ:fit] *vt* **1** perdere; essere privato di: *to forfeit the good opinion of one's friends,* perdere la stima dei propri amici — *to forfeit one's health,* perdere (giocarsi) la salute. **2** *(dir.)* perdere i propri diritti per violazione di norma, confisca, inosservanza della legge.

forfeiture ['fɔ:fitʃə*] *s.* **1** confisca; perdita. **2** multa; penalità.

to **forgather** [fɔ:'gæðə*] *vi* adunarsi; riunirsi; incontrarsi.

forgave [fə'geiv] *pass di* **to forgive.**

forge [fɔ:dʒ] *s.* **1** fucina. **2** fornace.

to **forge** [fɔ:dʒ] *vt* **1** fucinare; forgiare. **2** contraffare; falsare; falsificare *(firma, documenti, danaro, ecc.).*

forger ['fɔ:dʒə*] *s.* contraffattore; falsario.

forgery ['fɔ:dʒəri] *s.* **1** contraffazione; falsificazione *(di documento, ecc.).* **2** documento (firma, ecc.) falso.

to **forget** [fə'get] *vt e i.* (*pass.* **forgot**; *p. pass.* **forgotten**) **1** dimenticare, dimenticarsi; scordare, scordarsi; non ricordare: *I've forgotten her name,* Ho dimenticato il suo nome — *I shall never forget your kindness to me,* Non dimenticherò mai la tua gentilezza verso di me — *Did you forget (that) I was coming too?,* Ti sei dimenticato che sarei venuto anch'io? — *I have forgotten how to do it,* Ho scordato come si fa — *I forgot about it,* Me ne sono scordato — *I shall never forget hearing him in the part of Boris Godunov,* Non dimenticherò mai la sua interpretazione di Boris Godunoff. **2** dimenticarsi; trascurare: *Don't forget to post the letters,* Non trascurare di imbucare le lettere — *He has forgotten to pay me,* Si è dimenticato di pagarmi. **3** non pensare più; smetterla; finirla: *Let's forget our quarrels,* Smettiamola di bisticciare — *Let's forget it!; Forget it!,* Lasciamo perdere; Non parliamone più! **4 to forget oneself,** *v. rifl* - **a)** comportarsi male, indecorosamente - **b)** pensare solo agli altri; essere altruista.

forgetful [fə'getful] *agg* smemorato; di poca memoria; noncurante; negligente; *(poet.)* che dà l'oblio: *He's very forgetful of things,* Dimentica facilmente le cose; È molto distratto — *Old people are sometimes forgetful,* Le persone anziane sono talvolta smemorate. □ *avv* **forgetfully.**

forgetfulness [fə'getfulnis] *s.* dimenticanza; oblio; negligenza; labilità di memoria.

forget-me-not [fə'getminɔt] *s.* miosotide; non-ti-scordar-di-me.

forging ['fɔ:dʒiŋ] *s.* fucinatura; forgiatura.

to **forgive** [fə'giv] *vt e i.* (*pass.* **forgave**; *p. pass.* **forgiven**) **1** perdonare: *Forgive me for being rude (Forgive my rudeness),* Perdonami di essere stato sgarbato — *Am I forgiven?,* Sono perdonato?; Mi hai perdonato? — *Your sins will be forgiven you,* I vostri peccati vi saranno perdonati — *Forgive and forget,* Mettiamoci una pietra sopra; *(letteralm.)* Perdona e dimentica. **2** *(di debiti, ecc.)* rimettere; condonare.

forgiveness [fə'givnis] *s.* perdono; indulgenza; clemenza: *to ask for forgiveness,* chiedere perdono — *to be full of forgiveness,* essere misericordioso (clemente).

forgiving [fə'giviŋ] *agg* clemente; indulgente; remissivo. □ *avv* **forgivingly.**

to **forgo** [fɔ:'gou] *vt* (*pass.* **forwent**; *p. pass.* **forgone**) rinunciare; fare a meno: *to forgo pleasures in order to study hard,* rinunciare ai divertimenti per studiar sodo.

forgone [fɔ:'gɔn] *p. pass di* **to forgo.**

forgot, forgotten [fə'gɔt/fə'gɔtn] *pass e p. pass di* **to forget.**

fork [fɔ:k] *s.* **1** forchetta: *a fork luncheon (dinner),* un pranzo informale 'alla forchetta'. **2** forca; tridente; forcone. **3** forcella. **4** biforcazione; bivio. □ *fork lift truck,* carrello elevatore — *tuning fork,* diapason.

to **fork** [fɔ:k] *vt e i.* **1** smuovere, trasportare su forca, tridente; inforcare: *to fork hay,* smuovere il fieno con la forca — *to fork in manure,* interrare il concime con la forca — *to fork the ground over,* smuovere il terreno col tridente. **2** *(di strada, fiume, ecc.)* biforcarsi; *(di persona)* svoltare *(a destra o sinistra): Fork right at the church,* Svolti a destra della chiesa. **3 to fork out,** *(fam.)* sborsare: *I've got to fork out a lot of money in taxes this year,* Quest'anno devo sborsare un bel po' di danaro per le tasse.

forked [fɔ:kt] *agg* che si biforca; biforcuto: *a forked road,* una strada che si biforca — *a bird with a forked tail,* un uccello dalla coda biforcuta — *forked lightning,* una saetta biforcuta.

forlorn [fə'lɔ:n] *agg* **1** infelice; misero; disperato: *a forlorn hope,* una vana speranza; un'impresa disperata. **2** abbandonato; derelitto. □ *avv* **forlornly.**

forlornness [fə'lɔ:nis] *s.* condizioni miserabili, disperate; stato di abbandono.

form [fɔ:m] *s.* **1** forma *(vari sensi);* immagine; apparenza; aspetto; figura; sagoma; struttura; sistema; tipo; stile; foggia: *to be without either shape or form,* essere senza struttura o forma — *to take form,* prendere, assumere forma — *A dark form could be seen in the distance,* Si poteva intravvedere in lontananza una sagoma scura — *Proteus was a sea-god who could appear in the form of any creature he wished,* Proteo era un dio del mare che poteva assumere, a piacere, la forma di qualsiasi essere vivente — *a piece (of music) in sonata form,* un brano (di musica) in forma di sonata — *to have a sense of form in painting,* avere nel dipingere il senso della forma *(della struttura, del disegno, in contrasto col colore)* — *literary form,* forma letteraria — *forms of government,* forme (modi) di governo — *forms of animal and vegetable life,* forme, manifestazioni di vita animale e vegetale — *The word 'brother' has two plural forms, 'brothers' and 'brethren',* La parola 'brother' ha due forme plurali, 'brothers' e 'brethren' — *to be different in form but identical in meaning,* essere di forma differente ma di significato uguale — *The past tense form of 'to run' is 'ran',* La forma del passato di 'to run' è 'ran'.

2 forma; formula; etichetta; convenzione; consuetudine; modo di fare; ciò che si fa *(per convenzione);* cerimonia; cerimoniale: *to do sth for form's sake,* fare qcsa per riguardo all'etichetta — *You know the form, I take it,* Lei saprà come ci si comporta, suppongo — *good form,* galateo; buona creanza; buona educazione; ciò che sta bene — *That's bad form!,* Non sta bene! — *common form,* formalità; modo usuale *(di fare)* — *the ancient forms observed at the coronation of a sovereign,* l'antico cerimoniale che si usa per l'incoronazione di un sovrano — *a form of prayer used at sea,* una formula di preghiera che si usa in mare — *forms of worship,* formule liturgiche.

3 modulo; scheda: *telegraph forms,* moduli per telegrammi — *a form letter,* una (lettera) circolare — *an application form,* un modulo di domanda *(p.es. di impiego).*

4 forma; condizioni; salute; (buon) allenamento; vena: *If a horse is not in good form it is unlikely to win a race,* Se un cavallo non è in buona forma è impro-

babile che vinca una corsa — *in form,* in vena; in forma; in buone condizioni fisiche — *On form the Aga Khan's horse is likely to win the race,* Se è in forma è probabile che il cavallo dell'Aga Khan vinca la corsa — *Smith is out of form (has lost his form),* Smith è giù di forma (ha perso l'allenamento) — *Jack was in great form (was on the top of his form) last night,* Jack era in gran forma ieri sera.
5 lunga panca di legno *(senza spalliera).*
6 classe *(nelle grammar schools e public schools inglesi): The youngest boys are in the first form, the oldest in the sixth,* I più giovani sono in prima, i più grandi in sesta.
7 covo; tana *(spec. di lepre).*

to **form** [fɔ:m] *vt* **1** formare; dare forma; formulare; sviluppare: *to form sentences,* formare (formulare, costruire) frasi — *to form one's style on good models,* formare il proprio stile su buoni modelli — *to form good habits,* sviluppare buone abitudini — *to form a child's character (mind),* formare (costruire) il carattere (l'intelligenza) di un fanciullo.
2 costituire; costruire; organizzare; *(spec. mil.)* disporre; ordinare: *to form a class for beginners in French,* costituire (formare, organizzare) una classe di francese per principianti — *to form a Ministry,* costituire un governo — *They formed themselves into a committee,* Si costituirono in comitato — *to form a regiment into columns,* disporre un reggimento in colonne — *to form into line,* disporre (truppe) in riga.
□ *vi* **1** formarsi; prendere forma; costituirsi: *The idea formed in his mind,* L'idea si formò (prese forma) nella sua mente — *The words would not form on her lips,* Non riusciva a spiccicare parola — *Ice forms at the temperature of 32°F or 0°C,* Il ghiaccio si forma alla temperatura di 32° Fahrenheit o di 0° centigradi. **2** *(spec. mil.)* disporsi; mettersi: *to form (into) fours, (mil.)* disporsi, mettersi per quattro.
3 essere; costituire: *What forms the basis of this compound?,* Qual è la base (la sostanza principale) di questo composto? — *This series of lectures forms part of a complete course on French history,* Questa serie di lezioni è parte di un corso completo di storia della Francia.

formal ['fɔ:məl] *agg* **1** formale; freddo; cerimonioso; da cerimonia; convenzionale; ufficiale: *formal dress,* abito da cerimonia — *to make a formal bow to sb,* fare un inchino cerimonioso a qcno — *a formal receipt,* un ricevuta ufficiale — *to make a formal call on the Swiss Ambassador,* fare una visita protocollare all'ambasciatore elvetico. **2** regolare; geometrico; simmetrico: *formal gardens,* giardini geometrici. **3** formale; apparente; esteriore: *a formal resemblance between two things,* una somiglianza apparente fra due cose. □ *avv* **formally.**

formalism ['fɔ:məlizəm] *s.* formalismo.

formality [fɔ:'mæliti] *s.* **1** formalità: *a mere formality,* una pura formalità — *to comply with all the necessary formalities,* osservare tutte le formalità del caso. **2** convenzionalismo; etichetta; cerimoniosità: *There was too much formality in the Duke's household,* C'era troppa etichetta in casa del duca.

format ['fɔ:mæt] *s.* formato *(di libro): to reissue a book in a new format,* ristampare un libro in un nuovo formato.

formation [fɔ:'meiʃən] *s.* formazione *(in vari sensi): the formation of character,* la formazione del carattere — *Clouds are formations of condensed water vapour,* Le nuvole sono formazioni di vapore acqueo condensato — *troops in battle formation,* truppe in formazione di battaglia — *military aircraft flying in formation,* aerei militari in formazione di volo — *formation flying,* volo in formazione.

formative ['fɔ:mətiv] *agg* formativo: *the formative years of a child's life,* gli anni formativi della vita d'un bambino.

-former ['fɔ:mə*] *s. (GB)* allievo *(di una scuola secondaria): (nei composti) third (sixth)-former,* allievo di terza (sesta) (⇨ **form 6**).

former ['fɔ:mə*] *agg* **1** precedente; passato; antico: *in former times,* nei tempi passati, andati — *my former students,* i miei antichi studenti — *She looks more like her former self,* È tornata quella di prima; È di nuovo lei *(p.es. dopo una malattia).* **2** primo (di due): *I prefer the former alternative to the latter,* Preferisco la prima alternativa alla seconda.
□ *pron* il primo, la prima *(di due): Of these alternatives I prefer the former,* Di queste alternative preferisco la prima — *the former... the latter...,* il primo... il secondo...
□ *avv* **formerly,** precedentemente; un tempo; in passato; tempo addietro.

formic ['fɔ:mik] *agg* formico.

formidable ['fɔ:midəbl] *agg* **1** spaventoso; terribile; formidabile: *a man with a formidable appearance,* un uomo dall'aspetto terribile. **2** arduo; duro *(da superare).* □ *avv* **formidably.**

formless ['fɔ:mlis] *agg* informe.

formula ['fɔ:mjulə] *s. (pl.* **formulas**; *ma spesso* **formulae** *nel linguaggio scientifico)* **1** formula *(in ogni senso).* **2** ricetta medica: *a formula for a cough mixture,* una ricetta per uno sciroppo contro la tosse. **3** *(USA)* pappa per bambini.

to **formulate** ['fɔ:mjuleit] *vt* formulare: *to formulate one's thoughts,* formulare i propri pensieri.

formulation [,fɔ:mju'leiʃən] *s.* formulazione; esposizione; descrizione esatta.

to **fornicate** ['fɔ:nikeit] *vi* fornicare.

fornication [,fɔ:ni'keiʃən] *s.* fornicazione.

forrader ['fɔrədə*] *avv (fam., abbr. di* **forwarder,** *comp. di* **orward**; *fig.)* più avanti: *He can't get any forrader,* Non può migliorare (far progressi).

to **forsake** [fə'seik] *vt (pass.* **forsook**; *p. pass.* **forsaken**) abbandonare: *to forsake one's wife and children,* abbandonare moglie e figli — *to forsake bad habits,* abbandonare le cattive abitudini.

forsooth [fə'su:θ] *avv (ant. e scherz.)* invero; senza dubbio.

to **forswear** [fɔ:'swɛə*] *vt (pass.* **forswore**; *p. pass.* **forsworn**) **1** rinunciare; abiurare: *to forswear bad habits,* rinunciare alle cattive abitudini. **2** *to forswear oneself, v. rifl* spergiurare.

forsythia [fɔ:'saiθiə] *s.* forsizia.

fort [fɔ:t] *s.* forte; fortezza; fortino.

forte ['fɔ:tei/*(USA)* fɔ:t] *s.* forte *(attitudine, abilità spiccata): Singing is not my forte,* Cantare non è il mio forte.

forth [fɔ:θ] *avv* **1** fuori. **2** (in) avanti; innanzi: *from this day forth,* d'ora in avanti; d'ora in poi — *... and so forth,* ... e così via — *back and forth,* avanti e indietro.

forthcoming [fɔ:θ'kʌmiŋ] *agg* **1** prossimo; imminente; che sta per uscire: *a list of forthcoming books,* un elenco di libri che stanno per uscire (di prossima pubblicazione). **2** pronto; disponibile: *The money we hoped for was not forthcoming,* Il danaro su cui contavamo non era disponibile. **3** *(fam.)* servizievole; premuroso.

forthright [fɔ:θ'rait] *agg* **1** esplicito; schietto. **2** diritto; diretto. □ *avv* **forthrightly.**

forthwith ['fɔ:θ'wiθ] *avv* immediatamente; subito; all'istante.

fortieth ['fɔ:tiiθ] *agg e s.* quarantesimo.

fortification [,fɔ:tifi'keiʃən] *s.* **1** fortificazione. **2** aumento della gradazione alcoolica.

to **fortify** ['fɔ:tifai] *vt* **1** fortificare: *to fortify a town against the enemy,* fortificare una città contro il nemico — *a fortified city,* una città fortificata. **2** rinvigorire; rendere forte; rafforzare: *fortified with the rites of the Church,* reso forte dai sacramenti della Chiesa — *to fortify oneself,* fortificarsi; rafforzarsi; premunirsi — *to fortify oneself against the cold,* premunirsi contro il freddo. **3** aumentare la gradazione *(di certi vini);* irrobustire: *fortified wines,* sherry, porto, madera, ecc. **4** arricchire *(alimenti).*

fortitude ['fɔ:titju:d] *s.* forza d'animo.

fortnight ['fɔ:tnait] *s.* due settimane; (una) quindicina di giorni: *a fortnight's holiday,* una vacanza di due settimane — *to go away for a fortnight,* andar via per una quindicina di giorni — *a fortnight today,* oggi a quindici — *a fortnight ago yesterday,* quindici giorni ieri.

fortnightly ['fɔ:tnaitli] *agg e s.* quindicinale. □ *avv* quindicinalmente; ogni due settimane.

fortress ['fɔ:tris] *s.* fortezza; città fortificata.

fortuitous [fɔ:'tju(:)itəs] *agg* fortuito; accidentale; casuale: *a fortuitous meeting,* un incontro accidentale. □ *avv* **fortuitously.**

fortunate ['fɔ:tʃənit] *agg* fortunato; felice; favorevole; propizio: *to be fortunate in life,* essere fortunato nella vita — *You were fortunate to escape being injured,* Sei stato fortunato a cavartela senza una ferita — *You were fortunate in your choice,* Sei stato felice nella tua scelta. □ *avv* **fortunately.**

fortune ['fɔ:tʃən] *s.* **1** fortuna; ventura; caso; (cattiva o buona) sorte: *to have fortune on one's side,* avere la fortuna dalla propria parte — *the fortune(s) of war,* le vicende della guerra — *to try one's fortune,* tentare la sorte; rischiare — *by good fortune,* per buona fortuna — *to tell sb's fortune,* predire la fortuna (il futuro) di qcno — *fortune-teller,* indovino. **2** prosperità; successo; grossa somma di denaro; patrimonio; capitale: *to spend a small fortune on clothes,* spendere quasi un patrimonio (un bel po' di denaro) in vestiti — *to come into a fortune,* ereditare una forte somma, un patrimonio — *to be worth a fortune,* *(di persone)* essere ricchissimo; *(di cose)* valere moltissimo — *fortune-hunter,* uno che va a caccia di una moglie ricca; avventuriero; 'cavaliere d'industria'.

forty ['fɔ:ti] *agg e s.* quaranta: *a man of forty,* un uomo di quarant'anni — *under (over) forty,* sotto (oltre) i quaranta — *the forties,* gli anni tra i 40 e i 50 *(della vita d'una persona);* gli anni Quaranta *(d'un secolo)* — *the roaring Forties,* zone tempestose degli oceani intorno al 40° di latitudine — *forty winks,* *(fam.)* sonnellino; pisolino; siesta.

forty-niner ['fɔ:ti'nainə*] *s. (USA)* cercatore che partecipò alla corsa dell'oro nel 1849.

forum ['fɔ:rəm] *s.* foro; tribunale; luogo per le pubbliche discussioni: *the forum of conscience, (fig.)* il tribunale della coscienza.

[1]**forward** ['fɔ:wəd] *agg* **1** avanzato; anteriore (in avanti): *a forward movement,* un movimento in avanti — *the forward ranks of a column of troops,* le prime file di una colonna di truppe. **2** *(di piante, messi, bambini, ecc.)* precoce; avanzato; primaticcio: *a forward spring,* una primavera precoce. **3** pronto; premuroso; sollecito; impaziente: *forward to help others,* desideroso di aiutare gli altri. **4** insolente; sfacciato; presuntuoso: *a forward young girl,* una ragazzina un po' sfacciata. **5** progressista; d'avanguardia; *(di pensiero)* ardito: *forward opinions,* opinioni avanzate, azzardate. **6** *(comm.)* futuro; a termine; a tempo: *forward prices,* prezzi futuri *(per merci che saranno consegnate in seguito)* — *a forward contract,* un contratto a termine — *carriage forward,* porto assegnato; spese a carico del destinatario.

[3]**forward** ['fɔ:wəd] *s. (sport)* attaccante; 'avanti'.

to **forward** ['fɔ:wəd] *vt* **1** aiutare; favorire; promuovere: *to forward sb's plans,* favorire i progetti di qcno. **2** spedire; inviare: *to forward goods to sb,* spedire della merce a qcno — *We have today forwarded you our new catalogue,* Vi abbiamo inviato oggi il nostro nuovo catalogo — *forwarding agent,* spedizioniere; casa di spedizioni. **3** inoltrare; far proseguire: *Please forward my letters,* Siate così gentile da inoltrare la mia posta.

forwardness ['fɔ:wədnis] *s.* **1** anticipo; precocità; progresso *(di lavoro);* arditezza *(di idee).* **2** premura; prontezza. **3** impudenza; sfacciataggine; insolenza.

[2]**forward(s)** ['fɔ:wəd(z)] *avv* **1** avanti; in avanti: *to rush forward,* precipitarsi in avanti — *to go forward,* andare avanti; proseguire; progredire — *backward(s) and forward(s),* avanti e indietro. **2** in futuro: *from this time forward,* d'ora in avanti — *to look forward,* guardare avanti; pensare al futuro. **3** in avanti; in risalto; all'attenzione: *to bring forward new evidence,* esibire nuove testimonianze — *to come forward,* farsi avanti; imporsi all'attenzione; offrirsi; prestarsi. □ *I am looking forward to meeting you,* Non vedo l'ora di incontrarti — *Looking forward to hearing from you,* In attesa d'una Vostra (Sua, tua) risposta — *forward-looking,* lungimirante.

forwent [fɔ:'went] *pass di* **to forgo.**

fosse [fɔs] *s.* fossa; fossato; trincea.

fossil ['fɔsil] *s.* fossile *(anche fig.)*: *to hunt for fossils,* andare in cerca di fossili — *fossil shells,* conchiglie fossili — *Professor B is nothing but an old fossil,* Il professor B non è altro che un vecchio fossile.

fossilization [,fɔsilai'zeiʃən] *s.* fossilizzazione *(anche fig.).*

to **fossilize** ['fɔsilaiz] *vt e i.* fossilizzare, fossilizzarsi *(anche fig.).*

foster(-) ['fɔstə*] *agg (usato spesso come prefisso)* di latte *(anche di animali): foster parent,* chi fa le veci del genitore; tutore.

to **foster** ['fɔstə*] *vt* **1** allevare; curare; *(per estensione)* incoraggiare; stimolare: *to foster a child,* allevare un bambino — *to foster the sick,* curare gli ammalati — *to foster musical ability,* sviluppare le doti musicali — *to foster overseas trade,* stimolare (favorire) il commercio con l'estero. **2** nutrire *(nella mente): to foster evil thoughts (a desire for revenge),* nutrire cattivi pensieri (un desiderio di vendetta).

fought [fɔ:t] *pass e p. pass di* **to fight.**

foul [faul] *agg* **1** disgustoso; immondo; fetido; puzzolente; sporco; schifoso: *medicine with a foul taste,* medicina dal sapore disgustoso — *a foul prison cell,* un'immonda cella di prigione — *foul air,* aria viziata — *foul-smelling drains,* fogne puzzolenti, fetide — *a foul dinner,* un pranzo schifoso. **2** malvagio; turpe; osceno: *foul spoken; foul mouthed,* sboccato; osceno — *a foul deed,* un'azione malvagia — *by fair means* *or foul,* in modo lecito od illecito; con ogni mezzo — *the Foul Fiend,* il Maligno; il demonio. **3** sleale; disonesto; scorretto: *foul play,* - **a)** *(sport)* gioco sleale, scorretto - **b)** *(dir.)* dolo; delitto; reato — *Is foul play suspected?,* Si sospetta un delitto? **4** impigliato; intricato: *a foul rope,* una corda impigliata. □ *to fall foul of, (di nave)* entrare in collisione con; *(fig.)* impelagarsi in; litigare con: *to fall foul of the law,* impegolarsi nella legge. □ *avv* **foully.**

II *s.* **1** azione sleale, scorretta. **2** *(sport)* fallo. □ *through fair and foul,* nella buona e nella cattiva sorte.

to **foul** [faul] *vt e i.* **1** sporcare; imbrattare; insudiciare; contaminare: *Factory chimneys foul the air with smoke,* Le ciminiere delle fabbriche sporcano l'aria di fumo. **2** otturare; ostruire; incrostare: *to foul a drain,* otturare uno scarico. **3** sporcarsi; imbrattarsi; insudiciarsi: *to foul one's name,* sporcare il proprio nome. **4** entrare in collisione; investire; urtarsi. **5** impigliare, impigliarsi; incastrare, incastrarsi: *The rope fouled the anchor,* La corda si impigliò nell'ancora. **6** *(sport)* commettere un fallo.

foulness ['faulnis] *s.* **1** fetore; immondezza; sozzura; sporcizia. **2** oscenità; sconcezza. **3** disonestà; slealtà; malvagità.

found [faund] *pass e p. pass di* **to find.**

to **found** [faund] *vt* **1** fondare; iniziare la costruzione; istituire: *to found a colony,* fondare una colonia. **2** basare; fondare: *a novel founded on fact,* un romanzo basato sulla realtà — *arguments founded on facts,* argomentazioni basate sui fatti.

foundation [faun'deiʃən] *s.* **1** fondazione; istituzione; creazione. **2** istituto; fondazione: *to be on the foundation,* essere sovvenzionato con i fondi di un lascito — *foundation scholar, (GB)* borsista *(in certe scuole, ecc.).* **3** *(spesso al pl.)* fondamenta; basamento; sottofondo *(di strada): the foundations of a block of flats,* le fondamenta d'un caseggiato — *foundation stone,* prima pietra. **4** base: *the foundations of religious beliefs,* le basi delle credenze religiose — *to lay the foundation(s) of one's career,* gettare le basi della propria carriera — *a story that has no foundation in fact (is without foundation),* una storia che non ha nessun riscontro nella realtà (priva di fondamento). □ *foundation garment,* modellatore; busto; guaina — *foundation cream,* crema base.

founder ['faundə*] *s.* fondatore; promotore *(di scuola, ospedale, ecc.).*

to **founder** ['faundə*] *vi* **1** *(di nave)* affondare; andare a picco *(anche di azienda, ecc.).* **2** *(di cavallo)* crollare; stramazzare *(per la fatica);* inciampare *(nel fango).*
□ *vt* **1** affondare; mandare a picco. **2** stremare; spossare *(un cavallo).*

foundling ['faundliŋ] *s.* trovatello, trovatella: *foundling hospital,* brefotrofio.

foundress ['faundris] *s.* fondatrice.

foundry ['faundri] *s.* fonderia: *a type foundry,* una fonderia di caratteri tipografici.

[1]**fount** [faunt] *s. (poet.)* fonte.

[2]**fount, font** [faunt/fɔnt] *s. (tipografia)* serie di caratteri dello stesso corpo e stile: *wrong fount,* refuso.

fountain ['fauntin] *s.* **1** fontana: *drinking fountain,* fontanella pubblica *(d'acqua potabile)* — *fountain pen,* penna stilografica — *fountain head,* sorgente. **2** *(fig.)* fonte; sorgente; origine.

[1]**four** [fɔ:*] *s.* **1** quattro. **2** *(cricket)* colpo che manda la palla oltre il perimetro del campo. **3** *a four,* imbarcazione con quattro vogatori.

[2]**four** [fɔ:*] *agg* quattro: *It's four o'clock,* Sono le quattro — *to scatter sth to the four winds,* spargere qcsa ai quattro venti — *a child of four,* un bambino di quattro anni — *to go on all fours,* camminare a quattro zampe, carponi — *the four corners of the earth,* gli angoli più remoti della terra.
□ *four-footed,* quadrupede — *four-in-hand,* tiro a quattro — *four-flusher, (USA)* truffatore — *four-letter words,* parolacce di quattro lettere *(e per estensione le parole volgari in genere, spec. quelle che si riferiscono all'atto sessuale)* — *four-ply, (di filati di lana, ecc.)* a quattro capi — *a four-poster,* un letto a baldacchino — *a four-seater,* una vettura a quattro posti — *four-stroke engine,* motore a quattro tempi — *four-way,* a quattro vie — *four-wheeler,* carrozza a quattro ruote — *Form fours!, (mil.)* Per quattro!

fourfold ['fɔ:fould] *agg* quadruplo; quadruplice.
□ *avv* per quattro volte; quattro volte tanto (tanti).

fourpence ['fɔ:pəns] *s.* (il valore, la somma di) quattro 'penny': *Pears: fourpence a pound,* Pere: quattro 'pence' la libbra.

fourpenny ['fɔ:pəni] *agg* che costa quattro 'penny'; da quattro 'penny': *a fourpenny stamp,* un francobollo da quattro 'penny' — *a fourpenny one, (fam.)* una sberla.

fourscore ['fɔ:skɔ:*] *agg* ottanta. □ *s.* ottantina *(spec. di anni).*

foursome ['fɔ:səm] *s.* **1** gruppo di quattro persone; quartetto. **2** partita *(spec. di golf)* giocata da due coppie.

foursquare ['fɔ:skwɛə*] *agg* quadrato; *(fig.)* tetragono; tenace.

fourteen ['fɔ:'ti:n] *s. e agg* quattordici.

fourteenth ['fɔ:'ti:nθ] *s. e agg* quattordicesimo: *on the fourteenth of April,* il quattordici aprile.

fourth [fɔ:θ] *s. e agg* quarto: *a fourth,* un quarto; la quarta parte — *(gioco delle carte) to make a fourth,* fare il quarto.

fourthly ['fɔ:θli] *avv* in quarto luogo.

fowl [faul] *s.* **1** *(raro)* volatile *(in genere): the fowls of the air,* gli uccelli dell'aria — *wild fowl,* uccelli selvatici — *water fowl,* uccelli acquatici. **2** pollo; gallo; gallina; carne di pollo: *to keep fowls,* allevare polli — *a fowl run, (GB)* un pollaio — *roast fowl for dinner,* pollo arrosto per pranzo.

to **fowl** [faul] *vi* andare a caccia di uccelli; uccellare: *fowling-piece,* fucile da caccia.

fowler ['faulə*] *s.* uccellatore.

fowling ['fauliŋ] *s.* uccellagione.

fox [fɔks] *s.* *(f.* **vixen)** **1** volpe *(anche fig.): fox-brush,* coda di volpe — *fox-cub,* volpacchiotto — *fox-terrier,* tipo di cagnolino a pelo corto — *white fox,* volpe polare; volpe bianca; volpe azzurra; volpe argentata. **2** *(naut.)* treccia catramata.

to **fox** [fɔks] *vt e i.* **1** agire subdolamente. **2** ingannare. **3** mettere in sospetto: *This letter foxes me,* Questa lettera mi dà a pensare.

foxed [fɔkst] *agg (delle pagine di un libro vecchio)* scolorito; sbiadito.

foxglove ['fɔksglʌv] *s.* digitale.

foxhole ['fɔkshoul] *s. (mil.)* buca; ricovero.

foxhound ['fɔkshaund] *s.* cane per la caccia alla volpe.

foxhunter ['fɔkshʌntə*] *s.* chi partecipa alla caccia alla volpe.

foxhunt(ing) ['fɔkshʌnt(iŋ)] *s.* caccia alla volpe.

foxtrot ['fɔkstrɔt] *s.* fox-trot.

foxy ['fɔksi] *agg* **1** volpino; astuto. **2** rossastro. **3** = **foxed. 4** *(di vino)* acido.

foyer ['fɔiei] *s. (fr.)* **1** ridotto; foyer. **2** atrio.

fracas ['frækɑ:] *s.* (*fr.: pl.* **fracas**, *USA* **fracases**) fracasso.

fraction ['frækʃən] *s.* frazione; porzione; parte; pezzetto.

fractional ['frækʃənl] *agg* **1** frazionario. **2** infinitesimale; minimo. □ *avv* **fractionally.**

fractious ['frækʃəs] *agg* permaloso; irritabile *(spec. di persona anziana o di bambino)*; stizzoso.

fractiousness ['frækʃəsnis] *s.* permalosità; stizza; irritabilità.

fracture ['fræktʃə*] *s.* frattura *(spec. di ossa)*: *a simple fracture,* una frattura semplice — *a compound fracture,* una frattura esposta.

to **fracture** ['fræktʃə*] *vt e i.* fratturare, fratturarsi; rompere, rompersi: *to fracture one's leg,* rompersi una gamba — *bones that fracture easily,* ossa che si spezzano facilmente.

fragile ['frædʒail] *agg* fragile; delicato: *fragile china,* porcellana fragile — *fragile health,* salute delicata.

fragility [frə'dʒiliti] *s.* fragilità; debolezza; delicatezza.

fragment ['frægmənt] *s.* frammento; coccio: *to try to put the fragments of a broken vase together,* cercare di mettere insieme i cocci d'un vaso rotto — *to overhear fragments of conversation,* captare frammenti d'una conversazione.

fragmentary ['frægməntəri] *agg* frammentario. □ *avv* **fragmentarily.**

fragmentation [,frægmen'teiʃən] *s.* rottura in frammenti: *fragmentation bomb,* bomba anti-uomo.

fragrance ['freigrəns] *s.* fragranza.

fragrant ['freigrənt] *agg* **1** fragrante; profumato. **2** *(fig.)* caro; piacevole; gradito: *fragrant memories,* ricordi cari, piacevoli. □ *avv* **fragrantly.**

frail [freil] *agg* fragile; debole; gracile: *a frail child,* un bambino delicato *(di salute)* — *a frail woman,* una donna debole *(anche moralmente)*.

frailty ['freilti] *s.* fragilità; debolezza; delicatezza: *the frailty of human life,* la fragilità della vita umana — *He loved her in spite of her little frailties,* L'amava malgrado le sue piccole debolezze.

frame [freim] *s.* **1** intelaiatura; impalcatura; armatura; telaio; castello; carcassa: *the frame of an aircraft,* il telaio di un aereo — *the frame of a ship,* l'ossatura di una nave. **2** cornice *(anche fig.)*. **3** montatura *(d'occhiali)*; telaio *(di finestra, porta)*. **4** struttura (fisica); ossatura; corpo; scheletro: *a girl of slender frame,* una ragazza di struttura esile — *Sobs shook her frame,* Singhiozzi le scuotevano il corpo. **5** cassetta a telaio con coperchio di vetro *(per piante)*. **6** *frame of mind,* stato, disposizione d'animo: *in a cheerful frame of mind,* in uno stato d'animo allegro; di buon umore. **7** *(di solito* framework*)* composizione; struttura: *the frame of society,* la struttura della società. **8** fotogramma; quadro dell'immagine televisiva.

to **frame** [freim] *vt* **1** formare; costituire; concepire; ideare; costruire: *to frame a plan,* ideare un progetto — *to frame a theory,* concepire una teoria — *a house framed to resist hurricanes,* una casa costruita per resistere agli uragani. **2** incorniciare; inquadrare *(anche fig.)*: *to frame a photograph,* incorniciare una fotografia — *to have a painting framed,* fare incorniciare un quadro — *a landscape framed in an archway,* un paesaggio inquadrato in un arco. **3** *(sl.)* tramare; macchinare; montare un'accusa contro (qcno); accusare (qcno) ingiustamente: *The accused man said that he had been framed,* L'accusato disse di essere vittima di una macchinazione.

□ *vi (di progetti, ecc.)* promettere; svilupparsi: *plans that frame well (badly),* progetti che si sviluppano bene (male) — *The child is framing well,* Il bambino si sviluppa bene.

frame-up ['freimʌp] *s. (sl.)* complotto; macchinazione; tranello; montatura.

framework ['freimwə:k] *s.* **1** intelaiatura; impalcatura: *a bridge with a steel framework,* un ponte con un'impalcatura di acciaio. **2** composizione; struttura: *the framework of a government,* la struttura di un governo.

franc [fræŋk] *s.* franco *(unità monetaria)*.

franchise ['fræntʃaiz] *s.* **1** *(generalm. al sing. con l'art. determinativo)* diritto di cittadinanza *(spec. di voto)*. **2** *(spec. USA)* franchigia; concessione governativa; *(comm.)* mandato di rappresentanza; contratto di gestione: *a franchise for a bus service,* un appalto per un servizio d'autobus.

Franciscan [fræn'siskən] *s. e agg* francescano.

Frank [fræŋk] *s.* **1** *(stor.)* franco *(membro delle tribù germaniche)*: *the Franks,* i Franchi. **2** *(USA) abbr di* **frankfurter.**

frank [fræŋk] *agg* **1** franco; leale: *a frank look (smile, face),* uno sguardo (un sorriso, un volto) franco — *to make a frank confession of one's guilt,* fare una piena confessione della propria colpa — *to be quite frank with sb (about sth),* essere del tutto schietto con qcno (su qcsa). **2** palese; evidente. □ *avv* **frankly.**

to **frank** [fræŋk] *vt (stor.)* affrancare *(una lettera con la firma d'un nobile, di un deputato, ecc.)*. □ *franking-machine,* macchina affrancatrice.

frankfurt(er) ['fræŋkfət(ə*)] *s.* 'würstel'.

frankincense ['fræŋkin,sens] *s.* incenso.

franklin ['fræŋklin] *s. (GB, stor.)* proprietario terriero di origine non nobile.

frankness ['fræŋknis] *s.* franchezza; schiettezza; lealtà.

frantic ['fræntik] *agg* frenetico; delirante; convulso; disperato: *frantic cries for help,* disperate invocazioni d'aiuto — *to drive sb frantic,* far impazzire qcno — *to be frantic with rage,* essere furibondo. □ *avv* **frantically.**

fraternal [frə'tə:nl] *agg* fraterno. □ *avv* **fraternally.**

fraternity [frə'tə:niti] *s.* **1** fraternità. **2** confraternita; associazione; ordine; corporazione; congregazione; categoria: *the fraternity of the Press,* l'Ordine dei giornalisti — *the racing fraternity,* coloro che si occupano di ippica. **3** *(USA)* associazione di studenti nei 'colleges' universitari *(spesso contraddistinta da una sigla composta di lettere dell'alfabeto greco)*.

fraternization [,frætənai'zeiʃən] *s.* fraternizzazione.

to **fraternize** ['frætənaiz] *vi* fraternizzare.

fratricide ['frætrisaid] *s.* **1** fratricidio. **2** fratricida.

Frau [frau] *s. (tedesco)* signora o donna tedesca.

fraud [frɔ:d] *s.* **1** frode: *to get money by fraud,* ottenere denaro con la frode. **2** truffa; imbroglio: *This hair-restorer is a fraud; I am as bald as ever,* Questa lozione per capelli è una truffa; sono calvo come sempre. **3** truffatore; impostore.

fraudulent ['frɔ:djulənt] *agg* fraudolento; doloso. □ *avv* **fraudulently.**

fraught [frɔ:t] *agg predicativo* carico; denso; pieno; irto *(di pericoli, conseguenze, ecc.)*: *an expedition fraught with danger,* una spedizione irta di pericoli.

fray [frei] *s. (lett.)* lotta; combattimento; mischia; rissa: *to be eager for the fray,* essere bramoso di buttarsi nella mischia; essere smanioso di lottare.

to **fray** [frei] *vt e i. (di stoffa, corda, ecc.)* consumare, consumarsi; logorarsi; sfilacciarsi: *frayed cuffs,* polsini consunti, sfilacciati.

frazzle ['fræzl] *s.* logorio; stanchezza; esaurimento: *to be worn to a frazzle,* essere ridotto ad un cencio.

freak [fri:k] *s.* **1** capriccio; ghiribizzo; uzzolo; bizzarria; ticchio. **2** *(anche* freak of nature*)* scherzo di natura; mostro.
□ *come agg* bizzarro; strano; anomalo.

freakish ['fri:kiʃ] *agg* bizzarro; strambo; capriccioso. □ *avv* **freakishly.**

freakishness ['fri:kiʃnis] *s.* capricciosità; bizzarria.

freak-out ['fri:kaut] *s.* **1** 'seduta' *(fam.)*; 'party' in cui si fa uso di allucinogeni. **2** persona stramba, stravagante *(spec. se fa uso di allucinogeni).*

to **freak out** ['fri:kaut] *vi* fare un 'cattivo viaggio'; comportarsi in modo strambo, stravagante *(spec. per effetto di allucinogeni).*

freckle ['frekl] *s.* lentiggine; efelide.

to **freckle** ['frekl] *vt e i.* coprire di lentiggini; coprirsi di lentiggini.

free [fri:] *agg* (**freer; freest**) **1** libero *(in vari sensi);* indipendente; *(di nazione, ecc.)* sovrano: *to set sb free,* liberare qcno — *free hydrogen,* idrogeno allo stato libero — *You are free to go or stay as you please,* Sei libero di andare o restare come ti pare — *She is not free to marry,* Non è libera di sposarsi — *to have one's hands free,* avere le mani libere; essere libero da lavori o impegni — *a free fight,* una mischia generale — *free labour,* mano d'opera libera; operai non iscritti a sindacati — *free speech,* libertà di parola — *free-spoken,* franco; esplicito; sincero — *free trade, (comm.)* libero scambio — *free-trader,* liberista; sostenitore della teoria del libero scambio — *free enterprise, (econ.)* libera iniziativa — *a free translation,* una traduzione libera — *free will,* volontà spontanea; libero arbitrio; *(usato attrib.)* volontario — *to do sth of one's own free will,* fare qcsa di propria spontanea volontà — *a free-will offering,* un'offerta volontaria — *the free democracies of Western Europe,* le libere democrazie dell'Europa occidentale — *to have (to give, to allow sb) a free hand,* avere (dare, concedere a qcno) mano libera.

2 libero; disponibile; utilizzabile; separato; disgiunto; scevro; sciolto; sgombro; *(mecc.)* folle: *to leave one end of the rope free,* lasciar libero un capo della fune — *One of the parts has worked free,* Uno dei pezzi si è svitato (si è allentato; è fuori posto) — *free-hand,* a mano libera — *a free-hand sketch,* uno schizzo (un disegno) a mano libera — *There will be no rooms free until after the holidays,* Non ci saranno stanze disponibili sin dopo le vacanze — *She is usually free in the afternoon(s),* Generalmente è libera nel pomeriggio.

3 *(di persona, di stile)* disinvolto; scorrevole; aggraziato; spigliato: *free love,* libero amore — *a free-liver,* un gaudente (ghiottone, libertino) — *free-living, (s. e agg.)* vita libera, da gaudente — *a free-thinker,* un libero pensatore — *free-thinking,* di mente aperta; dalla mente aperta — *free verse,* verso libero *(senza metro e rime regolari).*

4 free from, privo di; senza; esente da: *free from blame (error, anxiety),* senza biasimo (errori, ansietà).

5 free of, - **a)** fuori di: *The ship was soon free of the harbour,* La nave fu ben presto fuori dal porto - **b)** senza: *a harbour free of ice,* un porto senza ghiacci — *At last I am free of her,* Finalmente mi sono liberato di lei - **c)** esente da; franco (di): *free of tax,* esente da (franco) imposta.

6 gratuito; gratis; *(comm.)* franco; *(di tasse)* esente: *free tickets for the theatre,* biglietti gratis (omaggio) per il teatro — *to give sth away free,* dar via qcsa gratis — *free port, (comm.)* porto franco — *five pounds post free,* (al prezzo di) cinque sterline spedizione compresa — *admission free,* entrata libera — *free pass,* tessera di libero accesso; lasciapassare; *(ferrovia, ecc.)* biglietto di libera circolazione — *free on board (generalm. abbr. in* FOB*),* franco (a) bordo.

7 abbondante; copioso; generoso; largo; prodigo: *a free flow of water,* un abbondante flusso d'acqua — *to be free with one's money,* essere prodigo (generoso) con il proprio denaro — *free-handed,* prodigo; generoso — *free bloomers,* piante a fioritura abbondante — *He is very free with his advice,* È molto generoso (prodigo) di consigli — *to make free with sth,* fare libero uso di qcsa; servirsi abbondantemente (generosamente) di qcsa — *He seems to have made free with my whisky while I was away,* A quanto pare, mentre io ero via si è servito abbondantemente del mio whisky.

8 libero; franco; familiare; confidenziale; impudente; sfacciato: *He is (He makes) rather too free with the waitresses,* È un po' troppo sfacciato con le cameriere.
□ *to make sb free of sth,* mettere qcsa a disposizione di qcno — *Free Church,* chiesa libera, separata dallo Stato — *Free Churches, (stor., GB)* chiese libere, non conformiste — *free-and-easy, (di discorso)* familiare; alla buona; semplice; senza cerimonie — *free house,* una birreria non controllata da alcuna fabbrica di birra (e che perciò può vendere birra di tutte le marche) — *free-kick,* calcio di punizione — ⇨ *anche* **free-for-all, freelance, freestyle, freeway, to free-wheel,** *ecc.* □ *avv* **freely.**

to **free** [fri:] *vt* liberare; affrancare; emancipare; sciogliere: *to free an animal from a trap,* liberare un animale da una trappola — *to free a country from oppression,* liberare un Paese dalla tirannide — *to free oneself from debt,* liberarsi dai debiti.

freeboard ['fri:bɔ:d] *s. (naut.)* bordo libero.

freebooter ['fri:,bu:tə*] *s.* pirata; filibustiere.

freeborn ['fri:'bɔ:n] *agg* nato libero; che gode di pieni diritti politici per nascita.

freedman ['fri:dmæn] *s.* (*pl.* **freedmen**) schiavo affrancato; liberto.

freedom ['fri:dəm] *s.* **1** libertà: *the four freedoms (of speech; of religion; from fear; from want),* le quattro libertà (libertà di parola; libertà di culto; libertà dalla paura; libertà dal bisogno) — *to give slaves their freedom,* dare la libertà agli schiavi — *to give sb freedom to do what he thinks best,* dare a qcno la libertà di fare ciò che meglio crede — *to speak with freedom,* parlare liberamente, con franchezza — *the freedom of the seas,* la libertà dei mari — *to give a friend the freedom of one's house (library),* mettere a disposizione di un amico la propria casa (biblioteca). **2** *(stor.)* franchigia; privilegio: *freedom of a town (city),* cittadinanza onoraria — *to receive (to give sb) the freedom of a town (city),* ricevere (concedere a qcno) la cittadinanza onoraria.

free-for-all ['fri:fərɔ:l] *s.* disputa (mischia, lite, dibattito, ecc.) cui partecipano tutti.

freehold ['fri:hould] *s.* (diritto di) proprietà immobiliare assoluta.

freeholder ['fri:houldə*] *s.* chi possiede *(terreni, ecc.)* in proprietà assoluta.

freelance ['fri:lɑ:ns] *s. (stor.)* soldato mercenario; *(oggi)* scrittore o giornalista, ecc., non legato da contratto; collaboratore esterno: *He gave up his regular job in order to go free-lance,* Ha rinunciato al suo impiego stabile per fare il giornalista indipendente.

freeman ['fri:mən] *s.* (*pl.* **freemen**) **1** uomo nato libero *(non schiavo);* cittadino con pieni diritti politici. **2** cit-

tadino onorario *(di città);* membro onorario *(di società).*
freemason ['fri:,meisn] *s.* massone; frammassone.
freemasonry ['fri:,meisnri] *s.* massoneria; frammassoneria: *the freemasonry of the press,* la massoneria della stampa.
freesia ['fri:zjə] *s.* fresia.
freestone ['fri:stoun] *s.* pietra da taglio.
freestyle ['fri:stail] *s. (nuoto)* stile libero.
freeway ['fri:wei] *s.* **1** *(USA)* tipo particolare di autostrada. **2** *(GB, neol.)* sezione di strada urbana in cui è vietato parcheggiare o comunque fermare i veicoli durante certe ore; corsia di scorrimento; strada per traffico veloce.
to **free-wheel** ['fri:*h*wi:l] *vi* andare (giù) a ruota libera.
freewill [fri:'wil] *agg* ⇨ **free 1.**
freeze [fri:z] *s.* **1** congelamento; gelo. **2** *(econ.)* blocco; congelamento *(di prezzi, salari): wage freeze,* blocco dei salari. **3** *deep freeze,* scomparto del frigorifero in cui la temperatura è più bassa; ghiacciaia.
to **freeze** [fri:z] *vt e i.* (*pass.* **froze**; *p. pass.* **frozen**) **1** gelare; congelare; fare molto freddo; *(di persone, ecc.)* aver freddo: *It froze last night,* La scorsa notte ha gelato — *It was freezing last night,* La scorsa notte faceva molto freddo (si gelava dal freddo) — *What freezing weather!,* Che tempo gelido! — *The lake froze over,* Il lago gelò — *The lake was frozen over,* Il lago era tutto coperto di ghiaccio — *frozen foods,* cibi congelati (surgelati) — *freezing-point,* punto di congelamento — *freezing-mixture,* miscela frigorifero — *to make sb's blood freeze (to freeze one's blood), (fig.)* far gelare il sangue — *I'm freezing,* Sto gelando; Mi sento gelare — *Two of the men froze to death,* Due uomini morirono assiderati. **2** rimanere attaccato (per il gelo); attaccarsi. **3** *(di animali, cacciatori, ecc.)* irrigidirsi; rimanere immobile. **4** congelare; bloccare *(prezzi, salari).* **5 to freeze sb out,** *(sl.)* escludere, tagliar fuori qcno. **6 to freeze on to sb, sth,** *(sl.)* tenersi stretto a qcno; afferrare saldamente qcsa.
freezer ['fri:zə*] *s.* impianto refrigerante; cella frigorifera.
freezing ['fri:ziŋ] *agg* gelato; molto freddo; gelido.
□ *s.* **1** congelamento (⇨ **to freeze 1**). **2** *(econ.)* blocco *(dei salari, ecc.).*
freight [freit] *s.* **1** trasporto di merci. **2** porto; spese di trasporto *(per mare; in USA anche via terra): freight train (car), (USA)* treno (vagone) merci — *freight forward,* porto assegnato. **3** nolo; noleggio *(di nave, aereo).* **4** carico *(di nave, aereo).*
to **freight** [freit] *vt* **1** caricare *(una nave): a ship freighted with wheat,* una nave carica di grano — *to freight a boat with fruit,* caricare un battello di frutta. **2** trasportare; spedire *(merci).*
freighter ['freitə*] *s.* **1** nave da carico; aereo da trasporto *(merci).* **2** spedizioniere. **3** *(USA)* vagone merci. **4** noleggiatore marittimo.
[1]**French** [fren*t*ʃ] *s.* **1** il francese: *the French,* i francesi. **2** la lingua francese.
[2]**French, french** [fren*t*ʃ] *agg* francese: *French-horn,* corno a pistoni — *French-window,* porta-finestra — *French beans, (GB)* fagiolini verdi — *french fries, (USA)* patatine fritte — *french polish,* lacca a tampone — *French roll,* panino — *French letter, (GB, fam.)* preservativo. □ *to take French leave,* squagliarsela alla chetichella; andarsene senza salutare, all'inglese.
Frenchman ['fren*t*ʃmən] *s.* (*pl.* **Frenchmen**) francese.
frenetic(al) [frə'netik(əl)] *agg* frenetico; forsennato.
frenzied ['frenzid] *agg* frenetico; furibondo. □ *avv* **frenziedly.**
frenzy ['frenzi] *s.* frenesia; delirio; pazzia: *in a frenzy of enthusiasm,* in un delirio d'entusiasmo — *in a frenzy of despair,* in un parossismo di disperazione — *to rouse an audience to absolute frenzy,* scatenare il delirio fra il pubblico.
frequency ['fri:kwənsi] *s.* frequenza *(in un dato periodo): a frequency of 25 cycles per second,* una frequenza di 25 cicli al secondo — *the frequency of earthquakes in Japan,* la frequenza dei terremoti in Giappone.
frequent ['fri:kwənt] *agg* frequente; numeroso; abituale: *Hurricanes are frequent here in the Fall,* Qui gli uragani sono frequenti in autunno — *He's a frequent visitor,* È un abituale visitatore. □ *avv* **frequently.**
to **frequent** [fri'kwənt] *vt* frequentare; trovarsi (abitualmente o di frequente): *Frogs frequent wet places,* Le rane stanno nei luoghi umidi.
fresco ['freskou] *s.* (*pl.* **frescos, frescoes**) affresco.
to **fresco** ['freskou] *vt* affrescare.
fresh [freʃ] *agg* **1** fresco *(in vari sensi);* recente; nuovo; ulteriore; altro; *(di cibo, anche)* non conservato; non inscatolato: *fresh meat,* carne fresca — *fresh paint,* vernice fresca — *fresh water,* acqua dolce, naturale — *Is there any fresh news?,* Ci sono notizie recenti? — *Take a fresh sheet of paper and start again,* Prendi un foglio di carta pulito e ricomincia — *He didn't throw much fresh light on the subject,* Non ha gettato molta luce nuova sull'argomento — *to break fresh ground,* trattare un argomento nuovo; fare qcsa di nuovo (di originale) — *I'm still fresh after six sets of tennis,* Non mi sento affatto stanco dopo sei partite di tennis. **2** *(fig.)* inesperto; novellino; novizio: *a man fresh from the country,* un uomo appena arrivato dalla campagna — *a boy fresh from school,* un ragazzo che ha appena terminato le scuole (gli studi) — *fresh recruits,* reclute inesperte (appena arrivate). **3** *(di colori, ecc.)* fresco; brillante; vivace; puro; pulito: *a fresh complexion,* una carnagione fresca — *fresh colours,* colori brillanti. **4** *(di brezza, ecc.)* fresco; vivace; puro: *a fresh wind,* un vento teso — *a fresh breeze,* una brezza vivace — *to go out for some fresh air,* uscire per una boccata di aria fresca — *in the fresh air,* all'aperto. **5** *(USA, fam.)* presuntuoso *(generalm. con le ragazze);* impertinente; impudente; sfacciato: *Tell that young man not to be so fresh with your sister,* Di' a quel giovanotto di non essere così sfacciato con tua sorella. □ *avv* **freshly.**
□ *avv (generalm. usato nei composti)* recentemente; appena; di fresco: *fresh-caught fish,* pesce fresco, appena pescato — *fresh-killed meat,* carne appena macellata, fresca di macello — *fresh-painted doors,* porte verniciate di fresco.
to **freshen** ['freʃn] *vt e i.* **1** rinfrescare, rinfrescarsi; farsi fresco; *(fig.)* rinnovare. **2** *(di vento)* rinforzarsi.
fresher ['freʃə*] *s., abbr fam (GB) di* **freshman** ⇨.
freshman ['freʃmən] *s.* (*pl.* **freshmen**) matricola; studente universitario del primo anno.
freshness ['freʃnis] *s.* freschezza; novità; *(di forze)* integrità.
freshwater [freʃ'wɔ:tə*] *agg* **1** di acqua dolce. **2** *(USA, fig.)* provinciale; fuori mano e poco rinomato.
[1]**fret** [fret] *s.* irritazione; agitazione; afflizione; cruccio: *to be in a fret (all of a fret),* essere irritato, agitato, afflitto, in (stato di) agitazione, ecc.
[2]to **fret** [fret] *vt e i.* (**-tt-**) **1** affliggere, affliggersi; agitare, agitarsi; crucciare, crucciarsi; irritare, irritarsi: *What are you fretting about?,* Di cosa ti stai afflig-

gendo? — *Don't fret over trifles,* Non crucciarti per delle stupidaggini — *She frets at even the slightest delays,* Si irrita persino per il più lieve ritardo — *She'll fret herself to death one of these days,* Uno di questi giorni morirà d'agitazione — *to fret and fume,* mordere il freno; essere impaziente. **2** logorare, logorarsi; corrodere; consumarsi; mordere: *a fretted rope,* una corda consumata — *The horse is fretting its bit,* Il cavallo sta mordendo il freno — *a channel fretted through the rock by a stream,* un canale scavato da un torrente fra le rocce. **3** *(di acque)* incresparsi.

[2]**fret** [fret] *s.* greca.

[2]to **fret** [fret] *vt* (**-tt-**) **1** adornare di greche. **2** intagliare; traforare *(legno).*

[3]**fret** [fret] *s.* tasto *(della chitarra).*

fretful ['fretful] *agg* irritabile; agitato; stizzoso; scontroso: *a fretful baby,* un bambino smanioso.
□ *avv* **fretfully.**

fretsaw ['fretsɔ:] *s.* sega da traforo.

fretwork ['fretwə:k] *s.* lavoro d'intaglio *(in legno).*

friability [,fraiə'biliti] *s.* friabilità.

friable ['fraiəbl] *agg* friabile.

friar ['fraiə*] *s.* frate: *Austin Friars,* agostiniani — *Black Friars,* domenicani — *Grey Friars,* francescani — *White Friars,* carmelitani. □ *friar's balsam,* tintura di benzoino.

fricassée [,frikə'si:] *s.* *(fr.)* fricassea; spezzatino.

fricative ['frikətiv] *agg* fricativo. □ *s.* consonante fricativa.

friction ['frikʃən] *s.* **1** frizione; attrito. **2** *(fig.)* dissenso; contrasto.

Friday ['fraidi] *s.* venerdì: *Good Friday,* Venerdì Santo — *Man Friday,* l'Uomo Venerdì *(dal 'Robinson Crusoe' di Defoe)* — *girl Friday,* ragazza d'ufficio tuttofare.

fridge, frig [fridʒ] *s.* *(fam., abbr. di* refrigerator*)* frigorifero; frigo.

fried [fraid] *pass e p. pass di* **to fry.**

friend [frend] *s.* **1** amico, amica: *my friend Smith,* il mio amico Smith — *some friends of ours,* alcuni nostri amici — *We are good (great) friends,* Siamo buoni (ottimi) amici — *He has been a good friend to me,* Mi è stato veramente amico — *to make friends (with sb),* fare (stringere) amicizia (con qcno) — *to make friends again,* tornare amici; rappacificarsi. **2** aiuto; alleato: *man's best friend,* il migliore amico dell'uomo; il cane. **3** patrono; protettore, protettrice: *a good friend of (o to) the poor,* un buon protettore dei poveri.
□ *the Society of Friends,* i Quaccheri — *my honourable friend, (GB, appellativo usato fra i deputati alla Camera dei Comuni)* il mio onorevole collega — *my learned friend,* il mio dotto collega *(GB, appellativo usato tra avvocati in tribunale)* — *to have a friend at court, (fig.)* avere un amico (protettore) altolocato — *A friend in need is a friend indeed, (prov.)* L'amico vero si riconosce nel bisogno.

friendless ['frendlis] *agg* senza amici; abbandonato.

friendlessness ['frendlisnis] *s.* mancanza di amicizia; solitudine; abbandono.

friendliness ['frendlinis] *s.* cordialità; benevolenza.

friendly ['frendli] *agg* (**-ier**; **-iest**) amichevole; amico; benevolo; cordiale; ben disposto: *to be friendly with sb,* essere amico di qcno (essere cortese, cordiale con qcno) — *a friendly smile,* un sorriso cordiale — *to be friendly to a cause,* essere ben disposto verso una causa — *a friendly match (game),* un incontro (una partita) amichevole. □ *Friendly Society,* Società di Mutuo Soccorso.
□ *s. a friendly (fam.) = a friendly match* ⇨ *sopra.*

friendship ['frendʃip] *s.* amicizia.

frieze [fri:z] *s.* *(archit.)* fregio.

frig [fridʒ] *s.* ⇨ **fridge.**

to **frig, frigging** [frig/'frigiŋ] *vt, s.* *(volg.)* = **to fuck, fucking.**

frigate ['frigit] *s.* fregata.

fright [frait] *s.* **1** terrore; spavento; paura: *to die of fright,* morire di spavento — *to give sb a fright,* spaventare qcno — *to take fright (at sth),* spaventarsi (di qcsa). **2** *(fam.)* cosa o persona buffa e grottesca; spauracchio: *What a fright she looks in that old hat!,* Con quel vecchio cappello è proprio uno spauracchio!

to **fright** [frait] *vt* *(lett.)* spaventare.

to **frighten** ['fraitn] *vt* atterrire; spaventare: *Did the noise frighten you?,* Ti ha spaventato il rumore? — *The barking of the dog frightened the burglar away,* L'abbaiare del cane spaventò lo scassinatore facendolo fuggire — *She was nearly frightened out of her life,* Era quasi morta di paura — *to frighten sb into doing sth,* costringere qcno a fare qcsa con la paura.

frightened ['fraitnd] *agg* spaventato; atterrito: *to be frightened of sb (sth),* aver paura di qcno (qcsa).

frightening ['fraitniŋ] *agg* spaventoso; da far spavento. □ *avv* **frighteningly.**

frightful ['fraitful] *agg* spaventoso; terribile; *(fam.)* brutto; orribile; 'allucinante': *a frightful accident,* un incidente spaventoso — *What a frightful hat!,* Che cappellino orribile! □ *avv* **frightfully.**

frigid ['fridʒid] *agg* **1** frigido *(in vari sensi);* freddo; glaciale: *a frigid climate,* un clima molto freddo — *the frigid zones,* le zone glaciali. **2** formale; freddo; frigido: *a frigid welcome,* un'accoglienza fredda (glaciale) — *frigid manners,* modi molto formali.
□ *avv* **frigidly.**

frigidity [fri'dʒiditi] *s.* frigidità *(in vari sensi);* frigidezza; freddezza.

frill [fril] *s.* **1** frangia; bordo ricamato *(di vestito, ecc.).* **2** *(al pl.)* fronzoli; arie; pose.

frilled ['frild] *agg* ornato di gale, di frange, di trine: *a frilled skirt,* una gonna increspata.

frillies ['frilis] *s. pl* *(da* **frilly***)* indumenti intimi con trine.

frilly ['frili] *agg* **1** con trine, frange. **2** *(per estensione)* sinuoso; frastagliato.

fringe [frindʒ] *s.* **1** frangia *(di scialle, ecc.).* **2** frangia; frangetta *(di capelli): to wear a fringe,* portare la frangetta. **3** bordo; margine; confine; orlo: *on the fringe(s) of the forest,* ai margini della foresta — *fringe benefits,* benefici supplementari — *fringe areas,* zone periferiche — *the Celtic fringe, (GB, politica)* le 'frange celtiche' *(il Galles, la Scozia, la Cornovaglia, ecc.)* — *lunatic fringe* ⇨ **lunatic,** *agg* **1** — *fringe values, (statistica)* valori estremi.

to **fringe** [frindʒ] *vt* **1** frangiare; ornare di frange. **2** orlare; limitare; fiancheggiare: *a roadside fringed with trees,* una strada costeggiata da alberi.

frippery ['fripəri] *s.* **1** fronzoli. **2** cianfrusaglie. **3** *(fig.)* affettazione.

to **frisk** [frisk] *vi e t.* **1** saltellare; far capriole. **2** *(USA, sl.)* perquisire *(qcno)* tastando *(in cerca di armi).*

frisky ['friski] *agg* vivace; vispo; giocherellone; saltellante: *as frisky as a kitten,* giocherellone come un gattino. □ *avv* **friskily.**

fritillary [fri'tiləri] *s.* fritillaria.

fritter ['fritə*] *s.* frittella *(spec. sc. di mele, banane).*

to **fritter** ['fritə*] *vt (seguito da* away*)* sciupare; sprecare: *to fritter away one's money on trifles,* sprecare il proprio denaro per delle sciocchezze.

fritz [frits] *s. (fam.)* tedesco; soldato tedesco *(generalm. spreg.).*

to **frivol** ['frivəl] *vi e t.* (**-ll-**; *USA* **-l-**) **1** frivoleggiare. **2** *(seguito da* away*)* sprecare, sciupare *(tempo, denaro, ecc.)* in frivolezze.

frivolity [fri'vɔliti] *s.* frivolezza; leggerezza.

frivolous ['frivələs] *agg* frivolo; leggero. □ *avv* **frivolously.**

to **frizz** [friz] *vt (di capelli)* arricciare, arricciarsi.

[1]to **frizzle** ['frizl] *vt e i. (seguito da* up*)* arricciare, arricciarsi; increspare, incresparsi *(di capelli).*

[2]to **frizzle** ['frizl] *vt e i.* sfrigolare; sfriggere: *The bacon was frizzling in the pan,* La pancetta sfriggeva nella padella.

frizzy ['frizi] *agg* arricciato; ricciuto; crespo.

fro [frou] *avv (ant.)* indietro: *(ora solo nella locuzione avv.) to and fro,* avanti e indietro — *to walk to and fro,* passeggiare avanti e indietro, su e giù — *journeys to and fro between London and Paris,* viaggi avanti e indietro fra Londra e Parigi.

frock [frɔk] *s.* **1** abito *(da donna).* **2** vestitino *(per ragazzina o bambino).* **3** tonaca *(di frate).* **4** *frock coat, (GB)* finanziera; redingote. **5** camiciotto; grembialone *(di operaio)*; giubba; blusa *(da marinaio).*

frog [frɔg] *s.* **1** rana; ranocchio; *(di piede di cavallo)* ranella: *frog-fish,* pesce-rana. **2** passamano; alamaro. **3** *(scherz. o spreg.: = frog eater,* mangiarane*)* francese. □ *frog-in-the-throat,* raucedine.

frogman ['frɔgmən] *s.* (*pl.* **frogmen**) uomo rana; sommozzatore.

to **frogmarch** ['frɔgmɑːtʃ] *vt* trasportare (un prigioniero) con la faccia a terra, tenendolo per le gambe e le braccia.

frolic ['frɔlik] *s.* allegria; monelleria; scherzo.

to **frolic** ['frɔlik] *vi* (**-ck-**) saltellare *(di gioia)*; scherzare; folleggiare.

frolicsome ['frɔliksʌm] *agg* allegro; giocherellone; birichino.

from [frɔm/frəm] *prep* **1** *(moto, distanza, provenienza, tempo)* da; di; da parte di: *There were bees going from flower to flower,* C'erano api che andavano da fiore a fiore (di fiore in fiore) — *to jump (down) from a wall,* saltar giù da un muro — *to travel from Rome to London,* viaggiare da Roma a Londra — *ten miles from the coast,* dieci miglia dalla costa — *to stay away from school,* rimanere assente dalla scuola (non andare a scuola) — *to be (to go) away from home,* essere (andare) via da casa — *far from blaming you...,* ben lungi dal rimproverarti... — *Where are you from?,* Di dove siete? — *Where have you come from?,* Da dove siete venuti? — *Tell him from me that...,* Digli da parte mia che... — *a letter from my brother,* una lettera (da parte) di mio fratello — *a present from his father,* un regalo (da parte) di suo padre — *quotations from Shakespeare,* citazioni da (dalle opere di) Shakespeare — *to draw water from a well,* tirar su acqua da un pozzo — *to drink from a brook,* bere da (a) un ruscello — *from the first of May,* (a cominciare) dal primo maggio — *from childhood,* sin dall'infanzia — *from beginning to end,* dall'inizio alla fine.

2 *(imitazione)* da: *painted from nature (life),* dipinto dal vero.

3 *(enumerazione)* da: *good Algerian wine from eighty-five pence a bottle,* buon vino algerino da ottantacinque 'pence' la bottiglia — *There were from ten to fifteen boys absent,* Erano assenti dai dieci ai quindici ragazzi.

4 *(materia)* con; da: *Wine is made from grapes,* Il vino è fatto con l'uva (dall'uva) — *Steel is made from iron,* L'acciaio si fa con il (deriva dal) ferro.

5 *(allontanamento, impedimento, ecc.)* da; via; di: *Take that knife (away) from the baby,* Togli via quel coltello dal bambino — *When were you released from prison?,* Quando è stato liberato dalla prigione? — *What prevented (stopped, hindered) you from coming?,* Che cosa ti ha impedito di venire?

6 *(cambiamento)* da: *from bad to worse,* di male in peggio — *The price has been increased from six pence to nine pence,* Il prezzo è aumentato da sei a nove pence.

7 *(causa)* per; di: *to collapse from fatigue,* avere un collasso; crollare per la fatica — *to suffer from starvation and disease,* soffrire d'inedia e di malattie — *to do sth from necessity,* fare qcsa per necessità — *not from a sense of duty,* non per un senso del dovere.

8 *(differenza o distinzione) It differs from all the others,* È differente da tutti gli altri — *How can you tell an Englishman from an American?,* Come si distingue un inglese da un americano?

□ *seen from above (below),* visto dal di sopra (dal di sotto) — *from time to time,* ogni tanto; di tanto in tanto — *from day to day,* un giorno dopo l'altro; di giorno in giorno — *to judge from appearances,* giudicare dalle apparenze — *from this point of view,* da questo punto di vista — *From what I heard, the driver was to blame,* Da quanto ho sentito, era l'autista da biasimare — *from within; from inside,* dal di dentro.

frond [frɔnd] *s.* fronda; foglia *(di alloro, ecc.).*

[1]**front** [frʌnt] *s.* **1** fronte; facciata; (il) davanti; *(poet.)* fronte; viso; faccia: *the front of a building,* la facciata di un edificio — *the east front of the palace,* la facciata (il lato) orientale del palazzo — *to come to the front,* farsi avanti; *(fig.)* diventare noto o importante.

2 in front, avanti; davanti: *Please go in front,* Per favore vada avanti, in testa — *in front of, (prep.)* davanti a; di fronte a — *There are some trees in front of the house,* Davanti alla casa ci sono delle piante — *to sit in the front of the class,* sedere nella prima fila della classe.

3 *(mil.)* fronte; prima linea: *to be sent to the front,* essere mandato (spedito) al fronte — *a front of five hundred miles,* un fronte di cinquecento miglia — *to be successful on all fronts,* essere vittorioso su tutti i fronti *(anche fig.)* — *the home front,* il fronte interno.

4 lungomare; lungolago: *to have a walk along the (sea-) front,* fare una passeggiata sul lungomare — *to drive along the lake front,* guidare l'auto sul lungolago — *a house on the front,* una casa sul lungomare.

5 impudenza; sfacciataggine; sfrontatezza; faccia tosta; aspetto; apparenza: *to have the front to do sth,* avere l'impudenza di fare qcsa — *to put on a bold front,* fare l'impavido, il coraggioso — *to show (to present) a bold front,* affrontare coraggiosamente, risolutamente.

6 *(di camicia)* sparato; petto.

7 *(archit. e fig.)* facciata: *Their book-shop was simply a front for a highly organized contraband business,* La loro libreria era solo una facciata per mascherare una ben organizzata attività di contrabbando.

8 *(meteorologia)* fronte.

[2]**front** [frʌnt] *agg attrib* **1** anteriore; frontale; davanti:

the front door, la porta principale — *to be in the front rank,* essere in prima fila; *(fig.)* eccellere; essere importante o molto conosciuto — *a front seat,* un posto a sedere in prima fila *(in teatro, ecc.)* — *a front room,* una stanza che dà sulla strada — *the front page of a newspaper,* la prima pagina di un giornale — *the front bench, (GB)* banco alla Camera dei Comuni occupato da ministri, sottosegretari, ex-ministri, e altri personaggi importanti di un partito — *front-page news,* notizie di prima pagina; notizie sensazionali. **2** *(fonetica)* anteriore; frontale.

to **front** [frʌnt] *vt e i.* **1** dare (su); guardare (su); affacciarsi (su); essere dirimpetto (a): *hotels that front the sea,* alberghi che dànno sul mare — *windows fronting the street,* finestre prospicienti la strada — *a house fronting north,* una casa (con la facciata orientata) a nord. **2** fare (rivestire) la facciata: *fronted with stone,* con la facciata rivestita di pietra. **3** *(ant.)* affrontare; opporsi: *to front danger,* affrontare il pericolo.

frontage ['frʌntidʒ] *s.* **1** estensione della facciata di un edificio. **2** terreno costeggiante la facciata di un edificio *(spec. lungo una strada o un fiume).* **3** esposizione di un edificio.

[1]**frontal** ['frʌntl] *agg* frontale. □ *avv* **frontally.** □ *s.* fotografia frontale.

[2]**frontal** ['frʌntl] *s.* **1** frontone. **2** paliotto.

frontier ['frʌntjə*] *s.* **1** frontiera; confine; *(fig.)* limiti; confini estremi: *the frontiers of knowledge,* le frontiere della conoscenza. **2** *(USA, stor., spesso con la maiuscola)* la 'Frontiera' (ad ovest).

frontiersman ['frʌntjəsmən] *s.* *(pl.* **frontiersmen)** **1** *(USA, stor.)* pioniere. **2** *(raro)* abitante di zona di confine.

frontispiece ['frʌntispi:s] *s.* frontespizio.

frost [frɔst] *s.* **1** gelo: *plants killed by frost,* piante uccise dal gelo — *ten degrees of frost, (GB)* dieci gradi sotto zero — *early (late) frosts,* gelate precoci (tardive); i geli autunnali (primaverili) — *Jack Frost,* il Gelo (personificato) — *frost-bite,* congelamento *(d'una parte del corpo)* — *frost-bitten,* congelato; assiderato — *frost bound,* indurito dal gelo *(di terreno)* — *white (hoar) frost,* brina; brinata — *black frost,* freddo intenso senza brina. **2** *(fam., desueto)* fiasco; fallimento; insuccesso: *The entertainment was a frost,* Il ricevimento fu un fiasco.

to **frost** [frɔst] *vt e i.* **1** coprire di gelo, di brina, di ghiaccio: *frosted window-panes,* finestre con incrostazioni di ghiaccio. **2** glassare; candire. **3** far gelare; far morire col gelo *(piante, ecc.).* **4** *(di vetro)* smerigliare; ghiacciare. **5** far incanutire. **6** ferrare un cavallo per il ghiaccio *(con chiodi speciali da ghiaccio).*

frostbite [frɔst'bait] *s.* congelamento; assideramento.

frostbitten [frɔst'bitn] *agg* congelato; assiderato.

frostiness ['frɔstinis] *s.* **1** gelo; freddo glaciale. **2** *(fig.)* freddezza; gelo.

frosting ['frɔstiŋ] *s.* **1** glassatura. **2** smerigliatura.

frosty ['frɔsti] *agg* (**-ier; -iest**) gelido; glaciale *(anche fig.): frosty weather,* tempo glaciale — *a frosty morning,* un gelido mattino — *a frosty welcome,* un'accoglienza glaciale — *a frosty look,* uno sguardo freddo (arcigno). □ *avv* **frostily.**

froth [frɔθ] *s.* **1** schiuma: *a glass of beer with a lot of froth,* un bicchiere di birra con molta schiuma. **2** frivolezza; insulsaggine; superficialità.

to **froth** [frɔθ] *vi* **1** spumeggiare. **2** sbavare.

frothiness ['frɔθinis] *s.* **1** spumosità. **2** frivolezza; leggerezza.

frothy ['frɔθi] *agg* (**-ier; -iest**) **1** schiumoso; spumeggiante: *frothy beer,* birra spumeggiante. **2** frivolo; futile; leggero; superficiale: *a frothy conversation,* una conversazione frivola. □ *avv* **frothily.**

froward ['frouəd] *agg (ant.)* ribelle; ostinato; perverso *(spec. di bambino).*

frown [fraun] *s.* l'aggrottare le ciglia; cipiglio; aspetto corrucciato; viso arcigno: *He looked at her with a frown of disapproval,* La guardò con un'espressione di disapprovazione.

to **frown** [fraun] *vi* aggrottare le ciglia; corrugare la fronte: *to frown at sb,* guardare qcno in cagnesco — *to frown upon (on),* disapprovare; condannare; non vedere di buon occhio.

frowningly ['frauniŋli] *avv* con cipiglio; severamente; minacciosamente.

frowzy ['frauzi] *agg* **1** maleodorante; che puzza di chiuso. **2** sciatto; sporco; trasandato.

froze, frozen [frouz/frouzn] *pass e p. pass di* **to freeze.**

fructification [,frʌktifi'keiʃən] *s.* **1** fruttificazione. **2** organi riproduttori della pianta.

to **fructify** ['frʌktifai] *vt e i.* **1** fruttificare; produrre frutti. **2** fertilizzare.

frugal ['fru:gəl] *agg* frugale; parco; economo; magro: *a frugal meal,* un pasto frugale — *a frugal housewife,* una massaia parsimoniosa, economa — *to be frugal of one's time and money,* economizzare il proprio tempo e danaro. □ *avv* **frugally.**

frugality [fru'gæliti] *s.* frugalità; parsimonia.

fruit [fru:t] *s.* **1** *(generalm. al sing.)* frutto; frutta; *(bot.)* organo riproduttore di una pianta; seme: *Fruit is good for the skin,* La frutta fa bene alla pelle — *stewed fruit,* frutta cotta — *fruit pie,* crostata di frutta — *fruit cake,* plum-cake; panfrutto — *fruit-knife,* coltello da frutta — *fruit salad; (talvolta) fruit-cocktail,* macedonia di frutta — *fruit shop,* negozio di frutta e verdura. **2** *(stile biblico)* figli; discendenza. **3** *(spesso al pl.)* profitto; prodotto; risultato: *the fruits of industry,* i prodotti dell'industria — *to bear fruit,* fruire; riuscire; dare buoni risultati — *His knowledge is the fruit of long study,* La sua cultura è il risultato di lunghi studi — *the fruits of the earth,* i prodotti della terra. □ *fruit-machine, (fam.)* macchina mangiasoldi.

to **fruit** [fru:t] *vi e t.* **1** fruttificare; fruttare; dare frutto: *These trees fruit well,* Queste piante dànno buoni frutti. **2** far fruttare.

fruiterer ['fru:tərə*] *s.* fruttivendolo.

fruitful ['fru:tful] *agg* fruttifero; fruttuoso; fecondo *(anche fig.): fruitful soil,* terreno fertile — *a fruitful career,* una carriera fruttuosa — *a parliamentary session fruitful of (o in) useful legislation,* una sessione parlamentare feconda di utili provvedimenti legislativi. □ *avv* **fruitfully.**

fruitfulness ['fru:tfulnis] *s.* fruttuosità; fertilità; fecondità.

fruition [fru(:)'iʃən] *s.* realizzazione *(di speranze);* godimento *(per la realizzazione d'un desiderio);* risultato: *His plans came to fruition,* I suoi progetti raggiunsero il risultato desiderato.

fruitless ['fru:tlis] *agg* infruttuoso; sterile; vano: *fruitless efforts,* sforzi vani. □ *avv* **fruitlessly.**

fruitlessness ['fru:tlisnis] *s.* infruttuosità; sterilità; inutilità.

fruity ['fru:ti] *agg* **1** profumato; succoso; che sa di frutta: *a fruity wine,* un vino generoso (che sa di uva). **2** *(fam.)* succoso; piccante: *a fruity novel,* un romanzo piccante. **3** *(di voce)* basso; morbido; pastoso. □ *avv* **fruitily.**

frump [frʌmp] *s.* donna con abiti fuorimoda o malvestita; sciattona.
frumpish ['frʌmpiʃ] *agg (di donna)* sciatto; trasandato *(nel vestire).*
to **frustrate** [frʌs'treit] *vt* frustrare; deludere; prevenire; impedire; rendere vano: *to frustrate the plans of an enemy; to frustrate an enemy in his plans,* frustrare i piani d'un nemico — *to be frustrated in an attempt to do sth,* rimanere deluso nel tentativo di fare qcsa.
frustration [frʌs'treiʃən] *s.* frustrazione; delusione; insuccesso; *(di un contratto)* impossibilità di esecuzione: *to be embittered by numerous frustrations,* essere amareggiato da numerose delusioni.
[1]**fry** [frai] *s. collettivo* avannotti. □ *small fry,* mocciosi; bambini; persone di poco conto; nullità.
[2]**fry** [frai] *s.* **1** *(GB)* frittura; fritto. **2** *french fries, (USA)* patatine fritte.
to **fry** [frai] *vt e i.* (*pass. e p. pass.* **fried**) friggere: *The sausages are frying,* Le salcicce stanno friggendo — *frying-pan; (USA) fry-pan,* padella — *to jump (to fall) out of the frying-pan into the fire,* cadere dalla padella nella brace — *to fry up,* far friggere gli avanzi.
fry-up ['fraiʌp] *s.* pasticcio di cibi avanzati fritti.
fuchsia ['fju:ʃə] *s.* fucsia.
fuck [fʌk] *s. (volg.)* chiavata; scopata.
to **fuck** [fʌk] *vt e i. (volg.)* chiavare; scopare: *to fuck off,* (andare a) farsi fottere — *Fuck off!,* Va' a farti fottere!
fucking ['fʌkiŋ] *agg (volg.: da* **to fuck,** *ma spesso quasi privo di significato)* dannato; maledetto; fottuto: *What the fucking hell are you doing?,* Che cazzo fate? — *Get out, you fucking bastard!,* Vattene, brutto bastardo!
to **fuddle** ['fʌdl] *vt* istupidire; intontire *(spec. con alcoolici): to fuddle one's brain with gin,* annebbiarsi il cervello col gin; ubriacarsi di gin — *in a fuddled state,* in uno stato di ebbrezza *(prodotta dall'alcool).*
fuddy-duddy ['fʌdi'dʌdi] *s. (fam.)* matusa.
fudge [fʌdʒ] *s.* **1** dolce caramellato. **2** *(giornalismo)* spazio bianco riservato per le ultime notizie; *(per estensione)* le notizie dell'ultima ora. □ *interiezione* Sciocchezze!; Storie!
to **fudge** [fʌdʒ] *vt* **1** copiare *(p.es. compiti in classe).* **2** aggiustare alla meglio; rabberciare.
fuel [fjuəl] *s.* **1** combustibile; carburante: *fuel oil,* nafta — *fuel tank,* serbatoio. **2** *(fig.)* alimento; esca: *to add fuel to the flames,* soffiare sul fuoco.
to **fuel** [fjuəl] *vt e i.* (**-ll-**; *USA* **-l-**) alimentare; rifornire di combustibile, di carburante: *an electric power station fuelled by uranium,* una centrale elettrica alimentata ad uranio — *fuelling-station,* stazione di rifornimento.
fug [fʌg] *s. (fam.)* tanfo; aria viziata: *What a fug!,* Che tanfo!
fuggy ['fʌgi] *agg* che puzza di chiuso, di stantio.
[1]**fugitive** ['fju:dʒitiv] *s.* **1** fuggiasco; evaso; disertore; latitante: *a fugitive from justice,* una persona che cerca di sfuggire alla giustizia. **2** profugo.
[2]**fugitive** ['fju:dʒitiv] *agg* **1** fuggitivo; fuggiasco; evaso; latitante. **2** fugace; effimero: *fugitive verses,* versi effimeri, non duraturi — *fugitive dyes,* tinte poco resistenti alla luce.
fugue [fju:g] *s. (mus.)* fuga.
fulcrum ['fʌlkrəm] *s.* fulcro; punto d'appoggio *(anche fig.).*
to **fulfil(l)** [ful'fil] *vt* (**-ll-**) **1** adempiere; eseguire: *to fulfil one's duties,* adempiere ai propri doveri — *to fulfil a command,* eseguire un ordine. **2** soddisfare; esaudire: *to fulfil sb's hopes,* esaudire le speranze di qcno.
fulfilment [ful'filmənt] *s.* **1** adempimento; compimento. **2** appagamento; soddisfazione.
[1]**full** [ful] *agg* (**fuller; fullest**) **1** pieno *(in vari sensi);* ripieno; colmo; gonfio: *The box is full,* La scatola è piena — *The room was full of people,* La stanza era piena di gente — *The boy went on eating till he was full,* Il ragazzo continuò a mangiare finché fu sazio — *My heart is too full for words,* Il mio cuore è troppo colmo per parlare — *He was full of himself,* Era tutto tronfio (pieno di sé) — *to work full-time,* lavorare a tempo pieno — *pockets full of money,* tasche gonfie di denaro — *a man full of new ideas,* un uomo pieno di idee nuove — *a lake full of fish,* un lago molto pescoso — *full of vitality,* pieno di vita — *full to the brim,* pieno fino all'orlo — *full to overflowing,* pieno fino a traboccare — *full up,* pieno; al completo; sazio — *half-full,* pieno a metà.
2 completo; intero; abbondante; copioso: *to drive at full speed,* guidare (un'auto) a tutta velocità — *to fall full length,* cadere disteso — *to turn full circle,* compiere un giro intero; *(fig.)* tornare al punto di partenza -- *a full-length portrait,* un ritratto in grandezza naturale — *apple-trees in full blossom,* meli in piena fioritura — *a full moon,* luna piena; plenilunio — *full dress,* vestito da cerimonia; abito da sera — *a full-dress rehearsal, (teatro)* prova generale — *a full-dress debate,* dibattito parlamentare importante e preparato a lungo — *full face,* (in) pieno viso; con la faccia verso gli spettatori *(non di profilo)* — *to wait a full hour,* aspettare per un'ora abbondante — *full-page, (agg. attrib.)* a piena pagina.
3 rotondo; grassoccio; carnoso: *to be rather full in the face,* essere un po' grassoccio di faccia — *a full figure,* un fisico un po' abbondante, rotondetto.
4 *(di vestiti)* ad ampie pieghe; largo; comodo; ampio: *a full skirt,* una gonna ampia (a pieghe) — *Please make this coat a little fuller across the back,* Per favore mi allarghi un poco la giacca sulla schiena.
□ ... *in full,* ... per disteso; ... per intero; completamente — *to write one's name in full,* scrivere per intero il proprio nome — *to the full,* pienamente; completamente; appieno: *to enjoy oneself to the full,* divertirsi sino in fondo, moltissimo — *to be in full swing,* essere in piena attività; essere ben avviato — *full-back, (sport)* terzino — *full-blooded,* vigoroso; appassionato; di razza pura — *full-bottomed, (di parrucca)* coi capelli lunghi sulla nuca — *full scale,* in scala naturale; in proporzioni naturali; *(fig., fam.)* con tutti i mezzi disponibili; in grande stile — *a full stop, (punteggiatura)* un punto — *a full house,* - **a)** *(di teatro, cinema)* un pienone; il 'tutto esaurito' - **b)** *(poker),* full *(un tris e una coppia): a full house with aces on the roof,* un tris e una coppia di assi. □ *avv* ⇨ **fully.**
[2]**full** [ful] *avv* pienamente; proprio; del tutto: *full six miles,* sei miglia tonde — *to hit sb full on the nose,* colpire qcno proprio sul naso. □ *full-blown, (di fiore)* completamente sbocciato — *full-fledged, (di uccello)* che ha messo tutte le penne, capace di volare; *(fig.)* completo; esperto; ben preparato — *a full-fledged barrister,* un esperto avvocato — *full-grown,* completamente sviluppato, cresciuto — *full-out,* a tutta velocità; con tutta la propria forza.
fuller ['fulə*] *s.* follatore: *fuller's earth,* argilla smettica.
fullness ['fulnis] *s.* **1** pienezza; completezza; ampiezza; abbondanza. **2** sazietà. **3** *(di suono)* ampiezza; volume;

(di colore) vivezza; ricchezza. □ *in the fullness of time,* a tempo debito; a suo tempo.

fully ['fuli] *avv* pienamente; completamente; del tutto: *fully satisfied,* pienamente soddisfatto — *fully paid up capital, (dir., comm.)* capitale *(sociale)* interamente versato — *The journey will take fully two hours,* Per il viaggio ci vorranno due ore buone — **fully-fashioned** ⇨ **to fashion** — **fully-fledged** ⇨ **²full.**

fulmar ['fʌlmə*] *s.* fulmaro glaciale *(tipo di procellaria).*

to **fulminate** ['fʌlmineit] *vi* scagliare fulmini; inveire: *to fulminate against the idleness of the young,* inveire contro la pigrizia dei giovani.

fulmination [,fʌlmi'neiʃən] *s.* **1** invettiva; denuncia. **2** folgorazione.

fulsome ['fulsəm] *agg (di lode, adulazione)* stucchevole; nauseabondo; stomachevole; falso. □ *avv* **fulsomely.**

fulsomeness ['fulsəmnis] *s.* disgustosità; falsità.

to **fumble** ['fʌmbl] *vi e t.* **1** frugare; armeggiare; cercare a tastoni; annaspare: *to fumble in one's pocket for a key,* frugare in tasca per (trovarvi) una chiave — *to fumble at a lock,* armeggiare attorno ad una serratura. **2** maneggiare goffamente, maldestramente: *(sport) to fumble a ball,* lasciarsi sfuggire una palla.

fumbler ['fʌmblə*] *s.* annaspone; faccendone; individuo goffo, maldestro.

fume [fju:m] *s. (di solito al pl.)* fumo; esalazione; vapore: *air thick with the fumes of cigars,* aria satura di fumo di sigaro — *fumes of incense,* esalazioni d'incenso.

to **fume** [fju:m] *vi e t.* **1** fumare; esalare vapore. **2** *(fig.)* andare in collera; irritarsi; smaniare: *He was fuming at the delay,* Era seccatissimo per il ritardo — *to fume at sb's incompetence,* irritarsi per l'incompetenza di qcno — *to fume over (o about) trifles,* spazientirsi per un nonnulla. **3** affumicare; annerire *(legno);* patinare: *fumed oak,* quercia patinata. **4** profumare *(d'incenso).*

to **fumigate** ['fju:migeit] *vt* suffumigare; riempire di fumo per disinfezione.

fumigation [,fiu:mi'geiʃən] *s.* fumigazione; suffumigio.

fun [fʌn] *s.* **1** spasso; divertimento; scherzo: *What fun the children had at the seaside!,* Quanto si sono divertiti i bambini al mare! — *to have fun,* divertirsi; spassarsela — *Have fun!, (fam.)* Divertitevi!; Buon divertimento! — *He is fond of fun,* Gli piace divertirsi — *to make fun of sb (to make fun at sb),* prendere qcno in giro; farsi gioco di (beffarsi di) qcno; mettere in ridicolo — *a figure of fun,* un personaggio ridicolo; uno zimbello. **2** cosa o persona che diverte: *Your new friend is great fun,* Il tuo nuovo amico è un tipo divertente — *Sailing is good fun,* La vela è (uno sport) divertente — *I don't see any fun in doing that,* Non vedo cosa ci sia di divertente nel fare questo — *fun and games, (fam.)* allegra baldoria; scherzi; burle.

function ['fʌŋkʃən] *s.* **1** funzione *(in ogni senso);* mansione. **2** cerimonia; ricevimento. **3** scopo; compito.

to **function** ['fʌŋkʃən] *vi* **1** funzionare. **2** fungere: *Some English adverbs function as adjectives,* Alcuni avverbi inglesi fungono da aggettivi.

functional ['fʌŋkʃənl] *agg* funzionale: *schools designed according to functional principles,* scuole progettate secondo criteri funzionali — *a functional disorder, (med.)* un disturbo funzionale. □ *avv* **functionally.**

functionalism ['fʌŋkʃənlizəm] *s.* funzionalismo.

functionalist ['fʌŋkʃənlist] *s.* funzionalista.

functionary ['fʌŋkʃənəri] *s. (spesso spreg.)* funzionario.

functioning ['fʌŋkʃəniŋ] *s.* funzionamento.

fund [fʌnd] *s.* **1** fondo; riserva; provvista *(anche fig.): a fund of common sense (humour, ecc.),* una riserva di buon senso (umorismo, ecc.). **2** *(spesso al pl.)* fondo; capitale: *a relief fund,* un fondo per l'assistenza — *mission funds,* fondi per le missioni — *to be in funds,* star bene a quattrini — *no funds,* conto scoperto *(di assegno, conto bancario)* — *the (public) funds,* i fondi pubblici; i titoli dello Stato; obbligazioni — *to have five thousand pounds in funds,* avere cinquemila sterline in titoli di Stato — *fund holder,* possessore di titoli di Stato.

to **fund** [fʌnd] *vt* **1** investire *(danaro)* in titoli di Stato. **2** consolidare *(debiti).* **3** finanziare.

fundamental [,fʌndə'mentl] *agg* fondamentale; essenziale; di base; basilare. □ *avv* **fundamentally.**
□ *s. (di solito al pl.)* **1** elemento essenziale; fondamento; base: *the fundamentals of mathematics,* le basi della matematica. **2** *(mus.)* (nota) fondamentale.

fundamentalism [,fʌndə'mentəlizəm] *s.* fondamentalismo; rigida osservanza della tradizione religiosa protestante, basata sulla Bibbia.

fundamentalist [,fʌndə'mentəlist] *s.* fondamentalista; stretto osservante della religione protestante.

funding ['fʌndiŋ] *s.* finanziamento: *(attrib.) a funding company,* una società finanziaria.

funeral ['fju:nərəl] *s.* funerale (funerali); corteo funebre. □ *That's your funeral, (fam.)* Sono affari tuoi; Arrangiati da solo.
□ *agg* funebre: *a funeral procession,* una processione funebre — *a funeral march,* una marcia funebre — *a funeral parlor, (USA)* un'agenzia di pompe funebri.

funereal [fju(:)'niəriəl] *agg* funereo; tetro: *to have a funereal expression on one's face,* avere una faccia da funerale. □ *avv* **funereally.**

fun-fair ['fʌnfɛə*] *s.* specie di Luna-Park; parco divertimenti.

fungicide ['fʌndʒisaid] *s.* fungicida; anticrittogamico.

fungoid ['fʌŋgɔid] *agg* fungoso; fungiforme.

fungous ['fʌŋgəs] *agg* fungoso.

fungus ['fʌŋgəs] *s.* (*pl.* **fungi,** *talvolta* **funguses**) **1** fungo: *edible fungus,* fungo mangereccio. **2** *(med.)* fungosità. □ *face fungus, (scherz.)* barba; l'onor del mento.

funicular [fju:'nikjulə*] *s. e agg* funicolare.

funk [fʌŋk] *s. (fam.)* **1** tremarella; fifa: *to be in a (blue) funk,* avere una gran fifa. **2** codardo; fifone: *funk-hole, (GB)* - **a)** *(mil.)* rifugio - **b)** *(fam.)* impiego che permette di 'imboscarsi'.

to **funk** [fʌŋk] *vi e t. (fam.)* aver paura; aver fifa; tirarsi indietro *(per paura).*

funnel ['fʌnl] *s.* **1** imbuto. **2** fumaiolo; ciminiera *(di locomotiva, nave, ecc.).* **3** tubo di aerazione. **4** canna; gola *(di camino).*

to **funnel** ['fʌnl] *vt* alimentare o dirigere per mezzo di un imbuto.

funnelled ['fʌnəld] *agg* con ciminiera: *two- (three-) funnelled,* con due (tre) ciminiere.

funnies ['fʌnis] *s. pl (USA, fam.)* fumetti.

funniness ['fʌninis] *s.* **1** comicità; spiritosaggine. **2** stramberia; bizzarria; stranezza.

funny ['fʌni] *agg* (**-ier; -iest**) **1** buffo; divertente; faceto: *funny-man,* attore comico — *funny stories,* storie divertenti, allegre. **2** strano; bizzarro; inspiegabile; poco chiaro; equivoco; sospetto: *There's something funny about the affair,* C'è qualcosa di strano in quest'affare — *a funny smell,* un odore strano — *Funny you*

should say that. It's just what I was thinking, (fam.) Strano che tu dica proprio questo: è esattamente quel che stavo pensando io — *Do you mean funny peculiar, or funny ha-ha?, (GB, fam.)* Vuoi dire strano o buffo? *(detto quando non si capisce il significato della parola 'funny' in un dato contesto).* □ *funny-bone,* olecrano.
□ *avv* **funnily,** in modo buffo, divertente, strano: *funnily enough,* strano a dirsi.

fur [fə:*] *s.* **1** pelo; pelame *(di animale);* pelliccia: *a fine fox fur,* una bella pelliccia di volpe — *to wear expensive furs,* indossare costose pellicce — *a fur coat,* un cappotto di pelliccia — *fur and feather,* animali piumati e da pelliccia. **2** incrostazione *(in un recipiente);* patina *(sulla lingua).* □ *to make the fur fly,* fare il diavolo a quattro; provocare disordini.

to **fur** [fə:*] *vt e i.* (**-rr-**) incrostarsi; essere incrostato; coprirsi di incrostazioni; formare una patina: *a furred tongue,* una lingua sporca — *a furred kettle,* una cuccuma incrostata.

furbelow ['fə:bilou] *s. (spesso nell'espressione* frills and furbelows*)* **1** falpalà. **2** *(spreg., al pl.)* orpelli; fronzoli; ornamenti eccessivi.

to **furbish** ['fə:biʃ] *vt (con* up*)* lucidare; rinfrescare; rispolverare *(anche fig., p.es. una materia scolastica): to furbish a sword,* lucidare una spada.

furious ['fjuəriəs] *agg* furioso; violento; sfrenato: *a furious struggle,* una lotta furibonda — *running at a furious pace,* correndo a rotta di collo — *fast and furious,* sfrenato. □ *avv* **furiously.**

to **furl** [fə:l] *vt e i.* **1** ammainare; serrare. **2** chiudere *(spec. un ombrello, arrotolandolo).*

furlong ['fə:lɔŋ] *s.* 'furlong'; 1/8 di miglio *(= m. 201,16).*

furlough ['fə:lou] *s.* licenza; permesso; congedo *(spec. di militare o funzionario in servizio all'estero): going home on furlough,* andare a casa in licenza — *six month's furlough,* una licenza di sei mesi — *to have a furlough every three years,* avere una licenza ogni tre anni.

furnace ['fə:nis] *s.* **1** caldaia di calorifero. **2** forno; fornace: *blast furnace,* altoforno.

to **furnish** ['fə:niʃ] *vt* **1** rifornire; fornire: *to furnish a library with books,* rifornire una biblioteca di libri — *to furnish an army with supplies,* fornire un esercito di scorte. **2** ammobiliare; arredare: *a furnished flat,* un appartamento ammobiliato.

furnishings ['fə:niʃiŋz] *s. pl* mobili; mobilia; articoli d'arredamento *(d'una casa).*

furniture ['fə:nitʃə*] *s. collettivo* mobilio; mobili: *a piece of furniture,* un mobile.

furore [fjuə'rɔ:ri/'fju:rɔ:*] *s. (dall'ital.)* grande entusiasmo; entusiastica ammirazione: *The new play created a furore,* La nuova commedia suscitò grande entusiasmo.

furrier ['fʌriə*] *s.* pellicciaio.

furrow ['fʌrou] *s.* **1** solco: *newly turned furrows,* solchi appena aperti. **2** scia *(di nave).* **3** ruga *(spec. della fronte).* **4** scanalatura.

to **furrow** ['fʌrou] *vt* solcare; arare; segnare di rughe: *a forehead furrowed by old age,* una fronte segnata dalla vecchiaia.

furry ['fə:ri] *agg* (**-ier**; **-iest**) **1** peloso; coperto di pelliccia; simile a pelliccia. **2** *(della lingua)* 'sporca'. **3** *(di recipiente, p.es. una pentola)* incrostato; coperto di incrostazioni.

further ['fə:ðə*] *avv e agg* **1** (*spesso usato invece di* **farther**) più lontano; più distante: oltre; ulteriormente: *It's not safe to go any further,* Non è prudente andare oltre — *We need go no further into the matter,* Non è necessario che indaghiamo oltre nella faccenda — *to inquire further,* fare ulteriori indagini. **2** *(anche* furthermore*)* inoltre; in aggiunta; per di più: *He said that the key was lost, and further that there was no hope of its being found,* Disse che si era perduta la chiave e che per giunta non c'era speranza di ritrovarla. **3** *further to... (spec. comm.)* in seguito a...: *Further to our letter of February 10,* In seguito alla nostra del 10 febbraio.
□ *agg* altro; ulteriore; nuovo; supplementare: *further information,* ulteriori informazioni — *The museum will be closed until further notice,* Il museo rimarrà chiuso sino a nuovo avviso.

to **further** ['fə:ðə*] *vt* incoraggiare; appoggiare; promuovere; favorire: *to further sb's interests,* appoggiare gli interessi di qcno — *to further the cause of peace,* promuovere la causa della pace.

furtherance ['fə:ðərəns] *s.* incoraggiamento; avanzamento; progresso; appoggio: *for the furtherance of public welfare,* per il progresso del bene pubblico — *in furtherance of your aims,* in appoggio alle vostre aspirazioni.

furthermore ['fə:ðə'mɔ:*] *avv* ⇨ **further 2.**

furthermost ['fə:ðəmoust] *agg* estremo; il più lontano; il più remoto.

furthest ['fə:ðist] *agg e avv* (il) più lontano; estremo.

furtive ['fə:tiv] *agg* furtivo; clandestino; *(raro)* rubato: *a furtive glance,* uno sguardo furtivo — *to be furtive in one's movements,* muoversi furtivamente.
□ *avv* **furtively.**

furtiveness ['fə:tivnis] *s.* furtività; clandestinità.

fury ['fjuəri] *s.* **1** furia; furore; violenza; scatto collerico: *to be filled with fury,* essere pieno di furore (furibondo) — *the fury of the elements,* la furia degli elementi — *in the fury of the battle,* nel furore della battaglia — *She was in one of her furies,* Era in una delle sue crisi di collera. **2** persona furibonda; 'furia' *(spec. di donna): What a little fury she is!,* Che piccola furia è!; È proprio una piccola furia! **3** *(al pl.)* le Furie.
□ *like fury,* violentemente; con accanimento.

furze [fə:z] *s.* ginestrone.

fuse [fju:z] *s.* **1** miccia. **2** detonatore; spoletta *(di esplosivo): time fuse,* miccia a tempo. **3** *(elettr.)* fusibile; valvola: *fuse box,* scatola dei fusibili — *fuse holder,* portafusibile.

to **fuse** [fju:z] *vt e i.* fondere, fondersi; unire, unirsi; saldare: *to fuse two pieces of wire together,* saldare insieme due pezzi di filo metallico. □ *The light has fused,* È saltata la luce.

fuselage ['fju:zilɑ:ʒ] *s.* fusoliera.

fusilier [,fju:zi'liə*] *s.* fuciliere.

fusillade [,fju:zi'leid] *s.* scarica di armi da fuoco; fucilata; fuoco di fila.

fusion ['fju:ʒən] *s.* fusione: *fusion bomb,* bomba all'idrogeno.

fuss [fʌs] *s.* **1** confusione; trambusto; chiasso; *(fam.)* storie: *Don't make so much fuss (Don't get into such a fuss) about trifles!,* Non far tanto rumore per nulla! **2** cerimonie; attenzioni; briga: *They made a great fuss of me,* Mi hanno colmato di attenzioni. **3** *(fam., anche* fuss-pot*)* persona che fa un sacco di storie.

to **fuss** [fʌs] *vi* agitarsi; darsi la briga; affannarsi; far confusione: *Stop fussing,* Smettila d'agitarti — *She fussed about, unable to hide her impatience,* Andava su e giù nervosamente, incapace di nascondere la sua impazienza — *to fuss over sth,* agitarsi (affannarsi) per qcsa. □ *vt* mettere in agitazione; innervosire:

Don't fuss me!, Non mettermi in agitazione!; Non innervosirmi!

fussiness ['fʌsinis] *s.* **1** l'agitarsi; il far trambusto. **2** meticolosità; cura eccessiva.

fussy ['fʌsi] *agg* (**-ier**; **-iest**) **1** faccendone; confusionario; annaspone. **2** esigente; meticoloso; puntiglioso: *to be too fussy about one's dress,* essere troppo meticoloso nel vestire. **3** *(di abiti, di stile, ecc.)* carico di fronzoli, orpelli. □ *avv* **fussily.**

fustian ['fʌstjən] *s.* **1** fustagno. **2** *(fig.)* discorso altisonante ma vuoto.
□ *agg attrib* **1** di fustagno. **2** ampolloso; altisonante. **3** di scarso valore.

fusty ['fʌsti] *agg* (**-ier**; **-iest**) **1** che puzza di muffa, di stantio, di chiuso; ammuffito. **2** *(fig.)* arretrato; sorpassato: *a fusty old professor,* un vecchio professore antiquato. □ *avv* **fustily.**

futile ['fju:tail] *agg* futile; frivolo; leggero: *a futile attempt,* un tentativo inutile. □ *avv* **futilely.**

futility [fju:'tiliti] *s.* futilità; frivolezza; inutilità.

futurable ['fju:tʃərəbl] *s. e agg* futuribile.

future ['fju:tʃə*] *s.* **1** futuro; avvenire: *The future must always be uncertain,* È giocoforza che il futuro sia sempre incerto — *I hope you have a happy future before you,* Spero che tu abbia davanti un felice futuro — *Have you provided for the future?,* Hai pensato (provveduto) al futuro? — *in future; for the future,* in futuro; d'ora in poi; per il futuro; per l'avvenire — *You must be more careful in future,* Nell'avvenire devi stare più attento — *There's no future in it,* Non ne vale la pena. **2** *(comm., sempre al pl.)* merci vendute con consegna a termine; contratti per consegna a termine; operazioni a termine. **3** *(gramm.)* futuro.
□ *agg* futuro; venturo; prossimo; che verrà: *the future life,* la vita futura *(dopo la morte)* — *his future wife,* la sua futura moglie — *the future tense, (gramm.)* il (tempo) futuro — *future perfect,* futuro anteriore.

futureless ['fju:tʃəlis] *agg* senza futuro; senza avvenire.

futurism ['fju:tʃərizəm] *s.* futurismo.

futurist ['fju:tʃərist] *s.* futurista.

futuristic [,fju:tʃə'ristik] *agg (arte; ma anche fam., in generale)* futuristico.

futurity [fju:'tjuəriti] *s.* futuro; avvenire; avvenimenti futuri.

fuzz [fʌz] *s.* **1** lanugine; peluria. **2** capelli arricciati, crespati. **3** *the fuzz, (sl.)* la polizia.

fuzziness ['fʌzinis] *s.* **1** l'essere arricciato, increspato. **2** *(fig.)* l'essere indistinto, confuso, offuscato.

fuzzy ['fʌzi] *agg* (**-ier**; **-iest**) **1** arricciato; increspato. **2** sfilacciato. **3** *(fig.)* indistinto; confuso; offuscato; *(fotografia)* sfuocato. **4** coperto di peluria; lanugine.
□ *fuzzy-wuzzy, (GB, sl. mil. desueto)* guerriero negro.

G

G, g [dʒi:] (*pl.* **G's, g's; Gs, gs**) **1** G, g *(settima lettera dell'alfabeto inglese): G for George, (al telefono, ecc.)* G come Genova. **2** *(mus.)* sol: *G-string, (del violino)* corda del sol; *(fam.)* 'cache-sexe'; slip succinto delle spogliarelliste. **3** (*USA, sl.: abbr. di* ²**grand**) mille dollari. □ *'g' film, (USA)* film non vietato ai minori — *G man, (USA, pl.* G men*)* agente del F.B.I. — *G.I., (USA)* soldato semplice — *a G.I. bride,* una sposa (straniera) di guerra.

gab [gæb] *s. (fam.)* parlantina: *Stop your gab!, (volg.)* Chiudi il becco! — *to have the gift of the gab, (fam.)* aver la parlantina sciolta.

gabardine ['gæbədi:n] *s.* gabardine.

gabble ['gæbl] *s.* borbottio; farfuglio.

to **gabble** ['gæbl] *vt e i.* borbottare; farfugliare; parlottare; biascicare: *The little girl gabbled her prayers and jumped into bed,* La ragazzina biascicò le sue orazioni e si infilò nel letto — *Listen to those old women gabbling away,* Senti come farfugliano quelle vecchiette.

gaberdine ['gæbədi:n] *s.* **1** gabardine. **2** gabbana.

gable ['geibl] *s. (archit.)* timpano; frontone.

gabled ['geibld] *agg* **1** munito di timpano; con timpani. **2** a due spioventi.

gad [gæd] *interiezione (ant. variante di* God, *Dio): By gad!,* Perdinci!

to **gad** [gæd] *vi* (**-dd-**) *(generalm. seguito da* about*)* gironzolare; vagabondare.

gad-about ['gædəbaut] *s.* girandolone.

gad-fly ['gædflai] *s.* **1** tafano. **2** *(fig.)* persona irritante. **3** pungolo; stimolo.

gadget ['gædʒit] *s. (fam.)* aggeggio; congegno; dispositivo: *a new gadget for opening tin cans,* un nuovo aggeggio per aprire le scatolette.

gadgetry ['gædʒitri] *s. collettivo* aggeggi vari; congegni; dispositivi.

Gael [geil] *s.* gaelico.

Gaelic ['geilik/'gælik] *agg* gaelico. □ *s.* la lingua gaelica.

¹**gaff** [gæf] *s.* **1** uncino; arpione *(da pesca).* **2** *(naut.)* picco: *gaff sail,* vela di randa. □ *to blow the gaff, (fig.)* spifferare un segreto.

to **gaff** [gæf] *vt* uncinare; fiocinare; arpionare.

²**gaff** [gæf] *s. (GB, sl.: anche* penny gaff*)* teatro da due soldi.

gaffe [gæf] *s.* 'gaffe'; sproposito.

gaffer ['gæfə*] *s.* **1** vecchio campagnolo; compare. **2** *(GB)* capomastro.

gag [gæg] *s.* **1** bavaglio *(anche fig.).* **2** *(med.)* apribocca. **3** 'gag'; trovata teatrale ad effetto comico; battuta improvvisata; scherzo.

to **gag** [gæg] *vt* (**-gg-**) imbavagliare; ridurre al silenzio: *The press was gagged by the new regulations,* La stampa fu ridotta al silenzio dai nuovi regolamenti. □ *vi* improvvisare battute ad effetto comico.

gaga ['gægɑ:/'gɑ:gɑ:] *agg (sl.)* senile; rimbambito; deficiente.

¹**gage** [geidʒ] *s. (ant.)* **1** pegno; garanzia. **2** guanto di sfida; *(per estensione)* sfida: *to throw down the gage,* gettare il guanto; sfidare — *to pick up the gage,* raccogliere il guanto; accettare la sfida.

¹to **gage** [geidʒ] *vt (ant.)* dare in pegno; dare in garanzia; impegnare.

²**gage** [geidʒ] *s.* ⇨ **gauge.**

²to **gage** [geidʒ] *vt* ⇨ to **gauge.**

³**gage** [geidʒ] *s.* (*abbr. di* **greengage**) susina; prugna (verde).

gaggle ['gægl] *s.* **1** branco *(di oche).* **2** *(scherz.)* gruppo di donne.

to **gaggle** ['gægl] *vi (di oche)* schiamazzare.

gaiety ['geiəti] *s.* **1** gaiezza; festosità: *Flags and bunting added to the gaiety of the scene,* Bandiere e festoni rendevano ancora più festosa la scena. **2** *(al pl.)* le festività: *the gaieties of Christmas,* le feste del periodo natalizio.

gaily ['geili] *avv* ⇨ **gay.**

gain [gein] *s.* **1** guadagno; acquisizione; vantaggio: *the love of gain,* l'amore del guadagno — *to be interested only in gain,* essere interessato solo al guadagno. **2** *(al pl.)* profitti; guadagni; vincite: *ill-gotten gains,* guadagni male acquistati (illeciti). **3** aumento; miglioramento; progresso: *a gain in weight,* un aumento di peso — *a gain in health,* un miglioramento della salute. **4** *(elettr.)* guadagno; amplificazione. **5** *(carpenteria)* cava; mortisa.

to **gain** [gein] *vt e i.* **1** acquistare; guadagnare, guadagnarsi: *to gain experience,* acquistare esperienza — *to gain an advantage over a competitor,* acquistare un vantaggio su un concorrente — *to gain strength,* riacquistare le forze — *to gain weight,* acquistare (aumentare, crescere di) peso — *He has gained five pounds in weight,* È aumentato di cinque libbre — *You've nothing to gain by doing that,* Non hai nulla da guadagnare facendo ciò — *to gain ground (time), (fig.)* guadagnare terreno (tempo); prendere tempo — *to gain the upper hand, (fig.)* avere la meglio; spuntarla.

2 *(di orologio)* andare avanti; anticipare: *My watch has gained ten minutes in twenty-four hours,* Il mio orologio è andato avanti di dieci minuti in ventiquattro ore — *This watch neither gains nor loses,* Questo orologio non anticipa né ritarda.

3 raggiungere; pervenire; arrivare *(spec. dopo un certo sforzo): The swimmer gained the shore,* Il nuotatore raggiunse la riva.

4 to gain on (o **upon**), - **a)** ridurre lo svantaggio; distanziare; guadagnar terreno; acquistar vantaggio: *to gain on the other runners, (in una corsa)* accorciare le distanze rispetto agli altri corridori — *to gain on one's pursuers,* guadagnare vantaggio sui propri inseguitori - **b)** *(riferito al mare) to gain on the land,* avanzare gradualmente ed erodere la terra.

gainful ['geinful] *agg* retribuito; remunerato; lucroso *(spec. dir. e comm.): gainful occupations,* occupazioni retribuite. □ *avv* **gainfully.**

gainings ['geiniŋz] *s. pl* profitti; guadagni; vincite.

to **gainsay** [gein'sei] *vt* (*pass. e p. pass.* **gainsaid**) negare: *There is no gainsaying his honesty,* Non si può negare la sua onestà.

gainst, 'gainst [genst] *prep* (*abbr. poet. di* **against**) contro.

gait [geit] *s.* andatura; portamento.

gaiter ['geitə*] *s.* ghetta; gambale.

gal [gæl] *s. (fam.)* ragazza.

gala ['gɑːlə/'geilə] *s.* gala: *gala dress,* abito di gala.

galactic [gə'læktik] *agg* galattico.

galantine ['gæləntiːn] *s.* galantina: *chicken galantine,* galantina di pollo.

galaxy ['gæləksi] *s.* (*pl.* **galaxies**) **1** galassia: *the Galaxy,* la Via Lattea. **2** *(fig.)* firmamento; costellazione.

gale [geil] *s.* **1** burrasca; soffio impetuoso: *It was blowing a gale,* Soffiava un vento di burrasca. **2** *(fig.)* scoppio; fragore; esplosione rumorosa: *gales of laughter,* scoppi di risa.

[1]**gall** [gɔːl] *s.* fiele *(anche fig.)*: *Juvenal's pen was dipped in gall,* La penna di Giovenale era intinta nel fiele — *gall-bladder,* cistifellea — *gall-stone,* calcolo biliare.

[2]**gall** [gɔːl] *s.* escoriazione; guidalesco; piaga.

to **gall** [gɔːl] *vt* **1** escoriare; irritare la pelle (sfregando); scorticare. **2** umiliare; seccare; irritare: *to gall sb with one's remarks,* irritare qcno con le proprie osservazioni — *It was galling for him to have to ask for a loan,* Era umiliante per lui dovere chiedere un prestito.

[3]**gall** [gɔːl] *s. (bot.)* galla *(p.es. di quercia).*

gallant ['gælənt] *agg* **1** prode; ardito; coraggioso; ardimentoso: *gallant deeds,* imprese coraggiose. **2** galante: *He was very gallant at the ball,* Fu molto galante al ballo. **3** maestoso; imponente; bello: *a gallant-looking ship,* una nave dall'aspetto maestoso — *He put up a gallant display of willingness,* Fece una gran mostra di buona volontà.

□ *s.* [gə'lænt] galante; bellimbusto; zerbinotto; damerino.

gallantry ['gæləntri] *s.* **1** coraggio; ardimento. **2** galanteria. **3** intrigo amoroso; relazione amorosa.

galleon ['gæljən] *s.* galeone.

gallery ['gæləri] *s.* **1** galleria *(d'arte, mineraria, di un palazzo, ecc.)*; tribuna: *a picture gallery,* una pinacoteca — *a shooting gallery,* una galleria di tiro — *the press gallery of the House of Commons,* la tribuna della stampa alla Camera dei Comuni. **2** loggione: *to play to the gallery,* recitare per il loggione; *(anche fig.)* cercare di compiacere i gusti della massa.

galley ['gæli] *s.* (*pl.* **galleys**) **1** galea; galera: *galley-slave,* individuo condannato a remare su una galera; galeotto. **2** cambusa. **3** *(tipografia)* vantaggio: *galley (-proof),* bozza non impaginata; bozza in colonna.

Gallic ['gælik] *agg* gallico.

gallicism ['gælisizəm] *s.* gallicismo; francesismo.

to **gallicize** ['gælisaiz] *vt e i.* gallicizzare; infrancesare.

to **gallivant** [ˌgæli'vænt] *vi* girandolare.

gallon ['gælən] *s.* gallone *(misura di capacità, pari a 4,54 litri)*: *ten-gallon hat,* cappello di tipo texano.

gallop ['gæləp] *s.* galoppo; galoppata: *He rode away at a gallop,* Si allontanò al galoppo — *Shall we go for a gallop?,* Facciamo una galoppata?

to **gallop** ['gæləp] *vt e i.* **1** galoppare; andare al galoppo; lanciare al galoppo; percorrere al galoppo: *He galloped across the field,* Attraversò il campo al galoppo. **2** affrettarsi; procedere rapidamente, di galoppo: *to gallop through one's work,* finire di gran corsa il proprio lavoro — *galloping consumption,* tubercolosi galoppante.

gallows ['gælouz] *s. (generalm. con il v. al sing.)* **1** forca; patibolo: *a gallows-look,* una faccia da forca — *a gallows bird,* un tipo da forca — *He'll come to the gallows,* Finirà sulla forca; Farà una brutta fine. **2** forcella; scalmiere; supporto *(di forma analoga alla forca).*

Gallup poll ['gæləp 'poul] *s.* sondaggio *(d'opinioni)*; inchiesta Gallup.

galore [gə'lɔː*/-lɔə*] *avv (sempre posposto ad un s.)* a profusione; in gran quantità; in abbondanza: *At Christmas the shops are filled with toys galore,* A Natale i negozi sono pieni di ogni sorta di giocattoli — *whisky galore,* whisky a piacere (a volontà, 'a gogo').

galosh [gə'lɔʃ] *s.* (*pl.* **galoshes**) galoscia.

to **galumph** [gə'lʌmf] *vi* saltellare per la gioia.

galvanic [gæl'vænik] *agg* **1** galvanico. **2** *(fig.)* galvanizzato.

galvanism ['gælvənizəm] *s.* **1** galvanismo. **2** elettroterapia.

galvanization [ˌgælvənai'zeiʃən] *s.* **1** *(fis., med.)* galvanizzazione. **2** zincatura.

to **galvanize** ['gælvənaiz] *vt* galvanizzare *(anche fig.)*; elettrizzare o stimolare fortemente: *galvanized iron,* ferro galvanizzato (zincato) — *The insult galvanized him into action,* L'insulto lo stimolò ad agire (lo spronò all'azione).

gambit ['gæmbit] *s.* gambetto *(nel gioco degli scacchi)*: *opening gambit,* gambetto d'apertura; *(per estensione)* prima mossa *(offensiva, p.es. nelle azioni di guerra, nella politica, ecc.)*; prima battuta *(di un colloquio, di una conversazione).*

gamble ['gæmbl] *s.* speculazione; azzardo; rischio.

to **gamble** ['gæmbl] *vi e t.* azzardare; rischiare; speculare; giocare d'azzardo: *He lost his money by gambling,* Perdette il suo denaro giocando d'azzardo — *to gamble on the Stock Exchange,* speculare in Borsa — *They gambled on the enemy not having enough reserves for a counter-attack,* Specularono sulla possibilità che il nemico non avesse riserve sufficienti per un contrattacco.

gambler ['gæmblə*] *s.* **1** giocatore d'azzardo. **2** speculatore; individuo che rischia.

gambling ['gæmbliŋ] *s.* **1** il giocare d'azzardo; giochi d'azzardo: *gambling-den; gambling-house,* bisca; casa da gioco. **2** speculazione finanziaria.

gamboge [gæm'buːʒ] *s.* (pigmento di) colore giallo intenso.

gambol ['gæmbl] *s. (generalm. al pl.)* saltello; capriola.

to **gambol** ['gæmbl] *vi* (**-ll-**) saltellare; fare capriole.

[1]**game** [geim] *s.* **1** gioco *(del calcio, delle carte, ecc.)*; partita: *to play games,* giocare — *to have a game of whist,* fare una partita a whist — *to play the game,* rispettare le regole del gioco; *(fig.)* agire onestamente e lealmente — *to be off one's game,* non essere in forma — *to have the game in one's hands,* avere il gioco in mano; essere capace di condurre il gioco.

2 *(al pl.)* attività sportive; gare; prove sportive: *games-master, games-mistress,* insegnante che si occupa degli sport — *the Olympic Games,* i Giochi Olimpici; le Olimpiadi — *the Highland Games,* i Giochi Scozzesi.

3 *(tennis, ecc.)* tornata *(di un incontro)*; punteggio: *to win four games in the first set,* vincere quattro tornate nel primo set — *The game is four all,* Il punteggio è quattro a quattro.

4 gioco; piano; disegno; scherzo; trucco; intrigo;

impresa losca: *He was playing a cunning game,* Faceva un gioco astuto — *I wish I knew what his game is,* Vorrei sapere che cosa sta tramando — *Two can play at that game!,* Non fare il furbo, questa astuzia la conosco anch'io! — *So that's your little game!,* Dunque, questo è il tuo gioco! — *The game is up,* Il gioco è scoperto, smascherato — *Careful! You are playing his game,* Attenzione! Stai facendo il suo gioco — *None of your little games!,* Niente scherzi! — *to make games of sb,* farsi gioco (prendersi gioco) di qcno.
5 selvaggina; cacciagione: *big game,* caccia grossa — *fair game,* giusto bersaglio *(fig., per indicare persona o istituzione che può essere con ragione attaccata o contestata)* — *game-bag,* carniere — *game-cock,* gallo da combattimento — *game-bird,* uccellagione — *game-keeper,* guardiacaccia — *game-laws, (pl.)* leggi sulla caccia — *game licence,* licenza di caccia.
6 *(fam.)* prostituzione.

to **game** [geim] *vi e t.* giocare d'azzardo: *to game away ten pounds,* perdere al gioco dieci sterline.

[2]**game** [geim] *agg* **1** coraggioso; ardimentoso; valoroso: *He was game to the end,* Morì da valoroso. **2** pronto; entusiasta: *He's game for anything you may suggest,* È disposto a fare qualsiasi cosa gli venga proposta — *Are you game for a ten-mile walk?,* Te la senti di (sei disposto a) fare una passeggiata di dieci miglia? □ *avv* **gamely.**

[3]**game** [geim] *agg* storpio; sciancato; zoppo: *a game leg,* una gamba storpia.

gameness ['geimnis] *s.* ardimento; coraggio.

gamesmanship ['geimsmənʃip] *s.* abilità al gioco.

gamester ['geimstə*] *s.* giocatore d'azzardo; speculatore.

gamey, gamy ['geimi] *agg (USA)* che sa di selvatico.

gaming ['geimiŋ] *s. (spec. dir.)* i giochi d'azzardo; il giocare d'azzardo: *the gaming laws; the Gaming Act,* le leggi sui giochi d'azzardo — *gaming-house,* casa da gioco; casinò — *gaming-table,* tavolo da gioco.

gamma ['gæmə] *s.* **1** gamma *(terza lettera dell'alfabeto greco): gamma rays, (pl.)* raggi gamma. **2** *(votazione)* mediocre.

gammer ['gæmə*] *s. (ant., dial.)* comare; 'nonna'; vecchia.

[1]**gammon** ['gæmən] *s.* quarto di maiale; prosciutto affumicato salato.

[2]**gammon** ['gæmən] *s.* sciocchezze.

gammy ['gæmi] *agg* zoppo; rattrappito; atrofizzato.

gamp [gæmp] *s. (scherz.)* ombrello *(spec. se grosso).*

gamut ['gæmət] *s. (mus.)* **1** la scala musicale (a 7 note) di Guido d'Arezzo; la scala diatonica moderna. **2** *(fig.)* gamma *(di colori, di suoni, ecc.).*

gander ['gændə*] *s.* oca maschio. □ *to take (to have) a gander, (sl.)* dare un'occhiata.

gang [gæŋ] *s.* **1** squadra; gruppo *(di operai, prigionieri o schiavi).* **2** banda; 'gang' *(di gangsters, ecc.).* **3** *(fam., spreg.)* combriccola; compagnia: *Don't get mixed up with that gang,* Non metterti con quella compagnia. **4** batteria *(di interruttori, ecc.).*

ganger ['gæŋə*] *s.* capomastro; caposquadra.

gangling ['gæŋgliŋ] *agg* allampanato.

ganglion ['gæŋgliən] *s.* *(pl.* **ganglions** *o* **ganglia***)* ganglio *(anche fig.).*

gangplank ['gæŋplæŋk] *s.* ponticello di sbarco; passerella.

gangrene ['gæŋgri:n] *s.* cancrena: *Gangrene set in and his leg had to be amputated,* Si formò la cancrena e si dovette amputargli la gamba.

to **gangrene** ['gæŋgri:n] *vt* mandare in cancrena. □ *vi* andare in cancrena; essere affetto da cancrena.

gangrenous ['gæŋgrinəs] *agg* cancrenoso.

gangster ['gæŋgstə*] *s.* gangster; malvivente; membro di una banda di malviventi.

to **gang up** ['gæŋʌp] *vi* formare una banda, una combriccola; allearsi: *They ganged up on (o against) me,* Si allearono contro di me — *They ganged up with me,* Si allearono con me.

gangway ['gæŋwei] *s.* **1** *(naut.)* passerella; pontile. **2** passaggio tra file di posti *(nella Camera dei Comuni, a teatro, ecc.): Gangway, please!,* Largo (Pista), per favore!

gannet ['gænit] *s.* sula.

gantry ['gæntri] *s.* cavalletto *(p.es. per segnali ferroviari, gru, ecc.);* incastellatura *(p.es. per missili).*

gaol [dʒeil] *s.* prigione; carcere: *three years in gaol; three years' gaol,* tre anni di prigione — *to be sent to gaol,* essere mandato in prigione — *gaol-bird,* avanzo di galera; furfante; delinquente.

to **gaol** [dʒeil] *vt* mettere in prigione.

gaoler ['dʒeilə*] *s.* carceriere.

gap [gæp] *s.* **1** breccia; apertura; buco: *The sheep got out through a gap in the hedge,* Le pecore scapparono passando da un buco della siepe — *gap-toothed,* dai denti radi. **2** spazio vuoto; intervallo; divario; divergenza *(di idee, opinioni, ecc.);* lacuna: *There was a gap in the conversation,* Ci fu una pausa nella conversazione — *You should fill in the gaps in your learning,* Dovresti colmare le lacune della tua cultura — *There's a wide gap between the views of the two statesmen,* C'è una profonda divergenza di idee tra i due statisti — *to fill (to stop, to supply) a gap,* colmare una lacuna; tappare un buco — *trade gap; import/export gap,* disavanzo nella bilancia commerciale — *generation gap,* divario tra due generazioni — *credibility gap,* crisi di credibilità *(p.es. di uomo politico in cui la base non ha più fiducia).* **3** *(in una catena di montagne)* gola; passo; valico. **4** *(mecc., ecc.)* distanza; luce; soluzione di continuità.

gape [geip] *s.* **1** il fissare qcno a bocca aperta. **2** *(al pl.) the gapes,* corizza *(malattia dei polli)* — *a fit of the gapes, (fam.)* uno sbadiglio.

to **gape** [geip] *vi* **1** spalancare la bocca; rimanere a bocca aperta; sbalordirsi: *The peasants stood gaping at the neon lights,* I contadini stavano a bocca aperta davanti alle luci al neon. **2** aprirsi; fendersi; spaccarsi *(di burrone, ferita, ecc.): a gaping chasm,* una voragine.

garage ['gærɑ:ʒ/-ridʒ] *s.* garage; autorimessa.

to **garage** ['gærɑ:ʒ/-ridʒ] *vt* mettere in garage.

garb [gɑ:b] *s.* veste; abito *(specialmente per una determinata occasione, di certe categorie di persone, limitato a certe professioni, festività, ecc.): He was dressed in clerical garb,* Era vestito da sacerdote.

to **garb** [gɑ:b] *vt (scherz.)* agghindare; vestirsi *(a lutto, a festa, ecc.).*

garbage ['gɑ:bidʒ] *s. (USA)* immondizie; rifiuti; spazzatura; *(fig.)* robaccia: *garbage can,* bidone della spazzatura.

to **garble** ['gɑ:bl] *vt* fare un resoconto ingarbugliato o impreciso.

garden ['gɑ:dn] *s.* **1** giardino: *kitchen (o vegetable) garden,* orto; orticello — *market garden,* orto *(anche con fiori e frutta, destinati al mercato)* — *roof garden,* giardino pensile — *a garden wall,* un muro di giardino — *garden flowers (plants),* fiori (piante) da giardino — *garden city,* città giardino — *garden seat,* panchina; sedile di pietra; posto a sedere sull'imperiale di una carrozza — *garden-cress,* crescione di orto; crescione inglese — *garden-frame,* serra (di orto) — *garden-party,* merenda o cocktail all'aperto — *garden-white,* cavolaia — *the Garden of Eden,* l'Eden; il Paradiso Terrestre. **2** *(generalm. al pl.)* parco; giardino pubblico: *the hanging gardens of Babylon,* i giardini pensili di Babilonia — *Kensington Gardens,* il parco di Kensington — *a botanical garden,* un orto (giardino) botanico — *zoological gardens,* giardino zoologico; 'zoo'. **3** *(al pl. preceduto dal nome)* via, strada o fila di case con molto verde attorno.

☐ *common-or-garden, (agg.)* ⇨ **'common** — *to lead sb up the garden path,* fuorviare (ingannare) qcno.

gardener ['gɑ:dnə*] *s.* giardiniere *(anche per passatempo): market gardener,* ortolano; orticultore; ortofrutticultore.

gardenia [gɑ:'di:njə] *s.* gardenia.

gardening ['gɑ:dniŋ] *s.* giardinaggio: *gardening gloves,* guanti da giardiniere — *gardening tools,* attrezzi da giardiniere — *He is fond of gardening,* È appassionato di giardinaggio.

gargantuan [gɑ:'gæntjuən] *agg* mastodontico; gargantuesco; pantagruelico.

gargle ['gɑ:gl] *s.* **1** liquido per gargarismi. **2** gargarismo.

to **gargle** ['gɑ:gl] *vt e i.* gargarizzare; fare i gargarismi; gargarizzarsi.

gargoyle ['gɑ:gɔil] *s.* gargolla; grondone.

garish ['gɛəriʃ] *agg* vistoso; sgargiante. ☐ *avv* **garishly.**

garland ['gɑ:lənd] *s.* **1** ghirlanda; serto; corona. **2** *(fig.)* florilegio.

to **garland** ['gɑ:lənd] *vt* inghirlandare.

garlic ['gɑ:lik] *s.* aglio.

garlicky ['gɑ:liki] *agg* che sa di aglio; profumato di aglio.

garment ['gɑ:mənt] *s.* indumento; capo di vestiario.

garner ['gɑ:nə*] *s.* **1** *(poet.)* granaio. **2** *(fig.)* raccolta di poesie.

to **garner** ['gɑ:nə*] *vt* depositare in un granaio; raccogliere *(anche fig.).*

garnet ['gɑ:nit] *s.* granato *(il minerale, la gemma).*

garnish ['gɑ:niʃ] *s. (cucina)* ornamento; guarnizione.

to **garnish** ['gɑ:niʃ] *vt* **1** guarnire; ornare *(spec. pietanze).* **2** *(dir.)* pignorare beni presso terzi.

garret ['gærət/-it] *s.* mansarda; soffitta *(spec. povera).*

garrison ['gærisn] *s.* presidio; guarnigione; distaccamento *(anche attrib.): a garrison town,* una città di guarnigione.

to **garrison** ['gærisn] *vt* **1** fornire di guarnigione; presidiare. **2** piazzare *(truppe, ecc.)* nelle guarnigioni.

gar(r)otte [gə'rɔt] *s.* garrotta.

to **gar(r)otte** [gə'rɔt] *vt* garrottare; giustiziare con la garrotta.

garrulity, garrulousness [gæ'ru:liti/'gæruləsnis] *s.* garrulità; loquacità; petulanza.

garrulous ['gæruləs] *agg* garrulo; loquace *(anche di animali).* ☐ *avv* **garrulously.**

garter ['gɑ:tə*] *s.* giarrettiera; elastico per reggere le calze: *the Order of the Garter, (GB)* l'Ordine della Giarrettiera.

gas [gæs] *s.* **1** gas: *Air is a mixture of gases,* L'aria è un miscuglio di gas — *to turn on (off, up, down) the gas,* accendere (spegnere, alzare, abbassare) il gas — *gas-tight,* a tenuta di gas — *gas chamber,* camera a gas *(per la conservazione della frutta, per le esecuzioni capitali, ecc.)* — *gas-bag,* sacco, involucro per il gas; *(di dirigibile)* pallonetto; *(fam., spreg.)* ciarlone, ciarlona; otre di chiacchiere — *gas-bottle (-cylinder),* bombola del gas — *gas-burner (jet),* becco a gas — *gas coal,* carbon fossile — *gas cooker (range, stove),* cucina a gas — *gas engine,* motore a gas — *gas fire,* stufa a gas — *gas-fitter,* gassista — *gas oven,* forno a gas — *gas-holder (-tank),* gassometro; serbatoio del gas — *gas-light,* luce a gas — *gas main (o pipe),* tubatura principale, tubo del gas — *gas man,* controllore, esattore del gas; gassista — *gas mantle,* reticella *(di becco a gas)* — *gas mask,* maschera antigas — *gas oil,* olio pesante; gasolio; nafta — *gas poker,* accenditore a gas *(per caminetti, ecc.)* — *gas ring,* diffusore circolare di fornello a gas — *gas trap,* dispositivo di sicurezza contro fughe di gas — *gas well,* pozzo metanifero — *gas works,* officina del gas — *laughing gas,* gas esilarante — *marsh gas,* gas delle paludi; metano — *poison gas,* gas tossico — *tear gas,* gas lacrimogeno — *water gas,* gas povero — *mustard gas,* iprite.

2 *(spec. USA)* benzina *(abbr. di* **gasoline**): *to step on the gas,* dare gas; premere sull'acceleratore; *(per estensione)* affrettarsi — *gas station,* distributore di benzina; stazione di rifornimento.

3 *(fam.)* chiacchiere; ciarle *(cfr.* **to gas 3**).

to **gas** [gæs] *vt e i.* (**-ss-**) **1** *(chim.)* sottoporre all'azione del gas. **2** asfissiare (avvelenare, uccidere) con il gas; *(mil.)* attaccare con gas tossici; gassare. **3** *(fam.)* parlare a vanvera, a vuoto; ciarlare: *Stop gassing!,* Smettila di parlare (a vuoto)!

gaseous ['geisiəs] *agg* gassoso.

gash [gæʃ] *s.* ferita; sfregio; squarcio.

to **gash** [gæʃ] *vt* sfregiare; squarciare.

gasket ['gæskit] *s.* **1** *(mecc.)* guarnizione *(di tubi, ecc.).* **2** *(generalm. al pl.)* gerlo.

gasoline, gasolene ['gæsəli:n] *s.* **1** gasolio. **2** benzina (⇨ **gas 2**).

gasometer [gæ'sɔmitə*] *s.* gassometro; *(erroneamente)* serbatoio del gas.

gasp [gɑ:sp] *s.* respiro affannoso; rantolo: *to be at one's last gasp,* essere all'ultimo respiro (in punto di morte).

to **gasp** [gɑ:sp] *vi e t.* **1** respirare a fatica; boccheggiare; ansimare; rimanere col fiato corto: *to gasp for breath,* respirare a stento — *to gasp with rage,* essere sfiatato dalla rabbia. **2** *(spesso seguito da* out*)* esprimersi a fatica, affannosamente; raccontare ansimando: *He gasped out a few words,* Proferì ansimando poche parole.

gasper ['gɑ:spə*] *s. (ant., GB)* sigaretta *(spec. di qualità inferiore).*

gassy ['gæsi] *agg* **1** gassoso *(anche di bevande).* **2** *(fam.)* vuoto e prolisso *(di discorso).*

gastric ['gæstrik] *agg* gastrico.

gastritis [gæs'traitis] *s.* gastrite.

gastronome ['gæstrənoum] *s.* gastronomo.

gastronomic [,gæstrə'nɔmik] *agg* gastronomico.

gastronomy [gæs'trɔnəmi] *s.* gastronomia.

gat [gæt] *s. (sl. USA)* rivoltella.

gate [geit] *s.* **1** cancello; porta *(di bastioni, di mura cittadine);* ingresso *(di giardino, parco, ecc.): He opened the garden gate,* Aprì il cancello del giardino — *gate-house,* portineria; guardiola *(di parco)* — *gate-bill; gate-fine, (nei collegi di Oxford e Cambridge)* multa inflitta agli studenti per il ritardo nel rientro serale — *gate-keeper,* portinaio; custode *(di parco, villa, passaggio a livello, ecc.)* — *gate-post,* cardine; pilastro *(di cancello)* — *Between you and me and the gate-post..., (fig.)* In tutta confidenza...; Detto fra di noi... **2** barriera; chiusa *(per regolare l'afflusso dell'acqua): gate valve, (mecc.)* saracinesca. **3** numero degli spettatori presenti ad un incontro sportivo. **4** *(anche* gate money*)* incasso totale. □ *gate-legged (gate-leg) table,* tavola pieghevole — *gate change gear, (automobile)* cambio a settori.

to **gate** [geit] *vt* vietare (per punizione) la libera uscita *(ad uno studente di Oxford o Cambridge).*

gâteau [gæ'tou] *s. (fr.)* torta.

to **gatecrash** ['geitkræʃ] *vt* partecipare ad una festa, ad un ricevimento senza pagare o senza avere ricevuto l'invito; fare il 'portoghese'.

gatecrasher [geit'kræʃə*] *s.* ospite non invitato; 'portoghese'.

gateway ['geitwei] *s.* **1** (ingresso, passaggio attraverso un) cancello. **2** *(fig.)* porta; strada d'accesso: *the gateway to fame,* la via della gloria.

to **gather** ['gæðə*] *vt* **1** radunare: *He soon gathered a crowd round him,* Radunò ben presto una folla attorno a sé — *to be gathered to one's fathers, (lett.)* raggiungere i propri avi; morire. **2** cogliere *(fiori);* raccogliere; mettere insieme: *Gather your papers and books together, please,* Raccogliete i vostri libri e le vostre carte, per favore. **3** ottenere, acquistare gradualmente: *to gather speed,* acquistare velocità; accelerare — *to gather strength,* riprendere forza — *to gather oneself together,* raccogliere le proprie forze; riacquistare la padronanza di sé. **4** capire; trarre conclusioni; dedurre: *What did you gather from his statement?,* Cosa hai dedotto dalla sua deposizione? — *I gather from what you say that...,* Deduco da quanto ci dici che... **5** pieghettare; arricciare; increspare *(di tessuti);* corrugare: *a skirt gathered at the waist,* una gonna arricciata in vita. **6** *(med., di ascesso e simili)* suppurare; maturare.
□ *vi* radunarsi; ammassarsi; accumularsi: *A crowd soon gathered round him,* Ben presto una folla si radunò intorno a lui — *The clouds are gathering: it's going to rain,* Le nuvole si stanno ammassando: sta per piovere.

gathering ['gæðəriŋ] *s.* **1** assemblea; raduno; riunione. **2** ascesso; suppurazione.

gathers ['gæðəz] *s. pl* pieghe *(di abito).*

gauche [gouʃ] *agg (fr.)* goffo; maldestro.

gaucherie ['gouʃəri] *s. (fr.)* atteggiamento, comportamento e maniere sgraziati; goffaggine.

gaud [gɔ:d] *s.* ornamento; fronzolo (vistoso).

gaudiness ['gɔ:dinis] *s.* pacchianeria; vistosità; volgarità.

[1]**gaudy** ['gɔ:di] *agg* pacchiano; eccessivamente vistoso; senza gusto; volgare: *cheap and gaudy ornaments,* ornamenti vili e vistosi. □ *avv* **gaudily.**

[2]**gaudy** ['gɔ:di] *s. (GB)* cena annuale *(per gli ex studenti dei colleges universitari).*

gauge [geidʒ] *s.* (*USA* **gage**) **1** misura; base; norma: *to take the gauge of sth,* misurare (valutare) qcsa. **2** distanza fra le due ruote; scartamento; carreggiata: *standard (broad, narrow) gauge,* scartamento normale (largo, ridotto) — *a narrow-gauge railway,* una ferrovia a scartamento ridotto. **3** calibro; spessore *(di lamina metallica);* diametro *(di filo metallico).* **4** calibro *(lo strumento): water-gauge; rain-gauge; wind-gauge; feeler-gauge,* idrometro; pluviometro; anemometro; spessimetro. **5** (*naut., anche* **gage**) posizione rispetto al vento: *to have the weather ga(u)ge,* avere il vantaggio del vento; avere il sopravvento *(fig.).*

to **gauge** [geidʒ] *vt* (*USA* **to gage**) misurare accuratamente *(anche fig.);* valutare; stimare: *to gauge the diameter of wire (contents of a barrel, rainfall, wind strength, ecc.),* misurare il diametro di un filo metallico (il contenuto di un barile, le precipitazioni atmosferiche, la velocità del vento, ecc.) — *to gauge a person's character (reactions),* valutare, misurare il carattere (le reazioni) di una persona.

gaunt [gɔ:nt] *agg* **1** scarno; magro; sparuto. **2** *(di luogo)* spoglio; nudo; desolato.

gauntlet ['gɔ:ntlit] *s.* **1** guanto medioevale a maglie metalliche: *to throw down (to pick up, take up) the gauntlet,* lanciare (raccogliere) il guanto (di sfida). **2** guanto *(da scherma, da guida, ecc.).* □ *to run the gauntlet,* essere sottoposto ad una punizione militare consistente nel correre fra due file di persone armate di corda o bastone; *(fig.)* essere sotto tiro, esposto a critiche continue — *The convoy had to run the gauntlet of the German submarines across the Atlantic,* Durante la traversata dell'Atlantico, il convoglio dovette sostenere gli attacchi continui dei sommergibili tedeschi.

gauntness ['gɔ:ntnis] *s.* magrezza estrema.

gauze [gɔ:z] *s.* **1** garza. **2** reticella metallica *(contro gli insetti).* **3** leggero velo di fumo, di nebbia; foschia.

gauziness ['gɔ:zinis] *s. (di tessuto)* trasparenza.

gauzy ['gɔ:zi] *agg (di tessuto)* trasparente.

gave [geiv] *pass di* **to give**.

gavel ['gævl] *s.* martelletto *(di banditore d'asta, presidente di assemblea, giudice, ecc.).*

gavotte [gə'vɔt] *s. (fr.)* gavotta.

gawk [gɔ:k] *s.* persona tonta, timida o goffa.

gawkiness ['gɔ:kinis] *s.* goffaggine.

gawky ['gɔ:ki] *agg* tonto; timido; goffo. □ *avv* **gawkily.**

gay [gei] *agg* **1** gaio; felice; festoso; allegro; vivace *(anche di musica e di colori).* **2** licenzioso; immorale; gaudente: *to lead a gay life,* condurre una vita dissipata. **3** *(sl.)* omosessuale; da omosessuale; 'gay'. □ *avv* **gaily.**

gayness ['geinis] *s.* gaiezza; giocondità.

gaze [geiz] *s. (solo al sing.)* sguardo fisso e intenso: *with a bewildered gaze,* con sguardo smarrito, attonito.

to **gaze** [geiz] *vi (seguito da* at, on, upon*)* guardare fissamente, a lungo, con insistenza: *What are you gazing at?,* Che cosa stai fissando?

gazelle [gə'zel] *s.* gazzella.

gazette [gə'zet] *s.* gazzetta; giornale: *the London Gazette,* la Gazzetta ufficiale del Regno Unito.

to **gazette** [gə'zet] *vt (generalm. in forma passiva)* pubblicare nella gazzetta ufficiale: *to be gazetted to a regiment,* essere destinato ad un reggimento.

gazetteer [,gæzi'tiə*] *s.* elenco di nomi geografici; dizionario geografico.

to **gazump** [gə'zʌmp] *vt e i. (comm.)* aumentare il prezzo concordato verbalmente, prima della firma del contratto.

gear [giə*] *s.* **1** marcia; cambio: *reverse gear,* retromarcia — *in (out of) gear,* marcia innestata (disinnestata, tolta) — *top (bottom) gear,* la marcia più alta (più bassa) — *gear box,* scatola del cambio — *gear shift (lever, stick),* leva del cambio — *synchromesh gear,* cambio sincronizzato. **2** meccanismo; dispositivo; congegno *(di ruote, leve, ecc. per scopi specifici): steering gear,* dispositivo di sterzo — *landing gear,* carrello d'atterraggio. **3** equipaggiamento *(in genere);* bardatura: *sports gear,* equipaggiamento per gli sport. **4** *(per estensione)* abiti e accessori di gusto spiccatamente eccentrico, giovanile o 'beat': *I see you've got your Carnaby Street gear on,* Vedo che sei vestito alla Carnaby Street.

to **gear** [giə*] *vt* **1** innestare; ingranare. **2** bardare (una bestia da tiro). **3 to gear down, - a)** diminuire la velocità (il ritmo); diminuire l'attività (la produzione) di un'azienda. **4 to gear up,** - **a)** aumentare la velocità (il ritmo); aumentare l'attività (la produzione) di un'azienda - **b)** bardare; equipaggiare: *The troops were all geared up and ready to attack,* Le truppe erano equipaggiate a punto e pronte per l'attacco.

gecko ['gekou] *s.* geco.

[1]**gee, gee-gee** [dʒi:/'dʒi:dʒi:] *s.* parola usata dai bambini per indicare il cavallo *(talvolta al pl., anche dagli appassionati di corse).*

[2]**gee, gee up** [dʒi:/'dʒi: 'ʌp] *interiezione* op!; ih!

[3]**gee** [dʒi:] *interiezione* (*USA, abbr. fam. di* **Jesus**) **1** Gesummaria!; Gesummio! **2** Certo!; Certamente!; Sicuro!; E come!

geese [gi:s] *s. pl di* **goose.**

geezer ['gi:zə*] *s. (fam., un po' desueto)* vecchio bislacco; eccentrico.

gel [dʒel] *s.* 'gel'; coagulato.

gelatin(e) [,dʒelə'ti:n/'dʒelətin] *s.* gelatina.

gelatinous [dʒi'lætinəs] *agg* gelatinoso.

to **geld** [geld] *vt* castrare.

gelding ['geldiŋ] *s.* cavallo o altro animale castrato.

gelignite ['dʒelignait] *s.* gelignite; nitroglicerina.

gem [dʒem] *s.* gemma; pietra preziosa *(anche fig.);* perla *(fig.): the gem of the collection,* la gemma (perla) della collezione — *My typist is a real gem,* La mia dattilografa è una vera perla.

to **gem** [dʒem] *vt* (**-mm-**) ingemmare; ornare di gemme: *a sky gemmed with stars,* un cielo ingemmato (tempestato) di stelle.

gen [dʒen] *s. (GB sl., spec. mil.)* informazioni.

gendarme ['ʒɑ̃:ndɑ:m] *s.* poliziotto *(spec. francese).*

gendarmerie [ʒ:ɑ̃n'dɑ:məri] *s.* gendarmeria *(corpo di poliziotti).*

gender ['dʒendə*] *s.* **1** *(gramm.)* genere. **2** *(fam.)* 'sesso'.

gene [dʒi:n] *s.* gene.

genealogical [,dʒi:niə'lɔdʒikəl] *agg* genealogico: *genealogical tree,* albero genealogico.

genealogist [,dʒi:ni'ælədʒist] *s.* studioso di genealogia.

genealogy [,dʒi:ni'ælədʒi] *s.* genealogia.

genera ['dʒenərə] *s. pl di* **genus.**

[1]**general** ['dʒenərəl] *agg* **1** generale; generico; comune; collettivo: *a matter of general interest,* un argomento (una questione) di interesse generale — *for the general good,* nell'interesse comune — *as a general rule; in general,* generalmente; di regola — *in general use,* d'uso comune — *a general election (strike),* un'elezione (uno sciopero) generale — *general knowledge,* cultura generale — *general manager,* direttore generale — *secretary-general,* segretario generale — *general practitioner,* medico generico — *General Post Office, (GB)* Amministrazione Centrale delle Poste — *a general store,* un negozio di articoli vari. **2** generico; vago: *He explained it in general terms,* Lo spiegò in termini generici — *He has only a general idea of what he is supposed to do,* Ha solo una vaga idea di ciò che dovrebbe fare. □ *avv* **generally** ⇨.

[2]**general** ['dʒenərəl] *s.* **1** *(mil.)* generale: *lieutenant general,* tenente generale. **2** *(ant.)* volgo: *to give caviare to the general,* dare in pasto le perle ai porci.

generality [,dʒenə'ræliti] *s.* **1** generalità; regola; affermazione generica; indeterminatezza: *I wish you would come down from generalities to particularities,* Vorrei che scendessi dal generale al particolare. **2** *(con l'art. determinativo, trattato come pl.)* la maggioranza: *It is wrong to say that the generality of school children are lazy,* È errato affermare che la maggioranza degli scolari sia pigra.

generalization [,dʒenərəlai'zeiʃən] *s.* generalizzazione; atto od effetto del generalizzare.

to **generalize** ['dʒenərəlaiz] *vt* **1** generalizzare; dare un valore generale; esprimere in termini generali. **2** diffondere; rendere di uso generale.

□ *vi* **1** generalizzare *(di affermazioni, ecc.).* **2** stare sulle generali; fare discorsi evasivi, generici.

generally ['dʒenərəli] *avv* **1** di solito; in genere; generalmente; comunemente; di regola: *I generally get up at six o'clock,* Di solito mi alzo alle sei. **2** largamente; universalmente; per la maggior parte: *The new plan was generally welcomed,* Il nuovo piano fu accettato favorevolmente dalla stragrande maggioranza. **3** in senso generale (generico); senza troppa attenzione ai dettagli: *generally speaking,* parlando in generale.

generalship ['dʒenərəlʃip] *s.* **1** generalato; grado e ufficio di generale. **2** abilità militare; tattica; strategia; *(per estensione)* diplomazia; tatto.

to **generate** ['dʒenəreit] *vt* generare *(vari sensi, anche elettr.);* dare alla luce; procreare; causare; cagionare; produrre: *to generate heat,* produrre calore — *generating station,* centrale elettrica — *hatred generated by racial differences,* odio generato da differenze razziali — *to generate a misunderstanding,* far nascere un equivoco.

generation [,dʒenə'reiʃən] *s.* **1** generazione; l'atto del generare o del dare alla luce *(figli, ecc.);* produzione; sviluppo *(di calore, gas, ecc.): the generation of electricity by steam or waterpower,* la produzione di elettricità mediante energia termica o idrica — *the generation of heat by friction,* lo sviluppo di calore per attrito. **2** generazione *(persone della stessa età): Three generations were present,* Erano presenti tre generazioni — *the present (past, coming) generation,* la generazione presente (passata, futura) — *the rising generation,* i giovani — *third-generation computers,* i calcolatori elettronici della terza generazione — *a generation ago,* una generazione fa; circa trent'anni fa.

generative ['dʒenərətiv] *agg* generativo; che genera; capace di generare.

generator ['dʒenəreitə*] *s.* generatore; alternatore; dinamo.

generic [dʒi'nerik] *agg* generico. □ *avv* **generically.**

generosity [,dʒenə'rɔsiti] *s.* **1** generosità; magnanimità; liberalità; munificenza. **2** atto di generosità.

generous ['dʒenəres] *agg* **1** generoso; munifico; liberale; nobile; magnanimo: *He is generous with his money,* È munifico (generoso) col suo denaro — *It was generous of them,* È stato generoso da parte loro — *He has a generous nature,* Ha un carattere generoso — *What a generous gift!,* Che splendido regalo! **2** abbondante; copioso; congruo: *a generous helping of meat and vegetables,* un'abbondante porzione di carne e verdura — *a generous harvest,* un raccolto abbondante, copioso — *a generous supply of French wines,* una congrua scorta di vini francesi. **3** forte; generoso: *a generous wine,* un vino generoso. □ *avv* **generously.**

genesis ['dʒenisis] *s.* genesi; origine: *the Book of Genesis,* il libro della Genesi.

genetic [dʒi'netik] *agg* genetico. □ *avv* **genetically.**

genetics [dʒi'netiks] *s. (con il v. al sing.)* genetica.

[1]**genial** ['dʒi:njəl] *agg* **1** cordiale; simpatico; gioviale; piacevole; socievole: *a genial old man,* un vecchio gioviale — *a genial smile,* un sorriso cordiale. **2** benefico; benigno; propizio; clemente; favorevole; mite:

a genial climate, un clima mite (favorevole, propizio) — *genial sunshine,* i benefici raggi del sole. **3** *(raro)* geniale. □ *avv* **genially.**

[2]**genial** ['dʒi:njəl] *agg (anat.)* del mento.

geniality [,dʒi:ni'æliti] *s.* **1** cordialità; simpatia; giovialità; socievolezza; buon umore. **2** frase, affermazione o giudizio arguto o piacevole. **3** benignità; mitezza; clemenza (di clima).

genie ['dʒi:ni] *s.* (*pl.* **genies** *o* **genii**) genio; spirito; demonio *(spec. nelle favole arabe e indiane).*

genital ['dʒenitl] *agg* genitale. □ *(s. pl.) the genitals,* gli organi genitali (esterni).

genitive ['dʒenitiv] *s. e agg* genitivo.

genius ['dʒi:njəs] *s.* (*pl.* **geniuses**) **1** genio: *men of genius,* uomini di genio — *a musical genius,* un genio musicale. **2** talento; particolare disposizione; specialità *(anche in senso iron.): to have a genius for languages (acting),* avere una particolare disposizione per le lingue (per la recitazione) — *He has a genius for getting into trouble,* È bravissimo a mettersi nei pasticci. **3** genio protettore; spirito tutelare. **4** genio; peculiarità; spirito *(di un luogo, nazione, epoca, razza, istituzione, ecc.): the French genius,* lo spirito francese — *the genius of the Renaissance period in Italy,* lo spirito del Rinascimento italiano — *genius loci, (lat., con l'art. determinativo)* l'atmosfera (lo spirito) di un luogo — *good (evil) genius,* il genio buono (cattivo) di una persona. **5** (*al pl.* **genii**) = **genie.**

genocide ['dʒenousaid] *s.* genocidio.

genre [ʒɑ̃:ŋr/*(fr.)* ʒɑ̃:r] *s.* **1** genere; stile; maniera *(nel senso artistico).* **2** *(anche* genre painting*)* pittura, dipinto di maniera.

gent [dʒent] *s. (fam.)* **1** *(abbr. di* **gentleman***)* signore. **2** *(GB, al pl.)* = **gentleman 5.**

genteel [dʒen'ti:l] *agg* distinto; gentile *(spesso iron.): to live in genteel poverty,* vivere in dignitosa povertà — *I can't stand his genteel manners,* Non posso soffrire i suoi modi affettati. □ *avv* **genteelly.**

gentian ['dʒenʃiən] *s.* genziana; genzianella.

gentile ['dʒentail] *s. e agg* gentile *(non di razza ebraica).*

gentility [dʒen'tiliti] *s.* dignità; decoro: *to live in shabby gentility,* vivere in decorosa povertà.

gentle ['dʒentl] *agg* (**-er; -est**) **1** dolce; mite; moderato; lieve; fine: *a gentle nature,* un carattere mite — *a gentle look,* uno sguardo tenero — *a gentle breeze,* una leggera brezza — *a gentle heat,* un calore moderato — *a gentle slope,* un dolce pendio — *a gentle rebuke,* un benevolo rimbrotto. **2** nobile; gentile; garbato; cortese; eletto; distinto: *gentle manners,* modi garbati — *a person of gentle birth,* una persona di nobile nascita — *a gentle knight, (stor.)* un nobile cavaliere — *the gentle craft,* la pesca con l'amo e la lenza *(soltanto in acqua dolce)* — *the gentle sex,* il gentil sesso; le donne. □ *avv* **gently** ⇨.

gentlefolk ['dʒentlfouk] *s. pl* gente di buona famiglia; persone di qualità; nobili: *distressed gentlefolk,* nobili decaduti.

gentleman ['dʒentlmən] *s.* (*pl.* **gentlemen**) **1** signore; uomo: *There's a gentleman to see you,* C'è un signore che desidererebbe parlarLe — *Who's the gentleman in the corner?,* Chi è quel signore nell'angolo? — *Ladies and Gentlemen,* Signore e Signori *(iniziando un discorso ufficiale)* — *Gentlemen, (USA)* Gentili signori; Spett.le Ditta *(iniziando una lettera commerciale).*

2 signore; gentiluomo *(dal comportamento e dall'educazione raffinata);* galantuomo; uomo d'onore: *a fine old gentleman,* un vecchio gentiluomo — *a true gentleman,* un vero gentiluomo; un vero signore — *a gentleman's agreement,* un accordo tra gentiluomini — *a gentleman-thief,* un ladro-gentiluomo — *a gentleman of the road, (iron.)* un bandito; un rapinatore; un ladro della strada; *(USA)* un barbone; un vagabondo.

3 cortigiano; uomo di corte; *(stor.)* uomo libero ma non nobile, con diritto di portare le armi: *one of the King's gentlemen,* uno del seguito reale — *gentleman-at-arms,* membro della guardia del corpo del re — *gentleman-in-waiting,* gentiluomo di servizio, del seguito — *gentleman-at-large,* gentiluomo di corte *(senza speciali incarichi); (scherz.)* disoccupato — *gentleman-usher,* usciere di palazzo — *a gentleman's gentleman,* un valletto; un cameriere personale.

4 *(desueto)* benestante *(anche* gentleman of leisure*): 'What does he do for a living?' - 'Nothing, he is a gentleman',* 'Cosa fa per guadagnarsi da vivere?' - 'Niente, è un benestante'.

5 *(GB, solo al pl. con il v. al sing.: generalm. abbr. in* Gents*)* gabinetto, servizi igienici per uomini *(in locali pubblici, ristoranti, ecc.): Where is the Gentlemen's (the gent's)?,* Dove sono i gabinetti?

6 *(sport)* giocatore *(ecc.)* non professionista.

□ *gentleman commoner, (stor.)* baccelliere; studente privilegiato *(di Oxford o Cambridge)* — *gentleman farmer,* possidente (gentiluomo) di campagna — *the gentleman from..., (USA)* l'illustre collega...; il deputato di... *(in uso alla Camera dei Rappresentanti)* — *the Rt. Hon. gentleman, (GB)* il molto onorevole collega *(in uso alla Camera dei Comuni)* — *my gentleman,* il mio signor padrone; padrone mio *(detto da servi)* — *the old gentleman, (scherz.)* il diavolo — *gentlemen-rankers, (mil.)* ufficiali che provengono dalla gavetta.

gentlemanly ['dʒentlmənli] *agg* signorile; distinto; nobile; raffinato; da gentiluomo: *a gentlemanly appearance,* un aspetto signorile.

gentleness ['dʒentlnis] *s.* dolcezza; gentilezza; cortesia; garbo; mitezza; grazia; tenerezza; benevolenza.

gentlewoman ['dʒentl,wumən] *s.* (*pl.* **gentlewomen**) gentildonna; signora.

gently ['dʒentli] *avv* dolcemente; delicatamente: *Speak gently to the child,* Parla con dolcezza al bambino — *Hold it gently!,* Tienilo delicatamente! — *Gently does it!,* Piano (Vacci piano)!

gentry ['dʒentri] *s.* **1** *(di solito con l'art. determinativo)* piccola nobiltà: *the landed gentry,* la piccola nobiltà (i ricchi possidenti) di campagna. **2** gente *(in senso iron. o spreg.).*

gents [dʒents] *s.* = **gentleman 5.**

to **genuflect** ['dʒenjuflekt] *vi* genuflettersi.

genuflexion [,dʒenju'flekʃən] *s.* (*anche* **genuflection**) genuflessione.

genuine ['dʒenjuin] *agg* vero; autentico; genuino; *(di persona)* schietto; sincero; leale. □ *avv* **genuinely.**

genuineness ['dʒenjuinis] *s.* autenticità; genuinità.

genus ['dʒi:nəs] *s.* (*lat.: pl.* **genera**) **1** genere; specie; classe *(di piante, animali, ecc.): the genus Homo,* il genere umano. **2** genere; tipo.

geocentric [,dʒiou'sentrik] *agg* geocentrico.

geographer [dʒi'ɔgrəfə*] *s.* geografo.

geographic(al) [,dʒiə'græfik(l)] *agg* geografico. □ *avv* **geographically.**

geography [dʒi'ɔgrəfi] *s.* geografia.

geologic(al) [,dʒiə'lɔdʒik(l)] *agg* geologico. □ *avv* **geologically.**

geologist [dʒi'ɔlədʒist] *s.* geologo.

geology [dʒi'ɔlədʒi] *s.* geologia.

geometric(al) [,dʒiə'metrik(l)] *agg* geometrico. □ *avv* **geometrically.**
geometry [dʒi'ɔmətri] *s.* geometria.
geophysical [,dʒiou'fizikəl] *agg* geofisico.
geophysics [,dʒiou'fiziks] *s. (con il v. al sing.)* geofisica.
geopolitics [,dʒiou'pɔlitiks] *s. (con il v. al sing.)* geopolitica.
George [dʒɔ:dʒ] *nome proprio* **1** Giorgio; Saint George *(patrono dell'Inghilterra): St George's Cross,* la Croce di San Giorgio. **2** *(GB, sl., aeronautica)* pilota automatico. **3** *(interiezione) By George!,* Perbacco!
georgette [dʒɔ:'dʒet] *s. (fr.)* georgette; tessuto di crespo fine di seta.
[1]**Georgian** ['dʒɔ:dʒjən] *agg* **1** georgiano; del tempo dei primi tre re George d'Inghilterra *(XVIII secolo): Georgian architecture,* architettura georgiana. **2** *(riferito in particolare alla poesia inglese)* georgiano; del periodo di George V (1910-1936).
[2]**Georgian** ['dʒɔ:dʒjən] *s. e agg* georgiano; abitante della Georgia (americana o sovietica).
geranium [dʒi'reinjəm] *s.* geranio.
geriatric [,dʒeri'ætrik] *agg* geriatrico.
geriatrician [,dʒeriə'triʃən] *s.* geriatra.
geriatrics [,dʒeri'ætriks] *s. (con il v. al sing.)* geriatria.
germ ['dʒə:m] *s.* **1** germe; seme *(anche fig.): wheat germ,* germe di grano — *the germ of an idea,* il germe di un'idea. **2** microbo; bacillo *(spec. patogeno): the germ of diphtheria,* il bacillo della difterite — *germ warfare,* guerra batteriologica.
German ['dʒə:mən] *agg e s.* tedesco: *german measles,* rosolia — *German text,* caratteri gotici — *German shepherd, (USA)* pastore tedesco *(cane).*
german ['dʒə:mən] *agg* germano *(solo nei composti* brother-german, sister-german, cousin-german*).*
germane [dʒə:'mein] *agg* pertinente.
Germanic [dʒə:'mænik] *agg* germanico.
germicide ['dʒə:misaid] *s.* germicida.
to **germinate** ['dʒə:mineit] *vt e i.* germinare; germogliare.
germination [,dʒə:mi'neiʃən] *s.* germinazione; germoglio.
gerontology [,dʒerən'tɔlədʒi] *s.* gerontologia.
gerrymander ['dʒerimændə*] *s. (USA) (anche* **gerrymandering**) manipolazione di circoscrizioni elettorali, informazioni, notizie, ecc.; intrallazzo.
to **gerrymander** ['dʒerimændə*] *vt (USA)* **1** modificare le circoscrizioni elettorali in modo da favorire il proprio partito; intrallazzare. **2** travisare; falsare i fatti.
gerund ['dʒerənd] *s.* **1** gerundio. **2** infinito sostantivato.
gestation [dʒes'teiʃən] *s.* gestazione.
to **gesticulate** [dʒes'tikjuleit] *vi* gesticolare.
gesticulation [,dʒestikju'leiʃən] *s.* gesticolazione.
gesture ['dʒestʃə*] *s.* gesto; cenno; il gestire: *a gesture of refusal,* un gesto di diniego — *to make a friendly gesture to (o towards) sb,* fare un gesto amichevole a qcno — *the art of gesture,* l'arte del gesto.
to **gesture** ['dʒestʃə*] *vi* fare un gesto; fare gesti; gestire: *He gestured to the waiter to come over to their table,* Fece cenno al cameriere di venire al loro tavolo.
get [get] *s. (tennis)* 'salvataggio' d'una palla apparentemente imprendibile.
to **get** [get] *vt e i. (p. pres.* **getting**; *pass. e p. pass.* **got**; *p. pass ant. e USA* **gotten**) **1** ottenere; ricevere; avere; comprare; guadagnare; prendere; procurare; estrarre; andare a prendere; buscarsi: *Where did you get that hat?,* Dove hai preso (comprato) quel cappello? — *Did you get my telegram?,* Hai ricevuto il mio telegramma? — *How does he get his living?,* Come si guadagna da vivere? — *He got what was coming to him,* Ha avuto ciò che si meritava — *to get six months,* prendere sei mesi (di prigione) — *If you divide 12 by 3 you get 4,* 12 diviso 3 fa 4 — *The soldier got leave to go home,* Il soldato ottenne il permesso di andare a casa — *How many stations can you get on your (radio) set?,* Quante stazioni riesci a prendere (captare) con la tua radio? — *He got a blow on the head,* Si buscò un colpo in testa — *to get hold of sth,* afferrare qcsa — *to get hold of sb,* riuscire a trovare (a mettersi in contatto con) qcno — *Get me a ticket, please,* Procurami un biglietto, per favore — *That book is not in stock but we can get it for you,* Siamo sprovvisti di questo libro ma possiamo procurarGlielo — *This room gets very little sunshine,* Questa stanza prende pochissimo sole — *I'll come and see you if I get time,* Verrò a trovarti se avrò tempo — *to get religion, (fam.)* convertirsi; diventare religioso — *to get possession of sth,* impossessarsi di qcsa — *to get one's own way,* riuscire a fare a modo proprio; ottenere quello che si vuole; riuscire a fare quello che si vuole — *to get a sight of sb,* scorgere qcno — *to get the worst of it,* avere la peggio; soccombere — *to get it in the neck, (fam.)* ricevere (incassare) un brutto colpo; *(spesso)* essere punito molto severamente — *to get the better of sb,* avere la meglio su qcno — *to get the upper hand,* avere la meglio (prevalere) su qcno — *to get the sack, (fam.)* essere licenziato — *to get wind of sth,* avere sentore di qcsa — *to get the wind up, (fam.)* avere la tremarella; avere paura; avere fifa — *to get the measles (scarlet fever, ecc.),* prendere il morbillo (la scarlattina, ecc.) — *to get the four o'clock train,* prendere il treno delle quattro — *It's like trying to get blood out of a stone, (fam.)* È come cercare di cavare sangue da una rapa — *I'll get it!, (detto quando squilla il telefono)* Rispondo io! (Faccio io!).
2 to have got sth *(idiomatico),* - **a)** avere, possedere qcsa: *We've got a new car,* Abbiamo una macchina nuova — *He's got his mother's eyes,* Ha gli occhi di sua madre - **b)** *(pass. prossimo)* confondere; cogliere in fallo; sorprendere: *Ah! I've got you there!,* Ah! ci sei cascato, ti ci ho preso! — *That's got him!,* Questo lo ha messo in difficoltà, l'ha incastrato! - **c)** *to have got sth on sb, (fam.)* saperne di belle sul conto di qcno.
3 to have got to do sth, dover fare qcsa: *I've got to go to Paris tomorrow,* Devo andare a Parigi domani — *It has got to be done today,* Dev'essere fatto (entro) oggi — *She's got to work hard for her living,* Deve lavorare sodo per guadagnarsi da vivere.
4 *(fam.)* capire; afferrare; cogliere; imparare: *I don't get you; I don't get your meaning,* Non ti capisco; Non riesco ad afferrare quello che vuoi dire — *Have you got it now?,* L'hai capito adesso? — *... if you get my meaning,* ... se capisci quello che voglio dire — *Got it?,* Capito? — *to get a poem by heart,* imparare una poesia a memoria — *to get sth straight,* chiarirsi le idee su qcsa.
5 andare; arrivare: *When did you get here?,* Quando siete arrivati? — *We didn't get to bed until two a.m.,* Non siamo riusciti ad andare a letto prima delle due del mattino — *to get somewhere (nowhere),* fare (non fare) dei progressi — *We're getting nowhere,* Non approderemo a nulla — *to get there, (fam.)* farcela; arrivarci; riuscire — *We'll get there sooner or later!,* Ce la faremo prima o poi! — *to get home,* - **a)** tornare (arrivare) a casa - **b)** *(fig.)* cogliere, colpire nel segno —

That remark of yours about Sally got home, Quella tua osservazione su Sally ha colpito nel segno.

6 far pervenire; portare; inviare; far passare: *I must get this parcel to London by tomorrow evening at the latest,* Devo far pervenire questo pacco a Londra entro domani sera al più tardi — *We couldn't get the piano up the stairs,* Non riuscimmo a trasportare il pianoforte su per le scale — *to get sth (sb) home,* portare qcsa (qcno) a casa — *He's drunk again: we'd better call a taxi and get him home,* È di nuovo ubriaco: sarebbe meglio chiamare un taxi e portarlo a casa.

7 divenire; diventare; *(talvolta)* essere *(assume a volte vari significati riflessivi:* ⇨ *gli esempi seguenti): to get drunk,* ubriacarsi — *to get wet (tired, excited, ecc.),* bagnarsi (stancarsi, eccitarsi, ecc.) — *They got to be friends,* Diventarono amici — *She soon got well again,* Si rimise presto in salute — *It's getting dark,* Si sta facendo buio — *It's getting late,* Si fa tardi — *to get used (accustomed) to sth,* abituarsi a qcsa — *to get wise to sb, (fam.)* vederci chiaro sul conto di qcno; accorgersi del gioco di qcno — *to get tough,* diventare duro; *(fig., di persona)* irrigidirsi — *to get ready,* prepararsi — *How stupid can you get?, (fam.)* Ma è possibile essere tanto stupido?

8 *(seguito da p. pass., forma passiva)* essere; venire; rimanere: *to get caught,* venire preso; farsi prendere — *to get caught in the act,* essere colto con le mani nel sacco (in flagrante) — *to get married,* sposarsi — *to get killed,* rimanere ucciso.

9 *(fam.)* irritare; dar fastidio; infastidire: *What gets me is that he never pays his share,* Quello che mi irrita è che non paga mai la sua parte.

10 to get sb to do sth, far fare qcsa da qcno; convincere qcno a fare qcsa: *I couldn't get him to come,* Non sono riuscito a convincerlo a venire — *I'll get my secretary to retype it,* Lo farò ribattere dalla mia segretaria.

11 to get sth done, far fare qcsa: *I must get my hair cut,* Devo farmi tagliare i capelli.

12 *(seguito da p. pres.)* cominciare; mettersi a fare: *When these women get talking, they go on for hours,* Quando queste donne si mettono a parlare, vanno avanti per ore — *to get going,* mettersi in moto — *Get going!,* Sbrigati! — *Things haven't really got going yet,* Le cose non si sono ancora messe in moto.

□ *to get one's hand (eye) in,* farci la mano (l'occhio); diventare esperto — *to get a word in edgeways,* riuscire con difficoltà a infilare una parola (in una conversazione) — *to get one's back up,* ostinarsi; impuntarsi; andare in bestia; adirarsi — *to get sb's back up,* mandare in bestia qcno; far adirare qcno — *to get done with sth,* farla finita — *to get to know sth,* imparare (venire a sapere) qcsa — *How did you get to know I was here?,* Come hai saputo che ero qui? — *to get to like sb,* prendere in simpatia qcno — *to get to know sb (sth),* (arrivare a) conoscere qcno (qcsa) — *to get a move on,* muoversi; darsi da fare — *to get rid of sth (sb),* liberarsi (sbarazzarsi) di qcsa (qcno) — *to get sth ready,* preparare qcsa — *Did you get the sum right?,* Hai fatto bene il conto? — *to get sth going* ⇨ **to go 15** — *to get going* ⇨ **to go 1.**

to get about (around), - **a)** andare in giro; spostarsi: *He gets about a good deal,* Va parecchio in giro — *A car makes it easier to get about,* Una macchina rende più facili gli spostamenti - **b)** *(di notizie, dicerie, ecc.)* propalare, propalarsi; diffondersi: *The news of the defeat was censored, but it soon got around,* La notizia della sconfitta fu censurata, ma si diffuse rapidamente.

to get above oneself, montarsi la testa; avere una opinione troppo alta di sé stesso.

to get abroad, diffondersi; divulgarsi.

to get across, - **a)** (riuscire ad) attraversare: *The bridge was destroyed, so the tanks couldn't get across,* Il ponte era stato distrutto, così i carri armati non poterono passare dall'altra parte - **b)** *to get sb across,* far attraversare qcno — *The general had to get his troops across the river,* Il generale dovette far attraversare il fiume alle sue truppe - **c)** *to get sth across, (fam.)* far capire: *He found it difficult to get his British jokes across to an American audience,* Trovò difficile far intendere il suo umorismo inglese ad un pubblico americano.

to get ahead, andare avanti; far progressi: *to get ahead of sb,* superare, sorpassare qcno — *Tom has got ahead of all the other boys in his class,* Tom ha superato tutti gli altri ragazzi della sua classe.

to get along, - **a)** tirare avanti; andare avanti; far progressi: *We can't get along without your help,* Non possiamo tirare avanti senza il tuo aiuto — *How are you getting along?,* Come va la vita? (Come te la passi?) — *How are you getting along with your French?,* Come va il tuo francese? - **b)** andare d'accordo: *They get along quite well,* Vanno abbastanza d'accordo - **c)** *Get along with you!,* Ma va' là!; Ma va'!; Figurati!; Sciocchezze!

to get around ⇨ **to get about.**

to get at, - **a)** raggiungere; arrivare a prendere: *The books are locked up and I can't get at them,* I libri sono sotto chiave e non posso prenderli - **b)** trovare; scoprire: *to get at the truth,* giungere alla verità; scoprire la verità - **c)** intendere; mirare a: *What are you getting at?,* A che cosa stai mirando?; Dove vuoi arrivare? - **d)** corrompere: *One of the witnesses had been got at,* Uno dei testimoni era stato corrotto - **e)** *(fam.)* attaccare; criticare: *He was being got at by the press,* Stava diventando il bersaglio della stampa.

to get away, - **a)** fuggire; riuscire ad andarsene: *Two of the prisoners got away,* Due prigionieri riuscirono a fuggire — *I hope to get away for a few days at Easter,* Spero di poter andare via per qualche giorno a Pasqua — *(per estensione) There's no getting away from it...,* Non c'è dubbio...; Non si scappa... - **b)** togliere; rimuovere; mandar via: *It was nailed to the wall and I couldn't get it away,* Era inchiodato alla parete e non riuscii a toglierlo — *We must get you away to the seaside,* Dobbiamo mandarti al mare - **c)** *to get away with sth,* farla franca; cavarsela: *If I copy in the examination, do you think I can get away with it?,* Se copio durante l'esame, credi che la farò franca? - **d)** *Get away!, (interiezione, fam.)* Ma va'!

to get back, - **a)** ritornare: *When did you get back from the country?,* Quando sei tornato dalla campagna? — *She got back into bed,* Tornò a letto - **b)** riottenere, recuperare qcsa: *He never lends books; he says it's too difficult to get them back,* Non impresta mai libri; dice che è troppo difficile riaverli - **c)** *to get one's own back,* vendicarsi; rendere la pariglia: *He has tricked me this time, but I'll get my own back (on him) one day,* Stavolta mi ha gabbato, ma un giorno gli renderò la pariglia.

to get behind, rimanere indietro *(anche fig.).*

to get by, - **a)** passare: *There's enough room for the car to get by,* C'è abbastanza spazio per far passare la macchina - **b)** essere accetto; passare inosservato (senza critiche); cavarsela: *I haven't a dinner jacket;*

perhaps I can get by in a dark suit, Non ho lo smoking; forse posso cavarmela con (può andare) l'abito scuro.

to get down, - **a)** scendere; far scendere: *He got down from his horse,* Scese da cavallo - **b)** tirare giù; prendere (dall'alto): *He got a book down from the shelf,* Tirò giù (Prese) un libro dallo scaffale - **c)** *to get down to sth,* mettersi seriamente a fare qcsa: *to get down to the facts (to brass tacks),* venire ai fatti (al sodo, al dunque) - **d)** (riuscire a) mandar giù; tirar giù; buttar giù qcsa o qcno; trascrivere: *The medicine was horrid and she couldn't get it down,* La medicina era disgustosa e non riuscì a mandarla giù — *Did you get that telephone conversation down?,* Sei riuscito a trascrivere quella conversazione telefonica? - **e)** deprimere; buttar giù: *Don't let this wretched weather get you down,* Non lasciare che questo tempo orribile ti deprima.

to get in, - **a)** entrare; salire *(p.es. su un automezzo): The burglar got in through the kitchen window,* Il ladro entrò attraverso la finestra della cucina — *Get in!,* Sali! - **b)** arrivare: *The train got in five minutes early,* Il treno arrivò con cinque minuti di anticipo - **c)** essere eletto: *He got in for Chester,* Fu eletto (deputato) per Chester - **d)** far entrare; raccogliere: *to get in the crops,* raccogliere la messe - **e)** far venire: *We must get somebody in to repair the television set,* Dobbiamo far venire qualcuno a riparare il televisore — *to get a blow in,* piazzare un colpo; colpire il bersaglio — *to get in with sb,* stabilire rapporti cordiali (di confidenza) con qcno.

to get into, - **a)** entrare; salire *(su un mezzo di trasporto): to get into university,* entrare (essere ammesso) all'università — *to get into a bus,* salire su un autobus — *to get into a rage,* arrabbiarsi — *to get into bad habits,* prendere cattive abitudini — *to get into a rut, (fam.)* fossilizzarsi — *to get into the way of doing sth,* prendere l'abitudine di fare qcsa; imparare a fare qcsa - **b)** indossare: *I can't get into these shoes,* Non riesco a entrare in queste scarpe - **c)** fare entrare: *to get it into one's head that...,* mettersi in testa che...; convincersi che... — *to get sb into an exclusive club,* riuscire a far entrare qcno in un circolo molto ristretto.

to get off, - **a)** scendere; smontare: *I'm getting off at the next station,* Scendo alla prossima stazione — *You should tell him where he gets off, (sl.)* Dovresti dirgli dove sgarra - **b)** star lontani: *Get off the grass!,* Non camminare sull'erba! — *(per estensione) Get off!,* Vai!; Vattene!; Lasciami stare! - **c)** partire: *We got off immediately after breakfast,* Partimmo subito dopo colazione - **d)** cavarsela: *He got off with a heavy fine,* Se la cavò con una forte multa — *You've got off cheaply,* Te la sei cavata a buon mercato - **e)** salvare *(spec. in tribunale): A good lawyer may be able to get you off,* Può darsi che un bravo avvocato sappia tirarti fuori - **f)** togliere, togliersi qcsa: *to get one's clothes (gloves, a ring) off,* togliersi i vestiti (i guanti, un anello dal dito) - **g)** spedire; mandare: *to get a letter off in a hurry,* spedire una lettera in fretta — *to get the children off to school,* mandare i bambini a scuola — *to get the baby off to sleep,* far addormentare il bambino - **h)** addormentarsi: *I just couldn't get off,* Non riuscivo proprio ad addormentarmi - **i)** *to get off with sb,* far amicizia con qcno *(fra uomo e donna): She got off with a young doctor at the dance,* Al ballo conquistò un giovane medico.

to get on, - **a)** salire; montare: *He got on his bicycle,* Montò sulla bicicletta — *to get on one's feet,* alzarsi in piedi - **b)** andare avanti; far progressi: *He is sure to get on in life,* È sicuro di avere successo nella vita — *Either get on or get out!,* O vai avanti (lavori) o te ne vai! — *It's getting on,* Si fa tardi - **c)** *(nella forma progressiva, seguito da* for*)* avvicinarsi; invecchiare: *He's getting on for seventy,* Sta avvicinandosi ai settanta — *It's getting on for midnight,* La mezzanotte si avvicina — *He's getting on (in years),* Sta invecchiando - **d)** andare d'accordo: *We don't get on at all well,* Non andiamo per niente d'accordo — *The new manager is easy to get on with,* È facile andare d'accordo col nuovo direttore - **e)** indossare; mettersi: *Get your coat on,* Mettiti il cappotto — *I can't get the lid on,* Non riesco a metterci il coperchio - **f)** *to get on sb's nerves,* dare sui nervi a qcno.

to get on to, - **a)** smascherare *(qcno in quanto disonesto): He has tricked a few of us, but people are beginning to get on to him at last,* Ha imbrogliato qualcuno di noi, ma la gente comincia finalmente ad accorgersi della sua disonestà - **b)** mettersi in contatto con *(spec. al telefono): Get on to Jones please, Miss Brown,* Signorina Brown, mi chiami Jones, per favore.

to get out, - **a)** diventar noto; diffondersi: *If the news gets out, there'll be trouble,* Se la notizia si diffonde, saranno guai - **b)** venire (andare) fuori; uscire: *to get out of bed,* alzarsi dal letto — *to get (to have got) out of bed on the wrong side,* alzarsi (essersi alzato) di cattivo umore ('con il piede sbagliato') - **c)** fuggire; evitare; sottrarsi: *The lion got out of its cage,* Il leone fuggì dalla gabbia — *I wish I could get out of going to that wedding,* Magari potessi evitare di andare a quel matrimonio — *Don't try to get out of your duties,* Non cercare di sottrarti dai tuoi doveri - **d)** abbandonare (gradualmente): *to get out of bad habits,* abbandonare le cattive abitudini - **e)** cavare; tirar fuori; pronunciare; far uscire: *He managed to get out a few words of thanks,* Riuscì a dire alcune parole di ringraziamento — *The police will get a confession out of him,* La polizia gli caverà fuori una confessione — *He ordered them to get his car out,* Ordinò che gli tirassero fuori la macchina.

to get over, - **a)** scavalcare; passar sopra a: *to get over a gate (a wall),* scavalcare un cancello (un muro) - **b)** riaversi da; riaversi; riuscire a capire *(generalm. un'azione spiacevole): He never got over his financial losses,* Non si riebbe mai dalle sue perdite finanziarie — *I can't get over his rudeness,* Non riesco a capire la sua villania - **c)** superare *(una difficoltà): She has got over her shyness,* Ha superato la sua timidezza - **d)** coprire *(un percorso): The horse got over the distance in twenty minutes,* Il cavallo coprì la distanza in venti minuti - **e)** far passare; far superare: *We got him over the frontier in the end,* Alla fine siamo riusciti a fargli attraversare la frontiera - **f)** *to get sth over (with),* liberarsi di (finire) qcsa *(di spiacevole);* farla finita: *I'm going to the dentist's today: I'll be glad to get it over (with),* Oggi andrò dal dentista: sarò lieto di togliermi il pensiero (di farla finita) — *Let's get it over with!,* Facciamola finita (e non pensiamoci più)!

to get round, - **a)** eludere; aggirare; raggirare; circuire: *A clever lawyer will find ways of getting round that clause,* Un bravo avvocato troverà il modo di eludere quella clausola - **b)** convincere (con moine): *Alice knows how to get round her father,* Alice sa come convincere (prendere) suo padre - **b)** *to get round to doing sth,* accingersi a fare qcsa; spingersi a fare qcsa: *I haven't got round to speaking him yet,* Non sono ancora riuscito a parlargli; Non ho ancora trovato il tempo per parlargli.

to get through, - **a)** arrivare; pervenire; giungere *(a destinazione): I started as soon as your message got through (to me),* Partii appena mi giunse il tuo messaggio — *I can't get through, (al telefono)* Non riesco ad avere la comunicazione - **b)** *(spesso seguito da with)* finire; fare (un lavoro): *As soon as I get through with my work, I'll join you,* Appena avrò finito il mio lavoro vi raggiungerò — *I've got through a lot of correspondence today,* Oggi ho spogliato *(talvolta:* ho scritto, dettato, *ecc.)* un bel po' di corrispondenza - **c)** sperperare: *He has got through all his money,* Ha sperperato tutto il suo denaro - **d)** farcela; spuntarla; superare un esame: *Tom failed but his sister got through,* Tom è stato bocciato ma sua sorella ce l'ha fatta - **e)** fare passare qcno o qcsa: *to get a bill through Parliament,* far passare una legge al Parlamento — *to get a pupil through an examination,* far passare (superare) un esame ad un allievo.

to get to, - **a)** cominciare: *to get to business,* mettersi al lavoro - **b)** arrivare; giungere: *What page have you got to?,* A che pagina siete (arrivati)?

to get together, - **a)** riunire; adunarsi; vedersi; trovarsi insieme: *Let's get together one evening and talk about old times,* Troviamoci una sera per parlare dei vecchi tempi - **b)** radunare; mettere insieme; raccogliere: *The rebel leader could not get an army together,* Il capo dei ribelli non riuscì a mettere insieme un esercito.

to get up, - **a)** alzarsi: *What time do you get up?,* A che ora ti alzi (la mattina)? — *He got up to ask a question,* Si alzò per fare una domanda - **b)** montare; salire: *Get up behind me,* Monta dietro di me *(p.es. su un cavallo, una motocicletta, ecc.)* - **c)** *(del vento, mare)* farsi più forte, più violento: *The wind is getting up,* Si sta levando il vento - **d)** arrivare (a); giungere (a) *(cfr.* **to get to, b**); raggiungere: *We soon got up to the others,* Ben presto raggiungemmo gli altri - **e)** preparare; fare (farsi) bello: *She was got up like a duchess,* Era agghindata come una duchessa — *The book is well got up,* Il libro si presenta bene - **f)** fare alzare (dal letto): *Get the children up and dressed for school,* Fa' alzare i bambini e preparali per la scuola - **g)** organizzare; mettere su: *We're getting up a party for his birthday,* Stiamo organizzando una festa per il suo compleanno - **h)** produrre: *to get up steam,* produrre vapore *(sufficiente per fare andare un motore e spec. una locomotiva)* - **i)** ripassare; preparare *(una materia): What subjects have you got to get up for the examination?,* Quali materie devi preparare per l'esame? - **j)** *to get up to mischief,* fare dispetti.

to get with, - **a)** *(fam.)* aggiornarsi: *Get with it!,* Aggiornati! - **b)** *to get a woman with child, (ant.)* mettere incinta una donna.

get-at-able [get'ætəbl] *agg (fam.)* accessibile; raggiungibile.

getaway ['getəwei] *s.* **1** partenza *(in una gara, corsa, ecc.).* **2** fuga: *to make one's getaway,* riuscire a fuggire. **3** *(mecc.)* ripresa.

get-off ['getɔ:f] *s. (sl., di aereo)* decollo.

get-out ['getaut] *s. (fam.)* fuga; evasione.

gettable ['getəbl] *agg* ottenibile; acquistabile; acquisibile.

get-together [,gettə'geðə*] *s. (fam.)* riunione; festa; ritrovo.

get-up ['getʌp] *s. (fam.: spec. spreg. o scherz.)* abbigliamento; modo di vestire.

geum ['dʒi:əm] *s.* cariofillata; garofanaia.

gewgaw ['gju:gɔ:] *s.* fronzolo; ninnolo.

geyser ['gaizə*/'gi:zə*] *s.* **1** geyser. **2** scaldabagno.

gharry ['gæri] *s. (in India)* carro o carrozza.

ghastly ['gɑ:stli] *agg* (**-ier**; **-iest**) **1** spettrale; mortale: *ghastly-looking,* dall'aspetto spettrale. **2** orrendo; sinistro; spaventoso: *a ghastly accident,* un incidente spaventoso (terribile). **3** sgradevole; antipatico; noioso; seccante: *a ghastly dinner party,* un pranzo terribilmente noioso. **4** *(di un sorriso)* forzato; tirato.
□ *avv* mortalmente: *He was ghastly pale,* Era mortalmente pallido.

gha(u)t [gɔ:t] *s. (in India)* scalinata sulla riva di un fiume: *burning gha(u)ts,* scalinate dove si cremano i morti.

ghee [gi:] *s. (cucina indiana)* burro (liquefatto) di latte di bufala.

gherkin ['gə:kin] *s.* cetriolino (sott'aceto).

ghetto ['getou] *s.* (*pl.* **ghettos**) ghetto.

ghillie ['gili] *s.* = **gillie.**

ghost [goust] *s.* **1** spettro; fantasma *(anche attrib.): He looked as if had seen a ghost,* Sembrava che avesse visto uno spettro — *a ghost story,* una storia di fantasmi. **2** *(ant.)* spirito vitale; anima: *to give up the ghost* ⇨ **to give up - a).** **3** *(solo nell'espressione) the Holy Ghost,* lo Spirito Santo. **4** ombra *(nel senso di entità immateriale; anche in senso fig.): You haven't the ghost of a chance,* Non hai alcuna probabilità di riuscita — *ghost-writer,* scrittore-ombra *(chi scrive lasciando ad altri il merito del proprio lavoro).* **5** *(televisione)* immagine distorta (sdoppiata).

to **ghost** [goust] *vt e i.* scrivere *(spec. memorie)* per conto di qcno.

ghostliness ['goustlinis] *s.* **1** spettralità. **2** spiritualità.

ghostly ['goustli] *agg* **1** spettrale. **2** *(ant.)* spirituale; religioso; pio: *ghostly comfort,* conforto spirituale.

ghoul [gu:l] *s.* **1** *(mitologia orientale)* demone; vampiro che si nutre di cadaveri. **2** vampiro; *(fig.)* individuo disgustosamente avido, crudele o morboso.

ghoulish ['gu:liʃ] *agg* vampiresco; mostruoso; orrendo; morboso. □ *avv* **ghoulishly.**

giant ['dʒaiənt] *s.* **1** gigante *(anche fig.).* **2** *(attrib.)* da gigante; gigantesco: *a giant cabbage,* un cavolo gigante.

giantess ['dʒaiəntnis] *s.* gigantessa.

to **gibber** ['dʒibə*] *vt e i.* farfugliare; balbettare; emettere suoni indistinti *(detto spec. delle scimmie).*

gibberish ['dʒibəriʃ] *s. (fig.)* discorso incomprensibile; farfuglio; balbettio; suono (vocale) indistinto.

gibbet ['dʒibit] *s.* patibolo *(anticamente vi si esponeva il cadavere del giustiziato);* forca; morte per impiccagione.

to **gibbet** ['dʒibit] *vt* (**-tt-**) **1** impiccare. **2** *(fig.)* mettere alla gogna; esporre al ridicolo.

gibbon ['gibən] *s.* gibbone.

gibbous ['gibəs] *agg* **1** gibboso; gobbo. **2** *(della luna)* fra la mezza e la piena; crescente o decrescente. **3** biconverso.

gibe, jibe [dʒaib] *s.* beffa; derisione.

to **gibe,** to **jibe** [dʒaib] *vi e t.* ghignare; sogghignare; schernire: *The boys gibed at his mistakes,* I ragazzi si facevano beffe dei suoi errori.

gibingly ['dʒaibiŋli] *avv* con scherno.

giblet ['dʒiblit] *s. (di solito al pl.)* rigaglie: *giblet soup,* minestra di rigaglie.

giddily ['gidili] *avv* ⇨ **giddy.**

giddiness ['gidinis] *s.* **1** frivolezza; storditezza; sconsideratezza; leggerezza. **2** confusione. **3** capogiro; vertigine.

giddy ['gidi] *agg* (**-ier**; **-iest**) **1** vertiginoso; che dà le vertigini (il capogiro): *to look down from a giddy height,* guardare in basso da un'altezza vertiginosa. **2** confuso; frastornato: *If you turn round quickly fifty times, you'll feel giddy,* Se giri vorticosamente su te stesso cinquanta volte, ti verrà il capogiro. **3** scervellato; sventato; sconsiderato; frivolo; stordito; scriteriato: *a giddy young girl,* una ragazzina sventata — *a giddy life of pleasure,* una frivola vita di piacere — *to play the giddy goat* ⇨ **goat.** □ *avv* **giddily.**

gift [gift] *s.* **1** regalo; dono; presente; strenna: *Christmas gifts,* regali (strenne) natalizi — *New Year's gifts,* strenne di Capodanno — *wedding gift,* regalo di nozze. **2** dote naturale; talento; inclinazione; disposizione: *She has a gift for languages,* È dotata per le lingue — *a woman of many gifts,* una donna con molte doti. **3** diritto; facoltà o potestà di dare o concedere: *The living is in the gift of the squire, (stor.)* La facoltà di concedere la prebenda è nelle mani del signorotto — *The post is in his gift,* Dipende da lui (È nei suoi poteri) concedere quell'impiego. **4** *(dir.)* donazione: *The property came to me by free gift,* Ebbi la proprietà per donazione — *a deed of gift,* un atto di donazione. **5** *(attrib.) a gift-book,* un libro strenna — *a gift coupon (voucher),* un buono-premio, un buono-regalo — *Never look a gift-horse in the mouth, (prov.)* A caval donato non si guarda in bocca.

gifted ['giftid] *agg* dotato; fornito d'ingegno, di talento: *gifted with rare talents,* dotato di rare qualità — *a gifted pianist,* un pianista di talento.

gig [gig] *s.* **1** biroccio; barroccino; calesse. **2** *(naut.)* lancia; iole; barca a remi. □ *gig-lamps, (scherz.)* occhiali.

gigantic [dʒai'gæntik] *agg* gigantesco; mastodontico; enorme. □ *avv* **gigantically.**

giggle ['gigl] *s.* **1** risatina; ridarella. **2** *(fam.)* persona o cosa divertente.

to **giggle** ['gigl] *vi* ridacchiare.

gigolo ['ʒigəlou] *s.* gigolò.

Gilbertian [gil'bə:tiən] *agg* comico; umoristico *(da W.S. Gilbert, autore di operette): a Gilbertian situation,* una situazione comica.

gild [gild] *s.* ⇨ **guild.**

to **gild** [gild] *vt* (*p. pass. lett.* **gilt**) dorare; indorare: *to gild a picture frame,* dorare una cornice di quadro — *to gild the pill, (fig.)* indorare la pillola — *gilded youth,* gioventù dorata; 'jeunesse dorée'.

gilder ['gildə*] *s.* doratore; indoratore.

gilding ['gildiŋ] *s.* doratura; indoratura.

[1]**gill** [gil] *s.* **1** *(generalm. al pl.)* branchia. **2** *(di fungo)* lamella. **3** *(al pl.)* pappagorgia: *rosy about the gills,* rubicondo — *green about the gills,* verde in viso; verde di bile.

[2]**gill** [gil] *s.* 'gill' *(misura di capacità).*

gillie ['gili] *s. (scozzese)* guida venatoria.

gillyflower, gilliflower ['dʒili,flauə*] *s. (ant.)* garofano.

[1]**gilt** [gilt] *s.* doratura; indoratura: *gilts; gilt-edged stocks (securities),* azioni primarie, sicurissime; titoli di prim'ordine — *to take the gilt off the gingerbread,* grattar via la doratura, la vernice (far emergere i difetti); togliere il lustro.

[2]**gilt** [gilt] *p. pass di* **to gild.**

[3]**gilt** [gilt] *s.* scrofa giovane.

gimbal ['dʒimbəl] *s. (generalm. al pl.)* sospensione cardanica; bilancieri *(di bussola).*

gimcrack ['dʒimkræk] *agg* vistoso e dozzinale. □ *s.* cianfrusaglia; gingillo; bibelot; bric-à-brac.

gimlet ['gimlit] *s.* succhiello: *gimlet eye, (fig.)* occhio penetrante; sguardo acuto; occhiata inquisitoria.

gimmick ['gimik] *s.* **1** *(fam.)* trucco; trovata *(di prestigiatore, di giornalista, nella pubblicità, ecc.).* **2** mezzuccio. **3** arnese; aggeggio.

[1]**gin** [dʒin] *s.* **1** rete; trappola *(per animali).* **2** *(anche* cotton gin*)* sgranatrice (di cotone).

to **gin** [dʒin] *vt* (**-nn-**) **1** prendere con la rete; prendere in trappola; irretire; intrappolare *(anche fig.).* **2** sgranare *(cotone).*

[2]**gin** [dʒin] *s.* gin: *gin and it, (GB)* gin con vermut italiano — *pink gin, (GB)* gin con qualche goccia di amaro — *gin-palace, (GB)* spaccio di liquori tutto specchi.

ginger ['dʒindʒə*] *s.* **1** zenzero: *ginger nut,* biscotto allo zenzero. **2** *(fig.)* 'pepe'; energia; vivacità; spirito; argento vivo: *a ginger group,* 'gruppo di punta' *(gruppo di deputati che incitano il Governo ad agire efficacemente e in fretta).* **3** *(anche attrib.)* color zenzero; fulvo; rossiccio *(usato spesso come nomignolo): ginger hair,* capelli color zenzero, rossicci. **4** *ginger beer (ale),* bibita (gassosa) allo zenzero.

to **ginger** ['dʒindʒə*] *vt* **1** aromatizzare allo zenzero. **2** *(generalm. seguito da* up*)* stimolare; incitare; rinvigorire; ravvivare.

ginger(-)bread ['dʒindʒə* bred] *s.* pan di zenzero; pampepato; peverella.

gingerly ['dʒindʒəli] *agg* guardingo. □ *avv* con circospezione; cautamente.

gingham ['giŋəm] *s.* **1** tessuto stampato a righe o quadri di lino o cotone. **2** *(fam.)* ombrello.

ginkgo ['giŋkou] *s.* ginko.

ginseng ['dʒinseŋ] *s.* ginseng.

gipsy, gypsy ['dʒipsi] *s. e agg* **1** zingaro; gitano; *(spreg.)* vagabondo; girovago. **2** *(fam. e scherz.)* zingara; donna o ragazza di carnagione scura e dagli occhi vivaci. **3** *(attrib.)* zingaresco; gitano; zigano: *a gipsy girl,* una zingarella — *a gipsy camp,* un accampamento di zingari. □ *gipsy rose,* scabiosa.

giraffe [dʒi'rɑ:f/-'ræf] *s.* giraffa.

to **gird** [gə:d] *vt* (*p. pass.* **girded,** *ma ant. e lett.* **girt**) **1** *(poet. e lett.)* cingere; assicurare con cintura; indossare: *to gird on a sword,* cingere la spada — *to gird up one's loins, (biblico)* cingersi i lombi; prepararsi alla lotta, all'azione; *(fam.)* rimboccarsi le maniche. **2** *(lett.)* circondare; cingere d'assedio: *a sea-girt isle,* un'isola circondata dal mare.

girder ['gə:də*] *s.* trave; traversa *(spec. d'acciaio).*

[1]**girdle** ['gə:dl] *s.* **1** cintura; cintola *(anche fig.).* **2** *(fam.)* busto; corsetto.

to **girdle** ['gə:dl] *vt* **1** cingere; circondare. **2** fare una incisione circolare intorno a *(un albero).*

[2]**girdle** ['gə:dl] *s. (GB, spec. scozzese)* teglia piatta; lastra di ferro per cuocere focacce.

girl [gə:l] *s.* **1** fanciulla; giovinetta; ragazza; bambina; figliuola; signorina: *She is still a girl,* È ancora da sposare — *a girl out of her teens,* una giovane donna — *the girls, (in una famiglia)* le figliuole. **2** *(anche* servant girl*)* cameriera; serva; domestica: *a new girl to do the housework,* una nuova cameriera per i lavori di casa. **3** donna che lavora *(in ufficio, in fabbrica, ecc.): shop girls,* commesse *(di negozio)* — *factory girls,* operaie — *office girls,* impiegate *(di ufficio)* — *flower girl,* fioraia. **4** *(fam.: spesso* girl-friend*)* ragazza; fidanzata; amica; amorosa: *John and his girl,* John e la sua ragazza.

□ *Girl Guides (USA* Girl Scouts*),* Giovani Esploratrici; Guide — *girl (Girl) Friday,* segretaria (aiuto) tuttofare — *old girl,* - **a)** *(affettuoso)* ragazza mia; vecchiona - b) ex alunna *(spec. di scuola privata)* — *call-girl,* ragazza squillo — *cover girl,* ragazza da copertina; fotomodella — *a pick-up girl,* una passeggiatrice — *a pin-up girl,* ragazza attraente, formosa (e poco vestita).

girlhood ['gə:lhud] *s.* adolescenza, giovinezza *(di ragazza).*

girlie ['gə:li] *s.* (*diminutivo fam. di* **girl**) **ragazzina** — *a girlie magazine, (fam.)* una rivista 'per soli uomini'.

girlish ['gə:liʃ] *agg* fanciullesco; di, da ragazza; di, da adolescente: *girlish games (behaviour, laughter),* giochi (comportamento, risate) fanciulleschi (propri delle ragazze) — *girlish clothes,* abiti da ragazza. □ *avv* **girlishly.**

girlishness ['gə:liʃnis] *s.* carattere, modi, ingenuità di fanciulla.

giro ['dʒairou] *s.* 'postagiro' *(in GB, anche tra banche)*

girt [gə:t] *p. pass ant e lett di* **to gird.**

girth [gə:θ] *s.* **1** *(striscia di cuoio o tela)* cinghia; sottopancia; ventrino. **2** circonferenza; giro; contorno; cintura; *(di persona)* vita; misura alla vita: *a tree fifteen feet in girth,* un albero di quindici piedi di circonferenza.

gist [dʒist] *s. (sempre con l'art. determinativo)* essenza; sostanza; succo *(di un discorso, ecc.): Just tell me the gist of what he said,* Dimmi solo il succo di quanto ha detto.

git [git] *s. (GB, fam.)* tizio.

give [giv] *s.* cedevolezza; elasticità; morbidezza; pieghevolezza: *A good dance floor should have a certain amount of give in it,* Una buona pista da ballo dovrebbe avere un certo grado di elasticità. □ *give and take,* compromesso; concessione reciproca; arrendevolezza; scambio di parole.

to **give** [giv] *vt e i.* (*pass.* **gave**; *p. pass.* **given**) **1** dare; offrire; donare; distribuire; dedicare: *I gave him a book,* Gli diedi un libro — *I gave it to him,* Glielo diedi — *Give him it!; Give it to him!,* Dàglielo! — *I gave a pen to each of the boys,* Diedi a ciascun ragazzo una penna — *Each of the pupils was given a sheet of paper,* Ad ogni allievo venne dato (fu distribuito) un foglio — *He gives English lessons,* Dà lezioni di inglese — *They gave a very good party last week,* La settimana scorsa hanno dato un ottimo ricevimento — *He gave his life to the cause of peace,* Dedicò la vita alla causa della pace — *to give (away) one's daughter in marriage,* dare in moglie (in sposa) la propria figlia — *to give oneself airs,* darsi delle arie — *Give me liberty or give me death,* Datemi la libertà o la morte — *They gave him twenty years,* Gli diedero vent'anni (di carcere) — *Give me Bach and Mozart, not these modern composers,* Datemi Bach e Mozart, non questi compositori moderni — *The sun gives us warmth and light,* Il sole ci dà calore e luce — *You should give the other boys a good example,* Dovresti dare il buon esempio agli altri ragazzi — *What are you giving us?, (fam.)* Cosa ci offri (da bere)? — *Give it him!, (fam.)* Dagliele! (Puniscilo!) — *I don't give a damn!, (sl.)* Non me ne importa niente! (Me ne infischio!; Me ne frego!).

2 pagare; dare: *I would give anything to know what happened,* Non so cosa pagherei per sapere cosa è accaduto — *How much will you give me for my old car?,* Quanto mi daresti per la mia vecchia auto?

3 concedere; dare: *They gave me a week to make up my mind,* Mi concessero una settimana per decidermi — *I'll give you that,* Sì, questo te lo concedo.

4 procurare: *Did you give your parents much trouble when you were young?,* Hai procurato molti guai ai tuoi genitori quando eri giovane?

5 contagiare; attaccare: *You have given me your cough,* Mi hai attaccato la tosse.

6 fare *(il risultato di una somma): Five plus five gives ten,* Cinque più cinque fa dieci.

7 fare elargizioni; fare doni: *to give to the Red Cross,* fare una donazione alla Croce Rossa.

8 piegarsi; cedere: *The branch gave but did not break,* Il ramo si piegò ma non si spezzò — *The marshy ground gave under our feet,* Il terreno paludoso cedeva sotto i nostri piedi — *to give ground,* cedere terreno — *to give way,* cedere — *to give way to sb,* cedere il passo a qcno.

□ *to give sb best,* ammettere la superiorità di qcno — *to give birth to sth,* dare alla luce qcsa; dare origine a qcsa — *to give chase to sth,* dare la caccia a qcsa — *to give currency to sth,* divulgare qcsa — *to give ear to sth,* dare (prestare) orecchio a qcsa — *to give evidence,* testimoniare — *to give evidence of sth,* dare prova di qcsa — *to give it a go* ⇨ **go** — *to give sb a piece of one's mind,* esprimere chiaramente quello che si pensa; dire a qcno il fatto suo — *to give an injection,* fare un'iniezione — *to give place to sb,* essere sostituito da qcno — *to give oneself to the study of,* darsi allo studio di — *to give sb to understand that...,* informare, assicurare qcno che... — *I was given to understand that you would help me,* Mi assicurarono che Lei mi avrebbe aiutato — *to give notice,* licenziare, licenziarsi — *to give three cheers,* lanciare tre urrà — *to give a kick (a push),* dare un calcio (una spinta) — *to give a loud laugh,* scoppiare in una risata fragorosa — *to give a sigh (groan, yell),* emettere un sospiro (un lamento, un urlo) — *to give a shrug of the shoulders,* fare una alzata di spalle (stringersi nelle spalle) — *to give as good as one gets,* rendere pan per focaccia — *to give sb what for,* darle a qcno — *to give sb a hand,* dare una mano a qcno — *to give vent to sth,* dare sfogo a qcsa — *to give rise to sth,* dare origine a qcsa; causare qcsa — *to give sb the sack, (più fam.:* the push*)* licenziare qcno — *to give sb a dressing down,* dare una bella lavata di capo a qcno — ***Come on, give!,*** *(USA)* Su!, raccontateci tutto!

to give away, - **a)** dar via; dare in omaggio; distribuire: *He gave away all his money,* Diede via tutto il suo denaro — *We are giving away a hundred litres of petrol with every new car purchased this month!,* Questo mese diamo in omaggio cento litri di benzina a chi acquista una macchina nuova! — *The headmaster gave away the prizes after the sports meeting,* Il preside distribuì i premi dopo l'incontro sportivo - **b)** rivelare; tradire: *You've given away my secret!,* Hai rivelato il mio segreto! — *His accent gave him away,* Il suo accento lo tradì - **c)** condurre all'altare: *The bride was given away by her father,* La sposa fu condotta all'altare dal padre.

to give back, restituire; ridare; riflettere *(di luci, di suoni): to give a thing back to its rightful owner,* restituire una cosa al legittimo proprietario — *to give a man back his liberty,* ridare ad un uomo la sua libertà — *The bare rock wall gave back her desperate call for help,* La nuda parete di roccia rimandò indietro (restituì) il suo disperato grido d'aiuto.

to give forth, emettere; esalare.

to give in, - **a)** arrendersi; cedere: *The rebels were forced to give in,* I ribelli furono costretti ad arrendersi — *Mary usually has to give in to her elder brother,* Mary deve quasi sempre cedere al fratello maggiore - **b)** consegnare: *Please give in your examination papers now,* Per favore, ora consegnate le vostre prove d'esame — *to give in one's name,* dare il proprio nome *(come candidato in una lista, ecc.).*

to give off, emettere; fare (fumo, vapore): *This residue gives off a poisonous gas,* Questo residuo emette un gas tossico.

to give on to (upon), dare su; guardare *(di porta, finestra): The windows give on to the courtyard,* Le finestre danno sul cortile.

to give out, - **a)** esaurirsi; venir meno; diminuire; calare: *Our fuel stocks are beginning to give out,* Le nostre scorte di carburante cominciano ad esaurirsi — *His strength gave out,* La sua forza venne meno - **b)** distribuire; emettere *(fumo, vapore);* annunciare - **c)** *to give oneself out to be sth or sb,* spacciarsi per qcsa o qcno - **d)** *to give a batsman out, (cricket)* dichiarare il battitore fuori gioco *(dichiarare che il battitore è stato sconfitto e che il suo turno di gioco è finito).*

to give over, - **a)** smettere; cessare: *Give over!,* Smettila! - **b)** consegnare - **c)** *to be given over to sth,* essere in balia di qcsa *(p.es. di vizi).*

to give up, - **a)** cedere: *to give up one's place,* cedere il posto — *to give up the ghost,* esalare l'anima; rendere l'anima a Dio - **b)** smettere (di); rinunciare (a): *to give up smoking,* smettere di fumare — *I give up!,* Rinuncio! *(p.es. a risolvere un problema)* - **c)** dare qcno per spacciato; *(per estensione)* rinunciare ad aspettare qcno: *The doctor has given him up,* Il medico ha detto che è spacciato (che per lui non c'è più niente da fare) — *She was so late that we had given her up,* Arrivò così in ritardo che non l'aspettavamo più.

give-away ['givəwei] *s.* **1** *(fam.)* tradimento. **2** *(fam.)* cosa che tradisce; rivelazione involontaria. **3** *(in un esame)* domanda facilissima. **4** *(anche attrib.)* omaggio.

given ['givn] *p. pass di* **to give** **1** convenuto; stabilito; dato: *They were to meet at a given time and place,* Dovevano incontrarsi ad un'ora e un luogo stabiliti. **2** dedito a: *a man given to drinking,* un uomo dedito al bere. **3** ammesso che; supposto che: *Given the choice, I'd much rather go by sea than by air,* In caso di scelta preferirei fare il viaggio in nave piuttosto che in aereo — *Given good weather, I'd much rather go to the seaside,* Nel caso di bel tempo, preferirei di gran lunga andare al mare — *Given A = B then C...,* Se A = B allora C... — *a given name, (USA)* un nome di battesimo.

giver ['givə*] *s.* donatore, donatrice.

gizzard ['gizəd] *s.* **1** ventriglio. **2** *(fig., scherz.)* gola: *His suggestion stuck in my gizzard,* La sua proposta non mi andava giù (mi restò in gola).

glacé ['glæsei] *agg (fr.)* **1** *(di frutta)* glacé; candito; *(di dolci)* glassato. **2** *(di cuoio, ecc.)* lucido.

glacial ['gleisjəl] *agg* glaciale.

glacier ['glæsjə*] *s.* ghiacciaio: *glacier snow,* nevaio — *hanging glacier,* ghiacciaio pensile.

glad [glæd] *agg* (**-der**; **-dest**) **1** *(solo predicativo)* contento; lieto; compiaciuto: *to be (to look, feel) glad about sth,* essere (sembrare, sentirsi) contento di qcsa — *I am glad of your success,* Sono contento del tuo successo — *Glad to see you!,* Lieto di vederti! **2** lieto; felice; bello: *the gladdest day of her life,* il giorno più felice della sua vita — *Have you heard the glad news?,* Hai sentito la bella notizia? — *to give sb the glad eye, (sl.)* guardare con occhi amorosi; fare gli occhi dolci; fare l'occhio di triglia — *to give sb the glad hand, (USA, sl.)* dare il benvenuto, fare buona accoglienza a qcno — *glad rags, (sl.)* abiti, vestiti da festa. □ *avv* **gladly** ⇨.

to **gladden** ['glædn] *vt* allietare; rallegrare; rendere contento.

glade [gleid] *s.* radura.

gladiator ['glædieitə*] *s.* gladiatore.

gladiatorial [,glædiə'tɔ:riəl] *agg* gladiatorio; da gladiatore.

gladiolus [,glædi'ouləs] *s.* (*pl.* **gladioli, gladioluses**) gladiolo.

gladly ['glædli] *avv* **1** volentieri; con piacere. **2** lietamente; allegramente.

gladness ['glædnis] *s.* allegrezza; gioia; letizia; contentezza.

gladsome ['glædsʌm] *agg (lett.)* contento; gaio; allegro; felice.

to **glamorize** ['glæməraiz] *vt* rendere attraente o affascinante; esaltare; valorizzare al massimo: *Newspapers always glamorize the lives of the stars,* I giornali mitizzano sempre la vita delle dive.

glamorous ['glæmərəs] *agg* affascinante; pieno di fascino; incantevole; attraente. □ *avv* **glamorously.**

glamour ['glæmə*] *s.* (*USA* **glamor**) fascino; incanto; incantesimo; malia: *the glamour of the moonlight on the sea,* l'incanto del chiaro di luna sul mare — *a scene full of glamour,* una scena incantevole — *a glamour boy (girl),* un ragazzo (una ragazza) affascinante.

glance [glɑ:ns] *s.* **1** occhiata; occhiatina; colpo d'occhio; sguardo: *to take a glance at the headlines,* dare un'occhiata ai titoli (del giornale) — *to see sth at a glance,* notare qcsa a prima vista — *a saucy glance,* un'occhiatina impertinente — *loving glances,* sguardi amorosi; occhiatine dolci. **2** balenio; lampo; bagliore: *a glance of spears in the sunlight,* un balenio di lance al sole. **3** colpo obliquo, di rimbalzo, di striscio.

to **glance** [glɑ:ns] *vt e i.* **1** *(seguito da* at, over, through, *ecc.)* gettare, lanciare uno sguardo; dare un'occhiata: *to glance at the clock,* guardare l'orologio — *to glance over (o through) a letter,* dare un'occhiata (leggere alla svelta) una lettera — *to glance round the room,* dare un'occhiata in giro alla stanza. **2** *(di freccia, colpo, ecc.)* scivolare; deviare; sfiorare: *a glancing blow,* un colpo di striscio. **3** *(di luce, oggetti luminosi)* brillare; balenare; scintillare; luccicare: *Their helmets glanced in the sunlight,* I loro elmetti luccicavano al sole.

glancing ['glɑ:nsiŋ] *agg* di striscio; sfiorante.

gland [glænd] *s.* **1** *(med.)* ghiandola; glandola: *ductless glands,* ghiandole endocrine *(a secrezione interna).* **2** *(mecc.)* pressatreccia; premistoppa. **3** glande.

glandular ['glændjulə*] *agg* glandolare; delle ghiandole.

glare [glɛə*] *s.* **1** bagliore; abbagliamento; splendore accecante; sfolgorio; riverbero: *the glare of the sun on the water,* il riverbero abbagliante del sole sull'acqua — *in the full glare of publicity, (fig.)* con i riflettori puntati. **2** sguardo irato, feroce, minaccioso, penetrante: *He looked at him with a glare,* Lo guardò torvo.

to **glare** [glɛə*] *vi e t.* **1** abbagliare; sfolgorare; risplendere di luce (abbagliante): *The tropic sun glared down on us all the day,* Il sole dei tropici sfolgorò su di noi per tutto il giorno. **2** *(seguito da* at*)* guardare con ira; fulminare con lo sguardo; fissare *(con aria di sfida, con occhio truce, con astio): They stood glaring at each other,* Si guardarono torvi — *They glared* *defiance (hate) at me,* Mi fissarono con aria di sfida (con odio).

glaring ['glɛəriŋ] *agg* **1** abbagliante; accecante: *a car with glaring headlights,* un'auto con fari abbaglianti — *glaring neon signs,* abbaglianti (sfolgoranti) insegne al neon. **2** *(di sguardo)* fiero; irato; torvo; truce: *glaring eyes,* occhi di fuoco, irati. **3** evidente; palese; grossolano; madornale: *a glaring injustice,* una ingiustizia palese — *a glaring mistake,* un errore madornale. **4** *(di colore)* sgargiante; troppo vivo; vistoso. □ *avv* **glaringly.**

glass [glɑ:s] *s.* **1** *(senza pl.)* vetro *(spesso attrib.): a glass eye,* un occhio di vetro — *glass-blower,* vetraio; soffiatore (di vetro) — *glass case,* vetrinetta; custodia di vetro — *glass-cutter,* - **a)** tagliatore di cristalli - **b)** tagliavetro *(diamante o rotella)* — *glass wool,* lana di vetro — *glass-works,* vetreria — *frosted (o ground) glass,* vetro smerigliato — *a pane of glass,* un pannello di vetro; un vetro *(per finestre)* — *plate-glass,* cristallo *(per vetrine, specchi, ecc.)* — *spun-glass,* vetro filato — *stained glass,* vetro istoriato.
2 (*pl.* **glasses**) oggetto di vetro (bicchiere, vetro, ecc.); cristalleria; recipiente di vetro e suo contenuto; serra: *a glass of wine,* un bicchiere di vino — *a wine glass,* un bicchiere da vino — *He has had a glass too much,* Ha bevuto un bicchiere di troppo — *hour- (sand-) glass,* clessidra — *an hour-glass figure,* una silhouette a clessidra — *a looking glass,* uno specchio — *measuring glass,* bicchiere graduato.
3 (*pl.* **glasses**) lente; occhiale; cannocchiale: *eye-glass,* monocolo; caramella — *field-glasses,* binocolo — *opera-glasses,* binocolo da teatro — *magnifying- (reading-) glass,* lente d'ingrandimento — *spy-glass,* cannocchiale — *to wear glasses,* portare gli occhiali — *She can't see without glasses,* Non riesce a vedere senza occhiali — *sun-glasses,* occhiali da sole.
4 *(fam.)* barometro: *The glass is falling,* Il barometro sta scendendo (va verso il brutto).
□ *glass cloth,* - **a)** tessuto di vetro filato - **b)** asciugapiatti — *glass-paper,* carta vetrata — *glass-house,* - **a)** serra; vetreria - **b)** prigione militare — *glass-culture; cultivation under glass,* coltivazione *(di piante, ecc.)* in serre — *There are many acres under glass in Jersey,* Ci sono ettari ed ettari di serre nel Jersey — *People who live in glass-houses shouldn't throw stones, (prov.)* Non criticare se non sei sicuro di essere al riparo delle critiche.

to **glass** [glɑ:s] *vt* **1** *(poet.)* specchiare; riflettere: *The mountains glassed themselves in the lake,* Le montagne si rispecchiavano nel lago. **2** mettere i vetri; munire, fornire di vetri: *to glass a window,* mettere i vetri ad una finestra — *a glassed-in veranda,* una veranda a vetri.

glassful ['glɑ:sful] *s.* contenuto di un bicchiere; bicchiere pieno.

glassware ['glɑ:swɛə*] *s.* cristallerie; vetrerie; articoli di vetro.

glassworks ['glɑ:swəks] *s.* vetreria.

glassy ['glɑ:si] *agg* vitreo; vetroso; simile al vetro; limpido; trasparente: *a glassy stare,* uno sguardo vitreo — *a glassy calm,* un mare liscio come l'olio.

Glaswegian [glæs'wi:dʒiən] *agg* di Glasgow. □ *s.* abitante di Glasgow.

glaucoma [glɔ:'koumə] *s.* glaucoma.

glaucous ['glɔ:kəs] *agg* **1** glauco. **2** pruinoso.

glaze [gleiz] *s.* **1** vernice vetrosa, trasparente *(per ceramica); (fig.)* pellicola; velo: *The glaze of death came over his eyes,* Il velo della morte si stese sui suoi occhi. **2** gelicidio; vetrone; fondo (stradale) ghiacciato. **3** gelatina; glassa.

to **glaze** [gleiz] *vt e i.* **1** fornire, munire di vetri; invetriare: *to glaze a window,* mettere i vetri a una finestra — *to glaze in a porch,* munire un portico di vetrate — *a glazed door,* una porta a vetri. **2** vetrinare *(ceramiche);* smaltare a vetrino; lustrare; lucidare a vetro; candire *(frutta);* glassare *(torte);* ricoprire *(carne)* di gelatina. **3** *(degli occhi)* diventare vitrei; appannare, appannarsi: *His eyes were glazed in death,* I suoi occhi assunsero la fissità vitrea della morte — *His eyes glazed over,* Gli si annebbiò la vista.

glazier ['gleizjə*] *s.* vetraio.

gleam [gli:m] *s.* **1** barlume; luccichio; luccicare incerto; sprazzo di luce: *the distant gleam of a lighthouse,* il baluginare lontano di un faro — *the first gleam of the morning sun,* i primi raggi incerti del sole nascente. **2** *(fig.)* barlume; pizzico: *a gleam of hope,* un barlume di speranza — *an essay with an occasional gleam of humour,* un saggio condito qua e là di un po' di umorismo — *a man with a dangerous gleam in his eyes,* un uomo con una luce minacciosa negli occhi *(anche scherz.).*

to **gleam** [gli:m] *vi* brillare debolmente; luccicare; baluginare.

to **glean** [gli:n] *vi e t.* spigolare; *(fig.)* raccogliere qua e là; racimolare; raggranellare: *to glean news,* raccogliere notizie qua e là (in giro).

gleaner ['gli:nə*] *s.* spigolatore, spigolatrice.

gleanings ['gli:niŋz] *s. pl* spigolature; *(fig.)* notizie o fatti racimolati.

glebe [gli:b] *s.* **1** *(poet.)* zolla; terra. **2** podere facente parte di un beneficio ecclesiastico.

glee [gli:] *s.* **1** allegria; allegrezza; gioia *(per un successo, ecc.).* **2** *(mus.)* canone a tre o quattro voci; canzone a refrain.

gleeful ['gli:ful] *agg* allegro; giulivo; gaio; tutto contento. □ *avv* **gleefully.**

glen [glen] *s. (in Scozia)* valletta.

glengarry [glen'gæri] *s.* tipo di berretto scozzese.

glib [glib] *agg (di lingua o discorso)* sciolto ma poco convincente: *to have a glib tongue,* avere la lingua (troppo) sciolta — *glib excuses,* scuse pronte. □ *avv* **glibly.**

glibness ['glibnis] *s.* facondia; loquacità.

glide [glaid] *s.* **1** scivolata. **2** *(di tempo)* il fluire. **3** *(di aliante, ecc.)* volo librato o planato. **4** *(di danza)* passo strisciato; *(mus.)* scivolata; legamento: *The new dance consists of a series of glides,* Il nuovo ballo consiste in una serie di passi strisciati. **5** *(fonetica)* passaggio da un suono vocalico a un altro.

to **glide** [glaid] *vi* scivolare; scorrere via; passare silenziosamente o inosservato; *(di fiume)* fluire; scorrere placido; *(di aliante)* librarsi; planare: *The ghost glided out of the room,* Il fantasma scivolò via silenzioso dalla stanza — *A boat glided past,* Una barca passò silenziosa.

glider ['glaidə*] *s.* **1** aliante. **2** idroplano.

gliding ['glaidiŋ] *s.* **1** volo a vela: *gliding certificate,* brevetto di volo a vela. **2** planata: *gliding angle,* angolo di planata.

glimmer ['glimə*] *s.* luccichio; luce debole, incerta; barlume *(anche fig.): Their last glimmer of hope began to fade,* Il loro ultimo barlume di speranza cominciò a svanire.

to **glimmer** ['glimə*] *vi* luccicare: *The lights of the city glimmered in the distance,* Le luci della città brillavano in lontananza.

glimpse [glimps] *s.* occhiata di sfuggita; apparizione

fugace; *(fig.)* visione fugace: *He caught a glimpse of his friend through the trees,* Riuscì a vedere di sfuggita l'amico fra gli alberi — *His words gave me a glimpse of the truth,* Le sue parole mi fecero intravedere la verità.

glint [glint] *s.* scintillio: *There were glints of gold in her hair,* C'erano riflessi d'oro nei suoi capelli.

to **glint** [glint] *vi* scintillare.

glissade [gli'sɑ:d] *s. (fr.)* **1** *(alpinismo)* scivolata volontaria sulla neve. **2** passo di danza strisciato.

to **glissade** [gli'sɑ:d] *vi (fr.) (alpinismo)* fare una discesa scivolando eretti.

to **glisten** ['glisn] *vi* brillare; luccicare *(spec. di superfici bagnate o lucide): glistening dew-drops,* scintillanti gocce di rugiada — *eyes glistening with tears,* occhi luccicanti di lacrime.

glister ['glistə*] *s. (ant.)* = **glitter**.

to **glister** ['glistə*] *vi (ant.)* = **to glitter**.

glitter ['glitə*] *s.* splendore; luccichio.

to **glitter** ['glitə*] *vi* scintillare; brillare; splendere; rilucere: *The royal crown glittered with rare gems,* La corona reale splendeva di rare gemme.

glittering ['glitəriŋ] *agg* brillante; splendente; attraente *(anche fig.): glittering prizes,* magnifici premi.

gloaming ['gloumiŋ] *s. (sempre con l'art. determinativo)* crepuscolo.

to **gloat** [glout] *vi (generalm. seguito da* on *o* over*)* **1** guardare avidamente; divorare con gli occhi: *He seemed like a miser gloating over his gold,* Sembrava un avaro che guardi avidamente il suo oro. **2** esultare; gongolare; godere di gioia maligna: *He gloated over his rival's misfortune,* Gongolava per la disgrazia del suo rivale.

gloatingly ['gloutiŋli] *avv* **1** avidamente. **2** gongolando; esultando.

global ['gloubəl] *agg* **1** mondiale; universale; di tutto il globo. **2** globale; totale; complessivo. **3** a forma di globo; sferico; rotondo. □ *avv* **globally**.

globe [gloub] *s.* globo; sfera; palla; mappamondo; orbe; *(elettr.)* bulbo (di lampada); diffusore a sfera. □ *globe-fish,* pesce palla — *globe-trotter,* giramondo.

globular ['glɔbjulə*] *agg* globulare.

globule ['glɔbju:l] *s.* globulo.

gloom [glu:m] *s.* **1** oscurità; tenebre; buio. **2** tristezza; malinconia: *The news cast a gloom over the village,* La notizia diffuse tristezza per tutto il villaggio.

gloomy ['glu:mi] *agg* **1** oscuro; cupo; buio. **2** malinconico; triste; depresso: *I am feeling very gloomy about his future,* Il pensiero del suo futuro mi rende molto depresso — *a gloomy outlook,* una triste prospettiva. □ *avv* **gloomily**.

glorification [,glɔ:rifi'keiʃən] *s.* glorificazione; esaltazione.

to **glorify** ['glɔ:rifai] *vt* glorificare; esaltare; magnificare; miticizzare *(anche iron.);* abbellire: *His week-end cottage is only a glorified barn,* La sua casa per il week-end è solo un fienile imbellito.

glorious ['glɔ:riəs] *agg* **1** glorioso; illustre: *a glorious victory,* una gloriosa vittoria. **2** magnifico; splendido; stupendo; maestoso. **3** *(fam.)* divertente; allegro; bello *(anche iron. e scherz.): to have a glorious time,* spassarsela — *glorious fun,* un divertimento straordinario — *What a glorious mess!,* Che bel pasticcio! □ *avv* **gloriously**.

glory ['glɔ:ri] *s.* **1** gloria; onore; fama; invocazione di lode; adorazione; ringraziamento: *Glory to God in the highest,* Gloria a Dio nell'alto dei cieli. **2** gloria; splendore; fasto; magnificenza; maestà: *the glory of a sunset,* lo splendore di un tramonto — *the glories of ancient Rome,* i fasti (gli splendori) dell'antica Roma. **3** gloria celeste; cielo; paradiso: *the saints in glory,* i santi in gloria — *to go to glory, (fam.)* andarsene in gloria; morire — *to send sb to glory, (fam.)* ammazzare, uccidere qcno. **4** *(iconografia)* aureola. □ *Glory be!, (fam.)* Perbacco! — *a glory-hole, (USA)* un ripostiglio — *Old Glory, (USA)* la bandiera nazionale statunitense.

to **glory** ['glɔ:ri] *vi* gloriarsi, vantarsi di: *to glory in one's strength,* vantarsi della propria forza — *to glory in working for a good cause,* essere orgoglioso di lavorare per una buona causa.

[1]**gloss** [glɔs] *s.* **1** lucentezza; lucidezza; lustro: *the gloss of silk and satin,* la lucentezza della seta e del raso — *material with a good gloss,* stoffa con una bella lucentezza. **2** *(fig., generalm. al sing. preceduto dall'art. indeterminativo)* apparenza; patina; vernice: *a gloss of respectability,* un'apparenza (una patina) di rispettabilità.

[1]to **gloss** [glɔs] *vt* **1** lucidare; lustrare. **2** *(spesso seguito da* over*)* mascherare *(errori, ecc.);* palliare; coprire; dissimulare: *to gloss over sb's faults,* passar sopra (far finta di non vedere) gli errori di qcno.

[2]**gloss** [glɔs] *s.* glossa.

[2]to **gloss** [glɔs] *vt* glossare; chiosare.

glossary ['glɔsəri] *s.* glossario; lessico.

glossily ['glɔsili] *avv* ⇨ **glossy**.

glossiness ['glɔsinis] *s.* lucidità; lucentezza.

glossy ['glɔsi] *agg* lucente; lucido; brillante; liscio; levigato: *serge trousers with a glossy seat,* pantaloni di saia col fondo lucido — *glossy paper,* carta patinata — *glossy periodicals; (anche) the glossies, (s. pl.)* rotocalchi *(spec. di moda, ecc.)* — *a glossy photografic print,* una fotografia lucida. □ *avv* **glossily**.

glottal ['glɔtl] *agg* della glottide: *glottal stop,* consonante occlusiva.

glottis ['glɔtis] *s.* glottide.

glove [glʌv] *s.* guanto *(anche da pugilato): to fit like a glove, (fam.)* calzare come un guanto (alla perfezione); andare (adattarsi) a pennello — *to be hand in glove with sb, (fam.)* andare d'amore e d'accordo, essere 'culo e camicia' con qcno — *to take off the gloves to sb; to handle sb without gloves,* affrontare, trattare qcno senza tanti riguardi, rudemente, senza pietà — *to handle sb with kid gloves,* trattare qcno con i guanti — *to hang up one's gloves, (di pugile)* appendere i guantoni (abbandonare l'attività agonistica). □ *glove puppet,* burattino — *glove-box,* - **a)** *(di automobile)* cassetto, vano portaoggetti *(anche* glove compartment*)* - **b)** piccolo vano contenente guanti per la manipolazione di oggetti *(p.es. radioattivi).*

glow [glou] *s. (solo al sing.)* **1** incandescenza; luminescenza; scintillio; bagliore: *the glow of the sky at sunset,* la luce del cielo al tramonto. **2** calore *(del corpo);* colorito *(del volto): cheeks with the glow of health on them,* guance col colorito sano della salute. **3** *(fig.)* impeto; ardore; passione; foga: *in a glow of enthusiasm,* in un impeto di entusiasmo. □ *glow-worm, (GB)* lucciola; lampiride notturna.

to **glow** [glou] *vi* **1** bruciare senza fiamma; essere incandescente: *glowing embers,* braci ardenti, incandescenti. **2** *(fig.)* avvampare; arrossire; accaldarsi; sudare leggermente: ⇨ **glowing**. **3** colorarsi; risplendere *(di colori): woods and forests glowing with autumn tints,* boschi e foreste nelle calde tinte autunnali.

to **glower** ['glauə*] *vi* guardare minacciosamente; guardare con ira.

gloweringly ['glauəriŋli] *avv* con sguardo minaccioso; con sguardo irato.
glowing ['glouiŋ] *agg* ardente; brillante; *(fig.)* animato; acceso; raggiante: *to give a glowing account of what happened,* riferire l'accaduto con animazione — *to describe an event in glowing colours,* descrivere un avvenimento a tinte forti — *to be glowing with health,* scoppiare di salute. □ *avv* **glowingly.**
glucose ['glu:kous] *s.* glucosio.
glue [glu:] *s.* colla; glutine.
to **glue** [glu:] *vt* **1** incollare. **2** appiccicare; attaccare; inchiodare *(fig.)*: *Why must you always remain glued to your mother?,* Perché devi sempre rimanere appiccicato a tua madre? — *His eye (ear) was glued to the keyhole,* Aveva l'occhio (l'orecchio) incollato al buco della serratura.
gluey ['glu:i] *agg* colloso; appiccicoso; attaccaticcio; viscoso; glutinoso.
glum [glʌm] *agg* depresso; triste; tetro. □ *avv* **glumly.**
glumness ['glʌmnis] *s.* malinconia; tristezza; tetraggine.
glut [glʌt] *s.* **1** saturazione; sovrabbondanza; eccesso: *a glut of pears on the market,* una sovrabbondanza di pere sul mercato. **2** *(raro)* scorpacciata; eccesso *(di cibo).*
to **glut** [glʌt] *vt* (**-tt-**) **1** saturare; riempire all'eccesso: *to glut the market (with fruit, ecc.),* saturare, inondare il mercato (di frutta, ecc.). **2** satollare; saziare; rimpinzare; pascersi *(della vista)*: *to glut one's appetite,* saziare il proprio appetito — *to glut oneself with rich food,* rimpinzarsi di cibo sostanzioso — *glutted with pleasure,* sazio di piacere.
gluten ['glu:tən] *s.* glutine.
glutinous ['glu:tinəs] *agg* glutinoso.
glutton ['glʌtn] *s.* ghiottone; goloso: *He's a glutton for work, (fig.)* Non è mai stanco di lavorare.
gluttonous ['glʌtnəs] *agg* ghiotto; goloso; ingordo. □ *avv* **gluttonously.**
gluttony ['glʌtni] *s.* ghiottoneria; golosità; ingordigia.
glycerin(e) ['glisəri(:)n] *s.* glicerina.
glycol ['glaikɔl] *s.* glicole.
gnarled [nɑ:ld] *agg* nodoso *(di alberi, delle mani).*
to **gnash** [næʃ] *vi e t.* digrignare.
gnat [næt] *s.* moscerino; *(fig.)* piccolo fastidio: *to strain at a gnat,* preoccuparsi per una sciocchezza.
to **gnaw** [nɔ:] *vt e i.* **1** mordere; rodere; rosicchiare: *The dog was gnawing (at) a bone,* Il cane stava rosicchiando un osso — *The rats had gnawed away much of the woodwork,* I topi avevano roso gran parte dell'assito. **2** *(fig.)* corrodere; consumare; logorare; tormentare: *the gnawing pains of hunger,* le tormentose fitte della fame.
gnome [noum] *s.* gnomo. □ *the gnomes of Zurich, (fam.)* i 'maghi' finanziari di Zurigo.
gnomic ['noumik] *agg* gnomico; sentenzioso.
gnu [nu:] *s.* gnu.
go [gou] *s.* (*pl.* **goes**) **1** energia; entusiasmo; brio; spirito; attività; vigore: *to be full of go,* essere pieno di energia, di entusiasmo — *He still has plenty of go in him,* Ha ancora un sacco di energia — *to be on the go,* avere da fare; essere indaffarato; darsi da fare — *She has been on the go all day,* Non è stata ferma un momento per tutto il giorno.
2 prova; tentativo: *to have a go, (fam.)* provare; fare una prova, un tentativo — *to have a go at sb,* attaccare qcno — *He had several goes at it before he succeeded,* Ha fatto parecchi tentativi prima di riuscire — *It's your go,* Tocca a te — *to give it a go,* provare (senza impegno); fare un tentativo — *at one go,* alla prima prova; subito; in un solo colpo — *He blew out all the candles on the cake at one go,* Spense tutte le candeline della torta con un solo soffio — *It was touch and go; It was a near go,* Ce la cavammo per un pelo (per un soffio); È stato un miracolo se...
3 *(fam.)* moda; voga: *to be all the go (quite the go),* essere di gran moda (molto richiesto) — *These brightly coloured stockings are all the go this summer,* Queste calze a colori vivaci sono di gran moda quest'estate.
4 *(fam.)* situazione; faccenda; pasticcio: *Here's a go!,* Questa sì che è una bella faccenda!; Ma che roba! — *What a rum go!, (fam., un po' desueto)* Che situazione strana, imbarazzante!
□ *It's no go, I'm afraid!,* Niente da fare, temo! — *a no-go area,* una zona vietata — *to make a go of it,* riuscire; farcela — *It's a go!,* È un affare!; Affare fatto! — *All systems go!,* Tutto pronto per il lancio! *(di un missile, ecc.).*
to **go** [gou] *vi* (*3ª persona sing.* **goes**; *pass.* **went**; *p. pass.* **gone**) **1** andare: *Shall we go by train or by car?,* Andiamo in treno o in macchina? — *He has gone to China,* È andato in Cina — *He has gone to see his sister,* È andato a trovare sua sorella — *Go and get your hat,* Va' a prendere il cappello — *Where do we go from here?, (fig.)* E adesso che cosa facciamo? — *This road goes to London,* Questa strada porta a Londra — *To whom did the property go when the old man died?,* A chi andò la proprietà quando il vecchio morì? — *Honours do not always go to those who deserve them,* Gli onori non vanno sempre a coloro che li meritano — *The first prize went to Mr Hill,* Il primo premio andò a Mr Hill — *How did the election go at Hull?,* Come sono andate le elezioni a Hull? — *Things went better than we expected,* Le cose andarono meglio di quanto non ci aspettassimo — *Things went from bad to worse,* Le cose andarono di male in peggio — *to go phut, (sl.)* andare a rotoli — *to go for a walk (drive, swim, ecc.),* andare a fare una passeggiata (un giro in macchina, una nuotata, ecc.) — *to go on a journey,* andare in viaggio — *to let oneself go,* lasciarsi andare — *to get going,* mettersi in moto (all'opera) — *to be going strong,* andare forte; fare grandi progressi — *to go it alone, (fam.)* andare avanti da solo — *to be going on for seventy,* andare per i settanta — *Who goes there?,* Chi va là? — *to go bathing (fishing, climbing),* andare a fare un bagno (a pescare, a fare una scalata) — *Mrs Green has gone (out) shopping,* La signora Green è andata a far le compere (la spesa) — *Don't go doing that!,* Non farlo! — *Don't go (around) telling everyone,* Non andare a raccontarlo a tutti — *to go begging* ⇨ **to beg.**
2 andarsene: *They came at six and went at nine,* Vennero alle sei e se ne andarono alle nove — *I must be going now,* Devo andarmene ora — *I wish this pain would go,* Vorrei che questo dolore se ne andasse — *All hope is gone,* Ogni speranza se ne è andata — *Go away!; Be gone!; (ant.) Get you gone!,* Vattene!; Andatevene!; Via! — *Winter has gone and spring is here,* L'inverno se ne è andato ed è arrivata la primavera — *My sight is going,* La mia vista se ne sta andando — *How much of your salary goes on clothes?,* Quanto del tuo stipendio se ne va in vestiti?
3 *(seguito da un agg., da un inf., ecc.)* diventare; farsi: *to go blind (mad, ecc.),* diventare cieco (pazzo, ecc.) — *He went red with anger,* Si fece rosso dalla rabbia — *to go native, (di coloniale)* diventare indigeno *(cioè, adattarsi al sistema di vita degli indigeni)* — *to go*

sick, darsi malato; *(mil.)* marcar visita — *to go bad, (di cibi, ecc.)* guastarsi; alterarsi; marcire — *to go public, (di società)* trasformarsi in società per azioni — *to go to sleep,* addormentarsi — *to go to pieces,* andare a pezzi *(nel fisico o nella mente)* — *to go to seed,* - **a)** germogliare; fare il seme - **b)** *(fig.)* indebolirsi.

4 to be going to *(seguito da un verbo all'inf.: esprime il futuro intenzionale o immediato) We're going to spend our holidays in Wales,* Abbiamo intenzione di passare (Passeremo) le vacanze nel Galles — *We're going to have a storm,* Sta per arrivare un temporale — *I'm going to tell you a story,* Voglio raccontarvi una storia.

5 lavorare: *I've been going hard at it all day and I feel exhausted,* Ho lavorato sodo per tutto il giorno e mi sento sfinito — *Go it!,* Datti da fare!; Dacci sotto! — *Go easy!,* Prendila con calma!; Vacci piano! — *to go slow,* rallentare il ritmo di lavoro *(spec. come manifestazione di protesta);* (specie di) sciopero bianco.

6 andare *(nel senso di 'essere posto, collocato'): 'Where does the teapot go?' 'In that cupboard',* 'Dove va (messa) la teiera?' 'In quella credenza' — *This dictionary goes on the top shelf,* Questo dizionario va sullo scaffale in alto — *Where do you want the piano to go, sir?,* Dove vuole che mettiamo il pianoforte, signore?

7 entrarci; essere contenuto; starci; essere possibile o praticabile: *My clothes won't go into this small suitcase,* I miei vestiti non ci stanno in questa valigetta — *7 into 15 goes twice and one over,* Il 7 nel 15 ci sta due volte con l'avanzo di 1 — *6 into 5 won't go,* Il 6 nel 5 non ci sta.

8 arrivare a (dire, fare qcsa); giungere al punto di: *I won't go so far as to say that he's dishonest,* Non voglio arrivare a dire che sia disonesto — *I will go as high as twenty pounds,* Arriverò fino a venti sterline *(p.es. in una scommessa, al gioco)* — *That's going too far,* Si sta andando oltre (dicendo o facendo troppo) — *Don't go too far,* Non esagerare (eccedere) — *to go halves (shares) with sb,* dividere equamente con qcno — *to go one better,* offrire di più; rilanciare *(ad un'asta, nel gioco delle carte, ecc.);* battere un avversario.

9 andare in giro (essere, trovarsi in condizioni particolari): *The men of this tribe used to go naked,* Una volta gli uomini di questa tribù andavano in giro nudi — *Young Dick often went (about) in rags,* Il giovane Dick andava spesso in giro stracciato — *You had better go armed while in the jungle,* Faresti meglio ad andare in giro armato quando sei nella giungla — *He went in fear of his life,* Viveva nella paura di essere ucciso — *She is six months gone (with child),* È incinta di sei mesi.

10 concorrere; occorrere; ammontare a: *What qualities go to the making of a statesman?,* Quali qualità occorrono per fare (concorrono alla formazione di) uno statista? — *Twelve inches go to a foot,* Dodici pollici fanno un piede.

11 essere venduto: *The house went cheap,* La casa fu venduta per poco — *I shan't let it go for less than 30 pounds,* Non lo venderò per meno di 30 sterline — *Going! Going! Gone!,* Uno... Due... Aggiudicato! *(nelle aste).*

12 cedere; fallire; crollare; *(di persona)* morire: *First the sails and then the mast went,* Prima cedettero le vele e poi l'albero — *The bank may go any day,* La banca può fallire da un giorno all'altro — *He's far gone,* È veramente grave (moribondo) — *He has gone, poor fellow!,* È morto, se n'è andato, poveretto! — *to be dead and gone,* essere morto e sepolto.

13 stare a; tendere a *(spec. nell'espressione) It all goes to show that...,* Tutto ciò sta a dimostrare che...

14 fare *(di racconto, di rima, di melodia, ecc.): I'm not quite sure how the rest goes,* Non mi ricordo bene il seguito *(di canto, poesia, ecc.)* — *The story goes that...,* Si dice che... — *The clock goes 'tick-tock, tick-tock',* L'orologio fa 'tic-tac, tic-tac' — *It has just gone six,* Sono appena passate le sei — *'Bang' went the gun,* 'Bum' fece il cannone.

15 funzionare; andare: *This clock won't go,* Questo orologio non funziona — *This machine goes by electricity,* Questa macchina va ad elettricità — *to get sth going,* far funzionare qcsa — *Can you get the clock going again?,* Riesci a far funzionare l'orologio? — *a going concern,* un'azienda che gira.

16 *(fam.)* orinare; defecare; andare di corpo.

□ *vt* **1** scommettere: *I'll go a hundred pounds,* Punterò cento sterline.

2 dichiarare *(nel gioco del bridge): to go two spades,* dichiarare due picche.

□ *from the word Go, (fam.)* sin dal primo momento; dall'inizio — *One, two, three, go!,* Uno, due, tre, via! — *Here goes!,* O la va o la spacca! — *to go as you please,* fare a proprio piacere (⇨ *anche* **go-as-you-please**) — *go-to-meeting, (fam.)* vestiti della domenica, da festa *(spec. per andare in chiesa)* — *to go it, (sl.)* darsi da fare; sperperare denaro — *to be gone on sb, (sl.)* essere cotto di qcno — *to be gone on sth,* andar pazzo per qcsa — *Anything goes!,* Tutto è permesso! — *What I say goes!,* La mia parola è legge! — *to go for a burton* ⇨ **burton** — *Let it go at that!,* Non insistiamo!; Non indaghiamo oltre!; Lasciamo stare così! — *to go on the stage,* darsi al teatro — *to go the whole hog, (fam.)* agire senza compromessi o ripensamenti — *to go on strike,* scioperare; scendere in sciopero — *to go Dutch,* dividere la spesa; pagare (fare) alla romana — *to be far gone,* essersi spinto molto in là; *(di un malato)* essere gravissimo — *The south-face route wouldn't go, (alpinismo)* La via sud non era praticabile — *All systems go!* ⇨ **go.**

to go about, - **a)** andare in giro, di qua e di là: *He's going about with that Polish girl now,* Adesso va in giro con quella ragazza polacca - **b)** *(di chiacchiere, storie, ecc.)* correre; circolare; diffondersi: *A story is going about that...,* Circola la diceria che (Corre voce che)... - **c)** occuparsi di qcsa; badare a qcsa: *You're not going about it in the right way,* Non è così che si fa — *Go about your own business,* Bada al tuo lavoro (agli affari tuoi) - **d)** *(di barca a vela)* virare.

to go after, fare la corte a; stare dietro a (una ragazza): *Now he's going after that pretty Swedish girl,* Ora sta facendo la corte a quella graziosa ragazza svedese.

to go against, andare contro; essere in contrasto con; essere contrario a: *It goes against my principles,* È contrario ai miei principi — *to go against the grain, (fig.)* andare controcorrente.

to go ahead, - **a)** andare avanti; procedere senza esitazioni: *'May I start now?' - 'Yes, go ahead',* 'Posso cominciare ora?' - 'Sì, va' avanti' ('Faccia pure') - **b)** fare progressi: *He's going ahead fast,* Sta facendo rapidi progressi — ⇨ **go-ahead.**

to go along, - **a)** andare avanti; procedere; fare progressi: *You may have some difficulties at first, but you'll find it easier as you go along,* Potrai incontrare qualche difficoltà all'inizio, ma troverai tutto più facile andando avanti - **b)** *to go along with sb,* accompagnare qcno: *He'll go along with you as far as* *the church,* Ti accompagnerà fino alla chiesa - **c)** *to go along with a proposal,* essere d'accordo; conformarsi ad una proposta - **d)** *Go along with you!, (fam.)* Ma va'!; Ma chi ti crede!

to go around (round), - **a)** *(spec. col gerundio)* andare in giro - **b)** *(di chiacchiere, ecc.)* correre; diffondersi; circolare - **c)** bastare (per tutti): *There isn't enough to go around,* Non ce n'è abbastanza per tutti - **d)** *to go around and see sb; to go around to sb's,* passare da (fare visita a) qcno - **e)** fare una deviazione.

to go at, - **a)** attaccare; assalire; scagliarsi l'uno contro l'altro furiosamente: *They went at each other tooth and nail (hammer and tongs),* Si arruffarono con le unghie e coi denti - **b)** impegnarsi a fondo: *They were going at it for all they were worth,* Stavano mettendocela tutta.

to go away, andarsene via: *He has gone away with my razor,* Se ne è andato con il mio rasoio — *The favourite went away to win by two lengths, (nelle corse)* Il cavallo favorito dai pronostici si staccò dal gruppo e vinse per due lunghezze.

to go back, - **a)** tornare - **b)** *to go back on (upon) sth,* non mantenere (una promessa); rimangiarsi (la parola); tirarsi indietro: *He is not the sort of man who would go back on his word,* Non è il tipo da rimangiarsi la parola - **c)** *to go back to,* risalire: *His family goes back to the time of the Norman Conquest,* La sua famiglia risale al tempo della conquista normanna.

to go before, precedere: *Pride goes before a fall,* L'orgoglio precede (prepara) la caduta — *He is not lost but gone before,* Non lo abbiamo perduto: ci ha soltanto preceduto (in cielo).

to go behind, - **a)** riesaminare; ricercare: *to go behind a decision,* ritornare su (riesaminare) una decisione — *to go behind a person's words,* cercare il significato recondito delle parole di qcno - **b)** *to go behind sb's back,* agire alle spalle di qcno.

to go beyond, andar oltre; oltrepassare; eccedere: *You have gone beyond your instructions,* Lei è andato oltre le istruzioni ricevute.

to go by, - **a)** passare: *We waited for the procession to go by,* Aspettammo che la processione passasse - **b)** *(fig.)* andare perso: *Don't let this opportunity go by,* Non perdere questa occasione - **c)** trascorrere: *Time went by slowly,* Il tempo trascorreva lentamente - **d)** farsi guidare da; seguire; basarsi; regolarsi; giudicare: *I shall go entirely by what my lawyer says,* Seguirò in tutto ciò che dirà il mio avvocato — *That's a good rule to go by,* Questa è una buona norma da seguire — *Don't go by what the gossips say about her,* Non basarti su quello che i pettegoli dicono di lei — *I go by what I hear,* Giudico in base a quello che sento dire — *It's not always wise to go by appearances,* Non è sempre saggio giudicare dalle apparenze - **e)** *to go by the board,* essere scartato — ⇨ *anche* **go-by.**

to go down, - **a)** *(generalm.)* andar giù; scendere - **b)** *(di imbarcazione)* affondare - **c)** *(del sole, della luna)* tramontare - **d)** *(di cibo, bevanda)* andar giù; essere inghiottito - **e)** *(fig., di spiegazione, scusa, storia, commedia, ecc.)* essere accettato, accolto: *The new play went down quite well,* La nuova commedia fu accolta abbastanza bene dal pubblico — *That explanation will not go down with me!,* Quella spiegazione non mi convince proprio! — *The new teacher doesn't go down well with the pupils,* Il nuovo insegnante non va agli allievi - **f)** arrivare (fino a): *This 'History of Europe' goes down to 1914,* Questa 'Storia d'Europa' arriva fino al 1914 - **g)** essere sconfitto, sopraffatto: *Rome went down before the barbarians,* Roma cadde prima della venuta dei barbari - **h)** lasciare l'università *(spec. Oxford o Cambridge)* - **i)** *(del mare, del vento)* calmarsi: *The wind has gone down a little,* Il vento si è calmato un po' - **j)** *(di prezzi, di temperatura, ecc.)* calare; scendere: *The price of eggs has gone down,* Il prezzo delle uova è diminuito - **k)** essere ricordato, citato; passare (alla storia): *He will go down in history as a great statesman,* Passerà alla storia come un grande statista - **l)** andare (essere mandato) in galera.

to go far, - **a)** andar lontano - **b)** *(fig.)* fare strada.

to go for, - **a)** andare a chiamare (a prendere): *Shall I go for a doctor?,* Vado a cercare un medico? - **b)** essere considerato: *All his work went for nothing,* Tutto il suo lavoro fu tenuto in nessun conto - **c)** attaccare: *The dog went for the postman as soon as he opened the gate,* Il cane assalì il portalettere non appena questi aprì il cancello — *Go for him!, (a un cane)* Dagli!; Addosso! — *They went for him in the newspaper,* Lo attaccarono sul giornale - **d)** andar bene; essere adatto; valere: *What I have said about Smith goes for you, too,* Ciò che ho detto di Smith, va bene (vale) anche per te - **e)** andare matto per: *I don't go much for blondes,* Non vado matto per le bionde.

to go forth, *(piuttosto lett.)* essere pubblicato; essere emanato: *The order went forth that...,* Fu emanato l'ordine di...

to go forward, andare avanti; progredire: *The work is going forward well,* Il lavoro va avanti bene.

to go in, - **a)** entrare *(spec. in casa): She went in to cook the dinner,* Entrò per cucinare il pranzo — *The key won't go in the lock,* La chiave non vuole entrare nella serratura - **b)** *(del sole, della luna, ecc.)* oscurarsi: *The sun went in and it grew rather cold,* Il sole s'oscurò e l'aria divenne piuttosto fredda - **c)** *(al cricket: di battitore)* entrare in campo: *Who goes in next?,* Chi fa la prossima battuta?; A chi tocca? - **d)** scendere in campo: *Go in and win!,* Scendi in campo e vinci!

to go in for, - **a)** dedicarsi a; interessarsi di: *to go in for golf (stamp-collecting, ecc.),* interessarsi di golf (filatelia, ecc.) - **b)** iscriversi a (per): *to go in for an examination,* iscriversi ad un esame.

to go into, - **a)** entrare in; incominciare ad occuparsi di: *to go into business,* entrare negli affari — *to go into the Army (the Church),* entrare nell'esercito (nella Chiesa) — *to go into Europe,* entrare a far parte del Mercato Comune - **b)** entrare nel merito; esaminare attentamente: *to go into particulars (into details),* entrare nei particolari — *to go deeply into a question,* esaminare a fondo una questione — *to go into the evidence,* approfondire l'esame delle testimonianze, delle prove - **c)** vestirsi a; mettersi a: *to go into mourning,* mettersi a lutto - **d)** *to go into hysterics,* avere una crisi di nervi — *to go into fits of laughter,* scoppiare a ridere.

to go off, - **a)** *(teatro)* lasciare il palcoscenico; fare un'uscita; andarsene: *Hamlet goes off,* Amleto esce - **b)** *(di ordigno)* esplodere; scoppiare; *(di arma da fuoco)* lasciar partire il colpo; sparare: *The gun went off by accident,* Il fucile sparò accidentalmente — *The bomb did not go off,* La bomba non esplose - **c)** guastarsi; alterarsi: *Meat and fish go off quickly in hot weather,* La carne e il pesce si guastano rapidamente con il caldo — *The milk has gone off,* Il latte è andato a male - **d)** assopirsi; perdere la conoscenza: *Hasn't the baby gone off yet?,* Non si è ancora assopito il bambino? — *She went off into a* *faint,* Svenne - **e)** andarsene *(alla chetichella): He has gone off to Leeds with his neighbour's wife,* Se ne è andato a Leeds con la moglie del vicino di casa - **f)** *(di avvenimenti, ecc.)* andare: *The performance went off well,* La rappresentazione andò bene — *How did the athletics meeting go off?,* Com'è andato l'incontro di atletica? - **g)** *to go off sb, (fam.)* cessare di amare qcno - **h)** *(espressioni varie) to go off one's head,* impazzire; perdere la testa; farne di tutti i colori — *to go off the deep end, (fam.)* scoppiare dalla rabbia; uscire dai gangheri; perdere le staffe — *to go off the beaten track,* non seguire la corrente; andar contro corrente.

to go on, - **a)** continuare; andare avanti; perseverare: *Go on until you get to the post office and then turn left,* Vada avanti fino all'ufficio postale e poi giri a sinistra — *Go on with your work,* Continua il tuo lavoro — *Go on trying,* Continua a provare — *I hope it won't go on raining all day,* Spero che non continui a piovere per tutto il giorno — *That's enough to go on with (to be going on with),* Per il momento basta così - **b)** andare avanti *(generalm. nel senso di comportarsi male);* comportarsi: *If you go on like this, you'll be expelled,* Se andrai avanti così, sarai espulso - **c)** *to go on (at sb),* brontolare in continuazione; perseguitare: *She goes on at her husband terribly,* Tratta suo marito in modo spaventoso - **d)** passare a: *I shall now go on to deal with the gerund,* Passerò ora a parlare del gerundio - **e)** *(di tempo)* passare: *As the months went on, he became impatient,* Col passare dei mesi diventava impaziente - **f)** succedere: *What's going on here?,* Cosa sta succedendo qui? - **g)** *(teatro)* entrare in scena; apparire: *She doesn't go on until Act Two,* Non entra in scena fino al secondo atto - **h)** *(spec. al cricket)* subentrare *(come lanciatore della palla)* - **i)** *(generalm. usato progressivamente)* avvicinarsi: *It's going on for tea-time,* L'ora del tè si avvicina — *He's going on for fifty,* Si avvicina alla cinquantina - **j)** mettersi a carico di: *to go on the parish, (ant.)* mettersi a carico della parrocchia — *to go on the dole,* incominciare a percepire l'indennità di disoccupazione - **k)** basarsi su; giudicare: *What evidence have we to go on?,* Su quali prove possiamo basarci? — *Is it wise to go on such a supposition?,* Facciamo bene a basarci su una tale supposizione? — *Have you enough evidence to go on?,* Hai abbastanza prove per giudicare? - **l)** *to go on the streets,* darsi al marciapiede; prostituirsi - **m)** *to go on the pill,* incominciare a prendere la pillola (anticoncezionale) - **n)** *Go on (with you)!,* Ma va!

to go out, - **a)** uscire: *Out you go!,* Esci!; Uscite! — *She was dressed to go out,* Era vestita per uscire — *to go out of one's mind,* uscire di senno - **b)** spegnersi: *The fire has gone out,* Il fuoco si è spento — *All the lights went out,* Si spensero tutte le luci - **c)** svenire; perdere coscienza *(spec. nella frase) He just went out like a light,* Svenne (di colpo) - **d)** andarsene; passar di moda: *The fashion for short skirts is going out,* La moda delle gonne corte sta passando - **e)** dimettersi *(da un ufficio, dal governo);* uscire: *The out-going Ministry had become very unpopular,* Il governo uscente era diventato molto impopolare - **f)** *(spec. di ragazze)* andare a lavorare: *When she was eighteen she went out as a governess,* A diciotto anni andò a lavorare come governante - **g)** *(seguito da* to*)* emigrare: *He went out to Australia in '51,* Emigrò in Australia nel '51 - **h)** scioperare: *Are we likely to gain anything by going out?,* È probabile che si ottenga qualcosa scioperando? - **i)** volgersi con simpatia, amore: *Our hearts go out to those poor orphans,* I nostri cuori sono rivolti verso quei poveri orfani - **j)** *to go out of one's way to help sb,* farsi in quattro per aiutare qcno - **k)** *(di mese, anno, ecc.)* finire: *The year went out gloomily,* L'anno finì tristemente - **l)** fare vita di società: *She still goes out a great deal, even at seventy,* Fa ancora una vita molto mondana, malgrado sia ormai settantenne.

to go over, - **a)** cambiare *(partito, religione, ecc.): He has gone over to the Democrats,* È passato al Partito Democratico - **b)** esaminare; ispezionare: *We should like to go over the house before deciding whether to buy it,* Vorremmo esaminare la casa prima di decidere se comprarla o no — *We must go over the accounts carefully,* Dobbiamo esaminare attentamente i conti - **c)** ripetere; studiare con cura; riesaminare: *Let's go over this chapter (this lesson, the main facts) again,* Riesaminiamo questo capitolo (questa lezione, i fatti principali) - **d)** *to go over sb's head* **1** fare ricorso ad una autorità superiore. **2** essere troppo difficile - **e)** *to give sb a going-over* ⇨ **going-over.**

to go round ⇨ **to go around**: *to go round the bend, (fam.)* impazzire.

to go through, - **a)** discutere; esaminare attentamente: *Let's go through the arguments again,* Vediamone di nuovo attentamente le ragioni — *The policeman went through the thief's pockets,* L'agente frugò attentamente le tasche del ladro - **b)** portare a termine *(una cerimonia): She made him go through a civil and a religious marriage ceremony,* Lo costrinse a sposarla con il rito civile e religioso — *How long will it take to go through the whole programme?,* Quanto tempo ci vorrà per arrivare alla fine del programma? - **c)** sopportare; soffrire: *to go through hardships,* sopportare traversie — *If you only knew what she has to go through with that husband of hers!,* Se solo sapessi cosa deve sopportare con quel marito! - **d)** *(di libro)* essere venduto: *The book went through ten editions,* Il libro ebbe dieci edizioni - **e)** esaurire; spendere: *to go through a fortune,* esaurire una fortuna — *to go through one's money,* spendere tutto il proprio denaro - **f)** *(di progetto, ecc.)* passare; concludersi: *The Bill did not go through,* Il disegno di legge non passò — *The deal did not go through,* L'affare non fu concluso - **g)** *to go through with,* completare; portare a termine: *He is determined to go through with the undertaking,* È deciso a portare a termine l'impresa.

to go to, - **a)** far ricorso a; appellarsi a: *to go to law,* ricorrere alla legge — *to go to war,* far ricorso alle armi; entrare in guerra — *to go to the country,* fare appello al paese; indire le elezioni generali - **b)** *Go to!, (ant.)* Ma va'!; Uffa! - **c)** formare; fare; contribuire a: *How many ounces go to a pound? Sixteen,* Quante once fanno una libbra? Sedici.

to go together, andare (stare) bene insieme; intonarsi; accordarsi: *White wine and fish go well together,* Il vino bianco ed il pesce vanno bene insieme.

to go under, - **a)** affondare - **b)** fallire; soccombere: *The firm will go under unless business improves,* L'azienda fallirà se non miglioreranno gli affari.

to go up, - **a)** salire; aumentare: *to go up in the world,* farsi strada — *The barometer (temperature) went up,* Il barometro (la temperatura) salì — *Everything went up, except pensions,* Tutto aumentò, tranne le pensioni - **b)** arrampicarsi: *to go up a wall (a tree),* arrampicarsi su un muro (su un albero) - **c)** erigersi; sorgere: *New buildings are going up everywhere,* Nuove costruzioni stanno sorgendo dappertutto - **d)** scoppiare; saltare in aria; essere distrutto *(dal fuoco o da un'esplosione): The whole building went up in* *flames,* L'intero edificio fu distrutto dalle fiamme — *The bridge went up with a roar when the mine was exploded,* Il ponte saltò con un boato quando venne fatta brillare la mina — *to go up in smoke,* andare in fumo - **e)** andare; entrare *(all'università, spec. Oxford o Cambridge; in una città, spec. in una capitale): to go up to Town,* andare a Londra — *When are you going up?,* Quando andrai all'università?

to go with, - **a)** accompagnare; andare con: *I'll go with you,* Ti accompagnerò - **b)** andar d'accordo; concordare: *I can't go with you on that,* Non posso andare d'accordo con te su questo - **c)** essere compreso *(in un acquisto, in una vendita);* accompagnarsi: *Five acres of land go with the house,* Con la casa vanno anche cinque acri di terreno — *It is wrong to say that crime always goes with poverty,* È sbagliato dire che la criminalità si accompagna sempre alla miseria - **d)** intonarsi; accompagnarsi: *These new curtains don't go well with your Persian rugs,* Queste tende nuove non si intonano coi tuoi tappeti persiani — *I want a hat to go with this dress,* Voglio un cappello che s'accompagni con questo vestito - **e)** *to go with a girl,* frequentare assiduamente (andare con, filare con) una ragazza.

to go without, fare senza; fare a meno: *The poor boy often had to go without supper,* Il povero ragazzo doveva spesso restare senza cena — *There's no money for a holiday this year; we'll have to go without,* Non ci sono soldi quest'anno per le vacanze; dovremo farne a meno — *It goes without saying that...,* Inutile dire che...; Non occorre dire che...; È pacifico che...

goad [goud] *s.* pungolo; *(fig.)* stimolo; incitamento.

to **goad** [goud] *vt* pungolare; pungere; spingere con un pungolo; *(fig.)* stimolare; incitare; spronare: *to goad sb on,* incitare qcno — *to goad sb into doing sth,* spingere qcno a fare qcsa — *to goad sb into a fury, (fam.)* far perdere le staffe a qcno — *to be goaded by hunger into stealing,* essere spinto dalla fame a rubare.

go-ahead ['gouəhed] *agg* intraprendente; all'avanguardia: *The Joneses are very go-ahead people, it's difficult to keep up with them,* I Jones sono persone molto all'avanguardia, è difficile tenere il loro passo. □ *s. (preceduto dall'art. determinativo)* il 'via'; il permesso di procedere, di andare avanti.

goal [goul] *s.* **1** traguardo *(anche fig.);* termine; meta; fine; scopo; obiettivo: *one's goal in life,* le aspirazioni della propria vita — *the goal of his desires,* l'obiettivo dei suoi desideri. **2** *(nel gioco del calcio)* porta; rete; gol: *to score (to kick) a goal,* segnare una rete — *to win by three goals to one,* vincere per tre (reti) a uno (una) — *to keep goal,* giocare (stare) in porta; far da portiere — *goal-kick,* calcio di rimessa.

goalie ['gouli] *s., abbr fam di* **goalkeeper.**

goalkeeper ['goul,ki:pə*] *s. (calcio)* portiere.

go-as-you-please ['gouwəzju:pli:z] *agg attrib (di atteggiamento)* leggero; libero.

goat [gout] *s.* capra; capro; caprone; *(fig.)* persona licenziosa: *to separate the sheep from the goats, (Bibbia)* separare i buoni dai cattivi. □ *to get sb's goat, (fam.)* far arrabbiare qcno; farlo uscire dai gangheri — *to play the giddy goat,* fare lo sciocco — *goat-sucker,* caprimulgo.

goatee [gou'ti:] *s. (anche* goatee beard*)* pizzo; pizzetto; barbetta a punta.

goatherd ['gouthə:d] *s.* capraio; capraia.

goatskin ['goutskin] *s.* pelle di capra.

[1]**gob** [gɔb] *s. (fam.)* sputo; grumo di sostanza masticata.

[2]**gob** [gɔb] *s. (volg.)* bocca: *Shut your gob!,* Chiudi il becco!

[3]**gob** [gɔb] *s. (USA, sl.)* marinaio.

gobbet ['gɔbit] *s.* **1** passaggio; brano *(di un testo).* **2** pezzetto *(di carne, ecc.).*

gobble ['gɔbl] *s.* 'glo glo'; verso del tacchino.

to **gobble** ['gɔbl] *vt* trangugiare; *(generalm. seguito da* up*)* ingoiare; mangiare in fretta.
□ *vi* gloglottare *(del tacchino o talvolta di persona in collera).*

gobbledegook ['gɔbldi,guk] *s. (USA)* gergo o linguaggio burocratico.

go-between ['goubi,twi:n] *s.* intermediario; mediatore; mezzano.

goblet ['gɔblit] *s.* calice.

goblin ['gɔblin] *s.* folletto maligno.

go-by ['goubai] *s. (fam. nell'espressione) to give sb the go-by,* ignorare qcno; far finta di non vedere qcno — *He gave me the go-by in the street yesterday,* Ieri nella strada ha fatto finta di non vedermi.

go-cart ['goukɑ:t] *s.* **1** carrettino. **2** carrozzella *(per bambini).* **3** = **go-kart.**

god [gɔd] *s.* **1** dio; idolo: *the blind god; the god of love,* Cupido; il dio dell'amore; il dio cieco — *the god of the sea,* Nettuno, il dio del mare — *a feast (sight) for the gods, (fam.)* un banchetto (uno spettacolo) da dei. **2** Dio; Iddio: *God willing,* Dio volendo; se Dio vuole — *God Almighty,* Dio Onnipotente — *God's acre,* camposanto — *God knows,* Dio (solo) lo sa — *Thank God,* grazie a Dio; ringraziando il cielo. **3** *(fig.)* idolo; beniamino (del pubblico); persona potente; cosa a cui si dà eccessiva cura: *to make a god of one's belly,* fare un dio della propria pancia; pensare solo a mangiare e bere — *He's a (little) tin god,* È un piccolo padreterno; Si dà un sacco di arie. **4** *(teatro) the gods,* il (pubblico del) loggione. □ *god-forsaken, (agg. di persona)* malvagio; dannato; *(di luogo)* abbandonato da Dio; desolato; sperduto.

godchild ['gɔdtʃaild] *s.* (*pl.* **godchildren**) figlioccio, figlioccia.

goddam(n), goddamned ['gɔdæm/'gɔdæmd] *agg (volg., spec. USA)* dannato; maledetto.

goddaughter ['gɔd,dɔ:tə*] *s.* figlioccia.

goddess ['gɔdis] *s.* dea *(anche fig.).*

godfather ['gɔd,fɑ:ðə*] *s.* padrino.

godfearing ['gɔd,fiəriŋ] *agg* devoto; pio; timorato di Dio; *(per estensione)* onesto.

god(-)forsaken ['gɔdfə'seikən] *agg* ⇨ **god.**

godhead ['gɔdhed] *s.* divinità *(essere divino): the Godhead,* Dio.

godless ['gɔdlis] *agg* **1** ateo; senza Dio. **2** *(per estensione)* malvagio.

godlessness ['gɔdlisnis] *s.* **1** ateismo. **2** empietà; malvagità.

godlike ['gɔdlaik] *agg* con attributi divini.

godliness ['gɔdlinis] *s.* **1** religiosità. **2** divinità; natura divina.

godly ['gɔdli] *agg* devoto.

godmother ['gɔd,mʌðə*] *s.* madrina.

godparent ['gɔd,pɛərənt] *s.* padrino; madrina.

godsend ['gɔdsend] *s. (sempre* a godsend*)* dono del cielo; fortuna impensata; *(fig.)* manna; mano di Dio; provvidenza.

godson ['gɔdsʌn] *s.* figlioccio.

godspeed ['gɔd,spi:d] *s.* buon viaggio; buona fortuna;

successo *(in un viaggio): to bid (to wish) sb godspeed,* augurare buon viaggio a qcno.

goes [gouz] *3ª persona sing del presente di* **to go.**

go-getter ['gou,getə*] *s. (fam.)* persona molto intraprendente e ambiziosa; arrivista.

to **goggle** ['gɔgl] *vi* strabuzzare, sgranare gli occhi; guardare con occhi spalancati; roteare gli occhi: *He goggled at her in surprise,* Le strabuzzò tanto d'occhi in faccia per la sorpresa. □ *goggle-eyed, (agg.)* dagli occhi sporgenti — *goggle-box, (s. fam.)* televisore.

goggles ['gɔglz] *s.* occhialoni; occhiali a visiera.

going ['gouiŋ] *agg* **1** *(comm.)* (ben) avviato; fiorente: *a going concern,* un'impresa (un'azienda) avviata. **2** *(posposto al sostantivo)* disponibile.

□ *s.* **1** transitabilità; condizioni *(del terreno, di un lavoro, ecc.): The going was hard over the Great St Bernard,* La transitabilità era difficile sul Gran San Bernardo — *You should get out while the going's good,* Dovresti toglierti di qui prima che sia troppo tardi — *I got all the cases packed, but it was heavy going!,* Riuscii a fare tutte le valigie: ma che fatica! **2** velocità; passo o andamento di lavoro: *For a steam train, seventy miles an hour was good going,* Per un treno trainato da una locomotiva a vapore, settanta miglia all'ora era una buona velocità — *I've read six chapters since I got up. Not bad going, eh?,* Ho letto sei capitoli da quando mi sono alzato: un buon ritmo, non ti pare?

going-over ['gouiŋ 'ouvə*] *s. (fam.)* interrogatorio 'di terzo grado'; bastonatura: *They gave the goalkeeper a thorough going-over after the match,* Dopo la partita massacrarono di botte il portiere.

goings-on ['gouiŋzɔn] *s. pl* avvenimenti; comportamento *(quasi sempre biasimevole o discutibile).*

goitre ['gɔitə*] *s.* gozzo.

go-kart ['goukɑ:t] *s.* 'go-kart' *(automobilina da corsa).*

gold [gould] *s.* oro *(spesso attrib.);* d'oro; *(colore)* oro; giallo-oro: *gold-foil (-leaf)* lamina d'oro — *the gold standard,* valuta aurea — *to go off gold (off the gold standard),* abbandonare la valuta aurea — *a gold watch,* un orologio d'oro — *gold plate,* posate d'oro — *five hundred pounds in gold,* cinquecento sterline oro — *the red and gold of the woods in autumn,* il rosso e l'oro dei boschi in autunno — *old gold,* (color) oro antico — *gold-plated,* dorato; placcato in oro — *gold plating,* doratura — *gold dust,* polvere d'oro — *a heart of gold,* un cuore d'oro — *a voice of gold,* un'ugola d'oro — *as good as gold,* buono come il pane — *gold-beater,* battiloro — *gold-digger,* cercatore d'oro; *(fam.)* ragazza o donna che spilla danaro ai suoi corteggiatori — *a gold-mine,* una miniera d'oro *(anche fig.)* — *gold-rush,* corsa all'oro; febbre dell'oro. □ *All that glitters is not gold, (prov.)* Non è tutto oro quello che riluce.

golden ['gouldən] *agg* **1** d'oro; dorato; aureo; come l'oro: *golden hair,* capelli d'oro — *a golden-haired girl,* una ragazza dai capelli d'oro. **2** *(fig.)* prezioso; eccellente; fiorente; importante: *a golden opportunity,* un'occasione d'oro, favorevolissima — *golden-wedding,* nozze d'oro — *the golden rule,* la regola aurea — *the golden mean,* il giusto mezzo; l'aurea mediocrità — *the golden age,* l'età dell'oro; l'età aurea; *(fig.)* il periodo aureo o più fiorente *(di una nazione, ecc.)* — *golden balls,* 'palle d'oro' *(l'insegna di un Monte dei Pegni).* □ **golden handshake, liquidazione o pensione cospicua.**

goldfield ['gouldfi:ld] *s.* giacimento aurifero; zona aurifera.

goldfinch ['gouldfintʃ] *s.* cardellino.

goldfish ['gouldfiʃ] *s.* pesce dorato; pesce rosso; ciprino.

goldsmith ['gouldsmiθ] *s.* orefice; orafo.

golf [gɔlf] *s.* golf *(il gioco).*

golfer ['gɔlfə*] *s.* giocatore di golf.

Goliath [gə'laiəθ] *s.* gigante; Golia.

golliwog ['gɔliwɔg] *s.* bambolotto negro dai capelli lunghi e irti.

golly ['gɔli] *s.* **1** *abbr di* **golliwog. 2** *(anche* By Golly!*) interiezione* Dio!; Perbacco!; Caspita!

golosh [gə'lɔʃ] *s.* = **galosh.**

gondola ['gɔndələ] *s.* **1** gondola. **2** navicella *(di dirigibile).* **3** *(USA)* carro ferroviario scoperto, o con sponde basse.

gondolier [,gɔndə'liə*] *s.* gondoliere.

gone [gɔn] *p. pass di* **to go.**

goner ['gɔnə*] *s. (sl.)* persona o cosa spacciata.

gong [gɔŋ] *s.* **1** gong. **2** *(sl. mil.)* medaglia; patacca.

to **gong** [gɔŋ] *vt* suonare (un gong).

gonna ['gɔnə] *(USA, voce verbale, contraz. fam. di* going to: *cfr.* **to go 4**) *I'm gonna see her tomorrow,* La vedrò domani.

gonorrhoea [,gɔnə'riə] *s.* gonorrea.

goo [gu:] *s. (fam.)* **1** sostanza bagnata e appiccicosa. **2** *(fig.)* sentimentalismo mieloso.

good [gud] **I** *agg* *(comp.* **better**; *superl.* **best**) **1** buono; *(di aspetto, ecc.)* bello; *(di carattere, e anche riferito all'efficienza, competenza, ecc.)* bravo: *a good man,* un uomo buono; un brav'uomo — *a good teacher,* un buon (bravo) insegnante — *good breeding,* buona educazione — *good-fellowship,* socievolezza — *good sense,* buon senso — *good news,* buone notizie — *good as gold,* buono come il pane — *His eyesight is still good,* La sua vista è ancora buona — *to earn good money,* guadagnare bene; avere una buona paga — *to be in a good temper,* essere di buon umore — *He's good at maths,* È bravo (forte) in matematica — *She's good at typing,* È una buona dattilografa — *Will you say (Will you put in) a good word for him?,* Puoi dire una buona parola in suo favore? — *Life is good here,* Si vive bene qui — *to be good for...,* far bene a... — *Milk is good for children,* Il latte fa bene ai bambini — *Good for you!,* Bravo!; Benissimo!; Mi fa piacere! — *Be a good boy! (Be good!),* Sta' bravo!; Sii buono! — *quite good,* discreto — *very good,* molto buono — *very good indeed,* eccellente; ottimo.

2 gentile: *It was good of him to help you,* È stato gentile da parte sua aiutarti — *Will you be so good as to come earlier tomorrow?,* Vuol essere così gentile da venire più presto domani? — *How good of you!,* Come sei gentile!

3 divertente; bello *(spesso iron.): a good story,* una storia (un racconto) divertente — *That's a good one!, (iron.)* Questa sì che è bella! — *It's too good to be true,* È troppo bello per essere vero — *to have a good laugh,* fare (farsi) una bella risata.

4 notevole; considerevole; abbondante; parecchio; molto: *a good few,* un numero considerevole (non indifferente) — *a good sum of money,* una somma notevole; parecchio, molto denaro — *a good many people,* molte persone; una discreta folla; parecchia gente — *We've come a good way,* Abbiamo fatto un bel po' di strada — *It's a good three miles to the station,* Ci sono tre miglia buone per arrivare alla stazione.

5 *(talvolta scherz. o iron.)* buono; caro; simpatico; bravo: *Good old Smith!,* Caro vecchio Smith!; Mio vecchio Smith! — *My good sir,* Mio caro signore; Caro Lei — *He's a good chap,* È un tipo simpatico (un bravo ragazzo) — *And how is your good lady?,* E come sta la sua signora?

6 valido; buono: *His credit is good for five hundred pounds,* Gli si può far credito fino a cinquecento sterline — *He's good for several years' more service,* È buono al lavoro ancora per parecchi anni — *The return half is good for three months,* Il talloncino per il ritorno è valido per tre mesi.

7 *(di vivande)* fresco; commestibile; mangiabile; buono; *(di bevande)* potabile; buono.

☐ *Good morning; Good afternoon,* Buon giorno — *Good evening,* Buona sera — *Good day,* Buon giorno *(generalm. nel congedarsi)* — *Good night,* Buona notte *(solo nel congedarsi)* — *Good luck,* Buona fortuna — *Have a good trip!,* Buon viaggio! — *Have a good time!,* Divertiti!; Buon divertimento! — *a good-time girl,* una ragazza che pensa solo a divertirsi — *(all) in good time,* (tutto) a suo tempo; al momento buono — *to make good time,* viaggiare più speditamente del previsto — *to do sb a good turn,* rendere un servizio (fare un piacere) a qcno — *to have a good mind to do something,* avere (una mezza) intenzione di fare una cosa — *I've a good mind to throw you out,* Quasi quasi ti butterei fuori — *to give sb a good hiding,* bastonare (picchiare) qcno di santa ragione — *as good as* ⇨ **as** — *to make good,* prosperare; aver successo — *to make (sth) good,* - **a)** risarcire *(danni)* - **b)** attuare *(un proposito)* — *He's always good for a laugh,* Con lui non si manca mai di ridere — *good-for-nothing, (s. e agg.)* inetto; buono a nulla — *good-humoured,* bonario — *good-humouredly,* bonariamente — *good looks,* bellezza *(di persona)* — *good-looking,* bello *(di persona)* — *good-natured,* benevolo; benigno; generoso; disinteressato — *good-naturedly,* benevolmente; generosamente; benignamente — *good-neighbourliness,* cordialità; amabilità — *good-tempered,* amabile; paziente; di buon umore — *good-temperedly,* amabilmente; pazientemente — *the Good Book,* la Bibbia — *Good Friday,* il Venerdì Santo.

II *s.* **1** il bene; ciò che è moralmente giusto; beneficio; vantaggio; profitto: *to do good,* far bene; far del bene — *to work for the good of the country,* lavorare per il bene della patria — *to do more harm than good,* far più male che bene — *Eat more fruit; it will do you good,* Mangia più frutta; ti farà bene — *I'm telling you this for your own good,* Ti dico questo per il tuo bene — *Much good may it do you!, (spesso iron.)* E buon pro ti faccia! — *He's up to no good,* Sta facendone una delle sue; Sta combinando qualcosa; Non combina niente di buono.

2 utilità; vantaggio: *It's no good (It's not a bit of good) my talking to him,* È inutile che io gli parli — *It's not much good doing that,* Far questo serve poco — *What good is it?,* Che serve?; A che scopo?

3 *(come agg. sostantivato al pl., ma invariabile)* i buoni; gli onesti: *Good and bad alike respected the parson,* Il parroco era rispettato da tutti, buoni e cattivi.

4 *(quasi sempre al pl.:* goods*)* merce; mercanzia; articoli; beni mobili: *leather goods,* articoli di cuoio — *Half his goods were stolen,* Metà della sua merce fu rubata — *goods and chattels, (dir.)* beni personali; beni mobili — *a goods agent,* spedizioniere ferroviario — *a goods station,* uno scalo merci — *to send sth by goods train,* spedire qcsa per treno merci.

☐ *for good (and all),* definitivamente; una volta per tutte; sul serio; per sempre — *He says that he's leaving the country for good,* Dice che lascerà il paese definitivamente — *to the good, (comm.)* di profitto; come profitto; di guadagno; in attivo — *We were five pounds to the good,* Eravamo in attivo di cinque sterline — *all to the good,* tanto meglio; tanto di guadagnato — *piece of goods, (fam.)* donna; pezzo di donna; bella figliuola — *She's a saucy little piece of goods,* È una ragazza vivace e provocante.

III *interiezione* Bene!; Bravo!; Ben fatto!

IV *come avv (dial. e USA)* bene.

good-bye [gud'bai] *interiezione e s.* addio: *I must say good-bye now,* Devo salutarti ora — *Have you said all your good-byes?,* Hai salutato tutti?

goodish ['gudiʃ] *agg* abbastanza; un bel po'; piuttosto *(davanti a sostantivi di misura, tempo): Birmingham is a goodish way from Manchester,* Birmingham è piuttosto distante da Manchester.

goodly ['gudli] *agg (ant. e lett.)* **1** di bell'aspetto. **2** abbondante: *a goodly sum of money,* una bella somma di danaro.

goodness ['gudnis] *s.* **1** bontà; benignità; benevolenza; cortesia; onestà: *goodness of heart,* bontà di cuore — *to have the goodness to do sth,* avere la bontà di fare qcsa — *Have the goodness to come this way, please,* Passi di qua, per favore. **2** il buono; il meglio; la sostanza; l'essenza: *meat with the goodness boiled out of it,* carne che ha perso la sua parte migliore a causa della bollitura. **3** *(nelle esclamazioni, al posto di* God*): Goodness gracious!; Goodness me!,* Santo cielo!; Dio mio! — *For goodness' sake,* Per amor del cielo — *Thank goodness!,* Grazie a Dio!; Grazie al cielo! — *I wish to goodness that...,* Desidererei sinceramente che...; Come vorrei che...; Volesse il cielo che... — *Goodness knows,* Lo sa Iddio; Dio solo lo sa — *Goodness knows I've tried hard enough,* Dio sa che ho fatto il possibile.

goodwill [gud'wil] *s.* **1** benevolenza; amicizia; buona volontà; collaborazione; buona fede: *a goodwill visit, (nei rapporti internazionali, a livello governativo)* una visita di amicizia. **2** *(comm.)* (valore dell')avviamento *(di un'azienda, negozio, ecc.): The goodwill is to be sold with the business,* Il valore dell'avviamento verrà compreso nel prezzo di vendita dell'azienda.

goody ['gudi] *s. (generalm. al pl.:* **goodies***) (fam.)* leccornie.

goody-goody ['gudi'gudi] *agg e s.* ipocrita; fastidiosamente buono; svenevole.

gooey ['gu:i] *agg (fam.)* appiccicoso; *(per estensione, fig.)* melenso; sdolcinato.

goof [gu:f] *s. (fam.)* sciocco; babbeo.

to **goof** [gu:f] *vi (fam.)* fare lo sciocco.

goofy ['gu:fi] *agg (fam.)* sciocco.

gook [gu:k] *s.* **1** *(sl. mil. USA: spreg.)* nativo del sud-est asiatico. **2** *(USA, fam.)* fango; sedimento.

goon [gu:n] *s.* **1** *(fam.)* persona estremamente goffa. **2** *(USA, sl.)* sicario prezzolato; 'gorilla'. **3** *(sl. dei prigionieri di guerra nella Seconda Guerra Mondiale)* soldato tedesco.

goose [gu:s] *s. (pl.* **geese***)* oca; *(fig.)* persona sciocca: *to kill the goose that lays (laid) the golden eggs,* uccidere l'oca dalle uova d'oro; sacrificare una fonte di ricchezza per una necessità immediata — *He cannot (couldn't, wouldn't) say 'boo' to a goose* ⇨ **boo** — *All his geese are swans,* Per lui tutte le oche sono cigni (Vede tutto rosa; Magnifica sempre le sue cose) — *to cook sb's goose, (fam.)* rompere le uova nel paniere di qcno; troncare le speranze a qcno (impedire a qcno di nuocere, metterlo a posto) — *goose-step,* passo dell'oca — *goose-flesh (goose pimples, goose skin),* pelle d'oca — *goose egg, (USA)* - **a)** zero *(sport, voto scolastico)* - **b)** bernoccolo.

gooseberry ['guzbəri] *s.* uva spina: *to play gooseberry, (fam.)* fare il terzo incomodo; reggere il moccolo; tenere il lume — *gooseberry bush,* cespuglio di uva spina — *to be born under a gooseberry bush, (fam.)* nascere sotto un cavolo.

gooseflesh ['gu:sfleʃ] *s.* ⇨ **goose.**

goosegog ['guzgɔg] *s. (GB, fam.)* uva spina.

gooy ['gu:i] *agg* = **gooey.**

gopher ['goufə*] *s. (USA)* **1** citello. **2** tartaruga o genere di roditore. **3** *(sl.)* ladruncolo giovane e smilzo che apre la via ai complici. **4** *(sl.)* scassinatore.

[1]**gore** [gɔ:*] *s. (ant., lett.)* sangue raggrumato; grumo di sangue.

to **gore** [gɔ:*] *vt* incornare.

[2]**gore** [gɔ:*] *s.* gherone; *(di paracadute, ecc.)* spicchio.

gorge [gɔ:dʒ] *s.* **1** gola *(tra monti, scogliere, ecc.);* forra. **2** strozza; fauci; *(fam.)* gola; gozzo; *(per estensione)* cibo appena ingozzato; boccone inghiottito: *His gorge rose at the sight; The sight made his gorge rise,* A quella vista gli si rivoltò lo stomaco. **3** scorpacciata.

to **gorge** [gɔ:dʒ] *vt e i.* ingozzarsi; rimpinzarsi; satollarsi: *to gorge oneself on (o with) meat,* ingozzarsi di carne.

gorgeous ['gɔ:dʒəs] *agg* **1** sgargiante; fastoso: *a gorgeous sunset,* uno sfolgorante tramonto — *The peacock has a gorgeous tail,* Il pavone ha una coda sgargiante. **2** *(fam.)* magnifico; fantastico; favoloso: *gorgeous weather,* un tempo magnifico.
□ *avv* **gorgeously.**

Gorgon ['gɔ:gən] *s.* Gorgone.

gorilla [gə'rilə] *s.* gorilla.

to **gormandize** ['gɔ:məndaiz] *vi* mangiare ingordamente; rimpinzarsi.

gormless ['gɔ:mlis] *agg (GB, fam.)* sciocco; stupido; deficiente; goffo.

gorse [gɔ:s] *s.* ginestra spinosa; ginestrone.

gory ['gɔ:ri] *agg* **1** pieno di sangue; grondante sangue: *a gory film,* un film con fiumi di sangue. **2** grumoso.

gosh [gɔʃ] *interiezione (GB)* Dio!

gosling ['gɔzliŋ] *s.* ochetta; paperino.

go-slow ['gouslou] *s.* sciopero bianco.

gospel ['gɔspəl] *s.* **1** vangelo: *the Gospel according to St John; St John's Gospel,* il Vangelo secondo San Giovanni — *gospel oath,* giuramento fatto sul Vangelo — *gospel truth,* verità di Vangelo (sacrosanta); verità assoluta — *to take sth as gospel,* prendere qcsa per (verità di) vangelo; prendere qcsa per oro colato. **2** *(fig.)* codice; insieme di princìpi; dottrina: *the gospel of health,* il codice della (buona) salute — *to believe in the gospel of soap and water, (fam.)* credere nell'importanza della pulizia assoluta.

gospeller ['gɔspələ*] *s. (fam., anche* hot-gospeller*)* propagandista religioso; evangelizzatore *(spec. se molto zelante).*

gossamer ['gɔsəmə*] *s.* **1** filo di ragno (di ragnatela); filo della Madonna; *(fig.)* stoffa sottilissima; garza; ragnatela: *as light as gossamer,* leggero come una garza; leggerissimo; sottilissimo. **2** *(attrib.)* sottilissimo; leggerissimo; trasparente: *a gossamer veil,* un velo leggerissimo, trasparente.

gossip ['gɔsip] *s.* **1** chiacchiera; chiacchiere; pettegolezzo; dicerie; ciarle; *(fam.)* chiacchieratina; quattro chiacchiere; conversazione amichevole; *(riferito a giornali)* cronaca mondana; cronaca di società: *gossip column,* (rubrica della) cronaca mondana — *a gossip writer,* uno scrittore di pettegolezzi; un cronista mondano — *to have a good gossip with sb about sth,* farsi quattro chiacchiere con qcno su qcsa. **2** chiacchierone; pettegolo; *(GB, ant.)* comare: *She's nothing but an old gossip,* Non è altro che una vecchia pettegola.

to **gossip** ['gɔsip] *vi* chiacchierare; ciarlare; dire o scrivere pettegolezzi.

gossipy ['gɔsipi] *agg* chiacchierone *(spec. se maldicente);* pettegolo.

got [gɔt] *pass di* **to get.**

gotcher, gotcha ['gɔtʃə*] *voce verbale (contraz. fam. GB di* got you*) (I've) gotcha!,* Ti ho preso!

Goth [gɔθ] *s.* **1** Goto. **2** *(fig.)* barbaro.

Gothic ['gɔθik] *s.* **1** gotico; lingua gotica. **2** *(archit.)* gotico; stile gotico; *(tipografia)* caratteri gotici.
□ *agg* **1** gotico. **2** *(ant.)* barbaro; grossolano; rozzo.

gotta ['gɔtə] *voce verbale (contraz. fam. USA di)* **1** got to: *You gotta come,* Devi venire. **2** got a: *I gotta pain in my side,* Ho una fitta al fianco.

gotten ['gɔtn] *(USA) p. pass di* **to get.**

gouache [gu'ɑ:ʃ/gwɑʃ] *s. (fr.)* (pittura a) guazzo.

gouge [gaudʒ] *s.* scalpello curvo; sgorbia.

to **gouge** [gaudʒ] *vt* **1** sgorbiare; incidere con la sgorbia. **2** *(seguito da* out*)* scalfire; scavare: *to gouge out sb's eye with one's thumb,* cavare un occhio a qcno con il pollice.

gourd [guəd] *s.* **1** 'zucca'; nome generico di certe cucurbitacee esotiche. **2** zucca vuota *(usata come recipiente).*

gourmand ['guəmən] *s. (fr.)* **1** ghiottone; mangione. **2** *(erroneamente)* = **gourmet.**

gourmet ['guəmei] *s. (fr.)* gastronomo; buongustaio.

gout [gaut] *s.* **1** gotta; podagra. **2** *(lett.)* goccia di sangue o di liquido viscoso.

gouty ['gauti] *s.* malato di gotta; gottoso.

to **govern** ['gʌvən] *vt e i.* **1** governare; amministrare; dirigere; reggere: *In Great Britain the sovereign reigns but does not govern,* In Inghilterra il sovrano regna ma non governa. **2** controllare; dominare; tenere a freno: *to govern one's temper,* frenare la propria impulsività; dominarsi. **3** regolare; determinare; fissare; dominare; influenzare: *to be governed by the opinions of others,* essere influenzato dalle opinioni degli altri. **4** *(gramm.)* reggere.

governance ['gʌvənəns] *s. (ant.)* governo; autorità; dominio; controllo.

governess ['gʌvənis] *s.* istitutrice; governante.
□ *governess cart, (GB)* carrozzino a due posti che si fronteggiano.

governing ['gʌvəniŋ] *agg* governante; dirigente; dominante; direttivo; al potere; al Governo: *the governing classes,* le classi dirigenti — *governing body, (di una scuola, ecc.)* consiglio direttivo.

government ['gʌvnmənt] *s.* **1** governo; modo di governare; amministrazione; direzione; regime. **2** ministero; consiglio dei ministri; Governo: *Government securities,* titoli pubblici, dello Stato, garantiti dallo Stato. □ *Government House, (GB, nelle colonie e in taluni paesi del Commonwealth, ecc.)* palazzo, residenza del governatore.

governmental [,gʌvən'mentl] *agg* governativo; statale; del governo; dello Stato.

governor ['gʌvənə*] *s.* **1** governatore: *Governor General,* governatore generale *(GB, nelle colonie, taluni paesi del Commonwealth, ecc.)* — *the Governor of New York State,* il governatore dello Stato di New York. **2** amministratore *(di scuole, ospedali, ecc.).* **3** *(fam., GB: spesso abbr. in* guv *o* guv'nor*)* capo; padrone; principale; datore di lavoro; padre; signore. **4** *(mecc.)* regolatore automatico *(di gas, liquidi, ecc.).*

gown [gaun] *s.* **1** abito; veste; tunica; vestito lungo *(di donna): dressing-gown,* vestaglia; veste da camera — *night-gown,* camicia da notte — *wedding-gown,* abito da sposa. **2** toga *(di giudice, professore, laureato, ecc.).* □ *Per 'town and gown'* ⇨ **town.**

to **gown** [gaun] *vt* rivestire di tunica, di toga: *beautifully gowned women,* donne vestite di splendidi abiti *(lunghi).*

grab [græb] *s.* **1** presa; stretta; atto di afferrare (avidamente e repentinamente): *to make a grab at sth,* tentare di afferrare, di agguantare qcsa. **2** *(mecc., anche* grab-bucket*)* benna: *grab-crane,* gru a benna.

to **grab** [græb] *vt e i.* (**-bb-**) afferrare; agguantare; arraffare; prendere al volo: *The dog grabbed the bone and ran off with it,* Il cane afferrò l'osso e se ne scappò via — *He grabbed at the opportunity of going abroad,* Afferrò al volo l'occasione di andare all'estero.

grabber ['græbə*] *s.* arraffone; accaparratore; persona avida: *money-grabber,* individuo avido di quattrini, che pensa solo a far quattrini.

grace [greis] *s.* **1** grazia; cortesia; leggiadria; favore; clemenza: *with (a) good grace,* con garbo; con belle maniere; amabilmente; volentieri — *with (a) bad grace,* con mala grazia; sgarbatamente; malvolentieri — *He has the saving grace of humour, (fig.)* Lo salva il dono dell'umorismo — *to have the grace to do sth,* degnarsi di fare qcsa; avere la buona grazia di fare qcsa — *airs and graces,* vezzi; modi affettati — *to be in sb's good graces,* essere nei favori di qcno — *an Act of Grace, (GB)* amnistia; atto di clemenza — *an act of grace,* una grazia; un favore. **2** *(teologia, ecc., senza l'art.)* grazia; grazia divina: *saving grace,* grazia salvifica — *by the grace of God,* per grazia di Dio — *in a state of grace,* in stato di grazia; senza peccato grave — *to fall from grace,* perdere la grazia divina; cadere in peccato; peccare; *(fig.)* cadere in basso — *in the year of grace 1973, (spesso iron.)* nell'anno di grazia (nell'Anno Domini) 1973 — *to say (a) grace,* dire il 'benedicite'; dire una preghiera a tavola *(prima e dopo il pasto).* **3** *(comm.)* grazia; dilazione; proroga: *days of grace,* giorni di grazia — *to give a week's grace,* concedere una dilazione di una settimana. **4** *(come titolo onorifico per duchi, arcivescovi, ecc.) His Grace; Your Grace,* Sua Grazia; Vostra Grazia. □ *grace-cup,* (bicchiere del) brindisi alla fine di un banchetto — *grace note, (mus.)* abbellimento — *the Three Graces,* le tre Grazie.

to **grace** [greis] *vt* adornare; abbellire; onorare: *The occasion was graced by the presence of the Queen,* La festa fu onorata della presenza della regina — *Her character is graced with every virtue,* Il suo carattere è adorno di ogni virtù.

graceful ['greisful] *agg* leggiadro; aggraziato; pieno di grazia; gentile; garbato: *a graceful dancer,* una ballerina piena di grazia — *a graceful letter of thanks,* una lettera di ringraziamento molto garbata. □ *avv* **gracefully.**

graceless ['greislis] *agg* **1** sgraziato; goffo; privo di grazia. **2** *(teologia)* non in stato di grazia. **3** depravato; disgraziato; scellerato. □ *avv* **gracelessly.**

gracelessness ['greislinis] *s.* indecenza; sgarbatezza.

gracious ['greiʃəs] *agg* **1** grazioso; benevolo; benigno; gentile; cortese: *her gracious Majesty the Queen,* sua Maestà la Regina. **2** *(spec. di Dio)* misericordioso. **3** *(nelle esclamazioni) Good gracious!; Goodness gracious!; Gracious me!,* Santo Cielo!; Dio mio!; Per Bacco!; Accidenti! □ *avv* **graciously.**

graciousness ['greiʃəsnis] *s.* benevolenza; grazia; condiscendenza; indulgenza; clemenza; misericordia.

gradation [grə'deiʃən] *s.* **1** gradazione *(di colori, ecc.).* **2** apofonia.

grade [greid] *s.* **1** grado; gradino; divisione; passo: *The rank of major is one grade higher than that of captain,* Il grado di maggiore è immediatamente superiore a quello di capitano — *a high grade of intelligence,* un alto grado (livello) d'intelligenza. **2** qualità; classificazione; classe; categoria; varietà: *Milk is sold in grades, and Grade A milk is the best quality,* Il latte si vende secondo la qualità: il latte di categoria A è il migliore. **3** *(USA)* voto *(scolastico);* profitto. **4** *(USA)* pendenza; inclinazione *(di strade, ecc.): on the up (down) grade, (anche GB)* in salita (in discesa); *(fig.)* in rialzo (in ribasso) — *Business is on the up grade,* Gli affari progrediscono, sono in rialzo. □ *grade crossing, (USA)* passaggio a livello — *grade school, (USA)* scuola elementare — *to make the grade,* raggiungere il voto o il profitto richiesto; *(fig.)* farcela.

to **grade** [greid] *vt* **1** graduare; classificare; stabilire la categoria o la qualità di: *to grade milk,* classificare, stabilire la qualità di un tipo di latte — *graded by size,* classificato in base alle dimensioni. **2** *(di strade, ecc.)* livellare; spianare; ridurre la pendenza. **3** *(anche seguito da* up*)* incrociare; selezionare; migliorare *(razze di animali, mediante opportuni incroci).*

[1]**grader** ['greidə*] *s.* livellatrice; terrazzatrice.

[2]**grader** ['greidə*] *s. (USA)* scolaro: *a fifth grader,* uno scolaro di quinta elementare.

gradient ['greidjənt] *s.* gradiente; pendenza: *a steep gradient,* una ripida pendenza — *a gradient of one in nine,* un gradiente di 1/9.

gradual ['grædjuəl] *agg* graduale; progressivo; non ripido: *a gradual slope,* un lieve pendio. □ *avv* **gradually.**

gradualness ['grædjuəlnis] *s.* gradualità.

graduate ['grædjuət] *s.* **1** *(GB)* persona con titolo di studi universitari; laureato: *London graduates,* i laureati della Università di Londra — *a graduate student,* uno studente laureato *(che sta seguendo un corso di specializzazione)* — *post-graduate studies,* studi di specializzazione dopo la laurea. **2** *(USA)* diplomato; licenziato: *high school graduates,* i diplomati delle scuole superiori — *a graduate nurse,* un'infermiera diplomata.

to **graduate** ['grædjueit] *vt* **1** graduare; dividere in gradi: *a ruler graduated in both inches and centimetres,* una riga graduata in pollici e in centimetri — *a graduated glass,* un bicchiere graduato. **2** graduare; ordinare per gradi. **3** *(spec. USA)* dare un diploma (a qcno); laureare; diplomare; rilasciare un diploma (a qcno): *The university graduated three hundred and fifty students last year,* L'anno scorso l'università ha conferito la laurea a trecentocinquanta studenti.

□ *vi* **1** laurearsi; diplomarsi: *He graduated from Oxford,* Si laureò a Oxford — *He graduated in law,* Si laureò in legge. **2** *(USA)* conseguire un diploma *(anche di scuola media superiore)* o altro titolo accademico.

graduation [,grædju'eiʃən] *s.* **1** graduazione; divisione per gradi. **2** laurea; conseguimento della laurea; *(USA)* titolo; diploma; licenza. **3** *(USA)* cerimonia per la consegna dei diplomi.

[1]**graft** [grɑ:ft] *s.* innesto.

to **graft** [grɑ:ft] *vt e i.* innestare: *to graft one variety of rose on (o upon, in, into) another,* innestare una varietà di rosa su un'altra — *to graft new skin on a wound,* praticare un innesto cutaneo su una ferita.

[2]**graft** [grɑ:ft] *s. (spec. USA)* peculato; malversazione.

grail [greil] *s.* graal; *(di solito* the Holy Grail*)* il Santo Graal.

grain [grein] *s.* **1** grano; granaglie; cereali: *grain imports,* importazione di cereali — *a cargo of grain,* un carico (una nave carica) di cereali. **2** grano; granello; chicco *(di riso, ecc.);* granello *(di sabbia, ecc.);* piccolo frammento duro: *grains of sand (of salt),* granelli di sabbia (di sale) — *gold grains,* granelli d'oro. **3** *(fig.)* pizzico; piccola quantità: *a boy without a grain of sense,* un ragazzo senza un minimo di comprendonio, scriteriato. **4** 'grano' *(la più piccola unità di misura inglese, pari a g. 0,0648).* **5** venatura *(di marmo, legno, ecc.);* grana *(di pelle, metalli): woods of fine (coarse) grain,* legni di buona (cattiva) venatura. □ *against the grain, (fig.)* contrario ai propri gusti (o principi); contro la propria inclinazione; controcorrente; di mala voglia.

grained ['greind] *agg* **1** marmorato; venato; marezzato. **2** *(di cuoio)* conciato; col pelo rimosso. □ *cross-grained, (di legno)* nodoso; *(di persona)* bisbetica; irritabile.

grainy ['greini] *agg* **1** dotato di grana (venatura). **2** granuloso.

gram [græm] *s.* grammo.

grammar ['græmə*] *s.* grammatica: *a grammar lesson,* una lezione di grammatica — *a grammar-book,* una grammatica; un libro di grammatica — *grammar school, (GB)* scuola secondaria simile al liceo *(senza distinzione tra 'classico' e 'scientifico').*

grammarian [grə'mɛəriən] *s.* grammatico; filologo.

grammatical [grə'mætikl] *agg* grammaticale: *a grammatical error,* un errore grammaticale. □ *avv* **grammatically.**

gramme [græm] *s.* grammo.

gramophone ['græməfoun] *s.* grammofono; fonografo.

grampus ['græmpəs] *s.* **1** orca. **2** persona che ansima: *to puff (to blow) like a grampus,* soffiare come un mantice.

gran [græn] *s.* = **granny 1.**

granary ['grænəri] *s.* granaio *(anche fig.).*

[1]**grand** [grænd] *agg* (**-er**; **-est**) **1** grande *(anche fig.);* grandissimo; grosso; enorme: *a grand mistake,* un errore madornale — *the grand question,* il grande (il più grave) problema (del momento) — *grand staircase,* scala principale; scalone (d'onore).
2 *(un po' desueto)* splendido; stupendo; superbo; ottimo; eccellente; magnifico; divertente: *a grand view,* un panorama stupendo — *a grand idea,* una splendida idea — *to live in grand style,* vivere da gran signore — *We had a grand time,* Ci divertimmo moltissimo — *What grand weather!,* Che tempo splendido! — *in grand condition,* in gran forma.
3 nobile; *(talvolta spreg.)* orgoglioso; fiero; superbo: *Lincoln had a very grand character,* Lincoln aveva un carattere nobilissimo.
4 pieno; completo; al completo; complessivo: *a grand orchestra,* una grande orchestra — *grand opera,* opera lirica — *the grand total,* la somma complessiva *(nei calcoli)* — *the grand finale,* il gran finale *(di uno spettacolo, ecc.).*
□ *Grand Master,* Gran Maestro *(di ordine cavalleresco)* — *Grand Vizier,* Gran Visir — *Grand Duke,* granduca — *the Grand National, (GB)* famosa corsa ippica ad ostacoli che si tiene a Aintree (Liverpool) — *the Grand Old Party, (USA)* il Partito Repubblicano — *grand piano,* pianoforte a coda — *the Grand Tour, (stor.)* il viaggio in Francia, Italia, ecc. compiuto dai giovani aristocratici inglesi per completare la loro cultura — *the Grand Old Man,* il 'Gran Vecchio' *(riferito in origine allo statista inglese William Gladstone, oggi indica, per estensione, qualsiasi 'leader' anziano).* □ *avv* **grandly.**

[2]**grand** [grænd] *s.* **1** pianoforte a coda: *upright grand,* pianoforte verticale — *baby grand,* pianoforte a mezza coda. **2** *(fam., USA)* mille dollari.

grandchild ['grændtʃaild] *s.* (*pl.* **grandchildren**) nipote *(maschio o femmina, di nonno).*

granddad ['grændæd] *s.* 'nonnino'.

granddaughter ['græn,dɔ:tə*] *s. f.* nipote *(femmina, di nonno).*

grandee [græn'di:] *s.* **1** Grande *(esponente dell'alta nobiltà spagnola o portoghese).* **2** personaggio importante *(spec. politico).*

grandeur ['grænd*ʒ*ə*] *s. (fr.)* grandiosità; magnificenza; maestà; splendore.

grandfather ['græn*d*,fɑ:ðə*] *s.* nonno; *(fig.)* antenato; avo: *great-grandfather,* bisnonno. □ *grandfather clock,* (tipo di) pendola.

grandiloquence [græn'diləkwəns] *s.* magniloquenza; ampollosità.

grandiloquent [græn'diləkwənt] *agg* magniloquente; retorico; aulico; ampolloso. □ *avv.* **grandiloquently.**

grandiose ['grændious] *agg* grandioso; imponente.

grandly ['grændli] *avv* ⇨ **grand,** *agg.*

grandma ['grænmɑ:] *s.* 'nonnina'.

grandmother ['græn,mʌθə*] *s.* nonna: *great-grandmother,* bisnonna. □ *to teach one's grandmother to suck eggs,* insegnare ai pesci a nuotare (pretendere di insegnare a chi ne sa più di noi).

grand-nephew ['græn,nevju:] *s.* pronipote *(maschio, di zio).*

grand-niece ['grænd,ni:s] *s.* pronipote *(femmina, di zio).*

grandpa ['grændpɑ:] *s.* nonno; 'nonnino'.

grandparent ['græn,pɛərənt] *s.* nonno; nonna.

grandsire ['græn,saiə*] *s.* **1** progenitore *(spec. di animali di razza).* **2** suonata a distesa di campane.

grandson ['grænsʌn] *s.* nipote *(maschio, di nonno).*

grandstand ['græn*d*stænd] *s.* tribuna principale coperta.

grange [grein*d*ʒ] *s.* **1** masseria; fattoria; cascina; casa colonica. **2** *(USA)* sindacato degli agricoltori.

granite ['grænit] *s.* granito.

granny, grannie ['græni] *s. (fam.)* nonna; vecchina. □ *granny knot,* nodo falso.

grant [grɑ:nt] *s.* **1** concessione; assegnazione; rilascio *(di brevetti, ecc.).* **2** premio in denaro; sovvenzione *(governativa);* borsa di studio: *grant-aided schools,* scuole sovvenzionate *(dal governo, ecc.).* **3** *(dir. comm.)* cessione *(di un bene); (atto di)* trasferimento; *(atto di)* donazione.

to **grant** [grɑ:nt] *vt* **1** accordare; concedere; assegnare; rilasciare *(un permesso, ecc.);* acconsentire; esaudire; accogliere: *to grant a favour (a request),* accordare un favore (acconsentire a una richiesta) — *to grant sb permission to do sth,* concedere a qcno il permesso di fare qcsa — *He was granted a pension,* Gli fu assegnata una pensione. **2** ammettere; riconoscere: *to grant the truth of what someone says,* ammettere la verità di quanto uno dice — *Granting this to be true...; Granted that this is true...,* Ammettendo che questo sia vero... — *I grant his honesty,* Riconosco la sua onestà — *to take sth for granted,* tenere qcsa per certo; ritenere ovvio.

granular ['grænjulə*] *agg* granulare; granuloso.

to **granulate** ['grænjuleit] *vt* granulare; ridurre in granelli; cristallizzare: *granulated sugar,* zucchero cristallino (cristallizzato, in granuli).
□ *vi* ridursi in granelli; granularsi; cristallizzarsi.

granule ['grænju:l] *s.* granello; granulo.

grape [greip] *s.* **1** acino; chicco d'uva. **2** *(al pl.)* uva: *a bunch of grapes,* un grappolo d'uva — *sour grapes,* uva acerba *(anche fig., detto di ciò che uno disprezza perché non lo può avere).* □ *grape-shot,* mitraglia; mitragliata.

grapefruit ['greipfru:t] *s.* pompelmo: *grapefruit juice,* succo (spremuta) di pompelmo.

grapevine ['greipvain] *s.* **1** *(bot.)* vite. **2** *(fig.)* diceria; notizia incontrollata: *grapevine; grapevine telegraph,* mezzo di comunicazione segreto *(come usano i carcerati, ecc.).*

graph [græf] *s.* grafico; diagramma: *graph paper,* carta millimetrata.

graphic ['græfik] *agg* **1** grafico: *the graphic arts,* le arti grafiche; l'arte della stampa. **2** *(di racconto, ecc.)* chiaro; preciso; essenziale; vivido: *a graphic account of the battle,* una vivida descrizione della battaglia. **3** *(di resoconti, ecc.)* illustrato con diagrammi o grafici. □ *avv* **graphically** **1** graficamente. **2** in modo preciso; vividamente. **3** per mezzo di diagrammi o grafici.

graphics ['græfiks] *s.* **1** (la) grafica. **2** disegno; 'design'.

graphite ['græfait] *s.* grafite.

grapnel ['græpnəl] *s.* **1** *(naut.)* grappino; ancorotto; rampino. **2** *(stor.)* uncino o gancio d'abbordaggio.

to **grapple** ['græpl] *vt* **1** afferrare; abbrancare; avvinghiare. **2** *(naut.)* uncinare: *grappling-iron, (naut.)* uncino; grappino.
□ *vi* lottare; venire alle prese (alle strette): *to grapple with sth,* lottare con qcsa; *(fig.)* affrontare *(un problema, ecc.).*

grasp [grɑ:sp] *s.* **1** presa; stretta; *(fig.)* potere; mani; pugno: *in the grasp of a wicked enemy,* nelle mani di un nemico malvagio. **2** portata; possesso; comprensione: *to have a thorough grasp of the problem,* avere una conoscenza profonda di un problema — *It is a problem that is beyond his grasp,* È un problema al di sopra delle sue capacità.

to **grasp** [grɑ:sp] *vt e i.* **1** afferrare; agguantare; impugnare; serrare; tener stretto: *to grasp sb's hand (a rope),* afferrare la mano di qcno (una corda) — *to grasp at sth,* tentare di afferrare, di aggrapparsi a qcsa; accettare qcsa con gioia (con avidità) — *to grasp at an opportunity,* approfittare subito di un'occasione — *A man who grasps at too much may lose everything, (prov.)* Chi troppo vuole nulla stringe. **2** comprendere; capire; afferrare: *to grasp an argument,* afferrare un argomento.

grasping ['grɑ:spiŋ] *agg* avido *(di denaro, di sapere, ecc.);* cupido; tenace.

grass [grɑ:s] *s.* **1** erba: *not to let the grass grow under one's feet, (letteralm.)* non lasciar crescere l'erba sotto i piedi; *(fig.)* non perdere affatto tempo *(nel fare qcsa).* **2** (*con pl.* **grasses**) pianta graminacea *(canna, grano, ecc.).* **3** pascolo; prato: *to be at grass, (di animali)* essere al pascolo — *to put (to send out, turn out) animals to grass,* portare (far uscire) animali al pascolo. **4** *(sl.)* marijuana; 'erba'. □ *the grass roots, (politica)* la 'base' — *grass widow,* 'vedova temporanea'; donna col marito temporaneamente assente.

grasshopper ['grɑ:s,hɔpə*] *s.* **1** *(zool.)* cavalletta. **2** *(aereo)* 'cicogna'. **3** *(radio)* cavalletta; trasmettitore meteorologico paracadutabile. □ *to have a grasshopper mind,* saltare sempre di palo in frasca.

grassy ['grɑ:si] *agg* (**-ier**; **-iest**) erboso; ricco d'erba; simile ad erba.

grate [greit] *s.* grata; griglia.

to **grate** [greit] *vt e i.* **1** grattugiare: *grated cheese,* formaggio grattugiato. **2** cigolare; stridere; far stridere; *(fig.)* irritare; seccare; urtare; straziare *(di suoni): The gate grated on its hinges,* Il cancello stridette sui cardini — *His bad manners grated on everyone,* I suoi modi di fare screanzati irritavano tutti — *Her shrieking voice grates on my ears,* La sua voce stridula mi strazia le orecchie.

grateful ['greitful] *agg* **1** grato; riconoscente: *We are grateful to you for your help,* Vi siamo grati per il Vostro aiuto. **2** gradevole; gradito; piacevole; comodo: *the grateful shade of some trees,* la piacevole ombra di un gruppo d'alberi. □ *avv* **gratefully.**

grater ['greitə*] *s.* grattugia.

gratification [,grætifi'keiʃən] *s.* **1** compiacimento; piacere; soddisfazione: *I have the gratification of knowing that I have done my duty,* Ho la soddisfazione di sapere che ho fatto il mio dovere. **2** ricompensa; gratifica.

to **gratify** ['grætifai] *vt* **1** compiacere; soddisfare; dilettare: *We were very gratified with (o at) the result,* Fummo molto soddisfatti del risultato. **2** appagare; accontentare; indulgere; venire incontro: *to gratify sb's whims,* esaudire i capricci di qcno — *to gratify a boy's thirst for knowledge,* appagare la sete di conoscenza di un ragazzo. **3** *(raro)* gratificare; dare un compenso (a qcno).

gratifying ['grætifaiiŋ] *agg* gradito; piacevole.

[1]**grating** ['greitiŋ] *s.* grata; inferriata; griglia; *(di strumento ottico)* reticolo.

[2]**grating** ['greitiŋ] *agg* (*p. pres. di* **to grate 2**) **1** stridente; aspro; dissonante. **2** spiacevole; irritante. □ *avv* **gratingly.**

gratis ['greitis] *agg* gratuito. □ *avv* gratis; gratuitamente.

gratitude ['grætitju:d] *s.* gratitudine.

gratuitous [grə'tju:itəs] *agg* **1** gratuito *(senza pagamento): gratuitous service (help, advice),* un servizio (un aiuto, un consiglio) gratuito. **2** non giustificato; gratuito; senza una buona ragione: *a gratuitous insult,* un insulto ingiustificato — *a gratuitous lie,* una menzogna gratuita. □ *avv* **gratuitously.**

gratuity [grə'tjuiti] *s.* gratifica; mancia; liquidazione.

gravamen [grə'veimen] *s. (solo al sing. e con l'art. determinativo)* l'essenza; la sostanza; il punto fondamentale *(di un'accusa).*

[1]**grave** [greiv] *agg* grave; serio; solenne: *grave news,* notizie gravi — *to make a grave mistake,* commettere un errore grave — *as grave as a judge,* solenne come un giudice. □ *avv* **gravely.**

[2]**grave** [greiv] *s.* tomba *(anche fig.);* fossa; sepolcro: *to have one foot in the grave, (fig.)* avere un piede nella fossa — *grave-clothes,* sudario; lenzuolo funebre — *grave-digger,* becchino — *to make sb turn in his grave,* far rivoltare qcno nella tomba — *There's sb walking on my grave,* Mi è passata vicino l'ombra della morte *(detto per spiegare un brivido improvviso).*

to **grave** [greiv] *vt* (*p. pass.* **graven**) **1** scolpire *(anche fig.): a graven image,* una immagine scolpita — *graven on my memory, (lett.)* scolpito nella mia memoria. **2** *(naut.)* scrostare; ripulire *(la chiglia di una nave).*

gravel ['grævəl] *s.* **1** ghiaia; ghiaietto: *a gravel path,* un sentiero ghiaioso — *a gravel pit,* una cava di ghiaia. **2** *(med.)* calcoli.

to **gravel** ['grævəl] *vt* (**-ll-**; *USA* **-l-**) **1** ricoprire di ghiaia, di ghiaietto; inghiaiare: *to gravel a road,* inghiaiare una strada — *gravelled paths,* sentieri inghiaiati. **2** *(fig.)* confondere; imbarazzare.

gravelly ['grævəli] *agg* **1** ghiaiato; ghiaioso. **2** *(di voce)* basso e sgranato.

gravely ['greivli] *avv* ⇨ **¹grave.**

graven ['greivn] *p. pass di* **to grave.**

gravestone ['greivstoun] *s.* pietra tombale; lapide.

graveyard ['greivjɑ:d] *s.* cimitero; camposanto.

graving-dock ['greiviŋdɔk] *s.* bacino di carenaggio.

to **gravitate** ['græviteit] *vi* gravitare; ruotare attorno *(anche fig.)*; essere attratti: *Young people in country districts gravitate towards the cities,* I giovani delle zone rurali sono attratti dalle città.

gravitation [,grævi'teiʃən] *s.* gravitazione.

gravitational [,grævi'teiʃənəl] *agg* di, dovuto a gravitazione.

gravity ['græviti] *s.* **1** gravità; peso: *centre of gravity,* centro di gravità — *specific gravity,* peso specifico. **2** gravità; austerità; serietà; solennità; importanza: *the gravity of his appearance,* l'austerità del suo aspetto — *He could hardly keep his gravity,* Riusciva a stento a mantenersi serio.

gravure [grə'vjuə*] *s.* (*abbr. di* **photogravure**) fotoincisione *(spesso usato attrib.)*.

gravy ['greivi] *s.* **1** sugo *(di carne)*: *gravy-boat,* salsiera. **2** *(sl.)* facile guadagno; soldi piovuti dal cielo.

gray, to **gray** [grei] *agg, s. e vt* ⇨ **grey, to grey.**

graze [greiz] *s.* scalfittura.

¹to **graze** [greiz] *vt e i.* **1** sfiorare; scalfire; rasentare: *The bullet grazed his cheek,* Il proiettile gli sfiorò la guancia. **2** *(seguito da* along, by, past, against*)* andare (passare) rasente.

²to **graze** [greiz] *vi* pascolare; pascere: *The cattle are grazing in the fields,* il bestiame è al pascolo nei campi.

□ *vt* far pascolare; condurre al pascolo; destinare al pascolo: *to graze sheep,* far pascolare le pecore — *to graze a field,* destinare un campo a pascolo. □ *grazing-land,* terreno destinato al pascolo; pascoli; pastura.

grazier ['greizjə*] *s.* allevatore di bestiame.

grease [gri:s] *s.* **1** grasso; unto; sugna. **2** materia lubrificante *(generalm. semisolida)*; olio denso. □ *grease-gun,* ingrassatore; pistola lubrificante; pompa per ingrassaggio — *grease-paint,* cerone; belletto *(per il trucco degli attori, ecc.)* — *grease-proof paper, (GB)* carta paraffinata — *elbow grease,* olio di gomito.

to **grease** [gri:s] *vt* lubrificare; ingrassare; ungere di grasso. □ *to grease sb's palm,* 'ungere' qcno; corromperlo *(con del denaro)* — *like greased lightning,* in un baleno.

greasily ['gri:zili] *avv* ⇨ **greasy.**

greasiness ['gri:zinis] *s.* untuosità; scivolosità.

greasy ['gri:zi] *agg* (**-ier**; **-iest**) grasso; unto; untuoso *(anche fig.)*; scivoloso: *greasy fingers,* dita unte — *a greasy road,* una strada scivolosa, viscida. □ *avv* **greasily.**

great [greit] *agg* (**-er**; **-est**) **1** - **a)** grande *(vari sensi: di dimensione, quantità, grado e qualità oltre il comune)*; molto (molta, ecc.); numeroso: *Take great care of the young animals,* Abbi molta cura degli animali piccoli — *a great company,* una compagnia numerosa; una bella brigata - **b)** *(fam., usato enfaticamente davanti ad agg., esprime sorpresa, indignazione, disprezzo, ecc.)*: *See what a great big fish I've caught!,* Guarda che (razza di) pesce (che pesce enorme) ho preso! — *Take your great big head out of my light!,* Via quel tuo testone dalla luce! — *What a great thick stick!,* Che enorme bastone! - **c)** *(davanti ad un sostantivo significa* pienamente meritevole del nome di*)*: *He's a great scoundrel,* È una grande canaglia — *They are great friends,* Sono amici per la pelle - **d)** *(davanti a certi sostantivi significa* fuori del comune; notevole*)*: *He's a great reader,* Legge moltissimo — *a great landowner,* un grande proprietario terriero - **e)** *(con i nomi indicanti quantità, ecc.)* grande: *a great deal,* molto; moltissimo — *a great number,* numerosi; molti — *the great majority,* la grande maggioranza; la maggior parte — *a great while ago,* molto (parecchio, un bel po' di) tempo fa — *to a great extent (measure),* principalmente; considerevolmente.

2 notevole; grande; valente; importante; eccezionale; nobile: *great men,* i grandi — *a great painter (musician),* un grande pittore (musicista) — *great and small,* grandi e piccoli; uomini di valore e di poco conto — *a great occasion,* un avvenimento straordinario — *the Great Powers,* le Grandi Potenze — *Frederick the Great,* Federico il Grande — *the great world,* il gran mondo; la società elegante; l'aristocrazia — *a great lady,* una gran (bella) signora; una donna meravigliosa; *(stor.)* un'importante dama.

3 *(fam.)* magnifico; bello; divertente; meraviglioso; ottimo; 'favoloso'; 'fantastico': *That's great!,* Magnifico! — *We had a great time in Paris,* Ci siamo divertiti follemente a Parigi — *It would be great if we could go there again!,* Sarebbe meraviglioso se ci potessimo ritornare!

4 *(fam.)* esperto; abile; in gamba: *He is great at making model aircraft,* È molto bravo nel costruire modellini aeronautici — *He is great on foreign cars,* Sa tutto sulle macchine straniere.

5 great- *(prefisso a nomi di parentela* = pro, bis, tris*)*: *great-grandfather,* bisnonno — *great-great-grandfather,* trisavolo — *great-grandson,* pronipote *(maschio, di nonni)* — *great-grandnephew,* figlio di pronipote *(di zii)* — *great-uncle (-aunt),* prozio (prozia).

□ *the Great Armada,* la Grande Armata (del 1588) — *the Great Assize (Day, Inquest),* il giorno del Giudizio, il Giudizio Universale — *great Dane,* (cane) danese — *great God!,* buon Dio! — *the Great Lakes,* i Grandi Laghi *(negli USA)* — *the great unwashed, (spreg.)* la plebaglia — *She was great with child, (ant.)* Era incinta; Attendeva un bambino — *to reach (to live to) a great age,* arrivare a tarda età — *great thoughts,* pensieri gravi, nobili, elevati — *great-hearted,* generoso; dal cuore generoso, magnanimo — *the great, (come s.)* i grandi — *the Great Bear,* l'Orsa Maggiore — *Great Britain,* la Gran Bretagna *(Inghilterra, Galles, Scozia e le isole con esclusione del Nord Irlanda)* — *Greater Britain,* la Gran Bretagna e le colonie — *Greater London,* Londra e sobborghi — *the Great War,* la Grande Guerra (1914-18) — *the greater celandine,* la celidonia maggiore. □ *avv* **greatly** ⇨.

greatcoat [greit'kout] *s.* pastrano pesante; cappotto.

greatest ['greitəst] *agg* **1** *superl di* **great. 2** *the greatest, (sl.)* il migliore; 'fantastico'; 'favoloso'.

greatly ['greitli] *avv* grandemente; assai; moltissimo: *He was greatly amused,* Si divertì moltissimo.

greatness ['greitnis] *s.* grandezza; nobiltà; elevatezza *(di sentimenti);* intensità; forza *(di passioni, ecc.);* gravità *(di colpa, ecc.).*

Greats [greits] *s. pl (all'università di Oxford)* la seconda parte del corso di letteratura e filosofia classica. □ *Modern Greats, (fam.)* corso di Economia Politica.

greaves [gri:vz] *s. pl (stor.)* gambali *(di armatura).*

grebe [gri:b] *s.* colimbo.

Grecian ['gri:ʃən] *agg* greco *(spec. di stile architettonico o di viso).*

greed [gri:d] *s.* bramosia; avidità; cupidigia; ingordigia; golosità.

greedily ['gri:dili] *avv* ⇨ **greedy.**

greediness ['gri:dinis] *s.* avidità; bramosia; cupidigia; ingordigia.

greedy ['gri:di] *agg* (**-ier**; **-iest**) **1** avido; ghiotto; goloso; ingordo: *not hungry, just greedy,* non affamato, ma solo ingordo — *He was looking at the cake with greedy eyes,* Stava guardando la torta con occhi avidi. **2** *(fig.)* avido; cupido; bramoso: *greedy to do sth,* bramoso di fare qcsa. □ *avv* **greedily.**

Greek [gri:k] *s.* greco; la lingua greca: *It's Greek to me, (fig.)* È arabo per me.
□ *agg* greco.

green [gri:n] **I** *agg* **1** verde: *green fingers, (pl., GB)* il 'pollice verde' — *green tea,* tè verde — *green-stuff,* verdura — *green belt, (urbanistica)* cintura verde. **2** *(di frutta)* acerbo; immaturo; *(di verdura)* tenero; *(di legno)* verde; non secco; non stagionato; *(di ferita)* recente; ancora aperta: *green apples,* mele acerbe — *green figs,* fichi non maturi. **3** *(fam.)* giovane; inesperto; ingenuo; *(di giovane operaio)* non specializzato: *a boy who is still green at his job,* un ragazzo ancora inesperto nel suo lavoro — *I'm not so green as to believe that,* Non sono così ingenuo da credere una cosa simile. **4** *(fig.)* fresco; vivido; vigoroso; fiorente; vegeto: *to keep a person's memory green,* tener vivo il ricordo di una persona — *to live to a green old age,* vivere sino a una vigorosa vecchiaia. **5** *(di carnagione e fig.)* verde; livido; pallido; geloso; invidioso: *green with envy,* verde dall'invidia. □ *a green Christmas,* un Natale mite, senza neve — *green-room, (di attori)* camerino; ridotto — *to give sb the green light, (fig.)* dare via libera a qcno.
II *s.* **1** (il) verde. **2** *(al pl.)* verdure *(spec. il cavolo, gli spinaci);* verzura: *Christmas greens, (USA)* ramoscelli decorativi natalizi *(vischio, agrifoglio, ecc.).* **3** prato; prato pubblico; campo: *bowling-green,* campo da bocce — *putting green, (nel gioco del golf)* il campo attorno a una buca.

greenback ['gri:nbæk] *s. (USA)* biglietto di banca; banconota.

greenery ['gri:nəri] *s.* vegetazione; verzura; verde.

greenfinch ['gri:nfintʃ] *s.* verdone *(uccello).*

greenfly ['gri:nflai] *s. collettivo (GB)* afidi verdi; gorgoglioni; pidocchi delle piante.

greengage ['gri:ngeidʒ] *s.* susina verde; 'Regina Claudia'.

greengrocer ['gri:n,grousə*] *s.* verduriere; fruttivendolo; erbivendolo.

greengrocery ['gri:n,grousəri] *s.* **1** verdura; frutta; ortaggi. **2** *(non comune)* negozio di fruttivendolo.

greenhorn ['gri:nhɔ:n] *s. (fam.)* grullo; semplicione; persona ingenua o inesperta.

greenhouse ['gri:nhaus] *s.* serra.

greenish ['gri:niʃ] *agg* verdastro; verdognolo: *greenish-yellow (greenish-brown),* giallo verdognolo (verde-marrone).

Greenlander ['gri:nlændə*] *s.* groenlandese.

greenness ['gri:nis] *s.* l'essere verde; il verde; *(fig.)* freschezza; vigore; *(più raro)* inesperienza.

greenstick ['gri:nstik] *agg (med.: solo nell'espressione) a greenstick fracture,* una frattura 'mista' (incompleta, o di un solo lato dell'osso) *(in un soggetto giovane).*

greensward ['gri:nswɔ:d] *s. (lett.)* erba; tappeto verde; margine erboso *(delle strade).*

greenwood ['gri:nwud] *s. (ant. e lett.)* bosco fronzuto; foresta frondosa *(spec. come rifugio di fuorilegge).*

to **greet** [gri:t] *vt* **1** salutare *(soltanto quando si incontra qcno);* accogliere; dare il benvenuto; ossequiare; mandare ossequi o saluti per lettera: *to greet sb with a smile,* accogliere qcno con un sorriso — *The hero was greeted with loud applause,* L'eroe fu accolto con un grande applauso — *They greeted the minister with a shower of stones,* Accolsero il ministro con una gragnuola di sassi. **2** *(di una veduta)* offrirsi; presentarsi alla vista; *(di un suono)* giungere all'orecchio; pervenire: *The view that greeted us at the hill-top was beautiful,* La vista che ci si presentò giunti in cima al colle era assai bella.

greeting ['gri:tiŋ] *s.* saluto; convenevole; accoglienza; benvenuto: *Greetings from Brighton!, (nelle cartoline)* Saluti da Brighton!

gregarious [gre'gεəriəs] *agg* gregario; socievole. □ *avv* **gregariously.**

gregariousness [gre'gεəriəsnis] *s.* socievolezza.

Gregorian [gre'gɔ:riən] *agg* gregoriano: *Gregorian chant,* canto gregoriano — *the Gregorian calendar,* il calendario gregoriano.

gremlin ['gremlin] *s.* folletto; *(GB, sl. aeronautico)* spiritello maligno *(responsabile dei guasti inspiegabili).*

grenade [gri'neid] *s.* granata *(bomba).*

grenadier [,grenə'diə*] *s.* granatiere.

grew [gru:] *pass di* **to grow.**

grey, gray [grei] *agg* grigio; bigio; color cenere: *to go grey,* diventar grigio; incanutire — *His hair has turned grey,* I suoi capelli sono diventati grigi — *grey-headed,* dai capelli grigi; vecchio; *(fig.)* di lunga esperienza; molto pratico; esperto — *grey matter,* materia grigia; *(fam.)* intelligenza — *a boy without much grey matter,* un ragazzo non molto intelligente.
□ *s.* **1** color grigio; color cenere. **2** cavallo grigio (storno).

to **grey,** to **gray** [grei] *vt* colorare di grigio; rendere grigio. □ *vi* diventare grigio.

greybeard ['greibiəd] *s.* **1** uomo dalla barba grigia; vecchione. **2** *(bot.)* vitalba.

greyhound ['greihaund] *s.* levriero.

greyish ['greiiʃ] *agg* grigiastro.

greylag ['greilæg] *s.* tipo di oca selvatica.

grid [grid] *s.* **1** grata; inferriata; cancellata. **2** graticola; gratella. **3** *(elettr.)* griglia *(di valvola, ecc.).* **4** reticolato *(di carta topografica).* **5** rete di distribuzione elettrica. **6** *(automobilismo)* ordine di partenza.

griddle ['gridl] *s.* **1** teglia (per cuocere focacce). **2** *(nelle miniere)* vaglio.

gridiron ['grid,aiən] *s.* **1** graticola; gratella. **2** *(USA)* campo di giuoco del calcio. **3** *(naut.)* impalcatura di bacino di carenaggio; *(teatro)* impalcatura delle macchine per il cambio di scena.

grief [gri:f] *s.* **1** afflizione; cordoglio; dolore; pena: *He was driven almost insane by grief,* Era quasi impazzito per il dolore. **2** *(per estensione: sempre* a grief*)* motivo di dolore; causa di pena: *His failure to get a degree was a great grief to his parents,* La mancata laurea fu un grosso dolore per i suoi genitori. □ *to come to grief,* andare a finire nei guai; andare a rotoli

— *to bring sb to grief,* far passare dei guai a qcno; mandarlo in malora; rovinarlo — *Good grief!, (fam.)* Mamma mia!; Perbacco!

grievance ['gri:vəns] *s.* gravame; motivo di lagnanza; rivendicazione.

to **grieve** [gri:v] *vt* addolorare; affliggere; accorare: *to grieve one's parents,* recar dolore ai propri genitori.
□ *vi (seguito da* at, about, over*)* affliggersi; accorarsi: *to grieve about sb's misfortunes,* affliggersi per le sventure di qcno — *to grieve over sb's death,* addolorarsi per la morte di qcno.

grievous ['gri:vəs] *agg* doloroso; penoso; tragico; gravoso; grave; atroce: *grievous wrongs,* gravi torti — *grievous pain,* un dolore atroce. □ *avv* **grievously.**

griffin, griffon, gryphon ['grifin/'grifən] *s.* grifone; grifo.

grill [gril] *s.* **1** graticola; gratella; griglia: *radiator grill,* cuffia radiatore. **2** carne o pesce ai ferri; grigliata: *a mixed grill,* un piatto misto di carne ai ferri; un 'misto griglia'. **3** *(abbr. di* grill-room*)* rosticceria.

to **grill** [gril] *vt e i.* **1** cuocere o cuocersi ai ferri, alla griglia; arrostire *(sulla graticola);* esporsi a un calore forte: *to lie grilling in the hot sun,* starsene sdraiato ad arrostire al sole. **2** *(spec. di polizia)* sottoporre a un severo interrogatorio; tormentare con domande.

grille [gril] *s.* griglia; inferriata; cancellata.

[1]**grilled** ['grild] *agg* munito di grata; provvisto di inferriata.

[2]**grilled** ['grild] *agg* (*p. pass. di* **to grill**) cotto ai ferri.

grilling ['griliŋ] *s.* **1** il cuocere ai ferri, alla griglia. **2** interrogatorio molto severo.

grim [grim] *agg* **1** severo; truce; torvo; arcigno; macabro; sinistro: *a grim smile,* un sorriso truce (arcigno, sinistro) — *a grim joke,* uno scherzo macabro. **2** feroce; spietato; tenace; risoluto; deciso: *a grim struggle,* una lotta spietata — *to hold on like grim death,* non mollare mai; attaccarsi tenacemente. **3** brutto; odioso; repellente. □ *avv* **grimly.**

grimace [gri'meis] *s.* smorfia *(spec. per esprimere disgusto, dolore, ecc.).*

to **grimace** [gri'meis] *vi* fare le smorfie, le boccacce.

grime [graim] *s.* sudiciume.

to **grime** [graim] *vt* insudiciare; sporcare: *to be grimed with dust,* essere sporco di polvere.

grimness ['grimnis] *s.* severità; ferocia; aspetto truce, torvo, arcigno.

grimy ['graimi] *agg* (**-ier**; **-iest**) sudicio; sporco; insudiciato.

grin [grin] *s.* ghigno; sogghigno; ghignata.

to **grin** [grin] *vi e t.* (**-nn-**) **1** sorridere *(mostrando i denti);* ghignare; sogghignare: *He grinned at me,* Mi guardò sogghignando — *to grin from ear to ear,* fare un sorriso che va da un orecchio all'altro — *to grin and bear it,* sopportare senza lagnarsi; far buon viso a cattiva sorte. **2** esprimere con un largo sorriso, con una smorfia: *He grinned his approval,* Espresse il suo consenso con un largo sorriso.

grind [graind] *s.* **1** *(fam.)* lavoro lungo e monotono; cosa faticosa; sgobbata: *Do you find learning English a grind?,* Trovi molto faticoso imparare l'inglese? — *the daily grind,* il lavoro quotidiano. **2** *(volg.)* chiavata; scopata.

to **grind** [graind] *vt e i.* (*pass. e p. pass.* **ground**) **1** macinare; frantumare; sgretolare; stritolare; maciullare; tritare; frantumarsi; macinarsi; sgretolarsi; tritarsi; produrre *(macinando, ecc.): to grind sth to pieces,* ridurre qcsa in pezzi *(macinando, ecc.)* — *to grind wheat into flour,* macinare il frumento facendone farina — *This wheat grinds well,* Questo frumento si macina bene — *to grind flour,* produrre (fare, macinare) farina.
2 *(mecc.)* affilare; arrotare; molare; levigare; rettificare; smerigliare: *to grind a knife,* affilare un coltello — *to grind a lens,* molare una lente.
3 fregare; sfregare; stropicciare; strofinare; digrignare: *The ship ground on the rocks,* La nave strisciò contro gli scogli — *He ground his teeth with rage,* Digrignò i denti per la rabbia.
4 girare; azionare; far girare la manovella: *to grind a coffee-mill,* azionare un macinino da caffè — *to grind a barrel-organ,* suonare l'organetto.
5 *(fam.)* lavorare; sgobbare; studiare sodo; darci dentro; far sgobbare; far studiare sodo: *to grind away at one's studies,* darci dentro nei propri studi — *to grind for an exam,* sgobbare per un esame — *to grind boys in maths; to grind maths into boys' heads,* far sgobbare dei ragazzi in matematica.
6 *(fig., generalm. usato al passivo)* opprimere; schiacciare: *a nation ground (down) by poverty,* un paese oppresso dalla povertà — *grinding tyranny,* una tirannia opprimente (schiacciante).
□ *to grind out,* cavar fuori; tirar fuori *(a stento o con fatica)* — *to grind out a tune on the organ,* cavare fuori un'aria dall'organo (strimpellando) — *to grind out some verses,* scrivere a fatica (tirar fuori) alcuni versi — *to have an axe to grind, (fig.)* avere un interesse personale; tirar acqua al proprio mulino — *to grind to a halt,* - **a)** fermarsi con stridor di freni - **b)** *(fig.)* subire una battuta d'arresto.

grinder ['graində*] *s.* **1** *(anche* knife-grinder*)* arrotino: *organ-grinder,* suonatore di organetto. **2** *(mecc.)* mola; molatrice; affilatrice; rettificatrice; smerigliatrice. **3** *(anche* coffee-grinder*)* macinino del caffè. **4** *(al pl.)* denti molari. **5** *(USA)* tramezzino.

grindstone ['grain*d*stoun] *s.* mola; macina di mulino.
□ *to keep sb's nose to the grindstone, (fam.)* far sgobbare qcno.

grip [grip] *s.* **1** presa; stretta; impugnatura: *to let go one's grip,* lasciar andare (mollare) la presa — *to take a grip on a rope,* aggrapparsi (afferrarsi) a una corda. **2** *(fig.)* padronanza; dominio; comprensione; conoscenza: *to have a good grip of a problem,* avere afferrato (conoscere bene) un problema — *to have a good grip on one's audience,* avere una buona presa sul pubblico, attirare il suo interesse — *Poor chap! He's losing his grip!,* Poveretto! Non ha più la padronanza di una volta! **3** *(mecc.)* chiusura; saldatura; presa; innesto; frizione; parte da innestare o fissare. **4** borsa da viaggio. **5** *(fam.)* fitta; trafittura; dolore improvviso e intenso.

to **grip** [grip] *vt e i.* (**-pp-**) **1** afferrare; stringere; impugnare; tener stretto; far presa; mordere *(di ruota sull'asfalto, ecc.): The child gripped his mother's hand,* Il bambino afferrò stretta la mano di sua madre — *The brakes failed to grip and the car ran into a wall,* I freni non fecero presa e l'auto andò a finire contro un muro. **2** *(fig.)* attirare; avvincere; tenere avvinto; fissare *(l'attenzione, ecc.): The speaker gripped the attention of his audience,* L'oratore tenne avvinta l'attenzione del pubblico — *a gripping tale,* un racconto avvincente.

to **gripe** [graip] *vt* **1** afferrare; stringere *(anche fig.).* **2** affliggere; dare i crampi.
□ *vi* brontolare.

gripes [graips] *s. pl (fam., generalm.* the gripes*)* colica.

griping ['graipiŋ] *agg* che brontola sempre.

grippe [grip] *(USA: dal fr.)* influenza *(la malattia).*

grisly ['grizli] *agg* spaventoso; orribile; sinistro; macabro.
grist [grist] *s.* grano; frumento; biada. □ *to bring grist to the (to one's) mill,* portare acqua al (proprio) mulino; aggiungere legna al fuoco — *All is grist that comes to his mill,* È tutta acqua che viene al suo mulino.
gristle ['grisl] *s.* cartilagine.
grit [grit] *s. collettivo* **1** graniglia; granelli di sabbia; sassolini; pietruzze; struttura o grana *(di pietra);* ghiaia: *There must be some grit in the gears,* Ci deve essere della sabbia negli ingranaggi — *I've got some grit in my shoe,* Ho dei sassolini nella scarpa — *grit stone,* arenaria. **2** *(fam.)* coraggio; fegato; fermezza; energia. □ ⇨ *anche* **grits**.
to **grit** [grit] *vt* (**-tt-**) digrignare; serrare *(i denti);* stridere.
grits [grits] *s. pl* farina grossa d'avena; avena sgranata.
gritty ['griti] *agg* (**-ier**; **-iest**) granuloso; sabbioso; arenoso; ghiaioso.
to **grizzle** ['grizl] *vi (fam.)* piagnucolare.
grizzled ['grizld] *agg* grigiastro; brizzolato.
grizzly ['grizli] *s. (anche* grizzly bear*)* 'grizzly' *(orso grigio nordamericano).*
groan [groun] *s.* gemito; lamento; profondo sospiro; mormorio *(del pubblico);* gemito o sibilo *(del vento);* scricchiolio *(di travature, ecc.): the groans of the injured,* i lamenti dei feriti — *His speech was interrupted by groans of disapproval,* Il suo discorso fu interrotto da mormorii di disapprovazione.
to **groan** [groun] *vi e t.* **1** gemere; lamentarsi *(per il dolore o per il peso di qcsa); (di travature)* scricchiolare: *The wounded men lay there groaning,* I feriti gemevano per terra — *The people groaned under injustice,* Il popolo gemeva sotto il peso dell'ingiustizia — *The ship's timbers groaned during the storm,* Durante la tempesta le travature della nave scricchiolavano — *The table groaned with food, (fig.)* La tavola gemeva sotto il peso delle vivande — *groaning board,* tavola stracarica di vivande. **2** dire; narrare; raccontare *(con voce lamentosa): He groaned his sad story,* Narrò gemendo la sua triste storia. **3** *(seguito da* down*)* far zittire con mormorii di disapprovazione: *The speaker was groaned down by his audience,* L'oratore fu costretto a tacere per il mormorio del pubblico.
groat [grout] *s. (stor.)* moneta del valore di quattro pence.
groats [grouts] *s. pl* grani *(generalm. di avena)* sgusciati; fiocchi d'avena.
grocer ['grousə*] *s.* droghiere.
grocery ['grousəri] *s.* drogheria: *groceries,* generi di drogheria.
grog [grɔg] *s.* **1** grog *(tipo di ponce).* **2** *(fam.)* qualsiasi liquore: *grog-shop,* bettola.
groggy ['grɔgi] *agg* (**-ier**; **-iest**) **1** traballante; vacillante; barcollante. **2** intontito; malsicuro; debole; malfermo; barcollante; ebbro *(di vino); (sport, di pugile, ecc.)* 'suonato'. □ *avv* **groggily**.
groin [grɔin] *s.* **1** *(anat.)* inguine. **2** *(archit.)* costolone; unghia; lunetta; ogiva. **3** *(USA)* = **groyne**.
to **groin** [grɔin] *vt* munire, provvedere di lunette o di ogive; costruire *(un tetto)* a costoloni: *a groined vault,* una volta a ogive.
groom [grum] *s.* **1** stalliere; mozzo di stalla; *(stor.)* palafreniere. **2** (= **bridegroom**) sposo.
to **groom** [grum] *vt* **1** governare; strigliare; accudire *(un cavallo).* **2** *(generalm. al pass.)* curare *(spec. di barba e capelli e vestiti): well-groomed,* ben curato nella persona — *badly groomed,* tutto in disordine; trasandato. **3** *(fam., fig.)* avviare; istruire; preparare *(a una carriera): He was groomed for academic life,* Fu avviato alla carriera universitaria.
groove [gru:v] *s.* **1** scanalatura; solco; incavo. **2** *(fig.)* abitudine inveterata; consuetudine; tran tran; routine: *to get into a groove; to get stuck in a groove,* trovarsi su un binario; diventare schiavo delle abitudini.
to **groove** [gru:v] *vt* scanalare; solcare; incavare.
groovy ['gru:vi] *agg (dallo slang jazzistico: termine vago che esprime approvazione)* moderno; di moda; in voga; 'fantastico'; 'favoloso'.
to **grope** [group] *vt e i.* cercare a tastoni (a tentoni); andare tentoni; brancolare: *We groped our way along the dark passage,* Ci facemmo strada a tentoni lungo il corridoio buio — *to grope for (after) sth,* cercare qcsa a tastoni.
gropingly ['groupiŋli] *avv* brancolando; a tastoni (a tentoni).
[1]**gross** [grous] *s. (invariato al pl.)* grossa; dodici dozzine.
[2]**gross** [grous] *agg* **1** grossolano; volgare; rozzo; grezzo: *gross language,* linguaggio volgare — *gross food,* cibo grossolano — *a gross feeder,* un mangione; uno che ama cibi grossolani. **2** grosso; palese; grossolano; *(med.)* macroscopico: *It's a gross injustice,* È una grossa (palese) ingiustizia. **3** pingue; grasso; *(di vegetazione)* lussureggiante: *a gross man,* un grassone — *the gross vegetation of the tropical rainforest,* la vegetazione lussureggiante delle umide foreste tropicali. **4** *(comm.: di peso, entrate, ecc.)* complessivo; lordo; totale: *the gross amount,* l'ammontare complessivo — *his gross income,* le sue entrate lorde — *in the gross,* nel complesso; in blocco; nell'insieme; *(comm.)* all'ingrosso.
□ *avv* **grossly** **1** grossolanamente; volgarmente. **2** abbondantemente: *He is grossly overpaid,* È pagato e strapagato. **3** approssimativamente.
to **gross** [grous] *vt* avere un introito lordo (di); incassare: *His last film grossed five million pounds,* Il suo ultimo film incassò cinque milioni di sterline.
grossness ['grousnis] *s.* **1** grossolanità; volgarità. **2** enormità.
grot [grɔt] *s. (poet.)* grotta.
[1]**grotesque** [grou'tesk] *agg* **1** grottesco; assurdo; ridicolo; fantastico; stravagante; bizzarro. **2** *(arte)* grottesco. □ *avv* **grotesquely**.
[2]**grotesque** [grou'tesk] *s.* **1** figura grottesca *(p.es. mezzo uomo e mezzo animale, ecc.).* **2** *(arte)* il grottesco.
grotesqueness [grou'tesknis] *s.* bizzarria; stravaganza.
grotto ['grɔtou] *s.* (*pl.* **grottoes** *o* **grottos**) grotta.
grotty ['grɔti] *agg (GB, sl. studentesco degli anni 60)* brutto; inutile; squallido; schifoso; misero; stupido.
grouch [grautʃ] *s.* **1** malumore; brontolio. **2** brontolone; persona di cattivo umore.
to **grouch** [grautʃ] *vi* brontolare; lagnarsi; essere di cattivo umore.
grouchy ['grautʃi] *agg* musone; persona scontrosa.
[1]**ground** [graund] *s.* **1** terreno; terra; superficie della terra: *to lie on the ground,* stare disteso (essere, giacere) per terra — *to fall to the ground,* cadere a terra — *ground-to-air missiles,* missili terra-aria — *Our plans fell to the ground,* I nostri piani crollarono (andarono a monte, andarono in fumo) — *Our hopes were dashed to the ground,* Le nostre speranze si infransero — *above ground, (fig., scherz.)* vivo — *below*

ground, (fig., scherz.) morto e sepolto; sottoterra — *ground crew (staff), (in un aeroporto)* personale (per i servizi) a terra — *ground-starter,* congegno per decollare senza aiuto di personale a terra — *ground survey,* rilevamento (aereo) del suolo — *ground speed,* velocità *(di aereo)* relativa al suolo — *ground control,* controllo *(di traffico aereo)* da terra — *ground-wire,* corda d'ormeggio *(per aerei).*
2 *(fig.)* terreno; posizione; area; luogo; distanza: *to hold (to stand, to keep) one's ground,* star fermo; restare nelle proprie posizioni; non cedere; non mollare *(spec. fig.)* — *to shift one's ground,* cambiare soggetto, idea, argomento, ecc.; mutare la propria posizione — *to gain ground,* guadagnar terreno; far progressi; avanzare; progredire — *to give (to lose) ground,* perdere terreno; regredire; retrocedere — *to cover a lot of ground,* far molta strada; *(fig.)* trattare (spaziare su) molti argomenti — *We've covered a great deal of ground today, (letteralm.)* Abbiamo camminato moltissimo quest'oggi; *(fig.)* Abbiamo fatto molta strada (trattato molti argomenti, fatto un bel po' di lavoro) oggi — *The committee's report covers much new ground,* La relazione del comitato tratta molti argomenti nuovi — *to cut the ground from under sb's feet,* tagliare il terreno sotto i piedi a qcno; *(fig.)* strappargli le armi (gli argomenti, ecc.) di mano — *down to the ground, (fam.)* completamente; fino in fondo; del tutto; in tutti i sensi — *That will suit me down to the ground,* Ciò mi andrà bene fino in fondo — *common ground, (anche fig.)* terreno comune; azione o campo d'azione comune (con interessi convergenti) — *forbidden ground, (fig.)* argomento proibito.
3 suolo; terra; terreno: *to till the ground,* lavorare (coltivare) la terra — *The frost has made the ground hard,* Il gelo ha indurito il terreno — *to break fresh ground,* dissodare terreno vergine; *(fig.)* fare qcsa di nuovo; trattare per la prima volta nuovi argomenti; essere un pioniere o un innovatore.
4 campo; area destinata ad usi particolari: *a football ground,* un campo da football — *a sports ground,* un campo sportivo — *parade ground,* piazza d'armi — *recreation ground,* area o zona riservata agli svaghi — *play-ground,* area o campo di ricreazione *(in una scuola, ecc.)* — *hunting-ground,* zona di caccia — *fishing-ground,* zona di pesca.
5 *(sempre al pl.)* giardini; terreni; parco: *the grounds of Buckingham Palace,* il parco (i giardini) di Buckingham Palace — *The castle has extensive grounds,* Il castello è circondato da un vasto parco con giardini.
6 fondo *(di mare, fiumi, ecc.): ground-bait,* esca per la pesca sul fondo — *ground-fish,* pesce che vive sui fondali — *ground-fishing,* pesca senza galleggiante — *ground-mine,* mina da fondo — *to touch ground,* toccare il fondo *(di nave, ecc.); (fig.)* venire al sodo — *ground swell,* risacca; mare grosso — *ground tackle,* attrezzi, guarnitura delle ancore.
7 *(sempre al pl.)* fondi *(spec. di caffè);* feccia; sedimenti; deposito.
8 *(di quadro, ecc.)* fondo; sfondo; campo: *ground-colour,* colore di fondo; prima mano di vernice — *a design of red roses on a white ground,* un disegno di rose rosse su fondo bianco.
9 *(USA, elettr.)* terra; massa: *ground cable,* conduttore di terra — *ground-wire,* filo di terra.
10 *(spesso al pl.)* motivi; ragioni; argomenti; fondamento; causa: *He was excused on the ground(s) of his youth,* Fu scusato per via della sua giovane età — *I have good ground(s) for believing him,* Ho buoni motivi per credergli — *There is no ground for anxiety,* Non c'è alcun motivo di preoccuparsi — *I did it on personal grounds,* L'ho fatto per motivi personali — *You haven't much ground for complaint,* Non hai molte ragioni per lamentarti — *On what ground(s) do you suspect him?,* Su cosa basi i tuoi sospetti su di lui?
11 *(mus., ant.)* basso ostinato: *ground bass, (mus.)* basso fondamentale.
□ *ground floor, (GB)* pianterreno — *ground game,* selvaggina terrestre *(uccelli esclusi)* — *ground-nut,* arachide; pistacchio; nocciolina americana — *ground-ivy,* edera terrestre — *ground-plan,* pianta del pian terreno *(di un edificio);* planimetria — *ground-rent, (GB, dir.)* canone fondiario *(simile a quello enfiteutico);* affitto di terreno *(su cui si è costruito)* — ⇨ *anche* **groundsheet, groundsman, groundwork.**

to **ground** [graund] *vi (di nave)* arenarsi; incagliarsi; toccare il fondo: *Our ship grounded in shallow water,* La nostra nave si incagliò su un fondale basso.
□ *vt* **1** tenere a terra *(aerei, ecc.);* costringere a terra; ritirare il brevetto a (un pilota): *All aircraft at London Airport were grounded by fog yesterday,* Ieri all'areoporto di Londra tutti gli aerei furono costretti ad atterrare a causa della nebbia. **2** posare a terra: *(mil.) Ground arms!,* Pied'arm! **3** *(USA, elettr.)* mettere la 'terra'. **4** dare le prime nozioni; insegnare i primi elementi: *The teacher grounded his pupils in arithmetic,* L'insegnante diede agli allievi le prime nozioni di aritmetica — *well-grounded, (di teoria)* ben fondato; *(di persona)* ben preparato.

[2]**ground** [graund] *agg (pass. e p. pass. di* **to grind**) macinato; ridotto in polvere; smerigliato; arrotato; affilato: *ground coffee,* caffè macinato — *ground rice,* farina di riso — *ground glass,* vetro smerigliato.

groundhog ['graundhɔg] *s. (USA)* marmotta americana.

grounding ['graundiŋ] *s.* **1** *(di nave)* incagliamento; arenamento; impossibilità di decollare *(di aerei).* **2** *(USA, elettr.)* messa a terra (a massa). **3** *(di vernice, ecc.)* prima mano; fondo. **4** *(di conoscenza, ecc.)* fondamento; basi: *He has a good grounding in grammar,* Ha delle buone basi di grammatica.

groundless ['graundlis] *agg* privo di fondamento; infondato; ingiustificato.

groundling ['graundliŋ] *s.* **1** *(stor.)* spettatore di platea *(nei teatri elisabettiani).* **2** *(fig.)* spettatore; lettore dai gusti grossolani e plebei. **3** chi rimane a terra *(agli occhi di chi vola).*

groundsel ['graunsl] *s.* senecione.

groundsheet ['graundʃi:t] *s.* telone da campeggio (da stendersi per terra).

groundsman ['graundzmən] *s.* *(pl.* **groundsmen**; *talvolta* **groundman,** *pl.* **groundmen**) custode di campo sportivo.

groundwork ['graunwə:k] *s. (edilizia e fig.)* fondazione; fondamento; base.

group [gru:p] *s.* **1** gruppo; raggruppamento; complesso musicale; crocchio: *group-captain, (GB, nella 'Royal Air Force')* comandante di gruppo. **2** *(chim.)* radicale.

to **group** [gru:p] *vt e i.* raggruppare, raggrupparsi; radunare, radunarsi; unire; raccogliere insieme: *The children grouped (themselves) round their teacher,* I bambini si raggrupparono intorno all'insegnante.

groupie ['gru:pi] *s.* **1** *(GB) abbr* **fam** *di* **group-captain**

(⇨ **group 1**). **2** *(sl. anni 60)* ragazza 'tifosa' di un complesso 'pop'.

grouping ['gru:piŋ] *s.* **1** il raggruppare. **2** raggruppamento; gruppo.

[1]**grouse** [graus] *s. (invariato al pl.)* tetraone; gallo cedrone: *black grouse,* fagiano di monte — *red grouse,* pernice rossa; pernice di Scozia.

[2]**grouse** [graus] *s. (fam.)* **1** brontolio; borbottamento. **2** lamentela.

to **grouse** [graus] *vi (fam.)* brontolare; borbottare; mormorare; lamentarsi.

grove [grouv] *s.* **1** boschetto. **2** via *(nome dato a certe vie tranquille in zone residenziali).*

to **grovel** ['grɔvl] *vi* (**-ll-**; *USA anche* **-l-**) giacere proni; prosternarsi; strisciare per terra; *(fig.)* umiliarsi: *to grovel at the feet of a conqueror,* prosternarsi ai piedi di un conquistatore.

groveller ['grɔvlə*] *s.* leccapiedi; adulatore; essere strisciante; persona abbietta.

grovelling ['grɔvliŋ] *agg* strisciante; vile; abbietto; adulatore.

to **grow** [grou] *vt* (*pass.* **grew**; *p. pass.* **grown**) coltivare; far crescere; produrre: *to grow roses,* coltivare rose — *to grow a beard,* farsi crescere la barba.

☐ *vi* **1** crescere; fiorire; allignare; aumentare; svilupparsi; diventare grande: *Rice grows in warm climates,* Il riso cresce nei climi caldi — *She has decided to let her hair grow,* Ha deciso di farsi crescere i capelli.

2 diventare; divenire; farsi: *It's growing dark,* Si sta facendo buio — *to grow rich,* diventare ricco — *to grow old,* invecchiare — *to grow less,* diminuire.

to grow out of, - **a)** diventare troppo grande (per): *She grew out of her clothes,* Non stava più nei suoi vestiti — *to grow out of fashion,* passare di moda — *to grow out of a bad habit,* perdere una cattiva abitudine *(col tempo)* - **b)** avere origine da: *His troubles grew out of his bad temper,* I guai gli derivarono dal suo caratteraccio.

to grow up, crescere; farsi grande; diventare adulto; *(di piante, abitudini, ecc.)* spuntare; attecchire; prendere piede; diffondersi: *When the boys grow up...,* Quando i ragazzi saranno grandi... — *a grown-up son,* un figlio già grande — *For heaven's sake grow up!,* Comportati da persona adulta, per l'amor del cielo!

to grow upon (o on) sb, radicarsi; crescere *(di stima, amicizia, ecc.): a habit that grew upon me,* un'abitudine che ha messo radici in me.

grower ['grouə*] *s.* **1** coltivatore: *a fruit-grower,* un frutticoltore. **2** *(preceduto da un agg. che denota le caratteristiche della crescita)* pianta: *a free (rapid, slow) grower,* una pianta che cresce spontaneamente (rapidamente, lentamente).

growl [graul] *s.* ringhio; grugnito; brontolio; *(fig.)* borbottio; lamentela astiosa.

to **growl** [graul] *vi e t.* ringhiare *(di cane, ecc.);* grugnire; brontolare *(di tuono); (di persona)* brontolare; borbottare; mormorare; lamentarsi; dire brontolando: *The dog growled at me,* Il cane ringhiò contro di me — *We heard thunder growling in the distance,* Udimmo brontolare il tuono in lontananza — *He growled (out) his answer,* Rispose bofonchiando.

growler ['graulə*] *s.* **1** *(GB, ant.)* carrozza da nolo; carrozzella. **2** piccolo iceberg.

growlingly ['grauliŋli] *avv* con aria ringhiosa; ringhiando.

grown [groun] *p. pass di* **to grow**: *a grown man,* un uomo adulto.

grown-up ['grounʌp] *s. (fam., anche attrib.)* adulto.

growth [grouθ] *s.* **1** crescita; accrescimento; sviluppo *(anche economico): Childhood is a period of rapid growth,* La fanciullezza è un periodo di rapida crescita — *full growth,* pieno sviluppo — *a growth industry,* un'industria in pieno sviluppo *(o comunque giudicata pronta per il 'decollo').* **2** aumento; progresso: *the growth in prices,* l'aumento dei prezzi. **3** coltivazione; produzione. **4** qualcosa che cresce (che si è sviluppato); vegetazione: *a thick growth of weeds,* una fitta vegetazione di erbacce — *a three-days' growth of beard,* una barba di tre giorni. **5** *(patologia)* escrescenza; polipo; tumore; cancro.

groyne [grɔin] *s.* (*USA* **groin**) pennello; argine; barriera *(per impedire alla sabbia e alla ghiaia di venire spazzate via dal mare).*

grub [grʌb] *s.* **1** bruco; verme; larva di qualsiasi insetto. **2** *(fam.)* cibo; roba da mangiare: *Grub up, chaps!,* Il cibo è pronto, ragazzi!

to **grub** [grʌb] *vt e i.* (**-bb-**) **1** *(generalm. seguito da* up*)* zappare; scavare: *to grub up weeds,* zappar via le erbacce. **2** *(generalm. seguito da* about*)* grufolare: *The pigs were grubbing about among the bushes,* I maiali grufolavano tra i cespugli.

grubby ['grʌbi] *agg* **1** sudicio. **2** infestato dai vermi; verminoso.

grub-stake ['grʌbsteik] *s. (USA)* attrezzi e provviste forniti ad un cercatore d'oro in cambio di parte degli eventuali profitti.

to **grub-stake** ['grʌbsteik] *vt* fornire di attrezzi e provviste un cercatore d'oro.

grudge [grʌdʒ] *s.* risentimento; malanimo; rancore: *I bear him no grudge,* Non gli porto affatto rancore — *He has a grudge against me,* Nutre del risentimento nei miei confronti; *(fam.)* Ce l'ha con me. ☐ *grudge fight (game),* incontro sportivo (partita) animato da sentimenti di antipatia.

to **grudge** [grʌdʒ] *vt* **1** provare del risentimento; concedere a malincuore; permettere malvolentieri; lesinare: *His master grudged him even the food he ate,* Il suo padrone gli lesinava persino il cibo che mangiava — *I grudge paying so much for a bottle of wine,* Pago a malincuore un prezzo così alto per una bottiglia di vino. **2** invidiare: *I do not grudge him his success,* Non gli invidio il suo successo.

grudging ['grʌdʒiŋ] *agg* con malavoglia; con riluttanza: *They gave grudging approval to his plan,* Approvarono con riserva il suo progetto.
☐ *avv* **grudgingly.**

gruel [gruəl] *s.* brodaglia; zuppa d'avena.

gruelling ['gruəliŋ] *agg* faticoso; estenuante.
☐ *avv* **gruellingly.**

gruesome ['gru:səm] *agg* orripilante; raccapricciante; agghiacciante; macabro. ☐ *avv* **gruesomely.**

gruesomeness ['gru:səmnis] *s.* orrore; raccapriccio.

gruff [grʌf] *agg* **1** *(di persona)* burbero; arcigno. **2** *(di voce)* aspro; rauco. ☐ *avv* **gruffly.**

gruffness ['grʌfnis] *s.* rozzezza; asprezza.

grumble ['grʌmbl] *s.* brontolio; borbottio; lamentela; lagnanza: *That fellow is full of grumbles,* Quel tale brontola sempre (ha sempre da ridire su tutto).

to **grumble** ['grʌmbl] *vi e t.* **1** *(seguito da* at, over, about*)* brontolare; borbottare; lamentarsi; lagnarsi: *He's always grumbling about something,* Ha sempre qualcosa di cui lamentarsi; Brontola sempre — *He grumbled at the low pay offered to him,* Si lamentò della bassa paga che gli era stata offerta. **2** dire borbottando: *to grumble (out) a reply,* bofonchiare una risposta. **3** *(di cannone, tuono, ecc.)* brontolare; risuonare lontano; sentirsi in lontananza: *thunder grumbling in the distance,* il lontano brontolio del tuono. □ *a grumbling appendix, (med.)* un'appendice infiammata.

grumbler ['grʌmblə*] *s.* brontolone; borbottone; eterno malcontento.

grumpily ['grʌmpili] *avv* ⇨ **grumpy.**

grumpiness ['grʌmpinis] *s.* irritabilità; scontrosità.

grumpy ['grʌmpi] *agg* irritabile; scontroso. □ *avv* **grumpily.**

Grundyism ['grʌndiizəm] *s.* rigido conformismo, convenzionalismo; ipocrisia puritana *(nei costumi, vestiti, ecc.).*

grunt [grʌnt] *s.* grugnito; *(fig.)* bofonchiamento; borbottio; brontolio.

to **grunt** [grʌnt] *vi e t.* **1** grugnire *(spec. di porci).* **2** bofonchiare; borbottare: *to grunt (out) an answer,* bofonchiare una risposta.

gryphon ['grifən] *s.* ⇨ **griffin.**

guano ['gwɑ:nou] *s.* guano.

guarantee [,gærən'ti:] *s.* **1** garanzia; mallevadoria; avallo; somma o cosa offerta come garanzia; cauzione; pegno: *I can offer my house and land as a guarantee,* A garanzia posso offrire la mia casa e il terreno — *guarantee fund,* fondo di garanzia; cauzione. **2** *(di persona)* garante; mallevadore; avallante: *to be guarantee for a friend's good behaviour,* rendersi garante della buona condotta di un amico — *If I try to borrow a thousand pounds from the bank, will you be my guarantee?,* Se cerco di farmi imprestare mille sterline dalla banca, mi farai il piacere di garantire per me?

to **guarantee** [,gærən'ti:] *vt* **1** garantire; dare delle garanzie; farsi garante; avallare: *to guarantee sb's debts,* rendersi garante per i debiti di qcno — *guaranteed for six months,* garantito per sei mesi — *We can't guarantee our workers regular employment,* Non possiamo garantire un lavoro regolare ai nostri operai. **2** promettere; assicurare *(ma senza obblighi di natura legale): He guaranteed satisfaction to everybody,* Promise che avrebbe soddisfatto tutti.

guarantor [,gærən'tɔ:*] *s. (dir.)* garante; avallante; mallevadore.

guaranty ['gærənti] *s. (dir.)* garanzia; pegno.

guard [gɑ:d] *s.* **1** guardia; custodia; vigilanza; tutela; posizione di guardia *(nel pugilato, ecc.): to be on guard,* stare in guardia; essere di guardia — *to mount guard,* montare la guardia — *to relieve guard,* dare il cambio al corpo di guardia — *to change the guard,* cambiare la guardia — *to stand guard,* essere di guardia — *to be on (off) one's guard,* stare in guardia (essere preso alla sprovvista) — *Be on your guard against pickpockets,* Guardati dai borsaiuoli — *He struck me while I was off my guard,* Mi ha colpito cogliendomi alla sprovvista. **2** guardia (di palazzo); guardia reale; guardia d'onore: *the Royal Horse Guards, (GB)* le Guardie Reali a cavallo — *to inspect a guard of honour,* passare in rivista una guardia d'onore. **3** secondino; guardiano. **4** *(GB)* capotreno; *(stor.)* conduttore *(di diligenza postale).* **5** riparo; protezione: *the guard of a sword,* guardamano; guardia (di una spada) — *fire-guard,* parafuoco *(del caminetto).*

□ *guard-boat,* battello o lancia di rotta — *guard-house, (mil.)* guardina; corpo di guardia; posto di polizia — *guard-rail,* ringhiera di protezione — *guard-room, (mil.)* posto di guardia; cella di soldati sotto controllo — *guard-ship, (nave)* guardaporto; motovedetta.

to **guard** [gɑ:d] *vt e i.* **1** proteggere; custodire; difendere; sorvegliare; far la guardia: *to guard a camp,* fare (montare) la guardia a un accampamento — *to guard one's reputation,* proteggere la propria reputazione. **2** *(seguito da* against*)* guardarsi (da); stare in guardia; premunirsi; difendersi (contro qcsa): *to guard against disease,* guardarsi dalle malattie.

guarded ['gɑ:did] *agg* cauto; prudente; guardingo; riservato. □ *avv* **guardedly.**

guardian ['gɑ:djən] *s.* **1** custode; guardiano; difensore; protettore: *guardian angel,* angelo custode, protettore. **2** *(dir.)* tutore; curatore: *signature of parent or guardian,* firma del padre o di chi ne fa le veci — *guardians of the poor, (stor., GB)* gl'incaricati del Comitato di Pubblica Assistenza. **3** *(di convento)* padre guardiano; superiore.

guardianship ['gɑ:djənʃip] *s.* difesa; protezione; *(dir.)* tutela; autorità tutoria; curatela.

guardsman ['gɑ:dzmən] *s.* (*pl.* **guardsmen**) *(GB, mil.)* soldato o ufficiale delle Guardie Reali.

guava ['gwɑ:və] *s.* guava *(la pianta e il frutto).*

gudgeon ['gʌdʒən] *s.* **1** ghiozzo. **2** *(fig.)* credulone. **3** perno: *gudgeon pin,* spinotto.

guelder rose ['geldə'rouz] *s.* pallone di maggio.

guerdon ['gə:dən] *s. (poet.)* guiderdone; ricompensa.

guerrilla [gə'rilə] *s.* **1** *(quasi sempre seguito da* war *o* warfare*)* guerriglia: *guerrilla strike,* sciopero non appoggiato dal sindacato. **2** guerrigliero.

guess [ges] *s.* congettura; supposizione; ipotesi: *to make a guess,* fare una congettura; azzardare un'ipotesi — *to make a good guess,* azzeccare giusto; cogliere nel segno — *It's anybody's guess,* Nessuno lo sa con certezza — *at a guess,* tirando ad indovinare — *That's a good guess, (fam.)* Hai indovinato, bravo — *guess-work,* congettura; supposizione; conclusione basata su congetture — *Your guess is as good as mine,* La tua supposizione vale la mia.

to **guess** [ges] *vt e i.* congetturare; formarsi un'opinione; calcolare in modo approssimato; indovinare; supporre; ritenere; credere: *Can you guess my weight?,* Riesci a indovinare quanto peso? — *I should guess his age at fifty; I should guess him to be fifty,* Direi che ha cinquant'anni — *Guess what I'm thinking,* Indovina cosa sto pensando — *You've guessed right (wrong),* Hai indovinato (Non hai indovinato; Hai sbagliato) — *I guess, (USA)* Direi; Suppongo — *It's O.K., I guess,* Va bene, direi — *I guess it's going to rain,* Penso che pioverà — *I guess so,* Penso di sì; Direi di sì.

guest [gest] *s.* **1** ospite; invitato: *We are expecting guests to dinner,* Aspettiamo ospiti a pranzo — *guest-chamber; guest-room,* camera degli ospiti — *guest-night,* serata in cui i soci di un club ecc. possono portare degli ospiti — *wedding-guest,* invitato a nozze. **2** cliente *(di albergo);* pensionante: *guest-house,* pensione; locanda — *paying guest,* pensionante; dozzinante. **3** *(biol.)* parassita. □ *(USA, fam.) Be my guest!,* Non fare complimenti!

guff [gʌf] *s. (fam.)* parole vane; fumo.

guffaw [gʌ'fɔ:] *s.* risata fragorosa.

to **guffaw** [gʌ'fɔ:] *vi* ridere fragorosamente.

guidance ['gaidəns] *s.* **1** guida; istruzione. **2** indicazione: *For your guidance, we are enclosing a copy of our price list,* A titolo indicativo, vi rimettiamo il nostro listino prezzi.

guide [gaid] *s.* **1** guida *(vari sensi);* conduttore; 'cicerone'. **2** guida; norma; regola: *Instinct is not always a good guide,* Non sempre l'istinto è una buona guida. **3** guida (*anche* guidebook) manuale: *a Guide to the British Museum,* una Guida del Museo Britannico — *a Guide to Italy,* una Guida dell'Italia — *a Guide to*

Poultry Keeping, un Manuale di pollicultura. **4** *(mecc.)* guida di scorrimento; barra metallica; corrimano. **5** *(GB) Girl Guide,* guida; giovane esploratrice.

to **guide** [gaid] *vt* guidare; fare da guida: *to guide sb to a place,* guidare (portare) qcno in un luogo — *to guide sb in (out),* far strada a qcno entrando (uscendo) — *You must be guided by common sense,* Devi lasciarti guidare dal buonsenso — *guided missiles,* missili telecomandati, teleguidati.

guidebook ['gaidbuk] *s.* guida turistica.

guideless ['gaidlis] *agg* senza guida.

guild [gild] *s.* (*ant.* **gild**) gilda *(associazione di mercanti o artigiani dell'epoca medioevale);* corporazione; consociazione; consorzio: *Guild-hall,* sede di una o più gilde; palazzo delle corporazioni — *the Guildhall, (a Londra)* il Palazzo delle Corporazioni *(ora adibito a Palazzo Municipale)* — *guild socialism,* socialismo corporativo.

guilder ['gildə*] *s. (stor.)* 'gulden' *(fiorino, spec. olandese).*

guile [gail] *s.* frode; dolo; astuzia: *a man full of guile,* un uomo pieno di astuzia — *to get sth by guile,* ottenere qcsa con la frode.

guileful ['gailful] *agg* astuto; subdolo. □ *avv* **guilefully.**

guileless ['gaillis] *agg* candido; innocente; ingenuo; privo di frode. □ *avv* **guilelessly.**

guilelessness ['gaillisnis] *s.* sincerità; franchezza; innocenza; candore.

guillemot ['gilimɔt] *s.* uria.

guillotine [,gilə'ti:n] *s.* **1** ghigliottina. **2** *(GB)* 'ghigliottina' *(procedura parlamentare per prevenire l'ostruzionismo fissando anticipatamente i tempi della votazione): to apply the guillotine,* fare ricorso alla 'ghigliottina'. **3** *(cartotecnica)* trancia; tagliacarte.

to **guillotine** [,gilə'ti:n] *vt* ghigliottinare.

guilt [gilt] *s.* colpa; colpevolezza.

guiltily ['giltili] *avv* ⇨ **guilty.**

guiltiness ['giltinis] *s.* colpevolezza.

guiltless ['giltlis] *agg* **1** innocente; senza colpa. **2** ignaro; privo di esperienza: *guiltless of Greek,* digiuno di greco — *to be guiltless of soap, (scherz.)* avere poca familiarità con il sapone.

guilty ['gilti] *agg* **1** colpevole; reo: *to plead guilty to a crime,* dichiararsi colpevole di un crimine *(in tribunale)* — *not guilty,* innocente. **2** tormentato; colpevole; pieno di rimorso: *a guilty look,* un'aria colpevole — *to have a guilty conscience,* avere la coscienza sporca. □ *avv* **guiltily.**

[1]**guinea** ['gini] *s. (GB)* ghinea *(in passato moneta d'oro; poi unità di conto pari a 21 scellini, usata fino al 1971 per onorari, beneficenze, premi, nei prezzi degli articoli di lusso, ecc.).*

[2]**guinea** ['gini] *s. e agg (USA, sl.)* italo-americano.

guinea-fowl ['ginifaul] *s.* gallina faraona.

guinea-pig ['ginipig] *s.* **1** porcellino d'India; cavia *(anche fig.).* **2** *(fig.)* chi veniva pagato in ghinee *(spec. un consigliere d'amministrazione il quale non fa nulla).*

guise [gaiz] *s.* **1** *(ant.)* stile; foggia; guisa: *in the guise of a monk,* in abito di monaco. **2** aspetto; parvenza; maschera; finzione: *in (o under) the guise of friendship,* sotto la maschera dell'amicizia.

guitar [gi'tɑ:*] *s.* chitarra.

gulch [gʌlʃ] *s. (USA)* burrone; valle stretta *(spec. se aurifera).*

gulden ['guldən] *s.* unità monetaria olandese.

gules [gju:lz] *s. e agg attrib (araldica)* (color) rosso.

gulf [gʌlf] *s.* **1** golfo: *the Gulf Stream,* la corrente del Golfo. **2** vortice; precipizio; abisso *(anche fig.).*

[1]**gull** [gʌl] *s.* gabbiano.

[2]**gull** [gʌl] *s.* credulone; sempliciotto; tonto.

to **gull** [gʌl] *vt* gabbare; truffare; ingannare.

gullet ['gʌlit] *s.* gola; esofago.

gullibility [,gʌli'biliti] *s.* credulità; ingenuità totale *(che rasenta la stupidità).*

gullible ['gʌlibl] *agg* facilmente ingannabile; tonto; ingenuo.

gully ['gʌli] *s.* **1** burrone; gola; canalone. **2** condotto di scolo.

gulp [gʌlp] *s.* boccone; boccata; sorso: *to empty a glass at one gulp,* vuotare un bicchiere d'un fiato (in un sorso).

to **gulp** [gʌlp] *vt e i.* **1** *(spesso seguito da* down*)* inghiottire; trangugiare; tracannare; mandare giù *(di cibi e bevande): to gulp down a glass of wine,* tracannare un bicchiere di vino. **2** trattenere; soffocare: *to gulp down one's sobs,* soffocare i propri singhiozzi.

[1]**gum** [gʌm] *s.* gengiva: *gum-boil,* ascesso alla gengiva.

[2]**gum** [gʌm] *s.* gomma; resina gommosa *(di alcune piante);* cispa *(delle palpebre);* gelatina; colla: *gum boots,* stivali alti di gomma — *chewing-gum,* gomma da masticare — *gum-drop,* caramellina gommosa; pasticca — *gum-tree,* albero della gomma; eucalipto. □ *to be up a gum-tree, (fam.)* trovarsi nei pasticci.

to **gum** [gʌm] *vt* (**-mm-**) ingommare; incollare; appiccicare: *to gum sth down,* incollare qcsa — *to gum two things together,* incollare due cose assieme. □ *to gum up the works, (fam.)* mandare tutto a monte.

[3]**gum** [gʌm/*dial.* gum] *s. (GB settentrionale)* Dio *(nelle imprecazioni, ecc.): By gum!,* Perdio!

gum(-)boil ['gʌmbɔil] *s.* ascesso alla gengiva.

gummy ['gʌmi] *agg* (**-ier**; **-iest**) **1** gommoso; attaccaticcio; appiccicaticcio. **2** *(di caviglie, ecc.)* gonfio; grosso.

gumption ['gʌmpʃən] *s. (fam.)* buon senso; spirito d'iniziativa; spirito pratico; intraprendenza: *The lad lacks gumption,* Il ragazzo manca di spirito d'iniziativa.

to **gumshoe** ['gʌmʃu:] *vi (USA, fam.)* muoversi con passo felpato.

gun [gʌn] *s.* **1** arma (bocca) da fuoco; schioppo; carabina; moschetto; fucile; pistola; rivoltella; pezzo; cannone: *gun-carriage,* affusto di cannone — *gun-cotton,* fulmicotone; cotone fulminante — *gun-fodder,* carne da cannone — *gun-room,* - **a)** quadrato dei subalterni *(naut.)* - **b)** sala d'armi; armeria — *air-gun,* fucile ad aria compressa — *machine-gun,* mitraglia; mitragliatrice — *spray gun,* pistola per verniciatura a spruzzo. **2** *(fam.) big gun,* alto ufficiale; 'pezzo grosso'; persona importante. **3** cacciatore *(come partecipante ad una battuta).* **4** *(USA, fam.)* 'killer'; sicario.

□ *as sure as a gun,* arcisicuro; senza il minimo dubbio; com'è vero Iddio — *son of a gun, (fam., spec. USA)* farabutto; briccone — *to blow big guns,* soffiare con violenza *(del vento)* — *to stick (to stand) to one's guns,* mantenere le posizioni; tener duro — *to spike sb's guns,* inchiodare i cannoni a qcno; frustarne i piani; batterlo — ⇨ *anche* **gunboat, gunfire, gunman, gunpowder,** *ecc.*

to **gun** [gʌn] *vt* (**-nn-**) **1** *(generalm. seguito da* down*)* abbattere o uccidere con la pistola. **2** *to be gunning for sb,* cercare qcno per ucciderlo.

gunboat ['gʌnbout] *s.* cannoniera.

gunfire ['gʌnfaiə*] *s.* sparo; tiro; cannoneggiamento.

gunlayer ['gʌnleiə*] *s. (naut., mil.)* puntatore.

gunman ['gʌnmən] *s.* (*pl.* **gunmen**) bandito; gangster; pistolero.
gunmetal ['gʌn,metl] *s.* *(stor.)* bronzo duro *(lega usata un tempo per fare cannoni).* □ *agg* di bronzo duro; del colore (grigio metallico) del bronzo duro.
gunner ['gʌnə*] *s.* artigliere; ufficiale d'artiglieria; *(nella marina)* cannoniere.
gunnery ['gʌnəri] *s.* artiglieria; fuoco di artiglieria.
gunny ['gʌni] *s.* tela di juta.
gunplay ['gʌnplei] *s.* scambio di spari *(p.es. fra polizia e malviventi, tra 'gangs' rivali, ecc.).*
gunpowder ['gʌn,paudə*] *s.* polvere da sparo: *the Gunpowder Plot, (stor. inglese)* la Congiura delle Polveri *(4-5 novembre 1605).*
gunrunner ['gʌnrʌnə*] *s.* trafficante d'armi.
gunrunning ['gʌnrʌniŋ] *s.* commercio (contrabbando, traffico) d'armi.
gunshot ['gʌnʃɔt] *s.* colpo di arma da fuoco: *a gunshot wound,* una ferita da arma da fuoco.
gunsmith ['gʌnsmiθ] *s.* armaiolo.
gunwale ['gʌnl] *s.* *(naut.)* falchetta; capo di banda.
gurgle ['gə:gl] *s.* gorgoglio; mormorio: *gurgles of delight,* gorgoglii di piacere.
to **gurgle** ['gə:gl] *vi* **1** gorgogliare. **2** farfugliare: *The baby was gurgling happily,* Il bambino farfugliava beato.
Gurkha ['guəkə] *s.* 'Gurkha' *(indù appartenente alla razza di Rajput del Nepal);* soldato mercenario del Nepal.
guru ['guru:] *s.* *(in India)* maestro; guida spirituale.
gush [gʌʃ] *s.* fiotto; getto; *(fig.)* effusione; torrente *(di parole, lacrime, ecc.).*
to **gush** [gʌʃ] *vi* **1** sgorgare; scaturire; uscire a fiotti: *The oil was gushing from a new well,* Il petrolio scaturiva da un nuovo pozzo — *blood gushed from a wound,* sangue uscito a fiotti da una ferita. **2** parlare con (troppo) entusiasmo; effondersi; entusiasmarsi moltissimo: *Young mothers often gush over their babies,* Le giovani madri spesso parlano con eccessivo entusiasmo dei loro bimbi.
gusher ['gʌʃə*] *s.* **1** pozzo di petrolio ad eruzione spontanea. **2** *(fam.)* persona espansiva (troppo facile agli entusiasmi).
gushing ['gʌʃiŋ] *agg* **1** sgorgante; zampillante. **2** *(fig.)* ribollente; esuberante; entusiasta; espansivo; caloroso: *gushing compliments,* complimenti calorosi. □ *avv* **gushingly.**
gushy ['gʌʃi] *agg* espansivo; sentimentale; che si entusiasma facilmente.
gusset ['gʌsit] *s.* **1** gherone. **2** pezzo di stoffa triangolare *(di rinforzo, per allargare un indumento, ecc.)*
gust [gʌst] *s.* **1** raffica *(di vento, pioggia, grandine);* scoppio d'incendio; sbuffo di fumo: *The wind was blowing in gusts,* Il vento soffiava a raffiche. **2** *(fig.)* scoppio; vampata *(di passione, ira, ecc.).*
gustation [gʌs'teiʃən] *s.* degustazione.
gustily ['gʌstili] *avv (di vento)* a raffiche.
gusto ['gʌstou] *s.* gusto; piacere; fervore.
gusty ['gʌsti] *agg* burrascoso; a raffiche *(di vento).*
gut [gʌt] *s.* **1** *(anat.)* intestino; *(al pl.)* budella; intestini; interiora: *I hate his guts, (fam.)* Lo odio di tutto cuore. **2** *(fig., al pl.)* coraggio; fegato; decisione; risolutezza; forza di carattere; sostanza; contenuto; succo: *a man with plenty of guts,* un uomo di fegato — *His speech had no guts in it,* Il suo discorso era privo di sostanza. **3** *(senza pl.)* corda di minugia *(per violini, ecc.).* □ *agg attrib* viscerale *(fig.): a gut reaction,* una reazione viscerale.
to **gut** [gʌt] *vt* (**-tt-**) **1** sbudellare; sventrare; pulire *(per cuocere).* **2** *(fig.)* sventrare; distruggere; rovinare completamente: *a building gutted by fire,* un edificio sventrato dal fuoco.
gutless ['gʌtlis] *agg (fam.)* pauroso; senza fegato; indeciso.
guttapercha ['gʌtə'pə:tʃə] *s.* guttaperca.
gutter ['gʌtə*] *s.* **1** grondaia *(di casa);* cunetta; rigagnolo; fossetta di scolo *(nelle strade).* **2** *(fig.)* strada; fango; fogna; trivio: *language of the gutter,* linguaggio da trivio — *to take a child out of the gutter,* togliere un bambino dalla strada — ⇨ *anche* **guttersnipe.**
to **gutter** ['gʌtə*] *vi (di candela)* colare; sgocciolare.
guttersnipe ['gʌtəsnaip] *s.* scugnizzo; birichino; monello; ragazzo di strada.
guttural ['gʌtərəl] *agg* gutturale.
guv, guv'nor [gʌv/'gʌvnə*] *s.* *(GB) abbr fam di* **governor 3.**
[1]**guy** [gai] *s.* corda o catena di fissaggio; *(naut.)* bozza.
[2]**guy** [gai] *s.* **1** fantoccio; pupazzo *(spec. il fantoccio rappresentante Guy Fawkes, il capo della Congiura delle Polveri, che si brucia tradizionalmente in Inghilterra il 5 novembre).* **2** *(fig.)* spauracchio; spaventapasseri; persona vestita in modo bizzarro. **3** *(USA)* uomo; individuo; un tizio; un tale: *He's a real fine guy,* È un tipo veramente bravo — *Say there, you guys!,* Ehi, ragazzi!
to **guy** [gai] *vt* **1** canzonare; beffeggiare; mettere in ridicolo; prendere in giro. **2** mostrare in effigie.
to **guzzle** ['gʌzl] *vi e t.* gozzovigliare.
guzzler ['gʌzlə*] *s.* crapulone.
gym [dʒim] *s.* **1** (*abbr. di* **gymnasium**) palestra. **2** (*abbr. di* **gymnastics**) ginnastica: *gym-shoes,* scarpe da ginnastica — *gym-slip, (GB)* specie di divisa scolastica femminile — *gym-teacher,* insegnante di ginnastica.
gymkhana [dʒim'kɑ:nə] *s.* 'gymkhana'; manifestazione ippica.
gymnasium [dʒim'neizjəm] *s.* palestra.
gymnast ['dʒimnæst] *s.* ginnasta.
gymnastic [dʒim'næstik] *agg* ginnastico; ginnico.
gymnastics [dʒim'næstiks] *s. pl* ginnastica; esercizi ginnici: *mental gymnastics,* ginnastica mentale.
gynaecological [,gainikə'lɔdʒikəl] *agg* ginecologico.
gynaecologist [,gaini'kɔlədʒist] *s.* ginecologo.
gynaecology [,gaini'kɔlədʒi] *s.* ginecologia.
[1]**gyp** [dʒip] *s.* *(GB, nei collegi universitari di Cambridge e di Durham)* domestico.
[2]**gyp** [dʒip] *s.* *(GB, sl., nelle espressioni) to give sb (the) gyp,* rimproverare, punire severamente o far male a qcno: *This tooth is giving me (the) gyp,* Questo dente mi fa un male cane.
to **gyp** [dʒip] *vt* truffare; fregare *(fam.).*
gypsum ['dʒipsəm] *s.* gesso *(idrato);* pietra di gesso.
gypsy ['dʒipsi] *s.* ⇨ **gipsy.**
to **gyrate** [,dʒaiə'reit] *vi* girare a cerchi o spirali; roteare.
gyration [,dʒaiə'reiʃən] *s.* giramento; roteazione; rivoluzione.
gyroscope ['dʒaiərəskoup] *s.* (*fam.* **gyro**) **1** giroscopio. **2** girobussola.
gyroscopic [,dʒaiərə'skɔpik] *agg* giroscopico.
gyves [dʒaivz] *s. pl (ant.)* ceppi; catene; ferri.

H

H, h [eitʃ] (*pl.* **H's, h's**) H, h *(ottava lettera dell'alfabeto inglese): to drop one's h's,* non pronunciare le h *(spec. quelle all'inizio di parola)* — *H for Harry, (al telefono, ecc.)* h come hotel. □ *H-bomb,* bomba H; bomba all'idrogeno.

ha [hɑ:] **1** *interiezione (di sorpresa, gioia, trionfo, sospetto)* Ah! **2** *Ha! Ha! Ha!, (risata)* Ah! Ah! Ah! □ ⇨ *anche* **ha-ha.**

habeas corpus ['heibjəs 'kɔ:pəs] *s. (lat.: dir.)* 'habeas corpus'; mandato di comparizione.

haberdasher ['hæbədæʃə*] *s.* merciaio, merciaia; *(USA)* venditore di articoli di moda maschile.

haberdashery ['hæbədæʃəri] *s.* **1** mercerie. **2** merceria; *(USA)* negozio per articoli di vestiario e di moda maschili.

habiliments [hə'bilimənts] *s. pl (ant.)* **1** abiti *(da cerimonia);* paludamenti d'occasione; paramenti. **2** *(scherz.)* vestiti.

habit ['hæbit] *s.* **1** usanza; consuetudine; costumanza; abitudine; vezzo: *the habit of smoking,* l'abitudine di fumare — *to be in the habit of getting up late,* avere l'abitudine di alzarsi tardi — *to fall (to get) into a bad habit,* prendere una cattiva abitudine — *to get out of a habit,* perdere un'abitudine — *to do sth from force of habit (out of habit),* fare qcsa per forza d'abitudine (per semplice abitudine). **2** *(lett.)* condizione *(della mente e del corpo);* costituzione; disposizione; temperamento: *a cheerful habit of mind,* un carattere gioviale. **3** abito; tonaca; saio: *a monk's habit,* una tonaca da frate — *a riding habit,* un completo (un vestito) da amazzone. □ *habit-forming, (agg.)* che dà origine ad assuefazione *(detto soprattutto di sonniferi, tranquillanti, ecc.).*

habitable ['hæbitəbl] *agg* abitabile.

habitat ['hæbitæt] *s.* **1** habitat; ambiente naturale. **2** *(talvolta)* domicilio; residenza.

habitation [,hæbi'teiʃən] *s.* **1** abitazione: *to be unfit for human habitation,* essere inadatto all'abitazione. **2** *(lett.)* dimora.

habitual [hə'bitjuəl] *agg* **1** consueto; abituale; solito; usuale: *He took his habitual seat at the dining-table,* Prese il suo solito posto a tavola. **2** incallito; accanito; impenitente; abituale: *a habitual liar,* un bugiardo incallito. □ *avv* **habitually.**

to **habituate** [hə'bitjueit] *vt (non molto comune)* abituare, abituarsi; assuefarsi: *to habituate oneself to hard work,* abituarsi a lavorar sodo.

habitude ['hæbitju:d] *s. (non molto comune)* usanza; abitudine; consuetudine.

habitué [hə'bitjuei] *s. (fr.)* frequentatore abituale *(di un locale, ecc.).*

hacienda [,hæsi'endə] *s. (nei paesi latino-americani)* fattoria; casa di campagna.

[1]**hack** [hæk] *s. (sport)* colpo *(spec. un calcio nello stinco).*

[1]to **hack** [hæk] *vt* dare un calcio nello stinco.

[2]**hack** [hæk] *s.* **1** cavallo da nolo; cavallo da tiro. **2** scribacchino; mezzemaniche; 'travet': *publishers' hacks,* scribacchini dell'editoria. □ *a hack journalist,* un giornalista di routine.

[2]to **hack** [hæk] *vt e i.* **1** fare delle passeggiate a cavallo. **2** *(ant.)* assoggettare (qcno) ad un lavoro pesante e mal retribuito; far portare la soma. **3** rendere trito, banale.

[3]to **hack** [hæk] *vt e i.* **1** tagliare grossolanamente; fare a pezzi; tranciare; squartare; straziare. **2** incidere; dare dei fendenti: *They hacked their way through the undergrowth,* Si aprirono un varco nella boscaglia a colpi di coltello. □ *a hacking cough,* una tossetta secca (che squassa il petto).

hackle ['hækl] *s.* **1** pettine per lino. **2** *(usato solo al pl.)* penne del collo *(di gallo, piccione): He's got his hackles up, (fig., di cane e dell'uomo)* Sta rizzando le penne; È furente — *to get sb's hackles up,* provocare, far arrabbiare qcno. **3** *(pesca)* mosca artificiale.

hackney ['hækni] *s.* cavallo da nolo; ronzino; *(fig.)* persona pagata per eseguire un lavoro ingrato. □ *hackney carriage; hackney coach,* carrozza (vettura) da nolo.

hackneyed ['hæknid] *agg (spec. di parole, di melodie)* trito; troppo usato; comune; vieto.

hacksaw ['hæksɔ:] *s.* seghetto a mano per metallo.

had [hæd] *pass e p. pass di* **to have.**

haddock ['hædək] *s.* aglefino *(varietà di merluzzo).*

hadn't ['hædnt] *contraz di* had not: *He hadn't any money,* Non aveva denaro — *They hadn't been there before,* Non c'erano mai stati.

hadst [hædst] *(ant.)* 2ª *persona sing del pass di* **to have**: *thou hadst,* tu avevi (hai avuto, avesti).

haematite ['hemətait] *s.* ematite.

haemoglobin [,hi:mou'gloubin] *s.* emoglobina.

haemophilia [,hi:mou'filjə] *s.* emofilia.

haemophiliac ['hi:mou'filjæk] *s. (talvolta attrib.)* emofiliaco.

haemorrhage ['heməridʒ] *s.* emorragia.

haemorrhoids ['hemərɔidz] *s. pl* emorroidi.

haft [hɑ:ft] *s.* manico; impugnatura *(di coltello, ascia, pugnale, ecc.).*

hag [hæg] *s.* megera; vecchiaccia; strega: *hag-ridden,* - **a)** tormentato da incubi - **b)** tormentato dalla moglie.

haggard ['hægəd] *agg* **1** stralunato; spiritato; sparuto; macilento; disfatto *(per malattia, ecc.): a haggard look,* un aspetto sciupato, stravolto. **2** selvaggio; non addomesticato *(di falco da caccia).* □ *avv* **haggardly.**

haggardness ['hægədnis] *s.* sparutezza; aspetto stanco e smarrito.

haggis ['hægis] *s. (scozzese)* guazzetto di frattaglie *(di pecora, cotte con farina di avena nello stomaco dell'animale).*

to **haggle** ['hægl] *vi* **1** discutere; disputare. **2** mercanteggiare; stiracchiare sul prezzo: *to haggle with sb for (over, about) sth,* discutere, mercanteggiare con qcno su qcsa.

hagiographer [,hægi'ɔgrəfə*] *s.* agiografo.

hagiographic [,hægiɔ'græfik] *agg* agiografico.

hagiography [,hægi'ɔgrəfi] *s.* agiografia.

hagiology [,hægi'ɔlədʒi] *s.* agiologia.

ha-ha, haha [hɑ:'hɑ:] *s. (ant.)* muro *(di parco, giardino);* steccato *(costruito entro un fossato di cinta per non impedire la vista).*

[1]**hail** [heil] *s.* **1** grandine: *hail-stone,* chicco di grandine — *hail-stones as big as eggs,* chicchi di grandine grossi come uova — *hail-storm,* grandinata; tempesta di grandine. **2** *(generalm. con l'art. indeterminativo)* grandinata; gragnola: *a hail of blows (of curses),* una gragnuola di colpi (di imprecazioni).

[1]to **hail** [heil] *vi e t.* **1** *(usato impersonalmente)* grandinare: *It hailed during the morning,* Grandinò nella mattinata. **2** rovesciare, scagliare, lanciare ripetutamente e fittamente come grandine; tempestare: *They hailed curses on us,* Ci tempestarono di imprecazioni.

[2]**hail** [heil] *s.* saluto; grido (voce) di saluto; *(lett.)* ave!: *within hail, (spec. di navi)* a portata di voce. □ *hail-fellow-well-met, (espressione aggettivale)* esageratamente cordiale.

[2]to **hail** [heil] *vt e i.* **1** salutare; osannare; acclamare: *They hailed him (as) king,* Lo acclamarono re — *He was hailed as a hero,* Fu acclamato come un eroe. **2** *to hail from,* venire; provenire; essere originario di: *Where does that ship hail from?,* Da dove proviene quella nave? — *They hail from all parts of the country,* Provengono da ogni parte del paese. **3** chiamare a distanza *(generalm. naut.).*

hailstone ['heilstoun] *s.* ⇨ [1]**hail 1.**

hailstorm ['heilstɔ:m] *s.* ⇨ [1]**hail 1.**

hair [hɛə*] *s.* **1** capello; pelo: *He found a hair in the soup,* Trovò un capello nella minestra — *two grey hairs,* due capelli grigi — *hair-shirt,* camicia di crine; cilicio — *to split hairs,* spaccare un capello in quattro; cercare il pelo nell'uovo; andare per il sottile — *hair-splitting,* pedanteria; meticolosità; pignoleria; *(agg.)* meticoloso; pedante — *It will bring down my grey hairs in sorrow to the grave,* Questo mi farà morire di dolore. **2** *(collettivo)* capelli; capigliatura; chioma; crine; pelo *(di animale, di certe piante): to brush one's hair,* spazzolarsi i capelli — *to have one's hair cut; to have a hair-cut,* farsi tagliare i capelli — *a cat with a fine coat of hair,* un gatto con un bel pelo (manto) — *to lose one's hair,* perdere i capelli; divenire calvo; *(fam.)* perdere la testa — *to make sb's hair stand on end,* far rizzare i capelli a qcno *(per lo spavento)* — *to put her hair up, (di ragazza)* pettinarsi all'insù; tirarsi su i capelli — *to let one's hair down,* lasciare i capelli sciolti; *(fam.)* lasciarsi un po' andare *(dopo un periodo di tensione);* distendersi — *hair-do, (fam.)* acconciatura; pettinatura *(di donna)* — *hair drier (dryer),* asciugacapelli; 'phon' — *hair-grip (-slide),* molletta (forcella) per capelli — *hair-net,* reticella per capelli — *hair-remover,* depilatore — *hair-restorer,* rigeneratore per capelli — *hair-saloon, (USA)* (negozio di) parrucchiere — *hair-oil,* brillantina; unguento per capelli — *hair-line,* linea dello scalpo, del cuoio capelluto *(ma ⇨ anche sotto).*
□ *to have a hair of the dog that bit one, (letteralm.)* ingoiare un pelo del cane che ci ha morso *(cioè, bere un bicchierino di alcool per eliminare le conseguenze di una ubriacatura)* — *Keep your hair on!, (fam.)* Calma!; Non perdere la testa! — *to get sb by the short hairs,* prendere qcno per il collo; dominarlo completamente — *to a hair,* esattamente; perfettamente — *against the hair,* contro pelo; di mala voglia — *not to turn a hair,* restare impassibile; non battere ciglio — *hair-breadth (hair's breadth),* spessore o distanza minima — *to escape by a hair's breadth,* scamparla per miracolo, per un pelo — *hair-raising, (agg.)* orrendo; spaventoso; che fa rizzare i capelli — *hair-space, (tipografia)* mezzo punto *(di spaziatura);* spazio piccolissimo — *hair-trigger,* grilletto sensibilissimo *(di arma da fuoco)* — ⇨ *anche* **hairbreadth, hairbrush, haircloth, hairpin,** *ecc.*

hairbreadth ['hɛəbredθ] *s.* pelo *(fig.): to escape death by a hairbreadth,* sfuggire alla morte per un pelo.
□ *agg attrib* per un pelo *(fig.);* miracoloso: *to have a hairbreadth escape,* salvarsi per un pelo.

hairbrush ['hɛəbrʌʃ] *s.* spazzola per i capelli.

haircloth ['hɛəklɔθ] *s.* tessuto di crine.

haircut ['hɛəkʌt] *s.* taglio di capelli.

hairdresser ['hɛə,dresə*] *s.* parrucchiere *(per donna).*

-haired [hɛəd] *agg (nei composti)* dai capelli...: *a white-haired old man,* un vecchio dai capelli bianchi — *black-haired,* dai capelli neri; bruno (bruna) — *fair-haired,* dai capelli biondi; biondo (bionda) — *long-haired,* dai capelli lunghi; zazzeruto; capellone.

hairiness ['hɛərinis] *s.* pelosità; aspetto irsuto.

hairless ['hɛəlis] *agg* senza capelli; calvo; senza peli; glabro.

hairlike ['hɛəlaik] *agg* sottile (leggero) come un capello; sottilissimo.

hairline ['hɛəlain] *agg attrib* sottilissimo.

hairpin ['hɛəpin] *s.* forcina; forcella *(per capelli).*
□ *hairpin bend,* curva *(di strada)* a gomito; tornante.

hairspring ['hɛəspriŋ] *s.* molla (spirale) del bilanciere *(nell'orologio).*

hairy ['hɛəri] *agg* **1** irsuto; peloso; villoso; capelluto; *(di panno, ecc.)* ruvido. **2** *(fam.)* pericoloso; che dà i brividi.

hake [heik] *s. (invariato al pl.)* nasello.

halberd ['hælbə(:)d] *s.* alabarda.

halberdier [,hælbə'diə*] *s.* alabardiere.

halcyon ['hælsiən] *s. (zool.)* alcione gigante.
□ *agg* alcionio: *halcyon days,* giorni alcionî (calmi, tranquilli, pacifici).

hale [heil] *agg* robusto; vigoroso; arzillo: *hale and hearty,* vivo e vegeto; ancora in gamba.

to **hale** [heil] *vt (ant.)* tirare (trascinare) a forza: *(oggi generalm. nell'espressione) to be haled off to prison,* venire trascinato in prigione.

half [hɑ:f] **I** *s.* (*pl.* **halves**) **1** metà; mezzo: *Half of eight is four,* La metà di otto è quattro — *Two halves make a whole,* Due mezzi fanno un intero — *two pounds and a half (two and a half pounds),* due libbre e mezzo — *half past four,* le quattro e mezza — *Half (of) the fruit is bad,* Metà della frutta è marcia — *I want half as much again,* Ne voglio ancora una metà — *to cut sth in half (into halves),* tagliare qcsa a metà; fare due parti — *to do sth by halves,* fare le cose a metà, malamente — *She does nothing by halves,* Non lascia mai le cose a metà; Fa tutto fino in fondo — *to go halves with sb,* fare a metà; dividere le spese con qcno — *He is too clever by half,* È di gran lunga troppo abile — *my better half, (scherz.)* la mia dolce metà; mia moglie — *half and half, (GB)* miscela di birra chiara e scura. **2** parte *(di un campo di calcio, ecc.).* **3** *(calcio, ecc.)* mediano. **4** *(ant., salvo in alcune 'public schools' britanniche)* trimestre. **5** *(fam.)* mezza pinta *(di birra).*

II *avv* a mezzo; a metà; mezzo; *(per estensione)* quasi quasi; solo in parte; in maniera incompleta: *This meat is only half-cooked,* Questa carne è cotta solo a metà — *half-baked,* cotto a metà; *(fig.)* immaturo; incompleto; inesperto; sempliciotto — *half-baked ideas,* idee malamente abbozzate, scadenti — *I half wish I hadn't come,* Quasi quasi mi rincresce di essere venuto

— *It's not half long enough,* Non si avvicina neanche un po' alla lunghezza giusta — *half dead, (letteralm.)* mezzo morto; quasi morto; *(generalm. fig.)* stanco morto — *not half, (fam.)* assai; eccome — *He didn't half swear!,* Accidenti se imprecò! — *'Did he get annoyed?' - 'Not half!',* 'Si è irritato?' - 'Altroché!' — *not half bad, (fam.)* niente affatto cattivo; piuttosto buono.

III *agg* mezzo; semi-: *to run the half-mile,* correre il mezzo miglio — *to run half a mile,* correre per mezzo miglio — *a half dollar,* mezzo dollaro — *half a dozen,* mezza dozzina — *half a pound,* mezza libbra — *half an hour,* mezz'ora — *half a crown; (fam.) half a dollar, (GB, fino al 1971)* mezza corona *(= 2 scellini e 6 pence, ossia l'ottava parte di una sterlina).* □ *Half a loaf is better than no bread* ⇨ [1]**loaf** — *half-back, (calcio, ecc.)* mediano — *half-blood,* mezzo sangue — *half-breed,* persona di razza mista; meticcio; animale ibrido; pianta ibrida — *half-brother,* fratellastro — *half-caste,* persona di razza mista *(spec. se di padre europeo e di madre indigena)* — *a half-hourly bus service,* una corsa di autobus ogni mezz'ora — *half-length, (agg.)* di mezza lunghezza; *(di ritratto)* a mezzo busto — *per 'half-hearted'* ⇨ **-hearted** — *half-holiday,* giorno di mezza vacanza — *half-mast, (di bandiera)* a mezz'asta — *half-measures,* mezze misure; compromessi — *half-pay,* mezza paga; stipendio ridotto — *to be placed on half-pay,* essere ridotto a mezza paga *(spec. di ufficiali non più in servizio attivo)* — *half-price,* a metà prezzo — *half-sister,* sorellastra — *half-size,* formato dimezzato — *half-sovereign, (GB)* mezza sovrana; mezza sterlina d'oro — *half-timbered, (GB, archit.: di certe case antiche)* con facciata a travature di legno — *half-time,* orario ridotto; *(sport)* intervallo *(fra i due tempi di una partita)* — *half-timer,* ragazzo che studia e lavora; studente lavoratore — *half-tone,* mezza tinta *(nella stampa)* — *half-track,* mezzo semicingolato — *half-truth,* mezza bugia; mezza verità — *half-way,* a mezza strada; a metà *(anche fig.)* — *to meet sb half-way,* essere disposti ad un compromesso con qcno; venirgli incontro — *half-wit,* imbecille — *half-yearly, (agg. e avv.)* semestrale; semestralmente.

halfpenny ['heipni] *s. (GB, fino al 1971)* **1** (*pl.* **halfpennies**) mezzo 'penny': *Can you give me two halfpennies for this penny?,* Può darmi due mezzi 'penny' per questo 'penny'? — *a halfpenny stamp,* un francobollo da mezzo 'penny'. **2** (*pl.* **halfpence**) mezzo 'penny' *(il valore): twopence halfpenny,* due 'penny' e mezzo — *three halfpence,* un 'penny' e mezzo — *a penny halfpenny,* un 'penny' e mezzo.

halfpennyworth ['heipniwə:θ] *s.* = **ha'p'orth.**

halibut ['hælibət] *s.* passera di mare; pianuzza; ippoglosso.

halitosis [,hæli'tousis] *s.* alitosi; cattivo odore dell'alito.

hall [hɔ:l] *s.* **1** sala; salone: *a dance hall,* una sala da ballo. **2** *(GB, in certe università)* refettorio: *to dine in hall,* cenare nel refettorio. **3** *(in campagna)* palazzo; castello; casa signorile; *(stor.)* palazzo di una corporazione; palazzo con sale per concerti, incontri, conferenze, ecc.: *Town Hall; City Hall,* palazzo comunale; municipio — *Westminster Hall,* l'antica aula di Westminster *(sede del Parlamento inglese).* **4** *(anche* Hall of Residence*)* collegio universitario; casa dello studente. **5** vestibolo; atrio; entrata *(di una casa, albergo, ecc.): Leave your coat in the hall,* Lasci pure il soprabito nel vestibolo — *hall porter,* portiere d'albergo — *hall-stand,* attaccapanni.

hallelujah, halleluia [,hæli'lu:jə] *s.* alleluia; canto di gioia.

halliard ['hæljəd] *s.* ⇨ **halyard.**

hallmark ['hɔ:lmɑ:k] *s.* **1** marchio di garanzia *(sull'oro, argento, ecc.).* **2** *(fig.)* caratteristica.

to **hallmark** ['hɔ:lmɑ:k] *vt* **1** marcare. **2** contrassegnare.

hallo [hə'lou] *interiezione e s.* **1** ehi; olà *(per attirare l'attenzione);* ciao *(tra amici che si incontrano);* salve; buon giorno; *(al telefono)* pronto. **2** richiamo; saluto. □ *Say hallo to John for me when you see him,* Salutami John quando lo vedi.

halloo [hə'lu:] *interiezione e s.* grido di richiamo per i cani da caccia.

to **halloo** [hə'lu:] *vi* incitare a gran voce; gridare *(per richiamare l'attenzione);* incitare, richiamare *(i cani).*

hallow ['hælou] *s.* santo: *(usato solo nell'espressione) All Hallows,* (la festa di) Ognissanti.

to **hallow** ['hælou] *vt (generalm. usato al p. pass.)* santificare; considerare come sacro: *ground hallowed by sacred memories,* terreno reso sacro da antiche memorie.

Hallowe'en ['hælouwi:n] la vigilia d'Ognissanti *(il 31 ottobre).*

hallucination [hə,lu:si'neiʃən] *s.* allucinazione.

hallucinatory [hə'lu:sinitəri] *agg* allucinatorio.

hallucinogenic [hə,lu:sinou'dʒenik] *s.* allucinogeno.

halo ['heilou] *s.* (*pl.* **haloes, halos**) alone; aureola *(anche fig.).*

halogen ['hæloudʒən] *s.* alogeno.

[1]**halt** [hɔ:lt] *s.* **1** *(mil., anche fig.)* alt; altolà: *The officer called a halt,* L'ufficiale ordinò l'alt — *It's time to call a halt to this farce!,* È ora di finirla con questa farsa! **2** fermata; sosta; pausa: *The train came to a halt,* Il treno si fermò. **3** *(GB, un tempo)* stazioncina; fermata *(spesso facoltativa)* lungo una linea ferroviaria.

[1]to **halt** [hɔ:lt] *vi* fermarsi; fare alt; arrestarsi; arrestare la marcia.

□ *vt* dare l'alt; far arrestare: *The officer halted his troops for a rest,* L'ufficiale diede l'alt alle sue truppe per farle riposare.

[2]**halt** [hɔ:lt] *agg (ant.)* zoppo: *the halt and the blind,* gli zoppi ed i ciechi.

[2]to **halt** [hɔ:lt] *vi* esitare; procedere in modo esitante; vacillare *(anche fig.): to halt between two opinions,* esitare tra due diverse opinioni. □ ⇨ *anche* **halting.**

halter ['hɔ:ltə*] *s.* **1** cavezza. **2** capestro; *(per estensione)* morte per impiccagione.

halting ['hɔ:ltiŋ] *agg* **1** zoppo; dal passo incerto. **2** esitante *(spec. nel parlare);* incapace di esprimersi con scioltezza. □ *avv* **haltingly.**

to **halve** [hɑ:v] *vt* **1** dividere a metà (in due parti, in due pezzi): *to halve an apple,* dividere a metà una mela. **2** dimezzare; ridurre a metà.

halves [hɑ:vz] *s. pl di* **half I.**

halyard ['hæljəd] *s. (naut.)* drizza; sagola; corda *(per tirare su la vela o la bandiera).*

ham [hæm] *s.* **1** prosciutto. **2** coscia e natica *(principalmente di animali).* **3** *(ant.)* piega del ginocchio (poplite) (⇨ **to hamstring**). **4** *(abbr. sl. di* amateur: *anche* radio ham*)* radioamatore patentato. **5** guitto; gigione; attore inesperto o scadente: *a ham actor,* un istrione. □ *ham-handed; ham-fisted, (sl.)* maldestro.

hamadryad [,hæmə'draiəd] *s.* **1** amadriade; ninfa dei boschi. **2** *(zool.)* amadriade *(grossa scimmia africana).* **3** *(zool.)* cobra.

hamburger ['hæm,bɔ:gə*] *s.* 'hamburger' *(polpetta piatta di carne di manzo).*

hamlet ['hæmlit] *s.* borgata; piccolo villaggio *(senza chiesa);* frazione; gruppo di case isolate.

hammer ['hæmə*] *s.* martello; maglio; mazzuolo *(di legno);* martelletto *(del pianoforte): claw hammer,* martello da carpentiere — *steam hammer,* maglio a vapore — *throwing the hammer,* il lancio del martello — *hammer and sickle,* falce e martello — *hammer head,* pesce martello — *hammer toe,* dito (del piede) a martello. □ *to be (to go) at it hammer and tongs,* discutere animatamente, con foga; darci dentro; mettercela tutta — *to be (to come) under the hammer,* essere messo (andare) all'asta *(cioè sotto il martello del banditore).*

to **hammer** ['hæmə*] *vt e i.* **1** martellare; piantare con il martello; battere, picchiare con il martello; dare delle martellate: *to hammer nails into wood,* piantare dei chiodi nel legno — *to hammer a nail in; to hammer in a nail,* fare entrare a martellate un chiodo — *to hammer at the door,* battere alla porta — *to hammer down the lid of a box,* fissare (a martellate) il coperchio di una cassa — *to hammer a piece of metal flat,* spianare a martellate un pezzo di metallo. **2** *(fig.)* far saltare fuori; escogitare; elaborare; ottenere a forza: *to hammer out a scheme,* elaborare un progetto — *to hammer out a problem,* elaborare (far saltare fuori la soluzione di) un problema. **3** *to hammer an idea into sb's head,* cacciare (a forza) un'idea in testa a qcno. **4** *(fam.)* battere, sconfiggere duramente; infliggere gravi colpi; darle sode: *The enemy guns hammered away at our position,* I cannoni nemici martellarono la nostra posizione. **5** *(GB, in Borsa)* dichiarare qcno debitore moroso *(con tre colpi di mazzuolo).*

hammering ['hæməriŋ] *s.* **1** martellamento. **2** *(fig.)* sconfitta clamorosa.

hammock ['hæmək] *s.* amaca; brandina dei marinai: *hammock-chair,* sedia a sdraio.

hamper ['hæmpə*] *s.* canestro; paniere; cesta; cesto.

to **hamper** ['hæmpə*] *vt* impedire; ingombrare; inceppare; ostacolare.

hamster ['hæmstə*] *s.* criceto.

hamstring ['hæmstriŋ] *s. (anat.)* tendine del ginocchio *(nell'uomo);* tendine del garretto *(nei quadrupedi).*

to **hamstring** ['hæmstriŋ] *vt (pass. e p. pass.* **hamstringed** *o* **hamstrung***)* sgarrettare; azzoppare *(tagliando il tendine del garretto o del ginocchio); (fig.)* mettere in difficoltà (qcno).

hand [hænd] *s.* **1** mano *(in vari sensi): to shake hands with sb; to shake sb by the hand,* stringere la mano a qcno — *to bind sb hand and foot,* legare qcno mani e piedi *(anche fig.)* — *Hands off!,* Giù le mani! — *Hands up!,* Mani in alto! — *to rule with a heavy hand,* governare con mano pesante — *to ask (for) a lady's hand,* chiedere la mano ad una signorina — *by hand,* a mano; con le mani — *made by hand; hand-made,* fatto a mano — *hand-knitted,* lavorato a maglia, a mano — *hand in hand,* mano nella mano; assieme; tenendosi per mano; *(fig.)* in stretta collaborazione — *They walked away hand in hand,* Se ne andarono via tenendosi per mano — *The property is no longer in my hands,* La proprietà non è più in mio possesso — *The matter is in your hands,* La faccenda è nelle tue mani — *to change hands,* cambiare proprietario — *to lend (to give) sb a hand,* dare una mano a qcno; aiutarlo — *to lay hands on sth,* mettere le mani sopra qcsa; impossessarsi di, imbattersi in qcsa — *to lift (to raise) one's hand against sb,* alzare le mani contro qcno; colpirlo; attaccarlo; minacciarlo — *to put (to set) one's hand to a task,* iniziare un lavoro — *Do you think he had a hand in it?,* Pensi che ci abbia messo il dito anche lui? — *The hand of an enemy has been at work here,* Qui ci ha messo lo zampino un nemico — *hand-barrow,* carrettino; carretto a mano — *hand-brake,* freno a mano — *hand-grenade,* bomba a mano — *hand-loom,* telaio a mano — *hand-luggage,* bagaglio leggero; colli; bagaglio a mano — *hand-picked,* scelto singolarmente; raccolto a mano — *to be hand in glove with sb* ⇨ **glove** — ⇨ *anche* **handbag, handball, handbill, handcuffs, handmade, handshake, handstand,** *ecc.*

2 lancetta di orologio; indice di meridiana: *the hour hand,* la lancetta delle ore.

3 mano; pegno; grafia; calligrafia; *(ant.)* firma: *He writes a good hand,* Scrive bene (chiaro) — *to set one's hand to a document,* firmare un documento — *'Given under my hand and seal',* 'Da me autenticato con firma e sigillo'.

4 mano; abilità; *(per estensione)* esperto: *She has a light hand,* Ha una mano leggera — *to try one's hand at sth,* provare a fare qcsa — *Why don't you try your hand at editing the magazine?,* Perché non ti provi a redigere la rivista? — *to keep one's hand in,* tenersi in esercizio — *He is a good hand at fencing,* È molto bravo nella scherma; È una buona lama — *an old hand,* una persona assai esperta.

5 operaio; manovale; lavoratore portuale; marinaio; *(al pl.)* manodopera; manovalanza; ciurma *(di nave): The factory has taken on two hundred extra hands,* La fabbrica ha assunto altri duecento operai — *All hands on deck!,* Tutti (i marinai) in coperta! — *stage hand, (teatro)* operaio di scena.

6 giocatore *(di carte): We have only three players: we need a fourth hand,* Siamo solo tre giocatori, ce ne vuole un altro.

7 *(al gioco delle carte)* 'mano': *I have a good hand,* Ho buone carte; Ho una buona 'mano' — *to play a good hand,* giocare bene — *to take a hand at bridge,* fare una 'mano' di bridge — *Shall we play one more hand?,* Facciamo un'altra mano?

8 palmo; lunghezza equivalente a quattro pollici *(per misurare l'altezza dei cavalli).*

9 lato; direzione: *on every hand; on all hands,* da ogni parte; da ogni dove; da ogni lato — *on the one hand,* da una parte *(come correlativo)* — *on the other hand,* d'altra parte — *to sit at sb's right (left) hand,* sedersi (essere seduto) sulla destra (sinistra) di qcno.

10 *(sl.)* applauso: *to give a performer a big hand,* applaudire calorosamente un attore.

11 mazzo di foglie di tabacco.

12 casco di banane.

□ *(fig.) War and misery go hand in hand,* Guerra e desolazione sono inseparabili — *not to lift a hand; (talvolta) not to do a hand's turn,* non muovere un dito; non fare assolutamente niente — *to play into sb else's hands, (fig.)* fare gli interessi di un altro; fare il gioco di un altro — *to play for one's own hand, (fig.)* fare i propri interessi — *to be sb's right hand man,* essere il braccio destro di qcno — *to be on hand,* essere disponibile in magazzino *(di merci)* — *We have some new woollen goods on hand,* Abbiamo disponibili alcuni nuovi articoli in lana — *on one's hands,* sulle braccia; a carico — *I have two families on my hands,* Ho il peso di due famiglie sulle braccia — *I have an empty house on my hands,* Ho una casa vuota cui devo provvedere *(da vendere, affittare, ecc.)* — *Time hangs heavy on his hands,* Il tempo gli pesa molto; Non ha niente da fare — *to get sth off one's hands,* liberarsi di qcsa — *out of hand,* - **a)** indisciplinato; fuori controllo: *The boys have got quite out of hand,* I ragazzi sono diventati terribilmente indisciplinati - **b)** *(come avv.)* immediatamente; subito: *The situation needs to be dealt with out of hand,* Bisogna affrontare la situazione immediatamente — *to feed out of sb's hand, (fig.)* essere disposto a obbedire ciecamente qcno — *hand over fist; hand over hand,* una mano dopo l'altra; rapidamente e costantemente — *We overtook them hand over fist,* In breve li superammo — *to be hand in glove with sb,* essere intimo, essere in stretti rapporti con qcno *(spesso per attività losche)* — *to wait on (to serve) sb hand and foot,* fare ogni sorta di servigi a qcno — *in hand,* disponibile; di riserva; in fase di esecuzione *(di lavoro);* sotto controllo — *I still have some money in hand,* Ho ancora disponibile del denaro — *Cash in hand, three pounds,* Contante disponibile: tre sterline — *The work is in hand but not finished,* Il lavoro è in fase di esecuzione, ma non è ancora finito — *These noisy children need to be taken in hand,* Questi ragazzi rumorosi devono essere ridotti all'obbedienza — *We have the situation well in hand,* Abbiamo la situazione completamente sotto controllo (in pugno) — *to have one's hands full,* avere moltissimo da fare — *My hands are full,* Sono stracarico di lavoro — *to keep a firm hand on (to keep one's hands on) sb (sth),* dominare, esercitare un controllo su qcno (qcsa); tenere qcno (qcsa) con mano ferma — *to give one's hand on a bargain,* stipulare un accordo *(con una stretta di mano)* — *to do sth with a bold hand,* fare qcsa con vigore e prontezza — *to get the upper hand,* avere il sopravvento; vincere — *to live from hand to mouth,* vivere alla giornata; tirare a campare — *a hand-to-mouth existence,* un vivere alla giornata; un'esistenza precaria — *to fight hand to hand,* combattere corpo a corpo — *hand-to-hand fighting,* combattimento all'arma bianca (corpo a corpo) — *at hand,* vicino; a portata di mano — *He lives close at hand,* Abita qui vicino — *The examinations are at hand,* Gli esami sono vicini — *at sb's hands,* da qcno; da parte di qcno — *I didn't expect such unkind treatment at your hands,* Non mi aspettavo un trattamento così sgarbato da parte tua — *to come to hand, (di lettera)* pervenire; presentarsi *(di occasione)* — *Your letter has come to hand,* Ci è pervenuta la vostra lettera — *(ready) to hand,* a portata di mano; vicino; disponibile — *to win hands down,* vincere senza difficoltà — *to hear (to learn) sth at first hand,* venire a sapere qcsa di prima mano, direttamente — *at second hand,* indirettamente — *a second-hand wardrobe,* un armadio di seconda mano.

to **hand** [hænd] *vt* dare; porgere; passare; consegnare; rimettere; *(talvolta)* aiutare: *Please hand me that book,* Per favore passami quel libro — *He handed his wife out of the carriage,* Aiutò sua moglie a scendere dalla carrozza. □ *to hand it to sb, (fam.)* dare il merito a qcno — *You've got to hand it to him. He's the best player in the team,* Bisogna ammetterlo. È il migliore giocatore della squadra.

to hand down, tramandare: *We cannot always observe the traditions handed down to us from the past,* Non possiamo sempre attenerci alle tradizioni tramandateci dal passato.

to hand in, consegnare; rimettere; rassegnare: *He has handed in his resignation,* Ha rassegnato le dimissioni.

to hand on, passare: *Please hand on the magazine to others,* Per favore passa la rivista ad altri.

to hand out, dar via; distribuire *(elemosine, ecc.);* rimettere; consegnare *(p.es. una dichiarazione alla stampa).*

to hand over, consegnare; cedere: *to hand sb over to the police,* consegnare qcno alla polizia — *to hand over one's place to sb else,* cedere il proprio posto *(in un comitato, ecc.)* a qcno.

handbag ['hæn*d*bæg] *s.* borsa (da signora); borsetta.

handball ['hæn*d*bɔ:l] *s. (sport)* palla a mano.

handbill ['hæn*d*bil] *s.* foglietto pubblicitario; volantino.

handbook ['hæn*d*buk] *s.* manuale; prontuario.

handbreadth ['hæn*d*bredθ] *s.* palmo *(misura di quattro pollici, pari a 10 cm. circa).*

handcart ['hændkɑ:t] *s.* carretto a mano; carrettino.

handclap ['hændklæp] *s.* battimano: *a slow handclap,* un lento e ritmato battere di mani *(per esprimere impazienza o disapprovazione).*

handclasp ['hæn*d*klɑ:sp] *s.* stretta di mano.

to **handcuff** ['hæn*d*kʌf] *vt* ammanettare; mettere le manette (a qcno).

handcuffs ['hæn*d*kʌfs] *s. pl* manette.

-handed ['hændid] *agg (nei composti)* dalla mano...: *heavy-handed,* che ha la mano pesante; fatto con mano pesante — *light-handed,* che ha la mano leggera; fatto con mano leggera — *left-handed,* mancino — *open-handed,* generoso; che ha le mani bucate. □ *three-handed bridge,* 'bridge' giocato in tre.

handful ['hændf*u*l] *s.* (*pl.* **handfuls**) **1** manciata; manata: *a handful of dust,* una manciata di polvere. **2** manipolo; gruppetto: *Only a handful of people came to the meeting,* Soltanto poche persone vennero alla riunione. **3** *(fam.)* persona indisciplinata, irrequieta: *That young boy of hers is a handful,* Quel suo bambino è un diavoletto (una peste).

handglass ['hæn*d*glɑ:s] *s.* **1** lente d'ingrandimento *(con manico).* **2** specchio a mano; specchietto.

handgrip ['hæn*d*grip] *s.* **1** stretta di mano. **2** stretta; presa. **3** manopola *(di manubrio di bicicletta).*

handhold ['hændhould] *s.* **1** appiglio *(per la mano).* **2** stretta; presa.

handicap ['hændikæp] *s.* **1** 'handicap'; *(per estensione)* svantaggio; ostacolo: *Poor eyesight is a handicap to a student,* La vista debole è uno svantaggio per uno studente. **2** corsa pareggiata; 'handicap'.

to **handicap** ['hændikæp] *vt* (**-pp-**) 'handicappare'; ostacolare; intralciare; mettere in condizioni di svantaggio: *to be handicapped by ill health,* essere 'handicappato' (svantaggiato) a causa della cattiva salute — *handicapped children,* bambini menomati.

handicapper ['hændikæpə*] *s. (sport)* chi assegna gli 'handicap'; arbitro dei ragguagli.

handicraft ['hændikrɑ:ft] *s. (generalm. al pl.)* arte (lavoro) artigianale che richiede grande abilità di esecuzione; artigianato.

handicraftsman ['hændi,krɑ:ftsmən] *s.* (*pl.* **handicraftsmen**) artigiano.

handily ['hændili] *avv* ⇨ **handy.**

handiness ['hændinis] *s.* **1** maneggevolezza; praticità; utilità. **2** destrezza; abilità.

handiwork ['hændiwə:k] *s.* fattura; opera *(spesso spreg.): I suppose this is an example of your handiwork,* Suppongo che questo sia un esempio della tua opera.

handkerchief ['hæŋkətʃif] *s.* fazzoletto.

handle ['hændl] *s.* **1** manico; maniglia; impugnatura; manovella; *(di remo)* girone: *handle-bar,* manubrio *(di* *bicicletta).* **2** *(fig.)* appiglio; adito; pretesto; aggancio; occasione: *Your indiscreet behaviour may give your enemies a handle against you,* Il vostro comportamento imprudente può dare un appiglio ai vostri nemici. **3** *(fam.)* titolo *(spec. nobiliare); (scherz.)* cognome o nome. □ *to fly off the handle, (fam.)* perdere le staffe; infuriarsi.

to **handle** ['hændl] *vt* **1** maneggiare; manipolare; toccare con le mani: *Dynamite is dangerous to handle,* La dinamite è pericolosa da maneggiare — *Wash your hands before you handle my books, please,* Lavati le mani prima di toccare i miei libri, per favore. **2** trattare; avere a che fare; manovrare *(fig.);* usare; servirsi; controllare; comportarsi: *An officer must know how to handle men,* Un ufficiale deve sapere trattare gli uomini — *The speaker was roughly handled by the crowd,* L'oratore fu malmenato dalla folla. **3** *(comm.)* trattare; occuparsi; negoziare; vendere e comprare: *This shop does not handle imported goods,* Questo negozio non tratta merci di importazione.

□ *vi* essere maneggevole; rispondere ai comandi: *This car handles well,* Questa macchina è molto maneggevole.

handlebar(s) ['hændl,bɑ:(z)] *s.* manubrio *(di bicicletta): handlebar moustache,* baffi 'a manubrio'.

handler ['hændlə*] *s.* chi maneggia (qcsa); manipolatore.

handline ['hændlain] *s. (pesca)* lenza a mano *(senza la canna).*

handling ['hændliŋ] *s.* **1** maneggio; manipolazione; modo d'impiegare (qcsa): *material handling, (comm., ecc.)* maneggio, trasporto dei materiali — *material handling equipment,* attrezzi ed impianti *(gru, carrelli elevatori, ecc.)* per lo spostamento dei materiali. **2** risoluzione; svolgimento *(d'un problema, ecc.).* **3** modo di trattare; trattamento. **4** *(naut.)* manovra: *a mistake in handling,* un errore di manovra.

handmade ['hænd'meid] *agg* fatto a mano.

handmaid, handmaiden ['hændmeid/'hændmeidn] *s. (ant. e lett.)* serva; ancella; fantesca.

hand-me-down ['hændmi,daun] *agg e s. (fam.)* (abito) di seconda mano.

hand-out ['hændaut] *s.* **1** cibo o denaro dato in elemosina; carità. **2** dichiarazione scritta *(di politici, ecc.)* distribuita alla stampa; comunicato stampa. **3** volantino pubblicitario.

handrail ['hændreil] *s.* ringhiera; corrimano.

handsaw ['hændsɔ:] *s.* sega a mano.

handshake ['hændʃeik] *s.* stretta di mano.

handsome ['hænsəm] *agg* **1** bello *(spec. di uomo);* prestante; distinto: *He's a handsome fellow,* È un tipo prestante. **2** generoso: *He said some handsome things about you,* È stato molto generoso nei tuoi riguardi — *a handsome gift,* un dono generoso — *Handsome is that handsome does,* La generosità si giudica dai fatti.

□ *avv* **handsomely** **1** generosamente; profumatamente. **2** con ampio margine.

handsomeness ['hænsəmnis] *s.* bellezza; beltà; avvenenza.

handspring ['hændspriŋ] *s.* salto mortale fatto appoggiando a terra le mani.

handstand ['hændstænd] *s.* verticale *(esercizio ginnico): to do a handstand,* fare la verticale.

handwork ['hændwɔ:k] *s.* lavoro a mano; manufatto.

handwriting ['hænd,raitiŋ] *s.* scrittura; grafia: *handwriting expert,* grafologo.

handwritten ['hænd,ritn] *agg* scritto a mano.

handy ['hændi] *agg* (**-ier**; **-iest**) **1** abile; capace; esperto; destro *(nell'uso delle mani): Tom is a very handy man,* Tom è un uomo molto abile (destro) — ⇨ *anche* **handyman.** **2** pratico; utile; comodo: *A good drill is a handy thing to have in the house,* È una cosa utile avere in casa un buon trapano — *She's quite a handy little boat,* È una imbarcazione piccola ma molto pratica *(cioè manovrabile)* — *to come in handy,* venir buono; rivelarsi utile — *Don't throw that box away; it may come in handy,* Non gettare via quella scatola; può tornar utile, prima o poi. **3** vicino; a portata di mano; disponibile: *Always keep a first-aid kit handy,* Tenere sempre a portata di mano una cassetta di pronto soccorso.

handyman ['hændimæn] *s.* (*pl.* **handymen**) uomo tutto fare; uomo che sa fare un po' di tutto *(spec. 'bricolage').*

hang [hæŋ] *s.* **1** il modo di 'cadere' di una cosa *(di giacca, gonna, ecc.);* il 'drop': *the hang of a coat,* il 'drop' di una giacca. **2** *(fam.)* significato; senso; uso; funzionamento: *I don't quite get the hang of your argument,* Non capisco proprio il significato del tuo ragionamento. □ *I don't care a hang, (fam.)* Non m'importa assolutamente niente (un fico secco).

to **hang** [hæŋ] *vt* (*pass. e p. pass.* **hung**; *nel senso di 'impiccare'* **hanged**) **1** appendere; sospendere; attaccare; stendere *(biancheria);* frollare *(selvaggina): to hang a lamp from the ceiling,* appendere una lampadina al soffitto — *windows hung with curtains,* finestre con tendine appese — *Hang your coat on that hook!,* Appendi la giacca a quel gancio! — *She hung the washing out in the garden,* Stese la biancheria nel giardino — *to hang wallpaper,* attaccare carta da parati — *to hang a door,* infilare una porta *(sui cardini).*

2 impiccare; pendere; essere impiccato: *He was hanged for murder,* Fu impiccato per omicidio — *He said he would hang himself,* Disse che si sarebbe impiccato — *I'll be hanged if I know!,* Ch'io sia impiccato (Che mi venga un accidente) se lo so! — *Oh, hang it!,* Maledizione!; All'inferno!; Accidenti!

□ *vi* **1** pendere; penzolare; essere appeso; *(di abiti)* cadere; ricadere: *pictures hanging on the wall,* quadri appesi al muro — *hanging garden,* giardino pensile — *hanging glacier,* ghiacciaio pensile — *A thick fog hangs over the airport,* Una fitta nebbia avvolge l'aeroporto — *to hang by a hair (by a single thread),* essere sospeso a un filo; essere in grave pericolo o incertezza — *to hang in the balance,* essere in bilico; essere incerto.

2 morire impiccato: *You'll hang for it!,* Sarai impiccato per questo!

□ *to hang one's head,* abbassare la testa *(per la vergogna, ecc.)* — *to hang fire, (di arma da fuoco)* sparare in ritardo; fare cilecca; *(di avvenimenti)* andare a rilento; svilupparsi male — *to let things go hang, (fam.)* lasciare che le cose vadano per il loro verso (vadano in malora).

to hang about; to hang (a)round, - **a)** bighellonare; andare oziando; ciondolare: *Some men were hanging about at the street corners, waiting for the pubs to open,* Alcuni uomini bighellonavano agli angoli delle strade in attesa dell'apertura dei 'pubs' - **b)** essere in giro, nelle vicinanze: *There's thunder hanging about,* C'è aria di tempesta.

to hang back, restare indietro; esitare; essere ritroso: *When the officer asked for volunteers, not a single* *man hung back,* Quando l'ufficiale chiese dei volontari, nessuno esitò (si tenne indietro).

to hang on (upon), - **a)** stare attaccato; tener duro; perseverare: *He hung on until the rope broke,* Si tenne aggrappato finché la corda si ruppe — *It's hard work but if you hang on, you'll succeed in the end!,* È un lavoraccio, ma se perseveri alla fine ce la farai! — *to hang upon sb's lips,* pendere dalle labbra di qcno; attendere ansiosamente le parole, la risposta, ecc. — *Hang on, please!, (al telefono)* Rimanga in linea, prego! - **b)** dipendere: *It all hangs on his answer,* Tutto dipende dalla sua risposta.

to hang out, - **a)** sporgere, sporgersi *(da una finestra): to hang out flags for the Queen's visit,* dispiegare bandiere per la visita della regina - **b)** *(fam.)* abitare; risiedere: *Where do you hang out now?,* Dove abiti ora?

to hang over, incombere; minacciare.

to hang up, appendere; riappendere; *(fam.)* 'riattaccare' bruscamente *(il telefono).*

hangar ['hæŋ(g)ə*] *s.* aviorimessa; 'hangar'.

hangdog ['hæŋdɔg] *agg* abbietto; spregevole: *a hangdog look,* un'aria abbattuta, da cane bastonato.

hanger ['hæŋə*] *s.* **1** *(nei composti)* che attacca; che appende: *paper-hanger,* tappezziere — *clothes-hanger,* attaccapanni; ometto; gruccia per gli abiti. **2** oggetto per appendervi qcsa; gancio; uncino; catena *(del camino);* staffa; supporto: *bell-hanger,* cordone del campanello. **3** coltellaccio; daga; spadino. **4** bosco sul fianco di una collina. □ *hanger-on,* tirapiedi; parassita — *cliff-hanger* ⇨ **cliff.**

hanging ['hæŋiŋ] *agg* pendente; sospeso; pensile: *a hanging garden,* un giardino pensile.

□ *s.* **1** l'appendere *(quadri).* **2** impiccagione *(anche attrib.): a hanging matter,* un'azione da capestro; un crimine da forca — *a hanging judge, (stor., GB)* un giudice dalla condanna facile *(propenso a mandare la gente al capestro).* **3** *(generalm. al pl.)* tappezzeria; tenda; arazzo *(da appendere alle pareti).*

hangman ['hæŋmən] *s.* (*pl.* **hangmen**) boia; carnefice.

hangnail ['hæŋneil] *s. (anche* agnail*)* pipita *(pellicola cutanea).*

hangover ['hæŋ,ouvə*] *s. (fam.)* mal di testa dopo una sbornia; *(per estensione)* conseguenze spiacevoli.

hank [hæŋk] *s.* matassa: *to wind a hank of wool into balls,* avvolgere una matassa di lana in gomitoli.

to **hanker** ['hæŋkə*] *vi (seguito da* for *o* after*)* bramare; desiderare ardentemente; agognare; ambire: *to hanker for sympathy,* desiderare la (avere un forte bisogno di) comprensione — *to hanker after wealth,* agognare la ricchezza.

hankering ['hæŋkəriŋ] *s.* brama: *to have a hankering for (o after) fame,* bramare la celebrità.

hanky ['hæŋki] *s.* (*voce infantile per* **handkerchief**) fazzolettino; fazzoletto da naso.

hanky-panky ['hæŋki'pæŋki] *s. (fam.)* imbroglio; inganno; trucco; faccenda poco chiara.

Hansard ['hænsəd] *s. (GB: dal nome del primo compilatore)* raccolta ufficiale dei dibattiti parlamentari inglesi.

hansom ['hænsəm] *s. (anche* hansom-cab*)* carrozza *(a due ruote, con la serpa del cocchiere sul retro).*

hap [hæp] *s. (ant.)* caso; sorte; ventura; destino.

to **hap** [hæp] *vi* (**-pp-**) *(ant.)* accadere per caso.

haphazard ['hæp'hæzəd] *agg* **1** per caso; accidentale. **2** (fatto) a casaccio, alla carlona.

haphazardly ['hæp'hæzədli] *avv* **1** per caso. **2** a casaccio; alla carlona.

hapless ['hæplis] *agg (ant.)* sfortunato; malaugurato; infelice; disgraziato. □ *avv* **haplessly.**

haply ['hæpli] *avv (ant.)* forse; per caso.

ha'p'orth ['heipəθ] *s. (GB, abbr. fam. di* 'half-pennyworth'*);* del valore di un mezzo penny; *(per estensione)* cosa minima; briciolo: *He hasn't a ha'p'orth of common sense,* Non ha un briciolo di buon senso.

to **happen** ['hæpən] *vi* **1** accadere; succedere; avvenire; capitare: *How did the accident happen?,* Com'è successo l'incidente? — *What happened next?,* E poi cosa successe? — *Accidents will happen,* Le disgrazie non mancano mai — *If anything happens to him, let me know,* Se gli capitasse qualcosa, fammelo sapere — *It so happened that I had no money with me,* Capitò che mi trovai al verde, senza un soldo. **2** *(costruzione personale)* Si dà il caso che...; Capita che...: *I happened to be out when he called,* Quando passò, guarda caso ero assente. **3** *(seguito da* on *o* upon*)* trovare o incontrare per caso: *I happened on just the thing I'd been looking for,* Trovai per caso la (Cascai per caso proprio sulla) cosa che cercavo. □ *as it happens...,* combinazione... — *As it happens, I have my cheque book with me,* Combinazione, ho con me il libretto degli assegni.

happening ['hæpniŋ] *s.* **1** avvenimento; evento; ciò che succede (o che è successo): *There have been strange happenings here lately,* Ultimamente sono successe strane cose qui. **2** 'happening'; rappresentazione collettiva; improvvisazione drammatica di gruppo.

happily ['hæpili] *avv* ⇨ **happy.**

happiness ['hæpinis] *s.* felicità; contentezza; gioia.

happy ['hæpi] *agg* felice; contento; lieto; fortunato: *a happy marriage,* un matrimonio felice, fortunato — *We shall be happy to accept your invitation,* Saremo lieti di accettare il vostro invito — *a happy idea,* un'idea felice — *Happy New Year!,* Buon Capodanno!; Buon Anno! — *to be as happy as a king (as a sand-boy, as the day is long),* essere felice come una Pasqua — *happy-go-lucky,* che prende il mondo come viene; spensierato. □ *avv* **happily.**

harangue [hə'ræŋ] *s.* arringa; lungo discorso; sproloquio; tirata.

to **harangue** [hə'ræŋ] *vt e i.* arringare; fare un'arringa.

to **harass** ['hærəs] *vt* **1** angustiare; turbare; infastidire; preoccupare; affaticare: *He is harassed by the cares of a large family,* È tormentato dalle preoccupazioni di una famiglia numerosa. **2** vessare; razziare; molestare; attaccare ripetutamente: *In olden days the coasts of England were harassed by the Vikings,* Nei tempi antichi le coste dell'Inghilterra furono bersaglio di continui attacchi ad opera dei Vichinghi.

harassment ['hærəsmənt] *s.* molestia; tormento.

harbinger ['hɑ:bindʒə*] *s. (lett.)* araldo; messaggero; annunciatore: *The crowing of the cock is a harbinger of dawn,* Il canto del gallo è messaggero dell'alba.

harbour ['hɑ:bə*] *s.* (*USA* **harbor**) **1** porto: *harbour dues,* diritti portuali — *harbour office,* capitaneria di porto. **2** *(fig.)* porto; rifugio; asilo; riparo.

to **harbour** ['hɑ:bə*] *vt e i.* (*USA* **to harbor**) **1** dare ricetto; ospitare; dare protezione; nascondere: *to harbour a criminal,* proteggere, nascondere un malfattore. **2** nutrire; covare *(nella mente): to harbour thoughts of revenge,* covare propositi di vendetta. **3** entrare in porto; gettare l'ancora in un porto.

harbourage ['hɑ:bəridʒ] *s.* (*USA* **harborage**) **1** ancoraggio; porto; rada. **2** *(fig.)* asilo; rifugio; riparo.

'**hard** [hɑ:d] *agg* (**-er**; **-est**) **1** duro *(in molti sensi);* fermo; rigido; solido; ruvido *(al tatto): as hard as* *rock,* duro come la roccia — *ground made hard by frost,* terreno indurito dal gelo — *hard court,* campo *(da tennis)* col fondo duro.

2 *(fig.)* difficile; duro: *a hard problem,* un problema difficile — *hard times,* tempi difficili — *a topic that is hard to understand,* un argomento difficile da capire — *That man is hard to please; He is a hard man to please,* È un uomo difficile da accontentare — *It's hard to say which is better,* È difficile dire quale sia il migliore.

3 faticoso; gravoso; oneroso; travagliato; duro: *to have a hard time (of it),* passarsela male; essere nei guai — *the hard discipline of army life,* la dura disciplina della vita militare.

4 duro; insensibile; severo; crudele; spietato; iniquo: *a hard father,* un padre severo — *to be hard on sb,* trattare qcno con severità, con durezza — *to be hard as nails,* - **a)** essere duro di cuore - **b)** essere forte e muscoloso — *hard words,* parole dure; insulti.

5 *(del corpo umano)* vigoroso; robusto; forte: *Regular physical exercises soon made the boys hard,* I ragazzi si irrobustirono ben presto grazie alla pratica regolare di esercizi ginnici.

6 *(di azione o cosa fatta con vigore o forza)* forte; grande; lungo; accanito; strenuo; duro; *(di lavoro)* sodo: *a hard blow,* un duro colpo — *to go for a hard gallop,* andare a fare una lunga galoppata; slanciarsi in un galoppo sostenuto — *a hard worker,* un ottimo lavoratore; uno che lavora sodo.

7 *(di tempo atmosferico)* rigido; inclemente; brutto: *a hard winter,* un inverno rigido.

8 *(di suoni)* aspro; duro: *The letter 'g' is hard in 'gun' and soft in 'gin',* La lettera 'g' è dura in 'gun' e dolce in 'gin'.

□ *a hard nut to crack, (fig.)* un 'osso duro'; una persona o un problema difficile — *hard and fast, (di regolamento, ecc.)* rigido; ferreo — *hard labour for life,* lavori forzati a vita — *to learn sth the hard way,* imparare qcsa con perseveranza e tra mille difficoltà *(a proprie spese)* — *to drive a hard bargain,* concludere un affare a condizioni poco vantaggiose — *to come to hard blows,* venire alle mani; passare a vie di fatto — *hard-back; hard-cover,* libro rilegato — *hard core,* nocciolo; nucleo; *(anche fig.)* massicciata — *hard-core, (agg.)* - **a)** intransigente; - **b)** flagrante; appariscente; lampante — *hard cash,* in contanti; in denaro sonante — *hard currency,* valuta solida — *hard-hearted,* insensibile; dal cuore duro — *hard-headed,* freddo; realista — *hard-line, (attrib., di uomo politico, ecc.)* fautore della linea dura — *hard-fisted,* avaro; spilorcio; tirchio — *hard luck (hard lines),* sfortuna; malasorte — *hard water, (chim.)* acqua dura — *hard liquor,* liquore secco, vigoroso, ad alta gradazione — *hard drugs,* droghe pesanti *(che compromettono seriamente la salute).* □ *avv* **hardly** ⇨ **hardly 4.**

[2]**hard** [hɑ:d] *avv* **1** forte; sodo; fortemente; intensamente; energicamente; con perseveranza: *to pray hard,* pregare con insistenza — *to work hard,* lavorare sodo — *to try hard to succeed,* tentare di tutto per riuscire — *to drink hard,* bere molto — *It's raining hard,* Piove a dirotto — *It's freezing hard,* Gela forte.

2 penosamente; con molto sforzo o difficoltà: *my hard-earned money,* il mio denaro sudato — *It will go hard with him if we don't help him,* Se la vedrà brutta se non lo aiuteremo — *to be hard up,* essere a corto di denaro, in difficoltà — *to be hard up for sth,* essere a corto di qcsa — *He's hard up for ideas,* È a corto di idee — *to be hard put to it (hard pressed),* trovarsi in circostanze difficili — *to be hard hit,* essere colpito duramente; soffrire molto.

3 immediatamente; davvicino; alle calcagna: *to run sb hard; to follow hard after (o upon, behind) sb,* inseguire qcno da vicino; stargli alle calcagna — *hard by,* molto vicino.

□ *hard-baked,* riarso; indurito *(dal calore)* — *hard-bitten, (di persona)* tenace; duro; costante — *hard-boiled, (di uovo)* sodo; *(fig., di persona)* freddo; duro; incallito — ⇨ *anche* **hardshell, hardware, hardwood.**

[3]**hard** [hɑ:d] *s.* **1** strada solida; spiaggia al mare. **2** *(volg.)* erezione.

hardboard ['hɑ:dbɔ:d] *s.* legno precompresso.

to **harden** ['hɑ:dn] *vt e i.* indurire, indurirsi; divenire duro; temprare, temprarsi; irrobustire, irrobustirsi; incallire *(anche fig.)*: *to harden steel,* temprare acciaio — *to harden the heart,* indurire il cuore — *a hardened criminal,* un criminale incallito — *to harden the body,* irrobustire il corpo — *to be hardened to the horrors of war,* essere temprato agli orrori della guerra — *to harden off seedlings,* irrobustire giovani piante esponendole al freddo.

hardening ['hɑ:dniŋ] *s.* indurimento; irrigidimento: *hardening of the arteries,* arteriosclerosi; *(fam., scherz.)* rimbambimento.

hardihood ['hɑ:dihud] *s.* **1** ardimento; audacia. **2** durezza; resistenza.

hardily ['hɑ:dili] *avv* **1** vigorosamente; con forza. **2** coraggiosamente; audacemente; arditamente.

hardiness ['hɑ:dinis] *s.* **1** forza; robustezza; vigore; capacità di resistenza *(di piante).* **2** audacia; coraggio; ardimento. **3** sfacciataggine; impudenza.

hardly ['hɑ:dli] *avv* **1** appena; a mala pena; a stento; a fatica; quasi: *I hardly know her,* La conosco appena — *hardly anything,* quasi niente — *hardly ever,* quasi mai — *We had hardly got (Hardly had we got) into the country when it began to rain,* Eravamo appena arrivati in campagna che cominciò a piovere — *I'm so tired I can hardly walk,* Sono così stanco che riesco a mala pena a camminare.

2 difficilmente: *He can hardly have arrived yet,* È difficile che sia già arrivato — *You can hardly expect me to lend you money again,* Non puoi pretendere che io ti presti ancora del denaro.

3 severamente; con durezza: *to be hardly treated,* essere trattato malissimo.

4 con difficoltà, pena, sforzo: *a salary that was hardly earned,* un salario guadagnato con grande fatica.

hardness ['hɑ:dnis] *s.* **1** durezza *(anche fig.)*; compattezza; fermezza; rigidezza; asprezza; crudeltà. **2** difficoltà.

hardshell ['hɑ:dʃel] *agg* **1** *(zool.)* che ha la conchiglia dura, il guscio duro. **2** *(fig.)* inflessibile; rigido; severo.

hardship ['hɑ:dʃip] *s.* difficoltà; fatica; pena; stento; privazione; sofferenza; avversità: *to bear hardship without complaint,* sopportare gli stenti senza lamentarsi.

hardware ['hɑ:dwɛə*] *s. collettivo* **1** ferramenta; articoli, oggetti in metallo; macchine; apparecchiature. **2** *(fam.)* armi. **3** *(cibernetica)* 'hardware' *(la struttura fisica del computer).*

hardwood ['hɑ:dwud] *s.* legno duro: *hardwood floors,* pavimenti di legno duro.

hardy ['hɑ:di] *agg* (**-ier; -iest**) **1** forte; robusto; duro; vigoroso: *A few hardy men broke the ice on the lake and had a swim,* Alcuni 'duri' ruppero il ghiaccio sul lago e fecero una nuotata. **2** *(di piante)* resistente (alle intemperie). **3** audace; deciso; coraggioso; ardimentoso.

hare [hɛə*] *s. (GB)* lepre: *hare and hounds,* lepre e segugi; caccia alla lepre *(gioco per ragazzi).* □ *to run with the hare and hunt with the hounds,* servire Dio e Mammona; tenere il piede in due staffe; fare il doppio gioco — *mad as a March hare,* matto da legare — *hare-brained,* precipitoso; imprudente; avventato; irrequieto — *First catch your hare then cook him, (prov.)* Non vendere la pelle dell'orso prima d'averlo ucciso (Non dire quattro se non l'hai nel sacco) — ⇨ *anche* **harelip.**

harebell ['hɛəbel] *s. (bot.)* campanula; campanella.

harelip ['hɛə'lip] *s.* labbro leporino.

harem ['hɛərəm] *s.* 'harem'.

haricot ['hærikou] *s.* **1** *(anche* haricot bean*)* fagiolo. **2** stufato o spezzatino di montone con rape e altre verdure.

to **hark** [hɑ:k] *vi* **1** *(quasi sempre all'imperativo)* ascoltare. **2** *(seguito da* back*)* riprendere un argomento; ritornare su un argomento; *(di segugio)* ritornare al punto di partenza per ritrovare la pista.

harlequin ['hɑ:likwin] *s.* arlecchino; *(fig.)* buontempone; buffone.

harlequinade [,hɑ:likwi'neid] *s.* arlecchinata.

Harley Street ['hɑ:li 'stri:t] *s. (GB)* strada londinese (dove risiedono medici e chirurghi celebri).

harlot ['hɑ:lət] *s. (ant.)* prostituta; meretrice.

harm [hɑ:m] *s.* danno *(materiale o morale);* offesa; torto: *to come to harm,* riportare un danno — *to come to no harm,* non riportare nessun danno; uscire (da qcsa) sano e salvo, indenne — *It will do you no harm,* Non ti farà male — *He probably meant no harm,* Probabilmente non intendeva offendere — *There is no harm in your staying up late occasionally,* Non c'è alcun male se qualche volta stai su fino a tardi — *What's the harm in his going there?,* Che male c'è se ci va? □ *to be out of harm's way,* essere in un posto sicuro (al sicuro).

to **harm** [hɑ:m] *vt* far male (a qcno); offendere; far torto; nuocere; danneggiare: *It hasn't harmed you, has it?,* Non ti ha fatto male, vero?

harmful ['hɑ:mful] *agg* dannoso; nocivo. □ *avv* **harmfully.**

harmfulness ['hɑ:mfulnis] *s.* nocività.

harmless ['hɑ:mlis] *agg* innocuo; inoffensivo; innocente: *harmless snakes,* serpi innocue — *The doctors say he's mad, but he's quite harmless really,* I medici dicono che è pazzo ma in verità non è affatto pericoloso. □ *avv* **harmlessly.**

harmlessness ['hɑ:mlisnis] *s.* innocuità.

harmonic [hɑ:'mɔnik] *agg* armonico.
□ *s.* **1** armonico. **2** armonica.

harmonica [hɑ:'mɔnikə] *s. (strumento)* armonica; armonica a bocca; concertina.

harmonics [hɑ:'mɔniks] *s. pl* armoniche.

harmonious [hɑ:'mounjəs] *agg* **1** armonioso; melodioso; bene intonato. **2** armonioso; ben proporzionato; in piena armonia *(anche fig.): a harmonious group of buildings,* un armonioso gruppo di edifici. □ *avv* **harmoniously.**

harmonium [hɑ:'mounjəm] *s.* armonium.

harmonization [,hɑ:mənai'zeiʃən] *s.* armonizzazione; l'atto dell'armonizzare.

to **harmonize** ['hɑ:mənaiz] *vt* armonizzare *(vari sensi).* □ *vi* **1** armonizzare. **2** essere in armonia; essere in accordo; andare d'accordo: *colours that harmonize well,* colori che armonizzano bene.

harmony ['hɑ:məni] *s.* armonia *(anche mus., scient.);* concordanza; accordo: *His tastes are in harmony with mine,* I suoi gusti sono in armonia con i miei.

harness ['hɑ:nis] *s. (collettivo sing.)* **1** bardatura; finimenti *(del cavallo);* armatura *(del cavallo e del cavaliere);* bretelle; imbracature *(di paracadute): harness maker,* sellaio. **2** sistema di condutture elettriche. □ *to be in harness, (fig.)* essere al (sul) posto di lavoro — *to die in harness,* morire sulla breccia — *to work (to run) in double harness,* lavorare in coppia; essere legati allo stesso carro.

to **harness** ['hɑ:nis] *vt* **1** bardare; mettere i finimenti *(a un cavallo).* **2** imbrigliare; sfruttare *(p.es. una cascata, per produrre energia elettrica).*

harp [hɑ:p] *s.* arpa: *to strike (to play) the harp,* suonare l'arpa; arpeggiare. □ *Jew's harp, (mus.)* scacciapensieri.

to **harp** [hɑ:p] *vi* **1** suonare l'arpa; arpeggiare. **2** *(fig.)* battere sempre lo stesso tasto; insistere fastidiosamente: *She is always harping on her misfortunes,* Non fa che insistere sulle proprie sventure.

harper, harpist ['hɑ:pə*/hɑ:pist] *s.* arpista; suonatore d'arpa.

harpoon [hɑ:'pu:n] *s.* arpione; fiocina; rampone.

to **harpoon** [hɑ:'pu:n] *vt* arpionare; colpire con la fiocina.

harpsichord ['hɑ:psikɔ:d] *s.* clavicembalo; cembalo.

harpy ['hɑ:pi] *s.* arpia *(anche fig.).*

harridan ['hæridən] *s.* vecchia bisbetica; vecchiaccia; strega.

harrier ['hæriə*] *s.* **1** *(cane)* levriere. **2** podista. **3** *(al pl.)* cacciatori con muta di levrieri. **4** nome di vari uccelli rapaci. **5** devastatore.

harrow ['hærou] *s.* erpice: *disk harrow,* erpice a dischi. □ *to be under the harrow, (fig.)* essere straziato; essere in pena.

to **harrow** ['hærou] *vt* **1** erpicare; lavorare con l'erpice. **2** *(fig.)* straziare.

[1]**harrowing** ['hærouiŋ] *agg* straziante; lacerante. □ *avv* **harrowingly.**

[2]**harrowing** ['hærouiŋ] *s. (solo nell'espressione) the Harrowing of Hell,* la discesa (di Cristo) all'Inferno.

to **harry** ['hæri] *vt* **1** devastare; saccheggiare; spogliare. **2** attaccare frequentemente; tormentare; disturbare.

harsh [hɑ:ʃ] *agg* **1** duro; aspro; ruvido; rigido: *a harsh texture,* un tessuto ruvido — *in a harsh voice,* con voce dura, aspra — *a harsh contrast,* un duro contrasto — *harsh to the ear,* aspro all'orecchio. **2** rigido; impietoso; severo: *a harsh judge,* un giudice severo. □ *avv* **harshly.**

harshness ['hɑ:ʃnis] *s.* **1** asprezza; ruvidità; durezza. **2** severità; crudeltà.

hart [hɑ:t] *s.* cervo maschio.

hartshorn ['hɑ:tshɔ:n] *s.* sali di ammoniaca.

harum-scarum ['hɛərəm 'skɛərəm] *s. e agg (fam., di persona)* avventato; irresponsabile; impulsivo.

harvest ['hɑ:vist] *s.* **1** raccolto; messe: *harvest festival, (liturgia)* festa di ringraziamento per il raccolto — *harvest home,* fine della mietitura; festa della mietitura — *the harvest moon,* la luna di settembre *(il plenilunio vicino all'equinozio d'autunno)* — *harvest mouse,* topolino campagnolo. **2** *(fig.)* frutto; conseguenza; compenso: *to reap the harvest of one's work,* raccogliere i frutti del proprio lavoro.

to **harvest** ['hɑ:vist] *vt* raccogliere; mietere: *to harvest rice (potatoes),* raccogliere riso (patate).

harvester ['hɑ:vistə*] *s.* **1** mietitore; raccoglitore. **2** macchina mietitrice, raccoglitrice: *combine-harvester,* mietitrebbia — *forage harvester,* mietiforaggi. **3** *(zool.)* tignola dei raccolti; tetranico.

has [hæz/həz] *3ª persona sing del pres di* **to have.**

has-been ['hæzbi:n] *s.* persona un tempo popolare, importante, ecc.; un 'superato'; un uomo finito.

hash [hæʃ] *s.* **1** specie di spezzatino *(composto di carne già cotta).* **2** *(fig., fam.)* guazzabuglio; miscuglio; pasticcio: *to make a hash of sth,* fare un bel pasticcio di qcsa. **3** *(fam.)* 'hascisc'. □ *to settle sb's hash,* conciare qcno per le feste; sistemare qcno.

to **hash** [hæʃ] *vt (spesso seguito da* up*)* tagliare *(carne)* a pezzetti; spezzettare, tritare *(carne).*

hashish, hasheesh ['hæʃiʃ/'hæʃi:ʃ] *s.* 'hascisc'.

hasn't ['hæznt] *contraz di* has not (⇨ **to have**): *He hasn't a penny,* Non ha una lira — *It hasn't happened yet,* Non è ancora avvenuto.

hasp [hɑ:sp] *s.* **1** cerniera con occhiello per chiudere porte e finestre. **2** matassa di filo.

hassock ['hæsək] *s.* cuscino usato come inginocchiatoio.

hast [hæst] *2ª persona sing (ant.) del pres di* **to have**: *What hast thou?,* Che cos'hai?

haste [heist] *s.* fretta; rapidità; velocità; celerità: *Why all this haste?,* Perché tutta questa fretta? — *to do sth in haste,* fare qcsa in fretta — *He went off in great haste,* Se ne andò in gran fretta — *Make haste!,* Fate in fretta!; Sbrigatevi! — *More haste less speed!, (letteralm.)* Più è la fretta, minore è la velocità; Chi ha fretta vada adagio.

to **hasten** ['heisn] *vi* affrettarsi; accelerare; andare in fretta: *to hasten away,* affrettarsi ad andar via; andarsene in fretta — *to hasten to tell sb the good news,* affrettarsi nel dare a qcno la buona notizia.
□ *vt* affrettare; accelerare: *Artificial heating hastens the growth of plants,* Il riscaldamento artificiale accelera lo sviluppo delle piante.

hastily ['heistili] *avv* ⇨ **hasty.**

hastiness ['heistinis] *s.* **1** frettolosità; precipitazione. **2** *(per estensione)* impazienza; nervosismo; irritabilità.

hasty ['heisti] *agg* (**-ier**; **-iest**) **1** frettoloso; affrettato; impulsivo; avventato: *hasty preparations for flight,* frettolosi preparativi di fuga — *a hasty departure,* una partenza affrettata — *hasty words,* parole avventate. **2** *(raro)* impaziente; nervoso; irritabile: *a hasty old colonel,* un vecchio colonnello irritabile (nervoso). □ *avv* **hastily.**

hat [hæt] *s.* cappello *(di solito con tesa): Take off your hat!,* Togliti il cappello! — *Hats off!,* Giù il cappello! — *hat-block,* forma per cappelli — *hat in hand, (locuzione avv.)* col cappello in mano; in modo ossequioso, servile — *hat-maker,* cappellaio — *to send (to pass) round the hat,* far passare il cappello *(per una colletta)* — *bowler hat,* bombetta — *cocked hat,* feluca; bicorno — *hat-pin,* spillone da cappello — ⇨ *anche* **hatband, hatbox.** □ *hat trick, (cricket)* presa di tre porte con tre palle successive; *(calcio)* tre reti segnate dallo stesso calciatore in una sola partita — *Keep it under your hat!, (fam.)* Tienilo per te!; Acqua in bocca! — *to talk through one's hat, (fam.)* dire un mucchio di sciocchezze; 'contar balle' — *a bad hat, (fam.)* un brutto tipo; un tipo malvagio.

hatband ['hætbænd] *s.* nastro del cappello.

hatbox ['hætbɔks] *s.* cappelliera.

[1]**hatch** [hætʃ] *s.* **1** portello; mezza porta *(scorrevole);* botola; boccaporto: *hatch-way,* boccaporto — *under hatches, (naut.)* sotto coperta; fuori servizio; agli arresti; *(fig.)* nascosto nell'ombra; sparito; morto. **2** apertura che mette in comunicazione due stanze *(generalm. la cucina e la stanza da pranzo),* per passarvi le vivande. **3** cateratta; saracinesca che chiude un canale (o serbatoio) per regolare il decorso delle acque. □ *Down the hatch!, (fam.)* Cin-cin!

[2]**hatch** [hætʃ] *s. (di pulcini)* nascita; covata: *hatches, catches, matches and dispatches, (scherz.)* (rubrica giornalistica delle) nascite, fidanzamenti, matrimoni e decessi.

[1]to **hatch** [hætʃ] *vt e i.* **1** *(di uova covate)* rompere il guscio; aprirsi; schiudere, schiudersi; fare schiudere; nascere *(di pulcini, ecc.);* mettere a covare: *to hatch an egg,* fare schiudere (mettere a covare) un uovo — *to hatch chickens,* fare nascere dei pulcini — *When will the eggs hatch?,* Quando si schiuderanno le uova? **2** tramare; ordire; escogitare. □ *Don't count your chickens before they're hatched, (prov.)* Non dire quattro finché non l'hai nel sacco.

[2]to **hatch** [hætʃ] *vt* tratteggiare; ombreggiare.

hatchery ['hætʃəri] *s.* allevamento; vivaio: *a trout hatchery,* un vivaio di trote.

hatchet ['hætʃit] *s.* accetta; ascia: *to bury the hatchet, (fam.)* seppellire l'ascia di guerra; porre fine alle ostilità; smettere di litigare — *hatchet-faced, (del volto)* dai lineamenti squadrati, tagliati con l'accetta.

hatching ['hætʃiŋ] *s. (arte)* ombreggiatura; tratteggio.

hatchway ['hætʃwei] *s.* ⇨ [1]**hatch.**

hate [heit] *s.* odio; avversione: *a hate campaign,* una violenta campagna denigratoria.

to **hate** [heit] *vt* **1** odiare; detestare: *to hate sb's guts,* odiare a morte qcno — *I hate you!,* Ti detesto! — *My cat hates dogs!,* Il mio gatto non può vedere i cani! **2** *(fam.)* dispiacersi: *I would hate to trouble you,* Mi dispiacerebbe molto disturbarti — *She hates getting to the theatre late,* Le dispiace (Non sopporta di) arrivare tardi a teatro — *She hates anyone listening while she's telephoning,* Non sopporta che la gente l'ascolti mentre telefona.

hateable ['heitəbl] *agg* odioso; odiabile; detestabile.

hateful ['heitful] *agg* odioso; disgustoso; detestabile. □ *avv* **hatefully.**

hatefulness ['heitfulnis] *s.* odiosità; l'essere odiabile, detestabile.

hath [hæθ] *(ant.) 3ª persona sing pres di* **to have**: *He hath pardoned them all,* Li ha perdonati tutti.

hatless ['hætlis] *agg* senza cappello.

hatred ['heitrid] *s.* odio; astio; disprezzo.

hatter ['hætə*] *s.* cappellaio; venditore di cappelli. □ *He's as mad as a hatter,* È matto da legare.

hauberk ['hɔ:bə:k] *s. (stor.)* usbergo.

haughtily ['hɔ:tili] *avv* ⇨ **haughty.**

haughtiness ['hɔ:tinis] *s.* boria; alterigia; arroganza; superbia; presunzione; altezzosità.

haughty ['hɔ:ti] *agg* (**-ier**; **-iest**) borioso; altero; arrogante; fiero; superbo; presuntuoso; altezzoso. □ *avv* **haughtily.**

haul [hɔ:l] *s.* **1** trazione; tiro. **2** tirata. **3** tratto (di viaggio); tragitto: *a short-haul aircraft,* un aeroplano per viaggi brevi. **4** retata *(di pesci);* preda; bottino: *a good haul of fish,* una buona retata di pesci — *The thieves got off with a good haul,* I ladri realizzarono un bel bottino.

to **haul** [hɔ:l] *vt* trascinare; trainare; trasportare; rimorchiare; tirare *(con forza o sforzo);* alare: *They hauled the boat up the beach,* Trascinarono in secco la barca. □ *to haul sb over the coals,* strapazzare (fare un aspro rimprovero a) qcno; riprendere aspramente qcno — *to haul down one's flag (one's colours),* ammainare la propria bandiera; arrendersi.
□ *vi* **1** virare; mutare la rotta; *(del vento)* girare; mutar direzione. **2** *(fig.)* cambiare idea, opinione: *He*

hauled around to my way of thinking, Incominciò a pensarla come me.

haulage ['hɔ:lidʒ] *s.* **1** trasporto *(di merci): haulage contractor,* imprenditore di trasporti. **2** *(per estensione)* costo del trasporto. **3** alaggio.

haulier ['hɔ:ljə*] *s.* autotrasportatore.

haulm [hɔ:m] *s. (collettivo sing.)* steli; gambi *(di fagioli, piselli, patate, ecc.).*

haunch [hɔ:ntʃ] *s.* **1** anca. **2** coscia; quarto di carne *(spec. di pecora o cervo).* **3** *(di arco)* fianco. □ *He was sitting on his haunches,* Se ne stava seduto sui calcagni (accoccolato).

haunt [hɔ:nt] *s.* ritrovo; luogo frequentato assiduamente; covo; luogo di convegno: *a haunt of criminals,* un covo di criminali — *to revisit the haunts of one's schooldays,* tornare a visitare i luoghi frequentati da scolaro.

to **haunt** [hɔ:nt] *vt* **1** visitare insistentemente; perseguitare con la propria presenza; *(di fantasmi)* infestare: *The castle is said to be haunted,* Si dice che il castello sia infestato dai fantasmi — *If you don't help me, I'll haunt you after my death,* Se non mi aiuti, ti perseguiterò dopo la mia morte. **2** ossessionare; tormentare; perseguitare: *to be constantly haunted by fear of discovery,* essere costantemente ossessionato dalla paura di essere scoperto.

haunter ['hɔ:ntə*] *s.* frequentatore assiduo.

haunting ['hɔ:ntiŋ] *agg* ossessionante; indimenticabile: *a haunting tune,* un'aria che ritorna ossessiva. □ *avv* **hauntingly.**

hautboy ['oubɔi] *s. (ant. e lett.)* oboe.

hauteur [ou'tə:*] *s. (fr.)* alterigia.

Havana [hə'vænə] *s. (sigaro)* avana.

have [hæv] *s.* **1** *(solo al pl.)* persone abbienti: *the haves and the have-nots, (di popoli e nazioni)* i ricchi e i poveri. **2** *(sl., GB)* imbroglio; truffa: *What a have!,* Che imbroglio!

to **have** [hæv] *vt* (*3ª persona del pres.* **has**; *pass. e p. pass.* **had**; *pres. negativo spesso abbr. in* **haven't, hasn't,** *pass. in* **hadn't**) **I** *(come verbo modale, viene sempre più spesso usato con l'ausiliare* do *al presente semplice e al passato semplice, spec. negli USA. Quando* to have *indica possesso, in linguaggio non formale, viene seguito molto spesso dalla particella* got*)* **1** avere; possedere: *I have a book,* Io ho un libro — *Has she blue eyes? (Does she have blue eyes?* oppure: *Has she got blue eyes?),* Ha gli occhi blu? — *How many children have they? (How many children do they have?* oppure: *How many children have they got?),* Quanti bambini hanno? — *He hasn't a good memory,* Non ha buona memoria — *He hasn't many friends here,* Qui non ha molti amici — *How many days has June?,* Quanti giorni ha giugno? — *I have no doubt that...,* Non ho alcun dubbio che... — *Please have the kindness (the goodness) to hand me that book,* Per favore abbi la cortesia di passarmi quel libro — *Did he have the impudence to say that?,* Ha avuto la sfacciataggine di dire quello? — *Do you often have colds?,* Soffri spesso di raffreddori? — *Have you (got) a cold?,* Sei raffreddato? — *Do you have much time for reading?,* Disponi di molto tempo per leggere? — *Have you (got) time to come with me?,* Hai tempo di venire con me? — *Have you (got) any idea where he lives?,* Hai idea di dove abiti? — *What reason have you (got) for thinking that he's dishonest?,* Cosa ti fa ritenere che egli sia disonesto? — *What kind of holiday have you in mind?,* Che tipo di vacanze avete in mente?

2 prendere; ottenere: *Do you have tea or coffee for breakfast?,* Prendi tè o caffè per colazione? — *What shall we have for dinner?,* Cosa avremo per pranzo? — *There was nothing to be had,* Non si poté ottenere nulla — *to have a swim (a walk, a bath, ecc.),* fare una nuotata (una passeggiata, un bagno, ecc.) — *Let me have a try,* Fammi provare — *Let's have a look!,* Diamo un'occhiata! — *Go and have a lie down,* Vai a stenderti un po' (a riposare un po') — *Do you ever have dreams?,* Fai mai dei sogni?

3 avere; provare; trascorrere; incontrare: *We didn't have much difficulty,* Non abbiamo incontrato molte difficoltà — *Did you have a good holiday?,* Avete trascorso una bella vacanza?

4 to have to; to have got to, dovere; essere costretto, obbligato, ecc.; avere da (a): *Do you often have to go to the dentist?,* Devi andare spesso dal dentista? — *I'm doing it because I've got to,* Lo faccio perché devo — *Do you have to?, (con l'accento principale su* 'have'*)* Ma devi proprio farlo? — *Have you got to go to the dentist today?,* Devi andare dal dentista oggi? — *You haven't to go to school today, have you?,* Non devi andare a scuola oggi, vero? — *He is so rich that he doesn't have to work,* È così ricco che non ha bisogno di lavorare — *We had to leave early,* Dovemmo partire di buon'ora — *Had you (Did you have) to leave early?,* Doveste partire molto presto? — *These shoes will have to be repaired,* Queste scarpe dovranno essere riparate.

5 (*seguito da un p. pass.:* **to have sth done**) - **a)** far fare; far eseguire, ecc.: *I must have these shoes repaired,* Devo far riparare queste scarpe — *When did you last have your hair cut?,* Quando ti sei fatto tagliare i capelli l'ultima volta? - **b)** subire; sperimentare; avere come risultato: *Charles I had his head cut off,* A Carlo I fu tagliata la testa.

6 (*seguito da un pron. e l'inf. senza* to: have sb do sth) far fare qcsa a qcno: *Have him bring the car round at three,* Fagli portare la macchina qui alle tre — *I would have you know that...,* Voglio che tu sappia che... — *What would you have me do?,* Che cosa volete che io faccia? — *I wouldn't have you do that,* Preferirei che tu non lo facessi.

7 *(sempre all'inf., preceduto da* won't, *con forte accento nella pronunzia)* permettere; tollerare; sopportare: *I won't have such conduct,* Non tollero assolutamente un simile comportamento — *I won't have you saying such things about my sister,* Non permetto che tu dica queste cose di mia sorella.

8 I (we, he, ecc.) had rather (sooner)..., Io preferirei (noi preferiremmo, tu preferiresti)... — *I (we, they) had better...,* Io farei (noi faremmo, loro farebbero) meglio a...

9 *(fam.)* ingannare; imbrogliare; truffare; 'fregare': *I'm afraid you've been had,* Temo che tu sia stato ingannato.

10 battere; vincere; superare: *He had me in that argument,* Ebbe la meglio su di me in quella discussione — *You have me there,* Mi hai colto in fallo (in castagna).

11 *(sempre seguito da* it*)* dire; affermare; asserire; insistere: *Rumour has it that the Prime Minister is going to resign,* Corre voce che il Primo Ministro intenda dimettersi — *He will have it that our plan is impracticable,* Sostiene (Insiste) che il nostro piano è inattuabile — *... as Plato has it...,* ... come asserisce Platone... — *The newspapers have it that...,* I giornali scrivono (riportano) che...

12 to have sth to do with..., avere qcsa a che fare con...: *A lawyer has to do with all sorts of people,* Un av-

vocato ha a che fare con ogni sorta di persone — *What's that got to do with it?*, E con ciò?; Che c'entra? — *to have nothing to do with* ⇨ **nothing I, 1.**
13 to let sb have sth ⇨ **to let.**

II *(come verbo ausiliare)* **1** *(nella formazione dei tempi composti dei verbi transitivi e intransitivi) I have (I've) finished,* Ho finito — *'Have you done it?' - 'Yes, I have (No, I haven't)',* 'L'hai fatto?' - 'Sì, l'ho fatto (No, non l'ho fatto)' — *He has (He's) gone,* Se n'è andato — *Have they arrived?,* Sono arrivati? — *I have been here three times this morning,* Sono stato qui tre volte stamattina — *I shall have done it by next week,* L'avrò fatto per la settimana prossima — *You ought to have done it,* Avresti dovuto farlo.

2 *(in proposizioni condizionali, con l'inversione del verbo e del soggetto) Had I known...,* (Se) avessi saputo... — *Had he come in time...,* (Se) fosse arrivato in tempo...

□ *Have it your own way!,* Fai come vuoi! — *He's had it, (fam.)* È spacciato — *You've had it!, (fam.)* L'hai voluto tu!

to have at, *(generalm. all'imperativo: ant.)* attaccare (qcno): *Have at him!,* Dagliele!

to have back, riavere, ottenere la restituzione di (qcsa); far restituire qcsa: *Let me have it back soon,* Fammelo riavere presto.

to have down, avere qcno come ospite: *We're having the Greens down for a few days,* Abbiamo i Green ospiti per qualche giorno.

to have in, - **a)** far entrare qcno; avere *(p.es. l'idraulico)* in casa: *We shall be having the decorators in next month,* Il prossimo mese avremo in casa i decoratori - **b)** *to have sth in,* avere qcsa in casa: *Have we enough coal in for the winter?,* Abbiamo abbastanza carbone per l'inverno?

to have on, - **a)** indossare; portare addosso; aver addosso: *He had nothing on,* Non aveva niente addosso — *How much money has he got on him?,* Quanto denaro ha con sé? - **b)** avere un impegno: *I have nothing on tomorrow evening,* Domani sera sono libero - **c)** *to have sb on, (fam.)* ingannare, giocare un brutto tiro a qcno - **d)** *to have sth on sb,* sapere qcsa di qcno: *The police have nothing on me,* La polizia non ha niente contro di me.

to have out, - **a)** far togliere, far levare qcsa: *to have a tooth out,* farsi togliere un dente - **b)** *to have one's sleep out,* dormire finché non ci si svegli spontaneamente — *Let her have her sleep out,* Lasciala dormire finché non si sveglia da sola - **c)** *to have it out with sb,* discutere esaurientemente una questione con qcno.

to have up, - **a)** avere qcno come ospite - **b)** *(fam.)* processare; portare in tribunale: *He was had up for exceeding the speed limit,* Fu processato per eccesso di velocità.

haven ['heivn] *s.* **1** porto. **2** *(fig.)* porto di salvezza.

haven't ['hævnt] *contraz di* have not: *I haven't a bean, (fam.)* Non ho una lira — *I haven't seen him before,* Non l'ho mai visto prima d'ora.

haversack ['hævəsæk] *s.* zaino; sacco da montagna.

havoc ['hævək] *s.* rovina; strage; devastazione: *to play havoc with (o among) sth; to make havoc of sth,* fare strage di qcsa; distruggere (devastare, rovinare) qcsa.

haw [hɔ:] *s.* bacca del biancospino.

to **haw** [hɔ:] *vi* ⇨ **to hum.**

hawfinch ['hɔ:fintʃ] *s.* frusone.

haw-haw ['hɔ:hɔ:] *s. e interiezione* 'ah! ah!' *(risata grassa).*

hawk [hɔ:k] *s.* falco *(anche fig.): hawk-eyed,* dagli occhi di falco — *hawk-nosed,* dal naso aquilino.

[1]to **hawk** [hɔ:k] *vi e t.* cacciare col falco; cacciare, assalire dall'alto.

[2]to **hawk** [hɔ:k] *vt* **1** vendere di casa in casa. **2** spargere, propalare (notizie).
□ *vi* fare il venditore ambulante.

[3]to **hawk** [hɔ:k] *vi* raschiarsi la gola; espettorare.

hawker ['hɔ:kə*] *s.* venditore ambulante.

hawser ['hɔ:zə*] *s. (generalm. naut.)* gomena; cavo d'acciaio.

hawthorn ['hɔ:θɔ:n] *s.* biancospino.

hay [hei] *s.* fieno: *hay-fever,* febbre (raffreddore) da fieno — *hay-fork,* forcone; forca da fieno — *to make hay,* falciare e far seccare il fieno al sole — ⇨ *anche* **haybox, hayfield, haymaking,** *ecc.* □ *to make hay while the sun shines, (prov.)* battere il ferro finché è caldo — *to make hay of sth,* mettere qcsa sossopra; mettere in disordine — *between hay and grass,* goffo; né carne né pesce.

haybox ['heibɔks] *s.* cassa con interno rivestito di fieno per tenere caldo il contenuto.

haycock ['heikɔk] *s.* mucchio di fieno nel campo.

hayfield ['hei,fi:ld] *s.* prato *(per la fienagione).*

hayloft ['heilɔft] *s.* fienile.

haymaker ['hei,meikə*] *s.* **1** chi fa fieno; falciatore, falciatrice di fieno. **2** *(fam.)* forte pugno *(con moto semicircolare del braccio);* 'swing'.

haymaking ['hei,meikiŋ] *s.* fienagione.

hayrack ['heiræk] *s.* mangiatoia; rastrelliera per fieno.

hayrick ['heirik] *s.* pagliaio.

hayseed ['heisi:d] *s.* **1** semente del fieno. **2** *(USA, sl.)* zotico; contadino.

haystack ['heistæk] *s.* = **hayrick.**

haywire ['heiwaiə*] *s.* filo di ferro per legare il fieno.
□ *agg (USA, sl.)* pasticciato; aggrovigliato *(anche fig.)* — *to go haywire,* impazzire; 'dare i numeri' *(detto anche di macchinario, di aggeggi elettronici, ecc.).*

hazard ['hæzəd] *s.* **1** azzardo; rischio: *at all hazards,* ad ogni costo. **2** gioco d'azzardo *(coi dadi).* **3** *(golf)* ostacolo naturale.

to **hazard** ['hæzəd] *vt* **1** rischiare; mettere a repentaglio. **2** arrischiare: *to hazard a guess (a remark),* arrischiare una supposizione (un'osservazione).

hazardous ['hæzədəs] *agg* rischioso; pericoloso; azzardato. □ *avv* **hazardously.**

haze [heiz] *s.* **1** foschia; nebbia leggera. **2** *(fig.)* confusione mentale; obnubilamento.

hazel ['heizl] *s.* **1** nocciolo; nocciola. **2** *(spec. di occhi)* color nocciola.

hazily ['heizili] *avv* ⇨ **hazy.**

haziness ['heizinis] *s.* **1** foschia. **2** confusione mentale; incertezza; torpore.

hazy ['heizi] *agg* (**-ier; -iest**) **1** nebbioso; fosco. **2** vago; incerto; confuso *(fig.): He was hazy about what to do next,* Era incerto su cosa avrebbe dovuto fare in seguito. □ *avv* **hazily.**

he [hi:] *pron (3ª persona sing. m.; usato talvolta anche per animali)* egli: *He says he'll come,* (Egli) dice che verrà.
□ *s. (fam.)* un (neonato) maschio: *I'm not sure, but I think it's a he,* Non sono sicuro, ma penso sia un maschietto.

he- [hi:] *prefisso: a he-goat,* un capro — *a he-man,* un uomo forte, virile; 'un duro'.

head [hed] *s.* **1** testa *(anat. e in vari sensi);* capo; *(fig.)* vita: *They cut his head off,* Gli mozzarono il capo — *It cost him his head,* Gli costò la vita — *to hit someone on the head,* colpire qcno alla testa — *He* *fell head-first,* Cadde a capofitto — *from head to foot,* da capo a piedi — *He's got his head screwed on all right; He's got a good head on his shoulders,* Ha la testa sulle spalle — *On your own head be it!,* La colpa ricada sul tuo capo! — *Tom is taller than Harry by a head,* Tom è più alto di Harry di tutta la testa — *to win by a head,* vincere *(una corsa)* per una testa — *the crowned heads of Europe,* le teste incoronate, i monarchi d'Europa — *fifty dinners at two pounds a head,* cinquanta pranzi a due sterline a testa — *out of one's own head,* di testa propria — *He made the story up out of his head,* Ha ideato la storia con la sua fantasia — *The gin has gone to her head,* Il gin le ha dato alla testa — *Success has gone to his head,* Il successo gli ha dato alla testa.

2 *(per estensione: mecc., scient., ecc.)* capo; parte anteriore (superiore); cima; inizio; capocchia *(di spillo, ecc.);* fungo *(di valvola);* prua; prora *(di nave);* testata *(di missile);* ogiva *(di bomba);* capezzale; testata *(di letto);* cappello di panna *(sul latte);* colletto di schiuma *(sulla birra): at the head of the procession,* in testa alla processione — *Bloggs was at the head of the poll,* Allo scrutinio Bloggs risultò in testa — *to sit at the head of the table,* essere a capotavola — *The ship was down by the head,* La nave era inclinata a prua — *the head of a nail,* la testa di un chiodo — *at the head of the page,* in cima alla pagina — *He was standing at the head of the staircase,* Stava in piedi in cima alla scala.

3 *(bot.)* capo; testa; capolino; palla; cespo: *a head of lettuce,* un cespo di lattuga — *a clover head,* un ciuffo di trifoglio.

4 *(generalm. al pl.: di moneta)* testa: *heads or tails?,* testa o croce? — *to be unable to make head or (o nor) tail of sth, (fig.)* non capirci niente — *Heads I win, tails you lose!,* Comunque vadano le cose, io vinco e tu perdi!

5 *(invariato al pl.)* capo; unità di bestiame: *fifty head of cattle,* cinquanta capi di bestiame.

6 *(principalmente con nomi propri)* punto; sperone; promontorio; capo; estremità.

7 *(mecc., ecc.)* pressione *(di acqua o di vapore);* altezza di caduta; livello di pressione utilizzabile; carico; *(di una pompa)* prevalenza.

8 *(spesso anche attrib.)* capo; principale; dirigente; direttore; guida; posizione preminente: *the Head of the Government,* il Capo del Governo — *the head of the family,* il capofamiglia — *the head waiter,* il capo cameriere — *at the head of the army,* a capo dell'esercito — *head-master, (talvolta soltanto* head*)* preside; direttore *(di una scuola).*

9 *(di contratto, ecc.)* punto; capo; capitolo; paragrafo.

10 punta purulenta *(di foruncolo, ecc.): to come to a head,* maturare; *(fig.)* giungere a una crisi decisiva — *The boil came to a head,* Il foruncolo maturò — *Affairs have come to a head,* Le cose sono giunte a un punto decisivo.

11 *(fam.)* forte mal di testa *(spec. dopo una sbornia).*

12 *(naut.: spesso al pl.)* latrina di prua.

13 *(sl.)* tossicomane: *acid-head,* tossicomane dedito all'LSD.

□ *to be head and shoulders above sb, (fig.)* essere notevolmente superiore a qcno *(in intelligenza, abilità, ecc.)* — *to have a good head for sth,* essere abile in qcsa; avere attitudine per qcsa — *He has a good head for business,* È tagliato per gli affari — *to keep one's head,* conservare la calma — *to lose one's head,* perdere la testa — *to be weak in the head,* essere debole di mente — *to be off one's head,* essere pazzo; essere eccitatissimo — *Two heads are better than one, (prov.)* Due occhi vedono meglio di uno — *an old head on young shoulders,* un giovane molto saggio — *to put sth into sb's head,* suggerire qcsa a qcno, mettergli in testa qcsa — *to put sth out of one's head,* smettere di pensare a qcsa; toglierselo di testa — *You had better put that idea of marriage out of your head,* Faresti meglio a toglierti di testa l'idea del matrimonio — *to put sth out of sb's head,* far dimenticare qcsa a qcno — *Something put it out of my head,* Qualcosa me lo fece dimenticare — *to take sth into one's head,* mettersi qcsa in testa; persuadersi di qcsa — *He took it into his head that I was secretly opposing him,* Si mise in testa che io segretamente gli fossi contro — *to lay (to put) heads together,* consultarsi a vicenda — *to talk sb's head off,* frastornare; far venire il mal di capo a forza di parlare — *to talk over sb's head,* parlare in modo troppo difficile per l'interlocutore — *to be promoted over another's head,* essere promosso scavalcando un altro che lo meriterebbe di più — *to stand on one's head,* stare a testa in giù (a gambe all'aria) — *I could do it standing on my head,* Lo potrei fare molto agevolmente — *head over heels,* a rovescio; a testa in giù; *(fig.)* completamente; fino al collo — *to be head over heels in love,* essere follemente innamorato — *to keep one's head above water, (fig.)* tenersi a galla *(specialm. nel senso di 'far sbarcare il lunario')* — *to eat one's head off, (fam.)* mangiare moltissimo e lavorare poco — *to give a horse his head,* allentare la corda a un cavallo; *(fig.)* dare corda a qcno; lasciargli libertà; lasciarlo un po' fare — *a head start, (nello sport e fig.)* un vantaggio — *head-money,* taglia — *head-office, (comm.)* ufficio principale di una ditta — *head-on,* di fronte; frontale; a testa avanti — *a head-on collision,* uno scontro frontale — *to meet (to strike) head-on,* scontrarsi; andare a sbattere con la testa — ⇨ *anche* **headache, headband, headdress, headgear, headhunter,** *ecc.*

to **head** [hed] *vt e i.* **1** capeggiare; essere a capo (di qcsa); far da capo; essere alla testa (di qcsa); capitanare; guidare: *to head a procession,* aprire una processione — *to head a revolt,* capeggiare una rivolta — *Smith's name headed the list,* Il nome di Smith era in testa alla lista. **2** *(calcio)* toccare, colpire di testa. **3** intestare; intitolare: *headed notepaper,* carta da lettera intestata. **4** dirigere, dirigersi: *to head south,* dirigersi verso sud — *He headed straight for home,* Si diresse verso casa — *I am heading for trouble,* Sto andando incontro a un guaio. **5 to head off,** arrestare; deviare; bloccare *(mettendosi davanti ed impedendo il passaggio); (per estensione)* prevenire: *to head off a flock of sheep,* deviare un gregge di pecore — *to head off a quarrel,* prevenire un litigio.

headache ['hedeik] *s.* **1** mal di testa; mal di capo: *to suffer from headaches,* soffrire di mal di testa. **2** *(fig., fam., giornalistico)* grattacapo; seccatura; guaio: *More headaches for the Minister of Labour,* Nuove seccature per il Ministro del Lavoro.

headband ['hedbænd] *s.* **1** benda *(intorno al capo).* **2** *(legatoria)* capitello.

headdress ['heddres] *s.* acconciatura; copricapo.

-headed ['hedid] *agg (nei composti)* dalla testa...: *two-headed,* bicipite — *three-headed,* con tre teste — *hot-headed,* (dalla) testa calda; esaltato — *light-headed,* (dalla) testa vuota; fatuo.

header ['hedə*] *s.* **1** tuffo (di testa); caduta o salto (a capofitto): *to take a header into the swimming-pool,* tuffarsi di testa nella piscina. **2** *(mecc.)* collettore; testata. **3** mattone di punta. **4** colpo di testa *(calcio)*.

headgear ['hed,giə*] *s.* **1** copricapo. **2** finimenti della testa *(di un cavallo)*. **3** *(in miniera)* incastellatura di estrazione.

headhunter ['hed,hʌntə*] *s.* cacciatore di teste, di scalpi.

headiness ['hedinis] *s.* **1** impetuosità; avventatezza. **2** *(di vino, ecc.)* facoltà inebriante; l'essere inebriante.

heading ['hediŋ] *s.* **1** intestazione; testata; titolo. **2** rotta *(di aereo)*.

headlamp ['hedlæmp] *s.* faro; proiettore.

headland ['hedlənd] *s.* promontorio; capo.

headless ['hedlis] *agg* senza testa; senza capo; *(talvolta)* senza guida.

headlight ['hedlait] *s.* faro anteriore *(di automobile, ecc.)*; proiettore.

headline ['hedlain] *s.* *(di giornale)* titolo; intestazione; sottotitolo: *the News Headlines,* sommario del notiziario.

headlong ['hedlɔŋ] *agg* precipitoso; avventato: *a headlong decision,* una decisione avventata.

□ *avv* a capofitto; a testa in giù: *to rush headlong into danger,* cacciarsi a capofitto nel pericolo.

headman ['hed'mæn] *s.* (*pl.* **headmen**) **1** capotribù. **2** *(USA)* caposquadra *(di operai)*.

headmaster ['hed'mɑːstə*] *s.* *(talvolta soltanto* head*)* preside; direttore *(di una scuola)*.

headmistress ['hed'mistris] *s.* preside; direttrice *(di una scuola)*.

headmost ['hedmoust] *agg* che è in testa; più avanzato; primo.

headphones ['hedfounz] *s. pl* cuffia *(da marconista, ecc.)*.

headpiece ['hedpiːs] *s.* **1** elmo; elmetto. **2** *(fam.)* testa; cervello; mente. **3** cuffia *(da marconista, ecc.)*.

headquarters ['hed'kwɔːtəz] *s. pl (talvolta con il v. al sing.)* quartiere generale *(di esercito, polizia, ecc.)*.

headrest ['hedrest] *s.* poggiacapo.

headroom ['hedruːm] *s.* spazio libero, in alto, che consente ad un corpo di passare attraverso un'apertura *(p.es. un veicolo sotto un ponte)*.

headset ['hedset] *s.* cuffia *(telefonica, ecc.)*.

headship ['hedʃip] *s.* comando; direzione; autorità suprema.

headshrinker ['hed'ʃriŋkə*] *s.* *(scherz.)* psichiatra.

headsman ['hedzmən] *s.* (*pl.* **headsmen**) boia; carnefice.

headstall ['hedstɔːl] *s.* cavezza.

headstone ['hedstoun] *s.* **1** pietra tombale; lapide. **2** *(edilizia)* pietra angolare *(anche fig.)*.

headstrong ['hedstrɔŋ] *agg* testardo; ostinato.

head(-)waters ['hed,wɔːtəz] *s. pl* sorgenti *(d'un fiume)*.

headway ['hedwei] *s.* **1** movimento; marcia in avanti; progresso; *(naut.)* abbrivio. **2** *(archit.)* altezza *(di arco, galleria)*.

headwind ['hedwind] *s.* vento di prua.

headword ['hedwəːd] *s.* capolettera; prima parola di un paragrafo; voce (lemma) di vocabolario; *(talvolta)* esponente.

heady ['hedi] *agg* (**-ier**; **-iest**) **1** impetuoso; avventato; impulsivo. **2** testardo; ostinato; caparbio. **3** *(di bevanda alcoolica)* che dà alla testa; inebriante *(anche fig.)*.

to **heal** [hiːl] *vt e i.* **1** cicatrizzare, cicatrizzarsi; guarire; sanare; risanare; rimarginare, rimarginarsi: *The wound is not yet healed,* La ferita non è ancora rimarginata — *The wound healed slowly,* La ferita si cicatrizzò lentamente. **2** *(biblico o ant.)* risanare; mondare; guarire; sanare: *to heal sb of a disease,* guarire qcno da una malattia. **3** *(fig.)* comporre; sedare; attenuare; portare sollievo; alleviare: *to heal a quarrel,* comporre (sedare) una disputa — *Time heals all sorrows,* Il tempo porta sollievo a tutti i dolori.

□ *heal-all,* panacea.

healer ['hiːlə*] *s.* **1** guaritore; risanatore. **2** rimedio; sollievo. □ *faith-healer,* guaritore che fa appello alla capacità di autosuggestione del malato.

healing ['hiːliŋ] *agg* salubre; salutare; balsamico; che dà sollievo; che guarisce; medicamentoso: *healing ointments,* unguenti balsamici.

□ *s.* guarigione: *faith-healing,* guarigione per la fede (per mezzo della preghiera).

health [helθ] *s.* salute; sanità; stato di salute: *to have (to be in) good health,* avere (godere di, essere in) buona salute — *to be the picture of health,* essere il ritratto della salute — *It's good for the health,* Fa bene alla salute — *a health resort,* una stazione climatica (termale) — *to drink a health to sb; to drink to sb's health,* bere alla salute di qcno; fare un brindisi (alla salute di qcno).

healthful ['helθful] *agg* salubre; salutare; sano; benefico; igienico.

healthily ['helθili] *avv* ⇨ **healthy.**

healthiness ['helθinis] *s.* **1** sanità; (buona) salute. **2** salubrità.

healthy ['helθi] *agg* (**-ier**; **-iest**) **1** sano; robusto; in perfetta salute: *The children look very healthy,* I ragazzi hanno un aspetto molto sano. **2** salutare; salubre; sano: *a healthy appetite,* un sano (salutare) appetito. **3** *(fam., per estensione)* forte; vigoroso; fiorente; prospero. □ *avv* **healthily.**

heap [hiːp] *s.* **1** mucchio; cumulo: *a heap of sand; a sand heap,* un cumulo (un mucchio) di sabbia. **2** *(fam., fig.)* grande quantità; un sacco; un mucchio; molto: *We've got heaps of books,* Abbiamo un mucchio di libri — *heaps of time,* un sacco di tempo — *heaps of times,* un sacco (un mucchio) di volte — *There is heaps more I could say on this question,* C'è ancora molto che potrei dire su questo argomento. □ *to be struck (*o *knocked) all of a heap,* essere sopraffatto; sentirsi completamente prostrato, disfatto.

□ *heaps..., avv (fam.)* molto; assai; 'un sacco': *to be feeling heaps better,* sentirsi molto meglio.

to **heap** [hiːp] *vt* **1** ammucchiare; ammassare; accumulare; accatastare; ammonticchiare: *to heap (up) stones,* ammucchiare pietre — *to heap up riches,* accumulare ricchezze. **2** riempire; colmare; caricare; riversare: *to heap a plate with food,* riempire un piatto di cibo — *to heap favours upon a person,* riversare favori su una persona — *a heaped spoonful,* una cucchiaiata abbondante.

to **hear** [hiə*] *vt e i.* (*pass. e p. pass.* **heard**) **1** sentire; udire; percepire: *I heard somebody laughing,* Sentii qualcuno ridere — *He was heard to groan,* Lo si sentì gemere — *Did you hear him go out?,* L'hai sentito uscire? — *We listened but could hear nothing,* Prestammo attenzione, ma non sentimmo nulla — *She doesn't hear very well,* Non sente molto bene. **2** sentir dire; venire a sapere; apprendere: *Have you heard the news?,* Hai saputo la notizia? — *You will hear more about this later,* Ne saprai di più in proposito tra qualche tempo — *I have often heard tell of such things,* Ho sentito spesso parlare di cose simili. **3** *(lett.)* ascoltare; dare ascolto; esaudire: *He heard my entreaties,* Diede ascolto alle mie suppliche. **4** *(dir.)* ascoltare; stare a sentire; esaminare; giudicare: *The* *court heard the evidence,* La corte ascoltò le testimonianze — *Which judge will hear the case?,* Quale giudice dirigerà la causa? □ *hear hear!, (interiezione)* Bravo!; Bene!; D'accordo!

to hear of, sentire parlare (di qcno o qcsa): *He's never heard of Sakespeare,* Non ha mai sentito parlare di Shakespeare — *not to want to hear of sth,* non voler sentir parlare di qcsa — *I won't hear of such a thing!,* Di questo non voglio saper nulla! — *She wouldn't hear of it,* Non ne volle sentir parlare.

to hear from sb, avere notizie di qcno *(tramite lettera): I hope to hear from you soon,* Spero di leggere presto tue notizie.

to hear sb out, ascoltare qcno sino in fondo.

heard [hə:d] *pass e p. pass di* **to hear.**

hearer ['hiərə*] *s.* uditore, uditrice; ascoltatore, ascoltatrice.

hearing ['hiəriŋ] *s.* **1** udito; capacità uditiva: *Her hearing is poor,* Il suo udito è debole — *He is hard of hearing,* È duro d'orecchi — *hearing-aid,* apparecchio acustico. **2** portata d'orecchio; raggio uditivo; portata di voce: *In some countries it is unwise to talk about politics in the hearing of strangers,* In certi paesi non è saggio parlare di politica se vi sono estranei (che possono ascoltare) — *within hearing,* a portata di voce; non lontano — *to be out of hearing,* essere troppo lontano per essere udito. **3** ascolto; udienza; attenzione: *to give sb a fair hearing,* concedere a qcno una giusta attenzione — *to gain a hearing,* guadagnare l'attenzione (di qcno). **4** *(dir.)* udienza.

to **hearken** ['hɑ:kən] *vi (lett.)* ascoltare.

hearsay ['hiəsei] *s.* **1** diceria; sentito dire; voce: *I don't believe it; it's merely hearsay,* Non ci credo; è soltanto una diceria. **2** *(dir.)* voce pubblica.

hearse [hə:s] *s.* carro funebre.

heart [hɑ:t] *s.* **1** cuore *(anat. e fig.);* animo; coraggio; affetto; sentimento: *He has a weak heart,* È debole di cuore — *a heart attack,* un attacco di cuore; un infarto — *heart failure,* un collasso cardiaco — *open heart surgery,* chirurgia a cuore aperto — *heart-lung machine,* macchina cuore polmoni — *the Queen of Hearts, (al gioco delle carte)* la regina di cuori — *a kind-hearted man,* un uomo dal cuore buono — *to have one's heart in the right place,* avere il cuore al posto giusto; avere buoni (nobili) sentimenti — *to have one's heart in one's work,* avere a cuore il proprio lavoro — *to break a person's heart,* spezzare il cuore a qcno — *to take sth to heart,* prendersi a cuore qcsa — *to have sth very much at heart,* avere a cuore qcsa — *to do sb's heart good, (fig.)* far bene al cuore; essere di grande incoraggiamento, conforto — *It does one's heart good to see how well he treats his parents,* Ristora (È confortante) vedere con quanta sollecitudine tratta i suoi genitori — *to wear one's heart upon one's sleeve,* esibire i propri sentimenti — *to have one's heart in one's mouth,* avere il cuore in gola; essere spaventato (da morire) — *to have one's heart in one's boots,* avere il cuore negli stivali (sentirsi molto scoraggiato, depresso) — *to take heart,* farsi coraggio — *to lose heart,* sentirsi scoraggiato — *in good heart,* su di morale (di corda) — ⇨ *anche* **heartache, heartbeat, heartbreak,** *ecc.* **2** *(fig.)* cuore; centro; nucleo; nocciolo; essenza: *in the heart of the forest,* nel cuore della foresta — *the heart of the matter,* il nocciolo della questione. **3** *(di terreno)* fertilità; produttività: *in good heart,* in buone condizioni; di ottima produttività; fertile — *out of heart,* povero; troppo sfruttato. **4** *(come vezzeggiativo)* tesoro; amore: *dear heart,* tesoro; caro.

□ *a heart-to-heart talk,* un colloquio molto intimo e sincero — *heart('s)-blood,* vita; anima — *heart-breaking,* che spezza il cuore — *heart-broken,* desolato; col cuore infranto — *heart's-ease, (ant.)* viola del pensiero — *heart-rending,* straziante — *heart-strings,* legami affettivi; corde del sentimento; sentimenti profondi di amore — *heart-throb, (fam.)* l'idolo; l'amato, l'amata *(spesso riferito ad attori, cantanti, ecc., idoleggiati dal pubblico)* — *to lose one's heart to sb,* innamorarsi perdutamente di qcno — *to set one's heart on sth (doing sth),* desiderare ardentemente qcsa (di fare qcsa) — *to learn sth by heart,* imparare qcsa a memoria — *to cry one's heart out,* sciogliersi, struggersi in lacrime — *to eat one's heart out,* consumarsi nel dolore — *a change of heart,* un mutamento d'umore — *after one's heart,* del proprio tipo; di proprio gusto — *at heart; in one's heart of hearts,* nell'intimo; nel proprio intimo.

heartache ['hɑ:teik] *s.* crepacuore; angoscia.

heartbeat ['hɑ:tbi:t] *s.* battito del cuore; pulsazione; batticuore.

heartbreak ['hɑ:tbreik] *s.* crepacuore; dolore profondo.

heartburn ['hɑ:tbə:n] *s.* bruciore, acidità di stomaco.

heartburning ['hɑ:tbə:niŋ] *s.* **1** *(spesso al pl.)* bruciore, acidità di stomaco. **2** *(fig.)* gelosia; rancore.

-hearted ['hɑ:tid] *agg (nei composti) hard-hearted,* dal cuore duro; crudele; insensibile — *sad-hearted,* triste; abbattuto — *light-hearted,* spensierato — *faint-hearted,* pusillanime — *half-hearted,* poco convinto; apatico; incapace di impegnarsi a fondo.

□ **-heartedly** *avv (nelle espressioni) half-heartedly,* senza impegnarmi a fondo; con scarso impegno; di malavoglia — *light-heartedly,* a cuor leggero.

to **hearten** ['hɑ:tn] *vt* rincuorare; incoraggiare; rallegrare; dare sollievo; fare animo: *heartening news,* notizie incoraggianti.

heartfelt ['hɑ:tfelt] *agg* profondo *(fig.);* di cuore; sincero; vivo: *heartfelt sympathy,* profonda (viva) simpatia.

hearth [hɑ:θ] *s.* **1** focolare *(parte del camino); (fig.)* casa: *hearth-rug,* tappeto steso davanti al focolare. **2** letto di fusione; crogiolo; suola *(di forno).*

hearthstone ['hɑ:θstoun] *s.* **1** pietra del focolare. **2** *(un tempo)* pietra per imbiancare focolari.

heartily ['hɑ:tili] *avv* **1** con entusiasmo; con impegno; vigorosamente: *to set to work heartily,* accingersi al lavoro con entusiasmo — *to eat heartily,* mangiare di cuore (con buon appetito). **2** cordialmente. **3** molto; assai; assolutamente: *I'm heartily sick of this wet weather,* Sono arcistufo di questo tempo piovoso.

heartiness ['hɑ:tinis] *s.* **1** cordialità; sincerità. **2** *(spesso spreg.)* vigoria.

heartless ['hɑ:tlis] *agg* crudele; senza cuore; spietato. □ *avv* **heartlessly.**

heartlessness ['hɑ:tlisnis] *s.* crudeltà; mancanza di cuore.

heartsick ['hɑ:tsik] *agg* afflitto; affranto.

hearty ['hɑ:ti] *agg* (**-ier; -iest**) **1** cordiale; sincero; di cuore: *to give sb a hearty welcome,* dare a qcno un cordiale benvenuto — *to give one's hearty approval (support) to a plan,* dare la propria sincera approvazione (il proprio sincero appoggio) a un progetto. **2** forte; sano; vegeto; robusto: *hale and hearty* ⇨ **hale. 3** *(di pasto, appetito)* vigoroso; abbondante; forte: *a hearty meal,* un pasto robusto. □ *avv* **heartily** ⇨.

☐ *s. (un tempo, nelle università inglesi; spesso spreg.)* sportivo; atleta.

heat [hi:t] *s.* **1** calore; caldo; calura: *the heat of the sun's rays,* il calore dei raggi del sole — *She suffers from the heat,* Patisce il caldo — *heat-stroke,* colpo di sole — *heat-wave,* ondata di caldo. **2** *(fig.)* ardore; fervore; impeto; foga; animosità; vivacità: *to speak with considerable heat,* parlare con molta foga — *in the heat of the debate,* nell'ardore della discussione — *in the heat of the moment,* nella foga del momento. **3** *(sport)* prova *(di una serie);* batteria; gara eliminatoria: *trial heats,* gare di prova — *qualifying heats,* gare eliminatorie — *a dead heat,* prova alla pari, con risultato alla pari. **4** *(zool.)* calore *(delle femmine): to be on (o in, at) heat,* essere in calore. **5** riscaldamento: *His rent includes heat,* Il suo canone d'affitto comprende il riscaldamento. ☐ *heat-cure; heat treatment,* termoterapia — *prickly heat,* infiammazione pruriginosa della pelle *(malattia frequente nei paesi caldi)* — *heat spot; heat bump,* 'bollicina' cutanea dovuta al calore.

to **heat** [hi:t] *vt* riscaldare: *to heat (up) some water,* riscaldare dell'acqua.

☐ *vi* **1** riscaldarsi. **2** *(fig.)* infiammarsi.

heated ['hi:tid] *agg* **1** riscaldato. **2** *(fig., per estensione)* animato; eccitato: *a heated discussion,* una discussione animata — *to get heated with wine,* scaldarsi col vino. ☐ *avv* **heatedly.**

heater ['hi:tə*] *s.* calorifero; riscaldatore; bollitore: *an electric heater,* una stufetta elettrica; radiatore elettrico — *an electric immersion heater,* uno scaldabagno elettrico.

heath [hi:θ] *s.* **1** landa; brughiera. **2** erica.

heathen ['hi:ðən] *s.* **1** pagano; idolatra *(se è usato con l'art. determinativo non prende la 's' del pl.* ⇨ *il secondo esempio): The Saxons who invaded England in olden times were heathens,* I Sassoni che invasero l'Inghilterra nei tempi antichi erano pagani — *He went abroad to preach Christianity to the heathen,* Andò all'estero per predicare il cristianesimo ai pagani. **2** barbaro; selvaggio; incivile: *They've allowed their daughter to grow up like a young heathen,* Hanno permesso alla loro figlia di crescere come una giovane selvaggia. ☐ *(attrib.) a heathen land,* una terra selvaggia — *heathen customs,* usanze barbare (incivili).

heathenish ['hi:ðəniʃ] *agg* **1** pagano; paganeggiante. **2** barbaro; barbarico.

heather ['heðə*] *s.* erica: *to take to the heather, (scozzese)* darsi alla macchia; diventare un bandito, un fuorilegge — *heather mixture,* tessuto di diversi colori (simili all'erica).

heating ['hi:tiŋ] *s.* riscaldamento: *central heating,* riscaldamento centrale — *heating apparatus,* calorifero; termosifone.

heave [hi:v] *s.* **1** sollevamento; trazione; innalzamento; lancio. **2** conato di vomito. **3** *(al pl., veterinaria)* bolsaggine.

to **heave** [hi:v] *vt* (*pass. e p. pass.* **heaved** *o* **hove**) **1** sollevare *(con sforzo);* levare; tirare; alzare: *to heave the anchor,* levare l'ancora — *to heave (away) at the capstan,* tirare l'argano. **2** proferire; emettere: *to heave a sigh (a groan),* emettere un sospiro (un gemito). **3** *(fam.)* gettare; lanciare: *to heave sth overboard,* gettare qcsa in mare — *to heave a brick through a window,* gettare un mattone attraverso una finestra.

☐ *vt* **1** sollevarsi e abbassarsi regolarmente; ondeggiare regolarmente; ansare: *the heaving billows, (lett.)* i marosi ondeggianti — *a heaving bosom,* un petto ansante, ansimante. **2** *(di imbarcazione)* mettersi in panna; mettersi alla cappa: *The boat hove to,* L'imbarcazione si mise in panna.

☐ *to heave in sight, (naut.)* apparire all'orizzonte — *Heave away! Heave ho!, (naut.)* Oh issa!

heaven ['hevn] *s.* **1** cielo *(in senso religioso);* dimora celeste; regno di Dio; paradiso: *to die and go to heaven,* morire e andare in cielo — *It was the will of Heaven,* È stata la volontà di Dio — *Heaven forbid!,* Il Cielo non voglia! — *Thank heaven you were not killed,* Grazie al cielo non sei stato ucciso — *By Heaven!,* Oh Cielo! — *Good Heavens!,* Santo Cielo! **2** *(fig., luogo di estrema felicità)* cielo; settimo cielo. **3** *(spesso al pl.)* firmamento: *the broad expanse of heaven (of the heavens),* l'ampia distesa del firmamento (dei cieli) — *to move heaven and earth,* muovere cielo e terra; muovere mari e monti; fare di tutto.

heavenly ['hevnli] *agg* **1** divino; celeste; celestiale *(anche fig.);* sovrumano: *a heavenly vision,* una visione celestiale — *the heavenly bodies,* i corpi celesti — *the Heavenly City,* la Città di Dio (Celeste); il paradiso; il Regno di Dio — *heavenly-minded,* pio; devoto; con la mente al Cielo. **2** *(fam.)* delizioso; eccellente; ottimo; squisito: *What heavenly peaches!,* Che pesche squisite! ☐ *the Heavenly Twins,* i Gemelli *(la costellazione).*

heavenward ['hevnwəd] *agg* rivolto al cielo.

☐ *avv* = **heavenwards.**

heavenwards ['hevnwədz] *avv* verso il cielo; in direzione del cielo.

heavily ['hevili] *avv* **1** pesantemente: *to breathe heavily,* respirare con difficoltà — *to sleep heavily,* dormire profondamente. **2** molto; troppo; eccessivamente: *a heavily loaded lorry,* un autocarro eccessivamente carico. **3** severamente; gravemente.

heaviness ['hevinis] *s.* pesantezza; gravezza *(cfr.* **heavy** *per tutti i possibili significati in senso fig.).*

heavy ['hevi] *agg* (**-ier**; **-iest**) **1** pesante *(anche fig.);* grave; gravoso; opprimente: *It's too heavy for me to lift,* È troppo pesante per me (da sollevare, perché lo possa sollevare) — *Lead is a heavy metal,* Il piombo è un metallo pesante — *heavy water,* acqua pesante — *heavy hydrogen,* idrogeno pesante (arricchito) — *heavy guns (artillery),* cannoni di grosso calibro (artiglieria pesante). **2** intenso; violento; di forza o proporzioni superiori alla media; grave; difficile: *heavy crops,* raccolti abbondanti — *heavy rain,* pioggia violenta — *heavy work,* lavoro intenso — *a heavy blow,* un colpo violento — *a heavy fall,* una grave caduta — *a heavy heart,* un cuore oppresso (addolorato) — *heavy soil,* terreno aspro (difficile da coltivare) — *heavy roads,* strade difficili *(per il fango, ecc.),* cattive — *a heavy sky,* un cielo greve (carico di nubi) — *a heavy sea,* un mare grosso — *heavy going,* progresso difficoltoso; andatura pesante. **3** noioso; tedioso; impacciato; lento; troppo serio o solenne; inattivo; greve; appesantito: *to play the part of the heavy father,* recitare la parte del padre autoritario — *to be heavy with sleep (with wine),* essere greve per il sonno (per il vino). ☐ *heavy-handed,* goffo; maldestro; impacciato — *heavy-hearted,* malinconico; triste; oppresso. ☐ *avv* **heavily** ⇨.

☐ *avv* pesantemente; in modo grave; opprimente: *The crime lies heavy on his conscience,* Il delitto pesa in modo opprimente sulla sua coscienza — *Do you ever find time hangs heavy on your hands?,* Hai mai trovato che il tempo scorre troppo adagio? — *heavy-laden,* oppresso da un peso *(in senso reale e fig.).*

heavyweight ['hevi,weit] *s.* **1** *(boxe)* peso massimo. **2** *(fam.)* 'pezzo grosso'.
□ *agg* **1** *(boxe)* dei pesi massimi. **2** pesante.

hebdomadal [heb'dɔmədl] *agg (raro)* ebdomadario; settimanale.

hebetude ['hebitju:d] *s.* ebetudine.

Hebraic [hi:'breiik] *agg* ebraico.

Hebrew ['hi:bru:] *s.* **1** ebreo; israelita. **2** lingua ebraica.
□ *agg* ebraico.

hecatomb ['hekətoum] *s.* ecatombe.

heck [hek] *(abbr. fam., spec. USA, di* hell*)* Accidenti!; Diavolo!

to **heckle** ['hekl] *vt* **1** cardare; pettinare *(lino, canapa).* **2** fare domande imbarazzanti *(spec. in sede pubblica);* cercare di mettere in crisi *(un oratore, p.es. ad un comizio).*

heckler ['heklə*] *s.* interlocutore imbarazzante, importuno.

hectare ['hektɑ:*] *s.* ettaro.

hectic ['hektik] *agg* **1** *(non molto comune)* febbrile; tisico; da tisico; consunto; acceso *(di colorito);* febbricitante: *hectic cheeks,* guance febbricitanti — *a hectic colouring,* un colorito acceso (per la febbre). **2** *(fam.)* tumultuoso; agitato; frenetico; febbrile; eccitante; esaltante: *to have a hectic time,* vivere febbrilmente (per un periodo di tempo) — *to lead a hectic life,* vivere freneticamente (condurre una vita frenetica) — *for one hectic moment,* per un solo momento di frenesia (di follia). □ *avv* **hectically.**

hectogram(me) ['hektou̯græm] *s.* ettogrammo; etto.

hectolitre, hectoliter ['hektou̯,li:tə*] *s.* ettolitro.

to **hector** ['hektə*] *vt e i.* **1** fare il gradasso, lo spaccone. **2** malmenare; minacciare.

he'd [hi:d] *contraz di* **1** he had: *He'd already done it,* L'aveva già fatto. **2** he would: *He'd like to do it,* Gli piacerebbe farlo.

hedge [hedʒ] *s.* **1** siepe. **2** *(fig.)* barriera; limitazione: *a hedge against inflation,* una barriera contro l'inflazione. □ *hedge-sparrow,* passero scopaiolo.

to **hedge** [hedʒ] *vt e i.* **1** chiudere, cintare con siepe; *(fig.)* mettere una barriera: *to hedge a field,* cintare un campo con una siepe — *to hedge sb in (o round) with rules and regulations,* vincolare qcno con leggi e regolamenti. **2** eludere *(una domanda);* rispondere in modo evasivo; evitare di compromettersi. **3** mettersi le spalle al sicuro in una scommessa *(scommettendo pro e contro).* **4** piantare siepi; potare siepi.

hedgehog ['hedʒhɔg] *s.* riccio; istrice; porcospino *(anche fig.).*

to **hedge(-)hop** ['hedʒhɔp] *vi (di aereo)* volare radente.

hedge(-)hopping ['hedʒ,hɔpiŋ] *s.* volo radente.

hedgerow ['hedʒrou] *s.* siepe.

hedonism ['hi:dənizəm] *s.* edonismo.

hedonist ['hi:dənist] *s.* edonista.

hedonistic [,hi:də'nistik] *agg* edonistico.

heed [hi:d] *s.* attenzione; cura; osservanza: *to take no heed of what people say,* non curarsi di ciò che dice la gente — *to give (to pay) no heed to a warning,* non fare attenzione alcuna ad una avvertenza.

to **heed** [hi:d] *vt* fare attenzione; seguire; osservare; badare; dare retta: *to heed a warning,* seguire un'avvertenza — *to heed what a person says,* badare a ciò che una persona dice.

heedful ['hi:dful] *agg* attento; vigile; diligente; osservante: *to be more heedful of advice,* stare più attento ai consigli. □ *avv* **heedfully.**

heedless ['hi:dlis] *agg* disattento; trascurato; noncurante; sbadato: *to be heedless of danger,* essere noncurante del pericolo. □ *avv* **heedlessly.**

hee(-)haw ['hi'hɔ:] *s.* **1** raglio. **2** risata grassa.

heel [hi:l] *s.* **1** calcagno; tallone; tacco; garretto *(di cavallo);* sperone *(di uccello): to tread upon sb's heels; to come (to follow) upon the heels of sb,* venire (stare) alle calcagna di qcno; *(fig.)* seguire pedissequamente qcno — *the heel of Achilles,* il tallone di Achille; il punto debole — *stiletto heels,* tacchi a spillo — *to turn on one's heel,* girare sui tacchi; girarsi di scatto; voltare le spalle a qcno — ⇨ *anche* **heel-tap. 2** *(fam.)* mascalzone; pezza da piede; persona spregevole. **3** fondo; parte finale di qcsa. **4** *(naut.)* piede; calcagnolo; rabazza; maschio.
□ *to be down at heel,* avere le scarpe scalcagnate; essere male in arnese, malandato, decaduto — *to be under the heel of sb,* essere sotto il dominio di qcno — *to have the heels of sb,* sorpassare qcno — *to kick (to cool) one's heels,* essere lasciato in lunga attesa — *to kick up one's heels,* fare salti dalla gioia — *to kick up one's heels, (fam.)* morire; tirare le calzette (le cuoia) — *to lay (to clap) sb by the heels,* incatenare; imprigionare qcno — *to show a clean pair of heels,* darsela a gambe; nascondersi — *to show one's heels to sb,* sorpassare qcno — *to take to one's heels,* scappare via; darsela a gambe.

¹to **heel** [hi:l] *vt* **1** fare (mettere) i tacchi: *to sole and heel a pair of shoes,* risuolare e rifare i tacchi a un paio di scarpe. **2** stare alle calcagna; inseguire da presso. **3** *(sport)* colpire di tacco *(il pallone).* **4** *(USA)* fornire *(di armi, denaro, ecc.): heeled,* armato di pistola — *well-heeled, (sl.)* ben fornito di quattrini; con i piedi al caldo.

²to **heel** [hi:l] *vi e t. (naut.: spesso seguito da* over*)* ingavonare; sbandare.

heelball ['hi:lbɔ:l] *s.* specie di cera dura e nera *(usata dai calzolai per lucidare le scarpe);* lucido.

heeler ['hi:lə*] *s.* calzolaio.

heel-tap ['hi:ltæp] *s.* **1** strato di cuoio nel tacco di una scarpa; salvatacco. **2** residuo di bevanda *(generalm. alcoolica)* nel fondo di un bicchiere: *No heel-taps!,* Vuotate i bicchieri!

to **heft** [heft] *vt* soppesare; alzare; sollevare.

hefty ['hefti] *agg* (**-ier; -iest**) *(fam.)* forte; grande; pesante; robusto. □ *avv* **heftily.**

hegemony ['hegiməni] *s.* egemonia.

heifer ['hefə*] *s.* giovenca.

heigh [hei] *interiezione* ehi!; eh!

heigh-ho ['hei 'hou] *interiezione* ahimè!; uffa!

height [hait] *s.* **1** altezza; altitudine; quota; statura: *the height of a village,* l'altezza di un villaggio *(sul livello del mare)* — *to gain (to lose) height,* guadagnare (perdere) quota — *What is your height?,* Quanto sei alto? — *He is six feet in height,* È alto sei piedi. **2** altura; altitudine; cima. **3** apice; vertice; culmine; colmo: *the height of his ambition,* l'apice della sua ambizione — *the height of folly,* il colmo della follia — *to be dressed in the height of fashion,* essere vestito all'ultima moda — *The storm was at its height,* La bufera era al suo culmine.

to **heighten** ['haitn] *vt* **1** innalzare; elevare; rendere alto. **2** aumentare; accrescere; intensificare; fare aumentare: *to heighten a person's anger,* fare aumentare la collera a una persona — *to heighten an effect,* aumentare un effetto.

heinous ['heinəs] *agg* nefando; atroce; odioso *(di delitto)*. □ *avv* **heinously.**
heinousness ['heinəsnis] *s.* nefandezza; atrocità.
heir [ɛə*] *s.* erede: *He is heir to a large fortune,* È erede di un grosso patrimonio — *the heir to the throne,* l'erede al trono — *heir-apparent, (pl.* heirs-apparent*)* erede diretto — *sole heir,* erede unico — *heir-at-law,* erede legittimo — *heir-presumptive, (pl.* heirs-presumptive*)* presunto erede.
heiress ['ɛəris] *s.* ereditiera; erede *(donna)*.
heirloom ['ɛəlu:m] *s.* **1** *(dir.)* bene mobile spettante all'erede legittimo. **2** cimelio di famiglia; *(fig.)* qualità tramandate.
held [held] *pass e p. pass di* **to hold.**
helical ['helikəl] *agg* elicoidale.
helicopter ['helikɔptə*] *s.* elicottero.
heliograph ['hi:liougrɑ:f] *s.* eliografo.
to **heliograph** ['hi:liougrɑ:f] *vt* trasmettere messaggi con l'eliografo.
heliotrope ['heljətroup] *s.* eliotropio.
heliport ['helipɔ:t] *s.* eliporto.
helium ['hi:ljəm] *s.* elio.
helix ['hi:liks] *s.* *(pl.* **helices, helixes***)* **1** *(geometria, mecc.)* elica; spirale; voluta: *helix-angle,* angolo ellittico. **2** *(anat.)* elice. **3** *(archit.)* voluta. **4** *(zool.)* elice.
he'll [hi:l] *contraz di* he will: *He'll be here shortly,* Sarà qui tra poco.
hell [hel] *s.* inferno *(anche fig.)*: *to suffer hell on earth,* sopportare l'inferno in terra — *to make sb's life (a) hell,* rendere la vita di qcno un inferno — *Go to hell!,* Va' all'inferno! (al diavolo!). □ *gambling hell,* bisca — *to ride hell for leather,* correre (andare) come un demonio, a spron battuto — *hell-cat,* donna bisbetica; furia; arpia — *a hell of a (USA* helluva*) noise, (fam.)* un baccano infernale — *I've got a hell of a cold,* Ho un tremendo raffreddore — *We had a (o one) hell of a good time,* Ci siamo divertiti un mondo — *Hell!,* Accidenti! — *What the hell do you want?,* Che diavolo vuoi? — *like hell, (espressione avverbiale, fam.)* a rotta di collo; a più non posso; come un demonio — *Like hell!, (esclamazione affermativa)* Eccome!; Certamente!; *(avversativa)* Figurati!; Ma sei pazzo!; Col cazzo! *(volg.)* — *hell for leather* ⇨ **leather.**
hellebore ['helibɔ:*] *s.* elleboro.
Hellene ['heli:n] *s.* elleno.
Hellenic [he'li:nik] *agg* ellenico.
Hellenism ['helinizəm] *s.* ellenismo.
Hellenist ['helinist] *s.* ellenista; grecista.
hellish ['heliʃ] *agg* infernale; orrendo; orribile; demoniaco; diabolico. □ *avv* **hellishly.**
hello ['he'lou] *interiezione* = **hallo.**
helluva ['heləvə] *contraz di* hell of a ⇨ **hell.**
[1]**helm** [helm] *s.* timone *(anche fig.)*: *the man at the helm,* l'uomo al timone; il timoniere — *the helm of state, (fig.)* il timone (il governo) dello Stato.
[2]**helm** [helm] *s.* *(ant.)* elmo.
helmet ['helmit] *s.* elmo; elmetto; casco.
helmeted ['helmitid] *agg* munito di elmo, di casco.
helmsman ['helmzmən] *s.* *(pl.* **helmsmen***)* timoniere.
helot ['helət] *s.* *(stor.)* ilota; schiavo.
help [help] *s.* **1** aiuto; assistenza; soccorso: *Thanks for your help,* Grazie del tuo aiuto — *Can I be of any help (to you)?,* Posso esservi di qualche aiuto? — *It was not much help,* Non è servito gran che; Non è stato di grande aiuto. **2** *(al sing. e con l'art. indeterminativo)* aiuto; persona o cosa che è di aiuto: *Your advice was a great help,* Il tuo consiglio mi è stato di grande aiuto — *Far from being a help to me, you're a hindrance,* Invece di essermi di aiuto, mi sei d'intralcio. **3** rimedio; cura: *There is no help for it,* Non c'è alcun rimedio. **4** persona di servizio *(spec. donna a ore)*: *The help hasn't come this morning,* La donna non è venuta stamattina.
to **help** [help] *vt e i.* **1** aiutare; assistere; soccorrere; rendere più facile; *(nei negozi)* servire: *Please help me (to) find his things,* Per piacere, aiutami a trovare le sue cose — *Please help me up (down, out) with this trunk,* Per favore, aiutami a portar su (giù, fuori) questo baule — *We helped her out of the car and up the stairs,* L'aiutammo a scendere dalla macchina e a salire le scale — *Will you help me on with my overcoat, please?,* Per favore mi aiuti a indossare il soprabito? — *Can I help you?,* Posso aiutarLa?; In che cosa posso servirLa? — *to help sb out,* dare una mano a qcno — *to help sb out of a difficulty,* aiutare qcno a superare una difficoltà — *... So help me God, (dir.)* ... Che Dio mi assista — *God helps those who help themselves, (prov.)* Aiutati che Dio t'aiuta. **2** *(generalm.* **to help sb to sth***)* passare; servire *(cibo e bevande)*: *May I help you to some more meat?,* Posso servirle ancora un po' di carne? — *Help yourself!,* - **a)** Serviti!; Si serva! - **b)** Fa' da te! **3** alleviare: *This will help your cold,* Questo ti allevierà il raffreddore. **4** *(posposto a* can, can't, could, couldn't*)* non riuscire; non poter farci niente; non poter fare a meno (di fare qcsa): *I can't help his being so foolish,* Non è colpa mia (Non posso farci niente) se è così sciocco — *I can't help it!,* È più forte di me! — *I can't help drinking,* Non riesco a fare a meno di bere — *She burst out crying; she couldn't help herself,* Scoppiò in singhiozzi: non riuscì a trattenersi — *It can't be helped,* Non c'è rimedio (Non c'è niente da fare) — *Don't tell him more than you can help,* Non dirgli più del necessario; Vedi di dirgli il meno possibile — *Don't stay longer than you can help!,* Non trattenerti più del necessario!
helper ['helpə*] *s.* aiutante; assistente; aiuto.
helpful ['helpful] *agg* di aiuto; favorevole; utile; vantaggioso: *to be helpful to one's friends,* essere di aiuto ai propri amici. □ *avv* **helpfully.**
helpfulness ['helpfulnis] *s.* utilità; giovamento; vantaggio.
helping ['helpiŋ] *s.* **1** *(anche attrib.)* l'aiutare; l'aiuto; l'assistenza: *a helping hand,* un aiuto; 'una mano'. **2** *(di cibo)* porzione: *three helpings of potatoes,* tre porzioni di patate.
helpless ['helplis] *agg* indifeso; incapace di reagire. □ *avv* **helplessly.**
helplessness ['helplisnis] *s.* l'essere indifeso; passività; debolezza; impotenza.
helpmate, helpmeet ['helpmeit/'helpmi:t] *s.* compagno; appoggio *(detto generalm. di consorte)*.
helter-skelter ['heltə'skeltə*] *avv* in fretta e furia; disordinatamente e frettolosamente; alla rinfusa.
helve [helv] *s.* impugnatura; manico *(di utensile e spec. di un'ascia)*.
[1]**hem** [hem] *s.* orlo; bordo; cucitura dell'orlo: *hem-line,* orlo; altezza *(da terra)* di un indumento — *hem-stitch,* orlo a giorno.
[1]to **hem** [hem] *vi* **(-mm-) 1** orlare; fare un orlo: *to hem a handkerchief,* orlare un fazzoletto. **2** *(seguito da* in, about, round, *ecc.)* circondare; attorniare; chiudere; cingere: *to be hemmed in by restrictions,* essere chiuso in un cerchio di restrizioni.
[2]**hem** [hem] *interiezione* *(anche* **h'm***)* ehm!
[2]to **hem** [hem] *vi* **(-mm-) 1** fare 'ehm'; schiarirsi la voce. **2** esitare nel parlare.
hematite ['hemətait] *s.* = **haematite.**

hemidemisemiquaver ['hemi,demi'semi,kweivə*] *s.* semibiscroma.

hemisphere ['hemisfiə*] *s.* emisfero: *the Northern (Southern) hemisphere,* l'emisfero boreale (australe).

hemlock ['hemlɔk] *s.* cicuta. □ *hemlock spruce,* abete canadese.

hemoglobin [,hi:mou'gloubin] *s.* = **haemoglobin.**

hemophilia [,hi:mou'filjə] *s.* = **haemophilia.**

hemorrhage ['hemərid3] *s.* = **haemorrhage.**

hemorrhoids ['hemərɔidz] *s. pl* = **haemorrhoids.**

hemp [hemp] *s.* canapa: *Indian hemp,* 'canapa indiana'; 'hascisc'.

hempen ['hempən] *agg* di canapa; canapino.

hem(-)stitch ['hemstitʃ] *s.* ⇨ **hem.**

hen [hen] *s.* **1** gallina: *hen-coop,* stia — *hen-house,* pollaio — *hen-roost,* posatoio; pollaio. **2** femmina *(di volatili, di alcuni crostacei): hen-bird,* uccello femmina — *hen-sparrow,* passera — *hen-crab,* granchio femmina — *guinea-hen,* gallina faraona — *pea-hen,* pavonessa.

□ *hen and chickens, (bot.)* edera terrestre — *hen-party, (scherz.)* riunione di sole donne — *to be like a hen on a hot griddle, (fig., fam.)* essere terribilmente irrequieto — *to be like a hen with one chicken, (fig., fam.)* affannarsi senza motivo; darsi un'aria indaffarata — *to sell one's hens on a rainy day, (fig., fam.)* vendere in condizioni sfavorevoli — *hen-pecked* ⇨ **henpecked.**

hence [hens] *avv* **1** da qui; da adesso: *a week hence,* una settimana da adesso. **2** donde; per tale ragione; indi; quindi; perciò.

henceforth, henceforward ['hens'fɔ:θ/,hens'fɔ:wəd] *avv (ant. e lett.)* d'ora in avanti; d'ora innanzi; in futuro; per il futuro.

henchman ['hentʃmən] *s.* (*pl.* **henchmen**) accolito; seguace; *(spreg.)* tirapiedi.

henna ['henə] *s.* **1** alcanna; reseda. **2** enné *(tintura).*

henpecked ['henpekt] *agg* bistrattato dalla moglie.

hep [hep] *agg* = [2]**hip.**

hepatitis [,hepə'taitis] *s.* epatite.

heptagon ['heptəgən] *s.* ettagono.

her [hə*] *pron personale, 3ª persona sing f. (casi obliqui di* she*)* lei; la; le: *She's in the garden. Can you see her?,* È nel giardino. La vedi? — *Give her the book,* Dalle il libro — *Is this her?,* È lei?

□ *agg possessivo* suo (sua, suoi, sue); di lei: *Mary's mother is dead, but her father is alive,* La madre di Mary è morta, ma suo padre è vivo — *That's her handbag, not yours,* Quella è la sua borsetta, non la tua.

herald ['herəld] *s.* **1** araldo; nunzio; messaggero *(anche fig.);* annunciatore; foriero. **2** araldista; esperto di araldica: *the College of Heralds, (GB)* la Consulta Araldica.

to **herald** ['herəld] *vt* annunziare; proclamare; fare da annunciatore.

heraldic [he'rældik] *agg* araldico.

heraldry ['herəldri] *s.* araldica.

herb [hə:b] *s.* **1** pianta erbacea *(generalm. pianta medicinale).* **2** erba aromatica, che si usa in cucina: *herb-beer,* bevanda di erbe — *herb-tea; herb-water,* infuso o decotto d'erbe.

herbaceous [hə:'beiʃəs] *agg* erbaceo: *a herbaceous border,* bordo d'aiuola costituito da piante perenni.

herbage ['hə:bid3] *s.* **1** *(collettivo)* erbe; piante erbacee. **2** *(dir.)* erbatico; diritto di pascolo.

herbal ['hə:bəl] *agg* erbaceo. □ *s.* erbario.

herbalist ['hə:bəlist] *s.* erborista.

herbivorous [he:'bivərəs] *agg* erbivoro.

herculean [,hə:kju'liən] *agg* erculeo *(anche fig.).*

herd [hə:d] *s.* **1** gregge; mandria; branco; *(fig., spreg.)* massa; plebaglia: *a herd of cattle,* una mandria di bestiame — *a herd of deer,* un branco di cervi — *herd book,* il registro del bestiame — *the common (vulgar) herd,* la plebaglia — *the herd instinct,* l'istinto del gregge (della massa). **2** *(nei composti) cow-herd,* mandriano — *goat-herd,* capraio.

to **herd** [hə:d] *vt* custodire, guardare il gregge.

□ *vi* aggregarsi; costituirsi in gregge; attrupparsi; ammassare: *The people were herded together like cattle,* La gente era ammassata come bestie.

herdsman ['hə:dzmən] *s.* (*pl.* **herdsmen**) mandriano; guardiano di gregge.

here [hiə*] *avv* **1** qui; qua; quaggiù; da queste parti: *Come here!,* Vieni qui! — *Do you live near here?,* Abiti qui vicino? — *Put the box here,* Posa la scatola qui — *Look here!,* Guarda qui!; Senti!; Ascolta! — *here and there,* qua e là; in varie parti — *here, there and everywhere,* dappertutto; ovunque — *My friend here was a witness of the accident,* Il mio amico qui è stato testimone dell'incidente.

2 a questo punto *(in una serie di eventi): Here the speaker paused to have a drink,* A questo punto l'oratore fece una pausa per bere.

3 *(all'inizio della frase, spesso con l'inversione del verbo e del soggetto)* ecco; ecco qui: *Here it comes!,* Ecco che arriva! — *Here come the others,* Ecco che arrivano gli altri — *Here's John!,* Ecco John! — *Here he is!,* Eccolo! — *Here's something interesting,* Ecco qualcosa di interessante — *Here you are!,* Eccoti!; Eccoti servito!; Ecco!

□ *neither here nor there, (fam.)* fuori di proposito; che non sta né in cielo né in terra — *Here goes!,* Pronti!; Cominciamo!; Si parte! — *Here!, (all'appello)* Presente! — *Here's to...!, (nei brindisi)* Alla salute di...! — *Here's to the bride and bridegroom!,* Alla salute degli sposi! — *Here's to you!,* Alla tua salute!

hereabouts ['hiərə,bauts] *avv* qui vicino; qui intorno; da queste parti.

hereafter [hiər'ɑ:ftə*] *avv* **1** in futuro; in avvenire. **2** nell'al di là.

□ *s.* l'al di là; l'altro mondo.

hereat [hiər'æt] *avv (ant. e dir.)* a ciò; al che.

hereby ['hiə'bai] *avv (ant. e dir.)* con la presente; con il presente.

hereditable [hi'reditəbl] *agg* ereditabile.

hereditament [,heri'ditəmənt] *s. (dir.)* proprietà trasmissibile per eredità.

hereditary [hi'reditəri] *agg* **1** ereditario; per diritto ereditario. **2** tradizionale.

heredity [hi'rediti] *s.* ereditarietà.

herein ['hiər'in] *avv (dir.)* in questo *(libro, documento, ecc.).*

hereinafter ['hiərin'ɑ:ftə*] *avv (dir.)* in seguito; sotto; più avanti.

hereinunder [,hiərin'ʌndə] *avv (dir.)* qui sotto.

hereof [hiər'ɔv] *avv (dir. e ant.)* di ciò; del presente.

here's ['hiəz] *contraz di* here is: ⇨ **here 3.**

heresy ['herisi] *s.* eresia *(anche fig.): to fall into heresy,* cadere (incorrere) in eresia — *heresy-hunter,* inquisitore.

heretic ['heritik] *s.* eretico.

heretical [hi'retikəl] *agg* eretico. □ *avv* **heretically.**

hereto ['hiətu] *avv (dir.)* a questo.

heretofore ['hiətu'fɔ:*] *avv (ant. e dir.)* prima d'ora; finora; fin qui.

hereunder [hiər'ʌndə*] *avv (ant. e dir.)* più avanti; sotto; in virtù del presente atto.
hereupon ['hiərə'pɔn] *avv (ant., lett. e dir.)* al che; e con ciò; in conseguenza di ciò.
herewith ['hiə'wið] *avv (formale, burocratico)* per questo mezzo; con questo.
heritable ['heritəbl] *agg* ereditabile.
heritage ['heritidʒ] *s.* **1** eredità; retaggio. **2** *(Bibbia)* il popolo eletto.
hermaphrodite [hə:'mæfrədait] *s.* ermafrodita.
hermetic(al) [hə:'metik(əl)] *agg* ermetico.
hermit ['hə:mit] *s.* eremita.
hermitage ['hə:mitidʒ] *s.* eremitaggio; eremo.
hernia ['hə:njə] *s.* ernia.
hero ['hiərou] *s.* (*pl.* **heroes**) **1** eroe. **2** *(di romanzo, commedia, ecc.)* personaggio principale; protagonista.
heroic [hi'rouik] *agg* **1** eroico: *heroic deeds,* imprese eroiche — *to use heroic remedies, (med.)* adottare rimedi estremi. **2** grandioso; sovrumano; superiore al naturale: *a statue of heroic size,* una statua di dimensioni grandiose — *on a heroic scale,* su vastissima scala. **3** epico; grandioso: *heroic verse,* versi epici — *heroic couplet,* distico formato da pentametri giambici a rima baciata. □ *avv* **heroically.**
heroics [hi'rouiks] *s. pl* linguaggio reboante, melodrammatico.
heroin ['herouin] *s.* eroina *(il farmaco).*
heroine ['herouin] *s.* **1** eroina. **2** personaggio principale; protagonista.
heroism ['herouizəm] *s.* eroismo.
heron ['herən] *s.* airone.
heronry ['herənri] *s.* colonia di aironi.
herring ['heriŋ] *s.* aringa: *kippered (smoked, red) herring,* aringa affumicata. □ *herring-bone, (archit. o di stoffa)* a spina di pesce — *herring-bone stitch,* punto incrociato — *the herring pond, (scherz.)* l'Atlantico settentrionale — *red herring, (fig.)* falsa traccia; pista falsa.
hers [hə:z] *pron possessivo f.* il suo; la sua; i suoi; le sue; di lei: *I know John's parents, but not hers,* Conosco i genitori di John, ma non i suoi (di lei) — *Is this hers?,* È suo (di lei) questo?
herself [he:'self] *pron rifl o enfatico di 3ª persona sing f.* sé; sé stessa; ella (lei) stessa; si; proprio lei: *She has hurt herself,* Si è fatta male — *The girl ought to be ashamed of herself,* La ragazza dovrebbe vergognarsi (aver vergogna di sé) — *She herself told me the news; She told me the news herself,* Lei stessa mi comunicò la notizia — *I saw Mrs Smith herself,* Vidi Mrs Smith in persona — *She is not quite herself today,* Non è proprio lei oggi — *She has come to (herself),* È tornata in sé. □ *(all) by herself,* da sola; senza aiuto — *Can she do it by herself or does she need help?,* Può farlo da sola o ha bisogno di aiuto?
he's [hi:z] *contraz di* **1** he is: *He's a liar!,* È un bugiardo! **2** he has: *He's been here many times,* È stato qui molte volte.
hesitance, hesitancy ['hezitəns(i)] *s.* esitazione; indecisione; titubanza.
hesitant ['hezitənt] *agg* esitante; indeciso; titubante. □ *avv* **hesitantly.**
to **hesitate** ['heziteit] *vi* esitare; essere incerto; titubare: *He's still hesitating about joining the expedition,* È ancora indeciso (incerto) se far parte o meno della spedizione — *He hesitates at nothing,* Non indietreggia di fronte a nulla — *I hesitate to spend so much money on clothes,* Esito a spendere tanto denaro in abiti — *He hesitated (about) what to do next,* Era incerto su quello che doveva fare dopo.
hesitation [,hezi'teiʃən] *s.* esitazione; incertezza; titubanza; irresolutezza; indecisione: *The old woman agreed without the slightest hesitation,* La vecchia accettò senza la minima esitazione (titubanza) — *I have no hesitation in stating that...,* Non esito ad affermare che...
Hessian ['hesiən] *agg* dell'Assia. □ *s.* abitante dell'Assia.
hessian ['hesiən] *s. (anche attrib.)* tela grezza di canapa o iuta; tela da sacco.
heterodox ['hetərədɔks] *agg* eterodosso.
heterodoxy ['hetərədɔksi] *s.* eterodossia.
heterogeneity [,hetərou'dʒi:niti] *s.* eterogeneità.
heterogeneous [,hetərou'dzi:njəs] *agg* eterogeneo.
heterosexual [,hetərou'sekʃuəl] *agg e s.* eterosessuale.
het-up ['hetʌp] *agg (fam.)* eccitato.
heuristic [hjuə'ristik] *agg* euristico.
heuristics [hjuə'ristiks] *s. (col v. al sing.)* euristica.
to **hew** [hju:] *vt e i.* (*pass.* **hewed**; *p. pass.* **hewed** *o* **hewn**) **1** tagliare; fendere: *to hew down a branch,* abbattere un ramo — *He hewed his enemy to pieces,* Fece a pezzi il suo nemico. **2** sbozzare; intagliare: *hewn timber,* legno sbozzato (grossolanamente intagliato). □ *to hew one's way through dense jungle,* aprirsi la strada (un varco) nel fitto della giungla — *to hew out a career for oneself,* farsi strada da solo; fare carriera faticosamente.
hewer ['hjuə*] *s.* **1** tagliatore; taglialegna. **2** minatore *(che scava il carbone dalla vena): hewers of wood and drawers of water, (Bibbia)* tagliatori di legno e portatori d'acqua.
hewn [hju:n] *p. pass di* **to hew.**
hexagon ['heksəgən] *s.* esagono.
hexameter [hek'sæmitə*] *s.* esametro.
hey [hei] *interiezione di richiamo* ehi!; olà!: *hey presto!,* 'voilà'!; oplà!
heyday ['heidei] *s. (solo al sing.)* fiore; apogeo: *in the heyday of his glory,* all'apogeo della sua gloria — *in the heyday of youth,* nel fiore della giovinezza.
hi [hai] *interiezione (spec. USA)* **1** ciao; salve *(quando ci s'incontra).* **2** = **hey.**
hiatus [hai'eitəs] *s.* (*pl.* **hiatuses**) **1** iato. **2** lacuna; vuoto.
to **hibernate** ['haibəneit] *vi* svernare; passar l'inverno in letargo.
hibernation [,haibə'neiʃən] *s.* ibernazione; letargo.
hibiscus [hi'biskəs] *s.* ibisco.
hiccup, hiccough ['hikʌp] *s. (spesso al pl.)* singhiozzo.
to **hiccup,** to **hiccough** ['hikʌp] *vi* singhiozzare; avere il singhiozzo.
hick [hik] *s. e attrib (USA, fam.)* campagnolo; provinciale.
hickory ['hikəri] *s.* 'hickory'; noce americano.
hid [hid] *pass e p. pass di* **to hide.**
hidden ['hidn] *p. pass di* **to hide.**
□ *agg* ignoto; misterioso; riposto; occulto; segreto: *hidden persuaders,* persuasori occulti.
[1]**hide** [haid] *s. (di cacciatore, fotografo, ornitologo, ecc.)* nascondiglio; luogo da cui si può osservare senza essere visti.
to **hide** [haid] *vt e i.* (*pass.* **hid**; *p. pass.* **hidden** *o* **hid**) **1** nascondere; celare: *The sun was hidden by the clouds,* Il sole era nascosto dalle nubi — *to hide one's feelings,* nascondere i propri sentimenti — *a hidden meaning,* un significato recondito. **2** nascondersi; celarsi; rifugiarsi; stare nascosto: *Quick, hide yourself!,*

Presto, nasconditi! — *You'd better hide,* È meglio che tu stia nascosto — *Where is he hiding?,* Dove si nasconde? □ *hide-away,* - **a)** nascondiglio - **b)** *(agg. attrib.: detto di tavole, letti, ecc.)* ribaltabile; a scomparsa — ⇨ *anche* **hide-and-seek, hide-out.**

²**hide** [haid] *s.* **1** pelle di animale *(conciata o no).* **2** *(fam.)* pelle umana: *to tan a person's hide,* bastonare, dare una passatina a qcno — *to save one's hide,* cavarsela senza danno; evitare le botte o una punizione; salvare la pelle.

hide-and-seek ['haid ənd si:k] *s.* gioco del rimpiattino; nascondarello.

hide-away ['haidəwei] *s. e agg attrib* ⇨ **to hide.**

hidebound ['haidbaund] *agg* eccessivamente conformista; dalla mente ristretta; gretto; limitato.

hideous ['hidiəs] *agg* orrendo; ripugnante; odioso. □ *avv* **hideously.**

hideousness ['hidiəsnis] *s.* bruttezza; odiosità; orrore.

hide-out ['haidaut] *s.* nascondiglio; covo *(p.es. di banditi);* rifugio: *a guerrilla hide-out in the mountains,* un rifugio dei guerriglieri nelle montagne.

¹**hiding** ['haidiŋ] *s.* nascondiglio: *to go into hiding,* nascondersi; darsi alla macchia — *hiding-place,* nascondiglio; covo; rifugio.

²**hiding** ['haidiŋ] *s.* bastonatura: *to give sb a good hiding,* suonarle a qcno.

to **hie** [hai] *vi (ant.)* affrettarsi.

hierarchic(al) ['haiə'rɑ:kik(əl)] *agg* gerarchico.

hierarchy ['haiərɑ:ki] *s.* gerarchia.

hieroglyph ['haiərouglif] *s.* geroglifico.

hieroglyphic [,haiərou'glifik] *agg* geroglifico; simbolico.

hi-fi ['hai'fai] *agg (abbr. fam. di* high fidelity*)* (ad) alta fedeltà.

higgledy-piggledy ['higldi'pigldi] *agg e avv (fam.)* alla rinfusa.

¹**high** [hai] **I** *agg* (**-er**; **-est**) **1** alto *(in molti sensi, anche fig.);* elevato; *(di vento)* forte: *a high mountain,* una montagna alta — *a high chair,* un seggiolone *(per bambini)* — *There was an aeroplane high in the sky,* C'era un aereo (che volava) alto nel cielo — *How high is it?,* Quant'è alto? — *It's ten feet high,* È alto dieci piedi — *at a high cost,* ad un costo elevato — *high explosives,* esplosivi ad alto potenziale — *to shift into (a) high gear, (di auto)* passare a una marcia alta — *to have a high opinion of sb,* farsi un alto concetto di, stimare moltissimo qcno — *high latitudes,* alte latitudini — *the high seas,* l'alto mare; i mari aperti — *high tide (water),* alta marea; acqua alta — *high fidelity,* alta fedeltà.

2 principale; alto; primario; superiore; importante: *a high official,* un alto funzionario — *He has friends in high places,* Ha degli amici altolocati — *high and low,* gente di ogni condizione; ricchi e poveri — *high altar,* altare maggiore — *a High School,* una scuola superiore; scuola secondaria; istituto superiore — *high road,* strada maestra — *High Mass,* Messa alta; Messa solenne — *high treason,* alto tradimento — *high table,* la tavola dei professori *(nei refettori dei 'colleges' di alcune università)* — *high tea, (GB)* tè servito con pane, burro e una pietanza di carne o uova o pesce *(come pasto serale anticipato).*

3 *(di suono)* alto; acuto; forte; *(di colore)* forte; intenso; acceso: *high notes,* note alte — *in a high tone,* in un tono alto — *to speak in a high voice,* parlare a voce acuta (con voce stridula) — *a high complexion,* una carnagione colorita; un colorito acceso, vivo — *per 'high-light'* ⇨ **highlight.**

4 nobile; buono; forte; coraggioso e intraprendente: *a man of high character,* un uomo di nobile carattere; un uomo intraprendente — *high ideals,* nobili ideali — *a high calling,* una vocazione (una missione) nobile — *a high spirit,* un animo coraggioso, intraprendente.

5 allegro; *(per estensione)* alticcio; ubriaco; euforico; su di giri; esaltato *(spec. per l'effetto di allucinogeni, ecc.): (to be) in high spirits,* (essere) allegro, euforico, di buon umore — *to have a high old time, (fam.)* spassarsela.

6 *(di tempo)* pieno; avanzato; inoltrato: *high noon,* mezzogiorno in punto — *high summer,* estate inoltrata — *It's high time you started,* Sarebbe veramente ora che tu incominciassi.

7 *(di carni, cibi, ecc.)* passato; (troppo) frollo; alterato; forte *(di sapore).*

□ *high and dry, (di nave)* fuori acqua; in secca; *(fig., di persona)* isolato; fuori degli eventi — *High German,* alto tedesco *(parlato nel sud della Germania);* tedesco letterario — *a high Tory, (GB)* un 'tory' dalle idee reazionarie — *High Church,* 'Chiesa Alta' *(frazione della Chiesa Anglicana, abbastanza vicina per diversi aspetti alla Chiesa Cattolica romana)* — *High Churchman,* membro della Chiesa Alta — *high-born,* di alto lignaggio; nobile di nascita — *high-handed,* violento; tirannico; arbitrario; arrogante — *a high-hat, (fam.)* una persona pretenziosa, altezzosa — *high-level, (agg. attrib.)* ad alto livello *(anche fig.)* — *high-necked,* accollato *(di abito)* — *high-pitched,* acuto *(di suono);* quasi perpendicolare *(di tetto)* — *high-powered,* ad alta potenza — *high-priced,* ad alto costo — *high-ranking,* di alto rango, grado — *high-spirited,* energico; coraggioso; vivace — *high-up,* altolocato; pezzo grosso; persona importante; *(al pl.)* le autorità — *to be on one's high horse,* fare il prepotente (l'arrogante) — *high and mighty,* altezzoso; altero — ⇨ *anche* **highbrow, high-faluting, high-flier, high-flown, high-flying, high-minded, high-rise,** *ecc.* □ *avv* **highly** ⇨.

II *avv* alto; in alto *(anche fig.): to climb high,* arrampicarsi in alto. — *to hold one's head high,* tener alta la testa *(anche fig.)* — *to search high and low for sth,* cercare qcsa dappertutto, per mare e per terra — *to pay high,* pagare salato (a caro prezzo, profumatamente) — *to play high,* giocare (scommettere) forte — *to live high,* vivere da gran signore — *to fly high,* avere grandi ambizioni — *to run high,* essere agitato *(anche fig.)* — *Popular feelings ran high,* Lo scontento popolare era forte — *The sea runs high,* Il mare è grosso, burrascoso.

²**high** [hai] *s.* **1** altura; cielo; *(meteorologia)* anticiclone; area di alta pressione: *on high,* in alto; in cielo; lassù — *from high,* dall'alto; dal cielo; dalla Provvidenza. **2** *(spec. comm.)* punto o livello alto; 'record': *The cost of living has reached a new high,* L'aumento del costo della vita ha raggiunto un nuovo record.

highball ['haibɔ:l] *s. (fam., USA)* bicchiere di whisky allungato con seltz.

highbrow ['haibrau] *agg e s.* intellettuale.

high-faluting ['haifə'lu:tin] *agg* (*talvolta* **highfalutin'**) *(fam.)* ampolloso; pretenzioso.

high-flier ['hai,flaiə*] *s.* persona ambiziosa, che mira in alto.

high-flown ['haifloun] *agg* ampolloso; altisonante.

high-flying ['hai,flaiiŋ] *agg* **1** che vola in alto. **2** *(fig.)* che mira in alto.

to **highjack, highjacker, highjacking** ⇨ **to hijack, hijacker, hijacking.**

highland ['hailənd] *agg* montano *(generalm. riferito alle Highlands scozzesi).*

Highlander ['hailəndə*] *agg* abitante delle Highlands scozzesi.

highlands ['hailəndz] *s. pl* regione montana: *the Highlands,* la parte montagnosa della Scozia.

highlight ['hailait] *s.* **1** parte illuminata *(di un oggetto, di una fotografia, di un quadro).* **2** *(fig.)* parte o punto culminante; 'clou'.

to **highlight** ['hailait] *vt* **1** lumeggiare. **2** *(fig.)* dar rilievo.

highly ['haili] *avv* altamente; estremamente; in modo elevato; in alto grado; assai; molto; molto bene: *a highly amusing film,* un film estremamente divertente — *highly descended,* di alti natali (di nobile discendenza) — *a highly paid civil servant,* un funzionario statale pagato molto bene — *highly strung, (di persona)* ipersensibile; teso — *to think highly of sb,* avere molta stima di qcno — *to speak highly of sb,* parlare in termini lusinghieri (elogiativi), dire un gran bene di qcno.

high-minded [,hai'maindid] *agg* di nobili sentimenti.

highmindedness [,hai'maindidnis] *s.* nobiltà d'animo.

highness ['hainis] *s.* **1** elevatezza; altezza *(soprattutto fig.);* nobiltà: *the highness of his aims,* la nobiltà dei suoi scopi. **2** Altezza *(titolo riservato ai membri delle famiglie reali o imperiali): His (Her) Royal Highness,* Sua Altezza Reale.

high-rise ['hairaiz] *agg (di edificio)* molto alto.

highroad ['hai'roud] *s.* strada maestra.

highway ['haiwei] *s.* **1** strada maestra *(anche fig.)* **2** strada di grande comunicazione; *(USA, talvolta)* autostrada. □ *the Highway Code,* il Codice della Strada.

highwayman ['haiweimən] *s.* (*pl.* **highwaymen**) *(stor.)* bandito di strada; grassatore.

to **hijack** ['hai,dʒæk] *vt* **1** *(fam., all'origine USA)* rapinare; rubare *(merce in transito).* **2** dirottare *(spec. un aereo)* a mano armata.

hijacker ['hai,dʒækə*] *s.* dirottatore *(di aereo, ecc.)* a mano armata.

hijacking ['hai,dʒækiŋ] *s.* dirottamento *(di aereo, ecc.)* a mano armata.

hike [haik] *s* **1** gita *(a piedi);* escursione; camminata *(anche lunga).* **2** *(spec. comm.)* aumento brusco.

to **hike** [haik] *vi* **1** fare una gita in campagna; fare un'escursione a piedi. **2** alzare; issare: *to hike up ones trousers,* tirar su i calzoni.

hiker ['haikə*] *s.* escursionista *(a piedi).*

hilarious [hi'lɛəriəs] *agg* ilare; giulivo. □ *avv* **hilariously.**

hilariousness [hi'lɛəriəsnis] *s.* ilarità.

hilarity [hi'læriti] *s.* ilarità; allegria.

hill [hil] *s.* **1** collina; colle; altura; poggio: *hill-side,* fianco; pendio *(di collina).* **2** pendenza; pendio; erta: *down-hill,* in discesa; in pendenza — *up-hill,* in salita. **3** cumulo; mucchio; montagnola: *ant-hill,* formicaio — *mole-hill,* cumulo di terra lasciato in superficie da una talpa — *dung-hill,* cumulo di letame. □ *hill-billy, (s.)* contadino della zona montagnosa sud-orientale degli Stati Uniti; *(agg.)* rozzo; contadinesco.

hilliness ['hilinis] *s.* montuosità.

hillock ['hilək] *s.* collinetta; poggio.

hillside ['hilsaid] *s.* pendio *(di un colle).*

hilltop ['hiltɔp] *s.* cima *(di un colle).*

hilly ['hili] *agg* (**-ier; -iest**) collinoso; montuoso; ondulato.

hilt [hilt] *s.* elsa. □ *(up) to the hilt, (fig.)* completamente; fino in fondo.

him [him] *pron personale, 3ª persona sing m. (casi obliqui di he)* lui; lo; gli: *Mr Smith is in town. I saw him yesterday,* Il signor Smith è (qui) in città. L'ho visto ieri — *Give him the money,* Dagli i soldi — *That's him!,* È lui!; Eccolo!

himself [him'self] *pron rifl o enfatico, 3ª persona sing m.* sé; sé stesso; si; egli (lui) stesso; proprio lui: *He cut himself,* Si tagliò — *He ought to be ashamed of himself,* Dovrebbe vergognarsi (aver vergogna di sé) — *He himself says so; He says so himself,* Lo dice lui stesso (proprio lui) — *Did you see the manager himself?,* Hai visto il direttore in persona? — *He's not quite himself today,* Non è proprio lui oggi — *(all) by himself,* solo; da solo; senza aiuto altrui.

[1]**hind** [haind] *s.* cerva.

[2]**hind** [haind] *agg* posteriore *(spec. di animali): the hind legs of a horse,* le gambe posteriori di un cavallo — *the hind(-)quarters, (anche scherz., di persona)* il posteriore; i quarti di dietro.

to **hinder** ['hində*] *vt* intralciare; impedire; ostacolare.

Hindi ['hin'di:] *s. e agg* lingua dell'India settentrionale.

hindmost ['haindmoust] *agg* il più indietro; l'ultimo. □ *The devil take the hindmost,* Che il diavolo si porti chi rimane ultimo.

Hindoo ['hin'du:] *s. e agg* ⇨ **Hindu.**

hindrance ['hindrəns] *s.* impaccio; intralcio; ostacolo: *You are more of a hindrance than a help,* Sei più d'impaccio che d'aiuto.

hindsight [haind'sait] *s.* il senno del poi.

Hindu, Hindoo ['hin'du:] *s. e agg* indù.

Hinduism ['hindu(:)izəm] *s.* induismo.

hinge [hindʒ] *s.* cerniera; cardine; ganghero; perno *(anche fig.): Take the door off its hinges and rehang it,* Fa' uscire la porta dai cardini e rimettila in sesto — *to be off the hinges,* essere sgangherato *(letteralm. e anche fig. per 'essere in cattive condizioni' o 'in cattiva salute').*

to **hinge** [hindʒ] *vt e i.* **1** munire di cerniera, di cardine; incardinare. **2** girare; ruotare su cardini o cerniere. **3** *(fig.)* dipendere; essere imperniato; imperniarsi: *Everything hinges upon what happens next,* Tutto dipende da ciò che succederà adesso.

hint [hint] *s.* suggerimento; cenno; accenno; spunto; avvertimento; indicazione; indizio; allusione; stimolo; spinta: *to take a hint,* capire al volo un'allusione — *I know how to take a hint,* So captare un suggerimento — *hints for housewives,* suggerimenti (indicazioni, consigli utili) per le massaie — *to give sb a broad hint,* far capire qcsa a qcno con un'allusione molto chiara.

to **hint** [hint] *vt e i.* accennare; suggerire; insinuare; far capire; fare un'allusione; lasciare intendere: *They hinted that he ought to work harder,* Gli fecero capire che avrebbe dovuto lavorare con maggiore impegno — *He hinted at my imprudence,* Alluse alla mia imprudenza.

hinterland ['hintəlænd] *s.* entroterra; retroterra *(anche fig.).*

[1]**hip** [hip] *s.* anca; *(per estensione)* fianco: *He stood there with his hands on his hips,* Rimase là con le mani sui fianchi — *hip-bath,* semicupio — *hip-flask,* fiaschetta *(da liquore)* tascabile — *hip-pocket,* tasca posteriore dei calzoni. □ *to have sb on the hip, (fam.)* avere qcno in tasca; avere qcno in propria balia.

[2]**hip** [hip] *agg (espressione in uso nel gergo 'hippy' per*

esprimere consenso, approvazione) buono; bello; moderno; aggiornato.

[3]**hip** [hip] *s.* frutto della rosa canina.

[4]**hip** [hip] *interiezione (solo nell'espressione) hip, hip, hurrah!,* evviva!

hippo ['hipou] *s.* (*pl.* **hippos**) *abbr fam di* **hippopotamus.**

hippodrome ['hipədroum] *s.* **1** ippodromo. **2** arena; circo. **3** teatro di varietà.

hippopotamus [,hipə'pɔtəməs] *s.* (*pl.* **hippopotamuses, hippopotami**) ippopotamo.

hippy ['hipi] *s.* 'hippy'.

hipster ['hipstə*] *s. (sl., anni '50 e '60)* persona che apprezza il jazz moderno; membro della generazione 'beat'.

hipsters ['hipstəz] *s. pl (sl., anni '60)* pantaloni 'beat' con cintura a vita bassa.

hire ['haiə*] *s.* nolo; denaro per il noleggio: *Bicycles for hire,* Si noleggiano biciclette — *to work for hire,* lavorare a salario *(di braccianti, ecc.)* — *The labourer is worthy of his hire,* Chi lavora va ricompensato *(Luca, X, 7).*

to **hire** ['haiə*] *vt* ottenere o dare a nolo; noleggiare; assumere a servizio: *to hire a horse,* noleggiare un cavallo — *hired troops,* truppe mercenarie — *to hire a concert-hall,* noleggiare una sala da concerto — *to hire sth out,* noleggiare (dare a noleggio) qcsa — *for hire,* da nolo; *(di tassi)* libero. □ *hire-purchase,* vendita a rate.

hireling ['haiəliŋ] *s.* mercenario; prezzolato.

hirsute ['hə:sju:t] *agg* irsuto; peloso.

his [hiz] *pron e agg possessivo, 3ª persona sing m.* suo (sua, suoi, sue); di lui: *This is his book,* Questo è il suo libro — *That book is his, not yours,* Quel libro è suo, non tuo — *Are you a friend of his?,* Sei un suo amico?

Hispanic [his'pænik] *agg* ispanico; spagnolo.

hiss [his] *s.* **1** sibilo; sfrigolio. **2** fischio *(di disapprovazione): The speaker was received with a mixture of applause and hisses,* L'oratore fu accolto da applausi e fischi insieme.

to **hiss** [his] *vi e t.* **1** sibilare; sfrigolare. **2** fischiare *(in segno di disapprovazione): to hiss an actor off the stage,* cacciare via a fischi un attore dal palcoscenico — *to hiss (at) a new play,* fischiare una nuova commedia.

hist [hist] *interiezione (ant.)* 'sst!'; 'silenzio!'; 'zitti!'.

historian [his'tɔ:riən] *s.* storico.

historic [his'tɔrik] *agg* storico: *a (an) historic spot,* una località storica — *in historic times,* nei tempi storici *(in contrasto con* prehistoric times, *tempi preistorici)* — *the historic present, (gramm.)* il presente storico.

historical [his'tɔrikəl] *agg* appartenente alla storia; esistente nella storia; storico: *historical events and people,* avvenimenti e personaggi esistenti nella storia (storici, reali) — *a (an) historical novel,* un romanzo storico — *historical studies,* studi storici (di storia) — *the historical method of investigation,* il metodo storiografico di ricerca. □ *avv* **historically.**

historicism [his'tɔrisizəm] *s.* storicismo.

historiography [,histɔ:ri'ɔgrəfi] *s.* storiografia.

history ['histəri] *s.* storia; storiografia: *a new history of Europe,* una nuova storia dell'Europa — *a house with a strange history,* una casa con una storia strana — *the inner history of the Dreyfus affair,* la storia segreta dell'affare Dreyfus — *ancient history,* storia antica *(generalm. dalle origini al 476 d.C.)* — *medieval history,* storia medievale *(generalm. dal 476 d.C. al 1453)* — *modern history,* storia moderna *(generalm. dall'anno 1453 in avanti)* — *to make history,* fare storia — *to become history,* passare alla storia. □ *clinical history; case history,* anamnesi — *natural history,* storia naturale.

histrionic [,histri'ɔnik] *agg* **1** istrionico. **2** melodrammatico; insincero.

histrionics [,histri'ɔniks] *s. pl* **1** teatralità; finzione drammatica; atteggiamenti, maniere melodrammatiche. **2** rappresentazioni teatrali.

hit [hit] *s.* **1** colpo; botta; urto; *(sport)* colpo messo a segno: *three hits and five misses,* tre colpi messi a segno e cinque sbagliati — *a clever hit,* un bel colpo. **2** successo; cosa azzeccata; colpo di fortuna: *a lucky hit,* un bel colpo di fortuna — *(song) hits,* canzoni di successo — *to make a hit,* avere un bel successo — *The new play is quite a hit,* Il nuovo dramma è proprio un successo — *hit parade,* rassegna di successi (musicali) — *hit song,* canzone di successo — *to make a hit with sb,* conquistare la simpatia di qcno. **3** battuta sarcastica; stoccata: *That was a hit at me,* Quella era una stoccata per me.

to **hit** [hit] *vt e i.* (**-tt-**; *pass. e p. pass.* **hit**) **1** battere; percuotere; colpire; *(fig.)* indovinare; cogliere nel segno: *to hit a man on the head,* colpire un uomo in testa — *to hit sb a hard blow,* colpire qcno con forza — *to hit a man when he is down,* infierire su un avversario già caduto; colpire un uomo morto — *to hit sb below the belt, (anche fig.)* colpire qcno sotto la cintura (a tradimento); agire in modo sleale — *to hit the target,* colpire il bersaglio — *to hit the nail on the head; (talvolta, fam.) to hit it,* indovinare; imbroccare giusto; cogliere nel segno — *to hit the mark,* colpire nel segno; cogliere il bersaglio *(anche fig.)* — *a hit-and-run accident,* un incidente stradale con fuga dell'investitore. **2** toccare; colpire; ferire: *to be hard hit,* essere colpito duramente — *He has fallen in love and is hard hit,* Si è innamorato, e forte anche — *He was hard hit by his financial losses,* Le perdite finanziarie furono per lui un duro colpo. **3** trovare; azzeccare; scoprire: *He hit the right path,* Ha azzeccato la via giusta. **4** *(nel gioco del cricket)* segnare: *He quickly hit up 20 runs,* Segnò venti punti in poco tempo. **5 to hit on (upon),** imbattersi; trovare; scoprire per caso; escogitare: *At last he hit upon the right answer,* Finalmente trovò la risposta giusta. □ *to hit the bottle* ⇨ **bottle 1** — *to hit the sack* ⇨ [1]**sack 3** — *to hit it off with sb,* andar d'accordo con qcno.

hitch [hitʃ] *s.* **1** strattone; strappo; sobbalzo; spintone. **2** annodatura; collo; nodo *(dei marinai).* **3** arresto; fermata; sosta; intoppo: *Everything went off without a hitch,* Tutto procedette senza intoppi; Tutto andò liscio. **4** *(USA, sl.)* periodo di 'ferma' militare. **5** *(sl.)* passaggio *(in autostop).*

to **hitch** [hitʃ] *vt e i.* **1** tirare (bruscamente); dare uno strattone: *to hitch up one's trousers,* tirarsi su i pantaloni. **2** legare; attaccare; agganciare, agganciarsi; impigliare, impigliarsi: *to hitch a horse to a fence,* legare un cavallo a una staccionata — *to hitch a rope round a bough of a tree,* attaccare una corda al ramo di un albero — *Her dress hitched on a nail,* Le si impigliò il vestito in un chiodo. **3** *(fam.: generalm.* to hitch a lift*)* farsi dare un passaggio *(facendo l'autostop): We hitched to Venice overnight,* Andammo fino a Venezia con l'autostop di notte. □ *to get hitched, (fam.)* sposarsi.

to **hitch-hike** ['hitʃhaik] *vi* fare l'autostop; viaggiare con l'autostop.

hitch-hiker ['hitʃhaikə*] *s.* autostoppista.

hither ['hiðə*] *avv (ant. e lett.)* qui; qua; di qui; di qua.
hitherto [hiðə'tu:] *avv (formale)* fin qui; finora.
hive [haiv] *s.* **1** alveare *(anche fig.)*; arnia: *What a hive of industry!,* Che alveare di attività! **2** sciame; *(fig.)* folla; ammasso.
to **hive** [haiv] *vt e i.* **1** immettere; chiudere in un alveare; *(delle api)* riempire un alveare *(di miele)*; immagazzinare nell'alveare: *to hive a swarm,* chiudere uno sciame nell'alveare. **2** vivere in un alveare: *to hive off,* abbandonare l'alveare; *(fig.)* cercare una vita autonoma; creare un sottogruppo. □ *to hive sth off, (di azienda)* delegare la produzione di qcsa (ad una società consociata).
hives [haivz] *s. pl* orticaria.
h'm [hm] *interiezione* ⇨ **hem.**
ho [hou] *interiezione* oh! *(sorpresa, ammirazione, ecc.).*
hoar [hɔ:*] *agg (lett.)* bianco *(di capelli)*; canuto. □ *hoar frost,* brina.
hoard [hɔ:d] *s.* gruzzolo; tesoro; provvista; bottino: *a miser's hoard,* il gruzzolo (il tesoro) di un avaro — *a squirrel's hoard of nuts,* la provvista di noci di uno scoiattolo.
to **hoard** [hɔ:d] *vt e i.* ammassare; accumulare; fare incetta: *to hoard gold,* accumulare oro — *to hoard up treasure,* ammassare tesori.
hoarder ['hɔ:də*] *s.* incettatore; accaparratore.
[1]**hoarding** ['hɔ:diŋ] *s.* staccionata.
[2]**hoarding** ['hɔ:diŋ] *s.* incetta; accaparramento.
hoariness ['hɔ:rinis] *s.* canizie.
hoarse [hɔ:s] *agg* rauco; fioco: *He shouted himself hoarse,* Urlò fino a diventare rauco. □ *avv* **hoarsely.**
hoarseness ['hɔ:snis] *s.* raucedine.
hoary ['hɔ:ri] *agg* (**-ier**; **-iest**) **1** bianco; canuto; grigio. **2** antico; vecchio.
hoax [houks] *s.* beffa; burla; inganno.
to **hoax** [houks] *vt* burlare; far beffe; ingannare.
hoaxer ['houksə*] *s.* beffeggiatore.
hob [hɔb] *s.* **1** mensola del focolare *(per tenere al caldo le vivande).* **2** *(mecc.)* fresa a vite.
hobble ['hɔbl] *s.* **1** incedere zoppicante, difficoltoso, stentato: *hobble skirt,* gonna stretta che fascia le ginocchia, a tubo. **2** *(fig.)* imbarazzo; impaccio. **3** pastoia *(dei cavalli).*
to **hobble** ['hɔbl] *vi e t.* **1** zoppicare; avanzare a fatica; procedere a stento: *The old man hobbled along with the aid of his stick,* Il vecchio si trascinava a stento poggiandosi al bastone. **2** impastoiare (mettere le pastoie a) un cavallo; inceppare.
hobbledehoy ['hɔbldi'hɔi] *s.* adolescente goffo; giovanotto impacciato.
hobby ['hɔbi] *s.* 'hobby'; passatempo preferito.
hobby-horse ['hɔbihɔ:s] *s.* **1** cavalluccio di legno *(da giostra o giocattolo).* **2** cavalluccio di vimini che si lega alla vita del danzatore impegnato nella 'morris-dance'. □ *to get on one's hobby-horse,* partire lancia in resta; affrontare l'argomento preferito; cominciare col proprio cavallo di battaglia.
hobgoblin ['hɔb,gɔblin] *s.* **1** folletto. **2** spauracchio; babau.
hobnail ['hɔbneil] *s.* chiodo a capocchia grossa; chiodo da scarpone; bulletta.
hobnailed ['hɔbneild] *agg* chiodato; munito di chiodi.
to **hobnob** ['hɔbnɔb] *vi* (**-bb-**) bere e intrattenersi assieme allegramente: *to hobnob with the great,* intrattenersi amichevolmente con personaggi influenti.
hobo ['houbou] *s.* (*pl.* **hobos, hoboes**) **1** *(USA)* operaio disoccupato in cerca di lavoro. **2** vagabondo.
Hobson's choice ['hɔbsnz 'tʃɔis] *s.* ⇨ **choice 2.**
[1]**hock** [hɔk] *s. (anat.)* garretto.
[2]**hock** [hɔk] *s.* vino di Hochheim *(sul Meno); (per estensione)* vino bianco del Reno; vino bianco tedesco in genere.
hockey ['hɔki] *s.* 'hockey': *ice hockey,* 'hockey' su ghiaccio.
hocus-pocus ['houkəs'poukəs] *s.* abracadabra; gherminella; ciarlataneria; trucco; truffa; imbroglio.
hod [hɔd] *s.* sparviero; vassoio da muratore.
hodge-podge ['hɔdʒpɔdʒ] *s.* = **hotch-potch.**
hoe [hou] *s.* zappa.
to **hoe** [hou] *vt e i.* zappare: *to hoe up weeds,* zappare via le erbacce.
hog [hɔg] *s.* **1** porco; maiale. **2** *(fig.)* persona sporca o ingorda; individuo avido ed egoista. □ *to go the whole hog, (fig.)* fare una cosa fino in fondo — *road hog,* automobilista imprudente e temerario; pirata della strada.
to **hog** [hɔg] *vt* (**-gg-**) *(fam.)* tenere o prendere per sé, in maniera egoista: *to hog the road,* guidare in modo scorretto, senza il minimo riguardo per gli altri.
hoggish ['hɔgiʃ] *agg* ingordo ed egoista. □ *avv* **hoggishly.**
Hogmanay ['hɔgmənei] *s. (scozzese)* festa di San Silvestro.
hogshead ['hɔgzhed] *s.* **1** botte *(per birra).* **2** misura per liquidi *(equivalente a 52,5 galloni).* **3** barilotto *(in genere).*
to **hoick,** to **hoik** [hoik] *(aeronautica) vt* fare impennare *(un aeroplano).* □ *vi (dell'aeroplano)* impennarsi.
hoi polloi ['hɔi 'pɔlɔi] *s. (fam., dal greco antico)* la massa; il volgo; la plebe.
hoist [hɔist] *s.* **1** sollevamento; innalzamento. **2** *(fam.)* spinta; aiuto: *to give sb a hoist,* dare una spinta a qcno *(cioè aiutarlo, favorirlo).* **3** paranco; montacarichi.
to **hoist** [hɔist] *vt* issare; sollevare; innalzare; inalberare: *to hoist a flag,* issare una bandiera — *to hoist the cargo aboard,* issare a bordo il carico — *to hoist in the boats,* issare le scialuppe.
hoity-toity ['hɔiti'tɔiti] *agg (fam.)* altezzoso.
hokum ['houkəm] *s. (fam., spec. USA)* **1** dramma, racconto, 'film', ecc. di grande effetto ma di scarso valore; 'polpettone' sentimentale o comico. **2** ciarlatanata; sciocchezza; 'fesseria'.
[1]**hold** [hould] *s.* **1** presa: *to catch (to take, to lay, to seize) hold of sth,* afferrare qcsa — *to let go (to lose) hold (one's hold) of sth,* mollare; lasciare andare la presa. **2** sostegno; appiglio; appoggio: *The face afforded few holds,* La parete (rocciosa) offriva pochi appigli. **3** *(in pugilato e lotta libera)* presa: *no holds barred,* lotta assolutamente libera *(anche fig.).* **4** *(fig.)* influenza; potere; ascendente; autorità: *He has a great hold over his younger brother,* Ha un grande ascendente sul fratello minore — *How long can the Government maintain its hold over the province?,* Per quanto tempo il governo riuscirà a tenere la provincia sotto controllo?
to **hold** [hould] *vt e i.* (*pass. e p. pass.* **held**) **1** tenere *(in o con la mano, con un attrezzo, ecc.)*, tenersi; sostenersi: *The girl was holding her father's hand,* La ragazza teneva la mano di suo padre — *They held each other's hands; They were holding each other by the hand,* Si tenevano per mano — *She held me by the sleeve,* Mi tenne per la manica — *She was holding up an umbrella,* Teneva aperto un ombrello — *Hold your head up!,* Tieni su la testa! — *Hold your arms out!,* Stendi le braccia! — *Hold (yourself) still for a second while I take your photograph,* Stai

fermo un secondo mentre scatto la fotografia — *to hold a meeting (debate),* tenere un raduno (dibattito).
2 possedere; occupare: *to hold shares (land),* avere azioni (terre) — *a share holder,* un azionista — *to hold office,* essere in carica; tenere ufficio; essere al potere — *The Social Democrats held office at that time,* A quel tempo erano al potere i socialdemocratici.
3 tener duro; resistere; difendere; perseverare; continuare; durare; perdurare: *to hold one's ground (o one's own),* tener duro; resistere; non cedere; *(fig.)* restare della propria idea — *Our troops held their ground bravely,* Le nostre truppe resistettero coraggiosamente — *They held the fort against all attacks,* Tennero il forte contro tutti gli attacchi — *He's still holding his own,* Resiste ancora — *How long will the rope hold?,* Quanto resisterà la corda? — *Will the anchor hold?,* Terrà l'ancora? — *He held to his choice (to his course of action),* Continuò a fare come aveva deciso — *I hope you will hold to your convictions,* Spero che persevererai nelle tue convinzioni — *How long will the fine weather hold?,* Quanto durerà il bel tempo? — *The argument still holds good,* L'argomento è ancora valido — *to hold on one's way,* continuare, proseguire per la propria via *(anche fig.).*
4 contenere; tenere: *Will this trunk hold all your clothes?,* Ci staranno tutti i tuoi vestiti in questo baule? — *Sea-water holds many salts in solution,* L'acqua marina contiene in soluzione molti sali — *Your argument doesn't hold water, (fig.)* Il tuo ragionamento non tiene.
5 *(fig.)* tenere; ritenere; sostenere; pensare; credere: *to hold strange opinions,* avere opinioni strane — *He holds a mass of details in his head,* Tiene a mente (Ricorda) moltissimi particolari — *to hold sb in great esteem,* avere grande considerazione per qcno — *He holds that the plan is impracticable,* Ritiene che il piano sia inattuabile — *I do not hold myself responsible for what my wife did,* Non mi ritengo responsabile di quanto ha fatto mia moglie — *He holds his reputation dear,* Ci tiene molto alla sua reputazione.
6 trattenere; fermare: *to hold one's breath,* trattenere il respiro; restare col fiato sospeso — *to hold one's hand,* trattenersi (dal punire o dal fare qcsa) — *to hold one's tongue,* stare zitto; tacere — *There's no holding that woman,* Impossibile trattenere quella donna — *The police are holding him as a suspect,* La polizia lo tiene in fermo in quanto sospetto.
to hold back, - **a)** trattenersi; indietreggiare; esitare: *When danger appeared, every one held back,* Quando il pericolo fu chiaro, tutti si tennero indietro — *Buyers are holding back,* I compratori non si fanno avanti - **b)** *to hold sth back,* tenere qcsa per sé; non comunicare qcsa ad altri; dissimulare qcsa — *to hold back information,* non dire tutto — *to hold sb back,* trattenere qcno — *He was so impatient that I couldn't hold him back,* Era così impaziente che non potei trattenerlo.
to hold down, abbassare, tenere giù: *to hold a job down, (fam.)* riuscire a mantenere il proprio impiego *(mostrando competenza, ecc.).*
to hold forth, - **a)** declamare; andare blaterando; dire in pubblico - **b)** *to hold sth forth, (un po' desueto)* offrire qcsa *(un po' ostentatamente).*
to hold in, trattenere; contenere; imbrigliare: *to hold in one's temper,* non perdere le staffe; controllarsi — *to hold oneself in,* trattenersi; non manifestare i propri sentimenti.
to hold off, - **a)** tenere, tenersi a distanza: *The storm held off,* Il temporale non si avvicinò - **b)** *to hold sb or sth off,* tenere a bada o lontano qcno o qcsa — *Hold your dog off,* Tieni a bada il cane — *We held the enemy off until reinforcements reached us,* Tenemmo a bada il nemico finché non arrivarono rinforzi.
to hold on, - **a)** persistere; aspettare: *The boy held on for hours,* Il ragazzo aspettò (non mollò) per ore — *Hold on (a minute)!, (fam.)* Aspetta, fermati un attimo! *(interrompendo un'azione); (al telefono)* Aspetta!; Resta in linea! - **b)** *to hold sth on,* tener fermo; tenere a posto; sostenere — *This pin holds the wheel on,* Questo perno tiene ferma la ruota.
to hold onto (on to), non mollare; tenersi aggrappato: *The boy held onto the bush until somebody was lowered down the cliff to rescue him,* Il ragazzo si tenne aggrappato al cespuglio finché qualcuno non si calò a salvarlo — *You should hold on to your oil shares,* Faresti bene a tenerti le tue azioni petrolifere.
to hold out, - **a)** resistere; tener duro; durare: *How long can we hold out against these attacks?,* Quanto potremo resistere contro questi attacchi? — *You should hold out for a higher price,* Dovresti tener duro per ottenere un prezzo più alto — *How long will our food supplies hold out?,* Quanto dureranno le nostre provviste di cibo? - **b)** *to hold (sb or sth) out,* allungare; stendere; porgere — *He held out his hand to me,* Mi tese la mano - **c)** dare: *The doctors hold out little hope of her recovery,* I dottori danno poca speranza per la sua guarigione.
to hold over, rimandare; ritardare; posporre; accantonare; tenere in sospeso: *The matter was held over until the next meeting,* La questione fu rinviata alla riunione successiva.
to hold together, - **a)** essere o rimanere insieme; tenersi uniti: *This old coat hardly holds together now,* Questo vecchio pastrano non sta quasi più insieme - **b)** *to hold (sb or sth) together,* tener insieme; far stare uniti — *The country needs a leader who will hold the nation together,* Il paese ha bisogno di un capo che tenga unita la nazione.
to hold up, - **a)** fermare; bloccare; ostacolare; esporre: *We've been held up by fog,* Siamo stati bloccati dalla nebbia - **b)** fermare *(a scopo di rapina): The coach was held up by bandits,* La diligenza fu fermata da banditi - **c)** *to hold sb up to ridicule,* esporre qcno al ridicolo — ⇨ *anche* **hold-up.**
to hold with, tenere per; essere in favore di; approvare: *They don't hold with playing football on Sundays,* Non approvano che si giochi al calcio di domenica.
²hold [hould] *s. (naut.)* stiva.
holdall ['houldɔ:l] *s.* valigia non rigida di solito con due maniglie *(spesso di tela);* borsa da viaggio.
holdback ['houldbæk] *s.* ostacolo.
holder ['houldə*] *s.* **1** possessore; detentore; portatore: *office-holder,* persona che ricopre una carica. **2** oggetto che porta o sostiene qcsa; astuccio: *a penholder,* un portapenne — *a cigarette-holder,* un bocchino.
holding ['houldiŋ] *s.* **1** tenuta; podere; appezzamento di terreno: *small holdings,* piccoli appezzamenti di terra. **2** *(generalm. al pl.)* proprietà; beni; *(comm.)* azioni; partecipazione (azionaria): *a holding company,* un gruppo di controllo finanziario; una 'holding'.
hold-up ['houldʌp] *s.* **1** intoppo; arresto; blocco;

ingorgo *(di traffico, ecc.).* **2** guasto meccanico; 'panne' *(di auto).* **3** rapina a mano armata.

hole [houl] *s.* **1** buco; foro; apertura; buca: *a hole in a tooth,* un buco in un dente — *roads full of holes,* strade piene di buche — *to wear one's socks into holes,* portare le calze fino a quando non siano tutte buchi. **2** *(fam.)* impiccio; imbarazzo; situazione difficile: *I'm in rather a hole,* Sono in un bell'impiccio — *You've put me in a devil of a hole,* Mi hai messo in un maledetto imbarazzo. **3** tana; buca *(di animale); (fig.)* antro; rifugio; nascondiglio: *a mouse-hole,* una tana di topo — *a fox-hole,* una tana di volpe — *like a rat in a hole,* come un topo in trappola. **4** *(fig., fam.)* topaia; catapecchia. **5** *(al gioco del golf)* buca; punteggio: *a nine hole golf course,* un percorso da golf di nove buche. **6** falla; squarcio *(in un natante).*
□ *to pick holes in sth,* trovare da ridire su qcsa; criticare qcsa — *a square peg in a round hole,* una persona non adatta al proprio ufficio; un pesce fuor d'acqua — *to make a hole in,* decimare; creare un vuoto; consumare gravemente — *The hospital bills made a large hole in his savings,* Il conto dell'ospedale aprì un vuoto spaventoso nei suoi risparmi — *hole-and-corner, (attrib.)* segreto; clandestino; sotto banco; *(per estensione)* sleale — *We don't like these hole-and-corner methods,* A noi non piace questo modo d'agire sleale.

to **hole** [houl] *vt e i.* **1** bucare; forare. **2** fare, aprire una falla *(in un natante).* **3** *(al gioco del golf)* mandare in buca la palla: *to hole out in one,* mandare in buca con un colpo solo. **4 to hole up,** cadere in letargo; svernare; *(di fuggiasco, ecc.)* rimanere nascosto, latitante.

holiday ['hɔlədi] *s.* **1** giorno festivo; festa; giorno di vacanza: *bank holiday* ⇨ **¹bank 1.** **2** *(spesso al pl.)* periodo di ferie; vacanze; villeggiatura: *the school holidays,* le vacanze scolastiche — *the Christmas holidays,* le vacanze natalizie — *to take a month's holiday in summer,* prendere un mese di vacanza in estate — *to be on holiday,* essere in vacanza. □ *(attrib.) holiday camps,* campi di vacanze; colonie — *holiday-makers,* gente in vacanza; villeggianti; gitanti.

holiness ['houlinis] *s.* santità. □ *His (Your) Holiness,* Sua (Vostra) Santità.

holland ['hɔlənd] *s.* **1** olanda; tela d'Olanda: *brown holland,* lino greggio. **2** *(generalm.* Hollands*)* 'gin' fabbricato in Olanda.

to **holler** ['hɔlə*] *vi (fam.)* strillare; gridare.

hollo ['hɔlou] *interiezione (ant., per richiamare l'attenzione)* olà!; ohilà!

to **hollo** ['hɔlou] *vi e t.* **1** incitare a voce alta *(i cani da caccia).* **2** gridare; vociare.

¹hollow ['hɔlou] *agg* **1** cavo; incavato; vuoto; concavo; infossato: *a hollow tree,* un albero cavo — *a hollow ball,* una palla vuota — *hollow-eyed,* dagli occhi infossati — *hollow cheeks,* guance incavate. **2** *(di suono)* cupo; sordo: *a hollow voice,* una voce cupa — *a hollow groan,* un gemito sordo. **3** falso; ingannatore; insincero; fittizio; vano; vuoto: *hollow sympathy,* falsa comprensione — *hollow words,* parole vuote e ingannatrici — *hollow joys and pleasures,* gioie e piaceri vani — *a hollow victory,* una vittoria fittizia (senza valore). □ *avv* **hollowly.**

²hollow ['hɔlou] *s.* **1** cavità; buca: *a hollow in the ground,* una cavità nel terreno. **2** piccola valle; conca: *a wooded hollow,* una valletta (una conca) boscosa.

to **hollow** ['hɔlou] *vt (spesso seguito da* out*)* scavare; incavare; rendere cavo; svuotare; incavarsi: *river banks hollowed out by rushing water,* rive dei fiumi scavate dalla corrente.

³hollow ['hɔlou] *avv (fam.)* del tutto; completamente: *We beat them hollow,* Li battemmo completamente.

hollowness ['hɔlounis] *s.* **1** l'esser vuoto; cavità. **2** insincerità; falsità.

holly ['hɔli] *s.* agrifoglio.

hollyhock ['hɔlihɔk] *s.* altea rosata; malvarosa; malvone.

holm-oak ['houm'ouk] *s.* leccio.

holocaust ['hɔləkɔːst] *s.* olocausto.

holograph ['hɔləgrɑːf] *s. (dir.)* documento olografo.

holster ['houlstə*] *s.* fonda; fondina *(di pistola).*

¹holy ['houli] *s. (solo nell'espressione) the Holy of Holies,* il 'sancta sanctorum'.

²holy ['houli] *agg* **1** santo; sacro; benedetto; di Dio: *the Holy Bible,* la Sacra Bibbia; la Sacra Scrittura — *the Holy Ghost (Holy Spirit),* lo Spirito Santo — *the Holy Father,* il Santo Padre; il Papa — *the Holy Land,* la Terra Santa; la Palestina — *to take holy orders,* prendere gli ordini; ricevere gli ordini sacri; farsi prete. **2** pio; devoto; religioso: *a holy man,* un uomo pio — *to live a holy life,* vivere santamente — *holy Joe, (sl., generalm. spreg. o scherz.)* uomo molto pio, religioso — *holy Willie,* ipocrita; bigotto. **3** *(scherz.)* straordinario; notevole: *a holy terror,* un bambino terribile; uno scocciatore; un seccatore solenne — *to have a holy fear of sth,* avere un sacro terrore di qcsa.

holystone ['houlistoun] *s.* pietra pomice; mattone inglese.

to **holystone** ['houlistoun] *vt* pulire, fregare con pietra pomice.

homage ['hɔmidʒ] *s.* **1** omaggio; tributo; ossequio: *to pay homage to the genius of Shakespeare,* rendere omaggio al genio di Shakespeare. **2** *(nell'epoca feudale)* atto di fedeltà e sottomissione.

homburg ['hɔmbəːg] *s.* cappello di feltro.

home [houm] *s.* **1** casa *(dove si abita);* focolare; dimora; residenza; abitazione; il proprio paese; patria: *He left home at the age of sixteen,* Se ne andò da casa a sedici anni — *When I retire I shall make my home in the country,* Quando andrò in pensione, mi ritirerò in campagna — *He was born in England but he now looks upon Paris as his home,* È nato in Inghilterra, ma ora si considera parigino — *We ought to turn back now and go home,* Adesso dovremmo fare dietrofront e tornarcene a casa — *at home,* a casa; in casa — *I have left my books at home,* Ho lasciato a casa i libri — *'Mrs Carr will be at home, Monday, 1st May, 5 p.m.', (su un biglietto da visita, inviato come invito)* La signora Carr riceve lunedì 1° maggio, alle ore 5 — *an at-home,* un ricevimento o altro tipo di incontro in cui si attendono gli ospiti per un'ora fissata — *Mrs Jones is not at home to anyone except relatives,* La signora Jones non riceve nessuno, eccetto i parenti — *Is our next match at home or away?,* La nostra prossima partita sarà giocata in casa o in trasferta? — *to be (to feel, to make oneself) at home,* essere (sentirsi, mettersi) a proprio agio — *Make yourself at home!,* Fai come a casa tua!
2 *(spesso usato anche come attrib.)* famiglia; vita familiare; focolare domestico: *the pleasures of home,* le gioie della famiglia — *home comforts,* il comfort domestico — *home life,* vita domestica.
3 luogo di cura; istituzione: *an orphan home,* un orfanotrofio — *nursing home,* casa di cura; casa di salute;

clinica; *(spesso)* convalescenziario — *maternity home,* clinica ostetrica.

4 luogo; regione; area; ambiente naturale; *(di animali e piante)* 'habitat': *the home of the tiger and the elephant,* l'ambiente naturale (l'habitat) della tigre e dell'elefante.

5 *(in molti sport)* meta; traguardo; punto di arrivo; base; 'casa base' *(nel baseball): the home stretch, (anche fig.)* il tratto terminale di una corsa *(di solito un rettilineo)* — *the home plate, (nel baseball)* casa base — *a home run (homer),* una corsa per tutto il campo di gioco fino alla 'casa base'.

☐ *agg (attrib.)* del proprio paese, regione, ecc.; nazionale; interno *(opposto a estero);* domestico: *home industries,* le industrie nazionali — *home farm,* azienda agricola che deve provvedere alla casa padronale — *home trade,* commercio interno (nazionale) — *home rule,* governo nazionale; autogoverno; autonomia — *the Home Office, (GB)* il Ministero dell'Interno — *Home Secretary, (GB)* ministro dell'Interno — *the Home Counties, (GB)* le contee intorno a Londra — *the Home Guard, (GB)* la Guardia Nazionale *(durante la Seconda Guerra Mondiale)* — *one's home town,* il proprio luogo di residenza — *a home truth,* la dura verità; una verità amara — *home help, (GB)* aiuto domestico *(specie di assistente sociale).*

☐ *avv* **1** a casa: *Is he home yet?,* È già a casa? — *I saw him on his way home,* L'ho visto mentre se ne stava andando a casa — *Send the children home,* Manda a casa i ragazzi — *to see sb home,* accompagnare qcno a casa. **2** al punto giusto; appropriato; a segno; a fondo: *to drive a nail home,* conficcare, piantare un chiodo — *to drive an argument home,* far capire l'importanza di un argomento — *to bring home to sb the importance of sth,* convincere qcno dell'importanza di qcsa. ☐ *home-bred,* allevato in casa; indigeno; locale; *(fig.)* rozzo; non raffinato — *home-brewed,* fatta in casa *(di birra)* — *home-coming,* ritorno *(a casa, in patria); (USA)* raduno di ex studenti — *home-grown,* coltivato localmente; prodotto in proprio — *home-made,* fatto in casa; casalingo; casareccio.

to **home** [houm] *vi (di piccione viaggiatore)* tornare a casa. ☐ *to home in on the target, (di missile)* dirigersi verso il bersaglio.

homeland ['houmlænd] *s.* terra natia; patria.

homeless ['houmlis] *agg* senza casa: *the homeless,* i senza tetto.

homelike ['houmlaik] *agg* familiare; amichevole; comodo; casalingo; domestico: *a boarding-house with a homelike atmosphere,* una pensione dall'atmosfera (con trattamento) familiare.

homeliness ['houmlinis] *s.* domesticità; amore della semplice vita casalinga.

homely ['houmli] *agg* **1** semplice; senza pretese; casalingo. **2** che evoca la casa. **3** *(USA)* dimesso; poco attraente; bruttino.

homeopath ['houmio*u*pæθ] *s.* ⇨ **homoeopath.**

homer ['houmə*] *s. (fam., nel baseball)* ⇨ **¹home 5.**

Homeric [hou'merik] *agg* omerico; di Omero: *Homeric laughter,* risata omerica.

homesick ['houmsik] *agg* nostalgico *(della propria casa o del proprio paese).*

homesickness ['houmsiknis] *s.* nostalgia di casa (della propria patria).

homespun ['houmspʌn] *s.* stoffa tessuta in casa. ☐ *agg* tessuto in casa; di fabbricazione domestica; *(fig.)* semplice; rozzo; grossolano: *homespun philosophy,* filosofia semplice (spiccia).

homestead ['houmsted] *s.* fattoria; masseria; casa colonica; casa e podere; *(in USA e in alcune ex colonie britanniche)* appezzamento di terreno demaniale affidato a coloni.

homesteader ['houm,stedə*] *s.* **1** agricoltore; colono; proprietario di fattoria. **2** *(USA)* assegnatario di un appezzamento di terreno demaniale (⇨ **homestead**).

homeward ['houmwəd] *agg* (diretto) verso casa, verso la patria: *homeward-bound, (di nave, ecc.)* diretta in patria.

homewards ['houmwədz] *avv* verso casa; verso la patria; sulla via del ritorno.

homework ['houmwə:k] *s. (invariato al pl.)* compito (compiti) di casa.

homey ['houmi] *agg (USA, fam.)* casalingo; familiare; intimo; piacevole.

homicidal [,hɔmi'saidl] *agg* omicida: *a homicidal lunatic,* un pazzo omicida.

homicide ['hɔmisaid] *s.* **1** omicidio. **2** omicida; assassino.

homily ['hɔmili] *s.* **1** omelia; sermone. **2** *(fig.)* lungo e tedioso discorso moraleggiante.

homing ['houmiŋ] *agg (letteralm.)* diretto a casa: *homing pigeon,* piccione viaggiatore — *homing device, (missilistica)* congegno elettronico per la ricerca automatica del bersaglio; radiobussola.

hominy ['hɔmini] *s. (USA)* mais macinato e cotto nell'acqua o nel latte.

homo ['houmou] *s. (lat.)* **1** uomo: *homo sapiens,* 'homo sapiens'; l'uomo considerato come specie. **2** *(sl., abbr. di* homosexual*)* omosessuale (maschio).

homoeopath ['houmio*u*pæθ] *s.* omeopatico.

homoeopathic ['houmio*u*pæθik] *agg* omeopatico.

homoeopathy [,houmi'ɔpəθi] *s.* omeopatia.

homogeneity [,hɔmo*u*dʒe'ni:iti] *s.* omogeneità.

homogeneous [,hɔmo*u*'dʒi:njəs] *agg* omogeneo. ☐ *avv* **homogeneously.**

homogenized [ho*u*'mɔdʒənaizd] *agg* omogeneizzato: *homogenized milk,* latte omogeneizzato.

homograph ['hɔmo*u*grɑ:f] *s.* omografo; parola omografa *(di grafia identica ma di significato diverso).*

homologous [hɔ'mɔləgəs] *agg (lett., scient.)* omologo.

homonym ['hɔmənim] *s.* omonimo.

homophone ['hɔməfoun] *agg* omofono *(parola o lettera omofona).*

homosexual ['hɔmo*u*'seksjuəl] *s. e agg* omosessuale.

homosexuality ['hɔmo*u*seksju'æliti] *s.* omosessualità.

hone [houn] *s.* cote; pietra per affilare.

to **hone** [houn] *vt* affilare sulla cote; affilare.

honest ['ɔnist] *agg* onesto; franco; sincero: *an honest man,* un uomo onesto — *to give an honest opinion,* dare una opinione franca (sincera) — *to earn an honest penny,* guadagnare del denaro onestamente — *an honest piece of work,* un lavoro fatto onestamente (coscienziosamente) — *honest weight,* peso giusto (esatto). ☐ *To be quite honest about it...,* Per dirla con tutta franchezza... — *to make an honest woman of sb,* sposare una donna dopo averla compromessa — *I don't know where your book is. Honest!,* Non so dove sia il tuo libro, credimi! ☐ *avv* **honestly.**

honesty ['ɔnisti] *s.* **1** onestà; integrità; probità. **2** buona fede; lealtà; sincerità; franchezza. **3** *(ant.)* castità.

honey ['hʌni] *s.* **1** miele; *(fig.)* dolcezza: *honey-bee,* ape mellifica; pecchia — *honeydew,* - **a)** mielata; melata -

b) tabacco alla melassa. **2** *(fam.)* tesoro; amore; caro; cara; cosa o azione bella.

honeycomb ['hʌnikoum] *s.* **1** favo; nido d'api. **2** disegno (struttura) a nido d'ape.

to **honeycomb** ['hʌnikoum] *vt* crivellare; riempire di fori *(di gallerie, ecc.).*

honeyed ['hʌnid] *agg* mielato; mellifluo: *honeyed words,* parole mielate (melliflue).

honeymoon ['hʌnimu:n] *s.* luna di miele *(anche fig.).*

to **honeymoon** ['hʌnimu:n] *vi* passare la (andare in) luna di miele.

honeysuckle ['hʌni,sʌkl] *s.* caprifoglio.

honk [hɔŋk] *s.* **1** grido dell'anitra (o dell'oca) selvatica. **2** colpo di clacson; suono di tromba d'auto.

to **honk** [hɔŋk] *vi* **1** *(di anitra selvatica)* lanciare il grido. **2** suonare la tromba, il clacson *(di una vecchia automobile).*

honorarium [,ɔnə'rɛəriəm] *s.* (*pl.* **honorariums, honoraria**) onorario; compenso; emolumento.

honorary ['ɔnərəri] *agg* **1** onorario; onorifico; *(di carica)* senza paga. **2** *(di laurea, di rango)* conferito ad 'honorem'.

honorific [,ɔnə'rifik] *agg* onorifico. □ *s.* titolo onorifico; formula di cortesia.

honour ['ɔnə*] *s.* (*USA* **honor**) **1** onore: *to be an honour to one's country,* fare onore alla patria — *a ceremony in honour of those killed in battle,* una cerimonia in onore dei caduti in battaglia — *May I have the honour of your company at dinner?,* Posso avere l'onore della Sua compagnia a pranzo? — *Will you do me the honour of dining with me this evening?,* Vuole farmi l'onore di pranzare con me stasera? — *I have the honour to inform you that..., (molto formale)* Ho l'onore di informarLa che... — *to do the honours (of the house),* fare gli onori (di casa) — *maid of honour,* damigella d'onore — *guard of honour,* guardia d'onore — *on my honour,* sul mio onore — *a debt of honour,* un debito d'onore — *word of honour,* parola d'onore. **2** onore *(titolo riservato ad alcuni magistrati nei paesi anglosassoni): Your Honour,* Vostro Onore. **3** *(al pl.)* onorificenze; omaggi: *Birthday Honours, (GB)* onorificenze conferite dal sovrano nel giorno del suo genetliaco — *New Year Honours,* onorificenze di Capodanno *(GB, concesse dal sovrano il 1° gennaio)* — *military honours,* onori militari — *the last honours,* le estreme onoranze (funebri) — *the honours of war,* gli onori di guerra. **4** *(al pl.)* distinzione; lode *(all'università): an honours degree,* una laurea con lode (con specializzazione) — *to pass with honours in history,* passare con la lode gli esami per la laurea in storia. **5** *(al pl.: nel gioco delle carte)* onori; le carte di maggior valore. □ *Honour bright!, (fam.)* Parola d'onore! — *to be bound in honour (honour bound) to do sth,* essere costretto dall'onore a fare qcsa.

to **honour** ['ɔnə*] *vt* (*USA* **to honor**) **1** onorare: *to fear God and honour the Queen,* temere Dio e onorare la regina — *I feel highly honoured by the kind things you have said about me,* Mi sento altamente onorato dalle cose gentili che Lei ha detto di me — *Will you honour me with a visit?,* Vuole farmi l'onore di una Sua visita? **2** *(comm.)* pagare; onorare: *to honour a bill (cheque, draft),* pagare (onorare) una cambiale (un assegno, una tratta) — *to honour one's signature,* onorare la propria firma.

honourable ['ɔnərəbl] *agg* (*USA* **honorable**) **1** onorevole; onorabile; dignitoso; commendevole: *to conclude an honourable peace,* concludere una pace onorevole — *honourable burial,* onorevole sepoltura. **2** *(GB) 'Honourable' (abbr. in* 'Hon'*)* titolo riservato ai magistrati e ad altri funzionari, ai figli dei 'pari', ai membri del 'Privy Council', e, soltanto nel corso dei dibattiti, ai membri della Camera dei Comuni: *my Honourable friend, the member for Chester,* l'Onorevole amico, il deputato per Chester. □ *avv* **honourably.**

hooch [hu:tʃ] *s. (USA, sl.)* liquore *(spec. se fatto di contrabbando).*

hood [hud] *s.* **1** cappuccio. **2** *(nelle università inglesi)* risvolto di panno sulla toga *(di colore diverso a seconda dell'università e del grado accademico).* **3** capote; mantice; soffietto. **4** *(USA)* cofano d'automobile. **5** *(USA)* criminale violento.

hooded ['hudid] *agg* incappucciato: *a hooded falcon,* un falco incappucciato. □ *hooded eyes,* occhi socchiusi.

hoodlum ['hu:dləm] *s. (USA, sl.)* teppista; giovinastro.

hoodoo ['hu:'du:] *s.* **1** *(spec. USA)* iella; sfortuna; cosa che porta sfortuna. **2** iettatore; menagramo.

to **hoodwink** ['hudwiŋk] *vt* **1** *(ant.)* bendare gli occhi. **2** *(fig.)* ingannare; gabbare; infinocchiare.

hooey ['hu:i] *s. (USA, sl.)* sciocchezza, sciocchezze; stupidaggini; fesserie.

hoof [hu:f] *s.* (*pl.* **hoofs, hooves**) **1** *(anat.)* zoccolo; unghia *(di cavallo, ecc.).* **2** *(scherz.)* piede; zampa. □ *to buy cattle on the hoof,* comperare bestiame vivo *(per la macellazione).*

to **hoof** [hu:f] *vt (sl.)* prendere a calci. □ *vi (fam., non molto comune)* andare a piedi; camminare: *The last bus has gone, we'll have to hoof it,* L'ultimo autobus è partito, dovremo farla a piedi.

hoofed ['hu:ft] *agg (zool.)* che ha zoccoli; ungulato.

hook [huk] *s.* **1** gancio; uncino: *a clothes hook,* un attaccapanni — *hooks and eyes,* ganci e occhielli — *crochet hook,* uncinetto — *hook-nosed,* dal naso adunco, ad uncino — *hook-worm, (med.)* anchilostoma. **2** *(anche* fish-hook*)* amo da pesca: *to swallow sth hook, line and sinker, (fig.)* 'bere' tutto; credere ingenuamente a qcsa. **3** falce; falcetto; roncola: *a reaping hook,* una falce da mietitore — *a bill-hook,* una roncola; un falcetto da rami — *by hook or by crook,* o di riffa o di raffa; in ogni modo. **4** *(pugilato)* gancio; crochet; uncino. **5** *(cricket e golf)* colpo a gancio. **6** ansa; curva. **7** insenatura; promontorio. □ *to get sb off the hook, (fam.)* salvare qcno da un pasticcio — *to sling (to take) one's hook, (sl.)* alzare i tacchi; fuggire; squagliarsi; tagliare la corda — *hook-up,* collegamento radiofonico — *a nation wide hook-up,* collegamento radio nazionale.

to **hook** [huk] *vt e i.* **1** agganciare, agganciarsi; uncinare; prendere con un gancio: *a dress that hooks at the back,* un vestito che si aggancia sul dorso. **2** prendere all'amo; pescare *(anche fig.): to hook a fish,* prendere all'amo un pesce — *to hook a husband,* pescare un marito — *to be hooked on sth,* esser schiavo di qcsa *(droga, ecc.).* **3** curvare ad uncino: *to hook one's finger,* piegare il dito a uncino. □ *to hook it, (sl.)* tagliare la corda; scappare via — *to hook on,* prendersi sottobraccio, a braccetto.

hookah ['hukə] *s.* pipa turca; 'narghilè'.

hooked [hukt] *agg* **1** adunco: *a hooked nose,* un naso adunco *(ad uncino).* **2** lavorato, fatto all'uncinetto: *a hooked rug,* un tappeto all'uncinetto — *hooked cross,* croce uncinata; svastica. □ *to be hooked (on sth)* ⇨ **to hook 2.**

hookey ['huki] *s. (USA, sl.)* fannullone; vagabondo: *to play hookey,* marinar la scuola.

hooligan ['hu:ligən] *s.* teppista; giovinastro.

hooliganism ['hu:ligənizəm] *s.* teppismo.

hoop [hu:p] *s.* **1** cerchione; cerchio *(di barile, di ruota, ecc.)*: *to roll a hoop along,* fare rotolare un cerchio — *to go through the hoop,* passare attraverso il cerchio *(degli acrobati e anche fig.)*; attraversare un momento difficile; superare una prova difficile. **2** guardinfante; crinolina: *a hoop skirt,* una gonna con guardinfante. **3** arco di ferro usato nel gioco del croquet.

[1]to **hoop** [hu:p] *vt* cerchiare; munire di cerchione *(un barile, ecc.)*.

[2]to **hoop** [hu:p] *vi* = **to whoop.**

hoop-la ['hu:plɑ:] *s.* lancio degli anelli *(per pesca di oggetti nei giochi delle fiere)*; 'pesca'.

hoopoe, hoopoo ['hu:pu:] *s.* upupa.

hoorah, hooray [hu:'rei] *interiezione* = **hurrah.**

hoot [hu:t] *s.* **1** grido, verso della civetta; chiurlo. **2** suono di clacson; sibilo di locomotiva. **3** urlo; grido *(di rabbia, scherno, ecc.)*. ☐ *I don't care a hoot (two hoots), (sl.)* Non me ne importa un fico; Me ne infischio; Me ne frego.

to **hoot** [hu:t] *vi e t.* **1** chiurlare; fare il verso della civetta; stridere. **2** urlare; cacciare degli urli; cacciare via urlando: *to hoot an actor,* subissare d'urla un attore — *to hoot a speaker down (off, away),* cacciare via un oratore a forza di urli.

hooter ['hu:tə*] *s.* **1** tromba d'automobile; clacson. **2** sirena *(di fabbrica, ecc.)*. **3** *(sl.)* naso.

hoover ['hu:və*] *s.* aspirapolvere *(dal nome di una nota marca)*.

to **hoover** ['hu:və*] *vt* pulire (passare) con l'aspirapolvere.

hooves [hu:vz] *s. pl di* **hoof.**

[1]**hop** [hɔp] *s.* **1** salto; saltello: *to be always on the hop,* essere sempre in moto — *hop, skip (o step), and jump,* salto triplo — *to catch sb on the hop, (fig., fam.)* prendere qualcuno alla sprovvista. **2** *(fam.)* ballo *(spec. informale, tra studenti o in un paesino)*; quattro salti. **3** volo senza scalo; tappa; balzo: *to fly from Frankfurt to Tokyo in three hops,* volare da Francoforte a Tokyo in tre tappe.

to **hop** [hɔp] *vi e t.* (**-pp-**) **1** saltare *(su una gamba sola)*; saltellare: *The sparrows were hopping about on the lawn,* I passerotti saltellavano sul prato. **2** *(fam.)* ballare; fare quattro salti. **3** balzare; saltare un fosso. ☐ *to hop off; to hop it, (sl.)* squagliarsi; svignarsela; andarsene — *Hop it!,* Vattene! — *He is hopping mad, (fig.)* È estremamente seccato; È furente — *to hop the twig (the stick, the perch), (ant., sl.)* andarsene; sparire; morire.

[2]**hop** [hɔp] *s.* **1** luppolo; pianta del luppolo: *hop-bind (bine),* stelo rampicante del luppolo. **2** *(al pl.)* luppolino.

to **hop** [hɔp] *vi* (**-pp-**) cogliere il luppolo, il luppolino: *to go hopping in Kent,* andare a raccogliere il luppolino nel Kent.

hope [houp] *s.* speranza; fiducia; attesa; aspettativa: *I called in the hope of finding you,* Sono venuto nella speranza di trovarti — *There is not much hope that they are still alive; There is not much hope of their still being alive,* Non c'è molta speranza che siano ancora vivi — *Don't raise his hopes too much,* Non incoraggiare troppo le sue speranze — *We live in hope (in hopes) of better fortune next time,* Viviamo nella speranza di essere più fortunati la prossima volta — *You are my last hope,* Tu sei la mia ultima speranza — *to be past (o beyond) hope,* essere senza speranza. ☐ *While there's life there's hope, (prov.)* Finché c'è vita c'è speranza — *hope chest, (USA)* armadio del corredo.

to **hope** [houp] *vt e i.* sperare; confidare; aver fiducia: *We hope to see you soon,* Speriamo di vederti presto — *I hope you haven't hurt yourself,* Spero che non ti sia fatto male — *Will he come tomorrow? I hope not (I hope so),* Verrà domani? Spero di no (Spero di sì) — *Let us hope for the best,* Speriamo per il meglio — *to hope against hope,* sperare malgrado tutto — *Hoping to hear from you soon..., (in chiusura di lettera)* Sperando di leggere presto tue notizie...

hopeful ['houpful] *agg* **1** speranzoso; pieno di speranza; fiducioso: *to be (to feel) hopeful about the future,* essere (sentirsi) pieno di speranza per il futuro — *to feel hopeful of success,* sperare nel successo. **2** promettente; che dà speranza: *The future doesn't seem very hopeful,* Il futuro non sembra molto promettente. ☐ *avv* **hopefully** ⇨.
☐ *s.* promessa; speranza; persona di belle speranze *(p.es. agonistiche)*; aspirante: *a young hopeful,* una giovane promessa.

hopefully ['houpfuli] *avv* **1** fiduciosamente; speranzosamente. **2** *(USA, ora anche GB)* se tutto va bene (come si spera): *Hopefully, they will get there by nine,* Si spera che arrivino prima delle nove.

hopefulness ['houpfulnis] *s.* fiducia; aspettazione; buona speranza.

hopeless ['houplis] *agg* **1** senza speranza; disperato; irreparabile: *a hopeless case,* un caso disperato. **2** inguaribile; incurabile; incorreggibile *(anche scherz.)*: *a hopeless illness,* una malattia incurabile. ☐ *avv* **hopelessly.**

hopelessness ['houplisnis] *s.* **1** disperazione; irreparabilità. **2** incurabilità.

[1]**hopper** ['hɔpə*] *s.* raccoglitore di luppolo.

[2]**hopper** ['hɔpə*] *s.* **1** persona, animale, insetto che saltella *(spec. come abbr. di* grasshopper*)*. **2** tramoggia. **3** seminatoio. **4** chiatta per lo scarico del fango o ghiaia. **5** tarma del pianoforte. **6** *(in Australia)* canguro.

hopscotch ['hɔpskɔtʃ] *s.* gioco della campana, della settimana.

horde [hɔ:d] *s.* orda; tribù; torma; accozzaglia; folla: *hordes of people,* un'orda di gente — *a horde of locusts,* una torma di locuste.

horizon [hə'raizn] *s.* orizzonte *(anche fig., nel senso di limite)*.

horizontal [,hɔri'zɔntl] *agg* orizzontale; parallelo all'orizzonte. ☐ *s.* linea (piano) orizzontale. ☐ *avv* **horizontally.**

hormone ['hɔ:moun] *s.* ormone; medicina fatta di ormoni.

horn [hɔ:n] *s.* **1** *(in vari sensi)* corno; antenna *(di insetto, di lumaca)*: *the horns of a stag,* le corna di un cervo — *a knife with a handle of horn (a horn handle),* un coltello con il manico di corno — *a horn spoon,* un cucchiaino di corno *(per le uova alla coque)* — *horn-rimmed, (di occhiali)* cerchiati di corno; con la montatura di corno — *the horn of plenty,* il corno dell'abbondanza (la cornucopia) — *a drinking horn,* un bicchiere di corno — *a hunting horn,* un corno da caccia — *powder horn,* corno per la polvere da sparo — *a shoe horn,* un calzascarpe — *to draw in one's horns, (fam.)* ritirare le corna; tirarsi indietro; smorzare il proprio entusiasmo — *to be on the horns of a dilemma,* trovarsi innanzi ai corni di un dilemma; avere davanti una scelta difficile. **2** tromba; cornetta; strumento a fiato; clacson: *a fog horn,* una tromba per la nebbia — *a motor-horn,* una tromba d'automobile; un clacson — *to sound the horn,* suonare il clacson — *French horn, (mus.)* corno.

hornbeam ['hɔ:nbi:m] *s.* carpino.

hornbill ['hɔ:nbil] *s.* bucero.

hornbook ['hɔ:nbuk] *s. (stor.)* abbecedario; tavola pitagorica *(così chiamata perché protetta da una foglia d'osso trasparente).*

horned [hɔ:nd] *agg* cornuto; fornito di corna: *horned cattle,* animali cornuti — *horned owl,* allocco *(tipo di civetta con ciuffi di piume a forma di corno).*

hornet ['hɔ:nit] *s.* calabrone. □ *to stir up a nest of hornets (a hornets' nest),* suscitare un vespaio — *to bring a hornets' nest about one's ears,* tirarsi addosso un vespaio.

horniness ['hɔ:ninis] *s.* durezza; callosità.

hornless ['hɔ:nlis] *agg* senza corna; mancante di corna (di antenne).

hornlike ['hɔ:nlaik] *agg* a forma di corna; simile ad un corno.

hornpipe ['hɔ:npaip] *s.* **1** zampogna; cornamusa. **2** danza vivace *(generalm. di una sola persona, con accompagnamento di cornamusa);* musica allegra.

horny ['hɔ:ni] *agg* (**-ier; -iest**) **1** corneo; di corno. **2** *(fig.)* indurito; calloso. **3** *(volg.)* eccitato *(sessualmente).*

horology [hɔ'rɔlədʒi] *s.* orologeria.

horoscope ['hɔrəskoup] *s.* oroscopo.

horrible ['hɔribl] *agg* **1** orribile; spaventoso; orrendo: *horrible cruelty,* crudeltà spaventosa. **2** *(fam.)* sgradevole; assai brutto; insopportabile; orribile: *horrible weather,* tempo orribile. □ *avv* **horribly.**

horrid ['hɔrid] *agg* **1** spaventoso; orrendo. **2** *(fam.)* insopportabile; terribile: *a horrid bore,* una noia insopportabile. □ *avv* **horridly.**

horridness ['hɔridnis] *s.* orridità; orribilità.

horrific [hɔ'rifik] *agg (fam.)* orribile; orrendo; orripilante; spaventoso. □ *avv* **horrifically.**

to **horrify** ['hɔrifai] *vt* **1** far inorridire; spaventare: *We were horrified by what we saw,* Fummo atterriti da quanto vedemmo. **2** *(fam.)* scandalizzare.

horror ['hɔrə*] *s.* **1** orrore; spavento; terrore; disgusto; ribrezzo: *She recoiled in horror from the snake,* Si ritrasse con terrore dal serpente — *She expressed her horror of cruelty,* Espresse il suo orrore per la crudeltà — *To her horror she realised she had left her handbag on the train,* Con spavento si rese conto di aver lasciato la borsetta sul treno — *A good housewife has a horror of dirt,* Una buona massaia ha orrore dello sporco — *the horrors,* le allucinazioni *(come manifestazione patologica, p.es. dovuta a etilismo)* — *horror comics,* fumetti dell'orrore — *chamber of horrors,* camera degli orrori; museo degli orrori — *horror stuck; horror-stricken,* inorridito; sopraffatto dall'orrore. **2** peste *(fam.): You little horror!,* Piccola peste che non sei altro!

hors concours ['ɔ:kɔ̃'ku:r] *avv (fr.)* fuori concorso.

hors de combat ['ɔ:də'kɔ̃:mbɑ:] *agg predicativo (fr.)* fuori combattimento.

hors d'oeuvres [ɔ:'də:vrz] *s. pl (fr.)* antipasto; antipasti.

horse [hɔ:s] *s.* **1** cavallo: *to mount a horse,* montare a cavallo — *to ride a horse,* cavalcare; andare a cavallo — *draft-horse,* cavallo da tiro — *race-horse,* cavallo da corsa — *saddle-horse,* cavallo da sella — *horse-box,* carro speciale per trasporto di cavalli — *horse-breaker,* scozzone; domatore di cavalli — *horse race (racing),* corsa ippica — *To horse!, (mil., ant.)* A cavallo! **2** *(mil.)* cavalleria; cavalleggeri: *horse and foot,* cavalleria e fanteria — *light horse,* cavalleria leggera — *the Horse Guards,* le Guardie a cavallo — *horse artillery,* artiglieria ippotrainata. **3** cavalletto; sostegno; trespolo; cavallo: *a clothes-horse,* un cavalletto su cui far asciugare i panni — *vaulting horse,* cavallo per volteggi *(da ginnastica)* — *the horse-jump,* il salto al cavallo *(ginnastica).* **4** *(sl.)* eroina.

□ *horse-bean,* fava — *horse-chestnut,* ippocastano — *horse-fly,* tafano — *horse-laugh,* risata fragorosa, sguaiata, cavallina — *horse-mackerel,* tonno bastardo; sgombro — *horse sense,* buon senso; buon senso comune — *one-horse, (USA, agg. attrib.)* piccolo; minuscolo — *a one-horse concern,* un'azienda, un affare di modeste proporzioni — *a willing horse, (fam.)* un lavoratore volenteroso — *horse opera, (fam., scherz.)* film 'western' — *to back the wrong horse,* puntare sul cavallo perdente *(anche fig.)* — *a dark horse,* un cavallo di cui è difficile prevedere il piazzamento; una persona dal successo e dai mezzi imprevedibili o sconosciuti — *to eat like a horse,* mangiare come un lupo — *to flog a dead horse,* perdere il tempo; fare una cosa inutile — *to hold one's horses,* frenare la propria impazienza — *to be on one's high horse,* darsi grandi arie — *to put the cart before the horse,* mettere il carro davanti ai buoi — *to work like a horse,* lavorare come un mulo — *It's a horse of another colour,* È tutt'altra cosa; È un altro paio di maniche — *One shouldn't look a gift horse in the mouth, (prov.)* A caval donato non si guarda in bocca — *Tell that to the horse marines,* Vallo a raccontare al gatto — *to be straight from the horse's mouth, (di informazioni ricevute)* essere di fonte certa — ⇨ *anche* **horseback, horseflesh, horsehair, horseplay,** *ecc.*

to **horse** [hɔ:s] *vt e i.* **1** provvedere di cavallo; attaccare i cavalli *(a una carrozza).* **2** cavalcare; andare a cavallo. **3** far coprire una cavalla. **4** *(USA, scherz.)* deridere; prendere in giro: *to horse around,* darsi a giochi rozzi e un po' violenti. **5** portare a cavalluccio; portare sulle spalle.

horseback ['hɔ:sbæk] *s. (quasi sempre nell'espressione) on horseback,* in sella, in groppa ad un cavallo.

horseflesh ['hɔ:sfleʃ] *s.* **1** carne di cavallo. **2** *(fam.)* cavalli.

horsehair ['hɔ:shɛə*] *s.* crine di cavallo.

horseman ['hɔ:smən] *s.* (*pl.* **horsemen**) **1** cavaliere; cavallerizzo. **2** intenditore di cavalli.

horsemanship ['hɔ:smənʃip] *s.* l'arte del cavalcare.

horseplay ['hɔ:splei] *s.* giochi rozzi e violenti.

horsepower ['hɔ:s,pauə*] *s.* 'cavallo' *(unità di potenza).*

horse-radish ['hɔ:s,rædiʃ] *s.* rafano.

horseshoe ['hɔ:sʃu:] *s.* ferro di cavallo.

horsewhip ['hɔ:swip] *s.* frustino.

to **horsewhip** ['hɔ:swip] *vt* frustare.

horsewoman ['hɔ:swumən] *s.* (*pl.* **horsewomen**) amazzone; cavallerizza.

horsy ['hɔ:si] *agg* **1** cavallino; concernente i cavalli. **2** appassionato di cavalli *(in GB spesso spreg., riferito a gente ricca e snob che abita in campagna).*

hortative, hortatory ['hɔ:tətiv/'hɔ:tətəri] *agg* esortativo; esortatorio.

horticultural [,hɔ:ti'kʌltʃərəl] *agg* riguardante l'orticoltura.

horticulturalist [,hɔ:ti'kʌltʃərəlist] *s.* orticoltore.

horticulture ['hɔ:tikʌltʃə*] *s.* orticoltura.

hosanna [hou'zænə] *s. e interiezione* osanna.

'hose [houz] *s. (anche* hose-pipe*)* tubo flessibile; manica: *60 feet of plastic hose,* 60 piedi di tubo di plastica — *There are plenty of fire hoses in the* *building,* Nell'edificio ci sono molte pompe anti-incendio.

to **hose** [houz] *vt* innaffiare; lavare *(usando un tubo): to hose (down) the car,* lavare l'automobile.

[2]**hose** [houz] *s.* **1** *(pl. collettivo: ora un po' desueto)* calze: *six pair of hose,* sei paia di calze — *half hose,* calzini. **2** *(stor.)* calzamaglia: *to be dressed in doublet and hose,* essere vestito di farsetto e calzamaglia.

hosier ['houʒə*] *s.* calzettaio; negoziante di maglieria; magliaro.

hosiery ['houʒəri] *s.* maglieria; articoli di maglieria.

hospice ['hɔspis] *s.* ospizio.

hospitable ['hɔspitəbl] *agg* ospitale. □ *avv* **hospitably.**

hospital ['hɔspitl] *s.* ospedale: *He is still in hospital,* È ancora all'ospedale — *I'm going to the hospital to see my brother,* Sto andando all'ospedale a vedere mio fratello.

hospitality [ˌhɔspi'tæliti] *s.* ospitalità.

hospitalization [ˌhɔspitəlai'zeiʃən] *s.* **1** ricovero (in ospedale). **2** degenza ospedaliera.

to **hospitalize** ['hɔspitəlaiz] *vt* ricoverare in ospedale.

hoss [hɔs] *s. (USA) abbr fam di* **horse.**

[1]**host** [houst] *s.* **1** schiera; gran numero; folla; moltitudine: *He has hosts of friends,* Ha un mucchio di amici — *We are faced with a host of difficulties,* Ci troviamo di fronte a un gran numero di difficoltà. **2** *(ant.)* schiera; esercito: *Lord of Hosts, (Bibbia)* Signore degli Eserciti.

[2]**host** [houst] *s.* **1** chi ospita; ospite; padrone di casa: *The Hornbys are such good hosts,* Gli Hornby sono degli ospiti eccellenti. **2** oste; albergatore; locandiere: *to reckon without one's host, (fig.)* fare i conti senza l'oste. **3** *(med., riferito ad un trapianto)* ospite.

[3]**host** [houst] *s.* ostia.

hostage ['hɔstidʒ] *s.* ostaggio: *hostage to fortune, (lett.)* persona o cosa che può essere perduta, in balia della sorte.

hostel ['hɔstəl] *s.* **1** *(GB)* ostello; pensione; albergo *(per studenti, lavoratori, ecc.): youth hostel,* ostello (albergo) della gioventù. **2** *(ant.)* osteria; locanda.

hosteller ['hɔstələ*] *s.* turista ospite degli ostelli.

hostelry ['hɔstəlri] *s. (GB, ant.)* osteria; locanda.

hostess ['houstis] *s.* **1** ospite; padrona di casa. **2** ostessa; locandiera. **3** 'hostess'; accompagnatrice; guida turistica: *air hostess,* hostess sugli aerei di linea.

hostile ['hɔstail] *agg* ostile; nemico; avverso; contrario: *a hostile army,* un esercito nemico — *a hostile crowd,* una folla ostile — *to be hostile to reform,* essere contrario alla riforma (alle riforme).
□ *avv* **hostilely.**

hostility [hɔs'tiliti] *s.* **1** ostilità; avversione; inimicizia: *to feel no hostility towards anyone,* essere ben disposto con tutti — *to show hostility to sb,* dimostrare avversione per qcno. **2** *(al pl.)* ostilità; azioni di guerra; attacchi; aggressioni: *at the outbreak of hostilities,* all'inizio delle ostilità.

hostler ['ɔslə*] *s.* ⇨ **ostler.**

hot [hɔt] *agg* **1** caldo *(anche fig.);* rovente; scottante; piccante *(di sapore forte, che pizzica la lingua): I like my food hot, not lukewarm!,* Mi piace mangiar caldo non tiepido! — *hot-plate,* piastra termica — *hot-water-bottle,* borsa dell'acqua calda — *piping hot,* caldo caldo; appena sfornato — *boiling hot,* bollente — *to feel hot; to be hot,* aver caldo — *This curry is too hot: you've put too much spice in it,* Questo curry è troppo piccante: ci hai messo troppe spezie.
2 *(fig.)* intenso; violento; acuto; ardente; caldo: *a hot temper,* un temperamento violento (ardente) — *one of the hottest moments of the election campaign,* uno dei momenti più caldi della campagna elettorale — *hot-head,* testa calda — *hot-headed,* impetuoso; focoso; irruento — *hot-gospeller, (fam.)* propagandista religioso; evangelizzatore *(spec. se molto zelante).*
3 forte; intenso; fresco: *a hot scent,* una traccia fresca — *to be hot on the trail of sb (on sb's tracks),* essere alle calcagna di qcno (sulle orme di qcno); essergli molto vicino — *hot news; hot copy,* notizie fresche, recentissime.
4 *(sl.)* 'scottante'; 'caldo' *(di oggetto rubato e difficilmente smerciabile): hot money,* denaro che scotta.
5 *(sl.)* 'sexy'; eccitante; eccitato.
6 *(fam.)* radioattivo.
□ *hot air, (fam.)* parole, promesse vane; fumo; fanfaronate — *to be in (to get into) hot water,* essere (mettersi) nei pasticci — *to make a place too hot for sb,* rendere un luogo troppo caldo per qcno (fargli bruciare il terreno sotto i piedi) — *hot stuff, (sl.)* persona (o cosa) notevole, eccezionale, ecc. — *to blow hot and cold,* fare il bello e il cattivo tempo — *Give it to him hot!, (fam.)* Puniscilo (Sgridalo) severamente!; Dagli una bella lavata di capo! — *hot-bed* ⇨ **hotbed** — *the hot line,* la linea (telefonica) calda *(p.es. tra la Casa Bianca e il Cremlino)* — *hot-blooded,* dal sangue caldo — *a hot dog, (fam.)* un panino contenente salciccia calda con senape — *hot jazz,* 'jazz' molto ritmico e con molte improvvisazioni — *hot-seat, (USA, sl.)* sedia elettrica — *hot-rod,* automobile *(spec. se è vecchia).* □ *avv* **hotly.**

hotbed ['hɔtbed] **1** *s.* 'letto caldo'; concimaia. **2** covo; focolaio: *a hotbed of vice,* un covo di vizi.

hotchpotch ['hɔtʃpɔtʃ] *s.* **1** stufato di carne con legumi. **2** miscuglio; guazzabuglio; insieme disordinato: *His essay was a hotchpotch of other people's ideas,* Il suo tema era un abborracciamento di idee altrui. **3** *(dir.)* collazione.

hotel [hou'tel] *s.* albergo: *hotel-keeper,* albergatore.

hotelier [hou'teliə*] *s.* albergatore.

hotfoot ['hɔtfut] *avv* a grandi passi; in gran fretta; dappresso: *to follow hotfoot on the heels of the retreating army,* stare alle calcagna dell'esercito in ritirata, inseguendolo con marce forzate.

hothead ['hɔthed] *s.* testa calda *(fig.);* persona impetuosa, irruenta.

hothouse ['hɔthaus] *s.* serra *(di fiori)* riscaldata.

hotpot ['hɔtpɔt] *s. (anche* Lancashire hotpot*)* stufato *(cotto in un tegame chiuso).*

hotspot ['hɔtspɔt] *s.* zona calda *(anche fig.).*

to **hot up** ['hɔtʌp] *vt (fam.)* **1** riscaldare *(cibi).* **2** *(fig.)* rendere più ritmico, più vigoroso, ecc.

hound [haund] *s.* **1** cane da caccia; segugio: *fox-hound,* cane per la caccia alla volpe — *blood-hound,* bracco; segugio — *grey-hound,* levriero — *to follow the hounds; to ride to hounds,* cacciare con i cani; seguire al galoppo una muta di cani — *a pack of hounds,* una muta di cani da caccia — *Master of Hounds,* capocaccia — ⇨ *anche* **hare.** **2** *(fig.)* individuo spregevole, miserabile; cane.

to **hound** [haund] *vt* **1** cacciare con i cani. **2** *(fig.)* braccare; perseguitare: *to be hounded by one's creditors,* essere braccato dai propri creditori.

hour [auə*] *s.* ora; *(al pl.)* ore; orario: *half an hour,* mezz'ora; una mezz'oretta — *a quarter of an hour,* un quarto d'ora — *to hire a car by the hour,* noleggiare un'automobile ad ore — *to walk for hours,* camminare per ore — *a three hour(s') journey,* un viaggio di tre ore — *the small hours,* le ore piccole — *The church clock was striking the hours,* L'orologio della chiesa batteva le ore — *working hours,* orario di lavoro; ore lavorative — *They disturb me at all hours,* Mi disturbano a tutte le ore — *during office hours,* durante l'orario d'ufficio — *the rush hour,* l'ora di punta — *after hours,* oltre l'orario — *out of hours,* fuori orario — *He keeps early (late) hours,* Si corica e si alza sempre presto (tardi). □ *hour-glass,* clessidra — *She has an hour glass figure!,* Ha una vita da vespa! — *hour-hand,* lancetta delle ore — *the question of the hour,* il problema del momento.

houri ['huəri] *s.* urì *(vergine del paradiso musulmano).*

hourly ['auəli] *avv* **1** ogni ora: *This medicine is to be taken hourly,* Questa medicina deve essere presa ogni ora. **2** a qualsiasi ora; da un momento all'altro: *We're expecting news hourly,* Attendiamo notizie da un momento all'altro.

□ *agg* **1** di ogni ora; orario: *an hourly train service,* un servizio ferroviario con partenze ad ogni ora. **2** continuo; ininterrotto; di qualsiasi momento: *to live in hourly dread of discovery,* vivere nel terrore continuo di essere scoperto.

house [haus] *s.* **1** casa; abitazione: *a council house,* una casa costruita su terreno comunale — *the house of God,* la casa di Dio — *to keep house,* amministrare (governare) la casa — *to keep open house,* aver casa aperta *(per gli ospiti)* — *a house-proud woman,* una donna molto amante della casa — *house-agent,* agente immobiliare — *to house-train,* addomesticare; domesticare *(animali).*

2 *(vari tipi di edifici, locali, ecc.) public house, (abbr.* pub*)* 'bar' di tipo inglese; osteria; 'pub' — *boarding-house,* pensione — *hen-house,* pollaio; stia — *coffee-house,* caffè — *eating-house,* ristorante; trattoria — *alms-house,* ospizio (dei poveri) — *Custom(s)-house,* dogana.

3 edificio pubblico; sede di assemblee: *the House of Commons,* la Camera dei Comuni — *the Houses of Parliament,* il Palazzo del Parlamento — *the House, (fam.)* - **a)** *(GB)* la Borsa Valori - **b)** *(GB)* la Camera dei Comuni; la Camera dei Lord - **c)** *(GB)* il collegio di Christ Church nell'università di Oxford - **d)** *(USA)* la Camera dei Rappresentanti: *to enter the House,* diventare deputato.

4 casato; discendenza familiare; dinastia: *the House of Windsor,* la Casa di Windsor — *an ancient house,* un antico casato.

5 ditta; azienda; casa: *an old trading house,* una ditta da tempo nel commercio — *house magazine,* rivista aziendale — *the house style,* lo stile della casa *(p.es., modo di stampare di una casa editrice).*

6 spettatori; pubblico di un teatro; rappresentazione: *to make oneself heard in every part of the house,* farsi udire da tutto il pubblico — *a full house* ⇨ **'full** — *the house lights,* le luci del teatro — *to bring down the house,* far venire giù il teatro (per gli applausi) — *The second house starts at nine o'clock,* La seconda rappresentazione comincia alle nove.

7 *(GB)* divisione *(di una 'grammar school', di una 'public school').*

□ *to get on like a house on' fire,* andare subito d'accordo — *to be under house arrest,* essere agli arresti domiciliari — *to turn sb out of house and home,* costringere qcno ad abbandonare la sua casa — *house of ill fame, (ant. e lett.)* bordello — *a house of cards,* un castello di carte — *a drink on the house,* una bevanda offerta dal locale — *to set (to put) one's house in order,* sistemare i propri affari — *house-breaker* ⇨ **housebreaker** — *house-dog,* cane da guardia — *house-party,* invito (a restare per qualche giorno) in casa di campagna — *house-sparrow,* passerotto — *house-surgeon; house physician,* chirurgo interno; medico di ospedale — *house-warming,* ricevimento per inaugurare una nuova casa — ⇨ *anche* **houseboat, housebreaking, household,** *ecc.*

to **house** [hauz] *vt* **1** allestire; provvedere di abitazione: *a housing estate,* un'area lottizzata (per la costruzione di case residenziali). **2** collocare; sistemare; mettere; trovar posto: *to house one's old books in an attic,* sistemare i propri libri vecchi in un solaio. **3** ospitare; dare ricetto, ospitalità: *We can house you and your friends if the hotels are full,* Possiamo ospitare te e i tuoi amici se gli alberghi sono pieni. **4** *(mecc.)* incassare; coprire; alloggiare; *(falegnameria)* incastrare.

houseboat ['hausbout] *s.* casa galleggiante.

housebreaker ['haus,breikə*] *s.* **1** scassinatore; ladro. **2** *(GB)* demolitore di case vecchie.

housebreaking ['haus,breikiŋ] *s.* **1** *(dir.)* violazione di domicilio; furto con scasso. **2** demolizione di case vecchie.

housecoat ['hauskout] *s.* vestaglia.

housecraft ['hauskrɑ:ft] *s.* direzione, governo della casa.

houseful ['hausful] *s.* casa piena *(di gente).*

household ['haus*h*ould] *s.* famiglia *(cioè tutti coloro che vivono in una casa, compresi i domestici): Household Cavalry (troops),* cavalleria (truppa) di guardia a Palazzo — *household duties (expenses),* (spese) incombenze domestiche.

householder ['haushouldə*] *s.* **1** padrone di casa; locatario. **2** capofamiglia.

housekeeper ['haus,ki:pə*] *s.* chi sovrintende alla casa; economo; governante.

housekeeping ['haus,ki:piŋ] *s.* andamento, gestione, governo, della casa; economia domestica.

housemaid ['haus,meid] *s.* domestica: *housemaid's knee,* borsite prepatellare; il ginocchio della lavandaia.

housemaster ['haus,mɑ:stə*] *s. (GB)* professore *(incaricato di una delle 'houses' del collegio presso cui insegna:* ⇨ **house 7**).

houseroom ['haus,ru:m] *s.* spazio (in casa): *I wouldn't give it houseroom!,* Non lo terrei in casa mia neanche me lo regalassero!

housetop ['haustɔp] *s.* tetto: *(nell'espressione) to cry from the housetops,* urlare ai quattro venti.

housewife ['hauswaif] *s.* massaia; casalinga.

housewifely ['haus,waifli] *agg* casalingo; da casalinga.

housework ['hauswə:k] *s. (solo al sing.)* lavoro (lavori) domestici.

house-wrecker ['haus,rekə*] *s. (USA)* demolitore di case vecchie.

housey-housey ['hausi 'hausi] *s.* tombola.

housing ['hausiŋ] *s.* **1** alloggiamento; sistemazione: *the housing problem,* il problema della casa. **2** l'insieme di un gruppo di case; problemi attinenti all'edilizia: *the Housing Department,* l'assessorato all'edilizia. **3** *(mecc.)* alloggiamento; sede; scatola.

hove [houv] *pass e p. pass di* **to heave.**

hovel ['hɔvəl] *s.* tugurio; casupola; bicocca.

to **hover** ['hɔvə*] *vi* **1** librarsi; rimanere sospeso; volteggiare *(di uccello): There was a hawk hovering overhead (over its prey),* C'era un falco che volteggiava nel cielo (sulla preda). **2** *(spesso seguito da* about*)* aspettare; rimanere nelle vicinanze; gironzolare. **3** essere (rimanere) sospeso: *to hover between life and death,* essere sospeso tra la vita e la morte.

hovercraft ['hɔvəkrɑ:ft] *s.* 'hovercraft'; natante a cuscino d'aria.

how [hau] **I** *avv* **1** come; in che modo: *How is the word 'dog' spelt? Tell him how!,* Come si scrive la parola 'dog'? Diglielo! — *How did you escape?,* Come sei fuggito? — *Tell me how you escaped,* Dimmi in che modo sei fuggito — *How he snores!,* Come russa! — *How are you?,* Come state?; Come vi sentite? — *How is your father?,* Come sta vostro padre? — *How do you do?, (formula convenzionale usata nelle presentazioni)* Come sta?; Piacere!; Molto lieto! (⇨ *anche* **how-d'ye-do**) — *How's that?,* - **a)** Come si spiega? - **b)** Che ne pensi? - **c)** *(nel gioco del cricket, interpellando l'arbitro)* (Il battitore) è o non è fuori? — *How so?,* Com'è possibile? — *How about going for a walk?,* Che ne diresti di andare a fare una passeggiata? — *How about that?; How d'you like that!, (fam.)* Caspita!; Ma guarda un po'! — *How do you find your new job?,* Come trovi il tuo nuovo lavoro? — *And how!, (fam.)* E come! — *How the devil...?, (fam.)* Come diavolo...?; Come mai...? — *any old how* ⇨ **anyhow** — *How come?, (fam.)* ⇨ **to come 8.**
2 *(in combinazione con un agg. o avv.)* in quale misura; quanto; come: *How old is he?,* Quanti anni ha?; *(letteralm.)* Quanto è vecchio? — *How often do you go there?,* Quante volte ci vai? — *How dirty the house is!,* Come è sporca la casa! — *How kind you are!,* Come sei gentile! — *how many* ⇨ **many**; *how much* ⇨ **much I**; *how far* ⇨ **¹far 1**; *how long* ⇨ **³long 5.**
II *congiunz* come; che *(per introdurre una proposizione dichiarativa): He told me how he had read about it in the newspaper,* Mi disse come l'aveva letto sui giornali.

howbeit ['hau'bi:it] *congiunz (ant.)* comunque sia; ciononostante; nondimeno.

howdah ['haudə] *s.* palanchino; portantina *(sul dorso di un elefante).*

howdy ['haudi] *interiezione (USA, fam.)* salve; buon dì.

how-d'ye-do ['haudjədu] *s. (fam.)* guaio; pasticcio: *Here's a fine how-d'ye-do!,* Ecco un bel pasticcio!

however [hau'evə*] *avv* comunque; per quanto: *However I do it, it's never right,* Comunque lo faccia, non va mai bene — *He will never succeed, however hard he tries,* Non ce la farà mai, a dispetto di tutti i suoi sforzi — *We must do something, on however humble a scale,* Dobbiamo fare qualcosa, per quanto insignificante possa essere.
□ *congiunz* però; tuttavia; peraltro: *Later, however, he decided to go,* Più tardi, tuttavia, decise di andare — *He was mistaken, however,* Però, si sbagliava.

howitzer ['hauitsə*] *s.* obice.

howl [haul] *s.* **1** ululato; urlo. **2** lamento. **3** grido; urlo.

to **howl** [haul] *vi e t.* **1** ululare; urlare: *The wolves were howling in the forest,* I lupi ululavano nella foresta — *The wind howled through the trees,* Il vento ululava tra gli alberi. **2** gridare; schiamazzare; lanciare urla *(generalm. all'indirizzo di qcno): The boys howled with laughter,* I ragazzi ridevano schiamazzando — *to howl defiance at the enemy,* lanciare grida di sfida al nemico — *to howl down a speaker,* sommergere di urla un oratore (impedendogli di essere udito).

howler ['haulə*] *s.* **1** *(fam.)* strafalcione; ridicolo errore; errore madornale. **2** scimmia urlatrice.

howling ['hauliŋ] *agg (sl.)* **1** terribile; estremo: *a howling shame,* una terribile vergogna. **2** strepitoso; straordinario: *a howling success,* un successo strepitoso.

hoyden ['hɔidn] *s.* ragazza chiassosa e sguaiata; 'maschiaccio'.

hoydenish ['hɔidniʃ] *agg* chiassoso; sguaiato.

hub [hʌb] *s.* **1** *(mecc.)* mozzo. **2** *(fig.)* fulcro; pernio; centro: *a hub of industry,* un nodo (centro) industriale — *He thinks that Boston is the hub of the universe,* Pensa che Boston sia il centro dell'universo.

hubble-bubble ['hʌbl,bʌbl] *s.* **1** forma di pipa turca *(a gorgoglio);* gorgoglio. **2** *(fig.)* chiasso; baccano; vocio.

hubbub ['hʌbʌb] *s.* chiasso; baccano; strepito.

hubby ['hʌbi] *s. (fam.)* marito; maritino.

hubris ['hu:bris] *s. (greco antico)* orgoglio; estrema sicurezza.

huckaback ['hʌkəbæk] *s.* tela operata; cotone grosso *(per asciugamani, ecc.).*

huckleberry ['hʌklberi] *s. (USA)* mirtillo; bagolo.

huckster ['hʌkstə*] *s.* **1** venditore ambulante. **2** *(USA)* agente pubblicitario.

huddle ['hʌdl] *s.* **1** calca; ressa; addensamento. **2** trambusto; confusione. □ *to go into a huddle, (USA, fam.)* riunirsi; consultarsi a quattr'occhi.

to **huddle** ['hʌdl] *vi e t.* **1** ammucchiarsi; accalcarsi; fare ressa; affollarsi; stringersi assieme; addossarsi: *The sheep were huddling together for warmth,* Le pecore stavano addossate le une sulle altre per scaldarsi. **2** *to huddle (oneself) up,* rannicchiarsi; raggomitolarsi: *He lay huddled up in bed,* Se ne stava rannicchiato nel letto. **3** pigiare; stipare: *He huddled the books into the case,* Stipò i libri nella valigia — *to huddle on one's clothes,* infagottarsi nei propri abiti.

¹hue [hju:] *s.* (tonalità di) colore; tinta; sfumatura: *the hues of the rainbow,* i colori dell'arcobaleno.

²hue [hju:] *s. (solo nell'espressione) hue and cry, (stor.)* grido d'allarme; 'al ladro!'; proclama per la cattura di un presunto criminale — *to raise a hue and cry against the new tax proposal, (fig.)* sollevare l'indignazione generale contro la proposta di nuove tasse.

-hued [hju:d] *agg (solo nei composti)* di colore...; dalla tonalità...: *dark-hued,* di colore scuro; dalla tonalità scura — *many-hued,* dalle molte sfumature.

huff [hʌf] *s.* **1** stizza; cattivo umore improvviso: *to be in (to get into) a huff,* essere (diventare) di cattivo umore. **2** *(nel gioco della dama)* il soffiare una pedina.

to **huff** [hʌf] *vt* **1** fare il prepotente (con qcno); intimidire (offendere, maltrattare) qcno: *to huff sb into doing sth,* costringere (con la prepotenza) qcno a fare qcsa. **2** *(nel gioco della dama)* buffare; soffiare *(un pezzo).*
□ *vi* offendersi; adirarsi; aversene a male.

huffiness, huffishness ['hʌfinis/'hʌfiʃnis] *s.* permalosità.

huffy ['hʌfi] *agg* permaloso; suscettibile; iroso; stizzito.
□ *avv* **huffily.**

hug [hʌg] *s.* forte abbraccio; stretta: *She gave her mother a big hug,* Abbracciò forte la madre.

to **hug** [hʌg] *vt* **(-gg-)** **1** abbracciare; stringere tra le braccia; abbrancare; tenere stretto: *The child was hugging her doll,* La bimba teneva stretta la sua bambola. **2** stare (essere) attaccato; attaccarsi: *to hug cherished beliefs,* tenere strette le proprie idee più care. **3** tenersi vicino; rasentare; stare accosto; *(di nave)* costeggiare; tenersi vicino (alla riva, alla costa) — *to hug oneself (on, for, over sth),* compiacersi; complimentarsi con se stesso (per qcsa).

huge [hju:dʒ] *agg* enorme; immenso; vasto.
□ *avv* **hugely.**

hugeness [hju:'dʒnis] *s.* enormità; vastità.

hugger-mugger ['hʌgə,mʌgə*] *agg* segreto; confuso. □ *avv* segretamente; confusamente.
Huguenot ['hju:gənɔt] *s. (stor.)* ugonotto.
hula ['hu:lə] *s.* 'hula hula'; danza hawaiiana.
hulk [hʌlk] *s.* **1** nave in disarmo; carcassa; pontone. **2** *(stor.)* vecchia nave usata come carcere: *to be condemned to the hulks,* essere condannato alla galera. **3** bietolone; omone sciocco.
hulking ['hʌlkiŋ] *agg* grande, grosso e goffo: *Get out of my way, you big hulking creature!,* Leva dai piedi quella tua massa ingombrante!
[1]**hull** [hʌl] *s.* buccia; baccello.
to **hull** [hʌl] *vt* sbucciare *(spec. piselli).*
[2]**hull** [hʌl] *s.* scafo: *hull down,* nave ecc. appena visibile all'orizzonte.
hullabaloo [,hʌləbə'lu:] *s.* baccano; baraonda: *What a hullabaloo!,* Che baccano!; Che baraonda!
hullo [hʌ'lou] *interiezione* = **hallo.**
hum [hʌm] *s.* ronzio; mormorio; rumore lontano: *the hum of bees,* il ronzio delle api.
to **hum** [hʌm] *vi e t.* **(-mm-)** **1** emettere un ronzio; ronzare; mormorare; cantare a bocca chiusa; canticchiare: *The bees were humming in the garden,* Le api ronzavano nel giardino — *She was humming a song to herself,* Canticchiava tra sé una canzone — *humming-bird,* colibrì — *humming-top,* trottola che 'ronza'. **2** *(per estensione)* pulsare; vibrare di attività: *to make things hum,* stimolare un'attività *(accelerarne il ritmo)* — *a factory humming with activity,* una fabbrica che pulsa di attività. **3** *(sl.)* mandare cattivo odore; puzzare: *This meat is beginning to hum,* Questa carne incomincia a puzzare. □ *to hum and haw,* esitare; mostrarsi perplesso, imbarazzato; esprimere un dubbio.
human ['hju:mən] *agg* umano; dell'uomo: *a human being,* un essere umano — *To err is human, to forgive divine, (prov.)* Errare è umano, perdonare divino. □ *avv* **humanly.**
humane [hju(:)'mein] *agg* **1** umanitario; caritatevole; benevolo; comprensivo; umano: *a man of humane character,* un uomo di carattere mite — *a humane officer,* un ufficiale comprensivo — *humane killer,* strumento per la macellazione indolore degli animali. **2** umanistico (⇨ **humanity 4**). □ *avv* **humanely.**
humanism ['hju:mənizəm] *s.* **1** umanitarismo. **2** umanesimo; umanismo.
humanist ['hju:mənist] *s.* umanista *(studioso dei classici, o della natura umana).*
humanitarian [hju(:),mæni'tɛəriən] *s.* individuo umanitario; filantropo. □ *agg* umanitario; filantropico.
humanitarianism [hju(:),mæni'tɛəriənizəm] *s.* filantropia; umanitarismo.
humanity [hju(:)'mæniti] *s.* **1** umanità; genere umano: *crimes against humanity,* delitti contro l'umanità. **2** umanità; natura umana. **3** umanità; carità; benevolenza: *to treat people and animals with humanity,* trattare con umanità persone e animali. **4** *(al pl.:* the humanities*)* le dottrine umanistiche; lo studio dei classici.
to **humanize** ['hju:mənaiz] *vt e i.* umanizzare; rendere umano; incivilire; adattare alla natura umana; diventare umano; incivilirsi.
humankind ['hju:mən'kaind] *s.* umanità; genere umano.
humble ['hʌmbl] *agg* **(-er; -est)** umile; modesto; poco appariscente; oscuro; poco importante: *He is very humble towards his superiors,* È molto umile con i suoi superiori — *men of humble birth,* uomini di modesti natali — *a humble home,* una casa modesta — *Your humble servant,* Vostro umile servitore; Vostro servo umilissimo *(chiusa ant. di una lettera)* — *to eat humble pie,* mandar giù un boccone amaro; umiliarsi; scusarsi umilmente; andare a Canossa. □ *avv* **humbly.**
to **humble** ['hʌmbl] *vt* umiliare; rendere umile; mortificare; avvilire: *to humble one's enemies,* umiliare i prop.i nemici — *to humble sb's pride,* mortificare l'orgoglio di qcno — *to humble oneself before God,* umiliarsi dinanzi a Dio.
humbug ['hʌmbʌg] *s.* **1** inganno; imbroglio; truffa; frode; impostura. **2** imbroglione; impostore; ciarlatano. **3** caramella dura alla menta. **4** *(spesso come interiezione)* sciocchezze; fandonie.
to **humbug** ['hʌmbʌg] *vt* **(-gg-)** ingannare; giocare; imbrogliare; frodare; truffare; corbellare: *Don't try to humbug me!,* Non cercare di farmela!
humdinger ['hʌmdingə*] *s. (USA, fam.)* **1** 'una cannonata'. **2** persona molto in gamba.
humdrum ['hʌmdrʌm] *agg* monotono; banale; noioso: *to live a humdrum life,* condurre una vita monotona — *to be engaged in humdrum tasks,* essere impegnato in compiti noiosi.
humerus ['hju:mərəs] *s.* omero.
humid ['hju:mid] *agg* umido *(spec. di aria, clima).*
humidifier ['hju:midifaiə*] *s.* umidificatore.
to **humidify** [hju(:)'midifai] *vt* inumidire.
humidity [hju(:)'miditi] *s.* umidità *(dell'aria).*
to **humiliate** [hju(:)'milieit] *vt* umiliare; mortificare; avvilire: *The nation was humiliated by defeat,* Il paese era avvilito per la sconfitta — *humiliating peace terms,* condizioni di pace umilianti.
humiliation [hju(:),mili'eiʃən] *s.* umiliazione; mortificazione; avvilimento.
humility [hju(:)'militi] *s.* umiltà.
hummock ['hʌmək] *s.* **1** collinetta; poggio. **2** gibbosità *(in un banco di ghiaccio).* **3** protuberanza *(in una palude).*
humor ['*h*ju:mə*] *s. (USA)* = **humour.**
humorist ['*h*ju:mərist] *s.* **1** umorista. **2** persona faceta, scherzosa.
humorous ['*h*ju:mərəs] *agg* umoristico; divertente; arguto: *a humorous writer,* uno scrittore umoristico — *humorous remarks,* osservazioni argute. □ *avv* **humorously.**
humour ['*h*ju:mə*] *s.* (*USA* **humor**) **1** umorismo; comicità: *a story full of humour,* una storia piena di umorismo — *to have a good sense of humour,* avere un buon senso dell'umorismo. **2** umore; temperamento; disposizione d'animo; vena; ghiribizzo: *to be in a good (bad) humour,* essere di buon (cattivo) umore — *when the humour takes him,* quando gli prende il ghiribizzo — *out of humour,* di umore contrariato. **3** *(ant. e med.)* umore; linfa.
to **humour** ['*h*ju:mə*] *vt* (*USA* **to humor**) adattarsi all'umore; accontentare; darla vinta; soddisfare: *When a person is ill, he may have to be humoured,* Quando una persona è ammalata, forse si dovrebbe accontentare — *Is it always wise to humour a child?,* È sempre saggio darla vinta a un bambino?
-humoured ['*h*ju:məd] *agg (nei composti) good-humoured,* di buon umore; di carattere buono; bonario.
humourless ['*h*ju:məlis] *agg* privo d'umorismo, di brio; arcigno; freddo; senza spirito.
hump [hʌmp] *s.* **1** gobba; gibbosità; escrescenza; protuberanza. **2** *(GB, sl.)* crisi di malinconia; malumore: *It*

gives me the hump, Mi fa venire la malinconia; Mi deprime. **3** collinetta; cumulo; montagnola.

to **hump** [hʌmp] *vt* **1** inarcare; ingobbire, ingobbirsi: *The cat humped (up) her back when she saw the dog,* La gatta inarcò la schiena quando vide il cane. **2** *(sl.)* immalinconire; deprimere; rattristare. **3** *(in Australia)* mettere sulle spalle *(p.es., uno zaino).*

humpback ['hʌmpbæk] *s.* gobbo; gobba; gibbosità.

humpbacked ['hʌmpbækt] *agg* gobbo; gibboso.

humph [hʌmf] *interiezione (dubbio, malcontento)* mah!; auffa!

humpy ['hʌmpi] *s. (in Australia)* baracca; tugurio.

humus ['hju:məs] *s.* 'humus'.

Hun [hʌn] *s.* **1** *(stor.)* Unno. **2** *(fig.)* vandalo; barbaro. **3** *(fam.)* tedesco.

hunch [hʌntʃ] *s. (sl.)* impressione; convincimento; sospetto; idea: *to have a hunch that...,* avere l'impressione che...

to **hunch** [hʌntʃ] *vt* inarcare; ingobbire: *He was sitting at the table with his shoulders hunched (up),* Sedeva a tavola con le spalle incurvate.

hunchback ['hʌntʃbæk] *s.* **1** *(persona)* gobbo, gobba. **2** gobba; gibbosità.

hunchbacked ['hʌntʃbækt] *agg* gobbo; gibboso.

hundred ['hʌndrəd] *s. e agg* **1** cento; centinaio *(sempre preceduto dall'art. indeterminativo; prende la 's' del pl. solo nel senso indeterminato di 'centinaia'): two hundred and five,* duecentocinque — *a few hundred people,* qualche centinaio di persone — *hundreds of people,* centinaia di persone — *a hundred per cent efficient,* efficiente al massimo (al cento per cento). **2** *(stor.)* frazione di contea. □ *great (long) hundred,* dieci dozzine — *hundreds and thousands,* confettini piccolissimi *(usati per decorare le torte);* coriandoli — *to have a hundred and one things to do,* avere mille cose da fare.

hundredfold ['hʌndrədfould] *avv (con l'art. indeterminativo)* cento volte tanto; centuplo.

hundredth ['hʌndrədθ] *s. e agg* centesimo.

hundredweight ['hʌndrədweit] *s.* 'hundredweight' *(misura di peso pari a 112 libbre).*

hung [hʌŋ] *pass e p. pass di* **to hang**.

Hungarian [hʌn'gɛəriən] *s. e agg* ungherese.

hunger ['hʌŋgə*] *s.* **1** fame; bisogno o desiderio di cibo; appetito: *to die of hunger,* morire di fame — *to satisfy one's hunger,* saziare la propria fame — *hunger-strike,* sciopero della fame — *hunger-march,* marcia della fame — *hunger-marcher,* partecipante alla marcia della fame. **2** *(fig.)* fame; sete; bramosia; brama; desiderio ardente; ingordigia: *hunger for adventure,* sete di avventure.

to **hunger** ['hʌŋgə*] *vi* bramare: *to hunger for news,* avere fame (sete) di notizie.

hungrily ['hʌŋgrili] *avv* ⇨ **hungry**.

hungriness ['hʌŋgrinis] *s.* fame.

hungry ['hʌŋgri] *agg* (**-ier**; **-iest**) **1** affamato; famelico; *(fig.)* bramoso; assetato; desideroso: *The boy had a hungry look,* Il ragazzo aveva un aspetto affamato — *The orphan child was hungry for affection,* L'orfano era bramoso di affetto. **2** che fa venire fame: *Haymaking is hungry work,* Tagliare il fieno è un lavoro che stimola la fame. □ *avv* **hungrily**.

hunk [hʌŋk] *s.* un bel pezzo; una buona porzione: *a hunk of bread,* un bel pezzo di pane.

hunkers ['hʌŋkəz] *s. pl (GB, fam., ora un po' desueto)* anche; cosce; natiche: *on one's hunkers,* accovacciato.

hunky-dory ['hʌŋki,dɔ:ri] *agg (fam.)* eccellente. □ *avv* tutto liscio; ottimamente.

hunt [hʌnt] *s.* **1** caccia; partita di caccia; *(GB)* caccia alla volpe; comitiva per la caccia alla volpe: *to have a good hunt,* fare una buona caccia — *hunt ball,* ballo offerto a chi partecipa alla caccia alla volpe. **2** *(fig.)* ricerca; inseguimento; caccia: *to find sth after a long hunt,* trovare qcsa dopo una lunga ricerca.

to **hunt** [hʌnt] *vi e t.* **1** cacciare; andare a caccia; dare la caccia; inseguire; perseguitare *(anche fig.): to hunt big game,* cacciare selvaggina grossa — *to go out hunting,* andare a caccia (uscire per dare la caccia) — *Wolves hunt in packs,* I lupi assalgono (vanno a caccia) in branchi. **2** ricercare; cercare affannosamente; essere alla ricerca; andare alla ricerca: *to hunt for a lost book,* essere alla ricerca di un libro perduto — *They hunted high and low for the missing will,* Cercarono dappertutto il testamento mancante — *to hunt down,* braccare; perseguitare; stare alle calcagna; mettere alle strette — *to hunt up,* scovare — *to hunt up old records (references, quotations),* scovare vecchi documenti (riferimenti, citazioni) — *to hunt out,* ritrovare; portare alla luce; scovare. **3** scacciare; snidare; allontanare; cacciare; mandare via. **4** *(GB)* andare a caccia della volpe: *to hunt the county,* girare in lungo e in largo la contea a caccia della volpe — *to hunt one's horse all winter,* usare il proprio cavallo per la caccia alla volpe durante tutto l'inverno. **5** *(tec.)* pendolare; oscillare.

hunter ['hʌntə*] *s.* **1** cacciatore; persona o animale che va a caccia: *The Red Indians used to be clever hunters,* Gli indiani pellirossa erano abili cacciatori. **2** cavallo usato per la caccia *(spec. alla volpe).* **3** orologio da tasca a doppia cassa. □ *hunter's moon,* luna piena che segue la mietitura.

hunting ['hʌntiŋ] *s.* **1** caccia; *(spec. GB)* caccia alla volpe: *He's fond of hunting,* È un patito della caccia *(GB, della caccia alla volpe)* — *a hunting-man,* un cacciatore — *a hunting-knife,* un coltello da caccia — *a hunting-ground, (anche fig.)* una zona di caccia — *the happy hunting grounds, (fig.)* il Paradiso dei pellirossa — *a hunting horn,* un corno da caccia — *hunting-pink,* il colore rosa delle giacche per la caccia alla volpe. **2** *(tec.)* oscillazione; pendolamento; scorrimento.

huntress ['hʌntris] *s. (ant.)* cacciatrice *(anche Diana).*

huntsman ['hʌntsmən] *s.* (*pl.* **huntsmen**) **1** cacciatore. **2** *(raro)* bracconiere.

hurdle ['hə:dl] *s.* **1** transenna; graticcio; barriera portatile *(spec. per l'ovile).* **2** *(sport)* ostacolo: *the hurdles,* gli ostacoli. **3** *(fig.)* ostacolo; barriera; difficoltà. **4** *(stor.)* sorta di slitta per trasportare i condannati al patibolo.

to **hurdle** ['hə:dl] *vt* **1** cintare con transenne; chiudere con transenne. **2** *(sport)* saltare un ostacolo.

hurdler ['hə:dlə*] *s.* **1** costruttore di transenne. **2** *(sport)* ostacolista.

hurdy-gurdy ['hə:di,gə:di] *s.* organetto a manovella; organino.

hurl [hə:l] *s.* lancio violento.

to **hurl** [hə:l] *vt* lanciare *(con violenza);* scagliare: *to hurl a spear at a tiger,* scagliare una lancia contro una tigre — *They hurled themselves at (o upon) the enemy,* Si lanciarono contro il nemico.

hurling ['hə(:)liŋ] *s.* specie di 'hockey' irlandese.

hurly-burly ['hə:li,bə:li] *s.* baccano; baraonda; fracasso.

hurrah, hurray [hu'rɑ:/hu'rei] *interiezione* urrà!; 'evviva!'; 'viva!': *hurrah word,* parola di particolare efficacia *(in un discorso, ecc.)* che strappa consensi entusiastici.

to **hurrah** [hu'rɑ:] *vi* fare 'urrà!'; acclamare; applaudire.

hurricane ['hʌrikən] *s.* uragano; ciclone *(anche fig.).*

hurried ['hʌrid] *agg* affrettato; frettoloso; precipitoso. □ *avv* **hurriedly.**

hurry ['hʌri] *s.* fretta; agitazione; urgenza *(usato solo al sing.): Why all this hurry?,* Perché tutta questa fretta? — *Is there any hurry?,* C'è fretta? — *Don't start yet: there is no hurry,* Aspetta a cominciare: non c'è urgenza — *Everything was hurry and excitement,* Dappertutto c'era agitazione ed eccitamento — *In his hurry to catch the train, he left his luggage in the taxi,* Nella fretta di prendere il treno lasciò il bagaglio sul tassì — *to be in a hurry,* aver fretta; essere impaziente, ansioso — *He was in a hurry to leave,* Era impaziente (Aveva fretta) di partire — *... in a hurry,* - **a)** rapidamente - **b)** presto: *I shan't ask that rude man to dinner again in a hurry!,* Ce ne vorrà (di tempo) prima che inviti ancora a pranzo quel maleducato! - **c)** facilmente: *You won't find a better specimen than that in a hurry,* Non troverete tanto facilmente un esemplare migliore.

to **hurry** ['hʌri] *vt e i.* **1** affrettarsi; fare in fretta; sbrigarsi: *Don't hurry: there's plenty of time,* Non affrettarti: c'è tempo in abbondanza — *It is no use hurrying,* È inutile affrettarsi — *Hurry up!,* Sbrigati!; Affrettati! — *Hurry along, please!,* Affrettarsi, per favore! **2** fare fretta (a qcno); affrettare; sbrigare *(usato transitivamente): More soldiers were hurried to the front line,* Altri soldati furono spediti al fronte — *Can you hurry up the dinner?,* Potete affrettare il pranzo? — *If we hurry the work, it may be spoiled,* Se acceleriamo il ritmo del lavoro, il risultato può essere negativo — *Hurry him up!,* Mettigli premura!; Digli di sbrigarsi!

hurt [hə:t] *s.* danno; offesa; ingiuria; colpa: *I intended no hurt to his feelings,* Non intendevo ferire i suoi sentimenti — *It was a severe hurt to his pride,* Fu un duro colpo al suo orgoglio.

to **hurt** [hə:t] *vt e i.* (*pass. e p. pass.* **hurt**) **1** ferire; fare male; offendere *(nel fisico e nei sentimenti): He was more frightened than hurt,* Era più spaventato che ferito — *These shoes are too tight; they hurt,* Queste scarpe sono troppo strette: mi fanno male — *He was rather hurt by their criticism,* Rimase piuttosto ferito dalle loro critiche — *She was hurt to find that no one admired her performance,* Rimase male nel notare che nessuno ammirava la sua esecuzione. **2** danneggiare; pregiudicare; compromettere: *It won't hurt to postpone the matter for a few days,* Non vi saranno conseguenze se rimanderemo la faccenda di qualche giorno — *It won't hurt him to go without food for a day or two,* Non gli farà mica male stare senza cibo per un giorno o due.

hurtful ['hə:tful] *agg* dannoso; pericoloso; 'crudele': *hurtful to the health,* dannoso alla salute — *That was a hurtful remark,* Fu una osservazione crudele. □ *avv* **hurtfully.**

to **hurtle** ['hə:tl] *vt e i.* scagliare; precipitare; schiantarsi.

husband ['hʌzbənd] *s.* marito.

to **husband** ['hʌzbənd] *vt* **1** fare economia; dosare; risparmiare: *to husband one's strength,* risparmiare (amministrare bene) le proprie forze. **2** *(GB, ant.)* coltivare la terra.

husbandly ['hʌzbəndli] *agg* maritale.

husbandman ['hʌzbən*d*mən] *s.* (*pl.* **husbandmen**) *(ant.)* contadino.

husbandry ['hʌzbəndri] *s.* **1** agricoltura. **2** amministrazione. **3** frugalità.

hush [hʌʃ] *s.* silenzio; quiete; calma: *in the hush of night,* nel silenzio della notte. □ *hush-money,* il prezzo del silenzio *(denaro pagato per mettere a tacere qcsa)* — *hush-hush,* segreto; segretissimo — *a hush-hush meeting,* un incontro segretissimo.

to **hush** [hʌʃ] *vi e t.* **1** zittire; far tacere; tacere: *Hush!,* Taci! **2** calmare; quietare; ninnare: *She hushed the baby to sleep,* Calmò il bambino e lo fece addormentare. **3** *to hush sth up,* mettere a tacere qcsa; sottacere, soffocare qcsa: *She tried to hush up the fact that her husband was an ex-convict,* Cercò di far passar sotto silenzio il fatto che suo marito era un ex galeotto.

hushaby ['hʌʃəbai] *s.* Ninna nanna!

husk [hʌsk] *s. (di solito al pl.)* **1** guscio; involucro; sansa; pellicola esterna *(di cereali);* pula; spoglia: *rice in the husk,* riso nella pula. **2** *(fig.)* scorza; scarto; roba senza valore.

to **husk** [hʌsk] *vt* sgusciare; mondare; togliere la scorza.

huskiness ['hʌskinis] *s.* **1** raucedine. **2** robustezza.

[1]**husky** ['hʌski] *agg* (**-ier; -iest**) **1** secco; grinzoso; incartapecorito. **2** *(di voce)* rauco; secco: *a husky voice,* una voce rauca — *a husky cough,* una tosse secca — *You sound husky this morning,* Sei rauco questa mattina. **3** *(fam., anche s.)* forte e robusto; ben piantato *(fisicamente).* □ *avv* **huskily.**

[2]**husky** ['hʌski] *s.* cane esquimese.

hussar [hu'zɑ:*] *s.* ussaro.

hussy ['hʌsi] *s.* **1** donna da poco. **2** ragazza impertinente.

hustings ['hʌstiŋz] *s. pl* **1** *(stor.)* operazioni elettorali; campagna elettorale. **2** tribuna.

hustle ['hʌsl] *s. (solo al sing.)* attività febbrile, incessante.

to **hustle** ['hʌsl] *vt e i.* spingere; dare uno spintone; spingere a forza; incalzare; urtare; sospingere: *The police hustled the thief into the van,* La polizia spinse il ladro nel cellulare — *I don't want to hustle you into a decision,* Non voglio spingerti a prendere una decisione — *Come on, now: hustle!,* Avanti ora, muoviti!

hustler ['hʌslə*] *s.* **1** chi spinge, incalza. **2** individuo energico ed attivo. **3** venditore aggressivo.

hut [hʌt] *s.* **1** capanna; rifugio; baita; 'chalet'. **2** baracca di legno *(per soldati).*

hutch [hʌtʃ] *s.* gabbia *(spec. per conigli).*

hutment ['hʌtmənt] *s. (mil.)* accampamento *(di baracche).*

huzza [hu'zɑ:] *interiezione* 'hurrah'.

huzzy ['hʌzi] *s.* = **hussy.**

hyacinth ['haiəsinθ] *s.* giacinto.

hyaena [hai'i:nə] *s.* = **hyena.**

hybrid ['haibrid] *s. e agg* ibrido.

to **hybridize** ['haibridaiz] *vt e i.* ibridare; produrre ibridi; ottenere ibridi.

hydra ['haidrə] *s. (in vari sensi)* idra.

hydrangea [hai'dreindʒə] *s.* ortensia.

hydrant ['haidrənt] *s.* idrante.

hydrate ['haidreit] *s.* idrato.

to **hydrate** ['haidreit] *vt* idratare.

hydrated [hai'dreitid] *agg* idrato.

hydration [hai'dreiʃən] *s.* idratazione.

hydraulic [hai'drɔ:lik] *agg* idraulico. □ *avv* **hydraulically.**

hydraulics [hai'drɔ:liks] *s.* **1** *(col v. al sing.)* idraulica. **2** *(al pl.)* le parti idrauliche *(di una macchina).*

hydride, hydrid ['haidraid] *s.* idruro.

hydro ['haidrou] *s. (abbr. fam. di* hydropathic establishment*)* stabilimento termale idroterapico.

hydrocarbon ['haidrou'kɑ:bən] *s.* idrocarburo.

hydrochloric ['haidrə'klɔrik] *agg* cloridrico.
hydrocyanic ['haidrəsai'ænik] *agg* cianidrico: *hydrocyanic acid,* acido cianidrico (prussico).
hydroelectric ['haidroui'lektrik] *agg* idroelettrico.
hydrofoil ['haidrəfɔil] *s.* aliscafo.
hydrogen ['haidridʒən] *s.* idrogeno.
hydrographer [hai'drɔgrəfə*] *s.* idrografo.
hydrography [hai'drɔgrəfi] *s.* idrografia.
hydropathic [,haidrə'pæθik] *agg* idropatico; idroterapico; idroterapeutico.
hydropathy [hai'drɔpəθi] *s.* idropatia; idroterapia; terapia a mezzo delle acque.
hydrophobia [,haidrə'foubjə] *s.* idrofobia.
hydroplane ['haidrəplein] *s.* **1** idrovolante. **2** idroscivolante. **3** *(di sommergibile)* timone di profondità.
hydroponics [,haidrə'pouniks] *s. (col v. al sing.)* idroponica.
hydrostatics [,haidrou'stætiks] *s. (col v. al sing.)* idrostatica.
hydrous ['haidrəs] *agg (chim., mineralogia)* idrato.
hydroxide [hai'drɔksaid] *s.* idrossido; idrato.
hyena [hai'i:nə] *s.* iena *(anche fig., di persona rapace o crudele).*
hygiene ['haidʒi:n] *s.* igiene.
hygienic [hai'dʒi:nik] *agg* igienico. □ *avv* **hygienically.**
hygienics [hai'dʒi:niks] *s. pl (col v. al sing.)* igiene.
hymen ['haimən] *s. (anat.)* imene.
hymn [him] *s.* inno *(di solito religioso).*
to **hymn** [him] *vt* inneggiare; cantare inni *(in lode a Dio).*
hymnal ['himnəl] *s.* innario.
hymnographer [him'nɔgrəfə*] *s.* innografo.
hyperbola [hai'pə:bələ] *s. (geometria)* iperbole.
hyperbole [hai'pə:bəli] *s. (gramm.)* iperbole.
hyperbolic [,haipə(:)'bɔlik] *agg* **1** *(geometria)* iperbolico. **2** *(gramm.)* ⇨ **hyperbolical.**
hyperbolical [,haipə'bɔlikl] *agg* iperbolico. □ *avv* **hyperbolically.**
hypercritical ['haipə'kritikəl] *agg* ipercritico.
hypermarket ['haipə'mɑkit] *s.* complesso di supermercati.
hypersensitive ['haipə(:)'sensitiv] *agg* ipersensibile.
hyphen ['haifən] *s.* lineetta; trattino; tratto d'unione.
to **hyphen** ['haifən] *vt* unire con un trattino.
to **hyphenate** ['haifəneit] *vt* = **to hyphen.** □ *hyphenated Americans,* americani di origine straniera *(p.es.: German-Americans, Irish-Americans, Greek-Americans, ecc.).*
hypnosis [hip'nousis] *s.* ipnosi.
hypnotic [hip'nɔtik] *agg* ipnotico. □ *avv* **hypnotically.**
hypnotism ['hipnətizəm] *s.* ipnotismo.
hypnotist ['hipnətist] *s.* ipnotizzatore.
hypnotization [,hipnətai'zeiʃən] *s.* ipnotizzazione.
to **hypnotize** ['hipnətaiz] *vt* ipnotizzare.
hypo ['haipou] *s. (fam. abbr. di* sodium hyposulphite*)* iposolfito (tiosolfato) di sodio *(fotografia).*
hypochondria [,haipou'kɔndriə] *s.* ipocondria.
hypochondriac [,haipou'kɔndriæk] *agg e s.* ipocondriaco.
hypocrisy [hi'pɔkrəsi] *s.* ipocrisia.
hypocrite ['hipəkrit] *s.* ipocrita.
hypocritical [,hipə'kritikəl] *agg* ipocrita. □ *avv* **hypocritically.**
hypodermic [,haipou'də:mik] *agg* ipodermico.
hypotenuse [hai'pɔtinju:z] *s.* ipotenusa.
to **hypothecate** [hai'pɔθikeit] *vt* ipotecare.
hypothesis [hai'pɔθisis] *s.* (*pl.* **hypotheses**) ipotesi.
hypothetical [,haipə'θetikəl] *agg* ipotetico. □ *avv* **hypothetically.**
hyssop ['hisəp] *s. (bot.)* issopo; *(Bibbia)* cappero.
hysteresis [,histə'ri:sis] *s.* isteresi.
hysteria [his'tiəriə] *s.* isterismo; isteria.
hysteric [his'terik] *agg* isterico. □ *s.* persona isterica.
hysterical [his'terikəl] *agg* isterico. □ *avv* **hysterically.**
hysterics [his'teriks] *s. pl* attacco isterico: *to go into hysterics,* avere un attacco isterico, una crisi di nervi.

I

[1]**I, i** [ai] (*pl.* **I's, i's**) I, i *(nona lettera dell'alfabeto inglese): I for Isaac, (al telefono, ecc.)* I come Imola.
[2]**I** [ai] *pron personale* io: *I'm going there tomorrow,* Ci vado domani — *Can I come too?,* Posso venire anch'io? □ *the I, (filosofia)* l'Io.
iambic [ai'æmbik] *agg* giambico. □ *s.* verso giambico.
iambus, iamb [ai'æmbəs/'aiæm*b*] *s.* (*pl.* **iambuses, iambi, iambs**) giambo.
ibex ['aibeks] *s.* (*pl.* **ibexes**) stambecco.
ibis ['aibis] *s.* ibis; ibi *(lett.)*.
ice [ais] *s.* **1** ghiaccio: *to break the ice, (fig.)* rompere il ghiaccio — *to be skating on thin ice, (fig.)* trovarsi (essere) in una situazione difficile e delicata — *to cut no ice, (fig.)* non avere effetto alcuno — *the Ice Age,* l'era glaciale — *ice-axe,* picozza — *ice-bound,* bloccato, ostruito dai ghiacci — *ice-box,* ghiacciaia; *(USA)* frigorifero — *ice-breaker,* (nave) rompighiaccio — *ice-cap,* calotta polare — *ice-cream,* gelato — *ice-free,* sgombro (libero) dai ghiacci — *ice-hockey,* hockey su ghiaccio — *ice-skating,* pattinaggio su ghiaccio — *ice-rink,* pista di pattinaggio su ghiaccio — *ice-house,* ghiacciaia; deposito del ghiaccio — *ice-tray,* vaschetta del ghiaccio — ⇨ *anche* **iceberg, icefall, iceman, icepack,** *ecc.* **2** (= ice cream) gelato sorbetto; dolce gelato: *cream-ices,* gelati alla crema — *water-ice,* sorbetto — *two strawberry ices; two strawberry ice creams,* due gelati alla fragola — *ice-cream cake,* torta gelata.
to **ice** [ais] *vt e i.* **1** gelare; trasformarsi in ghiaccio. **2** *(seguito da* up *o* over*)* coprirsi di ghiaccio. **3** ghiacciare; mettere in ghiaccio: *iced lemonade,* limonata ghiacciata. **4** candire; glassare *(p.es. un dolce)*.
iceberg ['aisbə:g] *s.* **1** iceberg; grande massa di ghiaccio galleggiante. **2** *(fig.)* persona che non cede alle emozioni.
ice-cream ['ais,kri:m] *s.* ⇨ **ice 2.**
icefall ['aisfɔ:l] *s.* 'cascata di ghiaccio'; *(talvolta)* seraccata.
icefield ['aisfi:ld] *s.* distesa di ghiaccio *(nelle regioni polari)*.
icefloe ['aisflou] *s.* lastra di ghiaccio galleggiante.
Icelander ['aisləndə*] *s.* islandese.
Icelandic [ais'lændik] *agg* islandese. □ *s.* lingua islandese.
iceman ['aismæn] *s.* (*pl.* **icemen**) **1** 'uomo del ghiaccio'; chi fa, vende o consegna il ghiaccio. **2** alpinista esperto nell'arrampicata su ghiaccio.
icepack ['aispæk] *s.* **1** 'pack'; banchisa. **2** impacco di ghiaccio.
icepick ['aispik] *s.* picozza *(spec. da ghiaccio)*.
ichneumon [ik'nju:mən] *s.* icneumone.
ichthyologist [,ikθi'ɔlədʒist] *s.* ittiologo.
ichthyology [,ikθi'ɔlədʒi] *s.* ittiologia.
icicle ['aisikl] *s.* ghiacciolo.
icily ['aisili] *avv* ⇨ **icy.**
icing ['aisiŋ] *s.* **1** *(culinaria)* glassa. **2** formazione di ghiaccio. **3** incrostazione di ghiaccio *(sulle ali di un aeroplano)*.
icon ['aikɔn] *s.* icona.
iconoclast [ai'kɔnəklæst] *s.* iconoclasta.
iconography ['ikən,ɔgrəfi] *s.* iconografia.
icy ['aisi] *agg* gelido; gelato; ghiacciato: *icy winds,* venti gelidi — *icy roads,* strade ghiacciate — *an icy welcome, (fig.)* un'accoglienza gelida (glaciale).
□ *avv* **icily.**
I'd [aid] *contraz di* - **a)** I had: *I'd never seen him before,* Non l'avevo mai visto prima — *I'd better be off now,* Dovrei andarmene ora - **b)** I would, I should: *I'd rather have an ice-cream,* Preferirei un gelato.
idea [ai'diə] *s.* **1** idea; quadro (mentale): *This book gives a good idea of life in ancient Greece,* Questo libro offre un'immagine attendibile della vita nell'antica Grecia — *a man of ideas,* un uomo pieno di idee (di trovate geniali, ecc.) — *an ideas man,* una persona a cui è affidato il compito di fornire (suggerire) idee *(p.es. in una agenzia di pubblicità, in una azienda radiotelevisiva, ecc.)* — *The idea was all right, but not his way of expressing it,* L'idea era buona, ma non il modo in cui la espresse — *You can have no idea how anxious we have been,* Non puoi avere idea di quanto siamo stati in ansia. **2** opinione; proposito: *You shouldn't force your ideas on other people,* Non dovresti imporre le tue opinioni agli altri. **3** impressione; sensazione: *I have an idea that she will be late,* Ho l'impressione che ritarderà — *'Is John coming tonight?' - 'I've no idea',* 'Viene John stasera?' - 'Non ne ho idea' — *I haven't the slightest (the faintest) idea,* Non ne ho la minima (la più pallida) idea.
□ *to get ideas in one's head,* mettersi delle idee in capo — *the young idea,* il gusto (lo stile, ecc.) dei giovani — *The idea (of such a thing)!,* Pensa un po'!; Ma guarda un po'! — *What an idea!,* Che razza di idea!
ideal [ai'diəl] *agg* **1** ideale; perfetto. **2** ideale; immaginario. □ *avv* **ideally.**
□ *s.* ideale.
idealism [ai'diəlizəm] *s.* idealismo.
idealist [ai'diəlist] *s.* idealista.
idealistic [,aidiə'listik] *agg* idealistico. □ *avv* **idealistically.**
idealization [ai,diəlai'zeiʃən] *s.* idealizzazione.
to **idealize** [ai'diəlaiz] *vt* idealizzare.
idem ['idem] *s. e agg (lat.)* idem; lo stesso *(autore, ecc.)*; la stessa *(cosa)*.
identical [ai'dentikəl] *agg* **1** lo stesso; il medesimo. **2** identico; esattamente uguale: *We are identical in our views of what should be done,* Le nostre opinioni sul da farsi sono identiche — *identical twins,* gemelli monozigotici. □ *avv* **identically.**
identifiable [ai,dentifaiəbl] *agg* identificabile.
identification [ai,dentifi'keiʃən] *s.* identificazione; riconoscimento: *identification disk (tag), (spec. mil.)*

piastrina di riconoscimento — *an identification parade,* un 'confronto all'americana'.

to **identify** [ai'dentifai] *vt* **1** identificare; riconoscere; stabilire l'identità; individuare. **2** identificare; considerare o trattare come identico: *to identify oneself with sth (sb),* identificarsi con qcsa (qcno). **3** appoggiare; sostenere incondizionatamente.
□ *vi (seguito da* with*)* identificarsi; immedesimarsi.

identikit [ai'denti,kit] *s.* 'identikit'.

identity [ai'dentiti] *s. (in vari usi)* identità: *mistaken identity,* scambio d'identità — *identity card,* carta d'identità.

ideogram, ideograph ['idiougræm/'idiougrɑ:f] *s.* ideogramma.

ideographic, ideographical [,idiou'græfik(əl)] *agg* ideografico. □ *avv* **ideographically.**

ideological [,aidiou'lɔdʒikəl] *agg* ideologico. □ *avv* **ideologically.**

ideologist [,aidi'ɔlədʒist] *s.* ideologo.

ideology [,aidi'ɔlədʒi] *s.* ideologia.

ides [aidz] *s. pl* idi *(nel calendario romano).*

id est ['id'est] *locuzione avv (lat., abbr.* i.e.*)* cioè.

idiocy ['idiəsi] *s.* **1** idiozia; stupidità estrema. **2** atto (osservazione, ecc.) di grande stupidità.

idiolect ['ai,diəlekt] *s.* idioma personale; bagaglio linguistico personale.

idiom ['idiəm] *s.* **1** idioma; linguaggio: *the French idiom,* l'idioma francese — *Shakespeare's idiom,* il linguaggio shakespeariano. **2** locuzione; modo di dire; idiotismo; frase (espressione) idiomatica.

idiomatic(al) [,idiə'mætik(əl)] *agg* **1** idiomatico. **2** pieno di modi di dire: *an idiomatic language,* una lingua ricca di espressioni idiomatiche. □ *avv* **idiomatically.**

idiosyncrasy [,idiə'siŋkrəsi] *s.* idiosincrasia.

idiosyncratic [,idiousiŋ'krætik] *agg* idiosincratico.

idiot ['idiət] *s.* idiota; cretino; imbecille. □ *a prize idiot,* un perfetto imbecille — *the idiot fringe,* la frangia folle.

idiotic [,idi'ɔtik] *agg* stupido; insensato. □ *avv* **idiotically.**

idiotism ['idiətizəm] *s.* **1** idiotismo. **2** idiozia *(anche med.).*

idle ['aidl] *agg* (**-er**; **-est**) **1** inutilizzato; inattivo; passivo; inoperoso; disoccupato: *We spent many idle hours during the holidays,* Passammo molte ore senza far niente durante le vacanze. **2** *(mecc.)* a vuoto; a riposo; in 'folle'. **3** sfaccendato; ozioso; pigro. **4** inutile; vano; senza valore; futile; infondato: *Don't listen to idle gossip,* Non dare ascolto alle chiacchiere vane. □ *avv* **idly.**

to **idle** ['aidl] *vi e t.* **1** oziare; rimanere inattivo: *Don't idle (about),* Non startene ozioso; Non restare inattivo — *Don't idle away your time; Don't idle your time away,* Non sciupare il tuo tempo nell'ozio. **2** *(mecc.)* girare al minimo, a vuoto, 'in folle'.

idleness ['aidlnis] *s.* **1** ozio; pigrizia; indolenza; stato d'inattività: *to live in idleness,* vivere nell'ozio. **2** inutilità; futilità.

idler ['aidlə*] *s.* **1** persona oziosa, pigra, indolente; sfaccendato. **2** *(mecc.)* tenditore; ingranaggio 'folle'.

idling ['aidliŋ] *s. (mecc.)* funzionamento a vuoto, in 'folle'.

idly ['aidli] *avv* ⇨ **idle.**

idol ['aidl] *s.* idolo *(anche fig.).*

idolater [ai'dɔlətə*] *s.* idolatra; *(fig.)* ammiratore devoto *(di qcno o qcsa).*

idolatress [ai'dɔlətris] *s.* donna idolatra.

to **idolatrize** [ai'dɔlətraiz] *vt* idolatrare.

idolatrous [ai'dɔlətrəs] *agg* idolatra; tipico dell'idolatria. □ *avv* **idolatrously.**

idolatry [ai'dɔlətri] *s.* idolatria *(anche fig.).*

idolization [,aidəlai'zeiʃən] *s.* l'idolatrare; l'essere idolatrato.

to **idolize** ['aidəlaiz] *vt* idoleggiare; idolatrare.

idyll ['aidil] *s.* idillio.

idyllic [ai'dilik] *agg* idillico. □ *avv* **idyllically.**

if [if] *congiunz* **1** se; nel caso che: *I'm sure that if you ask him he'll help you,* Sono sicuro che se glielo chiedi ti aiuterà — *If you have finished with that book, take it back to the library,* Se hai finito con quel libro, riportalo in biblioteca — *If I've finished by six, I'll let you know,* Se avrò finito per le sei, te lo farò sapere — *Do you know if Mr Smith is at home?,* Sapete se Mr Smith è in casa? — *She asked if that was enough,* Chiese se ciò bastava — *If anyone should call, please let me know,* Se qualcuno dovesse venire, per favore me lo faccia sapere — *If you will wait a moment I'll go and tell the manager that you are here,* Se vuole attendere un momento, andrò dal direttore a dirgli che Lei è qui — *If he were rich, I would marry him,* Se fosse ricco, lo sposerei — *If I asked him for a loan, would he agree?,* Se gli chiedessi un prestito, consentirebbe? — *I should be grateful if you could lend me five pounds until Monday,* Ti sarei grato se potessi prestarmi cinque sterline fino a lunedì — *If they had started earlier, they would have arrived in time,* Se fossero partiti più presto, sarebbero arrivati in tempo — *per 'what if...?'* ⇨ **what**; *per 'as if'* ⇨ **as.**

2 quando; ogniqualvolta; ogni volta che: *If you mix yellow and blue you get green,* Quando si mescola il giallo con il blu si ottiene il verde — *If you want the servant, ring the bell,* Quando hai bisogno del domestico, suona il campanello.

3 *(spesso preceduto da* even = *'anche se')* ammesso che; anche se; seppure; benché: *If I am mistaken, you're mistaken too,* Ammesso che io mi sbagli, ti sbagli anche tu — *Even if he did say it, I'm sure he didn't intend to hurt you,* Anche se l'ha detto, sono sicuro che non voleva offenderti — *I'll do it, even if it takes me all the afternoon,* Lo farò, anche se mi ci vorrà tutto il pomeriggio.

4 if only, se soltanto: *If only he arrives in time!,* Se solo arrivasse in tempo! — *If only she would marry me!,* Se solo volesse sposarmi! — *If only you had told me before!,* Se soltanto me l'avessi detto prima!

5 *(fam., per indicare sorpresa, ecc. con un v. alla forma negativa) Well, if I haven't left my false teeth at home!,* Caspita, ho lasciato a casa la dentiera! — *And if after all that he didn't try to put the price up!,* E come se non bastasse ha anche cercato di aumentare il prezzo!

igloo ['iglu:] *s.* iglu; igloo.

igneous ['igniəs] *agg* igneo.

ignis fatuus ['ignis 'fætjuəs] *s.* *(lat.: pl.* **ignes fatui**) **1** fuoco fatuo. **2** *(fig.)* speranza fallace; illusione.

to **ignite** [ig'nait] *vt e i.* accendere, accendersi; far fuoco; infiammare; prender fuoco.

ignition [ig'niʃən] *s.* ignizione; accensione.

ignoble [ig'noubl] *agg* **1** ignobile; disonorevole; vergognoso. **2** *(ant.)* di nascita non nobile. □ *avv* **ignobly.**

ignominious [,ignə'miniəs] *agg* ignominioso; vergognoso; infamante: *ignominious behaviour,* un contegno vergognoso — *an ignominious defeat,* una disfatta ignominiosa. □ *avv* **ignominiously.**

ignominy ['ignəmini] *s.* ignominia; infamia.

ignoramus [,ignə'reiməs] *s.* ignorante.

ignorance ['ignərəns] *s.* ignoranza; mancanza di conoscenza: *We are in complete ignorance of his plans,* Siamo del tutto all'oscuro dei suoi progetti — *If he did wrong, it was from (o through) ignorance,* Se sbagliò, fu per ignoranza.

ignorant ['ignərənt] *agg* **1** ignorante; senza cultura: *He's quite ignorant, he can't even read,* È completamente ignorante, non sa neppure leggere. **2** ignaro: *You are not ignorant of the reasons for her behaviour,* Non ignori certo le ragioni del suo comportamento. □ *avv* **ignorantly.**

to **ignore** [ig'nɔ:*] *vt* ignorare; non prestare attenzione; trascurare; rifiutare di riconoscere o ammettere: *to be ignored by one's superiors,* essere ignorato dai propri superiori.

ikon ['aikɔn] *s.* = **icon.**

ilex ['aileks] *s.* (*pl.* **ilexes**) elce; leccio.

ilk [ilk] *s.* *(solo nell'espressione) of that ilk,* dello stesso luogo, famiglia, genere.

I'll [ail] *contraz di* I will, I shall: *I'll see you to the station,* Ti accompagnerò fino alla stazione.

ill [il] **I** *agg* **1** malato; ammalato; infermo: *to fall ill; to be taken ill,* cadere ammalato; ammalarsi — *She was ill with anxiety,* Il suo male era l'ansia. **2** *(solo attrib.)* cattivo: *ill health,* cattiva salute — *ill will,* cattiva volontà — *to be in an ill temper (humour),* essere di cattivo umore — *ill repute,* cattiva reputazione — *a bird of ill omen,* un uccello di malaugurio — *to do sb an ill turn,* rendere un cattivo servizio a qcno — *to have ill luck,* avere la sfortuna; essere sfortunato — *Ill weeds grow apace, (prov.)* L'erba cattiva cresce in fretta.

II *avv* **1** male; malamente; sfavorevolmente; imperfettamente: *to speak ill of one's neighbours,* parlare male dei propri vicini — *Things went ill with the expedition right from the start,* Le cose andarono male per la spedizione sin dall'inizio — *to take sth ill,* prendere a male qcsa; prendersela a male — *to be ill at ease,* sentirsi (essere) a disagio — *They were ill provided with ammunition,* Stavano male a munizioni — *We could ill afford the time and money,* Potevamo a malapena permetterci il tempo e il denaro — *It ill becomes you to criticize him,* Mal ti si addice criticarlo.

2 *(come prefisso, p.es.) ill-advised,* mal consigliato; sconsiderato; imprudente — *ill-affected,* maldisposto; prevenuto — *ill-bred,* maleducato; sgarbato — *ill-breeding,* cattive maniere — *ill-disposed,* male intenzionato; sfavorevole — *ill-fated,* sfortunato; iettatore; che porta sfortuna — *ill-favoured, (di persona)* di aspetto sgradevole; brutto; sgraziato — *ill-gotten,* male acquistato — *ill-judged,* inopportuno; intempestivo; poco sensato — *ill-mannered,* screanzato; maleducato — *ill-natured,* antipatico — *ill-omened,* sventurato; sfortunato; perseguitato dalla malasorte — *ill-starred,* sfortunato; nato una sotto cattiva stella — *ill-tempered,* irascibile; irritabile; di cattivo carattere (temperamento) — *ill-timed,* intempestivo — *ill-treatment,* maltrattamento; crudeltà — *to ill-treat; to ill-use,* trattare male; trattare crudelmente; maltrattare.

III *s.* **1** male; danno; offesa: *to do ill,* fare del male. **2** sventura; avversità; contrarietà: *the ills of life,* le avversità della vita.

illegal [i'li:gəl] *agg* illegale; illecito; contrario alla legge. □ *avv* **illegally.**

illegality [,ili(:)'gæliti] *s.* illegalità.

illegibility [i,ledʒi'biliti] *s.* illeggibilità.

illegible [i'ledʒibl] *agg* illeggibile *(nel senso di indecifrabile).* □ *avv* **illegibly.**

illegitimacy [,ili'dʒitiməsi] *s.* illegittimità.

illegitimate [,ili'dʒitimit] *agg* **1** illegittimo; illegale. **2** illegittimo *(riferito a nascita, ecc.).* **3** improprio; arbitrario. □ *avv* **illegitimately.**
□ *s.* illegittimo.

to **illegitimate** [,ili'dʒitimit] *vt* dichiarare illegittimo.

illiberal [i'libərəl] *agg* illiberale; di vedute ristrette; intollerante; gretto; meschino. □ *avv* **illiberally.**

illiberality [i,libə'ræliti] *s.* illiberalità; ristrettezza mentale; grettezza; meschinità.

illicit [i'lisit] *agg* illecito; illegale; proibito.
□ *avv* **illicitly.**

illimitable [i'limitəbl] *agg* senza limiti; sconfinato; smisurato.

illiteracy [i'litərəsi] *s.* analfabetismo; *(per estensione)* ignoranza; mancanza di cultura.

illiterate [i'litərit] *agg* illetterato; analfabeta; *(per estensione)* incolto: *an illiterate letter,* una lettera sgrammaticata. □ *avv* **illiterately.**
□ *s.* persona illetterata, ignorante, analfabeta.

illness ['ilnis] *s.* malattia; indisposizione; infermità; cattiva salute; malore; malanno; caso di malattia: *to be absent through illness,* essere assente per malattia.

illogical [i'lɔdʒikəl] *agg* illogico. □ *avv* **illogically.**

illogicality [,ilɔdʒi'kæliti] *s.* illogicità.

to **illume** [i'lju:m] *vt (poet.)* illuminare.

to **illuminate** [i'l(j)u:mineit] *vt* **1** illuminare; rischiarare; *(fig.)* chiarire; spiegare. **2** illuminare a festa; decorare con luci *(strade, balconi, ecc.).* **3** miniare.

illumination [i,l(j)u:mi'neiʃən] *s.* **1** illuminazione *(anche fig.).* **2** *(generalm. al pl.)* luminarie. **3** *(generalm. al pl.)* miniature; decorazioni miniate.

to **illumine** [i'l(j)u:min] *vt (lett.)* **1** illuminare spiritualmente. **2** rendere luminoso, splendente.

illusion [i'l(j)u:ʒən] *s.* **1** illusione; inganno: *to be (to labour) under an illusion,* essere vittima di un'illusione — *I have no illusions about his ability,* Non mi faccio illusioni sulle sue capacità — *He cherishes the illusion that everyone admires him,* Nutre l'illusione che tutti lo ammirino. **2** tipo di tulle leggerissimo.

illusionist [i'lu:ʒənist] *s.* illusionista; prestigiatore.

illusive, illusory [i'l(j)u:siv/i'l(j)u:səri] *agg* ingannevole; illusorio. □ *avv* **illusively.**

illusiveness, illusoriness [i'lu:sivnis/i'lu(:)sərinis] *s.* illusorietà; ingannevolezza.

to **illustrate** ['iləstreit] *vt* **1** illustrare; spiegare; chiarire *(per mezzo di immagini).* **2** illustrare; fornire di immagini; corredare di illustrazioni.

illustration [,iləs'treiʃən] *s.* **1** immagine; spiegazione; illustrazione. **2** figura; illustrazione.

illustrative [i'lʌstrətiv] *agg* illustrativo; esplicativo; chiarificativo.

illustrator ['iləstreitə*] *s.* illustratore.

illustrious [i'lʌstriəs] *agg* illustre; celebre; insigne.
□ *avv* **illustriously.**

I'm [aim] *contraz di* I am: *I'm coming too!,* Vengo anch'io!

image ['imidʒ] *s.* immagine *(anche fig.);* figura; ritratto *(anche fig.); (per estensione)* idea; figurazione mentale: *Man was created in God's image,* L'uomo fu creato a immagine di Dio — *to be the very image (fam.: the spitting image) of sb,* essere proprio il ritratto (il ritratto spaccato) di qcno.

to **image** ['imidʒ] *vt* **1** eseguire l'immagine (di); ritrarre; raffigurare. **2** riflettere; specchiare; rimandare l'immagine (di).

imagery ['imidʒəri] *s.* **1** linguaggio immaginoso; uso delle immagini o delle figurazioni verbali. **2** insieme di statue, ritratti, immagini.

imaginable [i'mædʒinəbl] *agg* immaginabile. □ *avv* **imaginably.**

imaginary [i'mædʒinəri] *agg* immaginario; irreale; ipotetico.

imagination [i,mædʒi'neiʃən] *s.* **1** immaginazione; fantasia; inventiva: *He hasn't much imagination,* Non ha molta immaginazione (fantasia). **2** cosa immaginata, non reale: *You didn't really see a ghost: it was only your imagination,* Non è vero che hai visto un fantasma; era solo una tua fantasia.

imaginative [i'mædʒinətiv] *agg* immaginativo; pieno di fantasia: *imaginative writers,* scrittori pieni di immaginazione. □ *avv* **imaginatively.**

to **imagine** [i'mædʒin] *vt* immaginare, immaginarsi; figurarsi; supporre: *Can you imagine life without electricity?,* Riesci a immaginare la vita senza l'elettricità? — *Can you imagine him as Hamlet?,* Riesci a figurartelo nei panni di Amleto? — *I can't imagine (my) marrying a girl of that sort,* Non so proprio immaginare come potrei sposare una ragazza di quel genere — *Don't imagine that I can lend you money every time you need it!,* Non credere che possa prestarti del denaro ogni volta che ne hai bisogno! — *Let's imagine that...,* Supponiamo che...

imago [i'meigou] *s.* (*pl.* **imagos, imagines**) *(entomologia)* immagine *(l'insetto perfetto).*

imam [i'mɑ:m] *s.* imam; imano.

imbalance [im'bæləns] *s.* squilibrio *(p.es. tra il dare e l'avere in un conto): the country's imbalance in world payments,* lo squilibrio nella bilancia commerciale del paese.

imbecile ['imbisi:l] *agg* imbecille. □ *s.* imbecille; persona debole.

imbecility [,imbi'siliti] *s.* **1** imbecillità. **2** stupidità; stupidaggine; scemenza.

to **imbed** [im'bed] *vt* = **to embed.**

to **imbibe** [im'baib] *vt* **1** assorbire; assimilare: *to imbibe ideas (knowledge),* assimilare idee. **2** *(scherz.)* bere.

imbroglio [im'brouliou] *s.* (*pl.* **imbroglios**) imbroglio; pasticcio *(spec. politico o drammatico).*

to **imbue** [im'bju:] *vt* imbevere; impregnare; inculcare; instillare: *to be imbued with patriotism (hatred, ecc.),* essere imbevuto di patriottismo (odio, ecc.) — *politicians imbued with a sense of their own importance,* uomini politici compenetrati della coscienza della loro importanza.

imitable ['imitəbl] *agg* imitabile.

to **imitate** ['imiteit] *vt* **1** imitare *(anche mimicamente);* prendere ad esempio; emulare: *Parrots imitate human speech,* I pappagalli imitano il linguaggio dell'uomo. **2** contraffare; copiare.

imitation [,imi'teiʃən] *s.* **1** imitazione; l'atto dell'imitare: *Imitation is the sincerest form of flattery,* L'imitazione è la forma più sincera di adulazione. **2** imitazione; contraffazione: *imitations of the cries of birds and animals,* imitazioni delle voci di uccelli e di animali — *Beware of imitations!,* Guardarsi dalle contraffazioni!
□ *(attrib.)* finto: *imitation leather,* finta pelle.

imitative ['imitətiv] *agg* imitativo: *the imitative arts,* le arti figurative — *imitative words,* parole onomatopeiche — *as imitative as a monkey,* pronto all'imitazione come una scimmia. □ *avv* **imitatively.**

imitator ['imiteitə*] *s.* imitatore; contraffattore.

immaculate [i'mækjulit] *agg* **1** puro; immacolato; incontaminato: *immaculate conduct,* una condotta senza macchia — *the Immaculate Conception,* l'Immacolata Concezione. **2** impeccabile; perfettamente a posto: *an immaculate white suit,* un impeccabile abito bianco. □ *avv* **immaculately.**

immanence ['imənəns] *s.* immanenza.

immanent ['imənənt] *agg* immanente.

immaterial [,imə'tiəriəl] *agg* **1** senza importanza; irrilevante: *immaterial objections,* obiezioni irrilevanti — *That's quite immaterial to me,* Ciò non m'importa affatto. **2** immateriale; incorporeo: *as immaterial as a ghost,* immateriale come un fantasma.
□ *avv* **immaterially.**

immature [,imə'tjuə*] *agg* immaturo. □ *avv* **immaturely.**

immaturity [,imə'tjuəriti] *s.* immaturità.

immeasurable [i'meʒərəbl] *agg* incommensurabile. □ *avv* **immeasurably.**

immediacy [i'mi:djəsi] *s.* **1** immediatezza. **2** prossimità; vicinanza.

immediate [i'mi:djət] *agg* **1** diretto: *two objects in immediate contact,* due oggetti a diretto contatto — *the immediate heir to the throne,* l'erede diretto al trono — *immediate information,* informazioni di prima mano. **2** immediato; istantaneo; pronto: *an immediate answer,* una risposta immediata — *to take immediate action,* agire immediatamente. **3** prossimo; immediato: *the immediate future,* il prossimo futuro — *What are your immediate plans?,* Quali sono i suoi progetti per il prossimo futuro? □ *avv* **immediately** ⇨.

immediately [i'mi:djətli] *avv* **1** immediatamente; subito; all'istante. **2** direttamente; strettamente.
□ *congiunz* (non) appena: *Immediately you hear from him, telephone me,* Non appena avrai sue notizie, telefonami.

immemorial [,imi'mɔ:riəl] *agg* immemorabile: *from time immemorial,* da tempo immemorabile — *the immemorial privileges of the House of Commons,* gli antichissimi privilegi della Camera dei Comuni.

immense [i'mens] *agg* immenso; smisurato.
□ **immensely** *avv* immensamente; *(fam.)* moltissimo; tanto: *They enjoyed themselves immensely,* Si sono divertiti moltissimo.

immenseness, immensity [i'mensnis/i'mensiti] *s.* immensità.

to **immerse** [i'mə:s] *vt* immergere; affondare: *to immerse one's head in the water,* immergere la testa nell'acqua — *to be immersed,* essere immerso; essere profondamente assorto — *to be immersed in debt (in thought, in a book),* essere immerso nei debiti (nei pensieri, in un libro).

immersion [i'mə:ʃən] *s.* **1** immersione. **2** battesimo per immersione. □ *immersion heater,* resistenza elettrica *(di un 'boiler'); (per estensione)* 'boiler'.

immigrant ['imigrənt] *s.* immigrante.

to **immigrate** ['imigreit] *vi* immigrare.

immigration [,imi'greiʃən] *s.* immigrazione.

imminence ['iminəns] *s.* imminenza.

imminent ['iminənt] *agg* imminente; sovrastante; prossimo: *A storm is imminent,* È imminente una bufera. □ *avv* **imminently.**

immobile [i'moubail] *agg* immobile.

immobility [,imou'biliti] *s.* immobilità.

immobilization [i,moubilai'zeiʃən] *s.* immobilizzazione.

to **immobilize** [i'moubilaiz] *vt* **1** immobilizzare *(rendere incapace di movimento).* **2** *(comm.)* immobilizzare *(capitali).*

immoderate [i'mɔdərit] *agg* smodato; eccessivo: *immoderate eating and drinking,* bevute e mangiate

smodate — *to be immoderate in one's eating and drinking,* eccedere (esagerare) nel mangiare e nel bere — *immoderate speed,* velocità eccessiva.
□ *avv* **immoderately.**

immoderation [i,mɔdə'reiʃən] *s.* smoderatezza; eccessività; eccesso.

immodest [i'mɔdist] *agg* **1** immodesto; impudico; indelicato; sfacciato; spudorato: *immodest behaviour,* contegno sfacciato. **2** impudente: *immodest boasts,* vanterie impudenti. □ *avv* **immodestly.**

immodesty [i'mɔdisti] *s.* immodestia; impudicizia; spudoratezza; sfacciataggine; impudenza.

to **immolate** ['imouleit] *vt* immolare.

immolation [,imou'leiʃən] *s.* immolazione.

immoral [i'mɔrəl] *agg* immorale; dissoluto. □ *avv* **immorally.**

immorality [,imə'ræliti] *s.* immoralità; dissolutezza; licenziosità: *a life of immorality,* una vita di dissolutezza.

immortal [i'mɔ:tl] *agg* immortale; perenne; perpetuo: *the immortal gods,* gli dei immortali — *immortal fame,* fama perenne. □ *avv* **immortally.**
□ *s.* immortale: *the Immortals,* gli Immortali.

immortality [,imɔ:'tæliti] *s.* immortalità *(anche fig.).*

to **immortalize** [i'mɔ:təlaiz] *vt* immortalare; rendere immortale.

immovable [i'mu:vəbl] *agg e s.* **1** immobile *(anche dir.);* inamovibile. **2** irremovibile. **3** impassibile; insensibile. □ *avv* **immovably.**

immune [i'mju:n] *agg* immune *(anche fig., seguito da* from, against *o* to*): to be immune to criticism,* essere immune alle critiche.

immunity [i'mju:niti] *s.* immunità; esenzione: *immunity from taxation,* l'esenzione dalle tasse.

immunization [,imju(:)nai'zeiʃən] *s.* immunizzazione.

to **immunize** ['imju:naiz] *vt* immunizzare.

immunology [,imju'nɔlədʒi] *s.* immunologia.

to **immure** [i'mjuə*] *vt (non molto comune)* murare; imprigionare: *to be immured in a dungeon,* essere chiuso in una prigione — *to immure oneself in one's study in order to work undisturbed,* chiudersi nel proprio studio per lavorare indisturbato.

immutability [,imju(:)tə'biliti] *s.* immutabilità.

immutable [i'mju:təbl] *agg* immutabile; invariabile.
□ *avv* **immutably.**

imp [imp] *s.* diavoletto; demonietto; *(fig.)* bambino vivace, birichino.

impact ['impækt] *s.* **1** impatto; collisione; cozzo; (forza d')urto: *The airliner exploded on impact,* L'urto fece esplodere l'aereo. **2** *(fig.)* influsso; impatto: *the impact of new ideas,* l'influsso delle nuove idee.

to **impact** [im'pækt] comprimere; incastrare; incuneare: *an impacted tooth,* un dente incastrato.

to **impair** [im'pɛə*] *vt* indebolire; danneggiare; deteriorare; peggiorare: *to impair one's health by overwork,* danneggiare la propria salute lavorando troppo.

impairment [im'pɛəmənt] *s.* indebolimento; peggioramento; danno; deterioramento; menomazione.

to **impale** [im'peil] *vt* **1** impalare. **2** conficcare *(nel terreno).*

impalement [im'peilmənt] *s.* impalamento.

impalpability [im,pælpə'biliti] *s.* impalpabilità; inafferrabilità.

impalpable [im'pælpəbl] *agg* impalpabile. □ *avv* **impalpably.**

to **impanel** [im'pænl] *vt* = **to empanel.**

to **impart** [im'pɑ:t] *vt* **1** impartire; distribuire; assegnare; conferire. **2** rivelare; comunicare; svelare.

impartial [im'pɑ:ʃəl] *agg* imparziale; giusto; equo.
□ *avv* **impartially.**

impartiality [,impɑ:ʃi'æliti] *s.* imparzialità.

impassability [im,pɑ:sə'biliti] *s.* intransitabilità; invalicabilità.

impassable [im'pɑ:səbl] *agg* intransitabile; impraticabile.

impasse [im'pɑ:s] *s. (fr.)* **1** impasse; vicolo cieco; via senza uscita. **2** *(fig.)* situazione senza via d'uscita; punto morto.

impassibility [,impæsi'biliti] *s.* impassibilità; imperturbabilità.

impassioned [im'pæʃənd] *agg* appassionato; veemente; infiammato *(fig.).*

impassive [im'pæsiv] *agg* impassibile; insensibile.
□ *avv* **impassively.**

impassiveness, impassivity [im'pæsivnis/,impæ'siviti] *s.* impassibilità.

impatience [im'peiʃəns] *s.* impazienza; insofferenza; smania.

impatient [im'peiʃənt] *agg* impaziente; insofferente; smanioso: *to be impatient to start,* non vedere l'ora di incominciare — *to be impatient of delay,* non sopportare ritardi. □ *avv* **impatiently.**

impavid [im'pævid] *agg* impavido; coraggioso.
□ *avv* **impavidly.**

to **impeach** [im'pi:tʃ] *vt (ant. e dir.)* **1** mettere in dubbio; trovar da ridire; insinuare dubbi; *(dir.)* impugnare: *Do you impeach my motives?,* Mette forse in dubbio le mie ragioni? **2** incriminare *(spec. un uomo politico, un alto funzionario);* accusare *(spec. di un crimine contro lo Stato): to impeach a judge for taking bribes,* accusare un giudice di corruzione.

impeachment [im'pi:tʃmənt] *s. (ant. e dir.)* **1** critica; dubbio. **2** (*cfr.* **to impeach 2**) accusa; incriminazione; denunzia.

impeccable [im'pekəbl] *agg* impeccabile; inappuntabile; infallibile. □ *avv* **impeccably.**

impecunious [,impi'kju:njəs] *agg* indigente; non abbiente; senza denaro. □ *avv* **impecuniously.**

impedance [im'pi:dəns] *s. (fis., elettr.)* impedenza: *impedance coil,* reattore.

to **impede** [im'pi:d] *vt* impedire; intralciare; ostacolare.

impediment [im'pedimənt] *s.* impedimento; intralcio: *a speech impediment,* un difetto di pronuncia o fonazione — *He has an impediment in his speech,* Ha un difetto di pronuncia.

impedimenta [im,pedi'mentə] *s. pl (stor. e scherz.)* impedimenti; carriaggi; salmerie.

to **impel** [im'pel] *vt* (**-ll-**) condurre; forzare; spingere; costringere: *He said he had been impelled to crime by poverty,* Disse che era stato spinto al delitto dalla povertà — *The President's speech impelled the nation to greater efforts,* Il discorso del Presidente spronò la nazione a compiere sforzi maggiori.

impellent [im'pelənt] *agg* impellente; urgente; pressante.
□ *s.* incentivo; stimolo; sprone.

impeller [im'pelə*] *s.* ventola; girante.

impelling [im'peliŋ] *agg* = **impellent.**

to **impend** [im'pend] *vi* incombere; sovrastare; essere imminente: *the impending storm,* la tempesta imminente.

impenetrability, impenetrableness [im,penətrə'biliti/im,penə'trəblnis] *s.* **1** impenetrabilità. **2** *(fig.)* incomprensibilità.

impenetrable [im'penətrəbl] *agg* **1** impenetrabile. **2** incomprensibile. □ *avv* **impenetrably.**

impenitence [im'penitəns] *s.* impenitenza.

impenitent [im'penitənt] *agg* impenitente; incorreggibile. □ *avv* **impenitently.**

imperative [im'perətiv] *agg* **1** urgente; essenziale; necessario; imprescindibile. **2** imperativo; perentorio; obbligatorio; categorico; senza discussioni o repliche: *the imperative mood, (gram.)* il modo imperativo. □ *avv* **imperatively.**
□ *s.* imperativo *(gramm., filosofia, ecc.); (per estensione)* obbligo.

imperceptibility ['impə,septi'biliti] *s.* impercettibilità.

imperceptible [,impə'septibl] *agg* impercettibile. □ *avv* **imperceptibly.**

imperfect [im'pə:fikt] *agg* imperfetto; difettoso; mancante; incompleto. □ *avv* **imperfectly.**
□ *s. (gramm.)* il tempo imperfetto.

imperfection [,impə'fekʃən] *s.* **1** imperfezione; incompletezza. **2** difetto; imperfezione.

imperforate [im'pə:fərit] *agg* non perforato; *(di francobollo)* senza dentellatura.

imperial [im'piəriəl] *agg* **1** imperiale: *imperial trade, (stor.)* il commercio tra i paesi dell'Impero britannico — *an imperial pint (gallon),* una pinta (un gallone) imperiale. **2** maestoso; magnifico; grandioso; augusto: *to do sth with imperial generosity,* fare qcsa con grandiosa munificenza. □ *avv* **imperially.**
□ *s.* pizzo; pizzetto.

imperialism [im'piəriəlizəm] *s.* imperialismo.

imperialist [im'piəriəlist] *s.* imperialista.

imperialistic [im,piəriə'listik] *agg* imperialistico.

to **imperil** [im'peril] *vt* mettere in pericolo (a repentaglio).

imperious [im'piəriəs] *agg* **1** imperioso; arrogante. **2** pressante; perentorio. □ *avv* **imperiously.**

imperiousness [im'piəriəsnis] *s.* **1** imperiosità; arroganza. **2** urgenza; perentorietà.

imperishability, imperishableness [im,periʃə'biliti/im'periʃəblnis] *s.* l'essere imperituro; indistruttibilità.

imperishable [im'periʃəbl] *agg* indistruttibile; imperituro. □ *avv* **imperishably.**

imperium [im'piəriəm] *s.* (*lat.: stor. romana: pl.* **imperia**) imperio; impero; autorità piena, assoluta.

impermanence, impermanency [im'pə:mənəns(i)] *s.* transitorietà; instabilità; precarietà; temporaneità.

impermanent [im'pə:mənənt] *agg* non permanente; transitorio; temporaneo; precario.

impermeable [im'pə:mjəbl] *agg* impermeabile; impenetrabile. □ *avv* **impermeably.**

impersonal [im'pə:sənl] *agg* **1** impersonale; oggettivo: *an impersonal remark,* un'osservazione oggettiva. **2** non personificato; non esistente come persona: *impersonal forces,* forze impersonali. **3** *(di costruzione verbale)* impersonale. **4** *(di persona, di atteggiamento)* freddo; distaccato; non cordiale. □ *avv* **impersonally.**

to **impersonate** [im'pə:səneit] *vt* **1** interpretare *(un personaggio);* impersonare; fingersi un'altra persona. **2** personificare.

impersonation [im,pə:sə'neiʃən] *s.* **1** interpretazione; assunzione di un'altra personalità. **2** personificazione; imitazione: *He gave some clever impersonations of politicians,* Fece alcune riuscite imitazioni di uomini politici.

impersonator [im'pə:səneitə*] *s.* imitatore; *(talvolta)* chi assume una personalità fittizia.

impertinence [im'pə:tinəns] *s.* impertinenza *(in vari sensi);* mancanza di rispetto.

impertinent [im'pə:tinənt] *agg* **1** impertinente; dispettoso; irrispettoso; irriguardoso: *impertinent remarks,* osservazioni impertinenti — *an impertinent boy,* un ragazzo dispettoso. **2** *(dir.)* non pertinente. □ *avv* **impertinently.**

imperturbability ['impə(:),tə:bə'biliti] *s.* imperturbabilità; calma.

imperturbable [,impə(:)'tə:bəbl] *agg* imperturbabile; calmo. □ *avv* **imperturbably.**

impervious [im,pə:vjəs] *agg* **1** impermeabile: *Rubber boots are impervious to water,* Gli stivali di gomma sono impermeabili all'acqua. **2** *(fig.)* inaccessibile: *to be impervious to criticism,* essere inaccessibile alle critiche. □ *avv* **imperviously.**

impetigo [,impi'taigou] *s.* impetigine.

impetuosity [im,petju'ɔsiti] *s.* impetuosità; impulsività; irruenza; azione impulsiva o precipitosa.

impetuous [im'petjuəs] *agg* impetuoso; impulsivo; irruente; *(di un'azione)* non sufficientemente considerato; precipitoso: *Children are usually more impetuous than adults,* I bambini sono di solito più impetuosi degli adulti — *Your impetuous behaviour will get you into trouble,* Il tuo comportamento impulsivo ti metterà nei pasticci. □ *avv* **impetuously.**

impetus ['impitəs] *s.* **1** impeto; foga. **2** impulso; slancio: *The treaty will give an impetus to trade between the two countries,* Il trattato darà impulso al commercio tra i due paesi.

impiety [im'paiəti] *s.* empietà; irriverenza; atto empio o irriverente.

to **impinge** [im'pindʒ] *vi (seguito da* on *o* upon*)* **1** venire in urto (con qcsa); urtare (contro, su qcsa). **2** intromettersi (in qcsa); interferire (con, in qcsa).

impingement [im'pindʒmənt] *s.* interferenza; violazione.

impious ['impiəs] *agg* empio; irreligioso; cattivo; malvagio. □ *avv* **impiously.**

impish ['impiʃ] *agg* birichino; indiavolato. □ *avv* **impishly.**

impishness ['impiʃnis] *s.* carattere birichino, indiavolato; diavoleria.

implacability [im,plækə'biliti] *s.* implacabilità.

implacable [im'plækəbl] *agg* implacabile; spietato. □ *avv* **implacably.**

to **implant** [im'plɑ:nt] *vt* fissare; inculcare; instillare: *deeply implanted hatred,* odio profondamente radicato — *to implant sound principles in a child's mind,* instillare sani principi nell'animo di un bambino.

implausibility [im'plɔ:zi'biliti] *s.* mancanza di plausibilità.

implausible [im'plɔ:zibl] *agg* non plausibile.

implement ['implimənt] *s.* utensile; attrezzo; strumento di lavoro: *farm implements,* attrezzi agricoli — *stone and bronze implements,* utensili di pietra e di bronzo.

to **implement** ['implimənt] *vt* **1** realizzare; portare a termine; effettuare. **2** perfezionare.

implementation ['implimen'teiʃən] *s.* adempimento; realizzazione.

to **implicate** ['implikeit] *vt* implicare; coinvolgere.

implication [,impli'keiʃən] *s.* l'essere implicato; implicazione; ciò che è implicito.

implicit [im'plisit] *agg* **1** implicito; tacito; sottinteso: *an implicit threat,* una minaccia implicita. **2** assoluto; incondizionato; cieco: *implicit obedience,* obbedienza assoluta. □ *avv* **implicitly.**

implied [im'plaid] *agg* (*anche dir.: da* **to imply**) implicito; tacito.

to **implore** [im'plɔ:*] *vt* implorare; supplicare: *an imploring glance,* uno sguardo implorante.

implosion [im'pləuʒən] *s.* implosione.

to **imply** [im'plai] *vt* implicare; suggerire; insinuare; denotare: *Silence implies consent,* Il silenzio implica consenso; Chi tace acconsente — *Do you imply that I am not telling the truth?,* Vuole forse insinuare che non dico la verità?

impolite [,impə'lait] *agg* maleducato; scortese.
□ *avv* **impolitely.**

impoliteness [,impə'laitnis] *s.* scortesia; maleducazione.

impolitic [im'pɔlitik] *agg* impolitico; non a proposito; inopportuno; malaccorto.

imponderability [im'pɔndərə'biliti] *s.* imponderabilità.

imponderable [im'pɔndərəbl] *agg* di scarsissimo peso; imponderabile; impossibile da valutare.
□ *s.* l'imponderabile.

import ['impɔ:t] *s.* **1** importazione; articoli d'importazione: *imports of raw cotton,* importazioni di cotone grezzo — *an import permit,* una licenza d'importazione. **2** *(piuttosto formale)* significato; senso: *What is the import of his statement?,* Quale significato ha la sua affermazione? **3** *(piuttosto formale)* importanza: *questions of great import,* problemi di grande importanza.

to **import** [im'pɔ:t] *vt* **1** importare *(spec. merci da un paese straniero): to import wool from Australia,* importare lana dall'Australia. **2** *(raro, molto formale)* significare; indicare: *What does this import?,* Che cosa significa questo? **3** *(raro)* essere importante; importare: *It imports us to know whether...,* C'importa sapere se...

importable [im'pɔ:təbl] *agg* importabile.

importance [im'pɔ:təns] *s.* importanza; gravità; valore; interesse: *The matter is of great importance to us,* La questione è di grande importanza per noi — *to attack importance to sth,* dare importanza a qcsa — *to speak with an air of importance,* parlare con un'aria d'importanza — *self-importance,* pompa; sussiego.

important [im'pɔ:tənt] *agg* **1** di grande rilievo; notevole. **2** *(di persona)* importante; autorevole.
□ *avv* **importantly.**

importation [,impɔ:'teiʃən] *s.* importazione.

importer [im'pɔ:tə*] *s.* importatore.

importunate [im'pɔ:tjunit] *agg* **1** importuno; insistente; *(di persona)* molesto: *an importunate beggar,* un mendicante importuno. **2** urgente; pressante *(di affari): importunate demands,* richieste urgenti.
□ *avv* **importunately.**

to **importune** [im'pɔ:tju:n] *vt* **1** importunare: *She importuned her husband for more money,* Importunava il marito con continue richieste di denaro. **2** *(di prostituta)* adescare.

importunity [,impɔ:'tju:niti] *s.* insistenza; importunità.

to **impose** [im'pouz] *vt* **1** imporre *(una tassa, ecc.): New duties have been imposed on spirits,* Sono state imposte nuove tasse sui superalcoolici. **2** *(seguito da* on*)* imporre *(qcsa a qcno): Don't impose yourself (your company) on people who don't want you,* Non imporre la tua presenza a chi non ti vuole. **3** ingannare; imbrogliare. **4** *(tipografia)* mettere *(le pagine)* in ordine.
□ *vi (seguito da* on *o* upon*)* approfittare, abusare *(di qcno, qcsa): to impose upon sb's good nature,* approfittare della bontà di qcno.

imposing [im'pouziŋ] *agg* imponente; grandioso; impressionante; maestoso. □ *avv* **imposingly.**

imposition [,impə'ziʃən] *s.* **1** imposizione. **2** imposta; tributo. **3** soperchieria; imbroglio. **4** *(sl. studentesco)* 'penso'.

impossibility [im,pɔsə'biliti] *s.* **1** impossibilità. **2** cosa impossibile.

impossible [im'pɔsibl] *agg* **1** impossibile; *(di desiderio, progetto, ecc.)* irrealizzabile. **2** insopportabile.
□ *avv* **impossibly.**

impost ['impoust] *s.* **1** *(stor.)* imposta; tassa. **2** *(archit.)* imposta. **3** *(sl.)* zavorra imposta ad un cavallo in una corsa ad handicap.

impostor [im'pɔstə*] *s.* impostore.

imposture [im'pɔstʃə*] *s.* impostura; inganno; frode.

impotence ['impətəns] *s.* impotenza *(anche sessuale);* incapacità; debolezza.

impotent ['impətənt] *agg* impotente; inetto; incapace; debole. □ *avv* **impotently.**

to **impound** [im'paund] *vt* **1** sequestrare; confiscare. **2** *(ant.)* rinchiudere in un recinto *(il bestiame fuggito).*

to **impoverish** [im'pɔvəriʃ] *vt* impoverire; esaurire; consumare: *an impoverished soil,* un terreno esaurito.

impoverishment [im'pɔvəriʃmənt] *s.* impoverimento; esaurimento.

impracticability [im,præktikə'biliti] *s.* **1** inattuabilità; irrealizzabilità. **2** *(di strada)* impraticabilità. **3** *(di persona)* intrattabilità.

impracticable [im'præktikəbl] *agg* **1** irrealizzabile; impossibile; inattuabile; non fattibile. **2** *(di strada)* impraticabile. **3** *(di persona)* intrattabile.
□ *avv* **impracticably.**

impracticableness [im'præktikəblnis] *s.* = **impracticability.**

impractical [im'præktikl] *agg* non pratico.

to **imprecate** ['imprikeit] *vt* imprecare.

imprecation [,impri'keiʃən] *s.* imprecazione; maledizione.

impregnability [im,pregnə'biliti] *s.* inespugnabilità; imprendibilità.

impregnable [im'pregnəbl] *agg* imprendibile; inespugnabile. □ *avv* **impregnably.**

to **impregnate** [im'pregneit] *vt* **1** fecondare; fertilizzare. **2** impregnare; saturare. **3** imbevere *(anche fig.).*

impresario [,impre'sɑ:riou] *s.* (*pl.* **impresarios**) impresario *(di una compagnia d'opera, ecc.).*

impress ['impres] *s.* **1** impronta; stampo; marchio. **2** impressione.

[1]to **impress** [im'pres] *vt* **1** imprimere *(anche fig.);* lasciare, produrre un'impronta; stampare: *to impress sth on sb,* insistere con qcno sull'importanza di qcsa. **2** impressionare; fare impressione; lasciare un'impressione *(di solito buona): to impress sb favourably,* fare buona impressione a qcno.

[2]to **impress** [im'pres] *vt* **1** *(stor.)* arruolare per forza *(nella marina).* **2** confiscare *(danaro, proprietà, ecc.);* requisire *(merci).*

impression [im'preʃən] *s.* **1** impronta; stampa; segno. **2** tiratura; stampa; ristampa. **3** impressione; effetto: *The speech made a strong impression on the House,* Il discorso fece una forte impressione alla Camera. **4** impressione; opinione; idea: *I was under the impression that you were out of town,* Avevo l'impressione che tu fossi fuori città.

impressionable [im'preʃənəbl] *agg* **1** impressionabile; sensibile. **2** emotivo; sentimentale.
□ *avv* **impressionably.**

impressionism [im'preʃənizəm] *s.* impressionismo.

impressionist [im'preʃənist] *s.* impressionista.

impressionistic [im,preʃə'nistik] *agg* impressionistico.

impressive [im'presiv] *agg* impressionante; commovente; solenne. □ *avv* **impressively.**

impressiveness [im'presivnis] *s.* capacità di produrre un grande effetto; imponenza; grandiosità; solennità.

imprest ['imprest] *s. (comm.)* anticipazione *(di danaro);* prestito.

imprint ['imprint] *s.* **1** impronta *(letteralm. o fig.),* traccia; orma; segno. **2** marchio dell'editore.

to **imprint** [im'print] *vt* imprimere *(anche fig.);* stampare; stampigliare; timbrare.

to **imprison** [im'prizn] *vt* imprigionare; tenere in prigione.

imprisonment [im'priznmənt] *s.* imprigionamento; prigionia; reclusione.

improbability [im,prɔbə'biliti] *s.* improbabilità; inverosimiglianza.

improbable [im'prɔbəbl] *agg* improbabile; inverosimile. □ *avv* **improbably.**

impromptu [im'prɔmptju:] *agg* improvvisato; estemporaneo.
□ *avv* in modo improvvisato; estemporaneamente.
□ *s. (mus.)* impromptu; improvviso.

improper [im'prɔpə*] *agg* **1** improprio; inadatto; inappropriato: *improper dress,* abbigliamento non adatto — *an improper fraction,* una frazione impropria. **2** non corretto; errato. **3** sconveniente; indecente. □ *avv* **improperly.**

impropriety [,imprə'praiəti] *s.* **1** improprietà. **2** scorrettezza.

to **improve** [im'pru:v] *vt e i.* **1** migliorare; perfezionare; far migliorie; valorizzare: *This is not good enough; we must improve it,* Questo non è abbastanza buono; dobbiamo migliorarlo — *He came back from his holiday with greatly improved health,* Tornò dalle vacanze in condizioni di salute decisamente migliorate. **2** avvalersi; valersi; approfittare; profittare; cogliere: *to improve the occasion,* valersi dell'occasione. **3** *(seguito da* on *o* upon*)* competere; fare meglio; ottenere una produzione superiore: *Your complexion is wonderful; don't try to improve upon nature,* La tua carnagione è splendida; non cercare di far meglio della natura — *Can you improve on that?, (comm.)* Non potete fare un'offerta migliore?

improvement [im'pru:vmənt] *s.* **1** miglioramento; progresso; *(di brevetto)* perfezionamento; *(urbanistica)* risanamento: *There is need (o room) for improvement in your handwriting,* Devi migliorare la tua calligrafia. **2** miglioria; miglioramento; abbellimento; bonifica: *We are hoping for an improvement in the weather,* Speriamo in un miglioramento del tempo — *I have noticed a number of improvements since I was here six years ago,* Ho notato un certo numero di miglioramenti da quando venni qui sei anni fa — *This is an improvement upon the first attempt,* Questo è un progresso rispetto al primo tentativo.

improver [im'pru:və*] *s.* apprendista; chi perfeziona il suo mestiere *(andando a bottega).*

improvidence [im'prɔvidəns] *s.* imprevidenza.

improvident [im'prɔvidənt] *agg* imprevidente; prodigo. □ *avv* **improvidently.**

improving [im'pru:viŋ] *agg* edificante.

improvisation [,imprəvai'zeiʃən] *s.* improvvisazione.

to **improvise** ['imprəvaiz] *vt e i.* improvvisare.

imprudence [im'pru:dəns] *s.* imprudenza.

imprudent [im'pru:dənt] *agg* imprudente; incauto. □ *avv* **imprudently.**

impudence ['impjudəns] *s.* impudenza; sfacciataggine.

impudent ['impjudənt] *agg* impudente; sfrontato. □ *avv* **impudently.**

to **impugn** [im'pju:n] *vt* impugnare; contestare; oppugnare.

impulse ['impʌls] *s.* impulso; impeto; stimolo; urto.

impulsion [im'pʌlʃən] *s.* impulso; spinta; stimolo; urto.

impulsive [im'pʌlsiv] *agg* **1** *(di persona)* impulsivo. **2** *(di forza)* propellente; propulsivo. □ *avv* **impulsively.**

impulsiveness [im'pʌlsivnis] *s.* impulsività.

impunity [im'pju:niti] *s.* impunità.

impure [im'pjuə*] *agg* impuro; contaminato; adulterato. □ *avv* **impurely.**

impurity [im'pjuəriti] *s.* impurità.

imputation [,impju(:)'teiʃən] *s.* denigrazione; insinuazione.

to **impute** [im'pju:t] *vt* imputare; ascrivere; attribuire.

in [in] *I prep* **1** *(compl. di stato in luogo)* in; a; in mezzo a: *to live in London (in Kent),* abitare a Londra (nel Kent) — *to live in Africa,* abitare in Africa — *in the provinces,* - **a)** nelle province - **b)** in provincia — *the highest mountain in the world,* la montagna più alta del mondo — *islands in the Pacific Ocean,* isole dell'Oceano Pacifico — *They were sailing in British waters,* Stavano navigando in acque territoriali britanniche — *The children were playing in the street,* I bambini stavano giocando nella strada — *a holiday in the country,* una vacanza in campagna — *He was sitting in an armchair,* Era seduto su (in) una poltrona — *He was lying in bed,* Era a letto — *to be in school (church, prison),* essere a scuola (in chiesa, in prigione) — *He was wounded in the left leg,* Fu ferito alla gamba sinistra — *There were many plants in the window,* C'erano molte piantine sul davanzale (alla finestra) — *What would you do in my place?,* Cosa faresti al mio posto? — *You will find the verse in the second chapter of Genesis,* Troverete il versetto nel capitolo secondo della Genesi — *There are seven days in a week (eight pints in a gallon),* Ci sono sette giorni in una settimana (otto pinte in un gallone) — *a man in his thirties,* un uomo sulla trentina — *in the Thirties,* negli anni Trenta — *He has nothing of the hero in him,* Non ha niente (Non c'è niente in lui) dell'eroe — *He has in him the makings of a good soldier,* C'è in lui la stoffa del buon soldato — *to be dressed (clothed) in rags,* essere vestito di stracci — *the man in the top hat,* l'uomo dal cappello a cilindro — *a prince in disguise,* un principe in incognito — *a woman in white,* una donna vestita di bianco — *soldiers in uniform,* militari in divisa — *She was dressed in mourning,* Vestiva a lutto — *You look sweet in blue,* Sei graziosissima vestita d'azzurro — *to be in one's shirt sleeves,* essere in maniche di camicia — *a prisoner in irons,* un prigioniero in catene — *to speak in English,* parlare in inglese — *He is in the army,* È nell'esercito — *He is in insurance,* Lavora nel campo delle assicurazioni — *He was killed in action,* Fu ucciso in combattimento — *How much time do you spend in reading?,* Quanto tempo dedichi alla lettura?

2 *(compl. di moto a luogo e di direzione; anche fig.)* in: *in this (that) direction,* in questa (quella) direzione — *in all directions,* in tutte le direzioni — *He dipped his pen in the ink,* Intinse la penna nell'inchiostro — *He put his hands in his pockets,* Mise le mani in tasca

— *Throw it in the fire,* Buttalo nel fuoco — *to fall in love,* innamorarsi.

3 *(compl. di tempo determinato)* in; durante; in capo a: *in the 20th century,* nel ventesimo secolo — *in 1976,* nel 1976 — *in the reign of Queen Anne,* durante (sotto) il regno della regina Anna — *in spring; in the spring,* in primavera — *in my absence,* durante la mia assenza — *in his youth,* in gioventù — *in old age,* nella vecchiaia — *in these days,* oggigiorno — *in those days,* a quel tempo; allora — *in the morning (afternoon, evening),* al mattino (nel pomeriggio, di sera) — *in the daytime,* durante il giorno — *at ten o'clock in the night,* alle dieci di sera — *in (the) future,* in futuro — *in the past,* in passato — *in the end,* in fine; alla fine; finalmente — *in time of war,* in tempo di guerra — *in the hour of victory (death, ecc.),* nell'ora della vittoria (della morte, ecc.) — *He met many famous men in his life,* Nel corso della sua vita incontrò molti uomini celebri — *She was a famous beauty in her day,* Ai suoi tempi fu una donna celebre per la sua bellezza — *The school was quite small in my time,* Ai miei tempi la scuola era piuttosto piccola — *In speaking to the Congress the Minister dropped a number of bricks,* Parlando al Congresso il ministro incorse in parecchie gaffes.

4 *(compl. di tempo, riferito al futuro)* tra; in: *I shall be back in a short time (in a few days, in a week's time),* Tornerò tra breve (tra pochi giorni, tra una settimana) — *Can you finish the work in an hour?,* Puoi finire il lavoro tra un'ora? — *I'll be ready in a moment,* Sarò pronto tra pochi istanti.

5 *(compl. di stato e di condizione)* a; in; per: *to sit in the sun (in the sunshine),* sedersi al sole — *He was standing outside in the cold,* Era fuori in piedi al freddo — *to sleep in the open,* dormire all'aperto (sotto le stelle) — *to go out in the rain,* uscire alla pioggia — *a temperature of 95° F in the shade,* una temperatura di 35° C all'ombra — *to lose one's way in the dark,* smarrirsi nel buio — *I am unable to work in this heat,* Non riesco a lavorare con questo caldo — *to go for a walk in the moonlight,* fare una passeggiata al chiaro di luna — *to be in tears,* essere in lacrime — *to be in a good humour,* essere di buonumore — *to say sth in fun (in jest, in joke),* dire qcsa per scherzo — *to say sth in earnest,* dire qcsa sul serio — *to be in poor health,* essere di salute cagionevole — *to be in despair (in a rage),* essere disperato (in collera) — *to be in a hurry,* aver fretta — *to be in a fever of excitement,* essere tutto eccitato — *to live in luxury (in poverty),* vivere nel lusso (in povertà) — *to be in ruins,* essere in rovina — *to do sth in secret,* fare qcsa in segreto, segretamente — *to be in the mood for sth,* avere voglia di qcsa — *He is not in the mood for work,* Non ha voglia di lavorare — *to be in love,* essere innamorato — *to be in doubt,* essere dubbioso (incerto) — *to gaze at sth in wonder,* guardare qcsa con stupore — *in public,* in pubblico; pubblicamente — *to study sth in depth,* studiare qcsa in maniera approfondita (⇨ *anche* **in-depth** *agg.*).

6 *(con funzione distributiva)* in: *a novel in three parts,* un romanzo in tre parti — *books packed in bundles of ten,* pacchi di dieci libri ognuno — *The children were sitting in rows (in groups),* I bambini erano seduti in fila (in gruppi) — *Wolves hunt in packs,* I lupi cacciano in branchi — *words in alphabetical order,* parole in ordine alfabetico — *with her hair in curls (in ringlets),* con i capelli tutti un ricciolo — *to dance in a ring,* danzare in cerchio — *cloth hanging in folds,* panno (stoffa) a pieghe.

7 *(compl. di modo, di maniera, di mezzo)* in; di; con; a: *a message in code,* un messaggio cifrato (in codice) — *written in ink (in pencil),* scritto a inchiostro (a matita) — *printed in italic type,* stampato in corsivo — *in two colours,* a due colori — *in writing,* per iscritto — *in a few words,* in poche parole — *in round numbers,* in cifre tonde — *talking in a loud voice,* parlando ad alta voce — *a book bound in leather,* un libro rilegato in cuoio — *painted in oils,* dipinto ad olio — *carved in oak,* scolpito (intagliato) in legno di quercia — *cast in bronze, (di statua)* fusa in bronzo — *a statue in marble,* una statua in marmo — *payment in cash (in kind),* pagamento in contanti (in natura).

☐ *a slope (a gradient) of one in five,* una pendenza del venti per cento (di un quinto) — *He paid his creditors only 15 p in the pound,* Pagò ai creditori solo il 15 per cento — *Not one in ten of the boys could write well,* Neppure un ragazzo su dieci riusciva a scrivere correttamente — *You will always have a good friend in me,* Troverai in me sempre un buon amico — *We have lost a first-rate teacher in Chandler,* Con Chandler abbiamo perso un insegnante di prim'ordine — *The enemy lost two hundred in killed and wounded,* Il nemico ha perduto duecento (soldati) tra morti e feriti — *in some respects,* sotto certi aspetti — *in all respects,* sotto ogni aspetto — *in every way,* in ogni modo; in tutti i modi — *He was inferior in physique but decidedly superior in intellect,* Era inferiore nel fisico ma decisamente superiore per intelligenza — *to be young in years but old in wisdom,* essere giovane d'anni ma vecchio quanto a saggezza — *to be weak in the head,* essere debole di mente — *to be deficient in courage,* mancare di coraggio — *a country rich (poor) in minerals,* un paese ricco (povero) di minerali — *blind in the left eye,* cieco dall'occhio sinistro — *He is my equal in strength,* Quanto a forza è eguale a me — *ten feet in length (depth, diameter, ecc.),* dieci piedi di lunghezza (profondità, diametro, ecc.) — *to be wanting (lacking) in judgment,* essere senza giudizio (di scarso giudizio) — *in large (small) quantities,* in grandi (piccole) quantità — *in great numbers,* in gran numero — *in some measure,* in una certa misura — *in part,* in parte — *The enemy appeared in great strength,* Il nemico si fece vivo in gran forza (in gran numero) — **in all,** tutto sommato; tutti assieme; in tutto — *We are fifteen in all,* Siamo quindici in tutto — *in memory of...,* alla memoria di... — *in touch with,* in rapporto (contatto) con — *in defence of...,* in difesa di... — *in exchange for...,* in cambio di... — **in that...,** in quanto...; perché... — *Higher income tax is harmful in that it may discourage people from trying to earn more,* L'aumento dell'imposta sull'entrata è dannoso in quanto può scoraggiare la gente dal cercare di guadagnare di più — **in so far as;** *(anche)* **insofar as; in as far as,** in quanto — *He is Russian in so far as he was born in Russia, but he became a French citizen in 1920,* È russo in quanto è nato in Russia, ma è diventato cittadino francese nel 1920 — *is as much as* ⇨ **inasmuch** — **in itself,** in sé; di per sé; in quanto tale — *Card playing is not harmful in itself,* Il gioco delle carte non è nocivo di per sé.

II *avv (particella avverbiale)* **1** dentro; verso l'interno *(per i significati particolari che assume in congiunzione di verbi* ⇨ *anche, p.es.* to be in for, to fall in with, to give in, to have it in for, *ecc.): to come in,* venir dentro; entrare — *to send sb in,* far entrare qcno. **2** *(con il verbo* to be*)* - **a)** in casa: *Is there anyone in?,* C'è qualcuno in casa? — *My husband won't be in until six o'clock,* Mio marito non sarà a casa fino alle sei - **b)** in porto; in stazione: *Is the steamer (the train, ecc.) in?,* È arrivato il battello (il treno, ecc.)? - **c)** al riparo: *The wheat crop is safely in,* Il raccolto del grano è al riparo (è al sicuro) - **d)** di stagione; di moda: *Strawberries are in now,* In questo momento le fragole sono di stagione — *When will oysters be in?,* Quando saranno di stagione le ostriche? — *Long skirts are in again,* Le gonne lunghe sono tornate di moda - **e)** eletto (appena): *The Liberal candidate is in,* È stato eletto il candidato liberale - **f)** *(al 'cricket', ecc.)* in campo: *We stayed in for seven hours,* La nostra squadra rimase in campo per sette ore (ebbe la battuta per ben sette ore). □ *day in, day out,* un giorno dopo l'altro; continuamente — *week in, week out,* una settimana dopo l'altra; di settimana in settimana — *year in, year out,* un anno dopo l'altro; ininterrottamente — *in and out,* dentro e fuori — *He's always in and out of hospital,* I suoi ricoveri all'ospedale sono frequenti; È spesso malato — *to be in on sth, to be in for sth* ⇨ **to be.**

III *come agg* di moda; in voga: *Turkey is in this year,* Quest'anno la Turchia va di moda.

IV *come s. pl (nell'espressione) the ins and outs,* tutti i dettagli, i particolari *(di una faccenda).*

V in- *(come prefisso)* interno: *an in-student,* uno studente interno — ⇨ *anche* **in-patient.** □ ⇨ *anche* **in-depth, in-group, in-joke.**

inability [,inə'biliti] *s.* inabilità; incapacità.

inaccessibility ['inæk,sesə'biliti] *s.* inaccessibilità.

inaccessible [,inæk'sesəbl] *agg* inaccessibile. □ *avv* **inaccessibly.**

inaccuracy [in'ækjurəsi] *s.* inaccuratezza; inesattezza; imprecisione; sbaglio.

inaccurate [in'ækjurit] *agg* inesatto; impreciso; errato. □ *avv* **inaccurately.**

inaction [in'ækʃən] *s.* inazione; inattività; inoperosità.

to **inactivate** [in'æktiveit] *vt* inattivare.

inactive [in'æktiv] *agg* inattivo; inoperoso; inerte.

inactivity [,inæk'tiviti] *s.* inattività; inoperosità; inazione.

inadequacy [in'ædikwəsi] *s.* inadeguatezza; insufficienza.

inadequate [in'ædikwit] *agg* inadeguato; insufficiente. □ *avv* **inadequately.**

inadmissible [,inəd'misəbl] *agg* inammissibile. □ *avv* **inadmissibly.**

inadvertence [,inəd'və:təns] *s.* inavvertenza; disattenzione; sbadataggine.

inadvertent [,inəd'və:tənt] *agg* disattento; sbadato; *(di azione)* involontario; senza proposito. □ *avv* **inadvertently.**

inadvisable [,inəd'vaizəbl] *agg* sconsigliabile.

inalienable [in'eiljənəbl] *agg* inalienabile. □ *avv* **inalienably.**

inane [i'nein] *agg* sciocco; stupido; privo di senso; vuoto; vacuo: *an inane remark,* un'osservazione stupida (senza senso). □ *avv* **inanely.**

inanimate [in'ænimit] *agg* inanimato; privo di vita; privo di animazione.

inanition [,inə'niʃən] *s.* inedia; inanizione.

inanity [i'næniti] *s.* inanità; vacuità; insensatezza.

inappeasable [inə'pi:zəbl] *agg* implacabile; inappagabile.

inapplicability [in,æplikə'biliti] *s.* inapplicabilità.

inapplicable [in'æplikəbl] *agg* inapplicabile; inadatto. □ *avv* **inapplicably.**

inappreciable [,inə'pri:ʃəbl] *agg* non apprezzabile; trascurabile; poco importante; impercettibile: *an inappreciable difference,* una differenza trascurabile. □ *avv* **inappreciably.**

inappropriate [,inə'proupriit] *agg* non appropriato; improprio; incompatibile. □ *avv* **inappropriately.**

inappropriateness [,inə'proupriitnis] *s.* improprietà.

inapt [in'æpt] *agg* incapace; inetto; maldestro; non pertinente; *(di osservazione)* fuori luogo. □ *avv* **inaptly.**

inaptitude [in'æptitju:d] *s.* incapacità; inettitudine.

inarticulate [,inɑ:'tikjulit] *agg* **1** *(di un discorso)* slegato; confuso. **2** *(di persona)* incapace di esprimersi chiaramente. **3** disarticolato; non articolato. □ *avv* **inarticulately.**

inartistic [,inɑ:'tistik] *agg* non artistico; privo di gusto artistico. □ *avv* **inartistically.**

inasmuch [,inəz'mʌtʃ] *avv (seguito da* as*)* dato che; poiché; visto che; in quanto (che).

inattention [,inə'tenʃən] *s.* disattenzione; sbadataggine; inavvertenza.

inattentive [,inə'tentiv] *agg* disattento; sbadato. □ *avv* **inattentively.**

inaudibility [in,ɔ:də'biliti] *s.* inaudibilità.

inaudible [in'ɔ:dəbl] *agg* inaudibile. □ *avv* **inaudibly.**

inaugural [i'nɔ:gjurəl] *agg* inaugurale: *an inaugural lecture, (generalm. di professore ordinario)* una conferenza inaugurale.
□ *s. (spec. USA)* discorso inaugurale.

to **inaugurate** [i'nɔ:gjureit] *vt* **1** insediare. **2** inaugurare *(anche fig.).*

inauguration [i,nɔ:gju'reiʃən] *s.* **1** insediamento: *the inauguration of the President of the United States,* l'insediamento del Presidente degli Stati Uniti d'America — *Inauguration Day,* il giorno dell'insediamento. **2** inaugurazione *(anche fig.).*

inauspicious [,inɔ:'spiʃəs] *agg* infausto; di cattivo auspicio. □ *avv* **inauspiciously.**

inboard ['inbɔ:d] *avv e agg (naut.)* entro bordo: *inboard engine,* motore entrobordo.

inborn ['inbɔ:n] *agg* **1** innato: *an inborn talent for art,* un talento innato per l'arte. **2** *(med.: di tara, ecc.)* ereditario; congenito.

inbound ['inbaund] *agg* diretto verso casa, verso il porto.

inbred ['in'bred] *agg* **1** innato; congenito. **2** discendente da consanguinei.

inbreeding ['in'bri:diŋ] *s.* incrocio tra animali della stezza razza, o tra esseri umani consanguinei.

incalculability [in,kælkjulə'biliti] *s.* **1** incalcolabilità. **2** imprevedibilità.

incalculable [in'kælkjuləbl] *agg* **1** incalcolabile. **2** imprevedibile. □ *avv* **incalculably.**

incandescence [,inkæn'desns] *s.* incandescenza.

incandescent [,inkæn'desnt] *agg* incandescente. □ *avv* **incandescently.**

incantation [,inkæn'teiʃən] *s.* incantesimo; magia.

incapability [in,keipə'biliti] *s.* incapacità.

incapable [in'keipəbl] *agg* **1** incapace: *to be incapable of doing sth,* essere incapace di fare qcsa. **2** inabilitato.

to **incapacitate** [,inkə'pæsiteit] *vt* **1** inabilitare; rendere inabile o incapace. **2** *(dir.)* dichiarare incapace.

incapacity [,inkə'pæsiti] *s.* incapacità; incompetenza.

to **incarcerate** [in'kɑ:səreit] *vt* incarcerare; carcerare; imprigionare; mettere in carcere.

incarceration [in,kɑ:sə'reiʃən] *s.* incarceramento; incarcerazione.
incarnadine [in'kɑ:nədain] *agg* *(poet.)* incarnatino; cremisi; vermiglio.
incarnate [in'kɑ:nit] *agg* **1** incarnato; fatto carne; che ha preso forma umana. **2** *(fig.)* in persona; personificato.
to **incarnate** ['inkɑ:neit] *vt* personificare; assumere forma umana; dare forma umana; incarnare.
incarnation [,inkɑ:'neiʃən] *s.* **1** incarnazione. **2** personificazione.
incautious [in'kɔ:ʃəs] *agg* incauto; malcauto; imprudente. □ *avv* **incautiously.**
incendiarism [in'sendjərizəm] *s.* **1** l'incendiare dolosamente; *(per estensione)* incendio doloso. **2** *(talvolta, fig.)* attività sediziosa.
incendiary [in'sendjəri] *agg* incendiario *(anche fig.)*. □ *s.* **1** bomba incendiaria. **2** incendiario.
incense ['insens] *s.* incenso.
to **incense** [in'sens] *vt* **1** *(generalm. alla forma passiva:* to be incensed by sth*)* irritare; far arrabbiare; esasperare: *to be incensed by sb's conduct,* essere irritato, esasperato per il comportamento di qcno — *to be incensed at sb's remarks,* essere irritato per le osservazioni di qcno. **2** *(raro)* profumare *(di incenso)*.
incentive [in'sentiv] *s.* incentivo; stimolo; incoraggiamento.
inception [in'sepʃən] *s.* inizio; principio.
incertitude [in'sə:titju:d] *s.* incertezza; indecisione.
incessant [in'sesənt] *agg* incessante; continuo. □ *avv* **incessantly.**
incest ['insest] *s.* incesto.
incestuous [in'sestjuəs] *agg* incestuoso. □ *avv* **incestuously.**
inch [intʃ] *s.* **1** pollice *(misura lineare pari a cm. 2,54 circa)*. **2** inezia; piccolezza; cosa da poco; piccola quantità. **3** *(fam.: al pl.)* statura; altezza: *a man of your inches,* un uomo della tua statura.
□ *by inches,* - **a)** per un pelo: *The car missed me by inches,* L'auto mi mancò per un pelo - **b)** poco a poco; poco per volta; lentamente; gradualmente — *inch by inch,* per gradi — *every inch,* completamente; del tutto; dalla testa ai piedi; da capo a piedi — *He's every inch a soldier,* È un soldato dalla testa ai piedi — *within an inch of,* vicinissimo; ad un pelo da — *He came within an inch of being struck by a falling tile,* Per un pelo non fu colpito da una tegola — *to flog sb to within an inch of his life,* fustigare qcno quasi a morte — *not to yield an inch,* non cedere di un pollice; non cedere di un millimetro; rimanere irremovibile — *an inch of cold iron,* una stoccata; una pugnalata — *Give him an inch and he will take a mile,* Dategli un dito e si prenderà il braccio.
to **inch** [intʃ] *vi e t.* **1** avanzare lentamente: *to inch one's way forward (o along),* farsi strada a poco a poco. **2** *(mecc.)* spostare a gradi o ad intermittenza.
-incher ['intʃə*] *s. (nei composti, p.es.) a ten-incher,* un oggetto della lunghezza (del diametro, ecc.) di dieci pollici.
inching ['intʃiŋ] *s. (mecc.)* avanzamento ad intermittenza.
inchoate ['inko*u*eit] *agg* rudimentale; appena abbozzato; iniziale.
inchoative ['inko*u*eitiv] *agg* iniziale; *(gramm.)* incoativo.
incidence ['insidəns] *s. (nei vari sensi)* incidenza.
[1]**incident** ['insidənt] *s.* **1** incidente; caso; avvenimento; episodio. **2** episodio; scena *(di una commedia)*. **3** *(dir.)* diritto accessorio; privilegio; servitù *(inerente a una proprietà)*.
[2]**incident** ['insidənt] *agg* **1** *(generalm. seguito da* to*)* inerente; connesso; relativo: *the risks incident to the life of a test pilot,* i rischi connessi con la vita di un pilota collaudatore. **2** *(fis., ecc.)* incidente.
incidental [,insi'dentl] *agg* **1** *(di spese)* casuale; accessorio. **2** secondario; meno importante. **3** probabile; prevedibile. □ *incidental music,* accompagnamento musicale *(per un dramma, un balletto, ecc.)*.
□ *avv* **incidentally,** incidentalmente; casualmente; accidentalmente; a proposito: *Incidentally, I saw Jim last night,* A proposito, ho visto Jim ieri sera.
to **incinerate** [in'sinəreit] *vt* incinerare; cremare; bruciare; ridurre in cenere; incenerire.
incineration [in,sinə'reiʃən] *s.* incenerimento; cremazione.
incinerator [in'sinəreitə*] *s.* **1** inceneritore; forno per distruggere rifiuti. **2** *(USA)* forno crematorio.
incipient [in'sipiənt] *agg* incipiente; iniziale.
to **incise** [in'saiz] *vt* incidere; tagliare.
incision [in'siʒən] *s.* incisione; taglio (netto).
incisive [in'saisiv] *agg* incisivo; tagliente; acuto; penetrante. □ *avv* **incisively.**
incisiveness [in'saisivnis] *s.* incisività *(anche fig.)*.
incisor [in'saizə*] *s.* *(dente)* incisivo.
to **incite** [in'sait] *vt* incitare; istigare; spronare; spingere; *(per estensione)* suscitare.
incitement [in'saitmənt] *s.* incitamento; istigazione; incentivo; stimolo: *incitement to commit a crime, (dir.)* istigazione a delinquere.
incivility [,insi'viliti] *s.* villania; sgarberia; maleducazione.
inclemency [in'klemənsi] *s.* inclemenza; rigore; rigidità.
inclement [in'klemənt] *agg* inclemente; rigido *(di tempo)*.
inclination [,inkli'neiʃən] *s.* **1** inclinazione; pendenza; pendio; piegamento. **2** *(fig.)* inclinazione; propensione; tendenza; disposizione: *He showed no inclination to leave,* Non mostrava alcuna intenzione di andarsene.
incline ['inklain] *s.* pendio; pendenza; declivio; piano inclinato.
to **incline** [in'klain] *vt e i.* **1** inclinare; piegare; declinare; chinare, chinarsi; volgere (volgersi) verso il basso. **2** tendere; essere incline, propenso: *He's inclined to be lazy,* È incline alla pigrizia — *Do you feel inclined to go for a walk?,* Ti senti disposto a fare una passeggiata? — *I am inclined to believe in his innocence,* Sono propenso a credere nella sua innocenza.
to **inclose, inclosure** [in'clouz/in'klouʒə*] = **to enclose, enclosure.**
to **include** [in'klu:d] *vt* includere; contenere; comprendere: *Price 2.75 pounds, postage included (including postage),* Prezzo 2,75 sterline, spese postali comprese.
inclusion [in'klu:ʒən] *s.* inclusione.
inclusive [in'klu:siv] *agg* comprensivo; comprendente; complessivo: *inclusive tours,* gite turistiche tutto compreso — *inclusive terms, (negli alberghi)* condizioni comprensive di ogni spesa; pensione completa — *terms inclusive of taxes and lips,* condizioni comprensive di imposte e mance.
inclusiveness [in'klu:sivnis] *s.* l'esser complessivo, completo; onnicomprensività.
incog [in'kɔg] *agg e avv* (*abbr. fam. di* **incognito** ⇨).

incognito [inkɔg'nitou] *agg e avv* incognito; in incognito.

incoherence [,inkou'hiərəns] *s.* **1** *(generalm.)* confusione; incomprensibilità. **2** *(non molto comune)* inconsistenza; incoerenza; incongruenza.

incoherent [,inkou'hiərənt] *agg* **1** *(del parlare, ecc.)* confuso; incomprensibile. **2** *(raro)* incoerente. □ *avv* **incoherently.**

incombustible [,inkəm'bʌstəbl] *agg* incombustibile; ininfiammabile.

income ['inkəm] *s.* guadagno; introito; entrata; reddito; rendita: *to live within one's income,* vivere nei limiti del proprio reddito — *unearned income,* rendita — *income tax,* imposta sul reddito.

incoming ['in,kʌmiŋ] *agg* entrante; che entra; in arrivo; subentrante: *incoming letters (o mail),* posta in arrivo — *the incoming tide,* la marea montante — *the incoming tenant,* l'inquilino subentrante. □ *s. (non comune)* entrata; ingresso.

incommensurate [,inkə'menʃərit] *agg* **1** inadeguato; sproporzionato. **2** incomparabile; smisurato. □ *avv* **incommensurately.**

to **incommode** [,inkə'moud] *vt* incomodare; disturbare; seccare; infastidire.

incommunicability, incommunicableness ['inkə,mju:nikə'biliti/,inkə'mju:nikəblnis] *s.* incomunicabilità.

incommunicable [,inkə'mju:nikəbl] *agg* incomunicabile.

incommunicado [,inkəmju:ni'kɑ:dou] *agg (di prigioniero)* in isolamento; in segregazione; senza contatti con l'ambiente esterno.

incomparable [in'kɔmpərəbl] *agg* incomparabile; senza pari. □ *avv* **incomparably.**

incompatibility ['inkəm,pætə'biliti] *s.* incompatibilità.

incompatible [,inkəm'pætəbl] *agg* incompatibile. □ *avv* **incompatibly.**

incompetence [in'kɔmpitəns] *s.* incompetenza.

incompetent [in'kɔmpitənt] *agg* incompetente; non competente; incapace. □ *avv* **incompetently.**

incomplete [,inkəm'pli:t] *agg* incompleto. □ *avv* **incompletely.**

incompleteness [,inkəm'pli:tnis] *s.* incompletezza; incompiutezza; imperfezione.

incomprehensibility, incomprehensibleness [in,kɔmprihensə'biliti/in,kɔmpri'hensəblnis] *s.* incomprensibilità.

incomprehensible [in,kɔmpri'hensəbl] *agg* incomprensibile. □ *avv* **incomprehensibly.**

incomprehension [in,kɔmpri'henʃən] *s.* incomprensione.

inconceivable [,inkən'si:vəbl] *agg* inimmaginabile; inconcepibile; *(fam.)* incredibile; straordinario. □ *avv* **inconceivably.**

inconclusive [,inkən'klu:siv] *agg* non convincente; inconvincente; non risolutivo; inconcludente. □ *avv* **inconclusively.**

inconclusiveness [,inkən'klu:sivnis] *s.* inconcludenza; inutilità.

incongruity [,inkɔŋ'gruiti] *s.* inadeguatezza; incongruità; sconvenienza.

incongruous [in'kɔŋgruəs] *agg* incongruo; inadeguato; fuori luogo; sconveniente. □ *avv* **incongruously.**

inconsequent [in'kɔnsikwənt] *agg* inconseguente; non conseguente; senza nesso logico; incoerente. □ *avv* **inconsequently.**

inconsequential [in,kɔnsi'kwenʃəl] *agg* inconseguente; incoerente; *(per estensione)* poco importante; secondario. □ *avv* **inconsequentially.**

inconsiderable [,inkən'sidərəbl] *agg* insignificante; secondario; trascurabile; non degno di considerazione.

inconsiderate [,inkən'sidərit] *agg* sconsiderato; imprudente; avventato; privo di riguardo; senza considerazione. □ *avv* **inconsiderately.**

inconsistency [,inkən'sistənsi] *s.* **1** inconsistenza; incompatibilità. **2** incoerenza.

inconsistent [,inkən'sistənt] *agg* **1** incompatibile: *actions that are inconsistent with one's principles,* azioni che sono incompatibili con i propri princìpi. **2** contraddittorio; incoerente; in contraddizione: *His account of what happened was inconsistent,* Il suo racconto dell'accaduto era contraddittorio. □ *avv* **inconsistently.**

inconsolable [,inkən'souləbl] *agg* inconsolabile. □ *avv* **inconsolably.**

inconspicuous [,inkən'spikjuəs] *agg* non cospicuo; non appariscente; *(per estensione)* piccino; insignificante: *The shy little girl tried to make herself as inconspicuous as possible,* La timida fanciulla cercò di dare nell'occhio il meno possibile — *She always dresses in inconspicuous colours,* Veste sempre con dei colori poco appariscenti. □ *avv* **inconspicuously.**

inconstancy [in'kɔnstənsi] *s.* incostanza; volubilità.

inconstant [in'kɔnstənt] *agg* incostante; volubile. □ *avv* **inconstantly.**

incontestable [,inkən'testəbl] *agg* incontestabile; indiscusso. □ *avv* **incontestably.**

incontinence [in'kɔntinəns] *s.* incontinenza *(anche med.)*; intemperanza.

incontinent [in'kɔntinənt] *agg* incontinente; intemperante; immoderato. □ *avv* **incontinently.**

incontrovertibility [in,kɔntrəvə:tə'biliti] *s.* incontrovertibilità.

incontrovertible [in,kɔntrə'və:təbl] *agg* incontrovertibile; indiscutibile. □ *avv* **incontrovertibly.**

inconvenience [,inkən'vi:njəns] *s.* inconveniente; disturbo; disagio.

to **inconvenience** [,inkən'vi:njəns] *vt* recare disturbo; disturbare; incomodare.

inconvenient [,inkən'vi:njənt] *agg* incomodo; inopportuno; scomodo; che reca disturbo; di disturbo. □ *avv* **inconveniently.**

inconvertibility ['inkən,və:ti'biliti] *s.* non-convertibilità; inconvertibilità.

inconvertible [,inkən'və:təbl] *agg* inconvertibile. □ *avv* **inconvertibly.**

incorporate [in'kɔ:pərit] *agg* incorporato; costituito (unito) in corporazione.

to **incorporate** [in'kɔ:pəreit] *vt* incorporare; annettere; fondere; unire; formare una corporazione. □ *vi* incorporarsi; fondersi.

incorporation [in,kɔ:pə'reiʃən] *s.* **1** incorporazione; fusione; annessione. **2** costituzione di società commerciale: *articles of incorporation,* statuto sociale.

incorporeal [,inkɔ:'pɔ:riəl] *agg* incorporeo; immateriale. □ *avv* **incorporeally.**

incorrect [,inkə'rekt] *agg* **1** errato; inesatto. **2** *(non molto comune)* scorretto. □ *avv* **incorrectly.**

incorrectness [,inkə'rektnis] *s.* **1** inesattezza; erroneità. **2** scorrettezza.

incorrigible [in'kɔridʒəbl] *agg* incorreggibile. □ *avv* **incorrigibly.**

incorruptibility ['inkə,rʌpti'biliti] *s.* incorruttibilità.

incorruptible [inkə'rʌptəbl] *agg* **1** incorruttibile; inalterabile; non soggetto a corruzione. **2** incorruttibile; che non si lascia corrompere. □ *avv* **incorruptibly.**

increase ['inkri:s] *s.* aumento; crescita; sviluppo; incremento: *to be on the increase,* essere in aumento — *annual wage increase,* scatto annuale (di stipendio).

to **increase** [in'kri:s] *vt e i.* aumentare; crescere; svilupparsi; ingrandirsi.

increasing [in'kri:siŋ] *agg* in aumento; crescente. □ *avv* **increasingly.**

incredibility [in,kredə'biliti] *s.* incredibilità.

incredible [in'kredəbl] *agg* incredibile; sorprendente. □ *avv* **incredibly.**

incredulity [,inkri'dju:liti] *s.* incredulità.

incredulous [in'kredjuləs] *agg* incredulo; scettico. □ *avv* **incredulously.**

increment ['inkrimənt] *s.* **1** incremento; profitto: *unearned increment,* incremento congiunturale *(di terreni, azioni, ecc.);* plus-valore. **2** aumento; scatto: *a salary of 5000 pounds per annum, with yearly increments of 100 pounds,* uno stipendio di 5000 sterline l'anno, con aumenti (scatti) annui di 100 sterline.

to **incriminate** [in'krimineit] *vt* incriminare; mettere sotto accusa.

incrustation [,inkrʌs'teiʃən] *s.* incrostazione; crosta; rivestimento solido.

to **incubate** ['inkjubeit] *vt e i.* mettere in incubazione; covare.

incubator ['inkjubeitə*] *s.* incubatrice.

incubus ['iŋkjubəs] *s.* incubo.

to **inculcate** ['inkʌlkeit] *vt* inculcare.

to **inculpate** ['inkʌlpeit] *vt* incolpare; accusare; incriminare.

incumbency [in'kʌmbənsi] *s.* **1** beneficio ecclesiastico. **2** incombenza; incarico.

incumbent [in'kʌmbənt] *agg (molto formale)* incombente; doveroso; obbligatorio: *It is incumbent upon you to warn him of the danger,* È Suo dovere (Tocca a Lei) metterlo in guardia del pericolo.
□ *s.* chi gode di un beneficio ecclesiastico; *(spesso)* parroco.

to **incur** [in'kə:*] *vt* (**-rr-**) incorrere: *to incur debts,* contrarre debiti — *to incur great expense,* incorrere in una forte spesa.

incurable [in'kjuərəbl] *agg* inguaribile; incurabile; *(fig.)* incorreggibile. □ *avv* **incurably.**
□ *s.* incurabile.

incurious [in'kjuəriəs] *agg* privo di curiosità; privo di interesse; non curioso. □ *avv* **incuriously.**

incursion [in'kə:ʃən] *s.* incursione; scorreria: *incursions upon one's leisure time, (fig.)* insidie al proprio tempo libero.

incurved [in'kə:vd] *agg* curvo; incurvato.

indebted [in'detid] *agg* indebitato; debitore; obbligato: *I am greatly indebted to you for your help,* Vi sono molto grato per l'aiuto datomi.

indebtedness [in'detidnis] *s.* debito; l'essere in debito; obbligazione.

indecency [in'di:snsi] *s.* indecenza.

indecent [in'di:snt] *agg* **1** osceno; indecente. **2** *(fam.)* sconveniente: *to leave a party in indecent haste,* andarsene da un ricevimento in tutta fretta.
□ *avv* **indecently.**

indecipherable [,indi'saifərəbl] *agg* indecifrabile.

indecision [,indi'siʒən] *s.* indecisione; esitazione; irresolutezza.

indecisive [,indi'saisiv] *agg* **1** esitante; incerto. **2** non risolutivo; non decisivo. □ *avv* **indecisively.**

indecisiveness [,indi'saisivnis] *s.* indecisione; esitazione; irresolutezza.

indecorous [in'dekərəs] *agg* **1** indecoroso; disdicevole; sconveniente. **2** di cattivo gusto.
□ *avv* **indecorously.**

indecorum [,indi'kɔ:rəm] *s.* **1** mancanza di decoro; sconvenienza. **2** atto indecoroso.

indeed [in'di:d] *avv* **1** davvero; veramente; effettivamente; in realtà: *I was indeed very glad (very glad indeed) to hear the news,* Fui veramente molto contento di sentire la notizia — *'Are you pleased at your son's success?' - 'Yes, indeed' ('Indeed, yes'),* 'Sei contento del successo di tuo figlio?' - 'Sì, davvero' — *Thank you very much indeed,* Vi ringrazio davvero moltissimo — *It was very kind indeed of you to help,* È stato veramente gentile da parte sua aiutarci. **2** *(per dimostrare interesse, sorpresa, in senso ironico, ecc.)* davvero; veramente: *'He spoke to me about you' - 'Oh, indeed!',* 'Mi ha parlato di te' - 'Oh, davvero?' ('Ah, sì?') — *'Who is that woman?' - 'Who is she indeed?',* 'Chi è quella donna?' - 'Già, chi è?'.

indefatigable [,indi'fætigəbl] *agg* instancabile; infaticabile; indefesso. □ *avv* **indefatigably.**

indefeasible [,indi'fi:zəbl] *agg* non abrogabile; che non si può annullare; inoppugnabile.
□ *avv* **indefeasibly.**

indefensibility ['indi,fensə'biliti] *s.* insostenibilità.

indefensible [,indi'fensəbl] *agg* non difendibile; non sostenibile; inscusabile. □ *avv* **indefensibly.**

indefinable [,indi'fainəbl] *agg* indefinibile. □ *avv* **indefinably.**

indefinite [in'definit] *agg* **1** vago; indeterminato; indefinito: *the indefinite article,* l'articolo indeterminativo. **2** illimitato. □ *avv* **indefinitely** ⇨.

indefinitely [in'definitli] *avv* indefinitamente; a tempo indeterminato.

indefiniteness [in'definitnis] *s.* indefinitezza; indeterminatezza; imprecisione.

indelibility [in,deli'biliti] *s.* indelebilità.

indelible [in'delibl] *agg (anche fig.)* indelebile; incancellabile. □ *avv* **indelibly.**

indelicacy [in'delikəsi] *s.* indelicatezza; sconvenienza; grossolanità.

indelicate [in'delikit] *agg* **1** indelicato; sconveniente; grossolano. **2** immodesto. □ *avv* **indelicately.**

indemnification [in,demnifi'keiʃən] *s.* indennizzo; risarcimento.

to **indemnify** [in'demnifai] *vt* **1** rendere immune; garantire dalle conseguenze. **2** indennizzare; rimborsare; risarcire: *We will indemnify you for any expenses you may incur on our behalf,* Vi rimborseremo ogni spesa che dobbiate sostenere a nostro favore.

indemnity [in'demniti] *s.* **1** assicurazione *(contro danni, perdite, ecc.).* **2** indennità; rimborso; risarcimento.

indent ['indent] *s.* **1** dentellatura. **2** *(GB, comm.)* ordine riguardante merce da esportare. **3** requisizione ufficiale di merce. **4** capoverso; rientranza dal margine.

to **indent** [in'dent] *vt* **1** dentellare; intagliare; produrre una dentellatura. **2** *(generalm. p. pass.)* frastagliare. **3** rientrare; allontanare dal margine della pagina; staccare (una riga) dal margine. **4** ordinare o commissionare *(merci).* **5** separare in due parti per mezzo di una dentellatura.

indentation [,inden'teiʃən] *s.* **1** dentellatura; tacca; intaccatura; incisione; intaglio. **2** frastagliatura; insenatura. **3** rientranza dal margine; distanza di un rigo dal resto della composizione tipografica.

indenture [in'dentʃə*] *s.* *(dir.)* atto; contratto *(spec. di*

apprendista): to take up one's indentures, riprendersi il proprio contratto *(alla fine dell'apprendistato).*
to **indenture** [in'dentʃə*] *vt* prendere a bottega *(come apprendista).*
independence [,indi'pendəns] *s.* indipendenza; autonomia: *Independence Day, (USA)* Giornata dell'Indipendenza *(il 4 luglio, anniversario della proclamazione dell'Indipendenza delle colonie americane, avvenuta nel 1776).*
independent [,indi'pendənt] *agg* **1** indipendente; autonomo; libero: *to be independent,* essere indipendente (da qcsa); non dipendere (da qcno). **2** benestante; agiato; indipendente; sufficiente; bastante: *an independent income,* un reddito sufficiente *(che consente una vita indipendente).* □ *avv* **independently.**
□ *s. (spec. di candidato politico)* indipendente.
in-depth ['in'depθ] *agg (attrib.)* approfondito.
indescribable [,indi'skraibəbl] *agg* indescrivibile. □ *avv* **indescribably.**
indestructible [,indi'strʌktəbl] *agg* indistruttibile. □ *avv* **indestructibly.**
indeterminable [,indi'tə:minəbl] *agg* **1** indeterminabile. **2** che non può essere deciso.
indeterminacy [,indi'tə:minəsi] *s.* indeterminatezza.
indeterminate [,indi'tə:minit] *agg* **1** indeterminato; indefinito. **2** indistinto. □ *avv* **indeterminately.**
index ['indeks] *s.* (*pl.* **indexes**; *scient.* **indices**) **1** indice *(in vari sensi);* indicazione; segno *(mecc.).* **2** lancetta; ago. **3** *(matematica)* esponente. □ *the index finger,* il dito indice — *card index,* schedario.
to **index** ['indeks] *vt* **1** fare (preparare) l'indice di un libro. **2** inserire nell'indice *(una parola, un argomento, ecc.).* **3** mettere all'indice *(un libro, una composizione, ecc.).* **4** *(mecc.)* graduare; dividere.
indexer ['indeksə*] *s.* estensore di un indice.
India ['indjə] *nome proprio* India: *India paper,* carta leggerissima — *India rubber,* gomma da cancellare.
Indiaman ['indjə,mæn] *s.* (*pl.* **Indiamen**) *(ant.)* nave per il commercio con l'India.
Indian ['indjən] *agg* indiano: *Indian club,* clava da ginnastica — *Indian corn, (GB)* granoturco; mais — *Red Indian,* (indiano) pellerossa — *in Indian file,* in fila indiana — *Indian hemp,* canapa indiana; marijuana — *Indian ink,* inchiostro di china — *Indian summer, (spec. USA)* estate di S. Martino *(anche fig.).*
□ *s.* indiano.
to **indicate** ['indikeit] *vt* indicare; additare; mostrare; denotare; fare segno.
indication [,indi'keiʃən] *s.* indicazione; segno; indizio; cenno.
indicative [in'dikətiv] *agg* **1** indicativo *(anche gramm.).* **2** indice; indizio: *A high forehead is not necessarily indicative of great mental power,* Una fronte alta non è necessariamente indice di grande capacità mentale. □ *avv* **indicatively.**
□ *s. (gramm.)* indicativo.
indicator ['indikeitə*] *s.* indicatore *(persona o strumento);* misuratore: *speed indicator,* tachimetro.
indices ['indisi:z] *s. pl di* **index.**
to **indict** [in'dait] *vt (spec. dir.)* imputare; accusare; elevare imputazione; incriminare; mettere sotto accusa; mettere in stato di accusa.
indictable [in'daitəbl] *agg* **1** imputabile; incriminabile. **2** perseguibile; passibile di pena.
indictment [in'daitmənt] *s.* imputazione; incriminazione; atto (capo) di accusa.
indifference [in'difrəns] *s.* indifferenza.
indifferent [in'difrənt] *agg* **1** indifferente; incurante; insensibile; senza interesse: *indifferent to pain,* insensibile al dolore. **2** indifferente; senza differenza; neutrale: *It is quite indifferent to me whether you go or stay,* Per me è del tutto indifferente che tu te ne vada o rimanga. **3** comune; banale; mediocre; scadente; misero; pessimo: *a very indifferent meal,* un pasto assai mediocre. □ *avv* **indifferently.**
indigence ['indidʒəns] *s.* indigenza; povertà.
indigenous [in'didʒənəs] *agg* indigeno.
indigent ['indidʒənt] *agg* indigente; povero.
indigestible [,indi'dʒestəbl] *agg* indigesto; indigeribile; difficile da digerire.
indigestion [,indi'dʒestʃən] *s.* indigestione *(anche fig.);* cattiva digestione.
indignant [in'dignənt] *agg* indignato; sdegnato.
□ *avv* **indignantly.**
indignation [,indig'neiʃən] *s.* indignazione; sdegno.
indignity [in'digniti] *s.* indegnità; offesa; trattamento indegno.
indigo ['indigou] *s.* indaco; color indaco.
indirect [,indi'rekt] *agg* indiretto *(vari sensi);* tortuoso; obliquo: *indirect expenses, (comm.)* spese generali — *indirect taxation,* imposte indirette — *indirect speech,* discorso indiretto — *indirect object,* complemento indiretto. □ *avv* **indirectly.**
indirectness [,indi'rektnis] *s.* tortuosità.
indiscernible [indi'sənəbl] *agg* indiscernibile; impercettibile.
indiscipline [in'disiplin] *s.* indisciplina.
indiscreet [,indis'kri:t] *agg* **1** indiscreto. **2** poco giudizioso; imprudente; incauto. □ *avv* **indiscreetly.**
indiscrete [,indis'kri:t] *agg* compatto; non separato.
indiscretion [,indis'kreʃən] *s.* indiscrezione; mancanza di discrezione.
indiscriminate [,indis'kriminit] *agg* indiscriminato. □ *avv* **indiscriminately.**
indiscriminateness, indiscrimination [,indis'kriminitnis/'indis,krimi'neiʃən] *s.* indiscriminazione; mancanza di discernimento.
indiscriminating, indiscriminative [,indis'krimineitiŋ/,indis'kriminətiv] *agg* privo di discernimento; che non discrimina, non distingue; confusionario.
indispensability, indispensableness ['indis-,pensə'biliti/,indis'pensəblnis] *s.* indispensabilità.
indispensable [,indis'pensəbl] *agg* indispensabile; essenziale; necessario. □ *avv* **indispensably.**
indisposed [,indis'pouzd] *agg* **1** indisposto. **2** maldisposto; contrario; non disposto.
indisposition [,indispə'ziʃən] *s.* **1** indisposizione; malessere. **2** cattiva disposizione; avversione; scarsa inclinazione.
indisputable [,indis'pju:təbl] *agg* indiscutibile; indubbio; fuor di dubbio. □ *avv* **indisputably.**
indissoluble [,indi'sɔljubl] *agg* indissolubile. □ *avv* **indissolubly.**
indistinct [,indis'tiŋkt] *agg* indistinto; non chiaro; confuso; oscuro. □ *avv* **indistinctly.**
indistinctness [,indis'tiŋktnis] *s.* mancanza di chiarezza; confusione.
indistinguishable [,indis'tiŋgwiʃəbl] *agg* indistinguibile.
to **indite** [in'dait] *vt (ora spesso scherz.)* mettere in versi; comporre; redigere: *to indite a poem,* comporre un poema.
individual [,indi'vidjuəl] *agg* individuale; singolo; caratteristico; personale. □ *avv* **individually** ⇨.
□ *s.* individuo *(spesso spreg.).*
individualism [,indi'vidjuəlizəm] *s.* **1** individualismo. **2** egoismo; egocentrismo.
individualist [,indi'vidjuəlist] *s.* individualista.

individualistic [ˌindiˌvidjuəˈlistik] *agg* individualistico. □ *avv* **individualistically.**

individuality [ˌindiˌvidjuˈæliti] *s.* individualità; particolarità.

to **individualize** [ˌindiˈvidjuəlaiz] *vt* **1** caratterizzare; individualizzare. **2** specificare; trattare individualmente.

individually [ˌindiˈvidjuəli] *avv* individualmente; singolarmente; separatamente.

indivisibility [ˈindiˌviziˈbiliti] *s.* indivisibilità.

indivisible [ˌindiˈvizəbl] *agg* indivisibile. □ *avv* **indivisibly.**

Indo- [ˈindou] *prefisso* indo: *Indo-European,* indoeuropeo — *Indo-Chinese,* indocinese.

to **indoctrinate** [inˈdɔktrineit] *vt* indottrinare; addottrinare.

indoctrination [inˌdɔktriˈneiʃən] *s.* indottrinamento.

indolence [ˈindələns] *s.* indolenza; pigrizia.

indolent [ˈindələnt] *agg* **1** indolente; pigro. **2** *(med.)* indolore; indolente. □ *avv* **indolently.**

indomitable [inˈdɔmitəbl] *agg* indomito; indomabile. □ *avv* **indomitably.**

Indonesian [ˌindouˈnizjən] *agg e s.* indonesiano.

indoor [ˈindɔː*] *agg* di (in) luogo chiuso: *indoor games,* giochi al coperto (in un luogo chiuso) — *indoor photograph,* fotografia di ambiente interno — *an indoor athletics meeting,* una gara di atletica leggera 'indoor'.

indoors [inˈdɔːz/-ˈdɔəz] *avv* in casa; al coperto; dentro.

to **indorse** [inˈdɔːs] *vt* = **to endorse.**

indubitable [inˈdjuːbitəbl] *agg* indubitabile; certo; fuor di dubbio. □ *avv* **indubitably.**

to **induce** [inˈdjuːs] *vt* **1** indurre; persuadere; spingere: *to induce sb to do sth,* indurre qcno a fare qcsa. **2** provocare; produrre; cagionare.

inducement [inˈdjuːsmənt] *s.* **1** incentivo; stimolo; incitamento; persuasione. **2** istigazione.

to **induct** [inˈdʌkt] *vt* **1** insediare; investire *(di una carica o di un beneficio, spec. ecclesiastico).* **2** *(elettr.)* indurre.

induction [inˈdʌkʃən] *s.* **1** insediamento; investitura; presa di possesso di una carica (di un beneficio). **2** induzione *(elettr., filosofia).*

inductive [inˈdʌktiv] *agg* **1** induttivo. **2** *(elettr.)* indotto. □ *avv* **inductively.**

inductor [inˈdʌktə*] *s.* induttore *(anche fig.);* rocchetto di induttanza.

to **indulge** [inˈdʌldʒ] *vt* essere (mostrarsi) indulgente; indulgere; compiacere; accontentare; soddisfare. □ *vi (spesso seguito da* in; *anche* to indulge oneself, *v. rifl.)* indulgere a se stessi; concedersi; permettersi il lusso di: *Do you indulge?, (fam.)* Ti permetti un bicchierino?

indulgence [inˈdʌldʒəns] *s.* **1** *(anche* self-indulgence*)* indulgenza; corrività; l'indulgere: *Constant indulgence in bad habits brought about his ruin,* Il continuo indulgere alle cattive abitudini fu la causa della sua rovina. **2** vizio; debolezza; soddisfazione: *A pint of beer a day and an occasional game of billiards are his only indulgences,* Una pinta di birra al giorno e una partita al biliardo di tanto in tanto sono le sue uniche debolezze. **3** indulgenza *(in senso religioso).*

indulgent [inˈdʌldʒənt] *agg* indulgente; eccessivamente condiscendente. □ *avv* **indulgently.**

industrial [inˈdʌstriəl] *agg* industriale; dell'industria; relativo all'industria. □ *avv* **industrially.**

industrialism [inˈdʌstriəlizəm] *s.* industrialismo.

industrialist [inˈdʌstriəlist] *s.* **1** industriale. **2** *(raro)* lavoratore dell'industria.

industrious [inˈdʌstriəs] *agg* diligente; operoso; industrioso; laborioso; attivo. □ *avv* **industriously.**

industry [ˈindəstri] *s.* **1** industriosità; operosità; diligenza. **2** industria; manifattura: *the automobile industry,* l'industria automobilistica — *the publishing industry,* l'editoria — *captain of industry,* capitano d'industria.

indwelling [ˈinˈdweliŋ] *agg* **1** costantemente presente; che è insito, innato. **2** *(med.)* in permanenza; permanente *(di catetere).*

inebriate [iˈniːbriit] *agg* ubriaco; sbronzo. □ *s.* alcoolizzato.

to **inebriate** [iˈniːbrieit] *vt* ubriacare; *(per estensione)* stordire.

inebriation [iˌniːbriˈeiʃən] *s.* inebriamento; ebbrezza; ubriachezza.

inebriety [ˌini(ː)ˈbraiəti] *s.* ubriachezza; alcoolismo.

inedible [inˈedibl] *agg* non commestibile; immangiabile.

ineffable [inˈefəbl] *agg* ineffabile; inesprimibile. □ *avv* **ineffably.**

ineffective [ˌiniˈfektiv] *agg* **1** inefficace; di scarso effetto. **2** *(di persona)* inefficiente. □ *avv* **ineffectively.**

ineffectiveness [ˌiniˈfektivnis] *s.* **1** inefficacia; scarsa efficacia. **2** inefficienza.

ineffectual [ˌiniˈfektjuəl] *agg* **1** privo di effetto; inutile. **2** *(di persona)* incapace. □ *avv* **ineffectually.**

inefficacious [ˌinefiˈkəiʃəs] *agg* inefficace; inutile. □ *avv* **inefficaciously.**

inefficacy [inˈefikəsi] *s.* inefficacia; inutilità.

inefficiency [ˌiniˈfiʃənsi] *s.* inefficienza.

inefficient [ˌiniˈfiʃənt] *agg (di persona)* inefficiente; incapace. □ *avv* **inefficiently.**

inelastic [ˌiniˈlæstik] *agg* **1** anelastico; non elastico. **2** *(fig., di persona, di regolamento, ecc.)* rigido; inflessibile; poco malleabile.

inelegance [inˈeligəns] *s.* ineleganza; mancanza di eleganza.

inelegant [inˈeligənt] *agg* privo di eleganza; inelegante; rozzo. □ *avv* **inelegantly.**

ineligibility [ˈinˌelidʒiˈbiliti] *s.* ineleggibilità.

ineligible [inˈelidʒəbl] *agg* ineleggibile; inadatto; non qualificato. □ *avv* **ineligibly.**

ineluctable [ˌiniˈlʌktəbl] *agg* ineluttabile. □ *avv* **ineluctably.**

inept [iˈnept] *agg* inopportuno; disadatto; assurdo. □ *avv* **ineptly.**

ineptitude, ineptness [iˈneptitjuːd/iˈneptnis] *s.* **1** inettitudine. **2** assurdità; stoltezza.

inequality [ˌini(ː)ˈkwɔliti] *s.* **1** sperequazione; disuguaglianza; ineguaglianza. **2** *(al pl.)* irregolarità.

inequitable [inˈekwitəbl] *agg* iniquo; ingiusto. □ *avv* **inequitably.**

inequity [inˈekwiti] *s.* iniquità; ingiustizia.

ineradicable [ˌiniˈrædikəbl] *agg* non sradicabile; inestirpabile. □ *avv* **ineradicably.**

inert [iˈnəːt] *agg* inerte *(anche chim.);* inattivo; inoperoso; in stato di inerzia; immobile; incapace di azione. □ *avv* **inertly.**

inertia [iˈnəːʃjə] *s.* inerzia; inattività; immobilità; assenza di azione.

inescapable [ˌinisˈkeipəbl] *agg* inevitabile. □ *avv* **inescapably.**

inessential [ˌiniˈsenʃəl] *agg* non essenziale.

inestimable [inˈestiməbl] *agg* inestimabile; incalcolabile. □ *avv* **inestimably.**

inevitability [in,evitə'biliti] *s.* inevitabilità; ineluttabilità; immancabilità.

inevitable [in'evitəbl] *agg* **1** inevitabile; ineluttabile; certo. **2** *(fam.)* comune; solito; consueto; immancabile: *He was wearing the inevitable brown waistcoat,* Portava il suo solito gilet marrone. □ *avv* **inevitably.**

inexact [,inig'zækt] *agg* inesatto. □ *avv* **inexactly.**

inexactitude [,inig'zæktitju:d] *s.* inesattezza: *terminological inexactitudes, (scherz.)* menzogne.

inexcusable [,iniks'kju:zəbl] *agg* imperdonabile; non scusabile; ingiustificabile. □ *avv* **inexcusably.**

inexhaustible [,inig'zɔ:stəbl] *agg* inesauribile; instancabile; infaticabile. □ *avv* **inexhaustibly.**

inexistent [ini'gzistənt] *agg* inesistente.

inexorable [in'ekʃərəbl] *agg* inesorabile; inflessibile; implacabile. □ *avv* **inexorably.**

inexpediency [,iniks'pi:djənsi] *s.* inopportunità.

inexpedient [,iniks'pi:djənt] *agg* non conveniente; inopportuno; svantaggioso. □ *avv* **inexpediently.**

inexpensive [,iniks'pensiv] *agg* a buon mercato; poco costoso; economico. □ *avv* **inexpensively.**

inexperience [,iniks'piəriəns] *s.* inesperienza.

inexperienced [,iniks'piəriənst] *agg* inesperto.

inexpert [in'ekspə:t] *agg* inesperto; incapace; poco pratico. □ *avv* **inexpertly.**

inexpiable [in'ekspiəbl] *agg* **1** inespiabile; incancellabile. **2** inestinguibile. □ *avv* **inexpiably.**

inexplicable [,iniks'plikəbl] *agg* inspiegabile; inesplicabile. □ *avv* **inexplicably.**

inexpressible [,iniks'presəbl] *agg* inesprimibile; indicibile. □ *avv* **inexpressibly.**

inexpressive [,iniks'presiv] *agg* inespressivo; non espressivo.

inextinguishable [,iniks'tiŋgwiʃəbl] *agg* inestinguibile; insaziabile. □ *avv* **inextinguishably.**

inextricable [in'ekstrikəbl] *agg* inestricabile. □ *avv* **inextricably.**

infallibility [in,fælə'biliti] *s.* infallibilità.

infallible [in'fæləbl] *agg* infallibile. □ *avv* **infallibly.**

infamous ['infəməs] *agg* infame; vergognoso; famigerato; scellerato. □ *avv* **infamously.**

infamy ['infəmi] *s.* infamia; scelleratezza.

infancy ['infənsi] *s.* **1** infanzia *(anche fig.)*: *when aviation was still in its infancy...,* quando l'aviazione era ancora ai suoi inizi... **2** *(dir.)* età minore *(inferiore ai 18 anni compiuti).*

infant ['infənt] *s.* **1** fanciullo; bambino: *infant school,* scuola materna *(per bambini al di sotto dei sette anni).* **2** *(dir.)* minore; minorenne.

infanticide [in'fæntisaid] *s.* infanticidio.

infantile ['infəntail] *agg* infantile; puerile *(anche spreg.)*; bambinesco. □ *infantile paralysis,* poliomielite.

infantilism [in'fæntilizəm] *s.* *(med.)* infantilismo.

infantry ['infəntri] *s.* *(collettivo sing.)* fanteria: *an infantry regiment,* un reggimento di fanteria.

infantryman ['infəntrimæn] *s.* *(pl.* **infantrymen**) soldato di fanteria; fante.

to **infatuate** [in'fætjueit] *vt* *(generalm. nella forma passiva)* infatuare; esaltare; suscitare un entusiasmo esagerato; accendere di passione eccessiva: *to be infatuated with sb,* essere infatuato di qcno — *to become infatuated with sb,* invaghirsi di qcno.

infatuation [in,fætju'eiʃən] *s.* infatuazione; esagerato entusiasmo; passione intensa; esaltazione improvvisa e irragionevole.

to **infect** [in'fekt] *vt* contagiare *(anche fig.)*; attaccare; trasmettersi; infettare: *to be infected with cholera,* essere contagiato dal colera — *Mary's optimism infected all the girls in the class,* L'ottimismo di Mary contagiò tutte le ragazze della classe.

infection [in'fekʃən] *s.* infezione; contagio.

infectious [in'fekʃəs] *agg* infetto; infettivo; contagioso *(spesso anche fig.)*. □ *avv* **infectiously.**

infectiousness [in'fekʃəsnis] *s.* contagio; contagiosità.

infective [in'fektiv] *agg* *(med.)* infettivo; contagioso.

infelicitous [,infi'lisitəs] *agg* *(spec. di una osservazione)* infelice; sfortunato; fuori luogo.
□ *avv* **infelicitously.**

infelicity [,infi'lisiti] *s.* infelicità; inopportunità.

to **infer** [in'fə:*] *vt* (**-rr-**) inferire; dedurre; concludere.

inference ['infərəns] *s.* inferenza; deduzione; conclusione.

inferior [in'fiəriə*] *agg* **1** inferiore: *goods inferior to sample, (comm.)* merce di qualità inferiore al campione. **2** mediocre; scadente: *goods of inferior workmanship,* merce di fabbricazione scadente.
□ *s.* inferiore; dipendente; subalterno; subordinato.

inferiority [in,fiəri'ɔriti] *s.* inferiorità: *inferiority complex,* complesso d'inferiorità.

infernal [in'fə:nl] *agg* infernale; diabolico: *an infernal racket, (fam.)* un baccano infernale — *infernal machine, (ant.)* bomba a orologeria; *(scherz.)* ordigno infernale. □ *avv* **infernally.**

inferno [in'fə:nou] *s.* *(pl.* **infernos**) inferno *(anche fig., per* rogo, *ecc.)*; l'Inferno *(dantesco).*

infertile [in'fə:tail] *agg* infecondo.

infertility [,infə(:)'tiliti] *s.* infecondità.

to **infest** [in'fest] *vt* infestare *(anche fig.)*: *to be infested with sth,* essere infestato da qcsa.

infestation [,infes'teiʃən] *s.* infestamento; infestazione.

infidel ['infidl] *s.* infedele; miscredente.

infidelity [,infi'deliti] *s.* infedeltà; tradimento.

infield ['infi:ld] *s.* **1** *(cricket)* parte del campo vicina al battitore; *(collettivo)* i giocatori di tale zona. **2** *(baseball)* diamante.

infighting ['infaitiŋ] *s.* **1** *(pugilato, e anche fig.)* corpo a corpo. **2** *(fig.)* la lotta per il potere *(spec. all'interno di un partito o di un'azienda, con le sue manovre di corridoio, i suoi colpi bassi, i tradimenti, ecc.).*

to **infiltrate** ['infiltreit] *vt* infiltrare. □ *vi* infiltrarsi; insediarsi.

infiltration [,infil'treiʃən] *s.* infiltrazione.

infinite ['infinit] *agg* infinito; illimitato; enorme. □ *avv* **infinitely.**
□ *s.* *(gramm.)* infinito.

infinitesimal [,infini'tesiməl] *agg* infinitesimo; infinitesimale. □ *avv* **infinitesimally.**

infinitive [in'finitiv] *agg e s.* *(gramm.)* infinito; modo infinito.

infinitude [in'finitju:d] *s.* infinità; immensità.

infinity [in'finiti] *s.* **1** infinità. **2** *(matematica)* quantità infinita; infinito.

infirm [in'fə:m] *agg* **1** infermo; debole; cagionevole. **2** debole; irresoluto; incerto; incostante; privo di fermezza. □ *avv* **infirmly.**

infirmary [in'fə:məri] *s.* infermeria; pronto soccorso; ospedale.

infirmity [in'fə:miti] *s.* infermità; debolezza.

to **inflame** [in'fleim] *vt* infiammare; ardere; accendere *(anche fig.).*
□ *vi* infiammarsi; accendersi.

inflammability, inflammableness [in,flæmə'biliti/ in'flæməblnis] *s.* l'esser infiammabile *(anche fig.)*; infiammabilità; eccitabilità.

inflammable [in'flæməbl] *agg* **1** infiammabile. **2** *(fig.)* facilmente eccitabile. □ *avv* **inflammably.**
inflammation [,inflə'meiʃən] *s.* infiammazione; flogosi.
inflammatory [in'flæmətəri] *agg* **1** infiammatorio; incendiario *(anche fig.).* **2** infiammatorio; che produce infiammazione; flogistico.
inflatable [in'fleitəbl] *agg* gonfiabile.
to **inflate** [in'fleit] *vt* **1** gonfiare; enfiare; riempire d'aria o gas. **2** *(fig.)* insuperbire; gonfiare: *inflated language,* linguaggio tronfio — *to be inflated with pride,* essere gonfio di orgoglio. **3** *(econ.)* inflazionare; determinare un'inflazione.
□ *vi* gonfiarsi.
inflation [in'fleiʃən] *s.* **1** gonfiamento; gonfiatura; gonfiore. **2** *(fig.)* ampollosità; il montare in superbia. **3** *(econ.)* inflazione.
inflationary [in'fleiʃənəri] *agg (econ.)* inflazionistico.
to **inflect** [in'flekt] *vt* **1** flettere; inflettere; curvare. **2** *(gramm.)* flettere *(coniugare o declinare).*
inflection [in'flekʃən] *s.* = **inflexion.**
inflexibility [in,fleksə'biliti] *s.* inflessibilità; rigidezza.
inflexible [in'fleksəbl] *agg* inflessibile; rigido.
□ *avv* **inflexibly.**
inflexion [in'flekʃən] *s.* **1** inflessione; flessione. **2** *(di voce)* variazione di tono.
inflexional [in'fleksənl] *agg (gramm.)* flessivo; pertinente alla flessione: *inflexional languages,* lingue flessive — *inflexional forms,* forme flessive.
to **inflict** [in'flikt] *vt* infliggere; far subire: *I am sorry to have to inflict myself (my company) upon you,* Mi dispiace di dovervi fare subire la mia compagnia.
infliction [in'flikʃən] *s.* **1** inflizione; atto o effetto dell'infliggere. **2** pena; punizione; disturbo; fastidio.
inflorescence [,inflə'resəns] *s.* infiorescenza.
inflow ['inflou] *s.* flusso di immissione; afflusso; l'affluire.
influence ['influəns] *s.* **1** influenza; influsso; ascendente; *(talvolta)* autorità: *to be an influence for good,* esercitare un'influenza benefica — *to be under the influence of drink, (fam.); (spesso soltanto 'to be under the influence'),* essere sotto l'influenza (i fumi) dell'alcool. **2** *(elettr.)* induzione; influenza elettrica.
to **influence** ['influəns] *vt* influenzare; esercitare influenza; influire.
influential [,influ'enʃəl] *agg* influente; autorevole.
□ *avv* **influentially.**
influenza [,influ'enzə] *s. (generalm. abbr. in* 'flu*)* influenza; 'grippe'.
influx ['inflʌks] *s.* affluenza; concorso; afflusso.
to **inform** [in'fɔ:m] *vt e i.* **1** informare; fare sapere; comunicare; annunciare; fornire informazioni: *to inform sb of sth,* informare qcno di qcsa — *We are informed that..., (stile comm.)* Apprendiamo che... — *informed opinion,* fonti autorevoli *(ma non necessariamente ufficiali)* — *well-informed,* ben informato; istruito. **2 to inform against sb,** denunziare qcno; accusare (incolpare) qcno; sporgere denunzia contro qcno. **3** *(lett.)* informare; dare forma; ispirare; guidare; inculcare.
informal [in'fɔ:ml] *agg* non ufficiale; privo di formalità; semplice. □ *avv* **informally.**
informality [,infɔ:'mæliti] *s.* carattere non formale; assenza (mancanza) di formalità.
informant [in'fɔ:mənt] *s.* informatore.
informatics [,infə'mætiks] *s. (con il v. al sing.)* informatica.
information [,infə'meiʃən] *s.* **1** *(solo sing., con valore collettivo)* informazione, informazioni; notizia, notizie; notificazione: *for your information,* a titolo d'informazione — *information office (bureau),* ufficio informazioni — *an item (a piece) of information,* un'informazione; una notizia. **2** *(dir., anche pl.)* denuncia.
informative [in'fɔ:mətiv] *agg* informativo; istruttivo.
□ *avv* **informatively.**
informer [in'fɔ:mə*] *s.* delatore; spia.
infra ['infrə] *avv (lat.)* sotto; più avanti; in seguito *(in un libro, ecc.): See infra, p. 521,* Vedi più avanti a pag. 521 — *infra dig, (abbr. fam. dell'espressione 'infra dignitatem')* al di sotto della propria dignità.
infraction [in'frækʃən] *s.* infrazione; trasgressione; violazione.
infra(-)red ['infrə'red] *s. e agg* infrarosso.
infra(-)structure ['infrə,strʌktʃə*] *s.* infrastruttura.
infrequency [in'fri:kwənsi] *s.* infrequenza; rarità.
infrequent [in'fri:kwənt] *agg* infrequente; raro. □ *avv* **infrequently.**
to **infringe** [in'frindʒ] *vt* infrangere; violare; trasgredire; non osservare; calpestare.
infringement [in'frindʒmənt] *s.* infrazione; violazione; trasgressione; mancato rispetto; mancata osservanza *(spec. di brevetto).*
to **infuriate** [in'fjuərieit] *vt* infuriare; rendere furioso.
to **infuse** [in'fju:z] *vt* **1** infondere; versare; instillare; suscitare; riempire. **2** fare un infuso, un'infusione; mettere in infusione.
□ *vi* essere in infusione: *Allow to infuse for three minutes,* Lasciare in infusione per tre minuti.
infusion [in'fju:ʒən] *s.* **1** infusione; atto dell'infondere. **2** infusione; decotto.
ingenious [in'dʒi:njəs] *agg* **1** *(di persona, piano, ecc.)* ingegnoso; intelligente. **2** *(di cose)* ben congegnato.
□ *avv* **ingeniously.**
ingénue [,ænʒei'nju:] *s. (fr.)* ingenua *(spec. come personaggio teatrale).*
ingenuity [,indʒi'nju(:)iti] *s.* ingegnosità.
ingenuous [in'dʒenjuəs] *agg* ingenuo; semplice; spontaneo. □ *avv* **ingenuously.**
ingenuousness [in'dʒenjuəsnis] *s.* ingenuità; semplicità; spontaneità.
to **ingest** [in'dʒest] *vt* ingerire.
ingle-nook ['iŋglnuk] *s.* angolo del focolare; cantuccio presso il fuoco.
inglorious [in'glɔ:riəs] *agg* **1** infame; vergognoso. **2** inglorioso; oscuro. □ *avv* **ingloriously.**
ingoing ['ingouiŋ] *agg* che entra; entrante; nuovo; subentrante.
ingot ['iŋgət] *s. (di metallo)* pane; lingotto; verga.
to **ingraft** [in'grɑft] *vt* = **to engraft.**
ingrained [in'greind] *agg* inveterato; radicato.
to **ingratiate** [in'greiʃieit] *vt* ingraziarsi; accattivare, accattivarsi: *an ingratiating smile,* un sorriso accattivante (insinuante) — *to ingratiate oneself with sb,* ingraziarsi qcno.
ingratiatingly [in'greiʃieitiŋli] *avv* in modo accattivante.
ingratitude [in'grætitju:d] *s.* ingratitudine.
ingredient [in'gri:djənt] *s.* **1** *(di cucina, ecc.)* ingrediente. **2** *(di carattere)* componente; elemento.
ingress ['iŋgres] *s.* accesso; ingresso; diritto di accesso o d'entrata.
in-group ['in'gru:p] *s.* gruppo *(di persone)* ristretto, esclusivo.
ingrowing ['in,grouiŋ] *agg* che cresce verso l'interno o sotto la pelle; *(di unghia, ecc.)* incarnito.
to **ingurgitate** [in'gə:dʒiteit] *vt* ingurgitare; inghiottire; ingoiare.
to **inhabit** [in'hæbit] *vt* abitare; vivere; occupare.
inhabitability [in'hæbi'təbiliti] *s.* abitabilità.

inhabitable [in'hæbitəbl] *agg* abitabile.
inhabitant [in'hæbitənt] *s.* abitante.
inhabited [in'hæbitid] *agg* abitato.
to **inhale** [in'heil] *vt e i.* inalare; inspirare.
inhaler [in'heilə*] *s.* inalatore.
inharmonious [,inhɑ:'mounjəs] *agg* non armonioso; sgraziato. □ *avv* **inharmoniously.**
to **inhere** [in'hiə*] *vi* appartenere; essere inerente, intrinseco.
inherence [in'hiərəns] *s.* inerenza.
inherent [in'hiərənt] *agg* **1** inerente; intrinseco. **2** innato. □ *avv* **inherently.**
to **inherit** [in'herit] *vt e i.* ereditare *(anche fig.);* ricevere in eredità.
inheritance [in'heritəns] *s.* **1** eredità: *inheritance tax,* tassa (imposta) di successione. **2** *(fig.)* retaggio.
to **inhibit** [in'hibit] *vt* ostacolare; inibire; trattenere; reprimere; impedire.
inhibited [in'hibitid] *agg* inibito.
inhibition [,in*h*i'biʃən] *s.* inibizione; istinto represso.
inhibitory [in'hibitəri] *agg* inibitorio.
inhospitable [in'hɔspitəbl] *agg* inospitale. □ *avv* **inhospitably.**
inhuman [in'hju:mən] *agg* inumano; disumano; crudele; barbaro. □ *avv* **inhumanely.**
inhumane ['inhju:'mein] *agg* **1** inumano. **2** disumano; senza pietà.
inhumanity [,inhju(:)'mæniti] *s.* inumanità; barbarie; crudeltà.
inhumation [,inhju(:)'meiʃən] *s.* inumazione.
inimical [i'nimikəl] *agg* ostile; nemico; avverso; *(fig.)* contrario. □ *avv* **inimically.**
inimitability [i,nimitə'biliti] *s.* inimitabilità.
inimitable [i'nimitəbl] *agg* inimitabile. □ *avv* **inimitably.**
iniquitous [i'nikwitəs] *agg* iniquo; malvagio; ingiusto. □ *avv* **iniquitously.**
iniquity [i'nikwiti] *s.* iniquità; malvagità; ingiustizia.
initial [i'niʃəl] *s. e agg* iniziale. □ *avv* **initially.**
to **initial** [i'niʃəl] *vt* apporre le iniziali (su qcsa); firmare con le iniziali; siglare.
initiate [i'niʃiit] *s. e agg* iniziato.
to **initiate** [i'niʃieit] *vt* **1** iniziare. **2** introdurre; iniziare *(qcno a qcsa).*
initiation [i,niʃi'eiʃən] *s.* iniziazione.
initiative [i'niʃiətiv] *s.* **1** intraprendenza; iniziativa: *to do sth on one's own initiative,* fare qcsa di propria iniziativa — *a man of initiative,* un uomo intraprendente. **2** prima mossa; iniziativa: *to take the initiative in proposing sth,* prendere l'iniziativa di proporre qcsa — *to have the initiative, (mil., sport, ecc.)* avere l'iniziativa.
to **inject** [in'dʒekt] *vt* iniettare.
injection [in'dʒekʃən] *s.* iniezione *(anche mecc.);* puntura.
in-joke ['in'dʒouk] *s.* battuta (barzelletta) comprensibile soltanto ad un gruppo ristretto di persone.
injudicious [,indʒu(:)'diʃəs] *agg* poco giudizioso; avventato; sconsiderato. □ *avv* **injudiciously.**
Injun ['indʒən] *s. e agg* (*fam. USA per* **Indian**) pellerossa. □ *Honest Injun!, (fam.)* Parola d'onore!
injunction [in'dʒʌŋ*k*ʃən] *s.* **1** ingiunzione; ordine *(scritto).* **2** *(dir.)* inibitoria.
to **injure** ['in*d*ʒə*] *vt* **1** danneggiare; ledere; nuocere: *the injured party,* la parte lesa. **2** ingiuriare; offendere: *in an injured tone,* in tono lamentevole; in tono offeso. **3** ferire: *The injured were taken to hospital,* I feriti furono portati all'ospedale.
injurious [in'dʒuəriəs] *agg* dannoso; lesivo; nocivo. □ *avv* **injuriously.**
injury ['in*d*ʒəri] *s.* danno; offesa; atto illecito; ferita.
injustice [in'dʒʌstis] *s.* ingiustizia: *to do sb an injustice,* fare un'ingiustizia a qcno.
ink [iŋk] *s.* **1** inchiostro: *A will must be written in ink,* Un testamento dev'essere scritto con l'inchiostro — *a pen and ink drawing,* un disegno a penna (e inchiostro) — *Indian ink,* inchiostro di china — *inkstand,* servizio da scrittoio *(composto da uno o due calamai e un vassoio portapenne)* — *ink-well,* calamaio — *ink-eraser,* gomma da inchiostro — *marking ink,* inchiostro copiativo. **2** nero; inchiostro *(di seppia): ink-fish,* seppia. □ *to sling ink, (fam.)* guadagnarsi da vivere scrivendo; scrivere su commissione; fare il pennivendolo.
to **ink** [iŋk] *vt* inchiostrare; passare ad inchiostro; coprire di inchiostro; imbrattare di inchiostro: *to ink sth in,* passare qcsa a penna (ad inchiostro) — *to ink sth out,* cancellare qcsa con l'inchiostro.
inkling ['iŋkliŋ] *s.* indizio; sentore; sospetto; idea (vaga): *(generalm. nell'espressione) not to have an inkling; to have no inkling,* non avere la più vaga idea (di qcsa) — *I haven't an inkling,* Non ne ho la minima idea.
inky ['iŋki] *agg* (**-ier**; **-iest**) **1** sporco d'inchiostro; imbrattato, macchiato d'inchiostro. **2** nero come l'inchiostro.
inlaid ['inleid] *agg* intarsiato; inserito.
inland ['inlənd] *agg* **1** interno *(di un paese);* entroterra; zona lontana dai confini o dal mare: *an inland sea,* un mare interno. **2** nazionale; territoriale; interno: *inland revenue, (GB)* gettito fiscale nazionale *(escluse le tasse sulle merci importate)* — *the Inland Revenue, (GB)* il Fisco.
□ *avv* all'interno; verso l'interno; nell'entroterra; verso l'entroterra.
in-laws [in'lɔ:z] *s. pl* parenti *(spec. i suoceri)* acquisiti con il matrimonio — ⇨ *anche* **law 4.**
inlay ['inlei] *s.* intarsio; lavoro ad intarsio; materiale da intarsio.
to **inlay** [in'lei] *vt* (*pass. e p. pass.* **inlaid**) intarsiare.
inlet ['inlet] *s.* **1** insenatura. **2** pezzo *(p.es. di stoffa)* inserito. **3** *(mecc.)* entrata; apertura di ammissione: *air inlet,* presa d'aria — *inlet channel,* canale di immissione.
inmate ['inmeit] *s.* coabitante; chi vive in una casa di pena, di cura, o in altri istituti; recluso.
inmost ['inmoust] *agg* intimo; profondo; il più intimo.
inn [in] *s.* locanda; piccolo albergo; osteria *(generalm. di campagna o di città di provincia): inn-keeper,* albergatore; oste; locandiere. □ *the Inns of Court,* i quattro collegi londinesi dei 'barristers' ⇨.
innards ['inədz] *s. pl (fam.)* viscere; stomaco e intestini; budella; interiora.
innate ['ineit] *agg* innato. □ *avv* **innately.**
inner ['inə*] *agg* interno; dell'interno; intimo; interiore; *(per estensione)* segreto: *the inner man,* - **a)** lo spirito *(in contrasto con il corpo)* - **b)** *(scherz.)* lo stomaco: *to satisfy the inner man,* soddisfare i bisogni dello stomaco — *inner tube,* camera d'aria.
innermost ['inəmoust] *agg* = **inmost.**
innings ['iniŋz] *s.* (*USA anche* **inning**; *pl. GB e USA* **innings,** *o GB fam.* **inningses**) **1** *(cricket o baseball)* turno di battuta. **2** *(fig.)* periodo di attività; durata in carica; *(fam.)* vita.
innkeeper ['in,ki:pə*] *s.* albergatore; oste; locandiere.

innocence ['inəsns] *s.* **1** innocenza; purezza; semplicità. **2** ingenuità; credulità.

innocent ['inəsnt] *agg* **1** innocente; innocuo; ingenuo; puro. **2** sciocco; semplicione; credulone. **3** *(fam.)* privo; mancante: *windows innocent of glass,* finestre prive di vetri. □ *avv* **innocently.**
□ *s.* innocente *(spec. fanciullo): the Slaughter of the Innocents,* la strage degli innocenti — *the massacre (o slaughter) of the innocents, (GB, sl. parlamentare)* la soppressione delle restanti proposte di legge alla chiusura di una sessione *(per mancanza di tempo).*

innocuous [i'nɔkjuəs] *agg* innocuo; inoffensivo. □ *avv* **innocuously.**

to **innovate** ['inouveit] *vi* innovare; introdurre innovazioni.

innovation [,inou'veiʃən] *s.* innovazione.

innovator ['inouveitə*] *s.* innovatore.

innuendo [,inju(:)'endou] *s.* (*pl.* **innuendoes**) insinuazione; allusione *(generalm. calunniosa).*

innumerable [i'nju:mərəbl] *agg* innumerevole. □ *avv* **innumerably.**

inobservance [,inəb'zə:vəns] *s.* **1** inosservanza. **2** mancanza d'attenzione.

inobservant [,inəb'zə:vənt] *agg* **1** inosservante. **2** disattento.

to **inoculate** [i'nɔkjuleit] *vt* inoculare *(anche fig.).*

inoculation [,inɔkju'leiʃən] *s.* inoculazione; vaccinazione.

inoffensive [,inə'fensiv] *agg* inoffensivo; innocuo. □ *avv* **inoffensively.**

inoperable [in'ɔpərəbl] *agg* inoperabile *(chirurgicamente).*

inoperative [in'ɔpərətiv] *agg* inefficace.

inopportune [in'ɔpətju:n] *agg* inopportuno; intempestivo. □ *avv* **inopportunely.**

inordinate [i'nɔ:dinit] *agg* sregolato; eccessivo; esorbitante. □ *avv* **inordinately.**

inorganic [,inɔ:'gænik] *agg* **1** inorganico. **2** innaturale; irregolare; disorganico; non organico: *an inorganic form of society,* una forma disorganica di società. □ *avv* **inorganically.**

in-patient ['in,peiʃənt] *s.* degente; ricoverato; paziente di un ospedale.

inpouring ['inpɔ:riŋ] *s.* afflusso; immissione.

input ['input] *s.* alimentazione; 'input' *(di calcolatore, macchina, ecc.);* energia (o sostanza) immessa; 'entrata'.

to **input** ['input] *vt (cibernetica)* immettere *(dati);* caricare.

inquest ['iŋkwest] *s. (dir.)* inchiesta giudiziaria pubblica *(spec. nei casi di morte innaturale e violenta).*

inquietude [in'kwaiitju:d] *s.* inquietudine; ansietà.

to **inquire** [in'kwaiə*] *vt* domandare; chiedere: *to inquire a person's name,* chiedere il nome di una persona — *to inquire how to do sth,* chiedere come fare qcsa — *to inquire sth of sb,* chiedere qcsa a qcno. □ *vi* **1** informarsi; indagare; inquisire; fare ricerche; chiedere notizie. **2 to inquire after sb,** chiedere notizie di qcno; *(spesso)* informarsi sulla salute di qcno: *I inquired after your father while I was there,* Ho chiesto notizie di tuo padre mentre ero lì. **3 to inquire about sth,** informarsi su qcsa: *I inquired about trains to London,* Mi informai sui treni per Londra. **4 to inquire into sth,** indagare su qcsa: *We have inquired into the matter,* Abbiamo indagato a fondo sulla faccenda.

inquirer [in'kwaiərə*] *s.* persona che chiede informazioni, che indaga.

inquiring [in'kwaiəriŋ] *agg* indagatore; inquirente; scrutatore; curioso; avido di conoscenza. □ *avv* **inquiringly.**

inquiry [in'kwaiəri] *s.* **1** domanda; ricerca; richiesta di informazioni. **2** indagine; inchiesta: *to make inquiries about sb (sth),* fare indagini su qcno (qcsa).

inquisition [,inkwi'ziʃən] *s.* indagine; investigazione; inchiesta: *the Inquisition,* l'Inquisizione; il Santo Uffizio.

inquisitive [in'kwizitiv] *agg* curioso; ficcanaso; indiscreto. □ *avv* **inquisitively.**

inquisitiveness [in'kwizitivnis] *s.* curiosità; mancanza di discrezione.

inquisitor [in'kwizitə*] *s.* **1** *(stor.)* inquisitore. **2** *(talvolta)* magistrato inquirente; magistrato incaricato delle indagini.

inquisitorial [in,kwizi'tɔ:riəl] *agg* inquisitorio; da inquisitore. □ *avv* **inquisitorially.**

inroad ['inroud] *s.* irruzione; incursione (predatoria); razzia *(anche fig.): to make inroads upon one's savings,* fare razzie nei (intaccare i) propri risparmi.

inrush ['inrʌʃ] *s.* afflusso; irruzione *(anche fig.).*

insalubrious [,insə'lu:briəs] *agg* insalubre; malsano.

insalutary [,in'sæljutəri] *agg* insalubre.

insane [in'sein] *agg* pazzo; folle; insensato. □ *avv* **insanely.**

insanitary [in'sænitəri] *agg* antigienico; malsano.

insanity [in'sæniti] *s.* follia; pazzia.

insatiability [in,seiʃjə'biliti] *s.* insaziabilità.

insatiable [in'seiʃjəbl] *agg* insaziabile; avido. □ *avv* **insatiably.**

insatiate [in'seiʃiit] *agg* insaziabile; mai sazio.

to **inscribe** [in'skraib] *vt* scrivere; apporre un'iscrizione (su qcsa); inscrivere; incidere; segnare; scolpire. □ *inscribed stock, (GB, comm.)* azioni o titoli nominativi.

inscription [in'skripʃən] *s.* iscrizione; leggenda *(spec. scolpita sulla pietra o incisa su una moneta, ecc.).*

inscrutability, inscrutableness [in,skru:tə'biliti/in'skru:təblnis] *s.* imperscrutabilità.

inscrutable [in'skru:təbl] *agg* imperscrutabile. □ *avv* **inscrutably.**

insect ['insekt] *s.* insetto: *insect powder,* polvere insetticida.

insecticide [in'sektisaid] *s.* insetticida.

insectivorous [,insek'tivərəs] *agg* insettivoro.

insecure [,insi'kjuə*] *agg* **1** *(di cosa)* instabile; precario; rischioso; pericoloso. **2** *(di persona)* insicuro; malsicuro; ansioso. □ *avv* **insecurely.**

insecurity [,insi'kjueriti] *s.* insicurezza; rischio.

to **inseminate** [in'semineit] *vt* seminare *(anche fig.);* diffondere il seme; introdurre il seme; fecondare.

insemination [in,semi'neiʃən] *s.* inseminazione; fecondazione.

insensate [in'senseit] *agg* **1** insensibile; privo di sensibilità. **2** insensato; privo di senso; sciocco.

insensibility [in,sensi'biliti] *s.* **1** insensibilità; mancanza di sensibilità. **2** incoscienza; mancanza di coscienza (di conoscenza).

insensible [in'sensibl] *agg* **1** privo di sensi; svenuto; privo di conoscenza: *to fall insensible,* cadere a terra privo di sensi; svenire. **2** insensibile; privo di sensibilità *(anche fig.);* indifferente; freddo; imperturbabile. **3** *(non comune)* ignaro; inconsapevole. **4** *(di mutamenti)* insensibile; inavvertibile; impercettibile. □ *avv* **insensibly.**

insensitive [in'sensitiv] *agg* insensibile. □ *avv* **insensitively.**

insensitiveness [in'sensitivnis] *s.* insensibilità.

insensitivity [in,sensi'tiviti] *s.* mancanza di sensibilità.

insentient [in'senʃiənt] *agg* inanimato; privo di sensi.

inseparable [in'sepərəbl] *agg* inseparabile. □ *avv* **inseparably.**

insert [in'sə:t] *s.* inserto (foglio o fascicolo).

to **insert** [in'sə:t] *vt* inserire: *to insert the key in the lock,* inserire la chiave nella serratura (nella toppa).

insertion [in'sə:ʃən] *s.* **1** inserzione; inserimento; l'inserire. **2** avviso pubblicitario *(su un giornale).*

inset ['inset] *s.* inserto; riquadro; *(in un vestito)* applicazione.

to **inset** [in'set] *vt* (**-tt-**) mettere un inserto; inserire.

inshore ['inʃɔ:*] *agg e avv* vicino alla spiaggia; sotto costa.

inside [in'said] *s.* **1** interno; parte, lato interno: *the inside of a box,* l'interno di una scatola — *a door bolted on the inside,* una porta sprangata dall'interno. **2** parte più vicina al ciglio della strada; parte interna del marciapiede. **3** *(fam.)* interiora; viscere; intestino: *I've a pain in my inside,* Ho un dolore alla pancia (allo stomaco). **4 inside out,** a rovescio; rivoltato; sottosopra — *He put his socks on inside out,* Si mise le calze a rovescio — *The wind blew her umbrella inside out,* Il vento le rivoltò l'ombrello — *The burglars turned everything inside out,* I ladri misero tutto sottosopra (a soqquadro) — *He knows the subject inside out,* Conosce l'argomento a perfezione (dentro e fuori).

□ *agg attrib* interno: *the inside pages of a newspaper,* le pagine interne di un giornale — *the inside track,* la corsia interna (di una pista di gara) — *an inside job, (sl.)* un furto eseguito da (o con l'aiuto di) una persona impiegata nell'azienda stessa o nell'edificio stesso — *inside information,* informazioni riservate — *the inside story,* la storia segreta *(con tutti i particolari riservati, intimi, ecc.)* — *inside left (right), (calcio)* mezzala; interno sinistro (destro).

□ *avv* **1** all'interno; internamente; dentro: *Look inside!,* Guarda all'interno (dentro)! — *There's nothing inside,* Non c'è niente all'interno. **2 inside of,** *(di tempo, fam.)* entro; in meno di: *We can't finish the work inside of a week,* Non possiamo finire il lavoro in meno di una settimana.

□ *prep* dentro; all'interno: *Don't let the dog (come) inside the house,* Non lasciare entrare il cane in casa — *She was standing just inside the gate,* Era là appena dietro il cancello.

insider [in'saidə*] *s.* membro di una società (di una cerchia ristretta); adepto; iniziato; chi possiede informazioni riservate.

insidious [in'sidiəs] *agg* insidioso; subdolo. □ *avv* **insidiously.**

insidiousness [in'sidiəsnis] *s.* insidiosità.

insight ['insait] *s.* intuito; capacità di penetrazione, di approfondimento: *a man of insight,* un uomo di intuito — *insight into human character,* capacità di penetrazione nel carattere umano — *to gain an insight into sth,* riuscire a vedere nel fondo di qcsa.

insignia [in'signiə] *s. pl (lat.)* emblemi; insegne; distintivi *(simboli del potere e dell'autorità).*

insignificance [,insig'nifikəns] *s.* banalità; esiguità; scarsa importanza.

insignificant [,insig'nifikənt] *agg* insignificante; trascurabile: *an insignificant-looking little man,* un ometto dall'aspetto insignificante. □ *avv* **insignificantly.**

insincere [,insin'siə*] *agg* insincero; falso. □ *avv* **insincerely.**

insincerity [,insin'seriti] *s.* insincerità; falsità; mancanza di sincerità.

to **insinuate** [in'sinjueit] *vt* insinuare *(anche fig.).* □ *to insinuate oneself into sth,* insinuarsi in qcsa.

insinuation [in,sinju'eiʃən] *s.* **1** l'atto dell'insinuarsi. **2** insinuazione; allusione maligna; malignità.

insipid [in'sipid] *agg* insipido *(anche fig.);* scipito; insulso; *(talvolta)* sciocco; insapore: *an insipid conversation,* una conversazione insulsa — *a pretty but insipid young lady,* una ragazza carina ma insulsa. □ *avv* **insipidly.**

insipidity [,insi'piditi] *s.* insipidezza; scipitezza; insulsaggine; scioccaggine; insipidità.

insipidness [in'sipidnis] *s.* insipidità; mancanza di sapore.

to **insist** [in'sist] *vt e i.* insistere *(spec. nel volere o nel dire qcsa);* persistere; affermare: *I insisted that he should come with us,* Insistetti perché venisse con noi — *I insist on your being there,* Insisto perché tu ci sia — *All right, if you insist!,* D'accordo, se proprio insisti!

insistence [in'sistəns] *s.* insistenza; pressione.

insistent [in'sistənt] *agg* insistente; pressante: *insistent demands for more troops,* insistenti richieste di altre truppe. □ *avv* **insistently.**

insofar ['insə'fɑ(*)] in quanto (⇨ **in I** *prep.*).

insole ['insoul] *s.* suola interna; sottopiede.

insolence ['insələns] *s.* insolenza; impertinenza.

insolent ['insələnt] *agg* insolente; impertinente. □ *avv* **insolently.**

insolubility, insolubleness [in,sɔlju'biliti/in'sɔljublnis] *s.* insolubilità.

insoluble [in'sɔljubl] *agg* **1** insolubile. **2** irrisolvibile. □ *avv* **insolubly.**

insolvency [in'sɔlvənsi] *s.* insolvenza; insolvibilità.

insolvent [in'sɔlvənt] *agg* insolvente; fallito; *(talvolta)* passivo.

□ *s.* debitore insolvente.

insomnia [in'sɔmniə] *s.* insonnia.

insomniac [in'sɔmniæk] *agg* insonne. □ *s.* persona che soffre di insonnia.

insomuch [,insou'mʌtʃ] *avv* tanto; al punto (che): *insomuch as...,* inquantoché...

insouciance [in'su:sjəns] *s. (fr.)* spensieratezza; frivolezza; noncuranza.

insouciant [in'su:sjənt] *agg (fr.)* spensierato; noncurante. □ *avv* **insouciantly.**

to **inspan** [in'spæn] *vt* (**-nn-**) *(in Sud Africa)* aggiogare; attaccare (animali) ad un veicolo.

to **inspect** [in'spekt] *vt* ispezionare; controllare; esaminare.

inspection [in'spekʃən] *s.* ispezione; verifica; controllo; esame.

inspector [in'spektə*] *s.* **1** ispettore; verificatore; controllore; *(talvolta)* collaudatore. **2** *(GB)* ufficiale della polizia *(tra il sergente e il 'superintendent').*

inspectorate [in'spektərit] *s.* ispettorato.

inspiration [,inspi'reiʃən] *s.* **1** inspirazione; aspirazione; inalazione; respiro. **2** ispirazione; motivo ispiratore; persona che ispira. **3** *(fam.)* idea; illuminazione; ispirazione.

to **inspire** [in'spaiə*] *vt* **1** inspirare; aspirare; respirare. **2** ispirare; infondere; riempire; incutere: *to inspire sb with hope,* riempire qcno di speranza — *to inspire confidence in sb,* ispirare fiducia a qcno — *an inspired artist,* un artista ispirato.

to **inspirit** [in'spirit] *vt* animare; infondere spirito; incoraggiare.

inst [inst] *agg* (*abbr. comm. di* **instant**) ⇨ **¹instant 3.**

instability [,instə'biliti] *s.* instabilità.

to **instal(l)** [in'stɔ:l] (**-ll-**) **1** insediare; investire di *(una* *carica): to install a dean,* insediare un decano. **2** installare, installarsi; collocare; sistemare, sistemarsi: *to be comfortably installed in a new home,* essere comodamente sistemato in una nuova abitazione.

installation [,instɔ:'leiʃən] *s.* **1** insediamento; investitura. **2** installazione; sistemazione; collocazione; messa in opera. **3** macchinario; impianto; *(al pl.)* impianti *(spec. portuali o mil.).*

instalment [in'stɔ:lmənt] *s.* **1** puntata; dispensa *(di pubblicazione).* **2** rata; quota; acconto; parte: *instalment plan,* sistema di pagamento rateale (di vendita a rate) — *to pay by instalments,* pagare a rate.

instance ['instəns] *s.* **1** esempio; caso; luogo: *This is only one instance out of many,* Questo è solo un caso fra i tanti — *for instance,* per esempio — *just as an instance...,* a titolo d'esempio... — *in the first instance,* in primo luogo — *in your instance,* nel vostro caso. **2** istanza; richiesta: *at the instance of...,* su richiesta di... — *The case was reviewed at his instance,* Il caso fu ripreso in esame dietro sua istanza (in seguito a sua istanza) — *a court of first instance,* un tribunale di prima istanza.

to **instance** ['instəns] *vt* dare (fare) un esempio; dimostrare.

[1]**instant** ['instənt] *agg* **1** istantaneo; immediato. **2** urgente; immediato. **3** *(comm., generalm. abbr. in* inst.*)* corrente *(del mese corrente): in reply to your letter of the 9th inst,* in risposta alla Vostra lettera del 9 corrente. **4** *(di cibo o bevanda)* espresso; pronto; istantaneo *(di pronta preparazione): instant coffee,* caffè solubile *(liofilizzato, in polvere, ecc.).* □ *avv* **instantly.**

[2]**instant** ['instənt] *s.* istante; momento: *I shall be back in an instant,* Sarò di ritorno in un istante — *Come here this instant!,* Vieni qui immediatamente!

instantaneous [,instən'teinjəs] *agg* istantaneo. □ *avv* **instantaneously.**

instead [in'sted] *avv* **1** *(alla fine della frase)* invece; in sostituzione: *If Harry is not well enough to go with you, take me instead,* Se Harry non sta bene e non ti può accompagnare, prendi me al suo posto — *The water here is not good, so I am drinking beer instead,* L'acqua qui non è buona, perciò bevo birra (al suo posto). **2** *(seguito da* of*)* invece di; al posto di; in sostituzione di; anziché: *Shall we have fish instead of meat today?,* Che ne dite di mangiare pesce anziché carne oggi? — *I'll go instead of you,* Andrò io al tuo posto — *He has been playing all afternoon instead of getting on with his work,* Ha giocato tutto il pomeriggio invece di procedere nel lavoro — *We'll have tea in the garden instead of indoors,* Prenderemo il tè in giardino anziché in casa.

instep ['instep] *s.* parte superiore (collo) del piede; parte superiore della scarpa; tomaia.

to **instigate** ['instigeit] *vt* istigare; incitare: *to instigate workers to down tools,* istigare i lavoratori a deporre gli arnesi — *to instigate a strike,* promuovere uno sciopero; istigare allo sciopero.

instigation [,insti'geiʃən] *s.* istigazione; incitamento.

instigator ['instigeitə*] *s.* istigatore; incitatore; fomentatore.

to **instil** [in'stil] *vt* (**-ll-**) instillare; inculcare.

instillation [,insti'leiʃən] *s.* l'atto dell'instillare; instillazione.

[1]**instinct** ['instiŋkt] *s.* istinto; impulso; propensione naturale; attitudine: *by instinct,* per istinto; d'istinto.

[2]**instinct** [in'stiŋkt] *agg (raro: seguito da* with*)* pieno; imbevuto; carico; ricco.

instinctive [in'stiŋktiv] *agg* istintivo. □ *avv* **instinctively.**

institute ['institju:t] *s.* istituto; istituzione.

to **institute** ['institju:t] *vt* **1** istituire; fondare; avviare. **2** nominare; investire.

institution [,insti'tju:ʃən] *s.* **1** istituzione *(anche fig., scherz., di persona);* ente; associazione; istituto. **2** istituto assistenziale di carattere pubblico; *(per estensione, fam., eufemistico)* manicomio. **3** norma; legge; istituzione *(anche fig.);* designazione.

institutional [,insti'tju:ʃənl] *agg* istituzionale; relativo alle istituzioni *(spec. assistenziali).* □ *avv* **institutionally.**

to **instruct** [in'strʌkt] *vt* **1** istruire; insegnare. **2** dare istruzioni; dare ordini: *I have been instructed to inform you that...,* Sono stato incaricato di informarLa che... **3** comunicare; informare.

instruction [in'strʌkʃən] *s.* **1** istruzione; insegnamento. **2** *(al pl.)* istruzioni; norme; ordini; consegne; disposizioni.

instructional [in'strʌkʃənl] *agg* istruttivo; educativo; didattico.

instructive [in'strʌktiv] *agg* istruttivo. □ *avv* **instructively.**

instructor [in'strʌktə*] *s.* **1** istruttore; maestro; precettore; istitutore; allenatore: *ski instructor,* maestro di sci. **2** *(USA)* assistente universitario.

instructress [in'strʌktris] *s.* maestra; istitutrice.

instrument ['instrumənt] *s.* **1** strumento *(mecc., mus., ecc.);* apparecchio; congegno; meccanismo: *optical instruments,* strumenti ottici — *wind instruments, (mus.)* strumenti a fiato; fiati — *surgical instruments,* strumenti chirurgici. **2** *(fig.)* mezzo; strumento: *to be made the instrument of another's crime,* divenire strumento del delitto di un altro. **3** *(dir.)* atto pubblico; strumento; documento formale; atto giuridico.

instrumental [,instru'mentl] *agg* **1** utile; efficace; di valido aiuto. **2** strumentale *(anche gramm., econ.).* □ *avv* **instrumentally.**

instrumentalist [,instru'mentəlist] *s.* strumentista; suonatore di uno strumento musicale.

instrumentality [,instrumen'tæliti] *s.* tramite; mezzo; intercessione; opera: *(quasi unicamente nella frase, non molto comune) by the instrumentality of sb,* per mezzo di qcno; ad opera di qcno; tramite qcno.

instrumentation [,instrumen'teiʃən] *s.* **1** orchestrazione; strumentazione. **2** uso (e studio) di strumenti. **3** *(fam., insieme di strumenti)* strumentazione.

insubordinate [,insə'bɔ:dinit] *agg* insubordinato; disubbidiente; indisciplinato; ribelle. □ *avv* **insubordinately.**

insubordination ['insə,bɔ:di'neiʃən] *s.* insubordinazione.

insubstantial [,insəb'stænʃəl] *agg* incorporeo; inconsistente *(anche fig.);* privo di sostanza. □ *avv* **insubstantially.**

insufferable [in'sʌfərəbl] *agg* insopportabile. □ *avv* **insufferably.**

insufficiency [,insə'fiʃənsi] *s.* insufficienza.

insufficient [,insə'fiʃənt] *agg* insufficiente. □ *avv* **insufficiently.**

insular ['insjulə*] *agg* **1** insulare. **2** *(fig.)* di mentalità ristretta; gretto.

insularity [,insju'læriti] *s.* **1** insularità. **2** ristrettezza mentale.

to **insulate** ['insjuleit] isolare *(spec. elettr.);* coibentare; separare; staccare.

insulation [,insju'leiʃən] *s.* isolamento; coibentazione.

insulator ['insjuleitə*] *s.* isolatore.

insulin ['insjulin] *s.* insulina.

insult ['insʌlt] *s.* insulto; ingiuria; affronto; offesa: *to add insult to injury,* aggiungere (far seguire) offesa ad offesa; aggiungere le beffe al danno.

to **insult** [in'sʌlt] *vt* insultare; ingiuriare.

insulting [in'sʌltiŋ] *agg* offensivo; ingiurioso; insultante. □ *avv* **insultingly.**

insuperable [in'sju:pərəbl] *agg* insuperabile; insormontabile. □ *avv* **insuperably.**

insupportable [,insə'pɔ:təbl] *agg* insopportabile. □ *avv* **insupportably.**

insuppressible [,insə'presəbl] *agg* insopprimibile. □ *avv* **insuppressibly.**

insurable [in'ʃuərəbl] *agg (comm.)* assicurabile.

insurance [in'ʃuərəns] *s.* assicurazione *(anche fig.): life insurance,* assicurazione sulla vita — *accident insurance,* assicurazione contro gli infortuni — *insurance policy,* polizza di assicurazione.

to **insure** [in'ʃuə*] *vt* **1** assicurare: *to insure one's house against fire,* assicurare la propria casa contro l'incendio — *to insure oneself (one's life) for five thousand pounds,* assicurarsi sulla vita per cinquemila sterline — *the insured (the person insured),* l'assicurato; il beneficiario dell'assicurazione. **2** *(USA)* assicurare; garantire; mettere al sicuro.

insurer [in'ʃuərə*] *s. (comm.)* assicuratore, assicuratrice.

insurgent [in'sə:dʒənt] *agg* rivoltoso; ribelle. □ *s.* insorto; rivoltoso; ribelle.

insurmountable [,insə'mauntəbl] *agg* insormontabile; invalicabile. □ *avv* **insurmountably.**

insurrection [,insə'rekʃən] *s.* insurrezione; rivolta.

intact [in'tækt] *agg* intatto; completo; integro; indenne.

intake ['inteik] *s.* **1** *(mecc.)* immissione; *(per estensione)* l'energia assorbita; la quantità immessa. **2** *(mecc.)* presa. **3** afflusso *(di nuovi iscritti, di reclute, ecc.)* territorio bonificato.

intangibility [in,tændʒi'biliti] *s.* intangibilità; inafferrabilità.

intangible [in'tændʒibl] *agg* intangibile; intoccabile; inafferrabile. □ *avv* **intangibly.**

integer ['intidʒə*] *s.* **1** numero intero. **2** cosa completa in sé.

integral ['intigrəl] *agg* **1** integrante. **2** integrale; integro; completo. **3** *(mecc.)* solidale. □ *avv* **integrally.**

to **integrate** ['intigreit] *vt* integrare; completare; rendere completo.

integration [,inti'greiʃən] *s.* **1** integrazione; fusione; inserimento. **2** integrazione razziale; 'integrazionismo' *(politica d'integrazione razziale nella società statunitense).*

integrationist [,inti'greiʃənist] *s.* integrazionista *(sostenitore della politica dell'integrazione razziale).*

integrity [in'tegriti] *s.* **1** integrità; onestà. **2** interezza; completezza.

integument [in'tegjumənt] *s.* tegumento.

intellect ['intilekt] *s.* **1** intelletto; ragione. **2** persona di grande intelligenza: *the intellect(s) of the age,* i geni dell'epoca.

intellectual [,inti'lektjuəl] *agg* **1** intellettuale; *(spesso spreg.)* intellettualoide. **2** *(poco comune)* intelligente. □ *avv* **intellectually.**
□ *s.* intellettuale.

intelligence [in'telidʒəns] *s.* **1** intelligenza; sagacia; capacità intellettuale; *(fam.)* perspicacia; prontezza; buon senso: *intelligence test,* prova d'intelligenza. **2** notizia; informazione *(spec. mil., ecc.): to have secret intelligence of the enemy's plans,* avere informazioni segrete sui piani del nemico — *the Intelligence Department (o Service), (GB)* il Servizio Segreto.

intelligent [in'telidʒənt] *agg* intelligente; perspicace; *(di un piano, di un progetto, spesso)* sensato; razionale. □ *avv* **intelligently.**

intelligentsia [in,teli'dʒentsiə] *s. (voce russa: collettivo sing., generalm. con l'art. determinativo)* intellighenzia; gli intellettuali.

intelligibility [in,telidʒə'biliti] *s.* intelligibilità; comprensibilità.

intelligible [in'telidʒəbl] *agg* intelligibile; chiaro; facilmente comprensibile. □ *avv* **intelligibly.**

intemperance [in'tempərəns] *s.* intemperanza.

intemperate [in'tempərit] *agg* intemperante; sfrenato; privo di controllo: *intemperate habits,* abitudini intemperanti *(spec. riguardo al bere).* □ *avv* **intemperately.**

to **intend** [in'tend] *vt* **1** intendere; avere l'intenzione; prefiggersi; volere: *They intend to carry through this reform,* Intendono portare a termine questa riforma — *We intend them to do it,* Vogliamo che lo facciano — *What do you intend to do (o doing) today?,* Che cosa hai intenzione di fare oggi? — *What's this statue intended to be?,* Che cosa vuole essere questa statua? **2** destinare; designare: *This book is intended for you,* Questo libro è destinato a (è per) te. **3** *(ant.)* significare; voler dire: *What do you intend by this word?,* Che cosa intende dire con questa parola?

intendant [in'tendənt] *s.* intendente; sovrintendente.

intended [in'tendid] *agg* **1** intenzionale; deliberato; premeditato. **2** designato; futuro: *my intended wife,* la mia futura sposa.
□ *s. (fam.)* fidanzato (fidanzata); futuro sposo (futura sposa).

intense [in'tens] *agg* **1** intenso; veemente; ardente; violento; eccessivo. **2** *(di persona)* passionale; emotivo; fervente; zelante. □ *avv* **intensely.**

intensification [in,tensifi'keiʃən] *s.* intensificazione; rafforzamento.

to **intensify** [in'tensifai] *vt e i.* intensificare, intensificarsi.

intensity [in'tensiti] *s.* **1** intensità; forza; *(per estensione)* veemenza. **2** *(fig.)* fervore; serietà; zelo.

intensive [in'tensiv] *agg* **1** intenso; intensivo; forte; concentrato: *intensive study,* studio intenso (intensivo) — *intensive care unit,* centro di terapia intensiva. **2** *(gramm.)* rafforzativo; enfatico. □ *avv* **intensively.**

[1]**intent** [in'tent] *s.* intenzione; intento; intendimento; scopo; proposito deliberato *(spec. dir.): to shoot with intent to kill,* sparare con il deliberato proposito di uccidere — *to all intents and purposes,* a tutti gli effetti; in tutti i punti essenziali.

[2]**intent** [in'tent] *agg* **1** intenso; intento; profondo; serio; avido: *There was an intent look on her face,* Il suo volto aveva un'espressione intenta. **2** attento; deciso; intento; dedito: *He was intent on his work,* Era intento al suo lavoro. □ *avv* **intently.**

intention [in'tenʃən] *s.* intenzione *(in vari usi);* scopo; intento; obiettivo; proposito; mira; disegno; proponimento; fine: *He has no intention of marrying yet,* Non ha alcuna intenzione di sposarsi per il momento — *He went to Paris with the intention of learning French,* Andò a Parigi con l'obiettivo di imparare il francese.

intentional [in'tenʃənl] *agg* intenzionale; volontario. □ *avv* **intentionally.**

intentioned [in'tenʃənd] *agg* intenzionato: *well-intentioned,* ben intenzionato.

intentness [in'tentnis] *s. (di persona)* applicazione; l'essere intento.

to **inter** [in'tə:*] *vt* (**-rr-**) interrare; sotterrare; seppellire; inumare.

to **interact** [,intər'aekt] *vi* interagire; agire reciprocamente.

interaction [,intər'ækʃən] *s.* interazione.

interactive [,intər'æktiv] *agg* interagente. □ *avv* **interactively.**

to **interbreed** [,intə'bri:d] (*pass. e p. pass.* **interbred**) *vt* incrociare *(animali);* produrre degli ibridi.
□ *vi* incrociarsi.

to **intercalate** [in'tə:kəleit] *vt* intercalare; interporre; frapporre; interpolare; inserire.

to **intercede** [,intə'si:d] *vi* intercedere; supplicare: *to intercede with sb for (on behalf of) sb else,* intercedere presso qcno in favore di qualcun altro.

to **intercept** [,intə'sept] *vt* **1** intercettare. **2** fermare; arrestare.

interception [,intə'sepʃən] *s.* intercettamento.

interceptor [,intə'septə*] *s.* intercettore.

intercession [,intə'seʃən] *s.* intercessione; supplica; preghiera.

interchange ['intə,tʃeindʒ] *s.* **1** *(anche econ.)* scambio. **2** incrocio autostradale.

to **interchange** [,intə'tʃeindʒ] *vt* scambiare, scambiarsi.

interchangeability ['intə,tʃeindʒə'biliti] *s. (spec. mecc.)* intercambiabilità *(di pezzi di macchine, ecc.).*

interchangeable [,intə'tʃeindʒəbl] *agg* intercambiabile; che può essere scambiato. □ *avv* **interchangeably.**

inter-city ['intəsiti] *s.* interurbano *(detto spec. di servizi ferroviari e talvolta di servizi telefonici).*

intercollegiate [,intəkə'li:dʒiit] *agg* intercollegiale *(fra diversi 'colleges'): intercollegiate games (debates),* gare (dibattiti) fra 'colleges'.

intercolonial [,intəkə'lounjəl] *agg* intercoloniale.

intercom ['intəkɔm] *s. (abbr. fam. di* intercommunication system*)* sistema di comunicazione interna; citofono *(su un aereo, una nave, ecc.).*

intercommunal [,intə'kɔmjunl] *agg* fra (di) due o più comunità.

to **intercommunicate** [,intəkə'mju:nikeit] *vi* intercomunicare; comunicare reciprocamente.

intercommunication ['intəkə,mju:ni'keiʃən] *s.* intercomunicazione; comunicazione reciproca.

intercontinental ['intə,kɔnti'nentl] *agg* intercontinentale.

intercourse ['intəkɔ:s] *s.* **1** rapporto; relazione: *our commercial intercourse with South America,* i nostri rapporti commerciali con il Sud America. **2** *(anche* sexual intercourse*)* rapporto sessuale; rapporti sessuali. **3** comunione (con Dio).

interdenominational ['intədi'nɔmi'neiʃnl] *agg* interconfessionale.

interdependence [,intədi'pendəns] *s.* interdipendenza.

interdependent [,intədi'pendənt] *agg* interdipendente. □ *avv* **interdependently.**

to **interdict** [,intə'dikt] *vt* **1** interdire; vietare; proibire. **2** interdire *(privare di certi diritti).*

interest ['intrəst] *s.* **1** interesse *(anche comm.:* ⇨ **3, 4,** *sotto);* interessamento; curiosità; desiderio di sapere di più; sollecitudine; zelo: *to feel (to take) no interest in politics,* non sentire (non avere) alcun interesse per la (disinteressarsi completamente della) politica — *events that arouse great interest,* avvenimenti che destano grande curiosità — *His two great interests in life are music and painting,* I suoi due grandi interessi nella vita sono la musica e la pittura — *He does everything with much interest,* Fa tutto con molto zelo (interesse).
2 interessamento; importanza: *It's a matter of great interest,* È un affare di estrema importanza (di grande interesse).
3 interesse *(anche comm.);* interessi; profitto; tornaconto; vantaggio; benessere: *to look after one's own interests,* badare ai propri interessi; fare il proprio tornaconto — *in the interest(s) of humanity,* nell'interesse di tutta l'umanità — *It's to your interest to go,* È nel tuo interesse andare — *simple interest,* interesse semplice — *compound interest,* interesse composto — *at 5% interest,* all'interesse del 5% — *interest on delayed payment,* interesse di mora — *At what interest did he lend you the money?,* Con quale interesse ti ha prestato il denaro? — *with interest, (fam., fig.)* ad usura; 'con gli interessi' — *to repay an injury with interest,* restituire ad usura un'offesa ricevuta.
4 interesse; partecipazione; diritto soggettivo; *(per estensione)* gruppo interessato: *We have an interest in a brewery,* Abbiamo cointeressenze in una fabbrica di birra — *American interests in the Caribbean area,* gli interessi americani nell'area dei Caraibi.

to **interest** ['intrəst] *vt* interessare, interessarsi; avere interesse; essere interessato; destare interesse; suscitare interesse.

interested ['intrəstid] *agg* interessato *(vari sensi);* che manifesta interesse: *interested motives,* motivi interessati — *an interested look,* uno sguardo pieno di interesse — *interested spectators,* spettatori che manifestano interesse — *to be interested in sth,* interessarsi di qcsa — *to be interested in doing sth,* essere interessato nel fare qcsa — *the interested parties, (dir., comm.)* gli interessati; le parti interessate.

interesting ['intrəstiŋ] *agg* interessante: *to be in an interesting condition, (GB)* essere in stato interessante, incinta. □ *avv* **interestingly.**

to **interfere** [,intə'fiə*] *vi* **1** intromettersi; interferire; impicciarsi; ingerirsi; immischiarsi; mettersi in mezzo: *Please don't interfere in my business,* Ti prego di non impicciarti negli affari miei. **2** *(spesso seguito da* with*)* frapporsi; impedire; ostacolare; interferire: *to allow pleasure to interfere with duty,* permettere che lo svago interferisca nel lavoro.

interference [,intə'fiərəns] *s.* **1** interferenza *(anche radio);* intromissione; interposizione; ingerenza. **2** impedimento; ostacolo.

to **interfuse** [,intə'fju:z] *vt* **1** fondere; mescolare. **2** permeare; infondere; penetrare. **3** spargere.
□ *vi* fondersi; mescolarsi.

interim ['intərim] *s. (lat.)* interim; intervallo: *in the interim,* nel frattempo.
□ *(attrib.)* provvisorio; temporaneo; *(di governo, ecc.)* interinale; ad interim: *interim report,* rapporto (resoconto) provvisorio — *interim dividend,* dividendo in acconto.

interior [in'tiəriə*] *agg* **1** interno; dell'interno; all'interno: *interior decorator,* arredatore. **2** dell'entroterra; dell'interno; lontano dalla costa. **3** nazionale; dell'interno.
□ *s.* **1** interno; parte interna; veduta dell'interno di una casa, ecc. **2** entroterra. □ *the Department of the Interior, (USA)* il Ministero degli Interni.

to **interject** [,intə'dʒekt] *vt* interloquire; intromettersi nel discorso.

interjection [,intə'dʒekʃən] *s.* interiezione; esclamazione.

to **interlace** [,intə'leis] *vt* allacciare; intrecciare.
□ *vi* allacciarsi; intrecciarsi.

to **interlard** [,intə'lɑ:d] *vt* infiorare; interpolare; riempire: *to interlard a speech with quotations,* infiorare un discorso di citazioni.

to **interleave** [,intə'li:v] *vt* interfogliare; mettere tra foglio e foglio; intercalare.

to **interline** [,intə'lain] *vt* interlineare; scrivere tra le righe.

interlinear [,intə'liniə*] *agg* interlineare.

to **interlink** [,intə'liŋk] *vt* concatenare; collegare.
□ *vi* essere collegato.

to **interlock** [,intə'lɔk] *vt* **1** collegare. **2** rendere interdipendente. **3** *(cinematografia)* sincronizzare.
□ *vi* essere collegato, interdipendente.

interlocking [,intə'lɔkiŋ] *agg* interdipendente; intrecciato.

interlocutor [,intə'lɔkjutə*] *s. (non comune)* interlocutore.

interlocutory [,intə'lɔkjutəri] *agg* interlocutorio: *an interlocutory judgement,* una sentenza interlocutoria.

interloper ['intəloupə*] *s.* intruso.

interlude ['intəlju:d] *s.* **1** intermezzo; intervallo; parentesi. **2** *(mus.)* interludio; intermezzo.

intermarriage [,intə'mæridʒ] *s.* matrimonio misto; *(impropriamente)* matrimonio fra consanguinei.

to **intermarry** [,intə'mæri] *vi* contrarre matrimonio con membri di un'altra tribù, razza, ecc.

to **intermeddle** [,intə'medl] *vi* intromettersi; ingerirsi; immischiarsi.

intermediary [,intə'mi:djəri] *s.* mediatore; intermediario. □ *agg* intermedio; cosa intermedia.

intermediate [,intə'mi:djət] *agg* intermedio; medio; che sta in mezzo (fra): *the Intermediate Examination, (in certe università)* l'esame che sta tra quello di immatricolazione *(che ammette all'università)* e quello di laurea. □ *avv* **intermediately.**
□ *s.* mediatore; tramite; cosa che sta in mezzo.

interment [in'tə:mənt] *s.* inumazione; seppellimento; sepoltura.

interminable [in'tə:minəbl] *agg* interminabile. □ *avv* **interminably.**

to **intermingle** [,intə'miŋgl] *vt* mescolare; mischiare.
□ *vi* mescolarsi; mischiarsi.

intermission [,intə'miʃən] *s.* interruzione; pausa; intervallo; sosta; intermissione.

intermittent [,intə'mitənt] *agg* intermittente. □ *avv* **intermittently.**

to **intermix** [,intə'miks] *vt* mescolare. □ *vi* mescolarsi.

intermixture [,intə'mikstʃə*] *s.* mescolanza; miscuglio.

intern ['intə:n] *s. (USA)* medico interno *(durante il periodo di internato o di tirocinio in un ospedale, in una clinica).*

to **intern** [in'tə:n] *vt* internare; confinare.

internal [in'tə:nl] *agg* **1** interno; interiore; intimo: *internal combustion engine,* motore a combustione interna; motore a scoppio — *internal injuries,* lesioni interne. **2** *(USA, di reddito, gettito)* nazionale. **3** intrinseco; insito: *internal evidence,* prova intrinseca; prove intrinseche. □ *avv* **internally.**

international [,intə'næʃənl] *agg* internazionale: *international money order,* vaglia internazionale. □ *avv* **internationally.**
□ *s.* **1** l'Internazionale *(socialista).* **2** atleta che partecipa a gare internazionali; 'nazionale'; *(riferito all'Italia)* 'azzurro'.

internationalism [,intə'næʃənəlizəm] *s.* internazionalismo.

internationalist [,intə'næʃənəlist] *s.* internazionalista.

internationalization ['intə,næʃənəlai'zeiʃən] *s.* internazionalizzazione.

to **internazionalize** [,intə'næʃənəlaiz] *vt* internazionalizzare; rendere internazionale.

internecine [,intə'ni:sain] *agg (di guerra o lotta)* micidiale, distruttiva per entrambe le parti.

internee [,intə:'ni:] *s.* internato; persona internata.

internment [in'tə:nmənt] *s.* internamento: *internment camp,* campo d'internamento.

to **interpellate** [in'tə:pəleit] *vt* presentare un'interpellanza.

interpellation [in,tə:pə'leiʃən] *s.* interpellanza.

interphone ['intəfouŋ] *s. (USA)* = **intercom.**

interplanetary [,intə'plænitəri] *agg* interplanetario.

interplay ['intə'plei] *s.* interazione; effetto reciproco; *(di colori, luci)* gioco.

to **interpolate** [in'tə:pouleit] *vt* interpolare.

interpolation [in,tə:pou'leiʃən] *s.* interpolazione.

to **interpose** [,intə'pouz] *vt e i.* **1** interporre; frapporre; inserire. **2** interloquire; intervenire (con).

interposition [in,tə:pə'ziʃən] *s.* interposizione; intervento; interferenza; intromissione.

to **interpret** [in'tə:prit] *vt* interpretare; spiegare; decifrare; chiarire; tradurre: *to interpret the role of Hamlet,* interpretare il ruolo di Amleto.
□ *vi* fare, fungere da interprete; tradurre: *Can you please interpret for me?,* Può per favore farmi da interprete?

interpretation [in,tə:pri'teiʃən] *s.* interpretazione *(vari sensi);* spiegazione.

interpreter [in'tə:pritə*] *s.* interprete.

interracial [,intə'reiʃjəl] *agg* interrazziale. □ *avv* **interracially.**

interregnum [,intə'regnəm] *s.* (*pl.* **interregna** *o* **interregnums**) interregno; *(fig.)* breve periodo; intervallo; pausa.

to **interrelate** ['intəri'leit] *vt* mettere in relazione.
□ *vi* entrare in relazione.

interrelation, interrelationship ['intəri'leiʃən/'intəri'leiʃənʃip] *s.* relazione reciproca.

to **interrogate** [in'terəgeit] *vt* interrogare.

interrogation [in,terə'geiʃən] *s.* **1** interrogatorio. **2** interrogazione *(non nel senso scolastico): note (mark, point) of interrogation,* punto interrogativo.

interrogative [,intə'rɔgətiv] *agg e s.* interrogativo.
□ *avv* **interrogatively.**

interrogator [in'terougeitə*] *s.* interrogatore; inquisitore.

interrogatory [,intə'rɔgətəri] *agg e s.* interrogatorio.

to **interrupt** [,intə'rʌpt] *vt e i.* interrompere; spezzare la continuità; impedire; ostacolare; ostruire; disturbare: *Don't interrupt!,* Non interrompere! — *to interrupt communications,* interrompere (ostacolare) le comunicazioni — *These trees are growing so high that they are interrupting the view,* Questi alberi stanno diventando così alti da impedirne la vista.

interrupter [,intə'rʌptə*] *s.* interruttore; chi interrompe.

interruption [,intə'rʌpʃən] *s.* interruzione.

to **intersect** [,intə'sekt] *vt e i.* intersecare, intersecarsi; tagliare.

intersection [,intə'sekʃən] *s.* **1** intersezione; intersecazione. **2** incrocio *(stradale, ecc.).*

to **intersperse** [,intə'spə:s] *vt* inframmezzare; disseminare: *a speech interspersed with witty remarks,* un discorso disseminato di battute spiritose.

interstate ['intə'steit] *agg* interstatale *(fra Stati di una confederazione).*

interstellar ['intə'steləˈ*] *agg* interstellare.

interstice [in'tə:stis] *s.* interstizio.

intertribal [,intə'traibl] *agg* tra tribù.

to **intertwine** [,intə'twain] *vt* intrecciare. □ *vi* intrecciarsi.

interurban [,intər'ə:bən] *agg (non molto comune)* interurbano.

interval ['intəvəl] *s.* intervallo *(in vari sensi);* pausa.

to **intervene** [,intə'vi:n] *vi* **1** intervenire; frapporsi; intromettersi: *to intervene in a dispute,* intervenire in una disputa. **2** *(di tempo)* sopravvenire; seguire; intercorrere: *in the years that intervened; in the intervening years,* durante gli anni che intercorsero.

intervention [,intə'venʃən] *s.* intervento; intromissione; mediazione.

interview ['intəvju:] *s.* intervista; incontro; colloquio; udienza.

to **interview** ['intəvju:] *vt* incontrare, incontrarsi (per un'intervista); intervistare; avere un colloquio (un abboccamento, una intervista).

interviewee ['intəvjui:] *s.* persona intervistata.

interviewer ['intəvjuə*] *s.* intervistatore, intervistatrice.

inter-war [,intə'wɔ:*] *agg attrib* fra (le) due guerre: *the interwar years,* gli anni fra le due guerre.

to **interweave** [,intə'wi:v] *vt* (*pass.* **interwove**; *p. pass.* **interwoven**) intessere; intrecciare, intrecciarsi.

intestate [in'testeit] *agg (dir.)* intestato; morto senza aver fatto testamento: *to die intestate,* morire intestato.

intestinal [in'testinl] *agg* intestinale.

[1]**intestine** [in'testin] *agg (lett.)* intestino; interno; civile.

[2]**intestine** [in'testin] *s. (generalm. al pl.)* intestino.

intimacy ['intiməsi] *s.* **1** intimità; familiarità; dimestichezza. **2** rapporti intimi; amicizia stretta; *(nel gergo giornalistico)* rapporto sessuale (rapporti sessuali). **3** *(al pl.)* effusioni; atti affettuosi; carezze.

intimate ['intimit] *agg* **1** intimo; confidenziale; privato e personale: *to be on intimate terms with sb,* essere intimi con qcno — *intimate thoughts,* pensieri segreti. **2** *(di conoscenza)* approfondita; intima. □ *avv* **intimately.**

□ *s.* intimo; amico intimo.

to **intimate** ['intimeit] *vt* **1** dichiarare; rendere noto; comunicare. **2** suggerire; sottintendere; insinuare.

intimation [,inti'meiʃən] *s.* **1** comunicazione; dichiarazione; indicazione; segno. **2** cenno; suggerimento; presagio. **3** *(dir.)* intimazione; notificazione.

to **intimidate** [in'timideit] *vt* esercitare intimidazione; impaurire; intimidire.

intimidation [in,timi'deiʃən] *s.* intimidazione.

intimidatory [in'timidətri] *agg* intimidatorio.

into ['intə] *prep* **1** *(moto a luogo e fig.)* in; dentro: *Come into the house,* Vieni dentro; Entra in casa — *Throw it into the fire,* Gettalo nel fuoco — *Don't get into trouble,* Non cacciarti nei guai — *translation from Italian into English,* traduzione dall'italiano in inglese — *Six into seventeen won't go,* Il diciassette non è divisibile per sei. **2** *(mutamento di stato)* in; a: *She burst into tears,* Scoppiò in lacrime — *The rain changed into snow,* La pioggia si mutò in neve — *He poked the fire into a blaze,* Attizzò il fuoco fino ad ottenere una vampata — *to talk sb into doing sth,* convincere qcno (con le parole) a fare qcsa — *to collect sth into heaps,* farne dei mucchi. □ *to inquire into sth,* fare indagini su qcsa — *to look into a matter,* esaminare una questione; indagare su una faccenda.

intolerable [in'tɔlərəbl] *agg* intollerabile; insopportabile. □ *avv* **intolerably.**

intolerance [in'tɔlərəns] *s.* insofferenza; intolleranza.

intolerant [in'tɔlərənt] *agg* intollerante; insofferente. □ *avv* **intolerantly.**

intonation [,into*u*'neiʃən] *s.* **1** intonazione. **2** accento; tono. **3** *(di una lingua)* cadenza.

to **intone** [in'toun] *vt e i.* intonare; recitare cantando.

intoxicant [in'tɔksikənt] *agg* inebriante *(alcoolico);* tossico.

□ *s.* bevanda alcoolica; sostanza intossicante.

to **intoxicate** [in'tɔksikeit] *vt* **1** ubriacare. **2** intossicare. **3** eccitare; inebriare; esaltare: *to be intoxicated by success,* essere eccitato (inebriato, esaltato) dal successo — *to be intoxicated with joy,* essere ebbro di gioia.

intoxicating [in'tɔksikeitiŋ] *agg* inebriante; che ubriaca.

intoxication [in,tɔksi'keiʃən] *s.* **1** ubriacatura; intossicazione *(spec. alcoolica).* **2** eccitazione; ebbrezza.

intractability [in,træktə'biliti] *s.* intrattabilità; scontrosità.

intractable [in'træktəbl] *agg* intrattabile; scontroso. □ *avv* **intractably.**

intramural ['intrə'mjuərəl] *agg* intramurale; interno.

intramuscular [,intrə'mʌskjulə*] *agg* intramuscolare.

intransigence [in'trænsidʒəns] *s.* intransigenza.

intransigent [in'trænsidʒənt] *agg* intransigente. □ *avv* **intransigently.**

intransitive [in'trænsitiv] *agg* intransitivo. □ *avv* **intransitively.**

intravenous [,intrə'vi:nəs] *agg* endovenoso; intravenoso.

to **intrench** [in'trentʃ] *vt* = **to entrench.**

intrepid [in'trepid] *agg* intrepido; impavido. □ *avv* **intrepidly.**

intrepidity [,intri'piditi] *s.* intrepidità; coraggio; audacia.

intricacy [in'trikəsi] *s.* **1** l'essere intricato (complesso, complicato, difficile, ecc.). **2** *(al pl.)* complicazioni; difficoltà; oscurità.

intricate ['intrikit] *agg* intricato; complesso; complicato; difficile. □ *avv* **intricately.**

intrigue [in'tri:g] *s.* **1** intrigo; complotto. **2** tresca.

to **intrigue** [in'tri:g] *vi* intrigare; tessere degli intrighi. □ *vt* incuriosire; interessare; suscitare, stuzzicare la curiosità.

intriguing [in'tri:giŋ] *agg* **1** intrigante. **2** affascinante; interessante: *an intriguing piece of news,* una notizia interessante, che suscita curiosità.

intrinsic [in'trinsik] *agg* intrinseco; naturale; reale. □ *avv* **intrinsically.**

to **introduce** [,intrə'dju:s] *vt* **1** introdurre; immettere; inserire: *to introduce a subject into a conversation,* introdurre un argomento in una conversazione — *to introduce new ideas into a business,* immettere idee nuove in una impresa. **2** presentare *(vari sensi): He introduced me to his parents,* Mi presentò ai suoi genitori — *to introduce a bill before Parliament,* presentare un disegno di legge al Parlamento — *to introduce a programme,* presentare un programma *(radiofonico, televisivo)* — *to introduce oneself,* presentarsi.

introduction [,intrə'dʌkʃən] *s.* **1** introduzione; immissione; inserimento. **2** presentazione; conoscenza: *a* *letter of introduction,* una lettera di presentazione. **3** introduzione; prefazione. **4** manuale introduttivo; testo elementare. **5** *(spec. nell'espressione:* a recent introduction*)* novità; cosa di recente acquisizione; nuova pratica.

introductory [,intrə'dʌktəri] *agg* introduttivo; preliminare.

to **introspect** [,introu'spekt] *vi (non comune)* esaminarsi; guardarsi dentro; guardare nella propria coscienza.

introspection [,introu'spekʃən] *s.* introspezione.

introspective [,introu'spektiv] *agg* introspettivo. □ *avv* **introspectively.**

introvert ['introuvə:t] *s.* introverso.

to **intrude** [in'tru:d] *vt* intrudere; inserire a forza; cacciare dentro.
□ *vi (spesso seguito da* on, upon*)* intromettersi; immischiarsi; ficcare il naso; cacciarsi dentro; importunare: *to intrude on a person's privacy,* intromettersi a forza nella vita (privata) di una persona — *to intrude upon sb's time,* disturbare, incomodare qcno; far perdere tempo a qcno — *I hope I'm not intruding,* Spero di non importunare.

intruder [in'tru:də*] *s.* intruso; seccatore; disturbatore. □ *intruder aircraft,* aereo che compie azioni di disturbo — *intruder patrols,* pattuglie che sconfinano.

intrusion [in'tru:ʒən] *s.* intrusione; intromissione; ingerenza.

intrusive [in'tru:siv] *agg* **1** intruso; importuno; invadente. **2** *(geologia)* intrusivo. **3** *(fonologia)* epentetico. □ *avv* **intrusively.**

to **intrust** [in'trʌst] *vt* = **to entrust.**

to **intuit** [in'tju(:)it] *vt e i.* intuire.

intuition [,intju(:)'iʃən] *s.* intuito; intuizione.

intuitive [in'tju:itiv] *agg* intuitivo. □ *avv* **intuitively.**

to **inundate** ['inʌndeit] *vt (spesso fig.)* inondare; allagare; sommergere: *to be inundated with requests for help,* essere sommersi di richieste di aiuto.

inundation [,inʌn'deiʃən] *s.* **1** inondazione. **2** *(fig.)* grande afflusso.

to **inure** [i'njuə*] *vt (generalm. al passivo)* addestrare; abituare; assuefare: *to be inured to hardship,* essere assuefatto alle privazioni.
□ *vi (dir.)* entrare in vigore; cominciare; aver effetto; decorrere.

to **invade** [in'veid] *vt* **1** invadere; conquistare *(anche fig.): a city invaded by tourists,* una città invasa dai turisti. **2** violare; calpestare; contrastare: *to invade sb's rights,* violare i diritti di qcno.

invader [in'veidə*] *s.* **1** invasore; conquistatore. **2** violatore.

[1]**invalid** ['invəli:d/*(USA)* 'invəlid] *agg* invalido; infermo; debole; malato; inabile: *an invalid chair,* una sedia per invalidi — *an invalid diet,* una dieta per malati.
□ *s.* invalido; persona inferma, malata, inabile.

to **invalid** ['invəli:d/*(USA)* 'invəlid] *vt (spec. mil.)* congedare per invalidità; dichiarare invalido: *to be invalided home,* essere messo in congedo *(spec. rispedito in patria, durante una guerra)* per invalidità — *to be invalided out of the army,* essere esonerato dal servizio nell'esercito (venire congedato) per invalidità.

[2]**invalid** [in'vælid] *agg (dir., ecc.)* nullo; non valido; non valevole.

to **invalidate** [in'vælideit] *vt* invalidare; rendere nullo.

invalidation [in,væli'deiʃən] *s.* invalidamento; invalidazione.

invalidism ['invəli:dizəm] *s.* invalidità; infermità cronica.

invalidity [,invə'liditi] *s.* **1** mancanza di validità; nullità. **2** infermità cronica; debolezza.

invaluable [in'væljuəbl] *agg* inestimabile. □ *avv* **invaluably.**

invariable [in'vɛəriəbl] *agg* invariabile; costante. □ *avv* **invariably.**

invasion [in'veiʒən] *s.* **1** invasione; intrusione; violazione *(della 'privacy').* **2** *(di malattia)* inizio; l'insorgere.

invasive [in'veisiv] *agg* aggressivo; invadente.

invective [in'vektiv] *s.* invettiva.

to **inveigh** [in'vei] *vi* inveire; lanciare invettive.

to **inveigle** [in'vi:gl] *vt* irretire; sedurre; persuadere; indurre con inganno; allettare: *to inveigle sb into doing sth,* indurre qcno a fare qcsa.

to **invent** [in'vent] *vt* inventare.

invention [in'venʃən] *s.* **1** invenzione; scoperta. **2** fandonia; bugia; invenzione; storia inventata. **3** facoltà inventiva. □ *Necessity is the mother of invention, (prov.)* La necessità aguzza l'ingegno.

inventive [in'ventiv] *agg* inventivo. □ *avv* **inventively.**

inventor [in'ventə*] *s.* inventore.

inventory ['invəntri] *s.* inventario; *(comm., anche)* giacenza, giacenze; 'stock'.

to **inventory** ['invəntri] *vt (comm.)* inventariare; fare l'inventario *(di beni, ecc.).*

inverse ['in'və:s] *agg* inverso; contrario. □ *avv* **inversely.**

inversion [in'və:ʃən] *s.* inversione; capovolgimento.

invert ['invə:t] *agg (chim.)* invertito: *invert sugar,* zucchero invertito.
□ *s.* invertito; omosessuale.

to **invert** [in'və:t] *vt* invertire; capovolgere: *inverted commas,* virgolette.

invertebrate [in'və:tibrit] *agg e s.* invertebrato; *(anche fig.)* smidollato.

to **invest** [in'vest] *vt e i.* **1** investire *(denaro): to invest a thousand pounds in government stock,* investire mille sterline in titoli di Stato. **2** *(fam. o scherz.)* fare la spesa; comprare *(qcsa di utile): to invest in a new washing-machine,* comprare una lavatrice nuova. **3** rivestire; ammantare; dotare; adornare; conferire. **4** *(mil.)* investire; stringere d'assedio; serrare da presso.

to **investigate** [in'vestigeit] *vt* indagare; investigare.

investigation [in,vesti'geiʃən] *s.* indagine; investigazione.

investigator [in'vestigeitə*] *s.* investigatore; agente investigativo.

investiture [in'vestitʃə*] *s.* investitura.

investment [in'vestmənt] *s.* **1** investimento *(di denaro): investment trust,* fondo comune d'investimento (mobiliare). **2** attacco; assedio. **3** *(non comune)* investitura.

investor [in'vestə*] *s.* investitore; *(talvolta)* azionista.

inveteracy [in'vetərəsi] *s.* **1** l'esser inveterato. **2** ostinazione; pervicacia.

inveterate [in'vetərit] *agg* inveterato; radicato; accanito. □ *avv* **inveterately.**

invidious [in'vidiəs] *agg* che suscita rancore o invidia; odioso; impopolare. □ *avv* **invidiously.**

invidiousness [in'vidiəsnis] *s.* odiosità; ingiustizia.

to **invigilate** [in'vidʒileit] *vi* sorvegliare i candidati durante un esame.

invigilation [in,vidʒi'leiʃən] *s.* sorveglianza (⇨ **to invigilate**).

invigilator [in'vidʒileitə*] *s.* chi sorveglia (⇨ **to invigilate**).

to **invigorate** [in'vigəreit] *vt* invigorire; rinvigorire; fortificare; rinforzare.
invigorating [in'vigəreitiŋ] *agg* che invigorisce o fortifica; corroborante.
invincibility [in,vinsi'biliti] *s.* invincibilità.
invincible [in'vinsibl] *agg* invincibile; indomabile. □ *avv* **invincibly.**
inviolability [in,vaiələ'biliti] *s.* inviolabilità.
inviolable [in'vaiələbl] *agg* inviolabile.
inviolate [in'vaiəlit] *agg* inviolato; sacro.
invisibility [in,vizi'biliti] *s.* invisibilità.
invisible [in'vizəbl] *agg* invisibile: *Many stars are invisible to the naked eye,* Molte stelle sono invisibili ad occhio nudo — *invisible ink,* inchiostro invisibile (simpatico). □ *avv* **invisibly.**
invitation [,invi'teiʃən] *s.* invito.
invite ['invait] *s. (fam.)* invito.
to **invite** [in'vait] *vt* **1** invitare; *(fig.)* allettare; stimolare; incoraggiare: *to invite sb in,* invitare qcno ad entrare — *He didn't even invite me in,* Non mi ha neanche invitato ad entrare — *to invite sb to dinner,* invitare qcno a cena. **2** chiedere; domandare; sollecitare: *to invite questions,* sollecitare domande.
inviting [in'vaitiŋ] *agg* invitante; allettante; seducente. □ *avv* **invitingly.**
invocation [,invo*u*'keiʃən] *s.* invocazione; supplica.
invoice ['invɔis] *s.* fattura (commerciale).
to **invoice** ['invɔis] *vt* fatturare.
to **invoke** [in'vouk] *vt* **1** invocare. **2** evocare.
involuntary [in'vɔləntəri] *agg* involontario. □ *avv* **involuntarily.**
involution [,invə'lu:ʃən] *s.* involuzione.
to **involve** [in'vɔlv] *vt* **1** coinvolgere; immischiare; compromettere: *I don't want to get involved,* Non voglio rimanere immischiato nella faccenda; Non voglio compromettermi. **2** implicare; determinare necessariamente; comportare; richiedere: *This job involves a lot of travel,* Questo lavoro comporta molti viaggi.
involved [in'vɔlvd] *agg (di frasi, stile, ecc.)* complesso; intricato; involuto.
involvement [in'vɔlvmənt] *s.* **1** coinvolgimento; interessamento *(spec. med.).* **2** impegno. **3** complessità.
invulnerability [in,vʌlnərə'biliti] *s.* invulnerabilità.
invulnerable [in'vʌlnərəbl] *agg* invulnerabile. □ *avv* **invulnerably.**
inward ['inwəd] *agg* **1** intimo; interiore; interno. **2** rivolto verso l'interno; interno. □ *avv* **inwardly.**
inwardness ['inwədnis] *s.* **1** essenza; intima natura. **2** interiorità; intimità.
inwards ['inwədz] *avv* **1** verso l'interno. **2** interiormente; intimamente.
iodide ['aiədaid] *s.* ioduro.
iodine ['aiədi:n] *s.* iodio.
ion ['aiən] *s.* ione.
Ionian [ai'ounjən] *agg* ionico; ionio: *the Ionian Sea,* il Mar Ionio — *the Ionian Islands,* le isole ioniche. □ *s. (stor.)* Ionio.
Ionic [ai'ɔnik] *agg* ionico *(spec. archit.).*
ionization [,aiənai'zeiʃən] *s.* ionizzazione.
to **ionize** ['aiənaiz] *vt* ionizzare.
ionosphere [ai'ɔnəsfiə*] *s.* ionosfera.
iota [ai'outə] *s.* iota *(nona lettera dell'alfabeto greco).*
IOU ['aiou'ju:] *s. (sta per* I owe you, *Io vi devo, vi sono debitore)* riconoscimento scritto di debito.
Iranian [i'reinjən] *s. e agg* iraniano.
Iraqi, Iraki [i'rɑ:ki] *agg e s.* iracheno.
irascibility [i,ræsi'biliti] *s.* irascibilità.
irascible [i'ræsibl] *agg* irascibile. □ *avv* **irascibly.**
irate [ai'reit] *agg* irato; arrabbiato; adirato.
□ *avv* **irately.**
ire ['aiə*] *s. (lett.)* ira; rabbia; collera.
ireful ['aiəful] *agg (lett.)* arrabbiato; furente; adirato.
iridescence [,iri'desns] *s.* iridescenza.
iridescent [,iri'desnt] *agg* iridescente. □ *avv* **iridescently.**
iridium [ai'ridiəm] *s.* iridio.
iris ['aiəris] *s.* **1** *(anat.)* iride. **2** *(bot.)* iris; giaggiolo.
Irish ['aiəriʃ] *agg* irlandese; d'Irlanda: *the Irish Free State,* il libero Stato d'Irlanda; l'Eire. □ *Irish stew,* stufato *(generalm. di montone, patate e cipolle).* □ *s.* la lingua irlandese; il popolo irlandese.
Irishman ['aiəriʃmən] *s.* *(pl.* **Irishmen)** irlandese.
Irishwoman ['aiəriʃ,wumən] *s.* *(pl.* **Irishwomen)** *(donna)* irlandese.
to **irk** [ə:k] *vt* infastidire; seccare: *It irks me to do that,* Mi secca far questo.
irksome ['ə:ksəm] *agg* fastidioso; molesto; seccante.
iron ['aiən] *s.* **1** ferro: *Iron is heavier than wood,* Il ferro è più pesante del legno — *as hard as iron,* duro come il ferro — *an iron will,* una volontà di ferro — *to rule with a rod of iron (with an iron hand),* governare con mano di ferro, con estrema severità — *pig iron,* ghisa d'alto forno, di prima fusione — *cast-iron,* ghisa *(di seconda fusione)* — *chilled cast-iron,* ghisa temprata — *galvanized iron,* ferro zincato — *scrap iron (iron-scrap),* rottami di ferro — *sheet-iron; iron-sheet,* lamiera di ferro — *wrought iron,* ferro lavorato; ferro battuto — *the Iron Curtain, (fig.)* la Cortina di Ferro — *iron foundry,* fonderia; ferriera — *iron-grey,* (color) grigio ferro — *iron-handed,* dal pugno di ferro — *iron-hearted,* dal cuore insensibile, di pietra; senza cuore — *iron horse, (fam.)* bicicletta; triciclo; locomotiva — *iron lung, (med.)* polmone d'acciaio — *iron rations, (mil.)* razioni d'emergenza; viveri di riserva. **2** *(anche* flat iron*)* ferro da stiro. **3** *(al pl.)* ceppi; manette; catene: *He was put in irons,* Fu messo ai ferri (in catene). **4** strumento o arnese di ferro *(p.es.: mazza da golf con l'estremità in ferro): fire-irons,* molle e attizzatoio del caminetto; alari — *curling-iron; crisping-iron,* ferro per arricciare i capelli — *grappling-irons,* grappini.
□ *the Iron Duke,* il Duca di ferro (il duca di Wellington, 1769-1852) — *to have (too) many irons in the fire, (fig.)* avere molta (troppa) carne al fuoco — *to strike while the iron is hot,* battere il ferro finché è caldo — *The iron had entered into his soul,* Il suo animo era rimasto profondamente ferito.
to **iron** ['aiən] *vt e i.* stirare *(con un ferro); (fig.)* appianare; spianare: *to iron out difficulties,* risolvere delle difficoltà discutendo (provando, sperimentando, ecc.).
ironclad ['aiənklæd] *agg* rivestito di ferro; corazzato. □ *s. (stor.)* nave corazzata; corazzata.
ironic, ironical [ai'rɔnik(l)] *agg* ironico. □ *avv* **ironically.**
ironing ['aiəniŋ] *s.* **1** stiratura: *ironing-board,* asse da stiro; tavola da stirare. **2** panni da stirare (o già stirati).
ironmonger ['aiən,mʌŋgə*] *s.* negoziante di ferramenta.
ironmongery ['aiən,mʌŋgəri] *s.* negozio di ferramenta.
ironside ['aiənsaid] *s.* **1** *(stor.)* uomo valoroso. **2** *(stor.)* corazzata. **3** *(stor. al pl.)* la cavalleria di Cromwell.
ironsmith ['aiən,smiθ] *s.* fabbro ferraio.
ironstone ['aiən,stoun] *s.* minerale di ferro.
ironware ['aiən,wɛə*] *s.* ferramenta.
ironwork ['aiənwə:k] *s.* **1** armatura di ferro; lavori in

ferro *(spec. battuto).* **2** *(al pl., ma spesso con il v. al sing.)* ferriera.
irony ['aiərəni] *s.* ironia: *the irony of fate,* l'ironia del destino.
irradiant [i'reidjənt] *agg* irradiante.
to **irradiate** [i'reidieit] *vt* **1** irradiare; rischiarare; illuminare; *(fig.)* chiarire *(un argomento).* **2** essere raggiante.
irrational [i'ræʃənəl] *agg* **1** irrazionale *(anche matematica);* irragionevole; non dotato di ragione. **2** assurdo; illogico. □ *avv* **irrationally.**
irrationality [i,ræʃə'næliti] *s.* irrazionalità; irragionevolezza.
irreconcilable [,irekən'sailbl] *agg (di persone)* irreconciliabile; *(di idee, ecc.)* inconciliabile; incompatibile. □ *avv* **irreconcilably.**
irrecoverable [,iri'kʌvərəbl] *agg* irrecuperabile; irreparabile. □ *avv* **irrecoverably.**
irredeemable [,iri'di:məbl] *agg* **1** non ricuperabile; irreparabile: *an irredeemable loss,* una perdita irreparabile. **2** *(di carta moneta)* non convertibile; *(di obbligazioni statali)* irredimibile. □ *avv* **irredeemably.**
irredentism [,iri'dentizəm] *s.* irredentismo.
irredentist [,iri'dentist] *s.* irredentista.
irreducible [,iri'dju:səbl] *agg* **1** irriducibile; che non si può ridurre o rendere più piccolo. **2** irreducibile.
□ *avv* **irreducibly.**
irrefutable [i'refjutəbl] *agg* irrefutabile. □ *avv* **irrefutably.**
irregular [i'regjulə*] *agg* **1** irregolare; diseguale; ineguale; non regolare; anormale: *an irregular proceeding (marriage),* un procedimento (un matrimonio) irregolare — *The English word 'child' has an irregular plural,* La parola inglese 'child' ha il plurale irregolare. **2** sregolato: *irregular conduct,* condotta sregolata. □ *avv* **irregularly.**
□ *s.* irregolare; soldato di esercito irregolare.
irregularity [i,regju'læriti] *s.* irregolarità.
irrelevance, irrelevancy [i'relivəns(i)] *s.* **1** non pertinenza; estraneità. **2** cosa (osservazione, domanda, ecc.) non pertinente.
irrelevant [i'relivənt] *agg* non pertinente; non appropriato. □ *avv* **irrelevantly.**
irreligious [,iri'lidʒəs] *agg* irreligioso. □ *avv* **irreligiously.**
irremediable [,iri'mi:djəbl] *agg* irrimediabile; irreparabile. □ *avv* **irremediably.**
irremovable [,iri'mu:vəbl] *agg* inamovibile *(spec. da una carica).* □ *avv* **irremovably.**
irreparable [i'repərəbl] *agg* irreparabile; irrimediabile. □ *avv* **irreparably.**
irreplaceable [,iri'pleisəbl] *agg* insostituibile; non rimpiazzabile. □ *avv* **irreplaceably.**
irrepressible [,iri'presəbl] *agg* irreprimibile; irrefrenabile. □ *avv* **irrepressibly.**
irreproachable [,iri'proutʃəbl] *agg* irreprensibile; senza pecca; inappuntabile; irriprovevole.
□ *avv* **irreproachably.**
irresistible [,iri'zistəbl] *agg* irresistibile. □ *avv* **irresistibly.**
irresolute [i'rezəl(j)u:t] *agg* irresoluto; indeciso; esitante; incerto. □ *avv* **irresolutely.**
irresolution [i,rezə'lu:ʃən] *s.* irrisolutezza; incertezza; indecisione.
irrespective [,iri'spektiv] *agg (non comune, salvo seguito da* of*)* incurante; senza riguardo: *irrespective of...,* senza riguardo a...; senza curarsi di...
□ *avv* **irrespectively.**
irresponsibility ['iris,pɔnsi'biliti] *s.* irresponsabilità.
irresponsible [,iris'pɔnsəbl] *agg* **1** irresponsabile. **2** incosciente; non degno di fiducia. □ *avv* **irresponsibly.**
irretrievable [,iri'tri:vəbl] *agg* irrecuperabile; irrimediabile. □ *avv* **irretrievably.**
irreverence [i'revərəns] *s.* irriverenza; empietà.
irreverent [i'revərənt] *agg* irriverente; empio.
□ *avv* **irreverently.**
irrevocable [i'revəkəbl] *agg* immutabile; irrevocabile.
□ *avv* **irrevocably.**
to **irrigate** ['irigeit] *vt* irrigare *(anche med.).*
irrigation [,iri'geiʃən] *s.* irrigazione: *an irrigation project,* un progetto per l'irrigazione.
irritability [,iritə'biliti] *s.* irritabilità.
irritable ['iritəbl] *agg* irritabile; suscettibile. □ *avv* **irritably.**
irritant ['iritənt] *agg* irritante. □ *s.* sostanza irritante.
to **irritate** ['iriteit] *vt* **1** irritare; infastidire; far arrabbiare; innervosire. **2** causare irritazione; infiammare; irritare.
irritation [,iri'teiʃən] *s.* irritazione; innervosimento; infiammazione.
irruption [i'rʌpʃən] *s.* irruzione; incursione; invasione.
is [iz] *3ª persona sing del pres di* **to be** ⇨.
-ish [iʃ] *suffisso (che si aggiunge agli agg. e avv. per alterarne il significato: equivale ai suffissi italiani* -esco *e* -astro*): hoggish; piggish,* maialesco — *boyish, childish,* fanciullesco — *yellowish,* giallastro; gialliccio — *bluish,* bluastro — *bookish,* libresco — *thievish,* ladresco — *mannish,* mascolino — *fortyish,* sulla quarantina — *lateish,* sul tardi.
isinglass ['aiziŋglɑ:s] *s.* colla di pesce.
Islam ['izlɑ:m] *s.* Islam; islamismo; religione islamica; il mondo islamico.
Islamic [iz'læmik] *agg* islamico.
island ['ailənd] *s.* isola *(anche med. e fig.).* □ *a road island,* un salvagente stradale.
islander ['ailəndə*] *s.* isolano; nativo di un'isola.
isle [ail] *s. (lett.)* isola.
islet ['ailit] *s.* isolotto.
ism ['izəm] *s. (generalm. spreg.)* 'ismo'; dottrina; sistema; teoria.
isn't [iznt] *contraz di* **is not** (*forma negativa della 3ª persona del pres. di* **to be**): *He isn't coming,* Non viene.
isobar ['aisoubɑ:*] *s.* (linea) isobara.
isobaric [,aisou'bærik] *agg* isobarico; isobaro.
to **isolate** ['aisouleit] *vt* isolare; separare; segregare; mettere in isolamento.
isolation [,aisə'leiʃən] *s. (spesso attrib.)* isolamento.
isolationism [,aisə'leiʃənizəm] *s.* isolazionismo.
isolationist [,aisə'leiʃənist] *s.* isolazionista; sostenitore dell'isolazionismo.
isolator ['aisouleitə*] *s.* isolatore; isolante.
isometric, isometrical [,aisou'metrik(əl)] *agg* isometrico.
isosceles [ai'sɔsəli:z] *agg* isoscele.
isotherm ['aisouθə:m] *s.* (linea) isoterma.
isotope ['aisoutoup] *s.* isotopo.
isotype ['aisoutaip] *s.* grafico rappresentante dati statistici.
Israeli [iz'reili] *agg e s.* (abitante) d'Israele; israeliano.
Israelite ['izriəlait] *s. e agg* israelita.
issue ['isju:] *s.* **1** *(non comune, salvo med.)* uscita; fuoriuscita; sbocco; perdita: *an issue of blood from the nose,* una perdita di sangue dal naso. **2** emanazione; emissione; circolazione; distribuzione; *(di libri, giornali)* pubblicazione; numero: *to buy new stamps on the day of issue,* comprare nuovi francobolli nel giorno di emissione — *a new issue of bank-notes,* una

nuova emissione di banconote. **3** questione; problema: *to raise a new issue,* sollevare una nuova questione — *to join (to take) issue with sb (on sth),* entrare in discussione con qcno (per qcsa) — *the point at issue,* il punto dibattuto; la questione (il problema) in discussione; la cosa che si sta discutendo — *to dodge the issue,* eludere il punto in discussione. **4** conseguenza; risultato; prodotto; esito; riuscita. **5** *(dir.)* figliolanza; prole; discendenza: *to die without issue,* morire senza prole (senza discendenza, senza figli).

to **issue** ['isju:] *vi (stile formale)* uscire; venire fuori; scaturire; sgorgare: *smoke issuing from chimneys,* fumo che esce dai camini — *blood issuing from a wound,* sangue che sgorga da una ferita.
□ *vt* dare; distribuire; consegnare; emanare; emettere; mettere in circolazione; pubblicare.

isthmus ['isməs] *s.* istmo.

[1]**it** [it] *pron neutro (3ª persona sing.: forma possessiva* **its**) **1** esso (essa); lo (la); ciò: *Where is my book? - Have you seen it?,* Dov'è il mio libro? - Lo hai visto? — *Where's the cat? - It's in the garden,* Dov'è il gatto? - È in giardino — *She's expecting another baby and hopes it'll be a boy,* Aspetta un altro bambino e spera che sia un maschio — *Where's the cat? - Have you given it its dinner yet?,* Dov'è il gatto? - Gli hai già dato da mangiare? **2** *(soggetto impers. o di v. impers.: generalm. omesso in ital.) Who was it?,* Chi è stato?; Chi era?; Chi fu? — *Who's that at the door? - It's the postman,* Chi c'è alla porta? - È il postino — *It's easy (difficult),* È facile (difficile) — *It was difficult for him to live on his small pension,* Era difficile per lui vivere della sua piccola pensione — *It doesn't seem much use going on,* Non sembra molto utile continuare — *It is said that...,* Si dice che... — *It's raining (snowing),* Piove (Nevica) — *It's cold (warm, windy),* Fa freddo (Fa caldo, C'è vento) — *Isn't it a nice day!,* Che bella giornata! — *How dark it is!,* Com'è buio!; Che buio! — *It is six o'clock,* Sono le sei — *It is Monday,* È lunedì — *It is the first of May,* È il primo maggio — *It's only a short way now,* C'è solo poca strada adesso — *So it seems,* Così sembra — *It doesn't matter,* Non importa — *It was his work during the week-end that exhausted him,* A esaurirlo fu il lavoro fatto (portato avanti) durante il week-end — *It's the red book I want, not the green one,* È il libro rosso che voglio, non quello verde.
□ *That's the worst of it,* Ecco il lato peggiore — *Keep at it!,* Tieni duro! — *Now you've done it!,* Ora l'hai fatta bella! — *That's more like it,* Così va meglio — *It's not worth it,* Non vale la pena — *I don't get it,* Non (ci) capisco (niente) — *He couldn't take it,* Non lo sopportava — *I can't stand it,* Non ce la faccio più; Non lo sopporto più — *Watch it!,* Attenzione! — *I'll have to have it out with him,* Dovrò risolvere la questione con lui — *Give it to him!,* Dagliele!; Picchialo! — *Come off it!,* Piantala! — *He had a bad time of it when he was young,* Ha avuto una gioventù infelice — *to lay it on thick, (fam.)* spararle un po' grosse — *Beat it!, (fam.)* Sparisci!; Fila! — *to go it alone,* provvedere da solo — *to make it,* farcela (ad arrivare) — *Sorry I couldn't make it earlier!,* Mi spiace, non ce l'ho fatta a venire prima! — *to keep at it,* non mollare — *to ask for it,* cercare guai — *to face it,* affrontare la situazione — *to lord it over sb,* trattare qcno dall'alto in basso — *to rough it,* condurre una vita difficile.

[2]**it** [it] *s.* **1** *(fam.)* il non plus ultra: *He thinks he's it,* Crede di essere un padre eterno. **2** *(fam.)* fascino; 'sex-appeal'. **3** *(nei giochi dei bambini)* chi sta 'sotto'. **4** il momento decisivo, fatale o finale: *This is it!,* Eccoci al momento decisivo!

[3]**it** [it] *s. (abbr. fam. di* Italian vermouth*)* vermut: *I'll have a gin and it,* Prendo un gin con vermut italiano.

Italian [i'tæljən] *agg e s.* italiano.

Italianate [i'tæljəneit] *agg* italianeggiante.

italic [i'tælik] *agg (di carattere tipografico)* corsivo: *in italics,* in corsivo.

to **italicize** [i'tælisaiz] *vt* stampare in corsivo.

itch [itʃ] *s.* **1** *(generalm. al sing.)* prurito. **2** *(generalm. con l'art. indeterminativo o possessivo)* prurito; *(fig.)* pizzicore; smania; voglia; desiderio smodato: *to have an itch for money,* avere la smania del denaro — *an itch to go to the South Seas,* una voglia di andare nei mari del Sud. **3** scabbia; rogna.

to **itch** [itʃ] *vi* **1** prudere; pizzicare; dare, sentire il prurito. **2** *(fig.)* smaniare; desiderare intensamente: *The boys were itching for the lesson to end,* I ragazzi smaniavano perché la lezione finisse — *to have an itching palm,* smaniare per il denaro.

itchy ['itʃi] *agg* **1** pruriginoso; che prude. **2** smanioso; voglioso.

item ['aitəm] *s.* **1** *(comm., ecc.)* articolo; pezzo; voce *(di elenco, fattura, ecc.);* numero; argomento; capo. **2** *(spesso* news item*)* notizia; dettaglio; informazione.
□ *avv* anche; parimenti *(per introdurre altre voci di un elenco).*

to **itemize** ['aitəmaiz] *vt* dettagliare; scrivere dettagliatamente; scrivere voce per voce.

to **iterate** ['itəreit] *vt* ripetere; reiterare *(un'accusa).*

iteration [,itə'reiʃən] *s.* iterazione; ripetizione.

itinerant [i'tinərənt] *agg* itinerante; errante; ambulante; girovago.

itinerary [ai'tinərəri] *s.* itinerario; piano di viaggio.

it'll [itl] *contraz di* it will: *It'll be in the drawer, I expect,* Sarà nel cassetto, immagino.

its [its] *agg* ⇨ [1]**it**.

it's [its] *contraz di* - **a)** it is: *It's in the kitchen,* È in cucina - **b)** it has: *Where's the cat? - It's been out all night,* Dov'è il gatto? - È stato fuori tutta la notte.

itself [it'self] *pron rifl neutro di 3ª persona* se stesso, se stessa: *The dog has hurt itself,* Il cane si è fatto male.

I've [aiv] *contraz di* I have: *I've put your books away,* Ti ho rimesso a posto i libri.

ivied ['aivid] *agg* ricoperto d'edera.

ivory ['aivəri] *s.* **1** avorio; color avorio: *ivory tower,* torre d'avorio. **2** *(fam., al pl.:* ivories*)* denti; dadi; palle di biliardo; tasti del pianoforte. □ *black ivory, (stor.)* schiavi africani *(quale merce).*

ivy ['aivi] *s.* edera. □ *the Ivy League, (USA)* le università più famose dell'Est *(Harvard, Yale, Princeton, Cornell, ecc.).*

J

J, j [dʒei] (*pl.* **J's, j's**) J, j *(decima lettera dell'alfabeto inglese): J for Jack, (al telefono, ecc.)* J come jersey (*o* jolly).

jab [dʒæb] *s.* **1** stilettata; pugno; colpo (secco o improvviso); *(pugilato)* 'jab'. **2** *(fam.)* puntura; iniezione.

to **jab** [dʒæb] *vt e i.* (**-bb-**) conficcare; ficcare; cacciare; punzecchiare: *He jabbed his elbow into my side,* Mi cacciò il gomito nel fianco — *He jabbed (at) his opponent, (pugilato)* Sferrò un colpo secco (un 'jab') all'avversario.

jabber ['dʒæbə*] *s.* cicaleccio; chiacchierio; parlottio; chiacchiericcio.

to **jabber** ['dʒæbə*] *vi e t.* **1** chiacchierare; parlottare; berciare; ciarlare. **2** parlare in fretta; pronunciare parole indistinte; farfugliare.

jabot ['ʒæbou] *s. (fr.)* jabot; pettorina; davantino arricciato di pizzo per abiti femminili *(nel Settecento anche maschili).*

jack [dʒæk] *s.* **1** *(con la maiuscola)* forma familiare per 'John'; *(in diverse espressioni)* uomo; ragazzo; *(GB)* operaio: *cheap Jack,* (*cfr. anche* **cheapjack**) venditore ambulante — *Jack tar, (stor.)* marinaio semplice — *every man Jack of them,* tutti senza eccezione — *Jack Frost,* il Gelo *(personificato)* — *before one can (al pass.: could) say Jack Robinson,* d'improvviso; in un baleno; in meno che non si dica — *Jack-in-office,* tipo di funzionario borioso e pignolo — *Jack Ketch, (stor.)* il boia — *Jack of all trades,* persona tuttofare; chi conosce un po' tutti i mestieri — *Jack of all trades, master of none, (prov.)* Chi sa far tutto non fa bene niente — *Jack is as good as his master,* Il lavoratore vale quanto il suo datore di lavoro; L'operaio vale quanto il padrone. **2** *(mecc.)* cricco; martinetto; *(elettr.)* spina di connessione; presa telefonica; 'jack'. **3** *(al gioco delle bocce)* boccino. **4** bandiera *(di nave): the Union Jack,* la bandiera del Regno Unito — *jack staff,* pennone per la bandiera. **5** *(carte)* fante. **6** luccio *(spec. se piccolo).*
□ *Jack-in-the-box,* scatola a sorpresa *(con fantoccio a molla che salta fuori)* — *Jack-o'-lantern,* - **a)** fuoco fatuo - **b)** lanterna ricavata da una zucca sulla quale è stata anche intagliata una faccia — *jack rabbit, (USA)* specie di lepre — *jack snipe, (zool.)* frullino — ⇨ *anche* **(to) jack-knife.**

to **jack** [dʒæk] *vt (spesso seguito da* up*)* sollevare col martinetto: *Jack (up) the car and change the wheel,* Solleva l'auto col martinetto e cambia la ruota. □ *to jack up prices,* aumentare i prezzi.

jackal ['dʒækɔ:l] *s.* sciacallo *(anche fig.).*

jackanapes ['dʒækəneips] *s. (GB)* **1** vanesio. **2** sfacciatello *(generalm. di ragazzo);* persona impudente.

jackass ['dʒækæs] *s. (fam.)* asino; stupido; testone. □ *laughing jackass, (zool.)* alcione gigante.

jackboot ['dʒækbu:t] *s.* stivalone da cavallerizzo.

jackdaw ['dʒækdɔ:] *s.* taccola.

jacket ['dʒækit] *s.* **1** giacca; giacchetta: *dinner jacket, (GB)* 'smoking' — *to dust a person's jacket,* suonarle a qcno; dargliele sul groppone — *blue-jacket,* marinaio. **2** *(mecc.)* rivestimento: *water jacket,* camicia d'acqua. **3** buccia *(di patata): potatoes in their jackets,* patate cotte al forno con la buccia. **4** *(di libro, anche* dust-jacket*)* sopraccoperta.

jack-knife ['dʒæknaif] *s.* **1** coltello a serramanico. **2** tuffo (in avanti) carpiato.

to **jack-knife** ['dʒæknaif] *vi (di autocarro con rimorchio)* bloccarsi in curva.

jackpot ['dʒækpɔt] *s.* **1** *(poker)* piatto di apertura. **2** posta in gioco; premio *(di una lotteria, ecc.): to hit the jackpot,* vincere tutto *(in una lotteria o anche ad una macchina mangiasoldi); (per estensione, fam., in senso generale)* avere un grosso colpo di fortuna; 'sfondare'.

Jacobean [,dʒækə'bi(:)ən] *agg (di letteratura, mobilio, ecc.)* del regno di Giacomo I d'Inghilterra *(1603-1625).*

Jacobin ['dʒækəbin] *s. e agg* giacobino.

Jacobinism ['dʒækəbinizəm] *s.* giacobinismo; *(per estensione)* radicalismo estremista.

Jacobite ['dʒækəbait] *s.* giacobita *(sostenitore di Giacomo II d'Inghilterra e dei suoi discendenti).*

[1]**jade** [dʒeid] *s.* giada.

[2]**jade** [dʒeid] *s.* **1** ronzino; cavallo vecchio. **2** *(ant., scherz. e spreg.)* donnetta; donnaccia; donna di facili costumi.

jaded ['dʒeidid] *p. pass* stanco; logoro; affaticato; spossato; 'stufo': *He looks jaded,* Ha l'aria stanca; Ha il volto tirato — *He has a jaded appetite,* Ha poco appetito.

jaffa ['dʒæfə] *s. (fam.)* arancia (importata da Israele).

[1]**jag** [dʒæg] *s.* punta; dente *(p.es. di roccia);* guglia.

to **jag** [dʒæg] *vt* (**-gg-**) frastagliare; dentellare.

[2]**jag** [dʒæg] *s. (fam.)* bevuta; sbornia.

[3]**jag** [dʒæg] *s. (fam., abbr. di* Jaguar, *marca di automobili)* Jaguar.

jagged, jaggy ['dʒægid/'dʒægi] *agg* frastagliato; dentellato.

jaguar ['dʒægjuə*/-juɑ:*] *s.* giaguaro.

jail [dʒeil] *s.* = **gaol.**

to **jail** [dʒeil] *vt* = **to gaol.**

jailer ['dʒeilə*] *s.* = **gaoler.**

jakes [dʒeiks] *s. (fam., spec. USA)* cesso.

jalop(p)y [dʒə'lɔpi] *s. (USA, fam.)* 'vecchia carcassa' *(d'auto);* macinino.

[1]**jam** [dʒæm] *s.* **1** stretta; compressione; pigiamento: *traffic jam,* ingorgo di traffico — ⇨ *anche* **jam-packed.** **2** *(mecc.)* arresto; inceppamento; blocco; incaglio. **3** *(fam.)* pasticcio; difficoltà; guaio: *I am in a jam,* Sono nei guai. **4** *(radio)* ⇨ **jamming.** □ *a jam session,* una 'jam session'; una riunione informale tra jazzisti per suonare improvvisando — *jam-nut, (mecc.)* controdado.

to **jam** [dʒæm] *vt* (**-mm-**) **1** comprimere; schiacciare; pigiare; gremire; stipare; ficcare; incuneare; ostruire: *The corridors were jammed by hordes of schoolchildren,* I corridoi erano gremiti di frotte di scolari — *I jammed my clothes into a small suitcase,* Ficcai (Pigiai, Stipai) i miei vestiti in una valigetta. **2**

bloccare: *He jammed the window open,* Bloccò la finestra in modo che rimanesse aperta. **3** *(radio)* disturbare con interferenze.
□ *vi* incepparsi; bloccarsi; *(fam.)* incantarsi: *The brakes jammed and the car skidded badly,* I freni si bloccarono e l'auto sbandò paurosamente — *He aimed at me but his pistol jammed,* Mirò su di me, ma la sua pistola si inceppò.

[2]**jam** [dʒæm] *s.* marmellata; conserva (confettura) di frutta: *jam-jar (-pot),* vaso, vasetto di marmellata. □ *money for jam, (fam.)* un guadagno facilissimo.

Jamaican [dʒə'meikən] *agg e s.* giamaicano.

jamb [dʒæm] *s.* **1** stipite. **2** *(al pl.)* spalle, lati (del focolare); stipiti.

jamboree [,dʒæmbə'ri:] *s.* **1** festa; baldoria. **2** raduno *(spec. di boy-scouts).*

jamming [,dʒæmiŋ] *s.* **1** disturbo intenzionale di trasmissioni radiofoniche. **2** *(mecc.)* l'incepparsi; il bloccarsi.

jam-packed ['dʒæm'pækt] *agg (fam.)* stipato.

jangle ['dʒæŋgl] *s.* suono stridente, stonato.

to **jangle** ['dʒæŋgl] *vt e i.* **1** produrre suoni stridenti, metallici, stonati. **2** litigare ad alta voce; altercare.

janissary, janizary ['dʒænizəri] *s. (stor.)* giannizzero.

janitor ['dʒænitə*] *s.* **1** portinaio; custode. **2** *(USA)* bidello; persona addetta alle pulizie *(di uffici, ecc.).*

January ['dʒænjuəri] *s.* gennaio.

Jap [dʒæp] *s. e agg (generalm. spreg.)* giapponese.

japan [dʒə'pæn] *s.* lacca giapponese.

to **japan** [dʒə'pæn] *vt* (**-nn-**) laccare.

Japanese [,dʒæpə'ni:z] *agg e s.* giapponese.

jape [dʒeip] *s. (piuttosto desueto)* scherzo; burla.

japonica [dʒə'pɒnikə] *s.* **1** cotogno del Giappone. **2** varietà di pero ornamentale.

[1]**jar** [dʒɑ:*] *s.* **1** stridore; stridio; vibrazione; rumore aspro. **2** colpo; 'shock'; scossa nervosa. **3** disaccordo; litigio.

to **jar** [dʒɑ:*] *vi e t.* (**-rr-**) **1** *(seguito da* on *o talvolta da* against*)* urtare; colpire; scuotere: *The way in which he laughs jars on my nerves,* Il suo modo di ridere mi urta i nervi. **2** *(seguito da* with*)* discordare; essere discorde, disarmonico; *(di colori)* stonare.

[2]**jar** [dʒɑ:*] *s.* **1** barattolo; vasetto; vaschetta. **2** giara; orcio; brocca.

jarful ['dʒɑ:ful] *s.* il contenuto di un barattolo, di un vasetto, ecc.

jargon ['dʒɑ:gən] *s. (di solito spreg.)* gergo; linguaggio specializzato; linguaggio convenzionale *(di tecnici, specialisti, ecc.).*

jarring ['dʒɑ:riŋ] *agg (p. pres. di* **to jar***)* stridente; urtante; stonato. □ *avv* **jarringly.**

jasmin(e) ['dʒæsmin] *s.* gelsomino.

jasper ['dʒæspə*] *s.* diaspro.

jaundice ['dʒɔ:ndis] *s.* **1** *(med.)* itterizia; ittero. **2** *(fig.)* sentimento di invidia, gelosia *(ingiustificato e spinto al parossismo);* livore.

jaundiced ['dʒɔ:ndist] *agg* **1** *(med.)* affetto da itterizia; itterico. **2** *(fig.)* geloso; invidioso; sospettoso; invelenito: *to take a jaundiced view of sth,* avere un'opinione distorta di qcsa *(da gelosia, invidia, ecc.).*

jaunt [dʒɔ:nt] *s.* gita; scampagnata.

to **jaunt** [dʒɔ:nt] *vi* fare una gita, una scampagnata.

jauntiness ['dʒɔ:ntinis] *s.* **1** spavalderia; brio; baldanza. **2** eleganza *(anche vistosa).*

jaunting-car ['dʒɔ:ntiŋkɑ:*] *s. (in Irlanda)* calessino.

jaunty ['dʒɔ:nti] *agg* (**-ier; -iest**) baldanzoso; spavaldo; allegro; brioso: *He wore his hat at a jaunty angle,* Portava il cappello sulle ventitré. □ *avv* **jauntily.**

Javanese [,dʒɑ:və'ni:z] *agg e s.* giavanese.

javelin ['dʒævlin] *s.* giavellotto.

jaw [dʒɔ:] *s.* **1** mandibola; mascella: *jaw-bone,* osso mascellare o mandibolare — *jaw-breaker, (fam.)* parola lunga e difficile da pronunciare. **2** *(al pl.)* fauci; mascelle. **3** *(al pl.)* gola; strettoia; spaccatura: *in the jaws of death, (fig.)* nelle fauci della morte; in grave pericolo. **4** *(al pl.)* morsa; ganascia *(di macchine o utensili).* **5** *(fam.)* chiacchiericcio: *Stop your jaw!,* Chiudi il becco! **6** *(fam.)* predica; ramanzina.

to **jaw** [dʒɔ:] *vt e i. (fam.)* parlare a lungo; fare una predica; sermoneggiare.

jay [dʒei] *s.* **1** *(zool.)* ghiandaia. **2** *(fig.)* chiacchierone; fanfarone.

to **jaywalk** ['dʒeiwɔ:k] *vi (fam.: di pedone)* camminare nel traffico (attraversare la strada) con la testa nelle nuvole.

jay-walker ['dʒei,wɔ:kə*] *s. (fam.)* pedone distratto.

jazz [dʒæz] *s. (usato anche attrib.)* **1** jazz: *a jazz band,* un complesso jazz. **2** *(sl., spreg.)* frottole.

to **jazz** [dʒæz] *vt e i.* **1** suonare o danzare musica jazz; comportarsi in modo allegro e vivace. **2** suonare a tempo di jazz. **3** *(spesso seguito da* up*)* rendere allegro e vivace; metterci del brio; ravvivare: *Let's jazz things up a bit!,* Mettiamoci un po' di brio!

jazzy ['dʒæzi] *agg* forte *(di colore);* sgargiante. □ *avv* **jazzily.**

jealous ['dʒeləs] *agg* **1** geloso. **2** invidioso. **3** geloso *(dei propri diritti);* attento: *to keep a jealous eye on sb,* tener d'occhio qcno. □ *avv* **jealously.**

jealousy ['dʒeləsi] *s.* gelosia; invidia; sospetto.

jean [dʒi:n/dʒein] *s.* cotone rozzo e robusto.

jeans [dʒi:ns] *s. pl* 'jeans'; 'blue-jeans'; calzoni in tela 'jeans'.

jeep [dʒi:p] *s.* jeep; camionetta.

jeer [dʒiə*] *s.* beffa; scherno; canzonatura.

to **jeer** [dʒiə*] *vi* farsi beffe; dileggiare; schernire.

jeering ['dʒiəriŋ] *agg* sarcastico; beffardo; canzonatorio. □ *avv* **jeeringly.**
□ *s. (collettivo)* scherno; beffe.

jejune [dʒi'dʒu:n] *agg (di testo letterario)* arido; vacuo; di scarso interesse.

jejuneness [dʒi'dʒu:nis] *s.* aridità; vacuità.

jejunum [dʒe'dʒu:num] *s.* intestino digiuno.

to **jell** [dʒel] *vt* far diventare gelatina.
□ *vi (fam.)* solidificarsi; *(fig.)* divenire omogeneo; divenire efficace; funzionare.

jellied ['dʒelid] *agg* **1** gelatinoso. **2** *(di cibo)* servito in gelatina: *jellied eels,* anguille in gelatina.

jelly ['dʒeli] *s.* **1** gelatina; sostanza gelatinosa: *to beat sb to a jelly, (fig.)* picchiare qcno di santa ragione. **2** budino o caramella gelatinosa; gelatina di frutta. **3** *(abbr. sl. di* gelignite*)* gelignite; nitroglicerina.

to **jelly** ['dʒeli] *vt* rendere gelatinoso; mettere in gelatina.
□ *vi* ridursi a gelatina; diventare gelatinoso.

jelly-fish ['dʒelifiʃ] *s.* medusa.

jemmy ['dʒemi] *s.* grimaldello; piede di porco.

jenny ['dʒeni] *s.* **1** *(anche* spinning-jenny*)* filatoio meccanico. **2** *(fam.)* *jenny wren,* scricciolo.

to **jeopardize** ['dʒepədaiz] *vt* mettere a repentaglio; arrischiare.

jeopardy ['dʒepədi] *s.* azzardo; rischio; pericolo: *(spec. nella frase) to be in jeopardy,* essere in pericolo *(di vita, ecc.).*

jerboa [dʒə:'bouə] *s.* topo delle piramidi.

jeremiad [,dʒeri'maiæd] *s.* geremiade.

jerk [dʒə:k] *s.* **1** spinta; sobbalzo; strattone; scatto; strappo; spasmo; contrazione muscolare: *physical jerks, (fam.)* esercizi fisici, ginnici. **2** *(USA, sl., ge-*

neralm. spreg.) tizio; individuo; tonto; babbeo. □ *soda jerk, (USA)* barista.

[1]to **jerk** [dʒə:k] *vt e i.* sobbalzare; muoversi a strattoni; sussultare; dare uno strattone: *He jerked the fish out of the water,* Tirò (con uno strattone) il pesce fuori dall'acqua — *The train jerked to a stop,* Il treno si fermò sussultando. □ **to jerk off,** *(USA, volg.)* - a) sprecare tempo - b) masturbare, masturbarsi.

[2]to **jerk** [dʒə:k] *vt* conservare carne *(spec. di manzo)* tagliandola a fette ed essiccandola al sole.

jerkily ['dʒə:kili] *avv* ⇨ **jerky.**

jerkin ['dʒə:kin] *s.* giubbotto; giubbettino; *(stor.)* giustacuore.

jerkiness ['dʒə:kinis] *s.* il muoversi a sobbalzi (a scatti, con scosse).

jerky ['dʒə:ki] *agg* sobbalzante; a scatti; a strattoni; a strappi. □ *avv* **jerkily.**

jerry ['dʒeri] *s.* **1** *(nelle espressioni) jerry-builder,* costruttore di case per fini speculativi — *jerry-building,* costruzione fatta con materiale scadente — *jerry-built,* mal costruito; costruito per fini speculativi. **2** *(sl. mil.)* soldato tedesco; *(collettivo)* i tedeschi in genere. **3** *jerry-can,* lattina per benzina o acqua di riserva; tanica. **4** *(GB, sl.)* vaso da notte.

jersey ['dʒə:zi] *s.* **1** maglione; maglia (di lana). **2** tessuto 'jersey'. **3** *(anche* Jersey cow*)* varietà bovina originaria dell'isola Jersey.

jessamine ['dʒesəmin] *s.* = **jasmin(e).**

jest [dʒest] *s.* **1** burla; scherzo; facezia: *in jest,* per scherzo. **2** oggetto di dileggio; zimbello: *He is a standing jest,* È sempre lo zimbello di tutti.

to **jest** [dʒest] *vi* scherzare; prendersi gioco: *He's not a man to jest with,* Non è un tipo con cui (si possa) scherzare.

jester ['dʒestə*] *s.* **1** burlone. **2** buffone *(di corte).*

jesting ['dʒestiŋ] *agg* faceto; scherzoso; burlesco. □ *avv* **jestingly.**

Jesuit ['dʒezjuit] *s.* gesuita *(anche fig., spreg.).*

jesuitical [,dʒezju'itikl] *agg* gesuitico *(quasi sempre fig. e spreg.).*

[1]**jet** [dʒet] *s.* **1** getto violento *(di gas, liquido, vapore o fiamma): jet propulsion,* propulsione a getto o a reazione; aviogetto — *jet aircraft, (talvolta* jet*)* aereo a reazione — *the jet set* ⇨ [1]**set 2. 2** *(al pl.)* zampillo; schizzo. **3** becco o tubo di scarico.

to **jet** [dʒet] *vt e i.* **(-tt-) 1** schizzare; zampillare; uscire a getti. **2** viaggiare in un aereo a reazione.

[2]**jet** [dʒet] *s.* giaietto; ambra nera *(anche attrib.): jet-black,* nero cóme l'ebano; corvino.

jetsam ['dʒetsəm] *s.* ⇨ **flotsam.**

to **jettison** ['dʒetisn] *vt* **1** gettare il carico in mare *(da una nave, per alleggerirla).* **2** *(di velivolo)* liberarsi *(p.es. del combustibile);* sganciare *(il carico).* **3** *(fig.)* gettar via; abbandonare.

jetty ['dʒeti] *s.* molo; banchina; pontile.

Jew [dʒu:] *s.* ebreo.

jewel ['dʒu:əl] *s.* **1** pietra preziosa; gioiello; gioia; *(di orologio)* rubino. **2** *(fig.)* gioiello; tesoro.

to **jewel** ['dʒu:əl] *vt* **(-ll-;** *USA* **-l-)** *(di solito al p. pass.)* ingioiellare; ornare di pietre preziose; incastonare di gemme.

jeweller, jeweler ['dʒu:ələ*] *s.* gioielliere; commerciante di pietre preziose; orefice.

jewelry, jewellery ['dʒu:əlri] *s.* gioielli; gioielleria.

Jewess ['dʒu(:)is] *s.* ebrea.

Jewish ['dʒu(:)iʃ] *agg* ebreo; giudaico; israelitico.

Jewry ['dʒu:ri] *s.* **1** *(collettivo)* il popolo ebraico. **2** *(stor., nella toponomastica)* ghetto.

Jezebel ['dʒezəbl] *nome proprio* donna di facili costumi.

jib [dʒib] *s.* **1** *(naut.)* fiocco: *jib-boom,* asta del fiocco — *the cut of sb's jib, (fig.)* l'aspetto esteriore, l'abbigliamento di qcno. **2** *(mecc.)* braccio *(di gru, di argano, ecc.).*

to **jib** [dʒib] *vi* **(-bb-)** *(di cavallo)* recalcitrare; rifiutarsi d'andare avanti: *to jib at sth, (fig.)* mostrare ripugnanza verso qcsa; recalcitrare di fronte a qcsa — *He jibbed at working overtime every day,* Si rifiutò di fare straordinari tutti i giorni — *My small car sometimes jibs at a steep hill,* La mia utilitaria a volte si impunta davanti a una salita ripida.

jibe, to **jibe** [dʒaib] *vi* = **gibe, to gibe.**

jiffy ['dʒifi] *s. (fam.)* momento; attimo: *in a jiffy,* in un momento; in un batter d'occhio — *Please wait half a jiffy,* Per favore, aspetta solo un secondo.

[1]**jig** [dʒig] *s.* giga *(musica e danza).*

to **jig** [dʒig] *vi e t.* **(-gg-) 1** ballare la giga. **2** agitarsi; saltare su e giù: *He was jigging up and down in excitement,* Saltellava su e giù per l'eccitazione — *to jig a baby (up and down) on one's knees,* sballottare un bambino sulle ginocchia.

[2]**jig** [dʒig] *s. (mecc.)* maschera di montaggio.

jigger ['dʒigə*] *s.* **1** pulce penetrante; parassita sottocutaneo. **2** *(GB)* acaro delle piante. **3** gru idraulica. **4** *(naut.)* paranco a coda. **5** crivellatore. **6** misurino *(per liquori).* □ *jigger mast,* albero di mezzana.

jiggered ['dʒigəd] *agg (fam., un po' desueto)* **1** dannato: *Well, I'm jiggered!,* Che io sia dannato!; Porca miseria! **2** esausto; sfinito; stanco morto.

jiggery-pokery ['dʒigəri'poukəri] *s. (fam.)* imbroglio; truffa; raggiro; inganno.

to **jiggle** ['dʒigl] *vt* dondolare; far sussultare lievemente.

jigsaw ['dʒigsɔ:] *s.* **1** sega verticale; sega da traforo. **2** *jigsaw puzzle,* 'puzzle' *(gioco di pazienza che consiste nel ricomporre un disegno, una fotografia, ecc., accostando frammenti di forma irregolare).*

to **jilt** [dʒilt] *vt (di donna)* illudere un innamorato e poi piantarlo; piantare in asso: *When Paul lost his job, she jilted him,* Quando Paul perse l'impiego, lei lo piantò.

Jim Crow ['dʒim 'krou] *s.* **1** *(USA, spreg.)* negro: *Jim Crow car,* carrozza *(ferroviaria, ecc.)* per soli negri. **2** *(ferrovia)* piegarotaie.

jiminy ['dʒiməni] *s. (nell'esclamazione, piuttosto desueta) By jiminy!,* Caspita!; Accipicchia!; Perbacco!

jim-jams ['dʒim'dʒæmz] *s. pl (sl., desueto)* delirium tremens; pelle d'oca; brividi: *He gives me the jim-jams,* Mi fa venire la pelle d'oca — *to have the jim-jams,* avere la pelle d'oca.

jingle ['dʒiŋgl] *s.* **1** tintinnio *(di chiavi, monetine, ecc.).* **2** ripetizione di parole; cantilena; filastrocca.

to **jingle** ['dʒiŋgl] *vt e i.* **1** tintinnare; far tintinnare. **2** *(di versi)* avere un ritmo facile.

jingo, jingoist ['dʒiŋgou(ist)] *s.* sciovinista; nazionalista esasperato. □ *By Jingo!, (sl., un po' desueto)* Perdiana!

jingoism ['dʒiŋgouizəm] *s.* sciovinismo; nazionalismo esasperato.

jingoistic [,dʒiŋgou'istik] *agg* sciovinistico.

jink [dʒiŋk] *s.* **1** balzo; andatura a zig zag. **2** *(di solito nell'espressione* high jinks*)* baldoria; chiasso.

to **jink** [dʒiŋk] *vt e i.* **1** andare a zig zag; eludere. **2** *(sl., di aereo)* volare a zig zag.

jinn [dʒin] *s.* = **genie.**

jinx [dʒiŋks] *s. (sl.)* iettatore; cosa che porta iella: *She's* *put a jinx on me,* Mi ha portato scalogna; Ha gettato il malocchio su di me.

jitney ['dʒitni] *s. (USA, sl.)* **1** cinque centesimi *(di dollaro).* **2** autobus a tariffa minima.

jitterbug ['dʒitəbʌg] *s.* **1** persona nervosa. **2** chi ama i balli scatenati.

jitters ['dʒitəz] *s. pl (fam., sempre con l'art. determinativo)* nervosismo estremo; agitazione; fifa: *to have the jitters,* aver la tremarella.

jittery ['dʒitəri] *agg* **1** nervoso. **2** spaventato.

jive [dʒaiv] *s. (sl.)* 'jive' *(stile di jazz);* 'swing'; *(nell'uso moderno)* musica 'pop' fortemente ritmata.

to **jive** [dʒaiv] *vi* ballare il 'jive'.

job [dʒɔb] *s.* **1** impiego; lavoro: *He has a job as a taxi-driver,* Fa il tassista — *job-contract,* contratto a cottimo — *a full-time job,* un lavoro a tempo pieno — *odd-jobs,* lavori saltuari; lavoretti — *a job-printer* ⇨ **jobbing 1** — *job analysis (description),* analisi (descrizione) del lavoro — *to be out of a job,* essere disoccupato — *Jobs for the boys!, (fam.)* sistemazione di amici e parenti, cioè il procurare loro un posto di lavoro comodo e ben rimunerato — *to be on the job, (fam.)* essere in attività (al lavoro, in azione); darsi da fare. **2** lavoro; opera; compito; affare *(anche poco pulito);* impresa difficile; impresa criminale; *(sl.)* colpo: *He has made a good job of it,* Ha fatto un bel lavoro — *He did a bad job,* Ha lavorato male — *a bad job,* un lavoro mal fatto; un affare serio; un peccato; una fatica sprecata — *a put-up job, (sl.)* un imbroglio; un intrallazzo; una bidonata — *It's a job for a poor man to keep his wife and three children,* Per un poveraccio mantenere moglie e tre figli è una bella impresa.
☐ *to give sth up as a bad job,* rinunziare a un'impresa impossibile — *to make the best of a bad (difficult) job,* cavarsela al meglio in un lavoro difficile; far buon viso a cattivo gioco — *It's a good job that...,* Meno male che... — *That's just the job!,* Ecco quello che ci vuole! — *a job lot* ⇨ [2]**lot 3.**

to **job** [dʒɔb] *vi* (**-bb-**) **1** far lavori disparati o saltuari; lavorare a cottimo. **2** *(comm.)* fare il grossista; speculare; trafficare *(in Borsa).* **3** essere corrotto; farsi (lasciarsi) corrompere; prevaricare; commettere peculato.
☐ *vt* **1** appaltare; dare lavori in appalto. **2** trattare affari come mediatore *(spec. in Borsa).* **3** comprare o vendere all'ingrosso; trafficare *(certe merci).* **4** ottenere illecitamente; corrompere con denaro. **5** noleggiare; dare a nolo *(cavallo, carrozza, ecc.).*

Job [dʒoub] *nome proprio* Giobbe: *She would try the patience of Job,* Metterebbe a dura prova la pazienza di Giobbe — *Job's comforter,* falso consolatore; chi peggiora lo stato della persona che vorrebbe consolare.

jobber ['dʒɔbə*] *s.* **1** agente di cambio. **2** persona che fa lavori a ore per diversi datori di lavoro. **3** profittatore.

jobbery ['dʒɔbəri] *s.* disonestà; prevaricazione.

jobbing ['dʒɔbiŋ] *s.* **1** lavorazione a cottimo: *jobbing printer,* tipografo che fa lavori per conto di terzi. **2** *(econ.)* speculazione *(spec. in titoli).*

Jock [dʒɔk] *s.* **1** *(fam.)* scozzese. **2** *(USA)* = **jockstrap 2.**

jockey ['dʒɔki] *s.* **1** fantino: *Jockey Club, (GB)* associazione per il controllo delle corse ippiche. **2** *(mecc.)* puleggia o rullo tenditore. ☐ *disk-jockey,* presentatore di programmi radiofonici di musica 'pop'.

to **jockey** ['dʒɔki] *vt e i.* truffare; ingannare; barare: *He jockeyed Green out of his job,* Con le sue manovre fece fuori Green — *to jockey for position, (ippica)* manovrare per piazzarsi *(urtando altri cavalieri); (altri sports e fig.)* cercare di mettersi in luce; cercare di ottenere vantaggi con manovre abili (o losche).

jockstrap ['dʒɔkstræp] *s.* **1** *(GB)* sospensorio *(di atleta).* **2** *(USA, anche* jock*)* atleta fanatico.

jocose [dʒə'kous] *agg* giocoso; allegro; faceto. ☐ *avv* **jocosely.**

jocoseness, jocosity [dʒə'kousnis/dʒou'kɔsiti/dʒə-] *s.* giocondità; facezia.

jocular ['dʒɔkjulə*] *agg* giocoso; scherzoso. ☐ *avv* **jocularly.**

jocularity [,dʒɔkju'læriti] *s.* giocosità; facezia.

jocund ['dʒɔkənd/'dʒouk-] *agg* giocondo; gaio.

jocundity [dʒɔ'kʌnditi/dʒou-] *s.* giocondità; gaiezza.

to **jodel** ['joudl] *vi* = **to yodel.**

jodhpurs ['dʒɔdpuəz] *s. pl* calzoni da cavallerizzo.

jog [dʒɔg] *s.* **1** leggera spinta; colpetto; sballottio. **2** *(anche* **jog-trot***)* andatura lenta; trotto. **3** *(mecc.)* movimento a gradi o intermittenza.

to **jog** [dʒɔg] *vt e i.* (**-gg-**) **1** spingere, sballottare (dolcemente); far sobbalzare: *He jogged my elbow,* Mi diede un colpetto al gomito *(per attirare l'attenzione)* — *to jog sb's memory,* cercare di stimolare la memoria di qcno, di far ricordare. **2** *(seguito da* along, up and down, *ecc.)* procedere a strappi (con scosse, sobbalzi, ecc.); *(fig., seguito da* along*)* avanzare, procedere a rilento; seguire la solita routine; tirare avanti. **3** trotterellare; *(per estensione)* fare del 'footing'.

jogger ['dʒɔgə*] *s. (fam.)* che pratica il 'footing'.

jogging ['dʒɔgiŋ] *s. (fam.)* 'footing'.

joggle ['dʒɔgl] *s.* leggera spinta; sobbalzo; piccola scossa.

to **joggle** ['dʒɔgl] *vi* muoversi a scatti.
☐ *vt* far muovere a strappi.

jogtrot ['dʒɔgtrɔt] *s.* **1** piccolo trotto. **2** *(fig.)* 'routine'; ritmo di lavoro monotono, sempre uguale.

john [dʒɔn] *s. (fam., USA)* gabinetto; cesso.

John Bull ['dʒɔn'bul] *s.* **1** il popolo inglese. **2** l'inglese tipico.

John Doe ['dʒɔn'dou] *s. (USA)* **1** lo statunitense tipico. **2** *(dir.)* persona fittizia o sconosciuta; il signor Mario Rossi.

join [dʒɔin] *s.* giuntura; connessione; congiunzione: *The two pieces were put together so cleverly that the join could not be seen,* I due pezzi furono messi assieme così abilmente da rendere invisibile la giuntura.

to **join** [dʒɔin] *vt* **1** unire; congiungere; connettere; collegare: *to join one thing to another,* collegare (unire) una cosa ad un'altra — *to join an island to the mainland (with a bridge),* unire un'isola alla terraferma (con un ponte) — *to join two things together,* unire due cose insieme — *to join the pieces together,* connettere i pezzi; mettere insieme i pezzi — *to join two persons in marriage,* unire due persone in matrimonio. **2** unirsi a; raggiungere; congiungersi con: *Will you join us for dinner?,* Volete unirvi a noi (venire con noi) per il pranzo? — *I'll join you in a few minutes,* Vi raggiungerò tra pochi minuti — *He will join me here next week,* Mi raggiungerà qui la settimana prossima — *Where does this stream join the Thames?,* In che punto si congiunge col Tamigi questo corso d'acqua? **3** *(cfr.* **to join up,** *sotto)* arruolarsi; affiliarsi; associarsi; iscriversi: *to join the army,* arruolarsi nell'esercito — *to join a club,* iscriversi ad un circolo.
☐ *vi* **1** unirsi; congiungersi; incontrarsi; riunirsi; toccarsi: *Parallel lines are, by definition, lines that never join,* Le parallele sono, per definizione, linee che non si incontrano mai — *Which two rivers join at Lyons?,*

Quali sono i due fiumi che si congiungono a Lione? **2** associarsi; iscriversi; diventare membro o socio. □ *to join battle,* attaccare battaglia; cominciare a combattere — *to join hands,* darsi la mano; prendersi per mano; *(fig.)* allearsi in un'impresa — *to join forces (with sb),* unire le proprie forze (a qcno); collaborare (con qcno).
to join in, partecipare; prendere parte: *Why doesn't Tom join in the conversation?,* Perché Tom non partecipa alla conversazione? — *May I join in (the game)?,* Posso prendere parte al gioco?
to join up, arruolarsi nell'esercito.
to join up with, (raggiungere per poi) unirsi: *They joined up with the other party of tourists in Rome,* A Roma si unirono all'altro gruppo di turisti.

[1]**joiner** ['dʒɔinə*] *s.* falegname; carpentiere.

[2]**joiner** ['dʒɔinə*] *s. (fam.)* membro di molti circoli, club, ecc.

joinery ['dʒɔinəri] *s.* falegnameria.

[1]**joint** [dʒɔint] *s.* **1** giuntura; punto di congiunzione; *(mecc.)* giunto; *(anat.)* articolazione: *finger-joints,* le articolazioni delle dita — *universal joint,* giunto cardanico — *out of joint, (di ossa)* slogato; *(fig.)* squinternato — *He put his knee out of joint,* Si slogò il ginocchio — *to put sb's nose out of joint, (fig.)* rimpiazzare qcno nell'affetto (o nel favore). **2** *(GB)* taglio di carne: *a slice off the joint,* una fetta di carne *(tagliata da un pezzo già cotto)* — *the Sunday joint,* l'arrosto della domenica. **3** *(sl., spec. USA)* esercizio; spaccio *(di bevande, droghe, ecc.)*; bettola; bisca; *(per estensione)* luogo pubblico in genere *(p.es. albergo, teatro, casa da gioco, ecc.).* **4** *(sl.)* sigaretta alla marijuana.

[2]**joint** [dʒɔint] *agg (di due o più persone)* unito; congiunto; comune; associato: *joint efforts,* sforzi congiunti — *joint ownership,* proprietà comune — *a joint stock company,* una società per azioni — *a joint venture, (comm.)* un'impresa comune; un'associazione in partecipazione (a capitale misto) — *a joint account,* un conto (in banca) intestato a più persone; un conto sociale, collettivo — *during their joint lives, (dir.)* finché rimangono entrambi (o tutti) in vita — *to settle a trade dispute by joint consultation,* regolare una vertenza di lavoro mediante una consultazione congiunta. □ *avv* **jointly** ⇨.

to **joint** [dʒɔint] *vt* **1** congiungere; far combaciare; unire. **2** tagliare, separare i vari pezzi *(di una bestia macellata).*

jointly ['dʒɔintli] *avv* congiuntamente; unitamente; collettivamente: *jointly and severally,* congiuntamente e separatamente.

jointure ['dʒɔintʃə*] *s.* appannaggio *(di vedova).*

joist [dʒɔist] *s.* trave; travetto; travicello.

joke [dʒouk] *s.* **1** barzelletta: *to tell jokes,* raccontare barzellette. **2** scherzo; burla; canzonatura; beffa: *to make (to tell) a joke about sb or sth,* scherzare su qcno o qcsa — *to play a joke on sb,* giocare qcno; fare uno scherzo a qcno. □ *a practical joke,* uno scherzo; un brutto scherzo; un tiro mancino — *the joke of the village (the town ecc.),* lo spasso del villaggio (della città, ecc.) — *It's no joke,* È una cosa seria; Non è uno scherzo; Non c'è niente da ridere.

to **joke** [dʒouk] *vi* scherzare: *He's always joking,* Scherza sempre — *I was only joking,* Stavo solo scherzando — *No joking!,* Ma scherzi?

joker ['dʒoukə*] *s.* **1** burlone; tipo ameno; scherzoso. **2** *(sl.)* tipo; tizio. **3** *(carte da gioco)* 'matta'; 'jolly'.

jokingly ['dʒoukiŋli] *avv* scherzosamente; per ischerzo.

jollification [,dʒɔlifi'keiʃən] *s.* allegria; festa; festosità.

jollity ['dʒɔliti] *s.* allegria; ilarità.

jolly ['dʒɔli] *agg* **1** gioioso; gaio; allegro; euforico; *(talvolta, per estensione)* alticcio. **2** *(fam.)* piacevole; delizioso. □ *the Jolly Roger,* la bandiera dei pirati. □ *avv (fam.)* molto: *Jolly good!,* Molto bene!; Benissimo!; Ottimo!; *(talvolta)* D'accordo! — *I'll take jolly good care not to lend him money again,* Mi guarderò bene dal prestargli di nuovo del denaro.

to **jolly** ['dʒɔli] *vt (fam.)* **1** prendere qcno con le buone; accattivarsi qcno. **2** *to jolly sb along,* tener qcno di buon umore.

jolly-boat ['dʒɔlibout] *s.* iole; scialuppa; piccola lancia.

jolt [dʒoult] *s.* scossa; sobbalzo; urto.

to **jolt** [dʒoult] *vt* far sobbalzare; dare scossoni. □ *vi* procedere a scosse: *The old bus jolted along,* Il vecchio autobus procedeva sobbalzando. □ *to jolt to a stop,* fermarsi con un sobbalzo.

jonquil ['dʒɔŋkwil] *s.* giunchiglia.

Jordanian [dʒɔ:'deinjən] *s.* giordano. □ *agg* giordanico.

joss [dʒɔs] *s.* idolo cinese: *joss house,* tempio cinese — *joss stick,* bastoncino profumato da bruciarsi come incenso *(nei templi cinesi).*

josser ['dʒɔsə*] *s. (sl., desueto)* **1** sempliciotto; stolto. **2** tipo; individuo.

to **jostle** ['dʒɔsl] *vt e i.* urtare; spingere violentemente; dar gomitate: *We were jostled by the crowd,* Fummo sballottati dalla folla — *The pickpocket jostled against me in the crowd,* Il borsaiolo mi urtò nella folla.

jot [dʒɔt] *s. (generalm. in frasi negative)* **1** iota. **2** *(fig.)* nulla; un'acca: *There's not a jot of truth in the story,* Non c'è un briciolo di vero nella storia — *I don't care a jot,* Non me ne importa un'acca (un fico secco).

to **jot** [dʒɔt] *vt* (**-tt-**) *(seguito da* down*)* scribacchiare; prendere appunti in fretta; buttar giù.

jotter ['dʒɔtə*] *s.* taccuino; 'bloc-notes'.

jottings ['dʒɔtiŋz] *s. pl* appunti *(buttati giù alla buona)*; annotazioni rapide.

journal ['dʒə:nl] *s.* **1** giornale; quotidiano; periodico; rivista *(spec. specializzata).* **2** diario. **3** *(mecc.)* zona retta da un supporto *(di albero, perno, ecc.).*

journalese [,dʒə:nə'li:z] *s.* gergo giornalistico.

journalism ['dʒə:nəlizəm] *s.* giornalismo.

journalist ['dʒə:nəlist] *s.* giornalista.

journalistic [,dʒə:nə'listik] *agg* giornalistico.

journey ['dʒə:ni] *s.* viaggio: *a journey of three days; a three days' journey,* un viaggio di tre giorni — *to reach one's journey's end,* terminare il proprio viaggio; *(talvolta, fig.)* morire — *to go on a journey,* andare in viaggio — *the end of the journey,* il 'terminus'; il capolinea.

to **journey** ['dʒə:ni] *vi* viaggiare; fare un viaggio.

journeyman ['dʒə:nimən] *s.* (*pl.* **journeymen**) operaio specializzato.

joust [dʒu:st] *s. (stor.)* torneo; giostra.

to **joust** [dʒu:st] *vi (stor.)* giostrare; torneare.

Jove [dʒouv] *nome proprio* Giove: *By Jove!,* Per Giove!

jovial ['dʒouvjəl] *agg* gioviale; cordiale; allegro. □ *avv* **jovially.**

joviality [,dʒouvi'æliti] *s.* giovialità.

jowl [dʒaul] *s.* **1** mascella; mandibola: *a man with a heavy jowl; a heavy-jowled man,* un uomo dalle mascelle forti — *cheek-by-jowl,* guancia a guancia; vicinissimo. **2** *(di bue)* giogaia. **3** *(di uccello)* gozzo.

joy [dʒɔi] *s.* gioia; allegrezza; gaiezza; felicità; gaudio: *We heard with joy that...,* Apprendemmo con gioia che... — *both in joy and in sorrow,* sia nella gioia sia nel dolore; nella buona come nella cattiva sorte — *the joys of life,* le gioie della vita — *They danced (jumped) with joy,* Si misero a ballare (saltare) dalla gioia — *to be beside oneself with joy,* essere fuori di sé dalla contentezza — *to my great joy,* con mia grande gioia. □ *joy-bells,* campane a festa — *joy-ride, (iron.)* giretto in macchina; gita di piacere *(spec. con automobile rubata o adoperata all'insaputa del proprietario)* — ⇨ *anche* **joy-stick.**

joyful ['dʒɔiful] *agg* gioioso; gaio; giulivo; allegro; felice. □ *avv* **joyfully.**

joyfulness ['dʒɔifulnis] *s.* gioiosità; allegria.

joyless ['dʒɔilis] *agg* senza gioia; triste; malinconico. □ *avv* **joylessly.**

joylessness ['dʒɔilisnis] *s.* tristezza; malinconia; mestizia.

joyous ['dʒɔiəs] *agg* pieno di gioia; gioioso; ilare. □ *avv* **joyously.**

joyousness ['dʒɔiəsnis] *s.* gioiosità.

joy-stick ['dʒɔistik] *s. (di aeroplano)* leva di comando; 'cloche'; sbarra.

jubilant ['dʒu:bilənt] *agg* giubilante; trionfante. □ *avv* **jubilantly.**

jubilation [,dʒu:bi'leiʃən] *s.* giubilo; esultanza.

jubilee ['dʒu:bili:] *s.* giubileo; cinquantenario: *silver jubilee,* 25° anniversario — *golden jubilee,* 50° anniversario — *diamond jubilee,* 60° anniversario.

Judaic [dʒu:'deiik] *agg* giudeo; ebreo.

Judaism [dʒu:'deiizəm] *s.* giudaismo.

judas ['dʒu:dəs] *s. (anche* judas hole*)* spia; spioncino *(in una porta).*

to **judder** ['dʒʌdə(*)] *vi* fremere.

judge [dʒʌdʒ] *s.* **1** giudice *(anche nello sport);* magistrato: *as grave as a judge,* grave (austero) come un giudice — *the judges at a flower show,* i giudici di un'esposizione di fiori — *Judges' rules, (GB)* le norme che stabiliscono il comportamento che la polizia deve tenere nei confronti di una persona arrestata — *judge-made law, (GB)* principi del diritto che scaturiscono dalla giurisprudenza delle corti. **2** *(per estensione)* esperto; conoscitore; intenditore; arbitro: *a good judge of horses,* un buon intenditore di cavalli — *He says the diamonds are not genuine; but then he's no judge,* Dice che i diamanti non sono veri; ma non è poi un esperto. □ *Judges,* I Giudici *(libro del Vecchio Testamento).*

to **judge** [dʒʌdʒ] *vt e i.* **1** giudicare; dare un giudizio; fare da giudice: *God will judge all men,* Dio giudicherà tutti gli uomini. **2** ritenere: *I judge him to be about fifty,* Ritengo che abbia (Gli do) una cinquantina d'anni. **3** decidere; giudicare: *I can't judge whether he was right or wrong,* Non posso giudicare se aveva ragione o torto — *to judge (o judging by) appearances...,* a giudicare dalle apparenze...

judgment, judgement ['dʒʌdʒmənt] *s.* **1** *(spec. dir.)* l'atto del giudicare; giudizio; *(per estensione)* sentenza; punizione; castigo: *to sit in judgment (on a case),* giudicare (un caso) — *to pass judgment,* emettere un giudizio (pronunciare una sentenza) — *the judgment was in his favour,* La sentenza gli fu favorevole — *This failure is a judgment on you for being lazy,* Questo insuccesso è una giusta punizione per la tua pigrizia. **2** giudizio; discernimento; saggezza: *to show good judgment,* mostrare molto discernimento (giudizio). **3** giudizio; valutazione; opinione: *an error of judgment,* un errore di valutazione (di giudizio) — *in my judgment,* a mio giudizio; a mio avviso — *the Day of Judgment; Judgment Day,* il giorno del Giudizio.

judicature ['dʒu:dikətʃə*] *s.* **1** ordinamento giudiziario: *the Supreme Court of Judicature, (GB)* la Suprema Corte di Giustizia. **2** magistratura.

judicial [dʒu(:)'diʃəl] *agg* **1** giudiziario; di un giudice o di un giudizio: *a judicial separation,* una separazione legale — *judicial murder,* assassinio giudiziario *(ingiusta esecuzione capitale)* — *to take (to bring) judicial proceedings against sb,* promuovere (intentare) un'azione giudiziaria contro qcno. **2** imparziale; critico: *a man with a judicial mind,* un uomo con una mente equanime, imparziale. □ *avv* **judicially.**

judiciary [dʒu(:)'diʃiəri] *s.* magistratura; potere giudiziario.

judicious [dʒu(:)'diʃəs] *agg* giudizioso. □ *avv* **judiciously.**

judiciousness [dʒu(:)'diʃəsnis] *s.* assennatezza.

judo ['dʒu:dou] *s.* judo.

judy ['dʒu:di] *s. (sl.)* ragazza.

jug [dʒʌg] *s.* **1** brocca; caraffa; tazzone: *a milk-jug,* una lattiera — *to drink a jug of milk,* bere un tazzone di latte. **2** *(sl.)* prigione; galera.

to **jug** [dʒʌg] *vt* **(-gg-)** *(generalm. al p. pass.)* **1** mettere in una brocca, caraffa, ecc. **2** cuocere o mettere *(lepre, coniglio)* in salmì. **3** *(sl.)* mettere in galera.

jugful ['dʒʌgful] *s.* il contenuto di una brocca.

juggernaut ['dʒʌgənɔ:t] *s.* **1** *(fig.)* moloch; divinità o potenza terribile *(a cui si sacrifica).* **2** *(fam.)* grosso autotreno.

to **juggle** ['dʒʌgl] *vi e t.* **1** fare giochi di prestigio o di destrezza con piatti, palline, cerchi, ecc. **2** *(spesso seguito da* with*)* truccare; svisare; manipolare.

juggler ['dʒʌglə*] *s.* **1** giocoliere; prestigiatore. **2** truffatore; imbroglione.

Jugoslav(ian) ['ju:gou'slɑ:v(iən)] *agg e s.* iugoslavo.

jugular ['dʒʌgjulə*] *agg* giugulare.

juice [dʒu:s] *s.* **1** succo: *a glass of orange juice,* un bicchiere di succo d'arancia. **2** succo *(gastrico).* **3** *(fam.)* benzina; elettricità; forza motrice.

juiceless ['dʒu:slis] *agg* senza succo.

juiciness ['dʒu:sinis] *s.* succosità; sugosità.

juicy ['dʒu:si] *agg* **(-ier; -iest) 1** succoso; sugoso. **2** *(fam.)* interessante; piccante *(di racconto, indiscrezione, ecc.): You've left out all the juicy bits!,* Hai omesso tutti i particolari piccanti!

ju-jitsu [dʒu:'dʒitsu] *s.* judo; jujitsu; lotta giapponese.

juju ['dʒudʒu] *s.* feticcio.

jujube ['dʒu:dʒu:b] *s.* **1** *(bot.)* giuggiola. **2** pasticca gommosa.

juke-box ['dʒu:kbɔks] *s.* juke-box *(apparecchio automatico per suonare dischi).*

julep ['dʒu:lep] *s.* **1** giulebbe. **2** *(USA)* bevanda alcoolica con menta e ghiaccio.

July [dʒu(:)'lai] *s.* luglio.

jumble ['dʒʌmbl] *s.* mescolanza; mistura; confusione; guazzabuglio: *to be in a jumble; to be all of a jumble, (di cose)* essere (tutto) sottosopra — *jumble-sale, (GB)* vendita *(di beneficienza)* di oggetti usati o spaiati.

to **jumble** ['dʒʌmbl] *vi e t.* mescolare; gettare alla rinfusa; confondere.

jumbo ['dʒʌmbou] *s. (fam.)* elefante. □ *attrib* gigante; formato gigante: *jumbo pack,* confezione gigante *(p.es. di detersivo)* — *jumbo prawns,* gamberoni — *Jumbo jet,* aereo a reazione 'Jumbo' *(spec. il 'Boeing' 747, ma anche il DC 10).*

jump [dʒʌmp] *s.* **1** salto; balzo; soprassalto; sussulto: *the long (high) jump,* il salto in lungo (in alto) — *to give sb a jump,* far sobbalzare qcno. **2** *(equitazione,* *atletica)* ostacolo da saltare; staccionata: *water jump,* fosso pieno d'acqua. **3** aumento repentino: *a jump in exports of electrical goods,* un improvviso aumento delle esportazioni di materiale elettrico. □ *the jumps, (fam.)* corea; ballo di San Vito — *He's for the high jump!, (fam.)* La pagherà!

to **jump** [dʒʌmp] *vi* **1** saltare; balzare; saltellare: *to jump to one's feet,* balzare in piedi — *to jump over a fence,* saltare una staccionata — *to jump up and down in excitement,* saltellare (non stare fermo) per l'agitazione — *to jump up out of one's chair,* saltar su dalla propria sedia — *to jump into a taxi,* saltare in un tassì — *to jump from one subject to another,* saltare da un argomento all'altro *(in una conversazione, in un discorso)* — *to jump down sb's throat,* rimbeccare qcno (non lasciargli aprir bocca) — *to jump at an offer, (fig.)* accettare avidamente (buttarsi su) un'offerta — *to jump to conclusions,* giungere a conclusioni affrettate — *to jump for joy,* saltare per la gioia — *Her heart jumped when she heard the news,* Il cuore le balzò in petto quando udì la notizia. **2** salire; aumentare rapidamente *(di prezzo): Oil shares jumped on the Stock Exchange yesterday,* Ieri in Borsa si è avuto un rapido rialzo delle azioni petrolifere — *jumping-off point, (fig.)* punto d'inizio.

□ *vt* **1** scavalcare; superare d'un balzo: *to jump a ditch,* scavalcare un fosso — *to jump the rails, (di treno)* deragliare; uscire dai binari; andare fuori strada — *to jump a claim, (fam., USA)* usurpare i diritti di qcno su un giacimento — *to jump a train, (fam.)* viaggiare in treno clandestinamente — *to jump the queue,* scavalcare la coda; evitare la fila (non aspettare il proprio turno) — *to jump the gun, (generalm. fig.)* partire prima del 'via'. **2** far saltare: *to jump a horse over a fence,* far saltare una staccionata a un cavallo.

□ *to jump on (upon),* riprendere; rimproverare; sgridare; attaccare; cogliere al volo: *The teacher jumped on the inattentive pupil,* Il maestro rimproverò l'alunno disattento.

jumper ['dʒʌmpə*] *s.* **1** *(GB)* golfino; maglione *(da donna).* **2** *(USA)* blusotto in tessuto *(da marinaio);* camiciotto. **3** saltatore *(persona, animale, insetto).* **4** *(elettr.)* ponte; ponticello.

jumpiness ['dʒʌmpinis] *s.* nervosismo; eccitazione; irrequietezza.

jumpy ['dʒʌmpi] *agg* (**-ier**; **-iest**) eccitato; nervoso; irrequieto.

junction ['dʒʌŋkʃən] *s.* **1** congiungimento; congiunzione. **2** nodo ferroviario; stazione *(di raccordo).*

juncture ['dʒʌŋktʃə*] *s.* **1** congiunzione; connessione. **2** congiuntura; frangente: *at this juncture,* in questo frangente; a questo punto.

June [dʒu:n] *s.* giugno: *June bug, (USA)* maggiolino.

jungle ['dʒʌŋgl] *s.* giungla *(anche fig.);* vegetazione lussureggiante: *to hack a path through the jungle,* tagliarsi un sentiero in mezzo alla giungla — *jungle birds and animals,* uccelli e animali della giungla — *jungle cat,* gatto selvatico — *jungle fowl,* pollo selvatico.

jungly ['dʒʌŋgli] *agg* della giungla; simile alla giungla.

junior ['dʒu:njə*] *agg* minore; cadetto; inferiore di età o di grado.

□ *s.* **1** *(di persona)* cadetto; iuniore; *(mil.)* subalterno: *He is my junior by two years,* Ha due anni meno di me — *Junior School, (GB)* scuola elementare. **2** *(USA, a scuola e all'università)* studente del terz'anno.

juniper ['dʒu:nipə*] *s.* ginepro.

[1]**junk** [dʒʌŋk] *s.* rifiuti; rottami; cianfrusaglie: *an attic full of junk,* una soffitta piena di cianfrusaglie — *a junk shop,* un negozio di rigattiere.

[2]**junk** [dʒʌŋk] *s. (naut.)* giunca.

junket ['dʒʌŋkit] *s.* **1** giuncata *(come dolce).* **2** *(desueto)* festa popolare all'aperto; picnic.

to **junket** ['dʒʌŋkit] *vi (desueto)* fare una festa, un picnic.

junketing ['dʒʌŋkitiŋ] *s. (desueto)* il fare feste all'aperto.

junkie ['dʒʌŋki] *s. (sl.)* drogato; tossicomane.

Junoesque [,dʒu:nou'esk] *agg* giunonico.

junta ['dʒʌntə] *s.* giunta *(organo politico-amministrativo).*

junto ['dʒʌntou] *s.* (*pl.* **juntos**) **1** fazione politica. **2** combriccola; cricca.

Jupiter ['dʒu:pitə*] *nome proprio* Giove.

juridical [dʒuə'ridikəl] *agg* giuridico; legale. □ *avv* **juridically.**

jurisdiction [,dʒuəris'dikʃən] *s.* giurisdizione; autorità legale; competenza: *This matter does not come within our jurisdiction,* Questa faccenda non è di nostra competenza.

jurisprudence [,dʒuəris'pru:dəns] *s.* giurisprudenza; filosofia e teoria del diritto.

jurist ['dʒuərist] *s.* giurista.

juror ['dʒuərə*] *s.* giurato.

jury ['dʒuəri] *s.* **1** giuria; i giurati; giurì *(in tribunale): jury-box,* banco dei giurati — *grand jury, (USA e stor.)* giuria preliminare o d'istruttoria. **2** comitato giudicatore; giuria: *the jury of public opinion, (fig.)* il giudizio dell'opinione pubblica.

juryman ['dʒuəri,mæn] *s.* (*pl.* **jurymen**) giurato.

jury-mast ['dʒuərimɑ:st] *s. (naut.)* albero di fortuna.

[1]**just** [dʒʌst] *avv* **1** appena; giusto; or ora: *They have just left,* Sono appena partiti — *His new book is just out (just published),* Il suo nuovo libro è appena uscito.

2 a stento; per un pelo; per poco; appena in tempo: *He just managed to pass the examination,* Riuscì a stento a superare l'esame — *We only just caught the train,* Prendemmo il treno appena in tempo (per un pelo).

3 proprio; esattamente: *It's just two o'clock,* Sono esattamente le due; Sono le due precise (in punto) — *We are just going to start,* Stiamo giusto per partire — *This is just what I wanted,* Questo è esattamente ciò che volevo — *It was just here that the accident happened,* È proprio qui che è accaduto l'incidente — *That's just what I was going to say,* È proprio quello che stavo per dire — *Just so!,* Proprio così!; Esatto!; Esattamente!; Precisamente! — *This is just as good as the other,* Questo vale l'altro — *Leave everything just as you find it,* Lasciate tutto così com'è — *Just as you like!,* Come vuoi! — *I've had just about enough!,* Ne ho avuto proprio abbastanza! — *just about here,* qui attorno; più o meno qui — *just over here (there),* proprio qui (là) — *just now,* - **a)** or ora: *He telephoned me just now,* Mi ha appena telefonato - **b)** proprio adesso: *I'm busy just now,* Sono occupato per il momento — *just then,* proprio allora; in quel (preciso) istante.

4 *(fam., spesso e soprattutto con gli imperativi: non aggiunge nulla, ma sottolinea o ammorbidisce la perentorietà del concetto; talvolta iron.)* solamente; soltanto; un po': *Just listen to him!,* Ascoltatelo un po'; Sentitelo un po'!; Ma sentilo un po'! — *Just look!,* Ma guarda un po'! — *Look at this!; Just taste it!,* Guardate questo!; Provate solo ad assaggiarlo!; Assaggialo soltanto! — *Just feel it!,* Ma sentilo sola-

mente! — *He is just an ordinary man,* È solo un uomo come tutti gli altri — *I've come here just to see you,* Sono venuto qui soltanto per vederti.
5 assolutamente; semplicemente; proprio: *The concert was just splendid,* Il concerto è stato bellissimo — *'Did you enjoy yourselves?' - 'I should just say we did',* 'Vi siete divertiti?' - 'Direi proprio di sì'.

[2]**just** [dʒʌst] *agg* giusto; equo; ragionevole; onesto; legittimo: *a just man,* un uomo giusto — *to be just to sb,* essere giusto con qcno — *to receive one's just deserts,* ricevere il proprio giusto compenso (ciò che ci si merita) — *a just opinion,* un'opinione giusta — *just suspicions,* legittimi sospetti.

justice ['dʒʌstis] *s.* **1** giustizia: *to treat all men with justice,* trattare tutti gli uomini con giustizia — *To do him justice, we must admit that his intentions were good,* Ad essere giusti, dobbiamo riconoscere che le sue intenzioni erano buone — *a court of justice,* una corte di giustizia — *to bring a criminal to justice,* consegnare un criminale alla giustizia — *to do oneself justice,* farsi onore; essere all'altezza di se stesso — *You are not doing yourself justice,* Non ti stai facendo onore — *in justice to,* per essere giusti con — *to do justice to,* fare (rendere) giustizia; fare onore — *He did justice to the dinner,* Fece onore al (Dimostrò di apprezzare il) pranzo. **2** *(GB)* magistrato; giudice *(della 'Supreme Court'): the Lord Chief Justice of England,* il magistrato supremo del sistema giudiziario inglese — *the Lords Justices,* i giudici della Corte d'Appello — *Mr Justice Smith,* il signor giudice Smith — *Justice of the Peace,* 'giudice di pace'; giudice conciliatore.

justiciary [dʒʌs'tiʃiəri] *s.* potere giudiziario.

justifiable ['dʒʌstifaiəbl] *agg* giustificabile; scusabile; comprovabile. □ *avv* **justifiably**.

justification [,dʒʌstifi'keiʃən] *s.* **1** giustificazione; scusa; discolpa. **2** l'atto del giustificare. **3** *(in tipografia)* giustezza.

to **justify** ['dʒʌstifai] *vt* **1** giustificare; difendere; addurre ragioni a discolpa di. **2** giustificare; scusare. **3** *(in tipografia)* mettere a giustezza; allineare.

justness ['dʒʌstnis] *s.* **1** giustizia; equità; equanimità. **2** precisione; esattezza.

to **jut** [dʒʌt] *vi* (**-tt-**) sporgere; spuntare; protendersi: *The window juts out from the wall,* La finestra sporge dal muro.

jute [dʒu:t] *s.* iuta.

juvenile ['dʒu:vinail] *s.* ragazzo; giovanetto.
□ *agg* giovanile; per ragazzi: *juvenile books,* libri per ragazzi — *juvenile delinquency,* delinquenza minorile — *juvenile court,* tribunale dei minorenni.

to **juxtapose** [,dʒʌkstə'pouz] *vt* affiancare; giustapporre.

juxtaposition [,dʒʌkstəpə'ziʃən] *s.* giustapposizione; accostamento.

K

K, k [kei] (*pl.* **K's, k's**) K, k *(undicesima lettera dell'alfabeto inglese): k for king, (al telefono, ecc.)* K come Kursaal.

Ka(f)fir ['kæfə*] *s.* cafro. □ *Kaf(f)irs, (GB, gergo della Borsa)* azioni minerarie del Sud Africa.

kale, kail [keil] *s.* **1** tipo di cavolo verde a foglie ricce; cavolo verza: *Scotch kale,* cavolo rosso. **2** *(in Scozia)* zuppa di cavolo (rosso); *(talvolta)* zuppa di verdure; *(per estensione)* pasto scozzese in cui la zuppa di cavolo costituisce il piatto principale (o unico).

kaleidoscope [kə'laidəskoup] *s.* caleidoscopio *(anche fig.).*

kaleidoscopic [kə,laidə'skɔpik] *agg* caleidoscopico.

kalends ['kælendz] *s. pl* calende.

kangaroo [,kæŋgə'ru:] *s.* canguro. □ *Kangaroos, (GB, gergo della Borsa)* azioni minerarie australiane — *kangaroo closure, (GB: di un dibattito)* scelta di alcune voci dell'ordine del giorno ad esclusione di altre — *kangaroo court,* tribunale spontaneo, illegale *(di operai, carcerati, ecc.)* per processare un 'traditore', un 'crumiro', ecc.

kaolin ['keiəlin] *s.* caolino.

kapok ['keipɔk/'kɑ:-] *s.* capoc; bambagia delle Indie.

karate [kə'rɑ:ti] *s.* karatè.

kayak ['kaiæk] *s.* caiacco *(canoa esquimese);* kayak.

kedgeree [,kedʒə'ri:] *s.* piatto di riso *(caldo o freddo)* con pesce *(spec. affumicato),* uova sode, ecc.

keel [ki:l] *s.* chiglia; carena: *to lay down a keel,* incominciare la costruzione di una nave — *on an even keel, (di una nave)* ben bilanciata; senza movimenti da un lato all'altro; *(fig., di situazione, di persona, ecc.)* tranquillo e regolare.

to **keel** [ki:l] *vt* mettere *(una nave)* su un fianco per ripararla o pulirla.
□ *vi to keel over, (di nave)* capovolgersi; *(fig., di persona)* sconvolgersi; svenire.

to **keelhaul** ['ki:lhɔ:l] *vt (naut., stor.)* punire *(un marinaio)* facendo fare un giro di chiglia; *(fig.)* punire severamente; trattare male; dare una strigliata (a qcno).

¹**keen** [ki:n] *agg* **1** acuminato; aguzzo; affilato; acuto: *a keen wind,* un vento tagliente — *keen sarcasm,* sarcasmo pungente — *keen competition,* concorrenza spietata, agguerrita. **2** *(di sentimenti)* acuto; forte; profondo; intenso. **3** *(della mente o dei sensi)* pronto; attivo; sensibile; acuto: *keen sight,* vista acuta. **4** appassionato; entusiasta: *to be keen on sth (on doing sth), (fam.)* essere appassionato di qcsa; morire dalla voglia (di fare qcsa) — *to be keen on sb,* voler bene a qcno; sentire una forte attrazione per qcno — *Mrs Hill is keen on Tom('s) marrying Stella,* La signora Hill è estremamente favorevole al matrimonio di Tom con Stella — *to be (as) keen as mustard, (fam.)* essere molto entusiasta, pieno di zelo. □ *avv* **keenly.**

²**keen** [ki:n] *s. (irlandese)* lamento funebre.

to **keen** [ki:n] *(irlandese) vi* cantare un lamento funebre. □ *vt* piangere (un defunto) con lamenti funebri.

keenness ['ki:nnis] *s.* **1** acutezza; profondità; intensità. **2** acume; perspicacia. **3** desiderio; entusiasmo; sensibilità; interesse; passione.

keep [ki:p] *s.* **1** sostentamento; mantenimento; vitto (e alloggio); il necessario per vivere: *That servant doesn't earn her keep,* Quella cameriera non si guadagna il pane che mangia. **2** torrione; maschio *(di castello); (fam.)* prigione; gattabuia. **3** *(mecc.)* cappello. **4** **for keeps,** per sempre; davvero; sul serio — *Is this mine for keeps?,* Posso proprio tenermelo?; È mio sul serio?

to **keep** [ki:p] *vt (pass. e p. pass.* **kept**) **1** tenere; mantenere *(vari sensi);* conservare; custodire; avere; trattenere; *(sport)* difendere: *You may keep this,* Puoi tenertelo — *Will you keep these books for me while I'm away?,* Per piacere, vuoi tenermi questi libri durante la mia assenza? — *Keep hold of it,* Tienilo — *Keep the change!,* Tenga pure il resto! — *We'll keep this for tomorrow,* Terremo questo per domani — *to keep sth in mind,* tenere a mente (ricordare, tener presente) qcsa — *to keep a diary,* tenere un diario (un'agenda) — *to keep accounts (the books), (comm.)* tenere la contabilità (i libri contabili) — *to keep a promise,* mantenere una promessa — *to keep one's temper,* mantenere la calma; non arrabbiarsi; non perdere la pazienza — *to keep one's head,* mantenere la calma; non perdere la testa — *to keep faith (with sb),* tener fede, non venir meno alle promesse fatte (a qcno) — *He has a wife and three children to keep,* Deve mantenere moglie e tre figli — *Her father pays for her rent and board but she keeps herself in clothes,* Suo padre le paga vitto e alloggio, ma ai vestiti ci pensa lei — *He keeps a mistress in Highgate,* Mantiene un'amante a Highgate — *a kept woman,* una mantenuta — *God keep you!,* Dio ti guardi! — *to keep goal, (calcio, ecc.)* giocare in porta; difendere la porta — *to keep wicket, (nel cricket)* giocare dietro la porta (difendendola) — *I'm sorry, but we don't keep postcards,* Mi dispiace, ma non vendiamo (non abbiamo) cartoline — *to keep a shop,* esercire, gestire, far funzionare un negozio — *to keep pigs,* allevare maiali — *I won't keep you long,* Non vi tratterrò a lungo — *to keep company,* tenere (fare compagnia) — *to keep one's hand in,* tenersi in esercizio — *to keep a good look-out,* fare buona guardia — *to keep pace (step) with,* andare al passo; procedere di pari passo — *to keep watch,* stare in guardia, all'erta — *to keep good (bad) time, (di orologio)* funzionare bene (male) — *to keep early (late) hours,* andare a letto presto (tardi) — *to keep regular hours,* fare una vita regolata.
2 far stare *(in un determinato modo);* tenere; mantenere; costringere: *Keep the children quiet,* Fa' stare tranquilli i bambini — *The cold weather kept us indoors,* Il cattivo tempo ci costrinse a star chiusi in casa — — *Please keep the fire burning,* Non far spegnere il fuoco, per favore — *to keep the pot boiling, (fig.)* tirare avanti; tenere su la baracca — *I'm sorry I kept you waiting,* Mi dispiace di averla fatta

attendere — *to keep the ball rolling,* tenere viva la conversazione; mandare avanti un'attività; *(fam.)* mandare avanti la baracca — *to keep sb going,* permettere a qcno di tirare avanti — *Will ten pounds keep you going until pay-day?,* Ti bastano dieci sterline fino al giorno della paga? — *The doctors manage to keep him going,* I medici riescono a farlo tirare avanti — *to keep one's balance,* tenersi in piedi, in equilibrio; *(fig.)* star calmo — *Keep your hair on!,* Non arrabbiarti!

3 osservare; celebrare; festeggiare; rispettare: *to keep the Sabbath,* osservare la festa religiosa *(del sabato o domenica, ecc.)* — *to keep the law,* rispettare la legge.

4 accudire; tenere in ordine; badare: *The garden was well kept,* Il giardino era ben tenuto (curato) — *to keep house for sb,* tenere la casa per conto di qcno *(essere responsabile della pulizia, cucina, ecc.)* — *We keep house together,* Ci dividiamo le spese per la casa — *to keep open house,* tener casa aperta.

5 celare; nascondere; tenere per sé: *She kept it from me,* Me lo nascose (Non me ne parlò) — *Can you keep a secret?,* Sai tenere un segreto? — *He kept the news to himself,* Tenne la notizia per sé.

□ *vi* **1** mantenersi; continuare ad essere: *I hope you are keeping well,* Spero che tu stia bene — *Keep cool!,* Stai calmo!; Non perdere la testa! — *Please, keep quiet,* Stai zitto, per piacere.

2 proseguire; continuare a seguire; andare avanti: *We kept on our way all morning,* Per tutta la mattina continuammo la nostra strada — *While that lorry keeps (to) the middle of the road we can't possibly get past it,* Non possiamo sorpassare quel camion finché si tiene al centro della strada — *Keep straight on until you get to the church,* Continui diritto finché non arriva alla chiesa — *to keep track of sth,* tenersi al corrente.

3 *(spesso seguito da* to: *cfr. anche* **to keep to,** *sotto)* rimanere; stare: *to keep to one's bed,* stare a letto; tenere il letto — *Traffic in the United Kindom keeps to the left,* Nel Regno Unito la circolazione stradale avviene sulla sinistra.

4 *(seguito dal gerundio)* continuare; ostinarsi: *Why does she keep giggling?,* Perché continua a ridacchiare? — *My shoe laces keep coming undone,* Le scarpe mi si slacciano continuamente.

5 conservarsi; resistere: *Will this meat keep till tomorrow?,* Questa carne si conserverà fino a domani? — *The news will keep, (fig.)* La notizia può aspettare.

to keep at, dare addosso; non dare pace (a qcno): *They kept at him for payment,* Gli stettero alle costole per farsi pagare — *Keep them at it,* Mettili sotto (Falli lavorare) — *Keep at it!,* Tieni duro!; Non mollare!

to keep away, - **a)** evitare; tenersi lontano (da): *Keep away from the fire,* State lontani dal fuoco — *Why did you keep away?,* Come mai non ti sei fatto più vedere? - **b)** trattenere: *What kept you away?,* Che cosa ti ha trattenuto (lontano)?

to keep back, - **a)** trattenere, trattenersi: *The police had to keep the crowd back,* La polizia dovette trattenere la folla — *Keep back!,* State indietro! - **b)** nascondere; celare: *I will keep nothing back from you,* Non ti nasconderò niente - **c)** tenere (per sé): *Keep back another fifty pence,* Trattieni altri cinquanta pence.

to keep down, - **a)** tenersi giù: *Keep down or they'll see you,* Tienti giù, sennò ti vedono - **b)** controllare; contenere; ritenere: *He couldn't keep down his anger,* Non riuscì a contenere la sua rabbia — *Sodium chlorate will keep down the weeds on the path,* Il clorato di sodio distruggerà le erbacce sul sentiero — *We must keep down expenses,* Dobbiamo contenere le spese — *He couldn't keep his food down,* Non riusciva a ritenere il cibo (Vomitava) - **c)** reprimere; trattenere; frenare: *You just can't keep that man down!, (fam.)* Quel tizio non lo si riesce proprio a frenare!

to keep from, - **a)** *to keep sb from doing sth,* impedire; trattenere: *What keeps you from coming?,* Che cosa ti impedisce di venire? — *We must do something to keep the roof from falling,* Dobbiamo fare qualcosa per impedire che il tetto caschi giù — *to keep oneself from doing sth,* trattenersi dal fare qcsa — *I couldn't keep myself from laughing,* Non potei trattenermi dal ridere - **b)** *to keep sth from sb* ⇨ **to keep** *vt* **5.**

to keep in, - **a)** tener dentro (rinchiuso): *to keep a pupil in,* trattenere un allievo a scuola *(per punizione)* - **b)** continuare: *Will the fire keep in while we are at the theatre?,* Rimarrà acceso il fuoco del caminetto mentre siamo a teatro? - **c)** nascondere; trattenere: *He couldn't keep his indignation in,* Non riuscì a trattenere il proprio sdegno - **d)** *to keep in with sb,* rimanere in buoni rapporti con qcno.

to keep off, - **a)** evitare; astenersi; tenersi lontano: *Keep off the grass,* Non calpestate l'erba - **b)** tenere (tenersi) lontano; stare alla larga: *If the rain keeps off...,* Se non piove... — *Keep your hands off!,* Non toccare!; Giù le mani! — *We made a big fire to keep off the wild animals,* Accendemmo un gran fuoco per tenere lontani gli animali selvatici.

to keep on, - **a)** continuare *(spesso seguito dal gerundio): I'll keep on for a while although I'm tired,* Continuerò (a lavorare) ancora un poco, sebbene sia stanco — *We still keep our gardener on,* Continuiamo ancora a tenerci il nostro giardiniere — *Don't keep on asking silly questions,* Non continuare a fare domande stupide - **b)** *(fam.) to keep on at sb,* molestare (importunare, tormentare) qcno.

to keep out, tenere (tenersi) lontano: *These windows don't keep the cold out,* Queste finestre non proteggono dal freddo — *Danger! Keep out!,* Pericolo! Vietato l'accesso (l'ingresso)! — *Keep out of that quarrel,* Non immischiarti in quella disputa.

to keep to, attenersi; mantenere: *He always keeps to his promises,* Mantiene sempre le sue promesse — *to keep to a strict diet,* attenersi ad una dieta rigorosa — *to keep oneself to oneself, (fam.)* stare sulle proprie; tenersi in disparte; non essere socievole — *Keep to the subject (the point)!,* Attenetevi all'argomento!; Non uscite dal seminato!

to keep under, controllare; domare: *The firemen managed to keep the fire under,* I vigili del fuoco riuscirono a domare l'incendio — *That boy needs keeping under,* Quel ragazzo ha bisogno di disciplina.

to keep up, - **a)** tenersi su; sostenersi; tenere: *If the (good) weather will only keep up...,* Se il bel tempo tenesse... - **b)** mantenere; conservare; mantenere alto: *to keep up appearances,* salvare le apparenze (la faccia) — *Keep up your courage (spirits),* Non scoraggiarti; Su col morale — *We like to keep up old customs,* Ci piace tenere vive le vecchie tradizioni — *They kept up the attack all night,* Continuarono ad attaccare durante tutta la notte — *I've too much work, I can't keep it up,* Ho troppo lavoro; non riesco a farcela - **c)** tenere alzato: *It's wrong to keep the children up so late,* È un errore far stare alzati i bambini fino a un'ora così tarda - **d)** tenersi in esercizio: *You should keep up your French,* Dovresti tenerti in esercizio nel francese - e) *to keep up with,* stare al passo con; competere con — *I can't keep up with you,* Non riesco a tenerti il passo (a starti dietro) — *to keep up with the Joneses, (fig.)* tenere il passo con i signori Jones *(sul piano dei consumi e del tenore di vita);* non sfigurare di fronte ai Jones.

keeper ['ki:pə*] *s.* **1** guardia *(spec. guardiacaccia);* guardiano *(spec. in uno zoo);* custode; sorvegliante. **2** *(sport: =* goalkeeper*)* portiere. **3** *(nei composti)* intendente; controllore: *time-keeper,* - **a)** chi controlla le ore di lavoro *(in una fabbrica);* tempista - **b)** cronometro; orologio - **c)** cronometrista. **4** *(nei composti)* allevatore: *bee-keeper,* apicultore. **5** *(elettr.)* àncora. **6** fermanello.

keeping ['ki:piŋ] *s.* **1** custodia; cura; sorveglianza: *The valuables are in safe keeping,* Gli oggetti di valore sono sotto sicura custodia. **2** allevamento: *bee-keeping,* apicoltura. **3** accordo; armonia: *to be in (out of) keeping with sth,* essere in armonia (in disaccordo) con qcsa.

keeps [ki:ps] *s. pl (nell'espressione* for keeps*)* ⇨ **keep 4.**

keepsake ['ki:pseik] *s.* ricordo; pegno di affetto (di amicizia); oggetto ricordo.

keg [keg] *s.* barilotto: *a keg of brandy,* un barilotto di 'cognac'.

kelp [kelp] *s.* **1** *(bot.)* fuco. **2** ceneri d'alghe.

Kelt [kelt] *s.* ⇨ **Celt.**

ken [ken] *s.* conoscenza; comprensione; *(soprattutto nell'espressione) beyond (o outside) my (our, his) ken,* al di fuori della mia (nostra, sua) comprensione; non alla mia (nostra, sua) portata.

to **ken** [ken] *vt (scozzese:* **-nn-**; *pass. e p. pass.* **kenned** *oppure* **kent***)* = **to know.**

kennel ['kenl] *s.* **1** canile. **2** *(al pl.)* allevamento di cani.

kepi ['keipi] *s. (fr.)* chepì; cheppì *(berretto militare francese).*

kept [kept] *pass e p. pass di* **to keep** ⇨: *(come agg., generalm. nell'espressione) a kept worman,* una mantenuta.

kerb [kə:b] *s. (anche* **curb***)* orlo di marciapiede o di strada: *kerb-stone,* pietra dell'orlo del marciapiede — *(all-up) kerb weight, (fig.)* peso *(di autoveicolo)* in ordine di marcia — *kerb drill,* 'educazione stradale' impartita ai ragazzi.

kerchief ['kə:tʃif] *s.* fazzoletto (da testa).

kerfuffle [kə'fʌfl] *s. (GB, fam., un po' desueto)* litigio; discussione; chiasso; rissa.

kernel ['kə:nl] *s.* **1** nocciolo *(anche fig.);* mandorla: *the kernel of the matter, (fig.)* il nocciolo della questione. **2** seme; chicco.

kerosene ['kerəsi:n] *s.* cherosene; petrolio raffinato.

kestrel ['kestrəl] *s.* gheppio.

ketch [ketʃ] *s. (naut.)* tartana. □ *Jack Ketch* ⇨ **Jack 1.**

ketchup ['ketʃəp] *s.* ketchup *(salsa piccante a base di pomodoro).*

kettle ['ketl] *s.* bollitore; bricco; pentolino. □ *a pretty kettle of fish,* un bel pasticcio — *That's another kettle of fish,* Questo è un altro paio di maniche.

kettle-drum ['ketldrʌm] *s. (mus.)* timpano.

[1]**key** [ki:] *s.* **1** chiave *(spesso fig., attrib.): Put the key in the lock,* Infila la chiave nella serratura — *key-ring,* portachiavi — *Gibraltar has been called the key to the Mediterranean,* Gibilterra è stata definita la chiave del Mediterraneo — *a key position,* una posizione chiave — *the key man,* l'uomo chiave. **2** chiavetta; bietta: *key-groove, (mecc.)* scanalatura; scanellatura; incastro di bietta. **3** *(fig.)* chiave; traccia; guida *(per decifrare qcsa);* leggenda *(p.es. di una carta geografica);* risposta, risposte *(p.es. in fondo ad un libro di testo, di esercizi);* interpretazione; spiegazione; soluzione *(di un testo, esercizio, enigma, ecc.): a key for teachers only,* un libro di esercizi svolti ad uso dell'insegnante. **4** tasto *(di macchina da scrivere, pianoforte, organo, flauto, ecc.).* **5** *(mus. e fig.)* chiave; tono; tonalità: *the key of C major,* la chiave di do maggiore — *in a minor key, (mus.)* in tonalità minore; *(fig.: di stile, discorso, ecc.)* in tono minore, smorzato, sommesso — *all in the same key,* in modo monotono — *to speak in a low (high) key,* parlare con un tono di voce basso (alto) — *key-note,* nota dominante, tonica; *(fig., di un discorso, ecc.)* nota fondamentale. □ *the Power of the Keys, (ecclesiastico)* il potere delle chiavi; il potere ecclesiastico; l'autorità pontificia — *the House of Keys,* il parlamento dell'isola di Man — ⇨ *anche* **keyboard, keyhole, keyless** *ecc.*

to **key** [ki:] *vt* **1** *(mecc.)* inchiavettare; assicurare con chiave, bietta. **2** *(non comune)* provvedere *(un testo, ecc.)* di appendice o di opuscolo con le risposte agli esercizi. **3 to key up,** - **a)** *(mus.)* alzare di tono; accordare (uno strumento) - **b)** *(fig.)* incitare; stimolare; rianimare: *The news keyed him up to a state of great excitement,* La notizia lo mise in uno stato di grande eccitazione.

[2]**key** [ki:] *s.* isolotto; bassa scogliera.

keyboard ['ki:bɔ:d] *s.* tastiera.

keyhole ['ki:houl] *s.* buco della serratura; toppa.

keyless ['ki:lis] *agg* senza chiave.

keynote ['ki:nout] *s.* ⇨ [1]**key 5.**

keystone ['ki:stoun] *s.* **1** *(archit.)* chiave di volta, di arco. **2** *(fig.)* perno; chiave di volta.

khaki ['kɑ:ki] *s.* cachi *(tela di uniforme militare).* □ *agg* (color) cachi.

khalifate ['kɑ:lifeit] *s.* califfato.

khan [kɑ:n] *s.* can; khan.

kibosh ['kaibɔʃ] *s. (fam.)* sciocchezze; fandonie; stupidaggini: *to put the kibosh on sb (sth),* farla finita con qcno (qcsa); mettere fine a qcsa.

kick [kik] *s.* **1** calcio; pedata: *a free kick, (sport)* un calcio libero — *a penalty kick,* un (calcio di) rigore — *to give sb a kick up the backside, (fam.)* dare a qcno un calcio nel sedere — *kick starter,* pedale d'avviamento — *to get more kicks than halfpence,* ricevere più calci che ricompense — *to get the kick, (sl.)* essere sbattuto fuori; essere licenziato. **2** *(fam.)* stimolo; eccitamento; piacere; godimento: *He gets a big kick out of skiing,* Prova un piacere folle a sciare — *to do sth for kicks,* fare qcsa per il gusto di farlo. **3** energia; forza; capacità di reazione. **4** *(fam.: di bevande alcooliche)* forza; effetto stimolante. **5** rinculo *(di fucile, ecc.).*

to **kick** [kik] *vt e i.* **1** calciare; dare calci; tirar calci; prendere a calci; scalciare: *to kick off one's slippers,* togliersi le pantofole scalciando — *to kick a hole in sth,* fare un buco in qcsa a forza di calci — *The baby was kicking and screaming,* Il bambino sgambettava e strillava — *This horse kicks,* Questo cavallo tira calci — *to kick one's heels,* aspettare a lungo; battere i piedi aspettando — *to kick up one's heels, (di cavallo e di persona)* scalciare per la contentezza — *to kick off, (sport)* dare il calcio d'inizio — *to kick a goal, (sport)* fare un goal; segnare. **2** *(generalm. seguito da una particella avverbiale:* out, down, *ecc.)* buttare fuori; espellere malamente; scaraventare fuori; *(fig.)* licenziare: *to kick sb upstairs, (fig.)* dare un calcio a qcno; promuoverlo a più alta carica *(per toglierlo dai piedi)* — *to kick a man out (downstairs),* buttare un uomo fuori della porta (scaraventare qcno giù dalle scale). **3** protestare; resistere; recalcitrare. **4** *(di fucile)* rinculare. □ *to kick the bucket, (sl.)* crepare; tirar le cuoia — *to kick up a fuss (a row), (fam.)* piantare una grana; fare una scenata; 'far casino'.

kickback ['kikbæk] *s. (sl.)* tangente.

kicker ['kikə*] *s.* cavallo che tira calci.

kick-off ['kikɔf] *s. (sport)* calcio d'inizio; *(per estensione)* inizio.

kid [kid] *s.* **1** capretta; capra giovane. **2** *(pelle)* capretto: *a book bound in kid,* un libro rilegato in pelle di capretto — *kid gloves,* guanti di capretto — *kid-glove, (attrib.)* con i guanti; con molto tatto e gentilezza — *Kid-glove methods are useless in war,* I metodi gentili sono inutili in guerra. **3** *(sl.)* marmocchio; bambino: *(spesso attrib.) my kid brother,* il mio fratellino.

to **kid** [kid] *vt* (**-dd-**) *(sl.)* prendere in giro: *You're kidding (me)!,* Stai prendendomi in giro!

kiddy ['kidi] *s. (sl.)* bimbo; piccino.

to **kidnap** ['kidnæp] *vt* (**-pp-**; *USA* **-p-**) rapire *(a scopo di riscatto).*

kidnapper ['kidnæpə*] *s.* rapitore.

kidnapping ['kidnæpiŋ] *s.* rapimento; ratto.

kidney ['kidni] *s.* **1** *(anat.)* rene; *(come cibo)* rognone: *kidney-shaped,* a forma di rene *(p.es. di tavolino)* — *kidney-bean, (GB)* tipo di fagiolo rossiccio; fagiolo nano francese o fagiolo di Spagna. **2** temperamento; tempra: *a man of that kidney,* un uomo di quella fatta.

kill [kil] *s.* **1** *(con l'art. determinativo)* uccisione *(spec. nella caccia e fig.): to be in at the kill, (fam.)* essere presente all'uccisione. **2** preda; cacciagione; caccia; animali uccisi: *There was a plentiful kill,* Si fece una buona caccia.

to **kill** [kil] *vt e i.* **1** uccidere; ammazzare; far morire *(anche fig.): to kill time,* ammazzare (ingannare) il tempo — *to kill two birds with one stone, (fig.)* prendere due piccioni con un fava. **2** *(fig.)* distruggere; mandare all'aria; rovinare: *to kill sb's hopes,* distruggere le speranze di qcno. **3** *(fig.)* neutralizzare *(un colore per contrasto);* sciupare; guastare *(l'effetto di qcsa).* **4** *(fig.)* mettere fine a qcsa; sopprimere; sconfiggere; bocciare: *to kill a proposal,* bocciare una proposta — *to kill a rumour,* mettere fine a una diceria. **5** *(fig.)* opprimere; sopraffare; soffocare *(qcno, di ammirazione, ecc.): to kill sb with kindness,* soffocare qcno di gentilezze — *He was dressed (got) up to kill,* Era vestito con grande eleganza; Era tutto in ghingheri. **6** *to kill off,* liberarsi (di); disfarsi (di); uccidere: *The frost killed off most of the insect pests,* Il gelo uccise gran parte degli insetti nocivi.

killer ['kilə*] *s.* uccisore; chi ammazza; *(sl. giornalistico)* assassino; sicario; 'killer'. □ *humane killer,* strumento per uccidere senza dolore gli animali — *lady-killer,* rubacuori — *killer whale,* orca.

[1]**killing** ['kiliŋ] *agg (fam.)* irresistibile.
□ *avv* **killingly,** *(fam.)* estremamente; 'terribilmente'; 'da morire': *killingly funny,* divertentissimo; buffissimo; divertente da morire.

[2]**killing** ['kiliŋ] *s.* uccisione; assassinio: *mercy killing,* eutanasia — *to make a killing, (fig.)* 'sfondare'; riuscire in pieno.

killjoy ['kildʒɔi] *s.* guastafeste.

kiln [kiln/kil] *s.* forno; fornace: *hop kiln,* essiccatoio da luppoli — *brick kiln,* forno per cuocere i mattoni.

kilo ['ki:lou] *s., abbr di* **kilogram(me)** chilo; chilogrammo.

kilogram(me) ['kiləgræm] *s.* chilogrammo; chilo.

kilt [kilt] *s.* 'kilt'; gonnellino scozzese: *kilted regiments,* reggimenti scozzesi col 'kilt'.

kilter ['kiltə*] *s. (USA, fam.)* buona condizione; ordine: *out of kilter,* in disordine; che non funziona a dovere.

kimono [ki'mounou] *s.* chimono.

kin [kin] *s.* **1** parentela: *next of kin,* i parenti più stretti — ⇨ *anche* **kith. 2** *(fam.)* famiglia; ceppo.

[1]**kind** [kaind] *s.* **1** genere; tipo; varietà; qualità; specie; razza; sorta: *human kind,* il genere umano; l'umanità — *apples of several kinds,* mele di tipo diverso; diverse qualità di mele — *people of this kind,* gente di questa fatta — *What kind of tree is this?,* Che specie di albero è questo? — *What kind of man is he?,* Che razza d'uomo è?; Che tipo è? — *She is the kind of woman who likes to help other people,* È il tipo di donna cui piace aiutare gli altri — *... or something of the kind,* ... o qualcosa del genere — *nothing of the kind,* niente del genere — *... of a kind,* - **a)** ... dello stesso genere: *two of a kind,* due della stessa specie - **b)** *(spreg.)* piuttosto mediocre: *They gave us coffee, of a kind,* Ci diedero del caffè piuttosto mediocre — *a kind of...,* una specie di...; un certo qual...; qualcosa come... — *I had a kind of suspicion that he was cheating,* Avevo un vago sospetto che stesse barando — *in a kind of way,* in un certo qual modo — *per* 'kind of...' ⇨ **3** *sotto.* **2** carattere; natura: *They differ in degree but not in kind,* Differiscono nel grado ma non nella natura — *in kind...,* in natura... *(non in denaro)* — *to repay insolence in kind,* ripagare insolenza con insolenza — *to repay sb in kind, (fig.)* ripagare qcno con la stessa moneta. **3 kind of...,** *(fam., in USA spesso* kinda*) avv* quasi quasi...: *I kind of thought (USA* I kinda thought*) this would happen,* Mi venne da pensare che questo sarebbe accaduto.

[2]**kind** [kaind] *agg* gentile; dolce; tenero; buono; benevolo: *your kind letter of June 20,* la Vostra gentile lettera del 20 giugno — *to be kind to animals,* essere buono con gli animali — *Will you be kind enough (so kind as) to close the door?,* Vuole essere tanto gentile da chiudere la porta? — *It was kind of you to help us,* È stato gentile da parte Sua aiutarci — *kind-hearted,* tenero di cuore; gentile; generoso; amabile. □ *avv* ⇨ [2]**kindly.**

kinda ['kaində] (*USA* = **kind of**) ⇨ [1]**kind 3.**

kindergarten ['kində,gɑ:tn] *s. (tedesco)* asilo infantile; 'giardino d'infanzia'; 'Kinderheim'.

to **kindle** ['kindl] *vt e i.* **1** accendere, accendersi; prendere fuoco; andare a fuoco; dare fuoco; appiccare il fuoco; incendiare, incendiarsi: *This wood is too wet to kindle,* Questo legno è troppo umido per prendere fuoco — *The setting sun kindled the sky, (fig.)* Il sole al tramonto accese il cielo di rosso. **2** *(di sentimenti)* infiammare, infiammarsi; accendere; provocare.

kindliness ['kaindlinis] *s.* gentilezza; amabilità.

kindling ['kindliŋ] *s. (collettivo)* fuscelli; ramoscelli; legna minuta *(che serve per accendere il fuoco).*

[1]**kindly** ['kaindli] *agg* (**-ier; -iest**) gentile; cordiale; amichevole; amabile: *to speak in a kindly tone,* parlare in tono gentile — *to give kindly advice,* dare un consiglio amichevole.

[2]**kindly** ['kaindli] *avv* **1** gentilmente; dolcemente; cortesemente; *(talvolta)* per favore: *to speak kindly to sb,* parlare gentilmente a qcno — *to treat sb kindly,* trattare qcno con dolcezza, amabilmente — *Will you kindly tell me the time?,* Potrebbe dirmi l'ora, per favore? — *Would you kindly leave the room?,* Le spiacerebbe uscire dalla stanza? — *Would you kindly*

leave us in peace?, Ti dispiace lasciarci in pace? **2** agevolmente; con naturalezza; con piacere: *to take kindly to sth (sb),* accettare qcsa (qcno) con piacere, come cosa naturale.

kindness ['kaindnis] *s.* (*pl.* **kindnesses**) gentilezza; cortesia; bontà; amabilità: *He has done (He has shown) me many kindnesses,* Mi ha fatto molte cortesie — *He showed great kindness,* Mostrò una grande amabilità — *to do sth out of kindness,* fare qcsa per bontà (per gentilezza, per generosità).

kindred ['kindrid] *s.* **1** *(con il v. al sing.)* consanguineità; parentela: *to claim kindred with sb,* sostenere di essere parenti con qcno. **2** *(con il v. al pl.)* congiunti; parenti: *Most of his kindred are still living in Ireland,* La maggior parte dei suoi parenti vive ancora in Irlanda.
□ *agg* **1** parente; consanguineo. **2** affine; analogo.

kine [kain] *s. pl (ant.)* mucche; bovini.

kinema ['kinimə] *s. (raro)* cinema.

kinetic [kai'netik/ki-] *agg* cinetico.

kinetics [kai'netiks/ki-] *s. (col v. al sing.)* cinetica.

king [kiŋ] *s.* re *(anche negli scacchi e nel gioco delle carte);* monarca; sovrano governante; *(fig.)* persona ricchissima e influente in un campo industriale: *King George the Fourth,* Re Giorgio Quarto — *the king of beasts,* il re degli animali *(il leone)* — *an oil king,* un re del petrolio; un magnate del petrolio.
□ *king-size(d) cigarettes,* sigarette extra lunghe — *king pin, (mecc.)* perno del fuso a snodo; *(fig.)* punto di forza; fulcro — *king's evil,* scrofolosi — *King's Bench* ⇨ **bench 1**.

kingcup ['kiŋkʌp] *s.* ranuncolo; botton d'oro; fiorrancio delle paludi.

kingdom ['kiŋdəm] *s.* regno *(anche fig.);* reame; mondo: *the United Kingdom,* il Regno Unito — *Thy Kingdom come...,* Venga il Tuo Regno... — *He's gone to kingdom come,* È andato all'altro mondo — *the animal, vegetable, and mineral kingdoms,* i regni animale, vegetale e minerale — *the kingdom of thought,* il mondo del pensiero.

kingfisher ['kiŋ,fiʃə*] *s.* martin pescatore.

kinglike ['kiŋlaik] *agg* regale; regio; di, da re; degno d'un re.

kingly ['kiŋli] *agg* da re; regale.

kingpost ['kiŋpoust] *s. (di capriata)* monaco; ometto.

kingship ['kiŋʃip] *s.* potere reale, sovrano; dignità reale; regalità.

kink [kiŋk] *s.* **1** piegatura; curvatura; inginocchiatura; *(di un cavo, filo, ecc.)* riccio; *(naut.)* cocca. **2** *(fig.)* deformazione mentale; stranezza; perversione.

to **kink** [kiŋk] *vt e i.* piegare, piegarsi.

kinky ['kiŋki] *agg* **1** strano; anomalo. **2** *(per estensione)* pervertito (sessuale). □ *avv* **kinkily**.

kinsfolk ['kinzfouk] *s. pl* parenti; consanguinei.

kinship ['kinʃip] *s.* **1** parentela; consanguineità. **2** affinità *(di carattere).*

kinsman ['kinzmən] *s.* (*pl.* **kinsmen**) parente; congiunto.

kinswoman ['kinz,wumən] *s.* (*pl.* **kinswomen**) parente; congiunta.

kiosk [ki'ɔsk] *s.* chiosco; edicola; cabina telefonica.

kip [kip] *s. (GB, fam.)* **1** posto per dormire. **2** dormitina: *to have a kip,* farsi una dormitina.

to **kip** [kip] *vi (GB, fam.)* (**-pp-**) *(spesso seguito da* down*)* andare a letto; coricarsi; dormire.

kipper ['kipə*] *s.* aringa affumicata.

kirk [kə:k] *s. (scozzese)* chiesa: *the Kirk,* la Chiesa scozzese *(presbiteriana).*

kirtle ['kə:tl] *s. (GB, ant.)* **1** gonna; sottoveste. **2** tunica *(da uomo).*

kismet ['kismet/'kiz-] *s. (voce turca)* destino; fato *('il volere di Allah').*

kiss [kis] *s.* bacio: *to give (sb) the kiss of life,* praticare la respirazione bocca a bocca.

to **kiss** [kis] *vt e i.* baciare; sfiorare con le labbra: *to kiss the children goodnight,* dare il bacio della buonanotte ai bambini — *She kissed away the child's tears,* Con i baci mise fine alle lacrime del bambino — *to kiss the Book,* baciare la Bibbia *(nei giuramenti)* — *to kiss the dust, (fig.)* umiliarsi; essere umiliato; mordere la polvere; *(talvolta)* essere ucciso — *to kiss hands,* fare il baciamano — *to kiss (the Queen's) hands,* fare il baciamano alla regina *(nel ricevere una carica).*

kisser ['kisə*] *s. (GB, sl.)* bocca.

kit [kit] *s.* equipaggiamento *(spec. mil.);* attrezzatura *(per un certo lavoro);* corredo *(per un certo sport): kit-bag,* sacca per l'equipaggiamento; sacco militare — *do-it-yourself kit,* cassetta con tutti gli attrezzi necessari per costruirsi qualcosa da soli.

kitchen ['kitʃin] *s.* cucina: *kitchen garden,* orto — *kitchen maid,* sguattera — *kitchen range,* cucina economica; fornello — *kitchen unit,* arredamento in serie per cucina; 'unibloc' — *kitchen sink,* lavello — *She spends half her life at the kitchen sink,* È una schiava della cucina, dei lavori domestici — *kitchen sink drama, (GB, anni 50 e 60)* teatro 'impegnato', e spesso volutamente sordido, raffigurante la vita della classe operaia — *everything but the kitchen sink, (fam.)* proprio tutto.

kitchenette [,kitʃi'net] *s.* cucinino; cucinotta.

kite [kait] *s.* **1** *(zool.)* nibbio. **2** aquilone: *kite balloon,* pallone drago — *to fly a kite,* far volare un aquilone; *(fig.)* saggiare l'opinione pubblica. **3** *(fam.)* aereo.
□ *kite bill,* cambiale di favore.

kith [kiθ] *s. (solo nell'espressione) kith and kin,* amici e parenti.

kitten ['kitn] *s.* gattino; micino.

kittenish ['kitniʃ] *agg* giocherellone.

kittiwake ['kitiweik] *s.* gabbiano tridattilo.

[1]**kitty** ['kiti] *s.* gattino; micino *(anche come nome).*

[2]**kitty** ['kiti] *s.* **1** posta *(in alcuni giochi delle carte).* **2** *(fam.)* fondo comune; pronta cassa.

kiwi ['ki:wi:] *s.* **1** *(zool.)* kivi. **2** *(fam.)* neozelandese *(spec. riferito ad un membro della squadra nazionale di 'rugby').*

klaxon ['klæksn] *s.* clacson; tromba (d'automobile).

kleptomania [,klept*ou*'meinjə] *s.* cleptomania.

kleptomaniac [,klept*ou*'meiniæk] *s.* cleptomane.

knack [næk] *s.* abilità; destrezza; pratica; trucco: *It's quite easy when you have (o get) the knack (of it),* È facilissimo quando si ha la pratica — *There's a knack in it,* C'è un trucco.

knacker ['nækə*] *s.* **1** commerciante di cavalli vecchi da macello. **2** compratore di navi, case, ecc. in demolizione.

knackered ['nækəd] *agg (nell'espressione, sl.) to be knackered,* essere stanco morto.

knackers ['nækəz] *s. pl* **1** nacchere. **2** *(volg.)* coglioni.

to **knap** [næp] *vt* (**-pp-**) spaccare *(pietre)* col martello.

knapsack ['næpsæk] *s.* zaino *(generalm. piccolo).*

knave [neiv] *s.* **1** *(ant.)* furfante; briccone; canaglia; disonesto. **2** *(carte da gioco)* fante.

knavery ['neivəri] *s. (ant.)* furfanteria; bricconeria; disonestà.

knavish ['neiviʃ] *agg* briccone; furfante; disonesto. □ *avv* **knavishly.**

to **knead** [ni:d] *vt* **1** impastare *(farina, argilla);* mescolare. **2** massaggiare *('impastando' i muscoli).*

knee [ni:] *s.* ginocchio *(anche di un indumento): to be on one's knees,* stare in ginocchio, sulle ginocchia; essere inginocchiati — *to go (down) on one's knees to sb,* inginocchiarsi davanti a qcno — *to bring a person to his knees,* ridurre in ginocchio qcno; sottomettere qcno — *knee-breeches,* calzoni al ginocchio — *knee-cap, (anat.)* rotula; *(sport)* ginocchiera *(di protezione)* — *knee-deep; knee-high, (agg. e avv.)* fino al ginocchio; che raggiunge il ginocchio.

to **kneel** [ni:l] *vi* (*pass. e p. pass.* **knelt**) inginocchiarsi: *Everyone knelt in prayer,* Tutti si inginocchiarono a pregare.

knell [nel] *s. (ant. e lett.)* **1** rintocco funebre. **2** *(fig.)* presagio funesto: *to toll the knell,* suonare la campana a morto — *the knell of her hopes,* la fine delle sue speranze.

knelt [nelt] *pass e p. pass di* **to kneel.**

knew [nju:] *pass di* **to know.**

knickerbocker ['nikəbɔkə*] *s.* **1** *(USA, fam.)* nuovaiorchese. **2** *(al pl.)* 'knickerbockers'; calzoni alla zuava.

knickers ['nikəz] *s. pl* **1** *(GB)* mutande. **2** *(USA, fam.)* = **knickerbocker 2.**

knick-knack ['niknæk] *s. (fam.)* gingillo; soprammobile.

knife [naif] *s.* (*pl.* **knives**) coltello; *(fam.)* bisturi: *pocket-knife,* temperino — *knife-edge,* filo del coltello — *letter-knife,* aprilettere — *paper-knife,* tagliacarte — *under the knife, (fam.)* 'sotto i ferri' — *to get one's knife into sb,* criticare aspramente (sparlare di) qcno; avercela a morte con qcno — *war to the knife,* lotta al coltello; guerra all'ultimo sangue.

to **knife** [naif] *vt* tagliare; accoltellare.

knight [nait] *s.* **1** cavaliere *(titolo onorifico);* campione *(difensore).* **2** *(GB, stor.: propriamente* knight of the shire*)* rappresentante di una contea alla Camera dei Comuni. **3** *(scacchi)* cavallo.

to **knight** [nait] *vt* fare, creare cavaliere; *(stor.)* armare cavaliere.

knighthood ['naithud] *s.* **1** cavalierato; rango e dignità di cavaliere. **2** *(collettivo)* i cavalieri.

knightly ['naitli] *agg* cavalleresco; da cavaliere; gentile.

to **knit** [nit] *vt e i.* (*pass. e p. pass.* **knitted** *o* **knit**) **1** lavorare a maglia; sferruzzare: *to knit stockings out of wool; to knit wool into stockings,* fare (a maglia) delle calze di lana — *to knit sth up,* rammendare qcsa a maglia. **2** unire; attaccare; congiungere, congiungersi; *(di ossa rotte)* saldare, saldarsi: *a closely knit argument,* un'argomentazione serrata — *The two families are knit together by common interests,* Le due famiglie sono unite da interessi comuni. **3** *(delle sopracciglia, della fronte)* aggrottare, aggrottarsi; corrugare, corrugarsi.

knitter ['nitə*] *s.* magliaia; persona che lavora a maglia; chi sferruzza.

knitting ['nitiŋ] *s.* **1** il lavorare a maglia; sferruzzamento: *knitting machine,* macchina per maglieria — *knitting needle,* ago da maglia; ferro da calza. **2** maglia; lavoro a maglia; maglieria: *Her knitting fell to the floor,* Il lavoro a maglia le cadde sul pavimento.

knitwear ['nitwεə*] *s.* lavori o indumenti a maglia; maglieria.

knives [naivz] *s. pl di* **knife.**

knob [nɔb] *s.* **1** pomo; pomello *(di porta, cassetto, bastone); (fam.)* manopola. **2** bitorzolo; protuberanza; nodo *(del legno).* **3** pezzo *(di carbone);* zolla; zolletta *(di zucchero).*

knobbly ['nɔbli] *agg* nodoso; con protuberanze; bitorzoluto.

knock [nɔk] *s.* **1** botta; colpo; bussata: *He got a nasty knock on the head,* Prese una brutta botta in testa — *I heard a knock at the door,* Sentii un colpo alla porta — *Life is full of hard knocks,* La vita è piena di brutti colpi. **2** *(mecc.)* battito in testa; detonazione. **3** *(GB, fam.)* turno del battitore *(cricket).*

to **knock** [nɔk] *vi* **1** colpire; dare dei colpi secchi; battere; bussare: *Someone is knocking at the door,* Qualcuno sta battendo alla porta — *He knocked the bottom out of the box,* Fece saltare via il fondo della scatola (con una serie di colpi) — *to knock the bottom out of an argument, (fig.)* far saltare (distruggere) una tesi — *He knocked his head on (*o *against) the wall,* Picchiò la testa contro il muro.

2 *(sl.)* sparlare; criticare: *Why must he always be knocking his home town instead of boosting it?,* Perché deve sempre parlar male della sua città invece di vantarne i meriti?

3 *(sl.)* colpire; impressionare; stupire; sorprendere: *What knocks me is his impudence,* Quello che mi stupisce è la sua impudenza.

4 *(di un motore)* battere; battere in testa; detonare.

to knock about, - **a)** *(fam.)* girovagare; vagabondare: *He has knocked about all over Asia,* Ha girato tutta l'Asia - **b)** sbatacchiare; maltrattare; colpire ripetutamente: *The ship had been badly knocked about by storms,* La nave era stata fortemente danneggiata dalle tempeste.

to knock (up) against, *(fig.)* imbattersi (in qcno); incontrare: *Who do you think I knocked (up) against in the post office this morning?,* Immagina in chi mi sono imbattuto stamani all'ufficio postale!

to knock back, *(sl.)* bere; ingollare: *to knock back a pint of beer,* ingollare una pinta di birra.

to knock down, - **a)** abbattere; atterrare con un colpo; investire; travolgere: *He was knocked down by a lorry,* Fu investito da un autocarro — *He knocked his opponent down,* Atterrò il suo avversario — *These old houses ought to be knocked down,* Queste vecchie case dovrebbero essere demolite - **b)** *(nelle aste)* aggiudicare: *The painting was knocked down to Smith for only fifty pounds,* Il dipinto venne aggiudicato a Smith per sole cinquanta sterline - **c)** smontare: *The machines will be knocked down before being shipped to the Persian Gulf,* Le macchine saranno smontate prima di essere imbarcate per il Golfo Persico — *knocked-down kits, (comm.)* parti smontate - **d)** *(fam.)* ribassare; ridurre; far ribassare; far ridurre (il prezzo): *He asked five hundred pounds for his car; but I managed to knock him down ten per cent,* Chiedeva cinquecento sterline per la sua automobile, ma riuscii a fargli abbassare il prezzo del dieci per cento.

to knock in, fare entrare a forza di colpi; piantare: *to knock in a nail,* piantare (fare entrare) un chiodo — *to knock the top of a barrel in,* fare entrare a martellate il coperchio di un barile.

to knock off, - **a)** *(fam.)* togliere; sottrarre: *to knock off two shillings from the price,* togliere due scellini dal prezzo - **b)** *(sl.)* fare una pausa; interrompere (il lavoro); smettere; 'staccare': *Let's knock off for tea,* Facciamo una pausa per il tè - **c)** buttare giù; stendere; comporre rapidamente: *to knock off an article for a magazine,* buttare giù un articolo per una rivista - **d)** *(sl.)* ultimare; completare; finire: *to knock off the runs needed to win a cricket match,* completare i punti necessari per vincere una partita di cricket - **e)** *(sl.)* rubare.

to knock on, *(nel rugby)* dare un colpo in avanti alla palla con la mano.

to knock out, - **a)** svuotare *(dando dei colpi): to knock out one's pipe,* svuotare la propria pipa - **b)** *(nella boxe)* mettere al tappeto; mettere ko - **c)** *(fig.)* sbalordire: *She was knocked out by the news,* Fu sbalordita dalla notizia.

to knock over, - **a)** rovesciare - **b)** atterrare; abbattere; *(fig.)* sconvolgere.

to knock together, - **a)** mettere insieme frettolosamente: *The bookshelves were obviously just knocked together,* Era chiaro che gli scaffali erano stati messi assieme in gran fretta - **b)** battere contro; far picchiare: *He was so frightened that his knees knocked together,* Era così spaventato che le ginocchia gli battevano l'uno contro l'altro — *Shall I knock their heads together?,* Devo far loro sbattere la testa?

to knock under, sottomettersi; arrendersi.

to knock up, - **a)** sollevare; mandare in alto *(con un colpo)* - **b)** svegliare (bussando): *Tell him to knock me up at six thirty,* Digli di svegliarmi alle sei e mezza - **c)** approntare; mettere insieme (piuttosto in fretta): *to knock up a meal,* preparare in fretta un pranzo — *to knock up a hut in the garden,* mettere su (alla meglio) una capanna nel giardino - **d)** *(cricket)* segnare; marcare: *He quickly knocked up a century,* Non ha messo molto tempo a segnare cento 'runs' - **e)** sfiancare; affaticare; sfinire: *He was quite knocked up after the long steep climb,* Era proprio sfiancato dopo la lunga, ripida salita - **f)** *(USA, volg.)* mettere incinta.

knockabout ['nɔkəbaut] *agg* **1** chiassoso; pacchiano; *(di rappresentazione teatrale)* farsesco. **2** *(di abiti)* da fatica; da strapazzo.

knock-down ['nɔkdaun] *agg* **1** (*nelle aste:* ⇨ **to knock down, d)** minimo. **2** *(in senso letterale e fig.)* micidiale.

knocked-down ['nɔkd'daun] *agg* (⇨ **to knock down, c**).

knocker ['nɔkə*] *s.* **1** chi batte; chi bussa, ecc. **2** battiporta; battaglio; battente; picchiotto. **3** *(al pl., volg.)* tette.

knock-kneed ['nɔkni:d] *agg* dalle ginocchia rientranti.

knockout ['nɔkaut] *s.* (*abbr.* **K.O.**) **1** colpo che mette fuori combattimento. **2** *(fig., fam.)* cannonata. **3** *(mecc.)* espulsore; estrattore.

□ *agg* **1** che mette fuori combattimento. **2** *(di farmaco, ecc.)* che narcotizza o fulmina: *knockout drops,* gocce che hanno un fulmineo effetto narcotizzante. **3** *(attrib.: di gara sportiva, ecc.)* 'ad eliminazione'. **4** *(attrib.: di asta)* truccata.

knoll [noul] *s.* collinetta; poggio.

[1]**knot** [nɔt] *s.* piovanello maggiore.

[2]**knot** [nɔt] *s.* **1** nodo; *(fig.)* vincolo; legame *(spec. coniugale): to tie a knot in a rope,* fare un nodo ad una corda — *Gordian knot, (anche fig.)* nodo gordiano. **2** fiocco; gala; coccarda. **3** difficoltà; intrico; groviglio; problema: *to tie oneself in (into) knots,* mettersi nei pasticci; cacciarsi nei guai. **4** nodo; sporgenza *(del legno): knot-hole,* buco in una tavola di legno *(da cui il nodo è stato estratto).* **5** gruppo; capannello; crocchio: *People were standing about in knots,* La gente stava qua e là in capannelli. **6** *(naut., ecc.)* nodo: *a vessel of twenty knots,* una nave che fa venti nodi.

to **knot** [nɔt] *vt e i.* (**-tt-**) annodare; legare; annodarsi.

knotty ['nɔti] *agg* **1** nodoso; pieno di nodi. **2** *(fig., di problema)* difficile; spinoso.

knout [naut] *s. (dal russo)* knut; frusta; staffile.

know [nou] *s. (soltanto nell'espressione) to be in the know, (fam.)* essere al corrente, ben informato, addentro alle segrete cose.

to **know** [nou] *vt e i.* (*pass.* **knew**; *p. pass.* **known**) **1** sapere; conoscere; essere a conoscenza (di); avere conoscenza (di); essere informato (su, di); intendersi (di): *Every schoolboy knows that two and two make four,* Ogni scolaro sa che due più due fa quattro — *to know sth by heart,* sapere qcsa a memoria — *He knows a lot of English,* Sa bene l'inglese — *I know Mr Hill but I don't know whether he is here or not,* Conosco il signor Hill ma non so se è qui oppure no — *to know sb by name (by sight),* conoscere qcno di nome (di vista) — *to make sth known,* far conoscere (rendere noto) qcsa — *to let sb know sth,* far sapere qcsa a qcno — *Please let us know your flight number,* La preghiamo di farci sapere il Suo numero di volo — *Oh yes, I know all about that,* Oh, sì, so tutto su questo — *He knows his business; He knows what's what; He knows the ropes; He knows a thing or two,* Sa il fatto suo; La sa lunga — *I wouldn't know,* Non saprei — *There is no knowing (It is impossible to know) when we shall meet again,* Non sappiamo (Non è dato sapere) quando ci incontreremo ancora — *I didn't know about that,* Non ne ero a conoscenza; Non lo sapevo — *'Has Smith been ill?' - 'Not that I know of',* 'È stato ammalato Smith?' - 'No, che io sappia' — *I don't know the chap you mention, but of course I know of him,* Non conosco il tipo di cui parli, ma naturalmente ne ho sentito parlare — *How do (How should) I know?,* E che ne so io?; Come vuoi che io lo sappia? — *You never know,* Non si sa mai — *as far as I know,* per quanto ne so io — *to make oneself known,* presentarsi; farsi conoscere — *to be known to sb,* essere noto a qcno — *He is known to the police,* È noto alla polizia — *to be known as...,* essere conosciuto come... — *He is (well-) known as a successful architect,* È conosciuto come un architetto di successo.

2 provare; fare esperienza; conoscere: *He knew poverty and sorrow in his early life,* Ha conosciuto la povertà e il dolore nei primi tempi della sua vita — *He has known better days,* Ha conosciuto tempi migliori.

3 riconoscere; individuare; sapere riconoscere: *He knows a good play when he sees one,* Sa riconoscere una buona commedia quando ne vede una — *She doesn't know a swallow from a house-martin,* Non sa distinguere una rondine da un rondicchio — *I'd know that face anywhere,* Riconoscerei quella faccia tra mille.

4 *to know how to do sth,* essere capace di far qcsa; saper fare qcsa: *Do you know how to play chess?,* Sei capace di giocare a scacchi?

5 *to know better than to do sth,* avere tanto buonsenso da non far qcsa: *You ought to know better than to go swimming on such a cold day,* Dovresti avere tanto buonsenso da non andare a nuotare in un giorno così freddo.

6 *(stile biblico)* avere dei rapporti sessuali (con).

know-all ['nouɔ:l] *s. (generalm. spreg.)* sapientone.

know-how ['nouhau] *s.* **1** abilità; pratica; capacità pratica. **2** *(industria, ecc.)* informazioni, dati tecnici; 'know-how'.

knowing ['nouiŋ] *agg* furbo; sveglio *(d'intelligenza);* accorto; acuto; intelligente: *a knowing fellow,* un tipo

in gamba, che sa il fatto suo — *a knowing look,* uno sguardo d'intesa.
□ *avv* **knowingly** **1** coscientemente; intenzionalmente. **2** con astuzia; con accortezza: *to look knowingly at sb,* guardare qcno con aria di chi la sa lunga (o di complicità).

knowledge ['nɔlidʒ] *s.* **1** cognizione; consapevolezza. **2** conoscenza; notizia: *general knowledge,* cultura generale — *My knowledge of French is poor,* La mia conoscenza del francese è modesta — *He has a good knowledge of Czech,* Sa bene il ceco — *It has come to my knowledge that...,* Sono venuto a sapere che... — *to the best of my knowledge,* per quanto ne so — *She married without the knowledge of her parents,* Si sposò all'insaputa dei suoi genitori — *carnal kwowledge,* conoscenza carnale. **3** lo scibile; il sapere.

knowledgeable ['nɔlidʒəbl] *agg (fam.)* bene informato; che sa il fatto suo.

known [noun] *p. pass di* **to know** (⇨ *spec. la 1ª accezione).*

know-nothing ['nou,nʌθiŋ] *s.* ignorante.

knuckle ['nʌkl] *s.* **1** nocca; falange: *to give sb a rap over (o on) the knuckles,* dare a qcno un colpo sulle nocche; *(fig.)* rimproverare qcno. **2** *(di animale macellato)* osso di giuntura; *(spesso)* zampino; piedino. **3** *(mecc.)* articolazione; giunto a cerniera.

to **knuckle** ['nʌkl] *vt* colpire, premere con le nocche. □ *to knuckle down to work,* mettersi al lavoro di buona lena — *to knuckle under,* cedere; sottomettersi.

knuckleduster ['nʌkl,dʌstə*] *s.* pugno di ferro.

knurled ['nə:ld] *agg (mecc.)* zigrinato; godronato.

koala [kou'ɑ:lɑ:] *s.* koala.

kohlrabi ['koul'rɑ:bi] *s.* cavolo rapa.

kookaburra [kukə'bʌrə] alcione gigante.

kopje, koppie ['kɔpi] *s. (nel Sudafrica)* collinetta; poggio.

Koran [kɔ'rɑ:n] *s.* Corano.

Korean [kə'riən] *agg e s.* coreano.

kosher ['kouʃə*] *agg* 'kasher'; puro; permesso *(di cibo, ecc., secondo la legge ebraica).* □ *s.* 'kasher'; cibo permesso *(dalla legge ebraica).*

kotow, kowtow ['kou'tau/'kau-] *s.* inchino cinese.

to **kotow,** to **kowtow** ['kou'tau/'kau-] *vi (anche fig.)* inchinarsi umilmente.

kraal [krɑ:l/krɔ:l] *s.* **1** *(nel Sudafrica)* villaggio di capanne cintato. **2** recinto per gli animali domestici.

kremlinology [kremli'nɔlɔgi] *s.* cremlinologia.

kris [kri:s] *s. (anche* creese*)* kris *(pugnale malese).*

krone ['krounə] *s.* corona *(unità monetaria danese, norvegese, svedese).*

kudos ['kju:dɔs] *s. (fam.: dal greco antico)* onore; gloria; stima.

Kurdish ['kə:diʃ] *agg* curdo. □ *s.* curdo *(la lingua).*

L

L, l [el] (*pl.* **L's, l's**) L, l *(dodicesima lettera dell'alfabeto inglese): L for Lucy, (al telefono, ecc.)* L come Livorno — *L plates, (GB)* targhe metalliche obbligatorie sull'automobile di chi impara a guidare.

la [lɑ:] *s. (mus.)* la *(sesta nota della scala musicale).*

laager ['lɑ:gə*/'li:gə*] *s.* **1** *(stor., Sud Africa)* campo; accampamento *(generalm. formato da carri disposti in cerchio).* **2** *(mil.)* parco di automezzi blindati.

to **laager** ['lɑ:gə*/'li:gə*] *vt e i.* far accampare; accamparsi.

lab [læb] *s.* **1** *(abbr. fam. di* laboratory*)* laboratorio (scientifico). **2** *(abbr. fam. di* labour*)* laburista.

label ['leibl] *s.* **1** etichetta; cartellino. **2** *(fig.)* definizione; soprannome; frase fatta. **3** *(archit.)* cornicione; gocciolatoio; modanatura *(di porta o finestra).* **4** *(araldica)* lambello. **5** *(fis.)* marcatura.

to **label** ['leibl] *vt* (**-ll-**; *USA* **-l-**) **1** contrassegnare con un'etichetta; mettere un cartellino; etichettare. **2** *(fig.)* classificare; definire; etichettare: *to label sb as a demagogue,* etichettare qcno come demagogo. **3** *(fis.)* marcare.

labial ['leibjəl] *agg* labiale.

labor ['leibə*] *s. (USA)* = **labour.**

laboratory [lə'bɔrətri/*(USA)* 'læbərətəri] *s.* laboratorio *(scientifico).*

laborious [lə'bɔ:riəs] *agg* **1** laborioso; faticoso; arduo. **2** laborioso; solerte. □ *avv* **laboriously.**

laboriousness [lə'bɔ:riəsnis] *s.* **1** laboriosità; operosità. **2** elaborazione faticosa *(di stile letterario, ecc.).*

labour ['leibə*] *s.* (*USA* **labor**) **1** *(in senso generale, senza art.)* lavoro *(generalm. fisico): manual labour,* lavoro manuale — *Labour and Capital,* il Lavoro e il Capitale — *the Ministry of Labour, (GB)* il Ministero del Lavoro — *overtime labour,* lavoro straordinario — *hard labour for life, (dir.)* lavori forzati a vita — *a labour camp,* una colonia penale. **2** *(in senso particolare: con l'art.)* lavoro; compito; fatica: *the labours of Hercules,* le fatiche d'Ercole — *It's lost labour,* È fatica sprecata — *labour-saving appliances,* apparecchi che fanno risparmiare lavoro e fatica — *a labour of love,* un lavoro fatto con amore. **3** manodopera; (i) lavoratori *(collettivo): skilled labour,* manodopera specializzata — *unskilled labour,* manovalanza; manodopera non specializzata — *the labour market,* la disponibilità di manodopera — *Labour Exchange, (GB)* Ufficio di Collocamento — *Labor Day, (USA)* festa del lavoro *(il primo lunedì di settembre)* — *labor union, (USA)* sindacato. **4** *(GB) Labour; the Labour Party,* il partito laburista; i Laburisti: *the Labour vote,* il voto laburista — *a Labour MP,* un deputato laburista. **5** travaglio del parto; doglie: *a woman in labour,* una donna in travaglio.

to **labour** ['leibə*] *vt e i.* (*USA* **to labor**) **1** lavorare; operare; *(spesso)* sgobbare; lavorar sodo: *to labour for the happiness of mankind,* lavorare per la felicità dell'uomo — *He laboured to complete the task,* Lavorò sodo per portare a termine il compito. **2** muoversi (procedere, funzionare) con difficoltà; avanzare a fatica; lottare *(per uno scopo): a labouring heart,* un cuore affaticato (stanco, travagliato) — *The ship laboured through the heavy sea,* La nave procedeva faticosamente nel mare agitato — *The old man laboured up the hillside,* Il vecchio arrancò su per la collina. **3** specificare; elaborare nei dettagli; insistere nei particolari: *There's no need to labour the point,* Non è necessario insistere su questo punto. **4 to labour under sth,** soffrire per (essere vittima di) qcsa: *to be labouring under a delusion,* essere vittima di un'illusione.

laboured ['leibəd] *agg* (⇨ **to labour 2**) **1** difficile; affaticato: *laboured breathing,* respiro difficile. **2** *(di stile lett.)* elaborato; pesante.

labourer ['leibərə*] *s. (GB)* manovale; bracciante; lavoratore: *day-labourer,* giornaliero; bracciante.

labouring ['leibəriŋ] *agg* (⇨ **to labour 1**) lavoratore: *the labouring classes,* le classi lavoratrici — *a labouring man,* un lavoratore manuale.
□ *s.* manovalanza *(il lavoro).*

labourite ['leibərait] *s. (GB, generalm. spreg.)* laburista.

laburnum [lə'bə:nəm] *s.* avorniello; maggiociondolo; ornello; lamborno.

labyrinth ['læbərinθ] *s. (in vari sensi, anche fig.)* labirinto.

labyrinthine [,læbə'rinθain] *agg* labirintico; eccessivamente intricato.

lac, lakh [læk] *s. (in India e Pakistan)* centomila *(spec. di rupie).*

lace [leis] *s.* **1** *(solo al sing.)* pizzo; trina; merletto: *a lace collar,* un collo di pizzo. **2** *(solo al sing.)* gallone; spighetta. **3** laccio; stringa: *a pair of shoe-laces,* un paio di lacci da scarpe.

to **lace** [leis] *vt e i.* **1** allacciare, allacciarsi. **2** guarnire; ornare di merletti, trine. **3** *to lace into sb, (fam.)* battere (bastonare, frustare) qcno. **4** 'correggere' una bevanda *(aggiungendo alcoolici): tea laced with rum,* tè corretto con 'rum'.

to **lacerate** ['læsəreit] *vt* lacerare; strappare *(anche fig.).*

laceration [,læsə'reiʃən] *s.* lacerazione.

lachrymal ['lækriməl] *agg* lacrimale.

lachrymose ['lækrimous] *agg* lacrimoso.

lacing ['leisiŋ] *s.* **1** allacciamento. **2** laccio; stringa. **3** *(fam.)* bastonatura; fustigazione; strigliata. **4** correzione *(di una bevanda).*

lack [læk] *s.* mancanza; scarsità; difetto: *The plants died for lack of water,* Le piante morirono per mancanza d'acqua — *for lack of anything better,* in mancanza di meglio — *no lack of...,* abbondanza di...

to **lack** [læk] *vt e i.* **1** difettare; mancare di: *He lacked for nothing,* Non gli mancava niente. **2 to be lacking,** essere mancante: *Money was lacking for the plan,* Mancava il denaro per il progetto — *to be lacking in sth,* mancare di qcsa; essere privo di qcsa; non avere qcsa — *He is lacking in courage,* Manca di coraggio

— *He's a bit lacking, (fam.)* È un po' scemo (deficiente).

lackadaisical [,lækə'deizikəl] *agg* apatico; privo di interesse; svogliato. □ *avv* **lackadaisically.**

lackey ['læki] *s.* servo in livrea; lacchè *(anche fig., spreg.);* staffiere.

lacklustre ['læk,lʌstə*] *agg (dell'occhio e fig.)* morto; spento.

laconic [lə'kɔnik] *agg* laconico; conciso. □ *avv* **laconically.**

laconicism, laconism [lə'kɔnisizəm/læ'kɔnizəm] *s.* laconicità.

lacquer ['lækə*] *s.* **1** lacca *(tipo di vernice).* **2** oggetto laccato.

to **lacquer** ['lækə*] *vt* laccare; verniciare a lacca.

lacquey ['læki] *s.* = **lackey.**

lacrosse [lə'krɔs] *s. (canadese, dal fr.)* 'lacrosse'; gioco simile allo 'hockey'.

lactation [læk'teiʃən] *s.* **1** lattazione. **2** allattamento.

lactic ['læktik] *agg* lattico: *lactic acid,* acido lattico.

lacuna [lə'kju:nə] *s.* (*lat.: pl.* **lacunas** *o* **lacunae**) lacuna; mancanza; vuoto.

lacustrine [lə'kʌstrain] *agg* lacustre.

lacy ['leisi] *agg* (**-ier**; **-iest**) fatto di pizzo; simile a pizzo.

lad [læd] *s.* ragazzo; giovanetto.

ladder ['lædə*] *s.* **1** scala (a pioli): *the social ladder,* la scala sociale — *Jacob's ladder,* - **a)** *(naut.)* biscaglina - **b)** *(bot.)* polemonia. **2** *(GB, di calza di donna)* smagliatura.

to **ladder** ['lædə*] *vi (GB, di calze)* smagliare, smagliarsi.

ladder(-)proof ['lædəpru:f] *agg (GB, di calza)* indemagliabile.

laddie ['lædi] *s.* (*appellativo: diminutivo affettuoso di* **lad**) ragazzino.

to **lade** [leid] *vt* (*pass.* **laded**; *p. pass.* **laden**) *(di nave)* caricare.

laden ['leidn] *agg (seguito da* with*)* carico; appesantito *(anche fig.);* oppresso: *trees laden with apples,* alberi carichi di mele — *to be laden with sorrow,* essere oppresso dal dolore — *a mind laden with grief,* un'anima carica di pena.

la-di-da ['lɑ:di'dɑ:] *agg (fam.)* affettato e pretenzioso.

lading ['leidiŋ] *s. (comm., naut.)* carico; nolo: *(generalm. nell'espressione) bill of lading,* polizza di carico.

ladle ['leidl] *s.* **1** mestolo. **2** *(metallurgia)* cucchiaione; secchione di colata.

to **ladle** ['leidl] *vt (spesso seguito da* out*)* scodellare; servire (versare) con un mestolo: *to ladle out honours, (fig.)* elargire onori.

lady ['leidi] *s.* **1** signora; dama; gentildonna; padrona: *the lady of the house,* la padrona di casa — *the lady of the castle,* la castellana — *She looks like a lady,* Ha l'aria distinta, signorile — *lady-love,* donna amata; amorosa; innamorata — *lady's-maid,* cameriera particolare *(della signora)* — *lady-in-waiting,* dama di corte — *a young lady,* una signorina — *a lady-killer,* un rubacuori; *(spreg.)* un donnaiolo — *a lady's man; a ladies' man,* un damerino (cavaliere, cicisbeo). **2** *(forma di cortesia)* donna; signora; moglie; dama: *Ladies and Gentlemen!,* Signore e Signori! — *the officers and their ladies,* gli ufficiali e le loro dame — *my young lady, (fam.)* la mia bella — *Your good lady, (ant., ora spesso scherz.)* Sua (tua, Vostra) moglie. **3** *(con la maiuscola)* 'Lady' *(titolo onorifico dato alle gentildonne: figlia o moglie di 'baron', 'earl', 'marquis', ecc.): Lady Churchill,* lady Churchill — *Lady Mayoress* ⇨ **mayoress.** **4** *the Ladies, (sing.)* la toeletta (il gabinetto, camerino) per donne, per signore: *Is there a Ladies near here?,* C'è un gabinetto qui vicino? **5** *(attrib.)* donna; *(di animale)* femminile: *lady doctor,* dottoressa; medico — *lady dog, (eufemistico per* bitch*)* cagna.

□ *Our Lady,* la Madonna — *Lady-altar,* altare della Madonna — *Lady-Chapel,* la cappella della Vergine *(in una grande chiesa)* — *Lady-Day,* la festa dell'Annunciazione *(il 25 marzo)* — *Lady Bountiful,* la fata benefica *(nelle fiabe)* — *Lady's slipper, (bot.)* pianella della Madonna; cipropedio — *Lady's smock, (bot.)* viola dei pesci; cardamina; crescione dei prati.

ladybird ['leidibə:d] *s.* (*USA anche* **ladybug**) coccinella.

ladylike ['leidilaik] *agg* **1** *(di donna)* signorile; distinta; raffinata; elegante. **2** *(di uomo)* effeminato.

ladyship ['leidiʃip] *s. (appellativo per donne cui compete il titolo di Lady)* Vossignoria (Sua Signoria); Eccellenza.

[1]**lag** [læg] *s.* **1** *(anche* time lag*)* ritardo. **2** isteresi; latenza.

[1]to **lag** [læg] *vi* (**-gg-**) **1** *(spesso* to lag behind, *vt e i.)* attardarsi; restare indietro; trascinarsi: *The lame child lagged behind the others,* Il bambino zoppo si trascinava dietro agli altri. **2** *(mecc., fis.)* ritardare.

[2]**lag** [læg] *s. (GB, sl.)* forzato; condannato *(generalm. nell'espressione): an old lag,* un benemerito delle patrie galere.

[2]to **lag** [læg] *vt* (**-gg-**) rivestire di materiale isolante termico.

lager ['lɑ:gə*] *s.* birra chiara *(di tipo tedesco, danese, ecc.).*

laggard ['lægəd] *s.* persona pigra, molle, inerte.

lagging ['lægiŋ] *s.* materiale termo-isolante.

lagoon [lə'gu:n] *s.* laguna.

lah-di-da ['lɑ:di'dɑ:] *agg* = **la-di-da.**

laid [leid] *pass e p. pass di* **to lay.**

lain [lein] *p. pass di* [2]**to lie.**

lair [lɛə*] *s.* covo; tana di animale selvaggio *(o fig., di briganti, ecc.).*

laird [lɛəd] *s. (scozzese)* proprietario terriero.

laissez-faire ['leisei'fɛə*] *s. (fr.)* **1** non-interferenza. **2** *(econ.)* liberismo.

□ *agg* **1** di non-interferenza. **2** *(econ.)* liberistico: *a laissez-faire policy,* una politica del libero scambio.

laity ['leiiti] *s. (collettivo, sing., preceduto dall'art. determinativo)* **1** i laici; il laicato. **2** i profani; i non esperti.

[1]**lake** [leik] *s.* lago: *the Lake District,* la 'Regione dei Laghi' *(nell'Inghilterra settentrionale)* — *the Lake Poets,* i 'poeti dei laghi'; i 'poeti laghisti' *(spec. Wordsworth, Coleridge e Southey).*

□ *agg attrib* lacustre.

[2]**lake** [leik] *s. (spesso* crimson lake*)* rosso lacca.

lakh [læk] *s.* = **lac.**

lam [læm] *s. (USA, sl.)* fuga: *to take it on the lam,* fuggire.

to **lam** [læm] *vt e i.* (**-mm-**): *(sl.: spesso seguito da* into*)* bastonare; pestare; picchiare.

Lama ['lɑ:mə] *s. (anche con la* l *minuscola)* lama *(prete buddista tibetano).*

lamasery ['lɑ:məʃəri] *s.* monastero buddista tibetano.

lamb [læm] *s.* agnello *(l'animale, la carne e fig.): roast lamb,* arrosto di agnello — *lamb's wool,* lana d'agnello — *the Lamb of God,* l'agnello di Dio. □ *lamb's tails, (GB, bot.)* amenti; gattini.

to **lamb** [læm] *vi (di pecora)* figliare.

to **lambast(e)** [læm'beist] *vt (sl.)* bastonare; picchiare; strapazzare; sgridare aspramente.

lambency ['læmbənsi] *s.* scintillio; luminosità *(anche fig.)*.

lambent ['læmbənt] *agg* **1** lambente; che lambisce. **2** luminoso; raggiante. **3** *(spec. fig., di spirito)* vivace; brillante.

lambkin ['læmkin] *s. (ant., lett. e dial.)* agnellino.

lambskin ['læmskin] *s.* pelle d'agnello *(con la pelliccia o senza)*.

lame [leim] *agg* **1** zoppo; zoppicante: *to go lame,* azzopparsi. **2** *(fig.: di argomento, scusa, ecc.)* zoppicante; inconsistente; che non regge; poco convincente; debole. □ *a lame duck, (fig.)* una persona inerme. □ *avv* **lamely.**

to **lame** [leim] *vt* azzoppare.

lamé ['læmei] *agg e s. (fr.)* laminato; lamé.

lameness ['leimnis] *s.* **1** lo zoppicare; l'essere zoppo. **2** *(fig., di argomento, scusa, ecc.)* inconsistenza; imperfezione; debolezza.

lament [lə'ment] *s.* **1** lamento. **2** lamentazione funebre.

to **lament** [lə'ment] *vt* lamentare; piangere. □ *vi* lamentarsi.

lamentable ['læməntəbl] *agg* lamentevole; doloroso; penoso; deplorevole. □ *avv* **lamentably.**

lamentation [,læmen'teiʃən] *s.* lamentazione; lamento.

to **laminate** ['læmineit] *vt e i.* laminare.

Lammas ['læməs] *nome proprio (stor.)* il primo d'agosto *(festa del raccolto)*.

lammergeier ['læməgaiə*] *s. (voce tedesca)* gipeto; avvoltoio degli agnelli.

lamp [læmp] *s.* lampada; lampadina; lampione; fanale; lume *(anche fig.)*: *lamp-post,* palo di lampione; *(fam.)* spilungone; stanga — *lamp(-)shade,* paralume.

lampblack ['læmpblæk] *s.* nerofumo *(di lampada)*.

lampholder ['læmp,houldə*] *s.* portalampada.

lamplight ['læmplait] *s.* lume di lampada; luce artificiale: *to read by lamplight,* leggere a lume di lampada.

lamplighter ['læmp,laitə*] *s. (stor.)* lampionaio.

lampoon [læm'pu:n] *s.* libello diffamatorio; satira.

to **lampoon** [læm'pu:n] *vt* scrivere un libello *(contro qcno o qcsa)*.

lamprey ['læmpri] *s.* lampreda.

lampshade ['læmp,ʃeid] *s.* paralume.

lance [lɑ:ns] *s.* **1** lancia. **2** fiocina; arpione; rampone. □ *lance-corporal (anche* lance-jack, *sl.),* appuntato *(mil.)*.

to **lance** [lɑ:ns] *vt* incidere *(usando il bisturi)*.

lancer ['lɑ:nsə*] *s.* **1** lanciere. **2** *(al pl.:* the lancers*)* tipo di ballo per quattro o più coppie; lancieri.

lancet ['lɑ:nsit] *s. (med.)* bisturi; lancetta. □ *lancet arch, (archit.)* arco gotico rialzato — *lancet window,* finestra ogivale.

land [lænd] *s.* **1** terra; terraferma: *to travel by land,* viaggiare via terra — *to travel over land and sea,* viaggiare per terra e per mare — *to come in sight of land,* avvistare la terra — *a land breeze,* una brezza di terra — *land-based aircraft,* velivoli con base terrestre — *land-forces, (mil.)* forze terrestri — *land-locked, (di una baia o porto o tratto di mare)* circondato, chiuso dalla terraferma; *(di una nazione)* senza sbocchi sul mare — *land mine,* mina terrestre — ⇨ *anche* **landfall, landlubber. 2** terra; terreno; campagna; campo: *to work on the land,* lavorare la terra — *rough and stony land,* terreno aspro e sassoso — *Land Army, (GB, durante la seconda guerra mondiale)* corpo ausiliario femminile adibito ai lavori nei campi. **3** terra; paese; regione; patria: *my native land,* la mia terra natia; la mia patria — *to visit distant lands,* visitare terre lontane — *the Promised Land,* la Terra Promessa — *the land of the living,* la terra dei viventi; questo mondo — *the land of dreams (infantile: of Nod),* il paese dei sogni. **4** terra; proprietà; dominio; terreno; beni immobili: *How far does your land extend?,* Fino a che punto arriva la vostra proprietà? — *Do you own much land here?,* Possiedi molta terra qui? — *land-agent,* - **a)** amministratore; fattore - **b)** agente terriero *(che si occupa della compra-vendita di terre)* — ⇨ *anche* **landlady, landlord, landmark, landowner. 5** *(mecc.)* colletto; pieno. □ *to see how the land lies,* vedere come stanno le cose; studiare la situazione.

to **land** [lænd] *vt e i.* **1** toccare terra; sbarcare; *(di aereo, ecc.)* atterrare; far atterrare; ammarare; allunare; *(di uccello, insetto, ecc.)* posarsi; *(talvolta)* andare a finire; finire; cadere: *We landed at Brindisi,* Sbarcammo a Brindisi — *The plane landed at Orly,* L'aereo atterrò a Orly — *The pilot landed the plane safely in a field,* Il pilota fece atterrare l'aereo felicemente (senza danno) in un campo — *The book landed on the table with a thud,* Il libro finì sul tavolo con un tonfo sordo — *to land like a cat* (o *on one's feet),* cadere in piedi (come i gatti). **2** mettersi; porsi; cacciarsi; trovarsi: *to land oneself in a mess,* cacciarsi nei guai — *to be landed in a strange city without money or friends,* trovarsi in una città sconosciuta senza soldi e senza amici — *to be landed with a lot of work to do,* trovarsi con un sacco di lavoro da fare. **3** *(fam.)* assestare; sferrare *(un colpo)*: *She landed him one in the eye,* Gli assestò un colpo (Gliene mollò uno) in un occhio. **4** tirare in secco *(un pesce, ecc.)*; *(per estensione)* acchiappare; conquistare; farsi aggiudicare; assicurare: *to land a rich husband,* accalappiare un marito ricco — *to land first prize,* farsi aggiudicare il primo premio — *to land a good job,* riuscire ad ottenere un buon posto di lavoro.

landau ['lændɔ:] *s.* landò.

landed ['lændid] *agg* terriero: *landed property,* proprietà terriera — *a landed proprietor,* un proprietario terriero — *the landed classes,* le classi dei proprietari terrieri.

landfall ['lændfɔ:l] *s. (naut.)* approdo; sbarco *(spec. dopo una lunga traversata)*: *a good landfall,* un approdo rispondente esattamente ai calcoli; uno sbarco in perfetto orario.

landgirl ['lændgə:l] *s. (GB)* elemento del 'Land Army' ⇨ **land 2.**

landgrave ['lændgreiv] *s. (stor.)* langravio.

landing ['lændiŋ] *s.* **1** sbarco; approdo; *(anche* landing place*)* imbarcadero; imbarcatoio; luogo di sbarco: *landing stage,* pontile di sbarco — *landing craft, (naut., mil.)* mezzo da sbarco — *landing party,* reparto (gruppo) da sbarco — *landing net,* retino *(con manico lungo per tirare in secco)*. **2** atterraggio; ammaraggio; *(anche* moon landing*)* allunaggio: *pancake landing,* atterraggio a piatto — *landing field (strip),* campo (pista) d'atterraggio — *landing gear,* carrello *(di un aereo)*. **3** pianerottolo.

landlady ['lænd,leidi] *s.* padrona di casa; affittacamere.

landless ['lændlis] *agg* senza terra; privo di terra.

landlord ['lændlɔ:d] *s.* - **a)** padrone di casa; affittacamere - **b)** padrone; proprietario *(di una pensione, osteria, ecc.)* - **c)** *(dir.)* proprietario *(di un bene immobile)*.

landlubber ['lænd,lʌbə*] *s. (naut., fam.: generalm.*

spreg.) chi non è avvezzo alla vita di mare; 'marinaio d'acqua dolce'; terraiuolo.

landmark ['lændmɑ:k] *s.* **1** pietra di confine. **2** punto di riferimento. **3** *(fig.)* pietra miliare; punto fondamentale; passo; momento.

landowner ['lænd,ounə*] *s.* proprietario terriero; padrone *(di terreni).*

landrail ['lændreil] *s.* re di quaglie.

landscape ['lænskeip] *s.* paesaggio; panorama: *landscape gardening, (GB)* l'arte di dare un aspetto naturale a parchi, giardini, ecc.

landscaping ['lænskeipiŋ] *s.* settore dell'urbanistica che si occupa dell'inserimento armonioso di un edificio, di una strada, ecc., nel paesaggio; *(per estensione)* ambientazione.

landslide ['læn*d*slaid] *s.* **1** frana; slavina. **2** *(fig.)* valanga di voti; (inaspettato) successo politico; improvviso rovesciamento nella ripartizione dei voti durante una elezione: *a Democratic landslide,* una grande (ed inattesa) vittoria del Partito Democratico.

landslip ['læn*d*slip] *s.* frana; slavina.

landsman ['læn*d*zmən] *s.* *(pl.* **landsmen**) uomo di terraferma (non marinaio).

lane [lein] *s.* **1** viottolo; vicolo; sentiero; stradicciola. **2** passaggio fra due ali di persone. **3** *(aeronautica, naut.)* rotta. **4** *(di strada, sport)* corsia: *four-lane traffic,* traffico su quattro corsie. □ *It's a long lane that has no turning, (prov.)* Niente dura in eterno; Il momento arriva per chi sa aspettare.

langsyne ['læŋ'sain] *avv (scozzese)* molto tempo fa. □ *s.* il passato; i vecchi tempi.

language ['læŋgwidʒ] *s.* **1** lingua; favella. **2** lingua; idioma: *language-teacher,* insegnante di lingue *(spec. moderne) — language laboratory,* laboratorio linguistico. **3** linguaggio; modo di esprimersi: *bad language, (GB anche* language*)* linguaggio scorretto, sboccato, osceno — *strong language,* linguaggio forte (volgare, violento).

languid ['læŋgwid] *agg* languido; fiacco; senza energia. □ *avv* **languidly.**

to **languish** ['læŋgwiʃ] *vi* languire; struggersi: *to languish for love,* languire, struggersi d'amore — *a languishing look,* uno sguardo languido.

languor ['læŋgə*] *s.* **1** languore; languidezza; fiacchezza. **2** indifferenza; apatia. **3** afa.

languorous ['læŋgərəs] *agg* **1** languido. **2** che dà languore. □ *avv* **languorously.**

lank [læŋk] *agg* **1** *(di capelli)* liscio. **2** smilzo; scarno.

lanky ['læŋki] *agg* (**-ier**; **-iest**) magro; ossuto; allampanato.

lanolin ['lænəli:n] *s.* lanolina.

lantern ['læntən] *s.* lanterna; *(naut.)* faro. □ *lantern-jawed, (di persona)* dalla faccia macilenta, scarna.

lanyard ['lænjəd] *s.* **1** cordone (portato al collo da marinai o soldati) per il fischietto e il coltello. **2** *(naut.)* (spezzone di) cima; fune.

[1]**lap** [læp] *s.* **1** *(di veste, ecc.)* lembo *(spec. se sollevato per tenervi qcsa).* **2** grembo. □ *lap-dog,* cagnolino — *to live in the lap of luxury, (fig.)* vivere nel lusso.

[2]**lap** [læp] *s.* **1** parte sovrapposta. **2** *(di corda, ecc.)* giro. **3** *(atletica, automobilismo, ecc.)* giro di pista, di circuito; tappa *(anche fig.).*

[1]to **lap** [læp] *vt e i.* (**-pp-**) **1** avvolgere; ricoprire; avviluppare: *to be lapped in luxury,* vivere nel lusso, nelle mollezze. **2 to lap over** ⇨ **to overlap. 3** *(atletica, automobilismo, ecc.)* superare *(d'uno o più giri);* doppiare; completare un giro di pista. **4** *(mecc.)* incastrare; fare giunti a sovrapposizione. **5** lappare; smerigliare.

[3]**lap** [læp] *s.* **1** il lambire; il lappare; leccata. **2** sciabordio.

[2]to **lap** [læp] *vi e t.* (**-pp-**) **1** *(di animali: spesso seguito da* up*)* lambire; leccare; lappare; bere avidamente; *(di persone)* bearsi: *to lap up compliments,* andare in sollucchero per i complimenti. **2** *(di acque)* sciabordare; lambire.

lapel [lə'pel] *s.* risvolto; 'revers'.

lapidary ['læpidəri] *agg* lapidario. □ *s.* lapidario; intagliatore di gemme.

lapislazuli [,læpis'læzjulai] *s.* lapislazzuli.

Laplander ['læplændə*] *s.* lappone.

Lapp, Lappish [læp/'læpiʃ] *agg e s.* lappone *(anche la lingua).*

lapse [læps] *s.* **1** errore; sbaglio; scorrettezza; fallo. **2** *(di tempo)* lasso; intervallo; periodo; decorso. **3** *(dir.)* prescrizione estintiva. **4** *(meteorologia)* gradiente termico.

to **lapse** [læps] *vi* **1** cadere; scivolare; lasciarsi andare: *to lapse into bad habits,* lasciarsi andare a cattive abitudini. **2** *(dir., comm.)* cadere in prescrizione; decadere.

lapwing ['læpwiŋ] *s.* pavoncella.

larboard ['lɑ:bəd] *s.* babordo.

larceny ['lɑ:sni] *s.* *(dir.)* furto; ladrocinio: *petty larceny,* furtarello.

larch [lɑ:tʃ] *s.* larice *(l'albero e il legno).*

lard [lɑ:d] *s.* lardo.

to **lard** [lɑ:d] *vt* lardellare *(anche fig.);* ungere di lardo.

larder ['lɑ:də*] *s.* dispensa; stanza o vano per le vivande.

lardy-dardy ['lɑ:di'dɑ:di] *agg* = **la-di-da.**

[1]**large** [lɑ:dʒ] *agg* **1** grande; vasto; esteso; ampio; spazioso: *a large fortune,* un grosso patrimonio — *a large family,* una famiglia numerosa — *as large as life,* - **a)** in grandezza naturale - **b)** *(fam.)* in persona; in carne e ossa — *In spite of the accusations, there he was as large as life at the party last night,* Nonostante le accuse, si è presentato al ricevimento di ieri sera come se niente fosse — *large-hearted,* di cuore generoso — *large and small farmers,* grossi e piccoli coltivatori — *large-scale,* - **a)** *(anche* on a large scale*)* ampio; su vasta scala; ad ampio raggio - **b)** in scala grande: *a large-scale map,* una cartina in grande scala. **2** vasto; ampio; non limitato: *to give an official large powers,* dare ad un ufficiale ampi poteri. **3** *(del vento)* favorevole. **4** *(nell'espressione avverbiale e aggettivale* **at large**) - **a)** in libertà; libero: *The escaped prisoner is still at large,* Il prigioniero evaso è ancora libero - **b)** senza incarico fisso: *envoy at large,* ambasciatore 'itinerante' - **c)** dettagliatamente; ampiamente; diffusamente; particolareggiatamente; in dettaglio: *to talk (to write) at large,* parlare (scrivere) diffusamente, dettagliatamente - **d)** in generale: *Do people at large approve of the government's policy or not?,* In generale la gente approva o no la politica del governo? - **e)** a caso; senza un obiettivo definito: *to scatter accusations at large,* scagliare accuse a vanvera.

□ *avv* **largely 1** largamente; in gran parte; in grande misura: *His success was largely due to luck,* Il suo successo era largamente dovuto alla fortuna. **2** generosamente; liberamente: *He gives largely to charity,* Elargisce grandi somme alle opere pie.

[2]**large** [lɑ:dʒ] *avv* con vanteria: *to talk large,* parlare con vanteria; vantarsi — *by and large,* complessivamente; tutto considerato.

largeness ['lɑ:dʒnis] *s.* **1** ampiezza; grandezza; vastità. **2** generosità; liberalità.
large-scale ['lɑ:dʒ'skeiəl] *agg attrib* ⇨ [1]**large 1.**
largesse ['lɑ:dʒes] *s. (fr.)* prodigalità; liberalità; generosità.
largish ['lɑ:dʒiʃ] *agg* piuttosto grande; piuttosto ampio.
largo ['lɑ:gou] *s. e avv (mus.)* largo.
lariat ['læriət] *s.* **1** 'lazo'; laccio. **2** pastoia.
[1]**lark** [lɑ:k] *s.* allodola; calandra: *to get up with the lark,* alzarsi di buon'ora.
[2]**lark** [lɑ:k] *s. (fam.)* burla; divertimento; spasso; gioco: *to do sth for a lark,* fare qcsa per scherzo.
to **lark** [lɑ:k] *vi (fam.: generalm. seguito da* about*)* scherzare; celiare; fare burle; giocherellare.
larkspur ['lɑ:kspə:*] *s.* consolida reale.
to **larn** [lɑ:n] *vt e i. (fam. o dial.)* ⇨ **to learn 3.**
larva ['lɑ:və] *s. (pl.* **larvae***)* larva.
larval ['lɑ:vəl] *agg* larvale; di larva.
laryngitis [,lærin'dʒaitis] *s.* laringite.
larynx ['læriŋks] *s.* laringe.
lascivious [lə'siviəs] *agg* lascivo; lussurioso. □ *avv* **lasciviously.**
lasciviousness [lə'siviəsnis] *s.* lascivia.
laser ['leizə*] *s. e attrib* laser.
lash [læʃ] *s.* **1** sferza; frusta; scudiscio. **2** colpo di sferza; frustata; sferzata *(anche fig.): to get twenty lashes,* ricevere venti frustate — *to be sentenced to the lash,* venire condannato alla fustigazione. **3** *(abbr. di* eye-lash*)* ciglio.
to **lash** [læʃ] *vt e i.* **1** frustare; staffilare; scudisciare; sferzare. **2** incitare; eccitare: *to lash oneself into a fury,* andare su tutte le furie. **3** inveire *(contro qcno).* **4** **to lash sth down,** assicurare qcsa con corde, catene, ecc. **5** **to lash out,** - **a)** menare colpi (alla cieca); sferzare: *to lash out at sb, (fig.)* inveire contro qcno - **b)** spendere molto; sperperare; scialacquare: *to lash out on sth, (fam.)* spendere un sacco di soldi su (*o* per) qcsa.
lasher ['læʃə*] *s.* **1** flagellatore; fustigatore. **2** *(GB)* cateratta; rapida; rigurgito.
lashing ['læʃiŋ] *s.* **1** fustigazione. **2** *(GB, al pl., fam.)* abbondanza; 'un mucchio di': *strawberries with lashings of cream,* fragole con montagne di panna.
lass, lassie [læs/'læsi] *s.* **1** ragazza. **2** innamorata.
lassitude ['læsitju:d] *s.* stanchezza; indifferenza; apatia.
lasso ['læsu:] *s. (pl.* lassos *o* lassoes*)* 'lazo'; laccio.
to **lasso** ['læsu:] *vt* prendere, catturare al laccio.
[1]**last** [lɑ:st] **I** *agg* **1** ultimo *(in ordine di tempo o di preferenza);* finale: *December is the last month of the year,* Dicembre è l'ultimo mese dell'anno — *the last time I saw you,* l'ultima volta che ti vidi — *the last two persons to arrive,* le ultime due persone ad arrivare — *last but not least,* ultimo, ma non meno importante — *a last(-)minute appeal,* un appello dell'ultima ora — *He had spent his last dollar,* Aveva speso il suo ultimo dollaro — *This is our last hope,* Questa è la nostra ultima speranza — *She's the last woman I want to sit next to at dinner,* È l'ultima donna vicino alla quale vorrei stare durante il pranzo — *That is the last thing I should expect,* Quella è l'ultima cosa che mi aspetterei — *the last word in electric razors,* l'ultima parola in fatto di rasoi elettrici. **2** scorso; passato: *last night (week),* la notte scorsa (la settimana scorsa) — *last Tuesday; on Tuesday last,* martedì scorso — *last May; in May last,* lo scorso maggio — *this day last week,* una settimana fa. □ *avv* **lastly** ⇨.
II *avv* **1** per ultimo: *I am to speak last at the meeting,* Io devo parlare per ultimo all'assemblea — *The Queen's horse came in last,* Il cavallo della regina arrivò ultimo. **2** l'ultima volta: *She was quite well when I saw her last,* Stava benissimo l'ultima volta che la vidi — *When did you last get a letter from her?,* Quand'è che hai ricevuto la sua ultima lettera? — *When were you in London last (last in London)?,* Quando sei stato l'ultima volta a Londra?
III *s.* **1** l'ultimo, l'ultima: *my last, (stile epistolare)* la mia ultima (lettera) — *These are the last of our apples,* Queste sono le ultime mele che ci sono rimaste — *James II was the last of the Stuart kings,* Giacomo II fu l'ultimo re della dinastia Stuart — *We shall never hear the last of this,* Si continuerà a parlarne per molto — *to (o till) the last,* fino alla fine; fino in fondo; fino alla morte — *faithful to the last,* fedele fino alla fine (fino alla morte) — *to breathe one's last,* esalare l'ultimo respiro. **2** **at last; at long last,** *(espressione avverbiale)* finalmente; alla fine; dopo tanto *(tempo, ritardo): At last we reached London,* Finalmente arrivammo a Londra — *The holidays came at last,* Le vacanze giunsero, finalmente.
[2]**last** [lɑ:st] *s.* forma (da scarpa). □ *to stick to one's last,* mantenersi entro i limiti delle proprie capacità.
to **last** [lɑ:st] *vi* **1** durare; conservarsi; resistere: *How long will the fine weather last?,* Quanto durerà il bel tempo? — *We have enough food to last three days,* Abbiamo cibo a sufficienza per (resistere) tre giorni — *made to last, (di un prodotto)* fatto per durare; robusto; resistente. **2** **to last out,** sopravvivere; durare; sostenere: *He won't last the winter out,* Non sopravviverà all'inverno; Non passerà l'inverno.
lasting ['lɑ:stiŋ] *agg* durevole; duraturo; resistente: *a lasting peace,* una pace duratura. □ *avv* **lastingly.**
lastly ['læstli] *avv* infine; per ultimo: *Lastly I must explain that...,* Infine devo spiegare che...
latch [lætʃ] *s.* **1** saliscendi; nottola; chiavistello: *on the latch,* chiuso col chiavistello. **2** serratura a scatto.
to **latch** [lætʃ] *vt e i.* **1** chiudere o chiudersi col saliscendi, col chiavistello. **2** *to latch on to sb,* attaccarsi, agganciarsi *(a qcno, ad una conversazione).*
latchkey ['lætʃki] *s.* chiave di serratura a scatto; *(per estensione)* chiave di casa: *latchkey children, (fam., GB)* ragazzi che devono badare a se stessi, e perciò hanno la chiave di casa *(perché entrambi i genitori lavorano).*
late [leit] **I** *agg* (**later; latest**) **1** *(predicativo)* tardo; in ritardo: *Am I late?,* Sono in ritardo? — *Sorry I'm late!; Sorry to be late!,* Scusate il ritardo! — *Don't be late!,* Non fare tardi! — *The train was ten minutes late,* Il treno era in ritardo di dieci minuti — *The crops are late this year,* I raccolti sono in ritardo quest'anno.
2 *(attrib.)* tardo; avanzato; inoltrato: *at a late hour,* a un'ora inoltrata — *to keep late hours,* fare le ore piccole — *in the late afternoon,* nel tardo pomeriggio — *in the late summer,* in estate avanzata — *in the late thirties,* alla fine degli anni trenta — *a man in his late thirties,* un uomo verso i quaranta — *late Latin,* tardo Latino — *the late thirteenth century,* il tardo duecento — *the later middle ages,* il tardo medioevo.
3 tardivo: *a late snowfall,* una nevicata tardiva — *late strawberries,* fragole tardive.
4 recente; ultimo: *the late political troubles,* i recenti turbamenti politici — *the latest news; all the latest,* le ultime notizie — *the very latest improvements,* i recentissimi miglioramenti — *Mr Greene has said that his latest novel will be his last,* Il signor Greene ha detto che il suo più recente romanzo sarà anche

l'ultimo in assoluto — *of late,* di recente; recentemente; ultimamente.
5 precedente; ex; passato: *the late prime minister,* l'ex primo ministro.
6 defunto; fu: *her late husband,* il suo defunto marito — *the late king,* il defunto re.
□ *avv* **lately** ⇨.
II *avv* (**later; latest**) **1** tardi: *to get up late,* alzarsi tardi — *to marry late in life,* sposarsi tardi (in età avanzata) — *two years later,* due anni dopo — *to sit (to stay) up late,* stare alzato sino a tardi — *Better late than never,* Meglio tardi che mai — *later on,* dopo; poi; più tardi; in seguito — *as we shall see later on,* come vedremo in seguito — *See you later,* Ci vediamo più tardi — *sooner or later,* prima o poi; una volta o l'altra — *at (the) latest,* al più tardi; al massimo; non più tardi di; non oltre *(in senso temporale).*
2 recentemente; di recente: *I saw him as late as (no later than) yesterday,* L'ho visto non più tardi di ieri.
lateen [lə'ti:n] *agg (solo nell'espressione) lateen sail,* vela latina *(vela triangolare).*
lately ['leitli] *avv* recentemente; ultimamente; in tempi recenti; da poco; di recente; negli ultimi tempi: *Have you been to the cinema lately?,* Sei stato al cinema ultimamente? — *We haven't been there lately,* Non ci siamo stati di recente — *It's only lately that she has been well enough to go out,* È solo da poco che sta abbastanza bene per poter uscire.
lateness ['leitnis] *s.* tardezza; ritardo: *given the lateness of the hour...,* data l'ora tarda, avanzata...
latent ['leitənt] *agg* latente; nascosto; segreto.
later ['leitə*] *compar di* **late.**
lateral ['lætərəl] *agg* laterale. □ *avv* **laterally.**
latest ['leitist] *superl di* **late.**
latex ['leiteks] *s.* lattice.
lath [lɑ:θ/*(USA)* læθ] *s.* assicella; stecca; listello; canniccio.
lathe [leið] *s.* tornio.
lather ['lɑ:ðə*/*(USA)* 'læðə*] *s.* **1** schiuma di sapone; saponata *(per la barba).* **2** *(di cavallo)* schiuma. **3** *(fig., fam.)* ansia; ira.
to **lather** [' lɑ:ðə*/*(USA)* 'læðə*] *vt e i.* **1** insaponare *(spec. la faccia).* **2** fare la schiuma; schiumare: *Soap does not lather in sea-water,* Il sapone non fa la schiuma nell'acqua di mare. **3** *(di cavallo, ecc.)* coprire di schiuma. **4** *(fam.)* picchiare; bastonare.
Latin ['lætin] *agg* latino: *(neo-)Latin languages,* lingue neolatine — *Latin America,* l'America Latina — *Latin-American,* sudamericano; dell'America Latina — *the Latin Quarter, (a Parigi)* il Quartiere Latino.
□ *s.* latino; la lingua latina.
to **latinize** ['lætinaiz] *vt* **1** latinizzare. **2** *(talvolta)* volgere in latino.
latish ['leitiʃ] *agg* piuttosto tardi; tardivo. □ *avv* sul tardi.
latitude ['lætitju:d] *s.* **1** latitudine. **2** *(al pl.)* regioni; climi; latitudini. **3** larghezza (di vedute); libertà; tolleranza. **4** *(scherz.)* larghezza.
latitudinarian ['læti,tju:di'nεəriən] *agg e s.* latitudinario; (persona) tollerante in fatto di religione.
latrine [lə'tri:n] *s.* latrina.
latter ['lætə*] *agg* più recente; posteriore; ultimo *(generalm. di due): latter-day,* recente; moderno — *the latter end,* la parte finale *(d'un periodo storico, della vita, ecc.).* □ *avv* **latterly,** ultimamente; recentemente; ai nostri giorni; oggigiorno.
□ *s. the latter,* il secondo; l'ultimo *(di due);* quest'ultimo.
lattermost ['lætəmoust] *agg* ultimo; estremo; più recente.
lattice ['lætis] *s.* grata; graticola; traliccio.
latticed ['lætist] *agg* munito di grate.
Latvian ['lætviən] *agg e s.* lettone *(anche la lingua).*
laud [lɔ:d] *s. (ant.)* **1** lode. **2** *(al pl.: lauds)* laudi.
to **laud** [lɔ:d] *vt (ant.)* lodare; rendere grazie; glorificare.
laudable ['lɔ:dəbl] *agg* lodevole. □ *avv* **laudably.**
laudanum ['lɔdnəm] *s.* làudano.
laudatory ['lɔ:dətəri] *agg* laudatorio.
laugh [lɑ:f] *s.* risata; riso; ilarità: *We've had a good many laughs over his foolishness,* Ci siamo fatti un bel po' di risate sulla sua stupidità — *to break into a laugh,* scoppiare a ridere — *to raise a laugh,* suscitare l'ilarità; fare ridere — *to have (to get) the laugh of sb,* ridere alle spese di qcno — *What a laugh!,* Che spasso!
to **laugh** [lɑ:f] *vi* ridere: *His jokes made everyone laugh,* Le sue battute fecero ridere tutti — *to laugh in sb's face,* ridere in faccia a qcno — *to laugh up one's sleeve,* ridere sotto i baffi — *to make sb laugh on the other side of his face,* far passare dal riso al pianto; far passare la voglia di ridere — *He laughs longest who laughs last; He who laughs last laughs longest, (prov.)* Ride bene chi ride ultimo.
□ *vt* esprimere, manifestare (ridendo): *She laughed her pleasure,* Manifestò il suo piacere ridendo — *to laugh oneself sick,* sbellicarsi dal ridere.
to laugh at, - **a)** ridere per (qcsa): *to laugh at a joke (a funny story),* ridere per uno scherzo (per una storiella divertente) - **b)** ridere di; ridicolizzare; farsi beffe di (qcno): *It is unkind to laugh at a person who is in trouble,* Non è gentile farsi beffe di una persona che è nei guai - **c)** ridersi di; non considerare; disprezzare (qcno, qcsa): *to laugh at difficulties,* ridersi delle difficoltà.
to laugh away, dissipare, eliminare (qcsa) ridendo: *to laugh away sb's doubts,* dissipare ridendo i dubbi di qcno.
to laugh down, mettere a tacere, respingere ridendo: *They laughed the proposal down,* Con le loro risa misero la proposta fuori discussione.
to laugh off, tirarsi fuori; eludere o superare ridendo: *to laugh off an embarrassing situation,* superare (tirarsi fuori da) una situazione imbarazzante con una risata.
to laugh over, ridere di (qcsa): *to laugh over a letter,* ridere (per il contenuto) di una lettera.
laughable ['lɑ:fəbl] *agg* comico; ridicolo; tale da suscitare il riso. □ *avv* **laughably.**
laughing ['lɑ:fiŋ] *s.* risata; riso: *It's no laughing matter,* Non è cosa da ridere.
□ *agg* allegro; che fa ridere; ridente; che manifesta gioia o divertimento: *laughing faces,* facce ridenti — *laughing gas,* gas esilarante — *laughing-stock,* zimbello. □ *avv* **laughingly.**
laughter ['lɑ:ftə*] *s.* risata: *to roar with laughter,* ridere rumorosamente — *to burst into laughter,* scoppiare a ridere.
¹launch [lɔ:ntʃ] *s.* **1** varo *(di una nave).* **2** lancio *(di missile, ecc.).*
to **launch** [lɔ:ntʃ] *vt e i.* **1** *(naut. o fig.)* varare. **2** lanciare, lanciarsi *(anche fig.): launching pad,* rampa di lancio (per missili) — *He's launching out!,* Si lancia!; Si sta lanciando! **3** sferrare: *to launch an attack upon the enemy,* sferrare un attacco contro il nemico. **4** *to*

launch out into sth, intraprendere, imbarcarsi *(in una impresa, ecc.).*

[2]**launch** [lɔːntʃ] *s.* lancia; scialuppa; motolancia.

launching ['lɔːntʃiŋ] *s.* **1** varo *(di una nave).* **2** lancio *(di un missile, ecc.).*

to **launder** ['lɔːndə*] *vt e i.* lavare e stirare.

launderette [ˌlɔːndə'ret] *s.* lavanderia automatica, a gettoni.

laundress ['lɔːndris] *s.* lavandaia; stiratrice.

laundry ['lɔːndri] *s.* **1** lavanderia. **2** *(al sing.)* il bucato; la biancheria da lavare o lavata: *Has the laundry come back yet?,* Hanno già riportato la biancheria? — *laundry-man,* lavandaio.

laureate ['lɔːriit] *agg* cinto *(alle tempie);* coronato di alloro: *Poet Laureate,* poeta laureato; poeta ufficiale, di Corte — *Nobel Laureate,* premio Nobel.

laurel ['lɔrəl] *s.* alloro; lauro.

lav [læv] *s.* (*fam., abbr. di* **lavatory**) gabinetto; latrina.

lava ['lɑːvə] *s.* lava.

lavatory ['lævətəri] *s. (GB)* gabinetto; latrina.

to **lave** [leiv] *vt (poet.)* lavare, lavarsi; bagnare; fluire.

lavender ['lævində*] *s.* lavanda *(la pianta e i suoi fiori): lavender water,* acqua di lavanda.

lavish ['læviʃ] *agg* **1** prodigo; generoso. **2** abbondante; eccessivo. □ *avv* **lavishly.**

to **lavish** ['læviʃ] *vt* donare prodigalmente.

law [lɔː] *s.* **1** legge; decreto legge; regola; regolamento; principio: *law-abiding,* rispettoso delle leggi — *law-breaker,* trasgressore della legge — *law-giver (-maker),* legislatore — *by-law,* regolamento (leggina) locale, comunale — *to lay down the law,* stabilire la legge; *(fig.)* dettar legge — *to be a law unto oneself,* fare a modo proprio; far parte a se stesso — *Necessity knows no law,* Necessità non conosce legge — *the laws of perspective,* le leggi della prospettiva — *the laws of cricket,* le regole del 'cricket' — *Newton's law,* il principio di Newton.

2 (la) legge; l'insieme delle leggi; il diritto: *statute law,* la legislazione — *case law,* la giurisprudenza — *All men are equal before the law,* La legge è uguale per tutti; Tutti sono uguali di fronte alla legge — *If a man breaks the law he can be punished,* Chi viola la legge può essere punito — *Does the law allow me to do this?,* Mi permette la legge di fare questo? — *to read law,* studiare giurisprudenza; frequentare la facoltà di legge — *canon law,* diritto canonico — *civil (criminal) law,* diritto civile (penale) — *the common law,* la legge inglese (non scritta) — *the law of the jungle,* la legge della giungla.

3 la professione legale; i tribunali; gli avvocati; la giustizia: *to resort to law,* fare ricorso alla giustizia — *to have recourse to the law,* adire le vie legali; ricorrere alle vie legali — *to go to law against sb; to have the law on sb, (fam.)* procedere per legge, ricorrere alla giustizia contro qcno — *to go in for the law,* studiare da avvocato — *to practise law,* esercitare, darsi all'avvocatura — *the law-courts,* le corti di giustizia; i tribunali — *law-officer,* magistrato; ufficiale giudiziario — *attorney at law, (USA)* avvocato — ⇨ *anche* **law-breaker, lawgiver, lawsuit.**

4 *parents-in-law (fam.: in-laws),* suoceri — *mother-in-law,* suocera — *father-in-law,* suocero — *daughter-in-law,* nuora — *son-in-law,* genero — *sister-in-law,* cognata — *brother-in-law,* cognato.

lawbreaker ['lɔːˌbreikə*] *s.* violatore della legge; trasgressore.

lawful ['lɔːful] *agg* legale; legittimo; lecito; consentito. □ *avv* **lawfully.**

lawgiver ['lɔːˌgivə*] *s.* legislatore.

lawk(s) [lɔːk(s)] *interiezione (fam., dial.: di sorpresa, stupore)* perbacco!; toh!

lawless ['lɔːlis] *agg* **1** fuorilegge; senza legge. **2** illegale; arbitrario. **3** sregolato; disordinato; sfrenato. □ *avv* **lawlessly.**

lawlessness ['lɔːlisnis] *s.* **1** mancanza di legge. **2** illegalità; arbitrio. **3** sregolatezza; sfrenatezza.

lawmaker ['lɔːˌmeikə*] *s.* legislatore.

[1]**lawn** [lɔːn] *s.* campo erboso; prato rasato (all'inglese): *lawn-mower,* falciatrice — *lawn tennis,* tennis su campo *(di terra battuta, di erba o di cemento).*

[2]**lawn** [lɔːn] *s. (tela)* batista.

lawsuit ['lɔːsjuːt] *s.* causa; lite; processo (civile).

lawyer ['lɔːjə*] *s.* avvocato; legale; giurista.

lax [læks] *agg* **1** negligente; disattento. **2** rilassato; poco severo. **3** *(dell'intestino)* in movimento; rilassato. □ *avv* **laxly.**

laxative ['læksətiv] *s. e agg* lassativo.

laxity ['læksiti] *s.* **1** negligenza; trascuratezza. **2** rilassatezza.

[1]**lay** [lei] *s.* **1** configurazione; disposizione; posizione *(del terreno, ecc.): the lay (lay-out) of the land,* la configurazione del terreno. **2** partecipazione agli utili; interessenza. **3** *(naut.)* commettitura *(dei fili d'una corda).* **4** ostricaio; luogo di cultura delle ostriche. **5** *(volg.)* rapporto sessuale; 'partner' in un rapporto sessuale (*cfr.* **to lay 10**).

to **lay** [lei] *vt e i.* (*pass. e p. pass.* **laid**) **1** posare; porre; mettere; stendere; applicare: *to lay bricks,* posare mattoni — *to lay one's hand on sb's shoulder,* posare una mano sulla spalla di qcno — *A new submarine cable was laid between England and Holland,* Un nuovo cavo sottomarino venne posato tra l'Inghilterra e l'Olanda — *He had laid the foundation of his future success,* Aveva posto le basi del suo futuro successo — *to lay a snare (a trap, an ambush) for sb,* tendere un laccio (una trappola, un'imboscata) a qcno — *to lay siege to a fortress,* porre l'assedio ad una fortezza — *to lay one's hands on sth,* - **a)** mettere le mani su qcsa; trovare qcsa: *He keeps everything he can lay his hands on,* S'impossessa di quanto gli capita sottomano — *I have the book somewhere, but I can't lay my hands on it just now,* Ho il libro qui da qualche parte, ma non riesco a trovarlo così su due piedi - **b)** mettere le mani addosso a qcno; usargli violenza: *How dare you lay (your) hands on me?,* Come osate mettermi le mani addosso? — *He laid violent hands upon himself, (ant., lett.)* Usò violenza a se stesso (Si suicidò; *oppure* Tentò di suicidarsi) — *to lay hands on sb,* imporre le mani sul capo di qcno; cresimare, consacrare qcno *(diacono, prete, vescovo)* — *to lay one's hopes on sth,* porre le speranze, fare molto affidamento su qcsa; avere molta fiducia in qcsa — *to lay great (little) store upon sth,* tenere in grande (scarsa) considerazione qcsa — *to lay stress (emphasis, weight) on sth,* dare evidenza, risalto, peso a qcsa; sottolineare, accentuare, dare importanza a qcsa — *to lay sth at sb's door (to sb's charge),* ritenere qcno responsabile di qcsa; biasimare qcno per qcsa — *Please, don't lay your misfortunes at my door,* Per piacere non dare a me la colpa delle tue sventure.

2 *(con vari aggettivi, ecc.)* porre; ridurre; lasciare; rendere: *to lay waste,* devastare — *to lay sb to rest,* seppellire qcno — *to lay sth bare,* rivelare, mostrare qcsa — *He laid his heart bare,* Mise a nudo il suo cuore — *to lay sb low,* far cadere qcno — *The blow laid him low,* La sventola lo mandò a terra — *I was laid low by influenza,* L'influenza mi costrinse a letto — *to lay oneself open to sth,* prestare il fianco a qcsa;

esporsi a *(maldicenze, calunnie, ecc.)* — *to lay sb (fast) by the heels,* mettere qcno ai ceppi; arrestare, incarcerare, prendere qcno.
3 deporre; fare *(le uova): Are your hens laying yet?,* Fanno già le uova le vostre galline? — *new-laid eggs,* uova fresche (di giornata, 'da bere').
4 ricoprire; rivestire; foderare: *to lay a floor with a carpet,* coprire un pavimento con un tappeto — *to lay colours on canvas,* stendere colori su una tela — *to lay a wall with paper,* rivestire un muro con carta da parati.
5 preparare; apparecchiare; elaborare: *to lay the table for breakfast,* preparare la tavola per la colazione — *to lay the fire,* sistemare legna, ecc., nel focolare — *He laid his plans carefully,* Elaborò accuratamente i suoi piani.
6 imporre; dare *(un ordine, la colpa): to lay heavy taxes on tobacco and wine,* imporre forti tasse sul tabacco e sui vini — *He laid strict injunctions on him,* Gli diede ordini precisi (severi) — *He laid the blame on them for what had happened,* Diede loro la colpa di quanto era successo — *to lay a people (a country) under contribution,* imporre un contributo ad una popolazione (ad una nazione).
7 tenere o mettere giù; smorzare *(anche fig.);* calmare; placare; esorcizzare: *to sprinkle water on the road to lay the dust,* spruzzare acqua sulla strada per tenere giù (per smorzare) la polvere — *The crops were laid by rainstorms,* I raccolti furono piegati dagli acquazzoni — *What can we do to lay his doubts?,* Cosa possiamo fare per fargli sparire ogni dubbio? — *to lay a ghost,* esorcizzare un fantasma.
8 to be laid, *(passivo)* svolgersi; aver luogo; avvenire; *(di commedia, ecc.)* essere ambientato: *The story is laid in Athens in the fourth century B.C.,* La vicenda si svolge ad Atene nel quarto secolo avanti Cristo.
9 scommettere; fare una scommessa; giocare (del denaro): *They laid a wager on the result of the race,* Fecero una scommessa sul risultato della corsa — *I'll lay you five pounds that he won't come,* Scommetto cinque sterline che non verrà.
10 *(volg.)* avere rapporti sessuali (con qcno).
to lay about, menar botte; menar grandi colpi: *He was laying about him with an axe,* Menava grandi colpi d'ascia.
to lay aside; to lay by, - **a)** mettere da parte; lasciare di riserva; serbare; risparmiare: *to lay aside money for one's old age,* mettere da parte del denaro per la vecchiaia - **b)** posare; mettere da parte: *He laid his book aside to listen,* Posò il libro per ascoltare - **c)** accantonare; mettere in disparte: *to lay aside old habits,* accantonare vecchie abitudini.
to lay back, abbassare *(all'indietro): The horse laid back its ears,* Il cavallo abbassò le orecchie.
to lay by ⇨ **to lay aside.**
to lay down, - **a)** porre (giù); deporre: *Lay the baby down gently,* Posa il bambino adagio — *He laid down his arms (weapons),* Depose le armi - **b)** *to lay oneself down,* coricarsi; distendersi - **c)** rinunciare; sacrificarsi: *He laid down his office,* Rinunciò all'impiego — *He laid down his life,* Sacrificò la vita - **d)** impostare; progettare; iniziare i lavori per: *to lay down a new ship,* mettere in cantiere una nave — *to lay down a railway,* iniziare i lavori per una ferrovia - **e)** stabilire; fissare: *prices laid down by the manufacturers,* prezzi fissati dai fabbricanti — *to lay sth down as a maxim,* enunciare qcsa come massima — *to lay down the law* ⇨ **law 1** - **f)** *(seguito da* to*)* coltivare *(un campo)* a; mettere *(un campo)* a: *He laid down ten acres to (with, under) grass,* Mise a prato dieci acri di terreno - **g)** mettere (vino) in cantina per invecchiarlo.
to lay in, provvedersi; approvvigionarsi; fare provviste (di): *He laid in stores for the winter,* Fece provviste per l'inverno.
to lay into, *(fam.)* dare botte; picchiare; *(fig.)* sgridare; fare una sgridata.
to lay off, - **a)** licenziare; sospendere *(operai, ecc. temporaneamente);* mettere in cassa integrazione: *to lay off workmen during a depression,* licenziare operai durante un periodo di recessione economica - **b)** sospendere l'attività *(temporaneamente);* stare a riposo: *The doctor told me to lay off a bit,* Il dottore mi disse di stare a riposo per un po' - **c)** *to lay off sb, (fam.)* smettere di stuzzicare (di irritare, di maltrattare) qcno: *Can't you lay off him?,* Ma non puoi smetterla di stuzzicarlo?
to lay on, - **a)** installare: *We can't move into the new house until gas and water are laid on,* Non possiamo entrare nella nuova casa finché non siano installati gli impianti del gas e dell'acqua - **b)** applicare: *to lay on a coat of plaster,* fare un'intonacatura (dare, applicare una mano di malta) - **c)** organizzare; allestire: *Shows and concerts were laid on for the troops,* Furono allestiti spettacoli e concerti per le truppe - **d)** picchiare; frustare; fustigare - **e)** esagerare: *to lay it on thick (with a trowel), (fam.)* esagerare *(p.es. nell'adulazione).*
to lay out, - **a)** apparecchiare; stendere: *She laid out a cold lunch ready for the guests,* Apparecchiò una colazione fredda per gli ospiti — *She laid out her evening clothes,* Stese *(p.es. sul letto)* gli abiti per la sera - **b)** *to lay out a corpse,* preparare (comporre) una salma per il funerale - **c)** mettere fuori combattimento; 'stendere': *He was struck on the forehead by the ball and laid out,* La palla lo colpì sulla fronte e lo stese a terra - **d)** spendere *(denaro): He laid out his money carefully,* Spese il denaro con intelligenza - **e)** progettare; disegnare; sistemare; impaginare: *to lay out a garden,* tracciare il piano di un giardino — *to lay out a printed page,* impaginare un foglio a stampa - **f)** *(un po' desueto)* darsi da fare; farsi in quattro: *She laid herself out to make her guests comfortable,* Si diede da fare per mettere gli ospiti a loro agio.
to lay to, *(naut.)* essere alla cappa.
to lay up, - **a)** mettere da parte; ammassare; accumulare: *to lay up provisions,* accumulare viveri — *You're laying up trouble for yourself,* Ti stai creando dei guai - **b)** *(naut.)* ritirare in cantiere; mettere in disarmo: *to lay a ship up for repairs,* mettere in cantiere una nave per delle riparazioni - **c)** *(generalm.* to be laid up*)* essere costretto a letto: *He was laid up with a broken leg,* Era costretto a letto con una gamba rotta.

[2]**lay** [lei] *pass di* **to lie.**

[3]**lay** [lei] *s. (poet.)* lai; lamento; canzone.

[4]**lay** [lei] *agg* **1** laico; secolare; che non ha preso gli ordini sacri: *a lay brother (sister),* un frate laico (una suora conversa). **2** *(per estensione)* profano; non dotto; non esperto: *To the lay mind this is quite incomprehensible,* Per un profano questo è del tutto incomprensibile.

layabout ['leiəbaut] *s.* sfaccendato; pelandrone.

lay-by ['leibai] *s. (GB)* piazzuola di sosta.

lay-days ['leideiz] *s. pl (comm.)* stallie.

layer ['leiə*] *s.* **1** strato: *layer cake,* torta a base di pan di Spagna *(con vari strati di colori diversi).* **2** *(giardinaggio)* margotta; propaggine. **3** *(di gallina)* ovaiola: *a good (bad) layer,* una gallina che fa molte (poche) uova. **4** *layers and backers,* scommettitori *(su cavalli,* *ecc.).* **5** *(nei composti)* persona che posa, stende, pone, ecc.: *a brick(-)layer,* un muratore.

to **layer** ['leiə*] *vt (giardinaggio)* margottare; propaggìnare.

layette [lei'et] *s. (fr.)* corredino *(da neonato).*

lay figure ['lei 'figə*] *s. (pittura)* manichino; *(fig.)* fantoccio.

layman ['leimən] *s. (pl.* **laymen**) **1** laico. **2** profano (non esperto).

lay-off ['leiɔf] *s.* **1** sospensione del lavoro. **2** periodo in cui c'è poco lavoro; stagione morta.

layout ['leiaut] *s.* **1** configurazione; disposizione: *the layout of my office,* la disposizione dei mobili, ecc., nel mio ufficio. **2** piano; progetto. **3** *(di libro, giornale)* impostazione grafica; impaginazione; impaginatura.

lazar ['læzə*] *s. (ant.)* lazzaro; lebbroso; straccione; mendicante.

lazaret, lazarette, lazaretto [,læzə'ret/'læzə'retou] *s.* **1** lazzaretto. **2** *(naut.)* interponte.

to **laze** [leiz] *vi e t.* oziare; essere in ozio (ozioso).

lazily ['leizili] *avv* ⇨ **lazy.**

laziness ['leizinis] *s.* pigrizia; ozio.

lazy ['leizi] *agg* (**-ier**; **-iest**) **1** pigro; ozioso; indolente. **2** che invita all'ozio. ☐ *lazy-bones,* fannullone — *lazy-tongs,* molle estensibili. ☐ *avv* **lazily.**

lea [li:] *s. (ant., lett.)* distesa di prato; prateria.

to **leach** [li:tʃ] *vt* **1** percolare. **2** lisciviare.

[1]**lead** [li:d] *s.* **1** comando; guida; direzione; orientamento; esempio; indizio: *to follow sb's lead,* seguire la guida (l'esempio) di qcno — *to take the lead,* prendere la guida — *to be in the lead,* essere in testa; *(per estensione)* essere all'avanguardia — *to give sb a lead,* dare a qcno un orientamento, un suggerimento. **2** prima posizione; vantaggio *(in una corsa, ecc.): to have (to lose) the lead in a race,* essere in testa (perdere il primo posto) in una corsa — *John had a lead of ten feet on the curve,* Nella curva, John aveva un vantaggio di dieci piedi. **3** *(teatro)* parte principale; *(per estensione)* primo attore; prima attrice: *juvenile lead,* primo attore giovane. **4** guinzaglio: *Keep dogs on the lead,* Cani al guinzaglio. **5** canale *(artificiale)* che alimenta un mulino; canale su un ghiacciaio o nevaio. **6** *(elettr.)* filo. **7** *(nel gioco delle carte)* mano: *Whose lead is it?,* Di chi è questa mano?; A chi tocca? ☐ *lead article,* articolo di fondo.

[1]to **lead** [li:d] *vt e i.* (*pass. e p. pass.* **led**) **1** guidare; condurre; fare strada; guidare per mano; portare per mano; *(fig.)* indurre; persuadere; spingere; portare: *Our guide led us through a series of caves,* La guida ci condusse attraverso una serie di grotte — *The servant led the visitors in (out, back),* Il domestico fece strada agli ospiti; Il domestico accompagnò gli ospiti dentro, fuori, li ricondusse indietro — *to lead the way,* mostrare la strada — *to lead a blind man,* accompagnare un cieco — *to lead a horse,* portare un cavallo per la briglia — *to lead a woman to the altar,* condurre una donna all'altare *(cioè sposarla)* — *to lead sb by the nose,* farsi ubbidire in tutto da qcno — *to lead sb astray,* portare qcno su una cattiva strada — *What led you to this conclusion?,* Che cosa ti ha portato a questa conclusione? — *He is easier led than driven,* È più facile persuaderlo che costringerlo — *I am led to believe that he is disloyal to us,* Sono portato a credere che sia sleale verso di noi — *What led you to think so?,* Che cosa ti ha indotto a pensarlo? — *Where does this road lead?,* Dove porta questa strada? — *All roads lead to Rome,* Tutte le strade conducono a Roma — *Your work seems to be leading nowhere,* Sembra che il tuo lavoro non approdi a nulla (non produca alcun risultato) — *This led to great confusion,* Questo determinò (portò a) una grande confusione.

2 precedere; essere in testa; avere il primo posto: *A brass band led the regiment,* Una banda di ottoni precedeva il reggimento — *Which horse is leading?,* Quale cavallo è in testa (conduce la corsa)?

3 capeggiare; dirigere; essere a capo: *to lead an army,* capeggiare un esercito — *to lead the Conservative Party,* essere a capo del partito conservatore — *to lead the fashion,* orientare la moda.

4 vivere; passare; trascorrere; condurre: *to lead a miserable existence,* condurre una misera esistenza — *to lead a double life,* avere una doppia vita.

5 *(nel gioco delle carte)* essere di mano; giocare; iniziare il gioco; buttare: *to lead the two of clubs,* gettare il due di fiori.

6 *(pugilato)* attaccare: *He led with his left,* Iniziò un attacco con un colpo della mano sinistra.

☐ *to lead sb a dog's life,* far vivere a qcno una vita da cani — *to lead sb a dance,* dare del filo da torcere a qcno; causare a qcno un sacco di guai.

to lead away, - **a)** portare, condurre via - **b)** *(fig.)* trascinare.

to lead back, ricondurre; condurre o portare indietro.

to lead off, iniziare; cominciare: *Who is going to lead off?,* Chi incomincerà? — *He led off by saying that...,* Iniziò dicendo che...

to lead on, - **a)** condurre (avanti); guidare; trascinare: *He led the troops on to victory,* Portò le truppe alla vittoria - **b)** stimolare; incoraggiare.

to lead up, - **a)** condurre qcno su (o vicino) - **b)** *(di via, scala, ecc.)* portare; dare accesso (a) - **c)** *to lead up to:* preludere; portare (ad una certa conclusione) — *That's just what I was leading up to,* È proprio quello a cui volevo arrivare — *Chapter one describes the events that led up to the war,* Il primo capitolo descrive gli avvenimenti che portarono alla guerra.

[2]**lead** [led] *s.* **1** piombo: *lead-works,* fonderia del piombo — *lead-poisoning,* saturnismo — *lead-coating,* impiombatura — *lead-paint (red lead),* minio — *hard lead,* piombo antimoniale — *white lead,* biacca. **2** grafite; mina *(di matita).* **3** *(naut.)* piombo per scandaglio: *to cast (to heave) the lead,* scandagliare; gettare lo scandaglio — *lead line,* sagola per scandaglio — *to swing the lead, (sl.)* battere la fiacca; fare il finto malato; marcare visita. **4** *(al pl.)* lastre di piombo *(per i tetti);* cornici di piombo *(per le antiche vetrate).* **5** *(tipografia)* interlinea. **6** *(tipografia)* piombo; insieme dei caratteri composti. **7** pallottole: *He went down under a hail of lead,* Si accasciò sotto una pioggia di pallottole.

[2]to **lead** [led] *vt* **1** coprire di piombo; impiombare. **2** *(tipografia)* interlineare.

leaden ['ledn] *agg* **1** fatto di piombo: *a leaden coffin,* una bara di piombo. **2** plumbeo: *leaden clouds,* nubi plumbee. **3** pesante e inerte come piombo: *leaden sleep,* sonno di piombo (molto pesante) — *a leaden heart,* un cuore greve.

leader ['li:də*] *s.* **1** chi è in testa; capo; comandante; guida; dirigente; capopartito; 'leader'. **2** *(mus.)* primo violino *(di un'orchestra sinfonica);* direttore *(di un'orchestra di musica leggera).* **3** avvocato principale *(in una causa);* primo avvocato. **4** *(GB)* articolo di fondo. **5** cavallo di testa. **6** tendine; nervo. **7** diramazione principale *(di un ramo o di un tronco).* **8** *(tipografia)* puntini; linea di guida. ☐ *loss leader, (nei super-*

mercati) 'articolo civetta'; merce venduta sottocosto *(per stimolare l'acquisto di altra merce).*

leaderless ['lidəlis] *agg* senza capo; senza guida.

leadership ['lidəʃip] *s.* **1** direzione; comando; guida. **2** attitudine al comando.

leading ['li:diŋ] *agg* principale; primo; preminente: *the leading lady,* la prima attrice — *leading light,* persona preminente — *leading article, (di giornale)* articolo di fondo. □ *leading rein,* briglia; cavezza — *leading strings,* bretelle per sorreggere e guidare i bambini *(nei primi passi)* — *to be in leading strings, (fig.)* essere sotto tutela (sotto controllo) — *a leading question,* una domanda tendenziosa.

leaf [li:f] *s.* *(pl.* **leaves**) **1** foglia; *(fam., erroneamente)* petalo: *a tree in leaf,* un albero con le foglie, fronzuto — *The trees will soon be in leaf,* Gli alberi metteranno presto le foglie — *to come into leaf,* mettere le foglie — *leaf-bud,* gemma — *leaf-mould,* terriccio di foglie — *leaf-blight,* ruggine della foglia — *leaf-stalk,* picciolo — *leaf-tobacco,* tabacco in foglie. **2** foglio *(di libro): to turn over a new leaf, (fig.)* voltare pagina; dare inizio a un nuovo capitolo; ricominciare — *to take a leaf out of sb's book,* prendere esempio da qcno; prendere qcno come modello. **3** asse *(per allungare un tavolo);* ribalta; battente. **4** lamina: *gold leaf,* lamina d'oro. □ *leaf-green,* clorofilla; (colore) verde delle foglie — *leaf-insect,* fillio — *leaf spring,* molla a balestra.

to **leaf** [li:f] *vi* **1** metter le foglie. **2** *(generalm. seguito da* through*)* sfogliare *(un documento, un libro).*

leafless ['li:flis] *agg* senza foglie; spoglio.

leaflet ['li:flit] *s.* **1** *(non comune)* fogliolina. **2** foglietto; manifestino; volantino; 'depliant'; locandina.

leafy ['li:fi] *agg* (**-ier**; **-iest**) frondoso: *a leafy shade,* un'ombra di fronde.

[1]**league** [li:g] *s.* *(ant.)* lega *(misura di distanza: km. 4,83; come misura marina, km. 5,56).*

[2]**league** [li:g] *s.* lega; unione; alleanza; società: *to be in league with sb,* essere l'alleato di qcno; *(spesso)* essere in combutta con qcno — *the League of Nations, (stor.)* la Società delle Nazioni. □ *league football matches,* partite del campionato di calcio.

to **league** [li:g] *vt e i.* alleare, allearsi; unire, unirsi in lega; stringere lega.

[1]**leaguer, to leaguer** ['li:gə*] *s. e vt e i.* *(GB)* = **laager, to laager.**

[2]**leaguer** ['li:gə*] *s.* *(USA)* giocatore di baseball *(nel campionato nazionale).*

leak [li:k] *s.* **1** crepa; fessura; fenditura. **2** perdita *(di liquido, ecc.);* fuga *(di gas); (naut.)* falla. **3** *(per estensione: fig.)* fuga *(di notizie).* **4** *(volg.)* pisciata.

to **leak** [li:k] *vi* **1** perdere; colare: *The roof is leaking,* Il tetto perde (lascia entrare acqua) — *The ship was leaking,* La nave faceva acqua. **2** **to leak out,** *(di notizia, segreto, ecc.)* trapelare.
□ *vt* **1** perdere *(acqua, ecc.).* **2** far trapelare *(una notizia, un segreto, ecc.).*

leakage ['li:kidʒ] *s.* **1** perdita *(di liquido);* scolo; fuga *(di gas).* **2** *(per estensione: fig.)* fuga; il trapelare; il diffondersi *(di notizie).* **3** infiltrazione; *(fis.)* dispersione.

leaky ['li:ki] *agg* che perde; che cola; che fa acqua; *(fig.)* privo di riservatezza.

leal [li:l] *agg (scozzese e lett.)* leale.

lean [li:n] *agg* **1** magro; scarno. **2** misero; povero; magro.

to **lean** [li:n] *(pass. e p. pass.* **leaned** *o* **leant**) *vi e t.* **1** pendere; piegarsi; inclinarsi. **2** sporgersi: *to lean out of a window,* sporgersi da una finestra. **3** *(seguito da* against, on, *ecc.)* appoggiarsi, appoggiare; poggiare: *He was leaning against the wall,* Era appoggiato al muro. **4** propendere; tendere; avere un'inclinazione. **5** *(seguito da* on*)* contare; fare affidamento (su); dipendere (da): *He's too old to lean on his parents,* È troppo vecchio per dipendere dai genitori.

leaning ['li:niŋ] *s.* *(spesso al pl.)* tendenza; inclinazione. □ *agg* inclinato; pendente.

leanness ['li:nis] *s.* magrezza.

leant [lent] *pass e p. pass di* **to lean.**

lean-to ['li:n'tu:] *s.* **1** edificio con tetto appoggiato ad altro edificio. **2** capanna; baracca; tettoia; tetto a una falda.

leap [li:p] *s.* salto; balzo: *by leaps and bounds, (fig.)* a passi da gigante; a grandi passi. □ *leap-frog* ⇨ **leapfrog** — *leap year,* anno bisestile.

to **leap** [li:p] *(pass. e p. pass.* **leapt** *o* **leaped**) *vi* saltare; far salti; balzare: *Look before you leap, (letteralm.)* Guarda prima di saltare; *(fig.)* Rifletti prima di agire, di lanciarti in qcsa — *to leap to one's feet,* balzare in piedi — *to leap at sth,* lanciarsi su qcsa.
□ *vt (spesso seguito da* over*)* saltare (far saltare); superare (far superare) d'un balzo: *to leap (over) the wall,* saltare un muro — *to leap a horse over an obstacle,* far saltare un ostacolo a un cavallo.

leapfrog ['li:pfrɔg] *s.* *(gioco)* saltamontone; cavallina.

to **leapfrog** ['li:pfrɔg] *vi* (**-gg-**) giocare alla cavallina.

leapt [lept] *pass e p. pass di* **to leap.**

to **learn** [lə:n] *vt e i.* *(pass. e p. pass.* **learnt** *o* **learned**) **1** imparare; apprendere: *to learn a foreign language,* imparare una lingua straniera — *to learn to swim,* imparare a nuotare — *to learn how to ride a horse,* imparare ad andare a cavallo. **2** venire a conoscenza; apprendere; essere informato; sapere di: *I'm sorry to learn of his illness,* Mi dispiace di saperlo malato — *We have not yet learned whether he arrived safely,* Non abbiamo ancora saputo se è arrivato bene. **3** *(fam. o dial., talvolta* to larn: *sta per* make you learn not to...*)* insegnare: *I'll learn you to come into my orchard and steal apples!,* Ti insegnerò io a venire nel mio frutteto a rubare le mele!

learned ['lə:nid] *agg* colto; erudito; dotto: *the learned professions,* le professioni dotte *(medicina, legge, ecc.)* — *learned books,* libri eruditi.

learner ['lə:nə*] *s.* persona che sta imparando; principiante; apprendista: *He hasn't passed his driving test yet; he is only a learner,* Non ha ancora superato l'esame di guida: sta solo imparando.

learning ['lə:niŋ] *s.* **1** cultura; erudizione: *a man of great learning,* un uomo di grande cultura. **2** l'imparare; apprendimento: *This poem will take some learning,* Ci vorrà un po' di tempo per imparare a memoria questa poesia — *learning skills,* tecniche d'apprendimento — *language learning,* l'apprendimento delle lingue.

learnt [lə:nt] *pass e p. pass di* **to learn.**

lease [li:s] *s.* contratto d'affitto; affitto; locazione: *by (o on) lease,* in affitto — *Lease-Lend; (oppure: Lend-Lease), (USA, stor.)* Affitti e Prestiti; *(spec.)* politica degli aiuti bellici agli Alleati *(durante la Seconda Guerra Mondiale).* □ *a new lease of life, (fig.)* prospettive di una vita nuova, migliore.

to **lease** [li:s] *vt* dare, prendere in affitto; affittare.

leasehold ['li:should] *s.* *(di un fondo)* affitto. □ *attrib* in affitto.

leaseholder ['li:shouldə*] *s.* affittuario; locatario.

leash [li:ʃ] *s.* guinzaglio *(anche fig.): to strain at the leash,* tirare al guinzaglio; mordere il freno.

least [li:st] *agg* *(superl. di* **little**) *e s.* il più piccolo; il minimo; (il) meno: *A has little, B has less, and C has (the) least,* A ha poco, B ha di meno e C ha meno di tutti — *There isn't the least wind today,* Non c'è il minimo vento oggi — *That's the least of my anxieties,* Quella è la minore delle mie preoccupazioni — *to say the least of it,* per dirne il meno possibile; il meno che si possa dire — *It was not a very good dinner, to say the least of it,* Il meno che si possa dire è che non è stato un ottimo pranzo — *The least said the better; Least said, soonest mended,* Meno si parla, meglio è.

at least, al minimo; come minimo; almeno: *It will cost at least five pounds,* Costerà come minimo cinque sterline — *He is at least as tall as you,* È alto almeno quanto te — *You should at least have warned her,* Avresti dovuto almeno avvertirla.

(not) in the least, per nulla; per niente; niente affatto: *It doesn't matter in the least,* Non importa per nulla (minimamente).

□ *avv* minimamente; in misura minima: *He works hardest and is paid least,* Lavora di più degli altri e viene pagato di meno — *least of all,* meno che mai — *None of you can complain, least of all Charles,* Nessuno di voi può lamentarsi, Charles meno di tutti — *Least of all would I want to hurt your feelings...,* Mai e poi mai vorrei ferire i tuoi sentimenti...

leastways, leastwise ['li:stweiz/'li:stwaiz] *avv* almeno; o piuttosto.

leather ['leðə*] *s.* **1** cuoio; pelle; corame: *leather goods,* pelletteria — *leather bound,* rilegatura in pelle. **2** oggetto di cuoio; striscia di cuoio; *(fam.)* palla; pallone; *(al pl.)* gambali. □ *American leather, (GB)* tela cerata — *leather-neck, (USA, sl.)* fante da sbarco — *to ride hell for leather, (fam.)* correre a spron battuto.

to **leather** ['leðə*] *vt (fam.)* picchiare con una cinghia.

leatherette [,leðə'ret] *s.* finta pelle; pegamoide; skai.

leathering ['leðəriŋ] *s.* *(fam.: collettivo)* cinghiate; staffilate.

leathern ['leðə:n] *agg (ant. e lett.)* **1** di cuoio; di pelle. **2** coriaceo.

leathery ['leðəri] *agg* coriaceo.

leave [li:v] *s.* **1** permesso; consenso; autorizzazione: *You have leave to use the school hall for your concert,* Vi do il permesso di usare l'aula magna (della scuola) per il vostro concerto — *by (o with) your leave,* col suo permesso. **2** *(anche* leave of absence*)* permesso; licenza; congedo: *to ask for leave,* chiedere un permesso, un congedo — *to be on leave,* essere in licenza — *a two weeks' leave,* una licenza di due settimane — *sick-leave,* congedo per malattia — *compassionate leave, (mil.)* congedo concesso per gravi motivi familiari — *leave with pay,* congedo retribuito — *short leave, (mil.)* libera uscita. **3** partenza; commiato: *to take one's leave,* accomiatarsi; partire — *to take leave of one's friends,* salutare, dire addio agli amici — *leave-taking,* commiato; addio — *to take leave of one's senses,* uscire di senno; impazzire; comportarsi da pazzo — *Have you taken leave of your senses?,* Ma sei impazzito? — *to take French leave, (fam.)* andarsene all'inglese (senza permesso) — *by your leave,* col vostro permesso — *to clear off without so much as a by-your-leave, (fam.)* tagliare la corda senza neanche chiedere il permesso.

to **leave** [li:v] *vt e i.* (*pass. e p. pass.* **left**) **1** partire; uscire; andarsene: *When did you leave London?,* Quando sei partito da Londra? — *We are leaving for New York tomorrow morning,* Partiamo per New York domani mattina — *It's time for us to leave,* È ora di partire — *My typist has threatened to leave,* La mia dattilografa ha minacciato di andarsene — *to leave home,* - **a)** uscire di casa - **b)** scappare da casa — *to leave the table,* alzarsi da tavola — *to leave the road (the rails),* uscire di strada (dai binari) — *We left the main road at Reading,* Uscimmo dalla (strada) statale a Reading.

2 lasciare; *(anche nel senso di)* abbandonare: *He left medicine for the law,* Lasciò medicina per iscriversi a legge — *When did your brother leave school?,* Quando ha finito le scuole tuo fratello? — *I have left my umbrella on the train,* Ho lasciato l'ombrello sul treno — *I left my books on the table,* Lasciai i miei libri sul tavolo — *Leave your hat and coat in the hall,* Lascia il cappello e il soprabito nell'entrata — *He left half his work until the next day,* Lasciò metà del lavoro per il giorno dopo — *Don't leave your things all over the place,* Non lasciare in giro la tua roba — *Who left that door open?,* Chi ha lasciato aperta quella porta? — *They have left open just one possibility, (fig.)* Hanno lasciato una sola possibilità — *to leave sth to chance,* lasciare qcsa al caso — *His behaviour leaves much to be desired,* La sua condotta lascia molto a desiderare — *Some things are better left unsaid,* Meglio non parlare di certe cose — *His illness left him weak,* La malattia lo lasciò molto debole — *I was left broke (stony broke),* Rimasi al verde — *He left her poor,* La lasciò in disagiate condizioni economiche — *Let us leave it at that,* Basta così; Non parliamone più — *to leave hold of sth; to leave go of sth,* lasciare andare qcsa — *to leave sb (sth) alone,* lasciare stare (lasciare in pace) qcno (qcsa) — *Johnny, leave the cat alone!,* Johnny, non tormentare il gatto! — *Leave well alone,* Va già bene così!; Lascia stare! — *to leave no stone unturned,* non lasciar nulla d'intentato; fare tutto il possibile — *to leave sb to himself (to his own devices),* lasciare qcno in balia di se stesso; lasciare che qcno se la sbrighi da solo — *Left to himself, he might do quite well,* Lasciato a sé, potrebbe forse fare abbastanza bene — *The children were often left to themselves,* I bambini erano spesso lasciati a se stessi.

3 lasciare *(in eredità): He left all his money to the poor,* Lasciò tutto ai poveri — *He was well left,* Ricevette una bella eredità — *He left a great name behind him,* Si lasciò dietro una buona fama — *He leaves a widow and two sons,* Lascia moglie e due figli.

4 lasciare; rimanere: *Three from seven leaves four,* Sette meno tre fa quattro — ⇨ *anche* **to be left**, *sotto.*

5 lasciare; consegnare *(posta, ecc.): Did the postman leave anything for me?,* Il postino ha lasciato qualcosa per me? — *(Has) anything been left for me?,* Non c'è nulla per me? — *to be left till called for,* fermo posta — *I left a message with the servant,* Ho lasciato un messaggio al domestico — *Please leave word (for me) with my secretary,* Per favore, lasci detto qualcosa alla mia segretaria.

6 affidare; lasciare: *I'll leave the matter in your hands,* Affiderò la faccenda a te; la lascerò nelle tue mani — *I leave it to you,* Lo affido a te — *Leave it to me!,* Lascia fare a me! — *He left his servant in charge of the house,* Lasciò al domestico la custodia della casa.

to be left, rimanere: *When I've paid up all my debts, there will be nothing left,* Quando avrò pagato tutti i debiti non mi rimarrà più niente — *There's no bread left,* Non c'è più pane — *I have only fifty pence left,* Mi restano solo cinquanta 'pence'.

to leave behind, dimenticare; lasciare dietro di sé: *He*

left the keys behind, Si dimenticò di prendere le chiavi.
to leave off, - **a)** smettere (di indossare): *It's time to leave off my winter underwear,* È ora di posare la biancheria pesante - **b)** smettere (di fare): *It's time to leave off work,* È ora di smettere di lavorare — *Do leave off biting your nails!,* Smettila di rosicchiarti le unghie, per piacere! — *Has the rain left off?,* Ha smesso di piovere? — *We left off at the end of Chapter five,* Eravamo rimasti alla fine del quinto capitolo.
to leave out, - **a)** omettere, tralasciare (qcsa): *You have left out a comma,* Hai tralasciato una virgola - **b)** trascurare, non considerare (qcsa): *Why do you leave out this possibility?,* Perché trascura (non tiene conto di) questa possibilità?
to leave over, rimandare, lasciare in sospeso (qcsa).

leaven ['levn] *s.* lievito *(anche fig.);* fermento.

to **leaven** ['levn] *vt* **1** far lievitare; far fermentare. **2** *(fig.)* impregnare; permeare; modificare.

leaves [li:vz] *s. pl di* **leaf.**

leave-taking ['li:v,teikiŋ] *s.* ⇨ **leave 3.**

leavings ['li:viŋz] *s. pl* ciò che rimane; avanzi; resti; residui; rimasugli: *Give the leavings to the dog,* Dài gli avanzi al cane.

Lebanese [,lebə'ni:z] *agg e s.* libanese.

lecher ['letʃə*] *s.* libertino; persona lasciva.

lecherous ['letʃərəs] *agg* lascivo; dissoluto.
□ *avv* **lecherously.**

lechery ['letʃəri] *s.* lascivia; dissolutezza.

lectern ['lektə(:)n] *s.* leggio.

lecture ['lektʃə*] *s.* **1** conferenza; lezione *(all'università): to go on a lecture tour,* fare un giro di conferenze — *lecture-hall,* aula; sala per conferenze. **2** ramanzina; sgridata; paternale: *to give sb a lecture,* fare una ramanzina a qcno.

to **lecture** ['lektʃə*] *vi* fare una conferenza; tenere un corso di conferenze, di lezioni: *He lectures on French at Cambridge,* È professore (incaricato) di francese a Cambridge.
□ *vt* fare (a qcno) una ramanzina, una paternale.

lecturer ['lektʃərə*] *s.* conferenziere; *(di università)* persona incaricata di tenere un corso di lezioni; 'professore incaricato'; lettore; assistente.

lectureship ['lektʃəʃip] *s.* posto di 'professore incaricato'; carica di lettore o assistente universitario; lettorato.

led [led] *pass e p. pass di* [1]**to lead.**

ledge [ledʒ] *s.* **1** sporgenza; prominenza; cengia; orlo; sponda: *a window-ledge,* un davanzale. **2** scoglio *(a fior d'acqua).* **3** strato; vena *(metallifera).*

ledger ['ledʒə*] *s.* **1** libro mastro. **2** *ledger-line, (mus.)* rigo supplementare.

lee [li:] *s.* riparo; luogo riparato *(dal vento); (naut.)* sottovento: *the lee shore,* la costa sottovento.

leech [li:tʃ] *s.* **1** sanguisuga *(anche fig.);* mignatta. **2** *(ant.)* medico; chirurgo.

leek [li:k] *s. (bot.)* porro.

leer [liə*] *s.* sbirciata; occhiata maliziosa o impudica.

to **leer** [liə*] *vi* sbirciare; guardare maliziosamente o sfrontatamente.

lees [li:z] *s. pl* feccia; fondi *(anche fig.).*

leeward ['li:wəd] *agg e avv* sottovento; verso sottovento.
□ *s. (d'una nave)* lato sottovento; sottovento.

leeway ['li:wei] *s.* **1** *(naut., ecc.)* scarroccio; deriva: *to make leeway,* scarrocciare. **2** *(fig.)* perdita di tempo, denaro, ecc.; ritardo da recuperare: *to make up leeway,* ricuperare il tempo perduto — *to have much leeway to make up,* essere rimasto indietro nel proprio lavoro; aver molte ore da ricuperare. **3** *(fig.)* margine; spazio di manovra.

[1]**left** [left] *pass e p. pass di* **to leave.**

[2]**left** [left] *agg* sinistro; manco: *to write with the left hand,* scrivere con la mano sinistra — *The left bank of a river is the one on your left as you face the direction in which it flows,* La riva sinistra di un fiume è quella che sta alla tua sinistra se guardi verso la foce — *Come and sit on my left,* Vieni a sederti alla mia sinistra — *the Left (wing),* l'ala sinistra *(di un gruppo politico o partito);* le Sinistre — *left-wing, (agg.)* di sinistra; *(spreg.)* sinistrorso — *centre-left,* centrosinistra — *left-hand,* del lato sinistro; di sinistra — *a house on the left-hand side of the street,* una casa sul lato sinistro della strada — *a left-hand blow,* un colpo di sinistro.
□ *avv* a sinistra: *Turn left at the church,* Volta a sinistra quando sei alla chiesa.

left-handed ['lefthændid] *agg* mancino. □ *a left-handed compliment,* un complimento ambiguo — *a left-handed marriage,* un matrimonio morganatico *(anche finto).*

leftish ['leftiʃ] *agg (politica)* piuttosto di sinistra.

leftist ['leftist] *agg (politica)* di sinistra; di idee socialiste; sinistroide.
□ *s.* sinistroide.

left-overs ['leftouvəz] *s. pl* avanzi; resti; rimasugli.

leg [leg] *s.* **1** gamba *(anche di animali, insetti; di vestiario, di tavolo, ecc.);* piede *(di mobile): He lost his right leg in the war,* Perse la gamba destra in guerra — *leg-guard, (sport)* gambale — *leg-rest,* appoggio *(per gamba ammalata)* — *a wooden leg,* una gamba di legno — *the leg of a stocking,* la gamba di una calza — *to stretch one's legs,* sgranchirsi le gambe; far quattro passi — *to take to one's legs,* darsela a gambe.
2 *(di animale macellato)* coscia; cosciotto.
3 *(geometria)* lato *(di triangolo).*
4 *(nel gioco del cricket)* zona del campo immediatamente dietro e a sinistra del battitore: *leg-stump,* paletto di sinistra — *to hit a ball to leg,* colpire la palla a sinistra.
5 tappa *(di viaggio, spec. aereo): the first leg of a round-the-world flight,* la prima tappa di un volo intorno al mondo.
□ *to be all legs,* essere tutto gambe, alto e magro, uno spilungone — *to be on one's legs again,* essere di nuovo in piedi, in gamba *(dopo una malattia)* — *to be on one's last legs, (di persone)* essere ridotto a mal partito, al lumicino — *to be on its last legs, (di cosa)* essere sgangherato, logoro, ecc. — *to feel (to find) one's legs,* muovere i primi passi; *(fam.)* incominciare a mettersi bene — *to get (to set) sb on his legs,* far bene; ridar salute; rimettere in piedi; rimettere in sesto; aiutare a impiantarsi *(nella carriera, nel commercio)* — *to give sb a leg up,* aiutare qcno ad arrampicarsi, a montare *(fig.* a far carriera, ecc.*)* — *not to have a leg to stand on, (fam.)* non avere una ragione (motivo, scusa, ecc.) che tenga — *to keep one's legs,* stare fermo in piedi; non cadere — *to walk sb off his legs,* far camminare qcno moltissimo; fargli venire il fiato corto — *to shake a leg, (fam.)* ballare; fare quattro salti — *to show a leg, (fam.)* incominciare ad alzarsi da letto; *(all'imperativo:* Show a leg!*)* Dai! Datti da fare! — *to stand on one's legs,* stare in piedi da solo, con le proprie forze; *(fig.)* essere indipendente — *to pull sb's leg,* canzonare qcno; prenderlo in giro — *leg-pull, (fam.)* scherzo; canzonatura; presa in giro

— *to get up on one's hind legs, (scherz.)* alzarsi in piedi *(spec. per fare un discorso)* — *to get off one's legs,* riposarsi.

legacy ['legəsi] *s.* legato di beni immobili; lascito; *(fig.)* retaggio: *a legacy of hatred,* un retaggio d'odio. □ *legacy duty,* imposta di successione — *legacy-hunter,* cacciatore (cacciatrice) di eredità.

legal ['li:gəl] *agg* **1** legale; legittimo; lecito. **2** legale; giuridico: *my legal adviser,* il mio consulente legale — *to take legal action,* intentare un'azione legale, una causa — *legal tender,* moneta a corso legale.
□ *avv* **legally.**

legality [li(:)'gæliti] *s.* legalità; legittimità.

legalization [,li:gəlai'zeiʃən] *s.* legalizzazione; legittimazione.

to **legalize** ['li:gəlaiz] *vt* legalizzare; rendere legale, lecito.

legate ['legit] *s.* legato pontificio.

legatee [,legə'ti:] *s.* legatario; beneficiario di un legato.

legation [li'geiʃən] *s.* legazione.

legato [le'gɑ:tou] *s. (mus.)* legato.

legend ['ledʒənd] *s.* **1** leggenda. **2** iscrizione; leggenda; didascalia.

legendary ['ledʒəndəri] *agg* leggendario.

legerdemain ['ledʒədə'mein] *s. (fr.)* **1** giochi di prestigio; prestidigitazione. **2** *(fig.)* argomento falso, ingannevole; imbroglio.

-legged ['legd] *agg (nei composti) a three-legged race,* una corsa a tre gambe *(a coppie, dove due gambe sono legate insieme)* — *a three-legged stool,* uno sgabello a tre gambe — *bare-legged,* a gambe nude.

legging ['legiŋ] *s. (generalm. al pl.)* gambali; ghette.

leggy ['legi] *agg (spec. di bambini, cagnolini o puledri)* lungo di gambe; dalle gambe lunghe.

leghorn [le'gɔ:n] *s.* **1** gallina livornese. **2** *(non comune)* cappello di paglia di Firenze.

legibility [,ledʒi'biliti] *s.* leggibilità.

legible ['ledʒəbl] *agg* leggibile; decifrabile.
□ *avv* **legibly.**

legion ['li:dʒən] *s. (stor., mil.)* legione; *(fig.)* moltitudine: *They are legion,* Sono legioni — *the British Legion, (GB)* l'Associazione degli ex-combattenti — *the Foreign Legion,* la Legione Straniera.

legionary ['li:dʒənəri] *s. e agg* legionario.

to **legislate** ['ledʒisleit] *vi* legiferare; promulgare una legge.

legislation [,ledʒis'leiʃən] *s.* legislazione.

legislative ['ledʒislətiv] *agg* legislativo.

legislator ['ledʒisleitə*] *s.* legislatore.

legislature ['ledʒisleitʃə*] *s.* legislatura *(vari sensi);* corpo legislativo.

legitimacy [li'dʒitiməsi] *s.* legittimità.

legitimate [li'dʒitimit] *agg* **1** legittimo; lecito: *the legitimate drama, (sl. teatrale)* il vero dramma *(quello che si rappresenta a teatro).* **2** giusto; valido; ragionevole: *a legitimate reason for being absent,* una ragione valida per essere rimasto assente.

to **legitimatize** [li'dʒitimətaiz] *vt* legittimare.

legless ['leglis] *agg* senza gambe.

leguminous [le'gju:minəs] *agg* leguminoso.

lei ['leii:] *s.* 'lei' *(collana di fiori delle Hawaii).*

leisure ['leʒə*] *s.* tempo libero; agio; comodo; svago: *... at leisure,* ... con comodo; ... senza fretta — *to do sth at one's leisure,* fare qcsa con comodo, senza fretta — *to wait sb's leisure,* aspettare i comodi di qcno — *a lady of leisure,* una signora perbene.

leisured ['leʒəd] *agg* agiato; libero; comodo.

leisurely ['leʒəli] *avv* con comodo; senza fretta; tranquillamente.
□ *agg* fatto con comodo; senza fretta; lento.

lemming ['lemiŋ] *s.* lemming; lemmo.

lemon ['lemən] *s.* **1** limone: *lemon-tree,* albero di limone — *lemon-drop,* caramella al limone — *lemon-squash, (GB)* bevanda al limone — *lemon juice,* succo di limone; spremuta di limone — *lemon squeezer,* spremilimoni. **2** color limone; giallo limone. **3** *(USA)* persona o cosa di nessun valore; 'bidone'; 'ferrovecchio'. **4** *(sl.)* ragazza poco attraente. □ *lemon sole,* sogliola 'limanda'.

lemonade [,lemə'neid] *s.* limonata; *(spesso, erroneamente)* 'gazzosa'.

lemur ['li:mə*] *s.* lemure.

to **lend** [lend] *vt* (*pass. e p. pass.* **lent**) **1** prestare; imprestare; dare in prestito: *to lend a hand,* dare una mano; aiutare — *to lend an ear to sth,* prestare ascolto a qcsa — *lending library,* biblioteca per il prestito. **2** conferire; portare un contributo: *to lend probability to a theory,* rendere probabile una teoria. **3** *to lend oneself,* prestarsi; favorire: *Don't lend yourself to such dishonest schemes,* Non prestatevi a simili piani disonesti — *This garden lends itself to meditation,* Questo giardino favorisce la meditazione.

lender ['lendə*] *s.* chi dà in prestito.

Lend-Lease ['lend'li:s] *s.* ⇨ **lease.**

length [leŋθ] *s.* **1** lunghezza; estensione: *the length of a road,* la lunghezza di una strada — *a river 300 miles in length,* un fiume della lunghezza di 300 miglia — *a room 20 feet in length and 15 in breadth,* una camera della lunghezza di 20 piedi e della larghezza di 15 — *a river navigable for most of its length,* un fiume navigabile per la maggior parte della sua lunghezza — *The horse won by a length,* Il cavallo vinse per una lunghezza. **2** taglio; lunghezza di stoffa: *a dress length,* un taglio d'abito — *a length of tubing,* una quantità (un pezzo) di tubo. **3** durata; quantità di tempo: *a stay of some length,* una sosta (una permanenza) di una certa durata — *the length of time needed for the work,* la quantità di tempo richiesto per il lavoro.

at length, - **a)** alla lunga; alla fine; infine - **b)** a lungo; per molto tempo: *to speak at (great) length,* parlare a lungo, per molto tempo - **c)** estesamente; in modo dettagliato; particolareggiatamente; a fondo; completamente: *to treat a subject at length,* trattare un argomento in modo dettagliato, particolareggiatamente, a fondo — *(at) full length,* lungo disteso; *(fig.)* per intero — *to lie (at) full length on the grass,* giacere lungo disteso sull'erba — *to keep sb at arm's length,* mantenere le distanze con qcno.
□ *to go to the length of doing sth,* arrivare a (al punto di) fare qcsa; spingersi a fare qcsa — *to go to the length of saying sth,* arrivare al punto di dire qcsa — *to go to any lengths,* fare qualunque cosa (per raggiungere uno scopo) — *Some people will go to any lengths to win,* Certa gente ricorre a qualsiasi mezzo per vincere.

to **lengthen** ['leŋθən] *vt e i.* allungare, allungarsi; estendere; prolungare: *to lengthen a shirt,* allungare una camicia — *The days lengthen in March,* In marzo le giornate si allungano.

lengthways, lengthwise ['leŋθweiz/'leŋθwaiz] *avv* per il lungo; per la lunghezza; in senso longitudinale.

lengthy ['leŋθi] *agg* (**-ier; -iest**) *(di uno scritto o di un discorso)* piuttosto lungo; prolisso. □ *avv* **lengthily.**

lenience, leniency ['li:njəns(i)] *s.* indulgenza; mitezza; clemenza.

lenient ['li:njənt] *agg* indulgente; mite; clemente. □ *avv* **leniently.**

lenity ['leniti] *s.* indulgenza; clemenza; mitezza.

lens [lenz] *s.* (*pl.* **lenses**) lente.

lent [lent] *pass e p. pass di* **to lend.**

Lent [lent] *s.* quaresima. □ *Lent lily, (bot.)* trombone — *Lent term, (nelle università inglesi)* secondo trimestre — *Lents, (al pl.)* le regate di primavera a Cambridge.

lenten ['lentən] *agg* quaresimale; della quaresima.

lentil ['lentil] *s.* lenticchia: *lentil soup,* minestra di lenticchie.

leonine ['li(:)'ənain] *agg* leonino.

leopard ['lepəd] *s.* leopardo.

leopardess ['lepədis] *s.* leopardo femmina.

leotard ['li:ətɑ:d] *s.* tipo di 'body'; calzamaglia.

leper ['lepə*] *s.* lebbroso.

leprechaun ['leprəkɔ:n] *s. (nelle leggende irlandesi)* fata; gnomo; folletto.

leprosy ['leprəsi] *s.* lebbra.

leprous ['leprəs] *agg* lebbroso; simile alla lebbra.

lesbian ['lezbjən] *s.* lesbica; donna omosessuale. □ *agg* lesbico.

lesbianism ['lezbjənizəm] *s.* saffismo; omosessualità femminile.

lèse-majesté ['li:z'mædʒisti] *s. (fr.)* delitto di lesa maestà *(anche scherz. o fig.).*

lesion ['li:ʒən] *s.* lesione.

less [les] **I** *agg (solo al sing.: è il comp. di* **little**) meno: *I have less money than you,* Ho meno denaro di te — *Less size means less weight,* Meno volume significa meno peso — *... of less value,* ... di minor valore — *We need less manpower,* Ci occorre meno manodopera — *They had to pay less money for the house,* Dovettero pagare di meno per la casa.

II *s.* meno; quantità minore; misura minore: *in less than an hour,* in meno di un'ora — *in less than no time...,* in meno che non si dica...; in un batter d'occhio... — *I won't sell it for less than fifty pounds,* Non lo venderò per meno di cinquanta sterline — *I expect to see less of her in future,* Prevedo di vederla meno in futuro.

III *avv* meno; in modo minore; di meno: *You should eat less, drink less and sleep more,* Dovresti mangiare di meno, bere di meno e dormire di più — *He was less hurt than frightened,* Era più spaventato che non ferito — *Tom is less tall than his brother,* Tom è meno alto di suo fratello — **the less...,** tanto meno...: *I was the less surprised as I had been warned,* Fui tanto meno sorpreso dato che ero stato avvertito — *The less you worry the better it will be,* Meno ti preoccupi meglio sarà — ... **any the less,** ... per niente meno; ... niente affatto meno: *I don't think any the less of him because of this one failure,* Non ho affatto meno stima di lui a causa di quest'unico insuccesso — **no less,** non meno; niente meno: *He won no less than fifty pounds in the lottery (He won fifty pounds, no less, in the lottery),* Vinse la bellezza di cinquanta sterline alla lotteria — **even less; still less,** ancora meno; tanto meno: *I don't suspect him of robbery, still less of robbery with violence,* Non lo sospetto di rapina e ancora meno di rapina con violenza — **none the less,** non di meno: *Though he cannot leave the house, he is none the less busy and active,* Benché non possa uscire di casa è nondimeno affaccendato e attivo.

IV *prep* meno: *40 pounds a week less 70 pence for National Insurance,* 40 sterline alla settimana meno 70 pence per il contributo previdenziale.

lessee [le'si:] *s.* affittuario; locatario.

to **lessen** ['lesn] *vt e i.* diminuire; abbassare; rimpicciolire; sminuire; abbassarsi; sminuirsi.

lesser ['lesə*] *agg (attrib.)* minore *(di due);* inferiore; più piccolo: *the lesser of two evils,* il male minore.

lesson ['lesn] *s.* **1** lezione: *English lessons,* lezioni d'inglese — *Let that be a lesson to you!,* Ti sia di lezione! **2** *(in chiesa)* lettura *(della Bibbia).*

lessor [le'sɔ:*] *s.* locatore; chi dà qcsa in affitto.

lest [lest] *congiunz (ant. e lett.)* **1** per paura che; affinché non: *He ran away lest he should be seen,* Corse via per paura che lo vedessero. **2** *(dopo* to fear, to be afraid*)* che: *We were afraid lest he should get here too late,* Temevamo che arrivasse troppo tardi.

'to **let** [let] *vt e i.* (*p. pres.* **letting**; *pass. e p. pass.* **let**) **1** permettere; lasciare: *She wants to go to the dance but her father won't let her,* Vuole andare al ballo, ma suo padre non la lascia — *Please let me know what happens,* Per favore fammi sapere cosa succede — *Don't let the fire go out!,* Non lasciar spegnere il fuoco! — *Let me see!,* - **a)** Fammi vedere! - **b)** Fammi pensare un attimo! — *to let sb (sth) be,* lasciare in pace, lasciar stare qcno (qcsa) — *Let me be!,* Lasciami in pace! — *Let the poor dog be!,* Lascia stare il cane, poveretto! — *to let (sb, sth) drop,* lasciar cadere (qcno, qcsa); far capire (lasciarsi sfuggire) qcsa — *to let sth fall,* lasciar cadere qcsa; *(fig.)* dire (far sapere, accennare) qcsa, per caso — *He let fall a hint of his intentions,* Fece un'allusione alle sue intenzioni — *to let fly (at),* scaricare *(di arma);* sparare; colpire; sbottare — *He aimed carefully and then let fly at the ducks,* Mirò attentamente e poi sparò alle anatre — *The angry man let fly a volley of oaths,* L'uomo irato sbottò in una scarica d'improperi — *to let sb go,* lasciar andare (partire) qcno — *to let go of sth; to let sth go,* mollare (lasciar andare) qcsa; allentare qcsa — *Don't let go the rope,* Non mollare la corda — *Let me go!,* Lasciami andare!; Lasciami stare! — *to let oneself go,* lasciarsi andare *(anche fig.);* abbandonarsi — *He let himself go on the subject,* Si diffuse sull'argomento — *Let it go at that,* Lascia andare; Lascia perdere; Non parlarne più — *I don't agree with all you say but we'll let it go at that,* Non son d'accordo con tutto quello che dici, ma non parliamone più — *to let sth pass,* tralasciare (trascurare, non dare importanza a) qcsa — *It's not a serious error: we can let it pass, I think,* Non è un errore grave; possiamo lasciarlo perdere, credo — *to let (sth) slip,* far scappare *(il cane, ecc.); (fig.)* lasciarsi sfuggire *(un'occasione, ecc.)* — *to let sb alone,* lasciar stare qcno; lasciare che faccia da solo — *Let it alone!,* Lascialo in pace! — *Let well alone, (prov.)* Il meglio è nemico del bene — *let alone...,* per non dire di...; per non aggiungere...; per non nominare... — *There were seven people in the car, let alone a pile of luggage and three dogs,* Nell'automobile c'erano sette persone, per non parlare di un mucchio di valigie e dei tre cani — *to let sb (sth) loose,* liberare qcno (qcsa); *(fig.)* dare sfogo *(ad ira, sentimenti, ecc.)* — *Don't let that dog loose,* Non slegare quel cane.

2 - **a) Let's...** *(seguito dal pron. di prima persona pl., per formare l'imperativo): Let's see!,* Vediamo! — *Let's start at once!,* Partiamo subito! — *Don't let's go!,* Non andiamo! — *Let us both have a try,* Proviamo tutti e due.

b) Let him (her, them, *ecc.***)...** *(con altri pron., equivale al congiuntivo esortativo o ottativo in italiano): Let her*

do it at once, Che lo faccia subito — *Let them do their worst!,* Facciano pure! (Vadano in malora se vogliono!) — *Let them all come!,* Si facciano pure avanti tutti! — *Let there be no mistake,* Sia ben chiaro — *Let x equal ten gallons of pure water, (in matematica)* Sia x uguale a 10 galloni di acqua pura — *Let ABC be an angle of 120 degrees,* Sia ABC un angolo di 120 gradi.
3 dare in affitto; affittare: *She has let her house,* Ha dato in affitto la sua casa — *(This) house to let,* Casa da affittare — *The house would let easily,* Questa casa potrebbe essere affittata facilmente.
4 *(med.) to let blood,* salassare.
to let by, lasciar passare.
to let down, - **a)** abbassare; tirar giù; far cadere: *That chair has a broken leg: it will let you down,* Quella sedia ha una gamba rotta, ti farà cadere - **b)** *(fig.)* deludere; abbandonare; piantare in asso: *Harry will never let you down,* Harry non ti pianterà mai in asso — *I feel badly let down,* Mi sento molto deluso.
to **let in,** - **a)** far entrare, far passare qcno o qcsa: *Windows let in light and air,* Le finestre fanno entrare luce ed aria — *These shoes let in water,* Queste scarpe lasciano passare l'acqua — *He let himself in with a latch-key,* Entrò con la chiave di casa - **b)** *to let oneself in for sth,* impegnarsi per qcsa: *You are letting yourself in for a dickens of a lot of work if you accept that job,* Andrai incontro ad un sacco di lavoro se accetterai quel posto.
to let into, - **a)** far entrare; introdurre: *Who let you into the building?,* Chi vi ha fatto entrare nell'edificio? - **b)** inserire; mettere: *We must let another window into this wall,* Dobbiamo mettere un'altra finestra su questo muro - **c)** far partecipe *(di un segreto, ecc.): She has been let into the secret,* L'hanno messa a conoscenza del segreto.
to let off, - **a)** *to let sb off,* scusare, perdonare, punire solo leggermente qcno; lasciar correre: *You have always let him off easily,* Gliele hai sempre lasciate correre — *He was let off with a fine instead of being sent to prison,* Se la cavò con una multa invece di finire in prigione - **b)** *to let sth off,* sparare; lanciare; esplodere: *The boys were letting off fireworks,* I ragazzi stavano facendo esplodere dei petardi - **c)** *to let off steam,* emettere vapore; *(fig.)* scaricarsi.
to let on, *(fam.)* rivelare il segreto: *He knew where the boy was hiding but he didn't let on,* Sapeva dove era nascosto il ragazzo, ma non volle rivelare il segreto.
to let out, - **a)** far uscire; scaricare: *He let the air out of the tyres,* Fece uscire l'aria dalle gomme (Sgonfiò le gomme) — *to let the water out of the bath-tub,* scaricare l'acqua dal bagno - **b)** allargare *(di vestiti): He's getting so fat that his trousers need to be let out round the waist,* Sta ingrassando al punto che bisogna allargargli i pantaloni alla vita - **c)** affittare: *They are letting their country house out to tourists this year,* Quest'anno affittano la loro casa di campagna a dei turisti - **d)** *to let out at,* colpire violentemente; investire *(con improperi); (di muli, ecc.)* calciare: *Be careful! That mule has a habit of letting out at people,* Stai attento! Quel mulo ha il vizio di tirare calci - **e)** *(mecc.)* disinnestare; staccare *(p.es. la frizione).*
to let through, far passare.
to let up, smettere; diminuire: *Will this rain never let up?,* Non la smetterà questa pioggia una buona volta?
[1]**let** [let] *s.* **1** ostacolo; ostruzione *(spec. nell'espressione legale): without let or hindrance,* senza ostacolo o impedimento. **2** *(tennis)* ostacolo della palla; colpo nullo.
[2]to **let** [let] *vt (ant.)* ostacolare; impedire.
[2]**let** [let] *s.* affitto; l'affittare: *I can't get a let for my house,* Non riesco ad affittare la mia casa.
[1]**let-down** [let daun] *s. (fam.)* delusione; disappunto.
[2]**let-down** [let daun] *agg (di ante, ecc.)* ribaltabile.
lethal ['li:θəl] *agg* letale. □ *avv* **lethally.**
lethargic [le'θɑ:dʒik] *agg* **1** letargico. **2** apatico. □ *avv* **lethargically.**
lethargy ['leθədʒi] *s.* **1** letargo. **2** apatia.
Lethe ['li:θi(:)] *nome proprio* **1** Lete. **2** *(fig.)* oblio.
let-off [let ɔf] *s.* scarico; *(anche fig.)* divertimento.
let-out [let aut] *s. (fam.)* scusa.
let's [lets] *contraz di* let us (⇨ **to let, 2**).
letter ['letə*] *s.* **1** lettera *(dell'alfabeto): capital letters and small letters,* lettere maiuscole e minuscole — *black letter,* carattere gotico. **2** lettera; epistola; missiva: *letter box, (GB)* cassetta delle lettere; buca per le lettere — *letter card, (GB)* biglietto postale — *letter head,* foglio di carta intestata; intestazione di lettera — *letter of credit,* lettera di credito. **3** *(al pl.)* lettere; letteratura. □ *to keep the letter of the law,* applicare la legge alla lettera — *... to the letter,* ... alla lettera — *to carry out an order to the letter,* eseguire un ordine alla lettera — *letter-perfect, (di attore)* che conosce la parte alla perfezione — *Per letter-press* ⇨ **letterpress** — *Per red-letter* ⇨ **red.**
lettered ['letəd] *agg* **1** letterato; colto; dotto. **2** scritto in lettere.
lettering ['letəriŋ] *s.* **1** iscrizione; dicitura; titolo *(d'un libro).* **2** caratteri: *in Gothic lettering,* in caratteri gotici.
letterpress ['letəpres] *s.* parole stampate; testo *(di un libro, per distinguerlo dalle illustrazioni).*
letting ['letiŋ] *s.* affitto; locazione; nolo.
lettuce ['letis] *s.* lattuga; cappuccina; insalata verde.
let-up [let ʌp] *s. (fam.)* diminuzione; pausa; cessazione; interruzione: *There has been no let-up in the rain yet,* Non c'è stato finora un minuto senza pioggia; È piovuto continuamente — *I've been working ten hours without a let-up,* Lavoro da dieci ore senza interruzione.
leucocyte, leukocyte ['lju:kəsait] *s.* leucocito.
leukaemia [lju:'ki:miə] *s.* leucemia.
Levant [li'vænt] *s.* (il) Levante.
Levantine [li'væntain] *agg e s.* levantino.
levée ['ləvei] *s. (fr., stor.)* udienza mattutina.
levee ['levi] *s. (USA)* argine.
level ['levl] *s.* **1** livello; quota: *Water always finds its own level,* L'acqua si livella sempre — *He has found his own level, (fig.)* Ha trovato il suo ambiente — *top-level talks,* colloqui al vertice. **2** livella: *a spirit level,* una livella a bolla d'aria. **3** piano orizzontale; superficie piana. □ *A-level* ⇨ **advanced 2**; *O-level* ⇨ **ordinary.**
□ *agg* **1** piano; spianato; orizzontale; livellato: *to make a surface level,* spianare una superficie — *level crossing, (GB)* passaggio a livello. **2** equilibrato; equo; regolare; imparziale: *to have a level head; to be level-headed,* essere equilibrato; avere la testa a posto — *to keep a level head,* conservare il proprio sangue freddo; restare calmo — *to do one's level best,* fare tutto il possibile; fare del proprio meglio.
to **level** ['levl] *vt e i.* (**-ll-**; *USA* **-l-**) **1** livellare *(anche fig.);* spianare *(spesso* to level off*);* pareggiare; rendere uguale: *to level a building to the ground,* radere al suolo un edificio — *Death levels all men,* La morte rende uguali tutti gli uomini. **2** puntare; spianare

(un'arma da fuoco); lanciare *(un'accusa, ecc.): to level a gun at sb,* spianare un fucile contro qcno.

leveller ['levlə*] *s.* **1** livellatore; livellatrice. **2** fautore di una società egualitaria *(spec. stor. GB, del 1600).*

lever ['li:və*] *s.* leva *(anche fig.).*

to **lever** ['li:və*] *vt* alzare (smuovere) con una leva; far leva.

leverage ['li:vəridʒ] *s.* **1** azione, potenza di una leva. **2** sistema; applicazione di leve. **3** *(fig.)* influenza; potere; autorità.

leveret ['levərit] *s.* leprotto.

leviathan [li'vaiəθən] *s.* **1** leviatano; enorme mostro marino. **2** *(fig.)* persona o cosa enorme e potente; colosso.

to **levigate** ['levigeit] *vt* **1** levigare. **2** polverizzare.

to **levitate** ['leviteit] *vt e i.* (fare) levitare *(nelle sedute spiritiche).*

levitation [,levi'teiʃən] *s.* levitazione.

levity ['leviti] *s.* leggerezza; spensieratezza.

levy ['levi] *s.* **1** imposta; tributo: *capital levy,* imposta sul capitale. **2** leva; arruolamento; coscrizione.

to **levy** ['levi] *vt e i.* **1** imporre; raccogliere *(p.es. una tassa).* **2** *(mil.)* arruolare; levare. **3** *to levy war upon (against) sb,* muovere guerra a qcno.

lewd [lu:d] *agg* indecente; lascivo; libidinoso. □ *avv* **lewdly.**

lewdness ['lu:dnis] *s.* indecenza; libidine; lascivia.

lexical ['leksikəl] *agg* lessicale.

lexicographer [,leksi'kɔgrəfə*] *s.* lessicografo.

lexicography [,leksi'kɔgrəfi] *s.* lessicografia.

lexicon ['leksikən] *s.* **1** lessico. **2** vocabolario; dizionario *(spec. di greco o latino).*

ley [lei] *s.* terreno coltivato temporaneamente a erba.

liability [,laiə'biliti] *s.* **1** obbligo; *(dir.)* responsabilità: *a limited liability company,* una società a responsabilità limitata. **2** tendenza (per disposizione): *liability to disease,* predisposizione alle malattie. **3** *(al pl.: comm.)* passivo; passività; debiti: *assets and liabilities,* attività e passività. **4** *(fam.: di persona)* peso; peso morto.

liable ['laiəbl] *agg* **1** *(anche dir.)* responsabile (di, per); tenuto (a); obbligato (a): *He is liable for his wife's debts,* È responsabile dei (tenuto a risarcire i) debiti della moglie. **2** *(dir.)* passibile (di); punibile: *to make oneself liable to imprisonment,* esporsi al rischio della prigione. **3** soggetto (a); esposto (a): *He is liable to seasickness,* È soggetto al mal di mare — *We are all liable to make mistakes occasionally,* Siamo tutti soggetti a commettere di quando in quando degli errori — *Difficulties are liable to occur at this stage,* C'è il rischio che le difficoltà insorgano in questa fase.

to **liaise** [li'eiz] *vi (mil., fam.)* agire come ufficiale di collegamento; *(per estensione)* mantenere contatti o collegamenti; fare da intermediario.

liaison [li(:)'eizən] *s. (dal fr.)* **1** *(mil.)* collegamento: *liaison officer,* ufficiale di collegamento. **2** relazione amorosa; legame illecito.

liana [li'ɑ:nə] *s.* liana.

liar ['laiə*] *s.* bugiardo (bugiarda); mentitore (mentitrice).

Lib [lib] *s.* **1** *(GB, abbr. fam. di* Liberal*)* Liberale. **2** *(abbr. fam. di* Liberation*)* Liberazione: *Womens' Lib,* (Movimento per la) liberazione della donna.

libation [lai'beiʃən] *s.* libagione.

libel ['laibəl] *s.* **1** scritta diffamatoria; diffamazione: *to sue a newspaper for libel,* citare un giornale per diffamazione. **2** *(fam.)* offesa; torto; oltraggio: *This portrait is a libel on (o upon) me,* Questo ritratto mi fa torto.

to **libel** ['laibəl] *vt* (**-ll-**; *USA* **-l-**) **1** diffamare; calunniare *(per mezzo di libelli).* **2** *(fam.)* far torto.

libellous ['laibləs] *agg* diffamatorio; calunnioso.

liberal ['libərəl] *agg* **1** generoso; abbondante; prodigo; munifico: *a liberal supply of food and drink,* una abbondante provvista di cibo e di bevande. **2** liberale; di larghe vedute; libero da pregiudizi. **3** largo; lato; non stretto: *a liberal interpretation,* un'interpretazione larga. **4** umanistico. **5** *(politica)* liberale. □ *avv* **liberally.** □ *s. (politica)* liberale.

liberalism ['libərəlizəm] *s. (politica)* liberalismo.

liberality [,libə'ræliti] *s.* liberalità; generosità.

liberalization [,libərəlai'zeiʃən] *s.* liberalizzazione.

to **liberalize** ['libərəlaiz] *vt* rendere più liberale; liberalizzare.

to **liberate** ['libəreit] *vt* liberare.

liberation [,libə'reiʃən] *s.* liberazione.

liberator ['libəreitə*] *s.* liberatore.

libertine ['libə(:)tain] *s.* libertino; persona dissoluta; *(talvolta)* libero pensatore.

liberty ['libəti] *s.* **1** libertà: *You are at liberty to leave at any time,* È libero di partire quando vuole — *to set sb at liberty,* mettere in libertà qcno; liberare qcno. **2** libertà; confidenza; licenza: *to take the liberty of doing sth,* prendersi la libertà di fare qcsa — *to take liberties with sb,* prendersi delle libertà con qcno. **3** *(al pl., stor.)* privilegi.

libidinous [li'bidinəs] *agg* libidinoso; lascivo. □ *avv* **libidinously.**

libido [li'bi:dou] *s.* libido; *(talvolta)* libidine.

librarian [lai'brɛəriən] *s.* bibliotecario, bibliotecaria.

librarianship [lai'brɛəriənʃip] *s.* lavoro, posto di bibliotecario.

library ['laibrəri] *s.* **1** *(in vari sensi)* biblioteca: *reference library,* biblioteca di consultazione *(in cui non si concedono libri in prestito)* — *a walking library, (di persona)* un pozzo di scienza; una biblioteca ambulante — *a library edition,* un'edizione con rilegatura robusta *(per biblioteche).* **2** *(per estensione)* raccolta: *film library,* cineteca — *record library,* discoteca — *wine library,* enoteca. **3** *(talvolta)* collana *(di libri).*

librettist [li'bretist] *s. (mus.)* librettista.

libretto [li'bretou] *s.* (*pl.* **librettos, libretti**) *(mus.)* libretto.

Libyan ['libjən] *agg e s.* libico.

lice [lais] *s. pl di* **louse.**

licence ['laisəns] (*USA* **license**) *s.* **1** licenza; permesso; patente; autorizzazione: ⇨ *anche* **off-licence.** **2** sregolatezza; sfrenatezza; eccesso. □ *poetic licence,* licenza poetica.

to **license,** to **licence** ['laisəns] *vt* dare licenza; autorizzare: *licensed premises,* spaccio con licenza per la vendita di alcoolici.

licensee [,laisən'si:] *s.* detentore di licenza, autorizzazione, ecc. *(spec. per la vendita di alcoolici).*

licentiate [lai'senʃiit] *s.* **1** licenziato; autorizzato *(all'esercizio di una professione, ecc.).* **2** licenza *(diploma di studi).*

licentious [lai'senʃəs] *agg* licenzioso; immorale; scostumato. □ *avv* **licentiously.**

licentiousness [lai'senʃəsnis] *s.* licenziosità; scostumatezza.

lichee, lichi ['laitʃi] *s.* = **lychee.**

lichen ['laikən] *s.* lichene.

lich-gate ['litʃgeit] *s.* cancello (porta) di cimitero.

lich-gate ['litʃgeit] *s.* ⇨ **lich.**

lich-owl ['litʃaul] *s.* barbagianni.

licit ['lisit] *agg* lecito.

lick [lik] *s.* **1** leccata: *to give oneself a lick and a promise, (fam.)* darsi una lavatina superficiale. **2** *(anche* salt lick*)* terreno salato *(dove vanno gli animali selvatici a leccare il sale).*

to **lick** [lik] *vt e i.* **1** leccare: *to lick one's lips (fam.: one's chops), (fig.)* leccarsi le labbra (i baffi) — *to lick sth off,* pulire (togliere) qcsa leccando — *to lick sth up,* vuotare qualcosa leccando — *to lick sth into shape, (fig.)* rendere efficiente (foggiare, plasmare) qcsa — *to lick the dust,* mordere la polvere. **2** *(spec. di fiamme)* lambire. **3** *(fam.)* superare; battere *(spec. sport): Well, that licks everything!,* Questa poi le supera tutte! **4** *(fam.)* picchiare; bastonare.

licking ['likiŋ] *s. (fam.)* **1** sconfitta. **2** bastonatura.

licorice ['likəris] *s.* = **liquorice.**

lid [lid] *s.* **1** coperchio. **2** (= eye-lid) palpebra. □ *with the lid off, (fam.)* allo scoperto; scoprendo le magagne, ecc. — *That's put the lid on it!, (fam.)* Questo è il colmo!

lido ['li:dou] *s.* lido; stabilimento balneare; piscina scoperta.

[1]**lie** [lai] *s.* **1** menzogna; bugia: *What a pack of lies!,* Che cumulo di bugie! — *He acted a lie,* Agì slealmente — *to tell a lie,* dire una bugia; mentire — *to give sb the lie,* accusare qcno di menzogna — *to give the lie to sth,* smentire qcsa — *The facts give the lie to your claim,* I fatti smentiscono la Sua affermazione — *white lie,* bugia pietosa, perdonabile. **2** cosa falsa *(credenza, ecc.): to worship a lie,* venerare un'illusione — *to live a lie,* fare una vita basata su un'illusione.

[1]to **lie** [lai] *vi* (*p. pres.* **lying**; *pass. e p. pass.* **lied**) **1** mentire; dire bugie; dire il falso: *He lied to me,* Mi mentì — *He's lying,* Mente — *to lie one's way out of trouble,* uscire da una situazione difficile (cavarsi dai guai) con le bugie. **2** ingannare: *Figures don't lie,* Le cifre non ingannano.

[2]to **lie** [lai] *vi* (*p. pres.* **lying**; *pass.* **lay**; *p. pass.* **lain**) **1** giacere; stare disteso; stare sdraiato: *to lie down on one's back,* stare disteso sul dorso — *Don't lie in bed all morning!,* Non stare a letto tutta la mattina! — *He lay on the grass enjoying the sunshine,* Stava sdraiato sull'erba a godere il sole — *His body lies in the churchyard,* Il suo corpo giace nel camposanto — *'Here lies...',* 'Qui giace...' — *The book lay open on the table,* Il libro giaceva aperto sul tavolo.

2 rimanere: *to leave money lying idle in the bank,* lasciare del denaro inattivo in banca — *towns lying in ruins,* città cadenti, in rovina — *He lay in prison for years,* Rimase in prigione per anni — *The snow lay thick on the ground,* La neve formava una spessa coltre sul terreno — *The fields lay thickly covered with snow,* I campi erano coperti da un manto di neve.

3 stendersi; offrire alla vista; presentarsi: *The valley lay before us,* La vallata si stendeva davanti a noi — *The coast lay open to attack,* La costa era esposta agli attacchi — *to see how the land lies* ⇨ **land.**

4 stare; trovarsi; essere: *The ship is lying at No 5 berth,* La nave si trova all'ormeggio n. 5 — *The fleet lay off the headland,* La flotta si trovava al largo del promontorio — *He knows where his interest lies,* Sa dove sta il suo interesse — *I will do everything that lies in (o within) my power,* Farò tutto ciò che è in mio potere — *The burden of proof lies with you,* L'onere della prova sta a voi — *It lies with you to accept or reject the proposal,* Sta a Lei accettare o respingere la proposta — *as far as in me lies, (ant. e lett.)* per quanto sta in me.

5 *(dir.)* essere sostenibile; essere legalmente ammissibile; essere ammesso: *The appeal will not lie,* L'appello non è ammesso (non è sostenibile).

□ *to lie heavy (on),* pesare (su) — *The lobster lay heavy on his stomach,* L'aragosta gli pesava sullo stomaco — *The theft lay heavy on his conscience,* Il furto gli pesava sulla coscienza — *To let sleeping dogs lie, (prov.)* Non disturbare il can che dorme.

to lie back, stendersi; allungarsi: *to lie back in an armchair,* stendersi su una poltrona.

to lie down, - **a)** rimanere giù - **b)** mettersi disteso; riposare - **c)** piegarsi senza protestare; subire senza protestare, senza reagire: *to take an insult lying down,* incassare un insulto.

to lie in, - **a)** restare, stare a letto; poltrire - **b)** *(ant.)* partorire; dare alla luce: *The time had come for her to lie in,* Era giunto per lei il momento del parto — *lying-in hospital, (ant.)* clinica ostetrica.

to lie low, *(fam.)* levarsi di torno; evitare di farsi vedere.

to lie over, rimanere in sospeso: *Let the matter lie over until the next committee meeting,* Lasciate sospesa la questione fino alla prossima riunione del comitato.

to lie to, *(di nave)* stare, essere alla cappa.

to lie up, tenere il letto; rimanere inattivo.

to lie with, *(biblico)* giacere con; congiungersi carnalmente con.

[2]**lie** [lai] *s. (solo sing.)* posizione; disposizione *(anche in senso fig.): the lie of the land,* la configurazione del terreno; *(fig.)* lo stato delle cose.

lie-abed ['laiəbed] *s. (piuttosto desueto)* dormiglione; poltrone; poltronaccio.

lie-down [,lai'daun] *s. (fam.)* riposo; momento di riposo, di distensione.

lief [li:f] *avv (ant. e lett.)* volentieri.

liege [li:dʒ] *s.* **1** feudatario: *liege lord,* feudatario *(che ha diritto alla fedeltà dei vassalli).* **2** vassallo.

liegeman ['li:dʒmən] *s.* (*pl.* **liegemen**) **1** vassallo. **2** seguace fedele.

lie-in ['laiin] *s. (fam.)* lo starsene a letto a poltrire: *to have a nice lie-in on Sunday morning,* starsene piacevolmente a poltrire la domenica mattina.

lien [liən] *s.* pegno; garanzia.

lieu [lju:] *s. (solo nella locuzione) in lieu of...,* in luogo di...; invece di...

lieutenant [lef'tenənt/*(USA)* lu'tenənt] *s.* **1** tenente; luogotenente; vice: *first lieutenant,* tenente — *second lieutenant,* sottotenente; tenente di vascello — *lieutenant commander,* capitano di corvetta. **2** *(spesso spreg.)* vice; seguace. □ *Lord Lieutenant, (GB)* governatore *(pro forma)* di una contea.

life [laif] *s.* (*pl.* **lives**) **1** vita; esistenza: *He lived all his life in London,* Visse tutta la sua vita a Londra — *Some people have easy lives,* Certuni hanno la vita facile — *town life,* la vita di città — *country life,* la vita di campagna — *a matter of life and death,* una questione di vita o di morte — *They ran for dear life (for their lives),* Correvano per salvarsi la pelle — *I can't for the life of me remember what happened,* Non posso, dovesse anche costarmi la vita, ricordarmi di quello che è accaduto — *this life,* la vita terrestre; la vita su questa terra — *the other life; future (eternal, everlasting) life,* l'altra vita; la vita eterna (la vita dopo la morte) — *to take sb's life,* togliere la vita a qcno; ucciderlo — *to take one's own life,* togliersi la vita; suicidarsi — *in life,* nella vita; nel corso della vita — *to marry late (early) in life,* sposarsi tardi

(presto) negli anni — *a life sentence; imprisonment for life; life imprisonment; (sl. anche) life,* una condanna a vita (all'ergastolo) — *A cat has nine lives,* Un gatto ha nove vite — *the life of a steamship (of a government),* la vita (durata) di una nave (di un governo) — *life support system, (nelle astronavi)* sistema per garantire la sopravvivenza — *expectation of life, (nel linguaggio assicurativo)* vita (media) prevista — **Life Peer** ⇨ **peer 2** — *life cycle,* ciclo vitale — *life span,* arco vitale.
2 vita; (l')insieme degli organismi viventi: *Is there any life on the planet Mars?,* Esiste qualche forma di vita sul pianeta Marte? — *A naturalist studies animal and plant life,* Un naturalista studia la vita degli animali e delle piante.
3 attività; vivacità; vita; movimento; rapporti umani; animazione: *Sailors don't earn much money but they do see life,* I marinai non guadagnano molto denaro, ma almeno vedono il mondo — *There is not much life in our small village,* Non c'è molta animazione (vita) nel nostro piccolo paese — *Their children are full of life,* I loro bambini sono pieni di vivacità — *He was the life and soul of the party,* È stato il vero animatore della compagnia.
4 vita (scritta); biografia: *He has written a new life of Newton,* Ha scritto una nuova vita di Newton.
5 realtà; forma; modello vivente: *a portrait (a picture) taken from life (from the life),* un ritratto (un quadro, un'immagine) preso dalla realtà — *a life class, (nella scuola d'arte)* una classe di copia dal vero — *... to the life,* fedelmente; in modo aderente alla realtà — *to draw (to portray, to imitate) sb to the life,* disegnare (fare il ritratto, imitare) qcno fedelmente — *(as) large as life* ⇨ [1]**large,** *agg* **1.**
□ *to come to life,* riacquistare coscienza; rinvenire *(da uno svenimento o altro malessere)* — *We all thought he was drowned but after a quarter of an hour's artificial respiration he came to life,* Noi tutti pensavamo che fosse annegato, ma dopo un quarto d'ora di respirazione artificiale riprese i sensi — *to bring to life,* riportare in vita; far rinvenire — *to have the time of one's life, (fam.)* godere, spassarsela come non mai — *life annuity,* rendita vitalizia — *life-blood,* sangue; fluido, linfa vitale *(anche fig.)* — *life estate,* bene immobiliare in usufrutto — *life-giving,* vivificante; che ridà vita — *life-interest,* diritto d'usufrutto — *life-jacket,* giubbotto di salvataggio — *life-long* ⇨ **lifelong** — *life-preserver,* - **a)** sfollagente - **b)** *(USA)* giubbotto di salvataggio; salvagente — *life-size(d), (di figure, statue, ecc.)* in grandezza naturale — *life-work,* opera fondamentale; il lavoro (l'opera) che occupa l'intera vita — ⇨ *anche* **lifebelt, lifeboat, lifebuoy,** *ecc.*

lifebelt ['laifbelt] *s.* cintura di salvataggio.

lifeboat ['laifbout] *s.* lancia di salvataggio; scialuppa di salvataggio.

lifebuoy ['laifbɔi] *s. (naut.)* salvagente.

lifeguard ['laifgɑ:d] *s.* **1** bagnino. **2** *(talvolta)* guardia del corpo.

lifeless ['laiflis] *agg* **1** inanimato; senza vita; privo di vita. **2** morto; che ha perso la vita. **3** scialbo; opaco; non vivace; privo di efficacia: *to answer in a lifeless manner,* rispondere in modo scialbo. □ *avv* **lifelessly.**

lifelike ['laiflaik] *agg* **1** *(di un ritratto, ecc.)* somigliante; fedele; parlante *(fam.).* **2** realistico; veristico.

lifeline ['laiflain] *s.* **1** *(naut.)* sagola di salvataggio. **2** *(chiromanzia)* linea della vita.

lifelong ['laiflɔŋ] *agg* che dura tutta la vita: *a lifelong defender of women's rights,* una persona che ha speso tutta la vita nella difesa dei diritti della donna.

lifer ['laifə*] *s. (sl.)* **1** sentenza di condanna a vita. **2** ergastolano.

lifesaver ['laif,seivə*] *s.* **1** bagnino. **2** salvagente.

lifetime ['laiftaim] *s.* la durata della vita: *the chance of a lifetime,* l'occasione che capita una volta in tutta una vita.

lift [lift] *s.* **1** sollevamento; *(fig.)* aiuto; *(mecc., ecc.)* alzata; portanza; forza ascensionale. **2** *(GB)* ascensore; montacarichi: *to take the lift to the tenth floor,* prendere l'ascensore per il (per andare al) decimo piano — *lift boy; lift man,* inserviente (manovratore) addetto all'ascensore; 'lift'. **3** *(abbr. di* chair-lift*)* seggiovia; *(abbr. di* skilift*)* sciovia; ski-lift. **4** 'passaggio' *(in auto): to give sb a lift,* dare un passaggio a qcno.

to **lift** [lift] *vt e i.* **1** alzare; sollevare; innalzare *(anche fig.): to lift one's hand against sb,* alzare la mano su qcno — *to lift tents,* levar le tende — *not to lift a hand,* star con le mani in mano; non muovere un dito. **2** alzarsi; sollevarsi: *This window won't lift,* Questa finestra *(a ghigliottina)* non si vuole alzare — *The mist began to lift,* Cominciava ad alzarsi la nebbia. **3** raccogliere *(spec. patate);* sradicare. **4** rubare *(spec. bestiame); (per estensione)* plagiare, copiare di sana pianta *(un testo).*

lift-off ['lift,ɔf] *s.* decollo *(di un aereo);* partenza *(di un razzo).*

ligament ['ligəmənt] *s. (anat.)* legamento.

ligature ['ligətjuə*] *s. (in vari sensi)* legatura.

[1]**light** [lait] *s.* **1** luce *(in generale);* chiarore; chiaro; sorgente luminosa; giorno: *a beam (a ray) of light,* un fascio (un raggio) di luce — *a light year, (astronomia)* un anno-luce — *a light-bulb,* una lampadina — *We need more light,* Ci occorre più luce — *to read by the light of a candle,* leggere alla luce di una candela — *The light began to fail,* La luce incominciò a calare, a svanire — *at first light,* alle primi luci (dell'alba) — *in a good (bad) light, (anche fig.)* in buona (cattiva) luce — *to stand in sb's light,* fare ombra a qcno *(in senso reale e fig.)* — *to stand in one's own light,* fare ombra a se stesso *(in senso reale e fig.)* — *to see the light,* - **a)** vedere la luce; nascere; apparire - **b)** aprire gli occhi; vedere finalmente come stanno le cose — *to bring sth to light,* mettere in luce (scoprire) qcsa — *to come to light,* venire alla luce — *Many new facts have come to light,* Molti fatti nuovi sono venuti alla luce — *to shed (a) new light on a matter,* gettare nuova luce su una questione — *in the light of...,* alla luce di... — *I cannot view your conduct in a favourable light,* Non riesco a vedere la tua condotta sotto una luce favorevole — *I have never looked upon the matter in that light,* Non ho mai considerato la questione sotto questa luce.
2 luce; lampada; lume; lampione; fanale: *Lights were burning in every room,* Erano accese luci in ogni stanza — *Turn the lights on (off),* Accendi (Spegni) le luci — *The lights went out,* Mancò la luce — *navigation lights,* luci di navigazione — *blue lights,* fuochi del bengala — *flash-light,* torcia elettrica; 'pila' — *parking-lights,* luci di posizione — *rear- (tail-) light,* fanale posteriore; fanalino di coda — *riding-light, (naut.)* fanale di fonda — *stern-light, (naut.)* fanale di poppa — *landing lights, (di aereo)* proiettori alari di atterraggio — *traffic light,* semaforo.
3 fuoco; fiamma: *Can you give me a light, please?,* Può darmi un po' di fuoco, per favore?; Mi fa accendere, per favore? — *to strike a light,* accendere un

fiammifero — *Strike a light!, (interiezione, fam.)* Porca miseria!; Perbacco!
4 *(al pl.)* lumi; capacità mentale: *Let every man do his best according to his lights,* Ogni uomo faccia del suo meglio a seconda dei suoi lumi.
5 luminare: *one of the shining lights of our age,* uno dei luminari del nostro tempo.
6 lucernario; vetrata; finestra; abbaino: *quarter light,* deflettore *(di automobile).*
7 *(pittura)* parte chiara; parte in luce: *light and shade,* chiaroscuro — *high-lights,* luci intense *(di un quadro, ecc.); (fig.)* momenti salienti; punti importanti.
8 *(al pl.: sta per* traffic lights*)* semaforo: *Turn left at the lights,* Al semaforo giri a sinistra.
□ ⇨ *anche* **lights,** *s. pl.*

[1]to **light** [lait] *vt e i. (pass. e p. pass.* **lit** *o* **lighted**; *quest'ultima forma è più comune come agg.)* **1** accendere: *to light a candle (a lamp, a cigarette)* accendere una candela (una lampada, una sigaretta) — *to light the fire,* accendere il fuoco — *It's time to light up,* È ora di accendere la luce — *lighting-up time,* l'ora in cui si accendono le luci *(l'ora in cui le auto devono accendere i fari e le strade cittadine devono essere illuminate).* **2** illuminare *(anche fig.)*; fare lume: *The streets were brightly lit up,* Le strade erano vivacemente illuminate — *Our houses are lit by electricity,* Le nostre case sono illuminate elettricamente — *The burning building lit up the whole district,* L'edificio in fiamme illuminava l'intero quartiere — *Her face lit up with pleasure,* Il suo volto si illuminò di piacere — *A smile lit up her face,* Un sorriso le illuminò il volto — *to light a person on his way,* illuminare la strada a una persona.

[2]**light** [lait] *agg* **1** luminoso; chiaro; (ben) illuminato: *a light room,* una camera luminosa — *It's beginning to get light,* Comincia a far chiaro. **2** *(di colore)* chiaro: *light hair,* capelli chiari (biondi) — *a light complexion,* una carnagione chiara — *light green (brown),* verde (marrone) chiaro — *light-coloured,* di colore chiaro.

[3]**light** [lait] **I** *agg* **1** leggero *(in vari sensi)*; lieve; delicato: *as light as air; as light as a feather,* leggero come l'aria (come una piuma) — *lighter-than-air,* aerostatico — *a pair of light shoes,* un paio di scarpe leggere — *a light van,* un furgoncino — *a light meal,* un pasto leggero — *light clothing,* abiti leggeri — *light sleep,* sonno leggero — *a light cruiser, (naut.)* un incrociatore leggero — *light horse, (mil., collettivo)* cavalleria leggera — *to give sb a light touch on the shoulder,* dare a qcno un lieve colpo sulla spalla — *to walk with light footsteps,* camminare a passi leggeri — *light-handed,* dalla mano delicata; *(fig.)* pieno di tatto, di delicatezza nel trattare con la gente — *light-handedly,* con mano delicata; con tatto; delicatamente — *light-handedness,* delicatezza; tatto — *light-fingered,* dalle dita abili, leggere; svelto di mano *(ladro)* — *light-weight,* di peso leggero; *(nella boxe)* peso leggero *(chi pesa tra i 57 e i 61 Kg)* — *light heavyweight, (boxe, ecc.)* peso medio-massimo *(chi pesa tra i 72,5 e i 79,3 kg.).* **2** scarso di peso; di peso inferiore alla norma: *a light coin,* una moneta di peso inferiore al dovuto — *to give light weight,* rubare sul peso. **3** *(fig.: di persona, di comportamento)* leggero (poco assennato); non impegnato; non profondo; frivolo; allegro; spensierato: *light conduct,* comportamento leggero — *a man of light character,* un uomo di carattere leggero (frivolo) — *light-minded,* frivolo; leggero — *light-mindedness,* frivolezza; superficialità — *a light heart,* un cuore gaio; un cuor contento — *with a light heart,* a cuor leggero — *light-hearted,* dal cuore contento — *light-heartedly,* a cuor contento — *light-heartedness,* buonumore; spensieratezza — *light-headed,* dalla testa stordita; vaneggiante — *light-headedness,* confusione; stordimento; capogiro — *to be light in the head,* - **a)** avere il capogiro - **b)** essere sempliciotto — *light-o'-love,* donna leggera; prostituta — *light music,* musica leggera — *to make light of sth,* dare poca importanza a qcsa — *a light woman,* una donna leggera.
□ *avv* **lightly** ⇨.
II *avv* lievemente; leggermente; in modo leggero: *to tread light,* camminare con passo leggero — *to sleep light,* dormire di un sonno leggero — *to travel light,* viaggiare leggeri *(senza troppo carico o bagagli); (fig.)* vivere in libertà, evitando rapporti troppo vincolanti.

[2]to **light** [lait] *vi (pass. e p. pass.* **lit** *o* **lighted**) **1** *(seguito da* on, upon*)* imbattersi (in qcno, qcsa). **2** *(ant.)* cadere: *to fall out of a window and light on one's feet,* precipitare da una finestra e cadere in piedi.

[1]to **lighten** ['laitn] *vt* alleggerire; *(fig.)* alleviare; mitigare; ridurre.

[2]to **lighten** ['laitn] *vt e i.* **1** illuminare; rischiarare; illuminarsi; rischiararsi. **2** lampeggiare: *It's thundering and lightening,* Sta tuonando e lampeggiando.

[1]**lighter** ['laitə*] *s.* **1** chi accende; accenditore: *lamp-lighter,* lampionaio. **2** *(anche* cigarette lighter*)* accendino; accendisigaro.

[2]**lighter** ['laitə*] *s. (naut.)* chiatta; maona.

to **lighter** ['laitə*] *vt* scaricare (una nave) con chiatte.

lighterage ['laitəridʒ] *s.* (spese di) trasporto su chiatte.

lighthouse ['laithaus] *s.* faro.

lighting ['laitiŋ] *s.* **1** illuminazione. **2** accensione: *lighting-up* ⇨ [1]**to light 1.**

lightish ['laitiʃ] *agg* **1** *(di colore)* piuttosto chiaro. **2** piuttosto leggero.

lightly ['laitli] *avv* **1** lievemente; leggermente; agilmente; con leggerezza (con delicatezza); delicatamente; gentilmente; dolcemente. **2** allegramente; in modo spensierato; *(per estensione)* con leggerezza; alla leggera. □ *to get off lightly, (fam.)* cavarsela a buon mercato.

lightness ['laitnis] *s.* **1** leggerezza; lievità. **2** delicatezza. **3** frivolezza; mancanza di serietà.

lightning ['laitniŋ] *s.* fulmine; lampo *(anche fig.)*: *lightning rod; lightning conductor,* parafulmine.
□ *a lightning strike,* uno sciopero selvaggio, senza preavviso — *lightning bug, (USA)* lucciola.

lights [laits] *s. pl* frattaglie *(spec. di pecora, maiale).*

lightship ['laitʃip] *s.* nave faro; faro galleggiante.

lightsome ['laitsəm] *agg* **1** grazioso. **2** allegro. **3** frivolo. □ *avv* **lightsomely.**

lightsomeness ['laitsəmnis] *s.* **1** grazia. **2** allegria. **3** leggerezza.

ligneous ['ligniəs] *agg* ligneo; legnoso.

lignite ['lignait] *s.* lignite.

likable, likeable ['laikəbl] *agg* piacente; simpatico.
□ *avv* **likably, likeably.**

[1]**like** [laik] **I** *agg* simile; analogo; affine; somigliante; uguale; avente le stesse qualità di: *Like causes produce like results,* Cause analoghe producono effetti analoghi — *He writes well on this and like subjects,* Su questo e su simili argomenti scrive bene — *They are as like as two peas,* Si somigliano come due gocce d'acqua — *Like father, like son,* Tale il padre, tale il figlio — *like-minded,* d'uno stesso pensiero (degli stessi gusti, intenzioni, ecc.).
II *s.* simile; cosa simile: *music, painting and the like,* musica, pittura e simili — *I never heard the like (of*

it), Mai sentito una cosa simile — *Mix with your likes,* Frequenta i tuoi simili — *the likes of you, (iron., spreg.)* i tuoi pari; gente della tua risma — *We shall never look upon his like again,* Non vedremo mai più un uomo come lui.

III *prep* come; nello stesso modo di: *He drinks like a fish,* Beve come un otre — *I feel like a king,* Mi sento (come) un re (*ma cfr.* **V, 2**) — *If everyone worked like me...,* Se tutti lavorassero come me... — *It fits him like a glove,* Gli sta a pennello — *Don't talk like that!,* Non parlare così! — *like anything (like blazes, like mad, like crazy),* a più non posso — *like hell* ⇨ **hell.**

IV *avv* **1** *(ant.)* come; nello stesso modo, maniera: *Like as a father pitieth his children, so the Lord pitieth them that fear him,* Come un padre ha compassione dei suoi figli, così il Signore ha compassione di coloro che Lo temono *(Salmo 103:13).*

2 *(USA)* come se: *He talked like (he was) crazy,* Parlava come se fosse pazzo.

3 probabilmente *(solo nelle seguenti forme:* like enough; very like *ant.;* like as not*): like enough,* molto probabilmente — *Like as not, he is already there,* Probabilmente vi è già arrivato — *He is very like to come in time,* Probabilmente arriverà (ce la fa ad arrivare) in tempo.

4 *(fam., erroneamente, per* as*)* come: *Don't think you can lie in bed all morning, like your father does,* Non pensare che tu possa stare a letto tutta la mattina come fa tuo padre — *Like my grandmother always said...,* Come diceva sempre mia nonna...

5 *(GB, dial. e USA: dopo un agg. o avv.)* piuttosto; un po'.

V *(idiomatico, dopo certi verbi, con valore di particella avverbiale o preposizionale)* **1** *(dopo* to be, *talvolta sottinteso)* somigliante; simile; pari a *(spesso seguito da pron., s. o avv.): What is the new teacher like?,* Che aspetto ha (Com'è, Che tipo è, Che razza d'uomo è) il nuovo professore? — *He was wearing a hat rather like this one,* Portava un cappello piuttosto simile a questo — *It looks like gold,* Sembra oro — *something like...,* - **a)** circa...; press'a poco...; su per giù...: *The cost will be something like five pounds,* Costerà circa cinque sterline - **b)** davvero veramente: *This is something like a dinner!,* Questo sì che è un pranzo! — *nothing like...,* niente che eguagli, che sia alla pari con... — *There's nothing like leather,* Non c'è niente come il cuoio — *This is nothing like as good,* Questo non è altrettanto (affatto, per niente) buono (come quell'altro) — *There is nothing like walking as a means of keeping fit,* Per tenersi in forma non c'è cosa migliore del camminare.

2 *(dopo* to feel*)* ⇨ **to feel like (doing sth)** *sotto* **to feel 5.**

3 *(dopo* to look *e ant.* to have*)* probabile: *He looks like winning,* È probabile che vinca; Facilmente vincerà — *It looks like being a fine day,* Sembra voglia fare bello; Il tempo promette bene; Avremo una bella giornata — *It looks like rain,* Sembra che voglia piovere; Tra poco pioverà — *He had like to have been killed more than once, (ant.)* Parecchie volte corse il rischio di venire ucciso.

4 caratteristico; proprio; tipico di: *That's just like him!,* È proprio tipico di lui!; È il suo modo di fare!; È fatto così!; C'era da aspettarselo! — *Just like a woman!,* C'era da aspettarselo da una donna!

[2]**like** [laik] *s. (solo al pl.)* cose che piacciono: *likes and dislikes,* simpatie ed antipatie.

to **like** [laik] *vt* **1** piacere *(NB: il soggetto della frase inglese diventa il complemento di termine in italiano);* trovare attraente; avere simpatia per; gradire; preferire; *(al condiz.)* aver voglia di (⇨ **3,** *sotto): Do you like red wine?,* Ti piace il vino rosso? — *I like to read in bed,* Mi piace leggere a letto — *I like soccer better than rugby,* Preferisco il calcio al rugby — *How do you like your tea?,* Come ti piace (vuoi, preferisci) il tè? — *I like it rather weak,* Lo preferisco non tanto carico — *if you like,* se vuoi; se si vuole — *as you like,* come vuoi; come ti piace — *whether he likes it or not,* volente o nolente; gli piaccia o no — *I like his impudence!, (iron.)* Che faccia tosta!; Bella sfacciataggine la sua! — *Well, I like that!,* Questa sì che è bella!

2 *(in frasi negative)* non volere; essere restio o riluttante; dispiacere *(impers.); (di piante, ecc.)* temere: *I didn't like to disturb you,* Non volevo disturbarti — *I don't like troubling her,* Mi dispiace importunarla — *These plants don't like the damp,* Queste piante temono l'umidità — *I like lobster but it doesn't like me,* L'aragosta mi piace, ma mi fa male (mi è indigesta).

3 *(con le forme del condiz.* should, would; *usato per esprimere un desiderio)* 'vorrei', 'vorresti', ecc.; 'mi piacerebbe', 'ti piacerebbe', ecc.; 'gradirei tanto'; 'avrei voglia di': *I should like an ice cream,* Avrei voglia di un gelato — *I should like to go there,* Desidererei tanto andarci — *She would like a cup of tea, I think,* Penso che prenderebbe volentieri una tazza di tè — *I should like to see that!, (iron.)* Staremo a vedere!

likeable ['laikəbl] *agg* = **likable.**

likelihood ['laiklihud] *s.* probabilità: *There is no likelihood of his arriving before six,* Non c'è alcuna probabilità (È impossibile) che arrivi prima delle sei.

likely ['laikli] *agg* (**-ier; -iest**) **1** probabile: *What's the likeliest (the most likely) time to find him at home?,* Qual è il momento in cui è più probabile trovarlo a casa? — *This looks like a likely field for mushrooms,* Sembra un terreno da funghi — *He isn't likely to last the night,* È improbabile che sopravviva fino all'alba. **2** attendibile; verosimile: *That's a likely story!, (iron.)* Ecco una storia (una scusa) molto attendibile! **3** promettente: *He seems a likely sort of boy,* Sembra un ragazzo promettente. □ *Not likely!, (fam.)* Neanche per sogno!; Stai fresco!

□ *avv* probabilmente *(generalm. con* very, most, *ecc.): I shall very likely be here again next month,* Molto probabilmente sarò di nuovo qui il mese prossimo.

to **liken** ['laikən] *vt* assomigliare; paragonare.

likeness ['laiknis] *s.* **1** somiglianza. **2** apparenza; sembianza; aspetto: *in the likeness of...,* in sembianza di... **3** ritratto; fotografia; copia: *The portrait is a good likeness,* Il ritratto è molto somigliante.

likewise ['laikwaiz] *avv* **1** parimenti; allo stesso modo; similmente. **2** anche; inoltre.

□ *congiunz* anche; inoltre.

liking ['laikiŋ] *s.* preferenza; inclinazione; debole; gradimento: *to take a liking to sb,* prendere in simpatia qcno — *to have a liking for sb,* avere simpatia, un debole per qcno — *to one's liking,* di proprio gradimento.

lilac ['lailək] *s.* **1** lillà; serenella. **2** color lilla.

Lilliputian [,lili'pju:ʃjən] *s. e agg* lillipuziano *(anche fig.).*

lilt [lilt] *s.* cadenza regolare e melodiosa o fortemente ritmata.

to **lilt** [lilt] *vt e i. (non molto comune)* cantare.

lilting ['liltiŋ] *agg* ritmato; cadenzato.

lily ['lili] *s.* **1** giglio: *lily of the valley,* mughetto — *water lilies,* ninfee. **2** *(USA)* uomo effeminato.

□ *lily-livered,* codardo — *lily-white,* candido, puro, bianco come un giglio.

limb [lim] *s.* **1** arto; membro; estremità; ala: *to escape with life and limb,* scamparla bella. **2** ramo *(d'albero);* braccio *(di croce): to be out on a limb, (fig.)* essere tagliato fuori.

-limbed [limd] *agg (nei composti) long-limbed,* dalle membra lunghe — *strong-limbed,* dalle membra forti.

[1]**limber** ['limbə*] *s.* avantreno di cannone.

[1]to **limber** ['limbə*] *vt (seguito da* up*)* attaccare un cannone all'avantreno.

[2]**limber** ['limbə*] *agg (piuttosto desueto)* agile; flessibile.

[2]to **limber** ['limbə*] *vt e i. (sempre seguito da* up*)* acquistare agilità; scaldare i muscoli *(sport): limbering-up,* lo scaldarsi i muscoli *(prima di una gara, ecc.).*

limbless ['limblis] *agg* senza membra.

limbo ['limbou] *s.* (*pl.* **limbos**) **1** limbo. **2** *(fig.)* dimenticatoio.

[1]**lime** [laim] *s.* **1** calce: *lime kiln,* forno da calce — *quick-lime,* calce viva — *slaked-lime,* calce spenta — *lime-stone,* calcare. **2** *(di solito* bird lime*)* pania; vischio.

to **lime** [laim] *vt* **1** concimare terreni con calce. **2** impaniare; invischiare; prendere alla pania *(fig.).*

[2]**lime** [laim] *s. (anche* lime tree*)* tiglio.

[3]**lime** [laim] *s.* limetta *(albero, frutto, succo e sciroppo).*

limelight ['laimlait] *s.* luce forte e bianca *(usata un tempo nei teatri);* luce della ribalta — *to be in the limelight,* essere alla ribalta *(della cronaca),* molto in vista — *to be fond of the limelight,* essere amante della pubblicità.

limerick ['limərik] *s.* 'limerick' *(poesiola umoristica di cinque versi).*

limestone ['laimstoun] *s.* calcare; pietra calcarea.

limey ['laimi] *s. (USA, sl.)* suddito *(un tempo,* marinaio*)* britannico; inglese.

limit ['limit] *s.* limite; confine; termine; numero o quantità massima: *age limit,* limite (limiti) di età — *within limits,* entro i limiti *(del ragionevole);* fino ad un certo punto — *Off limits, (USA, mil.)* Vietato l'accesso — *That's the limit!, (fam.)* Questo è il colmo! — *You really are the limit!,* Sei proprio impossibile (insopportabile)!

to **limit** ['limit] *vt* limitare; ridurre; contenere.

limitation [ˌlimi'teiʃən] *s.* **1** limitazione; limite. **2** inabilità. **3** *(dir.)* prescrizione.

limited ['limitid] *p. pass* limitato; ristretto: *limited monarchy,* monarchia costituzionale — *a limited edition,* un'edizione numerata, generalm. a bassa tiratura — *a limited (limited liability) company, (GB)* una società per azioni a responsabilità limitata.

limitless ['limitlis] *agg* illimitato; sconfinato.

to **limn** [lim] *vt (GB, ant.)* dipingere; miniare; *(fig.)* descrivere vividamente.

limousine ['limu(:)zi:n] *s.* 'limousine'; berlina.

[1]**limp** [limp] *agg* **1** floscio; molle; debole; fiacco: *limp-wrist, (agg. e s., USA, fam.)* 'finocchio'; invertito. **2** *(di libro rilegato)* con copertina non rigida. □ *avv* **limply.**

[2]**limp** [limp] *s.* andatura zoppicante: *a man with a limp,* uno zoppo; uno che cammina zoppicando.

to **limp** [limp] *vi* **1** zoppicare; camminare zoppicando. **2** *(fig.: di nave in avaria, ecc.)* procedere faticosamente e lentamente: *The destroyer limped into port,* Il cacciatorpediniere entrò faticosamente in porto.

limpet ['limpit] *s.* **1** *(zool.)* patella. **2** persona che ha la tendenza ad attaccarsi come l'edera *(ad altri, al lavoro, a una carica, ecc.).* □ *limpet-mine,* mignatta; mina attaccata al fondo di una nave.

limpid ['limpid] *agg* limpido; chiaro; trasparente. □ *avv* **limpidly.**

limpidity [lim'piditi] *s.* limpidezza; chiarezza; trasparenza.

limpingly ['limpiŋli] *avv* zoppicando; con andatura zoppicante.

limpness ['limpnis] *s.* mollezza; debolezza; fiacchezza.

limy ['laimi] *agg* **1** vischioso; appiccicoso. **2** calcareo.

linchpin ['lintʃpin] *s.* **1** *(mecc.)* acciarino *(della ruota).* **2** *(fig.)* punto essenziale *(di un'argomentazione, di un programma d'azione).*

linden ['lindən] *s.* tiglio.

line [lain] *s.* **1** linea *(in vari sensi, anche telefonica, fig., ecc.);* tratto; riga; *(al pl.)* contorni; lineamenti: *Draw a line from A to B...,* Tracciate una linea da A a B... — *assembly line,* linea (catena) di montaggio — *telephone lines,* linee telefoniche — *engaged line; (USA) busy line,* linea occupata — *The lines are all down as the result of the storm,* Le linee sono tutte interrotte a causa della bufera — *party-line; shared line,* linea 'duplex' — *to follow the party line, (politica)* seguire la linea del partito — *the line of march of an army,* la direzione di marcia di un esercito — *to choose the line of least resistance,* scegliere la linea di minore resistenza — *to take a strong line,* seguire una linea (di condotta) decisa — *What line do you expect to take?,* Che linea intende seguire? — *I shall proceed along (o on) these lines,* Procederò lungo queste linee (in questo senso, in questa direzione) — *You should take (You should keep to) your own line,* Dovresti tenerti fedele alla tua linea — *a line drawing,* un disegno lineare — *line-engraving,* una incisione — *the beauty of line in the work of Botticelli,* la bellezza della linea nell'opera del Botticelli — *a ship of fine lines,* una nave di bella linea — *the severe lines of Norman architecture,* le linee severe dell'architettura normanna.

2 filo; fune; cordicella; corda; gomena; cima: *to hang out the clothes on the line,* stendere la biancheria sul filo — *fishing lines,* fili da pesca; lenze — *line fishing is quite different from net fishing,* pescare con la lenza è cosa completamente diversa dal pescare con la rete.

3 ruga; segno; traccia: *There are lines on his forehead,* Ci sono rughe sulla sua fronte.

4 fila; filare; coda *(di persone, ecc.): a line of chairs,* una fila di sedie — *a long line of low hills,* una lunga fila di basse colline — *The boys were standing in line (in a line),* I ragazzi stavano in fila.

5 confine; linea di demarcazione: *Did the ball cross the line?,* La palla ha superato la linea? — *to cross the line into Canada,* passare il confine per andare in Canada *(p.es. dagli Stati Uniti)* — *the Line,* l'Equatore — *to draw the line,* mettere un limite; segnare il confine — *I don't mind helping him but I draw the line at doing the work for him,* Sono disposto ad aiutarlo ma mi rifiuto di fare il lavoro per lui.

6 ferrovia; strada ferrata; binario; linea ferroviaria; *(al pl.)* binari: *the up (down) line, (GB)* la linea che va verso (che viene da) Londra — *Cross the line by the bridge,* Servirsi del ponte per attraversare la strada ferrata.

7 linea; servizio di trasporto organizzato: *an air-line,* una linea aerea — *a new bus line,* una nuova linea di autobus.

8 riga; verso: *page 15, line 10,* pagina 15 riga 10 — *Drop me a line to let me know how you are getting* *on,* Scrivimi due righe per farmi sapere come te la cavi — *to read between the lines, (fig.)* leggere tra le righe — *lines, (pl.)* - **a)** versi o battute di un copione teatrale: *The leading actor was not sure of his lines,* Il primo attore non era sicuro delle sue battute - **b)** penso *(punizione scolastica consistente nel copiare una certa quantità di righe).*

9 ramo; settore; attività; mestiere; genere: *He is in the drapery line,* È nel ramo dei tessuti — *His line is stockbroking,* Il suo mestiere è quello di agente di cambio — *That's not in my line, I'm afraid,* Mi dispiace: non rientra nel mio campo di attività.

10 articolo commerciale; linea di prodotti: *a cheap line in felt hats,* un articolo economico tra i cappelli di feltro — *the best-selling line in underwear,* l'articolo di maglieria meglio venduto.

11 moda; linea estetica: *We are trying a new line this year,* Lanceremo una nuova moda quest'anno.

12 stirpe; linea di discendenza: *a long line of great kings,* una lunga stirpe di grandi re — *the last of his line,* l'ultimo della sua stirpe — *to trace back one's family line,* risalire la linea di discendenza della propria famiglia — *a descendant of King David in a direct line (in the male line),* un discendente del re David in linea diretta (maschile).

13 la dodicesima parte di un pollice *(cioè mm. 2,12).*

14 *(mil., GB)* le truppe regolari di fanteria *(escluse le Guardie e i Fucilieri): regiments of the line,* reggimenti di truppe regolari di fanteria; *(nell'esercito americano)* truppe regolari combattenti.

15 *(mil.)* linea: *to go to the front line(s),* andare nelle prime linee (in prima linea) — *to be successful all along the line,* avere successo su tutto il fronte (su tutta la linea, *anche fig.*) — *to go up the line,* muoversi verso il fronte — *to inspect the lines,* passare in rassegna (ispezionare) le linee, gli alloggiamenti — *the horse lines,* le scuderie; le stalle.

16 *(organizzazione industriale)* linea: *line operation,* una operazione di linea.

□ *marriage lines,* certificato di matrimonio — *line astern,* navi che procedono in fila — *in line with,* in linea con; secondo; in conformità con — *to come (to fall) into line with sb,* adeguarsi, aderire alla linea di qcno — *to bring (sb) into line,* convertire qcno alla linea (di) — *to toe the line, (fig.)* sottomettersi alla disciplina; mettersi in linea; aderire alla linea — *pipe-line,* tubatura; conduttura; condotto; oleodotto — *It's in the pipe-line, (fig.)* È in corso di preparazione, elaborazione, confezione — *ship of the line (talvolta: line-of-battle ship),* nave da guerra con più di 74 cannoni; la più grossa nave da guerra — *to shoot a line, (sl.)* spararla grossa; esagerare — *line-shooting,* esagerazione — *line-shooter,* persona che le spara grosse — *Hard lines!,* Pazienza! Ti è andata male!

[1]to **line** [lain] *vt e i.* **1** segnare: *a lined face,* un volto segnato (rugoso) — *a face lined with anxiety,* un volto segnato dall'ansia — *to line sth out on paper,* depennare qcsa da un foglio. **2** *(spesso seguito da* up*)* allineare, allinearsi; schierare: *The general lined up his troops,* Il generale schierò le sue truppe — *The soldiers quickly lined up,* I soldati si allinearono rapidamente. **3** fiancheggiare; schierarsi ai lati; assieparsi: *a road lined with trees,* una strada fiancheggiata da alberi — *a road lined with police,* una strada presidiata dalla polizia — *Crowds of people lined the kerb to see the procession,* Una folla di gente si assiepò sul marciapiede per vedere la processione.

[2]to **line** [lain] *vt* **1** foderare; rivestire internamente: *fur-lined gloves; gloves lined with fur,* guanti foderati di pelliccia. **2** *(fig.)* riempire; imbottire: *He has lined his purse well, (fam.)* Ha bene imbottito la sua borsa; Ha fatto un sacco di soldi.

lineage ['liniidʒ] *s.* lignaggio.

lineal ['liniəl] *agg (di discendente)* diretto; in linea retta.

lineament ['liniəmənt] *s.* lineamento; tratto del viso.

linear ['liniə*] *agg* lineare.

lineman ['lainmən] *s.* (*pl.* **linemen**) guardafili *(linea telefonica)* (⇨ *USA* **linesman**).

linen ['linin] *s.* **1** tela di lino; lino. **2** biancheria: *a change of linen,* un cambio di biancheria — *to wash one's dirty linen in public, (letteralm.)* lavare i panni sporchi davanti agli altri.

[1]**liner** ['lainə*] *s.* nave di linea; transatlantico: *air-liner (talvolta: jet-liner),* aereo di linea — *liner train,* treno merci veloce.

[2]**liner** ['lainə*] *s. (mecc.)* camicia; canna.

linesman ['lainzmən] *s.* (*pl.* **linesmen**) **1** *(GB, sport)* segnalinee. **2** *(USA)* guardafili *(linea telefonica).*

line-up ['lainʌp] *s.* **1** *(in vari sensi)* allineamento; *(mecc.)* messa a punto. **2** *(sport)* formazione di gioco.

[1]**ling** [liŋ] *s. (bot.)* brugo; brentolo.

[2]**ling** [liŋ] *s. (zool.)* molva.

to **linger** ['liŋgə*] *vi e t.* **1** indugiare; attardarsi; fermarsi: *to linger about (o round) a place,* gironzolare intorno a un luogo — *to linger over (the) coffee,* dilungarsi (soffermarsi) sul caffè. **2** trascinare a stento: *to linger out one's life,* trascinare a stento la propria vita — *The custom lingers on,* Quest'usanza non è ancora del tutto estinta — *He lingered on for nearly a month after the operation,* Si trascinò avanti per quasi un mese dopo l'intervento.

lingerer ['liŋgərə*] *s.* ritardatario; chi s'attarda, indugia.

lingerie ['lɛ:nʒəri] *s. (fr.)* biancheria intima *(femminile).*

lingering ['liŋgəriŋ] *agg* lento; prolungato; lungo; indugiante. □ *avv* **lingeringly.**

lingo ['liŋgou] *s.* (*pl.* **lingoes**) *(spreg. o scherz.)* **1** lingua straniera *(spec. se non si conosce).* **2** gergo; linguaggio; parlata.

lingual ['liŋgwəl] *agg* **1** linguale. **2** *(non comune)* linguistico.

linguist ['liŋgwist] *s.* **1** linguista; studioso di linguistica; glottologo. **2** poliglotta.

linguistic [liŋ'gwistik] *agg* linguistico. □ *avv* **linguistically.**

linguistics [liŋ'gwistiks] *s. (col v. al sing.)* linguistica.

liniment ['linimənt] *s.* linimento *(liquido).*

lining ['lainiŋ] *s.* **1** fodera. **2** rivestimento interno; isolante. □ *Every cloud has a silver lining, (prov.)* Tutto il male non viene per nuocere.

[1]**link** [liŋk] *s.* **1** anello *(di catena).* **2** *(fig.)* legame; anello; concatenazione: *the missing link, (nell'evoluzione dell'uomo)* l'anello mancante. **3** *(di solito al pl.: spesso* cuff-links*)* gemello da polso. **4** 'link' *(misura di lunghezza pari a cm. 20,12).* **5** *(mecc., radiofonia, ecc.)* collegamento; comando articolato; concatenazione; giunto. □ *link man,* presentatore *(di programmi televisivi di attualità)* — ⇨ *anche* **links.**

to **link** [liŋk] *vt e i.* **1** collegare; congiungere; unire: *to link (one's) arms with sb,* prendere sottobraccio qcno. **2** *to link up with sth,* unirsi a qcsa.

[2]**link** [liŋk] *s. (ant.)* torcia; fiaccola: *link boy; link man,* portatore di fiaccola.

linkman ['liŋkmən] *s.* (*pl.* **linkmen**) ⇨ [1]**link** *e* [2]**link.**

links [liŋks] *s.* **1** *(col v. al pl.)* terreno erboso; dune *(spec. vicino al mare).* **2** *(spesso con l'art. determinativo e il v. al sing.)* campo da 'golf'.

link-up [liŋk'ʌp] *s.* collegamento *(spec. radiofonico, telefonico, ecc.).*

linnet ['linit] *s.* fanello.

lino ['lainou] *s.* (*abbr. di* **linoleum**) linoleum: *lino-cut,* disegno in rilievo su linoleum *(usato poi per stampare su carta o su tela).*

linocut ['lainoukʌt] *s.* ⇨ **lino.**

linoleum [li'nouljəm] *s.* linoleum.

linotype ['lainoutaip] *s.* linotipo; macchina linotipica.

linseed ['linsi:d] *s.* seme di lino: *linseed oil,* olio di semi di lino; olio di lino.

linsey-woolsey ['linzi'wulzi] *s.* tessuto misto lana e cotone.

lint [lint] *s.* garza; filaccia.

lintel ['lintl] *s.* architrave.

lion ['laiən] *s.* **1** leone: *the lion's share, (fig.)* la parte del leone — *lion-hearted,* dal cuore di leone; coraggioso — *to put one's head into the lion's mouth, (fig.)* andare incontro a gravi pericoli — *to twist the lion's tail, (fig.)* torcere la coda al Leone Britannico (criticare il Regno Unito). **2** celebrità; persona nota *(di grande richiamo nei ricevimenti mondani): lion hunter,* procacciatore di celebrità *(per ricevimenti, ecc.).*

lioness ['laiənis] *s.* leonessa.

to **lionize** ['laiənaiz] *vt* trattare (qcno) come una celebrità.

lip [lip] *s.* **1** labbro *(anche fig.): He licked his lips,* Si leccò le labbra — *to curl one's lip,* fare una smorfia di disprezzo; storcere la bocca — *to bite one's lip with anger,* mordersi le labbra per la rabbia — *to hang on sb's lips,* pendere dalle labbra di qcno — *lip-balm, (GB)* 'stick' per labbra — *to lip-read, (di sordomuto)* 'leggere' in base al movimento delle labbra — *stiff upper lip, (fam.)* risolutezza — *to pay lip-service to sth,* accordare a qcsa *(a parole, idee, ecc.)* un rispetto insincero; esprimere ciò che non si sente. **2** orlo; bordo; margine. **3** *(fam.)* impudenza; sfacciataggine; impertinenza: *None of your lip!,* Non essere sfacciato!

-lipped [lipt] *agg (nei composti) thick-lipped,* dalle labbra grosse — *dry-lipped,* dalle labbra aride.

to **lip-read** [lip'ri:d] *vi e t.* ⇨ **lip 1.**

lipstick ['lipstik] *s.* rossetto *(per le labbra).*

liquefaction [,likwi'fækʃən] *s.* liquefazione.

to **liquefy** ['likwifai] *vt e i.* liquefare, liquefarsi.

liquescent [li'kwesənt] *agg* liquescente.

liqueur [li'kjuə*] *s. (fr.)* liquore.

liquid ['likwid] *s.* **1** liquido. **2** consonante liquida. □ *agg* **1** *(anche comm.)* liquido: *liquid assets,* attività liquide. **2** *(fig.)* chiaro; limpido; trasparente. **3** *(fig., di suono)* limpido; puro; armonioso. **4** *(fig.)* instabile; mutevole.

to **liquidate** ['likwideit] *vt e i.* **1** liquidare *(in ogni senso);* liberarsi (di); uccidere; eliminare; 'far fuori'. **2** pagare; liquidare. **3** svendere; liquidare.

liquidation [,likwi'deiʃən] *s.* liquidazione; fallimento: *to go into liquidation, (di una società)* andare in liquidazione.

liquidator ['likwideitə*] *s. (comm.)* liquidatore; curatore fallimentare.

liquidity [li'kwiditi] *s.* liquidità *(in vari sensi, anche comm.).*

liquidizer ['likwidaizə*] *s.* (tipo di) frullatore.

liquor ['likə*] *s.* **1** bevanda alcoolica; *(collettivo)* bevande alcooliche: *to be under the influence of liquor; to be the worse for liquor,* essere alticcio, brillo — *malt liquor,* birra. **2** sostanza liquida; brodo; soluzione. **3** *(anat.)* liquor.

liquorice ['likəris] *s.* liquirizia.

lisle ['lail] *s.* filo di Scozia *(tessuto di cotone per calze, guanti, ecc.).*

lisp [lisp] *s.* pronuncia blesa: *to speak with a lisp,* parlare bleso.

to **lisp** [lisp] *vi e t.* **1** parlare bleso. **2** biascicare; balbettare; farfugliare.

lispingly ['lispiŋli] *avv* con pronuncia blesa.

lissom ['lisəm] *agg* **1** flessibile; pieghevole. **2** agile; snello; aggraziato.

lissomness ['lisəmnis] *s.* levità; leggerezza; grazia; agilità.

[1]**list** [list] *s.* **1** lista; elenco; listino; catalogo; distinta: *the active list, (mil.)* il ruolo attivo *(degli ufficiali in servizio)* — *the retired list, (mil.)* l'elenco degli ufficiali congedati — *the free list,* - **a)** *(comm.)* l'elenco delle merci esenti da dazio - **b)** *(teatro)* elenco degli spettatori a ingresso gratuito — *price list,* listino prezzi — *list price,* prezzo di listino. **2** *(raro)* cimosa; lisiera; orlo. □ ⇨ *anche* **lists,** *s. pl.*

[1]to **list** [list] *vt* **1** elencare; fare una lista di. **2** mettere in lista.

[2]**list** [list] *s. (spec. di nave)* inclinazione; sbandamento.

[2]to **list** *vi (spec. di nave)* inclinarsi; pendere su un fianco.

[3]to **list** [list] *vt e i. (ant.)* ascoltare.

[4]to **list** [list] *vi (ant.)* aver voglia (di); preferire; volere: *'The wind bloweth where it listeth', (biblico)* 'Il vento soffia dove vuole'.

to **listen** ['lisn] *vi* **1** ascoltare: *We listened but heard nothing,* Ascoltammo ma non udimmo niente — *to listen to sth (sb),* ascoltare qcsa (qcno) — *The boys heard their father's voice but didn't listen to what he was saying,* I ragazzi udirono la voce del padre ma non ascoltarono quello che diceva — *to listen in,* - **a)** ascoltare *(un programma radiofonico)* - **b)** intercettare *(comunicazioni telefoniche o radiofoniche).* **2** dare retta; dare ascolto: *Don't listen to him; he wants to get you into trouble,* Non dargli retta; vuole metterti nei pasticci. **3** *(esclamativo)* Senti!; Sentite!: *Listen! What about going to the cinema tomorrow?,* Sentite! Perché non andiamo al cinema domani?

listener ['lisnə*] *s.* ascoltatore, ascoltatrice.

listless ['listlis] *agg* disattento; svogliato. □ *avv* **listlessly.**

listlessness ['listlisnis] *s.* svogliatezza; disattenzione.

lists [lists] *(s. pl.) (stor.)* campo per tornei; lizza: *to enter the lists, (fig.)* fare o accettare una sfida; scendere in campo; entrare in lizza.

lit [lit] *pass e p. pass di* [1]**to light** *e* [2]**to light.** □ *to be lit up, (sl.)* essere sbronzo.

litany ['litəni] *s.* litania.

liter ['litə] *s.* ⇨ **litre.**

literacy ['litərəsi] *s.* il saper leggere e scrivere.

literal ['litərəl] *agg* **1** di lettera alfabetica. **2** letterale; testuale; preciso. **3** *(di persona)* prosaico; pratico; privo di immaginazione: *He has a rather literal mind,* Ha una mentalità piuttosto prosaica. □ *avv* **literally.** □ *s.* errore di stampa; refuso.

literary ['litərəri] *agg* letterario; di lettere.

literate ['litərit] *agg* **1** *(di persona)* che sa leggere e scrivere. **2** colto; istruito; letterato. □ *s.* persona colta; dotto; letterato.

literature ['litəritʃə*] *s.* **1** letteratura: *mediaeval English literature,* la letteratura inglese medievale. **2** scritti; documentazione; 'letteratura': *I've read all the available literature on the subject, but I still don't* *understand much,* Ho letto tutto quello che ho trovato sull'argomento, ma ancora non capisco un gran che.

lithe ['laið] *agg* flessibile; agile; snello. □ *avv* **lithely.**

lithograph ['liθəgrɑ:f] *s.* litografia *(singola riproduzione).*

to **lithograph** ['liθəgrɑ:f] *vt e i.* litografare; fare litografie.

lithographic [,liθə'græfik] *agg* litografico.

lithography [li'θɔgrəfi] *s.* litografia *(il procedimento).*

Lithuanian [,liθju(:)'einjən] *agg e s.* lituano *(anche la lingua).*

litigant ['litigənt] *s.* contendente; parte in causa.

to **litigate** ['litigeit] *vi e t.* far causa; essere in lite (in causa) con qcno.

litigation [,liti'geiʃən] *s.* causa; controversia.

litigious [li'tidʒəs] *agg* **1** che ricorre sovente alla legge; litigioso; che intenta causa. **2** contenzioso *(in tribunale).*

litmus ['litməs] *s.* tornasole: *litmus paper,* cartina di tornasole.

litotes ['laitouti:z] *s.* litote.

litre ['li:tə*] (*USA* **liter**) *s.* litro.

[1]**litter** ['litə*] *s.* barella; portantina.

[2]**litter** ['litə*] *s.* **1** *(collettivo)* rifiuti; immondizie; cartaccia: *litter bin,* recipiente *(bidone, ecc.)* per i rifiuti, per le immondizie — *litter-bug; litter-lout, (fam.)* screanzato che lascia rifiuti nei luoghi pubblici. **2** confusione; disordine. **3** strame; lettiera. **4** figliata.

to **litter** ['litə*] *vt e i.* **1** mettere in disordine *(lasciando in giro carte, ecc.);* ingombrare: *to litter up one's room,* mettere in disordine la propria stanza — *to litter a desk with papers,* ingombrare una scrivania di carte. **2** fare la lettiera; stendere lo strame *(in una stalla).* **3** *(spec. di cani e scrofe)* figliare.

little ['litl] **I** *agg* **1** piccolo *(anche nel senso di* giovane*): a pretty little house,* una graziosa casetta — *those naughty little children,* quei ragazzini birboni — *that poor little girl,* quella povera ragazzina — *the little finger,* il mignolo — *How are the little ones?,* Come stanno i piccoli (i bambini)?

2 breve; corto; piccolo *(anche di statura): to wait a little while,* aspettare un poco — *in a little while,* tra breve — *Come a little way with me,* Fa' un pezzo di strada con me — *the little people, (in Irlanda)* le fate — *She is a nice little thing,* È un simpatico donnino *(detto con tenerezza, ma anche con superiorità)* — *He is quite the little gentleman!,* È proprio un signorino!

3 poco: *There is little hope,* C'è poca speranza — *He gained little advantage from the scheme,* Trasse ben poco vantaggio dal progetto — *I have very little time for reading,* Ho pochissimo tempo per leggere — *He knows little Latin and less Greek,* Conosce poco latino e ancora meno greco.

4 (*con l'art. indeterminativo:* **a little...**) un po': *He knows a little French,* Sa un po' di francese — *A little care would have prevented the accident,* Un po' di attenzione avrebbe evitato l'incidente — *Will you have a little cake?,* Vuoi un po' di torta? — *It has caused me not a little anxiety,* Mi ha causato non poca ansietà.

II *s.* **1** poco; una piccola quantità: *You have done very little so far,* Finora hai fatto molto poco — *I see very little of him,* Lo vedo molto poco — *The little of his work that I have seen seems excellent,* Quel poco del suo lavoro che ho visto sembra eccellente — *I got little out of it,* Ci ho ricavato poco — *He did what little he could,* Fece quel (poco) che poteva — *Every little helps,* Anche poca cosa può servire; Tutto serve — *Please give me a little,* Per favore dammene un poco — *little by little,* a poco a poco — *little or nothing,* poco o niente; quasi niente — *in little,* in piccolo; su scala ridotta — *after a little,* dopo un po' — *for a little,* per un po'.

2 (**a little...**: *usato avverbialmente*) alquanto; piuttosto; un po': *She seemed to be a little afraid,* Sembrava un po' spaventata — *This hat is a little too large for me,* Questo cappello è un po' troppo grande per me — *He was not a little annoyed,* Era non poco (piuttosto, alquanto) seccato.

III *avv* **1** non molto; quasi per niente; solo leggermente: *He is little known,* Non è molto conosciuto — *She slept very little last night,* Non ha quasi dormito la notte scorsa — *I see him very little nowadays,* Non lo vedo quasi più — *He left little more than an hour ago,* È partito poco più di un'ora fa — *as little as possible,* il meno possibile — *That is little short of madness,* Ciò non è molto lontano dalla follia — *He is little better than a thief,* Non è molto meglio di un ladro.

2 per niente; per nulla; affatto: *They little suspect that their plot has been discovered,* Non sospettano affatto che il loro complotto sia stato scoperto — *Little does he know that the police are about to arrest him,* Non sa affatto che la polizia è in procinto di arrestarlo.

little-go ['litlgou] *s. (GB, sl. studentesco)* esame preliminare di laurea a Cambridge.

littleness ['litlnis] *s.* piccola quantità; piccolezza; *(fig.)* meschinità.

littoral ['litərəl] *s. e agg* litorale.

liturgical [li'tə:dʒikəl] *agg* liturgico.

liturgy ['litə(:)dʒi] *s.* liturgia.

livable, liveable ['livəbl] *agg* **1** *(anche* livable-in*)* abitabile. **2** *(di vita)* tollerabile. **3** *livable-with, (di persona)* socievole.

live [laiv] *agg (solo attrib.)* **1** vivo; vivente; vitale; *(scherz.)* vero; non finto; in carne ed ossa: *live trout,* trote vive — *live bait,* esca viva — *live-births, (statistica)* i nati vivi — *live-stock,* bestiame. **2** ardente; bruciante; non utilizzato; carico (inesploso); carico di elettricità: *live coals,* carboni ardenti — *a live match,* un fiammifero non usato — *a live shell,* un bossolo carico — *a live rail,* una rotaia sotto tensione — *a live wire,* un filo sotto tensione; *(fig.)* una persona piena di vitalità. **3** *(di trasmissione radio o televisiva)* dal vivo; non registrato; in diretta: *It was a live broadcast, not a recording,* Era una trasmissione dal vivo, non una registrazione. **4** vitale; ricco di interesse; importante: *a live question,* un problema di grande attualità.

to **live** [liv] *vi e t.* **1** vivere; esistere; essere vivo; sopravvivere; campare: *to live to a great age,* vivere sino a tarda età — *to live with sb,* coabitare (convivere) con qcno — *to live by oneself,* vivere in solitudine — *I hope I never live to see the day when...,* Spero di non vivere tanto a lungo da vedere il giorno in cui... — *to live well,* vivere bene; non farsi mancare nulla — *to live from hand to mouth,* vivere alla giornata — *to live and learn,* vivere e imparare — *to live and let live,* vivere e lasciar vivere — *His memory will live for ever,* Il suo ricordo vivrà per sempre — *She's very ill: the doctors don't think she will live,* È molto ammalata: i medici non credono che vivrà — *Will he live through the night?,* Vivrà fino a domani? — *to live a happy life,* vivere una vita felice — *to live a double life,* fare una doppia vita — *No ship could live in* *such a sea,* Nessuna nave potrebbe resistere con un mare simile.

2 abitare; risiedere; vivere: *Where do you live?,* Dove abiti? — *to live in England,* vivere in Inghilterra — *to live abroad,* vivere all'estero — *to live in lodgings (in a hotel),* vivere in camere d'affitto (in albergo) — *The room had a lived-in look; The room looked as if it had been lived in,* La stanza aveva l'aria di essere abitata.

3 sentirsi vivo; godere la vita; vivere intensamente: *'I want to live', she said, 'I don't want to spend my days cooking and cleaning and looking after babies',* 'Voglio vivere', disse, 'Non voglio passare i miei giorni a cucinare, pulire e accudire ai bambini'.

to live down, riscattare; far dimenticare *(p.es. con una vita esemplare): He hopes to live down the scandal caused by the divorce proceedings,* Spera di far dimenticare lo scandalo provocato dal processo di divorzio.

to live in, *(di medici, domestici, alunni di un collegio)* risiedere; essere interno: *Does your cook live in or out?,* La tua cuoca abita con voi o no? — *All the pupils lived in, (in un collegio)* Tutti gli studenti erano interni.

to live on, - **a)** continuare a vivere: *The old people died but the young people lived on in the village,* I vecchi morirono, ma i giovani continuarono a vivere nel villaggio - **b)** vivere (di); trarre il proprio sostentamento (da): *to live on fruit,* cibarsi di sola frutta — *to live on a milk diet,* seguire una dieta lattea — *to live on one's salary,* vivere del proprio stipendio — *to live on one's wits,* vivere di espedienti — *to live on one's name (on one's reputation),* vivere sul proprio nome (sulla propria fama).

to live out, *(di medici, domestici, alunni di un collegio)* non risiedere; essere esterni.

to live through, sopravvivere (a qcsa); passare attraverso: *He has lived through two wars and three revolutions,* È sopravvissuto a due guerre e tre rivoluzioni.

to live together, convivere; coabitare.

to live up to, vivere secondo, all'altezza: *It's difficult to live up to the principles of the Christian religion,* È difficile vivere secondo i princìpi della religione cristiana — *He didn't live up to his reputation,* Non visse all'altezza della sua reputazione.

to live with, coabitare con; convivere con.

liveable ['livəbl] *agg* ⇨ **livable.**

lived-in ['livdin] *agg* ⇨ **to live 2.**

livelihood ['laivlihud] *s.* sostentamento; vita.

liveliness ['laivlinis] *s.* vivacità; brio; animazione.

livelong ['livlɔŋ] *agg* lungo; eterno; intero; 'santo' *(fam.): (solo nell'espressione) the livelong day,* tutto il santo giorno.

lively ['laivli] *agg* (**-ier**; **-iest**) **1** vivace; vivo; brioso; animato; arzillo; brillante: *to make things lively for (sb),* rendere la vita difficile a (qcno) — *Look lively!,* Muoviti! — *to have a lively time,* avere un bel daffare. **2** *(di colore)* vivo; vivace; intenso; vivido. **3** *(di cose)* svelto. **4** *(di un resoconto, ecc.)* realistico; vivace: *to give a lively idea of what happened,* dare una descrizione vivace e realistica di quanto è accaduto — *a lively description of a football game,* un'animata descrizione di una partita di calcio.

to **liven** ['laivn] *vt e i. (seguito da* up*)* animare, animarsi: *How can we liven things up?,* Come potremo ravvivare le cose? — *The party is beginning to liven up,* La festa comincia ad animarsi.

[1]**liver** ['livə*] *s.* fegato: *to have liver trouble,* soffrire di mal di fegato.

[2]**liver** ['livə*] *s.* persona che vive in un certo modo: *a loose liver,* un libertino.

liveried ['livərid] *agg* in livrea.

liverish, liverishy ['livəriʃ(i)] *agg (fam.)* **1** ammalato di fegato. **2** *(fig.)* stizzoso; irritabile; bilioso.

liverwort ['livə,wə:t] *s. (bot.)* **1** epatica. **2** anemone fegatella.

liverwurst ['livə,wə(:)st] *s. (spec. USA; dal tedesco)* salsiccia di fegato.

livery ['livəri] *s.* **1** livrea: *livery company,* corporazione londinese di arti e mestieri. **2** *(fig., poet.)* abito; aspetto. **3** *(anche* livery stable*)* stallaggio; scuderia di cavalli da nolo.

liveryman ['livərimən] *s.* (*pl.* **liverymen**) **1** membro di una corporazione londinese. **2** stalliere.

lives [laivz] *s. pl di* **life.**

livestock ['laivstɔk] *s.* bestiame.

livid ['livid] *agg* **1** livido; bluastro: *livid marks on the body,* lividi sul corpo. **2** livido *(di rabbia);* furioso. □ *avv* **lividly.**

living ['liviŋ] *s. (spesso attrib.)* **1** mezzi di sussistenza, di sostentamento; vita; carovita; (il) vivere: *cost of living,* costo della vita; carovita — *to earn one's living,* guadagnarsi la vita — *to earn a living wage,* guadagnare uno stipendio (un salario) sufficiente per vivere. **2** modo di vivere: *good living,* il vivere nell'abbondanza — *plain living,* il vivere semplicemente — *standard of living,* tenore di vita. **3** beneficio. □ *living-room,* (stanza di) soggiorno — *living space,* spazio vitale *(spec. di uno Stato).*

□ *agg* **1** vivo *(anche fig.): within living memory,* a memoria d'uomo — *No man living could do better,* Nessuno al mondo potrebbe far meglio — *carved in the living rock,* scolpito nella roccia viva. **2** vivente: *He's the living image of his father,* È l'immagine vivente di suo padre. □ *(come s. pl.) the living,* i vivi; i viventi: *He's still in the land of the living,* È ancora nel mondo dei vivi.

lizard ['lizəd] *s.* lucertola; ramarro.

'll [l] *contraz di* will *o* shall *(in* I'll, you'll, he'll, *ecc.): He'll come at five,* Verrà alle cinque — *I'll be off now,* Me ne vado ora.

llama ['lɑ:mə] *s.* lama; vigogna.

lo [lou] *interiezione (lett.)* Guarda!; Ascolta!; Ecco!: *Lo and behold...,* Quand'ecco che...

load [loud] *s.* **1** carico; peso *(anche fig.);* fardello: *to take a load off sb's mind, (fig.)* togliere a qcno un gran peso dal cuore — *load factor,* fattore (coefficiente) di carico — *load line,* linea di galleggiamento a pieno carico — *load-bearing, (di muro)* portante — *(come quantità) a cart-load of hay,* un carro (carico) di fieno — *They have loads of money,* Hanno un sacco di soldi. **2** *(elettr.)* carica *(d'una dinamo);* tensione.

to **load** [loud] *vt e i.* **1** caricare; colmare *(anche fig.): to load one's stomach with food,* appesantirsi lo stomaco di cibo — *to load sb with gifts,* caricare (coprire) qcno di regali — *a heart loaded with grief,* un cuore oppresso dal dolore — *My gun is loaded,* La mia arma è carica — *to load up,* caricare; fare un carico. **2** appesantire; zavorrare: *a loaded cane (stick),* un bastone impiombato (che può servire da arma) — *loaded dice,* dadi falsati. □ *a loaded question,* una domanda esplosiva.

loaded ['loudəd] *agg* (*sl., p. pass. di* **to load** ⇨) **1** ubriaco. **2** ricchissimo.

loader ['loudə*] *s.* **1** caricatore *(operaio o soldato).* **2**

macchina per caricare *(pesi, merci)*. □ *breech-loader*, arma che si carica dalla culatta.

loading ['loudiŋ] *s.* **1** caricamento; carico: *loading and shipping dock*, banchina di carico e di spedizione — *loading deck, (naut.)* ponte d'imbarco — *loading programme*, programma di carico *(per calcolatore elettronico)*. **2** *(comm.)* addizionale *(di premio d'assicurazione sulla vita)*.

loadstone ['loudstoun] *s.* = **lodestone**: ⇨ *sotto* **lode**.

[1]**loaf** [louf] *s.* (*pl.* **loaves**) **1** pagnotta; pane in cassetta: *sugar loaf*, pan di zucchero — *loaf sugar*, zucchero in blocchi — *meat loaf*, polpettone di carne. **2** *(sl.)* testa; zucca; cervello: *Use your loaf!*, Usa il cervello! □ *Half a loaf is better than no bread, (prov.)* Meglio poco che niente.

[2]**loaf** [louf] *s.* *(solo al sing.)* lo stare in ozio.

to **loaf** [louf] *vi (generalm. seguito da* about*)* oziare; bighellonare.
□ *vt (generalm. seguito da* away*)* sciupare (sprecare, consumare, passare) nell'ozio.

loafer ['loufə*] *s.* ozioso; bighellone.

loam [loum] *s.* argilla; terriccio; terriccio fertile; marna mista a sabbia fine e argilla.

loamy ['loumi] *agg (del terreno)* grasso; fertile; marnoso.

loan [loun] *s.* **1** prestito: *to ask for the loan of sth*, chiedere qcsa in prestito — *to have the loan of sth*, avere in prestito qcsa — *to have sth on loan*, ricevere qcsa in prestito — *loan word*, prestito linguistico — *loan collection*, collezione *(di oggetti d'arte)* esposta in un museo per concessione del proprietario. **2** mutuo.

to **loan** [loun] *vt* prestare; dare in prestito.

loath, loth [louθ] *agg pred* riluttante; restio: *I am very loath to spend all that money*, Sono alquanto restio a spendere tanti soldi — *nothing loath*, ben disposto; favorevole.

to **loathe** [louð] *vt* **1** detestare; aborrire. **2** *(fam.)* non poter soffrire; provare schifo (per qcsa, qcno).

loathing ['louðiŋ] *s.* disgusto; ripugnanza; odio.

loathsome ['louðsəm] *agg* odioso; disgustoso; ripugnante.

loaves [louvz] *s. pl di* [1]**loaf**.

lob [lɔb] *s.* palla lanciata in alto; pallonetto.

to **lob** [lɔb] *vi e t.* (**-bb-**) *(tennis e cricket)* lanciare (la palla) in alto.

lobby ['lɔbi] *s.* **1** atrio; anticamera; *(di teatro)* ridotto. **2** *(di camera legislativa)* sala o corridoio per le interviste col pubblico, con i giornalisti, ecc.: *lobby correspondent*, giornalista (corrispondente) parlamentare — *division lobby, (nel parlamento inglese)* corridoio per lo scrutinio dei voti. **3** gruppo di manovratori politici (di corridoio).

to **lobby** ['lɔbi] *vt e i.* far manovre di corridoio; cercare di influenzare (un parlamentare) con pressioni, manovre di corridoio; fare approvare o respingere (una legge) con manovre di corridoio.

lobbyist ['lɔbiist] *s.* corrispondente parlamentare.

lobe [loub] *s.* lobo.

lobed ['loubd] *agg* lobato.

lobelia [lou'bi:ljə] *s.* lobelia.

lobster ['lɔbstə*] *s.* **1** aragosta: *lobster pot*, nassa per aragoste. **2** *(USA: stor., spreg.)* soldato inglese; *(USA, sl.)* persona impacciata.

local ['loukəl] *agg* **1** locale; del luogo; rionale; *(di frutta, verdura, ecc.)* nostrano: *the local butcher*, il macellaio del rione. **2** locale; localizzato; topico.
□ *avv* **locally**.
□ *s.* **1** *(GB, fam.)* 'pub' del rione, del quartiere. **2** *(non molto comune)* treno; corriera locale.

locale ['ləukɑl] *s.* *(fr.)* luogo dell'azione *(di una commedia, romanzo, ecc.)*.

localism ['loukəlizəm] *s.* **1** campanilismo; provincialismo. **2** idiotismo; pronuncia *(modo di dire, usanza, ecc.)* locale.

locality [lou'kæliti] *s.* **1** località; luogo; regione. **2** *(nell'espressione) bump of locality*, senso d'orientamento; memoria locale.

localization [,loukəlai'zeiʃən] *s.* localizzazione.

to **localize** ['loukəlaiz] *vt* localizzare; circoscrivere; restringere.

to **locate** [lou'keit] *vt* **1** individuare; localizzare; scoprire: *to locate a town on a map*, trovare una città su una cartina geografica. **2** collocare; stabilire. **3** *to be located*, essere situato, trovarsi.

location [lou'keiʃən] *s.* **1** sistemazione; collocazione. **2** ubicazione; posizione; posto. **3** *(linguaggio cinematografico)* 'set' all'aperto: *location work*, 'esterni'. **4** *(spec. in Sud Africa)* sobborgo *(per i negri)*.

locative ['lɔkətiv] *agg e s.* *(gramm.)* (caso) locativo.

loch [lɔk] *s.* *(scozzese)* lungo e stretto braccio di mare; lago.

loci ['lousai] *s. pl di* **locus**.

[1]**lock** [lɔk] *s.* **1** serratura: *double lock*, serratura a doppia mandata — *safety lock*, serratura di sicurezza — *to put sth under lock and key*, mettere qcsa sotto chiave (al sicuro). **2** otturatore *(d'arma da fuoco)*. **3** chiusa: *lock-keeper*, guardiano di chiusa. **4** *(mecc.)* blocco; bloccaggio. **5** *(nella lotta)* presa. □ *lock, stock and barrel, (fig.)* armi e bagagli — ⇨ *anche* **lock-out**, **lock-up**.

to **lock** [lɔk] *vt e i.* **1** chiudere a chiave; serrare; sprangare; *(fig.)* chiudere; custodire: *to lock the stable door after the horse has bolted*, chiudere la stalla dopo che i buoi sono scappati — *to keep a secret safely locked (away) in one's breast*, tenere un segreto gelosamente custodito nel proprio cuore. **2** stringere; serrare: *She locked her arms round his neck*, Gli strinse le braccia attorno al collo — *His jaws were tightly locked*, Le sue mascelle erano strettamente serrate. **3** chiudersi; avere la serratura: *This trunk doesn't lock*, Questo baule non si chiude (non ha la serratura) — *The door locks easily*, La porta si chiude con facilità. **4** *(mecc.)* bloccare, bloccarsi; incepparsi.

to lock away, riporre sotto chiave (mettere al sicuro).

to lock in, chiudere (qcno) dentro (a chiave).

to lock out, - **a)** chiudere fuori (casa) - **b)** *(in fabbrica)* fare una serrata.

to lock up, - **a)** mettere al sicuro; riporre sotto chiave; chiudere porte e finestre; rinchiudere in una stanza (in una prigione, in manicomio) - **b)** investire *(denaro in un terreno, ecc.)*.

[2]**lock** [lɔk] *s.* **1** ricciolo; riccio; ciocca. **2** *(scherz., al pl.)* capelli. **3** fiocco.

locker ['lɔkə*] *s.* armadio; armadietto *(col lucchetto, spec. in uno spogliatoio)*; *(naut.)* ripostiglio: *to go (to be in) Davy Jones' locker, (fam.)* annegare; morire annegato.

locket ['lɔkit] *s.* medaglione; portaritratto *(da portare al collo)*.

lockjaw ['lɔkdʒɔ:] *s.* trisma; *(fam.)* tetano.

locknut ['lɔknʌt] *s.* controdado.

lock(-)out ['lɔkaut] *s.* serrata *(da parte del proprietario di una fabbrica)*.

locksmith ['lɔksmiθ] *s.* magnano.

lockstitch ['lɔkstitʃ] *s.* punto a spola.

lock(-)up ['lɔkʌp] *s.* guardina; prigione. □ *come agg* *(nelle espressioni) lock-up garage,* 'garage' individuale — *lock-up shop,* negozio il cui proprietario abita altrove.

[1]**loco** ['loukou] *s.* (*abbr. di* **locomotive**) locomotiva.

[2]**loco** ['loukou] *s. e agg (USA, fam., dallo spagnolo)* matto; pazzo.

locomotion [,loukə'mouʃən] *s.* locomozione.

locomotive ['loukə,moutiv] *agg* locomotivo; locomotore; semovente. □ *s.* locomotiva.

locum tenens ['loukəm 'ti:nenz] *s. (lat.: talvolta abbr. in* locum*)* supplente; vicario; interinale *(medico).*

locus ['loukəs] *s.* (*lat.: pl.* **loci**) **1** località. **2** *(geometria)* luogo. **3** passo *(di autore classico).*

locust ['loukəst] *s.* **1** locusta; cavalletta. **2** *(anche* locust tree*)* carruba; robinia. **3** *(fig.)* persona dannosa e avida.

locution [lou'kju:ʃən] *s.* locuzione.

lode [loud] *s.* vena; filone: *lode-star,* stella polare; *(fig.)* principio fondamentale o informatore — *lode-stone,* magnetite.

lodge [lɔdʒ] *s.* **1** casetta *(spec. annessa ad un edificio maggiore come p.es. l'abitazione del custode di una grande casa di campagna).* **2** *(anche* hunting lodge*)* casotto di caccia. **3** portineria *(di scuola, fabbrica, ecc.).* **4** residenza del 'rettore' di un 'college' *(a Cambridge).* **5** luogo di ritrovo *(d'una società segreta);* loggia *(massonica).* **6** capanna *(del castoro).*

to **lodge** [lɔdʒ] *vt e i.* **1** ospitare; alloggiare; essere ospitato, alloggiato: *The refugees were lodged in a school,* I profughi furono alloggiati in una scuola — *to lodge in an inn,* alloggiare in una locanda. **2** conficcare, conficcarsi; piantare, piantarsi: *The bullet lodged in his jaw,* La pallottola gli si conficcò nella mascella. **3** depositare; collocare; mettere in posto sicuro: *When she goes on holiday, she always lodges her jewels in the bank,* Quando va in vacanza, deposita sempre i suoi gioielli presso la banca. **4** *(dir.)* sporgere *(querela, denuncia).*

lodgement ['lɔdʒmənt] *s.* (*anche* **lodgment**) **1** presentazione *(di reclamo);* lo sporgere querela. **2** deposito.

lodger ['lɔdʒə*] *s.* inquilino *(spec. di una pensione);* pensionante.

lodging ['lɔdʒiŋ] *s. (generalm. al pl.)* camere in affitto; pensione: *board and lodging,* vitto e alloggio.

loft [lɔft] *s.* **1** attico; soffitta; solaio. **2** fienile. **3** *(di chiesa)* cantoria; galleria; tribuna: *organ-loft,* tribuna dell'organo.

loftily ['lɔftili] *avv* ⇨ **lofty.**

loftiness ['lɔftinis] *s.* **1** altezza; elevatezza *(anche fig.).* **2** altezzosità; superbia.

lofty ['lɔfti] *agg* (**-ier**; **-iest**) **1** alto; elevato *(anche fig.).* **2** altezzoso; superbo. □ *avv* **loftily.**

[1]**log** [lɔg] *s.* ceppo; tronco; ciocco: *to fall like a log,* cadere come un ciocco — *to sleep like a log,* dormire come un ghiro — *log-cabin,* capanna di tronchi d'albero. □ *log-rolling, (letteralm.)* il rotolare tronchi; *(fig.)* il farsi dei piaceri, dei complimenti reciprocamente.

[2]**log** [lɔg] *s.* **1** *(naut.)* solcometro. **2** *(anche* log-book: *naut., e per estensione, di aereo, automobile, ecc.)* giornale di bordo; libretto di circolazione; diario *(di viaggiatore o spedizione).*

to **log** [lɔg] *vt* (**-gg-**) **1** registrare sul giornale di bordo. **2** abbattere *(alberi)* in ceppi.

[3]**log** [lɔg] *s., abbr di* **logarithm** ⇨.

loganberry ['lougənbəri] *s.* incrocio tra la mora e il lampone.

logarithm ['lɔgəriθəm] *s.* logaritmo.

log-book [lɔg buk] *s.* ⇨ [2]**log 2.**

loge [lɔʒ] *s. (USA, teatro)* palco; prima galleria.

loggerhead ['lɔgəhed] *s.* testa di legno; testone. □ *to be at loggerheads (with sb),* litigare, essere in lite, essere ai ferri corti (con qcno).

logging ['lɔgiŋ] *s.* taglio (e trasporto) di alberi *(per farne legname da costruzione).*

logic ['lɔdʒik] *s.* logica *(vari sensi); per (estensione)* modo di ragionare; argomentazione: *formal logic,* logica formale.

logical ['lɔdʒikəl] *agg* **1** logico. **2** *(fam., per estensione)* sensato; ragionevole. □ *avv* **logically.**

logician [lɔ'dʒiʃən] *s.* logico.

logistics [lɔ'dʒistiks] *s. (con il v. al sing.)* logistica.

logo, logogram ['lɔgou/'lɔgou,græm] *s.* sigla *(spec. di un'azienda commerciale).*

loin [lɔin] *s.* **1** *(al pl.)* lombi; reni: *to gird up one's loins, (biblico)* prepararsi a sostenere una fatica, un viaggio; rimboccarsi le maniche — *loin-cloth,* perizoma. **2** *(di animale macellato)* lombata; lonza.

to **loiter** ['lɔitə*] *vi e t.* indugiare; attardarsi; oziare; bighellonare.

loiterer ['lɔitərə*] *s.* bighellone; perdigiorno.

to **loll** [lɔl] *vi* stare seduto, sdraiato *(pigramente).* □ *vt* far pendere, penzolare *(la lingua, la testa).*

lollipop ['lɔlipɔp] *s.* 'lecca-lecca'. □ *lollipop man (woman), (GB, fam.)* dipendente del comune incaricato di fermare il traffico all'uscita degli scolari *(così chiamato perché porta un cartello su un'asticciola).*

to **lollop** ['lɔləp] *vi (fam.: spesso seguito da* along*)* camminare, muoversi, correre goffamente.

lolly ['lɔli] *s.* **1** *(fam.)* 'lecca-lecca': *ice lolly,* ghiacciolo. **2** *(sl.)* 'grana'; soldi.

Londoner ['lʌndənə*] *s.* londinese.

lone [loun] *agg attrib* **1** *(di solito lett.)* solo; solitario; isolato: *to play a lone hand,* battersi da solo *(spec. per una causa impopolare)* — *a lone wolf, (fig.)* un isolato; persona solitaria. **2** *(scherz.)* nubile; vedova.

loneliness ['lounlinis] *s.* **1** solitudine; malinconia: *to suffer from loneliness,* soffrire di solitudine. **2** isolamento.

lonely ['lounli] *agg* **1** solitario; isolato: *a lonely mountain village,* un paese di montagna fuori mano — *a lonely road,* una strada solitaria, poco frequentata. **2** solo; triste; malinconico: *to feel lonely,* sentirsi solo.

lonesome ['lounsəm] *agg (fam., spec. USA)* triste e solo.

long [lɔŋ] **I** *agg* lungo: *How long is the River Nile?,* Quanto è lungo il fiume Nilo? — *He was ill for a long time,* Fu ammalato per un lungo periodo — *He wasn't long (in) making up his mind,* Non ci mise molto a prendere la sua decisione — *at the longest,* al più tardi; al massimo — *I can wait only three days at the longest,* Posso aspettare soltanto tre giorni al massimo — *a road twenty miles long,* una strada lunga venti miglia — *The holidays are six weeks long,* Le vacanze sono lunghe sei settimane — *'Slip' has a short vowel and 'sleep' has a long vowel,* 'Slip' ha una vocale breve e 'sleep' una vocale lunga — *Don't be too long about it,* Non essere troppo lungo (nel farlo); Non metterci troppo tempo — *the long arm of the Law,* il lungo braccio della legge — *to have a long arm,* avere il braccio lungo; *(fig.)* essere molto potente — *to make a long arm,* allungare il braccio *(per raggiungere qcsa, spec. a tavola)* — *to have (to pull) a long face,* avere (fare) il viso lungo *(per mostrare delusione o disappunto)* — *the long jump,* il salto in lungo — *long-haired,* - **a)** capellone; dai capelli lunghi - **b)** *(per estensione, generalm. spreg.)* intellettuale; intellettualoide — *long-headed,* dolicocefalo; *(fig.)* accorto — *long-playing record,* disco microsolco — *long-range,* di (a) lunga portata; di lungo raggio; a lungo termine — *long-distance,* a grande distanza — *long-distance telephone call, (GB)* telefonata interurbana — *long-distance runner,* fondista; podista — *long-term,* a lunga scadenza — *long waves, (radio)* onde lunghe *(1000 metri o più).*

□ *to have a long head,* possedere acutezza e sensibilità — *to have long sight,* avere la vista lunga; essere presbite; *(fig.)* possedere capacità di penetrazione; essere acuto nell'osservare, ecc. — *long-sighted,* previdente; acuto; penetrante — *long-sightedness,* acutezza; previdenza; penetrazione — *to have long wind,* avere molto fiato, molta resistenza; *(fig.)* essere noiosamente prolisso nel parlare o nello scrivere — *long-winded,* tedioso; noioso — *long-windedness,* prolissità — *long metre, (poesia)* strofe composte di quattro versi ottosillabici — *in the long run,* in definitiva; a lungo andare — *the long vacation, (GB)* le vacanze *(giudiziarie, universitarie)* estive — *long suit,* serie di carte dello stesso seme in una stessa mano; *(fam.)* qualcosa in cui si è abili — *Cake-making is not her long suit,* Preparare le torte non è il suo forte — *a long dozen,* tredici — *a long ton,* 2.240 libbre *(cioè la tonnellata inglese anziché americana)* — *to take the long view,* guardare lontano; *(fig.)* essere lungimirante; considerare gli effetti futuri — *long odds, (nelle scommesse)* puntata alta o con molto svantaggio — *It's as broad as it is long,* È esattamente lo stesso (la stessa cosa) — *long Johns, (fam.)* mutandoni — *long-bow,* arco — *to draw the long-bow,* tendere l'arco; *(fig.)* sprararle grosse — ⇨ *anche* **longboat, longevity, longhand,** *ecc.*

II *s.* **1** lungo tempo: *I shall see you before long,* Ti vedrò tra non molto — *The work won't take long,* Il lavoro non prenderà molto tempo — *Will you be away for long?,* Starai via per molto tempo?

2 sillaba lunga *(spec. nella metrica latina).*

3 fischio o altro segnale lungo: *four longs and six shorts,* quattro lunghe e sei brevi.

□ *The long and the short of it is that...,* Tutto sommato...; In poche parole...; Per farla breve...

III *avv* **1** a lungo; lungamente; per molto tempo: *I've long been intending to 'phone you,* È da molto tempo che ho in mente di telefonarti — *Stay (for) as long as you like,* Fermati quanto vuoi.

2 *(dopo nomi che indicano una certa durata)* completamente; tutto: *all day long,* tutto il giorno; il giorno intero — *all my life long,* per tutta la durata della mia vita.

3 longer *(comp.: con* any, no, much*)* oltre; più a lungo; più: *I can't wait any longer (much longer),* Non posso aspettare (molto) più a lungo — *He's no longer here,* Non è più qui — *Don't be any longer than you can help,* Non metterci più tempo del necessario.

4 so (o **as**) **long as...,** *congiunz* purché...; a condizione che...; a patto che...: *You may borrow the book as long as you keep it clean,* Puoi prendere in prestito il libro purché lo tenga bene.

5 how long?, quanto?; quanto tempo?: *How long do you intend to stay?,* Quanto tempo intendete fermarvi? — *How long does it take to get there?,* Quanto ci vuole per arrivarci?

□ *So long!, (fam.)* Ciao!; Arrivederci!; Salve! — *long-lived,* longevo; che ha vita lunga — *a long-lived family,* una famiglia longeva — *long-drawn-out,* tirato per le lunghe; interminabile — *a long-drawn-out visit,* una visita tirata per le lunghe — *long-standing,* di vecchia data — *a long-standing invitation,* un invito di vecchia data — *long-suffering,* mite; paziente — *He has a long-suffering wife,* Ha una moglie tanto paziente.

to **long** [lɔŋ] *vi* desiderare ardentemente; avere voglia intensa; morire dalla voglia: *She longed for him to say something,* Desiderava tanto che lui dicesse qualcosa — *I'm longing to see you,* Ho tanta voglia di vederti — *The children are longing for a drink,* I bambini muoiono dalla voglia di bere qualcosa.

longboat ['lɔŋbout] *s. (naut.)* lancia.

longer ['lɔŋgə*] *agg e avv comp* ⇨ **long I** e **III, 3.**

longevity [lɔn'dʒeviti] *s.* longevità.

longhand ['lɔŋhænd] *s.* scrittura normale, a tutte lettere *(il contrario di* **shorthand** = *stenografia).*

longhorn ['lɔŋhɔ:n] *s.* bue dalle corna lunghe.

longing ['lɔŋiŋ] *s.* brama; desiderio intenso.
□ *agg* bramoso; desideroso. □ *avv* **longingly.**

longitude ['lɔndʒitju:d] *s.* longitudine.

longitudinal [,lɔndʒi'tju:dinəl] *agg* longitudinale.
□ *avv* **longitudinally.**

longshoreman ['lɔŋʃɔ:mən] *s.* (*pl.* **longshoremen**) *(USA)* scaricatore; stivatore; facchino *(di porto).*

longways, longwise ['lɔŋweiz/'lɔŋwaiz] *avv* per il lungo.

loo [lu:] *s. (GB, fam.)* gabinetto; toeletta; 'cesso'.

loofah ['lu:fə] *s.* luffa *(usata come spugna).*

look [luk] *s.* **1** occhiata; sguardo; colpo d'occhio: *Let me have a look,* Lasciami dare un'occhiata; Fammi vedere — *to have a look round,* dare un'occhiata in giro. **2** aspetto; aria; apparenza; espressione: *A look of pleasure came to her face,* Sul suo volto si disegnò un'espressione di piacere — *The town has a European look,* La città ha un aspetto europeo — *I don't like the look of that wheel,* Non mi piace (Non mi convince) quella ruota — *new look,* nuova moda *(di abiti);* nuovo stile. **3** *(al pl.)* bell'aspetto; bellezza; vezzi: *She's beginning to lose her looks,* Comincia a perdere i suoi vezzi.

to **look** [luk] *vt e i.* **1** *(spesso* **to look at** ⇨ *anche sotto)* guardare; volgere lo sguardo: *to look (up) at the ceiling,* guardare il soffitto; portare lo sguardo al soffitto — *to look (down) at the floor,* guardare il pavimento — *We looked but saw nothing,* Guardammo, ma non vedemmo nulla — *I happened to be looking the other way,* Per caso io stavo guardando dall'altra parte — *to look at him (it)...,* a guardarlo...; giudicando dall'apparenza... — *To look at her you would never guess that she was a university teacher,* Dall'aspetto non avresti mai detto che era una insegnante universitaria — *to look black at sb,* guardare qcno in cagnesco — *to be good to look at,* essere bello (buono) all'apparenza — *Look who's here!,* Guarda chi si vede! — *Look, I think we ought to finish this now,* Guarda (Senti), credo che dovremmo finire questo adesso — *to look death in the face,* guardare la morte in faccia — *to look a gift horse in the mouth,* guardare in bocca a un cavallo donato.

2 apparire; sembrare; avere l'aria: *He looked very tired,* Sembrava molto stanco — *to look happy,* avere l'aria felice; sembrare felice — *Business looks promising,* Gli affari promettono bene — *She looks about thirty,* Dimostra circa trent'anni — *to look one's age,* dimostrare la propria età — *You're looking off colour,* Hai l'aria di non stare troppo bene — *to look black, (di persona)* avere l'aria accigliata; apparire accigliato — *to look blue, (di persona)* apparire malinconico, triste — *She looks her best in blue,* Il colore che le dona di più è il blu — *to look small,* fare la figura del meschinello — *to make sb look small,* avvilire, mortificare qcno — *The town always looks deserted on Sunday morning,* La città appare sempre deserta la domenica mattina — *It looks very suspicious to me,* Mi sembra molto sospetto — *You are not looking quite yourself,* Non sembri te stesso — *He is beginning to look himself again,* Incomincia di nuovo a essere lui; Comincia a riprendersi — *He looked to be stronger than he really was,* Sembrava più forte di quanto non fosse realmente.

3 to look like...; to look as if..., - **a)** (*cfr.* **'like V 1**) sembrare; assomigliare; essere simile: *It looks like salt and it is salt,* Sembra sale e infatti lo è — *She looks like she were about to faint,* Sembra che stia per svenire — *You look as if you slept badly,* Sembra che tu abbia dormito male — *What does it look like?,* Com'è? — *He looks like his father,* Assomiglia a suo padre - **b)** essere probabile (*cfr.* **'like V 3**).

4 stare attento; guardare; badare; osservare: *Look where you're going!,* Guarda dove stai andando! — *Look (and see) whether the postman has been yet,* Guarda se il postino è già passato.

5 esprimere con *(gli occhi, le mani, ecc.)*: *to look one's thanks (one's consent),* esprimere gratitudine (consenso) senza parlare (con lo sguardo).

□ *Look before you leap, (prov.)* ⇨ **to leap** — *Look sharp (alive)!,* Sbrigati!; Fa' presto!

to look about, - **a)** guardarsi intorno; cercare di orientarsi; valutare; esaminare; darsi da fare: *Are you still looking about for a job?,* Ti stai ancora dando da fare per trovare un impiego? - **b)** *to look about one,* dare un'occhiata in giro; guardare intorno a sé; rendersi conto della situazione.

to look after, - **a)** avere cura; prendersi cura; badare; tenere d'occhio: *Who will look after the children while their mother is in hospital?,* Chi baderà ai bambini mentre la loro mamma è in ospedale? — *He needs a wife to look after him,* Ha bisogno di una moglie che si prenda cura di lui — *He is well able to look after himself (to look after his interests),* È ben capace di badare a se stesso (di difendersi, di curare i propri interessi) - **b)** seguire con lo sguardo, con gli occhi: *They looked after the train as it left the station,* Seguirono il treno con lo sguardo mentre usciva dalla stazione.

to look at, - **a)** = **1** *sopra* - **b)** considerare; esaminare; prendere in considerazione; valutare: *We must look at the question from all sides,* Dobbiamo esaminare il problema sotto ogni aspetto — *Will you please look at the battery of my car?,* Per cortesia, vuole esaminare la batteria della mia automobile? — *They wouldn't even look at my proposal,* Non vollero neppure considerare la mia proposta - **c)** presentarsi; avere un certo aspetto: *(nell'espressione) It's not much to look at,* Non si presenta molto bene.

to look away (from sth, sb), distogliere lo sguardo (da qcsa, qcno).

to look back, ricordare; guardare indietro *(nel tempo)*: *Since then he has never looked back, (fig.)* Da allora ha continuato a migliorare.

to look down on, guardare dall'alto in basso (con disprezzo, con aria di superiorità): *When she married a surgeon, she looked down on the office girls she had worked with,* Quando si sposò con un chirurgo, cominciò a guardare dall'alto in basso le impiegate con le quali aveva prima lavorato — *to look down one's nose at sb, (fam.)* guardare qcno con malcelato disprezzo.

to look for, - **a)** cercare: *Are you still looking for a job?,* Stai ancora cercando un impiego? — *That foolish fellow is looking for trouble,* Quello sciocco individuo va in cerca di guai - **b)** prevedere; aspettarsi: *It's too soon yet to look for results,* È ancora troppo presto per aspettarsi dei risultati.

to look forward to, attendere con ansia (piacere); non vedere l'ora: *We are looking forward to seeing you again,* Attendiamo con ansia di vederti nuovamente — *Looking forward to hearing from you..., (stile epistolare)* Nell'attesa di leggerVi...

to look in, fare una breve visita; passare da: *Won't you look in (on me) next time you're in town?,* Non vuoi passare un momento da me la prossima volta che vieni in città? — *The doctor will look in again this evening,* Il dottore passerà nuovamente stasera.

to look into, - **a)** guardare in profondità, al fondo di (qcsa): *He looked into the box (the mirror, her eyes),* Guardò dentro alla scatola (nello specchio, nel fondo degli occhi di lei) - **b)** analizzare; esaminare: *to look into a question,* analizzare; esaminare un problema.

to look on, - **a)** stare a guardare; osservare: *Why don't you play, too, instead of just looking on?,* Perché non giochi anche tu invece di stare lì a guardare? - **b)** considerare; giudicare; reputare: *Do you look on him as an authority on the subject?,* Lo consideri un'autorità in materia? - **c)** considerare: *He seems to look on me with distrust,* Sembra che mi consideri con diffidenza - **d)** guardare (su, verso); *(di una camera, una finestra, ecc.)* dare su: *My bedroom looks on (o onto) the garden,* La mia camera da letto dà sul giardino.

to look out, - **a)** guardare fuori; stare a guardare: *He stood at the window and looked out,* Stava alla finestra e guardava fuori - **b)** guardare verso; offrire la vista di; dare su: *Our hotel room here looks out on (o onto) the sea front,* La nostra camera d'albergo guarda verso la riva del mare - **c)** essere in guardia; stare in guardia; stare attento; fare attenzione: *Will you please go to the station and look out for Mr Hill?,* Vuoi andare alla stazione, per favore, a prendere (a cercare di vedere se c'è) Mr Hill? — *Look out!,* Attenzione! - **d)** scovare; scegliere; selezionare: *to look out an old family photograph,* scovare una vecchia fotografia di famiglia — *to look out some old clothes for the poor,* scegliere dei vecchi indumenti per i poveri.

to look over, - **a)** ispezionare; esaminare; visitare; controllare: *We ought to look over the house a bit more before we decide to rent it,* Dovremmo ispezionare la casa un po' di più prima di decidere di prenderla in affitto — *Here's the correspondence; I've already looked it over,* Ecco la corrispondenza; l'ho già esaminata - **b)** *(non comune)* scusare; perdonare; passare sopra (= **to overlook**).

to look round, - **a)** volgere il capo (per guardare, per cercare); rivolgersi (a guardare): *When I looked round for her, she was leaving the hall,* Quando mi voltai per cercarla, stava lasciando la sala - **b)** vagliare; considerare attentamente: *Don't make a hurried decision; look round well first,* Non prendere una decisione affrettata: vaglia bene la situazione prima di decidere - **c)** visitare; vedere i luoghi di interesse: *Have we time to look round (the town) before lunch?,* Abbiamo il tempo di visitare un po' la città prima di colazione?

to look through, - **a)** ripassare; studiare; rivedere; esaminare; controllare: *Look through your notes before the examination,* Ripassa i tuoi appunti prima dell'esame — *I must look through these invoices before I pay them,* Debbo controllare queste fatture prima di pagarle - **b)** esaminare a fondo; valutare attentamente: *He looked the proposals through before approving them,* Valutò a fondo le proposte prima di approvarle - **c)** guardare attraverso (per mezzo di): *to look through a telescope,* guardare con un telescopio - **d)** *(non molto comune)* rendersi manifesto attraverso; mostrarsi attraverso; apparire da; rivelarsi da: *His greed looked through his eyes,* La sua avidità appariva dagli occhi.

to look to, - **a)** preoccuparsi; curarsi di; pensare a: *The country must look to its defences,* Il paese deve preoccuparsi della propria difesa — *Look to your manners, my boy!,* Sta' attento a come ti comporti, ragazzo mio! - **b)** guardare a; contare su: *They are all looking to you for help,* Tutti contano su di te per l'aiuto — *They're looking to you for a solo,* Contano su una tua esibizione come solista - **c)** essere rivolto a; essere prospiciente a; guardare a: *a building that looks to the south,* un edificio che guarda a sud.

to look towards, essere rivolto a; essere prospiciente a; guardare a: *a house looking towards the river,* una casa che è prospiciente al fiume.

to look up, - **a)** alzare gli occhi; levare gli occhi: *Don't look up!,* Non alzare gli occhi! - **b)** *to look up to sb,* rispettare (riconoscere, venerare) qcno: *They all looked up to him as their leader,* Tutti lo consideravano il loro capo - **c)** migliorare; andar meglio; incominciare a prosperare: *Oil shares are looking up,* Le azioni petrolifere sono in rialzo - **d)** *to look sth up,* cercare qcsa *(p.es. una parola in un dizionario, un treno sull'orario ferroviario, ecc.): Please, look up a fast train to Leeds,* Per favore, cerca (vedi se c'è) un treno rapido per Leeds - **e)** fare visita; andare (venire) a trovare: *Do look me up next time you're in London,* Ti prego, vieni a trovarmi la prossima volta che sei a Londra - **f)** *to look sb up and down,* squadrare qcno dalla testa ai piedi.

to look upon ⇨ **to look on.**

looker ['lukə*] *s. (fam., generalm.* good-looker*)* persona di bell'aspetto, avvenente.

looker-on ['lukərɔn] *s.* (*pl.* **lookers-on**) astante; spettatore.

look-in ['lukin] *s.* **1** *(fam.)* breve visita. **2** *(sport, ecc., fam.)* opportunità; occasione: *You won't have a look-in with such strong competition,* Non avrai molta probabilità di successo con una concorrenza così forte.

looking-glass ['lukiŋ glɑ:s] *s.* specchio.

look-out ['lukaut] *s.* **1** *(solo al sing.)* guardia; sorveglianza: *to keep a good look-out,* fare una buona guardia — *to be on the look-out for bargains,* stare all'erta per concludere buoni affari. **2** posto di guardia; persona che fa la guardia; sorvegliante *(attrib.)*; esploratore: *a look-out post,* un posto di osservazione — *to send look-outs in advance,* mandare degli esploratori in avanscoperta. **3** *(fam.)* prospettiva: *It seems a bad look-out for their children,* Sembra una brutta prospettiva per i loro figli — *That's your own look-out!,* Sono fatti tuoi!

look-over ['lukouvə*] *s. (fam.)* esame; riguardata: *to give sth a look-over,* esaminare, controllare qcsa.

look-see ['luksi:] *s. (fam., dal 'pidgin English')* occhiata rapida; ispezione rapida.

loom [lu:m] *s.* telaio *(per la tessitura).*

to **loom** [lu:m] *vi* **1** apparire in lontananza. **2** *(fig.)* invadere (la mente); profilarsi.

[1]**loon** [lu:n] *s.* strolaga.

[2]**loon** [lu:n] *s. (scozzese e ant.)* fannullone; perdigiorno.

loony ['lu:ni] *s. e agg* (*sl.: abbr. di* **lunatic**) pazzo; tocco: *loony bin, (sl.)* manicomio.

loop [lu:p] *s.* **1** occhiello *(di lettera alfabetica);* occhiello metallico. **2** cappio; passamano; punto a maglia; alamaro: *loop-knot,* nodo scorsoio. **3** *(anche* loop-line*)* raccordo anulare; linea di raccordo. **4** cerchio della morte; gran volta. **5** *(di fiume)* ansa; meandro. **6** *(anat.)* ansa. **7** *(di pellicola cinematografica)* riccio.

to **loop** [lu:p] *vt e i.* **1** fare un cappio. **2** agganciare; annodare; avvolgere. **3** *to loop the loop,* fare il cerchio della morte (la gran volta).

loop-hole ['lu:phoul] *s.* **1** *(archit.)* feritoia. **2** *(fig.)* scappatoia; via d'uscita: *to find a loop-hole in the law,* trovare una scappatoia per eludere la legge.

loose [lu:s] *agg* **1** libero; non legato; svincolato; sciolto: *That dog is too dangerous to be left loose,* Quel cane è troppo pericoloso per lasciarlo slegato — *to get loose,* liberarsi *(per scappare)* — *He let loose his indignation,* Diede libero sfogo alla sua indignazione — *Englishmen carry their small change loose in their pocket, not in a purse,* Gli inglesi portano gli spiccioli 'sciolti' in tasca, non nel portamonete — *a loose-leaf notebook (binder),* un taccuino (un raccoglitore) a fogli mobili. **2** largo; ampio: *a loose collar,* un colletto largo — *loose-fitting clothes,* indumenti che stanno larghi; abiti di linea morbida (ampia). **3** allentato; fuori posto; che si muove; sgangherato: *a loose tooth,* un dente che si muove, che tentenna — *a loose thread,* un filo allentato — *a loose window,* una finestra sgangherata — *to have a screw loose, (fig., fam.)* avere una rotella fuori posto; mancare di una rotella — *There is a screw loose somewhere,* C'è qualcosa che non quadra da qualche parte — *to ride with a loose rein,* allentare le briglie *(anche fig.)* — *to have a loose tongue,* avere la lingua lunga; essere incapace di tacere — *to come loose, (di una legatura)* slegarsi; sfasciarsi — *to work loose, (di un bullone, ecc.)* allentarsi — *a loose knot,* un nodo non ben fatto — *the loose end of a rope,* l'estremità non assicurata (non ben legata) di una fune. **4** non compatto; irregolare; sparso: *loose soil,* suolo irregolare — *cloth with a loose weave,* tessuto con una tessitura irregolare — *in loose order, (mil.)* in ordine sparso. **5** *(fig.)* dissoluto; smodato; senza freno; immorale: *loose conduct,* condotta smodata (immorale) — *to lead a loose life,* condurre una vita dissoluta — *a loose woman,* una donna immorale — *to be on the loose, (fam.)* essere incurante di scrupoli morali, dissoluto. **6** *(fig.)* vago; indefinito; troppo libero; non perfettamente fedele *(di traduzioni, interpretazioni, ecc.): loose thinking,* vaghezza di pensiero; argomentazioni difettose, nebulose — *a loose thinker,* una persona che pensa in modo disordinato, non rigoroso. **7** *(del corpo umano)* dinoccolato; *(di movimenti del corpo umano)* maldestro; sgraziato: *a loose frame,* una figura dinoccolata — *loose limbs,* membra dinoccolate — *loose-limbed,* agile. □ *to be at a loose end, (fig., di persona)* non aver niente da fare — *to play fast and loose (with sb),* comportarsi disonestamente (con qcno); imbrogliarlo.

□ *avv* **loosely 1** mollemente; scioltamente; in modo allentato, sciolto. **2** vagamente; in maniera inesatta: *loosely employed words,* parole usate con inesattezza — *rules loosely enforced,* regole applicate senza rigore.

to **loose** [lu:s] *vt* **1** sciogliere; liberare *(anche fig.)*; lasciare andare: *Wine loosed his tongue,* Il vino gli sciolse la lingua. **2** scoccare; lanciare *(frecce, ecc.).* **3** *(seguito da* off*)* sparare a raffica *(anche fig.)*: *He loosed off a stream of oaths,* Lanciò una serie di imprecazioni. **4** *(naut.)* mollare *(ormeggi)*.

loose-leaf ['lu:s,li:f] *agg* ⇨ **loose 1**.

to **loosen** ['lu:sn] *vt e i.* **1** sciogliere, sciogliersi; allentare, allentarsi. **2** liberare; alleviare.

loosestrife ['lu:s,straif] *s.* lisimachia; mazza d'oro.

loot [lu:t] *s.* bottino; preda *(di guerra)*.

to **loot** [lu:t] *vt e i.* depredare; saccheggiare.

looter ['lu:tə*] *s.* predatore; saccheggiatore; 'sciacallo'.

[1]to **lop** [lɔp] *vt* (**-pp-**) *(generalm. seguito da* off*)* potare; mozzare.

[2]to **lop** [lɔp] *vi* (**-pp-**) pendere; penzolare: *(si trova ormai unicamente nelle seguenti locuzioni aggettivali) lop-eared,* dalle orecchie penzolanti — *lop-sided,* pendente da un lato; asimmetrico; sbilenco — *lop-sidedness,* l'essere sbilenco.

lope [loup] *s.* lungo salto; balzo.

to **lope** [loup] *vi (generalm. seguito da* along*)* muoversi (procedere) a lunghi passi (a balzi).

loquacious [lou'kweiʃəs] *agg* loquace. □ *avv* **loquaciously**.

loquaciousness, loquacity [lou'kweiʃəsnis/lou'kwæsiti] *s.* loquacità.

loquat ['loukwæt] *s.* nespolo, nespola del Giappone.

lor [lɔ:*] *interiezione (fam.)* Perdio!; Perbacco!

lord [lɔ:d] *s.* **1** signore; sovrano; capo. **2** *Lord,* Signore; Dio: *the Lord's Prayer,* il Paternostro — *the Lord's Day,* il giorno del Signore; la Domenica — *Lord!,* Mio Dio! — *Good Lord!,* Buon Dio! **3** 'lord'; Pari *(titolo nobiliare inglese)*: *to live like a lord,* vivere da gran signore — *the House of Lords,* la Camera dei 'Lords'. **4** *(scherz.: anche* lord and master*)* marito; signore; padrone; padrone di casa.
□ *the cotton lords,* i re del cotone (i grandi industriali del cotone) — *the Lords of the Admiralty (of the Treasury), (GB)* gli alti funzionari dell'Ammiragliato (del Ministero del Tesoro) — *the First Lord of the Admiralty, (GB)* il capo supremo dell'Ammiragliato — *the Lord Mayor of London, (GB)* il sindaco di Londra — *the Lord Chamberlain, (GB)* il Gran Ciambellano — *the Lord Chancellor, (GB)* il presidente della Camera dei 'Lords' — *Lord Lieutenant* ⇨ *Lieutenant* — *My Lord,* - **a)** mio signore; 'milord' - **b)** *(ad un giudice)* Eccellenza; Vostro Onore — *as drunk (tight) as a lord,* ubriaco fradicio — *to swear like a lord,* bestemmiare come un turco.

to **lord** [lɔ:d] *vt (nell'espressione) to lord it over sb,* tiranneggiare qcno.

lordless ['lɔ:dlis] *agg* senza signore; senza padrone.

lordliness ['lɔ:dlinis] *s.* **1** altezzosità; arroganza. **2** gran signorilità; fasto; sfarzo.

lordly ['lɔ:dli] *agg* (**-ier**; **-iest**) **1** altezzoso; sprezzante. **2** da gran signore; sfarzoso.

lordship ['lɔ:dʃip] *s.* **1** signoria; dominio. **2** *(come appellativo) Your Lordship,* Vostra Signoria; Vostra Eccellenza.

lore [lɔ:*] *s.* **1** insieme di miti, tradizioni, ecc. di un popolo. **2** notizie; conoscenze; cognizioni: *bird lore,* conoscenze e informazioni sulle abitudini degli uccelli.

lorgnette [lɔ:'njet] *s. (fr.)* occhialino fornito di manico.

lorn [lɔ:n] *agg (poet. o scherz.)* derelitto; abbandonato; desolato.

lorry ['lɔri] *s. (GB)* camion; autocarro.

to **lose** [lu:z] *vt e i.* *(pass. e p. pass.* **lost**) **1** perdere; smarrire: *to lose one's balance,* perdere l'equilibrio — *to lose a leg,* perdere una gamba — *He lost two sons in the war,* Perse due figli in guerra — *It was so cold that they lost the use of their hands,* Faceva così freddo che perdettero l'uso delle mani — *He's losing patience,* Sta perdendo la pazienza — *Don't lose your temper,* Non perdere la calma; Non arrabbiarti — *I've lost the key of my trunk,* Ho smarrito la chiave del mio baule — *Don't lose your way,* Non perdere la strada — *to get lost,* smarrirsi; perdere la strada — *Get lost!,* Fuori dai piedi! — *to lose one's train (one's bus),* perdere il treno (l'autobus) — *He lost the thread of his discourse,* Perse il filo del discorso — *to lose the end of a sentence,* perdere l'ultima parte di una frase — *What he said was lost in the applause that greeted him,* Quello che disse andò perduto nell'applauso che lo accolse — *The thief was lost in the crowd,* Il ladro fu perso di vista in mezzo alla (si dileguò tra la) folla — *to lose a match (a battle, a war, a lawsuit, a prize),* perdere una gara (una battaglia, una guerra, una causa, un premio) — *to lose a motion,* non riuscire a far passare una mozione — *You will lose nothing by waiting,* Non perderai niente se aspetti — *Will the publisher lose by it?,* Ci rimetterà l'editore? — *How much did he lose in the transaction?,* Quanto ha perso in quell'operazione? — *The story does not lose in the telling,* A raccontarla, la storia non perde — *There's not a moment to lose,* Non c'è un momento da perdere — *I shall lose no time in doing it,* Non perderò tempo a farlo; Lo farò subito — *to lose one's reason (senses),* perdere la ragione (uscire di senno) — *to lose interest,* - **a)** perdere interesse (per): *He soon lost interest in the book,* Presto perse ogni interesse per il libro - **b)** perdere di interesse: *The book soon loses interest,* Il libro perde subito interesse — *to lose ground,* perdere terreno — *to lose one's head,* perdere la testa — *to lose one's heart to sb,* innamorarsi perdutamente di qcno — *to lose one's place,* perdere il segno *(in un libro, ecc.)* — *to lose track of sth (or sb),* perdere le tracce di qcsa (o qcno) *(anche fig.)* — *I saw him once in Rome but then we lost track of each other for nearly twenty years,* L'ho visto una volta a Roma ma poi ci siamo persi di vista per quasi vent'anni — *to lose sight of sth (sb),* perdere di vista qcsa (qcno) *(anche fig. nel senso di lasciarsi sfuggire, non considerare, ecc.)* — *We lost sight of him in the crowd,* Lo perdemmo di vista nella folla — *The early navigators disliked losing sight of land,* Ai primi navigatori non piaceva perdere di vista la terra — *We must not lose sight of the fact that...,* Non dobbiamo perdere di vista il fatto che... — *a lost cause,* una causa persa — *(to play) a losing game,* (giocare) una partita disperata — *to be lost on sb,* andare perso; essere sprecato per qcno — *My hints were not lost on him,* Le mie allusioni non andarono perse (furono raccolte).
2 (*nella forma passiva* **to be lost**) perdersi; scomparire; perire; morire: *The ship and all her crew were lost,* La nave e tutto l'equipaggio andarono perduti — *Is letter-writing a lost art?,* L'arte di scrivere lettere deve considerarsi perduta? — *to be lost to the world (to be lost in thought),* essere immerso nei pensieri.
3 fare perdere; alienare; 'costare': *Such insolence will lose you your job,* Una simile insolenza ti farà perdere il posto — *This remark lost him our sympathy,* Questa osservazione gli fece perdere (gli costò) la nostra simpatia.
4 *(di orologio)* andare indietro; ritardare: *My watch loses two minutes a day,* Il mio orologio ritarda (va indietro) due minuti al giorno.
5 to lose oneself (in sth), *(rifl.)* lasciarsi assorbire (da qcsa); perdersi (in qcsa): *to lose oneself in sth,* perdersi in (lasciarsi assorbire da) qcsa — *She lost herself in a*

book, Si perse nella (Si lasciò assorbire dalla) lettura di un libro.

6 to lose out on sth, *(USA, ora anche GB)* perdere qcsa *(spec. un'occasione).*

loser ['lu:zə*] *s.* perdente; che perde; perditore: *He's a good (bad) loser,* È uno che sa (che non sa) perdere — *to back a loser,* scommettere (puntare) su un cavallo perdente.

loss [lɔs] *s.* perdita; danno: *The loss of so many ships worried the Admiral,* La perdita di tante navi preoccupò l'ammiraglio — *the loss of a battle (contract, contest),* la perdita di una battaglia (di un contratto, di una competizione) — *loss of blood,* perdita di sangue — *without (any) loss of time,* senza perdita di tempo — *to sell sth at a loss of fifty pounds,* vendere qcsa in perdita di cinquanta sterline — *to suffer heavy losses in war,* subire gravi perdite in guerra — *a total loss,* una perdita totale, capitale — *Such a man is no great loss,* Un uomo simile non è una gran perdita.

□ *loss leader* ⇨ **leader** — *to be at a loss,* essere perplesso, in imbarazzo, incerto — *to be at a loss for words,* non riuscire a trovare le parole.

lost [lɔst] *pass e p. pass di* **to lose.**

[1]**lot** [lɔt] *s.* **1 the lot,** l'intera quantità; tutto (tutti): *That's the lot!,* Questo è tutto!; Tutto qui! — *Take the (whole) lot,* Prendete il tutto — *Go away, the whole lot of you!,* Andate via tutti, dal primo all'ultimo!

2 *(nelle espressioni)* **a lot of**; *(talvolta)* **lots of**; **lots and lots of,** un mucchio di; una gran quantità di; un sacco di: *He earns a lot of money,* Guadagna un sacco di soldi — *There were such a lot of people in the shop!,* C'era tanta gente nel negozio! — *What a lot of milk you put in your tea!,* Quanto latte metti nel tè! — *I saw quite a lot of her when I was in London last month,* L'ho vista abbastanza spesso mentre ero a Londra il mese scorso.

3 a lot..., *(usato avverbialmente)* molto; in grande quantità; di gran lunga: *He's feeling a lot better today,* Si sente molto meglio oggi — *A lot you care!, (iron.)* Sai quanto te ne importa!; Te ne importa assai! — *Thanks a lot,* Grazie tante.

[2]**lot** [lɔt] *s.* **1** il tirare a sorte; *(per estensione)* sorte; caso; fortuna; destino; fato: *to divide property by lot,* dividere la proprietà affidandosi alla sorte — *to draw (to cast) lots,* tirare a sorte; sorteggiare — *They drew lots as to who should begin,* Tirarono a sorte per decidere chi doveva cominciare — *The lot came to (fell upon) me, (ant.)* La sorte toccò a me — *His lot has been a hard one,* Il suo è stato un destino duro — *Such good fortune falls to the lot of few men,* Una simile fortuna capita a pochi — *He has thrown (cast) in his lot with us,* Ha deciso di tentare la sorte con noi. **2** lotto; serie di pezzi *(alle aste, ecc.): Lot 46: six chairs,* Lotto n. 46, sei sedie. **3** partita; quantità di merce *(dello stesso genere): We have received a new lot of hats from the manufacturers,* Abbiamo ricevuto una nuova partita di cappelli dai fabbricanti — *a job lot,* una partita di merce disparata, comprata a buon mercato. **4** *(fam.)* tipo; individuo; soggetto: *a bad lot,* un cattivo soggetto. **5** *(spec. USA)* appezzamento di terreno; teatro di posa e annessi: *a parking lot,* un parcheggio. □ *scot and lot* ⇨ **scot** — *odd lot, (in Borsa, ecc.)* spezzatura.

loth [louθ] *agg* ⇨ **loath.**

lotion ['louʃən] *s.* lozione.

lottery ['lɔtəri] *s.* **1** lotteria. **2** *(fig.)* imprevisto; avventura.

lotto ['lɔtou] *s.* tombola.

lotus ['loutəs] *s.* *(pl.* **lotuses**) loto: *lotus-eater,* lotofago.

loud [laud] *agg* **1** sonoro; fragoroso; forte; alto: *loud voices (cries, laughs),* voci (grida, risate) alte, fragorose — *The bomb exploded with a loud noise,* La bomba esplose con un gran fragore — *loud-hailer,* megafono. **2** *(fig., di comportamento o di colore)* sgargiante; vistoso; chiassoso. □ *avv* **loudly.**

□ *avv* forte; fragorosamente; rumorosamente; chiassosamente: *Speak louder!,* Parla più forte! — *Don't talk so loud,* Non parlare così forte — *They laughed loud and long,* Risero fragorosamente e a lungo.

loudness ['laudnis] *s.* **1** forza *(di un rumore).* **2** *(fig.)* vistosità; chiassosità; volgarità.

loudspeaker [laud'spi:kə*] *s.* altoparlante; cassa acustica.

lough [lɔk] *s.* *(irlandese)* braccio di mare; lago.

lounge [laundʒ] *s.* **1** ozio; il poltrire; momento di riposo: *to have a lounge,* prendersi un po' di riposo. **2** *(di albergo)* atrio; sala d'ingresso: *lounge lizard, (fam.)* ballerino a pagamento *(per le clienti di un albergo);* gigolò. **3** salotto; soggiorno: *lounge chair,* poltrona. □ *lounge bar,* sala di un 'pub' *(più elegante del 'public bar', e con prezzi più alti)* — *lounge suit,* abito (da uomo) da passeggio.

to **lounge** [laundʒ] *vi* **1** *(spesso seguito da* about*)* oziare; poltrire. **2** bighellonare.

lounger ['laundʒə*] *s.* bighellone; fannullone.

to **lour,** to **lower** ['lauə*] *vi* **1** *(seguito da* at, upon, on*)* corrugare la fronte; aggrottare le ciglia. **2** *(del cielo, delle nubi)* oscurarsi; farsi minaccioso.

louringly, loweringly ['lauəriŋli] *avv* minacciosamente.

louse [laus] *s.* *(pl.* **lice**) pidocchio.

lousy ['lauzi] *agg* (**-ier; -iest**) **1** pidocchioso; pieno di pidocchi. **2** *(fam.)* schifoso. **3** *(sl., seguito da* with*)* pieno: *to be lousy with dough,* essere pieno di grana. □ *avv* **lousily.**

lout [laut] *s.* zoticone.

loutish ['lautiʃ] *agg* grossolano; rozzo; villano.

louver, louvre ['lu:və*] *s.* **1** *(archit.)* torretta; lucernario *(sul tetto d'un edificio).* **2** *(anche* louver-board*)* stecca (di persiana). **3** feritoia di ventilazione *(nel cofano di un'automobile).*

lovable ['lʌvəbl] *agg* amabile; caro; simpatico. □ *avv* **lovably.**

[1]**love** [lʌv] *s.* amore; affetto; devozione; tenerezza: *a mother's love for her children,* l'amore di una madre per i suoi figli — *a love of learning,* una passione per il sapere — *love of (one's) country,* amor di patria — *a love story,* una storia d'amore — *to marry for love, not for money,* sposarsi per amore, non per denaro — *to play for love,* giocare per amore *(non per soldi)* — *Come here, my love,* Vieni qui, amore mio — *She was an old love of mine years ago,* È stata una mia vecchia fiamma, anni fa — *It's not to be had for love or money,* Non lo si può ottenere né per amore né per denaro — *There's no love lost between them,* I loro rapporti non sono fra i più amichevoli — *a labour of love,* - **a)** un lavoro appassionante - **b)** un lavoro compiuto per amore (di qcno) — *for the love of..., (nelle esortazioni, ecc.)* per (l')amor di... — *Put that gun down, for the love of God!,* Metti giù quella pistola, per l'amor di Dio! — *to be in love (with sb),* essere innamorato (di qcno) — *to fall in love (with sb),* innamorarsi (di qcno) — *to make love to sb,* fare l'amore (fare all'amore) con qcno — *love-making,* il fare all'amore; l'amoreggiare — *love-affair,* relazione amorosa — *love-child,* figlio dell'amore — *love-letter,* lettera d'amore — *love-match,* matrimonio d'amore;

unione d'amore — *love-philtre,* filtro d'amore — *love-seat,* sedia d'amore *(a forma di S, con due posti affiancati e disposti in senso inverso)* — *love-song,* canzone d'amore — *love-token,* pegno d'amore.
□ *love-feast,* agape — *love-bird, (zool.)* pappagallino; inseparabile; cocorita — *a pair of love-birds, (fam.)* due giovani innamorati inseparabili — *love-in-idleness, (bot.)* viola del pensiero — *love-in-a-mist, (bot.)* fanciullaccia — *love-lies-bleeding, (bot.)* amaranto.

to **love** [lʌv] *vt* **1** amare; essere innamorato (di qcno); adorare; volere bene (a qcno): *to love one's parents (one's country),* amare i propri genitori (il proprio paese) — *to love God,* amare (adorare) Dio — *The Bible tells us to love all men,* La Bibbia ci dice di amare tutti gli uomini. **2** amare; provare piacere (per qcsa); dilettarsi (in qcsa); piacere *(con la costruz. impersonale): to love comfort,* amare la comodità — *She loves singing,* Le piace cantare — *'Will you come with me?' - 'I should love to',* 'Vuoi venire con me?' - 'Mi piacerebbe molto' — *I'd love you to come with me,* Mi piacerebbe tanto che tu venissi con me.

[2]**love** [lʌv] *s. (tennis)* zero; nessun punteggio: *love all,* zero a zero — *thirty love,* trenta a zero — *love game, (fam.)* 'cappotto'; sconfitta totale (di chi non riesce a fare neanche un punto).

loveless ['lʌvlis] *agg* senza amore; non amato; non amante: *a loveless marriage,* un matrimonio senza amore.

lovelessness ['lʌvlisnis] *s.* mancanza d'amore.

loveliness ['lʌvlinis] *s.* bellezza; avvenenza; grazia.

lovelorn ['lʌvlɔ:n] *agg* disperato; infelice per amore.

lovely ['lʌvli] *agg* **1** bello; grazioso; attraente; incantevole; divertente; piacevole; riuscito; ottimo; eccellente; perfetto: *It's lovely and warm here!,* Si sta bene qui al calduccio!; Che bel caldo fa qui! — *We had a lovely holiday,* Abbiamo trascorso una bella vacanza. **2** *(spec. USA)* amabile; molto simpatico: *Oh, she's a lovely person!,* Oh, è una persona simpaticissima!
□ *s. (come appellativo, fam.)* bellezza.

lover ['lʌvə*] *s.* **1** appassionato; amante *(di qcsa): music lover,* musicofilo. **2** *(al pl.) (coppia di)* innamorati; amanti: *the happy lovers,* la coppia felice. **3** amante: *She has had many lovers,* Ha avuto molti amanti.

loverless ['lʌvəlis] *agg (di donna)* senza innamorato; senza amante.

loverlike ['lʌvəlaik] *agg* di, da amante.

lovesick ['lʌvsik] *agg* malato d'amore.

loving ['lʌviŋ] *agg* affettuoso; affezionato; amoroso: *loving cup,* coppa dell'amicizia. □ *avv* **lovingly.**

[1]**low** [lou] *agg* **(-er; -est) 1** basso *(in vari sensi): a low wall,* un muro basso — *The moon was low in the sky,* La luna era bassa nel cielo — *The glass is low,* Il barometro è basso — *She was wearing a low-necked (low-cut) dress,* Indossava un abito dalla scollatura bassa — *Speak in a low voice, please,* Parla a bassa voce, per favore — *the low notes of a cello,* le note basse di un violoncello — *to have a low opinion of sb's work,* avere un'opinione poco lusinghiera del lavoro di qcno — *low-relief,* bassorilievo — *low tide; low water,* bassa marea — *low-water mark,* segno di bassa marea (punto minimo di livello) — *to be in low water,* essere al verde — *at the lowest,* al minimo.
2 basso; inferiore; umile: *a man of low birth,* un uomo di umili origini — *all classes of people, high and low,* persone di ogni classe, elevate e umili — *to have a low station in life,* occupare una posizione umile.
3 basso; meschino; banale; volgare; triviale; vile: *low manners,* modi (maniere) volgari — *low company,* compagnia volgare — *low life,* vita rozza, volgare — *low tastes,* gusti banali, volgari — *low cunning,* astuzia meschina — *low-down, (fam.)* meschino; abbietto; vile; disonorevole — *low-down behaviour,* comportamento disonesto.
4 debole; leggero; basso; depresso: *a low pulse,* un polso debole — *in a low state of health,* in un debole stato di salute — *a low diet,* una dieta leggera — *a low fever,* una leggera febbre — *to be feeling low; to be in low spirits,* sentirsi depressi.
5 scarso; basso: *Our stock of coal is very low,* La nostra riserva di carbone è molto scarsa — *Food supplies were running low in the besieged town,* Le scorte di cibo diventavano scarse nella città assediata.
6 basso; primitivo; primordiale; non evoluto; non sviluppato: *low forms of life,* forme di vita primitiva.
□ *to be brought low,* essere umiliato — *to lay (to bring) low,* abbattere, umiliare (qcno o qcsa) — *to lie low,* - **a)** sdraiarsi; stendersi; allungarsi - **b)** restare nascosto e in silenzio; rimanere latitante: *The escaped prisoners had to lie low for months,* Gli evasi dovettero rimanere nascosti per mesi — *low-born,* di umile origine; di umile nascita — *low-bred,* poco educato; di scarsa educazione — *low-brow, (fam.)* ⇨ **brow** — *low-browed, (di edificio, camere)* tetro; cupo; dall'ingresso basso e angusto — *Low Church,* Chiesa Bassa *(corrente della Chiesa Anglicana)* — *Low Churchman,* membro della Chiesa Bassa — *the Low Countries,* i Paesi Bassi — *Low Mass,* Messa bassa — *low-comedy,* commedia leggera — *lower case, (tipografia)* lettera minuscola — *the Lower Chamber, the Lower House, (GB)* la Camera dei Comuni; *(USA)* la Camera dei Rappresentanti — *the lower deck, (in marina)* i marinai semplici — *Low Latin,* il tardo latino del Basso Impero e del primo Medioevo; il latino popolare — *Low Sunday,* Domenica 'in Albis' — *low week,* settimana successiva alla settimana di Pasqua — *low-spirited,* depresso — *low-spiritedly,* in modo depresso; malinconicamente — *to keep a low profile, (di personaggio pubblico)* eclissarsi; evitare la pubblicità per un certo periodo di tempo.

[2]**low** [lou] *avv* **(-er; -est)** in modo basso; in basso; profondamente; bassamente: *to aim low,* mirare basso — *to bow low,* inchinarsi profondamente — *to buy low and sell high,* comprare a basso prezzo e vendere a caro prezzo — *to play low,* giocare (puntare al gioco) somme modeste — *to speak low,* parlare a voce bassa — *to run low,* scarseggiare (⇨ **low,** *agg* **5**) — *A tenor cannot get so low as a baritone,* Un tenore non può arrivare a note così basse come quelle di un baritono.

[3]**low** [lou] *s.* **1** minimo; livello minimo: *Several industrial shares reached new lows yesterday,* Varie azioni industriali hanno raggiunto nuovi minimi ieri — *as all-time low,* il livello più basso finora raggiunto. **2** *(meteorologia)* zona di bassa pressione.

[4]**low** [lou] *s.* muggito.

to **low** [lou] *vi* muggire.

lowboy ['loubɔi] *s. (USA)* cassettone piccolo.

low-down ['loudaun] *s. (fam.)* verità; notizie confidenziali; fatti reali: *to give sb the low-down (on sth),* fare conoscere a qcno la verità (su qcsa).
□ *agg* ⇨ [1]**low, 3.**

[1]to **lower** ['louə*] *vt e i.* **1** abbassare; ammainare: *to lower away,* ammainare; calare *(imbarcazioni, vele, ecc.).* **2** diminuire; abbassare. **3** *to lower onself,* abbassarsi; umiliarsi; degradarsi. **4** indebolire; debilitare.

[2]to **lower** ['lauə*] *vi* ⇨ **to lour.**

lowering ['lauəriŋ] *agg (del cielo, delle nubi: cfr.* **to lour 2**) minaccioso. □ *avv* **loweringly.**
lower-most ['louəmoust] *agg* il più basso.
lowland ['loulənd] *s.* bassopiano; pianura: *the Lowlands,* le pianure della Scozia.
□ *agg attrib* della pianura.
lowlander ['louləndə*] *s.* abitante di terre basse *(spec. quelle scozzesi).*
lowliness ['loulinis] *s.* umiltà; modestia.
lowly ['louli] *agg* (**-ier**; **-iest**) umile; modesto.
lowness ['lounis] *s.* **1** bassezza. **2** meschinità; banalità; rozzezza. **3** depressione; malinconia. **4** debolezza; leggerezza.
loyal ['lɔiəl] *agg* leale; fedele. □ *avv* **loyally.**
loyalist ['lɔiəlist] *s.* lealista; *(spesso)* monarchico.
loyalty ['lɔiəlti] *s.* lealtà; fedeltà.
lozenge ['lɔzindʒ] *s.* **1** rombo. **2** pasticca. **3** *(araldica)* losanga.
LSD ['eles'di:] *s. (propriamente LSD-25: abbr. di* lysergic acid diethylamide*)* forte allucinogeno.
L.s.d. ['eles'di:] *s.* **1** sterline, scellini e 'pence'. **2** *(fam.)* soldi: *I'm short of L.s.d. just now,* In questo momento sono a corto di denaro.
lubber ['lʌbə*] *s.* *(desueto)* villano; zoticone. □ *land-lubber* ⇨ **landlubber.**
lubberly ['lʌbəli] *agg* villano; zotico; maldestro.
lube [lu:b] *s. (abbr. fam. di* lubricating oil*)* olio lubrificante.
lubricant ['lu:brikənt] *s. e agg* lubrificante.
to **lubricate** ['lu:brikeit] *vt* **1** lubrificare. **2** *(fig.)* agevolare; facilitare.
lubrication [,lu:bri'keiʃən] *s.* lubrificazione.
lucent ['lu:snt] *agg (raro)* **1** lucente; brillante. **2** trasparente; traslucido.
lucerne [lu:'sə:n] *s. (GB)* erba medica.
lucid ['l(j)u:sid] *agg* **1** chiaro; facile *(da capire).* **2** lucido *(di mente): lucid intervals,* intervalli di lucidità. **3** *(poet.)* terso; brillante; trasparente. □ *avv* **lucidly.**
lucidity [l(j)u:'siditi] *s.* chiarezza; lucidità.
Lucifer ['l(j)u:sifə*] *s.* **1** Lucifero *(l'angelo ribelle o il pianeta Venere).* **2** *(ant.)* fiammifero.
luck [lʌk] *s.* fortuna; ventura; sorte; caso: *to have hard luck,* essere sfortunato — *Hard luck!,* Pazienza!; Peggio per te!; Ti è andata male! — *as luck would have it,* come volle il caso — *Just my luck!,* La mia solita fortuna! — *My luck's in (out),* Sono fortunato (sfortunato) — *I had the luck to find him at home,* Ebbi la fortuna di trovarlo a casa — *to be down on one's luck, (fam.)* essere scalognato — *to be in luck (out of luck),* essere fortunato (sfortunato) — *to keep sth for luck,* tener qcsa come portafortuna — *worse luck,* sfortunatamente; disgraziatamente.
luckily ['lʌkili] *avv* ⇨ **lucky.**
luckless ['lʌklis] *agg* sfortunato.
lucklessness ['lʌklisnis] *s.* sfortuna; mala sorte; mala ventura; sventura.
lucky ['lʌki] *agg* (**-ier**; **-iest**) **1** fortunato; felice: *a lucky guess,* una supposizione azzeccata, felice — *to have a lucky escape,* cavarsela a buon mercato — *lucky bag; lucky dip, (GB)* la 'pesca della fortuna' *(nelle fiere, ecc.)* — *How lucky!,* Che fortuna! — *You're a lucky dog!, (fam.)* Ti è andata bene!; Hai avuto una bella fortuna!; Complimenti! **2** portafortuna: *a lucky charm,* un portafortuna; un ciondolo portafortuna. □ *avv* **luckily.**
lucrative ['lu:krətiv] *agg* lucrativo.
lucre ['lu:kə*] *s.* lucro.
lucubration [,lu:kju(:)'breiʃən] *s.* elucubrazione.
ludicrous ['l(j)u:dikrəs] *agg* ridicolo; comico. □ *avv* **ludicrously.**
ludo ['lu:dou] *s.* 'ludo'; specie di gioco dell'oca.
to **luff** [lʌf] *vt e i.* orzare; virare il timone per l'orza.
[1]**lug** [lʌg] *s.* strattone; tirata.
to **lug** [lʌg] *vt* (**-gg-**) *(fam.)* tirare o trascinare con sforzo.
[2]**lug** [lʌg] *s.* **1** *(mecc.)* aggetto; aletta; pipa; sporgenza. **2** *(GB., fam., anche* lug-hole*)* orecchio.
[3]**lug** [lʌg] *s.* = **lugsail.**
luge [lu:ʒ] *s. (voce dial. fr.)* 'luge' *(tipo di toboga ad un posto).*
luggage ['lʌgidʒ] *s. (GB: collettivo, solo al sing.)* bagaglio: *six pieces of luggage,* sei colli (di bagaglio) — *to get one's luggage through Customs,* far passare il bagaglio alla dogana — *luggage carrier,* portabagagli — *luggage rack,* reticella per i bagagli *(su treno, corriera, ecc.)* — *luggage van,* bagagliaio *(di un treno).*
lugger ['lʌgə*] *s.* trabaccolo; bragozzo.
lugsail ['lʌgseil] *s.* vela al quarto.
lugubrious [l(j)u'gju:briəs] *agg* lugubre. □ *avv* **lugubriously.**
lugubriousness [l(j)u'gju:briəsnis] *s.* l'essere lugubre; tristezza.
lukewarm ['l(j)u:kwɔ:m] *agg* **1** tiepido. **2** *(fig.)* indifferente; poco entusiasta.
lukewarmness ['l(j)u:kwɔ:mnis] *s.* **1** tiepidezza. **2** *(fig.)*indifferenza; scarso entusiasmo.
lull [lʌl] *s.* **1** momento di calma; bonaccia. **2** sosta; tregua; pausa.
to **lull** [lʌl] *vt* **1** cullare *(cantando la ninnananna).* **2** calmare; lenire.
□ *vi* calmarsi.
lullaby ['lʌləbai] *s.* **1** ninna nanna. **2** mormorio *(delle fronde, del vento, ecc.).*
lumbago [lʌm'beigou] *s.* lombaggine.
lumbar ['lʌmbə*] *agg* lombare.
lumber ['lʌmbə*] *s.* **1** legname; assi; tavole di legno per costruzione. **2** cianfrusaglie; mobili; roba vecchia: *lumber room,* ripostiglio.
[1]to **lumber** ['lʌmbə*] *vt* accatastare; ingombrare *(di cianfrusaglie, mobili vecchi): a mind lumbered with useless bits of information, (fig.)* una mente sovraccarica di nozioni inutili.
[2]to **lumber** ['lʌmbə*] *vi (spesso seguito da* along *o* about*)* muoversi pesantemente, rumorosamente, goffamente.
lumberjack ['lʌmbə,dʒæk] *s.* tagliaboschi; taglialegna; legnaiolo.
luminary ['l(j)u:minəri] *s.* **1** astro; corpo luminoso. **2** *(fig.)* luminare.
luminosity [,l(j)u:mi'nɔsiti] *s.* luminosità.
luminous ['l(j)u:minəs] *agg* luminoso.
lumme ['lʌmi] *interiezione (GB, fam., indicante sorpresa: talvolta* Lumme days!*)* Caspita!; Accipicchia!; Perdiana!
lump [lʌmp] *s.* **1** zolla; zolletta; pezzo; blocco; blocchetto: *to break sth into lumps,* rompere qcsa in frammenti irregolari — *a lump of sugar; a sugar lump,* una zolletta di zucchero — *a lump sum,* una somma pagata globalmente, in una volta sola — *in the lump,* in blocco; nell'insieme. **2** protuberanza; bernoccolo; gonfiore; nodo; nodulo: *He has a nasty lump on his forehead,* Ha un brutto bernoccolo sulla fronte — *to have a lump in one's throat, (fig.)* avere un nodo alla gola. **3** *(fam.)* persona tonta, goffa; zoticone.
to **lump** [lʌmp] *vt* **1** *(generalm. seguito da* together*)* ammucchiare; ammassare; mettere insieme; fare un solo conto. **2** puntare tutto il denaro *(in una sola volta).*

□ *If you don't like it (you can) lump it,* Anche se non ti va, devi mandarla giù.

lumping ['lʌmpiŋ] *agg (fam.)* grosso; abbondante: *lumping weight,* buon peso.

lumpish ['lʌmpiʃ] *agg* goffo; impacciato; tonto; voluminoso *(di persona).* □ *avv* **lumpishly.**

lumpy ['lʌmpi] *agg* (**-ier**; **-iest**) **1** grumoso; pieno di protuberanze. **2** *(di acque)* increspato.

lunacy ['l(j)u:nəsi] *s.* pazzia; demenza: *This is sheer lunacy!,* Ma è una vera pazzia!

lunar ['l(j)u:nə*] *agg* lunare.

lunatic ['lu:nətik] *s.* pazzo; demente; alienato: *lunatic asylum,* manicomio.

□ *agg* **1** pazzo; folle; alienato: *lunatic fringe, (di artisti, ecc.)* frangia estremista (che svolge attività eccentriche). **2** pazzesco; assurdo.

lunch [lʌntʃ] *s.* (seconda) colazione; pasto del mezzogiorno; 'pranzo': *lunch-time,* l'ora di colazione — *hot lunch counter,* tavola calda.

to **lunch** [lʌntʃ] *vi* fare la seconda colazione; consumare il pasto del mezzogiorno; *(fam.)* pranzare: *to lunch in (out),* far colazione a casa (fuori).

luncheon ['lʌntʃən] *s. (termine cerimonioso)* seconda colazione; pasto del mezzogiorno.

lung [lʌŋ] *s.* polmone: *to cry at the top of one's lungs,* gridare con quanto fiato si ha in corpo — *lung-power,* potenza vocale.

lunge [lʌndʒ] *s.* **1** *(scherma)* 'a fondo'; stoccata. **2** *(pugilato)* allungo; diretto. **3** balzo; movimento rapido in avanti.

to **lunge** [lʌndʒ] *vi* **1** *(scherma)* fare un 'a fondo'; dare una stoccata. **2** *(pugilato)* sferrare un diretto; fare un allungo. **3** lanciarsi; balzare.

lupin ['l(j)u:pin] *s. (bot.)* lupino.

[1]**lurch** [lə:tʃ] *s. (solo nell'espressione) to leave sb in the lurch,* lasciar qcno nei pasticci; piantare in asso qcno.

[2]**lurch** [lə:tʃ] *s.* **1** scarto improvviso; sobbalzo. **2** *(naut.)* rollata improvvisa.

to **lurch** [lə:tʃ] *vi* barcollare; vacillare.

lurcher ['lə:tʃə*] *s.* cane da riporto *(incrocio fra un cane pastore e un levriero, usato spec. dai bracconieri).*

lure [ljuə*] *s.* **1** *(stor.)* logoro *(richiamo per falcone).* **2** esca; richiamo *(per la cacciagione).* **3** *(fig.)* allettamento; lusinga; esca.

to **lure** [ljuə*] *vt* attirare; tentare; adescare: *to lure sb away from his duty,* distogliere qcno dal proprio dovere *(con lusinghe, ecc.)* — *to be lured on to destruction,* rovinarsi cedendo alle lusinghe.

lurid ['ljuərid] *agg* **1** fosco; livido; sinistro. **2** *(fig.)* impressionante; sensazionale; scandaloso. □ *avv* **luridly.**

luridness ['ljuəridnis] *s.* lividezza; tetraggine.

to **lurk** [lə:k] *vi* celarsi; nascondersi *(generalmente in modo furtivo).*

lurking ['lə:kiŋ] *agg* **1** nascosto, latente. **2** *(di dubbio, sospetto, ecc.)* persistente.

luscious ['lʌʃəs] *agg* **1** dolcissimo; succulento; gustoso. **2** *(di stile, linguaggio)* elaborato; troppo ornato; stucchevole. □ *avv* **lusciously.**

lusciousness ['lʌʃəsnis] *s.* **1** dolcezza; squisitezza; succulenza; gustosità. **2** ridondanza; ampollosità; eccessiva ricercatezza *(di stile, linguaggio).*

lush [lʌʃ] *agg* lussureggiante; rigoglioso.

□ *s. (USA, sl.)* ubriacone; beone.

lust [lʌst] *s.* **1** brama; avidità; cupidigia. **2** lussuria; libidine.

to **lust** [lʌst] *vi* bramare; desiderare in modo smodato; concupire.

lustful ['lʌstful] *agg* **1** lussurioso; libidinoso; concupiscente. **2** avido; bramoso. □ *avv* **lustfully.**

lustre ['lʌstə*] *s.* (*USA* **luster**) **1** lucentezza; splendore. **2** *(fig.)* lustro; distinzione; fama. □ *Per lack-lustre* ⇨ **lacklustre.**

lustreless ['lʌstəlis] *agg* opaco; appannato.

lustrous ['lʌstrəs] *agg* lucente; splendente.

lusty ['lʌsti] *agg* vigoroso; robusto; forte e sano.

lutanist, lutenist ['l(j)u:tənist] *s.* liutista.

lute [l(j)u:t] *s.* liuto.

Lutheran ['lu:θərən] *agg e s.* luterano.

luxe [lʌks] *agg* ⇨ **de luxe.**

luxuriance [lʌg'zjuəriəns] *s.* **1** rigogliosità. **2** estrema ornatezza *(di stile, linguaggio, ecc.).*

luxuriant [lʌg'zjuəriənt] *agg* **1** lussureggiante; rigoglioso. **2** *(di stile letterario, ecc.)* sovraccarico; elaborato; troppo ornato. □ *avv* **luxuriantly.**

to **luxuriate** [lʌg'zjuərieit] *vi* godere; crogiolarsi.

luxurious [lʌg'zjuəriəs] *agg* **1** lussuoso; sontuoso. **2** eccellente; costoso; di prima qualità. **3** amante del lusso. □ *avv* **luxuriously.**

luxury ['lʌkʃəri] *s.* **1** lusso o oggetto di lusso. **2** *(attr.)* lussuoso; di lusso: *luxury goods,* articoli (merce) di lusso.

lyceum [lai'siəm] *s.* **1** *(generalm. stor.)* liceo. **2** associazione culturale umanistica.

lychee ['laitʃi] *s.* 'litchi' *(frutto cinese).*

lychgate ['litʃgeit] *s.* ⇨ **lichgate.**

lye [lai] *s.* **1** lisciva. **2** soluzione alcalina.

[1]**lying** ['laiiŋ] *agg* (*p. pres. di* [1]**to lie**) menzognero; bugiardo: *You lying dog!,* Brutto bugiardo che non sei altro!

[2]**lying** ['laiiŋ] *agg* (*p. pres. di* [2]**to lie** ⇨) *(nell'espressione) low-lying land,* terreno basso, pianeggiante.

□ *s. (nelle espressioni) lying-in,* degenza in clinica *(di una partoriente)* — *lying-to, (naut.)* in panna.

lymph [limf] *s.* linfa.

lymphatic [lim'fætik] *agg* **1** *(med.)* linfatico. **2** *(di persona)* fiacco; pigro; linfatico.

to **lynch** [lintʃ] *vt* linciare. □ *lynch law,* la 'legge di Lynch'; linciaggio.

lynching ['lintʃiŋ] *s.* linciaggio.

lynchpin, lynch pin ['lintʃpin] *s.* = **linchpin.**

lynx [liŋks] *s.* lince: *lynx-eyed,* dagli occhi di lince.

lyre ['laiə*] *s. (mus.)* lira: *lyre-bird,* uccello lira.

lyric ['lirik] *agg* lirico.

□ *s.* **1** lirica; componimento poetico. **2** *(al pl.)* versi; parole *(di canzone, canzonetta).*

lyrical ['lirikəl] *agg* **1** lirico. **2** entusiasta; infervorato *(in preda a slancio lirico).*

lysol ['ləisɔl] *s.* lisolo.

M

M, m [em] (*pl.* **M's, m's**) **1** M, m *(tredicesima lettera dell'alfabeto inglese): M for Mary, (al telefono, ecc.)* M come Milano. **2** (*abbr. di* **million**) milione. **3** (*abbr. di* **metre**) metro.
ma [mɑ:] *s.* **1** (*abbr. di* **mamma**). **2** (*fam.* = **Mrs**) signora.
ma'am [mæm] *s.* (*contraz. di* **madam**) signora.
mac, mack [mæk] *s.* **1** (*abbr. fam. di* **mackintosh**) impermeabile. **2** *(GB, fam.)* Scozzese. **3** *(USA)* 'capo'; amico; compagno.
macabre [mə'kɑ:br] *agg* raccapricciante; macabro: *danse macabre, (fr.)* danza macabra; danza della morte.
macadam [mə'kædəm] *s.* 'macadam' *(tipo di massicciata per strade): macadam road,* strada con massicciata 'macadam'.
to **macadamize** [mə'kædəmaiz] *vt* pavimentare con il 'macadam': *macadamized road,* strada a 'macadam'.
macaroni [,mækə'rouni] *s. (generalm. con il v. al sing.)* maccheroni *(ma è anche usato per altri tipi di pasta): macaroni cheese,* pasta *(non necessariamente maccheroni)* 'al gratin' (al forno).
macaronic [,mækə'rounik] *agg* maccheronico.
macaroon [,mækə'ru:n] *s.* amaretto *(pasticcino).*
macaw [mə'kɔ:] *s.* macao.
[1]**mace** [meis] *s.* mazza: *mace-bearer,* mazziere *(chi porta la mazza in processioni o cerimonie ufficiali).*
[2]**mace** [meis] *s.* macia.
Macedonian [mæsi'dounjən] *s. e agg* macedone.
to **macerate** ['mæsəreit] *vt e i.* macerare; far macerare.
maceration [,mæsə'reiʃən] *s.* macerazione; maceramento.
Mach [mɑ:k] *s. (usato per* Mach-number*)* numero di Mach *(rapporto tra la velocità aria di un aeroplano e la velocità del suono): Mach two,* Mach due *(il doppio della velocità del suono).*
machete [mə'tʃeiti] *s.* 'machete'.
Machiavellian [,mækiə'veljən] *agg* machiavellico.
machicolation [mə,tʃikə'leiʃən] *s. (archit.)* piombatoio; caditoia.
machination [,mæki'neiʃən] *s.* macchinazione; complotto; trama; congiura.
machine [mə'ʃi:n] *s.* macchina *(anche fig.);* apparecchio; apparecchiatura: *a printing machine,* una macchina tipografica — *a sewing machine,* una macchina per cucire — *a threshing-machine,* una macchina per trebbiare; una trebbiatrice — *a flying machine, (generalm. scherz.)* un velivolo — *the machine age,* l'età delle macchine — *the Democratic machine,* la macchina (l'apparato) del Partito democratico — *machine-made,* fatto a macchina — *machine-maker,* costruttore di macchine — *machine load,* carico macchine — *machine-tool,* macchina utensile — *slot-machine,* macchina a gettoni; distributore automatico. □ *machine accounting,* contabilità meccanizzata — *machine(-)gun,* mitragliatrice; mitra — *to machine-gun,* mitragliare — *machine-gunner,* mitragliere.
to **machine** [mə'ʃi:n] *vt* **1** lavorare a macchina *(spec. a macchina utensile).* **2** *(gergo tipografico)* mandare in macchina.
machinery [mə'ʃi:nəri] *s.* **1** meccanismo; congegno meccanico. **2** *(collettivo)* macchinario; insieme delle macchine: *a piece of machinery,* una macchina; un'apparecchiatura. **3** *(fig.)* macchina; apparato; organizzazione *(p.es. governativa).*
machining [mə'ʃi:niŋ] *s.* **1** *(mecc.)* lavorazione meccanica, a macchina. **2** *(tipografia)* stampa a macchina.
machinist [mə'ʃi:nist] *s.* **1** meccanico. **2** macchinista.
Machometer [mæ'kɔmetə*] *s. (aeronautica)* machmetro; indicatore del numero di Mach (*cfr.* **Mach**).
mack [mæk] *s.* = **mac**.
mackerel ['mækrəl] *s. (invariato al pl.)* sgombro *(pesce).* □ *Holy mackerel!,* Santo cielo! — *mackerel sky,* cielo a pecorelle.
mackintosh ['mækintɔʃ] *s. (spesso abbr. in* mac, mack*)* impermeabile di tessuto gommato.
macrobiotic [,mækroubai'ɔtik] *agg* macrobiotico.
macrobiotics [,mækroubai'ɔtiks] *s. (con il v. al sing.)* macrobiotica.
macrocosm ['mækrəkɔzəm] *s.* macrocosmo.
macroeconomics [,mækrou'i:kə'nɔmiks] *s. (con il v. al sing.)* macroeconomia.
macroscopic [,mækrəs'kɔpik] *agg* macroscopico; visibile a occhio nudo.
mad [mæd] *agg* **1** matto; pazzo; folle *(anche fig.): to be mad with pain (with jealousy),* essere pazzo di dolore (di gelosia) — *... like mad, ...* da pazzi; ... all'impazzata; ... come un matto — *He ran off like mad,* Corse via come un matto — *as mad as a March hare (as a hatter); raving mad,* matto da legare — *to drive (to send) sb mad,* fare impazzire (far uscire dai gangheri) qcno — *to go mad,* impazzire; imbestialirsi; incantarsi *(anche di macchine, ecc.)* — *... gone mad, (di cose) ...* portato agli estremi — *What a mad thing to do!,* Che pazzia fare una cosa simile!; Roba da pazzi! **2** *(fam.)* entusiasta; 'pazzo'; 'matto': *to be mad about sth; to be mad keen on sth,* andare matto per qcsa. **3** *(fam.)* furente; furioso; furibondo; arrabbiato: *They were mad about (o at) losing the match,* Erano furenti per aver perso la partita — *Mum was mad with (o at) me,* Mammà era furibonda con me. □ *avv* **madly**.
madam ['mædəm] *s.* **1** signora *(appellativo di rispetto riservato alle signore; usato anche nei negozi): Dear Madam..., (nelle lettere)* Gentile signora... **2** donna o ragazza con tendenza al comando: *She's a bit of a madam,* È piuttosto il tipo della padrona, un tipo autoritario. **3** *(fam.)* tenutaria di bordello; 'madama'.
Madame [mæ'dɑ:m] *s. (fr.)* signora; signorina *(appellativo usato davanti a nomi di donne non anglosassoni): Madame Chiang Kai Shek,* la signora Ciang Kai Shek.
madcap ['mædkæp] *s.* testa matta; testa calda; scervellato; scavezzacollo.
to **madden** ['mædn] *vt* far impazzire.

maddening ['mædniŋ] *agg* da far impazzire. □ *avv* **maddeningly.**
madder ['mædə*] *s.* robbia *(la pianta e la tintura).*
made [məid] *pass e p. pass di* **to make.**
Madeira [mə'diərə] *s.* vino di Madera. □ *Madeira-cake,* tipo di pan di Spagna.
mademoiselle [,mædəm'zel] *s. (fr.)* signorina; *(anche)* bambinaia francese.
madhouse ['mædhaus] *s.* manicomio *(anche fig.);* 'gabbia di matti'.
madman ['mædmən] *s.* (*pl.* **madmen**) pazzo; matto; folle; demente; alienato.
madness ['mædnis] *s.* **1** pazzia; follia *(anche fig.);* demenza: *It would be madness to try to climb that mountain,* Sarebbe una follia tentare di scalare quella montagna — *midsummer madness,* follia d'estate. **2** *(fam.)* rabbia; furore; furia; grande entusiasmo.
Madonna [mə'dɔnə] *s. (dipinto o scultura raffigurante la)* Madonna. □ *Madonna lily,* giglio bianco.
madrigal ['mædrigəl] *s.* **1** *(poesia)* madrigale. **2** *(mus.)* madrigale; composizione polifonica senza accompagnamento strumentale.
madwoman ['mædwumən] *s.* (*pl.* **madwomen**) pazza; matta; folle; alienata.
Maecenas [mi(:)'si:næs] *s.* mecenate.
maelstrom ['meilstroum] *s. (voce norvegese)* vortice; *(fig.)* forza irresistibile e distruttiva; turbine (di eventi): *the maelstrom of war,* il turbine della guerra.
maenad ['mi:næd] *s.* menade.
Mae West [mei'west] *s.* **1** *(sl. dell'aeronautica)* cintura di salvataggio; giubbotto salvagente. **2** *(USA)* carro armato a doppia torretta.
to **maffick** ['mæfik] *vi* esultare; abbandonarsi a pubbliche e sfrenate manifestazioni di giubilo.
mag [mæg] *abbr di* **1 magneto. 2 magazine 3.**
magazine [,mægə'zi:n] *s.* **1** deposito munizioni; santabarbara: *powder magazine,* polveriera. **2** caricatore *(di un'arma);* spazio per la pellicola in una macchina fotografica. **3** rivista; periodico; rotocalco.
magenta [mə'dʒentə] *s. e agg* magenta; rosso cremisi carico.
maggot ['mægət] *s.* larva. □ *to have a maggot in one's head,* avere un'idea fissa; avere strane fantasie; aver dei grilli per il capo.
maggoty ['mægəti] *agg* bacato; verminoso.
Magi ['meidʒai] *s. pl* maghi; sapienti: *the Magi,* i Re Magi.
magic ['mædʒik] *agg* (*anche* **magical**) magico; fantastico; incantevole: *a magic touch,* un tocco magico — *The result was magical,* Il risultato fu fantastico — *magic lantern,* lanterna magica — *magic eye,* occhio magico *(cellula fotoelettrica).* □ *avv* **magically.**
□ *s.* arte magica; magia; incantesimo: *as if by magic,* come per magia — *like magic,* come per incanto — *black (white) magic,* magia nera (bianca) — *the magic of the woods in autumn,* il fascino dei boschi in autunno.
magician [mə'dʒiʃən] *s.* mago; stregone.
magisterial [,mædʒis'tiəriəl] *agg* **1** di magistrato; riguardante o concernente un magistrato: *magisterial rank,* grado di magistrato. **2** autorevole; autoritario: *a magisterial manner,* un tratto autoritario; modi autoritari. □ *avv* **magisterially.**
magistracy ['mædʒistrəsi] *s.* magistratura.
magistrate ['mædʒistrit] *s.* magistrato; giudice.
magma ['mægmə] *s.* magma.
magnanimity [,mægnə'nimiti] *s.* magnanimità; generosità; grandezza d'animo; *(talvolta)* atto magnanimo.
magnanimous [mæg'næniməs] *agg* magnanimo; generoso. □ *avv* **magnanimously.**
magnate ['mægneit] *s.* magnate; ricchissimo capitano d'industria; persona la cui ricchezza è fonte di potere: *a territorial magnate,* un ricco e influente proprietario terriero; un latifondista potente.
magnesia [mæg'ni:ʃə] *s.* magnesia; carbonato o idrato di magnesio: *milk of magnesia (fam.* magnesia*),* idrato di magnesia.
magnesium [mæg'ni:zjəm] *s.* magnesio: *magnesium lamp,* lampada al magnesio.
magnet ['mægnit] *s.* magnete; calamita *(anche fig.).*
magnetic [mæg'netik] *agg* **1** magnetico: *a magnetic needle,* un ago magnetico — *magnetic north,* il nord magnetico — *a magnetic mine,* una mina magnetica — *a magnetic compass,* una bussola magnetica — *magnetic variation, (navigazione)* declinazione magnetica — *magnetic tape,* nastro magnetico *(per le registrazioni, ecc.).* **2** *(fig.)* affascinante; attraente; magnetico: *magnetic smile,* un sorriso affascinante (magnetico).
magnetics [mæg'netiks] *s. (con il v. al sing.)* magnetismo.
magnetism ['mægnitizəm] *s.* magnetismo; *(fig.)* fascino. □ *animal magnetism, (stor.)* mesmerismo.
to **magnetize** ['mægnitaiz] *vt* **1** magnetizzare. **2** *(fig.)* magnetizzare; affascinare; esercitare un'attrazione *(fisica o intellettuale).*
magneto [mæg'ni:tou] *s.* magnete (d'accensione).
magnification [,mægnifi'keiʃən] *s.* **1** ingrandimento. **2** esagerazione.
magnificence [mæg'nifisns] *s.* magnificenza; splendore; fasto; grandiosità.
magnificent [mæg'nifisnt] *agg* magnifico; splendido; grandioso; sontuoso. □ *avv* **magnificently.**
magnifier ['mægnifaiə*] *s.* lente di ingrandimento.
to **magnify** ['mægnifai] *vt* **1** ingrandire: *a magnifying glass,* una lente di ingrandimento. **2** esagerare. **3** *(ant., linguaggio religioso)* rendere lode; magnificare; innalzare preci; esaltare: *to magnify the Lord,* magnificare il Signore.
magniloquence [mæg'niləkwəns] *s.* magniloquenza.
magniloquent [mæg'niləkwənt] *agg* magniloquente; pomposo. □ *avv* **magniloquently.**
magnitude ['mægnitju:d] *s.* **1** misura; grandezza; importanza. **2** *(astronomia)* magnitudine (grandezza) stellare: *a star of the first magnitude,* una stella di prima grandezza.
magnolia [mæg'nouljə] *s.* magnolia.
magnum ['mægnəm] *s.* magnum *(recipiente per vini, della capacità di quattro pinte, cioè quasi tre litri).*
magpie ['mægpai] *s.* **1** gazza. **2** *(fig.)* chiacchierone. **3** *(fig.)* ladruncolo. **4** *(colpo di fucile, d'arco, ecc. portato a segno nel)* secondo cerchio del bersaglio a partire dal centro.
Magyar ['mægjɑ:*] *s. e agg* magiaro; lingua magiara.
Maharaja(h) [,mɑ:*h*ə'rɑ:dʒə] *s.* maragià; principe indiano.
Maharanee [,mɑ:*h*ə:'rɑ:ni:] *s.* 'maharani'; moglie di maragià.
Mahatma [mə'hɑ:tmə] *s. (in India)* 'mahatma' *(sapiente, asceta).*
mahogany [mə'hɔgəni] *s. e agg (attrib.)* mogano *(l'albero e il legno).*
Mahometan [mə'hɔmitən] *agg* = **Mohammedan.**
mahout [mə'haut] *s. (voce 'urdù')* conduttore di elefante.
maid [meid] *s.* **1** *(ant. e lett.)* ragazza; fanciulla. **2** *(ant.)* giovane donna non sposata; donzella; pulzella: *old*

maid, - **a)** (vecchia) zitella - **b)** tipo di gioco di carte — *maid of honour,* damigella d'onore. **3** cameriera; domestica; ancella: *maid-servant,* donna di servizio — *house-maid,* cameriera — *nurse-maid,* bambinaia — ⇨ *anche* **milkmaid.**

maiden ['meidn] *s.* **1** *(ant. e lett.)* fanciulla; ragazza; donzella; vergine. **2** cavallo (o cane) che non ha ancora vinto una corsa o premio; 'maiden'. **3** *the iron maiden,* la vergine di ferro *(o 'vergine di Norimberga': antico strumento di tortura).* **4** tipo di ghigliottina scozzese.

□ *come agg attrib* **1** virgineo; verginale; di, da fanciulla; nubile: *maiden aunt,* zia nubile — *maiden modesty,* modestia verginale — *maiden name,* nome da ragazza (da nubile). **2** inaugurale: *maiden voyage,* primo viaggio *(di una nave)* — *maiden speech,* primo discorso *(spec. al Parlamento).* □ *a maiden; a maiden over, (cricket)* 'over' (⇨) senza punteggio.

maidenhair ['meidnhɛə*] *s.* capelvenere.

maidenhead ['meidnhed] *s.* **1** verginità. **2** *(anat.)* imene.

maidenhood ['meidnhud] *s.* stato verginale; verginità; nubilato.

maidenlike, maidenly ['meidnlaik/'meidnli] *agg* verginale; casto; puro; modesto.

maidservant ['meid,sə:vənt] *s.* ancella; domestica; donna di servizio.

[1]**mail** [meil] *s.* cotta; parte dell'armatura fatta di maglie di ferro: *a coat of mail,* una cotta di maglia di ferro — *chain-mail,* maglia a catena.

[2]**mail** *s.* *(spec. USA)* posta; corrispondenza *(anche pacchi se spediti o consegnati per posta);* servizio postale: *Is there much mail this morning?,* C'è molta posta stamattina? — *I had a lot of mail last week,* Ho avuto molta corrispondenza la settimana scorsa — *by air mail,* per posta aerea; via aerea — *mail-coach, (stor.)* carrozza postale; diligenza — *mail-train,* treno postale — *mail orders,* ordinazioni per corrispondenza — *a mail-order business,* una ditta di vendita per corrispondenza — *mail-man, (USA)* portalettere; postino.

to **mail** [meil] *vt* *(spec. USA)* spedire, inviare per posta: *mailing-list,* elenco di indirizzi; indirizzario *(per l'invio di materiale pubblicitario, ecc.)* — *mailing card, (USA)* cartolina postale.

mailbag ['meilbæg] *s.* sacco postale.

mailbox ['meilbɔks] *s.* *(USA)* **1** cassetta della posta. **2** buca delle lettere.

mailed ['meild] *agg* ferrato; in ferro: *the mailed fist, (fig.)* il pugno di ferro.

to **maim** [meim] *vt* ferire; mutilare; rendere invalido: *He was seriously maimed in the war,* Fu seriamente mutilato durante la guerra.

[1]**main** [mein] *s.* **1** *(spesso al pl.)* condotto, conduttura principale; tubatura principale; condotto collettore *(di fogna): a mains set,* un apparecchio radio a corrente elettrica. **2** *(stor. e lett.)* mare; distesa marina: *the (Spanish) Main,* la costa nord-orientale del Sud America e *(soprattutto)* l'adiacente Mar dei Caraibi, un tempo dominio dei navigatori spagnoli. **3** *(ant.)* forza fisica; vigore *(ora soltanto nell'espressione): by (o with) might and main,* con forza e possanza; con tutta la forza possibile.

[2]**main** [mein] *agg* **1** principale; più importante: *the main thing to remember,* la cosa più importante da ricordare — *main street,* corso; strada principale — *main linc, (ferrovia)* linea principale — *the main point of my argument,* il punto principale del mio ragionamento — *the main course,* il piatto principale (di un pasto) — *main deck, (naut.)* ponte principale; ponte di batteria — *to have an eye to the main chance,* guardare al proprio interesse; tenere d'occhio le buone occasioni. **2** spinto al massimo: *to do sth by main force,* fare qcsa con il massimo della forza — ⇨ *anche* **mainbrace, mainland, mainmast,** *ecc.* □ *avv* **mainly** ⇨.

□ *come s. (nell'espressione) in the main,* in massima parte; nel complesso.

mainbrace ['meinbreis] *s.* *(naut.)* braccio di maestra. □ *to splice the mainbrace, (fig.)* distribuire una seconda razione di rum.

mainland ['mein,lænd] *s.* terraferma; continente: *on the mainland,* sul continente — *a mailand town,* un città sulla terraferma.

mainliner ['mein,lainə*] *s.* *(sl., USA)* tossicomane che si inietta droga direttamente nelle vene.

mainly ['meinli] *avv* principalmente; prevalentemente; soprattutto: *The people who came were mainly tourists,* Le persone che vennero erano principalmente turisti.

mainmast ['meinmɑ:st] *s.* albero maestro.

mainsail ['meinseil] *s.* vela maestra.

mainspring ['meinspriŋ] *s.* **1** molla principale *(di un meccanismo).* **2** *(fig.)* stimolo; molla.

mainstay ['meinstei] *s.* **1** *(naut.)* straglio di maestra. **2** *(fig.)* appoggio; sostegno principale.

mainstream ['mein,stri:m] *s.* corrente principale *(spesso fig.).*

□ *come agg (spesso riferito al 'jazz')* tradizionale.

to **maintain** [men'tein] *vt* **1** mantenere; avere; continuare; tenere costante: *to maintain friendly relations with sb,* mantenere rapporti amichevoli con qcno — *to maintain a speed of fifty miles an hour,* mantenere una velocità di cinquanta miglia all'ora — *to maintain an open mind on a question,* mantenere una mente aperta su un problema. **2** mantenere; sostentare; sostenere la spesa, l'onere: *to maintain a son at the university,* mantenere un figlio all'università — *to neglect to maintain one's family,* trascurare di mantenere la propria famiglia — *to maintain oneself,* mantenersi; sostentarsi. **3** sostenere; affermare; asserire; insistere; difendere; far valere: *to maintain one's innocence; to maintain that one is innocent,* sostenere la propria innocenza — *to maintain one's rights,* difendere (sostenere, far valere) i propri diritti. **4** tenere in ordine; curare la manutenzione (di): *to maintain the roads,* curare la manutenzione delle strade.

maintainable [men'teinəbl] *agg* **1** mantenibile. **2** sostenibile.

maintenance ['meintinəns] *s.* **1** mantenimento; *(spec.)* sostentamento necessario per vivere: *a maintenance order, (dir.)* un decreto riguardante gli alimenti da passare *(p.es. al coniuge).* **2** manutenzione: *maintenance gang,* squadra manutenzione.

maisonnette [,meizə'net] *s.* *(fr.)* casetta; appartamentino.

maize [meiz] *s.* granoturco; mais.

majestic [mə'dʒestik] *agg* maestoso; imponente. □ *avv* **majestically.**

majesty ['mædʒisti] *s.* maestà *(vari sensi);* aspetto (portamento) regale; imponenza; maestosità; potere regale: *His (Her) Majesty,* Sua Maestà — *Your Majesty,* Maestà; Vostra Maestà.

majolica [mə'dʒɔlikə] *s.* maiolica.

[1]**major** ['meidʒə*] *s.* **1** *(mil.)* maggiore: *major-general,* generale di divisione — *drum-major,* tamburo maggiore. **2** maggiorenne. **3** *(USA, all'università)* spe-

cialista in una certa disciplina; *(anche)* materia di specializzazione.

[2]**major** ['meidʒə*] *agg* **1** maggiore; più grande; più importante (di due): *the major portion,* la porzione maggiore (più grande) — *Smith major, (GB, nei collegi, ecc.)* il più anziano dei fratelli Smith — *major scale (key), (mus.)* scala (tonalità) maggiore — *major-domo (pl.: major-domos),* maggiordomo — *major road,* strada importante — *Halt: major road ahead, (insegna stradale)* Alt: stop all'incrocio. **2** importante; grave: *a major publishing event,* un avvenimento editoriale di grande importanza — *a major disaster,* una grave sciagura.

to **major** ['meidʒə*] *vi (USA)* specializzarsi; conseguire la specializzazione; perfezionarsi: *to major in economics,* specializzarsi in economia.

majorette [meidʒə'ret] *s. (USA)* 'majorette'.

majority [mə'dʒɔriti] *s.* **1** *(col v. al sing. o al pl.)* maggioranza; parte maggiore: *The majority were (was) in favour of the proposal,* La maggioranza era a favore della proposta. **2** scarto; vantaggio; maggioranza: *He was elected by a large majority,* Venne eletto a grande maggioranza — *The Government's majority was a small one,* La maggioranza governativa era minima — *the overwhelming majority,* la stragrande maggioranza — *the Silent Majority,* la 'maggioranza silenziosa' — *to be in the (a) majority,* avere la maggioranza — *a majority verdict,* un verdetto a maggioranza — *a majority decision,* una decisione maggioritaria. **3** maggiore età: *He will reach his majority next month,* Diverrà maggiorenne il mese prossimo. **4** *(mil.)* grado di maggiore: *to obtain one's majority,* ottenere (conseguire) il grado di maggiore.

make *s.* **1** fattura; fabbricazione; produzione; marca; modello; stile; tipo; taglio; linea: *cars of all makes,* automobili di tutte le marche — *an overcoat of first-class make,* un soprabito di ottima fattura — *Is this your own make?,* È opera vostra? **2** *(raro)* costituzione fisica; struttura (fisica e morale): *a man of feeble make,* - **a)** un uomo di costituzione debole - **b)** un uomo debole *(di carattere).* **3** *(elettr.)* chiusura di circuito. □ *to be on the make, (fam.)* essere a caccia di guadagno.

to **make** [meik] *vt e i.* (*pass. e p. pass.* **made**) **1** fare; costruire; produrre; fabbricare; creare: *to make bricks,* fare mattoni — *to make bread,* fare il pane — *to make a coat,* fare un soprabito — *to make cars,* costruire (produrre, fabbricare) automobili — *to make paper,* fabbricare carta — *She made coffee for everybody,* Fece il caffè per tutti — *I made myself a cup of tea,* Mi feci una tazza di tè — *God made man,* Dio fece (creò) l'uomo — *to make a hole in the ground,* fare un buco nel terreno — *Cloth can be made of cotton, wool, silk, and other materials,* La stoffa può essere (fatta) di cotone, lana, seta ed altre materie — *Wine is made from grapes,* Il vino si fa con l'uva — *Let them see what you are made of!,* Fai vedere loro di che tempra (di che stoffa) sei fatto! — *to make sb king (a peer, a knight, a general, ecc.),* fare qcno re (pari, cavaliere, generale, ecc.) — *His parents want to make a doctor of him,* I suoi genitori vogliono fare di lui un medico — *We must make an example of him,* Dobbiamo fare di lui un esempio — *Don't make an ass of yourself,* Non renderti ridicolo — *Don't make a habit of it!,* Non fartene un'abitudine! — *He has made a business of politics,* Ha fatto della politica la sua professione — *You've made a hash (a mess, a muddle) of it,* Ne hai fatto un pasticcio; Hai combinato un pasticcio — *That makes the fifth time you have failed this examination,* Questa è la quinta volta che fallisci questo esame — *We have made good time,* Abbiamo viaggiato ad una buona media — *Have they made you an offer?,* Ti hanno fatto un'offerta? — *The ship was making only nine knots,* La nave faceva soltanto nove nodi — *to make a pause,* fare una pausa — *to make a curtsey,* fare una riverenza — *to make a bow (one's bow),* fare un inchino; rendere omaggio — *to make a start,* avviarsi; partire; incominciare — *to make a good dinner,* fare un buon pranzo — *to make haste,* fare in fretta — *to make response,* replicare — *to make one's way in the world,* farsi strada nel mondo.

2 (*seguito da* as if *più l'inf. con* to: **to make as if to do sth**) fare per; (stare per) fare qcsa: *He made as if to hit me; (USA: He made like he was going to hit me),* Fece come per colpirmi — *He made as if to reply and then stopped,* Fece per rispondere e poi si fermò.

3 farsi; guadagnarsi; guadagnare: *to make six hundred pounds a year,* fare (guadagnare) seicento sterline l'anno — *to make a profit of a hundred pounds,* fare un guadagno di cento sterline — *to make a living (one's living) by giving piano lessons,* guadagnarsi da vivere dando lezioni di pianoforte — *to make a fortune,* fare una fortuna.

4 to make sb do sth (*al passivo* **to be made to do sth**), far fare qcsa a qcno: *They made me repeat the story,* Mi fecero ripetere la storia (il resoconto, ecc.) — *I was made to repeat the story,* Mi fu fatta ripetere la storia — *Can you make this old engine start?,* Riesci a far partire questo vecchio motore? — *What makes the grass grow?,* Cos'è che fa crescere l'erba? — *I can't make anyone hear,* Non riesco a farmi sentire da nessuno — *His jokes made us all laugh,* Le sue barzellette ci fecero ridere tutti — *In this play, the author makes the villain commit suicide,* In questo dramma l'autore fa suicidare il 'cattivo' — *The children never behave well and no one ever tries to make them,* I bambini non si comportano mai bene e nessuno cerca mai di costringerli — *If he doesn't want to, I can't make him,* Se lui non vuole, non posso mica costringerlo *(a farlo, a venire, ecc.).*

5 *(seguito da un agg. o da un p. pass.)* rendere; fare (in modo che): *The news made her happy,* La notizia la rese felice — *I will make it worth your while,* Ti ricompenserò; Ti farò avere una ricompensa — *His actions made him universally respected,* Le sue azioni lo resero universalmente rispettato — *to make sth clear,* rendere chiaro (chiarire) qcsa — *to make sth public,* rendere qcsa di dominio pubblico — *Your visit has made my day,* La tua visita ha reso più piena la mia giornata.

6 to make oneself..., *(seguito da un p. pass. o agg.)* farsi...; rendersi...: *to make oneself understood,* farsi capire — *to make oneself useful,* rendersi utile — *to make oneself heard,* (riuscire a) farsi sentire.

7 calcolare; stimare; valutare; pensare; ritenere *(cfr.* **to make of,** *sotto): What time do you make it?; What do you make the time?,* Che ora fai?; Che ora pensi che sia? — *How large do you make the audience?,* Quanto pubblico ritieni che ci sia? — *I make the total twenty-five pounds,* Calcolo che il totale sia venticinque sterline — *I make the distance about seventy miles,* Ritengo che la distanza sia di circa settanta miglia.

8 formare; fare; costituire; dare come risultato: *A hundred pence make one pound,* Cento pence formano (fanno) una sterlina — *Twelve inches make one foot,* Dodici pollici fanno un piede — *5 and 7 is*

12, and 3 is 15, and 4 makes 19, 5 e (più) 7 fa 12, e 3 fa 15, e 4 fa 19 — *How many members make a quorum?,* Quanti membri costituiscono (fanno) un quorum (il numero minimo legale)?

9 diventare; essere: *If you don't work hard you will never make a good waiter,* Se non lavorerai sodo non diventerai mai un buon cameriere — *He will make an excellent husband,* Sarà un ottimo marito — *She will make him a good wife,* Sarà per lui una buona moglie — *Jack and Mary make a handsome couple,* Jack e Mary fanno una bella coppia — *The story of his adventures makes interesting reading,* Il racconto delle sue avventure costituisce una lettura interessante — *One swallow does not make a summer, (prov.)* Una rondine non fa primavera.

10 (riuscire a) raggiungere; arrivare (a); entrare (in): *The disabled ship was only just able to make port,* La nave danneggiata fu appena in grado di raggiungere il porto — *Nicky's tired out already; she'll never make the summit,* Nicky è già stanca morta: non ce la farà mai a raggiungere la vetta — *His new novel has made the best-seller list,* Il suo nuovo romanzo è entrato nell'elenco dei libri più venduti — *to make it, (fam.)* farcela — *The train leaves at seven thirteen; can we make it?,* Il treno parte alle sette e tredici; ce la faremo (a prenderlo)? — *to make it with sb, (sl.)* avere rapporti sessuali ('farsela') con qcno.

11 *(piuttosto formale)* orientare; puntare; tendere; deporre: *The precedents certainly make in the same direction,* I precedenti orientano certamente in questa stessa direzione — *All the evidence makes in his favour,* Tutte le prove depongono in suo favore.

12 *(in molti giochi)* segnare; fare (punti): *to make a century, (al cricket)* segnare cento 'runs'.

13 *(gioco delle carte)* - **a)** vincere; giocare con vantaggio *(una carta);* guadagnare (con): *He made his Queen of Hearts,* Vinse una presa con la Regina di Cuori - **b)** fare (vincere) una mano: *Your Ace and King won't make until you have drawn their trumps,* Il tuo Asso e il tuo Re non vinceranno finché non avrai fatto uscire le loro briscole - **c)** mescolare *(il mazzo).*

14 *(della marea)* salire; fluire; cominciare a fluire o rifluire: *The tide is making fast,* La marea sale rapidamente — *The ebb was making,* Il deflusso stava incominciando.

15 rendere completo: *At that school, they will either make you or break you,* In quella scuola o faranno di te un uomo o ti distruggeranno — *If you can win the Minister's favour, you'll be a made man,* Se Lei riuscirà a conquistare il favore del Ministro, sarà a posto per sempre — *to make a circuit, (elettr.)* chiudere un circuito.

16 *(sl.)* appropriarsi indebitamente *(di qcsa).*

☐ *to make fast, (naut.)* dare volta — *to make do,* accontentarsi di qcsa — *Will you make one of the party?,* Vuoi fare parte della comitiva? (Vuoi unirti a noi?) — *Will you make a fourth at bridge?,* Vuole fare il quarto a bridge? — *He's as clever as they make 'em!, (fam.)* È veramente bravo, lui! — *to make the best of sth* ⇨ **best I** — *to make the most of sth* ⇨ **most I** — *to make much of sth (sb)* ⇨ **much I.**

to make after, inseguire; perseguitare; dare la caccia: *She made after him like a madwoman,* Gli dava la caccia come una forsennata.

to make against, deporre a sfavore; pregiudicare; recare danno: *These inaccuracies make against your chances of success,* Queste imprecisioni pregiudicano le tue possibilità di successo.

to make at, avanzare minacciosamente: *The angry woman made at me with her umbrella,* La donna infuriata avanzò minacciandomi con l'ombrello.

to make away with, distruggere; sbarazzarsi (di qcsa); uccidere: *He made away with himself,* Si tolse la vita.

to make for - **a)** (*anche* **to make towards**) dirigersi; avviarsi: *It's late; we'd better make for home,* È tardi; faremmo meglio ad avviarci verso casa — *The frigate made for the open sea,* La fregata si diresse verso il mare aperto - **b)** muoversi contro; attaccare; gettarsi (su); precipitarsi: *When I was halfway across the field, the bull made for me and I had to run,* Quando avevo già attraversato metà del campo, il toro si avventò contro di me e dovetti scappare - **c)** contribuire; tendere; operare in favore di; favorire: *Does early rising make for good health?,* L'alzarsi presto fa bene alla salute?

to make of, pensare; concludere; dedurre; desumere: *What are we to make of his behaviour?,* Che cosa dobbiamo pensare del suo comportamento? — *What do you make of it all?,* Cosa desumi da tutto questo? — *I can make nothing of all this scribble,* Non riesco a decifrare (a cavarci nulla da) questi sgorbi.

to make off, allontanarsi rapidamente; dileguarsi; fuggire: *The cashier made off with all the money in the safe,* Il cassiere fuggì con tutto il denaro della cassaforte — *Someone has made off with my umbrella,* Qualcuno se n'è andato (è sparito) con il mio ombrello.

to make out, - **a)** riempire *(moduli, ecc.);* redigere; compilare: *to make out a cheque for fifteen pounds,* riempire (compilare, fare) un assegno di quindici sterline — *to make out a document in duplicate,* redigere un documento in due copie — *to make out a list,* compilare un elenco - **b)** riuscire a vedere, a leggere, ad identificare (con una certa difficoltà): *We made out a figure in the darkness,* Riuscimmo a scorgere una figura nell'oscurità — *We couldn't make out the inscription,* Non riuscimmo a decifrare l'iscrizione - **c)** *to make out that...,* cercare di dimostrare che...; suggerire (concludere, desumere) che...: *He made out that he had been badly treated,* Cercò di dimostrare che era stato trattato male — *He makes himself out to be cleverer than he really is,* Cerca di far credere di essere più intelligente di quanto non sia realmente — *He's not such a good doctor as some people make out,* Non è un medico così bravo come taluni vorrebbero far pensare - **d)** stabilire; sostenere; dimostrare: *How do you make that out?,* Come arrivi a quella conclusione? - **e)** capire; comprendere: *I can't make out what he wants,* Non riesco a comprendere che cosa voglia — *What a queer fellow he is - I can't make him out at all,* Che strano individuo: non riesco proprio a capirlo - **f)** risultare; andare: *I hope your affairs are making out well,* Spero che i tuoi affari stiano andando bene — *How are things making out?,* Come stanno andando le cose? — *How did you make out yesterday at the exam?, (USA)* Come ti è andato l'esame ieri?

to make over, passare; trasferire la proprietà; rimettere: *He made over the whole of the property to the Nation,* Rimise l'intera proprietà alla Nazione.

to make towards ⇨ **to make for - a).**

to make up, - **a)** ricostituire; integrare; completare; rifondere: *We still need five pounds to make up the sum we asked for,* Ci occorrono ancora cinque sterline per arrivare alla somma che abbiamo chiesto - **b)** inventare; macchinare; costruire (ad arte): *The whole story is made up,* L'intera storia è inventata — *It's all a made-up story,* È una storia inventata di sana pianta - **c)** *to make up one's mind* ⇨ **mind 3** - **d)** costituire; essere costituito: *All animal bodies are made up of cells,* Tutti i corpi animali sono composti di cellule — *Enumerate the qualities that make up Hamlet's character,* Elencate tutte le componenti che costituiscono il carattere di Amleto - **e)** mettere insieme; 'fare su'; preparare *(spec. medicine);* confezionare; cucire; *(tipografia)* comporre; impaginare: *to make up books into bundles,* mettere insieme dei libri in tanti pacchi — *to make up a parcel of books,* preparare un pacco di libri — *The grocer was making up sugar into half-pound packs,* Il droghiere stava preparando (impacchettando) lo zucchero in pacchetti da mezza libbra — *to make up a prescription (a bottle of medicine),* preparare una ricetta (una bottiglia di medicinale) — *'Customer's own materials made up',* 'Si confezionano abiti con stoffa di proprietà del cliente' — *Can you make up this suit length for me?,* Può confezionarmi questo taglio d'abito? — *They made up a bed on the floor for the unexpected guest,* Approntarono un letto sul pavimento per l'ospite inatteso - **f)** alimentare; aggiungere combustibile: *Please make up the fire,* Per favore alimenta il fuoco - **g)** *to make sth up to sb,* ricompensare (compensare) qcno per qcsa: *How can we make (it) up to you for what you have suffered?,* Come possiamo compensarvi per tutto ciò che avete sofferto? - **h)** *to make up for sth,* riguadagnare; compensare: *They hurried on to make up for lost time,* Si affrettarono per riguadagnare il tempo perduto — *Do you think her beauty makes up for her stupidity?,* Credi che la sua bellezza possa compensare la sua stupidità? - **i)** *(generalm.: to make it up)* fare la pace; comporre una vertenza: *They quarrel every morning and make it up every evening,* Litigano tutte le mattine per far poi pace la sera — *Why don't you make it up with her?,* Perché non fai la pace con lei? - **j)** *(fam.)* civettare; adulare: *She's always making up to influential people,* Civetta continuamente con le persone importanti - **k)** truccare; mettersi il trucco: *The actor made (himself) up for the part of Hamlet,* L'attore si truccò per la parte di Amleto — *Isn't she badly made up!,* Com'è mal truccata!

make-believe [meikbi'li:v] *s.* finzione: *the world of make-believe,* il mondo delle finzioni (delle favole).

to **make-believe** [meikbi'li:v] *vi* fingere; immaginare; far finta.

maker ['meikə*] *s.* **1** *the (our) Maker,* il (nostro) Creatore. **2** *(spec. nei composti)* creatore; fabbricante; produttore; artefice: *shoe-maker,* calzolaio; fabbricante di scarpe.

make(-)ready ['mei,kredi] *s. (mecc.)* messa a punto; preparazione.

makeshift ['meikʃift] *s.* espediente; ripiego; *(attrib.)* di fortuna; improvvisato: *They used an empty crate as a makeshift for a table (as a makeshift table),* Usarono una cassa vuota come tavolo di fortuna.

make(-)up ['meikʌp] *s.* **1** impaginazione. **2** costituzione; natura; temperamento; personalità. **3** trucco; cosmetico; *(teatro)* truccatura: *What a clever make-up!,* Che bel trucco! — *to use too much (the wrong kind of) make-up,* fare uso di troppo (di un tipo sbagliato di) trucco — *make-up man, (teatro, ecc.)* truccatore.

makeweight ['meikweit] *s.* quantità o cosa aggiunta per fare il peso; *(fig.)* riempitivo.

making ['meikiŋ] *s.* formazione; sviluppo: *to be the making of sb,* essere la causa del successo di qcno — *to have the makings of sth,* avere la struttura, la stoffa, le qualità di qcsa — *He has in him the makings of a statesman,* C'è in lui la stoffa del vero uomo di stato.

malacca [mə'lækə] *s. (nell'espressione) malacca cane,* canna di Malacca; bastone da passeggio.

malachite ['mæləkait] *s.* malachite.

maladjusted ['mælə'dʒʌstid] *agg* **1** mal assestato. **2** *(di persona)* disadattato; incapace di adattarsi.

maladjustment ['mælə'dʒʌstmənt] *s.* **1** cattivo assestamento. **2** *(di persona)* disadattamento.

maladministration ['mæləd,minis'treiʃən] *s.* cattiva amministrazione; malgoverno.

maladroit ['mælə'drɔit] *agg* goffo; maldestro. □ *avv* **maladroitly.**

maladroitness ['mælə'drɔitnis] *s.* mancanza di destrezza; goffaggine.

malady ['mælədi] *s.* malessere; malattia: *a social malady,* un malessere sociale.

Malagasy [,mælə'gæsi] *s. e agg* malgascio; madecassino; del Madagascar.

malaise [mæ'leiz] *s. (fr.)* malessere *(anche fig.).*

malapert ['mæləpə:t] *agg e s. (ant.)* impudente; impertinente; sfacciato.

malapropism ['mæləprɔpiʒəm] *s.* strafalcione; sproposito; uso errato di una parola.

malapropos ['mæl'æprəpou] *(fr.) agg* inopportuno. □ *avv* inopportunamente; a sproposito.

malaria [mə'lɛəriə] *s.* malaria.

malarial [mə'lɛəriəl] *agg* malarico.

Malay [mə'lei] *s. e agg* della Malesia; malese.

Malayan [mə'leiən] *s.* cittadino dello stato indipendente della Malesia.

Malaysian [mæ'leiʒən] *agg e s.* malese.

malcontent ['mælkən,tent] *agg e s.* scontento; malcontento.

mal de mer ['mældə'mɛə*] *s. (fr.)* mal di mare.

male [meil] *agg* maschile; maschio *(anche mecc., di viti, ecc.);* di sesso maschile: *a male voice choir,* un coro di voci maschili.

□ *s.* persona o animale di sesso maschile.

malediction [,mæli'dikʃən] *s.* maledizione.

malefaction [,mæli'fækʃən] *s.* malefatta; misfatto.

malefactor ['mælifæktə*] *s.* malfattore; delinquente; criminale.

malefic [mə'lefik] *agg (raro)* malefico.

maleficent [mə'lefisnt] *agg* malefico; dannoso.

malevolence [mə'levələns] *s.* malevolenza.

malevolent [mə'levələnt] *agg* malevolo. □ *avv* **malevolently.**

malfeasance [mæl'fi:zəns] *s. (ant. e dir.)* **1** atto illecito. **2** condotta scorretta *(spec. di ufficiale).*

malformation ['mælfə'meiʃən] *s.* malformazione.

malformed [mæl'fɔ:md] *agg* malformato.

malice ['mælis] *s.* **1** malizia; malignità; rancore: *to bear sb no malice,* non serbare nessun rancore verso qcno. **2** *(dir.)* dolo.

malicious [mə'liʃəs] *agg* malizioso; maligno: *malicious remarks,* osservazioni maliziose.

□ *avv* **maliciously.**

malign [mə'lain] *agg* maligno; malevolo; malefico: *to exercise a malign influence,* esercitare un'influenza malefica.

to **malign** [mə'lain] *vt* malignare; dir male (di qcno);

diffamare; calunniare: *to malign an innocent person,* diffamare una persona innocente.

malignancy [mə'lignənsi] *s.* malignità.

malignant [mə'lignənt] *agg* maligno; malevolo: *malignant fairies,* fate malefiche — *malignant glances,* sguardi maligni — *a malignant tumour,* un tumore maligno. □ *avv* **malignantly.**

malignity [mə'ligniti] *s.* **1** malignità. **2** *(di malattia)* carattere maligno.

to **malinger** [mə'liŋgə*] *vi (spec. di soldato)* fingersi malato; 'marcare visita'.

malingerer [mə'liŋgərə*] *s.* chi simula una malattia; uno che 'marca visita' *(di abitudine);* lavativo *(sl.).*

malingering [mə'liŋgəriŋ] *s.* il fingersi malato; il 'marcare visita'.

mallard ['mæləd] *s.* germano reale; anatra selvatica.

malleability [,mæliə'biliti] *s.* malleabilità.

malleable ['mæliəbl] *agg* malleabile *(anche fig.).*

mallet ['mælit] *s.* martello di legno; mazzuolo; *(al polo)* mazza; *(al croquet)* maglio.

mallow ['mælou] *s.* malva.

malmsey ['mɑ:mzi] *s.* (vino) malvasia *(soltanto quello dell'isola di Madera).*

malnutrition ['mælnju(:)'triʃən] *s.* malnutrizione; denutrizione.

malodorous [mæ'loudərəs] *agg* puzzolente; maleodorante.

malpractice ['mæl'præktis] *s. (dir.)* atto disonesto; pratica illecita.

malt [mɔ:lt] *s.* malto: *malt liquor,* liquore di malto (birra) — *malt whisky; (talvolta) pure malt,* whisky di (puro) malto.

to **malt** [mɔ:lt] *vt e i.* **1** tallire. **2** preparare con malto: *malted milk,* latte di malto.

Maltese ['mɔ:l'ti:z] *agg e s.* maltese: *the Maltese cross,* la croce di Malta.

Malthusian [mæl'θju:zjən] *agg e s.* maltusiano.

to **maltreat** [mæl'tri:t] *vt* maltrattare.

maltreatment [mæl'tri:tmənt] *s.* maltrattamento.

maltster ['mɔ:ltstə*] *s.* preparatore di malto.

malversation [,mælvə:'seiʃən] *s.* malversazione.

mama [mə'mɑ:] *s.* = **mamma 1.**

mamba ['mæmbə] *s.* mamba.

[1]**mamma** [mə'mɑ:] *s.* mamma.

[2]**mamma** ['mæmə] *s.* mammella.

mammal ['mæməl] *s.* mammifero.

mammalian [mæ'meiljən] *agg e s.* mammifero.

mammary ['mæməri] *agg* mammario.

mammoth ['mæməθ] *s.* mammut.
□ *agg attrib* enorme; mastodontico: *a mammoth pack of detergent,* un pacco di detersivo formato gigante.

mammy ['mæmi] *s.* **1** mammina. **2** *(USA)* bambinaia negra.

man [mæn] *s.* (*pl.* **men**) **1** uomo; l'Uomo: *the man in the street,* l'uomo della strada — *a man of the world,* un uomo d'esperienza, navigato — *a man about town,* un uomo di società, di mondo — *a man of letters,* un uomo di lettere; un letterato — *Man is mortal,* L'uomo è mortale — *Be a man!,* Comportati da uomo! — *Play the man!,* Sii uomo! — *He's only half a man,* È un uomo solo a metà — *How can we make a man of him?,* Come possiamo fare di lui un uomo? — *If you want to sell your car, I'm your man,* Se vuoi vendere la tua auto, sono l'uomo che fa per te — *man and boy,* dall'adolescenza in avanti; sin da ragazzo — *He has worked for the firm, man and boy, for thirty years,* Lavora per l'azienda da trent'anni, da quand'era ragazzo — *to a man,* come un sol uomo — *They answered 'yes' to a man,* Risposero tutti di sì — *to the last man,* fino all'ultimo uomo — *They were killed to the last man,* Furono uccisi tutti (fino all'ultimo uomo).
2 marito: *(generalm. nell'espressione) man and wife,* marito e moglie.
3 dipendente; impiegato; operaio; servitore: *Has the man come to see to the tap?,* È venuto l'operaio ad aggiustare il rubinetto? — *masters and men,* padroni e servitori — *a marketing man,* uno che si occupa del settore commerciale; uno specialista del 'marketing' — *a rag-and-bone man,* uno straccivendolo.
4 suddito; vassallo; seguace; fedele; soldato semplice: *officers and men,* ufficiali e truppa — *man-at-arms (pl.: men-at-arms),* uomo d'armi — *a Kennedy man,* un seguace di Kennedy (dei Kennedy); un membro del 'clan' dei Kennedy; un 'kennediano'.
5 pezzo *(negli scacchi, ecc.).*
6 *(appellativo)* Ehi, tu!; Caro mio!; Amico!, ecc.: *Hurry up, man!,* Ehi, fa' presto! — *Nonsense, man!,* Sciocchezze, caro lei! — *Old man!,* Vecchio mio! — *My man!,* Buon uomo! — *Come on, men!,* Su, ragazzi!
□ *Man overboard!,* Un uomo in mare! — *Man, am I tired!,* Porca miseria, se sono stanco! — *Good man!,* Bravo!; Hai fatto bene! — *the inner man, (fig.)* lo stomaco — *right-hand-man, (fig.)* braccio destro — *man-eater (pl.: man-eaters),* - **a)** antropofago; cannibale; tigre o squalo che divora uomini - **b)** *(donna)* divoratrice di uomini — *man-hour (pl.: man-hours),* ora lavorativa — *man-of-war; man-o'-war (pl.: men-of-war; men-o'-war),* - **a)** *(ant.)* nave da guerra - **b)** *(zool.)* medusa — *man-of-war bird,* fregata — *Man Friday,* 'factotum'; servitore — *to be one's own man,* essere padrone di sé stesso — *a man-to-man talk,* una discussione da uomo a uomo — *a man-sized steak,* una bella (grossa) bistecca — *the man in the moon,* l'uomo nella luna *(volto umano riconoscibile sulla faccia della luna piena)* — *I've got to see a man about a dog, (scherz.)* - **a)** Scusate, ho da fare *(detto quando si vuole andar via senza specificare il motivo)* - **b)** Vado a scrivere una lettera al papa; *(eufemismo per)* Vado al gabinetto — ⇨ *anche* **manhole, manpower, manservant, mantrap.**

to **man** [mæn] *vt* (**-nn-**) **1** *(generalm. mil.)* fornire di uomini; presidiare; guarnire; equipaggiare; armare *(una nave): to man a fort,* guarnire di uomini un forte. **2** essere di servizio; *(per estensione)* azionare; fare funzionare: *We had to man the pumps,* Dovemmo azionare le pompe.

to **manacle** ['mænəkl] *vi* **1** mettere le manette (a qcno). **2** *(fig.)* mettere un freno a (qcsa); ostacolare (qcsa).

manacles ['mænəklz] *s. pl* manette.

to **manage** ['mænidʒ] *vt* **1** governare; guidare; condurre: *to manage a sailing-boat,* governare una barca a vela. **2** dirigere; gestire; reggere; governare: *to manage a business (a household),* dirigere un'azienda (una casa) — *managing director,* amministratore delegato. **3** aver ragione (di); farcela; arrangiarsi: *to manage a naughty child (one's wife),* tenere a freno, domare un bambino discolo (la propria moglie) — *Mrs Hill is a very managing woman,* La signora Hill è una donna autoritaria. **4** *(fam., preceduto da* can, could, to be able to*)* fare uso di; mangiare, bere: *Can you manage another slice of cake?,* Te la senti di (Ce la fai a) mangiare un'altra fetta di torta? **5** *(med.)* trattare.
□ *vi* riuscire; farcela; cavarsela; trarsi d'impaccio: *I shan't be able to manage without help,* Non riuscirò a cavarmela senza aiuto — *I can manage, thanks!,* Ce la faccio (da solo), grazie! — *If I can't borrow the*

money I shall have to manage without, Se non riuscirò ad ottenere il denaro in prestito, dovrò farne a meno — *In spite of their insults, she managed to keep her temper,* Malgrado i loro insulti riuscì a non perdere la calma.

manageability [,mænidʒə'biliti] *s.* maneggevolezza.

manageable ['mænidʒəbl] *agg* **1** maneggevole; trattabile; controllabile. **2** docile; arrendevole.

management ['mænidʒmənt] *s.* **1** gestione; amministrazione; direzione; conduzione; guida; 'management'; controllo; governo; cura: *The bankruptcy was due to bad management,* Il fallimento fu dovuto alla cattiva gestione — *What this firm needs is stronger management,* Questa azienda ha bisogno di una conduzione più sicura. **2** *(collettivo)* gestione; direzione; i membri della direzione: *under new management,* sotto (una) nuova gestione — *joint consultations between workers and management,* consultazioni (trattative) congiunte tra i lavoratori e la direzione. **3** abilità; astuzia; manovra; maneggio; intrigo: *It needed a good deal of management to persuade them to give me the job,* Ci volle un bel po' di astuzia (Ho dovuto manovrare molto) per persuaderli a darmi il posto. **4** *(med.)* terapia; trattamento.

manager ['mænidʒə*] *s.* **1** *(comm.)* direttore; dirigente; gestore; 'manager': *general manager,* direttore generale — *assistant manager,* vicedirettore; assistente di linea — *staff (personnel) manager,* capo del personale. **2** *(generalm. preceduto da un agg.)* chi dirige, cura, controlla, amministra: *My wife is an excellent manager,* Mia moglie è un'eccellente amministratrice (un'ottima massaia). **3** *(teatro e cinema)* impresario; *(talvolta)* regista: *actor manager,* capocomico — *stage manager,* direttore di scena.

manageress ['mænidʒəres] *s.* *(comm.)* direttrice *(di locale pubblico, di supermercato, ecc.)*; amministratrice: *This fish is awful! - I want to see the manageress,* Questo pesce è pessimo! Mi faccia parlare con la direttrice del locale.

managerial [,mænə'dʒiəriəl] *agg* *(comm.)* manageriale; direttivo; di direttore *(d'azienda)*; dirigenziale; della direzione: *managerial ability,* capacità direttiva — *the managerial revolution,* la rivoluzione manageriale.

manatee [,mænə'ti:] *s.* lamantino; manato.

mandarin ['mændərin] *s.* **1** mandarino *(antico dignitario cinese; per estensione capo politico o funzionario di vedute o modi aristocratici)*. **2** *(lingua)* mandarino. **3** *(anche* mandarin duck*)* anatra mandarino. **4** *(frutto)* mandarino: *mandarin orange,* mandarancio. **5** statuetta con la testa che si muove.

mandate ['mændeit] *s.* **1** mandato; ordine; comando. **2** mandato; controllo; autorità. **3** mandato; incarico.

to **mandate** ['mændeit] *vt* porre sotto mandato politico; affidare *(un territorio)* al mandato (al controllo) di *(un'altra nazione)*: *mandated territories,* territori sottoposti a mandato politico.

mandatory ['mændətəri] *agg* mandatario; imperativo; obbligatorio: *the mandatory power,* il potere ingiuntivo.
☐ *s.* (*anche* **mandatary**) mandatario *(persona o Stato)*.

mandible ['mændibl] *s.* mandibola.

mandolin ['mændəlin] *s.* mandolino.

mandragora, mandrake [mæn'drægərə/'mændreik] *s.* mandragora.

mandrel, mandril ['mændrəl/'mændril] *s.* mandrino.

mandrill ['mændril] *s.* mandrillo.

mane [mein] *s.* **1** criniera. **2** *(fig.)* zazzera.

manes ['mɑ:neiz] *s. pl (lat.: mitologia romana)* mani.

maneuver, to **maneuver** [mə'nu:və*] *s. e vt e i. (USA)* = **manoeuvre, to manoeuvre.**

manful ['mænful] *agg* coraggioso; virile; deciso.
☐ *avv* **manfully.**

manganese [,mæŋgə'ni:z] *s.* manganese.

mange [meindʒ] *s.* rogna; scabbia.

mangel, mangold, mangel-wurzel ['mængl/'mængəld/'mæŋgl'wə:zl] *s.* bietola da foraggio.

manger ['meindʒə*] *s.* **1** mangiatoia; greppia. **2** presepio; presepe. ☐ *to behave like a dog in the manger,* impedire agli altri di fare ciò che non serve al proprio scopo; agire da egoista — *a dog-in-the-manger attitude,* un atteggiamento egoista.

manginess ['meindʒinis] *s.* **1** rogna; scabbia. **2** *(fig.)* l'essere rognoso, pezzente, miserabile, ecc.

mangle ['mæŋgl] *s.* mangano.

[1]to **mangle** ['mæŋgl] *vt* manganare *(panni, ecc.)*.

[2]to **mangle** ['mæŋgl] *vt* **1** mutilare; maciullare; straziare: *He was knocked down by a lorry and badly mangled,* Fu investito da un camion e orribilmente mutilato. **2** *(fig.)* maltrattare; storpiare; fare scempio: *to mangle a piece of music,* maltrattare (massacrare) un brano musicale.

mango ['mæŋgou] *s.* (*pl.* **mangoes**) mango: *mango chutney,* salsa di mango *(con dei pezzi interi del frutto)*.

mangold ['mængəld] *s.* = **mangel.**

mangosteen ['mæŋgousti:n] *s.* mangostano.

mangrove ['mængrouv] *s.* mangrovia.

mangy ['meindʒi] *agg* **1** rognoso; scabbioso: *a mangy dog,* un cane rognoso. **2** *(fig.)* pezzente; miserabile.
☐ *avv* **mangily.**

to **manhandle** [mæn'hændl] *vt* **1** spostare a mano; manovrare; maneggiare. **2** *(fam.)* trattare rozzamente; maltrattare; bistrattare: *The drunken man was manhandled by the police,* L'ubriaco fu trattato male dalla polizia.

manhole [mæn'houl] *s.* botola *(stradale, ecc.)*; passo d'uomo; *(naut.)* boccaportella: *manhole cover,* tombino; chiusino.

manhood ['mænhud] *s.* **1** virilità; età virile: *to reach manhood,* raggiungere l'età virile. **2** coraggio; vigore. **3** *(collettivo)* tutti gli uomini (di una nazione): *the manhood of Scotland,* gli uomini della Scozia.

mania ['meinjə] *s.* **1** pazzia violenta: *persecution mania,* mania di persecuzione. **2** mania; eccessivo entusiasmo: *to have a mania for sth,* avere la mania di qcsa.

maniac ['meiniæk] *s.* pazzo; maniaco.

maniacal [mə'naiəkəl] *agg* pazzo; maniaco.
☐ *avv* **maniacally.**

manic ['mænik] *agg* maniaco.

Manich(a)ean [mæni'ki:ən] *agg e s.* manicheo; dei manichei.

Manich(a)eism ['mæni,ki:izəm] *s.* manicheismo.

manicure ['mænikjuə*] *s.* manicure.

to **manicure** ['mænikjuə*] *vt* fare la manicure (a qcno).

manicurist ['mænikjuərist] *s.* manicure.

[1]**manifest** ['mænifest] *s.* *(naut., comm.)* manifesto; nota di carico.

[2]**manifest** ['mænifest] *agg* manifesto; chiaro; evidente; ovvio.

to **manifest** ['mænifest] *vt* manifestare; mostrare chiaramente: *to manifest the truth of a statement,* mostrare la verità d'una asserzione — *She doesn't manifest much desire to marry him,* Non rivela (mostra) un gran desiderio di sposarlo.
☐ *v. rifl* manifestarsi; apparire: *No disease manifested*

itself during the long voyage, Nessuna malattia si manifestò durante il lungo viaggio.

manifestation [,mænifes'teiʃən] *s.* manifestazione; dimostrazione.

manifesto [,mæni'festou] *s.* (*pl.* **manifestos,** *USA* **manifestoes**) manifesto *(spec. politico, ideologico, letterario).*

[1]**manifold** ['mænifould] *agg* molteplice.

[2]**manifold** ['mænifould] *s.* **1** *(mecc.)* collettore. **2** carta per duplicatori.

to **manifold** ['mænifould] *vt* poligrafare.

manikin ['mænikin] *s.* **1** ometto; nanerottolo. **2** manichino; fantoccio.

Manil(l)a [mə'nilə] *s. (dal nome della città capitale delle Filippine)* **1** tessuto di canapa 'manila'. **2** sigaro 'manila'. **3** carta grezza, da imballaggio o per buste commerciali.

to **manipulate** [mə'nipjuleit] *vt* **1** maneggiare; manipolare; azionare (con cura): *to manipulate the gears of a machine,* mettere in azione gli ingranaggi di una macchina. **2** *(fig.)* influenzare; manipolare: *A clever politician knows how to manipulate his supporters,* Un uomo politico furbo sa come influenzare i suoi sostenitori.

manipulation [mə,nipju'leiʃən] *s.* manipolazione *(vari sensi).*

mankind [mæn'kaind] *s. (senza l'art.)* **1** l'umanità; il genere umano. **2** *(raro)* il sesso maschile.

manlike ['mænlaik] *agg* **1** di uomo; da uomo; umano. **2** maschile; virile.

manliness ['mænlinis] *s.* virilità; mascolinità.

manly ['mænli] *agg* (**-ier**; **-iest**) virile; maschio.

manna ['mænə] *s.* manna *(anche fig.).*

mannequin ['mænikin] *s.* **1** indossatrice; modella. **2** manichino.

manner ['mænə*] *s.* **1** maniera; modo: *Do it in this manner,* Fatelo in questo modo — *... to the manner born,* nato per...; congenitamente portato a... — *a speaker to the manner born,* un oratore nato — *in a manner of speaking,* in un certo qual modo; per modo di dire — *a painting in the manner of Rubens,* un dipinto alla maniera di Rubens — *to do sth in such a manner that...,* fare qcsa in modo (in maniera) tale da... **2** *(al pl.)* educazione; maniere; comportamento sociale: *good manners,* buone maniere; buona educazione — *Where are your manners?,* Che modi sono questi? — *He has no manners at all,* Non conosce affatto le buone maniere — *It is bad manners to stare at people,* È segno di cattiva educazione fissare la gente. **3** *(al pl.)* usanze; costumi; abitudini: *a comedy of manners,* una commedia di costume — *countries with very strange manners,* paesi dai costumi assai strani. **4** *(solo al sing.)* maniere; tratto; modo di comportarsi; modi; contegno: *He has a rather awkward manner,* Ha dei modi piuttosto goffi — *I don't like his manner,* Non mi piace il suo modo di comportarsi. **5** tipo; specie; sorta; genere: *all manner of things,* ogni sorta di cose — *by all manner of means,* certamente.

mannered ['mænəd] *agg* manieroso; manierato; affettato. □ *well-mannered,* educato — *bad-mannered; ill-mannered,* maleducato — *rough-mannered,* rude; rozzo.

mannerism ['mænərizəm] *s.* **1** manierismo. **2** leziosaggine.

mannerless ['mænəlis] *agg* maleducato; screanzato.

mannerly ['mænəli] *agg* educato; di buone maniere.

mannish ['mæniʃ] *agg (di donna)* virile; mascolina; poco femminile: *a mannish style of dress,* un abito dal taglio maschile (poco femminile).

manoeuvrability [mə,nu:vrə'biliti] *s.* manovrabilità; maneggevolezza.

manoeuvrable [mə'nu:vrəbl] *agg* manovrabile; maneggevole.

manoeuvre [mə'nu:və*] *s.* (*USA generalm.* **maneuver**) **1** *(mil.)* manovra; esercitazione: *army manoeuvres,* manovre dell'esercito — *fleet manoeuvres,* manovre navali (della flotta) — *troops on manoeuvres,* truppe in manovra (in esercitazione). **2** maneggio; raggiro; manovra (subdola): *the despicable manoeuvres of certain politicians,* i deprecabili maneggi di certi uomini politici.

to **manoeuvre** [mə'nu:və*] (*USA generalm.* **to maneuver**) *vi* fare manovre; eseguire manovre: *The fleet is manoeuvring off the east coast,* La flotta sta facendo manovre al largo della costa orientale — *to manoeuvre for position,* manovrare per acquistare una buona posizione.

□ *vt* manovrare; condurre; fare dirigere; portare *(con maneggi, stratagemmi, ecc.): to manoeuvre the enemy out of their position,* portare il nemico fuori delle sue posizioni — *She manoeuvred her car into a difficult parking space,* Riuscì a parcheggiare l'automobile in uno spazio ristretto (con opportune manovre) — *Can you manoeuvre me into a good job?,* Puoi infilarmi in (farmi avere) un buon impiego?

manometer [mæ'nɔmitə*] *s.* manometro.

manor ['mænə*] *s. (GB, stor.)* **1** feudo; proprietà terriera con maniero. **2** *(nell'uso moderno anche* manor house*)* maniero; casa signorile di campagna; (piccolo) castello.

manorial [mə'nɔ:riəl] *agg* feudale; relativo al feudo: *manorial rights,* diritti feudali.

manpower [mæn'pauə*] *s.* mano d'opera: *a manpower shortage,* una carenza di mano d'opera.

mansard ['mænsəd] *s. (generalm.* mansard roof*)* tetto a mansarda.

manse [mæns] *s. (spec. in Scozia)* presbiterio *(casa parrocchiale).*

manservant ['mænsə:vənt] *s.* (*pl.* **menservants**) domestico; servitore.

mansion ['mænʃən] *s.* **1** palazzo; magione: *the Mansion House,* la residenza ufficiale del sindaco a Londra *(e in alcune altre città inglesi).* **2** *(al pl., preceduto da nomi propri)* residenza *(edificio suddiviso in tanti appartamenti).*

manslaughter [mæn'slɔ:tə*] *s. (dir.)* omicidio colposo o preterintenzionale.

mantelpiece ['mæntl,pi:s] *s. (talvolta* mantel*)* cappa; mensola *(di caminetto).*

mantilla [mæn'tilə] *s.* mantiglia.

mantis ['mæntis] *s.* mantide: *praying mantis,* mantide religiosa.

mantle ['mæntl] *s.* **1** mantello; manto *(anche fig.): a mantle of snow,* un manto (una coltre) di neve. **2** reticella *(di una lampada a gas).*

to **mantle** ['mæntl] *vt* ammantare; avvolgere con un mantello: *an ivy-mantled wall,* un muro coperto d'edera.

□ *vi (lett.)* soffondersi; avvampare; affluire: *Dawn mantled in the sky,* L'alba si diffuse in cielo.

mantrap ['mæntræp] *s.* (*pl.* **mantraps**) bocca di lupo; trabocchetto; trappola.

[1]**manual** ['mænjuəl] *agg* manuale: *manual labour,* lavoro manuale — *manual exercises, (mil.)* maneggio delle armi. □ *avv* **manually.**

[2]**manual** ['mænjuəl] *s.* **1** manuale; libretto d'istruzione; testo. **2** tastiera *(d'organo, di clavicembalo, ecc.).*
manufactory [,mænju'fæktəri] *s.* manifattura; opificio; fabbrica.
manufacture [,mænju'fæktʃə*] *s.* **1** fabbricazione; manifattura; produzione. **2** *(al pl.)* manufatti; prodotti.
to **manufacture** [,mænju'fæktʃə*] *vt* **1** fabbricare; produrre; costruire. **2** *(fig.)* fabbricare; inventare: *to manufacture an excuse,* fabbricare (inventare) una scusa.
manufacturer [,mænju'fæktʃərə*] *s.* fabbricante; produttore; *(per estensione)* fabbrica; casa produttrice.
manufacturing [,mænju'fæktʃəriŋ] *s.* fabbricazione.
□ *attrib (di città, regione, azienda)* industriale; manufatturiero.
manumission [,mænju'miʃən] *s. (spec. stor. romana)* manomissione.
to **manumit** [,mænju'mit] *vt* (**-tt-**) *(spec. stor. romana)* manomettere; affrancare *(uno schiavo).*
manure [mə'njuə*] *s.* concime; letame *(come fertilizzante).*
to **manure** [mə'njuə*] *vt* concimare; fertilizzare.
manuscript ['mænjuskript] *s.* manoscritto; *(spesso, erroneamente)* dattiloscritto: *to send a manuscript to a publisher,* mandare un manoscritto ad un editore — *in manuscript,* in manoscritto; non stampato.
□ *come agg* manoscritto; scritto a mano; olografo.
Manx [mæŋks] *agg* dell'isola di Man: *Manx cat,* gatto dell'isola di Man *(senza coda).*
□ *s.* lingua dell'isola di Man.
many ['meni] *agg e pron pl (è il pl. di* **much**: *comp.* **more** ⇨; *superl.* **most** ⇨) molti (molte); parecchi (parecchie): *He has many friends,* Ha molti amici — *I have some books, but not many,* Ho qualche libro ma non molti — *Do you need so many?,* Ne hai bisogno di così tanti? — *Many people (Many of us, Many of them) think so,* Molte persone (Molti di noi, Molti di loro) la pensano così — *a great (good) many,* un gran numero; moltissimi; tanti — *the many,* i più; la massa; la (stragrande) maggioranza — *many a man,* più d'uno; molti; tanti — *many a time,* tante, molte (mille, tante) volte; spesse volte; spessissimo — *Many's the time I've had to tell him to stop it,* Mille volte ho dovuto dirgli di smetterla — *many-sided,* poliedrico; che ha molti lati (molti aspetti, più facce); *(per estensione)* complesso — *many-coloured,* multicolore.
as many, altrettanti (altrettante): *He made six mistakes in as many lines,* Fece sei errori in altrettante righe — *as many as,* quanti (quante) — *Take as many as you want,* Prendine quanti ne vuoi — *twice as many,* due volte tanto — *as many again,* altrettanti (altrettante) — *I have six here and as many again at home,* Ne ho sei qua e altrettanti a casa.
how many, quanti (quante): *How many do you want?,* Quanti ne vuoi?
so many, tanti (tante): *I've never seen so many!,* Non ne avevo mai visti tanti! — *ever so many times,* tantissime volte — ... *in so many words,* ... così chiaramente, esplicitamente.
too many, troppi (troppe): *one too many,* uno di troppo — *He's one too many,* È di troppo — *to be one too many for sb,* essere superiore rispetto a qcno, sconfiggerlo; essere più bravo (più abile) di qcno — *He's had one too many, (fam.)* Ha bevuto un bicchiere di troppo; È un po' brillo.
Maori ['mauri] *s.* maori *(indigeno e lingua della Nuova Zelanda).*
map [mæp] *s.* carta topografica, geografica, ecc.; pianta; mappa: *an outline map,* una carta muta — *to put sth on the map, (fig.)* rendere importante qcsa — *off the map,* - **a)** senza importanza - **b)** fuori mano.
to **map** [mæp] *vt* (**-pp-**) **1** tracciare una mappa; rappresentare per mezzo di carta geografica; rilevare. **2** *to map out,* tracciare, abbozzare (un piano); pianificare: *to map out one's timetable,* predisporre il proprio tempo; tracciarsi un piano di lavoro.
maple ['meipl] *s.* acero: *maple syrup (sugar),* sciroppo (zucchero) d'acero.
mapmaker ['mæpmeikə*] *s.* cartografo.
Maquis ['mɑ:ki] *s. (fr.: sempre preceduto da* the*)* la Resistenza francese.
to **mar** [mɑ:*] *vt* (**-rr-**) guastare; danneggiare; sciupare: *Nothing marred the happiness of our outing,* Niente sciupò la felicità della nostra gita.
marabou ['mærəbu:] *s.* marabù.
maraschino [,mærə'ski:nou] *s.* (*pl.* **maraschinos**) maraschino.
Marathon ['mærəθən] *s. (sport e fig.)* maratona; *(talvolta, per estensione)* gara (podistica) di fondo; gara di resistenza. □ *a marathon session, (p.es. al Parlamento)* una seduta lunghissima, interminabile; una seduta fiume.
to **maraud** [mə'rɔ:d] *vi* predare; razziare; saccheggiare.
marauder [mə'rɔ:də*] *s.* predone; saccheggiatore.
marble ['mɑ:bl] *s.* **1** marmo; opera scolpita nel marmo; *(al pl. anche)* raccolta di marmi scolpiti. **2** biglia; pallina *(per i giochi dei bambini); (al pl.)* gioco delle biglie: *to play marbles,* giocare alle biglie.
□ *attrib* di marmo; come marmo; duro e freddo come il marmo; marmoreo: *a marble brow,* una fronte marmorea.
marbled ['mɑ:bld] *agg* marmorizzato; dipinto in modo da sembrare marmo: *a book with marbled edges,* un libro con bordi marmorizzati.
marbling ['mɑ:bliŋ] *s.* marmorizzazione.
marcel [mɑ:'sel] *s. (anche* marcel wave*)* onda artificiale *(dei capelli).*
to **marcel** [mɑ:'sel] *vt* (**-ll-**) ondulare (artificialmente); fare l'ondulazione artificiale.
March [mɑ:tʃ] *s.* marzo.
[1]**march** [mɑ:tʃ] *s. (generalm. al pl.)* marca; regione di confine oggetto di contestazioni *(spec. tra l'Inghilterra e la Scozia o il Galles).*
[1]to **march** [mɑ:tʃ] *vi* confinare: *Our territory marches with theirs,* Il nostro territorio confina con il loro.
[2]**march** [mɑ:tʃ] *s.* **1** marcia *(anche mus.);* atto del marciare: *to be on the march,* essere in marcia — *a line of march,* una linea di marcia; la direzione di marcia — *a dead march,* una marcia funebre — *a march of ten miles; a ten-mile march,* una marcia di dieci miglia — *a march-past,* una sfilata (marcia) davanti alla tribuna — *a forced march,* una marcia forzata. **2** *(al sing. con l'art. determinativo)* progresso; cammino; corso: *the march of events (of time),* il corso degli eventi (del tempo). □ *to steal a march on sb,* avvantaggiarsi su qcno, anticipandolo *(generalm. a sua insaputa).*
[2]to **march** [mɑ:tʃ] *vi* marciare; camminare a passo di marcia; fare una marcia; andare a passo di marcia: *They have marched thirty miles today,* Hanno marciato per trenta miglia oggi — *They marched into the town,* Entrarono (marciando) nella città — *The troops marched by (o past) the saluting-base,* Le truppe sfilarono davanti al podio delle autorità — *to be in marching order,* essere in ordine di marcia — *marching orders,* ordini di partenza — *to get one's*

marching orders, (fam., fig.) venir licenziato — *Quick march!,* Avanti marsc!
□ *vt* fare marciare; fare avanzare: *They marched the prisoner away,* Portarono (Accompagnarono) via il prigioniero a passo di marcia — *He was marched off to prison,* Fu portato (accompagnato) in prigione a passo di marcia.

marcher ['mɑ:tʃə*] *s.* marciatore; persona in marcia; *(per estensione)* dimostrante.

marchioness ['mɑ:ʃənis] *s.* marchesa.

Mardi gras ['mɑ:di,grɑ:] *s. (fr.)* martedì grasso.

mare [mɛə*] *s.* **1** cavalla; giumenta. **2** asina. □ *a mare's nest,* una scoperta che non è tale; una beffa; una grossa delusione — *mare's tails,* filamenti, frange di cirri.

margarine [,mɑ:dʒə'ri:n] *s.* margarina.

[1]**marge** [mɑ:dʒ] *s., abbr fam di* **margarine.**

[2]**marge** [mɑ:dʒ] *s. (poet.)* = **margin.**

margin ['mɑ:dʒin] *s.* **1** margine *(anche fig. e comm.)*; orlo; lembo; *(di strada)* ciglio; bordo: *wide (narrow) margins,* margini ampi (stretti) — *notes written in the margin,* note scritte a margine (in margine) — *profit margin,* margine di profitto — *He escaped defeat by a narrow margin,* Andò a un pelo dalla disfatta. **2** *(in Borsa)* somma versata a garanzia di eventuali perdite; margine.

marginal ['mɑ:dʒinəl] *agg* **1** marginale; del margine; relativo al margine: *marginal notes,* note a margine. **2** *(comm.)* marginale. **3** *(di terreno)* antieconomico; che normalmente non vale la pena di coltivare. **4** *(p.es. di seggio parlamentare)* ottenuto con una piccola maggioranza; *(per estensione)* in bilico. □ *avv* **marginally.**

margravate ['mɑ:grəveit] *s. (stor.)* margraviato.

margrave ['mɑ:greiv] *s. (stor.)* margravio.

marguerite [,mɑ:gə'ri:t] *s.* margherita.

marigold ['mærigould] *s.* calendula.

marihuana, marijuana [,mæri'*h*wɑ:nə] *s.* marijuana; canapa indiana; 'hascisc'.

marimba [mə'rimbə] *s.* marimba; strumento musicale simile al silofono.

marina [mɑ:'ri:nə] *s.* porticciolo *(spec. se dotato di servizi di rifornimento, ecc.)*.

marinade [,mæri'neid] *s.* salamoia *(di vino, aceto, spezie, ecc.)* usata per far macerare la carne *(per renderla più tenera, toglierle l'odore di selvatico, ecc.)*.

to **marinade** [,mæri'neid] *vt* marinare *(carni, ecc.)*

marine [mə'ri:n] *agg* marino; del mare; marittimo; navale: *marine products,* prodotti del mare — *a marine painter,* un pittore di marine — *marine insurance,* assicurazione marittima — *marine engineering,* ingegneria navale — *marine stores,* forniture marittime — *a marine corps,* un corpo di 'marines'.
□ *s.* **1** *(solo al sing.:* the Marine*)* marina mercantile *(l'insieme delle navi mercantili di una nazione)*. **2** soldato della fanteria di marina; 'marine'. □ *Tell that to the (horse) marines!,* Vallo a raccontare a un altro! (a tua nonna!).

mariner ['mærinə*] *s. (lett. e naut.)* marinaio: *master mariner,* capitano *(di nave mercantile)*.

marionette [,mæriə'net] *s.* marionetta.

marital ['mæritl] *agg* maritale; coniugale: *marital obligations,* obblighi, doveri maritali (coniugali) — *marital bliss,* felicità coniugale.

maritime ['mæritaim] *agg* marittimo.

marjoram ['mɑ:dʒərəm] *s.* maggiorana.

[1]**mark** [mɑ:k] *s.* marco *(moneta tedesca)*.

[2]**mark** [mɑ:k] *s.* **1** segno; linea; traccia; impronta; marchio; indicazione; macchia: *marks of suffering (of old age),* segni di sofferenza (di vecchiaia) — *Please accept this gift as a mark of my esteem,* Accetti, La prego, questo dono come segno della mia stima — *punctuation marks,* segni di punteggiatura — *a horse with a white mark on its head,* un cavallo con una macchia bianca sulla testa — *Who made these dirty marks on my new book?,* Chi ha fatto questi segnacci sul mio libro nuovo? — *He has left his mark on the history of the country,* Ha lasciato la sua impronta nella storia del Paese — *to make one's mark,* diventare importante; avere molto successo.
2 marca; marchio; etichetta; talloncino: *price marks,* talloncini del prezzo — *trade mark,* marchio di fabbrica *(generalm. brevettato)*.
3 *(scuola)* voto; *(per estensione)* valutazione: *to give sb a good (bad) mark,* dare a qcno un buon (cattivo) voto — *to get 72 marks out of 100 for geography,* ottenere 72 voti su 100 in geografia — *to gain full marks for science,* ottenere i pieni voti in scienze — *I give the government full marks for its handling of the crisis,* Ritengo che il governo si meriti un elogio per il modo con cui ha affrontato la crisi.
4 obiettivo; bersaglio; scopo: *to hit the mark,* fare centro — *to miss the mark,* mancare il bersaglio — *an easy mark,* un facile bersaglio — *to be beside (wide of) the mark, (fig.)* essere lontano dal bersaglio; non cogliere il segno — *Your guess is wide of the mark,* Le Sue congetture sono ben lontane dalla realtà (non colgono il segno).
5 croce; il segno della croce *(adoperato come firma)*.
6 *(sport)* linea di partenza; partenza: *to get off the mark,* partire; iniziare una gara — *On your marks!,* In linea!; Ai vostri posti!
7 *(comm., riferito ad automobili, aerei, ecc.)* tipo; modello *(seguito da una particolare indicazione, di solito un numero): Meteor Mark IV,* Meteor Tipo IV.
8 *(stor.)* marca *(territorio posseduto dalla comunità di un villaggio teutonico)*.
□ *to be up to (below) the mark,* essere all'altezza (al di sotto) dei requisiti richiesti — *He doesn't feel quite up to the mark, (fam.)* Non si sente molto in forma — ⇨ *anche* **mark(-)up.**

to **mark** [mɑ:k] *vt* **1** segnare; marcare: *to mark one's name on one's clothes,* segnare il proprio nome sugli abiti — *The teacher marked the pupil absent,* L'insegnante segnò l'assenza dell'alunno — *His face is marked with smallpox,* La sua faccia è segnata dal vaiolo — *to mark time, (anche fig.)* segnare il passo — *marking-ink,* inchiostro indelebile.
2 caratterizzare; contraddistinguere: *What are the qualities that mark a great leader?,* Quali sono le qualità che caratterizzano un grande capo?
3 assegnare un voto *(a un compito, ecc.)*; correggere: *to have twenty essays to mark,* avere venti temi da correggere.
4 *(piuttosto desueto, tranne nell'espressione* You mark my words*)* notare; fare attenzione: *to mark carefully how sth is done,* fare molta attenzione a come si fa una cosa — *(You) mark my words...,* Prendi nota di quello che dico...; Ascoltami bene...
5 mostrare; rivelare; manifestare: *He used to mark his approval openly,* Era solito manifestare apertamente la sua approvazione.
6 *(sport)* marcare *(un avversario)*.
to mark off, separare; distinguere.
to mark out, - **a)** delimitare: *to mark out a tennis-court,* delimitare un campo da tennis - **b)** *to mark sb out for sth,* destinare, designare qcno a qcsa.
to mark up (down), aumentare (diminuire) il prezzo.

marked ['mɑ:kt] *agg* marcato; chiaro; evidente; notevole; spiccato: *a marked difference (improvement, change),* una differenza (un miglioramento, un cambiamento) notevole — *a man of marked ability,* un uomo di notevole capacità, di grande abilità.
□ *a marked man,* - **a)** un uomo sospetto - **b)** un uomo segnato, condannato a morire (ad essere assassinato) - **c)** un uomo segnato dal destino (destinato a grandi cose). □ *avv* **markedly.**

marker ['mɑ:kə*] *s.* **1** persona incaricata di segnare i punti. **2** segnalibro. **3** pietra miliare. **4** *(gramm.)* caratteristica distintiva: *syntactic marker,* caratteristica di una struttura sintattica. **5** segnale: *marker beacon,* radiofaro.

market ['mɑ:kit] *s.* **1** mercato: *to go to market,* andare al mercato — *market-place,* piazza del mercato; mercato — *market-town, (GB)* città in cui ha luogo il mercato — *market-day,* giorno di mercato — *market-garden, (GB)* orto *(di prodotti per il mercato)* — *to bring one's eggs (hogs) to a bad market (to the wrong market),* fallire; fare fiasco; battere alla porta sbagliata — *the Common Market,* il Mercato Comune. **2** *(comm., econ.)* mercato; vendita; commercio; smercio: *the coffee market,* il mercato del caffè — *a dull (lively) market,* un mercato fiacco (vivace) — *an upturn in the market (a market upturn),* un rialzo del mercato — *market research,* ricerca (ricerche) di mercato — *market value,* valore di mercato — *market price,* prezzo di mercato — *to be in the market for sth,* avere l'intenzione di acquistare qcsa — *to come onto the market,* essere messo sul mercato; essere (posto) in vendita — *This house will probably come onto the market next month,* Questa casa verrà probabilmente posta in vendita il mese prossimo — *the Stock Market,* la Borsa — *kerb market,* borsino — *the black market,* il mercato nero; la borsa nera — *to make a market of sth,* fare commercio di qcsa. **3** *(comm.)* richiesta; mercato; domanda; interesse: *There is no market (a poor market) for these goods,* Non c'è mercato (C'è un mercato scarso) per questa merce. **4** volume degli affari.

to **market** ['mɑ:kit] *vi e t.* **1** comprare, vendere al mercato: *to go marketing,* andare al mercato (a far compere). **2** *(USA)* fare la spesa. **3** portare o spedire al mercato; lanciare sul mercato; commercializzare.

marketable ['mɑ:kitəbl] *agg* vendibile; smerciabile; commerciabile: *marketable securities,* titoli trasferibili.

marketeer ['mɑ:kitiə*] *s. (GB: nelle espressioni) pro-marketeer; anti-marketeer,* favorevole (sfavorevole) al Mercato Comune Europeo.

marketing ['mɑ:kitiŋ] *s.* commercializzazione; 'marketing': *marketing costs,* spese di distribuzione — *marketing intelligence,* informazioni di marketing.

marking ['mɑ:kiŋ] *s.* **1** marcatura; segnatura. **2** segno; marchio. **3** macchia di colore *(spec. su animali): What lovely markings that cat has!,* Che bel pelo variegato ha quel gatto!

marksman ['mɑ:ksmən] *s.* (*pl.* **marksmen**) tiratore scelto.

marksmanship ['mɑ:ksmənʃip] *s.* abilità nella mira (nel tiro).

mark(-)up ['mɑ:kʌp] *s. (comm.)* margine; utile.

marl [mɑ:l] *s.* marna; marga.

to **marl** [mɑ:l] *vt* marnare.

marlin ['mɑ:lin] *s.* tipo di pesce spada.

marline-spike ['mɑ:linspaik] *s. (naut.)* punteruolo per funi.

marmalade ['mɑ:məleid] *s.* marmellata di arance amare (o comunque di agrumi).

marmoreal [mɑ:'mɔ:riəl] *agg (poet.)* marmoreo.

marmoset ['mɑ:məzet] *s.* uistitì.

marmot ['mɑ:mət] *s.* marmotta.

marocain ['mærəkein] *s.* 'marocain' *(tessuto di seta o lana).*

[1]**maroon** [mə'ru:n] *s. e agg* (color) marrone rossastro.

[2]**maroon** [mə'ru:n] *s.* castagnola; mortaretto.

[3]**maroon** [mə'ru:n] *s.* schiavo negro fuggiasco (o suo discendente).

to **maroon** [mə'ru:n] *vt* abbandonare (qcno) in un luogo deserto *(spec. un'isola).*

marque [mɑ:k] *s.* **1** *(stor.) letters of marque,* permesso dato ai privati di armare navi *(per attaccare e catturare navi nemiche).* **2** marca *(d'automobile).*

marquee [mɑ:'ki:] *s.* grande tenda; padiglione.

marquess ['mɑ:kwis] *s.* marchese.

marquetry ['mɑ:kitri] *s.* intarsio; lavoro d'intarsio.

marquis ['mɑ:kwis] *s.* marchese.

marriage ['mæridʒ] *s.* **1** matrimonio *(anche fig.);* unione; connubio; legame: *A marriage has been arranged between... and...,* È stato combinato il matrimonio tra... e... — *an offer of marriage,* un'offerta di matrimonio — *a marriage of generous minds,* un connubio di anime generose — *to give (to take) in marriage,* dare (prendere) in matrimonio — *marriage lines, (GB)* certificato di matrimonio — *marriage-tie,* vincolo coniugale. **2** nozze; cerimonia nuziale; sponsali; sposalizio: *a civil marriage,* nozze civili.

marriageable ['mæridʒəbl] *agg* **1** in età da marito (da prendere moglie). **2** adatto al matrimonio.

married ['mærid] *agg* (*p. pass. di* **to marry**) sposato: *married couples,* coppie (di sposi) — *married life,* vita coniugale — *to get married,* sposarsi.

marrow ['mærou] *s.* **1** midollo: *He was chilled to the marrow,* Era gelato sino al midollo. **2** *(fig.)* essenza; quintessenza; succo: *the pith and marrow of his statement,* il succo delle sue asserzioni. **3** *(anche* vegetable marrow*)* zucca: *baby marrows,* zucchini.

marrowbone ['mærouboun] *s.* ossobuco.

marrowfat ['mæroufæt] *s.* grosso pisello primaticcio.

marry ['mæri] *interiezione (ant.)* accidenti!; caspita!; questa poi!

to **marry** ['mæri] *vt e i.* **1** sposarsi; prendere moglie (marito); sposare; prendere in moglie: *John will shortly marry Jane,* John sta per sposare Jane — *to marry again,* risposarsi. **2** *(di sacerdote, sindaco, ecc.)* sposare; celebrare il matrimonio; unire in matrimonio; celebrare le nozze. **3** accasare; dare in matrimonio: *He married both his daughters to wealthy executives,* Diede in matrimonio entrambe le figlie a ricchi dirigenti d'azienda — *She has married off all her daughters,* Ha accasato tutte le sue figlie. **4** *(fig., spec. mecc.)* accoppiare; collegare; *(naut.)* impiombare.

Mars [mɑ:z] *nome proprio (mitologia, astronomia)* Marte.

Marsala [mɑ:'sɑ:lə] *s.* marsala *(vino).*

Marseillaise [,mɑ:sə'leiz] *s. (fr.)* (la) Marsigliese.

marsh [mɑ:ʃ] *s.* palude; acquitrino. □ *marsh mallow,* altea; malva (⇨ *anche* **marshmallow**).

marshal ['mɑ:ʃəl] *s.* **1** maresciallo *(massimo grado militare): Field-Marshal,* feldmaresciallo — *Air-Marshal,* maresciallo dell'aria. **2** cerimoniere; maestro di cerimonia. **3** *(USA)* sceriffo; capo della polizia (locale); capo di un distaccamento di pompieri. **4** *(GB, dir.)* ufficiale giudiziario *(generalm. il giovane assistente di un giudice).*

to **marshal** ['mɑ:ʃəl] *vt* (**-ll-**; *USA* **-l-**) **1** mettere in ordine; disporre in ordine; allineare; schierare: *to marshal facts,* ordinare fatti — *to marshal troops,* schierare le truppe — *marshalling-yard, (ferrovia)* scalo merci. **2** accompagnare cerimoniosamente, scortare *(qcno): to marshal sb into the presence of the Queen,* accompagnare qcno al cospetto della regina. **3** *(araldica)* disporre, combinare sopra uno stemma gentilizio.

marshmallow [mɑ:ʃ'mælou] *s.* caramella gommosa e pastosa.

marshy ['mɑ:ʃi] *agg* paludoso; acquitrinoso.

marsupial [mɑ:'sju:piəl] *agg e s.* marsupiale.

mart [mɑ:t] *s.* **1** *(lett.)* mercato; piazza del mercato. **2** centro commerciale; centro di vendita; asta.

marten ['mɑ:tin] *s.* martora.

martial ['mɑ:ʃəl] *agg* **1** marziale: *martial law,* legge marziale — *court-martial (pl.: courts-martial),* corte marziale. **2** bellicoso; coraggioso: *to show a martial spirit,* mostrare uno spirito bellicoso. **3** *(raro)* di Marte. **4** *(med.)* marziale; ferruginoso. □ *avv* **martially.**

Martian ['mɑ:ʃiən] *s. e agg* marziano.

martin ['mɑ:tin] *s. (anche* house-martin*)* balestruccio; rondicchio.

martinet [,mɑ:ti'net] *s. (spec. mil.)* superiore rigido e severo; 'colonnello' *(fig.): His wife is a real martinet!,* Sua moglie è proprio un colonnello!

martingale ['mɑ:tiŋgeil] *s.* **1** martingala. **2** *(nei giochi d'azzardo)* raddoppio della posta *(a ogni giocata).*

Martinmas ['mɑ:tinmæs] *s.* *(ant.)* festa di San Martino.

martyr ['mɑ:tə*] *s.* martire *(anche fig.);* vittima: *to die a martyr in the cause of science,* morire martire per la causa della scienza — *to be a martyr to sth,* essere vittima di qcsa — *He's a martyr to rheumatism,* È una vittima dei reumatismi — *to make a martyr of oneself,* sacrificarsi; farsi (atteggiarsi a) martire.

to **martyr** ['mɑ:tə*] *vt* martoriare; martirizzare; condannare al martirio.

martyrdom ['mɑ:tədəm] *s.* martirio *(anche fig.);* calvario.

marvel ['mɑ:vəl] *s.* meraviglia; cosa o persona che è oggetto di meraviglia; prodigio; miracolo: *the marvels of modern science,* le meraviglie della scienza moderna — *It's a marvel that he escaped unhurt,* È un prodigio che ne sia uscito indenne — *to work marvels,* fare miracoli.

to **marvel** ['mɑ:vəl] *vi* (**-ll-**; *USA* **-l-**) **1** *(generalm. seguito da* at*)* meravigliarsi; stupirsi; sorprendersi. **2** domandarsi; essere curioso di sapere; chiedersi.

marvellous ['mɑ:viləs] *agg* meraviglioso; stupefacente; 'fantastico' *(fam.).* □ *avv* **marvellously.**

Marxian, Marxist ['mɑ:ksjən/'mɑ:ksist] *agg e s.* marxista.

Marxism ['mɑ:ksizəm] *s.* marxismo.

marzipan [,mɑ:zi'pæn] *s.* marzapane.

mascara [mæs'kɑ:rə] *s.* mascara *(cosmetico per ciglia e sopracciglia).*

mascot ['mæskət] *s.* 'mascotte'; portafortuna.

masculine ['mɑ:skjulin] *agg* **1** maschile *(anche gramm.);* maschio; *(per estensione)* virile; *(talvolta)* mascolino: *a masculine style,* uno stile maschio — *a masculine woman,* una donna mascolina. **2** *(gramm.)* maschile.

masculinity [,mæskju'liniti] *s.* mascolinità; virilità.

maser ['mɑ:sə*] *s.* 'maser'; amplificatore di microonde.

mash [mæʃ] *s.* **1** *(spesso* bran nash*)* pastone, beverone per cavalli. **2** *(cucina)* 'passato'; purea *(di patate): bangers and mash, (GB, fam.)* piatto di salsiccette con purea di patate. **3** miscuglio di malto e acqua *(per fare la birra).* **4** mescolanza; miscuglio.

to **mash** [mæʃ] *vt* **1** schiacciare; impastare; 'passare': *mashed potatoes,* purea di patate. **2** *(GB, dial. settentrionale)* fare un'infusione di (tè, ecc.).

masher ['mæʃə*] *s.* **1** chi pesta, schiaccia, ecc. **2** schiacciapatate; passaverdura. **3** *(fam., desueto)* damerino; rubacuori.

mashie ['mæʃi] *s.* tipo di mazza da golf *(in ferro).*

mask [mɑ:sk] *s.* **1** maschera *(vari sensi, anche fig.);* mascherina: *to throw off one's mask,* gettare la maschera — *to do sth under the mask of friendship,* fare qcsa sotto la maschera dell'amicizia — *gas-mask,* maschera antigas — *death-mask,* maschera mortuaria. **2** testa; muso *(di volpe, cane, ecc.).* **3** = **masque. 4** *(elettr.)* schema *(di un circuito integrato).*

to **mask** [mɑ:sk] *vt* **1** mascherare: *a masked ball,* un ballo in maschera. **2** *(fig.)* mascherare; dissimulare; celare: *to mask one's enmity under an appearance of friendliness,* mascherare la propria ostilità sotto una parvenza di amicizia.

masochism ['mæzoukizəm] *s.* masochismo.

masochist ['mæzoukist] *s.* masochista.

masochistic [,mæzou'kistik] *agg* masochistico. □ *avv* **masochistically.**

mason ['meisn] *s.* **1** *(USA)* muratore; *(GB)* addetto alla muratura di pietre da taglio: *master-mason,* capomastro — *stone-mason,* scalpellino. **2** massone; frammassone.

masonic [mə'sɔnik] *agg* massonico.

masonry ['meisnri] *s.* **1** *(USA)* muratura; *(GB)* muratura di pietre da taglio. **2** massoneria; frammassoneria.

masque [mɑ:sk] *s.* (*talvolta* **mask**) 'masque' *(spettacolo allegorico in auge nel primo '600' rappresentato in case aristocratiche o come intermezzo durante una rappresentazione teatrale).*

masquerade [,mæskə'reid] *s.* **1** ballo in maschera. **2** *(fig.)* mascherata; finzione; 'messa in scena'.

to **masquerade** [,mæskə'reid] *vt* mascherarsi; travestirsi: *a prince masquerading as a peasant,* un principe travestito da contadino.

[1]**mass** [mæs] *s.* massa *(vari sensi);* grande quantità; ammasso; moltitudine; gran numero; folla: *The azaleas made a mass of colour,* Le azalee creavano una massa di colore — *A mass of snow broke away and started an avalanche,* Un ammasso di neve si staccò mettendo in moto una valanga — *The poor chap was a mass of bruises,* Il poveretto era tutto un livido — *the masses,* le masse — ... *in the mass,* ... per la maggioranza; ... per lo più; ... in gran parte — *mass-media; mass-communications,* mezzi di grande diffusione; 'mass media'; comunicazioni di massa — *mass meeting,* raduno (adunata) popolare *(generalm. di protesta)* — ⇨ *anche* **to mass-produce, mass-production.**

to **mass** [mæs] *vt e i.* ammassare, ammassarsi; raggruppare, raggrupparsi; concentrare: *Troops are massing (are being massed) on the frontier,* Le truppe si stanno ammassando alla frontiera.

[2]**Mass, mass** [mæs] *s.* messa: *high Mass,* messa cantata, solenne — *low Mass,* messa bassa — *to go to Mass,* andare a messa — *to hear Mass,* sentire messa; ascoltare la messa — *to say Mass,* dire messa.

massacre ['mæsəkə*] *s.* massacro; carneficina; eccidio; macello; strage; *(scherz., p.es. sport)* disastro; macello.

to **massacre** ['mæsəkə*] *vt* massacrare; *(scherz., sport)* polverizzare; schiacciare.

massage ['mæsɑ:ʒ] *s.* massaggio.
to **massage** ['mæsɑ:ʒ] *vt* massaggiare.
masseur [mæ'sə:*] *s. (fr.)* massaggiatore.
masseuse [mæ'sə:z] *s. (fr.)* massaggiatrice.
massif ['mæsi:f] *s. (fr.)* massiccio.
massive ['mæsiv] *agg* **1** massiccio; enorme; vasto: *a massive monument,* un monumento massiccio — *a massive forehead,* una fronte spaziosa — *a massive dose, (med., ecc.)* una dose massiccia, massiva. **2** *(fig.)* imponente; forte.
massiveness ['mæsivnis] *s.* **1** compattezza; solidità. **2** *(fig.)* imponenza.
to **mass-produce** ['mæsprou'dju:s] *vt* produrre in serie.
mass-production ['mæsprou'dʌkʃən] *s.* produzione in serie.
massy ['mæsi] *agg (ant. e lett.)* compatto; solido.
[1]**mast** [mɑ:st] *s.* **1** *(naut.)* albero; *(al pl.)* alberatura: *to be at the mast,* essere di guardia in coffa — *to send to the mast,* mandare (a far la guardia) in coffa — *to sail before the mast,* fare il marinaio semplice *(e non l'ufficiale)* — *mast-heel,* piede d'albero — *fore mast,* albero di trinchetto — *lower mast,* albero maggiore — *main mast,* albero di maestra — *mizzen mast,* albero di mezzana — *topgallant mast,* alberetto — ⇨ *anche* **mast-head. 2** (asta, sostegno di) antenna radio o televisiva. **3** *(anche* mooring mast*)* torre di ancoraggio *(per aerostati).* **4** asta *(di bandiera).* **5** *(di carrello trasportatore, ecc.)* montante.
[2]**mast** [mɑ:st] *s.* ghianda; bacca; faggiola.
-masted ['mɑ:stid] *agg (naut.: nei composti, p.es.) three-masted,* a tre alberi.
-master ['mɑ:stə*] *s. (naut.: nei composti, p.es.) a four-master,* un veliero a quattro alberi.
master ['mɑ:stə*] *s.* **1** padrone; capo; *(talvolta)* principale: *master and man,* padrone e dipendente — *to be master of the situation,* essere padrone della situazione — *You cannot be the master of your fate,* Non si può essere padroni del proprio destino — *to be one's own master,* essere il padrone di sé stesso; essere indipendente, autonomo; non aver padroni — *to be master in one's own house,* essere padrone in casa propria — *the master of the house,* il padrone di casa; il capo famiglia — *Master of Foxhounds,* maestro dei segugi; capocaccia — *Master of Ceremonies,* maestro delle cerimonie (del cerimoniale); *(p.es. in un programma televisivo)* presentatore.
2 *(attrib.)* maestro; esperto; artigiano: *master carpenter,* maestro falegname; carpentiere — *master-builder; master-mason,* capomastro — *the work of a master hand,* l'opera di una mano esperta — *a master mind,* una mente superiore; un genio — *(the) Old Masters,* gli antichi maestri *(generalm. i pittori del XIII e XIV secolo)* — *master-at-arms, (naut.)* aiutante *(con funzione di polizia)* — *master-mechanic,* capo meccanico — *master catalogue, (comm.)* catalogo generale — *master cylinder, (mecc.)* cilindro principale — *master-key,* chiave maestra; passepartout — *master-switch, (elettr.)* interruttore principale — *master-wheel, (mecc.)* ruota di comando — *master stroke,* colpo magistrale, da maestro — *master-wort, (bot.)* angelica.
3 *(naut.)* capitano *(di nave mercantile; spesso attrib.): a master mariner,* un capitano di marina — *to obtain one's master's certificate,* ottenere il brevetto di capitano.
4 insegnante; maestro; professore *(non universitario): the mathematics master,* il professore (l'insegnante) di matematica — *school-master,* insegnante; maestro di scuola — *head-master,* preside — *a dancing (fencing) master,* un maestro di ballo (di scherma).
5 il Maestro (Gesù Cristo, Budda, ecc.).
6 titolo accademico superiore a quello di 'Bachelor'; diploma superiore: *Master of Arts (abbr.* M.A.*),* laureato in Lettere — *Master of Science (abbr.* M. Sc.*),* laureato in Scienze Naturali.
7 padroncino; signorino *(usato dai domestici e da chiunque per scrivere l'indirizzo su una busta): Master Charles,* (il) signorino Charles.
8 direttore; preside; rettore *(di certi* colleges *universitari).*
□ ⇨ *anche* **masterpiece, mastership, to master-mind.**
to **master** ['mɑ:stə*] *vt* essere (diventare) padrone; impadronirsi (di); controllare; dominare: *to master one's temper (feelings),* controllare il proprio carattere (dominare i propri sentimenti) — *to master a foreign language,* diventare padrone (impadronirsi) di una lingua straniera.
masterful ['mɑ:stəful] *agg* autoritario; imperioso: *to speak in a masterful manner,* parlare in modo autoritario. □ *avv* **masterfully.**
masterless ['mɑ:stəlis] *agg* **1** privo di padrone; senza padrone. **2** incontrollato.
masterly ['mɑ:stəli] *agg* magistrale; da maestro; abile: *with a few masterly strokes of the brush,* con alcuni colpi magistrali di pennello.
to **master-mind** ['mɑ:stə,maind] *vt (cfr.* **master 2***)* ideare e dirigere *(p.es. un progetto, una ricerca, un crimine).*
masterpiece ['mɑ:stəpi:s] *s.* capolavoro.
mastership ['mɑ:stəʃip] *s.* **1** dominio; potere. **2** professione di maestro, d'insegnante *(in una scuola media): He was offered an assistant mastership in Bolton,* Gli offrirono un posto di professore (non di ruolo) a Bolton.
mastery ['mɑ:stəri] *s.* **1** padronanza; maestria. **2** supremazia.
masthead ['mɑ:sthed] *s.* **1** *(naut.)* testa d'albero. **2** intestazione di un giornale o di una rivista.
mastic ['mæstik] *s.* resina; mastice.
to **masticate** ['mæstikeit] *vt* masticare.
mastication [,mæsti'keiʃən] *s.* masticazione.
mastiff ['mæstif] *s.* mastino.
mastless ['mæstles] *agg* disalberato.
mastodon ['mæstədɔn] *s.* mastodonte.
mastoid ['mæstɔid] *s.* mastoide.
mastoiditis [,mæstɔi'daitis] *s.* mastoidite.
to **masturbate** ['mæstəbeit] *vi* masturbarsi. □ *vt* masturbare.
masturbation [,mæstə'beiʃən] *s.* masturbazione.
[1]**mat** [mæt] *s.* **1** stuoia; sottopiedi; zerbino *(anche* door-mat*); (naut.)* paglietto; *(di automobile)* tappeto. **2** sottopiatto; sottovaso. **3** viluppo; groviglio; intreccio disordinato e confuso: *a mat of weeds,* un intreccio di erbacce — *to comb the mats out of a dog's thick hair,* togliere con il pettine i nodi dal pelo folto di un cane. □ *to be on the mat,* - **a)** *(sl.)* essere nei guai - **b)** venir rimproverato (sgridato) severamente.
to **mat** [mæt] *vt e i.* (**-tt-**) **1** coprire di stuoie; proteggere con delle stuoie. **2** aggrovigliare, aggrovigliarsi; arruffare, arruffarsi; intrecciare, intrecciarsi in modo disordinato e confuso: *matted hair,* capelli arruffati.
[2]**mat, matt** [mæt] *agg* opaco; appannato; 'matto'. □ *matt black,* nero opaco — *a mat surface,* una superficie opaca.
matador ['mætədɔ:*] *s.* 'matador'; torero; mattatore.
[1]**match** [mætʃ] *s.* **1** fiammifero; cerino; zolfanello: *safety matches,* fiammiferi svedesi (di sicurezza) — *to*

strike a match, accendere un fiammifero — *match-box,* scatola di fiammiferi — ⇨ *anche* **matchboard, matchwood. 2** miccia; spoletta — ⇨ *anche* **matchlock.**

[2]**match** [mætʃ] *s.* **1** gara; contesto; incontro sportivo; partita; lotta: *a soccer match,* un incontro (una partita) di calcio — *match point,* l'ultimo punto che decide dell'esito di una partita. **2** uguale; pari; simile; combinazione: *colours (materials) that are a good match,* colori (materiali) che stanno bene insieme — *to meet one's match,* incontrare un degno avversario — *He is up against more than his match,* Ha trovato un avversario che gli darà del filo da torcere — *You are no match for him,* Non puoi competere con lui (Non puoi tenergli testa). **3** matrimonio; *(per estensione)* partito: *match-maker,* - **a)** mezzano di matrimoni; paraninfo - **b)** chi cerca di combinare matrimoni *(spec. scherz.)* — *love-match,* matrimonio d'amore — *He's a good match,* È un buon partito.

to **match** [mætʃ] *vt e i.* **1** contrapporre; confrontare; misurare: *I'm ready to match my strength against yours,* Sono pronto a misurare la mia forza con la tua. **2** eguagliare; essere pari; stare alla pari (di qcno, qcsa): *a well-matched pair,* - **a)** una coppia di avversari pari in valore - **b)** una coppia ben assortita — *No one can match him in archery,* Nessuno lo eguaglia nel tiro all'arco. **3** intonarsi; accompagnare; armonizzare; andar bene insieme; combinarsi; star bene (con); essere in tono (con): *The carpets should match the curtains,* I tappeti dovrebbero intonarsi alle tende — *The curtains and carpets should match,* Le tende ed i tappeti dovrebbero armonizzare (andar bene insieme) — *She was wearing a brown dress with hat and gloves to match,* Portava un abito marrone con cappellino e guanti intonati. **4** trovare il paio, il compagno; trovar qcsa che si accompagni bene con un'altra. **5** accoppiare; congiungere; appaiare; maritare; unire in matrimonio.

matchboard ['mætʃbɔ:d] *s.* perlina.

matchet ['mætʃet] *s.* = **machete.**

matching ['mætʃiŋ] *agg* (*p. pres. di* **to match 3**) intonato.

matchless ['mætʃlis] *agg* impareggiabile; ineguagliabile; senza pari.

matchlock ['mætʃlɔk] *s.* archibugio; fucile a miccia.

matchmaker [mætʃ'meikə*] *s.* ⇨ [2]**match 3.**

matchwood ['mætʃwud] *s.* **1** legno per fiammiferi. **2** legna minuta *(da ardere).* □ *to smash sth to matchwood,* frantumare qcsa; ridurre qcsa in frantumi (in pezzi, in schegge).

maté ['mɑtei] *s.* 'tè del Paraguay' *(infuso ottenuto dalle foglie di un arbusto sud-americano).*

[1]**mate** [meit] *s.* **1** compagno *(di lavoro);* camerata; *(usato come appellativo fam., spec. tra operai)* amico; 'capo': *play(-)mate,* compagno di giochi — *class-mate,* compagno di classe — *Where are you off to, mate?, (fam.)* Dove vai, amico? **2** *(di una coppia di animali appaiati)* compagno (compagna): *the lioness and her mate,* la leonessa e il suo compagno. **3** *(generalm. scherz.)* coniuge; consorte; compagno, compagna: *She has been a faithful mate to him,* È stata per lui una fedele compagna. **4** *(naut.)* secondo; ufficiale in seconda (di coperta): *second (third) mate,* secondo (terzo) ufficiale in seconda — *the chief mate,* il primo ufficiale in seconda. **5** aiuto; assistente; aiutante: *the cook's (gunner's, surgeon's) mate,* l'aiutante-cuoco (l'aiutocannoniere; l'assistente chirurgo).

[1]to **mate** [meit] *vt e i.* **1** accoppiare, accoppiarsi: *the mating season,* la stagione degli accoppiamenti (degli amori). **2** *(mecc.)* accoppiarsi; combaciare.

[2]**mate** [meit] *s.* (= **checkmate**) scacco matto.

[2]to **mate** [meit] *vt* dare scacco matto (a qcno).

mater ['meitə*] *s. (GB, sl. studentesco delle classi alte, ormai inconsueto)* madre.

[1]**material** [mə'tiəriəl] *s.* **1** materiale; sostanza; materia: *raw materials,* materie prime — *writing materials,* l'occorrente per scrivere — *material for thought,* materiale di riflessione (per la meditazione) — *the material from which history is made,* la materia di cui è fatta la storia. **2** stoffa; tessuto.

[2]**material** [mə'tiəriəl] *agg* **1** materiale; fisico; corporeo; di materia: *the material world,* il mondo fisico — *material needs,* necessità materiali — *a material point of view,* un punto di vista concreto. **2** importante; essenziale; sostanziale; fondamentale: *Is this point material to your argument?,* Questo punto è importante (essenziale, fondamentale) per la Sua argomentazione?

materialism [mə'tiəriəlizəm] *s.* materialismo.

materialist [mə'tiəriəlist] *s.* materialista.

materialistic [mə'tiəriə'listik] *agg* materialistico. □ *avv* **materialistically.**

materialization [mə,tiəriəlai'zeiʃən] *s.* materializzazione.

to **materialize** [mə'tiəriəlaiz] *vt e i.* materializzare, materializzarsi; concretizzare, concretizzarsi; realizzarsi: *Our plans did not materialize,* I nostri progetti non si realizzarono (non si attuarono).

maternal [mə'tə:nl] *agg* materno: *maternal care,* cure materne — *my maternal grandfather,* mio nonno materno.

maternity [mə'tə:niti] *s.* maternità: *maternity ward,* reparto maternità.

matey ['meiti] *agg* (fin troppo) amichevole; familiare; cordiale; socievole.
□ *s.* = [1]**mate 1** *(solo come appellativo).*

math [mæθ] *s. (USA)* = **maths.**

mathematical [,mæθi'mætikl] *agg* matematico; *(per estensione)* esatto; preciso; sicuro.

mathematician [,mæθimə'tiʃən] *s.* matematico.

mathematics [,mæθi'mætiks] *s. (col v. al sing. o al pl.)* matematica: *His mathematics are weak,* È debole in matematica — *Mathematics is his weak point,* La matematica è il suo punto debole — *pure mathematics,* matematica pura — *applied mathematics,* matematica applicata.

maths [mæθs] *s.* (*abbr. fam. di* mathematics; *in USA* **math**) matematica: *our maths mistress,* la nostra professoressa di matematica.

matinée ['mætinei] *s. (fr.) (teatro, abbigliamento)* 'matinée' *(anche attrib.): matinée idol,* attore idoleggiato — *matinée jacket,* 'matinée' *(vestaglia).*

matins ['mætinz] *s. pl* mattutino *(ufficio canonico).*

matriarch ['meitriɑ:k] *s.* matriarca; *(scherz.)* mater familias.

matriarchal [,meitri'ɑ:kl] *agg* matriarcale.

matriarchy ['meitriɑ:ki] *s.* matriarcato.

matric [mə'trik] *s., abbr di* **matriculation 3.**

matrices ['meitrisi:z] *s. pl di* **matrix.**

matricide ['meitrisaid] *s.* **1** matricidio. **2** matricida.

to **matriculate** [mə'trikjuleit] *vt e i.* immatricolare, immatricolarsi *(all'università).*

matriculation [mə,trikju'leiʃən] *s.* **1** immatricolazione. **2** esame di ammissione all'università. **3** *(GB, un tempo)* diploma di maturità.

matrimonial [,mætri'mounjəl] *agg* matrimoniale; coniugale.
matrimony ['mætrimǝni] *s.* matrimonio: *to unite two persons in holy matrimony,* unire due persone nel sacro vincolo del matrimonio.
matrix ['meitriks] *s.* (*pl.* **matrices, matrixes**) **1** matrice. **2** *(fonderia)* forma; stampo.
matron ['meitrən] *s.* **1** governante *(di scuola, collegio, ecc.).* **2** capo infermiera *(di un grande ospedale).* **3** donna sposata *(di mezz'età);* vedova; matrona: *styles suitable for matrons,* abbigliamenti adatti a signore d'una certa età. **4** donna imponente; matrona.
matronly ['meitrənli] *agg* matronale; imponente: *a matronly manner,* modi solenni, da matrona — *matronly duties,* doveri matronali.
matt [mæt] *agg* ⇨ [2]**mat.**
matted ['mætid] *agg* ⇨ **to mat 2.**
matter ['mætə*] *s.* **1** materia; materiale; sostanza; roba: *colouring matter,* materia colorante — *grey matter,* materia grigia; *(fig.)* cervello; intelligenza — *printed matter,* stampe (plico di stampati) — *reading matter,* materiale di lettura — *foreign matter,* sostanza estranea.
2 contenuto; argomento: *The matter in your essay is good but the style is poor,* Il contenuto del tuo tema è buono ma la forma è scadente.
3 questione; materia; faccenda; cosa: *money matters,* questioni di denaro (di soldi) — *This is a matter I know little about,* Questa è una faccenda della quale so poco — *There are several matters to be dealt with at the committee meeting,* Ci sono diverse questioni che devono essere trattate alla riunione del comitato — *It's only a matter of time,* È solo una questione di tempo — *It's a matter of only a few hours,* È una faccenda che richiederà poche ore — *as a matter of fact,* per dire la verità; in verità; in realtà — *matter-of-fact,* prosaico; pratico; realistico; terra a terra — *matter-of-factness,* prosaicità; praticità; realismo; spirito pratico — *as a matter of course,* come era (è) prevedibile; secondo l'ordine naturale delle cose — *It's a matter of habit,* È questione di abitudine — *a matter of opinion,* una cosa discutibile (opinabile) — *for that matter; for the matter of that,* - **a)** per quanto riguarda questa faccenda - **b)** se è per quello (tanto vale...) — *For that matter, we might just as well go,* Se è per quello, tanto vale che ce ne andiamo — *John doesn't smoke, and nor do I, for that matter,* John non fuma, e non fumo neanch'io, se è per quello — *in the matter of...,* per quanto concerne...; in fatto di... — *He is strict in the matter of discipline,* È rigido per quanto concerne la disciplina — *a hanging matter,* un'azione degna di impiccagione; un crimine da forca — *no laughing matter,* una questione seria, tutt'altro che da ridere — *to make matters worse,* peggiorare la situazione — *... and to make matters worse...,* ... e come se non bastasse...
4 (*costruzione ellittica; cfr. anche* **to matter**) importanza; rilievo: *It's no matter,* Non è di alcuna importanza; Non importa; Non fa niente — *No matter!,* Non importa!; Nessuna importanza! — *Don't trust him, no matter what he says or does,* Non fidarti di lui, qualunque cosa dica o faccia.
5 difficoltà; inconveniente; guaio; fastidio; cosa che non va: *What (on earth) is the matter?,* Cosa (diavolo) c'è che non va? — *Is there anything the matter with him?,* Ha qualcosa che non va?; Ha qualche fastidio? — *What's the matter with this seat?,* Che cosa c'è che non va con questa sedia? — *What's the matter with him marrying her?,* Che male c'è se lui la sposa?
6 *(med.)* pus; materia.
7 *(tipografia)* composizione.
to **matter** ['mætə*] *vi* importare; avere importanza: *What does it matter?,* Cosa importa?; Che importanza ha? — *It doesn't matter much, does it?,* Non ha molta importanza, vero? — *It doesn't matter at all,* Non ha la minima importanza — *It doesn't matter to me what you do or where you go,* Non m'importa affatto cosa fai o dove vai.
matter-of-fact ['mætər-əv-fækt] *agg,* **matter-of-factness** ['mætər-əv-'fæktnis] *s.* ⇨ **matter 3.**
matting ['mætiŋ] *s.* materiale per stuoie e per imballo.
mattins ['mætinz] *s. pl* = **matins.**
mattock ['mætək] *s.* zappa *(a forma di piccozza);* gravina.
mattress ['mætris] *s.* materasso; pagliericcio: *spring mattress,* materasso a molle — *mattress maker,* materassaio — *foam-rubber mattress,* materasso di gommapiuma.
maturation [,mætju'reiʃən] *s.* maturazione; maturamento; *(med.)* suppurazione.
mature [mə'tjuə*] *agg* **1** maturo: *persons of mature years,* persone di età matura. **2** accurato; perfezionato; ponderato: *after mature deliberation,* dopo una ponderata deliberazione — *mature plans,* piani perfezionati, ponderati. **3** *(comm.: di effetto cambiario)* in scadenza; scaduto. □ *avv* **maturely.**
to **mature** [mə'tjuə*] *vt e i.* **1** maturare; far maturare. **2** *(comm.)* scadere.
maturity [mə'tjuəriti] *s.* **1** maturità *(in senso generale).* **2** accuratezza *(di piano, progetto, ecc.).* **3** *(comm.)* scadenza.
matutinal [mə'tju:tinl/*(USA)* ,mætju:'tainl] *agg* mattutino.
maudlin ['mɔ:dlin] *agg* stucchevole; svenevole; sentimentale; lacrimoso; piagnucoloso: *The drunken man began to get maudlin,* L'ubriaco cominciò a diventare sentimentale.
to **maul** [mɔ:l] *vt* maltrattare; malmenare; bistrattare.
maulstick ['mɔ:lstik] *s. (pittura)* appoggiamano.
to **maunder** ['mɔ:ndə*] *vi* **1** parlare a vanvera. **2** muoversi, agire sbadatamente.
Maundy Thursday ['mɔ:ndi'θə:zdi] *s.* giovedì santo. □ *(GB) the Maundy (anche* the Royal Maundy *o* Maundy Money*),* elemosina *(in denaro d'argento specialmente coniato)* fatta dal sovrano il giovedì santo.
mausoleum [,mɔ:sə'liəm] *s.* mausoleo.
mauve [mouv] *agg e s.* (color) malva.
maverick ['mævərik] *s. (USA)* **1** capo di bestiame senza marchio. **2** chi sta fuori da gruppi (letterari, politici, ecc.) organizzati; dissidente.
to **maverick** ['mævərik] *vi (USA)* vagabondare.
maw [mɔ:] *s.* stomaco d'animale; *(talvolta, p.es. di pescecane, squalo, ecc.)* fauci.
mawkish ['mɔ:kiʃ] *agg* sdolcinato; svenevole.
mawkishness ['mɔ:kiʃnis] *s.* sdolcinatezza; svenevolezza.
maxi ['mæksi] *s. (fam.)* 'maxi'; gonna, soprabito, ecc. lungo fino alle caviglie *(usato anche attrib.).*
maxim ['mæksim] *s.* massima.
maximal ['mæksiməl] *agg* ⇨ **maximum.**
maximization [,mæksimai'zeiʃən] *s.* massimizzazione.
to **maximize** ['mæksimaiz] *vt* massimizzare.
maximum ['mæksiməm] *s.* (*pl.* **maxima, maximums**) il massimo: *to obtain 81 marks out of a maximum of 100,* ottenere 81 punti su un massimo di 100.
□ *agg* massimo; massimale: *the maximum*

temperature recorded in London, la temperatura massima registrata a Londra — *The maximum load for this lorry is one ton,* Il carico massimo per questo autocarro è una tonnellata.

may [mei] *v. dif* (**might** *al condiz. pres. e pass., e anche al pass. indic. in un discorso indiretto: i negativi* may not, might not *si abbreviano in* mayn't, mightn't) **potere** - **a)** *(in senso ipotetico): That may or may not be true,* Può essere vero o no — *He may have missed his train,* Può darsi che abbia perso il treno — *This medicine may (might) cure your cough,* È possibile che questa medicina ti liberi dalla tosse — *I thought she might come,* Pensavo che sarebbe venuta — *You may walk for miles and miles without meeting anyone,* Puoi camminare per miglia e miglia senza incontrare nessuno — *I think you might at least offer to help,* Penso che potresti almeno offrirti di dare una mano — *You might do me a favour,* Potresti farmi un piacere — *It might be a good idea,* Potrebb'essere una buona idea — *You may well say so!,* Puoi ben dirlo! — *You may well ask!,* Puoi ben chiedere il perché! — *Well may (might) you be surprised!,* Hai (Avresti) ben motivo di meravigliarti!

b) *(per chiedere o dare permesso) May I come in?,* Posso entrare?; Permesso? — *You may come if you wish,* Puoi venire se vuoi — *Well, if I may say so...,* Bene, se mi è lecito dire quel che penso... — *May (Might) I make a suggestion?,* Posso (Potrei) suggerire qualcosa?

c) *(per indicare un'incertezza; per chiedere un'informazione; per esprimere sorpresa) Well, and who might he be?,* Bene, e chi può mai essere costui? — *How old may (might) she be?,* Quanti anni può avere?; Quanti anni le dai?

d) *(in senso ottativo) May you be happy!,* Possa tu essere felice! — *May they live long!,* Possano campare cent'anni! — *Long may she live to enjoy her good fortune!,* Possa vivere a lungo e godere della sua buona sorte!

e) *(in proposizioni consecutive o finali e dopo i verbi* to wish, to be afraid, *ecc.) I'll write to him today so that he may know when to expect us,* Gli scriverò oggi perché possa sapere quando dovrà aspettarci — *I'm afraid the news may be true,* Temo che la notizia sia vera — *He died so that others might live,* Morì perché altri potessero vivere.

□ **You (He, They,** *ecc.***) may (might) as well...,** Tanto vale che... — *We may (might) as well stay where we are,* Tanto vale stare qui — *You might just as well go as not,* Che tu ci vada o meno è lo stesso; Tanto vale che tu ci vada — *You might as well go to the reception, you never know who might be there,* Non faresti male ad andare (Tanto vale andare) al ricevimento; non si sa mai chi ci potrebbe essere.

May [mei] *s.* **1** maggio: *May Day,* (⇨ *anche* **mayday**) - **a)** calendimaggio - **b)** il primo maggio — *May Queen; Queen of the May,* reginetta di calendimaggio — ⇨ *anche* **maypole** — *may-beetle; may-bug,* maggiolino (⇨ *anche* **mayfly**) — *may-flower; may-blossom,* biancospino — *may-lily,* mughetto. **2** *(fig.)* rigoglio; fior degli anni; giovinezza: *in the May of life,* nel rigoglio della vita (nel fiore degli anni). **3** *(con l'iniziale minuscola)* fiore del biancospino.

maybe ['meibi:] *avv* forse; probabilmente; può darsi (che): *Maybe he'll come,* Forse verrà; Può darsi che venga — *'D'you think he'll come?' - 'Maybe',* 'Credi che verrà?' - 'Può darsi'. □ *as soon as maybe,* il più presto possibile; al più presto.

mayday ['meidei] *s. (dal fr. 'm'aider')* segnale convenzionale per la richiesta di soccorso *(navi, aerei).*

mayfly ['meiflai] *s.* effimera; efemera *(insetto).*

mayhem ['meihem] *s.* (*ant. e USA cfr.* **to maim**) mutilazione; storpiamento.

mayonnaise [,meiə'neiz] *s.* maionese: *egg (chicken) mayonnaise,* piatto di uova sode (di pollo) con maionese.

mayor ['mɛə*] *s. (di grande città, anche* Lord Mayor*)* sindaco: *the Lord Mayor of London,* il sindaco di Londra.

mayoralty ['mɛərəlti] *s.* carica (durata in carica) di sindaco.

mayoress ['mɛəris] *s. (spesso* Lady Mayoress*)* **1** sindaco *(femminile);* 'sindachessa'. **2** moglie o parente femminile di sindaco che lo assiste nelle sue funzioni sociali.

maypole ['meipoul] *s.* palo decorato di fiori attorno al quale si danza il calendimaggio.

maze [meiz] *s.* **1** labirinto; dedalo. **2** *(fig.)* confusione: *to be in a maze,* essere stordito, perplesso, confuso.

mazed [meizd] *agg (ant.)* stordito; confuso; perplesso.

mazuma [mə'zu:mə] *s. (USA, sl.)* denaro; grana.

me [mi] *pron personale (1ª persona sing.: compl. oggetto e casi obliqui)* me; mi; a me: *He saw me,* Mi vide — *Give me one!,* Dammene uno! — *It's me,* Sono io.

[1]**mead** [mi:d] *s.* idromele.

[2]**mead** [mi:d] *s. (poet.)* prato.

meadow ['medou] *s.* prato; campo *(spec. da foraggio).*

meagre, ['mi:gə*] (*USA* **meager**) *agg* **1** *(non molto comune)* magro; scarno: *a meagre face,* un volto scarno. **2** povero; scarso; magro; misero: *a meagre meal,* un misero pasto — *a meagre attendance,* una scarsa affluenza. □ *avv* **meagrely.**

meagreness ['mi:gənis] *s.* **1** magrezza. **2** povertà; scarsità.

[1]**meal** [mi:l] *s.* pasto: *three times a day after meals,* tre volte al giorno dopo i pasti — *meal ticket,* buono pasto; *(per estensione)* fonte sicura di guadagno o di sostentamento — *meals-on-wheels service, (GB)* servizio di pasti assistenziali a domicilio — ⇨ *anche* **mealtime.**

[2]**meal** [mi:l] *s.* farina: *oat-meal,* farina d'avena.

mealie ['mi:li] *s. (generalm. al pl.)* granoturco.

mealtime ['mi:ltaim] *s.* ora del pasto: *Telephone at mealtimes,* Telefonare all'ora dei pasti ('ore pasti').

mealy ['mi:li] *agg* (**-ier**; **-iest**) **1** farinoso. **2** infarinato. **3** pezzato *(di cavallo).*

mealy-bug ['mi:li,bʌg] cimice della vite.

mealy-mouthed ['mi:limauθd] *agg* insincero; ipocrita; che si esprime in mezzi termini.

[1]**mean** [mi:n] *agg* (**-er**; **-est**) **1** povero; assai modesto; umile; misero; basso; inferiore; mediocre: *a mean house in a mean street,* una misera casa in una povera strada — *men of the meaner sort,* uomini della specie più bassa (più umile) — *This should be clear even to the meanest intelligence,* Questo dovrebbe essere chiaro anche all'intelligenza più modesta — *He is no mean scholar,* È uno studioso di non poco valore (di non poco conto).

2 *(di persona)* villano; indegno; spregevole; meschino; cattivo *(USA, anche di animale);* miserabile; *(per estensione)* mortificato; umiliato: *That was a mean trick!,* Quello fu un tiro villano! — *What a mean revenge!,* Che vendetta meschina! — *Don't be so mean to your little brother!,* Non essere così cattivo (meschino) con il tuo fratellino! — *He's a mean-minded sort of fellow,* È un individuo villano — *to* *feel rather mean for not helping more,* sentirsi meschino (vergognarsi) per non aver prestato un maggiore aiuto.

3 avaro; spilorcio; tirchio; gretto: *Her husband is rather mean over money matters,* Suo marito è piuttosto gretto in fatto di soldi.

4 *(USA, fam.)* indisposto: *to feel mean,* star poco bene; sentirsi indisposto.

□ *avv* **meanly.**

[2]**mean** [mi:n] *s.* **1** media; punto medio; mezzo: *the happy mean,* il giusto mezzo — *golden mean, (geometria)* sezione aurea; *(fig.)* media aurea.

2 *(matematica)* medio *(nelle proporzioni);* media matematica: *In 1:3 = 3:9, the mean is 3,* Nella proporzione 1:3 = 3:9 il medio è 3 — *The mean of 3, 5 and 7 is 5,* La media matematica di 3, 5 e 7 è 5.

3 (**means**: *al pl., ma spesso considerato come sing.*) mezzo, mezzi; modo: *a means to an end,* un mezzo per raggiungere un fine — *Does the end always justify the means?,* Il fine giustifica sempre i mezzi? — *There is (There are) no means of learning what is happening,* Non c'è alcun modo di sapere quello che sta accadendo — *by means of...,* per mezzo di...; tramite... — *Thoughts are expressed by means of words,* I pensieri si esprimono per mezzo delle parole — *by some means or other,* in un modo o nell'altro — *by all means,* - **a)** certamente - **b)** a tutti i costi — *by no means,* niente affatto; per nulla; per niente — *These goods are by no means satisfactory,* Questa merce non è per niente soddisfacente — *ways and means,* modi; metodi; modalità *(per il finanziamento di un progetto)* — *by fair means or foul,* con le buone o con le cattive.

4 (**means**: *al pl.*) mezzi; risorse; denaro; possibilità: *a man of means,* un uomo di mezzi, facoltoso — *a person of your means,* una persona con le tue possibilità — *to live within one's means,* vivere secondo i propri mezzi — *private means,* rendite private — *to have private means,* vivere di rendita — *means test,* accertamento patrimoniale *(e, talvolta, dei redditi).*

[3]**mean** [mi:n] *agg* medio; intermedio: *the mean annual temperature in Malta,* la temperatura media annuale di Malta. □ *Greenwich Mean Time (abbr.* GMT*),* ora di Greenwich.

to **mean** [mi:n] *vt* (*pass. e p. pass.* **meant**) **1** significare; voler dire; *(per estensione)* implicare; comportare: *I don't know what it means,* Non so che cosa significhi — *A dictionary tells you what words mean,* Un dizionario dà il significato delle parole — *I know your friendship means a lot to her,* So che la tua amicizia vuol dire molto per lei — *This frontier incident will probably mean war,* Forse questo incidente di frontiera vuol dire (porterà alla) guerra — *This rise in costs means an increase in retail prices,* Questo incremento dei costi implica (comporterà) un aumento dei prezzi al dettaglio.

2 volere; proporsi; intendere; aver intenzione: *I'm afraid they mean mischief,* Temo che abbiano intenzione di combinare qualcosa di brutto — *to mean business,* dire sul serio — *He means you no harm,* Non vuole (Non ha intenzione di) farti del male — *to mean no good,* avere cattive intenzioni — *He means us no good,* Le sue intenzioni nei nostri confronti non sono buone — *to mean well (by sb),* avere buone intenzioni, essere ben disposto (verso qcno) — *He means well by you,* È ben disposto verso di te — *I don't mean there to be any argument about this,* Non intendo che ci sia alcuna discussione su questo punto — *He means his son to succeed,* Mira al successo di suo figlio; Vuole che il figlio riesca — *I didn't mean you to read the letter,* Non intendevo che tu leggessi la lettera — *Is this figure meant to be a 1 or a 7?,* Questa cifra vuole essere un 1 o un 7? — *I'm sorry if I hurt your feelings: I didn't mean to,* Mi dispiace se ti ho offeso: non intendevo farlo — *No offence meant!,* Non intendevo offendere! — *I mean you to go,* Intendo che tu (te ne) vada — *Do you really mean it?,* Dici sul serio?

3 destinare; assegnare; riservare; designare: *He was obviously meant to be a soldier,* Era chiaramente destinato alla carriera militare.

meander [mi'ændə*] *s.* meandro; avvolgimento; giro tortuoso; serpeggiamento.

to **meander** [mi'ændə*] *vi* **1** *(di un fiume)* far meandri; serpeggiare. **2** vagare di qua e di là. **3** *(fig.)* vagare col discorso.

meanderingly [mi'ændəriŋli] *avv* sinuosamente.

meanie, meany ['mi:ni] *s.* (*fam., infantile: cfr.* [1]**mean 2** *e* **3**) persona meschina; individuo gretto: *What a meanie you are!,* Che individuo meschino sei!; Come sei meschino!

[1]**meaning** ['mi:niŋ] *s.* **1** significato; senso; accezione: *a word with many distinct meanings,* una parola con molti significati distinti — *a passage without much meaning,* un brano senza molto senso — *Do I make my meaning clear?,* Mi spiego?; Sono stato chiaro? **2** intenzione; proposito: *He looked at me with meaning,* Mi guardò con intenzione (in modo significativo).

□ *avv* **meaningly.**

[2]**meaning** ['mi:niŋ] *agg* significativo; pieno di significato: *a meaning look,* uno sguardo significativo — *well-meaning,* bene intenzionato.

meaningful ['mi:niŋful] *agg* **1** significativo. **2** valido.

□ *avv* **meaningfully.**

meaningless ['mi:niŋlis] *agg* senza senso; senza motivo; insignificante. □ *avv* **meaninglessly.**

meanness ['mi:nnis] *s.* **1** meschinità; mediocrità; squallore; povertà: *the meanness of his daily life,* il grigiore (lo squallore) della sua vita quotidiana. **2** viltà; bassezza. **3** grettezza; spilorceria; avarizia.

means [mi:nz] ⇨ [2]**mean 3** *e* **4**.

meant [ment] *pass e p. pass di* **to mean.**

meantime, meanwhile ['mi:n'taim/'mi:n'wail] *avv e s.* frattempo; mentre; frattanto: *in the meantime,* nel frattempo; in quel mentre — *Meanwhile with best wishes, I remain..., (stile epistolare piuttosto formale)* Colgo l'occasione per inviarLe i miei migliori saluti.

measles ['mi:zlz] *s. (col v. al sing.)* morbillo: *German (german) measles,* rosolia; rubeola.

measly ['mi:zli] *agg* **1** *(raro)* affetto da morbillo; *(di bovino)* panicato. **2** *(fam.)* scarso; meschino; misero; gramo.

measurable ['meʒərəbl] *agg* misurabile; valutabile: *We came within measurable distance of success,* Arrivammo a due passi dal successo.

□ *avv* **measurably 1** sensibilmente; considerevolmente. **2** moderatamente.

measure ['meʒə*] *s.* **1** misura *(vari sensi);* dimensione; valore; limite: *clothes made to measure,* abiti fatti su misura — *to give full (short) measure,* dare la misura giusta (scarsa) — *for good measure,* in più; in aggiunta — *liquid (dry) measure,* misura per liquidi (per solidi) — *cubic measure,* cubatura — *measures of length,* misure di lunghezza — *a tape-measure,* una misura (un metro) a nastro — *A chain's weakest link is the measure of its strength,* L'anello più debole di una catena è la misura della sua forza — *Words cannot always give the measure of one's feelings,* Le parole non sempre riescono a dare la misura dei sentimenti — *beyond measure,* oltre ogni limite; oltre misura; oltre modo — *Her joy was beyond measure,* La sua gioia era smisurata — *in some (any) measure,* fino ad un certo punto; in certa misura — *in great (large) measure,* in gran parte; in massima parte — *to set measures to sth,* porre dei limiti a qcsa; stabilire la portata di qcsa. **2** provvedimento; legge; misura; disegno; progetto: *What measures do you propose?,* Quali provvedimenti proponete? — *to take legal measures,* adire le vie legali — *to take strong measures,* prendere severi provvedimenti. **3** *(matematica)* divisore: *greatest common measure,* massimo comun divisore. **4** *(prosodia)* metro; ritmo. **5** *(mus.)* battuta; tempo. **6** *(ant.)* danza. **7** *(geologia)* strato; giacimento: *coal measures,* giacimenti carboniferi. **8** *(tipografia)* giustezza. **9** *(di una nave)* stazza. □ *to take a person's measure, (fig.)* valutare (misurare la capacità, il valore di) una persona.

to **measure** ['meʒə*] *vt e i.* **1** misurare; prendere la misura; dosare; dare la misura; *(fig.)* valutare; stimare; giudicare: *to measure a piece of ground,* misurare un appezzamento di terreno — *The tailor measured me for a suit,* Il sarto mi prese le misure per un vestito — *This room measures thirty feet across,* Questa camera misura trenta piedi in larghezza — *to measure one's length, (fig.)* cadere lungo e disteso — *to measure up to sb (sth),* essere all'altezza di qcno (qcsa) — *to measure swords with sb, (fig.)* cimentarsi, misurarsi con qcno — *to measure one's strength (with sb),* misurare le proprie forze (con qcno). **2** *(generalm. seguito da* off *o* out*)* misurare; distribuire; dosare; versare; somministrare: *to measure out a dose of medicine,* versare una dose di medicinale — *to measure off two metres of cloth,* misurare due metri di stoffa. **3** coprire una distanza; percorrere. **4 to measure up,** non essere da meno; essere all'altezza (della situazione).

measured ['meʒəd] *agg* **1** misurato; calcolato; equilibrato; moderato; controllato; preciso: *measured words,* parole ponderate. **2** regolare; cadenzato; ritmico: *a measured tread,* un passo cadenzato (regolare). □ *a measured mile,* un miglio esatto *(per prove di velocità, ecc.).*

measureless ['meʒəlis] *agg* smisurato; sterminato; immenso.

measurement ['meʒəmənt] *s.* **1** misurazione; misura: *the metric system of measurement,* il sistema metrico di misura. **2** *(al pl.)* misure; dimensioni; *(per estensione)* dati: *the measurements of a room,* le misure (le dimensioni) di una stanza — *to take sb's measurements,* prendere le misure a qcno.

meat [mi:t] *s.* **1** carne *(come cibo);* parte commestibile o carnosa di altre cose *(p.es. di una noce, di un uovo): meat-eating,* carnivoro — *cold meat,* carne fredda — *meat ball,* polpetta di carne — *meat pie,* timballo di carne — *white meat,* carni bianche — *chilled (frozen) meat,* carne congelata o surgelata — *meat-safe,* moscaiola — *meat chopper,* coltello da colpo. **2** *(ant., ora soltanto in certe espressioni fisse)* cibo *(in generale);* nutrimento *(anche fig.): to say grace before meat, (ant.)* rendere grazie prima del cibo — *meat and drink,* cibo e bevande — *Music is (like) meat and drink to him, (fig.)* Per lui la musica è tutto — *One man's meat is another man's poison, (prov.)* Ciò che fa bene all'uno nuoce all'altro. **3** *(fig.)* sostanza; costrutto; succo: *There's not much meat in this argument,* Non c'è molto costrutto in questo argomento — *the meat of a story,* il succo di una storia (di un racconto).

meatless ['mi:tlis] *agg* senza carne; di magro.

meaty ['mi:ti] *agg* (**-ier**; **-iest**) **1** carnoso; che sa di carne; sostanzioso; polposo. **2** *(fig.)* sostanzioso.

Mecca ['mekə] *nome proprio* Mecca *(anche fig.): Stratford-upon-Avon, the Mecca of American tourists in England,* Stratford-upon-Avon, la Mecca dei turisti americani in Inghilterra.

mechanic [mi'kænik] *s.* meccanico: *a motor mechanic,* un motorista — *a dental mechanic,* un odontotecnico.

mechanical [mi'kænikl] *agg* **1** meccanico: *mechanical power,* energia meccanica — *mechanical transport,* trasporto motorizzato — *mechanical movements,* movimenti meccanici. **2** *(fig.)* meccanico; macchinale; automatico. □ *avv* **mechanically,** meccanicamente *(anche fig.).*

mechanician [,mekə'niʃən] *s.* **1** meccanico. **2** *(talvolta)* progettista; disegnatore industriale.

mechanics [mi'kæniks] *s. (generalm. col v. al sing.)* **1** meccanica. **2** tecnica; meccanismo: *the mechanics of play-writing,* la tecnica dello scrivere commedie.

mechanism ['mekənizəm] *s.* **1** meccanismo; (la) meccanica: *the mechanism of the body,* il meccanismo del corpo — *the mechanism of government,* il meccanismo del governo. **2** aggeggio; congegno.

mechanization [,mekənai'zeiʃən] *s.* **1** meccanizzazione. **2** *(talvolta, mil.)* motorizzazione.

to **mechanize** ['mekənaiz] *vt* meccanizzare. □ *mechanized forces, (mil.)* forze motorizzate.

medal ['medl] *s.* **1** medaglia: *medal collection,* medagliere *(raccolta).* **2** *(scherz.)* bottone della patta dei pantaloni.

medallion [mi'dæljən] *s.* **1** medaglione. **2** ornamento tondeggiante *(su tappeto, tenda, ecc.).* **3** *(USA)* licenza di tassista *(a forma di medaglione).* **4** stemma *(elemento decorativo di un'automobile).*

medallist ['medlist] *s.* (*USA* **medalist**) persona premiata di medaglia: *gold medallist,* medaglia d'oro.

to **meddle** ['medl] *vi (spesso seguito da* in *o* with*)* immischiarsi: *Don't meddle in my affairs!,* Non immischiarti nei miei affari! — *Who has been meddling with my papers?,* Chi ha messo le mani nelle mie carte? — *You're always meddling!,* Ti metti sempre di mezzo!

meddler ['medlə*] *s.* impiccione; ficcanaso; intrigante.

meddlesome, meddling ['medlsəm/'medliŋ] *agg* ficcanaso; intrigante; impiccione.

media ['mi:diə] *s. pl di* **medium.**

mediaeval, medieval [,medi'i:vəl] *agg* medievale.

medial ['mi:djəl] *agg* **1** di mezzo. **2** di mezza taglia; di mezza misura.

median ['mi:djən] *agg (geometria, ecc.)* mediano.

to **mediate** ['mi:dieit] *vi e t.* **1** fare da mediatore; interporsi: *to mediate between two warring countries,* fare da paciere fra due paesi in guerra. **2** mediare: *to mediate a settlement (a peace),* raggiungere un accordo (la pace) con la mediazione.

mediation [,mi:di'eiʃən] *s.* mediazione; intervento amichevole.

mediator ['mi:dieitə*] *s.* mediatore; intercessore; paciere. □ *the Mediator,* Gesù Cristo.

medic ['medik] *s.* **1** *(sl., spec. mil.)* medico; assistente sanitario. **2** *(sl. studentesco)* studente in medicina.

medical ['medikəl] *agg* medico; di medicina: *a medical school,* un istituto di medicina *(che equivale ad una facoltà universitaria)* — *medical students,* studenti in medicina — *medical jurisprudence,* medicina legale — *my medical man, (fam.)* il mio medico — *medical ward,* reparto di medicina.

☐ *avv* **medically 1** da medico: *medically speaking,* parlando da medico. **2** per mezzo della medicina.
☐ *s.* visita medica *(spec. di controllo o di idoneità).*
medicament [me'dikəmənt] *s.* medicamento; medicina.
medicare ['medkεə*] *s. (USA)* assistenza medica fornita agli anziani da parte dello Stato.
to **medicate** ['medikeit] *vt* **1** medicare; curare. **2** impregnare di sostanze medicamentose: *medicated gauze,* garza medicamentosa — *medicated soap,* sapone medicamentoso, medicinale.
medication [,medi'keiʃən] *s.* **1** medicazione; medicatura. **2** *(meno comune)* medicamento; medicina.
medicinal [me'disinl] *agg* medicinale; medicamentoso.
medicine ['medsin] *s.* **1** medicina *(scienza medica): to study medicine and surgery,* studiare medicina e chirurgia — *Doctor of Medicine (abbr.* MD*),* dottore in medicina — *medicine-man,* stregone. **2** medicina; farmaco; medicinale: *He takes too much medicine,* Fa uso di troppi medicinali, farmaci — *medicine-chest (-cabinet, -closet),* armadietto dei medicinali.
☐ *to take one's medicine, (fig.)* ingoiare la pillola — *England scored three goals in the first half. In the second, however, Italy gave them a dose of their own medicine,* Nel primo tempo l'Inghilterra segnò tre reti. Però nel secondo l'Italia le restituì la dose — *medicine-ball,* pallone da ginnastica.
medico ['medikou] *s.* (*pl.* **medicos**) *(fam.)* dottore; medico.
medieval [,medi'i:vəl] *agg* ⇨ **mediaeval.**
mediocre ['mi:dioukə*] *agg* mediocre.
mediocrity [,mi:di'ɔkriti] *s.* mediocrità.
to **meditate** ['mediteit] *vt e i.* meditare; progettare; tramare: *to meditate on sth,* meditare su qcsa — *to meditate revenge,* meditare la vendetta.
meditation [,medi'teiʃən] *s.* meditazione.
meditative ['meditətiv] *agg* meditativo; cogitabondo.
☐ *avv* **meditatively.**
Mediterranean [,meditə'reinjən] *agg* mediterraneo: *the Mediterranean (Sea),* il Mediterraneo.
medium ['mi:djəm] *s.* (*pl.* **mediums** *o* **media**) **1** mezzo; tramite; strumento: *through the medium of...,* per (a) mezzo di...; tramite...; mediante... — *a medium of communication,* un mezzo di comunicazione — *Air is the medium of sound,* L'aria è il mezzo (per la propagazione) del suono — *Oil paints and water colours are mediums for the creation of works of art,* I colori ad olio e gli acquerelli sono mezzi per la creazione di opere d'arte — *the media; the mass media* ⇨ **¹mass. 2** grado; punto; qualità media: *to stick to a happy medium,* attenersi a una giusta misura. **3** (*pl. soltanto* **mediums**) 'medium' *(individuo dotato di poteri medianici).* **4** *(pittura)* liquido solvente.
☐ *agg* medio; intermedio; mediano: *a man of medium height,* un uomo di statura media — *medium waves,* onde medie *(in radiofonia)* — *medium-sized,* di grandezza media.
medlar ['medlə*] *s.* **1** (= medlar-tree) nespolo. **2** nespola.
medley ['medli] *s.* mescolanza; miscuglio; accozzaglia; miscellanea; 'pot-pourri'.
meed [mi:d] *s. (poet.)* ricompensa; guiderdone.
meek [mi:k] *agg* mite; dimesso; umile; mansueto: *as meek as a lamb,* mite come un agnello. ☐ *avv* **meekly.**
meekness ['mi:knis] *s.* mitezza; mansuetudine.
meerschaum ['miəʃəm] *s.* **1** sepiolite; schiuma di mare. **2** (= meerschaum pipe) pipa di schiuma di mare.
¹meet [mi:t] *s.* **1** *(GB)* riunione per la caccia alla volpe. **2** *(USA, ora anche GB)* raduno: *an athletic(s) meet,* un raduno di atletica.
²meet [mi:t] *agg (ant.)* conveniente; opportuno.
to **meet** [mi:t] *vt e i.* (*pass. e p. pass.* **met**) **1** incontrare, incontrarsi; vedersi; trovarsi; riunire, riunirsi; scontrarsi; incrociare, incrociarsi: *to meet sb in the street,* incontrare qcno per la strada — *We met (each other) quite by chance,* Ci incontrammo per puro caso — *When shall we meet again?,* Quando ci rivedremo? — *The Society meets every Friday at 8 p.m.,* Il Circolo si riunisce ogni venerdì alle ore venti — *We write regularly but seldom meet,* Ci scriviamo regolarmente ma ci vediamo di rado — *The two trains meet at Crewe,* I due treni si incrociano a Crewe — *to meet sb's eye,* incontrare (sostenere) lo sguardo di qcno — *She was afraid to meet my eye,* Temeva di incontrare il mio sguardo.
2 attendere; attendere l'arrivo (di); andare incontro (a); accogliere all'arrivo: *to meet sb off a train,* andare a prendere qcno alla stazione — *Are you going to meet your sister at the station?,* Andrai ad aspettare tua sorella alla stazione? — *I'll meet your train,* Sarò all'arrivo del tuo treno — *The hotel bus meets all the trains,* L'autobus dell'albergo aspetta l'arrivo di tutti i treni.
3 fare la conoscenza (di); essere presentato (a): *I met him in 1975,* Lo conobbi nel 1975 — *I know her by sight, but have never met her,* La conosco di vista, ma non le sono stato mai presentato (non siamo mai stati presentati) — *(come formula per la presentazione, spec. USA) Meet my wife,* Ho il piacere di presentarLe mia moglie — *Pleased to meet you!,* Lieto di conoscerLa!
4 andare incontro (a); accontentare; soddisfare; fare fronte (a); *(per estensione)* pagare *(un conto);* evadere *(un ordine): to meet sb's wishes,* andare incontro (soddisfare) ai desideri di qcno — *to meet a bill,* pagare un conto — *to meet a person half-way, (fig.)* andare incontro a qcno (fare uno sforzo per accontentarlo) — *to meet trouble half-way,* prendere il toro per le corna — *Can you meet their objections?,* Sei in grado di fronteggiare le loro obiezioni? — *Have we enough money to meet all expenses?,* Abbiamo abbastanza denaro per far fronte a tutte le spese? — *to make ends meet,* sbarcare il lunario.
5 venire a contatto; toccare, toccarsi: *Their hands met,* Le loro mani si toccarono — *My waistcoat won't meet,* Il mio panciotto non si abbottona (non chiude).
6 to meet with, - **a)** provare; fare esperienza (di); subire: *to meet with an accident,* avere un incidente - **b)** trovare; ricevere; incontrare: *to meet with a good reception,* ricevere una buona accoglienza — *to meet with approval,* ottenere l'approvazione; venire approvato - **c)** imbattersi: *to meet with obstacles,* imbattersi in ostacoli — *to meet (up) with an old friend at a dinner party,* imbattersi in un vecchio amico ad un pranzo - **d)** *(USA)* incontrare, incontrarsi; avere un incontro (un colloquio) con: *I met with the managing director yesterday,* Ho avuto ieri un incontro con l'amministratore delegato.
meeting ['mi:tiŋ] *s.* **1** incontro; adunanza; raduno; assemblea; riunione: *We had a very pleasant meeting,* Abbiamo avuto (È stato) un incontro molto piacevole — *a political meeting,* un comizio — *Mr Brown will now address the meeting,* Mr Brown si rivolgerà adesso all'assemblea — *meeting-house,* casa delle riunioni; luogo di raduno *(spec. sede del culto dei Quaccheri)* — *meeting-place,* sede di un convegno (di un'assemblea) — *a race-meeting,* un raduno per le

corse — *a sports meeting,* un raduno sportivo. **2** incrocio; punto d'incontro; confluenza: *at the meeting of the rivers,* alla confluenza dei fiumi.

megacycle ['megə,saikl] *s.* megaciclo.

megadeath ['megədeθ] *s.* un milione di morti *(nei calcoli strategici di ipotetiche guerre nucleari).*

megalith ['megəliθ] *s.* megalito.

megalithic [,megə'liθik] *agg* megalitico.

megalomania ['megəlou'meinjə] *s.* megalomania.

megalomaniac ['megəlou'meiniæk] *s. e agg* megalomane.

megaphone ['megəfoun] *s.* megafono.

megaton ['megətʌn] *s.* megaton *(l'equivalente di un milione di tonnellate di TNT).*

megrim ['mi:grim] *s.* **1** emicrania. **2** *(al pl.)* malumore; malinconia.

meiosis [mai'ousis] *s.* **1** *(gramm.)* litote. **2** *(biologia)* meiosi.

melancholia [,melən'kouljə] *s.* malinconia; mania depressiva.

melancholic [,melən'kɔlik] *agg* melanconico; depresso. □ *avv* **melancholically.**

melancholy ['melənkɔli] *s.* malinconia; depressione.
□ *agg* malinconico; melanconico; depresso; triste: *a melancholy occasion,* una triste circostanza.

mélange [mei'lɑ:nʒ] *s.* *(fr.)* 'mélange' *(mescolanza di più colori).*

mêlée ['melei] *s.* *(fr.)* mischia; confusione.

to **meliorate** ['mi:ljəreit] *vt* *(raro)* migliorare.

melioration [,mi:ljə'reiʃən] *s.* *(raro)* miglioramento.

meliorism ['mi:ljərizəm] *s.* migliorismo.

mellifluous, mellifluent [me'lifluəs/me'lifluənt] *agg* mellifluo; melato; dolce.

mellow ['melou] *agg* (**-er**; **-est**) **1** *(di frutto)* dolce; maturo; succoso; *(di vino)* generoso; morbido; vellutato; *(di colore o suono)* caldo; pieno. **2** *(di persona)* comprensivo; amabile. **3** *(fam., di persona)* gioviale; amabile; *(spesso)* alticcio; lievemente brillo.
□ *avv* **mellowly.**

to **mellow** ['melou] *vt e i.* **1** addolcire, addolcirsi; ammorbidire, ammorbidirsi; maturare, maturarsi. **2** *(di persona)* ingentilire, ingentilirsi. **3** *(fam.)* rendere (diventare) un po' brillo.

mellowness ['melounis] *s.* **1** *(di frutto)* dolcezza; maturità; saporosità; *(di vino)* generosità; morbidezza; *(di colore o suono)* calore; pienezza. **2** *(di persona)* amabilità; dolcezza. **3** *(fam., di persone)* giovialità; cordialità; *(spesso)* lieve ebbrezza.

melodic [mi'lɔdik] *agg* melodico. □ *avv* **melodically.**

melodious [mi'loudjəs] *agg* melodioso. □ *avv* **melodiously.**

melodiousness [mi'loudjəsnis] *s.* melodiosità.

melodrama ['melə,drɑ:mə] *s.* **1** dramma *(generalm. a lieto fine)* carico di vistosa *(e spesso eccessiva)* teatralità. **2** *(fig.)* melodramma.

melodramatic [,meloudrə'mætik] *agg* melodrammatico; teatrale. □ *avv* **melodramatically.**

melody ['melədi] *s.* melodia.

melon ['melən] *s.* melone: *water-melon,* cocomero; anguria.

to **melt** [melt] (*pass. e p. pass.* **melted**; *p. pass. talvolta come agg.* **molten** ⇨) *vt* **1** fondere; liquefare; sciogliere: *to melt lead,* fondere del piombo — *melted butter,* burro fuso — *molten gold,* oro liquido. **2** far struggere; commuovere; intenerire; sciogliere: *Pity melted her heart,* Il cuore le si disciolse per la pietà. **3** **to melt down,** fondere *(oggetti d'oro, ecc., per utilizzarne il metallo).*
□ *vi* **1** fondersi; liquefarsi; sciogliersi: *Ice melts in the sun,* Il ghiaccio si scioglie al sole — *This cake just melts in the mouth!,* Questa torta si scioglie in bocca! **2** struggersi; intenerirsi; commuoversi; sciogliersi: *Her heart melted with pity,* Il cuore le si struggeva di compassione. **3** (*anche* **to melt away**) dissolversi; sparire sciogliendosi; svanire; scolorire; fondersi: *The snow melted away,* La neve si disciolse — *The fog melted away,* La nebbia svanì, si dissipò.

melting ['meltiŋ] *agg (fig.)* tenero; sentimentale; struggente: *in a melting voice,* con voce tenera (sentimentale, struggente).
□ *s.* fusione: *melting-point,* punto (temperatura) di fusione — *melting-pot,* crogiolo *(anche fig.)* — *to go into the melting-pot,* andare a soqquadro; subire una rivoluzione.

meltwater ['meltwɔ:tə*] *s.* acque di fusione *(della neve, del ghiaccio, ecc.).*

member ['membə*] *s.* **1** *(persona)* membro; associato; iscritto; facente parte; componente: *a Member of Parliament (abbr.* M.P*),* un membro del Parlamento (un deputato, un parlamentare). **2** *(ant.)* membro *(del corpo umano o animale);* arto: *The tongue is sometimes called 'the unruly member',* La lingua viene talvolta chiamata 'il membro indisciplinato'. **3** *(mecc., archit.)* elemento: *cross-member,* traversa — *side member,* longherone. □ *a member of Christ,* un cristiano.

membership ['membəʃip] *s.* **1** associazione; (condizione di) appartenenza ad un'associazione: *membership card,* tessera (di iscrizione). **2** *(collettivo)* numero degli iscritti ad un'associazione; associati.

membrane ['membrein] *s.* membrana.

membranous [mem'breinəs] *agg* membranoso.

memento [mi'mentou] *s.* (*pl.* **mementos, mementoes**) pro-memoria; oggetto ricordo; 'memento' *(anche religioso).*

memo ['memou] *s., abbr di* **memorandum.**

memoir ['memwa:*] *s.* **1** saggio monografico; nota biografica. **2** *(al pl.)* memoriale; ricordi.

memorable ['memərəbl] *agg* memorabile. □ *avv* **memorably.**

memorandum [,memə'rændəm] *s.* (*spesso abbr.* **memo**: *pl.* **memoranda** *o* **memorandums**) **1** pro-memoria; nota; appunto; 'memorandum': *to make a memorandum of sth,* fare un pro-memoria di qcsa — *memorandum book,* agenda; taccuino — *memorandum pad (tablet),* blocco (blocchetto) per appunti — *memorandum sheet, (teatro)* borderò — *a memorandum of agreement,* un accordo scritto; un contratto. **2** memorandum; comunicazione commerciale. **3** atto costitutivo; schema di costituzione *(p.es. di una società per azioni).*

memorial [mə'mɔ:riəl] *s.* **1** monumento; cippo commemorativo; cerimonia di commemorazione: *a war memorial,* un monumento ai caduti. **2** *(generalm. al pl.)* memoriale; resoconto; cronaca, raccolta di documenti. **3** memoriale; istanza; petizione.
□ *(attrib.)* commemorativo; in memoria: *a memorial tablet,* una lapide commemorativa — *a memorial service,* una funzione (religiosa) di commemorazione — *Memorial Day, (USA)* Giornata della Rimembranza *(il 30 maggio, in quasi tutti gli Stati).*

memorialist [mə'mɔ:riəlist] *s.* **1** memorialista; scrittore di memorie. **2** chi fa una petizione; postulante.

to **memorialize** [mə'mɔ:riəlaiz] *vt* **1** presentare una petizione (un'istanza, un memoriale). **2** *(non comune)* commemorare; celebrare una commemorazione.

to **memorize** ['meməraiz] *vt* **1** imparare a memoria. **2** affidare alla memoria.

memory ['meməri] *s.* **1** memoria *(anche mecc., elettronica);* capacità di memoria: *to speak (to quote) from memory,* parlare (citare) a memoria — *to the best of my memory,* per quanto riesco a ricordare — *to commit a poem to memory,* imparare una poesia a memoria — *to have a bad memory for dates,* avere una cattiva memoria per le date — *to lose one's memory,* perdere la memoria — *if my memory serves me right...,* se ben ricordo... — *within living memory; within the memory of men,* a memoria d'uomo. **2** ricordo; memoria; rimembranza; fama: *memories of childhood,* ricordi dell'infanzia — *the late King, of blessed memory,* il defunto monarca di benedetta memoria — *in memory of W.S.C.,* in memoria di W.S.C.

mem-sahib ['mem,sɑ:*h*ib] *s. (in India e Pakistan)* signora (europea).

men [men] *s. pl di* **man.**

menace ['menəs] *s.* **1** minaccia. **2** *(fam., di persone, scherz.)* pericolo pubblico. **3** *(fam., di ragazzino)* peste.

to **menace** ['menəs] *vt* minacciare.

menacing ['menəsiŋ] *agg* minaccioso. □ *avv* **menacingly.**

menagerie [mi'nædʒəri] *s.* serraglio *(di belve, ecc.).*

mend [mend] *s.* rattoppo; riparazione; aggiustatura; restauro: *The mends were almost invisible,* Le riparazioni (I rattoppi) erano pressoché invisibili. □ *to be on the mend, (fig.)* essere in via di guarigione, in netto miglioramento.

to **mend** [mend] *vt* **1** riparare; aggiustare; accomodare; rammendare: *to mend shoes (a broken window),* riparare scarpe (una finestra rotta) — *to mend stockings,* rammendare calze. **2** correggere; emendare; migliorare; porre rimedio; rimediare: *to mend one's ways,* correggere il proprio comportamento — *That won't mend matters,* Ciò non migliorerà le cose. □ *Least said soonest mended, (prov.)* Chi meno parla meno sbaglia — *to mend one's pace,* accelerare il passo — *to mend the fire,* ravvivare (alimentare) il fuoco.

□ *vi* emendarsi; correggersi; guarire; riprendere, riprendersi; ristabilirsi; riacquistare salute; migliorare: *The patient is mending nicely,* Il paziente sta riprendendosi in modo soddisfacente. □ *It's never too late to mend, (prov.)* Non è mai troppo tardi per correggersi.

mendable ['mendəbl] *agg* **1** aggiustabile; rammendabile; riparabile. **2** *(talvolta)* emendabile; correggibile.

mendacious [men'deiʃəs] *agg* mendace. □ *avv* **mendaciously.**

mendacity [men'dæsiti] *s.* **1** mendacia. **2** menzogna.

mender ['mendə*] *s. (spesso nei composti)* aggiustatore; riparatore; rammendatore, rammendatrice: *road-mender,* riparatore di strade; stradino.

mendicant ['mendikənt] *s. e agg* mendicante: *mendicant friars,* frati mendicanti, questuanti.

mending ['mendiŋ] *s.* **1** rammendo; aggiustatura; riparazione: *invisible mending,* rammendo invisibile. **2** *(collettivo)* roba da rammendare o da aggiustare: *a basketful of mending,* un cesto pieno di roba da rammendare.

menfolk ['menfouk] *s. pl* uomini *(spec. se d'uno stesso villaggio, di una stessa tribù, famiglia, ecc.): The menfolk have all gone out fishing,* Gli uomini sono andati tutti a pescare.

menial ['mi:njəl] *agg* **1** servile; da servo; umile: *She has to spend too much time on such menial tasks as washing up,* Deve passar troppo tempo in lavori umili come lavare i piatti. **2** *(di persona, spreg.)* domestico: *the menial staff,* i domestici; la servitù. □ *avv* **menially.** □ *s. (spreg.)* domestico; servo.

meningitis [,menin'dʒaitis] *s.* meningite.

menopause ['menəpɔ:z] *s.* menopausa; climaterio (femminile): *the male menopause,* l'andropausa.

menses ['mensi:z] *s. pl (lat.)* mestruazioni.

menstrual ['menstruəl] *agg* mestruale.

to **menstruate** ['menstrueit] *vi* mestruare.

menstruation [,menstru'eiʃən] *s.* mestruazione.

mensurable ['menʃurəbl] *agg* misurabile.

mensuration [,mensjuə'reiʃən] *s.* misurazione.

mental ['mentl] *agg* **1** mentale; della mente; intellettuale; psichico: *mental arithmetic,* calcolo mentale — *a mental test,* una prova di intelligenza — *mental age,* età mentale — *a mental patient,* un malato di mente; un alienato — *mental deficiency,* ritardo mentale — *a mental specialist,* uno specialista di malattie mentali — *mental home (hospital),* casa di cura (ospedale) per malattie mentali — *a mental reservation,* una riserva mentale. **2** *(fam. o scherz.)* pazzo: *He's mental; He's a mental case,* È un caso da manicomio. □ *avv* **mentally.**

mentality [men'tæliti] *s.* **1** qualità intellettuale; intelligenza: *persons of average mentality,* persone di media intelligenza. **2** mentalità.

menthol ['menθɔl] *s.* mentolo.

mentholated ['menθouleitid] *agg* mentolato; al mentolo.

mention ['menʃən] *s.* **1** menzione; accenno; citazione; riferimento: *honourable mention,* menzione onorevole *(di un candidato).* **2** citazione all'ordine del giorno.

to **mention** ['menʃən] *vt* menzionare; nominare; accennare; fare menzione; citare; riferirsi: *He mentioned that he had seen you,* Accennò al fatto che ti aveva visto — *I shall mention it to him,* Gliene farò cenno — *Was my name mentioned?,* È stato fatto il mio nome? — *not to mention...; without mentioning...,* per tacere (di)...; senza parlare (di)... — *We're too busy to take a long holiday this year, not to mention the fact that we can't afford it,* Siamo troppo occupati per poter fare una lunga vacanza quest'anno, per non parlare del fatto che non possiamo permettercelo — *Don't mention it!, (come risposta ad un ringraziamento)* Non c'è di che!; Prego!

-mentioned ['menʃənd] *agg (preceduto da avv.)* citato; riportato: *above (below)-mentioned,* sopra (sotto) citato — *afore-mentioned,* sopracitato.

mentor ['mentɔ:*] *s.* mentore; consigliere.

menu ['menju:] *s.* 'menu'; lista (carta) delle vivande.

Mephistophelean, Mephistophelian [,mefistə'fi:ljən] *agg* mefistofelico.

mercantile ['mə:kəntail] *agg* mercantile; commerciale: *mercantile marine,* marina mercantile.

mercenary ['mə:sənəri] *agg* mercenario; venale: *mercenary politicians,* uomini politici venali.
□ *s. (soldato)* mercenario.

mercer ['mə:sə*] *s. (GB, ant.)* commerciante di tessuti pregiati *(spec. seterie).*

to **mercerize** ['mə:səraiz] *vt* mercerizzare: *mercerized cottons,* cotoni mercerizzati.

merchandise ['mə:tʃəndaiz] *s. (collettivo)* mercanzia; merce.

merchant ['mə:tʃənt] *s.* **1** commerciante; mercante *(generalm. all'ingrosso); (attrib.)* mercantile; del commercio: *a coal- (wine-) merchant,* un commerciante di carbone (di vino) — *a merchant bank,* un istituto di sconto — *merchant ships,* navi mercantili — *the* *merchant service (marine),* la marina mercantile — *merchant-seaman,* marinaio (di nave mercantile) — *the law merchant,* il diritto consuetudinario mercantile in uso in Europa nel tardo Medio Evo. **2** *(sl.)* fanatico; patito; appassionato: *a speed merchant,* un fanatico della velocità.

merchantman ['mə:tʃəntmən] *s.* (*pl.* **merchantmen**) nave mercantile.

mercifulness ['mə:sifulnis] *s.* misericordia; pietà.

merciless ['mə:silis] *agg* spietato; crudele; senza pietà. □ *avv* **mercilessly.**

mercurial [mə:'kjuəriəl] *agg* **1** mercuriale; di, (a base di) mercurio: *mercurial poisoning,* avvelenamento da mercurio — *mercurial ointment,* pomata a base di mercurio. **2** *(fig.)* vivace; attivo: *a mercurial temperament,* un temperamento vivace. **3** *(fig., di persona)* incostante; mutevole.

mercuric [mə:'kjuərik] *agg* mercurico.

mercurous ['mə:kjurəs] *agg* mercuroso.

mercury ['mə:kjuri] *s.* **1** mercurio. **2** *(per ellissi, riferendosi alla 'colonnina' del termometro)* temperatura: *The mercury is rising,* La temperatura sta salendo.

mercy ['mə:si] *s.* **1** misericordia; clemenza; compassione; pietà; mercè: *to show mercy to sb; to have mercy on sb,* aver pietà di qcno — *without mercy,* senza pietà — *for mercy's sake,* per pietà — *to throw oneself on sb's mercy,* affidarsi alla clemenza di qcno — *a recommendation to mercy, (dir.)* una raccomandazione di indulgenza — *to beg for mercy,* implorare grazia — *to be at the mercy of sb,* essere alla mercè di qcno, in balia di qcno — *to be left to the tender mercies of sb,* venire affidato alle tenere cure di qcno; *(spec. iron.)* subire i maltrattamenti di qcno. **2** grazia; fortuna: *That's a mercy!,* È una vera fortuna!; È un dono dal cielo! □ *Mercy!; Mercy on us!, (come esclamazione)* Misericordia! — *mercy killing,* omicidio dettato dalla pietà; *(più in generale)* eutanasia.

[1]**mere** [miə*] *s. (poet. e dial.)* stagno; laghetto.

[2]**mere** [miə*] *agg* mero; solo; nient'altro che: *She's a mere child,* Non è che una bambina — *It's a mere trifle,* È solo una cosa da niente.
□ *avv* **merely,** meramente; semplicemente; solamente; puramente: *I merely asked his name,* Gli ho semplicemente chiesto il nome — *not merely...,* non soltanto... — *He's not merely right-wing: he's a little Hitler,* Non è soltanto destrorso: è un piccolo Hitler.

meretricious [,meri'triʃəs] *agg* **1** vistoso; pomposo; falso; appariscente: *meretricious jewellery,* gioielli vistosi — *a meretricious style,* uno stile ampolloso. **2** da meretrice. □ *avv* **meretriciously.**

meretriciousness [,meri'triʃəsnis] *s.* vistosità; ampollosità.

to **merge** [mə:dʒ] *vt* fondere; incorporare; confondere: *The three banks were merged into one large organization,* Le tre banche vennero fuse in un'unica grande organizzazione.
□ *vi* fondersi; incorporarsi; amalgamarsi; unirsi; venir assorbito: *Twilight merged into darkness,* Il crepuscolo cedette all'oscurità (sfumò nell'oscurità) della notte.

merger ['mə:dʒə*] *s. (comm.)* fusione; consolidazione; assorbimento; incorporamento.

meridian [mə'ridiən] *s.* **1** meridiano: *the Greenwich meridian,* il meridiano di Greenwich. **2** zenit. **3** *(fig.)* apogeo; apice; culmine.
□ *agg* **1** meridiano; di (del) meridiano: *meridian line (altitude),* linea del meridiano (altitudine meridiana). **2** *(fig.)* culminante; zenitale.

meridional [mə'ridiənl] *agg* meridionale.

meringue [mə'ræŋ] *s. (fr.)* meringa.

merino [mə'ri:nou] *s.* (*pl.* **merinos**) merino: *merino wool,* tessuto, lana di merino.

merit ['merit] *s.* merito; valore; pregio; eccellenza: *a certificate of merit,* un certificato di merito — *men of merit,* uomini di merito — *We must decide the case on its merits,* Per decidere dobbiamo entrare nel merito del caso — *to make a merit of sth,* farsi un merito di qcsa.

to **merit** ['merit] *vt* meritare; essere degno *(di qcsa).*

meritocracy [meri'tɔkrɑsi] *s.* meritocrazia.

meritorious [,meri'tɔ:riəs] *agg* meritorio; meritevole: *a prize for meritorious conduct,* un premio per condotta meritevole. □ *avv* **meritoriously.**

mermaid ['mə:meid] *s.* sirena.

merman ['mə:mæn] *s.* (*pl.* **mermen**) tritone.

merriment ['merimənt] *s.* allegria; baldoria; festa; tripudio; gaiezza.

merry ['meri] *agg* (**-ier**; **-iest**) **1** allegro; gaio; festoso; felice: *a merry laugh,* una risata allegra — *Merry Christmas!,* Buon Natale! — *to make merry,* far festa; far baldoria — *merry-making,* festa; divertimento; baldoria. **2** *(ant. e in certe locuzioni fisse: talvolta scritto* merrie*)* piacevole; dolce; ameno: *the merry month of May,* il dolce mese di maggio — *merry England,* la dolce (ridente) Inghilterra. **3** *(fam.)* alticcio. □ *merry-go-round,* giostra — *the Merry Monarch,* Carlo II d'Inghilterra.
□ *avv* **merrily.**

mesa ['mi:zə] *s. (USA; dallo spagnolo)* altopiano.

mescal, mescaline ['meskl/'meskəlin] *s.* mescalina *(allucinogeno ottenuto da un cactus messicano).*

meseems [mi'si:mz] *voce verbale impers (ant.)* mi sembra; mi pare.

mesh [meʃ] *s.* **1** maglia; *(al pl.)* reti; maglie *(anche fig.): a net with half-inch meshes,* una rete con maglie di mezzo pollice — *the meshes of a spider's web,* le maglie di una ragnatela — *to be entangled in the meshes of political intrigue,* essere preso nelle maglie dell'intrigo politico. **2** *(mecc.)* presa; ingranaggio: *to be in mesh,* essere ingranato (in ingranaggio).

mesmeric [mez'merik] *agg* mesmerico; relativo alla dottrina e al metodo di Mesmer; ipnotico.

mesmerism ['mezmərizəm] *s.* mesmerismo.

mesmerist ['mezmərist] *s.* mesmerico; *(fig.)* ipnotico; magnetico.

to **mesmerize** ['mezməraiz] *vt* ipnotizzare; incantare *(anche fig.);* affascinare; curare con il metodo di Mesmer, per mezzo del magnetismo naturale.

[1]**mess** [mes] *s.* **1** mensa *(spec. mil.);* refettorio; tavola: *The new officers were at mess,* I nuovi ufficiali erano a mensa — *mess-jacket,* giubba da mensa — *mess kit,* - **a)** *(GB)* divisa da mensa - **b)** *(USA)* posateria e vasellame — *mess-mate,* commensale; compagno di mensa; *(per estensione)* commilitone. **2** *(per estensione)* commensali; compagni di mensa: *The new officer was introduced to the mess,* Il nuovo ufficiale venne presentato ai compagni di mensa.

[1]to **mess** [mes] *vi (spesso seguito da* together*)* fare mensa comune *(generalm. mil.);* fare parte della stessa mensa: *messing allowance, (nell'esercito)* indennità di mensa.

[2]**mess** [mes] *s. (quasi sempre sing.)* sudiciume; sporco; *(fig.)* disordine; confusione; pasticcio; guaio; 'casino': *The workmen cleaned up the mess before they left,* Gli operai ripulirono bene prima di andare via — *Who's going to clean up the mess made by the cat?,* Chi pulirà lo sporco lasciato dal gatto? — *A nice mess you have made of it!,* Hai fatto un bel pasticcio!

— *to get oneself into a mess, (letteralm.)* sporcarsi; *(fig.)* cacciarsi nei guai.

[2]to **mess** [mes] *vt* **1** (*generalm.* **to mess sth up**) mettere in disordine; sconvolgere; mandare all'aria (a monte); mettere sottosopra: *The late arrival of the train messed up all our plans,* Il ritardo del treno mandò all'aria tutti i nostri programmi. **2 to mess (sb) about,** trattare male o sconsideratamente (qcno).
□ *vi* **to mess about,** perdersi in inezie; non combinare (non concludere) nulla; gingillarsi.

message ['mesidʒ] *s.* **1** messaggio; comunicazione; dispaccio; ambasciata: *to get the message, (fam.)* capire. **2** *(fig.)* messaggio; insegnamento; profezia. **3** *(non comune)* commissione: *to go on a message,* andare a fare una commissione.

messenger ['mesindʒə*] *s.* messaggero.

Messiah [mi'saiə] *s.* Messia *(anche fig.).*

messiness ['mesinis] *s.* confusione; disordine; sporcizia; sciatteria.

messmate ['mesmeit] *s.* ⇨ [1]**mess 1.**

Messrs ['mesəz] *s. (appellativo: contraz. di* **Messieurs,** *fr.)* Spettabili signori *(usato nella corrispondenza commerciale): Messrs T. Brown & Co,* Spett. Società T. Brown e C.

messuage ['meswidʒ] *s. (dir.)* casa e terreni circostanti.

mess-up ['mesʌp] *s. (fam.)* pasticcio; 'casino'.

messy ['mesi] *agg* (**-ier; -iest**) sporco; sudicio; disordinato; confuso; sgradevole e mal combinato: *a messy job,* un lavoro sporco (che insudicia) — *a messy business,* un affare sgradevole e brutto.

mestizo [mes'ti:zou] *s.* (*dallo spagnolo: pl.* **mestizos**) meticcio *(dell'America latina).*

met [met] *pass e p. pass di* **to meet.**

Met [met] *s.* (*abbr. di* **meteorological**) *to get the latest Met report,* ricevere l'ultimo bollettino meteorologico.

metabolic [,metə'bɔlik] *agg* metabolico.

metabolism [me'tæbəlizəm] *s.* metabolismo.

metal ['metl] *s.* **1** metallo: *metal-working,* lavorazione del metallo — *a metal-worker,* un operaio metallurgico — *bell metal,* bronzo per campane — *sheet metal,* lamiera — *wrought metal,* metallo lavorato (battuto). **2** *(anche* road-metal*)* brecciame; pietrisco. **3** *(GB, al pl.)* linee ferroviarie; strada ferrata; rotaie: *The engine left (jumped) the metals,* La locomotiva deragliò (dalla strada ferrata). **4** *(mil.)* mezzi corazzati; carri blindati; autoblindo. **5** vetro fuso. **6** *(di una corazzata)* effettiva potenza delle bocche da fuoco. **7** = **mettle.**

to **metal** ['metl] *vt* (**-ll-**; *USA anche* **-l-**) **1** macadamizzare; pavimentare una strada con pietrisco: *metalled roads,* strade macadamizzate (ricoperte di pietrisco). **2** rivestire di metallo.

metallic [mi'tælik] *agg* metallico: *metallic currency,* valuta metallica — *metallic sounds,* suoni metallici. □ *a metallic road, (USA)* una strada pavimentata. □ *avv* **metallically.**

metallurgical [,metə'lə:dʒikəl] *agg* metallurgico.

metallurgist [me'tælədʒist] *s.* esperto in metallurgia.

metallurgy [me'tælədʒi] *s.* metallurgia.

metalwork(ing) ['metl,wə:k(iŋ)] *s.* lavorazione dei metalli.

to **metamorphose** [,metə'mɔ:fouz] *vt* metamorfosare; trasformare.

metamorphosis [,metə'mɔ:fəsis] *s.* (*pl.* **metamorphoses**) metamorfosi; trasformazione.

metaphor ['metəfə*] *s.* metafora: *a mixed metaphor,* un miscuglio incongruo di due o più metafore *(p.es.: 'to take up arms against a sea of troubles',* 'prendere le armi contro un mare di guai'*).*

metaphorical [,metə'fɔrikəl] *agg* metaforico. □ *avv* **metaphorically.**

metaphysical [,metə'fizikəl] *agg* **1** metafisico. **2** *(per estensione)* astratto; troppo astruso; sottile. □ *avv* **metaphysically.**

metaphysics [,metə'fiziks] *s. (col v. al sing.)* **1** metafisica. **2** *(fam.)* sottigliezza; astruseria; discorso astratto.

to **mete** [mi:t] *vt* **1** *(poet.)* misurare. **2 to mete out,** distribuire; ripartire: *to mete out rewards (punishments),* distribuire premi (punizioni).

meteor ['mi:tjə*] *s.* meteora.

meteoric [,mi:ti'ɔrik] *agg* **1** meteorico; *(talvolta)* meteorologico. **2** *(fig.)* fulmineo; brillante: *a meteoric career,* una carriera brillante. □ *avv* **meteorically.**

meteorite ['mi:tjərait] *s.* meteorite; aerolito.

meteorological [,mi:tjərə'lɔdʒikəl] *agg* meteorologico.

meteorologist [,mi:tjə'rɔlədʒist] *s.* meteorologo.

meteorology [,mi:tjə'rɔlədʒi] *s.* meteorologia.

[1]**meter** ['mi:tə*] *s.* contatore; apparecchio misuratore; tassametro: *gas-meter,* contatore del gas — *water-meter,* contatore dell'acqua — *slot-meter,* contatore a gettoni (a moneta) — *exposure-meter,* esposimetro — *parking-meter,* parchimetro — *meter maid, (USA)* ragazza incaricata di sorvegliare i parchimetri.

[2]**meter** ['mi:tə*] *s. (USA)* = **metre.**

methane ['meθein] *s.* metano.

methinks [mi'θiŋks] *voce verbale impers* (*pass.* **methought**) *(ant.)* mi sembra; mi pare.

method ['meθəd] *s.* **1** ordine; metodo; regolarità; sistematicità: *He's a man of method,* È un uomo metodico — *There's method in his madness,* C'è del metodo nella sua follia. **2** modalità; metodo; modo; maniera; sistema: *modern methods of teaching arithmetic,* nuovi metodi di insegnamento dell'aritmetica — *methods of payment,* modalità (modi) di pagamento.

methodical [mi'θɔdikəl] *agg* **1** metodico; sistematico; regolare: *methodical work,* lavoro metodico (sistematico, regolare). **2** ordinato; sistematico: *a methodical worker,* un lavoratore ordinato (sistematico). □ *avv* **methodically.**

Methodism ['meθədizəm] *s.* metodismo.

Methodist ['meθədist] *agg e s.* metodista.

methodology [,meθə'dɔlədʒi] *s.* metodologia.

methought [mi'θɔ:t] *pass di* **methinks.**

meths [meθs] *s. (GB, abbr. di* methylated spirits*)* alcool denaturato.

methyl ['meθil] *s.* metile: *methyl alcohol,* alcool metilico.

methylated ['meθileitid] *agg methylated spirit(s),* alcool denaturato *(con alcool metilico).*

meticulous [mi'tikjuləs] *agg* meticoloso. □ *avv* **meticulously.**

métier ['metiei] *s. (fr.)* mestiere; occupazione.

[1]**metre** ['mi:tə*] *s.* (*USA* **meter**) metro *(unità di lunghezza): square metre,* metro quadrato.

[2]**metre** ['mi:tə*] *s.* (*USA* **meter**) *(poesia)* metro; metrica; *(talvolta, mus.)* ritmo.

metric ['metrik] *agg* metrico: *the metric system,* il sistema metrico decimale — *metric ton (tonne),* tonnellata *(secondo il sistema metrico decimale).*

metrical ['metrikəl] *agg* metrico.

metrication [,metri'keiʃən] *s.* (*GB anche* **metrification**) conversione al sistema metrico.

to **metricize** ['metrisaiz] *vt* convertire al (nel) sistema metrico.

metroland ['metrou,lænd] *s.* zona suburbana di Londra *(ora anche di altre metropoli importanti, p.es. Toronto)* servita dalla ferrovia metropolitana.
metronome ['metrənoum] *s.* metronomo.
metropolis [mi'trɔpəlis] *s.* metropoli.
metropolitan [,metrə'pɔlitən] *agg* metropolitano. □ *s.* **1** abitante d'una metropoli. **2** vescovo metropolitano.
mettle ['metl] *s.* tempra; forza; fibra; coraggio; 'stoffa'; 'fegato': *a man of mettle,* un uomo di fegato — *to try sb's mettle,* mettere qcno alla prova (provare la tempra di qcno) — *to be on one's mettle,* essere impegnato a fondo — *He was put on his mettle,* Fu messo in condizione di provare la sua tempra.
mettlesome ['metlsʌm] *agg* ardimentoso; animoso; focoso; coraggioso; forte: *a mettlesome horse,* un cavallo focoso.
[1]**mew** [mju:] *s.* *(anche* sea-mew*)* gabbiano.
[2]**mew** [mju:] *s.* 'miao'; miagolio.
[1]to **mew** [mju:] *vi* miagolare.
mews [mju:z] *s.* *(col v. al sing.)* **1** *(GB, una volta)* scuderie, stalle *(attorno ad un cortile).* **2** *(uso moderno, spec. a Londra)* alloggi ricavati dalle vecchie scuderie.
[2]to **mew up** [mju:'ʌp] *vt (raro)* rinchiudere; confinare.
Mexican ['meksikən] *agg e s.* messicano.
mezzanine ['mezəni:n] *s. e agg* mezzanino; ammezzato: *the mezzanine, (USA)* i palchi di prima fila.
mezzo-soprano ['medzousə'prɑ:nou] *s.* mezzosoprano.
mezzotint ['medzoutint] *s.* mezzatinta; acquaforte.
miaow [mi'au] *s.* 'miao'; miagolio.
to **miaow** [mi'au] *vi* fare 'miao'; miagolare.
miasma [mi'æzmə] *s.* miasma.
mica ['maikə] *s.* *(mineralogia)* mica.
mice [mais] *s. pl di* **mouse.**
Michaelmas ['miklməs] *s.* la festa di San Michele: *Michaelmas term,* trimestre *(universitario o giudiziario)* autunnale. □ *Michaelmas daisy,* astro della Cina.
Mick [mik] *s.* *(fam., spesso spreg.)* irlandese.
mickey ['miki] *s.* *(dal diminutivo di* Michael: *nelle espressioni): Mickey Finn, (USA, sl.)* dose di lassativo, narcotico, ecc., somministrata (in una bevanda) all'insaputa di chi la beve — *Mickey Mouse,* 'Topolino'. □ *to take the Mickey out of sb,* prendere in giro qcno.
mickle ['mikl] *agg e s.* *(ant. scozzese)* molto; assai; una gran quantità: *Many a little makes a mickle; Many a mickle makes a muckle, (prov.)* Molti pochi fanno assai.
microbe ['maikroub] *s.* microbo.
microbiology [,maikroubai'ɔlədʒi] *s.* microbiologia.
microcosm ['maikroukɔzəm] *s.* microcosmo.
microdot ['maikroudɔt] *s.* fotografia *(generalm. di materiale segreto)* ridotta alle dimensioni di un puntino.
microfiche ['maikroufi:ʃ] *s.* scheda microfilmata.
microfilm ['maikroufilm] *s.* 'microfilm'.
to **microfilm** ['maikroufilm] *vt* fotografare su 'microfilm'; 'microfilmare'.
microgroove ['maikrougru:v] *s. e attrib (di disco)* microsolco.
micrometer [mai'krɔmitə*] *s.* micrometro.
micron ['maikrɔn] *s.* 'micron'; micromillimetro.
micro-organism ['maikrou'ɔ:gænizəm] *s.* microrganismo.
microphone ['maikrəfoun] *s.* microfono.
microscope ['maikrəskoup] *s.* microscopio.
microscopic(al) [,maikrəs'kɔpik(əl)] *agg* microscopico. □ *avv* **microscopically.**
microwave ['maikrouweiv] *s.* microonda.
[1]**mid(-)** [mid] *agg* medio; mediano; in mezzo; metà: *from mid(-)June to mid(-)August,* da metà giugno a metà agosto — *in mid-winter,* a metà dell'inverno; nel cuore dell'inverno — *a mid(-)winter day,* un giorno di mezzo inverno — *in mid-air,* a mezz'aria — *a collision in mid-Channel; a mid-Channel collision,* una collisione in mezzo alla Manica — *a mid-morning coffee,* un caffè preso a metà mattinata — *the Mid-Western States,* gli Stati (della confederazione americana) del Middle West (medio-occidentali); gli Stati della prateria — *mid-off; mid-on, (cricket)* giocatori *(o le loro posizioni)* rispettivamente a sinistra e a destra del lanciatore — *mid-day* ⇨ **midday.**
[2]**mid** [mid] *prep (poet.)* fra; in mezzo (⇨ **amid**).
midday ['middei] *s.* mezzogiorno *(attrib.): the midday meal,* il pasto di mezzogiorno; la seconda colazione.
midden ['midn] *s.* mucchio di letame; letamaio: *kitchen midden, (archeologia)* avanzi *(spec. conchiglie ed ossa)* di tribù nomadi.
middle ['midl] *s.* *(usato al sing. preceduto dall'art. determinativo:* the middle*)* **1** mezzo; centro; parte centrale; parte mediana: *the middle of a room,* il centro (la parte centrale) di una camera — *in the middle of the century,* nella metà del secolo — *in the very middle of the night,* nel bel mezzo della notte; nel cuore della notte — *in the middle of the street,* al centro della strada — *a pain in the middle of the back,* un dolore al centro della schiena — *They were in the middle of dinner when I arrived,* Erano nel bel mezzo del pranzo quando arrivai — *I was in the middle of reading the paper when she telephoned,* Ero immerso nella lettura del giornale quando lei telefonò — *middle-of-the-road, (attrib.)* di centro *(politica, ecc.).*
2 *(fam.)* parte mediana del corpo; vita: *to seize sb round the middle,* prendere (cingere) qcno alla vita — *He's fifty inches round the middle,* Misura cinquanta pollici di vita.
□ *(attrib.)* centrale; di centro; medio: *the middle house in the row,* la casa al centro della fila — *middle school,* scuola media — *a woman in her middle thirties,* una donna sui trentacinque anni — *to take a middle course,* seguire una via di mezzo — *the middle finger,* il dito medio — *middle age,* mezz'età — *middle-aged,* di età media; di mezz'età — *a middle-aged woman,* una donna di mezz'età — *middle-age spread, (fam.)* corpulenza, appesantimento della mezza età — *the Middle Ages,* il Medio Evo — *the middle classes,* la classe media; la borghesia — *middle-class, (agg.)* borghese — *middle distance, (in un quadro, un panorama)* secondo piano — *middle-distance running, (atletica)* mezzofondo — *the Middle East,* il Medio Oriente — *middle name,* il nome di mezzo *(il secondo nome di battesimo)* — *the middle watch, (naut.)* il turno di guardia intermedio *(da mezzanotte alle quattro del mattino)* — *middle-weight, (pugilato)* peso medio — *the Middle West, (USA)* gli Stati medio-occidentali (della prateria) — *Middle English,* l'inglese parlato tra il 1200 e il 1500 circa.
middlebrow ['midlbrau] *s. e agg* (individuo) mediamente colto e di gusti medi, non intellettuali *(a metà fra* lowbrow *e* highbrow*).*
middleman ['midlmæn] *s.* (*pl.* **middlemen**) interme-

diario; mediatore; grossista: *to cut out the middleman,* acquistare direttamente dalla fabbrica.

middling ['midliŋ] *agg* **1** medio; di livello medio; discreto: *a town of middling size,* una città di media grandezza. **2** *(fam.)* 'solo così così'; né bene né male: *He says he's feeling only middling,* Dice che si sente solo così così. **3** *(comm.)* mediocre; di seconda qualità; corrente; ordinario: *middling goods,* merce di seconda qualità (di qualità corrente, ordinaria).

□ *s. (generalm. al pl.)* merce di seconda qualità *(spec. farina grossa insieme a crusca);* semolino.

□ *avv (piuttosto desueto)* discretamente; moderatamente: *middling tall,* discretamente (moderatamente) alto.

middy ['midi] *s., abbr fam di* **midshipman** ⇨. □ *middy blouse,* camicetta con colletto alla marinara.

midge [midʒ] *s.* **1** moscerino. **2** = **midget.**

midget ['midʒit] *s.* persona molto piccola (curiosità da circo); nano. □ *attrib* piccolissimo; in miniatura: *a midget submarine,* un sottomarino tascabile.

midi ['midi] *s.* gonna al ginocchio.

midland ['midlənd] *s. (spesso attrib.)* zona centrale, interna *(d'una regione, d'un paese): the Midlands,* le contee centrali dell'Inghilterra; l'Inghilterra centrale.

midmost ['midmoust] *agg* il più centrale; centralissimo.

□ *avv* nel bel mezzo di; proprio nel centro di.

midnight ['midnait] *s.* mezzanotte: *the midnight hours,* le ore nel cuore della notte — *to burn the midnight oil,* lavorare (scrivere, studiare) fino a tarda notte — *the midnight sun,* il sole di mezzanotte.

midriff ['midrif] *s.* **1** diaframma. **2** addome; pancia: *a blow to the midriff,* un colpo nella pancia.

midship ['midʃip] *s.* (a) mezzanave.

□ *(avv.)* **midships** ⇨ **amidships.**

midshipman ['midʃipmən] *s.* (*pl.* **midshipmen**) aspirante (cadetto) di marina; *(USA)* allievo dell'Accademia Navale.

midst [midst] *s. (ant. o lett.)* mezzo; centro: *in the midst of...,* in mezzo a...; nel mezzo di... — *in our midst,* fra noi; in mezzo a noi.

□ *prep (ant. o lett.)* nel mezzo di; fra.

midstream ['midstri:m] *s.* (il) mezzo del fiume.

midsummer ['mid,sʌmə*] *s.* mezza estate; nel pieno dell'estate: *Midsummer('s) Day,* il giorno di San Giovanni — *midsummer madness,* il colmo della pazzia; follia acuta.

midway ['mid'wei] *agg* a mezza via; situato a mezza strada.

□ *avv* a metà strada.

midwife ['midwaif] *s.* (*pl.* **midwives**) levatrice; ostetrica.

midwifery ['midwifəri] *s.* professione di ostetrica; ostetricia: *to take a course in midwifery,* fare un corso di ostetricia.

midwinter ['mid'wintə*] *s.* **1** cuore dell'inverno; pieno inverno. **2** solstizio d'inverno.

mien [mi:n] *s. (lett.)* aspetto; cera: *with a sorrowful mien,* con un aspetto triste — *of pleasing mien,* di piacevole aspetto.

¹might [mait] *pass e condiz di* **may.**

²might [mait] *s.* forza; potere: *to work with all one's might,* lavorare con tutte le proprie forze — *Might is right,* La ragione è del più forte — *by (o with) might and main* ⇨ **¹main 3.**

might-have-been ['maithəv,bi:n] *s.* (*pl.* **might-have-beens**) **1** ciò che sarebbe potuto accadere; potenzialità non realizzata. **2** persona ritenuta un tempo molto promettente (che avrebbe dovuto fare grandi cose); *(per estensione)* (un) fallito.

mightily ['maitili] *avv* **1** potentemente; grandemente. **2** (*fam.: anche* **mighty**) molto; estremamente: *mightily glad; mighty glad,* contentissimo.

mighty ['maiti] *agg* (**-ier**; **-iest**) **1** possente; potente; poderoso: *a mighty nation,* una nazione possente. **2** vasto; ampio; enorme: *the mighty ocean,* il vasto oceano. **3** *(fam.)* grande; fiero: *high and mighty,* alto e fiero. □ *avv* **mightily** ⇨.

□ *avv (fam.)* molto; estremamente: *to think oneself mighty clever,* ritenersi estremamente bravo.

mignonette [,minjə'net] *s. (fr.)* amorino; reseda.

migraine [mi:'grein] *s.* emicrania.

migrant ['maigrənt] *s.* **1** migratore *(spec. di uccelli).* **2** immigrante; emigrante.

to **migrate** [mai'greit] *vi* **1** *(di uccelli e pesci)* migrare; trasmigrare. **2** *(talvolta, di persona)* emigrare.

migration [mai'greiʃən] *s.* migrazione; emigrazione.

migratory ['maigrətəri] *agg* migratore.

mikado [mi'kɑ:dou] *s.* 'mikado' *(imperatore del Giappone).*

mike [maik] *s. (abbr. fam. di* microphone*)* microfono.

milady [mi'leidi] *s.* signora; nobildonna; signora inglese; 'milady'.

milage ['mailidʒ] *s.* = **mileage.**

milch [miltʃ] *agg (di animali domestici)* da latte: *milch cows,* mucche da latte.

mild [maild] *agg* **1** mite; mansueto; gentile; dolce; tenero; lieve: *mild weather,* tempo (temperatura) mite — *mild punishments,* punizioni lievi — *a mild answer,* una risposta gentile — *mild steel,* acciaio dolce. **2** *(di cibo, bevanda o tabacco)* dolce; non forte o piccante; *(di medicinale)* blando: *mild cheese,* formaggio dolce — *a mild cigar,* un sigaro dolce (non forte) — *mild ale,* birra chiara (dolce) — *mild and bitter, (fam.)* miscela di birra dolce e amara — *Draw it mild!, (fam.)* Vacci piano!; Non esagerare!

□ *avv* **mildly** ⇨.

mildew ['mildju:] *s.* muffa.

to **mildew** ['mildju:] *vt* coprir di muffa; far ammuffire.

□ *vi* coprirsi di muffa; ammuffire.

mildly ['maildli] *avv* moderatamente; dolcemente: *to put it mildly,* senza esagerazione; a dir poco.

mildness ['maildnis] *s.* dolcezza; mansuetudine; mitezza.

mile [mail] *s.* miglio *(misura lineare pari a 1.760 yards, cioè m. 1.609): for miles and miles,* per miglia e miglia — *It's a thirty mile (a thirty miles') journey,* È un viaggio di trenta miglia — *to run the mile in four minutes; to run a four-minute mile,* correre il miglio in quattro minuti — *metric mile, (atletica)* millecinquecento metri.

□ *to live miles away,* abitare lontanissimo (a casa del diavolo) — *miles from everywhere (anywhere),* fuori mano — *It stands out a mile!, (fam.)* Si vede lontano un miglio!; È lampante! — *(anche fig.) to feel miles better, (fam.)* sentirsi infinitamente meglio — *There's no one within miles of him as a tennis player,* Non c'è nessuno che gli possa stare vicino come giocatore di tennis — *to be miles easier,* essere di gran lunga più facile — *to be miles from thinking that...,* essere ben lontano dal pensare che...

mileage ['mailidʒ] *s.* **1** distanza in miglia ('chilometraggio'): *a used car with a small (a low) mileage,* una macchina usata che ha fatto pochi chilometri. **2** *(sta per* mileage allowance*)* rimborso spese (indennità) di viaggio per miglio.

miler ['mailə*] *s.* corridore *(talvolta* cavallo*)* specializzato nella corsa sul miglio; *(per estensione)* mezzofondista.

milestone ['mailstoun] *s.* pietra miliare *(anche fig.).*

milieu ['mi:ljə:] *s. (fr.)* ambiente sociale.

militancy ['militənsi] *s.* **1** militanza; attivismo. **2** combattività.

militant ['militənt] *agg* **1** militante. **2** attivo.

□ *s.* militante; attivista.

militarism ['militərizəm] *s.* militarismo.

militarist ['militərist] *s.* militarista.

militaristic [,militæ'ristik] *agg* militaristico.

military ['militəri] *agg* militare. □ *s. pl the military,* i militari; l'esercito; *(talvolta, spreg.)* la casta militare.

to **militate** ['militeit] *vi* militare (contro o a favore di qcno, qcsa); essere d'ostacolo (a qcno, qcsa): *to militate against sth,* opporsi a (ostacolare) qcsa.

militia [mi'liʃə] *s. (generalm.* the militia*)* **1** *(USA)* guardia nazionale. **2** *(GB)* esercito di soldati di leva; *(stor.)* milizie.

militiaman [mi'liʃəmæn] *s.* (*pl.* **militiamen**) **1** *(USA)* membro della guardia nazionale; miliziano. **2** *(GB)* soldato di leva; coscritto.

milk [milk] *s.* **1** latte: *milk fresh from the cow,* latte appena munto — *tinned (USA* canned*) milk,* latte in scatola — *condensed milk,* latte condensato — *skimmed milk,* latte scremato — *whole milk,* latte intero — *to be on a milk diet,* essere a dieta lattea — *milk puddings,* budini di latte — *milk-bar,* cremeria; latteria-gelateria — *milk-churn,* bidone del latte — *milk-crust,* crosta lattea — *milk loaf,* pane al latte — *milk-fever,* febbre da latte; febbre di Malta — *milk-float, (GB)* carrettino del latte — *a milk run,* - **a)** *(USA)* il giro del lattaio - **b)** *(gergo aeronautico)* un volo senza incidenti — *milk-shake,* frullato (frappé) di latte — *milk-tooth,* dente di latte — *milk white,* bianco latte — ⇨ *anche* **milkmaid, milkman, milksop. 2** lattice *(di alcune piante): milk-weed,* pianta che produce lattice.

□ *the milk of human kindness,* la naturale gentilezza umana — *to come home with the milk,* rientrare alle ore piccole — *the land of milk and honey,* la terra (il paese) di Bengodi — *It's no use crying over spilt milk, (prov.)* Non serve piangere sul latte versato — *milk-and-water, (attrib.)* all'acqua di rose — *a milk-and-water socialist,* un socialista all'acqua di rose.

to **milk** [milk] *vt* **1** mungere: *milking machine,* mungitrice automatica. **2** estrarre; ottenere: *to milk venom from a snake,* estrarre il veleno da un serpente — *to milk the bull (the ram),* cavare sangue da una rapa. **3** *(fig.)* spillare; estorcere; carpire.

□ *vi* dare, produrre latte: *The cows are milking well,* Le mucche stanno dando abbastanza latte; La mungitura è buona.

milker ['milkə*] *s. (di vacca, ecc.) to be a good (poor) milker,* dare molto (poco) latte.

milkmaid ['milkmeid] *s.* mungitrice.

milkman ['milkmæn] *s.* (*pl.* **milkmen**) lattaio; lattivendolo.

milksop ['milksɔp] *s. (fam.)* uomo (ragazzo) debole e smidollato; 'pulcino bagnato'.

milky ['milki] *agg* **1** latteo: *the Milky Way,* la Via Lattea. **2** *(di liquido)* lattiginoso; *(per estensione)* opalescente; latteo; biancastro.

mill [mil] *s.* **1** mulino *(edificio e macchina): water-mill,* mulino ad acqua — *wind-mill,* mulino a vento — *mill-dam,* diga da mulino; chiusa da mulino — *mill-pond,* bottaccio da mulino — *like a mill-pond, (detto del mare)* liscio (calmo) come un olio — *mill-race,* corrente che fa girare le ruote di un mulino — *mill-wheel,* ruota di mulino — *mill-wright,* costruttore, riparatore di mulini — ⇨ *anche* **millboard, millstone. 2** macinino; macchina per spremere, tritare, frullare: *a coffee-mill,* un macinino da caffè — *a pepper-mill,* un macinapepe. **3** *(mecc.)* fresa; laminatoio. **4** opificio; fabbrica; stabilimento: *cotton-mill,* cotonificio — *paper-mill,* cartiera — *steel-mill,* acciaieria — *mill-hand,* operaio; *(al pl.)* maestranze — *mill-girl,* operaia *(spec. di cotonificio).*

□ *to go through the mill,* passare un periodo duro; farsi le ossa (in un lavoro duro) — *to put sb through the mill,* torchiare ben bene qcno — *The mills of God grind slowly,* I mulini di Dio macinano lentamente; Dio non paga il sabato — *to bring grist to the mill* ⇨ **grist** — *run-of-the-mill, (attrib.)* comune; ordinario; banale; dozzinale.

to **mill** [mil] *vt* **1** macinare; tritare; frantumare: *to mill grain (flour),* macinare granaglie (farina) — *to mill ore,* frantumare minerale. **2** laminare *(metalli): to mill steel,* laminare acciaio. **3** zigrinare; granire: *silver coins with a milled edge,* monete d'argento con il bordo zigrinato. **4** *(stoffa)* feltrare; follare.

□ *vi* **to mill about (around),** *(di mandrie, branchi o di folla)* muoversi disordinatamente; assieparsi; accalcarsi.

millboard ['milbɔ:d] *s.* cartone grigio *(usato in legatoria).*

millenarian [,mili'nɛəriən] *agg* **1** millenario. **2** millenaristico.

□ *s.* chiliasta; millenarista.

millennium [mi'leniəm] *s.* (*pl.* **millennia**) **1** millennio. **2** *(fig.)* periodo *(spec. futuro)* di pace e felicità.

millepede ['milipi:d] *s.* millepiedi.

miller ['milə*] *s.* mugnaio.

millet ['milit] *s. (bot.)* miglio.

milliard ['miljɑ:d] *s. (GB)* miliardo.

milligram(me) ['miligræm] *s.* milligrammo.

millilitre ['mili,li:tə*] *s.* (*USA* **milliliter**) millilitro.

millimetre ['mili,mi:tə*] *s.* (*USA* **millimeter**) millimetro.

milliner ['milinə*] *s.* modista.

millinery ['milinəri] *s.* lavoro di modista.

million ['miljən] *s. e agg* milione: *a million pounds,* un milione di sterline — *ten million people,* dieci milioni di persone — *He must have made a million by now,* Ormai deve essere milionario *(in sterline, dollari, ecc.).*

millionaire [,miljə'nɛə*] *s.* milionario.

millionairess [,miljə'nɛəris] *s.* milionaria.

millionfold ['miljənfould] *agg* di un milione di volte.

□ *avv* un milione di volte.

millionth ['miljənθ] *s. e agg* milionesimo.

millipede ['milipi:d] *s.* = **millepede.**

millstone ['milstoun] *s.* macina; mola; *(fig.)* grave peso; remora: *to be between the upper and nether millstone, (fig.)* essere fra l'incudine e il martello.

milord [mi'lɔ:*] *s. (fr.)* 'milord'; signore; ricco inglese.

milt [milt] *s.* **1** milza. **2** latte di pesce.

mime [maim] *s.* mimo; pantomima.

to **mime** [maim] *vi* mimare.

mimeograph ['mimiəgrɑ:f] *s.* ciclostile.

to **mimeograph** ['mimiəgrɑ:f] *vt* ciclostilare.

mimetic [mi'metik] *agg* mimetico.

mimic ['mimik] *agg* mimico; imitativo; finto; recitato; mimato; mimetico.

□ *s.* imitatore.

to **mimic** ['mimik] *vt* (**-ck-**) **1** imitare; contraffare; parodiare; scimmiottare: *He mimicked his uncle's voice and gestures very cleverly,* Imitò con molta abilità la voce e i gesti di suo zio. **2** imitare; rassomigliare:

wood painted to mimic marble, legno dipinto in modo da rassomigliare al marmo.

mimicry ['mimikri] *s.* **1** mimesi; imitazione; parodia. **2** mimetismo: *protective mimicry,* mimetismo protettivo.

mimosa [mi'mouzə] *s.* mimosa.

minaret ['minəret] *s.* minareto.

minatory ['minətəri] *agg* minatorio.

mince [mins] *s.* **1** *(abbr. di* minced meat*)* carne tritata. **2** *(abbr. di* mincemeat ⇨: *nell'espressione) mince pies (tarts), (GB)* tortine di pasta frolla ripiene di 'mincemeat' *(tradizionali a Natale).*

to **mince** [mins] *vt e i.* **1** tritare; sminuzzare; triturare: *to mince meat,* tritare carne — *a mincing machine,* una macchina per tritare; un tritatutto. **2** parlare; ostentare modi affettati o delicati o raffinati: *(generalm. nell'espressione) not to mince one's words,* non misurare le parole — ⇨ *anche* **mincing.**

mincemeat ['minsmi:t] *s.* pasticcio di frutta secca, mele, spezie, zucchero, 'rum' o cognac, ecc. □ *to make mincemeat of (sb, sth), (fam.)* polverizzare (qcsa o qcno); distruggere (qcno).

mincer ['minsə*] *s.* tritacarne; tritatutto.

mincing ['minsiŋ] *agg* affettato; lezioso; manierato *(spec. nella parlata o nell'andatura).*

mind [maind] *s.* **1** mente; intelletto; attenzione; animo; spirito: *to give one's mind to sth,* dedicarsi a qcsa; concentrarsi su qcsa; rivolgere la propria attenzione a qcsa — *Give your mind to what you are doing,* Concentrati su quello che stai facendo — *to keep one's mind on sth,* mantenere la propria attenzione su qcsa — *to set one's mind on sth,* mettersi in testa qcsa; fissarsi su qcsa — *She has set her mind on a holiday in Greece,* Si è fissata su una vacanza in Grecia — *to have sth on one's mind,* essere preoccupato per qcsa — *to take one's mind off (sth),* distogliere la mente da (qcsa) — *presence of mind,* presenza di spirito — *absence of mind; (più comune: absent-mindedness),* distrazione — *mind-bending, (agg.)* di difficile comprensione — *mind-reading, (s.)* lettura del pensiero — *to be out of one's mind (not in one's right mind),* essere fuori di senno, matto.

2 mente; memoria; ricordo: *to bear (to keep) sth in mind,* tenere in mente qcsa — *to call (to bring) sth to mind,* richiamare qcsa alla memoria — *to pass (to go) out of one's mind,* passare (uscire) di mente — *to put sb in mind of sth,* ricordare qcsa a qcno — *since time out of mind,* sin da tempo immemorabile — *Out of sight, out of mind, (prov.)* Lontano dagli occhi, lontano dal cuore.

3 intenzione; proposito; opinione; idea: *He doesn't know his own mind,* Non sa neanche quello che vuole — *to make up one's mind,* - **a)** decidere, decidersi: *He's made up his mind to be a doctor,* Ha deciso di diventare medico - **b)** adattarsi; riconoscere; accettare; prendere atto (di qcsa): *We are no longer a first-class power; we must make up our minds to that,* Non siamo più una grande potenza; dobbiamo prenderne atto — *to change one's mind,* mutare proposito; cambiare idea — *to be in two minds (about sth),* essere incerto (su qcsa) — *to speak one's mind,* parlare chiaro; dire chiaramente ciò che uno pensa — *to give sb a piece of one's mind,* dare a qcno una lavata di capo; dire chiaro e tondo a qcno quello che si pensa — *to be of one mind,* avere la stessa opinione; essere dello stesso parere; volere la stessa cosa — *We are all of one mind,* Siamo tutti dello stesso avviso; Abbiamo tutti lo stesso proposito — *to be of the same mind,* - **a)** essere d'accordo - **b)** non avere mutato proposito: *Is he still of the same mind?,* È ancora dello stesso avviso? — *to my mind,* a mio parere; secondo me; a mio avviso — *to have a good mind to do sth,* essere quasi deciso a fare qcsa — *I've a good mind to report you to the police,* Quasi quasi vi denuncerei alla polizia — *to have half a mind to do sth,* avere una mezza intenzione di fare qcsa.

4 'mente'; persona di grande capacità intellettuale; cervello: *He is one of the great minds of the age,* È una delle grandi menti di quest'epoca — *Great minds think alike, (spesso scherz.)* I grandi intelletti pensano tutti allo stesso modo.

to **mind** [maind] *vt e i.* **1** fare attenzione (a); badare (a); occuparsi (di); avere cura (di): *Who is minding the baby?,* Chi bada al bambino? — *When Green was called up, his wife had to mind the shop,* Quando Green venne chiamato alle armi, la moglie dovette badare al negozio — *Mind the step!,* Attenzione al gradino! — *Mind your heads!,* Attenzione alla testa! — *Mind the dog!,* Attenti al cane! — *Mind your own business,* Occupati degli affari tuoi — *Mind (out), there is a bus coming!,* Attenzione, sta arrivando un autobus! — *Mind and do what you're told, (fam.)* Bada bene a fare ciò che ti si dice — *to mind one's P's and Q's,* stare attento a quello che si fa o si dice — *Mind you don't drop it!,* Sta' attento a non lasciarlo cadere! — *Mind you (interiezione, talvolta soltanto* Mind*),* Bada bene; Sia ben chiaro; Intendiamoci — *I have no objection, mind you, but I think it unwise,* Non ho obiezioni, sia ben chiaro, ma lo considero imprudente — *You can never be sure, mind,* Però, bada che (ricordati che) non si può mai essere sicuri.

2 avere qcsa in contrario; essere dispiaciuto, disturbato: *Do you mind if I smoke?,* Vi dispiace (Vi disturba, Vi dà fastidio) se fumo? — *Would you mind opening the window?,* Vi dispiacerebbe aprire la finestra? — *Would you mind my opening the window?,* Vi dispiace se apro la finestra? — *'Do you mind my leaving this payment until next year?' - 'Yes, I do mind',* 'Le dispiace (Ha niente in contrario) se rimando questo pagamento al prossimo anno?' - 'Sì che mi dispiace' — *He doesn't mind the cold at all,* Il freddo non gli dà alcun fastidio — *If you don't mind...,* Se non Le dispiace (Se non ha nulla in contrario)... — *I shouldn't mind a glass of beer,* Non mi dispiacerebbe un bicchiere di birra — *Never mind,* Non importa; Non preoccuparti; Pazienza.

minded ['maindid] *agg* **1** disposto; incline; propenso: *He could do it if he were so minded,* Potrebbe farlo se volesse (se ne avesse l'intenzione) — *If she were minded to help...,* Se fosse disposta ad aiutare... **2** *(nei composti): strong-minded,* dall'animo forte — *high-minded,* di mente elevata — *evil-minded,* malvagio — *commercially-minded,* portato per il commercio — *right-minded,* d'animo retto — *food-minded,* attento al cibo; buongustaio — *muddle-minded,* confusionario; pasticcione — *air-minded,* - **a)** consapevole dell'importanza dell'aviazione - **b)** che viaggia (che ama viaggiare) molto in aereo.

-minder ['maində*] *s.* sorvegliante; addetto: *machine-minder,* addetto alle macchine — *baby-minder,* 'baby-sitter'.

mindful ['maindful] *agg (seguito da* of*)* memore; conscio; attento: *to be mindful of one's duties,* essere memore dei propri doveri. □ *avv* **mindfully.**

mindfulness ['maindfulnis] *s.* attenzione; consapevolezza; cura.

mindless ['maindlis] *agg (seguito da* of*)* incurante

(di): *to be mindless of danger,* essere incurante del pericolo.

[1]**mine** [main] **I** *pron possessivo* (il) mio; (la) mia; (i) miei; (le) mie: *Is this book yours or mine?,* È vostro questo libro o mio? — *He's an old friend of mine,* È un mio vecchio amico — *He's no friend of mine,* Non è affatto mio amico.
II *agg possessivo (ant. e lett.) mine eyes (heart),* occhi miei (cuore mio) — *mine enemy,* il mio nemico.

[2]**mine** [main] *s.* **1** miniera *(anche fig.): coal-mine,* miniera di carbone — *gold-mine,* miniera d'oro *(anche fig.)* — *mine-worker,* minatore — *a mine of information,* una miniera di informazioni. **2** mina; carica esplosiva: *to spring (to touch off) a mine,* far brillare una mina — *mine-field,* - **a)** campo minato; zona (d'acqua) minata - **b)** *(non comune)* zona mineraria — *mine-layer,* posamine *(nave o aereo)* — *mine-detector,* apparecchio per la rilevazione di mine — *mine-sweeper,* dragamine.

to **mine** [main] *vt e i.* **1** estrarre *(minerali);* scavare *(per estrarre minerale): to mine (for) coal,* estrarre carbone. **2** minare; collocare (deporre) mine: *to mine the entrance to a harbour,* minare l'accesso ad un porto. **3** = **to undermine.**

minefield ['mainfi:ld] *s.* ⇨ [2]**mine 2.**

miner ['mainə*] *s.* **1** minatore. **2** *(mil.)* guastatore.

mineral ['minərəl] *s. e agg* minerale: *mineral water,* acqua minerale — *mineral oil,* olio minerale — *mineral jelly,* vaselina — *mineral pitch,* asfalto.

mineralogist [,minə'rælədʒist] *s.* mineralogista; mineralogo.

mineralogy [,minə'rælədʒi] *s.* mineralogia.

to **mingle** ['miŋgl] *vt e i.* mescolare, mescolarsi; confondere, confondersi: *truth mingled with falsehood,* verità mescolata a menzogne — *to mingle with the crowd,* mescolarsi con la folla.

mingy ['mindʒi] *agg* (**-ier**; **-iest**) *(fam.)* meschino; gretto; spilorcio.

mini ['mini] *s.* 'minigonna'.

miniature ['minjətʃə*] *s.* miniatura. □ *(attrib.)* in miniatura; in scala ridotta: *a miniature railway,* una ferrovia in miniatura — *a miniature camera,* microcamera.

miniaturist ['minjətjuərist] *s.* miniaturista.

minibus ['mini,bʌs] *s.* 'minibus'.

minicab ['mini,kæb] *s.* piccolo tassì.

minim ['minim] *s.* **1** *(mus.)* minima. **2** *(farmacia)* goccia *(circa).*

minimal ['minimәl] *agg* minimo; minimale; molto piccolo; molto scarso.

to **minimize** ['minimaiz] *vt* minimizzare: *to minimize an accident,* minimizzare un incidente.

minimum ['miniməm] *s.* (*pl.* **minima**) minimo: *to reduce sth to a minimum (to the bare minimum),* ridurre qcsa al minimo.
□ *(attrib.)* minimo; minimale: *the minimum temperature,* la temperatura minima — *minimum wage,* salario minimo.

mining ['mainiŋ] *s.* estrazione (scavo) di minerali.
□ *(attrib.)* minerario: *a mining engineer,* un ingegnere minerario — *the mining industry,* l'industria mineraria.

minion ['minjən] *s.* **1** *(stor.)* favorito; beniamino. **2** *(spreg.)* servo; schiavo *(fig.);* dipendente; lacchè; tirapiedi; *(talvolta)* adulatore: *the minions of the law,* gli sbirri; i carcerieri.

miniskirt ['miniskə:t] *s.* minigonna.

minister ['ministə*] *s.* ministro: *minister of religion,* ministro del culto *(spec. protestante);* sacerdote — *minister of state,* ministro di stato — *the Minister of Defence,* il Ministro della Difesa — *the Prime Minister,* il Primo Ministro — *the British Minister at Lima,* il ministro (rappresentante, plenipotenziario) britannico a Lima — *Minister General,* Ministro; Superiore *(di taluni ordini religiosi).*

to **minister** ['ministə*] *vi* **1** *(seguito da* to*)* aiutare; assistere; provvedere; soccorrere; soddisfare; venire incontro: *to minister to the needs of a sick man,* provvedere ai bisogni di un malato; assistere un malato. **2** *(in senso religioso)* somministrare; officiare: *ministering angel,* infermiera (angelo di bontà).

ministerial [,minis'tiəriəl] *agg* **1** ministeriale; relativo ad un ministro o ad un ministero: *ministerial functions (duties),* funzioni (compiti) ministeriali — *a ministerial paper,* una relazione (un rapporto) ministeriale — *the ministerial benches,* i banchi (i seggi) ministeriali *(al Parlamento).* **2** *(non comune)* pastorale; sacerdotale; relativo al ministero (religioso).
□ *avv* **ministerially.**

ministration [,minis'treiʃən] *s.* **1** *(religione)* il celebrare; l'officiare. **2** cura; assistenza religiosa: *The dying woman asked for the ministration of a priest,* La donna morente chiese i conforti religiosi. **3** *(al pl., spesso scherz.)* sollecitudine; cure: *Thanks to the ministrations of my wife, the dog is now all right,* Grazie alle tenere cure di mia moglie, il cane adesso sta bene.

ministry ['ministri] *s.* **1** ministero: *a ministry official,* un funzionario del ministero (ministeriale) — *the Ministry of Health,* il Ministero della Sanità — *the Ministry,* il Gabinetto (il Governo) — *Churchill was asked to form a Ministry,* Churchill ricevette l'incarico di formare il governo. **2** *(sempre con* the*)* il clero; la carriera religiosa (ecclesiastica); il sacerdozio; il ministero pastorale: *to enter the ministry,* entrare nel clero, nel ministero pastorale; abbracciare la carriera religiosa — *He was intended for the ministry,* Era destinato al sacerdozio, al ministero pastorale.

miniver ['minivə*] *s.* (pelliccia di) vaio.

mink [miŋk] *s.* visone: *a mink coat,* un cappotto di visone.

minnow ['minou] *s.* pesciolino d'acqua dolce.

minor ['mainə*] *agg* minore *(anche mus.);* meno importante; secondario: *a broken leg and minor injuries,* una gamba fratturata e altre ferite minori — *minor poets,* poeti minori — *a minor key,* una tonalità minore — *in a minor key, (anche fig.)* in tono (in tonalità) minore — *B flat minor,* si bemolle minore — *to play only a minor part in the play,* recitare una parte secondaria nella commedia — *a minor suit, (nelle carte da gioco)* un seme minore — *Smith minor, (GB, nei collegi, ecc.)* il più giovane dei fratelli Smith.
□ *s.* **1** minorenne; minore. **2** frate minore; minorita. **3** *(USA, all'università)* materia complementare.

minority [mai'nɔriti] *s.* **1** età minore. **2** minoranza; *(attrib.)* minoritario: *to be in a (o the) minority,* essere in minoranza — *I'm in a minority of one,* Sono in posizione di assoluta minoranza — *a minority report,* una relazione di minoranza — *a minority government,* un governo di minoranza.

minster ['minstə*] *s.* **1** chiesa *(d'un monastero).* **2** *(GB)* cattedrale; duomo *(spec. se un tempo faceva parte di un monastero): York Minster,* la cattedrale di York.

minstrel ['minstrәl] *s.* **1** menestrello; giullare. **2** *(in passato* nigger minstrel*)* cantante, ballerino, fantasista o comico *(truccato da negro).*

minstrelsy ['minstrəlsi] *s.* arte dei menestrelli, dei giullari.

[1]**mint** [mint] *s.* **1** menta *(non piperita): mint sauce,* salsa di menta, aceto e zucchero *(per condire l'arrosto d'agnello).* **2** *(anche* peppermint*)* menta piperita: *mint drops,* caramelle dure alla menta.

[2]**mint** [mint] *s.* **1** zecca: *coins fresh from the mint,* monete appena uscite dalla zecca (nuove di zecca). **2** *(fam., con l'art. indeterminativo)* una gran quantità; un vagone: *a mint of money,* un vagone (una barca) di soldi.

☐ *(attrib.)* nuovo di zecca; *(filatelia)* nuovo: *mint-mark,* marchio di zecca — *mint-master,* direttore di zecca — *in mint state (condition),* in condizioni perfette; *(numismatica)* fior di conio.

to **mint** [mint] *vt* coniare; battere (moneta); *(fig.)* coniare; inventare.

minuet [,minju'et] *s.* minuetto.

minus ['mainəs] *agg* **1** meno: *the minus sign,* il segno meno. **2** negativo: *a minus quantity,* una quantità negativa.

☐ *prep* **1** meno: *7 minus 3 is 4,* 7 meno 3 fa 4. **2** *(fam.)* senza: *He came back from the war minus a leg,* Tornò dalla guerra senza una gamba (con una gamba in meno).

☐ *s.* meno *(il segno);* quantità negativa.

minuscule ['minəskju:l] *agg* minuscolo.

[1]**minute** ['minit] *s.* **1** minuto (primo): *seven minutes to six,* le sei meno sette minuti — *to arrive ten minutes early,* arrivare dieci minuti in anticipo — *in a minute,* subito; in un attimo — *I'll come downstairs in a minute,* Scenderò subito (in un attimo) — *Do it this minute!,* Fallo subito (immediatamente)! — *to the minute,* al minuto; esattamente; puntualmente — *the minute (that)...,* nello stesso istante in cui...; non appena... — *I'll give him your message the minute he arrives,* Gli darò il tuo messaggio lo stesso istante in cui (non appena) arriva — *minute-gun,* cannone che spara *(a salve)* a intervalli di un minuto — *minute-man, (stor. USA)* miliziano pronto ad entrare subito in servizio — *minute-hand,* lancetta *(di orologio)* dei minuti — *a two-minute silence,* un silenzio di due minuti — *a three-minute egg,* un uovo ('à la coque') cotto per tre minuti. **2** *(geometria)* primo; sessantesima parte di un grado. **3** pro-memoria; nota; minuta; bozza; *(al pl.)* verbale, resoconto *(di una riunione): minute-book,* registro dei verbali. ☐ *a minute-by-minute account,* un resoconto minuto per minuto — *up-to-the-minute news,* ultimissime notizie.

to **minute** ['minit] *vt* mettere a verbale; verbalizzare; prendere nota (di).

[2]**minute** [mai'nju:t] *agg* **1** minuto; minuscolo: *minute particles of gold dust,* minuscole particelle di polvere d'oro. **2** particolareggiato; minuzioso; dettagliato: *a minute description,* una descrizione particolareggiata. ☐ *avv* **minutely.**

minuteness [mai'nju:tnis] *s.* **1** minutezza; piccolezza. **2** minuziosità; precisione; meticolosità.

minutiae [mai'nju:ʃii:] *s. pl (lat.)* minuzie; minimi particolari.

minx [miŋks] *s.* pettegola; civetta; ragazza sfacciata.

miracle ['mirəkl] *s.* **1** miracolo; avvenimento straordinario; prodigio: *to work (to accomplish) miracles,* fare (compiere, operare) miracoli — *to be saved by a miracle,* venire salvato per miracolo — *It's a miracle of ingenuity,* È un miracolo (un prodigio) di bravura. **2** *(anche* miracle play*)* rappresentazione sacra medioevale. ☐ *miracle-worker,* mago; facitore di miracoli.

miraculous [mi'rækjuləs] *agg* **1** miracoloso. **2** sorprendente; straordinario. ☐ *avv* **miraculously.**

miraculousness [mi'rækjuləsnis] *s.* miracolosità.

mirage ['mirɑ:ʒ] *s.* **1** miraggio. **2** *(fig.)* illusione.

mire ['maiə*] *s.* *(generalm. lett.)* pantano; melma; fango *(anche fig.): to be in the mire,* trovarsi in un pantano (in difficoltà, nei guai, nei pasticci) — *to drag sb (sb's name) through the mire,* trascinare nel fango qcno (il nome di qcno).

to **mire** ['maiə*] *vt* **1** infangare; inzaccherare; coprire di fango. **2** impantanare, impantanarsi; fare impantanare: *to mire a horse,* fare impantanare un cavallo. ☐ *vi (fig.)* impantanarsi; trovarsi in difficoltà.

mirror ['mirə*] *s.* **1** specchio *(anche fig.): a mirror of the times,* uno specchio dei tempi — *driving mirror; rear-view mirror,* specchio (specchietto) retrovisore. **2** *(radar)* riflettore. ☐ *mirror image,* imagine speculare — *mirror finish,* finitura speculare.

to **mirror** ['mirə*] *vt* riflettere; rispecchiare *(anche fig.).*

mirth [mə:θ] *s.* allegria; gioia; ilarità.

mirthful ['mə:θful] *agg* allegro; gioioso; ilare. ☐ *avv* **mirthfully.**

mirthless ['məθlis] *agg* senza gioia; triste; cupo; *(talvolta)* arcigno: *a mirthless laugh,* una risata triste, amara. ☐ *avv* **mirthlessly.**

miry ['mairi] *agg* fangoso; paludoso; coperto di fango: *miry roads,* strade fangose *(coperte di fango).*

misadventure ['misəd'ventʃə*] *s.* disgrazia; disavventura: *death by misadventure, (dir.)* morte per disgrazia.

to **misadvise** ['misædvaiz] *vt (generalm. al passivo)* consigliare male; dare consigli sbagliati (a qcno).

misalliance ['misə'laiəns] *s.* unione *(spec. matrimonio)* mal combinata.

misanthrope ['misənθroup] *s.* misantropo.

misanthropic [,misən'θrɔpik] *agg* misantropico. ☐ *avv* **misanthropically.**

misanthropy [mi'sænθroupi] *s.* misantropia.

misapplication ['mis,æpli'keiʃən] *s.* **1** applicazione erronea; impiego sbagliato. **2** uso abusivo.

to **misapply** ['misə'plai] *vt* **1** applicare malamente; usare male. **2** usare, impiegare abusivamente *(p.es. fondi pubblici).*

to **misapprehend** ['mis,æpri'hend] *vt* fraintendere; capire male.

misapprehension ['mis,æpri'henʃən] *s.* malinteso; equivoco: *to do sth under a misapprehension,* fare qcsa per equivoco.

misapprehensive ['mis,æpri'hensiv] *agg* tendente al malinteso.

to **misappropriate** ['misə'prouprieit] *vt* appropriarsi indebitamente *(di danaro).*

misappropriation ['misə,proupri'eiʃən] *s.* appropriazione indebita *(di danaro).*

misbegotten ['misbi'gɔtn] *agg* **1** *(ant.)* illegittimo; bastardo. **2** *(fam., scherz.)* mal fatto; mal concepito; strampalato; scombinato: *Who prepared these misbegotten plans?,* Chi è l'autore di questo aborto di progetto?

to **misbehave** ['misbi'heiv] *vi (anche* to misbehave oneself, *v. rifl.)* comportarsi male.

misbehaviour ['misbi'heivjə*] *s.* comportamento scorretto; cattiva condotta.

misbelief ['misbi'li:f] *s.* falsa credenza.

misbeliever ['misbi'li:və*] *s.* miscredente.

to **miscalculate** ['mis'kælkjuleit] *vt e i.* calcolare male.

miscalculation ['mis,kælkju'leiʃən] *s.* calcolo errato.

to **miscall** [mis'kɔ:l] *vt (non molto comune)* chiamare impropriamente; dare un titolo sbagliato.

miscarriage [mis'kæridʒ] *s.* **1** aborto (spontaneo): *to have a miscarriage,* avere un aborto; abortire. **2** *(fig.)* errore; insuccesso; fallimento: *a miscarriage of justice,* un errore giudiziario. **3** *(non molto comune)* disguido; mancata consegna; mancato inoltro; smarrimento: *miscarriage of a letter,* mancata consegna (disguido) di una lettera — *miscarriage of goods,* mancato inoltro (mancata consegna) di merce.

to **miscarry** [mis'kæri] *vi* **1** abortire. **2** fallire; risultare inadeguato, inferiore alle aspettative; mancare allo scopo: *All his plans miscarried,* Tutti i suoi progetti fallirono. **3** *(di lettera, ecc.)* smarrirsi; non giungere a destinazione.

to **miscast** [mis'kɑ:st] *vt* assegnare *(ad un attore)* un ruolo a lui non adatto.

miscegenation [,misidʒi'neiʃən] *s.* mescolanza di razze *(spec. la bianca con la negra).*

miscellaneous [,misi'leinjəs] *agg* **1** miscellaneo. **2** *(di persona)* versatile; multiforme.

miscellany [mi'seləni] *s.* miscellanea.

mischance [mis'tʃɑ:ns] *s.* sfortuna; disgrazia: *by mischance,* per sfortuna.

mischief ['mistʃif] *s.* **1** danno; offesa; torto; male; azione cattiva: *to do a mischief,* recar danno — *to do sb a mischief,* fare un danno (un torto) a qcno. **2** malanimo; discordia: *Such wild speeches may work great mischief,* Discorsi così violenti possono provocare reazioni assai pericolose — *to make mischief (between...),* mettere del malanimo (tra...); seminare zizzania (tra...) — *mischief-maker,* persona che mette discordia — *mischief-making,* il seminare discordia (zizzania). **3** birbonata; birichinata; marachella: *Boys are fond of mischief,* Ai ragazzi piace sempre combinarne qualcuna — *to get into mischief; to be up to mischief,* combinare birichinate — *to keep out of mischief,* non fare, non combinare marachelle — *Her eyes were full of mischief,* I suoi occhi erano pieni di birbanteria. **4** birba; birbone; birichino; monello: *Those boys are regular little mischiefs,* Quei ragazzi sono delle vere birbe.

mischievous ['mistʃivəs] *agg* **1** dannoso; nocivo: *a mischievous rumour,* una diceria dannosa. **2** malizioso; molesto; birichino: *mischievous looks,* sguardi maliziosi — *to be as mischievous as a monkey,* essere dispettoso come una scimmia. □ *avv* **mischievously.**

mischievousness ['mistʃivəsnis] *s.* **1** *(raro)* nocività. **2** malizia; molestia; furberia; *(di ragazzino)* estrema vivacità.

to **misconceive** ['miskən'si:v] *vt e i.* **1** fraintendere. **2** giudicare erroneamente.

misconception ['miskən'sepʃən] *s.* **1** malinteso; equivoco. **2** giudizio erroneo.

misconduct [mis'kɔndəkt] *s.* **1** comportamento scorretto; cattiva condotta *(spec. adulterio).* **2** cattiva amministrazione.

to **misconduct** ['miskən'dʌkt] *vt* **1** amministrare malamente: *to misconduct one's affairs,* condurre male i propri affari. **2** *to misconduct oneself, (v. rifl.)* comportarsi male; *(spec.)* commettere adulterio.

misconstruction ['miskən'strʌkʃən] *s.* interpretazione errata; malinteso; giudizio falso: *Your words are open to misconstruction,* Le vostre parole si prestano a malintesi.

to **misconstrue** ['miskən'stru:] *vt* fraintendere; interpretare in modo sbagliato: *You have misconstrued my words,* Ha interpretato male le mie parole.

miscount ['mis'kaunt] *s.* conto, conteggio sbagliato *(spec. di voti nelle elezioni).*

to **miscount** ['mis'kaunt] *vt e i.* contar male; sbagliare un conto.

miscreant ['miskriənt] *s. (ant.)* **1** furfante; villano. **2** miscredente; eretico.

to **misdate** [mis'deit] *vt* **1** sbagliare la data *(d'un avvenimento, ecc.).* **2** mettere una data sbagliata *(in una lettera, ecc.).*

misdeal [mis'di:l] *s.* errore nella distribuzione delle carte: *I've got fourteen cards. It's a misdeal,* Ho quattordici carte. C'è stato un errore (nella distribuzione).

to **misdeal** [mis'di:l] *vt* (*pass. e p. pass.* **misdealt**) distribuire male (le carte).

misdeed [mis'di:d] *s.* misfatto; crimine.

misdemeanour [,misdi'mi:nə*] *s.* atto illegale; reato.

to **misdirect** ['misdi'rekt] *vt* **1** far sbagliare strada *(a qcno, dandogli istruzioni sbagliate);* mandare (qcno, qcsa) in una direzione sbagliata; dare un indirizzo sbagliato (a qcno); non orientare (qcno) nella direzione giusta: *to misdirect a letter,* mandare una lettera ad un indirizzo sbagliato. **2** indirizzare male; far cattivo uso di; dare istruzioni sbagliate: *to misdirect one's energies (abilities),* indirizzare male le proprie energie (capacità) — *to misdirect a jury, (di giudice)* dare alla giuria una interpretazione erronea della legge.

misdirection ['misdi'rekʃən] *s.* indicazione sbagliata; orientamento sbagliato; indirizzo sbagliato.

misdoing [mis'du(:)iŋ] *s. (generalm. al pl.)* misfatto.

mis-en-scène ['mi:zɑ̃:n'sein] *s. (fr.)* allestimento scenico; messa in scena *(anche fig.).*

miser ['maizə*] *s.* avaro; taccagno.

miserable ['mizərəbl] *agg* **1** *(di persona)* avvilito; triste; infelice; disgraziato; misero; sventurato: *to feel miserable,* essere (sentirsi) avvilito (depresso) — *The boy was miserable from cold and hunger,* Il ragazzo soffriva per il freddo e la fame — *He makes her life miserable,* Le rende la vita infelice. **2** *(di cosa)* deprimente; penoso; avvilente; miserabile: *miserable weather,* clima (tempo) deprimente — *miserable slums,* bassifondi miserabili. **3** *(fig.)* misero; povero; gramo; pietoso; insufficiente; meschino; miserabile: *What a miserable meal!,* Che misero pasto! — *What a miserable pension after fifty years' hard work!,* Che pensione meschina dopo cinquant'anni di duro lavoro!

□ *avv* **miserably 1** miserabilmente; miseramente: *to die miserably,* morire miseramente. **2** molto; assai; estremamente: *to be miserably poor,* essere estremamente povero — *to be miserably underpaid,* essere retribuito molto male.

misericord ['mizerikɔ:d/mi'-] *s.* **1** mensola d'appoggio collocata sotto i sedili ribaltabili degli stalli *(nel coro di una chiesa).* **2** *(ant.)* misericordia *(daga).*

miserliness ['maizəlinis] *s.* avarizia; taccagneria; spilorceria.

miserly ['maizəli] *agg* avaro; taccagno; spilorcio.

misery ['mizəri] *s.* **1** indigenza; miseria; povertà estrema: *to be living in misery and want,* vivere nella sventura e nel bisogno. **2** *(fig.)* sventura; tormento; infelicità: *to be in misery (to suffer misery) from toothache,* essere tormentati dal mal di denti — *to put an animal out of its misery,* uccidere un animale (che soffre). **3** *(al pl.)* calamità; sventure; tragedie: *the miseries of mankind,* le calamità (le tragedie) dell'umanità. **4** *(fam.)* piagnone: *I've had enough of your* *complaints, you little misery!,* Ne ho abbastanza dei tuoi lamenti, piccolo piagnone che non sei altro!

misfeasance [mis'fi:zns] *s. (dir.)* abuso *(di un diritto).*

misfire [mis'faiə*] *s.* **1** *(di arma)* cilecca. **2** *(di motore)* mancata accensione; accensione irregolare. **3** *(di scherzo, gioco, ecc.)* effetto mancato; fallimento.

to **misfire** [mis'faiə*] *vi* **1** *(di arma)* far cilecca. **2** *(di motore)* perdere i colpi; accendersi irregolarmente. **3** *(fam., di scherzo, gioco, battuta, ecc.)* fallire; non riuscire.

misfit ['mis'fit] *s.* **1** articolo di vestiario di misura sbagliata. **2** *(fig., di persona)* pesce fuor d'acqua; disadattato.

misfortune [mis'fɔ:tʃən] *s.* sfortuna; sventura; disgrazia: *companions in misfortune,* compagni nella sventura — *He bore his misfortunes bravely,* Sopportò coraggiosamente le sue disgrazie.

misgiving [mis'giviŋ] *s. (generalm. pl.)* apprensione; timore; diffidenza; ansia; sospetto: *a heart full of misgivings,* un cuore pieno di timori.

to **misgovern** ['mis'gʌvən] *vt e i.* governare male.

misgovernment ['mis'gʌvənmənt] *s.* malgoverno.

to **misguide** ['mis'gaid] *vt* **1** fuorviare; sviare; indurre in errore *(spec. alla forma passiva* to be misguided*).* **2** corrompere; pervertire.

misguided ['mis'gaidid] *agg* fuorviato; traviato. □ *avv* **misguidedly.**

to **mishandle** [mis'hændl] *vt* trattar male; maltrattare; malmenare.

mishap ['mishæp] *s.* infortunio; disgrazia; contrattempo; incidente; peripezia: *to arrive without mishap,* arrivare senza incidenti — *to arrive home after many mishaps,* arrivare a casa dopo molte peripezie.

mishit ['mishit] *s. (sport)* colpo sbagliato.

mishmash ['miʃmæʃ] *s. (fam.)* confusione; guazzabuglio.

to **misinform** ['misin'fɔ:m] *vt* informar male; fuorviare: *You've been misinformed,* Lei è stato male informato.

to **misinterpret** ['misin'tə:prit] *vt* interpretare male; fraintendere.

to **misjudge** [mis'dʒʌdʒ] *vt e i.* giudicare male; farsi un'idea sbagliata (di qcno, qcsa).

to **mislay** [mis'lei] *vt* (*pass. e p. pass.* **mislaid**) smarrire.

to **mislead** [mis'li:d] *vt* (*pass. e p. pass.* **misled**) fuorviare; traviare; sviare; portare nella direzione sbagliata; indurre in errore; trarre in inganno: *to be misled by bad companions,* venir traviato da cattive compagnie — *You misled me as to your intentions,* Mi avete tratto in inganno circa le vostre intenzioni.

misleading [mis'li:diŋ] *agg* fuorviante; ingannevole; che induce in errore. □ *avv* **misleadingly.**

misled [mis'led] *pass e p. pass di* **to mislead.**

to **mismanage** [mis'mænidʒ] *vt* amministrare male.

mismanagement [mis'mænidʒmənt] *s.* cattiva amministrazione.

to **misname** [mis'neim] *vt* chiamare (qcsa) con un nome sbagliato; dare una denominazione errata (a qcsa).

misnomer [mis'noumə*] *s.* errore di denominazione; termine (nome) improprio, sbagliato: *It's a misnomer to call this place a hotel,* Questo posto non merita il nome di albergo.

misogynist [mai'sɔdʒinist] *s.* misogino.

to **misplace** [mis'pleis] *vt* **1** mettere fuori posto; mettere al posto sbagliato. **2** malriporre: *misplaced confidence,* fiducia malriposta.

misprint [mis'print] *s.* errore di stampa; refuso.

to **misprint** [mis'print] *vt* stampare con errori.

to **mispronounce** ['misprə'nauns] *vt* pronunciare male.

mispronunciation ['misprə,nʌnsi'eiʃən] *s.* **1** pronuncia sbagliata. **2** errore di pronuncia.

misquotation ['miskwou'teiʃən] *s.* citazione sbagliata.

to **misquote** [mis'kwout] *vt* citare erroneamente.

to **misread** [mis'ri:d] *vt* (*pass. e p. pass.* **misread** [mis'red]) leggere male; *(per estensione)* interpretare male; fraintendere: *to misread one's instructions,* interpretare male le istruzioni ricevute.

to **misrepresent** ['mis,repri'zent] *vt* rappresentare male; travisare.

misrepresentation ['mis,reprizen'teiʃən] *s.* **1** rappresentazione sbagliata; erronea esposizione. **2** travisamento: *innocent (fraudulent) misrepresentation, (dir.)* travisamento innocente (fraudolento) dei fatti.

misrule [mis'ru:l] *s.* malgoverno.

[1]**miss** [mis] *s.* **1** signorina - **a)** *(con la maiuscola: davanti a nome o cognome): Miss Smith,* la signorina Smith — *the Miss Smiths; the Misses Smith,* le signorine Smith — *Miss Italy,* Miss Italia - **b)** *(con la minuscola: rivolgendosi alla maestra, ad una commessa, ecc.) Good morning, miss!,* Buon giorno, signorina! — *Two cups of coffee, miss,* Signorina, ci porti due caffè. **2** *(generalm. con la minuscola; scherz. o spreg., ma talvolta anche nel gergo commerciale)* ragazzina; scolaretta: *She's a saucy little miss,* È una ragazzina impertinente (sfacciata) — *shoes for Junior Misses,* scarpe per ragazze giovanissime.

[2]**miss** [mis] *s.* **1** colpo mancato; sbaglio; perdita; occasione fallita: *ten hits and one miss,* dieci centri ed un colpo mancato — *a near (close) miss,* un colpo mancato per poco — *A miss is as good as a mile, (prov.)* Un colpo mancato *(anche se per pochissimo)* è pur sempre un colpo mancato. **2** *(fam.)* mancanza; assenza: *He is no great miss,* Si può benissimo fare a meno di lui. **3** *(fam.)* aborto spontaneo. □ *to give sth a miss,* saltare, evitare qcsa — *I'll give the fish course a miss,* Salterò il pesce.

to **miss** [mis] *vt e i.* **1** sbagliare; fallire; mancare (il colpo); lasciarsi sfuggire; *(di motore)* perdere colpi: *to miss one's aim,* fallire nel proprio intento; *(talvolta)* mancare il bersaglio — *to miss the target,* mancare il bersaglio — *to miss the boat (the train),* perdere la nave (il treno) — *to miss the bus,* perdere l'autobus *(anche fig.)* — *I missed the first part of the speech,* Persi la prima parte del discorso — *We missed seeing that film when it was at the local cinema,* Perdemmmo quel film quando lo davano nel cinema locale (del quartiere) — *He missed his footing,* Perse l'equilibrio — *The house is at the next corner; you can't miss it,* La casa è all'altro (al prossimo) angolo; non vi può sfuggire (non potete sbagliare) — *He doesn't miss a trick!,* Non si lascia sfuggire niente!

2 evitare; sfuggire: *We only just missed a nasty accident,* Siamo sfuggiti per poco ad un brutto incidente; L'abbiamo scampata per un pelo.

3 non capire; non afferrare *(spesso* to miss the point*): He missed the point of my joke,* Non afferrò lo spirito della mia barzelletta (battuta).

4 rendersi conto della mancanza (di qcsa); soffrire per la mancanza (di qcsa); rimpiangere: *When did you miss your handbag?,* Quando ti sei accorto di aver perso la borsetta? — *He's so rich that he won't miss a hundred pounds,* È così ricco che non patirà per cento sterline di meno — *Old Smith won't be missed,* Il vecchio Smith non sarà rimpianto da nessuno.

to miss out, - **a)** tralasciare; omettere; saltare: *The printers have missed out a word,* I tipografi hanno saltato una parola — *I shall miss out the sweet course,* Salterò il dolce — *When we sing this hymn, miss out the second and fourth verses,* Cantando questo inno, saltate la seconda e la quarta strofa - **b)** (*USA: anche* **to miss out on sth**) non mancare: *There's a party on tonight. Don't miss out!,* Ci sarà una festa stasera. Non mancate!

missal ['misəl] *s.* messale.

missel-thrush ['mislθrʌʃ] *s.* tordela.

misshapen ['mis'ʃeipən] *agg (spec. del corpo)* malformato; deforme.

missile ['misail/*(USA)* 'misəl] *s.* missile: *guided missile,* missile telecomandato — *intercontinental ballistic missile,* missile balistico intercontinentale — *missile sites (bases),* basi missilistiche.

missing ['misiŋ] *agg* **1** mancante; smarrito: *a book with two pages missing,* un libro a cui mancano due pagine — *to be missing,* mancare — *to be reported missing,* essere dichiarato disperso — *There's something missing,* Manca qualcosa — *missing link* ⇨ **'link 2**. **2** *(fam.)* stupido; minorato: *He's a bit missing (in the head),* Gli manca qualche rotella nel cervello.

□ *s. (mil., ecc.)* disperso: *the dead, wounded and missing,* i morti, i feriti e i dispersi.

mission ['miʃən] *s.* **1** missione; compito; mandato: *a trade mission to South America,* una missione commerciale nell'America del Sud — *to go (to send sb) on a mission of inquiry,* andare (inviare qcno) per una missione d'inchiesta — *mission accomplished,* missione compiuta — *She thinks her mission in life is to reform juvenile delinquents,* È convinta che la sua missione nella vita sia di redimere i delinquenti minorili. **2** *(USA)* impresa bellica; sortita; uscita.

missionary ['miʃənəri] *s. e agg* missionario: *a missionary box,* cassetta delle offerte per le missioni.

missis ['misiz] *s.* = **missus 2**.

missive ['misiv] *s. (spec. scherz.)* missiva.

to **mis-spell** ['mis'spel] *vt (pass. e p. pass.* **mis-spelled** *o* **mis-spelt**) sbagliare l'ortografia *(di una parola).*

mis-spelling ['mis'speliŋ] *s.* errore d'ortografia.

to **mis-spend** ['mis'spend] *vt (pass. e p. pass.* **mis-spent**) spendere male; *(per estensione)* sprecare; sciupare: *a mis-spent youth,* una gioventù sprecata.

to **misstate** ['mis'steit] *vt* esporre erroneamente; dichiarare in modo inesatto, falso.

misstatement ['mis'steitmənt] *s.* dichiarazione errata; affermazione inesatta.

missus ['misiz] *s.* **1** *(fam., usato dai domestici)* padrona; signora: *The missus has gone out,* La signora è uscita. **2** *(fam.)* moglie: *How's your missus?,* Come sta tua moglie? — *My missus won't like that a bit,* A mia moglie non piacerà mica.

missy ['misi] *s. (fam.)* signorina: *Well, missy, what do you want?,* Allora, signorina, cos'è che vuole?

mist [mist] *s.* **1** bruma; foschia; nebbia leggera; vapore: *The hills are hidden in mist,* Le colline sono nascoste dalla foschia — *to be lost in the mists of time,* essere perduto nelle brume del tempo — *Scotch mist,* pioggerella sottile. **2** *(fig.)* velo: *to see things through a mist,* vedere le cose come attraverso a un velo di nebbia.

to **mist** [mist] *vi e t. (spesso seguito da* over *o* up*)* velare, velarsi; appannare, appannarsi; coprire, coprirsi di bruma: *The scene misted over,* La scena si velò completamente — *The mirror misted over,* Lo specchio si appannò del tutto — *Her eyes were misted with tears,* I suoi occhi erano velati di lacrime.

mistake [mis'teik] *s.* sbaglio; errore; fallo: *to make a mistake,* fare uno sbaglio; sbagliarsi; commettere un errore — *We all make mistakes,* Tutti possono sbagliare — *There must be some mistake!,* Ci dev'essere un errore! — *by mistake,* per sbaglio; per errore — ... *and no mistake, (fam.)* certamente; senz'altro; proprio così — *It's hot today and no mistake!,* Fa molto caldo oggi, non c'è che dire! — *Make no mistake about it!,* Ne puoi essere certo!

to **mistake** [mis'teik] *vt e i. (pass.* **mistook**; *p. pass.* **mistaken**) **1** sbagliare; errare; commettere un errore; farsi un'idea sbagliata: *We have mistaken the house!,* Abbiamo sbagliato casa! — *There's no mistaking...,* Non c'è da sbagliare...; Non si può sbagliare... — *There's no mistaking what ought to be done,* Non c'è da sbagliare sul da farsi. **2** scambiare; confondere *(qcno o qcsa con qualcun altro o qualcos'altro): She is often mistaken for her twin sister,* Viene spesso scambiata per la gemella. **3** fraintendere: *You mistook my words,* Avete frainteso le mie parole. **4** *(ant., lett. e scherz.)* aver torto; sbagliarsi; essere in errore: *If I mistake not...,* Se non mi sbaglio... — *You mistake, my dear,* Sei in errore, mia cara.

mistaken [mis'teikən] (*p. pass. di* **to mistake**) *agg* **1** sbagliato; erroneo; errato; in errore: *to be mistaken about sth,* essere in errore (sbagliarsi) su qcsa — *a case of mistaken identity,* un caso di confusione di identità (di scambio di persona) — *mistaken ideas,* idee sbagliate — *If I am not mistaken...,* Se non vado errato... **2** male inteso; male interpretato: *mistaken kindness,* gentilezza male intesa. □ *avv* **mistakenly**.

mister ['mistə*] *s.* **1** *(scritto quasi sempre nella forma abbr.* Mr.*)* signore *(seguito sempre dal cognome della persona; oppure, talvolta, dal nome della funzione che questa svolge. NB:* Mr *sostituisce pure tutti i titoli professionali italiani* Ing., Prof., Avv., Dott., *ecc. salvo* Prof. *nel caso di professori universitari e* Dr. *per i medici e per coloro che hanno conseguito la laurea superiore di* Doctor of Philosophy*): Mr Green,* il signor Green — *Mr Thomas Smith,* il signor Thomas Smith — *Mr President,* Signor Presidente — *Mr Chairman,* Signor Presidente *(di un'assemblea, ecc.)* — *Mr Speaker, (GB: alla Camera dei Comuni)* Signor Presidente. **2** *(senza il cognome, inelegante e da molti giudicato scortese)* capo; signore: *Listen to me, mister,* Stia a sentire, capo — *Got the time, mister?,* Che ore sono, capo?

to **mistime** [mis'taim] *vt (spec. al p. pass.)* dire o fare (qcsa) intempestivamente, fuori luogo, in un momento inopportuno: *a mistimed intervention,* un intervento intempestivo — *a mistimed shot,* un colpo mal calcolato.

mistiness ['mistinis] *s.* **1** brumosità; foschia; nebbia. **2** *(fig.)* vaghezza; incertezza; mancanza di chiarezza.

mistle-thrush ['mislθrʌʃ] *s.* tordela.

mistletoe ['misltou] *s.* vischio.

mistook [mis'tuk] *pass di* **to mistake**.

to **mistranslate** ['mistræns'leit] *vt* tradurre male; svisare.

mistranslation ['mistræns'leiʃən] *s.* traduzione scorretta, erronea.

mistress ['mistris] *s.* **1** signora; padrona: *Servants willingly obey a kind mistress,* I domestici obbediscono volentieri ad una padrona gentile — *Is your mistress at home?, (ad un domestico)* È in casa la signora? — *to be mistress of the situation,* essere padrona della situazione — *Venice used to be called the mistress of the Adriatic,* Una volta Venezia veniva chiamata la signora dell'Adriatico. **2** *(GB)* maestra; professoressa *(nelle scuole secondarie): French* *mistress,* professoressa di francese — *head-mistress,* direttrice; (signora) preside *(di scuola secondaria).* **3** esperta; maestra: *a mistress of needlework,* un'esperta in lavori di cucito. **4** *(ant., titolo che precede il nome)* signora; signorina: *Mistress Quickly,* la signora Quickly. **5** amante; mantenuta; concubina. □ *Mistress of the Robes, (GB)* dama guardarobiera della regina.

mistrial [mis'traiəl] *s. (dir.)* processo non valido per vizio di procedura.

mistrust [mis'trʌst] *s.* diffidenza; sfiducia.

to **mistrust** [mis'trʌst] *vt* diffidare; non aver fiducia: *to mistrust one's powers,* non aver fiducia nelle proprie forze.

mistrustful, mistrusting [mis'trʌstful/mis'trʌstiŋ] *agg* diffidente; sospettoso. □ *avv* **mistrustfully, mistrustingly.**

misty ['misti] *agg* (**-ier**; **-iest**) **1** brumoso; nebbioso: *a misty evening,* una sera brumosa — *misty weather,* tempo nebbioso — *a misty view,* una veduta velata dalla bruma. **2** *(fig.)* confuso; indistinto: *to have only a misty idea of sth,* avere solo una vaga idea di qcsa. □ *avv* **mistily.**

to **misunderstand** ['misʌndə'stænd] *vt* (*pass. e p. pass.* **misunderstood**) fraintendere; capir male; ingannarsi; equivocare: *His intentions were misunderstood,* Le sue intenzioni furono fraintese.

misunderstanding ['misʌndə'stændiŋ] *s.* malinteso; equivoco.

misunderstood ['misʌndə'stud] *pass e p. pass di* **to misunderstand.**

misusage [mis'ju:zidʒ] *s.* **1** cattivo uso; uso inappropriato. **2** maltrattamento.

misuse [mis'ju:s] *s.* cattivo uso; uso sbagliato; uso errato; *(talvolta)* appropriazione indebita.

to **misuse** [mis'ju:z] *vt* usare, adoperare male; maltrattare; fare cattivo uso (di qcsa).

mite [mait] *s.* **1** soldino; monetina; *(fig.)* obolo; offerta modesta: *to offer a mite of comfort,* offrire un soldino di conforto — *to give one's mite to a good cause,* dare il proprio modesto contributo a una buona causa — *the widow's mite,* l'obolo della vedova — *not a mite,* niente affatto; per niente; neanche un po'. **2** piccolo oggetto; 'soldo di cacio'; scricciolo; piccino: *Poor little mite!,* Povero piccino! — *What a mite of a child!,* Che scricciolo di bimbo! **3** piccolo insetto; moscerino *(spec. del formaggio).*

miter ['maitə*] *s.* = **mitre.**

to **mitigate** ['mitigeit] *vt* mitigare; lenire: *mitigating circumstances,* circostanze attenuanti.

mitigation [,miti'geiʃən] *s.* mitigazione; attenuazione.

mitre ['maitə*] *s.* (*USA* **miter**) **1** *(stor.)* mitra. **2** mitria. **3** *(anche* mitre joint*)* giunto ad angolo retto.

mitt [mit] *s.* **1** mezzo guanto. **2** *(baseball)* guantone. **3** *(fam.)* guantone da pugile. **4** *(scherz. o spreg.)* mano; manaccia.

mitten ['mitn] *s.* **1** mezzo guanto; manopola; muffola. **2** guantone. □ *to give sb the mitten, (sl.)* piantare (abbandonare, respingere) qcno — *to get the mitten, (sl.)* venir piantato, respinto, abbandonato; *(talvolta)* essere licenziato.

mix [miks] *s.* **1** impasto; miscela; mescolanza o miscuglio di ingredienti già pronti per l'uso; preparato: *product mix, (comm.)* gamma di prodotti — *ice-cream mix,* miscuglio per gelati — *cake-mix,* torta 'già pronta' *(cioè un pacchetto contenente tutti gli ingredienti).* **2** ⇨ *anche* **mix-up.**

to **mix** [miks] *vt* **1** mescolare; mischiare; combinare; unire; impastare: *to mix flour and water,* mescolare farina ed acqua — *The chemist mixed me a bottle of medicine (mixed a bottle of medicine for me),* Il farmacista mi preparò una bottiglia di medicinale (unendo diversi ingredienti) — *to mix business with pleasure,* unire l'utile al dilettevole; combinare il lavoro con il divertimento — *You can't mix oil with water,* Non si può mescolare olio con acqua. **2** (*generalm.* **to mix up**) confondere: *to be (to get) mixed up,* venire immischiato, coinvolto; essere trascinato, confuso: *Don't get mixed up in politics,* Non lasciarti coinvolgere nella politica — *I don't want to be mixed up in the affair,* Non voglio essere immischiato in questo affare — *a mixed-up kid, (fam.)* un ragazzo che ha perso il senso dell'orientamento (morale, sociale); un disadattato.

□ *vi* **1** mescolarsi; mischiarsi: *Oil and water do not mix,* L'olio e l'acqua non si mescolano. **2** *(di persone)* familiarizzare; stare *(bene, male)* insieme; accompagnarsi: *He doesn't mix well,* Non familiarizza facilmente; Non è molto socievole.

mixed ['mikst] *agg* (*p. pass. di* **to mix**) misto; mescolato; eterogeneo; di genere vario, diverso: *a mixed grill,* un misto di carne (alla griglia); un 'misto griglia' *(di carne)* — *mixed farming,* coltivazioni agricole miste — *mixed feelings,* sentimenti diversi (misti) — *mixed company,* compagnia (comitiva) mista (eterogenea) — *mixed marriages,* matrimoni misti — *a mixed school,* una scuola mista — *mixed doubles, (al tennis)* doppio misto — *mixed bathing,* bagni misti (promiscui) — *mixed metaphor* ⇨ **metaphor** — *mixed-up, (agg.)* ⇨ **to mix** *vt* **2.**

mixer ['miksə*] *s.* **1** mescolatore; miscelatore: *cement (concrete) mixer,* betoniera — *mixer tap,* rubinetto miscelatore. **2** frullatore. **3** *(fam.)* chi si associa; chi è di compagnia: *He's a good (a bad) mixer,* È un tipo molto (non molto) socievole. **4** *(fam.)* bevanda che si usa per allungare un liquore *(p.es. l'acqua tonica con il gin).*

mixture ['mikstʃə*] *s.* **1** mescolanza; mistura; miscela: *a smoking mixture,* una miscela di tabacco — *the mixture as before, (fam., fig.)* la stessa musica; il solito procedimento. **2** *(chim., ecc.)* miscuglio: *Air is a mixture, not a compound, of gases,* L'aria è un miscuglio, non un composto di gas.

mix-up ['miksʌp] *s. (fam.)* confusione; pasticcio: *What a mix-up!,* Che pasticcio! — *There's been a bit of a mix-up about who should be invited to the party,* C'è stata un po' di confusione circa le persone che dovevano essere invitate al ricevimento.

miz(z)en ['mizn] *s. (naut.)* **1** *(anche* miz(z)en mast*)* albero di mezzana. **2** *(anche* miz(z)en sail*)* vela di mezzana.

mizzle ['mizl] *s.* pioggerella.

to **mizzle** ['mizl] *vi e t.* **1** *(dial. e fam.)* piovigginare. **2** lagnarsi. **3** confondere; fuorviare.

mnemonic [ni(:)'mɔnik] *agg* mnemonico.

mnemonics [ni(:)'mɔniks] *s. pl (col v. al sing.)* mnemonica.

mo [mou] *s.* (*abbr. fam. di* **moment**) momento; attimo: *half a mo! (just a mo!),* un momento!

moan [moun] *s.* gemito; lamento.

to **moan** [moun] *vi* **1** gemere; lamentarsi: *to moan (out) a plea for help,* chiedere aiuto piagnucolando — *to moan a dead person,* piangere un morto. **2** brontolare; lamentarsi: *He's always moaning about the cost of living,* Non fa che lamentarsi per il costo della vita.

moat [mout] *s.* fosso; fossato *(attorno ad un castello, ecc.).*

moated ['moutid] *agg* cinto di fossato: *a moated manor house,* un maniero cinto da fossato.

mob [mɔb] *s.* **1** folla *(generalm. tumultuante);* ressa. **2** *(spreg.)* plebe; plebaglia; marmaglia: *mob law,* legge imposta dalla piazza. **3** *(USA)* banda di delinquenti. **4** *(GB, fam.)* banda; brigata; cricca; *(GB, sl. mil.)* reggimento o altra unità.

to **mob** [mɔb] *vt* (**-bb-**) **1** attaccare; assalire *(in massa, a furor di popolo): The pickpocket was mobbed by an angry crowd,* Il borsaiuolo fu malmenato da una folla inferocita. **2** osannare; portare in trionfo.
□ *vi* affollarsi; accalcarsi; assembrarsi.

mob-cap ['mɔbkæp] *s. (stor.)* cuffia *(da donna).*

mobile ['moubail] *agg* **1** mobile: *mobile troops,* truppe mobili. **2** instabile; incostante.
□ *s.* composizione mobile.

mobility [mou'biliti] *s.* **1** mobilità. **2** instabilità; incostanza.

mobilization [,moubilai'zeiʃən] *s.* mobilitazione.

to **mobilize** ['moubilaiz] *vt (mil. e fig.)* mobilitare.

mobster ['mɔbstə*] *s.* *(USA, fam.)* bandito; malfattore; 'gangster'.

moccasin ['mɔkəsin] *s.* mocassino.

mocha ['moukə] *s.* (caffè) moca.

[1]**mock** [mɔk] *agg attrib* **1** finto; preteso; falso; contraffatto; imitato: *a mock battle,* una finta battaglia — *mock turtle soup,* finta zuppa di tartaruga — *mock-modesty,* falsa modestia. **2** *(per estensione)* ironico; scherzoso; burlesco; comico: *mock heroic,* eroicomico; comico-burlesco.

[2]**mock** [mɔk] *s.* burla; gioco; beffa; derisione; azione derisoria: *(di solito nell'espressione) to make a mock of sb,* farsi gioco (beffe) di qcno; beffarsi di qcno.

to **mock** [mɔk] *vt e i.* **1** farsi beffe (di qcno); canzonare; deridere; irridere; prendere in giro; burlare: *The naughty boys mocked the blind man,* I ragazzacci si facevano beffe del cieco — *They mocked (at) my fears,* Si facevano beffe dei miei timori. **2** *(per estensione)* tenere testa (a qcsa); frustrare; resistere; burlarsi; ridersi: *The heavy steel doors mocked the attempts of the thieves to open the safe,* Le pesanti porte di acciaio frustrarono i tentativi dei ladri di aprire la cassaforte.

mocker ['mɔkə*] *s.* canzonatore; beffatore; schernitore.

mockery ['mɔkəri] *s.* **1** derisione; dileggio; scherno: *to hold a person up to mockery,* esporre una persona al ridicolo. **2** zimbello; ludibrio. **3** contraffazione; parodia; farsa; caricatura: *The trial was a mockery of justice,* Il processo fu una farsa.

mocking ['mɔkiŋ] *agg* beffardo. □ *mocking bird,* mimo poliglotta *(tipo di tordo americano).*

mock-up ['mɔkʌp] *s.* modello in scala; simulacro.

mod [mɔd] *s. (GB)* giovane degli anni Sessanta caratterizzato da uno stile particolare nell'abbigliamento *(in opposizione ai* 'Rockers'*).*

modal ['moudl] *agg* modale.

mod. cons. [mɔd kɔns] *s. pl (nella pubblicità, ecc.: abbr. di* modern conveniences*)* comodità domestiche *(luce, acqua corrente, gas)* offerte dalla tecnologia moderna: *'All mod. cons.',* 'Tutti i conforts'.

mode [moud] *s.* **1** modo; maniera; foggia; *(talvolta)* stile. **2** *(mus.)* modo.

model ['mɔdl] *s.* **1** modello *(vari sensi);* copia; campione; esempio *(spesso attrib.): a model of an ocean liner,* un modello di transatlantico — *a clay or wax model for a statue,* un modello di creta o di cera per una statua — *a plastic model,* un plastico — *model train,* trenino — *He's a model of industry,* È un modello di industriosità — *Make yours on the model of your brother's,* Fa' tuo (Segui) il modello di tuo fratello — *the latest Paris models,* gli ultimi modelli di Parigi — *a sports model, (automobile)* un modello sportivo; *(spesso)* uno 'spider' — *model behaviour,* comportamento modello — *a model wife,* una moglie modello. **2** modello, modella *(di artista).* **3** indossatore, indossatrice.

to **model** ['mɔdl] *vt e i.* (**-ll-**; *USA* **-l-**) **1** modellare; *(anche fig.)* plasmare: *to model sb's head in clay,* modellare nella creta la testa di qcno — *delicately modelled features,* lineamenti finemente modellati. **2** fare da modello, da modella *(a un artista).* **3** fare l'indossatrice (l'indossatore). **4** copiare da un modello; prendere a modello; conformarsi: *to model oneself after (on, upon) one's father,* prendere a modello il proprio padre.

model(l)er ['mɔdlə*] *s.* modellatore; modellatrice; modellista.

model(l)ing ['mɔdliŋ] *s.* **1** modellatura: *modelling clay,* creta per modellare. **2** creazione di modelli. **3** presentare modelli di abbigliamento; fare l'indossatore o l'indossatrice.

moderate ['mɔdərit] *agg* **1** moderato; limitato; modesto; medio; modico: *a moderate appetite,* un appetito moderato — *moderate prices,* prezzi modici, ragionevoli — *a moderate-sized house,* una casa di dimensioni medie. **2** ragionevole; misurato: *a man of moderate opinions,* un uomo di idee ragionevoli — *a moderate drinker,* un bevitore misurato — *to be moderate in one's demands,* essere ragionevole nelle proprie pretese. □ *avv* **moderately.**
□ *s. (politica)* moderato; persona di idee moderate.

to **moderate** ['mɔdəreit] *vt* moderare: *to moderate one's enthusiasm,* moderare il proprio entusiasmo.
□ *vi* moderarsi; calmarsi: *The wind is moderating,* Il vento si sta calmando.

moderation [,mɔdə'reiʃən] *s.* **1** moderazione: *to do sth in moderation,* far qcsa con moderazione. **2** *(al pl.,* moderations: *generalm. abbr. in* mods*)* primo esame pubblico per la laurea a Oxford.

moderator ['mɔdəreitə*] *s.* **1** moderatore *(della Chiesa Presbiteriana).* **2** presidente di assemblea; moderatore. **3** esaminatore *(a Oxford).* **4** *(fisica nucleare)* moderatore; rallentatore.

modern ['mɔdən] *agg* moderno: *modern history,* storia moderna — *modern languages,* lingue moderne — *(secondary) modern school, (GB)* scuola media di indirizzo moderno *(nella quale non si insegnano le discipline tradizionali quali il latino e il greco).*
□ *s.* persona moderna; moderno: *the moderns,* i moderni.

modernism ['mɔdənizəm] *s.* **1** modernità. **2** oggetto moderno; neologismo. **3** *(teologia)* modernismo.

modernist [,mɔdə'nist] *s.* **1** persona di idee moderne; amante delle novità. **2** *(teologia)* modernista.

modernistic [,mɔdə'nistik] *agg* **1** troppo moderno. **2** *(teologia)* modernistico.

modernity [mɔ'də:niti] *s.* modernità.

modernization [,mɔdənai'zeiʃən] *s.* rimodernamento; modernizzazione.

to **modernize** ['mɔdənaiz] *vt* modernizzare; rimodernare.

modest ['mɔdist] *agg* **1** modesto; pudico: *to be modest about one's achievements,* essere modesto circa i propri successi — *a modest hero,* un eroe modesto. **2** moderato; parco; (solo) discreto; modesto; senza pretese: *He lives in a modest little house,* Abita in una casetta senza pretese — *My demands are quite* *modest,* Le mie richieste sono piuttosto moderate — *He is modest in his requirements,* Ha esigenze modeste. □ *avv* **modestly.**

modesty ['mɔdisti] *s.* modestia; *(talvolta)* pudore.

modicum ['mɔdikəm] *s. (solo al sing., con l'art. indeterminativo:* a modicum*)* piccola quantità; un po'; il minimo: *a simple meal with a modicum of wine,* un semplice pasto con un po' di vino — *to achieve success with a modicum of effort,* raggiungere il successo con un minimo sforzo.

modification [,mɔdifi'keiʃən] *s.* modificazione; cambiamento; modifica: *to make modifications in a programme,* apportare modifiche a un programma.

modifier ['mɔdifaiə*] *s.* **1** *(gramm.)* parola che ne modifica un'altra; aggettivo o avverbio qualificativo. **2** *(chim.)* agente modificante.

to **modify** ['mɔdifai] *vt* **1** modificare; cambiare; mutare; correggere: *The industrial revolution modified the structure of English society,* La rivoluzione industriale modificò la struttura della società inglese. **2** mitigare; attenuare; moderare: *You'd better modify your tone,* Faresti meglio a mitigare il tuo tono — *He won't modify his demands,* Non vuole moderare le sue pretese. **3** *(gramm.)* determinare; qualificare.

modish ['moudiʃ] *agg* alla moda. □ *avv* **modishly.**

modiste [mou'di:st] *s. (fr.)* modista; sarta di lusso.

mods [mɔdz] *s. pl* **1** ⇨ **mod. 2** ⇨ **moderation 2.**

modular ['mɔdjulə*] *agg* **1** modulare. **2** componibile.

to **modulate** ['mɔdjuleit] *vt e i. (mus., ecc.)* modulare.

modulation [,mɔdju'leiʃən] *s.* modulazione: *frequency modulation,* modulazione di frequenza.

module ['mɔdju:l] *s.* (*talvolta* **modulus,** *pl.* **moduli**) modulo: *structural module,* modulo costruttivo — *command module,* modulo di comando — *modulus of elasticity,* modulo d'elasticità.

modus operandi ['mɔdəsɔpə'rændi] *s. (lat.)* 'modus operandi'; modo di lavorare, di procedere *(p.es. di commesso viaggiatore, criminale, 'pappagallo', ecc.).*

mogul ['mougul] *s.* **1** *(stor.)* 'mogol'; conquistatore mongolo dell'India: *the Great (Grand) Mogol,* il Gran Mogol. **2** persona molto ricca o importante; magnate; pezzo grosso. **3** *(sci)* gobba.

mohair ['mouhɛə*] *s.* 'mohair' *(pelo di capra d'Angora);* tessuto di 'mohair'.

Mohammedan [mou'hæmidən] *s. e agg* maomettano.

Mohammedanism [mou'hæmidənizəm] *s.* islamismo.

moiety ['mɔiəti] *s. (ant., dir. e chim.)* metà.

to **moil** [mɔil] *vi (ant., dial.)* sgobbare; sfacchinare: *(solo nell'espressione) to toil and moil,* sgobbare come un mulo.

moiré ['mwɑ:rei] *agg (fr.)* marezzato. □ *s.* marezzatura.

moist [mɔist] *agg* **1** umido; umidiccio; rorido; madido: *Her eyes were moist with tears,* I suoi occhi erano umidi di lacrime — *a moist wind from the sea,* un umido vento di mare — *to grow moist,* inumidirsi; bagnarsi; diventare umido. **2** *(med.)* essudativo.

to **moisten** ['mɔisn] *vt e i.* bagnare appena; inumidire; umettare: *to moisten the lips,* inumidirsi le labbra — *to moisten a sponge with water,* inumidire d'acqua una spugna.

moisture ['mɔistʃə*] *s.* umidore; vapore condensato; umore; umidità: *moisture expansion,* rigonfiamento per umidità — *moisture tester,* igrometro; misuratore dell'umidità.

moke [mouk] *s. (sl.)* somaro; asino.

molar ['moulə*] *s. e agg* molare.

molasses [mə'læsiz] *s. (col v. al sing.)* melassa.

mold, to mold, molder, molding, moldy *(USA)* = **mould,** *ecc.*

[1]**mole** [moul] *s.* neo; porro.

[2]**mole** [moul] *s.* talpa: *blind as a mole,* cieco come una talpa — ⇨ *anche* **mole-hill, moleskin.**

[3]**mole** [moul] *s.* molo; diga; frangiflutti.

molecular [mou'lekjulə*] *agg* molecolare.

molecule ['mɔlikju:l] *s.* molecola.

mole-hill ['moulhil] *s.* monticello, cumulo di terra che sta sopra alla tana della talpa. □ *to make a mountain out of a mole-hill,* fare di un monticello una montagna; fare di una pulce un gigante.

moleskin ['moulskin] *s.* **1** pelliccia di talpa. **2** fustagno. **3** *(al pl.)* pantaloni di fustagno.

to **molest** [mou'lest] *vt* molestare.

molestation [,moules'teiʃən] *s.* molestia.

moll [mɔl] *s.* **1** *(sl.)* amica, amante d'un 'gangster'. **2** prostituta.

mollification [,mɔlifi'keiʃən] *s.* lenimento; mitigazione.

to **mollify** ['mɔlifai] *vt* calmare; lenire; placare: *to mollify sb's anger,* placare l'ira di qcno.

mollusc ['mɔləsk] *s.* mollusco.

molly-coddle ['mɔlikɔdl] *s.* cocco di mamma.

to **molly-coddle** ['mɔlikɔdl] *vt* coccolare; viziare.

Moloch ['moulɔk] *s.* **1** Moloch *(crudele divinità fenicia, anche fig.).* **2** *(zool.)* 'moloch'; diavolo pungente.

molt, to **moult** [moult] *s. (USA)* = **moult.**

molten ['moultən] *agg* (*p. pass. ant. di* **to melt**) **1** *(di metallo)* fuso: *molten lead,* piombo fuso. **2** di metallo fuso: *a molten image,* un idolo, una statuetta di metallo fuso.

molybdenum [mɔ'libdinəm] *s.* molibdeno.

mom [mɔm] *s. (USA, fam.)* mamma.

moment ['moumənt] *s.* **1** momento; istante; attimo: *It was all over in a few moments,* In pochi istanti fu tutto finito — *Please wait a moment!,* Aspetti un momento, per favore! — *Just a moment, please,* Un attimo, prego; Attenda, prego — *at the moment,* in questo momento; ora; adesso — *at any moment,* da un momento all'altro — *in a moment,* - **a)** in un attimo: *It was done in a moment,* Fu fatto in un attimo - **b)** tra poco: *I'll do it in a moment,* Lo farò tra breve — *at the last moment,* all'ultimo momento — *at odd moments,* nei ritagli di tempo — *just this moment; only this moment,* appena adesso; in quest'istante — *not for a moment,* neanche per un momento; mai — *'Have you ever thought of making your own dresses?' - 'Not for a moment!',* 'Hai mai pensato di farti da te gli abiti?' - 'Mai!' — *the moment (that)...,* nello stesso momento in cui...; appena...; non appena... — *I started out the moment your letter arrived,* Partii non appena arrivò la tua lettera — *The moment I saw you I knew you were angry with me,* Appena ti vidi capii che eri arrabbiato con me. **2** *(fis.)* momento. **3** importanza; entità; momento: *men of moment,* uomini di rilievo — *an affair of great moment,* una questione di grande importanza — *a matter of moment,* una faccenda importante — *of great (little, no) moment,* di grande (modesta, nessuna) importanza.

momentary ['mouməntəri] *agg* **1** momentaneo; passeggero. **2** istantaneo. □ *avv* **momentarily.**

momentous [mou'mentəs] *agg* importante; grave. □ *avv* **momentously.**

momentousness [mou'mentəsnis] *s.* gravità; importanza.

momentum [mou'mentəm] *s.* (*pl.* **momenta, mo-**

mentums) **1** momento; impulso; velocità. **2** *(fig.)* impeto; slancio.
monarch ['mɔnək] *s.* monarca; sovrano; re *(anche fig.): The lion is sometimes called the monarch of the savannah,* Il leone è talvolta chiamato il re della savana.
monarchic, monarchical [mə'nɑ:kik(əl)] *agg* monarchico.
monarchist ['mɔnəkist] *s.* monarchico.
monarchy ['mɔnəki] *s.* monarchia.
monastery ['mɔnəstəri] *s.* monastero; convento *(di frati).*
monastic [mə'næstik] *agg* monastico: *monastic vows,* voti monastici.
monasticism [mə'næstisizəm] *s.* monachesimo.
monaural [mə'nɔ:rəl] *agg* ⇨ **mono.**
Monday ['mʌndi/-dei] *s.* lunedì: *black Monday, (sl.)* il lunedì nero *(il primo giorno di scuola dopo le vacanze)* — *Easter Monday,* il lunedì dell'Angelo; pasquetta *(fam.).*
mondayish ['mʌndiiʃ] *agg* poco disposto a lavorare dopo la festa della domenica; 'da lunedì'.
monetary ['mʌnitəri] *agg* monetario.
money ['mʌni] *s.* **1** denaro; soldi; quattrini; moneta: *paper money,* banconote; moneta cartacea — *hard money,* moneta metallica — *to make money,* far soldi; diventare ricco — *to be coining money,* coniare, stampare denaro; far denaro in fretta; diventare ricco in breve tempo — *to marry money,* sposarsi per denaro — *Money makes the mare to go,* Il denaro fa correre la giumenta; Il denaro può tutto — *There is money in it,* È un affare; C'è da far denaro — *to be rolling in money,* nuotare nell'oro — *to put money on sth,* scommettere su qcsa — *to put money into sth,* investire denaro in qcsa — *to be short of money,* essere a corto di denaro — *Time is money,* Il tempo è denaro — *money for jam, (GB, fam.)* denaro guadagnato senza fatica — *to get one's money's worth,* spendere bene il proprio denaro — *money down; ready money,* in contanti; pronta cassa; in denaro sonante — *No money down!,* Nessun acconto!; Senza deposito! — *money-bag,* borsa per il denaro — *a money-bags, (fam., col v. al sing.)* un riccone — *money-changer,* cambiavalute — *money-box,* - **a)** salvadanaio - **b)** cassetta delle offerte (delle elemosine) — *money-grubber,* persona molto avida di denaro — *money-lender,* usuraio — *the money-market,* il mercato finanziario — *money-order,* bonifico; ordine di pagamento; vaglia — *money of account,* moneta senza conio — *money-spinner,* - **a)** *(zool.: anche* money-spider*)* piccolo ragno che si ritiene porti fortuna - **b)** *(fam.)* fabbrica di quattrini. **2** *(al pl.,* moneys *o* monies: *ant. e dir.)* importi; somme; fondi: *sundry moneys owing to the estate,* importi diversi dovuti al patrimonio — *moneys paid out (in),* importi pagati (versati). **3** paga; salario; indennità: *danger money,* indennità di rischio. □ *Your money or your life!,* O la borsa o la vita!
moneyed ['mʌnid] *agg* danaroso; ricco; benestante: *a moneyed man,* un uomo danaroso — *the moneyed classes,* le classi abbienti — *the moneyed interest; moneyed interests,* il capitale; le classi capitalistiche.
moneylender ['mʌni,lendə*] *s.* usuraio.
moneyless ['mʌnilis] *agg* squattrinato; al verde; senza soldi; privo di mezzi.
monger ['mʌŋgə*] *s. (soprattutto nei composti)* mercante; venditore: *iron-monger,* negoziante di ferramenta — *fish-monger,* pescivendolo — *coster-monger,* venditore ambulante — *scandal-monger,* seminatore di scandali — *war-monger,* guerrafondaio.
Mongol ['mɔŋgɔl] *s.* **1** mongolo. **2** *(med., spesso con la minuscola)* mongoloide.
mongolism ['mɔŋgoulizəm] *s. (med.)* mongolismo.
mongoose ['mɔngu:s] *s.* (*pl.* **mongooses**) mangusta.
mongrel ['mʌngrəl] *s.* **1** cane bastardo. **2** incrocio; meticcio; bastardo.
□ *(attrib.)* di sangue misto; di razza mista; ibrido.
monitor ['mɔnitə*] *s.* **1** capoclasse; monitore. **2** *(ant.)* monitore *(tipo di nave da guerra di impiego costiero).* **3** addetto all'ascolto delle radiotrasmissioni estere. **4** 'monitor'; dispositivo di controllo: *monitor screen,* schermo 'monitor'.
to **monitor** ['mɔnitə*] *vt e i.* (⇨ **monitor 3, 4**) **1** ascoltare le radiotrasmissioni estere. **2** *(mecc.)* controllare; regolare; provare *(strumenti, macchine, motori).*
monk [mʌŋk] *s.* monaco; frate. □ *monk's-hood,* aconito; napello.
monkey ['mʌŋki] *s.* (*pl.* **monkeys**) **1** scimmia; bertuccia *(anche fig.): You little monkey!,* Birichino!; Peste! **2** *(mecc.)* mazza battente; battipalo. **3** *(GB, sl.)* 500 sterline. □ *to get sb's monkey up, (GB, sl.)* mandare in bestia qcno — *monkey-jacket,* giubbotto; giubba corta e stretta *(spec. indossata dai marinai)* — *monkey-nut, (GB)* nocciolina americana — *monkey-puzzle,* araucaria; varietà di pino del Cile — *monkey-wrench, (USA)* chiave inglese a rullino.
to **monkey** ['mʌŋki] *vi (seguito da* around *o* about*)* fare brutti scherzi; fare la scimmia *(fig.): Stop monkeying about with those tools!,* Smettila di giocare (armeggiare) con quegli attrezzi!
monkish ['mʌnkiʃ] *agg (generalm. spreg.)* di (da) monaco; monacale.
mono ['mounou] *agg (di disco microsolco, ecc.: abbr. di* monoaural*)* 'monoaurale'; 'mono' *(contrario di* **stereo** = stereofonico*).*
monochrome ['mɔnəkroum] *s.* monocromia *(pittura).* □ *agg* monocromatico.
monocle ['mɔnɔkl] *s.* monocolo.
monocotyledon ['mono*u*,kɔti'li:dən] *s.* monocotiledone.
monogamist [mɔ'nɔgəmist] *s.* monogamo; fautore della monogamia.
monogamous [mɔ'nɔgəməs] *agg* monogamo. □ *avv* **monogamously.**
monogamy [mɔ'nɔgəmi] *s.* monogamia.
monogram ['mɔnəgræm] *s.* monogramma.
monograph ['mɔnəgrɑ:f] *s.* monografia.
monolith ['mɔno*u*liθ] *s.* monolito.
monolithic [,mɔno*u*'liθik] *agg* monolitico.
monologue ['mɔnəlɔg] *s.* monologo.
monomania ['mɔno*u*'meinjə] *s.* monomania.
monomaniac ['mɔno*u*'meinjək] *s.* monomaniaco.
monomark ['mɔno*u*mɑ:k] *s.* marchio di fabbrica.
monoplane ['mɔnəplein] *s.* monoplano.
monopolist [mə'nɔpəlist] *s.* **1** monopolista. **2** accaparratore.
monopolistic [mə,nɔpə'listik] *agg* monopolistico.
monopolization [mə'nɔpəlai'zeiʃən] *s.* **1** monopolizzazione. **2** accaparramento.
to **monopolize** [mə'nɔpəlaiz] *vt* **1** monopolizzare *(anche fig.).* **2** accaparrare.
monopoly [mə'nɔpəli] *s.* **1** monopolio: *In some countries tobacco is a government monopoly,* In alcuni paesi il tabacco è monopolio di Stato. **2** accaparramento; incetta.

monorail ['mɔnoureil] *s.* **1** monorotaia. **2** *(ferrovia)* sopraelevata *(a monorotaia).*
monosyllabic ['mɔnəsi'læbik] *agg* monosillabico; monosillabo. □ *avv* **monosyllabically.**
monosyllable ['mɔnə,siləbl] *s.* monosillabo.
monotheism ['mɔnou'θi:izəm] *s.* monoteismo.
monotheist ['mɔnou,θi:ist] *s.* monoteista.
monotheistic ['mɔnouθi:,istik] *agg* monoteistico.
monotone ['mɔnətoun] *s.* monotonia; tono di voce uniforme: *to speak in a monotone,* parlare con tono monotono.
monotonous [mə'nɔtənəs] *agg* monotono: *a monotonous voice,* una voce monotona. □ *avv* **monotonously.**
monotony [mə'nɔtəni] *s.* monotonia.
monoxide [mɔ'nɔksaid] *s.* monossido.
monsoon [mɔn'su:n] *s.* monsone: *wet monsoon,* monsone estivo — *dry monsoon,* monsone invernale.
monster ['mɔnstə*] *s.* **1** mostro *(anche fig.): a monster of cruelty,* un mostro di crudeltà. **2** *(attrib.)* enorme; colossale; mostruoso: *a monster ship,* una nave enorme.
monstrance ['mɔnstrəns] *s.* ostensorio.
monstrosity [mɔn'strɔsiti] *s.* **1** mostruosità *(anche scherz.).* **2** mostro.
monstrous ['mɔnstrəs] *agg* **1** mostruoso; orrendo; atroce; enorme: *monstrous crimes,* crimini mostruosi. **2** *(fam.)* assurdo; incredibile; mostruoso: *It's perfectly monstrous that men should be paid more than women for the same job,* Il fatto che gli uomini siano pagati più delle donne per il medesimo lavoro è un'ingiustizia mostruosa. □ *avv* **monstrously.**
montage [mɔn'tɑ:ʒ] *s.* *(fr.: cinema, ecc.)* montaggio.
month [mʌnθ] *s.* mese: *lunar month,* lunazione; mese lunare — *a baby of three months; a three-month-old baby,* un bambino di tre mesi — *a month of Sundays, (fam., scherz.)* un'eternità. □ *You should eat oysters only when there's an 'R' in the month,* Le ostriche si devono mangiare soltanto nei mesi con la erre *(March, November, December, ecc.).*
monthly ['mʌnθli] *s.* periodico mensile; pubblicazione mensile.
□ *agg* mensile: *a monthly season ticket,* un abbonamento (ferroviario) mensile — *monthly-nurse,* infermiera che assiste una puerpera.
□ *avv* mensilmente; ogni mese; una volta al mese.
monument ['mɔnjumənt] *s.* monumento *(spec. commemorativo; anche fig.): the Monument,* la colonna che a Londra commemora l'incendio del 1666 — *ancient monuments,* antichità; i monumenti del passato — *a monument of learning,* un monumento di cultura (di erudizione).
monumental [,mɔnju'mentl] *agg* **1** monumentale: *a monumental inscription,* un'iscrizione monumentale. **2** *(fig.)* monumentale; colossale; imponente: *a monumental production,* una realizzazione monumentale — *monumental ignorance,* ignoranza abissale. □ *avv* **monumentally.**
moo [mu:] *s.* muggito; mugghio.
to **moo** [mu:] *vi* muggire.
to **mooch** [mu:tʃ] *vi (seguito da* about*)* **1** oziare; bighellonare; gironzolare. **2** rubare; sgraffignare.
moo-cow ['mu:kau] *s.* *(linguaggio infantile)* mucca.
[1]**mood** [mu:d] *s.* **1** umore; disposizione; stato d'animo: *to be in a good (a bad) mood,* essere di buono (di cattivo) umore — *a man of moods,* un uomo lunatico, estroso, capriccioso. **2** inclinazione; voglia: *to be in the mood for work,* aver voglia di lavorare.
[2]**mood** [mu:d] *s.* *(gramm.)* modo.
moodiness ['mu:dinis] *s.* malumore; malinconia; broncio; *(talvolta)* capricciosità; estro.
moody ['mu:di] *agg* di malumore; malinconico; cupo; triste; imbronciato; capriccioso; estroso; lunatico. □ *avv* **moodily.**
moon [mu:n] *s.* **1** luna; satellite: *Is there a moon tonight?,* C'è la luna stasera? — *Is it a new moon or a full moon?,* È luna nuova o luna piena? — *There was no moon,* Non c'era la luna — *He promised her the moon,* Le promise la luna — *moon landing,* allunaggio — *moon buggy (rover),* veicolo lunare. **2** *(poet.)* mese: *once in a blue moon, (fam.)* ad ogni morte di papa — *for many moons, (scherz.)* da molti mesi.
to **moon** [mu:n] *vi e t. (seguito da* about *o* around*)* **1** muoversi o guardare con aria trasognata. **2** *(seguito da* away*)* passare (il tempo) oziando: *to moon away the summer holidays,* passare le vacanze estive in ozio.
moonbeam ['mu:nbi:m] *s.* raggio di luna.
moonflower ['mu:nflauə*] *s.* margherita.
moonless ['mu:nlis] *agg* senza luna; illune: *a dark, moonless night,* una notte oscura, senza luna.
moonlight ['mu:nlait] *s.* chiaro di luna *(spesso attrib.): to go swimming in the moonlight (by moonlight),* andare a nuotare al chiaro di luna — *a moonlight night,* una notte di luna.
moonlighter ['mu:n,laitə*] *s.* *(storia irlandese)* sabotatore che opera di notte.
moonlit ['mu:nlit] *agg* rischiarato dalla luna: *a moonlit scene (landscape),* una scena (un paesaggio) illuminata dalla luna.
moonrise ['mu:nraiz] *s.* il sorgere della luna.
moonset ['mu:nset] *s.* tramonto della luna.
moonshine ['mu:nʃain] *s.* **1** chiaro di luna. **2** fantasia; discorso senza senso; sciocchezza; *(USA)* vuote apparenze. **3** *(spec. stor. USA)* liquore di contrabbando *(spec. se prodotto clandestinamente).*
moonshiner ['mu:nʃainə*] *s.* *(USA, fam.)* distillatore clandestino (o contrabbandiere) di liquori *(spec. di whisky).*
moonstone ['mu:nstoun] *s.* pietra di luna; selenite.
moonstruck ['mu:nstrʌk] *agg* pazzo; lunatico.
moony ['mu:ni] *agg* svagato; sognante; che sta nel mondo della luna.
moor [muə*] *s.* landa; brughiera; terreno paludoso. □ *the Moor, (GB, fam.)* la prigione di Dartmoor in Inghilterra.
Moor [muə*] *s.* moro; saraceno.
to **moor** [muə*] *vt* ormeggiare; ancorare; attraccare: *mooring mast,* palo, trave d'ormeggio per aerostati.
moorhen ['muəhen] *s.* **1** gallina di brughiera. **2** gallinella d'acqua.
moorings ['muəriŋs] *s. pl* ormeggi; attrezzature di ormeggio.
Moorish ['muəriʃ] *agg* moresco.
moorland ['muələnd] *s.* landa; brughiera.
moose [mu:s] *s.* *(pl.* **mooses***)* alce.
[1]**moot** [mu:t] *s.* **1** *(stor.)* assemblea *(spec. popolare): moot hall,* palazzo del consiglio del popolo. **2** dibattimento *(tra studenti in giurisprudenza)* di un caso fittizio, ipotetico.
[2]**moot** [mu:t] *agg (nell'espressione) a moot point,* un punto controverso.
to **moot** [mu:t] *vt* mettere in discussione; sollevare (una questione): *The question has been mooted again,* La questione è stata di nuovo sollevata.
mop [mɔp] *s.* **1** straccio; strofinaccio; scopa di stracci;

(naut.) redazza. **2** zazzera incolta. □ *Mrs Mop, (GB, fam.)* donna delle pulizie.

[1]to **mop** [mɔp] *vt* (**-pp-**) **1** lavare, pulire con uno strofinaccio *(spec. il pavimento): to mop up the mess,* ripulire il sudiciume — *to mop the floor,* pulire il pavimento — *to mop the floor with sb, (fam.)* - **a)** ridurre qcno ad uno straccio (dargli una batosta) - **b)** riportare una vittoria schiacciante su qcno. **2** asciugare; assorbire: *to mop one's brow,* asciugarsi la fronte. **3 to mop up,** *(fam., fig.)* eliminare; porre fine; farla finita — *mopping-up operations, (mil.)* operazioni di rastrellamento.

[2]to **mop** [mɔp] *vi* (**-pp-**) *(ant. e lett.: ora solo nell'espressione) to mop and mow,* far smorfie; far boccacce.

to **mope** [moup] *vi* compiangersi; rattristarsi; avvilirsi: *to mope (about) in the house all day,* starsene in casa tutto il giorno a piangere sulla propria sorte.

moped ['mouped] *s.* ciclomotore.

mopes [moups] *s. pl (sempre con l'art. determinativo:* the mopes*)* depressione; broncio; muso: *to suffer from the mopes,* veder tutto nero — *to get the mopes; to have a fit of the mopes,* avere il broncio; fare il muso.

moraine [mɔ'rein] *s.* morena.

moral ['mɔrəl] *agg* **1** morale: *moral rights (obligations),* diritti (obblighi) morali — *moral philosophy,* filosofia morale — *a moral victory,* una vittoria morale — *to give sb moral support,* dare a qcno un sostegno morale. **2** moralistico. □ *avv* **morally** ⇨.

□ *s.* **1** morale: *You may draw your own moral from this,* Puoi trarre la tua morale da questo. **2** *(al pl.)* moralità; costume; senso morale: *a man without morals,* un uomo privo di moralità, immorale, amorale — *a man of loose morals,* un uomo di costumi dissoluti.

morale [mɔ'rɑ:l] *s. (fr.)* morale; animo; coraggio: *The army recovered its morale,* L'esercito si risollevò nel morale.

moralist ['mɔrəlist] *s.* **1** moralista. **2** che pratica o insegna la morale.

moralistic [,mɔrə'listik] *agg* moralistico. □ *avv* **moralistically.**

morality [mə'ræliti] *s.* **1** moralità; sistema morale. **2** *(stor.)* moralità; rappresentazione teatrale.

to **moralize** ['mɔrəlaiz] *vi* moraleggiare: *to moralize upon the failings of the younger generation,* moraleggiare sui difetti della giovane generazione.

□ *vt* **1** moralizzare; rendere morale. **2** trarre la morale.

morally ['mɔrəli] *avv* **1** moralmente; in senso morale; da un punto di vista morale: *Morally he is all that can be desired,* Dal punto di vista morale è quanto di meglio si possa desiderare. **2** praticamente; quasi certamente (sicuramente); molto probabilmente: *The attempt is morally bound to fail,* Il tentativo è molto probabilmente destinato a fallire.

morass [mə'ræs] *s.* acquitrino; palude; pantano.

moratorium [,mɔrə'tɔ:riəm] *s.* (*pl.* **moratoria, moratoriums**) *(dir.)* moratoria.

Moravian [mɔ'reivjən] *agg e s.* moravo; (abitante) della Moravia.

morbid ['mɔ:bid] *agg* **1** *(med.)* morboso: *morbid anatomy,* anatomia patologica — *a morbid fear,* una fobia. **2** *(fig.)* morboso; malsano: *a morbid imagination,* una fantasia morbosa.

morbidity, morbidness [mɔ:'biditi/'mɔ:bidnis] *s.* morbosità.

mordant ['mɔ:dənt] *agg* **1** mordace; pungente; sarcastico. **2** *(chim.)* mordente; corrosivo.

□ *s.* mordente.

more [mɔ:*] **I** *agg e pron* (*comp. di* **much** *e* **many**) più; di più; in maggiore quantità o numero; ulteriore; ancora: *We need more men,* Abbiamo bisogno di più uomini — *Would you like some more wine?,* Vuoi ancora un po' di vino? — *No, I don't want any more, thank you,* No, non ne voglio più, grazie — *What more do you want from me?,* Cosa vuoi ancora (Che altro vuoi) da me? — *He's fifty and more,* Ha cinquant'anni e forse più — *You must tell me more,* Mi devi dire di più — *Give me a little more,* Dammene ancora un poco — *much more,* molto di più — *many more,* molti di più — *That's more than enough,* È più che abbastanza (sufficiente); Ce n'è d'avanzo — *the more... the more...,* più... più... — *The more you study the better,* Più studi meglio è — *The more you have, the more you want,* Più si ha, più si vorrebbe avere (L'appetito vien mangiando) — *There's more to it than you think,* È più complesso di quanto non si pensi.

II *avv* **1** *(per formare il comp. relativo di molti agg. e avv.)* più: *Russian is more interesting than French,* Il russo è più interessante del francese — *He's more dead than alive,* È più morto che vivo — *We completed that job more quickly than we expected,* Terminammo quel lavoro più rapidamente di quanto non ci aspettassimo (prima del previsto). **2** più; di più; maggiormente; in maggior numero o quantità: *The more fool you to believe him,* Sei ancor più sciocco se gli credi — *You must study more,* Devi studiare di più — *and what is more...,* e per di più (per aggiunta)... — *'I can't grasp what he means' - 'No more can I',* 'Non riesco ad afferrare quello che vuol dire' - 'Io nemmeno' ('E nemmeno io') — *I don't see (any) more of him,* Non lo vedo più. □ *more and more,* sempre (di) più; più e più — *more or less,* più o meno; quasi; pressoché — *no more,* non più — *nothing more,* nient'altro — *once more,* ancora una volta — *neither more nor less than...,* né più né meno di...

morello [mə'relou] *s. (anche* morello cherry*)* marasca.

moreover [mɔ:'rouvə*] *avv* inoltre; per di più; oltre a ciò.

mores ['mɔ:reiz] *s. pl (lat.: linguaggio formale e lett.)* usanze; costumi *(di un gruppo sociale).*

morganatic [,mɔ:gə'nætik] *agg* morganatico.

morgue [mɔ:g] *s.* **1** obitorio. **2** *(giornalismo)* archivio di informazioni miscellanee.

moribund ['mɔribʌnd] *agg* moribondo *(anche fig.);* morente: *a moribund civilization,* una civiltà morente.

morn [mɔ:n] *s. (poet.)* mattino.

morning ['mɔ:niŋ] *s.* mattina; mattinata; mattino: *in (o during) the morning,* di mattina — *in the early morning; early in the morning,* di mattina presto; di buon mattino — *this morning,* questa mattina (stamane, stamattina) — *yesterday (tomorrow) morning,* ieri (domani) mattina — *on Sunday (Monday, ecc.) morning,* domenica (lunedì, ecc.) mattina — *one morning last week,* una mattina della settimana scorsa — *When he awoke, it was morning,* Quando si destò, era mattina — *a morning walk,* una passeggiata mattutina — *an early morning swim,* una nuotata di prima mattina — *morning coat,* giacca di 'tight'; giubba — *morning dress,* 'tight' — *Morning Prayer, (GB)* servizio mattutino *(in chiesa)* — *the morning star,* la stella del mattino *(Venere)* — *the morning watch,* il turno di guardia del mattino *(su una nave).*

□ *Good morning!,* Buon giorno!; Buon dì! — *morning-glory,* (tipo di) convolvolo — *morning-room,* soggiorno — *morning performance,* 'matinée'; rappresentazione pomeridiana — *morning sickness,* nausee mattutine *(di cui soffrono le donne gravide).*

Moroccan [mə'rɔkən] *s.* marocchino. □ *agg* marocchino; del Marocco.

morocco [mə'rokou] *s.* marocchino *(pelle).*

moron ['mɔ:rɔn] *s.* deficiente; idiota; cretino.

moronic [mə'rɔnik] *agg* deficiente; da deficiente; cretino; da cretino.

morose [mə'rous] *agg* imbronciato; immusonito; scontroso; cupo.

moroseness [mə'rousnis] *s.* cupezza; musoneria; scontrosità.

morpheme ['mɔ:fi:m] *s.* morfema.

morphia, morphine ['mɔ:fjə/'mɔ:fi:n] *s.* morfina.

morphology [mɔ:'fɔlədʒi] *s.* morfologia.

morris dance ['mɔris dɑ:ns] *s.* moresca *(antico ballo folcloristico inglese).*

morrow ['mɔrou] *s. (ant. e lett.)* **1** (l')indomani; (il) giorno dopo; *(per estensione)* (il) futuro: *The prospects for the morrow were excellent,* Le prospettive per il futuro erano eccellenti. **2** *(talvolta)* mattino; mattina. □ *Good morrow!,* Buon giorno!; Buon dì!

Morse [mɔ:s] *s. (anche* Morse code*)* Morse; alfabeto Morse: *a message in Morse (code),* un messaggio in alfabeto Morse.

morsel ['mɔ:səl] *s.* boccone: *I haven't had a morsel of food since I left home,* Non ho mangiato un boccone di cibo (Non tocco cibo) da quando son partito da casa — *What a dainty morsel!,* Che bocconcino prelibato!; Che prelibatezza!

mortal ['mɔ:tl] *agg* **1** mortale *(soggetto alla morte): Here lie the mortal remains of John Gilpin,* Qui giacciono i resti mortali di John Gilpin. **2** mortale *(che dà la morte);* letale; fatale; esiziale: *a mortal wound,* una ferita mortale — *mortal sins,* peccati mortali — *mortal combat,* combattimento all'ultimo sangue. **3** *(fam.)* estremo; interminabile; grandissimo: *in mortal fear,* in estremo terrore — *in a mortal hurry,* in grandissima fretta. **4** umanamente possibile: *to try every mortal thing,* tentare tutto il possibile; non lasciare nulla di intentato — *by no mortal means,* in nessun modo; neanche per sogno. □ *avv* **mortally** ⇨.
□ *s. (fam.; solo con agg.)* persona; tipo: *What a thirsty mortal you are!,* Che tipo assetato sei! — *a chilly mortal,* un individuo freddoloso.

mortality [mɔ:'tæliti] *s.* **1** mortalità: *mortality tables,* tabelle sulla mortalità — *mortality rate,* tasso di mortalità. **2** l'essere mortale. **3** *(ant.)* l'umanità.

mortally ['mɔ:təli] *avv* **1** mortalmente; in modo letale; a morte: *to be mortally wounded,* essere ferito mortalmente (a morte). **2** *(fig.)* profondamente; gravemente; mortalmente: *to be mortally offended,* essere profondamente (mortalmente) offeso.

¹**mortar** ['mɔ:tə*] *s.* malta; calcina. □ *mortar-board,* - **a)** giornello; sparviero *(di muratore)* - **b)** *(fam.)* tocco; copricapo accademico.

¹to **mortar** ['mɔ:tə*] *vt* fissare con la malta; murare.

²**mortar** ['mɔ:tə*] *s.* mortaio *(recipiente e pezzo d'artiglieria); (naut.)* cannone lanciasagole.

²to **mortar** ['mɔ:tə*] *vt* bombardare con mortaio.

mortgage ['mɔ:gidʒ] *s. (dir. o fig.)* ipoteca *(su beni immobili): to raise a mortgage from a bank,* accendere un'ipoteca con una banca — *to pay off a mortgage,* estinguere un'ipoteca.

to **mortgage** ['mɔ:gidʒ] *vt* **1** *(dir.)* ipotecare; gravare di ipoteca: *to mortgage a house,* ipotecare una casa — *This land may be mortgaged,* Questo terreno può essere gravato da ipoteca. **2** *(fig.)* dedicare; impegnare: *to mortgage oneself to a cause (an object),* dedicarsi a una causa (a uno scopo).

mortgagee [,mɔ:gə'dʒi:] *s.* creditore ipotecario.

mortgagor [,mɔ:gə'dʒɔ:*] *s.* debitore ipotecario.

mortice, to **mortice** ['mɔ:tis] *s. e vi* = **mortise, to mortise.**

mortician [mɔ:'tiʃən] *s. (USA)* impresario di pompe funebri.

mortification [,mɔ:tifi'keiʃən] *s.* **1** mortificazione *(anche fig.);* umiliazione. **2** cancrena; incancrenimento; necrosi.

to **mortify** ['mɔ:tifai] *vt e i.* **1** mortificare; umiliare: *to be mortified by sb's rudeness,* essere mortificato dalla villania di qcno — *a mortifying defeat,* una sconfitta umiliante — *to mortify the flesh,* mortificare la carne. **2** incancrenire, incancrenirsi.

mortise, mortice ['mɔ:tis] *s.* mortasa *(incavo nel legno per incastro).*

to **mortise,** to **mortice** ['mɔ:tis] *vi* congiungere a mortasa; incastrare.

mortmain ['mɔ:tmein] *s. (ant. e dir.)* manomorta.

mortuary ['mɔ:tjuəri] *s.* camera mortuaria; camera ardente.
□ *agg* funebre; funerario: *mortuary rites,* riti funebri.

mosaic [mou'zeiik] *s. e agg* mosaico: *a mosaic design,* un disegno a mosaico — *a mosaic pavement,* un pavimento a mosaico — *mosaic disease,* mosaico *(malattia virale di varie piante).*

Mosaic [mou'zeiik] *agg (Bibbia)* mosaico: *the Mosaic law,* la legge mosaica.

Moslem ['mɔzləm] *s. e agg* mussulmano; maomettano.

mosque [mɔsk] *s.* moschea.

mosquito [məs'ki:tou] *s.* (*pl.* **mosquitoes**) zanzara: *mosquito net,* zanzariera. □ *mosquito boat, (naut.)* motosilurante.

moss [mɔs] *s.* muschio: *moss-covered rocks,* rocce coperte di muschio — *moss-grown,* coperto di muschio. □ *A rolling stone gathers no moss, (prov.)* Pietra smossa non fa muschio; Chi cambia sempre posto

mossback ['mɔsbæk] *s. (USA, fam.)* reazionario.

mossy ['mɔsi] *agg* (**-ier; -iest**) coperto di muschio; muschioso; simile al muschio: *mossy green,* verde muschio; sottobosco.

most [moust] **I** *agg e pron* (*superl. di* **much** *e di* **many**) il più; il massimo; la maggior parte; il maggior numero: *Do the most you can,* Fate il più che potete — *Which of you has made (the) most mistakes?,* Chi di voi ha fatto più errori? — *Most of them arrived late,* La maggior parte di loro arrivò tardi — *Most people think so,* La maggior parte della gente la pensa così — *at most (at the most, at the very most),* al massimo; a dir molto — *I can pay only twenty pounds at (the) most,* Posso pagare solo venti sterline al massimo — *for the most part,* per lo più; in linea di massima — *most of all,* soprattutto — *to make the most of sth,* trarre il massimo da qcsa; sfruttare qcsa al massimo — *It's late; we must make the most of our time,* È tardi; dobbiamo sfruttare il tempo al massimo — *to make the most of oneself,* fare del proprio meglio. □ *avv* **mostly** ⇨.

II *avv* **1** *(per formare il superl. relativo di molti agg. e avv.)* il più... (la più..., ecc.): *the most beautiful (interesting, useful),* il più bello (interessante, utile). **2** maggiormente; di più; più: *What is troubling you most?,* Cos'è che ti preoccupa maggiormente? — *What most pleased me (What pleased me most) was that...,* Ciò che più mi piacque fu che...
3 *(equivale talvolta al superl. assoluto in ital.)* molto;

estremamente; -issimo (-errimo): *This is a most useful book,* Questo è un libro estremamente utile (utilissimo) — *He was most polite to me,* È stato molto gentile (gentilissimo) con me — *I shall most certainly go,* Ci andrò senz'altro (certamente) — *most likely, (agg.)* probabilissimo; *(avv.)* molto probabilmente. **4** *(dial. e USA)* quasi: *Most everybody has gone home,* Quasi tutti sono andati a casa.

□ *It was the most!, (sl.: detto per pigrizia quando non si trova subito l'agg. desiderato)* Era fantastico ('fantastico', 'bestiale', ecc.)!; Era il 'non plus ultra'!

mostest ['moustist] *s.* *(sl.: sempre* the mostest*)* il meglio di tutti; 'favoloso'; 'fantastico'; 'bestiale'.

mostly ['moustli] *avv* **1** principalmente; per lo più; prevalentemente. **2** quasi sempre; generalmente: *We are mostly out on Sundays,* Siamo quasi sempre fuori la domenica.

mote [mout] *s.* granellino di polvere; pulviscolo; pagliuzza; bruscolo: *motes dancing in a sunbeam,* pulviscolo danzante in un raggio di sole. □ *to see the mote that is in thy brother's eye, (biblico)* vedere il bruscolo nell'occhio del prossimo (notare il fuscello nell'occhio altrui) *(e non la trave nel proprio).*

motel [mou'tel] *s.* 'motel'; autostello.

motet [mou'tet] *s.* *(mus.)* mottetto.

moth [mɔθ] *s.* **1** farfalla notturna; falena: *to be like a moth round a candle flame,* essere come una falena intorno alla fiamma di una candela; rischiare di bruciarsi le ali. **2** *(talvolta* clothes-moth*)* tarma: *moth-eaten,* mangiato, rosicchiato dalle tarme — *moth-ball,* pallina antitarme *(di naftalina, canfora, ecc.)* — *to put sth in moth-balls,* mettere qcsa in naftalina; *(anche fig.)* mettere da parte; accantonare — ⇨ *anche* **mothproof.**

mother ['mʌðə*] *s.* madre *(anche fig. e come titolo religioso)*; mamma: *Necessity is the mother of invention,* La necessità è la madre dell'invenzione — *Mother Superior,* Madre Superiora — *the mother country,* la madrepatria; il territorio metropolitano *(rispetto alla colonia)* — *mother earth, (scherz.)* terraferma — *mother lode,* filone principale — *mother-in-law,* suocera — *mother-of-pearl,* madreperla — *mother ship,* nave da rifornimento; nave appoggio — *mother tongue,* madrelingua — *mother wit,* buonsenso nativo (naturale, innato) — *every mother's son of you,* ognuno di voi; tutti, senza eccezione.

to **mother** ['mʌðə*] *vt* **1** dare la vita a *(generalm. fig.)*. **2** fare da madre (a); prendersi cura (di): *to mother a child on (upon) sb,* attribuire la maternità di un bambino a qcno. □ *Mothering Sunday, (GB)* festa della mamma; la quarta domenica della quaresima.

motherhood ['mʌðə*hud] *s.* maternità.

motherland ['mʌðə*lænd] *s.* patria.

motherless ['mʌðə*lis] *agg* privo della madre; senza madre; orfano.

motherlike ['mʌðə*laik] *agg* materno.

motherliness ['mʌðə*linis] *s.* atteggiamento materno; senso materno; tenerezza materna.

motherly ['mʌðə*li] *agg* materno; di (da) madre.

mothproof ['mɔθpru:f] *agg* antitarma (a prova di tarma).

motif [mou'ti:f] *s.* *(fr.)* **1** motivo; idea dominante. **2** *(mus., lett., ecc.)* tema.

motion ['mouʃən] *s.* **1** moto; movimento; azione: *to put (to set) sth in motion,* mettere qcsa in moto — *motion picture,* film; pellicola cinematografica. **2** movenza; gesto; movimento: *If you watch his motions carefully you will see how the trick is performed,* Se osserverete attentamente i suoi movimenti scoprirete il trucco — *to go through the motions, (fam.)* fare la commedia; far mostra di fare qcsa. **3** mozione; proposta: *On the motion of Mr Smith the committee agreed to...,* Su proposta del signor Smith il comitato decise di... — *The motion was adopted (carried) by a majority of six,* La mozione fu approvata con la maggioranza di sei voti — *of one's own motion,* di propria iniziativa. **4** svuotamento dell'intestino; scarica intestinale.

to **motion** ['mouʃən] *vt e i.* fare cenno; fare segno: *to motion sb in (to a seat),* fare cenno a qcno di entrare (di sedersi) — *to motion sb away,* fare cenno a qcno di andar via — *to motion to sb (to do sth),* far cenno a qcno (di fare qcsa).

motionless ['mouʃənlis] *agg* immoto; immobile; privo di movimento; fermo; inerte.

to **motivate** ['moutiveit] *vt* **1** motivare; causare. **2** incitare; stimolare.

motivation [,mouti'veiʃən] *s.* **1** motivazione; motivo. **2** stimolo; incitamento.

motive ['moutiv] *agg* motore: *motive power,* forza motrice.

□ *s.* **1** motivo; causa: *He was actuated by low and selfish motives,* Era mosso da bassi motivi d'interesse personale — *to do sth from motives of kindness,* far qcsa per pura gentilezza. **2** = **motif.**

motiveless ['moutivlis] *agg* immotivato; ingiustificato; senza motivo.

motley ['mɔtli] *agg* **1** variegato; screziato; multicolore: *a motley coat,* un abito multicolore *(come quello portato una volta dai buffoni).* **2** eterogeneo: *a motley crowd,* una folla eterogenea.

□ *s.* *(stor.)* abito da buffone: *(spec. nell'espressione) to wear the motley,* fare il buffone.

motor ['moutə*] *s.* **1** motore: *a four-stroke (two-stroke) motor,* un motore a quattro (a due) tempi — *outboard motor,* (motore) fuori bordo — *starting motor,* motorino d'avviamento. **2** *(attrib.)* a motore *(spec. di motore a combustione interna)*: *motor-car,* automobile; *(USA, anche)* automotrice — *motor-bicycle (fam.* motor-bike*)*, motocicletta; 'moto' — *motor-boat,* motoscafo — *(motor)-bus,* autobus urbano — *(motor)-coach,* autobus interurbano — *motor-assisted, agg (ad es. di bicicletta)* fornito di motore. **3** *(abbr. piuttosto desueta di* motor-car*)* automobile. □ *motor nerve, (anat.)* nervo motorio.

to **motor** ['moutə*] *vi* andare, viaggiare in automobile: *to motor from London to Brighton,* andare in automobile da Londra a Brighton.

□ *vt (non molto comune)* condurre, portare in automobile: *to motor a friend home,* portare a casa un amico in automobile.

motorcade ['moutə,keid] *s.* *(USA)* corteo di automobili.

motoring ['moutəriŋ] *s.* automobilismo; turismo automobilistico: *a motoring map,* una carta automobilistica — *a motoring accident,* un incidente automobilistico.

motorist ['moutərist] *s.* automobilista; persona che viaggia in automobile.

to **motorize** ['moutəraiz] *vt* motorizzare; fornire di automezzi.

motorman ['moutə*mæn] *s.* *(pl.* **motormen***)* macchinista *(di tram, elettromotrice, ecc.)*; motorista.

motorway ['moutə*wei] *s.* *(GB)* autostrada.

mottled ['mɔtld] *agg* variegato; screziato; chiazzato.

motto ['mɔtou] *s.* *(pl.* **mottoes***)* **1** motto; detto; massima. **2** epigrafe *(d'un libro).*

moue ['mu:] *s.* boccaccia; smorfia.

[1]**mould** [mould] *s.* *(spesso* leaf-mould*)* terriccio (di foglie); terreno fertile.

[2]**mould** [mould] *s.* muffa: *blue mould,* muffa dei formaggi — *iron-mould,* macchia di ruggine.

to **mould** [mould] *vi* ammuffire; coprirsi di muffa.

[3]**mould** [mould] *s.* **1** forma; stampo; modello; matrice: *to be cast in the same mould, (fig.)* essere forgiato dalla stessa matrice (dallo stesso stampo). **2** *(in cucina)* sformato; budino. **3** forma; sagoma: *the mould of a motor-car,* la sagoma (stampata) di un'automobile. **4** cassone *(per il cemento armato).* **5** *(archit.)* modanatura. **6** *(paleontologia)* impronta *(di fossile).*

to **mould** [mould] *vt* formare; plasmare; foggiare; dare forma; modellare: *to mould a head in (o out of) clay,* plasmare una testa in creta — *to mould a person's character,* formare il carattere di una persona.

to **moulder** ['mouldə*] *vi* ridursi in polvere; sgretolarsi; cadere in rovina: *mouldering ruins,* rovine cadenti.

moulding ['mouldiŋ] *s.* **1** modellatura. **2** *(archit.)* modanatura; cornicione; zoccolo.

mouldy ['mouldi] *agg* (**-ier**; **-iest**) **1** ammuffito; coperto di muffa: *to go mouldy,* ammuffire — *mouldy bread,* pane ammuffito. **2** stantio; che ha odore di muffa; *(fig.)* antiquato; vecchio; fuori moda: *mouldy ideas,* idee stantie. **3** *(sl.)* schifoso.

moult [moult] *s.* muda.

to **moult** [moult] *vt e i.* **1** mudare. **2** *(più raramente di cani e gatti)* perdere il pelo.

mound [maund] *s.* **1** tumulo: *a burial mound,* un tumulo sepolcrale. **2** collina artificiale. **3** mucchio.

[1]**mount** [maunt] *s.* **1** *(lett.)* monte; montagna: *the Sermon on the Mount,* il discorso della Montagna. **2** *(generalm. abbr. in* Mt *davanti ai nomi propri)* *Mt Everest,* il Monte Everest. **3** *(chiromanzia)* monte.

to **mount** [maunt] *vt* **1** montare; salire; ascendere: *to mount a hill (a ladder),* salire su una collina (su una scala) — *He mounted his horse and rode away,* Montò sul suo cavallo e galoppò via — *mounted police,* polizia a cavallo — *to mount guard over sth,* montare la guardia a qcsa — *to mount the throne,* ascendere (salire) al trono. **2** montare; fissare; incastonare: *to mount jewels in gold,* montare (incastonare) gioielli in oro — *to mount specimens,* fissare esemplari *(p.es. in un vetrino da microscopio).* **3** mettere in scena: *The play was well mounted,* La commedia fu messa in scena abilmente — *to mount an offensive, (mil.)* condurre un'offensiva. **4** *(di stallone)* montare; coprire.

□ *vi* **1** montare. **2** *(del sangue)* salire *(al viso, ecc.).* **3** **to mount up**, salire: *Our overheads are mounting up,* Le spese generali stanno salendo — *Bills soon mount up at hotels,* I conti salgono in fretta negli alberghi.

[2]**mount** [maunt] *s.* **1** montatura; incorniciatura. **2** intelaiatura; supporto; vetrino *(per microscopio);* cavalletto. **3** cavalcatura; cavallo; *(scherz.)* bicicletta; motocicletta, ecc. **4** *(di cannone)* affusto.

mountain ['mauntin] *s.* montagna; monte *(anche fig.): Everest is the highest mountain in the world,* L'Everest è la più alta montagna del mondo — *a mountain of debts (of difficulties),* una montagna di debiti (di difficoltà).

□ *agg attrib* di montagna; montano: *a mountain flower,* un fiore di montagna — *mountain chain (range),* catena di montagne — *mountain lion,* puma — *mountain sickness,* mal di montagna. □ *mountain ash,* sorbo selvatico — *mountain dew, (fam.)* whisky scozzese.

mountaineer [,maunti'niə*] *s.* **1** alpinista. **2** *(non molto comune)* montanaro.

mountaineering [,maunti'niəriŋ] *s.* alpinismo.

mountainous ['mauntinəs] *agg* **1** montagnoso; montuoso; alpestre: *mountainous country,* una zona montuosa. **2** *(fig.)* enorme; grandissimo; colossale: *mountainous waves,* onde colossali.

mountebank ['mauntibæŋk] *s.* saltimbanco; ciarlatano; imbonitore.

mountie ['maunti] *s.* *(nel Canada)* membro del corpo scelto della 'Mounted Police'; poliziotto a cavallo.

mounting ['mauntiŋ] *s.* **1** *(mecc.)* supporto. **2** montaggio.

to **mourn** [mɔ:n] *vt e i.* **1** *(spesso seguito da* for, over*)* lamentare; piangere; addolorarsi (per): *to mourn (for) a dead child,* piangere un bambino morto — *to mourn the loss of one's mother,* piangere la morte della propria madre. **2** portare il lutto.

mourner ['mɔ:nə*] *s.* **1** persona che segue un funerale. **2** persona che porta il lutto.

mournful ['mɔ:nful] *agg* triste; afflitto; dolente. □ *avv* **mournfully.**

mourning ['mɔ:niŋ] *s.* **1** dolore; cordoglio. **2** lutto: *to be in deep mourning,* osservare un lutto stretto — *mourning band,* fascia da lutto — *mourning ring,* anello da lutto — *to go into (out of) mourning,* entrare in (smettere il) lutto.

mouse [maus] *s.* (*pl.* **mice**) **1** topo; sorcio *(anche fig.): house mouse (field-mouse; harvest-mouse),* topo delle case (topo di campagna; topo delle messi) — *mouse colour; mouse-coloured,* color topo — *to be as poor as a church mouse,* essere povero in canna (povero come un sorcio di chiesa). **2** *(fig., fam.)* persona timida, paurosa, ritrosa. **3** contrappeso *(per finestre a ghigliottina).*

to **mouse** [maus] *vi (di gatto)* acchiappare, cacciare, dare la caccia ai topi.

mouser ['mausə*] *s. (di gatto)* cacciatore di topi.

mousetrap ['maustræp] *s.* trappola per topi: *mousetrap cheese, (scherz.)* formaggio buono soltanto per trappole di topi; formaggio duro, vecchio, immangiabile.

mousie ['mausi] *s. (infantile)* topino; topolino.

moustache [məs'tɑ:ʃ] *s.* baffi.

moustached, moustachioed [məs'tɑ:ʃd] *agg* baffuto; coi baffi.

mousy ['mausi] *agg* **1** *(raro, detto di luogo)* pieno di topi. **2** simile ad un topo; di color grigio topo. **3** *(di persona)* timido; schivo.

mouth [mauθ] *s.* bocca; cavità orale; *(per estensione)* apertura; orifizio; foce; sbocco; imboccatura: *He had a big pipe in his mouth,* Aveva una grossa pipa in bocca — *to put words into sb's mouth,* mettere parole in bocca a qcno; attribuire a qcno delle affermazioni — *to take the words out of sb's mouth,* togliere le parole di bocca a qcno — *the mouth of a bag,* la bocca di un sacco — *to make sb's mouth water,* far venire l'acquolina in bocca a qcno — *mouth-organ,* armonica a bocca — *the mouth of a tunnel (a cave, a river),* l'imboccatura di una galleria (l'apertura di una grotta, la foce di un fiume).

□ *to live from hand to mouth,* vivere alla giornata — *to be down in the mouth,* essere scoraggiato (depresso, abbattuto) — *to have sth straight from the horse's mouth, (fam.)* avere informazioni dirette, da fonte sicura — *Don't look a gift horse in the mouth, (prov.)* A caval donato non si guarda in bocca.

to **mouth** [mauð] *vt e i.* **1** declamare; pronunciare con enfasi; dire pomposamente: *An actor who mouths his* *words is a poor actor,* Un attore che pronuncia con troppa enfasi le sue battute è un attore scadente. **2** mettere in bocca; prendere in bocca; toccare con la bocca. **3** fare smorfie.

-mouthed [mauθd/mauðd] *agg (nei composti, p.es.) foul-mouthed, (agg.)* che parla sporco, scurrile — *open-mouthed, (avv.)* a bocca aperta — *big-mouthed, (agg.)* ciarliero; insolente.

mouthful ['mauθful] *s.* **1** boccone; boccata: *to swallow sth at a mouthful,* mandar giù (trangugiare, ingoiare) qcsa in un boccone. **2** *(fam.)* parolona; parola o frase difficile da pronunziare. **3** *(USA, sl.)* parola giusta; frase appropriata: *You've said a mouthful!,* Hai proprio detto la parola giusta!

mouthpiece ['mauθpi:s] *s.* **1** boccaglio *(di pipa o strumento musicale);* bocchino. **2** persona che ripete meccanicamente frasi dette da altri; portavoce: *This newspaper is the mouthpiece of the Socialists,* Questo giornale è il portavoce dei socialisti. **3** *(del telefono)* microfono.

movable, moveable ['mu:vəbl] *agg* movibile; mobile.

□ *s.* (*al pl.:* **movables**) **1** beni mobili. **2** mobili.

move [mu:v] *s.* **1** mossa; azione; movimento: *Whose move (is it)?, (scacchi, ecc.)* Di chi è questa mossa?; A chi tocca? — *It's your move!,* Tocca a te! — *a move towards settling the strike,* un passo verso la composizione dello sciopero — *a false move,* una mossa falsa — *to be on the move,* essere in movimento, in azione — *Our reconnaissance planes reported that large enemy forces were on the move,* I nostri ricognitori riferirono che grosse forze nemiche erano in movimento — *to make a move,* - **a)** muoversi; andarsene; *(spec.)* alzarsi da tavola - **b)** agire: *Unless we make a move soon, we shall be in a hopelessly weak position,* Se non facciamo qualcosa subito, ci troveremo in una situazione disperatamente debole — *to make the first move,* fare la prima mossa; prendere l'iniziativa — *to watch sb's every move,* osservare attentamente tutti i movimenti di qcno — *to get a move on, (sl.)* affrettarsi; fare in fretta. **2** trasloco.

to **move** [mu:v] *vt e i.* **1** muovere, muoversi; spostare, spostarsi; trasferire: *Move your chair nearer (to) the fire-place,* Sposta la tua sedia più vicino al camino — *Lorries were used to move the troops to the front,* Vennero usati autocarri per trasferire le truppe al fronte — *It was so calm that not a leaf was moving,* Era così calmo che non si muoveva una foglia — *to move heaven and earth,* muovere cielo e terra; fare di tutto.

2 procedere; avanzare; fare progressi: *Time moves on,* Il tempo procede inesorabilmente — *The work moves slowly,* Il lavoro procede lentamente — *Things are not moving as rapidly as we had hoped,* Le cose non procedono così rapidamente come speravamo.

3 *(spesso* to move house*)* traslocare; mutare di abitazione: *We're moving (house) next week,* Traslochiamo la settimana prossima.

4 indurre; stimolare; spingere; animare: *The spirit moved him to get up and address the meeting,* Un moto interno lo indusse (spinse) ad alzarsi e rivolgersi all'assemblea — *moving spirit,* spirito animatore.

5 commuovere: *to be moved to tears,* essere commosso fino alle lacrime — *Their sufferings moved us deeply,* Le loro sofferenze ci commossero profondamente — *a moving sight,* uno spettacolo commovente.

6 avanzare una proposta; proporre (formalmente): *Mr Chairman, I move that the money be used for the purchase of library books,* Signor Presidente, propongo che il denaro venga utilizzato per l'acquisto di libri per la biblioteca.

7 agire; 'muoversi'; prendere provvedimenti: *Nobody seems willing to move in the matter,* Nessuno sembra disposto ad intervenire in questa faccenda.

8 vivere; passare il proprio tempo; frequentare: *They move in the best society,* Vivono nella migliore società; Frequentano la migliore società.

9 *(med.)* svuotare, svuotarsi *(gli intestini).*

10 *(mecc.)* avere gioco.

to move about, andare e venire; girare; circolare.

to move along (down, up), muoversi; spostarsi (in qua, in là; in avanti, indietro, ecc.): *'Move along, please', said the conductor,* 'Passare avanti, prego', disse il bigliettario.

to move away, allontanarsi: *to move sth away,* allontanare qcsa.

to move back, indietreggiare; fare indietreggiare; rinculare.

to move in, - **a)** andare a stare; trasferirsi; entrare in una casa nuova *(cfr.* **to move out,** *sotto)* - **b)** *(di nave da guerra, bestia feroce, ecc.)* avvicinarsi per attaccare.

to move off, allontanarsi; partire; mettersi in moto.

to move on, - **a)** circolare; andare avanti; passare avanti; avanzare; spostarsi: *'Move on, please',* 'Circolare, per favore' - **b)** *to move sb on,* fare circolare qcno; farlo spostare.

to move out, lasciare un'abitazione (un appartamento): *We moved out on Monday and the new tenants moved in on Tuesday,* Lasciammo la casa lunedì e i nuovi inquilini vi si trasferirono il martedì.

to move over, - **a)** scansare; spostare - **b)** scansarsi: *Move over!,* Spostati!; Lasciami passare!

to move up, - **a)** salire (far salire) - **b)** avvicinare (avvicinarsi).

movement ['mu:vmənt] *s.* **1** movimento *(vari sensi);* moto; attività; spostamento; gesto; impulso; azione; mossa: *the movement to abolish slavery,* il movimento per l'abolizione della schiavitù — *He lay there without movement,* Giaceva (là) immobile — *The novel lacks movement,* Il romanzo manca di azione — *By a series of rapid movements, the general placed his forces in an advantageous position,* Con una serie di rapidi spostamenti (movimenti), il generale sistemò le truppe in una posizione vantaggiosa. **2** *(mus.)* tempo; movimento. **3** meccanismo; movimento *(di apparato meccanico): the movement of a clock,* il meccanismo di un orologio. **4** scarica intestinale; evacuazione intestinale; movimento viscerale. **5** *(comm., econ.)* oscillazione; variazione: *There was not much movement in oil shares,* Ci sono state variazioni insensibili (deboli) nei titoli petroliferi.

mover ['mu:və*] *s.* promotore; fautore: *prime mover,* primo motore.

movie ['mu:vi] *s. (USA, fam.)* **1** film. **2** (*al pl.:* **movies**) cinema; 'cine'. □ *movie-goer,* frequentatore di cinema — *movie theatre,* cinema; sala cinematografica.

moving ['mu:viŋ] *agg* **1** mobile: *a moving staircase,* una scala mobile. **2** in moto; in movimento: *He appeared to have fallen from a moving train,* Sembrava che fosse caduto da un treno in movimento — *Get moving!, (fam.)* Sbrigati!; Muoviti! — *moving pictures* = **movie 2**. **3** motore; motrice. **4** (*cfr.* **to move 5**) commovente. **5** (*cfr.* **to move 4**) animatore.

□ *avv* **movingly,** in modo commovente.

mow [mou] *s.* **1** covone; mucchio di fieno, di paglia. **2** fienile; granaio.

¹to **mow** [mou] *vt* (*pass.* **mowed**; *p. pass.* **mown** *o* **mowed**) falciare *(anche fig.);* mietere: *new-mown hay,* fieno

appena falciato — *Many of our men were mown down by machine-gun fire,* Molti dei nostri uomini furono falciati dal fuoco delle mitragliatrici.

[2]to **mow** [mou] *vi* ⇨ **[2]to mop.**

mower ['mouə*] *s.* **1** falciatore, falciatrice; mietitore, mietitrice. **2** (macchina) falciatrice; mietitrice.

mown [moun] *p. pass di* **to mow.**

Mr ['mistə*] *s., abbr di* **Mister.**

Mrs ['misiz] *s.* (*abbr. di* **Mistress**) signora *(seguito da nome e cognome o dal solo cognome): Good morning, Mrs Jones!,* Buon giorno, signora Jones.

Ms [miz] *s. (USA ora GB.: è di origine femminista) abbr comune di* **Mrs** *e di* **Miss.**

much [mʌtʃ] **I** *agg e pron sing* (*comp.* **more** ⇨; *superl.* **most** ⇨; *pl.* **many** ⇨) molto: *There isn't much food in the house,* Non c'è molto cibo in casa — *He never eats much at lunch,* Non mangia mai molto a colazione — *Did you have much difficulty in finding the house?,* Avete faticato molto a trovare la casa? — *Much of what you say is true,* Molto di ciò che dici è vero — *We have much to be thankful for,* Abbiamo molte ragioni per essere riconoscenti — *I don't think much of my new music teacher,* Non nutro molta fiducia nel mio nuovo insegnante di musica.

as much (as), la stessa quantità; altrettanto; tanto... quanto...; come: *I thought as much!,* Me l'aspettavo! — *It's as much your responsibility as mine,* È responsabilità tanto tua quanto mia — *It was as much as he could do to pay his way,* Con tutti i suoi sforzi poteva appena sbarcare il lunario — *That is as much as to say that I am a liar,* Ciò equivale a dire che sono un bugiardo.

how much, quanto (quanta): *How much flour do you want?,* Quanta farina desidera? — *How much is that?,* Quanto fa?

not much of a..., mediocre: *He's not much of a driver,* È un guidatore mediocre — *It wasn't much of a dinner,* Come pranzo non era un granché — *I'm not much of a cinema-goer,* Non sono un gran frequentatore di cinema.

so much, tanto (tanta): *He hadn't got so much as his fare home,* Non aveva neppure i soldi del tram per andare a casa — *so much more that...,* tanto più che... — *so much the better,* tanto meglio — *so much the worse,* tanto peggio — *So much for that!,* Basta così!; Chiudiamo l'argomento!; Non parliamone più! — *so much so that...,* tanto da...; tanto che...; al punto che...

this (that) much, tanto così: *Can you let me have this much?,* Può darmene tanto così? — *I will say this much in his favour,* Aggiungerò questo in suo favore — *This much is certain: he won't come again,* Certo è che non verrà più.

too much, troppo (troppa): *You've given me too much,* Me ne hai dato troppo — *Too much is as bad as none at all, (prov.)* Il troppo storpia — *to be too much for sb,* essere troppo (difficile, forte, ecc.) per qcno; essere superiore alle proprie capacità o possibilità — *The school tennis champion was too much for me,* Il campione di tennis della nostra scuola era troppo forte per me — *I couldn't finish that book on relativity, it was too much for me,* Non sono riuscito a finire quel libro sulla relatività, era troppo difficile per me.

□ *It's not up to much,* Non è un granché — *I don't think his work is up to much,* Non penso che il suo lavoro sia molto buono — *to make much of sth,* - **a)** capire qualcosa: *I can't make much of this,* Non ci capisco molto - **b)** dare molto rilievo (a qcsa); parlare diffusamente di qcsa *(spec. sui giornali)* - **c)** *to make much of sb,* fare molti complimenti; trattare con molto riguardo.

II *avv* molto; assai; *(con un comp., un superl.)* di gran lunga: *He is much better today,* Oggi sta molto meglio — *You must work much harder,* Devi lavorare con molto più impegno (molto più sodo) — *He doesn't like beef much,* La carne di manzo non gli piace molto — *much as before,* come prima — *This is much the best,* Questo è di gran lunga il migliore — *He is not much the worse for his fall into the canal,* Nonostante che sia caduto nel canale, se l'è cavata con poco — *much more,* tanto più; e ancor più — *It is difficult to understand his books, much more his lectures,* È difficile capire i suoi libri e ancor più le sue conferenze — *much less,* tanto meno; e ancor meno — *I didn't even speak to him, much less discuss your problem with him,* Non gli parlai neppure e tanto meno discussi con lui del tuo problema — *I am much afraid that...,* Ho molta paura che... — *I hope you will not be much inconvenienced by the noise,* Spero che il rumore non Le rechi molto disturbo — *It doesn't much matter; It doesn't matter much,* Non importa molto; Non ha molta importanza — *I very much enjoyed the concert; I enjoyed the concert very much,* Il concerto mi è piaciuto moltissimo — *Thank you very much,* Grazie tante; Grazie mille — *Much good may it do you!* ⇨ **good II, 1.**

much as, sebbene... moltissimo: *Much as I should like to go...,* Sebbene io desideri moltissimo andar(ci)... — *Much as she disliked the idea...,* Sebbene non le piacesse affatto l'idea...

much the same, quasi uguale; assai simile: *The patient's condition is much the same,* Le condizioni del paziente sono stazionarie.

much to..., con (mio, suo, ecc.) grande...: *much to her surprise (regret, ecc.),* con sua grande sorpresa (dispiacere, ecc.).

how much, fino a che punto: *How much do you really want to marry him?,* Fino a che punto desideri veramente sposarlo?

not so much... as..., non tanto... ma piuttosto...: *Oceans do not so much divide the world as unite it,* Gli oceani più che dividere il mondo lo uniscono.

not (o without) so much as..., neppure...; senza neppure...: *He left without so much as saying 'Thank you',* Se n'è andato senza neppure dire 'grazie' — *Give me as much again,* Dammene altrettanto.

too much, troppo: *He thinks too much of himself,* Presume troppo di sé.

muchly ['mʌtʃli] *avv (fam., scherz.)* molto: *Thanks muchly,* Grazie tante.

muchness ['mʌtʃnis] *s. (solo nell'espressione) to be much of a muchness,* essere quasi eguale.

mucilage ['mju:silidʒ] *s.* mucillagine.

muck [mʌk] *s.* **1** concime; letame; sterco: *muck-heap (-hill),* concimaia; letamaio — *muck-raker, (generalm. fig.)* chi razzola nel letame; chi va in cerca di scandali da denunciare. **2** sporcizia; sudiciume; *(fam.)* porcheria; sconcezza: *to make a muck of sth, (fam.)* insudiciare, insozzare qcsa; combinare un pasticcio — *Where there's muck there's money, (prov., GB settentrionale)* Dove c'è lo sporco c'è denaro.

to **muck** [mʌk] *vt e i.* concimare.

to muck about, *(GB, fam.)* bighellonare; perdere tempo; non combinare niente di buono: *'What is he up to?' - 'Oh, just mucking about',* 'Che cosa sta facendo quello?' - 'Oh, niente di particolare'.

to muck about with, rovistare: *Who's been mucking*

about with my books?, Chi ha rovistato tra i miei libri?

to muck in, *(GB, fam.)* adattarsi alla vita in comune: *to muck in with sb,* dividere un appartamento (una camera) con qcno *(di studenti, ecc.).*

to muck out, pulire *(p.es. una stalla).*

to muck up, - **a)** insudiciare; sporcare - **b)** guastare; pasticciare.

muck-raker ['mʌk,reikə*] *s.* ⇨ **muck 1.**

mucky ['mʌki] *agg* (**-ier**; **-iest**) sudicio; sporco; lurido.

mucous ['mju:kəs] *agg* mucoso. □ *mucous membrane,* mucosa.

mucus ['mju:kəs] *s.* muco.

mud [mʌd] *s.* fango *(anche fig.);* melma; mota; limo: *His name is mud in that office,* Il suo nome non è amato in quell'ufficio — *to get stuck in the mud,* impantanarsi; restare bloccati nella mota — *to throw (to fling) mud at sb,* gettar fango su qcno — *mud-bath,* bagno di fango — *mud-flat,* pantano — ⇨ *anche* **mudpie.** □ *Here's mud in your eye!,* Cin cin!; Alla salute! — *to be a stick-in-the-mud, (fig.)* non essere aggiornato; vivere nel passato.

muddle ['mʌdl] *s. (generalm. con l'art. indeterminativo)* confusione; disordine; pasticcio: *Everything was in a muddle,* Era tutto in disordine — *You have made a muddle (of it),* Ne hai fatto un gran pasticcio. □ *muddle-headed, (agg.)* confusionario; stupido.

to **muddle** ['mʌdl] *vt e i.* **1** *(talvolta seguito da* up*)* confondere; creare confusione; pasticciare; fare un pasticcio; intontire; stordire: *You've muddled the scheme completely,* Avete completamente pasticciato il progetto — *A glass of whisky soon muddles him,* Un bicchiere di whisky basta a intontirlo — *Don't muddle things up!,* Non confondere le cose! **2** *(spesso seguito da* on *o da* along*)* andare avanti a casaccio; tirare avanti senza un chiaro programma; procedere a vanvera: *He is still muddling on (o along),* Sta ancora andando avanti senza idee precise, in modo confuso. **3** **to muddle through,** cavarsela alla meno peggio.

muddler ['mʌdlə] *s.* pasticcione.

muddy ['mʌdi] *agg* (**-ier**; **-iest**) **1** fangoso; melmoso; limaccioso; infangato: *muddy roads,* strade fangose — *muddy shoes,* scarpe infangate. **2** torbido; opaco; scuro: *a muddy stream,* un torrente torbido. **3** oscuro; confuso; poco chiaro: *muddy ideas,* idee confuse (poco chiare). □ *avv* **muddily.**

mudguard ['mʌdgɑ:d] *s.* parafango.

mudlark ['mʌdlɑ:k] *s.* monello; scugnizzo.

mudpie ['mʌdpai] *s.* castello di fango *(che i bambini costruiscono sul greto dei fiumi).*

[1]**muff** [mʌf] *s.* **1** manicotto. **2** *(USA, volg.)* fica.

[2]**muff** [mʌf] *s.* persona maldestra, goffa *(spec. in un gioco sportivo);* bidone.

to **muff** [mʌf] *vt (sport)* sbagliare; mancare *(un colpo): to muff a ball,* mancare una palla — *to muff an easy catch,* mancare una presa facile.

muffin ['mʌfin] *s.* focaccina da tè.

muffle ['mʌfl] *s.* muffola.

to **muffle** ['mʌfl] *vt* **1** avviluppare; avvolgere; imbacuccare; coprire bene: *to muffle oneself up well,* imbacuccarsi bene — *to be muffled (up) in a heavy overcoat,* essere ben avvolto in un pesante soprabito. **2** *(di suono o rumore)* smorzare; attenuare; attutire; soffocare: *to muffle the oars of a boat,* smorzare il rumore dei remi di una barca — *muffled voices,* voci smorzate.

muffler ['mʌflə*] *s.* **1** sciarpa invernale. **2** silenziatore; marmitta. **3** *(di pianoforte)* feltro.

mufti ['mʌfti] *s.* **1** *(GB, generalm. nell'espressione) to be in mufti,* essere in borghese. **2** 'mufti' *(giureconsulto islamico).*

[1]**mug** [mʌg] *s.* **1** boccale; bicchierone: *a beer-mug,* un boccale da birra. **2** *(sl.)* faccia; bocca; muso: *What an ugly mug he's got!,* Che brutto muso ha mai!

[2]**mug** [mʌg] *s. (GB, sl.)* babbeo; semplicione: *a mug's game,* una perdita di tempo; una partita persa.

[1]to **mug** [mʌg] *vt* (**-gg-**) *(sl., quasi sempre seguito da* up*)* studiare molto; imparare sgobbando.

[2]to **mug** [mʌg] *vt* (**-gg-**) *(sl.)* aggredire e derubare *(spec. in luogo deserto).*

mugger ['mʌgə*] *s.* rapinatore *(cfr.* [2]**to mug).**

mugginess ['mʌginis] *s.* **1** afa; aria umida e calda. **2** aria viziata.

mugging ['mʌgiŋ] *s. (sl.)* aggressione *(spec. a scopo di rapina in luogo deserto).*

muggins ['mʌginz] *s. (fam.)* babbeo; cretino.

muggy ['mʌgi] *agg* (**-ier**; **-iest**) **1** afoso; caldo; umido. **2** che sa di rinchiuso, di stantio.

mugwump ['mʌgwʌmp] *s. (USA)* persona presuntuosa; pezzo grosso.

Muhammedan, Muhammedanism [mə'hæmədn/mə'hæmədənizəm] *s.* = **Mohammedan, Mohammedanism.**

mulatto [mju(:)'lætou] *s.* (*pl.* **mulattos,** *USA* **mulattoes**) mulatto.

mulberry ['mʌlbəri] *s.* **1** gelso. **2** mora. □ *Here we go round the mulberry bush, (letteralm.)* 'Giriamo intorno al gelso' *(titolo della nenia del girotondo, gioco infantile).*

mulch [mʌltʃ] *s.* strato protettivo per le radici delle piante *(a base di paglia umida, foglie, terriccio, ecc.).*

to **mulch** [mʌltʃ] *vt* coprire le radici delle piante con uno strato protettivo (*cfr.* **mulch**).

to **mulct** [mʌlkt] *vt* **1** *(non comune)* multare: *to mulct a man five pounds; to mulct a man in five pounds,* multare un uomo di cinque sterline. **2** sottrarre (qcsa) a (qcno): *He was mulcted of his money,* Gli fu sottratto del denaro.

mule [mju:l] *s.* **1** mulo, mula; bardotto; *(fam., fig.)* persona ostinata, testarda: *to be as obstinate (as stubborn) as a mule,* essere ostinato (testardo) come un mulo. **2** pianta, animale, ecc. ibrido. **3** pianella; ciabatta senza tallone. **4** *(industria tessile)* filatoio intermittente.

muleteer [,mju:li'tiə*] *s.* mulattiere; conducente di mulo.

mulish ['mju:liʃ] *agg* **1** di, da mulo. **2** ostinato; caparbio; testardo. □ *avv* **mulishly.**

mulishness ['mju:liʃnis] *s.* caparbietà; testardaggine; ostinatezza.

mull [mʌl] *s. (scozzese)* promontorio: *the Mull of Kintyre,* il promontorio del Kintyre.

to **mull** [mʌl] *vt* scaldare *(vino, birra, ecc.)* con zucchero e aromi: *mulled wine,* 'vin brulé' *(fr.).*

to **mull over** [mʌl'ouvə*] *vt* meditare; rimuginare su (qcsa).

mullein ['mʌlin] *s.* verbasco; tasso barbasso.

mullet ['mʌlit] *s.* **1** triglia. **2** muggine. □ *red mullet,* triglia di fango.

mulligatawny [,mʌligi'tɔ:ni] *s. (generalm.* mulligatawny soup*)* zuppa indiana a base di carne aromatizzata con 'curry'.

mullion ['mʌljən] *s.* colonnina divisoria *(di finestra bifora, trifora, ecc.).*

mullioned ['mʌljənd] *agg (di finestra)* a colonnine; a più luci.

multi- ['mʌlti] *prefisso* multi: *multi-coloured,* multicolore — *multi-millionaire* ⇨ **multimillionaire** — *multi-stage* ⇨ **multistage** — *multi-storey,* a più piani.

multifarious [,mʌlti'fɛəriəs] *agg* svariato; molteplice; disparato: *his multifarious duties,* i suoi molteplici doveri (compiti). □ *avv* **multifariously.**

multiform ['mʌltifɔ:m] *agg* multiforme.

multilateral [,mʌlti'lætərəl] *agg* multilaterale: *multilateral disarmament,* disarmo multilaterale *(fra due o più nazioni).*

multilingual [,mʌlti'lingwəl] *s.* plurilingue.

multimillionaire [,mʌltimilje'nɛə*] *s.* multi-milionario *(in sterline o dollari);* miliardario.

multinational ['mʌlti,næʃənəl] *agg e s.* multinazionale.

multiple ['mʌltipl] *agg* multiplo; molteplice; vario: *a man of multiple interests,* un uomo di molteplici interessi — *a multiple unit,* un treno formato da più automotrici — *multiple shop (store),* negozio che fa parte di una catena.

□ *s. (matematica)* multiplo: *30 is a common multiple of 2, 3, 5, 6, 10 and 15,* 30 è un multiplo comune di 2, 3, 5, 6, 10 e 15 — *lowest common multiple (abbr.* L.C.M.*),* minimo comune multiplo.

multiplex ['mʌltipleks] *agg* molteplice; multiplo.

□ *s. (telefonia, radiofonia)* sistema di trasmissione contemporanea sullo stesso circuito (sulla stessa onda).

multipliable, multiplicable [mʌlti'plaiəbl/mʌlti'plikəbl] *agg* moltiplicabile.

multiplicand [,mʌltipli'kænd] *s.* moltiplicando.

multiplication [,mʌltipli'keiʃən] *s.* moltiplicazione: *multiplication table,* tavola pitagorica.

multiplicity [,mʌlti'plisiti] *s.* molteplicità: *a multiplicity of duties,* una molteplicità di doveri.

multiplier ['mʌltiplaiə*] *s.* moltiplicatore.

to **multiply** ['mʌltiplai] *vt* moltiplicare; accrescere; aumentare.

□ *vi* moltiplicarsi; riprodursi; procreare: *Rabbits multiply rapidly,* I conigli si moltiplicano (si riproducono) rapidamente.

multistage ['mʌltisteidʒ] *agg (spec. di missile, di sonda spaziale)* pluristadio; a più stadi.

multitude ['mʌltitju:d] *s.* **1** moltitudine; gran numero: *They are like the stars in multitude,* Sono innumerevoli come le stelle. **2** *(con l'art. determinativo:* the multitude*)* il popolo; la massa; la moltitudine; i più.

multitudinous [,mʌlti'tju:dinəs] *agg* **1** numerosissimo; innumerevole. **2** vario; molteplice. □ *avv* **multitudinously.**

[1]**mum** [mʌm] *interiezione e s.* zitto!; silenzio!; acqua in bocca!: *Mum's the word!,* Acqua in bocca!; Muto come un pesce!

□ *come agg* zitto; muto: *Keep mum about this!,* Non farne parola con nessuno!

[2]**mum** [mʌm] *s.* (*GB: abbr. di* [2]**mummy** *o di* **ma'am**) mamma.

to **mumble** ['mʌmbl] *vt e i.* borbottare; biascicare.

Mumbo Jumbo ['mʌmbou 'dʒʌmbou] *s.* **1** 'Mumbo Jumbo' *(idolo africano o stregone).* **2** *(fig.)* idolo; feticcio. **3** *(per estensione: generalm.* mumbo-jumbo*)* abracadabra; gergo incomprensibile.

mummer ['mʌmə*] *s. (stor.)* mimo.

mummery ['mʌməri] *s.* **1** *(stor.)* pantomima. **2** *(fig.)* cerimonia ridicola; mascherata; pagliacciata.

mummification [,mʌmifi'keiʃən] *s.* mummificazione.

to **mummify** ['mʌmifai] *vt* mummificare.

[1]**mummy** ['mʌmi] *s.* mummia: *mummy-case,* sarcofago *(da mummia).*

[2]**mummy** ['mʌmi] *s. (GB, abbr. fam. di* mother*)* mamma; mammina.

mumps [mʌmps] *s. (col v. al sing.)* **1** *(med.)* orecchioni. **2** *(fam.)* broncio; muso.

to **munch** [mʌntʃ] *vt e i.* masticare rumorosamente; sgranocchiare; ruminare.

mundane ['mʌndein] *agg* mondano; di questo mondo. □ *avv* **mundanely.**

municipal [mju(:)'nisipəl] *agg* municipale; comunale: *municipal buildings,* edifici municipali (comunali) — *municipal undertakings,* aziende municipali (comunali) — *the municipal debt,* i debiti del municipio; il debito comunale.

municipality [mju(:),nisi'pæliti] *s.* municipio; comune o regione con amministrazione autonoma.

munificence [mju(:)'nifisns] *s.* munificenza; generosità.

munificent [mju(:)'nifisnt] *agg* munifico; generoso. □ *avv* **munificently.**

muniment ['mju(:)nimənt] *s. (generalm. al pl.)* documento probativo: *muniment room,* archivio.

munition [mju(:)'niʃən] *s. (generalm. al pl.)* munizione, munizioni; rifornimenti militari: *a munitions factory,* una fabbrica di munizioni.

to **munition** [mju(:)'niʃən] *vt* provvedere di munizioni: *to munition a fort,* rifornire di munizioni un forte.

mural ['mjuərəl] *agg* murale. □ *s.* dipinto murale; affresco.

murder ['mə:də*] *s.* **1** assassinio; omicidio premeditato; *(fig.)* grave delitto; atrocità; strage; macello: *to commit murder,* commettere omicidio — *She'd commit murder to get that skirt,* Farebbe qualsiasi cosa (Farebbe carte false, ecc.) pur di aver quella gonna — *to be declared guilty of murder,* essere dichiarato colpevole di omicidio — *Nothing could justify the bombing of the town; it was sheer murder,* Non c'era nulla che potesse giustificare il bombardamento della città; fu una vera e propria atrocità. **2** *(fam.)* dura prova; dolore; fatica improba: *I'm glad this job's finished. It's been sheer murder!,* Sono contento che questo lavoro sia finito. È stata una fatica improba!

□ *to cry blue murder, (fam.)* gridare a squarciagola; strillare di paura — *He would get away with murder,* Se la cava sempre — *Murder will out, (prov.)* I delitti vengono sempre alla luce.

to **murder** ['mə:də*] *vt* **1** assassinare. **2** *(fig.)* massacrare; fare scempio di; storpiare: *to murder a piece of music,* massacrare (storpiare) un brano musicale.

murderer ['mə:dərə*] *sm* assassino; omicida.

murderess ['mə:dəris] *sf* assassina; omicida.

murderous ['mə:dərəs] *agg* omicida; feroce; micidiale: *a murderous-looking villain,* un delinquente dall'aspetto feroce — *murderous weapons,* armi micidiali. □ *avv* **murderously.**

murk [mə:k] *s.* oscurità; tenebra; buio.

murky ['mə:ki] *agg* (**-ier**; **-iest**) oscuro; tenebroso; cupo: *a murky night,* una notte oscura. □ *avv* **murkily.**

murmur ['mə:mə*] *s.* **1** mormorio; sussurro; ronzio: *the murmur of a distant brook,* il mormorio di un ruscello lontano — *They paid up without a murmur,* Pagarono senza fiatare (senza un lamento). **2** parlottio. **3** *(med.)* soffio (al cuore).

to **murmur** ['mə:mə*] *vi e t.* **1** mormorare; sussurrare; parlottare: *to murmur a prayer,* sussurrare una preghiera — *a murmuring brook,* un ruscello mormorante. **2** borbottare; brontolare; protestare a voce bassa; trovare da ridire: *to murmur against the new* *taxes,* brontolare per le nuove imposte — *to murmur at injustice,* brontolare per l'ingiustizia.

murphy ['mə:fi] *s.* **1** *(sl.)* patata. **2** *(USA, sl.)* (tipo di) truffa all'americana.

murrain ['mʌrin] *s.* **1** moria. **2** *(ant.)* peste: *A murrain on you!,* La peste ti colga!; Mal t'incolga!

muscatel [,mʌskə'tel] *s.* **1** (vino) moscato. **2** (uva) moscatello.

muscle ['mʌsl] *s.* **1** muscolo: *Don't move a muscle!,* Non muovere muscolo (Non ti muovere)! — *muscle-bound, agg* con i muscoli induriti *(per eccesso di fatica, per il 'superallenamento', ecc.).* **2** muscolatura; i muscoli; forza muscolare: *Physical exercises develop muscle,* La ginnastica sviluppa la muscolatura (i muscoli) — *muscle-man,* bruto; gorilla.

to **muscle in** ['mʌsl in] *vi (sl.)* intromettersi a forza; entrare di prepotenza.

Muscovite ['mʌskəvait] *s.* **1** moscovita. **2** *(mineralogia: con la minuscola)* mica; muscovite.

muscular ['mʌskjulə*] *agg* **1** muscolare: *muscular tissue,* tessuto muscolare. **2** muscoloso; nerboruto: *a muscular man,* un uomo muscoloso. □ *muscular Christianity,* cristianesimo (protestante) vigoroso.

muse [mju:z] *s.* musa: *the nine Muses,* le nove Muse — *the Muse,* la Musa; l'ispirazione poetica.

to **muse** [mju:z] *vi* meditare; riflettere; fantasticare: *to muse over memories of the past,* meditare sui ricordi del passato.

museum [mju(:)'ziəm] *s.* museo: *a museum piece,* - **a)** un pezzo da museo - **b)** una cosa o persona antiquata, fuori moda.

mush [mʌʃ] *s.* **1** poltiglia molle, soffice. **2** *(USA)* = **porridge. 3** *(fam.)* sentimentalismo.

to **mush** [mʌʃ] *vi (USA, Canada)* viaggiare su una slitta trainata da cani.

mushroom ['mʌʃrum] *s.* fungo *(generalm. prataiolo);* 'champignon'. □ *(attrib.)* rapido; che cresce come un fungo: *the mushroom growth of London suburbs,* la rapida espansione della periferia di Londra.

to **mushroom** ['mʌʃrum] *vi* **1** *(nella forma) to go mushrooming,* andare per funghi. **2** *(seguito da* up, out*)* svilupparsi o crescere rapidamente.

mushy ['mʌʃi] *agg* **1** molle; poltiglioso. **2** languido; sentimentale.

music ['mju:zik] *s.* musica: *to compose (to write) music,* comporre (scrivere) musica — *to play without music,* suonare a memoria (senza lo spartito) — *to set a poem to music,* musicare una poesia — *music-box, (USA)* scatola armonica; carillon — *music-hall, (GB)* teatro (sala) di varietà; *(USA)* auditorium — *music-holder; music-stand, (GB)* leggio — *music-stool,* sgabello da pianoforte.

□ *to face the music,* tener testa alle critiche; affrontare le difficoltà con coraggio; accettare serenamente una punizione.

musical ['mju:zikəl] *agg* **1** musicale; melodioso; armonioso: *musical instruments,* strumenti musicali — *musical-box,* scatola armonica; carillon. **2** amante, esperto, appassionato di musica; dotato di senso musicale: *She's not at all musical,* Non ha affatto orecchio per la musica. □ *musical chairs,* gioco delle sedie *(gioco da salotto, per ragazzi)* — *musical ride,* esercizi di equitazione a suon di musica. □ *avv* **musically.**

□ *s.* 'musical'; commedia musicale; pellicola cinematografica nella quale la musica ha una parte essenziale.

musicality [,mju:zi'kæliti] *s.* musicalità.

musician [mju(:)'ziʃən] *s.* musicista.

musicological [,mju:zikə'lɔdʒikəl] *agg* musicologico.

musicologist [,mju:zi'kɔlədʒist] *s.* musicologo.

musicology [,mju:zi'kɔlədʒi] *s.* musicologia.

musing ['mju:ziŋ] (*p. pres. di* **to muse**) *agg* pensoso; assorto; meditabondo. □ *avv* **musingly.**

musk [mʌsk] *s. (profumeria)* muschio: *musk-deer,* mosco *(ruminante delle montagne asiatiche)* — *musk-melon,* melone giallo; popone — *musk-rat,* topo muschiato — *musk-ox,* bue muschiato — *musk-rose,* rosa muschiata.

musket ['mʌskit] *s.* moschetto.

musketeer [,mʌski'tiə*] *s.* moschettiere.

musketry [,mʌskitri] *s.* **1** esercitazione di tiro *(con il moschetto).* **2** *(stor., collettivo)* moschetteria.

musky ['mʌski] *agg* muschiato.

Muslim ['muslim] *s. e agg* mussulmano; maomettano.

muslin ['mʌzlin] *s. (GB)* mussolina *(di cotone);* tela indiana.

musquash ['mʌskwɔʃ] *s.* (pelliccia di) topo muschiato.

muss [mʌs] *s. (USA, fam.)* disordine; confusione; pasticcio.

to **muss up** [mʌs'ʌp] *vt (fam.)* mettere in disordine; scompigliare; mettere sottosopra; sporcare: *to muss sb up a little,* conciare qcno per benino.

mussel ['mʌsl] *s. (zool.)* cozza; muscolo.

Mussulman ['mʌslmən] *s.* (*pl.* **Mussulmans**) mussulmano; maomettano.

[1]**must** [mʌst] *s.* mosto.

[2]**must** [mʌst] *s.* frenesia; stato d'eccitazione sessuale *(d'elefante, cammello, ecc.).*

[3]**must** [mʌst] *s. (fam.)* cosa che si deve fare, conoscere, vedere, ecc.: *This film is a must,* Questo è un film da vedere.

[4]**must** [mʌst] *v. difettivo (solo al pres. o, nel discorso indiretto, al pass.; nei tempi mancanti si usa* to have to ⇨ **to have.** *La forma negativa* must not *si contrae in* mustn't*)* **1** dovere: *You must do as you are told,* Devi fare come ti si dice — *You mustn't do that!,* Non devi fare ciò! — *We mustn't be late, must we?,* Non dobbiamo fare tardi, vero? — *Cars must not be parked in front of the entrance,* Le automobili non devono essere parcheggiate davanti all'entrata — *'Must you go so soon?' - 'Yes, I must',* 'Devi andartene così presto?' - 'Sì, devo proprio' — *She said she must buy a new hat for Easter,* Disse che per Pasqua doveva comperarsi un cappello nuovo — *As he had broken the cup, his mother said that he must buy a new one,* Siccome aveva rotto la tazza, sua madre disse che avrebbe dovuto (doveva) comprarne una nuova — *She must be at home now,* Dev'essere a casa a quest'ora — *You must be hungry after your long walk,* Dopo la tua lunga passeggiata avrai certamente fame — *This must be the book you want,* Questo deve essere il libro che cerchi — *You must have made a mistake,* Devi aver fatto un errore — *They must have had to work hard to finish in time,* Devono aver lavorato sodo per finire in tempo — *We must see what can be done,* Dobbiamo vedere cosa si può fare — *I must ask you not to do that again,* Devo proprio chiederti di non farlo di nuovo.

2 *(per esprimere una certezza) Don't bet on horse-races: you must lose in the long run,* Non fare scommesse sulle corse dei cavalli: ci rimetti sempre alla lunga.

3 *(per indicare un avvenimento contrario a quello atteso) He must come and worry her with questions, just when she was busy cooking the dinner!,* Doveva proprio venire a importunarla con le sue domande mentre era indaffarata a cucinare il pranzo!

mustache ['mʌstæʃ] *s. (USA)* = **moustache.**

mustached ['mʌstæʃd] *agg (USA)* = **moustached, moustachioed.**

mustang ['mʌstæŋ] *s.* 'mustang' *(cavallo selvaggio delle praterie nord-americane).*

mustard ['mʌstəd] *s.* senape *(anche la pianta);* mostarda: *mustard-pot,* vasetto della mostarda; mostardiera — *a grain of mustard seed,* un granello di senape; *(fig.)* cosa piccola che può svilupparsi *mustard plaster,* senapismo; cataplasma di senape. □ *mustard gas,* iprite — *to be as keen as mustard,* essere molto entusiasta (ardente).

muster ['mʌstə*] *s. (mil.)* adunanza; adunata; assemblea; rassegna; appello; ispezione; assembramento: *muster-book; muster-roll,* ruolino d'appello — *to pass muster, (fig.)* superare l'ispezione; essere considerato soddisfacente; andare bene — *to turn out in full muster,* presentarsi al gran completo.

to **muster** ['mʌstə*] *vt e i.* **1** *(mil.)* chiamare a raccolta; adunare; radunare; riunire: *Go and muster all the men you can find,* Andate e radunate tutti gli uomini che vi riesce di trovare. **2** *(spesso seguito da* up*)* fare appello: *They mustered (up) all their courage,* Fecero appello a tutto il coraggio (che avevano).

mustiness ['mʌstinis] *s.* **1** muffa. **2** odor di muffa, di stantio. **3** idee antiquate, superate.

musty ['mʌsti] *agg* (**-ier**; **-iest**) **1** stantio; ammuffito: *a musty room,* una stanza che sa di stantio — *musty books,* libri coperti di muffa. **2** *(fig.)* superato; vieto; antiquato; trito: *a teacher with musty ideas,* un professore dalle idee antiquate.

mutability [,mju(:)tə'biliti] *s.* mutabilità; mutevolezza.

mutable ['mju:təbl] *agg* mutabile; mutevole; variabile.

mutation [mju(:)'teiʃən] *s.* mutazione *(anche biologica);* mutamento; cambiamento.

mute [mju:t] *agg* muto; silente; silenzioso: *He stared at me in mute amazement,* Mi fissava con muto stupore — *The 'b' in 'dumb' is mute,* La (lettera) 'b' nella parola 'dumb' è muta. □ *avv* **mutely.**
□ *s.* **1** muto: *deaf-mute,* sordomuto. **2** *(mus.)* sordina. **3** *(teatro)* comparsa; attore di pantomima; mimo. **4** persona pagata per seguire un funerale.

to **mute** [mju:t] *vt* mettere la sordina *(ad uno strumento).*

to **mutilate** ['mju:tileit] *vt* mutilare.

mutilation [,mju(:)ti'leiʃən] *s.* mutilazione.

mutineer [,mju(:)ti'niə*] *s.* ammutinato.

mutinous ['mju(:)tinəs] *agg* ammutinato; ribelle: *mutinous sailors,* marinai ammutinati — *mutinous behaviour,* comportamento ribelle. □ *avv* **mutinously.**

mutiny ['mju:tini] *s.* ammutinamento.

to **mutiny** ['mju:tini] *vi* ammutinarsi.

mutt [mʌt] *s. (sl.)* **1** babbeo; ignorante: *You silly great mutt!,* Testa di legno che non sei altro!; Sei un gran cretino! **2** *(USA)* cane bastardo.

mutter ['mʌtə*] *s.* borbottio; mormorio; brontolio.

to **mutter** ['mʌtə*] *vt e i.* borbottare; mormorare; brontolare: *He was muttering away to himself,* Stava borbottando da solo — *We heard thunder muttering in the distance,* Udimmo brontolare il tuono in lontananza.

mutterer ['mʌtərə*] *s.* brontolone; borbottone.

mutton ['mʌtn] *s.* carne di montone, di pecora: *a leg of mutton,* una coscia di montone — *roast mutton,* montone arrosto — *mutton chop,* cotoletta di montone. □ *mutton-chop whiskers,* favoriti — *mutton-head, (fam.)* babbeo; 'testa dura'; 'testa di legno' — *as dead as mutton,* morto stecchito — *mutton dressed up as lamb, (fam.)* donna di una certa età che si veste secondo la moda giovanile.

mutual ['mju:tjuəl] *agg* **1** mutuo; reciproco: *mutual suspicion,* reciproco sospetto — *mutual enemies,* nemici reciproci — *a mutual insurance company,* una compagnia di mutua assicurazione. **2** *(spesso, ma erroneamente)* comune: *our mutual friend Smith,* il nostro comune amico Smith. □ *avv* **mutually.**

muzzle ['mʌzl] *s.* **1** grugno; muso *(di animale).* **2** museruola. **3** bocca da fuoco; volata: *a muzzle-loading gun,* un pezzo di artiglieria ad avancarica.

to **muzzle** ['mʌzl] *vt* mettere la museruola a *(anche fig.);* costringere a tacere; imbavagliare; far tacere.

muzzy ['mʌzi] *agg* (**-ier**; **-iest**) inebetito; stordito; confuso. □ *avv* **muzzily.**

my [mai] *agg possessivo 1ª persona sing* (il) mio; (la) mia; (i) miei; (le) mie: *Where's my hat?,* Dov'è il mio cappello? — *This car is my own,* Questa macchina è mia — *my love,* amor mio — *My dear fellow!,* Caro mio! — *My dear sir!,* (Mio) caro signore! — *My goodness!,* Mio Dio!; Perbacco! — *Oh, my!,* Santo cielo!; Perbacco!

mycology [mai'kɔlədʒi] *s.* micologia; micetologia.

myelitis [,maiə'laitis] *s.* mielite.

myopia [mai'oupiə] *s.* miopia.

myopic [mai'ɔpik] *agg* miope.

myosotis [maiou'soutis] *s.* miosotide; non-ti-scordar-di-me.

myriad ['miriəd] *s.* miriade.

myrmidon ['mə:midən] *s. (stor. greca)* mirmidone. □ *myrmidons of the law, (fam.)* sbirri; poliziotti.

myrrh [mə:*] *s.* mirra.

myrtle ['mə:tl] *s.* mirto; mortella.

myself [mai'self] *pron rifl di 1ª persona sing* me stesso; me; mi; io stesso; proprio io: *I hurt myself,* Mi feci male — *I can do it by myself,* Posso farlo da solo — *I tired myself out,* Mi stancai molto; Mi sfibrai — *I myself said so; I said so myself,* Io stesso (proprio io) dissi così — *I'm not myself today,* Non sono (Non mi sento) me stesso, oggi — ... *though I says it myself as shouldn't, (fam., scherz.)* ... anche se lo dico io, che non dovrei.

mysterious [mis'tiəriəs] *agg* misterioso: *a mysterious crime,* un crimine misterioso — *a mysterious-looking parcel,* un pacco dall'aspetto misterioso. □ *avv* **mysteriously.**

mystery ['mistəri] *s.* **1** mistero; enigma: *the Eleusinian mysteries,* i misteri eleusini — *The murder remained an unsolved mystery,* L'assassinio rimase un mistero mai risolto — *The origin of this tribe is lost in mystery,* L'origine di questa tribù è avvolta nel mistero — *to make a mystery of sth,* far mistero di qcsa. **2** *(anche* mystery play*)* rappresentazione sacra; mistero. **3** *(anche* mystery story*)* romanzo giallo *(non necessariamente 'poliziesco').*
□ *mystery tour,* gita turistica *(generalm. in autopullman)* la cui meta viene tenuta segreta.

mystic, mystical ['mistik(l)] *agg* mistico; esoterico; occulto: *mystic rites and ceremonies,* cerimonie e riti mistici, esoterici — *mystic powers,* potenze occulte. □ *avv* **mystically.**
□ *s.* (*solo* **mystic**) mistico.

mysticism ['mistisizəm] *s.* misticismo.

mystification [,mistifi'keiʃən] *s.* **1** mistificazione. **2** il confondere le idee; il disorientare.

to **mystify** ['mistifai] *vt* **1** mistificare. **2** confondere le idee; stordire; disorientare. **3** avvolgere nel mistero.

mystique [mis'ti:k] *s. (fr.)* **1** mistica. **2** fascino.

myth [miθ] *s.* mito; figura mitica *(anche fig.): That* *rich uncle he boasts about is only a myth,* Quel ricco zio di cui si vanta non è che un mito (non esiste).

mythical ['miθikəl] *agg* mitico; *(fig.)* immaginario; irreale: *mythical heroes,* eroi mitici — *mythical literature,* letteratura mitica — *mythical wealth,* ricchezza mitica (immaginaria).

□ *avv* **mythically.**

mythological [,miθə'lɔdʒikəl] *agg* mitologico; irreale.

mythologist [mi'θɔlədʒist] *s.* mitologo; studioso di mitologia.

mythology [mi'θɔlədʒi] *s.* mitologia; i miti: *Greek mythology,* la mitologia greca — *the mythologies of primitive races,* i miti dei popoli primitivi.

myxomatosis [,miksoumə'tousis] *s.* mixomatosi.

N

N, n [en] (*pl.* **N's, n's**) **1** N, n *(quattordicesima lettera dell'alfabeto inglese): N for Nellie, (al telefono, ecc.)* N come Napoli. **2** *(matematica)* n *(simbolo di un numero qualsiasi);* numero indefinito: *nth,* [enθ] ennesimo — *to the nth degree,* alla ennesima potenza.

to **nab** [næb] *vt* (**-bb-**) *(fam.)* afferrare; agguantare; acciuffare; arraffare; catturare: *The thief was nabbed by the police,* Il ladro fu agguantato dalla polizia.

nabob ['neibɔb] *s.* nababbo.

nacelle [næ'sel] *s. (fr.)* **1** *(di dirigibile)* navicella. **2** *(mecc.: di gruppo motopropulsore)* gondola; carlinga.

nackered ['nækəd] *agg* = **knackered.**

nacre ['neikə*] *s.* **1** madreperla. **2** mollusco da cui viene ricavata la madreperla.

nadir ['neidiə*] *s.* **1** *(astronomia)* nadir. **2** *(fig.)* punto più basso; punto di massima depressione: *to be at the nadir of one's hopes,* essere al fondo delle proprie speranze. **3** *(fis.)* temperatura minima assoluta.

nag [næg] *s.* cavallino; puledro; *(fam., generalm. spreg.)* cavallo.

to **nag** [næg] *vt e i.* (**-gg-**) brontolare; criticare; dare fastidio; rimbrottare; seccare: *She nagged (at) him all day long,* Ella non smise di rimbrottarlo per tutto il giorno — *a nagging wife,* una moglie brontolona, bisbetica — *a nagging tooth (thought),* un dente (un pensiero) che non dà pace — *a nagging ache,* un dolore sordo e persistente.

nagger ['nægə*] *s.* brontolone (brontolona).

naiad ['naiæd] *s.* (*pl.* **naiads, naiades**) naiade; ninfa delle acque.

nail [neil] *s.* **1** unghia; *(di animale)* artiglio: *finger-nails,* unghie della mano — *toe-nails,* unghie del piede — *to fight tooth and nail,* battersi coi denti e con le unghie — *nail-brush,* spazzolino da unghie — *nail file,* lima (limetta) da unghie — *nail-scissors,* forbici per le unghie — *nail-varnish,* smalto per unghie. **2** chiodo; punta; *(di calzature, anche)* bulletta.
□ *(to pay) on the nail,* (pagare) subito, in contanti, all'istante — *to hit the nail on the head, (fig.)* colpire nel segno — *a nail in one's coffin,* un chiodo sulla bara di qcno; *(fig.)* un contributo alla sua rovina — *to be as hard as nails, (di persona, riferito al fisico)* essere robustissimo, duro, forte; *(riferito al carattere)* essere duro, spietato, impietoso.

to **nail** [neil] *vt* **1** inchiodare: *to nail a lid on a box,* inchiodare un coperchio su una cassetta — *to nail sth down,* fissar qcsa con chiodi — *to nail sth up,* chiudere (fissare) qcsa con chiodi; inchiodare qcsa — *to nail up a window,* inchiodare una finestra. **2** *(fig.)* fissare; inchiodare *(l'attenzione, ecc.);* vincolare; impegnare *(una persona): to nail sb down to a promise,* costringere qcno a mantenere una promessa. □ *to nail one's colours to the mast, (fig.)* essere decisi ad andare fino in fondo — *to nail a lie to the counter,* provare la falsità di un'affermazione.

nailed ['neild] *agg* **1** ungulato. **2** chiodato; provvisto di chiodi.

naive, naïve [nɑː'iːv] *agg (dal fr.)* naturale; ingenuo; non sofisticato; semplice; candido: *a naive girl,* una fanciulla ingenua — *naive remarks,* osservazioni piene di candore. □ *avv* **naively.**

naivety, naïveté [nɑː'iːvtei] *s. (fr.)* ingenuità; schiettezza; candore.

naked ['neikid] *agg* nudo; svestito; scoperto; spoglio; *(fig.)* disadorno; palese: *as naked as the day he was born,* nudo come mamma l'ha fatto (come un verme) — *a naked flame,* una fiamma libera, scoperta — *naked trees,* alberi spogli — *a naked light,* una luce nuda (scoperta, senza paralume) — *to see sth with the naked eye,* vedere qcsa ad occhio nudo — *a naked sword,* una spada sguainata, snudata — *a fight with naked fists,* un combattimento a pugni scoperti *(senza i guantoni)* — *the naked truth,* la verità nuda e cruda — *the naked ape,* la 'scimmia nuda' *(l'uomo).*
□ *avv* **nakedly.**

nakedness ['neikidnis] *s.* nudità; *(fig.)* povertà.

namby-pamby ['næmbi'pæmbi] *agg* sentimentaloide; sdolcinato; mieloso; insulso; effeminato.

name [neim] *s.* **1** nome; cognome: *What's your name?,* Come ti chiami? — *What's his name?,* Come si chiama? — *My name is John,* Mi chiamo John — *A person of (o by) the name of Smith wants to see you,* Una persona di nome Smith vuole vederLa — *He writes under the name of Nimrod,* Scrive sotto il nome di Nimrod — *I know him by name,* Lo conosco di nome — *in the name of God,* in nome di Dio — *in the name of the law...,* in nome della legge... — *Stop! in the King's name!,* Fermatevi! in nome del Re! — *to sign in the manager's name,* firmare a nome del direttore — *Christian name (USA: first name),* nome di battesimo — *full name,* nome e cognome — *name and address,* nome e indirizzo; generalità complete — *to take God's name in vain,* nominare il nome di Dio invano — *to call a person names,* coprire qcno di insulti — *to lend one's name to sth,* prestare il proprio nome a qcsa — *the great names of history,* i grandi nomi della storia — *to put one's name down (for sth),* iscriversi, sottoscriversi (per qcsa). **2** reputazione; fama; nome: *That firm has a name for good workmanship,* Quella ditta ha fama di lavorare bene — *to win a good name for oneself,* farsi un nome; distinguersi.
□ *name-day,* onomastico — *name-part,* parte del personaggio che dà il titolo ad un'opera teatrale; *(talvolta, ma non sempre)* ruolo principale — *Who will play the name-part in 'Hamlet'?,* Chi farà la parte del protagonista nell'Amleto'? — *name-plate,* targhetta (sulla porta) — *assumed name (pen-name, stage name),* pseudonimo; nome d'arte — *Give it a name!, (fam.)* Dimmi ciò che vuoi! — *not to have a penny to one's name,* essere spiantato — *the name of the game, (sl.)* l'essenziale del gioco — *name-dropping,* ostentazione di conoscenze importanti *(citando i nomi).*

to **name** [neim] *vt* **1** mettere nome (a); imporre un nome (a); chiamare: *They named the child John,* Al bambino imposero il nome di John — *The child was* *named after its father,* Il bimbo fu chiamato con il nome del padre — *Tasmania was named after its discoverer,* La Tasmania prese il nome dal suo scopritore. **2** dire il nome (di): *Can you name all the plants in this garden?,* Sai dirmi il nome di tutte le piante di questo giardino? **3** fare il nome (di); menzionare: *A Miss Y has been named as a possible witness,* È stato fatto il nome di una certa signorina Y come eventuale testimone — *... to name but one, ...* per citarne solo uno; ... per citare un solo esempio. **4** dire; fissare *(un prezzo, un'offerta, una data, ecc.): Name your price,* Faccia il prezzo; Dica quanto vuole — *Please, name the day,* Per favore, fissa la data *(spec. del matrimonio)* — *You name it, we've got it!, (fam., comm.)* Dite cosa volete, ed eccolo!; Basta chiedere! C'è tutto. **5** nominare; chiamare *(ad una carica, ecc.): Mr Jones has been named for a directorship,* Mr Jones è stato chiamato a far parte del Consiglio d'Amministrazione — *the above-named,* il suddetto.

nameless ['neimlis] *agg* **1** senza nome; *(per estensione)* ignoto; sconosciuto: *a nameless grave,* una tomba senza nome — *a person who shall be nameless,* una persona che non nomino. **2** innominabile: *nameless vices,* vizi innominabili. **3** indescrivibile; indicibile: *a nameless horror,* un orrore indescrivibile — *a nameless longing,* un desiderio indicibile.

namely ['neimli] *avv* cioè; e cioè; vale a dire: *Only one person was absent, namely Harry,* Soltanto una persona era assente, cioè Harry.

namesake ['neimseik] *s.* omonimo.

nancy ['nænsi] *s. (sl.)* uomo (o ragazzo) effeminato; 'finocchio': *nancy boy,* 'finocchio'.

nankeen [næŋ'ki:n] *s.* nanchina, nanchino; cotone naturalmente giallo.

nanny ['næni] *s.* bambinaia; tata.

nanny(-goat) ['næni(gout)] *s.* capra; capra femmina.

[1]**nap** [næp] *s.* pisolino; sonnellino; siesta pomeridiana: *to have (to take) a nap after lunch,* schiacciare un pisolino dopo colazione.

[1]to **nap** [næp] *vi* (**-pp-**) dormire; fare un pisolino *(raro, tranne nell'espressione): to catch sb napping,* sorprendere qcno nel sonno; *(fig.)* cogliere qcno alla sprovvista (in contropiede); cogliere in fallo qcno.

[2]**nap** [næp] *s.* pelo; peluria; *(di stoffa)* felpa.

[2]to **nap** [næp] *vt* (**-pp-**) felpare.

[3]**nap** [næp] *s.* **1** napoleone *(gioco di carte).* **2** *(detto di chi punta tutto, alle corse ippiche): to go nap,* rischiare il tutto per tutto.

[3]to **nap** [næp] *vt* (**-pp-**) *(di giornalista sportivo)* dare per vincente un cavallo (invitare a puntare su di esso).

nape [neip] *s. (talvolta* nape of the neck*)* nuca.

napery ['neipəri] *s. (ant.)* biancheria *(spec. da tavola).*

naphtha ['næfθə] *s.* petrolio grezzo: *mineral (*o *petroleum) naphtha,* nafta.

naphthalene ['næfθəli:n] *s.* naftalina.

napkin ['næpkin] *s.* **1** *(spesso* table-napkin*)* tovagliolo: *to lay sth up in a napkin, (fig.)* mettere da parte qcsa — *napkin-ring,* portatovagliolo ad anello. **2** *(GB)* pannolino per bambini. □ *sanitary napkin,* assorbente igienico.

Napoleonic [nə,pouli'ɔnik] *agg* napoleonico.

nappy, nappie ['næpi] *s., abbr fam di* **napkin 2.**

narcissism [nɑ:'sisizəm] *s.* narcisismo.

narcissist [nɑ:'sisist] *s.* narcisista.

narcissus [nɑ:'sisəs] *s.* **1** Narciso; *(fig.)* narcisista; uomo innamorato di sé stesso. **2** (*bot.: pl.* **narcisuses, narcissi**) narciso.

narcosis [nɑ:'kousis] *s.* narcosi.

narcotic [nɑ:'kɔtik] *agg e s.* narcotico: *narcotics addict,* tossicomane — *narcotics squad,* sezione antinarcotici *(della polizia).* □ *avv* **narcotically.**

nark [nɑ:k] *s.* **1** *(GB, sl.)* spia; informatore *(della polizia).* **2** *(USA, anche* narc*)* agente di polizia della sezione antinarcotici.

to **nark** [nɑ:k] *vt (GB, sl.)* far arrabbiare; seccare: *to feel narked,* sentirsi molto seccato.

to **narrate** [næ'reit] *vt* narrare; raccontare; fare un resoconto (di).

narration [næ'reiʃən] *s.* narrazione; storia; racconto.

narrative ['nærətiv] *s.* narrazione; storia; resoconto; racconto.

□ *agg* narrativo: *narrative poems,* poemi narrativi — *a writer of great narrative power,* uno scrittore di grande capacità narrativa.

narrator [næ'reitə*] *s.* narratore; colui che racconta.

narrow ['nærou] *agg* (**-er**; **-est**) **1** stretto; ristretto; angusto; limitato; scarso: *a narrow(-)gauge railway,* una ferrovia a scartamento ridotto — *a narrow circle of friends,* un gruppo ristretto di amici — *to live in narrow circumstances,* vivere in povertà — *to have a narrow escape from death,* scampare alla morte per un pelo — *to have a narrow squeak, (fam.)* scamparla bella, per un pelo — *to be elected by a narrow majority,* essere eletto con una stretta maggioranza (di voti). **2** *(fig.)* ristretto; meschino; gretto: *narrow-minded,* di vedute ristrette; *(fig.)* miope; retrogrado — *narrow-mindedly,* meschinamente; con grettezza — *narrow-mindedness,* ristrettezza mentale; povertà, meschinità di idee. **3** accurato; preciso; meticoloso: *a narrow search,* un'ispezione, una ricerca accurata — *What does the word mean in the narrowest sense?,* Cosa significa la parola nel senso più preciso?

□ *avv* **narrowly 1** per poco; per un pelo; per miracolo. **2** da vicino; in modo accurato, meticoloso: *to eye sb narrowly,* scrutare qcno attentamente.

to **narrow** ['nærou] *vt e i.* restringere, restringersi; ridurre, ridursi: *Road narrows!, (segnaletica stradale)* Strettoia!

narrowish ['nærouiʃ] *agg* piuttosto stretto.

narrow-minded, -mindedness, -mindedly ['nærou 'maindid/'maindidnis/'maindidli] *agg, s., avv* ⇨ **narrow 2.**

narrowness ['nærounis] *s.* **1** strettezza; ristrettezza; angustia. **2** *(fig., di vedute)* limitatezza; grettezza.

narrows ['nærouz] *s. pl* stretto *(di mare);* strettoia *(di fiume);* gola montana.

narwhal ['nɑ:wl] *s.* narvalo.

nasal ['neizəl] *agg* nasale: *nasal sounds,* suoni nasali — *nasal catarrh,* catarro nasale.

□ *s.* suono nasale.

to **nasalize** ['neizəlaiz] *vt* nasalizzare. □ *vi* parlare con voce nasale.

nascent ['næsnt] *agg* nascente.

nastiness ['nɑ:stinis] *s.* cattiveria; cattivo sapore; sporcizia; oscenità.

nasturtium [nə'stə:ʃəm] *s.* nasturzio; cappuccina.

nasty ['nɑ:sti] *agg* (**-ier**; **-iest**) **1** *(anche fig.)* antipatico; disgustoso; sgradevole; ripugnante; nauseante; *(fig.)* osceno; indecente; 'sporco': *a medicine with a nasty smell and a nastier taste,* una medicina di odore sgradevole e di sapore ripugnante — *That man has a nasty mind,* Quell'uomo ha il gusto dell'osceno — *nasty stories,* storielle sporche (oscene). **2** cattivo; villano; brutto; vendicativo; minaccioso: *Don't go near the dog: he's got a nasty temper,* Non avvicinarti al cane: è cattivo — *to turn nasty,* diventare cattivo — *a nasty job,* un brutto mestiere — *nasty weather,* brutto tempo — *a nasty sea,* un mare tempestoso — *He gave me a nasty look,* Mi rivolse uno sguardo minaccioso — *He's a nasty piece of work, (fam.)* È un figlio di buona donna (un vero bastardo). **3** difficile; difficoltoso: *There were some rather nasty questions in the exam,* C'erano delle domande piuttosto difficili nel questionario d'esame — *a nasty corner,* una curva difficile *(e quindi pericolosa).* □ *That was a nasty one!,* È stato un colpo mancino! □ *avv* **nastily.**

natal ['neitl] *agg* natale; natalizio.

natation [nə'teiʃən] *s.* nuoto; il nuotare.

natatorial [,nætə'tɔ:riəl] *agg (non comune)* natatorio; concernente il nuoto.

nation ['neiʃən] *s.* nazione; popolo: *the United Nations (abbr.: UNO),* le Nazioni Unite (l'ONU) — *nation-wide, (agg.)* nazionale; diffuso in tutto il paese; *(avv.)* su scala nazionale.

national ['næʃənl] *agg* nazionale; di Stato: *the national anthem,* l'inno nazionale — *a national park (monument),* un parco (un monumento) nazionale — *the National Health Service (spesso fam.: the National Health), (GB)* il servizio sanitario nazionale — *the biggest slice of the national cake, (gergo politico)* la fetta più grossa della torta nazionale — *the National Debt,* il debito di Stato; il debito pubblico — *a national theatre,* un teatro nazionale (di Stato) — *a nation-state,* uno stato-nazione. □ *the Grand National, (GB)* il Grande Premio di corsa al galoppo con ostacoli — *National Socialism,* nazionalsocialismo; nazismo — *national service,* servizio militare — *the National Trust, (GB)* associazione per la difesa di edifici storici e di luoghi di particolare bellezza naturale. □ *avv* **nationally.**

□ *s.* cittadino *(di un determinato Stato);* compatriota; connazionale: *British nationals in Iraq,* i cittadini britannici in Iraq — *One of a consul's duties is to help his own nationals,* Tra i doveri di un console vi è quello di aiutare i propri connazionali.

nationalism ['næʃnəlizəm] *s.* nazionalismo; indipendentismo *(movimento politico).*

nationalist ['næʃnəlist] *s.* nazionalista; indipendentista: *Scottish (Welsh) nationalists,* i nazionalisti scozzesi (gallesi).

□ *come agg (anche* **nationalistic**) nazionalistico; indipendentistico.

nationality [,næʃə'næliti] *s.* nazionalità; cittadinanza: *people of all nationalities,* gente di tutte le nazionalità.

nationalization [,næʃnəlai'zeiʃən] *s.* nazionalizzazione.

to **nationalize** ['næʃnəlaiz] *vt* **1** nazionalizzare. **2** *(meno comune)* naturalizzare; concedere la nazionalità a persone di altri paesi: *nationalized Poles and Greeks in the United States,* Polacchi e Greci naturalizzati americani.

nationhood ['neiʃnhud] *s.* nazionalità *(la qualità di essere nazione).*

native ['neitiv] *agg* **1** nativo; natale; natio: *native language,* lingua materna; madrelingua — *native land,* paese natio; patria. **2** *(di qualità, ecc.)* innato; di natura; che proviene dalla nascita: *native ability,* abilità innata. **3** originario; indigeno *(spec. di paesi non europei): plants native to America,* piante originarie dell'America — *One of the native animals of India (One of the animals native to India) is the tiger,* Uno degli animali originari dell'India è la tigre — *native customs,* i costumi indigeni — *to go native, (fam., di uomo bianco, in terre ritenute non civilizzate)* vivere da indigeno; inselvatichirsi — *the native quarter,* il quartiere indigeno (degli indigeni). **4** *(di metalli)* nativo; puro: *native gold,* oro puro (allo stato naturale).

□ *s.* **1** nativo; uno del luogo; *(in un paese non europeo)* indigeno: *a native of England (of Stratford-upon-Avon),* un nativo dell'Inghilterra (di Stratford-upon-Avon) — *He speaks English like a native,* Parla inglese come uno del luogo. **2** *(pianta o animale)* che è originario di un determinato luogo; indigeno: *The kangaroo is a native of Australia,* Il canguro è un animale originario dell'Australia. **3** *(GB)* ostrica coltivata in acque inglesi: *Whitstable natives,* ostriche coltivate di Whitstable *(GB).*

nativity [nə'tiviti] *s.* nascita; natività: *the Nativity,* la Natività di Gesù Cristo; il Natale; *(talvolta)* la Natività (la festa) della Madonna o di San Giovanni Battista — *a Nativity play,* una rappresentazione della Natività.

natter ['nætə*] *s. (fam.)* chiacchierata: *to have a natter,* farsi quattro chiacchiere.

to **natter** ['nætə*] *vi (fam.)* **1** chiacchierare. **2** borbottare; parlottare *(tra sé e sé, in modo irritato e stizzoso): What's she nattering about now?,* Per che cosa starà borbottando adesso?

natterjack ['nætədʒæk] *s. (GB: generalm.* natterjack toad*)* rospo corridore.

nattiness ['nætinis] *s.* **1** accuratezza *(spec. nel vestire);* ordine; eleganza. **2** sveltezza; abilità; destrezza.

natty ['næti] *agg (fam.)* **1** accurato *(spec. nel vestire);* ordinato; elegante: *new and natty uniforms for bus conductresses,* nuove ed eleganti uniformi per bigliettaie di autobus. **2** svelto; abile; destro.

□ *avv* **nattily.**

natural ['nætʃrəl] *agg* **1** naturale *(in vari sensi): natural forces,* le forze della natura — *natural phenomena,* fenomeni naturali — *natural history,* storia naturale — *natural philosophy, (ant.)* fisica — *natural science,* scienze naturali — *land in its natural state,* terra allo stato naturale (incolta) — *natural son (daughter, brother),* figlio (sorella, fratello) naturale, illegittimo — *natural selection,* selezione naturale. **2** di natura; innato; 'nato': *natural gifts,* doni di natura — *He is a natural orator,* È un oratore nato — *It comes natural to her,* Le viene naturale, spontaneo. **3** normale; secondo natura; naturale: *It is natural for a bird to fly,* È normale che un uccello voli — *a natural conclusion,* una conclusione ovvia (che va da sé) — *to die a natural death,* morire di morte naturale — ... *for the rest (o term) of one's natural life,* ... vita natural durante. **4** semplice; spontaneo; naturale: *to speak in a natural voice,* parlare con voce naturale, non affettata — *natural behaviour,* un comportamento naturale. **5** *(mus.)* naturale; bequadro: *natural note,* nota naturale. □ *avv* ⇨ **naturally.**

□ *s.* **1** deficiente di nascita. **2** *(mus.)* nota naturale; bequadro. **3** *(in un gioco di carte simile al sette e mezzo)* due carte che insieme fanno 21 punti. □ *He's a natural for that job,* È fatto su misura per quella parte.

naturalism ['nætʃrəlizəm] *s.* naturalismo.

naturalist ['nætʃrəlist] *s.* **1** naturalista. **2** *(GB)* commerciante in animali domestici. **3** *(GB)* tassidermista.

naturalistic [,nætʃrə'listik] *agg* naturalistico.

□ *avv* **naturalistically.**

naturalization ['nætʃrəlai'zeʃən] *s.* **1** naturalizzazione: *naturalization papers,* documenti per l'acquisizione della cittadinanza. **2** *(di piante, ecc.)* acclimatazione; adattamento. **3** adozione *(di parole straniere).*

to **naturalize** ['nætʃrəlaiz] *vt* **1** naturalizzare (qcno);

concedere la cittadinanza a (qcno): *to naturalize immigrants into the United States,* concedere la cittadinanza americana a degli immigranti. **2** *(di parole, costumi, ecc.)* adottare; accettare; introdurre: *English sporting terms have been naturalized in many languages,* I termini sportivi inglesi sono stati adottati in molte lingue. **3** acclimatare *(piante esotiche, animali).* **4** piantare, trapiantare *(bulbi di fiori, ecc.)* in ambiente naturale o in aree boschive.
□ *vi* prendere la cittadinanza *(di un paese).*

naturally ['nætʃrəli] *avv* **1** con naturalezza: *to speak and behave naturally,* parlare e comportarsi con naturalezza. **2** *(esclamativo)* naturalmente; certamente; certo; ovviamente: *'Did you answer her letter?' - 'Naturally!',* 'Hai risposto alla sua lettera?' - 'Certo!'. **3** di natura; per natura; istintivamente: *She is naturally musical,* Ha la vocazione per la musica — *to do what comes naturally,* fare ciò che viene naturale di fare. **4** naturalmente; spontaneamente; senza cure particolari: *Plants grow naturally in such a good climate,* In un clima così buono le piante crescono spontaneamente — *Her hair curls naturally,* I suoi capelli sono naturalmente ricci.

naturalness ['nætʃrəlnis] *s.* naturalezza; spontaneità.

nature ['neitʃə*] *s.* **1** *(talvolta con la* n *maiuscola)* natura; l'universo; le cose create; l'insieme delle forze e delle leggi di natura; la vita semplice e primitiva: *nature study,* osservazione e studio della natura *(come materia di insegnamento nelle scuole elementari)* — *nature worship,* adorazione della natura — *nature poets,* poeti della natura — *Man is engaged in a constant struggle with nature,* L'uomo è impegnato in una lotta costante con la natura — *to pay one's debt to nature; to pay the debt of nature,* pagare il (proprio) tributo alla natura; morire — *in the course of nature,* secondo le leggi naturali; secondo l'ordine delle cose — *a return to nature,* un ritorno alla natura — *in a state of nature,* - **a)** allo stato di natura; allo stato naturale - **b)** nudo — *from nature, (arte)* dal vero. **2** *(di persona)* natura; costituzione; essenza; carattere; temperamento; indole: *It is (in) the nature of a dog to bark,* È nella natura del cane abbaiare — *That man is proud by nature,* Quell'uomo è orgoglioso di natura (è di temperamento orgoglioso) — *to be against nature,* essere contro natura; essere innaturale — *human nature,* la natura umana — *good nature,* buona disposizione d'animo; gentilezza; cordialità; altruismo. **3** *(di cosa)* natura; qualità; caratteristica; proprietà: *Chemists study the nature of gases,* I chimici studiano la natura dei gas. **4** genere; tipo; forma: *Things of this nature do not interest me,* Le cose di questo genere non mi interessano — *His request was in the nature of a command,* La sua richiesta era una specie di ordine (non poteva essere ignorata). □ *to obey the call of nature; to ease nature; to communicate with nature, (eufemistico, spesso scherz.)* orinare; andare di corpo.

-natured ['neitʃəd] *agg (solo nei composti) good-natured,* buono; cordiale; gentile — *ill-natured,* cattivo; bisbetico.

naturism ['neitʃərizəm] *s.* nudismo; naturismo.

naturist ['neitʃərist] *s.* nudista.

naught [nɔ:t] *s.* **1** *(ant. e lett.)* niente; nulla: *to set at naught, (ant.)* sfidare; non prendere in nessuna considerazione — *to bring sth to naught,* far fallire qcsa — *to come to naught,* fallire — *to care naught for sth (for doing sth),* non essere per nulla interessato a qcsa; giudicare che non vale la pena di fare qcsa. **2** *(matematica)* zero (⇨ **nought**).

naughtiness ['nɔ:tinis] *s.* *(quasi sempre di bambini, nell'uso moderno)* cattiveria; impertinenza; birichinata; *(talvolta, di adulti)* salacità.

naughty ['nɔ:ti] *agg* **1** *(spec. di bambini)* cattivo; birichino; disubbidiente; impertinente: *a naughty child,* un bimbo birichino — *to be naughty,* fare i capricci. **2** salace; piccante; scandalistico: *a naughty novel,* un romanzo molto spinto — *naughty stories,* storie piccanti — *the naughty Nineties,* gli anni novanta (dell'800). □ *avv* **naughtily.**

nausea ['nɔ:sjə] *s.* nausea; disgusto.

to **nauseate** ['nɔ:sjeit] *vt* nauseare; stomacare; disgustare.

nauseating ['nɔ:sieitiŋ] *agg* nauseante; *(fig.)* schifoso; disgustoso; nauseabondo: *nauseating food,* cibo nauseante — *a nauseating sight,* uno spettacolo disgustoso. □ *avv* **nauseatingly.**

nauseous ['nɔ:siəs] *agg* ⇨ **nauseating.**

nautical ['nɔ:tikəl] *agg* nautico; navale; marino; marinaro; marinaresco: *a nautical almanac,* un almanacco nautico — *nautical terms,* termini marinareschi — *a nautical mile,* un miglio marino.

nautilus ['nɔ:tiləs] *s.* nautilo.

naval ['neivəl] *agg* navale; marittimo; concernente la Marina: *naval officers,* ufficiali di Marina — *naval battles,* battaglie navali — *a naval power,* una potenza navale.

[1]**nave** [neiv] *s.* *(mecc.)* mozzo (di ruota).

[2]**nave** [neiv] *s.* *(archit.)* navata (centrale, maggiore).

navel ['neivəl] *s.* ombelico. □ *navel-orange,* 'navel'; tipo di arancia con protuberanza apicale a mo' di ombelico.

navigability [,nævigə'biliti] *s.* navigabilità.

navigable ['nævigəbl] *agg* **1** navigabile: *The Rhine is navigable from Strasbourg to the sea,* Il Reno è navigabile da Strasburgo al mare. **2** *(di nave, ecc.)* pronto, atto a salpare: *not in a navigable condition,* non in condizioni da poter navigare.

to **navigate** ['nævigeit] *vt* navigare; veleggiare. □ *vi* **1** governare; dirigere; regolare la rotta *(di nave, di aereo).* **2** dirigere; guidare (l'iter di) una proposta di legge al Parlamento.

navigation [,nævi'geiʃən] *s.* navigazione: *the science of navigation,* la scienza della navigazione — *inland navigation,* navigazione interna *(fluviale o per canali)* — *an increase in navigation through the Panama Canal,* un aumento della circolazione attraverso il canale di Panama — *navigation lights,* luci di posizione.

navigator ['nævigeitə*] *s.* **1** *(stor.)* navigatore: *the Spanish and Portuguese navigators,* i navigatori spagnoli e portoghesi. **2** *(aeronautica)* ufficiale di rotta; navigatore.

navvy ['nævi] *s.* **1** *(GB)* manovale; sterratore; badilante; spalatore. **2** *(mecc., anche* steam-navvy*)* scavatore, scavatrice.

navy ['neivi] *s.* **1** marina da guerra; flotta: *navy-blue,* blu marino *(blu tipico delle uniformi della Marina)* — *to join the Navy,* arruolarsi in Marina — *the Navy List,* l'annuario della Marina. **2** *(ant. e poet.)* flotta *(spec. di navi mercantili).* □ *navy cut,* tabacco trinciato *(GB).*

nay [nei] *avv* **1** *(ant.)* no: *None dared to say him nay,* Nessuno osava contraddirlo. **2** *(lett.)* non soltanto; ma anzi: *I suspect, nay, I'm certain, that he is wrong,* Suppongo, anzi, sono sicuro ch'egli si sbaglia.

neap [ni:p] *s. (anche* neap-tide*)* marea delle quadrature.

Neapolitan [niə'pɔlitən] *s. e agg* napoletano; abitante di Napoli. □ *Neapolitan ice(-cream),* specie di cassata *(generalm. a tre strati di gusti diversi, ma senza frutta candita).*

near [niə*] **I** *agg* (**-er**; **-est**) **1** vicino; *(per estensione, di strada, cammino)* breve; diritto: *The Post Office is quite near,* L'ufficio postale è vicinissimo — *Christmas is near,* Natale è vicino — *Can you tell me the nearest way to the station?,* Può indicarmi la strada più breve per la stazione? — *a near miss,* un colpo vicino al bersaglio *(spec. nei bombardamenti)* — *It was a near thing (a near shave),* Ce l'abbiamo fatta per il rotto della cuffia (per un pelo) — *the near distance,* il secondo piano *(di una scena, di un quadro, ecc.).* **2** *(fig.)* vicino; intimo; caro; stretto: *friends who are near and dear to us,* amici (vicini e) cari al nostro cuore — *a near relation,* un parente stretto. **3** *(di cavalli, carrozze, automobili, ecc.)* più vicino al marciapiede, al ciglio della strada *(in opposizione a* **off 2** ⇨); sinistro *(GB);* destro *(USA e altrove): on the near side,* sul lato più vicino al ciglio della strada. **4** *(fig.)* tirchio; spilorcio; stretto (di manica): *He's very near with his money,* È molto tirchio (tirato) col suo denaro.
□ *avv* ⇨ **nearly.**
II *avv* (**-er**; **-est**) vicino: *Come nearer,* Vieni più vicino; Avvicinati — *to draw near,* avvicinarsi — *The summer holidays were drawing near (nearer),* Si avvicinavano le vacanze estive — *He lives near by,* Abita vicino — *As near as I can guess, there were forty people there,* A un dipresso, posso calcolare che (Direi che) c'erano quaranta persone — *as near as could be,* vicinissimo; molto vicino; per un pelo — *He was as near as could be to being knocked down by a bus,* Per un pelo non fu investito da un autobus — *near-sighted,* miope — *far and near,* vicino e lontano; dappertutto — *near at hand,* - **a)** a portata di mano; sottomano - **b)** 'alle porte'; prossimo; imminente: *Always have a good dictionary near at hand,* Tieni sempre un buon dizionario sottomano — *The examinations are near at hand,* Gli esami sono alle porte — *near on...; near upon...,* quasi... — *It was near on 2 o'clock,* Erano quasi le due — *nowhere near...,* ben lontano da... — *The cinema was nowhere near full,* Il cinema era ben lontano dall'essere pieno.
III *prep (talvolta con* to*)* **1** vicino (a); presso: *I live near London,* Abito vicino a Londra (nei pressi di Londra) — *Don't go near the hedge,* Non avvicinarti alla siepe. **2** *(ant.)* quasi: *The sun was near to setting as we reached home,* Il sole stava quasi per tramontare quando arrivammo a casa.

to **near** [niə*] *vt e i.* avvicinarsi; accostarsi: *He was nearing his end,* Stava avvicinandosi alla fine (alla morte) — *The ship was nearing land,* La nave si avvicinava alla costa.

nearby ['niəbai] *agg attrib e avv* vicino.

nearly ['niəli] *avv* **1** quasi; per poco: *It's nearly 1 o'clock,* È quasi l'una — *He's nearly ready,* È quasi pronto — *He nearly resigned,* Per poco non rassegnò le dimissioni. **2** *(non comune)* strettamente: *nearly related,* strettamente connessi; di stretta parentela. **3** **not nearly...,** non... affatto; per niente; non certamente — *This is not nearly good enough,* Questo non è per nulla soddisfacente — *I have thirty pounds but that isn't nearly enough for my journey,* Ho trenta sterline, ma non bastano certo per il mio viaggio.

nearness ['niənis] *s.* **1** vicinanza. **2** *(fig.)* intimità. **3** *(fig.)* meschinità; spilorceria.

nearside ['niəsaid] *agg* lato più vicino (⇨ **near** *agg.* **3**). □ *s.* (il) lato più vicino.

[1]**neat** [ni:t] *s. (ant.: sing. e collettivo)* bovino; bovini; animale, animali di razza bovina: *neat-herd,* mandriano; bovaro — *neat's-tongue, (gastronomia)* lingua di bue.

[2]**neat** [ni:t] *agg* **1** lindo; nitido; pulito; ordinato; *(di lavoro)* accurato; metodico: *a neat kitchen,* una cucina pulita, linda — *a neat piece of work,* un bel lavoro; un lavoro ben fatto (accurato e preciso) — *a neat worker,* un lavoratore preciso, ordinato — *neat writing,* una calligrafia chiara, nitida. **2** semplice e piacevole; di buon gusto; armonioso; ben fatto; ben proporzionato: *a neat dress,* un vestito di buon gusto — *a woman with a neat figure,* una donna dal fisico armonioso. **3** *(di motto, azione, ecc.)* intelligente; spiritoso; conciso; acuto: *a neat answer,* una risposta acuta e spiritosa. **4** *(di liquori, ecc.)* liscio; puro: *I prefer my whisky neat,* Il whisky lo preferisco liscio.
□ *avv* **neatly 1** ordinatamente; accuratamente; con buon gusto. **2** acutamente; concisamente.

'neath [ni:θ] *prep (poet.)* = **beneath.**

neatness ['ni:tnis] *s.* **1** pulizia; proprietà; ordine; buon gusto; eleganza. **2** concisione; acutezza; destrezza; abilità.

nebula ['nebjulə] *s.* nebulosa.

nebulous ['nebjuləs] *agg* nebuloso; nebbioso; indistinto; vago.

necessarily ['nesisərili/nesi'serili] *avv* necessariamente; per forza; inevitabilmente: *Big men are not necessarily strong,* Gli uomini grossi non sono necessariamente forti.

necessary ['nesisəri] *agg* necessario; indispensabile; essenziale; inevitabile: *Sleep is necessary to health,* Il sonno è necessario alla salute — *if necessary,* se necessario — *a necessary evil,* un male inevitabile — *a necessary condition,* una condizione essenziale — *Is it really necessary for you to be so economical?,* È proprio indispensabile che tu sia così parsimonioso?
□ *avv* **necessarily** ⇨.
□ *s.* **1** *(con l'art. determinativo:* the necessary*)* ciò che occorre; il necessario: *all the necessary, (fam.)* tutto il necessario — *to provide the necessary, (fam.)* fornire il denaro occorrente. **2** *(generalm. al pl.)* necessità; bisogni; cose necessarie: *the necessaries of life,* le cose necessarie *(cibo, ecc.)* della (alla) vita.

to **necessitate** [ni'sesiteit] *vt (linguaggio piuttosto formale o burocratico)* rendere necessario; determinare; rendere inevitabile; richiedere; portare necessariamente: *Your proposal necessitates borrowing money,* La vostra proposta comporterà necessariamente una richiesta di danaro — *The increase in population necessitates a greater food supply,* L'aumento della popolazione rende necessaria una maggiore disponibilità di cibo.

necessitous [ni'sesitəs] *agg (piuttosto formale)* indigente; bisognoso; povero: *to be in necessitous circumstances,* essere in grandi ristrettezze (in condizioni bisognose, nell'indigenza).

necessity [ni'sesiti] *s.* **1** necessità; bisogno assoluto: *Call the doctor only in case of necessity,* Chiama il medico solo in caso di necessità — *to make a virtue of necessity,* fare di necessità virtù — *to bow to necessity,* piegarsi all'ineluttabile; fare buon viso a cattiva sorte — *of necessity,* necessariamente; per forza — *to be under the necessity of...,* trovarsi nella necessità di... — *Necessity is the mother of invention,* *(prov.)* La necessità aguzza l'ingegno. **2** occorrenza; cosa necessaria; fatto ineluttabile; conseguenza logica: *the necessities of life,* le necessità (i bisogni) della vita — *Is it a logical necessity that the cost of living will go up if wages go up?,* È una conseguenza logica che il costo della vita aumenti se si aumentano le paghe? **3** indigenza; povertà; necessità: *He was driven by necessity to steal food for his children,* Fu spinto dalla necessità a rubare cibo per i figli — *to be in necessity,* trovarsi nell'indigenza.

neck [nek] *s.* **1** collo: *neck-band,* collo *(di camicia);* collarino; fascetta al collo — *neck-cloth,* sciarpa; fazzoletto da collo; cravatta *(di forma antica)* — *to have a stiff neck,* avere il torcicollo — *to break one's neck,* rompersi il collo — *to save one's neck,* salvarsi dal capestro; *(fig.)* salvare la pelle — *to run neck and neck, (di cavalli da corsa)* correre alla pari (testa a testa) — *to win (to lose) by a neck,* vincere (perdere) per una incollatura, *(fig.)* per poco, per un pelo — *It's neck or nothing,* O la va o la spacca — *neck and crop,* a capofitto; interamente — *to throw sb out neck and crop,* buttare fuori qcno con armi e bagagli. **2** *(ciò che ha forma, ciò che sembra a un collo) the neck of a bottle,* il collo di una bottiglia — *a bottle-neck, (fig.)* una strozzatura; una strettoia *(di strada);* un ingorgo — *a narrow neck of land,* un istmo; una lingua di terra. **3** *(fam.)* sfacciataggine; impudenza: *to have the neck to ask for a loan,* avere la faccia tosta di chiedere un prestito.

□ *to get it in the neck, (fam.)* ricevere un duro colpo *(anche fig.);* venire rimproverato, sgridato, punito (molto severamente) — *to stick one's neck out, (fig.)* esporsi; rischiare forte; compromettersi; scoprirsi pericolosamente — ⇨ *anche* **neckline, necktie, neckwear.**

to **neck** [nek] *vi e t.* **1** *(fam.)* abbracciare, abbracciarsi (teneramente); sbaciucchiare: *necking party,* 'party' in cui si pratica il 'petting' *(cioè dove le coppie si sbaciucchiano).* **2** *(fucinatura)* strozzare.

-necked [nekt] *agg (solo nei composti) stiff-necked,* altezzoso — *narrow- (wide-)necked, (di bottiglia, ecc.)* dal collo stretto (largo).

neckerchief ['nekətʃif] *s.* fazzoletto da collo.

necking ['nekiŋ] *s.* *(fam.:* ⇨ **to neck 1**) carezze; sbaciucchiamento.

necklace ['neklis] *s.* collana.

necklet ['neklit] *s.* ornamento *(collana di grani o altro)* per il collo.

neckline ['neklain] *s.* linea del collo; 'collo' *(di un abito);* giro collo.

necktie ['nektai] *s.* cravatta. □ *necktie party, (USA, sl.)* linciaggio.

neckwear ['nekwεə*] *s. (collettivo)* cravatte, colletti, sciarpe, ecc.

necromancer ['nekro*u*mænsə*] *s.* negromante.

necromancy ['nekro*u*mænsi] *s.* negromanzia.

necropolis [ne'krɔpəlis] *s.* necropoli.

necropsy, necroscopy ['nekrɔpsi/ne'krɔskəpi] *s.* necroscopia; autopsia.

necrosis [ne'krousis] *s.* *(pl.* **necroses**) necrosi.

nectar ['nektə*] *s.* nettare *(anche dei fiori e fig.).*

nectarine ['nektərin] *s.* nocepesca.

neddy ['nedi] *s.* **1** *(linguaggio infantile)* asino; ciuco. **2** *(con la* n *maiuscola: sigla fam. per)* National Economic Development Council of Britain.

née [nei] *agg (fr.)* 'nata'; per nascita: *Mrs J. Smith, née Brown,* la signora Smith, nata Brown (la signora Brown in Smith) — *née name, (fam.)* nome da ragazza, da nubile.

need [ni:d] *s.* **1** bisogno; necessità: *to be in need of sth,* avere bisogno di qcsa — *There's no need (for you) to start yet,* Non c'è nessun bisogno che tu incominci già — *There's no need for anxiety,* Non c'è alcun motivo di stare in ansia — *There's a great need for a book on this subject,* C'è molto bisogno di un libro su quest'argomento — *if need be,* al bisogno; se c'è bisogno, necessità; in caso di necessità — *You had need remember..., (piuttosto ant.)* Dovresti ricordarti... **2** *(generalm. al pl.)* bisogni materiali; necessità; esigenze: *He earns enough to satisfy his needs,* Guadagna a sufficienza per soddisfare i suoi bisogni (le sue esigenze) — *My needs are few,* Le mie esigenze sono poche — *to each according to his needs,* a ciascuno secondo i suoi bisogni — *Ten pounds will meet my immediate needs,* Dieci sterline basteranno per i miei bisogni più urgenti. **3** *(stimolo fisico o fisiologico)* bisogno; *(al pl.)* necessità corporali; bisogni. **4** povertà; avversità; indigenza; sventura: *He helped me in my hour of need,* Mi aiutò nell'ora della sventura — *A friend in need is a friend indeed, (prov.)* I veri amici si conoscono nelle avversità.

to **need** [ni:d] *vt* **I** *(v. regolare, con costruzione personale)* aver bisogno; abbisognare: *The garden needs rain,* Il giardino ha bisogno di pioggia — *Do you need anything?,* Avete bisogno di qualcosa? — *Does he need any help?,* Ha bisogno di aiuto? — *What he needs is a good hiding!,* Ha bisogno di una bella lezione! — *to need to do sth,* aver bisogno di fare qcsa; dover fare qcsa — *She needs to get to London as soon as possible,* Deve andare a Londra al più presto — *This chapter needs rewriting (needs to be rewritten),* Bisogna riscrivere questo capitolo — *It's unpleasant, but it needs doing,* È sgradevole, ma è necessario farlo.

II *(v. anomalo, come* must, may, can, *ecc.: 3ª persona del pres.* **he need**: *rifiuta il* to *dell'inf. del verbo che segue)* dovere; avere l'obbligo (di); essere necessario; bisognare: *Need you stay here?,* Devi proprio stare qui?; È proprio necessario che tu stia qui? — *I need hardly add that he speaks English perfectly,* Non occorre che aggiunga che egli parla perfettamente l'inglese — *I need not (abbr.: I needn't) go today,* Non è necessario che io vada oggi — *It needs washing,* Bisogna lavarlo — *It needed doing,* Bisognava farlo — *Need he come every day?,* Deve venire ogni giorno? — *We needn't have hurried,* Non era necessario (Non c'era bisogno) che ci affrettassimo — *You needn't have bothered!,* Non dovevi disturbarti!

needful ['ni:dful] *agg* **1** necessario; indispensabile: *to do what is needful,* fare quanto occorre (fare quanto è necessario). **2** *(non molto comune)* bisognoso; povero; indigente. □ *avv* **needfully.**

□ *s. (sempre* the needful*)* **1** l'occorrente; quanto è necessario: *to do the needful,* fare ciò che occorre. **2** *(sl.)* denaro; pecunia.

neediness ['ni:dinis] *s.* bisogno; povertà.

needle ['ni:dl] *s.* **1** ago *(anche fig.) the eye of a needle,* la cruna di un ago — *to thread a needle,* infilare un ago — *knitting-needle,* ferro da calza — ⇨ *anche* **needlecraft, needlewoman, needlework. 2** *(oggetto che assomigli ad un ago)* puntina *(di giradischi);* ago *(di bussola, di siringa, ecc.);* guglia; dente *(di roccia);* obelisco; pungolo *(anche fig.); (delle conifere)* ago. **3** *(per antonomasia)* siringa per iniezioni: *the needle, (USA,* *sl., per estensione)* narcotici — *to hit the needle,* diventare tossicomane.

□ *to give sb the needle, (sl., GB)* stuzzicare (provocare, irritare) qcno — *to get the needle, (sl., GB)* reagire alla provocazione (*cfr.* **to needle 3**) — *as sharp as a needle, (fig.)* perspicace; acuto; intelligente — *a needle game, (sport)* una partita avvincente, emozionante, elettrizzante — *needle time, (GB, sl.)* tempo dedicato alla trasmissione di dischi di musica popolare *(alla radio)* — *pins and needles,* formicolio; intorpidimento *(di una parte del corpo).*

to **needle** ['ni:dl] *vt e i.* **1** *(non molto comune)* cucire; lavorare di ago; sferruzzare. **2** *(non molto comune)* forare; pungere. **3** punzecchiare *(anche fig.)*; irritare; provocare: *The jeers of the crowd finally needled our team into action,* I fischi della folla finalmente spinsero all'azione la nostra squadra. **4** *(fis., chim.)* cristallizzarsi in aghi.

needlecraft ['ni:dlkrɑ:ft] *s.* = **needlework** ⇨.

needless ['ni:dlis] *agg* superfluo; inutile: *needless work,* lavoro inutile — *Needless to say, he kept his promise,* Inutile a dirsi, mantenne la sua promessa.

□ *avv* **needlessly**, senza necessità; senza alcun bisogno.

needlewoman ['ni:dl,wumən] *s.* (*pl.* **needlewomen**) cucitrice; rammendatrice.

needlework ['ni:dlwə:k] *s.* cucito; il cucire; lavoro d'ago.

needs [ni:dz] *avv (ant.: usato ormai soltanto come rafforzativo con* must*)* necessariamente; assolutamente: *I must needs go,* Devo assolutamente andarmene — *Needs must when the devil drives, (prov.)* In caso di necessità ci si arrangia; Necessità non conosce legge.

needy ['ni:di] *agg* bisognoso; povero; indigente.

□ *the needy, (come s. pl.)* i poveri; i bisognosi: *to help the poor and needy,* aiutare, assistere i poveri e i bisognosi.

ne'er [nɛə*] *avv (poet.)* = **never**.

ne'er-do-well ['nɛədu(:),wel] *s.* buono a nulla; fallito.

nefarious [ni'fɛəriəs] *agg* malvagio; perfido; iniquo.

□ *avv* **nefariously**.

nefariousness [ni'fɛəriəsnis] *s.* malvagità; iniquità; scelleratezza.

to **negate** [ni'geit] *vt* ⇨ **to negative**.

negation [ni'geiʃən] *s.* **1** negazione *(anche gramm.)*; diniego: *Shaking the head is a sign of negation,* Scuotere la testa è segno di diniego. **2** *(di persona o di cosa)* negazione; contrario.

negative ['negətiv] *agg* negativo: *to give sb a negative answer,* dare una risposta negativa a qcno — *negative criticism,* critica negativa, non costruttiva, ostile — *negative virtues,* virtù che (nel caso in questione) hanno lati o riflessi negativi — *negative praise,* lode implicita *(in assenza di critica esplicita)* — *the negative plate in a battery,* la piastra negativa di una batteria. □ *avv* **negatively**.

□ *s.* **1** negazione; parola o frase di diniego: *to reply (to answer) in the negative,* rispondere negativamente (di no) — *The answer is in the negative,* La risposta è negativa (è 'no'). **2** quantità negativa. **3** *(fotografia)* negativo.

to **negative** ['negətiv] *vt* **1** negare; provare il contrario; confutare; smentire: *Experiments negatived his theory,* Gli esperimenti smentirono la sua teoria. **2** respingere; rifiutare; neutralizzare.

neglect [nig'lekt] *s.* negligenza; trascuratezza; incuria: *He lost his job because of neglect of duty,* Ha perso il posto per negligenza — *The garden was in a state of neglect,* Il giardino si trovava in uno stato di abbandono (di grave trascuratezza).

to **neglect** [nig'lekt] *vt* **1** trascurare: *to neglect one's studies,* trascurare gli studi. **2** *to neglect to do sth,* dimenticare, tralasciare di fare qcsa — *Don't neglect to write to your mother,* Non dimenticare di scrivere a tua madre.

neglectful [nig'lektful] *agg* negligente; trascurato; sbadato; noncurante. □ *avv* **neglectfully**.

negligé, negligée ['negli:ʒei] *s. (fr.)* négligé; vestaglia da casa o da camera.

negligence ['neglidʒəns] *s.* **1** negligenza; disattenzione; imprudenza; colpa: *The accident was due to negligence,* L'incidente fu dovuto alla disattenzione. **2** trascuratezza; trasandatezza.

negligent ['neglidʒənt] *agg* negligente; sbadato; trascurato; trasandato: *He was negligent of his duties,* Trascurava i propri doveri. □ *avv* **negligently**.

negligible ['neglidʒəbl] *agg* trascurabile; da non prendere in considerazione; di modesta entità o importanza: *a negligible quantity,* una quantità trascurabile. □ *avv* **negligibly**.

negotiable [ni'gouʃiəbl] *agg* **1** *(non comune)* negoziabile; che si può comporre o trattare; trattabile. **2** *(comm.)* negoziabile; trasferibile: *negotiable securities (instruments),* titoli di credito negoziabili. **3** *(di ponte, strada, ecc.)* attraversabile; valicabile; transitabile.

to **negotiate** [ni'gouʃieit] *vt* **1** negoziare *(anche comm.)*; trattare; discutere; prendere accordi: *to negotiate a sale (a loan, a treaty),* negoziare una vendita (un prestito, un trattato) — *to negotiate a bill of exchange,* negoziare una cambiale. **2** passare; superare: *This is a difficult corner for a large car to negotiate,* Questa è una curva difficile (da affrontare) per una grossa automobile — *My horse negotiated the fence very well,* Il mio cavallo superò la siepe molto bene.

□ *vi* condurre trattative; intavolare negoziati; negoziare; trattare.

negotiation [ni,gouʃi'eiʃən] *s.* negoziato; trattativa: *to enter into negotiations with sb,* entrare in trattative (intavolare negoziati) con qcno — *to be in negotiation with sb,* essere in trattative con qcno — *Price is a matter of negotiation,* Il prezzo è una questione da trattare.

negotiator [ni'gouʃieitə*] *s.* negoziatore.

negress ['ni:gris] *s.* negra; donna negra.

Negro, negro ['ni:grou] *s.* (*pl.* **negroes**) negro.

□ *agg* negro; nero; dei negri.

negroid ['ni:grɔid] *agg e s.* negroide.

negus ['ni:gəs] *s.* bevanda calda composta di acqua e vino, con zucchero e talvolta anche aromi; specie di 'vin brulé'.

neigh [nei] *s.* nitrito.

to **neigh** [nei] *vi* nitrire.

neighbour ['neibə*] *s.* **1** vicino; prossimo: *We are next-door neighbours,* Siamo vicini di casa — *We were neighbours at dinner,* Eravamo vicini di tavolo a pranzo — *England's nearest neighbour is France,* La nazione più vicina all'Inghilterra è la Francia — *Love thy neighbour as thyself, (biblico)* Ama il prossimo tuo come te stesso. **2** *(vocativo, spec. USA)* amico: *Hey neighbour!,* Ehi, amico!

neighbourhood ['neibəhud] *s.* **1** vicinato; quartiere: *He was liked by the whole neighbourhood,* Era ben voluto da tutto il vicinato. **2** paraggi; zona; dintorni: *There's some beautiful countryside in our neighbourhood,* Nei nostri paraggi la campagna è molto bella — *He wants to live in the neighbourhood* *of Stratford,* Vuole vivere nei paraggi (nelle vicinanze) di Stratford. **3** vicinanza; prossimità: *He lost something in the neighbourhood of five hundred pounds,* Ha perduto qualcosa come cinquecento sterline.

neighbouring ['neibəriŋ] *agg* confinante; viciniore; limitrofo.

neighbourliness ['neibəlinis] *s.* cortesia; socievolezza *(tra vicini);* buon vicinato.

neighbourly ['neibəli] *agg* gentile; amichevole; socievole.

neither ['naiðə*/ni:ðə*] **I** *agg* né l'uno né l'altro; nessuno dei due: *In neither case can I agree,* Non posso essere d'accordo né in un caso né nell'altro — *Neither statement is true,* Né l'una né l'altra asserzione è esatta.

II *pron* né l'uno né l'altro: *I like neither of them,* Non mi piace né l'uno né l'altro.

III *avv (con il correlativo* nor*)* né (... né); non (... neppure; tanto meno): *Neither you nor I could do it,* Né tu né io potremmo farlo — *He neither knows nor cares what happened,* Non sa e tanto meno gli importa quanto è accaduto — *That's neither here nor there,* Questo non c'entra.

IV *congiunz* nemmeno; neppure; neanche: *If you won't go, neither shall I,* Se tu non andrai, non andrò neppure io — *'I don't like it' - 'Neither do I',* 'Non mi piace' - 'Neanche a me' — *I haven't been to the Exhibition: neither do I intend to,* Non sono stato alla mostra e nemmeno intendo andarci.

Nelly ['neli] *nome proprio (nell'espressione) Not on your Nelly!, (fam.)* Neanche per sogno!

nem. con. ['nem'kɔn] *avv (abbr. dal lat.* nemine contradicente*)* unanimemente; senza obiezioni o voti contrari: *The resolution was carried nem. con.,* La decisione fu presa all'unanimità.

nemesis ['nemisis] *s.* nemesi.

neocolonialism [,ni(:)*ou*kɔ'louniəlizəm] *s.* neocolonialismo.

neo-Fascism [,ni(:)ou-faeʃism] *s.* neofascismo.

neolithic [,ni(:)*ou*'liθik] *agg* neolitico.

neologism [ni(:)'ɔlədʒizəm] *s.* neologismo.

neon ['ni:ən] *s.* neon: *neon-light,* luce al neon — *neon-sign,* insegna al neon.

neophyte ['ni(:)*ou*fait] *s.* neofita.

neoplasm ['ni(:)*ou*plæzəm] *s.* neoplasma.

nephew ['nevju:] *sm* nipote *(di zio o zia).*

nephritis [ne'fraitis] *s.* nefrite.

ne plus ultra ['neiplus'ultra] *s. (lat.)* 'non plus ultra'; culmine del raggiungibile; punto massimo a cui sia possibile pervenire.

nepotism ['nepətizəm] *s.* nepotismo.

Nereid ['niəriid] *s.* nereide; ninfa marina.

nerve [nə:v] *s.* **1** nervo: *nerve-cell,* cellula nervosa — *nerve-centre,* centro nervoso; ganglio; *(fig.)* punto vitale — *nerves of steel,* nervi di acciaio — *nerve-racking, (agg.)* esasperante; irritante — *to strain every nerve, (fam.)* mettercela tutta — *a war of nerves,* una guerra di nervi — *to suffer from nerves, (fam.)* soffrire di nervi — *He doesn't know what nerves are,* Non sa neanche cosa siano i nervi (non si agita mai) — *That noise gets on my nerves,* Quel rumore mi dà ai nervi. **2** nerbo; coraggio; forza; sangue freddo; padronanza di sé; audacia: *A test pilot needs plenty of nerve,* Un pilota collaudatore ha bisogno di un bel sangue freddo — *to lose one's nerve,* perdersi d'animo — *to regain one's nerve,* riprendersi d'animo; farsi coraggio. **3** *(fam.)* sfrontatezza; impudenza; sfacciataggine: *to have the nerve to do sth,* avere il coraggio (il sangue freddo, l'impudenza, la sfacciataggine) di fare una cosa — *He had the nerve to suggest that I was cheating,* Ebbe la faccia tosta di dire che stavo barando — *He's got a nerve!, (fam.)* Ha una bella faccia tosta! **4** *(bot.)* nervatura *(di foglia, ecc.).* **5** *(della gomma)* elasticità; nervosità.

nerveless ['nə:vlis] *agg* snervato; fiacco; sfibrato: *The knife fell from his nerveless hand,* Il coltello cadde dalla sua mano inerte. □ *avv* **nervelessly.**

to **nerve oneself** [nə:v wʌn'self] *v. rifl* farsi forza (animo, coraggio): *to nerve oneself to do sth,* farsi coraggio per fare qcsa; prepararsi ad affrontare qcsa.

nervous ['nə:vəs] *agg* **1** *(med.)* nervoso: *a nervous breakdown,* un esaurimento nervoso. **2** *(per estensione)* irrequieto; apprensivo; agitato: *Are you nervous in the dark?,* Hai paura del buio? — *What's she so nervous about?,* Perché è così irrequieta? **3** *(di stile, non molto comune)* forte; vigoroso; conciso: *a nervous style of writing,* uno stile letterario conciso, vigoroso. □ *avv* **nervously.**

nervousness ['nə:vəsnis] *s.* nervosismo; agitazione; apprensione.

nervy ['nə:vi] *agg (fam.)* nervoso; apprensivo.

nescience ['nesjəns] *s. (raro)* ignoranza; mancanza di conoscenza.

nescient ['nesjənt] *agg (raro)* ignorante.

ness [nes] *s. (generalm. nei toponimi, spec. in Scozia)* promontorio; capo.

nest [nest] *s.* **1** nido *(anche fig.); (per estensione)* nidiata. **2** covo; riparo; tana; nascondiglio: *a nest of crime (vice, pirates),* un covo del crimine (del vizio, di pirati). **3** *(tecnologia)* fascio; gruppo compatto. **4** oggetti, strutture a scatola cinese. □ *to feather one's nest, (fam.)* farsi un bel gruzzolo; arricchirsi *(per lo più indebitamente)* — *nest-egg,* - **a)** endice; uovo finto *(lasciato nel nido per richiamo alle galline)* - **b)** *(fam.)* gruzzolo.

to **nest** [nest] *vi* **1** nidificare; fare il nido. **2** *(nella forma) to go nesting, (di ragazzi, ecc.)* andare per nidi. **3** essere raggruppati a 'scatola cinese' *(inseriti l'uno nell'altro).*

to **nestle** ['nesl] *vi* accoccolarsi; rannicchiarsi; stringersi (affettuosamente): *to nestle down among the cushions,* rannicchiarsi comodamente tra i cuscini — *to nestle up to sb,* stringersi affettuosamente contro qcno.

□ *vt* cullare; coccolare: *She nestled the baby in her arms,* Cullava il bimbo tra le braccia.

nestling ['nestliŋ] *s.* uccellino di nido, implume.

[1]**net** [net] *s.* **1** rete: *fishing-net,* rete da pesca — *mosquito-net,* zanzariera — *tennis net,* rete da tennis — *hair-net,* retina *(per capelli);* reticella — *net curtains,* tendine di rete — *the nets,* sistema di reti usato durante l'allenamento al cricket *(per trattenere la palla colpita dal battitore).* **2** *(fam.)* trappola; trucco.

[1]to **net** [net] *vt* **(-tt-) 1** pescare, catturare con la rete; *(fig.)* irretire; intrappolare; prendere. **2** coprire con reti *(p.es. alberi da frutta): to net strawberries,* coprire con reti le piantine di fragole *(per protezione contro gli uccelli).* **3** gettare le reti; collocare le reti: *to net a river,* porre le reti in un fiume.

[2]**net** [net] *agg* netto: *net profit,* profitto netto — *net price,* prezzo netto — *net weight,* peso netto.

[2]to **net** [net] *vt* **(-tt-)** guadagnare (con un profitto netto): *He netted five pounds from the deal,* Ebbe un guadagno netto di cinque sterline dall'affare.

netball ['netbɔ:l] *s.* palla-rete *(specie di pallacanestro giocato per lo più nei collegi femminili in GB).*
netful ['netful] *s.* retata.
nether ['neðə*] *agg (ant. o scherz.)* più basso; inferiore: *the nether world,* l'inferno — *the nether regions,* - **a)** l'inferno - **b)** *(scherz.)* 'parti basse' — *nether garments, (scherz.)* pantaloni.
Netherlander ['neðələndə*] *s.* abitante dei Paesi Bassi; olandese.
nethermost ['neðəmoust] *agg superl* il più basso.
nett [net] *agg* ⇨ [2]**net.**
netting ['netiŋ] *s.* **1** lavorazione (o fabbricazione) di reti. **2** il catturare con le reti. **3** corda e fili *(metallici e non)* lavorati a rete: *five yards of wire netting,* cinque iarde di rete metallica — *windows screened with netting,* finestre protette da reti.
nettle ['netl] *s.* **1** ortica: *nettle-rash,* orticaria. **2** *(fig.)* cosa o situazione irritante: *(generalm. nell'espressione) to grasp the nettle,* affrontare un problema, una difficoltà con determinazione; prendere il toro per le corna.
to **nettle** ['netl] *vt (fig.)* infastidire; far arrabbiare: *She looked nettled by my remarks,* Sembrò punta sul vivo dai miei commenti.
network ['netwə:k] *s.* **1** lavoro a rete; reticolato. **2** *(fig.)* sistema; rete: *a network of railways; a railway network,* una rete ferroviaria — *a network of canals,* un sistema di canali.
to **network** ['netwə:k] *vt (radio e TV)* diffondere *(un programma)* sull'intera rete nazionale.
neural ['njuərəl] *agg* neurale.
neuralgia [njuə'rældʒə] *s.* nevralgia.
neuralgic [njuə'rældʒik] *agg* nevralgico.
neurasthenia [ˌnjuərəs'θi:njə] *s.* nevrastenia.
neurasthenic [ˌnjuərəs'θenik] *agg e s.* nevrastenico.
neuritis [njuə'raitis] *s.* nevrite.
neurologist [njuə'rɔlədʒist] *s.* neurologo.
neurology [njuə'rɔlədʒi] *s.* neurologia.
neurosis [njuə'rousis] *s.* (*pl.* **neuroses**) nevrosi; neurosi.
neurotic [njuə'rɔtik] *agg e s.* **1** neurotico; nevrotico; nevropatico; *(fam.)* eccessivamente eccitabile; ipersensibile. **2** *(di medicinale)* che cura il sistema nervoso; che agisce sui nervi. □ *avv* **neurotically.**
neuter ['nju:tə*] *agg* neutro; né maschile né femminile; *(talvolta)* sterile; non sviluppato sessualmente. □ *s.* **1** animale castrato. **2** insetto sessualmente non sviluppato. **3** *(gramm.)* neutro.
to **neuter** ['nju:tə*] *vt* castrare *(un animale, spec. un gatto)*
neutral ['nju:trəl] *agg* **1** neutrale *(politica, ecc.): neutral nations,* nazioni neutrali. **2** *(di colore, ecc.)* neutro; indeterminato. **3** *(chim.)* neutro; né acido né alcalino. **4** *(mecc.)* 'folle'; in folle; non innestato: *to leave a car in neutral,* lasciare la macchina in folle. □ *avv* **neutrally.**
neutrality [nju:'træliti] *s.* neutralità: *armed neutrality,* neutralità armata.
neutralization [ˌnju:trəlai'zeiʃən] *s.* neutralizzazione.
to **neutralize** ['nju:trəlaiz] *vt* neutralizzare.
neutron ['nju:trɔn] *s.* neutrone.
névé ['nevei] *s.* *(spec. riferito alla parte alta di un ghiacciaio)* neve granulosa; 'firn' *(tedesco).*
never ['nevə*] *avv* **1** mai; non... mai; giammai: *You never know,* Non si sa mai — *She never goes to the cinema,* Non va mai al cinema — *He has never been abroad,* Non è mai stato all'estero — *It's now or never!,* Adesso o mai più! — *Never in all my life have I heard such nonsense!,* Mai, in tutta la mia vita, ho sentito una tale sciocchezza! — *never again,* mai più — *never before,* mai prima d'ora (d'allora) — *I shall never stay at that hotel again; Never again shall I stay at that hotel,* Non soggiornerò mai più in quell'albergo — *Such a display has never been seen before; Never before has such a display been seen,* Una simile mostra non si è mai vista prima d'ora — *There's never a dull moment when John's around,* Non ci annoiamo mai con John.
2 *(in frasi enfatiche)* non: *That will never do!,* Non va assolutamente!; Non va per niente! — *I never slept a wink all night,* Non ho chiuso occhio per tutta la notte — *He never so much as smiled,* Non sorrise nemmeno una volta — *George never said that!,* George non avrebbe mai detto (non direbbe mai, non può aver detto) una cosa simile! — *Six months in France, and never so much as a postcard from you!,* Sei stato sei mesi in Francia, e non ci hai mandato nemmeno una cartolina!
□ *Well I never!; I never did!,* Questa poi!; Ma guarda un po'!; Pazzesco! — *Never mind!,* Non importa!; Non preoccuparti! — *never-to-be-forgotten,* indimenticabile — *never-ending,* senza fine; infinito — *never-failing,* infallibile — *the Never-Never (Land),* l'entroterra *(spec. settentrionale)* del Queensland (in Australia) — ⇨ *anche* **never-never.**
nevermore ['nevə'mɔ:*] *avv* mai più.
never-never ['nevə*'nevə*] *s. (sl.)* pagamento a rate: *We're buying our colour TV on the never-never,* Stiamo comprando a rate il nostro televisore a colori.
nevertheless [ˌnevəðə'les] *avv e congiunz* comunque; tuttavia; nondimeno: *There was no news; nevertheless she went on hoping,* Non c'erano notizie; tuttavia continuava a sperare.
new [nju:] *agg* **1** nuovo; recente; novello; moderno; fresco: *a new school (idea, invention),* una nuova scuola (idea, invenzione) — *new potatoes,* patate novelle — *new clothes,* vestiti nuovi — *brand new,* nuovo di zecca — *as new,* come nuovo — *as good as new,* come nuovo; quasi nuovo — *the New Testament,* il Nuovo Testamento — *the New World,* il Nuovo Continente — *the newest fashions,* l'ultimissima moda — *the new woman,* la donna moderna (d'oggi) — *the new rich,* i nuovi ricchi — *the new poor,* i 'nuovi poveri' — *the new moon,* la luna nuova — *to lead a new life,* condurre una vita nuova; cambiar vita — *the new members of Parliament,* i deputati neoeletti; i neodeputati — *a new boy,* un nuovo studente *(di scuola elementare o media)* — *new look,* linea nuova *(di moda);* aspetto moderno. **2** *(di persona)* **new to,** nuovo; non abituato; inesperto: *I am new to this town,* Sono nuovo di questa città — *They are still new to this kind of work,* Sono ancora inesperti in questo tipo di lavoro. □ *Happy New Year!,* Buon Anno! — *New Year's Day,* (festa di) Capodanno — *a new-born baby,* un neonato — *new-laid eggs,* uova fresche — *new-made graves,* fosse (sepolcrali) appena scavate — ⇨ *anche* **newcomer, newfangled.**
□ *avv* **newly 1** di recente; di fresco; appena: *a newly married couple,* una coppia appena sposata — *newly-weds, (fam.)* sposini. **2** in modo nuovo; differente: *newly arranged furniture,* mobili disposti in modo nuovo.
newcomer ['nju:ˌkʌmə*] *s.* nuovo arrivato; nuovo venuto.
newel ['njuəl] *s. (archit.)* colonna di appoggio *(di una scala a chiocciola);* pilastrino o montante verticale *(per sostegno di ringhiera nelle scale).*

newfangled ['nju:,fæŋgld] *agg (spreg.)* nuovo e strano; stravagante.
Newfoundland [nju(:)'faundlənd] *s.* cane di Terranova.
newness ['nju:nis] *s.* novità; freschezza.
news [nju:z] *s. collettivo (con il v. al sing.)* notizie; novità; informazioni: *a piece of news,* un'informazione; una notizia — *What's the latest news?,* Quali sono le ultime notizie? — *Here is the latest news, (alla radio)* Ecco le ultime notizie — *The news that the enemy were near alarmed the citizens,* La notizia che i nemici erano vicini mise in allarme i cittadini — *Have you any news of where your brother is?,* Hai notizia di (Sai) dove si trova tuo fratello? — *the news headlines, (alla radio, ecc.)* i titoli delle principali notizie — *a news summary,* un notiziario *(radiofonico, ecc.)* — *the late night news,* il giornale radio (il telegiornale) della notte — *That's no news to me,* Ciò non mi è nuovo — *Miss White is in the news,* La signorina White è sul giornale (si parla di lei) — *No news is good news, (prov.)* Nessuna nuova, buona nuova — *news agency,* agenzia d'informazioni — *news-boy,* (giovane) venditore di giornali — *news cinema; news theatre,* cinema (sala cinematografica) dove si proiettano esclusivamente notiziari, cartoni animati, documentari o altre pellicole brevi — *news-hound (-hen), (USA, scherz.)* uomo (donna) giornalista — *news-man,* strillone; giornalaio; *(USA)* giornalista — *news-room,* - **a)** sala giornali *(p.es. in una biblioteca pubblica)* - **b)** sala stampa - **c)** studio del telegiornale o del giornale radio — *news-stand,* edicola; rivendita di giornali — *news-vendor,* giornalaio — *news reader* ⇨ **newscaster.**
newsagent ['nju:z,eidʒənt] *s.* giornalaio.
newscast ['nju:zkɑ:st] *s.* notiziario; giornale radio; telegiornale.
newscaster ['nju:z,kɑ:stə*] *s.* 'speaker'; presentatore di notiziario radiofonico o televisivo.
newsless ['nju:zlis] *agg* senza notizie; senza novità.
newsletter ['nju:z'letə*] *s.* lettera circolare *(p.es. agli azionisti di una società, ai parrocchiani, ai soci di una associazione o di un club)*; bollettino di informazione; notiziario.
newsmonger ['nju:z,mʌŋgə*] *s.* chiacchierone (chiacchierona); pettegolo (pettegola); *(di uomo)* gazzettino; *(di donna)* comare.
newspaper ['nju:s,peipə*] *s.* giornale; gazzetta: *a daily newspaper,* un quotidiano — *a weekly newspaper,* una pubblicazione settimanale.
newspaperman ['nju:speipə,mæn] *s.* (*pl.* **newspapermen**) giornalista.
newsprint ['nju:zprint] *s.* carta da giornale.
news(-)reel ['nju:zri:l] *s.* cinegiornale; notiziario cinematografico.
news(-)sheet ['nju:zʃi:t] *s.* bollettino; giornale.
newsworthy ['nju:z,wə:ði] *agg* che fa notizia.
newsy ['nju:zi] *agg (fam.)* ricco di notizie: *a newsy letter,* una lettera piena di notizie.
newt [nju:t] *s.* tritone; salamandra acquaiola.
Newtonian [nju(:)'tounjən] *s. e agg* newtoniano; di Newton; seguace di Newton e del suo sistema.
next [nekst] **I** *agg* **1** *(di tempo o fig.)* prossimo; seguente; successivo: *What's the next thing to do?,* Che cosa bisogna fare ora? — *Take the next turning to the right,* Prenda la prossima svolta a destra — *next time,* la prossima volta — *I shall go there next Friday (next week, next year),* Ci andrò venerdì prossimo (la settimana prossima, l'anno prossimo) — *this time next week,* tra una settimana; tra otto giorni; oggi a otto — *He will spend the first week of his holiday in France and the next in Italy,* Passerà la prima settimana di vacanze in Francia e la seconda in Italia — *(the) next moment,* subito dopo — *next day; the next day,* l'indomani — *We arrived in Turin on a Monday; the next day we left for Rome,* Arrivammo a Torino di lunedì; il giorno dopo (l'indomani) partimmo per Roma. **2** *(di luogo e fig.)* vicino; più vicino; accanto: *in the next place,* inoltre (in secondo, in terzo luogo, ecc.) — *the next best (thing),* la migliore alternativa; la cosa migliore *(dopo quella desiderata)* — *There are no tickets left for the Circus; the next best thing is the Zoo,* Non ci sono più biglietti per il circo; la cosa migliore resta quindi lo zoo — *Which is the town next to London in size?,* Qual è la città che per grandezza viene subito dopo Londra? — *next to nothing,* quasi niente — *No wonder she's ill! She eats next to nothing,* Nessuna meraviglia che si sia ammalata! Non mangia quasi niente — *next door* ⇨ **door** — *next to...,* accanto (vicino) a...; a fianco di...; presso...
II *s.* persona o cosa successiva o prossima: *Next please!,* Avanti il prossimo!; Avanti un altro! — *I will let you know in my next,* Te lo farò sapere con la mia prossima lettera — *next-of-kin,* parente prossimo; parenti prossimi — *The next to come was John,* Ad arrivare subito dopo fu John.
III *avv* **1** dopo; e poi; dopo di ciò; in seguito: *What are you going to do next?,* E dopo cosa intendi fare? — *When I next saw her...,* Quando la vidi la volta dopo... — *to come next,* venire dopo; seguire — *What comes next?,* E poi cosa viene?; *(talvolta)* E poi cosa si fa? — *Who comes next?,* Chi è il prossimo?; A chi tocca ora? **2** *(per esprimere sorpresa, stupore, ecc.):* *What (Whatever) will he be saying next?,* Che cosa (ci) verrà ancora a dire? — *A new motor-car! What next? (Whatever next?),* Una macchina nuova! E che altro mai?
nexus ['neksəs] *s.* (*pl.* **nexuses**) nesso; legame.
nib [nib] *s.* **1** pennino. **2** *(mecc.)* puntalino.
nibble ['nibl] *s.* **1** piccolo morso. **2** bocconcino.
to **nibble** ['nibl] *vt e i.* **1** mordicchiare; brucare; rosicchiare. **2** *(fig.)* mostrarsi favorevole, disposto ad accettare *(un'offerta).*
niblick ['niblik] *s.* tipo di mazza da golf.
Nibs [nibz] *s. pl (GB, fam.: quasi sempre sarcastico) His (Her) Nibs,* Sua Grazia.
nice [nais] *agg* **1** bello; buono; gentile; simpatico; attraente; piacevole: *a nice day,* una bella giornata — *nice weather,* bel tempo — *a nice little girl,* una simpatica ragazzina — *a nice-looking chap,* un tipo dall'aria simpatica — *a nice cake,* una torta molto buona — *nice to the taste,* buono al palato; di gusto gradevole — *medicine that is not nice to take,* medicina che non è piacevole da prendersi — *It is nice and warm by the fire,* È piacevole starsene al calduccio accanto al fuoco — *We were nice and cool in the woods,* Si stava bene nel fresco delizioso dei boschi — *He is always nice to me,* È sempre gentile con me.
2 *(iron.)* brutto; bello: *You've got us into a nice mess!,* Ci hai messo in un bel pasticcio (in un brutto guaio)!
3 sottile; delicato; intricato: *a nice point,* una questione delicata, complessa — *nice shades of meaning,* sottili sfumature di significato.
4 esigente; accurato: *He is very nice in his dress,* È molto accurato nel vestire.
5 scrupoloso; preciso; esatto; pulito: *He's none too nice in his business methods,* Non è troppo scrupoloso

nel modo di condurre i suoi affari — *He's not very nice in his habits,* Ha abitudini non molto corrette.
□ *avv* **nicely** **1** piacevolmente; gradevolmente; bellamente; in modo soddisfacente. **2** molto bene; esattamente; a pennello: *That will suit me nicely,* Ciò mi andrà a pennello — *The patient is doing nicely,* Il malato si sta rimettendo molto bene — *a nicely timed move,* una mossa eseguita al momento giusto — *'How are you getting on?' - 'Very nicely, thank you',* 'Come vanno le cose?' - 'Benissimo, grazie'.

niceness ['naisnis] *s.* **1** (⇨ **nice 1**) gradevolezza; piacevolezza; *(fam.)* cortesia; gentilezza. **2** (⇨ **nice 3, 4, 5**) sottigliezza; finezza *(di ragionamento, ecc.)*; precisione; esattezza.

nicety ['naisiti] *s.* **1** accuratezza; esattezza; precisione: *nicety of judgement,* esattezza di giudizio — *a point of great nicety,* un punto molto preciso. **2** delicatezza; sfumatura sottile: *the niceties of criticism,* le sottili distinzioni della critica. □ ... *to a nicety,* con precisione; esattamente — *He judged the distance to a nicety,* Valutò accuratamente la distanza.

niche [nitʃ] *s.* **1** *(archit.)* nicchia. **2** *(fam.)* posticino; cantuccio: *He has a niche in the temple of fame, (fig.)* Si è assicurato una nicchia nel tempio della fama — *He found the right niche for himself, (fam.)* Si è trovato proprio il posto che fa per lui.

nick [nik] *s.* **1** tacca; segno; intaglio. **2** *the nick, (GB, sl.)* la prigione. **3** *Old Nick, (diminutivo di* Nicholas, *scherz.)* il diavolo; Berlicche. □ *in the nick of time,* appena in tempo; al limite; per un pelo.

to **nick** [nik] *vt* **1** intaccare; intagliare; incidere un segno. **2** *(sl.)* beccare. **3** *(sl.)* rubare.

nickel ['nikl] *s.* **1** nichel; nichelio. **2** *(USA, moneta di cinque cents)* nichelino; moneta di nichel: *nickel odeon, (USA)* specie di 'juke box' degli anni Cinquanta.

to **nickel** ['nikl] *vt* (**-ll-**) nichelare.

nick-nack ['niknæk] *s.* ⇨ **knick-knack.**

nickname ['nikneim] *s.* soprannome.

to **nickname** ['nikneim] *vt* soprannominare; dare un soprannome (a qcno).

nicotine ['nikəti:n] *s.* nicotina; *(talvolta, per estensione)* tabacco.

niece [ni:s] *sf* nipote *(di zio o di zia).*

niff [nif] *s.* *(sl.)* odoraccio; puzza.

niffy ['nifi] *agg (sl.)* maleodorante; puzzolente.

nifty ['nifti] *agg (sl.)* **1** elegante. **2** maleodorante; puzzolente. **3** svelto.

Nigerian [nai'dʒiəriən] *agg e s.* nigeriano.

niggard ['nigəd] *s.* miserabile; avaro.

niggardliness ['nigədlinis] *s.* avarizia; meschinità; spilorceria; tirchieria.

niggardly ['nigədli] *agg* avaro; meschino; spilorcio; tirchio.

nigger ['nigə*] *s.* *(spreg.)* negro. □ *a nigger in the woodpile,* un difetto, un'imperfezione nascosta — *nigger minstrel* ⇨ **minstrel 2.**
□ *agg* marrone scuro.

to **niggle** ['nigl] *vi* gingillarsi: *(spec. nell'espressione) to niggle over sth,* perdersi nei dettagli.

niggling ['nigliŋ] *agg* **1** insignificante: *niggling handwriting,* scrittura minuta. **2** *(di dolore fisico)* persistente; fastidioso *(anche se non insopportabile).*

nigh [nai] *avv e prep (ant.)* vicino: *to draw nigh,* avvicinarsi. □ ⇨ *anche* **well-nigh.**

night [nait] *s.* notte; nottata; sera; serata: *Good night!,* Buona notte! — *in (o during) the night,* durante la notte — *on Sunday night,* domenica notte — *on the night of Friday,* nella nottata di venerdì — *to stay the night,* passare la notte; pernottare — *He stayed three nights with us,* Stette con noi tre notti — *Can you stay over-night?,* Puoi passare la notte da noi? — *over-night bag,* valigetta 'ventiquattrore' — *an over-night stay,* un pernottamento — *She has had a good night,* Ha passato una buona notte (Ha dormito bene) — *night after night,* notte dopo notte; per molte notti di seguito — *all night (long); the whole night (through),* tutta la notte — *at night,* di notte — *by night,* durante la notte — *night-time,* notte tempo — *in the night-time,* durante la notte — *night-walker,* sonnambulo — *last night,* la notte scorsa; questa notte — *tomorrow night,* domani notte; domani sera — *night and day,* notte e giorno; continuamente — *to travel night and day,* viaggiare notte e giorno — *nights, (USA, fam.)* di notte — *I can't sleep nights,* Non riesco a dormire di notte — *night-long,* che dura tutta la notte — *night out,* serata di festa; *(di domestici)* serata di libertà — *to have a night out,* passare una notte (una serata) fuori — *to have the night off, (di domestico)* avere una serata libera — *to make a night of it,* passare la notte divertendosi (a un ricevimento, facendo baldoria) — *to turn night into day,* fare di notte giorno.
□ *come agg attrib* notturno; di (da) notte; *(talvolta)* serale: *night-bell,* campanello per la chiamata notturna (di medici, ecc.) — *night-bird,* uccello notturno; *(fig.)* nottambulo — *night-blindness,* nictalopia — *night-clothes,* indumenti da letto — *night club,* locale notturno; 'night' — *night flight, (di aereo)* volo notturno — *night-hawk,* nottolone; succiacapre; *(fig.)* predone notturno — *night-lamp; night-light,* lumino; lampada da notte — *night-life,* vita notturna — *night-line,* lenza per pesca notturna — *night(-)porter,* portiere di notte — *night safe,* cassa permanente — *night-school,* scuola serale — *night-shift,* turno di notte *(di lavoro)* — *night-side,* l'altra faccia (della luna) — *night spot, (fam.)* locale notturno; 'night' — *to night-stop, (di aereo)* effettuare una sosta notturna — *night table,* comodino — *night tide, (poet.)* notte — *night-watch,* guardia; persona o persone incaricate della guardia; periodo di guardia notturna — *in the night-watches,* nelle ore della veglia — *night-watchman,* guardiano, sorvegliante notturno; sentinella; *(fig., nel gioco del cricket)* battitore di second'ordine, cui si affida il compito di rimanere in campo fino alla fine della giornata — *night-wear,* indumenti da notte — *night-work,* lavoro notturno.
□ *night-soil,* contenuto dei pozzi neri *(che si vuotano di notte)* — *night-stick,* manganello — ⇨ *anche* **nightcap, nightdress, nightfall,** *ecc.*

nightcap ['naitkæp] *s.* **1** berretto da notte; cuffia. **2** bicchierino di liquore; tazza di latte caldo, camomilla, ecc. *(che si beve prima di coricarsi).*

nightdress ['naitdres] *s.* camicia da notte *(da donna).*

nightfall ['naitfɔ:l] *s.* il crepuscolo; l'imbrunire; il calar della notte.

nightgown ['naitgaun] *s.* ⇨ **nightdress.**

nightie ['naiti] *s.* *(fam.)* camicia da notte.

nightingale ['naitiŋgeil] *s.* usignolo *(anche fig.).*

nightjar ['naitdʒɑ:*] *s.* succiacapre.

nightly ['naitli] *agg* notturno; di notte; di sera: *nightly performances,* spettacoli serali.
□ *avv* di notte; di sera; tutte le sere: *a twice-nightly film-show,* uno spettacolo cinematografico proiettato due volte tutte le sere — *to do sth nightly,* fare qcsa di sera (durante la notte, tutte le sere).

nightmare ['naitmɛə*] *s.* incubo *(anche fig.)*: *Travelling on those bad mountain roads was a* *nightmare,* Viaggiare su quelle brutte strade di montagna è stato un incubo.

nightmarish [nait'mɛəriʃ] *agg* d'incubo; ossessionante. ☐ *avv* **nightmarishly.**

nightshade ['naitʃeid] *s.* morella: *woody nightshade,* dulcamara — *deadly nightshade,* belladonna.

nightshirt ['naitʃə:t] *s.* camicia da notte *(di uomo o bambino).*

nightsuit ['naitsju:t] *s.* pigiama.

nighty ['naiti] *s.* ⇨ **nightie.**

nihilism ['naiilizəm] *s.* nichilismo.

nihilist ['naiilist] *s.* nichilista.

nihilistic [,naii'listik] *agg* nichilistico; da nichilista.

nil [nil] *s.* nulla; zero: *The result of the game was three-nil,* Il risultato della partita fu tre a zero.

Nilotic [nai'lɔtik] *agg* nilotico; del Nilo.

nimble ['nimbl] *agg* agile; svelto; *(della mente)* acuto; agile; pronto; intelligente: *as nimble as a goat,* agile come una capra.

nimbleness ['nimblnis] *s.* agilità; sveltezza; acutezza; prontezza *(di riflessi, di mente).*

nimbus ['nimbəs] *s.* *(pl.* **nimbuses, nimbi**) **1** aureola; alone; nimbo. **2** nembo.

niminy-piminy ['nimini'pimini] *agg (fam.)* affettato; smorfioso; lezioso; pieno di smancerie.

nincompoop ['ninkəmpu:p] *s.* *(fam)* semplicione; sciocco; stupido.

nine [nain] *s. e agg numerale* nove: *at nine o'clock,* alle nove — *a nine-to-fiver, (sl.)* un impiegato che segue l'orario standard *(dalle 9 alle 17);* un 'travet'. ☐ *a nine, (sport)* una squadra di baseball *(di nove giocatori) — a nine-days' wonder, (fam.)* un fuoco di paglia; una breve meteora; una novità che dura poco — *dressed up to the nines,* vestito in modo stravagante e ricercato; tutto in ghingheri; tutto azzimato.

ninepence ['nainpəns] *s.* nove 'pence'.

ninepenny ['nainpəni] *agg* (valore) di nove 'pence'.

ninepins ['nainpinz] *s. pl* birilli; gioco dei birilli: *The soldiers went down like ninepins,* I soldati caddero come birilli.

nineteen ['nain'ti:n] *s. e agg numerale* diciannove. ☐ *to talk nineteen to the dozen, (fam.)* parlare incessantemente.

nineteenth ['nain'ti:nθ] *s. e agg numerale* diciannovesimo.

ninetieth ['naintiiθ] *s. e agg numerale* novantesimo.

ninety ['nainti] *s. e agg numerale* novanta: *ninety-nine times out of a hundred,* novantanove volte su cento; quasi sempre — *ninety-one; ninety-two,* novantuno; novantadue — *ninety-first; ninety-second,* novantunesimo; novantaduesimo — *the nineties,* gli anni Novanta *(dall'89 al 99; detto di secolo o dell'età di una persona).*

ninny ['nini] *s.* sempliciotto; imbecille.

ninth [nainθ] *agg numerale* nono: *the ninth part,* la nona parte.
☐ *s.* **1** nono: *one ninth,* un nono *(frazione).* **2** *(mus.)* nona.

[1]**nip** [nip] *s.* pizzico; pizzicore; morso; puntura: *a cold nip in the air,* un freddo pungente nell'aria.

to **nip** [nip] *vt* (**-pp-**) **1** pizzicare; pinzare; morsicare; addentare; attanagliare: *A crab nipped my toe while I was bathing,* Un granchio mi pizzicò il piede mentre facevo il bagno — *He nipped his finger in the door,* Si pizzicò il dito nella porta — *The gardener was nipping off the side shoots from his chrysanthemums,* Il giardiniere stava staccando i getti laterali dei crisantemi. **2** *(fig.: del gelo, del vento, ecc.)* gelare; distruggere; rovinare: *to nip sth in the bud, (fig.)* stroncare qcsa sul nascere (in germoglio).
☐ *vi (fam., seguito da* along, in, on, out, over, *ecc.)* affrettarsi; andare, camminare in fretta: *to nip along,* procedere (avanzare, percorrere) in fretta — *He nipped in just in front of me,* Entrò (Scivolò dentro) in fretta proprio davanti a me — *I'll nip on ahead and open the door,* Andrò avanti in fretta ad aprire la porta.

[2]**nip** [nip] *s.* bicchierino; sorso; goccio *(di bevanda alcoolica): a nip of brandy,* un goccio di cognac.

nipper ['nipə*] *s.* **1** *(solo nell'espressione* a pair of nippers*)* pinze; tenaglie; forcipe. **2** *(GB, fam.)* ragazzino; bambinetto; marmocchio. **3** chela *(di crostaceo).*

nipping ['nipiŋ] *agg* (⇨ **to nip 1** *e* **2**) pungente; tagliente; acuto; penetrante: *nipping cold,* freddo pungente.

nipple ['nipl] *s.* **1** capezzolo. **2** tettarella di gomma. **3** *(mecc.)* cappuccio per valvole, ecc.; nipplo: *grease nipples, (in un motore)* ingrassatori.

Nipponese [,nipə'ni:z] *agg* nipponico; giapponese.

nippy ['nipi] *agg* (**-ier; -iest**) **1** *(fam.)* pungente; gelido. **2** *(fam.)* agile; svelto: *Look nippy!,* Fa' in fretta!; Sbrigati!

nisi ['naisai] *congiunz (lat.: dir.)* se non; a meno che: *(nell'espressione, dir.) a decree nisi,* un decreto provvisorio *(di divorzio).*

Nissen hut ['nisn'hʌt] *s.* capannone costruito con lamiere di ferro ondulato (su un pavimento di cemento).

nit [nit] *s.* **1** uovo di pidocchio *(o di parassita in genere).* **2** *abbr fam di* **nitwit** ⇨.

nitrate ['naitreit] *s.* nitrato.

nitre ['naitə*] *s.* (*USA* **niter**) nitrato di potassio o di sodio.

nitric ['naitrik] *agg* nitrico.

nitrogen ['naitridʒən] *s.* azoto.

nitro-glycerine ['naitrou'glisəri:n] *s.* nitroglicerina.

nitrous ['naitrəs] *agg* nitroso: *nitrous oxide,* protossido d'azoto; gas esilarante.

nitty-gritty ['niti,griti] *s.* *(GB, fam.)* **1** succo *(fig.);* quintessenza. **2** soldi; denaro.

nitwit ['nitwit] *s. (fam.)* stupido; deficiente; cretino; imbecille; 'fesso'.

nitwitted ['nitwitid] *agg* stupido; scarsamente dotato di intelligenza; deficiente.

nix [niks] *s.* *(sl.)* niente; nulla.

no [nou] **I** *agg* **1** nessuno (nessuna): *She had no umbrella,* Era senza ombrello — *The poor boy had no money for books,* Il povero ragazzo non aveva denaro per i libri — *No words can describe the scene,* Non ci sono parole per descrivere la scena — *by no means,* per niente; niente affatto; in nessun modo — *no doubt,* senza dubbio — *in no time (at all),* in pochissimo tempo; in un batter d'occhio — *It's no distance,* Non è affatto lontano; È vicinissimo — *It's no trouble at all,* Non è affatto un disturbo — *No one man could have done it,* Nessuno sarebbe riuscito a farlo da solo — *No two men think alike,* Non ci sono due persone che la pensino ugualmente — *no man's land,* terra di nessuno — *no-one; no-body* ⇨ **nobody** — *I see no harm in your going there,* Non vedo che male c'è se tu ci vai — *no end of..., (fam.)* moltissimo...; un sacco di... — *He spends no end of money on clothes, (fam.)* Spende un sacco di denaro in vestiti — *We had no end of a good time, (fam.)* Ci divertimmo un sacco — *There was no end to our troubles,* Non c'era verso di uscire dai nostri guai; I nostri guai non finivano più — *No wonder (that)...,* Non è una sorpresa (che)...; Nessuna meraviglia...; Non c'è da stupirsi (se)... — *no good (no use),* inutile — *It's no good crying over spilt milk, (prov.)* È inutile piangere sul latte versato; Cosa fatta capo ha — *It's no go, (fam.)* È inutile (*ma cfr. anche* **no-go**) — *There is no saying what he'll be doing next,* È impossibile prevedere cosa farà adesso (poi) — *There's no queueing,* Non è necessario fare la coda — *There is no denying that...,* Non si può negare che... **2** tutt'altro (che): *a matter of no small importance,* una faccenda di non poca importanza — *The task is no easy one,* Il compito è tutt'altro che facile — *He's no friend of mine,* Non è affatto un mio amico — *This is no place for a young girl,* Questo è tutt'altro che un posto adatto ad una ragazzina — *Miss Green is no beauty,* La signorina Green non è certo una bellezza. **3** *(in alcune costruzioni ellittiche)* niente...; proibito...; vietato...: *No smoking,* È proibito fumare — *No admittance,* Ingresso vietato — *No parking,* Sosta vietata — *No admittance except on business,* È vietato l'ingresso agli estranei — *No surrender!,* Niente resa!; Non ci arrenderemo mai! — *No thoroughfare,* Strada senza uscita; Divieto di transito — *No through road,* Strada senza sbocco; Strada chiusa — *It's raining hard, and no mistake!,* Piove a dirotto, altro che!

II *come avv (è usato soltanto con i comp.)* non: *We went no farther than the bridge,* Non ci spingemmo oltre il ponte — *I hope you're feeling no worse this morning,* Spero che stamattina non ti senta peggio — *I have no more money,* Non ho più denaro — *She will sing no more,* Non canterà (mai) più — *No more cake?,* Non vuoi ancora un po' di torta? — *no sooner...,* appena... — *No sooner had she spoken than the door opened and in walked the Count,* Appena ebbe finito di parlare si aprì la porta ed il conte entrò — *No sooner said than done,* Detto fatto — *There is no such thing,* Non esiste una cosa simile — *whether or no, (ant.)* in ogni caso; in ogni modo — *Whether or no you like it, you've got to do it,* Ti piaccia o no, lo devi fare.

III *interiezione* **1** no: *Is it Monday today? No, it isn't,* È lunedì oggi? No, non lo è — *Aren't you busy? No, I'm not,* Non hai da fare? No. **2** *(usato enfaticamente dopo* not *o* nor*)* *I've not found better hotels anywhere; no, not even in Switzerland,* Non ho trovato alberghi migliori in nessun altro luogo; no, neppure in Svizzera.

IV (*usato come s.: pl.* **noes**) 'no'; risposta o votazione negativa o contraria: *The noes have it,* I voti contrari (I 'no') sono in maggioranza — *He wouldn't take no for an answer,* Non voleva accettare una risposta negativa.

[1]**nob** [nɔb] *s. (sl.)* testa; 'zucca'.

[2]**nob** [nɔb] *s. (sl.)* aristocratico; membro delle classi alte; *(per estensione)* riccone.

no-ball ['noubɔ:l] *s. (al cricket)* lancio irregolare della palla.

to **nobble** ['nɔbl] *vt (GB, sl.)* **1** drogare *(un cavallo da corsa)* per impedirgli di vincere. **2** ottenere (qcsa) in modo disonesto o per vie oscure.

nobility [nou'biliti] *s.* **1** nobiltà; elevatezza; distinzione *(d'animo, di carattere, di nascita o di rango).* **2** nobiltà; aristocrazia; i nobili (come classe sociale): *a member of the nobility,* un aristocratico — *to marry into the nobility,* entrare a far parte dell'aristocrazia attraverso il matrimonio.

noble ['noubl] *agg* **1** nobile; elevato; sublime: *noble sentiments,* sentimenti nobili (elevati) — *a man of noble rank (of noble birth),* un uomo di alto rango (di nobile nascita) — *a noble leader,* un capo dall'animo nobile — *a noble mind,* un animo nobile — *noble-minded, (agg.)* di sentimenti elevati — *noble-mindedness,* nobiltà d'animo. **2** splendido; superbo; grandioso: *a noble horse,* uno splendido cavallo — *a building planned on a noble scale,* un edificio concepito in modo grandioso. **3** *(chim.)* nobile: *noble metals,* metalli nobili *(oro, argento, platino, ecc.).*
□ *avv* **nobly**.
□ *s.* **1** nobile; persona di famiglia aristocratica. **2** *(stor., GB)* antica moneta d'oro.

nobleman ['noublmən] *s.* (*pl.* **noblemen**) nobiluomo; nobile.

noblesse [nou'bles] *s. (fr.)* la nobiltà; i nobili: *noblesse oblige, (fr.)* 'noblesse oblige' (il privilegio del rango impone degli obblighi).

noblewoman ['noubl,wumən] *s.* (*pl.* **noblewomen**) nobildonna.

nobody ['noubədi] *pron indef* **1** (*anche* **no-one***)* nessuno; nessuna persona: *We saw nobody we knew,* Non vedemmo nessuno di nostra conoscenza — *He said he would marry me or nobody,* Disse che avrebbe sposato me e nessun'altra — *Nobody could find my luggage,* Nessuno riuscì a trovarmi i bagagli — *Nobody else offered to help,* Nessun altro si offrì di dare una mano. **2** persona che non conta niente; nullità; zero; 'illustre sconosciuto' *(al sing. richiede l'art. indeterminativo): He's a nobody,* È una nullità — *Only a few nobodies attended the meeting,* Al raduno intervennero soltanto alcune personalità insignificanti (alcuni illustri sconosciuti).

noctambulist [nɔk'tæmbjulist] *s.* sonnambulo, sonnambula.

nocturnal [nɔk'tə:nl] *agg* notturno; fatto di notte; che avviene di notte.

nocturne ['nɔktə:n] *s. (fr.)* **1** *(arte)* notturno; scena che avviene di notte. **2** *(mus.)* notturno.

nod [nɔd] *s.* cenno del capo *(di saluto, affermativo, per dare un ordine, ecc.): He gave me a nod as he passed,* Passando mi fece col capo un cenno di saluto — *on the nod, (GB, comm.)* senza formalità.

to **nod** [nɔd] *vi* (**-dd-**) **1** accennare col capo; fare un cenno di saluto *(chinando leggermente il capo);* accennare di sì: *to have a nodding acquaintance with sb,* conoscere qcno solo superficialmente — *He nodded to show that he understood,* Fece un cenno col capo per dimostrare che aveva capito. **2** lasciar cadere il capo (mentre si sonnecchia); piegare, ciondolare il capo per il sonno: *She sat nodding by the fire,* Era seduta e sonnecchiava accanto al fuoco — *Even Homer sometimes nods, (prov.)* Anche Omero qualche volta sonnecchia. **3** **to nod off**, addormentarsi. **4** *(di fiori)* ondeggiare *(alla brezza, ecc.).*
□ *vt* muovere (il capo) per fare un cenno: *He nodded (his) approval,* Annuì in segno di approvazione; Mostrò con un cenno del capo la sua approvazione.

noddle ['nɔdl] *s. (fam.)* testa; 'zucca'.

node [noud] *s. (anat., bot.)* nodo.

nodular, nodulated ['nɔdjulə*/'nɔdjuleitid] *agg* nodoso; fatto a forma di nodo.

nodule ['nɔdju:l] *s.* nodulo.

Noel ['nouel] *s. (fr.)* Natale.

nog [nɔg] *s.* tassello.

noggin ['nɔgin] *s.* piccolo boccale; misura di capacità corrispondente a un quarto di pinta *(generalm. di liquore); (per estensione)* 'bicchierino'; 'goccia'.

no-go ['nou,gou] *agg (fam. e gergale: nelle espressioni)* *no-go area, (GB, fam.)* zona barricata per impedirvi l'accesso — *no-go gauge, (mecc.)* calibro non passa.

no-good ['nou,gud] *s. (fam.)* buono a nulla.

nohow ['nouhau] *avv (fam.)* **1** in nessun modo; per niente. **2** non a posto; sconvolto; scombussolato: *to feel (to look) all nohow,* sentirsi (sembrare) fuori posto.

noise [nɔiz] *s.* rumore; chiasso: *Don't make so much noise!,* Non fate tanto chiasso! — *What's the noise?,* Cos'è quel rumore? — *to make a big noise,* fare un gran chiasso; fare scalpore — *to make a noise in the world,* diventare celebre, famoso, noto in tutto il mondo — *to make noises,* far rumore, rumoreggiare (per manifestare disapprovazione) — *to make encouraging noises, (spesso scherz.)* fare dei rumori in segno di incoraggiamento; manifestare vivacemente la propria approvazione. □ *a big noise, (fam.)* una persona importante; un 'pezzo grosso'.

to **noise** [nɔiz] *vt (ant.: usato oggi nella forma* to noise sth abroad*)* divulgare; diffondere; render pubblico; strombazzare: *It was noised abroad that he had been arrested,* Si diffuse la notizia che era stato arrestato.

noiseless ['nɔizlis] *agg* senza rumore; silenzioso: *a noiseless typewriter,* una macchina da scrivere silenziosa. □ *avv* **noiselessly.**

noiselessness ['nɔizlisnis] *s.* silenzio; quiete; tranquillità; silenziosità.

noisiness ['nɔizinis] *s.* rumore; chiasso; *(di ragazzi, ecc.)* turbolenza.

noisome ['nɔisəm] *agg (spec. di odore)* disgustoso; fetido; puzzolente.

noisy ['nɔizi] *agg* (**-ier**; **-iest**) chiassoso; rumoroso; fragoroso; turbolento; fracassone: *noisy children,* bambini chiassosi — *a noisy classroom,* una classe (un'aula) rumorosa. □ *avv* **noisily.**

nomad ['nɔməd] *s.* nomade.

nomadic [nou'mædik] *agg* nomade. □ *avv* **nomadically.**

nom de plume ['nɔ:mdə'plu:m] *s. (espressione pseudo-francese)* pseudonimo *(di scrittore).*

nomenclature [nou'menklətʃə*] *s.* nomenclatura; terminologia.

nominal ['nɔminl] *agg* **1** nominale; non effettivo: *the nominal ruler of the country,* il sovrano nominale del paese — *nominal value,* valore nominale *(di azioni, ecc.).* **2** irrilevante; simbolico; *(comm.)* informativo; figurativo: *a nominal sum,* una somma simbolica — *a nominal rent,* un affitto nominale (irrisorio). □ *avv* **nominally.**

to **nominate** ['nɔmineit] *vt* **1** nominare; proporre per un'elezione; porre la candidatura *(di qcno): to nominate sb for the Presidency,* proporre qcno come candidato alla Presidenza. **2** designare; qualificare *(per una carica o un impiego): a committee of five nominated members and eight elected members,* un comitato di cinque membri designati ed otto membri eletti.

nomination [,nɔmi'neiʃən] *s.* **1** nomina; designazione. **2** qualifica; diritto di nomina.

nominative ['nɔminətiv] *agg e s. (gramm.)* nominativo.

nominee [,nɔmi'ni:] *s.* persona nominata o designata per un incarico.

non [nɔn] *avv (lat.)* non: *(nelle espressioni) non compos mentis,* mentalmente squilibrato — *non sequitur,* inconseguenza; risultato paradossale.
□ *come prefisso:* **non-**, *(per esempio in) non-alcoholic,* analcolico — *non-union, (agg.)* non appartenente ad un sindacato — *non-white, (s.)* persona non di razza bianca; *(generalm.)* negro; negra — *NB: i composti di* **non-** *si trovano come lemmi autonomi* ⇨ **non-acceptance, non-aggression, non-alcoholic,** *ecc.*

non-acceptance ['nɔnək'septəns] *s. (comm.)* mancata accettazione.

nonage ['nounidʒ/'nɔnidʒ] *s.* minore età; minorità.

nonagenarian [,nɔnədʒi'nεəriən] *agg* nonagenario.

non-aggression ['nɔnə'greʃən] *s. (nell'espressione) non-aggression pact,* patto di non-aggressione.

non-alcoholic ['nɔn,ælkə'hɔlic] *agg* analcolico.

non-aligned ['nɔnə'laind] *agg (politica)* non impegnato; non allineato; che non s'è schierato *(con un gruppo di potenze).*

non-alignment ['nɔnə'lainmənt] *s. (politica)* non allineamento; neutralismo.

non-appearance ['nɔnə'piərəns] *s. (dir.)* assenza; mancata comparizione.

non-arrival ['nɔnə,raivəl] *s.* mancato arrivo.

non-belligerent ['nɔnbi'lidʒərənt] *s.* non belligerante.

nonce [nɔns] *s. (solo nelle espressioni) for the nonce,* per il momento; per questa volta; per l'occasione — *nonce-word,* parola coniata per l'occasione.

nonchalance ['nɔnʃələns] *s.* noncuranza; disinvoltura; distacco.

nonchalant ['nɔnʃələnt] *agg* noncurante; disinvolto; indifferente. □ *avv* **nonchalantly.**

non-combatant ['nɔn'kʌmbətənt] *s.* **1** militare non combattente *(p.es. medico, cappellano).* **2** *(meno comune)* civile; borghese *(in tempo di guerra).*

non-commissioned ['nɔnkə'miʃənd] *agg (letteralm.)* non patentato; *(solo nell'espressione) non-commissioned officer (generalm. abbr. in* N.C.O.*),* sottufficiale.

non-committal ['nɔnkə'mitl] *agg (di risposta, ecc.)* non impegnativo; vago.

non-compliance ['nɔnkəm'plaiəns] *s.* inadempienza; rifiuto di obbedire.

non-conducting ['nɔnkən'dʌktiŋ] *agg (elettr.)* non conduttore; coibente; isolante.

non-conductor ['nɔnkən'dʌktə*] *s.* materiale isolante; coibente.

non-conformist ['nɔnkən'fɔ:mist] *s. e agg (stor., religione)* anticonformista *(nel XVII secolo in Scozia);* dissidente *(da una Chiesa costituita);* non appartenente alla Chiesa Anglicana.

non-conformity ['nɔnkən'fɔ:miti] *s.* anticonformismo; dissidenza *(da una Chiesa costituita, spec. da quella anglicana).*

non-contentious ['nɔnkən'tenʃəs] *agg (di opinione, ecc.)* pacifico; accettato da tutti; non controverso; *(dir.: causa)* non originata da una controversia.

non-delivery ['nɔndi'livəri] *s. (comm.)* mancata consegna *(di merci).*

nondescript ['nɔndiskript] *agg e s.* (persona o cosa) difficilmente classificabile; di carattere non ben definito; *(per estensione)* (persona o cosa) di poco conto.

none [nʌn] **I** *pron (di persona o di cosa)* **1** nessuno; non uno; neppure uno; niente; proprio nulla: *None of them has (have) come back yet,* Nessuno di loro è ancora ritornato — *I wanted some string but there was none in the house,* Avevo bisogno di spago, ma non ce n'era in casa — *'Is there any coal left?' - 'No, none at all',* 'C'è rimasto ancora del carbone?' - 'No, proprio niente' — *He is aware, none better than he, that...,* Nessuno più di lui è consapevole che... — *none other than...,* nientemeno che... — *The new arrival was none other than the President,* Il nuovo arrivato era nientemeno il Presidente in persona — *none but...,* nessuno tranne...; solamente...; soltanto... — *They chose none but the best,* Non scelsero se non i migliori (il meglio) — *They looked down on the plain, but village there was none, (lett.)* Guardarono giù verso il piano, ma non videro alcun villaggio — *Sounds there were none save the murmur of the bees, (lett.)* All'infuori del ronzio delle api non si udivano altri suoni.

2 *(in frasi ingiuntive quali) None of that!,* Basta!; Smettila! — *None of your impudence!,* Sfacciato, smettila!; Basta con quest'impudenza!

II *avv* non... (affatto); niente affatto; per niente; in nessun (alcun) modo: *I hope you're none the worse for that fall,* Spero che tu non stia male dopo quella caduta — *to think none the worse of sb,* avere sempre stima di qcno — *She was feeling none too well,* Non si sentiva affatto bene — *none too soon,* non certo troppo presto — *I'm afraid I'm none the wiser for your explanation,* Temo di non saperne di più malgrado i tuoi chiarimenti — *The salary they pay me is none too high,* Lo stipendio che mi danno è tutt'altro che lauto — *There are none so deaf as those who won't hear, (prov.)* Non c'è peggior sordo di chi non vuole sentire.

nonentity [nɔ'nentiti] *s.* **1** persona di nessuna importanza; nullità. **2** *(non comune)* persona o cosa inesistente o immaginaria.

nones [nounz] *s. pl* **1** *(stor.)* none *(del calendario romano).* **2** *(religione)* nona; ora nona.

non-essential ['nɔni'senʃəl] *agg* non essenziale.

nonesuch, nonsuch ['nʌnsʌtʃ] *s.* persona o cosa senza pari.

non-event ['nɔni'vent] *s.* avvenimento-cilecca; fiasco: *In my opinion, the moon-landing was the non-event of the year,* Secondo me lo sbarco sulla luna è stato l'avvenimento-cilecca dell'anno.

non-existence ['nɔnig'zistəns] *s.* inesistenza; il non essere.

non-existent ['nɔnig'zistənt] *agg* inesistente.

non-fiction ['nɔn,fikʃən] *s.* opere non narrative *(diaristica, epistolari, discorsi, saggistica in generale).*

non-interference ['nɔn,intə'fiərəns] *s. (politica)* non-interferenza; neutralità.

non-intervention ['nɔn,intə'venʃən] *s. (politica)* non-intervento; neutralità.

non-member ['nɔn'membə*] *s. (di un club)* estraneo; non socio.

non-observance ['nɔnəb'zə:vəns] *s. (di una clausola, ecc.)* inosservanza.

nonpareil ['nɔnpərel] *agg* unico; ineguagliabile; senza pari.

☐ *s.* **1** persona impareggiabile. **2** *(tipografia)* corpo 6; nompariglia.

non-payment ['nɔn'peimənt] *s.* mancato pagamento.

to **nonplus** ['nɔn'plʌs] *vt* **(-ss-)** imbarazzare; sconcertare; lasciare perplessi.

non-profit-making ['nɔn'prɔfit'meikiŋ] *agg* senza scopo di lucro.

non-resident ['nɔn'rezidənt] *s.* (persona) non residente; ospite; persona di passaggio; *(in un albergo)* chi non pernotta.

☐ *agg* non residente.

non-resistance ['nɔnri'zistəns] *s.* resistenza passiva.

nonsense ['nɔnsəns] *s.* nonsenso; controsenso; sciocchezza (-e); stupidaggine (i); assurdità: *a piece of nonsense,* una sciocchezza — *to talk nonsense,* dire sciocchezze — *Nonsense! I don't believe a word of it,* Sciocchezze! Non credo a una sola parola — *I want no more of your nonsense!,* Non ne voglio più sapere delle tue fesserie! — *to make nonsense of sth,* rendere assurda (invalida, inutile) qcsa — *nonsense verse,* 'nonsense'; poesie senza significato e con parole inventate *(spec. quelle di Edward Lear, 1812-1888).*

☐ *to knock the nonsense out of sb,* far tornare in senno qcno.

nonsensical [nɔn'sensikəl] *agg* senza senso; assurdo; sciocco. ☐ *avv* **nonsensically.**

non-skid ['nɔnskid] *agg* anti-sdrucciolevole.

non-starter ['nɔn'stɑ:tə*] *s.* **1** cavallo da corsa che viene ritirato prima della partenza. **2** persona *(spec. un candidato)* o cosa senza possibilità di successo.

non-stick ['nɔnstik] *agg (p.es. di una padella)* con rivestimento antiaderente.

non-stop ['nɔn'stɔp] *agg (di viaggio e di mezzo di trasporto)* diretto; senza fermate; senza scalo.

☐ *avv* ininterrottamente; senza pausa: *She went on non-stop about her operation till I thought I should scream,* Continuò ininterrottamente a parlarmi della sua operazione, finché mi venne voglia di urlare.

non-U ['nɔn'ju:] *agg* ⇨ **U, u.**

[1]**noodle** ['nu:dl] *s.* sciocco; gonzo; minchione; sempliciore.

[2]**noodle** ['nu:dl] *s. (generalm. al pl.)* taglierini; tagliatelle *(spec. di tipo cinese): crispy noodles,* tagliatelle croccanti *(cioè fritte, servite spesso come contorno nella cucina cinese).*

nook [nuk] *s.* angolino; cantuccio: *to search every nook and cranny,* frugare per ogni dove, in ogni angolo.

noon [nu:n] *s. (anche* **noon-day, noon-tide,** *spec. attrib.)* mezzogiorno: *at noon,* a mezzogiorno — *the noon gun,* il cannone di mezzogiorno.

no-one ['nouwʌn] *pron* = **nobody 1.**

noose [nu:s] *s.* nodo scorsoio; cappio; laccio; trappola; *(fig.)* vincolo coniugale: *the hangman's noose,* il nodo del boia — *to put one's head in the noose, (fig.)* metter la testa nel cappio; lasciarsi accalappiare.

to **noose** [nu:s] *vt* **1** accalappiare; intrappolare. **2** fare un nodo scorsoio (a qcsa).

no-par ['nou'pɑ:*] *agg (econ.: di azioni)* senza valore nominale.

nope [noup] *interiezione (fam.)* no! *(enfatico).*

nor [nɔ:*] *congiunz* **1** *(di solito correlativo di* neither *o di un altro* nor*)* e neppure; né; neanche; e nemmeno: *I have neither time nor money for night clubs,* Non ho né tempo né denaro per frequentare i locali notturni — *Not a flower nor even a blade of grass will grow in this desert,* Non un fiore né un filo d'erba crescerà in questo deserto.

2 *(con l'inversione del v. e del soggetto)* e neppure; e... non; né: *He can't do it; nor can I, nor can you,* Lui non può farlo, e neppure io, e neppure tu — ... Nor is that all, ... E questo non è tutto; ... E c'è ancora dell'altro — *Nor will I deny that...,* Non negherò neppure che...

nor' [nɔ:*] *abbr di* **north** *(spec. nelle espressioni composte:* nor'west, ecc.: ⇨ **north IV**).

Nordic ['nɔ:dik] *s. e agg* nordico; di razza nordica, scandinava.

Norfolk ['nɔ:fək] *nome proprio* Norfolk *(contea inglese): Norfolk-jacket,* tipo di giacca maschile *(ampia, con cintura).*

norm [nɔ:m] *s.* **1** norma; modello; tipo: *to depart from the norm,* scostarsi dalla norma. **2** *(in certe industrie)* quantitativo minimo *(di lavoro)* da produrre in una giornata lavorativa; quota: *to fulfil one's norm,* portare a termine il lavoro dovuto; rispettare la 'norma'.

normal ['nɔːməl] *agg* normale; regolare; conforme. □ *avv* **normally.**
□ *s.* normale: *above (below) normal,* al disopra (al disotto) della norma.
normalcy ['nɔːməlsi] *s.* normalità.
normality [nɔː'mæliti] *s.* normalità.
normalization [,nɔːməlai'zeiʃən] *s.* normalizzazione; ritorno alla normalità.
to **normalize** ['nɔːməlaiz] *vt* normalizzare; ricondurre alla normalità.
Norman ['nɔːmən] *s. (spec. stor.)* normanno; abitante della Normandia.
□ *agg* normanno: *the Norman Conquest,* la conquista normanna dell'Inghilterra *(nel 1066)* — *Norman architecture,* architettura normanna (romanica).
normative ['nɔːmətiv] *agg* normativo.
Norse [nɔːs] *s.* lingua norvegese; *(generalm.) Old Norse,* norreno.
□ *agg* norvegese; scandinavo *(antico).*
north [nɔːθ] **I** *s.* nord; settentrione; parte settentrionale: *the north of England,* il nord dell'Inghilterra — *cold winds from the north,* venti freddi provenienti dal settentrione.
II *avv* a nord; in direzione nord; verso nord: *sailing north,* navigando verso nord.
III *agg attrib* settentrionale; del nord; nordico: *the North Star,* la Stella del Nord; la Stella Polare — *the North Pole,* il polo nord — *North Wales,* il Galles del nord (settentrionale) — *a north wind,* un vento del nord — *a north light,* una luce proveniente da nord — *the North Country,* la parte settentrionale dell'Inghilterra — *a north countryman,* un abitante del nord.
IV (*composti: anche* **nor'**) *north-east; north-west (abbr. in* NE., NW.*) s., agg e avv* nord-est; nord-ovest — *north-north-east; north-north-west (abbr. in* NNE., NNW.*) s., agg e avv* nord-nord-est; nord-nord-ovest — *north-easter,* forte vento, burrasca (che soffia) da nord-est — *north-easterly, (di vento)* che soffia da nord-est; *(di direzione)* verso nord-est — *north-wester,* forte vento, burrasca (che soffia) da nord-ovest — *north-westerly, (di vento)* che soffia da nord-ovest; *(di direzione)* verso nord-ovest — *north-eastern,* di (da, situato a) nord-est — *north-western,* di (da, situato a) nord-ovest.
northbound ['nɔːθbaund] *agg* diretto verso nord.
northerly ['nɔːðəli] *agg e avv (di vento)* del nord; nordico; verso il nord; nel nord; a nord; in direzione nord.
northern ['nɔːðən] *agg* settentrionale; nordico: *the northern hemisphere,* l'emisfero settentrionale — *the northern lights,* le luci del nord; l'aurora boreale.
northerner ['nɔːðənə*] *s.* nordico; abitante di una regione settentrionale.
northernmost ['nɔːðənmoust] *agg* (il) più a nord; dell'estremo nord.
northing ['nɔːθiŋ] *s.* **1** *(naut.)* distanza coperta navigando verso nord; differenza di latitudine procedendo verso nord. **2** *(astronomia)* declinazione nord.
Northman ['nɔːθmən] *s.* (*pl.* **Northmen**) norvegese; scandinavo; vichingo.
northward(s) ['nɔːθwəd(z)] *avv* verso il nord; in direzione nord.
Norwegian [nɔː'wiːdʒən] *s.* norvegese. □ *agg* lingua norvegese.
nose [nouz] *s.* **1** naso; *(di animale)* muso: *a Roman nose,* un naso aquilino — *a hooked nose,* un naso adunco — *nose-drops,* gocce nasali (per il naso) — *to hit a man on the nose,* colpire un uomo al naso — *to follow one's nose,* andare dietro il proprio naso; andare a naso — *to lead sb by the nose,* menare qcno per il naso — *to poke (to push, to thrust) one's nose into sth,* ficcare il naso in qcsa — *to keep one's nose out of other people's business,* non ficcare il naso nelle faccende altrui — *to turn one's nose up (at sth),* arricciare il naso (davanti a qcsa) — *under one's very nose,* - **a)** proprio sotto il naso - **b)** proprio in faccia — *nose-ring,* anello al naso. **2** fiuto; odorato: *a dog with a good nose,* un cane con un buon fiuto — *an old man with a nose for scandal,* un vecchio con il fiuto per gli scandali. **3** estremità anteriore; musone *(di aereo);* muso *(di vecchia automobile);* ogiva *(di pallottola);* prua; prora *(di nave, di barca): nose-wheel,* carrello anteriore *(di un aereo)* — *nose-dive,* picchiata in candela *(di un velivolo);* caduta vertiginosa *(di prezzi)* — *to nose-dive,* picchiare; scendere in picchiata; cadere vertiginosamente *(di prezzi)* — *nose-cone, (di missile)* cono — *nose-heavy,* appruato.
□ *to cut off one's nose to spite one's face, (letteralm.)* tagliarsi il naso per fare dispetto alla propria faccia; andar contro i propri interessi cedendo alla rabbia; darsi la zappa sui piedi — *to keep sb's nose to the grindstone,* inchiodare qcno alla macina; tenere (costringere) qcno a lavorare senza tregua — *to pay through the nose,* pagare un prezzo eccessivo — *to bite (to snap) sb's nose off,* rispondere seccamente a qcno — *to count (to tell) noses,* contare le teste; contare i presenti — *to rub sb's nose in sth (in it, in the mud),* far constatare a qcno la sgradevole realtà di qcsa — *as plain as the nose on one's face,* chiaro come il sole; evidente — *to put sb's nose out of joint,* giocare un brutto tiro a qcno; sconvolgere i piani di qcno — *nose-flute,* tipo di flauto asiatico — *the parson's nose,* il boccone del prete.
to **nose** [nouz] *vt e i.* **1** *(generalm. seguito da un avv. di moto:* along, through, *ecc.)* andare avanti lentamente; avanzare; farsi strada: *The ship nosed its way slowly through the ice,* La nave si faceva strada lentamente attraverso il ghiaccio. **2** *(generalm. seguito da* out*)* fiutare; scoprire (con il fiuto): *The dog nosed out a rat,* Il cane fiutò un topo — *That man will nose out a scandal anywhere,* Quell'uomo fiuta scandali dovunque. **3** *(generalm. seguito da* about, around, in, into, *ecc.)* andare in cerca (di qcsa); fiutare; ficcare il naso in qcsa; curiosare: *a man who is always nosing into other people's affairs,* un uomo che ficca sempre il naso negli affari degli altri.
nosebag ['nouzbæg] *s.* sacco del foraggio *(sospeso al collo dei cavalli, ecc.).*
nosebleed ['nouzbliːd] *s.* emorragia nasale; epistassi.
-nosed [nouzd] *agg (nei composti, preceduto ad un agg.)* nasuto; dal naso...: *red-nosed,* dal naso rosso — *long-nosed,* dal naso lungo.
nose-dive, to **nose-dive** ['nouz,daiv] *s. e vi* ⇨ **nose 3.**
nosegay ['nouzgei] *s.* mazzolino di fiori ed erbe profumate.
nosewarmer ['nouzwɔːmə*] *s. (fam.)* pipa corta.
nosey, nosy ['nouzi] *agg* **1** *(raro)* dal naso grande. **2** *(sl.)* ficcanaso: *Nosey Parker, (GB)* ficcanaso; persona oltremodo curiosa; spione. □ *avv* **nosily.**
nosh [nɔʃ] *s. (sl.: dallo 'yiddish')* cibo: *a nosh-up,* una bella mangiata; un'abbuffata.
to **nosh** [nɔʃ] *vi (sl.)* mangiare.
nosh-up ['nɔʃʌp] *s.* ⇨ **nosh.**
nostalgia [nɔs'tældʒiə] *s.* nostalgia.
nostalgic [nɔs'tældʒik] *agg* nostalgico. □ *avv* **nostalgically.**
nostril ['nɔstril] *s.* narice.

no-strings ['noustriŋz] *agg (di offerta: anche* no strings attached*)* senza condizioni (restrizioni).

nostrum ['nɔstrəm] *s. (lat.)* panacea; toccasana.

not [nɔt] *avv (particella di negazione)* **1** non; niente; per niente; non... affatto; non... mica; *(con i verbi ausiliari viene spesso contratto in* -n't: *p.es. in* haven't, doesn't, aren't*): He is not (He isn't) older than I,* Non è più vecchio di me — *Are you going there or aren't you?,* Ci vai o no? — *You are going there, are you not? (più comune: aren't you),* Ci vai, no? — *He warned me not to be late,* Mi raccomandò di non arrivare in ritardo — *You were wrong in not making a protest; You were wrong not to protest,* Facesti male a non protestare — *to be or not to be,* essere o non essere — *Weep not!, (ant.)* Non piangere! — *Fear not!, (ant.)* Non temere!

2 no; di no: *'Can you come next week?'* - *'I'm afraid not',* 'Puoi venire la settimana prossima?' - 'Temo di no' — *'Will it rain this afternoon?'* - *'I hope not',* 'Pioverà questo pomeriggio?' - 'Spero di no' — *perhaps not; maybe not,* forse no.

☐ *not a few,* non pochi — *not even,* neanche; neppure — *not seldom,* non raramente — *not without reason,* non senza ragione — *not half..., (con agg. o avv.)* molto...; assai... — *Are you glad we came? Not half!,* Sei contento che siamo venuti? Direi! — *He wasn't half angry!, (fam.)* Era incavolatissimo! — *the not-so-distant past,* un passato non tanto lontano — *not at all,* - **a)** niente affatto; per niente - **b)** *(rispondendo ad un 'grazie')* prego; di niente — *'Are you tired?'* - *'Not at all' ('Not in the least'),* 'Sei stanco?' - 'Per niente' — *'Thank you very much'* - *'Not at all',* 'Grazie mille' - 'Prego, di niente' — *not that...,* non che... — *If he said so - not that I ever heard him say so - he told a lie,* Se ha detto questo - non che glielo abbia mai sentito dire - ha detto una bugia — *not but what (that),* nondimeno; però; benché — *I can't do it, not but what (that) a younger man might be able to,* Io non posso farlo, benché un uomo più giovane lo potrebbe (fare) — *(as) likely as not; like as not,* probabilmente — *He'll be at home now, (as) likely as not,* Sarà a casa adesso, probabilmente — *not half* ⇨ **half, II,** *avv.*

notability [,noutə'biliti] *s.* **1** autorevolezza; cospicuità. **2** persona importante, dotata di autorevolezza.

notable ['noutəbl] *agg* notevole; considerevole.

☐ *avv* **notably.**

☐ *s.* notabile; personaggio importante.

notary ['noutəri] *s. (spesso* notary public*)* notaio.

notation [nou'teiʃən] *s.* **1** *(mus.)* notazione. **2** *(matematica)* numerazione. **3** *(USA)* annotazione.

notch [nɔtʃ] **1** incavo a forma di V; dentellatura; tacca. **2** *(anat.)* incisura. **3** *(USA)* gola; stretto passo fra le montagne.

to **notch** [nɔtʃ] *vt* **1** intagliare; fare una tacca a forma di V. **2 to notch up,** *(fam.)* segnare *(punti, vittorie, ecc.).*

notchback ['nɔtʃbæk] *s. (USA)* automobile con bagagliera a sbalzo.

note [nout] *s.* **1** nota; annotazione; appunto: *He spoke for an hour without (any) notes,* Parlò per un'ora senza nessun appunto — *a new edition of 'Hamlet' with copious notes,* una nuova edizione dell''Amleto' ricca di note — *to take notes,* prendere appunti — *foot-notes,* note a piè di pagina — *marginal note,* postilla — *to take note of sth,* prendere nota di qcsa — *note-book,* libretto per appunti; taccuino — *note-pad,* 'bloc-notes'.

2 biglietto; breve missiva; breve comunicazione; nota *(anche diplomatica): a note of thanks; a thank-you note,* un biglietto di ringraziamento — *an exchange of notes between two governments,* uno scambio di note fra due governi — *note-paper,* carta da lettere.

3 osservazione; commento; opinione: *He was comparing notes with a friend,* Stava scambiando le sue osservazioni con un amico.

4 *(mus. e fig.)* nota: *the blackbird's merry note,* la nota gaia del merlo — *half-note,* semitono — *to strike the right note, (fig.)* toccare il tasto giusto — *to strike (to sound) a false note, (fig.)* toccare una nota falsa — *There was a note of self-satisfaction in his speech,* C'era una nota di compiacimento nel suo discorso.

5 distinzione; importanza; rinomanza; chiara fama: *a family of note,* una famiglia importante — *to be worthy of note,* essere degno di nota — *an historian of note,* uno storico di chiara fama.

6 *(comm.)* cedola; bolla; acconto; polizza di pagamento: *advice note,* avviso — *credit (debit) note,* nota di credito (debito) — *sale note,* parcella.

7 *(anche* bank note*)* banconota; biglietto *(di banca): The payment was made in five-pound notes,* Il versamento si effettuò in biglietti da cinque sterline — *a promissory note,* un pagherò cambiario — *note-case,* portafoglio.

to **note** [nout] *vt* **1** notare; fare attenzione; rilevare; osservare; accorgersi: *Please note my words,* Vi prego di fare attenzione alle mie parole — *Note how to do it; Note how it's done,* Notate come si fa — *She noted that his hands were dirty,* Si accorse che le mani di lui erano sporche. **2 to note down,** annotare; prendere nota *(di qcsa): The policeman noted down every word I said,* Il poliziotto prese nota di ogni parola che dissi.

notebook ['noutbuk] *s.* ⇨ **note 1.**

notecase ['noutkeis] *s.* ⇨ **note 7.**

noted ['noutid] *agg* famoso; noto; notevole; importante: *a town noted for its pottery,* una città famosa per le sue ceramiche — *a noted scholar,* un noto studioso.

notelet ['noutlit] *s.* bigliettino; noticina.

notepad ['noutpæd] *s.* ⇨ **note 1.**

noteworthy ['nout,wə:ði] *agg* degno di nota; notevole; importante.

nothing ['nʌθiŋ] **I** *s. e pron indef* **1** niente; nulla; nessuna cosa: *Nothing doing!,* Niente da fare! — *He knows nothing whatever about it,* Non ne sa assolutamente nulla — *nothing else,* nient'altro — *next to nothing,* quasi niente — *nothing at all,* un bel niente — *nothing much,* poco o nulla; poca roba — *There's nothing interesting in the newspaper today,* Non c'è niente d'interessante nel giornale oggi — *He's had nothing to eat yet,* Non ha ancora avuto niente da mangiare — *Nothing ever pleases her,* Non le piace mai niente — *He is five foot nothing,* È alto esattamente cinque piedi — *There's nothing like leather for shoes,* Non c'è niente come il cuoio per le scarpe — *to have nothing to do with...,* non avere alcun rapporto o relazione con...; non avere nulla a che fare con qcno (qcsa) — *I advise you to have nothing to do with that man,* Ti consiglio di non avere nulla a che fare con quell'individuo — *This has nothing to do with you,* Questo non ti riguarda — *That's got nothing to do with it!,* Non c'entra! — *Six months' work all gone for nothing!,* Sei mesi di lavoro buttati via per niente! — *She's nothing to him,* Lei non è niente per lui — *My losses are nothing to yours,* Le mie perdite sono niente a confronto delle tue — *for nothing,* - **a)** gratis; per niente: *He had it for nothing,* L'ha ricevuto gratis - **b)** senza alcun risultato; inutilmente: *It was not for nothing that he spent three years studying the subject,* Non per nulla passò tre anni a studiare l'argomento. **2** *(di persona)* nullità; persona di nessun conto: *The President would be nothing without his wife,* Il Presidente non sarebbe nessuno senza la moglie. **3** *(matematica)* zero. **4** cosa di nessuna importanza.

□ *to make nothing of sth,* non riuscire a capire niente di una cosa — *There's nothing to it,* Non è affatto difficile; È semplicissimo — *to think nothing of sth,* non tenere in nessun conto qcsa — *He thinks nothing of a twenty-mile walk (of walking twenty miles),* Per lui una camminata di venti miglia è una bazzecola — *to come to nothing,* andare a finire in nulla; fallire; non farne niente — *to say nothing of...,* per non dire...; senza contare... — *He had his wife and seven children with him in the car, to say nothing of two dogs,* Nell'auto aveva la moglie e sette bambini, per non contare anche due cani.

II *avv* niente affatto; in alcun modo; per nulla; per niente; minimamente: *nothing daunted,* per nulla intimorito — *The house is nothing near as large as I expected,* La casa non è affatto così grande come me l'aspettavo — *His new book is nothing like as good as his earlier books,* Il suo nuovo libro non è per nulla all'altezza di quelli che ha scritto in precedenza.

nothingness ['nʌθiŋnis] *s.* **1** il nulla; il non essere. **2** inutilità; insignificanza. **3** cosa da nulla; bazzecola.

notice ['noutis] *s.* **1** avviso; annuncio; affissione: *to put up a notice,* esporre (affiggere) un avviso — *notices of births, deaths, and marriages, (sui giornali)* annunci di nascite, di morti e matrimoni — *church notices,* annunci parrocchiali — *notice-board,* tabellone per annunci; bacheca. **2** preavviso; intimazione; ordinanza; disdetta; licenziamento: *... until further notice,* ... fino a nuovo avviso — *to do sth at short notice,* fare qcsa quasi senza preavviso — *to give notice,* licenziarsi; dare il preavviso — *to give a servant a month's notice,* dare ad un domestico un mese di preavviso — *The cook left without (giving) notice,* La cuoca si licenziò senza preavviso — *notice to quit,* disdetta di un affitto; sfratto. **3** attenzione: *to bring sth to a person's notice,* sottoporre qcsa all'attenzione di una persona — *Take no notice of what they say,* Non fare caso a quello che dicono — *The patient is sitting up and taking notice,* Il paziente riesce già a stare seduto e dà segni di interesse — *It has come to our notice that...,* Siamo venuti a sapere che...; Ci è giunta notizia che... — *Their insults should be beneath your notice,* I loro insulti non meritano di essere presi in considerazione. **4** recensione.

to **notice** ['noutis] *vt e i.* **1** notare; fare attenzione; fare caso; osservare; accorgersi: *I didn't notice her,* Non l'ho notata — *I noticed that he left early,* Mi accorsi che se ne andò via presto — *I didn't notice,* Non me ne sono accorto; Non prestavo attenzione — *Did you notice him pause?,* Hai notato che ha fatto una pausa? — *Did you notice his hand shaking?,* Ti sei accorto che la sua mano tremava? — *He was too proud to notice me,* Era troppo orgoglioso per accorgersi di me. **2** recensire.

noticeable ['noutisəbl] *agg* evidente; notevole.
□ *avv* **noticeably.**

notifiable ['noutifaiəbl] *agg* che si deve denunciare, notificare *(spec. all'autorità sanitaria).*

notification [,noutifi'keiʃən] *s.* notifica; denuncia.

to **notify** ['noutifai] *vt* avvisare; informare; notificare; comunicare; denunciare: *to notify sb of sth,* informare qcno di qcsa.

notion ['nouʃən] *s.* **1** nozione; idea; opinione: *I have no notion (I haven't the vaguest notion) of what he was after,* Non ho la minima idea di che cosa cercasse (volesse). **2** *(USA, al pl.)* chincaglierie; merce di poco valore.

notional ['nouʃənl] *agg* **1** nozionale. **2** speculativo; concettuale; non sperimentale. **3** nominale; emblematico; simbolico. □ *avv* **notionally.**

notoriety [,noutə'raiəti] *s.* notorietà.

notorious [nou'tɔ:riəs] *agg* famigerato; famoso: *It is notorious that he takes bribes,* È risaputo che accetta le bustarelle. □ *avv* **notoriously.**

notwithstanding [,nɔtwið'stændiŋ] *prep* malgrado; nonostante; a dispetto di.
□ *avv* nondimeno; lo stesso; ciononostante.
□ *congiunz* benché; quantunque; sebbene.

nougat ['nu:gɑ:] *s. (fr.)* torrone morbido.

nought [nɔ:t] *s. (matematica)* zero: *nought point one (0.1),* zero virgola uno (0,1) — *noughts and crosses,* gioco che consiste nel segnare degli zeri e delle croci su un certo numero di quadretti verticali e orizzontali.
□ *per 'to set at nought', 'to come to nought', ecc.* ⇨ **naught 1.**

noun [naun] *s. (gramm.)* nome; sostantivo.

to **nourish** ['nʌriʃ] *vt* nutrire; alimentare *(anche fig.): nourishing food,* cibo nutriente — *to nourish the soil,* nutrire (concimare) il terreno — *to nourish hope in one's heart,* nutrire speranze nel proprio cuore.

nourishment ['nʌriʃmənt] *s.* nutrimento; cibo.

nous [naus] *s. (dal greco antico)* **1** ragione. **2** *(fam.)* buonsenso; senso pratico; iniziativa; accortezza.

nouveau pauvre ['nuvou'pouvr] *s. (fr., generalm. al pl.:* **nouveaux pauvres**) i 'nuovi poveri'.

nouveau riche ['nuvou'ri:ʃ] *s. (fr., generalm. al pl.:* **nouveaux riches**) 'parvenu'; nuovo ricco; arricchito.

[1]**novel** ['nɔvəl] *agg* insolito; nuovo e strano; inedito.

[2]**novel** ['nɔvəl] *s.* **1** romanzo: *a biographical novel,* un romanzo biografico — *the novel,* la novellistica — *a detective novel,* un romanzo poliziesco; un 'giallo'. **2** *(dir., stor., al pl.)* Novelle *(del codice di Giustiniano).*

novelette [,nɔvə'let] *s.* romanzo breve.

novelist ['nɔvəlist] *s.* romanziere; scrittore *(di romanzi).*

novelty ['nɔvəlti] *s.* **1** novità (innovazione). **2** *(al pl.:* novelties*)* chincaglierie; merce di poco prezzo e di tipo vario.

November [nou'vembə*] *s.* novembre.

novice ['nɔvis] *s.* novizio, novizia; principiante.

noviciate, novitiate [nou'viʃiit] *s.* noviziato; apprendistato; tirocinio.

now [nau] **I** *avv* **1** adesso; ora; attualmente; al presente: *Where are you living now?,* Dove abiti adesso? — *Now is the best time to visit Devon,* Adesso è il momento migliore per visitare il Devonshire — *Now stop quarrelling and listen to me,* Ora smettete di discutere ed ascoltatemi — *I cannot ever believe you again now,* Ora non potrò crederti mai più.

by now, ormai: *He will be in London by now,* Sarà a Londra ormai (a quest'ora).

from now on (onwards), d'ora in poi: *From now onwards I shall be much stricter,* D'ora in avanti sarò molto più severo.

(every) now and then; (every) now and again, ogni tanto; di tanto in tanto: *We go to the opera now and then,* Andiamo all'opera di tanto in tanto.

just now, - **a)** in questo momento; per il momento; proprio adesso: *I'm busy just now,* Sono occupato in questo momento — *Not just now, thank you,* Non adesso, grazie - **b)** poco fa; un minuto fa: *I saw him just now,* L'ho visto un momento fa.

up to (till, until) now, finora: *Up to now we have been lucky,* Fino ad ora siamo stati fortunati.
2 dunque; quindi; orbene; allora; adesso; ora: *Now what happened was this,* Orbene, questo fu quanto accadde — *No nonsense now,* Niente sciocchezze, adesso — *now then,* allora — *Now then, what mischief are you up to?,* Allora, che pasticcio stai combinando?
3 *(spesso* right now*)* subito; immediatamente: *Do it now,* Fallo subito — *Now or never!,* Subito o mai!
II *congiunz (spesso* now that*)* ora che; dal momento che: *Now that you mention it I do remember,* Adesso che lo dici mi ricordo — *Now (that) you're grown up, you must stop this childish behaviour,* Dal momento che sei ormai cresciuto, devi smetterla con questo comportamento infantile.

nowadays ['nauədeiz] *avv* oggigiorno; oggidì; al giorno d'oggi.

nowhere ['nouwεə*] *avv* in nessun luogo; da nessuna parte; in nessun posto: *The boy was nowhere to be found,* Non si riusciva a trovare il ragazzo da nessuna parte — *He came out of nowhere,* Comparve improvvisamente come dal nulla — *nowhere else,* in nessun altro posto; da nessun'altra parte — *to come nowhere, (in una gara)* non piazzarsi; arrivare tra gli ultimi — *to get nowhere* ⇨ **to get 5.** □ **nowhere near...,** - **a)** molto lontano (da)...: *Manchester is nowhere near the Thames,* Manchester non è per nulla vicina al Tamigi - **b)** neanche lontanamente...; niente affatto...: *This is nowhere near enough,* Questo è ben lontano dall'essere sufficiente.

nowise ['nouwaiz] *avv (ant.)* per niente; in nessun modo.

noxious ['nɔkʃəs] *agg* nocivo; dannoso. □ *avv* **noxiously.**

noxiousness ['nɔkʃəsnis] *s.* dannosità; nocività.

nozzle ['nɔzl] *s.* ugello; becco; beccuccio *(di tubo);* boccaglio.

nth [enθ] ⇨ **N, n.**

nuance [nju(:)'ɑ̃ns] *s. (fr.)* sfumatura.

nub [nʌb] *s.* **1** pezzetto; frammento *(spec. di carbone).* **2** *(fam., fig.)* nocciolo; punto essenziale.

nubile ['nju:bail] *agg* nubile.

nuclear ['nju:kliə*] *agg* nucleare: *nuclear fission (energy),* fissione (energia) nucleare — *a nuclear power station,* una centrale nucleare — *nuclear-powered submarines,* sottomarini a propulsione atomica — *the nuclear deterrent,* il deterrente nucleare.

nucleic [nju:'kleik] *agg* **1** nucleico. **2** nucleinico.

nucleus ['nju:kliəs] *s. (dal lat.: pl.* **nuclei***)* nucleo.

nude [nju:d] *agg e s.* nudo; color carne o nudo: *to be in the nude,* essere nudo. □ *avv* **nudely.**

nudge [nʌdʒ] *s.* colpetto di gomito; gomitata.

to **nudge** [nʌdʒ] *vt* richiamare l'attenzione *(di qcno)* con un colpo di gomito.

nudism ['nju:dizəm] *s.* nudismo.

nudist ['nju:dist] *s.* nudista.

nudity ['nju:diti] *s.* nudità.

'nuff [nʌf] *abbr fam scherz di enough (generalm. nell'espressione) 'Nuff said!,* Basta così!; Non aggiungere altro!

nugatory ['nju(:)gətəri] *agg* vano; frivolo; nullo.

nugget ['nʌgit] *s.* pepita.

nuisance ['nju:sns] *s.* **1** disturbo; seccatura; molestia: *That boy is a perfect nuisance!,* Quel ragazzo è una vera peste! — *to make a nuisance of oneself,* essere molesto (importuno) — *What a nuisance!,* Che seccatura! **2** infrazione; contravvenzione; danno: *Commit no nuisance!, (GB) (avviso pubblico)* Non lordare!

null [nʌl] *agg* nullo; non valido: *to be null and void, (dir.)* essere privo di valore legale.

nullah ['nʌlə] *s. (in India)* corso d'acqua; canalone; vallata stretta.

nullification [,nʌlifi'keiʃən] *s.* annullamento.

to **nullify** [,nʌlifai] *vt* annullare; privare di valore legale.

nullity ['nʌliti] *s.* nullità; invalidità: *a nullity suit,* un processo per annullamento *(di matrimonio).*

numb [nʌm] *agg* insensibile; intorpidito; intirizzito: *His fingers were numb with cold,* Aveva le dita intirizzite dal freddo. □ *avv* **numbly.**

to **numb** [nʌm] *vt* intirizzire; paralizzare; intorpidire; rendere insensibile.

number ['nʌmbə*] *s.* **1** *(abbr.* **No.***)* numero; cifra; quantità; ammontare: *3, 13 and 33 are numbers,* 3, 13 e 33 sono numeri — *a telephone number,* un numero telefonico — *a large number of people,* una grande quantità di gente — *Numbers of people came from all parts of the country to see the exhibition,* Una gran quantità di gente veniva da ogni parte del paese per vedere la mostra — *A number of books are missing from the library,* Dalla biblioteca manca un certo numero di libri — *Room number 145,* Camera numero 145 — *Number Ten, (per antonomasia)* la residenza del Primo Ministro del Regno Unito *(al n. 10 di Downing Street, a Londra)* — *... in number,* ... in totale; ... in tutto — *They were fifteen in number,* Erano in tutto quindici — *without number,* innumerevole — *times without number; any number of times,* innumerevoli (tantissime) volte — *to the number of...,* ammontante a... — *Public Enemy Number One,* nemico pubblico numero uno — *to take care of (to look after) number one, (fam.)* pensare a se stesso e ai propri interessi — *number plate,* targa *(di automobile)* — *to take sb's number,* annotare (prendere) il numero di targa di qcno. **2** numero; esemplare (di un periodico, di un giornale); pezzo del repertorio di un artista: *the current number of 'Punch',* l'ultimo numero di 'Punch' — *back number,* numero arretrato — *That man is a back number, (fig., fam.)* Quell'uomo non è aggiornato, è fuori moda — *the next number...,* il prossimo numero (del programma)... **3** *(gramm.)* numero *(sing. o pl.)* **4** *(al pl.)* superiorità numerica: *The enemy won by force of numbers,* Il nemico vinse grazie alla sua superiorità numerica. **5** *(al pl.)* versi; metro poetico: *in mournful numbers,* in versi elegiaci. **6** *(al pl.)* aritmetica; calcolo: *He's not good at numbers,* Non è bravo nei calcoli — *to do things by numbers,* fare le cose seguendo le istruzioni (senza ragionare).
□ *My number never came up,* Il numero che giocai non uscì mai — *His number came up, (fam.)* Morì; Fu ucciso — *That bomb had his number on it,* Quella bomba gli era destinata — *Numbers,* il Libro dei Numeri *(il quarto libro dell'Antico Testamento)* — *numbers, (USA, sl.)* lotto illegale.

to **number** ['nʌmbə*] *vt* **1** numerare: *Let's number them from one to ten,* Numeriamoli da uno a dieci. **2** ammontare; assommare: *We numbered twenty in all,* Eravamo venti in tutto. **3** contare: *His days are numbered,* I suoi giorni sono contati. **4** comprendere; annoverare: *to number sb among one's friends,* annoverare qcno tra i propri amici.
□ *vi* **to number off,** *(di soldati, durante l'appello)* dire il proprio nome *(uno dopo l'altro).*

numberless ['nʌmbəlis] *agg* innumerevole; di numero

infinito; senza numero: *as numberless as the stars,* innumerevoli come le stelle.

numbness ['nʌmnis] *s.* **1** intirizzimento; intorpidimento. **2** *(per estensione)* intontimento; torpore.

numbskull ['nʌmskʌl] *s.* ⇨ **numskull.**

numerable ['nju:mərəbl] *agg* numerabile; calcolabile.

numeracy ['nju:mərəsi] *s.* cultura matematica e scientifica (di base).

numeral ['nju:mərəl] *agg e s.* numerale; cifra: *Arabic (Roman) numerals,* cifre arabe (romane).

numerate ['nju:məreit] *agg* dotato di sufficiente cultura matematica e scientifica.

numeration [,nju:mə'reiʃən] *s.* numerazione.

numerator ['nju:məreitə*] *s.* numeratore.

numeric(al) [nju(:)'merik(əl)] *agg* numerico.
□ *avv* **numerically.**

numerous ['nju:mərəs] *agg* **1** numeroso; diffuso. **2** *(con s. pl.)* una grande quantità di; molti: *her numerous friends,* i suoi molti amici.
□ *avv* **numerously.**

numismatics [,nju:miz'mætiks] *s. (con il v. sing.)* numismatica.

numismatist [,nju(:)'mizmətist] *s.* numismatico *(collezionista di monete e medaglie).*

numskull ['nʌmskʌl] *s.* scioccone; zuccone.

nun [nʌn] *s.* suora; monaca. □ *nun's cloth (thread, veiling),* tessuto sottile.

nuncio ['nʌnʃiou] *s.* (*pl.* **nuncios**) nunzio apostolico (pontificio).

nunnery ['nʌnəri] *s.* convento (di monache).

nuptial ['nʌpʃəl] *agg* nuziale.

nuptials ['nʌpʃəlz] *s. pl* nozze.

nurse [nə:s] *s.* **1** *(anche* nursemaid*)* bambinaia. **2** *(anche* wet-nurse*)* balia: *to put a child to nurse,* mettere un bambino a balia — *nurse-child,* figliuolo di latte; *(fig.)* figlio adottivo. **3** infermiera: *certificated nurse,* infermiera diplomata — *district nurse,* infermiera condotta — *male-nurse,* infermiere — *Red Cross nurses,* crocerossine. **4** *(fig. e lett.)* nutrice; madre: *England, the nurse of liberty, (desueto)* L'Inghilterra, la nutrice della libertà — *nurse-ship, (GB)* nave madre.

to **nurse** [nə:s] *vt* **1** *(talvolta seguito da* along*)* badare a; avere cura *(di malati, feriti, invalidi, e per estensione anche di motori, ecc.): to nurse sb back to health,* rimettere qcno in salute. **2** allattare; nutrire al seno; *(fig.)* fomentare. **3** tenere in braccio; accudire. **4** curare; allevare; coltivare con speciale cura: *to nurse young plants,* avere cura delle pianticelle — *to nurse a cold,* curarsi un raffreddore. **5** avere in mente; nutrire in cuore; covare: *to nurse feelings of revenge,* covare sentimenti di vendetta.

nurs(e)ling ['nə:sliŋ] *s.* lattante; fantolino.

nursery ['nə:sri] *s.* **1** stanza dei bambini. **2** (*anche* **nursery school**) asilo; scuola materna; 'Kinderheim': *day nursery,* asilo-nido — *nursery rhymes,* filastrocche. **3** vivaio *(di piante, ecc.);* serra: *nursery-man* ⇨ **nurseryman.** □ *nursery slopes, (sui campi di sci)* pendii per principianti.

nurseryman ['nə:srimən] *s.* (*pl.* **nurserymen**) orticoltore; proprietario di un vivaio (di piante).

nursing ['nə:siŋ] *s.* cura *(di malati, ecc.);* professione di infermiera (di infermiere): *to take up nursing as a career,* scegliere la carriera di infermiera. □ *Tropical plants need a lot of nursing,* Le piante tropicali richiedono molte cure.

nurture ['nə:tʃə*] *s.* **1** nutrizione; allevamento *(di bambini).* **2** educazione.

to **nurture** ['nə:tʃə*] *vt* nutrire; allevare *(anche piante);* educare: *a delicately nurtured girl,* una ragazza allevata nella bambagia.

nut [nʌt] *s.* **1** noce; nocciola *(ed altri frutti simili): nut-brown,* color nocciola. **2** *(mecc.)* dado: *wing-nut,* dado ad alette — *nuts and bolts,* bulloneria. **3** *(sl.)* testa; 'zucca': *to be off one's nut, (sl.)* essere pazzo, matto; essere privo di qualche rotella. **4** *(fam.* = nutcase*)* pazzo; maniaco; originale: *to be nuts,* essere pazzo — *to be nuts about (o over) sth,* andar pazzo per qcsa — *nut-house, (sl., scherz.)* manicomio. **5** *(al pl.)* carbone a pezzettini.
□ *Oh, nuts!,* Uffa!; Stupidaggini! — *Nuts to you!,* Al diavolo! — *a hard nut to crack, (fig.)* un problema duro da risolvere; un osso duro — *He can't sing for nuts, (fam.)* Non ha la minima idea di come si fa a cantare; Non sa cantare per niente — *to do one's nut, (GB, sl.)* - **a)** lavorare come un pazzo - **b)** essere molto 'incavolato', 'incazzatissimo' — *ginger nut* ⇨ **ginger 1.**

to **nut** [nʌt] *vi* (**-tt-**) **1** *(quasi sempre nella forma* to go nutting*)* andare per noci. **2** *(GB, sl.)* cozzare.

nutcase ['nʌtkeis] *s. (fam.)* pazzo; matto; originale.

nutcracker(s) ['nʌt,krækə*(z)] *s.* **1** schiaccianoci. **2** *(scherz.)* profilo da sdentato *(con naso e mento molto vicini).*

nuthatch ['nʌthætʃ] *s.* picchio muratore.

nutmeg ['nʌtmeg] *s.* noce moscata.

nutrient ['nju:triənt] *agg* nutriente; che dà nutrimento.

nutriment ['nju:trimənt] *s.* alimento; nutrimento.

nutrition [nju(:)'triʃən] *s.* nutrizione; alimentazione.

nutritious [nju(:)'triʃəs] *agg* nutriente; nutritivo. □ *avv* **nutritiously.**

nutritive ['nju:tritiv] *agg* alimentare; relativo alla nutrizione.

nuts [nʌts] *agg* (⇨ **nut 4**).

nutshell ['nʌtʃəl] *s.* guscio di noce *(anche fig.): in a nutshell,* in poche parole.

nutting ['nʌtiŋ] *s.* raccolta (abbacchiata) delle noci, delle nocciole.

nutty ['nʌti] *agg* **1** dal sapore di noce; che sa di noce. **2** contenente pezzi a forma di noce: *nutty slack, (collettivo)* ovuli formati di polverino di miniera, usati come carbone. **3** *(USA, sl.)* 'svitato'; pazzo; fuor di senno. **4** *to be nutty about sth (sb), (sl.)* andare pazzo per qcsa; essere innamorato di qcno.

to **nuzzle** ['nʌzl] *vt e i.* **1** spingere il muso; toccare con il naso o con il muso. **2** strofinare il muso; scavare col grufo; grufolare. **3** rannicchiarsi; stringersi: *to nuzzle up to sb,* rannicchiarsi tra le braccia di qcno.

nylon ['nailən] *s.* nylon; nailon: *nylons,* calze di nylon.

nymph [nimf] *s.* **1** *(mitologia)* ninfa. **2** *(entomologia)* ninfa; crisalide; pupa.

nymphet [nim'fet] *s. (fam.)* pupa; ragazza attraente; ninfetta.

nympho ['nimfou] *agg e s., abbr fam di* **nymphomaniac** ⇨.

nymphomania [,nimfou'meinjə] *s.* ninfomania.

nymphomaniac [,nimfou'meiniæk] *agg e s.* ninfomane.

O

O, o [ou] (*pl.* **O's, o's**) **1** O, o *(quindicesima lettera dell'alfabeto inglese): O for Oliver, (al telefono, ecc.)* O come Otranto. **2** zero *(nei numeri telefonici: scritto anche* oh*): My number is six, oh, five, four, nine,* Il mio numero di telefono è sei-zero-cinque-quattro-nove. □ *O-level* ⇨ **ordinary.**

O, oh [ou] *interiezione* ⇨ **oh.**

o' [ə] *abbr di* **of** *in voci quali* **o'clock, man-o'-war** ⇨.

oaf [ouf] *s.* (*pl.* **oafs,** *anche* **oaves**) individuo goffo, rozzo.

oafish ['oufiʃ] *agg* rozzo; goffo; zotico.

oak [ouk] *s.* **1** quercia; *(attrib.)* di quercia: *a forest of oak(s),* una foresta di querce — *oak-apple,* galla di quercia — *bay oak,* rovere — *oak-bark,* corteccia di quercia — *oak-wood,* legno di quercia — *an oak wood,* un querceto. **2** *(sl., GB, un po' desueto)* porta esterna, verso l'esterno: *to sport one's oak, (spec. nei collegi dell'università di Oxford)* chiudere la porta per non ricevere visite. □ *the Oaks,* corsa di puledri di tre anni *(a Epsom) — Oak-Apple Day, (GB)* il 29 maggio *(festa dell'anniversario della restaurazione della monarchia avvenuta nel 1660) — Hearts of Oak,* navi o marinai della flotta inglese.

oaken ['oukən] *agg* di legno di quercia; di quercia.

oakum ['oukəm] *s.* stoppa; fibra di canapa sciolta.

oar [ɔ:*] *s.* **1** remo: *to pull a good oar,* essere un buon rematore — *to ship oars,* ammarare i remi — *oar blade,* pala di remo — *oar handle,* impugnatura di remo. **2** *(per estensione)* vogatore; rematore. □ *to have an oar in every man's boat,* avere le mani in pasta — *to be chained to the oar,* esser legato alla macina; lavorare come un mulo — *to put (to shove) one's oar in, (fam.)* immischiarsi (intromettersi) in modo inopportuno — *to rest on one's oars,* interrompere il lavoro; prendersi un po' di riposo.

oarsman ['ɔ:zmən] *s.* (*pl.* **oarsmen**) rematore; vogatore.

oarsmanship ['ɔ:zmənʃip] *s.* arte del remare.

oarswoman ['ɔ:z,wumən] *s.* (*pl.* **oarswomen**) rematrice; vogatrice.

oasis [ou'eisis] *s.* (*pl.* **oases**) oasi.

oast [oust] *s. (GB: generalm.* oast-house*)* forno per asciugare il luppolo *(spec. nel Kent).*

oat [out] *s.* **1** *(generalm. al pl.)* avena. **2** *(poet.)* piffero; zampogna; avena; strumento pastorale da fiato. □ *to feel one's oats, (USA, fam.)* sentirsi (essere) su di giri; essere in piena forma; darsi delle grandi arie — *to sow one's wild oats,* correre la cavallina; sfogare i bollori giovanili.

oatcake ['outkeik] *s.* biscotto o focaccia di farina d'avena.

oaten ['outn] *agg* d'avena; di farina d'avena.

oath [ouθ] *s.* **1** giuramento; promessa solenne: *to take (to swear) an oath,* prestare (proferire) un giuramento; giurare — *to do sth under (o on) oath,* fare qcsa sotto (dietro) giuramento — *an oath of allegiance,* un giuramento (una promessa solenne) di alleanza — *commissioner for oaths, (GB)* addetto ai giuramenti legali; (specie di) notaio. **2** bestemmia; imprecazione.

oatmeal ['outmi:l] *s.* farina d'avena.

obduracy ['ɔbdjurəsi] *s.* ostinatezza.

obdurate ['ɔbdjurit] *agg* ostinato; pervicace; protervo.

obedience [ə'bi:djəns] *s.* obbedienza: *to command obedience,* saper farsi ubbidire — *in obedience to...,* secondo...; conformemente a...

obedient [ə'bi:djənt] *agg* ubbidiente: *Your obedient servant, (formula di chiusura di lettere ufficiali o comunque molto formali)* Vostro servo devoto; Suo devotissimo. □ *avv* **obediently.**

obeisance [ou'beisəns] *s.* inchino riverente; riverenza; atto di omaggio.

obelisk ['ɔbilisk] *s.* obelisco.

obese [ou'bi:s] *agg* obeso.

obesity [ou'bi:siti] *s.* obesità.

to **obey** [ə'bei] *vt e i.* ubbidire: *to obey sb,* ubbidire a qcno — *to obey orders,* eseguire gli ordini — *to obey a desire,* seguire un desiderio.

to **obfuscate** ['ɔbfʌskeit] *vt* offuscare (la mente); confondere (le idee); disorientare; stordire; sbalordire.

obit ['oubit] *s.* (*abbr. fam. di* **obituary**) necrologio.

obituarese [ə'bitjuəri:z] *s. (scherz.)* linguaggio stereotipo dei necrologi.

obituary [ə'bitjuəri] *s.* necrologio; *(attrib.)* obituario: *obituary notices,* necrologi; annunzi funebri.

object ['ɔbdʒikt] *s.* **1** oggetto; cosa; argomento; soggetto; materia: *an object of pity (of admiration),* un oggetto di pietà (d'ammirazione) — *an object lesson,* un esempio pratico — *object glass,* obiettivo *(di microscopio, ecc.) — object plate,* vetrino — *object staff,* livella da geometra. **2** scopo; obiettivo; fine; intento: *to have no object in life,* essere senza scopo nella vita — *to work with the object of earning fame,* lavorare con l'intento di diventare famoso — *to fail (to succeed) in one's object,* fallire (riuscire) nel proprio intento — *Money no object,* Non si fa questione di prezzo (spese, stipendio). **3** *(fam.)* sagoma; persona (cosa) buffa: *What an object you look in that old hat!,* Che sagoma sei con quel vecchio cappellino! **4** *(gramm.)* oggetto: *direct (indirect) object,* complemento oggetto (indiretto).

to **object** [əb'dʒekt] *vi e t.* **1** disapprovare; opporsi; non tollerare; protestare: *I object to all this noise,* Non tollero tutto questo rumore — *He objects to being treated like a child,* Non sopporta di essere trattato come un bambino — *He stood up and objected,* Si alzò in piedi e protestò. **2** obiettare; osservare: *I object that he is too young for the position,* Obietto che è troppo giovane per quel posto.

objection [əb'dʒekʃən] *s.* **1** obiezione; avversione: *to take objection to sth,* - **a)** disapprovare qcsa - **b)** offendersi per qcsa — *He has a strong objection to getting up early,* Non gli piace affatto alzarsi presto — *to have no objection,* non aver nulla in contrario. **2** difficoltà; ostacolo; inconveniente.

objectionable [əb'dʒekʃənəbl] *agg* **1** discutibile; reprensibile; riprovevole; deplorevole: *objectionable remarks,* osservazioni discutibili. **2** spiacevole; sgradevole: *an objectionable smell,* un odore sgradevole. □ *avv* **objectionably.**

objective [əb'dʒektiv] *agg* **1** oggettivo: *the objective case,* il caso oggettivo. **2** obiettivo: *an objective remark,* un'osservazione obiettiva. □ *avv* **objectively.** □ *s.* **1** *(mil.)* obiettivo: *All our objectives were won,* Tutti i nostri obiettivi furono conquistati. **2** *(fis.)* obiettivo. **3** *(gramm.)* accusativo; complemento oggetto.

objectivity [,ɔbdʒek'tiviti] *s.* obiettività; oggettività.

objector [əb'dʒektə*] *s.* contestatore; oppositore; confutatore: *conscientious objector,* obiettore di coscienza.

to **objurgate** ['ɔbdʒə:geit] *vt* rimproverare (richiamare, riprendere) aspramente.

objurgation [,ɔbdʒə:'geiʃən] *s.* aspro rimprovero; rabbuffo.

oblate ['ɔbleit] *agg* schiacciato ai poli.

oblation [ə'bleiʃən] *s.* oblazione; offerta.

to **obligate** ['ɔbligeit] *vt (dir.)* obbligare; imporre.

obligation [,ɔbli'geiʃən] *s.* **1** obbligo; dovere: *the obligations of good citizenship,* i doveri del buon cittadino — *to be under an obligation to a friend,* avere un obbligo verso un amico — *to repay an obligation,* ricambiare un favore — *to meet one's obligations,* far fronte ai propri impegni. **2** *(dir.)* obbligazione; vincolo giuridico.

obligatory [ə'bligətəri] *agg* obbligatorio; d'obbligo; vincolante.

to **oblige** [ə'blaidʒ] *vt* **1** obbligare; costringere: *They were obliged to sell their house,* Furono costretti a vendere la casa. **2** fare un favore (una cortesia) a qcno: *Please oblige me by closing the door,* Voglia essere così gentile da chiudere la porta — *to oblige sb with sth,* favorire qcsa a qcno; fare il piacere di prestar qcsa a qcno — *Can you oblige me with a match?,* Può favorirmi (prestarmi) un fiammifero? — *I'm much obliged to you!; (talvolta) Much obliged!,* Vi sono molto obbligato!; Molte grazie!

obliging [ə'blaidʒiŋ] *agg* gentile; compiacente; servizievole; cortese: *obliging neighbours,* vicini di casa cortesi. □ *avv* **obligingly.**

oblique [ə'bli:k] *agg* obliquo *(anche fig., gramm., geometria);* inclinato: *an oblique angle,* un angolo obliquo. □ *avv* **obliquely.**

to **obliterate** [ə'blitəreit] *vt* obliterare; cancellare; annullare; annientare.

obliteration [ə,blitə'reiʃən] *s.* obliterazione; cancellazione; annullamento.

oblivion [ə'bliviən] *s.* oblio; dimenticanza: *to sink (to fall) into oblivion,* cadere nell'oblio.

oblivious [ə'bliviəs] *agg* immemore; dimentico: *to be oblivious to sth,* essere dimentico di qcsa; ignorare qcsa — *He was oblivious of his surroundings,* Era dimentico (ignaro) di ciò che gli stava intorno. □ *avv* **obliviously.**

oblong ['ɔblɔŋ] *s.* rettangolo. □ *agg* oblungo; bislungo.

obloquy ['ɔbləkwi] *s.* **1** pubblica offesa; scandalo. **2** discredito; cattiva reputazione.

obnoxious [əb'nɔkʃəs] *agg* estremamente sgradevole; detestabile; pestifero. □ *avv* **obnoxiously.**

obnoxiousness [əb'nɔkʃəsnis] *s.* odiosità; sgradevolezza.

oboe ['oubou] *s.* oboe: *an oboe concerto,* un corcerto per oboe.

oboist ['oubouist] *s.* oboista.

obol ['ɔbɔl] *s.* obolo *(moneta d'argento dell'antica Grecia).*

obscene [ɔb'si:n] *agg* osceno; impudico; *(per estensione)* ripugnante. □ *avv* **obscenely.**

obscenity [ɔb'seniti] *s.* oscenità; impudicizia.

obscurantism [,ɔbskjuə'ræntizəm] *s.* oscurantismo.

obscurantist [,ɔbskjuə'ræntist] *s.* oscurantista.

obscure [əb'skjuə*] *agg* oscuro *(anche fig.);* poco noto; poco chiaro: *an obscure poet,* un oscuro poeta — *an obscure village,* un paesino fuori mano, poco conosciuto — *an obscure passage,* un passo oscuro. □ *avv* **obscurely.**

to **obscure** [əb'skjuə*] *vt* oscurare; celare; nascondere; adombrare: *The moon was obscured by clouds,* La luna era nascosta dalle nuvole.

obscurity [əb'skjuəriti] *s.* oscurità *(anche fig.);* mancanza di chiarezza.

obsequies ['ɔbsikwiz] *s. pl* esequie; cerimonie funebri.

obsequious [əb'si:kwiəs] *agg* servile; ossequioso. □ *avv* **obsequiously.**

obsequiousness [əb'si:kwiəsnis] *s.* **1** servilità. **2** ossequiosità.

observable [əb'zə:vəbl] *agg* **1** visibile; palese. **2** che merita di essere osservato; degno di nota. □ *avv* **observably.**

observance [əb'zə:vəns] *s.* **1** osservanza *(di leggi, di riti religiosi, ecc.).* **2** cerimonia; rito.

observant [əb'zə:vənt] *agg* **1** attento; perspicace; dotato di spirito di osservazione. **2** osservante; ligio; sottomesso; rispettoso: *to be observant of the rules,* essere ligio ai regolamenti. □ *avv* **observantly.**

observation [,ɔbzə(:)'veiʃən] *s.* **1** osservazione *(in vari sensi): to keep sb under observation,* tener qcno sotto osservazione — *to escape observation,* passare inosservato — *to come under observation,* essere osservato — *to take an observation,* rilevare la longitudine e la latitudine d'una località *(in base all'altezza del sole, ecc.); (naut.)* fare il 'punto nave' — *observation of natural phenomena,* l'osservazione dei fenomeni naturali — *observation balloon,* pallone frenato (per osservazioni meteorologiche, ecc.) — *observation car, (ferrovia)* carrozza panoramica ('belvedere') — *observation post, (mil.)* osservatorio. **2** spirito d'osservazione: *a man of little observation,* un uomo dotato di scarso spirito d'osservazione. **3** *(spesso al pl.)* relazione; rapporto; osservazioni.

observatory [əb'zə:vətri] *s.* osservatorio; specola.

to **observe** [əb'zə:v] *vt e i.* **1** osservare; notare: *to observe the behaviour of birds,* osservare il comportamento degli uccelli — *The policeman observed the man open the window,* Il poliziotto vide l'uomo aprire la finestra — *He observes keenly but says little,* È un acuto osservatore (Nota molto) ma parla poco — *He observed that it was getting late,* Osservò che si stava facendo tardi — *'It's getting late', he observed,* 'Sta facendosi tardi', disse. **2** osservare *(leggi, festività religiose, ecc.);* celebrare.

observer [əb'zə:və*] *s.* **1** osservatore: *an observer of nature,* un osservatore della natura. **2** osservante: *an observer of the Sabbath,* un osservante delle feste comandate. **3** *(aeronautica mil.)* ufficiale osservatore.

observing [əb'zə:viŋ] *agg* **1** osservatore; perspicace. **2** osservante.

to **obsess** [əb'ses] *vt* ossessionare: *to be obsessed by the fear of unemployment,* essere ossessionato dalla paura della disoccupazione.

obsession [əb'seʃən] *s.* ossessione.

obsessive [əb'sesiv] *agg* ossessivo.

obsidian [ɔb'sidiən] *s.* ossidiana.

obsolescence [ˌɔbsə'lesns] *s.* obsolescenza; desuetudine.

obsolescent [ˌɔbsə'lesənt] *agg* obsolescente; che va in disuso.

obsolete ['ɔbsəli:t] *agg* obsoleto; disusato; desueto.

obstacle ['ɔbstəkl] *s.* ostacolo; impedimento: *an obstacle race,* una corsa ad ostacoli.

obstetric, obstetrical [ɔb'stetrik(əl)] *agg* ostetrico.

obstetrician [ˌɔbste'triʃən] *s.* ostetrico.

obstetrics [ɔb'stetriks] *s. pl (con il v. al sing.)* ostetricia.

obstinacy ['ɔbstinəsi] *s.* ostinazione; ostinatezza; testardaggine.

obstinate ['ɔbstinit] *agg* ostinato; irriducibile; cocciuto; testardo. □ *avv* **obstinately.**

obstreperous [ɔb'strepərəs] *agg* turbolento; chiassoso e ribelle. □ *avv* **obstreperously.**

obstreperousness [ɔb'strepərəsnis] *s.* turbolenza; indisciplina chiassosa.

to **obstruct** [əb'strʌkt] *vt* **1** ostruire; impedire; ostacolare: *The roads were obstructed by landslides,* Le strade erano ostruite (interrotte) da frane — *The trees obstructed the view,* Gli alberi impedivano la vista. **2** fare ostruzionismo (a qcsa): *to obstruct a Bill,* fare ostruzionismo ad un progetto di legge.

obstruction [əb'strʌkʃən] *s.* **1** ostacolo; impedimento; ostruzione; occlusione. **2** ostruzionismo: *The Opposition adopted a policy of obstruction,* L'opposizione adottò una politica ostruzionistica.

obstructionism [əb'strʌkʃənizəm] *s.* ostruzionismo.

obstructionist [əb'strʌkʃənist] *s.* chi fa dell'ostruzionismo.

obstructive [əb'strʌktiv] *agg* ostruzionista; che ostacola. □ *avv* **obstructively.**

to **obtain** [əb'tein] *vt* ottenere; far ottenere; procurare: *to obtain what one wants,* ottenere ciò che si vuole — *Where can I obtain this book?,* Dove posso procurarmi questo libro?

□ *vi (linguaggio formale: di regole, usanze, ecc.)* essere in vigore; essere vivo: *The custom unfortunately still obtains in some parts of the country,* Purtroppo l'usanza è ancora viva in alcune regioni del paese.

obtainable [əb'teinəbl] *agg* conseguibile; raggiungibile.

to **obtrude** [əb'tru:d] *vt e i.* importunare; intromettersi; imporre: *to obtrude one's opinions on (o upon) others,* imporre le proprie opinioni agli altri.

obtrusive [əb'tru:siv] *agg* importuno; invadente. □ *avv* **obtrusively.**

obtuse [əb'tju:s] *agg* **1** smussato. **2** ottuso *(anche fig.).* □ *avv* **obtusely.**

obtuseness [əb'tju:snis] *s.* ottusità; stupidità; stolidità.

obverse ['ɔbvə:s] *s.* retto; *(di moneta, medaglia)* diritto; 'testa'.

□ *agg* corrispondente; contrario; opposto.

to **obviate** ['ɔbvieit] *vt* ovviare (a); evitare.

obvious ['ɔbviəs] *agg* ovvio; evidente. □ *avv* **obviously.**

obviousness ['ɔbviəsnis] *s.* ovvietà; evidenza.

occasion [ə'keiʒən] *s.* **1** occasione: *on this (that) occasion,* in questa (quella) occasione — *on occasion,* occasionalmente; talvolta; di tanto in tanto — *on the last occasion,* l'ultima volta — *on rare occasions,* in rare occasioni — *on several occasions,* in diverse occasioni — *This is not an occasion for laughter,* Non è il momento adatto per ridere — *He has had few occasions to speak French,* Ha avuto poche occasioni di parlare francese — *to rise to the occasion,* essere all'altezza della situazione — *to take occasion (the occasion, this occasion) to do sth,* cogliere l'occasione per fare qcsa. **2** motivo; causa; ragione; circostanza; causa diretta: *You have no occasion to be angry,* Non hai motivo di essere arrabbiato — *The occasion of the strike was the dismissal of two workmen,* La causa diretta dello sciopero fu il licenziamento di due operai. **3** *(al pl.: ant. e dir.)* faccende; affari: *(spec. nella frase) to go about one's lawful occasions,* essere occupato nei propri legittimi affari.

to **occasion** [ə'keiʒən] *vt (piuttosto formale)* cagionare; causare: *The boy's behaviour occasioned his parents much anxiety,* Il comportamento del ragazzo era causa di grande ansietà per i suoi genitori.

occasional [ə'keiʒənl] *agg* **1** occasionale; saltuario: *occasional visits,* visite saltuarie. **2** di circostanza; d'occasione; celebrativo: *occasional verses,* versi celebrativi. □ *avv* **occasionally.**

Occident ['ɔksidənt] *s. (lett.)* occidente: *the Occident,* l'Occidente; i paesi occidentali.

Occidental [ˌɔksi'dentl] *agg e s.* occidentale.

occipital [ɔk'sipitl] *agg* occipitale.

occiput ['ɔksipʌt] *s.* occipite.

occult [ɔ'kʌlt] *agg* occulto; segreto; misterioso.

□ *s. (sempre* the occult*)* l'occulto.

occupancy ['ɔkjupənsi] *s.* occupazione *(periodo di occupazione di casa, terra, ecc.).*

occupant ['ɔkjupənt] *s.* occupante *(di casa, terra, territorio, ecc.);* abitante.

occupation [ˌɔkju'peiʃən] *s.* occupazione *(in tutti i sensi);* impiego: *an army of occupation,* un esercito d'occupazione — *to look for an occupation suited to one's abilities,* cercare un'occupazione adatta alle proprie capacità — *useful occupations for long winter evenings,* occupazioni utili per le lunghe serate d'inverno.

occupational [ˌɔkju(:)'peiʃənl] *agg* professionale: *occupational hazards,* rischi professionali — *occupational diseases,* malattie professionali — *occupational therapy,* ergoterapia.

occupier ['ɔkjupaiə*] *s.* occupante *(spec. temporaneo)* di casa, terra o territorio.

to **occupy** ['ɔkjupai] *vt* occupare *(in tutti i sensi);* prendere possesso (di): *to occupy the enemy's capital,* occupare la capitale nemica — *to occupy an important position,* occupare un posto importante — *The dinner and speeches occupied three hours,* Il pranzo e i discorsi occuparono tre ore — *He is occupied in translating (He is occupied with a translation of) a French novel,* È occupato nella traduzione d'un romanzo francese — *to occupy oneself in (o with) sth,* essere occupato a fare qcsa — *He occupied himself with solving some algebra problems,* Impiegò il tempo a risolvere alcuni problemi algebrici.

to **occur** [ə'kə:*] *vi (-rr-)* **1** accadere; avvenire; verificarsi: *Don't let this occur again,* Non fare (Non lasciare) che ciò accada di nuovo — *When did the accident occur?,* Quando avvenne l'incidente? **2 to occur to sb,** venire in mente a qcno: *An idea has occurred to me,* Mi è venuta in mente un'idea — *Has it never occurred to you that...?,* Non ti è mai venuto in mente che...? **3** ricorrere; trovarsi: *Misprints occur on every page,* Ci sono errori di stampa in ogni pagina.

occurrence [ə'kʌrəns] *s.* **1** evenienza; avvenimento; caso; fatto. **2** incidenza; frequenza di accadimento.

ocean ['ouʃən] *s.* **1** oceano: *the Atlantic Ocean,* l'Oceano Atlantico — *ocean lanes,* rotte oceaniche — *an ocean voyage,* un viaggio sull'oceano (oceanico). **2** *(al pl., fam.)* (una) gran quantità: *oceans of time,* un sacco di tempo — *oceans of money,* un mare di soldi; un sacco di quattrini; quattrini a palate. □ *ocean-going, agg* (nave) di lungo corso.

oceanic [,ouʃi'ænik] *agg* oceanico.

oceanography [,ouʃjə'nɔgrəfi] *s.* oceanografia.

ocelot ['ousilɔt] *s.* ocelot *(l'animale e la pelliccia).*

ochre ['oukə*] *s.* **1** ocra. **2** color ocra *(giallo scuro).*

o'clock [ə'klɔk] *(contraz. di* of the clock*)* espressione che segue l'ora quando non sono espressi i minuti: *It's five o'clock,* Sono le cinque — *What o'clock is it?, (non molto comune)* Che ore sono? — *I caught the six o'clock train,* Ho preso il treno delle sei — *five o'clock shadow, (scherz.)* l'ombra della barba *(rasata al mattino)* già visibile nel tardo pomeriggio.

octagon ['ɔktəgən] *s.* ottagono.

octagonal [ɔk'tægənəl] *agg* ottagonale. □ *avv* **octagonally.**

octahedron ['ɔktə'hedrən] *s. (geometria, mineralogia)* ottaedro.

octane ['ɔktein] *s.* ottano.

octaroon [,ɔktə'ru:n] *s.* = **octoroon.**

octave ['ɔktiv] *s. (mus.)* ottava.

octavo [ɔk'teivou] *s.* (*pl.* **octavos**; *abbr. in* **8vo, oct.**) in ottavo *(dimensioni di un volume).*

octet(te) [ɔk'tet] *s.* **1** *(mus.)* ottetto. **2** *(prosodia)* ottava.

October [ɔk'toubə*] *s.* ottobre.

octogenarian [,ɔktoudʒi'nɛəriən] *agg e s.* ottuagenario.

octopus ['ɔctəpəs] *s.* (*pl.* **octopuses**) polipo; piovra.

octoroon [,ɔktə'ru:n] *s.* meticcio con un ottavo di sangue negro.

octroi ['ɔktrwɑ:] *s. (fr.)* **1** dazio *(la tassa e l'edificio).* **2** daziere.

ocular ['ɔkjulə*] *agg* oculare.

oculist ['ɔkjulist] *s.* oculista.

odalisque ['oudəlisk] *s.* odalisca.

odd [ɔd] *agg* **1** dispari: *Parking on odd days only,* Sosta permessa nei giorni dispari — *odd and even,* pari e dispari. **2** spaiato; scompagnato: *an odd glove,* un guanto spaiato — *two odd volumes of an encyclopaedia,* due volumi scompagnati d'una enciclopedia. **3** in soprannumero; in sovrappiù: *an odd player,* un giocatore in più — *the (o an) odd man out, (fig.)* chi è in soprannumero; chi resta fuori; disadattato; *(per estensione)* chi non riesce a 'legare' con gli altri. **4** occasionale; saltuario: *to make a living by doing odd jobs,* guadagnarsi da vivere facendo lavori saltuari — *odd-job man,* uomo tuttofare — *to weed the garden at odd times (moments),* sradicare l'erba dal giardino a tempo perso. **5** strano; bizzarro; originale; insolito: *That's odd!,* Che strano! — *He's an odd (o odd-looking) old man,* È un vecchio strampalato — *How odd!,* Che strano! □ *avv* ⇨ **oddly.** □ *five hundred-odd,* cinquecento e rotti — *thirty-odd years,* trent'anni e passa — *odd-come-shortly,* un giorno o l'altro; fra breve — *odd-come-shorts,* cianfrusaglie — *the odd game,* 'la bella' *(nel gioco delle carte e in vari sport)* — *odd money,* spiccioli — *in some odd corner,* chissà dove.

oddity ['ɔditi] *s.* **1** originalità; bizzarria; stranezza. **2** persona strana, stramba, stravagante.

oddly ['ɔdli] *avv* in modo strano, bizzarro: *oddly enough,* strano a dirsi.

oddments ['ɔdmənts] *s. pl* resti; residui; rimanenze; rimasugli.

oddness ['ɔdnis] *s.* **1** stranezza; bizzarria; eccentricità; originalità. **2** *(non comune)* qualità di essere dispari.

odds [ɔdz] *s. pl* **1** probabilità; pronostico: *The odds are against us (are in our favour),* Le probabilità *(di vincita, ecc.)* sono scarse (sono forti) — *The odds are that...,* C'è la probabilità che...; Con ogni probabilità... — *They were fighting against heavy odds,* Stavano lottando contro enormi difficoltà — *It makes no odds, (fam.)* Non fa niente; Non importa; Non fa nessuna differenza — *What's the odds?, (fam.)* Che importa? — *to give (to receive) odds,* dare (prendere) vantaggio *(sport).* **2** differenza; disparità; disuguaglianza: *to make odds even,* eliminare le disuguaglianze. **3** *(nelle scommesse)* posta; differenza fra la puntata e la vincita: *to lay (to give) odds of 3 to 1,* dare *(p.es. un cavallo)* vincente per 3 a 1 — *to take odds of 3 to 1,* accettare una scommessa di 3 a 1. □ *odds-on,* dato per vincente; favorito; *(fig.)* sicuro; certo — *to be at odds (with sb),* litigare, lottare (con qcno); non essere d'accordo (con qcno) — *odds and ends,* oggetti spaiati; scampoli; cianfrusaglie.

ode [oud] *s.* ode.

odious ['oudiəs] *agg* odioso. □ *avv* **odiously.**

odium ['oudjəm] *s.* avversione; biasimo generale; esecrazione; infamia.

odometer [ou'dəmitə*] *s.* contachilometri.

odor ['oudə*] *s. (USA)* = **odour.**

odoriferous [,oudə'rifərəs] *agg* odoroso; fragrante.

odorous ['oudərəs] *agg (poet.)* odoroso; fragrante. □ *avv* **odorously.**

odour ['oudə*] *s.* (*USA anche* **odor**) **1** odore. **2** reputazione; fama: *to be in good (bad) odour with the authorities,* godere di buona (cattiva) reputazione presso le autorità.

odourless ['oudəlis] *agg* inodoro.

odyssey ['ɔdisi] *s.* odissea; *(fig.)* serie di peripezie.

oecumenical [,i:kju(:)'menikəl] *agg* ecumenico; universale.

o'er ['ouə*] *avv e prep (poet.)* = **over.**

oesophagus [i:'sɔfəgəs] *s.* (*pl.* **oesophagi**) esofago.

'of [ɔv/əv] *prep* **1** *(compl. di specificazione, materia, origine, ecc.)* di; da: *a sheet of paper,* un foglio di carta — *a roll of cloth,* un rotolo di tessuto — *a pint of milk,* una pinta di latte — *a ton of coal,* una tonnellata di carbone — *three acres of land,* tre acri di terra — *some of that cake,* un po' di quella torta — *all (one, a few) of us,* tutti (uno, alcuni di) noi — *a lot (a great deal, not much) of this stuff,* molto (parecchio, non molto) di questa roba — *the whole of it,* tutto; tutto intero; tutto quanto — *the cause of the accident,* la causa dell'incidente — *the result of the debate,* il risultato del dibattito — *a topic of conversation,* un argomento di conversazione — *the first of June,* il primo (di) giugno — *we of the upper middle classes,* noi dell'alta borghesia — *the master of the house,* il padrone di casa — *the opposite of what I intended,* il contrario di quanto intendevo io — *to think well of sb,* pensare bene di qcno — *to be accused (suspected) of a crime,* essere accusato (sospettato) di un crimine — *to be sure (certain, confident) of sth,* essere sicuro (certo, fiducioso) di qcsa — *hard of hearing,* duro d'orecchi — *a maker of pots,* un fabbricante di vasi (un vasaio) — *the love of study,* l'amore per lo studio — *the writing of a letter,* lo scrivere (la stesura di) una lettera — *in search of knowledge,* alla ricerca del sapere — *to be impatient of criticism,* essere insofferente di critiche — *the fear (the love) of God,* il timor (l'amor) di Dio — *great eaters of fish,* grandi divoratori di pesci — *goods of our own manufacture,* merce di nostra fabbricazione — *a girl of ten years,* una ragazza di dieci anni — *a man of foreign appearance,* un uomo dall'aspetto forestiero — *a man of genius,* un uomo di genio; un genio — *a man of great ability,* un uomo molto abile, di grande abilità — *a woman of no importance,* una donna insignificante — *the vice of drunkenness,* il vizio dell'ubriachezza — *a coat of many colours,* un mantello multicolore — *the city of London,* la città di Londra — *the Isle of Wight,* l'Isola di Wight — *the Song of Songs,* il Cantico dei Cantici — *the Holy of Holies,* il luogo più sacro; il 'Sancta Sanctorum' — *a house of cards,* una casa di carte — *a table made of wood,* una tavola di legno — *a shed built of brick,* una capanna costruita con mattoni — *a man of humble origin,* un uomo di umili natali (origini) — *to be of royal descent,* essere di stirpe reale — *at thirty years of age,* a trent'anni (di età) — *a man who comes of good stock,* un uomo di buona famiglia — *the works of Shakespeare,* le opere di Shakespeare — *the 'Iliad' of Homer,* l''Iliade' di Omero — *They live in a palace of a house,* Abitano in una casa molto signorile — *He has the devil of a temper,* È molto irascibile — *Where's that fool of a plumber?,* Dov'è quello scemo di idraulico? — *What a mountain of a wave!,* Che ondata enorme! — *He is the most dangerous of enemies,* È il più pericoloso dei nemici — *You have had the best of teachers,* Hai avuto i migliori insegnanti — *They are the best of friends,* Sono ottimi amici — *It surprises me that you, of all people, should be so foolish,* Mi sorprende che proprio tu, fra tutti, sia così sciocco — *What do you think of it?,* Che cosa ne pensi?

2 *(compl. di privazione, di separazione)* da; di: *to cure sb of a disease (a bad habit, ecc.),* guarire qcno di una malattia (una brutta abitudine, ecc.) — *to rid a warehouse of rats,* liberare un magazzino dai topi — *to be (to get) rid of sth or sb,* sbarazzarsi di qcsa o qcno — *She was robbed of her purse,* Fu derubata del borsellino — *to relieve sb of anxiety,* liberare qcno dall'ansia — *to clear oneself of an accusation,* giustificarsi di un'accusa — *trees bare of leaves,* alberi spogli di foglie — *goods free of customs duty,* merce esente da dogana — *to be short of money,* essere a corto di denaro.

3 *(compl. di distanza)* di; da: *My car broke down five miles south of Leeds,* L'auto mi si è rotta cinque miglia a sud di Leeds — *within a hundred metres of the station,* a non più di cento metri dalla stazione — *within a year of his death,* a circa un anno dalla sua morte — *It's five minutes (a quarter) of two, (USA)* Sono le due meno cinque (meno un quarto).

4 *(compl. di causa)* di; per (causa di): *to die of grief (hunger, ecc.),* morire di dolore (di fame, ecc.) — *to do sth of necessity (of one's own accord, of one's own choice),* fare qcsa per necessità (di propria volontà, spontaneamente) — *to be sick (tired, proud, ecc.) of sth or sb,* essere disgustato (stanco, fiero, ecc.) di qcsa o qcno — *to taste (to smell) of sth,* sapere di qcsa — *because of...,* per via di...; a (per) causa di... — *for fear of...,* per paura di... — *The explosion couldn't have happened of itself,* L'esplosione non sarebbe potuta avvenire da sola.

5 *(in combinazione con un possessivo)* di *(talvolta non tradotto): a friend of mine,* un mio amico; un amico mio — *It's no business of yours,* Non sono affari tuoi; Non ti riguarda — *that odd artist friend of the Browns,* quello strano artista amico dei Brown — *that long nose of his,* quel suo lungo naso — *that queer-looking hat of hers,* quel suo eccentrico cappellino — *this essay of Green's,* questo saggio di Green.

6 da parte (tua, sua, ecc.): *How kind of you,* Com'è gentile da parte tua — *It was good of your brother to come,* Tuo fratello è stato molto gentile a venire.

7 *(in espressioni di tempo)* di: *What do you do of a Sunday?,* Cosa fai di domenica? — *He sometimes comes to see us of an evening,* Qualche volta viene a trovarci di sera — *in days of old (of yore),* nel passato — *of late,* recentemente; ultimamente — *today, of all days,* proprio oggi.

8 *(come compl. di agente: ant. e in certe locuzioni fisse)* da: *to be beloved of all,* essere amato da tutti — *to be tempted of the Devil,* essere tentato dal diavolo — *to be forsaken of God and man,* essere dimenticato da Dio e dagli uomini.

9 *(generalm. con* to think*)* a: *Who (Whom) were you thinking of?,* A chi pensavi? — *What can he have been thinking of?,* Ma a che cosa diavolo pensava?

□ *Doctor of Medicine,* dottore in medicina — *Master of Arts,* laureato (dottore) in lettere — *of course,* naturalmente; beninteso — *irrespective of...,* a prescindere da...; senza considerare che... — *We had a bad time of it,* Ce la passammo male — *What of the risk?,* E per il (che ne pensi del) rischio? — *Well, what of it?,* Bene, e con ciò?; E allora? — *Hast thou not eaten of the tree of knowledge?, (ant., biblico)* Non hai tu mangiato dell'albero della conoscenza?

[2]**of** [ɔv] *trascrizione grafica della pronunzia errata ma diffusa di* have: *'If he'd of lived he'd of been a great man',* 'Se fosse vissuto sarebbe diventato un grande uomo'.

off [ɔ(:)f] **I** *prep* **1** (via, fuori, lontano, giù) da: *He fell off the ladder (off his horse, off his bicycle),* Cadde giù dalla scala (da cavallo, dalla bicicletta) — *The ball rolled off the table,* La pallina rotolò giù dal tavolo — *The rain ran off the roof,* La pioggia scorreva giù dal tetto — *Keep off the grass, (letteralm.)* Tenetevi lontani dall'erba; 'Non calpestate il prato erboso' — *A button has come off my coat,* Mi si è staccato un bottone della giacca — *She took the ring off her finger,* Si tolse l'anello dal dito — *Cut another slice off the loaf,* Taglia un'altra fetta dalla pagnotta — *to dine off gold plates,* pranzare usando piatti d'oro — *to take sth off the price,* togliere via qcsa dal prezzo; fare uno sconto — *to borrow money off a friend, (fam.)* farsi imprestare del denaro da un amico — *five per cent off for cash,* sconto del cinque per cento pagando in contanti (subito) — *to take a matter off sb's hands,* togliere una cosa di mano a qcno; *(fig.)* togliere a qcno la responsabilità di qcsa.

2 *(di strade, ecc.)* lontano da; che si diparte da: *a narrow lane off the main road,* un viottolo stretto che si diparte dalla strada principale — *a house off the main road,* una casa distante dalla strada principale — *a street off the High Street,* una via che si diparte dalla High Street.

3 *(di coste, promontori, stretti, ecc.)* non molto discosto da; vicino a: *an island (just) off the Cornish coast,* un'isola non molto lontana dalla costa di Cornovaglia — *a ship anchored off the entrance to the harbour,* una nave ancorata un po' fuori dall'imboccatura del porto — *The battle was fought off Cape Trafalgar,* La battaglia fu combattuta vicino a capo Trafalgar.

4 di; con: *to live off the land,* vivere dei frutti, delle risorse della terra.

□ *to be off duty,* essere in libertà *(non di servizio)* — *to be off colour,* essere indisposto; non sentirsi bene; essere piuttosto giù di forma — *She was (She looked, She felt) rather off colour,* Era (Sembrava, Si sentiva) un po' indisposta, 'giù' — *to be off sth, (fam.)* non fare più qcsa *(che prima era un'abitudine)* — *She's off smoking for the moment,* Ha smesso di fumare per il momento — *to be off sb, (fam.)* non amare più qcno — *off the point,* fuori del seminato; fuori argomento; fuori tema — *The speaker constantly wandered off the point,* L'oratore usciva continuamente dal seminato (divagava continuamente) — *off the map, (fam.)* inesistente; scomparso; sparito; *(fam.)* lontanissimo dalle zone abitate — *off the mark,* fuori bersaglio; *(fig.)* non pertinente; non appropriato; estraneo — *off one's food, (fam.)* completamente senza appetito — *off one's head,* matto; pazzo da legare — *off-the-record, (di informazioni, ecc.)* non ufficiale; ufficioso — *an off-the-record interview,* un'intervista confidenziale, privata, non ufficiale — ⇨ *anche* **off(-)hand, offshore, off-side.**

II *avv* **1** lontano; distante; alla larga: *The town is five miles off,* La città dista cinque miglia — *We're still some way off,* Siamo ancora un po' distanti (dalla meta) — *Keep off!,* Non avvicinarti!; Stai alla larga! — *Keep your dog off!,* Tieni lontano il cane! — *The holidays are not far off,* Le vacanze non sono molto lontane; Manca ormai poco alle vacanze.

2 in partenza; via *(anche con certi verbi, p.es.* to start off, to push off, *ecc.): He's off to London,* È in partenza per Londra — *It's time I was off,* È ora che me ne vada — *Be off (with you)!,* Vattene via!; E vattene! — *We're off!, Off we go!,* Si parte!

3 *(con certi verbi, indica rimozione o separazione* ⇨ *anche alle voci relative ai singoli verbi:* to push off, to put off, to take off, *ecc.) Take off your coat,* Togliti il soprabito (la giacca) — *If your shoes hurt, take them off,* Se le scarpe ti fanno male, toglitele — *He was working with his coat off,* Stava lavorando senza giacca (in maniche di camicia) — *Why don't you take that long beard off?,* Perché non ti tagli quella barba lunga? — *Help her off with her coat,* Aiutala a togliersi il soprabito — *I was cut off while telephoning to him,* Mentre gli stavo telefonando mi han tolto la comunicazione (è caduta la linea) — *The door handle has come off,* La maniglia della porta si è staccata — *Off with his head!,* Tagliatevi la testa!

4 *(con certi verbi, indica il completamento di una azione* ⇨ *anche alle voci relative ai singoli verbi:* to finish off, to pay off, *ecc.) Finish off one job before you start another,* Finisci (Porta a termine) un lavoro prima di incominciarne un altro — *to finish sb off,* dare a qcno il colpo di grazia.

5 libero (da impegni di lavoro): *to give the staff a day off,* concedere al personale una giornata libera — *This is my day off,* Questa è la mia giornata libera — *to take an afternoon off,* prendersi un pomeriggio di libertà — *to take time off,* prendersi del tempo libero; disimpegnarsi dal lavoro *(dall'ufficio, ecc.)* per un certo tempo.

6 (*di cibo:* ⇨ *anche* **7**) non più fresco; passato; stantio: *This meat (This fish) is slightly off,* Questa carne (Questo pesce) puzza già un po'.

7 *(spec. con il verbo* to be *in vari significati idiomatici)* interrotto; spento; esaurito, ecc.: *The engagement is off (is broken off),* Hanno rotto il fidanzamento; Si sono lasciati — *The water (gas, electricity) is off,* Manca l'acqua (il gas, l'elettricità); Non arriva più acqua, ecc. — *Turn the radio off,* Spegni la radio — *The brake is off,* Il freno è libero — *That dish (The chicken) is off, (al ristorante)* Quel piatto (Il pollo) è finito, non è più disponibile.

8 *(in teatro)* dietro le scene; dietro le quinte: *noises off,* rumori dietro le quinte *(nelle didascalie).*

□ *to be better (worse) off,* essere in una migliore (peggiore) posizione; essere in migliori (peggiori) condizioni o circostanze — *I say, that's a bit off!,* Però, questo non mi va (è sleale)! — *on and off; off and on* ⇨ **on II, 2** — *It rained on and off all day,* Piovve a intervalli per tutta la giornata — *right off; straight off,* subito; immediatamente — *to be well (badly) off,* essere in buone (pessime) condizioni economiche; essere molto ricco (senza un soldo).

III *agg* **1** più distante; esterno; altro: *on the off side of the wall,* sull'altro lato (dall'altra parte) del muro — ⇨ *anche* **off-side.**

2 *(di cavalli, carrozze, automobili, ecc.)* più vicino al centro della strada (*in opposizione a* **near 3** ⇨); destro *(GB);* sinistro *(USA e altrove): the off front wheel,* la ruota destra anteriore — *a horse's off hind leg,* la gamba posteriore destra di un cavallo.

3 libero; vuoto; senza impegni di lavoro: *in my off time,* durante il mio tempo libero — *on my next off day,* il (al) mio prossimo giorno libero — *the off season,* il periodo, la stagione morta *(quando c'è poco da fare).*

□ ⇨ *anche* **off(-)beat, off-centre, off-chance, off-licence, off(-)print,** *ecc.*

offal ['ɔfəl] *s.* **1** interiora; frattaglie. **2** avanzi; rifiuti. **3** crusca.

off(-)beat ['ɔ:f'bi:t] *agg* non convenzionale; insolito.

off-centre ['ɔ:f'sentə*] *agg* eccentrico; fuori asse. □ *avv* non in centro.

off-chance ['ɔftʃɑ:nts] *s.* minima probabilità: *on the off-chance,* nel caso improbabile...; nella remota eventualità... — *I'll go on the off-chance of seeing him,* Ci andrò con la vaga speranza di vederlo — *There's an off-chance of finding him at home,* C'è una remota probabilità di trovarlo in casa.

offcuts ['ɔ:fkʌts] *s. pl* ritagli.

offence [ə'fens] *s.* (*USA* **offense**) **1** offesa; insulto; ingiuria: *an offence against God and man,* un'offesa a Dio e all'umanità — *an offence against good manners,* un'offesa alla buona educazione — *to give (to cause) offence to sb,* fare un'offesa a qcno — *to take offence at sth,* offendersi per qcsa — *He is quick to take offence,* Si offende facilmente — *No offence!,* Senza offesa! — *That cesspit is an offence to the neighbourhood,* Quella fogna di scolo è una vergogna per il vicinato — *I meant no offence!; No offence meant!,* Non intendevo offendere! **2** infrazione; trasgressione; delitto: *an offence against the law,* una trasgressione alla legge — *a petty offence,* un reato minore. **3** *(mil.)* offesa; attacco: *They say that the most effective defence is offence,* Si dice che la miglior difesa sia l'attacco.

offenceless [ə'fenslis] *agg* senza offesa; inoffensivo.

to **offend** [ə'fend] *vi e t.* **1** offendere; insultare; andare contro: *I'm sorry if I've offended you,* Mi spiace se ti ho offeso — *He was offended at (o by) my remarks,* Si sentì offeso per le mie osservazioni — *She was offended by (o with) her husband,* Fu offesa dal (Si sentiva offesa con il) marito. **2** offendere; disturbare *(per mancanza di senso estetico, ecc.): sounds that offend the ear,* suoni che offendono l'orecchio. **3** *(dir., ant.)* trasgredire; commettere un'infrazione: *to offend the law,* trasgredire la legge.

offender [ə'fendə*] *s.* trasgressore; delinquente: *first offender,* incensurato — *an old offender,* un recidivo.

offending [ə'fendiŋ] *agg* **1** *(dir.)* che contravviene; che trasgredisce; che viola. **2** offensivo.

offense [ɔ'fens] *s. (USA)* = **offence**.

offensive [ə'fensiv] *agg* **1** offensivo; oltraggioso: *offensive language,* linguaggio offensivo. **2** nauseabondo; disgustoso: *a fish with an offensive smell,* un pesce dall'odore disgustoso. **3** *(mil.)* offensivo: *offensive weapons,* armi offensive *(di offesa).*
□ *avv* **offensively.**
□ *s.* offensiva: *to take (to act on) the offensive,* prendere l'offensiva — *a peace offensive, (gergo giornalistico)* una 'offensiva di pace'.

offensiveness [ə'fensivnis] *s.* **1** aggressività. **2** l'essere sgradevole, disgustoso, ripugnante.

offer ['ɔfə*] *s.* offerta; proposta: *an offer of help (o to help),* un'offerta di aiuto — *an offer of marriage,* una proposta di matrimonio — *goods on offer,* merce in vendita.

to **offer** ['ɔfə*] *vt* **1** offrire; porgere: *I have been offered a job in Brazil,* Mi hanno offerto un lavoro in Brasile — *He offered to help me,* Si offrì di aiutarmi — *to offer (up) prayers to God,* offrire preghiere a Dio — *to offer up a sacrifice,* offrire un sacrificio — *to offer sb one's apologies,* porgere a qcno le proprie scuse — *to offer battle,* offrire (al nemico) l'opportunità di battersi; mostrarsi pronti alla battaglia — *to offer sb one's hand,* - **a)** porgere la mano a qcno *(nelle presentazioni)* - **b)** fare a qcno una proposta di matrimonio. **2** tentare; presentare: *They offered no resistance to the enemy,* Non fecero alcuna resistenza al nemico — *to offer an opinion,* dare (esprimere) un'opinione.
□ *vi* presentarsi: *Take the first opportunity that offers!,* Cogli la prima occasione che si presenta! — *... as occasion offers,* ... quando se ne presenti l'occasione.

offering ['ɔfəriŋ] *s.* offerta; oblazione: *a peace offering,* un'offerta di pace *(dopo una lite, ecc.)* — *a burnt offering,* - **a)** un'offerta bruciata in sacrificio - **b)** *(scherz.)* cibo rovinato perché bruciato.

offertory ['ɔfətəri] *s.* **1** offerta raccolta in chiesa; colletta. **2** offertorio.

off(-)hand ['ɔf'hænd] *agg* **1** estemporaneo; improvvisato; casuale; su due piedi. **2** *(per estensione)* disinvolto; trasandato. **3** *(per estensione)* brusco; sbrigativo.
□ *avv* **1** estemporaneamente; su due piedi: *I can't say off-hand,* Non posso dirlo così, su due piedi. **2** senza esitazione; in modo spiccio.

offhanded ['ɔf'hændid] *agg* brusco. □ *avv* **offhandedly.**

offhandedness ['ɔf'hændidnis] *s.* malagrazia; modo di fare sbrigativo.

office ['ɔfis] *s.* **1** ufficio; gabinetto; studio: *a lawyer's office,* l'ufficio (lo studio) di un avvocato — *booking office,* biglietteria — *box office,* botteghino (di teatro) — *post office,* ufficio postale — *office block,* palazzo d'uffici — *office boy,* fattorino. **2** ministero: *the Foreign Office,* il Ministero degli Esteri — *the Office of Works,* il Ministero dei Lavori Pubblici — *the General Post Office (talvolta semplicemente* the Post Office*), (GB, abbr.* G.P.O.*)* il Ministero delle Poste e Telecomunicazioni. **3** *(senza l'art.)* carica; incarico: *to enter upon office,* entrare in carica — *to leave (to accept) office,* lasciare (accettare) una carica — *Which party will be in office after the next general election?,* Quale partito sarà in carica dopo le prossime elezioni generali? — *to be out of office, (di uomo o partito politico)* essere all'opposizione. **4** dovere; funzioni: *the office of chairman,* le funzioni di presidente — *the office of host,* il dovere dell'ospite. **5** *(al pl.)* uffici; attenzioni; servigi: *through the good offices of a friend,* grazie ai buoni uffici d'un amico — *to perform the last offices (for sb),* eseguire il servizio funebre (per qcno). **6** *(al pl.)* servizi (d'una casa): *a sitting room, three bedrooms and the usual offices,* un salotto, tre camere da letto e i soliti servizi.
□ *the Holy Office,* il Sant'Uffizio (l'Inquisizione) — *Divine Office,* gli Uffizi divini.

officer ['ɔfisə*] *s.* **1** ufficiale *(nell'esercito, marina, ecc.): officer of the guard,* ufficiale di picchetto — *flag officer,* ufficiale ammiraglio — *staff officer,* ufficiale di stato maggiore — *general officer,* generale — *non-commissioned officer, (nell'esercito)* sottufficiale — *petty officer, (in marina)* sottufficiale. **2** funzionario; agente; ufficiale; (alto) dirigente: *a customs officer,* un funzionario della dogana — *officers of state,* funzionari statali; *(talvolta)* ministri — *the officers of a company,* gli alti dirigenti di una società per azioni *(presidente, amministratore delegato, ecc.).* **3** agente *(di polizia).*

to **officer** ['ɔfisə*] *vt (generalm. al p. pass.)* **1** comandare da ufficiale. **2** fornire di ufficiali.

official [ə'fiʃəl] *agg* ufficiale; cerimonioso; burocratico; autorevole: *in his official uniform,* nella sua uniforme ufficiale — *The news is not official,* La notizia non è ufficiale (è soltanto ufficiosa) — *official statements,* dichiarazioni ufficiali — *written in official style,* redatto in stile ufficiale. □ *avv* **officially.**
□ *s.* funzionario; ufficiale (civile): *government officials,* funzionari statali — *company officials,* funzionari di un'azienda.

officialdom [ə'fiʃəldəm] *s. (collettivo)* (la) burocrazia; (i) burocrati.

officialese [ə,fiʃə'li:z] *s.* gergo burocratico.

to **officiate** [ə'fiʃieit] *vi* **1** fare (esercitare) le funzioni di; fungere da: *to officiate as chairman,* esercitare le funzioni di presidente. **2** officiare; celebrare: *to officiate at a marriage ceremony,* officiare (celebrare) un matrimonio.

officious [ə'fiʃəs] *agg* **1** invadente; prepotente. **2** *(raro)* ufficioso. □ *avv* **officiously.**

officiousness [ə'fiʃəsnis] *s.* **1** invadenza; intromissione; prepotenza. **2** *(raro)* ufficiosità.

offing ['ɔfiŋ] *s. (del mare)* largo; al largo: *a steamer in the offing,* una nave al largo — *a quarrel in the offing, (fig.)* una lite che si profila all'orizzonte.

offish ['ɔfiʃ] *agg (fam.)* distante; riservato; scostante (*cfr.* **stand-offish**).

off-licence ['ɔf,laisəns] *s. (GB)* spaccio di bevande alcooliche *(spesso in un 'pub')* da non consumare sul luogo.

to **off-load** [ɔf'loud] *vt* scaricare *(merci);* far sbarcare, scendere a terra *(passeggeri).*

off(-)print ['ɔfprint] *s.* estratto *(di un articolo, ecc.).*

to **offput** ['ɔfput] *vt* (*pass. e p. pass.* **offput**) *(GB)* mettere in imbarazzo; sconcertare.

off-putting ['ɔf,putiŋ] *agg* (*p. pres. di* **to put off** ⇨) poco invitante; ributtante.

offscourings ['ɔfskauəriŋz] *s. pl (spesso fig.)* scarti; avanzi; feccia; residui: *the offscourings of humanity,* la feccia (i rifiuti) dell'umanità.

offset ['ɔ(:)fset] *s.* **1** *(anche* offset process*)* fotolitografia; 'offset'. **2** = **offshoot. 3** *(USA)* controstampa.

to **offset** ['ɔ(:)fset] *vt* (**-tt-**) controbilanciare; compensare: *He has to offset his small salary by living economically,* Deve compensare l'eseguità del suo stipendio vivendo in economia.

offshoot ['ɔ(:)fʃu:t] *s.* ramo; virgulto; diramazione *(anche in senso fig.).*

offshore ['ɔ:f'ʃɔ:*] *agg* in mare aperto; al largo; d'alto mare; *(di vento, brezza)* che soffia verso il mare: *offshore fisheries,* pesca al largo.

off-side ['ɔ:f'said] *s., agg e avv* **1** *(calcio, ecc.)* fuori gioco. **2** lato *(di automobile)* più vicino al centro della strada.

offspring ['ɔ(:)fspriŋ] *s. (invariato al pl.)* discendenza; prole.

off-stage [ɔf'steidʒ] *agg (attrib.)* fra le quinte.

off-street [ɔf'stri:t] *agg (attrib.)* lontano dalla vita: *off-street unloading,* scarico *(di merci)* alla porta posteriore.

offtake ['ɔfteik] *s.* canale di sfogo; derivazione.

oft [ɔ(:)ft] *avv (poet. e ant.)* spesso: *an oft-told tale,* una storia risaputa, trita — *many a time and oft,* molto spesso.

often ['ɔ(:)fn] *avv* (**oftener, oftenest** *oppure* **more often, most often**) spesso; sovente; di frequente: *We often go to the theatre,* Andiamo spesso a teatro — *We have often been there,* Ci siamo stati spesse volte — *It very often rains here in April,* Qui piove molto spesso in aprile — *How often do the buses run?,* Ogni quanto tempo passa l'autobus? — *as often as...,* ogni volta che...; tutte le volte che... — *As often as I tried to get an answer, he made some excuse,* Ogni volta che cercavo di ottenere una risposta, lui trovava qualche scusa — *as often as not; more often than not,* molto sovente; spessissimo — *During foggy weather the trains are late more often than not,* Quando c'è nebbia i treni sono molto spesso in ritardo — *every so often,* di tanto in tanto — *once too often,* una volta di più; una volta di troppo — *He exceeded the speed limit once too often and was fined,* Superò ancora una volta il limite di velocità e fu multato.

oft-times ['ɔ:fttaimz] *avv (ant.)* spesso.

to **ogle** ['ougl] *vi e t. (spesso seguito da* at*)* lanciare sguardi amorosi, languidi: *He was ogling (at) all the girls,* Stava lanciando sguardi amorosi a tutte le ragazze.

ogre ['ougə*] *s.* orco *(anche fig.).*

ogreish ['ougəriʃ] *agg* da orco; di orco.

ogress ['ougris] *s.* orchessa.

¹**oh** [ou] *interiezione* oh!: *Oh!, dear me!,* Oh!, povero me!

²**oh** [ou] *agg e s. numerale* = **O, o 2.**

oho [ou'hou] *interiezione* oh!; evviva!; ohe!

oi [ɔi] *interiezione* ehi!

oil [ɔil] *s.* **1** olio: *olive oil,* olio d'oliva — *whale-oil,* olio di balena — *tuna fish in oil,* tonno sott'olio — *essential oils,* oli essenziali — *oil of cloves,* olio di garofano — *mineral oils,* oli minerali — *cod-liver oil,* olio di fegato di merluzzo — *hair oil,* brillantina per capelli — *oil-colours,* colori a olio — *an oil painting,* un dipinto a olio — *to paint in oils,* dipingere ad olio. **2** petrolio: *to strike oil,* trovare il petrolio; *(fig.)* trovare la via del successo, della ricchezza; trovare una fortuna — *oil-bearing,* petrolifero — *oil-well,* pozzo petrolifero — *oil-burner,* combustore di turbomotore — *oil-paper,* carta oleata — ⇨ *anche* **oilberg, oilcake, oilcan,** *ecc.*

□ *to burn the midnight oil,* studiare, lavorare fino a tarda ora (a lume di candela) — *to smell of oil, (p.es. di opera letteraria)* essere frutto di sforzo e di lunga elaborazione — *to pour oil on the flame(s), (fig.)* gettar olio sul fuoco — *to pour oil on troubled waters,* calmare le acque.

to **oil** [ɔil] *vt* **1** oliare; lubrificare; ungere con olio: *to oil a lock (a bicycle),* lubrificare un lucchetto (una bicicletta). **2** *(fig.)* appianare (difficoltà): *to oil the wheels,* ungere le ruote. □ *to oil sb's palm,* corrompere (comprare) qcno — *oiled, (sl.)* alticcio.

oilberg ['ɔilbə:g] *s.* grande nave cisterna.

oilcake ['ɔilkeik] *s.* panello di sansa.

oilcan ['ɔilkæn] *s.* oliatore a becco.

oilcloth ['ɔilklɔθ] *s.* tela cerata; incerata.

oiler ['ɔilə*] *s.* **1** nave cisterna; petroliera. **2** oliatore; lubrificatore *(l'operaio e lo strumento).*

oilfield ['ɔilfi:ld] *s.* giacimento petrolifero.

oilfired ['ɔilfaiəd] *agg* funzionante a nafta.

oiliness ['ɔilinis] *s.* oleosità; untuosità *(anche fig.).*

oilman ['ɔilmæn] *s.* (*pl.* **oilmen**) **1** addetto ad un pozzo petrolifero. **2** proprietario o dirigente di un'azienda petrolifera. **3** rivenditore di colori ad olio.

oilskin ['ɔilskin] *s.* **1** tela cerata. **2** *(al pl.)* vestiti di tela cerata.

oiltight ['ɔiltait] *agg* a tenuta d'olio.

oily ['ɔili] *agg* (**-ier; -iest**) **1** oleoso; untuoso. **2** unto; sporco d'olio. **3** *(di discorso o maniere)* mellifluo; untuoso. □ *avv* **oilily.**

ointment ['ɔintmənt] *s.* pomata; unguento.

okay ['ou'kei] (*fam.: spesso abbr. in* **O.K.** *oppure* **OK**) *agg* esatto; corretto; giusto; ben fatto; soddisfacente; discreto.

□ *avv* **1** bene: *'How are you?' - 'Okay, thanks',* 'Come va?' - 'Bene, grazie'. **2** *(esclamativo)* va bene!; d'accordo!; sì: *'Can you come tomorrow' - 'OK',* 'Puoi venire domani?' - 'Sì, va bene'.

□ *s.* approvazione; consenso: *to give the O.K.,* dare l'approvazione formale; dare il via.

to **okay** ['ou'kei] *vt* dare il benestare; approvare; vistare.

old [ould] *agg* (**-er; -est** ⇨ *anche* **elder, eldest,** *usati per due fratelli*) **1** vecchio; anziano: *He's forty years old,* Ha quarant'anni — *How old are you?,* Quanti anni hai? — *a seven-year-old boy,* un bambino di sette anni — *old people,* gli anziani — *What will he do when he grows (is, gets) old?,* Cosa farà quando diventerà (sarà) vecchio? — *the old,* i vecchi — *old and young; young and old,* tutti, giovani e vecchi — *old age,* la vecchiaia. **2** antico; antiquato; vetusto; vecchio: *old customs,* vecchie usanze — *old-clothesman,* rigattiere — *the Old Testament,* l'Antico Testamento — *the Old World,* il Vecchio Mondo; l'Europa, l'Asia e l'Africa — *old-world, (spesso, scherz.: olde-worlde)* all'antica; vecchio stile — *an old-world cottage,* un 'cottage' vecchio stile — *old-fashioned,* antiquato; fuori moda; all'antica — *old-fashioned clothes,* vestiti fuori moda — *an old-fashioned servant,* una domestica all'antica — *an old-fashioned look,* uno sguardo pieno di disapprovazione — *an old-fashioned, (USA)* un cocktail a base di whisky — *old-fog(e)yish,* di idee antiquate — *old-time,* dei tempi passati; di una volta — *old-time dances,* i balli di una volta — *of the old school,* della vecchia scuola; conservatore; tradizionalista — *an old friend of mine,* un mio vecchio amico; un mio caro amico. **3** esperto; incallito; rotto (a qcsa): *a man old in diplomacy,* un uomo che è esperto in diplomazia — *to be an old hand (at sth),* avere molta esperienza (in qcsa) — *old offenders,* delinquenti abituali (incalliti, recidivi) — *an old-timer,* un vecchio socio *(d'un club, ecc.)*; un vecchio abitante, ecc.

□ *the old man, (fam.)* il padre; il marito; *(fra i marinai)* il capitano; *(fra gli operai)* il padrone — *old hat, (collettivo)* notizia vecchia (notizie vecchie) — *the (my) old woman, (fam.)* la moglie — *old-womanish, (riferito ad un uomo)* da donnicciola; isterico; timido; pignolo — *an old maid,* una vecchia zitella — *old-*

maidish, (riferito ad un uomo) meticoloso; isterico (come una zitella) — *old wives' tale* ⇨ **wife** — *the old country,* la madrepatria — *Old Glory, (USA)* la bandiera statunitense — *old boy,* - **a)** *(vocativo; anche* old man*)* vecchio mio! - **b)** *(GB)* ex allievo di scuola o collegio — *Old Etonian, Old Harrovian,* ex allievo di Eton, di Harrow *(e così per tutte le* public schools, grammar schools, *ecc.)* — *'Good old John!',* 'Mio buon John!'; 'Vecchio John!' — *the old one; the old gentleman; old Harry; old Nick; old Scratch,* il diavolo — *We're having a high old time,* Ci stiamo divertendo un mondo.

□ *s.* il passato; il tempo che fu: *men of old,* gli uomini del passato.

olden ['ouldən] *agg (GB, ant. e lett.)* antico; vecchio: *in olden times (days),* nei tempi antichi; in passato.

olde-worlde ['ould'wə:ld] *agg* ⇨ **old 2**.

oldish ['ouldiʃ] *agg* piuttosto vecchio; vecchiotto.

oldster ['ouldstə*] *s.* vecchio *(non comune: quasi sempre in contrapposizione con* youngster*)*: *Some of us oldsters have more energy than the youngsters,* Alcuni di noi vecchi hanno più energia dei giovani.

oleaginous [,ouli'ædʒinəs] *agg* oleoso.

oleander [,ouli'ændə*] *s.* oleandro.

oleograph ['oulio*u*grɑ:f] *s.* oleografia.

olfactory [ɔl'fæktəri] *agg* olfattivo; dell'olfatto: *the olfactory nerves,* i nervi olfattivi.

oligarch ['ɔligɑ:k] *s.* oligarca.

oligarchical [,ɔli'gɑ:kikəl] *agg* oligarchico.

oligarchy ['ɔligɑ:ki] *s.* oligarchia.

olive ['ɔliv] *s.* **1** *(anche* olive tree*)* ulivo: *to hold out the olive branch, (fig.)* porgere il ramoscello d'ulivo — *an olive grove,* un uliveto. **2** oliva: *pickled olives,* olive in salamoia — *beef (veal) olives,* involtini di carne di manzo (di vitello) ripieni.

□ *agg* d'oliva; verde oliva; olivastro: *an olive complexion,* una carnagione olivastra.

ology ['ɔlədʒi] *s. (scherz., da* zoology, archaeology, *ecc.)* scienza.

Olympiad [o*u*'limpiæd] *s.* olimpiade.

Olympian [o*u*'limpiən] *agg (anche con la minuscola)* olimpico; dell'Olimpo; divino; magnifico: *olympian calm,* calma olimpica.

□ *s.* **1** divinità dell'Olimpo. **2** persona dotata di una calma olimpica.

Olympic [o*u*'limpik] *agg* olimpico; di Olimpia: *the Olympic Games,* i Giochi Olimpici; le Olimpiadi.

ombudsman ['ɔmbudzmæn] *s. (pl.* **ombudsmen**: *voce originaria dei paesi scandinavi: detto anche* Parliamentary Commissioner *in GB)* funzionario ufficialmente delegato per intervenire contro i soprusi del potere esecutivo.

omega ['oumigə] *s.* omega *(l'ultima lettera dell'alfabeto greco): Alpha and Omega* alfa e omega; il principio e la fine.

omelet, omelette ['ɔmlit] *s.* omelette; frittata *(alla francese, cioè cotta nel burro, da una parte soltanto, e ripiegata): One (You) can't make an omelette without breaking eggs, (prov.)* Non si può fare una frittata senza rompere le uova.

omen ['oumen] *s.* auspicio; augurio; presagio; indizio: *an omen of success,* un presagio di successo — *an event of good (bad) omen,* un evento di buon (cattivo) auspicio.

to **omen** ['oumen] *vt* presagire; essere di auspicio; fare presagire; annunziare.

ominous ['ɔminəs] *agg* sinistro; malaugurante; di cattivo auspicio: *an ominous silence,* un silenzio sinistro. □ *avv* **ominously**.

omission [o*u*'miʃən] *s.* omissione; dimenticanza; lacuna: *sins of omission,* peccati di omissione.

to **omit** [o*u*'mit] *vt* (**-tt-**) omettere; trascurare; tralasciare.

omnibus ['ɔmnibʌs] *s.* *(pl.* **omnibuses**) omnibus; autobus. □ *an omnibus volume,* un volume che contiene tutte le opere di un autore, o più opere insieme.

omnipotence [ɔm'nipətəns] *s.* onnipotenza.

omnipotent [ɔm'nipətənt] *agg* onnipotente.

□ *avv* **omnipotently**.

omniscience [ɔm'nisiəns] *s.* onniscienza.

omniscient [ɔm'nisiənt] *agg* onnisciente.

□ *avv* **omnisciently**.

omnivorous [ɔm'nivərəs] *agg* onnivoro *(anche fig.)*: *an omnivorous reader,* un lettore onnivoro; un divoratore di libri. □ *avv* **omnivorously**.

on [ɔn] **I** *prep* **1** *(compl. di luogo, ecc.)* su; sopra; a: *a carpet on the floor,* un tappeto sul pavimento — *Put the dish on the table,* Metti il piatto sul tavolo — *pictures on the wall,* quadri sui (appesi ai) muri — *the words on the blackboard,* le parole sulla lavagna — *I've got a blister on the sole of my foot,* Ho una vescica sulla pianta del piede — *to put a roof on the shed,* mettere il tetto al capannone — *to sit on the grass,* sedersi sull'erba — *to stick a stamp on the envelope,* attaccare un francobollo sulla busta — *to hang sth on a peg,* appendere qcsa a un gancio — *to live on the Continent,* abitare nel Continente (*cioè:* in Europa) — *to have a hat on one's head (a ring on one's finger),* avere il cappello in testa (un anello al dito) — *He climbed on to the roof,* Salì sul tetto — *to have lunch on the train,* pranzare in treno — *Continued on page five,* Segue a pagina cinque — *Have you a match (any money) on you?,* Hai dei fiammiferi (del denaro) con te? — *a town on the coast,* una città sulla costa — *a house on the main road,* una casa sulla strada principale — *a village on the frontier,* un paese di confine (vicino alla frontiera) — *on both sides,* da entrambe le parti — *on both sides of the river,* da una parte e dall'altra del fiume — *on my right (left),* sulla (alla) mia destra (sinistra) — *a story based on fact,* una storia basata sulla realtà — *the tax on tobacco,* l'imposta sui tabacchi — *interest on capital,* interesse sul capitale.

2 *(compl. di tempo) on Saturday,* sabato; di sabato; il sabato — *on Saturdays,* di sabato; tutti i sabati — *on the first of May,* il (al) primo maggio — *on the evening of May the first,* la sera del primo maggio — *on New Year's Day,* il primo dell'anno; a capodanno — *on a cold, wet day like this,* (in) una giornata fredda e piovosa come questa — *on that day,* (in) quel giorno — *on this occasion,* in questa occasione — *on the death of his parents,* alla morte dei suoi genitori — *on my arrival at home,* al mio arrivo a casa (quando arrivai a casa) — *payable on demand, (comm.)* pagabile a richiesta — *on (my) asking for information...,* alla mia richiesta di informazioni... — *on time; on the minute,* in tempo; puntualmente.

3 *(compl. di argomento)* su; circa; riguardo: *to speak (to lecture, to write) on international affairs,* parlare (fare una conferenza, scrivere) su argomenti di politica internazionale — *a lecture on Shakespeare,* una conferenza su Shakespeare.

4 *(per indicare partecipazione a un gruppo, ecc.)* in; di; da; a: *He is on the committee,* È membro del comitato — *He's on the 'Daily Telegraph',* Lavora al 'Daily Telegraph'.

5 *(per indicare direzione)* verso; contro; in direzione di: *They were marching on the enemy's capital,* Marciavano verso la capitale del nemico — *to turn one's back on sb,* voltare le spalle a qcno — *to smile (to frown) on sb,* sorridere (fare la faccia severa) a qcno — *to draw a knife on sb,* impugnare il coltello contro qcno — *to hit sb on the head,* colpire qcno in testa — *to give sb a box (blow) on the ear,* dare un ceffone a qcno — *Swear it on the Bible,* Giuralo sulla Bibbia — *to be on one's oath (on one's honour),* essere sotto giuramento; aver dato la parola d'onore.

□ *on this (that, no) account,* per questo (quel, nessun) motivo — *to have sth on good authority,* sapere qcsa da buona fonte — *Act on your lawyer's advice,* Agisci secondo le istruzioni del tuo avvocato — *to be arrested on a charge of theft,* essere arrestato sotto l'accusa di furto — *to retire on a pension,* ritirarsi in pensione — *on penalty (on pain) of death,* sotto pena di morte — *on an average,* in media; di media — *on foot,* a piedi — *just on two o'clock,* proprio verso le due — *just on a year ago,* press'a poco un anno fa — *just on ten pounds,* dieci sterline circa — *on business,* per affari; in un viaggio di affari — *on holiday,* in vacanza — *to go on an errand,* andare a fare una commissione — *to be on the way,* essere in arrivo, per strada — *While I was on my way...,* Strada facendo... — *on the sly,* di nascosto; alla chetichella; segretamente — *to buy sth on the cheap,* comperare qcsa a basso prezzo — *on his best behaviour,* facendo del proprio meglio — *to be on the look-out (for sb),* stare in guardia, all'erta (tener bene gli occhi aperti per cercare qcno) — *on fire,* in fiamme — *on sale,* in vendita — *on loan,* in (a) prestito.

II *avv (per i significati particolari che assume in congiunzione con certi verbi ⇨ anche alle voci dei relativi verbi:* to pass on, to switch on, to turn on, *ecc.)* **1** addosso; indosso; su; sopra: *Put your shoes on,* Mettiti le scarpe — *Put the kettle on,* Metti il pentolino sul fuoco — *On with your coat!,* Mettiti il soprabito! — *Your hat is not on straight,* Ti sei messo il cappello storto — *He had nothing on,* Non aveva niente indosso — *Has he got his spectacles on?,* Ha messo gli occhiali?

2 (*di apparecchi, ecc.; con i verbi* to be, to leave, *ecc.: come opposto di* **off II, 7**) in funzione; in azione; acceso: *The lights were all full on,* Le luci erano tutte accese — *Someone has left the bathroom tap on,* Qualcuno ha lasciato aperto il rubinetto del bagno — *Be sure the handbrake is on before you leave the car,* Prima di uscire dall'auto, assicurati che il freno a mano sia tirato — *The performance is on,* Lo spettacolo è incominciato — *on and off; off and on,* ad intervalli; in modo intermittente.

3 *(idiomatico con* to be *e* to have*)* in programma, ecc.: *What's on this afternoon?,* Cosa ci sarà nel pomeriggio?; Che spettacolo c'è nel pomeriggio? — *There's nothing on tomorrow, is there?,* Domani non c'è niente in programma, vero? — *Have you anything on this evening?,* Hai qualche programma per stasera?

4 verso; in direzione di: *a ship broadside on to the dock gates,* una nave con la fiancata in direzione delle chiuse (del bacino di carenaggio) — *end on,* con la punta in fuori, verso chi guarda; *(naut.)* avanti prua.

5 avanti; innanzi: *Come on!,* Andiamo!; Avanti!; Sbrigatevi! — *They hurried on to the station,* Proseguirono in fretta per la stazione — *I will follow on,* Verrò dopo di voi; Vi seguirò — *It's getting on for six o'clock,* Sono quasi le sei — *He's getting on in years,* Sta andando avanti con gli anni (Sta invecchiando) — *How can you work on so long without a rest?,* Come puoi continuare a lavorare così senza riposarti? — *How is your work getting on?,* Come procede il tuo lavoro? — *On with the show!,* Avanti con lo spettacolo! — *on and on,* ininterrottamente — *We walked on and on,* Camminammo e camminammo senza mai fermarci — *and so on,* e così via; e così avanti; eccetera — *later on,* più tardi — ⇨ *anche* **on-coming**.

□ *We soon got on to him; We were soon on to him,* Capimmo presto il suo gioco.

onanism ['ounənizəm] *s.* onanismo.

once [wʌn(*t*)s] **I** *avv* **1** una volta; una sola volta; in una sola occasione: *I have been there once,* Ci sono stato una volta — *once a week; once a month,* una volta alla settimana; una volta al mese — *once or twice,* una volta o due; un paio di volte; qualche volta — *He goes to see his parents in Wales once (o once in) every six months,* Va a trovare i genitori nel Galles una volta ogni sei mesi — *once more,* ancora una volta; un'altra volta — *once and again; once in a while; once in a way,* di tanto in tanto; ogni tanto; una volta ogni tanto; di quando in quando — *(for) this once; (just) for this once; just this once,* una volta sola; solo per questa volta; in via eccezionale — *once for all; once and for all,* una volta per tutte — *He didn't once offer (He never once offered) to help us,* Nemmeno una volta si è offerto di darci una mano.

2 *(spesso in posizione intermedia)* una volta; in passato; un tempo; anticamente: *He once lived in Persia,* Una volta abitava in Persia — *This novel was once very popular but nobody reads it today,* Un tempo questo romanzo era molto popolare, ma oggi nessuno più lo legge — *Once upon a time there was...,* *(nelle fiabe)* C'era una volta...

3 at once, - **a)** subito; immediatamente: *I'm leaving for Rome at once,* Parto subito per Roma — *Come here at once!,* Vieni qui immediatamente! — *all at once,* improvvisamente; d'un tratto - **b)** insieme; allo stesso tempo; contemporaneamente: *Don't all speak at once!,* Non parlate tutti assieme! — *I can't do two things at once,* Non posso fare due cose contemporaneamente — *The book is at once interesting and instructive,* Il libro è allo stesso tempo interessante ed istruttivo.

□ *Once bitten twice shy, (prov.)* Uomo scottato mezzo avvisato.

II *congiunz* una volta; non appena: *Once you understand this rule, you will have no further difficulty,* Una volta che tu abbia capito questa regola, non troverai più alcuna difficoltà.

once-over ['wʌn(*t*)s,ouvə*] *s. (fam.)* scorsa; rapida occhiata: *to give sth a once-over,* dare una rapida occhiata a qcsa.

on-coming ['ɔn,kʌmiŋ] *agg* prossimo; imminente; successivo; che avanza; che si avvicina: *the on-coming shift,* il turno successivo — *the on-coming tide,* la marea che sale.

□ *s.* arrivo; venuta; l'approssimarsi; l'avvicinarsi: *the on-coming of winter,* l'approssimarsi dell'inverno.

'one [wʌn] *I agg numerale* **1** uno, una: *one pen, two pencils, and three books,* una penna, due matite e tre libri — *one man in ten (in a hundred),* un uomo su dieci (su cento) — *one or two people,* - **a)** una o due persone - **b)** qualche persona — *one o'clock,* l'una; le ore tredici — *twenty-one (thirty-one, forty-one, ecc.),* ventuno (trentuno, quarantuno, ecc.) — *one hundred (one thousand, one million),* cento (mille, un milione) — *one half; one third,* una metà; un terzo — *one and a half years,* un anno e mezzo — *one and a half*

millions, un milione e mezzo — *one and six; one pound ten, (GB, nei prezzi, fino al 1971)* uno scellino e sei pence; una sterlina e dieci scellini — *one summer evening,* (in) una sera d'estate — *one morning in June,* (in) una mattina di giugno — *one day (morning, afternoon, evening, night),* un giorno (un mattino, un pomeriggio, una sera, una notte) — *Well, that's one way of doing it, but there are other and better ways,* Bene, quello certo è un modo per farlo, ma ce ne sono anche altri e migliori — *for one thing,* in primo luogo; innanzitutto — *I can't go. For one thing, I've no money,* Non posso andarci. Innanzitutto sono senza soldi — *They all went off in one direction,* Se ne andarono tutti nella stessa direzione.
2 *(sempre con l'accento tonico e con valore enfatico)* uno; uno solo; unico: *There's only one way to do it,* C'è un solo modo di farlo — *They went forward as one man,* Avanzarono come un sol uomo — *I'm one with you on this subject,* Sono d'accordo con Lei su questo problema — *We are at one on this subject,* Su questo argomento siamo tutti d'accordo — *It's all one,* Fa lo stesso; Non fa alcuna differenza — *It's all one to me whether you go or don't go,* Che tu vada o meno per me fa lo stesso — *one and the same, (forma enfatica)* medesimo; uguale; identico — *Jekyll and Hyde were one and the same person,* Jekyll e Hyde erano la stessa identica persona — *to become one; to be made one,* unirsi in matrimonio; sposarsi.
3 *(davanti a cognome)* un certo: *I heard the news from one (Mr) Smith,* Ho sentito (saputo) la notizia da un certo (signor) Smith.
□ *He is President, Chairman and Secretary in one,* È contemporaneamente presidente, direttore esecutivo e segretario — *number one, (fam.)* se stesso; i propri interessi — *He is always thinking of number one,* Pensa sempre a se stesso — *one-armed,* monco d'un braccio; con un braccio solo — *a one-armed bandit, (neol.)* una macchina mangiasoldi *(per giochi d'azzardo)* — *one-eyed,* con un occhio solo; monocolo; *(fam.)* male attrezzato; sprovveduto; meschino — *one-horse, (agg. attrib.)* - **a)** tirato da un solo cavallo; con un cavallo solo - **b)** *(fam.)* male attrezzato; meschino; povero — *a one-horse town,* una misera cittadina di provincia *(con poche occasioni per divertirsi, ecc.)* — *a one-night stand,* uno spettacolo *(musicale o di altro genere)* che si rappresenta per una sola serata *(per poi spostarsi in un'altra città)* — *one-sided,* unilaterale; *(fig.)* parziale — *a one-sided account of a quarrel,* un resoconto parziale di un litigio — *a one-sided argument,* un argomento unilaterale — *one-step,* 'one-step' *(ballo inglese, una specie di foxtrot)* — *one-track,* a un solo binario — *a one-track mind,* una mente dominata da un unico interesse, ecc. — *a one-way street,* una strada a senso unico — ⇨ *anche* **one-off.**
II *s.* (*pl.* **ones**) uno, una; *(in una serie di tomi, di capitoli, ecc.)* primo: *One from twenty leaves nineteen,* Venti meno uno fa diciannove — *One is enough,* Uno basta; Uno è abbastanza — *a row of ones,* una serie di uno — *Book One,* Libro Primo; Tomo Primo — *Chapter One,* Capitolo Primo — *Hamlet, Act One, Scene Two,* Amleto, Atto primo, Scena seconda. □ *by ones and twos,* alla spicciolata — *People began to leave the meeting by ones and twos,* La gente incominciò a lasciare l'adunanza alla spicciolata.

[2]**one** [wʌn] **I** *pron indef* **1** *(spesso seguito da* of*)* uno; una cosa: *Mr Smith is not one of my customers,* Il signor Smith non è uno dei miei clienti (un mio cliente) — *Not one (of them) could do it,* Nessuno di loro riusciva a farlo — *This problem is one of great difficulty,* Questo è un problema molto difficile — *I, for one, don't like the idea,* Personalmente, l'idea non mi piace — *I haven't any stamps. Can you give me one?,* Sono senza francobolli. Me ne puoi dare uno? — *I haven't a pen. Can you lend me one?,* Non ho la penna. Me ne puoi imprestare una? — *one of my friends,* un mio amico — *if one of them (pl.* any of them*) should need help,* se uno di loro avesse bisogno di aiuto — *I borrowed one of your books last week,* La settimana scorsa ho preso a prestito un tuo libro.
2 *(usato con una parola o frase che lo qualifichi, indica una particolare persona o creatura) the Holy One,* Iddio — *the Evil One,* il Maligno; il diavolo — *the loved one,* il caro estinto — *the absent one,* il membro assente (della famiglia) — *the little ones,* i piccolini; i figlioli — *my sweet one,* mio caro; mia cara — *a nest with five young ones,* un nido con cinque uccellini.
3 *(seguito da un agg. o da una frase: lett. e in alcune locuzioni fisse) He lay there like one dead,* Giaceva lì come un morto (come morto) — *He worked like one possessed,* Lavorava come un indemoniato — *He was one who never troubled about his personal comfort,* Era uno che mai si preoccupava del suo comodo personale — *He's not one to be easily frightened,* Non è uno che si spaventa facilmente.
II the one; a... one, *pron dimostrativo* (*in sostituzione di* that; *pl.* **the ones, them, some... ones, those**) quello; quelli: *I drew my chair nearer to the one on which Mary was sitting,* Avvicinai di più la mia sedia a quella su cui sedeva Mary — *It's in that drawer - the one with the key in the lock,* È in quel cassetto, quello con la chiave nella toppa — *The children who do best in examinations are not always the ones with the best brains,* I ragazzi che agli esami rendono di più (ottengono i migliori risultati) non sempre sono i più intelligenti — *The two girls are so much alike that it is difficult for strangers to tell (the) one from the other,* Le due ragazze sono così somiglianti che è difficile per chi non le conosce bene distinguerle l'una dall'altra — *Your plan is a good one on paper,* Il tuo piano è buono (solo) sulla carta — *Yours may be the right answer and mine the wrong one,* Può darsi che la tua sia la risposta giusta e la mia quella sbagliata — *The chance was too good a one to let pass,* L'occasione era troppo buona per lasciar(ce)la sfuggire — *He keeps his postage-stamps - and he has some very rare ones - in a fire-proof safe,* Tiene i suoi francobolli - e ne ha alcuni rarissimi - in una cassaforte antincendio — *My cheap camera seems to be just as good as John's expensive one,* La mia macchina fotografica da quattro soldi, sembra proprio buona quanto quella costosa di John.
III one another *pron reciproco* (*genitivo* **one another's**) l'un l'altro; si *(reciproco);* a vicenda: *They don't like one another in that family,* In quella famiglia non si vogliono bene — *They have quarrelled and no longer speak to one another,* Hanno bisticciato e (adesso) non si parlano più — *They were fighting with cudgels, trying to break one another's heads,* Si stavano azzuffando con randelli tentando di spaccarsi la testa (l'un l'altro).
IV *pron impersonale (genitivo* **one's,** *USA* **his** *= il proprio, i propri, ecc.: corrisponde alla forma impers. in italiano)* uno; si: *One cannot always find time for reading,* Non si riesce sempre a trovare tempo per leggere — *If one wants a thing done well, one had best do it oneself,* Se si vuole una cosa ben fatta, è

meglio che la si faccia da soli — *One doesn't like to have one's word (USA: his word) doubted,* A nessuno piace che si dubiti della parola data.

oneness ['wʌnnis] *s.* **1** unità; interezza. **2** concordia; accordo; unitarietà.

one-off ['wʌn,ɔf] *agg e s.* (articolo) prodotto apposta per soddisfare le richieste di un particolare cliente.

onerous ['ɔnərəs] *agg* oneroso; pesante; gravoso. □ *avv* **onerously.**

oneself [wʌn'self] *pron rifl (USA spesso* himself*)* se stesso; si: *to wash oneself,* lavarsi — *to mutter to oneself,* mormorare tra sé — *One should not live for oneself alone,* Non si dovrebbe vivere soltanto per se stessi — *to do sth by oneself,* fare qcsa da sé (da solo) — *to be oneself,* essere se stesso.

oneupmanship [,wʌn'ʌpmənʃip] *s.* l'arte di mantenere un vantaggio sugli altri.

onion ['ʌnjən] *s.* cipolla: *onion soup,* zuppa di cipolle — *the onion-domed churches of Austria,* le chiese austriache dalla cupola a forma di cipolla. □ *to be off one's onion, (sl.)* essere fuori di sé, squilibrato — *to know one's onions, (sl.)* saperla lunga; sapere il fatto proprio.

oniony ['ʌnjəni] *s. (fam.)* che sa di cipolle.

onlooker ['ɔn,lukə*] *s.* spettatore; astante: *The onlooker sees most of the game, (prov.)* Vede più lo spettatore di quanto non vede chi gioca.

only ['ounli] **I** *agg* **1** unico; solo: *Smith was the only person able to do it,* Smith era l'unica persona (era l'unico) capace di farlo — *to be an only child,* essere figlio unico — *It's the only way,* È l'unico modo — *Her only answer was a shrug,* La sua unica risposta fu una spallucciata — *his one and only chance,* la sua unica speranza — *We are the only people wearing hats,* Siamo gli unici a portare il cappello. **2** il meglio; la cosa o la persona migliore *(l'unica a possedere determinati requisiti): He is the only man for the position,* È la persona più adatta per questo impiego — *She says body stockings are the only thing these days,* Dice che le calzamaglie sono oggi la cosa migliore.

II *avv* solo; solamente; soltanto; semplicemente; esclusivamente: *Only five men were seriously hurt in the accident,* Nell'incidente rimasero gravemente feriti soltanto cinque uomini — *We've got only half an hour to wait now,* Adesso abbiamo soltanto mezz'ora di attesa — *Ladies only,* Riservato alle signore — *We can only guess what has happened,* Possiamo solo immaginare cosa sia successo — *I'm only doing it (I'm doing it only) to please you,* Lo faccio soltanto per farti piacere — *I can only tell you (I can tell you only) what I know,* Ti posso semplicemente dire ciò che so — *only too...,* molto...; veramente...; fin troppo...; proprio... — *I shall be only too pleased to get home,* Sarò veramente lieto di andarmene a casa — *The news was only too true,* Purtroppo la notizia era proprio vera — *If only...,* Oh! se...; Oh! come vorrei che...; Se solo...

III *congiunz* solo che; ma purtroppo: *The book may well be useful, only it's rather expensive,* Può darsi che il libro sia utile; solo che è troppo caro — *He's always ready to promise help, only he never keeps his promises,* È sempre pronto a promettere aiuto; solo che non mantiene mai le sue promesse — *... only...; ... only that...,* ... non fosse che... — *He would probably do well in the examination, only (only that) he gets rather nervous,* Probabilmente se la caverebbe bene all'esame, se non fosse che si innervosisce.

onomatopoeia [,ɔnəmætou'piə] *s.* onomatopea.

onomatopoeic [,ɔnəmætou'pi:ik] *agg* onomatopeico.

onrush ['ɔnrʌʃ] *s.* carica; impeto; assalto; rapida avanzata.

onset ['ɔnset] *s.* attacco; assalto; inizio *(spesso violento o improvviso): the onset of a disease,* l'insorgenza di una malattia.

onshore ['ɔnʃɔ*] *agg e avv* (che sta, che va) verso la sponda.

onslaught ['ɔnslɔ:t] *s.* assalto furioso, violento.

onto ['ɔntu] *prep* (= on to: ⇨ *anche* **on**) su *(con idea di moto): Take the plants out onto the balcony,* Porta le piante fuori sul balcone.

ontology [ɔn'tɔlədʒi] *s.* ontologia.

onus ['ounəs] *s. (solo sing.)* onere; dovere; impegno; responsabilità; obbligo: *The onus of proof rests with you,* Spetta a voi l'obbligo di fornire la prova.

onward ['ɔnwəd] *agg* in avanti; avanti.
□ *avv (anche* **onwards***)* in avanti; in poi.

onyx ['ɔniks] *s.* onice.

oodles ['u:dlz] *s. pl (sl.)* un mucchio; una gran quantità: *oodles of money,* soldi a palate; un sacco di soldi.

oof [u:f] *s. (sl.)* quattrini; soldi; denaro; 'grana'.

oolong ['u:lɔŋ] *s.* tipo di tè scuro cinese.

oompah ['u:mpɑ:] *voce onomatopeica (il suono del trombone, del tuba, ecc.)* um-pa-pa.

oomph [u:mf] *s. (fam.)* attrazione del sesso; fascino *(femminile).*

ooze [u:z] *s.* limo; melma; fanghiglia.

to **ooze** [u:z] *vi e t.* sgorgare *(lentamente);* colare; fluire; trasudare; stillare: *Blood was still oozing from the wound,* Il sangue continuava a sgorgare dalla ferita — *He was oozing sweat,* Stillava sudore.

oozy ['u:zi] *agg* limaccioso; melmoso.

[1]**op** [ɔp] *s. (abbr. di* **operation***)* **1** intervento chirurgico. **2** *(spec. mil.)* operazione: *ops room,* sala operazioni.

[2]**op** [ɔp] *agg (solo nell'espressione) op art,* arte ottica; 'op art'.

[3]**op** [ɔp] *s., abbr di* **opus** ⇨.

opacity [ou'pæsiti] *s.* opacità.

opal ['oupəl] *s.* opale.

opalescent [,oupə'lesnt] *agg* opalescente.

opaque [ou'peik] *agg* **1** opaco. **2** *(fig.)* ottuso; poco intelligente. □ *avv* **opaquely.**

opaqueness [ou'peiknis] *s.* opacità.

to **ope** [oup] *vt e i. (poet.)* = **to open.**

open ['oupən] *agg* **1** aperto *(vari sensi);* dischiuso; non ostruito; che permette l'entrata o l'uscita *(di cose o persone);* scoperto; sbocciato: *The book lay open on the table,* Il libro era posato aperto sul tavolo — *to sleep with the windows open (with open windows),* dormire con le finestre aperte — *to leave the door open,* lasciare aperta la porta *(anche fig.)* — *The flowers were all open,* I fiori erano tutti sbocciati — *Are the shops open yet?,* Sono già aperti i negozi? — *Doors open at seven p.m., (nei teatri, ecc.)* Si apre alle ore diciannove — *an open vowel,* una vocale aperta — *open-eyed,* con gli occhi aperti; *(fig.)* guardingo; sorpreso — *open-mouthed,* a bocca aperta; *(fig.)* avido; vorace; grandemente sorpreso o stupito — *open-work,* lavoro a traforo; *(in metalli, merletti, ecc.)* punto a giorno — *open-work lace,* merletto traforato — *open-work stockings,* calze traforate — *open sandwich,* panino senza la parte superiore, 'aperto' di tipo danese — *the Open University, (GB)* 'l'università aperta'; 'l'università dell'aria' *(aperta a tutti, e che opera attraverso la televisione)* — *in the open country,* in aperta campagna — *the open sea,* il mare aperto; l'alto mare — *an open river,* un fiume aperto *(non bloccato da ghiaccio, banchi di sabbia, ecc.),* navigabile — *an open boat,* una barca aperta — *an open carriage (car),* una vettura (un'auto) scoperta — *in the open air,* all'aperto — *(attrib.) an open-air school,* una scuola all'aperto — *open-air treatment of diseases,* terapia dell'aria aperta *(tbc, ecc.)* — *His mind was (His thoughts were) an open book,* Gli si poteva leggere nel pensiero — *open order, (mil.)* ordine sparso — *with open hands,* generosamente — *open-handed,* generoso; munifico; benefico; liberale; con le mani bucate *(fam.)* — *open-hearted,* sincero; franco; leale; cordiale — *open-minded,* 'aperto'; di larghe vedute — *with open arms,* a braccia aperte; cordialmente — *open-armed,* cordiale; benevolo; affettuoso — *open-ended, (di dibattito, spec. televisivo)* senza limite di tempo.

2 pubblico; non riservato; disponibile; aperto a tutti; gratis: *an open competition,* una gara pubblica; un pubblico concorso — *an open scholarship, (GB)* una borsa di studio non riservata a categorie speciali — *to be tried in open court,* essere processato da un tribunale pubblico *(alle cui udienze il pubblico può assistere)* — *The position is still open,* Il posto (La carica) è ancora disponibile — *the open door,* la politica della 'porta aperta' (liberistica, del libero scambio) — *an open shop,* una fabbrica, officina, ecc., dove iscritti e non iscritti ai sindacati lavorano nelle medesime condizioni — *to keep open house,* tenere casa aperta; essere molto ospitale.

3 pubblico; non segreto; manifesto; franco; aperto: *an open quarrel,* una contesa pubblica; una lite nota a tutti — *an open scandal,* uno scandalo generale — *an open character,* un carattere aperto (sincero, franco) — *I want to be open with you,* Voglio essere franco (sincero) con te — *an open letter,* una lettera aperta *(generalm. di protesta, indirizzata ad una persona, ma divulgata a mezzo della stampa)* — *an open secret,* un segreto di Pulcinella.

4 dubbio; aperto (al dubbio); incerto; insoluto; indeciso: *an open question,* una questione ancora aperta (dubbia) — *to leave a matter open,* lasciare una questione insoluta (una faccenda in sospeso) — *an open verdict, (dir.)* verdetto di incertezza di una giuria *(oppure del 'coroner' che indaga nei casi di morte violenta o sospetta)* in cui si stabiliscono i fatti senza però precisare se si tratti di morte naturale, di suicidio o di omicidio.

5 esposto; aperto; indifeso; soggetto a: *an open town,* una città aperta, *(ant.)* senza fortificazioni — *to be open to temptation,* essere esposto alla tentazione — *to lay oneself open to ridicule (to attack),* esporsi, prestare il fianco al ridicolo (ad attacchi).

6 *(comm.)* aperto: *to keep an account open at a bank,* tenere un conto aperto presso una banca.

7 *(di persona)* disponibile: *I am open to offers,* Sono disposto a prendere in considerazione una (vostra) offerta.

□ *the open,* l'aria aperta; la campagna — *to come out into the open, (anche fig.)* uscire allo scoperto; mettere le carte in tavola; far conoscere i propri piani — *an open winter,* un buon inverno *(senza neve o gelo che impedisca spostamenti)* — *an open cheque, (comm.)* un assegno bancario non sbarrato — *an open port, (comm.)* un porto franco — *the open season,* la stagione di caccia o di pesca. □ *avv* ⇨ **openly.**

to **open** ['oupən] *vt* **1** aprire; schiudere; disfare *(un pacco, ecc.): to open a box,* aprire una scatola — *He opened the door and let me in,* Aprì la porta per farmi entrare — *to open one's eyes,* mostrarsi sorpreso — *to open sb's eyes to sth, (fig.)* far aprire gli occhi a qcno su qcsa.

2 *(talvolta seguito da* up*)* aprire; tagliare; scavare; perforare: *to open a mine,* scavare una miniera — *to open a new road through a forest,* aprire una nuova via attraverso la foresta.

3 *(talvolta seguito da* out*)* aprire; stendere; distendere; spiegare; allargare: *to open one's hand,* stendere la mano — *to open the newspaper,* spiegare il giornale — *to open out a folding map,* distendere una carta geografica *(pieghevole)* — *to open one's mind to sb,* far conoscere le proprie idee a qcno.

4 aprire; iniziare; incominciare; inaugurare: *to open an account, (comm.)* aprire un conto in banca — *to open a debate,* aprire, iniziare un dibattito — *to open a shop,* aprire, inaugurare un (nuovo) negozio — *to open Parliament,* inaugurare (dichiarare aperto) il Parlamento.

□ *vi* **1** aprirsi; dischiudersi; sbocciare: *This shop does not open on Sundays,* Questo negozio rimane chiuso la domenica — *The door opened and a man came in,* Si aprì la porta ed entrò un uomo — *Does this door open inwards or outwards?,* Questa porta si apre verso l'interno o verso l'esterno? — *The two rooms open into one another,* Le due stanze hanno una porta intercomunicante — *This door opens on to the garden,* Questa porta dà sul giardino — *The flowers are opening,* I fiori stanno sbocciando.

2 iniziarsi, iniziare; incominciare: *The story opens with a murder,* La storia incomincia con un assassinio.

3 *(talvolta seguito da* out*)* aprirsi; stendersi; dispiegarsi; apparire: *The view opened (out) before our eyes,* Il panorama si dispiegò ai nostri occhi.

to open into (onto) ⇨ *vi* **1.**

to open out ⇨ *vt* **3** *e vi* **3.**

to open up, - **a)** ⇨ *vt* **2** - **b)** aprire; rivelare; iniziare; far iniziare: *to open up a new territory to trade,* aprire un nuovo paese ai traffici - **c)** aprire il fuoco (incominciare a sparare) - **d)** accelerare - **e)** *(di gioco, p.es. al calcio)* diventare più 'aperto'.

open(-)cast ['oupənkɑːst] *agg (GB, di miniera)* alla superficie; a cielo aperto: *opencast coal,* carbone di superficie.

-opener ['oupnə*] *s. (spec. nei composti)* persona o cosa che apre o serve ad aprire: *tin-opener (anche solo* opener*),* apriscatole — *bottle-opener,* apribottiglie — *an eye-opener, (fam.)* una rivelazione; una cosa stupefacente.

[1]**opening** ['oupəniŋ] *s.* **1** apertura; foro; luogo aperto; radura *(di bosco);* schiarita *(del tempo): an opening in a hedge,* un buco in una siepe. **2** inizio; introduzione; apertura *(anche nel gioco degli scacchi);* l'aprire; inaugurazione: *the opening of a book (of a speech),* l'inizio di un libro (di un discorso) — *opening time,* ora di apertura *(dei pubblici locali, spec. dei 'pubs')* — *opening of credit, (comm.)* apertura di credito. **3** il dischiudersi; lo sbocciare: *to watch the opening of a flower,* osservare il dischiudersi di un fiore. **4** *(comm.)* sbocco; prospettiva; possibilità. **5** prospettiva *(di carriera, ecc.);* posto vacante, libero: *an opening in an advertising agency,* un posto libero in una agenzia pubblicitaria.

[2]**opening** ['oupəniŋ] *agg* (*p. pres. di* **to open,** *vi* **2**) primo; iniziale: *opening night,* 'prima' *(di uno spettacolo)* — *his opening remarks,* le sue osservazioni introduttive (preliminari) — *opening stock, (comm.)*

giacenza iniziale — *opening price, (comm.)* prezzo di apertura.

openly ['oupənli] *avv* apertamente; francamente; pubblicamente: *to speak openly,* parlare francamente, con sincerità — *to go openly into a place,* andare in un luogo a viso aperto *(senza cercare di tenere nascosta la propria presenza).*

openness ['oupənnis] *s.* **1** franchezza; lealtà; schiettezza; sincerità. **2** apertura mentale; mancanza di pregiudizi; tolleranza; lungimiranza.

[1]**opera** ['ɔpərə] *s.* opera: *grand opera,* l'opera lirica — *light opera,* l'opera leggera — *comic opera,* l'opera buffa — *the opera season,* la stagione operistica — *opera cloak,* mantello da sera — *opera glasses,* binocolo da teatro — *opera hat,* gibus; cappello cilindrico a molle — *opera house,* teatro d'opera.

[2]**opera** ['ɔpərə] *s. pl (lat.)* ⇨ **opus.**

operable ['ɔpərəbl] *agg* operabile; che può essere trattato chirurgicamente; in grado di sopportare un intervento chirurgico.

to **operate** ['ɔpəreit] *vt e i.* **1** azionare; funzionare; fare funzionare: *to operate a device,* azionare un dispositivo — *machinery that operates day and night,* macchinario che funziona giorno e notte — *The lift was not operating properly,* L'ascensore non funzionava bene — *The lift is operated by electricity,* L'ascensore è azionato elettricamente — *a hand-operated machine,* un apparecchio azionato a mano. **2** gestire; condurre; amministrare; sfruttare: *The company operates three factories and a coal-mine,* La società gestisce (amministra) tre fabbriche e una miniera di carbone. **3** agire; produrre; avere effetto: *This new law operates to our advantage,* Questa nuova legge agisce a nostro vantaggio — *Several causes operated to bring on the war,* Diverse cause concorsero nel provocare la guerra. **4** operare (eseguire un intervento chirurgico): *The doctors decided to operate at once,* I medici decisero di operare subito — *operating-table (-room),* tavolo operatorio (sala operatoria) — *operating theatre,* sala operatoria. **5** *(spec. mil.)* essere (entrare) in azione; agire; eseguire manovre; operare: *A gang of jewel thieves has been operating in this area for over a year,* Una banda di ladri di gioielli è in azione in questa zona da oltre un anno. **6** *(nel linguaggio della Borsa)* negoziare; comprare e vendere.

operatic [,ɔpə'rætik] *agg* lirico; operistico: *operatic singer,* cantante lirico — *operatic music,* musica lirica, operistica.

operating ['ɔpəreitiŋ] *s.* **1** funzionamento: *operating features,* caratteristiche di funzionamento. **2** *(comm.)* gestione; esercizio: *operating expenses, (comm.)* spese d'esercizio. **3** *(med.)* l'operare; l'eseguire (interventi chirurgici): *operating table,* tavolo operatorio — *operating theatre,* sala operatoria.

□ *agg* funzionante.

operation [,ɔpə'reiʃən] *s.* **1** azione; effetto; attività; vigore: *Is this rule in operation yet?,* È già entrata in vigore questa norma? — *to come into operation,* entrare in vigore — *to begin operations,* entrare in azione — *the operations of nature,* le azioni della natura. **2** *(mecc.)* funzionamento. **3** *(mil., generalm. al pl.)* operazione. **4** intervento (chirurgico).

operational [,ɔpə'reiʃənl] *agg* **1** operativo; relativo ad operazioni; operazionale: *operational research, (GB)* ricerca operativa — *operational ceiling,* tangenza d'esercizio *(di un velivolo).* **2** funzionale; pronto per l'uso; operativo: *When will the new airliner be operational?,* Quando entrerà in funzione il nuovo aereo?

□ *avv* **operationally.**

operative ['ɔpərətiv] *agg* **1** operante; in atto; in vigore: *This law became operative on May the first,* Questa legge è divenuta operante dal primo maggio. **2** efficace; significativo: *the operative word,* la parola chiave *(di una frase, di un discorso).* **3** operatorio; di operazione chirurgica: *operative treatment,* intervento chirurgico.

□ *s.* operaio; meccanico; lavoratore.

operator ['ɔpəreitə*] *s.* **1** operatore: *telephone operator,* telefonista; centralinista — *wireless operator,* telegrafista; marconista — *private operators in civil aviation,* operatori privati nell'aviazione civile. **2** *(matematica)* operatore. □ *a smart (a smooth) operator, (fam.)* una persona svelta, abile, efficiente, furba *(detto generalm. di venditore molto furbo).*

operetta [,ɔpə'retə] *s.* operetta; commedia musicale.

ophidian [ɔ'fidiən] *agg* degli ofidi; ofidico. □ *s.* ofidio.

ophthalmia [ɔf'θælmiə] *s.* oftalmia.

ophthalmic [ɔf'θælmik] *agg* oftalmico.

ophthalmologist [,ɔfθæl'mɔlədʒist] *s.* oftalmologo.

ophthalmology [,ɔfθæl'mɔlədʒi] *s.* oftalmologia.

ophthalmoscope [ɔf'θælmouskoup] *s.* oftalmoscopio.

ophthalmoscopy [,ɔfθæl'mɔskəpi] *s.* oftalmoscopia.

opiate ['oupiit] *s.* narcotico; sonnifero; oppiaceo.

to **opine** [ou'pain] *vt (linguaggio molto formale)* opinare; pensare; ritenere.

opinion [ə'pinjən] *s.* opinione; idea; convincimento; giudizio; parere; avviso; concetto; stima: *political opinions,* opinioni (idee) politiche — *What's your opinion of the new Chairman?,* Qual è la tua opinione sul nuovo presidente? — *in my opinion,* a mio avviso; secondo me — *in the opinion of most people,* secondo l'opinione della maggior parte della gente — *I am of the opinion that...,* Sono dell'opinione (dell'avviso, del parere) che... — *to have a good (high, low, poor, ecc.) opinion of sb or sth,* avere una buona (alta, modesta, scarsa, ecc.) opinione di qcno o di qcsa — *to have no opinion on the subject,* non avere alcuna opinione in merito (al riguardo) — *to get a lawyer's opinion on the matter,* ottenere il parere di un legale sulla questione — *You had better have another opinion before you let that man take out all your teeth,* Faresti meglio a chiedere un altro parere prima di lasciare che quell'uomo ti tolga tutti i denti — *opinion poll,* sondaggio (di opinioni) — *public opinion,* l'opinione pubblica — *to have the courage of one's opinions,* avere il coraggio delle proprie opinioni — *to act up to one's opinions,* agire secondo le proprie opinioni; essere coerente.

opinionated [ə'pinjəneitid] *agg* dogmatico; cocciuto; caparbio; testardo; ostinato.

opium ['oupjəm] *s.* oppio: *opium-den,* fumeria d'oppio — *opium poppy,* papavero officinale; papavero da oppio.

opossum [ə'pɔsəm] *s.* opossum.

opponent [ə'pounənt] *s.* avversario; antagonista.

opportune ['ɔpətju:n] *agg* opportuno; favorevole; adatto; propizio: *to arrive at a very opportune moment,* arrivare in un momento estremamente favorevole — *an opportune remark,* un'osservazione opportuna. □ *avv* **opportunely.**

opportuneness ['ɔpətju:nnis] *s.* opportunità; convenienza.

opportunism ['ɔpətjunizəm] *s.* opportunismo.

opportunist ['ɔpətjunist] *s.* opportunista.

opportunistic [,ɔpətju(:)'nistik] *agg* opportunistico.

opportunity [,ɔpə'tju:niti] *s.* occasione; possibilità: *to take (to seize) the opportunity,* cogliere l'occasione — *to have few opportunities of meeting interesting people,* avere poche occasioni di incontrare gente interessante — *to have no opportunity for hearing good music,* non avere alcuna possibilità di ascoltare della buona musica — *I had no opportunity to discuss the matter with her,* Non ebbi alcuna occasione per discutere con lei della cosa.

to **oppose** [ə'pouz] *vt* **1** opporsi; essere contrario; ostacolare; obiettare: *to oppose the motion,* opporsi alla proposta *(in un dibattito formale).* **2** *to be opposed to sth,* essere contrario a qcsa: *to be opposed to sb's doing sth,* essere contrario a che qcno faccia qcsa. **3** mettere contro; contrapporre *(anche mecc.): to oppose a vigorous resistance to the enemy,* opporre al nemico una strenua resistenza.

opposed [ə'pouzd] *p. pass:* ⇨ **to oppose.**
□ *as opposed to...,* anziché...; diversamente da...

opposite ['ɔpəzit] **I** *agg* opposto; contrario: *on the opposite side of the road,* sul lato opposto della strada — *in the opposite direction,* nella direzione contraria — *opposite number,* persona o cosa corrispondente ad un'altra *(dello stesso grado, qualifica, ma appartenente ad un altro partito, squadra, ecc.).*
II *s.* l'opposto; il contrario: *Black and white are opposites,* Il nero è l'opposto del bianco — *I thought quite the opposite,* Pensavo esattamente il contrario — *The most extreme opposites have some qualities in common,* Gli estremi si toccano.
III *prep* dirimpetto (a); di fronte (a); in faccia (a): *the house opposite (to) mine,* la casa di fronte alla mia.
IV *avv* dirimpetto; di fronte.

opposition [,ɔpə'ziʃən] *s.* opposizione; contrasto; resistenza: *We found ourselves in opposition to our friends on this question,* Ci trovammo in contrasto coi nostri amici su questo argomento — *Our forces met with strong opposition all along the front,* Le nostre forze incontrarono forte resistenza su tutto il fronte — *Her Majesty's Opposition, (GB)* l'opposizione *(al Parlamento)* — *the leader of the Opposition, (GB)* il capo dell'opposizione.

to **oppress** [ə'pres] *vt* opprimere *(anche fig.): to feel oppressed with (oppure* by*) the heat,* sentirsi oppresso dal caldo — *to be oppressed with anxiety,* essere oppresso dall'angoscia.

oppression [ə'preʃən] *s.* oppressione; sopraffazione.

oppressive [ə'presiv] *agg* oppressivo; ingiusto; opprimente. □ *avv* **oppressively.**

oppressiveness [ə'presivnis] *s.* oppressività.

oppressor [ə'presə*] *s.* oppressore; tiranno.

opprobrious [ə'proubriəs] *agg* **1** obbrobrioso; vergognoso. **2** ingiurioso; infamante. □ *avv* **opprobriously.**

opprobrium [ə'proubriəm] *s.* obbrobrio; vergogna; infamia.

to **oppugn** [ə'pju:n] *vt (linguaggio formale)* **1** oppugnare; confutare; controbattere. **2** *(raro)* impugnare; opporre.

to **opt** [ɔpt] *vt* **1** *(seguito da* for*)* optare (per); scegliere. **2** **to opt out (of sth),** dissociarsi (da qcsa); uscire (da qcsa); decidere di non partecipare più (a qcsa).

optative ['ɔptətiv] *agg e s.* ottativo. □ *avv* **optatively.**

optic ['ɔptik] *agg* ottico.

optical ['ɔptikəl] *agg* ottico; dell'occhio; della vista: *an optical illusion,* un'illusione ottica. □ *avv* **optically.**

optician [ɔp'tiʃən] *s.* ottico; occhialaio.

optics ['ɔptiks] *s. (col v. al sing.)* ottica.

optimism ['ɔptimizəm] *s.* ottimismo.

optimist ['ɔptimist] *s.* ottimista.

optimistic [,ɔpti'mistik] *agg* ottimistico.
□ *avv* **optimistically.**

optimum ['ɔptiməm] *s.* **1** 'optimum'; condizione ideale. **2** *(attrib.)* ottimale; ideale: *optimum conditions,* condizioni ottimali.

option ['ɔpʃən] *s.* **1** libertà o facoltà di scelta; scelta; alternativa: *I haven't much option in the matter,* Non ho molta facoltà di scelta in questa faccenda — *I had no option,* Non ebbi scelta — *He was given six months' imprisonment without the option of a fine,* Gli diedero sei mesi di prigione senza l'alternativa di una pena pecuniaria — *None of the options is satisfactory,* Nessuna delle alternative è soddisfacente. **2** *(comm.)* opzione: *to have an option on a piece of land,* avere un'opzione su un appezzamento di terreno.

optional ['ɔpʃənl] *agg* **1** facoltativo: *optional subjects,* materie facoltative. **2** *(comm.)* opzionale.
□ *s. (comm., nei listini)* opzionale a pagamento; 'extra'.

opulence ['ɔpjuləns] *s.* opulenza; grande ricchezza; abbondanza; sovrabbondanza.

opulent ['ɔpjulənt] *agg* opulento; ricco; lussureggiante; sovrabbondante: *opulent vegetation,* vegetazione lussureggiante. □ *avv* **opulently.**

opus ['oupəs] *s.* (*lat.: pl.* **opera**: *spesso abbr. in* **op.**) opera: *Haydn, String Quartet Opus 77 No. 1,* Haydn, Quartetto per archi opera 77 n. 1.

or [ɔ:*] *congiunz* o; oppure; o invece; ovvero; ossia; vale a dire: *Is it green or blue?,* È verde o azzurro? — *Are you coming or not?,* Vieni o no? — *or else,* diversamente; altrimenti; se no — *Hurry up or else you'll be late,* Fai presto, o farai tardi — *geology, or the science of the earth's crust,* la geologia, ovvero la scienza della crosta terrestre — *... or so,* ... o circa; ... o pressapoco; ... o giù di lì — *I'd like twenty or so,* Ne vorrei venti o pressapoco — *I put it in the cupboard or somewhere,* L'ho messo nella credenza o in qualche altro posto — *either... or,* o... o — *Please either come in or go out: don't just stand there like an idiot,* Per favore, non stare lì come un cretino: o entra o esci — *whether... or,* se... o; sia... sia; che... o (no) — *He'll do it, whether he likes it or not,* Lo farà, che gli piaccia o no.

oracle ['ɔrəkl] *s.* oracolo *(anche fig.): to consult the oracle,* consultare l'oracolo.

oracular [ɔ:'rækjulə*] *agg* da oracolo; profetico.
□ *avv* **oracularly.**

oral ['ɔ:rəl] *agg* orale. □ *avv* **orally,** oralmente: *to be taken orally, (di medicina)* da somministrarsi per via orale (per os).
□ *s. (fam.)* esame orale.

orange ['ɔrindʒ] *s.* arancia; arancio; color arancione.
□ *agg* arancione.

orangeade ['ɔrindʒ'eid] *s.* aranciata.

Orangeman ['ɔrindʒmən] *s.* (*pl.* **Orangemen**) 'Orangista'; membro d'una società protestante estremista e semiclandestina dell'Ulster.

orangery ['ɔrindʒəri] *s.* **1** aranciera. **2** *(raro)* aranceto.

orang-outang, orang-utan ['ɔ:ræŋ'u:tæŋ] *s.* orangutan; orango.

to **orate** [ɔ:'reit] *vi (raro, lett. e scherz.)* perorare; fare un'orazione, un'arringa.

oration [ɔ:'reiʃən] *s.* **1** orazione; discorso pubblico; arringa. **2** *(gramm.)* discorso: *direct (indirect) oration,* discorso diretto (indiretto).

orator ['ɔrətə*] *s.* oratore; tribuno.

oratorical [,ɔrə'tɔrikəl] *agg* oratorio; retorico.
□ *avv* **oratorically.**

oratorio [,ɔrə'tɔ:riou] *s.* (*pl.* **oratorios**) oratorio *(composizione musicale).*
[1]**oratory** ['ɔrətəri] *s.* piccola cappella; oratorio.
[2]**oratory** ['ɔrətəri] *s.* oratoria (l'arte oratoria).
orb [ɔ:b] *s.* **1** orbe; globo; sfera; astro. **2** *(poet.)* occhio.
orbit ['ɔ:bit] *s.* orbita.
to **orbit** ['ɔ:bit] *vi* orbitare; ruotare in orbita.
orbital ['ɔ:bitl] *agg* orbitale.
orchard ['ɔ:tʃəd] *s.* frutteto.
orchestra ['ɔ:kistrə] *s.* **1** orchestra: *a symphony orchestra,* un'orchestra sinfonica — *a string orchestra,* un'orchestra d'archi. **2** spazio riservato all'orchestra *(in un teatro): orchestra stalls,* poltrone delle prime file.
orchestral [ɔ:'kestrəl] *agg* orchestrale.
to **orchestrate** ['ɔ:kistreit] *vt* orchestrare.
orchestration [,ɔ:kes'treiʃən] *s.* orchestrazione.
orchid, orchis ['ɔ:kid/'ɔ:kis] *s.* orchidea; orchidacea.
to **ordain** [ɔ:'dein] *vt* **1** ordinare *(prete);* consacrare. **2** decretare; stabilire.
ordeal [ɔ:'di:l] *s.* *(stor.)* ordalia; giudizio di Dio; *(per estensione)* grave cimento; durissima prova.
order ['ɔ:də*] *s.* **1** ordine; disposizione: *in alphabetical (chronological) order,* in ordine alfabetico (cronologico) — *in order of size (merit, importance, ecc.),* in ordine di grandezza (di merito, di importanza, ecc.) — *machinery in good working order,* macchinario in buone condizioni di funzionamento — *to be in good (bad) order,* essere in buone (in cattive) condizioni — *to put a room in order,* mettere in ordine una stanza — *in the right (wrong) order,* nell'ordine giusto (sbagliato) — *to be in order,* essere a posto, in regola — *Is your passport in order?,* È in regola il Suo passaporto? — *He left his affairs in perfect order,* Lasciò i suoi affari perfettamente in ordine — *to be out of order,* essere fuori uso, guasto, non a posto, inutilizzabile; essere in disordine (in cattive condizioni) — *The lift is out of order, so we shall have to walk up,* L'ascensore è guasto, perciò dovremo salire a piedi — *The army restored law and order,* L'esercito ristabilì la legalità e l'ordine — *to keep order,* mantenere l'ordine.

2 procedura; ordine; regolamento: *a point of order,* una questione di procedura — *He was called to order by the chairman,* Fu richiamato all'ordine dal presidente — *Order!, Order!,* Ordine, prego!; Rispetto del regolamento! — *order of the day,* ordine del giorno — *It seems that long hair is the order of the day, (fig.)* Sembra che i capelli lunghi siano di rigore oggi — *order-paper, (spec. al Parlamento)* foglio dell'ordine del giorno; registro (elenco) delle mozioni.

3 ordine; istruzione; comando: *Soldiers must obey orders,* I soldati debbono ubbidire agli ordini — *He gave orders for the work to be started (that the work should be started) at once,* Diede istruzioni (ordini) perché il lavoro venisse iniziato subito — *He is under orders (He has received orders) to leave for Finland next week,* Ha avuto l'ordine di partire per la Finlandia la settimana prossima — *by order of...,* per ordine (per volere, per disposizione) di... — *by order of the Governor,* per ordine del governatore — *under the order of...,* agli ordini di...; al comando di...

4 *(mil.)* ordine: *to place troops in battle order (in order of battle),* disporre le truppe in ordine di combattimento — *to advance in open (close) order,* avanzare in ordine sparso (serrato).

5 *(comm.)* ordinazione; commissione; richiesta di fornitura di merce: *an order for two tons of coal,* un'ordinazione di due tonnellate di carbone — *to give a tradesman an order for goods,* passare ad un commerciante un'ordinazione di merce — *a substantial order,* un ordine importante, considerevole — *a trial order,* un ordine di prova — *a repeat order,* un ordine ripetuto (frequente, periodico) — *a standing order,* un ordine fisso — *an order form,* un foglio di commissione; un modulo di ordinazione — *to carry out (to execute, to fill) an order,* evadere una ordinazione — *on order,* (già) ordinato; commissionato *(ma non ancora fornito)* — *made to order,* fatto su ordinazione — *a tall order, (fam.)* un ordine che è difficile da evadere; *(per estensione)* una cosa (un compito) assai difficile; un compito arduo; un'impresa ardua.

6 ordinativo *(ordine scritto);* mandato: *an order on the Midland Bank,* un ordinativo per la Midland Bank — *a postal order for five pounds,* un vaglia di cinque sterline — *an order to view, (dir.)* un mandato di ispezione.

7 rango; classe sociale: *the order of knights (baronets),* l'ordine dei cavalieri (baronetti) — *the lower orders, (desueto)* le classi inferiori; il proletariato.

8 onorificenza; ordine: *the Order of Merit,* l'Ordine del Merito — *the Order of the Bath (of the Garter, of the Thistle), (GB)* l'Ordine del Bagno (della Giarrettiera, del Cardo) — *He was wearing all his orders and decorations,* Portava tutte le sue onorificenze e decorazioni.

9 *(al pl.)* ordini religiosi; ordinazione: *to take (holy) orders,* prendere gli ordini (religiosi); venire ordinato sacerdote — *to be in (holy) orders,* essere negli ordini (religiosi); essere sacerdote.

10 ordine; congregazione (ecclesiastica): *the Order of Deacons,* l'Ordine dei Diaconi — *the monastic orders,* gli ordini monastici — *the Order of Templars,* l'Ordine dei Templari.

11 *(archit.)* ordine: *Doric (Ionic, Corinthian) order,* ordine dorico (ionico, corinzio).

12 *(biologia)* ordine: *The rose and the bean families belong to the same order,* Le famiglie della rosa e del fagiolo appartengono allo stesso ordine.

13 genere; tipo; sorta; classe; specie: *intellectual ability of a high order,* capacità intellettuali di prim'ordine.

in order that..., *(congiunz.)* al fine di...; allo scopo di...; affinché...: *Let him leave early in order that he may (shall) arrive in time,* Lascialo partire presto affinché possa arrivare in tempo — *He explained it very carefully in order that they might not the same mistake again,* Spiegò con cura la cosa affinché non ripetessero lo stesso errore.

in order to..., allo scopo di...; per... *(seguito dall'inf.): I gave him money in order to keep him quiet,* Gli diedi del denaro perché non parlasse (per tenerlo buono).

to **order** ['ɔ:də*] *vt* **1** ordinare; ingiungere; comandare; prescrivere: *The doctor ordered me to bed (to stay in bed),* Il medico mi ordinò di andare (di restare) a letto — *The regiment was ordered to the front,* Il reggimento ebbe l'ordine di andare al fronte — *The doctor has ordered me absolute quiet,* Il medico mi ha prescritto calma assoluta — *She ordered herself two dozen oysters and a pint of stout,* Ordinò per sé due dozzine di ostriche e una pinta di birra scura — *I've ordered lunch for one thirty,* Ho ordinato la colazione per le tredici e trenta.

2 riordinare; organizzare: *to order one's life according to strict rules,* organizzare la propria vita secondo regole rigide.

☐ *(con vari avv. indicanti direzione)* **to order about,** mandare (qcno) a destra e a sinistra; dare ripetutamente degli ordini (a qcno) — **to order away,** mandare via — **to order back,** fare ritornare; richiamare — **to order down,** fare scendere — **to order in,** fare entrare; ordinare di entrare — **to order off,** (fare) allontanare; *(sport)* espellere (dal campo) — **to order out,** fare uscire; mandare fuori; espellere — **to order up,** fare salire; far portare su; far arrivare *(truppe)* al fronte (in prima linea).

ordering ['ɔ:dəriŋ] *s.* **1** ordinamento; disposizione; sistemazione. **2** *(ecclesiastico)* ordinazione.

orderliness ['ɔ:dəlinis] *s.* **1** ordine; metodo; regolarità. **2** disciplina; comportamento corretto.

[1]**orderly** ['ɔ:dəli] *agg* **1** ordinato; regolato; metodico: *an orderly room (desk),* una camera (una scrivania) ordinata (⇨ *anche* **3**) — *a man with an orderly mind,* un uomo dalla mente ordinata. **2** disciplinato; tranquillo: *an orderly crowd,* una folla ordinata. **3** *(mil.)* relativo agli ordini da espletare: *the orderly officer,* l'ufficiale di giornata — *orderly room,* sala di rapporto.

[2]**orderly** ['ɔ:dəli] *s. (mil.)* ordinanza; attendente *(spec. in un ospedale militare).*

ordinal ['ɔ:dinl] *s. e agg* ordinale: *ordinal numbers,* numeri ordinali.

ordinance ['ɔ:dinəns] *s.* ordinanza; decreto.

ordinand [,ɔ:di'nænd] *s.* ordinando.

ordinary ['ɔ:dnəri] *agg* comune; ordinario; normale; medio; consueto; semplice: *in the ordinary way,* nei casi normali, ordinari — *ordinary seaman, (GB)* marinaio comune — ... *in ordinary,* permanente; ordinario; in carica — *physician in ordinary to Her Majesty, (GB)* medico (in carica) di Sua Maestà — *out of the ordinary,* fuori dal comune; insolito — *The dinner was nothing out of the ordinary,* Il pranzo non era niente di eccezionale — *Ordinary Level, (GB, spesso abbr. in* O-level*)* grado inferiore del 'General Certificate of Education' *(diploma di istruzione secondaria).* □ *avv* **ordinarily.**

ordination [,ɔ:di'neiʃən] *s.* ordinazione; consacrazione.

ordnance ['ɔ:dnəns] *s.* artiglieria; munizioni: *the Army Ordnance Department, (GB)* Servizio Approvvigionamenti dell'Esercito — *Ordnance Survey, (GB)* rilevamento cartografico statale della Gran Bretagna.

ordure ['ɔ:djuə*] *s.* escremento; rifiuto; immondizia.

ore [ɔ:*] *s.* **1** minerale *(grezzo, contenente metallo, ecc.): iron ore,* minerale ferroso — *ore body,* giacimento di minerale — *ore-pocket,* silo sotterraneo per minerali — *ore-pulp,* torbida. **2** *(poet.)* metallo *(spec. oro).*

org [ɔ:g] *s., fam abbr di* **organization** ⇨.

organ ['ɔ:gən] *s.* **1** *(vari sensi: anat.; centro di funzioni; pubblicazione)* organo: *the organs of speech,* gli organi della favella — *Parliament is the chief organ of government,* Il parlamento è l'organo principale del governo. **2** *(mus.)* organo: *electric organ,* organo elettrico — *pipe organ, (USA)* organo — *organ pipe,* canna d'organo — *reed (American) organ,* fisarmonica — *organ blower,* suonatore d'organo — *organ-grinder,* suonatore d'organetto — *barrel organ,* organetto; organino — *mouth organ,* armonica a bocca — *organ loft,* tribuna; galleria dell'organo *(nelle chiese).*

organdie ['ɔ:gəndi] *s.* organza; organdis.

organic [ɔ:'gænik] *agg* organico: *organic diseases,* malattie organiche — *organic life,* vita organica — *organic chemistry,* chimica organica — *an organic whole,* un tutto organico. □ *avv* **organically.**

organism ['ɔ:gənizəm] *s.* organismo: *the social organism,* l'organismo sociale.

organist ['ɔ:gənist] *s.* organista.

organization [,ɔ:gənai'zeiʃən] *s.* **1** l'organizzare. **2** organismo; organizzazione; ordinamento: *organization chart,* organigramma — *organization man (abbr. fam.* org. man*),* persona che 'vive' per l'azienda in cui lavora.

to **organize** ['ɔ:gənaiz] *vt* organizzare.

organized ['ɔ:gənaizd] *agg* organico; organizzato: *highly organized forms of life,* forme di vita altamente organizzate.

organizer ['ɔ:gənaizə*] *s.* organizzatore, organizzatrice.

orgasm ['ɔ:gæzəm] *s.* orgasmo.

orgiastic [,ɔ:dʒi'æstik] *agg* orgiastico; frenetico.

orgy ['ɔ:dʒi] *s.* **1** orgia. **2** *(fig.)* serie continua di attività piacevoli: *an orgy of spending,* un profluvio di spese.

oriel ['ɔ:riəl] *s. (anche* oriel-window*)* bovindo; balcone chiuso con vetrate.

Orient ['ɔ:riənt] *s. (poet.) the Orient,* l'oriente.

orient ['ɔ:riənt] *agg* **1** *(poet.)* orientale. **2** *(del sole)* nascente; sorgente.

to **orient** ['ɔ:riənt] *vt* orientare: *to orient oneself,* orientarsi.

oriental [,ɔ:ri'entl] *s. e agg* orientale. □ *avv* **orientally.**

orientalist [,ɔ:ri'entəlist] *s.* orientalista.

to **orientate** ['ɔ:rienteit] *vt* **1** orientare *(un edificio, ecc.);* rivolgere ad oriente. **2** orientare; stabilire la posizione; *(fig.)* mettere in chiaro; trovare una via d'uscita: *to orientate oneself,* orientarsi.

orientation [,ɔ:rien'teiʃən] *s.* orientamento; orientazione.

orienteering [,ɔ:rien'ti:riŋ] *s.* tipo di corsa campestre, molto popolare nei paesi scandinavi *(ora anche in GB)* fatta servendosi di carta geografica e bussola.

orifice ['ɔrifis] *s.* apertura esterna; orifizio.

origin ['ɔridʒin] *s.* origine; inizio.

original [ə'ridʒənl] *agg* **1** originario; iniziale; primitivo: *the original inhabitants of the country,* gli abitanti originari del paese — *The original plan was better than the one we followed,* Il progetto iniziale era migliore di quello che poi seguimmo — *original sin,* il peccato originale. **2** originale; nuovo: *original ideas,* idee originali — *an original thinker,* un pensatore originale. □ *avv* **originally** ⇨.

□ *s.* **1** originale: *This is a poor copy; the original is in the Prado in Madrid,* Questa è una modesta copia; l'originale si trova al Prado di Madrid — *to read Homer in the original,* leggere Omero nell'originale. **2** *(persona)* originale; eccentrico.

originality [ə,ridʒi'næliti] *s.* originalità.

originally [ə'ridʒənli] *avv* **1** in modo originale: *to speak (to think, to write) originally,* parlare (pensare, scrivere) in modo originale. **2** originariamente; in origine; inizialmente: *The school was originally quite small,* La scuola era in origine molto piccola.

to **originate** [ə'ridʒineit] *vi* avere origine; derivare: *The quarrel originated in rivalry between two tribes,* La lite derivò dalla rivalità tra due tribù.

□ *vt* ideare; creare: *to originate a new style of dancing,* creare un nuovo stile di danza.

originator [ə'ridʒineitə*] *s.* iniziatore; creatore; ideatore.

oriole ['ɔ:rioul] *s. (anche* golden oriole*)* rigogolo.

orison ['ɔrizən] *s. (ant.)* orazione; preghiera.

orlop ['ɔ:lɔp] *s. (naut.)* stiva: *orlop-deck,* ponte di stiva.

ormolu ['ɔ:məlu:] *s. (anche attrib.)* similoro; bronzo dorato per decorazioni.

ornament ['ɔ:nəmənt] *s.* **1** ornamento; addobbo; decorazione; ninnolo: *to add sth by way of ornament,* aggiungere qcsa per ornamento — *an altar rich in* *ornaments,* un altare ricco di addobbi — *a shelf crowded with ornaments,* una mensola ricca di ninnoli. **2** *(fig.)* ornamento; lustro; decoro: *He is an ornament to his profession,* Fa onore alla sua professione.

to **ornament** ['ɔ:nəmənt] *vt* adornare; essere di ornamento; abbellire; decorare: *to ornament a dress with lace,* adornare un vestito con merletti.

ornamental [,ɔ:nə'mentl] *agg* ornamentale; decorativo. □ *avv* **ornamentally.**

ornamentation [,ɔ:nəmen'teiʃən] *s.* decorazione; ornamento.

ornate [ɔ:'neit] *agg* eccessivamente adorno; troppo elaborato. □ *avv* **ornately.**

ornateness [ɔ:'neitnis] *s.* decorazione sovrabbondante.

ornery ['ɔ:nri] *s. (fam., USA)* irritabile; scontroso.

ornithological [,ɔ:niθə'lɔdʒikəl] *agg* ornitologico.

ornithologist [,ɔ:ni'θɔlədʒist] *s.* ornitologo.

ornithology [,ɔ:ni'θɔlədʒi] *s.* ornitologia.

orotund ['ɔroutʌnd] *agg* **1** imponente; solenne. **2** magniloquente; ampolloso.

orphan ['ɔ:fən] *s.* orfano, orfana: *an orphan child,* un fanciullo orfano.

to **orphan** ['ɔ:fən] *vt* rendere orfano: *to be orphaned by war,* essere reso orfano dalla guerra — *to be orphaned of both parents,* essere orfano di entrambi i genitori.

orphanage ['ɔ:fənidʒ] *s.* orfanotrofio.

orphanhood ['ɔ:fənhud] *s.* condizione (stato) di orfano.

orris ['ɔris] *s. (bot.)* giglio fiorentino: *orris-root,* radice di giaggiolo.

orthodox ['ɔ:θədɔks] *agg* ortodosso: *orthodox beliefs,* opinioni ortodosse — *an orthodox member of the Party,* un membro ortodosso del Partito — *the Orthodox Church,* la Chiesa Ortodossa (Orientale).

orthodoxy ['ɔ:θədɔksi] *s.* ortodossia.

orthogonal [ɔ:'θɔgənl] *agg* ortogonale.

orthographic [,ɔ:θə'græfik] *agg* ortografico.

orthography [ɔ:'θɔgrəfi] *s.* ortografia.

orthopaedic [,ɔ:θou'pi:dik] *agg* ortopedico.

orthopaedics [,ɔ:θou'pi:diks] *s. (col v. al sing.)* ortopedia.

ortolan ['ɔ:tələn] *s.* ortolano.

oryx ['ɔriks] *s.* orice.

to **oscillate** ['ɔsileit] *vi e t.* oscillare; fare oscillare *(anche fig.)*; esitare: *to oscillate between two beliefs,* oscillare (esitare) fra due convinzioni — *oscillating current,* corrente alternata (periodica).

oscillation [,ɔsi'leiʃən] *s.* oscillazione; esitazione.

oscillator ['ɔsileitə*] *s.* oscillatore.

oscillograph [ɔ'siləgrɑ:f] *s.* oscillografo.

oscilloscope ['ɔsiləskoup] *s.* oscilloscopio.

osculation [,ɔskju'leiʃən] *s.* **1** *(scherz.)* l'atto di baciare. **2** *(geometria)* osculazione.

osier ['ouʒə*] *s.* vimine.

osprey ['ɔspri] *s.* **1** falco pescatore. **2** egretta *(piuma per cappello).*

osseous ['ɔsjəs] *agg* osseo.

ossification [,ɔsifi'keiʃən] *s.* ossificazione.

to **ossify** ['ɔsifai] *vt* ossificare. □ *vi* ossificarsi; *(fig.)* irrigidirsi.

ossuary ['ɔsjuəri] *s.* ossario.

ostensible [ɔs'tensibl] *agg* apparente; simulato; finto. □ *avv* **ostensibly.**

ostentation [,ɔsten'teiʃən] *s.* ostentazione; esibizione.

ostentatious [,ɔsten'teiʃəs] *agg* ostentato; pomposo; vanitoso. □ *avv* **ostentatiously.**

osteopath ['ɔstiəpæθ] *s.* osteopata.

osteopathy [,ɔsti'ɔpəθi] *s.* osteopatia.

ostler ['ɔslə*] *s.* stalliere; mozzo di stalla.

ostracism ['ɔstrəsizəm] *s.* ostracismo.

to **ostracize** ['ɔstrəsaiz] *vt (stor. e fig.)* dare l'ostracismo (a qcno); bandire; mettere al bando; escludere.

ostrich ['ɔstritʃ] *s.* struzzo: *to have the digestion of an ostrich,* avere uno stomaco da struzzo — *to pursue an ostrich policy,* fare la politica dello struzzo.

other ['ʌðə*] **I** *agg* altro; *(per estensione)* diverso; differente: *The post office is on the other side of the street,* L'ufficio postale è sull'altro lato della strada — *Where are the other boys?,* Dove sono gli altri ragazzi? — *Peter sings far better than any other member of the choir,* Peter canta molto meglio di qualsiasi altro membro del coro — *The question must be decided by quite other considerations,* La questione dovrà essere decisa sulla base di considerazioni del tutto diverse — *on the other hand,* d'altra parte; d'altro canto; per un altro verso; però; tuttavia — *It's cheap, but on the other hand the quality is poor,* Costa poco, ma d'altro canto la qualità è scadente — *other things being equal,* a parità di condizioni; 'ceteris paribus' — *the other day,* l'altro giorno; qualche giorno fa — *Yes, I saw him the other day,* Sì, l'ho visto l'altro giorno (qualche giorno fa) — *every other,* - **a)** ogni altro (tutti gli altri): *Smith didn't come, but every other boy in the school did,* Smith non venne, ma tutti gli altri ragazzi della scuola vennero - **b)** alterno: *Write only on every other line,* Scrivete soltanto a righe alterne — *I don't go there every day, only every other day,* Io non ci vado ogni giorno, soltanto a giorni alterni (un giorno sì e uno no; ogni due giorni).

II *pron* altro; *(pl.* **others***)* altri: *The twins (triplets) are so alike that people find it difficult to tell one from the other (another),* I due (tre) gemelli sono così simili che la gente trova difficile distinguere l'uno dall'altro (l'uno dagli altri) — *Six of them are mine; the others are John's,* Sei (di essi) sono i miei; gli altri sono di John — *I don't like these. Have you any others?,* Questi non mi piacciono. Ne avete degli altri? — *There are (I have) no others,* Non ce ne sono (Non ne ho) degli altri — *It was none other than John,* Non era altro che John — *Smith, among others, was there,* C'era Smith fra gli altri — *I shall be coming again some day or other,* Ritornerò (Verrò ancora) un giorno o l'altro — *He was talking to some man or other,* Stava parlando con un tale — *He's gone off to some meeting or other,* È andato ad una (qualche) riunione — *one after the other (another),* uno dopo l'altro; uno dietro l'altro — *They came running one after the other,* Vennero correndo uno dopo l'altro — *each other* ⇨ **each** — *one another* ⇨ **one, III.**

III *avv* altro; altrimenti; diversamente: *He couldn't do other than agree,* Non poté far altro che accondiscendere.

otherwise ['ʌðəwaiz] **I** *avv* **1** altrimenti; diversamente; in modo diverso: *You evidently think otherwise,* Evidentemente Lei la pensi in modo diverso — *I could not do otherwise,* Non potevo (Non ho potuto, Non potrei) fare diversamente — *He should have been working, but he was otherwise engaged,* Avrebbe dovuto lavorare ma era impegnato altrimenti.

2 d'altro canto; per contro; a parte ciò: *The rent is*

high, but otherwise the house is satisfactory, L'affitto è caro ma a parte ciò la casa è soddisfacente.

II *congiunz* se no; altrimenti: *Do what you have been told; otherwise you will be punished,* Fai come ti è stato detto; altrimenti sarai punito.

otherworldliness ['ʌðə,wəːldlinis] *s.* spiritualità; ascetismo.

otherworldly ['ʌðə,wəːldli] *agg* **1** oltramondano; spirituale; soprannaturale. **2** ascetico.

otiose ['ouʃious] *agg* futile; inutile; inefficace.

otter ['ɔtə*] *s.* **1** lontra; pelliccia di lontra: *otter hound,* cane per la caccia alla lontra. **2** paramine. **3** *otter boards, (pesca)* divergenti.

ottoman ['ɔtəmən] *s.* ottomana; divano turco.

oubliette [,uːbli'et] *s. (stor., dal fr.)* segreta; prigione sotterranea *(spec. con apertura a botola).*

ouch [autʃ] *interiezione (di dolore)* ahi!

[1]**ought** [ɔːt] *v. dif (usato come condizionale di* **must,** *alla pari con* **should**; *sempre seguito dal* to *dell'infinito; la forma negativa* ought not *viene spesso contratta in* oughtn't*)* dovrei...; dovresti...; dovrebbe...: *You ought to start at once,* Dovresti partire immediatamente — *Such things ought not (oughtn't) to be allowed, ought they?,* Tali cose non dovrebbero essere permesse, non è vero? — *'Ought I to go?', 'Yes, I think you ought (to)',* 'Dovrei andare?', 'Credo di sì' — *He said we ought to go,* Disse che avremmo dovuto andare — *I told him (that) he ought to do it,* Gli dissi che doveva (che avrebbe dovuto) farlo — *You ought to have done that earlier,* Avresti dovuto farlo prima — *There ought to be more buses during the rush hour,* Ci dovrebbero essere più autobus nelle ore di punta — *You ought to see that new film,* Dovresti vedere quel nuovo film — *Coffee ought to be drunk while it is hot,* Il caffè si dovrebbe bere caldo — *Your brother ought to have been a doctor,* Tuo fratello avrebbe dovuto fare il medico — *If he started at nine, he ought to be here now,* Se è partito alle nove, dovrebbe essere qui, ormai — *That ought to be enough fish for three, I think,* Questo pesce dovrebbe bastare per tre persone, credo.

[2]**ought** [ɔːt] *s. (ant.: variante di* aught*)* alcunché; alcuna cosa; qualunque cosa.

oughtn't ['ɔːtnt] *contraz di* ought not: ⇨ [1]**ought.**

ouija ['wiːdʒɑː] *s. (anche* ouija-board*)* tavoletta con le lettere dell'alfabeto (o altri segni) usata nelle sedute spiritiche per comunicare con gli spiriti.

ounce [auns] *s.* oncia *(unità di peso pari a 28,35 grammi).* □ *an ounce of courage (of experience), (fig.)* un briciolo di coraggio (di esperienza).

our ['auə*] *agg possessivo* (il) nostro; (la) nostra; (i) nostri; (le) nostre: *We have done our share,* Abbiamo fatto la nostra parte — *Our Father,* Padre Nostro — *Our Lady,* Nostra Signora; Maria Vergine — *Our Lord,* Nostro Signore.

ours ['auəz] *pron possessivo* (il) nostro; (la) nostra; (i) nostri; (le) nostre: *This house is ours,* Questa casa è nostra — *a friend of ours,* un amico nostro — *This dog of ours never wins any prizes,* Questo nostro cane non vince mai un premio.

ourselves [,auə'selvz] *pron* **1** *(rifl.)* noi stessi; ci *(reciproco): We could see ourselves in the mirror,* Ci potevamo vedere (Ci vedevamo) nello specchio. **2** *(enfatico)* noi stessi; proprio noi; anche noi: *We ourselves have often made that mistake; We've often made that mistake ourselves,* Anche noi abbiamo fatto spesse volte quell'errore — *We'd better go and see the house (for) ourselves,* Faremmo meglio ad andare a vedere noi stessi la casa — *(all) by ourselves,* da soli *(senza aiuto o senza compagnia)* — *We made it by ourselves,* Lo abbiamo fatto da soli — *Come in; we're all by ourselves,* Entrate; siamo soli.

to **oust** [aust] *vt* estromettere (da); privare (di); soppiantare; spodestare: *to oust a rival from office,* estromettere un rivale dalla sua carica — *The captain was ousted from his command,* Il capitano fu privato del comando.

out [aut] **I** *avv* **1** fuori; fuori casa (fuori ufficio, ecc.); via; *(per i significati particolari che assume se combinato con certi verbi ⇨ anche alle voci dei relativi verbi, p.es.* to be out; to call out; to get out; to put out, *ecc.): to go out,* andar fuori — *to run out,* correre fuori — *to take sb out,* portare qcno fuori — *to order sb out,* ordinare a qcno di uscire — *to find one's way out,* trovare l'uscita, *(letteralm.)* la propria strada per uscire — *to lock sb out,* chiudere qcno fuori — *to throw sth out,* gettar fuori qcsa — *Out you go!; Get out!,* Fuori! — *Out with it!, (fam.)* Sputa il rospo! — *to have a tooth out,* farsi estrarre (cavare) un dente — *Mrs White is out just now,* La signora White è fuori in questo momento — *We don't go out much,* Non usciamo molto — *to dine out,* pranzare fuori — *to have an evening out,* passare una serata fuori — *The servant has her meals with us but sleeps out,* La domestica mangia con noi ma dorme fuori — *The manager is out,* Il direttore è fuori ufficio — *The dockers are out again,* I portuali sono di nuovo in sciopero — *The book I wanted from the library was out,* Il libro che cercavo in biblioteca era in prestito — *His new book is out,* Il suo nuovo libro è uscito — *The tide is out,* La marea è bassa — *The ship was four days out from Lisbon,* La nave era partita da Lisbona quattro giorni prima — *on the voyage out,* durante il viaggio di andata *(generalm. verso l'estero)* — *Short skirts are out,* Le gonne corte sono fuori moda.

2 *(usato idiomaticamente insieme con avverbi e frasi avverbiali per rafforzare l'idea di distanza) He lives out in the country,* Abita in campagna — *My brother is out in Australia,* Mio fratello è in Australia — *He lived out East for many years,* Ha vissuto in Estremo Oriente per molti anni — *The fishing boats are all out at sea,* I pescherecci sono tutti fuori, al largo — *What are you doing out there?,* Che cosa fai laggiù (lì fuori)?

3 scoperto; svelato: *The secret is out,* Il segreto è stato svelato; Qualcuno ha parlato — *The sun is out,* C'è il sole — *It's the best game out,* È il miglior gioco che esista.

4 dischiuso; sbocciato: *The apple blossom is out,* Il melo è in fiore.

5 *(per indicare esaurimento, estinzione)* spento; scaduto; finito: *The fire (gas, candle, ecc.) is out,* Il fuoco (il gas, la candela, ecc.) è spento — *The fire has burnt out,* Il fuoco si è spento (si è consumata la legna, ecc.) — *The lease has run out,* La concessione è scaduta — *Put that cigarette out!,* Spegni quella sigaretta! — *The wind blew the candles out,* Il vento spense le candele — *The candle blew out,* La candela si spense — *I am tired out,* Sono molto stanco — *to be worn out,* essere logoro, distrutto — *He'll be here before the week is out,* Sarà qui prima che la settimana sia finita — *She had her cry out,* Pianse tutte le sue lacrime — *Let her have her sleep out,* Lasciatela dormire a sazietà (finché ne ha bisogno).

6 fuori *(nei calcoli);* sbagliato: *I am out in my calculations,* I miei calcoli sono sbagliati; Ho sbagliato i calcoli — *We are ten pounds out in our* *accounts,* Siamo fuori di dieci sterline nei conti — *You are not far out,* Non sei molto lontano dal vero — *Your guess was a long way out,* La tua supposizione era molto lontana dal vero.

□ *The floods are out,* Le alluvioni sono finite — *There is a warrant out against him,* C'è un mandato contro di lui — *out and out (talvolta:* out-and-out*),* completamente; oltremodo; *(spreg.)* perfetto; vero *(usato attributivamente)* — *He is an out and out scoundrel,* È un vero (perfetto) mascalzone — *Speak out,* Parla apertamente (senza esitazione) — *to tell sb sth straight out (right out),* dire a qcno qcsa apertamente, senza riserve — *all out (flat out),* al massimo (di capacità e di sforzo) — *to go all out,* mettercela tutta — *His new car does 80 miles an hour when it is going all out,* La sua nuova automobile fa 80 miglia all'ora quando va al massimo — *an all-out effort,* uno sforzo disperato — *to be out and about,* esser di nuovo in piedi *(p.es. di persona che è stata appena malata)* — *to have it out with sb,* discutere a fondo con qcno — *They are out to get him,* Gli stanno dando la caccia.

II out of, *prep* **1** *(compl. di stato, moto, ecc.)* fuori (da) *(NB: in USA talvolta solo* out*): He looked out of the window (USA: out the window),* Guardò fuori dalla finestra — *Fish cannot live out of water,* I pesci non possono vivere fuori dall'acqua — *Mr Green is out of town this week,* Il signor Green è fuori città questa settimana — *He walked out of the shop,* Uscì dal negozio — *He jumped out of bed,* Saltò fuori dal letto — *We pulled the cart out of the ditch,* Tirammo il carro fuori dal pantano — *to be (to feel) out of things,* essere (sentirsi) escluso, tagliato fuori — *The plan was dishonest and I was glad to be out of it,* Il piano era disonesto ed ero contento di esserne fuori — *out of fashion (out of control; out of danger),* fuori moda (fuori controllo; fuori pericolo) — *out of order,* - **a)** fuori ordine - **b)** guasto; 'non funziona' — *out of bounds,* fuori dei limiti; 'Vietato l'accesso' — *to be out of the running, (sport)* essere fuori gara; non avere più probabilità di vincere *(anche fig., di candidato, ecc.)* — *to feel out of sorts, (fam.)* sentirsi un po' giù — *out of stock, (di merce, ecc.)* esaurito — *out of tune, (di cantante)* stonato; *(di strumento)* scordato — *out of print, (di libro)* esaurito — *out of work,* disoccupato — *to be out of touch,* - **a)** aver perso i contatti *(con qcno)* - **b)** non essere più aggiornato.

2 per; a causa di; a motivo di: *They helped us out of pity,* Ci aiutarono per pietà — *She only asked us out of curiosity,* Ci fece la domanda solo per curiosità.

3 fra; in mezzo a; su; di: *This is only one instance out of several,* Questo è solo un esempio fra (i) tanti — *It happens in nine cases out of ten,* Capita in nove casi su dieci.

4 *(compl. di materia)* con; di; da: *The hut was made out of old planks,* La capanna era fatta di vecchie assi — *She made a hat out of bits of old material,* Ricavò (Fece) un cappello con vecchi ritagli di stoffa.

5 senza; privo di: *out of breath (out of work; out of patience),* senza fiato (senza lavoro; privo di pazienza) — *We are out of tea (petrol),* Siamo senza tè (benzina).

6 *(compl. di origine)* da: *a scene out of a play,* una scena tratta da un lavoro teatrale — *to drink out of a cup,* bere da una tazza — *to copy sth out of a book,* copiare qcsa da un libro.

7 lontano da; al largo di; a una certa distanza da: *The ship sank ten miles out of Hull,* La nave affondò a dieci miglia da Hull.

□ *to reason sb out of his fears,* liberare, tirar fuori qcno (con il ragionamento) dalle sue paure — *to talk sb out of doing sth,* dissuadere qcno dal fare qcsa — *to cheat sb out of his money,* frodare qcno del suo denaro — *to be done out of sth, (fam.)* essere frodato di qcsa — *to frighten sb out of his wits,* fare impazzire qcno dallo spavento; far morire qcno dallo spavento.

III *s. (nell'espressione) the ins and outs,* i particolari *(di una procedura, di un resoconto, ecc.).*

to **out** [aut] *vt (sl., fam.)* emettere violentemente, con forza.

outage ['autidʒ] *s.* **1** *(di una macchina)* inoperosità. **2** periodo di interruzione della fornitura di energia elettrica.

out-and-out [aut ənd aut] *agg* bell'e buono; 'patentato'; 'matricolato'.

outback ['autbæk] *s.* entroterra; interno *(spec. in Australia).*

to **outbalance** [aut'bæləns] *vt* passare il peso; superare il peso.

to **outbid** [aut'bid] *vt* (*p. pres.* **outbidding**; *pass.* **outbid**; *p. pass.* **outbidden**) rilanciare *(ad un'asta);* superare le altre offerte.

outboard ['autbɔ:d] *agg* fuoribordo: *an outboard motor,* un motore fuoribordo; un fuoribordo.

outbound ['autbaund] *agg (di una nave)* in partenza, diretta verso un porto straniero.

to **outbrave** [aut'breiv] *vt* superare arditamente; sfidare; sprezzare: *to outbrave the storm,* sfidare la tempesta.

outbreak ['autbreik] *s.* esplosione; attacco *(di malattia);* scoppio; eruzione; *(talvolta)* epidemia: *an outbreak of anger,* un'esplosione di rabbia.

outbuilding ['aut,bildiŋ] *s.* fabbricato annesso *(separato dal fabbricato principale);* dipendenza.

outburst ['autbə:st] *s.* scoppio; esplosione.

outcast ['autkɑ:st] *s. e agg* espulso; bandito; esiliato; escluso; 'paria'.

outcaste ['autkɑ:st] *s. e agg (in India)* fuori casta; paria.

to **outclass** [aut'klɑ:s] *vt* surclassare; superare di molto: *He was outclassed from the start of the race,* Fu distanziato sin dall'inizio della corsa.

outcome ['autkʌm] *s.* risultato; conseguenza.

outcrop ['autkrɔp] *s.* **1** *(geologia)* affioramento; vena superficiale. **2** *(fig.)* eruzione; emersione.

outcry ['autkrai] *s.* grido; chiasso; scalpore; protesta.

outdated [aut'deitid] *agg* superato; sorpassato; antiquato.

outdid [aut'did] *pass di* **to outdo.**

to **outdistance** [aut'distəns] *vt* sorpassare; superare; distanziare.

to **outdo** [aut'du:] *vt* (*pass.* **outdid**; *p. pass.* **outdone**) superare; fare meglio (di): *to outdo oneself,* superare se stesso.

outdoor ['autdɔ:*] *agg* all'aperto; esterno: *outdoor life,* la vita all'aria aperta — *outdoor sports,* sports all'aperto — *outdoor relief, (GB)* sussidi esterni *(ai poveri).*

outdoors [aut'dɔ:z] *avv* all'aperto; all'aria aperta; fuori di casa.

[1]**outer** ['autə*] *agg* esteriore; esterno.

[2]**outer** ['autə*] *s.* il cerchio esterno di un bersaglio; il colpo portato a segno in tale cerchio.

outermost ['autəmoust] *agg* estremo; il più lontano.

to **outface** [aut'feis] *vt* tenere testa (a qcno); affrontare; fare abbassare gli occhi (a qcno).
outfall ['autfɔ:l] *s.* **1** sbocco; bocca di scarico (d'acqua). **2** foce.
outfield ['autfi:ld] *s. (cricket e baseball)* la parte del campo più lontana dal battitore; *(per estensione)* il complesso dei giocatori che stanno in quella parte del campo.
outfielder ['autfi:ldə*] *s. (cricket e baseball)* giocatore che sta nella parte di campo più lontana dal battitore.
outfighting ['aut,faitiŋ] *s. (boxe)* combattimento a distanza.
outfit ['autfit] *s.* **1** equipaggiamento; corredo; 'completo'; attrezzatura. **2** *(fam.)* squadra; gruppo; organizzazione; *(spec. mil.)* unità. **3** motocicletta con 'sidecar'.
to **outfit** ['autfit] *vt* (**-tt-**) equipaggiare; fornire di attrezzatura; attrezzare *(spec. una nave).*
outfitter ['aut,fitə*] *s.* venditore di capi di abbigliamento.
to **outflank** [aut'flæŋk] *vt (mil.)* aggirare.
outflow ['autflou] *s.* uscita; efflusso.
to **outgeneral** [aut'dʒenərəl] *vt* (**-ll-**) superare in strategia *(per maggiore abilità dei Comandi).*
outgo ['autgou] *s. (pl.* **outgoes**: *opposto di* **income** = *entrata)* uscita; spesa.
outgoing ['aut,gouiŋ] *agg* **1** uscente; dimissionario. **2** estroverso.
outgoings ['aut,gouiŋz] *s. pl* uscite; spese; esborsi.
to **outgrow** [aut'grou] *vt (pass.* **outgrew**; *p. pass.* **outgrown**) diventare troppo grande (per qcno); crescere molto; superare in crescita: *to outgrow one's strength,* essere troppo sviluppato per la propria età.
outgrowth ['autgrouθ] *s.* **1** escrescenza. **2** sviluppo; prodotto naturale.
to **outgun** [aut'gʌn] *vt* (**-nn-**) *(mil. e fig.)* avere una superiore capacità di fuoco.
to **out-herod** [aut'herəd] *vt* superare in crudeltà: *(nell'espressione) to out-herod Herod,* essere più crudele di Erode.
outhouse ['authaus] *s.* **1** costruzione annessa; capanna; tettoia; stalla. **2** *(USA)* latrina.
outing ['autiŋ] *s.* **1** gita; escursione. **2** remata; galoppata.
outlandish [aut'lændiʃ] *agg* strano; bizzarro; inconsueto; esotico; *(talvolta)* straniero; forestiero. □ *avv* **outlandishly**.
outlandishness [aut'lændiʃnis] *s.* esoticità.
to **outlast** [aut'lɑ:st] *vt* sopravvivere (a qcno, qcsa); superare in durata.
outlaw ['autlɔ:] *s.* **1** *(ant.)* fuorilegge. **2** criminale; bandito.
to **outlaw** ['autlɔ:] *vt* bandire; dichiarare fuori legge; mettere al bando.
outlawry ['autlɔ:ri] *s.* banditismo; l'essere fuori legge.
outlay ['autlei] *s.* esborso; spesa: *a large outlay on (o for) scientific research,* una grande spesa per la ricerca scientifica.
outlet ['autlet] *s.* sbocco; sfogo; via d'uscita; scarico *(anche fig.); (comm.)* punto di vendita: *the outlet of a lake,* l'emissario di un lago — *Boys need an outlet for their energies,* I ragazzi hanno bisogno di uno sfogo per le loro energie.
outline ['autlain] *s.* **1** contorno; profilo *(anche fig.): an outline map of Great Britain,* una cartina schematica *(con il solo contorno)* della Gran Bretagna — *to draw sth in outline,* fare un disegno lineare di qcsa — *an outline of European History,* un profilo storico dell'Europa. **2** schema; abbozzo; scaletta: *an outline for a lecture,* uno schema per una conferenza.
to **outline** ['autlain] *vt* tracciare il contorno, il profilo *(anche fig.);* indicare *(in modo schematico, a grandi linee, ecc.);* tracciare per sommi capi; descrivere: *to outline Napoleon's Russian campaign,* tracciare il profilo (storico) della campagna di Napoleone in Russia — *to outline a plan,* descrivere (a grandi linee) un progetto.
to **outlive** [aut'liv] *vt* sopravvivere (a); vivere più a lungo (di): *to outlive one's wife,* sopravvivere alla propria moglie.
outlook ['autluk] *s.* **1** vista; veduta: *a pleasant outlook over the valley,* una piacevole vista sulla vallata. **2** prospettiva; previsione: *a bright outlook for trade,* buone prospettive per il commercio — *Further outlook: dry and sunny,* Previsioni ulteriori, secco e sereno. **3** concezione: *a narrow outlook on life,* una concezione (visione) limitata della vita.
outlying ['aut,laiiŋ] *agg* lontano *(da un centro);* isolato; periferico; remoto.
to **outmanoeuvre** [,autmə'nu:və*] *vt* vincere in strategia (in astuzia).
to **outmarch** [aut'mɑ:tʃ] *vt* marciare più in fretta; lasciare indietro; sorpassare.
to **outmatch** [aut'mætʃ] *vt* superare; battere; essere superiore (a).
outmoded [aut'moudid] *agg* fuori moda; passato di moda.
outmost ['autmoust] *agg* ⇨ **outermost, utmost.**
to **outnumber** [aut'nʌmbə*] *vt* superare numericamente.
out-of-door ['autəv'dɔ:*] *agg* ⇨ **outdoor.**
out-of-the-way ['autəvðə'wei] *agg* **1** fuori mano; isolato; remoto. **2** *(fig.)* insolito; poco noto; peregrino.
outpatient ['aut,peiʃənt] *s.* paziente esterno *(non ricoverato): outpatients' department,* ambulatorio.
to **outplay** [aut'plei] *vt* battere; superare al gioco; giocare meglio (di).
to **outpoint** [aut'pɔint] *vt (boxe)* battere ai punti; fare più punti (di).
outport ['autpɔ:t] *s.* porto franco; zona di porto franco.
outpost ['autpoust] *s.* avamposto *(anche fig.).*
outpouring ['aut,pɔ:riŋ] *s. (generalm. al pl.)* effusione; manifestazione; sfogo: *the outpourings of the heart,* gli sfoghi del cuore.
output ['autput] *s.* produzione *(in senso quantitativo);* rendimento; resa; quantità prodotta; potenza sviluppata.
outrage ['autreidʒ] *s.* **1** oltraggio; offesa; violenza: *an outrage against decency,* un oltraggio al pudore — *outrages committed by a drunken mob,* violenze commesse da una banda di teppisti ubriachi. **2** *(anche* sense of outrage*)* risentimento.
to **outrage** [aut'reidʒ] *vt* oltraggiare; offendere; violentare; violare: *to outrage public opinion,* offendere l'opinione pubblica.
outrageous [aut'reidʒəs] *agg* oltraggioso; offensivo; indegno; immorale. □ *avv* **outrageously.**
outran [aut'ræn] *pass di* **to outrun.**
to **outrange** [aut'reindʒ] *vt (di arma da fuoco)* superare in gittata.
to **outrank** [aut'ræŋk] *vt* superare in rango (in grado).
outré ['u:trei] *agg (fr.)* eccentrico; stravagante; scorretto: *outré behaviour,* comportamento scorretto ed eccentrico.
to **outride** [aut'raid] *vt (pass.* **outrode**; *p. pass.* **out-**

ridden) **1** superare; sorpassare *(a cavallo).* **2** *(naut.)* superare una tempesta (⇨ *anche* **to ride out**).

outrider ['aut,raidə*] *s.* **1** lacchè. **2** battistrada; scorta *(a cavallo o in motocicletta).*

outrigged ['autrigd] *agg (di imbarcazione)* fornito di bilanciere o bilancieri (fuoribordo).

outrigger ['aut,rigə*] *s.* **1** *(naut.)* buttafuori; scalmiera; *(per estensione)* fuoriscalmo. **2** *(mecc.)* sporgenza esterna. **3** *(aeronautica)* intelaiatura di sostegno.

outright ['autrait] *agg* **1** deciso; completo; positivo: *the outright winner,* il vincitore assoluto. **2** aperto; schietto; deciso: *an outright denial,* una smentita decisa — *the outright winner,* il vincitore assoluto.

□ *avv* **1** apertamente; francamente: *to tell sb outright what one thinks of his behaviour,* dire francamente a qcno quello che si pensa del suo comportamento. **2** completamente; per intero; d'un colpo: *to buy a house outright,* comprare una casa in contanti. **3** immediatamente; subito; sul colpo: *to be killed outright,* rimanere ucciso sul colpo.

to **outrival** [aut'raivəl] *vt* (**-ll-**) vincere; battere; avere la meglio su.

to **outrun** [aut'rʌn] *vt* (*pass.* **outran**; *p. pass.* **outrun**) superare (nella corsa); correre meglio; battere; superare: *His ambition outran his ability,* La sua ambizione superava la sua capacità.

outrunner ['aut,rʌnə*] *s.* **1** battistrada; lacchè. **2** cane guida *(di una slitta trainata da cani).*

outset ['autset] *s.* inizio; principio *(quasi sempre nell'espressione): at (o from) the outset,* all'inizio; sin dall'inizio.

to **outshine** [aut'ʃain] *vt* (*pass. e p. pass.* **outshone**) superare in splendore; brillare maggiormente; offuscare; eclissare.

outside ['aut'said] **I** *agg attrib* **1** esterno; all'esterno; esteriore; *(per estensione)* estraneo: *an outside seat,* un posto all'esterno *(su una carrozza, su un autobus aperto)* — *outside repairs,* riparazioni esterne *(p.es. d'un edificio)* — *outside measurements,* misure esterne *(p.es. d'una scatola)* — *an outside broadcast,* una trasmissione *(radiofonica o televisiva)* in esterno — *outside left, (calcio)* ala sinistra — *We shall need outside help for this job,* Avremo bisogno dell'aiuto di estranei per questo lavoro — *She doesn't like meeting the outside world,* Non le piace incontrare gente estranea.

2 estremo; massimo; minimo: *an outside estimate,* un preventivo massimo — *an outside chance,* una probabilità minima.

II *s.* **1** (l')esterno; *(per estensione)* aspetto esteriore: *The outside of the house needs painting,* L'esterno della casa ha bisogno d'una mano di pittura — *Don't judge a thing from the outside,* Non giudicare le cose dall'aspetto esteriore. **2** massimo; limite superiore: *(nell'espressione) at the (very) outside,* al massimo; tutt'al più — *There were only fifty people at the very outside,* C'erano soltanto cinquanta persone al massimo.

III *avv* fuori; di fuori; all'esterno: *The car is waiting outside,* La macchina aspetta fuori.

IV *prep* **1** fuori di; all'esterno di: *outside* (talvolta *outside of) the door,* fuori dalla porta — *to get outside a good meal, (fam.)* fare un buon pranzo.

2 oltre; all'infuori di: *We cannot go outside the evidence,* Non possiamo andare oltre l'evidenza — *He has no occupation outside his office work,* Non ha nessuna occupazione all'infuori del suo lavoro d'ufficio.

outsider [aut'saidə*] *s.* **1** estraneo; persona ritenuta estranea ad un gruppo, ad una organizzazione, ecc. **2** *(fam.)* maleducato; incivile. **3** *(ippica)* 'outsider'; cavallo non dato per vincente; *(per estensione)* candidato concorrente, ecc., che si ritiene abbia scarsissime possibilità di successo.

outsize ['autsaiz] *agg* fuori misura; di misura superiore alla normale; 'gigante'.

□ *s.* taglia fuori misura, 'forte': *He takes an outsize in shoes,* Porta un numero molto alto di scarpe.

outskirts ['autskə:ts] *s. pl* sobborghi; periferia; cintura; zona suburbana.

to **outsmart** [aut'smɑ:t] *vt (fam.)* mettere nel sacco; battere in astuzia (in bravura).

to **outspan** [aut'spæn] *vi e t.* (**-nn-**) *(Sudafrica)* togliere il basto (il giogo); sbardare.

outspoken [aut'spoukən] *agg* schietto; franco; senza peli sulla lingua. □ *avv* **outspokenly.**

outspokenness [aut'spoukənnis] *s.* schiettezza; franchezza.

outspread ['aut'spred] *agg* disteso; spiegato; teso: *with outspread arms; with arms outspread,* con le braccia distese.

outstanding [aut'stændiŋ] *agg* **1** sporgente; prominente: *a boy with big, outstanding ears,* un ragazzo dalle grandi orecchie a sventola. **2** eminente; notevole; fuori del comune: *The boy who won the scholarship was quite outstanding,* Il ragazzo che vinse la borsa di studio era veramente eccezionale — *an outstanding fact,* un fatto notevole. **3** *(comm., ecc.)* in sospeso; non pagato; arretrato: *outstanding debts,* debiti in sospeso, insoluti — *I've a good deal of work still outstanding,* Ho un bel po' di lavoro arretrato. □ *avv* **outstandingly.**

to **outstay** [aut'stei] *vt* trattenersi, restare, fermarsi più a lungo: *to outstay one's welcome,* trattenersi più del dovuto *(e quindi rendersi ospite sgradito).*

outstretched ['aut'stretʃt] *agg* disteso; steso; allungato: *to lie outstretched on the grass,* giacere disteso sull'erba.

to **outstrip** [aut'strip] *vt* (**-pp-**) correre più forte (di qcno); superare; vincere.

to **outvie** ['aut'vai] *vt* superare; battere *(in una gara).*

to **outvote** [aut'vout] *vt* ottenere più voti *(di qcno);* superare *(qcno)* per numero di voti.

outward ['autwəd] *agg* **1** esterno; esteriore; apparente: *the outward appearance of things,* l'aspetto esteriore delle cose — *the outward man,* il corpo *(in opposizione all'anima).* **2** di andata: *during the outward voyage,* durante il viaggio di andata. □ *avv* **outwardly,** apparentemente; esteriormente: *Though frightened she appeared outwardly calm,* Sebbene spaventata, appariva esteriormente calma.

□ *avv* (*anche* **outwards**) verso l'esterno; in fuori: *The ship is outward bound,* La nave è diretta verso un altro porto — *The two ends must be bent outwards,* Le due estremità devono essere piegate in fuori.

to **outwear** [aut'wɛə*] *vt* (*pass.* **outwore**; *p. pass.* **outworn**) **1** superare in durata: *Well-made leather shoes will outwear two pairs of these rubber shoes,* Un paio di scarpe di cuoio ben fatte dureranno più a lungo di due paia di queste scarpe di gomma. **2** logorare; sciupare; consumare (*di solito al p. pass.:* **outworn**): *outworn quotations,* citazioni logore, trite — *outworn practices in industry,* procedimenti industriali obsoleti.

to **outweigh** [aut'wei] *vt* avere maggior peso; avere maggiore importanza: *Do the disadvantages outweigh the advantages?,* Hanno gli svantaggi maggior peso dei vantaggi?

to **outwit** [aut'wit] *vt* (**-tt-**) battere in astuzia; mettere nel sacco.

outwore ['aut,wɔ:] *pass di* **to outwear**.

outwork ['autwə:k] *s.* **1** *(spesso pl.)* fortificazione esterna. **2** lavoro a domicilio.

outworn ['aut'wɔ:n] *p. pass di* **to outwear**.

ouzel ['u:zl] *s.* tipo di merlo.

ova ['ouvə] *s. pl di* **ovum**.

oval ['ouvəl] *s. e agg* ovale. □ *The Oval,* famoso campo di cricket a Londra.

ovary ['ouvəri] *s.* ovaia.

ovation [ou'veiʃən] *s.* ovazione; acclamazione: *He was given a standing ovation,* Si alzarono in piedi per acclamarlo.

oven ['ʌvn] *s.* forno: *oven-dry (-dried),* essiccato al forno — *oven-ware,* stoviglie resistenti al calore — *oven-ready, (di cibo preconfezionato)* pronto per il forno — *Dutch oven,* forno olandese *(specie di forno di campagna).*

over ['ouvə*] **I** *avv (per i significati particolari che assume se combinato con certi verbi ⇨ anche alla voce dei relativi verbi, p.es.* to come over; to fall over backwards; to get over; to hold over; to make over; to pass over, *ecc.)* **1** *(letteralm.)* di sopra; al di sopra; *(più in generale)* al di là *(di un ostacolo, p.es. un muro, un fiume);* al di qua; dall'altra parte *(anche fig.);* laggiù; lassù; attraverso: *to jump over,* saltare al di là — *Can you pass that book over to me please?,* Puoi passarmi quel libro, per favore? — *to hand sth over to sb,* consegnare qcsa in mano a qcno — *Take these letters over to the post office,* Porta queste lettere all'ufficio postale — *He's over from France,* È venuto dalla Francia — *He's over in France,* È in Francia (di là della Manica) — *Come over and see us,* Veniteci a trovare — *He has gone over to the enemy,* Si è unito al nemico — *Over!, (nelle trasmissioni radiotelefoniche)* Passo! — *Over and out!,* Passo e chiudo!

2 *(con molti verbi indica un cambiamento di posizione o di collocazione) to fall over,* cadere per terra *(da una posizione eretta)* — *He fell over on the ice,* Cadde sul ghiaccio — *Don't knock that vase over,* Non far cadere quel vaso — *A slight push would send it over,* Una leggera spinta lo farebbe cadere — *He gave me a shove and over I went!,* Mi diede una spinta e caddi! — *Turn the patient over and rub his back,* Volti l'ammalato e gli massaggi la schiena — *Turn over the page; (anche) Please turn over (*abbr. *PTO),* Volta la pagina — *He turned over in bed,* Si rivoltò nel letto — *The milk boiled over,* Il latte traboccò (bollendo) — *He was boiling over with rage,* Ribolliva dalla rabbia — *It rolled over and over,* Rotolò ripetutamente.

3 più; in su: *children of fourteen and over,* bambini di quattordici anni e più (dai quattordici anni in su) — *ten feet and a bit over,* dieci piedi *(di lunghezza, di altezza)* e qualcosa di più.

4 dal principio alla fine; completamente *(spesso indica ripetizione): I'll look the papers over,* Sfoglierò i documenti — *You should think it over,* Dovresti pensarci bene (con calma) — *Count them over,* Contateli di nuovo (dall'inizio alla fine) — *(all) over again,* di nuovo; daccapo — *He did the work so badly that I had to do it (all) over again,* Fece il lavoro così male che dovetti rifarlo daccapo — *over and over again,* ripetutamente; più volte — *I've warned you over and over again not to do it,* Ti ho avvertito mille volte di non farlo.

5 (*spec.* **all over**) dappertutto; in ogni parte: *He was aching all over,* Aveva male dappertutto — *This pianist is famous all the world over,* Questo pianista è famoso in tutto il mondo — *Your clothes are dusty all over,* I tuoi vestiti sono tutti impolverati — *That's Smith all over,* Questo è proprio tipico di Smith.

6 finito; terminato; passato: *The meeting will be over before we arrive if we don't hurry,* La riunione sarà terminata prima del nostro arrivo se non ci affrettiamo — *The storm is over,* Il temporale è passato — *His sufferings will soon be over,* Le sue sofferenze presto finiranno — *It's all over with him,* Per lui è finita.

7 d'avanzo; rimasto: *Seven into thirty goes four times and two over,* Il sette nel trenta ci sta quattro volte con l'avanzo di due — *If there's any meat over (left over), give it to the dog,* Se si è avanzata un po' di carne, dalla al cane — *I've paid all my debts and have fifteen pounds over,* Ho pagato tutti i miei debiti e mi sono rimaste quindici sterline.

8 *(come prefisso)* ⇨ **over-**.

II *prep* **1** sopra; su: *He spread his handkerchief over his face to keep the flies off,* Distese il fazzoletto sul viso per tenere lontane le mosche — *to spread a cloth over the table,* stendere una tovaglia sulla tavola — *to wear one's hat over one's eyes,* portare il cappello calato sugli occhi — *The sky is over our heads,* Il cielo è sopra le nostre teste — *The balcony juts out over the street,* La balconata sporge sulla strada — *There was a lamp over the table,* C'era una lampada (sospesa) sopra il tavolo — *He reigned over a great empire,* Regnò su un grande impero — *He has no command over himself,* Non ha nessuna padronanza di sé — *to go over sb's head,* passare sulla testa di qcno — *to be over sb's head, (fig.)* essere troppo difficile per qcno.

2 di là; oltre; dall'altra parte: *He escaped over the frontier,* Fuggì oltre il confine — *Look over the hedge,* Guarda al di là della siepe — *to jump over a brook,* saltar di là d'un ruscello — *the house over the way,* la casa al di là della strada.

3 (*spesso* **all over**: *cfr.* [1]**over I**, *avv.* **5**) su ogni parte; dappertutto: *Snow is falling over the north of England,* Sta nevicando su tutto il nord dell'Inghilterra — *He is famous all over the world,* È famoso in tutto il mondo — *He has travelled all over Europe,* Ha viaggiato per tutta l'Europa.

4 oltre; più di: *He spoke for over an hour,* Parlò per più di un'ora — *He stayed in London (for) over a month,* Rimase più di un mese a Londra — *He's over fifty,* Ha più di cinquant'anni — *The river is over fifty miles long,* Il fiume è lungo più di cinquanta miglia — *over and above...,* oltre a...; in aggiunta a...; senza contare...; ... in sovrappiù — *The waiters get good tips over and above their wages,* I camerieri prendono buone mance oltre allo stipendio — *over all,* totale; complessivo (*cfr. anche* [2]**overall**).

5 fin dopo: *Can you stay over Sunday?,* Puoi stare fin dopo domenica (fino a lunedì)? — *cfr anche* **overnight**, *avv* **2** *e agg.*

6 durante: *to discuss sth over lunch,* discutere di qcsa durante il pranzo (a pranzo) — *over the years,* anno dopo anno.

[2]**over** ['ouvə*] *s. (cricket)* 'over'; serie di lanci *(sei; in Australia otto)* di cui dispone il lanciatore.

over- ['ouvə*] *prefisso* troppo; eccessivamente - **a)** *(con agg.) over-ambitious,* troppo ambizioso — *over-anxious,* troppo ansioso — *over-confident,* troppo fiducioso, presuntuoso — *over-eager,* troppo impaziente — *over-enthusiastic,* troppo entusiasta — *over-excited,* sovreccitato — *over-fond of,* troppo appassionato di — *over-modest,* troppo modesto — *over-polite,* eccessivamente gentile — *over-sensitive,* ipersensibile — — *over-tired,* eccessivamente stanco. **b)** *(con s.) over-anxiety,* troppa ansietà, trepidazione — *over-confidence,* confidenza (fiducia) eccessiva — *over-exertion,* troppa applicazione; sforzo eccessivo — *over-exposure,* sovraesposizione — *over-indulgence,* indulgenza eccessiva.

c) *(con v.) to over-burden,* sovraccaricare — *to over-emphasize,* pronunciare con troppa enfasi; sottolineare troppo — *to over-exert oneself,* lavorare troppo; applicarsi troppo — *to over-expose, (fotografia)* sovraesporre — *to over-indulge oneself,* essere troppo indulgente verso se stesso *(soprattutto nel mangiare e nel bere)* — *to over-simplify,* semplificare troppo.

d) *(con avv.) over-much,* eccessivamente — *over-generously,* troppo generosamente.

overabundant ['ouvərə'bʌndənt] *agg* sovrabbondante.

to **overact** ['ouvər'ækt] *vi e t. (teatro e fig.)* caricare una parte; esagerare; strafare.

overactive ['ouvər'æktiv] *agg* troppo attivo.

[1]**overall** ['ouvərɔ:l] *s.* camice; grembiule; *(al pl.)* tuta.

[2]**overall** ['ouvərɔ:l] *agg* **1** totale; globale; complessivo: *the overall measurements of a room,* le misure globali di una camera. **2** *(naut.)* fuori tutto. □ *overall winner,* primo assoluto.

overarm ['ouvərɑ:m] *s. e agg* = **overhand.**

overate [,ouvər'eit] *pass di* **to overeat.**

to **overawe** [,ouvər'ɔ:] *vt* atterrire; impaurire; sopraffare di paura.

to **overbalance** [,ouvə'bæləns] *vt e i.* **1** sbilanciare; fare perdere l'equilibrio. **2** pesare di più; superare di peso.

overbearing [,ouvə'bɛəriŋ] *agg* dominante; sopraffatorio; arrogante; prepotente. □ *avv* **overbearingly.**

overbid [,ouvə'bid] *s.* (*pass. e p. pass.* **overbid**) **1** offerta eccessiva. **2** *(bridge)* dichiarazione più alta di quella fatta dal giocatore precedente.

to **overbid** [,ouvə'bid] *vt e i.* (*pass. e p. pass.* **overbid** *o* **overbidded**) **1** rilanciare; fare un'offerta maggiore. **2** *(bridge)* 'dichiarare' un valore superiore.

overblown [,ouvə'bloun] *agg (di fiori e fig.)* spampanato; troppo aperto; sfiorito.

overboard ['ouvəbɔ:d] *avv* in mare; oltre il bordo: *Man overboard!,* Un uomo in mare! — *to throw sb overboard, (fig.)* scaricare (sbarazzarsi di) qcno — *to go overboard about sth,* prendersi di folle passione per qcsa.

overbore [,ouvə'bɔ:*] *pass di* **to overbear.**

overborne [,ouvə'bɔ:n] *p. pass di* **to overbear.**

overburden ['ouvəbə:dn] *s.* **1** sovraccarico. **2** *(nelle miniere)* terreno di copertura.

to **overburden** [,ouvə'bə:dn] *vt* sovraccaricare.

to **overcall** [,ouvə'kɔ:l] *vt e i.* = **to overbid.**

overcapitalization ['ouvə,kæpitəlai'zeiʃən] *s. (econ., comm.)* **1** sopravvalutazione del capitale nominale *(di una società per azioni).* **2** accumulazione eccessiva di riserve di capitale.

to **overcapitalize** [,ouvə'kæpitəlaiz] *vt (econ., comm.)* **1** sopravvalutare il capitale nominale (di una società per azioni). **2** accumulare eccessive riserve di capitale.

overcast ['ouvəkɑ:st] *agg (del cielo)* scuro; offuscato; adombrato; velato; coperto.

□ *s.* cielo coperto.

overcharge ['ouvətʃɑ:dʒ] *s.* **1** sovraccarico; eccesso di carico. **2** sovrapprezzo; prezzo troppo alto.

to **overcharge** [,ouvə'tʃɑ:dʒ] *vt e i.* **1** sovraccaricare. **2** far pagare troppo caro; segnare un prezzo troppo alto.

to **overcloud** [,ouvə'klaud] *vt e i.* rannuvolare, rannuvolarsi *(anche fig.);* velare; adombrare, adombrarsi.

overcoat ['ouvəkout] *s.* soprabito; cappotto.

to **overcome** [,ouvə'kʌm] *vt* (*pass.* **overcame**; *p. pass.* **overcome**) superare; sopraffare; vincere: *to overcome the enemy,* sopraffare il nemico — *to overcome a bad habit,* vincere una cattiva abitudine — *to be overcome by (o with) fatigue,* venire sopraffatti dalla fatica.

overcooked ['ouvə'kukt] *agg* troppo cotto.

to **overcrop** [,ouvə'krɔp] *vt* (**-pp-**) impoverire, esaurire *(un terreno)* con una coltivazione troppo intensiva.

to **overcrowd** [,ouvə'kraud] *vt* sovraffollare: *overcrowded buses and trains,* autobus e treni sovraffollati.

overcrowding [,ouvə'kraudiŋ] *s.* sovraffollamento.

to **overdo** [,ouvə'du:] *vt* (*pass.* **overdid**; *p. pass.* **overdone**) **1** esagerare; eccedere; caricare troppo: *He overdid his part in the play,* Esagerò la sua parte nella commedia — *The comic scenes in the play were overdone,* Le scene comiche nella commedia erano troppo caricate — *to overdo it,* strafare; esagerare — *You should work hard, but don't overdo it and make yourself ill,* Dovresti lavorare molto, ma non devi guastarti la salute per strafare. **2** cuocere troppo.

overdraft ['ouvədrɑ:ft] *s. (comm.)* 'scoperto'; somma scoperta.

to **overdraw** [,ouvə'drɔ:] *vt e i.* (*pass.* **overdrew**; *p. pass.* **overdrawn**) **1** emettere assegni per una somma superiore a quella depositata. **2** esagerare; rappresentare in modo esagerato: *The characters in this novel are rather overdrawn,* I personaggi di questo romanzo sono un po' esagerati.

to **overdress** [,ouvə'dres] *vt e i.* agghindarsi; vestire con eccessiva ricercatezza o con cattivo gusto.

overdrive ['ouvədraiv] *s. (mecc.)* moltiplicatore di velocità; marcia sovramoltiplicata.

overdue ['ouvə'dju:] *agg* **1** *(comm., di cambiale, ecc.)* (già) scaduto. **2** *(spec. di treno, ecc.)* in ritardo.

to **overeat** ['ouvər'i:t] *vi* (*pass.* **overate**; *p. pass.* **overeaten**) mangiare troppo; rimpinzarsi.

to **overestimate** ['ouvər'estimeit] *vt* stimare eccessivamente; sopravvalutare.

overflow ['ouvəflou] *s.* **1** traboccamento; inondazione; straripamento: *overflow pipe,* tubo di troppo pieno. **2** *(fig.)* sovrabbondanza; eccesso *(spec. di popolazione).* **3** *(di calcolatore elettronico)* eccedenza di dati.

to **overflow** [,ouvə'flou] *vt e i.* **1** straripare; inondare; traboccare: *The river overflowed its banks,* Il fiume straripò — *The crowds were so big that they overflowed the barriers,* La folla era così numerosa che traboccò oltre le barriere. **2** *(fig.)* traboccare *(d'entusiasmo, d'affetto, ecc.);* essere colmo (di): *a heart overflowing with gratitude,* un cuore colmo di gratitudine.

overgrown ['ouvəgroun] *agg* **1** *(di vegetazione, ecc.)* coperto; ricoperto; pieno: *a garden overgrown with weeds,* un giardino pieno di erbacce. **2** cresciuto troppo in fretta: *an overgrown boy,* un ragazzo cresciuto troppo in fretta.

overgrowth ['ouvəgrouθ] *s.* sviluppo eccessivo; vegetazione rigogliosa.

overhand ['ouvəhænd] *agg (cricket, baseball, tennis)* con il braccio sopra la spalla: *an overhand ball,* una palla (lanciata) con il braccio sopra la spalla —

overhand swimming, (o *stroke), (nuoto)* bracciata all'indiana.

□ *avv* alto; a braccio alzato: *to bowl (to serve) overhand,* tirare la palla (servire) a braccio alzato.

overhang ['ouvəhæŋ] *s.* sporgenza; aggetto; strapiombo: *the overhang of a roof,* l'aggetto di un tetto.

to **overhang** [,ouvə'hæŋ] *vt e i.* (*pass. e p. pass.* **overhung**) **1** sovrastare; strapiombare: *overhanging cliffs,* dirupi a strapiombo. **2** *(fig.)* incombere: *overhanging dangers,* pericoli incombenti. **3** adornare; decorare.

overhaul ['ouvə,hɔ:l] *s.* revisione; riparazione; esame accurato.

to **overhaul** [,ouvə'hɔ:l] *vt* **1** revisionare; riparare; 'ripassare' *(un motore): to have the engine of a car overhauled,* far revisionare il motore d'una automobile. **2** *(naut.)* superare; oltrepassare: *The cruiser soon overhauled the old cargo boat,* L'incrociatore superò presto la vecchia nave da carico.

overhead [,ouvə'hed] *agg* **1** alto; sopra la testa; aereo: *overhead wires, (elettr.)* linee aeree — *an overhead railway,* una ferrovia sopraelevata — *overhead valves, (mecc.)* valvole 'in testa'. **2** *(comm.)* globale; generale: *overhead expenses (o charges),* spese generali.

□ **overheads** *s. pl (comm.)* spese generali.

□ *avv* in alto; al di sopra: *the people in the room overhead,* le persone che si trovano nella stanza di sopra — *the stars overhead,* le stelle lassù.

to **overhear** [,ouvə'hiə*] *vt* (*pass. e p. pass.* **overheard**) udire (per caso); sorprendere *(una conversazione);* stare ad ascoltare (di nascosto); origliare.

overheated ['ouvə'hi:tid] *agg* surriscaldato.

overhung [,ouvə'hʌŋ] *pass e p. pass di* **to overhang**.

overjoyed [,ouvə'dʒɔid] *agg* pazzo di gioia; felicissimo.

overkill ['ouvəkil] *s. (nei calcoli strategici di ipotetiche guerre nucleari)* potenziale distruttivo superiore al necessario.

overlaid [,ouvə'leid] *pass e p. pass di* **to overlay**.

overland ['ouvəlænd] *agg e avv* per via di terra; via terra *(spec. di viaggio transcontinentale);* terrestre: *the overland route used by Marco Polo,* il percorso per via di terra, seguito da Marco Polo.

overlap ['ouvəlæp] *s.* **1** sovrapposizione; parte sovrapposta. **2** coincidenza.

to **overlap** [,ouvə'læp] *vt e i.* (**-pp-**) **1** coprire; sovrapporre, sovrapporsi *(parzialmente);* embricarsi: *tiles that overlap (that overlap one another),* tegole che si embricano. **2** *(fig.)* coincidere *(in parte): His duties and mine overlap,* I suoi doveri e i miei sono quasi coincidenti — *His visit and mine overlapped,* La sua visita e la mia coincisero.

overlay [,ouvə'lei] *s.* **1** copertura; rivestimento. **2** coperta; sopratovaglia; tovaglietta.

to **overlay** [,ouvə'lei] *vt* (*pass. e p. pass.* **overlaid**) **1** coprire, ricoprire di uno strato: *wood overlaid with gold,* legno ricoperto d'oro. **2** opprimere; gravare; soffocare.

overleaf [,ouvə'li:f] *avv* a tergo; sul retro *(di una pagina).*

to **overleap** [,ouvə'li:p] *vt* (*pass. e p. pass.* **overleaped** *o* **overleapt**) saltare oltre; scavalcare; *(fig.)* spingersi troppo lontano: *Ambition often overleaps itself,* L'ambizione spesso si spinge troppo lontano.

overload ['ouvəloud] *s. (elettr., ecc.)* sovraccarico.

to **overload** ['ouvə'loud] *vt (anche elettr.)* sovraccaricare.

to **overlook** [,ouvə'luk] *vt* **1** guardare dall'alto; dominare: *My study window overlooks the bay,* La finestra del mio studio domina la baia (dà sulla baia). **2** lasciarsi sfuggire; trascurare; non individuare: *to overlook a printer's error,* lasciarsi sfuggire un errore di stampa. **3** passar sopra; perdonare; chiudere un occhio: *to overlook a fault,* perdonare un errore. **4** ispezionare; sorvegliare; controllare.

overlord ['ouvəlɔ:d] *s.* signore; padrone del feudo; feudatario.

overly ['ouvəli] *avv (fam., USA)* troppo; eccessivamente.

overmake ['ouvəmeik] *s. (comm.)* eccedenza di fabbricazione.

overmanning ['ouvə,mæniŋ] *s. (comm.)* eccesso di personale.

overmantel ['ouvə,mæntl] *s.* struttura *(di pietra o di legno scolpito)* su un camino.

overmany ['ouvə'meni] *agg* (*pl. di* **overmuch**) troppi; troppe.

to **overmaster** [,ouvə'mɑ:stə*] *vt* padroneggiare; dominare; controllare: *an overmastering passion,* una passione dominante.

overmuch ['ouvə'mʌtʃ] *agg* eccessivo; soverchio.

□ *avv* eccessivamente.

overnight [,ouvə'nait] *avv* **1** ieri sera; ieri notte. **2** per la notte; per tutta la notte: *to stay overnight at a friend's house,* fermarsi per la notte (pernottare) in casa di un amico.

□ *agg* notturno: *an overnight journey,* un viaggio notturno — *an overnight bag,* una borsa da viaggio; una 'ventiquattrore'.

overpass ['ouvəpɑ:s] *s.* cavalcavia.

to **overplay** [,ouvə'plei] *vt (nell'espressione) to overplay one's hand, (nei giochi di carte e fig.)* rischiare troppo, sopravvalutando le proprie forze.

overplus ['ouvəplʌs] *s.* eccesso; eccedenza; surplus.

overpopulation ['ouvə,pɔpju'leiʃən] *s.* sovrapopolazione.

to **overpower** [,ouvə'pauə*] *vt* soverchiare; sopraffare; vincere.

overpowering [,ouvə'pauəriŋ] *agg (di maniere, di calore, ecc.)* opprimente; insopportabile; irresistibile; insostenibile.

overprint ['ouvə'print] *s. (filatelia)* sovrastampa.

to **overprint** ['ouvə'print] *vt* sovrastampare; sovrimporre.

overproduction ['ouvəprə'dʌkʃən] *s.* sovrapproduzione.

overran [,ouvə'ræn] *pass di* **to overrun**.

to **overrate** [,ouvə'reit] *vt* sopravvalutare; stimare eccessivamente: *to overrate sb's abilities,* sopravvalutare le capacità di qcno.

to **overreach** [,ouvə'ri:tʃ] *vt* ingannare; imbrogliare.

□ *to overreach oneself,* fallire per aver tentato troppo.

□ *vi (di cavallo)* inciampare.

to **override** [,ouvə'raid] *vt* (*pass.* **overrode**; *p. pass.* **overridden**) passare sopra; non tenere conto (di); calpestare; dominare; opprimere: *They overrode my wishes,* Non tennero conto dei miei desideri — *an overriding clause, (dir.)* un articolo di 'maggior effetto'.

overrider [,ouvə'raidə*] *s. (automobile)* rostro.

overripe ['ouvə'raip] *agg* troppo maturo; sfatto.

overrode [,ouvə'roud] *pass di* **to override**.

to **overrule** [,ouvə'ru:l] *vt* **1** *(dir., ecc.)* annullare d'autorità; cassare; respingere *(un reclamo, un'obiezione).* **2** prevalere (su); avere il sopravvento (su).

overrun [,ouvə'rʌn] *s.* tiratura eccessiva, eccedente.

to **overrun** [,ouvə'rʌn] *vt* (*pass.* **overran**; *p. pass.* **overrun**) **1** invadere; occupare; infestare; devastare: *a region overrun by enemy troops,* una regione invasa dalle truppe nemiche. **2** oltrepassare; superare: *The broadcast overran the allotted time,* La trasmissione superò il tempo consentito. **3** imballare *(un motore).*

overrunning [,ouvə'rʌniŋ] *s. (traffico stradale)* sorpasso: *overrunning brake, (di un rimorchio)* freno ad inerzia.

oversaw [,ouvə'sɔ:] *pass di* **to oversee.**

oversea ['ouvə'si:] *agg* oltremare; straniero; d'oltremare.

overseas ['ouvə'si:z] *avv* all'estero; oltremare.

to **oversee** [,ouvə'si:] *vt (pass.* **oversaw**; *p. pass.* **overseen**) sorvegliare; sovrintendere; controllare.

overseer ['ouvəsiə*] *s.* sorvegliante; capo squadra; sovrintendente.

to **overshadow** [,ouvə'ʃædou] *vt* adombrare; ombreggiare; oscurare.

overshoe ['ouvəʃu:] *s.* soprascarpa; caloscia.

overshoot [,ouvə'ʃu:t) *s.* atterraggio lungo (*cfr.* **to overshoot, 2**).

to **overshoot** [,ouvə'ʃu:t] *vt (pass. e p. pass.* **overshot**) **1** tirare oltre il bersaglio. **2** andare oltre; oltrepassare *(anche fig.): to overshoot the runway,* fare un atterraggio lungo *(cioè non riuscire a fermare l'apparecchio prima della fine della pista).*

overshot ['ouvəʃɔt] *agg* sporgente: *overshot wheel,* ruota idraulica.

overside ['ouvəsaid] *avv* lungo il bordo; lungo il fianco *(di una nave): to discharge cargo overside,* scaricare lungo il bordo *(a mezzo di chiatte).*

oversight ['ouvəsait] *s.* **1** svista. **2** sorveglianza; tutela.

oversized ['ouvəsaizd] *agg* di dimensioni superiori alla norma; maggiorato.

to **oversleep** [,ouvə'sli:p] *vt e i. (pass. e p. pass.* **overslept**) continuare a dormire oltre l'ora prevista.

overspill ['ouvəspil] *s.* eccedenza di popolazione.

to **overstate** [,ouvə'steit] *vt* esagerare; affermare in modo esagerato; ingrandire; *(spesso)* indebolire la propria argomentazione eccedendo nelle prove.

overstatement [,ouvə'steitmənt] *s.* affermazione esagerata.

to **overstay** [,ouvə'stei] *vt* = **to outstay.**

to **oversteer** [,ouvə'sti:ə*] *vi* sovrasterzare; stringere *(in curva).*

to **overstep** [,ouvə'step] *vt* (**-pp-**) oltrepassare; eccedere.

to **overstock** [,ouvə'stɔk] *vt* sovra-approvvigionare; sovraccaricare.

overstrain ['ouvə'strein] *s.* sforzo eccessivo.

overstrung ['ouvə'strʌŋ] *agg* **1** sovreccitato; teso. **2** *(di pianoforte)* verticale.

overstuffed [,ouvə'stʌft] *agg* eccessivamente imbottito.

overt ['ouvə:t] *agg* chiaro; palese; aperto; evidente.
□ *avv* **overtly.**

to **overtake** [,ouvə'teik] *vt (pass.* **overtook**; *p. pass.* **overtaken**) **1** raggiungere; superare; *(in automobile)* sorpassare. **2** cogliere improvvisamente, di sorpresa: *to be overtaken by fear,* venire colti improvvisamente dalla paura.

overtaking [,ouvə'teikiŋ] *s.* sorpasso *(in automobile, ecc.).*

to **overtax** [,ouvə'tæks] *vt* tassare eccessivamente; gravare troppo: *to overtax one's strength,* chiedere troppo alle proprie forze.

overthrow ['ouvəθrou] *s.* rovesciamento; caduta; rovina; crollo.

to **overthrow** [,ouvə'θrou] *vt (pass.* **overthrew**; *p. pass.* **overthrown**) rovesciare; abbattere.

overtime ['ouvətaim] *s.* lavoro straordinario; 'lo straordinario': *to be paid extra for overtime,* venire pagati a parte per il lavoro straordinario.
□ *avv* oltre il tempo stabilito.

overtone ['ouvətoun] *s. (mus.)* ipertono.

overtook [,ouvə'tuk] *pass di* **to overtake.**

to **overtop** [,ouvə'tɔp] *vt* (**-pp-**) sovrastare; superare in altezza.

overtraining ['ouvə'treiniŋ] *s. (sport)* allenamento eccessivo; 'superallenamento'.

to **overtrump** [,ouvə'trʌmp] *vt (gioco delle carte)* giocare una carta dell'atout più alta.

overture ['ouvətjuə*] *s.* **1** *(mus.)* ouverture; sinfonia *(di un'opera);* introduzione ad una composizione. **2** *(spesso al pl.)* approccio; primo contatto; proposta; inizio di trattativa: *peace overtures,* proposte, trattative, offerte di pace — *to make overtures to sb,* prendere contatti con (fare delle proposte, delle 'avances' a) qcno.

to **overturn** [,ouvə'tə:n] *vt* rovesciare; capovolgere: *He overturned the boat,* Rovesciò l'imbarcazione.
□ *vi* rovesciarsi; capovolgersi: *The boat overturned,* La barca si rovesciò.

overturning [,ouvə'tə:niŋ] *agg* ribaltabile.

overview [,ouvə'vju:] *s. (spec. USA)* sunto; sintesi.

overweening [,ouvə'wi:niŋ] *agg* presuntuoso; arrogante.

overweight ['ouvəweit] *s.* eccedenza di peso; 'peso abbondante': *Shopkeepers rarely give overweight,* Raramente i negozianti fanno 'buon peso'.
□ *agg* **1** *(di cosa)* eccedente di peso: *If your luggage is overweight, you'll have to pay extra,* Se il vostro bagaglio supera il peso consentito, dovrete pagare un sovraprezzo. **2** *(di persona)* troppo pesante: *to be overweight,* Pesare troppo.

overweighted [,ouvə'weitid] *agg* sovraccarico: *to be overweighted with packages,* essere sovraccarico, stracarico di pacchi.

to **overwhelm** [,ouvə'welm] *vt* **1** sommergere; *(fig.)* sopraffare; distruggere: *to be overwhelmed by a flood,* venir sommerso da un'inondazione — *to be overwhelmed by the enemy,* essere sopraffatto dal nemico. **2** confondere; imbarazzare; opprimere: *to be overwhelmed with gratitude,* rimaner confuso per la gratitudine.

overwhelming [,ouvə'welmiŋ] *agg* **1** opprimente: *overwhelming sorrow,* un dolore opprimente. **2** schiacciante; travolgente: *an overwhelming victory,* una vittoria schiacciante — *the overwhelming majority,* la stragrande maggioranza.

to **overwind** ['ouvə'waind] *vt (pass. e p. pass.* **overwound**) caricare troppo *(un orologio).*

overwork ['ouvəwə:k] *s.* eccesso di lavoro; 'surmenage'; sovraffaticamento.

to **overwork** [,ouvə'wə:k] *vi* lavorare troppo.
□ *vt* **1** far lavorare troppo: *to overwork oneself,* affaticarsi eccessivamente; sfinirsi — *to overwork a horse,* sfiancare un cavallo. **2** abusare: *to overwork excuse,* abusare di una scusa.

overwound [,ouvə'waund] *pass e p. pass di* **to overwind.**

overwrought [,ouvə'rɔ:t] *agg* sfinito; sfiancato; esausto.

oviduct ['ouvidʌkt] *s.* ovidotto.

oviparous [ou'vipərəs] *agg* oviparo.

ovoid ['ouvɔid] *agg e s.* ovoide.

ovum ['ouvəm] *s. (lat., pl.* **ova**) ovulo.

to **owe** [ou] *vt e i.* dovere *(nel senso di* essere debitore di*);* avere un debito di riconoscenza: *He owes his tailor fifty pouds; He owes fifty pounds to his tailor,*

Deve al suo sarto cinquanta sterline — *I have paid all that was owing,* Ho pagato tutto il dovuto — *He still owes me for the goods he had last month,* Mi deve ancora pagare la merce che ha ricevuto il mese scorso — *We owe much to our parents and teachers,* Dobbiamo molto ai nostri genitori ed ai nostri insegnanti — *I owe it to you that I am still alive,* Lo devo a voi se sono ancora vivo — *He owes all his success to good luck,* Deve tutto il suo successo alla buona fortuna.

owing ['ouiŋ] *agg* dovuto; a debito; che si deve. □ **owing to...,** a causa di... — *Owing to the rain they could not come,* Non hanno potuto venire a causa della pioggia.

owl [aul] *s.* **1** gufo: *little owl,* civetta — *barn owl; screech owl,* barbagianni — *tawny owl,* allocco. **2** *(fig.: persona seria e solenne)* barbagianni; gufo.

owlet ['aulit] *s.* piccolo gufo.

owlish ['auliʃ] *agg* simile ad un gufo; con la solennità grottesca di un barbagianni.

own [oun] *agg (rafforzativo dell'agg. o del pron. possessivo: usato spesso come s.)* proprio; particolare: *I saw it with my own eyes,* L'ho visto coi miei occhi — *It was her own idea,* L'idea era sua — *This is my own house; This house is my own,* Questa casa è proprio mia — *This fruit has a flavour all its own,* Questo frutto ha un sapore tutto suo — *May I have it for my very own?,* Posso tenerlo per me?; È proprio mio? — *My time is my own,* Il mio tempo è soltanto mio — *For reasons of his own, he refused to join the club,* Per ragioni sue si rifiutò di entrare nel (associarsi al) club — *to work on one's own,* lavorare in proprio — *I'm (all) on my own today, (fam.)* Sono (tutto) solo oggi — *one's own brother (sister),* fratello, sorella *(cioè non fratellastro, sorellastra)* — *to hold one's own,* resistere (all'attacco); tener duro — *to be one's own master,* lavorare in proprio — *to cook one's own meals,* farsi cucina da sé — *She makes all her own clothes,* Si fa tutti gli abiti da sé.
□ *The patient is holding his own,* La paziente sta resistendo bene — *to get one's own back on sb,* ripagare qcno con la stessa moneta — *to come into one's own,* entrare in possesso del dovuto *(credito, ecc.);* ricevere riconoscimenti, onori, ecc., meritati.

to **own** [oun] *vt e i.* **1** possedere; avere (in proprietà); essere il proprietario (di qcsa): *Who owns this land?,* Chi è il proprietario di questa terra? **2** ammettere; riconoscere; confessare: *to own that a claim is justified,* ammettere che un reclamo è giustificato — *to own one's faults,* riconoscere i propri difetti — *to own the force of an argument,* riconoscere la forza d'un argomento — *The man refused to own the child,* L'uomo rifiutò di riconoscere il bambino (come suo figlio) — *I must own myself no supporter of reform,* Devo confessare di non essere un sostenitore della riforma — *to own to (to own up to) having told a lie,* confessare d'aver detto una bugia — *Come on: own up!, (fam.)* Su, confessa!

owner ['ounə*] *s.* **1** proprietario; possessore; padrone: *owner-occupied, (GB, di casa, ecc.)* occupata, abitata dal proprietario — *owner-occupier, (GB)* persona che abita in una casa di sua proprietà. **2** *(sl., naut.)* capitano.

ownerless ['ounəlis] *agg* senza (privo di) padrone: *ownerless dogs,* cani senza padrone.

ownership ['ounəʃip] *s.* proprietà: *land of uncertain ownership,* terreno la cui proprietà è incerta — *joint ownership,* comproprietà; *(talvolta)* condominio.

ox [ɔks] *s.* (*pl.* **oxen**) bue; bove: *ox-eyed,* dall'occhio di bue; dagli occhi bovini — *ox-cart,* carro trainato da buoi.
□ *ox-eye,* margherita dei campi; falsa camomilla — *The black ox has trod on his foot, (fig.)* La sventura si è abbattuta su di lui.

Oxbridge ['ɔksbridʒ] *s. (GB)* 'Oxbridge' *(nome composto, formato da* Oxford *e* Cambridge, *dove hanno sede le più antiche università inglesi: contrasto con* Redbrick ⇨*).*

oxen ['ɔksən] *s. pl di* **ox**.

oxer ['ɔksə*] *s.* **1** staccionata e siepe; recinto *(talvolta con fosso).* **2** *(equitazione)* 'oxer' *(ostacolo artificiale costituito da una barriera di arbusti).*

Oxford ['ɔksfəd] *s.* Oxford *(la città e l'università): Oxford bags, (GB)* pantaloni molto larghi — *Oxford mixture,* (tessuto) scuro, grigio — *Oxford shoes,* scarpe basse — *the Oxford accent,* l'accento 'oxfordiano' *(che però non è della città di Oxford né dell'Università, bensì di un ceto sociale)* — *an Oxford man,* una persona che ha studiato all'università di Oxford — *Oxford blue,* blu scuro.

oxide ['ɔksaid] *s.* ossido: *iron oxide,* ossido di ferro — *oxide of tin,* ossido di stagno.

oxidization [,ɔksidai'zeiʃən] *s.* ossidazione.

to **oxidize** ['ɔksidaiz] *vt e i.* ossidare, ossidarsi; arrugginire.

Oxonian [ɔk'sounjən] *agg e s.* oxoniense (ossoniense); della città *(e spec. dell'università)* di Oxford.

oxtail ['ɔksteil] *s. (gastronomia)* coda di bue.

oxyacetylene ['ɔksiə'setili:n] *agg e s.* ossiacetilene: *an oxyacetylene torch (blowpipe),* un cannello ossiacetilenico.

oxygen ['ɔksidʒən] *s.* ossigeno.

to **oxygenate,** to **oxygenize** [ɔk'sidʒineit/'ɔksidʒənaiz] *vt* ossigenare.

oyez, oyes [ou'jez/ou'jei/ou'jes] *interiezione (ant., dal fr.)* udite! *(usato da banditori e talvolta in tribunale, per imporre il silenzio).*

oyster ['ɔistə*] *s.* ostrica: *oyster-bed, oyster-bank,* banco d'ostriche — *oyster-bar,* ristorante o banco dove vengono servite ostriche — *oyster-farm,* allevamento (vivaio) di ostriche.

oyster-catcher ['ɔistər,kætʃə*] *s.* beccaccia di mare.

ozone ['ouzoun] *s.* **1** ozono. **2** *(per estensione)* aria balsamica; effetto esilarante.

P

P, p [pi:] (*pl.* **P's, p's; Ps, ps**) **1** P, p *(sedicesima lettera dell'alfabeto inglese): P for Peter, (al telefono, ecc.)* P come Palermo. **2** *(GB: dal 1971)* nuovo 'penny': *Apples: 30 p per lb,* Mele: trenta 'pence' la libbra. ☐ *to mind one's p's and q's,* badare a quel che si fa; fare attenzione a ciò che si dice; stare con gli occhi bene aperti.

pa [pɑ:] *s.* (*abbr. fam. di* **papa**) papà; babbo.

pabulum ['pæbjuləm] *s. (generalm. fig.)* cibo; nutrimento; alimento: *mental pabulum,* nutrimento dello spirito.

[1]**pace** [peis] *s.* **1** passo: *to be twenty paces off,* stare a venti passi di distanza. **2** andatura; passo; velocità: *to go at a good (o brisk) pace,* andare di buon passo — *to set the pace, (anche fig.)* dare il passo; fare l'andatura — *to keep pace with sth or sb, (anche fig.)* procedere di pari passo con qcsa o qcno — *to go the pace,* andare a tutta velocità; *(fig.)* correre la cavallina; fare vita allegra e dissoluta — *pace-maker,* - **a)** battistrada; 'allenatore' *(nelle gare ciclistiche su pista);* chi fa l'andatura; *(per estensione)* figura di primo piano, d'avanguardia - **b)** *(anat.)* nodo sinusale - **c)** *(med.)* 'pacemaker' *(stimolatore cardiaco).* **3** *(spec. di cavalli)* ambio: *to put a horse (a person) through its (his) paces,* mettere alla prova un cavallo (una persona).

to **pace** [peis] *vi e t.* **1** *(di cavallo)* ambiare; passeggiare; andare al passo. **2** camminare a passi lunghi e ritmati: *to pace up and down,* passeggiare su e giù — *to pace a room,* camminare avanti e indietro in una stanza. **3** *(di solito seguito da out)* misurare (a passi): *to pace (out) a distance of 30 yards,* misurare a passi una distanza di 30 iarde. **4** fare l'andatura *(nelle gare podistiche, ciclistiche, ecc.).*

[2]**pace** ['pætʃe] *prep (lat.)* con buona pace di...

pacemaker ['peis,meikə*] *s.* ⇨ **pace 2.**

pacer ['peisə*] *s.* **1** *(sport)* chi fa l'andatura. **2** *(di cavallo)* ambiatore.

pachyderm ['pækidə:m] *s.* pachiderma.

pacific [pə'sifik] *agg* pacifico. ☐ *avv* **pacifically.**

pacification [,pæsifi'keiʃən] *s.* pacificazione.

pacifier ['pæsifaiə*] *s. (USA)* ciuccio.

pacifism ['pæsifizəm] *s.* pacifismo.

pacifist ['pæsifist] *s. e agg* pacifista.

to **pacify** ['pæsifai] *vt* pacificare.

pack [pæk] *s.* **1** pacco; involto; fagotto; *(USA)* pacchetto: *a pack of cigarettes,* un pacchetto di sigarette — *pack-animal,* animale da soma, da carico — *pack-saddle,* basto — ⇨ *anche* **packthread. 2** confezione: *gift-pack,* confezione regalo — *handy pack,* confezione tascabile *(di medicinali, cosmetici, ecc.)* — *vacuum pack,* confezione sotto vuoto. **3** *(mil.)* zaino: *pack-drill,* marcia forzata *(come punizione).* **4** mazzo *(di carte).* **5** muta *(di cani);* branco *(di lupi, ecc.).* **6** *(spreg.)* masnada; banda; branco; mucchio *(di persone o cose): a pack of thieves,* una banda di ladri — *a pack of lies,* un mucchio di bugie. **7** *(anche* pack-ice*)* 'pack' *(insieme di frammenti della banchisa polare).* **8** quantità *(di pesce, frutta, ecc.)* inscatolata in una stagione: *this year's pack of salmon,* il salmone inscatolato quest'anno. **9** *(nel rugby)* il pacchetto d'attacco. **10** impacco.

to **pack** [pæk] *vt e i.* **1** impaccare; impacchettare; inscatolare; insacchettare: *glass packed in straw,* vetro imballato con paglia — *These books pack easily,* Questi libri si impaccano (si possono imballare) facilmente — *a packed lunch,* un pranzo 'al sacco' — *to pack clothes into a trunk,* mettere i vestiti in un baule; fare i bagagli — *to pack a trunk with clothes,* riempire un baule di vestiti — *Have you packed your things?,* Avete fatto i bagagli? — *You must begin packing at once,* Devi incominciare subito a fare i bagagli — *to send sb packing, (fig.)* mandare, spedire via qcno.
2 *(spesso seguito da* in*)* pigiare; stipare; riempire al massimo.
3 avvolgere; proteggere: *to pack a leaking joint,* guarnire una giuntura che perde.
4 riempire una giuria (un comitato) di persone disposte a sostenere determinati interessi: *The committee was packed with his supporters,* Il comitato era pieno dei suoi sostenitori.
5 *(med.)* fare un impacco (un impiastro); avvolgere *(in panni umidi).*
to pack sth in, - **a)** = **2** *sopra* - **b)** smettere di (rinunciare a) fare qcsa: *to pack it in,* finirla; smetterla; piantarla.
to pack sb off, mandare, spedire via qcno *(malamente e in fretta): The boy was packed off to bed,* Il ragazzo fu spedito a letto.
to pack up, - **a)** fare le valigie - **b)** piantare il lavoro, andarsene: *It's time to pack up, (fam.)* È ora di smettere, di andarsene, di 'staccare' - **c)** *(fam., di motore)* arrestarsi, spegnersi per un guasto: *One of the aircraft's engines packed up,* Uno dei motori dell'aereo si spense per un guasto.

package ['pækidʒ] *s.* **1** pacco; pacchetto; involto; collo; balla: *a package deal,* un accordo complessivo — *a package offer,* un insieme di proposte *(da discutersi in blocco)* — *a package tour, (fam.)* un viaggio organizzato *(in cui tutto è compreso nel prezzo forfettario).* **2** imballaggio.

packaged ['pækidʒt] *agg* imballato; impacchettato.

packer ['pækə*] *s.* **1** imballatore; impaccatore; (macchina) imballatrice. **2** produttore *(di carne, frutta, ecc. in scatola).*

packet ['pækit] *s.* **1** pacco; pacchetto. **2** *(anche* packet-boat*)* battello postale. **3** *(fam.)* gruzzolo; grossa somma *(vinta o persa nelle scommesse, nei giochi d'azzardo, ecc.);* un mucchio (un sacco) di soldi: *That must've cost you a packet!,* Ti sarà costato un mucchio di soldi! **4** *(GB, sl. mil.)* guaio; grane; pasticci: *to catch (to stop) a packet,* essere ferito.

packhorse ['pæk'hɔ:s] *s.* cavallo da carico, da soma.

packing ['pækiŋ] *s.* **1** l'imballare; il fare le valige: *to send sb packing, (fam.)* ⇨ **to pack 1. 2** imballaggio; materiale usato per l'imballaggio; involucro: *to do* *one's packing,* fare i bauli — *packing-case,* cassetta d'imballaggio — *packing-needle,* ago per imballaggio *(per cucire tele protettive).* **3** *(mecc.)* guarnizione.

packman ['pækmən] *s.* (*pl.* **packmen**) venditore, merciaiolo ambulante.

packthread ['pækθred] *s.* corda da pacchi; spago; refe.

pact [pækt] *s.* patto; accordo; convenzione.

pad [pæd] *s.* **1** imbottitura; cuscinetto protettivo; *(mecc.)* cuscinetto ammortizzatore. **2** gambale *(da cricket, ecc.)*; protezione; fascia protettiva *(per varie parti del corpo, negli sports).* **3** *(med.)* tampone. **4** *(=* writing pad*)* blocco di carta da lettere. **5** *(anche* inking-pad*)* tampone d'inchiostro *(per timbri di gomma).* **6** cuscinetto corneo *(nelle zampe di alcuni animali)*; zampa: *hard pad,* cimurro. **7** *(generalm.* launching-pad*)* piattaforma di lancio *(per missili).* **8** *(fam.)* appartamento; (piccolo) studio; pied-à-terre; 'garçonnière'.

[1]to **pad** [pæd] *vt* (**-dd-**) **1** imbottire; ovattare; tamponare. **2** infarcire *(un discorso, ecc.).*

[2]to **pad** [pæd] *vi e t.* (**-dd-**) **1** andare a piedi. **2** camminare con passo felpato.

padding ['pædiŋ] *s.* **1** imbottitura; ovatta. **2** *(fig.)* riempitivo.

[1]**paddle** ['pædl] *s.* **1** *(naut., ecc.)* pagaia; spatola; pala *(di elica, di ruota a pale): paddle-box,* tamburo di una ruota a pale — *paddle-steamer,* piroscafo, battello con ruote a pale — *paddle-wheel,* ruota a pale. **2** il vogare con la pagaia; vogata.

[1]to **paddle** ['pædl] *vt e i.* **1** vogare con la pagaia, con un remo a una o due pale piatte: *to paddle one's own canoe, (fam.)* far andare avanti la barca da solo; cavarsela da sé. **2** punire *(p.es. un ragazzino)* colpendolo con un oggetto piatto *(simile ad una pagaia).*

[2]**paddle** ['pædl] *s.* il diguazzare.

[2]to **paddle** ['pædl] *vi* **1** sguazzare nell'acqua: *a paddling pool,* piscina poco profonda per bambini. **2** giocherellare con le dita.

paddock ['pædək] *s.* **1** piccolo prato *(per esercitazioni di cavalli).* **2** passeggiatoio. **3** *(in Australia)* zona recintata di terreno.

Paddy ['pædi] *s.* *(diminutivo di* Patrick, *fam.)* irlandese. □ *(USA) Paddy-waggon,* cellulare.

[1]**paddy** ['pædi] *s.* riso ancora in crescita; riso vestito: *paddy-field,* risaia.

[2]**paddy** ['pædi] *s. (fam.)* collera; accesso d'ira: *She's in one of her paddies,* Ha uno dei suoi scatti d'ira.

padlock ['pædlɔk] *s.* lucchetto.

to **padlock** ['pædlɔk] *vt* chiudere col lucchetto: *The gate was padlocked,* Il cancello era chiuso col lucchetto.

padre ['pɑ:drei] *s.* padre cappellano.

paean ['pi:ən] *s.* peana.

paederast ['pedəræst] *s.* pederasta.

paederasty ['pedəræsti] *s.* pederastia.

paediatric [,pi:di'ætrik] *agg* pediatrico.

paediatrician [,pi:diə'triʃən] *s.* pediatra.

paediatrics [,pi:di'ætriks] *s. (con il v. al sing.)* pediatria.

paeony ['pi:əni] *s.* = **peony.**

pagan ['peigən] *s. e agg* pagano.

paganism ['peigənizəm] *s.* paganesimo.

[1]**page** [peidʒ] *s.* pagina *(anche fig.)*: *on page twenty,* a pagina venti.

[1]to **page** [peidʒ] *vt* numerare le pagine: *to page up,* impaginare.

[2]**page** [peidʒ] *s.* **1** paggio. **2** ragazzo; fattorino d'albergo *(in livrea).*

[2]to **page** [peidʒ] *vt* chiamare (qcno) per mezzo di un fattorino o dell'altoparlante *(in un albergo, ecc.).*

pageant ['pædʒənt] *s.* **1** parata *(in costume d'epoca)*; corteo; processione; cavalcata storica. **2** *(teatro)* scena di una sacra rappresentazione medievale; spettacolo teatrale di rievocazione storica *(generalm. all'aperto).* **3** *(fig.)* sfarzo; mostra.

pageantry ['pædʒəntri] *s.* sfarzo; pompa; cerimonie tradizionali; *(fig.)* sfoggio; ostentazione.

pagination [,pædʒi'neiʃən] *s.* impaginazione.

pagoda [pə'goudə] *s.* pagoda.

pah [pɑ:] *interiezione (di disgusto)* puah!

paid [peid] *pass e p. pass di* **to pay.**

pail [peil] *s.* **1** secchio; secchia. **2** secchiata.

pailful ['peilful] *s.* contenuto di un secchio; secchiata.

paillasse, pailliasse [pæl'jɑ:s] *s.* = **palliasse.**

pain [pein] *s.* **1** sofferenza; afflizione; dolore *(dell'animo e del corpo): to be in pain,* soffrire; avere (sentire) male — *to cry with pain,* piangere dal dolore — *to have a pain in the knee,* avere male al ginocchio — *pains in the back; back pains,* dolori alla schiena — *stomach pains,* mal di stomaco — *He's a pain in the neck, (fam.)* È un rompiscatole — *pain-killer,* calmante; analgesico; antinevralgico. **2** *(al pl.)* doglie del parto. **3** *(sempre al pl.)* pena; preoccupazioni; disturbo: *to be at pains,* darsi da fare — *to take great pains to please someone,* darsi molta pena per compiacere qualcuno — *to spare no pains,* farsi in quattro; non risparmiarsi; non lasciare nulla di intentato; mettercela tutta; fare il possibile — *to work hard and get very little for all one's pains,* lavorare sodo e ottenere poco in rapporto alle proprie fatiche. **4** *(ant.)* pena; punizione; castigo: *on (under) pain of death, (dir.)* sotto pena di morte — *pains and penalties,* pene.

to **pain** [pein] *vt* addolorare; affliggere; far soffrire; causar dolore; far pena: *She looked pained when I refused to help,* Quando mi rifiutai di aiutarla, sembrava addolorata — *She had a pained look,* Aveva un'aria afflitta — *It pains me to see how unhappy she is,* Mi fa pena vedere com'è triste.

painful ['peinful] *agg* **1** doloroso: *Is your foot still painful?,* Ti fa ancora male il piede? **2** penoso; spiacevole: *This duty is painful to me,* Questo dovere mi costa pena.

□ *avv* **painfully** **1** dolorosamente. **2** fin troppo; purtroppo: *It was painfully obvious that he would be no use,* Era fin troppo ovvio che non ci sarebbe stato di aiuto.

painless ['peinlis] *agg* indolore: *painless childbirth,* parto indolore.

□ *avv* **painlessly** **1** senza alcun dolore; in modo indolore. **2** senza causar disturbo: *He was painlessly removed from the office by being made head of another department,* La sua promozione a capo di un altro reparto consentì di rimuoverlo dall'ufficio senza provocare grane.

painstaking [,peinz'teikiŋ] *agg* coscienzioso; accurato; pignolo; diligente; minuzioso.

□ *avv* **painstakingly.**

paint [peint] *s.* **1** vernice; colore; pittura; verniciatura; *(al pl.)* colori: *a coat of paint,* una mano di vernice — *paint-box,* scatola dei colori — *paint-brush,* pennello *(da pittore, ecc.).* **2** belletto; rossetto.

to **paint** [peint] *vt e i.* **1** verniciare; pitturare; colorare: *to paint the gate green,* verniciare di verde il cancello. **2** dipingere; ritrarre: *to paint in oils (in water-colours),* dipingere ad olio (ad acquerello) — *to paint sth in,* includere (aggiungere) nel quadro *(un qualche altro particolare pittorico, ecc.)* — *to paint sth out,* cancellare passando sopra una mano di vernice o di colore. **3** descrivere con vivacità: *He is not so black as he is painted, (fam.)* Non è così nero (cattivo) come lo si descrive. □ *to paint the town red, (fig.)* farne di tutti i colori; far baldoria.

[1]**painter** ['peintə*] *s.* **1** pittore. **2** verniciatore; decoratore; imbianchino.

[2]**painter** ['peintə*] *s. (naut., ecc.)* barbetta; cima da ormeggio o da rimorchio: *to cut the painter,* mandare (una barca) alla deriva; tagliare gli ormeggi; *(fig.)* separarsi; diventare indipendente.

painting ['peintiŋ] **1** pittura; verniciatura; tinteggiatura. **2** quadro; dipinto.

pair [pɛə*] *s.* **1** paio; *(di cavalli)* pariglia. **2** *(di persone)* coppia: *the happy pair, (fam.)* gli sposi novelli — *in pairs,* a due a due; a coppie. **3** *(in Parlamento)* due deputati avversari di partito che si astengono per mutuo consenso durante una votazione: *The member for Lewisham couldn't find a pair,* Il deputato (della circoscrizione) di Lewisham non riuscì a trovare un collega con cui accordarsi per un'assenza. **4** barca a due remi. **5** *(di carte da gioco)* coppia.

to **pair** [pɛə*] *vt e i.* appaiare, appaiarsi; accoppiarsi; fare paio: *to pair off (o up),* mettere (mettersi) in due, per due; *(fam.)* sposarsi.

pajamas [pə'dʒɑ:məz] *s. pl* = **pyjamas**.

Pakistani [,pɑ:kis'tɑ:ni/'pæk-] *agg e s.* pachistano.

pakky ['pæki] *agg e s. (GB, fam., spreg.)* pachistano.

pal [pæl] *s. (fam.)* amico; compagno; camerata: *pen-pal,* amico (o amica) con cui si ha una corrispondenza epistolare; amico di penna.

to **pal** [pæl] *vi* (**-ll-**) *(fam.: solo nell'espressione) to pal up (with sb),* fare amicizia (con qcno).

palace ['pælis] *s.* **1** palazzo *(reale, vescovile, ecc.)*. **2** *(generalm.* the Palace*)* gli intimi del re; la corte; i personaggi influenti a corte: *a palace revolution,* una congiura di palazzo.

paladin ['pælədin] *s.* paladino.

palaeolithic [,pæliou'liθik] *agg* paleolitico.

palaeontology [,pæliɔn'tɔlədʒi] *s.* paleontologia.

palais ['pælei] *s. (fr.)* sala da ballo.

palanquin, palankeen [,pælən'ki:n] *s.* palanchino.

palatable ['pælətəbl] *agg* gustoso; appetitoso; gradito *(anche fig.)*.

palatableness ['pælətəblnis] *s.* gustosità.

palatal ['pælətl] *s. e agg* palatale.

palate ['pælit] *s.* **1** palato: *cleft palate,* palatoschisi. **2** palato; senso del gusto: *to have a good palate for wines,* avere un buon palato per i vini.

palatial [pə'leiʃəl] *agg* come un palazzo: *a palatial residence,* una residenza sontuosa. □ *avv* **palatially**.

palatinate [pə'lætinit] *agg* palatino. □ *s. the Palatinate,* il Palatinato.

palaver [pə'lɑ:və*] *s.* **1** discussione; conversazione *(spec. fra esploratori e indigeni)*. **2** chiacchiere; ciance.

to **palaver** [pə'lɑ:və*] *vi* chiacchierare; cianciare a lungo.

[1]**pale** [peil] *agg* **1** pallido. **2** *(di colore)* chiaro; scialbo; debole: *pale blue,* blu chiaro. □ *avv* **palely**.

to **pale** [peil] *vi* impallidire; apparire scialbo, sbiadito.

[2]**pale** [peil] *s.* **1** palo *(di steccato)*. **2** *(araldica)* palo. **3** *(fig.)* limite: *to be beyond (outside, within) the pale,* trovarsi oltre i (al di fuori dei, entro i) limiti.

paleface ['peilfeis] *s.* viso pallido.

paleness ['peilnis] *s.* pallore.

palette ['pælit] *s.* tavolozza *(anche fig.)*: *palette knife,* spatola.

palfrey ['pɔ:lfri] *s. (poet.)* palafreno.

palimpsest ['pælimpsest] *s.* palinsesto.

palindrome ['pælindroum] *agg e s.* palindromo.

paling ['peiliŋ] *s.* palizzata; steccato.

palisade [,pæli'seid] *s.* **1** palizzata; stecconata. **2** *(USA)* scogliera; dirupi *(lungo un fiume)*.

to **palisade** [,pæli'seid] *vt* rinchiudere con palizzata; stecconare; cintare.

palish ['peiliʃ] *agg* palliduccio; pallidino.

pall [pɔ:l] *s.* **1** drappo funebre: *pall-bearer,* chi regge un lembo del drappo funebre. **2** *(fig.)* coltre; cappa: *a pall of smoke,* una coltre di fumo.

to **pall** [pɔ:l] *vi* diventare stucchevole; stancare.

pallet ['pælit] *s.* **1** paglericcio o letto di paglia. **2** *(industria)* paletta.

palliasse ['pæliæs] *s. (dal fr.)* paglericcio imbottito di paglia.

to **palliate** ['pælieit] *vt* **1** attenuare; mitigare; lenire *(dolori, malattie, ecc.)*. **2** scusare; trovare attenuanti *(per una colpa)*.

palliation [,pæli'eiʃən] *s.* **1** mitigazione; attenuazione. **2** attenuante; scusa.

palliative ['pæliətiv] *s. e agg* palliativo.

pallid ['pælid] *agg* pallido; malaticcio; smunto.

pallidness ['pælidnis] *s.* pallore.

pallor ['pælə*] *s.* pallore.

pally ['pæli] *agg (fam.)* amichevole.

[1]**palm** [pɑ:m] *s.* palmo *(della mano)*: *to read sb's palm,* leggere la mano a qcno — *to cross sb's palm with silver* ⇨ **to cross 3**. □ *to have an itching palm, (fam.)* essere avido di denaro *(spec. sotto forma di bustarelle)*.

to **palm** [pɑ:m] *vt* **1** nascondere nella mano *(una moneta, una carta da gioco, ecc.)*: *to palm sth off on (o upon) sb, (fam.)* imporre, appioppare qcsa a qcno con l'inganno. **2** *(fam.)* corrompere *(con denaro, con mance)*.

[2]**palm** [pɑ:m] *s.* **1** palma; ramo di palma: *palm-grove,* palmeto — *Palm-Sunday,* Domenica delle Palme. **2** *(fig.)* vittoria; trionfo: *to bear (to carry off) the palm,* portare la palma; essere o risultare vincitore *(in una gara, ecc.)* — *to yield the palm (to sb),* cedere la palma (a qcno); farsi vincere; essere sconfitto.

palmer ['pɑ:mə*] *s. (stor.)* palmiere; pellegrino che torna dalla Terra Santa con rami di palme; monaco itinerante; frate cercatore.

palmetto [pæl'metou] *s.* palma nana.

palmist ['pɑ:mist] *s.* chiromante.

palmistry ['pɑ:mistri] *s.* chiromanzia.

palmy ['pɑ:mi] *agg* **1** ricco di palme. **2** *(fig.)* prosperoso; fiorente: *in my palmy days...,* durante i miei giorni felici...; quand'ero in buone condizioni economiche (*oppure* nel fiore degli anni)...

palpable ['pælpəbl] *agg* **1** palpabile. **2** chiaro; evidente; palese: *a palpable error,* un errore evidente. □ *avv* **palpably**.

to **palpitate** ['pælpiteit] *vi* palpitare; tremare.

palpitation [,pælpi'teiʃən] *s.* palpitazione.

palsied ['pɔ:lzid] *agg* paralitico.

palsy ['pɔ:lzi] *s.* paresi; paralisi.

to **palter** ['pɔ:ltə*] *vi* **1** *(seguito da* with*)* essere sleale, insincero. **2** equivocare; tergiversare.

paltry ['pɔ:ltri] *agg* (**-ier; -iest**) insignificante; spregevole.

pampas ['pæmpəz] *s. pl* pampe: *pampas grass,* piuma delle pampe.

to **pamper** ['pæmpə*] *vt* viziare; indulgere.

pamphlet ['pæmflit] *s.* opuscolo; libello.

pamphleteer [,pæmfli'tiə*] *s.* scrittore di opuscoli, libelli.

pan [pæn] *s.* **1** padella; tegame; casseruola; teglia; terrina. **2** vaschetta; bacinella; cavità nel terreno. **3** piattello *(di bilancia).* **4** scodellino *(di antiche armi da fuoco).* **5** *(mecc.)* coppa dell'olio; 'carter'. **6** *(anche* hard-pan*)* strato solido *(nel sottosuolo).* **7** *(industria mineraria)* vaglio; crivello. **8** *abbr di* **panchromatic** ⇨.
☐ *a flash in the pan, (fam.)* un fuoco di paglia — *warming-pan, (stor.)* scaldaletto — *salt-pans,* saline — *the brain-pan,* la scatola cranica.

[1]to **pan** [pæn] *vt* (**-nn-**) sottoporre *(sabbie aurifere)* a lavaggio; estrarre oro.
☐ *vi (seguito da* out*)* produrre oro; *(fig.)* riuscire; avere successo: *The scheme panned out well,* Il progetto riuscì a meraviglia.

[2]to **pan** [pæn] *vt e i.* (**-nn-**) *(cinematografia, abbr. di* **panorama**) fotografare con la macchina da presa; filmare: *panning shot,* panoramica.

pan- [pæn] *prefisso* tutto; 'pan': *pan-Asian,* panasiatico — *pan-Hellenism,* panellenismo.

panacea [,pænə'siə] *s.* panacea.

panache [pə'næʃ/-'nɑ:ʃ] *s.* **1** pennacchio. **2** sfarzo; *(fig.)* boria; vanteria.

Panama [,pænə'mɑ:] *s. (anche* panama hat*)* panama.

pancake ['pænkeik] *s.* frittella; 'crêpe'. ☐ *a pancake landing, (di aereo)* un atterraggio 'a piatto' *(col carrello non abbassato).*

to **pancake** ['pænkeik] *vt* e *i.* fare un atterraggio senza carrello.

panchromatic ['pænkrou'mætik] *agg* pancromatico.

pancreas ['pæŋkriəs] *s.* pancreas.

pancreatic [,pæŋkri'ætik] *agg* pancreatico.

panda ['pændə] *s.* panda. ☐ *Panda car, (GB)* automobile della polizia — *Panda crossing, (GB)* passaggio pedonale con semaforo ad intermittenza.

pandemic [pæn'demik] *agg* pandemico. ☐ *s.* pandemia.

pandemonium [,pændi'mounjəm] *s.* pandemonio.

pander ['pændə*] *s.* mezzano; ruffiano.

to **pander** ['pændə*] *vi* **1** fare da mezzano. **2** *(generalm. seguito da* to*)* andare incontro *(generalm. a azioni cattive o di cattivo gusto);* favorire; essere compiacente: *I hate newspapers that pander to the public interest in violent crime,* Detesto i giornali che incoraggiano l'interesse dei lettori per i crimini violenti.

pane [pein] *s.* **1** vetro *(di finestra);* pannello. **2** riquadro *(di stoffa).*

panegyric [,pæni'dʒirik] *s.* panegirico.

panel ['pænl] *s.* **1** pannello; quadro; riquadro; formella: *panel-beater,* battilastra. **2** pezzo o striscia di stoffa di diverso colore *(inserita in un vestito da donna).* **3** lista; elenco *(di giurati, e in GB di medici del servizio mutualistico): to be on the panel, (di membri di una giuria)* essere in lista; *(GB, di medici)* essere della mutua; essere 'convenzionato'. **4** *(radio e televisione)* giuria; gruppo di esperti; comitato; convegno: *a panel discussion,* una discussione (un dibattito) con un gruppo di esperti. **5** quadro o fotografia di formato rettangolare.

to **panel** ['pænl] *vt* (**-ll-**) rivestire o decorare con pannelli o formelle.

panelling ['pænliŋ] *s.* pannelli; rivestimento a pannelli.

panful ['pænful] *s.* contenuto di un tegame (di una padella).

pang [pæŋ] *s.* dolore acuto e improvviso; morso; fitta: *a pang of remorse,* un improvviso senso di rimorso — *the pangs of hunger,* i morsi della fame.

panhandle ['pæn,hændl] *s.* **1** manico di padella, di casseruola. **2** *(USA, fig.)* striscia di territorio tra due Stati; corridoio.

to **panhandle** ['pæn,hændl] *vi (USA, sl.)* mendicare; accattare.

panic ['pænik] *s.* panico; terrore: *The crowd was panic-stricken,* La folla fu presa dal panico.
☐ *(attrib.)* panico; di panico; dettato dal panico; *(per estensione)* di emergenza: *panic fear,* timor panico — *panic button,* pulsante di emergenza.

to **panic** ['pænik] *vi e t.* (**-ck-**) lasciarsi prendere dal panico; spaventarsi; gettare il panico; spaventare.

panicky ['pæniki] *agg* **1** preso dal panico; terribilmente spaventato. **2** facile al panico; impressionabile; molto pauroso.

panjandrum [pæn'dʒændrəm] *s. (fig.)* 'pescecane'; pezzo grosso.

pannier ['pæniə*] *s.* **1** paniere da basto; gerla. **2** crinolina.

pannikin ['pænikin] *s.* **1** piccolo boccale di metallo. **2** tegamino.

panoplied ['pænəplid] *agg* rivestito intieramente di armatura; armato da capo a piedi; *(fig.)* tutto agghindato; sfarzosamente abbigliato.

panoply ['pænəpli] *s.* panoplia.

panoptic [pæn'ɔptik] *agg* esauriente.

panorama [,pænə'rɑ:mə] *s.* panorama.

panoramic [,pænə'ræmik] *agg* panoramico.

pan-pipes ['pænpaips] *s. pl (mus.)* fistula.

pansy ['pænzi] *s.* **1** viola del pensiero. **2** *(fam.: anche* pansy boy*)* giovane effeminato; *(talvolta)* 'finocchio'.

pant [pænt] *s.* **1** respiro affannoso; ansito; *(di locomotiva)* sbuffo. **2** *(di cuore)* palpito; palpitazione; battito affannoso. ☐ ⇨ *anche* **pants.**

to **pant** [pænt] *vi* **1** ansimare; ansare; *(di cuore)* palpitare; battere fortemente. **2** *(seguito da* out*)* dire o pronunciare ansimando, con voce rotta: *He panted out his message,* Riferì ansimando il suo messaggio. **3** *(seguito da* for *o* after*)* agognare; aspirare; bramare ardentemente: *to pant for knowledge,* avere un gran desiderio di conoscere.

pantaloons [,pæntə'lu:nz] *s. pl* pantaloni *(di solito scherz.).*

pantechnicon [pæn'teknikən] *s.* furgone per traslochi.

pantee ['pænti] *s.* = **pantie.**

pantheism ['pænθi(:)izəm] *s.* panteismo.

pantheist ['pænθi(:)ist] *s.* panteista.

pantheistic [,pænθi(:)'istik] *agg* panteistico.

pantheon [pæn'θi:ən] *s.* 'pantheon'.

panther ['pænθə*] *s.* pantera.

pantie ['pænti] *s. (al pl.)* mutandine *(da bambino o da donna).* ☐ *(attrib.) pantie-girdle,* guaina — *pantie-hose,* calzamaglia; 'collant'.

pantile ['pæntail] *s.* tegola alla fiamminga.

panto ['pæntou] *s., (GB) abbr fam di* **pantomime.**

pantograph ['pæntəgrɑ:f] *s.* pantografo *(anche di locomotiva elettrica).*

pantomime ['pæntəmaim] *s.* **1** pantomima; *(GB)* spettacolo natalizio per bambini. **2** mimica.

pantry ['pæntri] *s.* dispensa: *pantry-man,* maggiordomo.

pants [pænts] *s. pl* **1** *(GB)* mutande. **2** *(USA, ora talvolta GB)* pantaloni: *hot pants,* - **a)** calzoncini succinti *(da donna)* - **b)** *(sci)* pantaloni imbottiti.

panty ['pænti] *s.* = **pantie.**

[1]**pap** [pæp] *s.* pappa; pappetta.

[2]**pap** [pæp] *s. (ant.)* capezzolo.
papa [pə'pɑ:] *s.* papà; babbo.
papacy ['peipəsi] *s.* papato.
papal ['peipl] *agg* papale.
papaw ['pəpɔ:] *s.* papaia.
paper ['peipə*] *s.* **1** carta *(spesso attrib.): a sheet of paper,* un foglio di carta — *a paper bag,* un sacchetto di carta — *blotting paper,* carta assorbente — *carbon paper,* carta carbone — *emery-paper,* carta smerigliata — *to put pen to paper,* metter mano alla penna; incominciare a scrivere; mettere per iscritto — *It's a good scheme on paper, (fig.)* È un buon progetto in teoria, sulla carta — *a paper army,* un esercito importante solo sulla carta — *paper-backed; paperbound; paper-covered, (di libro)* in 'brossura'; non rilegato.
2 giornale: *today's papers,* i giornali di oggi.
3 *(anche* paper-money*)* banconota; biglietto di banca; carta moneta.
4 *(al pl.)* carte; documenti; scritti; manoscritti; scartoffie: *Your papers, please!,* Documenti, prego!
5 esame scritto; compito o tema d'esame *(serie di domande cui bisogna rispondere entro un determinato tempo, secondo l'uso della scuola inglese);* 'elaborato' *(d'esame): The biology paper was difficult,* L'esame di biologia era difficile.
6 conferenza scritta *(da leggersi);* relazione; dissertazione; monografia; articolo *(su una rivista scientifica): a paper on currency reform,* una conferenza sulla riforma monetaria — *a White Paper,* un libro bianco *(del governo)* — *paper profits,* utili ipotetici *(previsti, non ancora realizzati).*
□ *paper-work,* lavoro (lavori) d'ufficio.
to **paper** ['peipə*] *vt* **1** tappezzare; rivestire con carta da parati: *to paper the dining-room,* tappezzare la sala da pranzo. **2** incartare; coprire; ricoprire di carta.
paperback ['peipə*'bæk] *s. (editoria)* 'paperback'; libro non rilegato, in brossura, tascabile; *(per estensione)* edizione economica.
papery ['peipəri] *agg* di carta; simile a carta; cartaceo.
papier-mâché ['pæpjei'mɑ:ʃei/papjemɑʃe] *s. (fr.)* cartapesta.
papism ['peipizəm] *s.* papismo; *(spreg.)* cattolicesimo.
papist ['peipist] *s.* papista; *(spreg.)* cattolico.
papistical [pə'pistikəl] *s.* papistico.
papoose [pə'pu:s] *s.* bambino di pellirosse.
paprika ['pæprikə] *s.* paprica.
papyrus [pə'paiərəs] *s. (pl.* **papyri***)* papiro.
[1]**par** [pɑ:*] *s.* **1** *(spec. comm.)* pari; parità: *above (at, below) par,* sopra la (alla, sotto la) pari *(di obbligazioni, cambi, ecc.)* — *par value,* valore nominale — *on a par with...,* alla pari con...; uguale a... **2** *(golf)* norma.
□ *I don't feel quite up to par, (fam.)* Non mi sento proprio in forma.
[2]**par** [pɑ:*] *s.* = **parr.**
parable ['pærəbl] *s. (Bibbia)* parabola: *to speak in parables,* parlare per parabole.
parabola [pə'ræbələ] *s. (geometria)* parabola.
parabolic [,pærə'bɔlik] *agg* parabolico.
parabolical [,pærə'bɔlikəl] *agg* parabolico; allegorico.
parachute ['pærəʃu:t] *s.* paracadute: *parachute troops,* reparti di paracadutisti; parà — *parachute flares (mines),* razzi (casse di esplosivi) lanciati col paracadute.
to **parachute** ['pærəʃu:t] *vt e i.* lanciare (lanciarsi) con il paracadute.
parachutist ['pærəʃu:tist] *s.* paracadutista.
parade [pə'reid] *s.* **1** parata militare; corteo; processione: *to be on parade,* essere schierati per la rassegna. **2** *(anche* parade-ground*)* piazza d'armi. **3** sfoggio: *to make a parade of one's virtues,* fare sfoggio delle proprie qualità. **4** sfilata *(di moda, ecc.).* **5** passeggiata pubblica; lungomare; spianata.
□ *programme parade,* annuncio dei programmi radio della giornata — *hit parade,* parata (programma) delle canzoni di successo.
to **parade** [pə'reid] *vi (di truppe, ecc.)* marciare; sfilare.
□ *vt* **1** disporre in parata; passare in rivista. **2** *(fig.)* fare sfoggio; mettere in mostra: *to parade one's abilities,* fare sfoggio delle proprie qualità.
paradigm ['pærədaim] *s. (gramm.)* paradigma.
paradise ['pærədais] *s.* paradiso *(anche fig.): bird of paradise,* paradisea; uccello del paradiso.
paradisiac, paradisiacal [,pærə'disiæk(əl) *agg* paradisiaco.
paradox ['pærədɔks] *s.* paradosso.
paradoxical [,pærə'dɔksikəl] *agg* paradossale.
□ *avv* **paradoxically.**
paraffin ['pærəfin] *s.* **1** paraffina: *paraffin paper,* carta paraffinata. **2** *(anche* paraffin oil*)* olio di paraffina; *(GB)* 'kerosene'. **3** *(anche* paraffin wax*)* paraffina solida. **4** *(anche* liquid paraffin*)* paraffina liquida *(lassativo).*
paragon ['pærəgən] *s.* modello di perfezione o di virtù.
paragraph ['pæregrɑ:f] *s.* **1** paragrafo; capoverso. **2** trafiletto di giornale.
Paraguayan [,pærə'gwaiən] *agg e s.* paraguayano.
parakeet [,pærə'ki:t] *s. (zool.)* parrocchetto.
parallax ['pærəlæks] *s.* parallasse.
parallel ['pærəlel] *agg* parallelo: *a road running parallel to (with) the railway,* una strada che corre parallela alla ferrovia — *parallel bars, (ginnastica)* le parallele.
□ *s.* **1** *(geografia)* parallelo. **2** *(geometria)* parallela. **3** persona o evento simili; paragone; confronto; parallelo: *to draw a parallel between...,* fare un paragone tra...
to **parallel** ['pærəlel] *vt* (**-ll-**; *USA e talvolta GB* **-l-**) **1** fare un parallelo; paragonare; confrontare. **2** essere simile; essere, procedere parallelo *(a qcno o qcsa): His experiences parallel mine in many instances,* In molti casi le sue esperienze sono simili alle mie.
parallelepiped [,pærəle'lpaipd] *s.* parallelepipedo.
parallelism ['pærəlelizəm] *s.* parallelismo *(anche fig.).*
parallelogram [,pærə'leləgræm] *s.* parallelogramma.
to **paralyse** ['pærəlaiz] *vt* paralizzare *(anche fig.).*
paralysis [pə'rælisis] *s. (pl.* **paralyses***)* paralisi *(anche fig.);* ristagno; inattività.
paralytic [,pærə'litik] *s. e agg* **1** paralitico *(anche fig.).* **2** *(sl.)* ubriaco fradicio.
parameter [pə'ræmitə*] *s.* parametro.
paramilitary [,pærə'militəri] *agg* paramilitare.
paramount ['pærəmaunt] *agg* **1** supremo; sommo: *paramount chief, (spec. di tribù)* capo supremo — *to be of paramount importance,* essere di somma importanza. **2** superiore.
paramountcy ['pærəmauntsi] *s.* supremazia; eminenza.
paramour ['pærəmuə*] *s. (lett.)* drudo; druda.
paranoia [,pærə'nɔjə] *s.* paranoia.
paranoiac [,pærə'nɔjək] *agg e s.* paranoico.
parapet ['pærəpit] *s.* parapetto *(anche mil.).*
paraphernalia [,pærəfə'neiljə] *s. (collettivo)* **1** *(dir., col v. al pl.)* beni parafernali, estradotali. **2** arnesi; accessori; annessi e connessi. **3** *(fam.)* oggetti personali.
paraphrase ['pærəfreiz] *s.* parafrasi.
to **paraphrase** ['pærəfreiz] *vt* parafrasare.

paraplegic [,pærə'pli:dʒik] *agg* paraplegico.
parapsychology ['pærəsai'kɔlədʒi] *s.* parapsicologia.
parasite ['pærəsait] *s.* parassita *(anche fig.).*
parasitic, parasitical [,pærə'sitik(l)] *agg* parassitico. □ *avv* **parasitically.**
parasol [,pærə'sɔl] *s.* parasole.
paratrooper [,pærə'tru:pə*] *s.* *(mil.)* paracadutista; parà.
paratroops ['pærətru:ps] *s. pl* truppe (reparti) di paracadutisti; parà.
paratyphoid ['pærə'taifɔid] *s.* paratifo.
to **parboil** ['pɑ:bɔil] *vt* **1** bollire parzialmente. **2** *(fig.)* riscaldare troppo; far 'morire di caldo'.
parcel ['pɑ:sl] *s.* **1** pacco *(spec. postale);* pacchetto: *parcel post,* - **a)** servizio dei pacchi postali - **b)** tariffa per pacchi postali. **2** *(dir.) a parcel of land,* un lotto; (un pezzo di) terreno; parcella fondiaria. **3** *(comm.)* partita. **4** *(fig.)* gruppo; branco: *a parcel of crooks,* un branco di imbroglioni. □ *part and parcel* ⇨ **part 1.**
to **parcel** ['pɑ:sl] *vt* (**-ll-**; *USA anche* **-l-**) **1** *(seguito da* out*)* dividere; spartire *(una proprietà, ecc.).* **2** *(seguito da* up*)* impacchettare.
to **parch** [pɑ:tʃ] *vt* bruciare; disseccare; rendere arìdo. □ *vi* diventare secco; seccare: *I'm parched!,* Muoio di sete!
parchment ['pɑ:tʃmənt] *s.* **1** pergamena. **2** carta pergamenata.
pard, pardner [pɑ:d/'pɑ:dnə*] *s.* *(USA, fam.)* = **partner.**
pardon ['pɑ:dn] *s.* **1** perdono: *to ask for pardon,* chiedere perdono — *I beg your pardon,* - **a)** Mi scusi - **b)** Prego? (Non ho capito). **2** *(dir.)* amnistia; grazia; *(ecclesiastico)* indulgenza: *general pardon,* amnistia generale.
to **pardon** ['pɑ:dn] *vt* perdonare; scusare; *(dir.)* graziare: *to pardon sb for doing wrong,* perdonare a qcno di aver fatto del male — *to pardon an offence,* perdonare un'offesa — *Pardon my (Pardon me for) contradicting you,* Mi scusi se La contraddico.
pardonable ['pɑ:dnəbl] *agg* perdonabile; scusabile; comprensibile. □ *avv* **pardonably.**
pardoner ['pɑ:dnə*] *s.* *(stor.)* venditore d'indulgenze.
to **pare** [pɛə*] *vt* **1** pareggiare (tagliando); tagliare: *to pare one's finger-nails,* tagliarsi le unghie. **2** *(di frutta)* pelare; sbucciare. □ *to pare down one's expenses, (fig.)* ridurre (limitare) le spese.
paregoric [,pærə'gɔrik] *s. e agg* paregorico; calmante.
parent ['pɛərənt] *s.* genitore: *our first parents,* i nostri progenitori; Adamo ed Eva. □ *the parent bird (plant),* l'uccello (la pianta) da cui altri sono derivati — *parent company, (comm.)* società madre.
parentage ['pɛərəntidʒ] *s.* **1** genitori. **2** genitura; paternità; maternità.
parental [pə'rentl] *agg* di genitore; paterno; materno. □ *avv* **parentally.**
parenthesis [pə'renθisis] *s.* (*pl.* **parentheses**) **1** *(inciso)* parentesi: *in parenthesis,* fra parentesi. **2** *(fig.)* intervallo; pausa.
parenthetic, parenthetical [,pærən'θetik(l)] parentetico. □ *avv* **parenthetically.**
parenthood ['pɛərənthud] *s.* genitura; paternità; maternità.
par excellence [pɑ:r'eksəlɑ̃:ns] *avv* *(fr.)* per eccellenza; per antonomasia.
pariah ['pæriə] *s.* paria *(anche fig.): pariah dog,* cane randagio *(in India).*
pari-mutuel [pɑ'rimy:'tyel] *s.* *(fr.)* scommessa in cui i vincitori dividono le puntate dei perdenti *(alle corse dei cavalli).*
parings ['pɛəriŋz] *s. pl* ciò che è stato pelato, sbucciato, levigato, tagliato via; bucce; pezzetti rimasti.
parish ['pæriʃ] *s.* parrocchia; comune: *a parish priest,* un parroco — *a parish child,* un orfano; un trovatello — *to go on the parish, (stor.)* mettersi a carico della parrocchia; ricevere il sussidio parrocchiale; essere nella lista dei poveri. □ *parish-pump, (agg.)* campanilistico.
parishioner [pə'riʃənə*] *s.* parrocchiano, parrocchiana.
Parisian [pə'rizjən] *s. e agg* parigino.
parity ['pæriti] *s.* parità; uguaglianza; analogia: *parity of exchange,* tasso di cambio.
park [pɑ:k] *s.* **1** parco; giardini pubblici; area o zona protetta: *wildlife park,* riserva naturale — *play-park,* parco giochi — *car park,* posteggio; area riservata alle auto; autoparco. **2** *(mil.)* parco. □ *oyster-park,* vivaio di ostriche — *ball-park, (USA)* campo da gioco.
to **park** [pɑ:k] *vt e i.* **1** posteggiare; parcheggiare *(auto, ecc.).* **2** *(raro)* coltivare o adibire a parco; *(di animali)* rinchiudere in riserve. **3** *(fam.)* lasciare in 'deposito'. **4** *(fam.)* piantare in asso. **5** *to park oneself v. rifl (fam.)* sistemarsi; installarsi *(p.es. in una poltrona).*
parka ['pɑ:kə] *s.* *(GB)* 'parka' *(tipo di giacca a vento impermeabile).*
parkin ['pɑ:kin] *s.* *(dial., GB settentrionale)* focaccia dolce, generalm. fatta con farina d'avena.
parking ['pɑ:kiŋ] *s.* il parcheggiare *(automobili, ecc.);* parcheggio: *No parking,* Divieto di parcheggio, di sosta — *parking meter,* 'parchimetro' — *parking lights,* luci di posizione.
parkway ['pɑ:kwei] *s.* viale; strada alberata; *(uso più moderno)* svincolo autostradale suburbano.
parky ['pɑ:ki] *agg* *(sl.: dell'aria, temperatura)* freddo; gelido.
parlance ['pɑ:ləns] *s.* linguaggio: *in common parlance,* nel linguaggio corrente, comune.
parley ['pɑ:li] *s.* conferenza *(spec. fra due opposte fazioni);* discussione; colloquio; incontro.
to **parley** ['pɑ:li] *vi* tenere una conferenza; discutere; parlamentare.
parleyvoo [,pɑ(:)li'vu:] *s.* *(scherz.: corruzione di 'parlez-vous?')* lingua francese.
parliament ['pɑ:ləmənt] *s.* parlamento.
parliamentarian [,pɑ:ləmen'tɛəriən] *s.* parlamentare; membro del Parlamento.
parliamentary [,pɑ:li'mentəri] *agg* parlamentare; del Parlamento.
parlour ['pɑ:lə*] *s.* (*USA* **parlor**) **1** *(di collegio, ecc.)* parlatorio; *(di casa privata)* salotto; *(di locali pubblici)* sala privata: *parlour-maid,* cameriera *(che serve a tavola)* — *parlour games,* giochi di famiglia. **2** *(GB)* sala di ricevimento: *the Mayor's parlour,* il salone di ricevimento in Municipio. **3** sala; salone *(nei locali pubblici, ecc.): a beauty parlour,* un istituto di bellezza — *a hair-dresser's parlour,* salone di parrucchiere — *parlour-car, (USA, ferrovia)* vettura salone.
parlous ['pɑ:ləs] *agg* *(ant., ora talvolta scherz.)* pericoloso; rischioso.
Parmesan [,pɑ:mi'zæn] *s.* *(formaggio)* parmigiano; 'grana'.
parochial [pə'roukjəl] *agg* **1** parrocchiale. **2** *(fig.)* ristretto; limitato; angusto; provinciale. □ *avv* **parochially.**

parochialism [pə'roukjəlizəm] *s.* provincialismo; ristrettezza di vedute; campanilismo.

parodist ['pærədist] *s.* parodista.

parody ['pærədi] *s.* parodia.

to **parody** ['pærədi] *vt* parodiare; fare la parodia.

parole [pə'roul] *s.* **1** parola d'onore *(di prigioniero lasciato libero 'sulla parola'): on parole,* sulla parola — *to break one's parole,* venir meno alla parola data (cioè fuggire). **2** *(mil.)* parola d'ordine.

to **parole** [pə'roul] *vt* lasciar libero un prigioniero sulla parola.

paroquet [,pærə'ket] *s.* = **parakeet.**

paroxysm ['pærəksizəm] *s.* parossismo.

parquet ['pɑ:ki] *s.* pavimento di legno; 'parquet'.

parr [pɑ:*] *s.* salmone giovane.

parricide ['pærisaid] *s.* **1** parricida. **2** parricidio.

parroket, parroquet [,pærə'ki:t] *s.* = **parakeet.**

parrot ['pærət] *s.* pappagallo *(anche fig.): parrot fever,* psittacosi.

to **parrot** ['pærət] *vt* ripetere 'a pappagallo'; imitare in modo pappagallesco.

parry ['pæri] *s.* parata *(spec. nella scherma e nella boxe).*

to **parry** ['pæri] *vt* scansare; evitare *(un colpo, una domanda, ecc.).*

to **parse** [pɑ:z] *vt* fare l'analisi grammaticale di una parola o di una frase.

Parsee, Parsi [pɑ:'si:] *s. e agg* parso.

parsimonious [,pɑ:si'mounjəs] *agg* parsimonioso; gretto. □ *avv* **parsimoniously.**

parsimony ['pɑ:siməni] *s.* parsimonia; grettezza.

parsing ['pɑ:siŋ] *s.* analisi grammaticale *(spec. a scuola, come esercizio).*

parsley ['pɑ:sli] *s.* prezzemolo.

parsnip ['pɑ:snip] *s.* pastinaca.

parson ['pɑ:sn] *s.* **1** parroco anglicano; curato. **2** pastore anglicano. □ *the parson's nose, (scherz.)* il boccone del prete *(di pollo cotto).*

parsonage ['pɑ:sənidʒ] *s.* **1** casa parrocchiale; canonica. **2** terreni appartenenti alla parrocchia.

part [pɑ:t] *s.* **1** parte; porzione; pezzo; sezione: *Only part (Only a part) of his story is true,* Della sua storia soltanto una parte è vera — *A minute is the sixtieth part of an hour,* Il minuto è la sessantesima parte dell'ora — *Parts of the book are interesting,* (Alcune) parti del libro sono interessanti — *The greater part of what you heard is only rumour,* La maggior parte di ciò che avete udito sono solo dicerie — *in part,* in parte; in una certa misura; parzialmente — *for the most part,* in molti casi; per lo più — *part and parcel,* una parte essenziale; parte integrante — *The new regulation is part and parcel of the Government's plan to reduce road deaths,* Il nuovo regolamento è parte integrante del piano governativo per ridurre i morti sulle strade — *part-time, (di lavoro)* non a tempo pieno; a mezzo tempo — *to be employed part-time,* avere un impiego con orario ridotto — *part-time teaching,* insegnamento non a tempo pieno.
2 *(al pl.)* parte; parti; paraggi; luogo; località; regione: *in these (those) parts,* da queste (quelle) parti — *to leave for foreign parts,* andare all'estero.
3 parte; ruolo *(nel teatro, in un avvenimento);* partecipazione *(in un'attività): He spoke (acted) his part very well,* Recitò la sua parte molto bene — *Do the actors all know their parts?,* Gli attori sanno tutti la loro parte? — *I had only a small part in these events,* Ho avuto soltanto una piccola parte in quegli eventi — *to take part (in),* prender parte; partecipare (a) — *Are you going to take part in the discussion?,* Intende partecipare alla discussione?
4 parte; lato; punto di vista: *He always takes his brother's part,* Prende sempre le parti di suo fratello — *for my part,* da parte mia; quanto a me; per quanto mi concerne (mi riguarda) — *For my part I am quite happy about the division of the money,* Da parte mia mi ritengo soddisfatto della divisione del denaro — *on my part,* da parte mia — *on the part of...,* da parte di...; a nome di...; per conto di... — *There was no objection on his part,* Non ci fu alcuna obiezione da parte sua — *The agreement has been kept on our part but not on his,* L'accordo è stato rispettato da parte nostra, ma non da parte sua — *An indiscretion on the part of his wife nearly ruined him,* Un'indiscrezione da parte di sua moglie quasi lo mandò in rovina.
5 *to take sth in good (bad) part,* prendere qcsa in buona (cattiva) parte.
6 *(di libro, ecc.)* parte; puntata; dispensa; fascicolo; numero: *a new encyclopaedia to be issued in monthly parts,* una nuova enciclopedia da pubblicarsi in dispense mensili.
7 *(di macchine, ecc.)* pezzo; parte: *spare parts,* pezzi, parti di ricambio.
8 *(mus.)* parte; voce: *orchestra parts,* le parti dell'orchestra — *to sing in three parts,* cantare a tre voci — *part-singing; part-song,* canto polifonico; canto a più voci.
9 *(ant.; al pl.)* doti; abilità; numeri; pregi: *a man of parts,* un uomo abile, di molte qualità.
10 *(gramm.)* parte: *the parts of speech,* le parti del discorso.
□ *(usato come avv.)* in parte: *It is part iron and part wood,* È in parte di ferro e in parte di legno — *part-owner,* comproprietario.

to **part** [pɑ:t] *vt e i.* **1** dividere; separare: *The police parted the crowd,* La polizia divise la folla — *We tried to part the two fighters,* Cercammo di separare i due contendenti — *The crowd parted and let us through,* La folla si aprì e ci lasciò passare.
2 *to part one's hair,* farsi la scriminatura, la riga nei capelli.
3 lasciarsi: *Let us part friends,* Lasciamoci da amici.
4 to part with, separarsi; staccarsi da; lasciare; abbandonare: *He hates to part with his money,* Detesta separarsi dal suo denaro.
5 to part company, - **a)** porre fine a un'amicizia: *I parted company with him when I found he took drugs,* Ruppi l'amicizia con lui quando scopersi che si drogava - **b)** prendere due strade diverse: *The two friends parted company at the bridge,* I due amici si lasciarono al ponte - **c)** non essere d'accordo: *On that question I am afraid I must part company with you,* Mi dispiace, ma su quella questione non sono d'accordo con te - **d)** *(fam.)* spezzarsi; staccarsi; rompersi.

to **partake** [pɑ:'teik] *vi* (*pass.* **partook**; *p. pass.* **partaken**) **1** partecipare; prendere parte. **2** *(seguito da* of*)* dividere *(un pasto);* prendere una porzione *(spec. di cibo).* □ *His manners partake of insolence,* I suoi modi sono improntati all'insolenza.

parterre [pɑ:'tɛə*] *s. (fr.)* **1** parte del giardino con aiuole e praticelli. **2** *(teatro)* platea.

parthenogenesis ['pɑ:θinou'dʒenisis] *s.* partenogenesi.

Parthian ['pɑ:θjən] *agg* partico; dei Parti: *Parthian shot (shaft), (fig.)* freccia del Parto.

partial ['pɑ:ʃəl] *agg* **1** parziale; non totale; incompleto.

2 parziale; favorevole; ingiusto. **3** propenso: *He is partial to French cooking,* Ha un debole per la cucina francese. □ *avv* **partially.**

partiality [ˌpɑːʃiˈæliti] *s.* parzialità; preferenza: *I have a partiality for moonlight walks,* Ho una predilezione per le passeggiate al chiaro di luna.

participant [pɑːˈtisipənt] *s.* partecipante.

to **participate** [pɑːˈtisipeit] *vi* **1** *(seguito da* in*)* partecipare (a); prendere parte: *to participate in sb's suffering (in a plot),* partecipare alle sofferenze di qcno (ad un complotto). **2** *(seguito da* of*: linguaggio molto formale)* partecipare (di); presentare; avere; possedere: *to participate of the nature of satire,* presentare alcune caratteristiche peculiari della satira.

participation [pɑːˌtisiˈpeiʃən] *s.* partecipazione.

participial [ˌpɑːtiˈsipiəl] *agg* participiale.

participle [ˈpɑːtisipl] *s.* participio.

particle [ˈpɑːtikl] *s.* particella; granello: *without a particle of sense,* senza un grano di buon senso.

particoloured [ˈpɑːtiˌkʌləd] *agg* (*USA* **particolored**) multicolore.

[1]**particular** [pəˈtikjulə*] *s.* particolare; dettaglio: *to go into particulars,* entrare nei particolari.

[2]**particular** [pəˈtikjulə*] *agg* **1** particolare; speciale; notevole: *in this particular case,* in questo particolare caso — *for no particular reason,* senza nessuna ragione in particolare — *in particular,* in modo speciale; in particolare — *I remember one of them in particular,* Mi ricordo di uno di loro in particolare. **2** minuzioso; dettagliato; particolareggiato; meticoloso; molto preciso: *a full and particular account of what we saw,* un resoconto completo e particolareggiato di quello che vedemmo. **3** esigente; difficile; schizzinoso; fastidiosamente pedante: *Anne's particular about clothes,* Anne è molto esigente in fatto di abiti — *He's too particular about what he eats,* È particolarmente difficile nel mangiare. □ *avv* **particularly.**

particularity [pəˌtikjuˈlæriti] *s.* **1** particolarità. **2** meticolosità.

to **particularize** [pəˈtikjuləraiz] *vt e i.* particolareggiare; dettagliare.

parting [ˈpɑːtiŋ] *s.* **1** scriminatura; riga di capelli. **2** partenza; distacco; addio: *his parting injunctions, (attrib.)* i suoi ultimi comandi (ordini dati alla partenza). **3** bivio: *at the parting of the ways,* al bivio *(anche fig.)*.

partisan, partizan [ˌpɑːtiˈzæn] *s.* **1** partigiano; sostenitore di una causa, di un principio. **2** partigiano; guerrigliero.

□ *(attrib.)* partigiano; di parte: *in a partisan spirit,* con spirito partigiano.

partisanship [ˌpɑːtiˈzænʃip] *s.* partigianeria.

partition [pɑːˈtiʃən] *s.* **1** divisione; spartizione; ripartizione. **2** sezione; scomparto. **3** parete divisoria.

to **partition** [pɑːˈtiʃən] *vt* dividere in sezioni; ripartire: *to partition off,* dividere con una parete divisoria, con un tramezzo.

partitive [ˈpɑːtitiv] *s. e agg (gramm.)* partitivo.

partly [ˈpɑːtli] *avv* in parte; parzialmente.

partner [ˈpɑːtnə*] *s.* **1** socio; associato; compagno *(nel gioco delle carte, ecc.)*; complice: *limited partner,* socio accomandante — *sleeping partner, (comm.)* socio accomodante, non gerente; *(scherz.)* amante — *partners in crime,* complici nel delitto; correi. **2** marito o moglie; *(nel ballo)* cavaliere o dama; ballerino o ballerina.

to **partner** [ˈpɑːtnə*] *vt* **1** associare; unire insieme *(delle persone, ecc.)*. **2** farsi compagno (di); associarsi (a); fare coppia (con); *(comm.)* diventare socio (di); *(nel ballo)* ballare (con); far da cavaliere o da dama (a).

partnership [ˈpɑːtnəʃip] *s. (generalm. comm.)* associazione; società: *articles (o deed) of partnership,* contratto d'associazione — *to be in partnership,* essere soci, in società — *limited partnership,* società in accomandita semplice.

partook [pɑːˈtuk] *pass di* **to partake.**

partridge [ˈpɑːtridʒ] *s.* pernice.

part-time [ˈpɑːtˈtaim] *agg e avv* ⇨ **part 1.**

parturition [ˌpɑːtjuəˈriʃən] *s.* parto.

party [ˈpɑːti] *s.* **1** *(politica)* partito; parte; fazione; corrente: *the Conservative Party,* il partito conservatore — *to follow the party line,* seguire la linea politica (le direttive) del partito — *a good party man,* un fedele sostenitore della linea ufficiale — *the party machine,* l'apparato dirigente o di controllo di un partito politico — *party politics,* linea del partito; discussioni interne di un partito — *party-spirited,* animato da spirito di partito — *the party system,* il sistema politico dei partiti (di governo). **2** *(dir.)* parte; parte in causa; contraente; parte interessata: *third party,* 'i terzi'. **3** *(scherz.)* persona; individuo: *Who's the old party in blue?,* Chi è quel tizio vecchio vestito di blu? **4** squadra; plotone; pattuglia; reparto; gruppo *(di lavoratori)*; comitiva: *a firing party,* un plotone di esecuzione; *(a un funerale)* un plotone d'onore — *a rescue-party,* una squadra di soccorso — *to make up a party,* formare una comitiva *(per soccorsi, lavori, ecc.)*. **5** ricevimento; festa; riunione: *a dinner party,* un pranzo *(di gruppo, di invitati)* — *a birthday party,* una festa di compleanno — *to give (to throw) a party,* dare un ricevimento — *to make up a party,* radunare amici *(per una festicciola, ecc.)*. **6** *party-coloured* ⇨ **particoloured.**

□ *(in funzione di agg. nelle seguenti espressioni) a party wall,* un muro divisorio *(e in condominio)* tra due proprietà — *a party line,* impianto telefonico in 'duplex'.

parvenu [ˈpɑːvənjuː] *s. (fr.)* 'parvenu'; nuovo ricco; *(spesso, impropriamente)* arrivista.

paschal [ˈpɑːskəl] *agg* pasquale *(della Pasqua cristiana e di quella ebraica)*.

pash [pæʃ] *s. (abbr. fam. di* **passion,** *spec. nel gergo studentesco)* 'cotta'; infatuazione.

pasha [ˈpɑːʃə] *s.* pascià.

[1]**pass** [pɑːs] *s.* **1** lasciapassare; autorizzazione; permesso; salvacondotto: *a free pass,* una tessera di libera circolazione *(sulle ferrovie, ecc.)* — *All passes to be shown at the exit,* Tutti i lasciapassare devono essere esibiti all'uscita — *No admittance without a pass,* Vietato l'ingresso a chi è sprovvisto di autorizzazione.

2 *(sport, calcio)* passaggio: *a clever pass to the centre-forward,* un abile passaggio al centravanti.

3 passaggio *(rinuncia alla mano nel gioco delle carte)*.

4 promozione; approvazione *(soprattutto agli esami): to get a pass,* ottenere la votazione 'sufficiente' — *a pass degree,* una laurea senza lode.

5 *(di prestigiatore, ipnotizzatore)* movimento della mano davanti a qcsa o qcno.

6 *(in ginnastica, scherma)* colpo; spinta; passata; stoccata.

7 *(fam.)* proposta (indiscreta) fatta a una ragazza.

□ *to come to a pretty pass, (fig.)* ridursi in cattivo stato.

[2]**pass** [pɑːs] *s.* passo (alpino); colle; valico: *to hold the pass,* mantenere, difendere il passo; *(fig.)* tener duro

— *to sell the pass, (fig.)* tradire la causa; abbandonare una posizione.

to **pass** [pɑːs] *vt e i.* **1** *(in espressioni di moto)* passare; procedere; andare oltre; oltrepassare; superare; attraversare; sorpassare: *to pass through a village,* passare attraverso un villaggio — *Please let me pass,* Per favore, lasciatemi passare — *The road was too narrow for cars to pass,* La strada era troppo stretta perché le auto potessero passare — *Turn right after passing the Post Office,* Girate a destra dopo aver oltrepassato l'ufficio postale — *The ship passed the channel,* La nave attraversò il canale — *to pass unnoticed,* passare inosservato — *No complaint passed her lips,* Nessun lamento uscì dalle sue labbra — *The property passed to his son,* La proprietà passò a suo figlio — *I passed Miss Green in the High Street,* Ho incrociato Miss Green nella 'High Street' — *a story that passes belief,* una storia che va oltre il verosimile.

2 *(in espressioni di tempo)* trascorrere; passare: *How shall we pass the evening?,* Come trascorreremo la serata? — *We passed the evening away looking at his old books,* Trascorremmo la serata guardando i suoi libri antichi — *Six months passed and still we had no news of them,* Dopo sèi mesi non avevamo ancora avuto loro notizie.

3 *(non molto comune)* trasformarsi: *When water boils it passes into steam,* Quando bolle, l'acqua si trasforma in vapore.

4 passare; porgere; far passare; *(sport)* passare la palla; *(al gioco delle carte)* rinunciare alla mano: *Please, pass me the butter,* Per favore, passami il burro — *The letter was passed round the table,* La lettera venne fatta girare per il tavolo.

5 finire; tramontare *(in senso fig.);* passare di moda; esaurirsi; scomparire: *customs that are passing,* usanze che vanno scomparendo (tramontando) — *The pain soon passed,* Il dolore passò presto.

6 accadere; succedere; avvenire; esserci *(spec. tra due persone): Tell me everything that passed between you,* Ditemi tutto quello che è accaduto (che c'è stato) tra voi — *to come to pass, (ant.)* succedere; accadere; avvenire.

7 passare: *His remarks passed without comment,* Le sue osservazioni passarono senza commenti — *Such conduct may pass in certain circles, but cannot be tolerated here,* Può darsi che una condotta simile sia tollerata in certi ambienti, ma non può passare qui.

8 passare; accettare; approvare; promuovere *(candidati): Parliament passed the bill,* Il Parlamento approvò il disegno di legge — *Will the play pass the censor?,* Sarà approvata dalla censura la commedia? — *They passed only fifteen candidates out of forty,* Passarono solo quindici candidati su quaranta.

9 *(di candidato)* essere promosso; superare *(la prova): to pass into Sandhurst,* venire ammesso a Sandhurst *(collegio militare inglese).*

10 proferire; esprimere: *to pass a remark,* dire qualcosa; fare un'osservazione.

11 far circolare; spacciare: *He was imprisoned for passing forged banknotes,* Fu imprigionato per avere spacciato banconote false.

12 passare *(nel senso di far scorrere): He passed his hand across his forehead,* Si passò una mano sopra la fronte — *I passed a rope round the barrel,* Passai una fune attorno al barile.

☐ *to pass water,* far acqua; orinare — *to pass a dividend, (comm.)* non dichiarare un dividendo — *to pass the time of day with sb,* salutare qcno; dare il 'buon giorno' a qcno — *to pass muster,* essere riconosciuto adatto, abile; venir accettato.

to pass along, - **a)** passare oltre; muoversi lungo - **b)** *to pass sth along,* passare (far passare) qcsa di mano in mano; passare (un messaggio) di bocca in bocca.

to pass away, morire; trapassare.

to pass by, - **a)** passare oltre, al fianco di; sfilare: *to pass by on the other side,* passare oltre (facendo finta di non vedere qcsa) - **b)** *to pass sb (sth) by, (di persona)* ignorare qcno (qcsa); *(di avvenimento, ecc.)* non fare nessun effetto.

to pass down, trasmettere (qcsa) alle generazioni successive.

to pass for, passare per; essere riconosciuto come: *In this small village he passes for a learned man,* In questo piccolo paese passa per un uomo erudito — *She would pass for twenty any day,* Potrebbe passare benissimo per una ragazza di vent'anni.

to pass into ⇨ **2** *e* **9**, *sopra.*

to pass off, - **a)** passare; svolgersi (senza difficoltà, senza incidenti); *(di dolore)* passare: *The meeting of the strikers passed off quietly,* La riunione degli scioperanti si svolse senza incidenti - **b)** distogliere l'attenzione; distrarsi da: *to pass off an awkward situation,* distrarsi da una situazione spiacevole - **c)** spacciare; farsi passare; spacciarsi: *He passed himself off as a doctor,* Si spacciava per medico - **d)** *(dir.)* compiere un atto di concorrenza sleale.

to pass on, - **a)** passare oltre; procedere; andare avanti - **b)** *to pass sth on (to sb),* passare, far circolare, trasmettere qcsa (a qcno) - **c)** = **to pass away** - **d)** ⇨ **to pass 2.**

to pass out, - **a)** *(fam.)* perdere i sensi; svenire - **b)** *(nell'espressione) passing-out ceremony (parade, ecc.),* cerimonia (sfilata, ecc.) di allievi, cadetti che hanno completato il corso di addestramento.

to pass over, - **a)** trascurare; omettere; lasciare da parte; sorvolare: *They passed me over in favour of young Hill,* Mi lasciarono da parte e favorirono il giovane Hill - **b)** morire.

to pass round, distribuire qcsa *(spec. facendolo passare di mano in mano).*

to pass through, - **a)** passare attraverso; attraversare - **b)** provare; soffrire; sopportare.

to pass up, *(fam.)* lasciar perdere; rinunciare; lasciar sfuggire (un'occasione).

passable ['pɑːsəbl] *agg* **1** praticabile; transitabile. **2** passabile; discreto: *a passable knowledge of German,* una discreta conoscenza del tedesco. ☐ *avv* **passably.**

passage ['pæsidʒ] *s.* **1** passaggio; atto del passare; transito; varco: *the passage of time,* il passare del tempo — *to force a passage through a crowd,* aprirsi a forza un passaggio (un varco) tra la folla — *passage-money,* pedaggio — *a bird of passage,* - **a)** un uccello di passo (migratorio) - **b)** *(fig.)* chi si ferma poco in un luogo. **2** traversata; viaggio *(su una nave o un aereo): to book one's passage to New York,* prenotarsi il viaggio per New York — *to work one's passage,* pagarsi le spese di un viaggio per mare lavorando a bordo. **3** corridoio; àndito *(anche* passage-way*): She has to keep her bicycle in the passage,* Deve tenere la bicicletta in corridoio. **4** passo; estratto; brano: *This passage is quite difficult,* Questo passo (brano) è piuttosto difficile. **5** approvazione di una legge. **6** *(al pl.)* rapporto; momento di discussione; scambio di parole, di colpi: *to have angry passages with an opponent during a debate,* avere momenti di discussione violenta con un avversario nel

corso di un dibattito. **7** *(anat.)* condotto; canale: *back passage, (fam.)* retto. **8** *(fisiologia)* escrezione.
□ *passage of arms, (lett. e fig.)* conflitto; scontro; disputa — *passage-boat,* battello (vapore) postale.

passbook ['pɑ:sbuk] *s.* **1** libretto di banca. **2** *(in Sud Africa)* lasciapassare per l'ingresso e il soggiorno in determinate zone.

passby ['pɑ:sbai] *s.* passaggio *(di veicolo spaziale).*

passé ['pɑ:sei] *agg (fr.)* (*f.* **passée**) passato; superato; sfiorito.

passenger ['pæsindʒə*] *s.* **1** passeggero; viaggiatore. **2** *(fam.)* membro *(d'una squadra, d'un equipaggio, ecc.)* inutile, di peso; 'peso morto'.

passe-partout ['pɑs,pɑ:tu] *s.* *(fr.)* nastro adesivo usato nel montare cornici.

passer-by [pɑ:sə'bai] *s.* (*pl.* **passers-by**) passante; persona che passa; viandante: *None of the passers-by took pity on the poor old woman,* Nessuno dei passanti ebbe pietà per la povera vecchia.

passim ['pæsim] *avv (lat.)* 'passim'; in vari luoghi.

[1]**passing** ['pɑ:siŋ] *agg* **1** passeggero; fugace: *the passing years,* gli anni fugaci — *a passing note, (mus.)* una nota di passaggio. **2** casuale: *a passing remark,* un'osservazione casuale. □ *in passing,* incidentalmente.

[2]**passing** ['pɑ:siŋ] *s.* **1** passaggio; il passare: *passing-out* ⇨ **to pass out b). 2** approvazione *(di un progetto di legge).* **3** morte; trapasso; scomparsa *(anche fig.): passing bell,* campana funebre.

passion ['pæʃən] *s.* **1** passione; zelo; ardore; entusiasmo: *to be filled with passion for sb,* essere innamorato di qcno — *choking with passion,* soffocato dalla passione. **2** sfogo; scatto; accesso *(di passione): to fly into a passion,* avere un accesso d'ira; andare su tutte le furie — *to be in a passion,* essere tutto adirato. **3** *the Passion,* la Passione — *a Passion play,* rappresentazione sacra (mistero, dramma) della Passione — *passion-flower,* passiflora; fiore della passione.

passionate ['pæʃənit] *agg* **1** appassionato; passionale; ardente; focoso. **2** irascibile; collerico.
□ *avv* **passionately.**

passionless ['pæʃənlis] *agg* impassibile; calmo.

passive ['pæsiv] *agg* passivo; inerte. □ *avv* **passively.**
□ *s. (gramm.)* passivo.

passiveness, passivity ['pæsivnis/pæ'siviti] *s.* passività; inerzia.

passkey ['pɑ:ski:] *s.* 'passe-partout'; chiave universale.

passman ['pɑ:smæn] *s.* (*pl.* **passmen**) *(GB)* studente che si laurea con la semplice sufficienza (senza lode).

Passover ['pɑ:s,ouvə*] *s.* 'passover'; pasqua ebraica.

passport ['pɑ:spɔ:t] *s.* passaporto *(anche fig.).*

password ['pɑ:swə:d] *s. (mil.)* parola d'ordine: *to give (to demand) the password,* dare (chiedere) la parola d'ordine.

past [pɑ:st] **I** *agg* passato; trascorso; compiuto; consumato; finito: *for the past few days,* durante gli ultimi giorni — *during the past week,* durante la settimana scorsa — *in times past,* in tempi passati — *for a long time past,* da molto tempo ormai — *past generations,* le passate generazioni — *the past tense, (gramm.)* il tempo passato — *a past master,* uno che ha grande esperienza; un esperto.

II *s.* passato: *We cannot change the past,* Non si può cambiare il passato — *Memories of the past filled her mind,* Ricordi del passato le riempivano la mente — *We know nothing of his past,* Non sappiamo nulla del suo passato — *She's a woman with a past,* È una donna che ha un passato.

III *prep* **1** dopo; oltre: *ten minutes past six,* dieci minuti dopo le sei (le sei e dieci) — *an old man past seventy,* un vecchio oltre i settant'anni. **2** oltre; al di là: *He walked past the house,* Camminò fin dopo la casa — *He hurried past me without stopping to speak,* Mi oltrepassò in fretta senza fermarsi per parlare — *The driver took the bus past the traffic light,* Il conducente portò l'autobus oltre il semaforo — *The old man is past work,* Il vecchio non è più capace di lavorare — *The pain was almost past bearing,* Il dolore era quasi oltre il limite di sopportabilità — *He's past praying for* ⇨ **to pray 1** — *She's past caring what happens,* Non si cura più di ciò che accade; Nulla più la può toccare.

IV *avv* oltre; ulteriormente: *He walked past with his head turned the other way,* Passò oltre con la testa girata dall'altra parte.

paste [peist] *s.* **1** pasta; impasto *(di farina, di cibi tritati).* **2** colla *(di farina).* **3** impasto *(per fare pietre artificiali): paste jewelry,* gioielli d'imitazione.

to **paste** [peist] *vt* **1** impastare; ridurre in pasta. **2** incollare; appiccicare assieme: *to paste sth down,* fissare qcsa con la colla — *to paste (up) bills on a wall,* incollare manifesti pubblicitari su un muro — *to paste sth up with paper,* coprire qcsa incollandoci sopra della carta. **3** *(fam.)* pestare (qcno).

pasteboard ['peistbɔ:d] *s.* cartone.
□ *agg* **1** di cartone. **2** *(fig.)* fittizio; inconsistente.

pastel ['pæstel] *s.* pastello. □ *agg* color pastello; tenue; delicato.

pastern ['pæstə:n] *s.* pastorale *(prima falange del piede del cavallo).*

paste-up ['peistʌp] *s. (fam.)* menabò.

pasteurization [,pæstərai'zeiʃən] *s.* pastorizzazione.

to **pasteurize** ['pæstəraiz] *vt* pastorizzare.

pastiche [pæs'ti:ʃ] *s. (fr.)* 'pastiche'; zibaldone *(di scritti, ecc.).*

pastille [pæs'ti(:)l] *s.* pastiglia; pasticca.

pastime ['pɑ:staim] *s.* passatempo.

pasting ['peistiŋ] *s. (fam.)* pestaggio.

pastor ['pɑ:stə*] *s. (religione)* pastore; *(USA)* parroco.

pastoral ['pɑ:stərəl] *agg* **1** pastorale; di pastore; dei pastori. **2** pastorale; vescovile: *a pastoral letter,* una lettera pastorale — *pastoral staff,* bastone pastorale; pastorale.
□ *s.* **1** pastorale *(sonata, dramma, poesia, ecc.).* **2** pastorale *(bastone, lettera, ecc.).*

pastrami [,pæ'strɑ:mi] *s. (USA)* carne di manzo affettata.

pastry ['peistri] *s.* **1** pasta *(da cuocere al forno per dolci).* **2** pasticceria; paste; dolci: *pastry cook,* pasticciere.

pasturage ['pɑ:stjuridʒ] *s.* pascolo; pastura; diritto di pascolo.

pasture ['pɑ:stʃə*] *s.* pascolo; pastura; foraggio.

to **pasture** ['pɑ:stʃə*] *vt e i.* **1** condurre al pascolo. **2** pascolare; brucare.

[1]**pasty** ['peisti] *agg* **1** pastoso; di pasta; molle. **2** *(di carnagione)* pallido.

[2]**pasty** ['pæsti] *s.* pasticcio *(di carne).*

[1]**pat** [pæt] *s.* **1** buffetto; colpetto *(con la mano).* **2** panetto *(di burro);* pezzetto; pallina. **3** ticchettio; scalpiccio.

to **pat** [pæt] *vt e i.* **(-tt-)** dare un buffetto; accarezzare con la mano; battere affettuosamente; tamburellare *(con le dita): to pat a dog,* dare dei buffetti affettuosi a un cane — *to pat a ball,* far rimbalzare a terra una palla — *to pat oneself (to pat sb) on the back,* compiacersi con se stesso (con qcno) — *to pat sb on the shoulder,* dare a qcno un colpetto sulla spalla *(per attirare la sua attenzione, per congratularsi con lui, ecc.).*

[2]**pat** [pæt] *avv* a proposito; al momento giusto: *The answer came pat,* La risposta arrivò al momento giusto (fu immediata, tempestiva) — *He had his excuse pat,* Aveva pronta la sua scusa. □ *to know sth off pat,* conoscere qcsa a fondo, come il palmo della propria mano — *to stand pat, (fam.)* non mutar idea; restare dello stesso avviso; tener duro.

patch [pætʃ] *s.* **1** pezza; toppa; rattoppo: *patch pocket,* tasca applicata. **2** cerotto *(su una ferita);* benda *(su un occhio).* **3** macchia; chiazza; *(med.)* placca. **4** appezzamento; riquadro; banco *(di nebbia): cabbage patch,* appezzamento coltivato a cavoli. **5** neo posticcio *(sulla faccia).* **6** *(fam.)* periodo; momento: *to strike a bad patch,* avere un periodo difficile, di sfortuna. □ *This new model is not a patch on the old one,* Questo nuovo modello non è certo paragonabile a quello vecchio.

to **patch** [pætʃ] *vt* **1** rappezzare; rattoppare. **2** *(di stoffa)* servire da rattoppo. **3 to patch up,** *(fig.)* riparare; rappezzare; raffazzonare: *to patch up a quarrel, (fig.)* appianare una lite.

patchily ['pætʃili] *avv* ⇨ **patchy.**

patchiness ['pætʃinis] *s.* disorganicità; mescolanza disordinata di cose diverse.

patchouli ['pætʃuli(:)] *s.* paciulì.

patchwork ['pætʃwəːk] *s.* **1** stoffa *(coperta, ecc.)* composta di riquadri cuciti assieme: *a patchwork quilt,* una trapunta formata con pezze di diversi colori. **2** *(fig.)* raffazzonamento; mosaico; mescolanza di cose eterogene; lavoro mal fatto, rabberciato.

patchy ['pætʃi] *agg* **1** rattoppato; rappezzato; *(spreg.)* rabberciato; fatto male. **2** irregolare; non uniforme; a macchie; a chiazze; a riquadri; *(di nebbia)* in banchi. □ *avv* **patchily.**

pate [peit] *s. (fam.)* 'zucca'; testa; testone: *a bald pate,* una 'zucca pelata'.

pâté ['pætei/pæ'tei] *s. (fr.)* 'pâté'; pasticcio: *pâté de foie gras,* pâté di fegato d'oca.

-pated ['peitid] *agg (nei composti)* dalla testa...; dalla 'zucca'...: *curly-pated,* dalla testa ricciuta.

[1]**patent** ['peitənt/*(USA)* 'pætənt] *agg* **1** evidente; ovvio; manifesto; chiaro; palese. **2** privilegiato; riconosciuto *(da decreti, sovrani, ecc.);* brevettato; patentato; fabbricato su brevetto; venduto in esclusiva; originale: *a patent device,* un congegno originale — *patent medicines,* specialità medicinali — *letters patent, (pronunzia:* ['pætənt] *anche in GB)* ordinanze; decreti sovrani; diritto di esclusiva; patente; brevetto. **3** *(med.)* beante; pervio. □ *patent leather,* cuoio verniciato; coppale.
□ *avv* **patently.**

to **patent** ['peitənt] *vt* brevettare.

[2]**patent** ['peitənt] *s.* **1** privilegio sovrano; patente; brevetto per invenzione industriale; diritto di esclusiva: *to take out a patent on (o for) a new invention,* brevettare una nuova invenzione — *Patent Office,* Ufficio Brevetti. **2** brevetto; cosa o invenzione o processo brevettati.

patented ['peitəntid] *agg* brevettato.

patentee [,peitən'tiː] *s.* concessionario, detentore di brevetto.

pater ['peitə*] *s. (GB, sl. studentesco delle classi alte, ormai desueto)* padre; papà.

pater familias ['peitə fə'miliæs] *s. (lat., scherz.)* padre; genitore; capo famiglia.

paternal [pə'təːnl] *agg* paterno; *(spreg.)* paternalistico: *my paternal grandfather,* mio nonno paterno — *a paternal government,* un governo paternalistico. □ *avv* **paternally.**

paternalism [pə'təːnəlizəm] *s.* paternalismo.

paternalistic [pə'təːnə,listik] *agg* paternalistico.

paternity [pə'təːniti] *s.* paternità *(anche fig.).*

paternoster ['pætə'nɔstə*] *s.* 'paternoster'; padrenostro *(orazione e grano del rosario): black (white) paternoster,* formula magica — *devil's paternoster,* imprecazione a denti stretti. □ *paternoster line,* tirlindana.

path [pɑːθ] *s.* **1** sentiero; viottolo; stradicciola; scorciatoia; vialetto *(di giardino, ecc.).* **2** *(sport)* pista: *cinder path,* pista di cenere *(per ciclisti, ecc.).* **3** corsia pedonale *(di strada).* **4** corso; corsa; traiettoria; orbita. □ *to lead sb up the garden path, (fam.)* fuorviare qcno ingannandolo — ⇨ *anche* **pathfinder, pathless, pathway.**

pathetic [pə'θetik] *agg* **1** patetico; commovente; pietoso: *a pathetic sight,* uno spettacolo commovente — *pathetic ignorance,* ignoranza pietosa, spaventosa — *a pathetic fallacy, (letteralm.)* una fallacia o un inganno delle passioni; attribuzione di sentimenti umani a cose inanimate. **2** *(fam.)* scadente; debole; penoso; tale da far pena. □ *avv* **pathetically.**

pathfinder ['pɑːθ,faində*] *s.* **1** esploratore. **2** *(aeronautica)* ricognitore.

pathless ['pɑːθlis] *agg* senza sentieri; *(anche fig.)* inesplorato; impenetrabile.

pathological [,pæθə'lɔdʒikəl] *agg* patologico.

pathologist [pæ'θɔlədʒist] *s.* patologo.

pathology [pə'θɔlədʒi] *s.* patologia.

pathos ['peiθɔs] *s.* pathos; commozione.

pathway ['pɑːθwei] *s.* **1** sentiero; viottolo; stradicciola. **2** *(fig.)* strada: *the pathway to success,* la strada del successo.

patience ['peiʃəns] *s.* **1** pazienza; sopportazione; perseveranza; calma: *She has no patience with people,* Non ha pazienza con la gente — *to be out of patience with sb,* aver perso la pazienza con qcno; non poter più sopportare qcno — *the patience of Job,* la pazienza di Giobbe. **2** *(gioco delle carte)* solitario.

patient ['peiʃənt] *agg* paziente: *to be patient of insults,* tollerare gli insulti. □ *avv* **patiently.**
□ *s.* paziente; malato.

patina ['pætinə] *s.* patina.

patio ['pɑːtiou] *s.* **1** patio. **2** terrazza.

patisserie [pɑ'tiːsə,ri] *s. (dal fr.)* pasticceria di lusso.

patois ['pætwɑː] *s. (fr.)* dialetto; 'patois'; vernacolo.

patriarch ['peitriɑːk] *s.* patriarca *(anche fig.).*

patriarchal [,peitri'ɑːkəl] *agg* patriarcale.

patriarchate ['peitriɑːkit] *s.* patriarcato.

patrician [pə'triʃən] *s. e agg* patrizio.

patricide ['pætrisaid] *s.* **1** parricidio. **2** parricida.

patrimonial [,pætri'mounjəl] *agg (raro)* patrimoniale.

patrimony ['pætriməni] *s.* **1** patrimonio. **2** patrimonio ecclesiastico; lascito.

patriot ['pætriət] *s.* patriota.

patriotic [,pætri'ɔtik] *agg* patriottico. □ *avv* **patriotically.**

patriotism ['pætriətizəm] *s.* patriottismo.

patrol [pə'troul] *s.* **1** perlustrazione; ricognizione: *air patrol,* ricognizione aerea — *patrol wagon, (USA)* furgone cellulare — *patrol car,* radiomobile *(della polizia)* — *patrol-man, (USA)* poliziotto. **2** pattuglia; ronda. **3** *(al pl.)* divisa militare da cerimonia.

to **patrol** [pə'troul] *vt e i.* (-**ll**-; *USA* -**l**-) pattugliare; fare la ronda; perlustrare.

patron ['peitrən] *s.* **1** patrono; mecenate: *patron saint,* santo patrono. **2** cliente abituale *(d'un negozio, ecc.).*

patronage ['pætrənidʒ] *s.* **1** patronato; patrocinio; protezione; mecenatismo. **2** facoltà o diritto di patronato *(nell'assegnazione di cariche, privilegi, benefici ecclesiastici, ecc.).* **3** *(comm.)* il servirsi abitualmente presso un negozio: *to take away one's patronage because of poor service,* smettere di essere cliente *(di un negozio, ecc.)* a causa del servizio scadente. **4** *(fam.)* condiscendenza; aria di superiorità.

patronal [pə'trounl] *agg* patronale: *patronal festival,* festa del santo patrono.

patroness ['peitrənis] *s.* patronessa; protettrice.

to **patronize** ['pætrənaiz] *vt* **1** patrocinare; proteggere; incoraggiare. **2** trattare con sussiego, con condiscendenza. **3** essere cliente abituale *(di un negozio).*

patronizing ['pætrənaiziŋ] *agg* **1** protettivo. **2** condiscendente.

patronymic [,pætrə'nimik] *s. e agg* patronimico.

patten ['pætn] *s.* **1** soprascarpa *(spec. con suola di legno).* **2** *(archit.)* base di colonna; zoccolo.

[1]**patter** ['pætə*] *s.* **1** gergo: *thieves' patter,* il gergo della malavita. **2** la parlata di prestigiatori, attori comici, imbonitori, presentatori, ecc. **3** cicaleccio; discorso affrettato. **4** breve recitativo d'una canzone: *patter song,* canzone con recitativi.

[1]to **patter** ['pætə*] *vt e i.* **1** recitare, ripetere in fretta e meccanicamente *(una preghiera, una poesia, ecc.).* **2** parlare in fretta *(come un imbonitore).*

[2]**patter** ['pætə*] *s.* ticchettio; picchiettio: *the patter of rain on a roof,* il ticchettio della pioggia su un tetto — *the patter of footsteps,* lo scalpiccio di passi.

[2]to **patter** ['pætə*] *vi* picchiettare; battere.

pattern ['pætən] *s.* **1** modello; tipo, cosa o persona esemplare. **2** campione *(di stoffa, di carta, ecc.): pattern-book,* campionario *(di stoffe, ecc.).* **3** disegno stampato *(di vestito, stoffa, ecc.).* **4** modo; modello *(di comportamento, ecc.);* struttura: *new patterns of family life,* nuovi modelli di vita familiare. **5** caratteristica o fattore costante; andamento. **6** *(di cannone) firing-pattern,* rosa di tiro. **7** *(linguistica)* struttura: *pattern drills,* esercizi strutturali.

to **pattern** ['pætən] *vt* **1** modellare. **2** *(generalm. al passivo, seguito da* after, on, upon*)* fare; copiare; tagliare su un modello: *a dress patterned upon a Paris model,* un vestito fatto su un modello parigino. **3** ornare con disegni.

patty ['pæti] *s.* pasticcino; piccolo pasticcio *(spec. di carne): oyster patties,* tartine d'ostrica — *patty pan,* forma per pasticcini.

paucity ['pɔ:siti] *s.* pochezza; scarsezza.

Paul [pɔ:l] *nome proprio* Paolo: *Paul-pry,* ficcanaso.

paunch [pɔ:nʃ] *s.* **1** pancia; pancione: *He is getting quite a paunch,* Sta mettendo su una bella pancia. **2** rumine.

to **paunch** [pɔ:nʃ] *vt* sviscerare.

paunchiness ['pɔ:nʃinis] *s.* l'essere panciuto.

paunchy ['pɔ:nʃi] *agg* grassoccio; flaccido.

pauper ['pɔ:pə*] *s.* povero; indigente.

pauperism ['pɔ:pərizəm] *s.* pauperismo; indigenza.

pauperization [,pɔ:pərai'zeiʃən] *s.* impoverimento; pauperismo; indigenza.

to **pauperize** ['pɔ:pəraiz] *vt* impoverire.

pause [pɔ:z] *s.* pausa *(anche mus.);* intervallo; battuta di arresto: *to give sb pause,* rendere qcno incerto (esitante).

to **pause** [pɔ:z] *vi* fare una pausa, un intervallo, un'interruzione; arrestarsi; soffermarsi: *to pause for breath,* fare una pausa per prendere fiato.

pavane [pæ'vɑ:n] *s. (mus.)* pavana.

to **pave** [peiv] *vt* pavimentare; lastricare *(anche fig.): a path paved with bricks,* un sentiero lastricato di mattoni — *The road to Hell is paved with good intentions, (prov.)* La strada dell'inferno è lastricata di buone intenzioni — *to pave the way for sth,* aprire la strada a qcsa; spianare la via a qcsa. □ *paving-stone,* lastra di pietra.

pavement ['peivmənt] *s.* **1** *(GB)* marciapiede: *pavement artist,* artista da marciapiede *(che disegna con il gesso sui marciapiedi per ottenere offerte)* — *crazy pavement; crazy paving,* lastricato irregolare. **2** selciato; pavimentazione (stradale): *pavement roadway, (USA)* strada selciata.

pavilion [pə'viljən] *s.* **1** padiglione. **2** grande tenda.

paving ['peiviŋ] *s.* materiale per pavimentazione; lastrico; selciato: *crazy paving* ⇨ **pavement 1.**

paw [pɔ:] *s.* **1** zampa. **2** *(fam.)* mano; 'zampa'.

to **paw** [pɔ:] *vt* **1** *(di animale)* dare zampate; *(di cavallo)* scalpitare. **2** *(di persone: spesso seguito da* about *o* around*)* mettere le mani addosso; toccare maldestramente: *She doesn't like being pawed about,* Non le piace che le si mettano le mani addosso.

pawky ['pɔ:ki] *agg (scozzese)* scaltro; astuto. □ *avv* **pawkily.**

pawl [pɔ:l] *s.* **1** dente d'arresto; nottolino d'arresto. **2** scontro *(di argano, gru, molinello, ecc.).*

[1]**pawn** [pɔ:n] *s.* **1** pedina *(negli scacchi).* **2** *(fig.)* pedina *(persona).*

[2]**pawn** [pɔ:n] *s.* pegno; *(talvolta)* garanzia: *pawn-ticket,* ricevuta di pegno.

to **pawn** [pɔ:n] *vt* **1** impegnare; pignorare; dare in pegno, in garanzia *(gioielli, ecc.).* **2** impegnare; rischiare: *to pawn one's life (honour),* rischiare la propria vita (il proprio onore).

pawnbroker ['pɔ:n,broukə*] *s.* prestatore su pegno.

pawnshop ['pɔ:nʃɔp] *s.* monte di pietà; agenzia di prestiti su pegno.

paw-paw ['pɔ:'pɔ:] *s.* papaia *(l'albero e il frutto).*

pax [pæks] *s. (lat.)* **1** *(GB, sl. studentesco)* silenzio!; basta!; pace! *(per porre fine ad una lite).* **2** *(stor.)* pace.

pay [pei] *s.* paga; salario; stipendio; diaria *(delle forze armate): to draw one's pay,* ritirare la propria paga — *to get an increase in pay,* ottenere un aumento della paga — *to be in the pay of sb; to be in sb's pay,* essere al soldo di qcno *(spesso con significato spreg.)* — *pay-day,* - **a)** giorno di paga - **b)** *(in Borsa)* giorno dei pagamenti — *pay-packet,* busta-paga — *pay-roll; pay-sheet,* libro-paga; *(per estensione)* gli effettivi; totale dei dipendenti.

to **pay** [pei] *vt e i.* (*pass. e p. pass.* **paid**) **1** pagare: *You must pay me what you owe me,* Devi pagarmi quello che mi devi — *Have you paid the tradesmen this month?,* Hai pagato i negozianti questo mese? — *to pay one's debts,* pagare i propri debiti — *to pay cash,* pagare in denaro contante — *This handy tool will pay for itself in no time,* Questo utile arnese ripagherà in breve tempo il costo d'acquisto (si ammortizzerà) — *to put 'paid' to a matter,* regolare, definire una questione; risolvere una questione in modo definitivo — *to pay one's way,* pagare le proprie spese senza fare debiti — *This business will never pay its way,* Quest'impresa non passerà mai in attivo — *pay-as-you-earn, (GB, abbr.* P.A.Y.E.*)* sistema di pagamento delle tasse attraverso trattenute — *to pay on* *the nail,* pagare a tamburo battente (sulla cavezza, sull'unghia).

2 dedicare; dare; prestare; rivolgere: *Please pay more attention to your work,* Per favore, dedicate più attenzione al vostro lavoro — *He has called to pay his respects,* È venuto per presentare i suoi omaggi — *He never pays his wife any compliments nowadays,* Ora non fa mai dei complimenti a sua moglie — *to pay sb a visit,* fare visita a qcno.

3 rendere; dare vantaggio; essere di profitto; ripagare; risultare conveniente: *Does it pay to grow fruit for the market?,* Rende coltivare frutta per il mercato? — *He says that sheep farming doesn't pay,* Dice che l'allevamento delle pecore non rende.

to pay back, - **a)** restituire (denaro avuto in prestito) - **b)** *to pay sb back (out),* ripagare; vendicarsi: *I've paid him back for the trick he played on me,* L'ho ripagato del brutto tiro che mi ha giocato — *to pay sb (back) in his own coin, (fig.)* rendere pan per focaccia.

to pay for, pagare *(anche fig.);* sopportare l'onere di: *to pay for music lessons,* pagare le lezioni di musica — *to pay for domestic help,* pagare per il servizio domestico — *He will have to pay for this foolish behaviour,* La dovrà pagare per questo sciocco comportamento.

to pay in, versare *(denaro): paying-in,* versamento — *paying-in slip,* distinta di versamento.

to pay off, - **a)** liquidare qcno *(cioè pagarlo e sbarazzarsene)* - **b)** pagare completamente; soddisfare: *to pay off one's creditors,* soddisfare (pagare completamente) i propri creditori - **c)** *to pay sth off by instalments,* pagare qcsa a rate - **d)** riuscire; *(di progetto, investimento, ecc.)* rendere bene.

to pay out, - **a)** sborsare *(denaro)* - **b)** mollare; filare; liberare; allentare *(una fune)* - **c)** = **to pay back b).**

to pay up, - **a)** pagare (interamente); saldare per intero - **b)** versare: *fully-paid-up capital,* capitale sociale interamente versato.

payable ['peiəbl] *agg* pagabile *(che deve o può essere pagato).*

payee [pei'i:] *s. (comm.)* beneficiario di un pagamento *(spec. cambiali, tratte).*

payer ['peiə*] *s.* pagante; chi paga o deve pagare.

paying-in ['peiiŋ'in] *s. e agg* ⇨ **to pay in.**

payload ['peiloud] *s. (di aereo, ecc.)* carico pagante, utile.

paymaster ['pei,mɑ:stə*] *s. (mil.)* ufficiale pagatore; *(naut.)* ufficiale commissario. □ *Paymaster-General, (GB)* capo responsabile della Ragioneria dello Stato.

payment ['peimənt] *s.* **1** pagamento; versamento: *to demand prompt payment,* pretendere il pagamento immediato — *a cheque in payment for services rendered,* un assegno in pagamento per servizi resi — *Fifty pounds cash down and ten monthly payments of five pounds,* Cinquanta sterline in contanti e dieci pagamenti mensili di cinque sterline — *advance payment,* anticipo; caparra; acconto — *payment in kind,* pagamento in natura. **2** ricompensa; punizione *(in senso fig.).*

paynim ['peinim] *s.* pagano; musulmano.

payoff ['peiɔ:f] *s. (fam.)* resa dei conti.

payola [pei'əla] *s. (fam., USA)* bustarella.

pay-phone, pay-station [,pei'foun/'pei'steiʃən] *s. (USA)* cabina telefonica.

pea [pi:] *s.* pisello: *pea-green,* verde pisello; color pisello — *pea-soup,* minestra o passato di piselli. □ *pea-souper, (fam.)* nebbione giallastro — *as like as two peas in a pod,* simili come due gocce d'acqua; del tutto eguali — *pea-shooter,* cerbottana — ⇨ *anche* **pea-jacket.**

peace [pi:s] *s.* **1** pace; trattato di pace: *to be at peace with neighbouring countries,* essere in pace con i paesi vicini — *a peace rally,* un raduno per la pace — *A peace was signed between the two countries,* Venne firmata la pace tra i due paesi — *to make peace,* fare, concludere la pace. **2** ordine pubblico; quiete pubblica; pace: *the King's (Queen's) peace,* l'ordine pubblico dello Stato (garantito dalle leggi) — *a Justice of the peace,* un giudice di pace *(GB, magistrato).* **3** riposo; quiete; pace; calma: *the peace of the countryside,* la quiete della campagna — *peace of mind,* pace dello spirito — *a period of industrial peace,* un periodo di pace, calma sindacale — *at peace (with sb),* in pace (con qcno) — *in peace,* pacificamente — *to hold one's peace,* fare silenzio; cessare di discutere — *to make one's peace (with sb),* fare la pace (con qcno) — *peace-maker,* pacificatore — *peace offering,* offerta (segno) di pace.

peaceable ['pi:səbl] *agg* pacifico; tranquillo. □ *avv* **peaceably.**

peaceableness ['pi:səblnis] *s.* pacificità.

peaceful ['pi:sful] *agg* **1** pacifico; amante della pace: *peaceful nations,* nazioni pacifiche. **2** calmo; quieto: *a peaceful evening,* una sera tranquilla — *a peaceful death,* una morte serena. □ *avv* **peacefully.**

peacefulness ['pi:sfulnis] *s.* pace; calma; quiete; serenità.

peacetime ['pi:staim] *s.* tempo di pace. □ *(attrib.)* del tempo di pace.

peach [pi:tʃ] *s.* **1** (= peach tree) pesco: *peach blossom,* fiori di pesco. **2** pesca: *peaches in syrup,* pesche sciroppate. **3** *(di ragazza, sl.)* bellezza; (un) amore.

to **peach** [pi:tʃ] *vi (sl.)* fare la spia; denunciare: *to peach against* (o *on*) *an accomplice,* denunciare un complice.

peachick ['pi:tʃik] *s.* pavoncino.

peacock ['pi:kɔk] *s.* **1** pavone maschio. **2** *(fig., spreg.)* uomo vanitoso. **3** vanessa *(farfalla).*

peafowl ['pi:faul] *s.* pavone *(maschio o femmina).*

peahen ['pi:hen] *s.* pavone femmina.

pea-jacket ['pi:,dʒækit] *s.* giacca 'tre quarti' di lana greggia indossata dai marinai.

peak [pi:k] *s.* **1** cima; picco. **2** punta *(di barba, ecc.);* visiera *(di berretto).* **3** *(naut.)* angolo di penna; gavone: *fore peak,* gavone di prua — *after peak,* gavone di poppa. **4** punto o valore massimo; (il) massimo; apice *(di una curva): peak hours,* ore di punta — *off-peak periods,* periodi non di punta, di morta — *off-peak flights,* voli non in ore di punta *(cioè notturni, ecc.).*

to **peak** [pi:k] *vi e t.* **1** alzare in posizione verticale *(pennoni, remi, ecc.); (di balena)* alzare la coda; immergersi. **2** struggersi: *to peak and pine,* consumarsi e languire. **3** raggiungere l'acme.

peaked ['pi:kd] *agg* aguzzo; appuntito: *a peaked cap (roof),* un cappello (un tetto) a punta.

peaky ['pi:ki] *agg (di bambino)* pallido; languente; gracile; malaticcio. □ *avv* **peakily.**

peal [pi:l] *s.* **1** scampanio; concerto di campane. **2** serie di campane intonate fra di loro. **3** fragore; scoppio *(di tuono, risa, ecc.).*

to **peal** [pi:l] *vi e t.* **1** scampanare; suonare a distesa. **2** far suonare; far risuonare; far rimbombare.

peanut ['pi:nʌt] *s.* arachide; nocciolina americana; spagnoletta.

pear [pεə*] *s.* **1** pera: *pear-shaped,* a forma di pera. **2** (= pear tree) pero.

pearl [pə:l] *s.* **1** perla: *a necklace of pearls; a pearl* *necklace,* una collana di perle — *pearl-diver,* pescatore di perle. **2** *(anche* mother-of-pearl*)* madreperla. **3** oggetto a forma di perla, perlina, goccia: *pearl-barley,* orzo perlato. **4** *(fig.)* perla; tesoro; cosa preziosa: *She is a pearl among women,* È una perla di donna — *to cast pearls before swine,* gettare le perle ai porci.

to **pearl** [pə:l] *vi* **1** pescare perle: *to go pearling,* andare a pesca di perle. **2** imperlare; ornare di perle. **3** perlare *(riso, orzo, ecc.).*

pearlies ['pə:liz] *s. pl (GB)* **1** vestito *(ormai soltanto di gala)* di venditore ambulante londinese con molti lustrini e bottoni perlacei. **2** *(sl.)* denti.

pearly ['pə:li] *agg* **1** perlaceo; perlato; color perla. **2** ricco di perle; ornato di perle: *Pearly King (Queen),* uomo (donna) vestito di 'pearlies' ⇨.

peasant ['pezənt] *s.* contadino: *peasant labour,* lavoro agricolo.
□ *(attrib.)* **1** di, da contadino. **2** *(fam., scherz. o spreg.)* rustico; rude.

peasantry ['pezəntri] *s.* i contadini *(come stato sociale);* contado.

pease [pi:z] *s.* (= peas) piselli: *(spec. in) pease-pudding,* passato di piselli.

peat [pi:t] *s.* torba: *a peat bog,* una torbiera.

peaty ['pi:ti] *agg* torboso.

pebble ['pebl] *s.* **1** ciottolo; sassolino; sasso: *pebble-dash,* intonaco a pinocchino — *pebble gravel,* ghiaia — *pebble paving,* acciottolato. **2** *(anche* Scotch pebble*)* agata. **3** cristallo di rocca. □ *pebble lens,* lente di quarzo — *pebble leather,* zigrino — *pebble powder,* polvere da sparo.

pebbly ['pebli] *agg* ciottoloso; ghiaioso; sassoso.

pecan [pi'kæn] *s.* noce americana.

peccability [,pekə'biliti] *s.* tendenza a peccare.

peccable ['pekəbl] *agg* soggetto a peccare.

peccadillo [,pekə'dilou] *s.* (*pl.* **peccadilloes**) peccatuccio; debolezza.

peccary ['pekəri] *s.* pecari.

[1]**peck** [pek] *s.* **1** 'peck' *(misura di capacità per cereali, pari a 9 litri circa).* **2** *(fig.)* mucchio; sacco: *a peck of troubles,* un mare (un sacco) di guai.

[2]**peck** [pek] *s.* **1** beccata; *(scherz.)* cibo. **2** *(fam.)* bacetto.

to **peck** [pek] *vi e t.* **1** beccare *(di gallina, ecc.): to peck at sth, (fam.)* mangiucchiare (sbocconcellare, piluccare) qcsa; mangiare qcsa svogliatamente. **2** fare *(col becco): The hens pecked a hole in the sack,* Le galline han fatto un buco nel sacco. **3** *(fam.)* dare un bacetto; baciare alla svelta. □ *hen-pecked, (di marito)* dominato dalla moglie — *the pecking order, (in un ufficio, ecc.)* l'ordine gerarchico nel quale un impiegato è sottomesso ai superiori e domina gli inferiori — *a pecked line,* una linea a punti e tratti.

pecker ['pekə*] *s.* **1** *(GB, fam.)* becco; naso: *Keep your pecker up!,* Fatti coraggio!; Stai allegro! **2** *(USA)* pene. **3** = **woodpecker.**

peckish ['pekiʃ] *agg (fam.)* un po' affamato.

pectin ['pektin] *s.* pectina.

pectoral ['pektərəl] *agg* pettorale.

to **peculate** ['pekjuleit] *vi e t.* commettere peculato.

peculation [,pekju'leiʃən] *s.* peculato.

peculiar [pi'kju:ljə*] *agg* **1** peculiare; proprio; personale: *a style peculiar to the eighteenth century,* uno stile peculiare del Settecento — *(God's) peculiar people,* il popolo prediletto da Dio; gli Ebrei; gli 'eletti' — *The Peculiar People,* setta evangelica *(fondata nel 1838).* **2** insolito; strano; bizzarro; originale: *Something peculiar happened to me yesterday,* Ieri mi è successo qualcosa di insolito. **3** particolare; speciale: *a matter of peculiar interest,* un argomento di particolare interesse. □ *avv* **peculiarly.**

peculiarity [pi,kjuli'æriti] *s.* **1** particolarità; caratteristica. **2** *(di vestito, comportamento, ecc.)* stranezza; bizzarria.

pecuniary [pi'kju:njəri] *agg* pecuniario: *pecuniary aid,* aiuto finanziario — *to work without pecuniary reward,* lavorare senza ricompensa in danaro.

pedagogic, pedagogical [,pedə'gɔdʒik(əl)] *agg* pedagogico. □ *avv* **pedagogically.**

pedagogue ['pedəgɔg] *s.* (*USA anche* **pedagog**) pedagogo.

pedagogy ['pedəgɔgi] *s.* pedagogia.

[1]**pedal** ['pedl] *s.* pedale *(di bicicletta, di organo, ecc.): pedal boats, (attrib.)* barche a pedale.

to **pedal** ['pedl] *vi e t.* (**-ll-**; *USA anche* **-l-**) pedalare; *(con valore assoluto)* andare in bicicletta.

[2]**pedal** ['pedl/pi:dl] *agg* di piede.

pedalo ['pedəlou] *s.* moscone; pattino.

pedant ['pedənt] *s.* pedante.

pedantic [pi'dæntik] *agg* pedantesco; pedante. □ *avv* **pedantically.**

pedantry ['pedəntri] *s.* pedanteria.

to **peddle** ['pedl] *vi e t.* **1** fare il venditore ambulante, il merciaiolo. **2** vendere al minuto: *She loves to peddle gossip round the village, (fig.)* Le piace divulgare pettegolezzi per il paese. **3** spacciare *(droga).*

peddler ['pedlə*] *s.* **1** = **pedlar. 2** (= drug-peddler) spacciatore di droga.

peddling ['pedliŋ] *s.* lo spacciare *(droga).*
□ *agg* futile; di scarsa importanza.

pederast ['pedəræst] *s.* pederasta.

pederasty ['pedəræsti] *s.* pederastia.

pedestal ['pedistl] *s.* **1** piedistallo *(anche fig.).* **2** piede di scrivania.

pedestrian [pi'destriən] *s.* pedone.
□ *agg* **1** pedonale. **2** pedestre; prosaico; piatto.

to **pedestrianize** [pi'destriənaiz] *vi* riservare *(una via, una zona)* all'uso pedonale.

pediatrics, pediatrician [,pi:di'ætriks/,pi:diə'triʃən] *s.* = **paediatrics, paediatrician.**

pedicure ['pedikjuə*] *s.* pedicure.

pedigree ['pedigri:] *s.* **1** albero genealogico; lignaggio; ascendenza; antenati. **2** *(di animali)* 'pedigree': *(attrib.) pedigree cattle,* bestiame di razza — *a pedigree poodle,* un barboncino col 'pedigree' (di razza).

pediment ['pedimənt] *s.* frontone; timpano.

pedlar ['pedlə*] *s.* venditore ambulante: *a pedlar of gossip, (fig.)* un chiacchierone; un pettegolo.

pedometer [pi'dɔmitə*] *s.* pedometro; contapassi.

pee [pi:] *s. (fam.)* pisciata: *to have a pee,* pisciare.

to **pee** [pi:] *vi (fam.)* pisciare.

to **peek** [pi:k] *vi (seguito da* at*)* sbirciare; guardare furtivamente.

peekaboo ['pi:kə,bu:] *s.* gioco del cucù.

peel [pi:l] *s.* buccia; corteccia; scorza; pelle: *candied peel,* scorza d'arancia e di limone candita.

to **peel** [pi:l] *vt e i.* sbucciare, sbucciarsi; pelare, pelarsi; squamarsi; cadere a squame o a frammenti: *to peel a banana,* sbucciare una banana — *to peel potatoes,* pelare delle patate — *These potatoes peel easily,* Queste patate si pelano facilmente — *My skin began to peel,* La mia pelle incominciò a squamarsi — *My face peeled,* Mi si spellò la faccia.

to peel off, - **a)** staccarsi: *The wallpaper is peeling off,* La carta da parati si sta staccando - **b)** togliersi (qcsa): *to peel off one's jacket,* togliersi la giacca - **c)** *(di nave o aereo militare)* staccarsi dalla formazione.

[1]**peeler** ['pi:lə*] *s. (generalm. usato in parole com-*

poste) persona o macchina che pela, che sbuccia: *potato-peeler,* macchina pelapatate.

[2]**peeler** ['pi:lə*] *s.* **1** *(sl., GB ant., e Irlanda moderna)* poliziotto; guardia. **2** *(USA, fam.)* spogliarellista.

peelings ['pi:liŋz] *s. pl* bucce *(spec. di patate).*

[1]**peep** [pi:p] *s.* sguardo; occhiata furtiva; occhiatina: *to have a peep at sb through the window,* sbirciare qcno attraverso una finestra — *peep-hole,* spiraglio; spioncino — *peep-show, (nei 'Luna Park')* apparecchio con foro provvisto di lente attraverso il quale si osservano proiezioni di immagini umoristiche, ecc. — *peep-sight,* mirino. □ *at the peep of day,* allo spuntar del giorno; all'alba.

[1]to **peep** [pi:p] *vi* **1** guardare furtivamente; lanciare occhiate: *to peep through a keyhole,* guardare attraverso il buco della serratura — *The neighbours were peeping at us from behind curtains,* I vicini di casa ci spiavano da dietro le tendine delle finestre — *peeping Tom,* guardone; 'voyeur'. **2 to peep out,** spuntare; mostrarsi a poco a poco; far capolino; occhieggiare: *The moon peeped out from behind the clouds,* La luna fece capolino tra le nubi.

[2]**peep** [pi:p] *s.* pigolio; squittio.

[2]to **peep** [pi:p] *vi* pigolare; squittire.

peeper ['pi:pə*] *s.* **1** persona curiosa, indiscreta; guardone. **2** *(al pl., fam.)* occhio; *(talvolta)* occhiali.

peer [piə*] *s.* **1** pari; uguale; persona dello stesso grado o rango. **2** *(GB, anche* peer of the realm*)* Pari; Lord; nobile: *life peer,* Pari a vita.

to **peer** [piə*] *vi (seguito da* at, into*)* scrutare; aguzzare gli occhi; sbirciare: *to peer into dark corners,* scrutare negli angoli bui — *to peer at sb over one's spectacles,* sbirciare qcno al di sopra degli occhiali.

peerage ['piəridʒ] *s.* **1** i Pari; grado di Pari; la nobiltà. **2** almanacco nobiliare *(inglese).*

peeress ['piəris] *s.* nobildonna; consorte di un Pari; donna nominata Pari a vita per meriti speciali.

peerless ['piəlis] *agg* senza pari; impareggiabile.

to **peeve** [pi:v] *vt (usato generalm. al p. pass.* **peeved***)* seccare; scocciare; irritare.

peevish ['pi:viʃ] *agg* irritabile; permaloso; stizzoso. □ *avv* **peevishly.**

peevishness ['pi:viʃnis] *s.* irritabilità; permalosità.

peewit ['pi:wit] *s.* = **pewit.**

peg [peg] *s.* **1** piolo; caviglia; cavicchio; spinotto. **2** picchetto; piuolo; attaccapanni: *a tent-peg,* un picchetto per fissare la tenda al suolo — *hat (o coat) pegs,* attaccapanni. **3** *(anche* clothes peg*)* gruccia per biancheria stesa; molletta da bucato. **4** appiglio; motivo; pretesto; scusa: *a peg on which to hang a sermon,* un pretesto per fare una predica. **5** *(di violino, ecc.)* bischero. **6** *(GB)* bevanda alcoolica *(spec. di gin, whisky, brandy con seltz).* **7** *(di botti)* zaffo; zipolo.
□ *peg-leg, (fam.)* gamba di legno — *peg-top,* paleo; trottola — *peg-top trousers,* calzoni a sbuffo — *a square peg in a round hole, (fig.)* persona non adatta al posto che occupa; un pesce fuor d'acqua — *to buy clothes off the peg, (fam.)* comprare vestiti bell'e fatti — *to take sb down a peg or two, (fig.)* umiliare qcno facendogli abbassare la cresta.

to **peg** [peg] *vt e i.* **(-gg-) 1** fissare con un cavicchio, picchetto o spinotto; appendere ad un piuolo: *to peg sb down, (fig.)* inchiodare, vincolare qcno *(a una linea di azione, ecc.).* **2** segnare; delimitare con cavicchi, con picchetti; picchettare: *to peg out a claim,* delimitare con picchetti i confini di una concessione *(mineraria, ecc.).* **3** *(comm.)* fissare; stabilizzare *(prezzi, salari, ecc.).* **4 to peg away (at sth),** darci dentro a lavorare; sgobbare. **5 to peg out,** *(fam.)* crepare; tirare le cuoia.

peignoir ['peinwɑ:*] *s. (fr.)* accappatoio; vestaglia da toeletta.

pejorative ['pi(:)dʒərətiv] *agg* peggiorativo.

peke [pi:k] *s. (abbr. di* Pekinese*)* cagnolino pechinese.

Pekin(g)ese [,pi:ki'ni:z] *s.* pechinese.

pekoe ['pi:kou] *s.* 'pekoe' *(qualità di tè indiano).*

pelagic [pe'lædʒik] *agg* pelagico; oceanico.

pelf [pelf] *s. (spreg.)* ricchezza; 'il vile denaro'.

pelican ['pelikən] *s.* pellicano.

pelisse [pe'li:s] *s. (fr., ant.)* mantello o soprabito *(per bambino o donna).*

pellet ['pelit] *s.* **1** pallottolina *(di carta, di pane, ecc.).* **2** pallottola; pallino; piombino. **3** pillola.

pell-mell ['pel'mel] *avv* alla rinfusa; precipitosamente.

pellucid [pe'lju:sid] *agg* pellucido; trasparente *(anche fig.).*

pelmet ['pelmit] *s.* mantovana *(di tenda).*

[1]**pelt** [pelt] *s.* colpo. □ *at full pelt,* a tutta velocità; a tutta birra; a rotta di collo.

to **pelt** [pelt] *vt e i.* **1** colpire *(lanciando qcsa): to pelt sb with stones (snowballs, ecc.),* colpire qcno con pietre (palle di neve, ecc.). **2** *(della pioggia, ecc.)* battere; scrosciare; cadere insistentemente: *The rain was pelting down; It was pelting with rain,* La pioggia cadeva a dirotto.

[2]**pelt** [pelt] *s.* pelle *(di animale da pelliccia).*

pelvic ['pelvik] *agg* pelvico.

pelvis ['pelves] *s.* (*pl.* **pelves**) pelvi; bacino.

pemmican ['pemikən] *s.* 'pemmican'; carne essiccata.

[1]**pen** [pen] *s.* penna: *pen-nib,* pennino — *pen-feather,* penna maestra — *pen-holder,* cannuccia; portapenne — *ballpoint pen,* penna a sfera; 'biro' — *fountain-pen,* penna stilografica — *He has a lively pen,* Ha uno stile vivace — *to make a living with one's own pen,* guadagnarsi da vivere facendo lo scrittore.
□ *pen-and-ink, (di disegno)* a penna — *pen-friend,* corrispondente; persona con cui si è in stretta amicizia per corrispondenza — *pen-name,* pseudonimo *(di scrittore);* nome d'arte — *pen-pusher,* scrivano; scribacchino; impiegatuccio — ⇨ *anche* **penholder, penknife, penmanship.**

[1]to **pen** [pen] *vt* **(-nn-)** scrivere; comporre; compilare; redigere.

[2]**pen** [pen] *s.* **1** recinto *(per animali)* chiuso: *sheep-pen,* recinto per le pecore; ovile — *play-pen,* 'box'; recinto per bambini. **2** rifugio per sommergibili. **3** *(USA) abbr di* **penitentiary.**

[2]to **pen** [pen] *vt* **(-nn-)** rinchiudere *(generalm. animali)* in un recinto.

penal ['pi:nl] *agg* penale: *penal servitude,* lavori forzati — *penal settlement (colony),* colonia penitenziaria. □ *avv* **penally.**

penalization [,pi:nəlai'zeiʃən] *s.* penalizzazione.

to **penalize** ['pi:nəlaiz] *vt* penalizzare; dare una penalità.

penalty ['penəlti] *s.* **1** penalità; ammenda; multa; sanzione; punizione; pena: *penalty clause,* clausola penale; penale. **2** *(sport)* penalità; *(nel calcio)* rigore; *(corse dei cavalli)* svantaggio *(di peso).*

penance ['penəns] *s.* penitenza: *to do penance,* fare la penitenza.

pence [pens] *s.* ⇨ **penny.**

penchant ['pɑ̃:ŋʃɑ̃:ŋ] *s. (fr.)* inclinazione; tendenza; simpatia.

pencil ['pensl] *s.* **1** matita; colore. **2** *(di luce)* fascio sottile di raggi.

to **pencil** ['pensl] *vt* (**-ll-**; *USA anche* **-l-**) scrivere, disegnare a matita; segnare a matita: *pencilled eyebrows,* sopracciglia disegnate con la matita — *to pencil sth in,* aggiungere qcsa *(un'osservazione, una correzione, ecc.)* a matita.

pendant ['pendənt] *s.* **1** ciondolo; pendente. **2** = **pennant.**

pendent ['pendənt] *agg* **1** pendente; sovrastante; incombente. **2** = **pending.**

pending ['pendiŋ] *agg* pendente; non deciso; in sospeso.

□ *prep* **1** durante. **2** fino a; in attesa di: *pending his acceptance of the offer,* fino alla sua accettazione dell'offerta.

pendulous ['pendjuləs] *agg* pendulo; oscillante; sospeso.

pendulum ['pendjuləm] *s.* pendolo: *the swing of the pendulum, (fig.)* l'oscillazione dell'opinione pubblica.

penetrability [,penitrə'biliti] *s.* penetrabilità.

penetrable ['penitrəbl] *agg* penetrabile.

to **penetrate** ['penitreit] *vt e i.* **1** penetrare *(anche fig.);* entrare; farsi strada; vederci dentro; *(fig.)* capire; afferrare; scoprire. **2** diffondersi; spargersi: *The smell penetrated (through) the house,* L'odore si spargeva per tutta la casa. **3** compenetrare; permeare, permearsi.

penetrating ['penitreitiŋ] *agg* **1** acuto; intelligente; perspicace. **2** *(dello sguardo, di suoni, di odori, ecc.)* acuto; penetrante. □ *avv* **penetratingly.**

penetration [,peni'treiʃən] *s.* **1** penetrazione. **2** perspicacia; acutezza.

penetrative ['penitrətiv] *agg* penetrante; acuto.

penguin ['peŋgwin] *s.* pinguino.

penholder ['pen,houldə*] *s.* portapenne; cannello.

penicillin [,peni'silin] *s.* penicillina.

peninsula [pi'ninsjulə] *s.* penisola.

peninsular [pi'ninsjulə*] *agg* peninsulare: *the Peninsular War,* la guerra di Spagna *(durante il periodo napoleonico).*

penis ['pi:nis] *s.* pene.

penitence ['penitəns] *s.* pentimento; penitenza.

penitent ['penitənt] *agg* penitente; pentito. □ *avv* **penitently.**

penitential [,peni'tenʃəl] *agg* penitenziale.

penitentiary [,peni'tenʃəri] *s.* *(USA)* penitenziario. □ *agg* penitenziale.

penknife ['pennaif] *s.* *(pl.* **penknives**) temperino; 'sei-usi'.

penmanship ['penmənʃip] *s.* scrittura; calligrafia *(come arte).*

pennant ['penənt] *s.* bandiera da segnalazione *(lunga e stretta).*

penniless ['penilis] *agg* senza un soldo; al verde.

pennon ['penən] *s.* **1** pennone. **2** *(USA)* bandiera di scuola.

penn'orth ['penəθ] *s.* *(GB, fam., dial.)* = **pennyworth.**

penny ['peni] *s.* *(pl.* **pennies**, *per indicarne il numero;* **pence** *parlando del valore)* **1** - **a)** 'penny' *(GB, prima dell'introduzione del sistema monetario decimale avvenuta il 15 febbraio 1971: un dodicesimo di scellino:* ⇨ *tavola): This costs ten pence a pound,* Questo costa dieci pence la libbra — *Please give me six pennies for this sixpence,* Per favore, mi dia sei monetine da un penny per questa moneta da sei pence — *a three-penny stamp,* un francobollo da tre pence — *One pound, three shillings and sixpence,* Una sterlina, tre scellini e sei pence - **b)** *(GB, dopo il 15 febbraio 1971, un centesimo di sterlina)* 'penny' *(scritto sempre* p*): These apples are twenty p a pound,* Queste mele costano venti pence la libbra — *One pound and fifteen p please!,* Una sterlina e quindici pence, grazie! **2** *(USA)* centesimo *(di dollaro).* **3** *(Bibbia)* denaro *(romano).*

□ *a bad penny,* un penny falso; *(fig.)* una persona poco raccomandabile — *a pretty penny,* una bella sommetta; un bel po' — *to turn an honest penny,* guadagnarsi il pane onestamente — *penny black, (GB)* il primo francobollo britannico — *penny dreadful, (GB)* 'giallo' da due soldi — *penny-a-line, (di giornalismo, ecc.)* dozzinale — *penny-worth* ⇨ **pennyworth** — *penny-farthing, (GB)* bicicletta dell'Ottocento con una ruota grande ed una piccola — *penny-pincher, (fam.) s.* avaro — *penny-pinching, (fam.) agg* avaro — *penny whistle,* piffero da due soldi — *A penny for your thoughts!,* Dimmi a che cosa stai pensando! — *penny plain, twopence coloured,* sfarzo dozzinale — *The penny has dropped!,* Finalmente ci sei arrivato! — *to spend a penny, (fam., eufemistico)* andare al gabinetto; 'andare a lavarsi le mani' — *In for a penny, in for a pound, (prov.)* Chi è in ballo deve ballare — *Penny wise and pound foolish, (prov.)* Tirchio nei centesimi e prodigo nelle lire — *Take care of the pence and the pounds will take care of themselves, (prov.)* Sono le economie piccole che portano ai risparmi grossi.

pennyroyal ['peni'rɔiəl] *s.* mentuccia.

pennyweight ['peniweit] *s.* *(unità di peso nel sistema 'troy' pari a 1/20 di oncia, cioè a gr. 1,53)* 'pennyweight'.

pennyworth ['peniwə(:)θ] *s.* (il valore di) un penny; un soldo. □ *a good (bad) pennyworth, (fam.)* un buon (cattivo) affare.

penology [pi:'nɔlədʒi] *s.* criminologia.

[1]**pension** ['penʃən] *s.* pensione; vitalizio: *to retire on a pension,* andare in pensione — *to draw one's pension,* ritirare la pensione.

to **pension** ['penʃən] *vt* pensionare; assegnare una pensione: *to pension sb off,* collocare a riposo qcno; metterlo in pensione.

[2]**pension** ['penʃən/pɑ̃sjɔ̃] *s.* *(fr.)* pensione: *to live en pension,* vivere in pensione; essere a pensione.

pensionable ['penʃənəbl] *agg* pensionabile *(di lavoro, ecc.).*

pensioner ['penʃənə*] *s.* pensionato, pensionata.

pensive ['pensiv] *agg* pensoso; triste; pensieroso. □ *avv* **pensively.**

pensiveness ['pensivnis] *s.* pensosità.

penstock ['penstɔk] *s.* chiusa; condotta forzata.

pentagon ['pentəgən] *s.* pentagono.

pentagonal [pen'tægənl] *agg* pentagonale.

pentameter [pen'tæmitə*] *s.* pentametro.

Pentateuch ['pentətju:k] *s.* Pentateuco.

pentathlon [pen'tæθlən] *s.* pentatlon.

Pentecost ['pentikɔst] *s.* Pentecoste.

penthouse ['penthaus] *s.* **1** tettoia. **2** attico *(appartamento di lusso).*

pent-up ['pentʌp] *agg* contenuto; trattenuto: *pent-up feelings,* sentimenti repressi — *pent-up fury,* furia trattenuta.

penultimate [pi'nʌltimit] *s. e agg* penultimo.

penumbra [pi'nʌmbrə] *s.* penombra.

penurious [pi'njuriəs] *agg* **1** povero; indigente; misero. **2** avaro; gretto; meschino.

penuriousness [pi'njuriəsnis] *s.* **1** penuria; indigenza. **2** avarizia; grettezza; meschinità.

penury ['penjuəri] *s.* penuria; povertà; indigenza:

living in penury, vivere nell'indigenza — *reduced to penury,* ridotto in miseria.
peon ['pi:ən] *s.* **1** *(nell'America Latina)* peone; lavoratore a giornata. **2** *(in India e Pakistan)* attendente; ufficiale portaordini.
peonage ['piənidʒ] *s.* peonaggio.
peony ['piəni] *s.* peonia.
people ['pi:pl] *s.* **1** (*col v. al pl.: come pl. di* **person**) persone: *They're nice people,* Sono (persone) molto gentili — *Several people were hurt,* Parecchie persone furono ferite — *My (your, his, ecc.) people,* I miei (i tuoi, i suoi, ecc.) familiari. **2** *(collettivo, col v. al pl.)* gente: *Some people are very inquisitive,* Certa gente è molto curiosa — *I don't care what people think,* Non mi importa niente di quello che pensa la gente — *middle-class people,* la gente della classe media; la borghesia — *the best people,* la gente perbene — *top people,* la gente che conta. **3** popolo; nazione; razza; tribù: *the peoples of Asia,* i popoli dell'Asia — *a brave and intelligent people,* un popolo coraggioso e intelligente — *government of the people, by the people, for the people,* governo del popolo, per mezzo del popolo, per il popolo — *'The People's Daily',* 'Il Quotidiano del Popolo'. □ *the little people, (irlandese)* le fate.
to **people** ['pi:pl] *vt* popolare; affollare; riempire di gente: *a thickly peopled district,* una zona densamente popolata.
pep [pep] *s. (sl.)* energia; vigore; spirito d'iniziativa: *pep talk,* discorso d'incitamento — *pep pill,* pillola che contiene sostanze stimolanti, specialmente amfetamine.
to **pep up** [pep ʌp] *vt* (**-pp-**) dare energia; ravvivare; rinvigorire; stimolare.
pepper ['pepə*] *s.* **1** pepe: *pepper-and-salt,* color pepe e sale — *pepper-box, (pepper-pot),* pepaiola — *pepper-caster (-castor),* pepaiola a spolvero — *pepper-mill,* macinapepe — ⇨ *anche* **peppercorn. 2** peperone: *stuffed peppers,* peperoni ripieni.
to **pepper** ['pepə*] *vt* **1** cospargere di pepe; condire con pepe; pepare. **2** impallinare *(anche fig.).* **3** punire severamente.
peppercorn ['pepəkɔ:n] *s.* **1** grano di pepe. **2** *(fig.)* nonnulla; inezia; cosa insignificante: *a peppercorn rent,* un affitto puramente nominale.
peppermint ['pepəmint] *s.* **1** *(bot.)* menta peperita. **2** caramella di menta.
peppery ['pepəri] *agg* **1** pepato. **2** irascibile; collerico.
pepsin ['pepsin] *s.* pepsina.
peptic ['peptik] *agg* peptico; digestivo; gastrico; dell'apparato digerente.
per [pə*] *prep (lat.)* **1** a; per: *per annum,* all'anno — *per pound,* per sterlina — *per diem,* al giorno — *interest at 6 per cent,* interesse al 6 per cento — *per head,* a testa. **2** per; per mezzo di: *per post,* per posta — *per rail,* per ferrovia. □ *as per your order, (comm.)* come da Vostro ordine.
peradventure [pərəd'ventʃə*] *avv (ant.)* **1** forse. **2** *(dopo* if *e* lest*)* per caso: *If peradventure we fail...,* Se per caso non ce la facessimo.
□ *come s. (ant.)* dubbio: *beyond (a) peradventure,* al di fuori d'ogni dubbio.
to **perambulate** [pə'ræmbjuleit] *vt e i.* passeggiare; camminare.
perambulation [pə,ræmbju'leiʃən] *s.* passeggiata; camminata.
perambulator [pə'ræmbjuleitə*] *s.* (*abbr. fam.* **pram**) carrozzina.
perceivable [pə'si:vəbl] *agg* percettibile.
to **perceive** [pə'si:v] *vt* percepire; accorgersi.
percentage [pə'sentidʒ] *s.* (*anche* **percent**) **1** percentuale: *percentage increase,* incremento percentuale — *to work on a percentage basis,* lavorare a provvigione. **2** parte; proporzione: *What percentage of these books is (*o *are) worth reading?,* Quanti di questi libri val la pena di leggere?
perceptibility [pə,septi'biliti] *s.* percettibilità.
perceptible [pə'septibl] *agg* percettibile. □ *avv* **perceptibly.**
perception [pə'sepʃən] *s.* **1** *(filosofia)* percezione. **2** *(dir.)* riscossione; esazione *(di canoni, tributi, ecc.).*
perceptive [pə'septiv] *agg* percettivo; perspicace. □ *avv* **perceptively.**
[1]**perch** [pə:tʃ] *s.* pesce persico.
[2]**perch** [pə:tʃ] *s.* **1** posatoio; ramo; canna; pertica *(su cui stanno appollaiati i volatili).* **2** *(fam.)* piedistallo; alta carica; alta posizione: *Come off your perch!,* Vieni giù dal piedistallo!; Non darti troppe arie! **3** *(come unità di misura lineare equivalente a m. 5,0292)* pertica.
to **perch** [pə:tʃ] *vi e t.* **1** collocare su sostegno; far appollaiare. **2** appollaiarsi; posarsi; sedersi *(p.es. su di uno sgabello).*
perchance [pə'tʃɑ:ns] *avv (ant.)* **1** per caso. **2** forse.
percipient [pə'sipiənt] *agg* percettivo; perspicace. □ *avv* **percipiently.**
to **percolate** ['pə:kəleit] *vi e t.* filtrare; infiltrarsi; penetrare: *Water percolates through sand,* L'acqua filtra attraverso la sabbia — *I'm going to percolate some coffee,* Faccio un po' di caffè.
percolator ['pə:kəleitə*] *s.* **1** filtro; colatoio. **2** macchinetta per il caffè; *(erroneamente)* caffettiera 'espresso'.
percussion [pə'kʌʃən] *s.* percussione: *percussion cap,* capsula a percussione; fulminante — *percussion pin,* percussore — *the percussion (section),* gli strumenti a percussione.
perdition [pə'diʃən] *s.* perdizione; dannazione eterna.
peregrination [,perigri'neiʃən] *s.* peregrinazione.
peregrin(e) ['perigrin] *agg (ant.)* peregrino; forestiero. □ *s. (zool., anche* peregrine falcon*)* falco pellegrino.
peremptory [pə'remptəri] *agg* **1** perentorio; tassativo. **2** autoritario: *a peremptory writ,* un mandato di comparizione. □ *avv.* **peremptorily.**
perennial [pə'renjəl] *agg* perenne; eterno. □ *s.* pianta perenne.
perfect ['pə:fikt] *agg* **1** perfetto; completo; compiuto; eccellente; ottimo; abilissimo; giusto; accurato; esatto. **2** *(gramm.)* perfetto: *perfect tenses,* i tempi perfetti. **3** completo; assoluto; del tutto: *a perfect stranger,* una persona completamente sconosciuta — *a perfect fool,* un perfetto idiota. □ *avv* **perfectly.**
□ *(come s.)* il (tempo) perfetto: *present perfect,* passato prossimo — *past perfect,* trapassato prossimo — *future perfect,* futuro anteriore.
to **perfect** [pə'fekt] *vt e i.* perfezionare; migliorare; completare; portare a termine; finire.
perfectibility [pə,fekti'biliti] *s.* perfettibilità; perfezionabilità.
perfectible [pə'fektəbl] *agg* perfettibile; perfezionabile.
perfection [pə'fekʃən] *s.* **1** perfezione; perfezionamento: *with perfection of detail,* con perfezione; accurato nei dettagli. **2** punto o esempio più alto *(di una virtù);* compimento: *to bring sth to perfection,* portare qcsa a compimento (al massimo della perfezione). **3** *(al pl.)* perfezioni; qualità; meriti.
perfectionism [pə'fekʃənizəm] *s.* perfezionismo.

perfectionist [pə'fekʃənist] *s.* perfezionista.

perfervid [pə:'fə:vid] *agg* fervidissimo.

perfidious [pə(:)'fidiəs] *agg* perfido. □ *avv* **perfidiously.**

perfidy ['pə:fidi] *s.* perfidia.

to **perforate** ['pə:fəreit] *vt e i.* **1** perforare; forare; traforare. **2** *(seguito da* into *o* through*)* penetrare.

perforation [,pə:fə'reiʃən] *s.* **1** perforazione; perforamento; traforamento; traforo. **2** *(di francobolli, ecc.)* dentellatura.

perforce [pə'fɔ:s] *avv (ant. e lett.)* per forza.

to **perform** [pə'fɔ:m] *vt e i.* **1** fare; effettuare; compiere; eseguire; adempiere: *to perform a task,* adempiere a un dovere. **2** eseguire *(musica, giochi, ecc.);* recitare; rappresentare *(in teatro);* interpretare *(una parte);* esibirsi in pubblico: *to perform 'Hamlet',* rappresentare 'Amleto' — *He performed some sonatas by Beethoven,* Eseguì alcune sonate di Beethoven — *The seals performed well at the circus,* Al circo le foche han fatto un magnifico numero — *performing animals,* animali ammaestrati.

performable [pə'fɔ:məbl] *agg* eseguibile; effettuabile; *(mus.)* che si può suonare; *(teatro)* rappresentabile; recitabile.

performance [pə'fɔ:məns] *s.* **1** adempimento; compimento; esecuzione: *to be faithful in the performance of one's duties,* adempiere fedelmente i propri doveri. **2** impresa; fatto saliente; azione fuori del comune: *His 20 marks are a fine performance,* I suoi 20 punti sono una bella impresa. **3** *(teatro)* rappresentazione; spettacolo; *(mus.)* esecuzione; concerto; spettacolo (pubblico): *two performances a day,* due rappresentazioni (spettacoli) al giorno — *tickets for the afternoon performance,* biglietti per lo spettacolo del pomeriggio. **4** *(solo al sing.)* prestazioni *(spec. mecc.);* rendimento; risultato: *It's a nice little car, but its performance leaves a lot to be desired,* È una bella macchinina, ma le sue prestazioni lasciano molto a desiderare. **5** *(fam.)* 'traffico': *What a performance!,* Che traffico! **6** *(linguistico)* esecuzione.

performer [pə'fɔ:mə*] *s.* **1** esecutore, esecutrice. **2** attore, attrice; artista; musicista; uno che dà spettacolo.

perfume ['pə:fju:m] *s.* profumo.

to **perfume** [pə'fju:m] *vt* profumare.

perfumer [pə'fju:mə*] *s.* profumiere.

perfumery [pə'fju:məri] *s.* profumeria.

perfunctory [pə'fʌŋktəri] *agg* superficiale; affrettato; negligente: *a perfunctory check,* un controllo pro forma. □ *avv* **perfunctorily.**

pergola ['pə:gələ] *s.* pergola; pergolato.

perhaps [pə'hæps] *avv* **1** forse; probabilmente; facilmente: *If you are good, perhaps I shall take you for a walk this afternoon,* Se starai buono, può darsi che nel pomeriggio ti porti a fare una passeggiata — *Perhaps you ought to take your coat. It's going to be cold,* Faresti forse meglio a prenderti il pastrano. Farà freddo. **2** forse *(come espressione di completa incertezza);* può darsi; mah!; ma!: *'Will you be coming?' - 'Perhaps (I shall)',* 'Ci verrai?' - 'Non lo so (Forse)' — *'Did he come here yesterday?' - 'Perhaps he did',* 'È venuto ieri?' - 'Forse; non lo so' — *Perhaps he will be there, but perhaps he won't,* Può darsi che venga e può darsi di no — *perhaps so,* forse sì — *perhaps not,* forse no.

peri ['piəri] *s.* peri; fata; genietto.

pericardium [,peri'kɑ:djəm] *s.* pericardio.

perigee ['peridʒi:] *s.* perigeo.

perihelion [,peri'hi:ljən] *s.* perielio.

peril ['peril] *s.* pericolo; rischio: *to be in serious peril of one's life,* essere in serio pericolo di vita — *to do sth at one's peril,* fare qcsa a proprio rischio e pericolo.

perilous ['periləs] *agg* pericoloso; rischioso. □ *avv* **perilously.**

perimeter [pə'rimitə*] *s.* perimetro.

period ['piəriəd] *s.* **1** epoca; tempo; intervallo; periodo (indeterminato) di tempo: *the period of the French Revolution,* il periodo della Rivoluzione Francese — *The actors will wear costumes of the period (period costumes),* Gli attori indosseranno costumi del tempo — *The house is Eighteenth century and has period furniture,* La casa è del diciottesimo secolo e ha mobili d'epoca. **2** periodo; durata; lasso, spazio o intervallo di tempo: *a teaching period,* un'ora di lezione — *a Latin period,* una lezione (un'ora) di latino. **3** *(gramm.)* periodo. **4** *(USA)* punto fermo *(in fine di frase);* fine; termine: *to put a period to sth, (fig.)* porre termine a qcsa. **5** *(med.)* periodo; decorso; ciclo; fase; stadio *(di malattia): period of incubation,* periodo di incubazione. **6** mestruo; mestruazioni: *period pains,* dolori mestruali.

periodic [,piəri'ɔdik] *agg* periodico; ad intervalli regolari: *periodic attacks of malaria,* attacchi periodici di malaria — *the periodic motion of a heavenly body,* il movimento periodico di un corpo celeste. □ *avv* **periodically.**

periodical [,piəri'ɔdikəl] *agg* = **periodic.** □ *s.* periodico; pubblicazione periodica; rivista; settimanale; quindicinale, ecc.

peripatetic [,peripə'tetik] *agg* **1** peripatetico. **2** *(scherz.)* ambulante *(venditore).*

peripheral [pə'rifərəl] *agg* periferico: *peripheral speed,* velocità periferica. □ *avv* **peripherally.** □ *s. (computeristica)* unità periferica.

periphery [pə'rifəri] *s.* periferia.

periphrasis [pə'rifrəsis] *s.* perifrasi.

periphrastic [,peri'fræstik] *agg* perifrastico.

periscope ['periskoup] *s.* periscopio.

to **perish** ['periʃ] *vt e i.* **1** perire; morire; finire: *Perish the thought!,* Nemmeno a pensarci!; Neanche per sogno! **2** *(al passivo:* to be perished*)* essere ridotto male; trovarsi a disagio: *We were perished with cold (hunger),* Eravamo morti (Morivamo) di freddo (di fame). **3** *(spec. di gomma, stoffa, ecc.)* consumarsi; logorarsi; rovinarsi; guastarsi; deteriorarsi.

perishable ['periʃəbl] *agg* **1** deperibile; deteriorabile. **2** mortale.

perishables ['periʃəblz] *s. pl* merci deperibili.

perisher ['periʃə*] *s. (GB, sl.)* peste; seccatore; persona insopportabile.

perishing ['periʃiŋ] *agg (GB, sl.)* bestiale; maledetto; dannato: *What a perishing nuisance!,* Che maledetta seccatura! □ *avv* da morire; maledettamente: *It's perishing cold!,* Fa un freddo bestiale!

peristyle ['peristail] *s.* peristilio.

peritoneum [,peritou'ni:əm] *s.* peritoneo.

peritonitis [,peritə'naitis] *s.* peritonite.

periwig ['periwig] *s.* = **wig.**

[1]**periwinkle** ['peri,wiŋkl] *s. (bot.)* pervinca.

[2]**periwinkle** ['peri,wiŋkl] *s. (zool.)* litorina.

to **perjure oneself** ['pə:dʒə* wʌn'self] *v. rifl* spergiurare.

perjurer ['pə:dʒərə*] *s.* spergiuro.

perjury ['pə:dʒəri] *s.* **1** spergiuro. **2** falsa testimonianza.

perk [pə:k] *s. (generalm. al pl.) abbr fam di* **perquisite.**

[1]to **perk** [pə:k] *vi (generalm. seguito da* up*)* rasserenarsi; acquistare fiducia: *He perked up when he heard the news,* Riacquistò il buon umore quando sentì la notizia.
□ *vt (seguito da* up*)* alzare di scatto: *The horse perked up its head at the sound of its master's voice,* Il cavallo sollevò (alzò di scatto) la testa al suono della voce del suo padrone.

[2]to **perk** [pə:k] *vi e t., abbr di* **to percolate.**

perkiness ['pə:kinis] *s.* **1** vivacità. **2** sfacciataggine; impertinenza.

perky ['pə:ki] *agg* **1** allegro; vivace. **2** sfacciato; impertinente. □ *avv* **perkily.**

perm [pə:m] *s. (fam.)* **1** *(abbr. di* permanent wave*)* permanente: *to go to the hairdresser's for a perm,* andare dalla pettinatrice per una permanente. **2** (*abbr. di* **permutation**) sistema *(al totocalcio).*

to **perm** [pə:m] *vt* **1** fare la permanente *(ai capelli).* **2** *(al totocalcio)* fare una permutazione.

permafrost ['pə:məfrɔst] 'permafrost'; sottosuolo perennemente gelato *(nelle regioni polari).*

permanence ['pə:mənəns] *s.* = **permanency 1.**

permanency ['pə:mənənsi] *s.* **1** permanenza. **2** cosa permanente; lavoro fisso.

permanent ['pə:mənənt] *agg* **1** permanente; fisso: *a permanent position in the Civil Service,* un'occupazione fissa nell'amministrazione statale. **2** permanente: *a permanent wave,* una permanente ondulata. □ *avv* **permanently.**

permanganate [pə:'mæŋgənit] *s.* permanganato *(spec. di potassio).*

permeability [,pə:miə'biliti] *s.* permeabilità.

permeable ['pə:miəbl] *agg* permeabile; poroso.

to **permeate** ['pə:mieit] *vt e i.* permeare *(anche fig.);* penetrare profondamente; saturare; intridere; diffondersi; pervadere: *The water permeated (through) the soil,* L'acqua penetrò profondamente (attraverso) il suolo — *new ideas that have permeated (through, among) the people,* idee nuove che si sono diffuse tra il popolo.

permeation [,pə:mi'eiʃən] *s.* permeazione; profonda penetrazione; diffusione.

permissible [pə'misibl] *agg* permissibile; ammissibile; tollerabile. □ *avv* **permissibly.**

permission [pə'miʃən] *s.* permesso; licenza: *to give sb permission to do sth,* dare a qcno il permesso di fare qcsa.

permissive [pə'misiv] *agg* permissivo; concessivo. □ *avv* **permissively.**

permit ['pə:mit] *s.* permesso; licenza.

to **permit** [pə'mit] *vt e i.* **(-tt-) 1** permettere: *weather permitting,* tempo permettendo — *Smoking is not permitted in this theatre,* In questo teatro non è consentito fumare. **2 to permit of,** ammettere; consentire: *The situation does not permit of delay,* La situazione non ammette indugi.

permutation [,pə:mju'teiʃən] *s.* **1** *(matematica)* permutazione. **2** *(totocalcio)* sistema.

to **permute** [pə'mju:t] *vt* permutare; cambiare.

pernicious [pə'niʃəs] *agg* pernicioso; dannoso. □ *avv* **perniciously.**

perniciousness [pə'niʃəsnis] *s.* perniciosità.

pernickety [pə'nikiti] *agg (fam.)* **1** meticoloso; pignolo. **2** permaloso.

to **perorate** ['perəreit] *vi* perorare.

peroration [,perə'reiʃən] *s.* perorazione.

peroxide [pə'rɔksaid] *s.* perossido *(spec. di ossigeno): hydrogen peroxide,* acqua ossigenata — *a peroxide blonde,* una bionda ossigenata.

perpendicular [,pə:pən'dikjulə*] *agg e s.* **1** perpendicolare: *The wall is a little out of the perpendicular,* La parete non è ben a piombo. **2** verticale. □ *avv* **perpendicularly.**

to **perpetrate** ['pə:pitreit] *vt* perpetrare: *to perpetrate a crime,* perpetrare un delitto — *to perpetrate a blunder,* fare una 'gaffe'; commettere un errore.

perpetration [,pə:pi'treiʃən] *s.* il perpetrare.

perpetrator ['pə:pitreitə*] *s.* perpetratore.

perpetual [pə'petjuəl] *agg* perpetuo. □ *avv* **perpetually.**

to **perpetuate** [pə'petjueit] *vt* perpetuare.

perpetuation [pə,petju'eiʃən] *s.* perpetuazione.

perpetuity [,pə:pi'tjuiti] *s.* **1** perpetuità. **2** vitalizio.

to **perplex** [pə'pleks] *vt* **1** rendere perplesso; confondere; stordire: *to perplex sb with questions,* imbarazzare qcno con domande. **2** complicare; imbrogliare.

perplexed [pə'plekst] *agg* **1** perplesso; confuso. **2** complicato; intricato. □ *avv* **perplexedly.**

perplexing [pə'pleksiŋ] *agg* imbarazzante; che confonde.

perplexity [pə'pleksiti] *s.* **1** perplessità; imbarazzo; confusione: *He looked at us in perplexity,* Ci guardò con aria perplessa. **2** cosa imbarazzante; imbroglio.

perquisite ['pə:kwizit] *s.* **1** gratifica; mancia; guadagno. **2** emolumento; spettanza.

perry ['peri] *s.* sidro di pere.

to **persecute** ['pə:sikju:t] *vt* **1** perseguitare. **2** importunare; tormentare; molestare: *to persecute sb with questions,* importunare qcno con domande.

persecution [,pə:si'kju:ʃən] *s.* persecuzione: *to suffer persecution for one's religious beliefs,* essere perseguitato per la propria fede religiosa.

persecutor ['pə:sikju:tə*] *s.* persecutore.

perseverance [,pə:sə'viərəns] *s.* perseveranza.

to **persevere** [,pə:si'viə*] *vi (seguito da* in, at, *o* with*)* perseverare: *to persevere in one's studies,* perseverare negli studi.

persevering [,pə:si'viəriŋ] *agg* perseverante. □ *avv* **perseveringly.**

Persian ['pə:ʃən] *s. e agg* persiano; *(nell'uso moderno)* iraniano.

persiflage [,pɛəsi'flɑ:ʒ] *s.* burla; facezia.

persimmon [pə'simən] *s.* (= Japanese persimmon) kaki; cachi; *(albero)* diospiro.

to **persist** [pə'sist] *vi* **1** *(generalm. seguito da* in*)* persistere; perseverare (in); insistere; ostinarsi (a): *She persists in wearing that old-fashioned hat,* Si ostina a portare quel cappello antiquato. **2** durare; continuare; rimanere; permanere: *Fog is likely to persist over most of the country,* È probabile che la nebbia persista nella maggior parte del paese.

persistence [pə'sistəns] *s.* **1** persistenza; durata. **2** perseveranza; tenacia; ostinazione.

persistent [pə'sistənt] *agg* **1** persistente; duraturo; continuo. **2** insistente; tenace; ostinato. □ *avv* **persistently.**

person ['pə:sn] *s.* **1** *(pl.:* **persons** *o collettivo* **people** ⇨*)* persona; individuo: *Who is this person?,* Chi è questo tale?; Chi è costui? — *There is a young person to see you,* C'è un giovane che vuol vederti — *'Enough for four persons', (sulle etichette)* 'Dose sufficiente per quattro persone' — *a Very Important Person (generalm. abbr.* V.I.P. ['vi:jai,pi:]*),* un personaggio molto importante; un 'pezzo grosso' — *a person to person call, (al telefono)* una comunicazione con preavviso; una comunicazione personale.

2 persona fisica; corpo; figura: *I shall be present at the meeting in person,* Sarò presente di persona alla riunione — *She found a good friend in the person of her landlady,* Trovò una buona amica nella (persona della) sua padrona di casa — *She has a fine person,* Ha una bella figura — *Offences against the person are punished severely,* Le offese contro la persona sono punite severamente.

3 *(gramm.)* persona *(ciascuna delle tre classi di pron. personali): to address sb in the second person singular,* dare del tu.

4 *(ant., teatro)* carattere; personaggio.

personable ['pə:sənəbl] *agg* di bell'aspetto; ben fatto; bello.

personage ['pə:sənidʒ] *s.* personaggio; persona importante, influente.

personal ['pə:sənl] *agg* **1** personale *(anche gramm.)*; individuale; privato: *personal needs (opinions),* necessità (opinioni) personali — *the personal pronouns,* i pronomi personali — *a personal interview,* un incontro privato — *to make a personal call,* andare direttamente, di persona. **2** proprio di una persona, di un corpo fisico: *her personal beauty,* la sua bellezza; la bellezza della sua figura. **3** riguardante la persona: *personal remarks,* critiche personali — *Don't let's be personal,* Lasciamo da parte i pettegolezzi (le critiche personali). □ *personal property (estate),* beni mobili — *the personal column, (in un giornale)* la pagina degli annunci diversi 'personali'.

□ *avv* **personally** ⇨.

personality [,pə:sə'næliti] *s.* **1** personalità; temperamento; carattere: *a man with little personality,* un uomo di poca personalità — *a woman with a strong personality,* una donna dal temperamento forte. **2** personaggio; personalità; persona importante o influente; pezzo grosso: *a television personality,* un personaggio ben noto ai telespettatori — *personality cult,* culto della personalità. **3** *(al pl.)* critiche, osservazioni, allusioni personali; pettegolezzi: *to indulge in personalities,* indulgere ai pettegolezzi.

to **personalize** [,pə:sənəlaiz] *vt* **1** *(raro)* personificare. **2** *(non molto comune)* dare un carattere personale (a qcno); attribuire esclusivamente a sé. **3** *(nell'uso odierno)* 'personalizzare'; rendere (più) personale.

personally ['pə:sənəli] *avv* **1** personalmente; in persona; di persona: *He conducted me personally through the castle,* Mi condusse di persona a vedere tutto il castello — *She likes personally conducted tours,* Le piacciono le gite turistiche guidate — *The Queen stopped to speak to some of the workers personally,* La regina si fermò a parlare di persona con alcuni degli operai. **2** da parte mia; per quanto mi concerne; per quel che ne penso io: *Personally (Personally speaking) I see no objection to your coming with us,* Quanto a me (Parlando a titolo personale) non ho alcuna obiezione a che voi veniate con noi.

personalty ['pə:sənəlti] *s. (dir.)* beni mobili.

to **personate** ['pə:səneit] *vt* **1** recitare; fare la parte *(di un personaggio in teatro, ecc.).* **2** personificare *(una qualità, un concetto, ecc.).* **3** spacciarsi (per); assumere le parvenze (di); farsi passare (per).

personation [,pə:sə'neiʃən] *s.* **1** l'impersonare; il fare la parte di una persona *(in teatro);* rappresentazione *(di un personaggio);* personificazione *(di qualità, ecc.).* **2** *(dir.)* sostituzione di persona.

personification [pə:,sɔnifi'keiʃən] *s.* personificazione; incarnazione; esempio tipico *(di una qualche qualità o categoria): He is the personification of selfishness,* È l'egoismo stesso in persona.

personifier [pə:'sɔnifaiə*] *s.* personificatore.

to **personify** [pə'sɔnifai] *vt* **1** personificare; dare forma di persona: *to personify the sun and the moon,* personificare il sole e la luna. **2** personificare; essere un esempio tipico (di qcsa): *He is avarice personified,* Quell'uomo è l'avarizia in persona.

personnel [,pə:sə'nel] *s. (col v. al sing. o al pl.)* personale; l'insieme degli impiegati ed operai *(di una ditta); (mil.)* marinai o soldati: *naval personnel,* i marinai — *engine-room personnel, (naut.)* personale di macchina — *personnel officer (manager),* direttore del personale.

perspective [pə'spektiv] *s.* **1** prospettiva; disegno in prospettiva: *in perspective,* in prospettiva. **2** vista; scorcio; veduta; visuale; prospettiva *(anche fig.): to see things in their right perspective,* vedere le cose nella loro giusta prospettiva.

perspex ['pə:speks] *s. (marchio)* materiale plastico trasparente.

perspicacious [,pə:spi'keiʃəs] *agg* perspicace. □ *avv* **perspicaciously.**

perspicacity [,pə:spi'kæsiti] *s.* perspicacia.

perspicuous [pə'spikjuəs] *agg* perspicuo; evidente; chiaro. □ *avv* **perspicuously.**

perspicuousness, perspicuity [pə'spikjuəsnis/ ,pə:spi'kju(:)iti] *s.* perspicuità.

perspiration [,pə:spə'reiʃən] *s.* traspirazione; sudore.

to **perspire** [pəs'paiə*] *vi* traspirare; sudare.

persuadable [pə'sweidəbl] *agg* persuasibile.

to **persuade** [pə'sweid] *vt* persuadere; convincere: *How can I persuade you of my sincerity?,* Come posso persuaderti della mia sincerità? — *We persuaded him (He was persuaded) to try again,* Lo convincemmo (Lo si convinse) a tentare ancora.

persuasion [pə'sweiʒən] *s.* **1** persuasione. **2** convinzione; credenza. **3** setta; religione; fede; *(per estensione, scherz.)* razza; specie: *persons of the male persuasion,* gli uomini; il sesso maschile.

persuasive [pə'sweisiv] *agg* persuasivo; convincente: *She has a persuasive manner,* Ha un modo di fare convincente. □ *avv* **persuasively.**

persuasiveness [pə'sweisivnis] *s.* forza di persuasione.

pert [pə:t] *agg* **1** impertinente; impudente; insolente: *a pert child,* un bambino sfacciato — *a pert answer,* una risposta impudente. **2** sveglio. □ *avv* **pertly.**

to **pertain** [pə:'tein] *vi (generalm. seguito da* to*)* appartenere; attenere (a).

pertinacious [,pə:ti'neiʃəs] *agg* pertinace. □ *avv* **pertinaciously.**

pertinacity [,pə:ti'næsiti] *s.* **1** pertinacia; fermezza; costanza. **2** ostinazione; caparbietà; testardaggine.

pertinence ['pə:tinəns] *s.* pertinenza.

pertinent ['pə:tinənt] *agg* pertinente: *These remarks are not pertinent to the subject under discussion,* Queste osservazioni non sono pertinenti all'argomento in discussione. □ *avv* **pertinently.**

pertness ['pə:tnis] *s.* impertinenza.

to **perturb** [pə'tə:b] *vt* perturbare; turbare; agitare: *perturbing rumours,* dicerie allarmanti — *That man is never perturbed,* Quell'uomo non si scompone mai.

perturbation [,pə:tə'beiʃən] *s.* perturbazione *(anche atmosferica, astrale, ecc.);* perturbamento; agitazione; scompiglio; disturbo.

peruke [pə'ru:k] *s. (ant.)* parrucca.

perusal [pi'ru:zəl] *s.* lettura attenta; esame accurato.

to **peruse** [pə'ru:z] *vt* **1** leggere attentamente; esaminare. **2** scrutare *(spec. il volto di qcno).*
Peruvian [pə'ru:vjən] *agg e s.* peruviano.
to **pervade** [pə:'veid] *vt* pervadere.
pervasion [pə:'veiʒən] *s.* diffusione; penetrazione.
pervasive [pə:'veisiv] *agg* pervasivo; dilagante. □ *avv* **pervasively.**
pervasiveness [pə:'veisivnis] *s.* diffusione; penetrazione.
perverse [pə'və:s] *agg* **1** perverso. **2** *(di circostanze)* contrario; avverso. **3** *(di comportamento)* illogico; irrazionale. □ *avv* **perversely.**
perverseness [pə'və:snis] *s.* perversità.
perversion [pə'və:ʃən] *s.* **1** perversione; pervertimento. **2** alterazione; travisamento: *a perversion of justice,* un travisamento della giustizia.
perversity [pə'və:siti] *s.* perversità.
pervert ['pə:və:t] *s.* pervertito; depravato.
to **pervert** [pə'və:t] *vt* **1** pervertire; corrompere: *to pervert (the mind of) a child,* corrompere (l'animo di) un bambino. **2** alterare; travisare.
pervious ['pə:vjəs] *agg* **1** accessibile; penetrabile; praticabile. **2** *(di mente)* aperto.
pesky ['peski] *agg (sl.)* fastidioso; seccante.
pessary ['pesəri] *s.* pessario.
pessimism ['pesimizəm] *s.* pessimismo.
pessimist ['pesimist] *s.* pessimista.
pessimistic [,pesi'mistik] *agg* pessimistico. □ *avv* **pessimistically.**
pest [pest] *s.* **1** insetto, animale nocivo: *garden-pests,* animali, insetti nocivi alle piante — *pest control,* l'eliminazione degli insetti nocivi. **2** *(fig.)* peste; persona pestifera. **3** *(ant.)* peste; pestilenza: *pest house,* lazzaretto.
to **pester** ['pestə*] *vt* tormentare; infastidire; seccare; importunare: *to pester sb for money,* importunare qcno con richieste di denaro.
pesticide ['pestisaid] *s.* insetticida.
pestiferous [pes'tifərəs] *agg* pestifero; dannoso. □ *avv* **pestiferously.**
pestilence ['pestiləns] *s.* pestilenza; peste bubbonica.
pestilent ['pestilənt] *agg* **1** pestilente; pestifero; dannoso. **2** *(fam.)* fastidioso; scocciante.
pestilential [,pesti'lenʃəl] *agg* **1** pestilenziale. **2** *(fam.)* pestifero; fastidioso; noioso; molesto: *These pestilential flies won't leave me alone,* Queste mosche noiose non mi danno pace.
pestle ['pesl] *s.* pestello.
to **pestle** ['pesl] *vt* pestare col pestello.
[1]**pet** [pet] *s.* **1** animale domestico *(p.es. cane, gatto, canarino): a pet shop,* un negozio di animali domestici. **2** prediletto; beniamino; favorito; *(fam.)* cocco: *Mary is the teacher's pet,* Mary è la beniamina dell'insegnante — *to make a pet of a child,* fare di un fanciullo il proprio beniamino.
□ *(attrib.)* prediletto: *pet name,* nomignolo; vezzeggiativo — *pet aversion,* avversione particolare, speciale — *Cowboy films are my pet aversion,* Provo un'avversione particolare per i film 'western' — *a pet theory,* una teoria personale; 'un pallino'.
to **pet** [pet] *vt* (**-tt-**) accarezzare; coccolare.
[2]**pet** [pet] *s.* scatto d'ira, di collera; colpo di rabbia: *She was in one of her pets,* Era in uno dei suoi scatti di rabbia.
petal ['petl] *s.* petalo.
petal(l)ed ['petld] *agg* con petali.
petard [pi'tɑ:d] *s.* petardo. □ *to be hoist with one's own petard, (fig.)* darsi la zappa sui piedi.
Peter ['pi:tə*] *nome proprio* Pietro: *Peter's pence,* obolo di S. Pietro. □ *to rob Peter to pay Paul,* fare un debito nuovo per tapparne uno vecchio — *blue Peter, (naut.)* bandiera blu con riquadro bianco *(simbolo della lettera 'P' nell'alfabeto internazionale, issata prima di salpare).*
to **peter** ['pi:tə*] *vi (sempre seguito da* out*)* esaurirsi; *(di fiamma, luce)* spegnersi lentamente; scomparire a poco a poco.
petersham ['pi:təʃəm] *s.* **1** cappotto pesante *(del diciannovesimo secolo).* **2** 'gros grain'.
petit beurre [pə'ti:bə:r] *s. (fr.)* piccolo biscotto da tè.
petit bourgeois [pə'ti:buə'ʒwɑ] *s. e agg (fr.)* piccolo borghese.
petite [pə'ti:t] *agg (fr., di donna)* minuta e graziosa.
petit fours [pə'ti:fu:rz] *s. pl (fr.)* pasticcini.
petition [pi'tiʃən] *s.* petizione; supplica; ricorso.
to **petition** [pi'tiʃən] *vt e i.* fare una petizione (una supplica, un ricorso): *to petition for sth,* invocare; supplicare.
petitioner [pi'tiʃənə*] *s.* postulante; richiedente *(spec. in causa di divorzio).*
petrel ['petrəl] *s.* procellaria: *stormy petrel,* - **a)** procellaria - **b)** *(fig.)* provocatore di disordini.
petrifaction [,petri'fækʃən] *s.* pietrificazione.
to **petrify** ['petrifai] *vi* pietrificare.
□ *vt (fig.)* pietrificare; impietrire; sbalordire: *He was petrified with terror,* Era pietrificato dal terrore.
petrochemical [,petrou'kemikl] *agg* petrolchimico.
petrol ['petrəl] *s. (GB)* benzina: *to fill up with petrol,* fare il pieno di benzina — *to stop at the next petrol station,* fermarsi al prossimo distributore di benzina.
petroleum [pi'trouljəm] *s.* petrolio grezzo; petrolio.
petrology [pi'trɔlədʒi] *s.* petrologia.
petticoat ['petikout] *s.* **1** sottoveste: *petticoat government,* predominio della donna; governo femminile *(in casa o nella politica).* **2** *(di isolatore)* cappa; campana.
pettifogging ['petifɔgiŋ] *agg* **1** pignolo; cavilloso. **2** *(di metodo)* dispersivo.
pettiness ['petinis] *s.* meschinità; piccineria.
petting ['petiŋ] *s. (fam.)* sbaciucchiamenti e abbracci; 'petting'.
pettish ['petiʃ] *agg* irascibile; stizzoso; collerico. □ *avv* **pettishly.**
pettishness ['petiʃnis] *s.* stizzosità; irascibilità.
petty ['peti] *agg* **1** insignificante; piccolo; di poca importanza: *petty details,* dettagli insignificanti — *petty farmers,* piccoli proprietari terrieri — *petty larceny, (dir.)* furto; furtarello *(fam.)* — *petty cash, (comm.)* piccola cassa. **2** meschino; 'piccino'. □ *avv* **pettily.**
□ *petty officer,* sottufficiale di marina.
petulance ['petjuləns] *s.* impazienza; irascibilità; petulanza.
petulant ['petjulənt] *agg* impaziente; irascibile; petulante. □ *avv* **petulantly.**
petunia [pi'tju:njə] *s.* petunia.
pew [pju:] *s.* **1** banco *(di chiesa): family pew,* banco di famiglia; banco privato *(in chiesa).* **2** *(fam.)* posto a sedere: *Take a pew, (scherz.)* Accomodati; Siediti.
pewit ['pi:wit] *s.* pavoncella.
pewter ['pju:tə*] *s.* **1** peltro. **2** oggetti di peltro.
phaeton ['feitn] *s. (ant.)* carrozza scoperta a quattro ruote; phaeton.
phagocyte ['fægəsait] *s.* fagocito.
phalanx ['fælæŋks] *s.* (*pl.* **phalanxes**) falange *(in vari sensi).*
phallic ['fælik] *agg* fallico.

phallus ['fæləs] *s.* (*pl.* **phalli**) fallo; *(immagine del)* pene.
phantasm ['fæntæzəm] *s.* fantasma.
phantasmagoria [,fæntæzmə'gɔriə] *s.* fantasmagoria.
phantasmagoric [,fæntæzmə'gɔrik] *agg* fantasmagorico. □ *avv* **phantasmagorically.**
phantasmal [fæn'tæzməl] *agg* spettrale; di fantasma.
phantasy ['fæntəzi] *s.* = **fantasy.**
phantom ['fæntəm] *s.* **1** fantasma; spettro; visione. **2** *(radiografia, ecc.)* fantoccio. **3** illustrazione, disegno con parziale velatura. □ *phantom limb,* arto fantasma — *phantom ships,* navi fantasma — *phantom pregnancy,* gravidanza immaginaria.
Pharaoh ['fɛərou] *s.* faraone.
pharisaical [,færi'seiikəl] *agg* farisaico *(anche fig.).*
Pharisee ['færisi:] *s.* fariseo *(anche fig.).*
pharmaceutical [,fɑ:mə'sju:tikəl] *agg* farmaceutico: *pharmaceutical chemist,* farmacista.
□ *s. (al pl.)* specialità farmaceutiche.
pharmacist ['fɑ:məsist] *s. (USA)* farmacista.
pharmacological [,fɑ:məkə'lɔdʒikəl] *agg* farmacologico.
pharmacologist [,fɑ:mə'kɔlədʒist] *s.* farmacologo.
pharmacology [,fɑ:mə'kɔlədʒi] *s.* farmacologia.
pharmacopoeia [,fɑ:məkə'pi:ə] *s.* **1** farmacopea. **2** *(ant.)* provvista di medicinali.
pharmacy ['fɑ:məsi] *s.* **1** farmacia. **2** farmaceutica.
pharyngitis [,færin'dʒaitis] *s.* faringite.
pharynx ['færiŋks] *s.* faringe.
phase [feiz] *s.* fase; periodo; stadio: *out of phase,* fuori fase; sfasato.
to **phase** [feiz] *vt* mettere in fase. □ *to phase sth in (out),* introdurre (eliminare) qcsa gradualmente, a stadi.
pheasant ['feznt] *s.* fagiano.
phenol ['fi:nɔl] *s.* fenolo; acido fenico.
phenomenal [fi'nɔminl] *agg* **1** fenomenico. **2** fenomenale; prodigioso; fantastico. □ *avv* **phenomenally.**
phenomenology [fi,nɔmi'nɔlədʒi] *s.* fenomenologia.
phenomenon [fi'nɔminɔn] *s.* (*pl.* **phenomena**) fenomeno *(anche fig.).*
phew [fju:] *interiezione* **1** *(di sorpresa)* Perbacco! **2** *(di disgusto, di fastidio per il calore, ecc.)* Puah!; Uffa!
phi [fai] *s.* fi *(alfabeto greco).*
phial ['faiəl] *s.* fiala.
to **philander** [fi'lændə*] *vi* 'filare'; amoreggiare.
philanderer [fi'lændərə*] *s.* 'filarino'; 'cascamorto'.
philanthropic [,filən'θrɔpik] *agg* filantropico; umano; generoso; benevolo.
philanthropist [fi'lænθrəpist] *s.* filantropo. □ *avv* **philanthropically.**
philanthropy [fi'lænθrəpi] *s.* filantropia.
philatelist [fi'lætəlist] *s.* filatelico.
philately [fi'lætəli] *s.* filatelia.
philharmonic [,fil(h)ɑ:'mɔnik] *agg* filarmonico.
philhellene ['fil,heli:n] *agg e s.* filelleno; filellenico.
philhellenic [,filhe'li:nik] *agg* filellenico.
philippic [fi'lipik] *s.* filippica; invettiva.
Philistine ['filistain] *s.* filisteo *(anche fig.).*
philistinism ['filistinizəm] *s.* **1** filisteismo. **2** *(fig.)* mancanza di cultura; grossolanità; rozzezza; materialismo dozzinale.
philological [,filə'lɔdʒikəl] *agg* filologico. □ *avv* **philologically.**
philologist [fi'lɔlədʒist] *s.* filologo.
philology [fi'lɔlədʒi] *s.* filologia.
philosopher [fi'lɔsəfə*] *s.* **1** filosofo: *natural philosopher,* fisico. **2** *(fam.)* chi resta imperturbabile di fronte alle sventure; chi si lascia guidare dal buon senso. □ *philosopher's stone,* pietra filosofale.
philosophical [,filə'sɔfikəl] *agg* **1** filosofico. **2** *(fam.)* calmo; sereno; di buon senso. □ *avv* **philosophically.**
to **philosophize** [fi'lɔsəfaiz] *vi* filosofare; discutere di filosofia; speculare; teorizzare *(su qcsa).*
philosophy [fi'lɔsəfi] *s.* **1** filosofia: *natural philosophy, (ant.)* scienze naturali — *moral philosophy,* etica. **2** sistema di pensiero; visione sistematica (delle cose); idee chiare: *a man without a philosophy,* un uomo senza una visione chiara della vita. **3** *(fam.)* calma; tranquillità; serenità; buon senso; rassegnazione.
philtre ['filtə*] *s.* (*USA* **philter**) filtro *(d'amore).*
phiz [fiz] *s. (fam.)* fisionomia; faccia.
phlebitis [fli(:)'baitis] *s.* flebite.
phlegm [flem] *s.* **1** catarro *(di gola); (più raro)* muco *(del naso).* **2** flemma; apatia; lentezza. **3** *(fam.)* pazienza; sangue freddo.
phlegmatic [fleg'mætik] *agg* flemmatico; apatico; indifferente; calmo. □ *avv* **phlegmatically.**
phlox [flɔks] *s.* flogo; phlox.
phobia ['foubiə] *s.* fobia.
phoenix ['fi:niks] *s.* fenice.
[1]**phone** [foun] *s.* (*abbr. fam. di* **telephone**) telefono: *phone booth,* cabina telefonica — *to be on the phone,* essere al telefono.
to **phone** [foun] *vt e i.* telefonare.
[2]**phone** [foun] *s.* suono *(di una vocale o consonante).*
phoneme ['founi:m] *s.* fonema.
phonemic [fo*u*'ni:mik] *agg* di fonema; fonemico; *(talvolta)* fonematico.
phonemics [fo*u*'ni:miks] *s.* fonologia.
phonetic [fə'netik] *agg* fonetico. □ *avv* **phonetically.**
phonetician [,founi'tiʃən] *s.* studioso di fonetica; fonetista.
phoneticist, phonetist [fo*u*'netisist/'founitist] *s.* = **phonetician.**
phonetics [fə'netiks] *s. (col v. al sing.)* fonetica.
phoney ['founi] *agg (sl.)* fasullo; fittizio; falso.
phonic ['founik] *agg* fonico.
phonics ['founiks] *s. (col v. al sing.)* fonetica.
phonograph ['founəgrɑ:f] *s. (USA)* fonografo; grammofono.
phonological [,founə'lɔdʒikəl] *agg* fonologico.
phonology [fo*u*'nɔlədʒi] *s.* fonologia.
phosgene ['fɔzdʒi:n] *s.* fosgene.
phosphate ['fɔsfeit] *s.* fosfato.
phosphorescence [,fɔsfə'resns] *s.* fosforescenza.
phosphorescent [,fɔsfə'resnt] *agg* fosforescente.
phosphoric, phosphorous [fɔs'fɔrik/'fɔsfərəs] *agg* fosforico; fosforoso.
phosphorus ['fɔsfərəs] *s.* fosforo.
photo ['foutou] *s.* (*abbr. fam. di* **photograph**) foto; fotografia.
to **photocopy** ['fouto*u*'kɔpi] *vt* fotocopiare; fare una fotocopia (di).
photoelectric(al) ['fouto*u*i'lektrik(əl)] *agg* fotoelettrico: *photoelectric cell,* cellula fotoelettrica.
photofinish ['fouto*u*'finiʃ] *s. (nelle corse ippiche, nelle gare di atletica leggera, ecc.)* 'fotofinish'; arrivo così serrato da rendere necessario l'accertamento tramite fotografia per determinare l'ordine.
photogenic [,foutou'dʒenik] *agg* fotogenico.
photograph ['foutəgrɑ:f] *s.* fotografia.
to **photograph** ['foutəgrɑ:f] *vt* fotografare. □ *to photograph well (badly),* riuscire bene (male) in fotografia.
photographer [fə'tɔgrəfə*] *s.* fotografo.

photographic [,foutə'græfik] *agg* fotografico. □ *avv* **photographically**.
photography [fə'tɔgrəfi] *s.* fotografia; arte fotografica: *trick photography,* fotografia truccata; trucco fotografico.
photogravure [,foutəgrə'vjuə*] *s.* fotoincisione.
photolithography [,foutəli'θɔgrəfi] *s.* fotolitografia.
photometer [fə'tɔmitə*] *s.* fotometro.
photostat ['foutoustæt] *s.* **1** apparecchio fotostatico. **2** *(anche* photostat copy*)* copia fotostatica.
photostatic [,foutou'stætik] *agg* fotostatico.
photosynthesis [,foutə'sinθisis] *s.* fotosintesi.
photo-typesetting [,foutə'taipsetiŋ] *s.* fotocomposizione.
phrasal ['freizəl] *agg* di frase.
□ *phrasal verb, (gramm. ingl.)* verbo seguito da una particella *(avverbiale o preposizionale)* che ne è parte integrante e che ne cambia il significato (*p.es. to go in for,* dedicarsi a; *to fall out,* bisticciare; *to turn down,* rifiutare).
phrase [freiz] *s.* **1** locuzione; espressione; modo di dire; frasetta *(in generale senza verbo): 'In the garden', 'in order to' are phrases,* 'Nel giardino', 'allo scopo di' sono locuzioni — *phrase-book,* prontuario di fraseologia (di frasi tipiche). **2** stile; modo (elegante) di esprimersi; bella frase; *(al pl., spreg.)* ciarle. **3** *(mus.)* frase.
to **phrase** [freiz] *vt* **1** esprimere; formulare *(in parole): a neatly phrased compliment,* un complimento elegante, ben formulato. **2** *(mus.)* fraseggiare.
phraseology [,freizi'ɔlədʒi] *s.* fraseologia; frasario; modo di esprimersi.
phrasing ['freiziŋ] *s.* **1** frasario. **2** *(mus.)* fraseggio.
phrenetic [fri'netik] *agg* frenetico. □ *avv* **phrenetically**.
phrenologist [fri'nɔlədʒist] *s.* frenologo.
phrenology [fri'nɔlədʒi] *s.* frenologia.
phthisis ['θaisis] *s.* tisi; etisia.
phut [fʌt] *s.* *(voce onomatopeica)* pff! *(sibilo di camera d'aria, pallone, ecc. che si sgonfia): to go phut, (sl.)* far cilecca; andare a rotoli; andare a pezzi; guastarsi; sgonfiarsi.
physic ['fizik] *s.* *(fam., ant.)* medicina; purga: *to take a good dose of physic,* prendere una buona dose di medicina, una buona purga.
to **physic** ['fizik] *vt* *(fam., ant.)* (**-ck-**) somministrare una medicina.
physical ['fizikl] *agg* **1** fisico: *physical jerks, (sl.)* ginnastica a corpo libero. **2** fisico; naturale. **3** fisico; riguardante la configurazione e le caratteristiche di un luogo: *physical geography,* geografia fisica.
□ *avv* **physically**.
□ *s.* *(USA)* visita medica di controllo; 'check-up'.
physician [fi'ziʃən] *s.* medico.
physicist ['fizisist] *s.* **1** fisico. **2** fisicista.
physics ['fiziks] *s.* *(col v. al sing.)* fisica.
physiognomy [,fizi'ɔnəmi] *s.* fisionomia.
physiological [,fiziə'lɔdʒikəl] *agg* fisiologico.
physiologist [,fizi'ɔlədʒist] *s.* fisiologo.
physiology ['fizi'ɔlədʒi] *s.* fisiologia.
physiotherapist [,fiziou'θerəpist] *s.* fisioterapista.
physiotherapy ['fiziou'θerəpi] *s.* fisioterapia.
physique [fi'zi:k] *s.* fisico (corporatura).
[1]**pi** [pai] *s.* pi *(lettera dell'alfabeto greco);* pi greca.
[2]**pi** [pai] *agg* (*sl. studentesco, abbr. di* **pious**) pio; virtuoso.
pianist ['pjænist/'piənist] *s.* pianista.
[1]**piano** ['pjænou/'pjɑ:nou] *s.* (*pl.* **pianos**) pianoforte; piano: *upright piano,* pianoforte verticale — *cottage piano,* piccolo pianoforte verticale — *grand piano,* piano a coda; pianoforte da concerto — *a piano concerto,* un concerto per pianoforte — *piano player,* pianola; pianoforte meccanico; *(erroneamente)* pianista.
[2]**piano** ['pjænou/'pjɑ:nou] *avv* *(mus.)* piano.
pianoforte [,pjænou'fɔ:ti] *s.* pianoforte (*cfr. anche* **piano**).
pianola [pjæ'noulə] *s.* pianola; pianoforte meccanico.
piastre, piaster [pi'æstə*] *s.* *(moneta)* piastra.
pibroch ['pi:brɔk] *s.* *(scozzese)* brano di musica marziale per cornamusa.
pica ['paikə] *s.* **1** *(tipografia)* corpo 12: *small pica,* corpo 11. **2** *(med.)* pica.
picaresque [,pikə'resk] *agg* picaresco.
piccalilli [,pikə'lili] *s.* salsa alla senape contenente sottaceti piccanti.
piccaninny [,pikə'nini] *s.* piccino; negretto; moretto.
piccolo ['pikəlou] *s.* (*pl.* **piccolos**) ottavino.
[1]**pick** [pik] *s.* scelta; selezione; la parte migliore; il fior fiore: *the pick of the bunch,* il fior fiore; *(fig.)* il migliore del mazzo. □ *That's all I have. Take your pick!,* È tutto quello che ho. Scegliete voi!
[2]**pick** [pik] *s.* **1** *(anche* pickaxe; *USA* pickax*)* picco; piccone. **2** strumento appuntito: *tooth-pick,* stuzzicadenti — *ice-pick,* piccozza.
to **pick** [pik] *vt e i.* **1** cogliere; raccogliere; togliere (tirar) via: *to pick flowers,* cogliere fiori — *to pick fruit,* raccogliere frutta — *to pick a thread from one's coat,* togliersi un filo dalla giacca.
2 strappare; separare; usare uno strumento appuntito per pulire, ecc.: *to pick rags,* lacerare, sbrindellare, sfilacciare stracci — *to pick oakum,* sfilacciare stoppa — *to pick one's teeth,* stuzzicare i denti — *to pick one's nose,* mettersi il dito nel naso per pulirlo — *to pick a bone,* pulire (scarnire) per bene un osso — *to have a bone to pick with sb, (fig.)* avere una questione in sospeso, un motivo di discordia con qcno — *to pick a lock,* far scattare, aprire, forzare, scassinare la serratura *(con un filo di ferro o una punta acuminata)* — *to pick holes in sth,* fare dei buchi su qcsa — *to pick holes in an argument, (fig.)* trovare i punti deboli di un argomento.
3 scegliere; cernere; prendere; imbroccare; indovinare: *He picks only the best,* Sceglie solo il meglio — *He picks his words with care,* Sceglie bene le parole — *hand-picked,* trascelto; selezionato — *to pick one's way along a muddy road,* incamminarsi (con cautela) per una strada fangosa — *to pick sides, (sport)* formare squadre — *to pick the winning horse; to pick the winner,* scegliere, prendere, imbroccare il cavallo giusto *(nelle scommesse alle corse)* — *to pick a quarrel with sb,* attaccare lite con qcno; piantar la grana.
4 *(di uccelli)* beccare; becchettare.
5 rubare: *to pick sb's pocket,* borseggiare qcno; rubargli il portafoglio — *to pick sb's brains,* rubare le idee a qcno.
to pick at, mangiare svogliatamente, di malavoglia; piluccare: *She only picked at her food,* Mangiava di malavoglia.
to pick off, - **a)** staccare, togliere *(con le dita)* - **b)** cogliere; abbattere; bersagliare *(uno dopo l'altro): A sniper behind the bushes picked off three of our men,* Un cecchino dietro ai cespugli abbatté tre dei nostri uomini.
to pick on, - **a)** scegliere; pescar fuori; tirar fuori *(spec. per un compito sgradevole): Why should you pick on me to do the chores?,* E perché dovresti scegliere

proprio me per le pulizie? - **b)** *(fam.)* tormentare con osservazioni; rimbrottare; rimproverare eccessivamente e per un nonnulla: *Why are you always picking on the poor child?,* Ma perché continui a tormentare il povero ragazzo?

to pick out, - **a)** scegliere; individuare *(persone ed oggetti in mezzo ad altri): to pick out one's friends in a crowd,* individuare i propri amici tra la folla - **b)** distinguere; capire *(il significato di un brano)* - **c)** accennare un motivo *(al pianoforte, ecc.)* - **d)** sottolineare; mettere in risalto o in evidenza *(colori): green panels picked out with brown,* pannelli verdi ravvivati (messi ben in risalto) dal colore marrone.

to pick over, scegliere con cura; esaminare; cernere: *to pick over a basket of strawberries,* fare la cernita delle fragole da un cestello.

to pick up, - **a)** raccogliere; prender su; sollevare: *to pick up one's hat,* raccogliere il cappello — *to pick oneself up,* rialzarsi; sollevarsi - **b)** imparare *(spec. ascoltando, in modo casuale);* acquisire; raccogliere; guadagnare; acquistare: *to pick up a foreign language,* imparare una lingua straniera — *to pick up a livelihood by selling mussels,* guadagnarsi da vivere (sbarcare il lunario) vendendo cozze — *to pick up information,* raccogliere informazioni — *to pick up a bargain,* trovare (e comperare) un articolo a buon mercato; fare un affare - **c)** prendere *(acqua, corrente elettrica): Some electric trains pick up current from a third rail,* Alcuni tipi di elettrotreni assorbono corrente da una terza rotaia - **d)** contrarre *(una malattia)* - **e)** individuare; captare; prendere: *to pick up signals from a satellite,* captare segnali emessi da un satellite - **f)** (ri)acquistare; riprendere, riprendersi *(anche econ.): to pick up speed,* acquistare velocità — *to pick up health (to pick up in health),* riacquistare la salute - **g)** *to pick sb up,* raccogliere qcno; dare un passaggio a qcno (prenderlo su, farlo salire); *(della polizia, ecc.)* fermare qcno; arrestarlo - **h)** *to pick up (with) sb,* fare la conoscenza di qcno.

pick-a-back ['pikəbæk] *avv (fam.)* a cavalluccio; sulle spalle; in spalle; sul dorso.

pickaxe ['pikæks] *s.* (*USA* **pickax**) ⇨ ²**pick 1.**

picker ['pikə*] *s.* raccoglitore, raccoglitrice: *hop-pickers,* raccoglitori di luppolo — *rag-pickers,* raccoglitori di stracci; straccivendoli.

pickerel ['pikərəl] *s.* piccolo luccio.

picket ['pikit] *s.* **1** picchetto; piolo; paletto *(di recinto o per legarvi un cavallo, ecc.): a picket fence,* un recinto fatto di paletti. **2** *(mil.)* picchetto; sentinella; pattuglia; reparto: *to be on picket duty,* essere di picchetto, di sentinella — *an outlying picket,* una pattuglia in avanscoperta. **3** picchetto *(di scioperanti).*

to **picket** ['pikit] *vt e i.* **1** circondare; proteggere con palizzata. **2** legare *(un cavallo)* al palo. **3** *(mil.)* mettere (qcno) di picchetto; essere di sentinella. **4** essere di picchetto *(ad una fabbrica);* picchettare.

picking ['pikiŋ] *s.* **1** raccolto; raccolta: *picking and stealing,* furtarello. **2** *(al pl.)* briciole; spigolature; avanzi. **3** *(al pl.)* furti; ruberie; proventi di furtarelli; spoglie.

pickle ['pikl] *s.* **1** salamoia. **2** *(generalm. al pl.)* sottaceti. **3** specie di marmellata amara *(a base di mele, pomodori, ecc., con spezie e sottoceti)* che viene servita come salsa con la carne fredda, ecc. □ *to be in a sad (sorry, nice) pickle,* essere in una triste (spiacevole, difficile) situazione — *to have a rod in pickle for sb, (fig.)* tenere in serbo una brutta sorpresa, una vendetta per qcno.

to **pickle** ['pikl] *vt* **1** conservare in salamoia; mettere sott'aceto. **2** decapare.

□ *pickled, (sl.)* ubriaco.

pick-me-up ['pikmiʌp] *s. (fam.)* bicchierotto *(di liquore);* 'cicchetto'; cordiale; bevanda stimolante.

pickpocket ['pik,pɔkit] *s.* borsaiolo.

pick-up ['pikʌp] *s.* (*cfr.* **to pick up c, f, g**) **1** fonorilevatore *(di grammofono);* riproduttore acustico; *(elettr.)* dispositivo di presa. **2** furgone *(della polizia);* furgoncino. **3** persona incontrata per caso, per la strada *(spec. una mondana).* **4** *(mecc.)* accelerazione; ripresa: *an engine with a good pick-up,* un motore con una buona ripresa. **5** *(econ.)* ripresa.

picnic ['piknik] *s.* **1** 'picnic'; scampagnata; merenda all'aperto: *to have (to go for) a picnic,* fare (andare a fare) un 'picnic' — *a picnic hamper,* un cestino da 'picnic'. **2** *(fam.)* cosa facile; gradevole: *It's no picnic,* Non è mica una cosa facile.

to **picnic** ['piknik] *vi* (**-ck-**) fare, partecipare ad una scampagnata.

picnicker ['piknikə*] *s.* chi partecipa ad una scampagnata.

picric ['pikrik] *agg* picrico.

pictorial [pik'tɔ:riəl] *agg* **1** illustrato; figurato: *a pictorial record of the wedding,* un ricordo fotografico delle nozze. **2** pittorico; pittoresco; vivido; vivace. □ *avv* **pictorially.**

□ *s.* rotocalco; rivista o giornale illustrati.

picture ['piktʃə*] *s.* **1** figura; illustrazione; fotografia; disegno; quadro; pittura; ritratto: *picture-book,* libro illustrato *(spec. per bambini)* — *picture gallery,* pinacoteca; museo di pittura — *picture-card,* figura *(al giuoco delle carte).* **2** cosa meravigliosa; persona o oggetto molto belli: *Your hat is a picture,* Il tuo cappellino è un amore — *picture hat,* cappello (da donna) a tesa molto larga. **3** ritratto; personificazione: *She is the picture of health,* È il ritratto della salute. **4** descrizione; resoconto dettagliato; quadro: *to put sb in the picture, (fam.)* mettere qcno al corrente *(di qcsa);* aggiornarlo sui fatti — *(symptom) picture, (med.)* quadro dei sintomi; sintomatologia. **5** *(al pl.* the pictures: *spesso attrib.)* cinema: *picture-house, picture-palace, picture-theatre, picture-drome, (nomi un po' desueti per)* cinematografo — *picture-goer,* frequentatore di cinema. **6** immagine televisiva: *a set free from picture distortion,* un televisore che non deforma l'immagine.

to **picture** ['piktʃə*] *vt* **1** ritrarre; dipingere; fare il ritratto; fotografare. **2** immaginare, immaginarsi; rappresentare; figurare: *He pictured the family sitting out on the lawn,* S'immaginava la famiglia seduta sul praticello — *Just picture yourself in my position!,* Immaginati nella mia posizione!

picturesque [,piktʃə'resk] *agg* **1** pittoresco; ameno: *a picturesque village,* un paesetto pittoresco. **2** *(di individuo)* bizzarro; strano; strambo; originale. **3** *(di stile, linguaggio)* vivido; vivace; originale.

□ *avv* **picturesquely.**

picturesqueness [,piktʃə'resknis] *s.* **1** carattere pittoresco; amenità *(di un luogo).* **2** bizzarria *(di stile, di persona).* **3** *(di stile, ecc.)* vividezza.

to **piddle** ['pidl] *vi* **1** *(fam.)* fare pipì. **2** *(ant.)* bighellonare: *to piddle one's time away,* perdere (sprecare) il tempo.

piddling ['pidliŋ] *agg* insignificante; meschino; piccino: *piddling jobs,* lavori da nulla.

pidgin ['pidʒin] *s. (corruzione cinese di* business*)* **1** *(nell'Africa occidentale, lungo le coste della Cina, ecc.)* 'pidgin'; lingua franca commerciale, che contiene molte parole di una lingua europea (generalm. l'inglese, ma talvolta il francese o l'olandese) e molti elementi (spec. strutturali) della lingua degli indigeni. **2** *(anche* pigeon*)* lavoro; compito; dovere *(di una persona): That's not my pidgin, (fam.)* Non è compito mio; Non tocca a me.

[1]**pie** [pai] *s.* crostata *(di pasta dolce o salata, ripiena di frutta, di carne, ecc.).*
□ *to eat humble pie, (fig.)* far penitenza; subire un'umiliazione; abbassarsi — *to have a finger in the pie,* avere le mani in pasta — *as easy as pie,* facilissimo — *pie in the sky,* vane speranze — *printer's pie* ⇨ **printer.**

[2]**pie** [pai] *s.* (= **magpie**) gazza; pica.

piebald ['pai:bɔld] *agg e s. (di cavallo)* pezzato.

piece [pi:s] *s.* **1** pezzo; parte; frammento: *a piece of paper (of wood),* un pezzo di carta (di legno) — *It came to pieces in my hands,* È andato in pezzi tra le mie mani — *to take sth to pieces,* smontare qcsa — *piece by piece,* pezzo per pezzo; un pezzo per volta — *a 48-piece dinner service,* un servizio da tavola di 48 pezzi — *a six-piece dance band,* un'orchestrina (da ballo) di sei strumenti — *a two-piece swimsuit, (anche a* two-piece*)* un 'due pezzi' — *to go to pieces, (fam.)* avere un cedimento; crollare — *to be (all) of a piece, (fig.)* essere tutto d'un pezzo (coerente, omogeneo) — *to give sb a piece of one's mind,* dire a qcno quello che si pensa di lui; dirgliene quattro; cantargliela chiara.
2 *(usato con alcuni s. al sing. non preceduti dall'art. indeterminativo, che non hanno pl.)* esempio; esemplare; uno, una: *a piece of news (advice, information, luck, ecc.),* una notizia (un consiglio, un'informazione, un colpo di fortuna, ecc.) — *It's a piece of nonsense!,* È una sciocchezza! — *a fine piece of work,* un bel lavoro — *a nasty piece of work, (fam., di persona)* un tipaccio.
3 *(quantità delimitate per la vendita)* rotolo; pezza; pezzo; barile: *a piece of wallpaper,* un rotolo da carta da parati — *a piece of cloth,* una pezza di panno — *Sold only by the piece,* Si vende solo al pezzo (a pezzi interi) — *piece-goods,* tessuto *(spec. di cotone o seta, di determinata lunghezza)* — *piece-work,* cottimo.
4 pezzo; composizione; brano; opera *(di musica, arti figurative, ecc.): a fine piece,* una bell'opera — *a dramatic piece,* una composizione drammatica; un dramma.
5 pedina *(del giuoco della dama, ecc.).*
6 moneta: *a five-cent piece, (USA)* una moneta da cinque centesimi *(di dollaro).*
7 pezzo da fuoco; arma da fuoco; cannone; fucile; carabina: *a field-piece,* un pezzo d'artiglieria campale — *a fowling-piece,* un fucile da caccia.

to **piece** [pi:s] *vt (spesso seguito da* together*)* mettere assieme *(le parti);* montare *(pezzo per pezzo una macchina);* unire; connettere; giuntare; rappezzare; rattoppare: *to piece together odds and ends of cloth,* cucire insieme scampoli di stoffa — *to piece a quilt,* giuntare una coperta imbottita; fare una trapunta — *to piece one thing to another,* giuntare una cosa ad un'altra — *to piece out,* mettere insieme; ricostruire *(una storia, una teoria, ecc.).*

piecemeal ['pi:smi:l] *avv e agg* pezzo a pezzo; un po' alla volta; saltuariamente: *work done piecemeal,* lavoro fatto a spizzichi, un po' alla volta.

pied [paid] *agg* **1** variegato; variopinto. **2** *(sl.)* ubriaco.

pier ['piə*] *s.* **1** molo; frangiflutti; gettata; diga *(di mare);* banchina; pontile; imbarcadero. **2** pilastro; pilone *(di ponte).* **3** stipite; piedritto; pilastrino *(di finestre, ecc.): pier-glass,* specchiera; grande specchio.

to **pierce** [piəs] *vt e i.* **1** forare; perforare; trafiggere; penetrare: *The arrow pierced his shoulder,* La freccia gli trafisse la spalla. **2** *(di suoni, dolore, freddo, ecc.)* toccare; colpire; pungere; commuovere; straziare: *Her shrieks pierced the air,* Le sue grida laceravano l'aria. **3** penetrare; trapassare; *(mil.)* sfondare; fare breccia.

piercing ['piəsiŋ] *agg* acuto; penetrante; pungente; straziante; lacerante: *a piercing wind,* un vento pungente (tagliente). □ *avv* **piercingly.**

pierrot ['piərou] *s. (fr.) (teatro)* 'pierrot'; pagliaccio.

piety ['paiəti] *s.* **1** pietà; devozione; religiosità. **2** atto di pietà, di devozione: *filial piety,* pietà filiale.

piffle ['pifl] *s. (fam.)* sciocchezza.

to **piffle** ['pifl] *vi (fam.)* dire sciocchezze.

piffling ['pifliŋ] *agg (fam.)* insignificante; futile; vacuo.

pig [pig] *s.* **1** maiale; porco; suino: *roast pig,* arrosto di maiale; porchetta — *wild pig,* cinghiale — ⇨ *anche* **pigskin, pigsticking, pigsty. 2** *(fig.)* 'porco'; 'maiale'; persona sporca, disordinata, vorace, maleducata; *(USA, sl.)* poliziotto: *to make a pig of oneself,* mangiare come un porco. **3** *(per* pig-iron*)* lingotto di ghisa *(di alto forno);* pane *(di metallo).* □ *to buy a pig in a poke,* comprare alla cieca — *to bring one's pigs to the wrong market,* non riuscire a vendere qcsa — *Pigs might fly, (prov.)* Anche gli asini potrebbero volare — *pig-headed,* cocciuto; testardo; ostinato — *pig-headedness,* cocciutaggine; ostinatezza — *pig-boat, (USA, sl.)* sommergibile.

to **pig** [pig] *vi* **(-gg-)** *(di maiali)* figliare. □ *to pig it; to pig together,* vivere come porci.

pigeon ['pidʒin] *s.* **1** piccione; colombo: *wood-pigeon,* colombo selvatico — *carrier-pigeon; homing-pigeon,* piccione viaggiatore — *pigeon-breasted,* dal petto carenato — *pigeon-toed,* dal piede valgo — *clay pigeon shooting, (sport)* tiro al piattello. **2** persona sciocca, sempliciotta. **3** *(talvolta)* = **pidgin 2.** □ *stool-pigeon, (sl.)* informatore della polizia.

pigeonhole ['pidʒinhoul] *s.* **1** nicchia di colombaia. **2** casella.

to **pigeonhole** ['pidʒinhoul] *vt* mettere *(dei fogli, ecc.)* in una casella; incasellare; archiviare; *(fig.)* archiviare; ignorare; lasciar perdere.

piggery ['pigəri] *s.* **1** porcile; allevamento di suini. **2** *(fig.)* sudiciume; ingordigia; grossonalità; testardaggine.

piggish ['pigiʃ] *agg* **1** porcino. **2** *(fig.)* maialesco; sporco; sudicio; grossolano; vorace; testardo.

piggishness ['pigiʃnis] *s.* sudiciume; grossolanità; testardaggine.

piggy ['pigi] *s.* **1** porcellino: *piggy-bank,* salvadanaio a forma di porcellino. **2** *(USA, fam., al pl.)* le dita del piede. □ *agg (fam.)* ingordo; vorace.

piggy-back ['pigibæk] *avv* = **pick-a-back.**

piglet ['piglit] *s.* porcellino; maialino.

pigment ['pigmənt] *s.* pigmento; colore.

pigmentation [,pigmən'teiʃən] *s.* pigmentazione; *(talvolta)* colorito.

pigmy ['pigmi] *s.* = **pygmy.**

pigskin ['pigskin] *s. (spesso attrib.)* pelle di cinghiale.

pigsticking ['pig,stikiŋ] *s.* caccia al cinghiale.

pigsty ['pigstai] *s.* porcile *(anche fig.).*

pigtail ['pigteil] *s.* **1** codino di maiale. **2** treccia di capelli; codino *(dei cinesi).* **3** treccia di tabacco.

pigwash ['pigwɔʃ] *s.* broda *(per maiali).*

pijaw ['paidʒɔ:] *s. (sl.)* predica; romanzina *(cfr.* [2]**pi).**

[1]**pike** [paik] *s. (stor.)* picca: *pike-staff,* asta della picca.

□ *as plain as a pike-staff,* chiaro come la luce del sole.

[2]**pike** [paik] *s.* luccio.

[3]**pike** [paik] *s.* **1** *(stor.)* sbarra; barriera *(di strada con pedaggio).* **2** *(stor.)* pedaggio. **3** *(USA: generalm.* turnpike*)* strada con pedaggio.

[4]**pike** [paik] *s.* *(Inghilterra settentrionale)* picco; cima; vetta.

pikelet ['paiklit] *s.* *(Inghilterra settentrionale)* focaccia da tè *(servita calda, generalm. con burro e marmellata o miele).*

piker ['paikə*] *s.* *(USA)* persona avara.

pikestaff ['paikstɑ:f] *s.* ⇨ [1]**pike.**

pilaf(f), pilau ['pilæf/pi'lau] *s.* 'pilaff'.

pilaster [pi'læstə*] *s.* pilastro.

pilchard ['piltʃəd] *s.* sardella.

[1]**pile** [pail] *s.* palo di fondazione: *pile-driver,* berta; battipalo — *pile dwelling,* casa su palafitte.

[1]to **pile** [pail] *vt* conficcare pali; munire di pali; fare una palizzata.

[2]**pile** [pail] *s.* **1** pila; catasta; mucchio. **2** rogo; pira: *funeral-pile,* pira (funebre). **3** *(fam.)* sacco di quattrini; mucchio di denaro: *to make a pile,* farsi un sacco di soldi. **4** *(raro)* edificio; palazzina; grosso caseggiato. **5** pila *(elettrica, ecc.).*

[2]to **pile** [pail] *vt* *(seguito da* up *o* on*)* accatastare; ammonticchiare; ammucchiare: *to pile logs,* accatastare dei tronchi d'albero — *to pile things up,* ammucchiare delle cose — *to pile a table with dishes,* mettere pile di piatti su una tavola — *to pile arms,* mettere le armi *(spec. fucili)* in fascio — *to pile it on, (fam.)* esagerare — *to pile on the agony, (fam.)* caricare le tinte *(spec. descrivendo un avvenimento triste).*

□ *vi* **1** ammucchiarsi; accumularsi. **2 to pile up,** *(di autoveicoli)* tamponarsi *(provocando una serie di altri incidenti);* andare a sbattere uno contro l'altro.

[3]**pile** [pail] *s.* pelo *(di velluto, di tappeti, ecc.).*

piles [pailz] *s. pl* emorroidi.

pile-up ['pailʌp] *s.* *(fam.)* tamponamento a catena; collisione multipla *(di autoveicoli, ecc.).*

to **pilfer** ['pilfə*] *vt e i.* rubacchiare.

pilferage ['pilfəridʒ] *s.* **1** *(anche* pilfering*)* furto; il rubacchiare. **2** *(comm., ecc.)* ammanco *(dovuto a furtarelli).*

pilferer ['pilfərə*] *s.* ladruncolo.

pilgrim ['pilgrim] *s.* pellegrino.

pilgrimage ['pilgrimidʒ] *s.* pellegrinaggio: *to go on a pilgrimage,* andare in pellegrinaggio.

pill [pil] *s.* **1** pillola: *a bitter pill,* una pillola amara; un boccone amaro — *the pill, (fam.)* la pillola (anticoncezionale) — *to go on the pill,* incominciare a prendere la pillola — *to be on the pill,* prendere (abitualmente) la pillola. **2** *(sl.)* palla *(p.es. da tennis); (sl., al pl.)* biliardo.

pillage ['pilidʒ] *s.* saccheggio; scorreria; razzia.

to **pillage** ['pilidʒ] *vt* saccheggiare; razziare; far man bassa.

pillager ['pilidʒə*] *s.* saccheggiatore; razziatore.

pillar ['pilə*] *s.* **1** pilastro; colonna. **2** *(fig.)* principale sostegno. **3** qualsiasi cosa a forma di colonna: *pillar-box, (GB)* cassetta delle lettere *(a forma di colonna).* □ *to be driven from pillar to post,* essere mandato da Erode a Pilato.

pillbox ['pilbɔks] *s.* **1** tubetto; scatoletta per le pillole. **2** fortino di cemento; casamatta. **3** *(scherz.)* veicolo minuscolo.

pillion ['piljən] *s.* sellino posteriore *(di cavallo, di motocicletta): pillion passenger,* passeggero del sellino posteriore *(di una moto).*

pillory ['piləri] *s.* berlina; gogna.

to **pillory** ['piləri] *vt* mettere alla berlina, alla gogna; *(fig.)* esporre al ridicolo.

pillow ['pilou] *s.* cuscino; guanciale: *pillow-case (-slip),* federa.

to **pillow** ['pilou] *vt* **1** riposare, posarsi su un guanciale. **2** far da cuscino.

pilot ['pailət] *s.* **1** *(di nave od aereo)* pilota; timoniere; nocchiero; *(fig.)* guida: *test pilot,* pilota collaudatore di aerei — *pilot-boat,* pilotina — *pilot-engine,* locomotiva staffetta — *pilot-fish,* pesce pilota — *to drop the pilot,* - **a)** *(naut.)* far scendere il pilota - **b)** *(fig.)* abbandonare un consigliere saggio, una guida fidata. **2** *(solo attrib.)* pilota; di prova; sperimentale; di avanguardia: *a pilot census,* un censimento di prova — *a pilot plant,* un impianto sperimentale (pilota) per nuovi processi di produzione.

□ *pilot-lamp,* lampada spia — *pilot-light,* accenditoio.

to **pilot** ['pailət] *vt* pilotare; *(fig.)* guidare; condurre.

pimp [pimp] *s.* mezzano; ruffiano; 'sfruttatore'.

to **pimp** [pimp] *vt* far da mezzano.

pimpernel ['pimpənel] *s.* mordigallina; anagallide.

pimping ['pimpiŋ] *agg (fam.)* gretto; meschino.

pimple ['pimpl] *s.* foruncolo; pustola.

pimpled, pimply ['pimpld/'pimpli] *agg* foruncoloso; pustoloso.

pin [pin] *s.* **1** spillo: *pin-head,* capocchia di spillo — *pin-cushion,* cuscinetto portaspilli. **2** spilla; ago; puntina: *safety-pin,* spilla di sicurezza; ago da balia — *drawing-pin,* puntina da disegno. **3** *(fam.)* gamba: *He's quick on his pins,* È un tipo svelto, svelto di gamba, arzillo. **4** *(mecc., ecc.)* perno; spina; cavicchio.

□ *pin-money,* denaro per le piccole spese *(di donna)* — *pin-point, (fig.)* qcsa di molto piccolo — *to pin-point,* individuare con grande precisione — *pin-point bombing,* bombardamento aereo di precisione — *pin-prick,* puntura di spillo; *(fig.)* piccola noia; seccatura — *pin-stripe, (di stoffa)* righettato — *I don't care a pin, (fam.)* Non me ne importa un bel niente — *clean as a new pin,* pulitissimo; tutto lindo — *pins and needles,* formicolio — *bowling-pin,* birillo — *rolling-pin,* mattarello — *pin-table,* biliardino — *pin-ball,* gioco, partita al biliardino.

to **pin** [pin] *vt* **(-nn-) 1** puntare (appuntare, fermare) con uno spillo: *to pin papers together,* fermare dei fogli con uno spillo — *to pin up a notice,* attaccare (appuntare) un avviso *(sulla bacheca, con una puntina da disegno)* — *to pin one's faith (on sth, sb),* riporre la propria fiducia (in qcsa, qcno). **2** *(fig., di solito seguito da* down*)* immobilizzare; 'inchiodare' *(anche fig.): He was pinned down by a fallen tree,* Fu inchiodato per terra da un albero cadutogli addosso — *to pin sb down to a promise,* vincolare qcno a una promessa — *to pin a person against the wall, (fam.)* mettere o tenere qcno con le spalle al muro; inchiodare qcno al muro.

pinafore ['pinəfɔ:*] *s.* grembiulino.

pince-nez ['pɛ̃:nsnei] *s.* *(fr.)* 'pince-nez'; occhiali a molla.

pincers ['pinsəz] *s. pl* **1** *(anche* a pair of pincers*)* pinze; tenaglie. **2** chele. □ *pincer movement (attack),* movimento (attacco) a tenaglia; *(scherz.)* abbraccio.

pinch [pintʃ] *s.* **1** pizzicotto. **2** *(fig.)* angustia; tormento; 'morsa': *to feel the pinch of poverty,* provare il tormento della miseria — *to feel the pinch of hunger,* sentire i morsi della fame. **3** presa *(di tabacco, di sale,*

ecc., anche fig.): a pinch of salt, una presa di sale — *to take sth with a pinch of salt, (fig.)* prendere qcsa con un grano di sale.
□ *at a pinch,* in caso di bisogno — *We can get six people round the table at a pinch,* Possiamo mettere sei persone a tavola in caso di bisogno — *If it comes to the pinch...,* Se le cose si mettono male...; Alla peggio...

to **pinch** [pintʃ] *vt e i.* **1** pizzicare; stringere; serrare; staccare *(generalm. con due dita): He pinched the top of the plant off,* Staccò la cima della pianticella — *to pinch out the side shoots,* staccare, potare i germogli laterali. **2** essere troppo stretto; far male perché troppo stretto; causar dolore: *These shoes pinch,* Queste scarpe mi fanno male — *That's where the shoe pinches, (fig.)* È questo il punto dolente — *to be pinched for money,* essere a corto di denaro. **3** *(fam.)* prendere senza permesso; 'fregare': *Who's pinched my dictionary?,* Chi mi ha fregato il dizionario? **4** essere gretto (avaro, spilorcio); vivere poveramente: *to pinch and scrape in order to save money,* tirare la cinghia per risparmiare i quattrini. **5** *(fam.: della polizia)* fermare; agguantare; arrestare: *You'll get pinched if you're not careful,* Ti 'beccheranno' se non starai attento.

pinchbeck ['pintʃbek] *s.* princisbecco. □ *agg* falso; finto.

pinched [pintʃt] *agg (dei lineamenti)* 'tirato' *(per il freddo, ecc.).*

pincushion ['pin,kuʃin] *s.* puntaspilli.

pine [pain] *s.* **1** pino: *pine needles,* aghi di pino — *pine cone,* pigna — *pine-clad hillsides,* colli rivestiti di pini. **2** *abbr di* **pineapple 1**.

to **pine** [pain] *vi* **1** *(seguito da* from *o* with*)* languire; struggersi; penare: *He was pining from hunger,* Era languente per la fame. **2** *(seguito da* for *o* after*)* anelare; desiderare moltissimo: *The exiles were pining for their native land,* Gli esuli erano tormentati dalla nostalgia per il loro paese natio. **3** *(seguito da* away*)* consumarsi; struggersi di dolore.

pineal ['painiəl] *agg* pineale.

pineapple ['pain,æpl] *s.* **1** ananasso; ananas: *tinned (canned) pineapple,* ananas sciroppato, in scatola. **2** *(sl.)* bomba a mano.

ping [piŋ] *s.* tinnito; colpo breve e secco con risonanza metallica; pim.

to **ping** [piŋ] *vi* produrre un suono secco e breve con risonanza metallica.

ping-pong ['piŋpɔŋ] *s.* ping-pong; tennis da tavolo.

[1]**pinion** ['pinjən] *s.* **1** punta d'ala *(d'uccello);* penna d'ala. **2** *(poet.)* ala.

to **pinion** ['pinjən] *vt* **1** tarpare le ali *(d'un uccello).* **2** legare le braccia *(a qcno);* legare; immobilizzare.

[2]**pinion** ['pinjən] *s.* pignone.

pink [piŋk] *s.* **1** (color) rosa. **2** *(anche* hunting pink*)* giubba rossa da cacciatore alla volpe. **3** garofano piccolo; dianto. **4** *the pink, (fig.)* fiore *(modello, culmine): to be in the pink (of health), (fam.)* essere in perfetta salute (in ottima forma).
□ *agg* **1** color rosa: *pink gin,* gin con una goccia di angostura — *pink-eye, (fam.)* congiuntivite. **2** *(fam.: di schieramento politico)* di sinistra (moderata).

[1]to **pink** [piŋk] *vt* **1** bucare; forare *(con una spada).* **2** *(spesso seguito da* out*)* traforare; dentellare *(cuoio, tessuti, ecc.): pinking scissors (shears),* forbici seghettate.

[2]to **pink** [piŋk] *vi* **1** *(di motore)* battere in testa. **2** detonare.

pinkie ['piŋki] *s. (USA)* mignolo.

pinkish ['piŋkiʃ] *agg* roseo; rosato.

pinko-grey ['piŋkou,grei] *agg e s. (scherz.)* 'bianco'; di razza bianca.

pinnace ['pinis] *s.* scialuppa; lancia.

pinnacle ['pinəkl] *s.* **1** pinnacolo. **2** vetta; cima *(di montagna);* picco. **3** *(fig.)* apice; culmine: *He was at the pinnacle of his fame,* Era all'apice della sua fama.

to **pinnacle** ['pinəkl] *vt* **1** mettere su un pinnacolo; *(fig.)* mettere su un piedestallo. **2** ornare di pinnacoli.

pinnate ['pineit] *agg (bot.)* pennato.

pinny ['pini] *s.* *(abbr. fam. di* **pinafore***)* grembiulino.

pint [paint] *s.* pinta *(misura di capacità pari a un ottavo di gallone = l. 0,56 in GB e l. 0,4732 in USA): half-pint, (scherz., attrib.)* di bassa statura — *pint-size(d), (fam.)* piccolo; piccino — *dry pint, (letteralm.)* pinta secca *(misura di volume soprattutto per grano e cereali: GB l. 0,56; USA l. 0,55).*

pinta ['paintə] *s. (GB, fam., contraz. di* pint of*)* pinta *(di latte, ecc.).*

pin-up ['pinʌp] *s.* fotografia di donna procace *(da appuntarsi al muro): a pin-up girl,* una ragazza formosa.

pioneer [,paiə'niə*] *s.* **1** pioniere. **2** *(soldato)* zappatore.

to **pioneer** [,paiə'niə*] *vi e t.* **1** fare da pioniere. **2** aprire una strada; fare da pioniere (in qcsa); indicare nuove vie: *to pioneer a project,* tenere a battesimo un progetto.

pious ['paiəs] *agg* **1** pio; devoto; religioso. **2** *(ant.)* obbediente ai genitori. □ *avv* **piously**.

[1]**pip** [pip] *s.* seme *(spec. di limone, arancia, pompelmo, uva, mela o pera).*

[2]**pip** [pip] *s.* **1** pipita *(malattia dei polli).* **2** *(GB, sl.)* malessere; malumore: *to have the pip,* essere di malumore — *to get the pip,* diventare di cattivo umore — *That man gives me the pip,* Quell'uomo mi mette di cattivo umore.

[3]**pip** [pip] *s. (GB)* **1** 'pip' *(suono del segnale orario alla radio, al telefono, ecc.): the pips,* il segnale orario. **2** *(mil.)* la lettera 'p' *(vecchio alfabeto telegrafico): pip emma, (= p.m.)* pomeridiano; del pomeriggio.

[4]**pip** [pip] *s.* **1** punto *(nel gioco delle carte, dadi, ecc.).* **2** *(GB)* stelletta *(sulla mostrina).*

to **pip** [pip] *vt* (**-pp-**) **1** colpire *(spec. con una pallottola).* **2** battere *(spec. nell'espressione): to be pipped at the post,* essere battuto sul traguardo.

pipe [paip] *s.* **1** tubo; canna; tubazione; condotto. **2** *(mus.)* piffero; zufolo; canna d'organo; *(al pl.)* zampogna. **3** fischietto del nostromo *(per chiamare la ciurma).* **4** *(di uccelli)* cinguettio; canto; voce. **5** *(anat.)* canale; condotto; organo. **6** pipa: *to smoke a pipe,* fumare la pipa — *Put that in your pipe and smoke it, (fig.)* Mettitelo bene in testa e pensaci su — *pipe-rack,* portapipe. **7** *(per vino, spec. il porto)* pipa; botte bislunga *(equivalente a circa 105 galloni)* — ⇨ *anche* **pipeclay, pipedream, pipeline,** *ecc.*

to **pipe** [paip] *vi e t.* **1** fornire o dotare di tubature; far arrivare (con tubature): *to pipe water into a house,* dotare una casa di impianto idrico. **2** suonare uno strumento a fiato *(piffero, zufolo, zampogna, ecc.);* cantare con voce sottile; emettere suoni acuti; cinguettare *(di uccelli): to pipe up, (fam.)* incominciare a suonare (cantare, parlare) — *to pipe down, (fam.)* abbassare il tono della voce; suonare più piano; *(fig.)* abbassare la cresta. **3** *(naut.)* chiamare *(la ciurma col fischietto del nostromo);* dare il benvenuto a bordo: *to pipe all hands on deck,* chiamare tutti i marinai in coperta — *to pipe the captain on board,* accogliere *(con i tradizionali colpi di fischietto)* il capitano a bordo. **4** ornare *(vestiti, ecc.)* con bordini, filetti; ornare *(dolci)* con fregi di zucchero filato, ecc.

pipeclay ['paipklei] *s.* argilla plastica per pipe, ecc.

pipedream ['paipdri:m] *s.* vana speranza; idea (progetto) irrealizzabile.

pipeful ['paipful] *s.* pipata; il contenuto di una pipa.

pipeline ['paiplain] *s.* conduttura; tubazione; canale; oleodotto *(anche* oil pipeline*).* □ *to be in the pipeline,* essere in corso di lavorazione, realizzazione, preparazione, ecc.

piper ['paipə*] *s.* suonatore di piffero (di zufolo, di zampogna). □ *He who pays the piper calls the tune, (prov.)* Bisogna attaccare l'asino dove vuole il padrone (Chi paga ha diritto di comandare).

pipette [pi'pet] *s.* pipetta.

[1]**piping** ['paipiŋ] *s.* **1** tubatura; tubazioni. **2** cordoncino; bordo; fregio; profilo *(nei vestiti);* decorazioni di zucchero filato, ecc. *(nei dolci).* **3** suono del piffero, dello zufolo, delle zampogne; cinguettio di certi uccelli.

[2]**piping** ['paipiŋ] *agg* **1** di piffero; come di piffero o di zufolo; *(per estensione, lett.)* arcadico; sereno: *the piping times of peace,* i giorni sereni della pace. **2** *(di suoni, ecc.)* stridulo; acuto; fischiante; penetrante. □ *come avv (nell'espressione) piping hot, (di cibo)* caldo bollente.

pipit ['pipit] *s.* *(uccello)* pispola; ballerina.

pippin ['pipin] *s.* **1** mela di qualità pregiata. **2** *(sl.)* bella ragazza.

pip-squeak ['pipskwi:k] *s.* *(sl.)* 'nullità'; mezza cartuccia.

piquancy ['pi:kənsi] *s.* **1** gusto piccante. **2** arguzia.

piquant ['pi:kənt] *agg* piccante *(anche fig.);* frizzante; arguto: *a piquant sauce,* una salsa piccante — *a piquant bit of gossip,* un pettegolezzo piccante.

piqué ['pi:kei] *s.* *(fr.)* 'piqué'; picché.

pique [pi:k] *s.* *(fr.)* picca; risentimento: *to go away in a fit of pique,* andarsene per ripicca — *to take a pique against sb,* prendersela con qcno.

to **pique** [pi:k] *vt (fr.)* **1** irritare; indisporre; ferire *(l'orgoglio o la sensibilità di qcno).* **2** stimolare *(la curiosità di qcno).* **3 to pique oneself on sth,** piccarsi, vantarsi di qcsa.

piquet [pi'ket] *s.* picchetto *(gioco di carte).*

piracy ['paiərəsi] *s.* **1** pirateria. **2** plagio; stampa *(di libri)* alla macchia.

pirate ['paiərit] *s.* **1** pirata; predone di mare; corsaro. **2** chi stampa un libro alla macchia; plagiario: *(ora spesso attrib., come in) pirate radio station,* radio pirata.

to **pirate** ['paiərit] *vt* **1** derubare; saccheggiare *(sul mare).* **2** *(fig.)* pubblicare *(un testo)* senza permesso; plagiare.

piratical [pai'rætikəl] *agg* pirata; di pirata; piratesco. □ *avv* **piratically.**

pirouette [,piru'et] *s.* piroetta.

to **pirouette** [,piru'et] *vi* piroettare.

pis aller ['pi:z'ælei] *s.* *(fr.)* il meno peggio.

piscatorial [,piskə'tɔ:riəl] *agg* pescatorio; pescherеccio.

pish [piʃ] *interiezione (ant.: di disprezzo, di disgusto)* Puah!; *(impazienza)* Suvvia!

piss [pis] *s.* *(volg.)* piscio; pisciata; orina.

to **piss** [pis] *vi e t.* *(volg.)* pisciare; orinare. □ *Piss off!,* Vattene!; Fuori dai piedi! — *pissed off,* annoiato; stufo — *to piss around (about),* perdere tempo; non concludere nulla.

pissed [pist] *agg* *(volg.)* ciucco; ubriaco.

pistachio [pis'tɑ:ʃiou] *s.* (*pl.* **pistachios**) pistacchio.

pistil ['pistil] *s.* pistillo.

pistol ['pistl] *s.* pistola.

piston ['pistən] *s.* pistone; stantuffo: *piston-rod,* biella.

[1]**pit** [pit] *s.* *(USA)* nocciolo *(di prugna, ecc.).*

[1]to **pit** [pit] *vt* (**-tt-**) snocciolare.

[2]**pit** [pit] *s.* **1** pozzo *(di miniera);* cava; fossa; voragine; buca; fossa *(per riparazione di autoveicoli): chalk-pit,* una cava di calcare — *to go down the pits, (GB)* andare a lavorare nelle miniere di carbone — *pit-head,* entrata del pozzo — *pit pony,* cavallino delle miniere. **2** buco; trabocchetto; trappola coperta per animali. **3** *(del corpo, di piante)* cavo; cavità; incavo; fossetta *(di guancia): the pit of the stomach,* la bocca dello stomaco — *arm-pit,* ascella. **4** buttero *(di vaiuolo).* **5** *(GB)* platea di teatro; il pubblico della platea. **6** *(USA)* mercato di Borsa. **7** *(Bibbia) the pit,* l'inferno. **8** *(alle corse d'auto)* posto di rifornimento. **9** arena *(per combattimento di galli).*

[2]to **pit** [pit] *vt* (**-tt-**) butterare.

[3]to **pit** [pit] *vt (quasi sempre seguito da* against*)* **1** aizzare. **2** *(fig.)* opporre; contrapporre.

pit-a-pat ['pitə'pæt] *avv (del cuore)* a battiti rapidi; con forti palpitazioni.

□ *s.* **1** *(del cuore)* battito; palpitazione; palpitio: *to go pit-a-pat,* palpitare; battere forte. **2** lo scalpicciare.

[1]**pitch** [pitʃ] *s.* **1** *(GB)* posteggio *(di venditore ambulante, di giocoliere, ecc.): to queer sb's pitch, (fig., fam.)* sventare i piani di qcno; dargli noie. **2** *(cricket, rugby, calcio, baseball)* terreno di gioco. **3** lancio *(baseball, cricket);* servizio *(di palla);* distanza del lancio. **4** *(mus., ecc.)* tono; intonazione; *(di suono)* altezza. **5** livello; grado; punto; stato: *Excitement was raised to fever pitch,* L'entusiasmo era giunto al culmine. **6** *(spec. di tetto)* falda; inclinazione; pendenza. **7** *(di aereo, nave)* beccheggio. **8** *(di vite, elica)* passo.

to **pitch** [pitʃ] *vt e i.* **1** piantare; erigere; innalzare; metter su: *to pitch camp,* accamparsi — *to pitch a tent,* piantare una tenda — *to pitch wickets, (al cricket)* piantare le due porte. **2** *(sport, ecc.)* scagliare; gettare; lanciare; *(per estensione)* buttare: *to pitch the ball,* lanciare la palla; *(al cricket)* servire — *Let's pitch the drunkard out,* Buttiamo fuori l'ubriaco. **3** *(mus.)* intonare; dare il tono; accordare: *This song is pitched too low for me,* Il tono di questa canzone è troppo basso per me. **4** cadere; precipitare. **5** *(di aereo, nave)* beccheggiare. **6** *(fam.)* narrare; raccontare *(una storia, ecc.).* □ *a pitched battle,* una battaglia campale — *pitch-and-toss,* giuoco del lancio dei soldini.

to pitch in, - **a)** mettersi al lavoro con energia; mettersi di buona lena; darci dentro - **b)** contribuire; aiutare.

to pitch into, assaltare; dar addosso; attaccare con energia *(un lavoro, un buon piatto, ecc.): They pitched into him,* Gli furono addosso — *The hungry boy pitched into the meat pie,* Il ragazzo affamato attaccò (si mise a divorare) il pasticcio di carne.

to pitch upon, scegliere (un po' a caso).

[2]**pitch** [pitʃ] *s.* pece: *as dark (as black) as pitch,* completamente buio (nero come l'inchiostro) — *pitch-dark,* buio pesto — *pitch-black,* nero come il carbone — *pitch pine,* abete resinoso; pino rosso americano.

pitchblende ['pitʃblend] *s.* pechblenda; uranite.

[1]**pitcher** ['pitʃə*] *s.* brocca *(generalm. di terracotta).*

[2]**pitcher** ['pitʃə*] *s.* *(spec. al baseball)* lanciatore.

pitchfork ['pitʃfɔ:k] *s.* **1** forcone; forca. **2** *(mus.: non molto comune)* diapason.

pitching ['pitʃiŋ] *s.* **1** lancio *(spec. al baseball).* **2** *(naut., aeronautica)* beccheggio.

piteous ['pitiəs] *agg* pietoso; miserando. □ *avv* **piteously.**
pitfall ['pitfɔ:l] *s.* trabocchetto; trappola coperta per animali; *(fig.)* tranello.
pith [piθ] *s.* **1** *(di piante)* midollo: *pith hat (helmet),* casco coloniale. **2** *(di animali, raro)* midollo spinale. **3** quintessenza *(anche fig.);* succo; nocciolo. **4** vigore; forza; nerbo.
pithiness ['piθinis] *s.* **1** l'essere midolloso; abbondanza di midollo. **2** *(fig.)* concisione.
pithy ['piθi] *agg* **1** vigoroso; pieno di forza, di nerbo. **2** forte; carico di significato; conciso. □ *avv* **pithily.**
pitiable ['pitiəbl] *agg* pietoso; miserevole; spregevole; miserabile. □ *avv* **pitiably.**
pitiful ['pitiful] *agg* **1** impietosito; compassionevole. **2** pietoso; che suscita pietà. **3** meschino; miserevole. □ *avv* **pitifully.**
pitiless ['pitilis] *agg* spietato. □ *avv* **pitilessly.**
pitman ['pitmən] *s.* (*pl.* **pitmen**) minatore *(spec. di carbone).*
piton ['pitɔn] *s. (fr.: alpinismo)* chiodo.
pittance ['pitəns] *s.* magro salario; elemosina: *to work all day for a mere pittance,* lavorare tutto il giorno per una elemosina.
pituitary [pi'tju(:)itəri] *agg* pituitario; ipofisario: *the pituitary (gland),* l'ipofisi.
pity ['piti] *s.* **1** compassione; pietà; misericordia: *to feel (to be filled with) pity for sb,* provare (essere pieno di) compassione per qcno — *Have (Take) pity on me!,* Abbi pietà (compassione) di me! — *to do sth out of pity,* fare qcsa per pietà, per compassione — *For pity's sake!,* Di grazia!; Per pietà!; Per amor di Dio! — *For pity's sake, shut up!,* Per amor del cielo, sta' zitto! **2** *(al sing. spesso con l'art. indeterminativo; talvolta al pl.)* guaio; peccato; disgrazia; fatto spiacevole: *What a pity you can't come with us!,* Che peccato che tu non possa venire con noi! — *It's a pity (that) he can't swim,* È un peccato che non sappia nuotare — *The pity is that...,* Il guaio è che... — *It's a thousand pities that...,* È veramente spiacevole (un peccato) che... — *More's the pity!,* Tanto peggio!
to **pity** ['piti] *vt* compatire; avere, provare pietà o compassione: *He is much to be pitied,* Bisogna proprio compatirlo — *How I pity him!,* Come mi dispiace per lui!
pitying ['pitiiŋ] *agg* compassionevole; pietoso; misericordioso. □ *avv* **pityingly.**
pivot ['pivət] *s.* **1** cardine; perno; *(fig.)* punto centrale. **2** *(mil.)* soldato o reparto che funge da perno *(nelle evoluzioni).*
to **pivot** ['pivət] *vt e i.* **1** imperniare; girare su un perno; *(fig.)* imperniarsi. **2** montare su un perno, su cardini.
pivotal ['pivətl] *agg* **1** cardinale; che serve da perno, da cardine. **2** *(fig.)* fondamentale; di cardinale importanza.
pix [piks] *s.* **1** = **pyx. 2** *(sl., abbr. di* pictures*)* fotografie.
pixilated ['piksileitid] *agg* **1** *(dial.)* pazzerello; picchiatello. **2** *(sl.)* ubriaco.
pixy, pixie ['piksi] *s.* fatina; folletto.
placable ['plækəbl] *agg* mite; indulgente.
placard ['plækɑ:d] *s.* manifesto; cartellone.
to **placard** ['plækɑ:d] *vt* affiggere manifesti su *(un muro, ecc.).*
to **placate** [plə'keit] *vt* placare; addolcire; calmare; quietare; pacificare.
placatory ['plækətəri] *agg* conciliante; pacificatore.
place [pleis] *s.* **1** luogo; posto; spazio; posizione; località; punto *(particolare): I can't be in two places at once,* Non posso essere in due posti allo stesso momento — *What would you do in my place?,* Che cosa faresti al mio posto? — *I've a sore place on my neck,* Ho una parte del collo dolente (infiammata) — *Please take your places,* Per favore, prendete i vostri posti — *Go back to your place,* Torna al tuo posto — *There's always a place for you at my dinner-table,* C'è sempre un posto per te alla mia tavola — *in place,* a posto; appropriato — *I like to have everything in place,* Mi piace tenere ogni cosa al suo posto — *A tidy person likes to have a place for everything and everything in its place,* Una persona ordinata ha un posto per ogni cosa e tiene ogni cosa al suo posto — *out of place,* sconveniente; fuori luogo; inopportuno — *Your remarks were rather out of place,* Le tue osservazioni erano piuttosto fuori luogo — *in place of,* invece di — *to take the place of sth (sb),* prendere il posto di qcsa (qcno); fare le veci di qcsa (qcno); sostituire qcsa (qcno) — *Who will take the place of Mr Black?,* Chi prenderà il posto del signor Black? — *Plastics have taken the place of many conventional materials,* Le materie plastiche hanno sostituito molte materie tradizionali — *to take place,* accadere; avvenire; aver luogo — *to go places and see things,* viaggiare da turista; andare in giro per il mondo — *to go places, (fam.)* aver successo — *to make place for,* fare spazio per; cedere la precedenza a; essere sostituito da; essere soppiantato da — *to give place to,* essere seguito da — *in the first (second, ecc.) place,* innanzitutto; in primo (secondo, ecc.) luogo.
2 edificio destinato a usi particolari; sede: *a place of worship,* una chiesa; un luogo di culto — *places of amusement,* luoghi di divertimento *(teatri, cinema, ecc.)* — *a place of business,* un esecizio *(ufficio, negozio, ecc.)* — *in high places,* nelle alte sfere — *a friend in high places,* un amico altolocato — *'in another place', (espressione usata alla Camera dei Comuni per indicare la Camera dei Lords)* in (un)'altra sede.
3 posto; rango; posizione; grado: *Fifty years ago servants had to know their place,* Cinquant'anni fa i domestici dovevano stare al loro posto — *pride of place* ⇨ **pride 1.**
4 ufficio; carica; compito; dovere: *It's your place to see that the junior members of the staff do not arrive late,* È compito Suo evitare che i giovani impiegati arrivino in ritardo.
5 *(alle gare)* piazzamento; posto: *I shall back the favourite for a place, (nelle corse di cavalli)* Scommetterò che il favorito arriverà fra i primi tre.
6 *(di libro, ecc.)* passo; segno; punto: *I've lost my place,* Ho perso il segno — *Use a book-mark to keep your place instead of turning down the corner of the page,* Per tenere il segno usa un segnalibro invece di fare le orecchie alle pagine.
7 *(fam.)* casa; casetta; residenza; appartamento; casa di campagna; villa: *He has a nice little place in the country,* Ha una bella casetta in campagna.
8 *(matematica)* cifra: *a number calculated to five places of decimals (to five decimal places),* un numero con i decimali calcolati sino alla quinta cifra.
9 *(con nomi propri)* piazza; via; vicolo; largo, ecc.: *St James's Place,* Piazzetta San Giacomo — *market place,* piazza del mercato.
□ *place-kick, (rugby)* calcio piazzato.
to **place** [pleis] *vt* **1** collocare; mettere; porre; posare; disporre: *Place them in the right order,* Mettili ben in ordine — *He was placed in command of the Second Army,* Fu posto a capo della Seconda Armata — *to place one's confidence in sb,* riporre la propria fiducia

in qcno. **2** *(di denaro)* depositare; investire; versare: *to place a hundred pounds to sb's credit in the bank,* versare cento sterline alla banca sul conto di qcno — *to place an order,* dare (fare, passare) un'ordinazione — *to place an order for books with the X Co,* fare un'ordinazione di libri alla ditta X. **3** *(comm.)* piazzare; collocare; vendere; svendere; liberarsi di (merce): *How can we place all this surplus stock?,* Come possiamo vendere (disfarci di) queste eccedenze di mercato? **4** *(in una gara)* piazzare; classificare; stabilire la graduatoria: *to be placed,* essere classificato (piazzarsi) ai primi posti — *The Duke's horse wasn't placed,* Il cavallo del duca non si piazzò. **5** identificare; riuscire a collocare *(una persona): I know that man's face, but I can't place him,* Ricordo la faccia di quell'uomo, ma non mi ricordo chi sia — *He's a difficult man to place,* È un uomo difficile da collocare.

placebo [plə'si:bou] *s.* placebo.

placeman ['pleismən] *s. (pl.* **placemen,** *spesso spreg.)* funzionario (impiegato statale, burocrate) che è arrivato al proprio posto servendosi di raccomandazioni.

placenta [plə'sentə] *s.* placenta.

placid ['plæsid] *agg* placido; tranquillo; sereno; calmo. □ *avv* **placidly.**

placidity [plæ'siditi] *s.* placidità; tranquillità; serenità.

placket ['plækit] *s.* spaccatura; apertura; tasca *(in una gonna).*

plage [plɑ:ʒ] *s. (fr.)* spiaggia.

plagiarism ['pleidʒjərizəm] *s.* plagio.

plagiarist ['pleidʒjərist] *s.* plagiario.

to **plagiarize** ['pleidʒjəraiz] *vt* plagiare.

plague [pleig] *s.* peste *(spec. la peste bubbonica);* pestilenza; *(fig.)* peste; flagello; disastro; tormento; seccatura: *plague-spot,* - **a)** bubbone; segno o macchia o piaga caratteristici della peste - **b)** località o regione infestati dalla peste - **c)** *(fig.)* focolaio d'infezione; fonte di corruzione — *a plague of locusts (of flies),* una disastrosa invasione di locuste (di mosche) — *What a plague that child is!,* Che peste è quel bambino!

to **plague** [pleig] *vt* appestare; infestare; *(fig.)* seccare; annoiare; tormentare; affliggere: *to plague sb with repeated questions,* tormentare qcno con una domanda dietro l'altra.

plaguy ['pleigi] *agg (fam.)* fastidioso; seccante; molesto; pestilenziale; pestifero. □ *avv* **plaguily.**

plaice [pleis] *s.* passera di mare; pianuzza *(pesce comune in GB, con carne simile a quella della sogliola).*

plaid [plæd] *s.* **1** sciarpone o mantello di lana scozzese a scacchi; 'plaid'; coperta da viaggio. **2** stoffa di lana a scacchi per 'plaid'.

[1]**plain** [plein] *s.* piano; pianura.

[2]**plain** [plein] **I** *agg* **1** piano; liscio; chiaro; facile; comprensibile: *in plain speech,* in parole chiare — *plain language,* - **a)** in lingua normale *(non in codice; di telegrammi, ecc.)* - **b)** in parole chiare — *The meaning is quite plain,* Il significato è chiaro, è ovvio — *Everything was plain (o plane) sailing,* Tutto filò alla perfezione. **2** semplice; ordinario; comune; insignificante: *a plain blue dress,* un comune vestito azzurro — *in plain clothes, (di poliziotti, ecc.)* in borghese; non in divisa — *plain food,* cibo ordinario — *good plain cooking,* cucina semplice e sana. **3** *(di persone, di pensieri, ecc.)* franco; schietto; sincero: *I want to be plain with you,* Voglio essere sincero con te — *plain dealing,* sincerità; onestà — *plain-spoken,* franco; sincero; senza peli sulla lingua. **4** *(di persona)* non bello; *(talvolta)* brutto: *a plain girl,* una ragazza non molto bella (bruttina). **5** *(mus.) plain-song (anche* plain-chant*),* canto fermo; canto gregoriano. □ *avv* **plainly** ⇨.

II *avv* chiaramente; semplicemente; francamente: *to learn to speak plain,* imparare a parlar chiaro.

plainly ['pleinli] *avv* **1** chiaramente; distintamente; evidentemente. **2** senza pretese; semplicemente; in modo sciatto.

plainness ['pleinnis] *s.* **1** chiarezza; evidenza. **2** semplicità. **3** *(di persona)* franchezza; sincerità; schiettezza. **4** bruttezza.

plainsman ['pleinzmən] *s. (pl.* **plainsmen)** abitante della pianura.

plaint [pleint] *s.* **1** *(dir.)* imputazione; accusa. **2** *(poet.)* lamento.

plaintiff ['pleintif] *s. (dir.)* querelante; parte lesa; attore, attrice.

plaintive ['pleintiv] *agg* dolente; triste; mesto. □ *avv* **plaintively.**

plaintiveness ['pleintivnis] *s.* lamentosità; querulità; tono lamentoso; mestizia; tristezza; malinconia.

plait [plæt] *s.* **1** treccia *(di capelli).* **2** piega; pieghettatura.

to **plait** [plæt] *vt* **1** *(di capelli)* fare una treccia; intrecciare. **2** pieghettare.

plan [plæn] *s.* **1** progetto; piano; disegno *(di edificio, ecc.);* sezione orizzontale; grafico; schema; sezione spaccata *(di motore, ecc.);* pianta: *plans for a new school,* progetti per una nuova scuola. **2** progetto; proposito; intenzione; programma; piano per il futuro: *to make plans for the holidays,* fare progetti per le vacanze — *a plan to encourage thrift,* un piano per incoraggiare il risparmio — *a five-year plan,* un piano quinquennale — *Everything went according to plan,* Tutto andò secondo il previsto. **3** sistema; soluzione; metodo: *Your best plan is to keep it a secret for the moment,* Il sistema migliore è che tu lo tenga segreto per il momento.

to **plan** [plæn] *vt* **(-nn-) 1** progettare; disegnare; fare la pianta (il piano) di: *to plan a house (a garden),* fare il progetto di una casa (disegnare la pianta di un giardino). **2** progettare; pensare; avere in animo; intendere; sperare: *We're planning to visit Europe this autumn,* Abbiamo intenzione di visitare l'Europa quest'autunno. **3** fare i piani (per qcsa); programmare; preparare, studiare nei particolari: *to plan (out) a military campaign,* preparare una campagna militare — *a planned economy,* un'economia pianificata.

planchette [plɑ:n'ʃet] *s. (fr.)* tavoletta per le sedute spiritiche.

[1]**plane** [plein] *s. (anche* plane-tree*)* platano.

[2]**plane** [plein] *s.* pialla.

[1]to **plane** [plein] *vt* piallare.

[3]**plane** [plein] *s.* **1** piano; superficie piana. **2** *(aereo)* piano alare; ala. **3** *(fam.)* aeroplano. **4** piano; livello; stadio di sviluppo: *on a higher social plane,* ad un più alto livello sociale. □ *plane sailing, (naut.)* rilevamento della posizione della nave senza tener conto della curvatura terrestre.

[2]to **plane** [plein] *vi* **1** viaggiare in aereo. **2** planare.

[4]**plane** [plein] *agg* piano; perfettamente livellato.

planet ['plænit] *s.* pianeta *(vari sensi).*

planetarium [,plæni'tɛəriəm] *s.* planetario.

planetary ['plænitəri] *agg* dei pianeti; planetario. □ *planetary gear,* ingranaggio satellite.

plangent ['plændʒənt] *agg* risonante; vibrante.

planisphere ['plænisfiə*] *s.* planisfero.

plank [plæŋk] *s.* **1** asse; tavola: *to walk the plank, (metodo di esecuzione capitale praticato dai pirati)* essere costretto a cadere in mare *(da un asse posto a lato della nave)* — *plank-bed,* letto di tavola; tavolaccio. **2** punto (parte, elemento base) di un programma politico (di una piattaforma).

to **plank** [plæŋk] *vt* **1** coprire, fare un impiantito di tavole. **2** *(fam.)* mettere giù *(soldi, ecc.)* rumorosamente; pagare in moneta sonante.

planking ['plæŋkiŋ] *s.* impiantito.

plankton ['plæŋktɔn] *s.* plancton.

planner ['plænə*] *s.* pianificatore; progettatore; progettista; ideatore *(di un piano o disegno): town planner,* urbanista.

planning ['plæniŋ] *s.* pianificazione; programmazione; progettazione: *town-planning,* urbanistica.

plant [plɑ:nt] *s.* **1** pianta: *garden plants,* piante da giardino — *tobacco plants,* piante di tabacco — *plant-louse,* afido. **2** impianto; macchinario; attrezzatura. **3** *(sl.)* tranello.

to **plant** [plɑ:nt] *vt* **1** piantare; impiantare; seminare: *to plant a garden with rose-bushes,* piantare un giardino con arbusti di rose. **2** fissare; ficcare *(nella mente, ecc.);* infiggere. **3** fondare; dare inizio; stabilire *(una colonia, ecc.).* **4** mollare *(un colpo);* appioppare; affibbiare. **5** *(sl.)* nascondere *(refurtiva; spec. in modo da far sembrare colpevole un altro).*

plantain ['plæntin] *s.* **1** piantaggine. **2** fico d'Adamo *(specie di banana).*

plantation [plæn'teiʃən] *s.* **1** piantagione: *plantation songs,* canti delle piantagioni *(degli schiavi negri americani).* **2** *(stor., per estensione, spec. al pl.)* colonia.

planter ['plɑ:ntə*] *s.* **1** piantatore; agricoltore; *(mecc.)* macchina piantatrice. **2** colonizzatore; colono.

plantlike ['plɑ:ntlaik] *agg* simile a una pianta.

plaque [plɑ:k] *s. (fr.)* placca; piastra; insegna.

plash [plæʃ] *s. (solo sing.)* 'splash' *(termine onomatopeico che riproduce il rumore di qcsa che cade o si muove nell'acqua);* sciabordio: *the plash of oars,* lo sciabordio dei remi.

to **plash** [plæʃ] *vt e i.* sciabordare; colpire dolcemente la superficie dell'acqua.

plasm, plasma ['plæzəm/'plæzmə] *s. (vari usi)* plasma.

plaster ['plɑ:stə*] *s.* **1** calcina; intonaco; malta: *plaster of Paris,* gesso; stucco — *plaster cast,* modello in gesso; *(med.)* ingessatura. **2** *(med.)* impiastro; cataplasma. **3** *(anche* sticking-plaster*)* cerotto.

to **plaster** ['plɑ:stə*] *vt* **1** intonacare; rivestire d'intonaco *(un muro, ecc.).* **2** *(med.)* ingessare *(un arto);* mettere un cerotto. **3** ricoprire; affiggere; incollare; impiastricciare: *He had an old trunk plastered with hotel labels,* Aveva un vecchio baule ricoperto di etichette di alberghi.

plasterboard ['plɑ:stəbɔ:d] *s.* asse o parete divisoria di cartone e gesso.

plastered ['plɑ:stəd] *(sl.)* ubriaco fradicio: *to get plastered,* ubriacarsi.

plasterer ['plɑ:stərə*] *s.* stuccatore; intonacatore; modellatore in gesso.

[1]**plastic** ['plæstik] *agg* **1** plastico *(in ogni senso).* **2** malleabile; plasmabile; *(fig.)* influenzabile: *the plastic mind of a child,* la mente plasmabile del bambino.

[2]**plastic** ['plæstik] *s.* sostanza plastica.

plasticine ['plæstisi:n] *s.* plastilina.

plasticity [plæs'tisiti] *s.* plasticità; malleabilità; *(fig.)* influenzabilità.

plastics ['plæstiks] *s. pl* **1** materie plastiche; plastica. **2** *(col v. al sing.)* scienza della plastica (delle materie plastiche).

plate [pleit] *s.* **1** piatto; piattino; contenuto di un piatto: *plate-rack, (GB)* rastrelliera portapiatti. **2** *(in chiesa)* piattello delle offerte, delle elemosine. **3** *(GB, collettivo)* vasellame; argenteria; posateria: *a fine piece of plate,* un bel pezzo di argenteria. **4** *(industrie varie)* placca; piastra; lamiera; armatura; riquadro: *plate-glass,* cristallo; vetro per specchi; vetrina; pannello di vetro. **5** lastra fotografica; lastra per incisioni; 'cliché'. **6** targa; targhetta *(alla porta di casa, ecc.): number-plate,* targa di automobile. **7** incisione; illustrazione; tavola fuori testo *(di un libro).* **8** *(anche* dental plate*)* dentiera; placca di resina per dentiera. **9** *(sport)* - **a)** coppa data in premio in una gara - **b)** la gara stessa. **10** *(al baseball)* piatto; base. **11** *(anat.)* lamina. **12** *(anche* plate-rail*)* ferrovia di tipo antiquato.

to **plate** [pleit] *vt* **1** rivestire di piastre metalliche; *(di nave)* corazzare. **2** trattare galvanicamente; placcare; dorare; argentare, ecc.: *to zinc-plate,* zincare.

plateau ['plætou] *s.* (*pl.* **plateaux, plateaus**) **1** altopiano. **2** *(di un grafico)* appiattimento di una curva.

plateful ['pleitful] *s.* (il contenuto di un) piatto.

platelayer ['pleit,leiə*] *s. (GB, ferrovia)* operaio addetto alla posa (o alla manutenzione) delle rotaie.

platform ['plætfɔ:m] *s.* **1** *(ferrovia)* marciapiede; banchina; *(negli annunci)* binario: *The London express will leave from platform nine,* Il rapido per Londra partirà dal binario nove. **2** piattaforma; palco; tribuna. **3** *(fig.)* 'piattaforma'; programma politico.

plating ['pleitiŋ] *s.* **1** placcatura *(spec. doratura, argentatura).* **2** preparazione delle lamiere. **3** rivestimento; fasciame metallico.

platinum ['plætinəm] *s.* platino: *platinum blonde, (fam.)* bionda platinata.

platitude ['plætitju:d] *s.* luogo comune; banalità; insulsaggine.

platitudinous [,plæti'tju:dinəs] *agg* banale; insulso; trito.

platonic [plə'tɔnik] *agg* platonico: *platonic love,* amore platonico. □ *avv* **platonically.**

platoon [plə'tu:n] *s.* plotone; squadra.

platter ['plætə*] *s.* **1** *(USA)* grande piatto piano. **2** *(GB)* vassoio *(generalm. di legno).* **3** *(sl.)* disco fonografico.

platypus ['plætipəs] *s.* (*pl.* **platypuses**) ornitorinco.

plaudit ['plɔ:dit] *s. (generalm. al pl.)* applauso; acclamazione.

plausibility [,plɔ:zi'biliti] *s.* plausibilità; verosimiglianza.

plausible ['plɔ:zibl] *agg* **1** *(di cosa)* plausibile; verosimile; credibile. **2** *(di persona)* credibile: *a plausible rogue,* un furfante che sa darla a intendere. □ *avv* **plausibly.**

play [plei] *s.* **1** gioco; divertimento; scherzo: *The children are at play,* I bambini stanno giocando — *What I said was only in play,* Ciò che ho detto era per scherzo — *the play of sunlight upon water,* il gioco del sole sull'acqua — *a play on words,* un gioco di parole — *child's play, (fig.)* gioco da bambini — *play box,* scatola di giocattoli — ⇨ *anche* **playfellow, playground, playmate,** *ecc.: per play-pen* ⇨ [2]**pen 1.**

2 il giocare d'azzardo; (l'insieme delle) puntate: *Play was high last night,* Le puntate erano alte la notte scorsa.

3 dramma; commedia; rappresentazione teatrale: *the plays of Shakespeare,* i drammi di Shakespeare — *Let's go to the play this evening,* Andiamo a teatro stasera — *as good as a play,* divertente; interessante — *play actor,* attorucolo — *play-acting,* rappresentazione teatrale; *(fig.)* finzione; commedia — ⇨ *anche* **playbill, playgoer, playhouse, playwright.**

4 *(senza l'art. determinativo)* azione *(di gioco);* modo di giocare: *That was pretty play (a pretty bit of play)!,* È stata una dimostrazione di bel gioco! — *Rain stopped play at four p.m.,* La pioggia fece sospendere la partita alle quattro — *to be in (out of) play,* essere in (fuori) gioco — *rough play,* gioco pesante (violento) — *fair play,* gioco leale, corretto; *(fig.)* lealtà; giustizia; correttezza — *foul play,* gioco scorretto; *(fig.)* slealtà; scorrettezza; ingiustizia; violenza.

5 sfogo; *(mecc., ecc.)* gioco; tolleranza: *to give free play to one's fancy (emotions),* dare libero sfogo alla propria fantasia (alle emozioni) — *You must give the rope more play,* Devi dare più gioco alla corda.

6 attività; azione: *to be in full play,* essere in piena attività — *to come into play,* entrare in azione.

7 *(solo al sing.)* mossa *(p.es. agli scacchi): It's your play,* Il gioco è tuo; Tocca a te muovere.

to **play** [plei] *vt e i.* **1** giocare (a); divertirsi; scherzare; fingere (di): *Do you play cricket?,* Giochi a cricket? — *They were playing bridge,* Stavano giocando a bridge — *to play at home (away),* giocare in casa (in trasferta) — *The boy was playing with the kitten,* Il ragazzo giocava col gattino — *The children were playing at soldiers,* I bambini giocavano ai soldati — *Let's play at pirates!,* Giochiamo ai pirati! — *He has played me a mean trick,* Mi ha giocato un brutto tiro — *to play one's cards well (badly), (anche fig.)* giocare bene (male) le proprie carte — *to play for 10 pounds,* giocare 10 sterline — *He went on playing until he had lost everything,* Continuò a giocare finché non ebbe perso tutto.

2 *(di campo, di terreno)* essere in condizioni adatte per il gioco: *to play well (badly), (del terreno, campo del cricket)* essere in buone (cattive) condizioni per una partita.

3 far giocare; mettere in campo: *Shall we play Smith in the next match?,* Faremo giocare Smith nella prossima partita? — *Who shall we play as goalkeeper?,* Chi metteremo in campo come portiere? — *to play the king (a bishop, ecc.), (agli scacchi)* muovere il re (un alfiere, ecc.).

4 suonare *(uno strumento): to play the violin (the flute, ecc.),* suonare il violino (il flauto, ecc.) — *to play sth by ear,* suonare qcsa ad orecchio — *to play it by ear, (fig.)* agire improvvisando (orecchiando) — *to play the congregation in (out),* suonare l'organo mentre la gente entra in (esce dalla) chiesa — *to play first (second) fiddle,* avere una parte di primo (di secondo) piano.

5 rappresentare; recitare una parte *(a teatro e nella vita): to play 'Twelfth Night',* rappresentare la 'Notte dell'Epifania' — *to play Shylock,* recitare la parte di Shylock — *to play one's part well,* recitare bene la propria parte — *to play the man,* comportarsi da uomo.

6 *(di luce, ecc.)* giocare; aleggiare; accarezzare; sfiorare: *The sunlight is playing on the water,* La luce del sole gioca sull'acqua — *A smile played on her lips,* Un sorriso le aleggiò sulle labbra — *His fancy played round the idea of proposing to Eliane,* La sua fantasia accarezzava l'idea di chiedere Eliane in isposa.

7 funzionare *(spec. di fontane, ecc.);* dirigere *(una luce, ecc.);* passare; muoversi; fluttuare *(di luce): The fountains in the park play on Sundays,* Le fontane nel parco funzionano la domenica — *to play a searchlight on the clouds (along the road),* puntare un riflettore sulle nuvole (lungo la strada) — *The police played a hose on the crowd,* La polizia lanciò un getto d'acqua sulla folla — *We played our guns on the enemy's line,* Scaricammo i cannoni sulla linea del nemico.

□ *to play ducks and drakes* ⇨ **duck** — *to play fast and loose with sb* ⇨ **fast,** *avv* — *to play fair,* giocare, comportarsi lealmente — *to play foul,* comportarsi slealmente — *to play a trick on sb; to play tricks with (sth)* ⇨ **trick** — *to play the game,* stare alle regole del gioco; *(fig.)* essere leale, onesto — *to play ball, (fig.)* cooperare; collaborare — *to play into the hands of sb (into sb's hands),* fare il gioco di qcno — *to play a fish,* stancare un pesce allentando e tirando la lenza — *to play hook(e)y, (USA)* marinare la scuola — *to play the fool,* fare lo scemo — *to play truant, (GB)* marinare la scuola — *to play the devil,* fare il diavolo a quattro — *to play the deuce with sb (sth),* scombussolare qcno; mettere a soqquadro qcsa — *to play for time,* cercare di guadagnare tempo *(spec. facendo perdere tempo agli altri)* — *to play away money,* perdere soldi al gioco; buttar via denaro al gioco — *to play on sb's nerves,* infastidire qcno; fare arrabbiare qcno.

to play at, - **a)** giocare a; far finta di (⇨ **to play 1**) - **b)** non prendere sul serio; giocherellare; gingillarsi: *He only ever played at being a director,* Non ha mai preso sul serio la sua carica di amministratore - **c)** *What are you playing at?, (fam.)* Che diavolo fai?; A cosa miri?

to play back, riproporre; ascoltare una registrazione; trasmettere non in presa diretta: *The discussion was recorded on tape and then played back,* La discussione fu registrata su nastro e quindi riascoltata.

to play down, minimizzare.

to play off, - **a)** *to play one person off against another,* opporre una persona ad un'altra *(spec. per vantaggi personali)* - **b)** *to play off a match,* giocare una partita di 'spareggio'.

to play out, - **a)** recitare *(una parte)* fino in fondo - **b)** *to be played out, (fig.)* essere stremato, sfinito.

to play up, - **a)** *(spec. nell'imperat.)* non risparmiarsi; mettercela tutta *(in una partita, ecc.): Play up!,* Dai!; Su! - **b)** *(spec. di bambino, di studente)* comportarsi male; fare il birichino - **c)** *(di malattia, spec. di tipo artritico)* dar fastidio.

to play up to, - **a)** recitare in modo da sostenere la parte di un altro attore; fare da spalla a - **b)** *(fig.)* adulare *(per ottenere i favori di qcno).*

to play upon, approfittare *(della paura, della credulità di qcno).*

to play with, - **a)** avere a disposizione: *If we spend a hundred pounds now, there won't be much left to play with for the rest of the month,* Se spendiamo cento sterline adesso, non ci rimarrà poi molto per il resto del mese (ci sarà poco da scialare poi) - **b)** scherzare (con qcsa, qcno); trastullarsi: *Is it wrong to play with a woman's affections?,* È disonesto scherzare coi sentimenti d'una donna? — *He's not a man to be played with,* Non è un tipo da prendere alla leggera — *He was playing with the idea of emigrating to Canada,* Si trastullava con l'idea di emigrare in Canada.

playable ['pleiəbl] *agg* **1** che si può giocare. **2** *(mus.)* che si può suonare. **3** *(di campo di gioco)* su cui si può giocare; praticabile.

play-back ['plei,bæk] *s.* (ascolto di) registrazione; trasmissione non in presa diretta; 'playback'.
playbill ['pleibil] *s.* affisso teatrale; cartellone.
playboy ['pleibɔi] *s.* uomo danaroso che ama la vita mondana; 'playboy'.
player ['pleiə*] *s.* **1** giocatore; *(cricket)* giocatore professionista: *Gentlemen v. Players, (cricket)* incontro fra una squadra di dilettanti ed una di professionisti. **2** attore. **3** *(mus.)* suonatore; esecutore: *a player piano,* una pianola; un pianoforte meccanico — *a record player,* un giradischi.
playfellow ['plei,felou] *s.* compagno di gioco.
playful ['pleiful] *agg* scherzoso; allegro; gaio: *He is as playful as a kitten,* È giocherellone come un gattino. □ *avv* **playfully.**
playfulness ['pleifulnis] *s.* allegria; brio; festosità.
playgoer ['plei,gouə*] *s.* frequentatore di teatri.
playground ['pleigraund] *s.* **1** cortile per la ricreazione *(nelle scuole);* campo da giochi. **2** *(fig.)* zona turistica; comprensorio turistico.
playhouse ['pleihaus] *s.* **1** teatro. **2** casa-giocattolo *(generalm. grande, in un giardino).*
playing ['pleiiŋ] *s.* **1** gioco: *playing-cards,* carte da gioco — *playing field,* campo da gioco. **2** rappresentazione teatrale; interpretazione; esecuzione.
playlet ['pleilit] *s.* commediola; bozzetto teatrale.
playmate ['pleimeit] *s.* compagno di gioco.
play-off ['pleiɔf] *s.* partita supplementare o di 'spareggio'.
plaything ['pleiθiŋ] *s.* giocattolo *(anche fig.).*
playtime ['pleitaim] *s.* *(ora della)* ricreazione *(a scuola).*
playwright ['pleirait] *s.* drammaturgo; commediografo.
plaza ['plɑ:zə] *s. (spec. USA: dallo spagnolo)* piazza.
plea [pli:] *s.* **1** *(dir.)* argomentazione a difesa; eccezione. **2** richiesta; istanza; petizione; implorazione: *a plea for mercy,* una supplica per il perdono. **3** scusa: *on the plea of ill health,* con la scusa della cattiva salute.
to **pleach** [pli:tʃ] *vt* intrecciare *(rami).*
to **plead** [pli:d] *vi e t.* *(p. pass.* **pleaded**; *USA* **pled)** **1** *(dir.)* patrocinare; perorare: *to plead for (against) sb,* perorare in favore di (contro) qcno — *to get a lawyer to plead one's case,* procurarsi un avvocato per difendere la propria causa. **2** *(di imputato)* dichiararsi; protestarsi; ammettere; sostenere: *to plead guilty (not guilty),* dichiararsi colpevole (innocente). **3** supplicare; invocare; chiedere: *to plead with sb for forgiveness,* chiedere perdono a qcno. **4** addurre a giustificazione; scusarsi: *The thief pleaded poverty,* Il ladro addusse come giustificazione la sua miseria. **5** parlare in favore di; sostenere; battersi per.
pleader ['pli:də*] *s.* **1** *(dir.)* patrocinatore; avvocato patrocinante; avvocato difensore. **2** peroratore; intercessore.
pleading ['pli:diŋ] *s. (dir.)* difesa; perorazione; arringa; *(al pl.)* difese scritte *(delle parti): special pleading,* argomenti speciosi.
□ *agg* supplichevole; implorante. □ *avv* **pleadingly.**
pleasance ['plezəns] *s. (ant.)* **1** piacere; godimento; piacevolezza. **2** giardino di delizie *(annesso alle dimore ricche di un tempo).*
pleasant ['pleznt] *agg* piacevole; gradevole; simpatico. □ *avv* **pleasantly.**
pleasantness ['plezntnis] *s.* piacevolezza; amabilità; amenità.
pleasantry ['plezntri] *s.* **1** scherzosità; gaiezza; allegria. **2** facezia; battuta di spirito; scherzo garbato: *The girls dutifully smiled at the headmistress's pleasantries,* Le ragazze sorrisero rispettosamente alle facezie della preside.
to **please** [pli:z] *vi e t.* **1** far piacere; accontentare: *This will please him,* Questo gli farà piacere — *It's difficult to please everybody,* È difficile accontentare tutti — *Are you pleased with your new clothes?,* Sei soddisfatto dei nuovi vestiti? — *He looked pleased with himself,* Sembrava compiaciuto di se stesso — *to be (as) pleased as Punch,* essere felice come una pasqua — *We're very pleased to see you here,* Siamo molto lieti di vedervi qui — *I shall be pleased to come,* Sarò lieto di venire — *Please yourself; Do as you please,* Fa' come ti pare; Fa' pure — *I shall do as I please,* Farò come mi pare — *May it please Your Honour..., (ad un giudice)* Piaccia a Vostro Onore... — *Take as many as you please,* Prendine quanti ti pare — *please God,* Dio volendo; a Dio piacendo; se Dio vorrà (vuole) — *War may be abolished one day, please God,* Se Dio vuole, un giorno la guerra sarà abolita.
2 please, per favore; prego: *Two coffees, please,* Due caffè, per favore — *Come in, please (Please, come in),* Entrate, prego — *Please don't do that,* Ti prego, non farlo.
3 if you please, *(piuttosto formale)* - **a)** per favore; per piacere; se non ti (Le, vi) dispiace; col tuo (Suo, vostro) permesso *(spesso iron.): Another cup of coffee, if you please,* Ancora una tazza di caffè, se non Le dispiace - **b)** di grazia: *And now, if you please, I'm getting nothing for all my work!,* Ed ora, per giunta, non dovrei prendere niente per tutto il mio lavoro!
4 to be pleased, compiacersi: *His Majesty was graciously pleased to grant them an audience,* Sua Maestà si compiacque di concedere loro l'onore di un'udienza.
pleasing ['pli:ziŋ] *agg* piacevole; gradevole.
□ *avv* **pleasingly.**
pleasurable ['pleʒərəbl] *agg* piacevole; gradevole.
□ *avv* **pleasurably.**
pleasure ['pleʒə*] *s.* **1** piacere; soddisfazione; diletto; divertimento; spasso; gioia: *It gave me much pleasure to hear of your success,* Mi ha fatto molto piacere sapere del tuo successo — *Has he gone abroad for pleasure or on business?,* È andato all'estero per piacere o per affari? — *May we have the pleasure of your company for lunch?,* Possiamo avere il piacere della Sua compagnia a pranzo? — *His life is given up to pleasure,* La sua vita è dedita al piacere — *the pleasures of friendship,* le gioie dell'amicizia — *It's (It was) a pleasure,* È (È stato) un piacere — *pleasure boat,* battello da diporto — *pleasure ground,* giardino, parco di ricreazione — *to take pleasure in sth,* compiacersi di fare qcsa; divertirsi a fare qcsa — *Some boys take great pleasure in teasing their little sisters,* Certi ragazzi si divertono molto a tormentare le loro sorelline. **2** volontà; desiderio: *You needn't consult his pleasure,* Non è il caso che vi regoliate sui suoi desideri — *You may go or stay at your pleasure,* Potete andare o restare, a piacere — *We await your pleasure,* Siamo a vostra disposizione.
pleat [pli:t] *s.* piega.
to **pleat** [pli:t] *vt* pieghettare; intrecciare *(capelli, ecc.).*
pleb [pleb] *s. (fam.: dal lat. 'plebs' o di 'plebeian')* ⇨ **plebeian,** plebeo; rozzo; volgare.
plebeian [pli'bi:ən] *s. e agg (spec. nell'antica Roma)* plebeo; *(anche)* rozzo; volgare.
plebiscite ['plebisit] *s.* plebiscito.
plectrum ['plektrəm] *s.* plettro.

pled [pled] *(USA) p. pass di* **to plead.**

pledge [pledʒ] *s.* **1** pegno; garanzia: *goods lying in pledge,* oggetti lasciati in pegno (al monte pegni). **2** *(fig.)* prova; testimonianza. **3** accordo; promessa; impegno: *under pledge of secrecy,* con impegno di segretezza. □ *to sign the pledge, (fam.)* promettere di astenersi dall'alcool.

to **pledge** [pledʒ] *vt* **1** impegnare; dare come garanzia; impegnarsi: *to pledge one's word (honour),* impegnarsi sulla parola (impegnare il proprio onore) — *to be pledged to secrecy,* essersi impegnato al silenzio. **2** brindare (a).

plenary ['pli:nəri] *agg* plenario; completo; intero; totale. □ *avv* **plenarily.**

plenipotentiary [,plenipə'tenʃəri] *s. e agg* plenipotenziario.

plenitude ['plenitju:d] *s. (solo sing.)* abbondanza; dovizia; pienezza.

plenteous ['plentjəs] *agg* abbondante; ricco; copioso. □ *avv* **plenteously.**

plentiful ['plentiful] *agg* abbondante; in gran numero; in gran quantità; copioso. □ *avv* **plentifully.**

plenty ['plenti] s. **1** abbondanza; copia *(lett., raro): a time of plenty,* un periodo di abbondanza — *... in plenty,* ... in abbondanza — *There was food and drink in plenty,* C'era da bere e da mangiare in abbondanza — *a land of plenty,* un paese prosperoso. **2** *plenty of...,* abbondanza di...; molto (-i, -a, -e)...; tanto (-i, -a, -e)...; 'un sacco di...'; 'un mucchio di...': *There are plenty of eggs in the house,* C'è abbondanza di uova in casa — *There's plenty more,* Ce n'è ancora molto — *There are plenty more,* Ce ne sono ancora molti — *There's plenty of time,* C'è tanto tempo; C'è ancora un sacco di tempo.

□ *avv* **1** *(fam.)* del tutto; proprio: *It's plenty big enough,* È proprio grosso quanto basta. **2** *(USA)* molto; parecchio.

pleonasm ['pli(:)ənæzəm] *s.* pleonasmo.

pleonastic [,pli(:)ə'næstik] *agg* pleonastico.

plethora ['pleθərə] *s.* pletora; sovrabbondanza; eccesso.

pleurisy ['pluərisi] *s.* pleurite.

plexus ['pleksəs] *s.* plesso: *the solar plexus,* il plesso solare (celiaco).

pliability [,plaiə'biliti] *s.* **1** flessibilità; pieghevolezza. **2** *(fig.)* arrendevolezza; docilità.

pliable ['plaiəbl] *agg* **1** pieghevole; flessibile. **2** *(fig.)* mite; docile. □ *avv* **pliably.**

pliancy ['plaiənsi] *s.* **1** flessibilità. **2** arrendevolezza; docilità.

pliant ['plaiənt] *agg* ⇨ **pliable.**

pliers ['plaiəz] *s. pl* pinze.

plight [plait] *s.* stato; situazione; condizione *(difficile, avversa, triste, grave): What a plight you are in!,* In che pasticcio ti trovi!

to **plight** [plait] *vt (ant.)* impegnarsi; promettere; dare la propria parola: *one's plighted word,* la propria parola d'onore — *to plight one's troth; to plight oneself,* dare la propria parola; fidanzarsi; fare promessa di matrimonio — *plighted lovers,* sposi promessi.

Plimsoll ['plimsəl] *s. (generalm.* Plimsoll line, *oppure* Plimsoll mark*)* linea di galleggiamento; 'marca'.

plimsolls ['plimsəls] *s. pl (GB)* scarpe di tela con suola di gomma.

plinth [plinθ] *s.* plinto; basamento; base; zoccolo.

to **plod** [plɔd] *vi e t.* **(-dd-) 1** arrancare. **2** *(per estensione)* sgobbare: *to plod one's way,* andare avanti arrancando per la propria strada — *to plod along,* tirare avanti.

plodder ['plɔdə*] *s.* lavoratore, studente, ecc. tenace ma privo di estro; persona che procede arrancando meccanicamente; sgobbone.

plodding ['plɔdiŋ] *agg* arrancante. □ *avv* **ploddingly.**

plonk [plɔŋk] *s.* **1** *(onomatopeico)* tonfo. **2** *(sl.)* vino comune.

□ *avv* con un tonfo.

to **plonk** [plɔŋk] *vt e i.* lasciare cadere (cadere) con un tonfo.

plop [plɔp] *s.* tonfo; 'plop'; 'pluf' *(quasi sempre in un liquido).*

□ *avv* con un tonfo.

to **plop** [plɔp] *vi* **(-pp-)** cadere con un tonfo, con un 'plop', un 'pluf' *(quasi sempre in un liquido).*

plosive ['plousiv] *s. e agg (fonetica)* esplosivo.

[1]**plot** [plɔt] *s.* **1** appezzamento, lotto piccolo: *a building plot,* un lotto edificabile — *a plot of vegetables,* un appezzamento coltivato a verdure. **2** *(matematica)* grafico.

[1]to **plot** [plɔt] *vt e i.* **(-tt-) 1** disegnare; tracciare un piano, una carta topografica, un diagramma; segnare, riportare dati su un diagramma: *to plot a temperature curve,* tracciare (disegnare) una curva termica — *to plot aircraft movements by radar,* segnare per mezzo del radar i movimenti dei velivoli. **2** *(spesso seguito da* out*)* lottizzare; dividere in appezzamenti.

[2]**plot** [plɔt] *s.* **1** complotto; congiura; cospirazione. **2** intreccio; storia; trama *(di un romanzo o di un dramma).*

[2]to **plot** [plɔt] *vt e i.* **(-tt-)** congiurare; complottare; prendere parte a un complotto: *to plot with sb against the government,* congiurare con qcno contro il governo.

[1]**plotter** ['plɔtə*] *s.* **1** chi traccia. **2** (strumento) restitutore.

[2]**plotter** ['plɔtə*] *s.* congiurato; cospiratore.

plough [plau] *s.* (*USA* **plow**) **1** aratro: *to put one's hand to the plough, (Bibbia)* mettere mano all'aratro; *(fig.)* mettersi all'opera; incominciare un lavoro — *snow-plough,* spartineve; spazzaneve. **2** *(anche* plough-land*)* terreno arato: *100 acres of plough,* cento acri di arato. **3** *(GB) the Plough,* l'Orsa Maggiore *(le sette stelle principali);* il Gran Carro.

to **plough** [plau] *vt e i.* (*USA* **to plow**) **1** arare: *to plough a lonely furrow, (fig.)* lavorare da solo, senza l'aiuto altrui; fare da sé — *to plough the sand, (fig.)* arare la sabbia; fare un lavoro inutile. **2** procedere a fatica; aprirsi la via: *A ship was ploughing through the heavy waves,* Una nave fendeva a stento i cavalloni — *to plough through a dull textbook,* studiare con fatica su un testo noioso. **3** *(GB)* bocciare *(a un esame).* **4 to plough back,** reinvestire.

ploughing ['plauiŋ] *s.* aratura: *ploughing land,* terreno arativo.

ploughland ['plaulænd] *s.* terreno arativo.

ploughman ['plaumən] *s.* (*pl.* **ploughmen**) aratore.

ploughshare ['plauʃɛə*] *s.* vomere; vomero.

plover ['plʌvə*] *s.* **1** piviere. **2** pavoncella.

plow, to **plow** [plow] *s. e v. (USA)* = **plough, to plough.**

ploy [plɔi] *s.* **1** *(GB settentrionale)* impiego. **2** divertimento; scappatella. **3** impresa. **4** mossa; manovra.

pluck [plʌk] *s.* **1** coraggio; fegato; ardimento. **2** frattaglie. **3** strappo; tirata; strattone.

to **pluck** [plʌk] *vt e i.* **1** strappare *(capelli, piume, ecc.);* depilare; spennare; cogliere *(fiori, frutta, ecc.): to pluck a hen,* spennare una gallina — *to pluck out* (o up) weeds, sradicare le erbacce; diserbare. **2** *(seguito da* at*)* aggrapparsi (a); afferrare; tirare. **3** pizzicare *(le corde di uno strumento musicale).* **4** spennare *(al gioco d'azzardo, ecc.).* □ *to pluck up one's courage,* farsi coraggio; darsi animo; superare la propria paura.

pluckiness ['plʌkinis] *s.* coraggio; fegato.

plucky ['plʌki] *agg* (**-ier**; **-iest**) coraggioso; che ha fegato. □ *avv* **pluckily.**

plug [plʌg] *s.* **1** tappo *(di lavandino, di barile, ecc.);* tampone. **2** presa d'acqua; idrante; presa o rubinetto a maschio. **3** *(elettr.)* spina: *to put the plug in the socket,* infilare la spina nella presa di corrente. **4** *(mecc.: anche* sparking plug*)* candela. **5** tavoletta di tabacco compresso; pezzo di tabacco da masticare. **6** *(fam.)* annuncio pubblicitario *(spec. alla radio);* 'spinta'; raccomandazione.

to **plug** [plʌg] *vt e i.* (**-gg-**) **1** tappare; turare; tamponare: *to plug (up) a leak,* turare una falla, una perdita *(d'acqua, ecc.).* **2 to plug away at sth,** darci dentro; lavorare sodo. **3 to plug sth in,** innestare (attaccare, inserire) qcsa *(generalm. con una spina).* **4** *(USA, sl.)* colpire *(con un pugno, con una pallottola);* sparare (a); 'beccare'. **5** *(fam.)* eseguire in continuazione *(una canzone, un brano musicale, ecc., in programmi radiofonici)* a scopo promozionale; strombazzare; fare una insistente pubblicità a.

plum [plʌm] *s.* **1** *(bot.)* prugna; susina: *plum-tree,* prugno; susino. **2** uva secca; uva passa: *(nelle espressioni) plum-cake,* panfrutto — *plum duff,* budino con uva passa — *plum-pudding,* budino natalizio *(con uva passa, rum o cognac, spezie, ecc.).* **3** *(fam.)* cosa gradita; posto eccellente; impiego ottimo, ecc.; colpo di fortuna: *a plum job,* un ottimo impiego.
□ *avv* ⇨ **plumb.**

plumage ['plu:midʒ] *s.* piume; piumaggio; penne.

plumb [plʌm] *s.* **1** *(anche* plumb bob *o* plumb line*)* piombino; filo a piombo. **2** scandaglio: *out of plumb,* non a piombo; non perpendicolare.
□ *avv* **1** esattamente; precisamente: *to land plumb on the line,* cadere esattamente sulla linea. **2** *(USA, fam., anche* plum*)* del tutto; completamente; proprio: *plumb crazy,* proprio (completamente) matto.

to **plumb** [plʌm] *vt (fig.)* scandagliare; andare alla radice: *to plumb the depths of a mystery,* scandagliare le profondità di un mistero.

plumbago [plʌm'beigou] *s.* **1** piombaggine; grafite. **2** *(pianta)* piombaggine.

plumber ['plʌmə*] *s.* idraulico.

plumbing ['plʌmiŋ] *s.* **1** il lavoro (il mestiere) dell'idraulico. **2** impianto idraulico. **3** *(scherz.)* apparato urinario.

plume [plu:m] *s.* piuma; penna; pennacchio *(anche fig.): a plume of smoke (of steam),* un pennacchio di fumo (di vapore) — *to be (decked out) in borrowed plumes,* essere vestito con piume prese a prestito *(cioè con ornamenti che spetterebbero ad altri).*

to **plume** [plu:m] *vt* **1** *(di uccello)* lisciarsi, pulirsi (le penne). **2** adornare; rivestire di penne.

plumed [plu:md] *agg* piumato.

plummet ['plʌmit] *s.* piombino.

to **plummet** ['plʌmit] *vi (di falco, aereo, ecc.)* cadere a piombo.

plummy ['plʌmi] *agg* (**-ier**; **-iest**) **1** ricco di prugne o di uva passa. **2** *(fam.)* desiderabile *(cfr.* **plum 3**). **3** *(di voce, pronuncia)* affettata; arrotondata *(da persona agiata e snob).*

[1]**plump** [plʌmp] *agg* paffuto; grassottello; rotondetto: *a baby with plump cheeks,* un bimbetto con le guance paffute.

[1]to **plump** [plʌmp] *vt* fare ingrassare; arrotondare: *She plumped up the pillows,* Sprimacciò i guanciali.
□ *vi* diventare paffuto; ingrassare; gonfiare: *His cheeks are beginning to plump up (o out),* Le sue guance incominciano a diventare paffute (ad arrotondarsi).

[2]**plump** [plʌmp] *s.* caduta; ruzzolone.
□ *avv* **1** di peso; di schianto; di botto. **2** francamente; schiettamente; chiaro e tondo.
□ *agg* secco; reciso: *to give sb a plump 'no' for an answer,* dare a qcno in risposta un 'no' secco.

to **plump** [plʌmp] *vi e t.* **1** piombare; cadere; lasciar cadere, lasciarsi cadere: *to plump down a heavy bag,* lasciar cadere senza riguardo un sacco pesante — *to plump (oneself) down in a chair,* lasciarsi cadere su una sedia. **2 to plump for,** scegliere; optare per: *to plump for one candidate,* votare per un solo candidato *(dare tutti i voti concessi ad un candidato quando se ne può votare più d'uno).*

plumpness ['plʌmpnis] *s.* paffutezza; grassezza; prosperosità; rotondità.

plunder ['plʌndə*] *s.* **1** preda; bottino. **2** saccheggio; sacco.

to **plunder** ['plʌndə*] *vt e i.* saccheggiare; depredare; spogliare: *to plunder a palace of its treasures,* spogliare (depredare) un palazzo dei suoi tesori.

plunderer ['plʌndərə*] *s.* saccheggiatore; razziatore.

plunge [plʌndʒ] *s.* tuffo; immersione; *(fig.)* passo difficile: *to take the plunge, (fig.)* buttarsi *(in un'operazione difficile);* prendere una decisione impegnativa.

to **plunge** [plʌndʒ] *vt e i.* **1** tuffare, tuffarsi; immergere, immergersi; ficcare; buttare: *to plunge a country into war,* trascinare, far precipitare un paese nella guerra — *to plunge a room into darkness,* far sprofondare una stanza nel buio — *to plunge into an argument,* buttarsi in una discussione. **2** *(di cavallo)* slanciarsi in avanti; *(di nave)* beccheggiare.

plunger ['plʌndʒə*] *s.* **1** tuffatore, tuffatrice. **2** *(mecc.)* stantuffo; pistone. **3** *(sl.)* speculatore (giocatore) imprudente.

plunk [plʌŋk] *s.* = **plonk 1.**

pluperfect ['plu:'pə:fikt] *agg e s. (gramm.)* piuccheperfetto; trapassato.

plural ['pluərəl] *s. e agg* plurale: *a verb in the plural,* un verbo al plurale — *plural society,* società di più razze — *plural voter,* elettore di più collegi.

pluralism ['pluərəlizəm] *s.* pluralismo.

pluralist ['pluərəlist] *s.* pluralista.

pluralistic [,pluərə'listik] *agg* pluralistico.

plurality [pluə'ræliti] *s.* **1** pluralità; molteplicità. **2** maggioranza relativa. **3** pluralismo.

plus [plʌs] *prep* più: *Two plus seven is nine,* Due più sette fa nove.
□ *agg* **1** positivo: *a plus quantity,* un numero positivo (una quantità positiva) — *a plus sign,* un segno positivo (+). **2** *(comm.)* 'avere': *the plus column,* la colonna dell''avere' *(in un conto)* — *plus value,* plusvalenza; plusvalore.
□ *s.* **1** il segno 'più' in matematica, ecc. **2** *(fam.)* un fattore positivo.
□ *avv* in più; con qualcosa in più; *(fam.)* oltre (un certo numero): *fifty plus,* più di cinquanta.

plus-fours ['plʌs'fɔ:z] *s. pl* pantaloni alla zuava *(da golf o da caccia).*

plush [plʌʃ] *s.* **1** felpa. **2** *(al pl.)* pantaloni di livrea; 'polpe'.
□ *agg* = **plushy.**

plushy ['plʌʃi] *agg* (**-ier**; **-iest**) *(sl.)* elegante; sontuoso.

plutocracy [plu:'tɔkrəsi] *s.* plutocrazia.

plutocrat ['plu:təkræt] *s.* plutocrate.

plutocratic [,plu:tə'krætik] *agg* plutocratico.

plutonium [plu:'tounjəm] *s.* plutonio.

ply [plai] *s.* **1** piega; capo *(di lana): three-ply wool for knitting socks,* lana a tre capi per lavorare a maglia delle calze. **2** strato; spessore: *three-ply wood,* compensato a tre strati — *ply-wood,* compensato.

to **ply** [plai] *vt e i.* **1** maneggiare; usare; impiegare; adoperare: *to ply one's needle,* adoperare l'ago; darci dentro a cucire — *to ply the oars,* remare — *to ply a trade,* esercitare un mestiere. **2** *(di nave, autobus, ecc.)* fare servizio regolare; *(di tassì, spesso* to ply for hire*)* stazionare (o andare su e giù) in attesa di clienti. **3 to ply sb with sth,** offrire qcsa a qcno in continuazione, con insistenza; *(fig.)* importunare o assediare qcno con domande, richieste, ecc.

plywood ['plaiwud] *s.* compensato.

pneumatic [niu:'mætik] *agg* pneumatico. *avv* **pneumatically.**

pneumatics [niu:'mætiks] *s.* *(col v. al sing.)* pneumatica.

pneumonia [nju(:)'mounjə] *s.* polmonite.

po [pou] *s.* *(dal fr.* pot: *denominazione infantile del)* vaso da notte.

[1]to **poach** [poutʃ] *vt* cuocere 'in camicia'.

[2]to **poach** [poutʃ] *vt e i.* **1** cacciare (pescare) di frodo. **2** *(seguito da* on *o* upon*)* invadere; penetrare abusivamente in; *(fig.)* invadere il campo di attività di un'altra persona. **3** *(di cavalli)* sbriciolare la terra con gli zoccoli.

poacher ['poutʃə*] *s.* bracconiere; chi caccia (pesca) di frodo.

poaching ['poutʃiŋ] *s.* caccia (pesca) di frodo.

pock [pɔk] *s.* buttero; cicatrice di vaiolo: ⇨ **pockmark, pock-marked.**

pocked [pɔkt] *agg (fig.)* butterato.

pocket ['pɔkit] *s.* **1** tasca; taschino: *breast-pocket,* taschino della giacca — *hip-pocket,* tasca posteriore dei pantaloni — *patch pocket,* tasca applicata — *to have sth in pocket,* aver guadagnato qcsa — *to be out of pocket,* aver rimesso dei soldi — *out-of-pocket expenses,* spese di tasca propria; spese vive — *pocket battleship,* corazzata 'tascabile' — *to pick sb's pocket,* borseggiare qcno — *to put one's pride in one's pocket, (fam.)* inghiottire il rospo; soffocare il proprio orgoglio — *to put one's hand in one's pocket, (fam.)* mettere mano al portafoglio; essere pronto o disposto ad aiutare con del denaro — *pocket-book,* taccuino; portafoglio; *(USA)* borsetta *(da donna); (talvolta)* libro tascabile — *pocket-handkerchief,* - **a)** fazzoletto - **b)** *(fig., attrib., p.es. di giardino)* piccolissimo — *pocket-knife,* temperino; coltellino — *pocket-money,* denaro per le piccole spese. **2** borsa; sacca; cavità; vuoto; buca *(di biliardo): an air-pocket,* un vuoto d'aria. **3** *(fig.)* sacca; isola: *pockets of resistance, (mil.)* sacche di resistenza.

to **pocket** ['pɔkit] *vt* **1** intascare; mettere in tasca. **2** appropriarsi: *He pocketed half the profits,* Si appropriò di metà dei guadagni. **3** *(al biliardo)* mettere (la palla) in buca. ☐ *to pocket an insult,* sopportare, incassare un insulto *(senza reagire).*

pocketful ['pɔkitful] *s.* tascata.

pockmark ['pɔkmɑ:k] *s.* buttero; cicatrice di vaiolo.

pock-marked ['pɔkmɑ:kt] *agg* butterato.

pod [pɔd] *s.* **1** baccello; guscio. **2** bozzolo. **3** rete da anguille. **4** *(di aereo)* cupola.

to **pod** [pɔd] *vt e i.* (**-dd-**) **1** sgusciare; sgranare; togliere dal baccello. **2** produrre baccelli.

podgy ['pɔdʒi] *agg* (**-ier**; **-iest**) tozzo; grassoccio; piccolo e grasso.

podiatry [pɔdi'ætri] *s.* *(USA) (il mestiere di)* pedicure.

podium ['poudiəm] *s.* (*pl.* **podia**) podio.

poem ['pouim] *s.* **1** poesia; componimento in versi. **2** poema: *a prose poem,* un poema in prosa — *a tone poem,* un 'poema sinfonico'.

poesy ['pouizi] *s.* *(ant.)* poesia; arte poetica.

poet ['pouit] *s.* poeta.

poetess ['pouitis] *s.* poetessa.

poetic, poetical [pou'etik(əl)] *agg* poetico; di poesia; in poesia; in versi: *poetic justice,* giustizia ideale — *poetic licence,* licenza poetica. ☐ *avv* **poetically.**

poetics [pou'etiks] *s. pl (col v. al sing.)* poetica.

poetry ['pouitri] *s.* poesia; arte poetica.

pogo-stick ['pougou stick] *s.* *(fam.)* specie di trampolo *(per bambini)* con due pedali fissi.

pogrom ['pɔgrəm] *s.* pogrom; massacro organizzato *(spec. di ebrei).*

poignancy ['pɔinənsi] *s.* **1** acutezza; mordacità; causticità. **2** amarezza.

poignant ['pɔinənt] *agg* **1** *(ant.)* piccante: *poignant sauces,* salse piccanti. **2** pungente; cocente; acuto: *poignant sorrow,* dolore cocente. **3** *(raro)* pungente; caustico: *poignant wit,* spirito caustico. ☐ *avv* **poignantly.**

poinsettia [pɔin'setiə] *s.* poinsezia.

point [pɔint] *s.* **1** punta; estremità aguzza *(di matita, di spillo, di arma);* capo o promontorio: *the point of the jaw,* la punta della mascella — *a point of land,* una punta di terra; un promontorio.

2 punto *(vari sensi): the decimal point,* il punto *(anziché la virgola)* posto prima di una frazione decimale — *four point six,* quattro virgola sei — *a full point,* punto; punto fermo — *a point of departure,* un punto di partenza — *at this point,* a questo punto (in questo luogo o momento) — *He was on the point of leaving,* Era sul punto di partire; Stava per partire — *the point of intersection of two lines,* il punto di intersezione di due linee — *a point of honour,* un punto d'onore — *a point of view,* un punto di vista — ⇨ *anche* **point-to-point.**

3 punto *(di una scala di valori);* livello: *up to a point,* fino ad un certo punto — *boiling point,* punto di ebollizione — *melting point,* punto di fusione — *The cost of living went up three points last month,* Il costo della vita è aumentato di tre punti il mese scorso — *Oil shares rose seven points yesterday, (in Borsa)* Le azioni petrolifere sono salite di sette punti ieri — *the points of the compass,* i punti della bussola (della rosa dei venti) — *cardinal point,* punto cardinale.

4 punto *(unità, nei punteggi): We scored twenty points,* Segnammo venti punti — *He was defeated on points, (boxe)* Fu battuto ai punti — *He can give me points at golf,* Può darmi dei punti a golf — *to make (to score) a point,* segnare un punto *(a proprio vantaggio, anche fig.).*

5 punto essenziale *(di un argomento); (per estensione)* efficacia *(di una argomentazione): I don't see your point,* Non vedo l'aspetto essenziale della tua argomentazione — *You have missed the whole point,* Non hai capito niente — *His remarks lack point,* Le sue osservazioni mancano di efficacia — *to keep to the point,* non andare fuori tema; non uscire dal seminato; non perdere di vista il punto essenziale *(in una argomentazione)* — *off (away from) the point,* non pertinente; estraneo — *to the point,* pertinente —

Your last remark was very much to the point, Quell'ultima tua osservazione era molto pertinente.
6 parte; punto; dettaglio; particolare: *These are the points on which we agreed,* Questi sono i particolari sui quali ci mettemmo d'accordo — *the point at issue,* l'argomento (la questione) in discussione — *a five-point plan for peace,* un piano per la pace, articolato in cinque punti — *the first point of my argument,* la prima parte della mia tesi — *point by point,* punto per punto; esaurientemente.
7 scopo; utilità; motivo: *There is no point in doing that,* Non c'è motivo di fare questo — *I don't see the point of going abroad for one's holidays,* Non vedo il motivo di andare all'estero per le vacanze.
8 qualità; caratteristica: *What are her best points as a secretary?,* Quali sono le sue migliori caratteristiche come segretaria? — *a strong point,* un'abilità spiccata.
9 *(GB: spesso al pl.: cfr. anche* pointsman*)* scambio ferroviario.
10 battuta tipografica; punto tipografico: *This sentence is printed in 6-point,* Questa frase è stampata in corpo 6.
□ *Not to put too fine a point on it...,* Per dir le cose come stanno...; Parlando chiaro...; In parole povere... — *to be on point duty, (di poliziotto)* essere di servizio *(ad una intersezione stradale, per controllare il traffico)* — *in point of fact,* in effetti; in realtà — *to make a point of doing sth,* farsi uno scrupolo (un dovere) di fare qcsa — *You must make a point of getting that door mended before winter comes,* Devi proprio vedere di far risistemare quella porta prima che arrivi l'inverno — *to stretch a point,* fare un'eccezione alla norma; fare uno strappo alla regola; oltrepassare i limiti — *As it is Christmas, I think we can stretch a point and let the children stay up till midnight,* Siccome è Natale, credo che possiamo fare un'eccezione e lasciare alzati i bambini fino a mezzanotte — *Singing is not my strong point,* Cantare non è il mio forte — *to carry one's point,* persuadere; convincere alla propria tesi — *in point,* adatto; pertinente — *Let me give you a case in point,* Lascia che ti citi un caso pertinente — *Many foods were on points during the war,* Molti cibi erano razionati (con un sistema di punti) durante la guerra.

to **point** [pɔint] *vt e i.* **1** indicare; segnare; dirigere l'attenzione: *The needle of a compass points to the North,* L'ago della bussola indica il nord — *He pointed to the door,* Indicò la porta — *It's rude to point, (detto ad un bambino)* Non bisogna far segno col dito — *to point towards (o to), (di edificio, ecc.)* essere rivolto a — *The church points towards the West,* La chiesa è volta ad ovest.
2 mirare; puntare; collimare: *to point a gun at sb,* puntare una pistola contro qcno — *to point a telescope at the moon,* puntare un telescopio sulla luna.
3 appuntire; fare la punta (a qcsa): *to point a pencil,* fare la punta a una matita.
4 illustrare; dare rilievo a: *He pointed his remarks with a number of practical examples,* Illustrò le sue osservazioni con alcuni esempi pratici.
5 riempire di calce e cemento *(con una cazzuola appuntita)* gli interstizi in un lavoro di muratura.
6 *(di un cane, in senso venatorio)* puntare.
7 to point out, - **a)** indicare; additare: *Can you point out the man you suspect?,* Potete indicarmi l'uomo che sospettate? — *He pointed out my mistake,* Indicò il mio errore - **b)** far notare: *As we pointed out in our earlier letter...,* Come Vi facevamo notare nella nostra lettera precedente...
8 to point up, sottolineare; mettere in evidenza (in risalto).

point-blank ['pɔint'blæŋk] *agg* **1** *(mil., del tiro)* diretto; con l'alzo a zero; a distanza ravvicinata. **2** *(fig.)* reciso; netto; risoluto; che non lascia dubbio: *a point-blank refusal,* un netto rifiuto.
□ *avv* a bruciapelo; *(per estensione)* improvvisamente; ad un tratto; senza esitazione.

pointed ['pɔintid] *agg* **1** appuntito; aguzzo; acuto; *(per estensione)* arguto; pungente: *a pointed object,* un oggetto appuntito — *a pointed epigram,* un epigramma pungente — *a pointed allusion,* un'allusione evidente. **2** marcato; evidente; intenzionale: *a pointed reproof,* un rimprovero marcato.
□ *avv* **pointedly.**

pointer ['pɔintə*] *s.* **1** indicatore; indice; lancetta *(di orologio, quadrante, ecc.);* canna; bacchetta *(per indicare punti su una carta geografica).* **2** *(mil.)* puntatore *(di cannone).* **3** 'pointer'; cane da punta, da ferma.

pointillism ['pwæntilizəm] *s. (fr.)* divisionismo.

pointillist ['pwæntilist] *s. (fr.)* divisionista.

pointless ['pɔintlis] *agg* **1** senza punta; spuntato; smussato. **2** *(fig.)* senza scopo; inutile: *It seems pointless to go on,* Sembra inutile proseguire. **3** *(sport)* senza segnature: *a pointless draw,* una partita chiusa sullo zero a zero. □ *avv* **pointlessly.**

pointsman ['pɔintsmən] *s.* (*pl.* **pointsmen**) *(GB)* scambista *(ferroviere addetto agli scambi).*

point-to-point [pɔint-tə-pɔint] *s.* corsa ad ostacoli (su un tracciato fisso).

poise [pɔiz] *s.* **1** equilibrio; adattabilità. **2** portamento *(del capo).* **3** *(fig.)* equilibrio; padronanza di sé.

to **poise** [pɔiz] *vt e i.* **1** bilanciare, bilanciarsi; equilibrare, equilibrarsi; essere in equilibrio. **2** *(fig.)* pesare; soppesare; valutare; ponderare.

poison ['pɔizn] *s.* **1** veleno *(anche fig.): to take poison,* avvelenarsi — *rat poison,* topicida — *poison-gas,* gas tossico — *poison-pen letters,* lettere anonime calunniose — *to hate sb like poison,* odiare qcno a morte. **2** *(fam., scherz.)* liquore: *What's your poison?,* Cosa bevi? □ *poison-ivy,* edera del Canada.

to **poison** ['pɔizn] *vt* **1** avvelenare; intossicare; uccidere col veleno. **2** infettare: *a poisoned hand,* una mano infiammata *(per un principio di infezione).* **3** *(fig.)* corrompere; guastare; rovinare; rendere triste: *to poison a person's mind against sb,* istillare nella mente di una persona odio e sospetto contro qcno.

poisoner ['pɔiznə*] *s.* avvelenatore, avvelenatrice.

poisoning ['pɔizniŋ] *s.* avvelenamento; intossicamento: *food poisoning,* intossicazione da cibo — *blood poisoning,* setticemia.

poisonous ['pɔiznəs] *agg* **1** velenoso; tossico. **2** *(fig.)* pernicioso; dannoso (moralmente); astioso; perfido: *a poisonous play (novel),* un dramma (un romanzo) pernicioso — *a man with a poisonous tongue,* un individuo dalla lingua velenosa. □ *avv* **poisonously.**

'poke [pouk] *s.* spinta; colpetto; gomitata; puntata: *to give sb a poke in the ribs,* dare una gomitata *(spesso un colpetto di intesa)* a qcno — *to give the fire a poke,* attizzare il fuoco.

to **poke** [pouk] *vt e i.* **1** spingere *(con un dito, con un bastone);* urtare; colpire; dare un colpetto o una gomitata: *to poke up the fire,* attizzare il fuoco. **2** *(con* down, in, out, up, *ecc.)* spingere o ficcare qcsa dentro (fuori, su, giù) — *Don't poke your nose into my affairs,* Non ficcare il naso nei miei affari — *to poke* *fun at sb,* farsi beffe di qcno; deriderlo; dileggiarlo; prenderlo in giro — *to poke a hole in sth,* fare un buco in qcsa *(p.es. con il dito).* **3** frugare; tastare; *(fig.)* interferire; immischiarsi: *He was poking (about) at the rubbish with his stick,* Stava frugando col suo bastone nelle immondizie. **4** *(fam.)* mettere; ficcare: *He poked his head out of the window,* Mise la testa fuori della finestra. **5** *(volg.)* chiavare.

[2]**poke** [pouk] *s.* *(solo nell'espressione) to buy a pig in a poke,* comprare a occhi chiusi, a scatola chiusa.

poke-bonnet ['pouk'bɔnit] *s.* cappello femminile con ampia visiera.

[1]**poker** ['poukə*] *s.* attizzatoio. □ *red-hot poker,* tritoma.

[2]**poker** ['poukə*] *s.* poker. □ *poker-face, (fam.)* individuo impassibile — *poker-faced,* dalla faccia impassibile.

poky ['pouki] *agg* (**-ier**; **-iest**) angusto; stretto.

polar ['poulə*] *agg* **1** polare: *polar bear,* orso bianco. **2** magnetico.

polarity [pou'læriti] *s.* polarità.

polarization [,poulərai'zeiʃən] *s.* polarizzazione.

to **polarize** ['pouləraiz] *vt e i.* polarizzare *(anche fig.),* polarizzarsi.

Pole [poul] *s.* polacco.

[1]**pole** [poul] *s.* **1** *(geometria, matematica, ecc.)* polo: *pole-star,* la stella polare. **2** *(fig., generalm. al pl.)* antipodi; ai poli opposti: *They are still poles apart,* Sono ancora agli antipodi (ancora lontanissimi da un accordo).

[2]**pole** [poul] *s.* **1** palo; asta; pertica; paletto di sostegno; *(di carro)* timone: *under bare poles, (naut.)* con le vele ammainate — *to be up the pole, (fam.)* - **a)** essere in difficoltà (nei guai) - **b)** essere un po' matto (pazzerello) — *the pole-vault; pole-vaulting,* il salto con l'asta. **2** *(come unità di misura lineare: detta anche* rod *o* perch*)* ⇨ [2]**perch 3.**

pole-axe ['poulæks] *s.* **1** alabarda; ascia di guerra. **2** ascia da beccaio.

to **pole-axe** ['poulæks] *vt* abbattere (macellare) usando l'ascia da beccaio.

polecat ['poulkæt] *s.* puzzola.

polemic [pɔ'lemik] *agg* polemico. □ *s.* **1** polemica; disputa; discussione. **2** *(al pl.)* arte polemica; *(teologia)* controversia *(col v. al sing.).*

police [pə'li:s] *s.* *(collettivo col v. al pl. o, talvolta, al sing.)* polizia; corpo di pubblica sicurezza: *the Police Force,* la Polizia; le Forze dell'Ordine — *The police have not made any arrests,* La polizia non ha effettuato alcun arresto — *police constable, (GB)* poliziotto; agente di polizia — *police-court, (GB)* corte di giustizia di primo grado; tribunale di polizia — *police-dog,* cane poliziotto — *police-magistrate, (GB)* giudice di tribunale di primo grado — *police-officer,* funzionario di polizia; poliziotto — *police-station,* commissariato; posto di polizia — *police state,* stato poliziesco.

to **police** [pə'li:s] *vt* presidiare; proteggere (con la polizia o altre forze); garantire l'ordine pubblico.

policeman [pə'li:s:mən] *s.* (*pl.* **policemen**) poliziotto; guardia.

policewoman [pə'li:s,wumən] *s.* (*pl.* **policewomen**) donna poliziotto.

[1]**policy** ['pɔlisi] *s.* **1** politica; linea di condotta; tattica. **2** *(ant.)* sagacia; accortezza.

[2]**policy** ['pɔlisi] *s.* polizza (d'assicurazione): *a policy-holder,* un assicurato; il titolare di una polizza d'assicurazione.

polio ['pɔliou] *s.* (*abbr. fam. di* **poliomyelitis**) polio.

poliomyelitis ['pɔliou,maiə'laitis] *s.* poliomielite.

Polish ['pouliʃ] *agg* polacco. □ *s.* lingua polacca; il polacco.

polish ['pɔliʃ] *s.* **1** lucentezza; brillantezza; lucidatura. **2** lucido; vernice; smalto. **3** *(fig.)* rifinitura; lustro; raffinatezza; eleganza.

to **polish** ['pɔliʃ] *vt e i.* lucidare; lustrare; diventare lucido; brillare: *to polish one's shoes,* lucidarsi le scarpe — *This wood won't polish,* Questo legno non si può lucidare.

to polish off, finire in fretta: *to polish off a large plateful of meat,* mangiarsi un gran piatto di carne — *to polish off arrears of correspondence,* sbrigare della corrispondenza arretrata.

to polish up, - **a)** lucidare - **b)** rinfrescare *(p.es. la conoscenza di una lingua).*

polished ['pɔliʃt] *agg* **1** levigato; lucido; lucente; lustro. **2** *(fig.)* raffinato; fine; elegante: *a polished gentleman,* un perfetto gentiluomo — *polished manners,* modi distinti — *a polished performance,* un'ottima esecuzione.

polisher ['pɔliʃə*] *s.* **1** lucidatore; verniciatore. **2** (macchina) lucidatrice.

polite [pə'lait] *agg* **1** educato; garbato; cortese; gentile; ammodo. **2** fine; colto; elegante; raffinato: *polite society,* la società raffinata — *polite literature,* le belle lettere. □ *avv* **politely.**

politeness [pə'laitnis] *s.* **1** educazione; cortesia; gentilezza. **2** *(meno comune)* raffinatezza; eleganza; finezza.

politic ['pɔlitik] *agg* **1** *(di persona)* sagace; prudente; saggio. **2** *(di azione)* ben meditato; prudente; opportuno. **3** *(raro)* politico: *the body politic,* lo Stato.

political [pə'litikəl] *agg* politico; relativo alla politica, al governo, allo Stato: *political economy,* economia politica; teoria dell'economia. □ *avv* **politically.**

politician [,pɔli'tiʃən] *s.* **1** uomo politico. **2** *(spreg.)* politicante.

politics ['pɔlitiks] *s. pl* **1** *(col v. al sing. o al pl.)* politica. **2** *(col v. al pl.)* idee politiche.

polity ['pɔliti] *s.* *(raro)* **1** sistema di governo; conduzione del governo. **2** 'polis'; società organizzata politicamente.

polka ['pɔlkə] *s.* polca. □ *polka dots,* pois.

[1]**poll** [poul] *s.* **1** *(spesso al pl.)* votazione; scrutinio *(dei voti); (per estensione)* totale *(dei voti);* lista elettorale; votanti; seggio elettorale: *a light (heavy) poll,* una percentuale bassa (alta) di votanti — *to go to the polls,* recarsi al seggio elettorale; andare alle urne — *to be successful at the polls,* vincere le elezioni — *to head the poll,* essere in testa allo scrutinio — *to declare the poll,* annunciare il risultato delle elezioni. **2** inchiesta; indagine; sondaggio: *an opinion poll,* un sondaggio dell'opinione pubblica. **3** *(ant.)* testa; capo: *poll-tax,* tassa 'pro capite'; capitazione; testatico.

to **poll** [poul] *vt e i.* **1** votare: *(generalm. delle espressioni) polling-station,* seggio elettorale — *polling-booth,* cabina elettorale. **2** ottenere *(un certo numero di voti).* **3** mozzare *(corna di animali);* svettare; cimare *(piante);* tosare *(siepi, capelli).*

[2]**poll** [pɔl] *s.* *(anche* poll-parrot*)* 'Loreto' *(nome convenzionale dato ai pappagalli).*

pollard ['pɔləd] *s.* **1** *(spec. di quercia)* pianta cimata. **2** animale *(p.es. bue)* senza corna.

to **pollard** ['pɔləd] *vt* cimare; capitozzare.

pollen ['pɔlin] *s.* polline: *pollen count,* indice ufficiale della quantità di polline nell'aria.

to **pollinate** ['pɔlineit] *vt* impollinare.

pollination [,pɔli'neiʃən] *s.* impollinazione.

polling ['pouliŋ] *s.* votazione *(in una elezione politica).* □ ⇨ *anche* **polling-station, polling-booth,** *sotto* **to poll 1.**
pollster ['poulstə*] *s.* *(fam.)* esperto in sondaggi di opinione; raccoglitore di dati statistici.
pollutant [pə'l(j)u:tənt] *s.* sostanza inquinante.
to **pollute** [pə'l(j)u:t] *vt* inquinare; contaminare.
pollution [pə'lu:ʃən] *s.* **1** inquinamento; *(fig.)* contaminazione. **2** *(med.)* polluzione.
polo ['poulou] *s.* *(sport)* polo: *water-polo,* pallanuoto — *polo-neck, (attrib.)* con collo alla dolcevita, alla ciclista.
polonaise [,pɔlə'neiz] *s.* *(mus.)* 'polonaise'; polacca *(musica, danza e abito femminile).*
polony [pə'louni] *s.* salsiccia di maiale semicotta; specie di mortadella.
poltergeist ['pɔltəgaist] *s.* spirito malvagio e rumoroso (che fa volare o cadere le suppellettili).
poltroon [pɔl'tru:n] *s.* individuo codardo, vile; cialtrone.
poltroonery [pɔl'tru:nəri] *s.* viltà; codardia; cialtroneria.
polyandrous [,pɔli'ændrəs] *agg* poliandro.
polyandry ['pɔliændri] *s.* poliandria.
polyanthus [,pɔli'ænθəs] *s.* primavera maggiore; tipo di primula.
polychromatic [,pɔlikrə'mætik] *agg* policromatico; multicolore; a più colori.
polychrome ['pɔlikroum] *agg e s.* policromo.
polychromy ['pɔli,kroumi] *s.* policromia.
polygamist [pə'ligəmist] *s.* poligamo.
polygamous [pə'ligəməs] *agg* poligamo. □ *avv* **polygamously.**
polygamy [pə'ligəmi] *s.* poligamia.
polyglot ['pɔliglɔt] *agg e s.* poliglotta.
polygon ['pɔligən] *s.* *(geometria)* poligono.
polygonal [pɔ'ligənl] *agg* poligonale.
polyhedral ['pɔli'hedrəl] *agg* poliedrico.
polyhedron ['pɔli'hedrən] *s.* poliedro.
polymer ['pɔlimə*] *s.* polimero.
polymorphic, polymorphous [,pɔli'mɔ:fik/,pɔli'mɔ:fəs] *agg* polimorfo.
polyp ['pɔlip] *s.* *(zool. e patologia)* polipo.
polyphonic [,pɔli'fɔnik] *agg* polifonico.
polyphony [pə'lifəni] *s.* polifonia.
polypus ['pɔlipəs] *s.* (*pl.* **polypuses** *o* **polypi**) *(zool. e patologia)* polipo.
polysyllabic [,pɔlisi'læbik] *agg* polisillabo; polisillabico.
polysyllable ['pɔli,siləbl] *s.* polisillabo.
polytechnic [,pɔli'teknik] *agg e s.* politecnico.
polytheism ['pɔliθi(:)izəm] *s.* politeismo.
polytheist ['pɔliθi(:)ist] *s.* politeista.
polytheistic [,pɔliθi(:)'istik] *agg* politeistico.
polythene ['pɔliθi:n] *s.* politene: *a polythene bag,* un sacchetto di plastica.
polyvalence [,pɔli'veiləns] *s.* polivalenza.
pom [pɔm] *s.* **1** *(abbr. di* Pomeranian dog*)* cane della Pomerania. **2** = **pommy.**
pomade [pə'mɑ:d] *s.* pomata per capelli; brillantina solida.
to **pomade** [pə'mɑ:d] *vt* cospargersi di brillantina; impomatarsi i capelli.
pomegranate ['poumgrænit] *s.* melograno *(l'albero e il frutto).*
Pomeranian [,pɔmə'reinjən] *s.* **1** pomerano. **2** cane della Pomerania; 'pomer'.
pommel ['pʌml] *s.* pomo; pomello.
to **pommel** ['pʌml] *vt* (**-ll-**; *USA anche* **-l-**) = **to pummel.**
pommy ['pɔmi] *s.* *(sl. australiano e neozelandese: quasi sempre spreg.)* (immigrato) inglese.
pomp [pɔmp] *s.* pompa; fasto.
pom-pom ['pɔm'pɔm] *s.* tipo di cannone antiaereo a tiro rapido; grossa mitragliatrice.
pompon ['pɔmpɔn] *s.* **1** pompon; fiocco; nappa. **2** *(generalm. attrib.)* varietà di crisantemo o di dalia a fiori rotondi.
pomposity [pɔm'pɔsiti] *s.* pomposità; ampollosità.
pompous ['pɔmpəs] *agg* pomposo; enfatico; ampolloso. □ *avv* **pompously.**
ponce [pɔns] *s.* *(sl.)* magnaccia.
poncho ['pɔntʃou] *s.* poncio.
pond [pɔnd] *s.* stagno; pozza; laghetto: *the herring pond, (scherz.)* l'Atlantico settentrionale.
to **ponder** ['pɔndə*] *vt e i.* *(generalm. seguito da* on, over, *o* upon*)* ponderare; riflettere; considerare.
ponderable ['pɔndərəbl] *agg* ponderabile; valutabile.
ponderous ['pɔndərəs] *agg* **1** ponderoso; grave; massiccio. **2** *(di stile)* pesante; monotono; elaborato. □ *avv* **ponderously.**
pone [poun] *s.* *(USA)* pane *(dei Pellirosse)* di farina di mais.
pong [pɔŋ] *s.* *(GB, fam.)* puzzo.
to **pong** [pɔŋ] *vi* *(GB, fam.)* puzzare.
poniard ['pɔnjəd] *s.* *(stor.)* pugnale.
pontiff ['pɔntif] *s.* **1** pontefice; papa. **2** gran sacerdote.
pontifical [pɔn'tifikəl] *agg* **1** pontificio; papale. **2** *(fig.)* ampolloso; dogmatico.
□ *s.* **1** pontificale. **2** *(al pl.)* paramenti pontificali.
pontificate [pɔn'tifikeit] *s.* pontificato.
to **pontificate** [pɔn'tifikeit] *vi* pontificare.
[1]**pontoon** [pɔn'tu:n] *s.* **1** chiatta; pontone; barcone a fondo piatto. **2** scafo galleggiante di idrovolante.
[2]**pontoon** [pɔn'tu:n] *s.* *(GB)* 'ventuno' *(gioco delle carte simile al tressette).*
pony ['pouni] *s.* **1** 'pony'; cavallino: *pony-tail,* coda di cavallo *(tipo di acconciatura femminile).* **2** *(GB, sl.)* venticinque sterline. **3** *(USA, sl.)* bigino; traduttore.
pooch [pu:tʃ] *s.* *(USA)* cane.
poodle ['pu:dl] *s.* cane barbone; barboncino.
poof [puf/pu:f] = **pouf 2.**
pooh [pu:] *interiezione (per esprimere disprezzo o impazienza)* oibò!; bah!; puah!
to **pooh-pooh** [pu:'pu:] *vt* schernire; dileggiare; trattare con disprezzo: *They pooh-poohed my idea,* Si fecero beffe della mia idea.
[1]**pool** [pu:l] *s.* **1** pozza; pozzanghera: *swimming-pool,* piscina. **2** tonfano; gorgo *(di fiume).*
[2]**pool** [pu:l] *s.* **1** *(nei giochi d'azzardo, ecc.)* ammontare della 'posta'; 'banco'; 'piatto'; somma raccolta tra i giocatori; *(GB, al pl.: anche* football pools*)* totocalcio. **2** *(comm.)* 'pool'; accordo; unione; consorzio; servizio: *a typing pool,* un servizio comune di dattilografia — *a car pool,* un parco automobili (in comune). **3** *(comm.)* fondo monetario comune. **4** *(USA, al biliardo)* partita 'a buca': *pool-room,* sala da biliardo.
to **pool** [pu:l] *vt e i.* **1** mettere in un fondo comune *(risorse o denaro).* **2** associarsi; unirsi in consorzio o sindacato.
poop [pu:p] *s.* poppa: *poop-deck,* cassero di poppa.
poor [puə*] *agg* **1** povero; bisognoso; indigente; sfortunato; *(fig.)* umile; modesto: *Poor chap!,* Poveretto! — *the poor, (come s. pl.)* i poveri — *poor-box, (nelle chiese)* cassetta per i poveri — *poor-house, (stor.)* ospizio per i poveri — *the poor-law, (stor.)* la legge sui poveri — *the poor-rate, (GB, stor.)* la tassa comunale per le opere di assistenza ai poveri — *in my poor opinion, (scherz. o iron.)* secondo il mio modesto

parere. **2** *(di quantità)* scarso; magro; limitato; insufficiente: *a poor harvest,* un magro raccolto. **3** *(di qualità)* scadente; mediocre; cattivo: *poor soil,* terreno scadente — *to be in poor health,* essere in cattiva salute; essere malandato in salute. **4** *(di persone)* gretto; miserabile: *What a poor creature he is!,* Quanto è gretto!; Che persona miserabile! — *poor-spirited,* scoraggiato; sfiduciato; timido; pusillanime. □ *avv* **poorly,** a stento; scarsamente; a malapena; poveramente: *to be poorly off,* essere a corto di denaro, in ristrettezze (economiche).

poorly ['puəli] *agg predicativo (fam.)* indisposto; malaticcio; 'poco bene'.

poorness ['puənis] *s.* insufficienza; scarsezza; mancanza; meschinità: *the poorness of the soil,* la sterilità del suolo.

poove [pu:v] *s.* = **pouf 2.**

[1]**pop** [pɔp] *s.* **1** schiocco; scoppio; esplosione. **2** *(fam., anche* fizzy pop*)* bevanda gasata. **3** *in pop, (sl.)* in pegno.
□ *avv (onomatopeico)* con un botto; con uno schiocco: *Pop went the cork,* Il turacciolo saltò con uno schiocco.

to **pop** [pɔp] *vt e i.* (**-pp-**) **1** schioccare; far schioccare; scoppiare; far scoppiare; scoppiettare; far scoppiettare. **2** *(seguito da vari avv. o prep., per indicare un'azione improvvisa o rapida) He popped his head in at the door,* Sporse la testa dalla porta; Diede una guardatina dentro — *Pop round and see me one of these days!,* Vieni a trovarmi (Fai una capatina) uno di questi giorni! — *to pop on one's overcoat,* infilarsi il cappotto — *She popped into the room,* Entrò all'improvviso nella stanza — *She has just popped over (across, down) to the grocer's,* È andata un minuto dal droghiere — *His eyes almost popped out of his head,* Sgranò tanto d'occhi (per la sorpresa) — *to pop off,* andarsene; svignarsela; *(fam.)* morire; tirar le cuoia; crepare — *to pop the question, (fam.)* fare una proposta di matrimonio; chiedere in isposa. **3** *to pop away at sb,* continuare a sparare a qcno; *(fig.)* continuare a tempestare qcno di domande. **4** *(fam.)* impegnare; portare al 'Monte di pietà'. **5** *(USA)* arrostire (granoturco) fino a farlo scoppiettare: *pop-corn,* granoturco soffiato.

[2]**pop** [pɔp] *s.* (*USA, abbr. di* **poppa**) babbo; papà.

[3]**pop** [pɔp] *agg* (*abbr. di* **popular**) popolare; 'pop': *a pop concert,* un concerto di musica 'pop' — *a pop group,* un complesso 'pop' — *Pop Art,* arte 'pop'.
□ *s. (fam.)* musica, canzoni, motivi popolari.

popcorn ['pɔpkɔ:n] *s.* granoturco soffiato.

pope [poup] *s.* **1** papa. **2** pope *(sacerdote ortodosso).*

popery ['poupəri] *s. (spreg.)* papismo.

popeyed [pɔp'aid] *agg (fam.)* dagli occhi sporgenti o spalancati.

popgun ['pɔpgʌn] *s.* fucile o pistola ad aria compressa; *(fam.)* 'scacciacani'.

popinjay ['pɔpindʒei] *s.* bellimbusto; damerino.

popish ['poupiʃ] *agg (spreg.)* papista; da papista. □ *avv* **popishly.**

poplar ['pɔplə*] *s.* pioppo *(l'albero e il legno).*

poplin ['pɔplin] *s.* 'popeline'.

poppa ['pɔpə] *s. (USA)* papà.

poppet ['pɔpit] *s.* **1** *(vezzeggiativo)* bambolina; piccina; pupetto; piccino. **2** valvola a fungo.

poppy ['pɔpi] *s.* papavero: *Poppy Day, (GB)* il sabato più vicino all'11 novembre, giorno che commemora i caduti delle due guerre mondiali.

poppycock ['pɔpikɔk] *s. (sl.)* sciocchezza; stupidaggine: *It's all poppycock!,* Sono tutte fandonie!

popshop ['pɔpʃɔp] *s. (fam.)* monte di pietà; agenzia di prestiti su pegno.

popsy(-wopsy) ['pɔpsi('wɔpsi)] *s. (fam., vezzeggiativo)* bambolina; pupa; pupetta.

populace ['pɔpjuləs] *s.* **1** plebe; volgo; popolino; plebaglia. **2** (la) cittadinanza.

popular ['pɔpjulə*] *agg* **1** popolare; del popolo; popolaresco; alla moda; in voga; economico. **2** *(di persona)* ben voluto; popolare.

popularity [,pɔpju'læriti] *s.* popolarità.

popularization [,pɔpjulərai'zeiʃən] *s.* volgarizzazione; popolarizzazione; divulgazione.

to **popularize** ['pɔpjuləraiz] *vt* popolarizzare; divulgare.

to **populate** ['pɔpjuleit] *vt* popolare; abitare.

population [,pɔpju'leiʃən] *s.* popolazione: *a population explosion,* un forte incremento demografico.

populism ['pɔpjulizəm] *s.* populismo.

populous ['pɔpjuləs] *agg* popoloso; densamente popolato.

porcelain ['pɔ:slin] *s.* porcellana; *(collettivo)* porcellane.

porch [pɔ:tʃ] *s.* **1** portico; porticato. **2** *(USA)* veranda.

porcine ['pɔ:sain] *agg* porcino; suino.

porcupine ['pɔ:kjupain] *s.* porcospino.

pore [pɔ:*] *s.* poro.

to **pore** [pɔ:*] *vi* studiare, esaminare attentamente e pazientemente: *to pore over a letter (a book),* studiare attentamente una lettera (un libro).

pork [pɔ:k] *s.* carne di maiale: *pork-butcher,* salumiere; salumaio — *pork pie,* - **a)** pasticcio di maiale - **b)** cappello a forma di sfoglia. □ *pork-barrel, (USA, sl.)* denaro derivante da tasse statali o federali usato a fini clientelari.

porker ['pɔ:kə*] *s.* maiale d'allevamento.

porn [pɔ:n] *s.* (*abbr. di* **pornography**) pornografia; materiale pornografico.

porno ['pɔ:nou] *agg* (*abbr. fam. di* **pornographic**) pornografico.

pornographer [pɔ:'nɔgrəfə*] *s.* pornografo.

pornographic [,pɔ:nə'græfik] *agg* pornografico.

pornography [pɔ:'nɔgrəfi] *s.* pornografia.

porosity [pɔ:'rɔsiti] *s.* porosità; permeabilità.

porous ['pɔ:rəs] *agg* poroso; permeabile.

porousness ['pɔ:rəsnis] *s.* porosità; permeabilità.

porphyry ['pɔ:firi] *s.* porfido.

porpoise ['pɔ:pəs] *s.* focena.

porridge ['pɔridʒ] *s.* 'porridge'; piatto scozzese di avena, acqua e latte *(servito caldo per la prima colazione).*

porringer ['pɔrindʒə*] *s. (ant.)* ciotola; scodella per minestra *(dei bambini).*

[1]**port** [pɔ:t] *s.* **1** porto *(anche fig.);* porto; riparo: *Any port in a storm,* In tempo di burrasca qualunque porto è buono. **2** città portuale.

[2]**port** [pɔ:t] *s.* portello; apertura; luce; foro *(di cilindro, ecc.).*

[3]**port** [pɔ:t] *s. e agg* babordo.

to **port** [pɔ:t] *vt e i.* virare a babordo: *to port the helm,* virare a sinistra (a babordo).

[4]**port** [pɔ:t] *s. (anche* port wine*)* 'Porto'; vino portoghese della valle del Douro: *vintage port,* porto (rosso) pregiato, di annata — *ruby port,* porto rosso (non d'annata) — *tawny port,* porto bianco (da aperitivo).

[5]**port** [pɔ:t] *s. (mil.)* posizione che si assume portando le armi diagonalmente davanti al corpo *(per l'ispezione).*

[2]to **port** [pɔ:t] *vt (mil.)* portare (il fucile) diagonalmente davanti al corpo.

portability [,pɔ:tə'biliti] *s.* portabilità; trasportabilità.

portable ['pɔ:təbl] *agg e s.* portatile.

portage ['pɔ:tidʒ] *s.* (costo del) trasporto di merci via terra tra due canali di navigazione fluviale, tra un fiume e un altro.

portal ['pɔ:tl] *s. (ant. e lett.)* portale; entrata.

portative ['pɔ:tətiv] *agg* portatile.

portcullis [pɔ:t'kʌlis] *s. (stor.)* saracinesca; inferriata che sbarra l'accesso a un castello.

to **portend** [pɔ:'tend] *vt* preannunziare; presagire.

portent ['pɔ:tent] *s.* **1** portento; prodigio. **2** augurio; presagio.

portentous [pɔ:'tentəs] *agg* **1** portentoso; prodigioso. **2** funesto; minaccioso. □ *avv* **portentously.**

[1]**porter** ['pɔ:tə*] *s.* **1** portabagagli; facchino. **2** *(USA)* inserviente di vagone letto.

[2]**porter** ['pɔ:tə*] *s. (GB)* custode; portiere; portinaio: *porter's lodge,* portineria.

[3]**porter** ['pɔ:tə*] *s. (ant.)* birra scura.

porterage ['pɔ:təridʒ] *s.* tariffa del trasporto bagagli.

porterhouse ['pɔ:təhaus] *s. (anche* porterhouse steak*)* taglio di sottofiletto di manzo.

portfolio [pɔ:t'fouljou] *s.* (*pl.* **portfolios**) **1** cartella; busta di cuoio per documenti. **2** portafoglio; dicastero. □ *investment portfolio,* portafoglio titoli (partecipazioni).

porthole ['pɔ:thoul] *s.* oblò; boccaporto.

portico ['pɔ:tikou] *s.* colonnato; portico.

portière ['pɔ:tiεə*] *s. (fr.)* portiera; tenda che chiude una porta.

portion ['pɔ:ʃən] *s.* **1** porzione; parte; sezione: *This portion to be given up, (scritto su biglietto ferroviario, ecc.)* Parte (Tagliando) da consegnarsi al controllore. **2** *(di cibi)* porzione; razione. **3** destino; fato; sorte. □ *a marriage portion,* una dote matrimoniale.

to **portion** ['pɔ:ʃən] *vt* **1** dividere (in parti, in razioni, in porzioni); ripartire: *to portion sth out,* assegnare (distribuire, spartire) qcsa. **2** dare in dote.

Portland ['pɔ:tlənd] *s. (dal nome di una località del Dorset) Portland stone,* pietra di calce di Portland — *Portland cement,* cemento idraulico.

portly ['pɔ:tli] *agg* **1** *(non comune)* maestoso; imponente. **2** corpulento; grasso.

portmanteau [pɔ:t'mæntou] *s.* (*fr.: pl.* **portmanteaus, portmanteaux**) baule porta-abiti. □ *portmanteau word,* parola coniata dalla fusione di due parole diverse *(p.es.* smog *da* smoke *e* fog*).*

portrait ['pɔ:trit] *s.* **1** ritratto; immagine dipinta. **2** descrizione precisa e convincente.

portraitist ['pɔ:tritist] *s.* ritrattista.

portraiture ['pɔ:tritʃə*] *s.* **1** ritrattistica. **2** ritratto; immagine dipinta.

to **portray** [pɔ:'trei] *vt* **1** dipingere; ritrarre. **2** descrivere; rappresentare.

portrayal [pɔ:'treiəl] *s.* **1** raffigurazione. **2** descrizione.

Portuguese [,pɔ:tju'gi:z] *agg e s.* portoghese.

pose [pouz] *s.* posa.

to **pose** [pouz] *vt* **1** mettere in posa. **2** porre; proporre *(un problema, un quesito, ecc.).*
□ *vi* posare; atteggiarsi: *He poses as an expert on old coins,* Si atteggia ad esperto di monete antiche.

poser ['pouzə*] *s.* domanda imbarazzante; quesito difficile; 'quiz'.

poseur [pou'zə:*] *s. (fr.)* posatore; persona affettata.

posh [pɔʃ] *agg (GB, fam.)* elegante; di prima classe; di lusso; lussuoso; *(per estensione)* 'snob'.

position [pə'ziʃən] *s.* **1** posizione; posto: *to be in (out) of position,* essere a (fuori) posto — *to have a high (low) position in society,* essere di elevata (bassa) condizione sociale. **2** posto; impiego: *people of position,* gente altolocata. **3** condizione; situazione: *I regret I am not in a position to help you,* Mi spiace di non essere nelle condizioni di aiutarti — *to be placed in an awkward position,* trovarsi in una situazione imbarazzante. **4** punto di vista; atteggiamento. **5** *(sport)* 'piazzamento'; posizione *(in una classifica).*

to **position** [pə'ziʃən] *vt* **1** mettere in posizione. **2** determinare la posizione (di qcsa).

positive ['pɔzitiv] *agg* **1** *(matematica, ecc.)* positivo. **2** preciso; esplicito: *positive law,* diritto positivo. **3** *(di persona)* convinto; sicuro: *Are you positive (that) it was after midnight?,* È sicuro che sia successo dopo la mezzanotte? **4** pratico; concreto: *a positive suggestion,* un suggerimento pratico — *positive help,* aiuto concreto — *positive proof,* prove irrefutabili. **5** *(fam.)* vero e proprio; bell'e buono: *That man is a positive fool,* Quell'uomo è un vero e proprio scemo.
□ *avv* **positively.**
□ *s.* **1** cosa positiva, concreta. **2** *(gramm.)* grado positivo. **3** *(fotografia)* positiva.

positiveness ['pɔzitivnis] *s.* **1** positività. **2** certezza; sicurezza. **3** perentorietà.

positivism ['pɔzitivizəm] *s.* positivismo.

positivist ['pɔzitivist] *s.* positivista.

posse ['pɔsi] *s. (generalm. USA, stor.)* drappello; squadra di poliziotti (o di cittadini) chiamati ad assistere uno sceriffo.

to **possess** [pə'zes] *vt* **1** possedere: *Whatever possessed you to do it?,* Che cosa ti ha indotto a farlo? — *to do sth like one possessed,* fare qcsa come un invasato. **2 to possess oneself of sth,** impadronirsi di qcsa. **3 to be possessed of sth,** possedere qcsa; essere dotato di qcsa. **4 to be possessed,** essere invasato (posseduto) dal demonio: *to be possessed with (by) an idea,* essere ossessionato da un'idea.

possession [pə'zeʃən] *s.* **1** possesso: *self-possession,* padronanza di sé. **2** *(spesso al pl.)* possedimento; proprietà; beni: *personal possessions,* effetti personali. □ *Possession is nine points of the law, (prov.)* Il possesso materiale di un oggetto equivale quasi al diritto di possederlo.

possessive [pə'zesiv] *agg* **1** possessivo; opprimente; avido. **2** *(gramm.)* possessivo. □ *avv* **possessively.**

possessor [pə'zesə*] *s.* possessore; proprietario.

posset ['pɔsit] *s.* bevanda composta di latte caldo, birra o vino, e spezie, usata una volta come rimedio contro il raffreddore.

possibility [,pɔsi'biliti] *s.* possibilità; eventualità; *(spesso, per estensione)* probabilità: *Is there any possibility of your coming to London this week?,* C'è qualche possibilità che voi veniate a Londra questa settimana? — *I can see great possibilities in this scheme,* Vedo grandi possibilità in questo progetto — *There's always the possibility that the train has been delayed,* C'è sempre l'eventualità d'un ritardo del treno.

possible ['pɔsibl] *agg* possibile; eventuale: *as soon as possible,* il più presto possibile; quanto prima — *as far as possible,* nei limiti del possibile — *Frost is possible, though not probable, even at the end of April,* Il gelo è possibile, anche se non probabile, persino alla fine di aprile — *Are you insured against all possible risks?,* Sei assicurato contro ogni preve-

dibile rischio? — *He is the only possible man for the position,* È il solo uomo possibile per quella posizione. □ *avv* **possibly** ⇨.
□ *s.* **1** (il) possibile. **2** *(sport)* eventuale membro di una squadra.

possibly ['pɔsibli] *avv* **1** per quanto possibile: *Can you possibly lend me ten pounds?,* Chissà se puoi prestarmi dieci sterline? — ... *as soon as I possibly can,* ... non appena mi sarà possibile. **2** forse; può darsi: *'Will they get here before dark?'* - *'Possibly',* 'Arriveranno prima di notte?' - 'Forse'.

possum ['pɔsəm] *s.* (*fam. abbr. di* **opossum***) to play possum,* darsi malato *(per evitare delle difficoltà);* togliersi dalla circolazione; fare il morto.

[1]**post** [poust] *s.* **1** posto; postazione: *The sentinels are all at their posts,* Le sentinelle sono tutte ai loro posti. **2** *(anche* trading post*)* stazione commerciale. **3** posto (di lavoro); impiego; carica: *to get a better post,* ottenere un impiego migliore — *the post of general manager,* la carica di direttore generale.

[1]to **post** [poust] *vt* **1** appostare: *to post sentries at the gates of the camp,* piazzare le sentinelle all'ingresso del campo. **2** nominare; *(mil.)* inviare: *I hope you will be posted to my battalion,* Spero che tu sia inviato al mio battaglione.

[2]**post** [poust] *s.* **1** *(stor.)* corriere postale: *post-horse,* cavallo da posta — *post-chaise,* diligenza postale. **2** *(GB)* posta; corrispondenza; ufficio postale; servizio postale *(levata, distribuzione, ecc.)*: *to take letters to the post,* portare lettere alla posta — *to miss the post,* perdere la levata della posta — *to catch the last post,* imbucare in tempo per l'ultima levata — *penny-post, (stor., GB)* primo servizio postale nazionale a prezzo unico *(di un 'penny')* — *post code,* codice di avviamento postale — *post free,* franco di posta; porto pagato — *post office,* ufficio postale — *the (General) Post Office (abbr.* G.P.O.*),* il Ministero delle Poste — *post paid,* porto pagato, affrancato — ⇨ *anche* **postbag, postcard, postman,** *ecc.*

[2]to **post** [poust] *vt e i.* **1** *(GB)* impostare; imbucare; spedire per posta. **2** *(un tempo)* viaggiare con diligenze postali. **3** viaggiare in fretta. **4** registrare: *to post (up) export sales,* registrare le vendite con l'estero *(sul libro mastro).* □ *to keep sb posted (up),* tenere qcno ben informato — *post haste, (avv.)* in gran fretta.

[3]**post** [poust] *s. (mil.)* suono di tromba della ritirata: *the first (last) post, (GB)* il primo (l'ultimo) squillo della ritirata.

[4]**post** [poust] *s.* pilastro; palo; sostegno; puntello: *gate-posts,* i pilastri del cancello — *starting (winning-) posts,* i pali di partenza (d'arrivo) — *bed-posts,* sostegni *(di un letto a baldacchino)* — *door-post,* stipite (di posta) — *to be beaten (fam.:* pipped*) at the post,* essere sorpassato sul traguardo — *lamp-post,* - **a)** (colonna di) lampione - **b)** *(persona)* spilungone. □ *to be deaf as a (door-)post,* essere sordo come una campana — *Between you and me and the gate-post...,* Detto in confidenza...

[3]to **post** [poust] *vt (spesso seguito da* up*)* **1** affiggere *(manifesti, ecc.)*: *Post no bills!,* Divieto di affissione! — *The announcement was posted up on the wall of the town hall,* L'annuncio fu affisso alle pareti del municipio. **2** coprire *(una parete di manifesti, ecc.).* **3** pubblicare; dichiarare affiggendo un manifesto o all'albo: *a person posted as missing,* una persona dichiarata dispersa.

post- [poust] *prefisso* dopo; posteriore; 'post': *post-nuptial,* posteriore alle nozze — ⇨ *anche* **to post-date, post-doctoral, post-graduate,** *ecc.*

postage ['poustidʒ] *s.* affrancatura *(di lettera, ecc.)*; spese postali: *postage due,* (soprattassa per) affrancatura insufficiente; *(filatelia)* segnatasse — *postage paid,* porto pagato — *postage stamp,* francobollo — *additional postage; extra postage,* soprattassa postale.

postal ['poustl] *agg* postale; relativo al servizio postale: *postal rates,* tariffe postali — *postal order,* vaglia postale.

postbag ['poustbæg] *s.* sacco postale.

postcard ['poustkɑ:d] *s.* cartolina.

to **post-date** ['poust'deit] *vt* postdatare *(un assegno, una lettera, ecc.).*

post-doctoral [,poust'dɔktərəl] *agg (all'università)* successivo al dottorato di ricerca.

poster ['poustə*] *s.* **1** manifesto; insegna; cartellone; 'poster'. **2** *(bill-) poster,* attacchino.

poste restante ['poust'restɑ̃:nt] *s. (fr.)* fermo posta *(anche l'ufficio o lo sportello).*

posterior [pɔs'tiəriə*] *agg* posteriore. □ *s. (scherz.)* deretano; sedere.

posterity [pɔs'teriti] *s.* **1** discendenti. **2** posteri; generazioni future.

postern ['poustə(:)n] *s. (stor.)* entrata secondaria; posticola.

post-graduate ['poust'grædjuit] *agg (all'università)* successivo alla laurea: *post-graduate school,* scuola di specializzazione.
□ *s.* chi è impegnato in studi successivi alla laurea.

posthumous ['pɔstjuməs] *agg* postumo. □ *avv* **posthumously.**

postil(l)ion [pəs'tiljən] *s.* postiglione.

postman ['poustmæn] *s.* (*pl.* **postmen**) postino; portalettere.

postmark ['poustmɑ:k] *s.* timbro postale.

to **postmark** ['poustmɑ:k] *vt* bollare *(una lettera)*; timbrare.

postmaster, postmistress ['poust,mɑ:stə*/'poust,mistris] *s.* direttore (direttrice) di ufficio postale: *Postmaster General, (GB)* ministro delle Poste.

post-meridiem ['pous*t*mə'ridiəm] *avv (lat.) (abbr. in* p.m.*)* pomeridiano.

post-mortem ['pous*t*'mɔ:təm] *s.* autopsia. □ *avv* dopo il decesso.

to **postpone** [pous*t*'poun] *vt* posporre; rinviare; rimandare; differire; posticipare; *(talvolta)* procrastinare.

postponement [pous*t*'pounmənt] *s.* rinvio.

postposition ['poustpə'ziʃən] *s. (gramm.)* particella o suffisso posti in fine di parola o comunque dopo una parola *(p.es.* '-wise' *in* likewise; 'after' *in* to look after; 'up' *in* to get up, *ecc.).*

post-prandial [pous*t*'prændiəl] *agg (generalm. scherz.)* dopo il pranzo; che segue il pranzo; al levar delle mense: *post-prandial oratory,* oratoria di fine pranzo; oratoria conviviale.

postscript ['pousskript] *s.* **1** *(abbr. in* P.S.*)* poscritto; 'post scriptum'. **2** *(alla radio)* commento ai fatti del giorno; commento alle notizie.

postulant ['pɔstjulənt] *s.* postulante.

postulate ['pɔstjulit] *s.* postulato.

to **postulate** ['pɔstjuleit] *vt* postulare; porre come postulato.

posture ['pɔstʃə*] *s.* **1** posizione; posa; atteggiamento *(del corpo e della mente).* **2** situazione; condizione.

to **posture** ['pɔstʃə*] *vt* mettere in posa *(una modella).*

□ *vi (di solito spreg.)* mettersi in posa; posare; darsi delle arie.

post-war ['poust'wɔ:*] *agg* postbellico; del dopoguerra *(generalm. riferito alla Seconda Guerra Mondiale).*

posy ['pouzi] *s.* mazzolino di fiori.

pot [pɔt] *s.* **1** pentola; vaso; barattolo; boccale *(e, per estensione, il contenuto): a coffee pot,* una caffettiera — *a tea-pot,* una teiera — *'A pot of tea for two, please',* 'Un tè per due, per favore' — *pots and pans,* batteria da cucina — *pot-herbs,* erbe da cucina — *pot roast,* brasato — *to take pot luck,* mangiare quello che c'è; *(fig.)* accontentarsi di ciò che c'è — *chamber-pot, (ormai spesso* pot*)* vaso da notte — *melting pot,* crogiolo — *pot-house,* taverna; osteria; birreria — ⇨ *anche* **potman. 2** *(fam.)* coppa; premio: *pot-hunter,* - **a)** cacciatore che pensa solo a riempire il carniere *(senza scegliere la preda)* - **b)** *(GB)* sportivo che gareggia solo per collezionare coppe. **3** *(fam.: anche* big pot*)* pezzo grosso; persona importante. **4** *(fam.)* forte somma di denaro; posta *(nel gioco delle carte, spec. poker): to make a pot (pots) of money,* fare un sacco di quattrini. **5** *(sl.)* marijuana; 'erba': *pot-head, (sl.)* fumatore abituale di marijuana. **6** *(fam.)* pancia: *pot-belly,* pancione; ciccione — *pot-bellied,* panciuto.
□ *pot-hat, (sl.)* bombetta — *pot-hole, (geologia)* marmitta; *(nella strada)* buca — *pot-holer,* speleologo — *pot-hook,* - **a)** uncino della catena del focolare - **b)** asta storta *(di bambino che impara a scrivere)* — *a pot shot,* un tiro facile; un 'centro' casuale — *pot-boiler,* opera artistica *(romanzo, quadro, ecc.)* fatta solo a scopo di guadagno — *to go to pot,* andare in malora — *to keep the pot boiling,* guadagnare quel tanto che basta per vivere; tirare avanti — *to try to put a quart into a pint pot,* pretendere di fare l'impossibile.

to **pot** [pɔt] *vt e i.* **(-tt-) 1** conservare in un vaso. **2** piantare in un vaso *(una pianta).* **3** sparare *(ad uccelli, ecc.)* da posizione facile. **4** *(biliardo)* far biglia. **5** *(fam.)* mettere un bambino sul vaso da notte.

potable ['poutəbl] *agg* potabile; bevibile.

potash ['pɔtæʃ] *s.* potassa.

potassium [pə'tæsjəm] *s.* potassio.

potation [pou'teiʃən] *s. (generalm. al pl.)* bevuta *(di solito di bevande alcooliche);* libagione.

potato [pə'teitou] *s.* *(pl.* **potatoes***)* **1** patata: *potato beetle,* dorifora — *sweet (Spanish) potato,* patata dolce; patata americana. **2** *(GB, fam.)* grosso buco in una calza. □ *a hot potato, (sl.)* un argomento o soggetto imbarazzante, delicato; una 'patata bollente'.

potboy ['pɔtboi] *s.* = **potman.**

poteen [pɔ'ti:n] *s. (in Irlanda)* whisky distillato clandestinamente.

potency ['poutənsi] *s.* efficacia; potenza.

potent ['poutənt] *agg* efficace; potente. □ *avv* **potently.**

potentate ['poutənteit] *s.* potentato; monarca; sovrano; regnante; governante.

potential [pou'tenʃəl] *agg e s.* potenziale.

potentiality [pou,tenʃi'æliti] *s.* potenzialità.

pother ['pɔðə*] *s.* **1** polverone; fumo soffocante. **2** chiasso; baccano.

potion ['pouʃən] *s.* pozione; bevanda medicinale o velenosa; filtro.

potman ['pɔtmən] *s.* *(pl.* **potmen***)* cameriere di bettola; garzone d'osteria.

potpourri [pou'puəri] *s. (fr.)* **1** miscuglio di petali di rose e aromi contenuto in un vasetto come profumo. **2** 'potpourri'; scelta; selezione musicale o letteraria.

potsherd ['pɔtʃə:d] *s.* frammento; coccio *(spec. archeologico).*

pottage ['pɔtidʒ] *s. (ant.)* minestra densa.

potted ['pɔtid] *agg* *(p. pass. di* **to pot***)* **1** conservato in vaso. **2** *(di libro, resoconto)* breve; sommario; (troppo) conciso.

potter ['pɔtə*] *s.* vasaio: *potter's wheel,* tornio da vasaio; ruota da vasaio.

to **potter** ['pɔtə*] *vi e t. (spesso seguito da* about*)* baloccarsi; gingillarsi; lavorare in modo piuttosto irregolare.

potterer ['pɔtərə*] *s.* chi si balocca, si gingilla.

pottery ['pɔtəri] *s.* **1** ceramiche; l'arte ceramica. **2** fabbrica di stoviglie (di terraglie): *the Potteries, (GB)* zona dello Staffordshire famosa per le sue ceramiche.

[1]**potty** ['pɔti] *agg (GB, fam.)* **1** futile; insignificante. **2** matto; pazzo: *to be potty about sth,* andare matto per qcsa.

[2]**potty** ['pɔti] *s. (linguaggio infantile)* vasino.

pouch [pautʃ] *s.* **1** borsa. **2** cartucciera; giberna. **3** marsupio.

to **pouch** [pautʃ] *vt* **1** intascare. **2** gonfiare a forma di borsa; drappeggiare a forma di borsa.

pouf, pouffe [puf/pu:f] *s.* **1** 'pouf'; sgabello completamente imbottito; grosso cuscino. **2** *(sl.)* omosessuale; 'finocchio'.

poult [poult] *s.* pollastro; giovane tacchino, fagiano, ecc.

poulterer ['poultərə*] *s.* pollivendolo; venditore di polli.

poultice ['poultis] *s.* cataplasma; impiastro.

to **poultice** ['poultis] *vt* coprire con un cataplasma; applicare un cataplasma a.

poultry ['poultri] *s. (collettivo)* pollame: *Poultry is expensive this Christmas,* Il pollame è caro questo Natale.

pounce [pauns] *s.* balzo *(sulla preda).*

to **pounce** [pauns] *vi* piombare, balzare *(sulla preda, ecc.): He pounced on the mistake at once, (fig.)* Colse al volo l'errore.

[1]**pound** [paund] *s.* **1** libbra *(circa 454 grammi, divisa in 16 once).* **2** (lira) sterlina: *a pound note,* un biglietto da una sterlina — *ten pound notes,* dieci biglietti da una sterlina — *a ten-pound note,* un biglietto da dieci sterline.

[2]**pound** [paund] *s.* **1** *(un tempo)* recinto per gli animali dispersi. **2** recinto o luogo dove si tengono i cani o i gatti randagi. **3** deposito auto.

to **pound** [paund] *vt e i.* **1** battere; colpire; pestare: *Someone was pounding at the door with a heavy stick,* Qualcuno stava dando colpi alla porta con un pesante bastone — *Who is pounding (on) the piano?,* Chi sta pestando il pianoforte? — *Her heart was pounding,* Le batteva forte il cuore — *to pound away at sth,* bombardare qcsa continuamente. **2** polverizzare; ridurre in mille pezzi; frantumare: *to pound crystals in a mortar,* polverizzare cristalli in un mortaio — *to pound sth to pieces,* fare a pezzi qcsa. **3** correre, camminare a grandi passi, pesantemente: *He pounded along the road,* Camminava (Correva) lungo la strada pesantemente.

poundage ['paundidʒ] *s. (GB)* **1** commissione; percentuale calcolata un tanto alla sterlina (o alla libbra). **2** tassa per l'emissione di un vaglia postale.

-pounder ['paundə*] *s.* cosa o persona che pesa un

certo numero di libbre. □ *(mil.) an eighteen-pounder,* un pezzo da diciotto *(per proiettili da 18 libbre).*

to **pour** [pɔ:*] *vt* versare; riversare: *Pour yourself another cup of tea,* Versati un'altra tazza di tè — *Please pour a cup for me, too,* Per favore versane una tazza anche per me — *to pour oil on troubled waters,* gettar acqua sul fuoco; calmare le acque — *to pour cold water on sb (sth),* scoraggiare *(una persona);* gettar acqua fredda su *(un progetto)* — *to pour off excess water,* gettar via l'acqua in eccesso — *The Underground pours thousands of workers into the streets each morning,* La metropolitana riversa ogni mattina migliaia di lavoratori nelle strade — *He poured out his tale of misfortunes,* Diede libero sfogo alle sue disavventure.
□ *vi* **1** riversarsi; affluire; fluire copiosamente: *Tourists pour into London during the summer months,* I turisti affluiscono a Londra durante i mesi estivi — *The crowds were pouring out of the football ground,* La folla si riversava fuori dallo stadio — *The sweat was pouring off him,* Grondava sudore — *Letters of complaint poured in,* Arrivarono numerose lettere di protesta.
2 piovere a dirotto: *The rain poured down,* Piovve a dirotto — *It was a pouring wet day,* Era una giornata piovosa — *It never rains but it pours, (prov.)* Le disgrazie non vengono mai sole.

pouring ['pɔ:riŋ] *agg (p. pres. di* **to pour** ⇨) *(di pioggia)* torrenziale: *a pouring wet day,* una giornata di pioggia insistente.

pout [paut] *s.* broncio; muso.

to **pout** [paut] *vt e i.* mettere il muso; sporgere le labbra per esprimere malumore; fare il broncio.

poverty ['pɔvəti] *s.* povertà *(anche fig.);* miseria; indigenza: *poverty-stricken,* miserabile; misero; estremamente povero.

powder ['paudə*] *s.* **1** polvere; polverina (medicinale); cipria: *baking powder,* lievito artificiale — *soap powder,* sapone in polvere — *powder puff,* piumino della cipria — *powder room,* guardaroba o gabinetto per signore. **2** (= gun-powder) polvere da sparo: *powder magazine, (stor.)* polveriera — *powder monkey, (stor. naut.)* mozzo addetto alle munizioni — *powder flask (horn),* fiaschetta della polvere — *It is not worth powder and shot,* Non ne vale la pena; Non vale la candela — *to keep one's powder dry, (fig.)* essere pronto ad ogni evenienza.

to **powder** ['paudə*] *vt e i.* **1** incipriare, incipriarsi: *to powder one's nose, (eufemismo, riferito a una donna)* andare alla toeletta. **2** cospargere di polvere. **3** polverizzare.

powdered ['paudəd] *agg* **1** polverizzato: *powdered sugar,* zucchero in polvere, 'a velo'. **2** disidratato: *powdered milk,* latte in polvere — *powdered eggs,* uova in polvere.

powdery ['paudəri] *agg* **1** simile a polvere; polveroso; friabile: *powdery snow,* neve farinosa. **2** incipriato; coperto di polvere.

power ['pauə*] *s.* **1** potere; facoltà; capacità; possibilità; autorità; potenza; forza: *It is (It lies) within his power to help you,* È in suo potere aiutarvi — *to have sb in one's power,* avere qcno in proprio potere — *to have power over sb,* avere potere (ascendente) su qcno — *to fall into sb's power,* cadere nelle mani di qcno — *to be in power,* essere al potere — *I'll do everything in my power,* Farò tutto il possibile — *the power of hearing,* la facoltà dell'udito — *the power of the law,* l'autorità (la forza) della legge — *the powers of the president,* i poteri del presidente — *the powers that be,* le autorità costituite — *the Powers above,* le potenze soprannaturali — *the Great Powers,* le Grandi Potenze — *the balance of power,* l'equilibrio del potere — *power politics,* la politica del pugno di ferro (della forza). **2** forza (fisica); energia *(anche elettr.);* forza motrice; *(di lente)* potere d'ingrandimento: *power-house; power station,* centrale elettrica — *power-point,* presa di corrente — *power-plant,* gruppo motore; *(talvolta)* centrale elettrica — *power boat,* motobarca — *power-dive, (di aereo)* picchiata *(con il motore a pieni giri)* — *power assisted, (agg.)* dotato di motore ausiliario. **3** *(matematica)* potenza: *27 is the third power of 3,* 27 è la terza potenza di 3.
□ *a power of good, (fam.)* un sacco di bene — *power of attorney, (dir.)* procura — *More power to your elbow!,* Forza!; Dacci dentro!

powered ['pauəd] *agg* a motore; motorizzato; azionato da motore: *a high-powered car,* un'automobile con un motore di grande potenza — *a high-powered salesman, (fig.)* un venditore con grande capacità di persuasione.

powerful ['pauəful] *agg* potente; energico; forte; possente; vigoroso. □ *avv* **powerfully.**

powerless ['pauəlis] *agg* impotente; incapace; fiacco; inefficace. □ *avv* **powerlessly.**

pow-wow ['pauwau] *s.* **1** stregone pellerossa. **2** *(più comunemente)* assemblea di pellerossa; consiglio tribale. **3** *(scherz.)* riunione *(di pochi esperti).*

to **pow-wow** ['pauwau] *vi* riunirsi in assemblea per discutere un problema.

pox [pɔks] *s.* **1** *(fam.: generalm. con l'art. determinativo)* sifilide; *(per estensione)* malattia venerea: *A pox on him!, (ant.)* Mal lo incolga! **2** *(ant.:* = smallpox*)* vaiolo.

practicability [,præktikə'biliti] *s.* praticabilità.

practicable ['præktikəbl] *agg* **1** praticabile; effettuabile; fattibile; attuabile: *practicable methods,* metodi praticabili — *a practicable plan,* un progetto attuabile. **2** transitabile: *Many mountain passes are practicable only in summer,* Molti valichi montani sono transitabili soltanto d'estate. □ *avv* **practicably.**

practical ['præktikəl] *agg* **1** pratico: *First we must overcome the practical difficulties,* Prima dobbiamo superare le difficoltà pratiche — *a suggestion with little practical value,* un suggerimento di poco valore pratico — *Your invention is ingenious but not very practical,* La Sua invenzione è ingegnosa, ma non molto pratica. **2** *(di persona)* pratico; esperto: *a practical young wife,* una mogliettina pratica, che sa fare. **3** effettivo; reale: *He has practical control of the entire network,* Ha il controllo effettivo sull'intera rete — *a practical joke,* una burla; un tiro birbone — *for all practical purposes,* a tutti gli effetti; in pratica. □ *avv* **practically 1** in modo pratico; praticamente. **2** in pratica; quasi; per così dire: *He says he is practically ruined,* Dice che è quasi rovinato.

practicality [prækti'kæliti] *s.* **1** fattibilità; praticabilità. **2** l'essere pratico; natura pratica. **3** *(generalm. al pl.)* considerazione pratica.

practice ['præktis] *s.* **1** pratica: *to put a plan into practice,* mettere in pratica un progetto — *in practice,* nella pratica — *sharp practice (talvolta: sharp practices),* pratica illegale, disonesta. **2** abitudine; consuetudine; uso; usanza: *the practice of closing shops on Sundays,* la consuetudine di chiudere i negozi la domenica — *... as is my usual practice, ...* secondo la mia consueta abitudine — *Christian practices,* pratiche cristiane — *to make a practice of sth,* fare qcsa regolarmente; prendere l'abitudine di fare qcsa. **3** esercizio; pratica; allenamento: *Piano-playing needs a lot of practice,* Suonare il pianoforte richiede molto esercizio — *It takes years of practice to acquire skill like his,* Ci vogliono anni di esercizio per acquisire la sua abilità — *to be in (out of) practice,* essere in (fuori) esercizio, in (fuori) allenamento — *Practice makes perfect,* Per imparare bisogna provare; La pratica vale più della grammatica. **4** esercizio della professione *(di medico, avvocato);* pratica: *to retire from practice,* ritirarsi dall'attività, dall'esercizio della professione. **5** clientela *(di medico): a doctor with a large practice,* un medico con vasta clientela.

to **practice** ['præktis] *vt e i. (USA)* = **to practise.**

practician [præk'tiʃən] *s.* perito; esperto.

to **practise** ['præktis] *vt e i.* (*USA* **to practice**) **1** esercitarsi: *to practise the piano,* esercitarsi al pianoforte — *to practise two hours a day,* esercitarsi due ore al giorno. **2** mettere in pratica: *Does he practise what he preaches?,* Mette in pratica ciò che predica? **3** esercitare: *to practise medicine (law),* esercitare medicina (legge); fare il medico (l'avvocato). **4** avere l'abitudine: *to practise early rising,* aver l'abitudine di alzarsi presto. **5** *to practise upon sb, (ant.)* approfittarsi di (ingannare) qcno.

practised ['præktist] *agg* (*USA* **practiced**) abile; esperto; pratico.

practitioner [præk'tiʃənə*] *s.* professionista *(spec. medico o legale): a general practitioner, (abbr.* GP*)* un medico generico.

praesidium [pri'sidiəm] *s.* = **presidium.**

praetor ['pri:tə*] *s. (stor.)* pretore *(romano).*

praetorian [pri(:)'tɔ:riən] *s. e agg* pretoriano.

pragmatic(al) [præg'mætik(l)] *agg* pragmatico; pragmatistico. □ *avv* **pragmatically.**

pragmatism ['prægmətizəm] *s.* pragmatismo.

pragmatist ['prægmətist] *s.* pragmatista.

prairie ['prɛəri] *s.* prateria *(spec. in Nordamerica): prairie wolf,* coyote — *prairie dog (chicken),* cane (tetraone) delle praterie. □ *prairie oyster,* uovo all'ostrica.

praise [preiz] *s.* lode; encomio; elogio: *to sing sb's praises,* celebrare le lodi di qcno — *Praise be to God!,* Dio sia lodato! — *Praise be!,* Grazie al cielo! — *to win high praise,* ricevere grandi elogi.

to **praise** [preiz] *vt* **1** lodare. **2** glorificare.

praiseworthiness ['preiz,wə:ðinis] *s.* lodevolezza.

praiseworthy ['preiz,wə:ði] *agg* lodevole; encomiabile. □ *avv* **praiseworthily.**

praline ['prɑ:li:n] *s.* pralina.

pram [præm] *s.* (*abbr. di* **perambulator**) carrozzina.

prance [prɑ:ns] *s.* impennata.

to **prance** [prɑ:ns] *vi (di cavallo o anche di persona)* impennarsi; prendere un'impennata; inalberarsi; *(di bambino)* saltellare.

prandial ['prændiəl] *agg (spec. scherz.)* di pranzo; del pranzo.

to **prang** [præŋ] *vt (GB, sl. della R.A.F.)* bombardare efficacemente; colpire *(un bersaglio)* in pieno.

prank [præŋk] *s.* tiro; scherzo; beffa; burla; monelleria: *to play pranks on sb,* fare scherzi a qcno.

to **prank** [præŋk] *vt (ant.)* adornare; abbellire.

to **prate** [preit] *vi* blaterare; cianciare; parlare senza misura e a sproposito.

to **prattle** ['prætl] *vi* **1** *(di bambino)* cinguettare; balbettare; parlare in modo infantile. **2** *(di persona adulta)* chiacchierare; cianciare.

prattler ['prætlə*] *s.* **1** bimbo che cinguetta. **2** chiacchierone.

prawn [prɔ:n] *s.* gambero; palemone: *king prawn,* gamberone — *Dublin Bay prawns,* scampi.

to **prawn** [prɔ:n] *vi* andare a pesca di gamberi.

to **pray** [prei] *vt* **1** pregare; implorare: *to pray to God for help,* implorare l'aiuto divino — *He's past praying for,* È spacciato; Non c'è più nulla da fare per lui. **2** *(lett.)* pregare (qcno). **3** **Pray...** *(equivalente lett. e formale di* Please*)* per favore; ti prego: *Pray, don't speak so loud,* Per favore, non parlate così forte — *Pray, come in,* Prego, accomodatevi. □ *praying mantis,* mantide religiosa.

prayer [prɛə*] *s.* preghiera: *to kneel (down) in prayer,* inginocchiarsi in preghiera — *the Lord's Prayer,* il Paternostro — *to say one's prayers,* dire le preghiere — *a prayer for rain,* una preghiera per ottenere la pioggia — *the Prayer Book; the Book of Common Prayer,* il 'Libro delle Preghiere' contenente il rituale della liturgia anglicana — *prayer meeting,* riunione religiosa dove si prega insieme — *prayer-rug (-mat),* tappeto mussulmano per le preghiere — *prayer wheel,* cilindro girevole con preghiere incise o scritte *(usato dai buddisti).*

pre- [pri:] *prefisso verbale* pre-: *to pre-treat,* trattare *(p.es. una superficie)* in anticipo; preparare *(precedentemente)* — *pre-cooked,* già cotto — ⇨ *anche* **to prearrange, to preconceive, to predecease,** *ecc.*

to **preach** [pri:tʃ] *vt e i.* **1** predicare. **2** *(fig.)* fare la predica: *to preach like a Dutch uncle,* fare la ramanzina. **3** esaltare; lodare: *to preach down,* denigrare; predicare contro.

preacher ['pri:tʃə*] *s.* **1** predicatore. **2** pastore.

to **preachify** ['pri:tʃifai] *vi* fare la predica *(in modo noioso);* moraleggiare; sermonare.

preamble [pri:'æmbl] *s.* preambolo; preliminare; introduzione; premessa.

to **prearrange** ['pri:ə'reindʒ] *vt* predisporre.

prearrangement ['pri:ə'reindʒmənt] *s.* sistemazione già predisposta.

prebend ['prebənd] *s.* prebenda; entrata ecclesiastica.

prebendary ['prebəndəri] *s.* prebendario; beneficiario; titolare di una prebenda.

precarious [pri'kɛəriəs] *agg* precario; incerto; rischioso. □ *avv* **precariously.**

precaution [pri'kɔ:ʃən] *s.* precauzione.

precautionary [pri'kɔ:ʃənəri] *agg* preventivo; cautelativo; precauzionale.

to **precede** [pri(:)'si:d] *vt e i.* precedere; venire prima.

precedence ['presidəns] *s.* precedenza; priorità: *These are questions which take precedence of (over) all others,* Questi sono problemi che hanno la precedenza su tutti gli altri.

precedent ['presidənt] *s.* precedente: *without precedent,* senza precedenti.

precedented ['presidəntid] *agg* motivato; sostenuto; fondato su un precedente.

preceding [pri(:)'si:diŋ] *agg* precedente.

precentor [pri(:)'sentə*] *s.* precentore *(in alcune chiese, il maestro del coro; in alcune cattedrali inglesi, un sacerdote membro del capitolo).*

precept ['pri:sept] *s.* **1** precetto; massima; norma; insegnamento. **2** *(dir.)* ingiunzione; intimazione.

preceptor [pri'septə*] *s.* precettore; istitutore.

precession [pri'seʃən] *s.* precessione.

precinct ['pri:siŋkt] *s.* **1** *(spesso al pl.)* recinto *(spec. di una cattedrale);* dintorni; circondario. **2** *(USA)* distretto; divisione *(di polizia, ecc.).* **3** area il cui uso è in un modo o in un altro ristretto; zona *(urbana): a* *shopping precinct,* una zona riservata ai negozi *(spec. se è anche isola pedonale)* — *a pedestrian precinct,* un'isola pedonale.

preciosity [ˌpreʃiˈɔsiti] *s.* preziosità; ricercatezza eccessiva; affettazione.

precious [ˈpreʃəs] *agg* **1** prezioso. **2** *(iron.)* perfetto; completo; maledetto: *It cost a precious sight more than I could afford,* Costava decisamente di più di quanto non potessi permettermi — *I see she's got her precious little Pekingese with her,* Vedo che si porta dietro quel suo adorato cagnolino pechinese. **3** *(di stile, linguaggio)* prezioso; affettato; ricercato.
□ *avv* **preciously.**
□ *avv (fam.)* molto; estremamente: *I have precious little money left,* Mi è rimasto ben poco denaro.

preciousness [ˈpreʃəsnis] *s.* **1** preziosità; pregio. **2** preziosismo; affettazione; ricercatezza.

precipice [ˈpresipis] *s.* precipizio.

precipitate [priˈsipitit] *s.* precipitato.
□ *agg* **1** precipitoso; affrettato; frettoloso. **2** avventato. □ *avv* **precipitately.**

to **precipitate** [priˈsipiteit] *vt* precipitare; far precipitare; provocare; affrettare.

precipitation [pri,sipiˈteiʃən] *s.* **1** precipitazione *(spec. atmosferica).* **2** precipitazione; fretta; avventatezza: *to act with precipitation,* agire con precipitazione, avventatezza. **3** *(chim.)* precipitato.

precipitous [priˈsipitəs] *agg* scosceso; a precipizio; ripido; erto.

précis [ˈpreisi:] *s. (fr.: pl. invariato)* sintesi; riassunto; sunto; sommario.

to **précis** [ˈpreisi:] *vt (fr.)* riassumere; fare un riassunto *(di qcsa).*

precise [priˈsais] *agg* **1** preciso; esatto. **2** meticoloso.
□ *avv* **precisely 1** precisamente; esattamente. **2** *(come affermazione, nelle risposte)* appunto; precisamente.

preciseness [priˈsaisnis] *s.* (dote della) precisione.

precision [priˈsiʒən] *s.* precisione; esattezza: *precision instruments, (attrib.)* strumenti di precisione.

to **preclude** [priˈklu:d] *vt* precludere; impedire; rendere impossibile; escludere: *to preclude sb from doing sth,* impedire a qcno di fare qcsa.

preclusion [priˈklu:ʒən] *s. (spec. dir.)* preclusione; esclusione.

precocious [priˈkouʃəs] *agg* **1** precoce. **2** saccente; troppo sveglio *(generalm. spreg., di ragazzino, ecc.).*
□ *avv* **precociously.**

precociousness [priˈkouʃəsnis] *s.* precocità.

precocity [priˈkɔsiti] *s.* = **precociousness.**

precognition [ˈpri:kɔgˈniʃən] *s.* precognizione.

to **preconceive** [ˈpri:kənˈsi:v] *vt* fare, farsi dei preconcetti *(su qcsa);* anticipare col pensiero.

preconceived [ˈpri:kənˈsi:vd] *agg* preconcetto: *preconceived ideas,* preconcetti; pregiudizi.

preconception [ˈpri:kənˈsepʃən] *s.* pregiudizio; idea preconcetta.

preconcerted [ˈpri:kənˈsə:tid] *agg* prestabilito; predisposto.

precursor [pri(:)ˈkə:sə*] *s.* precursore.

predator [ˈpredətə*] *s.* predatore; animale predatore; predone.

predatory [ˈpredətəri] *agg* rapace; da preda; predatorio.

to **predecease** [ˈpri:diˈsi:s] *vt* morire prima (di qcno); premorire (a qcno).

predecessor [ˈpri:disesə*] *s.* predecessore.

to **predestinate** [pri(:)ˈdestineit] *vt* predestinare.

predestination [pri(:),destiˈneiʃən] *s.* predestinazione.

to **predestine** [pri(:)ˈdestin] *vt* predestinare.

predetermination [ˈpri:di,tə:miˈneiʃən] *s.* predeterminazione.

to **predetermine** [ˈpri:diˈtə:min] *vt* predeterminare; determinare in anticipo.

predicament [priˈdikəmənt] *s.* **1** impiccio; imbarazzo; situazione difficile. **2** *(filosofia)* categoria.

predicate [ˈpredikit] *s.* predicato.

to **predicate** [ˈpredikeit] *vt* affermare; asserire; sostenere.

predicative [priˈdikətiv] *agg* **1** predicativo. **2** affermativo; assertivo.

to **predict** [priˈdikt] *vt* predire; profetizzare; presagire.

predictable [priˈdiktəbl] *agg* prevedibile; scontato.
□ *avv* **predictably.**

prediction [priˈdikʃən] *s.* **1** predizione; profezia; pronostico. **2** *(mil.)* determinazione di dati futuri.

predictor [priˈdiktə*] *s.* **1** *(mil.)* calcolatore *(per tiri antiaerei).* **2** profeta; indovino.

predilection [ˌpri:diˈlekʃən] *s.* predilezione.

to **predispose** [ˈpri:disˈpouz] *vt* predisporre; disporre; rendere incline.

predisposition [ˈpri:,dispəˈziʃən] *s.* predisposizione; inclinazione.

predominance [priˈdɔminəns] *s.* predominanza; superiorità; predominio; prevalenza.

predominant [priˈdɔminənt] *agg* predominante; prevalente; preponderante. □ *avv* **predominantly.**

to **predominate** [priˈdɔmineit] *vi* predominare; prevalere.

predomination [pri,dɔmiˈneiʃən] *s.* predominio.

pre-eminence [pri(:)ˈeminəns] *s.* preminenza; superiorità.

pre-eminent [pri(:)ˈeminənt] *agg* superiore; preminente. □ *avv* **pre-eminently.**

to **pre-empt** [pri(:)ˈem*p*t] *vt* **1** acquistare valendosi del diritto di prelazione. **2** assicurarsi; accaparrarsi. **3** *(USA)* occupare suolo pubblico per ottenere il diritto di prelazione.

pre-emption [pri(:)ˈem*p*ʃən] *s.* prelazione; diritto di prelazione.

pre-emptive [pri(:)ˈem*p*tiv] *agg* preventivo; relativo a prelazione.

to **preen** [pri:n] *vt* **1** *(di uccello)* lisciarsi (le penne) con il becco. **2** *(di persone) to preen oneself,* lisciarsi; agghindarsi; *(fig.)* pavoneggiarsi.

to **pre-exist** [ˈpri(:)igˈzist] *vi* pre-esistere.

pre-existence [ˈpri:igˈzistəns] *s.* preesistenza.

pre-existent [ˈpri:igˈzistənt] *agg* preesistente.

prefab [ˈpri:ˈfæb] *s. (abbr. fam. di* pre-fabricated house*)* casa prefabbricata.

to **prefabricate** [ˈpri:ˈfæbrikeit] *vt* prefabbricare.

prefabrication [ˈpri:,fæbriˈkeiʃən] *s.* prefabbricazione.

preface [ˈprefis] *s.* **1** prefazione; introduzione. **2** *(nella liturgia)* prefazio.

to **preface** [ˈprefis] *vt* **1** *(non molto comune)* fare la prefazione a *(un libro);* fare l'introduzione a *(un discorso).* **2** premettere a; far precedere da: *The headmaster prefaced his remarks with a rap on the table,* Il preside fece precedere le sue osservazioni da un colpetto sul tavolo.

prefatory [ˈprefətəri] *agg* introduttivo.

prefect [ˈpri:fekt] *s.* **1** prefetto *(anche stor.).* **2** *(GB, nelle scuole superiori)* studente anziano con funzioni disciplinari.

prefectural [pri(:)ˈfektʃərəl] *agg* prefettizio; relativo alla prefettura.

prefecture [ˈpri:fektʃə*] *s.* prefettura.

to **prefer** [priˈfə:*] *vt* (**-rr-**) **1** preferire: *Which would you prefer, tea or coffee?,* Cosa preferisci, tè o caffè?

— *I prefer walking to cycling,* Preferisco camminare piuttosto che andare in bicicletta — *I should prefer to wait until evening,* Preferirei aspettare fino a sera — *I should prefer you not to go there alone,* Preferirei che tu non ci andassi da solo. **2** *(dir.)* presentare; avanzare; sporgere *(una querela, ecc.)*: *to prefer a charge against a motorist,* presentare un'accusa (sporgere querela) contro un automobilista. **3** eleggere *(fra tanti)*; preporre; promuovere; elevare *(a una carica o rango)*.
□ *preferred stock, (USA, comm.)* azioni privilegiate; titoli privilegiati.

preferable ['prefərəbl] *agg* preferibile; da preferirsi.
□ *avv* **preferably.**

preference ['prefərəns] *s.* **1** preferenza; predilezione; l'atto del preferire: *to have a preference for French novels,* nutrire una predilezione per (prediligere) i romanzi francesi — *I should choose this in preference to any other,* Io sceglierei questo a preferenza di qualsiasi altro — *Do you expect to be given preference over everyone else?,* Ritieni che diano la preferenza a te su tutti? **2** preferenza; la cosa preferita: *What are your preferences?,* Quali sono le tue preferenze?
□ *Imperial Preference, (stor.)* trattamento doganale di preferenza *(in vigore fra i Paesi dell'Impero britannico)* — *preference shares, (GB, comm.)* azioni privilegiate; titoli privilegiati.

preferential [,prefə'renʃəl] *agg* preferenziale.
□ *avv* **preferentially.**

preferment [pri'fə:mənt] *s.* avanzamento; promozione.

to **prefigure** [pri:'figə*] *vt* **1** prefigurare; far presentire. **2** prefigurarsi; immaginare.

prefix ['pri:fiks] *s.* **1** prefisso. **2** titolo che precede un nome.

to **prefix** [pri:'fiks] *vt* **1** premettere; fare precedere. **2** mettere come prefisso.

pregnancy ['pregnənsi] *s.* **1** gravidanza. **2** ricchezza di implicazioni e di significato; pienezza; profondità.

pregnant ['pregnənt] *agg* **1** gravida; incinta; pregna. **2** pregnante; suggestivo; carico di significato.

prehensile [pri'hensail] *agg* prensile.

prehistoric ['pri:*h*is'tɔrik] *agg* preistorico.

prehistory ['pri:'histəri] *s.* preistoria.

pre-ignition ['pri:ig'niʃən] *s. (mecc.)* preaccensione.

to **prejudge** ['pri:'dʒʌdʒ] *vt* giudicare prematuramente; dare un giudizio avventato.

prejudgement ['pri:'dʒʌdʒmənt] *s.* giudizio immaturo, prematuro, avventato.

prejudice ['predʒudis] *s.* **1** pregiudizio; prevenzione; preconcetto. **2** *(dir.)* danno: *without prejudice,* con riserva *(dei propri diritti)*. □ *to terminate sb with extreme prejudice, (gergo dei servizi segreti)* 'liquidare' qcno.

to **prejudice** ['predʒudis] *vt* **1** prevenire; far nascere pregiudizi: *to prejudice sb against modern theatre,* prevenire qcno contro il teatro moderno — *to prejudice sb in favour of sth or sb,* disporre bene qcno verso qcsa o qcno. **2** pregiudicare; compromettere.

prejudicial [,predʒu'diʃəl] *agg* pregiudiziale; dannoso.
□ *avv* **prejudicially.**

prelacy ['preləsi] *s.* **1** prelatura: *the prelacy,* l'insieme dei prelati. **2** *(spreg.)* governo della Chiesa da parte dei prelati.

prelate ['prelət] *s.* prelato.

preliminary [pri'liminəri] *agg* preliminare; introduttivo.
□ *s. (generalm. al pl.)* azioni, misure preliminari.

prelims [pri'limz] *s. pl* **1** *(abbr. di* preliminary examinations*)* esami preliminari. **2** *(di un libro)* preliminari.

prelude ['prelju:d] *s.* introduzione; preludio.

to **prelude** ['prelju:d] *vt* preludere; fare da preludio.

pre-marital ['pri:mə'raitl] *agg* premaritale; prematrimoniale.

premature ['premətjuə*] *agg* prematuro.
□ *avv* **prematurely.**

to **premeditate** [pri(:)'mediteit] *vt* premeditare.

premeditated [pri(:)'mediteitid] *agg* premeditato: *premeditated murder,* omicidio premeditato.

premeditation [pri(:),medi'teiʃən] *s.* premeditazione.

premier ['premjə] *s.* 'premier'; primo ministro; presidente del Consiglio.
□ *agg* primario; primo; il più importante.

première ['premiεə*] *s. (fr.)* 'première'; prima rappresentazione; prima.

premiership ['premjəʃip] *s.* ufficio, carica, dignità di primo ministro.

premise ['premis] *s.* **1** *(anche* **premiss***)* premessa. **2** *(al pl.)* fabbricati; edifici con terreni annessi; immobili; locali: *To be consumed on the premises,* Da consumarsi in loco; Da non asportare *(p.es. alcoolici)*. **3** *(dir., al pl.)* premesse.

to **premise** [pri'maiz] *vt* premettere; fare una premessa.

premiss ['premis] *s.* ⇨ **premise.**

premium ['pri:mjəm] *s.* **1** premio (d'assicurazione). **2** premio; ricompensa: *to put a premium on sth,* incoraggiare (favorire) qcsa. **3** buonuscita; percentuale. **4** quota di apprendistato. **5** *(comm.)* aggio *(nel cambio di valuta)*. □ *at a premium,* sopra la pari; con profitto; *(fig.)* altamente stimato, apprezzato.

premonition [,pri:mə'niʃən] *s.* presentimento; premonizione; presagio.

premonitory [pri'mɔnitəri] *agg* premonitorio; premonitore.

prentice ['prentis] *s. (abbr. ant. di* apprentice: *ora spec. nella frase) to try one's prentice hand,* fare comunque un tentativo *(anche se maldestro)*.

preoccupation [pri(:),ɔkju'peiʃən] *s.* preoccupazione.

preoccupied [pri:'ɔkjupaid] *agg* preso (da); assillato; sovrappensiero; assorto; distratto.

to **preoccupy** [pri(:)'ɔkjupai] *vt* impensierire; 'dominare'; assillare; assorbire.

to **preordain** ['pri:ɔ:'dein] *vt* preordinare; prestabilire.

prep [prep] *s. (GB, sl. studentesco)* ⇨ **preparation 3.**
□ *agg (abbr. di) preparatory school* ⇨ **preparatory.**

prepaid ['pri:'peid] *agg* (*p. pass. di* **to prepay**) *(comm.)* franco di porto.

preparation [,prepə'reiʃən] *s.* **1** preparazione. **2** *(di solito al pl.)* preparativi. **3** (*GB: generalm. abbr. in* **prep**) lezioni da preparare a casa; compito: *after (before) prep,* dopo (prima) dei compiti. **4** *(med.)* preparato.

preparative [pri'pærətiv] *agg* preparatorio; preparativo.

preparatory [pri'pærətəri] *agg* preparatorio; introduttivo: *preparatory school, (GB)* scuola (elementare) privata che prepara alla 'Public School' *(la scuola secondaria privata)*.
□ *(come avv.) preparatory to,* prima di; in attesa di.

to **prepare** [pri'pεə*] *vt e i.* **1** preparare, prepararsi. **2** *to be prepared to do sth,* essere disposto (pronto) a fare qcsa.

preparedness [pri'pεədnis] *s.* preparazione.

to **prepay** ['pri:'pei] *vt* (*pass. e p. pass.* **prepaid**) pagare anticipatamente.

preponderance [pri'pɔndərəns] *s.* preponderanza; prevalenza.

preponderant [pri'pɔndərənt] *agg* preponderante; prevalente. □ *avv* **preponderantly.**

to **preponderate** [pri'pɔndəreit] *vi* predominare; prevalere; *(della bilancia)* pendere.

preposition [,prepə'ziʃən] *s.* preposizione.

prepositional [,prepə'ziʃənl] *agg* preposizionale; relativo a preposizione.

to **prepossess** [,pri:pə'zes] *vt* **1** influire; predisporre. **2** fare una buona impressione. **3** *(di un pensiero, d'una idea)* occupare la mente; ossessionare.

prepossessing [,pri:pə'zesiŋ] *agg* simpatico; attraente. □ *avv* **prepossessingly.**

prepossession [,pri(:)pə'zeʃən] *s.* predisposizione favorevole.

preposterous [pri'pɔstərəs] *agg* assurdo; irragionevole; ridicolo; sciocco. □ *avv* **preposterously.**

to **pre-record** ['pri:ri'kɔ:d] *vt* registrare in anticipo.

prerequisite ['pri:'rekwizit] *s.* requisito essenziale; presupposto.
□ *agg* indispensabile; essenziale.

prerogative [pri'rɔgətiv] *s.* **1** prerogativa; privilegio. **2** precedenza; priorità.

presage ['presidʒ] *s.* presagio; presentimento.

to **presage** [pri'seidʒ] *vt* presentire; presagire; preannunciare.

presbyter ['prezbitə*] *s.* **1** presbitero. **2** sacerdote *(in alcune chiese protestanti).* **3** anziano della Chiesa Presbiteriana.

Presbyterian [,prezbi'tiəriən] *agg* presbiteriano.
□ *s.* membro della Chiesa Presbiteriana.

Presbyterianism [,prezbi'tiəriənizəm] *s.* presbiterianismo.

presbytery ['prezbitəri] *s.* presbiterio; canonica.

prescience ['pri:ʃjəns] *s.* prescienza; preveggenza.

prescient ['pri:ʃjənt] *agg* presciente; veggente.
□ *avv* **presciently.**

to **prescribe** [pris'kraib] *vt e i.* **1** prescrivere; ordinare *(medicine, terapia, ecc.).* **2** prescrivere; stabilire; fissare: *prescribed books,* testi richiesti *(per un esame).*

prescript ['pri:skript] *s.* prescrizione; comando; ordine.

prescription [pris'kripʃən] *s.* **1** prescrizione. **2** ricetta medica: *prescription book,* ricettario — *to make up a prescription,* preparare una medicina. **3** *(dir.)* usucapione: *negative prescription,* prescrizione.

prescriptive [pris'kriptiv] *agg* prescrittivo.

preselector ['pri:si,lektə*] *s. (mecc., elettr.)* preselettore *(delle marce, di numeri telefonici, programmi, ecc.).*

presence ['prezəns] *s.* **1** presenza: *in the presence of the Queen,* alla presenza della regina — *He was calm in the presence of danger,* Di fronte al pericolo si mantenne calmo — *Your presence is requested at the annual general meeting,* La S.V. è invitata ad intervenire all'assemblea annuale — *presence of mind,* presenza di spirito. **2** aspetto; portamento; aria; apparenza: *a man of noble presence,* un uomo di nobile aspetto.

[1]**present** ['prezənt] *agg* **1** presente: *Were you present at the ceremony?,* Eravate presenti alla cerimonia? — *those present, the present company,* i presenti — *present company excepted,* eccetto i presenti — *present tense,* tempo presente. **2** corrente; attuale; in oggetto; di cui si tratta: *in the present case,* nel caso in questione. **3** attuale; ora in esistenza; ora in carica: *the present government,* il governo in carica; l'attuale governo — *at the present day (o time),* ora; al giorno d'oggi. **4** *(ant.)* pronto; immediato: *a very present help in trouble, (Salmo 46,1)* un pronto aiuto nel bisogno.
□ *to be present to the mind,* essere ben fisso nella mente — *to be present to the imagination,* essere ben vivo nella fantasia. □ *avv* **presently** ⇨.
□ *s.* **1** presente; tempo presente: *the present, the past, and the future,* il presente, il passato e il futuro — *at present,* al presente; attualmente; ora — *We don't need any more at present,* Attualmente non ne abbiamo più bisogno — *for the present,* per il momento; per ora — *until the present; up to the present,* sino ad ora; finora; fino ad oggi. **2** *(gramm.)* (tempo) presente: *historical present,* presente storico — *present perfect,* passato prossimo.

[2]**present** ['prezənt] *s.* dono; regalo; strenna; presente: *birthday presents,* regali per il giorno del compleanno — *to make a present of sth to sb,* regalare qcsa a qcno — *It's for a present, so please wrap it up nicely,* È un regaolo, mi faccia perciò un bel pacchetto.

to **present** [pri'zent] *vt* **1** presentare; consegnare; porgere; offrire: *to present a petition to the Governor,* presentare una petizione (un'istanza, una richiesta) al governatore — *to present a cheque to the bank,* presentare un assegno alla banca *(per l'incasso)* — *to present one's compliments (greetings, ecc.) to sb,* presentare i propri ossequi (saluti, ecc.) a qcno — *to present oneself,* presentarsi; farsi vivo; comparire; apparire — *to present oneself at a friend's house,* presentarsi a casa di un amico — *to present oneself for trial (for examination),* comparire in giudizio (presentarsi per un esame).
2 presentare *(a Corte, ecc.): to be presented at Court,* essere presentato a Corte.
3 regalare; donare: *to present the village with a bus-shelter; to present a bus-shelter to the village,* fare dono al paese di una pensilina per la fermata degli autobus — *The clock was presented to me when I retired,* L'orologio mi fu regalato quando andai in pensione.
4 rivelare; mostrare; presentare: *This case presents some interesting features,* Questo caso presenta alcuni aspetti interessanti — *A good opportunity has presented itself for doing what you suggested,* Si è presentata una bella occasione per fare quanto tu suggerivi.
5 *(teatro)* allestire; mettere in scena; presentare al pubblico: *The Mermaid Company will present 'Hamlet' next week,* La Compagnia Mermaid metterà in scena l''Amleto' la prossima settimana.
6 puntare; prendere la mira: *The intruder presented a pistol at me,* L'intruso puntò una pistola contro di me.
7 *(mil.)* presentare *(le armi in una certa posizione per il saluto militare): Present arms!,* Presentatarm!
8 presentare, raccomandare *(un ecclesiastico al vescovo per un incarico o un beneficio).*

[3]**present** [pri'zent] *s. (mil.)* posizione di 'presentatarm': *soldiers standing at the present,* soldati in posizione di 'presentatarm'.

presentable [pri'zentəbl] *agg* presentabile: *Is this old suit still presentable?,* Questo vecchio vestito è ancora presentabile? □ *avv* **presentably.**

presentation [,prezənt'teiʃən] *s.* **1** presentazione; atto del presentare: *The cheque is payable on presentation,* L'assegno è pagabile contro presentazione. **2** *(teatro)* rappresentazione: *the presentation of a new play,* la rappresentazione di un nuovo dramma. **3** esposizione; presentazione. **4** regalo; dono: *a presentation copy,* una copia (in) omaggio.

presentiment [pri'zentimənt] *s.* presentimento.

presently ['prezntli] *avv* **1** tra poco; tra breve; subito. **2** *(USA e Scozia)* attualmente.

preservable [pri'zə:vəbl] *agg* preservabile; conservabile; salvabile.

preservation [,prezə'veiʃən] *s.* preservazione; conservazione; mantenimento.

preservative [pri'zə:vətiv] *s. e agg* conservativo.

preserve [pri'zə:v] *s.* **1** *(generalm. al pl.)* marmellata; conserva di frutta. **2** riserva; bandita: *to poach on another's preserve, (fig.)* invadere il campo altrui.

to **preserve** [pri'zə:v] *vt* **1** preservare; proteggere; salvare: *God preserve us!,* Dio ci salvi! **2** conservare; mettere in conserva. **3** conservare; mantenere *(anche nella memoria, in vita): a well preserved old man,* un vecchio ben conservato — *Few of his early poems are preserved,* Poche tra le sue prime poesie si sono conservate.

preserver [pri'zə:və*] *s.* persona o cosa che preserva: *life-preserver* ⇨ **life.**

to **preside** [pri'zaid] *vi* presiedere: *The city council is presided over by the mayor,* Il consiglio comunale è presieduto dal sindaco.

presidency ['prezidənsi] *s.* **1** presidenza *(l'ufficio e la sua durata).* **2** *(con la maiuscola)* divisione amministrativa dell'India *(secolo XVIII).*

president ['prezidənt] *s.* **1** presidente *(di governo, società, ecc.).* **2** rettore *(di collegio, ecc.); (USA)* rettore d'università.

presidential [,prezi'denʃəl] *agg* presidenziale: *the presidential year, (USA)* l'anno dell'elezione del presidente.

presidium [pri'sidiəm] *s.* 'presidium'.

press [pres] *s.* **1** pressione; stretta; *(talvolta)* ripassatina *(col ferro): to give sth a light press,* comprimere leggermente qcsa — *a press of the hand,* una stretta di mano.
2 *(mecc.)* pressa; torchio: *a wine-press,* un torchio per il vino — *a cider-press,* un torchio per il sidro — *a trouser-press,* uno stiracalzoni — *to keep one's tennis racket in a press,* tenere la racchetta da tennis nella pressa — *a hydraulic press,* una pressa idraulica — *a printing press,* un torchio da stampa.
3 stamperia; officina o stabilimento grafico: *in (the) press,* in stampa — *to send a manuscript to the press,* dare alle stampe un manoscritto — *to correct the press, (raro)* correggere le bozze di stampa — *press-proof,* bozza finale *(pronta per la stampa).*
4 *(anche* the Press*)* la stampa; i giornali: *The book was favourably noticed by the Press,* Il libro fu favorevolmente recensito dalla stampa — *a press campaign,* una campagna di stampa — *freedom of the press,* libertà di stampa — *press agency,* agenzia di stampa — *press agent,* agente pubblicitario — *press-box,* tribuna della stampa *(negli avvenimenti sportivi, ecc.)* — *press conference,* conferenza stampa — *press-cutting; press-clipping,* ritaglio di giornale (di rivista, ecc.) — *press-gallery, (al Parlamento, in tribunale, ecc.)* galleria della stampa — *press lord, (GB)* magnate della stampa; grande proprietario di giornali — *press-photographer,* fotoreporter.
5 ressa; calca; folla: *to be lost in the press,* essersi smarrito nella calca — *to fight one's way through the press,* farsi strada a fatica tra la folla.
6 pressione; logorio; urgenza; l'incalzare: *the press of modern life,* il logorio della vita moderna — *the press of business,* l'incalzare degli affari.
7 armadio *(a muro)*; scaffale *(spec. in una biblioteca):* ⇨ *anche* **pressmark.**
8 *the press of sail (canvas), (naut.)* la superficie velica *(variante a seconda del vento).*

[1]to **press** [pres] *vt e i.* **1** premere; calcare; schiacciare; pigiare; comprimere; spremere; pressare: *to press the trigger of a gun,* premere il grilletto di un fucile — *to press (down) the accelerator pedal,* premere (schiacciare) l'acceleratore — *to press the button,* premere il bottone — *He pressed my hand,* Mi strinse la mano — *He pressed her to him,* La strinse a sé.
2 premere; spremere; pressare: *to press grapes,* spremere l'uva *(per la vinificazione)* — *to press the juice out of an orange,* spremere il succo di un'arancia — *to press an argument home,* spingere a fondo una argomentazione — *pressed beef,* carne di manzo pressata *(bollita e compressa in piccole forme per essere inscatolata).* **3** stirare: *to press a suit (a skirt, ecc.),* stirare un vestito (una gonna, ecc.).
4 incalzare; stringere; tener sotto attacco o pressione: *to press the enemy hard,* incalzare, spingersi decisamente contro il nemico — *to press an attack,* spingere a fondo un attacco — *to be hard pressed,* essere sotto un forte attacco; essere attaccati a fondo — *to be pressed for time (for money),* essere alle strette per mancanza di tempo (di soldi) — *Time presses,* Il tempo stringe.
5 *(di folla, ecc.)* premere; spingere; accalcarsi: *They were pressing against the barrier,* Si accalcavano contro il cancello (le transenne, ecc.).
6 spingere; persuadere; insistere eccessivamente; far fare *(a forza o quasi): to press for an answer,* insistere per avere una risposta — *to press sb to do sth,* insistere perché qcno faccia qcsa — *to press sb for a debt (to pay a debt),* insistere, fare pressione perché qcno paghi un debito — *He did not need much pressing,* Non ci volle molto a convincerlo — *They are pressing for a decision to be made,* Stanno insistendo perché si arrivi a una decisione — *He pressed the money on (o upon) me,* Mi obbligò ad accettare il denaro.
7 opprimere; tormentare; importunare; pesare; gravare: *His responsibilities press heavily upon him,* Le sue responsabilità gli pesano molto — *The new taxes pressed down heavily on the people,* Le nuove tasse gravavano molto sulla popolazione.
to press down ⇨ **1** *e* **7.**
to press for ⇨ **6.**
to press on, - **a)** *(anche* **to press ahead, to press forward***)* affrettarsi; darci dentro; procedere; proseguire decisamente: *It was getting dark, so the travellers pressed on (forward),* Si stava facendo scuro e perciò i viandanti affrettarono il passo - **b)** ⇨ **6.**
to press out ⇨ **2.**

[2]to **press** [pres] *vt* **1** *(stor.)* arruolare forzatamente *(spec. nella marina): press-gang,* corpo di marinai incaricati dell'arruolamento forzato — *to press-gang,* forzare (qcno) ad arruolarsi in marina — *to press-gang sb into doing sth, (fam.)* costringere qcno a far qcsa. **2** requisire *(automezzi, ecc. per pubblico uso).*
☐ *to press sth into service,* servirsi di qcsa (di solito lasciato in disparte) perché il tempo stringe, perché mancano i mezzi, ecc. — *Even his old landau was pressed into service to take people to the polling station,* Persino il suo vecchio landò venne usato per portare gente al seggio elettorale.

press-gang, to press-gang ['presgæŋ] *s. e vt* ⇨ [2]**to press 1.**

[1]**pressing** ['presiŋ] *s.* **1** pressatura; compressione. **2** stampaggio *(di dischi, ecc.)*; (copia di) disco: *to make 10,000 pressings of a Mozart symphony,* stampare

10.000 dischi di una sinfonia di Mozart. **3** pressione; insistenza. **4** stiratura.

[2]**pressing** ['presiŋ] *agg* **1** urgente; pressante; incalzante: *a pressing engagement,* un impegno urgente. **2** imminente: *a pressing danger,* un pericolo imminente. **3** insistente; caloroso; importuno: *a pressing invitation,* un invito caloroso. □ *avv* **pressingly.**

pressman ['presmən] *s.* (*pl.* **pressmen**) **1** giornalista; cronista. **2** stampatore; macchinista.

pressmark ['presmɑ:k] *s. (in una biblioteca)* contrassegno di collocazione (di un libro); numero di collocazione, contrassegno bibliografico.

pressroom ['presru(:)m] *s.* **1** *(in una tipografia)* reparto delle macchine da stampa. **2** sala stampa *(cioè, sala riservata ai giornalisti, ad un convegno, ecc.).*

press-up ['pres,ʌp] *s. (ginnastica)* flessione *(sulle braccia).*

pressure ['preʃə*] *s.* **1** pressione: *blood-pressure,* pressione arteriosa — *pressure cooker,* pentola a pressione — *pressure gauge,* manometro — *pressure cabin,* cabina pressurizzata. **2** *(fig.)* pressione: *to bring pressure to bear on sb,* fare pressione su qcno — *to put pressure on sb,* mettere qcno sotto pressione — *to do sth under pressure,* fare qcsa sotto pressione — *to work at high pressure,* lavorare con ritmo intenso — *pressure group,* gruppo di pressione **3** oppressione; afflizione.

pressurized ['preʃəraizd] *agg* pressurizzato.

prestidigitation ['presti,didʒi'teiʃən] *s. (raro)* prestidigitazione.

prestidigitator [,presti'didʒiteitə*] *s. (raro)* prestidigitatore; prestigiatore.

prestige [pres'ti:ʒ] *s.* prestigio; fascino; ascendente.

prestigious [pres'tidʒəs] *agg* prestigioso.

pre-stressed ['pri:'strest] *agg (di cemento)* precompresso.

presumable [pri'zju:məbl] *agg* presumibile. □ *avv* **presumably.**

to **presume** [pri'zju:m] *vt e i.* **1** presumere; supporre. **2** osare; prendersi la libertà (di): *I won't presume to disturb you,* Non oserò disturbarLa. **3 to presume upon** (*o* **on**), approfittare (di); trattare con eccessiva familiarità: *to presume upon sb's good nature,* approfittare della bontà di qcno — *to presume upon a short acquaintance,* trattare con eccessiva familiarità una persona conosciuta da poco. □ *to presume on one's position,* darsi un sacco di arie.

presuming [pri'zju:miŋ] *agg* sfrontato; presuntuoso.

presumption [pri'zʌmpʃən] *s.* **1** supposizione; congettura; *(dir.)* presunzione. **2** presunzione; arroganza.

presumptive [pri'zʌmptiv] *agg* presunto; presuntivo. □ *avv* **presumptively.**

presumptuous [pri'ʒʌmptjuəs] *agg* presuntuoso. □ *avv* **presumptuously.**

to **presuppose** [,pri:sə'pouz] *vt* **1** presupporre. **2** implicare.

presupposition [,pri:sʌpə'ziʃən] *s.* presupposizione; presupposto.

pretence [pri'tens] *s.* **1** parvenza; falsa apparenza; maschera; simulazione; finzione: *to do sth under the pretence of friendship,* fare qcsa sotto la parvenza dell'amicizia (fingendosi amico). **2** pretesto; scusa: *He calls for the servant on the slightest pretence,* Chiama la domestica con ogni minimo pretesto — *It is only a pretence of friendship,* È solo una pretesa di amicizia. **3** pretesa; vanto: *a man without pretence,* un uomo privo di pretese (senza pretese) — *to have (to make) no pretence to wit,* non pretendere di avere (fare) dello spirito. □ *false pretences, (dir.)* frode; truffa — *to obtain money by (o on, under) false pretences,* ottenere denaro con la frode.

to **pretend** [pri'tend] *vt e i.* **1** fingere, fingersi; fare finta: *to pretend to be asleep,* fingere di dormire — *to pretend sickness,* fingersi ammalati — *He pretended ignorance in order to avoid being fined for breaking the law,* Finse ignoranza (di non sapere) onde evitare di essere multato per avere trasgredito la legge — *Let's pretend we are cowboys,* Facciamo finta di essere dei cowboys — *They pretended not to see us,* Fecero finta di non vederci. **2** pretendere; rivendicare: *There are not many persons who can pretend to an exact knowledge of the subject,* Non ci sono molte persone che possano rivendicare una conoscenza esatta dell'argomento — *I don't pretend to understand modern art,* Non ho la pretesa di capire l'arte moderna.

pretendedly [pri'tendidli] *avv* falsamente.

pretender [pri'tendə*] *s.* **1** simulatore. **2** pretendente; aspirante.

pretense [pri'tens] *s. (USA)* = **pretence.**

pretension [pri'tenʃən] *s.* **1** pretesa; rivendicazione; pretensione; diritto: *He makes no pretensions to expert knowledge of the subject,* Non avanza alcuna pretesa di possedere una conoscenza specialistica dell'argomento — *Has he any pretensions to be considered a scholar?,* Ha qualche pretesa di essere considerato uno studioso? — *She has some social pretensions,* Ha delle pretese sociali. **2** presunzione; arroganza; vanità.

pretentious [pri'tenʃəs] *agg* pretenzioso. □ *avv* **pretentiously.**

pretentiousness [pri'tenʃəsnis] *s.* pretenziosità; arroganza; presunzione.

preterit(e) ['pretərit] *agg e s. (gramm.)* preterito.

preternatural [,pri:tə'nætʃrəl] *agg* preternaturale; straordinario.

pretext ['pri:tekst] *s.* pretesto; falsa ragione; scusa: *On (Under) the pretext of asking for my advice he borrowed ten pounds from me,* Con il pretesto di chiedere il mio consiglio mi chiese in prestito dieci sterline.

pretor ['pri:tə*] *s.* = **praetor.**

to **prettify** ['pritifai] *vt* illeziosire; rendere lezioso; abbellire in modo insipido.

prettily ['pritili] *avv* ⇨ [1]**pretty.**

prettiness ['pritinis] *s.* grazia; leggiadria.

[1]**pretty** ['priti] *agg* (**-ier**; **-iest**) **1** grazioso; piacevole; attraente; carino: *a pretty girl,* una ragazza graziosa — *a pretty little house,* una graziosa casetta — *Go and make yourself pretty!,* Vai a metterti in ordine! (a farti carina!). **2** simpatico; gradevole; buono: *a pretty wit,* uno spirito gradevole — *A pretty mess you've made of it!, (iron.)* Ne hai fatto un bel pasticcio! — *You're a pretty sort of fellow!,* Sei proprio un bel tipo! **3** *(fam.)* notevole; considerevole; bello *(in senso quantitativo): It will cost you a pretty penny,* Ti costerà una bella somma. □ *pretty boy,* - **a)** *(fam.)* uomo effeminato - **b)** *(USA, sl.)* gangster; 'duro'; *(talvolta)* buttafuori. □ *avv* **prettily.**

□ *s.* **1** *(non comune)* carino; persona cara. **2** ninnolo; gingillo. **3** *(golf)* percorso libero. **4** *pretties, (pl., fam.)* biancheria intima.

[2]**pretty** ['priti] *avv* abbastanza; piuttosto; moderatamente; discretamente; pressoché; quasi: *The situation seems pretty hopeless,* La situazione appare piuttosto disperata — *The car is new, or pretty nearly so,* L'automobile è nuova o quasi — *We have pretty well*

finished the work, Abbiamo quasi terminato il lavoro — *It's pretty cold outdoors today,* Fa discretamente freddo fuori oggi — *It's pretty much the same,* È pressoché lo stesso. □ *to be sitting pretty, (fam.)* essere ben piazzato, in buona posizione, con tutti gli assi nella manica.

pretzel ['pretsl] *s. (tedesco)* biscotto croccante salato.

to **prevail** [pri'veil] *vi* **1** prevalere; trionfare; vincere; avere la meglio. **2** essere diffuso; essere predominante; predominare. **3 to prevail on** (*o* **upon**) **sb to do sth**, persuadere (indurre, convincere) qcno a far qcsa.

prevailing [pri'veiliŋ] *agg* prevalente; predominante; assai diffuso: *prevailing wind,* vento dominante. □ *avv* **prevailingly.**

prevalence ['prevələns] *s.* larga diffusione; generalità; prevalenza.

prevalent ['prevələnt] *agg* **1** prevalente. **2** diffuso; comune; invalso. □ *avv* **prevalently.**

to **prevaricate** [pri'værikeit] *vi* parlare evasivamente; tergiversare; evitare di dire la verità.

prevarication [pri,væri'keiʃən] *s.* tergiversazione; risposta evasiva; scappatoia.

to **prevent** [pri'vent] *vt* **1** impedire; ostacolare; evitare: *What prevented you from speaking?,* Che cosa ti ha impedito di parlare? **2** *(ant.)* prevenire. **3** *(ant.)* precedere come guida: *Prevent us, o Lord, in all our doings...,* Guidaci Tu, o Signore, in tutte le nostre azioni...

preventable [pri'ventəbl] *agg* prevenibile; evitabile.

prevention [pri'venʃən] *s.* prevenzione; misura preventiva: *the Society for the Prevention of Cruelty to Animals,* la Società per la Prevenzione della crudeltà verso gli animali (per la Protezione degli Animali) — *Prevention is better than cure, (prov.)* È meglio prevenire che curare.

preventive [pri'ventiv] *agg* preventivo; profilattico: *preventive medicine,* medicina preventiva — *preventive officers,* ufficiale di dogana per la prevenzione del contrabbando — *preventive custody, (dir.)* custodia preventiva.

preview ['pri:'vju:] *s.* **1** anteprima *(teatrale, cinematografica).* **2** *(USA)* 'prossimamente'; presentazione di alcune scene di un film di prossima programmazione.

to **preview** ['pri:'vju:] *vt* vedere (o presentare) in anteprima.

previous ['pri:vjəs] *agg* **1** precedente; antecedente; anteriore. **2** troppo frettoloso; precipitoso; prematuro. □ *avv* **previously.**
□ *avv previous to,* prima di; prima che: *previous to his accident,* prima dell'incidente — *previous to his falling ill,* prima che si ammalasse.

prevision [pri:'viʒən] *s.* previsione; pronostico; preveggenza.

pre-war ['pri:'wɔ:*] *agg* antebellico; prebellico; anteguerra *(generalm. riferito alla Seconda Guerra Mondiale).*

prey [prei] *s.* preda: *beast (bird) of prey,* animale (uccello) rapace — *to be a prey to sth, (fig.)* essere in preda a qcsa *(spec. depressione, malattia, ecc.).*

to **prey** [prei] *vi (seguito da* on, upon*)* **1** predare; far preda di. **2** depredare; saccheggiare. **3** *(riferito ad angoscia, paura, ecc.)* devastare; tormentare; logorare: *His anxieties preyed on his mind,* Le sue ansietà lo ossessionavano.

price [prais] *s.* **1** prezzo: *Every man has his price,* Ogni uomo ha il suo prezzo — *to cut prices close,* ridurre i prezzi al minimo — *price control,* controllo dei prezzi — *price controlled articles,* articoli dai prezzi controllati — *price list,* listino prezzi — *list price,* prezzo di listino — *price tag,* cartellino del prezzo — *at cost price,* a prezzo di costo — *bottom price,* prezzo minimo — *market price,* prezzo corrente — *top price,* prezzo massimo — *trade price,* prezzo di fabbrica. **2** taglia; ricompensa. **3** valore: *beyond (above) price,* inestimabile — *without price,* senza prezzo — *not at any price,* per nulla al mondo; a nessun prezzo. **4** *(nelle scommesse sui cavalli)* quotazione: *the starting price,* la quotazione iniziale.
□ *What price...?, (fam.: generalm. sarcastico, riferito al fallimento piuttosto clamoroso di qcsa)* E adesso che ne dici di...?

to **price** [prais] *vt* fissare, indicare, segnare il prezzo: *to price oneself out of the market,* praticare prezzi così alti da rimanere tagliati fuori dal mercato; praticare prezzi proibitivi.

priced [praist] *agg* che ha un prezzo: *(spec. nei composti; p.es.) high-priced,* caro — *low-priced,* a buon mercato; economico.

priceless ['praislis] *agg* **1** inestimabile; senza prezzo. **2** impagabile; buffissimo: *a priceless joke,* uno scherzo buffissimo.

prick [prik] *s.* **1** puntura; foro: *a pin prick,* una puntura di spillo; *(fig.)* una punzecchiatura; un piccolo fastidio. **2** fitta; dolore; rimorso. **3** *(ant.)* pungolo *(per il bestiame): to kick against the pricks, (Bibbia, fig.)* battere la testa contro il muro. **4** *(volg.)* cazzo; uccello. **5** *(volg., di persona)* minchione; coglione. □ *prick ears,* orecchie appuntite, ritte *(di alcuni animali).*

to **prick** [prik] *vt e i.* **1** pungere, pungersi; forare. **2** *(fig.)* rimordere: *His conscience pricked him,* Gli rimordeva la coscienza. **3** far male; dare fitte; formicolare. **4** *(ant.)* spronare il cavallo. **5** designare; contrassegnare; segnare: *to prick off sb on a list,* segnare qcno su una lista. □ *to prick out,* trapiantare — *to prick up one's ears,* rizzare, drizzare le orecchie.

pricker ['prikə*] *s.* **1** persona o cosa che punge, punzecchia. **2** oggetto o arnese a punta (spillo, ago, punteruolo, lesina, ecc.).

prickle ['prikl] *s.* spina; aculeo.

to **prickle** ['prikl] *vt e i.* **1** pungere; punzecchiare; forare. **2** formicolare; sentire formicolio.

prickly ['prikli] *agg* spinoso; pungente: *prickly pear,* fico d'India — *prickly heat,* miliaria rubra; infiammazione delle ghiandole sudorifere.

pride [praid] *s.* **1** orgoglio; fierezza; alterigia; superbia; amor proprio *(anche* proper pride*): to take pride in sb (sth),* provare orgoglio per qcsa (qcno); essere fiero di qcsa (qcno) — *He looked with pride at his garden,* Guardò il suo giardino con orgoglio — *A girl who is her mother's pride,* Una ragazza che è l'orgoglio di sua madre — *the sin of pride,* il peccato della superbia — *pride of place,* - **a)** posizione elevata; alta posizione; alto grado - **b)** *(talvolta)* arroganza — *to be puffed up with pride,* essere gonfio di superbia, d'orgoglio — *His pride prevented him from doing anything dishonourable,* Il suo amor proprio gli impediva di fare alcunché di disonorevole — *Don't say anything that may wound his pride,* Non dir niente che possa ferire il suo amor proprio. **2** *(al sing., con l'art. determinativo)* fiore; fior fiore; apice; pienezza: *in the full pride of youth,* nel fiore degli anni. **3** *(di leoni)* branco; gruppo.
□ *Pride goes before a fall, (prov.)* La superbia andò a cavallo e tornò a piedi — *London pride,* sassifraga ombrosa — *pride of the morning, (fam.)* pioggerella o nebbia all'alba.

to **pride** [praid] *(solo come v. rifl.) to pride oneself* *upon sth,* gloriarsi, vantarsi di qcsa — *He prides himself upon his skill as a pianist,* Si vanta della sua abilità di pianista.

prie-dieu ['pri:djə:] *s. (fr.)* inginocchiatoio.

priest [pri:st] *s.* **1** prete; sacerdote: *to become a priest,* farsi prete — *priest ridden,* dominato dai preti — *high priest,* gran sacerdote. **2** *(spec. irlandese)* maglio usato per dare il colpo di grazia ai pesci.

priestcraft ['pri:stkrɑ:ft] *s. (spreg.)* clericalismo; gesuitismo.

priestess ['pri:stis] *s.* sacerdotessa.

priesthood ['pri:sthud] *s.* **1** clero. **2** sacerdozio.

priestly, priestlike ['pri:stli/'pri:stlaik] *agg* sacerdotale; da sacerdote.

prig [prig] *s.* **1** saccente; saputello; individuo pedante e presuntuoso; moralista ipocrita. **2** *(sl.)* ladruncolo.

priggish ['prigiʃ] *agg* saccente; saputello; pedante; moraleggiante; presuntuoso. □ *avv* **priggishly.**

priggishness ['prigiʃnis] *s.* saccenteria; pedanteria; presuntuosità; moralismo ipocrita.

prim [prim] *agg* (**-mer**; **-mest**) compassato; compito; cerimonioso; *(di donna)* pudibonda. □ *avv* **primly.**

to **prim** [prim] *vt* (**-mm-**) assumere una espressione compita.

primacy ['praiməsi] *s.* **1** primato; preminenza; supremazia. **2** dignità di primate. **3** suprema autorità del pontefice nella Chiesa Cattolica.

primaeval [prai'mi:vəl] *agg* primitivo; primordiale; antichissimo.

prima facie ['praimə 'feiʃi(:)] *avv e agg (lat.)* 'prima facie'; a prima vista: *prima facie evidence,* prova apparentemente definitiva e che getta l'onere della prova sull'altra parte.

primal ['praiməl] *agg* **1** primitivo. **2** principale; di primaria importanza.

primarily ['praimərili] *avv* ⇨ [1]**primary.**

[1]**primary** ['praiməri] *agg* **1** primario; primitivo; originario; originale: *a primary school, (GB)* una scuola elementare — *primary education,* istruzione elementare. **2** principale; fondamentale: *primary colours,* colori fondamentali. □ *avv* **primarily.**

[2]**primary** ['praiməri] *s.* **1** *(USA)* elezione preliminare *(per proporre nuovi candidati).* **2** fondamento; cosa di primaria importanza. **3** pianeta primario. **4** *(elettr.)* avvolgimento primario. **5** *(zool.)* remigante primaria.

[1]**primate** ['praimit] *s.* primate; arcivescovo: *the Primate of All England,* l'arcivescovo di Canterbury.

[2]**primate** ['praimeit] *s. (zool.)* primate.

[1]**prime** [praim] *s.* **1** apice; colmo; fiore; rigoglio; parte migliore: *in the prime of manhood,* nel fior degli anni — *in the prime of life,* nel periodo migliore della vita *(dai 30 ai 50 anni).* **2** la prima parte; il principio; l'inizio. **3** *(liturgia: ufficio della)* prima ora canonica. **4** *(scherma)* invito di prima.

[2]**prime** [praim] *agg* **1** primo; principale; fondamentale: *prime meridian,* meridiano fondamentale — *prime mover,* primo motore. **2** *(di cibo, spec. carne)* eccellente; di prima qualità: *prime Scotch fillet steak,* filetto scozzese di prima scelta. □ *prime cost,* prezzo di costo.

to **prime** [praim] *vt* **1** caricare; innescare *(un'arma da fuoco);* adescare *(una pompa).* **2** preparare; imbeccare: *The witness had been primed by a lawyer,* Il testimone era stato imbeccato da un avvocato. **3** *(fam.)* rimpinzare; imbottire *(di cibo, bevande).* **4** dare una prima mano di vernice, pittura, ecc.; mesticare.

[1]**primer** ['praimə*] *s.* primo testo scolastico; sillabario.

[2]**primer** ['primə*] *s.* corpo; dimensione di un carattere tipografico: *great primer,* corpo 18 — *long primer,* corpo 10.

[3]**primer** ['praimə*] *s.* **1** innesco. **2** prima mano di vernice.

priming ['praimiŋ] *s.* **1** polvere da sparo; innesco. **2** mestica; vernice per la prima mano. **3** il mesticare.

primitive ['primitiv] *agg* **1** primitivo. **2** semplice; all'antica. □ *avv* **primitively.**

□ *s. (artista)* primitivo; del periodo precedente il Rinascimento.

primitiveness ['primitivnis] *s.* primitività.

primness ['primnis] *s.* compitezza; compostezza; cerimoniosità.

primogeniture [,praimou'dʒenitʃə*] *s. (stor. e dir.)* primogenitura: *right of primogeniture,* maggiorascato.

primordial [prai'mɔ:djəl] *agg* primordiale; primitivo; antichissimo.

primrose ['primrouz] *s.* primula; primavera. □ *the primrose way (o path), (fig.)* la via del piacere (l'edonismo).

primula ['primjulə] *s.* primulacea.

primus ['praiməs] *s.* 'primus'; fornello a petrolio.

prince [prins] *s.* principe *(anche fig.): prince consort,* principe consorte — *the Prince of Darkness,* il principe delle tenebre — *Prince Charming, (fam.)* 'principe azzurro'. □ *Prince Albert, (USA)* giacca lunga a doppio petto — *Hamlet without the Prince,* corpo senza spirito; cosa privata della sua essenza — *prince's metal,* lega di rame e zinco.

princedom ['prinsdəm] *s.* **1** principato. **2** dignità di principe.

princely ['prinsli] *agg* (**-ier**; **-iest**) principesco.

princess [prin'ses] *s.* principessa: *princess dress,* 'princesse'; abito in un solo pezzo (da donna).

[1]**principal** ['prinsipəl] *agg* principale: *the principal boy, (GB)* il travesti *(donna in abiti maschili)* di uno spettacolo natalizio per bambini. □ *avv* **principally.**

[2]**principal** ['prinsipəl] *s.* **1** preside *(di scuola o collegio);* presidente *(di associazione): a lady principal,* una preside di scuola. **2** committente; mandante; *(talvolta)* principale; direttore: *I must consult my principal,* Devo consultarmi col direttore. **3** trave maestra. **4** *(comm.)* capitale. **5** imputato principale d'un crimine. **6** *(nei duelli)* primo.

principality [,prinsi'pæliti] *s.* **1** principato: *the Principality,* il Galles. **2** *(al pl.)* principati *(ordine di angeli).*

principle ['prinsəpl] *s.* principio; massima; teoria; *(talvolta, scient.)* legge: *to live up to one's principles,* vivere secondo i propri convincimenti — *a man of high principle,* un uomo di elevati principi morali — *on principle,* per principio — *in principle,* in teoria — *These machines work on the same principle,* Queste macchine funzionano con gli stessi principi.

-principled ['prinsəpld] *agg (nei composti, p.es.) low-principled,* di dubbia moralità.

to **prink** [priŋk] *vt (spesso seguito da* up*)* agghindare; adornare; abbigliare con eleganza.

print [print] *s.* **1** orma; impronta *(spesso nei composti);* segno; traccia: *finger-prints,* segni, impronte di dita — *foot-prints,* orme di piedi (di passi). **2** impressione; marchio; segno; carattere tipografico: *clear print,* carattere chiaro — *in large (small) print,* a grandi caratteri (in caratteri piccoli) — *in print, (di un libro)* stampato e pubblicato *(cioè disponibile)* — *out of print,* esaurito — *to rush into print,* affrettarsi a stampare *(ciò che è stato appena scritto)* — *I shan't believe it until I see it in print,* Non ci crederò fin quando non lo vedrò stampato. **3** stampato *(stoffa di cotone stampato)*: *a print dress,* un vestito di cotone stampato. **4** stampa; riproduzione; copia fotografica: *old Japanese prints,* vecchie stampe giapponesi — *print-seller,* venditore di stampe — *print-shop,* negozio di stampe. **5** stampatello (carattere stampatello): *Write the address in print,* Scrivere l'indirizzo in stampatello. **6** stampato; giornale. **7** stampo; forma.

to **print** [print] *vt e i.* **1** imprimere *(anche fig.)*: *The incidents printed themselves on her memory,* Gli incidenti si impressero nella sua memoria. **2** stampare *(in senso tipografico e fotografico o nell'industria tessile)*: *to print ten thousand copies of a novel,* stampare diecimila copie di un romanzo — *Do you intend to print your lectures?,* Intende far stampare le Sue conferenze? — *How many copies shall I print (off) from this negative?,* Quante copie devo stampare di questo negativo? — *printed matter, (per la posta)* stampe. **3** scrivere in stampatello. **4** *(talvolta)* essere in corso di stampa: *The book is printing at present,* Il libro è attualmente in corso di stampa.

printable ['printəbl] *agg* stampabile; che può essere stampato.

printer ['printə*] *s.* stampatore; tipografo: *printer's devil,* apprendista tipografo — *printer's error,* errore di stampa — *printer's pie,* - **a)** blocco di refusi - **b)** pasticcio; caos — *printer's reader,* correttore di bozze.

printing ['printiŋ] *s.* **1** stampa; tipografia: *printing-ink,* inchiostro tipografico — *printing-machine; printing-press,* macchina da stampa — *printing-office,* tipografia. **2** edizione; ristampa.

print-out ['printaut] *s.* stampato; tabulato *(di calcolatore elettronico).*

[1]**prior** ['praiə*] *s.* priore.

[2]**prior** ['praiə*] *agg* **1** antecedente; precedente: *to have a prior claim to sth,* avere un diritto di precedenza su qcsa. **2** di primaria importanza.

□ *prior to, (prep.)* prima di: *prior to your arrival,* prima del vostro arrivo.

prioress ['praiəris] *s.* priora; badessa; madre superiora.

priority [prai'ɔriti] *s.* priorità; precedenza.

priory ['praiəri] *s.* prioria; badia; convento; monastero.

to **prise** [praiz] *vt* = [2]**to prize.**

prism ['prizəm] *s.* prisma.

prismatic [priz'mætik] *agg* prismatico.

prison ['prizn] *s.* prigione; carcere; galera; *(per estensione)* reclusione: *prison-breaking,* evasione (dal carcere) — *a ten-year prison sentence,* una condanna a dieci anni di reclusione.

prisoner ['priznə*] *s.* prigioniero; carcerato; detenuto: *to take sb prisoner,* far prigioniero (catturare) qcno — *prisoner at the bar,* accusato; imputato — *prisoner of State; State prisoner,* detenuto politico.

pristine ['pristain] *agg* pristino; primitivo; antico; originario.

prithee ['priði] *(interiezione ant.* = I pray thee*)* ti prego; per favore: *Prithee, be silent,* Per favore, sta' zitto.

privacy ['privəsi/'praivəsi] *s.* **1** lo starsene tranquilli e indisturbati; 'privacy'; vita privata; intimità: *I don't want my privacy disturbed,* Non voglio che la mia vita privata venga turbata. **2** riserbo; segretezza: *They were married in strict privacy,* Si sposarono senza invitare nessuno.

private ['praivit] *agg* **1** privato: *a private letter,* una lettera privata — *private theatricals,* rappresentazioni private — *for private reasons,* per motivi privati; per ragioni personali — *Private!, (su una porta, ecc.)* Vietato l'ingresso! — *in private,* in privato; privatamente; non in pubblico — *a private school, (GB)* una scuola privata — *private enterprise,* l'iniziativa privata. **2** riservato; segreto; personale: *a letter marked 'Private',* una lettera con il contrassegno 'riservata' — *to have private information about sth,* avere informazioni riservate su qcsa — *That is for your private ear,* Ciò è da considerarsi confidenziale. **3** non ufficiale; privato: *to do sth in one's private capacity,* fare qcsa in forma privata (non ufficiale) — *his private life,* la sua vita privata — *to retire into private life,* ritirarsi a vita privata — *a private member (of the House of Commons),* un semplice deputato; un membro della Camera dei Comuni che non fa parte del Governo — *a private Bill; a private member's Bill,* un disegno di legge presentato da un semplice deputato. □ *to live on private means,* vivere di rendita — *a private soldier,* un soldato semplice, di truppa — *private parts,* genitali esterni.

□ *avv* **privately.**

□ *s.* **1** *(GB)* soldato semplice, di truppa: *Private Johnson,* il soldato Johnson. **2** *(al pl.)* genitali esterni.

privateer [,praivə'tiə*] *s. (stor.)* **1** nave corsara *(armata a spese di un privato e autorizzata ad attaccare le navi nemiche).* **2** corsaro.

privation [prai'veiʃən] *s.* privazione; assenza; mancanza; *(al pl.)* stenti.

privet ['privit] *s.* ligustro.

privilege ['privilidʒ] *s.* privilegio; prerogativa; diritto.

privileged ['privilidʒd] *agg* privilegiato: *under-privileged,* povero; emarginato.

privy ['privi] *agg (spec. dir.)* segreto; privato; nascosto: *the Privy Council, (GB)* il consiglio della Corona — *Privy Seal, (GB)* Sigillo Privato — *Privy purse, (GB)* appannaggio reale — *privy parts, (raro)* genitali esterni — *to be privy to sth,* essere al corrente di qcsa *(spec. un segreto).*

□ *s. (GB ant., USA)* gabinetto; cesso; latrina di campagna.

[1]**prize** [praiz] *s.* **1** premio; trofeo: *to draw a prize-winning ticket in a lottery,* estrarre un biglietto vincente d'una lotteria — *to carry off most of the prizes,* portarsi via la maggior parte dei trofei — *prize cattle,* bestiame premiato *(in una mostra).* **2** *(fig.)* scopo; meta; soddisfazione.

□ *prize fight,* incontro di pugilato *(fra professionisti)* — *prize fighter,* pugile professionista — *the prize ring,* il quadrato; il 'ring' — *a prize idiot, (scherz.)* un perfetto idiota — *a prize scholarship,* una borsa di studio — ⇨ *anche* **prizeman.**

[1]to **prize** [praiz] *vt* apprezzare; stimare; pregiare.

[2]**prize** [praiz] *s. (stor.)* preda marittima: *prize money,* denaro ricavato dalla vendita della preda — *prize court,* tribunale delle prede.

[2]to **prize** [praiz] *vt (GB)* far leva; forzare (facendo leva); scoperchiare: *to prize a box open,* aprire una scatola (forzando il coperchio).

prizeman ['praizmæn] *s.* (*pl.* **prizemen**) vincitore di un premio *(spec. all'università).*

pro- [prou] *prefisso* **1** pro; in favore di; filo-: *pro-British,* filobritannico. **2** in sostituzione di; che fa le veci di: *pro-cathedral,* chiesa che fa le veci di una cattedrale — *pro-rector,* prorettore.

[1]**pro** [prou] *s. (pl.* **pros**: *fam. abbr. di* professional player*)* giocatore professionista: *a golf pro,* un giocatore di golf professionista.

[2]**pro** [prou] *prep lat (nell'espressione avverbiale) pro*

and con, pro e contro; in senso positivo e negativo — ⇨ *anche* **pro forma, pro rata, pro tempore.**

□ *s.* il pro; *(al pl.)* gli argomenti a favore: *the pros and cons,* gli argomenti a favore e quelli contrari.

probability [ˌprɔbə'biliti] *s.* probabilità: *in all probability,* con ogni probabilità — *There is little probability of his succeeding,* È poco probabile che egli riesca.

probable ['prɔbəbl] *agg* probabile; verosimile; possibile. □ *avv* **probably.**

□ *s. (sport, ecc.)* candidato *(la cui inclusione in una squadra è molto probabile).*

probate ['proubeit] *s.* **1** omologazione, autenticazione di un testamento. **2** copia omologata di testamento: *probate duty,* tassa di successione.

to **probate** ['proubeit] *vt (USA)* dimostrare l'autenticità *(di un testamento).*

probation [prou'beiʃən] *s.* **1** prova; periodo di prova: *two years on probation,* due anni in prova. **2** tirocinio. **3** libertà vigilata, condizionale: *probation officer,* funzionario incaricato di sorvegliare la condotta dei condannati in libertà condizionale *(spec. giovani)* — *to be on probation,* essere in libertà condizionale.

probationary [prou'beiʃnəri] *agg* **1** in prova. **2** probatorio.

probationer [proubei'ʃnə*] *s.* **1** infermiera tirocinante. **2** colpevole in libertà condizionale.

probe [proub] *s.* **1** sonda *(vari sensi);* specillo: *a moon probe,* una sonda lunare. **2** *(nel linguaggio giornalistico)* ricerca; inchiesta; indagine.

to **probe** [proub] *vt* **1** esaminare con una sonda (o specillo). **2** *(nel linguaggio giornalistico)* condurre un'inchiesta (su qcsa).

probity ['proubiti] *s.* probità; integrità; onestà.

problem ['prɔbləm] *s.* problema; difficoltà: *mathematical problems,* problemi di matematica — *a problem play (novel),* un lavoro teatrale (un romanzo) a tesi — *a problem child,* un bambino difficile.

problematic(al) [ˌprɔblə'mætik(l)] *agg* problematico; incerto; dubbio; imprevedibile. □ *avv* **problematically.**

proboscis [prə'bɔsis] *s.* proboscide.

procedural [prə'siːdʒərəl] *agg (dir.)* procedurale.

procedure [prə'siːdʒə*] *s.* procedura; procedimento; prassi.

to **proceed** [prou'siːd] *vi* **1** procedere; andare avanti; continuare; proseguire. **2** provenire; derivare. **3** *(dir.)* procedere. **4** agire; fare; comportarsi.

proceeding [prə'siːdiŋ] *s.* **1** procedimento; modo d'agire. **2** *(dir., al pl.)* procedimento; atto legale; azione giudiziaria: *to take (to start) legal proceedings against sb,* intentare una causa (iniziare un procedimento legale) contro qcno. **3** *(al pl.)* atti *(spec. di un'associazione accademica).*

proceeds ['prousiːdz] *s. pl* ricavo (ricavi); incassi; profitti; proventi: *net proceeds,* ricavo netto.

process ['prouses] *s.* **1** processo; procedimento: *in (in the) process of time,* in prosieguo di tempo; col passare del tempo — *in process of...,* in corso di...; in fase di...; in via di... — *a building in process of completion,* un edificio in via di ultimazione — *... in the process,* nel mentre; durante l'operazione — *It took him half an hour to make the coffee and he burnt his hand in the process,* Ci mise mezz'ora a fare il caffè e riuscì anche a bruciarsi (durante l'operazione). **2** azione legale; mandato di comparizione: *process server,* ufficiale giudiziario. **3** *(anat., bot., zool.)* apofisi; appendice; processo. **4** procedimento fotomeccanico *(di stampa): process engraving,* fotoincisione.

[1]to **process** ['prouses] *vt* **1** trattare, sottoporre ad un procedimento: *processed cheese,* formaggio fuso. **2** *(di calcolatore elettronico)* elaborare. **3** *(industria)* trattare. **4** *(fotografia)* sviluppare. **5** inserire nell'iter burocratico *(domande, pratiche, ecc.)*

[2]to **process** [prə'ses] *vi (fam.)* sfilare; procedere in corteo.

processing ['prousesiŋ] *s.* **1** *(anche* data processing*)* elaborazione *(di dati).* **2** *(industria)* trattamento; lavorazione. **3** *(fotografia)* sviluppo.

procession [prə'seʃən] *s.* processione; sfilata; corteo; teoria *(lett.).*

processional [prə'seʃənl] *agg* di, da processione; processionale: *a processional chant,* un inno processionale.

to **proclaim** [prə'kleim] *vt* **1** proclamare; dichiarare: *to proclaim the republic,* proclamare la repubblica — *to proclaim war,* dichiarare la guerra. **2** rivelare; dimostrare. **3** *(dir.)* interdire; mettere al bando.

proclamation [ˌprɔklə'meiʃən] *s.* **1** proclamazione; dichiarazione. **2** proclama; bando: *to make (to issue) a proclamation,* fare (emettere) un proclama.

proclivity [prə'kliviti] *s.* tendenza; inclinazione; propensione; proclività.

proconsul [prou'kɔnsəl] *s.* **1** *(stor. romana)* proconsole. **2** governatore *(di una colonia, ecc.).*

proconsular [prou'kɔnsjulə*] *agg* proconsolare.

to **procrastinate** [prou'kræstineit] *vi* procrastinare; rinviare; rimandare; indugiare.

procrastination [prouˌkræsti'neiʃən] *s.* procrastinazione; rinvio; indugio: *Procrastination is the thief of time, (prov.)* Chi ha tempo non aspetti tempo.

to **procreate** ['proukrieit] *vt* procreare; generare.

procreation [ˌproukri'eiʃən] *s.* procreazione; generazione.

proctor ['prɔktə*] *s. (GB)* **1** *(nelle università di Oxford e Cambridge)* censore; prefetto. **2** *(dir., raro)* procuratore: *Queen's (King's) proctor,* ufficiale giudiziario con funzioni di controllo *(nelle cause di divorzio).*

procurable [prə'kjuərəbl] *agg* procurabile; ottenibile.

procurator ['prɔkjuəreitə*] *s.* procuratore: *procurator fiscal, (in Scozia)* Procuratore Generale; Pubblico Accusatore.

to **procure** [prə'kjuə*] *vt* **1** procurare, procurarsi; ottenere. **2** provocare; causare. **3** procacciare; fare il mezzano.

procurement [prə'kjuəmənt] *s.* **1** approvvigionamento *(di materie per l'industria).* **2** *(dir.)* lenocinio.

procurer [prə'kjuərə*] *s.* procacciatore; *(spec.)* mezzano; lenone.

procuress [prə'kjuəris] *s.* ruffiana; mezzana.

prod [prɔd] *s.* punzecchiatura; stoccata; atto del pungolare: *to give sb a prod,* punzecchiare qcno.

to **prod** [prɔd] *vt e i.* (**-dd-**) punzecchiare; pungolare; stimolare; incitare.

prodigal ['prɔdigəl] *agg* prodigo; generoso; munifico; dissipatore: *the prodigal son,* il figliuol prodigo — *Nature is prodigal of her gifts,* La natura è prodiga di doni. □ *avv* **prodigally.**

prodigality [ˌprɔdi'gæliti] *s.* **1** prodigalità; liberalità. **2** spreco; dissipazione.

prodigious [prə'didʒəs] *agg* **1** enorme; straordinariamente grande. **2** prodigioso; meraviglioso.

□ *avv* **prodigiously.**

prodigy ['prɔdidʒi] *s.* prodigio; fenomeno; miracolo; portento: *infant prodigy,* bambino prodigio.

produce ['prɔdjuːs] *s. (spesso collettivo)* prodotto

(spec. agricolo): produce-broker, agente di produzione — *home produce,* prodotti nazionali — *garden produce,* ortaggi.

to **produce** [prə'dju:s] *vt e i.* **1** presentare; esibire; mostrare; far vedere; *(dir.)* produrre: *to produce one's ticket,* esibire il biglietto — *to produce proof,* addurre prove. **2** produrre; fabbricare; fruttare; rendere: *a well-produced book,* un libro che si presenta bene *(ben stampato, rilegato, ecc.).* **3** generare; figliare. **4** causare; provocare; suscitare: *to produce a sensation,* suscitare scalpore. **5** *(geometria)* prolungare *(una linea).* **6** presentare *(sullo schermo, ecc.);* mettere in scena: *produced by..., (cinema)* prodotto da...

producer [prə'dju:sə*] *s.* **1** produttore. **2** impresario teatrale o cinematografico. □ *producer gas,* gas di gasogeno.

product ['prɔdəkt] *s.* prodotto *(vari sensi);* frutto: *by-product,* sottoprodotto — *unfinished product,* prodotto semilavorato.

production [prə'dʌkʃən] *s.* **1** produzione: *mass production,* produzione in serie — *line production,* produzione a catena — *production manager,* direttore di produzione. **2** messa in scena; allestimento (teatrale).

productive [prə'dʌktiv] *agg* **1** produttivo; fecondo; fertile. **2** **productive of,** *(linguaggio formale)* che produce; che cagiona; che provoca: *These discussions seem to be productive only of quarrels,* Queste discussioni sembrano provocare unicamente contrasti. □ *avv* **productively.**

productivity [,prɔdʌk'tiviti] *s.* produttività; rendimento.

prof [prɔf] *s.* (*abbr. fam. di* **professor**) professore.

profanation [,prɔfə'neiʃən] *s.* profanazione.

profane [prə'fein] *agg e s.* **1** profano. **2** irriverente; blasfemo: *profane words,* bestemmie — *profane practices,* pratiche empie — *a profane man,* un bestemmiatore; un empio. □ *avv* **profanely.**

to **profane** [prə'fein] *vt* profanare; violare.

profaneness, profanity [prə'feinnes/prə'fæniti] *s.* **1** profanità; irriverenza. **2** *(al pl.)* parole irriverenti, blasfeme; bestemmie: *A string of profanities came from his lips,* Dalle sue labbra uscì una filza di bestemmie.

to **profess** [prə'fes] *vt e i.* **1** professare; manifestare; dichiarare: *to profess oneself satisfied,* dichiararsi soddisfatto. **2** professare; esercitare una professione; *(talvolta)* insegnare; fare il professore. **3** pretendere: *I don't profess to be an expert,* Non pretendo di essere un esperto.

professed [prə'fest] *agg* **1** dichiarato: *He is a professed atheist,* È un ateo che si dichiara tale. **2** preteso; sedicente. □ *avv* **professedly.**

profession [prə'feʃən] *s.* **1** professione: *He is a lawyer by profession,* È avvocato di professione — *the learned professions,* le professioni liberali *(legge, teologia, medicina)* — *the profession,* i membri di una data professione. **2** dichiarazione; professione. **3** professione; il pronunciare i voti.

professional [prə'feʃənl] *agg* **1** professionale: *professional etiquette,* l'etichetta propria della professione esercitata — *professional men,* i professionisti *(in generale).* **2** professionista; di professione. □ *avv* **professionally.**
□ *s.* professionista *(spec. di uno sport).*

professionalism [prə'feʃnəlizəm] *s.* professionismo.

professor [prə'fesə*] *s.* **1** professore universitario *(generalm. titolare di una cattedra);* ordinario: *assistant professor,* incaricato. **2** chi professa (una fede).

professorial [,prɔfe'sɔ:riəl] *agg* professorale; cattedratico.

professorship [prə'fesəʃip] *s.* professorato; carica di professore; cattedra universitaria: *to be appointed to a professorship,* essere nominato a ricoprire una cattedra universitaria.

proffer ['prɔfə*] *s.* offerta.

to **proffer** ['prɔfə*] *vt* offrire.

proficiency [prə'fiʃənsi] *s.* competenza; capacità; abilità; efficienza.

proficient [prə'fiʃənt] *agg* competente; esperto; efficiente; capace; abile. □ *avv* **proficiently.**

profile ['proufi:l] *s.* **1** profilo; contorno; disegno; sagoma. **2** schizzo; breve biografia. **3** *(archit.)* sezione. **4** quinta teatrale.

profit ['prɔfit] *s.* profitto; guadagno; utile: *to gain profit from one's studies,* ricavare profitto dai propri studi — *to study sth to one's profit,* studiare qcsa con profitto — *to sell sth at a profit,* vendere qcsa con profitto — *to do sth for profit,* fare qcsa per lucro (a scopo di lucro) — *profit and loss account,* conto profitti e perdite — *profit-making, (agg.)* a scopo di lucro — *profit-sharing, (s.)* compartecipazione agli utili — *net profit,* guadagno; utile netto — *gross profit,* ricavo lordo.

to **profit** ['prɔfit] *vt e i.* **1** profittare; trarre profitto, vantaggio, guadagno: *I shall profit by* (o *from*) *your mistakes,* Trarrò profitto dai tuoi errori. **2** *(ant.)* giovare; servire.

profitability [,prɔfitə'biliti] *s. (econ.)* redditività.

profitable ['prɔfitəbl] *agg* vantaggioso; utile; remunerativo; lucroso; conveniente. □ *avv* **profitably.**

profiteer [,prɔfi'tiə*] *s.* profittatore; speculatore: *war profiteer,* chi si arricchisce con la guerra; 'pescecane'.

to **profiteer** [,prɔfi'tiə*] *vi* speculare; approfittare illecitamente; essere profittatore.

profiteering [,prɔfi'tiəriŋ] *s.* affarismo.

profitless ['prɔfitlis] *agg* inutile; non vantaggioso. □ *avv* **profitlessly.**

profligacy ['prɔfligəsi] *s.* **1** licenziosità; dissolutezza; immoralità; libertinaggio. **2** dissipazione; sperpero; prodigalità.

profligate ['prɔfligit] *agg* **1** dissoluto; sregolato; sfrenato; licenzioso; immorale. **2** dissipato; disordinato.

pro forma [prou'fɔ:mə] *agg (lat.)* 'pro forma'; per la forma.

profound [prə'faund] *agg* profondo *(solo fig.);* intenso; radicale. □ *avv* **profoundly.**

profundity [prə'fʌnditi] *s.* profondità *(solo fig.).*

profuse [prə'fju:s] *agg* **1** profuso; copioso; abbondante. **2** prodigo; generoso. □ *avv* **profusely.**

profuseness, profusion [prə'fju:snis/prə'fju:ʒən] *s.* profusione; abbondanza.

prog [prɔg] *s. (GB, sl. studentesco)* = **proctor 1.**

progenitor [prou'dʒenitə*] *s.* **1** progenitore; antenato. **2** predecessore; precursore.

progeny ['prɔdʒini] *s. (collettivo)* progenie; discendenza.

prognosis [prɔg'nousis] *s.* (*pl.* **prognoses**) prognosi.

prognostic [prɔg'nɔstik] *agg* rivelatore; annunciatore. □ *s.* pronostico; presagio.

to **prognosticate** [prɔg'nɔstikeit] *vt* pronosticare; predire; prevedere.

prognostication [prɔg,nɔsti'keiʃən] *s.* pronostico; previsione.

programme ['prougræm] *s.* (*USA* **program**) programma; piano; progetto: *programme music,* musica descrittiva.

to **programme** ['prougræm] *vt* (*USA* **to program**) programmare; progettare: *programmed learning,* istruzione programmata.

programmer ['prougræmə*] *s.* programmatore.

programming ['prougræmiŋ] *s.* programmazione.

progress ['prougres] *s. (solo al sing.)* **1** progresso; avanzamento; cammino: *The patient is making good progress,* Il malato sta facendo buoni progressi. **2** *(stor. o scherz.)* viaggio ufficiale: *a royal progress through Cornwall,* un viaggio ufficiale del sovrano in Cornovaglia.

to **progress** [prou'gres] *vi* progredire; avanzare; fare progressi.

progression [prə'greʃən] *s.* **1** progresso; avanzamento; progressione; *(med.)* evoluzione. **2** *(matematica)* progressione.

progressive [prə'gresiv] *agg* **1** progressivo. **2** progressista. □ *avv* **progressively.**

□ *s.* progressista.

progressiveness [prə'gresivnis] *s.* **1** progressione; progressività. **2** progressismo.

to **prohibit** [prə'hibit] *vt* vietare; proibire; impedire: *Smoking prohibited,* È vietato fumare — *Tourist-class passengers are prohibited from using the promenade deck,* È proibito ai passeggeri di classe turistica servirsi del ponte di passeggio.

prohibition [,proui'biʃən] *s.* **1** proibizione; divieto. **2** *(stor., USA)* proibizionismo.

prohibitionism [,proui'biʃnizəm] *s.* proibizionismo.

prohibitionist [,proui'biʃnist] *s.* proibizionista.

prohibitive [prə'hibitiv] *agg* proibitivo. □ *avv* **prohibitively.**

prohibitory [prə'hibitəri] *agg* inibitorio; restrittivo.

project ['prɔdʒekt] *s.* **1** progetto; piano. **2** *(a scuola)* ricerca.

to **project** [prə'dʒekt] *vt e i.* **1** progettare. **2** proiettare *(anche fig.)*; lanciare: *to project sth onto sb,* proiettare qcsa su qcno — *to project oneself into a person's feelings,* mettersi nei panni di qcno. **3** *(geometria)* proiettare; fare la proiezione *(d'un solido)*. **4** sporgere; aggettare: *a balcony that projects over the street,* un balcone che si sporge sulla strada. **5** far conoscere le caratteristiche (di qcsa o qcno).

projectile [prə'dʒektail] *s.* proiettile; missile.

□ *agg (non molto comune)* impellente; missile.

projection [prə'dʒekʃən] *s.* **1** proiezione *(vari sensi, anche cartografia)*. **2** progettazione. **3** sporgenza; prominenza.

projectionist [prə'dʒekʃənist] *s.* proiezionista.

projector [prə'dʒektə*] *s.* **1** proiettore. **2** *(raro)* progettista.

prolapse ['proulæps] *s.* prolasso; abbassamento di un organo.

to **prolapse** [prou'læps] *vi* abbassarsi di un organo.

prole [proul] *s.* (*abbr. fam., scherz. o spreg. di* **proletarian**) proletario.

prolegomena [,proule'gɔminə] *s. pl* prolegomeni; introduzione.

proletarian [,proule'tɛəriən] *s. e agg* proletario.

proletariat [,proule'tɛəriət] *s.* **1** proletariato. **2** *(talvolta)* plebe.

to **proliferate** [prə'lifəreit] *vi e t.* proliferare; prolificare; moltiplicarsi.

proliferation [prə,lifə'reiʃən] *s.* proliferazione.

prolific [prə'lifik] *agg* prolifico; fecondo; produttivo.

prolix ['prouliks] *agg* prolisso.

prolixity [prou'liksiti] *s.* prolissità.

prologue ['proulɔg] *s.* (*USA anche* **prolog**) prologo; preludio *(anche fig.)*.

to **prolong** [prə'lɔŋ] *vt* prolungare; protrarre; prorogare: *to prolong a bill, (comm.)* prorogare un effetto (la scadenza di un effetto) — *to prolong matters,* tirare per le lunghe; menare il can per l'aia.

prolongation [,proulɔŋ'geiʃən] *s.* **1** prolungamento. **2** *(comm.)* proroga; rinvio.

prolusion [prou'lju:ʒən] *s.* saggio introduttivo; prolusione.

prom [prɔm] *s.* **1** *(GB, abbr. fam. di* promenade concert*)* concerto popolare di musica classica *(con posti in piedi: spec. all'Albert Hall di Londra)*. **2** (*GB, abbr. fam. di* **promenade 2**) lungomare. **3** (*USA, abbr. fam. di* **promenade 3**) ballo studentesco.

promenade [,prɔmi'nɑ:d/(*USA*) '-neid] *s.* **1** passeggiata. **2** lungomare; passeggiata. **3** *(USA)* ballo degli studenti.

□ *promenade concert* ⇨ **prom 1** — *promenade deck, (naut.)* ponte di passeggio.

to **promenade** [,prɔmi'nɑ:d/(*USA*) '-neid] *vi e t.* **1** passeggiare; andare a spasso. **2** condurre a passeggio. **3** passeggiare sul lungomare.

promenader [,prɔmi'nɑ:də*] *s.* **1** passeggiatore; gitante. **2** *(GB)* chi frequenta i 'promenade concerts' (*cfr.* **prom 1**).

prominence ['prɔminəns] *s.* **1** prominenza; sporgenza; rilievo. **2** importanza: *to come into prominence,* diventare importante.

prominent ['prɔminənt] *agg* **1** prominente; sporgente. **2** importante; notevole; cospicuo: *to play a prominent part,* avere una parte importante. □ *avv* **prominently.**

promiscuity [,prɔmis'kju(:)iti] *s.* **1** promiscuità; confusione; mescolanza. **2** convivenza promiscua; promiscuità.

promiscuous [prə'miskjuəs] *agg* **1** confuso; disordinato. **2** *(spreg.)* indiscriminato; promiscuo; casuale. □ *avv* **promiscuously.**

promise ['prɔmis] *s.* promessa: *to make (to give) a promise,* fare una promessa — *to keep (to carry out) a promise,* fare (mantenere) una promessa — *to break a promise,* mancare a una promessa — *a writer of promise,* uno scrittore promettente — *the land of promise,* la terra promessa — *under promise of...,* su promessa di...

to **promise** ['prɔmis] *vt* promettere: *He promised to be here (He promised that he would be here) at six o'clock,* Promise di essere qui alle sei — *The clouds promise rain,* Le nuvole promettono pioggia — *This scheme promises well,* Questo piano promette bene — *It promises to be warm this afternoon,* Questo pomeriggio promette di essere caldo. □ *to promise oneself,* ripromettersi.

promising ['prɔmisiŋ] *agg* promettente. □ *avv* **promisingly.**

promissory ['prɔmisəri] *agg* che contiene promesse; che implica promessa: *a promissory note,* un pagherò.

promontory ['prɔməntəri] *s.* promontorio.

to **promote** [prə'mout] *vt* **1** promuovere; far passare a grado superiore. **2** promuovere; favorire; aiutare; incoraggiare: *to promote a new company,* fondare una nuova società (commerciale) — *to promote a bill in Parliament,* farsi promotore di una legge in Parlamento.

promoter [prə'moutə*] *s.* promotore; fautore; fondatore *(di società commerciale)*.

promotion [prə'mouʃən] *s.* **1** promozione; avanzamento. **2** azione promozionale; promozione; incoraggiamento. **3** fondazione *(di una società commerciale)*:

promotion money, spese di costituzione (di fondazione).

[1]**prompt** [prɔmpt] *agg* pronto; sollecito; tempestivo; immediato; svelto; alacre; senza indugio: *prompt payment,* pagamento immediato — *prompt delivery,* consegna immediata — *The prompt arrival of the fire brigade saved the house from destruction,* L'arrivo tempestivo dei pompieri salvò la casa dalla distruzione. □ *avv* **promptly.**

[2]**prompt** [prɔmpt] *s. (teatro)* suggerimento: *prompt copy,* copione del suggeritore — *prompt box,* buca del suggeritore.

to **prompt** [prɔmpt] *vt* **1** spingere; indurre; incitare: *What prompted him to be so generous?,* Cosa lo ha indotto ad essere così generoso? **2** ispirare; consigliare. **3** *(spec. teatro)* suggerire.

prompter ['prɔmptə*] *s. (teatro)* suggeritore.

prompting ['prɔmptiŋ] *s.* suggerimento *(teatro, ma spesso fig.): the promptings of conscience,* i suggerimenti della coscienza — *He needed no prompting,* Non ci fu bisogno di suggerimenti.

promptitude ['prɔmptitju:d] *s.* = **promptness.**

promptness ['prɔmptnis] *s.* prontezza; sollecitudine; alacrità.

to **promulgate** ['prɔməlgeit] *vt* promulgare; rendere pubblico; annunciare ufficialmente; diffondere; propagare.

promulgation [,prɔməl'geiʃən] *s.* promulgazione; diffusione.

prone ['proun] *agg* **1** prono; prostrato. **2** incline; propenso *(generalm. con senso negativo): to be prone to error,* essere incline all'errore — *accident-prone,* incline agli incidenti.

proneness ['prounnis] *s.* propensione; inclinazione.

prong [prɔŋ] *s.* **1** rebbio; dente di forchetta o di forcone. **2** forcone da fieno. **3** ramificazione *(delle corna).*

-pronged [prɔŋd] *agg (nei composti)* dentato: *a three-pronged fork,* una forchetta a tre denti.

pronominal [prə'nɔminl] *agg* pronominale.

pronoun ['prounaun] *s.* pronome.

to **pronounce** [prə'nauns] *vt e i.* **1** dichiarare: *The wine was tasted and pronounced excellent,* Il vino fu assaggiato e dichiarato ottimo. **2** pronunciare: *He pronounces badly,* Ha una brutta pronuncia — *The 'b' in 'debt' is not pronounced,* La 'b' in 'debt' non si pronuncia. **3** pronunciare; emettere *(una sentenza).* **4** dichiararsi; pronunciarsi; esprimere la propria opinione: *to pronounce for (against) sb or sth,* dichiararsi in favore di (contro) qcno o qcsa.

pronounceable [prə'naunsəbl] *agg* pronunciabile.

pronounced [prə'naunst] *agg* pronunciato; marcato; spiccato; deciso. □ *avv* **pronouncedly.**

pronouncement [prə'naunsmənt] *s.* dichiarazione; asserzione.

pronto ['prɔntou] *avv (USA, fam.: dallo spagnolo)* prontamente; subito; immediatamente.

pronunciamento [prə,nʌnsiə'mentou] *s. (dallo spagnolo: pl.* **pronunciamentos)** **1** pronunciamento. **2** proclama rivoluzionario.

pronunciation [prə,nʌnsi'eiʃən] *s.* pronuncia.

[1]**proof** [pru:f] *s.* **1** prova; testimonianza; dimostrazione; *(matematica)* riprova. **2** prova; esame: *to put sth to the proof,* mettere qcsa alla prova — *The proof of the pudding is in the eating, (prov.)* Contano più i fatti delle parole. **3** *(tipografia)* prova di stampa; bozza: *proof-reading,* correzione delle bozze — *proof-pulling,* tiratura delle bozze — *proof-reader,* correttore di bozze. **4** gradazione alcoolica: *proof spirit,* miscela alcoolica con gradazione conforme alle leggi vigenti. **5** *(chim.)* provetta. **6** *(numismatica)* fondo specchio.

[2]**proof** [pru:f] *agg (spec. nei composti)* a prova (di); resistente (a): *bullet-proof,* a prova di pallottole — *water-proof,* impermeabile — *sound-proof,* insonorizzato; isolato acusticamente — *fool-proof, (mecc.)* sicuro contro false manovre; *(fig.)* infallibile — *wife-proof, (scherz., di elettrodomestico, ecc.)* a prova di massaia — *proof against temptation, (fig.)* resistente alle tentazioni.

to **proof** [pru:f] *vt* rendere impermeabile; impermeabilizzare.

prop [prɔp] *s.* **1** puntello: *pit-props,* travi di sostegno *(della volta di una miniera)* — *a clothes prop, (GB)* palo o bastone forcuto per tener su la corda del bucato. **2** *(fig.)* sostegno; bastone. **3** *abbr di* **propeller 1.** **4** *(generalm. al pl., teatro, cinema)* ⇨ **props.**

to **prop** [prɔp] *vt* (**-pp-**) **1** sostenere; puntellare *(anche fig.): Use this box to prop the door open,* Usa questa cassa per tenere aperta la porta. **2** appoggiare: *I propped the ladder against the wall,* Appoggiai la scala contro la parete. **3** *(di cavallo)* impuntarsi.

propaganda [,prɔpə'gændə] *s. (spesso spreg.)* propaganda. □ *attrib* di propaganda; propagandistico.

propagandist [,prɔpə'gændist] *s.* **1** propagandista. **2** missionario.

to **propagandize** [,prɔpə'gændaiz] *vi* fare propaganda.

to **propagate** ['prɔpəgeit] *vt e i.* **1** propagare; diffondere; trasmettere. **2** *(di pianta o animale)* riprodursi; propagarsi; moltiplicarsi.

propagation [,prɔpə'geiʃən] *s.* **1** *(bot., zool.)* propagazione; riproduzione. **2** *(di notizie, malattie, ecc.)* propagazione; trasmissione; diffusione.

propane ['proupein] *s.* propano.

to **propel** [prə'pel] *vt* (**-ll-**) spingere; muovere; azionare.

propellant, propellent [prə'pelənt] *agg e s.* propellente; propulsore.

propeller [prə'pelə*] *s. (naut., aereo, ecc.)* **1** elica. **2** propulsore.

propensity [prə'pensiti] *s.* inclinazione; tendenza: *a propensity to exaggerate,* una tendenza ad esagerare.

proper ['prɔpə*] *agg* **1** proprio; adatto; giusto; corretto; adeguato; opportuno: *Is this the proper tool for the job?,* È questo lo strumento adatto per questo lavoro? — *This is not a proper time for merrymaking,* Non è un momento opportuno per fare baldoria — *Are you doing it the proper way?,* Lo stai facendo alla maniera giusta? — *We must do the proper thing by him,* Dobbiamo comportarci con lui nel modo giusto.

2 conforme; conveniente; adatto; rispettabile; decente: *proper behaviour,* comportamento conveniente — *He's not at all a proper person for a young girl,* Non è affatto una persona adatta per una ragazza giovane — *That's not a proper thing to do,* Non è una cosa conveniente (da farsi).

3 *(gramm., matematica)* proprio: *'Mary' is a proper noun (name),* 'Mary' è un nome proprio — *proper fraction,* frazione propria.

4 *(seguito da* to*)* relativo; pertinente; riguardante: *the books proper to this subject,* i libri che riguardano questo argomento — *the psalms proper to this Sunday,* i salmi relativi a questa domenica.

5 *(ant.)* proprio *(come rafforzativo dell'agg. possessivo): I made it with my proper hands,* L'ho fatto con le mie proprie mani.

6 *(posto dopo un s.)* propriamente detto: *architecture proper,* l'architettura propriamente detta.
7 *(fam.)* vero e proprio; bello; bell'e buono: *We're in a proper mess,* Siamo in un vero e proprio pasticcio (in un bel pasticcio) — *He gave his son a proper licking,* Diede al figlio una bella dose di botte.
8 *(araldica: posto dopo un s.)* al naturale *(cioè con i colori naturali): a peacock proper,* un pavone al naturale.
□ **properly** *avv* **1** opportunamente; convenientemente; correttamente: *to behave properly,* comportarsi correttamente. **2** *(fam.)* completamente: *The American boxer was properly beaten by the new world champion,* Il pugile americano fu completamente battuto dal nuovo campione del mondo.

propertied ['prɔpətid] *agg* possidente *(spec. immobiliare): the propertied classes,* le classi possidenti; i proprietari terrieri.

property ['prɔpəti] *s.* **1** proprietà; possedimento *(la cosa che si possiede; il diritto di possedere; il fatto di possedere): He is a man of property,* È un possidente. *This is my property,* Questo è di mia proprietà — *He has a small property in Kent,* Ha una piccola proprietà nel Kent — *There is no property in the seashore,* Non c'è alcun diritto di proprietà sul litorale — *Property has its obligations,* La proprietà ha i suoi obblighi — *industrial property,* proprietà industriale — *personal property,* beni mobili — *real property,* beni immobili — *lost property,* oggetti smarriti — *The news is common property,* La notizia è di dominio pubblico. **2** caratteristica; proprietà; qualità particolare: *the chemical properties of iron,* le proprietà (le caratteristiche) chimiche del ferro — *herbs with healing properties,* erbe dotate di proprietà terapeutiche (curative). **3** materiale di scena; oggetti usati in una rappresentazione teatrale *(escluso lo scenario): property-man; property-master,* trovarobe.

prophecy ['prɔfisi] *s.* profezia; predizione.

prophesy ['prɔfisi] *s.* = **prophecy.**

to **prophesy** ['prɔfisai] *vt e i.* profetizzare; predire.

prophet ['prɔfit] *s.* **1** profeta *(anche fig.)*; indovino: *No man is a prophet in his own country,* Nessuno è profeta in patria — *I'm not a good weather prophet,* Non so fare esatte previsioni meteorologiche. **2** apostolo; fautore.

prophetess ['prɔfitis] *s.* profetessa.

prophetic [prə'fetik] *agg* profetico. □ *avv* **prophetically.**

prophylactic [,prɔfi'læktik] *agg* profilattico.
□ *s.* **1** medicamento, trattamento profilattico. **2** profilattico; preservativo.

prophylaxis [,prɔfi'læksis] *s.* profilassi.

propinquity [prə'piŋkwiti] *s.* **1** propinquità; vicinanza. **2** affinità; somiglianza.

to **propitiate** [prə'piʃieit] *vt* propiziare; ottenere il favore (la protezione) di.

propitiation [prə,piʃi'eiʃən] *s.* propiziazione; pacificazione; espiazione.

propitiatory [prə'piʃiətəri] *agg* propiziatorio; conciliante: *With a propitiatory smile he offered her a large bunch of roses,* Con un sorriso propiziatorio le offrì un grosso mazzo di rose.
□ *s. (religione ebraica)* propiziatorio; tavola dell'Arca della Santa Alleanza.

propitious [prə'piʃəs] *agg* propizio; favorevole. □ *avv* **propitiously.**

proportion [prə'pɔ:ʃən] *s.* proporzione.

proportionable [prə'pɔ:ʃnəbl] *agg* proporzionabile; proporzionale.

proportional [prə'pɔ:ʃənl] *agg* proporzionale; adeguato; proporzionato; commisurato: *proportional representation,* rappresentanza proporzionale.
□ *avv* **proportionally.**

proportionate [prə'pɔ:ʃənit] *agg* = **proportional.**

proportioned [prə'pɔ:ʃənd] *agg* proporzionato.

proposal [prə'pouzəl] *s.* **1** proposta; offerta. **2** proposta di matrimonio.

to **propose** [prə'pouz] *vt e i.* **1** proporre: *I propose an early start; I propose starting early,* Propongo di partire presto — *I propose Mr Smith for chairman,* Propongo il signor Smith come presidente — *to propose a toast,* proporre un brindisi — *Man proposes, God disposes, (prov.)* L'uomo propone e Dio dispone. **2 to propose to sb,** fare una proposta di matrimonio; dichiararsi.

proposer [prə'pouzə*] *s.* chi propone.

proposition [,prɔpə'ziʃən] *s.* **1** affermazione; asserzione; *(matematica, filosofia)* teorema; proposizione. **2** proposta: *to make sb a proposition,* fare una proposta; *(fam.)* fare una proposta indecente. **3** *(fam.)* problema; progetto; impresa; compito: *a tricky proposition,* una impresa difficoltosa.

to **propound** [prə'paund] *vt* **1** proporre; mettere avanti: *to propound a theory (a riddle),* proporre una teoria (un indovinello). **2** *(dir.)* produrre *(un testamento)* per l'autenticazione.

proprietary [prə'praiətəri] *agg* **1** di proprietà riservata: *proprietary medicines,* specialità medicinali o farmaceutiche brevettate — *proprietary company, (in Australia e Nuova Zelanda)* società per azioni a carattere familiare. **2** relativo alla proprietà; di proprietario; possidente; abbiente.

proprietor [prə'praiətə*] *s.* proprietario; padrone.

proprietress [prə'praiətris] *s.* proprietaria; padrona.

propriety [prə'praiəti] *s.* **1** correttezza; proprietà: *a breach of propriety,* una mancanza di correttezza; una sconvenienza. **2** opportunità; convenienza. **3** *(al pl.)* convenienze; norme di buona creanza.

props [prɔps] *s. pl (teatro, ecc.: abbr. di* stage properties*)* materiali di scena *(escluso lo scenario).*

propulsion [prə'pʌlʃən] *s.* propulsione; spinta.

propulsive [prə'pʌlsiv] *agg* propulsivo; propellente.

pro rata [prou'reitə] *avv (lat.)* proporzionale; secondo la quota.

prorogation [,prourə'geiʃən] *s. (GB)* scioglimento non definitivo di una legislatura.

to **prorogue** [prə'roug] *vt (GB)* sciogliere temporaneamente *(una legislatura).*

prosaic [prou'zeiik] *agg* prosaico; banale; tedioso.
□ *avv* **prosaically.**

proscenium [prou'si:njəm] *s.* proscenio.

to **proscribe** [prous'kraib] *vt* proscrivere; esiliare; bandire *(anche fig.).*

proscription [prous'kripʃən] *s.* proscrizione; bando; esilio.

prose [prouz] *s.* **1** prosa: *prose writer,* prosatore. **2** prosaicità.

to **prosecute** ['prɔsikju:t] *vt* **1** proseguire; continuare; seguitare; portare avanti: *to prosecute a trade (one's studies, an inquiry),* portare avanti un commercio (i propri studi, un'indagine). **2** perseguire *(a termini di legge)*; intentare azione legale *(spec. penale)* contro: *to be prosecuted for dangerous driving,* essere messo sotto accusa per guida pericolosa.

prosecution [,prɔsi'kju:ʃən] *s.* **1** esecuzione; esercizio: *in the prosecution of one's duties,* nell'esercizio delle proprie funzioni. **2** *(dir. penale)* procedimento giudiziario; causa; processo: *to make oneself liable to*

prosecution, rendersi passibile di accusa — *to start a prosecution against sb,* promuovere un'azione penale contro qcno; imputare qcno. **3** *(dir.)* (l')accusa; (la) parte querelante: *witness for the prosecution; prosecution witness,* testimone d'accusa.
prosecutor ['prɔsikju:tə*] *s.* accusatore; querelante; chi promuove un'azione penale: *Public Prosecutor,* Pubblico Accusatore; Pubblico Ministero.
proselyte ['prɔsilait] *s.* proselito; neofita.
to **proselytize** ['prɔsilitaiz] *vi* fare proseliti. □ *vt* convertire.
prosiness ['prouzinis] *s.* banalità; tediosità; monotonia.
prosody ['prɔsədi] *s.* metrica; prosodia.
prospect ['prɔspekt] *s.* **1** vista; panorama. **2** prospettiva; previsione. **3** speranza; possibilità; aspettativa: *I see no prospect of his recovery,* Non vedo come possa guarire. **4** *(spec. USA)* cliente, candidato probabile.
to **prospect** [prəs'pekt] *vi* **1** esplorare; cercare *(minerali): to prospect for gold,* cercare l'oro. **2** *(di miniere)* promettere: *The new mine prospects quite well,* La nuova miniera promette abbastanza bene.
prospecting [prəs'pektiŋ] *s.* ricerca di giacimenti minerari.
prospective [prəs'pektiv] *agg* **1** probabile; auspicabile; eventuale; sperato. **2** futuro: *my prospective mother-in-law,* la mia futura suocera.
prospector [prəs'pektə*] *s.* cercatore *(d'oro, ecc.).*
prospectus [prəs'pektəs] *s.* *(pl.* **prospectuses**) prospetto; programma; presentazione.
to **prosper** ['prɔspə*] *vi e t.* **1** prosperare; fiorire; avere successo. **2** *(riferito a Dio)* fare prosperare; assistere.
prosperity [prɔs'periti] *s.* prosperità; benessere.
prosperous ['prɔspərəs] *agg* **1** prospero; fiorente. **2** fausto; favorevole; propizio. □ *avv* **prosperously.**
prostate ['prɔsteit] *s.* prostata.
prostitute ['prɔstitju:t] *s.* prostituta.
to **prostitute** ['prɔstitju:t] *vt* **1** prostituire *(anche fig.).* **2** *to prostitute oneself,* prostituirsi.
prostitution [,prɔsti'tju:ʃən] *s.* prostituzione *(anche fig.).*
prostrate ['prɔstreit] *agg* prostrato *(anche fig.);* abbattuto *(anche fig.);* prono; fiaccato.
to **prostrate** [prɔs'treit] *vt* **1** prosternare; abbattere. **2** *to prostrate oneself,* prosternarsi. **3** *(di solito al passivo)* prostrare; abbattere; sopraffare: *Several competitors were prostrated by the heat,* Parecchi concorrenti erano prostrati dal caldo — *She was prostrated with grief,* Era sopraffatta dal dolore.
prostration [prɔs'treiʃən] *s.* **1** prostrazione; abbattimento. **2** prosternazione; il prosternarsi.
prosy ['prouzi] *agg* (**-ier**; **-iest**) noioso; banale; tedioso; monotono; privo di immaginazione: *a prosy writer,* uno scrittore noioso, con scarsa fantasia.
□ *avv* **prosily.**
protagonist [prou'tægənist] *s.* **1** protagonista. **2** *(per estensione)* fautore; sostenitore.
protean [prou'ti:ən] *agg* proteiforme; mutevole; versatile.
to **protect** [prə'tekt] *vt* proteggere; salvaguardare; tutelare.
protection [prə'tekʃən] *s.* **1** protezione; difesa; scorta: *to drink brandy as a protection against the cold,* bere 'cognac' per difendersi dal freddo — *protection money,* quota di protezione *(pagata ai banditi, alla mafia, ecc.)* — *to live under sb's protection, (di donna)* essere la mantenuta di qcno. **2** protezionismo. **3** *(USA)* certificato di nazionalità rilasciato ai marinai.
protectionism [prə'tekʃənizəm] *s.* protezionismo.
protectionist [prə'tekʃənist] *s.* protezionista.
protective [prə'tektiv] *agg* protettivo; difensivo: *protective colouring,* colori protettivi *(per la mimetizzazione)* — *protective custody, (dir.)* custodia preventiva — *protective sheath,* preservativo — *to feel protective towards sb,* nutrire sentimenti di protezione verso qcno. □ *avv* **protectively.**
protectivism [prə'tektivizəm] *s.* protezionismo.
protector [prə'tektə*] *s.* **1** protettore; patrono; difensore. **2** dispositivo di protezione: *boot-protector, (di scarpa)* salvapunte; salvatacco.
protectorate [prə'tektərit] *s.* protettorato.
protectress [prə'tektris] *s.* protettrice.
protégé ['proutezei] *s.* *(fr.: f.* **protégée**) pupillo; protetto.
protein ['prouti:n] *s.* proteina.
pro tempore ['prou'tempəri] *avv (spesso abbr. in* pro tem*)* temporaneamente; per il momento.
protest ['proutest] *s.* **1** protesta; reclamo: *to make (to lodge) a protest,* presentare (sporgere) una protesta — *to do sth under protest,* fare qcsa protestando (levando protesta). **2** *(dir.)* protesto *(di una cambiale, ecc.).* **3** riserva *(di far valere un diritto).* □ *ship's protest,* dichiarazione di avaria.
to **protest** [prə'test] *vt e i.* **1** protestare; affermare con forza; dichiarare. **2** protestare; elevare protesta. **3** *(dir.)* protestare *(una cambiale, ecc.).*
Protestant ['prɔtistənt] *s. e agg* protestante.
Protestantism ['prɔtistəntizəm] *s.* protestantesimo.
protestation [,proutes'teiʃən] *s.* **1** protesta; affermazione decisa; dichiarazione solenne. **2** protesta; obiezione.
protester [prə'testə*] *s.* contestatore.
Proteus ['proutju:s] *s.* **1** Proteo; *(zool.)* proteo. **2** persona o cosa mutevole.
protocol ['proutəkɔl] *s.* **1** *(diplomazia)* protocollo. **2** *(med.)* schema di trattamento; protocollo.
proton ['proutɔn] *s.* protone.
protoplasm ['proutəplæzəm] *s.* protoplasma.
prototype ['proutətaip] *s.* prototipo.
protozoa [,proutə'zouə] *s. pl* protozoi.
to **protract** [prə'trækt] *vt* **1** protrarre; prolungare. **2** riprodurre in scala; rapportare *(un disegno).*
protraction [prə'trækʃən] *s.* **1** protrazione; prolungamento. **2** riproduzione in scala *(di un disegno).*
protractor [prə'træktə*] *s.* **1** goniometro. **2** *(anat.)* muscolo estensore.
to **protrude** [prə'tru:d] *vt e i.* sporgere; fare sporgere; mettere fuori.
protrusion [prə'tru:ʒən] *s.* sporgenza; prominenza; protrusione.
protrusive [prə'tru:siv] *agg* sporgente; prominente.
protuberance [prə'tju:bərəns] *s.* protuberanza.
protuberant [prə'tju:bərənt] *agg* protuberante.
proud [praud] *agg* **1** orgoglioso; fiero: *They are proud of their success,* Sono orgogliosi del loro successo — *I'm proud to belong to such a regiment,* Sono fiero d'appartenere ad un tal reggimento — *house-proud,* orgoglioso della propria casa. **2** altero; superbo: *He is too proud to join our party,* È troppo altezzoso per partecipare alla nostra festa. **3** splendido; superbo: *soldiers in proud array,* soldati in uno splendido schieramento — *It was a proud day when our team won the championship,* Fu un giorno memorabile quello in cui la nostra squadra vinse il campionato — *His garden was a proud sight,* Il suo giardino era una

visione superba. □ *proud flesh, (med.)* tessuto di granulazione — *proud waters,* acque ingrossate — *proud-hearted,* altezzoso. □ *avv* **proudly.**
□ *in funzione avverbiale (nell'espressione) to do sb proud,* trattare qcno con grandi onori — *You do me proud,* Mi onora troppo; Non merito tanto.

provable ['pru:vəbl] *agg* provabile; dimostrabile; documentabile.

to **prove** [pru:v] *vt e i.* (*p. pass. ant., dial. e USA* **proven**) **1** provare; dimostrare: *to prove sb's guilt,* provare, dimostrare che qcno è colpevole — *His guilt was clearly proved,* La sua colpevolezza fu chiaramente provata — *I shall prove to you that the witness is quite unreliable,* Vi dimostrerò che il testimone è del tutto inattendibile — *He was proved right in the end,* Alla fine gli diedero ragione — *The exception proves the rule,* L'eccezione conferma la regola. **2** verificare; collaudare; mettere alla prova; dimostrare l'autenticità: *to prove a man's worth,* verificare il valore d'un uomo — *to prove a will,* dimostrare l'autenticità d'un testamento — *proving grounds,* terreni di prova *(p.es. per automobili).* **3** rivelarsi: *The new typist proved (to be) useless,* La nuova dattilografa si rivelò inutile — *He proved (himself) to be a coward,* Dimostrò d'essere un vigliacco — *Our food supply proved (to be) insufficient,* Le nostre provviste di cibo si rivelarono insufficienti.

proven ['pru:vən] *p. pass ant e USA di* **to prove** **1** provato; comprovato; dimostrato. **2** sperimentato; collaudato. □ *a 'not proven' verdict, (dir., in Scozia)* un verdetto *(emesso da una giuria)* di assoluzione per mancanza di prove.

provenance ['prɔvənəns] *s.* provenienza; origine.

provender ['prɔvində*] *s.* **1** foraggio; biada. **2** *(fam., scherz.)* cibo; approvvigionamenti.

proverb ['prɔvəb] *s.* proverbio.

proverbial [prə'və:bjəl] *agg* proverbiale. □ *avv* **proverbially.**

to **provide** [prə'vaid] *vi e t.* **1** provvedere; fornire: *He has a large family to provide for,* Deve provvedere ad una famiglia numerosa — *I am already provided with all I need,* Sono già fornito di tutto quanto mi occorre — *to be well provided with cash,* essere ben provvisto di denaro contante — *to provide against sth,* premunirsi contro qcsa. **2** stipulare; stabilire: *A clause in the agreement provides that...,* Una clausola nel contratto stabilisce che...

provided, providing [prə'vaidid/prə'vaidiŋ] *congiunz (talvolta seguito da* that*)* purché; a patto che; sempre che: *I'll go provided they pay (provided that they pay) my expenses,* Ci andrò a patto che mi rimborsino le spese.

providence ['prɔvidəns] *s.* **1** *(un tempo)* previdenza; economia. **2** *(spesso con la maiuscola)* la Divina Provvidenza: *to tempt providence,* sfidare la Provvidenza.

provident ['prɔvidənt] *agg* previdente; provvido; prudente; previdenziale: *provident fund,* fondo di previdenza. □ *avv* **providently.**

providential [,prɔvi'denʃəl] *agg* provvidenziale. □ *avv* **providentially.**

provider [prə'vaidə*] *s.* provveditore; chi provvede; fornitore. □ *lion's provider,* sciacallo *(anche fig.)* — *universal provider, (GB)* commerciante di ogni genere di merce.

providing [prə'vaidiŋ] *congiunz* ⇨ **provided.**

province ['prɔvins] *s.* **1** regione; distretto; provincia; *(GB, al pl.)* tutto il paese, salvo la capitale (*anche spreg.*): *The exhibition is now touring the provinces,* La mostra sta facendo ora il giro del Paese. **2** provincia ecclesiastica; archidiocesi. **3** *(fig.)* competenza; sfera d'azione: *That is outside my province,* Ciò non è di mia competenza.

provincial [prə'vinʃəl] *agg* provinciale; della provincia; *(per estensione)* rozzo; provinciale; campagnolo. □ *avv* **provincially.**
□ *s.* **1** provinciale *(anche spreg.).* **2** padre provinciale.

provincialism [prə'vinʃəlizəm] *s.* provincialismo.

provision [prə'viʒən] *s.* **1** provvedimento: *to make provision for one's old age,* provvedere alla propria vecchiaia — *to make provision against sth,* premunirsi contro qcsa. **2** rifornimento: *to issue a provision of meat to the troops,* dare un rifornimento di carne alle truppe. **3** *(al pl.)* provviste; viveri; commestibili. **4** clausola; articolo; disposizione: *If there is no provision to the contrary...,* Se non vi sono disposizioni contrarie...

to **provision** [prə'viʒən] *vt* approvvigionare; rifornire.

provisional [prə'viʒənl] *agg* provvisorio; temporaneo. □ *avv* **provisionally.**
□ *s. (in Irlanda)* membro dell'ala 'Provisional' (cioè estremista) dell'IRA.

proviso [prə'vaizou] *s.* (*pl.* **provisos**; *USA anche* **provisoes**) clausola limitativa.

provisory [prə'vaizəri] *agg* limitativo.

Provo ['prouvou] *s.* 'provo'; estremista *(in Olanda, in Germania, ecc., e anche in Irlanda; cfr.* **provisional,** *s.).*

provocation [,prɔvə'keiʃən] *s.* provocazione: *to do sth under provocation,* fare qcsa in seguito a provocazione — *She flares up at (o on) the slightest provocation,* Si inalbera alla più leggera provocazione.

provocative [prə'vɔkətiv] *agg* provocatore; provocatorio. □ *avv* **provocatively.**

to **provoke** [prə'vouk] *vt* provocare; incitare; stuzzicare; sollevare *(una rivolta).*

provoking [prə'voukiŋ] *agg* provocante; esasperante: *How provoking of them to be so late!,* Come è esasperante il loro ritardo! □ *avv* **provokingly.**

provost ['prɔvəst] *s.* **1** *(GB, universitario)* rettore. **2** *(in Scozia)* sindaco; borgomastro. **3** *(mil.* prə'vou, *USA* 'prouvou*) provost marshal,* capo della polizia militare — *provost sergeant,* sergente della polizia militare.

prow [prau] *s.* prua; prora.

prowess ['prauis] *s.* **1** prodezza; valore. **2** capacità; bravura; abilità.

prowl [praul] *s.* andatura cauta di chi spia la preda: *to be on the prowl,* essere alla ricerca della preda.

to **prowl** [praul] *vi e t.* girovagare, aggirarsi, attraversare, pattugliare, andare, ecc. con aria sospetta, come in cerca di qcsa: *prowl car, (USA)* automobile della polizia celere.

prowler ['praulə*] *s.* **1** chi è in cerca di preda; predone. **2** animale da preda; predatore.

prox [prɔks] *agg* ⇨ **proximo.**

proximate ['prɔksimət] *agg* **1** vicino; immediato; prossimo. **2** approssimativo.

proximity [prɔk'simiti] *s.* prossimità; vicinanza: *in close proximity,* in stretta vicinanza — *proximity of blood,* consanguineità.

proximo ['prɔksimou] *agg (lat.: abbr.* **prox** *nelle lettere comm., ecc.)* del mese venturo, prossimo: *on the 22nd prox,* il 22 del mese prossimo.

proxy ['prɔksi] *s.* **1** mandato; procura: *to vote by proxy,* votare per procura. **2** mandatario; procuratore; rappresentante: *to make one's wife one's proxy,* fare della propria moglie il proprio rappresentante.

prude [pru:d] *s.* persona esageratamente e affettatamente pudica.
prudence ['pru:dəns] *s.* prudenza; accortezza; giudiziosità.
prudent ['pru:dənt] *agg* prudente; cauto; accorto; giudizioso. □ *avv* **prudently.**
prudential [pru(:)'denʃəl] *agg* prudenziale.
prudery ['pru:dəri] *s.* pudore esagerato e affettato; santimonia; santocchieria.
prudish ['pru:diʃ] *agg* esageratamente pudibondo; affettatamente timorato; 'prude'. □ *avv* **prudishly.**
prune [pru:n] *s.* **1** prugna secca. **2** prugna *(il colore).*
to **prune** [pru:n] *vt* **1** potare; sfrondare; mondare *(alberi, arbusti).* **2** *(fig.)* sfrondare; alleggerire *(uno scritto, un discorso, ecc.).*
pruners ['pru:nəz] *s. pl* forbici da giardino.
pruning ['pru:niŋ] *s.* potatura.
prurience, pruriency ['pruəriəns(i)] *s.* lascivia; libidine; pruriginosità.
prurient ['pruəriənt] *agg* lascivo; libidinoso; pruriginoso. □ *avv* **pruriently.**
Prussian ['prʌʃən] *agg* prussiano: *Prussian blue,* blu di Prussia.
prussic ['prʌsik] *agg* prussico.
[1]to **pry** [prai] *vt* (= [2]**to prize**) aprire; forzare (facendo uso di una leva).
[2]to **pry** [prai] *vi* curiosare; spiare; ficcare il naso nei fatti altrui.
prying ['praiiŋ] *agg* curioso; inquisitivo. □ *avv* **pryingly.**
psalm [sɑ:m] *s.* salmo.
psalmist ['sɑ:mist] *s.* salmista; compositore di salmi: *the Psalmist,* il Salmista (Davide).
psalmody ['sælmədi] *s.* salmodia.
psalter ['sɔ:ltə*] *s.* salterio *(libro, raccolta dei salmi).*
psaltery ['sɔ:ltəri] *s.* salterio *(strumento a corde).*
psephology ['si:,fɔlədʒi] *s.* lo studio scientifico delle elezioni politiche *(con statistiche, sondaggi, ecc.).*
pseud ['sju:d] *s. (sl. GB, anni Sessanta)* finto intellettuale; intellettualoide snob.
pseudo ['sju:dou] *s. e agg (fam.)* falso; finto; doppio: *There's something pseudo about him,* In lui c'è qualcosa di fasullo.
pseudonym ['sj:udounim] *s.* pseudonimo.
pseudonymous [sju'dɔniməs] *agg* pseudonimo.
pshaw [ʃɔ:] *interiezione* puah!; uffa! *(per esprimere disprezzo o impazienza).*
psyche ['saiki] *s. (zool., psicologia)* psiche.
to **psych(e)** [saiki] *vt e i. (USA, sl.)* **1** criticare o rimproverare aspramente. **2** *(seguito da* out*)* avere un crollo nervoso. **3** *(seguito da* up*)* stimolare; incitare.
psychedelic ['saikə,delik] *agg* psichedelico.
psychiatric [,saiki'ætrik] *agg* psichiatrico.
psychiatrist [sai'kaiətrist] *s.* psichiatra; alienista.
psychiatry [sai'kaiətri] *s.* psichiatria.
psychic ['saikik] *agg* psichico; medianico. □ *s. (fam.)* medium.
psychical ['saikikl] *agg* psichico. □ *avv* **psychically.**
psychics ['saikiks] *s. (col v. al sing., fam.)* psicologia.
to **psychoanalyse,** to **psychoanalize** [,saikou'ænəlaiz] *vt* psicanalizzare.
psycho-analysis [,saikouə'nælisis] *s.* psicanalisi.
psycho-analyst [,saikou'ænəlist] *s.* psicanalista.
psycho-analytic ['saikou,ænə'litik] *agg* psicanalitico.
psychological [,saikə'lɔdʒikəl] *agg* psicologico. □ *avv* **psychologically.**
psychologist [sai'kɔlədʒist] *s.* psicologo, psicologa.
psychology [sai'kɔlədʒi] *s.* psicologia.
psychopath ['saikoupæθ] *s.* psicopatico.
psychopathic [,saikou'pæθik] *agg* psicopatico. □ *avv* **psychopathically.**
psychosis [sai'kousis] *s.* *(pl.* **psychoses***)* psicosi.
psychotherapy ['saikou'θerəpi] *s.* psicoterapia.
psychotic [sai'kɔtik] *agg e s.* psicotico.
ptarmigan ['tɑ:migən] *s.* pernice bianca.
pterodactyl [,terou'dæktil] *s.* pterodattilo.
ptomaine ['toumein] *s.* ptomaina.
pub [pʌb] *s. (GB: abbr. di* public house*)* 'pub'; locale pubblico *(in cui si servono principalmente alcoolici): to go on a pub crawl,* fare il giro di più 'pubs' nella stessa serata.
puberty ['pju:bəti] *s.* pubertà.
pubescence [pju(:)'besns] *s.* pubescenza.
pubescent [pju(:)'besnt] *agg* pubescente; pubere.
pubic ['pju:bik] *agg* pubico.
public ['pʌblik] *agg* **1** pubblico: *a matter of public knowledge,* un argomento di dominio pubblico — *public utilities,* servizi pubblici — *public opinion,* l'opinione pubblica — *public relations, (spesso abbr. in* P.R.*)* relazioni pubbliche — *to go public,* trasformarsi in società le cui azioni sono offerte al pubblico — *to enter public life,* entrare nella vita pubblica — *public house* ⇨ **pub** — *public school, (GB)* scuola privata superiore con collegio *(generalm. di antica fondazione); (USA)* scuola statale — *public spirit,* senso civico — *public-spirited,* dotato di senso civico — *public orator, (GB)* oratore ufficiale (d'università). **2** nazionale: *public holiday,* festa nazionale — *a public enemy,* un nemico della nazione; un nemico pubblico. □ *avv* **publicly.**
□ *s. (con il v. al sing. o al pl.)* il pubblico: *The public is (o are) requested not to leave litter in the park,* Si prega (il pubblico) di non lasciare rifiuti nel parco — *the theatre-going public,* il pubblico che va a teatro — *the reading public,* i lettori; il pubblico che legge.
publican ['pʌblikən] *s.* **1** *(GB)* gestore di un 'pub'. **2** *(stor.)* pubblicano; gabelliere.
publication [,pʌbli'keiʃən] *s.* pubblicazione.
publicist ['pʌblisist] *s.* **1** pubblicista *(giornalista, scrittore).* **2** studioso; esperto di diritto pubblico o internazionale.
publicity [pʌb'lisiti] *s.* pubblicità: *an actress who seeks (who avoids) publicity,* un'attrice che va in caccia di (che evita) pubblicità — *a publicity campaign,* una campagna pubblicitaria.
to **publicize** ['pʌblisaiz] *vt* pubblicizzare; propagandare; fare pubblicità (a).
to **publish** ['pʌbliʃ] *vt* **1** pubblicare; stampare. **2** pubblicare; promulgare; rendere pubblico; divulgare; diffondere.
publisher ['pʌbliʃə*] *s.* editore.
puce [pju:s] *s.* bruno-purpureo; color pulce.
[1]**puck** [pʌk] *s. (nel folclore)* folletto; demonietto malizioso.
[2]**puck** [pʌk] *s.* disco di gomma usato nel gioco dell'hockey su ghiaccio.
pucka ['pʌkə] *agg (anglo-indiano)* = **pukka.**
pucker ['pʌkə*] *s.* piega; grinza.
to **pucker** ['pʌkə*] *vt e i.* corrugare; increspare; raggrinzare; fare pieghe: *to pucker up one's brows,* corrugare la fronte (aggrottare le ciglia) — *This coat puckers up at the shoulders,* Questa giacca fa delle pieghe sulle spalle.
puckish ['pʌkiʃ] *agg* birichino; maliziosetto. □ *avv* **puckishly.**
pud [pud] *s., abbr fam di* **pudding.**
pudden-head ['pudinhed] *s. (fam.* = pudding-head*)* testone; cretino.

pudding ['pudiŋ] *s.* **1** budino: *milk pudding,* budino al latte *(spec. di riso).* **2** salsiccia: *black pudding,* sanguinaccio. **3** *(sl.)* boccone di carne avvelenata *(gettato dai ladri ai cani).* **4** *(geologia) pudding stone,* puddinga; conglomerato.
□ *pudding face,* faccia grassa e tonda; 'facciona' — *pudding-head,* testone; cretino — *pudding heart,* vigliacco; fifone — *more praise than pudding,* più lodi che ricompense — *The proof of the pudding is in the eating, (prov.)* Contano più i fatti delle parole.

puddle ['pʌdl] *s.* **1** pozzanghera. **2** malta. **3** *(fam.)* pasticcio; imbroglio.

to **puddle** ['pʌdl] *vt* **1** fare la malta; spalmare di malta. **2** puddellare; sottoporre a puddellaggio. **3** sguazzare nel fango; imbrattare.

puddler ['pʌdlə*] *s.* **1** impastatore di malta. **2** operaio addetto al puddellaggio; affinatore.

pudgy ['pʌdʒi] *agg* tozzo e grasso; bassotto.

puerile ['pjuərail] *agg (spreg.)* puerile; infantile; sciocco. □ *avv* **puerilely.**

puerility [pjuə'riliti] *s. (spreg.)* puerilità.

puerperal [pju(:)'ə:pərəl] *agg* puerperale.

puff [pʌf] *s.* **1** soffio; sbuffo: *puff-puff, (GB)* tù-tù *(onomatopea della locomotiva a vapore, nel linguaggio infantile)* — *to have a puff at a pipe,* fare uno sbuffo di fumo con la pipa — *to be short of puff, (fam.)* essere senza fiato. **2** sbuffo *(di manica): puff sleeves,* maniche a sbuffo. **3** *(anche* powder puff*)* piumino della cipria: *puff box,* portacipria (con piumino). **4** montatura pubblicitaria; gonfiatura; soffietto. **5** ciuffo sulla fronte. □ *puff adder,* vipera del Sudafrica — *puff ball,* vescia di lupo — *puff paste (pastry),* pasta sfoglia, sfogliata — *jam-puff,* bigné alla marmellata.

to **puff** [pʌf] *vi e t.* **1** soffiare; sbuffare; ansimare; ansare; emettere, tirare boccate di fumo: *He puffed out the candle,* Soffiò sulla candela (spegnendola) — *He managed to puff out a few words,* Riuscì ad emettere, ansando, alcune parole — *to be puffed, (fam.)* essere senza fiato — *puffed up,* inorgoglito; insuperbito; gonfio d'orgoglio; gonfio di boria. **2** *(seguito da* out*)* gonfiare, gonfiarsi: *He puffed out his chest with pride,* Gonfiò il petto per l'orgoglio. **3** esaltare; decantare; reclamizzare esageratamente; 'gonfiare' *(un libro, ecc.).* **4** *(GB)* far salire i prezzi (ad un'asta pubblica).

puffin ['pʌfin] *s.* pulcinella di mare.

puffiness ['pʌfinis] *s.* gonfiore.

puffy ['pʌfi] *agg* **(-ier; -iest) 1** ansante; ansimante; sbuffante. **2** gonfio; tumido.

[1]**pug** [pʌg] *s.* **1** *(anche* pug-dog*)* carlino *(tipo di cane): pug-nose(d),* dal naso corto e schiacciato; rincagnato. **2** *(sl.)* capocameriere. **3** *(sl.)* locomotore di manovra. **4** piccolo animale domestico; scimmietta; volpe. **5** *abbr fam di* **pugilist.**

[2]**pug** [pʌg] *s. (anglo-indiano)* orma d'animale.

[3]**pug** [pʌg] *s.* impasto di argilla *(usato in edilizia): pug-mill,* impastatore di argilla.

pugilism ['pju:dʒilizəm] *s.* pugilato.

pugilist ['pju:dʒilist] *s.* pugile.

pugilistic [,pju:dʒi'listik] *agg* pugilistico.

pugnacious [pʌg'neiʃəs] *agg* pugnace; battagliero; combattivo; litigioso. □ *avv* **pugnaciously.**

pugnacity [pʌg'næsiti] *s.* combattività.

puisne ['pju:ni] *agg (ant., dir.: spec. di giudice)* inferiore; di grado inferiore; meno anziano.

puissance ['pju(:)isns] *s. (fr., ant.)* possanza; forza; vigore.

puissant ['pju(:)isnt] *agg (fr.)* possente; forte; vigoroso.

to **puke** [pju:k] *vi e t.* vomitare.

pukka ['pʌkə] *agg (anglo-indiano)* autentico; genuino: *(specie nell'espressione) a pukka sahib,* un vero signore.

pulchritude ['pʌlkritju:d] *s. (molto formale)* bellezza.

pulchritudinous ['pʌlkritju:dinəs] *agg (molto formale)* bello.

to **pule** [pju:l] *vi (di bambino)* piagnucolare; frignare.

pull [pul] *s.* **1** tirata; strappo; strattone: *to give a pull at a rope,* dare uno strattone ad una corda — *bell-pull,* cordone di campanello — *beer-pull,* leva della spina della birra. **2** sorso; sorsata: *He took a pull at the bottle,* Bevve una sorsata dalla bottiglia. **3** tirata (sforzo): *It was a long pull to the top of the mountain,* Fu una bella tirata arrivare in cima alla montagna. **4** *(fis.)* attrazione; *(mecc.)* trazione; *(fam., fig., per estensione)* influenza; influsso; ascendente; *(sl. pubblicitario)* attrazione: *gravitational pull,* attrazione gravitazionale — *He has a strong pull with the Managing Director,* Ha molta influenza sul direttore generale. **5** *(tipografia)* copia di prova.

to **pull** [pul] *vt e i.* **1** tirare; trascinare; trarre: *to pull sth away (off),* tirar via (strappare) qcsa — *to pull sth down,* tirar giù qcsa; farlo cadere — *to pull sth up,* tirar su qcsa; issarlo — *The horse was pulling the cart,* Il cavallo tirava il carretto — *Pull your chair up to the table,* Accosta la sedia al tavolo — *The baby pulled its father's hair,* Il bambino tirava i capelli a suo padre — *He pulled my ears (me by the ears),* Mi tirò le orecchie (per le orecchie) — *He pulled my sleeve; He pulled me by the sleeve,* Mi tirò la manica (per la manica). **2** estrarre; togliere; cavare *(un dente): I'm going to the dentist to have a tooth pulled,* Vado dal dentista a farmi togliere un dente. **3** spingere una barca (remando); *(di barca)* essere spinta a remi: *He pulls a good oar,* È un buon rematore — *The boat pulled to the shore,* La barca fu spinta a remi fino alla spiaggia — *to pull one's weight,* mettercela tutta *(remando, e fig., nel lavoro).* **4** tirare; stampare: *to pull a proof,* tirare, stampare una bozza. **5** stirarsi *(i muscoli).* **6** spillare *(birra alla spina).* **7** *(sl.)* rapinare *(p.es. una banca);* rubare. □ *to pull sb's leg,* prendere in giro qcno; prendere qcno per il fondello — *to pull faces,* far boccacce — *to pull a fast one on sb,* giocare un brutto tiro a qcno; 'fregare' qcno — *to pull one's punches* ⇨ [2]**punch 1** — *to pull sth (sb) to pieces,* demolire qcsa (qcno) con una critica serrata.

to pull about, trascinare qcsa o qcno di qua e di là; maltrattare.

to pull apart, - **a)** separare (dividere, spaccare) qcsa tirando, strappando - **b)** criticare (qcno) severamente.

to pull at, dare una tirata, uno strattone; bere un sorso; tirare una boccata di fumo: *to pull at a rope,* dare uno strattone alla corda — *to pull at a bottle,* prendere un sorso dalla bottiglia — *to pull at one's pipe,* tirare boccate di fumo dalla pipa.

to pull back, ritirare *(truppe);* ritirarsi; indietreggiare.

to pull down, - **a)** demolire; abbattere: *to pull down a building,* abbattere un edificio - **b)** *(di malattia)* buttar giù; indebolire: *An attack of influenza soon pulls one down,* Un attacco di influenza ti butta subito giù.

to pull in, - **a)** *(sl.)* arrestare *(un ricercato)* - **b)** *(di treno)* entrare in stazione; *(di autoveicolo, imbarcazione)* avvicinare; accostare; approdare: *The boat pulled in to the shore,* La barca si accostò alla riva - **c)** *to pull in the crowds,* attirare la folla - **d)** *(fam.)* guadagnare:

He pulls in a cool ten thousand a year, Guadagna ben diecimila sterline all'anno.
to pull off, - **a)** togliere, togliersi; sfilarsi: *She pulled her stockings (her gloves) off,* Si sfilò le calze (i guanti) - **b)** vincere; riuscire (a): *He pulled off a good prize at the races,* Vinse un bel premio alle corse — *to pull it off,* riuscire, farcela nonostante le difficoltà - **c)** *to pull off the road,* mettere (un'automobile) sul ciglio della strada o nella corsia di sosta.
to pull on, mettersi; infilarsi: *She pulled her stockings (her gloves) on,* Si infilò le calze (i guanti).
to pull out, - **a)** uscire *(da una data posizione): The car pulled out from behind the lorry,* L'auto uscì dalla fila per superare il camion - **b)** *(di treno)* uscire *(dalla stazione); (di barca)* staccarsi *(dalla riva)* - **c)** ritirare (truppe); ritirarsi *(da una situazione difficile)* - **d)** *to pull out all the stops, (fig.)* fare di tutto; fare un tentativo disperato, sforzandosi al massimo - **e)** *to pull one's finger out* ⇨ **finger.**
to pull over, *(di veicolo, barca, ecc.)* muoversi, dirigersi (verso): *to pull over to the side of the road,* dirigersi al lato della strada.
to pull round, - **a)** rimettersi; riaversi: *You'll soon pull round here in the country,* Ti rimetterai presto qua in campagna - **b)** rianimare; far guarire: *Have this brandy: it will pull you round,* Prendi questo cognac: ti farà bene (ti tirerà su).
to pull through, - **a)** farcela; spuntarla - **b)** evitare perdite, fallimenti, ecc. - **c)** rimettersi in salute - **d)** guarire (qcno).
to pull together, - **a)** cooperare; lavorare in armonia - **b)** *to pull oneself together,* (riuscire a) controllarsi; riprendere animo; farsi coraggio.
to pull up, - **a)** arrestarsi; fermare; bloccarsi: *The driver pulled up when the traffic lights changed,* L'autista si arrestò quando scattò il semaforo — *He pulled up his car at the gate,* Fermò la macchina al cancello — *to pull oneself up short,* smettere di parlare; cambiar argomento *(quando ci si accorge di aver commesso un'indiscrezione involontaria, ecc.)* - **b)** *to pull sb up,* richiamare qcno all'ordine; rimproverare (riprendere) qcno: *He was pulled up by the chairman,* Fu richiamato all'ordine dal presidente - **c)** *to pull one's socks up, (fig.)* comportarsi in modo più serio e impegnato - **d)** *to pull up to (o with),* raggiungere *(una posizione: in gare, ecc.): The favourite soon pulled up with the other horses,* Il favorito raggiunse presto gli altri cavalli.

pullet ['pulit] *s.* pollastra; pollastrella.

pulley ['puli] *s.* (*pl.* **pulleys**) puleggia; carrucola: *pulley-block,* paranco.

pull-in ['pulin] *s.* = **pull-up 1.**

Pullman ['pulmən] *s. (anche* Pullman-car*)* **1** *(USA)* vagone letto. **2** *(ferrovia)* vagone di lusso, con servizio di ristorante.

pull-out ['pulaut] *agg attrib* che si può ritagliare, estrarre; estraibile *(p.es. di inserto o supplemento pubblicitario, in una rivista).*
□ *s. (mil.)* ritiro.

pullover ['pul,ouvə*] *s.* 'pullover'; maglia di lana.

pull-through ['pulθru:] *s.* sorta di scovolo di corda, usato con un cencio unto d'olio.

to **pullulate** ['pʌljuleit] *vi (non molto comune)* pullulare.

pull-up ['pulʌp] *s.* **1** posto di ristoro *(bar, tavola calda, ecc., spec. lungo l'autostrada).* **2** *(ginnastica)* sollevamento sulle braccia *(fatto alla sbarra).*

pulmonary ['pʌlmənəri] *agg* polmonare.

pulp [pʌlp] *s.* **1** *(anat. e bot.)* polpa: *to crush sth to a pulp,* spappolare qcsa. **2** pasta *(spec. di legno o cellulosa per fare la carta);* minerale misto ad acqua: *pulp magazines,* riviste popolari *(stampate su carta scadente).*

to **pulp** [pʌlp] *vt e i.* **1** ridurre in polpa, in pasta; mandare (libri) al macero. **2** diventare polposo.

pulpit ['pulpit] *s.* **1** pulpito; pergamo: *the pulpit, (fig.)* il clero. **2** *(industria)* piattaforma sopraelevata.

pulpy ['pʌlpi] *agg* (**-ier**; **-iest**) polposo.

pulsar ['pʌlsɑ:] *s.* 'pulsar' *(stella identificata grazie ai suoi impulsi radio).*

to **pulsate** [pʌl'seit] *vt e i.* **1** pulsare; battere; vibrare. **2** agitare; far vibrare.

pulsation [pʌl'seiʃən] *s.* pulsazione; battito; vibrazione.

[1]**pulse** [pʌls] *s.* **1** *(battito)* polso: *to feel sb's pulse,* sentire il polso a qcno; *(fig.)* tastare il polso a qcno *(per sondarne l'umore).* **2** *(fig.)* emozione: *an event that stirred my pulses,* un avvenimento che mi emozionò. **3** *(radio, ecc.)* impulso.

to **pulse** [pʌls] *vi* pulsare; battere *(anche fig.).*

[2]**pulse** [pʌls] *s. (collettivo sing., talvolta col v. al pl.)* legumi.

to **pulverize** ['pʌlvəraiz] *vt e i.* **1** polverizzare, polverizzarsi; ridursi in polvere. **2** *(fig.)* annientare; polverizzare.

puma ['pju:mə] *s.* puma; coguaro.

pumice ['pʌmis] *s. (anche* pumice-stone*)* pomice; pietra pomice.

to **pummel** ['pʌml] *vt* (**-ll-**; *USA anche* **-l-**) picchiare; battere *(letteralm. con il pomello della spada);* prendere a pugni; picchiare di santa ragione: *to give sb a good pummelling,* dare a qcno una buona scazzottatura.

[1]**pump** [pʌmp] *s.* pompa; *(di un paesino, spesso)* fontana; distributore *(di carburante): fuel pump,* pompa di alimentazione — *suction pump,* pompa aspirante. □ *pump room, (nelle stazioni termali)* sala in cui si bevono acque medicinali.

to **pump** [pʌmp] *vt e i.* **1** *(spesso seguito da* out, up, into, *ecc.)* pompare: *to pump a well dry,* prosciugare un pozzo — *to pump up the tyres,* gonfiare i pneumatici — *to pump sb; to pump information out of sb, (fig.)* strappare informazioni a qcno — *to pump facts into the heads of dull pupils, (fig.)* fare entrare nozioni nella testa di allievi zucconi — *to pump sb's hand,* stringere la mano a qcno con effusione. **2** azionare *(una pompa).*

[2]**pump** [pʌmp] *s.* scarpina verniciata da sera.

pumpkin ['pʌmpkin] *s.* zucca gialla.

pun [pʌn] *s.* bisticcio; gioco di parole; freddura.

to **pun** [pʌn] *vi* (**-nn-**) fare un gioco di parole.

[1]**punch** [pʌntʃ] *s.* **1** punzone. **2** stampo.

[1]to **punch** [pʌntʃ] *vt* perforare; punzonare; forare: *punched cards,* schede perforate.

[2]**punch** [pʌntʃ] *s.* **1** pugno: *to give sb a punch on the nose,* dare a qcno un pugno sul naso — *a boxer with a strong punch,* un pugile dal pugno potente — *to pull one's punches, (pugilato)* risparmiare l'avversario; colpirlo con pugni volutamente deboli; *(fig.)* criticare con moderazione — *punch ball; punching ball (o bag),* pallone, pera (sacco) per allenamenti — *punch-drunk,* stordito (dai pugni); *(fig.)* confuso. **2** energia; forza: *a speech with plenty of punch in it,* un discorso molto incisivo — *the punch line,* 'il bello' *(di una storia, una barzelletta);* la battuta culminante.

[2]to **punch** [pʌntʃ] *vt* dare un pugno; picchiare: *to punch sb on the chin,* dare un pugno sul mento a qcno — *He has a face I'd like to punch,* Ha una

faccia da schiaffi — *to punch the clock, (fam.)* 'bollare' la cartolina.

[3]**punch** [pʌntʃ] *s.* ponce: *rum punch,* ponce al rum — *punch-bowl,* grande coppa, caraffa da ponce.

Punch [pʌntʃ] *s.* **1** *(abbr. di* Punchinello*)* Pulcinella; burattino: *Punch and Judy (show),* spettacolo di marionette — *as proud (as pleased) as Punch,* tronfio come un pavone; contento come una Pasqua. **2** individuo tozzo; 'tappo'. **3** cavallo da tiro.

puncher ['pʌntʃə*] *s.* **1** *(pugilato)* picchiatore. **2** *(USA, anche* cow-puncher*)* bovaro. **3** *(mecc.)* punzonatore.

punching ['pʌntʃiŋ] *s.* punzonatura: *punching machine,* punzonatrice.

punch-up ['pʌntʃʌp] *s. (fam.)* rissa.

punctilio [pʌŋk'tiliou] *s.* **1** formalità; punto d'onore. **2** meticolosità; cerimoniosità; eccessivo scrupolo; pignoleria.

punctilious [pʌŋk'tiliəs] *agg* puntiglioso; scrupoloso; meticoloso; eccessivamente formale. □ *avv* **punctiliously.**

punctiliousness [pʌŋk'tiliəsnis] *s.* meticolosità; puntiglio; eccessiva formalità.

punctual ['pʌŋktjuəl] *agg* puntuale. □ *avv* **punctually.**

punctuality [,pʌŋktju'æliti] *s.* puntualità; precisione.

to **punctuate** ['pʌŋktjueit] *vt* **1** punteggiare; mettere la punteggiatura. **2** sottolineare; mettere in risalto. **3** costellare.

punctuation [,pʌŋktju'eiʃən] *s.* **1** punteggiatura. **2** sottolineatura; risalto.

puncture ['pʌŋktʃə*] *s.* **1** puntura. **2** foratura; bucatura.

to **puncture** ['pʌŋktʃə*] *vt e i.* **1** pungere. **2** *(riferito a pneumatici)* perforare; bucare, bucarsi. **3** *(fig.)* 'sgonfiare' *(p.es. una persona orgogliosa).*

pundit ['pʌndit] *s.* **1** 'Pandit'; indù colto e saggio. **2** *(scherz.)* erudito; esperto; sapientone.

punditry ['pʌnditri] *s. (scherz.)* erudizione.

pungency ['pʌndʒənsi] *s.* acutezza; asprezza; acrimonia; gusto piccante.

pungent ['pʌndʒənt] *agg* acuto; pungente; acre; piccante. □ *avv* **pungently.**

Punic ['pju:nik] *agg* punico; cartaginese: *Punic faith,* slealtà; tradimento.

to **punish** ['pʌniʃ] *vt* **1** punire. **2** *(pugilato)* malmenare; colpire forte: *The champion punished his opponent severely,* Il campione ridusse molto male il suo avversario. **3** *(sport e fig.)* mettere a dura prova. **4** *(fam.)* mangiare completamente; fare piazza pulita di *(una pietanza).*

punishable ['pʌniʃəbl] *agg* punibile.

punishing ['pʌniʃiŋ] *agg (di prova sportiva, ecc.)* duro; estenuante. □ *avv* **punishingly.**

punishment ['pʌniʃmənt] *s.* **1** punizione; castigo. **2** pena: *to make the punishment fit the crime,* adeguare la pena al delitto — *corporal punishment,* pena corporale; pene corporali — *capital punishment,* la pena capitale. **3** *(fam.)* maltrattamento; trattamento duro: *Robinson took a lot of punishment, (fam., pugilato)* Robinson incassava bene — *These tyres will take a lot of punishment,* Queste gomme sono molto resistenti.

punitive ['pju:nitiv] *agg* punitivo. □ *avv* **punitively.**

punk [pʌŋk] *s. (USA)* **1** legno marcio. **2** *(fam.)* robaccia: *He talked a lot of punk,* Disse un cumulo di sciocchezze — *It was a real punk party, (attrib.)* Fu proprio una festa da due soldi. **3** *(fam.)* giovinastro, criminale inesperto o incompetente.

punka(h) ['pʌŋkə] *s. (in India)* flabello appeso al soffitto, agitato per mezzo di un cordone e una carrucola: *punkah-wallah,* inserviente che aziona il 'punkah'.

punnet ['pʌnit] *s.* cestino di trucioli *(per frutta e verdura).*

punster ['pʌnstə*] *s.* freddurista; chi ha l'abitudine di fare giochi di parole.

[1]**punt** [pʌnt] *s.* barchino; chiatta.

[1]to **punt** [pʌnt] *vt* andare in barchino; spingere una chiatta con la pertica.

[2]**punt** [pʌnt] *s.* calcio dato al pallone prima che tocchi terra.

[2]to **punt** [pʌnt] *vt* calciare il pallone *(lasciato cadere dalle mani)* prima che tocchi terra.

[3]to **punt** [pʌnt] *vi* **1** *(al gioco delle carte)* puntare contro il banco. **2** puntare, scommettere su un cavallo, ecc.

[1]**punter** ['pʌntə*] *s.* chiattaiolo.

[2]**punter** ['pʌntə*] *s.* **1** chi gioca contro il banco. **2** scommettitore.

punting ['pʌntiŋ] *s.* l'andare in 'punt' (⇨ [1]**punt**).

puny ['pju:ni] *agg* (**-ier**; **-iest**) piccolo; mingherlino; debole; fragile. □ *avv* **punily.**

pup [pʌp] *s.* (*abbr. di* **puppy**) cucciolo. □ *to sell sb a pup,* imbrogliare, raggirare qcno; fare un bidone a qcno.

pupa ['pju:pə] *s.* (*pl.* **pupas** *o* **pupae**) pupa; crisalide.

[1]**pupil** ['pju:pl] *sm e f.* **1** alunno; scolaro; allievo. **2** pupillo *(minorenne).*

[2]**pupil** ['pju:pl] *s. (anat.)* pupilla.

puppet ['pʌpit] *s.* burattino; marionetta *(anche fig.): glove puppet,* burattino — *string puppet,* marionetta — *a puppet government,* un governo fantoccio.

puppetry ['pʌpitri] *s.* arte del burattinaio.

puppy ['pʌpi] *s.* **1** cucciolo: *puppy love,* primo amore — *puppy fat,* pinguedine infantile. **2** giovanotto fatuo; ragazzino presuntuoso.

purblind ['pə:blaind] *agg* **1** mezzo cieco. **2** *(fig.)* ottuso; testone.

purchasable ['pə:tʃəsəbl] *agg* acquistabile; che si può comperare.

purchase ['pə:tʃəs] *s.* **1** acquisto; compera: *purchase price,* prezzo d'acquisto — *hire purchase,* acquisto rateale — *to buy sth on high purchase,* comperare qcsa a rate — *purchase department,* ufficio acquisti — *I have some purchases to make,* Devo fare alcune compere. **2** valore; prezzo *(spec. di rendite annue di immobili): to be sold at thirty years' purchase,* essere venduto ad un prezzo equivalente a trent'anni di rendita — *His life is not worth a day's purchase, (fig.)* La sua vita è legata a un filo. **3** *(mecc. e spesso fig.)* morsa; paranco: *to get a purchase on sth, (fig.)* acquistare il controllo di una situazione.

to **purchase** ['pə:tʃəs] *vt* **1** acquistare; comprare: *a dearly purchased victory,* una vittoria acquistata a caro prezzo. **2** sollevare *(con un paranco);* levare l'ancora.

purchaser ['pə:tʃəsə*] *s.* compratore; acquirente.

purdah ['pə:dɑ:] *s.* **1** tenda, cortina che serve a celare le donne musulmane alla vista degli uomini; *(per estensione)* questa usanza. **2** stoffa a strisce per tende.

pure [pjuə*] *agg* **1** puro *(in ogni senso): pure water,* acqua pura — *pure white,* immacolato; bianchissimo — *pure mathematics,* matematica pura. **2** mero; vero e proprio; semplice: *a pure waste of time,* una mera perdita di tempo — *laziness pure and simple,* pigrizia bella e buona. □ *avv* **purely** ⇨.

purée ['pjuərei] *s. (fr.)* puré; purea; passato *(generalm. di verdura).*

purely ['pjuəli] *avv* puramente; esclusivamente: *a*

purely formal request, una richiesta puramente formale — *purely by accident,* per puro caso.

pureness ['pjuənis] *s.* purezza; purità.

purgation [pə:'geiʃən] *s.* **1** purga. **2** purgazione; purificazione. **3** *(dir. ant.)* purgazione; dimostrazione di innocenza.

purgative ['pə:gətiv] *s. e agg* purgativo; purgante.

purgatorial [,pə:gə'tɔ:riəl] *agg* purgatorio; purificatorio.

purgatory ['pə:gətəri] *s.* purgatorio; luogo di espiazione.

purge [pə:dʒ] *s.* **1** *(med.)* purga; purgante. **2** *(politica)* epurazione.

to **purge** [pə:dʒ] *vt* **1** purgare; purificare; *(med.)* purgare, purgarsi; *(chim., industria)* depurare; spurgare *(una fogna, una caldaia, ecc.)*. **2** *(dir.)* prosciogliere. **3** *(politica)* epurare.

purification [,pjuərifi'keiʃən] *s.* purificazione; depurazione.

to **purify** ['pjuərifai] *vt* purificare; rendere puro; depurare.

purism ['pjuərizəm] *s.* purismo.

purist ['pjuərist] *s.* purista.

puritan ['pjuəritən] *s.* puritano *(stor. e fig.)*.

puritanical [,pjuəri'tænikəl] *agg* puritano. □ *avv* **puritanically.**

puritanism ['pjuəritənizəm] *s.* puritanesimo.

purity ['pjuəriti] *s.* purezza; purità.

[1]**purl** [pə:l] *s.* **1** *(nel lavoro a maglia)* punto rovescio. **2** smerlo; bordatura di fili d'oro e d'argento intrecciati.

[1]to **purl** [pə:l] *vt e i.* lavorare *(a maglia)* a punto rovescio.

[2]**purl** [pə:l] *s.* *(di un ruscello)* mormorio; gorgoglio.

[2]to **purl** [pə:l] *vi* *(di ruscello)* mormorare; gorgogliare.

purler ['pə:lə*] *s.* *(fam., nell'espressione) to come (to take) a purler,* fare un capitombolo (un ruzzolone).

purlieus ['pə:lju:z] *s. pl* dintorni; sobborghi; parti periferiche.

to **purloin** [pə:'lɔin] *vt* rubare; involare; trafugare; sottrarre.

purple ['pə:pl] *agg* **1** porporino; purpureo; *(talvolta)* scarlatto; *(talvolta)* paonazzo. **2** regale; cardinalizio. □ *Purple Heart, (USA)* decorazione consegnata a un ferito (militare o civile) — *purple heart, (GB, fam.)* compressa, a forma di cuore, che contiene amfetamina — *a purple patch,* un passo molto elaborato o retorico *(in un libro, un discorso)*.
□ *s.* porpora: *the Purple,* la Porpora *(la dignità regale o cardinalizia)* — *to be raised to the purple,* essere innalzato alla porpora — *born in the purple, (stor.)* porfirogenito.

purplish ['pə:pliʃ] *agg* purpureo; violetto; violaceo.

purport ['pə:pət] *s.* senso; significato; valore; intento; proposito; intenzione.

to **purport** [pə:'pɔ:t] *vt* **1** dichiarare; stabilire; significare. **2** dare ad intendere; pretendere.

purpose ['pə:pəs] *s.* **1** scopo; intenzione; intendimento; proposito; obiettivo; fine: *For what purpose do you want to go to Canada?,* Per quale scopo vuol andare in Canada? — *This is a novel with a purpose,* Questo è un romanzo con una tesi — *Will this answer (o serve) your purpose?,* Fa questo al caso Suo?; Le giunge a proposito? **2** proposito; fermezza: *to be weak in purpose,* essere debole di propositi, indeciso — *to be wanting in purpose,* mancare di fermezza.
□ *... on purpose,* ... di proposito; ... apposta — *of set purpose,* deliberatamente; di proposito — *to the purpose,* a proposito; utile — *The reply was so little to the purpose that it was not worth our consideration,* La risposta era così vaga (poco a proposito) da non meritare la nostra considerazione — *to little (no, some) purpose,* con scarso (nessuno, qualche) effetto, risultato.

to **purpose** ['pə:pəs] *vt* *(non comune)* proporsi; avere in mente: *They purpose a further attempt,* Intendono fare un nuovo tentativo.

purposeful ['pə:pəsful] *agg* **1** deciso; determinato; fermo; intenzionato. **2** *(raro)* pieno di significato. □ *avv* **purposefully.**

purposeless ['pə:pəslis] *agg* **1** indeciso; irresoluto. **2** inutile; senza scopo. □ *avv* **purposelessly.**

purposely ['pə:pəsli] *avv* di proposito; apposta; intenzionalmente.

purposive ['pə:pəsiv] *agg* intenzionale; fatto con uno scopo; voluto.

to **purr** [pə:*] *vi e t.* **1** fare le fusa *(anche fig.)*. **2** esprimere soddisfazione; esprimere (qcsa) facendo le fusa come un gatto. **3** *(di motore)* ronzare dolcemente.

purring ['pə:riŋ] *s.* il fare le fusa; le fusa.

purse [pə:s] *s.* borsa; borsellino; portamonete: *the public purse,* il tesoro dello Stato.

to **purse** [pə:s] *vt* *(spesso seguito da* up*)* aggrottare; corrugare; increspare: *to purse one's lips,* increspare le labbra; far boccuccia — *to purse up one's brows,* aggrottare le ciglia; corrugare la fronte.

purser ['pə:sə*] *s.* commissario di bordo.

pursuance [pə'sju(:)əns] *s.* **1** *(dir. e stile burocratico)* adempimento; espletamento; esecuzione: *in pursuance of...,* in adempimento di...; in esecuzione di...; in conformità con... **2** proseguimento; seguito.

pursuant [pə'sju(:)ənt] *agg* conforme; conseguente: *pursuant to...,* in conformità con... — *pursuant to your instructions,* conforme alle Vostre intenzioni — *pursuant to the provisions of article 2424,* in ottemperanza alle disposizioni dell'articolo 2424.

to **pursue** [pə'sju:] *vt* **1** inseguire *(per catturare);* dare la caccia (a); perseguire. **2** *(fig.)* perseguitare. **3** proseguire; continuare: *to pursue one's studies,* proseguire gli studi. **4** andare in cerca; ricercare: *to pursue pleasure,* andare in cerca del piacere.

pursuer [pə'sju(:)ə*] *s.* **1** inseguitore. **2** *(dir. scozzese)* attore.

pursuit [pə'sju:t] *s.* **1** inseguimento; ricerca; caccia: *I saw a dog in pursuit of rabbits,* Vidi un cane all'inseguimento di conigli — *pursuit plane, (USA)* aereo da caccia. **2** attività; studio; ricerca; lavoro: *to be engaged in scientific (literary) pursuits,* essere impegnato in lavori (studi) scientifici (letterari).

[1]**pursy** ['pə:si] *agg (ant.)* tozzo; grasso e ansante.

[2]**pursy** ['pə:si] *agg (ant.)* corrugato; grinzoso; increspato.

purulence ['pjuərulǝns] *s.* purulenza.

purulent ['pjuərulənt] *agg* purulento.

to **purvey** [pə:'vei] *vt e i.* fornire; provvedere; approvvigionare: *a firm that purveys for the Navy,* una ditta fornitrice della Marina.

purveyance [pə:'veiəns] *s.* **1** fornitura; approvvigionamento. **2** provviste; approvvigionamento. **3** *(stor.)* diritto della Corona inglese di acquistare provviste fissandone il prezzo.

purveyor [pə:'veiə*] *s.* fornitore; provveditore: *purveyor to the Royal Household,* fornitore della Real Casa.

purview ['pə:vju:] *s.* **1** testo effettivo *(di una legge);* norma di una legge; disposizione. **2** intento; scopo; mira. **3** portata; campo d'azione; limite: *to lie within the purview of,* essere (rientrare) nell'ambito di.

pus [pʌs] *s.* pus.

push [puʃ] *s.* **1** spinta; urto; botta; cozzo; spintone; pressione: *Give the door a hard push,* Dai uno spintone alla porta — *He opened the gate with (o at) one push,* Aprì il cancello con uno spintone.
2 sforzo vigoroso: *We must make a real push to finish the job this week,* Dobbiamo fare uno sforzo notevole per finire il lavoro in settimana — *The enemy has made a push on the western front,* Il nemico ha sferrato un attacco in forze sul fronte occidentale.
3 spintone; cornata; puntata; stoccata *(di spada, ecc.).*
4 *(fam.)* risolutezza; determinazione; nerbo; energia; iniziativa: *He hasn't enough push to succeed as a salesman,* Non ha abbastanza iniziativa per avere successo come piazzista.
□ *to give sb the push, (fam.)* licenziare qcno; buttarlo fuori — *to get the push, (fam.)* essere licenziato; farsi buttare fuori — *... at a push,* al bisogno; in caso di necessità, di emergenza — *We can sleep seven or eight people in the house at a push,* In caso di necessità potrebbero dormire sette od otto persone a casa nostra — *when it comes to the push...,* quando arriva il momento critico... — *He seemed competent enough until it came to the push; then he failed us,* Credevamo fosse abbastanza in gamba finché non arrivò il momento cruciale, ma allora ci deluse — ⇨ *anche* **push-button.**

to **push** [puʃ] *vt e i.* **1** spingere; incalzare; farsi un varco; farsi strada a spinte: *Please push the table nearer to the wall,* Accosta di più il tavolo al muro, per favore — *You push the cart and I'll pull (it),* Tu spingi il carretto e io tiro — *We had to push our way through the crowd,* Dovemmo farci largo tra la folla — *Stop pushing at the back!,* Smettetela di spingere di dietro! — *He pushed the door open,* Aprì la porta con una spinta — *The rude fellow pushed past me,* Il maleducato mi oltrepassò con uno spintone.
2 premere; pigiare; schiacciare: *to push a button,* premere un bottone.
3 imporre all'attenzione di altri; rivendicare *(diritti);* far valere; farsi avanti *(di persone);* propagandare o *(sl.)* spacciare *(merce, droga, ecc.);* appoggiare *(amici): Unless you push your claims, you'll get no satisfaction,* A meno che tu non faccia valere i tuoi diritti non avrai mai soddisfazione — *He never pushes himself forward,* Non fa mai niente per mettersi in luce, per farsi avanti — *You must push your goods if you want better sales,* Devi propagandare (spingere un po' di più) la merce se vuoi migliorare le vendite — *Haven't you a friend who can push you?,* Non hai un amico che ti possa appoggiare (che ti possa dare una spinta)?
4 far pressione; insistere: *to push sb for payment,* insistere perché qcno paghi — *to be pushed for time,* essere alle strette per mancanza di tempo — *to be pushed for money,* essere a corto di denaro.
5 sforzarsi; farsi forza: *He had to push himself to continue doing such dull work,* Dovette farsi forza per proseguire in un lavoro così noioso.
6 estendere; allargare; spingere oltre: *to push one's conquests,* estendere le proprie conquiste.
7 *to be pushing forty (fifty, sixty, ecc.),* andare verso i quaranta (cinquanta, sessanta, ecc.)
to push along, - **a)** ⇨ **to push on** - **b)** congedarsi; andarsene.
to push around, comandare qcno a bacchetta; fare il prepotente con qcno *(dandogli un ordine dietro l'altro),* angariarlo, intimorirlo.
to push for, spingere, insistere (per ottenere qcsa).
to push forward ⇨ **to push on.**
to push off, - **a)** *(naut.)* spingersi al largo *(allontanare la barca dalla riva prima di incominciare a remare o di accendere il motore, ecc.)* - **b)** *(sl.)* andarsene.
to push on (along, forward), proseguire; continuare; tirare avanti: *It's getting dark; we must push on to our destination,* Si sta facendo buio; dobbiamo affrettarci per arrivare a destinazione — *We must push on with our work,* Dobbiamo andar avanti col nostro lavoro (affrettarci a finirlo).
to push over, far cadere *(con uno spintone): Don't push it over!,* Non farlo cadere!
to push through, - **a)** sforzarsi per portare a termine qcsa: *We must push the matter through,* Dobbiamo sforzarci di risolvere la cosa - **b)** far approvare *(una legge)* in fretta.
to push up, - **a)** fare aumentare, alzare *(i prezzi)* - **b)** *to push up the daisies, (fam.)* essere nella fossa (nella tomba).

push-bicycle ['puʃ,baisikl] *s. (anche fam.* push-bike*)* bicicletta a pedale.

push-button ['puʃ'bʌtən] *s.* pulsante. □ *come agg (nell'espressione) push-button warfare,* guerra dei bottoni; guerra tecnologica.

push-cart ['puʃkɑ:t] *s.* carretto a mano.

pusher ['puʃə*] *s.* **1** chi spinge; chi si fa largo *(a spinte).* **2** *(fam.)* carrierista; arrivista; ambizioso; persona intraprendente: *Isn't she a pusher!,* È ambiziosissima! **3** *(anche* pusher-airplane*)* aereo con elica montata dietro il motore. **4** *(sl.)* spacciatore *(spec. di roba proibita): a dope pusher,* uno spacciatore di narcotici.

pushful ['puʃful] *agg* intraprendente; ambizioso. □ *avv* **pushfully.**

pushing ['puʃiŋ] *agg* intraprendente; ambizioso; *(spreg.)* carrierista: *He's too pushing with strangers,* Con gli estranei si dà un po' troppo (fin troppo) da fare *(per mettersi in vista).* □ *avv* **pushingly.**

push-over ['puʃ,ouvə*] *s. (fam.)* - **a)** cosa *(spec. una vittoria sportiva)* molto facile - **b)** persona facilmente persuadibile; sempliciotto.

pusillanimity [,pju:silə'nimiti] *s.* pusillanimità; paura; viltà.

pusillanimous [,pju:si'læniməs] *agg* pusillanime; pauroso; vile. □ *avv* **pusillanimously.**

puss [pus] *s.* **1** micio; micino. **2** *(fam.)* ragazza; 'gattina': *She is a sly puss,* È una ragazza che la sa lunga. □ *puss in the corner,* il gioco dei quattro cantoni.

pussy ['pusi] *s. (anche* pussy cat*)* **1** *(nome infantile)* gatto; micino. **2** cosa soffice e dal pelame folto *(spec. l'amento o gattino del salice, anche* pussy willow*).* **3** *(volg.)* fica; 'micia'; 'gattina'.

pussyfoot ['pusifut] *s. (USA, sl.)* **1** proibizionismo. **2** proibizionista. **3** bevanda analcoolica.

to **pussyfoot** ['pusifut] *vi (USA, sl.)* muoversi con cautela.

pustule ['pʌstju:l] *s.* pustola.

'put, to put [pʌt] *s. e v. (golf)* = **putt, to putt.**

to **put** [put] *vt e i.* (*pass. e p. pass.* **put**) **1** mettere; collocare; posare; disporre; ordinare; mettere in ordine: *He put the book on the table,* Mise il libro sul tavolo — *It's time to put the children to bed,* È ora di mettere a letto i bambini — *Will you please put a patch on these trousers?,* Vuole mettere, per favore, una toppa su questi pantaloni? — *I put the matter in the hands of my solicitor,* Misi la questione nelle mani del mio legale — *to put the clock forward,* mettere avanti l'orologio — *A short note put the matter right,* Con un breve biglietto la questione fu messa a posto — *Put yourself in my place (position)!,* Mettiti nei miei panni! — *He tried to put me in the wrong,* Cercò di mettermi dalla parte del torto — *to put a stop (an end) to sth,* porre fine a qcsa — *to put a brake (a check) on sth,* mettere un freno a qcsa — *to put a house up for sale,* mettere in vendita una casa — *to put sb to death,* mettere qcno a morte — *to put sb to ransom,* imporre un riscatto a qcno — *to put sb to flight,* mettere in fuga qcno — *to put sb to school,* mettere qcno in collegio — *to put sth in hand,* mettere mano a qcsa; incominciare qcsa — *How can we put him at his ease?,* Come possiamo metterlo a suo agio? — *Put the files in order, please,* Per favore, mettete gli schedari in ordine — *to be hard put to it,* essere messo alle strette — *He was hard put to it to pay his debts,* Fu messo alle strette per pagare i suoi debiti — *to put sb in mind of sth,* ricordare qcsa a qcno.

2 segnare; scrivere; indicare; apporre *(la firma): Put a price on each article,* Segna un prezzo su ogni articolo — *Put a tick against each name,* Metti un segno accanto a ciascun nome — *He put his signature to the will,* Appose la firma al testamento.

3 fare; proporre; sottoporre; presentare: *He put the question to me,* Mi espose la questione — *I put the proposal to (o before) the Board of Directors,* Sottoposi la proposta al Consiglio di Amministrazione — *Put it so as not to offend her,* Metti la cosa in modo da non offenderla — *I put it to you that it was you who killed Bloggs, (detto dal Pubblico Ministero)* Asserisco che è stato Lei ad uccidere Bloggs.

4 esprimere; esporre; rendere; tradurre; volgere: *That can all be put in a few words,* Tutto ciò può essere espresso in poche parole — *You have put the case very clearly,* Hai esposto il caso in modo molto chiaro — *That's rather an odd way of putting things,* Questo è un modo piuttosto strano di esporre i fatti — *How would you put this in Danish?,* Come esprimeresti questo in danese?

5 valutare; stimare; dare un prezzo (un valore): *I would put her age at not more than sixty,* Non le darei più di sessant'anni — *I'd put that fur coat of hers at three hundred pounds,* Valuterei trecento sterline quella sua pelliccia — *I wouldn't put it past (o beyond) him,* Credo che sia capacissimo di farlo.

6 *(sport)* lanciare; scagliare: *to put the weight (the shot),* lanciare il peso.

7 *(naut.)* dirigersi: *to put to sea,* salpare; prendere il largo (⇨ *anche* **to put about**; **to put back**; **to put in**; **to put off**; **to put out**).

to put about, - **a)** *(naut.)* virare di bordo; invertire il corso: *The ship put about,* La nave invertì la rotta - **b)** mettere in giro; propagandare; diffondere; spargere *(una voce).*

to put above, considerare (trattare) come superiore.

to put across, - **a)** comunicare - **b)** *to put sth across sb,* ingannare qcno; dare a bere a qcno *(fam.): You can't put that across him!,* Non riuscirai a farglielo credere! - **c)** spuntarla; riuscire; avere successo.

to put aside, - **a)** mettere via (da parte); accantonare: *Put some of this food aside for the others,* Metti da parte un po' di questo cibo per gli altri - **b)** = **to put away b)** - **c)** trascurare; tenere in poco conto.

to put away, - **a)** riporre; rimettere a posto: *Put your books away, please,* Riponete i vostri libri, per piacere - **b)** risparmiare; mettere da parte: *He wants to put some money away for his old age,* Vuole risparmiare del denaro per la vecchiaia - **c)** confinare; rinchiudere; internare *(spec. in manicomio): He acted so strangely that he had to be put away,* Agiva così stranamente che dovette essere internato - **d)** *(fam.)* consumare (mangiare o bere); far fuori: *How can that boy put away so much cake?,* Come può quel ragazzo mangiarsi tanta torta? - **e)** abbandonare; rinunciare: *He had to put away all idea of becoming a violinist,* Dovette abbandonare ogni speranza di diventare un violinista - **f)** *(naut.)* allontanarsi dalla riva - **g)** *(ant., biblico)* ripudiare; divorziare - **h)** = **to put down d).**

to put back, - **a)** rimettere; riporre: *Put the dictionary back on the shelf,* Rimetti il dizionario sullo scaffale - **b)** mettere indietro (spostare in senso inverso): *That clock is fast: I had better put it back five minutes,* L'orologio è avanti: è meglio che lo metta indietro di cinque minuti — *to put the clock back, (fig.)* far regredire le cose — *This new law puts the clock back twenty years,* Questa nuova legge ci farà tornare indietro di vent'anni - **c)** ostacolare; ritardare; rallentare: *The strike put back production,* Lo sciopero rallentò la produzione - **d)** *(naut.)* invertire la rotta; ritornare (in porto): *We put back to harbour,* Ritornammo in porto.

to put before, - **a)** mettere davanti *(anche fig.): to put the cart before the horse,* mettere il carro davanti ai buoi - **b)** *(fig.)* considerare (trattare) qcsa come più importante - **c)** ⇨ **to put 3.**

to put by, - **a)** risparmiare; mettere da parte: *Has he any money put by?,* Ha del denaro messo da parte? - **b)** *(non molto comune)* ignorare; scartare; trascurare; eludere; mettere da parte: *Smith was put by in favour of Robinson,* Smith fu scartato in favore di Robinson.

to put down, - **a)** mettere giù; deporre; *(di veicolo)* posare su: *Put down that gun!,* Metti giù quella pistola! - **b)** *to put one's foot down,* spingere al massimo *(il motore)* — *to put one's foot down about sth,* non transigere su qcsa; rimanere fermo sulla propria decisione - **c)** depositare provviste; mettere in serbo: *He has put down a good supply of port,* Ha messo in serbo una buona provvista di porto - **d)** reprimere; sedare; soffocare; ridurre al silenzio; far tacere; uccidere; sopprimere *(un animale, generalm. in modo non doloroso): to put down a rebellion,* soffocare una rivolta — *to put down gambling and prostitution,* reprimere il gioco d'azzardo e la prostituzione — *to put down hecklers at a political meeting,* far tacere i disturbatori ad un comizio - **e)** *(ant., biblico)* umiliare; rendere umile: *to put down the mighty from their seat,* far scendere i potenti dal loro trono - **f)** prendere nota; annotare; mettere in nota; mettere in conto: *Here is my address: put it down before you forget it,* Ecco il mio indirizzo; annotalo prima che te ne dimentichi — *Put me down for five pounds,* Mettimi in nota per cinque sterline *(in una sottoscrizione)* — *Put the shoes down to my account,* Metti in conto a mio carico le scarpe - **g)** considerare; valutare: *How old would you put her down at?,* Quanti anni credi che abbia? — *They put him down as a fool,* Lo consideravano uno sciocco - **h)** *(seguito da* to*)* attribuire; dare la colpa: *The cholera epidemic was put down to bad drinking water,* L'epidemia del colera fu attribuita all'acqua potabile infetta.

to put forth, - **a)** *(lett.)* emettere; mettere fuori; *(in senso assoluto)* germogliare: *The trees are putting forth new leaves,* Gli alberi stanno mettendo nuove foglie - **b)** *(ant., lett.)* esercitare; mettere in atto: *You must put forth all your strength,* Dovete tirar fuori tutta la vostra forza.

to put forward, - **a)** presentare; avanzare: *to put forward a new theory,* avanzare una nuova teoria - **b)** proporre, proporsi; farsi avanti: *to put oneself (a* *friend) forward as a candidate,* farsi avanti (proporre un amico) come candidato - **c)** mettere avanti; spostare in avanti: *to put forward the hands of a clock,* mettere avanti le lancette di un orologio — *to put one's best foot forward, (fig.)* impegnarsi con decisione.

to put in, - **a)** introdurre; infilare; inserire *(spec. nel discorso): He put his head in at the window,* Infilò la testa nella finestra — *to put in a good word for sb,* mettere (spendere) una parola buona per qcno - **b)** presentare *(p.es. un reclamo);* sottoporre; produrre formalmente: *to put in a claim for damages,* presentare un reclamo per danni — *to put in a document (in a law case),* produrre (presentare) un documento (in un caso giudiziario) - **c)** insediare *(in un ufficio);* collocare: *to put in a bailiff,* insediare un magistrato - **d)** mettere a segno; riuscire; assestare: *to put in a blow,* assestare un colpo - **e)** eseguire; fare: *to put in an hour's work before breakfast,* fare un'ora di lavoro prima di colazione - **f)** *(fam.)* trascorrere; passare il tempo; far passare: *There's still an hour to put in before the pubs open,* C'è ancora un'ora da far passare prima dell'apertura dei pubs - **g)** *(naut.)* fare scalo: *The warship put in at Malta for repairs,* La nave da guerra fece scalo a Malta per riparazioni - **h)** *(generalm. seguito da* for*)* presentarsi; farsi avanti; avanzare la propria candidatura: *to put in for the position of cashier,* presentarsi per il posto di cassiere - **i)** *(generalm. seguito da* for*) to put sb in for sth,* proporre qcno per una medaglia, ecc.; proporre la candidatura di qcno per qcsa.

to put inside, *(sl.)* mettere dentro *(cioè in galera).*

to put off, - **a)** rimandare; rinviare; posporre; differire: *to put off going to the dentist,* rimandare la visita dal dentista — *to put off a meeting,* differire un incontro - **b)** rabbonire; sviare; sbarazzarsi (di qcno): *He tried to put me off with vague promises,* Cercò di sbarazzarsi di me con vaghe promesse - **c)** dissuadere; sviare; distrarre: *to put a person off his game,* sviare (distrarre) una persona dal suo gioco — *The mere smell of the garlic put him off his supper,* Il semplice odore dell'aglio gli impedì di mangiare la cena - **d)** eliminare; liberarsi *(di cose non materiali);* rimuovere: *You must put off your doubts and fears,* Devi liberarti dai tuoi dubbi e dalle tue paure - **e)** *(naut.)* allontanarsi *(da riva, ecc.): We put off from the quay,* Ci allontanammo dalla banchina.

to put on, - **a)** indossare; mettersi: *to put one's coat on,* mettersi (indossare) la giacca - **b)** assumere; fingere di avere: *to put on an air of innocence,* assumere un'aria di innocenza — *to put on airs,* darsi delle arie — *Her modesty is all put on,* La sua modestia è solo una finzione — *to put it on,* fingere; fare la commedia — *He's not ill, he's just putting it on,* Non è malato, sta solo fingendo - **c)** aumentare; aggiungere; mettere su: *to put on more steam, (di locomotiva)* aumentare la pressione — *He is putting on flesh (o weight),* Sta ingrassando — *to put on four pounds,* ingrassare di (mettere su) quattro chili - **d)** predisporre; approntare; allestire; mettere in scena: *to put on extra trains during the rush hours,* predisporre treni straordinari per le ore di punta — *to put a play on,* mettere in scena una commedia - **e)** puntare: *I've put ten pounds on the favourite,* Ho puntato dieci sterline sul favorito - **f)** *to put sb on to (onto) sth,* informare qcno di qcsa *(spec. qcsa di interessante)* - **g)** accumulare punti *(al gioco del cricket).*

to put out, - **a)** smorzare; estinguere; spegnere: *to put out the lights,* spegnere le luci — *The firemen soon put the fire out,* I pompieri estinsero subito l'incendio - **b)** slogare, slogarsi: *She fell off a horse and put her shoulder out,* Cadde da cavallo e si slogò la spalla - **c)** stendere; allungare: *She put her hand out in welcome,* Stese la mano in segno di benvenuto - **d)** *(non comune)* cacciar fuori; espellere: *Don't get drunk or they'll put you out,* Non ubriacarti o ti cacceranno fuori - **e)** confondere; disorientare; mettere in difficoltà; *(per estensione)* sconcertare; offendere: *The least thing puts him out,* La minima cosa lo disorienta (lo mette in difficoltà, lo offende) — *She was very put out by your rudeness,* Fu molto offesa dalla tua maleducazione - **f)** esercitare; dimostrare: *to put out all one's strength,* mostrare tutta la propria forza - **g)** dare (da eseguire) fuori: *Some of the smaller jobs are put out to local firms,* Alcuni dei lavori meno importanti vengono affidati alle ditte della zona - **h)** prestare *(denaro ad interesse): He has 1,000 pounds put out at 5 per cent,* Ha investito 1.000 sterline al 5 per cento - **i)** produrre; emettere; pubblicare: *The firm puts out a thousand bales of cotton sheeting every week,* La ditta produce mille balle di tela di cotone alla settimana — *to put out a bulletin,* emettere un bollettino - **j)** *to put the flags out,* esporre tutte le bandiere; imbandierare l'intero paese *(in segno di gioia).*

to put over, spiegare; far capire: *Although rather nervous, he put over what he had to say very clearly,* Benché un po' timido, riuscì a spiegarsi con molta chiarezza.

to put through, - **a)** portare a termine: *How long will you need to put this deal through?,* Quanto tempo ti occorrerà per portar quest'affare a termine? - **b)** mettere in comunicazione; far parlare (al telefono): *Please put me through to Scotland Yard,* Per favore, mi faccia parlare con Scotland Yard - **c)** *to put sb through it,* mettere alla prova qcno — *to put sb through his paces* ⇨ **pace 3.**

to put together, mettere insieme; riunire; montare: *I must put my ideas together before I go on the platform,* Devo mettere insieme le mie idee prima di andare sul podio — *It's easier to take a machine to pieces than to put it together again,* È più facile smontare una macchina che rimontarla — *to put two and two together,* trarre le debite conclusioni.

to put up, - **a)** alzare; sollevare; tener su: *Put your hands up!,* Mani in alto! — *to put up a flag (a sail),* alzare una bandiera (una vela) - **b)** offrire; innalzare: *to put up a prayer for sb's safety,* innalzare una preghiera per la salvezza di qcno - **c)** offrire; mettere in vendita: *to put up goods for auction,* mettere della merce all'asta - **d)** aumentare: *to put up the rent by two pounds a week,* aumentare l'affitto di due sterline la settimana - **e)** confezionare; preparare: *herrings put up in barrels,* aringhe confezionate in barili — *The hotel will put us up some sandwiches,* L'albergo ci preparerà dei panini - **f)** sostenere: *to put up a stout resistance,* opporre una strenua resistenza - **g)** appoggiare la candidatura; nominare; proporsi (presentarsi) candidato: *to put sb up for the position of secretary,* proporre (nominare) qcno per il posto di segretario - **h)** offrirsi come candidato: *Are you going to put up for the Committee?,* Intendi presentarti come candidato per il Comitato? - **i)** finanziare; sottoscrivere; fornire denaro: *A group of industrialists have put up a large sum towards the new school,* Un gruppo di industriali ha messo a disposizione una forte cifra per la costruzione della nuova scuola - **j)** rinfoderare; ritirare: *The deck chairs have been put* *up for the winter,* Le sedie a sdraio sono state ritirate per l'inverno - **k)** stanare; far levare: *to put up a hare,* stanare una lepre - **l)** ospitare; sistemare: *We can put you up for the week end,* Possiamo ospitarvi per il fine settimana - **m)** scendere (alloggiare) in un albergo: *to put up at a hotel for the night,* scendere in un albergo per la notte - **n)** erigere; allestire; preparare; montare: *to put up a shed,* costruire una capanna — *to put up a tent,* montare una tenda - **o)** affiggere; bandire: *to put up a notice,* affiggere un avviso - **p)** *to put sb up to sth,* istigare, incitare qcno a (fare) qcsa: *Who put you up to all these tricks?,* Chi ti ha istigato a fare tutti questi brutti scherzi?

to put up with, sopportare (affrontare) senza proteste, pazientemente: *There are many inconveniences that have to be put up with when you are camping,* Ci sono molti inconvenienti da sopportare quando fai il campeggio.

to put upon, abusare di *(generalm. nella forma passiva* to be put upon*);* farsi mettere i piedi sul collo; subire prepotenza.

[2]**put** [put] *agg predicativo (fam.)* fermo; immobile: *to stay put,* - **a)** stare fermo - **b)** voler rimanere; rifiutarsi di andarsene.

putative ['pju:tətiv] *agg* putativo. □ *avv* **putatively.**

put-off ['put'ɔf] *s.* **1** evasione. **2** rinvio.

put-on ['put'ɔn] *agg* affettato; falso; lezioso.

putrefaction [,pju:tri'fækʃən] *s.* putrefazione; putredine; *(fig.)* corruzione; marciume.

to **putrefy** ['pju:trifai] *vt e i.* putrefare, putrefarsi; corrompersi; andare in putrefazione.

putrescence [pju'tresns] *s.* putrescenza.

putrescent [pju'tresnt] *agg* putrescente.

putrid ['pju:trid] *agg* **1** putrido; marcio. **2** *(sl.)* di cattiva qualità; schifoso; pessimo; di sapore sgradevole. □ *putrid fever,* tifo — *putrid sore throat,* faringite purulenta; difterite.

putridity [pju:'triditi] *s.* putredine; marciume.

putsch [pu:tʃ] *s. (tedesco)* 'putsch'; colpo di mano; rivolta; sommossa *(spec. mil.).*

putt [pʌt] *s. (golf)* colpo.

to **putt** [pʌt] *vi e t. (golf)* colpire lievemente la palla *(per mandarla in buca): putting-green,* zona di prato regolare intorno a una buca — *putting-iron,* mazza per il 'putting'.

puttee ['pʌti:] *s. (mil.)* mollettiera; fascia.

putter ['pʌtə*] *s. (golf)* mazza usata sul 'green'.

putting ['pʌtiŋ] *s. e agg attrib* ⇨ **to putt.**

putty ['pʌti] *s.* mastice da vetraio; stucco.

to **putty** ['pʌti] *vt* stuccare; applicare il mastice.

put-up ['put'ʌp] *agg* concertato; combinato; losco; poco chiaro: *a put-up job,* un affare losco; un intrallazzo; un imbroglio; un tranello.

puzzle ['pʌzl] *s.* **1** enigma; problema; intrigo; rompicapo: *crossword puzzle,* cruciverba — *jig-saw puzzle,* gioco delle composizioni; 'puzzle' — *pictorial puzzle,* rebus. **2** *(solo al sing.)* perplessità; imbarazzo; incertezza: *to be in a puzzle about sth,* essere perplesso circa qcsa — *puzzle-headed,* dalle idee confuse.

to **puzzle** ['pʌzl] *vt* **1** confondere; imbarazzare; rendere perplesso; sconcertare: *This letter puzzles me,* Questa lettera mi sconcerta. **2** *(spesso seguito da* out*)* escogitare, indovinare *(una soluzione, ecc.): to puzzle one's brains,* scervellarsi.

□ *vi* scervellarsi; spremersi le meningi: *to puzzle over sth,* scervellarsi su qcsa; rompersi la testa per capire qcsa.

puzzlement ['pʌzlmənt] *s.* perplessità; confusione.

puzzler ['pʌzlə*] *s.* enigma; problema intricato; rovello.

pygmy ['pigmi] *s.* pigmeo *(anche fig.).*

pyjamas [pi'dʒɑ:məz] *s.* **1** pigiama. **2** calzoni a sbuffo dei musulmani.

pylon ['pailɔn] *s.* **1** pilone; traliccio. **2** porta; pilastro *(dei templi egiziani).*

pyorrhoea [,paiə'riə] *s.* piorrea.

pyramid ['pirəmid] *s.* **1** piramide. **2** mucchio a forma di piramide.

pyre ['paiə*] *s.* pira; rogo.

Pyrenean [,pirə'ni:ən] *agg* pirenaico.

pyrethrum [pai'ri:θrəm] *s. (bot. e chim.)* piretro.

pyrites [pai'raiti:z] *s.* pirite; bisolfuro.

pyrotechnic [,pairou'teknik] *agg* pirotecnico.

pyrotechnics [,pairou'tekniks] *s.* **1** pirotecnica. **2** *(fig.)* sfoggio di eloquenza, arguzia, intelligenza, ecc.

Pyrrhic ['pirik] *agg* pirrico; di (da) Pirro: *a Pyrrhic victory,* una vittoria di Pirro.

python ['paiθɔn] *s.* pitone.

pyx [piks] *s.* **1** pisside. **2** cassetta *(in uso presso la zecca inglese)* che contiene i campioni delle monete d'oro e d'argento: *trial of the pyx,* saggio ufficiale del peso e della purezza delle monete contenute nella 'pyx'.

Q

Q, q [kju:] (*pl.* **Q's, q's; Qs, qs**) Q, q *(diciassettesima lettera dell'alfabeto inglese): Q for Queenie, (al telefono, ecc.)* Q come Québec. □ *Q-boat; Q-ship,* nave-civetta — *to do sth on the q.t.* ⇨ ¹**quiet 5.**

qua [kwei] *congiunz (lat.)* come; in quanto; in qualità di.

¹**quack** [kwæk] *s. (spesso* quack-quack*)* 'qua qua'; *(nome onomatopeico infantile per l'anatra; il verso dell'anatra).*

to **quack** [kwæk] *vi* fare 'qua qua'.

²**quack** [kwæk] *s.* ciarlatano; *(scherz.)* medico: *a quack doctor,* un medicastro — *quack remedies,* rimedi da ciarlatano.

quackery ['kwækəri] *s.* ciarlataneria; ciarlatanata.

quad [kwɔd] *s.* **1** *abbr di* **quadrangle 2, quadrat, quadruplet. 2** *(telefonia)* bicoppia.

quadrangle ['kwɔdræŋgl] *s.* **1** quadrangolo; quadrilatero. **2** *(anche quad)* cortile quadrangolare *(spec. di un 'college' a Oxford).*

quadrangular [kwɔ'dræŋgjulə*] *agg* quadrangolare.

quadrant ['kwɔdrənt] *s.* quadrante.

quadrat ['kwɔdrət] *s. (tipografia: generalm. quad)* quadrato.

quadratic [kwɔ'drætik] *agg* quadratico: *quadratic equation,* equazione quadratica; equazione di secondo grado.
□ *s.* equazione quadratica.

quadrilateral [,kwɔdri'lætərəl] *agg e s.* quadrilatero.

quadrille [kwə'dril] *s.* **1** *(mus.)* quadriglia. **2** *(gioco di carte)* quadriglia.

quadrillé ['kwɔdri:jei] *agg* (carta) quadrettata.

quadrillion [kwɔ'driljən] *s. (USA)* quadrilione; *(GB)* un milione di quadrilioni.

quadroon [kwə'dru:n] *s.* persona con un quarto di sangue negro; incrocio tra un bianco e un mulatto; *(per estensione)* ibrido *(di animale, pianta, ecc.).*

quadruped ['kwɔdruped] *s.* quadrupede.

quadruple ['kwɔdrupl] *agg* **1** quadruplo. **2** quadruplice: *a quadruple alliance,* una quadruplice alleanza.
□ *s.* quadruplo: *20 is the quadruple of 5,* 20 è il quadruplo di 5.

to **quadruple** ['kwɔdrupl] *vt e i.* quadruplicare; moltiplicare per quattro.

quadruplet ['kwɔdruplit] *s. (generalm. al pl.)* uno di quattro gemelli.

quadruplicate [kwɔ'dru:plikit] *agg* quadruplice: *in quadruplicate,* in quattro copie.

to **quadruplicate** [kwɔ'dru:plikeit] *vt* fare quattro copie, quattro esemplari *(di una lettera, di un documento).*

quaere ['kwaiərei/'kwiəri] *(voce verbale lat.) s.* domanda; quesito.

to **quaff** [kwɑ:f/kwɔf] *vt e i. (ant. e lett.)* tracannare; bere a grandi sorsate: *to quaff (off) a glass of wine,* tracannare un bicchiere di vino.

quagmire ['kwɔgmaiə*] *s.* palude; pantano; acquitrino.

quail [kweil] *s. (invariato al pl.)* quaglia.

to **quail** [kweil] *vi* sgomentarsi; perdersi d'animo; tremare; vacillare.

quaint [kweint] *agg* strano; bizzarro; curioso; antiquato; caratteristico *(del tempo passato);* originale; pittoresco: *American visitors to England admire the quaint villages,* I turisti americani in Inghilterra ammirano i pittoreschi villaggi. □ *avv* **quaintly.**

quaintness ['kweintnis] *s.* stranezza; bizzarria; originalità; qualità pittoresca (*cfr.* **quaint,** *agg.*).

quake [kweik] *s.* **1** tremito. **2** (*abbr. fam. di* **earthquake**) terremoto.

to **quake** [kweik] *vi* **1** *(della terra)* tremare: *The earth quaked under his feet;* Il terreno gli tremò sotto i piedi. **2** *(di persona)* tremare; rabbrividire: *to be quaking with fear,* tremare di paura.

Quaker ['kweikə*] *s.* quacchero.

Quakerdom, Quakerism ['kweikədəm/'kweikərizəm] *s.* quaccherismo.

qualification [,kwɔlifi'keiʃən] *s.* **1** modificazione; limitazione; precisazione; condizione; riserva: *You can accept his statement without qualification,* Puoi accettare la sua affermazione senza riserve. **2** *(generalm. al pl.)* qualifica *(solitamente professionale);* requisito; titolo.

qualified ['kwɔlifaid] *agg* **1** qualificato: *a qualified doctor,* un dottore qualificato. **2** limitato; sotto condizione; con riserva: *to give a scheme qualified approval,* dare con riserva la propria approvazione ad un progetto.

qualifier ['kwɔlifaiə*] *s. (gramm.)* aggettivo (avverbio) qualificativo.

to **qualify** ['kwɔlifai] *vt e i.* **1** qualificare, qualificarsi; avere i requisiti (per): *He is qualified to teach maths,* È abilitato ad insegnare la matematica — *Have you qualified for the vote?,* È autorizzato a votare? — *A qualifying examination will be held next month,* Il mese prossimo ci sarà un esame d'abilitazione. **2** limitare; precisare; puntualizzare: *The statement 'Boys are lazy' needs to be qualified,* L'affermazione 'I ragazzi sono pigri' richiede una precisazione. **3** *(gramm.)* qualificare; definire: *Adjectives qualify nouns,* Gli aggettivi qualificano i nomi. **4** qualificare; descrivere; definire; attribuire (a qcno) la qualifica o la qualità (di): *to qualify a man as an ambitious self-seeker,* descrivere un uomo come un ambizioso egoista.

qualitative ['kwɔlitətiv] *agg* qualitativo.

quality ['kwɔliti] *s.* **1** qualità; pregio; valore: *goods of first-rate quality,* merci di prima qualità — *Poor quality goods don't sell easily,* Le merci di qualità scadente non si vendono facilmente. **2** qualità; caratteristica: *He is a man with many good qualities,* È un uomo con molte buone qualità — *One quality of pine-wood is that it can be sawn easily,* Una caratteristica del legno di pino è che si può segare facilmente — *He has the quality of inspiring confidence,* Ha il dono di ispirare fiducia. **3** *(piuttosto desueto)* alta posizione sociale; ceto elevato: *a lady of quality,* una signora d'alto rango. **4** *(GB, per* quality newspaper*)* giornale autorevole *(generalm. di tiratura bassa)* ricco di notizie politiche, economiche e culturali.

qualm [kwɑ:m/kwɔ:m] *s. (generalm. al pl.)* **1** scrupolo; esitazione; timore: *He felt no qualms about borrowing money from friends,* Non ebbe scrupoli nel farsi imprestare soldi dagli amici. **2** nausea; malessere: *Qualms spoilt his appetite during the first few days of the voyage,* Un senso di nausea gli rovinò l'appetito durante i primi giorni della traversata.

quandary ['kwɔndəri] *s.* perplessità; dubbio; imbarazzo; dilemma: *(generalm. nell'espressione) to be in a quandary,* essere in forse sul da farsi.

to **quantify** ['kwɔntifai] *vt* quantificare; misurare.

quantitative ['kwɔntitətiv] *agg* quantitativo. □ *avv* **quantitatively.**

quantity ['kwɔntiti] *s.* **1** quantità: *Mathematics is the science of pure quantity,* La matematica è la scienza della quantità pura. **2** quantità; somma; numero: *There's only a small quantity left,* Ce n'è rimasta soltanto una piccola quantità — *What quantity do you want?,* Quanto ne vuoi? **3** *(spesso al pl.)* abbondanza; gran numero; grande quantità: *He buys things in quantities,* Compra le cose in grandi quantità.
□ *an unknown quantity,* - **a)** *(matematica)* incognita *(in un'equazione)* - **b)** *(fig.)* entità: *an unpredictable quantity,* una persona (un elemento) imprevedibile — *quantity surveyor,* geometra che provvede alle ordinazioni di materiale per le costruzioni edili — *bill of quantity,* distinta di materiali *(preparata da un 'quantity surveyor').*

quantum ['kwɔntəm] *s.* *(lat.: pl.* **quanta***)* quanto; quantum di energia: *quantum theory, (fis.)* teoria dei quanti.

quarantine ['kwɔrənti:n] *s.* quarantena: *to be in quarantine,* stare (essere) in quarantena — *to be out of quarantine,* aver superato la (uscire di) quarantena — *quarantine regulations,* regolamenti della quarantena.

to **quarantine** ['kwɔrənti:n] *vt* tenere, mettere in quarantena: *to be quarantined because of yellow fever,* venir messo in quarantena a causa della febbre gialla.

[1]**quarrel** ['kwɔrəl] *s.* **1** lite; litigio; disputa; violenta discussione: *to have a quarrel with sb about sth,* avere una lite con qcno per qcsa — *They made up their quarrel,* Si riconciliarono. **2** motivo di lite o di discussione; dissidio; divergenza d'opinioni; ragione di protesta o di lagnanza: *I have no quarrel with* (o *against) him,* Non ho alcun motivo di dissidio con lui — *to pick a quarrel with sb,* attaccar briga con qcno.

to **quarrel** ['kwɔrəl] *vi* (**-ll-**; *USA anche* **-l-**) **1** litigare; altercare; attaccar briga: *The thieves quarrelled with one another about how to divide the loot,* I ladri litigarono tra di loro su come dividere il bottino. **2** lagnarsi; lamentarsi; trovare a ridire: *I can find nothing to quarrel with here,* Non trovo nulla da ridire su questo. punto

[2]**quarrel** ['kwɔrəl] *s. (di balestra)* dardo.

quarrelsome ['kwɔrəlsəm] *agg* litigioso; impulsivo; attaccabrighe. □ *avv* **quarrelsomely.**

[1]**quarry** ['kwɔri] *s.* selvaggina; preda *(anche fig.).*

[2]**quarry** ['kwɔri] *s.* cava.

to **quarry** ['kwɔri] *vt e i.* **1** estrarre; scavare: *to quarry limestone,* estrarre pietra calcarea — *to quarry (out) a block of marble,* estrarre un blocco di marmo; *(fig.)* indagare; estrarre notizie; ricavare informazioni. **2** fare ricerche: *to quarry in old manuscripts,* far ricerche in vecchi manoscritti.

quarryman ['kwɔrimæn] *s.* *(pl.* **quarrymen***)* cavatore; uomo che lavora in una cava.

quart [kwɔ:t] *s. (misura di capacità per liquidi equivalente a un)* quarto di gallone *(due pinte: cioè 1,136 litri): to drink a quart of ale,* bere due pinte di birra.
□ *to put a quart into a pint pot,* costringere il grande a stare nel piccolo; tentare (volere) l'impossibile.

quarter ['kwɔ:tə*] *s.* **1** quarto; quarta parte: *a quarter of a mile; a quarter-mile,* un quarto di miglio — *a mile and a quarter,* un miglio ed un quarto — *a quarter of an hour,* un quarto d'ora — *Divide the apples into quarters,* Dividi le mele in quattro parti — *a bad quarter of an hour,* un brutto quarto d'ora — *the quarter (o quarter mile: sport, fam.),* il quarto; gara su un quarto di miglio — *quarter-miler,* atleta che corre il quarto di miglio — *quarter-finals,* quarti di finale.

2 il quarto *(quarto d'ora prima o dopo ogni ora): a quarter to two; a quarter past six,* le due meno un quarto; le sei e un quarto — *It isn't the quarter yet,* Non è ancora il quarto — *This clock strikes the hours, the half-hours, and the quarters,* Questo orologio suona le ore, le mezze ore ed i quarti.

3 trimestre: *to owe several quarters' rent,* dovere parecchi trimestri d'affitto — *to pay one's rent at the end of each quarter,* pagare l'affitto alla fine di ogni trimestre — *quarter-day,* giorno di scadenza dei pagamenti trimestrali *(in Inghilterra il 25 marzo, il 24 giugno, il 29 settembre, il 25 dicembre)* — *quarter-sessions, (GB)* udienze trimestrali dei tribunali per certi casi criminali o civili *(abolite nel 1971).*

4 *(USA)* quarto di dollaro; moneta da 25 centesimi.

5 quarto di animale: *fore-quarters,* quarti anteriori — *hind-quarters,* quarti posteriori; *(fig.)* deretano.

6 direzione; parte; regione; *(fig.)* fonte di risorse, aiuto o informazione: *People came running from all quarters (from every quarter),* La gente accorreva da ogni parte — *From what quarter is the wind blowing?,* Da quale parte spira il vento? — *As his father was penniless, he could expect no help from that quarter,* Siccome suo padre era senza un soldo, non poteva aspettarsi aiuto da quella parte — *The suggestion did not find favour in the highest quarters,* La proposta non trovò favore nelle alte sfere.

7 quartiere; settore; zona; rione: *the Chinese quarter of San Francisco,* il quartiere cinese di San Francisco — *manufacturing quarter,* zona industriale.

8 quarta parte del mese lunare; prima e terza fase del ciclo lunare (primo quarto, ultimo quarto): *the moon at the first quarter (in its last quarter),* la luna al primo quarto (nell'ultimo quarto).

9 *(al pl.)* alloggio; abitazione; posto; accampamento: *We found excellent quarters at a small inn,* Trovammo un ottimo alloggio in una piccola locanda — *I took up quarters with a friend,* Presi alloggio con un amico — *married quarters, (mil.)* abitazioni per militari sposati — *All troops are to return to quarters at once,* Tutte le truppe devono tornare immediatamente in caserma — *The Roman army went into winter quarters,* L'esercito romano si ritirò negli accampamenti invernali — *close quarters,* spazio stretto e limitato — *to live in close quarters,* vivere allo stretto — *at close quarters,* a distanza ravvicinata.

10 *(al pl.)* posti di combattimento *(su una nave): Officers and men at once took up their quarters,* Gli ufficiali ed i marinai occuparono immediatamente i loro posti di combattimento.

11 grazia *(al nemico che offre la resa): to give (to ask*

for, to receive) quarter, concedere (chiedere, ricevere) la grazia della vita.
12 *(naut.)* poppa: *on the port (starboard) quarter,* a babordo; a tribordo (⇨ *anche* **quarter-deck**).
13 *(GB)* quarta parte di un 'hundredweight' *(otto staia: unità di misura per cereali).*
14 quarto *(in uno scudo o stemma).*
□ *quarter-plate,* lastra fotografica di cm 10,8 x 8,2 — *quarter-lights, (di automobile)* deflettori.

to **quarter** ['kwɔ:tə*] *vt* **1** dividere in quattro; fare quattro parti: *to quarter an apple,* dividere in quattro una mela. **2** squartare *(il corpo di un traditore): He was sentenced to be hanged, drawn, and quartered,* Fu condannato ad essere impiccato, sbudellato e squartato. **3** alloggiare; acquartierarsi *(di truppe): to quarter troops on the villagers,* alloggiare le truppe nelle case di un villaggio.

quarter(-)deck ['kwɔ:tədek] *s. (naut.)* cassero.

quartering ['kwɔ:təriŋ] *s.* **1** inquartamento *(di uno scudo o stemma);* blasone. **2** acquartieramento.

quarterly ['kwɔ:təli] *agg* trimestrale: *quarterly payments,* pagamenti trimestrali.
□ *avv* trimestralmente: *to be paid quarterly,* essere pagato trimestralmente, a trimestri.
□ *s.* pubblicazione trimestrale.

quartermaster ['kwɔ:tə,mɑ:stə*] *s.* **1** *(nell'esercito: abbr.* Q.M.*)* quartiermastro; furiere: *quartermaster-general, (abbr.* Q.M.G.*)* ufficiale capo degli approvvigionamenti. **2** *(nella marina)* secondo capo timoniere.

quartern ['kwɔ:tən] *s. (anche* quartern-loaf*)* pagnotta di quattro libbre.

quarterstaff ['kwɔ:təstɑ:f] *s.* (*pl.* **quarterstaves**) *(stor.)* lungo bastone di legno con punte ferrate *(da combattimento).*

quartet [kwɔ:'tet] *s. (talvolta* **quartette,** *fr.)* quartetto: *a string quartet,* un quartetto d'archi — *a piano quartet,* un quartetto per piano e archi.

quarto ['kwɔ:tou] *s.* (*pl.* **quartos**) quarto *(misura di un foglio piegato due volte);* (volume) in quarto: *the first quarto of 'Hamlet',* il primo in quarto dell''Amleto'.

quartz [kwɔ:ts] *s.* quarzo: *a quartz clock (lamp),* un orologio (una lampada) al quarzo.

to **quash** [kwɔʃ] *vt* annullare; invalidare; cassare: *to quash a verdict,* annullare un verdetto.

quasi ['kwɑ:zi/'kweisai] *agg e avv* quasi; pressoché; come se; poco meno che; come a dire: *a quasi-official position,* una posizione pressoché ufficiale (semiufficiale).

quassia ['kwɔʃə] *s.* quassia *(il legno, la corteccia e la droga).*

quatercentenary ['kweitəsen'ti:nəri] *s.* quarto centenario; quattrocentesimo anniversario.

quaternary [kwə'tə:nəri] *agg e s.* quaternario; periodo quaternario.

quatrain ['kwɔtrein] *s. (prosodia)* quartina.

quatrefoil ['kætrəfoil] *s. (archit.)* quadrifoglio.

quaver ['kweivə*] *s.* **1** gorgheggio; tremolio. **2** *(GB, mus.)* croma.

to **quaver** ['kweivə*] *vt e i.* **1** tremare; vibrare; tremolare: *in a quavering voice; in a voice that quavered,* con voce tremante; con voce che tremava. **2** *(generalm. seguito da* out *o* forth*)* trillare: *She quavered out her little song,* Cantò con trilli e gorgheggi la sua canzoncina.

quay [ki:] *s.* banchina; molo.

quean [kwi:n] *s. (ant.)* ragazza sfacciata, impudente; donna leggera; sgualdrina.

queasiness ['kwi:zinis] *s.* **1** predisposizione alla nausea; disgusto; delicatezza (di stomaco). **2** scrupolosità.

queasy ['kwi:zi] *agg* **1** nauseante; nauseabondo; stomachevole *(di cibo).* **2** *(di stomaco)* delicato. **3** *(di persona)* schizzinoso; schifiltoso; nauseato. **4** *(di persona o coscienza)* eccessivamente scrupoloso.
□ *avv* **queasily.**

queen [kwi:n] *s.* **1** regina: *the queen of England,* la regina d'Inghilterra — *Queen Elizabeth the Second,* la regina Elisabetta seconda — *queen consort,* regina *(moglie del re)* — *queen dowager,* la vedova del re — *queen mother,* regina madre — *Queen of Scots,* Maria Stuarda. **2** *(per estensione, persona o cosa di genere femminile che primeggia)* regina; reginetta: *the queen of the Adriatic,* la Regina dell'Adriatico; Venezia — *the queen of the seas,* la Regina dei mari; la Gran Bretagna — *beauty queen,* reginetta di bellezza — *May Queen; Queen of the May* ⇨ **May 1.** **3** *(zool.)* regina *(delle api, ecc.); (talvolta)* gatta. **4** *(scacchi, carte)* regina; donna: *queen's bishop,* alfiere di donna — *queen of hearts,* regina di cuori. **5** *(sl.)* partner passivo in un rapporto omosessuale maschile; 'checca' *(sl.).*
□ *Queen's counsel, (GB)* titolo onorifico che si concede agli avvocati — *Queen's Bench* ⇨ **bench 1** — *the Queen's English,* la lingua inglese corrente — *to take the Queen's shilling,* arruolarsi nell'esercito — *to turn Queen's evidence, (di imputato)* portare prove contro altri imputati nello stesso processo — *Queen Anne is dead!,* Quella notizia ha la muffa! È una notizia vecchia come il cucco! — *queen-post, (archit.)* monaco.

to **queen** [kwi:n] *vt e i.* **1** *to queen it (over sb, sth),* farla da regina; dominare; primeggiare. **2** *(scacchi)* fare regina.

queenly ['kwi:nli] *agg* regale; generoso: *queenly robes,* vesti regali — *her queenly duties,* i suoi doveri di regina.

[1]**queer** [kwiə*] *agg* **1** strano; inusitato; bizzarro; singolare: *a queer way of talking,* uno strano modo di parlare. **2** dubbio; sospetto: *a queer character,* un individuo sospetto, poco chiaro — *queer noises in the attic,* rumori sospetti in soffitta. **3** indisposto; colpito da malessere *(fam.): to feel rather queer,* sentirsi poco bene. **4** *(GB, sl.): to be in Queer street,* avere molti debiti; essere nei guai. **5** *(sl.)* 'finocchio'.
□ *avv* **queerly.**

[2]**queer** [kwiə*] *s. (sl.)* 'finocchio'.

to **queer** [kwiə*] *vt (GB, sl.)* disordinare; sciupare; guastare; rovinare: *(spec. nell'espressione) to queer sb's pitch,* rompere le uova nel paniere a qcno.

queerish ['kwiəriʃ] *agg* piuttosto strano; bizzarro.

queerness ['kwiənis] *s.* stranezza; bizzarria; singolarità; stravaganza.

to **quell** [kwel] *vt* reprimere; soggiogare *(una rivolta, ecc.).*

to **quench** [kwentʃ] *vt* **1** *(lett.)* spegnere; estinguere *(fiamme, fuoco).* **2** dissetare; calmare (la sete). **3** soffocare; reprimere *(una speranza, ecc.).* **4** raffreddare *(per dare la tempra).* **5** *(sl.)* far tacere qcno *(in una discussione, ecc.).*

quenchless ['kwentʃlis] *agg (non molto comune)* inestinguibile: *a quenchless flame,* una fiamma inestinguibile.

quern [kwə:n] *s.* macina a mano *(per il grano).*

querulous ['kweruləs] *agg* querulo; piagnucoloso; lamentoso; irritabile: *in a querulous tone,* con tono piagnucoloso. □ *avv* **querulously.**

querulousness ['kwerulәsnis] *s.* l'essere lamentoso; lamentosità; querimonia; irritabilità.

query ['kwiәri] *s.* **1** domanda; quesito; interrogativo: *to raise a query,* sollevare una questione. **2** punto interrogativo.

to **query** ['kwiәri] *vt* **1** *(seguito da* whether *o* if*)* indagare; chiedersi: *I queried whether his word could be relied on,* Chiesi se ci si poteva fidare della sua parola. **2** essere in dubbio; dubitare: *to query one's instructions,* sollevare dubbi circa le istruzioni ricevute. **3** mettere un punto interrogativo.

quest [kwest] *s.* **1** ricerca; caccia: *the quest for gold,* la caccia all'oro — *in quest of,* alla ricerca di — *He went off in quest of food,* Partì alla ricerca di cibo. **2** *(GB, abbr. ant. di* **inquest**) inchiesta del 'coroner'.

to **quest** [kwest] *vi (generalm. seguito da* for*)* cercare; andare alla ricerca (di); andare a caccia (di).

question ['kwestʃәn] *s.* **1** domanda; interrogazione; quesito; *(al Parlamento)* interpellanza: *to ask a lot of questions,* fare un sacco di domande — *to put a question to sb,* fare una domanda a qcno; porre un quesito a qcno — *question-mark,* punto interrogativo — *question-master,* presentatore di un 'quiz' radiofonico, televisivo — *Question Time, (GB, al Parlamento)* l'ora delle interpellanze *(rivolte ai ministri, ecc.).*

2 questione; discussione; problema; affare; disputa; controversia: *a difficult (vexed) question,* una questione difficile (controversa); una 'vexata quaestio' — *economic questions,* problemi economici — *Success is only a question of time,* Il successo è solo una questione di tempo — *The question is...,* Il problema (Ciò che vogliamo sapere) è... — *That's not the question,* Non è questo il problema — *Where is the man in question?,* Dov'è l'uomo in questione? — *to be out of the question,* essere fuori discussione (fuor di dubbio) — *We can't go out in this weather; it's out of the question,* Non possiamo certamente uscire con questo tempo — *There was no question of his being invited to become Chairman,* Una sua possibile candidatura alla carica di presidente non fu nemmeno presa in considerazione — *to come into question,* venire in discussione; essere discusso; farsi attuale; acquistare importanza — *to stick to the question,* rimanere in argomento; attenersi all'argomento — *Question!, (durante un dibattito)* Niente digressioni! — *to put the question,* porre un quesito; *(in un dibattito)* mettere una questione ai voti; passare alla votazione.

3 dubbio; obiezione; incertezza: *beyond (beyond all) question; without (out of, past) question,* senza alcun dubbio; senza obiezioni; certamente — *He allowed my claim without question,* Riconobbe il mio diritto senza alcuna obiezione — *There is no question about his honesty,* Non si mette affatto in dubbio la (Non vi è alcun dubbio sulla) sua onestà — *There is no question but that he will succeed, (piuttosto formale)* Riuscirà senza alcun dubbio (certamente) — *to call sth in question,* mettere in questione (mettere in dubbio) qcsa; fare delle riserve su qcsa — *No one has ever called my honesty in question,* Nessuno ha mai dubitato della mia onestà — *His conduct was called in question,* Si fecero delle riserve circa il suo comportamento.

4 *(ant.)* tortura: *to put sb to the question,* sottoporre qcno alla tortura.

to **question** ['kwestʃәn] *vt* **1** interrogare; far domande; esaminare: *He was questioned by the police,* Fu interrogato dalla polizia — *They questioned the candidate on his political views,* Interrogarono il candidato sulle sue idee politiche. **2** mettere in dubbio; eccepire; mettere in questione; sollevare delle riserve, dei dubbi: *to question sb's veracity,* mettere in dubbio la sincerità di qcno — *to question the value of Latin at school,* dubitare della validità dell'insegnamento del latino nelle scuole.

questionable ['kwestʃәnәbl] *agg* **1** discutibile; incerto; dubbio: *The authorship of some of Shakespeare's plays is questionable,* L'attribuzione di alcuni drammi shakespeariani è discutibile. **2** *(di comportamento)* ambiguo; equivoco; di dubbia moralità; di gusto discutibile. □ *avv* **questionably.**

questioner ['kwestʃәnә*] *s.* interrogante.

questioning ['kwestʃәniŋ] *s.* interrogatorio. □ *agg (di sguardo, ecc.)* interrogativo. □ *avv* **questioningly.**

questionnaire [ˌkwestʃә'nɛә*] *s.* questionario.

queue [kju:] *s.* **1** *(spec. GB)* coda *(di persone);* fila: *to form a queue,* formare una coda — *to stand in a queue,* stare in fila; fare la coda — *to jump the queue,* saltare davanti agli altri (in fila). **2** coda; codino *(di capelli).*

to **queue** [kju:] *vi (spesso seguito da* up*)* mettersi in fila; fare la coda: *to queue up for a bus,* fare la coda per un autobus — *to queue up to buy tickets for the opera,* mettersi in coda per comprare i biglietti dell'opera.

quibble ['kwibl] *s.* scappatoia; cavillo; risposta evasiva; gioco di parole.

to **quibble** ['kwibl] *vi* cavillare; sofisticare; usare sofismi; sottilizzare: *to quibble over (about, at) sth,* sottilizzare su qcsa.

quibbler ['kwiblә*] *s.* cavillatore.

quibbling ['kwibliŋ] *agg* cavilloso; elusivo; sfuggente.

'**quick** [kwik] **I** *agg* (**-er**; **-est**) **1** veloce; svelto; rapido; celere; frettoloso; sbrigativo: *(as) quick as lightning,* veloce come un fulmine — *a quick worker,* un lavoratore svelto — *to walk at a quick pace,* camminare con passo svelto — *to find quick ways of doing things (of getting somewhere),* trovare vie sbrigative per fare le cose (per arrivare in qualche posto) — *Be quick about it!,* Sbrigati!; Fai in fretta! — *to be quick to make up one's mind,* essere svelto a prendere una decisione — *Try to be a little quicker,* Cerca di essere un po' più svelto — *The flashes of lightning came in quick succession,* I bagliori dei lampi si succedevano uno dopo l'altro — *to have a quick meal,* mangiare un boccone alla svelta — *We just have time for a quick one,* Abbiamo giusto il tempo per berci qualcosa *(un bicchierino, ecc.)* alla svelta — *quick-change, (agg. attrib.)* di (da) trasformista — *a quick-change actor, (teatro)* un attore trasformista — *quick time, (mil.)* velocità normale di marcia *(circa quattro miglia all'ora)* — *Quick march!, (mil.)* Avanti, march! **2** vivace; acuto; fine; pronto; intelligente; penetrante; impulsivo; sveglio: *He is quick to understand,* Capisce (le cose) al volo — *to have a quick ear for music,* avere un orecchio fine per la musica — *to be quick at figures,* essere bravo in matematica, a far di conto, a tenere i libri contabili — *a quick child,* un bambino sveglio — *not very quick,* non tanto sveglio; un po' indietro; un po' lento — *quick-eared (quick-eyed; quick-sighted),* fine d'orecchio (di vista acuta, penetrante) — *quick-sightedness,* perspicacia — *quick-witted,* spiritoso; dalla battuta pronta — *quick-tempered,* dal temperamento irascibile, focoso, impulsivo — *quick with child, (ant.: di donna)* gravida

— *quick-lunch bar (counter),* tavola calda — ⇨ *anche* **to quick-freeze.** □ *avv* **quickly.**

II *avv* (**-er**; **-est**) (*usato in conversazione sempre dopo il v., al posto di* **quickly**) rapidamente; velocemente; in fretta; presto: *You're walking too quick for me,* Cammini troppo in fretta per me — *Can't you run any quicker?,* Non puoi correre più in fretta? — *He wants to get rich quick,* Vuole arricchirsi in fretta — *a quick-firing gun,* un fucile a ripetizione — *a quick-acting drug,* farmaco ad effetto rapido.

III *s.* **1** il vivo; la carne viva: *to bite one's nails to the quick,* mangiarsi le unghie a sangue — *to be touched to the quick,* essere toccato sul vivo *(anche fig.)* — *words that stung me to the quick,* parole che mi colpirono sul vivo. **2** *(ant., pl.)* i vivi: *the quick and the dead,* i vivi e i morti.

to **quicken** ['kwikən] *vt e i* **1** affrettare, affrettarsi: *We quickened our pace,* Affrettammo il passo — *His pulse quickened,* Il suo polso accelerò.**2** animare; stimolare; ravvivare; eccitare: *Good literature quickens the imagination,* La buona letteratura accende la fantasia.

to **quick-freeze** ['kwikfri:z] *vt* (*pass.* **quick-froze**; *p. pass.* **quick-frozen**) surgelare: *quick-frozen foods,* (alimenti) surgelati.

quickie ['kwiki] *s.* cosa fatta alla buona, alla svelta; *(fam.)* film da quattro soldi.

quicklime ['kwiklaim] *s.* calce viva.

quickness ['kwiknis] *s.* **1** *(non molto comune)* rapidità; velocità. **2** prontezza; sveltezza; acutezza; acume; intelligenza; vivacità.

quicksand ['kwiksænd] *s.* sabbia mobile; area di sabbie mobili.

quickset ['kwikset] *agg (bot.)* sempreverde: *a quickset hedge,* una siepe viva *(di biancospino, ecc.).*

quicksilver ['kwik'silvə*] *s.* mercurio; argento vivo *(anche fig.).*

quickstep ['kwikstep] *s.* **1** 'quickstep' *(danza).* **2** *(mil.)* passo cadenzato.

[1]**quid** [kwid] *s.* presa *(di tabacco)* da masticare; cicca.

[2]**quid** [kwid] *s.* *(GB, sl.: invariato al pl.)* sterlina: *He earns sixty quid a week,* Guadagna sessanta sterline la settimana.

quid pro quo ['kwidprou'kwou] *s.* *(lat.)* **1** equivoco; compenso. **2** *(dir.)* controprestazione.

quiescence [kwai'esns] *s.* quiescenza; quiete; inerzia; tranquillità.

quiescent [kwai'esnt] *agg* quieto; immoto; passivo; tranquillo. □ *avv* **quiescently.**

quiet ['kwaiət] *agg* **1** quieto; tranquillo; calmo; silenzioso: *a quiet evening,* una serata tranquilla — *quiet footsteps,* passi silenziosi. **2** tranquillo; calmo; placido: *to live a quiet life,* condurre una vita tranquilla — *to have a quiet mind,* avere una mente pacata, serena. **3** gentile; docile; ben disposto: *quiet children,* bambini docili — *a quiet lady,* una mite signora. **4** *(di colori)* tenue; non chiassoso; pallido. **5** nascosto; segreto; intimo: *to harbour quiet resentment,* nutrire un segreto rancore — *to keep sth quiet,* tener segreto qcsa — *to do sth on the quiet (oppure abbr. sl.* on the q.t. ['kju: 'ti:]), fare qcsa alla chetichella, segretamente, di nascosto — *to have a drink on the quiet,* farsi una bevutina di nascosto — *to tell sb sth on the quiet,* raccontare qcsa a qcno in segreto, in confidenza. □ *avv* **quietly.**

□ *s.* quiete; calma; tranquillità; silenzio: *in the quiet of the night,* nel silenzio della notte — *to live in peace and quiet,* vivere in pace e tranquillità — *a period of quiet after an election,* un periodo di calma dopo un'elezione.

to **quiet** ['kwaiət] *vt e i.* tranquillizzare; calmare; placare: *to quiet a fretful child,* calmare un bambino che fa i capricci — *to quiet sb's fears (suspicions),* acquietare le paure (i sospetti) di qcno.

to **quieten** ['kwaiətən] *vt* acquetare; calmare.
□ *vi* **to quieten down** **1** tacere; chetarsi. **2** calmarsi; tranquillizzarsi.

quietism ['kwaiitizəm] *s.* quietismo.

quietist ['kwaiitist] *s.* quietista.

quietness ['kwaiətnis] *s.* quiete; tranquillità; pace; calma; silenzio.

quietude ['kwaiitju:d] *s.* immobilità; calma.

quietus [kwai'i:təs] *s.* **1** morte; liberazione dalla vita: *to give sb his quietus,* finire qcno; dare a qcno il colpo di grazia. **2** *(raro)* quietanza.

quiff [kwif] *s.* ricciolo incollato sulla fronte; ciuffo.

quill [kwil] *s.* **1** il calamo della penna; *(per estensione)* penna; penna d'oca. **2** aculeo *(di porcospino).* **3** stuzzicadenti. **4** *(pesca)* galleggiante. **5** *(mecc.)* codolo; cannello; albero cavo.

quilt [kwilt] *s.* trapunta; piumino; coperta imbottita.

to **quilt** [kwilt] *vt* trapuntare; imbottire: *a quilted dressing gown,* una vestaglia trapunta.

quin [kwin] *s., abbr di* **quintuplet.**

quince [kwins] *s.* cotogna: *quince tree,* melo cotogno — *quince jelly,* gelatina di cotogne.

quincunx ['kwinkʌŋks] *s.* *(geometria, agricoltura)* quinconce.

quinine [kwi'ni:n] *s.* chinino.

Quinquagesima [,kwiŋkwə'dʒesimə] *s.* Quinquagesima *(la domenica prima della Quaresima).*

quinquennial [kwin'kweniəl] *agg* quinquennale. □ *avv* **quinquennially.**

quinquennium [kwin'kweniəm] *s.* quinquennio.

quinsy ['kwinzi] *s.* angina; tonsillite.

quintal ['kwintl] *s.* quintale *(generalm. 100 Kg; in GB anche 100 o 112 libbre).*

quintessence [kwin'tesns] *s.* quintessenza: *the quintessence of virtue (of politeness),* la quintessenza della virtù (dell'educazione).

quintessential [,kwinti'senʃəl] *agg* quintessenziale.

quintet [kwin'tet] *s.* (*talvolta* **quintette**) quintetto.

quintuplet ['kwintjuplit] *s.* *(generalm. al pl.)* uno di cinque gemelli.

quip [kwip] *s.* frizzo; arguzia; sarcasmo; battuta spiritosa; sofisma.

to **quip** [kwip] *vi* (**-pp-**) fare dello spirito; sofisticare.

[1]**quire** ['kwaiə*] *s.* *(ant.)* = **choir.**

[2]**quire** ['kwaiə*] *s.* blocco di ventiquattro fogli di carta da lettere: *to buy paper by the quire (in quires),* comprare carta a blocchi di 24 fogli.

quirk [kwə:k] *s.* **1** battuta di spirito; sofisma. **2** ticchio; vezzo. **3** ghirigoro.

quirt [kwə:t] *s.* *(USA)* frustino.

quisling ['kwizliŋ] *s.* collaborazionista; traditore.

quit [kwit] *agg* liberato; sbarazzato: *We are well quit of him,* Finalmente ci siamo sbarazzati di lui.

to **quit** [kwit] *vt* (*pass. e p. pass.* **quitted** *o* **quit**) **1** andare via; partire; lasciare: *I quitted him in disgust,* Lo lasciai disgustato — *notice to quit,* - **a)** notifica di disdetta (o di sfratto) - **b)** *(talvolta)* preavviso di licenziamento. **2** *(spec. USA)* fermare, fermarsi; smettere; cessare: *to quit work when the siren sounds,* cessare il lavoro quando suona la sirena — *Quit grumbling!,* Smettila di brontolare! — *Quit that!,* Smettila! **3** (*ant.*

= **to acquit**) comportarsi: *They quitted themselves like heroes,* Si comportarono da eroi.

quite [kwait] *avv* **1** abbastanza; più o meno; in un certo senso; fino ad un certo punto: *quite a good player,* un giocatore abbastanza in gamba — *He was quite polite, but he wasn't ready to help me,* È stato abbastanza gentile, ma non era disposto ad aiutarmi — *She quite likes him, but not enough to marry him,* In un certo senso gli vuol bene, ma non abbastanza per sposarlo — *quite a few,* parecchi; non pochi — *quite a lot,* abbastanza; un bel po' — *quite a long time,* un bel po' di tempo.
2 completamente; del tutto; affatto; esattamente: *He has quite recovered,* È guarito (Si è ripreso) completamente — *I quite agree,* Sono pienamente d'accordo — *I quite understand,* Capisco perfettamente — *She was quite alone,* Era completamente sola — *See if your watch is quite right,* Vedi se il tuo orologio segna l'ora esatta — *That's quite another story,* Quella è tutt'altra cosa — *You are quite wrong!,* Hai torto marcio! — *quite the thing,* proprio quello che ci vuole; la cosa giusta.
3 veramente; realmente: *They are both quite young,* Sono tutti e due veramente giovani — *She is really quite a beauty,* È veramente una ragazza stupenda — *I believe they are quite happy together,* Credo che siano veramente felici assieme.
4 *(nelle risposte, come forma di cortesia)* proprio; davvero; proprio così; appunto: *'It's a difficult situation' - 'Quite!' (oppure: 'Quite so!'),* 'È una situazione difficile' - 'Davvero!'.

quits [kwits] *agg predicativo* pari: *to be quits with sb,* esser pari con qcno — *We're quits now!,* Adesso siamo pari! — *I'll be quits with him,* Gliela farò pagare — *to cry quits,* dichiararsi pari; abbandonare una disputa — *double or quits,* doppio o pari *(nei giochi, p.es. di dadi).*

quittance ['kwitəns] *s.* quietanza; ricevuta; ricompensa.

quitter ['kwitə*] *s.* rinunciatario; chi tralascia i (viene meno ai) propri doveri.

[1]**quiver** ['kwivə*] *s.* suono o movimento tremolante.

to **quiver** ['kwivə*] *vt e i.* tremare; palpitare; fremere; rabbrividire; far agitare: *a quivering leaf,* una foglia tremante — *to quiver with cold,* rabbrividire dal freddo — *to quiver with rage,* fremere *The moth quivered its wings,* La falena agitò le ali.

[2]**quiver** ['kwivə*] *s.* faretra; turcasso.

quivering ['kwivəriŋ] *agg* tremante; tremolante.
☐ *s.* tremito; tremolio.

qui vive ['ki:'vi:v] *s. (fr.)* chi va là: *to be on the qui vive,* essere all'erta, sul chi va là.

quixotic [kwik'sɔtik] *agg* generoso; altruista; stravagante; donchisciottesco; cavalleresco; idealista.
☐ *avv* **quixotically.**

quiz [kwiz] *s.* quesito; esame di cultura generale; 'quiz'; gioco radiofonico o televisivo basato su domande: *quiz-master,* presentatore di quiz; colui che conduce un 'quiz'.

to **quiz** [kwiz] *vt* (**-zz-**) **1** fare domande; porre quesiti o indovinelli. **2** *(ant.)* prendere in giro; burlarsi; canzonare. **3** *(ant.)* fissare con impudenza o curiosità attraverso un monocolo.

quizzical ['kwizikl] *agg* **1** comico; scherzoso; divertente; faceto. **2** canzonatorio; beffardo: *a quizzical smile,* un sorriso beffardo. ☐ *avv* **quizzically.**

quod [kwɔd] *s. (GB, sl.)* prigione.

quoin [kɔin] *s.* **1** *(archit.)* concio d'angolo. **2** *(tipografia)* serraforme.

quoit [kɔit] *s.* anello *(di metallo, gomma o corda)* da gettarsi nel gioco degli anelli.

quondam ['kwɔndæm] *agg (lat.)* d'una volta; di un tempo; del passato: *a quondam friend,* un ex-amico.

quorum ['kwɔ:rəm] *s. (lat.)* quorum; numero legale *(per un'assemblea, ecc.): to have (to form) a quorum,* raggiungere il numero legale.

quota ['kwoutə] *s.* porzione; quota; quantitativo; *(talvolta)* contingente: *The quota of immigrants for this year has already been filled,* La quota d'immigrazione (Il contingente di immigranti) per quest'anno è già stata raggiunta.

quotability [,kwoutə'biliti] *s.* citabilità.

quotable ['kwoutəbl] *agg* citabile.

quotation [kwou:teiʃən] *s.* **1** il citare. **2** citazione: *quotations from Shakespeare,* citazioni da Shakespeare — *quotation marks,* virgolette *(nelle citazioni).* **3** *(comm.)* quotazione: *the latest Stock Exchange quotations,* le ultime quotazioni di Borsa. **4** preventivo *(di un lavoro): Can you give me a quotation for building a garage?,* Può farmi un preventivo per la costruzione di un garage?

quote [kwout] *s.* **1** citazione. **2** *(al pl.:* quotes*)* virgolette *(di citazione).* **3** preventivo *(abbr. di* **quotation 4**).

to **quote** [kwout] *vt* **1** citare: *to quote a verse from the Bible,* citare un versetto dalla Bibbia — *to quote the Bible,* citare la Bibbia — *Shakespeare is the author most frequently quoted from,* Shakespeare è l'autore più frequentemente citato — *He is quoted as having said that there will be an election this autumn,* Si dice che abbia affermato che quest'autunno ci sarà un'elezione. **2** addurre: *Can you quote (me) a recent instance?,* Può addurmi un esempio recente? **3** *(comm.)* quotare; fare una quotazione; indicare un prezzo: *This is the best price I can quote you,* Questo è il miglior prezzo che posso farVi — *The shares are quoted at...,* Le azioni hanno la quotazione di...

quoth [kwouθ] *voce verbale (ant.: solo alla prima ed alla terza persona sing. del pass.)* dissi, disse: *'Never again!', quoth he,* 'Mai più!', disse.

quotidian [kwɔ'tidiən] *agg e s. (di febbre)* quotidiano.

quotient ['kwouʃənt] *s.* quoziente.

R

R, r [ɑ:*] *s.* (*pl.* **R's, r's**) R, r *(diciottesima lettera dell'alfabeto inglese): R for Robert, (al telefono, ecc.)* R come Roma — ... *when there's an 'r' in the mouth,* ... nei mesi con la 'r' — *the three R's, (GB)* i fondamenti dell'istruzione elementare (*cioè 'reading, writing, and arithmetic',* leggere, scrivere e far di conto).

rabbi ['ræbai] *s.* rabbino.

rabbinic(al) [ræ'binik(əl)] *agg* rabbinico.

rabbit ['ræbit] *s.* **1** coniglio: *rabbit-hutch,* conigliera. **2** *(GB, fig.)* schiappa; giocatore maldestro. □ *Welsh rabbit* ⇨ **Welsh** — *rabbit-punch,* colpo *(tipo karatè, di taglio)* alla nuca.

to **rabbit** ['ræbit] *vi* (**-tt-**) *(spesso nella forma* to go rabbiting*)* cacciare conigli; andare a caccia di conigli.

rabble ['ræbl] *s.* **1** calca; folla in tumulto; ressa. **2** *(spreg.) the rabble,* il volgo; la marmaglia; la plebaglia; la feccia: *rabble-rouser,* arruffapopoli — *rabble-rousing,* demagogia; istigazione alla rivolta.

Rabelaisian [,ræbə'leiziən] *agg* rabelaisiano; nello stile di Rabelais.
□ *s.* ammiratore, seguace o studioso di Rabelais.

rabid ['ræbid] *agg* **1** *(di cane)* idrofobo; rabbioso. **2** *(fig., di persona)* furioso; rabbioso; violento; fanatico: *a rabid anticommunist,* un anticomunista fanatico ('viscerale').

rabies ['reibi:z] *s.* rabbia; idrofobia.

raccoon [rə'ku:n] *s.* = **racoon.**

[1]**race** [reis] *s.* **1** corsa *(anche fig.)*; gara di velocità: *to run a race with sb,* fare una corsa con qcno — *the race for the presidency,* la corsa alla presidenza — *race meeting,* concorso ippico; corsa di cavalli — *to go to the races,* andare alle corse — *race(-)course; race(-)track,* ippodromo — *race-horse,* cavallo da corsa — *race card,* programma delle corse. **2** *(lett.)* corso; cammino *(del sole, della vita): His race is nearly run,* È quasi giunto alla fine dei suoi giorni. **3** corrente forte *(di fiume o di mare).* **4** *(di mulino)* canale di condotta. **5** *(mecc.)* gola (o guida) di scorrimento. **6** *(mecc., GB)* anello di cuscinetto a sfere; *(USA)* pista; sede di rotolamento.

to **race** [reis] *vi e t.* **1** prender parte ad una gara, ad una corsa; gareggiare; correre: *Race you to the bus-stop!,* Vediamo chi fa prima ad arrivare alla fermata dell'autobus! **2** allevare cavalli da corsa; far gareggiare un cavallo; partecipare a corse di cavalli. **3** far correre qcno; portare a tutta velocità qcno. **4** imballare (un motore); farlo andare troppo su di giri o girare a vuoto.

[2]**race** [reis] *s. (spesso attrib.)* razza; stirpe; gruppo etnico; schiatta: *race hatred,* odio razziale — *race riots,* disordini di carattere razziale.

racecourse ['reiskɔ:s] *s.* ⇨ [1]**race.**

racehorse ['reishɔ:s] *s.* ⇨ [1]**race.**

raceme ['ræsi:m] *s.* racemo.

racer ['reisə*] *s.* **1** corridore. **2** cavallo, imbarcazione, automobile, ecc., da corsa o da gara.

racial ['reiʃəl] *agg* razziale. □ *avv* **racially.**

racialism ['reiʃəlizəm] *s.* razzismo.

racialist ['reiʃəlist] *s.* razzista.

racily ['reisili] *avv* ⇨ **racy.**

raciness ['reisinis] *s.* **1** vivacità; brio; arguzia; mordacità. **2** salacità. **3** vigore; carattere; forza *(specie di stile lett.).*

racing ['reisiŋ] *s.* corsa, corse: *a racing car,* un'automobile da corsa — *a racing bike, (fam.)* una bicicletta da corsa — *a racing man,* un appassionato dell'ippica o delle corse — *to keep a racing stable,* avere una scuderia di cavalli da corsa.

racism ['reisizəm] *s.* razzismo.

racist ['reisist] *s. e agg* razzista.

[1]**rack** [ræk] *s.* **1** *(di solito nei composti)* rastrelliera; cavalletto o simile; piccolo scaffale a più piani: *plate-rack,* scolapiatti — *luggage-rack, (GB)* portabagagli; rete per le valige — *roof-rack,* portabagagli *(sul tetto di un'automobile).* **2** cremagliera: *a rack railway,* una ferrovia a cremagliera. **3** *(USA, fam.)* letto.

[2]**rack** [ræk] *s. (stor.)* ruota; cavalletto *(per la tortura): to be on the rack,* essere messo alla ruota; essere torturato; *(fig.)* essere sulle spine.

to **rack** [ræk] *vt* **1** mettere alla ruota, alla tortura; torturare; tormentare *(anche fig.): to rack one's brains,* spremersi il cervello, le meningi; scervellarsi. **2** *(anche* to rack-rent*)* far pagare affitti esorbitanti; 'strozzare'.

[3]**rack** [ræk] *s. (lett.)* nembo; nuvolaglia.

[4]**rack** [ræk] *s. (solo nell'espressione) to go to rack and ruin,* andare in rovina; andare in malora.

[1]**racket** ['rækit] *s.* **1** fracasso; chiasso; baccano: *to kick up a racket,* fare un baccano del diavolo. **2** *(fam.)* attività illegale; commercio clandestino; truffa; 'racket'; *(scherz.)* lavoro; attività; occupazione. **3** dura prova; travaglio; esperienza: *to stand the racket,* superare la prova; fare le spese di qcsa; affrontare le conseguenze; pagare il fio.

to **racket** ['rækit] *vi (generalm. seguito da* about*)* **1** far baldoria; gozzovigliare; spassarsela: *She's still racketing about,* Sta ancora facendo baldoria. **2** far chiasso; far baccano.

[2]**racket, racquet, raquet** ['rækit] *s.* **1** racchetta *(da tennis o da neve).* **2** (*al pl.*) 'rackets' *(gioco simile al tennis ma praticato in luogo chiuso).*

racketeer [,ræki'tiə*] *s.* organizzatore di attività illegali; sfruttatore.

racketeering [,ræki'tiəriŋ] *s.* attività illegale.

rackety ['rækiti] *agg* chiassoso; rumoroso.

raconteur [,rækɔn'tə:*] *s. (fr.)* chi racconta aneddoti e storielle; aneddotista; narratore.

racoon, raccoon [rə'ku:n] *s.* procione.

racquet ['rækit] *s.* = [2]**racket.**

racy ['reisi] *agg* **1** vivace; arguto; brioso; frizzante; mordace; salace: *a racy style,* uno stile vivace, brioso *(talvolta anche salace).* **2** vigoroso; forte; autentico; genuino: *a racy flavour,* un sapore forte (genuino). □ *avv* **racily.**

radar ['reidɑ:*] *s.* radar.

raddled ['rædld] *agg* imbellettato; impiastricciato: *a raddled face,* una faccia imbellettata.
radial ['reidjəl] *agg* radiale.
radiance ['reidjəns] *s.* radiosità; fulgore.
radiant ['reidjənt] *agg* **1** raggiante; radioso. **2** radiante. □ *avv* **radiantly.**
to **radiate** ['reidieit] *vt e i.* **1** irradiare; irraggiare; *(fig.)* emanare. **2** irradiarsi.
radiation [,reidi'eiʃən] *s.* radiazione: *radiation sickness,* malattia da radiazioni.
radiator ['reidieitə*] *s.* radiatore *(di riscaldamento domestico e d'automobile).*
radical ['rædikəl] *agg* **1** sostanziale; basilare; fondamentale; *(di riforme, provvedimenti)* radicale; drastico. **2** radicale *(politica, matematica, ecc.).* □ *avv* **radically.**
□ *s.* radicale.
radicalism ['rædikəlizəm] *s.* radicalismo.
radii ['reidiai] *s. pl di* **radius.**
radio ['reidiou] *s.* **1** radio; radiofonia; radiotelegrafia *(anche attrib.): radio beacon,* radiofaro — *radio compass,* radiogoniometro — *radio link,* ponte (o collegamento) radio — *radio ham, (fam.)* radioamatore — *radio-controlled,* radioguidato. **2** *(anche* radio set*)* radio; apparecchio radio.
to **radio** ['reidiou] *vt e i.* (*pass. e p. pass.* **radioed**) trasmettere per radio; radiotelegrafare.
radioactive ['reidiou'æktiv] *agg* radioattivo.
radioactivity ['reidiouæk'tiviti] *s.* **1** radioattività. **2** *(erroneamente)* radiazione.
radiogram ['reidiougræm] *s.* **1** *(abbr. di* radio-gramophone*)* radiogrammofono. **2** *(med.)* radiografia; lastra; radiogramma. **3** *(raro)* radiomessaggio; marconigramma.
radiograph ['reidiougrɑ:f] *s.* radiografia; lastra.
radioisotope ['reidiou'aisoutoup] *s.* isotopo radioattivo; radioisotopo.
radiolocation ['reidioulou'keiʃən] *s.* radiolocalizzazione.
radiotelegram ['reidiou'teligræm] *s.* radiotelegramma; marconigramma.
radiotelegraph ['reidiou'teligrɑ:f] *s.* radiotelegrafo: *radiotelegraph operator,* radiotelegrafista; marconista.
radiotelephone ['reidiou'telifoun] *s.* radiotelefono: *radiotelephone operator,* radiotelefonista.
radiotelescope ['reidiou'teləskoup] *s.* radiotelescopio.
radish ['rædiʃ] *s.* ravanello.
radium ['reidjəm] *s.* radio *(l'elemento).*
radius ['reidjəs] *s.* (*pl.* **radii**) *(anat., bot., matematica o fig.)* raggio: *within a radius of ten miles,* in un raggio di dieci miglia.
raffia ['ræfiə] *s.* rafia *(generalm. la fibra).*
raffish ['ræfiʃ] *agg* **1** vizioso; dissipato; corrotto. **2** vistoso; appariscente; volgare. □ *avv* **raffishly.**
raffle ['ræfl] *s.* riffa; lotteria: *to buy tickets for a raffle (raffle tickets),* comprare biglietti d'una lotteria.
to **raffle** ['ræfl] *vt* mettere in palio (in una lotteria).
raft [rɑ:ft] *s.* **1** tronchi (legati assieme) galleggianti lungo un fiume *(per il trasporto).* **2** zattera; chiatta.
to **raft** [rɑ:ft] *vt e i.* **1** trasportare su una zattera. **2** attraversare *(un fiume)* su una zattera; andare su una zattera.
rafter ['rɑ:ftə*] *s.* trave *(di tetto);* travicello; travetto.
raftered ['rɑ:ftəd] *agg (di soffitto)* provvisto di travi; a travi scoperte: *a raftered roof,* un tetto a travi scoperte.
raftsman ['rɑ:ftsmən] *s.* (*pl.* **raftsmen**) zatteriere; conduttore di zattere di legname.
[1]**rag** [ræg] *s.* **1** straccio; cencio; brandello; *(talvolta)* pezzetto; lembo: *rag-bag,* - **a)** sacco degli stracci - **b)** *(spreg.)* miscellanea - **c)** persona *(spec. donna)* sciatta — *rag man; rag and bone man,* straccivendolo — *glad rags, (fam.)* abiti da festa — *rag doll,* bambola di pezza. **2** *(al pl.)* stracci; abiti vecchi: *rag-paper,* carta di stracci. **3** *(spreg.)* giornale: *the local rag,* il giornale della città.
[2]**rag** [ræg] *s.* *(GB, sl.)* baccano; baldoria; scherzi chiassosi *(spec. di studenti): Rag Day,* festa studentesca.
to **rag** [ræg] *vt e i.* (**-gg-**) *(GB)* **1** stuzzicare; far tiri birboni. **2** essere chiassoso.
ragamuffin ['rægə,mʌfin] *s.* pezzente; straccione; monellaccio.
rage [reidʒ] *s.* rabbia; collera; ira; furore: *to be livid with rage,* essere livido di rabbia — *in a rage (in a fit of rage),* in uno scatto d'ira — *to fly into a rage,* andare in collera; montar su tutte le furie. □ *to be all the rage,* essere di gran moda (in voga).
to **rage** [reidʒ] *vi* **1** andare in collera; infuriarsi. **2** *(di bufera, peste, ecc.)* infuriare: *a raging storm,* una bufera violenta — *a raging epidemic,* una violenta epidemia.
ragged ['rægid] *agg* **1** stracciato; logoro; a brandelli; *(di persona)* cencioso; pezzente: *ragged school, (stor.)* scuola gratuita per bambini poveri. **2** frastagliato. **3** irsuto; ispido. **4** non uniforme; imperfetto; mal eseguito. □ *avv* **raggedly.**
raggedness ['rægidnis] *s.* **1** l'esser cencioso, lacero. **2** l'essere frastagliato. **3** ispidezza.
ragging ['ræɡiŋ] *s.* **1** molestia; tormento. **2** presa in giro; canzonatura.
raging ['reidʒiŋ] *agg* ⇨ **to rage 2.**
raglan ['ræglən] *s.* *(di solito attrib.)* raglan; cappotto alla raglan: *raglan sleeves,* maniche raglan, a raglan.
ragout ['rægu:] *s.* *(fr.)* ragù.
ragtag ['rægtæg] *s.* *(generalm.) ragtag and bobtail,* marmaglia; plebaglia; feccia.
ragtime ['rægtaim] *s.* **1** musica sincopata. **2** *(fig., attrib.)* da operetta; farsesco: *a ragtime army,* un esercito da operetta.
raid [reid] *s.* **1** *(mil., polizia, ecc., o scherz.)* irruzione; incursione; scorreria; razzia. **2** *(di ladri)* rapina. □ *a raid on the bank's reserves,* un grosso prelievo dai fondi d'una banca.
to **raid** [reid] *vt e i.* fare un'incursione; fare razzia; fare un'irruzione; assalire; depredare.
raider ['reidə*] *s.* **1** predone; razziatore. **2** aeroplano o nave da incursione; nave pirata o corsara. **3** *(USA, mil.)* guastatore; soldato di truppe da sbarco.
rail [reil] *s.* **1** *(spesso al pl.)* cancellata; staccionata; ringhiera; parapetto; balaustra; *(di nave)* battagliola: *hand rail,* corrimano — *One of the horses was forced to the rails,* Uno dei cavalli fu stretto verso la staccionata — *to force sb to the rails, (fig.)* mettere qcno in difficoltà. **2** sbarra; asta; traversa. **3** rotaia; binario; (*per estensione, o come abbr. di* **railway**) ferrovia: *to send goods by rail,* spedire merce per ferrovia — *to go off the rails,* deragliare; *(fig.)* sviarsi; non funzionare — *rail gauge,* scartamento — *rail-car,* automotrice — *rails, (al pl., Borsa)* titoli ferroviari — ⇨ *anche* **railhead, railway, railroad.**
[1]to **rail** [reil] *vt* **1** *(seguito da* in *o* off*)* cingere con una cancellata, con una inferriata. **2** fornire di rotaie. **3**

(desueto) spedire per ferrovia. **4** *(desueto)* viaggiare in treno.

[2]to **rail** [reil] *vi (seguito da* at *o* against*)* inveire; prendersela con qcno.

railhead ['reilhed] *s.* **1** punto estremo di una ferrovia in costruzione. **2** *(mil.)* posto di smistamento ferroviario *(dal quale le merci vengono fatte proseguire con altri mezzi).*

[1]**railing** ['reiliŋ] *s. (spesso al pl.)* ringhiera; parapetto; inferriata; cancellata.

[2]**railing** ['reiliŋ] *s.* **1** l'inveire; il rimproverare. **2** *(al pl.)* invettive; rimproveri; brontolio.

raillery ['reiləri] *s.* burla bonaria; motteggio.

railroad ['reilroud] *s. (USA)* = **railway.**

to **railroad** ['reilroud] *vt* **1** trasportare per ferrovia. **2** *(fam.)* condurre (costringere, spingere) in fretta e furia: *to railroad sb into doing sth,* costringere (su due piedi) qcno a fare qcsa — *to railroad a bill through Parliament,* spingere una legge in Parlamento per una rapida approvazione.

railway ['reilwei] *s.* ferrovia; binario; strada ferrata: *to work on the railway(s),* lavorare in ferrovia — *The railways in many countries are owned by the State,* Le ferrovie in molti paesi appartengono allo Stato — *a railway accident,* un incidente ferroviario — *railway engine,* locomotiva — *railway worker,* ferroviere — *narrow-gauge railway,* ferrovia a scartamento ridotto — *single-line railway,* ferrovia a un solo binario — *railway terminus,* capolinea.

railwayman ['reilweimən] *s.* (*pl.* **railwaymen**) ferroviere.

raiment ['reimənt] *s. (ant.)* vestimenta *(pl.).*

rain [rein] *s.* pioggia *(anche fig.);* diluvio: *It looks like rain,* Sembra voglia piovere — *Don't go out in the rain,* Non uscire con questa pioggia — *rain water,* acqua piovana — *rain forest,* foresta tropicale — *the rains,* la stagione delle piogge; le grandi piogge — ⇨ *anche* **raincoat, raindrop, rainfall.**

to **rain** [rein] *vi e t.* **1** *(impers.)* piovere: *It never rains but it pours, (prov.)* Le disgrazie non vengono mai sole; Piove sul bagnato; Non c'è due senza tre — *to rain cats and dogs,* piovere a catinelle. **2** *(fig., spesso seguito da* down *o* down on*)* piovere; scorrere; fioccare. **3** *(fig., seguito da* upon*)* versare; colmare; fare piovere; dare a piene mani. □ *rain or shine,* col bello o col brutto tempo.

rainbow ['reinbou] *s.* arcobaleno: *rainbow trout,* trota arcobaleno.

raincoat ['reinkout] *s.* impermeabile.

raindrop ['reindrɔp] *s.* goccia di pioggia.

rainfall ['reinfɔ:l] *s.* **1** pioggia; acquazzone. **2** precipitazione.

rainless ['reinlis] *agg* senza pioggia; privo di pioggia; arido.

rainproof ['reinpru:f] *agg e s.* impermeabile.

rainy ['reini] *agg* (**-ier; -iest**) piovoso: *the rainy season,* la stagione delle piogge — *a rainy day,* una giornata di pioggia; *(fig.)* tempi duri, difficili — *to put sth away (to provide, to keep sth) for a rainy day,* mettere qcsa da parte in previsione di tempi duri.

raise [reiz] *s.* **1** *(spec. USA)* aumento; aumento di salario. **2** *(al poker)* rilancio; aumento della posta.

to **raise** [reiz] *vt* **1** alzare; innalzare; erigere; sollevare; far sorgere; inalberare *(una bandiera): to raise a sunken ship to the surface of the sea,* far riemergere una nave affondata — *to raise one's hat to sb,* levarsi il cappello per salutare qcno *(anche fig.)* — *to raise one's glass to one's lips,* accostare il bicchiere alle labbra — *to raise one's glass to sb,* levare il bicchiere a qcno; bere (brindare) alla salute di qcno — *to raise one's hand to sb,* alzare le mani su qcno — *to raise a monument,* innalzare un monumento — *to raise one's voice,* alzare la voce — *voices raised in anger,* voci adirate — *to raise sb's hopes,* accrescere le speranze di qcno — *to raise steam,* far pressione; mettere sotto pressione — *to raise a man from his knees,* far levare un uomo in ginocchio — *to raise the standard of revolt,* inalberare il vessillo della rivolta — *to raise sb from the dead,* risuscitare qcno.

2 elevare *(anche in matematica);* promuovere: *to raise sb to the peerage, (GB)* nominare qcno Pari del Regno — *to raise to the third power,* elevare alla terza potenza — *to raise sb from the ranks, (mil.)* promuovere qcno ufficiale.

3 suscitare; provocare; far sorgere; sollevare: *to raise a dust, (fam.)* provocare dei disturbi; suscitare grande confusione — *to raise a laugh (a smile),* suscitare una risata (un sorriso) — *Those shoes raise blisters on my feet,* Quelle scarpe mi fanno venire le vesciche ai piedi — *It might raise a blush on the cheeks of a young girl,* Potrebbe far arrossire una ragazzina — *a long walk that raised a good thirst,* una lunga passeggiata che fece venire molta sete — *to raise hell (the devil),* far sorgere un putiferio; scatenare un pandemonio — *to raise a new point,* sollevare un'altra questione — *to raise an objection,* sollevare un'obiezione.

4 alzare; aumentare: *to raise prices,* alzare i prezzi — *to raise one's reputation,* aumentare la propria reputazione.

5 produrre; coltivare; allevare *(spec. USA);* mantenere: *to raise corn,* coltivare grano — *She raised a large family,* Allevò una famiglia numerosa — *He was raised in Texas,* Crebbe (Fu allevato) nel Texas.

6 raccogliere; ottenere; procurarsi: *to raise a loan,* ottenere un prestito — *to raise funds for sth,* raccogliere fondi per qcsa — *to raise the wind, (sl.)* procurarsi del denaro — *to raise an army,* adunare un esercito (un'armata).

7 togliere; terminare; porre fine: *to raise a siege,* togliere l'assedio — *to raise an embargo,* porre termine ad un 'embargo', ad un blocco commerciale.

8 *(naut.)* avvistare; scorgere *(terra): The ship raised land the next morning,* La nave avvistò terra il mattino seguente.

raiser ['reizə*] *s.* coltivatore; allevatore (⇨ **to raise 5**). □ *curtain-raiser,* avanspettacolo — *fire raiser,* incendiario.

raisin ['reizn] *s.* uva secca (passa).

raison d'être ['reizɔ̃:n'detr] *s. (fr.)* 'raison d'être'; ragione di essere; giustificazione.

raj [rɑ:(d)ʒ] *s. (anglo-indiano)* sovranità; dominio: *the Raj,* il (periodo del) dominio britannico in India.

rajah ['rɑ:dʒə] *s.* ragià.

[1]**rake** [reik] *s.* rastrello: *as thin as a rake,* magro come un chiodo.

[1]to **rake** [reik] *vt e i.* **1** rastrellare; raccogliere; ammassare col rastrello; *(fig., seguito da* up*)* raggranellare; racimolare. **2** *(spesso seguito da* through, over*)* rovistare; frugare: *to rake through old manuscripts,* rovistare in vecchi manoscritti — *to rake one's memory,* frugare nella propria memoria. **3** *(seguito da* up*)* rivangare; resuscitare; riattizzare *(rancori, ecc.).* **4** *(mil.)* far fuoco; sparare con un tiro d'infilata. **5** *(fig.)* dominare con lo sguardo; *(di una finestra)* dare su; guardare su (*o* a).

[2]**rake** [reik] *s.* individuo dissoluto; libertino.

[3]**rake** [reik] *s.* **1** *(naut., ecc.)* inclinazione; angolo d'inclinazione; slancio. **2** *(mecc.)* angolo di spoglia.

[2]to **rake** [reik] *vi e t.* **1** *(di nave, ecc.)* avere un'inclinazione *(rispetto alla chiglia);* avere un'inclinazione *(verso la poppa).* **2** fare inclinare; imprimere un'inclinazione.

rake-off ['reikɔf] *s. (sl.)* 'tangente'; guadagno illecito.

[1]**rakish** ['reikiʃ] *agg* dissoluto; scapestrato; licenzioso.

[2]**rakish** ['reikiʃ] *agg* **1** *(di nave)* agile; snello; piratesco. **2** sbarazzino; ardito: *to set one's hat at a rakish angle,* portare il cappello alla sbarazzina, sulle ventitré. □ *avv* **rakishly.**

rakishness ['reikiʃnis] *s.* dissolutezza; licenziosità.

rally ['ræli] *s.* **1** raduno; comizio; adunata; riunione *(spec. politica).* **2** riunione automobilistica *(per gare, ecc.).* **3** il rianimare, il rianimarsi; recupero *(di forze, salute, ecc.).* **4** lungo scambio di colpi *(al tennis).*

[1]to **rally** ['ræli] *vt e i.* **1** *(spec. mil.)* raccogliere; chiamare a raccolta; radunare, radunarsi. **2** rianimare, rianimarsi; ristabilirsi; *(di ammalato)* riaversi; *(econ., del mercato, della Borsa)* riprendersi. **3** *to rally round (sb),* stringersi intorno (a qcno).

[2]to **rally** ['ræli] *vt* canzonare; burlarsi; motteggiare.

ram [ræm] *s.* **1** montone; ariete. **2** slittone; pistone di pompa idraulica. **3** rostro; sperone *(di nave);* nave rostrata. **4** (= battering-ram) mazza battente; maglio.

to **ram** [ræm] *vt* (**-mm-**) **1** battere; piantare; conficcare; calcare *(una carica);* cacciare, cacciarsi; pigiare: *to ram one's hat on one's head,* cacciarsi (piantarsi) il cappello in testa — *to ram one's clothes into a suit-case,* cacciare (pigiare) i propri indumenti in una valigia — *to ram sth down sb's throat,* far inghiottire un rospo a qcno — *to ram sth into sb's head,* cacciar qcsa in testa a qcno. **2** *(di nave)* speronare. **3** cozzare; urtare; sbattere.

ramble ['ræmbl] *s.* **1** passeggiata; escursione. **2** *(fig.)* divagazione.

to **ramble** ['ræmbl] *vi* **1** gironzolare; vagabondare; andare a zonzo. **2** *(fig.)* divagare *(nel discorso);* saltare di palo in frasca; vaneggiare: *to ramble on,* divagare; continuare a parlare in modo sconnesso, incoerente. **3** *(di piante)* crescere, espandersi disordinatamente.

rambler ['ræmblə*] *s.* **1** chi va a zonzo; chi passeggia senza meta *(spec. come escursionista o gitante).* **2** *(fig.)* divagatore. **3** *(bot., anche* rambler rose*)* rosa rampicante.

rambling ['ræmbliŋ] *agg* **1** errante; errabondo; girovago. **2** *(di case, strade, città)* costruito senza criterio, senza regolarità; mal progettato. **3** *(di discorso, ecc.)* sconnesso; incoerente; divagante. **4** *(bot.)* rampicante.

ramification [,ræmifi'keiʃən] *s.* ramificazione; diramazione *(anche fig.).*

to **ramify** ['ræmifai] *vi e t.* ramificare, ramificarsi.

ram-jet ['ræmdʒet] *s. (anche* ram jet-engine*)* statoreattore; autoreattore.

[1]**ramp** [ræmp] *s.* **1** pendio; piano inclinato; rampa. **2** *(nelle scale)* rampa. **3** scaletta mobile *(di aereo).*

[2]**ramp** [ræmp] *s. (GB, sl.)* truffa; vertiginoso aumento dei prezzi.

to **ramp** [ræmp] *vi (generalm. scherz.)* imperversare; infuriare; infierire.

rampage [ræm'peidʒ] *s.* furia; smania: *to be (to go) on the rampage,* essere (andare) in furia.

to **rampage** [ræm'peidʒ] *vi* infuriarsi; smaniare; andare su tutte le furie.

rampageous [ræm'peidʒəs] *agg* furioso; smanioso; scalmanato.

rampant ['ræmpənt] *agg* **1** *(araldica)* rampante. **2** *(di malattia, eresia, ecc.)* dilagante; imperversante. **3** *(piante, ecc.)* lussureggiante; rigoglioso. **4** *(fig., di persona)* violento; sfrenato; aggressivo. □ *avv* **rampantly.**

rampart ['ræmpɑ:t] *s.* **1** bastione; baluardo. **2** *(fig.)* difesa; protezione.

ramrod ['ræmrɔd] *s.* bacchetta *(per fucile);* calcatoio *(per cannone).* □ *to be (as) stiff as a ramrod,* stare rigido, impalato.

ramshackle ['ræmʃækl] *agg* sgangherato; traballante; vacillante; cadente.

ran [ræn] *pass di* **to run.** □ ⇨ *anche* **also-ran.**

ranch [rɑ:ntʃ] *s. (USA)* ranch; rancho; grande fattoria; podere; tenuta.

rancher ['rɑ:ntʃə*] *s. (USA)* chi possiede, dirige o lavora in un ranch.

rancid ['rænsid] *agg* rancido.

rancorous ['ræŋkərəs] *agg* pieno di rancore; acrimonioso.

rancour ['ræŋkə*] *s.* (*USA* **rancor**) rancore; risentimento.

random ['rændəm] *s. at random,* a casaccio; alla cieca. □ *agg* casuale; accidentale; fortuito: *random selection, (computeristica, ecc.)* scelta (ricerca) fatta 'a caso', 'a salto'.

randy ['rændi] *agg (fam.)* **1** chiassoso; rumoroso. **2** lascivo; libidinoso. □ *avv* **randily.**

ranee, rani ['rɑ:ni:] *s.* regina o principessa indù; maharani; moglie di ragià.

rang [ræŋ] *pass di* **to ring.**

range [reindʒ] *s.* **1** fila; serie; catena *(di montagne).* **2** *(anche* rifle range, firing range*)* poligono di tiro. **3** *(di cannone, ecc.)* portata; gittata; *(di nave, aereo)* autonomia: *to be in (out of) range,* trovarsi, essere (fuori) tiro — *at close range,* a breve distanza di tiro — *range-finder, (mil., fotografia)* telemetro. **4** campo; sfera; raggio d'azione. **5** campo di variazione; oscillazione; escursione; intervallo. **6** *(comm., ecc.)* gamma: *product range,* gamma di prodotti. **7** *(mus.)* gamma; estensione. **8** area, zona di caccia; pascolo; distesa (di terreno); *(USA)* prateria. **9** *(anche* kitchen range*)* cucina economica; fornello. **10** *(bot., zool.)* habitat.

to **range** [reindʒ] *vt e i.* **1** allineare; mettere in fila; schierare. **2** classificare; ordinare. **3** vagare; errare. **4** *(spesso seguito da* over*)* estendersi *(anche fig.);* spaziare. **5** variare *(di prezzi);* oscillare. **6** *(di cannone, ecc.)* avere una gittata, una portata.

ranger ['reindʒə*] *s.* **1** *(USA)* guardia forestale; guardiaboschi. **2** *(USA)* soldato, poliziotto a cavallo. **3** *(USA)* soldato incaricato di missioni speciali *(spec. d'assalto).* **4** *(GB)* guardiano di parco reale. **5** *(GB)* ufficiale superiore delle giovani esploratrici.

[1]**rank** [ræŋk] *s.* **1** fila; riga: *a cab-rank,* un posteggio di tassì. **2** schiera; fila *(di soldati);* riga. **3** *the ranks; the rank and file; other ranks,* i soldati semplici; la truppa — *to rise from the ranks,* venire dalla gavetta — *to be reduced to the ranks,* venire degradato a soldato semplice. **4** grado *(anche mil.);* rango; condizione sociale: *to be promoted to the rank of major,* venire promosso al grado di maggiore — *to pull rank on sb,* far pesare il proprio grado a qcno; ottenere un vantaggio su un altro avvalendosi del proprio grado — *to be in the ranks of the unemployed,* appartenere alla categoria dei disoccupati — *a painter of the first rank,* un pittore di prim'ordine.

to **rank** [ræŋk] *vt e i.* **1** mettere in riga, in fila; schierare. **2** classificare; collocare: *It's not bad, but you can't rank it with the best claret,* Non è male, ma non lo si può mettere alla pari dei migliori Bordeaux. **3** essere nel numero (di); occupare un posto *(in una classificazione, ecc.): He ranks second in the list,* Occupa il secondo posto della lista — *to rank above sb (next to sb),* venir prima di qcno (subito dopo qcno) *(per importanza, grado, ecc.)* — *A major ranks above a captain,* Il grado di maggiore è più elevato di quello di capitano — *to rank with sth (sb),* essere alla pari con qcsa (qcno). **4** *(USA)* avere il grado massimo, avere la preminenza *(tra i soldati presenti): the ranking officer,* l'ufficiale di massimo grado.

[2]**rank** [ræŋk] *agg* **1** *(di piante, ecc.)* troppo lussureggiante; rigoglioso; *(di terreno)* troppo fertile; grasso. **2** puzzolente; forte *(d'odore).* **3** volgare; indecente. **4** *(spreg.)* vero e proprio; bell'e buono: *rank disobedience,* disobbedienza vera e propria.
□ *avv* **rankly.**

ranker ['ræŋkə*] *s.* **1** soldato semplice; militare di truppa. **2** ufficiale che viene dalla gavetta.

to **rankle** ['ræŋkl] *vi (fig.)* bruciare; far male: *The insult rankled in his mind,* L'insulto gli bruciava nel ricordo.

rankness ['ræŋknis] *s.* **1** eccessivo rigoglio; eccessiva fertilità. **2** cattivo odore; puzza. **3** indecenza; volgarità; oscenità.

to **ransack** ['rænsæk] *vt* **1** frugare; rovistare; *(fig.)* fare un accurato esame: *to ransack a drawer,* rovistare in un cassetto — *to ransack one's memory (for sth),* rovistare nella propria mente (alla ricerca di qcsa). **2** saccheggiare.

ransom ['rænsəm] *s.* riscatto; prezzo del riscatto: *to hold sb to ransom,* trattenere qcno prigioniero per ottenere un riscatto — *to be worth a king's ransom,* valere un riscatto da re; *(fig.)* valere una grossa somma.

to **ransom** ['rænsəm] *vt* riscattare; ottenere la liberazione *(di qcno, pagando il riscatto).*

rant [rænt] *s.* declamazione; discorso ampolloso, reboante.

to **rant** [rænt] *vi e t.* declamare; esprimersi o recitare in modo ampolloso o teatrale.

ranter ['ræntə*] *s.* declamatore; parlatore reboante.

[1]**rap** [ræp] *s.* **1** colpo (secco); colpetto: *to give sb a rap on the knuckles,* dare un colpo sulle nocche delle dita a qcno; *(fig.)* rimproverare. **2** *(fig., fam.)* rimprovero; colpa; conseguenza; *(USA, anche)* accusa; imputazione: *to take the rap (for sth),* essere rimproverato (per qcsa); prendersi la colpa, subire le conseguenze (di qcsa).

to **rap** [ræp] *vt e i.* (**-pp-**) **1** dare un colpo (secco), un colpetto; battere; picchiare: *to rap out a message,* trasmettere un messaggio (battendo) *(in una seduta medianica).* **2** *(seguito da* out*)* esclamare (qcsa) bruscamente; lanciare *(spec. un ordine, un'imprecazione, ecc.).*

[2]**rap** [ræp] *s. (stor.)* moneta falsa irlandese da mezzo penny: *(ora solo nell'espressione) I don't care a rap,* Non me ne importa un fico secco.

rapacious [rə'peiʃəs] *agg* rapace; avido *(spec. di danaro).* □ *avv* **rapaciously.**

rapacity [rə'pæsiti] *s.* rapacità; avidità.

[1]**rape** [reip] *s.* **1** rapimento. **2** stupro; violenza carnale.

to **rape** [reip] *vt* **1** rapire. **2** violentare *(una donna).*

[2]**rape** [reip] *s.* **1** rapa; ravizzone. **2** colza.

[1]**rapid** ['ræpid] *agg* **1** rapido; veloce. **2** ripido; scosceso.
□ *avv* **rapidly.**

[2]**rapid** ['ræpid] *s. (generalm. al pl.)* rapida *(di fiume).*

rapidity [rə'piditi] *s.* **1** rapidità. **2** ripidità.

rapier ['reipiə*] *s.* stocco; spada; spadino: *a rapier thrust, (anche fig.)* una stoccata.

rapine ['ræpain/-pin] *s. (lett.)* rapina; saccheggio.

rapist ['reipist] *s.* violentatore; *(talvolta)* bruto.

rapport [ræ'pɔ:*] *s. (fr.)* rapporto; relazione *(anche fig.): to be in rapport (with sb),* essere in rapporti amichevoli, in intimità (con qcno).

rapprochement [ræ'prɔʃmɑ̃:ŋ/raprɔʃmɑ̃] *s. (fr.)* riavvicinamento *(fig.).*

rapscallion [,ræp'skæljən] *s. (ant.)* mascalzone; furfante.

rapt [ræpt] *agg* rapito; estatico; assorto.

rapture ['ræptʃə*] *s.* **1** rapimento; estasi; trasporto. **2** *(al pl.)* entusiasmo; trasporto: *to be in raptures (to go into raptures) over sth, sb (about sth, sb),* essere entusiasta (entusiasmarsi) di qcsa, qcno; essere in estasi (andare in estasi) per qcsa (qcno).

rapturous ['ræptʃərəs] *agg* rapito; estasiato; entusiastico. □ *avv* **rapturously.**

raquet ['rækit] *s.* = [2]**racket.**

[1]**rare** [rεə*] *agg* **1** raro; insolito. **2** *(fam.)* eccezionale; favoloso: *We had a rare time,* Ci siamo divertiti un mondo. **3** *(di aria)* rarefatto. □ *avv* **rarely.**

[2]**rare** [rεə*] *agg (di bistecca, ecc.)* poco cotto; 'al sangue'.

rarebit ['rεəbit] *s.* ⇨ **welsh.**

to **rarefy** ['rεərifai] *vt e i.* **1** rarefare, rarefarsi. **2** affinare, affinarsi.

rareness ['rεənis] *s.* **1** rarità. **2** eccellenza. **3** rarefazione.

rarin', raring ['rεərin/'rεəriŋ] *agg (USA, fam.)* impaziente (di fare qcsa): *They were rarin' to go,* Erano impazienti di andare.

rarity ['rεəriti] *s.* rarità; cosa singolare.

rascal ['rɑ:skəl] *s.* mascalzone; canaglia; furfante *(anche scherz.): You lucky rascal!,* Furfante che non sei altro!; Birbaccione!

rascally ['rɑ:skəli] *agg* da furfante; da birbone: *a rascally trick,* un tiro birbone.

to **rase** [reiz] *vt* ⇨ **to raze.**

[1]**rash** [ræʃ] *s.* esantema; eruzione *(della pelle o fig.): heat rash,* miliaria rubra — *nettle rash,* orticaria.

[2]**rash** [ræʃ] *agg* avventato; temerario; imprudente; sconsiderato. □ *avv* **rashly.**

rasher ['ræʃə*] *s.* fetta (di pancetta o prosciutto).

rashness ['ræʃnis] *s.* avventatezza; imprudenza; sconsideratezza.

rasp [rɑ:sp] *s.* **1** raspa; raschietto. **2** suono stridulo; stridore *(prodotto da una raspa).*

to **rasp** [rɑ:sp] *vt e i.* **1** raspare; raschiare. **2** *(fig.)* irritare; urtare: *to rasp sb's feelings (nerves),* urtare la sensibilità (i nervi) di qcno. **3** gridare, parlare con voce stridula: *to rasp out orders (insults),* gracchiare degli ordini (insulti). **4** stridere; far stridere: *to rasp (away) on a violin,* far gracchiare, gemere un violino — *a rasping voice,* una voce stridula. □ *avv* **raspingly.**

raspberry ['rɑ:zbəri] *s.* **1** lampone: *raspberry jam,* marmellata di lamponi. **2** pernacchia: *to give sb (to get) the raspberry,* fare a qcno (prendersi) una pernacchia.

rat [ræt] *s.* **1** ratto; topo: *water-rat,* topo d'acqua; *(fam.)* corsaro. **2** disertore; banderuola. **3** crumiro.
□ *to smell a rat,* mangiare la foglia; subodorare qualche tranello — *I smell a rat!,* Qui gatta ci cova! — *to look like a drowned rat,* sembrare un pulcino bagnato — *the rat-race,* l'arrivismo; la corsa alle prebende — *rat-catcher,* - **a)** acchiappatopi - **b)** *(fam.)* abito da caccia irregolare — *Rats!, (sl.)* Sciocchezze!; Fesserie!; Storie!; Balle! — *to die like a rat in a hole,* fare la fine del sorcio — *to see rats; to have got the rats,* avere le traveggole, le allucinazioni.

to **rat** [ræt] *vi* (**-tt-**) **1** cacciare topi: *to go ratting,* andare a caccia di topi. **2** defezionare; tradire: *to rat on sb,* tradire qcno. **3** fare il crumiro.

rat-a-tat ['rætə'tæt] *s.* ⇨ **rat-tat.**

ratable, ratability *agg e s.* = **rateable, rateability.**

ratan [ræ'tæn] *s.* ⇨ **rattan.**

ratch [rætʃ] *s.* ruota a cricco.

ratchet ['rætʃit] *s.* **1** ruota dentata *(anche* ratchet wheel*)*. **2** dente di arresto; nottolino d'arresto; fermo.

rate [reit] *s.* **1** andamento; ritmo; passo; velocità; indice: *to walk at the rate of three miles an hour,* camminare alla velocità di tre miglia all'ora — *to travel at the (a) rate of fifty miles an hour,* viaggiare alla velocità di cinquanta miglia orarie — *an aircraft with a good rate of climb,* un aereo dotato di una buona velocità ascensionale — *at a great (fearful, ecc.) rate,* a grande (vertiginosa, *ecc.*) velocità — *a dickens of a rate, (fam.)* una velocità pazzesca — *birth (death) rate,* indice di natalità (di mortalità) — *pulse rate,* frequenza cardiaca — *at this rate,* a questo ritmo; di questo passo; se continua così — *at that rate; at any rate,* in ogni caso; ad ogni modo; comunque.
2 prezzo; quota; tariffa: *to buy things at the rate of five pounds a hundred,* comperare delle cose al prezzo di cinque sterline al centinaio — *printed paper rate,* tariffa per l'affrancatura degli stampati — *flat rate,* prezzo forfettario.
3 *(comm.)* tasso; corso; saggio: *Bank rate,* tasso di sconto ufficiale — *discount rate,* tasso di sconto — *rate of exchange,* corso del cambio — *at the rate of...,* al tasso di... — *rate of interest,* tasso d'interesse — *rate of return on investment,* tasso di remunerazione degli investimenti.
4 *(GB)* imposta (tributo) comunale: *rates and taxes,* imposte comunali e tasse nazionali — *to put an extra penny on the rates for the public library,* esigere un contributo addizionale di un penny (su ogni sterlina di tassazione) in favore della biblioteca comunale — *rate-payer,* contribuente; chi paga le imposte o le tasse — *rate-collector,* ricevitore (esattore) delle imposte locali — *house rates,* tributi sul valore locativo.
5 classe; ordine; rango; categoria; *(USA)* classifica: *first-rate,* di prim'ordine; ottimo — *a first-rate teacher,* un ottimo insegnante — *second-rate,* di second'ordine; di seconda scelta — *third-rate; tenth-rate,* di terz'ordine; scadente.

[1]to **rate** [reit] *vt* **1** valutare; quotare; stimare; annoverare: *What do you rate his fortune at?,* A quanto fai ammontare (valuti) il suo patrimonio? — *He was a man whom all his friends rated as kind and hospitable,* Era un uomo che tutti gli amici ritenevano gentile e ospitale — *Do you rate Black among your friends?,* Annovera Black tra i Suoi amici? **2** *(GB)* tassare; valutare *(ai fini fiscali): My property was rated at two hundred pounds per annum,* Il mio patrimonio fu tassato per duecento sterline l'anno. **3** *(naut.)* assegnare il grado o la categoria: *He was rated as a midshipman,* Ebbe il grado di guardiamarina.
☐ *vi* **1** essere considerato (valutato, ritenuto): *He rates among (o with) the best,* È tra i migliori. **2** *(USA)* meritare: *He rates the best,* Merita quanto c'è di meglio.

[2]to **rate** [reit] *vt e i.* rimproverare; rampognare; riprendere; sgridare: *to rate sb soundly,* fare una bella ramanzina a qcno.

rateability [,reitə'biliti] *s.* **1** l'essere valutabile; valutazione. **2** *(GB)* imponibilità *(ai fini delle imposte locali, comunali).*

rateable ['reitəbl] *agg* **1** valutabile; stimabile. **2** *(GB)* imponibile: *rateable property,* proprietà tassabile — *the rateable value of a house,* il valore dichiarato *(ai fini fiscali)* di una casa.

rate-payer ['reit,peiə*] *s.* contribuente; chi paga le imposte comunali.

rather ['rɑ:ðə*] *avv* **1** piuttosto (... che...): *I would rather you came tomorrow than today,* Preferirei che tu venissi domani piuttosto che oggi — *She would rather have the small room than the large one,* Preferirebbe prendersi la camera piccola piuttosto che quella grande — *He resigned rather than take part in such a dishonest transaction,* Piuttosto che partecipare ad una operazione così disonesta, si dimise — *'Will you join us in a game of cards?' - 'Thank you, but I'd rather not',* 'Vuol fare anche Lei con noi una partita a carte?' - 'Grazie, ma preferirei di no' — *Rather than refuse to help you, I would borrow money from my bank,* Piuttosto che rifiutarmi di aiutarti, chiederei un prestito alla mia banca.
2 anzi; meglio; veramente; piuttosto; più precisamente; più esattamente: *He arrived very late last night, or rather very early this morning,* È arrivato molto tardi ieri sera, o meglio, molto presto stamattina.
3 alquanto; in un certo senso; un po'; abbastanza; discretamente; piuttosto; quasi: *a rather surprising result; rather a surprising result,* un risultato alquanto sorprendente — *the rather tall boy in the corner,* quel ragazzo piuttosto alto lì nell'angolo — *My brother is rather better today,* Mio fratello va un po' meglio oggi — *This hat is rather more expensive than that one,* Questo cappello è alquanto più costoso di quello — *This book is rather too difficult for the juniors,* Questo libro è un po' troppo difficile per gli studenti più giovani — *It's rather a pity,* È proprio un peccato — *It's rather a walk, I'm afraid,* Mi spiace, ma è un po' distante — *Fifty pounds is rather a lot to pay for a dress, isn't it?,* Cinquanta sterline per un vestito sono un po' troppe, non credi? — *I rather think you may be mistaken,* Ho l'impressione che tu ti stia sbagliando — *The rain rather spoiled our holiday,* La pioggia guastò un po' la nostra vacanza — *You've done rather well,* Hai fatto piuttosto bene.
4 *(fam., come risposta, con l'accento tonico sulla seconda sillaba:* rɑ:'ðə*) altroché!; eccome!; moltissimo!; magari!: *'Would you like to come with us?' - 'Rather!',* 'Ti piacerebbe venire con noi?' - 'Magari!' ('Eccome!'; 'Direi!').

ratification [,rætifi'keiʃən] *s.* ratifica; sanzione.

to **ratify** ['rætifai] *vt* ratificare; sanzionare.

[1]**rating** ['reitiŋ] *s.* sgridata; rimprovero; lavata di capo; ramanzina.

[2]**rating** ['reitiŋ] *s.* **1** valutazione; stima. **2** *(di vettura o panfilo)* categoria; classe. **3** grado o classe *(di marinaio iscritto nel libro di bordo); (GB)* marinaio semplice.

ratio ['reiʃiou] *s. (matematica)* rapporto; proporzione: *in the ratio of four to two,* in proporzione di quattro a due.

ratiocination [,rætiɔsi'neiʃən] *s.* raziocinio; ragionamento.

ration ['ræʃən] *s.* **1** razione; porzione. **2** *(al pl.)* razioni; viveri: *ration card (book),* tessera annonaria — *to be on short rations,* avere scarsità di viveri — *an iron ration,* una riserva di viveri in scatola.

to **ration** ['ræʃən] *vt* **1** razionare. **2** *(seguito da* out*)* distribuire *(razioni);* suddividere *(le provviste)* in razioni.

rational ['ræʃənl] *agg* razionale; ragionevole.
☐ *avv* **rationally.**

rationale [ræʃə'næl] *s. (fr.)* ragione fondamentale; fondamento logico; princìpi giustificativi.

rationalism ['ræʃənəlizəm] *s.* razionalismo.

rationalist ['ræʃənəlist] *s.* razionalista.

rationalistic [,ræʃənə'listik] *agg* razionalistico.

rationalization [,ræʃənəlai'zeiʃən] *s.* **1** razionalizzazione. **2** organizzazione razionale *(del lavoro).*

to **rationalize** ['ræʃənəlaiz] *vt* **1** razionalizzare; rendere razionale. **2** spiegare (trattare) in modo razionale. **3** organizzare razionalmente *(un'attività, un'industria, ecc.).*

ratlin, ratline ['rætlin] *s. (generalm. al pl.)* grisella.

rattan, ratan [ræ'tæn] *s.* **1** malacca *(varietà di canna).* **2** bastone di malacca.

rat-tat, rat-a-tat-tat ['ræt'tæt/'rætə'tæt'tæt] *s. (onomatopeico)* toc-toc.

ratter ['rætə*] *s.* **1** cacciatore di topi *(uomo, cane o gatto).* **2** disertore; banderuola; traditore. **3** crumiro.

rattle ['rætl] *s.* **1** tintinnio; picchiettio. **2** sonaglio; sonaglino *(giocattolo);* raganella; sonaglio *(di serpente): rattle snake,* serpente a sonagli. **3** cicaleccio; ciarle. **4** *(anche* death rattle*)* rantolo *(della morte); (al pl.)* laringite infantile; crup. □ *rattle brain; rattle pate,* testa vuota; chiacchierone — *rattle brained; rattle pated,* senza cervello; chiacchierone.

to **rattle** ['rætl] *vt e i.* **1** (far) sbattere; risonare (sbattendo). **2** *(di veicolo)* avanzare con rumore assordante *(di motore, ecc.).* **3** *(seguito da* off*)* dire meccanicamente; 'snocciolare'. **4** *(seguito da* away*)* ciarlare; cicalare. **5** *(fam.)* innervosire; confondere; sconcertare.

rattler ['rætlə*] *s.* **1** persona o cosa che produce un tintinnio, un picchiettio, ecc. **2** *(USA)* serpente a sonagli. **3** *(fam., talvolta)* persona o cosa straordinaria.

rattletrap ['rætltræp] *s.* **1** cosa *(spec. automobile)* sgangherata; trabiccolo. **2** *(fam.)* chiacchierone.

rattling ['rætliŋ] *agg* veloce: *to travel at a rattling rate,* viaggiare a velocità sostenuta.
□ *avv (seguito da* good, *ecc.)* molto; assai: *a rattling good dinner,* un pranzo eccellente, ottimo — *a rattling good yarn,* un racconto entusiasmante.

ratty ['ræti] *agg* **1** *(fam.)* irritabile; bisbetico. **2** di o da topo. □ *avv* **rattily.**

raucous ['rɔ:kəs] *agg* rauco; aspro. □ *avv* **raucously.**

raunchy ['rɔ:ntʃi] *agg (USA)* lascivo.

ravage ['rævidʒ] *s.* **1** devastazione; saccheggio; rovina. **2** *(al pl.)* danni; offese.

to **ravage** ['rævidʒ] *vt e i.* devastare; saccheggiare: *to be ravaged by illness,* essere devastato dalla malattia.

rave [reiv] *s.* **1** delirio. **2** *(fam.)* festino; baldoria; baccanale.
□ *(attrib.)* entusiasta: *His book got rave reviews,* Il suo libro ottenne delle recensioni entusiastiche.

to **rave** [reiv] *vi* **1** delirare; farneticare; vaneggiare: *The patient went on raving,* Il paziente continuava a delirare — *to rave oneself hoarse,* arrochirsi a furia di farneticare. **2** *(del vento, del mare)* ruggire; rumoreggiare; infuriare. **3** *(seguito da* about *o* over*)* andare in estasi (per qcsa); andar pazzi (per qcsa).

to **ravel** ['rævəl] *vt e i.* (**-ll-**; *USA anche* **-l-**) **1** sfilacciarsi; sfrangiarsi. **2** aggrovigliare; intricare; *(fig.)* confondere; complicare. **3** districare, districarsi; dipanare; sbrogliare: *to ravel (out) a rope's end,* districare l'estremità d'una corda.

raven ['reivn] *s.* cornacchia.
□ *(attrib., dei capelli)* corvino; nero.

ravening ['rævniŋ] *agg* feroce; affamato; crudele.

ravenous ['rævinəs] *agg* vorace; ingordo; insaziabile: *I'm ravenous, (fam.)* Ho una fame da lupo.
□ *avv* **ravenously.**

rave-up ['reivʌp] *s. (fam.)* festa scatenata.

ravine [rə'vi:n] *s.* burrone; gola; precipizio.

raving ['reiviŋ] *agg* **1** farneticante; delirante; furioso. **2** *(fam.)* attraente; che fa girar la testa.
□ *avv* furiosamente: *You are raving mad!,* Sei proprio matto da legare!

ravings ['reiviŋz] *s. pl (talvolta al sing.)* vaneggiamenti.

to **ravish** ['ræviʃ] *vt* **1** *(ant. o poet.)* rapire. **2** *(fig.)* rapire in estasi; incantare. **3** *(dir.)* violentare *(una donna).*

ravishing ['ræviʃiŋ] *agg* affascinante; incantevole.
□ *avv* **ravishingly.**

ravishment ['ræviʃmənt] *s.* **1** *(poet.)* rapimento. **2** *(dir.)* ratto; stupro. **3** *(fig.)* rapimento; estasi.

raw [rɔ:] *agg* **1** crudo. **2** greggio; grezzo; non raffinato; naturale; *(di liquore)* liscio: *raw materials,* materie prime. **3** *(fig.)* inesperto; alle prime armi. **4** *(del tempo)* rigido; freddo; gelido. **5** *(di ferita)* aperto; sanguinante. **6** escoriato; scorticato. **7** *(di stile)* artisticamente immaturo; grezzo. **8** *(fam.)* ingiusto; severo: *to get a raw deal,* subire un trattamento ingiusto.
□ *raw-boned,* ossuto; scarno.
□ *s.* (il) vivo *(della carne, spec. d'un cavallo): to touch sb on the raw,* toccare qcno sul vivo — *in the raw,* allo stato grezzo; nudo.

rawhide ['rɔ:haid] *s.* **1** pelle non conciata. **2** corda (frusta) di pelle non conciata.
□ *agg* di pelle grezza, non conciata.

¹ray [rei] *s.* **1** raggio *(anche fig.): the rays of the sun; the sun's rays,* i raggi del sole — *heat-rays,* raggi termici — *X-rays; to X-ray* ⇨ **X, x** — *a ray of hope,* un raggio di speranza. **2** *(di cerchio, ecc.)* raggio.

to **ray** [rei] *vi e t.* raggiare; irradiare, irradiarsi.

²ray [rei] *s. (zool.)* razza.

rayon ['reiɔn] *s.* rayon; seta artificiale.

to **raze,** to **rase** [reiz] *vt* radere al suolo: *a city razed by an earthquake,* una città rasa al suolo da un terremoto.

razor ['reizə*] *s.* rasoio: *safety razor,* rasoio di sicurezza — *razor-edge,* filo del rasoio; *(di montagna)* cresta; *(fig.)* linea sottilissima di distinzione — *to be on a razor-edge (razor's edge),* essere (camminare) sul filo del rasoio. □ *razor-back,* balenottera — *razor-bill,* gazza marina — *razor-backed,* dal dorso affilato (come un rasoio).

to **razor** ['reizə*] *vt (usato solo al p. pass.)* radere.

razzle ['ræzl] *s. (sl., anche* razzle dazzle*)* eccitazione; confusione; baldoria: *to be (to go) on the razzle,* far baldoria; darsi alla pazza gioia.

re [ri:] *prep* con riferimento a; in relazione a *(dir., comm.): Re your recent letter...,* Con riferimento alla Vs recente lettera...

re- [ri:] *prefisso* ri-; di nuovo: *to re-enter,* rientrare — *to re-cover,* ricoprire *(per* to readjust, to reappear, to replay, *ecc.* ⇨ *sotto le singole voci).*

¹reach [ri:tʃ] *s.* **1** l'allungar la mano: *to get sth by a long reach,* arrivare a prendere qcsa allungando molto la mano. **2** distanza; portata di mano *(anche fig.);* accesso; *(mil.)* tiro; campo di azione *(di una gru): I like to have my reference books within (easy) reach,* Mi piace avere i libri di consultazione a portata di mano — *to be within reach,* essere a tiro *(di fucile, cannone, ecc.)* — *Put that bottle of weed-killer out of the children's reach (out of reach of the children),* Riponi quella bottiglia di diserbante in un posto che i bambini non possano raggiungere — *The hotel is within easy reach of the waterfront,* L'albergo è vicino al lungomare — *He was beyond reach of human aid,* Non era umanamente possibile salvarlo. **3**

tratto *(di fiume o di canale): one of the most beautiful reaches of the Thames,* uno dei più pittoreschi tratti del Tamigi. **4** *(naut.)* distanza percorsa in una bordata.

to **reach** [ri:tʃ] *vt e i.* **1** *(spesso seguito da* out, for, *o* out for*)* allungare; tendere; stendere: *He reached out his hand for the knife, but it was too far away,* Allungò la mano per prendere il coltello ma era troppo distante — *He reached (out) for the dictionary,* Allungò la mano per prendere il vocabolario. **2** raggiungere; arrivare a prendere *(con le mani);* prendere: *Can you reach me that book?,* Riesci a prendermi quel libro? — *He reached down the atlas from the top shelf,* Tirò giù l'atlante dall'ultimo scaffale — *Can you reach the branch with those red apples?,* Arrivi a prendere il ramo che ha quelle mele rosse? — *I can't reach that far!,* Non ci arrivo! **3** arrivare; giungere; raggiungere *(anche fig., per telefono, ecc.);* pervenire *(ad un luogo);* andare: *to reach London,* arrivare a Londra — *We have reached the end of the chapter,* Siamo arrivati alla fine del capitolo — *Your letter didn't reach me until yesterday,* La tua lettera mi è giunta solo ieri — *Not a sound reached our ears,* Nessun suono arrivò alle nostre orecchie — *to reach the mark,* raggiungere, colpire il bersaglio; *(fig.)* toccare nel segno. **4** estendersi; giungere; arrivare: *My land reaches as far as the river,* La mia proprietà si estende sino al fiume — *The speaker's voice did not reach to the back of the hall,* La voce del conferenziere non arrivava in fondo alla sala — *as far as the eye can reach,* a perdita d'occhio; fino all'orizzonte. **5** = **to retch.**
☐ *Reach for the sky!, (fam.)* Mani in alto! — *reach-me-downs, (GB, fam.)* abiti confezionati.

²**reach,** to **reach** [ri:tʃ] ⇨ **retch, to retch.**

reaction [ri(:)'ækʃən] *s.* reazione *(vari sensi, anche chim., politica): action and reaction,* azione e reazione — *The forces of reaction made reform difficult,* Le forze della reazione resero difficile la riforma — *What was his reaction to your proposal?,* Quale fu la sua reazione alla vostra proposta? — *Higher wages affect costs of production and then comes the reaction of costs on prices,* Gli stipendi più alti (Gli aumenti di stipendio) incidono sui costi di produzione provocando quindi la reazione dei costi sui prezzi — *Is it true that there is a healthy reaction after a cold shower?,* È vero che dopo una doccia fredda si verifica una salutare reazione? — *reaction-time,* tempo di reazione — *chain reaction,* reazione a catena.

reactionary [ri(:)'ækʃənəri] *agg e s.* reazionario.

reactor [ri(:)'æktə*] *s. (anche* nuclear reactor*)* reattore; reattore nucleare.

¹**read** [ri:d] *s.* lettura; periodo di tempo dedicato alla lettura: *I had a good read in the train,* Ho letto parecchio in treno — *to have a quiet read,* leggere in tranquillità.

²**read** [red] *pass e p. pass di* **to read**: *a well-read man,* un uomo colto — *to be deeply read in the classics,* essere molto istruito nei classici; avere un'ottima cultura classica.

to **read** [ri:d] *vt e i.* (*pass. e p. pass.* **read** [red]) **1** leggere; *(fig.)* capire: *to read a book,* leggere un libro — *Can the child read the time (the clock) yet?,* Il bambino sa già leggere l'ora? — *I can't read your shorthand notes,* Non riesco a leggere i tuoi appunti stenografici — *She was reading the letter silently (to herself),* Stava leggendo la lettera in silenzio — *to be read to,* ascoltare la lettura di qcno — *I haven't enough time to read (for reading),* Non ho abbastanza tempo per leggere — *He read the letter through six times,* Lesse la lettera da capo a fondo per sei volte — *She read herself to sleep,* Lesse fino ad addormentarsi; Si addormentò col libro in mano — *to read oneself hoarse,* perdere la voce, aver la voce rauca a forza di leggere — *The old man read me a lesson,* Il vecchio mi rimproverò aspramente (mi diede una bella lezione) — *to read between the lines,* leggere tra le righe; intuire il vero significato — *Per 'well-read', 'deeply read', ecc.* ⇨ **2read.**
2 interpretare; decifrare; capire; risolvere: *to read a riddle,* risolvere un indovinello — *to read a dream,* interpretare un sogno — *to read sb's thoughts,* leggere nel pensiero di qcno — *The gipsy read my hand,* La zingara mi lesse la mano — *A motorist must be able to read the traffic signs,* Un automobilista deve conoscere (saper leggere) la segnaletica stradale.
3 studiare *(solo a livello universitario): He's reading physics at Cambridge,* Studia fisica a Cambridge — *He's reading for the Bar,* Studia legge *(per diventare 'barrister').*
4 suonare *(alla lettura o all'ascolto);* essere; apparire; dare l'impressione; dire: *The play reads better than it acts,* Il dramma è meglio letto che rappresentato — *The sentence reads as follows,* La frase si legge come segue — *The original reads 'quiet', not 'quite',* Nell'originale è scritto 'quiet', non 'quite'.
5 interpretare: *Silence must not always be read as consent,* Non sempre il silenzio deve essere interpretato come un consenso.
6 *(di strumenti)* indicare; segnare; registrare: *What does the thermometer read?,* Cosa segna il termometro?
to read back, rileggere.
to read into, vederci; vedere (in); attribuire (a).
to read off, leggere *(spec. un elenco)* ad alta voce.
to read on, continuare a leggere.
to read out, leggere ad alta voce: *She read out the letter,* Lesse la lettera ad alta voce.
to read over, leggere attentamente *(anche più volte).*
to read through, leggere da capo a fondo.
to read up, - **a)** leggere a fondo - **b)** studiare; ripassare: *You had better read the subject up,* Faresti meglio a ripassare la materia.

readability [,ri:də'biliti] *s.* leggibilità *(fig.).*

readable ['ri:dəbl] *agg* **1** piacevole a leggersi; interessante. **2** leggibile; chiaro *(di scrittura, ecc.).*

to **re-address** ['ri(:)ə'dres] *vt* rifare l'indirizzo *(di una lettera, per poi rispedirla).*

reader ['ri:də*] *s.* **1** lettore, lettrice: *publisher's reader,* consulente editoriale — *proof reader,* correttore di bozze — *lay reader,* lettore laico *(incaricato di leggere brani della Bibbia o passi liturgici in chiesa).* **2** lettore *(in un'università, ecc.);* docente di grado superiore *(ha praticamente il grado di 'ordinario' per le materie in cui non c'è una cattedra): reader in English literature,* professore di letteratura inglese. **3** libro di lettura *(per le scuole e l'università);* antologia: *a Latin Reader,* un'antologia di letteratura latina.

readership ['ri:dəʃip] *s.* **1** numero di lettori *(di una rivista, ecc.).* **2** incarico universitario (⇨ **reader 2**).

readily ['redili] *avv* prontamente; volentieri (e subito).

readiness ['redinis] *s.* prontezza: *He showed a surprising readiness to accept my offer,* Dimostrò una prontezza sorprendente nell'accettare la mia offerta — *to hold (to keep) sth in readiness,* tenere qcsa pronta.

reading ['ri:diŋ] *s.* **1** lettura; lettura pubblica; materia da leggere: *Reading and writing are taught to children,* Ai bambini si insegna a leggere e a scrivere — *reading-glasses,* occhiali per leggere —

reading-lamp, lampada da scrittoio, da tavolo — *reading-room,* sala di lettura. **2** cultura; erudizione; studio: *a man of wide reading,* un uomo di vasta erudizione. **3** interpretazione: *Olivier's reading of the part of Brutus was highly praised by the critics,* L'interpretazione fornita da Olivier del personaggio di Bruto fu molto lodata dai critici. **4** *(al pl.)* dati; cifre segnate; registrazione *(di strumenti): The readings on my thermometer last month were well above the average,* I dati del mio termometro durante lo scorso mese erano molto al di sopra della media. **5** lezione; versione; variante *(di testo originale, di manoscritti): The reading of the First Folio is the true one,* La lezione del First Folio *(una delle prime edizioni delle opere di Shakespeare)* è quella giusta — *My solicitor's reading of this clause is as follows...,* Il mio legale interpreta questa clausola nel modo che segue... **6** *(al pl.)* brani antologici; letture: *readings from Dickens,* letture tratte dalle opere di Dickens. **7** *(GB, dir.)* lettura: *the first reading of a bill,* la prima lettura (in Parlamento) di un disegno di legge.

to **readjust** ['ri(:)ə'dʒʌst] *vt* riaggiustare; rimettere in ordine.

readjustment ['ri(:)ə'dʒʌs*t*mənt] *s.* riordinamento; riassestamento.

readmission ['ri:əd'miʃən] *s.* riammissione.

ready ['redi] *agg* (**-ier**; **-iest**) **1** pronto; disposto; determinato: *He is always ready to help his friends,* È sempre pronto ad aiutare i suoi amici — *Are you ready for school?,* Siete pronti per andare a scuola? — *She is ready to go anywhere,* È disposta ad andare dovunque — *They were ready to die for their country,* Erano pronti a morire per la patria — *to make sth ready,* preparare qcsa — *to make (to get) ready,* prepararsi — *Ready? - Steady? - Go!, (nelle gare atletiche)* Pronti? - Al tempo! - Via!

2 rapido; veloce; pronto; immediato: *Don't be so ready to find fault!,* Non essere così pronto a trovare colpe! — *He always has a ready answer,* Ha sempre una risposta pronta.

3 disponibile; a portata di mano; pronto: *He always keeps a revolver ready,* Tiene sempre un revolver a portata di mano — *ready money,* denaro contante.

☐ *ready-made,* - **a)** già pronto: *ready-made clothes,* abiti già confezionati - **b)** *(fig.)* convenzionale; preconcetto: *to come to a subject with ready-made ideas,* affrontare un argomento con idee preconcette — *ready-to-wear,* prêt-à-porter — *ready-reckoner,* prontuario dei calcoli. ☐ *avv* **readily** ⇨.

to **reaffirm** ['ri:ə'fə:m] *vt* riaffermare.

to **reafforest** ['ri:æ'fɔrist] *vt* rimboschire; rimboscare.

reafforestation ['ri:æ,fɔris'teiʃən] *s.* rimboschimento.

reagent [ri(:)'eidʒənt] *s.* reagente.

[1]**real** [rei'ɑ:l] *s.* reale *(ant. moneta d'argento spagnola).*

[2]**real** [riəl] **I** *agg* reale; effettivo; vero; autentico; genuino: *Is this real gold or something that looks like gold?,* È oro vero o qualcosa che assomiglia all'oro? — *He was a real friend to me,* È stato per me un vero amico — *Who is the real manager of the business?,* Chi è il vero direttore dell'azienda? — *Tell me the real reason for your absence from work,* Dimmi la vera ragione della tua assenza dal lavoro — *in real earnest,* in tutta serietà — *real time, (computeristica)* tempo reale — *real estate, real property,* immobili; beni immobili *(nel senso patrimoniale).* ☐ *avv* **really** ⇨.

II *(come avv., fam., spec. USA)* vero e proprio; veramente; davvero: *He's real mean,* È proprio meschino — *We had a real good time,* Ci divertimmo veramente — *He did it for real, (USA, fam., ora anche GB)* Lo fece veramente (davvero, sul serio).

to **realise** ['riəlaiz] *vt* = **to realize.**

realism ['riəlizəm] *s.* realismo; verismo.

realist ['riəlist] *s.* realista.

realistic [riə'listik] *agg* realistico. ☐ *avv* **realistically.**

reality [ri(:)'æliti] *s.* **1** realtà. **2** realismo *(nell'arte, ecc.).*

realizable ['riəlaizəbl] *agg* realizzabile.

realization [,riəlai'zeiʃən] *s.* **1** percezione; comprensione. **2** realizzazione; attuazione. **3** *(comm.)* realizzo.

to **realize** ['riəlaiz] *vt* **1** accorgersi; rendersi conto; notare; capire. **2** realizzare: *to realize one's hopes (ambitions),* realizzare le proprie speranze (ambizioni). **3** *(comm.)* realizzare; convertire in danaro contante.

really ['riəli] *avv* **1** realmente; veramente; effettivamente; senza dubbio: *What do you really think about it?,* Che cosa ne pensi veramente? — *It was not my fault, really,* Non fu colpa mia, per la verità.

2 *(come esclamazione: esprime interesse, sorpresa, lieve protesta, dubbio, ecc.)* Davvero!; Ma guarda un po'!; Ma no!: *'We are going to Mexico next month' - 'Really?',* 'Andremo in Messico il mese prossimo' - 'Davvero?'.

realm [relm] *s. (poet., lett., dir.)* reame; regno *(anche fig.).*

realtor ['riəltə*] *s. (USA)* agente immobiliare.

realty ['riəlti] *s. (dir.)* proprietà immobiliare; beni immobili.

ream [ri:m] *s.* **1** risma *(di carta).* **2** *(fam., spesso al pl.)* gran quantità *(di carta scritta, ecc.).*

to **ream** [ri:m] *vt (mecc.)* alesare.

to **reanimate** [ri(:)'ænimeit] *vt* rianimare; rincuorare.

reanimation ['ri:,æni'meiʃən] *s.* rianimazione.

to **reap** [ri:p] *vt e i.* mietere *(anche fig.);* raccogliere; fare il raccolto: *to reap a field of barley,* mietere un campo d'orzo — *to reap the corn,* mietere il grano — *reaping-hook,* falce — *reaping-machine,* macchina mietitrice — *to reap the rewards of virtue,* raccogliere i frutti della virtù — *to reap where one has not sown,* mietere dove non si è seminato (raccogliere i frutti del lavoro degli altri) — *to sow the wind and to reap the whirlwind,* seminare vento e raccogliere tempesta.

reaper ['ri:pə*] *s.* **1** mietitore; mietitrice: *the Grim Reaper,* la Morte. **2** macchina mietitrice.

to **reappear** ['ri:ə'piə*] *vi* riapparire; ricomparire.

reappearance ['ri:ə'piərəns] *s.* ricomparsa; riapparizione.

to **reappoint** ['ri:ə'pɔint] *vt* rinominare; rieleggere.

reappraisal ['ri(:)ə'preizəl] *s.* rivalutazione.

rear [riə*] *s.* **1** parte posteriore; retro: *rear light, (di autoveicolo)* fanale posteriore (di coda) — *rear view mirror,* specchio retrovisore — *rear sight,* alzo *(di fucile).* **2** *(fam.)* deretano; sedere. **3** *(anche* rear-guard*)* retroguardia; retrovia: *a rear-guard action,* un'azione di retroguardia — *to attack the enemy in the rear,* attaccare il nemico alle spalle — *to bring up the rear,* formare la retroguardia; *(più in generale)* essere in coda. **4** *(GB, fam.)* latrina; gabinetto.

to **rear** [riə*] *vt e i.* **1** allevare *(generalm. animali).* **2** *(spec. di cavalli, spesso seguito da* up*)* impennarsi. **3** alzare; drizzare *(anche fig.).* **4** innalzare; elevare.

rear-admiral ['riər'ædmirəl] *s.* contrammiraglio.

rear(-)guard ['riəgɑ:d] *s.* ⇨ **rear 3.**

to **rearm** ['ri(:)'ɑ:m] *vt e i.* riarmare, riarmarsi.

rearmament [ri(:)'ɑ:məmənt] *s.* riarmo.

rearmost ['riəmoust] *agg* (il) più indietro; (l')ultimo.

to **rearrange** ['ri:ə'reindʒ] *vt* **1** riordinare; rimettere in ordine. **2** *(generalm.* to re-arrange*)* combinare di nuovo (da capo).

rearward ['riəwəd] *s.* fondo; coda: *(generalm. nell'espressione) to rearward of...,* nel fondo di...; dietro a...; alle spalle di...

rearwards ['riəwədz] *avv* verso il fondo; indietro; verso la retroguardia.

reason ['ri:zn] *s.* **1** ragione; motivo; causa: *For what reason...?,* Per quale ragione (motivo)...? — *What is the reason for this?,* Qual è il motivo di questo? — *for no reason,* per nessuna ragione — *to have reason to believe...,* avere ragione di credere...; avere dei buoni motivi per credere... — *all the more reason,* a maggior ragione — *not without reason,* non senza ragione — *by reason of...,* a causa di... **2** ragione; raziocinio; ragionevolezza; buon senso: *to lose one's reason,* perdere la ragione — *to listen to (to hear) reason,* ascoltare la voce della ragione; seguire il buon senso; lasciarsi persuadere — *to bring sb to reason,* riportare qcno alla ragione; farlo ragionare — *It stands to reason that...,* È ovvio che... — *to do anything within reason,* fare qualsiasi cosa nei limiti della ragionevolezza — *without rhyme or reason* ⇨ **rhyme**. **3** *(logica)* premessa minore *(di un sillogismo).*

to **reason** ['ri:zn] *vi e t.* **1** ragionare; discutere: *It's quite impossible to reason with him,* È completamente impossibile ragionare (discutere) con lui. **2** sostenere *(un argomento)* con ragione: *a well-reasoned statement,* un'affermazione ben ragionata — *to reason sth out,* meditare, escogitare qcsa. **3** convincere *(col ragionamento): to reason a person out of his fears,* convincere qcno a non aver paura — *to reason sb into doing sth,* convincere qcno a fare qcsa.

reasonable ['ri:znəbl] *agg* **1** ragionevole: *beyond reasonable doubt,* oltre ogni ragionevole dubbio — *Be reasonable,* Sii ragionevole — *a reasonable excuse,* un pretesto ragionevole. **2** discreto; giusto; conveniente: *a reasonable price,* un prezzo giusto, ragionevole — *a reasonable offer,* un'offerta ragionevole.
□ *avv* **reasonably** ⇨.

reasonableness ['ri:znəblnis] *s.* ragionevolezza.

reasonably ['ri:znəbli] *avv* **1** ragionevolmente. **2** *(fam.)* abbastanza; più o meno: *Do I look reasonably tidy?,* Ti sembro abbastanza a posto? — *Is it reasonably straight?,* È abbastanza diritto? — *He speaks reasonably good English,* Parla discretamente l'inglese.

reasoning ['ri:zniŋ] *s.* ragionamento; raziocinio; argomentazione; il ragionare.

reasonless ['ri:znlis] *agg* irrazionale; irragionevole.

to **reassert** ['ri:ə'sə:t] *vt* riaffermare; riasserire.

reassurance [,ri:ə'ʃuərəns] *s.* rassicurazione.

to **reassure** [,ri:ə'ʃuə*] *vt* rassicurare; tranquillizzare.

rebarbative ['ri:'bɑ:bətiv] *agg (non comune)* repellente; ripugnante.

rebate ['ri:beit] *s.* riduzione; sconto; ribasso.

rebel ['rebl] *s. e agg* ribelle; rivoltoso.

to **rebel** [ri'bel] *vi* (**-ll-**) ribellarsi; insorgere.

rebellion [ri'beljən] *s.* ribellione.

rebellious [ri'beljəs] *agg* ribelle; riottoso; sedizioso.
□ *avv* **rebelliously.**

rebelliousness [ri'beljəsnis] *s.* atteggiamento ribelle; sediziosità; riottosità.

to **rebind** ['ri:'baind] *vt (pass. e p. pass.* **rebound**) legare o rilegare di nuovo.

rebirth ['ri:'bə:θ] *s.* rinascita.

reborn ['ri:'bɔ:n] *agg* rinato.

[1]**rebound** [ri:'baund] *pass e p. pass di* **to rebind.**

[2]**rebound** ['ri:baund] *s.* rimbalzo: *to hit a ball on the rebound,* colpire una palla di rimbalzo — *to take (to catch) sb on the rebound, (fig.)* approfittare d'un momento di debolezza di qcno.

to **rebound** [ri'baund] *vi* **1** rimbalzare. **2** *(fig.)* ricadere; ripercuotersi.

rebuff [ri'bʌf] *s.* secco rifiuto; mortificazione: *to meet with a rebuff (from sb),* incontrare un secco rifiuto (da parte di qcno) — *to suffer a rebuff (from sb),* ricevere una mortificazione (da qcno).

to **rebuff** [ri'bʌf] *vt* rifiutare seccamente; mortificare; respingere.

to **rebuild** ['ri:'bild] *vt (pass. e p. pass.* **rebuilt**) ricostruire.

rebuke [ri'bju:k] *s.* rimprovero; biasimo.

to **rebuke** [ri'bju:k] *vt* rimproverare aspramente; biasimare.

rebukingly [ri'bju:kiŋli] *avv* con tono di aspro rimprovero.

rebus ['ri:bəs] *s.* rebus.

to **rebut** [ri'bʌt] *vt* (**-tt-**) **1** *(dir.)* confutare; ribattere. **2** rifiutare; respingere.

rebuttal [ri'bʌtl] *s.* **1** *(dir.)* confutazione. **2** rifiuto.

recalcitrance, recalcitrancy [ri'kælsitrəns/ri'kælsitrənsi] *s.* opposizione ostinata; l'essere ricalcitrante.

recalcitrant [ri'kælsitrənt] *agg* ricalcitrante.

recall [ri'kɔ:l] *s.* **1** richiamo *(spec. d'un ambasciatore, ecc.).* **2** revoca; ritrattazione: *beyond (o past) recall,* irrevocabile. **3** *(mil.)* ritiro *(delle truppe);* ritirata.

to **recall** [ri'kɔ:l] *vt* **1** richiamare; far ritornare *(in patria, ecc.).* **2** richiamare alla memoria; rievocare; ricordare. **3** revocare; ritrattare. **4** *(poet.)* far rivivere.

to **recant** [ri'kænt] *vt e i.* **1** ritrattare; ripudiare. **2** abiurare.

recantation [,ri:kæn'teiʃən] *s.* **1** ritrattazione; ripudio. **2** abiura.

recap ['ri:kæp] *s.* (*abbr. fam. di* **recapitulation**) ricapitolazione.

[1]to **recap** ['ri:kæp] *vt e i.* (*abbr. fam. di* **to recapitulate**) ricapitolare.

[2]to **recap** ['ri:'kæp] *vt* (**-pp-**) *(USA)* rigenerare *(un pneumatico).*

to **recapitulate** [,ri:kə'pitjuleit] *vt e i.* ricapitolare; riassumere.

recapitulation ['ri:kə,pitju'leiʃən] *s.* ricapitolazione; riassunto.

recapture ['ri:'kæptʃə*] *s.* **1** riconquista. **2** *(di evaso)* cattura.

to **recapture** ['ri:'kæptʃə*] *vt* **1** riprendere; riconquistare. **2** *(fig.)* ritrovare; riacquistare.

to **recast** ['ri:'kɑ:st] *vt* **1** rifondere *(p.es. una campana).* **2** riscrivere; rimaneggiare. **3** cambiare una compagnia di attori o ridistribuire le parti *(di un lavoro teatrale).*

recce ['reki] *s.* (*mil., abbr. fam. di* **reconnaissance**) ricognizione.

to **recede** [ri'si:d] *vi* **1** recedere; ritirarsi; allontanarsi *(dalla vista);* dissolversi; svanire: *a receding chin (forehead),* un mento (una fronte) sfuggente. **2** ritirarsi; cedere; rinunciare: *to recede from an opinion,* ritrattare un'opinione. **3** calare; diminuire.

receipt [ri'si:t] *s.* **1** ricezione; ricevuta: *to acknowledge receipt of sth, (comm.)* accusare ricevuta di qcsa — *I am in receipt of yours of the 25th ult, (stile epistolare comm., molto formale)* Ho ricevuto la pregiata Vostra del 25 scorso. **2** *(comm., al pl.)* introiti; entrate. **3** ricevuta; quietanza: *to get a receipt for money spent,* farsi fare una ricevuta per il danaro speso. **4** *(ant.)* ricevitoria *(della dogana).*

to **receipt** [ri'si:t] *vt (comm.)* quietanzare.

receivable [ri'si:vəbl] *agg* **1** ricevibile. **2** *(comm.)* esigibile; *(come s. pl.)* effetti attivi.

to **receive** [ri'si:v] *vt e i.* **1** ricevere *(vari sensi).* **2** accogliere *(notizie, ecc.);* ricevere. **3** contenere. **4** sostenere; sopportare *(un peso).* **5** accettare *(come vero);* ammettere (come prova). **6** *(dir.)* ricettare *(cose rubate).*

received [ri'si:vd] *agg* invalso; generalmente accettato.

receiver [ri'si:və*] *s.* **1** ricevitore; *(spec.)* ricettatore. **2** *(anche* official receiver*)* curatore fallimentare; liquidatore. **3** ricevitore; apparecchio radioricevente; *(di telefono)* ricevitore.

receivership [ri'si:vəʃip] *s.* curatela fallimentare.

recent ['ri:snt] *agg* recente: *within recent memory,* di fresca memoria.
□ *avv* **recently,** di recente; recentemente; ultimamente.

receptacle [ri'septəkl] *s.* **1** contenitore. **2** *(bot.)* ricettacolo.

reception [ri'sepʃən] *s.* **1** ricevimento; il ricevere: *reception room,* salone; sala di ricevimento; *(in una casa privata di dimensioni normali)* salotto — *reception desk,* banco d'albergo *(per informazioni, prenotazioni, attesa, ecc.)* — *reception clerk,* portiere d'albergo. **2** accoglienza. **3** ricezione *(radiofonica, ecc.).*

receptionist [ri'sepʃənist] *s.* **1** persona incaricata di accogliere i clienti. **2** segretaria; infermiera *(di gabinetto dentistico).*

receptive [ri'septiv] *agg* ricettivo.

receptivity [risep'tiviti] *s.* ricettività.

recess [ri'ses/*(USA)* 'rises] *s.* **1** *(USA)* intervallo; vacanza *(spec. parlamentare).* **2** nicchia. **3** recesso *(anche fig.).*

to **recess** [ri'ses/*(USA)* 'rises] *vt* **1** relegare; segregare. **2** fare una nicchia, ecc.; incassare. **3** *(USA: spec. del Parlamento)* andare in vacanza.

recession [ri'seʃən] *s.* **1** ritiro; il ritirarsi. **2** recessione *(anche economica): the Great Recession,* la grande crisi degli anni Trenta negli Stati Uniti.

recessional [ri'seʃənəl] *s. (anche* recessional hymn*)* inno cantato al termine della funzione religiosa.

recessive [ri'sesiv] *agg* recessivo.

to **recharge** ['ri:'tʃɑ:dʒ] *vt e i. (elettr. e fig.)* ricaricare; caricare di nuovo.

réchauffé [ri'ʃoufei] *s. (fr.)* piatto riscaldato; pietanza riscaldata.

recherché [rə'ʃɛəʃei] *agg (fr.)* ricercato; raffinato; troppo studiato.

recidivism [ri'sidivizəm] *s.* l'essere recidivo; recidività.

recidivist [ri'sidivist] *s.* recidivo *(criminale).*

recipe ['resipi] *s. (cucina o fig.)* ricetta.

recipient [ri'sipiənt] *s.* **1** ricevente. **2** recipiente.

reciprocal [ri'siprəkəl] *agg* reciproco; scambievole; mutuo: *a reciprocal mistake,* un errore reciproco.
□ *avv* **reciprocally.**
□ *s.* reciproco; inverso.

to **reciprocate** [ri'siprəkeit] *vt e i.* **1** contraccambiare; ricambiare. **2** *(mecc.)* muoversi alternativamente *(avanti e indietro): a reciprocating engine,* un motore a movimento alternato.

reciprocation [ri,siprə'keiʃən] *s.* **1** contraccambio; ricambio. **2** *(mecc.)* moto alternativo.

reciprocity [,resi'prɔsiti] *s.* reciprocità; scambio: *reciprocity in trade,* reciprocità di trattamento nel commercio.

recital [ri'saitl] *s.* **1** racconto; resoconto; relazione. **2** esibizione solistica *(di cantante, attore, ecc.);* recital. **3** *(di documenti)* premessa; preambolo.

recitation [,resi'teiʃən] *s.* **1** racconto; narrazione: *I listened to the recitation of his grievances,* Ascoltai il racconto delle sue lagnanze. **2** recitazione; recita. **3** ripetizione d'un brano *(imparato a memoria).* **4** *(USA)* ripetizione della lezione *(preparata dallo studente).*

recitative [,resitə'ti:v] *s.* recitativo.

to **recite** [ri'sait] *vt e i.* **1** recitare; declamare; dire a memoria: *The mayor recited a long and tedious speech of welcome,* Il sindaco recitò a memoria un lungo e tedioso discorso di benvenuto — *The little girl refused to recite at the party,* La ragazzina si rifiutò di recitare la poesia alla festa. **2** elencare; enumerare; dire; recitare; dire di seguito: *to recite one's grievances,* elencare (enumerare) le proprie lagnanze — *to recite the names of all the capital cities of Europe,* elencare i nomi di tutte le capitali europee.

to **reck** [rek] *vi e t. (ant., poet. o retorico, solo in frasi negative e interrogative, o con* little*)* curarsi; far caso.

reckless ['reklis] *agg* incurante; avventato; spericolato; imprudente; sconsiderato: *a reckless spender,* uno spendaccione. □ *avv* **recklessly.**

recklessness ['reklisnis] *s.* avventatezza; imprudenza; temerarietà.

to **reckon** ['rekən] *vt e i.* **1** calcolare; contare: *to reckon without one's host,* fare i conti senza l'oste — *reckoning from to-day,* a partire da oggi. **2** *(seguito da* in*)* includere. **3** *(seguito da* with*)* fare i conti con; tener conto di; considerare: *He is certainly a man to be reckoned with,* È certamente un uomo di cui si deve tener conto. **4** *(seguito da* on *o* upon*)* contare; fare assegnamento su: *I shouldn't reckon on his coming before nightfall,* Non farei affidamento sul fatto che possa arrivare prima di sera. **5** *(fam.)* ritenere; reputare; stimare; considerare: *D'you reckon that's OK?,* Credi che vada bene?

reckoner ['rekənə*] *s.* (= ready reckoner) prontuario dei calcoli.

reckoning ['rekəniŋ] *s.* **1** conto *(da pagare, spec. d'osteria): to pay the reckoning, (fig.)* pagare il fio, lo scotto — *the day of reckoning,* il giorno della resa dei conti — *Short reckonings make long friends, (prov.)* Patti chiari, amicizia lunga. **2** il calcolare; calcolo; *(naut., ecc.)* determinazione della posizione: *dead reckoning, (naut.)* stima della posizione; posizione stimata — *to be out in one's reckoning,* avere sbagliato i propri calcoli.

to **reclaim** [ri'kleim] *vt* **1** bonificare. **2** redimere; ricuperare. **3** ricuperare; rigenerare *(gomme, ecc.).*
□ *(anche* **to re-claim***)* rivendicare; reclamare (la restituzione); chiedere in restituzione.

reclaimable [ri'kleiməbl] *agg* **1** redimibile; correggibile; ricuperabile; rigenerabile. **2** *(di terreno)* bonificabile.

reclamation [,reklə'meiʃən] *s.* **1** bonifica. **2** redenzione; ricupero; correzione. **3** ricupero; rigenerazione.

to **recline** [ri'klain] *vt e i.* reclinare; appoggiare; giacere; stendersi: *to recline one's arms on the table,* appoggiare le braccia sul tavolo — *to recline on a couch,* stendersi su un divano.

reclining [ri'klainiŋ] *agg (scultura, ecc.: di figura)* sdraiato.

recluse [ri'klu:s] *s.* recluso; eremita; anacoreta: *to live the life of a recluse,* vivere come un eremita.

recognition [,rekəg'niʃən] *s.* **1** riconoscimento; identificazione: *The town has altered beyond recognition since I saw it last,* La città è diventata irriconoscibile dall'ultima volta che la vidi. **2** riconoscimento; pubblica ammissione: *He was given a cheque for a thousand pounds in recognition of his services,* Gli fu dato un assegno di mille sterline in riconoscimento dei suoi servizi — *Recognition of the new regime is* *unlikely,* È improbabile che il nuovo regime ottenga il riconoscimento ufficiale.

recognizable [,rekəg'naizəbl] *agg* riconoscibile. □ *avv* **recognizably.**

recognizance [ri'kəgnizəns] *s.* **1** impegno assunto davanti ad un magistrato. **2** *(per estensione)* cauzione *(somma data in garanzia del rispetto di un impegno assunto davanti a un magistrato).*

to **recognize** ['rekəgnaiz] *vt* **1** riconoscere; identificare: *to recognize a tune,* riconoscere un motivo. **2** ammettere; riconoscere: *He recognized that he was not the right man for the post,* Riconobbe di non essere l'uomo giusto per quel posto — *Everyone recognized him to be the greatest living authority on ancient Roman coins,* Era universalmente riconosciuto come la più grande autorità vivente in fatto di monete romane antiche — *His services to the State were recognized,* I servigi da lui resi allo Stato furono riconosciuti. **3** accettare; riconoscere *(anche nel senso di* ammettere pubblicamente*): to refuse to recognize a new government,* rifiutare di riconoscere un nuovo governo — *The Browns no longer recognize the Smiths,* I Brown non riconoscono più come amici gli Smith (non li salutano più).

recoil [ri'kɔil] *s.* rinculo; contraccolpo.

to **recoil** [ri'kɔil] *vi* **1** indietreggiare; retrocedere; balzare indietro *(per paura, disgusto, ecc.): He recoiled in fear,* Indietreggiò impaurito. **2** rifuggire (da). **3** *(di cannone)* rinculare. **4** *(fig.)* ricadere; ritorcersi.

to **recollect** [,rekə'lekt] *vt e i.* ricordare, ricordarsi; rammentare: *to recollect having done sth,* ricordarsi di aver fatto qcsa.

recollection [,rekə'lekʃən] *s.* ricordo; rimembranza: *to the best of my recollection,* per quanto mi riesce di ricordare — *a faint recollection,* un vago ricordo — *a dim recollection,* un ricordo confuso.

to **recommend** [,rekə'mend] *vt* **1** raccomandare; consigliare: *to recommend sb for a position,* raccomandare qcno per un posto — *I have been recommended to lose weight,* Mi è stato consigliato di dimagrire. **2** raccomandare; affidare *(alle cure di qcno): to recommend oneself (one's soul) to God,* raccomandarsi (raccomandare la propria anima) a Dio. **3** rendere bene accetto: *His sharp tongue did not recommend him,* La sua lingua tagliente non lo rendeva simpatico.

recommendable [,rekə'mendəbl] *agg* raccomandabile.

recommendation [,rekəmen'deiʃən] *s.* **1** raccomandazione; consiglio: *to speak in recommendation of sb (sth),* raccomandare qcno (qcsa) — *to do sth on sb's recommendation,* fare qcsa dietro raccomandazione di qcno (su consiglio di qcno). **2** qualità positiva *(che mette in buona luce);* pregio.

recompense ['rekəmpens] *s.* **1** ricompensa; rimunerazione; retribuzione. **2** risarcimento.

to **recompense** ['rekəmpens] *vt* **1** ricompensare; compensare; retribuire: *to recompense good with evil,* ricambiare il bene col male. **2** risarcire: *to recompense sb for a loss; to recompense a loss to sb,* risarcire qcno di una perdita; risarcire una perdita a qcno.

reconcilable ['rekənsailəbl] *agg* **1** riconciliabile. **2** conciliabile.

to **reconcile** ['rekənsail] *vt* **1** riconciliare: *to become reconciled with sb,* riconciliarsi con qcno. **2** conciliare: *Your statement cannot be reconciled with the facts,* La tua asserzione non va d'accordo coi fatti. **3** *to reconcile oneself to sth; to be reconciled to sth,* rassegnarsi per qcsa.

reconciliation [,rekənsili'eiʃən] *s.* **1** riconciliazione. **2** conciliazione. **3** rassegnazione.

recondite ['rekəndait/re'kɔndait] *agg* **1** recondito. **2** astruso; oscuro.

to **recondition** ['ri:kən'diʃən] *vt* rimettere in efficienza; revisionare.

reconnaissance [ri'kɔnisəns] *s.* **1** *(mil.)* ricognizione; esplorazione: *reconnaissance in force,* ricognizione in forze. **2** accertamento; verifica *(preliminare).*

to **reconnoitre** [,rekə'nɔitə*] *vt e i.* (*USA* **to reconnoiter**) fare una ricognizione: *to reconnoitre the ground,* perlustrare il terreno.

to **reconquer** ['ri:'kɔŋkə*] *vt* riconquistare.

to **reconsider** ['ri:kən'sidə*] *vt* riconsiderare; riesaminare; riprendere in esame.

to **reconstruct** ['ri:kən'strʌkt] *vt* ricostruire.

reconstruction ['ri:kən'strʌkʃən] *s.* ricostruzione.

reconversion ['ri:kən'və:ʃən] *s.* riconversione.

record ['rekɔ:d] *s.* **1** registrazione; registro; documentazione; testimonianza; verbale: *to keep to the record, (dir.)* attenersi al verbale, ai fatti — *court of record, (GB, dir.)* corte o tribunale di cui si possono citare le sentenze, poiché registrate ufficialmente — *the (Public) Record Office, (GB)* l'Archivio di Stato — *on record,* documentato *(cfr. anche il* **3**, *sotto)* — *He is on record as saying...,* È documentato che egli ha detto...; Risulta che abbia detto... — *off the record,* non ufficioso e da non pubblicarsi — *for the record,* per la storia — *a matter of record,* un fatto documentato. **2** stato di servizio; curriculum vitae; passato: *That airline has a bad record,* Quella linea aerea ha dei brutti precedenti *(p.es. disservizi, incidenti, ecc.).* **3** *(mus.)* disco: *long-playing record,* un disco microsolco — *the best performance on record,* la migliore interpretazione registrata (su disco) — *record-player,* giradischi. **4** primato; record *(anche scherz.): to break (to beat) a record,* battere un primato — *a record-breaking flight,* un volo record — *to hold the record,* detenere il primato — *record-holder,* detentore di un primato — *a record wheat crop,* un eccezionale raccolto di frumento. **5** *(al pl.)* atti ufficiali; archivi; annali.

to **record** [ri'kɔ:d] *vt* **1** registrare; incidere *(su disco, su nastro, ecc.).* **2** *(di termometro, ecc.)* registrare; indicare; segnare. **3** ricordare; narrare; perpetuare; mettere a verbale: *the recording angel,* l'angelo che annota *(le azioni buone e cattive)* — *recorded delivery, (di lettera, ecc.)* raccomandata con ricevuta di ritorno.

recorder [ri'kɔ:də*] *s.* **1** archivista; cancelliere. **2** *(GB, con la* r *maiuscola)* magistrato; giudice. **3** *(generalm.* tape recorder*)* apparecchio registratore. **4** flauto dolce.

recording [ri'kɔ:diŋ] *s.* registrazione; incisione *(su dischi, su nastro).*

recount ['ri:'kaunt] *s.* controllo; ripetizione del computo.

¹to **recount** ['ri:'kaunt] *vt* ricontare.

²to **recount** [ri'kaunt] *vt* raccontare; riferire.

to **recoup** [ri'ku:p] *vt* rimborsare; risarcire.

recourse [ri'kɔ:s] *s.* ricorso: *to have recourse to sb (sth),* fare ricorso a qcno (qcsa); rivolgersi a qcno (qcsa); ricorrere a qcno (qcsa).

to **recover** [ri'kʌvə*] *vt e i.* **1** ricuperare; riacquistare: *to recover one's sight (hearing, balance),* riacquistare la vista (l'udito, l'equilibrio) — *to recover consciousness,* riprendere conoscenza. **2** riprendersi; rimettersi *(in salute);* riaversi; guarire: *I still haven't* *recovered from the shock,* Non mi sono ancora riavuto dal colpo — *He recovered his legs,* Si rimise in piedi *(dopo una caduta).* **3** *(dir.)* ottenere un risarcimento, una sentenza favorevole. **4** *(sport, spec. scherma)* rimettersi in guardia.

to **re-cover** ['ri:'kʌvə*] *vt* ricoprire (coprire di nuovo).

recoverable [ri'kʌvərəbl] *agg* ricuperabile.

recovery [ri'kʌvəri] *s.* **1** ricupero *(di forze);* guarigione: *to be past recovery,* essere incurabile, inguaribile. **2** ritrovamento. **3** *(comm.)* ricupero; ripresa. **4** *(sport, spec. scherma)* rimessa in guardia.

recreant ['rekriənt] *agg e s. (raro)* codardo; vigliacco; vile.

recreation [,rekri'eiʃən] *s.* ricreazione; divertimento; svago: *recreation ground,* campo da gioco.

recreational [,rekri'eiʃənl] *agg* ricreativo: *recreational facilities,* attrezzature sportive.

to **recriminate** [ri'krimineit] *vi* recriminare.

recrimination [ri,krimi'neiʃən] *s.* recriminazione.

recriminatory [ri'kriminətəri] *agg* recriminatorio.

recrudescence [,ri:kru:'desns] *s.* recrudescenza.

recrudescent [,ri:kru:'desnt] *agg* in recrudescenza.

recruit [ri'kru:t] *s.* **1** *(mil.)* recluta; coscritto. **2** proselito; adepto; neofita. **3** principiante; novellino.

to **recruit** [ri'kru:t] *vt e i.* **1** *(mil.)* reclutare; arruolare. **2** fare proseliti, adepti, nuovi soci. **3** *(raro)* ricuperare; rafforzare: *to recruit one's health (strength),* ricuperare la propria salute (le forze).

recruiting, recruitment [ri'kru:tiŋ/ri'kru:tmənt] *s.* arruolamento; coscrizione; reclutamento: *recruiting-sergeant,* sottufficiale di reclutamento.

rectangle ['rektæŋgl] *s.* rettangolo.

rectangular [rek'tæŋgjulə*] *agg* rettangolare.

rectification [,rektifi'keiʃən] *s.* **1** rettificazione; correzione; rettifica. **2** *(mecc.)* ripassatura; rettifica. **3** *(elettr., ecc.)* raddrizzamento.

rectifier ['rektifaiə*] *s.* **1** rettificatore. **2** *(elettr., ecc.)* raddrizzatore.

to **rectify** ['rektifai] *vt* **1** rettificare; correggere. **2** *(elettr., ecc.)* raddrizzare. **3** *(mecc.)* ripassare.

rectilineal, rectilinear [,rekti'linjəl/-linjə*] *agg* rettilineo.

rectitude ['rektitju:d] *s.* rettitudine; onestà.

rector ['rektə*] *s.* **1** *(nella Chiesa Anglicana)* parroco. **2** rettore di un'università o di un 'college' universitario. **3** *(non comune)* preside di scuola; direttore di collegio.

rectory ['rektəri] *s.* **1** presbiterio; canonica. **2** beneficio; prebenda.

rectum ['rektəm] *s. (anat.)* retto.

recumbent [ri'kʌmbənt] *agg* coricato; sdraiato; supino.

to **recuperate** [ri'kju:pəreit] *vt e i.* **1** ricuperare; riacquistare. **2** ristabilirsi; riaversi; rimettersi: *to go to the seaside to recuperate,* andare al mare per ristabilirsi.

recuperation [ri,kju:pə'reiʃən] *s.* ricupero; ripresa; ristabilimento.

recuperative [ri'kju:pərətiv] *agg* **1** ricuperatore. **2** *(mecc.)* a, di recupero.

to **recur** [ri'kə:*] *vi* (**-rr-**) **1** ricorrere; ripresentarsi: *recurring decimals,* frazioni decimali periodiche. **2** riandare; ritornare *(col pensiero, ecc.).* **3** tornare *(alla mente);* riaffacciarsi.

recurrence [ri'kʌrəns] *s.* ricorrenza; ritorno periodico; riapparizione; ripetizione.

recurrent [ri'kʌrənt] *agg* ricorrente; periodico.
□ *avv* **recurrently.**

to **recurve** [ri:'kə:v] *vt e i.* curvare, curvarsi all'indietro; essere ricurvo.

recusancy ['rekju:zənsi] *s.* **1** ricusa; rifiuto d'obbedienza. **2** *(stor.)* rifiuto di aderire alla religione ufficiale.

recusant ['rekju:zənt] *s. e agg* **1** chi si rifiuta; chi ricusa *(di sottomettersi alle autorità costituite);* dissidente. **2** *(stor.)* dissenziente *(generalm. un cattolico che si rifiutava di assistere alle funzioni religiose della Chiesa Anglicana).*

to **recycle** ['ri:'saikl] *vt* riciclare.

red [red] **I** *agg* **1** rosso: *to be red with anger,* essere rosso di collera — *to see red,* vedere rosso — *blood red,* rosso sangue — *red (blood) cell,* globulo rosso. **2** *(spesso con la* r *maiuscola)* rosso; comunista; sovietico. □ *to paint the town red,* far baldoria; far chiasso — *a red cent, (USA)* un bel niente; un fico secco — *red ensign, (anche sl.* red duster: *GB)* bandiera rossa *(della marina mercantile)* — *red-handed,* con le mani insanguinate — *to catch sb red-handed,* cogliere qcno in flagrante, sul fatto, con le mani nel sacco — *red hat,* cappello cardinalizio; *(GB, sl.)* ufficiale dell'esercito di alto grado — *red herring,* aringa affumicata — *neither fish, flesh, nor good red herring, (fig.)* né carne, né pesce — *to draw a red herring across the trail, (fig.)* mettere su una falsa pista; sviare il discorso — *red-hot, (fig.)* fanatico *(del jazz)* — *red-hot poker, (bot.)* tritoma — *Red Indian,* pellerossa — *the little red lane,* la gola *(nel linguaggio infantile)* — *red lead,* minio — *a red-letter day,* un giorno festivo; *(fig.)* un giorno memorabile, fausto — *red light,* luce rossa; segnale di pericolo; 'stop' *(spec. USA)* — *to see the red light, (fig.)* accorgersi d'un pericolo imminente — *red-light district,* zona dei bordelli — *red rag, (fig.)* cosa irritante ed eccitante — *red tape,* nastro rosso; *(fig.)* impacci burocratici.
□ *s.* **1** (color) rosso: *dressed in red,* vestito di rosso. **2** *(generalm. con la* r *maiuscola)* comunista; *(spesso)* rosso; sovietico. **3** palline rosse *(nel gioco del biliardo).*
□ *to be in the red,* essere in passivo *(in banca);* avere il conto scoperto — *to get out of the red,* raggiungere il pareggio *(in banca).*

redbreast ['redbrest] *s. (anche* robin redbreast*)* pettirosso.

redbrick ['redbrik] *agg* di recente fondazione *(GB, riferito alle università moderne).*

redcap ['redkæp] *s.* **1** *(GB)* soldato della polizia militare. **2** *(USA)* facchino; portabagagli.

redcoat ['redkout] *s. (stor.)* giubba rossa *(soldato inglese o poliziotto a cavallo canadese).*

to **redden** ['redn] *vt* arrossare. □ *vi* arrossire.

reddish ['rediʃ] *agg* rossiccio; rossastro.

to **redeem** [ri'di:m] *vt* **1** riscattare *(un pegno);* ricuperare; riacquistare *(l'onore);* estinguere *(un'ipoteca).* **2** mantenere *(una promessa);* adempiere *(ad un obbligo).* **3** redimere; liberare; affrancare: *to be redeemed from sin by the saving grace of God,* essere redento dal peccato dalla grazia divina — *to redeem a slave,* affrancare uno schiavo. **4** compensare; fare ammenda; controbilanciare: *his redeeming feature,* la qualità che lo salva (che compensa i suoi difetti).

redeemable [ri'di:məbl] *agg* redimibile; riscattabile; recuperabile.

Redeemer [ri'di:mə*] *s.* Redentore.

redemption [ri'dempʃən] *s.* **1** redenzione; riscatto; ricupero: *to be past (o beyond) redemption,* essere irredimibile, incorreggibile, irrecuperabile — *in the year of our redemption 1974,* nell'anno di grazia 1974. **2** *(comm.)* ammortamento; estinzione; rimborso.

redemptive [ri'demptiv] *agg* **1** che redime. **2** che concerne la redenzione.

to **redeploy** [,ri:di'plɔi] *vt* ridistribuire; riorganizzare *(soldati, operai).*
redeployment [,ri:di'plɔimənt] *s.* ridistribuzione; riassetto; riorganizzazione.
red-handed [,red'hændid] *agg attrib (spesso in funzione di avv.)* ⇨ **red,** *agg.*
redhead ['redhed] *s.* persona *(generalm. ragazza)* dai capelli rossi.
red-hot [,red'hɔt] *agg attrib* ⇨ **red,** *agg.*
rediffusion [,ri:di'fju:ʒən] *s.* filodiffusione.
to **redirect** ['ri:di'rekt] *vt* reindirizzare; rispedire a un nuovo indirizzo.
to **rediscover** ['ri:dis'kʌvə*] *vt* riscoprire; ritrovare.
red-letter [,red'letə*] *agg attrib* ⇨ **red,** *agg.*
red-light [,red'lait] *agg attrib* ⇨ **red,** *agg.*
to **redo** ['ri:'du:] *vt* (*pass.* **redid**; *p. pass.* **redone**) rifare.
redolence ['redələns] *s.* olezzo; fragranza.
redolent ['redələnt/-dou-] *agg* olezzante; dal sapore di *(anche fig.).*
to **redouble** [ri'dʌbl] *vt e i.* **1** raddoppiare, raddoppiarsi; aumentare; intensificare. **2** *(bridge)* surcontare.
redoubt [ri'daut] *s.* ridotta; fortino.
redoubtable [ri'dautəbl] *agg* **1** formidabile. **2** temibile. □ *avv* **redoubtably.**
to **redound** [ri'daund] *vi* contribuire; tornare a vantaggio; giovare: *Your success will redound to the fame of the school,* Il tuo successo gioverà fortemente alla fama della scuola.
redress [ri'dres] *s.* riparazione *(d'un torto, ecc.);* risarcimento; compensazione: *to go to a lawyer to get legal redress,* andare da un avvocato per ottenere giustizia — *beyond redress,* irreparabile.
to **redress** [ri'dres] *vt* **1** *(di un torto, danno, ecc.)* risarcire; correggere; riparare; fare ammenda. **2** raddrizzare; ristabilire *(l'equilibrio).*
redskin ['redskin] *s.* pellerossa.
to **reduce** [ri'dju:s] *vt e i.* **1** ridurre *(in ogni senso);* diminuire; *(fam.)* dimagrire: *They are living in reduced circumstances,* Vivono nelle ristrettezze — *to reduce speed,* diminuire la velocità — *He is reduced almost to a skeleton,* S'è ridotto quasi a uno scheletro — *to reduce an officer to the ranks,* degradare un ufficiale. **2** *(chim.)* scomporre; ridurre: *a reducing agent,* un riducente. □ *to reduce sth to absurdity,* dimostrare l'assurdità di qcsa.
reducer [ri'dju:sə*] *s.* **1** *(mecc.)* riduttore; dispositivo di riduzione; giunto di riduzione. **2** *(chim.)* agente deossidante, riducente.
reducible [ri'dju:səbl] *agg* riducibile.
reduction [ri'dʌkʃən] *s.* **1** riduzione *(in ogni senso, anche comm., chim.).* **2** riproduzione su scala ridotta *(di una cartina, di una fotografia, ecc.).*
redundance [ri'dʌndəns] *s.* ridondanza; sovrabbondanza.
redundancy [ri'dʌndənsi] *s.* **1** sovrabbondanza. **2** eccesso di personale; *(per estensione)* licenziamento per eccesso di personale.
redundant [ri'dʌndənt] *agg* **1** ridondante; sovrabbondante. **2** *(spec. di personale)* eccessivo; superfluo: *to be made redundant,* venir licenziato *(per eccesso di personale).*
to **reduplicate** [ri'dju:plikeit] *vt* **1** raddoppiare; *(in linguistica, anche)* reduplicare. **2** ripetere *(ancora una volta).*
reduplication [ri,dju:pli'keiʃən] *s.* raddoppiamento; ripetizione.
redwood ['redwud] *s.* sequoia.
re-echo [ri:'ekou] *s.* eco di rimando.
to **re-echo** [ri:'ekou] *vt e i.* riecheggiare.

reed [ri:d] *s.* **1** *(bot.)* canna: *a broken reed, (fig.)* una persona infida; una cosa su cui non si può fare affidamento — *to lean on a broken reed, (fig.)* fare affidamento su una persona debole, incostante o su qualcosa di aleatorio e vago. **2** *(al pl.)* canneto. **3** *(al pl.)* cannicci; cannucce *(per fare i tetti).* **4** *(mus.)* ancia; linguetta *(di strumenti a fiato): the reeds,* gli strumenti a fiato *(muniti di linguetta)* — *reed organ,* armonium — *reed stop,* registro d'organo — *reed pipe,* zampogna; canna d'organo. **5** *(poet.)* zampogna. **6** *(poet.)* strale; freccia; dardo. **7** pettine *(di telaio).*
reedy ['ri:di] *agg* **1** pieno di canne; fatto di canne; di canna. **2** debole; esile. **3** *(di suono o voce)* stridulo, acuto (e debole).
[1]**reef** [ri:f] *s. (naut.)* terzarolo: *to take in a reef,* prendere un terzarolo; *(fig.)* procedere con più cautela — *reef knot,* nodo piano.
to **reef** [ri:f] *vt (naut.)* terzarolare.
[2]**reef** [ri:f] *s.* banco di scogli *(a fior d'acqua).*
reefer ['ri:fə*] *s.* **1** giubbotto a doppio petto *(da marinaio).* **2** *(sl.)* sigaretta alla marijuana.
reek [ri:k] *s.* **1** puzzo; fetore. **2** *(scozzese e lett.)* vapore; fumo.
to **reek** [ri:k] *vi* **1** *(spesso seguito da* of*)* puzzare: *He reeks of whisky,* Puzza di whisky. **2** *(spesso seguito da* with*)* trasudare; grondare: *a horse reeking with sweat,* un cavallo grondante di sudore — *a murderer whose hands still reeked with blood,* un assassino le cui mani grondavano ancora sangue. **3** fumare; emettere fumo, vapori; *(fig.)* sapere fortemente di qcsa.
reeky, reekie ['ri:ki] *agg (scozzese)* fumoso; fetido; puzzolente: *Auld Reekie,* la vecchia fumosa Edimburgo.
[1]**reel** [ri:l] *s.* **1** rocchetto; bobina: *(straight) off the reel,* d'un fiato; senza posa. **2** *(cinema)* bobina; rotolo: *a six reel film,* una pellicola in sei 'pizze' — *a news(-)reel,* un cinegiornale. **3** mulinello *(di canna da pesca).*
to **reel** [ri:l] *vt* **1** avvolgere *(in un rocchetto, bobina, ecc.): to reel in a fish,* tirare su un pesce *(col mulinello).* **2** *(seguito da* off*)* dipanare, svolgere, dire d'un fiato; snocciolare *(un racconto, ecc.).*
[2]**reel** [ri:l] *s.* 'reel' *(vivace danza scozzese a due coppie).*
to **reel** [ri:l] *vi* girare; vacillare; barcollare; roteare.
to **re-elect** ['ri:'ilekt] *vt* rieleggere.
re-entry [ri:'entri] *s.* rientro.
to **re-establish** ['ri:is'tæbliʃ] *vt* ristabilire; restaurare.
reeve [ri:v] *s.* **1** *(stor.)* primo magistrato *(di città o distretto).* **2** *(in Canada)* presidente di un consiglio comunale. **3** ⇨ [1]**ruff 4.**
ref [ref] *s.* **1** (*sport: abbr. di* **referee**) arbitro. **2** (*comm.: abbr. di* **reference 2**) riferimento.
refection [ri'fekʃən] *s.* refezione; piccolo rinfresco.
refectory [ri'fektəri] *s.* refettorio.
to **refer** [ri'fə:*] *vt e i.* (**-rr-**) **1** deferire; rimettere. **2** riferirsi; alludere; riguardare: *referring to...,* con riferimento a... — *This refers to you all,* Questo riguarda tutti voi. **3** rivolgersi; consultare *(p.es. appunti): Refer to the office,* Rivolgetevi all'ufficio — *refer to drawer, (comm.) (abbr.* R.D.*)* rivolgersi al traente; mancanza di fondi. **4** *(talvolta)* attribuire; assegnare. **5** *(comm.)* dare il nome *(di qcno)* come referenza. **6** rimandare; indirizzare: *to refer the reader to a foot-note,* rimandare il lettore ad una nota in calce.
referable [ri'fə:rəbl/'refərəbl] *agg* referibile; assegnabile; attribuibile.
referee [,refə'ri:] *s.* **1** *(sport)* arbitro; fischietto. **2** *(dir.)* assessore; arbitro; *(talvolta)* giudice. **3** *(comm.)* bisognatario.
to **referee** [,refə'ri:] *vt e i.* arbitrare; fare da arbitro.

reference ['refrəns] *s.* **1** consultazione: *reference books; works of reference,* libri di consultazione — *reference library,* biblioteca di consultazione, di lettura. **2** riferimento; accenno; allusione: *reference mark,* segno di rimando *(asterisco, numero, ecc.)* — *cross reference,* richiamo; rimando *(a pagina o nota)* — *in (o with) reference to...,* con riferimento a... — *without reference to...,* a prescindere da...; senza alcun riferimento a... **3** referenza; benservito; presentazione.

referendum [,refə'rendəm] *s.* (*pl.* **referendums** *o* **referenda**) referendum.

referral [ri'fə:rəl] *s.* il rimandare *(un paziente, per un consulto).*

refill ['ri:'fil] *s.* ricambio; ricarica.

to **refill** ['ri:'fil/ri:'fil] *vt* riempire di nuovo; ricaricare.

to **refine** [ri'fain] *vt e i.* **1** raffinare *(olio, zucchero, ecc.).* **2** raffinare, raffinarsi. **3** *(seguito da* upon*)* migliorare; perfezionare; sottilizzare.

refined [ri'faind] *agg* **1** raffinato; purificato: *refined sugar,* zucchero raffinato — *refined feelings,* sentimenti delicati — *refined manners,* maniere raffinate. **2** colto; fine; elegante; delicato; ricercato.

refinement [ri'fainmənt] *s.* **1** raffinamento; raffinazione. **2** raffinatezza; finezza: *a lady of refinement,* una signora raffinata. **3** sottigliezza; raffinatezza.

refiner [ri'fainə*] *s.* raffinatore.

refinery [ri'fainəri] *s.* raffineria.

refit ['ri:'fit] *s.* riparazione; *(naut.)* raddobbo.

to **refit** ['ri:'fit/ri:'fit] *vt e i.* **(-tt-) 1** riparare; riattare. **2** *(naut.)* raddobbare; essere raddobbato.

reflation [ri:'fleiʃən] *s.* *(econ.)* nuova inflazione *(provocata per bilanciare una precedente deflazione).*

to **reflect** [ri'flekt] *vt e i.* **1** riflettere, riflettersi. **2** rispecchiare. **3** *(seguito da* upon*)* ripercuotersi; gettare *(credito, discredito);* insinuare; mettere in dubbio. **4** *(spesso seguito da* on*)* riflettere (su); considerare.

reflection, reflexion [ri'flekʃən] *s.* **1** riflessione; il riflettersi. **2** immagine riflessa; riflesso. **3** riflessione; considerazione; meditazione: *on reflection...,* riflettendoci...; ripensandoci su... — *to be lost in reflection,* essere assorto in meditazione. **4** critica; insinuazione.

reflective [ri'flektiv] *agg* **1** riflessivo. **2** riflettente. □ *avv* **reflectively.**

reflector [ri'flektə*] *s.* **1** riflettore. **2** catarifrangente.

reflex ['ri:fleks] *agg* riflesso: *reflex action,* azione (reazione) riflessa.
□ *s.* atto riflesso; riflesso.

reflexion [ri'flekʃən] *s.* ⇨ **reflection.**

reflexive [ri'fleksiv] *agg e s.* *(gramm.)* riflessivo.

to **refloat** ['ri:'flout] *vt e i.* **1** rimettere a galla; recuperare; disincagliare *(una nave);* tornare a galla. **2** *(econ.)* rilanciare *(p.es. un prestito).*

reflux ['ri:flʌks] *s.* riflusso.

to **reforest** ['ri:'fɔrist] *vt* *(USA)* rimboscare.

reform [ri'fɔ:m] *s.* **1** riforma; *(stor.)* riforma elettorale. **2** miglioramento; l'emendarsi; il correggersi.

to **reform** [ri'fɔ:m] *vt e i.* riformare; correggere; emendare; correggersi.

reformation [,refə'meiʃən] *s.* **1** riforma. **2** emendamento.

reformatory [ri'fɔ:mətəri] *agg* riformativo; riformatore.
□ *s.* riformatorio.

reformer [ri'fɔ:mə*] *s.* riformatore.

to **refract** [ri'frækt] *vt* rifrangere.

refraction [ri'frækʃən] *s.* rifrazione.

refractory [ri'fræktəri] *agg* **1** ostinato; caparbio; cocciuto: *as refractory as a mule,* cocciuto come un mulo. **2** refrattario *(anche med. e fig.).*

refrain [ri'frein] *s.* ritornello.

to **refrain** [ri'frein] *vi (seguito da* from*)* frenarsi; astenersi; trattenersi: *Please refrain from smoking,* Si prega di non fumare — *He refrained from criticising her,* Si trattenne dal criticarla.

to **refresh** [ri'freʃ] *vt* **1** rinvigorire; rinfrescare, rinfrescarsi (la memoria). **2** ristorarsi; rifocillarsi.

refresher [ri'freʃə*] *s.* **1** parcella supplementare *(pagata ad un legale, per il prolungamento di causa in tribunale).* **2** *(fam.)* bibita. □ *a refresher course,* un corso d'aggiornamento.

refreshing [ri'freʃiŋ] *agg* ristoratore; rinfrescante: *a refreshing difference,* una interessante novità.
□ *avv* **refreshingly.**

refreshment [ri'freʃmənt] *s.* **1** ristoro; rinfresco; riposo. **2** *(spesso al pl.)* rinfresco *(bibite, panini, ecc.): Refreshments will be served afterwards,* Seguirà un rinfresco — *refreshment room,* ristoratore, bar, caffè di stazione ferroviaria, ecc.

to **refrigerate** [ri'fridʒəreit] *vt* **1** refrigerare; raffreddare. **2** mettere (tenere) nel frigorifero, al fresco.

refrigeration [ri,fridʒə'reiʃən] *s.* refrigerazione.

refrigerator [ri'fridʒəreitə*] *s.* frigorifero; cella frigorifera; ghiacciaia.

to **refuel** ['ri:'fju:əl] *vt e i.* **(-ll-;** *USA* **-l-)** rifornire (rifornirsi) di carburante: *a refuelling stop,* una sosta per rifornimento di carburante.

refuge ['refju:dʒ] *s.* rifugio: *to take refuge in the cellar,* rifugiarsi in cantina — *to take refuge in silence,* *(fig.)* rifugiarsi nel silenzio — *street refuge,* salvagente stradale.

refugee [,refju:'dʒi:] *s.* rifugiato *(spec. politico);* profugo; esule.

refulgence [ri'fʌldʒəns] *s.* fulgore; splendore.

refulgent [ri'fʌldʒənt] *agg* rifulgente; fulgido.

refund ['ri:fʌnd] *s.* rimborso.

to **refund** [ri'fʌnd] *vt e i.* rifondere; rimborsare.

to **refurbish** [,ri:'fə:biʃ] *vt* lucidare di nuovo; *(per estensione)* rimettere a nuovo.

refusal [ri'fju:zəl] *s.* **1** rifiuto: *to meet with a refusal,* ricevere un rifiuto — *to give a flat refusal,* opporre un netto rifiuto. **2** diritto d'opzione; scelta: *You'll have (the) first refusal if I decide to sell my car,* Se deciderò di vendere la mia macchina, la offrirò a te per primo.

refuse ['refju:s] *s.* **1** rifiuto; scarto. **2** immondizie.

to **refuse** [ri'fju:z] *vt e i.* **1** rifiutare, rifiutarsi: *I was refused admittance,* Mi fu proibito l'accesso; Non mi lasciarono entrare. **2** *(nel gioco delle carte)* non rispondere al colore; passare.

refutable ['refjutəbl] *agg* confutabile.

refutation [,refju(:)'teiʃən] *s.* confutazione.

to **refute** [ri'fju:t] *vt* confutare.

to **regain** [ri(:)'gein] *vt* riguadagnare; riprendere.

regal ['ri:gəl] *agg* regale; reale; regio. □ *avv* **regally.**

to **regale** [ri'geil] *vt* deliziare; dar piacere (a); gratificare: *They regaled themselves and their friends on caviar and champagne,* Gratificarono se stessi e gli amici di caviale e champagne — *to regale oneself with a cigar,* concedersi un sigaro.

regalia [ri'geiljə] *s. pl* **1** insegne reali. **2** decorazioni; insegne di ordine.

regard [ri'gɑ:d] *s.* **1** *(ant. e lett.)* sguardo: *He turned his regard on the accused man,* Volse lo sguardo verso l'accusato — *His regard was fixed on the horizon,* Il suo sguardo era fisso all'orizzonte. **2** riguardo; rispetto; relazione; riferimento: *in this regard,* a questo riguardo — *in regard to...; with regard to...,* per quanto riguarda...; in riferimento a... **3** attenzione; considerazione; rispetto: *You'll get into trouble if you continue to behave without regard for the regulations,* Ti metterai nei pasticci se continuerai ad agire senza rispetto per i regolamenti — *He has very little regard for the feelings of others,* Ha assai scarsa considerazione per i sentimenti degli altri — *More regard must be paid to safety on the roads,* Si deve avere più considerazione per la sicurezza stradale. **4** stima; riguardo; rispetto; considerazione: *to hold sb in high regard,* tenere qcno in grande considerazione — *to have a high (low) regard for sb's judgement,* avere una grande stima (scarsa stima) del giudizio di qcno. **5** *(al pl.)* rispetti; omaggi; saluti *(nella conclusione di una lettera): Please give my regards to your brother,* La prego di porgere i miei rispetti a Suo fratello — *With kind (o best) regards...; (USA) With best personal regards...,* Con i migliori saluti...; Molto cordialmente...

to **regard** [ri'gɑ:d] *vt* **1** *(ant. e lett.)* guardare con attenzione; fissare. **2** considerare; giudicare; ritenere; valutare: *to regard sb as a hero,* considerare qcno un eroe — *to regard sth as a crime,* ritenere qcsa un delitto — *He is regarded as the best dentist in town,* È considerato il miglior dentista della città — *I regard his behaviour with suspicion,* Considero con sospetto il suo comportamento. **3** tenere in considerazione; prestare ascolto, attenzione: *He seldom regards my advice,* Tiene raramente conto dei miei consigli — *Why do you so seldom regard my wishes?,* Perché non tieni quasi mai conto dei miei desideri? — *We all regard him highly,* Noi tutti lo teniamo in grande considerazione. **4** riguardare; concernere: *This does not regard me at all,* Questo non mi riguarda affatto — *as regards...; regarding...,* per quanto riguarda...; quanto a...; circa...

regardful [ri'gɑ:dful] *agg* **1** riguardoso; rispettoso. **2** attento: *Be more regardful of your own interests,* Sii più attento ai tuoi interessi.

regardless [ri'gɑ:dlis] *agg (seguito da* of*)* indifferente (a); incurante (di): *regardless of the consequences,* incurante delle conseguenze — *regardless of expense,* senza badare a spese.

□ *avv (fam., nell'espressione) to carry on regardless,* continuare ad agire come se niente fosse.

regatta [ri'gætə] *s.* regata.

regency ['ri:dʒənsi] *s.* reggenza.

regeneration [ri,dʒenə'reiʃən] *s.* rigenerazione.

regent ['ri:dʒənt] *s.* **1** reggente. **2** *(USA, in certe università)* membro del consiglio amministrativo.

□ *agg (posposto al s.)* reggente.

regicide ['redʒisaid] *s.* regicidio.

régime, regime [rei'ʒi:m] *s. (fr.)* regime *(generalm. di governo o fig.).*

regimen ['redʒimen] *s.* **1** *(raro)* regime *(di governo).* **2** regime; dieta.

regiment ['redʒimənt] *s.* **1** reggimento. **2** *(fig., spesso scherz.)* gran numero; reggimento; moltitudine. **3** *(ant.)* governo.

regimental [,redʒi'mentl] *agg* reggimentale.

□ *come s. (solo al pl.: mil.)* **1** uniforme (mostrine) del reggimento. **2** uniforme, divisa militare.

regimentation [,redʒimen'teiʃən] *s.* irreggimentazione.

Regina [ri'dʒainə] *s. (lat.: abbr.* R*)* regina regnante; la Corona *(nei processi criminali).*

region ['ri:dʒən] *s.* **1** *(anat., geografia)* regione; zona: *in the Bristol region,* nei dintorni di Bristol — *the lower (nether) regions,* l'inferno — *the upper regions,* il paradiso; il regno dei cieli — *in the region of ten per cent,* il dieci per cento all'incirca. **2** *(fig.)* campo; sfera.

regional ['ri:dʒənl] *agg* regionale. □ *avv* **regionally.**

register ['redʒistə*] *s.* **1** *(libro)* registro. **2** lista elettorale; i votanti. **3** *(di suoni, voce)* registro; estensione del suono: *the upper (the middle, the lower) register of the clarinet,* le note alte (medie, basse) del clarinetto. **4** *(contabilità)* registro; libro contabile: *a cash register,* un registratore di cassa. **5** *(mecc.)* registro; valvola o dispositivo di regolazione. **6** *(tipografia)* registro.

to **register** ['redʒistə*] *vt e i.* **1** registrare; iscrivere; immatricolare; depositare *(un marchio);* iscriversi; immatricolarsi; dare il proprio nome *(al consolato del proprio paese, ad un albergo, ecc.);* denunciare. **2** *(di termometro, ecc.)* registrare; segnare. **3** *(di volto, ecc.)* mostrare; esprimere; indicare: *Her face registered surprise,* La sua faccia espresse sorpresa. **4** spedire *(una lettera)* come raccomandata; *(GB, ferrovia)* spedire *(bagaglio).* **5** iscrivere (iscriversi) nelle liste elettorali.

registered ['redʒistəd] *agg* **1** *(di plico)* raccomandato. **2** *(comm., di azioni, ecc.)* nominativo. **3** *(di professionista)* abilitato: *registered nurse,* infermiera diplomata.

registrar [,redʒis'trɑ:*] *s.* segretario; archivista; cancelliere.

registration [,redʒis'treiʃən] *s.* **1** registrazione; iscrizione *(di documenti);* immatricolazione. **2** spedizione per raccomandata. **3** *(sull'organo)* registrazione.

registry ['redʒistri] *s.* registrazione; immatricolazione; registro: *registry office,* ufficio di stato civile — *They got married at a registry office,* Si sono sposati civilmente, 'in municipio' — *a servants' registry (office),* un ufficio di collocamento per domestici.

Regius ['ri:dʒjəs] *agg (GB)* regio *(detto solo di certi cattedratici).*

regnant ['regnənt] *agg (posposto al s.)* regnante: *Queen regnant,* la regina regnante.

to **regress** [ri'gres] *vi* regredire; declinare; retrocedere.

regression [ri'greʃən] *s.* regressione.

regressive [ri'gresiv] *agg* regressivo.

regret [ri'gret] *s.* **1** rimpianto; rammarico; rincrescimento; dispiacere; dolore: *I have no regrets,* Non ho (Non provo) alcun rimpianto — *much to my regret,* con mio grande dispiacere. **2** *(al pl. nel rifiutare un invito, ecc.)* scuse: *with many regrets,* con molte scuse.

to **regret** [ri'gret] *vt* (**-tt-**) **1** rimpiangere: *He is greatly regretted,* Lo si rimpiange molto. **2** dolersi; rammaricarsi; essere spiacente; pentirsi; rincrescere *(impers.): I regret to say that...,* Mi dispiace dover dire che... — *I regret having done that,* Mi rincresce di averlo fatto — *You will live to regret it,* Verrà il giorno in cui lo rimpiangerai.

regretful [ri'gretful] *agg* pieno di rimpianto, di rincrescimento; spiacente. □ *avv* **regretfully.**

regrettable [ri'gretəbl] *agg* spiacevole; increscioso; deplorevole.

□ *avv* **regrettably,** deplorevolmente; spiacevolmente: *a regrettably small attendance,* una deplorevole scarsezza di pubblico.

to **regroup** ['ri:'gru:p] *vt* raggruppare (radunare, riunire) di nuovo.

regular ['regjulə*] *agg* **1** regolare; armonioso; simmetrico; sistematico. **2** regolare; regolato; normale; ordinario: *to keep regular hours,* attenersi a un orario regolare — *a regular customer,* un cliente fisso, abituale — *king and regular size cigarettes,* sigarette di

formato grande ed ordinario — *the regular army,* l'esercito regolare — *a regular doctor,* un vero dottore *(non un ciarlatano).* **3** regolare; qualificato; formale; adeguato *(ad una certa etichetta o a certe norme).* **4** *(gramm.)* regolare. **5** *(fam.)* intero; completo; perfetto; vero e proprio; *(USA)* onesto: *a regular hero (rascal),* un vero eroe (un perfetto mascalzone).
□ *avv* **regularly** ⇨.
□ *s.* **1** militare di carriera. **2** *(fam.)* cliente abituale *(di osteria, ecc.).*

regularity [,regju'læriti] *s.* regolarità.

regularization [,regjuləraiˈzeiʃən] *s.* regolarizzazione.

to **regularize** ['regjuləraiz] *vt* regolarizzare.

regularly ['regjuləli] *avv* **1** regolarmente; ordinatamente. **2** puntualmente.

to **regulate** ['regjuleit] *vt* regolare; adeguare *(ad una regola, standard, ecc.): Accidents happen even in the best regulated families,* Gli incidenti capitano anche nelle migliori famiglie.

regulation [,regju'leiʃən] *s.* **1** regolamentazione. **2** regolamento; regola; ordine; norma. □ *(attrib.)* regolamentare; consentito; prescritto: *regulation dress,* uniforme prescritta (d'ordinanza).

regulator ['regjuleitə*] *s.* **1** regolatore; moderatore, moderatrice. **2** *(mecc.)* regolatore; bilanciere; registro *(di orologio).*

to **regurgitate** [ri'gə:dʒiteit] *vi e t.* **1** rigurgitare. **2** rigettare *(cibo).*

to **rehabilitate** [,ri:ə'biliteit] *vt* **1** riabilitare *(in ogni senso).* **2** restaurare *(una casa).*

rehabilitation ['ri:ə,bili'teiʃən] *s.* **1** riabilitazione. **2** restauro.

rehash ['ri:'hæʃ] *s. (spesso spreg.)* rimaneggiamento; rifacimento.

to **rehash** ['ri:'hæʃ] *vt (spesso spreg.)* rimaneggiare; rifare; riadattare.

re-hearing ['ri:'hiəriŋ] *s. (dir.)* riesame *(di una causa);* nuova udienza.

rehearsal [ri'hə:səl] *s.* **1** *(teatro, ecc. o fig.)* prova; recitazione: *a dress rehearsal,* una prova generale, con i costumi di scena. **2** enumerazione; narrazione; ripetizione.

to **rehearse** [ri'hə:s] *vt e i.* **1** *(teatro, ecc. o fig.)* provare; fare le prove: *to rehearse the parts in a play,* provare le parti di un dramma — *to rehearse an opera (an actor),* provare un'opera (un attore). **2** addestrare; preparare. **3** ripetere; raccontare; enumerare; passare in rassegna.

to **rehouse** ['ri:'hauz] *vt* provvedere di nuovo alloggio.

reign [rein] *s.* regno *(dominio, sovranità e la sua durata, anche fig.).*

to **reign** [rein] *vi* regnare; *(fig.)* dominare; prevalere: *Silence reigned,* Regnava il silenzio — *the reigning beauty,* la donna più bella del momento — *the reigning champion,* il campione in carica.

to **reimburse** [,ri:im'bə:s] *vt* rimborsare: *You will be reimbursed (for) your expenses,* Sarete rimborsato delle spese.

reimbursement [,ri:im'bə:smənt] *s.* rimborso.

rein [rein] *s. (generalm. pl.)* redini: *to hold the reins,* tenere le redini; *(fig.)* avere il controllo della situazione; dominare; comandare — *to give a horse free rein,* dare briglia sciolta a un cavallo — *to give the rein (the reins, free rein) to one's imagination, (fig.)* dare libero corso alla propria immaginazione — *to keep a tight rein on sb (sth),* tenere qcno (qcsa) a freno, sotto stretto controllo — *to draw rein,* tirare le redini; fermare il cavallo; *(fig.)* rallentare; allentare lo sforzo.

to **rein** [rein] *vt* guidare con le redini: *to rein in a horse,* tirare le redini di un cavallo; controllare (guidare) un cavallo; rimettere al passo un cavallo *(dopo il trotto o il galoppo)* — *to rein up (back) a horse,* arrestare (far rinculare) un cavallo tirando le redini.

reincarnate ['ri:in'kɑ:nit] *agg* reincarnato.

to **reincarnate** ['ri:in'kɑ:neit] *vt* reincarnare.

reincarnation ['ri:inkɑ:'neiʃən] *s.* reincarnazione.

reindeer ['reindiə*] *s. (invariato al pl.)* renna.

to **reinforce** [,ri:in'fɔ:s] *vt* **1** rinforzare; potenziare; rafforzare; consolidare; irrobustire: *to reinforce a garment,* rinforzare un indumento — *to reinforce a bridge,* rinforzare (consolidare) un ponte — *to reinforce an army,* potenziare un esercito. **2** armare *(nell'edilizia, ecc.): reinforced concrete,* cemento armato — *reinforcing rod,* ferro per armature.

reinforcement [,ri:in'fɔ:smənt] *s.* **1** rinforzamento; rafforzamento; rinforzo. **2** *(al pl.: mil., ecc.)* rinforzi; aiuti; uomini o mezzi di rinforzo.

to **reinstate** ['ri:in'steit] *vt* ristabilire; reintegrare; ripristinare: *He was reinstated in his former office,* Fu reintegrato nella carica precedente.

reinstatement ['ri:in'steitmənt] *s.* ristabilimento; reintegrazione; ripristino.

reinsurance ['ri:in'ʃuərəns] *s.* riassicurazione.

to **reinsure** ['ri:in'ʃuə*] *vt* riassicurare.

reissue ['ri:'isju:/-'iʃju:/-'iʃu:] *s.* nuova edizione; riedizione; nuova emissione.

to **reissue** ['ri:'isju:/-'iʃju:/-'iʃu:] *vt* far uscire di nuovo *(giornali, libri, ecc.);* emettere di nuovo.

to **reiterate** [ri:'itəreit] *vt* reiterare; ripetere.

reiteration [,ri:itə'reiʃən] *s.* reiterazione.

reject ['ri:dʒekt] *s.* **1** persona o cosa respinta, rifiutata o scartata; rifiuto; scarto: *export rejects,* articoli difettosi *(non adatti all'esportazione);* oggetti di scarto *(e perciò venduti sotto costo).* **2** *(mil.)* riformato; persona inabile al servizio militare.

to **reject** [ri'dʒekt] *vt* **1** scartare. **2** rigettare; rifiutare; respingere; *(mil.)* riformare. **3** vomitare.

rejection [ri'dʒekʃən] *s.* **1** rigetto; ripulsa. **2** rifiuto; scarto.

to **rejoice** [ri'dʒɔis] *vt e i.* rallegrare, rallegrarsi; gioire; godere; essere lieto: *to rejoice over a victory,* rallegrarsi, gioire di una vittoria.

rejoicing [ri'dʒɔisiŋ] *s.* **1** gioia; giubilo; allegria; allegrezza; letizia. **2** *(al pl.)* festeggiamenti; feste pubbliche; celebrazioni.

to **re-join** ['ri:'dʒɔin] *vt e i.* **1** raggiungere; tornare nuovamente insieme. **2** *(mecc., ecc.)* riattaccare; ricongiungere.

[1]to **rejoin** [ri'dʒɔin] *vt e i.* replicare; rispondere.

[2]to **rejoin** [ri'dʒɔin] *vt* raggiungere; tornare; riunirsi: *to rejoin one's regiment,* ritornare al proprio reggimento.

rejoinder [ri'dʒɔində*] *s.* replica; risposta.

to **rejuvenate** [ri'dʒu:vineit] *vt* ringiovanire; far ringiovanire.

rejuvenation [ri,dʒu:vi'neiʃən] *s.* ringiovanimento.

to **rekindle** ['ri:'kindl] *vt e i.* riaccendere, riaccendersi *(anche fig.).*

relapse [ri'læps] *s.* ricaduta *(spec. med.).*

to **relapse** [ri'læps] *vi* ricadere *(nel peccato, nell'errore, nella malattia, ecc.).*

to **relate** [ri'leit] *vt e i.* **1** riportare; narrare; riferire: *He related some amusing stories about his employer,* Riferì alcune divertenti storielle sul conto del suo principale — *Strange to relate...,* Strano a dirsi... **2** *(spesso seguito da* to*)* mettere in relazione (in rapporto); stabilire un rapporto (con); entrare in confidenza (con): *It's difficult to relate these results to any known cause,* È difficile mettere in relazione questi effetti con una qualsiasi causa conosciuta — *history and related subjects,* la storia e le materie affini. **3** riguardare; riferirsi; avere attinenza: *She is a girl who notices nothing except what relates to herself,* È una ragazza che non si accorge di nulla a parte ciò che la riguarda. **4** *(nella forma) to be related,* essere imparentato; essere parente: *I am not related to him in any way,* Non sono imparentato con lui in alcun modo — *She says she is related to the royal family,* Dice di essere imparentata con la famiglia reale.

relation [ri'leiʃən] *s.* **1** rapporto; connessione; relazione: *the relation between mother and child,* il rapporto tra madre e figlio — *The expenditure on this project bore no relation (was out of all relation) to the results,* Le spese per questo progetto furono del tutto sproporzionate ai risultati — *in (with) relation to...,* per quanto riguarda... — *to have business relations with a firm in Stockholm,* intrattenere rapporti d'affari con una ditta di Stoccolma — *the friendly relations between my country and yours,* le relazioni amichevoli tra i nostri due paesi — *I have broken off all relations with that fellow,* Ho rotto ogni rapporto con quell'individuo — *public relations (officer),* (funzionario) addetto alle relazioni pubbliche — *sexual relations,* rapporti sessuali. **2** parente; affine; congiunto: *He is a near relation of mine,* È un mio parente prossimo — *She is a relation by marriage,* È una parente d'acquisto — *a poor relation,* un parente povero. **3** *(raro)* racconto; resoconto; relazione: *the relation of his adventures,* il racconto delle sue avventure.

relationship [ri'leiʃənʃip] *s.* **1** rapporto; connessione; relazione; correlazione. **2** parentela.

relative ['relətiv] *agg* **1** relativo; rispettivo: *They are living in relative comfort,* Se la passano relativamente bene. **2** *(generalm. seguito da* to*)* relativo; connesso; concernente; in relazione; in rapporto: *the facts relative to the case,* i fatti relativi al caso in questione — *Relative to your enquiry...,* In merito alla Sua richiesta di informazioni... **3** *(gramm.)* relativo. □ *avv* **relatively** ⇨.

□ *s.* **1** *(gramm.)* relativo; pronome relativo. **2** parente.

relatively ['relətivli] *avv* relativamente; abbastanza.

relativity [,relə'tiviti] *s.* relatività.

to **relax** [ri'læks] *vt e i.* **1** rilassare; rilasciare; allentare; diminuire; ridurre: *to relax one's grip (one's hold),* allentare la presa — *to relax one's muscles,* rilassare i muscoli — *to relax discipline,* rilassare la disciplina — *a relaxed throat,* un'angina — *a relaxing climate,* un clima riposante. **2** rilassarsi; rilasciarsi; allentarsi; attenuarsi; diminuire: *His face relaxed in a smile,* Il suo volto si aprì in un sorriso — *Let's stop working and relax for an hour,* Interrompiamo il lavoro e rilassiamoci per un'ora — *Relax!,* Rilassati!

relaxation [,ri:læk'seiʃən] *s.* **1** rilassamento; rilassatezza; distensione *(di muscoli, ecc.)*; attenuazione. **2** distensione; riposo; divertimento; ricreazione; svago.

relay [ri'lei] *s.* **1** cavalli di ricambio; squadra di operai *(che dà il cambio): working in (o by) relays,* lavorando a squadre. **2** *(elettr., ecc.)* relé; soccorritore; ripetitore; collegamento: *relay station,* ritrasmettitore — *relay television,* collegamento televisivo; ritrasmissione; 'rimbalzo'. □ *relay-race,* corsa a staffetta.

[1]to **relay** ['ri:'lei] *vt* (*pass. e p. pass.* **relayed**) **1** dare il cambio; sostituire *(cavalli, squadre di operai).* **2** *(elettr.)* fornire, provvedere di relé. **3** *(radio e fig.)* ritrasmettere.

[2]to **relay** ['ri:'lei] *vt* (*pass. e p. pass.* **relaid**) porre di nuovo; ricollocare.

releasable [ri'li:səbl] *agg* **1** che si può liberare; rilasciabile. **2** *(dir.)* rinunciabile; cedibile. **3** *(di film)* rappresentabile; distribuibile alle sale cinematografiche. **4** *(di notizia)* che si può divulgare o comunicare alla stampa; pubblicabile.

release [ri'li:s] *s.* **1** liberazione; rilascio; scarcerazione: *release on bail,* libertà provvisoria su cauzione. **2** quietanza; proscioglimento; remissione *(di debiti, ecc.)*; dispensa *(dai voti)*; esenzione *(dalle tasse)*; cessione *(di proprietà).* **3** distribuzione *(di films): the newest releases,* le ultime novità cinematografiche. □ *press release,* comunicato stampa.

to **release** [ri'li:s] *vt* **1** lasciare; mollare; sganciare; liberare; rilasciare; *(di obiettivo fotografico)* far scattare: *to release a man from a promise,* sciogliere una persona da una promessa — *to release a monk from his vows,* dispensare un monaco dai voti — *to release the handbrake,* lasciar andare (allentare) il freno a mano. **2** distribuire *(un film)*; permettere la presentazione al pubblico. **3** rilasciare (notizie) alla stampa; diffondere; divulgare (notizie). **4** *(dir.)* cedere *(diritti, proprietà, ecc.).*

to **relegate** ['religeit] *vt* **1** deferire; rimettere *(una decisione, un compito a qcno).* **2** relegare; degradare: *to relegate a letter to the waste-paper basket, (scherz.)* cestinare una lettera — *He relegated his wife to the position of a housekeeper,* Degradò la moglie alla condizione di governante. **3** *(sport)* retrocedere; far retrocedere *(una squadra).*

relegation [,reli'geiʃən] *s.* **1** deferimento; il rimettere *(una decisione, un compito, ecc.).* **2** relegazione. **3** *(sport)* retrocessione.

to **relent** [ri'lent] *vi* addolcirsi; intenerirsi; cedere.

relentless [ri'lentlis] *agg* inflessibile; implacabile; sordo *(alle preghiere).* □ *avv* **relentlessly.**

relevance, relevancy ['reləvəns/'reləvənsi] *s.* attinenza; pertinenza.

relevant ['reləvənt] *agg* relativo; attinente; pertinente. □ *avv* **relevantly.**

reliability [ri,laiə'biliti] *s.* attendibilità; credibilità; sicurezza; affidabilità.

reliable [ri'laiəbl] *agg* attendibile; degno di fiducia. □ *avv* **reliably.**

reliance [ri'laiəns] *s.* affidamento; fiducia: *Do you place much reliance on (upon, in) your doctor?,* Hai fiducia nel tuo medico?

reliant [ri'laiənt] *agg* fiducioso.

relic ['relik] *s.* **1** reliquia; cimelio; resto *(spesso scherz.)*; relitto *(scherz.).* **2** *(poet., al pl.)* spoglie mortali.

relict ['relikt] *s.* **1** *(spec. scozzese)* vedova. **2** relitto geologico o zoologico.

[1]**relief** [ri'li:f] *s.* **1** sollievo; conforto; ristoro; giovamento. **2** soccorso; sussidio: *a relief fund,* un fondo per soccorsi — *a relief road,* una strada per l'alleggerimento *(del traffico)*; circonvallazione — *relief train,* treno supplementare. **3** *(ant. e USA)* assistenza pubblica: *outdoor relief,* assistenza *(sanitaria, ecc.)* a domicilio. **4** *(spesso* light relief*)* diversivo; variante: *by way of relief,* come diversivo; per amore di varietà. **5** rinforzi; soccorsi; liberazione *(di città assiedata): a relief party,* una colonna di soccorso; truppe di rincalzo. **6** cambio; squadra o persona che dà il cambio.

[2]**relief** [ri'li:f] *s.* **1** *(arte, ecc.)* rilievo: *in high (low) relief,* in altorilievo (bassorilievo) — *relief map,* plastico; carta geografica in rilievo; carta fisica — *relief*

model, plastico. **2** *(fig.)* evidenza; risalto; contrasto; spicco; vivezza; vivacità. □ *to stand out in relief,* risaltare; spiccare.

to **relieve** [ri'li:v] *vt* **1** alleviare; mitigare; sollevare; soccorrere; confortare: *to be relieved at sth,* essere sollevato da qcsa (dal fatto che...) — *to relieve one's feelings,* sfogarsi; dare sfogo ai propri sentimenti — *to relieve oneself,* andare di corpo; orinare. **2** dare il cambio (a qcno): *to relieve the guard,* dare il cambio alla guardia — *You will be relieved at noon,* Ti sarà dato il cambio a mezzogiorno. **3** *to relieve sb of sth,* prendere qcsa a qcno; sgravare qcno di qcsa; *(per estensione)* derubare (alleggerire) qcno di qcsa: *The thief relieved him of his watch,* Il ladro lo alleggerì dell'orologio — *He was relieved of his post,* Fu privato del suo incarico. **4** *(generalm. al p. pass.)* dar rilievo (spicco).

religion [ri'lidʒən] *s.* **1** religione; confessione religiosa. **2** vita di fede; vita monastica: *to get religion, (spesso scherz. o spreg.)* convertirsi alla fede. **3** scrupolo; impegno; *(per estensione)* obbligo; dovere: *She makes a religion of keeping her windows clean,* Si fa scrupolo (un obbligo) di tenere le finestre pulite.

religious [ri'lidʒəs] *agg* **1** religioso; devoto; pio; timorato di Dio. **2** religioso; di ordine religioso. **3** coscienzioso; scrupoloso: *to do one's work with religious care,* fare il proprio lavoro coscienziosamente, con scrupolosa attenzione. □ *avv* **religiously.**
□ *s. (con l'art. indeterminativo; pl. invariato)* religioso; membro di un ordine religioso *(monaco, suora, ecc.).*

to **relinquish** [ri'liŋkwiʃ] *vt* abbandonare; lasciare; cedere; rinunciare: *to relinquish one's hold of sth,* lasciare la presa di qcsa — *to relinquish a habit,* lasciare un'abitudine — *to relinquish a plan,* rinunziare ad un progetto.

reliquary ['relikwəri] *s.* reliquario.

relish ['reliʃ] *s.* **1** sapore; condimento; *(talvolta)* salsa piccante. **2** gusto; piacere; attrattiva: *to eat (to read) with relish,* mangiare (leggere) di gusto — *to have no further relish for sth,* non sentire più attrattiva per qcsa.

to **relish** ['reliʃ] *vt* gustare; godere; apprezzare; gradire; piacere *(impers.): She won't relish the thought of having to get up at dawn,* Non le piacerà affatto l'idea di doversi alzare all'alba.

to **relive** ['ri:'liv] *vt e i.* rivivere *(un'esperienza, ecc.).*

relocation ['ri:lou'keiʃən] *s.* ricollocazione; risistemazione.

reluctance [ri'lʌktəns] *s.* riluttanza.

reluctant [ri'lʌktənt] *agg* **1** riluttante. **2** resistente; refrattario; difficile da trattare. □ *avv* **reluctantly.**

to **rely** [ri'lai] *vi (seguito da* upon, on*)* contare su; fare affidamento su: *He can always be relied upon for help,* Si può sempre contare su di lui per aiuto — *You may rely upon my early arrival,* Potete star certi che arriverò presto.

to **remain** [ri'mein] *vi* rimanere; restare: *After the fire very little remained of the house,* Dopo l'incendio, ben poco è rimasto della casa — *How many weeks will you remain here?,* Per quante settimane resterai qua? — *He remained silent,* Rimase in silenzio — *It remains to be seen whether this is possible,* Resta da vedere se questo è fattibile. □ *I remain, Yours truly..., (come chiusura di lettera formale)* Suo devoto... — *We remain (We beg to remain), Yours faithfully..., (comm.)* Distinti saluti...

remainder [ri'meində*] *s.* **1** resto; avanzo. **2** persone o cose rimanenti: *Twenty people came in and the remainder stayed outside,* Venti persone entrarono e le rimanenti rimasero fuori. **3** *(anche* publisher's remainder*)* 'remainder' *(libro rimasto invenduto e perciò messo in vendita a prezzo ridottissimo).*

remains [ri'meinz] *s. pl* **1** resti; avanzi: *the remains of a meal,* gli avanzi di un pasto. **2** ruderi; rovine: *the remains of an old abbey,* i ruderi d'una vecchia abbazia. **3** spoglie mortali: *His mortal remains are buried in the churchyard,* Le sue spoglie mortali sono sepolte nel cimitero.

to **remake** ['ri:'meik] *vt* (*pass. e p. pass.* **remade**) rifare; fare di nuovo.

remand [ri'mɑ:nd] *s. (dir.)* rinvio *(di imputato in carcere per aggiornamento di istruttoria): to be on remand,* essere trattenuto in carcere — *remand home,* riformatorio.

to **remand** [ri'mɑ:nd] *vt (dir.)* rinviare *(un imputato in carcere per aggiornamento d'istruttoria).*

remark [ri'mɑ:k] *s.* **1** nota; attenzione: *to be worthy of remark,* essere degno di nota. **2** commento; osservazione; critica: *to pass rude remarks about sb,* fare delle osservazioni pesanti su qcno — *to make a few remarks,* fare alcune osservazioni (un breve discorso).

to **remark** [ri'mɑ:k] *vt e i.* **1** notare; vedere; osservare; far notare; far osservare. **2** dire; affermare; sottolineare; far notare; commentare; criticare: *It would be rude to remark upon her appearance,* Sarebbe sgarbato fare commenti sul suo aspetto.

remarkable [ri'mɑ:kəbl] *agg* rilevante; notevole; cospicuo; fuori del comune; eccezionale; sorprendente: *a remarkable event,* un avvenimento eccezionale (fuori del comune) — *a boy who is remarkable for his stupidity,* un ragazzo notevole per la sua stupidità. □ *avv* **remarkably.**

remarriage ['ri:'mæridʒ] *s.* nuovo matrimonio; seconde nozze.

to **remarry** ['ri:'mæri] *vt e i.* risposare, risposarsi.

remediable [ri'mi:djəbl] *agg* rimediabile.

remedial [ri'mi:djəl] *agg* capace di apportare rimedio; riparatore: *remedial measures,* misure adatte a porre rimedio.

remedy ['remidi] *s.* rimedio; cura; riparo; medicina; trattamento: *a good remedy for colds,* un buon rimedio contro i raffreddori — *The remedy seems to be worse than the disease,* Il rimedio sembra essere peggiore del male — *Your only remedy is to go to law,* Il Suo unico rimedio consiste nel rivolgerti alla legge — *The evil is past (o beyond) remedy,* Il male è al di là di ogni rimedio.

to **remedy** ['remidi] *vt* rimediare; porre riparo; correggere; curare: *Your faults of pronunciation can be remedied,* I Suoi errori di pronuncia possono essere corretti.

to **remember** [ri'membə*] *vt e i.* ricordare; ricordarsi di: *I can't remember his name,* Non riesco a ricordare il suo nome — *If I remember right (rightly),* Se ben ricordo — *I remembered to post your letters,* Mi sono ricordato di imbucare le tue lettere — *I remember having heard you speak on that subject,* Mi ricordo d'averLa sentito parlare su quell'argomento — *'Have you ever met my brother?' - 'Not that I remember',* 'Hai mai conosciuto mio fratello?' - 'No, a quanto ricordo' — *Please remember me to your brother,* La prego, mi ricordi a Suo fratello.

remembrance [ri'membrəns] *s.* **1** ricordo; memoria: *to call to remembrance,* richiamare alla memoria — *to have no remembrance of sth,* non ricordarsi affatto di qcsa — *in remembrance of...,* alla memoria di...; in ricordo di... — *Remembrance Day, (GB)* il giorno dei caduti in guerra *(11 novembre).* **2** ricordo (oggetto;

piccolo dono): *He sent us a small remembrance of his visit,* Ci mandò un ricordino della sua visita. **3** *(al pl.: piuttosto desueto)* saluti: *Give my kind remembrances to your parents,* Porga i miei migliori saluti ai Suoi genitori.

remilitarization ['riː,militərai'zeiʃən] *s.* riarmo.

to **remilitarize** [,riː'militəraiz] *vt* riarmare.

to **remind** [ri'maind] *vt* ricordare (a); far ricordare (a): *Please remind me to answer that letter,* Per favore, mi ricordi di rispondere a quella lettera — *He reminds me of his brother,* Mi ricorda suo fratello — *This reminds me of what we did together during our holidays,* Questo mi fa ricordare ciò che facemmo insieme durante le vacanze.

reminder [ri'maində*] *s.* **1** ciò che aiuta a ricordare *(promemoria, lettera, ecc.).* **2** lettera di sollecito: *He still hasn't paid that bill. I must send him a reminder,* Non ha ancora pagato quel conto. Dovrò mandargli una lettera di sollecito.

to **reminisce** [,remi'nis] *vi* rimembrare; abbandonarsi all'onda dei ricordi.

reminiscence [,remi'nisns] *s.* **1** reminiscenza; rimembranza; ricordo. **2** *(al pl.)* memorie; ricordi. **3** reminiscenza; qualcosa che ricorda: *There is a reminiscence of his father in the way he walks,* C'è qualcosa che ricorda suo padre nel suo modo di camminare.

reminiscent [,remi'nisnt] *agg* **1** che richiama alla memoria; che rammenta. **2** che si abbandona ai ricordi: *(generalm. nell'espressione) to become reminiscent,* abbandonarsi all'onda dei ricordi. □ *avv* **reminiscently.**

remiss [ri'mis] *agg* negligente; trascurato; fiacco; svogliato: *That was very remiss of you,* Sei stato molto negligente.

remission [ri'miʃən] *s.* **1** remissione; perdono *(dei peccati, ecc.).* **2** *(dir.)* condono *(di pena, di debiti);* rinuncia; esenzione. **3** remissione; diminuzione *(di sforzi, dolore, ecc.);* abbassamento.

remissness [ri'misnis] *s.* negligenza; trascuratezza; svogliatezza.

to **remit** [ri'mit] *vt e i.* (**-tt-**) **1** rimettere *(i peccati);* perdonare. **2** condonare *(una pena, un debito).* **3** *(comm., di denaro)* rimettere; spedire; inviare per posta. **4** diminuire; mitigare, mitigarsi; attenuarsi; smorzarsi. **5** rimettere; sottomettere *(a un'autorità superiore).*

remittance [ri'mitəns] *s.* rimessa; invio di denaro. □ *a remittance man,* una persona pagata dalla famiglia per restare fuori della patria.

remnant ['remnənt] *s.* **1** resto; avanzo. **2** *(di orgoglio, gloria, ecc.)* vestigia; traccia. **3** *(spec.)* scampolo; ritaglio di stoffa: *a remnant sale,* una vendita di scampoli.

to **remodel** ['riː'modl] *vt* (**-ll-**) rimodellare; riplasmare; rifare; ricostruire.

remonstrance [ri'mɔnstrəns] *s.* rimostranza; protesta.

to **remonstrate** [ri'mɔnstreit] *vi* fare rimostranze; protestare: *to remonstrate with sb,* fare rimostranze a qcno; protestare con qcno — *to remonstrate against sth,* fare rimostranze contro qcsa.

remorse [ri'mɔːs] *s.* rimorso: *to feel (to be filled with) remorse for one's failure to help sb,* provare rimorso per non essere riuscito ad aiutare qcno — *without remorse,* senza rimorso.

remorseful [ri'mɔːsful] *agg* pieno di rimorsi. □ *avv* **remorsefully.**

remorseless [ri'mɔːslis] *agg* senza rimorso; spietato. □ *avv* **remorselessly.**

remote [ri'mout] *agg* **1** remoto; distante; lontano *(nello spazio, nel tempo);* appartato; fuori mano: *in the remote past,* in un passato lontano — *remote control, (elettr.)* controllo o comando a distanza; telecomando — *remote-control; remote-controlled,* telecomandato. **2** *(di sentimenti, interessi, ecc.)* differente; diverso; lontano. **3** *(spec. al superl.)* minimo: *I haven't the remotest idea of what that means,* Non ho la minima (la più pallida) idea di cosa questo significhi. □ *avv* **remotely,** remotamente; lontanamente; alla lontana: *Smith and I are remotely related,* Smith ed io siamo parenti alla lontana.

remoteness [ri'moutnis] *s.* distanza; lontananza.

remount ['riːmaunt] *s.* *(mil.)* cavallo di rimonta; cavallo fresco.

[1]to **remount** ['riː'maunt] *vt* **1** rifornire *(un reggimento)* di cavalli nuovi. **2** rimontare; fare una nuova montatura *(p.es. a una fotografia).*

[2]to **remount** ['riːmaunt] *vt e i.* **1** rimontare *(a cavallo, in bicicletta).* **2** risalire *(una scala, una collina, ecc.); (fig.)* risalire a *(una data, ecc.).*

removable [ri'muːvəbl] *agg* **1** rimovibile; trasportabile. **2** *(di magistrato, ecc.)* amovibile.

removal [ri'muːvəl] *s.* **1** rimozione; sgombero; trasloco: *a removal van,* un furgone per traslochi. **2** trasferimento; trasferta. **3** eliminazione; abolizione. **4** *(di funzionario, ecc.)* destituzione; allontanamento; revoca.

remove [ri'muːv] *s.* **1** distanza; intervallo; passo *(fig.): We were but one short remove from war,* Eravamo a un passo dalla guerra. **2** grado *(di parentela): a second cousin at one remove,* un cugino di terzo grado; un terzo cugino; una terza cugina. **3** *(GB, in alcuni collegi)* promozione *(alla classe superiore);* classe speciale.

to **remove** [ri'muːv] *vt e i.* **1** togliere; levare; rimuovere; spostare; ritirare: *to remove a boy from a school,* ritirare un ragazzo dalla scuola *(per cattiva salute, ecc.).* **2** far sparire; liberarsi (di o da). **3** licenziare; allontanare; espellere: *to remove sb from office,* licenziare qcno dalla sua carica. **4** *(talvolta)* cambiar residenza; traslocare; trasferirsi; spostarsi.

removed [ri'muːvd] *agg* (*p. pass. di* **to remove**) lontano; distante; molto differente: *a dialect equally removed from Italian and French,* un dialetto ugualmente discosto dall'italiano come dal francese — *first cousin once (twice) removed,* cugino o cugina di secondo (terzo) grado.

remover [ri'muːvə*] *s.* **1** proprietario di agenzia di traslochi. **2** *(spec. nei composti)* che toglie; che leva; che rimuove: *stain-remover,* smacchiatore — *superfluous hair remover,* depilatore.

to **remunerate** [ri'mjuːnəreit] *vt* rimunerare; ricompensare.

remuneration [ri,mjuːnə'reiʃən] *s.* rimunerazione; ricompensa.

remunerative [ri'mjuːnərətiv] *agg* rimunerativo.

renaissance [rə'neisəns] *s. (spec. stor.)* rinascimento; rinascita.
□ *(attrib.)* rinascimentale.

to **rename** ['riː'neim] *vt* **1** rinominare. **2** dare un nuovo nome (a).

renascence [ri'næsns] *s.* = **renaissance.**

renascent [ri'næsnt] *agg* rinascente.

to **rend** [rend] *vt* (*pass. e p. pass.* **rent**) lacerare; spaccare; strappare.

to **render** ['rendə*] *vt* **1** rendere; dare; dare in cambio; restituire; tributare. **2** presentare; consegnare; spedire: *an account rendered, (comm.)* un conto presentato per il pagamento *(ma non ancora saldato).* **3** rendere; fare diventare: *to be rendered helpless by an accident,* essere reso inabile da un incidente. **4** *(mus., teatro, ecc.)* rappresentare; interpretare; eseguire; rendere *(il* *vero significato).* **5** sciogliere; raffinare: *to render down fat,* sciogliere il grasso.

rendering ['rendəriŋ] *s.* **1** *(di opere musicali)* interpretazione; esecuzione. **2** traduzione; versione. **3** *(più raro)* restituzione; resa; consegna.

rendez-vous ['rɔndivu:] *s. (dal fr., invariato al pl.)* **1** *(luogo di un)* appuntamento. **2** *(talvolta)* convegno; raduno; riunione; adunata.

to **rendez-vous** ['rɔndivu:/(fr.) rɑ̃devu] *vi (spec. mil., ecc.)* incontrarsi; riunirsi; *(di veicolo spaziale)* effettuare un appuntamento in orbita.

rendition [ren'diʃən] *s.* interpretazione *(d'una canzone, ecc.).*

renegade ['renigeid] *s.* rinnegato; apostata; traditore.

to **renegade** ['renigeid] *vi* **1** diventare un rinnegato. **2** abiurare.

to **renege,** to **renegue** [ri'neig] *vi (al gioco delle carte)* passare.

to **renew** [ri'nju:] *vt e i.* **1** rinnovare, rinnovarsi; rimettere a nuovo. **2** rinnovare; reiterare; ripetere; riprendere.

renewable [ri'nju:əbl] *agg* rinnovabile.

renewal [ri'nju(:)əl] *s.* rinnovo; rinnovamento; sostituzione *(di parti meccaniche, ecc.);* ripresa *(di negoziati).*

rennet ['renit] *s.* caglio; presame.

to **renounce** [ri'nauns] *vt* **1** rinunciare: *to renounce the world,* rinunciare al mondo, alla vita mondana — *to renounce a claim,* rinunciare ad un diritto. **2** ripudiare; rinnegare.

to **renovate** ['renouveit] *vt* rinnovare; ripristinare; restaurare *(p.es. edifici, dipinti, ecc.).*

renovation [,renou'veiʃən] *s.* rinnovamento; ripristino; restauro.

renown [ri'naun] *s.* rinomanza; fama: *to win renown,* acquistare rinomanza — *a man of high renown,* un uomo di chiara fama.

renowned [ri'naund] *agg* rinomato; famoso.

[1]**rent** [rent] *s. (spec. di alloggio)* affitto; pigione; canone d'affitto; prezzo di locazione; *(di vettura, televisione, ecc.)* nolo; noleggio: *I owe him three weeks' rent,* Gli debbo la pigione di tre settimane — *to collect the rents,* riscuotere i canoni d'affitto — *for rent, (nella pubblicità)* affittasi; da affittarsi — *rent-collector,* esattore dei canoni d'affitto — *rent-free,* esente da affitto — *rent-roll,* registro dei fitti o totale delle entrate dei fitti.

to **rent** [rent] *vt* affittare; dare o prendere in affitto. □ *vi* essere affittato: *The building rents at two hundred and fifty pounds a year,* L'edificio è affittato a duecentocinquanta sterline l'anno.

[2]**rent** [rent] *pass e p. pass di* **to rend.**

[3]**rent** [rent] *s.* **1** strappo; squarcio; lacerazione: *a rent in the fabric,* uno strappo (una lacerazione) nel tessuto — *a rent in the clouds,* uno squarcio nelle nuvole. **2** *(fig.)* scissione; scissura; frattura *(p.es. in un partito politico).*

rentable ['rentəbl] *agg* affittabile.

rental ['rentl] *s.* affitto; introito derivante dagli affitti.

renter ['rentə*] *s.* **1** fittavolo; affittuario; inquilino; pigionale. **2** locatore; locatario.

rentier ['rɔntiei] *s. (fr.)* persona *(spec. anziana, o comunque in pensione)* che vive di rendita.

renunciation [ri,nʌnsi'eiʃən] *s.* **1** rinunzia; sacrificio. **2** ripudio.

to **reopen** ['ri:'oupən] *vt e i.* riaprire.

to **re(-)order** [ri:'ɔ:də*] *vt* ordinare di nuovo.

reorganization ['ri:,ɔ:gənai'zeiʃən] *s.* riorganizzazione.

to **reorganize** ['ri:'ɔ:gənaiz] *vt* riorganizzare. □ *vi* riorganizzarsi.

rep [rep] *s.* **1** *(fam. abbr. di* **repertory***)* teatro o compagnia di repertorio. **2** *(abbr. di* **representative***)* rappresentante; piazzista.

repaid [ri'peid] *pass e p. pass di* **to repay.**

repair [ri'pεə*] *s.* **1** riparazione; restauro: *road under repair,* strada in riparazione — *beyond repair,* irrimediabilmente guasto; non riparabile — *The shop will be closed during repairs,* Il negozio rimarrà chiuso durante i lavori di riparazione. **2** stato; condizioni: *to be in good (bad) repair; to be in a good (bad) state of repair,* essere in buono (cattivo) stato.

[1]to **repair** [ri'pεə*] *vt* riparare; aggiustare; restaurare; rimediare.

[2]to **repair** [ri'pεə*] *vi (ant.)* riparare; rifugiarsi.

repairable [ri'pεərəbl] *agg* riparabile; aggiustabile; rimediabile; restaurabile.

repairer [ri'pεərə*] *s.* riparatore; aggiustatore.

reparable ['repərəbl] *agg* riparabile; aggiustabile.

reparation [,repə'reiʃən] *s.* **1** riparazione; risarcimento. **2** *(al pl.)* riparazioni *(di guerra).*

repartee [,repɑ:'ti:] *s. (generalm. collettivo)* replica pronta; risposta mordace; botta e risposta.

repast [ri'pɑ:st] *s. (linguaggio formale: talvolta scherz.)* pasto; banchetto.

repatriate [ri:'pætriət] *s.* (profugo) rimpatriato.

to **repatriate** [ri:'pætrieit] *vt* rimpatriare.

repatriation ['ri:pætri'eiʃən] *s.* rimpatrio.

to **repay** [ri'pei] *vt e i.* (*pass. e p. pass.* **repaid**) **1** ripagare; restituire; rimborsare. **2** *(fig.)* ripagare; ricompensare; ricambiare; contraccambiare: *to repay a kindness,* ricambiare un favore — *to repay a visit,* restituire una visita.

repayable [ri'peiəbl] *agg* rimborsabile; restituibile.

repayment [ri'peimənt] *s.* rimborso; restituzione; *(fig.)* ricompensa.

repeal [ri'pi:l] *s.* abrogazione; annullamento; revoca.

to **repeal** [ri'pi:l] *vt* abrogare; annullare *(una legge, ecc.);* revocare.

repeat [ri'pi:t] *s.* ripetizione; replica; *(mus.)* ripresa; segno di replica: *a repeat order, (comm.)* un ordine ripetuto *(di merce della stessa qualità).*

to **repeat** [ri'pi:t] *vt e i.* **1** ripetere; ribattere; dire o fare di nuovo: *I repeat that I cannot undertake the task,* Torno a dire che non posso assumermi il compito — *repeating watch,* orologio a ripetizione — *repeating rifle,* fucile a ripetizione. **2** ripetere ad altri; riferire in giro: *You must not repeat what I've told you,* Non devi ripetere in giro quanto ti ho detto — *His language won't bear repeating,* Il suo linguaggio è irriferibile. **3** recitare a memoria. **4** *(di cibi)* tornare alla gola; venir su: *Radishes repeat themselves,* I ravanelli rinvengono. **5** *(di numeri)* ricorrere; ripetersi; *(nelle cifre decimali)* essere periodico. **6** *(comm.)* ordinare di nuovo; reiterare *(un'ordinazione);* replicare.

repeater [ri'pi:tə*] *s.* **1** ripetitore; *(a scuola)* ripetente; *(USA)* elettore fraudolento; *(dir.)* delinquente recidivo. **2** pistola o fucile a ripetizione. **3** orologio a ripetizione che ribatte le ore o i quarti.

to **repel** [ri'pel] *vt* (**-ll-**) **1** respingere. **2** ripugnare; ispirare ripugnanza o disgusto.

repellent [ri'pelənt] *agg* repellente; ripulsivo; ripugnante; disgustoso. □ *s.* (sostanza) repellente; *(spesso)* insettifugo.

to **repent** [ri'pent] *vt e i. (talvolta seguito da* of*)* pentirsi *(di qcsa): You won't repent it,* Non avrai a pentirtene — *He repented of what he had done,* Si pentì di quel che aveva fatto.

repentance [ri'pentəns] *s.* pentimento; contrizione.

repentant [ri'pentənt] *agg* pentito; contrito.
□ *avv* **repentantly.**

repercussion [,ri:pə'kʌʃən] *s.* ripercussione *(in ogni senso).*

repertoire ['repətwɑ:*] *s. (fr.: mus., teatro, ecc.)* repertorio.

repertory ['repətəri] *s.* repertorio; raccolta: *repertory theatre,* teatro di repertorio — *repertory company,* compagnia di repertorio.

repetition [,repi'tiʃən] *s.* **1** ripetizione. **2** copia; riproduzione. **3** brano; passo *(di poesia, ecc.)* da imparare a memoria.

repetitious [,repi'tiʃəs] *agg* pieno di ripetizioni; noioso.

repetitive [ri'petitiv] *agg* iterativo; ripetitivo.
□ *avv* **repetitively.**

to **repine** [ri'pain] *vi* affliggersi; dolersi; lagnarsi.

to **replace** [ri'pleis] *vt* **1** ricollocare; rimettere; riporre: *to replace the receiver,* riattaccare il ricevitore *(del telefono).* **2** sostituire; rimpiazzare: *to replace sth by* (o *with) something else,* sostituire qcsa con un'altra cosa.

replaceable [ri'pleisəbl] *agg* sostituibile; rimpiazzabile.

replacement [ri'pleismənt] *s.* **1** sostituzione. **2** pezzo di ricambio; *(persona)* supplente; sostituto: *to get a replacement while one is away on holiday,* farsi sostituire durante le vacanze.

replay ['ri:plei] *s.* partita ripetuta; (incontro di) spareggio.

to **replay** [,ri:'plei] *vt* giocare di nuovo; ripetere *(un incontro, una partita, ecc.).*

to **replenish** [ri'pleniʃ] *vt* rifornire; riempire di nuovo; reintegrare: *I must replenish my wardrobe,* Devo rifornire il mio guardaroba.

replenishment [ri'pleniʃmənt] *s.* rifornimento.

replete [ri'pli:t] *agg (seguito da* with*)* pieno (di); ben fornito (di).

repletion [ri'pli:ʃən] *s.* pienezza; sazietà.

replica ['replikə] *s.* riproduzione; copia.

reply [ri'plai] *s.* risposta; replica: *a reply paid telegram,* un telegramma con risposta pagata.

to **reply** [ri'plai] *vi e t.* rispondere; replicare.

to **repoint** ['ri:'pɔint] *vt* rifare la punta *(a una matita, ecc.).*

report [ri'pɔ:t] *s.* **1** rapporto; resoconto; verbale; relazione; bollettino: *law reports,* raccolta di sentenze giuridiche; massimario; compendio di giurisprudenza — *a school report,* una pagella scolastica — *newspaper reports,* cronache — *annual report, (di una società, ecc.)* relazione annuale — *half-yearly report,* relazione (bollettino) semestrale. **2** voce pubblica; diceria; pettegolezzo: *The report goes (Report has it) that...,* Si dice che...; Corre voce che... **3** reputazione; fama: *... of good report,* ... di buona reputazione. **4** scoppio; rimbombo; detonazione.

to **report** [ri'pɔ:t] *vt e i.* **1** riferire; riportare; raccontare; annunciare; dare notizia: *reported speech, (gramm.)* discorso indiretto. **2** fare una relazione; stendere un rapporto; stenografare; fare il cronista o il corrispondente di un giornale: *to report upon (on),* riferire su *(un argomento).* **3** presentarsi: *to report to the manager,* presentarsi dal direttore — *to report for duty,* presentarsi a rapporto; riprendere il servizio. **4** fare rapporto; denunciare: *to report sb to the manager,* denunciare qcno (fare un esposto contro qcno) al direttore.

reportage [,repɔ:'tɑ:ʒ] *s. (fr.)* **1** servizio giornalistico; reportage. **2** stile giornalistico.

reportedly [ri'pɔ:tidli] *avv* si dice...; viene riferito...; stando a...; secondo quanto si dice...: *The Chairman reportedly intends to resign,* Si dice che il presidente intenda dimettersi.

reporter [ri'pɔ:tə*] *s.* cronista; corrispondente *(di giornale).*

reporting [ri'pɔ:tiŋ] *s.* cronaca; giornalismo; servizio d'informazioni.

repose [ri'pouz] *s.* **1** riposo; sonno. **2** quiete; armonia; serenità; calma; dignità.

[1]to **repose** [ri'pouz] *vt e i.* **1** riposare; posare; appoggiare; *(fig.)* riporre: *to repose one's confidence in sb,* riporre la propria fiducia in qcno. **2** *to repose on sth, (fig., di argomentazioni, ecc.)* basarsi su qcsa; essere sostenuto da qcsa.

[2]to **repose** [ri'pouz] *vt* riporre; nutrire *(fiducia, ecc.).*

reposeful [ri'pouzful] *agg* riposante; tranquillo.
□ *avv* **reposefully.**

repository [ri'pɔzitəri] *s.* **1** ripostiglio; ricettacolo. **2** *(fig.)* miniera; pozzo.

to **reprehend** [,repri'hend] *vt* riprendere; rimproverare.

reprehensible [,repri'hensəbl] *agg* reprovevole; biasimevole. □ *avv* **reprehensibly.**

to **represent** [,repri'zent] *vt* **1** rappresentare; indicare; denotare; raffigurare; simboleggiare; esemplificare. **2** presentare; descrivere; dichiarare: *I am not what you have represented me to be,* Non sono come voi mi avete descritto. **3** spiegare; descrivere; far notare; far presente; presentare. **4** rappresentare; fare le veci; sostituire; *(comm., spec. al passivo: to be represented)* avere rappresentanze e filiali: *Our firm is represented in India and Pakistan,* La nostra ditta ha una rappresentanza in India e Pakistan. **5** *(teatro)* rappresentare; recitare; fare la parte (di).

representation [,reprizen'teiʃən] *s.* **1** rappresentanza *(parlamentare, ecc.).* **2** rappresentazione; raffigurazione; immagine. **3** istanza; esposto; rimostranza; protesta: *to make representations to sb,* presentare un'istanza a qcno. **4** *(teatro)* rappresentazione; interpretazione. **5** asserzione; dichiarazione.

representational [,reprizen'teiʃənl] *agg* rappresentativo.

representative [,repri'zentətiv] *agg* **1** rappresentativo. **2** *(comm., ecc.)* tipico; caratteristico: *a representative sample,* un campione tipo. □ *avv* **representatively.**
□ *s.* **1** esempio tipico; campione. **2** delegato; rappresentante; deputato: *representatives of the press,* rappresentanti della stampa; giornalisti — *the House of Representatives, (USA)* la Camera dei Deputati.

to **repress** [ri'pres] *vt* reprimere; *(fig.)* frenare; soffocare: *to repress a sneeze,* reprimere uno starnuto — *to repress an impulse,* soffocare un impulso.

repression [ri'preʃən] *s.* repressione *(in ogni senso).*

repressive [ri'presiv] *agg* repressivo. □ *avv* **repressively.**

reprieve [ri'pri:v] *s.* **1** rinvio o sospensione *(generalm. di sentenza capitale).* **2** *(fig.)* tregua; dilazione; sollievo.

to **reprieve** [ri'pri:v] *vt* **1** rinviare, sospendere l'esecuzione *(di una condanna a morte).* **2** *(fig.)* dar tregua; dar sollievo.

reprimand ['reprimɑ:nd] *s.* rimprovero; sgridata.

to **reprimand** ['reprimɑ:nd] *vt* rimproverare; sgridare.

reprint ['ri:print] *s.* ristampa.

to **reprint** ['ri:'print] *vt* ristampare.
reprisal [ri'praizəl] *s.* **1** rappresaglia: *by way of reprisal,* per rappresaglia. **2** *(al pl.)* rappresaglie di guerra.
reprise [ri'pri:z] *s. (mus.)* ripresa.
reproach [ri'proutʃ] *s.* **1** rimprovero; biasimo: *She heaped reproaches upon her sister,* Coprì di rimproveri sua sorella. **2** disonore; vergogna; obbrobrio; onta: *to bring reproach upon sb,* recar disonore (arrecare onta) a qcno — *to be without (o beyond) reproach,* essere senza macchia.
to **reproach** [ri'proutʃ] *vt* rimproverare; biasimare; sgridare; rimbrottare: *to reproach sb for doing sth,* sgridare qcno per aver fatto qcsa — *to reproach sb with sth,* rimproverare qcsa a qcno — *to reproach one's wife with extravagance,* rimproverare la moglie perché spendacciona — *to have nothing to reproach oneself with,* non aver nulla da rimproverarsi.
reproachful [ri'proutʃful] *agg* **1** di rimprovero; di biasimo. **2** riprovevole; vergognoso.
□ *avv* **reproachfully.**
reprobate ['reproubeit] *s.* **1** *(spesso scherz.)* reprobo. **2** dannato.
reprobation [,reprou'beiʃən] *s.* **1** riprovazione; disapprovazione; biasimo. **2** dannazione.
to **reproduce** [,ri:prə'dju:s] *vt e i.* **1** riprodurre. **2** procreare; riprodursi: *plants that reproduce by seeds,* piante che si riproducono per seme. **3** far ricrescere.
reproducer [,ri:prə'dju:sə*] *s.* **1** chi riproduce. **2** riproduttore *(del suono, ecc.).*
reproducible [,ri:prə'dju:sibl] *agg* riproducibile.
reproduction [,ri:prə'dʌkʃən] *s.* **1** riproduzione; copia *(di disegno, ecc.).* **2** riproduzione; generazione.
reproductive [,ri:prə'dʌktiv] *agg* riproduttivo.
reproof [ri'pru:f] *s.* rimprovero; biasimo; riprovazione.
to **re(-)proof** [,ri:'pru:f] *vt* rendere *(un soprabito, ecc.)* nuovamente impermeabile; impermeabilizzare.
reproval [ri'pru:vəl] *s.* = **reproof.**
to **reprove** [ri'pru:v] *vt* rimproverare; riprendere; biasimare: *to reprove sb for sth,* rimproverare qcsa a qcno; rimproverare qcno per qcsa.
reprovingly [ri'pru:viŋli] *avv* in atteggiamento (tono) di rimprovero.
reptile ['reptail] *s.* rettile.
reptilian [rep'tiliən] *agg* **1** di, simile a rettile. **2** *(fig.)* malfido; abietto; insidioso.
□ *s.* rettile.
republic [ri'pʌblik] *s.* repubblica *(anche fig.).*
republican [ri'pʌblikən] *agg e s.* repubblicano.
republicanism [ri'pʌblikənizəm] *s.* repubblicanesimo.
to **repudiate** [ri'pju:dieit] *vt* **1** ripudiare. **2** rifiutare; rifiutare di conoscere; disconoscere. **3** rifiutarsi di pagare *(un debito);* ignorare *(un dovere).*
repudiation [ri,pju:di'eiʃən] *s.* **1** ripudio. **2** rifiuto.
to **repugn** [ri'pju:n] *vt* avversare; opporsi a; far resistenza a; combattere; ostacolare.
□ *vi* ripugnare; essere repellente.
repugnance [ri'pʌgnəns] *s.* **1** ripugnanza; disgusto. **2** incompatibilità; avversione.
repugnant [ri'pʌgnənt] *agg* **1** ripugnante; disgustoso. **2** incompatibile.
repulse [ri'pʌls] *s.* **1** sconfitta; scacco. **2** *(fig.)* ripulsa; diniego; rifiuto: *to meet with a repulse,* avere (ricevere) una ripulsa.
to **repulse** [ri'pʌls] *vt* respingere; ricacciare; rigettare; ricusare.
repulsion [ri'pʌlʃən] *s.* repulsione; ripugnanza; avversione: *to feel repulsion for sb,* sentire repulsione per qcno.
repulsive [ri'pʌlsiv] *agg* ripulsivo *(vari sensi, anche scient.);* ripugnante. □ *avv* **repulsively.**
reputable ['repjutəbl] *agg* di buona reputazione; rispettabile; stimabile; onorato. □ *avv* **reputably.**
reputation [,repju(:)'teiʃən] *s.* **1** reputazione; fama; nome: *to have a good reputation as a doctor,* godere di buona reputazione come medico — *to have a reputation for courage,* essere ritenuto coraggioso — *to have the reputation of being a miser,* aver fama di essere avaro — *to make a reputation for oneself,* farsi un gran nome; diventar famoso — *to live up to one's reputation,* non venir meno alla propria fama. **2** onore; distinzione; stima.
repute [ri'pju:t] *s.* **1** reputazione; fama; nome: *to know sb by repute,* conoscere qcno per fama — *a place of ill repute,* un luogo malfamato. **2** buon nome.
to **repute** [ri'pju:t] *vt (generalm. al passivo)* reputare; stimare; considerare; ritenere; giudicare: *He is reputed to be very wealthy,* È ritenuto molto ricco.
reputed [ri'pju:tid] *agg* (*p. pass. di* **to repute**) **1** reputato; onorato; rinomato; stimato. **2** supposto; presunto; putativo: *the reputed owner,* il supposto proprietario — *the reputed father,* il padre putativo.
□ *avv* **reputedly 1** presumibilmente. **2** a quel che si dice; secondo l'opinione generale. **3** *(dir.)* putativamente.
request [ri'kwest] *s.* **1** richiesta; domanda: *We came at your request,* Venimmo su vostra richiesta — *Buses stop here by request,* Gli autobus si fermano qui a richiesta — *a request stop,* una fermata a richiesta (facoltativa) — *Catalogues will be sent on request,* Si inviano cataloghi a richiesta. **2** richiesta; istanza; petizione; preghiera: *repeated requests for help,* ripetute richieste di aiuto — *to make a request to sb for sth,* presentare a qcno una petizione per qcsa; richiedere o sollecitare qcsa da qcno. **3** cosa richiesta.
to **request** [ri'kwest] *vt* richiedere; domandare; pregare; invitare: *to request sth from sb,* richiedere qcsa a qcno.
requiem ['rekwiem] *s.* requiem; messa da requiem.
to **require** [ri'kwaiə*] *vt* **1** richiedere; esigere; aver bisogno: *We require extra help,* Abbiamo bisogno di altro aiuto — *Does this machine require much attention?,* Richiede molta attenzione questa macchina? **2** chiedere; pretendere; esigere; ordinare; domandare; volere; *(di legge)* prescrivere: *They required me to arrive by eight o'clock every morning,* Pretendevano che arrivassi ogni mattina alle otto.
requirement [ri'kwaiəmənt] *s.* richiesta; esigenza; bisogno; fabbisogno; necessità: *to fulfil the requirements of the law,* adempiere alle prescrizioni di legge — *to meet sb's requirements,* rispondere alle esigenze di qcno.
requisite ['rekwizit] *agg* richiesto; necessario.
□ *s.* requisito.
requisition [,rekwi'ziʃən] *s.* istanza; domanda; ordine; *(mil.)* requisizione.
to **requisition** [,rekwi'ziʃən] *vt (mil.)* requisire; costringere *(a consegne o a servizi).*
requital [ri'kwaitl] *s.* contraccambio; ricambio: *to make full requital for sth,* ricambiare a usura qcsa; ricompensare qcno ampiamente.
to **requite** [ri'kwait] *vt* **1** *(spec. di amore)* ricambiare; ricompensare; contraccambiare. **2** vendicare, vendicarsi.
reredos ['riədɔs] *s. (archit.)* dossale *(di altare).*
to **rescind** [ri'sind] *vt* rescindere; annullare; abrogare.

rescript ['ri:skript] *s.* **1** *(stor.)* rescritto. **2** decreto; editto.

rescue ['reskju:] *s.* **1** soccorso; salvataggio; aiuto; salvezza; liberazione: *to come to the rescue (to sb's rescue),* venire in soccorso (di qcno). **2** azione di soccorso, di salvataggio.

to **rescue** ['reskju:] *vt* liberare *(da un pericolo);* salvare; soccorrere.

rescuer ['reskjuə*] *s.* soccorritore; liberatore; salvatore.

research [ri'sə:tʃ/*(USA)* 'ri:sə:tʃ] *s.* ricerca; indagine *(generalm. scient.): a research worker,* un ricercatore — *a research centre,* un centro di ricerca.

to **research** [ri'sə:tʃ] *vi* fare ricerche: *to research into sth,* fare delle ricerche (delle indagini) su qcsa.

researcher [ri'sə:tʃə*] *s.* ricercatore.

to **re(-)seat** ['ri:'si:t] *vt* **1** rifare il fondo; rifornire di sedile. **2** rimettere a sedere; risedersi.

to **resell** ['ri:'sel] *vt* (*pass. e p. pass.* **resold**) rivendere.

resemblance [ri'zembləns] *s.* somiglianza; rassomiglianza.

to **resemble** [ri'zembl] *vt* rassomigliare; assomigliare.

to **resent** [ri'zent] *vt* risentirsi; irritarsi: *Does he resent my being here?,* Lo irrita la mia presenza?

resentful [ri'zentful] *agg* pieno di risentimento; risentito; permaloso. □ *avv* **resentfully.**

resentment [ri'zentmənt] *s.* risentimento; rancore; sdegno: *to bear no resentment against anyone,* non serbare rancore per nessuno — *to walk away in resentment,* andarsene con sdegno.

reservation [,rezə'veiʃən] *s.* **1** riserva; restrizione. **2** *(USA)* riserva; terreno riservato. **3** *(spec. USA)* prenotazione.

reserve [ri'zə:v] *s.* **1** riserva; scorta; fondo: *gold reserves,* riserve auree — *reserve fund,* fondo di riserva — *to have sth in reserve,* avere (tenere) qcsa in serbo. **2** *(mil. e sport)* riserva, riserve; truppe (giocatori) di riserva. **3** *(di terreno)* riserva. **4** *(comm.)* riserva; limitazione: *to put a reserve on a painting,* fissare per un quadro un prezzo minimo *(ad un'asta, ecc.).* **5** riserbo; riservatezza; discrezione; reticenza: *to break through sb's reserve,* indurre qcno a comportarsi socievolmente; rompere la sua riservatezza.

to **reserve** [ri'zə:v] *vt* **1** riservare; conservare: *to reserve judgment, (dir., ecc.)* riservarsi. **2** prenotare: *to reserve rooms at a hotel,* prenotare delle camere in un albergo. **3** riservare; destinare; serbare.

reserved [ri'zə:vd] *agg* **1** riservato; contegnoso. **2** *(di posto a sedere, ecc.)* riservato; prenotato. □ *avv* **reservedly.**

reservist [ri'zə:vist] *s.* *(mil.)* riservista; soldato o marinaio della riserva.

reservoir ['rezəvwɑ:*] *s.* **1** serbatoio; cisterna. **2** bacino idrico. **3** *(fig.)* raccolta; riserva; miniera *(di fatti, conoscenze, ecc.).*

to **reset** ['ri:'set] *vt* (**-tt-**: *pass. e p. pass.* **reset, resetted**) **1** riaffilare *(una lama, ecc.).* **2** rimettere a posto *(p.es. un osso); (di strumento, macchina, ecc.)* rimettere a punto o a zero; sbloccare; ripristinare; *(tipografia)* ricomporre. **3** incastonare: *to reset a diamond in a ring,* incastonare un diamante in un anello.

to **resettle** ['ri:'setl] *vt e i.* risistemare *(spec. rifugiati in nuovi Paesi).*

resettlement ['ri:'setlmənt] *s.* ristabilimento; riassetto.

reshuffle ['ri:'ʃʌfl] *s.* **1** rimescolamento. **2** *(fig.)* rimaneggiamento; rimpasto.

to **reshuffle** ['ri:'ʃʌfl] *vt* **1** rimescolare *(spec. carte da gioco).* **2** *(fig.)* fare un rimpasto *(spec. governativo).*

to **reside** [ri'zaid] *vi* **1** *(linguaggio formale e burocratico)* abitare; risiedere. **2** *(fig.: seguito da* in*)* risiedere; stare.

residence ['rezidəns] *s.* **1** residenza; soggiorno; *(dir., anche)* domicilio: *to take up one's residence in a new house,* andare ad abitare in una casa nuova — *to be in residence, (di personaggi ufficiali, ecc.)* essere (trovarsi) in sede. **2** dimora; villa; casa signorile *(anche scherz.).*

residency ['rezidənsi] *s.* *(stor.)* residenza ufficiale del rappresentante del governo inglese *(nell'India).*

resident ['rezidənt] *agg* **1** residente; stabile. **2** *(di uccelli, ecc.)* stanziale. **3** *(medico, ecc.)* interno.
□ *s.* **1** residente; abitante. **2** residente; consigliere permanente presso uno Stato amico.

residential [,rezi'denʃəl] *agg* residenziale; *(per estensione, di quartiere)* signorile; elegante.

residual [ri'zidjuəl] *agg* residuo; rimanente.

residuary [ri'zidjuəri] *agg* *(spec. dir.)* residuo; rimanente.

residue ['rezidju:] *s.* **1** residuo; resto. **2** rimanente d'un patrimonio *(al netto del pagamento dei legati, debiti, ecc.).*

to **resign** [ri'zain] *vt e i.* **1** rassegnare le dimissioni; dimettersi: *to resign one's post,* dimettersi. **2** *(di diritto, speranza, ecc.)* abbandonare; cedere; rinunciare. **3** *to resign sth into sb's hands,* consegnare (affidare) qcsa a qcno. **4** *to resign oneself to sth,* rassegnarsi a qcsa; accettare qcsa.

resignation [,rezig'neiʃən] *s.* **1** dimissioni: *to send in (to hand in, to give in) one's resignation,* inviare (porgere, rassegnare) le proprie dimissioni. **2** abbandono; rinuncia. **3** rassegnazione.

resigned [ri'zaind] *agg* rassegnato. □ *avv* **resignedly.**

resilience, resiliency [ri'ziliəns/ri'ziliənsi] *s.* resilienza; elasticità; capacità di recupero o ripresa *(anche fig.).*

resilient [ri'ziliənt] *agg* resiliente; elastico *(anche fig.).* □ *avv* **resiliently.**

resin ['rezin] *s.* resina.

resinous ['rezinəs] *agg* resinoso.

to **resist** [ri'zist] *vt e i.* **1** resistere; opporsi; respingere: *to resist the enemy (an attack),* respingere il nemico (un attacco) — *to resist the police,* opporre resistenza alle forze di polizia — *to resist sb's authority,* opporsi all'autorità di qcno. **2** resistere; rimanere inalterato: *a glass dish that resists heat,* un piatto di vetro che resiste al calore. **3** resistere; rinunziare; trattenersi (da); non cedere (a); fare a meno (di): *She can't resist chocolate,* Non sa resistere al cioccolato — *He could resist no longer,* Non poteva più resistere; Non ce la faceva più — *She couldn't resist making jokes about his baldness,* Non poteva fare a meno di scherzare sulla calvizie di lui.

resistance [ri'zistəns] *s.* **1** resistenza; forza di resistenza; antagonismo: *to break down the enemy's resistance,* spezzare la resistenza del nemico — *to offer resistance (to sb, sth),* opporre resistenza (a qcno, qcsa) — *resistance movement, (mil.)* movimento di resistenza *(di opposizione armata in territorio occupato dal nemico)* — *to overcome the resistance of the air,* superare la resistenza dell'aria — *the line of least resistance,* la linea di minor resistenza. **2** *(elettr.)* resistenza: *resistance-coil,* bobina di resistenza.

resistant, resistent [ri'ziztənt] *agg* resistente; robusto.

resister [ri'zistə*] *s.* oppositore; resistente: *passive resisters,* oppositori passivi.

resistless [ri'zistlis] *agg* irresistibile; inevitabile; incapace di resistere. □ *avv* **resistlessly.**

resold [,ri:'sould] *pass e p. pass di* **to resell.**

to **re(-)sole** [,ri:'soul] *vt* risuolare.

resolute ['rezəlu:t] *agg* risoluto; deciso. □ *avv* **resolutely.**

resoluteness ['rezəlu:tnis] *s.* risolutezza; decisione.

resolution [,rezə'lu:ʃən] *s.* **1** risoluzione *(in vari sensi, anche mus.)*; risolutezza; determinazione; deliberazione; forza d'animo: *to show great resolution,* mostrare, dar prova di grande risolutezza — *a man who lacks resolution,* un uomo poco risoluto — *to make good resolutions,* fare buoni propositi — *a New Year resolution,* una decisione (un proposito) per l'anno nuovo. **2** *(nelle riunioni)* risoluzione; deliberazione; ordine del giorno: *to pass (to carry, to adopt, to reject) a resolution (for, against, in favour of...),* approvare (adottare, respingere) un ordine del giorno (per, contro, in favore di...). **3** risoluzione *(di problema)*; soluzione; risposta *(a un quesito)*.

resolve [ri'zɔlv] *s.* **1** risoluzione; decisione. **2** *(lett.)* risolutezza; fermezza; coraggio: *deeds of high resolve,* imprese ardimentose, di grande coraggio.

to **resolve** [ri'zɔlv] *vt e i.* **1** *(talvolta seguito da* on*)* risolvere; decidere; determinare; *(di organismo politico, assemblea, ecc.)* deliberare: *to resolve to do sth, (o on doing sth),* decidere di fare qcsa — *He resolved to succeed at all costs,* Decise di riuscire a tutti i costi — *He resolved on leaving,* Decise di partire — *He resolved that nothing should hold him back,* Decise che niente l'avrebbe trattenuto — *The House of Commons resolved that...,* La Camera dei Comuni deliberò che... **2** risolvere, chiarire, trovare la soluzione. **3** separare; dividere; scomporre; dissolvere; *(chim.)* scindere; scomporre; *(fotografia)* definire: *to resolve a problem into its elements,* scomporre un problema nei suoi elementi — *The House of Commons resolved itself into a committee,* La Camera dei Comuni sospese la seduta per ricostituirsi in comitato — *A powerful telescope can resolve a nebula into stars,* Un potente telescopio può scomporre una nebulosa in tante stelle.

resonance ['rezənəns] *s.* risonanza.

resonant ['rezənənt] *agg* risonante; sonoro *(anche di voce)*; riecheggiante. □ *avv* **resonantly.**

resort [ri'zɔ:t] *s.* **1** ricorso; risorsa: *Can't we do it without resort to compulsion (to force)?,* Non possiamo farlo senza far ricorso alla costrizione (alla forza)? — *An old taxi was the only resort left,* Come unica risorsa rimaneva un vecchio tassì — *in the last resort,* come ultima risorsa; in caso estremo. **2** ritrovo; soggiorno; posto di soggiorno; stazione climatica: *places of great resort, (lett.)* luoghi celebri di soggiorno — *seaside resorts,* stazioni balneari — *a health resort,* una stazione climatica — *winter sports resorts,* stazioni di sport invernali.

to **resort** [ri'zɔ:t] *vi* **1** *(seguito da* to*)* ricorrere; far ricorso: *If other means fail, we shall resort to force,* Se falliranno gli altri mezzi, ricorreremo alla forza — *to resort to deception,* far ricorso all'inganno. **2** andare sovente; recarsi; frequentare.

to **resound** [ri'zaund] *vi e t.* **1** risonare; echeggiare; rimbombare; ripercuotersi: *The hall resounded with cries of dissent,* La sala risonava di grida di dissenso. **2** *(di fama, ecc.)* spandersi; diffondersi; aver risonanza; essere celebrato: *His victories resounded through all Asia,* Le sue vittorie ebbero risonanza in tutta l'Asia.

resounding [ri'zaundiŋ] *agg* risonante; clamoroso. □ *avv* **resoundingly.**

resource [ri'sɔ:s] *s.* **1** *(al pl.)* risorse; mezzi: *Our resources in men and ammunition were inadequate,* Le nostre risorse di uomini e munizioni erano inadeguate — *He was at the end of his resources,* Era alla fine delle sue risorse; Non sapeva più a che santo votarsi — *Leave him to his own resources!,* Che s'arrangi! — *natural resources,* risorse naturali. **2** risorsa; ingegno; inventiva; abilità; ingegnosità: *a man of resource,* un uomo pieno di risorse, ingegnoso. **3** distrazione; passatempo; svago; piacere; sfogo: *She finds an unfailing resource in music,* La musica per lei è una risorsa inesauribile.

resourceful [ri'sɔ:sful] *agg* pieno di risorse; ingegnoso; intraprendente. □ *avv* **resourcefully.**

respect [ris'pekt] *s.* **1** rispetto; stima; onore; considerazione; riguardo; attenzione; *(al pl.)* ossequi; rispetti; saluti: *The prime minister is held in the greatest respect,* Il primo ministro è tenuto nella massima considerazione — *to do sth out of respect for sb,* fare qcsa per rispetto verso qcno — *We must have respect for (We must pay respect to) the needs of the general reader,* Dobbiamo tener presenti i bisogni del lettore comune — *without respect of persons,* senza alcun riguardo alle persone; senza guardar in faccia nessuno — *Give him my respects,* Gli porga i miei saluti (omaggi) — *to pay one's respects to sb,* presentare i propri rispetti a qcno (fargli visita, andare a ossequiarlo) — *with all due respect,* col dovuto rispetto; con rispetto parlando — *self-respect,* rispetto di sé. **2** riferimento; relazione; rapporto: *with respect to...,* in riferimento a...; rispetto a...; in quanto a... — *without respect to...,* senza alcun riguardo a...; senza curarsi di... — *in respect of...,* riguardo a...; in riferimento a...; per quanto riguarda... **3** punto; particolare; dettaglio; aspetto: *They resemble one another in some respects,* In alcuni particolari si assomigliano l'un l'altro.

to **respect** [ris'pekt] *vt* **1** rispettare; stimare; trattare con rispetto: *to respect sb's opinions,* rispettare le opinioni di qcno — *He is respected by everyone,* È stimato (trattato con rispetto) da tutti — *to respect oneself,* avere rispetto di sé. **2** rispettare; osservare; tenere in considerazione: *to respect the law,* rispettare la legge.

respectability [ris,pektə'biliti] *s.* **1** rispettabilità; onorabilità. **2** *(al pl.)* convenienze sociali.

respectable [ris'pektəbl] *agg* **1** rispettabile; degno di rispetto; onesto: *to do sth from (o out of) respectable motives,* fare qcsa per motivi rispettabili — *She is poor but quite respectable,* È povera ma del tutto degna di rispetto. **2** *(di vestiti, abitudini, ecc.)* adatto; conveniente; appropriato; educato; decoroso; rispettabile *(anche iron.)*: *He's a man of respectable appearance,* È un uomo dall'aspetto decoroso — *Are these clothes respectable enough for the Smiths' party?,* Sono adatti questi vestiti per il ricevimento dei signori Smith? **3** discreto; considerevole; ragguardevole; notevole; di una certa importanza: *He has quite respectable talents,* Ha doti notevoli — *He earns a respectable income,* Guadagna una bella sommetta (una discreta cifra).

□ *avv* **respectably 1** onestamente; decentemente; rispettabilmente: *Go and get respectably dressed!,* Vai a vestirti in modo decente! **2** discretamente; dignitosamente; abbastanza bene.

respecter [ris'pektə*] *s. (solo nell'espressione) to be no respecter of persons,* non guardare in faccia nessuno — *Death is no respecter of persons,* La morte non fa discriminazioni; La morte non guarda in faccia nessuno.

respectful [ris'pektful] *agg* rispettoso; riguardoso; deferente. □ *avv* **respectfully**.

respecting [ris'pektiŋ] *prep* riguardante; concernente: *legislation respecting property,* la legislazione riguardante la proprietà.

respective [ris'pektiv] *agg* rispettivo; relativo. □ *avv* **respectively**.

respiration [,respi'reiʃən] *s.* respirazione.

respirator ['respireitə*] *s.* respiratore; maschera antigas.

respiratory [ris'paiərətəri] *agg* respiratorio: *respiratory system,* apparato respiratorio — *respiratory centre,* centro del respiro.

to **respire** [ris'paiə*] *vi* respirare; prender fiato *(anche fig.)*.

respite ['respait/-pit] *s.* **1** respiro; tregua; momento di riposo: *to give sb no respite,* non dare respiro a qcno. **2** *(talvolta, comm. o dir.)* dilazione; rinvio.

resplendence, resplendency [ris'plendəns/ ris'plendənsi] *s.* splendore; fulgore.

resplendent [ris'plendənt] *agg* risplendente; fulgido. □ *avv* **resplendently**.

to **respond** [ris'pɔnd] *vi* rispondere; replicare; reagire: *to respond to kindness,* mostrarsi sensibile alla gentilezza — *to respond to treatment,* reagire *(generalm. bene)* ad una cura — *to respond to the controls, (di autoveicolo, velivolo, ecc.)* rispondere ai comandi.

respondent [ris'pɔndənt] *s. (dir.)* convenuto; chi viene citato in giudizio di appello o di divorzio.

response [ris'pɔns] *s.* risposta; replica; reazione; responso *(di oracolo)*.

responsibility [ris,pɔnsi'biliti] *s.* responsabilità: *You did it on your own responsibility,* L'hai fatto sotto la tua propria responsabilità — *to assume responsibility for sth,* assumersi la responsabilità di qcsa.

responsible [ris'pɔnsəbl] *agg* **1** responsabile: *to be responsible for sth,* - **a)** *(di persona)* essere responsabile di qcsa - **b)** *(di persona, di cosa)* essere causa di qcsa; essere colpevole di qcsa. **2** competente; capace; fidato. **3** *(di lavori, ecc.)* di responsabilità; difficile; impegnativo. □ *avv* **responsibly**.

responsions [ris'pɔnʃənz] *s. pl (all'università di Oxford, fino al 1960)* la prima delle tre serie di esami di laurea.

responsive [ris'pɔnsiv] *agg* **1** di risposta. **2** sensibile; pronto a corrispondere *(all'affetto, ecc.)*; rispondente. □ *avv* **responsively**.

[1]**rest** [rest] *s.* **1** riposo; sosta: *Rest is necessary after hard work,* Il riposo è necessario dopo un duro lavoro — *a good night's rest,* una bella dormita — *We had several rests on the way up,* Facemmo parecchie soste lungo la salita — *Let's stop and take (o have) a rest,* Fermiamoci e riposiamoci un momento — *to go (to retire) to rest,* andare a letto (a riposare) — *at rest,* in riposo; tranquillo; immobile; *(fig.)* morto; in pace — *to set sb's mind (o fears) at rest,* rassicurare qcno — *to be laid to rest,* essere seppellito; venire sepolto — *to come to rest,* fermarsi — *rest cure,* cura del riposo — *rest day,* giorno di riposo — *rest house, (nei paesi orientali)* locanda per i viaggiatori — *rest home,* ricovero; asilo; casa di cura, di riposo — *rest room, (eufemistico: USA, ma ora anche GB)* toeletta. **2** supporto; appoggio: *arm-rest,* bracciolo. **3** *(mus.)* pausa.

[1]to **rest** [rest] *vi e t.* **1** riposare, riposarsi; *(talvolta, di persona)* aver pace: *We rested (for) an hour after lunch,* Ci riposammo per un'ora dopo pranzo — *He will not rest until he knows the truth,* Non avrà pace fino a quando non saprà la verità — *to rest on one's laurels,* riposare (dormire) sugli allori — *We shall let this field rest for a year,* Lasceremo riposare questo campo per un anno — *The matter cannot rest here (there),* La cosa non può finire qui (là). **2** far riposare; dare riposo; riposare: *He stopped to rest his horse,* Si fermò per far riposare il suo cavallo — *These dark glasses rest my eyes,* Questi occhiali scuri mi riposano la vista — *last resting place, (fig.)* l'estrema dimora; la tomba — *(May) God rest his soul,* Dio conceda riposo alla sua anima; Dio faccia riposare la sua anima in pace. **3** appoggiare, appoggiarsi; poggiare; confidarsi: *She rested her elbows on the table,* Appoggiò i gomiti sul tavolo — *Rest the ladder against the wall,* Appoggia la scala contro il muro — *The roof rests upon eight columns,* Il tetto poggia su otto colonne — *to rest in God,* confidare in Dio — *to rest on one's oars,* smettere di remare; *(fig.)* riprendere fiato. **4** *(anche fig.)* posare, posarsi: *A shadow rested on his face,* Un'ombra si posò (passò) sul suo viso — *Her eyes rested on me,* I suoi occhi si posarono su di me — *She let her glance rest on him,* Lasciò cadere il suo sguardo su di lui — *Look at those clouds resting upon the mountain top,* Guarda quelle nuvole ferme sulla vetta.

[2]**rest** [rest] *s. (vuole sempre l'art. determinativo, col v. sing. o pl.)* **1** (il) resto; (il) rimanente: *Take you what you want and throw the rest away,* Prendi quello che vuoi e getta via il resto — *Her hat was red, like the rest of her clothes,* Il suo cappello era rosso, come il resto del suo abbigliamento — *... and (all) the rest, ...* eccetera, eccetera; ... e così via — *for the rest...,* per il resto...; in quanto al resto... **2** *(col v. al pl.)* gli altri; i rimanenti: *John and I are going to play tennis; what are the rest of you going to do?,* John e io andremo a giocare a tennis; cosa intendete fare voi altri? **3** *(comm.)* saldo; chiusura. **4** *(comm.)* fondo di riserva bancario. **5** *(tennis)* serie di battute.

[2]to **rest** [rest] *vi* **1** rimanere; restare; stare: *You may rest assured that everything possible will be done,* Può esser certo che sarà fatto tutto il possibile. **2** *to rest with,* toccare a; spettare a: *It rests with you to decide,* Tocca a te decidere. **3** basarsi; dipendere da: *His fame rests upon his plays more than upon his novels,* La sua fama si fonda più sulle sue commedie che sui suoi romanzi.

to **restart** ['ri:'stɑ:t] *vt* **1** riavviare; ricominciare; ridare inizio a; *(mecc.)* rimettere *(un motore)* in moto, in marcia. **2** levare di nuovo *(la selvaggina)*.
□ *vi* riavviarsi; ripartire; riprendere.

to **restate** ['ri:'steit] *vt* fare una nuova e diversa dichiarazione; riaffermare.

restatement ['ri:'steitmənt] *s.* nuova dichiarazione; riaffermazione.

restaurant ['restərɔ̃:ŋ/'restərənt] *s.* ristorante.

restaurateur [,restɔ:rə'tə:*] *s. (fr.)* padrone di ristorante; trattore.

restful ['restful] *agg* calmo; tranquillo; riposante: *a restful scene,* una scena tranquilla — *restful colours,* colori che sono riposanti per gli occhi. □ *avv* **restfully**.

restfulness ['restfulnis] *s.* calma; tranquillità; quiete.

restitution [,resti'tju:ʃən] *s.* restituzione; risarcimento; riparazione.

restive ['restiv] *agg* **1** recalcitrante. **2** caparbio; cocciuto; ostinato. **3** irrequieto; intrattabile; insofferente. □ *avv* **restively**.

restiveness ['restivnis] *s.* **1** caparbietà; ostinazione. **2** irrequietezza; insofferenza.

restless ['restlis] *agg* inquieto; agitato; *(di cosa,* *anche)* incessante: *to spend a restless night,* passare una notte agitata, insonne — *the restless waves,* le onde agitate — *The audience was getting restless,* Il pubblico dava segni d'impazienza. □ *avv* **restlessly.**

restlessness ['restlisnis] *s.* inquietudine; irrequietezza; agitazione.

to **restock** ['ri:'stɔk] *vt* rifornire; ripopolare *(spec. di fauna).*

restoration [,restə'reiʃən] *s.* **1** restituzione; risanamento; *(della salute)* ristabilimento. **2** restaurazione *(di una dinastia);* reintegrazione *(di diritti).* **3** restauro; lavori di restauro o di ripristino; ricostruzione.

restorative [ris'tɔ(:)rətiv] *s.* **1** cibo ristoratore; bevanda ristoratrice. **2** ricostituente.

to **restore** [ris'tɔ:*] *vt* **1** *(piuttosto formale)* restituire; rendere: *to restore sth to its rightful owner,* restituire qcsa al legittimo proprietario. **2** ripristinare; richiamare in vita *(usanze, ecc.).* **3** ripristinare; riportare; ristabilire: *I feel completely restored,* Mi sento completamente ristabilito — *Law and order have been restored,* La legge e l'ordine sono stati ristabiliti. **4** restaurare *(edifici, ecc.);* ricostruire; restituire alla forma originaria. **5** reintegrare; rimettere *(a posto): to restore sth to its proper place,* rimettere qcsa al suo posto.

restorer [ris'tɔ:rə*] *s.* restauratore; ricostruttore; ripristinatore. □ *hair-restorer,* lozione per rigenerare i capelli.

to **restrain** [ris'trein] *vt e i.* trattenere *(sentimenti, emozioni);* reprimere; frenare; trattenersi: *to restrain sb from doing sth,* trattenere qcno dal fare qcsa.

restrained [ris'treind] *agg* riservato; contenuto; controllato; *(di stile)* sobrio; equilibrato.

restraint [ris'treint] *s.* **1** restrizione; inibizione; limitazione; impedimento; ritegno; riserbo; controllo; misura; freno *(fig.): to speak with restraint,* parlare con ritegno — *without restraint,* senza limitazioni; liberamente; senza freno — *to submit sb to restraint,* porre un freno a qcno — *to be put under restraint,* *(spec. di persona ritenuta pazza)* essere privato della libertà — *to be under restraint,* non avere nessuna libertà d'azione — *to break loose from all restraint,* rompere ogni freno, ogni ritegno. **2** *(al pl.)* limitazioni; strettezze *(economiche, ecc.).* **3** *(di automobile)* appoggiatesta.

to **restrict** [ris'trikt] *vt* restringere; limitare.

restricted [ris'triktid] *agg (di documento, ecc.)* riservato.

restriction [ris'trikʃən] *s.* restrizione; limitazione; *(fig.)* vincolo; inceppo.

restrictive [ris'triktiv] *agg* restrittivo. □ *avv* **restrictively.**

result [ri'zʌlt] *s.* risultato; esito; effetto; conseguenza: *to work without (much) result,* lavorare senza (molto) profitto — *to announce the results of a competition,* annunciare i risultati di una gara — *His limp is the result of a car accident,* Il suo zoppicare è la conseguenza di un incidente d'auto.

to **result** [ri'zʌlt] *vi* **1** *(seguito da* from*)* risultare; derivare; seguire; provenire: *The accident resulted from his stupidity,* L'incidente era dovuto alla sua stupidità. **2** *(seguito da* in*)* portare con sé; avere come conseguenza: *Their diplomacy resulted in war,* La loro diplomazia portò alla guerra. **3** *(spesso seguito da* in*)* andare a finire *(in un determinato modo): Their efforts resulted badly,* I loro sforzi ebbero un pessimo risultato — *The match resulted in a draw,* La partita si concluse con un pareggio.

resultant [ri'zʌltənt] *agg e s.* risultante.

résumé ['rezju(:)mei] *s. (fr.)* riassunto; sunto; sintesi; sommario; *(USA, talvolta)* curricolo; curriculum vitae.

to **resume** [ri'zju:m] *vt* **1** riprendere *(un lavoro, una conversazione, ecc.).* **2** rioccupare: *to resume one's seat,* riprendere il proprio posto. **3** fare un riassunto (di); riassumere; ricapitolare.

resumption [ri'zʌmpʃən] *s.* **1** ripresa. **2** reintegrazione: *resumption of residence, (dir.)* reintegrazione di domicilio.

to **resurface** ['ri:'sə:fis] *vt* ricoprire *(una strada, ecc.).* □ *vi (di sommergibile, nuotatore subacqueo, ecc.)* riaffiorare.

resurgence [ri'sə:dʒəns] *s.* risorgimento; rinascita; resurrezione.

resurgent [ri'sə:dʒənt] *agg* risorgente; rinascente.

to **resurrect** [,rezə'rekt] *vt e i.* **1** far rivivere; riesumare. **2** dissotterrare; cavar fuori dal terreno *(scherz., da un cassetto, baule, ecc.).* **3** *(raro)* risuscitare.

resurrection [,rezə'rekʃən] *s.* **1** resurrezione. **2** rinascita; ripresa *(di vecchie usanze, ecc.).*

to **resuscitate** [ri'sʌsiteit] *vt e i.* risuscitare; riportare in vita; *(med.)* rianimare.

resuscitation [ri,sʌsi'teiʃən] *s.* il risuscitare; il riportare in vita; *(med.)* rianimazione.

to **ret** [ret] *vt* (-tt-) macerare *(canapa, lino, ecc.).*

retail ['ri:teil] *s.* vendita al minuto, al dettaglio: *the retail trade,* il commercio al minuto — *retail price maintenance, (GB)* controllo (governativo) dei prezzi al dettaglio.

to **retail** [ri:'teil] *vt e i.* **1** vendere al minuto, al dettaglio: *an article retailed at (that retails at) five pounds,* un articolo che al minuto si vende a cinque sterline. **2** *(fig.)* ridire; raccontare dettagliatamente *(spec. notizie, dicerie, ecc.).*

retailer [ri:'teilə*] *s.* dettagliante; rivenditore; commerciante al minuto.

to **retain** [ri'tein] *vt* **1** tenere; mantenere; trattenere; ritenere; contenere; conservare; serbare: *This vessel won't retain water,* Questo recipiente non tiene l'acqua — *This dyke was built to retain the flood waters,* Quest'argine è stato costruito per trattenere le acque alluvionali — *a retaining wall,* un muro di sostegno — *He is ninety but still retains the use of all his faculties,* Ha novant'anni ma conserva ancora l'uso di tutte le sue facoltà — *She retains a clear memory of her schooldays,* Conserva un chiaro ricordo dei suoi giorni di scuola. **2** assicurarsi i servigi (di qcno); impegnare *(un professionista pagando un anticipo): a retaining fee,* un anticipo sulla parcella *(a mo' di impegno).*

retainer [ri'teinə*] *s.* **1** *(cfr.* **to retain 2**) anticipo; onorario. **2** servitore; persona al seguito: *the duke and his retainers,* il duca e il suo seguito — *an old family retainer,* un vecchio servitore della famiglia.

retake ['ri:'teik] *s.* **1** ripresa. **2** *(cinema, ecc.)* nuova 'ripresa'.

to **retake** ['ri:'teik] *vt* (*pass.* **retook**; *p. pass.* **retaken**) **1** riprendere; ripigliare. **2** *(cinema, ecc.)* 'girare' di nuovo.

to **retaliate** [ri'tælieit] *vi e t.* **1** *(spesso seguito da* against*)* rivalersi; rendere la pariglia; reagire. **2** ritorcere; ricambiare *(un'offesa, un'accusa, ecc.).*

retaliation [ri,tæli'eiʃən] *s.* rappresaglia; ritorsione; pariglia; rivalsa: ... *in retaliation for sth,* ... come rappresaglia per qcsa; ... in rivalsa di qcsa — *the law of retaliation,* la legge del taglione.

retaliative, retaliatory [ri'tæliətiv/ri'tæliətəri] *agg* di rappresaglia; di ritorsione.

to **retard** [ri'tɑ:d] *vt* ritardare: *a retarded child,* un bambino ritardato.

retch [retʃ] *s.* conato di vomito.

to **retch** [retʃ] *vi* aver conati di vomito; vomitare; recere.

to **retell** ['ri:'tel] *vt* (*pass. e p. pass.* **retold**) ridire; raccontare di nuovo.

retention [ri'tenʃən] *s.* ritenzione.

retentive [ri'tentiv] *agg* atto a ritenere; ritentivo. □ *avv* **retentively.**

retentiveness [ri'tentivnis] *s.* capacità di ritenere, di trattenere.

rethink ['ri:'θiŋk] *s.* (*fam.*) ripensamento.

to **rethink** ['ri:'θiŋk] *vt e i.* (*pass. e p. pass.* **rethought**) ripensare; riconsiderare.

reticence ['retisəns] *s.* reticenza.

reticent ['retisənt] *agg* reticente; evasivo. □ *avv* **reticently.**

reticulate [ri'tikjulit] *agg* reticolato.

to **reticulate** [ri'tikjuleit] *vt e i.* reticolare; tracciare un reticolo.

reticulation [ri,tikju'leiʃən] *s.* **1** reticolazione. **2** retinatura.

reticule ['retikju:l] *s.* **1** (*raro*) borsetta a rete. **2** reticolo.

retina ['retinə] *s.* (*pl.* **retinas, retinae**) retina.

retinue ['retinju:] *s.* seguito; corteo; scorta.

retire [ri'taiə*] *s.* (*mil.*) ritirata: *to sound the retire,* suonare la ritirata.

to **retire** [ri'taiə*] *vi e t.* **1** ritirarsi: *He retired to his cabin,* Si ritirò in cabina — *to retire to bed,* andare a letto; coricarsi; ritirarsi. **2** (*mil.*) far ritirare; battere in ritirata; ritirarsi; ripiegare. **3** (*spesso seguito da* from) ritirarsi; andare in pensione; dare le dimissioni; mandare in pensione; congedare; mettere a riposo. **4** togliere dalla circolazione (*p.es. una cambiale*).

retired [ri'taiəd] *agg* **1** (*di ufficiale, ecc.*) a riposo; in pensione; pensionato: *the retired list,* lista degli ufficiali in pensione — *retired pay,* (denaro della) pensione. **2** ritirato; appartato; solitario; tranquillo.

retirement [ri'taiəmənt] *s.* **1** ritiro. **2** luogo o casa appartati. **3** isolamento; solitudine: *to live in retirement,* vivere in solitudine; fare vita appartata. **4** collocamento a riposo, in pensione. **5** (*comm.*) ritiro dalla circolazione (*di cambiali*).

retiring [ri'taiəriŋ] *agg* **1** riservato; schivo; timido: *to be of a retiring disposition,* essere di carattere riservato. **2** uscente; che va in pensione: *to reach retiring age,* raggiungere l'età della pensione.

retold [ri:'tould] *pass e p. pass di* **to retell.**

retook [ri:'tuk] *pass di* **to retake.**

to **retool** ['ri:'tu:l] *vt* fornire (*una fabbrica, ecc.*) di nuove attrezzature.

[1]**retort** [ri'tɔ:t] *s.* **1** risposta per le rime; rimbecco: *to make an insolent retort,* replicare insolentemente — *to say sth in retort,* replicare; rimbeccare. **2** ritorsione; rappresaglia.

to **retort** [ri'tɔ:t] *vt e i.* **1** ribattere; rimbeccare. **2** ricambiare; contraccambiare; restituire; ritorcere: *to retort an argument against sb,* ritorcere un argomento contro qcno — *to retort an affront upon sb,* restituire un affronto a qcno.

[2]**retort** [ri'tɔ:t] *s.* (*di laboratorio chimico*) storta.

to **retouch** ['ri:'tʌtʃ] *vt* ritoccare (*un quadro, una fotografia*).

to **retrace** [ri'treis] *vt* **1** ripercorrere: *to retrace one's steps,* tornare sui propri passi. **2** riandare (*col pensiero*). **3** rintracciare.

to **retract** [ri'trækt] *vt e i.* **1** ritrattare; revocare; ritirare; riconoscere l'errore: *to retract a statement,* ritrattare una dichiarazione — *to retract an offer,* ritirare un'offerta. **2** ritrarre, ritrarsi; tirare indietro; (*anat., zool., mecc.*) ritirare; far rientrare.

retractable [ri'træktəbl] *agg* retrattile.

retraction [ri'trækʃən] *s.* **1** (*anat., ecc.*) ritrazione; contrazione; ritiro. **2** ritrattazione.

retread ['ri:'tred] *s.* copertone ricostruito; gomma rivestita, rigenerata.

to **retread** ['ri:'tred] *vt* rivestire, ricostruire (*il battistrada d'un copertone*).

retreat [ri'tri:t] *s.* **1** ritirata: *in full retreat,* in piena ritirata; in rotta — *We made good our retreat,* Ci ritirammo in perfetto ordine, senza danno — *to beat a retreat,* (*anche fig.*) battere in ritirata; abbandonare (*un'impresa*). **2** segnale di ritirata. **3** luogo appartato; ritiro; ritiro spirituale: *to go into retreat,* ritirarsi per gli esercizi spirituali. **4** rifugio; nascondiglio. **5** ricovero; asilo.

to **retreat** [ri'tri:t] *vi* **1** (*mil.*) ripiegare; battere in ritirata. **2** indietreggiare; ritirarsi; (*fig.*) cedere: *a retreating chin,* un mento sfuggente.

to **retrench** [ri'trentʃ] *vt e i.* **1** limitare; ridurre (*le spese*); fare economie. **2** ridurre; accorciare (*brani d'un libro*); far tagli.

retrenchment [ri'trentʃmənt] *s.* **1** riduzione; limitazione (*delle spese*); economia (economie). **2** riduzione; taglio (*in un libro*).

retrial ['ri:'traiəl] *s.* nuovo processo; seconda istanza.

retribution [,retri'bju:ʃən] *s.* giusto castigo; punizione meritata: *the day of retribution,* il giorno del giudizio universale.

retributive [ri'tribjutiv] *agg* punitivo.

retrievable [ri'tri:vəbl] *agg* ricuperabile; rimediabile; riparabile.

retrieval [ri'tri:vəl] *s.* **1** ricupero; riacquisto; ritrovamento; salvataggio; rimedio; riparazione; ammenda: *the retrieval of one's fortunes,* il ricupero dei propri beni; (*fig.*) il ritorno in auge — *to be beyond* (o *past*) *retrieval,* essere insalvabile, irricuperabile (*anche fig.*). **2** (*computeristica*) richiamo; raccolta (*di dati*).

to **retrieve** [ri'tri:v] *vt e i.* **1** (*di cani da caccia*) rintracciare e riportare la selvaggina abbattuta. **2** riparare; rimediare; fare ammenda (*di un errore, ecc.*). **3** salvare: *to retrieve sb from ruin,* salvare qcno dalla rovina. **4** riacquistare; riavere; (*di bagaglio*) ricuperare; ritornare in possesso: *to retrieve one's fortunes,* (*fig.*) riguadagnare il favore della sorte — *to retrieve oneself,* riprendersi; (*talvolta*) ritornar prospero; ridiventar ricco.

retriever [ri'tri:və*] *s.* cane da presa, da riporto.

retroactive [,retrou'æktiv] *agg* (*di legge, ecc.*) retroattivo. □ *avv* **retroactively.**

retrograde ['retrougreid] *agg* **1** retrogrado (*anche fig.*). **2** contrario; inverso: *in retrograde order,* in ordine inverso.

to **retrograde** ['retrougreid] *vi* **1** regredire; degenerare; peggiorare. **2** (*astronomia*) retrogradare.

retrogression [,retrou'greʃən] *s.* **1** retrocessione; declinazione; degenerazione. **2** (*astronomia*) retrogradazione.

retrogressive [,retrou'gresiv] *agg* regressivo; degenerativo. □ *avv* **retrogressively.**

retro-rocket [,retrou'rɔkit] *s.* retrorazzo (di frenatura).

retrospect ['retrouspekt] *s.* sguardo; esame retrospettivo; visione retrospettiva: *in retrospect,* guardando indietro; riandando al passato; in retrospettiva.

retrospection [,retrou'spekʃən] *s.* retrospezione; esame, visione retrospettiva.

retrospective [,retrou'spektiv] *agg* **1** retrospettivo. **2** *(dir., ecc.)* retroattivo. □ *avv* **retrospectively.**

retroussé [rə'tru:sei/*(fr.)* rətruse] *agg (fr.) (di naso)* all'insù.

return [ri'tə:n] *s.* **1** ritorno: *a return home,* un ritorno a casa — *on my return,* al mio ritorno — *the return of spring,* il ritorno della primavera — *point of no return,* punto senza ritorno — *the return voyage,* il viaggio di ritorno — *a return ticket, (GB)* un biglietto d'andata e ritorno — *return half, (GB, di biglietto)* tagliando per il ritorno — *day return, (GB)* biglietto di andata e ritorno valido un solo giorno. **2** cambio; restituzione; contraccambio: *a poor return for kindness,* una scortesia in cambio di una gentilezza. **3** *(econ., comm.)* profitto; incasso; guadagno; ricavo: *to get a good return on an investment,* ricavare un buon profitto da un investimento. **4** dichiarazione; rendiconto: *to make one's return of income,* fare la dichiarazione dei redditi. **5** *(di elezioni politiche)* risultato, risultati. **6** (= returned empty) vuoto di ritorno. **7** *(tennis)* rimando; ribattuta.
□ *Many happy returns (of the day)!,* Cento di questi giorni!; Tanti auguri! — *by return (by return of mail),* a giro di posta — *on sale or return, (comm.)* in conto deposito — *a return match,* una rivincita; una partita del girone di ritorno.

to **return** [ri'tə:n] *vi e t.* **1** ritornare; tornare: *to return home,* tornare a casa — *to return to London,* ritornare a Londra — *to return from a journey,* tornare da un viaggio — *He returned to ask me about something,* Tornò per chiedermi qualcosa — *I shall return to this point later in my lecture,* Tornerò su questo punto più tardi nel corso della mia conferenza — *He has returned to his old habits,* È tornato alle sue vecchie abitudini — *After death the body returns to dust,* Dopo la morte il corpo ritorna polvere. **2** ribattere; replicare: *'Not this time', he returned,* 'Non stavolta', ribatté. **3** restituire; rimandare; rispedire: *When will you return (me) the book I lent you?,* Quando mi restituirai il libro che ti ho prestato? — *In case of non-delivery, return to sender,* In caso di mancata consegna, rispedire al mittente — *returned empties,* vuoti di ritorno — *He returned the blow,* Restituì il colpo — *to return thanks,* ringraziare *(spec. in risposta ad un brindisi).* **4** *(di collegio elettorale)* mandare un rappresentante in Parlamento; eleggere: *returning officer,* scrutinatore; scrutatore principale di una circoscrizione elettorale. **5** dichiarare; comunicare ufficialmente: *liabilities returned at two thousand pounds,* passività dichiarata di duemila sterline — *The jury returned a verdict of guilty,* La giuria emise un verdetto di colpevolezza. **6** *(comm.)* fruttare; rendere: *This investment returns a good interest,* Questo investimento frutta un buon interesse.

returnable [ri'tə:nəbl] *agg* **1** restituibile. **2** da restituirsi; 'a rendere'.

reunion ['ri:'ju:njən] *s.* riunione.

to **reunite** ['ri:ju:'nait] *vt e i.* riunire, riunirsi.

rev [rev] *s.* *(mecc., abbr. fam. di* **revolution 1**) giro *(di motore): rev counter,* contagiri.

to **rev** [rev] *vt e i.* **(-vv-)** *(fam., spec.* **to rev up**) mandare, andare su di giri.

revaluation ['ri:vælju(:)'eiʃən] *s.* rivalutazione.

to **revalue** ['ri:'vælju:] *vt* rivalutare.

to **revamp** ['ri:'væmp] *vt (raro)* **1** rifare la tomaia *(a una scarpa, uno stivale).* **2** *(fig.)* rabberciare; riaggiustare; rimettere a nuovo.

to **reveal** [ri'vi:l] *vt* rivelare; mostrare; svelare; scoprire: *He revealed himself to be a complete scoundrel,* Si rivelò un mascalzone completo — *to reveal one's identity,* rivelare il proprio nome — *Only now can the truth be revealed,* Solo ora si può rivelare la verità — *revealed religion,* religione rivelata.

revealing [ri'vi:liŋ] *agg* (*p. pres. di* **to reveal**) rivelatore, rivelatrice.

reveille [ri'væli] *s. (mil.)* sveglia.

revel ['revl] *s. (spesso al pl.)* gazzarra; festa chiassosa; divertimento; baldoria; gozzoviglia; orgia.

to **revel** ['revl] *vi* **(-ll-)** **1** far baldoria; gozzovigliare; far bagordi; far festa; divertirsi. **2** *to revel in sth,* trovar diletto in qcsa; dilettarsi di qcsa; godere di qcsa: *Some people revel in gossip,* C'è gente che gode dei pettegolezzi — *to revel in one's freedom,* gioire, godere della propria libertà.

revelation [,revi'leiʃən] *s.* rivelazione *(anche religiosa).*

reveller ['revlə*] *s.* gaudente; festaiolo; crapulone; gozzovigliatore.

revelry ['revlri] *s.* gazzarra; festa rumorosa; baldoria; orgia; gozzoviglia.

revenge [ri'vendʒ] *s.* **1** vendetta: *to be thirsting for revenge,* essere assetato di vendetta — *to have (o to get) one's revenge,* prendere vendetta; vendicarsi — *to do sth in revenge (out of revenge),* fare qcsa per vendetta. **2** spirito di vendetta. **3** *(sport)* rivincita: *to give sb his revenge,* dar la rivincita a qcno.

to **revenge** [ri'vendʒ] *vt* **1** vendicare. **2** *to be revenged on sb for sth; to revenge oneself on sb for sth,* vendicarsi di qcno per qcsa.

revengeful [ri'vendʒful] *agg* vendicativo; bramoso di vendetta. □ *avv* **revengefully.**

revenue ['revinju:] *s.* **1** entrata; reddito *(spec. dello Stato): the Inland Revenue,* l'erario; il fisco — *revenue stamp,* marca da bollo. **2** *(al pl.)* l'insieme del reddito; le entrate.

to **reverberate** [ri'və:bəreit] *vt e i. (spec. di suono)* riverberare; riecheggiare; risuonare.

reverberation [ri,və:bə'reiʃən] *s.* **1** riverbero; riverberazione. **2** eco.

to **revere** [ri'viə*] *vt* riverire; onorare; venerare.

reverence ['revərəns] *s.* **1** reverenza; venerazione; grande rispetto: *to hold sb (sth) in reverence,* avere un gran rispetto per qcno (qcsa) — *saving your reverence, (ant. o scherz.)* con rispetto parlando. **2** *(ant.)* riverenza; inchino. **3** *(ant. o scherz.)* reverendo.

to **reverence** ['revərəns] *vt* riverire; ossequiare; trattare con reverenza; onorare; venerare.

reverend ['revərənd] *s.* **1** *(con la maiuscola)* Reverendo: *the Reverend Smith,* il Reverendo Smith; Padre Smith — *Very Reverend,* Molto Reverendo *(se si tratta di un decano)* — *Right Reverend,* Molto Reverendo *(se si tratta di un vescovo)* — *Most Reverend,* Reverendissimo *(se si tratta di un arcivescovo).* **2** *(fam.)* sacerdote; prete; ecclesiastico.

reverent ['revərənt] *agg* reverente. □ *avv* **reverently.**

reverential [,revə'renʃəl] *agg* reverenziale. □ *avv* **reverentially.**

reverie ['revəri] *s.* **1** fantasticheria; sogno a occhi aperti: *to be lost in reverie,* essere assorto in fantasticherie. **2** pezzo di musica che induce a sognare.

revers [ri'viə*/ri'vɛə*] *s.* (*pl.* **revers**) risvolto *(d'abito).*

reversal [ri'və:səl] *s.* **1** rovesciamento; inversione; annullamento. **2** *(dir.)* riforma; revoca; annullamento.

[1]**reverse** [ri'və:s] *agg* inverso; opposto; contrario: *in reverse order,* in ordine inverso — *in the reverse*

direction, nella direzione opposta — *reverse gear,* marcia indietro; retromarcia — *the reverse (side),* l'inverso; il rovescio. □ *avv* **reversely.**

to **reverse** [ri'və:s] *vt* **1** invertire; rovesciare; rivoltare: *The positions are reversed,* Le posizioni sono invertite — *to reverse the charges, (GB)* far addebitare una telefonata al ricevente. **2** *(mecc., elettr.)* invertire. **3** far andare a marcia indietro. **4** *(dir.)* riformare; cassare; revocare: *to reverse the decision of a lower court,* revocare la sentenza di un tribunale di grado inferiore. □ *vi* **1** *(mecc., automobilistica, ecc.)* innestare la retromarcia; far retromarcia. **2** *(in una danza)* girare in senso inverso.

²**reverse** [ri'və:s] *s.* **1** *(con l'art. determinativo)* rovescio; opposto; inverso; retro: *Your remarks were the reverse of polite,* Le Sue osservazioni furono tutt'altro che gentili. **2** *(mecc.)* retromarcia; invertitore di marcia. **3** *(spec. mil.)* rovescio; sfortuna; disgrazia; disfatta.

reversibility [ri,və:si'biliti] *s.* invertibilità; riversibilità.

reversible [ri'və:sibl] *agg* invertibile; rovesciabile; rivoltabile; *(di stoffa)* reversibile; riversibile; a due diritti; 'double-face'.

reversion [ri'və:ʃən] *s.* **1** ritorno *(a uno stato precedente); (in biologia)* regressione; atavismo. **2** *(dir.)* riversione; proprietà riversibile; beni riversibili.

reversionary [ri'və:ʃənəri] *agg* **1** *(biologia, ecc.)* reversibile; regressivo; atavico. **2** *(dir.)* riversibile.

to **revert** [ri'və:t] *vi* **1** tornare; ridiventare; *(biologia, chim.)* regredire: *to revert to a former policy,* tornare (ritornare) ad una politica 'di prima' — *Reverting to your original statement, I think...,* Tornando a quanto hai detto prima, penso che... **2** *(dir.)* passare per riversione: *The rights revert to you after ten years,* I diritti tornano a voi dopo dieci anni.

revetment [ri'vetmənt] *s.* *(dal fr.)* **1** muro di sostegno. **2** rivestimento *(di cemento, pietra, ecc.).*

review [ri'vju:] *s.* **1** esame; analisi; rassegna; sguardo retrospettivo: *to pass one's life in review,* dare uno sguardo retrospettivo alla propria vita; passare in rassegna la propria vita — *to come under review,* essere preso in esame *(di un problema, ecc.).* **2** *(mil.)* rivista; parata. **3** recensione; critica: *a review copy,* un libro mandato in omaggio *(ad un critico)* per la recensione. **4** rivista; periodico.

to **review** [ri'vju:] *vt e i.* **1** rivedere; riesaminare; riconsiderare; riandare; dare uno sguardo retrospettivo. **2** *(mil.)* passare in rivista. **3** recensire.

reviewer [ri'vju:ə*] *s.* critico; recensore *(di libri, ecc.).*

to **revile** [ri'vail] *vt e i.* **1** imprecare; ingiuriare; insultare; oltraggiare. **2** usare un linguaggio oltraggioso.

revise [ri'vaiz] *s.* *(tipografia)* seconda bozza.

to **revise** [ri'vaiz] *vt* rivedere; riesaminare; emendare: *to revise one's estimates,* riesaminare i propri preventivi; rivedere i propri calcoli *(anche fig.)* — *to revise one's opinion of sb,* rivedere (modificare) le proprie idee su qcno — *to revise one's lessons,* ripassare le lezioni — *the Revised Version,* la versione riveduta della Bibbia *(pubblicata nel 1870-84).*

reviser [ri'vaizə*] *s.* **1** revisore. **2** *(tipografia)* correttore di bozze.

revision [ri'viʒən] *s.* **1** revisione. **2** *(tipografia)* correzione di bozze. **3** ripasso *(spec. di lezione).*

to **revisit** ['ri:'vizit] *vt* rivisitare; visitare di nuovo.

revival [ri'vaivəl] *s.* **1** ripristino; risveglio; rifioritura; rinascita: *the Revival of Learning, (stor.)* il Rinascimento. **2** risveglio *(religioso);* serie di incontri o di conferenze *(di carattere religioso).*

revivalism [ri'vaivəlizəm] *s.* 'revivalismo'; movimento per un rinnovamento religioso.

revivalist [ri'vaivəlist] *s.* fautore di un risveglio religioso *(generalm. evangelico);* predicatore.

to **revive** [ri'vaiv] *vi e t.* **1** ravvivare, ravvivarsi; rianimare, rianimarsi; riprendersi; resuscitare; far rinascere: *to revive sb who has fainted,* far riprendere i sensi a uno che è svenuto — *The flowers will revive in water,* Nell'acqua i fiori si riprenderanno — *Our hopes revived,* Si rinnovarono le nostre speranze. **2** tornare in auge; tornare in uso; rivivere.

revocable ['revəkəbl] *agg* revocabile.

revocation [,revə'keiʃən] *s.* revoca; abrogazione; annullamento.

to **revoke** [ri'vouk] *vt e i.* **1** revocare; abrogare; annullare. **2** *(nel gioco delle carte)* rifiutare.

revolt [ri'voult] *s.* rivolta; ribellione.

to **revolt** [ri'voult] *vi e t.* **1** ribellarsi; rivoltarsi. **2** rivoltare; disgustare; riempire di nausea. **3** rivoltarsi; disgustarsi; nauseársi: *Human nature revolts at (from, against) such a crime,* La natura umana si rivolta di fronte a un simile crimine.

revolting [ri'voultiŋ] *agg* **1** ripugnante; disgustoso; nauseante. **2** in rivolta *(detto di truppe, ecc.).* □ *avv* **revoltingly.**

revolution [,revə'lu:ʃən] *s.* **1** rivoluzione; movimento di rivoluzione; giro. **2** rivoluzione *(politica);* capovolgimento; rivolgimento; cambiamento radicale.

revolutionary [,revə'lu:ʃənəri] *agg* **1** rivoluzionario. **2** *(mecc.)* rotatorio. □ *s.* rivoluzionario.

to **revolutionize** [,revə'lu:ʃənaiz] *vt* rivoluzionare; cambiare radicalmente.

to **revolve** [ri'vɔlv] *vt e i.* **1** ruotare; girare; muoversi in giro: *His life revolved around her,* La sua vita ruotava (girava) intorno a lei. **2** *(fig.) to revolve a problem in one's mind,* rivolgere nella mente un problema; esaminare tutti gli aspetti di un problema.

revolver [ri'vɔlvə*] *s.* rivoltella.

revue [ri'vju:/*(fr.)* rəvy] *s.* rivista; spettacolo di varietà.

revulsion [ri'vʌlʃən] *s.* **1** mutamento improvviso *(di opinioni, circostanze);* reazione violenta. **2** *(med.)* revulsione.

reward [ri'wɔ:d] *s.* ricompensa; premio: *to work without hope of reward,* lavorare senza speranza di compenso — *to offer a reward for sth,* offrire una ricompensa per qcsa.

to **reward** [ri'wɔ:d] *vt* ricompensare; premiare: *Is that how you reward me for my help?,* È questo il modo con cui mi ricompensi per il mio aiuto?

rewarding [ri'wɔ:diŋ] *agg* soddisfacente; gratificante; conveniente; che dà soddisfazione. □ *avv* **rewardingly.**

to **rewind** ['ri:'waind] *vt* *(pass. e p. pass.* **rewound**) riavvolgere.

to **reword** ['ri:'wə:d] *vt* esprimere, scrivere con altre parole; modificare l'espressione.

rewrite ['ri:'rait] *s.* opera, articolo, intervista rimaneggiati, in una nuova stesura.

to **rewrite** ['ri:'rait] *vt* *(pass.* **rewrote**; *p. pass.* **rewritten**) riscrivere; rimaneggiare: *a rewrite man, (fam.)* un rimaneggiatore *(di scritti, articoli scorretti).*

rex [reks] *s.* *(lat.: abbr.* R) re regnante.

to **rhapsodize** ['ræpsədaiz] *vi* parlare o scrivere con foga.

rhapsody ['ræpsədi] *s.* **1** entusiasmo: *to go into rhapsodies over sth,* mostrare grande entusiasmo per qcsa. **2** *(mus.)* rapsodia.

rhea [riə] *s.* nandù.

Rhenish ['ri:niʃ/'ren-] *agg* renano.

rheostat ['ri:oustæt] *s.* reostato.
rhesus ['ri:səs] *s. (zool.)* reso.
rhetoric ['retərik] *s.* retorica.
rhetorical [ri'tɔrikl] *agg* retorico: *a rhetorical question,* una domanda retorica. □ *avv* **rhetorically.**
rhetorician [,retə'riʃən] *s.* retore *(anche fig.).*
rheum [ru:m] *s.* **1** catarro; muco. **2** *(al pl.)* reumatismi; reumi.
rheumatic [ru:'mætik] *agg* reumatico.
□ *s.* reumatico.
rheumatism ['ru:mətizəm] *s.* reumatismo.
rheumatoid ['ru:mətɔid] *agg* reumatoide.
Rhine [rain] *s.* Reno: *Rhine wine,* vino del Reno.
rhinestone ['rain'stoun] *s.* strass.
rhino ['rainou] *s.* (*pl.* **rhinos**) *abbr di* **rhinoceros.**
rhinoceros [rai'nɔsərəs] *s.* rinoceronte.
rhizome ['raizoum] *s.* rizoma.
rho [rou] *s.* ro *(alfabeto greco).*
rhododendron [,roudə'dendrən] *s.* rododendro.
rhomb [rɔm] *s.* ⇨ **rhombus.**
rhomboid ['rɔmbɔid] *agg* romboide.
rhombus, rhomb ['rɔmbəs/rɔm] *s.* (*pl.* **rhombuses, rhombi; rhombs**) *(geometria, zool., ecc.)* rombo.
rhubarb ['ru:bɑ:b] *s.* rabarbaro.
rhumb [rʌm] *s. (naut.)* rombo: *rhumb line,* linea di rombo; linea lossodromica.
rhyme [raim] *s.* **1** rima: *eye-rhyme; sight-rhyme,* rima apparente *(solo nella grafia, non nel suono).* **2** verso; poesia: *nursery rhyme,* filastrocca. **3** rima; forma poetica. □ *without rhyme or reason,* senza senso; assurdo; senza capo né coda.
to **rhyme** [raim] *vt e i.* mettere in rima, in forma poetica (rimata); rimare; far rima: *rhyming slang,* il gergo dei 'cockney' (⇨) che è basato in gran parte su coppie di parole rimate *(p.es. per* 'wife' *si usa* 'trouble and strife' *o addirittura, per essere più ermetici, soltanto* 'trouble'*).*
rhymed [raimd] *agg* rimato; in rima.
rhymester ['raimstə*] *s.* poetucolo; poetastro.
rhythm ['riðəm] *s.* ritmo.
rhythmic, rhythmical ['riðmik/'riðmikl] *agg* ritmico. □ *avv* **rhythmically.**
rib [rib] *s.* **1** costola; *(scherz.)* moglie: *to dig (to poke) sb in the ribs,* dare di gomito a qcno; dargli un colpetto d'intesa. **2** nervatura *(di foglia);* costa *(di filato);* stecca *(di ombrello);* cresta *(di monte);* dorso *(di libro); (archit.)* costolone; *(di aereo)* centina di ala; *(naut.)* costa; corba; ordinata.
to **rib** [rib] *vt* (**-bb-**) **1** munire di coste; rinforzare con coste, costoloni; scanalare. **2** *(fam.)* molestare; far dispetti; prendere in giro.
ribald ['ribəld] *agg* osceno; scurrile; licenzioso: *ribald jests,* barzellette oscene — *ribald songs,* canzoni scurrili, volgari.
ribaldry ['ribəldri] *s.* oscenità; scurrilità; licenziosità.
riband ['ribənd] *s. (ant.)* = **ribbon.** □ *the Blue Riband,* [*anche* ri'bænd] il Nastro Azzurro (⇨ ¹**blue**).
ribbon ['ribən] *s.* **1** nastro; fettuccia. **2** nastrino; cordone *(di decorazioni).* **3** *(generalm. al pl.)* lembo; striscia; brandello. **4** *(al pl.)* redini: *to take the ribbons,* prendere le redini. **5** *(attrib.)* a nastro; a fila: *ribbon-development,* allineamento delle case lungo le strade radiali di una città.
rice [rais] *s.* riso: *ground rice,* farina di riso — *polished rice,* riso brillato — *rice-paper,* carta di riso.
rich [ritʃ] *agg* **1** ricco *(in ogni senso): rich in...,* ricco di... **2** *(di vestiti, ecc.)* splendido; lussuoso; sfarzoso. **3** *(di terra, ecc.)* fertile; abbondante; opulento. **4** *(di cibo)* ricco di sostanza; nutriente; *(di vino)* robusto. **5** *(di colori, suoni, ecc.)* forte; intenso; pieno; profondo. **6** *(fam.)* divertente; buffo; esilarante. □ *avv* **richly** ⇨. □ *come s. pl (collettivo, sempre con l'art. determinativo) the rich,* i ricchi.
riches ['ritʃiz] *s. pl* ricchezza, ricchezze.
richly ['ritʃli] *avv* **1** riccamente; sontuosamente; lussuosamente. **2** pienamente; interamente: *He richly deserved the punishment he received,* Ha pienamente meritato il castigo che ha ricevuto.
richness ['ritʃnis] *s.* ricchezza; sontuosità; lusso; abbondanza; *(di terra)* fertilità; *(di colori)* vivacità; *(di voce)* ampiezza.
¹**rick** [rik] *s.* mucchio *(di fieno, di grano, ecc.);* pagliaio.
to **rick** [rik] *vt* fare mucchi *(di grano, fieno, ecc.).*
²**rick,** to **rick** [rik] *s. e vt* ⇨ **wrick, to wrick.**
rickets ['rikits] *s. (col v. al sing. o al pl.)* rachitismo.
rickety ['rikiti] *agg* **1** rachitico. **2** malfermo; traballante.
rickshaw ['rikʃɔ:] *s.* risciò; ricsciò.
ricochet ['rikəʃei/-ʃet] *s.* rimbalzo *(d'una pietra, d'un proiettile, ecc.).*
to **ricochet** ['rikəʃei/-ʃet] *vi e t.* (**-t-, -tt-**) rimbalzare.
to **rid** [rid] *vt e i. (pass.* **ridded** *o* **rid**; *p. pres.* **ridding**; *p. pass.* **rid**: *sempre seguito da* of*)* liberare; sbarazzare: *to rid a district of bandits,* liberare una zona dai banditi — *to rid oneself of debt,* liberarsi dai debiti — *to be rid of sth,* essere libero da qcsa; essersi sbarazzato di qcsa — *We were glad to be rid of our overcoats,* Fummo contenti di esserci sbarazzati dei cappotti — *to get rid of sth,* liberarsi di qcsa; sbarazzarsi di qcsa — *These articles are difficult to get rid of,* È difficile sbarazzarsi di questi articoli — *How can we get rid of this unwelcome visitor?,* Come potremo liberarci da questo ospite indesiderato?
riddance ['ridəns] *s.* liberazione: *Their departure was a good riddance,* La loro partenza fu una bella liberazione — *good riddance!,* finalmente!; che liberazione!
¹**ridden** ['ridn] *p. pass di* **to ride.**
²**(-)ridden** ['ridn] *agg* ⇨ **to ride 10.**
¹**riddle** ['ridl] *s.* **1** enigma; indovinello: *to ask sb a riddle,* proporre a qcno un indovinello. **2** *(fig.)* enigma; mistero; cosa, persona, fatto enigmatico.
¹to **riddle** ['ridl] *vt* parlare per indovinelli, per enigmi; proporre o risolvere un indovinello: *Riddle me this,* Risolvimi questo indovinello.
²**riddle** ['ridl] *s.* crivello; vaglio; setaccio.
²to **riddle** ['ridl] *vt* **1** vagliare; setacciare *(anche fig.): to riddle an argument,* confutare *(punto per punto)* un argomento. **2** crivellare; sforacchiare.
ride [raid] *s.* **1** cavalcata; corsa; percorso; tragitto *(con un veicolo pubblico);* giretto *(in bicicletta, in automobile): to go for a ride before breakfast,* fare una cavalcata prima di colazione — *'Give me a ride on your shoulders, Daddy',* 'Papà, portami a cavalluccio sulle spalle' — *It's a sixpenny ride on a bus,* Con l'autobus è una corsa da sei pence. **2** vialetto; sentiero; pista *(riservata ai cavalli).* **3** *(mil.)* gruppo di reclute a cavallo. □ *to take sb for a ride,* - **a)** *(fam.)* ingannare qcno - **b)** *(USA, sl.)* rapire qcno *(in automobile)* per assassinarlo — *to steal a ride,* viaggiare abusivamente; *(fam.)* farsi dare un passaggio.
to **ride** [raid] *vi e t.* (*pass.* **rode**; *p. pass.* **ridden**) **1** cavalcare; andare a cavallo; fare dell'equitazione; montare *(su una moto, una bicicletta, a cavallo, ecc.);* viaggiare *(su un veicolo): He was riding fast,* Cavalcava veloce — *He has given up riding,* Ha smesso di andare a cavallo — *He rode over to see me yesterday,* Ieri è venuto a trovarmi *(in auto, in bici-*

cletta, a cavallo, secondo il contesto) — He jumped on his horse and rode off (o away), Saltò sul suo cavallo e andò via — *to ride to hounds,* partecipare *(a cavallo)* alla caccia alla volpe — *to ride full speed,* andare di gran galoppo — *to ride the (o one's) high horse, (fig.)* darsi grandi arie — *to ride a horse to death,* sfiancare un cavallo; correre fino a farlo sfiancare — *to ride a joke to death, (fig.)* ripetere una barzelletta (uno scherzo) fino alla noia.

2 correre; andare a correre; gareggiare *(con moto, cavalli, ecc.): to ride a race,* partecipare a una corsa.

3 sedere (far sedere) a cavalcioni *(sulle ginocchia),* in groppa, a cavalluccio *(sulle spalle): The boy was riding on his father's shoulders,* Il bambino sedeva a cavalluccio sulle spalle di suo padre — *Shall I ride you on my knees?,* Ti porto a cavalluccio (Vuoi sedere a cavalcioni) sulle ginocchia?

4 scorrere; percorrere; attraversare *(a cavallo, ecc.);* scorrazzare attraverso un territorio: *to ride the prairies,* attraversare (percorrere) le praterie.

5 *(di fantino alle corse)* pesare: *He rides 9 stone 6 pounds,* Pesa 60 kg *(circa).*

6 *(di terreno, ecc.)* essere praticabile, cavalcabile: *The heavy rain made the course ride soft,* L'abbondante pioggia ha reso pesante la pista per le corse.

7 *(di nave, e per estensione di uccelli, ecc.)* solcare; galleggiare; fluttuare; aleggiare; volare; fendere: *a ship riding the waves,* una nave che solca le onde — *an albatross riding (on) the wind,* un albatro che si libra nel vento — *The moon was riding high,* La luna veleggiava alta nel cielo.

8 *(USA, nel jazz)* improvvisare liberamente; eseguire variazioni *(su di un tema).*

9 *(med.)* accavallarsi; sovrapporsi *(di tendini, di osso fratturato).*

10 opprimere; affliggere; tormentare; dominare *(spec. al p. pass.,* **ridden,** *preceduto da un sostantivo): to be ridden by fears (prejudices),* essere dominato dalla paura (dai pregiudizi) — *ridden by doubts,* tormentato da dubbi — *a plague-ridden country,* un paese afflitto dalla peste — *hag-ridden* ⇨ **hag.**

11 *(fam.)* stuzzicare; tormentare *(con critiche, sarcasmo, ecc.).*

☐ *He's riding for a fall, (letteralm., raro)* Cavalca a rompicollo; *(fig.)* Cerca guai — *to ride rough-shod over sb, (fig.)* bistrattare qcno — *to let sth ride,* lasciar correre (perdere) qcsa momentaneamente.

to ride away = to ride off a).

to ride down, travolgere; calpestare; caricare; raggiungere *(col cavallo, ecc.): They rode down the fugitive,* Raggiunsero e catturarono l'evaso.

to ride off, - **a)** partire, allontanarsi a cavallo - **b)** urtare un avversario *(giuocando al polo)* - **c)** *(fam.)* fare una digressione: *Don't ride off on this,* Non cercare di scantonare su questo argomento.

to ride out, - **a)** uscire a cavallo - **b)** *to ride sb out of town, (spec. nel 'Far West')* obbligare qcno a lasciare la città - **c)** *to ride out a storm, (di nave, ma anche fig.)* resistere alla tempesta.

to ride up, - **a)** arrivare *(a cavallo, ecc.)* - **b)** *(di cosa)* salire: *His collar rode up constantly,* Il colletto gli saliva continuamente (sul collo).

rider ['raidə*] *s.* **1** cavaliere; cavallerizzo; cavalcatore; persona che va in bicicletta: *Miss White is no rider,* La signorina White è una pessima cavallerizza. **2** *(dir.)* clausola addizionale; codicillo; aggiunta; raccomandazione: *The jury added a rider to their verdict recommending mercy,* La giuria aggiunse al verdetto una raccomandazione di indulgenza. **3** *(matematica)* esercizio di applicazione *(di un teorema).* **4** *(al pl., nelle costruzioni navali)* ordinate supplementari; rinforzi per ordinate.

riderless ['raidəlis] *agg* senza cavaliere; senza fantino.

ridge [ridʒ] *s.* **1** spigolo; colmo; *(del naso)* setto: *ridge-pole,* traversa *(di una tenda)* — *ridge-tile,* tegola del comignolo. **2** *(di monte)* cresta; crinale; spartiacque. **3** catena di montagne; linea di scogli affioranti; *(di terreno)* porca.

to **ridge** [ridʒ] *vt* **1** formare porche; rincalzare; solcare. **2** *(di mare, ecc.)* corrugare, corrugarsi; increspare, incresparsi.

ridicule ['ridikju:l] *s.* canzonatura; scherno: *to hold a man up to ridicule,* mettere in ridicolo un uomo — *to lay oneself open to ridicule,* esporsi al ridicolo; cadere nel ridicolo.

to **ridicule** ['ridikju:l] *vt* ridicolizzare; mettere in ridicolo; schernire; canzonare.

ridiculous [ri'dikjuləs] *agg* ridicolo; assurdo. ☐ *avv* **ridiculously.**

[1]**riding** ['raidiŋ] *s.* **1** equitazione; maneggio; *(attrib.)* da cavallerizzo; da amazzone: *riding-breeches,* pantaloni da cavallerizzo. **2** sentiero (pista) percorribile a cavallo. ☐ *riding-light, (naut.)* fanale di fonda.

[2]**riding** ['raidiŋ] *s. (GB) East, West, North Riding,* ciascuna delle tre divisioni amministrative dello Yorkshire.

rife [raif] *agg predicativo* **1** diffuso; comune; abbondante: *Is superstition still rife in the country?,* La superstizione è ancora diffusa nel paese? **2** *(seguito da* with*)* pieno di: *The country was rife with rumours of war,* Nel paese si parlava insistentemente di una guerra imminente.

riff-raff ['rifræf] *s.* gentaglia; plebaglia; marmaglia: *Is's only the riff-raff who leave litter about in the park,* È soltanto la gentaglia che lascia rifiuti nel parco.

rifle ['raifl] *s.* fucile; carabina; *(raro)* cannone rigato dalla canna lunga; *(GB, al pl.)* fucilieri: *rifle-range,* - **a)** poligono di tiro - **b)** portata, gittata *(di fucile, ecc.).*

[1]to **rifle** ['raifl] *vt (di fucile, ecc.)* scanalare; rigare.

[2]to **rifle** ['raifl] *vt* frugare *(per rubare);* depredare; ripulire *(rubando);* saccheggiare; svaligiare: *The thief rifled every drawer in the room,* Il ladro ripulì tutti i cassetti della stanza.

rifleman ['raiflmən] *s.* (*pl.* **riflemen**) fuciliere.

rift [rift] *s.* fenditura; apertura; crepa; fessura; squarcio; incrinatura *(anche fig.): a rift between two friends,* un'incrinatura (uno screzio) fra due amici.

rig [rig] *s.* **1** *(naut.)* attrezzatura; *(mecc.)* attrezzamento; equipaggiamento *(per un determinato lavoro, spec. di prova);* impianto *(di trivellazione, ecc.).* **2** *(fam.)* vestito; abbigliamento: *to be in full rig,* essere tutto in ghingheri — ⇨ *anche* **rig-out.**

[1]to **rig** [rig] *vt e i.* (**-gg-**) **1** equipaggiare; armare; attrezzare *(una nave): to rig sb out (with sth),* equipaggiare qcno con qcsa; fornire a qcno il necessario *(per una impresa, ecc.); (fam.)* vestire; abbigliare: *She was rigged out in her best,* Era tutta agghindata. **2** *(di aereo)* montare o comporre le parti. **3 to rig up,** allestire; costruire *(spec. in fretta o in modo provvisorio).*

[2]to **rig** [rig] *vt* (**-gg-**) manovrare *(per speculazione);* truccare *(elezioni): to rig the market,* manovrare il mercato.

rigger ['rigə*] *s.* **1** attrezzatore *(di navi);* operaio allestitore. **2** *(di aereo)* montatore.

[1]**rigging** ['rigiŋ] *s.* sartiame.

[2]**rigging** ['rigiŋ] *s.* broglio (elettorale).

[1]**right** [rait] **I** *agg* destro; dritto: *my right hand (leg),* la

mia mano (gamba) destra — *The right bank of a river is on the right side as you look towards its mouth,* La riva destra di un fiume è quella sul lato destro guardando verso la foce — *to keep to the right side (of the road),* tenere la destra — *one's right arm, (fig.)* il principale collaboratore, il braccio destro di qcno — *to put one's right hand to the work,* lavorar di buona lena; mettercela tutta — *right-hand,* destro — *a right-hand glove,* un guanto destro — *right-hand man, (fig.)* il braccio destro *(di qcno)* — *right-handed, (di individuo)* destrorso; che usa di preferenza la mano destra; *(di ceffone, pugno)* dato con la mano destra — *a right-hander,* - **a)** una persona destrorsa - **b)** un manrovescio (un pugno) dato con la destra — *a right turn,* una svolta a dritta; una curva con un angolo di 90 gradi — *Right about turn!, (mil.)* Dietro front! — *to send sb to the right about, (fam.)* mandar via qcno; licenziarlo in tronco — *the right wing,* l'ala destra *(sport e politica)* — *He's very right-wing,* È decisamente di destra.

II *avv* a destra; a dritta: *He looked neither right nor left,* Non guardò né a destra né a sinistra — *Eyes right!, (mil.)* Attenti a destr! — *He owes money right and left,* Deve denaro a destra e a manca.

III *s.* **1** lato destro; (la) destra: *Take the first turning to the right,* Prendi la prima svolta a destra — *Our troops attacked the enemy's right,* Le nostre truppe attaccarono il fianco destro del nemico.

2 *(con la maiuscola)* la destra *(in senso politico)*: *members of the Right,* esponenti della Destra.

[2]**right** [rait] **I** *agg* **1** *(di opinione, azione, comportamento, ecc.)* giusto; retto; onesto: *Always do what is right and honourable,* Fa' sempre ciò che è giusto e onorevole — *It seems only right to tell you that...,* Mi sembra giusto dirti che...; Mi sembra giusto che tu sappia che... — *You were quite right to refuse,* Hai fatto benissimo a rifiutare — *You were right in deciding (in your decision) not to go,* Hai fatto bene a decidere di non andare — *right-minded,* onesto; retto; per bene; ragionevole — *All right-minded people will agree with me when I say...,* Tutte le persone per bene saranno d'accordo con me se dico...

2 esatto; giusto; corretto; soddisfacente; a posto; diritto; dritto; conveniente: *What's the right time?,* Qual è l'ora esatta? — *Your account of what happened is not quite right,* La tua versione dell'accaduto non è proprio esatta — *Your opinion is quite right,* Il tuo giudizio è proprio esatto — *to get sth right,* mettere in chiaro, capire chiaramente qcsa; mettere a posto qcsa — *Let's get this right before we pass on to the next point,* Mettiamo bene in chiaro questo, prima di procedere al punto seguente — *Did you get all your sums right?,* Avete fatto bene tutti i calcoli? — *to put (to set) sth right,* mettere a posto, sistemare qcsa — *to put a watch right,* regolare un orologio (metterlo all'ora giusta) — *It's not your business to put me right,* Non tocca a te dirmi ciò che è giusto (correggermi) — *Are we on the right road?,* Siamo sulla strada buona (giusta)? — *Which is the right way to Littlehampton?,* Qual è la strada giusta per Littlehampton? — *He's the right man for the job,* È l'uomo che ci vuole per questo lavoro — *Which is the right side of this cloth?,* Qual è il dritto di questo panno? — *He's still on the right side of fifty,* È ancora di qua della cinquantina (Non ha ancora raggiunto i cinquant'anni).

3 sano; in buone condizioni *(fisiche o mentali)*: *Do you feel all right?,* Ti senti bene? — *He isn't right in his head (in the head, in his mind),* Non ha la testa a posto; Non è in possesso delle sue facoltà mentali — *as right as rain; as right as a trivet, (fam.)* in perfetto stato; in ottime condizioni; sano come un pesce; adattissimo — *This medicine will soon put you right,* Questa medicina ti rimetterà presto in forze (in sesto).

4 retto *(di angolo, di linea)*; diritto; perpendicolare: *a right line,* una linea retta — *a right angle,* un angolo retto, di 90 gradi — *a right-angled triangle,* un triangolo rettangolo.

☐ *Right you are!; Right oh!,* D'accordo!; Senz'altro!; Va bene! — *All right!,* Benissimo! — *Quite right!,* Perfettamente! ☐ *avv* **rightly** ⇨.

II *avv* **1** in linea retta; diritto; direttamente; proprio; esattamente: *Go right on until you reach the church,* Vai dritto finché non arrivi alla chiesa — *The wind was right in our faces,* Il vento ci soffiava in piena faccia — *Put it right in the middle,* Mettilo proprio nel mezzo — *right off, (USA, fam.)* subito — *right now,* subito; immediatamente — *I'll come right away,* Verrò immediatamente.

2 completamente; del tutto; fino in fondo: *Go right to the end of this winding road, and then turn to the left,* Vada fino in fondo a questa strada tutta curve, e poi giri a sinistra — *He slipped right to the bottom of the icy slope,* Scivolò giù per tutto il pendio ghiacciato — *There is a verandah right round the building,* C'è una veranda intorno a tutto l'edificio — *The pear was rotten right through,* La pera era completamente marcia — *The prisoner got right away,* Il prigioniero se la svignò — *He turned right round,* Fece dietro front; Girò sui tacchi.

3 giustamente; precisamente; con esattezza; bene: *If I remember right,* Se ricordo bene — *to guess right,* indovinare — *Nothing seems to go right with him,* Sembra che niente gli vada bene — *It serves him right!,* Gli sta bene!; Se lo merita!

4 *(ant. o dial.)* molto; veramente: *We were right glad to hear that...,* Fummo lietissimi di sapere che... — *He knew right well that...,* Sapeva benissimo che... — *right-down,* (*cfr.* **downright**) completo; assoluto — *He is a right-down scoundrel,* È un furfante matricolato, un completo farabutto — *You ought to be right-down sorry,* Dovresti essere (esserne) proprio molto spiacente.

☐ *The Right Reverend the Bishop of...,* Il reverendissimo vescovo di... — *The Right Honourable...,* Il molto onorevole...

III *s.* **1** il bene; il giusto; il vero: *to know the difference between right and wrong,* conoscere la differenza tra bene e male — *May God defend the right,* Possa Dio difendere il giusto — *to be in the right,* essere nel giusto (dalla parte giusta, dalla parte della legge); aver ragione.

2 diritto; autorità; forza della legge; cosa che spetta per legge: *He has the right to do that,* È suo diritto fare ciò — *by right(s),* secondo giustizia; a rigor di legge; di diritto — *The property is not mine by right(s),* La proprietà non è mia a rigor di legge — *by right of...,* per diritto di...; per la ragione che...; a causa di... — *The Normans ruled England by right of conquest,* I Normanni governarono l'Inghilterra per diritto di conquista — *... in one's own right,* ... per diritto proprio, ... di nascita; ... per diritto ereditario — *She's a peeress in her own right,* È una Pari per diritto di nascita — *right of way, (dir.)* - **a)** servitù o diritto di passaggio *(per sentieri, strade, ecc. o attraverso proprietà private)* - **b)** diritto di precedenza *(nel traffico stradale)* — *Is there a right of way across this field?,* Esiste un diritto di passaggio attraverso questo

campo? — *women's rights,* i diritti della donna — *to assert (to stand on) one's rights,* sostenere, rivendicare i propri diritti — *the Declaration (the Bill) of Rights, (GB, stor.)* la Dichiarazione dei diritti *(del 1689).*
3 *(al pl.)* il vero stato; la situazione esatta: *What are the rights and wrongs of the case?,* Quali sono i dati precisi di questo caso? — *to set (to put) things to rights,* mettere in ordine, in sesto; aggiustare; sistemare; mettere le cose a posto.

to **right** [rait] *vt* raddrizzare; drizzare; rettificare; rimediare; riparare: *The driver quickly righted the car after it skidded,* Dopo lo slittamento l'autista raddrizzò subito la macchina — *to right the helm, (naut.)* drizzare il timone — *The ship righted herself after the big wave had passed,* Passata quella grande onda, la nave si raddrizzò — *That fault will right itself,* Quel guasto (difetto) si aggiusterà da solo — *to right a mistake (an injustice),* correggere un errore (riparare un'ingiustizia).

righteous ['raitʃəs] *agg* **1** retto; giusto; virtuoso; onesto: *the righteous and the wicked,* i buoni e i cattivi. **2** giusto; giustificabile; giustificato; santo: *righteous anger,* giusta ira; collera giustificata.
□ *avv* **righteously.**

righteousness ['raitʃəsnis] *s.* rettitudine; integrità; virtù; onestà; giustizia.

rightful ['raitful] *agg* **1** legittimo: *the rightful king,* il monarca legittimo — *the rightful owner of the land,* il proprietario legittimo della terra. **2** *(di azioni, ecc.)* giusto; equo; retto; onesto. □ *avv* **rightfully.**

rightfulness ['raitfulnis] *s.* **1** legittimità. **2** giustizia; rettitudine; onestà.

rightist ['raitist] *agg* di destra; di idee conservatrici; destroide: *rightist sympathizers,* simpatizzanti della destra.
□ *s.* esponente della destra; destrorso; reazionario.

rightly ['raitli] *avv* giustamente; onestamente; correttamente; esattamente: *to act rightly,* agire con (secondo) giustizia — *Rightly or wrongly, I think the man should not be punished,* A ragione o torto, penso che quell'uomo non debba essere punito — *Am I rightly informed?,* Sono stato informato con esattezza?

rightness ['raitnis] *s.* correttezza; esattezza; onestà; rettitudine.

rightward ['raitwəd] *agg* volto a destra.
□ *avv* *(anche* **rightwards)** verso destra.

rigid ['ridʒid] *agg* rigido; duro; inflessibile; severo: *a rigid support for a tent,* un sostegno rigido per una tenda — *to practise rigid economy,* praticare una severa economia. □ *avv* **rigidly.**

rigidity [ri'dʒiditi] *s.* rigidità; inflessibilità; durezza; severità.

rigmarole ['rigməroul] *s.* tiritera; discorso prolisso e inconcludente.

rigor mortis ['raigɔ:'mɔ:tis] *s. (lat.)* rigidità cadaverica.

rigorous ['rigərəs] *agg* **1** rigoroso; severo: *rigorous discipline,* disciplina severa. **2** *(di clima, ecc.)* rigido.
□ *avv* **rigorously.**

rigour ['rigə*] *s.* *(USA* **rigor)** **1** rigore; severità: *to punish sb with the utmost rigour of the law,* punire qcno applicando la legge col massimo rigore. **2** *(spesso al pl.)* rigori; difficoltà; asperità.

rig-out ['rigaut] *s. (fam.)* abbigliamento; vestito (vestiti).

to **rile** [rail] *vt (fam.)* indisporre; irritare; seccare: *It riled him that no one would believe his story,* Gli seccava che nessuno volesse credere alla sua storia.

rill [ril] *s. (poet.)* ruscello; rigagnolo.

rim [rim] *s.* bordo; margine; orlo; cerchio; cerchione *(di ruota).*

to **rim** [rim] *vt* (**-mm-**) bordare; orlare; cerchiare: *red-rimmed, (di occhi)* cerchiati di rosso, arrossati *(per il pianto, ecc.)* — *gold-rimmed spectacles,* occhiali dalla montatura d'oro.

[1]**rime** [raim] *s.* brina.

to **rime** [raim] *vt* brinare; coprire di brina.

[2]**rime** [raim] *s.* = **rhyme.**

rimless ['rimlis] *agg* senz'orlo; senza margine: *rimless spectacles,* occhiali cerchiati d'oro.

rimy ['raimi] *agg (poet.)* coperto di brina; brinato.

rind [raind] *s.* **1** scorza; buccia. **2** *(di formaggio)* crosta. **3** *(di lardo, pancetta)* cotenna; cotica.

rinderpest ['rindəpest] *s.* peste bovina.

[1]**ring** [riŋ] *s.* **1** anello: *wedding-ring,* fede; vera; anello nuziale — *ear-ring,* orecchino — *ring-finger,* (dito) anulare. **2** circolo; cerchio; cerchietto; alone *(della luna); (mecc.)* ghiera; anello: *a key-ring,* un anello portachiavi; un portachiavi — *a napkin-ring,* un portatovagliolo — *ring-mail,* armatura a maglia — *to have rings under one's eyes,* avere gli occhi cerchiati. **3** associazione; sindacato; gruppo *(di commercianti, ecc.);* cricca; combriccola. **4** circo *(equestre);* arena; pista: *a three-ring circus,* un circo a tre piste — *ring-master,* direttore di circo equestre. **5** recinto *(di animali).* **6** recinto degli allibratori *(alle corse dei cavalli): the ring,* gli allibratori. **7** *(pugilato: generalm.* the ring*)* ring; quadrato.
□ *ring-road,* (strada di) circonvallazione; raccordo anulare — *ring-side seat,* posto vicino al ring pugilistico o alla pista di un circo — *to make (to run) rings round sb, (fig.)* far le cose più in fretta di qcno; surclassare qcno; essere molto più in gamba di qcno (di gran lunga superiore a qcno).

[1]to **ring** [riŋ] *vt e i.* **1** circondare; accerchiare. **2** mettere un anello *(al naso di un toro, al piede di un piccione, ecc.).* **3** *(di uccelli)* levarsi in volo a spirale. **4** *(nei giochi)* infilare *(una bottiglia, ecc.)* con un anello. **5** *(di volpe durante la caccia)* correre in cerchio. **6** tagliare *(cipolle, ecc.)* a fette circolari.

[2]**ring** [riŋ] *s.* **1** *(solo al sing.)* tintinnio; timbro; squillo; *(fig.)* tono; suono. **2** colpo di campanello o telefono: *I'll give you a ring this evening,* Ti darò un colpo di telefono stasera.

[2]to **ring** [riŋ] *vi* (*pass.* **rang**; *p. pass.* **rung**) **1** *(di campana)* suonare; squillare; tintinnare; echeggiare; risuonare *(anche di sparo);* rumoreggiare; rimbombare: *ringing tone, (al telefono)* segnale di libero — *Start work when the bell rings,* Incominciate a lavorare quando suona il campanello.
2 *(per estensione)* permanere; riecheggiare; indugiare; persistere *(nella memoria, ecc.): His last words still ring in my ears,* Mi sembra di sentire ancora le sue ultime parole.
3 *(di orecchi)* fischiare: *My ears are still ringing,* Mi fischiano ancora le orecchie.
4 *(fig.)* suonare; sembrare; parere: *His voice rang true,* La sua voce suonò (mi parve) sincera.
5 suonare; chiamare col campanello; scampanellare; telefonare: *She rang for the servant,* Chiamò il domestico con il campanello — *Somebody is ringing at the door,* Qualcuno sta suonando alla porta — *When did he ring?,* A che ora ha telefonato? — *to ring around,* fare un giro di telefonate.
□ *vt* **1** suonare; far suonare: *to ring the bell,* - **a)** suonare il campanello - **b)** *(fig.)* farcela *(in qcsa);* riuscire; aver successo *(in una gara di forza, ecc.)* — *to ring a bell, (fig.)* richiamare alla memoria qcsa; dare

uno svegliarino — *to ring the changes,* suonare *(le campane)* a festa in tutte le combinazioni possibili; *(fig.)* fare variazioni o combinazioni — *to ring the knell of sth,* annunciare la caduta (la rovina) di qcsa — *to ring an alarm,* suonare l'allarme; suonare le campane a martello — *to ring out the Old Year and ring in the New,* annunciare la fine dell'anno vecchio e l'inizio del nuovo.

2 *(di campana, orologio)* battere; suonare.

3 *(fam.)* telefonare (a qcno): *Ring me at five,* Telefonami alle cinque.

to ring back, richiamare (qcno) al telefono.

to ring down, *(solo nell'espressione) to ring down the curtain,* calare il sipario.

to ring for ⇨ *vi* **5,** *sopra.*

to ring in ⇨ *vt* **1,** *sopra.*

to ring off, riattaccare, agganciare il telefono; interrompere la telefonata.

to ring out, - **a)** suonare a distesa - **b)** rintronare; rimbombare - **c)** ⇨ *vt* **1,** *sopra.*

to ring up, - **a)** telefonare (a qcno); chiamare al telefono; dare un colpo di telefono (a qcno) - **b)** *to ring the curtain up,* (suonare per) far aprire il sipario - **c)** *to ring sth up on a cash register,* battere qcsa (una cifra) su un registratore di cassa.

to ring with ⇨ *vi* **1,** *sopra.*

ringer ['riŋə*] *s.* **1** campanaro. **2** *(mecc.)* suoneria. **3** *(in Australia)* esperto tosatore; *(per estensione)* il più efficiente, il più 'in gamba' *(di un gruppo).* **4** *(sl. USA)* sosia; persona o animale che assomiglia molto ad un altro; *(alle corse ippiche)* cavallo che viene adoperato illecitamente per sostituirne un altro.

ringleader ['riŋ,li:də*] *s.* agitatore; capobanda; caporione.

ringlet ['riŋlit] *s.* **1** ricciolo; ricciolino. **2** anellino.

ring(-)side ['riŋ said] *agg* ⇨ **'ring.**

ringster ['riŋstə*] *s. (USA, fam.)* membro di una cricca politica.

ringworm ['riŋwə:m] *s.* tricofizia.

rink [riŋk] *s.* pista di pattinaggio *(su ghiaccio o a rotelle).*

rinse [rins] *s.* **1** risciacquata; risciacquo. **2** tintura liquida per capelli.

to **rinse** [rins] *vt* **1** *(spesso seguito da* out*)* sciacquare; risciacquare. **2** *(spesso seguito da* down*)* trangugiare; inghiottire; mandar giù *(con l'aiuto di liquidi).*

riot ['raiət] *s.* **1** rivolta; sommossa; tumulto; disordine: *to read the Riot Act,* - **a)** leggere *(ad un assembramento)* l'ordine di scioglimento *(prima della carica)* - **b)** *(fam.)* fare la paternale. **2** baldoria; fracasso; orgia; gozzoviglia: *to run riot,* abbandonarsi ad eccessi; *(di piante o fig.)* crescere con eccessivo rigoglio; lussureggiare. **3** *(solo al sing., con l'art. indeterminativo)* profusione; abbondanza: *a riot of colour,* una profusione di colori. **4** *(solo al sing.)* sfogo; eccesso; tumulto. **5** *(fam.)* successone.

to **riot** ['raiət] *vi* **1** tumultuare; far chiasso. **2** gozzovigliare; perdere ogni freno; abbandonarsi; lasciarsi andare.

riotous ['raiətəs] *agg* **1** tumultuante; sedizioso; rivoltoso. **2** libertino; licenzioso; sfrenato.

□ *avv* **riotously.**

'rip [rip] *s.* strappo; lacerazione; scucitura.

to **rip** [rip] *vt e i.* **(-pp-) 1** strappare, strapparsi; lacerare, lacerarsi; strapparsi; lacerare, lacerarsi; squarciare, squarciarsi: *to rip open a letter,* aprire una lettera *(lacerando la busta)* — *rip-cord,* cavo di spiegamento *(di paracadute).* **2** *(di legno, ecc.)* segare per lungo secondo la fibra: *rip-saw, (falegnameria)* saracco. **3** filar via; andare a grande velocità: *Let her (o it) rip,* Falla correre *(una barca, un'automobile, ecc.);* Non frenare.

²rip [rip] *s.* **1** *(fam.)* persona dissoluta; debosciato; vizioso: *He's becoming an old rip,* Sta diventando un vecchio vizioso. **2** ronzino.

³rip [rip] *s.* piccolo tratto di onde agitate *(di mare o di estuario di fiume).*

riparian [rai'pɛəriən] *agg* rivierasco: *riparian rights,* diritti di proprietà sulla riva *(di pesca, ecc.)* — *riparian property,* proprietà della riva.

ripe [raip] *agg* **1** maturo: *ripe lips,* labbra piene, turgide. **2** stagionato; invecchiato; pronto *(per essere mangiato o bevuto);* frollo. **3** pienamente sviluppato; compiuto; completo: *a person of ripe age,* una persona di età matura — *to live to a ripe old age,* vivere fino alla bella età. **4** *(seguito da* for*)* pronto; atto; idoneo. □ *avv* **ripely.**

to **ripen** ['raipən] *vt e i.* maturare; far maturare.

ripeness ['raipnis] *s.* **1** maturità. **2** *(fig.)* maturità; compiutezza; perfezione.

riposte [ri'poust] *s.* **1** *(scherma)* risposta. **2** *(fig.)* replica; rimbecco; risposta pronta.

to **riposte** [ri'poust] *s.* **1** *(scherma)* eseguire una risposta. **2** *(fig.)* replicare; rimbeccare; rispondere prontamente.

ripping ['ripiŋ] *agg (GB, sl. desueto)* splendido; favoloso; bello: *to have a ripping time,* divertirsi un mondo. □ *avv* **rippingly.**

□ *come avv* straordinariamente; splendidamente: *to have a ripping good time,* divertirsi immensamente.

ripple ['ripl] *s.* **1** increspatura; fremito *(sulla superficie dell'acqua e, per estensione, su un campo di grano, ecc.).* **2** mormorio; lieve suono: *A long ripple of laughter passed through the audience,* Un lungo mormorio (fremito) di risa attraversò il pubblico.

to **ripple** ['ripl] *vt e i.* increspare, incresparsi; fremere; ondeggiare; ondulare: *The tide rippled the sand,* La marea increspò la sabbia — *The wheat rippled in the breeze,* Il grano ondeggiava lievemente nella brezza — *The wind rippled the corn-fields,* Il vento fece ondeggiare i campi di grano.

rise [raiz] *s.* **1** rigonfiamento *(del terreno);* altura; colle; monticello. **2** aumento; crescita; salita; avanzamento: *to get a rise in wages, (GB)* ottenere un aumento di paga — *the rise and fall of the tide,* l'alzarsi e l'abbassarsi della marea. **3** *(raro* = sunrise) sorgere *(del sole, del giorno).* **4** *(di pesce)* l'abboccare: *to get (to take) a rise out of sb, (fam.)* stuzzicare bonariamente qcno; farlo uscire dai gangheri. **5** *(talvolta)* principio; origine; sorgente; inizio: *The river has (takes) its rise among the hills,* Il fiume ha la sua sorgente tra le colline — *to give rise to sth,* dar origine a qcsa; far sorgere qcsa. **6** *(USA, volg.)* erezione.

to **rise** [raiz] *vi* (*pass.* **rose**; *p. pass.* **risen**) **1** sorgere *(anche fig.);* levarsi; alzarsi; salire; alzarsi dal letto; sollevarsi; ergersi: *He rose to welcome me,* Si alzò per accogliermi — *He was too weak to rise,* Era troppo debole per alzarsi — *to rise to one's feet,* levarsi in piedi *(generalm. per intervenire in un dibattico pubblico)* — *He rises very early,* Si alza molto presto — *A magnificent palace rose before us,* Si levava davanti a noi un bellissimo palazzo — *The horse rose on its hind legs,* Il cavallo si levò sulle zampe posteriori — *The airship rose in the air,* Il dirigibile si sollevò nell'aria — *The fog rose at last,* Infine la nebbia si levò — *The smoke from our fire rose straight up in the*

still air, Il fumo del nostro fuoco si levò diritto nell'aria immobile — *rising ground,* terreno in salita.
2 risorgere *(da morte, talvolta seguito da* again*)*; risuscitare; tornare in vita: *Jesus Christ rose from the dead,* Gesù Cristo resuscitò da morte — *Christ is risen!, (augurio pasquale)* Cristo è risorto! — *He looked as though he had risen from the grave,* Sembrava uscito dalla tomba.
3 nascere; sorgere *(anche fig.)*; avere origine: *Where does the Nile rise?,* Dove nasce il Nilo? — *The quarrel rose from a mere trifle,* La lite ebbe origine da una mera inezia.
4 crescere; aumentare: *The river has risen two feet,* Il livello del fiume è aumentato di due piedi — *Prices continue to rise,* I prezzi continuano ad aumentare — *His voice rose in anger,* La sua voce si fece più alta per la rabbia — *The wind is rising,* Si sta levando il vento — *His colour rose,* Il suo colorito si fece acceso.
5 salire alla superficie; venire a galla: *The fish were rising,* I pesci venivano su dal fondo — *Bubbles rose from the bottom of the lake,* Bolle salivano alla superficie dal fondo del lago — *to rise to the bait, (fig.)* abboccare.
6 lievitare: *The bread won't rise,* Il pane non lievita.
7 assurgere; raggiungere una certa posizione; emergere; progredire: *to rise in the world,* progredire (fare strada) nel mondo — *to rise to power,* salire al potere — *to rise to greatness,* assurgere a grandezza — *to rise from the ranks,* venire dalla gavetta — *a rising politician,* un uomo politico di sicuro avvenire (in ascesa).
8 *(seguito da* to*)* essere all'altezza (di); far fronte (a); affrontare: *to rise to a difficult occasion,* essere all'altezza di una situazione difficile.
9 *(generalm. seguito da* against*)* insorgere; sollevarsi; ribellarsi: *The revolution began when the peasants rose against the landlords,* La rivoluzione ebbe inizio quando i contadini insorsero contro i proprietari terrieri.
10 scovare; prendere, stanare *(selvaggina)*; tirare su; pescare: *I did not rise a single fish last week,* Non ho tirato su neanche un pesce la settimana scorsa.
□ *The House rose at ten,* La Camera sospese la seduta alle dieci — *My gorge rises,* Mi si rivolta lo stomaco — *the rising generation,* la nuova generazione — *to be rising twelve (fourteen),* avvicinarsi ai dodici (quattordici) anni.

riser ['raizə*] *s.* **1** persona che si alza *(da letto)*: *(generalm. in) an early riser,* una persona mattiniera — *a late riser,* uno che si alza tardi; un dormiglione. **2** *(di gradino)* alzata.

risibility [,rizi'biliti] *s. (molto formale)* **1** *(di cosa)* risibilità. **2** *(di persona)* inclinazione al riso; senso del ridicolo.

risible ['rizibl] *agg (molto formale)* **1** risibile. **2** facile al riso: *the risible faculty,* il dono del riso.

rising ['raiziŋ] *agg* ⇨ **to rise.**
□ *s.* insurrezione; rivolta; sommossa: *a rising against the government,* una rivolta contro il governo.

risk [risk] *s.* **1** rischio; azzardo: *to take (to run) risks,* rischiare; correre dei rischi — *at one's own risk,* a proprio rischio e pericolo. **2** *(assicurazioni)* rischio; imprevisto; persona o cosa assicurata.

to **risk** [risk] *vt* rischiare; mettere a repentaglio; correre il pericolo: *to risk failure,* rischiare di fallire.

riskily ['riskili] *avv* ⇨ **risky.**

riskiness ['riskinis] *s.* arrischiatezza; avventatezza.

risky ['riski] *agg* (**-ier**; **-iest**) **1** rischioso; arrischiato: *a risky undertaking,* un'impresa rischiosa. **2** = **risqué.**
□ *avv* **riskily.**

risqué ['ri:skei] *agg (fr.: di racconto, battuta teatrale, ecc.)* audace; azzardato; spinto; un po' ardito.

rissole ['risoul] *s.* polpetta; crocchetta.

rite [rait] *s.* rito; cerimonia: *burial rites,* riti funebri — *rites of baptism,* il rito del battesimo.

ritual ['ritjuəl/'ritʃuəl] *s.* **1** rituale. **2** *(al pl.)* riti; cerimonie.
□ *agg* rituale: *the ritual dances of an African tribe,* le danze rituali d'una tribù africana. □ *avv* **ritually.**

ritualism ['ritjuəlizəm] *s.* ritualismo.

ritualist ['ritjuəlist] *s.* ritualista.

ritualistic [,ritjuə'listik] *agg* rituale; ritualistico.

ritzy ['ritzi] *agg (sl.: dal nome di alcuni alberghi di lusso)*; di classe; lussuoso.

rival ['raivəl] *s.* rivale; competitore; concorrente: *a business, rival,* un rivale in affari — *to be without a rival,* essere senza pari — *a rival concern,* una ditta (un'impresa) concorrente.

to **rival** ['raivəl] *vt* (**-ll-**) rivaleggiare; gareggiare; competere; emulare: *In England horse-racing rivals football as the sport of the masses,* In Inghilterra le corse dei cavalli rivaleggiano con il calcio come sport di massa.

rivalry ['raivəlri] *s.* rivalità; concorrenza; emulazione.

to **rive** [raiv] *vt e i. (pass.* **rived**; *p. pass.* **riven**: *raro salvo al p. pass.)* **1** strappare; lacerare; spezzare: *to rive off a branch,* strappare un ramo — *a heart riven by grief, (fig.)* un cuore spezzato dal dolore. **2** fendere; spaccare; fendersi; spaccarsi *(di legno, ecc.)*.

riven ['rivən] *agg* ⇨ **to rive.**

river ['rivə*] *s.* **1** fiume; *(attrib.)* di fiume; fluviale: *river basin,* bacino fluviale — *river police,* polizia fluviale — *river head,* sorgente — *river bank,* argine — *down river,* a valle — *up river,* a monte. **2** corrente; flusso; colata; torrente; *(fig.)* fiume: *a river of lava,* una colata di lava — *rivers of blood,* fiumi di sangue. □ *to sell sb down the river, (fig.)* tradire qcno.

riverside ['rivəsaid] *s.* sponda di un fiume.
□ *agg attrib* della (sulla) riva di un fiume: *a riverside hotel,* un albergo sulla riva di un fiume.

rivet ['rivit] *s.* chiodo; rivetto; ribattino; bullone.

to **rivet** ['rivit] *vt* **1** chiodare; inchiodare; ribattere; fissare: *to stand riveted to the spot,* rimanere di sasso. **2** concentrare; *(fig.)* inchiodare; fissare *(lo sguardo, l'attenzione)*: *to rivet one's eyes on sth,* fissare attentamente qcsa. **3** attirare *(l'attenzione, ecc.)*.

rivulet ['rivjulit] *s.* ruscelletto; rigagnolo.

[1]**roach** [routʃ] *s. (invariabile al pl.)* lasca: *to be as sound as a roach,* essere sano come un pesce.

[2]**roach** [routʃ] *s.* (*abbr. USA di* **cockroach**: *pl.* **roaches**) scarafaggio.

road [roud] *s.* **1** *(spesso abbr. in* **Rd** *o* **rd.** *negli indirizzi)* strada; via; *(talvolta fig.)* percorso: *The Oxford road starts from here,* La strada per Oxford parte da qui — *the Great West Road,* la strada che da Londra va verso l'Inghilterra Occidentale — *How long were you on the road?,* Per quanto tempo siete stati in cammino? — *main and subsidiary roads,* strade statali e secondarie — *a road map of England,* una carta stradale (automobilistica) dell'Inghilterra — *road junctions,* incroci stradali — *road accidents,* incidenti stradali — *road safety,* sicurezza stradale — *road running,* podismo (su strada) — *Excessive drinking is the road to ruin,* Il bere smodatamente è la strada della rovina — *There is no royal road to learning,* Non esiste una strada maestra per (raggiungere) il sapere — *to take to the road, (generalm.)*

mettersi in cammino (iniziare un viaggio); *(ant.)* darsi, mettersi alla strada; divenire brigante di strada — *rules of the road* ⇨ **rule 1** — *road-bed,* letto; fondo stradale — *road-block,* blocco stradale — *road-book,* guida stradale — *road-hog, (fam.)* pirata della strada — *road-metal,* brecciame; pietrisco — *road-sense,* direzione della strada — *road test,* prova su strada — ⇨ *anche* **road-house, roadman, roadmender, roadway,** *ecc.* **2** *(di solito al pl.)* rada: *to be anchored in the roads,* stare all'ancora in rada. **3** (*USA* = **railroad**) ferrovia. □ *Per 'any road', (GB, dial. settentrionale)* ⇨ **anyway.**

road-house ['roudhaus] *s.* luogo di ristoro sulla strada.

roadless ['roudlis] *agg* privo di strade; senza strade.

roadman, roadmender ['roudmæn/'roud,mendə*] *s.* stradino.

roadside ['roudsaid] *s.* margine, bordo della strada; banchina: *roadside inns,* alberghi, locande lungo la strada.

roadstead ['roudsted] *s. (naut.)* rada.

roadster ['roudstə*] *s. (un tempo)* automobile scoperta a due posti; 'spider'.

roadway ['roudwei] *s.* centro della carreggiata; corsia di marcia.

roadwork ['roudwə:k] *s.* 'footing' *(spec. di pugile in allenamento).*

roadworthiness ['roud,wə:ðinis] *s.* sicurezza di un veicolo (sulla strada); tenuta di strada.

roadworthy ['roud,wə:ði] *agg (di veicolo)* sicuro.

to **roam** [roum] *vi e t.* vagare; errare; girovagare: *to roam about the world,* vagare per il mondo — *to go roaming,* andare girovagando — *to roam the seas,* solcare i mari.

[1]**roan** [roun] *agg* roano. □ *s.* cavallo roano; mucca roana.

[2]**roan** [roun] *s.* (pelle di) finto marocchino.

roar [rɔ:*/rɔə*] *s.* ruggito; barrito; urlo; boato; muggito; fragore: *the roars of a lion,* i ruggiti di un leone — *the roar of waves breaking on the rocks,* il fragore (il boato) delle onde che si infrangono contro le scogliere — *with a roar of rage,* con un urlo di rabbia — *roars of laughter,* scrosci (fragore) di risa — *to set the table (the room) in a roar,* far scoppiare tutti (a tavola, in una stanza) dalle risa.

to **roar** [rɔ:*/rɔə*] *vt e i.* **1** ruggire; mugghiare; barrire *(anche fig.);* rombare: *The sea was roaring under our windows,* Il mare mugghiava sotto le nostre finestre. **2** urlare; gridare; vociare; schiamazzare: *to roar with pain (with rage),* urlare di dolore (di rabbia) — *to roar out an order,* urlare un ordine — *to roar out a drinking song,* urlare (cantare a squarciagola) una canzone da osteria — *to roar oneself hoarse,* urlare fino a diventare rauco — *to roar sb down,* costringere qcno al silenzio schiamazzando — *to roar with laughter,* ridere fragorosamente.

roaring ['rɔ:riŋ] *agg* **1** fragoroso; scrosciante; ruggente; rombante; selvaggio; impetuoso. **2** tempestoso; tumultuoso: *a roaring night,* una notte tempestosa — *the roaring forties,* l'area tempestosa dell'Atlantico tra il 30° e il 50° di latitudine sud. □ *to do a roaring trade,* fare un commercio proficuo; fare affari d'oro — *to be in roaring health,* essere in ottima salute; scoppiare di salute.

[1]**roast** [roust] *s.* **1** arrosto: *cold roast,* arrosto freddo. **2** arrostimento; cottura arrosto. **3** tostatura; torrefazione.

[2]**roast** [roust] *agg* arrostito; (cotto) arrosto: *roast beef (pork),* manzo (maiale) arrosto.

to **roast** [roust] *vt e i.* **1** arrostire, arrostirsi *(anche fig.): to roast a joint,* arrostire un pezzo di carne — *The meat was roasting in the oven,* La carne si stava arrostendo nel forno — *to roast oneself in front of the fire,* arrostirsi davanti al fuoco (restare davanti al fuoco ad arrostirsi) — *to lie in the sun and roast,* giacere al sole e lasciarsi arrostire. **2** abbrustolire; tostare: *to roast coffee-beans,* abbrustolire (tostare) del caffè.

roaster ['roustə*] *s.* **1** casseruola da arrosto; forno per arrosto; girarrosto. **2** tostacaffè. **3** pollo, tacchino, ecc. da cuocere arrosto.

to **rob** [rɔb] *vt* (**-bb-**) **1** rubare; derubare; spogliare; svaligiare; rapinare: *The village boys rob my orchard,* I ragazzi del paese rubano nel mio frutteto — *I was robbed of my watch,* Fui derubato dell'orologio — *The bank was robbed last night,* La notte scorsa hanno svaligiato la banca — *to rob Peter to pay Paul, (fig.)* fare un buco per tapparne un altro. **2** *(seguito da* of*)* privare: *He was robbed of the rewards of his labour,* Fu privato della giusta ricompensa, di ciò che gli spettava per la sua fatica — *to rob sb of his rights,* privare qcno dei suoi diritti.

robber ['rɔbə*] *s.* **1** ladro; rapinatore. **2** brigante; predone.

robbery ['rɔbəri] *s.* rapina: *armed robbery,* rapina a mano armata. □ *It's (daylight) robbery!, (a proposito di prezzi esosi, ecc.)* È una vera ruberia!

robe [roub] *s.* **1** vestaglia; camice; veste lunga ed ampia: *a bath-robe,* un accappatoio. **2** *(spesso al pl.)* toga; abito da cerimonia; costume: *the Coronation robes,* gli abiti da cerimonia per l'incoronazione.

to **robe** [roub] *vt e i.* indossare la toga (i paramenti); mettersi in toga; essere in toga; rivestire; vestire; ammantare, ammantarsi.

robin ['rɔbin] *s.* **1** *(anche* robin redbreast*)* pettirosso. **2** tordo americano. □ *a round robin* ⇨ [1]**round 2.**

robot ['roubɔt] *s.* automa *(anche fig.);* robot.

robust [rou'bʌst] *agg* **1** robusto; sano; vigoroso. **2** *(di lavoro)* faticoso; duro. □ *avv* **robustly.**

robustness [rou'bʌstnis] *s.* robustezza; vigorosità.

roc [rɔk] *s. (nelle fiabe orientali)* gigantesco uccello predatore.

[1]**rock** [rɔk] *s.* **1** roccia: *rock-climber,* rocciatore. **2** masso; macigno; *(USA)* sasso; sassolino. **3** rupe; scoglio: *on the rocks, (di nave)* incagliata; *(sl., di bevanda alcoolica)* con ghiaccio — *to be on the rocks, (fam.)* essere al verde, senza un soldo — *to go on the rocks, (fam.)* andare in malora — *to see rocks ahead,* vedere scogli davanti a sé; essere in pericolo di naufragio; *(fig.)* prevedere serie difficoltà. **4** *(GB)* bastoncino di zucchero candito *(venduto soprattutto nelle stazioni balneari).* **5** *(USA, sl.)* gioiello.
□ *rock-bottom,* punto bassissimo — *rock-bottom prices,* prezzi bassissimi — *rock-cake,* tortina, dolce dalla crosta dura — *rock-garden,* giardino roccioso, alla giapponese — *rock-plant,* pianta che cresce sulle rocce — *rock-salmon,* gattuccio — *rock-salt,* salgemma — *rock crystal,* quarzo — *the Rock of Ages,* Gesù Cristo — *the Rock, (GB)* Gibilterra.

[2]**rock** [rɔk] *s.* **1** dondolio; movimento oscillatorio. **2** *(=* rock and roll, rock'n'roll: *usato anche attributivamente)* rock; rock and roll *(danza e musica americana nata negli Anni Cinquanta): a rock star,* un divo del 'rock'.

to **rock** [rɔk] *vt e i.* **1** dondolare, dondolarsi; cullare, cullarsi: *to rock a baby to sleep,* cullare un bambino finché non si addormenta — *to rock the boat, (fig.)* far traballare la barca; sconvolgere od ostacolare un'impresa — *rocking-chair,* sedia a dondolo — *rocking-horse,* cavallo a dondolo. **2** *(anche fig.)* scuotere; far tremare. **3** oscillare.

[1]**rocker** ['rɔkə*] *s.* **1** asse ricurva *(di sedia a dondolo, ecc.).* **2** *(USA)* sedia a dondolo. □ *to be off one's rocker, (fam.)* essere pazzo.

[2]**rocker** ['rɔkə*] *s.* 'rocker' *(giovane degli Anni Sessanta, appassionato di musica 'rock', delle motociclette, dei giubbotti di pelle, ecc. e nemico irriducibile dei 'mods' ⇨).*

rockery ['rɔkəri] *s.* giardino roccioso alla giapponese.

rocket ['rɔkit] *s.* **1** razzo; missile: *rocket-range,* campo missilistico — *rocket base,* base missilistica. **2** *(sl.)* rimprovero molto severo: *He got a rocket for being late,* Si è preso una ramanzina per essere arrivato in ritardo.

to **rocket** ['rɔkit] *vi* salire in alto come un razzo; salire a razzo; *(p.es. dei prezzi)* salire alle stelle.

rocketry ['rɔkitri] *s.* missilistica.

rocky ['rɔki] *agg* **1** roccioso; sassoso. **2** *(fam.)* traballante; vacillante; *(fig., fam., USA)* sbronzo: *His business is very rocky,* La sua impresa è vacillante.

rococo [rou'koukou] *agg* rococò.

rod [rɔd] *s.* **1** verga; bacchetta; canna *(da pesca): to make a rod for one's back,* andare in cerca di guai (a cercarsi i guai) — *Spare the rod and spoil the child, (prov.)* Chi ben ama ben castiga; Se risparmi le nerbate rovini il bambino — *to have a rod in pickle for sb,* tenere in serbo una grossa punizione per qcno; preparare a qcno la lezione che si merita. **2** *(come misura di lunghezza)* pertica *(equivalente a m. 5,0292; detta anche* pole *o* perch*).* **3** *(mecc., ecc.)* barra; verga; asta; biella: *con-rod; connecting rod,* biella — *curtain-rod,* asta per tendine — *hot-rod, (USA, sl.)* automobile con motore maggiorato (truccato). **4** *(USA, sl.)* pistola. **5** *(volg.)* cazzo; uccello.

rode [roud] *pass di* **to ride**.

[1]**rodent** ['roudənt] *s.* roditore.

[2]**rodent** ['roudənt] *agg (med.)* invadente: *rodent ulcer,* epitelioma cutaneo.

rodeo [rou'deiou] *s. (pl.* **rodeos**) **1** rodeo. **2** raduno del bestiame.

rodomontade [,rɔdəmɔn'teid] *s.* rodomontata; smargiassata; spacconata.

[1]**roe** [rou] *s. (anche* hard roe*)* uova di pesce: *soft roe,* latte di pesce.

[2]**roe** [rou] *s. (pl.* **roes** *o collettivo* **roe**) capriolo.

roebuck ['roubʌk] *s.* capriolo *(maschio).*

rogation [rou'geiʃən] *s. (generalm. al pl.)* rogazione: *Rogation week,* settimana della Rogazione (la settimana prima dell'Ascensione).

Roger ['rɔdʒə*] *nome proprio* Ruggero: *the jolly Roger,* la bandiera nera dei pirati — *Sir Roger de Coverley,* danza e canto campestre inglese.
□ *interiezione (radiotelefonia)* Ricevuto!; Bene!

to **roger** ['rɔdʒə*] *vt (volg.)* chiavare.

rogue [roug] *s.* **1** *(ant.)* vagabondo. **2** briccone; furfante; farabutto: *rogues' gallery,* schedario fotografico dei criminali; *(fam.)* una serie di facce da forca. **3** *(scherz.)* malandrino; bricconcello. **4** *(come agg. attrib.: di elefante, ecc.)* solitario.

roguery ['rougəri] *s.* **1** furfanteria; bricconeria; malandrinata; bricconata. **2** *(scherz.)* marachella; birichinata.

roguish ['rougiʃ] *agg* **1** disonesto; furfantesco; bricconesco. **2** *(scherz.)* furbo; furbesco; smaliziato; malizioso; birichino: *roguish eyes,* occhi furbi — *as roguish as a kitten,* furbo come un gatto.
□ *avv* **roguishly**.

roguishness ['rougiʃnis] *s.* **1** furfanteria; bricconeria. **2** *(scherz.)* furberia.

roisterer ['rɔistərə*] *s.* chiassone; buontempone.

role, rôle [roul] *s. (teatro e fig.)* ruolo; parte: *the title rôle,* la parte del personaggio che dà il nome alla commedia *(p.es. Otello, Macbeth)* — *the leading rôle,* la parte del protagonista *(anche fig.).*

roll [roul] *s.* **1** rotolo; *(mecc.)* rullo; cilindro: *a roll of cloth (of newsprint, of photographic film, ecc.),* un rotolo di tessuto (di carta da giornale, di pellicola fotografica, ecc.) — *a roll of banknotes,* un rotolo di banconote — *a man with rolls of fat on his neck,* un uomo con i rotolini di grasso sul collo — *rolls of butter,* panetti *(cilindrici)* di burro — *sausage roll,* salciccia avvolta da una pasta sfoglia *(cotta al forno)* — *a roll of hair,* una crocchia di capelli — *roll-top desk,* tavolino o scrittoio 'americano' *(con serranda avvolgibile).*

2 *(anche* bread roll*)* pagnottella; panino: *a ham roll,* un panino imbottito di prosciutto.

3 risvolto *(di giacca, ecc.): a roll-collar,* un colletto a risvolto.

4 ruolo; elenco; lista, registro: *the Rolls, (stor.)* l'Archivio di Stato — *to call the roll,* fare l'appello — *roll-call,* appello *(scolastico, militare, ecc.)* — *roll of honour,* elenco (ufficiale) dei caduti in guerra; albo degli eroi — *He is on the rolls of fame, (fam.)* È celebre; È famoso — *to strike sb off the roll,* radiare *(un avvocato, un medico, ecc.)* dall'albo.

5 rotolamento; *(naut.)* rullio; rollio; dondolio; andatura dondolante; barcollio; ruzzolio; ruzzolata; il ruzzolare; *(acrobazia aerea, anche* barrel roll*)* tonneau *(fr.);* mulinello: *The slow, steady roll of the ship made us sick,* Il lento e persistente rullio della nave ci fece venire il mal di mare — *He walks with a nautical roll,* Cammina con una andatura dondolante — *The young foal was enjoying a roll on the grass,* Il puledrino si divertiva a ruzzolare sull'erba.

6 rullo; rullio *(di tamburi);* tuono; brontolio del tuono: *the distant roll of thunder (of drums),* il lontano brontolio del tuono (il rullo dei tamburi in lontananza).

to **roll** [roul] *vt e i.* **1** rotolare; far rotolare; ruotare; girare in tondo: *Rocks and stones were rolling down the hillside,* Rocce e sassi rotolavano giù per il pendio — *The coin fell and rolled under the table,* La moneta cadde e rotolò sotto il tavolo — *The bicycle hit me and sent me rolling (and rolled me over),* La bicicletta mi investì e mi fece ruzzolare a terra — *The man rolled the barrel into the yard,* L'uomo fece rotolare il barile fin nel cortile — *The child was rolling a hoop,* Il bambino faceva rotolare un cerchio — *rolling pin,* mattarello — *rolling stock,* materiale rotabile.

2 arrotolare, arrotolarsi; avvolgere, avvolgersi; raggomitolarsi; ruzzolare, ruzzolarsi: *He rolls his own cigarettes,* Le sue sigarette se le arrotola lui — *Roll the wool into a ball,* Avvolgi la lana in un gomitolo — *He rolled himself up in the blanket,* Si avvolse nella coperta — *He is rolling in money,* Sguazza nell'oro.

3 muoversi; sparire; andar via: *The clouds rolled away as the sun rose higher,* Le nubi si dileguarono mentre il sole si alzava all'orizzonte — *The tears were rolling down her cheeks,* Le lacrime le scendevano sulle guance — *The aircraft began to roll down the* *runway,* L'aeroplano incominciò a rullare lungo la pista — *to get things rolling,* mettere in moto le cose. **4** muoversi roteando; rotolare; far capriole: *The dolphins were rolling in the water,* I delfini facevano capriole nell'acqua.

5 rullare; spianare coi rulli; cilindrare; pressare; laminare; stendere *(la pasta)* col mattarello; *(tipografia)* inchiostrare a rullo: *to roll a lawn,* rullare (spianare) un praticello — *This dough rolls well,* Questa pasta si stende bene — *rolled gold,* oro laminato.

6 rollare; rullare *(naut.)*; dondolare *(di andatura)*; barcollare *(di ubriaco)*: *The ship was rolling heavily,* La nave rollava pesantemente — *We rolled and pitched for two days after leaving Lisbon,* Lasciata Lisbona, la nave rollò e beccheggiò per due giorni — *Many sailors have a rolling gait,* Molti marinai hanno un'andatura dondolante — *The drunken man rolled up to me,* L'ubriaco mi venne addosso barcollando.

7 *(di suoni)* tuonare; rintronare; *(di motori)* rombare; *(di tamburi)* rullare; arrotare *(la erre)*; *(fig.)* parlare con enfasi oratoria; *(di canto)* cantare a voce spiegata: *The drums rolled,* I tamburi rullarono — *The thunder rolled in the distance,* Si sentì tuonare in lontananza — *to roll one's r's,* arrotare la r — *He rolled out his words,* Pronunciò le sue parole con enfasi.

8 *(di occhi)* girare; ruotare; roteare; stralunare; strabuzzare: *His eyes rolled strangely at me,* Mi guardò con occhi stralunati.

9 derubare *(un ubriaco)*.

□ *A rolling stone gathers no moss, (prov.)* Pietra mossa non fa muschio; Chi cambia in continuazione lavoro non fa progressi.

to roll away ⇨ *il* **3**, *sopra.*

to roll in, arrivare, pervenire da ogni parte: *Offers of help are rolling in,* Stanno arrivando da ogni parte offerte di aiuto.

to roll on, - **a)** *(di tempo)* scorrere; passare: *The years rolled on,* Gli anni passavano - **b)** stendere *(con un rullo)* - **c)** infilarsi *(certi capi di vestiario)*: *She rolled her stockings on,* Si mise su le calze - **d)** *Roll on Christmas!,* Ben venga Natale! — *Roll on the holidays!,* Ben vengano le vacanze!

to roll out, - **a)** srotolare - **b)** stendere *(p.es. la pasta)*.

to roll up, - **a)** arrotolare; chiudere o piegare (arrotolando): *He rolled up his umbrella,* Arrotolò l'ombrello — *to roll up one's sleeves,* rimboccarsi le maniche - **b)** ammassarsi; accumularsi: *My debts are rolling up,* I miei debiti si stanno accumulando - **c)** arrivare; giungere; aggiungersi *(a un gruppo)*; *(fam.)* arrivare in automobile: *Two or three latecomers rolled up,* Si aggiunsero ancora due o tre ritardatari — *A coach rolled up to the inn,* Un pullman si arrestò alla locanda — *Roll up! Roll up!,* Venite tutti! - **d)** aggirare (il nemico) su un fianco - **e)** *(di porcospino, ecc.)* raggomitolarsi.

roller ['roulə*] *s.* **1** rullo; cilindro; rotella; *(metallurgia)* laminatoio — *garden roller,* rullo per giardino — *road-roller,* rullo compressore stradale — *roller gear,* ingranaggio a rulli — *roller-bearing,* cuscinetto a rulli — *roller-blind,* persiana avvolgibile — *roller-towel,* bandinella; asciugamano a tamburo — *roller-skates,* pattini a rotelle — *roller-coaster,* 'montagne russe'. **2** rotolo: *roller bandage,* rotolo di garza; benda. **3** *(naut.)* maroso; frangente; cavallone. **4** *(ornitologia)* ghiandaia marina; cornacchia celeste; piccione tomboliere; canarino tedesco.

rollicking ['rɔlikiŋ] *agg* allegro; brioso; festaiolo: *to have a rollicking time,* spassarsela un mondo.

[1]**rolling** ['rouliŋ] *s.* rotolamento; arrotolamento; avvolgimento; cilindratura *(di strada)*; laminatura *(industria tessile)*; laminazione *(di metalli)*; rollata; rollio; rullio: *rolling-mill,* laminatoio — *Per 'rolling-pin' e 'rolling-stock'* ⇨ **to roll 1**.

[2]**rolling** ['rouliŋ] *agg* ondulato; ondulante: *rolling country,* paesaggio ondulato — *a rolling plain,* una pianura ondulata.

roll-on ['roulɔn] *s. (fam.)* ventriera; guaina.

□ *agg* che si applica con movimento rotatorio *(p.es. un deodorante)*.

roll-(over)-bar ['roulbɑ:*] *s.* 'roll-bar' *(barra protettiva incorporata nel tetto delle automobili moderne)*.

roll-top ['roultɔp] *agg (solo in) roll-top desk,* scrittoio con alzata avvolgibile.

roly-poly ['rouli'pouli] *s.* **1** *(anche* roly-poly pudding*)* budino di pasta dolce arrotolata con marmellata, uva passa, ecc. **2** *(fam.)* bambino piccolo e paffuto.

Roman ['roumən] *agg* **1** romano; di Roma: *a Roman nose,* un naso aquilino. **2** della Chiesa di Roma; cattolico (romano).

□ *s.* **1** romano; cittadino di Roma *(spec. antica)*. **2** cattolico (romano).

romance [rou'mæns/rə-] *s.* **1** romanzo di avventure; racconto fantastico o sentimentale; avventura romanzesca, inverosimile. **2** *(stor.)* romanzo o poema cavalleresco. **3** *(fam.)* avventura *(spec. sentimentale)*; idillio. **4** atmosfera fantasiosa; fascino poetico; senso di avventura. **5** esagerazione fantasiosa; romanticheria; favola.

to **romance** [rou'mæns/rə-] *vi* romanzare; esagerare; raccontare con abbondanza di particolare fantastici o sentimentali.

Romance [rou'mæns/rə-] *agg* romanzo; neolatino.

Romanesque [,roumə'nesk] *s.* romantico *(stile)*.

Romanic [rou'mænik] *agg* **1** romanico *(stile)*. **2** romanzo.

romantic [rou'mæntik] *agg* **1** *(stor.)* romantico; del romanticismo *(in arte e letteratura)*. **2** *(di persone, ecc.)* romantico; sentimentale; irreale; visionario; fantastico. □ *avv* **romantically.**

□ *s.* **1** persona romantica. **2** *(al pl.)* idee, espressioni, sentimenti romantici; *(spreg.)* romanticherie; sentimentalismi.

romanticism [rou'mæntisizəm] *s. (arte, ecc.)* romanticismo.

romanticist [rou'mæntisist] *s. (scrittore, pittore, musicista, ecc.)* romantico; seguace del romanticismo.

to **romanticize** [rou'mæntisaiz] *vt e i.* fare il romantico; scrivere in modo romantico; trattare romanticamente; rendere romantico; essere romantico.

Romany ['rɔməni] *s.* **1** zingaro. **2** la lingua degli zingari.

□ *agg* zingaresco.

Romish ['roumiʃ] *agg (spreg.)* papistico.

romp [rɔmp] *s.* **1** *(raro)* bambino o bambina chiassosi; maschiaccio; monello. **2** gioco violento o rumoroso: *to have a romp,* mettersi a far trambusto; darsi a giochi rumorosi.

to **romp** [rɔmp] *vi* **1** *(spec. di bambini)* giocare rumorosamente *(saltando e urtandosi, ecc.)*. **2** *(ippica e fig.)* correre velocemente; vincere senza difficoltà: *The favourite romped home,* Il (cavallo) favorito vinse facilmente — *John just romps through his examinations, (fig.)* John passa gli esami con estrema facilità.

romper ['rɔmpə*] *s.* grembiule; vestitino; tuta; pagliaccetto per bambino: *a pair of rompers; a romper suit,* un vestitino per giocare.

rondeau, rondel ['rɔndou/'rɔndl] *s. (poesia; dal fr.)* rondò.

rondo ['rɔndou] *s. (pl.* **rondos,** *mus.)* rondò.

Röntgen rays ['rɔntjən'reiz] *s. pl* = **X-rays.**

rood [ru:d] *s.* **1** *(ant., anche* rood-tree*)* croce (di Cristo); legno della croce. **2** crocefisso *(di solito collocato su una parete di pietra o di legno scolpito, chiamata* rood screen, *tra la navata e il coro di una chiesa): rood-cloth,* velo che ricopre il crocefisso durante la quaresima. **3** *(GB)* 'rood' *(unità di misura di superficie pari a circa mille metri quadrati).*

roof [ru:f] *s.* **1** tetto; tettoia: *roof tree,* trave di colmo — *roof-rack, (di automobile)* portabagagli — *roof-top,* tetto — *to shout sth from the roof-tops,* urlare (gridare) qcsa ai quattro venti — *the roof of the world,* il tetto del mondo; l'Himalaya. **2** *(fig.)* volta; calotta: *the roof of heaven,* il cielo; la volta celeste — *the roof of the mouth,* il palato. **3** *(fig.)* casa. □ *to raise the roof, (fam.)* fare il diavolo a quattro; fare trambusto — *roof-garden,* giardino pensile.

to **roof** [ru:f] *vt (spesso seguito da* over*)* ricoprire; provvedere di tetto, di volta.

roofing ['ru:fiŋ] *s. (anche* roofing material*)* materiale da costruzione per tetti.

roofless ['ru:flis] *agg* senza tetto; scoperchiato.

roof(-)top ['ru:ftɔp] *s. e agg* ⇨ **roof 1.**

[1]**rook** [ruk] *s.* cornacchia.

[2]**rook** [ruk] *s.* baro.

to **rook** [ruk] *vt* **1** barare. **2** rubare sul prezzo.

[3]**rook** [ruk] *s. (scacchi)* torre.

rookery ['rukəri] *s.* **1** nidi di cornacchie *(su un gruppo di alberi);* colonia di cornacchie. **2** *(per estensione)* colonia di pinguini o foche.

rookie ['ruki] *s. (USA, fam.)* recluta; coscritto; *(per estensione)* esordiente.

room [rum/ru:m] *s.* **1** stanza; camera; vano; sala: *waiting room,* sala d'aspetto — *changing-room,* spogliatoio — *drawing-room,* salotto. **2** *(al pl.)* camere; stanze; alloggio; appartamento: *Come and see me in my rooms one evening,* Mi venga a trovare una sera nei miei appartamenti — *room-mate,* compagno di stanza o di appartamento. **3** spazio; posto: *Is there room for me in the car?,* C'è posto per me nell'auto? — *This table takes up too much room,* Questo tavolo occupa troppo spazio — *Make room, please!,* Fate largo, per cortesia! — *Can you make room on that shelf for some more books?,* Puoi fare un po' di posto su quello scaffale per qualche altro libro? — *Standing-room only!,* Solo posti in piedi! **4** luogo; occasione; possibilità: *There is no room for doubt,* Non c'è alcuna possibilità di dubbio — *There's room for improvement in your work,* C'è possibilità di miglioramento nel tuo lavoro.

to **room** [rum/ru:m] *vi* alloggiare; abitare: *He's rooming with my friend Smith,* Abita assieme al mio amico Smith — *rooming house,* pensione; casa in cui si affittano camere.

-roomed [ru:md] *agg (solo nei composti, p.es.) a three-roomed flat,* un appartamento di tre camere.

roomer ['rumə*] *s. (USA)* inquilino; affittuario di appartamento o di camere; pigionante.

roomful ['rumful] *s.* contenuto *(in mobili, persone, ecc.)* di una camera: *a roomful of noisy boys,* una camerata di ragazzi chiassosi.

roomy ['rumi] *agg* (**-ier**; **-iest**) spazioso; ampio; vasto: *a roomy cabin,* una cabina spaziosa — *a roomy raincoat,* un ampio impermeabile. □ *avv* **roomily.**

roost [ru:st] *s. (di volatili)* posatoio; pollaio: *to be at roost, (agg.)* essere appollaiato — *to go to roost, (fam.)* andare a letto, a nanna. □ *Curses come home to roost, (prov.)* Le maledizioni ricadono sul capo di chi le manda.

to **roost** [ru:st] *vi* **1** appollaiarsi; andare al pollaio. **2** *(fam., piuttosto desueto)* andare a dormire (a nanna, 'a pollaio'.

rooster ['ru:stə*] *s.* gallo domestico.

root [ru:t] *s.* **1** radice *(in molti sensi): to pull up a plant by the roots,* sradicare una pianta — *to take (to strike) root, (anche fig.)* prender radice; attecchire — *root and branch, (fig.)* interamente; radicalmente; del tutto — *root crops,* radici commestibili *(carote, rape, ecc.)* — *square (cube) root,* radice quadrata (cubica) — *root beer, (USA)* bevanda analcoolica fatta con radici varie. **2** *(fig.)* radice; base; origine; sorgente: *to get to (o at) the root of the matter,* andare a fondo della faccenda — *the root of all evil,* la fonte di ogni male.

[1]to **root** [ru:t] *vt e i.* **1** *(di piante, ecc.)* metter radici; attecchire; allignare. **2** *(fig.)* inchiodare; fissare; immobilizzare: *He stood there rooted to the spot,* Stette lì inchiodato sul posto. **3** *(fig.: di idee, ecc.)* radicare; rendere duraturo o permanente: *She has a rooted objection to cold baths,* Ha un'avversione radicata per i bagni freddi. **4 to root up,** sradicare. **5 to root out,** svellere; estirpare; strappar via; liberare completamente il terreno *(da erbacce, ecc.).*

[2]to **root** [ru:t] *vi e t.* **1** *(spesso seguito da* about *o* around*)* grufolare; frugare; scavare con il grugno *(in cerca di cibo); (fig.)* frugare; scovare; cercare; tramestare: *He was rooting about among piles of papers for a missing document,* Stava frugando fra cataste di carte alla ricerca di un documento mancante. **2 to root for,** *(fam., spec. USA, ora anche GB)* parteggiare (tifare) per; sostenere: *to root for the local baseball team,* tifare per la squadra locale di baseball.

to **rootle** ['ru:tl] *vi* **1** scavare; frugare. **2** *(di maiale)* scavare; frugare col grugno *(in cerca di cibo).*

rootless ['ru:tlis] *agg* senza radice; *(di persona)* sradicato.

rope [roup] *s.* **1** corda; fune; canapo; *(naut.)* cavo: *rope ladder,* scala di corda — *rope-walk,* corderia — *tow-rope,* cavo per il rimorchio — *the rope, (per autonomasia)* il capestro; *(talvolta)* la frusta — *the ropes,* le corde *(del quadrato pugilistico)* — *to be on the ropes, (anche fig.)* essere alle corde — *to know (to learn, to show sb) the ropes,* conoscere (imparare, mostrare a qcno) i trucchi del mestiere — *to put sb up to the ropes,* insegnare a qcno i trucchi del mestiere — *to give sb (plenty of) rope, (fig.)* dare corda a qcno — *Give a fool rope enough and he'll hang himself, (prov.)* Da' abbastanza corda ad uno sciocco e si impiccherà. **2** resta *(di cipolle);* collana; filo; treccia. □ *rope-dancer; rope-walker,* funambolo.

to **rope** [roup] *vt* **1** *(spesso seguito da* up*)* legare; assicurare con corda: *to rope climbers together,* assicurare a una corda un gruppo di alpinisti. **2** *(spesso seguito da* off*)* cintare *(un terreno, ecc.)* con corde: *Part of the field was roped off,* Una parte del campo era cintata da corde. **3 to rope sb in (for sth),** *(fam.)* riuscire a persuadere qcno (a fare qcsa).

ropeway ['roupwei] *s.* funivia; teleferica.

ropey, ropy ['roupi] *agg (sl.)* scadente.

ropy ['roupi] *agg* **1** *(di liquido)* filamentoso; viscoso. **2** *(di dolce, ecc.)* appiccicaticcio; ispessito.

rosary ['rouzəri] *s.* **1** rosario; corona. **2** rosaio; roseto.

[1]**rose** [rouz] *pass di* **to rise**.

[2]**rose** [rouz] *s.* **1** rosa: *rose-water,* acqua di rose — *a bed of roses,* roseto; *(fig.)* un letto di rose; rose e fiori — *a rose-bed,* un roseto — *Life is not all roses,* La vita non è tutta rose e fiori — *to gather life's roses, (fig.)* darsi ai piaceri della vita. **2** color rosa: *to see things through rose-coloured spectacles, (fig.)* veder le cose color rosa (con lenti rosa). **3** rosetta *(di innaffiatoio, di nastrini, ecc.).* □ *rose window, (archit.)* rosone.

roseate ['rouziət/-iit] *agg* roseo; rosato.

rosebud ['rouzbʌd] *s.* bocciolo di rosa: *a rosebud mouth,* una boccuccia di rosa; *(USA, scherz.)* una bella ragazza; una ragazza debuttante.

rosemary ['rouzməri] *s.* rosmarino.

rosette [rou'zet] *s.* **1** rosetta; coccarda. **2** *(archit.)* rosone.

rosewood ['rouzwud] *s.* (legno di) palissandro.

rosin ['rɔzin] *s.* resina; *(spec.)* colofonia; pece greca.

to **rosin** ['rɔzin] *vt* cospargere di resina (di colofonia, di pece greca).

roster ['roustə*] *s.* ruolo; elenco; lista; foglio (con i turni di servizio).

rostrum ['rɔstrəm] *s.* (*pl.* **rostra, rostrums**) rostro *(in ogni senso);* tribuna; leggio di conferenziere.

rosy ['rouzi] *agg* (**-ier; -iest**) roseo *(anche fig.);* rosato. □ *avv* **rosily.**

rot [rɔt] *s.* **1** putrefazione; decomposizione; marciume; *(di solito* the rot*)* moria (delle pecore): *The rot has set in, (fig.)* Le cose cominciano a mettersi male; È cominciato il declino. **2** *(sl., anche* tommy rot*)* sciocchezza; assurdità; pagliacciata; sciocchezze; scemenze; fandonie; 'balle': *Don't talk rot,* Non dire scemenze. **3** *(cricket, mil.)* serie di sbagli, di insuccessi, di rovesci, di fiaschi.

to **rot** [rɔt] *vi e t.* (**-tt-**) **1** *(spesso seguito da* away*)* imputridire; decomporsi; marcire *(anche fig.): to rot in jail,* marcire in prigione. **2** *(seguito da* off*)* cadere per il marciume. **3** far marcire; rovinare; sciupare: *rot-gut; (talvolta) gut-rot, (sl.)* 'rovina-stomaco'; liquore cattivo, troppo forte. **4** *(GB, sl. desueto, nella forma progressiva)* dire sciocchezze; scherzare.

rota ['routə] *s.* orario dei turni *(di servizio);* persone di turno *(di servizio).* □ *the Rota,* la Sacra Rota.

Rotarian [rou'tɛəriən] *s.* rotariano; membro di un 'Rotary Club'.

rotary ['routəri] *agg* rotante; rotatorio; girevole: *a rotary pump,* una pompa rotativa — *a rotary engine,* un motore rotativo.

to **rotate** [rou'teit] *vi e t.* **1** ruotare; far ruotare. **2** avvicendarsi. **3** coltivare a rotazione.

rotation [rou'teiʃən] *s.* **1** rotazione *(anche agraria).* **2** successione; avvicendamento: *to do sth in rotation,* fare qcsa a rotazione (a turno, in successione).

rotative ['routətiv] *agg (mecc.)* rotativo; rotatorio.

rotatory ['routətəri] *agg* rotatorio: *rotatory movement,* movimento rotatorio.

rote [rout] *s. (soltanto nell'espressione) by rote,* a memoria; meccanicamente; pappagallescamente: *to do sth by rote,* fare qcsa meccanicamente — *to learn sth by rote,* imparare qcsa a memoria *(per ripeterla poi pappagallescamente).*

rotogravure [ˌroutougrə'vjuə*] *s.* rotocalco.

rotor ['routɔ:*] *s.* rotore *(d'elicottero, ecc.).*

rotten ['rɔtn] *agg* **1** marcio *(anche fig.);* putrefatto; putrido; fradicio; *(di dente)* cariato. **2** *(fig.)* corrotto. **3** *(sl.)* disgustoso; sgradevole; schifoso; seccante: *What rotten luck!,* Che iella!; Che razza di sfortuna! — *What rotten weather!,* Che tempaccio!; Che tempo schifoso! — *to feel rotten,* sentirsi annoiato, stanco, malato, nauseato. □ *avv* **rottenly.**

rottenness ['rɔtnis] *s.* **1** marciume; *(anche fig.)* putrefazione. **2** *(fig.)* corruzione.

rotter ['rɔtə*] *s. (GB, sl. un po' desueto: di persona)* canaglia; farabutto; carogna; mascalzone; porco.

rotund [rou'tʌnd] *agg* **1** paffuto; rotondo; grassoccio. **2** *(di tono di voce)* pieno; profondo. **3** *(di stile)* magniloquente; altisonante. □ *avv* **rotundly.**

rotunda [rou'tʌndə] *s. (archit.)* rotonda.

rotundity [rou'tʌnditi] *s.* **1** rotondità *(di fattezze).* **2** magniloquenza. **3** *(di voce)* ricchezza; pienezza; profondità.

rouble ['ru:bl] *s.* rublo.

roué ['ruei] *s. (fr.)* libertino.

rouge [ru:ʒ] *s.* **1** rossetto; belletto *(per le guance).* **2** ossido di ferro *(per pulire l'argenteria).*

to **rouge** [ru:ʒ] *vt e i.* **1** dare il rossetto, il belletto; imbellettarsi. **2** pulire *(l'argenteria)* con l'ossido di ferro.

[1]**rough** [rʌf] *agg* **1** ruvido; rozzo; scabro; accidentato; irregolare; disuguale: *rough paper,* carta ruvida — *a fruit with a rough skin,* un frutto dalla buccia irregolare, ruvida — *cloth that is rough to the touch,* panno ruvido al tatto — *rough coat, (di animale)* mantello o pelame irsuto; *(edilizia)* 'rinfazzo'; prima mano d'intonaco — *rough coating,* materiale d'intonaco.

2 *(di suono)* aspro; discordante; disarmonico; stridente: *a rough voice,* una voce aspra.

3 *(di tempo atmosferico)* brutto; cattivo; ventoso; burrascoso; tempestoso; *(del mare)* grosso; agitato: *to have a rough crossing,* fare una traversata burrascosa — *rough weather,* tempo brutto, piovoso e ventoso.

4 *(di lavoro)* grossolano; grezzo; non rifinito; approssimativo; alla buona: *a rough sketch,* uno schizzo approssimativo; un primo abbozzo — *a rough translation,* una traduzione fatta alla bell'e meglio — *rough copy,* brutta copia — *rough draft,* abbozzo; minuta — *rough accomodation at a small country inn,* una sistemazione alla buona in una piccola locanda di campagna — *rough and ready,* approssimativo; empirico — *rough and ready methods,* metodi empirici, casalinghi, alla buona — *a rough and ready chap,* un tipo che non bada al sottile — *rough justice,* giustizia sommaria — *a rough estimate,* un calcolo approssimativo — *at a rough guess,* ad occhio e croce; grosso modo.

5 *(di vita)* disagiata; tribolata; accidentata; scomoda; difficile; grama; primitiva: *to lead a rough life away from civilization,* condurre una vita disagiata lontano dalla civiltà — *It's rather rough on her having to live with her mother-in-law,* È piuttosto duro per lei dover vivere con la suocera — *We've had a rough time,* Abbiamo avuto dei momenti piuttosto brutti — *What rough luck!,* Che sfortuna!; Che scalogna!

6 *(di persona)* rozzo; rude; grossolano; zotico; villano; sgarbato; *(di temperamento)* iracondo; iroso; violento; turbolento; *(di bambini, ecc.)* chiassoso; rumoroso: *He has a rough tongue,* Non ha peli sulla lingua — *He gave me the rough side of his tongue,* Mi ha parlato con asprezza, in modo sgarbato, da villano — *Keep away from the rough quarter of the town,* Stai alla larga dal quartiere malfamato della città — *I don't like his rough manners,* Non mi piacciono i suoi modi bruschi — *rough handling,* maltrattamenti; violenza;

(comm.) mancanza di cura; maneggio trascurato *(di merce).*

□ *rough-and-tumble,* baruffa; tumulto; *(come agg.)* irregolare; disordinato; caotico; *(di persona)* violento; turbolento — *to lead a rough-and-tumble life,* condurre una vita disordinata — *rough-rider,* scozzone; domatore di cavalli; *(mil.)* soldato irregolare di cavalleria — *rough-spoken,* aspro nel parlare; dalle parole sgarbate — *a rough diamond, (fig.)* un burbero benefico. □ *avv* **roughly** ⇨.

□ *avv (fam.)* rudemente; grossolanamente: *to treat sb rough,* trattare qcno in malo modo — *to play rough,* fare un gioco pesante; fare giochi rumorosi o grossolani — *to cut up rough,* ⇨ **to cut up, c).**

□ *s.* **1** terreno accidentato; *(in un campo di golf)* erba lunga. **2** materiale grezzo; *(fig.)* le traversie della vita; lo stato naturale: *to take the rough with the smooth,* prendere la vita come viene. **3 in the rough,** allo stato grezzo; in modo incompleto; approssimativamente — *I've seen the new statue only in the rough,* Ho visto solo l'abbozzo della nuova statua — *It will cost 1,000 pounds in the rough,* Verrà a costare pressapoco 1.000 sterline — *My plans are still in the rough,* I miei piani sono ancora appena abbozzati. **4** *(fam.)* teppista; giovinastro; scavezzacollo: *A gang of roughs knocked him down and took all his money,* Una banda di teppisti lo buttò a terra e gli prese tutti i soldi.

to **rough** [rʌf] *vt* rendere ruvido; irruvidire; increspare; arruffare; *(fig.)* maltrattare: *Don't rough (up) my hair, dear,* Non arruffarmi i capelli, caro — *You'll rough her up the wrong way, (fam.)* La farai solo arrabbiare.

□ *to rough it,* far vita dura; vivere senza comodità — *The explorers had to rough it when they got into the jungle,* Una volta entrati nella giungla, gli esploratori dovettero adattarsi a vivere come dei primitivi — *to rough sth in (o out),* abbozzare; schizzare; tracciare alla meglio.

roughage ['rʌfidʒ] *s.* elemento dietetico ricco di cellulosa *(p.es. crusca di cereali)* ingerito per stimolare gli intestini.

rough-cast ['rʌfkɑ:st] *s.* intonaco grezzo *(con piccoli ciottoli incorporati): a rough-cast wall,* un muro ad intonaco grezzo.

to **rough-cast** ['rʌfkɑ:st] *vt* **1** intonacare *(muri)* rozzamente, rusticamente. **2** abbozzare *(un saggio, un romanzo).*

to **rough-dry** ['rʌf'drai] *vt* asciugare *(panni)* senza stirarli.

to **roughen** ['rʌfən] *vt* **1** rendere ruvido. **2** *(fig.)* rendere grossolano, rozzo.

to **rough-hew** ['rʌf'hju:] *vt* digrossare; sgrossare *(di legno);* abbozzare *(una statua, un disegno); (fig.)* dirozzare; insegnare l'abc del comportamento.

roughhouse ['rʌf'haus] *s. (fam.)* rissa; baruffa rumorosa.

to **roughhouse** ['rʌf'haus] *vt (fam.)* maltrattare; malmenare.

roughly ['rʌfli] *avv* **1** rudemente: *to treat sb roughly,* trattare qcno rudemente, a male parole. **2** grossolanamente; approssimativamente; press'a poco: *a roughly made table,* un tavolo fatto alla buona — *roughly speaking,* parlando così alla buona, a occhio e croce — *at a cost of roughly ten pounds,* un costo approssimativo di dieci sterline.

roughneck ['rʌf'nek] *s. (USA, fam.)* attaccabrighe; rompicollo; scavezzacollo; giovinastro; teppista.

roughness ['rʌfnis] *s.* **1** ruvidità; rozzezza; scabrosità. **2** *(di voce)* asprezza. **3** *(di comportamento)* severità; sgarbatezza; rudezza. **4** *(del mare)* agitazione; stato di burrasca. **5** *(di individui)* turbolenza; violenza; *(di giochi)* grossolanità.

roughshod ['rʌfʃɔd] *agg (di cavallo)* ferrato a ghiaccio. □ *to ride roughshod over sb,* calpestare, trattar male qcno; fare il prepotente con qcno.

[1]**round** [raund] *agg* **1** rotondo; tondo; tondeggiante; rotondeggiante; circolare; sferico; cilindrico: *a round plate (table),* un piatto (un tavolo) rotondo — *a round-table conference,* una 'tavola rotonda' — *the Round Table,* la Tavola Rotonda *(dei Cavalieri di Re Artù)* — *a round game,* un gioco in circolo — *a round hand,* una scrittura rotondeggiante — *a round face,* un viso tondo, paffuto — *round angle, (geometria)* angolo giro.

2 *(di viaggio, ecc.)* di andata e ritorno; circolare; con ritorno al punto di partenza: *a round trip,* una gita circolare (di andata e ritorno) — *a round-trip ticket, (spec. USA)* un biglietto di andata e ritorno — *a round robin,* una petizione circolare *(originariamente con le firme disposte a cerchio, per nascondere l'ordine in cui erano state scritte)* — *a round dance,* una danza in tondo.

3 *(di voce, di timbro, ecc.)* pieno; sonoro pastoso; *(di stile)* fluente; ben tornito; scorrevole; *(archit.)* a tutto sesto: *a round vowel,* una vocale piena — *a round arch,* un arco a tutto sesto.

4 intero; completo; bello; buono; perfetto: *a round dozen,* un'intera dozzina — *a good round sum,* una bella sommetta — *in round figures,* in cifre tonde — *at a round pace,* di buon passo — *a round oath,* un'imprecazione bell'e buona.

5 sincero; esplicito; chiaro: *in round terms,* in termini espliciti — *a round unvarnished tale,* un racconto schietto.

□ *to bowl round-arm, (al cricket)* lanciare la palla roteando il braccio — *round-backed (-shouldered),* dalla schiena ricurva — *round-eyed,* con gli occhi spalancati — *round-house,* - **a)** *(naut.)* tuga - **b)** rotonda; rimessa *(con piano girevole)* per locomotive - **c)** *(stor.)* carcere; guardina — *round-shot,* palla di cannone — *round-towel,* asciugamano a rullo; bandinella — ⇨ *anche* **round-up.** □ *avv* **roundly** ⇨.

[2]**round** [raund] *s.* **1** tondo; circolo; cerchio; sfera; globo; cilindro: *a round of beef,* una fetta (rotonda) di manzo — *a round of toast,* una fetta di pane tostato; un crostino — *the rounds of a ladder (of a chair),* i piuoli di una scala (i braccioli di una sedia) — *a statue in the round,* una statua a tutto tondo — *to see sth in the round,* vedere qcsa da ogni lato; *(fig.)* esaminare qcsa *(spec. un problema)* in tutti i suoi aspetti.

2 giro; passeggiata; giro d'ispezione; *(mil.)* ronda: *to make (to go) one's rounds, (di medico, poliziotto, ecc.)* fare il solito giro di visite, di ispezioni — *to go the rounds, (mil.)* fare la ronda; *(di notizie)* fare il giro; diffondersi presto — *The news quickly went the rounds of the village,* La notizia fece presto il giro del paese.

3 ciclo *(di occupazioni, di stagioni);* serie; successione; *(astronomia)* rotazione; rivoluzione: *the daily round,* le occupazioni quotidiane; il tran tran — *the earth's daily round,* la rotazione della terra — *the earth's yearly round,* il ciclo annuale (delle stagioni) della terra — *a round of pleasures (gaiety),* una serie di feste, di ricevimenti — *a round of days,* una successione di giorni — *to stand a round of drinks,* offrire da bere a tutti — *another round of wage claims,* un'altra serie di rivendicazioni salariali.

4 *(di gioco)* partita; mano; giro; incontro; tempo; *(pu-*

gilato) ripresa; round: *a boxing-match of ten rounds,* un incontro di pugilato in dieci riprese — *to have a round of cards,* fare una mano di carte — *a round of golf,* una serie di buche *(del golf);* un giro.
5 *(mil.)* colpo; carica; scarica; salva; sparo; *(industria mineraria)* volata: *a blank round,* uno sparo a salve; un colpo in bianco — *a live round,* un colpo con proiettile — *We have only three rounds of ammunition left,* Ci rimangono munizioni soltanto per tre scariche — *101 rounds were fired in his honour,* Furono sparate 101 salve di cannone in suo onore.
6 scroscio; scoppio *(di risate, di applausi): round after round of cheers,* uno scroscio di applausi dopo l'altro.
7 *(mus.)* canone.

[3]**round** [raund] *prep* **1** *(di moto, di stato)* attorno; intorno: *The earth moves round the sun,* La terra si muove intorno al sole — *Drake sailed round the world,* Drake fece il giro del mondo — *They were sitting round the table,* Sedevano attorno al tavolo — *He had a scarf round his neck,* Aveva una sciarpa intorno al collo — *We haven't time to go round the museum,* Non abbiamo tempo per visitare tutto il museo — *Shall I show you round the house?,* Vuole che Le faccia visitare tutta la casa? — *He looked round the room,* Guardò in giro per la stanza.
2 *(cambiamento di direzione)* attorno; dietro: *to turn (to follow sb) round the corner,* girare all'angolo (seguire qcno dietro l'angolo della strada).
3 circa; all'incirca; press'a poco; approssimativamente: *He arrived round about two o'clock,* Arrivò press'a poco alle due — *He's ready to pay somewhere round a thousand pounds for a car,* Per un'automobile è disposto a spendere intorno alle mille sterline.
□ *round-the-clock, (come avv. e agg. attrib.)* per tutte le ventiquattr'ore — *round the bend, (sl.)* pazzo; matto; scemo.

[4]**round** [raund] *avv* **1** intorno; attorno; all'intorno; in giro: *Don't turn (look) round,* Non girarti; Non girare la testa — *The hour hand of a clock goes right round in twelve hours,* In un orologio la lancetta delle ore fa un giro completo in dodici ore — *Christmas will soon be round again,* Presto sarà di nuovo Natale — *to come round,* ritornare; fare ritorno; riprendere conoscenza *(ma* ⇨ *anche il* **4** *sotto)* — *I shall be glad when spring comes round again,* Sarò lieto quando tornerà la primavera — *round and round,* con ripetute rotazioni — *all round; right round,* con un giro completo; tutt'intorno — *all the year round,* (per) tutto l'anno — *to sleep (to work) the clock round,* dormire (lavorare) per dodici ore o più — *round about,* - **a)** nella direzione opposta - **b)** tutt'intorno - **c)** all'incirca (*ma* ⇨ *anche* **roundabout**).
2 attorno; a forma di cerchio; all'intorno; tutt'intorno: *A crowd soon gathered round,* Ben presto si raccolse una folla tutt'intorno — *The garden has a high wall all round,* Il giardino ha un muro tutt'intorno.
3 intorno: *Her waist is only twenty-four inches round,* Ha un giro di vita di soli ventiquattro pollici *(60 cm. circa).*
4 in giro; in vari luoghi; da un punto all'altro; *(fig.)* in tutti i punti *(di un problema, ecc.): Please hand these papers round,* Per favore, distribuisci questi fogli — *The news was soon passed round,* La notizia si diffuse rapidamente (fece presto il giro) — *Tea was served (passed) round,* Fu servito il tè — *to go round,* bastare; fornire (servire) tutti — *Have you enough food to go round?,* Hai cibo sufficiente per tutti? — *Will the meat go round?,* Pensi che la carne basterà per tutti? — *taking it all round,* considerando *(il problema, ecc.)* in tutti i suoi aspetti, nel suo insieme — *to look round,* dare un'occhiatina in giro; visitare — *Let's go into the town and look round (and have a look round),* Andiamo a visitare la città — *to show sb round,* guidare qcno in una visita — *The manager showed us round the factory,* Il direttore ci fece visitare lo stabilimento — *to come round,* - **a)** venire a trovare: *Come round and see me this evening,* Vieni a trovarmi stasera - **b)** ⇨ **to come.**
5 *(in certe espressioni significa)* con un lungo giro: *If you can't jump over the stream, you'll have to go round by the bridge,* Se non ce la fai a saltare il torrente, dovrai fare il giro per il ponte — *The taxi-driver brought us a long way round,* Il tassista ci fece fare un lungo giro vizioso.
6 nelle vicinanze; nei dintorni: *all the country round,* tutta la campagna nei dintorni — *everybody for a mile round,* tutti entro il raggio di un miglio — *in all the villages round about,* in tutti i paesi del circondario.

to **round** [raund] *vt e i.* **1** arrotondare; rendere rotondo; arricciare: *to round the lips,* arricciare le labbra *(p.es. per pronunciare la vocale o)* — *Stones are rounded by the action of water,* Le pietre sono levigate dall'azione dell'acqua.
2 girare intorno; *(naut.)* doppiare: *to round a corner,* girare un angolo.
to round sth down, arrotondare qcsa *(una cifra)* a sfavore di qcno.
to round off, completare; perfezionare; smussare *(angoli): to round off a sentence,* perfezionare una frase — *to round off one's career by being made a Minister,* completare la propria carriera con la nomina a ministro.
to round on sb = to round upon sb.
to round out, - **a)** arrotondarsi; ingrassare - **b)** perfezionare; completare: *Her figure is beginning to round out,* La sua figura incomincia a farsi rotondetta.
to round up, - **a)** raccogliere; radunare; riunire; *(di polizia)* fare una retata: *The courier rounded up the tourists and hurried them back into the coach,* L'accompagnatore radunò i turisti e li fece tornare in fretta all'autobus — *The cowboy rounded up the cattle,* Il mandriano radunò il bestiame - **b)** *to round sth up,* arrotondare qcsa *(una cifra)* a favore di qcno.
to round upon sb, attaccare qcno improvvisamente; saltargli addosso *(anche fig.).*

[1]**roundabout** ['raundəbaut] *agg* indiretto; obliquo; tortuoso; traverso: *I heard the news in a roundabout way,* Ho sentito la notizia indirettamente — *a roundabout way of saying things,* un modo obliquo di dire le cose; una circonlocuzione — *We came by a roundabout route,* Siamo venuti per una via traversa — *What a roundabout way of doing things!,* Che modo complicato di fare le cose!

[2]**roundabout** ['raundəbaut] *s. (GB)* **1** giostra *(di fiera).*
2 *(di traffico)* rotonda; rondò; piazzale spartitraffico con senso rotatorio; piazza di circolazione. □ *You lose on the swings what you make on the roundabouts, (prov.)* Vincere e tornare a perdere tutto.

roundel ['roundl] *s.* **1** tondo; pannello di forma circolare; medaglione decorativo. **2** *(mus.)* rondò.

roundelay ['raundilei] *s. (ant.)* canzonetta con ritornello; rondò.

rounders ['raundəz] *s. pl* gioco simile al baseball.

Roundhead ['raundhed] *s. (stor., GB)* 'testatonda'; puritano; sostenitore del partito parlamentare durante la guerra del 1642-47.

roundish ['raundiʃ] *agg* rotondeggiante; rotondetto; alquanto rotondo.

roundly ['raundli] *avv* **1** in forma rotondeggiante; a sfera. **2** chiaro e tondo; energicamente; severamente: *Tell her roundly that she is not wanted,* Dille chiaro e tondo che la sua presenza non è gradita — *He was roundly cursed,* Gliene dissero di cotte e di crude.

roundness ['raundnis] *s.* **1** rotondità; sfericità. **2** *(di voce)* pienezza; pastosità; sonorità. **3** *(di stile)* scorrevolezza.

roundsman ['raundzmən] *s.* *(pl.* **roundsmen**) fattorino; commesso fattorino.

round-up ['raundʌp] *s.* **1** *(USA)* battuta a cavallo per radunare il bestiame. **2** *(fam., per estensione)* retata. **3** programma radiofonico (notiziario, servizio giornalistico, ecc.) con il concorso di più corrispondenti in luoghi diversi.

to **rouse** [rauz] *vt e i.* **1** svegliare; risvegliare; destare. **2** incitare; spingere; sollevare; provocare. **3** *(di solito* to rouse up*)* svegliarsi; destarsi; ridestarsi. **4** stanare *(selvaggina).* **5** agitare; mescolare; rimestare. **6** *(naut.)* alare con forza.

rout [raut] *s.* **1** *(mil.)* rotta; disfatta; sconfitta: *to put an army to rout,* mettere in rotta (sconfiggere clamorosamente) un esercito. **2** *(ant., poet.)* adunata; riunione *(spec. festosa).* **3** *(dir.)* folla tumultuante; sommossa; assembramento; adunata sediziosa.

[1]to **rout** [raut] *vt* mettere in rotta; sbaragliare; sgominare.

[2]to **rout** [raut] *vt to rout sb up (out),* buttar qcno fuori, giù dal letto, ecc.

route [ru:t] *s.* **1** via; rotta; percorso; itinerario: *en route, (fr.)* per strada; in cammino; in viaggio. **2** *(mil.)* ordini di marcia: *route march,* marcia d'addestramento. **3** *(solo USA, pronunzia* raut*)* giro di consegna.

to **route** [ru:t] *vt* **1** istradare; inoltrare *(merci, ecc.).* **2** predisporre; avviare *(p.es. un ciclo di lavorazione).*

routine [ru:'ti:n] *s.* **1** consuetudine; ordinaria amministrazione: *business routine,* il solito andamento degli affari — *a question of routine,* un affare di ordinaria amministrazione — *the routine procedure,* la procedura consueta, ordinaria, 'routinaria' — *my routine duties,* i miei doveri abituali. **2** 'numero' *(di un comico, ecc., in uno spettacolo di varietà).*

to **rove** [rouv] *vi e t.* **1** vagare; errare; vagabondare: *to rove over sea and land,* vagare per terra e per mare *(anche fig.)* — *a roving commission,* un mandato che autorizza a spostarsi da un luogo all'altro durante un'indagine. **2** *(degli occhi, dei pensieri, ecc.)* vagare qua e là; errare.

rover ['rouvə*] *s.* **1** vagabondo. **2** *sea-rover, (ant.)* pirata; corsaro. **3** 'rover' *(capo di giovani esploratori).* **4** *(nel tiro con l'arco)* bersaglio lontano, scelto a caso.

[1]**row** [rou] *s.* **1** fila; riga: *a hard row to hoe, (fig.)* un osso duro; una gatta da pelare. **2** filare *(di alberi, ecc.).*

[2]**row** [rou] *s.* vogata; remata; giro in barca: *to go for a row,* andare a fare un giro in barca, una remata.

[1]to **row** [rou] *vt e i.* **1** remare; spingere coi remi; trasportare in barca: *to row a fast stroke,* remare a ritmo accelerato — *Let's row a race,* Facciamo una gara *(di canottaggio)* — *to be rowed out,* essere stremato dopo una lunga remata — *to row over,* stravincere una gara *(di canottaggio);* fare una 'passeggiata' in barca. **2** essere canottiere.

[3]**row** [rau] *s.* **1** *(fam.)* chiasso; baccano: *to kick up a row,* fare un baccano del diavolo. **2** lite; litigio; baruffa; rissa; alterco: *to have a row with the neighbours,* litigare coi vicini. **3** rimprovero; 'cicchetto': *to get into a row, (fam.)* buscarsi un rimprovero.

[2]to **row** [rau] *vt e i.* **1** sgridare; rimproverare aspramente. **2** litigare; altercare.

rowan ['rauən] *s.* **1** sorbo selvatico. **2** *(anche* rowanberry*)* sorba selvatica.

rowdiness ['raudinis] *s.* turbolenza; agitazione violenta.

rowdy ['raudi] *agg* (**-ier**; **-iest**) chiassoso; turbolento; litigioso; violento. □ *avv* **rowdily.**

□ *s.* attaccabrighe; scalmanato; facinoroso; teppista.

rowdyism ['raudiizəm] *s.* condotta turbolenta; comportamento violento, litigioso; teppismo.

rowel ['rauəl] *s.* rotella di sperone.

rower ['rouə*] *s.* rematore; vogatore; canottiere.

[1]**rowing** ['rouiŋ] *s.* *(anche attrib.)* canottaggio.

[2]**rowing** ['rauiŋ] *s.* il litigare.

rowlock ['rɔlək/'rʌlək] *s.* scalmo; scalmiera.

royal ['rɔiəl] *agg* **1** reale; regale; regio: *His (Her) Royal Highness,* Sua Altezza Reale — *of the blood royal,* di sangue reale. **2** *(fig.)* splendido; maestoso: *a royal welcome,* un'accoglienza da re. □ *royal blue,* blu savoia — *a battle royal,* una battaglia campale — *royal road* ⇨ **road 1.** □ *avv* **royally.**

royalist ['rɔiəlist] *s.* realista; monarchico.

royalty ['rɔiəlti] *s.* **1** i reali; la famiglia reale. **2** regalità; sovranità; dignità di re. **3** royalty *(importo corrisposto al proprietario della terra in cambio dello sfruttamento di miniera, giacimento, ecc.); (per estensione, al pl.:* royalties*)* diritti di brevetto; diritti d'autore; 'redevances'.

rub [rʌb] *s.* **1** sfregamento; fregata; strofinata; stropicciata; fregatina; *(med.)* frizione; massaggio: *Give the spoons a good rub (talvolta: rub-up),* Dai una bella lucidata ai cucchiai — ⇨ *anche* **rub-down. 2** difficoltà; punto difficile; ostacolo; impedimento: *(generalm. nell'espressione) There's the rub,* È questo il punto cruciale; Questo è il guaio. **3** *(nel gioco delle bocce)* asperità; irregolarità del terreno. **4** *(fig.)* critica; scherno. **5** *(fam.)* cote; pietra pomice.

to **rub** [rʌb] *vt e i.* (**-bb-**) **1** fregare; sfregare; strofinare; stropicciare; *(med.)* frizionare; massaggiare: *He was rubbing his hands together,* Si stropicciava le mani — *He rubbed his hands with the soap,* Si insaponò le mani — *The dog rubbed itself against my legs,* Il cane si strofinò contro le mie gambe — *to rub shoulders with sb,* avere rapporti (essere in contatto, incontrarsi frequentemente) con qcno.

2 sfregare contro; toccare sfregando: *What is the wheel rubbing on (*o *against)?,* Contro che cosa sfrega la ruota? — *The door rubs on the floor,* La porta sfrega sul pavimento.

3 pulire; asciugare; lustrare; lucidare (fregando): *Rub the surface dry,* Strofinare la superficie fino a renderla asciutta.

to rub along, arrangiarsi; cavarsela; *(di due persone)* tirare avanti; vivere insieme senza troppi bisticci: *We manage to rub along together,* Riusciamo a tirare avanti discretamente.

to rub away, togliere; pulire; cancellare *(sfregando con la gomma, ecc.).*

to rub down, sfregare; strofinare vigorosamente per asciugare o pulire o per ridurre lo spessore di una superficie; strigliare *(un cavallo): He rubbed himself down after his bath,* Dopo aver fatto il bagno si strofinò energicamente con l'asciugamano.

to rub in, far entrare; far penetrare frizionando; *(fig.)* imprimere bene in mente: *Rub the liniment well in,*

Friziona bene la pomata per farla penetrare — *I know you're cleverer than I am, but you needn't rub it in,* So che sei più intelligente di me, ma non è necessario che me lo dica con tanta insistenza.

to rub off, - a) togliere, cancellare sfregando: *to rub the nap off the cloth,* strofinare via, far sparire la peluria dal panno — *How did you rub the skin off your knees?,* Come hai fatto a spellarti (a scorticarti) le ginocchia? - b) *to rub off on (o onto) sb, (di idee, gusti, ecc.)* trasferirsi su qcno: *Something of his love of music has rubbed off on her,* Le ha trasmesso un po' del suo amore per la musica.

to rub out, - a) cancellare - b) uccidere; liquidare; eliminare.

to rub up, - a) lucidare; levigare: *to rub up the spoons,* lucidare i cucchiai - b) *(fig.)* rinfrescare *(p.es. la conoscenza di una lingua): I want to rub up my Latin,* Voglio rinfrescare il mio latino - c) *to rub sb up the wrong way,* lisciare qcno contropelo.

rub-a-dub ['rʌbədʌb] *s.* rataplan *(rullo di tamburo).*

[1]**rubber** ['rʌbə*] *s.* **1** gomma *(anche attrib.);* caucciù: *rubber band,* elastico — *rubber boat,* canotto (battello) di gomma — *rubber stamp,* timbro di gomma; *(di persona)* ufficiale, impiegato, ecc. di poca importanza — *to rubber-stamp, vt (fam.)* timbrare; bollare; *(fig.)* approvare a occhi chiusi *(un progetto, ecc.).* **2** gomma da cancellare; cancellino *(di lavagna).* **3** *(al pl.)* galosce; soprascarpe di gomma. **4** persona o cosa che sfrega, strofina, friziona. **5** massaggiatore. **6** *(USA, fam.)* preservativo.

to **rubber** ['rʌbə*] *vt* rivestire di gomma; gommare.

[2]**rubber** ['rʌbə*] *s.* **1** partita partita di tre giochi a carte. **2** vincita (di due partite su tre). **3** (la) bella: *Game and rubber!,* Abbiamo vinto la bella!

to **rubberize** ['rʌbəraiz] *vt* trattare con gomma; gommare.

rubberneck ['rʌbənek] *s. (USA, sl.)* turista che allunga il collo per guardare di qua e di là *(secondo le indicazioni della guida).*

to **rubber-stamp** [,rʌbə'stæmp] *vt* ⇨ **rubber 1.**

rubbing ['rʌbiŋ] *s. (nell'espressione) a brass rubbing* ⇨ **brass 6.**

rubbish ['rʌbiʃ] *s.* **1** rifiuti; rottami; immondizie: *rubbish bin,* pattumiera. **2** sciocchezze; assurdità: *Rubbish!,* Sciocchezze!; Balle! — *good riddance to bad rubbish!,* una bella pulizia!; un bel repulisti!

rubbishy ['rʌbiʃi] *agg* **1** senza valore; di scarto; infimo. **2** senza senso; stupido.

rubble ['rʌbl] *s.* **1** frantumi *(di pietra, roccia);* macerie; pietrisco. **2** pietra da sbozzare.

rub-down ['rʌbdaun] *s.* strofinata energica; frizione vigorosa; massaggio; *(di cavallo)* strigliata: *Rub the horse a good rub-down,* Dai una bella strigliata al cavallo.

rube [ru:b] *s. (USA)* zotico.

rubicund ['ru:bikənd] *agg* rubicondo.

rubric ['ru:brik] *s.* rubrica *(solo nel senso di)* titolo; titoletto *(generalm. riferito ad un libro di preghiere, un breviario, ecc.).*

ruby ['ru:bi] *s.* **1** rubino. **2** color rubino; rosso cupo. **3** bitorzolo rosso. **4** *(GB, tipografia)* corpo 5 e mezzo.

[1]**ruck** [rʌk] *s.* **1** *the ruck; the common ruck,* la massa; la moltitudine anonima; le cose ordinarie, comuni. **2** il gruppo *(di corridori, cavalli, ecc., rimasto indietro).*

[2]**ruck** [rʌk] *s.* grinza; spiegazzatura; arricciatura; piega *(spec. di un vestito).*

to **ruck** [rʌk] *vi e t.* spiegazzare, spiegazzarsi; arricciare, arricciarsi.

rucksack ['rʌksæk] *s.* sacco da montagna; zaino.

ructions ['rʌkʃənz] *s. pl (fam.)* proteste; reclami; tumulti; liti.

rudder ['rʌdə*] *s.* **1** timone; *(fig.)* guida. **2** coda *(di pesce);* penne timoniere *(d'uccello): rudder fish,* pesce che segue una nave; *(spesso)* pesce pilota.

ruddy ['rʌdi] *agg* (**-ier**; **-iest**) **1** rosso; rubicondo; florido: *to be in ruddy health,* essere in florida salute. **2** rosso; rossastro. **3** *(volg., eufemismo per* bloody*)* maledetto; dannato; odioso.

rude [ru:d] *agg* **1** sgarbato; maleducato; scortese; villano. **2** osceno; offensivo. **3** violento; brusco: *a rude awakening, (anche fig.)* un brusco risveglio. **4** *(ant., lett.)* rudimentale; grossolano. **5** vigoroso; forte: *in rude health,* in ottima salute. **6** greggio; grezzo: *rude ore,* minerale grezzo — *cotton in its rude state,* cotone allo stato grezzo. □ *avv* **rudely.**

rudeness ['ru:dnis] *s.* **1** scortesia; villania. **2** violenza; asprezza. **3** grossolanità.

rudiment ['ru:dimənt] *s.* **1** *(al pl.)* rudimenti; primi elementi. **2** *(biologia)* organo rudimentale; rudimento.

rudimentary [,ru:di'mentəri] *agg* rudimentale.
□ *avv* **rudimentarily.**

rue [ru:] *s.* ruta.

to **rue** [ru:] *vt* pentirsi; rammaricarsi; rimpiangere: *He rued the day he had met her,* Malediceva il giorno in cui l'aveva conosciuta.

rueful ['ru:ful] *agg* addolorato; mesto; afflitto.
□ *avv* **ruefully.**

[1]**ruff** [rʌf] *s.* **1** collare *(d'uccello, di cane, ecc.).* **2** gorgiera; collettino elisabettiano; lattuga. **3** piccione dal collare. **4** (*uccello: f.* **reeve**) combattente; gambetta.

[2]**ruff** [rʌf] *s. (nel gioco delle carte)* 'taglio' con una briscola.

to **ruff** [rʌf] *vi e t. (nel gioco delle carte)* 'tagliare' con una briscola.

ruffian ['rʌfjən] *s.* individuo crudele, violento; farabutto; canaglia.

ruffianism ['rʌfjənizəm] *s.* brutalità; malvagità; crudeltà.

ruffianly ['rʌfjənli] *agg* crudele; violento; brutale.

ruffle ['rʌfl] *s.* **1** davantino; gala; polso guarnito; manicotto. **2** collarino *(di uccelli).* **3** increspatura *(dell'acqua).*

to **ruffle** ['rʌfl] *vt e i.* **1** arruffare *(penne, capelli);* scompigliare; *(fig.)* turbare; scomporre. **2** *(del vento)* increspare. **3** arruffarsi; incresparsi; scompigliarsi. **4** sfogliare nervosamente *(un libro, ecc.).*

rug [rʌg] *s.* **1** tappetino; stuoia; scendiletto. **2** coperta *(spec. da viaggio).*

rugby ['rʌgbi] *s. (anche* rugby football*)* rugby; palla ovale.

rugged ['rʌgid] *agg* **1** *(di terreno, ecc.)* accidentato; aspro; irregolare; ruvido; scabro; scabroso; frastagliato. **2** irsuto; ispido: *a rugged beard,* una barba incolta, ispida. **3** *(fig.)* rozzo; rude: *a rugged life,* una vita dura — *a rugged climate,* un clima rigido. **4** *(di persona)* robusto; duro. **5** burrascoso; tempestoso.
□ *avv* **ruggedly.**

rugger ['rʌgə*] *s. (GB, fam.)* rugby; palla ovale.

ruin ['ru:in] *s.* rovina *(anche fig.);* disastro; rudere *(spesso al pl.): The building is in ruins,* L'edificio è in rovina — *The abbey is now a ruin,* L'abbazia è ora un rudere. □ *mother's ruin, (sl.)* il gin.

to **ruin** ['ru:in] *vt* **1** rovinare; mandare in rovina; distruggere. **2** sedurre *(una ragazza).*
□ *vi (poet.)* cadere in rovina.

ruination [,ru:i'neiʃən] *s.* rovina: *to be the ruination of sb,* essere la rovina di qcno — *These late frosts mean* *ruination to the fruit farmers,* Queste gelate tardive sono una rovina per i coltivatori di frutta.

ruinous ['ru:inəs] *agg* **1** rovinoso; disastroso. **2** in rovina; rovinato. □ *avv* **ruinously.**

rule [ru:l] *s.* **1** regola; legge; regolamento; norma; massima; principio informatore: *to obey the rules of the game,* stare alle regole del gioco — *the rule of three, (matematica)* la regola del tre semplice — *the rules of the road, (naut. e circolazione stradale)* le norme di circolazione; le regole di manovra — *to do sth by rule,* fare qcsa secondo le regole, in conformità al regolamento — *by rule of thumb,* empiricamente; a lume di naso — *a standing rule,* una norma tassativa vigente — *a hard and fast rule,* formula prescritta; regola fissa — *to keep (to) the rules; to abide by the rules,* attenersi alle regole; osservare le regole — *to work to rule, (sindacalismo)* lavorare attenendosi strettamente ai regolamenti (fare uno sciopero bianco). **2** costume; consuetudine; abitudine: *My rule is to get up at seven and have breakfast at eight,* È mio costume alzarmi alle sette e fare colazione alle otto — *She makes a rule of going for a walk every afternoon,* È sua regola (abitudine, norma) fare una passeggiata ogni pomeriggio — *Rainy weather is the rule here during April,* Di solito qui in aprile il tempo è piovoso — *as a rule,* generalmente; di solito; di regola. **3** governo; autorità; regime; dominio; impero: *the rule of the people,* il governo (l'autorità) del popolo — *under British rule,* sotto il governo (il dominio) britannico. **4** riga *(per disegno);* regolo: *a foot-rule,* un regolo di circa trenta centimetri (di un piede) — *slide rule,* regolo calcolatore — *rule-joint, (mecc.)* giunto a regolo; compasso per capote. **5** *(tipografia)* filetto: *dotted rule,* filetto punteggiato; filetto quadratore lineato — *wave rule,* filetto ondulato.

to **rule** [ru:l] *vi e t.* **1** *(talvolta seguito da* over*)* dominare; governare; regnare; reggere; *(fig.)* comandare a bacchetta; far filare; avere (qcno) in pugno; tiranneggiare: *King Charles I ruled for eleven years without a Parliament,* Il re Carlo I governò per undici anni senza il Parlamento — *Is it true that Mrs Winkle rules her husband?,* È vero che la signora Winkle comanda a bacchetta suo marito? **2** avere il sopravvento (su); *(di solito al passivo:* to be ruled*)* essere guidato (diretto, dominato, influenzato): *to be ruled by passions,* lasciarsi dominare dalle passioni — *He was ruled by his brothers,* Si lasciava influenzare dai suoi fratelli — *Reason ruled his fear,* La ragione ebbe il sopravvento sulla sua paura. **3** dare come norma; decretare; decidere; ordinare; *(di giudice, di presidente, ecc.)* dichiarare; riconoscere: *The chairman ruled the motion out of order,* Il presidente dichiarò che la mozione non era ammissibile — *to rule against admitting the Press,* dare ordine che non venga ammessa la stampa. **4** *(seguito da* out*)* scartare; escludere: *That's a possibility that can't be ruled out,* Quella è una possibilità che non possiamo escludere. **5** tirare, tracciare una riga *(col regolo): to rule a line across the sheet,* tirare una riga sul foglio — *to rule sth off,* separare qcsa con una riga; *(comm.)* chiudere, regolare (un conto). **6** *(di prezzi)* essere (mantenersi) a un certo livello: *Prices ruled high,* I prezzi si mantenevano alti.

ruler ['ru:lə] *s.* **1** sovrano; signore; dominatore; governatore. **2** regolo; riga da disegno. **3** *(tipografia)* (macchina) rigatrice.

ruling ['ru:liŋ] *s.* **1** il regnare; il governare. **2** *(dir.)* decisione; ordine; ordinanza. **3** rigatura *(di un foglio).* □ *agg* dominante; predominante; regnante; prevalente; dirigente: *his ruling passion,* la sua passione dominante — *the ruling class,* la classe dirigente — *ruling prices, (comm.)* prezzi correnti.

¹**rum** [rʌm] *s.* **1** rum *(il liquore).* **2** *(USA)* liquore forte in genere: *rum runner,* contrabbandiere di alcoolici; nave per il contrabbando di alcoolici.

²**rum** [rʌm] *agg* (**-mer**; **-mest**) *(sl., un po' desueto)* strano; bizzarro: *What a rum fellow he is!,* Che strano tipo! — *a rum go,* una strana faccenda.

rumble ['rʌmbl] *s.* **1** rombo; brontolio. **2** *(USA, anche* rumble seat*)* sedile posteriore *(di carrozza o di vecchia automobile).* **3** *(USA)* rissa; tafferuglio.

¹to **rumble** ['rʌmbl] *vi e t.* **1** rombare; rintronare. **2** *(dell'intestino)* brontolare. **3** *(seguito da* out *o da* forth*)* dire con voce forte.

²to **rumble** ['rʌmbl] *vt (GB, fam.)* scoprire; smascherare *(un trucco, un imbroglio).*

rumbustious [rʌm'bʌstʃəs] *agg (fam.)* chiassoso; rumoroso; turbolento.

ruminant ['ru:minənt] *agg e s.* ruminante.

to **ruminate** ['ru:mineit] *vi* ruminare *(anche fig.);* meditare; riflettere; rimuginare: *to ruminate over (about, on) recent events,* meditare sui fatti recenti.

rumination [,ru:mi'neiʃən] *s.* **1** ruminazione. **2** meditazione; riflessione; rimuginazione.

ruminative ['ru:minətiv] *agg* meditabondo; cogitabondo. □ *avv* **ruminatively.**

rummage ['rʌmidʒ] *s.* **1** perquisizione *(spec. di una nave);* ispezione accurata. **2** il frugare; il rovistare. **3** roba usata; fondi di magazzino: *rummage sale,* vendita di beneficenza (di roba usata, di fondi di magazzino).

to **rummage** ['rʌmidʒ] *vi e t.* **1** *(spesso seguito da* about *o* around*)* rovistare; frugare. **2** perquisire *(spec. una nave).*

¹**rummy** ['rʌmi] *agg* = ²**rum.**

²**rummy** ['rʌmi] *s.* specie di ramino *(gioco di carte).*

rumour ['ru:mə*] *s.* (*USA* **rumor**) chiacchiera; voce; diceria: *Rumour has it (There is a rumour) that...,* Corre voce che...; Si dice che... — *rumour-monger,* propalatore di notizie tendenziose.

to **rumour** ['ru:mə*] *vt* (*USA* **to rumor**) *(di solito al passivo)* far correre voce; spargere notizia: *It is rumoured that...,* Corre voce che...; Si dice in giro che...

rump [rʌmp] *s.* **1** parte posteriore *(di animale);* culatta; groppa: *rump steak,* bistecca di girello. **2** *(scherz.)* deretano; didietro; sedere. **3** gruppo politico sparuto uscito dalla scissione d'un partito: *the Rump (Parliament), (stor., GB)* i superstiti del Long Parliament *(dopo l'epurazione nel 1648 dei Presbiteriani).*

to **rumple** ['rʌmpl] *vt* **1** sgualcire; spiegazzare *(vestiti).* **2** scompigliare; arruffare *(capelli).*

rumpus ['rʌmpəs] *s. (fam.: solo al sing.)* fracasso; baccano; chiasso; baruffa: *to kick up a rumpus,* fare il diavolo a quattro — *What's all this rumpus about?,* Che è tutto questo baccano? — *rumpus room, (USA)* camera dei giochi.

run [rʌn] *s.* **1** corsa: *to go for a short run across the fields,* fare una breve corsa attraverso i campi — *landing run,* corsa di atterraggio — *at a run,* di corsa — *He started off at a run but soon tired and began to walk,* Partì di corsa ma ben presto si stancò e cominciò a camminare — *to break into a run,* mettersi a correre — *to be on the run,* - **a)** essere sempre in movimento, continuamente in movimento: *She is always on the run,* È sempre in movimento — *I've been on the run ever since I got up,* Sono in movimento da quando mi sono alzato - **b)** essere in fuga: *We have the enemy on the run now,* Ora il nostro nemico è in fuga — *to have a run for one's money,* ottenere il dovuto — *We must give him a run for his money,* Dobbiamo dargli quello che si merita.

2 gita; giro; viaggetto; visita; tragitto; escursione; passeggiata: *to take the dog for a run,* portare il cane a fare una passeggiata — *How many hours' run is it?,* Quante ore di viaggio ci sono? — *a trial run,* un giro di prova.

3 *(di autoveicoli, navi, ecc.)* percorso; tragitto; corsa: *The bus was taken off its usual run,* L'autobus fu fatto deviare dal suo percorso consueto — *to make bets on the day's run,* scommettere sulla distanza percorsa nella giornata.

4 caduta; crollo: *The temperature came down with a run,* La temperatura si abbassò bruscamente.

5 *(teatro)* serie di rappresentazioni: *The play had a long run (had a run of six months),* La commedia tenne a lungo il cartellone (tenne il cartellone per sei mesi) — *first-run,* prima; prima visione *(cinema);* prima rappresentazione *(teatro).*

6 periodo; serie; successione; serie di richieste: *a run on the bank,* una serie di richieste di pagamento alla banca — *in the long run,* in definitiva; alla lunga; in fin dei conti — *It pays in the long run to buy goods of high quality,* In fin dei conti conviene comprare cose di buona qualità.

7 *(cricket e baseball)* 'corsa' *(del battitore);* punto.

8 tipo; categoria; media: *the common run of mankind,* le persone comuni — *to be out of the common run,* essere fuori del comune, diverso dall'ordinario — *run-of-the-mill,* dozzinale; ordinario; comune.

9 libero accesso; libero uso: *to give sb the run of one's garden,* dare a qcno libero accesso al proprio giardino — *I have the run of his library,* Ho il permesso di usare liberamente della sua biblioteca.

10 corso (degli avvenimenti); tendenza: *The run of events is rather puzzling,* Il corso degli avvenimenti è piuttosto sconcertante.

11 *(mus.)* volata; successione veloce di note.

12 branco; sciame; banco *(di pesci);* passaggio; passo: *a run of salmon,* un passo di salmoni.

13 zona cintata; recinto *(per animali domestici): chicken-run,* pollaio.

14 *(mecc.)* marcia; corso; corsa: *the run of the rudder,* la corsa del timone.

15 *(tipografia)* tiratura.

16 *(USA)* corso d'acqua; ruscello.

17 *(USA)* smagliatura *(di calza, ecc.).*

18 lunghezza: *a fifty-foot run of pipe,* cinquanta piedi di tubazione.

to **run** [rʌn] *vt e i.* (*p. pres.* **running**; *pass.* **ran**; *p. pass.* **run**) **1** correre; fare una corsa; andare di corsa; affrettarsi: *to run three miles,* correre (per) tre miglia — *Is he running in the hundred metres?,* Corre nei cento metri? — *He ran third,* Arrivò terzo alla corsa — *to run a race,* partecipare a una corsa — *to run (out) to see what is happening,* correre (fuori) per vedere quello che accade — *to run upstairs,* correre di sopra (al piano di sopra) — *She came running towards me,* Venne correndo verso di me — *She ran to meet us,* Ci corse incontro — *He took a running jump,* Prese la rincorsa e saltò — *The dog was running behind its master,* Il cane correva dietro al suo padrone — *We ran to his aid,* Corremmo in suo aiuto — *We ran to help him,* Corremmo ad aiutarlo — *Don't run through your work so fast,* Non fare così di corsa il tuo lavoro — *I'll run over (o up, down) and see you one day next week,* Farò un salto da te un giorno della prossima settimana — *to run the streets, (di bambini)* giocare in strada; correre per le strade — *Things must run their course,* Le cose devono seguire il loro corso — *The disease ran its course,* La malattia fece il suo corso — *to run sb hard (o close),* correre da presso dietro a qcno (stargli alle costole) — *to run before the wind, (naut.)* correre con il vento in poppa — *to run aground, (naut.)* andare in secca — *We ran into port for supplies of food,* Andammo in porto per fare rifornimento di vettovaglie — *The two ships ran foul of each other,* Le due navi entrarono in collisione — *Trams run on rails; buses don't,* I tram corrono su rotaie; gli autobus no — *Sledges run well over frozen snow,* Le slitte corrono bene sulla neve gelata — *The train was running at sixty miles an hour,* Il treno correva a sessanta miglia all'ora — *The train ran past the signal,* Il treno corse oltre il segnale — *The news ran like wildfire,* La notizia si diffuse in un baleno — *A whisper ran through the crowd,* Un mormorio corse attraverso la folla — *A cheer ran down the ranks of spectators as the Queen drove past,* Un'acclamazione corse lungo le file degli spettatori quando la regina passò — *Rivers run into the sea,* I fiumi corrono verso il mare — *The tears ran down my cheeks,* Le lacrime mi corsero lungo le guance — *Who has left the tap (the water) running?,* Chi ha lasciato il rubinetto aperto? — *The tide is running strong,* La marea sale velocemente — *Baby's nose is running,* Il naso del bambino sta colando — *Blood ran in torrents,* Il sangue scorreva a torrenti — *The thought kept running through my head,* Il pensiero continuò a correre nella mia testa — *Mary's eyes ran critically over her friend's new hat and dress,* Gli occhi di Mary si appuntarono critici sull'abito e sul cappello nuovo dell'amica — *The pain ran up my arm,* Il dolore mi salì lungo il braccio — *A shiver ran down his spine,* Un brivido gli corse lungo la spina dorsale — *There are shelves running round the walls,* Ci sono degli scaffali che corrono tutt'intorno alle pareti — *A scar runs across his left cheek,* Una cicatrice gli attraversa la guancia sinistra — *A road runs across the plain,* Una strada corre attraverso la pianura — *There's a fence running round the paddock,* C'è una staccionata che corre tutt'intorno al recinto — *to run errands (messages) for sb,* fare delle commissioni, fare da messaggero *(per conto di qcno)* — *to run risks; to run a risk; to run the risk of (sth),* correre rischi; correre un rischio; correre il rischio (di qcsa) — *to run the chance of being...,* correre il rischio di essere... — *You run the chance of being suspected of theft,* Corri il rischio di essere sospettato di furto (⇨ *anche* **blockade** *e* **gauntlet 2**).

2 far correre; mettere in azione; fare scorrere; *(per estensione)* presentare (*come candidato:* ⇨ *anche* **4**): *to run a horse in the Derby,* far correre un cavallo nel Derby — *Don't run yourself out of breath,* Non ridurti senza fiato per il gran correre — *He ran me clean off my legs, (fam.)* Mi fece correre finché mi ressero le gambe (finché non ne potei più) — *How many candidates is the Liberal Party running in the General Election?,* Quanti candidati presenterà il Partito Liberale alle elezioni politiche? — *to run a ship aground,* portare una nave in secca — *to run a car into a garage,* portare un'automobile in garage — *to run one's fingers (a comb) through one's hair,* passarsi (far scorrere) le dita (un pettine) tra i capelli — *to run one's eye over a page,* far scorrere gli occhi su una pagina — *to run one's fingers over the keyboard,* far scorrere le dita sopra la tastiera — *Run some hot water into the bowl,* Fai scorrere un po' di acqua calda dentro il vaso — *The molten metal was run into a mould,* Il metallo fuso venne fatto scorrere dentro uno stampo.

3 scappare; fuggire; darsi alla fuga; correre (via): *As soon as we appeared the boys ran off,* Non appena comparimmo i ragazzi scapparono via — *Run for your lives!,* Scappate se volete salvare la pelle! (Correte a più non posso!) — *to cut and run, (sl.)* tagliare la corda — *We must run for it!,* Dobbiamo correre se vogliamo scamparla!

4 *(USA)* presentare la propria candidatura; partecipare *(come candidato)* a una elezione; concorrere: *to run for Governor,* presentarsi come candidato per la carica di governatore — *to run on a Republican ticket,* entrare nella lista dei candidati del Partito Repubblicano.

5 cacciare; dare la caccia; inseguire.

6 funzionare; operare; essere in azione; essere in movimento; procedere; far funzionare: *Don't leave the engine of your car running,* Non lasciare acceso il motore della tua auto — *The sewing-machine doesn't run properly,* La macchina da cucire non funziona come si deve — *The works have ceased running,* L'officina ha interrotto l'attività — *to run smoothly,* procedere senza scosse o intoppi — *Can I run my sewing-machine off a battery?,* Posso far funzionare la mia macchina da cucire con una pila? — *I can't afford to run a car on my small salary,* Non posso permettermi di mantenere un'auto con il mio modesto stipendio.

7 *(di mezzi di trasporto)* passare; andare; fare servizio: *The buses run every ten minutes,* Gli autobus passano ogni dieci minuti — *The 9.05 train is not running today,* Il treno delle 9,05 non fa servizio (è soppresso) oggi — *to be running late,* avere del ritardo — *There are frequent trains running between London and Brighton,* Ci sono molti treni che fanno servizio tra Londra e Brighton.

8 portare; trasportare *(spec. in automobile): to run contraband,* fare del contrabbando — *to run arms,* portare (fornire) armi (clandestinamente) — *Shall I run you (back) home?,* Vuoi che ti riporti a casa?

9 andare contro; cozzare; cacciare, cacciarsi: *to run a sword through an opponent,* trapassare con la spada un avversario — *to run a man through with a spear,* trapassare un uomo con una lancia — *to run a splinter into one's finger,* cacciarsi una scheggia di legno in un dito — *to run one's head against a door in a dark corridor,* battere la testa contro una porta in un corridoio buio — *to run one's car into a tree,* andare a sbattere contro un albero con la propria auto.

10 dirigere; condurre; organizzare: *to run the show, (fam.)* avere il controllo dell'intera organizzazione — *to run a business (a theatre, a bus company),* dirigere un'azienda (un teatro, una società di autobus) — *to run extra trains during the rush hours,* organizzare treni straordinari durante le ore di punta — *Who runs his house for him now that his wife has divorced him?,* Chi gli fa andare avanti la casa ora che sua moglie ha divorziato? — *Mr Green is run by his secretary,* Il signor Green è dominato dalla sua segretaria.

11 tendere; avere la tendenza; mantenersi a un certo prezzo o a un determinato livello: *This author runs to sentiment,* Questo autore tende al sentimentalismo — *Feeble-mindedness runs in the family,* La debolezza di mente è una tendenza della famiglia — *to run to fat,* ingrassare; mettere su peso — *Prices for fruit are running high this season,* I prezzi della frutta sono alti in questo periodo.

12 sbiadire; stingere; scolorire: *Will the colour run if the dress is washed?,* Sbiadirà il colore lavando il vestito?

13 *(di oggetti lavorati a maglia)* smagliare, smagliarsi; disfare, disfarsi: *Silk stockings sometimes run,* Le calze di seta talvolta si smagliano.

14 durare; tenere il cartellone: *The play ran (for) six months,* La commedia tenne il cartellone per sei mesi — *The lease of my house has only a year to run,* Il contratto di affitto della mia casa ha solo più un anno di validità.

15 decorrere: *The interest runs from the first of the month,* L'interesse decorre a partire dal primo del mese.

16 *(di versi, documenti, ecc.)* dire; fare; correre: *The story runs that...,* Si dice che... — *The agreement runs in these words,* L'accordo è in questi termini — *So the story ran,* Così si raccontava — *I forget how the next verse runs,* Non ricordo come suona il verso successivo.

17 *(dir.)* essere in vigore; essere valido; aver corso legale.

□ *to run a fox to earth,* inseguire una volpe fino alla sua tana — *to run a quotation to earth, (fig.)* riuscire a trovare una citazione *(dopo lunghe ricerche)* — *to run oneself into the ground, (fig.)* esaurirsi completamente — *The salmon are running,* I salmoni stanno risalendo il fiume — *My blood ran cold,* Mi si gelò il sangue — *to run a temperature, (fam.)* avere la febbre — *The rivers are running dry,* I fiumi si stanno prosciugando — *Supplies are running short (low),* Le provviste si stanno facendo scarse — *I have run short of money,* Mi sono ridotto a corto di denaro — *to run riot* ⇨ **riot 2** — *to run wild* ⇨ **wild** *agg* **4** — *to run to seed, (di piante)* andare in semenza precocemente; *(fig., di persone)* lasciarsi andare fisicamente e mentalmente — *to run to waste,* perdersi; andare in malora.

to run about, correre in giro, in varie direzioni.

to run across, imbattersi; trovare (qcno o qcsa): *I ran across my old friend Hill in Paris last week,* Mi imbattei nel mio vecchio amico Hill la scorsa settimana a Parigi.

to run after, correr dietro; inseguire; andare a caccia (di): *The dog was running after a rabbit,* Il cane correva dietro a un coniglio — *She runs after every good-looking man in the village,* Corre dietro a tutti gli uomini piacenti del paese.

to run against, - **a)** andare contro; essere in contrasto; contrastare: *This runs against my interests,* Questo contrasta con i miei interessi - **b)** *(USA)* contrapporre la propria candidatura.

to run along, - **a)** correre lungo - **b)** *(fam.)* 'filare'; circolare: *Run along now, children,* Ora filate, bambini.

to run away, partire; andarsene; cercare di sfuggire; scappar via: *Don't run away yet: I want your advice,* Non scappar via ancora: ho bisogno del tuo consiglio — *The boy ran away from home and went to sea,* Il ragazzo scappò da casa per fare il marinaio.

to run away with, - **a)** consumare; esaurire: *This new scheme will run away with a lot of the taxpayer's money,* Questo nuovo progetto si mangerà un mucchio di denaro dei contribuenti - **b)** scappare (con): *The butler ran away with the duke's youngest daughter,* Il maggiordomo fuggì con la figlia minore del duca — *The maid ran away with the duchess's jewels,* La cameriera scappò con i gioielli della duchessa - **c)** stravincere; distaccare gli avversari; prendere il volo: *The girl from Peru ran away with the first set,* La ragazza peruviana stravinse nel primo set - **d)** giungere a una conclusione avventata; dedurre avventatamente: *Don't run away with the idea that I can lend you money every time you need help,* Non arrivare alla conclusione avventata (Non credere) che io possa prestarti del denaro ogni volta che hai bisogno di aiuto - **e)** lasciarsi prendere la mano; perdere il controllo: *Don't let your horse (car) run away with you,* Non lasciarti prendere la mano dal tuo cavallo (dalla tua auto) — *His temper ran away with him,* Perse il controllo; Si lasciò trascinare dalla rabbia.

to run back, riandare con il pensiero: *to run back over the past,* riandare con il pensiero al passato.

to run down, - **a)** *(di orologi o altri meccanismi)* fermarsi *(per esaurimento della carica);* scaricare, scaricarsi; esaurirsi: *The battery is (has) run down; it needs recharging,* La batteria si è esaurita (è scarica); ha bisogno di essere ricaricata - **b)** *to be run down, (di persona, fig.)* essere molto stanco, esausto, esaurito, giù; *(di esercizio pubblico, ecc.)* essere scaduto - **c)** andar contro; cozzare; investire: *The liner ran down a fishing boat in the dense fog,* Il piroscafo cozzò contro un peschereccio nella fitta nebbia — *The cyclist was run down by a big lorry,* Il ciclista venne investito da un grosso autocarro - **d)** sparlare; dire cose spiacevoli; parlar male (di): *That man doesn't like me; he is always running me down,* A quell'uomo io non piaccio; non fa che parlar male di me - **e)** catturare (inseguire e catturare); prendere; acciuffare: *to run down an escaped prisoner,* catturare un prigioniero evaso - **f)** ridurre; diminuire l'attività: *to run down the ship's boilers,* diminuire la pressione nelle caldaie della nave — *to run down a naval dockyard,* ridurre l'attività di un cantiere navale - **g)** dare una scorsa *(ad un elenco, ecc.).*

to run for, - **a)** ⇨ *il* **3**, *sopra* - **b)** ⇨ *il* **4**, *sopra.*

to run in, - **a)** fare una capatina: *I'll run in and see you this evening,* Farò una capatina da te stasera - **b)** *(fam.)* fermare; arrestare; mettere dentro: *The drunken man was run in for creating a public disturbance,* L'ubriaco fu arrestato per disturbo della pubblica quiete - **c)** rodare; fare il rodaggio: *He is still running in his new car and doesn't exceed thirty miles an hour,* Sta ancora rodando la sua automobile nuova e non supera le trenta miglia all'ora.

to run into, - **a)** andar contro; correre contro; urtare; sbattere: *The bus got out of control and ran into a wall,* L'autobus sfuggì al controllo e andò a sbattere contro un muro - **b)** imbattersi; incontrare inaspettatamente: *to run into an old friend at a race-meeting,* imbattersi in un vecchio amico alle corse - **c)** trovarsi: *to run into debt,* trovarsi nei debiti - **d)** arrivare; raggiungere: *a book that has run into six editions,* un libro che ha raggiunto le sei edizioni — *His income runs into five figures,* Il suo reddito raggiunge le cinque cifre *(cioè, guadagna più di diecimila sterline all'anno)* - **e)** fare andare; far cadere: *to run one's car into a wall,* fare andare la propria auto contro un muro — *My wife never runs me into unnecessary expenses,* Mia moglie non mi costringe mai a fare spese superflue.

to run off, - **a)** scappare; andarsene: *The treasurer has run off with all the funds,* Il tesoriere è scappato con tutto il denaro - **b)** scorrere; fluire via: *Her grumbles ran off him like water off a duck's back,* I brontolii di lei scivolavano su di lui come acqua sul dorso di un'anatra - **c)** svuotare; fare defluire; fare scorrere via: *to run off the water from a tank,* fare defluire (svuotare) l'acqua da un serbatoio - **d)** mettere giù rapidamente: *to run off an article for the local newspaper,* mettere giù un articolo per il giornale locale - **e)** stampare; produrre: *to run off a hundred copies on the duplicating machine,* stampare cento copie al duplicatore - **f)** far correre o far giocare; decidere una gara: *to run off a heat,* far disputare una prova eliminatoria - **g)** ⇨ *il* **b)**, *sopra.*

to run on, - **a)** scrivere fitto; *(di lettere dell'alfabeto)* essere unite, attaccate: *Pupils should let the letters run on, not write them separately,* Gli alunni devono scrivere le lettere una attaccata all'altra, e non separatamente - **b)** continuare; andare avanti senza interruzioni; parlare in continuazione; continuare a parlare: *He will run on for an hour if you don't stop him,* Andrà avanti per un'ora se non lo interrompi — *How that woman's tongue does run on!,* Come corre la lingua di quella donna! - **c)** passare; scorrere via: *Time ran on,* Il tempo passò - **d)** *(di malattia, ecc.)* fare, seguire il proprio corso - **e)** occuparsi; riguardare; vertere: *Our talk ran on recent events,* Il nostro discorso riguardava avvenimenti recenti - **f)** ⇨ *il* **4**, *sopra.*

to run out, - **a)** uscire (correndo); scorrere via; defluire: *The tide is running out,* La marea sta calando — *The rope ran out smoothly,* La fune scivolò via dolcemente - **b)** immettere, immettersi; proiettare, proiettarsi; spingere, spingersi: *a pier running out into the sea,* una banchina che si protende nel mare - **c)** concludere, concludersi; finire; spirare: *When does the lease of the house run out?,* Quando si conclude (finisce, spira) il contratto d'affitto della casa? - **d)** esaurire, esaurirsi: *Our stores are running out,* Le nostre scorte si stanno esaurendo — *We're running out of provisions,* Stiamo esaurendo le provviste — *Her patience is running out,* La sua pazienza sta per finire — *The sands (of time) are running out,* I granelli di sabbia stanno scivolando via *(nella clessidra)* - **e)** *(al cricket) to run sb out,* eliminare un battitore *(riuscendo a colpire i pali con la palla prima del suo arrivo)* - **f)** *to run oneself out,* esaurirsi, sfiancarsi per il gran correre.

to run over, - **a)** traboccare; rovesciarsi - **b)** rivedere; ricapitolare; leggere rapidamente; scorrere; dare un'occhiata: *Let's run over our parts again, (teatro)* Riproviamo nuovamente le parti — *He ran over his notes before starting his lecture,* Scorse rapidamente gli appunti prima di dare inizio alla conferenza - **c)** travolgere; investire; passare sopra: *He was run over by a bus,* Venne investito da un autobus - **d)** fare una breve visita, un salto: *to run over to a neighbour's house to borrow something,* fare una corsa fino alla casa del vicino per farsi prestare qualcosa.

to run round = to run over, d)

to run through, - **a)** depennare - **b)** trafiggere; trapassare *(⇨ il* **9**, *sopra)* - **c)** dissipare; dilapidare; sperperare: *He soon ran through the money he won on the pools,* Sperperò assai presto il denaro vinto al totocalcio - **d)** esaminare; scorrere rapidamente: *to run through one's mail during breakfast,* esaminare rapidamente la posta durante la colazione.

to run to, - **a)** arrivare; ammontare; raggiungere; costare: *That will run to a pretty penny,* Ciò costerà parecchio - **b)** aver denaro; permettersi *(una spesa); (di denaro)* bastare: *We can't run to a holiday abroad this year,* Non possiamo permetterci una vacanza all'estero quest'anno — *I can't run to that,* Non me lo posso permettere - **c)** arrivare a; raggiungere: *His new novel has already run to three impressions,* Il suo nuovo romanzo ha già raggiunto la seconda ristampa.

to run up, - **a)** alzare; levare; issare: *to run up a flag on the mast,* issare una bandiera sull'albero - **b)** metter su; allestire; costruire rapidamente: *to run up a dress,* fare in fretta un vestito - **c)** aggiungere; sommare; addizionare *(una colonna di cifre)* - **d)** portare su; far salire *(un conto, una spesa): to run up a big bill at a hotel,* far salire un grosso conto in un albergo — *to run up the bidding at an auction,* far salire le offerte ad un'asta - **e)** ammontare; arrivare; raggiungere la cifra (di): *Prices ran up to eighty pounds a ton,* I prezzi arrivarono a ottanta sterline la tonnellata - **f)** *to run up against sth,* trovarsi di fronte a qcsa; imbattersi in qcsa: *to run up against difficulties,* trovarsi di fronte a delle difficoltà.

to run upon, - **a)** *(di pensieri)* andare (a); correre (a): *That boy's thoughts are always running upon food,* I pensieri di quel ragazzo vanno sempre al cibo — *His thoughts were running upon the past,* I suoi pensieri correvano al passato - **b)** *(di una nave)* cozzare; andare contro: *The ship ran upon the rocks,* La nave andò a sbattere contro le rocce.

to run with, - **a)** essere inondato (di): *The bathroom floor was running with water,* Il pavimento del bagno era inondato d'acqua - **b)** grondare.

run-about ['rʌnəbaut] *s.* **1** piccola automobile. **2** giramondo.

runaway ['rʌnəwei] *s. e agg* fuggitivo: *a runaway slave (horse),* uno schiavo (un cavallo) fuggitivo — *a runaway couple,* una coppia di fuggitivi (di amanti in fuga) — *a runaway wedding,* le nozze di due amanti in fuga. □ *runaway inflation, (econ.)* inflazione galoppante.

[1]**run-down** ['rʌndaun] *s.* **1** riduzione; diminuzione: *the run-down of naval establishments which are no longer considered useful,* la riduzione delle basi navali che non sono più considerate utili. **2** riassunto.

[2]**run-down** ['rʌn'daun] *agg* ⇨ **to run down a)** *e* **b).**

rune [ru:n] *s.* **1** runa; carattere runico. **2** simbolo misterioso; segno magico.

[1]**rung** [rʌŋ] *s.* **1** piolo; *(fig.)* gradino. **2** traversina di sedia. **3** raggio *(di ruota).*

[2]**rung** [rʌŋ] *p. pass di* **to ring.**

runic ['ru:nik] *agg* runico; di carattere runico.

runnel ['rʌnl] *s.* **1** rigagnolo; ruscelletto. **2** canaletto di scolo.

runner ['rʌnə*] *s.* **1** podista; corridore: *long-distance runner,* fondista — *runner-up,* secondo arrivato. **2** fattorino; messaggero; *(mil.)* staffetta; portaordini; *(comm.)* collettore; esattore; procuratore. **3** contrabbandiere: *blockade runner, (spec. di nave)* forzatore di blocco; contrabbandiere. **4** contatto scorrevole; *(di slitta, ecc.)* pattino; *(di corda, ecc.)* anello. **5** guida (tappeto); tovaglia ornamentale; lungo centrino. **6** *(bot.)* viticcio; stolone: *runner bean,* fagiolo rampicante — *scarlet runner,* fagiolo di Spagna.

running ['rʌniŋ] *s.* **1** corsa; podismo; *(per estensione)* andatura: *a running track,* una pista *(per l'atletica leggera)* — *to make the running, (sport)* fare l'andatura; *(fig.)* fare andare (gli altri) al proprio ritmo — *to be in (out of) the running, (spec. fig.)* avere (non avere) probabilità di vincere. **2** *(mecc.)* marcia; funzionamento: *slow running,* 'minimo'. **3** gestione *(d'una azienda, ecc.).* **4** flusso; corso; scorrimento. **5** *(di carrozza, automobile) running board,* pedana.
□ *agg* **1** in corsa; che corre: *a running kick,* un calcio in corsa — *a running jump,* un salto con rincorsa — *a running fight,* una battaglia ad inseguimento. **2** corsivo: *a running hand,* un carattere corsivo. **3** *(di acqua)* corrente. **4** purulento; in suppurazione — *a running sore,* una piaga purulenta. **5** *(di nodo)* scorsoio. **6** *(in funzione di avv.)* consecutivo; ininterrotto: *to win three times running,* vincere tre volte di seguito.

running-in ['rʌniŋ'in] *s. (mecc.)* rodaggio.

runny ['rʌni] *agg* **1** piuttosto liquido; semiliquido. **2** che cola; che gocciola.

run-off ['rʌnɔ:f] *s. (sport)* corsa decisiva; prova decisiva.

run-of-the-mill ['rʌnəvdə'mil] *agg* dozzinale; ordinario; comune.

runt [rʌnt] *s.* **1** *(fam.)* pianta, animale o persona di misura inferiore alla norma. **2** mucca di razza piccola. **3** *(spreg.)* nanerottolo; 'tappo'.

run-up ['rʌn,ʌp] *s. (atletica)* rincorsa.

runway ['rʌnwei] *s.* **1** pista di decollo e d'atterraggio. **2** scivolo *(per tronchi d'albero).* **3** *(mecc.)* piano di scorrimento; rotaia. **4** rampa *(di carico).* **5** pista *(battuta da bestie selvatiche).*

rupee [ru:'pi:] *s.* rupia.

rupture ['rʌptʃə*] *s.* **1** rottura *(anche fig.).* **2** ernia.

to **rupture** ['rʌptʃə*] *vt e i.* **1** rompere; far scoppiare *(una vena, ecc.);* provocare un'ernia. **2** rompere *(una relazione, un matrimonio, ecc.).*

rural ['ruərəl] *agg* rurale; agreste; campagnolo.

ruse [ru:z] *s.* stratagemma; trucco; astuzia; inganno.

[1]**rush** [rʌʃ] *s.* **1** fretta; ritmo frenetico; frenesia; eccitazione: *a rush order, (comm.)* un'ordinazione urgente. **2** affollamento; ressa: *the rush hours,* le ore di punta. **3** *(anche fig.)* assalto; corsa impetuosa; ondata; forte corrente; *(comm.)* grande richiesta: *a sudden rush of air,* una forte e improvvisa corrente d'aria — *the Gold Rush,* la febbre dell'oro. **4** *(cinema)* 'giornaliera'; copia rapida.

to **rush** [rʌʃ] *vi e t.* **1** precipitarsi; slanciarsi: *Don't rush to conclusions,* Non giungere a conclusioni precipitose — *Don't rush into print,* Non farlo stampare troppo in fretta. **2** irrompere; assalire; conquistare; forzare. **3** far premura; far fretta a qcno; forzare: *to rush sb into doing sth,* obbligare (convincere) qcno a fare qcsa senza concedergli il tempo per riflettere — *to rush through an order,* sbrigare un'ordinazione — *to rush through special legislation,* far passare leggi speciali con procedura d'urgenza — *to rush sb to hospital,* portare qcno con urgenza all'ospedale — *to be rushed off one's feet,* avere tanto da fare e tutto in fretta. **4** *(sl.)* far pagare; chiedere *(un prezzo esagerato): How much did they rush you for?,* Quanto ti hanno fatto sborsare?

[2]**rush** [rʌʃ] *s.* giunco: *rush light; rush candle,* lumicino.

rushlight ['rʌʃlait] *s.* ⇨ [2]**rush.**

rushy ['rʌʃi] *agg* **1** folto di giunchi; pieno di giunchi: *a rushy ditch,* un fosso pieno di giunchi. **2** simile a giunco.

rusk [rʌsk] *s.* **1** fetta di pane biscottato. **2** biscotto croccante.

russet ['rʌsit] *s.* **1** color rossiccio, rossastro; color ruggine. **2** mela ruggine.
□ *agg* rossiccio; rossastro; color ruggine.

Russian ['rʌʃən] *agg e s.* russo.

rust [rʌst] *s.* **1** ruggine *(anche bot.).* **2** *(fig.)* torpore mentale; inerzia.

to **rust** [rʌst] *vt e i.* **1** arrugginire, arrugginirsi *(anche fig.): It's better to wear out than to rust out,* È meglio logorarsi (lavorando) che far la ruggine (oziando). **2** *(bot.)* aver la ruggine.

rustic ['rʌstik] *agg* **1** rustico; campagnolo. **2** rozzo; grossolano. **3** non rifinito; grezzo; alla rustica *(p.es. mobili)*.
□ *s. (raro)* campagnolo; contadino.

to **rusticate** ['rʌstikeit] *vi e t.* **1** condurre vita rustica; vivere in campagna. **2** *(GB)* sospendere temporaneamente uno studente universitario. **3** *(archit.)* modellare alla rustica; bugnare.

rusticity [rʌs'tisiti] *s.* **1** rusticità; semplicità. **2** rozzezza.

rustiness ['rʌstinis] *s.* l'essere arrugginito *(anche fig.)*; rugginosità.

rustle ['rʌsl] *s.* fruscio; lo stormire; picchiettio *(della pioggia)*; mormorio.

to **rustle** ['rʌsl] *vi e t.* **1** *(di seta, carta, ecc.)* frusciare; far frusciare. **2** stormire *(di foglie)*; picchiettare *(di pioggia)*; far stormire. **3** *(spec. USA)* rubare bestiame. **4 to rustle up**, raccattare alla meglio; racimolare; preparare in fretta. **5** *(USA, fam.)* darsi da fare; affrettarsi.

rustler ['rʌslə*] *s. (USA)* ladro di bestiame.

rustless ['rʌslis] *agg* **1** senza ruggine. **2** inossidabile.

[1]**rustling** ['rʌsliŋ] *s.* fruscio; lo stormire; picchiettio *(della pioggia)*; mormorio.

[2]**rustling** ['rʌsliŋ] *s. (USA)* furto di bestiame; abigeato.

rustproof ['rʌstpru:f] *agg* antiruggine; inossidabile.

rusty ['rʌsti] *agg* (**-ier**; **-iest**) **1** arrugginito: *to go rusty,* arrugginirsi. **2** *(fig.)* arrugginito; fuori esercizio; non allenato. **3** *(di tessuto nero)* stinto; sbiadito; scolorito. **4** *(di persona)* antiquato.

[1]**rut** [rʌt] *s.* **1** solco *(lasciato dalle ruote)*; carreggiata. **2** *(fig.)* abitudine inveterata: *to get into a rut,* cadere in un'abitudine; fossilizzarsi — *to lift sb out of the rut,* togliere qcno da uno stato d'inerzia.

[1]to **rut** [rʌt] *vt* (**-tt-**) *(generalm. usato al p. pass.)* solcare: *a deeply rutted road,* una strada con solchi molto profondi.

[2]**rut** [rʌt] *s. (di cervo, ariete, ecc.)* fregola; calore.

[2]to **rut** [rʌt] *vi* (**-tt-**) essere in fregola, in calore.

ruthless ['ru:θlis] *agg* crudele; spietato.
□ *avv* **ruthlessly.**

ruthlessness ['ru:θlisnis] *s.* crudeltà; inesorabilità.

rye [rai] *s.* segala: *rye bread,* pane di segala — *rye whisky (USA spesso: rye whiskey),* whisky di segala.

S, s [es] *s.* (*pl.* **S's, s's**) *(diciannovesima lettera dell'alfabeto inglese): s for sugar, (al telefono, ecc.)* S come Savona — *an S-curve (-bend),* una curva a esse.
s [-z; -s] **1** [-z] *contraz di* is: *He's coming,* Sta venendo — *It's time to start off,* È ora di partire. **2** [-z] *contraz di* has: *He's given it away,* L'ha dato via — *Who's seen him?,* Chi lo ha visto? **3** [-s] *contraz di* us: *Let's go!,* Andiamo!; Andiamocene! **4** [-z; -s] *desinenza del caso possessivo (il cosiddetto 'genitivo sassone'), p.es.: the emperor's clothes,* i vestiti dell'imperatore.
sabbatarian [,sæbə'tɛəriən] *s. (Bibbia)* sabbatario. □ *agg* sabatino.
Sabbath ['sæbəθ] *s.* il giorno di riposo; il giorno del Signore *(sabato per gli ebrei, domenica per i cristiani): to break the sabbath,* lavorare di domenica; non osservare il riposo domenicale — *to keep the sabbath,* osservare il riposo domenicale — *sabbath school,* scuola festiva (di religione). □ *witches' sabbath,* sabba.
sabbatical [sə'bætikl] *agg* sabatico: *After this uproar there came a sabbatical calm,* Dopo questo tumulto sopravvenne una calma sabatica — *sabbatical year (term),* anno (trimestre) di congedo concesso ogni sette anni a professori universitari per studi, ricerche ed aggiornamento.
saber ['seibə*] *s. (USA)* = **sabre**.
[1]**sable** ['seibl] *s.* zibellino: *a sable stole,* una stola di zibellino.
[2]**sable** ['seibl] *agg (lett.)* nero; scuro; tetro; cupo; *(araldica)* nero.
sabot ['sæbou] *s. (fr.)* zoccolo.
sabotage ['sæbətɑ:ʒ] *s.* sabotaggio.
to **sabotage** ['sæbətɑ:ʒ] *vt* sabotare.
saboteur ['sæbə,tə:*] *s.* sabotatore.
sabre ['seibə*] *s.* sciabola: *sabre-cut,* sciabolata.
to **sabre** ['seibə*] *vt* colpire con la sciabola; dare una sciabolata.
sac [sæk] *s. (anat., bot.)* sacco.
saccharin(e) ['sækərin] *s.* saccarina. □ *agg* saccarino; *(fig.)* zuccherino.
sacerdotal [,sæsə'doutl] *agg* sacerdotale.
sacerdotalism [,sæsə'doutlizəm] *s.* **1** sacerdozio. **2** governo pretino; sistema di governo in cui i preti esercitano grande potere.
sachet ['sæʃei] *s. (fr.)* sacchetto profumato.
[1]**sack** [sæk] *sm* **1** sacco: *two sacks of potatoes,* due sacchi di patate — *sack lunch, (USA)* pranzo 'al sacco' — *sack-race,* corsa nei sacchi. **2** vestito *(da donna)* a sacco. **3** *(USA, sl.)* sacco a pelo; *(per estensione)* letto: *to hit the sack, (USA, fam.)* andare a letto; coricarsi (per la notte).
[2]**sack** [sæk] *s. (solo al sing. e con l'art. determinativo:* the sack*)* licenziamento: *to give sb the sack,* licenziare (mandare a spasso) qcno — *He got the sack for being lazy,* Venne licenziato per pigrizia.
[1]to **sack** [sæk] *vt* licenziare *(da un impiego).*
[3]**sack** [sæk] *s. (generalm. con l'art. determinativo)* sacco; saccheggio.
[2]to **sack** [sæk] *vt* saccheggiare.
[4]**sack** [sæk] *s. (ant.)* qualità di vino bianco della Spagna e delle Canarie.
sackbut ['sækbʌt] *s. (ant.)* specie di trombone.
sackcloth ['sækklɔθ] *s.* tela da sacco (da sacchi): *in sackcloth and ashes, (fig.)* vestito di sacco e col capo cosparso di cenere; in lutto.
sackful ['sækful] *s.* (quanto sta in un) sacco.
[1]**sacking** ['sækiŋ] *s.* tela da sacchi.
[2]**sacking** ['sækiŋ] *s.* licenziamento.
sacrament ['sækrəmənt] *s.* sacramento.
sacramental [,sækrə'mentl] *agg* sacramentale: *sacramental wine,* vino consacrato.
sacred ['seikrid] *agg* **1** sacro; inviolabile: *Nothing is sacred to these wild youths!,* Niente è sacro per questi giovani sfrenati! — *a sacred cow,* una vacca sacra; *(fig.)* 'totem'; cosa o persona intangibile — *to regard sth as a sacred duty,* considerare qcsa come un dovere sacro. **2** solenne: *a sacred promise,* una solenne promessa — *to hold a promise sacred,* tenere fede ad una promessa. **3** consacrato; dedicato: *sacred to the memory of...,* dedicato alla memoria di...
sacredness ['seikridnis] *s.* carattere sacro; santità; sacralità.
sacrifice ['sækrifais] *s.* **1** sacrificio: *the sacrifice of an ox to Jupiter,* il sacrificio di un bue a Giove — *to kill a sheep as a sacrifice,* uccidere una pecora in sacrificio — *to make sacrifices,* fare sacrifici — *the last (the great) sacrifice,* il sacrificio supremo (della vita) — *self-sacrifice,* abnegazione. **2** *(comm.)* perdita; svendita: *He had to sell his house at a sacrifice in order to pay his gambling debts,* Dovette vendere (svendere) la casa in perdita per pagare i debiti contratti al gioco.
to **sacrifice** ['sækrifais] *vt e i.* **1** sacrificare. **2** *(comm.)* svendere; vendere in perdita.
sacrificial [,sækri'fiʃl] *agg* **1** sacrificale; attinente al sacrificio; propiziatorio; espiatorio. **2** *(comm.)* sottocosto.
sacrilege ['sækrilidʒ] *s.* sacrilegio.
sacrilegious [,sækri'lidʒəs] *agg* sacrilego.
sacrist ['seikrist] *s.* sagrista; sacrista.
sacristan ['sækristən] *s.* sagrestano.
sacristy ['sækristi] *s.* sagrestia.
sacrosanct ['sækrousæŋkt] *agg* sacrosanto.
sad [sæd] *agg* (**sadder; saddest**) **1** triste; malinconico; mesto: *John is sad because his dog has died,* John è triste perché il suo cane è morto — *Why is he looking so sad?,* Perché ha l'aspetto così mesto? **2** *(di colori)* opaco; spento; neutro. **3** *(di pasta, pane)* mal lievitato; mal cotto; pesante. **4** vergognoso; deplorevole: *She's a sad slut,* È una povera svergognata — *a sad fellow,* un poveraccio — *His last song is sad stuff,* La sua ultima canzone fa pietà — *to be in a sad state,* essere malconcio. □ *avv* **sadly** ⇨.
to **sadden** ['sædn] *vt* rattristare; addolorare. □ *vi* rattristarsi.
saddle ['sædl] *s.* **1** sella *(di cavallo, bicicletta): saddle-bag,* bisaccia da sella — *saddle bow,* arcione

— *saddle cloth,* gualdrappa — *saddle of mutton,* sella di montone — *saddle cover,* coprisella — *to vault into the saddle,* balzare in sella — *to be saddle-sore,* avere il sedere dolente *(a forza di stare in sella, e fig., seduto)* — *to put the saddle on the wrong horse,* criticare ingiustamente una persona; incolpare un innocente — *to be in the saddle, (fig.)* essere al potere; governare. **2** anticrinale; valico montano; sella. □ *saddle-backed, (di monte)* fatto a sella; *(di tetto)* a due spioventi.

to **saddle** ['sædl] *vt* **1** sellare: *to saddle up,* sellare il proprio cavallo (i cavalli) per partire. **2** *(fig.)* caricare; gravare; accollare; addossare: *to be saddled with a wife and ten children,* avere il peso di una moglie e dieci figli — *to saddle sb with heavy tasks,* accollare a qcno compiti gravosi.

saddler ['sædlə*] *s.* sellaio.

saddlery ['sædləri] *s.* **1** selleria. **2** professione del sellaio.

sadism ['seidizəm] *s.* sadismo.

sadist ['seidist] *s.* sadico.

sadistic [sæ'distik/sə-] *agg* sadico. □ *avv* **sadistically.**

sadly ['sædli] *avv* **1** tristemente; mestamente. **2** deplorevolmente; molto; di grosso: *to be sadly lacking (in sth),* essere estremamente carente (in, di qcsa).

sadness ['sædnis] *s.* tristezza; mestizia; malinconia.

safari [sə'fɑ:ri] *s.* **1** safari; partita di caccia grossa *(spec. in Africa).* **2** *(per estensione)* gita turistica ad una riserva di caccia.

[1]**safe** [seif] *s.* **1** cassaforte; scrigno; forziere: *night safe,* cassa continua — *safe-breaker (-cracker),* scassinatore *(di casseforti).* **2** credenza; dispensa *(ben aerata e protetta dalle mosche): a meat safe,* una dispensa per la carne.

[2]**safe** [seif] *agg* **1** sicuro; innocuo; non pericoloso: *Is sixty miles an hour safe on this road?,* È sicuro andare ad una velocità di sessanta miglia all'ora su questa strada? — *Are these toys safe?,* Sono innocui questi giocattoli? — *Keep in a safe place, (sulle etichette)* Custodire al sicuro — *Is this beach safe for bathing?,* È pericolosa per i bagni questa spiaggia? **2** sano; salvo; integro; senza alcun danno: *to return safe and sound,* tornare sano e salvo. **3** cauto; prudente; accorto: *a safe statesman,* uno statista prudente (accorto) — *to be on the safe side,* essere, stare al sicuro; garantirsi un margine di sicurezza; non correre rischi — *Although the sun was shining he took his raincoat and umbrella to be on the safe side,* Benché il sole splendesse prese l'impermeabile e l'ombrello per maggior sicurezza. **4** certo; sicuro: *Mr Hill is safe to win the seat,* Mr Hill è sicuro di essere eletto (di vincere il seggio) — *It's safe to say that...,* Si può affermare con sicurezza che... **5** fidato; sicuro: *A safe friend is better than a clever one,* Meglio un amico fidato che un amico intelligente. □ *safe-conduct,* salvacondotto; lasciapassare — *safe-deposit,* cassetta di sicurezza — *safe-keeping,* custodia di sicurezza — *to leave one's jewels in the bank for safe-keeping while one is on holiday,* lasciare i gioielli in custodia alla banca mentre si è in vacanza.

□ *avv* **safely,** in modo sicuro; senza correre rischi: *to arrive safely,* arrivare sano e salvo — *One can safely say that...,* Si può affermare con sicurezza che...

safeguard ['seifgɑ:d] *s.* salvaguardia; protezione.

to **safeguard** ['seifgɑ:d] *vt* salvaguardare; proteggere.

safeness ['seifnis] *s.* sicurezza; certezza; solidità.

safety ['seifti] *s.* sicurezza; salvezza; scampo; incolumità: *safety measures,* misure di sicurezza — *Do nothing that might endanger the safety of other people,* Non fare nulla che possa mettere a rischio (in pericolo) l'incolumità degli altri — *to seek safety in flight,* cercare scampo (la salvezza) nella fuga — *to play for safety,* giocare sul sicuro — *Safety first!,* La sicurezza (La prudenza) in primo luogo!; Prima di tutto la sicurezza! — *road safety,* sicurezza stradale — *safety-bolt (safety-catch; safety-lock),* sicura (arresto di sicurezza, serratura di sicurezza) — *safety-curtain,* sipario di sicurezza *(sipario antincendio che può essere abbassato per separare il palcoscenico dalla platea in caso d'incendio)* — *'Fasten safety belts',* 'Allacciate le cinture di sicurezza' — *safety-lamp,* lampada di sicurezza — *safety-match,* fiammifero di sicurezza ('svedese') — *safety-pin,* spilla di sicurezza; spilla da balia — *safety-razor,* rasoio di sicurezza — *safety-valve, (anche fig.)* valvola di sicurezza — *to sit on the safety valve, (fig.)* fare una politica di repressione — *There is safety in numbers,* Il numero fa la forza.

saffron ['sæfrən] *s.* zafferano; *(attrib.)* color zafferano: *saffron cake, (GB)* specie di focaccia profumata con lo zafferano *(specialità della Cornovaglia).*

sag [sæg] *s.* **1** avvallamento; cedimento (al centro); cunetta; infossamento: *There is a bad sag in the seat of this chair,* C'è un brutto infossamento nel sedile di questa sedia. **2** caduta; affondamento; diminuzione; flessione. **3** *(naut.)* scarrocciamento.

to **sag** [sæg] *vi* **(-gg-) 1** abbassarsi; incurvarsi; cedere; assestarsi: *a sagging roof,* un tetto che cede — *Her cheeks are beginning to sag,* Le sue guance cominciano a diventare cascanti (ad afflosciarsi). **2** *(comm., spec. di prezzi)* calare: *Prices are sagging,* I prezzi calano (diminuiscono) — *a sagging market,* un mercato in ribasso.

saga ['sɑ:gə] *s.* saga *(in tutti i sensi).*

sagacious [sə'geiʃəs] *agg* sagace. □ *avv* **sagaciously.**

sagacity [sə'gæsiti] *s.* sagacia.

[1]**sage** [seidʒ] *agg e s.* saggio.

[2]**sage** [seidʒ] *s.* salvia: *sage green,* grigioverde — *sage and onion stuffing,* ripieno per pollo, anatra, oca, ecc. *(a base di salvia, cipolle e pan pesto).*

sago ['seigou] *s.* sago.

sahib ['sɑ:*h*ib] *s.* *(indiano)* signore.

said [sed] *pass e p. pass di* **to say.**

sail [seil] *s.* **1** vela: *to hoist (to lower) the sails,* issare (abbassare) le vele — *in full sail,* a gonfie vele — *under sail,* a vela spiegata — *to set sail,* far vela (salpare, iniziare il viaggio, partire) — *to take in sail,* ridurre le vele; *(fig.)* abbassare le pretese; ridurre la propria attività — *sail-cloth,* tela da vele — *to take the wind out of sb's sails,* rubare il vento alle vele di un altro; *(fig.)* prevenire qcno; togliere il vantaggio a qcno — *sail-boat, (USA)* barca a vela — *sail-loft,* veleria — *sail-maker,* velaio — *sail-room,* magazzino, deposito delle vele — *fore-and-aft-sail,* vela aurica, di taglio — *main sail,* vela di maestra — *mizzen-sail,* mezzana — *square-sail,* vela quadra — *studding sail,* coltellaccio. **2** *(invariato al pl.)* veliero; nave; imbarcazione: *a fleet of twenty sail,* una flotta di venti navi — *There wasn't a sail in sight,* Non si vedeva un'imbarcazione — *Sail ho!,* Nave in vista! **3** *(raramente al pl.)* viaggio; escursione in mare; navigazione: *How many days' sail is it from Hull to Oslo?,* Quanti giorni di navigazione ci sono da Hull a Oslo? **4** pala *(di mulino a vento).* **5** pinna dorsale *(di certi pesci).*

to **sail** [seil] *vi e t.* **1** veleggiare; navigare; percorrere *(un tratto di mare);* far vela; praticare lo sport della vela; condurre, governare *(una barca a vela): to sail the seas,* navigare; percorrere i mari — *to sail along (up,* *down) the coast,* veleggiare lungo la costa — *to sail across the Atlantic,* attraversare l'Atlantico — *to sail round Cape Horn,* doppiare Capo Horn — *to sail up (down) a river,* risalire (discendere) un fiume — *to sail into harbour,* entrare in porto — *to go sailing,* andare in barca a vela — *to sail before the wind,* avere il vento in poppa — *to sail with the wind,* navigare secondo il vento; *(fig.)* andare con la corrente — *to sail against the wind,* navigare contro vento; bordeggiare; *(fig.)* andare contro corrente — *to sail near (o close to) the wind,* andare di bolina stretta; *(fig.)* rasentare l'illegalità. **2** salpare; partire: *When does she sail?,* Quando salpa la nave? — *He sailed for New York yesterday,* È partito (in nave) per New York ieri — *a list of sailings from London,* un elenco delle navi in partenza da Londra. **3** *(fig.)* volare; veleggiare; scivolare; avanzare; muoversi; precedere; incedere silenziosamente (con solennità, impersonalmente, ecc.): *The moon sailed across the sky,* La luna si spostava lentamente lungo l'arco del cielo — *The airship sailed slowly over the city,* Il dirigibile sorvolò lentamente la città — *The Duchess sailed into the bathroom,* La duchessa fece il suo ingresso solenne nella sala da bagno.

to sail in (into), - **a)** entrare con ardore - **b)** *(in una discussione, ecc.)* inveire, infierire (contro qcno).

to sail through, superare *(p.es. un esame)* facilmente, senza difficoltà.

sailable ['seiləbl] *agg* navigabile.

sailing ['seiliŋ] *s.* **1** navigazione; traversata: *sailing-master,* ufficiale di rotta — *plain sailing,* navigazione facile, liscia; *(fig.)* cosa facile; cosa che va da sé. **2** partenza *(di una nave): sailing list,* elenco delle partenze — *sailing-orders,* istruzioni per la partenza. **3** *(sport)* vela: *to go sailing,* far della vela — *sailing boat,* barca a vela.

sailor ['seilə*] *s.* marinaio; navigatore: *sailor hat,* cappello alla marinara — *sailor suit,* vestito alla marinara — *to be a good sailor,* non soffrire il mal di mare.

sailorly ['seiləli] *agg* **1** da marinaio. **2** destro; capace; abile; industrioso.

sailplane ['seilplein] *s.* veleggiatore.

saint [seint; *davanti ai nomi propri* snt] *s.* (*abbr.* **S** *o* **St**; *pl.* **SS** *o* **Sts**) santo (santa); San (Santo); beato (beata): *patron saint,* santo patrono — *the Gospel according to Saint John,* il Vangelo secondo Giovanni — *Saint Paul,* San Paolo — *Saint Paul's,* cattedrale (chiesa) di San Paolo — *All Saints' Day,* Ognissanti — *saint's day,* onomastico — *St Vitus's dance,* il ballo di San Vito — *It's enough to try the patience of a saint,* Farebbe perdere la pazienza a un santo.

sainted ['seintid] *agg* santo; santificato.

sainthood ['seinthud] *s.* santità.

saintlike ['seintlaik] *agg* da (di) santo.

saintliness ['seintlinis] *s.* santità.

saintly ['seintli] *agg* da santo; santo; pio.

saith [seθ] *ant per* says (*3ª persona sing. del pres. di* **to say**): *Thus saith the Lord...,* Così dice il Signore...

sake [seik] *s. (nelle locuzioni): for the sake of...,* per amor di...; nell'interesse di... — *for my (your, the country's) sake,* per amor mio (tuo, della patria) — *to do sth for the sake of one's family,* far qcsa nell'interesse della propria famiglia — *I'll help you for your sister's sake,* Ti aiuterò per amor di tua sorella — *We must be patient for the sake of peace,* Dobbiamo essere pazienti per amor del quieto vivere — *He argues for the sake of arguing,* Litiga per il piacere di litigare — *art for art's sake,* l'arte per l'arte — *for God's (goodness') sake; (fam.) for Pete's sake,* per amor di Dio — *for heaven's sake,* per amor del cielo — *for pity's sake,* per pietà — *for mercy's sake,* per misericordia — *for conscience' sake,* per scrupolo di coscienza — *for form's sake,* per salvare le apparenze — *I have to go abroad for the sake of my health,* Devo andare all'estero per (il bene della) salute — *For the sake of argument, let's assume the earth is flat,* Per il gusto di (Tanto per) discutere, diciamo che la terra è piatta.

salaam [sə'lɑ:m] *s.* **1** 'salam' *(saluto mussulmano che significa 'pace').* **2** salamelecco; riverenza; inchino.

to **salaam** [sə'lɑ:m] *vi* fare un salamelecco, una riverenza (a qcno).

salable ['seiləbl] *agg* vendibile; smerciabile.

salacious [sə'leiʃəs] *agg* salace; lascivo; dissoluto. □ *avv* **salaciously.**

salaciousness, salacity [sə'leiʃəsnis/sə'læsiti] *s.* salacità; lascivia; dissolutezza.

salad ['sæləd] *s.* **1** 'insalata' *(piatto di carne, pesce, uova sode o formaggio con verdure, specie se crude): chicken (lobster) salad,* un'insalata di pollo (d'aragosta) — *a chicken salad,* un piatto di pollo con insalata. **2** contorno di insalata *(lattuga, pomodoro, cetriolo, ecc.): a green salad,* un'insalata verde — *a salad bowl,* un'insalatiera — *cold beef and salad,* manzo freddo con insalata — *salad cream,* salsa tipo maionese — *salad dressing,* condimento per l'insalata *(spec. 'vinaigrette'* ⇨*)* — *salad oil,* olio d'oliva. **3** *fruit salad,* macedonia. □ *salad days,* il tempo acerbo della giovinezza.

salamander ['sælə,mændə*] *s.* salamandra.

salaried ['sælərid] *agg* stipendiato.

salary ['sæləri] *s.* stipendio *(generalm. mensile o trimestrale).*

sale [seil] *s.* **1** vendita; smercio: *The sale of his old home made him sad,* La vendita della sua vecchia casa lo rattristò — *I found a quick sale for my old car,* Ho trovato subito da vendere la mia vecchia auto — *Sales are up (down) this month,* Le vendite sono buone (scarse) questo mese — *for sale,* in vendita — *Is this house for sale?,* È in vendita questa casa? — *to put sth up for sale,* mettere in vendita qcsa — *for sale to the highest bidder,* in vendita al miglior offerente — *to be on sale,* essere in vendita — *to offer on sale or return,* offrire (merce) in conto deposito, in deposito — *sales force,* forze di vendita — *subject to sale, (comm.)* salvo venduto — *bargain sale; clearance sale,* svendita; liquidazione — *cash sale,* vendita per contanti — *credit sale,* vendita a credito — *sales-clerk, (USA)* commesso — *sales-department,* reparto vendite *(di complesso di produzione, ecc.)* — *sales manager,* direttore delle vendite; direttore commerciale — *sales price,* prezzo di vendita — *sales resistance,* difficoltà di vendita; riluttanza del pubblico a certe compere — *sales tax,* imposta sull'entrata; tassa di vendita; *(ora)* IVA — *sales talk,* imbonimento. **2** vendita all'asta; vendita di beneficienza: *He gets bargains at sales,* Fa degli affaroni alle vendite all'asta — *sale by auction,* vendita all'asta — *sale of work,* vendita di beneficienza *(di capi di vestiario confezionati e donati dalle donne del rione, della parrocchia)* — *sale-ring,* cerchio di compratori intorno a un banditore; cricca di compratori *(ad un'asta)* — *sale-room,* sala di vendite all'asta. **3** svendita; 'saldi': *sale goods,* merce in saldo; merce i· liquidazione — *white sale,* fiera del bianco. **4** *(al* fatturato: *Total sales are appreciably higher than* *year,* Il fatturato globale è sensibilmente più alto rispetto allo scorso esercizio.

saleability [,seilə'biliti] *s.* vendibilità.

saleable ['seiləbl] *agg* vendibile; smerciabile; commerciabile.

salesgirl, saleslady ['seilzgə:l/'seilz,leidi] *s.* = **saleswoman**.

salesman ['seilzmən] *s.* (*pl.* **salesmen**) **1** venditore; commesso. **2** (*anche* travelling salesman) commesso viaggiatore; propagandista; piazzista.

salesmanship ['seilzmənʃip] *s.* abilità nel vendere; l'arte del piazzista.

saleswoman [,seilz'wumən] *s.* (*pl.* **saleswomen**) **1** commessa; donna addetta alla vendita. **2** viaggiatrice di commercio; 'propagandista'.

salient ['seiljənt] *agg* **1** saliente; principale: *the salient points of a speech,* i punti salienti di un discorso — *Honesty is his most salient characteristic,* L'onestà è la sua caratteristica principale. **2** sporgente; prominente.

□ *s.* **1** angolo sporgente. **2** *(mil.)* saliente.

saline ['seilain] *agg* salino; salato: *saline springs,* sorgenti saline.

□ *s.* **1** sale purgativo. **2** salina; sorgente (lago, ecc.) salina. **3** *(med.)* soluzione fisiologica.

salinity [sə'liniti] *s.* salinità.

salinometer [,sæli'nɔmitə*] *s.* salinometro *(strumento per misurare la quantità di sale contenuta in un liquido).*

saliva [sə'laivə] *s.* saliva.

salivary ['sælivəri] *agg* salivare.

to **salivate** ['sæliveit] *vi* salivare; produrre saliva.

sallow ['sælou] *agg* (**-er**; **-est**) *(di carnagione)* giallastro; terreo; olivastro.

to **sallow** ['sælou] *vt e i.* rendere, divenire giallastro, terreo, olivastro: *a face sallowed by years of residence in the tropics,* un viso reso giallastro dagli anni passati ai tropici.

sally ['sæli] *s.* **1** *(mil.)* sortita; uscita: *to make a successful sally,* fare una sortita fortunata. **2** motto di spirito; facezia; freddura. □ *Aunt Sally,* bersaglio abituale, favorito.

to **sally** ['sæli] *vi* **1** *(mil.)* fare una sortita. **2** *(di solito seguito da* out *o* forth*)* andarsene *(a fare una passeggiata o una gita).*

salmon ['sæmən] *s.* salmone; *(attrib., anche* salmon-pink*)* color salmone: *salmon trout,* trota salmonata — *rock salmon,* palombo.

salon ['sælɔn/'sælɔ̃:*n*/*(fr.)* salɔ̃] *s. (fr.)* **1** ricevimento; salotto mondano, letterario *(spec. a Parigi): the Salon,* il 'Salon' *(mostra annuale parigina di pittori viventi).* **2** salone; sala per ricevimento.

saloon [sə'lu:n] *s.* **1** salone; sala *(d'albergo, di nave, ecc. per ricevimenti);* sala di prima classe: *the dining saloon,* la sala da pranzo *(di una nave)* — *billiards saloon,* sala da biliardo — *dancing saloon,* sala danze — *saloon passenger,* viaggiatore di prima classe — *saloon deck,* ponte di prima classe — *dining saloon,* vagone ristorante. **2** *(USA)* bar; 'saloon'; caffè: *saloon keeper,* gestore di bar. **3** *(GB, anche* saloon car*)* 'berlina'. □ *saloon pistol,* pistola di tiro a segno — *shaving saloon, (USA)* salone da parrucchiere; bottega di barbiere.

salsify ['sælsifi] *s.* sassefrica.

salt [sɔ:lt/sɔlt] *s.* **1** sale *(spec. cloruro di sodio): sea salt,* sale marino — *table salt,* sale da tavola — *salt-cellar,* saliera — *salt mine,* miniera di salgemma — *rock salt,* salgemma — *salt lick,* terreno salato *(dove vanno gli animali per leccare il sale)* — *salt pan,* bacino di salina; salina — *a dose of salts,* una dose di sali *(come purgativo)* — *Epsom salts,* sale inglese — *not to be worth one's salt,* non valere il pane che si mangia; non valere nulla — *to take (a statement, ecc.) with a grain (a pinch) of salt, (fig.)* intendere (un'affermazione, ecc.) con un grano (pizzico) di sale, con riserva — *to rub salt into a wound, (generalm. fig.)* rincrudire una ferita — *to eat sb's salt,* essere ospite di qcno — *the salt of the earth,* il sale della terra *(le persone buone, leali, ecc.).* **2** *(fig.)* sale; sapore: *Adventure is the salt of life to some men,* L'avventura è il sale della vita per alcuni uomini — *Attic salt, (fig.)* sale attico; fine arguzia. **3** lupo di mare; marinaio: *(generalm. nell'espressione) an old salt,* un vecchio lupo di mare.

□ *agg* **1** salato *(anche fig.);* salso: *salt water,* acqua salata (di mare) — *salt-water fish,* pesce d'acqua salata (di mare) — *salt marsh,* salina; palude d'acqua salata. **2** conservato sotto sale: *salt beef (pork),* carne di manzo (maiale) conservata sotto sale. **3** *(fig.)* amaro; piccante.

to **salt** [sɔ:lt/sɔlt] *vt* **1** salare *(anche fig.): to salt (down) cod,* salare il merluzzo — *salted meat,* carne salata. **2** *(seguito da* away*)* risparmiare; investire; mettere da parte: *to salt away part of one's salary, (sl.)* mettere da parte, risparmiare parte dello stipendio.

saltiness ['sɔ:ltinis] *s.* l'essere salato; salsedine.

salting ['sɔ:ltiŋ] *s.* **1** palude costiera; salina. **2** salatura; salagione *(raro).*

saltpetre ['sɔ:lt,pi:tə*] *s.* (*USA* **saltpeter**) **1** salnitro; nitrato di potassio. **2** *(anche* Chile saltpetre*)* nitrato di sodio.

salty ['sɔ:lti] *agg* **1** salato; salino. **2** piccante.

salubrious [sə'lu:briəs] *agg* salubre.

salubriousness [sə'lu:briəsnis] *s.* salubrità.

salubrity [sə'lu:briti] *s.* salubrità.

salutary ['sæljutəri] *agg* salutare. □ *avv* **salutarily**.

salutation [,sælju'teiʃən] *s. (non comune)* saluto: *He raised his hat in salutation,* Alzò il cappello in segno di saluto.

salute [sə'lu:t] *s.* **1** saluto *(spec. mil.): to give a salute,* fare un saluto — *to stand at the salute,* fare il saluto (militare) — *to take the salute,* rispondere al saluto (militare). **2** salva: *to fire a salute of ten guns,* sparare una salva di dieci cannoni. **3** *(ant., scherz.)* bacio (come saluto).

to **salute** [sə'lu:t] *vt e i.* **1** salutare *(anche mil.): The soldier saluted,* Il soldato fece il saluto — *They saluted (each other) by raising their hats,* Si salutarono con una levata di cappello. **2** *(ant.)* baciare (come saluto).

salvage ['sælvidʒ] *s.* **1** salvataggio; ricupero *(di una nave, ecc.): a salvage company,* una società per i recuperi marini — *salvage operation,* operazione di recupero — *salvage vessel,* nave da salvataggio. **2** materiale ricuperato. **3** indennità di recupero.

to **salvage** ['sælvidʒ] *vt* salvare *(da un naufragio, incendio, o fig.);* recuperare.

salvation [sæl'veiʃən] *s.* salvezza *(spec. dell'anima).* □ *You must work out your own salvation,* Devi cavartela da solo. □ *the Salvation Army,* l'Esercito della Salvezza.

salve [sɑ:v/sælv] *s.* **1** unguento; pomata. **2** *(fig.)* balsamo; rimedio.

¹to **salve** [sɑ:v/sælv] *vt* lenire; placare: *to salve one's conscience,* placare la propria coscienza.

²to **salve** [sælv] *vt* salvare.

salver ['sælvə*] *s.* vassoio *(d'argento o d'altro metallo per lettere, inviti, ecc.).*

salvia ['sælviə] *s.* salvia.

salvo ['sælvou] *s.* (*pl.* **salvoes, salvos**) **1** *(mil.)* salva. **2** scroscio d'applausi.

sal volatile [,sælvə'lætəli] *s.* sali di carbonato d'ammonio; sali *(per far rinvenire).*

samaritan [sə'mæritn] *s.* samaritano.

sambo ['sæmbou] *s.* (*pl.* **sambos, samboes**) **1** figlio di un negro e una mulatta. **2** *(per estensione: usato spesso come soprannome)* negro.

same [seim] **I** *agg* stesso; medesimo; invariato: *He is the same age as me,* Ha la mia stessa età — *We have lived in the same house for fifty years,* Viviamo nella stessa casa da cinquant'anni — *We are all going the same way,* Stiamo andando tutti per la medesima strada — *The price is the same as before the war,* È lo stesso prezzo di prima della guerra — *It's much the same,* È più o meno lo stesso; È praticamente invariato — *to come (to amount) to the same thing,* fare lo stesso; non fare nessuna differenza — *You may pay in cash or by cheque: it comes to the same thing,* Potete pagare in contanti o con assegno; fa lo stesso (non fa alcuna differenza) — *on that same day,* proprio quel giorno — **the very same...**, *(enfatico)* proprio lo stesso... — *You've made the very same mistake again!,* Hai fatto di nuovo lo stesso errore! — **one and the same,** *(enfatico)* (proprio) lo stesso — *Jekyll and Hyde were one and the same person,* Jekyll and Hyde erano la stessa persona — **at the same time,** - **a)** insieme; allo stesso tempo: *Don't all speak at the same time,* Non parlate tutti insieme — *She was laughing and crying at the same time,* Rideva e piangeva allo stesso tempo - **b)** tuttavia; comunque: *At the same time you must not forget that...,* Non dovete tuttavia dimenticare che...

II *pron* **1** lo stesso; la stessa cosa: *We must all say the same,* Dobbiamo dire tutti la stessa cosa — *I would do the same again,* Rifarei la stessa cosa — *It's all (It's just) the same to me,* È lo stesso; Per me fa lo stesso; È la stessa cosa; Non fa nessuna differenza — *The same to you!,* Altrettanto (a te)!

2 *(nelle fatture, senza l'art.)* lo stesso (gli stessi): *to dry-cleaning two suits, 80 p.; to repairing same, £1.50,* per lavaggio a secco di due vestiti, 80 pence; per riparazione degli stessi, una sterlina e mezzo.

III *avv* nello stesso modo: *Old people do not feel the same about these things as the younger generation,* Su queste questioni, le persone anziane non la pensano allo stesso modo dei giovani — *all the same,* lo stesso; nondimeno — *She's not very intelligent, but I like her all the same,* Non è molto intelligente, ma mi piace lo stesso.

sameness ['seimnis] *s.* **1** identità. **2** uniformità; monotonia.

sampan ['sæmpæn] *s.* 'sampan' *(piccola imbarcazione cinese).*

samphire ['sæmfaiə*] *s.* *(bot.)* **1** finocchio marino. **2** salicornia.

sample ['sɑ:mpl] *s.* campione; saggio *(anche fig.): to be up to sample,* essere conforme al campione — *not to be up to sample,* essere di qualità inferiore al campione — *as per sample,* come da campione — *'Samples only', (scritto su pacco postale)* 'Campione senza valore' — *set of samples,* campionario — *a sample fair,* una fiera campionaria — *to give a sample of one's ability,* dare un saggio della propria abilità.

to **sample** ['sɑ:mpl] *vt* **1** campionare; fare una campionatura. **2** assaggiare; degustare: *He likes sampling wines,* Gli piace assaggiare i vini.

sampler ['sɑ:mplə*] *s.* imparaticcio *(saggio di ricamo).*

sampling ['sɑ:mpliŋ] *s.* **1** l'assaggiare; assaggio. **2** campionatura.

sanatorium [,sænə'tɔ:riəm] *s.* (*pl.* **sanatoria**) **1** sanatorio. **2** convalescenziario.

sanctification [,sæŋ*k*tifi'keiʃən] *s.* santificazione; canonizzazione.

to **sanctify** ['sæŋ*k*tifai] *vt* santificare; consacrare.

sanctimonious [,sæŋ*k*ti'mounjəs] *agg* santarello. □ *avv* **sanctimoniously.**

sanctimoniousness, sanctimony [,sæŋ*k*ti'mounjəsnis/'sæŋ*k*ti,mouni] *s.* *(spreg.)* santimonia; *(fig.)* santocchieria; ipocrisia; untuosità.

sanction ['sæŋ*k*ʃən] *s.* **1** autorizzazione; approvazione; sanzione. **2** pena; sanzione: *economic sanctions,* sanzioni economiche.

to **sanction** ['sæŋ*k*ʃən] *vt* sanzionare; approvare; autorizzare.

sanctity ['sæŋ*k*titi] *s.* **1** santità. **2** inviolabilità; carattere sacro; santità.

sanctuary ['sæŋ*k*tjuəri] *s.* **1** altare; parte interiore di una chiesa o di un tempio. **2** tempio; santuario. **3** rifugio; asilo; riserva: *right of sanctuary, (stor.)* diritto di asilo — *bird sanctuary,* riserva per uccelli.

sanctum ['sæŋ*k*təm] *s.* **1** luogo sacro; santuario. **2** *(fam.)* studio; stanza privata; ritiro.

sand [sænd] *s.* **1** sabbia; arena; *(spesso al pl.)* granelli di sabbia; spiaggia: *children playing on the sand(s),* bambini che giocano sulla spiaggia — *The sands (of time) are running out, (fig.)* L'ora sta per scoccare — *to make ropes of sand, (fig.)* voler fare l'impossibile — *to plough the sand, (fig.)* costruire sulla sabbia — *sand bar,* banco di sabbia; secca *(nella foce di un fiume o in un porto)* — *to be as happy as a sand-boy,* essere molto allegro — *sand-castle,* castello di sabbia — *sand fly,* simùlio — *sand glass,* clessidra — *sand shoes,* scarpe da spiaggia *(di gomma e tela)* — *sand-blast,* sabbiatura — *to sand-blast,* sabbiare — ⇨ *anche* **sandbag, sandbank, sandman, sandpaper, sandpiper.** **2** *(USA, sl.)* coraggio; forza d'animo.

to **sand** [sænd] *vt* **1** coprire, cospargere di sabbia. **2** insabbiare. **3** smerigliare.

sandal ['sændl] *s.* sandalo *(albero e calzatura).*

sandalled ['sændld] *agg* calzato di sandali.

sandalwood ['sændlwud] *s.* (legno di) sandalo.

sandbag ['sændbæg] *s.* sacco di sabbia.

to **sandbag** ['sændbæg] *vt* **(-gg-)** **1** difendere (proteggere, barricare una porta, ecc.) con sacchi di sabbia. **2** abbattere con un sacchetto di sabbia.

sandbank ['sændbæŋk] *s.* banco di sabbia.

sandiness ['sændinis] *s.* l'essere sabbioso, arenoso.

sandman ['sænd'mæn] *s.* (*pl.* **sandmen**) *(fam., infantile)* l'omino che fa addormentare i bambini *(riempiendo loro gli occhi di 'sabbia').*

sandpaper ['sænd,peipə*] *s.* carta vetrata.

to **sandpaper** ['sænd,peipə*] *vt* smerigliare; levigare con la carta vetrata.

sandpiper ['sænd,paipə*] *s.* piro piro.

sandstone ['sæn*d*stoun] *s.* arenaria: *chalky sandstone,* arenaria calcarea.

sandwich ['sænwidʒ] *s.* sandwich; panino imbottito; tramezzino: *ham sandwiches,* panini di prosciutto — *sandwich man,* 'uomo sandwich' — *sandwich board,* una delle due tavole pubblicitarie portate da un 'uomo sandwich'. □ *sandwich course, (GB)* corso di studi secondari (tecnici o commerciali) inframmezzato con il normale lavoro di fabbrica, d'ufficio, ecc.

to **sandwich** ['sænwidʒ] *vt* inserire *(qcsa o qcno fra due cose o persone): I was sandwiched between two* *very stout men in the bus,* Ero schiacciato tra due uomini assai robusti sull'autobus.

sandy ['sændi] *agg* (**-ier**; **-iest**) **1** sabbioso; arenoso. **2** *(di capelli)* biondo sabbia; biondo rossiccio. **3** *Sandy,* nomignolo *(molto comune in Scozia)* dato a ragazzi o a uomini dai capelli rossastri.

sane [sein] *agg* **1** *(di persona)* sano di mente; equilibrato. **2** assennato; sensato: *a sane policy,* una politica sensata. □ *avv* **sanely.**

sang [sæŋ] *pass di* **to sing.**

sang froid ['sɑ̃:ŋ'frwɑ:/(fr.) sɑ̃frwɑ] *s. (fr.)* sangue freddo.

sanguinary ['sæŋgwinəri] *agg* **1** sanguinoso: *a sanguinary battle,* una battaglia sanguinosa. **2** sanguinario; crudele: *a sanguinary ruler,* un sovrano crudele. **3** blasfemo; scurrile: *sanguinary language,* linguaggio scurrile.

sanguine ['sæŋgwin] *agg* **1** fiducioso; ottimistico. **2** sanguigno.

sanitarium [,sæni'tɛəriəm] *s.* (*pl.* **sanitariums** *o* **sanitaria**) *(USA)* sanatorio.

sanitary ['sænitəri] *agg* **1** igienico: *sanitary conditions,* condizioni igieniche — *sanitary towels,* assorbenti igienici. **2** sanitario: *a sanitary inspector,* un ispettore sanitario.

sanitation [,sæni'teiʃən] *s.* **1** servizi igienici. **2** fognature. **3** misure igieniche.

sanity ['sæniti] *s.* **1** sanità di mente; equilibrio mentale. **2** buon senso; ragionevolezza.

sank [sæŋk] *pass di* **to sink.**

Sanskrit ['sænskrit] *s. e agg attrib* sanscrito.

Santa Claus ['sæntə'klɔ:z] *s.* Babbo Natale.

[1]**sap** [sæp] *s.* **1** linfa: *sap-wood,* alburno. **2** *(fig.)* vigore; energia.

[1]to **sap** [sæp] *vt* (**-pp-**) **1** *(raro)* privare della linfa. **2** *(fig.)* indebolire; fiaccare.

[2]**sap** [sæp] *s.* trincea sotterranea: *sap-head,* testa di trincea.

[2]to **sap** [sæp] *vi e t.* (**-pp-**) **1** scavare *(una trincea sotterranea);* scalzare *(un muro).* **2** *(fig.)* indebolire; distruggere; minare *(la fede, ecc. di qcno).*

[3]**sap** [sæp] *s. (sl.)* scemo; sgobbone: *You poor sap!,* Povero scemo!

sapience ['seipjəns] *s.* sapienza; saggezza.

sapient ['seipjənt] *agg* sapiente; saggio. □ *avv* **sapiently.**

sapless ['sæplis] *agg* **1** senza linfa; secco; avvizzito. **2** *(fig.)* senza vigore.

sapling ['sæpliŋ] *s.* **1** alberello; giovane virgulto. **2** *(fig.)* giovanetto; giovane inesperto.

sapper ['sæpə*] *s.* geniere; zappatore.

sapphic ['sæfik] *agg* saffico.

sapphire ['sæfaiə*] *s.* **1** zaffiro. **2** color zaffiro.

sappy ['sæpi] *agg* (**-ier**; **-iest**) **1** colmo di linfa. **2** vigoroso; energico. **3** *(fam.)* sciocco; fatuo.

saraband ['særəbænd] *s.* sarabanda.

Saracen ['særəsn] *s.* saraceno.

sarcasm ['sɑ:kæzəm] *s.* sarcasmo; ironia.

sarcastic [sɑ:'kæstik] *agg* sarcastico; ironico. □ *avv* **sarcastically.**

sarcophagus [sɑ:'kɔfəgəs] *s.* (*pl.* **sarcophagi**) sarcofago.

sardine [sɑ:'di:n] *s.* sardina: *to be packed like sardines,* essere pigiati, stipati come sardine.

sardonic [sɑ:'dɔnik] *agg* sardonico. □ *avv* **sardonically.**

sari ['sɑ:ri] *s.* sari.

sarsaparilla [,sɑ:səpə'rilə] *s.* salsapariglia.

sartorial [sɑ:'tɔriəl] *agg* sartoriale *(spesso scherz.);* di sarto *(da uomo);* di sartoria.

[1]**sash** [sæʃ] *s.* fascia; cintura; sciarpa *(spec. per uniformi).*

[2]**sash** [sæʃ] *s.* telaio scorrevole: *sash window,* finestra 'all'inglese' (a ghigliottina) — *sash-cord (-line),* corda del contrappeso — *sash weight,* contrappeso.

sassafras ['sæsəfræs] *s.* sassofrasso.

Sassenach ['sæsənæk] *s. e agg (spreg.: scozzese e, meno comunemente, irlandese)* (anglo-)sassone; inglese.

sat [sæt] *pass e p. pass di* **to sit.**

Satan ['seitən] *s.* Satana.

Satanic [sə'tænik] *agg* satanico; diabolico: *His Satanic Majesty, (scherz.)* Satana.

satchel ['sætʃəl] *s.* cartella; borsa *(da scolaro).*

to **sate** [seit] *vt* = **to satiate.**

sateen [sæ'ti:n/sə-] *s.* rasatello; raso di cotone.

satellite ['sætəlait] *s. e attrib* satellite: *The moon is a satellite of the earth,* La luna è un satellite della terra. □ *satellite town,* città satellite.

satiable ['seiʃjəbl] *agg* saziabile.

to **satiate** ['seiʃieit] *vt* saziare; satollare; disgustare: *to be satiated with food (with pleasure),* essere sazio di cibo (di piaceri).

satiety [sə'taiəti] *s.* sazietà: *to indulge in pleasure to (to the point of) satiety,* abbandonarsi ai piaceri fino alla sazietà.

satin ['sætin] *s.* satin; raso; *(attrib.)* di satin; di raso. □ *agg* di raso; come il raso: *satin paper,* carta satinata — *satin stitch,* punto a raso.

satinwood ['sætinwud] *s.* legno pregiato di alberi tropicali *(usato per mobili).*

satire ['sætaiə*] *s.* satira.

satirical [sə'tirikəl] *agg* satirico. □ *avv* **satirically.**

satirist ['sætərist] *s.* autore di satire.

to **satirize** ['sætiraiz] *vt* satireggiare.

satisfaction [,sætis'fækʃən] *s.* **1** soddisfazione; gioia: *to feel satisfaction at having one's ability recognized,* provare soddisfazione nel vedere riconosciuta la propria bravura — *to have the satisfaction of being successful in life,* avere la soddisfazione di riuscire nella vita — *much to my satisfaction,* con mia grande soddisfazione — *Your success will be a great satisfaction to your parents,* Il tuo successo sarà una gran gioia per i tuoi genitori. **2** riparazione; soddisfazione: *to demand (to obtain) satisfaction,* chiedere (ottenere) soddisfazione (riparazione) — *to give satisfaction,* dare soddisfazione; *(anche nel senso di)* accettare un duello — *to make full satisfaction,* concedere piena soddisfazione. **3** *(dir.)* adempimento; pagamento.

satisfactory [,sætis'fæktəri] *agg* **1** soddisfacente; esauriente; convincente. **2** *(religione)* espiatorio. □ *avv* **satisfactorily.**

to **satisfy** ['sætisfai] *vt e i.* **1** soddisfare; appagare; contentare: *Nothing satisfies him; he's always complaining,* Non lo soddisfa nulla: si lamenta sempre — *Riches do not always satisfy,* Non sempre la ricchezza è tutto — *to satisfy the examiners,* superare (appena) un esame; ottenere la sufficienza — *to satisfy one's hunger,* soddisfare la (propria) fame; sfamarsi — *to be satisfied with sth,* essere soddisfatto di qcsa. **2** convincere: *He satisfied me that he could do the work well,* Mi convinse che avrebbe potuto far bene il lavoro. **3** *(religione)* riparare; espiare.

satisfying ['sætisfaiiŋ] *agg* soddisfacente; esauriente: *a satisfying meal,* un pasto sufficiente. □ *avv* **satisfyingly.**

satrap ['sætræp] *s. (stor.)* satrapo.

satrapy ['sætrəpi] *s. (stor.)* satrapia.

to **saturate** ['sætʃəreit] *vt* **1** impregnare; inzuppare d'acqua: *We were caught in the rain and came home saturated,* Fummo colti dalla pioggia e arrivammo a casa fradici — *He is saturated with Greek history,* È rimpinzato di storia greca. **2** *(scient.)* saturare: *saturated,* saturo.

saturation [,sætʃə'reiʃən] *s.* saturazione *(in ogni senso): saturation point,* punto di saturazione.

Saturday ['sætədi/-dei] *s.* sabato: *Saturday-to-Monday,* il fine settimana — *Holy Saturday,* Sabato Santo.

Saturnalia [,sætə'neiljə] *s. pl (stor. romana)* Saturnali; *(fig., spesso con la* s *minuscola e con l'art. indeterminativo)* orgia; periodo di disordine sfrenato: *a saturnalia of crime,* un'orgia di crimini.

saturnine ['sætə:nain] *agg* saturnino; cupo; malinconico.

satyr ['sætə*] *s.* satiro *(anche fig.).*

satyric(al) [sə'tirik(əl)] *agg* satiresco: *satyric(al) drama,* dramma satiresco.

sauce [sɔ:s] *s.* **1** salsa; intingolo: *white sauce,* tipo di besciamella molto blanda — *sauce-boat,* salsiera. **2** *(fam.)* impertinenza *(spec. se divertente): None of your sauce!,* Basta con le tue impertinenze! — *What sauce!,* Che impudenza! □ *What's sauce for the goose is sauce for the gander, (fig.)* La regola vale per tutti; Ciò che vale per l'uno vale anche per l'altro.

to **sauce** [sɔ:s] *vt* dire (fare) impertinenze: *How dare you sauce your mother?,* Come osi dire impertinenze a tua madre?

saucepan ['sɔ:spən] *s.* casseruola; pentola.

saucer ['sɔ:sə*] *s.* piattino; sottocoppa: *saucer-eyed,* con due occhioni spalancati. □ *flying saucer,* disco volante; 'ufo'.

sauciness ['sɔ:sinis] *s.* impertinenza; sfacciataggine.

saucy ['sɔ:si] *agg* (**-ier**; **-iest**) **1** impertinente; sfacciato. **2** vispo; sbarazzino. □ *avv* **saucily.**

sauerkraut ['sauəkraut] *s. (voce tedesca)* crauti.

sauna ['saunə] *s. (spesso* sauna bath*)* sauna.

saunter ['sɔ:ntə*] *s.* **1** passeggiatina; 'quattro passi'. **2** andatura lenta, tranquilla.

to **saunter** ['sɔ:ntə*] *vi* andare a zonzo; girovagare qua e là; bighellonare.

saunterer ['sɔ:ntərə*] *s.* bighellone; girandolone.

saurian ['sɔ:riən] *s. e agg* sauro.

sausage ['sɔsidʒ] *s.* salsiccia: *sausage meat,* carne tritata *(per salsiccia o ripieno)* — *sausage roll,* sfoglia ripiena di salsiccia. □ *sausage dog, (GB, fam.)* bassotto tedesco — *sausage balloon,* pallone frenato.

sauté ['soutei] *agg (fr.: di cibo)* saltato; rosolato a fiamma viva.

savage ['sævidʒ] *agg* **1** selvaggio: *savage tribes,* tribù selvagge. **2** feroce; crudele: *a savage dog,* un cane feroce — *savage criticism,* critica feroce. **3** *(fam.)* furibondo; arrabbiato; fuori di sé. □ *avv* **savagely.**

□ *s.* selvaggio; barbaro; 'indigeno'.

to **savage** ['sævidʒ] *vt (spec. di cavallo)* assalire; calpestare; mordere: *The man was badly savaged by his mare,* L'uomo fu selvaggiamente calpestato dalla sua cavalla.

savageness, savagery ['sævidʒnis/'sævidʒri] *s.* **1** stato selvaggio; selvatichezza: *to live in savageness,* vivere allo stato selvaggio. **2** ferocia; barbarie; crudeltà.

savanna(h) [sə'vænə] *s.* savana.

savant ['sævənt/'sævɑ:n/*(fr.)* savɑ̃] *s.* sapiente; dotto.

[1]**save** [seiv] *prep (ant. e lett.)* salvo; tranne; eccetto: *all save him,* tutti tranne lui — *We know nothing about him save that he was in the Secret Service during the War,* Non sappiamo niente di lui salvo che era nel Servizio Segreto durante la guerra.

[2]**save** [seiv] *s. (calcio)* salvataggio.

to **save** [seiv] *vt e i.* **1** salvare: *to save sb from drowning,* salvare qcno dalle acque — *to save sb's life,* salvare la vita a qcno — *God save the Queen!,* Dio salvi la regina! — *to save (one's) face, (fig.)* salvare la faccia — *to save appearances,* salvare le apparenze — *to save one's skin (one's bacon),* salvare la pelle (le cuoia) — *to save one's breath,* risparmiare il fiato — *to save the situation,* salvare la situazione. **2** risparmiare; mettere da parte (in serbo): *to save (up) money for a holiday,* risparmiare denaro per una vacanza — *to save half one's salary each month,* mettere da parte metà dello stipendio ogni mese — *He's saving himself (He's saving his strength) for the big match,* Si sta risparmiando (Sta risparmiando le forze) per la grande partita — *That will save you two pounds a week,* Ciò ti farà risparmiare due sterline alla settimana — *labour-saving,* che fa risparmiare fatica. **3** evitare: *That will save us a lot of trouble,* Ciò ci eviterà un sacco di guai. **4** *(religione)* riscattare; salvare: *Jesus Christ came into the world to save sinners,* Gesù Cristo venne al mondo per riscattare i peccatori. **5** *(dir.)* fare una riserva: *a saving clause,* una riserva di legge. □ *A stitch in time saves nine, (prov.)* Chi ha tempo non aspetti tempo — *A penny saved is a penny gained, (prov.)* Un soldo risparmiato è due volte guadagnato.

saveloy ['sævilɔi] *s. (cucina)* cervellata.

saver ['seivə*] *s.* **1** salvatore: *a saver of souls,* un salvatore di anime. **2** aggeggio o provvedimento che fa risparmiare tempo e fatica: *This device is a useful time saver,* Questo aggeggio è utile nel far risparmiare tempo.

saving ['seiviŋ] *agg* **1** che salva; che redime: *the saving grace of God,* la Grazia del Redentore; la grazia divina — *He had the saving grace of humour,* Si salvava per il suo senso dell'umorismo. **2** che fa risparmiare: *a labour-saving (time-saving) device,* un aggeggio che fa risparmiare fatica (che fa risparmiare tempo).

□ *s.* **1** *(raro)* il salvare; salvezza. **2** risparmio; economia: *a useful saving of time and money,* un utile risparmio di tempo e denaro. **3** *(al pl.)* risparmi: *to keep one's savings in the Post Office,* tenere i propri risparmi in un conto corrente postale — *savings-bank,* cassa di risparmio.

□ *prep* **1** tranne; salvo; eccetto. **2** con (il dovuto) rispetto: *saving your presence,* con rispetto parlando.

saviour ['seivjə*] *s.* (*USA* **savior**) salvatore: *the Saviour, Our Saviour,* il Salvatore; il Nostro Salvatore; il Redentore.

savoir faire ['sævwɑ:'fɛə*] *s. (fr.)* savoir faire.

[1]**savory** ['seivəri] *s.* satureia; santoreggia.

[2]**savory** ['seivəri] *agg* ⇨ **savoury.**

savour ['seivə*] *s.* (*USA* **savor**) sapore *(anche fig.)*; gusto; aroma: *His political views have a savour of fanaticism,* Le sue vedute politiche sanno di fanatismo.

to **savour** ['seivə*] *vt* assaporare; gustare.

□ *vi (seguito da* of*: molto formale)* sapere di: *Such a proposal savours of impertinence,* Una tal proposta sa di impertinenza.

savoury ['seivəri] *agg* (*USA* **savory**) sapido; saporito; gustoso; *(di piatto)* salato; piccante.

□ *s.* piatto piccante *(servito all'inizio o alla fine d'un pranzo).*

savoy [sə'vɔi] *s.* cavolo verza; verzotto.

savvy ['sævi] *voce verbale (sl.) No savvy,* Non so; Non capisco.
□ *s.* comprendonio; buon senso: *Where's your savvy?,* Dov'è il tuo buon senso?

[1]**saw** [sɔ:] *s.* sega: *saw-horse,* cavalletto (per segare la legna) — *saw-toothed,* con i denti a sega — *hand-saw,* seghetto — *cross-cut saw,* sega da tronchi.

to **saw** [sɔ:] *vt e i.* (*pass.* **sawed**; *p. pass.* **sawn,** *USA* **sawed**) **1** segare: *to saw a log into planks,* segare un ceppo in tavole — *to saw a branch off,* segare via un ramo — *to saw sth up,* segare qcsa in pezzi; fare qcsa a pezzi con la sega — *sawn timber,* legname segato in tavole — *This wood saws easily,* Questa legna si sega bene. **2** muovere avanti e indietro *(come una sega): He was sawing away at his fiddle,* Faceva miagolare il suo violino (muovendo l'archetto come una sega) — *to saw the air,* gesticolare.

[2]**saw** [sɔ:] *pass di* **to see** ⇨.

[3]**saw** [sɔ:] *s.* detto; proverbio.

sawdust ['sɔ:dʌst] *s.* segatura.

sawfish ['sɔ:fiʃ] *s.* pesce sega.

sawing ['sɔ:iŋ] *s.* il segare; segatura: *sawing machine,* sega meccanica.

sawmill ['sɔ:mil] *s.* segheria.

sawyer ['sɔ:jə*] *s.* **1** operaio di segheria. **2** *(USA)* tronco d'albero galleggiante su un fiume.

sax ['sæks] *s. (fam.)* sassofono.

saxhorn ['sækshɔ:n] *s.* basso tuba.

saxifrage ['sæksifridʒ] *s.* sassifraga.

Saxon ['sæksn] *s. e agg* sassone: *Anglo-Saxon, (stor.)* anglosassone.

saxophone ['sæksəfoun] *s.* sassofono.

saxophonist ['sæk,sɔfənist] *s.* suonatore di sassofono.

say [sei] *s. (solo nelle seguenti espressioni) to have (to say) one's say,* esprimere la propria opinione; dire la propria — *Now you've had your say, shut up!,* Ora che hai detto la tua, sta' zitto! — *Let him have his say,* Lascia che dica la sua — *to have a say (no say) in the matter,* aver voce (non aver voce) in capitolo.

to **say** [sei] *vt e i.* (*3ª persona sing. del pres.* **says**; *pass. e p. pass.* **said**) **1** dire; affermare; dichiarare; asserire: *He always says the same thing,* Dice sempre la stessa cosa — *Did you say anything?,* Hai detto qualcosa? — *He said that his friend's name was Smith,* Disse che il nome del suo amico era Smith — *Everyone was saying what a handsome couple they made,* Tutti dicevano che formavano una bella coppia — *Everyone said how well he was looking,* Tutti affermarono che aveva una buona cera — *I've something to say to you,* Ho qualcosa da dirti — *What do you say to a walk?,* Che ne dici (diresti) d'una passeggiata? — *I wouldn't say no to a glass of beer!,* Non direi di no ad un bicchiere di birra! — *The boy was saying his prayers,* Il ragazzo stava dicendo le sue preghiere — *You may well say so!,* Puoi ben dirlo! — *So you say,* Ah sì?; Dici? *(in tono dubbioso)* — *to say the word,* dare ordine; dare il via — *to say a good word for sb,* dire (mettere) una buona parola per qcno — *to say (to have) one's say* ⇨ **say,** *s.* — *that is to say...,* cioè...; in altre parole...; vale a dire... — *three weeks tomorrow, that is to say the tenth of May,* tre settimane domani, cioè il dieci maggio — *They say (It is said) that...,* Dicono (Si dice) che... — *You may learn to play the piano in (let us) say three years,* Puoi imparare a suonare il piano in, diciamo, tre anni — *Say no more,* Non dire altro; Non aggiungere altro — *You don't say so!,* Ma che dici?; È impossibile!; Ma no! — *What have you got to say for yourself?,* Cosa puoi dire in tua difesa? **2** credere; supporre: *And so say all of us,* E la pensiamo così anche noi — *There is no saying when this war will end,* Non si sa proprio (Non si può dire) quando finirà questa guerra.
□ *No sooner said than done,* Detto fatto — *I say!,* Smettila un po'!; Ehi, dico! — *It goes without saying that country life is healthier than town life,* È ovvio che la vita di campagna è più sana di quella di città.

saying ['seiiŋ] *s.* detto; proverbio; massima; adagio: *'More haste, less speed', as the saying is (o goes),* 'Chi va piano, va sano e va lontano', come dice il proverbio.

scab [skæb] *s.* **1** crosta *(di ferita).* **2** rogna; scabbia. **3** *(fam.)* crumiro.

scabbard ['skæbəd] *s.* fodero; guaina *(di spada, ecc.).*

scabby ['skæbi] *agg* **1** coperto di croste. **2** rognoso; scabbioso; *(per estensione)* schifoso.

scabies ['skeibi:z] *s.* scabbia.

scabrous ['skeibrəs] *agg* scabroso.

scaffold ['skæfəld] *s.* **1** impalcatura; ponteggio. **2** patibolo; forca: *to go to the scaffold,* andare al patibolo.

scaffolding ['skæfəldiŋ] *s.* materiale da impalcature; ponteggio.

scalawag ['skæləwæg] *s.* = **scallywag.**

[1]**scald** [skɔ:ld] *s.* scottatura; ustione.

to **scald** [skɔ:ld] *vt* **1** scottare; ustionare: *scalding hot,* rovente — *scalding tears,* lacrime cocenti. **2** scaldare *(latte, ecc.);* portare quasi al bollore. **3** lavare *(piatti, ecc.)* in acqua molto calda.

[2]**scald** [skɔ:ld] *s. (stor.)* scaldo (poeta di corte presso gli antichi scandinavi).

scalding ['skɔ:ldiŋ] *s.* **1** *(industria tessile)* cottura; lisciviatura. **2** scottatura.
□ *agg* ⇨ **to scald 1.**

[1]**scale** [skeil] *s.* **1** scaglia; squama: *to scrape the scales off a herring,* togliere le squame ad una aringa. **2** *(sui metalli)* scoria; incrostazione; placca; ossido. **3** tartaro *(dei denti).* □ *to remove the scales from sb's eyes, (fig.)* aprire gli occhi a qcno.

[1]to **scale** [skeil] *vt* togliere le scaglie; squamare.
□ *vi* scrostarsi: *The plaster is scaling off that wall,* L'intonaco si scrosta da quella parete.

[2]**scale** [skeil] *s.* **1** scala *(vari sensi, anche mus.);* gradazione: *the decimal scale,* la scala decimale — *the sliding scale, (econ.)* la scala mobile — *This rule has one scale in centimetres and another in inches,* Questa riga ha una gradazione in centimetri e un'altra in pollici — *a map on the scale of two inches to the mile,* una carta geografica su scala di due pollici per miglio — *to draw to scale,* disegnare in scala — *drawn to scale,* ridotto in scala — *a scale drawing,* un disegno in scala — *to do sth on a large scale,* fare qcsa su larga scala — *to practise scales on the piano,* esercitarsi a fare le scale al pianoforte — *the scale of F sharp minor,* la scala di fa diesis minore — *a person who is high in the social scale,* una persona con una posizione sociale elevata — *to sink in the social scale,* scendere in basso nella scala sociale — *small-scale, (agg.)* su scala ridotta — *large-scale, (agg.)* su vasta scala — *economy of scale,* economia di massa. **2** regolo graduato; riga.

[2]to **scale** [skeil] *vt* **1** rappresentare in scala; ridurre in scala: *to scale a map,* disegnare una carta geografica in scala — *to scale a building,* ridurre in scala un edificio. **2** *to scale sth up (down),* aumentare (diminuire) qcsa proporzionalmente — *All wages were scaled up*

by ten per cent, Tutti i salari vennero aumentati del dieci per cento.

[3]**scale** [skeil] *s.* **1** piatto della bilancia. **2** *(al pl.* scales; *oppure* a pair of scales*)* bilancia: *to turn the scale(s), (fig.)* fare pendere il piatto, la bilancia; dare il colpo decisivo — *The arrival of reinforcements turned the scale(s) in our favour,* L'arrivo dei rinforzi fece pendere la bilancia a nostro favore — *to turn the scale(s) at...,* pesare; raggiungere (un certo peso) — *to hold the scales even,* giudicare imparzialmente — *the scales of justice,* la bilancia della giustizia.

[3]to **scale** [skeil] *vi* pesare.

[4]to **scale** [skeil] *vt* arrampicarsi; scalare; scavalcare: *to scale a wall,* scalare (scavalcare) un muro — *a scaling ladder, (stor. mil.)* una scala d'assedio.

scallop ['skɔləp] *s.* **1** *(zool.)* conchiglia; pettine. **2** *(su abiti, come ornamento)* smerlo; dentellatura.

to **scallop** ['skɔləp] *vt* (**-pp-**) **1** cucinare ostriche in conchiglia. **2** dentellare; fare smerli, festoni.

scallywag ['skæliwæg] *s. (fam.)* buono a nulla; fannullone; birbante.

scalp [skælp] *s.* **1** cuoio capelluto. **2** scalpo; *(fig.)* trofeo: *to be out for scalps,* andare a caccia di nemici, di rivali. **3** *(non molto comune)* cima *(di montagna)* brulla e tondeggiante.

to **scalp** [skælp] *vt e i.* **1** scalpare; fare lo scalpo. **2** *(fig.)* stroncare con la critica; sconfiggere. **3** *(sl. USA)* fare il bagarino.

scalpel ['skælpəl] *s.* scalpello; bisturi.

scaly ['skeili] *agg* **1** squamoso; scaglioso; coperto di incrostazioni: *a kettle scaly with rust,* un bricco incrostato di ruggine. **2** che si scrosta; che si sfalda.

scamp [skæmp] *s. (spesso scherz.)* bricconcello.

to **scamp** [skæmp] *vt* fare con svogliatezza, frettolosamente.

scamper ['skæmpə*] *s.* corsa rapida e breve; corsa precipitosa: *to take the dog for a scamper,* portare fuori il cane per una breve corsa.

to **scamper** ['skæmpə*] *vi (spec. di animaletti e di bambini)* scappare; sgattaiolare.

scampi ['skæmpi] *s. pl* gamberoni.

to **scan** [skæn] *vt* (**-nn-**) **1** *(piuttosto ant.)* scrutare: *The shipwrecked sailor scanned the horizon anxiously,* Il naufrago scrutava l'orizzonte con ansia. **2** *(nell'uso moderno)* scorrere in fretta *(con lo sguardo): He scanned the newspaper while having his breakfast,* Diede una scorsa al giornale mentre faceva colazione. **3** scandire; misurare versi. **4** *(televisione)* analizzare; esplorare *(l'immagine); (radar)* esplorare; localizzare *(una determinata zona).*

□ *vi (di versi)* essere metricamente esatto; potersi scandire: *This line doesn't scan,* Questo verso non si può scandire.

scandal ['skændl] *s.* **1** scandalo; vergogna: *to give rise to scandal,* sollevare uno scandalo — *to hush up a scandal,* soffocare uno scandalo — *It is a scandal that the accused man was declared innocent,* È una vergogna che l'accusato sia stato dichiarato innocente. **2** maldicenza; pettegolezzo (diffamatorio): *Don't talk scandal,* Non fare della maldicenza — *Don't listen to scandal,* Non ascoltare i pettegolezzi — *scandalmonger,* malalingua; seminatore di scandali — *to scandal-monger,* diffondere scandali — *scandalmongering,* maldicenza. **3** diffamazione.

to **scandalize** ['skændəlaiz] *vt* scandalizzare: *to scandalize the neighbours,* scandalizzare il vicinato — *to be scandalized at sth,* scandalizzarsi per qcsa.

scandalmonger, scandalmongering ['skændl,mʌŋgə*/'skændl,mʌŋgəriŋ] *s.* ⇨ **scandal 2.**

scandalous ['skændələs] *agg* **1** scandaloso; vergognoso. **2** diffamatorio. □ *avv* **scandalously.**

Scandinavian [,skændi'neivjən] *agg e s.* scandinavo.

scanner ['skænə*] *s. (televisione, radar)* analizzatore.

scanning ['skæniŋ] *s.* **1** *(poesia)* scansione. **2** *(televisione)* esplorazione *(dell'immagine).*

scansion ['skænʃən] *s. (poesia)* scansione.

scant [skænt] *agg* scarso; inadeguato; rado: *to be scant of breath, (lett.)* avere il fiato corto — *to pay scant attention to sb's advice,* prestare scarsa attenzione ai consigli di qcno.

to **scant** [skænt] *vt* limitare; lesinare su: *Don't scant the butter when you make a cake,* Non lesinare sul burro quando fai una torta.

scanties ['skæntiz] *s. pl (fam.)* mutandine; minislip.

scantiness ['skæntinis] *s.* scarsezza; insufficienza.

scantling ['skæntliŋ] *s.* assicella; travicello *(per costruzione).*

scanty ['skænti] *agg* (**-ier; -iest**) scarso; insufficiente; ridotto: *a scanty crop,* un raccolto scarso — *a scanty swimsuit,* un costume da bagno ridottissimo, succinto. □ *avv* **scantily.**

scapegoat ['skeipgout] *s.* capro espiatorio.

scapegrace ['skeipgreis] *s. (spesso scherz.)* scapestrato; scavezzacollo; birichino; monello: *her scapegrace husband,* quel cattivo soggetto di suo marito — *You young scapegrace!,* Monello che sei!

scapula ['skæpjulə] *s. (anat.)* scapola.

scar [skɑ:*] *s.* cicatrice *(anche fig.);* sfregio.

to **scar** [skɑ:*] *vt e i.* (**-rr-**) **1** sfregiare. **2** *(talvolta seguito da* over*)* cicatrizzarsi.

scarab ['skærəb] *s.* scarabeo; scarabeo sacro.

scarce [skɛəs] *agg* **1** scarso; insufficiente. **2** raro: *a scarce book,* un libro raro. □ *to make oneself scarce, (fam.)* tagliare la corda; svignarsela.

□ *avv* **scarcely,** appena; a mala pena: *There were scarcely a hundred people present,* C'erano appena cento persone — *I scarcely know him,* Lo conosco appena — *He scarcely ever comes,* Non viene quasi mai — *He can scarcely write his name,* Riesce a mala pena a scrivere il suo nome — *scarcely anything (anyone),* quasi niente (nessuno).

scarcity ['skɛəsiti] *s.* scarsezza; scarsità *(spec. di viveri).*

scare [skɛə*] *s.* spavento; panico; paura: *You did give me a scare!,* Mi hai fatto prendere un bello spavento! — *The news caused a war scare,* La notizia provocò la paura d'una guerra — *scare headline,* titolo allarmistico *(di giornale)* — ⇨ *anche* **scaremonger, scaremongering.**

to **scare** [skɛə*] *vt* spaventare: *to scare away,* far fuggire dallo spavento — *to be scared stiff of sth, (fam.)* avere il terrore di qcsa — *He's scared stiff of women,* Ha una paura matta delle donne.

scarecrow ['skɛəkrou] *s.* spaventapasseri.

scaremonger ['skɛə,mʌŋgə*] *s.* allarmista *(spec. se riferito a un giornalista).*

scaremongering ['skɛə,mʌŋgəriŋ] *s.* allarmismo.

[1]**scarf** [skɑ:f] *s.* (*pl.* **scarfs** *o* **scarves**) sciarpa; cravatta; cravattone; fascia *(mil.): scarf-pin,* spilla per cravatta.

[2]**scarf** [skɑ:f] *s. (falegnameria, ecc.)* ammorsatura.

to **scarify** ['skærifai] *vt* **1** *(chirurgia, costruzione stradale)* scarificare. **2** *(fig.)* criticare severamente; ferire con aspre critiche.

scarlet ['skɑ:lit] *agg* scarlatto. □ *scarlet fever,* scarlattina — *scarlet rash,* rosolia — *scarlet runner,*

fagiolo di Spagna — *scarlet hat,* cappello da cardinale.
□ *s.* **1** colore scarlatto. **2** tessuto scarlatto.

scarp [skɑ:p] *s.* scarpata; pendio.

scary ['skɛəri] *agg* **1** tremebondo; timido. **2** *(USA, fam.)* allarmante.

scathing ['skeiðiŋ] *agg* severo; aspro; mordace; feroce: *a scathing retort,* una replica mordace — *a scathing review of a new book,* una critica feroce d'un nuovo libro.
□ *avv* **scathingly.**

to **scatter** ['skætə*] *vt* **1** spargere; cospargere; disseminare; diffondere: *to scatter gravel on an icy road,* spargere ghiaia su una strada ghiacciata. **2** disperdere: *The police scattered the crowd,* La polizia disperse la folla.
□ *vi* disperdersi; sparpagliarsi.

scatter-brain ['skætəbrein] *s.* persona scervellata, sventata.

scatter-brained ['skætəbreind] *agg* scervellato; sventato.

scattered ['skætəd] *agg* sparso; disseminato: *a few scattered fishing villages,* alcuni paesi di pescatori disseminati qua e là.

scatty ['skæti] *agg (fam.)* pazzo.

to **scavenge** ['skævindʒ] *vt e i.* **1** *(seguito da* for*)* andare in cerca di carogne *(per nutrirsi).* **2** spazzare; tener pulite le strade, ecc.

scavenger ['skævindʒə*] *s.* **1** animale che si nutre di carogne. **2** spazzino; spazzaturaio.

scenario [si'nɑ:riou] *s.* *(pl.* **scenarios***)* **1** sceneggiatura; copione; scenario. **2** piano; programma.

scenarist ['si:nərist/si'nɑ:rist] *s.* sceneggiatore.

scene [si:n] *s.* **1** luogo; scena: *The first to arrive on the scene was P.C. Jones,* Il primo a giungere sul luogo fu l'appuntato Jones. **2** scena *(vari sensi): 'Macbeth', Act II, Scene 1,* 'Macbeth', atto II, scena 1ª — *There were heart-breaking scenes after the earthquake,* Ci furono scene strazianti dopo il terremoto. **3** panorama; veduta. **4** scenata: *She made a scene when I scolded her,* Fece una scenata quando la rimproverai. **5** *(ant.)* palcoscenico *(anche fig.): to be behind the scenes,* essere dietro le quinte — *to come on the scene, (anche fig.)* entrare in scena — *to quit the scene,* lasciare la scena; *(fig.)* morire — *scene painter,* pittore di scene; scenografo — *scene shifter, (teatro)* macchinista — *scene shifting,* cambiamento di scena. **6** *(per estensione)* ambiente: *the London scene,* l'ambiente londinese *(spec. quello giovanile o 'beat')* — *the drug scene,* il mondo (l'ambiente) della droga — *They went abroad for a change of scene,* Andarono all'estero per cambiare ambiente.

scenery ['si:nəri] *s.* **1** paesaggio; panorama; veduta: *mountain scenery,* il paesaggio montano — *to stop to admire the scenery,* fermarsi per ammirare il panorama. **2** scenario; scena; ambiente.

scenic ['si:nik] *agg* **1** attinente il paesaggio; panoramico; pittoresco; naturale. **2** scenico.
□ *avv* **scenically.**

scenographer [si:'nɔgrəfə*] *s.* scenografo.

scenographic(al) [,si:nou'græfik(əl)] *agg* scenografico.

scenography [si:'nɔgrəfi] *s.* **1** scenografia. **2** *(disegno)* riproduzione prospettica.

scent [sent] *s.* **1** profumo; fragranza; odore: *a rose that has no scent,* una rosa che non ha profumo — *the scent of hay,* l'odore del fieno. **2** essenza; profumo: *a scent bottle,* una boccetta per il profumo — *She uses too much scent on her hair,* Mette troppo profumo nei capelli. **3** odore *(della selvaggina);* traccia; pista: *The scent was strong (poor),* L'odore della selvaggina era intenso (tenue) — *to be on the scent of sb (sth), (anche fig.)* essere sulle tracce di qcno (qcsa) — *We are on the scent of an important discovery,* Stiamo per fare un'importante scoperta — *to be off the scent; to be on a false scent,* seguire una pista falsa — *They tried to throw me off the scent,* Cercarono di mettermi su una pista sbagliata. **4** *(anche fig.)* fiuto; odorato: *to hunt by scent,* cacciare col fiuto.

to **scent** [sent] *vt* **1** fiutare *(anche fig.): The dog scented a rat,* Il cane fiutò un topo — *to scent treachery,* aver sentore di un tradimento. **2** profumare: *to scent a handkerchief,* profumare un fazzoletto — *roses that scent the air,* rose che profumano l'aria.

scented ['sentid] *agg* profumato.

scentless ['sentlis] *agg* inodoro; senza profumo.

scepter ['septə*] *s.* ⇨ **sceptre.**

sceptic ['skeptik] *s.* scettico.

sceptical ['skeptikl] *agg* scettico. □ *avv* **sceptically.**

scepticism ['skeptisizəm] *s.* scetticismo.

sceptre ['septə*] *s.* (*USA* **scepter**) scettro.

sceptred ['septəd] *agg* fornito di scettro.

schedule ['ʃedju:l/*(USA)* 'sked(j)u:l] *s.* **1** lista; elenco; tabella; scheda. **2** piano; programma: *according to schedule,* secondo i piani. **3** *(USA)* orario: *The train arrived on schedule,* Il treno arrivò in orario. **4** *(comm.)* inventario.

to **schedule** ['ʃedju:l/*(USA)* 'skedju:l] *vt* **1** mettere in programma; programmare; fissare: *The President's speech is scheduled for tomorrow,* Il discorso del presidente è programmato per domani. **2** elencare; includere in un elenco; catalogare: *scheduled monuments, (GB)* monumenti inclusi nell'elenco ufficiale *(per la conservazione).*

schematic [ski(:)'mætik] *agg* schematico. □ *avv* **schematically.**

scheme [ski:m] *s.* **1** piano; disposizione; combinazione: *to draw up a scheme of work,* tracciare un piano di lavoro — *a colour scheme,* una combinazione di colori. **2** macchinazione; intrigo: *a scheme to defraud a widow,* una macchinazione per defraudare una vedova.

to **scheme** [ski:m] *vi e t.* **1** progettare; combinare; pianificare. **2** *(talvolta seguito da* for*)* macchinare; intrigare; tramare: *a scheming young man,* un giovane intrigante.

schemer ['ski:mə*] *s.* **1** progettatore. **2** intrigante.

scheming ['ski:miŋ] *agg* ⇨ **to scheme.**

schism ['sizəm] *s.* scisma.

schismatic [siz'mætik] *agg* scismatico.

schist [ʃist] *s.* scisto; roccia scistosa.

schizophrenia [,skitsou'fri:njə] *s.* schizofrenia.

schizophrenic [,skitsou'frenik] *agg* schizofrenico.

schlemiel [ʃlə'mi:əl] *s. (USA, sl.: dallo yiddish)* persona sciocca, ingenua o abitualmente sfortunata.

schmaltz [ʃmɔlts] *s. collettivo (USA, sl.: dallo yiddish)* sdolcinatezza; sentimentalità.

schnitzel ['ʃnitsəl] *s. (dal tedesco)* cotoletta di vitello: *Wiener (Vienna) schnitzel,* cotoletta impanata ('alla milanese').

schnorkel ['ʃnɔ:kl] *s.* *(dal tedesco: anche* **snorkel***)* **1** presa d'aria per sottomarini. **2** tubo di respirazione per pescatori subacquei.

scholar ['skɔlə*] *s.* **1** *(ant.)* scolaro; studente. **2** letterato; studioso; erudito: *I'm not much of a scholar,*

Non sono uno studioso. **3** *(in alcuni collegi e università)* borsista; vincitore di borsa di studio.

scholarly ['skɔləli] *agg* **1** letterato; dotto; erudito; 'filologico'. **2** studioso: *a scholarly young woman,* una giovane studiosa.

scholarship ['skɔləʃip] *s.* **1** erudizione; alto livello di cultura; valore filologico; qualità filologiche; rigore scientifico. **2** borsa di studio: *He won a research scholarship,* Ha vinto una borsa come ricercatore.

scholastic [skə'læstik] *agg* scolastico *(anche in senso filosofico): a scholastic post,* un posto da insegnante — *the scholastic profession,* la professione dell'insegnante — *a scholastic agency,* un'agenzia di collocamento per insegnanti. ☐ *avv* **scholastically.**

scholasticism [skə'læstisizəm] *s. (filosofia)* scolastica.

[1]**school** [sku:l] *s.* **1** *(vari sensi: l'edificio, l'insieme degli studenti, le lezioni)* scuola *(anche fig., ma* ⇨ *il* **5**, *sotto); (attrib.)* scolastico: *the hard school of experience,* la dura scuola dell'esperienza — *There will be no school tomorrow,* Non ci sarà scuola (saranno lezioni) domani — *School begins at nine a.m.,* La scuola comincia alle nove — *primary (elementary) school,* scuola elementare — *coeducational school,* scuola mista — *grammar school, (GB)* ginnasio-liceo — *high school, (spec. USA)* liceo — *comprehensive school, (GB)* scuola media unica, unificata — *evening school; night school,* scuola serale — *preparatory school; (GB anche) prep. school,* scuola elementare privata — *public school, (GB)* scuola media superiore privata; 'collegio'; *(USA)* scuola pubblica — *Sunday school,* scuola di catechismo — *riding school,* scuola di equitazione — *flying school,* scuola di volo — *school board,* comitato scolastico locale — *school inspector,* ispettore scolastico — *school books,* libri scolastici — *school-time,* ore di lezione (di studio) — *school age,* età scolare — *school-leaver,* allievo che lascia la scuola avendo raggiunto il limite della scuola d'obbligo — *school-leaving age,* il limite d'età della scuola d'obbligo — ⇨ *anche* **schoolbook, schoolboy, schooldays,** *ecc.* **2** facoltà universitaria; scuola di perfezionamento; istituto: *the Law (Medical) School,* la facoltà di legge (di medicina) — *School of Dentistry,* scuola di perfezionamento di odontoiatra. **3** *(ant., spec. a Oxford)* aula universitaria: *the Divinity School,* l'aula di teologia; *(USA)* facoltà di teologia. **4** corso di studi *(spec. universitari): schools,* esami di laurea *(a Oxford)* — *the schools, (pl.)* le università medievali. **5** scuola *(di artisti, filosofi, ecc.)*; indirizzo; corrente: *the Dutch (Venetian, ecc.) school of painting,* la scuola di pittura olandese (veneta, ecc.) — *the Hegelian school,* la scuola hegeliana. ☐ *a nobleman of the old school,* un nobiluomo della vecchia scuola (di vecchio stampo).

to **school** [sku:l] *vt* **1** istruire; ammaestrare; allenare: *to school a horse,* ammaestrare un cavallo — *to be schooled by adversity,* imparare dalle circostanze avverse. **2** dominare; disciplinare; tenere a freno: *to school one's temper,* dominare il proprio carattere — *to school oneself to patience,* abituarsi alla pazienza.

[2]**school** [sku:l] *s.* banco *(di pesci)*; frotta.

schoolbook ['sku:lbuk] *s.* testo scolastico.

schoolboy ['sku:lbɔi] *s.* scolaro; studente: *schoolboy slang,* gergo studentesco.

schooldays ['sku:ldeiz] *s. pl* **1** i giorni di scuola. **2** il tempo in cui si andava a scuola: *to look back upon one's schooldays,* ricordare i tempi in cui si andava a scuola.

schoolfellow ['sku:l,felou] *s.* compagno di scuola (compagna).

schoolgirl ['sku:lgə:l] *s.* scolara; studentessa.

schoolhouse ['sku:lhaus] *s.* edificio scolastico *(spec. di paese).*

schooling ['sku:liŋ] *s.* istruzione; educazione scolastica: *He had very little schooling,* Aveva pochissima istruzione — *Who's paying for her schooling?,* Chi paga per la sua istruzione?

schoolma'am, schoolmarm ['sku:lmɑ:m] *s. (fam.)* maestra di scuola.

schoolman ['sku:lmən] *s. (pl.* **schoolmen)** *(stor.)* professore d'università; filosofo scolastico.

schoolmaster ['sku:l,mɑ:stə*] *s.* insegnante *(spec. professore di liceo).*

schoolmate ['sku:lmeit] *s.* compagno (compagna) di scuola.

schoolmistress ['sku:l,mistris] *s.* insegnante *(spec. professoressa di liceo).*

schoolroom ['sku:lrum] *s.* aula.

schoolteacher ['sku:l,ti:tʃə*] *s.* insegnante.

schooner ['sku:nə*] *s.* **1** goletta. **2** boccale da birra. ☐ *prairie schooner,* grosso carro usato dai pionieri americani.

sciatic [sai'ætik] *agg* sciatico.

sciatica [sai'ætikə] *s.* sciatica.

science ['saiəns] *s.* **1** scienza: *natural science,* le scienze naturali — *social science; the social sciences,* le scienze sociali — *science fiction,* fantascienza — *the dismal science, (scherz.)* l'economia politica — *a man of science,* uno scienziato. **2** tecnica; abilità: *In judo science is more important than strength,* Nel judo la tecnica è più importante della forza.

scientific [,saiən'tifik] *agg* **1** scientifico. **2** *(fig.)* preciso; rigoroso; esperto; abile; dotato di buona tecnica: *a scientific boxer,* un pugile dotato di buona tecnica. ☐ *avv* **scientifically.**

scientist ['saiəntist] *s.* scienziato.

scilicet ['sailiset] *avv (lat.)* cioè; vale a dire.

scimitar ['simitə*] *s.* scimitarra.

to **scintillate** ['sintileit] *vi* scintillare.

scion ['saiən] *s.* **1** rampollo *(di famiglia nobile).* **2** *(bot.)* pollone; talea; innesto.

scissors ['sizəz] *s. pl (spesso* a pair of scissors, *sing.)* forbici: *nail scissors,* forbicine per le unghie — *scissors grinder,* arrotino — *scissors and paste,* lavoro di forbici e colla *(ad indicare un articolo, libro, ecc. abborracciato, copiato)* — *scissors cut,* forbiciata — *scissors kick,* sforbiciata *(nuoto).*

sclerosis [skliə'rousis] *s.* sclerosi.

sclerotic [skliə'rɔtik] *agg* sclerotico.

[1]**scoff** [skɔf] *s.* **1** scherno; beffa. **2** zimbello; oggetto di scherno: *He was the scoff of the town,* Era lo zimbello della città.

[1]to **scoff** [skɔf] *vi (generalm. seguito da* at*)* schernire; dileggiare: *to scoff at dangers,* schernire il pericolo — *to scoff at religion,* dileggiare la religione.

[2]**scoff** [skɔf] *s.* **1** *(sl.)* il mangiare; pasto. **2** cibo; roba da mangiare: *Where's all the scoff gone?,* Dov'è finita tutta la roba da mangiare *(fam.* la pappa)?

[2]to **scoff** [skɔf] *vi (sl.)* mangiare avidamente; abboffarsi; divorare: *Who's scoffed all the biscuits?, (fam.)* Chi si è pappato tutti i biscotti?

scoffer ['skɔfə*] *s.* schernitore; dileggiatore.

scoffing ['skɔfiŋ] *agg* beffardo; derisorio. ☐ *avv* **scoffingly**

☐ *s.* scherno; derisione; dileggio.

scold [skould] *s.* brontolona; donna bisbetica.

to **scold** [skould] *vt e i.* sgridare; rimproverare; rimbrottare *(spec. bambini).*

scolding ['skouldiŋ] *s.* rimprovero; lavata di capo.

scollop ['skɔləp] *s. e vt* = **scallop.**

sconce [skɔns] *s.* **1** candelabro a muro; 'applique'. **2** *(nell'università di Oxford)* boccale *(generalm. di birra).*

to **sconce** [skɔns] *vt (in certi collegi dell'Università di Oxford)* far pagare da bere a *(uno studente, per un'infrazione alle usanze studentesche durante una cena formale nel refettorio).*

scone [skɔn/skoun] *s.* focaccina scozzese.

scoop [sku:p] *s.* **1** ramaiolo; cucchiaione; pala; paletta. **2** ramaiolata; palettata: *at one scoop,* con una palettata; *(fig.)* in un colpo solo; d'un solo colpo — *He won a hundred pounds at one scoop,* Vinse cento sterline in un colpo solo. **3** *(fam.)* 'colpo' giornalistico; articolo esclusivo; *(comm.: per estensione)* affare vantaggioso; grossa vendita.

to **scoop** [sku:p] *vt* **1** *(seguito da* up, out*)* vuotare; togliere; svuotare, scavare, tirar su con un ramaiolo, paletta, cucchiaio, ecc.: *to scoop out a hole in the sand,* scavare una buca nella sabbia con una paletta. **2** *(fam.)* fare un buon colpo giornalistico; *(comm.)* fare un grosso affare.

to **scoot** [sku:t] *vi (fam.)* guizzar via; zompar via.

scooter ['sku:tə*] *s.* **1** *(anche* motor scooter*)* 'scooter'; motoretta. **2** monopattino.

scope [skoup] *s.* **1** opportunità; possibilità; sbocco: *a job that gives scope for one's abilities,* un lavoro che permette di realizzare le proprie capacità. **2** portata; raggio; campo d'azione; sfera: *Economics is a subject beyond the scope of a child's mind,* L'economia non è una scienza accessibile a una mente infantile.

scorbutic [skɔ:'bju:tik] *agg (med.)* scorbutico.

scorch [skɔ:tʃ] *s.* **1** bruciatura *(spec. su tessuto).* **2** volata; corsa pazza.

to **scorch** [skɔ:tʃ] *vt* **1** bruciare; bruciacchiare: *scorched earth policy,* la tattica della terra bruciata. **2** *(fig.)* offendere; ferire (i sentimenti).

☐ *vi* **1** scolorirsi *(per il sole).* **2** *(fam., di ciclisti, motociclisti)* andare a tutto gas, sparati.

scorcher ['skɔ:tʃə*] *s.* **1** persona o cosa che brucia, scotta, ecc. **2** *(fam.)* giornata caldissima. **3** *(fam.)* ciclista, motociclista che corre troppo veloce (che va a velocità pazza).

scorching ['skɔ:tʃiŋ] *agg* bruciante; bollente; scottante *(anche fig.).* ☐ *avv* **scorchingly.**

☐ *avv* in modo bruciante *(anche fig.);* terribilmente: *scorching hot,* terribilmente caldo.

score [skɔ:*/skɔə*] *s.* **1** frego; tacca; scanalatura; striatura. **2** debito; conto in sospeso: *to run up a score,* far debiti — *to pay (to settle, to wipe off) old scores,* *(fig.)* saldare, regolare i conti. **3** *(sport)* punteggio; punti: *to keep the score,* segnare i punti (su un tabellone, ecc.) — *What's the score?,* Qual è il punteggio?; *(fig.)* Com'è la situazione?; A che punto siamo? — *to know the score,* conoscere il punteggio; *(fig.)* conoscere bene la situazione; sapere come stanno le cose — *score book (card, sheet),* libretto (cartoncino, foglio) per la registrazione dei punti — ⇨ *anche* **scoreboard. 4** causa; motivo: *on the score of...,* a causa di... — *to be rejected on the score of ill health,* essere respinto per ragioni di salute — *on more scores than one,* per più d'un motivo — *You need have no anxiety on that score,* Su quel punto puoi star tranquillo — *On what score?,* A che titolo? **5** *(mus.)* partitura. **6** venti; ventina: *a score of people,* una ventina di persone — *three score and ten,* settanta anni *(la durata media della vita secondo la Bibbia).* **7** *(sl.)* punto a favore; bel colpo; stoccata: *a politician who is clever at making scores off hecklers at public meetings,* un uomo politico che è abile nel tacitare (segnando punti a suo favore) chi lo interrompe durante i comizi — *What a score!,* Che bel colpo!; Che fortuna!

to **score** [skɔ:*/skɔə*] *vt e i.* **1** solcare; segnare; intaccare; striare; incidere: *The mountain-side was scored by torrents,* Il fianco della montagna era solcato da torrenti — *Don't score the floor pushing heavy furniture about,* Non rigare il pavimento trascinando mobili pesanti — *The composition was scored with corrections in red ink,* Il tema era segnato da correzioni in inchiostro rosso — *to score out,* tirare un frego *(su parole, ecc.)* — *Three words had been scored out,* Tre parole erano state cancellate — *to score under,* sottolineare. **2** annotare; segnare *(spec. i punti d'una partita): Who's going to score?,* Chi terrà il punteggio? **3** *(sport)* far punti; segnare: *to score a goal,* segnare, fare un goal — *to score a point,* segnare un punto — *to score an advantage,* ottenere un vantaggio — *to score a success,* riportare un successo. **4** *(spesso seguito da* up, against*)* mettere in conto; prendere nota *(d'una offesa, ecc.): That remark will be scored against you,* Quella osservazione non verrà dimenticata (ti verrà rinfacciata). **5 to score off sb,** umiliare qcnò; avere la meglio su qcno *(in una discussione, ecc.).* **6 to score over sb,** avere la meglio su qcno; essere superiore a qcno, batterlo. **7** *(mus.)* orchestrare; arrangiare.

scoreboard ['skɔ:,bɔ:d] *s.* tabellone *(per segnare il punteggio).*

scorer ['skɔ:rə*] *s. (sport)* **1** chi registra il punteggio. **2** chi fa (segna) dei punti: *top scorer,* chi *(in un incontro, in una stagione)* ha totalizzato il massimo dei punti.

scoring ['skɔ:riŋ] *s.* **1** *(geologia)* abrasioni; striature. **2** *(mecc.)* rigatura. **3** *(sport)* segnatura; punteggio; punti: *scoring board,* tabellone dei risultati — *scoring-card,* foglio dei punteggi.

scorn [skɔ:n] *s.* **1** disprezzo; sprezzo: *to dismiss a suggestion with scorn,* respingere sdegnosamente un'insinuazione — *to laugh sb to scorn,* schernire, dileggiare qcno — *to think scorn of sb,* avere a spregio qcno. **2** oggetto di disprezzo; zimbello: *He was the scorn of the village,* Era lo zimbello del paese.

to **scorn** [skɔ:n] *vt* disprezzare; sprezzare; disdegnare.

scornful ['skɔ:nful] *agg* sprezzante; sdegnoso: *a scornful smile,* un sorriso sprezzante — *to be scornful of material things,* disprezzare le cose materiali.

☐ *avv* **scornfully.**

scorpion ['skɔ:pjən] *s. (zool.)* scorpione; *(astronomia)* Scorpione. ☐ *scorpion-plant,* Renanther arachnitis; Genista scorpius — *scorpion-fish,* scorfano.

scot [skɔt] *s.* tassa; scotto: *(solo nelle espressioni) to pay scot and lot, (stor.)* pagare le tasse; pagare lo scotto — *to go (to get off, to escape) scot-free,* cavarsela; passarla liscia; andarsene impunito, senza pagare lo scotto.

Scot [skɔt] *s.* scozzese.

Scotch [skɔtʃ] *agg* scozzese *(NB: gli scozzesi stessi usano* **Scottish** *o* **Scots** *salvo nel caso di alcuni prodotti alimentari, ecc.): Scotch whisky (beef),* whisky (manzo) scozzese — *Scotch mist* ⇨ **mist 1.**

☐ *s.* **1** *(solo al pl.:* the Scotch*)* gli scozzesi. **2** whisky scozzese.

to **scotch** [skɔtʃ] *vt* **1** *(ant.)* ferire senza uccidere; rendere innocuo: *We have scotched the snake, not killed it,* Abbiamo soltanto ferito, non ucciso il serpente; *(fig.)* Il male non è stato eliminato ma solo temporaneamente allontanato. **2** sopprimere; soffocare: *to scotch a rumour,* soffocare una diceria.

Scotchman ['skɔtʃmən] *sm* (*pl.* **Scotchmen**) scozzese.

Scotchwoman ['skɔtʃ,wumən] *sf* (*pl.* **Scotchwomen**) scozzese.

Scots [skɔts] *agg* scozzese.

Scottish ['skɔtiʃ] *agg* scozzese.

scoundrel ['skaundrəl] *s.* canaglia; furfante; farabutto.

scour ['skauə*] *s.* pulitura; lucidata: *to give a pan a good scour,* dare una bella lucidata ad una padella.

[1]to **scour** ['skauə*] *vt e i.* **1** strofinare; fregare; lucidare; smacchiare; pulire: *to scour the pots and pans,* strofinare (lucidare) pentole e tegami — *to scour out a frying pan,* pulire l'interno d'una padella — *to scour the tiles,* lucidare le mattonelle. **2** togliere, spazzar via *(fregando o con un forte getto d'acqua; anche fig.): to scour the rust off,* togliere la ruggine. **3** svuotare *(una tubazione, ecc.); (per estensione)* purgare energicamente *(l'intestino).*

[2]to **scour** ['skauə*] *vt e i.* **1** perlustrare: *to scour the woods,* perlustrare i boschi. **2** *(seguito da* about, for *o* after*)* andare (rapidamente) alla ricerca di qcno; inseguire qcno.

scourer ['skauərə*] *s.* **1** paglietta *(generalm. di metallo).* **2** detersivo; smacchiatore. **3** *(industria)* lavatore *(di lana).*

scourge [skə:dʒ] **1** *(ant.)* sferza; staffile. **2** *(fig., nell'uso moderno)* flagello: *After the scourge of war came the scourge of disease,* Dopo il flagello della guerra sopravvenne il flagello dell'epidemia.

to **scourge** [skə:dʒ] *vt* **1** *(ant.)* sferzare; fustigare. **2** *(nell'uso moderno)* castigare; affliggere; tormentare.

scourging ['skə:dʒiŋ] *s.* flagellazione.

scout [skaut] *s.* **1** esploratore: *Boy Scout,* giovane esploratore; boy-scout — *girl scout, (USA)* giovane esploratrice — *scout-master,* capo (di un gruppo di boy-scout) — *talent scout,* scopritore di talenti. **2** *(GB)* assistente degli automobilisti *(soci dell'Automobile Association o del Royal Automobile Club).* **3** *(a Oxford)* domestico *(di un college).* □ *He's a good scout, (fam.)* È un brav'uomo.

[1]to **scout** [skaut] *vi* **1** esplorare; andare in ricognizione. **2** *to scout about (o around) for sth,* andare in giro in cerca di qcsa.

[2]to **scout** [skaut] *vt* respingere; scartare *(un'idea, un suggerimento).*

scouting ['skautiŋ] *s.* **1** esplorazione; ricognizione *(anche mil.).* **2** scoutismo; scautismo. **3** *(anche* talent scouting*)* lo scoprire i talenti.

scow [skau] *s.* chiatta.

scowl [skaul] *s.* cipiglio; sguardo minaccioso, torvo.

to **scowl** [skaul] *vi* guardare torvamente.

to **scrabble** ['skræbl] *vi* **1** scarabocchiare; scribacchiare. **2** *to scrabble (about) for sth,* cercare qcsa a tentoni.

scrag [skræg] *s.* **1** persona o bestia magrissima, scheletrica, ossuta. **2** *(anche* scrag end*)* collottola *(di montone macellato).*

to **scrag** [skræg] *vt* (**-gg-**) *(fam.)* torcere il collo (a qcno); *(gergo studentesco)* stringere (qcno) al collo col braccio *(per picchiarlo); (rugby)* afferrare (qcno) per il collo.

scraggly ['skrægli] *agg* ispido; incolto: *a scraggly beard,* una barba incolta.

scraggy ['skrægi] *agg* (**-ier; -iest**) magro; ossuto; scheletrico.

scram [skræm] *interiezione* togliti dai piedi!; sparisci!

scramble ['skræmbl] *s.* **1** arrampicata; scarpinata; cammino difficile; scalata. **2** mischia; zuffa; tafferuglio. **3** *(fig.)* lotta; gara (per ottenere qcsa). **4** gara di 'motocross'.

to **scramble** ['skræmbl] *vt e i.* **1** arrampicarsi: *to scramble up the side of a cliff,* arrampicarsi su per un dirupo. **2** accapigliarsi; azzuffarsi: *to scramble for sth,* azzuffarsi per qcsa. **3** strapazzare *(le uova): scrambled eggs,* uova strapazzate.

scrambler ['skræmblə*] *s.* dispositivo per neutralizzare le intercettazioni telefoniche.

scrambling ['skræmbliŋ] *s.* motocross.

[1]**scrap** [skræp] *s.* **1** pezzo; frammento; pezzetto; ritaglio di giornale *(fotografia o trafiletto): scrap book,* album per ritagli *(p.es. di giornale)* — *a scrap of paper,* un pezzo di carta. **2** *(fig.: sempre* a scrap*)* un poco; (un) po'; (una) briciola: *I don't care a scrap,* Non me ne importa un bel niente — *not a scrap,* neanche un po' — *There isn't a scrap of evidence to support the charge,* Non c'è neanche una prova per sostenere l'accusa — *not a scrap of comfort,* neanche un briciolo di conforto. **3** *(collettivo)* scarti; rottami: *to sell sth for scrap,* vendere qcsa come rottame — *He offers good prices for scrap iron,* Offre buoni prezzi per rottami di ferro — *scrap heap,* mucchio di rottami, di roba di scarto, di rifiuti — *to throw sb on the scrap heap, (fig.)* disfarsi di qcno (quando non serve più). **4** *(al pl.)* avanzi *(di cibo);* rimasugli: *to give the scraps to the dog,* dare gli avanzi al cane.

[1]to **scrap** [skræp] *vt* (**-pp-**) demolire *(p.es. una nave); (industria)* gettare tra i rottami; scartare *(un piano, programma, ecc.).*

[2]**scrap** [skræp] *s.* baruffa improvvisa; alterco; lite: *He had a bit of scrap with his brother,* Ebbe un piccolo alterco con suo fratello.

[2]to **scrap** [skræp] *vi* (**-pp-**) *(fam.)* litigare; azzuffarsi.

scrape [skreip] *s.* **1** raschiatura; scalfittura. **2** stridore; rumore prodotto da una raschiatura, ecc.: *the scrape of a pen on paper,* lo stridore d'una penna su un foglio di carta. **3** scorticatura; graffio: *a nasty scrape on the elbow,* una brutta scorticatura sul gomito. **4** guaio; difficoltà: *That boy is always getting into scrapes,* Quel ragazzo si mette sempre nei guai — *Don't expect me to get you out of your scrapes,* Non aspettarti che ti tolga dagli impicci.

to **scrape** [skreip] *vt* **1** *(spesso seguito da* away, off, out, *o* from*)* fregare *(per pulire);* raschiare; scrostare: *to scrape out a saucepan,* pulire un tegame (raschiando via le incrostazioni) — *to scrape the rust off sth,* raschiar via la ruggine da qcsa — *The ship's bottom needs to be scraped,* La carena della nave ha bisogno di essere raschiata — *to scrape the paint from (o off) a door,* scrostare la vernice d'una porta — *He scraped the side of his car,* Graffiò malamente il fianco della macchina — *to scrape one's chin,* radersi. **2** scorticare; sbucciare: *The boy fell and scraped his knee,* Il ragazzo cadde e si sbucciò il ginocchio. **3** *(spesso seguito da* together *o* up*)* racimolare; raggranellare: *to scrape together a few pounds for a holiday,* racimolare un po' di sterline per una vacanza — *to scrape a living,* sbarcare il lunario — *to scrape (up) an acquaintance with sb,* riuscire a fare la conoscenza di qcno; riuscire ad introdursi presso qcno. □ *vi* **1** strisciare; sfiorare: *to scrape along the wall,* camminare rasente il muro — *branches that scrape against the window panes,* rami che sfiorano i vetri della finestra. **2** *(fig.: seguito da* through*)* cavarsela (appena): *The boy scraped through his examination, (fig.)* Il ragazzo superò l'esame per un pelo. **3** *(fig.:*

seguito da along *o* by*)* tirare avanti; cavarsela. □ *to scrape away at a violin,* strimpellare un violino — *to bow and scrape,* inchinarsi goffamente, strisciando i piedi; *(fig.)* essere troppo servile, cerimonioso.

scraper ['skreipə*] *s.* **1** raschietto; raschiatoio. **2** *(fam.)* strimpellatore di violino. **3** *(mecc.)* ruspa.

scraping ['skreipiŋ] *s.* **1** raschiatura. **2** *(al pl.)* raschiature; ritagli: *scrapings from the bottom of the barrel,* raschiature del fondo del barile. **3** *(al pl., fig.)* economie; risparmi.

scrappiness ['skræpinis] *s.* frammentarietà.

scrappy ['skræpi] *agg* frammentario; sconnesso. □ *avv* **scrappily.**

[1]**scratch** [skrætʃ] *s.* **1** graffio; scalfittura: *It's only a scratch!,* Non è che un graffio! — *Her hands were covered with scratches,* Le sue mani erano tutte un graffio — *He escaped without a scratch,* Se l'è cavata senza neanche un graffio. **2** *(solo al sing.)* grattata: *My dog enjoys having a good scratch,* Al mio cane piace farsi dare una bella grattata. **3** stridio; scricchiolio. **4** *(al sing. senza l'art.)* linea di partenza: *to start from scratch,* partire dalla linea della partenza; *(fig.)* partire da zero — *scratch-race,* corsa in cui nessun concorrente è avvantaggiato o handicappato — *to come up to scratch,* essere pronti a scattare, ad agire; essere all'altezza della situazione — *to bring sb up to scratch,* mettere qcno al livello richiesto *(per superare un esame, ecc.);* preparare qcno.

to **scratch** [skrætʃ] *vt e i.* **1** graffiare; scalfire; spellare: *Does your cat scratch?,* Graffia il tuo gatto? — *to scratch oneself,* grattarsi — *Stop scratching (yourself)!,* Ma la smetti di grattarti? — *to scratch sb's eyes out,* cavare gli occhi a qcno — *Don't scratch the paint,* Non scalfire la vernice — *He has scratched his hands badly while pruning,* Si è graffiato malamente le mani mentre potava — *to scratch the surface of a subject,* sfiorare appena un argomento. **2** scribacchiare; buttar giù: *to scratch a few lines to a friend,* buttar giù due righe ad un amico — *scratch-pad, (USA)* taccuino. **3** *(seguito da* out*)* cancellare, depennare qcsa; fare un frego su qcsa — *to scratch out sb's name from a list,* depennare un nome da un elenco. **4** ritirare *(un cavallo, un concorrente)* da una gara; ritirarsi: *The horse was scratched (from the race),* Ritirarono il cavallo dalla gara — *I hope you're not going to scratch at the last moment,* Spero che non ti ritirerai all'ultimo momento. **5** stridere; scricchiolare: *Your pen scratches,* La tua penna stride. **6** *(spec. seguito da* about, around, up*)* razzolare; racimolare: *The hens were scratching about in the yard,* Le galline razzolavano nell'aia — *The dog scratched up a bone,* Il cane racimolò un osso.

[2]**scratch** [skrætʃ] *agg* improvvisato; fatto alla meglio: *scratch-dinner,* pranzo alla meglio, improvvisato — *a scratch team,* una squadra improvvisata, raffazzonata.

scratchy ['skrætʃi] *agg* **1** *(di una penna)* che scricchiola; stridente. **2** *(di disegno)* mal fatto; scarabocchiato. □ *avv* **scratchily.**

scrawl [skrɔ:l] *s.* **1** scarabocchio; sgorbio *(solo al sing.): What a scrawl!,* Che scarabocchio! — *His signature was an illegible scrawl,* La sua firma era uno sgorbio illeggibile. **2** biglietto, lettera scritta in fretta o in modo illeggibile.

to **scrawl** [skrɔ:l] *vi e t.* **1** scarabocchiare; imbrattare: *Who has scrawled all over this wall?,* Chi ha imbrattato tutta questa parete? **2** scrivere in fretta o in modo illeggibile: *He scrawled a few words on a postcard to his wife,* Buttò giù alcune parole su una cartolina per la moglie.

scrawny ['skrɔ:ni] *agg* (**-ier**; **-iest**) magro; ossuto; scheletrico.

scream [skri:m] *s.* **1** grido; strillo; urlo: *screams of pain,* grida di dolore — *screams of laughter,* risate fragorose, sguaiate. **2** stridio; fischio. **3** *(fam.)* una persona o cosa che fa crepar dal ridere; uno spasso: *He was a perfect scream,* Fece proprio morir dal ridere.

to **scream** [skri:m] *vi e t.* **1** gridare; strillare; urlare: *She screamed out that there was a burglar under the bed,* Urlò che c'era un ladro sotto il letto — *We all screamed with laughter,* Ci sbellicammo tutti dalle risa. **2** *(di vento, treno, ecc.)* stridere; fischiare; sibilare.

screamingly ['skri:miŋli] *avv (generalm. usato come rafforzativo di* funny*)* molto; assai; 'terribilmente'; straordinariamente: *screamingly funny,* straordinariamente buffo; buffissimo.

scree [skri:] *s.* brecciame; sfasciume; pietraia; pendio sassoso.

screech [skri:tʃ] *s.* strillo; grido (acuto); *(per estensione)* stridore. □ *screech-owl,* barbagianni; gufo.

to **screech** [skri:tʃ] *vi* strillare; stridere. □ *vt* dire con voce stridula.

screed [skri:d] *s.* scritto lungo e noioso.

screen [skri:n] *s.* **1** schermo; paravento; riparo; difesa; protezione: *a glass screen,* uno schermo di vetro — *under the screen of night,* col favore delle tenebre — *the screen of indifference,* il muro dell'indifferenza — *a smoke-screen, (mil.)* una cortina di fumo. **2** parete divisoria; tramezzo. **3** schermo cinematografico o televisivo: *screen actors (stars),* attori (stelle) del cinema — *screen-play,* sceneggiatura — *a screen test,* un provino — *the small screen,* la televisione. **4** *(anche* screen-door, screen-window*)* zanzariera. **5** cartellone per affisso murale *(spesso ricoperto da una retina metallica).* **6** crivello; vaglio. **7** *(tipografia)* retino.

to **screen** [skri:n] *vt* **1** riparare; proteggere; nascondere; schermare: *to screen a window,* proteggere una finestra *(p.es. con una zanzariera)* — *The trees screen our house from public view,* Gli alberi nascondono la nostra casa alla vista degli altri — *You should screen the lens of your camera from direct sunlight,* Dovresti schermare l'obiettivo della tua macchina fotografica contro la luce diretta del sole. **2** *(seguito da* off*)* riparare; separare con una parete divisoria, con un paravento: *One corner of the room was screened off,* Un angolo della stanza era separato da una divisoria. **3** far da schermo: *I'm not willing to screen your faults,* Non intendo fare da paravento ai vostri errori. **4** setacciare; passare al vaglio; *(fig.)* esaminare; vagliare; fare una cernita; *(med.)* depistare. **5** proiettare (sullo schermo); sceneggiare.
□ *vi* essere adatto allo schermo: *to screen well (badly), (di attore, commedia, ecc.)* è adatto (non è adatto) allo schermo.

screening ['skri:niŋ] *s.* **1** esame; vaglio; cernita. **2** *(med.)* dépistage *(fr.);* depistaggio.

screenplay ['skri:n,plei] *s.* sceneggiatura.

screw [skru:] *s.* **1** vite: *screw-driver,* cacciavite — *cork-screw,* cavatappi — *screw-topped, (di vaso, barattolo)* con coperchio a vite — *screw thread,* filettatura — *male (external) screw,* vite maschio — *female (o internal) screw,* vite femmina — *to have a screw loose,* avere una rotella fuori posto; essere un po' 'svitato' — *to put the screw(s) on sb, (fig.)* mettere qcno sotto il torchio — *to give sb another turn of the screw, (fig.)* torchiare qcno di nuovo — *There's a* *screw loose somewhere,* C'è qualcosa che non va. **2** avvitata; giro di vite *(anche fig.): This isn't tight enough yet: give it another screw,* Non tiene ancora abbastanza: dagli un'altra avvitata. **3** *(anche* screw-propeller*)* elica: *screw-blade,* palo *(di elica)* — *air-screw,* elica *(di aereo).* **4** cartoccio; cartoccino: *a screw of tea (tobacco),* un cartoccino di tè (di tabacco). **5** *(biliardo)* effetto. **6** *(GB, sl.)* paga; stipendio. **7** *(volg.)* partner in un rapporto sessuale. **8** *(volg.)* chiavata. **9** *(GB, sl.)* secondino. □ *screw ball, (USA, sl.)* pazzo; pazzoide; persona pazza.

to **screw** [skru:] *vt e i.* **1** avvitare: *to screw down the lid of a coffin,* avvitare il coperchio di una bara — *to screw a lock on a door,* avvitare una serratura ad una porta — *to have one's head screwed on the right way,* avere la testa sulle spalle — *to screw a lid on a jar,* avvitare bene il coperchio a un barattolo. **2** girare; voltare: *to screw one's head round,* girare la testa; torcere il collo. **3** *(spesso seguito da* up*)* torcere; storcere: *to screw up one's face (one's features),* storcere il viso (contrarre i lineamenti) — *to screw up one's eyes,* strizzare gli occhi (passando dall'ombra alla luce) — *to get (all) screwed up,* diventare estremamente nervoso, 'nevrotico'. **4** strizzare; spremere; far pressione; estorcere: *to screw water out of a sponge,* strizzare acqua da una spugna — *to screw more taxes out of the people,* spremere più tasse dal popolo — *to screw up a piece of paper,* accartocciare un pezzo di carta. **5** *(volg.)* avere rapporti sessuali con; chiavare. □ *to screw up one's courage,* farsi animo, coraggio — *to screw sth up, (fig.)* 'sballare' qcsa.

screwdriver ['skru:,draivə*] *s.* cacciavite.

screwed [skru:d] *agg* (*p. pass. di* **to screw**) **1** *(mecc.)* filettato. **2** *(fam.)* sbronzo; ubriaco.

screwy ['skru:i] *agg (fam.)* pazzo.

scribble ['skribl] *s.* **1** calligrafia illeggibile; scritto frettoloso. **2** scarabocchio; sgorbio.

to **scribble** ['skribl] *vt* scribacchiare; scarabocchiare: *scribbling-block (-pad), (GB)* taccuino; 'block-notes'.

scribbler ['skriblə*] *s.* scribacchino; imbrattacarte.

scribe [skraib] *s.* **1** scrivano; copista; amanuense. **2** *(Bibbia)* scriba.

scrimmage ['skrimidʒ] *s.* **1** schermaglia; zuffa. **2** *(rugby e calcio americano)* mischia.

to **scrimmage** ['skrimidʒ] *vi e t.* **1** partecipare ad una rissa; azzuffarsi. **2** *(rugby e calcio americano)* mettere la palla in una mischia.

to **scrimp** [skrimp] *vt e i.* = **to skimp.**

to **scrimshank** ['skrimʃæŋk] *vi (sl. mil.)* evitare lavori pesanti.

scrimshanker ['skrim,ʃæŋkə*] *s. (sl. mil.)* scansafatiche.

[1]**scrip** [skrip] *s.* bisaccia; saccoccia di pellegrino.

[2]**scrip** [skrip] *s.* **1** documento; certificato provvisorio *(attestante l'acquisto di beni, azioni, ecc.).* **2** *(collettivo)* titoli; azioni. **3** moneta cartacea *(emessa da forze armate in una regione conquistata).*

script [skript] *s.* **1** scrittura a mano. **2** carattere (cirillico, romano, ecc.). **3** *(tipografia)* corsivo inglese. **4** testo; copione: *script-writer,* soggettista; sceneggiatore. **5** documento originale. **6** elaborato (di un esaminando).

scripted ['skriptid] *agg* scritto; preparato; non improvvisato: *Unscripted discussions are usually livelier than scripted discussions,* I dibattiti improvvisati sono in genere più vivaci di quelli preparati.

scriptural ['skriptʃərəl] *agg* basato sulla Bibbia; scritturistico.

scripture ['skriptʃə*] *s.* **1** scrittura: *the Holy Scriptures,* le Sacre Scritture: *a scripture lesson,* una lezione sulla Bibbia — *scripture reader,* lettore della Bibbia. **2** libro, scritto sacro *(al di fuori della Bibbia).*

scrivener ['skrivnə*] *s.* *(ant.)* scrivano; copista: *scrivener's palsy,* il crampo dello scrittore.

scrofula ['skrɔfjulə] *s.* scrofola.

scrofulous ['skrɔfjuləs] *agg* scrofoloso.

scroll [skroul] *s.* **1** rotolo di pergamena. **2** *(archit.)* voluta ornamentale; decorazione a spirale; *(araldica)* cartiglio: *scroll work,* volute ornamentali. **3** svolazzo; ghirigoro *(nella firma).* □ *scroll lathe,* tornio da traforo — *scroll saw,* sega a svolgere — *scroll wheel,* ruota a spirale.

scrooge [skru:dʒ] *s. (dal nome di un personaggio della novella 'A Christmas Carol' di Charles Dickens)* individuo avaro, spilorcio; 'arpagone'.

scrotum ['skroutəm] *s.* (*pl.* **scrota**) scroto.

to **scrounge** [skraun*d*ʒ] *vi e t. (fam.)* rubacchiare; scroccare.

scrounger ['skraun*d*ʒə*] *s. (fam.)* scroccone.

[1]**scrub** [skrʌb] *s.* **1** boscaglia; macchia *(di piante basse, arbusti): scrub pine,* pino nano — *scrub oak,* quercia nana. **2** *(sl.)* pianta nana, cresciuta male. **3** persona o cosa più piccola del normale; omiciattolo; povero diavolo.

[2]**scrub** [skrʌb] *s.* lavata (di pavimenti); strofinata: *The floor needs a good scrub,* Il pavimento ha bisogno di una bella lavata.

to **scrub** [skrʌb] *vt e i.* **1** (**-bb-**) lavare fregando; fregare; strofinare: *to scrub the floor,* lavare il pavimento (fregando molto) — *to scrub out a pan,* fregare un tegame. **2** *to scrub sth out,* - **a)** cancellare qcsa - **b)** annullare *(p.es. un incontro sportivo).* **3 to scrub up,** *(di chirurgo, ecc.)* lavarsi prima di un intervento. **4 to scrub round sth,** passare sopra a qcsa.

scrubber ['skrʌbə*] *s. (volg.)* puttana.

scrubbing ['skrʌbiŋ] *s.* strofinatura: *scrubbing-brush,* spazzola dura; spazzolone.

scrubby ['skrʌbi] *agg* (**-ier**; **-iest**) **1** *(di pianta)* stentato; cresciuto male. **2** meschino; insignificante. **3** ispido; irsuto: *a scrubby chin,* un mento ispido.

scruff [skrʌf] *s. (nell'espressione) the scruff of the neck,* la collottola: *to seize (to take) sb by the scruff of the neck,* afferrare (prendere) qcno per la collottola.

scruffy ['skrʌfi] *agg (fam.)* arruffato; trasandato. □ *avv* **scruffily.**

scrum [skrʌm] *s.* **1** (*abbr di* **scrummage**) mischia: *scrum half,* mediano di mischia. **2** *(per estensione)* calca; ressa.

scrummage ['skrʌmidʒ] *s. (rugby: generalm. abbr. in* scrum*)* mischia.

scrumptious ['skrʌm*p*ʃəs] *agg (fam.: spec. di cibo)* delizioso; ottimo. □ *avv* **scrumptiously.**

scruple ['skru:pl] *s.* **1** scrupolo *(la 24ª parte di un'oncia = g. 1,29).* **2** scrupolo; dubbio: *to have scruples (about doing sth),* avere degli scrupoli (circa l'opportunità di fare qcsa) — *He tells lies without scruple,* Mente senza scrupoli.

to **scruple** ['skru:pl] *vi* avere scrupoli; esitare: *She doesn't scruple to tell a lie if she thinks it useful,* Non esita a dire una bugia se pensa che sia utile.

scrupulous ['skru:pjuləs] *agg* scrupoloso; meticoloso; pignolo: *He is not over-scrupulous in his business dealings,* Non è molto scrupoloso negli affari. □ *avv* **scrupulously.**

scrutineer [,skru:ti'niə*] *s.* scrutatore *(alle elezioni).*

to **scrutinize** ['skru:tinaiz] *vt* scrutinare; esaminare attentamente.

scrutiny ['skru:tini] *s.* **1** esame attento e minuzioso. **2** verifica di uno scrutinio; riscontro di schede elettorali: *to demand a scrutiny,* chiedere una verifica di scrutinio.

scud [skʌd] *s.* **1** corsa rapida. **2** nuvola leggera spinta dal vento.

to **scud** [skʌd] *vi* (**-dd-**) correre velocemente; filare: *The clouds scudded across the sky,* Le nuvole correvano per il cielo.

to **scuff** [skʌf] *vi e t.* **1** camminare strascicando i piedi: *scuff-marks,* segni; impronte *(di piedi strascicati).* **2** consumare (le scarpe) strascicando i piedi.

scuffle ['skʌfl] *s.* tafferuglio.

to **scuffle** ['skʌfl] *vi* azzuffarsi; far baruffa; rissare.

scull [skʌl] *s.* remo a palella; remo da bratto.

to **scull** [skʌl] *vt e i.* vogare con remo a palella (o da bratto).

sculler ['skʌlə*] *s.* **1** rematore a palella (o da bratto). **2** *(imbarcazione)* singolo.

scullery ['skʌləri] *s.* retrocucina; cucinino; acquaio: *scullery boy, (stor.)* sguattero — *scullery maid, (stor.)* sguattera; lavapiatti.

sculling ['skʌliŋ] *s.* il vogare (con il remo da bratto).

scullion ['skʌljən] *s. (ant.)* sguattero.

to **sculpt** [skʌlpt] *vt* scolpire.

to **sculpt,** to **sculpture** [skʌlpt/'skʌlptʃə*] *vt e i.* scolpire; fare lo scultore.

sculptor, sculptress ['skʌlptə*/'skʌlptris] *s.* scultore; scultrice.

sculptural ['skʌlptʃərəl] *agg* scultorio.

sculpture ['skʌlptʃə*] *s.* scultura.

scum [skʌm] *s.* **1** schiuma; spuma. **2** *(fig.)* feccia *(della popolazione, ecc.);* gentaglia; 'rifiuti umani': *the scum of the earth,* la feccia della terra.

scummy ['skʌmi] *agg* schiumoso; spumoso.

scupper ['skʌpə*] *s.* ombrinale.

to **scupper** ['skʌpə*] *vt* **1** sorprendere ed affondare *(una nave).* **2** *(GB, fam.)* mettere in difficoltà *(spec. al passivo:* to be scuppered*): We're scuppered!,* Stiamo freschi (fregati)!

scurf [skə:f] *s.* **1** squama; scaglia; incrostazione; crosta *(della pelle).* **2** forfora.

scurfy ['skə:fi] *agg* **1** scaglioso; squamoso. **2** forforoso; pieno di forfora.

scurrility [skə'riliti] *s.* scurrilità.

scurrilous ['skʌriləs] *agg* scurrile. ☐ *avv* **scurrilously.**

scurry ['skʌri] *s.* **1** breve corsa precipitosa. **2** rumore di passi frettolosi. **3** folata *(di vento, pioggia, nevischio).* **4** nugolo *(di polvere).*

to **scurry** ['skʌri] *vi* correre precipitosamente; muoversi a passi veloci: *The rain sent everyone scurrying for shelter,* La pioggia fece scappare tutti in cerca di riparo.

[1]**scurvy** ['skə:vi] *agg (ant. e in alcune espressioni: ⇨ sotto)* spregevole; deplorevole; vile; meschino: *a scurvy trick,* un tiro birbone — *a scurvy action,* un'azione vile — *You scurvy knave!,* Vile canaglia che non sei altro!

[2]**scurvy** ['skə:vi] *s.* scorbuto.

scut [skʌt] *s.* codino; coda corta *(spec. di coniglio, lepre e cervo).*

scutcheon ['skʌtʃən] *s.* = **escutcheon.**

[1]**scuttle** ['skʌtl] *s.* **1** *(naut.)* portellino; boccaportella. **2** botola; sportello; apertura con coperchio *(sul tetto o in un muro).*

[1]to **scuttle** ['skʌtl] *vt* affondare volutamente una nave *(aprendo i portelli o producendo falle).*

[2]**scuttle** ['skʌtl] *s.* corsa precipitosa; fuga; volo improvviso.

[2]to **scuttle** ['skʌtl] *vi (seguito da* off, away*)* correre via precipitosamente; affrettarsi; svignarsela; 'tagliare la corda'; volare via.

[3]**scuttle** ['skʌtl] *s. (spesso* coal-scuttle*)* secchio, cassetta per il carbone.

scythe [saið] *s.* falce.

to **scythe** [saið] *vt* falciare.

sea [si:] *s.* **1** mare *(anche fig.): a swim in the sea,* una nuotata in mare — *on the sea,* sul mare; sulla costa — *Brighton is on the sea,* Brighton è sul mare — *to put to sea,* prendere il largo — *a sea of upturned faces,* un mare di facce rivolte all'insù — *sea-green,* color verde mare — *a sea of flame,* un mare di fiamme — *a sea of troubles,* un mare di guai — *seas of blood,* fiumi di sangue — *the Mediterranean (Caspian) Sea,* il Mar Mediterraneo (Caspio) — *the Seven Seas,* i Sette Mari (Oceani) — *beyond the sea(s),* oltremare; all'estero — *the high seas,* il mare aperto; l'alto mare — *to follow the sea,* fare il marinaio — *to go to sea,* diventare marinaio — *by sea,* per mare; via mare — *to travel by sea,* viaggiare per mare — *sea-borne, (agg.)* marittimo — *sea-borne commerce,* commercio marittimo — *sea air,* aria di mare; aria marina — *to enjoy the sea air,* godere l'aria di mare — *sea-breeze,* brezza marina — *sea anemone,* anemone di mare — *sea-bathing,* bagni di mare — *sea-front,* lungomare — *at sea,* - **a)** in mare; in navigazione: *He was buried at sea,* Fu sepolto in mare - **b)** *(fig.)* imbarazzato; confuso; disorientato: *He was all at sea when he began his new job,* Era completamente disorientato (in alto mare) quando cominciò il suo nuovo lavoro — *sea-girt, (poet.)* circondato dal mare — *sea-going, (agg., di nave)* d'alto mare; di lungo cabotaggio; *(di persona)* di mare; marinaro; che viaggia per mare — *sea level,* livello del mare — *a hundred metres above (below) sea level,* cento metri sopra (sotto) il livello del mare — *sea-coal,* carbone *(un tempo portato da Newcastle a Londra per mare)* — *sea-dog,* foca; *(fig.)* lupo di mare; corsaro — *sea-cow,* tricheco; sirenide — *sea-faring, (agg.)* chi viaggia per mare; di mare; marinaro — *a sea-faring man,* un marinaio; un navigatore — *sea-island cotton,* cotone di fibra sottile e fine — *to get (to find) one's sea-legs,* riuscire a mantenere un equilibrio stabile su una nave — *sea-lion,* otaria; leone marino — *Sea Lord, (GB)* alto ufficiale dell'Ammiragliato; uno dei quattro membri dell'alto Ammiragliato — *sea-quake,* maremoto — *sea-power,* potenza navale — *sea-rover,* pirata; nave pirata — *sea-urchin,* riccio di mare — *sea-wall,* diga marittima — *sea-water,* acqua di mare — *a sea-water swimming pool,* una piscina con acqua di mare — ⇨ *anche* **seaboard, seagull, sea - horse,** *ecc.* **2** *(con l'art. indeterminativo o al pl.)* onda; ondata; maroso; mare: *There was a heavy sea,* C'era mare grosso — *The ship was struck by a heavy sea,* La nave fu colpita da un grosso maroso — *The seas were mountains high,* Le onde erano alte come montagne — *to ship a green sea,* essere investito da un'ondata — *to be half seas over, (fam.)* essere mezzo ubriaco, brillo.

seaboard ['si:bɔ:d] *s.* costa; costiera; lido.

seagull ['si:gʌl] *s.* gabbiano.

sea - horse ['si:hɔ:s] *s.* cavalluccio marino; ippocampo.

seakale ['si:,keil] *s.* cavolo marino.

[1]**seal** [si:l] *s.* foca: *seal(-)skin,* pelle di foca.

[1]to **seal** [si:l] *vi* cacciare le foche: *to go sealing,* andare a caccia di foche — *a sealing expedition,* una spedizione di caccia alla foca.

[2]**seal** [si:l] *s.* **1** sigillo; timbro: *given under my hand and seal,* da me sottoscritto e sigillato — *under seal of confession,* sotto il segreto della confessione — *the Great Seal, (GB, stor.)* il Sigillo della Corona — *the Lord Keeper of the Seals, (GB)* il Guardasigilli — *seal ring,* anello munito di sigillo — *seal lead,* piombino; sigillo di piombo. **2** *(fig.)* suggello; pegno; marchio: *a seal of love,* un pegno d'amore — *the seal of death,* il marchio della morte. **3** *(mecc.)* sifone a tenuta idraulica; guarnizione di tenuta.

[2]to **seal** [si:l] *vt* **1** sigillare; chiudere ermeticamente: *to seal a letter,* sigillare una lettera — *to seal up a drawer,* mettere i sigilli a un cassetto — *to seal up a window,* chiudere ermeticamente una finestra — *My lips are sealed,* Le mie labbra sono sigillate — *sealed orders, (mil.)* ordini sigillati *(da aprire a luogo e tempo debiti)* — *a sealed book, (fig.)* 'un libro chiuso'; una cosa impenetrabile. **2** *(fig.)* decidere; segnare: *His fate is sealed,* Il suo destino è segnato. **3** *(fig.)* suggellare; ratificare; sancire; concludere: *to seal a bargain,* concludere un affare. **4** piombare; fissare. **5 to seal off,** isolare *(p.es. un luogo inquinato);* bloccare *(p.es. un'entrata, un'uscita).* **6 to seal up,** sigillare.

sealer ['si:lə*] *s.* cacciatore di foche; nave attrezzata per tale pesca.

[1]**sealing** ['si:liŋ] *s.* caccia alle foche (*cfr.* [1]**to seal**).

[2]**sealing** ['si:liŋ] *s.* sigillatura; suggellamento; piombatura: *sealing-wax,* ceralacca.

sealskin ['si:lskin] *s.* ⇨ [1]**seal.**

Sealyham ['si:liəm] *s.* qualità di 'terrier'.

seam [si:m] *s.* **1** giuntura; cucitura; costura: *seam presser,* grosso ferro da stiro. **2** *(naut.)* comento. **3** *(geologia)* strato; filone. **4** ruga; cicatrice *(spec. sul volto).* **5** *(metallurgia)* bava; riccio; paglia.

to **seam** [si:m] *vt (spec. al p. pass.)* **1** segnare *(il volto): to be seamed with sth,* essere segnato da qcsa *(cicatrici, rughe, ecc.).* **2** fare una cucitura, una costura.

seaman ['si:mən] *s.* (*pl.* **seamen**) marinaio: *able (-bodied) seaman,* marinaio scelto.

seamanlike [,si:mən'laik] *agg* da buon marinaio.

seamanship [,si:mən'ʃip] *s.* arte marinaresca o della navigazione.

seamless ['si:mlis] *agg* senza cuciture, costure, giunzioni.

seamstress ['semstris] *s.* cucitrice.

seamy ['si:mi] *agg* brutto; squallido: *(spec. in) the seamy side (of life),* il lato più squallido (della vita).

seance, séance ['seiɑ:ns/*(fr.)* seɑ̃:s] *s. (fr.)* **1** seduta; riunione. **2** seduta spiritica.

seaplane ['si:plein] *s.* idrovolante.

seaport ['si:pɔ:t] *s.* porto di mare.

sear, sere [siə*] *agg (lett.)* disseccato; inaridito; appassito *(anche fig.).*

to **sear** [siə*] *vt* **1** bruciare; cauterizzare: *searing-iron,* cauterio. **2** *(fig.)* inaridire; indurire; rendere insensibile.

search [sə:tʃ] *s.* **1** cerca; ricerca; indagine; investigazione; esame: *to be in search of sth,* essere alla ricerca di qcsa — *to go in search of a missing child,* mettersi alla ricerca di un bambino scomparso — *a search for a missing aircraft,* una ricerca per (ritrovare) un aereo non rientrato alla base — *a search party,* una squadra di ricerca. **2** perquisizione; visita doganale; *(naut.)* visita di controllo: *search-warrant, (dir.)* mandato di perquisizione — *to make a search for contraband,* fare una perquisizione anticontrabbando — *right of search, (dir.)* diritto di perquisizione *(di navi di paesi neutrali, da parte di un belligerante)* — *search-party,* squadra di soccorso; squadra per le ricerche — *search-periscope,* periscopio d'esplorazione.

to **search** [sə:tʃ] *vt e i.* **1** *(spesso seguito da* for*)* cercare; ricercare; frugare; perquisire; perlustrare; rastrellare: *to search for a word in the dictionary,* cercare una parola sul dizionario — *to search one's memory,* frugare nella (propria) memoria — *to search a criminal to see what he has in his pockets,* perquisire un delinquente per vedere cos'ha in tasca — *I've searched (through) all my drawers for the missing papers,* Ho frugato in tutti i miei cassetti alla ricerca dei documenti mancanti. **2** *(fig.)* penetrare; insinuarsi: *The cold wind searched the streets,* Il vento freddo penetrava in ogni angolo di strada. □ *Search me!, (fam.)* Non ho la più pallida idea! — *to search in one's heart,* fare un esame di coscienza; indagare nel proprio intimo.

to search after, indagare (fare ricerche) su qcsa, qcno.

to search for ⇨ **1,** *sopra.*

to search into, approfondire: *to search into a subject,* approfondire un argomento.

to search out, cercare; rintracciare; scovare: *to search out an old friend,* rintracciare un vecchio amico.

searcher ['sə:tʃə*] *s.* **1** ricercatore; indagatore; perquisitore; doganiere. **2** *(med.)* sonda.

[1]**searching** ['sə:tʃiŋ] *agg* **1** *(spec. dello sguardo)* indagatore; scrutatore; penetrante. **2** *(di un esame, un'indagine, ecc.)* rigoroso; accurato; minuzioso.
□ *avv* **searchingly.**

[2]**searching** ['sə:tʃiŋ] *s.* ricerca; indagine; inchiesta; esame; perlustrazione; perquisizione; sondaggio *(anche fig.).*

searchlight ['sə:tʃlait] *s. (spec. mil.)* proiettore; riflettore; fascio di luce proiettata: *searchlight station, (mil.)* stazione fotoelettrica.

seascape ['si:,skeip] *s.* paesaggio marino; marina.

seashore ['si:,ʃɔ:*] *s.* spiaggia; lido.

seasick ['si:sik] *agg* che soffre il mar di mare: *to be seasick,* avere il mal di mare.

seasickness ['si:siknis] *s.* mal di mare.

seaside ['si:,said] *s.* spiaggia; lido; marina: *to go to the seaside for the summer holidays,* andare al mare per le vacanze estive — *a seaside holiday,* una vacanza al mare — *a seaside town,* una città di mare — *a seaside resort,* una località balneare.

season ['si:zn] *s.* stagione; epoca; periodo: *the four seasons,* le quattro stagioni — *the football season,* la stagione calcistica — *the nesting season,* l'epoca della nidificazione — *the dead season (the off season),* la stagione morta — *the London season,* la stagione di Londra *(periodo di feste, concerti, ecc., riferito spec. alle abitudini dell'alta società)* — *a season ticket; (talvolta, semplicemente) a season,* un abbonamento *(ferroviario, teatrale, ecc.)* — *in (out of) season,* di (fuori) stagione — *in season and out of season,* in tutte le stagioni; *(fig.)* in ogni istante ed anche a sproposito — *in good season,* per tempo; al momento giusto — *a word in season,* una parola al momento giusto; un consiglio tempestivo — *for a season, (ant.)* per un breve periodo; per un po'.

to **season** ['si:zn] *vt e i.* **1** stagionare *(p.es. il legno).* **2** *(fig.)* acclimatare; abituare; allenare: *The soldiers were not yet seasoned to the rigorous climate,* I soldati non si erano ancora abituati al clima rigido. **3** condire; insaporire; rendere piccante *(anche fig.): a conversation seasoned with wit,* una conversazione condita di arguzie, piena di spirito. **4** *(ant. o lett.)* mitigare; moderare: *'When mercy seasons justice...', (da Shakespeare, Il mercante di Venezia)* 'Quando la misericordia mitiga la giustizia...'.

seasonable ['si:zənəbl] *agg* **1** *(temperatura, clima)* di stagione. **2** opportuno; tempestivo. □ *avv* **seasonably.**

seasonal ['si:zənl] *agg* stagionale: *seasonal occupations,* occupazioni stagionali. □ *avv* **seasonally.**

seasoned ['si:zənd] *agg* ⇨ **to season.**

seasoning ['si:zəniŋ] *s.* **1** condimento; spezie; erbe; droghe: *There's not enough seasoning in these sausages,* Non c'è abbastanza condimento in queste salsicce. **2** stagionatura; invecchiamento *(di vino, ecc.).* **3** acclimatazione; allenamento.

seat [si:t] *s.* **1** sedile; sedia; posto (a sedere): *You'll have to use that box for a seat,* Dovrai usare quella cassetta come sedile — *Fasten seat belts!, (in aereo)* Allacciate le cinture di sicurezza! — *to take a seat,* prendere posto a sedere; sedere — *Won't you take a seat?,* Non ti vuoi sedere? — *to take one's seat,* prendere il proprio posto *(specialm. a teatro)* — *to lose one's seat,* perdere il proprio posto — *There's no danger: keep your seats, please,* Non c'è nessun pericolo: prego rimanere ai propri posti — *the back seat of a car,* il sedile posteriore di una macchina — *a back-seat driver, (fam.)* una persona che dà consigli al guidatore dal sedile posteriore. **2** *(di sedia, sgabello)* fondo. **3** deretano; sedere; *(per estensione, di pantaloni)* fondo; fondello: *We got through by the seat of our pants, (fig., fam., spec. USA)* Ce l'abbiamo fatta per un pelo (per il rotto della cuffia) — *to hold a boy by the seat of his pants,* tenere un bambino per il fondo dei calzoni. **4** sede *(di un ente): the seat of government,* la sede del governo — *the seat of the emotions,* la sede delle emozioni — *a seat of learning,* un ateneo — *country-seat,* residenza di campagna; villa. **5** *(mecc.)* sede. **6** seggio *(in Parlamento): to lose (to win) a seat,* perdere (vincere) un seggio. **7** modo di stare in sella: *He has a good seat,* Monta bene.

to **seat** [si:t] *vt* **1** mettere, porre a sedere; far sedere: *to seat oneself; to be seated,* mettersi a sedere; accomodarsi — *Please be seated, gentlemen,* Prego, accomodatevi, signori. **2** offrire posti a sedere *(per un determinato numero di persone): a hall that seats five hundred,* un'aula con posti a sedere per cinquecento persone. **3** riparare il fondo *(d'una sedia, dei calzoni, ecc.).* □ *deep-seated, (di malattia, di emozione)* profondamente radicato.

-seater ['si:tə*] *suffisso (nei composti): a two-seater,* un aereo (un'automobile) a due posti — *a single-seater,* un monoposto.

seating ['si:tiŋ] *s.* **1** materiale di tappezzeria per sedili. **2** sedie; sedili; posti a sedere (⇨ **to seat 1**).

seaward ['si:wə:d] *agg* verso il mare.

seawards ['si:wə:dz] *avv* **1** verso il mare. **2** al largo; in mare aperto.

seaway ['si:wei] *s.* **1** rotta. **2** canale; via fluviale.

seaweed ['si:wi:d] *s.* alga marina.

seaworthiness ['si:,wə:ðinis] *s. (naut.)* capacità di tenere il mare; qualità nautiche.

seaworthy ['si:,wə:ði] *agg (di nave)* atto a tenere il mare; ben costruito ed attrezzato (per il mare).

secateurs ['sekətə:z] *s. pl* cesoie *(da giardiniere).*

to **secede** [si'si:d] *vi* separarsi; staccarsi *(da un partito, un'associazione, una federazione, ecc.).*

secession [si'seʃən] *s.* secessione; scissione.

secessionist [si'seʃənist] *s.* secessionista; separatista.

to **seclude** [si'klu:d] *vt* isolare; segregare; appartare; rinchiudere: *to seclude oneself from society,* isolarsi dalla società — *to keep women secluded in the harem,* tenere delle donne rinchiuse nell'harem.

secluded [si'klu:did] *agg (generalm. di luogo)* appartato; solitario.

seclusion [si'klu:ʒən] *s.* **1** isolamento; ritiro; solitudine: *to live in seclusion,* vivere nell'isolamento — *to live in the seclusion of one's own home,* fare vita ritirata. **2** luogo appartato, isolato.

[1]**second** ['sekənd] *agg* **1** secondo: *February is the second month of the year,* Febbraio è il secondo mese dell'anno — *Tom is the second son,* Tom è il secondo figlio — *second-class, (agg.)* di seconda classe (categoria) — *a second-class hotel,* un albergo di seconda categoria — *second-class compartments,* scompartimenti di seconda classe — *to travel second-class,* viaggiare in seconda (classe) — *second-rate,* di seconda categoria; di second'ordine; di categoria inferiore — *second-rater,* persona (intelletto, ecc.) di second'ordine — *second floor,* secondo piano; *(USA)* primo piano — *second-hand, (agg.)* di seconda mano; usato; *(avv.)* per sentito dire — *second-hand books,* libri usati — *to get news second-hand,* avere delle informazioni di seconda mano — *second teeth,* seconda dentizione — *in the second place,* in secondo luogo; secondariamente — *to be second to none,* non essere secondo a nessuno — *second childhood,* senilità — *second cousin,* cugino di secondo grado — *second coming,* secondo avvento (di Cristo) — *second-best,* secondo (per qualità) — *second largest,* secondo (per grandezza). **2** secondo; altro; nuovo: *You will need a second pair of shoes,* Avrai bisogno d'un altro paio di scarpe — *This fellow thinks he's a second Napoleon,* Costui crede di essere un altro Napoleone. □ *second ballot,* ballottaggio — *second nature,* seconda natura — *second thoughts,* ripensamento — *On second thoughts I will accept the offer,* Ripensandoci meglio accetterò l'offerta — *second chamber,* Camera Alta — *to play second fiddle,* avere una parte di secondo piano — *second sight,* prescienza — *second-sighted,* presciente. □ *avv* **secondly,** in secondo luogo.

□ *s.* **1** secondo; seconda persona: *You are the second to ask me that question,* Sei il secondo a farmi questa domanda. **2** *(pugilato)* secondo; *(in un duello)* padrino. **3** *(al pl.)* merce di seconda scelta. **4** *(mus.)* seconda; intervallo di seconda. □ *George the Second,* Giorgio secondo — *the second of May,* il due maggio.

[2]**second** ['sekənd] *s.* **1** secondo *(di tempo): The winner's time was one minute and five seconds,* Il tempo del vincitore fu un minuto primo e cinque secondi — *the second hand,* la lancetta dei secondi. **2** attimo; secondo: *I shall be ready in a second (in a few seconds),* Sarò pronto in un secondo (in pochi secondi).

[1]to **second** ['sekənd] *vt* **1** far da secondo, da padrino *(in un duello, nella boxe, ecc.).* **2** assecondare; appoggiare *(una mozione, ecc.).*

[2]to **second** [si'kɔnd] *vt (mil.)* distaccare; comandare: *Captain Smith was seconded for service on the General's staff,* Il capitano Smith fu distaccato presso lo Stato Maggiore del generale.

secondary ['sekəndəri] *agg* secondario: *secondary school,* scuola secondaria *(cioè postelementare con curriculum quinquennale).* □ *avv* **secondarily.**

seconder ['sekəndə*] *s.* secondatore; sostenitore; chi appoggia una mozione, ecc.

secondment [si'kɔndmənt] *s.* il distaccare o l'essere distaccato.

secrecy ['si:krəsi] *s.* segretezza; riserbo; discrezione: *to bind sb to secrecy,* legare qcno a un segreto — *to* *rely on sb's secrecy,* contare sulla discrezione di qcno — *to prepare sth in secrecy,* preparare qcsa in segreto.

secret ['si:krit] *agg* **1** segreto; nascosto; occulto: *to keep sth secret from one's family,* tener nascosto qcsa alla propria famiglia — *He escaped through a secret door,* Fuggì attraverso una porta segreta — *a secret marriage,* un matrimonio segreto — *the secret service,* il servizio segreto — *a secret agent,* un agente segreto — *Keep it secret!,* Acqua in bocca! — *top secret,* segretissimo; riservato. **2** *(di luogo)* isolato; tranquillo. **3** discreto; riservato. □ *avv* **secretly.**

□ *s.* segreto: *What is the secret of his success?,* Qual è il segreto del suo successo? — *an open secret,* il segreto di Pulcinella — *I was told it in secret,* Me l'hanno detto in segreto — *to keep a secret,* mantenere un segreto — *We have no secrets from you,* Non abbiamo segreti con voi — *to be in (o in on) the secret,* essere a parte del segreto — *Is your brother in the secret?,* Tuo fratello è a parte del segreto? — *to let sb into a secret,* confidare un segreto a qcno; mettere qcno a parte di un segreto.

secretaire [,sekrə'tεə*] *s. (dal fr.)* scrittoio; scrivania.

secretarial [,sekrə'tεəriəl] *agg* di, da segretario (segretaria).

secretariat [,sekrə'tεəriət] *s.* segretariato; segreteria.

secretary ['sekritri] *s.* **1** segretario, segretaria: *private secretary,* segretario particolare — *Secretary of State, (USA)* Segretario di Stato (Ministro degli Esteri); *(GB)* Ministro — *the Secretary of State for Foreign Affairs (GB: anche* Foreign Secretary*),* il Ministro degli Esteri — *the Home Secretary,* il Ministro degli Interni — *Under-secretary,* Sottosegretario. **2** scrivania; scrittoio. □ *secretary bird,* serpentario.

to **secrete** [si'kri:t] *vt* **1** occultare; nascondere; segregare. **2** secernere.

secretion [si'kri:ʃən] *s.* **1** *(med., ecc.)* secrezione. **2** *(dir.)* occultamento: *secretion of stolen goods,* occultamento di merce rubata.

secretive ['si:kritiv] *agg* riservato; poco comunicativo; reticente. □ *avv* **secretively.**

sect [sekt] *s.* setta.

sectarian [sek'tεəriən] *s. e agg* settario; fazioso.

sectarianism [sek'tεəriənizəm] *s.* spirito di setta; settarismo; faziosità.

section ['sekʃən] *s.* **1** sezione; parte; divisione; fetta: *conic section,* sezione conica — *a railway section,* un tronco ferroviario — *section mark,* segno di paragrafo — ⇨ *anche* **cross-section. 2** gruppo *(di persone);* categoria; sezione; distretto: *postal section,* distretto postale. **3** paragrafo. **4** scompartimento di vagone letto.

sectional ['sekʃənl] *agg* **1** scomponibile: *a sectional fishing-rod,* una canna da pesca scomponibile. **2** settoriale; locale; campanilistico: *sectional interests,* interessi locali — *sectional jealousies,* gelosie campanilistiche.

sectionalism ['sekʃənəlizəm] *s.* spirito di parte, di classe; faziosità; campanilismo.

sector ['sektə*] *s.* settore.

sectorial [sek'tɔriəl] *agg* di settore; settoriale.

secular ['sekjulə*] *agg* secolare *(vari sensi);* laico; mondano: *the secular power,* il potere secolare — *secular schools,* scuole laiche — *secular art (music),* arte (musica) profana.

secularism ['sekjulərizəm] *s.* laicismo.

secularist ['sekjulərist] *s.* laicista.

to **secularize** ['sekjuləraiz] *vt* secolarizzare; laicizzare.

secure [si'kjuə*] *agg* **1** sicuro; certo; tranquillo; fiducioso: *to feel secure about (o as to) one's future,* sentirsi sicuro del proprio futuro — *Our victory is secure,* La nostra vittoria è certa. **2** saldo; sicuro: *Is that ladder secure?,* È sicura quella scala? — *to make sth secure,* assicurare (fissare) qcsa. **3** sicuro; al riparo; salvo: *to be secure from attack,* essere al riparo dagli attacchi. □ *avv* **securely.**

to **secure** [si'kjuə*] *vt* **1** assicurare; mettere al sicuro; chiudere saldamente: *They secured the village against floods (from floods),* Misero al sicuro il villaggio dalle inondazioni — *to secure all the doors and windows,* assicurare tutte le porte e finestre. **2** procurare, procurarsi; (riuscire ad) ottenere: *Can you secure me two good seats for the concert?,* Può procurarmi (farmi avere) due bei posti al concerto? — *She has secured a good cook,* Si è trovata un'ottima cuoca — *to secure a prize,* vincere un premio — *to secure orders, (comm.)* riuscire ad ottenere ordinazioni. **3** *(dir.)* garantire.

security [si'kjuəriti] *s.* **1** sicurezza; certezza: *security police; security forces,* le forze di sicurezza — *a security risk,* un pericolo per la sicurezza nazionale — *social security,* previdenza sociale — *Security Council,* Consiglio di Sicurezza *(dell'ONU)* — *in security,* al sicuro; in salvo. **2** garanzia; cauzione. **3** *(al pl., comm.)* titoli; obbligazioni; valori: *government securities,* titoli di Stato.

sedan [si'dæn] *s.* **1** *(anche* sedan chair*)* portantina. **2** *(USA)* berlina *(automobile).*

sedate [si'deit] *agg* posato; calmo; pacato; contegnoso. □ *avv* **sedately.**

sedation [si'deiʃən] *s.* il calmare *(qcno, con sedativi, ecc.): to be under sedation,* essere sotto l'effetto dei sedativi.

sedative ['sedətiv] *agg e s.* sedativo; calmante.

sedentary ['sedntəri] *agg* sedentario.

sedge [sedʒ] *s.* carice. □ *sedge-warbler,* forapaglie.

sedgy ['sedʒi] *agg* coperto di (contornato da) carici.

sediment ['sedimənt] *s.* sedimento; deposito; fondo *(p.es. di vino).*

sedimentary [,sedi'mentəri] *agg* sedimentario.

sedition [si'diʃən] *s.* sedizione.

seditious [si'diʃəs] *agg* sedizioso. □ *avv* **seditiously.**

to **seduce** [si'dju:s] *vt* sedurre *(vari sensi);* corrompere; indurre: *to be seduced by an offer of money,* essere corrotto da un'offerta di denaro — *to seduce sb from his duty,* indurre qcno a non fare il suo dovere.

seducer [si'dju:sə*] *s.* seduttore.

seduction [si'dʌkʃən] *s.* seduzione; tentazione; corruzione.

seductive [si'dʌktiv] *agg* seducente; allettante. □ *avv* **seductively.**

sedulous ['sedjuləs] *agg* assiduo; perseverante: *He paid her sedulous attention,* Le dimostrò un'attenzione assidua. □ *avv* **sedulously.**

see [si:] *s.* diocesi; vescovado *(sede): Holy See (the See of Rome),* la Santa Sede.

to **see** [si:] *vt e i.* (*pass.* **saw**; *p. pass.* **seen**) **1** vedere; scorgere: *On a clear day you can see for miles and miles from this hill-top,* In una giornata chiara si vede a una lontananza di miglia e miglia dalla sommità di questo colle — *Do (Can) you see that ship on the horizon?,* Vedi (Riesci a vedere) quella nave all'orizzonte? — *I saw him put the key in the lock, turn it and open the door,* Lo vidi mettere la chiave nella serratura, girarla e aprire la porta — *The suspect was seen to enter the building,* L'uomo sospetto fu visto entrare nell'edificio — *Have you ever seen a man hanged?,* Hai mai visto impiccare un uomo? — *I saw the two men struggling for the knife,* Vidi i due

uomini lottare per il coltello — *He was seen running away from the scene of the crime,* Fu visto fuggire dalla scena del delitto — *to see double,* vedere doppio — *to see red,* vedere rosso; infuriarsi — *to see visions,* avere visioni; essere veggente — *to see stars,* vedere le stelle *(p.es. per un colpo alla testa)* — *to see for oneself,* vedere da sé — *If you don't believe me, go and see for yourself,* Se non mi credi vai a vedere da te — *to see the use (good, advantage, ecc.) of...,* vedere l'utilità (il bene, il vantaggio) di... — *to see eye to eye,* vedere (considerare) le cose allo stesso modo — *See you!; Be seeing you!,* Ciao!; Ci vediamo!; A presto! — *Seeing is believing,* Bisogna vedere per credere — *We'll (soon) see about that, (minaccioso)* La vedremo.
2 capire; rendersi conto: *Do you see what I mean?,* Capisci quello che voglio dire? — *You see?, (fam.)* Capisci; Sai; Vedi; Ecco — *He saw at once that he had made a mistake,* Si rese subito conto che aveva fatto un errore — *to see daylight,* - **a)** cominciare a capire; cominciare a vederci chiaro - **b)** essere a buon punto in un lavoro.
3 notare; rilevare; apprendere; vedere: *I see that the Prime Minister has been in Wales,* Ho appreso che il Primo Ministro è stato nel Galles.
4 provare; sperimentare; conoscere; avere esperienza (di qcsa): *This coat of mine has seen a lot of hard wear,* Questa mia giacca ne ha viste di tutti i colori — *He has seen a good deal in his long life,* Ha visto molte cose nella sua lunga vita — *I never saw such rudeness,* Non ho mai visto una villania simile — *to have seen the day (the time) when...,* aver conosciuto il giorno (i tempi) in cui... — *He has seen the days when there were no motor-cars on the roads,* Ha visto (conosciuto) i giorni in cui non c'erano automobili sulle strade — *He has seen better days,* Ha conosciuto tempi migliori — *She will never see forty again,* Non vedrà più i quaranta; Ha già superato i quarant'anni — *He has seen his best days,* Non è più quello di prima — *to have seen service,* avere esperienza (avendo svolto un certo periodo di servizio).
5 vedere; consultare; ricevere; intrattenere: *You ought to see a doctor about that cough,* Dovresti consultare un dottore per quella tosse — *She is too ill to see anyone at present,* È troppo malata per ricevere chiunque adesso — *The manager can see you for five minutes,* Il direttore vi può ricevere per cinque minuti — *I am seeing my solicitor this afternoon,* Incontrerò il mio avvocato questo pomeriggio.
6 accompagnare: *May I see you home?,* Posso accompagnarti a casa? — *to see sb to the station (across the road),* accompagnare qcno alla stazione (attraverso la strada) — ⇨ *anche* **to see off** *e* **to see out**, *sotto*.
7 tollerare; stare a vedere: *You can't see people starve without trying to help them,* Non si può vedere la gente morire di fame senza cercare di aiutarla.
8 provvedere (a); badare (a); occuparsi (di): *Please see that these letters are sent to the post,* Per favore, provveda che queste lettere siano mandate alla posta — *He promised to see about the matter,* Promise di occuparsi della cosa.
9 immaginare; vedere: *I can't see myself allowing people to cheat me,* Non riesco a vedermi nelle vesti di chi si lascia imbrogliare dalla gente.
□ *not to see the wood for the trees,* perdersi nei dettagli — *to see the back of sb,* sbarazzarsi; liberarsi di qcno — *I shall be glad to see the back of him,* Sarò felice di sbarazzarmi di lui — *to see the last of sth (sb),* farla finita con qcsa (qcno) — *I shall be glad to see the last of this job,* Sarò felice di farla finita con questo lavoro — *to see the sights,* visitare una città *(da turista)* — *I am seeing the sights of London,* Sto visitando Londra — *to see things; (spesso) to be seeing things,* avere allucinazioni; avere le traveggole — *to see one's way (to doing sth),* trovare il modo, sentirsela (di fare qcsa) — *He didn't see his way to lending me the money I needed,* Non se la sentì di prestarmi il denaro di cui avevo bisogno — *I will see you damned (o blowed) first, (usato per esprimere un assoluto diniego)* Ti sbagli se pensi che io...; Piuttosto mi impicco — *to see the light (the light of day), (di opera letteraria)* venire pubblicato o reso pubblico.

to see in, vedere arrivare: *to see the New Year in,* vedere arrivare l'anno nuovo.

to see into, esaminare; considerare; indagare: *The solicitors will see into your claim to the property,* Gli avvocati esamineranno (considereranno) i vostri diritti alla proprietà.

to see off, - **a)** veder partire; salutare alla partenza; accompagnare alla stazione (all'aeroporto, ecc.): *I was seen off by many of my friends,* Fui salutato alla partenza da molti amici - **b)** allontanare; scacciare: *There was a burglar in the garden but my dog saw him off,* C'era un ladro nel giardino ma il mio cane lo allontanò subito.

to see out, - **a)** accompagnare (qcno) alla porta, fin sull'uscio - **b)** sopravvivere a (vedere la fine di) qcsa; portare (qcsa) a buon fine: *He is very old, but he may see us all out,* È molto vecchio, ma potrebbe sopravvivere a noi tutti — *to see a matter out,* portare a buon fine una cosa — *to see the old year out,* aspettare l'anno nuovo.

to see over, visitare; ispezionare *(di proprietà, terreni, ecc.): to see over a house that one wishes to buy or rent,* visitare una casa che si vuole acquistare o affittare.

to see through (o over), - **a)** assistere; sostenere: *You'll have a difficult time, but I'll see you safely through (o over),* Passerai un momento difficile ma io ti sosterrò fino in fondo - **b)** vedere la conclusione; portare a buon fine; andare fino in fondo: *He said that whatever happened he would see the struggle through,* Disse che qualsiasi cosa fosse accaduta lui sarebbe andato fino in fondo - **c)** *to see through (sth, sb),* scoprire; capire; rendersi conto; leggere dentro: *We all saw through him,* Tutti noi gli leggemmo dentro (Capimmo che specie d'uomo era) — *I could see through his little game,* Capii il suo gioco; Mi resi conto del suo imbroglio.

to see to, - **a)** provvedere a (qcno) - **b)** fare riparare, aggiustare (qcsa).

seed [si:d] *s.* (*pl.* **seeds** *o* **seed**) **1** seme; semente; semenza: *Its seeds are (Its seed is) very small,* I suoi semi sono piccolissimi — *seed-bed,* semenzaio; vivaio — *seed-corn,* grano da semina — *seed-potato,* patata da semina — *seed-pearl,* perlina — *seed-time,* tempo della semina — *to run (to go) to seed,* sementire; *(fig.)* sciuparsi; andare in malora. **2** *(fig.)* seme; germe; causa; principio: *the seeds of revolt,* il germe della rivolta — *to sow the seeds of virtue in young children,* inculcare il germe della virtù nei bambini. **3** *(lett.)* stirpe; progenie: *the seed of Adam,* la stirpe di Adamo. **4** seme; sperma. **5** atleta di (prima, ecc.) categoria.

to **seed** [si:d] *vt e i.* **1** produrre semi; sementire. **2** seminare. **3** togliere i semi; sgranare. **4** *(sport)* selezionare *(atleti).*

seediness ['si:dinis] *s.* **1** abbondanza di semi. **2** l'essere consunto, logoro. **3** malessere; depressione.
seeding ['si:diŋ] *s.* semina; seminagione.
seedless ['si:dlis] *agg* senza semi.
seedling ['si:dliŋ] *s.* pianticella; arboscello.
seedsman ['si:dsmən] *s.* (*pl.* **seedsmen**) venditore di semi.
seedy ['si:di] *agg* (**-ier**; **-iest**) **1** pieno di semi. **2** logoro; consunto; malandato; male in arnese; squallido: *a seedy-looking person,* una persona male in arnese. **3** *(fam.)* indisposto; depresso: *to feel seedy,* sentirsi abbacchiato; non sentirsi in forma. □ *avv* **seedily.**
seeing ['si:iŋ] *s.* vista; capacità di vedere: □ *Seeing is believing* ⇨ **to see 1.**
to **seek** [si:k] *vt* (*pass. e p. pass.* **sought**) **1** cercare; tentare: *to seek shelter from the rain,* cercar riparo dalla pioggia — *to seek safety in flight,* cercar salvezza nella fuga — *They sought to kill him,* Tentarono di ucciderlo — *The reason is not far to seek,* Il motivo è evidente, ovvio. **2** chiedere: *I will seek my doctor's advice,* Chiederò consiglio al mio dottore. **3 to seek for** (*talvolta* **to seek after**), ricercare; tentare di ottenere: *unsought-for fame,* fama non ricercata — *much sought-after,* molto richiesto.
seeker ['si:kə*] *s.* (ri-)cercatore, (ri-)cercatrice.
to **seem** [si:m] *vi* sembrare; parere *(con costruzione personale o impersonale);* apparire; mostrarsi; avere l'aria: *It seems that no one knew what had happened,* A quanto pare nessuno sapeva cos'era successo — *It seems (It would seem) that...,* Sembra (Sembrerebbe) che... — *... as it seems,* ... a quanto sembra — *So it seems; It would seem so,* Pare di sì; Sembra di sì — *It would seem not,* Pare di no; Sembrerebbe di no — *It seems she is right,* A quanto pare ha ragione — *Things far off seem (to be) small,* Le cose in lontananza sembrano piccole — *What seems easy to some people seems difficult to others,* Ciò che sembra facile ad alcuni può sembrare difficile ad altri — *I shall act as seems best,* Agirò come mi sembrerà meglio.
seeming ['si:miŋ] *agg* apparente; esteriore; preteso; finto: *In spite of his seeming friendship he gave me no help,* Nonostante la sua apparente amicizia, non mi aiutò affatto.
□ *avv* **seemingly** in apparenza; apparentemente; dall'apparenza.
□ *s.* apparenza; aspetto esteriore; esteriorità.
seemliness ['si:mlinis] *s.* decenza; decoro; correttezza.
seemly ['si:mli] *agg* (**-ier**; **-iest**) **1** corretto: *It isn't seemly to praise oneself,* Non sta bene lodare se stessi. **2** decoroso; decente: *Strip-tease is not a seemly occupation for a girl,* Lo spogliarello non è un mestiere decoroso per una ragazza.
seen [si:n] *p. pass di* **to see.**
to **seep** [si:p] *vi* gocciolare; filtrare.
seepage ['si:pidʒ] *s.* gocciolamento; infiltrazione.
seer [siə*] *s.* veggente; profeta.
seersucker ['siəsʌkə*] *s.* tela indiana; cotone a righe bianche e blu.
seesaw ['si:'sɔ:] *s.* altalena *(anche fig.).*
to **seesaw** ['si:'sɔ:] *vi* fare l'altalena.
to **seethe** [si:ð] *vi e t.* **1** ribollire; agitarsi; essere in fermento: *to seethe with anger,* ribollire di rabbia. **2** bollire.
see-through ['si:θru:] *agg (spec. di indumento)* trasparente.
segment ['segmənt] *s. (geometria, ecc.)* segmento; sezione; parte; spicchio; fetta: *a segment of a circle,* un segmento di cerchio — *a segment of an orange,* uno spicchio d'arancia.
to **segment** ['segmənt] *vt e i.* segmentare, segmentarsi; dividersi in segmenti.
segmentation [,segmen'teiʃən] *s.* segmentazione.
to **segregate** ['segrigeit] *vt* segregare; isolare; separare: *to segregate people with infectious diseases,* isolare le persone affette da malattie contagiose — *to segregate the sexes,* separare i sessi.
segregation [,segri'geiʃən] *s.* segregazione; separazione; isolamento.
seigneur ['seinjə*] *s. (stor.: dal fr. ant.)* feudatario; signore.
seine [sein] *s.* sciabica *(grande rete a strascico).*
to **seine** [sein] *vt e i.* pescare con la sciabica.
seismic ['saizmik] *agg* sismico.
seismograph ['saizməgrɑ:f] *s.* sismografo.
seismologic(al) ['saizmə'lɔdʒik(əl)] *agg* sismologico.
seismologist [saiz'mɔlədʒist] *s.* sismologo.
seismology [saiz'mɔlədʒi] *s.* sismologia.
to **seize** [si:z] *vt e i.* **1** afferrare; prendere; acciuffare: *to seize sb by the collar,* acciuffare qcno per il colletto. **2** *(fig.)* cogliere; afferrare; comprendere: *to seize (upon) an opportunity,* cogliere un'occasione — *to seize an idea,* afferrare un'idea. **3** *(dir.)* confiscare; sequestrare: *to seize sb's goods for payment of a debt,* sequestrare i beni di qcno per pagamento di debiti. **4** *(mecc.: spesso seguito da* up*)* ingranarsi; bloccarsi; grippare.
seizure ['si:ʒə*] *s.* **1** sequestro: *seizure of contraband by customs officers,* sequestro di merce di contrabbando da parte dei doganieri. **2** cattura. **3** *(med.)* colpo apoplettico. **4** *(mecc.)* grippaggio; bloccaggio.
seldom ['seldəm] *avv* raramente; di rado: *I have seldom seen such large apples,* Ho visto raramente delle mele così grosse — *She seldom goes out,* Esce di rado — *seldom, if ever,* raramente, per non dire mai.
select [si'lekt] *agg* **1** scelto: *select passages from Milton,* passi scelti di Milton. **2** *(di scuola, circolo)* esclusivo. □ *select committee,* commissione d'inchiesta.
to **select** [si'lekt] *vt* **1** scegliere. **2** *(sport)* selezionare.
selection [si'lekʃən] *s.* **1** selezione: *a selection committee,* una commissione selezionatrice — *natural selection,* selezione naturale — *random selection* ⇨ **random,** *agg.* **2** scelta; assortimento: *That shop has a good selection of hats,* Quel negozio ha un buon assortimento di cappelli. **3** *(al pl.)* brani scelti: *selections from Eighteenth-century English poetry,* una scelta di poesie (di passi poetici) inglesi del Settecento.
selective [si'lektiv] *agg* selettivo. □ *avv* **selectively.**
selectivity [silek'tiviti] *s.* selettività.
selector [si'lektə*] *s.* **1** chi sceglie, seleziona; *(sport)* selezionatore. **2** *(radio, televisione)* selettore.
self [self] *s. e pron* (*pl.* **selves**) **1** sé; se stesso; (l')io; *(talvolta)* lato; aspetto; parte *(della personalità): the study of self (of the self),* lo studio dell'io; l'indagine sull'io — *to be conscious of self,* essere cosciente di sé — *He's too conscious of self,* Bada troppo a se stesso; È tutto compreso di sé — *self-conscious, (letteralm.)* autocosciente; cosciente di sé; *(più comunemente)* imbarazzato; timido; a disagio — *one's (his, her, ecc.) better self,* il lato migliore di sé — *one's (his, her, ecc.) true self,* il suo vero io — *one's (sb's) second self,* l'alter ego; *(talvolta)* il braccio destro di qcno — *one's former (o old) self,* quello che uno era una volta — *to feel one's old self again,* sentirsi di nuovo quello di una volta. **2** *(per estensione)* egocentrismo; egoismo; interesse personale: *All you ever think of is self, self,*

self!, (fam.) Non fai altro che pensare a te stesso!; Sai solo pensare a te stesso! — *to care for nothing but self,* non curarsi che di se stesso; essere molto egoista — *She has no thought of self,* Non pensa mai a se stessa; È una persona dimentica di se stessa; È una persona altruista — *Self is a bad guide to happiness,* L'egoismo non porta felicità. **3** *(ant.: ora soltanto in alcune espressioni fatte, generalm. comm. o scherz.)* (se) medesimo; (se) stesso: *Pay self the sum of thirty pounds,* Pagare al medesimo (a me medesimo) la somma di trenta sterline — *Admit self and friend, (su un biglietto omaggio)* Valevole per due persone — *your good self,* Lei; Ella; Voi — *your good selves,* Voi; Loro — *I want a room for self and wife,* Desidero una camera per me e mia moglie — *Let us drink a toast to our noble selves,* Brindiamo alle nostre nobili persone.

□ *come agg (generalm. riferito a piante)* - **a)** di colore uniforme - **b)** della stessa specie.

self- [self] *prefisso* (*cfr.* **self 1**): *self-abasement,* umiliazione di sé — *self-absorbed,* assorto nei propri affari; incurante degli altri; egoista — *self-absorption,* l'essere assorto nei propri affari; egoismo — *self-abuse,* masturbazione — *self-acting, (mecc.)* automatico — *self-addressed,* con il proprio indirizzo — *Enclose a stamped self-addressed envelope,* Unire busta affrancata e munita di indirizzo — *self-activating, (di ordigno esplosivo)* ad innesco automatico — *self-appointed,* autonominato — *self-assertion,* il far valere i propri diritti (*o* qualità) — *self-assurance,* sicurezza di sé; fiducia in se stesso — *self-assured,* sicuro di sé — *self-centred,* (*USA* self-centered), egocentrico — *self-command,* autocontrollo — *self-confessed,* dichiarato — *a self-confessed thief,* un ladro dichiarato — *self-confidence,* sicurezza di sé; fiducia in se stesso (nelle proprie capacità) — *self-confident,* sicuro di sé — *self-conscious,* - **a)** imbarazzato; impacciato; timido; vergognoso - **b)** *(filosofia)* autocosciente — *self-contained,* - **a)** *(di persona)* riservato; discreto - **b)** autonomo; indipendente; autosufficiente — *self-control,* padronanza di sé; autocontrollo — *self-defence,* (*USA* -defense) - **a)** autodifesa - **b)** *(dir.)* legittima difesa — *self-denial,* rinuncia; sacrificio di sé; abnegazione — *self-denying,* che si sacrifica — *self-destruction,* autodistruzione; suicidio — *self-determination,* autodeterminazione; autodecisione — *self-discipline,* autodisciplina — *self-doubting,* irresoluto — *self-driven,* semovente — *self-educated,* autodidattico — *a self-educated person,* un autodidatta — *self-effacing,* modesto; che si tiene nell'ombra — *self-employed,* autonomo; che lavora in proprio — *self-esteem,* stima di sé; *(talvolta)* presunzione — *self-evident,* ovvio; evidente; *(talvolta)* lapalissiano — *self-examination,* esame di coscienza — *self-explanatory,* ovvio; chiaro; palese; evidente; che si spiega da sé — *self-fertilization,* autofertilizzazione; autofecondazione — *self-fulfilment,* realizzazione di sé — *self-governing,* autonomo; indipendente — *self-government,* autogoverno; autonomia — *self-help,* il fare da sé; propria iniziativa — *self-important,* borioso; presuntuoso — *self-importance,* boria; presunzione — *self-imposed,* assunto volontariamente — *self-induced,* autoindotto — *self-indulgence,* indulgenza verso se stesso — *self-indulgent,* indulgente verso se stesso — *self-inflicted,* inflitto da sé — *self-interest,* egoismo — *self-loading,* a caricamento automatico — *self-locking,* che si chiude da sé — *self-made,* che si è fatto da sé — *a self-made man,* un uomo che si è fatto da sé (venuto su dal nulla) — *self-opinionated,* presuntuoso; arrogante; pieno di sé — *self-pity,* autocommiserazione — *self-portrait,* autoritratto — *self-possessed,* padrone di sé — *self-possession,* padronanza di sé — *self-preservation,* spirito di conservazione — *self-regard,* considerazione di sé e dei propri interessi — *self-regulating,* autoregolatore — *self-reliance,* fiducia in se stesso — *self-reliant,* che ha fiducia in se stesso — *self-respect,* rispetto per se stesso — *self-restraint,* padronanza di sé; autocontrollo — *self-righteous,* presuntuoso; farisaico; ipocrita — *self-sacrifice,* abnegazione; sacrificio di sé — *self-same,* stesso; identico; proprio lo stesso; medesimo — *self-satisfied,* compiaciuto di sé; tronfio — *self-seeker,* egoista; chi cerca solo il proprio interesse — *self-seeking, (agg.)* egoistico; *(s.)* egoismo — *self-service, (agg. e s.)* 'self-service' — *self-sown, (bot.)* spontaneo — *self-starter, (mecc.)* avviatore automatico — *self-starting, (mecc.)* ad avviamento automatico — *self-styled,* sedicente — *self-sufficient,* - **a)** autarchico - **b)** autosufficiente - **c)** troppo sicuro di sé — *self-supporting,* (economicamente) indipendente — *self-taught, (di persona)* che si è istruito da sé; autodidatta; *(di materia, ecc.)* imparato da solo — *self-will,* caparbietà; cocciutaggine; ostinazione.

selfish ['selfiʃ] *agg* egoista; egoistico; interessato: *to act from selfish motives,* agire per motivi interessati, egoisticamente. □ *avv* **selfishly.**

selfishness ['selfiʃnis] *s.* egoismo.

selfless ['selflis] *agg* disinteressato; altruistico.

selflessness ['selflisnis] *s.* altruismo.

selfsame ['selfseim] *agg* identico; proprio lo stesso.

sell [sel] *s.* delusione: *What a sell!, (fam.)* Che delusione!; Che scalogna!

to **sell** [sel] *vt e i.* (*pass. e p. pass.* **sold**) **1** vendere; smerciare; commerciare (in): *to sell books,* vendere libri (fare il libraio) — *to sell sth by auction,* vendere qcsa all'asta — *to sell sth at a good price,* vendere qcsa a buon prezzo — *to sell wholesale,* vendere all'ingrosso — *to sell retail,* vendere al dettaglio, al minuto — *to sell sth on easy terms,* vendere qcsa con facilitazioni di pagamento — *to sell sb sth,* vendere qcsa a qcno — *Will you sell me your bicycle?,* Mi vuoi vendere la tua bicicletta? — *I'll sell it to you for fifteen pounds,* Te la vendo (Te la venderò; Sono disposto a venderla) per quindici sterline — *Do you sell needles?,* Vendete aghi? — *to sell one's life dearly,* vendere cara la propria pelle — *to sell oneself (one's honour),* vendersi *(per denaro, ecc.);* vendere il proprio onore; prostituirsi. **2** far vendere: *It is not the low prices but their quality which sells our goods,* Non sono i prezzi bassi ma la qualità che fa vendere bene la nostra merce. **3** *(fam.)* 'spingere': *The government is trying hard to sell its new wages policy,* Il governo cerca in tutti i modi di far accettare la nuova politica dei salari. **4 to be sold on sth,** *(USA, ora anche GB)* accettare qcsa come buono; credere in qcsa: *Are they sold on the idea of profit-sharing?,* Accettano l'idea di una divisione dei profitti? — *I'm sold on that!, (fam.)* Ne sono entusiasta! □ *I've been sold!,* Mi hanno ingannato! — *Sold again!,* Me l'han fatta di nuovo! (Ci sono cascato di nuovo!) — *to sell sb a pup,* gabbare qcno; raggirarlo; fargli una 'bidonata' — *to sell the pass,* tradire *(la patria, la causa, la fiducia, ecc.);* essere un traditore — *to sell sb down the river,* tradire qcno.

□ *vi* **1** vendersi; andare *(di merce);* essere richiesto; trovare smercio: *Tennis balls sell best in summer,* Le palle da tennis si vendono meglio in estate — *His new novel is selling well,* Il suo nuovo romanzo ha un buon successo di vendita (vende bene). **2** essere in vendita: *These articles sell at a pound a piece,* Questi articoli sono in vendita a una sterlina l'uno.

to sell off, vendere *(una partita di merce)* a basso costo (sotto costo); svendere; liquidare.

to sell out, - **a)** vendere; cedere *(azioni commerciali): He sold out his share of the business and retired,* Vendette la sua parte dell'azienda e si ritirò dagli affari - **b)** finire le provviste (di qcsa); vendere completamente, interamente; esaurire: *We are sold out of small sizes,* Abbiamo finito i formati piccoli — *This edition of the dictionary is sold out,* Questa edizione del vocabolario è esaurita.

to sell up, - **a)** vendere forzatamente; mettere in vendita *(i beni di un debitore moroso, di chi è fallito);* liquidare; mettere in liquidazione: *The firm went bankrupt and was sold up,* La ditta fallì e fu messa in liquidazione - **b)** svendere; vendere tutto: *He sold up and went abroad,* Vendette tutto e se ne andò all'estero.

seller ['selə*] *s. (spesso nei composti)* venditore: *bestseller,* un libro (uno scrittore) di successo — *bookseller,* libraio — *a good (bad) seller,* un articolo che si vende bene (male) — *a seller's market,* un mercato favorevole alle vendite.

selling ['seliŋ] *s.* vendita: *selling price,* prezzo di vendita — *selling-off (-out),* liquidazione; svendita; vendita totale.

sell-out ['selaut] *s.* **1** svendita; vendita totale. **2** *(fam.)* tradimento.

seltzer ['seltsə*] *s. (anche* seltzer water*)* acqua di 'seltz'.

selvage, selvedge ['selvidʒ] *s.* cimosa; bordo; vivagno.

selves [selvz] *pl di* **self.**

semantic [si'mæntik] *agg* semantico. □ *avv* **semantically.**

semantics [si'mæntiks] *s. (col v. al sing.)* semantica.

semaphore ['seməfɔ:*] *s.* **1** semaforo *(ferroviario).* **2** segnalazione con bandierine.

to **semaphore** ['seməfɔ:*] *vt e i.* fare segnalazioni *(con bandierine).*

semblance ['sembləns] *s.* **1** somiglianza. **2** parvenza: *to put on a semblance of gaiety,* assumere una parvenza di allegria.

semen ['si:men] *s.* liquido seminale.

semester [si'mestə*] *s. (spec. USA)* semestre accademico.

semi- ['semi] *prefisso* **1** semi-; mezzo; metà; a metà; per metà: *semi-circular,* semicircolare — *semi-circle,* semicerchio — *semi-breve,* semibreve — *semi-quaver,* semicroma — *semi-tone,* semitono — *semi-detached, (di casa)* semi-attaccata; attaccata alle altre case da una sola parte. **2** semi-; non completamente; in modo imperfetto; quasi; poco più che: *semi-barbarian,* semi-barbaro — *semi-barbarism,* semi-barbarismo — *semi-colon,* punto e virgola — *semi-final,* semi-finale — *semi-official,* semi-ufficiale — *semi-rigid, (dirigibile)* semi-rigido — *semi-tropical,* semitropicale. □ *semi-annual,* semestrale — *a semi-weekly,* una pubblicazione bisettimanale.

seminal ['si:minl] *agg* **1** seminale; riproduttivo. **2** *(fig.)* embrionale: *in the seminal state,* allo stato embrionale.

seminar ['seminɑ:*] *s.* seminario *(d'università).*

seminarist ['seminərist] *s.* seminarista.

seminary ['seminəri] *s.* **1** seminario *(collegio ecclesiastico).* **2** *(ant.)* scuola; istituto.

Semite ['semait/'si:m-] *agg* semitico. □ *s.* semita.

Semitic [si'mitik] *agg* semitico.

semolina [,semə'li:nə] *s.* semolino.

sempstress ['semstris] *s.* = **seamstress.**

senate ['senit] *s.* **1** senato. **2** senato accademico *(di un'università).*

senator ['senətə*] *s.* senatore.

senatorial [,senə'tɔ:riəl] *agg* **1** *(stor.)* senatorio: *senatorial rank,* la dignità senatoria. **2** senatoriale: *senatorial district, (USA)* distretto elettorale per l'elezione di un senatore.

to **send** [send] *vt e i. (pass. e p. pass.* **sent**) **1** mandare; inviare; spedire; *(via radio)* trasmettere: *to send sb a message,* spedire (mandare, inviare) un messaggio a qcno — *to send a telegram,* spedire un telegramma — *to send goods by rail,* spedire della merce per ferrovia — *The children were sent to bed,* I bambini furono mandati a letto — *He sent word that he could not come,* Fece sapere (Mandò a dire) che non sarebbe potuto venire. **2** mandare; costringere: *to send sth flying,* far volare qcsa — *to send people running for shelter, (p.es. della pioggia)* costringere della gente a cercare riparo. **3** far diventare; far divenire: *This noise will send me mad,* Questo rumore mi farà impazzire — *This music sends me!, (fam.)* Questa musica mi manda in estasi! **4** *(seguito da* up, down, through*)* far alzare; far abbassare; far passare: *to send prices (the temperature) up,* far salire i prezzi (la temperatura). **5** *(ant.)* concedere; accordare; permettere; far sì; volere: *Heaven send that he arrives safely,* Dio voglia che arrivi sano e salvo. □ *to send sb packing (about his business),* licenziare qcno in malo modo; 'farlo correre'; mandarlo a quel paese; mandarlo a farsi benedire.

to send along, inviare *(una persona): I'll send him along tomorrow,* Te lo manderò domani.

to send away, - **a)** mandare via; licenziare; congedare - **b)** mandare a prendere; mandar lontano *(per delle compere, ecc.): When we lived in the country we had to send away for many things that we needed,* Quando abitavamo in campagna dovevamo mandare a comperare (in città, nei centri vicini) molte cose di cui si aveva bisogno.

to send down, - **a)** *(GB)* espellere (qcno) dall'università *(per cattiva condotta)* - **b)** far scendere *(di prezzi)* - **c)** inviare *(spec. da Londra)* in provincia.

to send for, mandare per; mandare a chiamare; far venire; mandare a prendere: *Send for the doctor,* Manda a chiamare il dottore — *Please keep them until I send for them,* Per favore tienili fino a quando non li manderò a prendere.

to send forth, *(lett.)* produrre; emettere; lanciare; mandare; spandere (profumi); germogliare: *to send forth leaves,* mettere fuori le foglie; germogliare.

to send in, introdurre; far pervenire; far entrare; iscrivere: *He sent in two oil paintings,* Mandò (alla mostra) due suoi quadri ad olio — *She sent in her name (her card),* Si fece precedere dal biglietto da visita — *He sent in his resignation,* Inviò le proprie dimissioni; Si dimise.

to send off, - **a)** *(riferito a persona)* andare a salutare alla partenza: *A large crowd went to the airport to send him off,* Una grande folla andò a salutarlo all'aeroporto - **b)** *(riferito a cosa)* spedire: *Please see that these parcels are sent off at once,* Per favore fai in modo che questi pacchi siano spediti subito - **c)** *(calcio, ecc.)* espellere *(un giocatore): to be sent off,* venir espulso dal campo.

to send out, mandar fuori; emettere: *The sun sends out light and heat,* Il sole emette luce e calore — *The* *trees send out new leaves in spring,* Le piante in primavera mettono fuori nuove foglie.

to send up, - a) fare aumentare *(prezzi, ecc.)* - b) parodiare; prendere in giro *(qcno).*

sender ['sendə*] *s.* **1** mittente; mandante; speditore: *Returned to sender,* Respinto al mittente. **2** *(radiotelefonia)* trasmettitore; emettitore; segnalatore.

send-off ['sendɔ(:)f] *s.* **1** (*cfr.* **to send off, a**) commiato; festa d'addio. **2** *(giornalismo)* soffietto; recensione favorevole.

send-up ['sendʌp] *s.* (*cfr.* **to send up, b**) parodia.

senescence [se'nesəns] *s.* senescenza.

senescent [se'nesənt] *agg* senescente.

seneschal ['seniʃəl] *s. (stor.)* siniscalco; maggiordomo.

senile ['si:nail] *agg* senile: *senile decay,* decrepitezza.

senility [si'niliti] *s.* senilità.

senior ['si:njə*] *agg* seniore; maggiore; anziano; più anziano; più vecchio: *John Brown senior,* John Brown senior *(abbr.* sen *o* sr*)* — *He is ten years senior to me,* È dieci anni più vecchio di me — *Smith is the senior partner, (in un'azienda)* Smith è il socio più anziano — *the Senior Service,* la Marina — *the senior English master, (equivale a)* il titolare della cattedra d'inglese *(in una 'grammar school')* — *senior citizen,* pensionato.

☐ *s.* **1** seniore; maggiore; anziano; superiore: *He is my senior by ten years,* Ha dieci anni più di me. **2** studente più anziano; diplomando.

seniority [,si:ni'ɔriti] maggiore età; anzianità *(anche di servizio);* superiorità (di grado).

senna ['senə] *s.* sena.

sennight ['senait] *s. (ant.)* settimana.

sensation [sen'seiʃən] *s.* **1** senso; sensazione; sensibilità (fisica); impressione: *I lost all sensation in my legs through cramp,* Persi la sensibilità delle gambe a causa di un crampo — *to have a sensation of warmth,* provare un senso di calore. **2** scalpore; sensazione; impressione: *The news created a great sensation,* La notizia fece grande scalpore — *to make a sensation,* destar scalpore; fare impressione. **3** cosa che fa scalpore; avvenimento sbalorditivo; fatto sensazionale: *Some newspapers deal largely in sensation,* Alcuni quotidiani danno largo spazio agli avvenimenti sensazionali.

sensational [sen'seiʃənl] *agg* sensazionale; sbalorditivo; che fa colpo; clamoroso: *a sensational murder,* un assassinio — *a sensational newspaper,* un giornale di notizie a sensazione. ☐ *avv* **sensationally.**

sensationalism [sen'seiʃənəlizəm] *s.* **1** ricerca del sensazionale; il voler far colpo a tutti i costi: *the sensationalism of the cinema,* la tendenza del cinema al sensazionale — *to avoid sensationalism during an election campaign,* evitare ogni gesto di propaganda chiassosa durante una campagna elettorale. **2** *(filosofia)* sensismo.

sense [sens] *s.* **1** senso; *(per estensione)* sensazione; sentimento; percezione; *(al pl.)* sensi; comprensione; discernimento; facoltà mentali: *the five senses,* i cinque sensi — *the sixth sense,* il sesto senso; l'intuizione — *the sense of hearing,* il senso dell'udito — *to have a keen sense of smell,* avere un odorato fine — *to have a sense of proportion,* avere il senso della proporzione — *a sense-organ,* un organo sensorio — *a sense of humour,* il senso dell'umorismo — *a sense of duty,* il senso del dovere — *(to have) a sense of responsibility,* (avere) senso di responsabilità — *moral sense,* senso morale — *sense of direction,* senso dell'orientamento — *He has no sense of shame,* Non prova alcun senso di vergogna — *to be in the enjoyment of all one's senses,* godere di tutti i propri sensi — *to take leave of one's senses,* uscir di senno; impazzire; perdere il lume della ragione — *not to be in one's right senses; to be out of one's senses,* essere matto — *to come to one's senses,* rinsavire; tornare in sé — *to bring sb to his senses,* richiamare qcno alla ragione; far rinsavire qcno; riportare in senno qcno. **2** senso; buon senso *(anche* good sense*);* senso comune *(anche* common sense*);* criterio; saggezza; intelligenza: *a man of sense,* un uomo (dotato) di buon senso — *There's a lot of sense in what he says,* C'è molto buon senso in ciò che dice — *There's no sense in doing that,* Non ha senso farlo — *Haven't you enough sense to see what he's after?,* Non hai abbastanza buon senso per capire le sue vere intenzioni? — *to talk sense,* parlare assennatamente — *Now you're talking sense!; That's what I call sense!,* Adesso sì che parli bene!; Questo sì che è parlare saggio! — *What's the sense of doing that?; What sense is there in doing that?,* Che senso ha fare ciò? **3** senso; significato: *In what sense are you using this word?,* In quale senso usate questa parola? — *The sense of his words was not clear,* Il significato delle sue parole non era chiaro — *to make sense,* aver senso — *It doesn't make sense,* Non ha senso — *to make sense of sth,* trovare un senso in qcsa; capire (il senso di) qcsa — *Can you make sense of this?,* Riesci a capire questo? — *in a sense,* in un certo senso — *What you say is true in a sense,* In un certo senso, ciò che Lei dice è vero — *in the strict (literal, figurative) sense,* in senso stretto (letterale, figurato) — *in the full sense of the word,* nel vero senso della parola. **4** opinione (parere) generale; 'polso': *to take the sense of the meeting,* tastare il polso all'assemblea.

to **sense** [sens] *vt* avere la sensazione; intuire; rendersi conto; accorgersi; avvertire: *to sense danger,* avvertire (fiutare) il pericolo — *He sensed that his proposals were unwelcome,* Si rese conto che le sue proposte non erano bene accolte — *I could sense there was something wrong as soon as I opened the door,* Capii (Intuii) che c'era qualcosa che non andava non appena aprii la porta.

senseless ['senslis] *agg* **1** insensato; senza senso; assurdo, stupido: *a senseless idea,* un'idea assurda — *What a senseless fellow he is!,* Che stupido!; Che sciocco! **2** privo di sensi; inanimato: *to fall senseless to the ground,* cadere a terra privo di sensi.

☐ *avv* **senselessly.**

senselessness ['senslisnis] *s.* **1** stupidità; mancanza di buon senso; insensatezza; irragionevolezza; assurdità. **2** insensibilità; l'esser privo di sensi.

sensibility [,sensi'biliti] *s.* **1** sensibilità; sensitività; impressionabilità; emotività: *the sensibility of an artist (of a poet),* la sensibilità di un artista (di un poeta). **2** *(spec. al pl.)* suscettibilità: *Her sensibilities are quickly wounded,* Si fa molto presto a ferire la sua suscettibilità.

sensible ['sensibl] *agg* **1** ragionevole; saggio; assennato; di buon senso; pratico: *a sensible woman,* una donna ragionevole (di buon senso) — *Be sensible!,* Sii ragionevole! — *sensible shoes for mountain climbing,* scarpe adatte (funzionali, studiate apposta) per l'alpinismo — *sensible clothes,* indumenti pratici, funzionali — *sensible ideas,* idee ragionevoli — *That was sensible of you,* Sei stato molto ragionevole. **2** *(ant.: ora solo nel linguaggio molto formale)* conscio; cosciente; consapevole: *He is fully sensible of the delicacy of his position,* È perfettamente conscio di quanto sia delicata la sua posizione. **3** *(non molto comune)* sensibile; percettibile;

(fig.) notevole; ragguardevole: *a sensible fall in the temperature,* un notevole abbassamento di temperatura — *sensible phenomena,* fenomeni percepibili dai sensi.

☐ *avv* **sensibly 1** assennatamente; giudiziosamente; razionalmente; appropriatamente; con criterio: *to be sensibly dressed for hot weather,* essere vestito con abiti adatti al caldo. **2** intensamente *(di sentimenti);* sensibilmente; fortemente.

sensitive ['sensitiv] *agg* **1** sensibile; delicato; impressionabile: *This cell is sensitive to light,* Questa cellula è sensibile alla luce — *a sensitive skin,* una pelle delicata. **2** sensibile; tenero; pietoso: *He is sensitive to the sufferings of animals,* È sensibile alle sofferenze degli animali. **3** sensibile; suscettibile; ipersensibile; ombroso; permaloso: *Children are usually sensitive to blame (to criticism),* I bambini sono di solito sensibili ai rimproveri (alle critiche) — *He is very sensitive about his baldness,* Soffre molto per la sua calvizie. **4** *(di strumenti)* sensibile; impressionabile; sensibilizzato: *sensitive thermometers (scales),* termometri (bilance) sensibili — *sensitive plate,* lastra sensibile, impressionabile — *colour-sensitive,* ortocromatico. **5** *(comm.: di mercato, ecc.)* instabile; fluttuante. ☐ *sensitive plant,* sensitiva; mimosa; *(fig.)* persona ipersensibile. ☐ *avv* **sensitively.**

sensitivity [,sensi'tiviti] *s.* **1** sensibilità; impressionabilità; emotività; delicatezza. **2** ombrosità; permalosità; suscettibilità.

to **sensitize** ['sensitaiz] *vt* sensibilizzare *(med., fotografia);* rendere sensibile; acuire la sensibilità (di).

sensorial [,sen'sɔriəl] *agg* sensorio.

sensory ['sensəri] *agg* sensoriale; sensorio: *sensory organs,* gli organi sensori.

sensual ['sensjuəl] *agg* sensuale; voluttuoso; carnale: *sensual enjoyment,* piacere sensuale; godimento dei sensi — *sensual lips,* labbra sensuali (voluttuose). ☐ *avv* **sensually.**

sensualist ['sensjuəlist] *s.* **1** persona sensuale. **2** *(filosofia)* edonista; epicureo. **3** *(filosofia)* sensista.

sensuality [,sensju'æliti] *s.* sensualità; animalità; godimento dei sensi; lascivia.

sensuous ['sensjuəs] *agg* voluttuoso; inebriante; sensuoso. ☐ *avv* **sensuously.**

sensuousness ['sensjuəsnis] *s.* voluttà; carattere sensuoso; sensualità.

sent *pass e p. pass di* **to send.**

sentence ['sentəns] *s.* **1** sentenza penale; condanna: *to pass sentence (on sb),* emettere una sentenza (contro qcno) — *The sentence of the court was three years' imprisonment,* La sentenza del tribunale fu tre anni di prigione — *to serve a sentence,* scontare una condanna — *sentence of death,* condanna a morte — *a life sentence,* una condanna all'ergastolo. **2** *(gramm.)* periodo; proposizione; frase: *a simple sentence,* una proposizione semplice — *a compound sentence,* una proposizione composta. **3** *(ant.)* proverbio; massima.

to **sentence** ['sentəns] *vt* condannare: *to sentence a thief to six months' imprisonment,* condannare un ladro a sei mesi di prigione.

sententious [sen'tenʃəs] *agg* sentenzioso; aforistico; *(spesso, per estensione)* moraleggiante e noioso. ☐ *avv* **sententiously.**

sentience ['senʃəns] *s.* sensibilità.

sentient ['senʃənt] *agg* senziente; sensibile.

sentiment ['sentimənt] *s.* **1** sentimento: *a statesman animated by lofty sentiments,* uno statista animato da nobili sentimenti. **2** sentimentalismo: *There's no place for sentiment in business,* Non c'è posto per il sentimentalismo negli affari. **3** espressione di ciò che si sente; opinione; punto di vista: *The ambassador explained the sentiments of his government on the question,* L'ambasciatore espresse l'opinione del suo governo sulla questione — *Them's my sentiments!, (sgrammaticato, scherz.)* Proprio quello che penso io!

sentimental [,senti'mentl] *agg* sentimentale: *sentimental novels,* romanzi sentimentali — *to do sth for sentimental reasons,* fare qcsa per ragioni sentimentali — *a sentimental girl,* una ragazza sentimentale. ☐ *avv* **sentimentally.**

sentimentalism [,senti'mentəlizəm] *s.* sentimentalismo.

sentimentalist [,senti'mentəlist] *s.* sentimentalista.

sentimentality [,sentimen'tæliti] *s.* sentimentalità.

to **sentimentalize** [,senti'mentəlaiz] *vt* rendere sentimentale.

☐ *vi* parlare in modo sentimentale; fare del sentimentalismo.

sentinel ['sentinl] *s.* *(lett.)* sentinella: *to stand sentinel (over),* fare la sentinella (a); stare di guardia (a).

sentry ['sentri] *s.* sentinella; guardia: *to relieve a sentry,* dare il cambio ad una sentinella — *to come off sentry duty,* smontare di guardia — *to be on sentry-go,* essere di guardia (andando su e giù) — *sentry box,* garitta.

sentry-go ['sentri,gou] *s.* ⇨ **sentry.**

separability [,sepərə'biliti] *s.* separabilità.

separable ['sepərəbl] *agg* separabile. ☐ *avv* **separably.**

separate ['seprit] *agg* separato; distinto; staccato; diviso; indipendente: *to sleep in separate beds,* dormire in letti separati — *Mr Green and his wife are living separate now,* Il signor Green adesso è diviso dalla moglie — *separate estate, (dir.)* beni personali della moglie — *separate maintenance, (dir.)* alimenti — *a separate entrance,* un'entrata indipendente — *under separate cover,* in plico a parte.

☐ *avv* **separately.**

☐ *s.* **1** fascicolo; estratto; copia di un articolo. **2** *(al pl.)* indumenti *(p.es. gonna, pullover e camicetta)* da indossare in varie combinazioni.

to **separate** ['sepəreit] *vt* separare; dividere; distinguere; scomporre *(la luce);* scremare *(il latte): to separate the sheep from the goats, (fig.)* separare i buoni dai cattivi — *England is separated from France by the Channel,* L'Inghilterra è separata dalla Francia dalla Manica — *The land was separated into small fields,* La terra era divisa in piccoli campi — *to separate sth out,* separare qcsa da qualcos'altro *(p.es. la panna dal latte).*

☐ *vi* separarsi; dividersi: *We talked until midnight and then separated,* Parlammo fino a mezzanotte e poi ci separammo.

separateness [,sepə'ritnis] *s.* l'essere separato (distinto, ecc.).

separation [,sepə'reiʃən] *s.* **1** separazione; distacco: *judicial separation,* separazione legale — *separation deed,* atto di separazione. **2** scomposizione; divisione.

separatism ['sepərətizəm] *s.* separatismo.

separatist ['sepərətist] *s.* separatista.

separator [,sepə'reitə*] *s.* **1** scrematrice *(del latte).* **2** persona o cosa che separa.

sepia ['si:pjə] *s.* nero di seppia: *a sepia drawing,* disegno a nero di seppia.

sepoy ['si:pɔi] *s.* *(stor.)* sepoy *(soldato indigeno dell'esercito britannico in India).*

sepsis ['sepsis] *s.* sepsi.

September [səp'tembə*/sep-] *s.* settembre.

septet, septette [sep'tet] *s. (mus.)* composizione per sette strumenti o per sette voci.
septic ['septik] *agg* settico: *a septic tank,* una fossa biologica.
septicaemia [,septi'si:mjə] *s.* setticemia.
septuagenarian [,septjuədʒi'nɛəriən] *s.* settuagenario.
Septuagint ['septjuədʒint] *s.* versione greca dell'Antico Testamento dei Settanta.
sepulchral [si'pʌlkrəl] *agg* sepolcrale; funereo: *in a sepulchral voice,* con voce sepolcrale.
sepulchre ['sepəlkə*] *s.* (*USA* **sepulcher**) sepolcro: *the Holy Sepulchre,* il Santo Sepolcro — *a whited sepulchre* ⇨ **whited.**
sepulture ['sepəltʃə*] *s.* sepoltura.
sequel ['si:kwəl] *s.* **1** conseguenza; effetto; seguito: *Her action had an unfortunate sequel,* La sua azione ebbe un triste effetto — *in the sequel,* in conseguenza; in seguito; successivamente. **2** seguito; continuazione *(d'un romanzo, ecc.).*
sequence ['si:kwəns] *s.* **1** sequela; successione; il susseguirsi: *to deal with events in historical sequence,* occuparsi di fatti (storici) in ordine cronologico — *the sequence of events,* il susseguirsi degli avvenimenti — *a sequence of bad harvests,* un susseguirsi di cattivi raccolti — *sequence of tenses, (gramm.)* 'consecutio temporum'. **2** sequenza: *a sequence of clubs, (nel gioco delle carte)* una sequenza di fiori. **3** *(cinema)* sequenza. **4** *(mus.)* sequenza.
sequent ['si:kwənt] *agg* **1** seguente; successivo. **2** conseguente; risultante.
sequential [si'kwenʃəl] *agg* **1** seguente; successivo. **2** conseguente; risultante. □ *avv* **sequentially.**
to **sequester** [si'kwestə*] *vt* **1** isolare; appartare: *to sequester oneself from the world,* isolarsi dal mondo — *to lead a sequestered life,* condurre una vita appartata. **2** *(dir.)* sequestrare.
sequestered [si'kwestəd] *agg (di luogo)* isolato; appartato; tranquillo.
to **sequestrate** [si'kwestreit] *vt* sequestrare; confiscare.
sequestration [,si:kwes'treiʃən] *s.* sequestro; confisca.
sequin ['si:kwin] *s.* **1** lustrino. **2** *(stor.)* zecchino *(moneta veneziana).*
sequoia [si'kwɔiə] *s.* sequoia.
serac ['seræk] *s. (dal fr. dial.)* seracco.
seraglio [se'rɑ:liou] *s.* (*pl.* **seraglios**) serraglio; 'harem'.
seraph ['serəf] *s.* (*pl.* **seraphs, seraphim**) serafino.
seraphic [se'ræfik] *agg* serafico. □ *avv* **seraphically.**
sere [siə*] *s.* = **sear.**
serenade [,seri'neid] *s.* serenata.
to **serenade** [,seri'neid] *vt* suonare (cantare) una serenata (a qcno).
serendipity [,serən'dipiti] *s.* la capacità di fare felici scoperte, di trovare tesori per caso.
serene [si'ri:n] *agg* sereno; limpido; calmo. □ *avv* **serenely.**
serenity [si'reniti] *s.* serenità *(anche fig.).*
serf [sə:f] *s.* **1** *(stor.)* servo della gleba. **2** *(fig.)* schiavo; servo.
serfdom ['sə:fdəm] *s.* **1** *(stor.)* servitù della gleba. **2** *(fig.)* schiavitù; servitù.
serge [sə:dʒ] *s.* saia *(generalm. attrib.): a blue serge suit,* un vestito di saia blu.
sergeant ['sɑ:dʒənt] *s.* **1** sergente: *sergeant major,* sergente maggiore. **2** *(di polizia)* brigadiere; sergente.
serial ['siəriəl] *agg* **1** di serie; seriale *(anche mus.): the serial number of a banknote,* il numero di serie d'una banconota. **2** *(d'un romanzo, ecc.)* a puntate: *an exciting new serial story,* un nuovo ed emozionante racconto a puntate.
□ *avv* **serially 1** in serie. **2** a puntate; a dispense.
□ *s.* racconto (romanzo, sceneggiato televisivo, ecc.) a puntate, a dispense.
to **serialize** ['siəriəlaiz] *vt* pubblicare (trasmettere) a puntate.
seriatim [,siəri'eitim] *avv (lat.)* in serie; successivamente.
sericultural [,seri'kʌltʃərəl] *agg* sericolo.
sericulture ['seri,kʌltʃə*] *s.* sericultura; bachicoltura.
sericulturist [,seri'kʌltʃərist] *s.* sericoltore.
series ['siəri:z/-iz] *s. (invariabile al pl.)* **1** serie; successione: *in series,* in serie. **2** collana *(di libri);* serie.
serif ['serif] *s. (tipografia)* terminazione.
serio-comic ['siəriou'kɔmik] *agg* semiserio.
serious ['siəriəs] *agg* **1** serio: *a serious mind,* una mente seria — *a serious appearance,* un aspetto serio — *Are you serious?,* Parli sul serio? — *to look serious,* avere un'aria seria — *a serious worker,* un lavoratore serio — *Please, be serious about your work,* Per favore, sii serio nel tuo lavoro. **2** grave; serio: *a serious illness,* una malattia seria, grave — *to get serious,* farsi serio; incominciare a destare preoccupazioni — *The international situation looks serious,* La situazione internazionale appare grave.
□ *avv* **seriously 1** in modo serio; con serietà; seriamente. **2** sul serio; molto; seriamente: *to be seriously out in one's calculations,* sbagliarsi di grosso nei calcoli. **3** sul serio; scherzi a parte: *to take sth seriously,* prendere qcsa sul serio — *Seriously, though...,* Scherzi a parte... **4** gravemente; seriamente: *seriously ill,* gravemente malato.
seriousness ['siəriəsnis] *s.* serietà; importanza; gravità: *the seriousness of the country's financial affairs,* l'importanza (la gravità) degli affari finanziari del paese — *the seriousness of the situation,* la gravità della situazione — *in all seriousness,* in tutta serietà; molto seriamente.
serjeant ['sɑ:dʒənt] *s. (stor., nelle espressioni) serjeant-at-arms,* cerimoniere di corte — *serjeant-at-law,* avvocato di ordine superiore.
sermon ['sə:mən] *s.* sermone; predica; *(fig.)* paternale.
to **sermonize** ['sə:mənaiz] *vt e i.* predicare; fare la predica: *Stop sermonizing!,* Smettila di farmi la predica!
serpent ['sə:pənt] *s.* serpente *(anche fig.): the old Serpent,* il Diavolo.
serpentine ['sə:pəntain] *agg* serpentino; serpeggiante.
serrated [se'reitid] *agg* dentellato; seghettato.
serried ['serid] *agg* serrato; compatto: *in serried ranks,* in linee serrate.
serum ['siərəm] *s.* (*pl.* **sera**) siero: *serum sickness,* malattia da siero.
servant ['sə:vənt] *s. (anche* domestic servant*)* servitore; servo; domestico, domestica: *to have a large staff of servants,* avere una servitù numerosa — *the servants' hall,* la stanza della servitù — *a servant girl,* una fantesca; una domestica — *a general servant,* un domestico (una domestica) tuttofare — *Your humble servant!,* Servo Vostro!; *(in chiusura di lettera, molto formale)* Suo (Vostro) umilissimo servo! — *a servant of Jesus Christ,* un servo di Dio *(un prete).* □ *a public servant,* un pubblico funzionario — *a civil servant,* un impiegato statale — *a railway servant, (un tempo)* un ferroviere — *Fire is a good servant but a bad master, (prov.)* Col fuoco non si scherza.
serve [sə:v] *s. (al tennis)* servizio; messa in gioco;

turno di messa in gioco: *Whose serve is it?,* Di chi è questo servizio?; A chi tocca?

to **serve** [sə:v] *vt e i.* **1** *(di persona)* servire *(in vari sensi: a tavola, in un negozio, ecc.; ma anche sport, mil., e ecclesiastico);* fungere da; essere a servizio; prestare servizio: *She served the family well for ten years,* Servì fedelmente la famiglia per dieci anni — *He serves as gardener and also as chauffeur,* Funge da giardiniere e anche da autista — *to serve one's country,* servire il proprio paese — *Serve God and honour the Queen,* Servite Dio e onorate la regina — *His great-grandfather served under Nelson,* Suo bisnonno prestò servizio sotto Nelson — *to serve two masters,* servire due padroni — *Are you being served, sir?,* La stanno (già) servendo, signore? — *Can I serve you in any way?,* Posso esserle utile in qualche modo? — *to serve at table,* servire a tavola — *Dinner is served!,* Il pranzo è servito! — *to serve a ball, (tennis)* battere una palla; servire — *to serve well (badly),* avere un buon (cattivo) servizio.
2 *(di cose)* servire da; fungere (da); essere utile (adatto); bastare: *This case will serve for a seat,* Questa cassa servirà da sedile — *It isn't much of it, but it'll serve my purpose,* Non è gran che, ma servirà al mio scopo — *to serve as an excuse,* servire da scusa — *This serves to show the foolishness of being unprepared,* Questo serva a mostrare quanto sia sciocco essere impreparato — *... if my memory serves me right,* ... se la memoria non m'inganna; ... se ben ricordo.
3 trattare *(in un certo modo);* comportarsi (con qcno): *They have served me shamefully,* Mi hanno trattato in modo vergognoso — *I hope I shall never be served such a trick again,* Spero che non mi giochino mai più uno scherzo simile — *It serves him right!,* Ben gli sta!; Se lo merita! — *to serve sb out (for sth),* farla pagare a qcno.
4 adempiere il proprio dovere; scontare; espiare (una pena detentiva): *to serve one's apprenticeship,* fare tirocinio — *to serve a sentence,* scontare una condanna (pena) — *to serve time, (fam.)* 'stare al fresco' — *to serve on a jury,* far parte di una giuria — *to serve on a committee,* essere membro di un comitato.
5 *(dir.)* notificare; intimare: *to serve a summons on sb; to serve sb with a summons,* notificare a qcno un mandato di comparizione.
6 *(di bestiame)* montare; coprire; fecondare: *to serve a mare,* coprire una cavalla.
7 *(naut.)* fasciare *(una fune).*
☐ *... as occasion serves,* ... quando si presenta l'occasione.
to serve as, *(di persona)* ⇨ **1** *sopra; (di cosa)* ⇨ **2** *sopra.*
to serve on ⇨ **1** sopra.
to serve out, - **a)** distribuire *(cibo)* - **b)** servire (qcno) a dovere; farla pagare a qcno (⇨ **3**).
to serve up, servire, distribuire *(cibo, ecc.).*

server ['sə:və*] *s.* **1** chi serve *(spec. a messa);* chierichetto. **2** vassoio. ☐ *salad-servers,* posate dell'insalata.

service ['sə:vis] *s.* **1** servizio; impiego: *She was in service before her marriage,* Era a servizio prima di sposarsi — *to go out to (to go into) service,* andare a servizio — *Miss White has been in our service for five years,* La signorina White è al nostro servizio da cinque anni — *The food is good at this hotel, but the service is poor,* Il cibo è buono in questo albergo ma il servizio è scadente — *I added ten per cent to the bill for service,* Aggiunsi il dieci per cento al conto per il servizio — *Service charge: 15%,* Servizio: 15% — *service hatch,* passavivande — *service entrance,* entrata (ingresso) di servizio — *service lift,* ascensore di servizio; montacarichi — *service flat,* appartamento ammobiliato con servizio incluso *(e spesso anche il vitto).* **2** favore; azione utile; servigio: *His services to the State have been immense,* I servigi da lui resi allo Stato sono stati immensi — *Do you need the services of a doctor (a lawyer)?,* Avete bisogno dei servigi di un medico (di un avvocato)? — *He did me a great service,* Mi fece un gran favore — *to be of service to sb,* essere utile (di aiuto) a qcno — *Can I be of service to you?,* Posso esservi di qualche aiuto? — *I am at your service,* Sono al tuo servizio — *My car is at your service,* La mia auto è al tuo servizio (a tua disposizione). **3** servizio di pubblica utilità: *a bus (train) service,* un servizio di autobus (di treno) — *the telephone service,* il servizio telefonico — *a good postal service,* un buon servizio postale. **4** dipartimento della pubblica amministrazione; sezione delle forze armate: *the Civil Service,* la Pubblica Amministrazione — *the Diplomatic Service,* la Diplomazia — *the Secret Service,* il Servizio Segreto — *the (Fighting) Services,* le Forze Armate — *to be on active service,* essere in servizio attivo — *service dress,* divisa, uniforme di servizio — *service rifle,* fucile d'ordinanza — *to see service,* prestare servizio *(in un reggimento).* **5** servizio ecclesiastico; funzione religiosa; uffizio (ufficio); culto: *Three services every Sunday,* Tre funzioni tutte le domeniche — *to attend morning (evening) service,* assistere alle funzioni del mattino (della sera) — *marriage service,* sposalizio — *burial service,* servizio funebre. **6** servizio; serie completa di piatti, posate, ecc.: *a tea (o dinner) service of fifty pieces,* un servizio da tè (da pranzo) di cinquanta pezzi. **7** manutenzione; revisione; assistenza tecnica: *to send the car in for service every two thousand miles,* mandare l'auto per la revisione ogni duemila miglia — *service department,* reparto assistenza tecnica — *after-sales service,* assistenza tecnica — *a service station,* una stazione di assistenza (di servizio). **8** *(dir.)* notificazione; citazione. **9** *(al tennis)* servizio; messa in gioco; turno di gioco: *Her service is weak,* Il suo servizio è debole — *Whose service is it?,* Di chi è questo servizio?; A chi tocca?

to **service** ['sə:vis] *vt* controllare; revisionare; fornire assistenza (manutenzione, assistenza tecnica): *to have the car serviced regularly,* fare revisionare regolarmente l'automobile.

serviceable ['sə:visəbl] *agg* **1** utile; pratico; resistente: *serviceable clothes for schoolchildren,* indumenti resistenti per scolari. **2** utile; passibile di buone utilizzazioni.

serviceman ['sə:vismən] *s.* (*pl.* **servicemen**) membro delle forze armate; soldato (marinaio, aviere): *national serviceman,* soldato in servizio di leva.

servicing ['sə:visiŋ] *s.* assistenza *(spec. automobilistica);* manutenzione.

serviette [,sə:vi'et] *s.* tovagliolo.

servile ['sə:vail] *agg* **1** *(stor.: non comune)* servile; di servo; di schiavi: *a servile class,* una classe di schiavi — *a servile revolt, (stor.)* una rivolta di schiavi. **2** abbietto; servile; basso: *servile flattery,* bassa adulazione. **3** *(di imitazione)* servile; pedissequo.
☐ *avv* **servilely.**

servility [sə:'viliti] *s.* servilità; servilismo; bassezza.

servitor ['sə:vitə*] *s.* **1** *(ant.)* servitore; domestico; servo. **2** *(stor., all'Università di Oxford)* borsista. **3** seguace.

servitude ['sə:vitju:d] *s.* **1** servitù; schiavitù; asservimento: *penal servitude,* lavori forzati. **2** *(dir.)* servitù: *praedial servitude,* servitù reale.

servo- ['sə:rvou] *(nei composti) servo-brake,* servofreno — *servo-mechanism,* servomeccanismo — *servo-motor,* servomotore — *servo-assisted,* servoassistito.

sesame ['sesəmi] *s.* **1** sesamo. **2** *(nell'espressione) Open sesame!,* Apriti, sesamo!

sesquipedalian ['seskwipi'deiljən] *agg* plurisillabico.

session ['seʃən] *s.* **1** sessione; seduta; riunione: *to be in session,* essere in seduta — *I had a long session with the manager yesterday,* Ho avuto un lungo incontro col direttore ieri. **2** udienza: *petty sessions,* udienze per reati minori — *in closed session,* a porte chiuse — *quarter sessions* ⇨ **quarter 3**. **3** *(USA e Scozia)* trimestre; sessione universitaria.

sestet [ses'tet] *s.* **1** *(mus.)* sestetto. **2** *(poesia)* le due terzine finali di un sonetto *(di tipo italiano).*

'set [set] *s.* **1** serie (completa); insieme; completo; collezione; servizio: *a set of golf-clubs,* una serie completa di mazze da golf — *a tea-set,* un servizio da tè — *a dinner set,* un servizio da tavola — *a toilet set,* un servizio da toeletta — *a set of false teeth,* una dentiera. **2** gruppo *(di persone, con gli stessi interessi o appartenenti ad una stessa classe);* circolo; cricca; consorteria; mondo *(fig.);* ambiente: *the racing set,* l'ambiente delle corse — *the smart set,* il bel mondo — *the jet set,* l'alta società internazionale *(che si sposta continuamente in aereo).* **3** *(radiotelefonia, radio, televisione)* apparecchio: *an all-mains set,* un apparecchio elettrico — *a transistor set,* un apparecchio a transistor. **4** *(solo al sing.)* direzione *(di vento, ecc.);* corso; *(di idee, ecc.)* tendenza; inclinazione: *the set of the tide,* la direzione della marea. **5** *(solo al sing.)* posizione; postazione; atteggiamento: *I recognize him by the set of his head,* Lo riconosco da come tiene la testa. **6** *(solo al sing.)* modo in cui un capo d'abbigliamento s'adatta al corpo: *I don't like the set of this coat,* Non mi piace come (mi, ti) sta questo cappotto. **7** *(solo al sing., poet.* = sunset*)* tramonto. **8** *(tennis)* 'set'; partita. **9** *(di cane da caccia, setter, ecc.: solo al sing.)* 'punta'; il puntare: *to make a dead set at sb, (fig.)* - **a)** sferrare un attacco a qcno - **b)** *(ant.)* cercare di 'conquistare' qcno. **10** blocchetto di granito *(per pavimentazione stradale).* **11** *(teatro, cinema)* luogo dove si gira un film; scenario; 'set': *Everyone to be on the set at 7 a.m.,* Tutti devono essere sul set alle 7; Tutti pronti per le riprese alle 7. **12** *(bot.)* talea; germoglio o radice da piantare. **13** *(GB)* tana del tasso. **14** messa in piega *(dei capelli): Shampoo and set, please,* Shampoo e messa in piega, per favore.

to **set** [set] *vt* (*p. pres.* **setting**; *pass. e p. pass.* **set**) **1** mettere; porre; collocare; accostare; applicare; sistemare: *to set fire to sth; to set sth on fire,* dare, appiccare fuoco a qcsa — *to set a glass to one's lips; to set one's lips to a glass,* portare un bicchiere alle proprie labbra (accostare le labbra ad un bicchiere) — *to set one's hand (one's seal) to a document,* apporre la propria firma (il proprio sigillo) ad un documento — *to set spurs to one's horse,* dar di sprone al proprio cavallo — *to set the axe to sth,* dar d'ascia a qcsa — *to set pen to paper,* metter mano alla penna; incominciare a scrivere — *to set one's shoulder to the wheel,* darsi da fare; lavorare di buona lena — *to set things right (to rights),* mettere le cose a posto — *to set one's affairs in order,* mettere ordine nei propri affari — *to set one's house in order, (fig.)* portare ordine nella propria vita — *to set a pupil right,* mettere a posto (correggere) un alunno — *A good night's rest will set you right,* Una buona notte di riposo ti metterà a posto — *How can we set her heart at ease?,* Come potremo metterle il cuore in pace? — *He set the prisoners free,* Mise in libertà i prigionieri — *It's time we set the machinery going,* È ora di mettere in movimento il macchinario — *What has set the dog barking?,* Che cosa ha fatto abbaiare il cane? — *The news set me thinking,* La notizia mi diede da pensare (mi fece pensare) — *His jokes set the whole table laughing,* Le sue barzellette fecero ridere tutta la tavolata — *to set people at variance (at loggerheads),* mettere la gente in disaccordo — *That noise sets my teeth on edge,* Quel rumore mi allega i denti (mi fa andare in bestia) — *She set the dish on the table,* Mise il piatto sul tavolo — *We set food and drink before the travellers,* Offrimmo ai viaggiatori da mangiare e da bere — *He set the stake in the ground,* Infisse il palo nel terreno — *to set sb on his feet,* rimettere in piedi qcno; *(in senso proprio e anche fig.)* aiutare qcno a riprendersi — *to set sb on his way,* avviarsi con qcno (accompagnare qcno per un tratto di strada) — *to set sb over others,* mettere qcno a capo di altri.

2 assegnare; proporre; imporre: *You should set them a good example,* Dovresti essere loro di buon esempio — *The teacher set the boys a difficult problem,* L'insegnante propose (assegnò) ai ragazzi un problema difficile — *Set a thief to catch a thief, (prov.)* Metti un ladro dietro a un ladro — *She set the servant various tasks,* Assegnò al domestico vari compiti — *to set sb to do sth,* far fare qcsa a qcno — *He set the servant to chop wood,* Mise il servo a tagliare la legna — *I have set myself a difficult task,* Mi sono assunto un compito difficile — *I set myself to study the problem,* Mi misi a studiare il problema — *I've set myself to finish the job by the end of May,* Mi sono proposto (imposto) di finire il lavoro per la fine di maggio — *It's time we set to work,* È ora che ci mettiamo a lavorare — *Who will set the papers for the examination?,* Chi propone i temi d'esame? — *What books have been set for the exam next year?,* Che libri sono stati proposti per l'esame del prossimo anno? — *set books,* libri prescritti (per un esame) — *to set the fashion,* lanciare la moda — *to set the pace,* imporre il passo (stabilire la velocità di marcia, ponendosi a guida di una gara, o di un'altra attività) — *The Joneses set the pace and their neighbours try to keep up with them,* I Jones danno il passo e i vicini cercano di tenere loro dietro — *to set the stroke, (nelle gare di remo)* stabilire la vogata.

3 regolare; sistemare; mettere a punto; predisporre; preparare: *to set one's watch by the time-signal on the radio,* regolare l'orologio con il segnale-orario della radio — *to set the alarm-clock,* mettere (regolare) la sveglia — *to set the table for five people,* preparare la tavola per cinque persone — *to set a trap,* preparare una trappola — *to set a trap for a pupil who cribs,* preparare un tranello per un alunno che copia *(p.es. dal suo vicino)* — *to be all set,* essere pronto (per la partenza, per incominciare) — *to set (up) type,* preparare i caratteri (per la stampa) — *to set a saw,* mettere a punto (affilare i denti di) una sega — *to set a plough,* mettere a punto un aratro (prepararlo all'uso) — *to set a butterfly,* montare una farfalla (nella collezione) — *to set seeds,* mettere a dimora dei semi — *to set a hen,* sistemare una chioccia (metterla a covare) — *to set eggs,* disporre uova (per la covata) — *The scene is set for the* *tragedy,* La scena è pronta per la tragedia — *to set the stage* ⇨ **stage 1** — *to set sail,* far vela; spiegare le vele, partire.

4 fissare; incastonare; rendere fisso; assicurare; tempestare: *to set a diamond in gold,* incastonare un diamante nell'oro — *a crown set with jewels,* una corona con gemme incastonate — *a heavy lathe set in concrete,* un pesante tornio fissato nel calcestruzzo — *glass panes set in lead,* lastre di vetro fissate con il piombo — *The sky seemed to be set with diamonds,* Il cielo sembrava tempestato di diamanti.

5 mettere in versi; mettere in musica; comporre; adattare: *to set new words to an old tune,* comporre versi nuovi per un vecchio motivo.

6 mettere in piega; mettere in ordine (i capelli di una donna): *to have one's hair set,* farsi fare la messa in piega.

7 rassodare: *Heat sets eggs and cold sets jelly,* Il calore rassoda le uova e il freddo rassoda la gelatina.

8 *(tipografia)* comporre: *to set a manuscript,* comporre un manoscritto.

□ *vi* **1** tramontare *(anche fig.): It will be cooler when the sun has set,* Farà più fresco quando il sole sarà tramontato — *His star has set,* La sua stella è tramontata.

2 scorrere; dirigersi; fluire; *(fig.)* acquistare forza: *A strong current sets through the channel,* Una forte corrente scorre lungo lo stretto — *The wind sets from the west,* Il vento soffia da ovest — *The tide has set in his favour, (fig.)* La corrente è in suo favore (ha il vento in poppa).

3 produrre (fiori o frutta); dar frutto; riuscire: *The apple-blossom hasn't set well this year,* La fioritura del melo non è buona quest'anno.

4 (*di un indumento: ma è più comune* **to sit 7** ⇨) stare; cadere; adattarsi: *A well-tailored jacket ought to set well,* Una giacca ben tagliata dovrebbe cader bene — *That dress sets rather badly,* Quel vestito cade piuttosto male.

5 solidificare, solidificarsi; rassodare, rassodarsi: *Some kinds of concrete set more quickly than others,* Certi tipi di calcestruzzo solidificano prima di altri — *The jelly is (has) not set yet,* La gelatina non si è ancora solidificata.

6 formare; svilupparsi; divenire maturo: *His body has (is) set,* Il suo corpo è già formato — *His character has (is) set,* Il suo carattere è ormai definito (formato).

7 *(di un cane da caccia)* puntare (la selvaggina).

□ *to set one thing against another,* considerare una cosa come contropartita di un'altra — *to set one's cap at sb,* prendere di mira qcno; cercare di accalappiare qcno; 'fare il filo' a qcno.

to set about, - **a)** incominciare; accingersi: *I must set about my packing,* Devo accingermi a fare i bagagli — *I don't know how to set about this job,* Non so da che parte incominciare questo lavoro - **b)** attaccare: *They set about each other fiercely,* Presero ad attaccarsi ferocemente - **c)** *to set a rumour about,* diffondere (spargere) una voce, una notizia.

to set apart (*o* **aside),** - **a)** mettere da parte; mettere in serbo; accantonare: *to set apart one tenth of one's salary each month,* mettere da parte (risparmiare) un decimo del proprio stipendio ogni mese - **b)** mettere da parte; trascurare; eliminare; non badare: *Let's set aside all formality,* Mettiamo da parte ogni formalità — *I can't set aside my personal feelings completely,* Non posso non tener conto del tutto dei miei sentimenti personali - **c)** *(dir.)* rigettare; respingere: *to set a claim (a will) aside,* respingere una rivendicazione (un testamento).

to set back, - **a)** ostacolare: *All our efforts at reform have been set back,* Tutti i nostri progetti di riforma sono stati ostacolati - **b)** muovere; spostare all'indietro: *to set back the hands of the clock one hour,* mettere indietro di un'ora le lancette dell'orologio — *The horse set back its ears,* Il cavallo tirò indietro le orecchie - **c)** *(sl.)* costare: *That dinner party set me back fifty quid,* Quel pranzo mi costò la bellezza di cinquanta sterline - **d)** *to be set back,* trovarsi lontano, distante: *The house is set well back from the street,* La casa è a una buona distanza dalla strada.

to set down, - **a)** mettere giù; deporre: *to set down a load,* mettere giù un carico (un peso) - **b)** fare scendere *(da un veicolo);* far smontare; mettere giù: *I'll set you down at the corner of the street,* Ti farò scendere all'angolo della strada — *The bus stopped to set down an old lady,* L'autobus si fermò per far scendere una vecchia signora - **c)** metter giù *(su un foglio);* mettere per iscritto - **d)** immaginarsi; considerare; definire: *We must set him down as either a crook or a fool,* Dobbiamo considerarlo (figurarcelo come) un furfante o uno sciocco — *How shall I set myself down on this form: as a journalist or as an author?,* Come devo qualificarmi su questo modulo: giornalista o scrittore? - **e)** attribuire: *to set down one's success to hard work,* attribuire il proprio successo al duro lavoro.

to set forth, - **a)** iniziare un viaggio, una spedizione, un'impresa - **b)** dichiarare; palesare; rivelare; affermare; stabilire: *to set forth one's political views,* dichiarare le proprie opinioni politiche — *Is this condition set forth in the agreement?,* È stabilita nell'accordo questa condizione?

to set in, - **a)** stabilizzarsi; divenire definitivo, costante: *The rainy season has set in,* È incominciata la stagione piovosa — *It set in to rain,* Cominciarono le piogge — *Go to the dentist before decay sets in,* Vai dal dentista prima che insorga la carie - **b)** *(del vento o della marea)* soffiare; salire: *The tide is setting in,* La marea sta salendo.

to set off, - **a)** partire; iniziare *(un viaggio, una corsa, ecc.): They have set off on a journey round the world,* Sono partiti per un viaggio intorno al mondo - **b)** *to set sth off, (di una mina, un petardo, ecc.)* fare esplodere - **c)** *to set sb off,* avviare; spingere; far fare: *If you can set him off on his pet subject he'll go on all evening,* Se riesci a farlo parlare del suo argomento preferito, andrà avanti per tutta la sera - **d)** mettere in evidenza; accentuare; sottolineare; fare risaltare: *A large hat sometimes sets off a pretty little face,* Un ampio cappello talvolta fa risaltare un grazioso visino — *This gold frame sets off that painting very well,* Questa cornice d'oro fa risaltare molto bene quel dipinto - **e)** controbilanciare; compensare: *to set off gains against losses,* controbilanciare i guadagni e le perdite - **f)** separare; sottolineare: *to set off a clause by a comma,* separare una frase con una virgola.

to set on, - **a)** avanzare, avanzarsi; andare all'attacco - **b)** attaccare; assalire: *She had been set on by a dog,* Era stata assalita da un cane.

to set out, - **a)** partire; iniziare un viaggio; mettersi in cammino: *They set out at dawn,* Partirono (Si misero in viaggio) all'alba - **b)** *to set out to do sth,* incominciare; avviare, avviarsi: *He set out to break the record for the cross-channel swim,* Si accinse a battere il record della traversata della Manica a nuoto - **c)** dichiarare; rendere noto; manifestare: *to set out one's* *reasons (for sth),* dichiarare le proprie ragioni (per qcsa) - **d)** esporre; mettere in mostra: *The women set out their chickens and ducks on the market stalls,* Le donne misero in mostra polli e anatre sulle bancarelle del mercato — *He sets out his ideas clearly in this essay,* Espone con chiarezza le sue idee in questo saggio - **e)** piantare; disporre: *Set the young wallflower plants out one foot apart,* Disponi le piantine di violaciocca a un piede di distanza l'una dall'altra.

to set to, - **a)** mettersi all'opera; iniziare con impegno *(a fare qcsa): The engineers set to and repaired the bridge,* I genieri si misero all'opera e ripararono il ponte — *They were so hungry they set to at once,* Erano così affamati che si misero subito a mangiare - **b)** *(con un soggetto plurale)* far baruffa; litigare; azzuffarsi.

to set up, - **a)** metter su; collocare; erigere; innalzare: *to set up a post (a statue, an altar to Jupiter),* innalzare un palo (una statua, un altare a Giove) — *to set up the standard of revolt, (fig.)* innalzare lo stendardo della rivolta — *What defence did his counsel set up at the trial?,* Che tipo di difesa ha impiantato il suo difensore al processo? — *to set up a record,* stabilire un primato - **b)** avviare; mettere; sistemare; mettere su; impiantare (un'azienda): *to set up one's son in business,* avviare il proprio figlio negli affari — *His father set him up as a bookseller,* Suo padre gli ha messo su una libreria — *to set up house,* mettere su casa - **c)** *to set (oneself) up,* iniziare un'attività; fondare; fare; mettersi a fare: *He has set up as a bookseller,* Si è messo a fare il libraio - **d)** *to set oneself up as sth, (fig.)* pretendere di essere qcsa; spacciarsi per qcsa: *I have never set myself up as a scholar,* Non ho mai preteso di essere uno studioso - **e)** fondare; mettere su; costituire; istituire: *to set up house,* mettere su casa — *to set up a tribunal,* costituire un tribunale - **f)** provocare; causare: *I wonder what has set up this irritation in my throat,* Vorrei sapere che cosa mi ha provocato questa irritazione alla gola - **g)** *(nella forma passiva) to be well set up,* essere provvisto; essere ben sistemato; stare bene a: *to be (well) set up with clothes (reading matter, ecc.),* essere (ben) provvisto di indumenti (roba da leggere, ecc.) - **h)** *(di suono)* emettere; lanciare: *to set up a yell,* lanciare un urlo - **i)** ristabilire; guarire: *Her holiday in the country has set her up again,* La vacanza in campagna l'ha nuovamente ristabilita - **j)** sviluppare; formare *(per mezzo di esercizio fisico): He has a well set-up figure,* Ha un fisico ben sviluppato — *What a well set-up young woman!,* Che donna ben formata! - **k)** *(tipografia)* comporre: *to set up type,* comporre i caratteri — *to set up a manuscript,* comporre un manoscritto.

[2]**set** [set] *agg* (*p. pass. di* **to set**) **1** fermo; fisso; immobile; saldo: *a set stare,* uno sguardo fisso. **2** stabilito; prestabilito; fissato: *I'll come at the set time,* Verrò all'ora fissata — *of set purpose,* intenzionalmente; apposta. **3** preparato; studiato *(anche convenzionale): a set speech,* un discorso preparato — *a set phrase,* una frase fatta.

set-back ['setbæk] *s.* rovescio; ostacolo; contrarietà; inconveniente; scacco: *to meet with many set-backs,* trovarsi davanti a molti inconvenienti — *to have a set-back in one's business,* subire un rovescio nei propri affari.

settee [se'ti:] *s.* divano; sofà.

setter ['setə*] *s.* **1** 'setter'; cane da ferma. **2** *(nei composti)* dispositore; montatore, ecc.: *a bone-setter,* un conciaossa; un ortopedico — *a type setter,* compositore (tipografico).

setting ['setiŋ] *s.* **1** collocazione; installazione; messa a punto: *setting board,* bacheca *(per insetti);* tavoletta da entomologo — *setting needle,* spillo per insetti. **2** coagulazione *(di albumine);* presa *(di cemento): setting coat,* ultima mano d'intonaco — *setting lotion,* fissatore per capelli — *hair setting,* messa in piega. **3** montatura; incastonatura: *the setting of a jewel,* la montatura di un gioiello. **4** *(tipografia)* composizione: *page setting,* impaginazione — *setting rule,* compositoio. **5** sfondo; ambiente; scenario; *(fig.)* quadro: *a beautiful natural setting for an open-air theatre,* un bellissimo scenario naturale per un teatro all'aperto. **6** musica composta per una poesia; adattamento musicale d'un testo, ecc.

□ *setting-free,* liberazione — *setting-in,* inizio — *setting-off,* partenza.

settle ['setl] *s.* panca *(con schienale alto e braccioli);* cassapanca.

to **settle** ['setl] *vt e i.* **1** stabilirsi; insediarsi; fissare la propria residenza; colonizzare: *to settle in London (in Canada, at Bath, in the country),* stabilirsi a Londra (in Canada, a Bath, in campagna) — *By whom was Canada settled?,* Da chi venne colonizzato il Canada? **2** sposarsi; sistemarsi; fermarsi; *(fig.)* fissarsi; stabilirsi: *The bird settled on a branch,* L'uccello si fermò su un ramo.

3 mettere, mettersi a posto; sistemare, sistemarsi: *The nurse settled her patient for the night,* L'infermiera sistemò il paziente per la notte — *Then the nurse settled herself in an armchair in the next room,* Quindi l'infermiera si sistemò in una poltrona nella stanza accanto — *The girl settled her feet in the stirrups,* La ragazza sistemò i piedi nelle staffe.

4 stabilizzare, stabilizzarsi; calmare; ristabilire la calma; ricomporre, ricomporsi: *We want a period of settled weather for the harvest,* Abbiamo bisogno di un periodo di tempo stabile per il raccolto — *I can't settle (down) to anything,* Non riesco a posarmi su nulla — *Take one of these tranquillizers: it will settle your nerves,* Prendi uno di questi tranquillanti: ti calmerà i nervi.

5 definire; fissare; comporre; regolare; sistemare; risolvere: *That settles the matter; (spesso) That settles it,* Ciò risolve la questione — *Nothing is settled yet,* Non c'è ancora nulla di definito — *Your appointment is as good as settled,* La tua nomina è cosa sicura — *You ought to settle your affairs before you go into hospital,* Dovresti sistemare i tuoi affari prima di andare in ospedale — *to settle a dispute,* comporre una controversia — *The lawsuit was settled amicably (o out of court),* La causa fu composta (risolta) in via amichevole.

6 pagare; liquidare; regolare; saldare: *to settle a bill,* pagare un conto — *Will you settle for all of us?,* Vuoi pagare per tutti noi? — *I must settle with my creditors,* Devo regolare i conti con i creditori — *to have an account to settle with sb, (fig.)* avere un conto da saldare con qcno.

7 depositare, depositarsi; sedimentare, sedimentarsi; precipitare; chiarificare, chiarificarsi (di liquido): *The dust settled on everything,* La polvere si posò su ogni cosa — *We need a shower to settle the dust,* Abbiamo bisogno che un acquazzone porti via la polvere (la fissi al suolo) — *The dregs settled and the wine was clear,* Il fondo si sedimentò e il vino divenne limpido.

8 assestare, assestarsi; affondare lentamente; sprofondare: *The road-bed settled,* Il fondo stradale si assestò — *Things are settling into shape, (fig.)* Le cose vanno prendendo forma — *The ship was settling,* La nave affondava lentamente.

9 *(dir.)* lasciare in legato; concedere (dare) in usufrutto: *to settle part of one's estate on one's son,* concedere in usufrutto (legare) una parte del patrimonio al proprio figlio — *to settle an annuity on an old servant,* legare una rendita annua a un vecchio servitore.

to settle back, sistemarsi comodamente *(in una poltrona, ecc.).*

to settle down, sistemarsi; mettersi a posto: *He settled down in his armchair to read a new novel,* Si sistemò in poltrona per leggere un nuovo romanzo — *to settle down to a new job,* mettersi a posto con un nuovo lavoro — *to settle down to married life,* sistemarsi con il matrimonio — *to marry and settle down,* sposarsi e mettersi a posto — *Wait until the excitement has settled down,* Aspetta che l'eccitazione si sia calmata.

to settle for, accettare *(una cifra, una proposta, ecc., piuttosto che un'altra): I had to give him fifty pounds: he wouldn't settle for less,* Dovetti dargli cinquanta sterline: non era disposto ad accettare di meno.

to settle in, sistemarsi in una nuova casa (residenza): *You must come and see our new house when we've (oppure: we're) settled in,* Deve venire a vedere la nostra nuova casa quando ci saremo sistemati.

to settle on, - **a)** scegliere; decidere; fissare la propria scelta: *Which of the hats have you settled on?,* Per quale dei cappelli ti sei decisa? — *We must settle on a rendezvous,* Dobbiamo decidere il (metterci d'accordo sul) luogo e l'ora dell'appuntamento - **b)** ⇨ **9,** *sopra.*

to settle up, regolare *(un conto): I shall settle up with you at the end of the month,* Regolerò il mio conto con te alla fine del mese.

to settle with sb, - **a)** (*anche* **to settle up with sb**) regolare i conti con qcno; saldare un debito con qcno - **b)** *(fig.)* regolare i conti con qcno.

settled ['setld] *agg* (*p. pass. di* **to settle**) **1** fermo; stabile; permanente; costante: *settled weather,* tempo stabile — *a man of settled convictions,* un uomo di convinzioni ferme — *settled melancholy,* malinconia permanente — *settled areas in a colony,* aree di insediamento permanente in una colonia. **2** *(di un conto)* pagato.

settlement ['setlmənt] *s.* **1** sistemazione; accomodamento; regolamento; composizione; risoluzione; saldo; pagamento commerciale: *The terms of settlement seem just,* I termini di composizione appaiono equi — *We hope for a lasting settlement of all these troubles,* Speriamo che tutti questi inconvenienti vengano risolti una volta per tutte — *The strikers have reached a settlement with the employers,* Gli scioperanti hanno raggiunto un accordo con i datori di lavoro — *I enclose a cheque in settlement of your account,* Unisco un assegno a saldo del Vostro conto. **2** *(dir.)* disposizione legale; convenzione; accordo: *a marriage settlement,* un accordo matrimoniale. **3** insediamento; colonia; gruppo di coloni: *former penal settlements in Australia,* le antiche colonie penali in Australia. **4** comitato di assistenza sociale: *settlements in the East End of London,* comitati di assistenza nell'East End di Londra. **5** assestamento. **6** sedimentazione *(di un liquido).*

settler ['setlə*] *s.* colonizzatore; residente: *white settlers in Kenya,* i residenti bianchi del Kenia.

settling ['setliŋ] *s.* **1** sistemazione; accomodamento; regolamento; composizione *(dir.); (comm.)* liquidazione: *settling day,* giorno di liquidazione *(alla Borsa Valori)* — *settling-up,* liquidazione; regolamento dei conti. **2** colonizzazione. **3** *(industria costruzioni)* assestamento *(del terreno);* cedimento. **4** *(al pl.)* deposito; sedimenti *(pl.).* **5** sedimentazione: *settling tank,* vasca di sedimentazione.

set-to ['set'tu:] *s. (fam.)* zuffa; lite: *The women had a regular set-to,* Tra le donne vi fu un vero e proprio accapigliamento.

set-up ['setʌp] *s. (sl.)* **1** sistema; organizzazione. **2** situazione: *What's the set-up here?,* Com'è la situazione qui?

seven ['sevn] *agg e s.* sette.

sevenfold ['sevnfould] *avv* sette volte (maggiore).

seventeen ['sevn'ti:n] *agg* diciassette.

seventeenth ['sevn'ti:nθ] *agg e s.* diciassettesimo.

seventh ['sevnθ] *agg e s.* settimo. □ *avv* **seventhly.**

seventieth ['sevntiiθ] *agg e s.* settantesimo.

seventy ['sevnti] *agg e s.* settanta: *seventy-one; seventy-two,* settantuno; settantadue — *It's her seventy-sixth birthday,* È il suo settantaseiesimo compleanno — *Nineteen seventy-six,* (il) millenovecentosettantasei — *in the seventies,* - **a)** negli anni settanta - **b)** *(di età)* fra il 69° e l'80° anno - **c)** *(di temperatura)* fra il 70° e il 79° *(scala Fahrenheit).*

to **sever** ['sevə*] *vt* tagliare; staccare; troncare: *to sever a rope,* tagliare una corda — *to sever the head of a sheep from the body,* staccare la testa di una pecora dal corpo — *to sever one's connexions with sb, (fig.)* troncare i propri rapporti con qcno.

□ *vi* rompersi; spezzarsi: *The rope severed under the strain,* La fune si spezzò sotto lo sforzo.

several ['sevrəl] **I** *agg* **1** parecchi; diversi: *You will need several more,* Te ne occorreranno parecchi altri — *I've read it several times,* L'ho letto parecchie (diverse) volte. **2** *(desueto, salvo in alcune locuzioni)* separato; distinto: *They went their several ways,* Andarono per strade distinte. **3** *(linguaggio molto formale)* singolo. □ *avv* **severally.**

II *pron* alcuni; parecchi: *Several of us decided to walk home,* Parecchi di noi decisero di andare a casa a piedi.

severance ['sevərəns] *s.* separazione; rottura: *the severance of diplomatic relations,* la rottura dei rapporti diplomatici. □ *severance pay, (comm.)* liquidazione.

severe [si'viə*] *agg* **1** severo *(anche di stile letterario, ecc.);* austero; rigoroso; duro: *to be severe with one's children,* essere severo con i propri figli. **2** *(di dolore, malattia)* violento; acuto; grave: *a severe attack of toothache,* un attacco violento di mal di denti — *a severe illness,* una malattia grave. **3** *(di temperatura)* rigido; *(di tempesta, ecc.)* violento: *a severe winter,* un inverno rigido. **4** semplice; severo. □ *avv* **severely.**

severity [si'veriti] *s.* **1** severità *(anche di stile);* rigore; rigorosità; durezza: *to punish sb with severity,* punire qcno con severità — *the severity of the winter in Canada,* il rigore dell'inverno in Canada. **2** *(al pl.)* trattamento severo; dura prova; punizione. **3** *(di malattia, ecc.)* gravità; acutezza.

to **sew** [sou] *vt e i.* (*pass.* **sewed**; *p. pass.* **sewn** *o* **sewed**) cucire: *to sew a button on,* attaccare un bottone — *She has been sewing all evening,* Ha cucito per tutta la serata — *to sew up a rent,* rammendare (ricucire) uno strappo — *to sew in (o on) a patch,* fare un rammendo. □ *to be sewed up,* - **a)** *(fam.)* essere ubriaco fradicio - **b)** *(naut.)* essere incagliato.

sewage ['sju:idʒ] *s.* acqua di scolo, lurida: *sewage*

farm; sewage works, stazione di trattamento e depurazione di acque luride.

sewer ['sjuə*] *s.* fogna; cloaca: *sewer gas,* gas mefitico — *sewer rat,* topo di fogna.

sewerage ['sjuəridʒ] *s.* **1** fognatura, fognature. **2** = **sewage.**

sewing ['souiŋ] *s.* **1** il cucire: *sewing-machine,* macchina da cucire — *sewing press,* cucitrice. **2** cucito; lavoro di cucito: *She has got her sewing to do,* Deve fare il suo lavoro di cucito.

sewn [soun] *p. pass di* **to sew.**

sex [seks] *s.* **1** *(anat., ecc.)* sesso: *the weaker sex,* il sesso debole. **2** rapporti sessuali: *group sex,* amore di gruppo — *sex appeal,* il fascino femminile *(o maschile, secondo i casi)* — *to have sex with sb,* far l'amore con qcno; avere rapporti sessuali con qcno. **3** sessuologia. □ *a sex maniac,* un maniaco sessuale; un bruto.

sexagenarian [,seksədʒə'nɛəriən] *agg e s.* sessagenario.

sexist ['seksist] *s.* maschista; 'sciovinista maschile'; 'fallocrate'.

sexless ['sekslis] *agg* **1** asessuato. **2** *(fig., di persona)* non attraente.

sextant ['sekstənt] *s.* sestante.

sextet(te) [seks'tet] *s.* *(mus.)* sestetto.

sexton ['sekstən] *s.* **1** sagrestano (di chiese protestanti). **2** becchino. **3** *sexton beetle, (zool.)* necroforo.

sextuple ['sekstjupl] *agg* sestuplo.

to **sextuple** ['sekstjupl] *vt e i.* sestuplicare, sestuplicarsi.

sexual ['seksjuəl/'sekʃuəl] *agg* sessuale: *sexual intercourse,* rapporti sessuali; coito. □ *avv* **sexually.**

sexuality [,seksju'æliti] *s.* sessualità.

sexy ['seksi] *agg (fam.)* 'sexy'; sessualmente attraente; provocante; erotico.

shabbiness ['ʃæbinis] *s.* trasandatezza; sciatteria.

shabby ['ʃæbi] *agg* **1** trasandato; sciatto; logoro; male in arnese. **2** *(fig.)* meschino; spregevole: *to play a shabby trick on sb,* giocare un tiro meschino a qcno. □ *avv* **shabbily.**

shack [ʃæk] *s.* capanna; baracca.

to **shack** [ʃæk] *vi (solo nell'espressione sl.) to shack up with sb (o together),* vivere insieme *(spec. di uomo e donna non sposati).*

to **shackle** ['ʃækl] *vt* **1** mettere ai ceppi. **2** impedire la libera espressione o di agire liberamente.

shackles ['ʃæklz] *s. pl* **1** ceppi; ferri; manette; catene. **2** *(fig.)* impedimenti; restrizioni; legami: *the shackles of convention,* i legami delle convenzioni sociali.

shad [ʃæd] *s.* alosa.

shaddock ['ʃædək] *s.* varietà di pompelmo.

shade [ʃeid] *s.* **1** ombra *(anche fig.): 35 °C in the shade,* 35 °C all'ombra — *Keep in the shade; it's cooler,* Stai all'ombra; è più fresco — *to throw (to cast, to put) sb or sth into the shade,* mettere in ombra qcno o qcsa; gettare in ombra qcno o qcsa — *You are so brilliant that my poor efforts are thrown into the shade,* Sei così brillante che i miei miseri sforzi sono messi in ombra — *There is not enough light and shade in your drawing,* Non ci sono abbastanza luci ed ombre nel tuo disegno — *shade-tree, (USA)* albero che fa ombra. **2** *(quasi unicamente nei composti)* schermo; riparo *(dalla luce): an eye-shade,* una visiera — *a lamp-shade,* un paralume — *a window-shade,* uno scuro; una tenda; una tendina; una tapparella. **3** *(al pl., lett.)* oscurità; buio; tenebre: *the shades of evening,* le ombre della sera. **4** ombra; fantasma; spirito; spettro: *the shades,* il regno delle ombre; il regno delle tenebre; l'Ade. **5** tonalità *(di colore);* sfumatura; gradazione: *dress materials in several shades of blue,* stoffe per abiti in parecchie tonalità di blu — *a word with many shades of meaning,* una parola con molte sfumature di significato — *a shade...,* un poco...; un tantino... — *She is a shade better today,* Sta un tantino meglio oggi.

to **shade** [ʃeid] *vt e i.* **1** fare ombra; ombreggiare; fare schermo; schermare; proteggere dalla luce: *He shaded his eyes with his hand,* Si fece schermo agli occhi con la mano. **2** *(nel disegno)* ombreggiare; fare il chiaroscuro. **3** sfumare: *a colour that shades from blue into green,* un colore che sfuma dall'azzurro nel verde.

shaded ['ʃeidid] *agg* ombreggiato; ombroso; *(di disegno)* sfumato.

shading ['Seidiŋ] *s.* **1** *(nel disegno)* chiaroscuro. **2** lieve variazione; sfumatura.

shadow ['ʃædou] *s.* ombra; immagine indefinita; *(fig.)* debole segno; traccia: *to cast a shadow on sth,* gettare un'ombra su qcsa — *He's afraid of his own shadow,* Ha paura della sua stessa ombra — *Her face was in deep shadow (was deep in shadow),* Il volto di lei era completamente immerso nell'ombra — *to sit in the shadow of an oak tree,* sedersi all'ombra di una quercia — *to catch at shadows,* voler afferrare le ombre — *to run after a shadow,* correre dietro alle ombre — *to be worn to a shadow,* essere ridotto a un'ombra — *He is only a shadow of his former self,* È solo l'ombra di se stesso — *the shadows of evening,* le ombre della sera — *to have shadows under (round) the eyes,* avere le occhiaie *(per la stanchezza, malattia)* — *without a shadow of doubt,* senza ombra di dubbio. □ *a shadow cabinet,* un governo ombra — *a shadow factory,* una fabbrica pronta per la produzione bellica *(ma che in tempo di pace produce articoli di uso comune)* — *eye-shadow,* ombretto.

to **shadow** ['ʃædou] *vt* **1** fare ombra; dare ombra; oscurare. **2** sorvegliare, spiare segretamente: *The suspected spy was shadowed by detectives,* La presunta spia veniva segretamente sorvegliata da investigatori.

shadowy ['ʃædoui] *agg* **1** ombroso; ricco d'ombra: *cool shadowy woods,* boschi freschi, ombrosi. **2** indistinto; *(di immagine)* incerto; debole: *a shadowy outline,* un profilo indistinto.

shady ['ʃeidi] *agg* (**-ier; -iest**) **1** ombroso; ombreggiato; in ombra: *the shady side of the street,* il lato ombreggiato della strada. **2** disonesto; equivoco; losco; sospetto: *a shady financier,* un finanziatore disonesto, poco scrupoloso — *a shady-looking customer, (fam.)* un tipo losco; un losco figuro — *a shady transaction,* un affare sospetto.

shaft [ʃɑ:ft] *s.* **1** freccia; saetta; strale; dardo *(anche fig.): shafts of envy (ridicule),* gli strali dell'invidia (dell'ironia). **2** manico *(di ascia o di altro arnese).* **3** stanga *(di un carro).* **4** fusto *(di una colonna).* **5** pozzo *(di accesso ad una miniera o di ascensore);* condotto; sfiatatoio. **6** *(mecc.)* albero; asse *(collegante o trasmittente).* **7** raggio *(di luce);* fulmine. **8** *(volg.)* uccello; cazzo.

[1]**shag** [ʃæg] *s.* tabacco trinciato.

[2]**shag** [ʃæg] *s.* piccolo cormorano.

shagginess ['ʃæginis] *s.* **1** ispidezza. **2** pelosità; villosità. **3** asprezza; ruvidezza.

shaggy ['ʃægi] *agg* (**-ier**; **-iest**) **1** arruffato; incolto; irsuto *(di capelli).* **2** peloso; villoso. **3** aspro; ruvido *(di tessuto).* □ *a shaggy dog story,* una storiella lunga, comica e con una conclusione paradossale. □ *avv* **shaggily**.

shagreen [ʃæ'gri:n] *s.* zigrino.

shah [ʃɑ:] *s.* scià.

shake [ʃeik] *s.* **1** scuotimento; scrollone; scrollata: *a shake of the head,* una scrollata del capo *(per esprimere diniego).* **2** *(fam.)* attimo; istante; momento: *in two shakes (of a dog's tail),* in due secondi; in un baleno — *in half a shake,* in meno di un attimo. **3** frullato: *milk-shake,* frullato di latte; frappé. **4** tremolio. **5** *(tipo di ballo)* 'shake'. **6** *(mus.)* trillo *(spec. prolungato).* □ *He's no great shakes,* Non è un gran che — ⇨ *anche* **shake-down, shake-up**.

to **shake** [ʃeik] *vt* (*pass.* **shook**; *p. pass.* **shaken**) **1** scuotere; agitare; sbattere; scrollare; scrollare di dosso: *to shake sb by the shoulder,* scuotere qcno per le spalle — *Shake well before using,* 'Agitare prima dell'uso' — *to shake a rug,* sbattere una stuoia — *to shake sand out of one's shoes,* scuotere via la sabbia dalle scarpe — *to shake up a cushion,* sprimacciare un cuscino — *to shake leaves (fruit) from a tree,* scrollare le foglie (la frutta) da un albero — *to shake out a sail,* sciogliere la vela (tendere la vela) — *to shake one's head (at o over sth),* scuotere la testa (per qcsa, *in segno di disapprovazione)* — *to shake one's finger at sb,* agitare il dito verso qcno (per ammonirlo o disapprovarlo) — *to shake one's fist at sb,* agitare il pugno contro qcno — *to shake one's sides with laughter,* sbellicarsi dalle risa — *to shake hands with sb; to shake sb by the hand,* stringere la mano a qcno. **2** turbare; agitare; sconvolgere: *to shake sb's faith (courage),* scuotere la fede (il coraggio) di qcno — *They were badly shaken by the news,* Furono estremamente sconvolti dalla notizia — *The firm's credit has been badly shaken,* Il credito dell'azienda ha subito una forte scossa.

□ *vi* tremare: *He was shaking with cold,* Tremava per il freddo — *He was shaking in his shoes,* Tremava per la paura.

to shake down, - **a)** scrollare; far cadere - **b)** armonizzare; sentirsi in pace, in armonia; adattarsi *(a un nuovo ambiente, condizioni, ecc.);* assestare: *The new teaching staff is shaking down nicely,* Il nuovo corpo insegnante si sta inserendo bene *(nella scuola)* — *The new liner has sailed on a shake-down cruise,* Il nuovo transatlantico è partito per una crociera di rodaggio.

to shake off, scrollarsi di dosso: *to shake off a bad habit (a cold),* scrollarsi di dosso una cattiva abitudine (un raffreddore).

to shake out ⇨ **1**.

to shake up, - **a)** ⇨ **1** - **b)** *to shake sb up,* dare uno scossone a qcno; svegliare bruscamente qcno *(generalm. fig.).*

shakedown ['ʃeik'daun] *s.* letto improvvisato; giaciglio.

shake-down ['ʃeik'daun] *agg* ⇨ **to shake down, b)**.

shaken ['ʃeikn] *p. pass di* **to shake** (⇨ *in particolare il vt* **2**).

shake-out ['ʃeikaut] *s. (fam.)* drastica riorganizzazione.

shaker ['ʃeikə*] *s.* 'shaker' *(per cocktail).*

Shakespearian [,ʃeiks'piəriən] *agg* shakespeariano; scespiriano.

shake-up ['ʃeikʌp] *s. (fam.)* **1** sconvolgimento; scombussolamento. **2** riorganizzazione drastica.

shakiness ['ʃeiknis] *s.* **1** instabilità; debolezza. **2** insicurezza; incertezza.

shaking ['ʃeikiŋ] *agg* tremante; tremulo; vacillante. □ *s.* **1** scossa; scuotimento; scrollata *(anche fig.): to give sth a good shaking,* dare una bella scossa a qcsa; scrollare bene qcsa. **2** tremore; tremito; tremolio. **3** *(ad abiti, ecc.)* sbattuta.

shaky ['ʃeiki] *agg* (**-ier**; **-iest**) **1** tremante; traballante; malfermo; debole; vacillante: *to speak in a shaky voice,* parlare con voce tremante — *to be shaky on one's legs,* essere malfermo sulle gambe. **2** incerto; insicuro: *My French is rather shaky,* Il mio francese è piuttosto incerto. □ *avv* **shakily**.

shale [ʃeil] *s.* scisto; argilla friabile: *shale oil,* olio distillato da scisto bitumoso.

shall [ʃæl] *v. difettivo (pass.* **should**. *NB: la forma negativa* shall not *viene abbreviata in* shan't; should not *in* shouldn't*)*

I - **a)** *(come ausiliare per le 1e persone sing. e pl. del futuro) We shall arrive tomorrow,* Arriveremo domani — *Shall we be back in time?,* Saremo di ritorno in tempo? — *I shall punish you if you don't do it,* Ti punirò se non lo farai — *He said I was not to go, but I certainly shall,* Ha detto che non ci devo andare, ma io ci andrò certamente.

b) *(enfatico) You say you won't do it, but I say you shall,* Dici che non lo farai, ma io invece sostengo che lo farai — *He says he won't go, but I say he shall!,* Dice che non ci andrà, e io invece dico che ci andrà e come! — *If you work well, you shall have a rise,* Se lavorerà bene avrà un aumento.

c) **should** *(come ausiliare per il 'future in the past'): I told him that I should see him the next day,* Gli dissi che lo avrei visto il giorno seguente.

d) *(congiuntivo) I'm anxious that it shall (should) be done,* Non vedo l'ora che sia fatto — *It is surprising that he should be so foolish,* È sorprendente che egli sia così sciocco.

e) **should** *(come ausiliare per il condizionale presente e passato) I shouldn't go there if I were you,* Io non ci andrei se fossi in te — *I should have bought it if I had had enough money,* Lo avrei comperato se avessi avuto abbastanza denaro.

f) **should** *(nelle proposizioni condizionali ipotetiche) If you should happen to see him...,* Se ti dovesse capitare di vederlo... — *If he should arrive early,* Se dovesse arrivare presto.

II *(con significato proprio)* dovere:

a) *(forma di cortesia: contiene l'idea di obbligo dipendente dalla volontà altrui): Shall I open the window?,* Devo aprire la finestra?; Volete che apra la finestra? *Shall the boy wait?,* Deve aspettare il ragazzo?; Volete che io faccia aspettare il ragazzo? — *I asked the man whether the boy should wait,* Chiesi all'uomo se il ragazzo doveva aspettare (se voleva che il ragazzo aspettasse).

b) **should** *(in proposizioni finali) I lent him the book so that he should study the subject,* Gli prestai il libro in modo che egli studiasse l'argomento.

c) **should** *(dopo* how, why *e altre parole di senso interrogativo per esprimere il condizionale): How should I know?,* Come potrei sapere?; Come farei a sapere? — *Why should you think that?,* Perché dovresti pensare una cosa simile?

d) **should** *(per esprimere probabilità, ecc.) They should be there by now, I think,* Dovrebbero essere là a quest'ora, penso — *That should be enough,* Ciò dovrebbe bastare.

shallop ['ʃæləp] *s.* scialuppa.

shallot [ʃə'lɔt] *s. (bot.)* scalogna.

shallow ['ʃælou] *agg* **1** poco profondo; basso: *shallow water,* acqua bassa — *a shallow dish,* un piatto piano. **2** *(fig.)* superficiale; leggero; frivolo: *a shallow speech,* un discorso superficiale — *a shallow argument,* un argomento frivolo.

to **shallow** ['ʃælou] *vi* **1** *(dell'acqua, ecc.)* abbassarsi; diventare meno profondo. **2** *(fig.)* diventare superficiale, frivolo.

shallows ['ʃælouz] *s. pl* bassofondo; secca *(di fiume).*

shalt [ʃælt] ⇨ **shall.**

sham [ʃæm] *s.* **1** simulazione; finzione; mistificazione: *His love was a mere sham; what he really wanted was her dowry,* Il suo amore era pura finzione; ciò che voleva in realtà era la dote — *What he says is all sham,* Ciò che dice è tutta una finzione. **2** simulatore; impostore: *He's a sham,* È un impostore.

☐ *agg* falso; fittizio; simulato; finto; ingannevole: *sham piety,* una falsa devozione — *a sham battle,* un combattimento simulato — *sham-Tudor,* imitazione (dello stile) Tudor.

to **sham** [ʃæm] *vt e i.* (**-mm-**) fingere; simulare; pretendere il falso: *He shammed dead (o death),* Si finse morto — *He's only shamming,* Sta soltanto fingendo.

shamble ['ʃæmbl] *s.* andatura con passo strascicato.

to **shamble** ['ʃæmbl] *vi (spesso seguito da* along*)* camminare con passo strascicato: *a shambling gait,* un'andatura strascicata.

shambles ['ʃæmblz] *s. (col v. al sing.)* **1** *(ant.)* mattatoio. **2** *(per estensione)* strage; macello; carneficina. **3** *(fig., fam.)* confusione; disordine; 'bordello'; 'casino'; 'macello': *The room was a shambles,* La stanza era un vero macello.

shame [ʃeim] *s.* **1** vergogna; pudore; ritegno; ignominia; infamia: *to feel shame at having told a lie,* provar vergogna per aver detto una bugia — *to hang one's head for (o in) shame,* chinare la testa per la vergogna — *To my shame, I must confess that...,* Con mia vergogna, devo confessare che... — *For shame!,* Vergogna! — *He has no shame; He is quite without shame; He is lost to shame,* Non ha vergogna; È proprio senza pudore — *to bring shame on one's family,* arrecare disonore alla propria famiglia — *to put sb to shame,* svergognare qcno — *Shame on you!,* Vergognati! — *to cry shame on sb,* coprire di vergogna qcno. **2** *(con l'art. indeterminativo:* a shame, *senza pl.)* peccato; vergogna; infamia: *What a shame!,* Che peccato! — *What a shame to deceive the girl!,* Che vergogna ingannare la ragazza! — *It's a shame to take money for doing such easy work,* È una vergogna prendere del denaro per un lavoro così facile — *He's a shame to his family,* È un'onta per la sua famiglia.

to **shame** [ʃeim] *vt* **1** svergognare; far vergognare. **2** indurre alla vergogna; far arrossire: *to shame sb into apologizing,* far sentire a qcno una tale vergogna da costringerlo a chiedere scusa. **3** far sfigurare.

shamefaced ['ʃeimfeist] *agg* vergognoso; imbarazzato; impacciato; confuso. ☐ *avv* **shamefacedly.**

shameful ['ʃeimful] *agg* vergognoso; disonorevole; infame: *shameful conduct,* condotta vergognosa. ☐ *avv* **shamefully.**

shameless ['ʃeimlis] *agg* senza vergogna; spudorato; sfacciato; impudico, sfrontato: *The shameless girl had nothing on,* La spudorata non aveva niente addosso. ☐ *avv* **shamelessly.**

shammy ['ʃæmi] *s.* ⇨ **chamois.**

shampoo [ʃæm'pu:] *s.* **1** *(miscela)* shampoo; sciampo. **2** lavatura dei capelli: *to give sb a shampoo,* fare lo shampoo a qcno.

to **shampoo** [ʃæm'pu:] *vt* lavare *(i capelli, un tappeto, ecc.)* con uno shampoo.

shamrock ['ʃæmrɔk] *s.* trifoglio d'Irlanda: *the Shamrock Isle,* l'Irlanda.

shandy ['ʃændi] *s.* miscela di birra e gazzosa.

to **shanghai** [ʃæŋ'hai] *vt* **1** *(sl. naut.)* trasportare qcno a bordo di una nave dopo averlo drogato (o ubriacato) per arruolarlo come marinaio. **2** *to shanghai sb into doing sth,* obbligare, costringere qcno *(con l'inganno)* a fare qcsa (di difficile, di rischioso).

shank [ʃæŋk] *s.* **1** gamba; stinco; tibia: *to go on shank's mare (shank's pony),* andare a piedi; andare col cavallo di san Francesco. **2** gambo; stelo; manico *(di cucchiaio);* fusto *(di chiave);* fusto *(di colonna); (naut.)* fuso *(di ancora).*

shan't [ʃɑ:nt] *contraz di* shall not (⇨ **shall**): *I shan't be back until six,* Non sarò di ritorno prima delle sei.

shantung [ʃæn'tʌŋ] *s.* shantung *(qualità di seta cinese).*

[1]**shanty** ['ʃænti] *s.* capanna; tugurio; baracca: *shanty-town,* 'bidonville' *(fr.).*

[2]**shanty** ['ʃænti] *s.* canto di marinai.

shape [ʃeip] *s.* **1** forma; fattezza; figura; foggia; *(per estensione)* aspetto; apparenza; sembianza; *(fig.)* veste; guisa: *My garden is in the shape of a square,* Il mio giardino è a forma quadrata — *clouds of different shapes,* nuvole di forme diverse — *That hat hasn't much shape,* Quel cappello è piuttosto sformato — *in shape,* sotto forma; di aspetto; all'apparenza — *In shape he resembles a barrel,* Ha la forma di un otre — *a devil (a monster) in human shape,* un diavolo (un mostro) in sembianze umane — *in the shape of...,* sotto forma di... — *He showed me kindness in the shape of an invitation to dinner,* Si volle mostrare gentile con me invitandomi a pranzo — *to knock sth into shape,* dare forma a qcsa — *to knock sth out of shape,* sformare qcsa — *to cut sth to shape,* tagliare qcsa su misura. **2** forma; genere; sorte; tipo: *I have had no proposals from him in any shape or form,* Non mi ha fatto proposte di alcun genere. **3** *(fam.)* forma; salute; stato; condizione: *to be in good (great, first-class shape),* essere in buona (gran, ottima forma) — *His affairs are in good (bad) shape,* I suoi affari vanno bene (male). **4** forma; figura; ombra; apparizione; spettro: *A huge shape loomed up through the mist,* Un enorme spettro apparve nella nebbia — *Two shapes could be discerned through the darkness,* Nel buio si intravvedevano due ombre. **5** *(mecc., ecc.)* forma; modello; stampo; sagomatura; *(metallurgia)* profilato speciale: *shape-cutting machine, (mecc.)* macchina per tagli sagomati. **6** budino; sformato *(fatto in una apposita forma).* ☐ *to take shape,* concretarsi; prendere sostanza: *His intention took shape in action,* La sua intenzione si concretò nei fatti — *to put (to get) one's ideas into shape,* riordinare le proprie idee.

to **shape** [ʃeip] *vt* **1** formare; dare forma; sagomare; modellare: *to shape a pot on a wheel,* sagomare un vaso al tornio (alla ruota) — *an object shaped like a pear; a pear-shaped object,* un oggetto a forma di pera — *heart-shaped,* a forma di cuore. **2** *(non molto comune)* dirigere; regolare: *We shaped our course for home,* Ci dirigemmo verso casa.

☐ *vi (talvolta seguito da* up*)* concretarsi; svilupparsi; fare progressi; promettere; andare: *Our plans are shaping well,* I nostri piani promettono bene — *The boy is shaping (up) satisfactorily,* Il ragazzo sta facendo buoni progressi.

shaped ['ʃeipt] *agg* sagomato.

-shaped ['ʃeipt] *suffisso* ⇨ **to shape,** *vt,* **1.**

shapeless ['ʃeiplis] *agg* informe; confuso. □ *avv* **shapelessly**.

shapelessness ['ʃeiplisnis] *s.* mancanza di forma.

shapeliness ['ʃeiplinis] *s.* bellezza formale; grazia.

shapely ['ʃeipli] *agg* ben fatto; armonioso; proporzionato *(spec. di parti del corpo): a shapely pair of legs,* un paio di gambe ben tornite (ben fatte).

shard [ʃɑ:d] *s.* **1** coccio. **2** *(zool.)* elitra.

[1]**share** [ʃɛə*] *s.* **1** porzione; parte; quota; contributo: *What share had he in their success?,* Che parte ha avuto nella riuscita della loro impresa? — *You must take your share of the blame,* Devi prenderti anche tu la tua parte di biasimo — *You are not talking much share in the conversation,* Non prendi molto parte alla conversazione — *a share in the profits,* una quota degli utili — *the lion's share, (fig.)* la parte del leone — *a fair share,* una giusta porzione; una parte equa — *share and share alike,* in parti uguali — *Please let me take a share in the expenses,* Per favore lasci che contribuisca anch'io alle spese — *to go shares in sth (with sb),* dividere equamente *(profitti, costi, ecc.)* con qcno — *share-cropper, (non riferito all'Inghilterra)* mezzadro — *to share-crop,* fare il mezzadro — ⇨ *anche* **share-out**. **2** *(comm.)* azione; titolo; partecipazione: *to hold five hundred shares in a shipping company,* possedere cinquecento azioni in una compagnia di navigazione — *$1 shares that are now worth 8p.,* azioni del valore nominale di 1 sterlina che valgono attualmente 8 pence — *ordinary shares,* azioni ordinarie — *deferred shares,* azioni postergate, a godimento differito — *preference (preferred) shares,* azioni privilegiate — *paid-up shares,* azioni interamente versate — *bearer shares,* azioni al portatore — *share-capital,* capitale azionario — *share base,* base azionaria — *share-certificate,* certificato azionario — *share-list,* listino valori; quotazioni di borsa — *share-pusher, (spreg.)* piazzista di titoli di poco valore — *share premium,* plusvalore — ⇨ *anche* **shareholder, shareholding**.

to **share** [ʃɛə*] *vt e i.* **1** *(spesso seguito da* out*)* dividere; ripartire; spartire; distribuire *(in parti uguali): to share out a hundred pounds among five men,* spartire cento sterline tra cinque persone — *He would share his last penny with me,* Spartirebbe con me il suo ultimo centesimo. **2** condividere *(anche fig.)*; avere in comune; partecipare; prendere parte: *He refused to share the bedroom with a stranger,* Si rifiutò di dividere la camera con uno sconosciuto — *She shares (in) my troubles as well as (in) my joys,* Divide con me gioie e preoccupazioni — *I will share (in) the cost with you,* Contribuirò anch'io con te alle spese — *I share your opinion,* Condivido la Sua opinione — *to share and share alike,* usare in comune; godere insieme; condividere; dividere in parti uguali.

[2]**share** [ʃɛə*] *s.* vomere.

to **sharecrop, sharecropper** ['ʃɛə,krɔ:p/'ʃɛə,krɔpə*] *vi e s.* ⇨ [1]**share 1**.

shareholder ['ʃɛə,houldə*] *s. (comm.)* azionista.

shareholding ['ʃɛə,houldiŋ] *s.* partecipazione azionaria; pacchetto azionario.

share-out ['ʃɛə,raut] *s.* distribuzione *(spec. caritativa, di viveri, ecc.)*.

sharer ['ʃɛərə*] *s.* **1** distributore, distributrice: *to be a sharer in (sth),* partecipare a qcsa; condividere. **2** partecipante; compartecipe.

sharing ['ʃɛəriŋ] *s.* distribuzione; ripartizione: *profit-sharing,* compartecipazione agli utili.

shark [ʃɑ:k] *s.* **1** squalo; *(erroneamente ma comunemente)* pescecane: *shark oil,* olio di fegato di pescecane. **2** *(fig.)* imbroglione; truffatore. **3** *(USA, gergo studentesco)* tipo in gamba; 'primo della classe'; 'fenomeno'.

sharkskin ['ʃɑ:kskin] *s. (tessuto)* sagrì.

[1]**sharp** [ʃɑ:p] *agg* **1** tagliente; acuminato; aguzzo; affilato: *a sharp knife,* un coltello affilato — *a sharp needle,* un ago appuntito — *sharp-edged,* affilato; tagliente — *a sharp cut,* un taglio netto. **2** *(fig.: di dolore)* acuto; forte; *(di gusto)* piccante; robusto; *(di appetito)* gagliardo; *(di freddo)* penetrante; pungente; *(di colpo)* violento; forte; *(di suono)* acuto; penetrante; *(di parole, ecc.)* aspro; duro; offensivo; mordace; sarcastico; severo: *a sharp pain,* un dolore acuto — *a sharp flavour,* un sapore aspro — *a sharp frost,* un gelo pungente — *sharp words,* parole dure, offensive — *a sharp rebuke,* un rimprovero severo — *a sharp tongue,* una lingua tagliente. **3** *(di profilo, fotografia, ecc.)* distinto; marcato; chiaro; netto; nitido; preciso; stagliato: *a sharp outline,* un profilo marcato — *a building that stands out sharp against the sky,* un edificio che si staglia nel cielo — *a sharp image,* un'immagine nitida, chiara — *sharp-featured, (di persona)* dalla faccia angolosa; dal profilo marcato. **4** *(di curve, pendii, ecc.)* brusco; improvviso; scosceso: *a sharp bend,* un tornante — *a sharp descent,* una ripida discesa. **5** *(riferito all'intelligenza o alla sensibilità)* perspicace; acuto; fine; sottile; sveglio; 'dritto': *to have sharp eyes,* avere la vista acuta — *sharp-eyed (-sighted),* dalla vista buona — *sharp-witted,* sveglio; perspicace; di mente acuta — *a sharp sense of smell,* un acuto senso dell'olfatto — *to keep a sharp look-out,* stare bene in guardia — *a sharp boy,* un ragazzo sveglio — *He is sharp at arithmetic,* È in gamba in aritmetica — *Per 'sharp-shooter'* ⇨ **sharpshooter**. **6** *(di persone, di comportamento)* astuto; scaltro; privo di scrupoli; disonesto; furbo; furbastro: *a sharp lawyer,* un avvocato privo di scrupoli — *sharp practice,* procedimento poco pulito — *He was too sharp for me,* È stato troppo scaltro con me; M'ha fregato. **7** *(fonetica)* sordo: *a sharp consonant,* una consonante sorda. **8** *(mus.)* diesis: *prelude and fugue in C sharp minor,* preludio e fuga in do diesis minore. □ *avv* **sharply**.

[2]**sharp** [ʃɑ:p] *avv* **1** puntualmente; in punto: *at seven (o'clock) sharp,* alle sette in punto. **2** improvvisamente; di scatto; bruscamente: *He turned sharp left,* Girò improvvisamente verso sinistra. **3** *(mus.)* in tono troppo alto: *She sings sharp,* Canta troppo alto.
□ *Look sharp!,* Sbrigati!; Spicciati!; Fai in fretta!; Non sprecare tempo! — *sharp-set,* affamato.

[3]**sharp** [ʃɑ:p] *s.* **1** *(mus.)* diesis. **2** *(generalm. al pl.)* ago sottile da cucire. **3** (*fam., ma è più comune* **sharper**) baro; imbroglione; truffatore. **4** *(USA, fam.)* esperto; competente; perito. **5** *(al pl.)* cruschello; farinella.

to **sharp** [ʃɑ:p] *vt e i.* **1** *abbr di* **to sharpen** ⇨. **2** *(mus.)* apporre un segno di diesis; mettere un diesis; alzare *(un intero brano di musica)* di mezzo tono. **3** cantare troppo alto (fuori tono). **4** *(fam.)* barare; imbrogliare.

to **sharpen** ['ʃɑ:pən] *vt e i.* **1** appuntire; affilare; arrotare: *to sharpen a pencil,* fare la punta ad una matita — *My knife needs sharpening,* Il mio coltello ha bisogno di essere affilato — *The walk has sharpened my appetite,* La passeggiata mi ha aguzzato l'appetito — *to sharpen one's wits,* aguzzare l'ingegno. **2** *(mus.)* = **to sharp 2**.

sharpener ['ʃɑ:pnə*] *s.* **1** arrotino. **2** *(mecc.)* affilatoio; affilatrice: *a pencil-sharpener,* un temperino; un temperamatite — *a blade-sharpener,* un affilalame — *a knife-sharpener,* un affilatoio (per coltelli).

sharper ['ʃɑ:pə*] *s.* imbroglione; baro *(spec.* card-sharper, *al gioco delle carte).*

sharpness ['ʃɑ:pnis] *s.* **1** acutezza; acume; finezza; affilatezza; sottigliezza. **2** *(di parole, ecc.)* asprezza; acredine; sarcasticità; mordacità; gravità; durezza; intensità; bruschezza. **3** *(di immagini)* chiarezza; nitidezza; precisione. **4** astuzia; furberia; disonestà. **5** *(mus.)* suono o timbro acuto o discordante.

sharpshooter ['ʃɑ:p,ʃu:tə*] *s.* tiratore scelto.

to **shatter** ['ʃætə*] *vt e i.* frantumare; mandare in frantumi; infrangere *(anche fig.): The explosion shattered every window in the building,* L'esplosione mandò in frantumi tutte le finestre dell'edificio — *Our hopes were shattered,* Le nostre speranze furono infrante — *shattered nerves,* nervi scossi; nervi a pezzi — *to look shattered,* avere l'aria distrutta.

shave [ʃeiv] *s.* rasatura *(del viso): A sharp razor gives a good shave,* Un rasoio affilato fa una buona rasatura — *How much does a shave cost?,* Quanto costa farsi fare la barba? □ *to have a close (o narrow) shave,* scamparla bella (per un pelo, per il rotto della cuffia).

to **shave** [ʃeiv] *vt e i. (p. pass.* **shaved,** *ma anche* **shaven,** *come agg.)* **1** radere, radersi; sbarbarsi; farsi la barba: *Do you shave yourself or go to the barber's?,* Ti fai la barba da solo o vai dal barbiere? — *He has shaved off his beard,* S'è tagliato la barba. **2** rifilare; tagliare; ugualizzare. **3** sfiorare; rasentare: *The bus just shaved me by an inch,* L'autobus per un pelo non mi ha investito.

shaven ['ʃeivn] *p. pass come agg* rasato; sbarbato: *clean-shaven,* completamente rasato — *well-shaven,* ben sbarbato.

shaver ['ʃeivə*] *s.* **1** *(scherz., di solito* young shaver*)* sbarbatello; giovinetto imberbe. **2** rasoio elettrico.

Shavian ['ʃeiviən] *agg* shawiano; alla maniera di George Bernard Shaw.
□ *s.* ammiratore di George Bernard Shaw.

shaving ['ʃeiviŋ] *s.* **1** il radere (il radersi); rasatura: *shaving-brush,* pennello da barba — *shaving cream,* crema da barba — *shaving stick,* sapone da barba *(in forma di bastoncino o 'stick').* **2** *(solo al pl.)* trucioli.

shawl [ʃɔ:l] *s.* scialle.

shay [ʃei] *s.* **1** *(ant. o scherz.* = chaise*)* carrozza. **2** *(USA, fam.)* calesse; biroccino.

she [ʃi:] *pron personale f, 3ª persona sing* ella; lei; essa: *My sister says she's going for a walk,* Mia sorella dice che va a fare una passeggiata — *(spesso usato per navi, automobili, ecc.) Have you seen John's new car? - She's a beauty!,* Hai visto la nuova macchina di John? - È una bellezza!
□ *come s.* (neonata) femmina: *It's a she!,* È una femminuccia!

she- [ʃi:] *prefisso (di animale)* femmina: *she-goat,* capra — *she-ass,* asina — *she devil,* - **a)** diavolessa - **b)** donna diabolica.

sheaf [ʃi:f] *s. (pl.* **sheaves)** **1** covone. **2** fascio *(di carte, ecc.).*

shear [ʃiə*] *s.* **1** taglio. **2** *(geologia)* fratturazione. □ *wind shear,* gradiente di velocità del vento.

to **shear** [ʃiə*] *vt (pass.* **sheared,** *p. pass.* **shorn** *o* **sheared)** tosare: *They'll be shearing the sheep next week,* Toseranno le pecore la prossima settimana — *The gambler came home shorn of his money,* Il giocatore tornò a casa pelato (senza più una lira).

shearing ['ʃiəriŋ] *s.* **1** (⇨ **to shear**) tosatura *(delle pecore).* **2** *(mecc.)* tranciatura.

shears [ʃiəz] *s. pl (anche* a pair of shears*)* cesoie; forbici da tosatore.

shearwater [,ʃiə'wɔ:tə*] *s. (zool.)* **1** berta. **2** *(USA)* rincope nero.

sheath [ʃi:θ] *s. (pl.* **sheaths,** *pronunciato* |i:ðz) **1** fodero; guaina: *sheath knife,* coltello a lama fissa con fodero. **2** *(anat., bot.)* guaina; elitra. **3** preservativo. **4** *(attrib.)* aderente; a guaina: *a sheath corset (gown),* un modellatore (un vestito) aderente.

to **sheathe** [ʃi:ð] *vt* **1** inguainare; mettere nel fodero; rinfoderare: *to sheathe the sword, (anche fig.)* mettere nel fodero la spada; non combattere più. **2** foderare; rivestire; inguainare: *to sheathe a ship's bottom with copper,* rivestire di rame il fondo di una nave.

sheaves [ʃi:vz] *s. pl di* **sheaf.**

shebang [ʃi'bæŋ] *s. (USA, sl.)* faccenda; 'baracca'; cosa: *the whole shebang,* tutta la faccenda; tutta la 'baracca'.

she'd [ʃi:d] *contraz di* **1** she had: *She'd already gone,* Era già partita. **2** she would: *She said she'd come early,* Disse che sarebbe venuta presto.

shed [ʃed] *s.* capannone; tettoia; ripostiglio *(per vari usi): tool shed,* baracca per gli attrezzi — *wood-shed,* ripostiglio per la legna; legnaia — *coal-shed,* ripostiglio per il carbone; carbonaia — *cattle shed,* riparo per il bestiame — *bicycle shed,* riparo per le biciclette.

to **shed** [ʃed] *vt (pass. e p. pass.* **shed)** **1** spargere; spandere; versare; lasciar cadere: *Trees shed their leaves and flowers shed their petals,* Gli alberi lasciano cadere le foglie e i fiori i petali — *Some kinds of deer shed their horns,* Alcune specie di cervi perdono le corna — *to shed tears,* sparger lacrime; piangere — *to shed blood,* - **a)** perder sangue; essere ferito o ucciso: *to shed one's blood for one's country,* versare il sangue per la propria patria - **b)** sparger sangue: *The wicked ruler shed rivers of blood,* Il malvagio sovrano versò fiumi di sangue. **2** gettare; togliersi; disfarsi (di qcno o qcsa): *People on the beach began to shed their clothes as it got hotter and hotter,* Con l'aumentare del caldo la gente sulla spiaggia cominciò a togliersi i vestiti. **3** spargere; emanare; diffondere: *a fire that sheds warmth,* un fuoco che emana calore — *a woman who sheds happiness around,* una donna che sprizza felicità intorno a sé — *a lamp that sheds a soft light,* una lampada che diffonde una luce morbida — *to shed light on sth, (fig.)* far luce su qcsa; chiarire qcsa. □ *to shed the load, (elettr.)* diminuire il carico (di corrente).

shedding ['ʃediŋ] *s.* **1** spargimento; versamento. **2** effusione; perdita.

sheen [ʃi:n] *s.* lucentezza; splendore.

sheep [ʃi:p] *s. (pl. invariato)* pecora: *the sheep and the goats, (fig.)* le pecore bianche e le pecore nere; i buoni e i cattivi *(Matteo, XX, 33)* — *to cast sheep's eyes (at sb, sth),* fare l'occhio di triglia (a qcno, qcsa) — *a wolf in sheep's clothing,* un lupo in veste d'agnello — *One might as well be hanged for a sheep as a lamb,* Tanto vale andare fino in fondo; 'Perso per perso...'; Tanto vale commettere un crimine più grave *(se la punizione è la stessa)* — *sheep-fold,* ovile; recinto per pecore — *sheep-run, (spec. in Australia)* zona di pascolo per ovini — ⇨ *anche* **sheepdog, sheepskin.**

sheepdog ['ʃi:pdɔg] *s.* cane da pastore.

sheepish ['ʃi:piʃ] *agg* impacciato; timido; confuso; goffo: *a sheepish-looking boy,* un ragazzo dall'aria impacciata. □ *avv* **sheepishly.**

sheepishness ['ʃi:piʃnis] *s.* impaccio; timidezza; goffaggine; stupidità.

sheepskin ['ʃi:pskin] *s.* **1** pelle di montone (di pecora). **2** pergamena; carta pecora; *(per estensione)* documento su pergamena.

[1]**sheer** [ʃiə*] *agg* **1** completo; vero e proprio; puro; assoluto: *a piece of sheer nonsense,* una sciocchezza bella e buona — *a sheer waste of time,* una pura perdita (un vero spreco) di tempo — *by sheer chance,* per puro caso. **2** *(di tessuti)* sottile; trasparente; leggero: *stockings of sheer silk,* calze di seta trasparente. **3** perpendicolare; a strapiombo; a picco: *a sheer drop of fifty feet,* uno strapiombo di cinquanta piedi — *a sheer rock,* una roccia a picco.
□ *avv* a perpendicolo; perpendicolarmente; a picco: *a cliff that rises sheer from the beach,* una scogliera che s'innalza perpendicolarmente alla spiaggia — *He fell five hundred feet sheer,* Cadde giù da uno strapiombo di cinquecento piedi.

[2]**sheer** [ʃiə*] *s.* **1** *(naut.)* inarcamento. **2** *(naut.)* cambio di rotta.

to **sheer** [ʃiə*] *vi (spec. di una nave)* deviare; cambiare rotta: *to sheer off (away),* - **a)** scostarsi - **b)** *(fam.)* svignarsela; tagliare la corda; fuggire.

sheet [ʃi:t] *s.* **1** lenzuolo: *to put clean sheets on the bed,* mettere delle lenzuola pulite nel letto. **2** foglio; lastra sottile; lamina: *a sheet of glass,* una lastra di vetro — *a sheet of tin,* una lamina di latta — *a sheet of paper,* un foglio di carta — *sheet copper (iron, ecc.),* laminato di rame (di ferro, ecc.) — *sheet music,* musica stampata su fogli sciolti — *The book is in sheets,* Il libro è in fogli staccati. **3** distesa; specchio *(di acqua).* **4** *(naut.)* scotta *(di una vela).*
□ *sheet-anchor, (generalm. fig.)* ancora di salvezza — *The rain came down in sheets,* La pioggia veniva giù a rovesci — *sheet-lightning,* lampo diffuso.

sheeting ['ʃi:tiŋ] *s.* **1** tela per lenzuola; cotone; lino. **2** materiale *(spec. lamiera)* per rivestimento.

sheik(h) [ʃeik] *s.* **1** sceicco. **2** *(sl.)* dongiovanni; rubacuori.

shekel ['ʃekl] *s.* **1** *(antica moneta d'argento ebraica)* siclo. **2** *(al pl., fam.)* soldi; ricchezza; quattrini.

sheldrake ['ʃeldreik] *sm* (**shelduck** *sf.*) volpoca.

shelf [ʃelf] *s.* (*pl.* **shelves**) **1** scaffale; mensola; palchetto *(di libreria): book-shelves,* scaffali per libri — *shelf life,* durata di immagazzinamento. **2** ripiano; sporgenza *(di roccia);* scoglio: *continental shelf,* platea (piattaforma) continentale. □ *to be on the shelf,* - **a)** essere messo in disparte - **b)** *(di donna)* essere ancora nubile.

she'll [ʃi:(ə)l] *contraz di* she will: *She'll be coming tomorrow,* Verrà domani.

shell [ʃel] *s.* **1** conchiglia; guscio; baccello: *an egg-shell (pl.* egg-shells*),* un guscio d'uovo — *tortoise-shell* ⇨ **tortoise** — *to go (to retire) into one's shell,* ritirarsi nel proprio guscio — *to come out of one's shell,* uscire dal guscio; diventare socievole. **2** ossatura; struttura; carcassa: *Only the shell of the factory was left when the fire was extinguished,* Quando l'incendio fu domato, della fabbrica erano rimaste soltanto le strutture. **3** proiettile; granata; bomba: *shell-case,* bossolo — *shell-fire,* bombardamento (di artiglieria) — *shell-hole,* cratere — *shell-proof,* a prova di bomba — *shell-shock,* trauma psichico dovuto a bombardamento. **4** *(canottaggio)* imbarcazione leggera da competizione.

to **shell** [ʃel] *vt e i.* **1** sgusciare; sgranare; sgranarsi: *It's as easy as shelling peas,* È facile come sgranare i piselli (come bere un bicchier d'acqua) — *These peas shell easily,* Questi piselli si sgranano facilmente. **2** bombardare; prendere a cannonate: *to shell the enemy's trenches,* bombardare le trincee nemiche. **3** *(fam., seguito da* out*)* sborsare; tirar fuori denaro; 'sganciare': *I shall be expected to shell out (the money) for the party,* Si aspetterà da me che tiri fuori il denaro per la festa.

shellac [ʃə'læk] *s.* gommalacca.

to **shellac** [ʃə'læk] *vt* verniciare con gommalacca.

shellfire ['ʃelfaiə*] *s.* ⇨ **shell 3.**

shellfish ['ʃelfiʃ] *s.* mollusco; crostaceo.

shelling ['ʃeliŋ] *s.* **1** *(raro)* sgusciatura. **2** bombardamento; cannoneggiamento.

shelter ['ʃeltə*] *s.* **1** riparo; rifugio; protezione; *(talvolta)* asilo: *to take (to seek) shelter from the rain,* cercar riparo dalla pioggia — *to get under shelter,* mettersi al riparo — *to afford (to give) shelter,* offrire rifugio, asilo. **2** riparo; tettoia; rifugio: *a bus shelter,* una pensilina alla fermata di un autobus — *a taxi-drivers' shelter,* una tettoia per i tassisti *(che aspettano le chiamate)* — *an air-raid shelter,* un rifugio antiaereo.

to **shelter** ['ʃeltə*] *vt* dare asilo; rifugiare; proteggere; riparare: *Sometimes trees shelter a house from cold winds,* Talvolta gli alberi proteggono una casa dai venti freddi — *to shelter an escaped prisoner,* dare rifugio a un evaso — *to dig trenches to shelter the men from gunfire,* scavare trincee per proteggere gli uomini dalle cannonate — *to shelter sb from blame,* proteggere (salvare) qcno dal biasimo — *to lead a sheltered life,* fare vita ritirata.
□ *vi* ripararsi; rifugiarsi; proteggersi: *to shelter from the rain,* ripararsi dalla pioggia — *to shelter under the trees,* cercare rifugio sotto gli alberi.

[1]to **shelve** [ʃelv] *vt* **1** mettere su uno scaffale, su una mensola. **2** *(fig.)* mettere da parte; accantonare *(un problema, un progetto, ecc.).* **3** licenziare.

[2]to **shelve** [ʃelv] *vi* digradare: *The shore shelves down to the sea,* La spiaggia digrada dolcemente verso il mare.

shelves [ʃelvz] *s. pl di* **shelf.**

shelving ['ʃelviŋ] *s. (collettivo)* scaffalatura; scaffali.

shepherd ['ʃepəd] *s.* pastore: *the Good Shepherd,* il Buon Pastore; Gesù Cristo — *shepherd's plaid,* tessuto di lana a piccoli scacchi bianchi e neri. □ *shepherd's pie,* pasticcio di carne tritata ricoperta da uno strato di purea di patate, cotto al forno — *shepherd's purse, (bot.)* borsa di pastore.

to **shepherd** ['ʃepəd] *vt* condurre; guidare; custodire: *The passengers were shepherded across the runway to the plane,* I passeggeri furono condotti attraverso la pista fino all'aereo.

shepherdess ['ʃepədis] *s.* pastora; pastorella.

sherbet ['ʃə:bət] *s.* **1** bibita ghiacciata fatta con succo di frutta zuccherato. **2** sorbetto.

sheriff ['ʃerif] *s. (GB, talvolta* High Sheriff*)* sceriffo: *under sheriff,* vice-sceriffo.

sherry ['ʃeri] *s.* 'sherry' *(vino di Jerez).*

she's [ʃi:z] *contraz di* **1** she is: *She's already here,* È già qui. **2** she has: *She's done it before,* Lo ha già fatto altre volte.

Shetland ['ʃetlənd] *agg* delle isole Shetland: *Shetland pony,* cavallino delle Shetland — *Shetland wool,* lana delle Shetland.

to **shew** [ʃou] *vt* = **to show.**

shibboleth ['ʃibəleθ] *s. (dall'ebraico antico)* vecchia credenza; dottrina antiquata; teoria screditata.

shield [ʃi:ld] *s.* **1** scudo; *(araldica)* scudo; stemma. **2**

(fig.) scudo; riparo; protezione. **3** *(mecc.)* schermo protettivo.

to **shield** [ʃi:ld] *vt* proteggere; far scudo; difendere; riparare: *to shield one's eyes with one's hand,* ripararsi gli occhi con la mano — *to shield a friend from censure,* difendere un amico dal biasimo.

shift [ʃift] *s.* **1** cambiamento; mutamento; spostamento: *a shift in emphasis,* un mutamento di accento. **2** turno: *day (night) shift,* turno di giorno (di notte) — *an eight-hour shift,* un turno di otto ore — *to work in shifts,* lavorare a turni — *shift-worker,* turnista. **3** trucco; stratagemma; espediente: *to resort to dubious shifts in order to get some money,* ricorrere a dubbi espedienti per procurarsi un po' di denaro — *As a last desperate shift, he pawned his wife's wedding ring,* Come ultima disperata risorsa, impegnò la fede nuziale di sua moglie — *to make shift,* arrangiarsi; ingegnarsi; cavarsela in qualche modo — *We must make shift with the money we have,* Dobbiamo arrangiarci con i soldi che abbiamo — *He will have to make shift without help,* Dovrà cavarsela da solo (senza aiuto). **4** *(ant.)* camicetta; camicia da notte. **5** *(di automobile: anche* gear-shift*)* cambio. **6** *(sulle macchine da scrivere) shift key,* tasto per le maiuscole — *shift lock,* tasto fissa-maiuscole. □ *Doppler shift, (fisica)* effetto Doppler.

to **shift** [ʃift] *vt* cambiare; mutare *(direzione o posizione);* muovere; spostare; trasferire: *to shift a burden from one shoulder to the other,* spostare un carico da una spalla all'altra — *to shift the helm, (naut.)* cambiare la barra — *to shift the blame onto sb else,* riversare la colpa su qualcun altro — *Will you help me to shift the furniture, please?,* Mi aiuteresti a spostare i mobili, per piacere? — *Don't try to shift the responsibility on to me,* Non cercare di riversare (scaricare) la responsabilità su di me — *to shift one's ground,* cambiare il proprio atteggiamento *(durante una discussione);* impostare *(una questione)* su una base diversa.

□ *vi* **1** cambiare (mutare) direzione o posizione; spostarsi; muoversi; trasferirsi. **2** *(fam.)* andare veloce; correre; filare. **3** *to shift for oneself,* arrangiarsi senza l'aiuto di nessuno; cavarsela da soli: *When their father died, the children had to shift for themselves,* Quando il padre morì, i ragazzi dovettero cavarsela da soli.

shiftiness ['ʃiftnis] *s.* astuzia; inganno; disonestà; slealtà.

shiftless ['ʃiftlis] *agg* inabile; incapace; privo di risorse. □ *avv* **shiftlessly.**

shifty ['ʃifti] *agg* malfido; ingannevole; disonesto; scaltro; sleale: *a shifty customer, (fam.)* un individuo disonesto (furbo, ambiguo) — *shifty behaviour,* comportamento sleale — *shifty eyes,* occhi sfuggenti. □ *avv* **shiftily.**

shillelagh, shillalah [ʃi'leilə] *s. (irlandese)* bastone; martello.

shilling ['ʃiliŋ] *s.* scellino *(moneta inglese in uso fino all'adozione del sistema decimale nel 1971: un ventesimo di sterlina, composto di dodici pence): a shilling's-worth,* una quantità di merce per il valore di uno scellino — *a shilling in the pound,* il cinque per cento — *a shilling booklet,* un libricino da uno scellino. □ *to take the King's (Queen's) shilling,* arruolarsi nell'esercito — *to cut sb off with a shilling,* diseredare qcno; lasciare a qcno per testamento una somma irrisoria.

shilly-shally ['ʃili,ʃæli] *s.* titubanza; esitazione.

to **shilly-shally** ['ʃili,ʃæli] *vi* titubare; nicchiare; tentennare.

shimmer ['ʃimə*] *s.* luccichio; scintillio; bagliore.

to **shimmer** ['ʃimə*] *vi* luccicare; brillare *(tremolando): The moonlight was shimmering on the lake,* La luna tremolava sul lago.

shin [ʃin] *s.* stinco; cresta tibiale: *shin-bone,* tibia — *shin-guard,* parastinchi; gambale di protezione — *shin plaster, (USA, fam.)* banconota di poco valore.

to **shin** [ʃin] *vi* (**-nn-**) *(seguito da* up *o* down*)* arrampicarsi.

shindy ['ʃindi] *s. (fam.)* chiasso; baccano; schiamazzo: *to kick up a shindy,* fare chiasso (un gran baccano).

shine [ʃain] *s. (solo al sing.)* lustro; splendore; fulgore; luminosità; lucentezza; *(fam.)* lucidata; lustrata; pulita: *to take the shine out of sth,* far perdere il lustro a qcsa — *How can I take the shine out of the seat of my trousers?,* Come posso far sparire il lustro dal fondello dei pantaloni? — *Give your shoes a good shine,* Datti una bella lustrata alle scarpe. □ *to take a shine to sb, (USA, fam.)* invaghirsi, innamorarsi di qcno.

to **shine** [ʃain] *vi* (*pass. e p. pass.* **shone**) **1** splendere *(anche fig.);* risplendere; brillare; rifulgere; emettere luce: *The moon is shining,* Splende la luna — *His face shone with excitement,* Il suo volto era acceso per l'eccitazione — *rain or shine, (fig.)* con la pioggia o col bel tempo; qualunque cosa capiti. **2** *(fig.)* brillare; eccellere: *He does not shine in conversation,* Non brilla nella conversazione — *I don't shine at tennis,* Non sono bravo al tennis.

□ (*con p. pass.* **shined**) pulire; lucidare; lustrare: *to shine sb's shoes,* lucidare le scarpe a qcno.

shiner ['ʃainə*] *s.* **1** cosa che brilla o splende. **2** *(sl.)* moneta; moneta d'oro; *(al pl.)* denaro; quattrini. **3** *(abbr. di* shoe-shiner*)* lustrascarpe. **4** *(sl., più comune in USA)* occhio nero; occhio pesto. **5** lasca; sgombro.

[1]**shingle** ['ʃiŋgl] *s.* **1** assicella di copertura *(per tetti, pareti, ecc.).* **2** *(USA, fam.)* targa *(di dentista, avvocato, ecc.);* insegna: *to put out one's shingle,* mettere fuori l'insegna; appendere la targa.

[1]to **shingle** ['ʃiŋgl] *vt* ricoprire *(un tetto, una parete, ecc.)* di assicelle.

[2]**shingle** ['ʃiŋgl] *s.* taglio di capelli alla 'garçonne', alla maschietta.

[2]to **shingle** ['ʃiŋgl] *vt* tagliare (a qcno) i capelli alla 'garçonne', alla maschietta.

[3]**shingle** ['ʃiŋgl] *s. (di spiaggia)* ghiaia; ciottoli; sassi.

shingles ['ʃiŋglz] *s.* erpete; fuoco di Sant'Antonio.

shingly ['ʃiŋgli] *agg (di spiaggia)* ghiaioso; ciottoloso; sassoso.

shining ['ʃainiŋ] *agg* brillante; lucente; rilucente; splendente; fulgido: *a shining example of generosity,* un fulgido esempio di generosità.

shiny ['ʃaini] *agg* **1** lucente; luccicante; splendente; scintillante; brillante; splendido; fulgido. **2** *(di abiti)* lucido; consunto; logoro; lustro; frusto: *a shiny coat,* una giacca lucida (lustra, frusta).

□ *s. the shiny, (sl.)* denaro; quattrini.

ship [ʃip] *s.* **1** nave; bastimento; piroscafo; battello: *a sailing-ship,* una nave a vela — *a merchant ship,* un mercantile; una nave da carico — *a war(-)ship,* una nave da guerra — *a flag-ship,* una nave ammiraglia — *a space ship,* una nave spaziale; un'astronave — *to take ship,* imbarcarsi; salire a bordo — *on board ship,* a bordo — *the ship's company,* l'intero equipaggio — *ship's articles,* contratto d'ingaggio — *ship's papers,* documenti di bordo — *ship-breaker,* smantellatore di vecchie navi — *ship-broker,* agente di navigazione;

agente di assicurazione marittima — *ship-canal,* canale navigabile — *ship-chandler,* provveditore (fornitore) navale — *ship-way,* scalo *(di varo)* — *ship-yard,* cantiere navale. **2** *(abbr. fam. di* **spaceship**) astronave; nave spaziale. **3** *(USA, fam.)* aeroplano; velivolo; dirigibile. □ ... *when my ship comes home, (fig., fam.)* ... quando avrò fatto fortuna; ... quando sarò ricco; ... quando tornerò dall'America — *ship('s) biscuit,* galletta; pan biscotto.

to **ship** [ʃip] *vt* (**-pp-**) **1** spedire *(per nave);* mandare; inviare; trasportare *(merci per mare): to ship gold to India,* spedire oro in India. **2** *(comm.)* spedire; inviare *(con qualsiasi mezzo di trasporto): to ship goods by train,* spedire della merce per treno. **3** imbarcare; ingaggiare come marinaio: *to ship a crew for a voyage round the world,* ingaggiare un equipaggio per un viaggio attorno alla terra. **4** *(naut.)* armare; allestire; attrezzare *(una nave, con albero, ecc.).* **5** imbarcare *(acqua).* **6** ritirare, disarmare *(i remi).* **7** *(seguito da* off*)* spedire, mandar via (qcno): *to ship off young men to the colonies,* inviare giovani nelle colonie.
□ *vi* imbarcarsi: *He shipped as a steward on an Atlantic liner,* S'imbarcò come cameriere di bordo su una nave di linea nell'Atlantico.

shipboard ['ʃipbɔ:d] *s. (nelle espressioni) on shipboard,* a bordo — *a shipboard romance,* un amore (un idillio) nato a bordo.

shipbuilder [,ʃip'bildə*] *s.* costruttore navale; ingegnere navale.

shipbuilding [,ʃip'bildiŋ] *s.* costruzione di navi; il costruire navi; ingegneria navale.

shipload [,ʃip'loud] *s.* carico *(di nave).*

shipmate ['ʃipmeit] *s. (di marinaio)* compagno di bordo.

shipment ['ʃipmənt] *s.* **1** spedizione *(per nave).* **2** merce imbarcata o spedita; partita di merce; carico.

shipowner [,ʃip'ounə*] *s.* armatore.

shipper ['ʃipə*] *s.* **1** *(un tempo)* spedizioniere marittimo. **2** *(anche* shipper and forwarder*)* spedizioniere *(in genere).*

shipping ['ʃipiŋ] *s.* **1** spedizione; carico su nave: *shipping-agent,* spedizioniere marittimo; agente di compagnia marittima. **2** naviglio; marina mercantile. **3** traffico marittimo. □ *shipping-office,* agenzia di navigazione; agenzia di spedizioni marittime; agenzia di collocamento per marittimi — *the shipping lanes,* le più frequentate linee marittime.

shipshape ['ʃipʃeip] *agg e avv (anche* shipshape and Bristol fashion*)* ordinato; pulito; ben assettato; alla marinara; in perfetto ordine.

shipwreck ['ʃiprek] *s.* naufragio; *(fig.)* disastro; rovina: *to suffer shipwreck,* far naufragio.

to **shipwreck** ['ʃiprek] *vt* **1** *(usato al passivo:* to be shipwrecked*)* far naufragio. **2** *(fig.)* mandare a monte; far fallire.

shipwright ['ʃiprait] *s.* costruttore navale; *(stor.)* maestro d'ascia.

shipyard ['ʃipjɑ:d] *s.* cantiere navale; arsenale.

shire ['ʃaiə*] *s. (GB)* contea *(voce usata principalmente come suffisso, nel qual caso si pronunzia* ʃə*: 'Somersetshire', 'Oxfordshire', 'Yorkshire', ecc.): the Shires,* le contee dell'Inghilterra centrale *(la zona della caccia alla volpe).* □ *shire-horse,* grosso cavallo da tiro.

to **shirk** [ʃə:k] *vt e i.* evitare; scansare; schivare; sottrarsi *(a una responsabilità, a un dovere, ecc.): to shirk meeting someone,* evitare di incontrare qcno — *to shirk a question,* eludere una domanda.

shirker ['ʃə:kə*] *s.* scansafatiche.

shirt [ʃə:t] *s.* **1** camicia *(da uomo): in one's shirt sleeves,* in maniche di camicia — *to put one's shirt on sth,* giocarsi la camicia *(in una scommessa)* — *to keep one's shirt on, (sl.)* mantenere la calma; non perdere le staffe — *shirt-front,* sparato della camicia. **2** *(spec. USA: anche* shirt waist*)* camicetta *(da donna).*

shirting ['ʃə:tiŋ] *s.* stoffa, tela per camicie.

shirty ['ʃə:ti] *agg (sl.)* irascibile; irritabile; pronto ad offendersi: *Don't get all shirty!,* Non incavolarti!

shit [ʃit] *s. (volg.)* **1** *(molto comune come espletivo in USA)* merda; cacca. **2** *(di persona)* bastardo; stronzo.

to **shit** [ʃit] *vi* (**-tt-**) *(volg.)* cacare.

shitty ['ʃiti] *agg (volg.)* merdoso; schifoso.

[1]**shiver** ['ʃivə*] *s.* **1** tremore; brivido; tremito; fremito: *A shiver ran down her back,* Un brivido le corse lungo la schiena. **2** *(al pl.)* i brividi: *to get (to have) the shivers,* sentirsi (o avere) i brividi — *to give sb the shivers, (fam.)* dare (far venire) i brividi a qcno.

[1]to **shiver** ['ʃivə*] *vi* tremare; rabbrividire: *He was shivering all over with cold,* Era tutto tremante per il freddo — *to shiver like a leaf,* tremare come una foglia.

[2]**shiver** ['ʃivə*] *s. (generalm. al pl.)* pezzi; frantumi; frammenti: *to break sth to shivers,* rompere qcsa in mille pezzi — *to burst into shivers,* andare in frantumi.

[2]to **shiver** ['ʃivə*] *vt e i.* mandare in pezzi; frantumare; fracassare. □ *Shiver my timbers!* ⇨ **timber.**

shivery ['ʃivəri] *agg* **1** che ha i brividi; tremante. **2** che dà i brividi; pauroso; agghiacciante.

[1]**shoal** [ʃoul] *s.* banco *(di pesci);* moltitudine *(di persone): in shoals,* a banchi; in gran quantità; a frotte.

[1]to **shoal** [ʃoul] *vi (di pesci)* formare banchi; nuotare a frotte.

[2]**shoal** [ʃoul] *s.* **1** secca; basso fondo; banco di sabbia. **2** *(al pl., fig.)* insidie nascoste; pericoli.

[2]to **shoal** [ʃoul] *vi (di fondo marino)* abbassarsi.

[1]**shock** [ʃɔk] *s.* **1** urto; cozzo; scossa: *the shock of a fall,* l'urto di una caduta — *shock tactics, (pl.: mil., ecc.)* tattica d'urto — *a shock wave,* un'onda d'urto — *a shock-absorber, (mecc.)* un ammortizzatore — *an earthquake shock,* una scossa di terremoto — *an electric shock, (cfr. anche* il **3**, *sotto)* una scossa (elettrica) — *shock-proof,* a prova d'urto. **2** *(fig.)* colpo; sorpresa; emozione violenta; forte impressione; 'choc'; 'shock'; collasso; crollo: *The news of her mother's death was a terrible shock to her,* La notizia della morte della madre fu per lei un colpo terribile — *It gave me quite a shock to learn that he had married again,* È stata per me una grossa sorpresa sapere che si era risposato — *She died of shock following a brain operation,* Morì di collasso in seguito ad un'operazione al cervello — *The stock market quickly recovered from the shock of the election result,* Il mercato azionario riprese presto quota dopo il crollo causato dall'esito delle elezioni. **3** scossa elettrica: *If you touch that live wire you'll get a shock,* Se tocchi quel filo elettrico riceverai una scossa — *shock treatment (therapy), (med.)* elettroshock (terapia convulsivante; shockterapia).
□ *shock-brigade (shock-workers),* squadra per lavori rischiosi di emergenza; *(in Russia)* operai 'stakanovisti' — *shock excitation, (radiofonia)* eccitazione a impulso — *shock troops,* truppe d'assalto — *culture shock* ⇨ **culture.**

[1]to **shock** [ʃɔk] *vt* scuotere; urtare; *(fig.)* offendere; indignare; impressionare fortemente; addolorare; scandalizzare; scioccare: *I was shocked at the news of her death,* Fui sconvolto dalla notizia della sua morte — *He was shocked to hear his daughter swearing,*

Rimase scosso nel sentire sua figlia bestemmiare — *I'm not easily shocked but that book really is obscene,* Non mi scandalizzo facilmente, ma quel libro è proprio osceno.

[2]**shock** [ʃɔk] *s.* bica *(di covoni di grano).*

[2]to **shock** [ʃɔk] *vt* fare biche; abbicare; ammucchiare i covoni di grano.

[3]**shock** [ʃɔk] *s. (generalm.* a shock of hair*)* capelli arruffati; zazzera; folta chioma. □ *shock-head,* testa con capelli arruffati; *(fam.)* 'capellone' — *shock-headed,* zazzeruto; dai capelli arruffati.

shocker ['ʃɔkə*] *s.* **1** persona o cosa che scuote, che scandalizza. **2** racconto o romanzo sensazionale o scandalistico.

shocking ['ʃɔkiŋ] *agg* **1** *(di comportamento)* disgustoso; irritante; scandaloso: *shocking behaviour,* una condotta scandalosa. **2** *(di notizie o fatti)* terribile; spaventoso; doloroso; *(talvolta)* traumatizzante: *shocking news,* notizie terribili. **3** *(fam.)* pessimo; orribile: *a shocking dinner,* un pranzo orribile — *shocking handwriting,* una orribile grafia. **4** *(fam. come avv.)* gravemente: *He's been taken shocking bad!,* È stato colto da un grave malore! — *a shocking bad cold,* un raffreddore coi fiocchi — ... *something shocking* ⇨ **something II,** *avv* **2.**

□ *avv* **shockingly 1** in modo infame; malissimo: *You're playing shockingly,* Giochi malissimo (da cane). **2** scandalosamente; *(per estensione)* eccessivamente; esageratamente: *How shockingly expensive!,* Ha un prezzo scandaloso (da capogiro)!

shockingness ['ʃɔkiŋnis] *s.* indecenza; sconvenienza; orrore; spaventosità; terribilità.

shod [ʃɔd] *pass e p. pass di* **to shoe.**

shoddy ['ʃɔdi] *agg* (**-ier; -iest**) **1** scadente; di scarto: *shoddy cloth,* tessuto scadente — *a shoddy piece of work,* un lavoro scadente. **2** *(di persona, di comportamento)* meschino; gretto. □ *avv* **shoddily.**

□ *s.* **1** articolo scadente, di scarto. **2** lana rigenerata; cascame.

shoe [ʃu:] *s.* **1** scarpa: *to put on (to take off) one's shoes,* infilarsi (togliersi) le scarpe — *shoe-leather,* cuoio da scarpe — *to know where the shoe pinches, (fig.)* sapere dove stanno le difficoltà — *to be in another man's shoes, (fig.)* mettersi nei panni di qualcun altro — *I wouldn't be in your shoes for all the tea in China,* Non vorrei essere nei tuoi panni per tutto l'oro del mondo. **2** *(anche* horse-shoe*)* ferro di cavallo: *His horse cast (threw) a shoe,* Il suo cavallo perse un ferro. **3** oggetto o cosa a forma di scarpa: *brake-shoe,* ceppo (ganascia) del freno.

to **shoe** [ʃu:] *vt* (*pass. e p. pass.* **shod**) calzare; provvedere di scarpe: *to be well shod for wet weather,* essere provvisto di buone scarpe (essere ben calzato) per la pioggia — *an iron-shod stick,* un bastone con il puntale di ferro.

shoeblack ['ʃu:blæk] *s.* lustrascarpe.

shoehorn ['ʃu:hɔ:n] *s.* corno per calzare le scarpe.

shoeing ['ʃu:iŋ] *s.* ferratura *(dei cavalli).*

shoelace ['ʃu:leis] *s.* laccio da scarpe.

shoeless ['ʃu:lis] *agg* **1** senza scarpe; scalzo. **2** *(di cavallo)* non ferrato; senza ferri.

shoemaker [,ʃu:'meikə*] *s.* calzolaio.

shoemaking [,ʃu:'meikiŋ] *s.* calzoleria; lavoro da calzolaio.

shoeshine ['ʃu:ʃain] *s.* **1** lustratura; lucidatura *(di scarpe).* **2** *(fam.)* lustrascarpe.

shoe-string ['ʃu:striŋ] *s.* ⇨ **string 1.**

shoetree ['ʃu:tri:] *s.* forma per scarpe.

shogun ['ʃougu:n] *s. (stor.)* comandante in capo ereditario dell'esercito giapponese *(fino al 1867).*

shone [ʃɔn] *pass e p. pass di* **to shine.**

shoo [ʃu:] *interiezione* sciò, sciò!; via! *(per allontanare galline, oche, ecc.).*

to **shoo** [ʃu:] *vt* (*p. pres.* **shooing**; *p. pass.* **shooed**) *(seguito da* away, off*)* fare 'sciò'.

shook [ʃuk] *pass di* **to shake.**

shoot [ʃu:t] *s.* **1** *(bot.)* germoglio; virgulto; pollone: *to train the new shoots of a vine,* disporre bene i nuovi tralci di una vite. **2** riserva di caccia; spedizione di caccia; partita; battuta: *to rent a shoot for a season,* dare in affitto una riserva di caccia per una stagione. **3** (= chute) rapida di fiume; cateratta. **4** *(med.)* dolore lancinante; fitta. **5** (*mecc.* = chute) scivolo; condotto inclinato. **6** getto d'acqua; zampillo. **7** *(archit.)* spinta *(di arco).* **8** *(nell'industria mineraria)* giacimento; strato; vena.

to **shoot** [ʃu:t] *vt e i.* (*pass. e p. pass.* **shot**) **1** sparare; tirare; scoccare; far fuoco; colpire (ferire, fulminare, uccidere) con un'arma da fuoco, un arco, ecc.; fucilare; *(per estensione e in senso assoluto)* cacciare; andare a caccia: *Don't shoot!,* Non sparate! — *a shooting match,* una sparatoria — *He shoots well,* È un buon tiratore; Spara bene — *The police shot to kill,* La polizia sparò per uccidere — *The soldier was shot for desertion,* Il soldato venne fucilato per diserzione — *He shot an arrow from his bow,* Scoccò una freccia dall'arco — *He had a leg shot off,* Perse una gamba per un colpo di arma da fuoco — *Three bombers were shot down,* Tre bombardieri furono abbattuti — *to shoot away,* continuare a sparare — *to shoot up a town,* terrorizzare un'intera città sparando all'impazzata — *to shoot it out,* regolare i conti (con una sparatoria) — *to shoot a covert,* cacciare *(selvaggina)* in una macchia — *He neither shoots nor fishes,* Non va né a caccia né a pesca. **2** *(al calcio, ecc.)* tirare; *(talvolta, per estensione)* segnare. **3** *(negli studi cinematografici e televisivi)* girare. **4** lanciare; gettare *(vari sensi): to shoot an angry glance at sb,* lanciare un'occhiata cattiva a qcno — *to shoot dice,* gettare i dadi — *to shoot rubbish,* scaricare l'immondizia — *to shoot a bolt,* far scattare il catenaccio — *to shoot one's bolt, (fig.)* fare l'ultimo tentativo — *The snake shot out its tongue,* La serpe fece saettare la lingua. **5** *(in molti sensi, con l'idea di moto improvviso o rapido: generalm. seguito da un avv.* - across, along, ahead, out, up, *ecc. - che ne precisa la direzione) The meteor shot across the sky,* La meteora attraversò il cielo in un baleno — *to shoot along,* sfrecciare; passare sfrecciando — *At the half way mark, Hill shot ahead,* Alla palina di mezza corsa, con un balzo Hill fu in testa — *to shoot to the surface,* venire a galla molto velocemente — *Rents have shot up,* Gli affitti sono saliti rapidamente alle stelle — *Tom is shooting up fast,* Tom sta crescendo a vista d'occhio — *Flames were shooting up from the house,* Le fiamme si levavano alte dalla casa — *The pain shot up his arm,* Una fitta gli percorse il braccio — *a shooting pain,* una fitta; un dolore lancinante — *a shooting star,* una stella filante. **6** *(di piante)* germogliare.

shooter ['ʃu:tə*] *s.* tiratore; chi spara *(nei composti): a pea-shooter,* una cerbottana *(giocattolo per lanciare piselli secchi); (scherz.)* pistola — *a six-shooter,* una pistola a sei colpi — *a sharp-shooter,* un tiratore scelto.

shooting ['ʃu:tiŋ] *s. (spesso attrib.)* **1** tiro; lo sparare; gli spari: *a shooting range,* un poligono di tiro — *a* *shooting match,* una gara di tiro. **2** fucilazione. **3** caccia; selvaggina da abbattere: *to sell the shooting on an estate,* vendere i diritti di caccia di una tenuta — *to go shooting,* andare a caccia. **4** *(bot.)* il germogliare. **5** *(film)* ripresa cinematografica; il girare una scena. □ *shooting-stick,* bastone trasformabile in sgabello *(usato spec. da chi frequenta le corse ippiche)* — *shooting-brake,* giardiniera *(veicolo).*

shop [ʃɔp] *s.* **1** negozio; bottega; spaccio: *a butcher's shop,* una macelleria — *a fruit-shop,* un negozio di frutta — *shop-lifter,* taccheggiatore (taccheggiatrice) — *to set up shop,* aprir bottega; metter su un negozio — *to shut up shop, (fam.)* chiudere bottega *(anche fig.);* ritirarsi dagli affari — *to come (to go) to the wrong shop,* sbagliar bottega *(anche fig.);* rivolgersi alla persona sbagliata; capitar male — *to keep a shop,* avere un negozio; fare il bottegaio — *to keep shop,* tenere bottega; tenere aperto un negozio — *Mr Green got a friend to keep shop for him while he went to his wife's funeral,* Il signor Green fece venire un amico a guardargli il negozio mentre era al funerale della moglie — *shop-assistant,* commesso (di negozio) — *shop-boy (-girl),* fattorino; commesso, commessa — *shop-bell,* campanello di bottega — *shop-soiled; shop-worn,* logoro; sciupato; stinto *(per essere stato esposto a lungo in negozio o in vetrina)* — *shop-walker,* direttore di reparto; assistente di negozio *(che indirizza i clienti al reparto giusto);* sorvegliante — *shop-window,* vetrina — *to put all one's goods in the shop-window, (fig.)* mettere tutta la propria merce in vetrina; sciorinare le proprie capacità, qualità o conoscenze. **2** *(solo al sing.)* il mestiere che si fa: *to talk shop, (fam.)* parlare del proprio lavoro, dei propri affari — *Do school-teachers always talk shop everywhere?,* Gli insegnanti parlano sempre di scuola dappertutto? — *to sink the shop,* evitare di parlare dei propri affari. **3** laboratorio; officina; reparto: *printing shop,* officina di verniciatura — *body shop, (mecc.)* reparto lastratura; reparto carrozzeria *(di autoveicoli)* — *the men on the shop floor,* gli operai — *a shop-steward,* un rappresentante sindacale; un membro della commissione interna — *a closed shop,* un'officina, ecc., con iscrizione obbligatoria ad un solo sindacato — *shop equipment,* attrezzatura di officina.

□ *the other shop, (fam.)* la scuola (l'istituto, la ditta, ecc.) rivale — *all over the shop,* in disordine; in ogni direzione; dappertutto — *My belongings are all over the shop,* I miei oggetti personali sono tutti sottosopra — *I've looked for it all over the shop,* L'ho cercato dappertutto.

to **shop** [ʃɔp] *vt* (**-pp-**) **1** comperare in negozio; fare compere, acquisti: *to go shopping,* andare a fare le compere. **2 to shop on sb,** *(sl. della malavita)* dare informazioni su qcno; tradire qcno. **3 to shop around** *(for information),* chiedere (informazioni) in giro.

shopkeeper [ʃɔp'ki:pə*] *s.* bottegaio.

shopman ['ʃɔpmən] *s.* (*pl.* **shopmen**) bottegaio; negoziante; commesso.

shopper ['ʃɔpə*] *s.* chi fa compere; chi fa la spesa.

shopping ['ʃɔpiŋ] *s.* compere; acquisti; spesa: *to go shopping,* far compere; fare la spesa — *I have some shopping to do,* Devo fare delle compere — *Christmas shopping,* gli acquisti di Natale; le spese natalizie.

[1]**shore** [ʃɔ:*] *s. (edilizia)* puntello; sostegno *(spec. di nave in costruzione o riparazione).*

[2]**shore** [ʃɔ:*] *s.* spiaggia; riva; sponda; lido: *a house on the shore of Lake Geneva,* una casa sulla riva del lago di Ginevra — *to be in shore,* essere vicino alla riva, alla costa — *to be off-shore,* essere al largo — *to go on shore,* sbarcare.

[3]**shore, shorn** [ʃɔ:*/ʃɔ:n] *pass e p. pass di* **to shear.**

to **shore up** [ʃɔ:*'ʌp] *vt* puntellare.

shoring-up ['ʃɔri:ŋʌp] *s. (edilizia)* puntellamento.

[1]**short** [ʃɔ:t] *agg* (**-er; -est**) **1** corto; breve *(anche in fonetica): a short stick,* un bastone corto — *a short way off,* non distante — *a short holiday,* una breve vacanza — *a short time ago,* poco tempo fa — *He cut my hair very short,* Mi ha tagliato i capelli molto corti — *She walked with short quick steps,* Camminava a passi corti e svelti — *The coat is a little short in the sleeves,* La giacca è un po' corta nelle maniche — *The days are getting shorter now that autumn is here,* Adesso che è arrivato l'autunno le giornate si fanno più corte — *the short vowel in 'pull' and the long vowel in 'pool',* la vocale breve in 'pull' e la vocale lunga in 'pool' — *short waves, (radio)* onde corte — *a short cut,* una scorciatoia — *a short circuit, (elettr.)* un corto circuito — *to short-circuit,* fare o provocare un corto circuito; *(fig.)* abbreviare; semplificare *(un procedimento, ecc.)* — *short-lived,* effimero; di breve durata — *a short-lived triumph,* un trionfo che durò poco — *to have a short temper,* avere un carattere impaziente (irascibile, insofferente) — *short-tempered,* irascibile; insofferente — *short-term, (attrib.)* a breve scadenza — *short-term loans,* prestiti a breve termine — *short list,* lista ristretta; lista dei favoriti *(aspiranti ad una carica)* — *to short-list,* mettere, includere nella lista dei favoriti; ternare — *the candidates who have been short-listed,* i candidati favoriti.

2 basso; piccolo *(di statura): a short man,* un uomo di bassa statura.

3 *(di risposta, discorso, ecc.)* conciso; corto; *(per estensione)* sbrigativo; brusco; secco: *His answer was short and to the point,* La sua risposta fu breve e appropriata — *He was very short with me,* È stato molto sbrigativo (brusco) con me.

4 scarso; ridotto; insufficiente; mancante: *The factory is (The workmen are) on short time,* La fabbrica lavora (Gli operai lavorano) a orario ridotto *(NB: spesso equivale all'ital. 'cassa integrazione')* — *to be in short supply, (di merce)* scarseggiare — *to be short-handed,* essere a corto di manodopera (di aiutanti, ecc.) — *to give short weight,* rubare sul peso — *to be short of sth,* essere a corto di qcsa — *We are short of time (of money),* Non abbiamo tempo (denaro) abbastanza — *The car broke down when we were still five miles short of our destination,* Abbiamo avuto un guasto alla macchina a cinque miglia dall'arrivo — *to be a bit short, (fam.)* essere a corto di denaro — *short-sight,* miopia; vista corta; *(fig.)* mancanza di preveggenza; miopia mentale; imprevidenza — *short-sighted, (come agg.)* miope; di vista corta; *(fig.)* imprevidente — *The Government's policy is short-sighted,* La politica del governo è imprevidente (miope) — *short of breath,* col fiato corto; ansimante — *short-winded,* asmatico; che ansima facilmente.

5 *(comm.)* a breve scadenza *(di assegni, ecc.): a short bill (paper),* una tratta (un documento) a breve scadenza — *short-dated,* a breve scadenza; da pagarsi tra breve *(di fatture, ecc.).*

6 *(di pasta, ecc.)* frollo; friabile: *short-pastry,* pasta frolla — *short-bread,* biscotto (biscotti) di pasta frolla.

□ *to win (to lose) by a short head, (alle corse ippiche)* vincere (perdere) per meno di un'incollatura; vincere (perdere) per un pelo — *a short story,* un racconto; una novella — *to cut a long story short,* per farla breve — *short leg (slip) ecc., (nel gioco del cricket)* giocatore che sta in una determinata area del campo, vicino all'avversario — *little (nothing) short of...,* quasi...; poco meno che...; a dir poco...; addirittura... — *Our escape was little short of miraculous,* Fu quasi un miracolo se ci salvammo — *to make short work of sth,* fare qcsa *(prendere cibi, ecc.)* alla svelta — *to make short work of sb,* averla vinta su qcno senza troppo sforzo — *a short drink (fam. a short one) sth short),* una bevanda (alcoolica) liscia *(in contrasto con* a long drink*).*

□ *avv* **shortly** ⇨.

[2]**short** [ʃɔ:t] *s.* **1** *(fonetica)* vocale breve; sillaba breve. **2** *(film)* cortometraggio. **3** *(fam.)* corto circuito. **4** *(fam.)* bicchierino *(di liquore);* 'cicchetto'. □ **for short**, per amor di brevità; abbreviato in; come diminutivo; come nomignolo — *Benjamin, called 'Ben' for short,* Benjamin, chiamato 'Ben' per fare più in fretta — **in short**, in breve; per farla breve; in poche parole — *the long and the short of it,* tutto quello che è necessario (sapere o dire); ogni cosa per filo e per segno.

[3]**short** [ʃɔ:t] *avv* **1** improvvisamente; bruscamente; tutt'a un tratto: *to stop short,* fermarsi improvvisamente — *to pull up short,* arrestarsi bruscamente — *to bring sb up short,* fermare qcno improvvisamente (di colpo) — *to take sb up short,* interrompere qcno bruscamente, improvvisamente. **2** *short of,* eccetto; fuorché; ad esclusione di: *He would commit any crime short of murder,* Commetterebbe qualsiasi crimine all'infuori dell'omicidio. **3** senza; al di sotto di *(un'aspettativa): to go short of sth,* rimanere senza qcsa; doversi arrangiare senza qcsa; privarsi di qcsa — *I don't want you to go short (of money) to lend me what I need,* Non voglio che tu rimanga senza soldi per imprestarmi quanto mi occorre — *to come (to fall) short (of sth),* rimanere al di sotto; essere insufficiente, inadeguato, deludente — *The box-office receipts fell short of the manager's expectations,* L'incasso al botteghino (del teatro) fu al di sotto delle aspettative del direttore — *to run short of sth,* finire *(le provviste, ecc.);* esaurire qcsa — *to run short,* esaurirsi — *Our supplies ran short,* Le nostre scorte si esaurirono — *to cut (sth, sb) short,* interrompere (qcno, qcsa); sospendere; abbreviare — *The chairman had to cut short the proceedings,* Il presidente dovette interrompere i lavori. **4** *(comm.)* allo scoperto *(di azioni, ecc.): to sell short,* vendere allo scoperto. □ *to be taken short, (fam.)* sentire un improvviso bisogno corporale.

to **short** [ʃɔ:t] *vt e i.* (*abbr. fam. di* to short-circuit: ⇨ [1]**short 1**) causare un corto circuito; entrare in corto circuito.

shortage ['ʃɔ:tidʒ] *s.* **1** scarsità; mancanza: *food shortage,* scarsità di cibo — *owing to shortage of staff...,* per mancanza di personale... **2** ammanco; 'deficit'.

shortbread ['ʃɔ:tbred] *s.* biscotto (biscotti) di pasta frolla.

shortcake ['ʃɔ:tkeik] *s.* pasticcino di pasta frolla.

shortcoming [,ʃɔ:t'kʌmiŋ] *s.* **1** manchevolezza; deficienza; difetto; scarsità *(di denaro, ecc.).* **2** *(al pl.)* difetti; limiti; imperfezioni.

to **shorten** ['ʃɔ:tn] *vt* abbreviare; accorciare: *to shorten sail, (naut.)* ridurre le vele.

□ *vi* abbreviarsi; accorciarsi: *The days are beginning to shorten,* Le giornate incominciano ad accorciarsi.

shortening ['ʃɔ:tniŋ] *s.* **1** accorciamento; accorciatura; abbreviazione; *(di prezzi)* contrazione. **2** *(pasticceria)* grasso; burro; *(talvolta, per estensione)* ingredienti per ottenere una pasta frolla.

shortfall ['ʃɔ:tfɔ:l] *s. (comm.)* ammanco; deficit; passivo.

shorthand ['ʃɔ:thænd] *s.* stenografia: *to take sth down in shorthand,* stenografare qcsa — *a shorthand-typist,* una stenodattilografa — *a shorthand-writer,* uno stenografo (una stenografa).

shorthorn ['ʃɔ:thɔ:n] *s. (razza pregiata di)* bue dalle corna corte.

shortly ['ʃɔ:tli] *avv* **1** presto; entro (in) breve tempo; poco tempo prima (dopo): *shortly after(wards),* poco tempo dopo — *shortly before noon,* poco prima di mezzogiorno — *He is shortly to leave for Mexico,* Deve partire tra poco per il Messico — *You will be hearing from us again shortly, (stile epistolare comm.)* Vi riscriveremo presto al riguardo. **2** brevemente; in poche parole; concisamente. **3** bruscamente; seccamente; in modo spiccio: *to answer rather shortly,* rispondere piuttosto seccamente.

shortness ['ʃɔ:tnis] *s.* **1** brevità; cortezza; *(talvolta)* piccolezza. **2** asprezza. **3** scarsità; mancanza.

shorts [ʃɔ:ts] *s. pl* **1** calzoncini corti *(spesso* a pair of shorts*); (USA, anche)* mutande. **2** *(industria)* sfridi; ritagli; spezzoni.

[1]**shot** [ʃɔt] *s.* **1** colpo *(di fucile o altra arma da fuoco);* sparo: *to hear shots in the distance,* sentire degli spari in lontananza — *At each shot he got nearer to the centre of the target,* Ad ogni nuovo colpo si avvicinava al centro del bersaglio — *to do sth like a shot,* far qcsa come un fulmine (di gran volata, senza la minima esitazione) — *to be off like a shot,* partire come un razzo (velocissimo). **2** tentativo; tiro *(in alcuni giochi sportivi): Good shot, Sir!,* Bel colpo, signore! — *Let me have a shot at it!,* Lasciami provare! **3** proiettile *(spec. senza carica d'esplosivo);* palla da cannone; *(collettivo)* pallini da caccia: *shot-tower,* torre per la fabbricazione (a gravità) di pallini di piombo per la caccia. **4** *(atletica)* peso: *putting the shot,* il getto del peso. **5** tiratore: *He's a first class shot,* È un ottimo tiratore. **6** ripresa cinematografica: *long shot,* campo lungo — *The exterior shots were taken in Bermuda,* Gli esterni sono stati girati alle Bermude. **7** *(fam.)* dose; bicchierino; correzione *(di liquore).* **8** *(fam.)* iniezione *(anche di droga): a shot in the arm,* un'iniezione nel braccio; *(fig.)* un aiuto *(p.es. finanziario).* □ *a big shot, (fam.)* un 'pezzo grosso'.

[2]**shot** [ʃɔt] *agg (di tessuto)* striato; cangiante: *shot silk,* seta cangiante.

shotgun ['ʃɔtgʌn] *s.* fucile da caccia.

should [ʃud] ⇨ **shall.**

shoulder ['ʃouldə*] *s.* **1** spalla: *This coat is narrow across the shoulders,* Questo cappotto è stretto di spalle — *He has one shoulder a little higher than the other,* Ha una spalla leggermente più alta dell'altra — *to stand shoulder to shoulder,* stare spalla a spalla (gomito a gomito) — *to have broad shoulders, (anche fig.)* avere le spalle larghe — *round (broad) shoulders,* spalle curve (larghe) — *to give sb the cold shoulder,* trattare freddamente qcno — *shoulder-blade,* scapola — *shoulder-strap,* spallina *(di divisa militare o di indumento femminile)* — *shoulder flash,* mostrina *(di divisa militare).* **2** *(al pl.)* spalle; parte superiore della schiena: *to give a child a ride on one's shoulders,* portare in giro un bambino a cavalcioni sulle spalle — *to shift the blame to other shoulders,* scaricare la colpa sulle spalle di qualcun altro. **3** cosa o parte di oggetto la cui forma o posizione ricorda una spalla:

hard shoulder, banchina *(di una strada).* □ *to put one's shoulder to the wheel,* mettersi al lavoro di buona lena — *to stand head and shoulders above the others, (anche fig.)* essere di gran lunga al disopra degli altri — *straight from the shoulder, (spec. di critica)* franco; chiaro; diretto.

to **shoulder** ['ʃouldə*] *vt* **1** prendere sulle spalle; accollarsi; caricarsi; addossarsi: *to shoulder a burden,* caricarsi un fardello — *to shoulder a task,* addossarsi un compito — *to shoulder the responsibility for sth,* assumersi la responsabilità per qcsa — *to shoulder one's son's debts,* accollarsi i debiti del proprio figlio — *Shoulder arms!, (mil.)* Spallarm! **2** farsi largo a spallate; procedere a colpi di spalle: *to shoulder people aside,* farsi largo tra la gente a spallate — *to be shouldered to one side,* essere spinto da una parte (a spallate) — *to shoulder one's way through a crowd,* farsi strada a spallate in mezzo ad una folla. □ *to cold-shoulder sb,* trattare freddamente (snobbare) qcno.

shouldn't ['ʃudnt] *contraz di* should not: *He knows he shouldn't do it,* Sa che non dovrebbe farlo.

shout [ʃaut] *s.* grido; urlo: *shouts of joy,* grida di gioia — *shouts of laughter,* scrosci di risa. □ *It's your shout, (fam.)* Tocca a te ordinare da bere ora.

to **shout** [ʃaut] *vi e t.* **1** gridare; urlare; parlare ad alta voce: *He shouted to attract attention,* Gridò per attrarre l'attenzione — *He shouted with pain,* Urlò dal dolore — *Don't shout at me!,* Non alzare la voce con me! — *to shout (out) one's orders,* dare degli ordini gridando — *He shouted to me (for me) to come,* Mi gridò di venire — *They shouted their disapproval,* Espressero urlando la loro disapprovazione — *He shouted himself hoarse,* Diventò rauco a forza di gridare. **2 to shout sb down,** far tacere qcno (a forza di gridare): *The crowd shouted the speaker down,* Con le sue urla la folla costrinse l'oratore al silenzio.

shouting ['ʃautiŋ] *s.* grida; acclamazioni. □ *It's all over but (o bar) the shouting, (di gara, incontro sportivo, ecc.)* È tutto finito tranne il chiasso; Siamo quasi alla fine.

shove [ʃʌv] *s. (fam.)* spintone; urtone.

to **shove** [ʃʌv] *vt e i. (fam.)* **1** spingere: *to shove a boat into the water,* spingere una barca nell'acqua — *Stop shoving!,* Smettila di spingere! **2 to shove off,** - **a)** scostarsi dalla riva (in barca) - **b)** *(sl.)* andarsene; lasciare un posto; partire: *I'm sick of this place; let's shove off,* Sono stufo di questo posto; andiamocene via.
□ *shove-ha'penny* = **shuffle-board.**

shovel ['ʃʌvl] *s.* pala; badile.

to **shovel** ['ʃʌvl] *vt* (**-ll-**; *USA* **-l-**) **1** spalare; rimuovere con la pala, con il badile: *to shovel up coal,* prendere carbone con la pala — *to shovel the snow away,* spalare via la neve — *to shovel food into one's mouth,* mangiare a quattro palmenti. **2** aprire un passaggio con la pala, con il badile: *to shovel a path through the snow,* aprire con la pala un passaggio nella neve.

shovel-board ['ʃʌvlbɔ:d/'ʃʌflbɔ:d] *s.* = **shuffle-board.**

shovelful ['ʃʌvlful] *s.* palata.

shoveller ['ʃʌvlə*] *s. (zool.)* mestolone.

show [ʃou] *s.* **1** dimostrazione; mostra: *by (a) show of hands, (nelle votazioni)* per alzata di mano. **2** mostra; fiera: *a flower show,* una mostra di fiori — *a cattle show,* una fiera del bestiame — *the motor show,* il salone dell'automobile — *the Lord Mayor's show,* il corteo per festeggiare il nuovo sindaco di Londra — *a travelling show,* un circo; un 'carro di Tespi' — *to be on show,* essere in mostra. **3** *(fam.)* spettacolo; rivista; *(al cinematografo)* proiezione: *Have you seen any good shows lately?,* Hai visto qualche bello spettacolo di recente? — *show business, (talvolta abbr. fam.: show biz)* l'industria dello spettacolo — *a show-boat, (spec. sul Mississippi)* un battello fluviale sul quale venivano allestite rappresentazioni teatrali — *a show-girl,* una cantante o ballerina di rivista; una subrettina. **4** organizzazione; azienda; faccenda; cosa; affare: *Who is running this show?,* Chi dirige qui?; Chi manda avanti questa baracca? — *You've given the whole show away,* Hai svelato la faccenda; Hai scoperto gli altarini — *I wish she wouldn't talk and give the show away,* Vorrei che non parlasse e non lasciasse trapelare la cosa. **5** aspetto esteriore; esteriorità; parvenza: *a claim with some show of justice,* una richiesta con qualche parvenza di giustizia. **6** ostentazione; pompa; esibizionismo: *a house furnished for show, not comfort,* una casa ammobiliata per ostentazione non per comodità — *They're too fond of show,* Sono troppo esibizionisti. **7** spettacolo: *a fine show of blossom in the Kent orchards,* una bella fioritura nei frutteti del Kent — *Her roses always make a lovely show,* Le sue rose sono sempre uno spettacolo. **8** piccola emorragia sintomatica del parto o di una mestruazione imminente.
□ *Give him a fair show!,* Dategli una possibilità! — *He had no show at all,* Non ebbe nessuna occasione — *to put up a good show,* fare una bella figura — *to put up a poor show,* fare una misera figura — *Good show!,* Ottimo!; Ben fatto! — ⇨ *anche* **showdown, show-off.**

to **show** [ʃou] *vt* (*pass.* **showed**; *p. pass.* **shown,** *raro* **showed**) **1** mostrare; fare vedere; mettere in mostra; esporre; esibire: *He showed me his etchings,* Mi mostrò le sue acquaforti — *He showed them to all his friends,* Le fece vedere a tutti i suoi amici — *That frock shows your petticoat,* Quel tuo vestito lascia vedere la sottoveste — *What films are they showing at the local cinema this week?,* Che film proiettano al cinema rionale questa settimana? — *to show one's face (oneself),* mostrarsi (farsi vedere) in pubblico — *He's ashamed to show his face at the club,* Ha vergogna di farsi vedere al circolo — *to show fight,* mostrarsi combattivo — *to show one's teeth, (fig.)* mostrare i denti — *Won't you show us the way?, (fig.)* Non volete indicarci la via (il modo)? — *to show one's hand (one's cards), (fig.)* giocare a carte scoperte; scoprire il proprio gioco — *to have nothing to show for it,* non avere niente in mano per dimostrare qcsa *(la verità di ciò che si dice, il lavoro fatto, ecc.);* restare senza niente; restare con un pugno di mosche — *to show a leg, (fam.)* tirare fuori una gamba dal letto (alzarsi). **2** concedere; fare; mostrare: *to show mercy on sb,* concedere pietà a qcno — *He showed me great kindness,* Mi fece una gran gentilezza. **3** dimostrare; rivelare; indicare: *He shows no sign of intelligence,* Non rivela alcun segno d'intelligenza — *She showed great courage,* Dimostrò un gran coraggio — *to show oneself in one's true colours,* mostrarsi per quello che si è; mostrare la propria vera natura — *His new book shows him to be a first-rate novelist,* Il suo nuovo libro lo rivela scrittore di prim'ordine — *That shows how little you know,* Questo dimostra la tua ignoranza — *His annoyance showed (itself) in his look,* La sua irritazione era evidente nello sguardo. **4** *(seguito da varie preposizioni o particelle avverbiali che indicano direzione, come* in, into, out, over, *ecc.)* accompagnare (per far vedere); scortare; guidare; condurre: *to show a guest into a* *room,* accompagnare un ospite in una stanza — *Show him in (out)!,* Lo faccia entrare (uscire)! — *The guide showed us over the old castle,* La guida ci fece fare il giro del vecchio castello — *to show sb to the door,* accompagnare qcno alla porta — *to show sb the door,* mettere qcno alla porta — *to show sb off the premises,* accompagnare qcno alla porta.

□ *vi* apparire; mostrarsi; farsi vedere; vedersi; essere visibile: *The first flowers are just showing,* Stanno appena spuntando i primi fiori — *The mark of the wound still shows,* Si vede ancora il segno della ferita — *to show through,* essere (appena) visibile (in trasparenza).

to show in ⇨ *vt* **4.**

to show off, - **a)** mettere in mostra; ostentare: *a swim-suit that shows off her figure well,* un costume da bagno che mette bene in mostra la sua figura — *Mothers like to show off their daughters,* Le madri amano mettere in mostra le doti delle figlie - **b)** farsi notare; mettersi in mostra; pavoneggiarsi: *a man who is always showing off,* un uomo che ama farsi notare - **c)** ⇨ *vt* **4.**

to show out ⇨ *vt* **4.**

to show up, - **a)** risaltare: *Her wrinkles showed up in the strong sunlight,* Le sue rughe risaltavano sotto l'intensa luce del sole - **b)** farsi vedere: *Three of those we invited to the party didn't show up,* Tre degli invitati alla festa non si fecero vedere - **c)** *to show sb up,* smascherare qcno: *to show up a fraud (an impostor),* smascherare una frode (un impostore).

showbiz ['ʃoubiz] *s.* ⇨ **show 1.**

showboat ['ʃoubout] *s.* ⇨ **show 3.**

showcase ['ʃoukeis] *s.* campana di vetro; bacheca.

showdown ['ʃoudaun] *s. (fam.)* resa dei conti.

shower ['ʃauə*] *s.* **1** acquazzone; rovescio; scroscio: *to be caught in a shower,* essere colto da un acquazzone — *a shower of spray,* una pioggia di spruzzi. **2** *(fig.)* diluvio; scarica; nugolo; gragnuola: *a shower of blows,* una gragnuola di colpi — *a shower of blessings,* una pioggia di benedizioni — *a shower of insults,* un diluvio di insulti — *sparks falling in a shower (in showers),* scintille che cadono a pioggia — *a meteor shower,* uno sciame meteorico. **3** *(anche* shower-bath*)* doccia: *I have a shower every morning,* Faccio la doccia tutte le mattine. **4** *(USA)* festa durante la quale si fanno i regali ad una ragazza che sta per sposarsi. **5** *(GB, sl. mil., ecc.)* ciurma.

to **shower** ['ʃauə*] *vt* far piovere; coprire (di): *They showered honours upon the hero; They showered the hero with honours,* Fecero piovere (Riversarono) onori sull'eroe — *Questions were showered upon the new arrival,* Il nuovo arrivato fu investito da un diluvio di domande.

□ *vi* **1** venir giù a valanghe; diluviare: *Good wishes showered down upon the bridegroom,* Gli auguri di felicità piovvero sullo sposo. **2** fare la doccia.

showerproof ['ʃauəpru:f] *agg (di impermeabile, soprabito, ecc.)* impermeabile (alla pioggia leggera).

showery ['ʃauəri] *agg* piovoso a tratti; temporalesco.

showiness ['ʃouinis] *s.* appariscenza; vistosità; ostentazione; sfarzo.

showing ['ʃouiŋ] *s.* **1** esposizione; esibizione: *showing-off,* esibizionismo; (il) mettersi sempre in mostra. **2** apparenza; situazione: *a firm with a poor financial showing,* una azienda la cui situazione finanziaria appare cattiva. □ *Even on your own showing, you're a liar,* Per tua stessa ammissione, sei un bugiardo.

showjumping ['ʃou,dʒʌmpiŋ] *s.* concorso ippico.

showman ['ʃoumən] *s.* (*pl.* **showmen**) **1** organizzatore di spettacoli *(spec. di un circo);* impresario. **2** 'showman'; uomo di spettacolo.

showmanship ['ʃoumənʃip] *s.* **1** abilità nell'attrarre e divertire il pubblico *(spec. a teatro).* **2** abilità nel pubblicizzare la propria merce (se stesso, ecc.).

shown [ʃoun] *p. pass di* **to show.**

show-off ['ʃou:ɔf] *s.* esibizionista: *What a show-off!,* Che esibizionista!

show-place ['ʃoupleis] *s.* monumento; località d'interesse turistico.

show-room ['ʃourum] *s.* sala d'esposizione.

showy ['ʃoui] *agg* (**-ier**; **-iest**) appariscente; vistoso; pacchiano; pomposo: *a showy dress,* un abito vistoso. □ *avv* **showily.**

shrank [ʃræŋk] *p. pass di* **to shrink.**

shrapnel ['ʃræpnl] *s.* schegge di granata: *a piece of shrapnel,* una scheggia di granata — *shrapnel shell,* granata a palle; shrapnel.

shred [ʃred] *s.* brandello; lembo; straccio; briciolo *(anche fig.): to be torn to shreds,* essere ridotto a brandelli — *They have torn her reputation to shreds,* Hanno rovinato la sua reputazione — *not a shred of truth, (fig.)* neanche un briciolo di verità.

to **shred** [ʃred] *vt* (**-dd-**) fare a brandelli; lacerare; stracciare; *(cucina)* tagliuzzare.

shrew [ʃru:] *s.* **1** bisbetica; brontolona. **2** *(anche* shrew mouse*)* toporagno.

shrewd [ʃru:d] *agg* **1** acuto; perspicace; accorto; astuto; scaltro: *to make a shrewd guess,* fare un'abile congettura — *a shrewd blow,* un colpo bene assestato. **2** *(piuttosto lett.)* penetrante; pungente: *a shrewd wind,* un vento pungente. □ *avv* **shrewdly.**

shrewdness ['ʃru:dnis] *s.* perspicacia; accortezza; astuzia; scaltrezza.

shrewish ['ʃru:iʃ] *agg* bisbetico; brontolone. □ *avv* **shrewishly.**

shrewishness ['ʃru:iʃnis] *s.* acredine; asprezza *(di carattere);* petulanza.

shriek [ʃri:k] *s.* strillo; grido; urlo.

to **shriek** [ʃri:k] *vi e t.* strillare; gridare; urlare; stridere.

shrift [ʃrift] *s. (ant.)* confessione; assoluzione: *(nell'uso moderno, fig.) short shrift,* breve intervallo di tempo tra la condanna e la punizione — *to give sb short shrift, (lett.)* processare qcno per direttissima; *(fig.)* liquidare in fretta qcno (prestargli poca attenzione).

shrike [ʃraik] *s.* averla.

shrill [ʃril] *agg* acuto; stridulo; lacerante. □ *avv* **shrilly.**

shrillness ['ʃrilnis] *s.* acutezza *(di voce, di suono);* stridore.

shrimp [ʃrimp] *s.* **1** gamberetto. **2** *(fam.)* nanerottolo; 'tappo'.

to **shrimp** [ʃrimp] *vi* pescare gamberetti: *to go shrimping,* andare a pesca di gamberetti.

shrine [ʃrain] *s.* **1** reliquiario; tomba di un santo. **2** sacrario; santuario; tempio. □ *to worship at the shrine of Mammon,* amare troppo il dio denaro.

to **shrine** [ʃrain] *vt* = **to enshrine.**

to **shrink** [ʃriŋk] *vi* (*pass.* **shrank** *o* **shrunk**; *p. pass.* **shrunk**) **1** restringersi; ritirarsi; contrarsi; diminuire; rimpicciolire: *They will shrink in the wash,* Si restringeranno nel lavaggio. **2** ritrarsi; rifuggire; indietreggiare *(spesso* to shrink back*): to shrink from meeting strangers,* rifuggire dall'incontrare gli estranei.

□ *vt* far restringere (ritirare): *Will this soap shrink woollens?,* Questo sapone fa restringere gli indumenti di lana?

shrinkage ['ʃriŋkidʒ] *s.* **1** restringimento; contrazione;

diminuzione *(di volume, di peso);* rimpicciolimento: *Make it a little longer to allow for shrinkage,* Fallo un po' più lungo per tener conto del restringimento. **2** *(comm.)* calo; diminuzione: *The shrinkage in our export trade is serious,* La diminuzione del nostro commercio con l'estero è grave.

shrinking ['ʃriŋkiŋ] *s.* contrazione; diminuzione; restringimento. □ *shrinking-on,* calettamento a caldo.

to **shrive** [ʃraiv] *vt* (*pass.* **shrived** *o* **shrove**; *p. pass.* **shrived** *o* **shriven**) *(ant.)* confessare; assolvere.

to **shrivel** ['ʃrivl] *vt e i.* (**-ll-**; *USA* **-l-**) disseccare; inaridire; raggrinzare; fare avvizzire: *The heat shrivelled up the leaves,* Il caldo fece avvizzire le foglie — *He has a shrivelled face,* Ha il viso aggrinzito.

shriven ['ʃrivn] *p. pass* **to shrive.**

shroud [ʃraud] *s.* **1** sudario; sindone; *(per estensione, fig.)* velo; coltre: *a shroud of mist,* una coltre di nebbia. **2** *(naut., al pl.)* sartie.

to **shroud** [ʃraud] *vt* **1** avvolgere nel sudario. **2** avvolgere; nascondere; coprire: *shrouded in darkness,* avvolto nel buio — *a crime shrouded in mystery,* un delitto avvolto nel mistero.

shrove [ʃrouv] *pass di* **to shrive.**

Shrove Tuesday ['ʃrouv'tju:zdi] *s.* martedì grasso.

shrub [ʃrʌb] *s.* arbusto; cespuglio.

shrubbery ['ʃrʌbəri] *s.* macchia di arbusti; zona *(di un giardino, di un parco)* piantata ad arbusti.

shrug [ʃrʌg] *s.* alzata (scrollata) di spalle.

to **shrug** [ʃrʌg] *vt* (**-gg-**) alzare le spalle; stringersi nelle spalle *(anche* to shrug one's shoulders*).* □ *to shrug sth off, (fig.)* infischiarsi di qcsa.

shrunk [ʃrʌŋk] *p. pass di* **to shrink.**

shrunken ['ʃrʌŋkən] *agg* rimpicciolito; ristretto.

shuck [ʃʌk] *s. (USA)* guscio; baccello; buccia.

to **shuck** [ʃʌk] *vt (USA)* sbucciare; sgusciare; sgranare.

shucks ['ʃʌks] *interiezione (USA, fam.)* uffa!

shudder ['ʃʌdə*] *s.* brivido; fremito d'orrore, di disgusto: *A shudder passed over her,* Un brivido la percorse — *It gives me the shudders,* Mi fa venire i brividi.

to **shudder** ['ʃʌdə*] *vi* rabbrividire; fremere *(di terrore, disgusto);* sentire raccapriccio; tremare: *to shudder with cold,* rabbrividire per il freddo — *to shudder at the sight of blood,* sentire raccapriccio alla vista del sangue — *The ship shuddered as she struck the rocks,* La nave diede uno scossone quando urtò gli scogli.

shuffle ['ʃʌfl] *s.* **1** strascicamento *(dei piedi).* **2** tipo di ballo. **3** mescolata *(delle carte): to give the cards a good shuffle,* Dare una buona mescolata alle carte. **4** cambiamento; rimpasto: *a Cabinet shuffle,* un rimpasto del Gabinetto.

to **shuffle** ['ʃʌfl] *vi e t.* **1** trascinare, trascicare i piedi (camminando); camminare faticosamente: *to shuffle one's feet,* strascicare i piedi — *to shuffle along,* strascicarsi — *to shuffle away* (o *off),* svignarsela. **2** mescolare; mischiare (le carte): *to shuffle the dominoes,* mescolare le tessere del domino. **3** *(con varie particelle avverbiali)* abborracciare; fare qcsa in modo disordinato e noncurante: *to shuffle through one's work,* fare un lavoro abborracciato — *to shuffle one's clothes on (off),* infilarsi a caso (sfilarsi di dosso) i vestiti — *to shuffle off responsibility upon others,* scaricare la responsabilità su altre persone. **4** tergiversare; nicchiare; essere evasivo; dare risposte ambigue: *Don't shuffle; give a clear answer,* Non essere ambiguo; da' una risposta precisa.

shuffle-board ['ʃʌflbɔ:d] *s.* (tavola per un) gioco simile al gioco della piastrella (o muriella).

shuffler ['ʃʌflə*] *s.* **1** chi strascica i piedi. **2** chi mescola le carte. **3** imbroglione; truffatore; persona sleale.

shun! [ʃʌn] *interiezione (mil., abbr. di* attention*)* attenti!

to **shun** [ʃʌn] *vt* (**-nn-**) evitare; rifuggire: *to shun publicity,* evitare la pubblicità.

shunt [ʃʌnt] *s.* **1** deviazione; cortocircuito. **2** *(med.)* by-pass; shunt.

to **shunt** [ʃʌnt] *vt* **1** smistare; deviare *(treni, vagoni, ecc.): to shunt a train on to a siding,* smistare un treno su un binario di raccordo. **2** *(fam.)* deviare (rimandare, posporre) la discussione di un problema; soprassedere su una decisione: *She shunted the conversation on to less morbid topics,* Fece scivolare la conversazione su argomenti meno morbosi. **3** *(fig.)* accantonare; scartare. **4** *(elettr.)* shuntare.
□ *vi (di un treno)* essere smistato; cambiare binario.

shunter ['ʃʌntə*] *s.* **1** ferroviere addetto agli scambi; manovratore di scambi. **2** locomotiva da manovra.

shunting ['ʃʌntiŋ] *s.* smistamento.

to **shush** [ʃʌʃ] *vt e i.* zittire.

to **shut** [ʃʌt] *vt* (**-tt-**) (*pass. e p. pass.* **shut**) chiudere; serrare: *to shut the doors and windows,* chiudere porte e finestre — *to shut a drawer,* chiudere un cassetto — *to shut one's mouth,* chiudere la bocca; serrare le labbra — *Shut your mouth!,* Chiudi il becco! — *He shut his ears to all appeals for help,* Chiuse le orecchie (Fu sordo) ad ogni richiesta d'aiuto — *He shut his eyes to her faults,* Chiuse gli occhi sulle sue colpe — *Why have you shut the door on further negotiations?,* Perché avete chiuso la porta ad ulteriori negoziati? — *They shut the door in her face,* Le chiusero la porta in faccia; Si rifiutarono di riceverla — *to shut one's fingers in the door,* schiacciarsi le dita nella porta.
□ *vi* chiudersi: *The window shuts easily,* La finestra si chiude facilmente — *The door won't shut,* La porta non si chiude (non vuol chiudersi).

to shut away, rinchiudere; segregare; confinare *(una persona).*

to shut down, chiudere *(un'azienda, uno stabilimento);* abbassare *(una saracinesca): They shut down the factory,* Hanno chiuso la fabbrica — *The workshop has shut down,* Il laboratorio ha chiuso.

to shut in, - **a)** circondare: *We are shut in by hills here,* Qui siamo circondati dalle colline - **b)** rinchiudere: *They shut the boy (up) in the cellar,* Rinchiusero il ragazzo nella cantina.

to shut off, chiudere *(l'acqua, il gas, ecc.);* staccare *(la corrente).*

to shut out, - **a)** escludere; chiudere fuori; chiudere la porta a *(anche fig.): to shut out immigrants (competitive goods, ecc.),* vietare l'ingresso agli immigranti (alla merce di concorrenza, ecc.) — *Don't shut me out,* Non chiudermi fuori (dalla porta) - **b)** impedire la vista: *These trees shut out the view,* Questi alberi precludono la vista.

to shut up, - **a)** chiudere bene; sprangare porte e finestre: *to shut up shop,* chiudere bottega *(anche fig., per sempre)* — *to shut up a house before going away for the holidays,* chiudere bene porte e finestre d'una casa prima di partire per le vacanze - **b)** *to shut sth up,* rinchiudere (mettere al sicuro) qcsa: *to shut up one's jewels in the safe,* rinchiudere in cassaforte i propri gioielli (metterli al sicuro) - **c)** tacere; smettere di parlare: *Tell him to shut up,* Digli di star zitto (di smetterla, di chiudere la bocca) — *Can't you make* *him shut up?,* Non puoi farlo star zitto? — *Shut up!,* Silenzio!; Basta! - **d)** *to shut sb up,* far tacere qcno.

shut-down ['ʃʌtdaun] *s.* chiusura *(di una fabbrica, spesso solo temporanea).*

shut-eye ['ʃʌtai] *s. (sl.)* sonno.

shutter ['ʃʌtə*] *s.* **1** imposta; persiana; tapparella; scuretto; *(di un negozio)* serranda; saracinesca: *to put up the shutters,* chiudere bottega *(alla fine di una giornata, o per sempre).* **2** *(di macchina fotografica)* otturatore.

to **shutter** ['ʃʌtə*] *vt* **1** munire (provvedere) di persiane. **2** chiudere le imposte (la saracinesca).

shuttle ['ʃʌtl] *s.* **1** *(in un telaio o in una macchina per cucire)* navetta; spola; spoletta. **2** *(anche* shuttle service*)* servizio pendolare (di navetta); servizio di navetta; spola.

to **shuttle** ['ʃʌtl] *vi* fare la spola; andare avanti e indietro.

shuttle-cock ['ʃʌtlkɔk] *s. (nel gioco del badminton)* volano.

[1]**shy** [ʃai] *agg* (**shier**; **shiest**) timido; schivo; riservato; timoroso; *(di animali, ecc.)* pauroso; diffidente: *He's not at all shy with women,* Non è affatto timido con le donne — *She gave him a shy smile,* Lei gli rivolse un timido sorriso — *to be shy of doing sth,* essere riluttante a fare qcsa — *Don't be shy of telling me what you want,* Non esitare a dirmi ciò che vuoi. □ *to fight shy of sth,* evitare (fuggire, scansare) qcsa; stare alla larga da qcsa; tenersi al di fuori di qcsa.
□ *avv* **shyly.**

[1]to **shy** [ʃai] *vi* (*pass. e p. pass.* **shied**) **1** *(di cavallo)* adombrarsi; fare uno scarto; impennarsi: *to shy at sth,* impennarsi di fronte a qcsa — *The horse shied at a white object in the hedge,* Il cavallo s'impennò di fronte ad un oggetto bianco nella siepe. **2 to shy away from sth (from doing sth),** rifuggire da qcsa (dal fare qcsa).

[2]**shy** [ʃai] *s.* (*pl.* **shies**) **1** lancio; tiro: *five pence a shy,* cinque pence al tiro. **2** tentativo: *to have a shy at a task,* cimentarsi con un lavoro — *to have a shy at an exam,* tentare un esame.

[2]to **shy** [ʃai] *vt* (*pass. e p. pass.* **shied**) *(fam.)* gettare; lanciare; tirare: *to shy stones at a bottle,* tirare sassi ad una bottiglia.

shyness ['ʃainis] *s.* timidezza; riservatezza; diffidenza; cautela; esitazione.

shyster ['ʃaistə*] *s. (USA, fam.)* individuo disonesto; *(spec. nel senso di)* avvocato senza scrupoli.

Siamese [,saiə'mi:z] *agg* tailandese; siamese: *Siamese twins,* fratelli siamesi — *a Siamese (cat),* un gatto siamese.
□ *s.* siamese *(anche la lingua).*

sib [sib] *agg e s.* **1** *(ant. e scozzese)* affine; imparentato. **2** *(linguaggio medico)* germano.

Siberian [sai'biəriən] *agg* siberiano.

sibilant ['sibilənt] *agg e s.* sibilante.

sibling ['sibliŋ] *s.* fratello germano.

sibship ['sibʃip] *s.* **1** fratelli germani. **2** fratellanza.

sibyl ['sibil] *s.* **1** sibilla. **2** fattucchiera; chiromante.

sibylline ['sibilain] *agg* sibillino.

sic [sik] *avv (lat.)* così; sic.

sick [sik] *agg* **1** *(solo predicativo)* affetto da nausea; assalito da conati di vomito: *to be sick,* vomitare; avere conati di vomito — *to feel sick,* avere la nausea; essere sul punto di vomitare — *to be sea-sick,* soffrire di mal di mare. **2** malato; ammalato; indisposto; infermo *(è la parola abituale in USA: in GB sono più comuni* ill *e* unwell, *salvo in certi contesti specifici, mil., biblici, ecc.): He is a sick man,* È malato — *He was sick of a fever, (ant., biblico)* Aveva la febbre; Era febbricitante — *He was sick at heart,* Era triste (deluso) da morire — *to go (to report) sick, (mil.)* marcare visita; darsi ammalato — *to fall sick,* ammalarsi — *the sick, (pl.)* gli ammalati; gli infermi — *sick-bay, (naut.)* infermeria di bordo — *sick-leave,* licenza per malattia — *He is on sick-leave,* È in licenza per malattia — *sick-list, (mil.)* lista dei malati — *sick-room,* camera di malato. **3** *(fam.)* stufo: *to be sick (sick and tired, sick to death) of sth,* essere stufo di qcsa — *I'm sick of being blamed for everything that goes wrong,* Sono stufo di venire incolpato ogni volta che qualcosa non va. **4** *to be sick at (about) sth, (fam.)* essere amareggiato (preoccupato, dispiaciuto, rammaricato) a causa di qcsa — *He's sick at failing to pass the examination,* È dispiaciuto per l'esame andato male. **5** *to be sick for sth, (fam.)* essere ansioso (pieno di nostalgia, ardentemente desideroso) di qcsa — *I'm sick for home,* Non vedo l'ora di tornare a casa (in patria). **6** *(spec. riferito all'umorismo)* macabro; 'nero': *sick humour,* umore nero — *a sick joke,* una freddura.

to **sick** [sik] *vt (di cani, generalm. all'imperat.)* **1** attaccare; assalire: *Sick him!,* Dagli addosso! **2** *to sick a dog upon sb or sth,* aizzare un cane contro qcno o qcsa.

to **sick sth up** [sik] *vt (fam.)* vomitare; rigettare qcsa.

to **sicken** ['sikn] *vi e t.* **1** *(spec. nella forma progressiva* to be sickening for sth*)* ammalarsi; avere i sintomi (di): *The child is sickening for something,* Il bambino si sta ammalando per qualcosa. **2** sentirsi male; sentirsi venir meno; provare nausea: *They sickened at the sight of such slaughter,* Alla vista di una simile carneficina si sentirono venir meno. **3** disgustare; ripugnare; nauseare: *Cruelty sickens me,* La crudeltà mi ripugna — ⇨ *anche* **sickening.** **4** *(fam.)* stancarsi; seccarsi; stufarsi.

sickening ['sikniŋ] *agg* disgustoso; ripugnante; ributtante; nauseante: *sickening smells,* odori nauseabondi.
□ *avv* **sickeningly.**

sickish ['sikiʃ] *agg* **1** malaticcio: *to feel sickish,* sentirsi poco bene. **2** nauseante; disgustoso: *a sickish smell,* un odore disgustoso.

sickle ['sikl] *s.* falce; falcetto.

sickliness ['siklinis] *s.* **1** salute cagionevole (delicata, malferma). **2** pallore; aspetto malaticcio. **3** nausea; ripugnanza; scipitezza; sdolcinatezza; svenevolezza. **4** *(di clima)* insalubrità.

sickly ['sikli] *agg* **1** malaticcio; debole; di salute cagionevole: *a sickly child,* un bambino malaticcio. **2** pallido; dall'aspetto malaticcio; malsano; *(di clima)* insalubre: *These plants look rather sickly,* Queste piante hanno un aspetto poco sano. **3** smorto; spento *(di sorriso);* debole; che suggerisce uno stato di infelicità: *a sickly smile,* un debole sorriso. **4** nauseante; stomachevole; ripugnante; disgustoso; *(fig.)* dolciastro; svenevole; sdolcinato; sentimentale: *a sickly smell,* un odore nauseante — *a sickly taste,* un gusto stomachevole — *sickly sentiments,* sentimentalismo svenevolo.

sickness ['siknis] *s.* **1** malattia; male; malanno: *to be absent because of sickness,* essere assente per malattia — *Is there much sickness in the village now?,* Ci sono molti malati in paese adesso? — *mountain sickness,* mal di montagna — *sea-sickness,* mal di mare — *sleeping-sickness,* - **a)** encefalite letargica - **b)** tripanosomiasi — *falling sickness,* mal caduco — *home-*

sickness, nostalgia *(di casa, della patria).* **2** nausea; conati di vomito; vomito.

side [said] *s.* **1** lato; fianco; fiancata; *(geometria)* faccia; piano laterale; *(di costruzione, di montagna)* parete: *Come and sit by my side,* Vieni a sederti al mio fianco — *to be wounded in the left side,* essere ferito al fianco sinistro — *side by side,* a fianco a fianco — *the six sides of a cube,* i sei lati (le sei facce) del cubo — *A box has a top, a bottom and four sides,* Una scatola ha un coperchio, un fondo e quattro facce — *the side entrance,* l'ingresso laterale — *to split (to shake, to burst) one's sides (with laughter),* ridere a crepapelle; spanciarsi dalle risa — *by the side of...,* vicino a...; *(fig.)* in confronto a... — *She looks small by the side of her companion,* Sembra piccola in confronto al suo compagno — *the side of a mountain,* il fianco (pendio) della montagna.
2 parte: *Write on one side of the paper only,* Scrivete soltanto su una facciata del foglio — *Which is the right side of the cloth?,* Qual è la parte diritta (il diritto) della stoffa? — *the left (right, shady, sunny) side of the street,* la parte sinistra (destra, in ombra, al sole) della strada — *the east side of the town,* la parte (zona) orientale della città — *to get out of bed on the wrong side, (fig.)* alzarsi col piede sinistro; cominciare male la giornata — *to put one's socks on the wrong side out (inside-out),* mettersi le calze al rovescio — *on all sides (from all sides),* da tutte le parti — *a cousin on my father's side,* un cugino da parte di mio padre — *to take sb on one side,* prendere (portare) qcno da parte.
3 orlo; margine; sponda; riva: *the far side of the river,* l'altra sponda del fiume.
4 *(fig.)* parte; partito; fazione; *(sport)* squadra: *to be on the winning side,* essere dalla parte del vincente (vincitore) — *to take sides,* prendere partito; prendere posizione — *Don't let the side down!,* Non tradire la tua parte! — *to field a strong side,* portare in campo una squadra forte — *to take sides with sb,* schierarsi con qcno; appoggiare, sostenere qcno.
5 *(fig.)* aspetto; elemento; componente: *to study all sides of a question,* studiare tutti gli aspetti (elementi, componenti) di un problema — *a man with many sides to his character,* un uomo con un carattere complesso — *to look on the dark (bright, gloomy, ecc.) side of life,* considerare il lato oscuro (luminoso, triste, ecc.) della vita.
6 *(fam.)* boria; aria di superiorità: *He puts on too much side,* Ha troppa boria — *He has no side,* Non si dà arie.
7 *(nel gioco del biliardo, ecc.)* effetto *(colpo dato lateralmente alla palla per imprimere una certa direzione al suo movimento).*
8 *(di bestia macellata)* quarto.
□ *to be on the right (wrong) side of fifty,* essere sotto (sopra) i cinquanta — *to be off (on) side, (calcio)* essere fuori (in) gioco — *to be on the high (low, ecc.) side,* essere piuttosto alto (basso, ecc.) — *the credit (debit) side, (comm.)* la colonna dell'avere (del dare) — *on the distaff side,* da parte femminile — *on the spear side,* da parte maschile — *to move from side to side,* - **a)** spostarsi da un lato all'altro (di qcsa) - **b)** dondolare — *to do sth on the side,* far qcsa di straforo — *eggs sunny side up, (USA)* uova al tegamino (con il tuorlo intatto e all'insù) — *side-face,* di profilo — *to photograph sb side-face,* fotografare qcno di profilo — *side-saddle,* sella femminile (da amazzone) — *to ride side-saddle, (usato anche come avv.)* cavalcare all'amazzone.
□ *come agg attrib* laterale; collaterale; *(per estensione)* secondario: *side-effect, (di medicinale)* effetto collaterale — *a side-glance,* uno sguardo di traverso — *a side road,* una strada secondaria — *a side-stroke,* un colpo (un affondo) laterale.

to **side** [said] *vi* parteggiare; prendere le parti; appoggiare.

side-arms ['saidɑ:mz] *s. pl* armi bianche.

sideboard ['saidbɔ:d] *s.* credenza.

sideboards, sideburns ['saidbɔ:dz/'saidbə:nz] *s. pl* fedine.

sidecar ['saidkɑ:*] *s.* carrozzino laterale di motocicletta.

side-chapel ['said,tʃæpl] *s.* cappella laterale.

-sided ['saidid] *(nei composti) a five-sided figure,* una figura a cinque lati — *a one-sided fight,* una gara (un incontro sportivo, ecc.) in cui uno dei contendenti è nettamente superiore.

sidedish ['saiddiʃ] *s.* piatto secondario.

side(-)drum ['saiddrʌm] *s.* tamburo; tamburino (portato a tracolla).

sidekick ['saidkik] *(fam., USA, ora anche GB)* compagno; amico per la pelle; *(spesso spreg.)* tirapiedi.

sidelight ['saidlait] *s.* luce (illuminazione) laterale; *(in senso fig.)* elemento nuovo; informazione casuale *(su una persona, un problema, ecc.).*

sideline ['saidlain] *s.* **1** articolo sussidiario; attività sussidiaria. **2** *(al pl.)* bordo (bordi) di un terreno di gioco: *to be on the sideline,* essere in panchina; *(fig.)* non prendere parte attiva; rimanere ai margini.

sidelong ['saidlɔŋ] *agg* obliquo; di traverso; di fianco; laterale; *(di sguardo)* furtivo: *a sidelong glance,* una occhiata obliqua.
□ *avv* obliquamente; di traverso; di sghembo; *(di sguardo)* (di) sottecchi: *to look sidelong at sb,* guardare qcno di traverso.

sidereal [sai'diəriəl] *agg* sidereo; siderale.

side-saddle ['said'sædl] *s.* sella da donna (da amazzone).
□ *avv* all'amazzone.

side-show ['saidʃou] *s.* **1** spettacolo secondario (di poca pretesa). **2** *(per estensione)* attività secondaria; avvenimento secondario (marginale).

side-slip ['saidslip] *s.* sbandamento; sbandata *(in senso reale e fig.).*

to **side-slip** ['saidslip] *vi* (**-pp-**) *(di aereo)* scivolare d'ala; *(di automobile)* sbandare.

sidesman ['saidsmən] *s.* (*pl.* **sidesmen**) **1** fabbriciere aggiunto. **2** aiuto sagrestano.

sidesplitting ['said,splitiŋ] *agg* spassoso; che fa morir dal ridere; esilarante.

side(-)step ['saidstep] *s. (sport)* schivata.

to **side(-)step** ['saidstep] *vt* (**-pp-**) schivare; eludere *(una domanda, ecc.);* evitare; sviare.

side-track ['saidtræk] *s.* diramazione (ferroviaria o stradale).

to **side-track** ['saidtræk] *vt* **1** *(letteralm.)* instradare *(un treno, un vagone)* su un binario di raccordo. **2** *(fig.)* sviare *(un discorso, un'indagine, ecc.).*

sidewalk ['saidwɔ:k] *s. (USA)* marciapiede.

sideward ['saidwəd] *agg* laterale; obliquo: *sideward motion,* moto laterale.

sidewards ['saidwədz] *avv* lateralmente; obliquamente; di traverso; di fianco.

sideways ['saidweiz] *avv* lateralmente; obliquamente; di sghembo.

side-whiskers ['saidwiskəz] *s. pl* = **sideboards.**

sidewinder ['said,waində*] *s.* **1** forte colpo laterale. **2** piccolo crotalo che vive nel deserto, nel sud-ovest degli USA.

siding ['saidiŋ] *s.* binario di raccordo.

to **sidle** ['saidl] *vi* **1** camminare storto; andare sghembo. **2** camminare timorosamente, furtivamente: *to sidle up to sb,* avvicinarsi timorosamente a qcno — *to sidle away from sb,* allontanarsi furtivamente da qcno.

siege [si:dʒ] *s.* assedio: *to lay siege to a town, (anche fig.)* cingere d'assedio una città.

sienna [si'enə] *s.* terra di Siena; colore terra di Siena: *raw sienna,* terra di Siena giallastra — *burnt sienna,* terra di Siena bruciata *(color mattone).*

siesta [si'estə] *s.* siesta.

sieve [siv] *s.* setaccio; vaglio; buratto: *to pass sth through a sieve,* passar qcsa al setaccio. □ *to have a memory (a head) like a sieve, (fig.)* essere smemorato; aver la testa bucata.

to **sieve** [siv] *vt* setacciare; passare al setaccio; crivellare.

to **sift** [sift] *vt* **1** setacciare; passare al setaccio; filtrare; distinguere; *(fig.)* vagliare; esaminare coscienziosamente: *to sift the wheat from the chaff,* separare il frumento dalla pula — *to sift (to sift through) the evidence,* vagliare accuratamente le testimonianze. **2** spolverizzare; spolverare; cospargere: *to sift sugar onto a cake,* spolverare di zucchero una torta.

sifter ['siftə*] *s.* setaccio *(da cucina);* spolverizzatore: *a flour sifter,* un setaccio da farina.

sigh [sai] *s.* sospiro: *to utter (to heave) a sigh,* emettere un sospiro — *with a sigh of relief,* con un sospiro di sollievo.

to **sigh** [sai] *vt e i.* **1** sospirare; *(del vento)* soffiare. **2** desiderare; aver nostalgia *(per qcsa): to sigh for one's country,* aver nostalgia per la patria — *to sigh over sth,* sospirare per qcsa. **3** esprimersi sospirando; lamentarsi: *to sigh out a prayer,* dire una preghiera sospirando.

sight [sait] *s.* **1** (il senso della) vista; il vedere: *to lose one's sight,* perdere la vista — *to have good (poor) sight,* vederci bene (male) — *to know sb by sight,* conoscere qcno di vista; conoscerlo appena — *second sight,* previdenza; preveggenza; capacità di prevedere il futuro.

2 vista; avvistamento: *The first sight of land came after three days at sea,* Il primo avvistamento di terra avvenne dopo tre giorni di navigazione — *I can't stand the sight of blood,* Non sopporto la vista del sangue — *to catch sight of sth,* vedere (intravedere) qcsa; riuscire, incominciare a vedere qcsa — *If ever I catch sight of those boys in my orchard again, I'll report them,* Se mi capita ancora di vedere quei ragazzi nel mio frutteto, li denuncerò — *to lose sight of (sb, sth),* perdere di vista (qcno, qcsa); lasciar perdere (qcsa); smettere di frequentare (qcno) — *I've lost sight of Smith,* Ho perso di vista Smith — *We must not lose sight of the fact that...,* Non dobbiamo perdere di vista (dimenticare) il fatto che... — *a sight draft,* un cambiale (una tratta) pagabile a vista — *to sell sth sight unseen, (comm.)* vendere qcsa senza che il compratore la esamini in precedenza.

at (o on) sight, a vista; a prima vista: *to play music at sight,* suonare della musica a prima vista — *draft payable at sight, (comm.)* cambiale pagabile a vista — *The sentry has orders to shoot at (o on) sight,* La sentinella ha ordini di sparare a vista.

at first sight, a prima vista; immediatamente; subito: *At first sight the problem seemed insoluble,* A prima vista il problema sembrava insolubile — *He fell in love with her at first sight,* Si innamorò di lei a prima vista.

at the sight of..., alla vista di...; all'apparire di...: *At the sight of the police the men ran off,* Al vedere la polizia gli uomini se la diedero a gambe — *They all laughed at the sight of old Green dancing with a girl of sixteen,* Al vedere il vecchio Green che ballava con una ragazzina di sedici anni, tutti si misero a ridere.

in (o within) sight, in vista: *to be in (within) sight of sth,* essere in grado di vedere qcsa; essere vicino a qcsa — *We are not yet within sight of the end of this job,* Non si riesce ancora a vedere la fine di questo lavoro — *The train was still in sight,* Si vedeva ancora il treno in lontananza — *Land was not yet in sight,* La terra non era ancora in vista — *Victory was not yet in sight,* La vittoria era ancora lontana.

out of sight, non (più) in vista: *Out of sight, out of mind, (prov.)* Lontano dagli occhi, lontano dal cuore — *The jealous old man never lets his young wife out of his sight,* Il vecchio geloso non perde mai di vista la sua giovane moglie — *to keep out of sight,* tenersi nascosto — *to be out of sight of sth,* non essere in grado di vedere o intravedere qcsa; essere ancora lontani da qcsa — *Keep out of my sight!,* Stai lontano da me!; Non farti (più) vedere qui!

3 giudizio; opinione; parere: *In the sight of God all men are equal,* Agli occhi di Dio tutti gli uomini sono uguali.

4 vista; veduta; visione; panorama; scena; *(al pl.)* monumenti; cose notevoli; spettacoli; meraviglie; curiosità: *The Grand Canyon is one of the sights of the world,* Il Gran Canyon è una delle meraviglie del mondo — *Our tulips are a wonderful sight this year,* I nostri tulipani sono uno spettacolo quest'anno — *Come and see the sights of London,* Venite a vedere le vedute celebri (i monumenti) di Londra — *a sight for sore eyes, (fig.)* 'una consolazione per gli occhi' *(detto di persona, cosa o spettacolo che procura soddisfazione).*

5 *(al sing. sempre con l'art. indeterminativo)* spettacolo; cosa ridicola; orrore: *What a sight you are!,* Sei un bello spettacolo!; Come sei conciato! — *What a sight she looks in that hat!,* Com'è buffa (ridicola) con quel suo cappello!

6 mira; mirino: *the sights (the foresight and backsight) of a rifle,* i mirini di un fucile — *to get sb (sth) in one's sights,* prendere qcno (qcsa) di mira — *Take a careful sight before firing,* Prendi bene la mira prima di sparare — *to take a sight with a compass (with a quadrant),* misurare con la bussola (con il quadrante) — *to set one's sights on sth,* mirare a qcsa — *to take a sight at the sun, (naut.)* misurare la posizione del sole *(col sestante).*

7 *(fam.)* grande quantità; un sacco; un mucchio; moltissimo; di gran lunga: *He's a sight too clever to get caught by the police,* È troppo furbo per farsi pescare dalla polizia — *not by a long sight,* niente affatto; per niente.

to **sight** [sait] *vt* avvistare; giungere in vista (di): *After many months at sea Columbus sighted land,* Colombo avvistò la terra dopo mesi e mesi di navigazione.
□ *vi (mil.)* prender la mira; aggiustare il tiro: *a sighting shot,* un colpo sparato per aggiustare la mira.
□ *sighting stake,* palina; biffa.

-sighted ['saitid] *agg (nei composti)* dalla vista...: *weak-sighted,* dalla vista debole; debole di occhi —

long-sighted, presbite; *(fig.)* oculato; preveggente; previdente — *short-sighted,* miope; *(fig.)* imprevidente.

sighting ['saitiŋ] *s.* **1** *(mil.)* puntamento *(di armi da fuoco).* **2** avvistamento.

sightless ['saitlis] *agg* senza vista; cieco.

sightlessness ['saitlisnis] *s.* cecità.

sightliness ['saitlinis] *s.* bellezza; avvenenza; grazia.

sightly ['saitli] *agg* bello; avvenente; attraente; piacevole agli occhi.

sightseeing ['sait,si:iŋ] *s.* giro turistico; visita dei monumenti; l'andare in giro per vedere le cose notevoli *(di una città, di una regione, ecc.): a sightseeing tour of Prague,* un giro turistico di Praga.

sightseer ['sait,si:ə*] *s.* turista; visitatore.

sign [sain] *s.* **1** segno; contrassegno; indizio; sintomo *(patologico, ecc.);* manifestazione; preannuncio; traccia; prova: *a sign of the times,* un segno dei tempi — *You could see the signs of suffering on his face,* Si vedevano i segni della sofferenza sulla sua faccia — *Dark clouds are a sign of rain,* Le nuvole nere sono un segno di pioggia (preannunciano la pioggia) — *Violence is a sign of weakness or fear, not a sign of strength or confidence,* La violenza è segno di debolezza o di paura, non di forza o di sicurezza di sé — *sign and countersign,* parola d'ordine — *He gave (He showed) no sign of having heard me,* Non diede segno di avermi sentito — *He made no sign of protest,* Non fece alcun segno di protesta — *mathematical signs,* simboli matematici. **2** segno; cenno *(col capo, con la mano): the sign of the cross,* il segno della croce — *sign-language,* mimica; linguaggio visivo (dei sordomuti). **3** *(ant.)* portento; miracolo: *He did many other signs, (biblico)* Fece molti altri miracoli. **4** insegna; cartello; indicazione: *at the sign of the Red Lion,* all'insegna del Leone Rosso — *sign-painter,* pittore di insegne — *road-signs, traffic signs,* indicazioni stradali; cartelli indicatori.

to **sign** [sain] *vt e i.* **1** firmare (firmarsi); mettere (apporre) la firma; sottoscrivere; *(per estensione)* ratificare; sanzionare: *to sign a letter (a cheque),* firmare una lettera (un assegno) — *to sign one's name,* apporre la propria firma — *a signed document,* un documento firmato (con tanto di firma). **2 to sign oneself,** fare il segno della croce. **3** fare un cenno; far segno (cenno): *The policeman signed to them to stop,* Il poliziotto fece loro cenno di fermarsi — *He signed to me to be quiet,* Mi fece cenno di star zitto.

to sign sth away, alienare (cedere) qcsa firmando un documento.

to sign in, *(in caserma, in collegio, ecc.)* firmare il registro per poter mangiare dentro.

to sign off, *(radio, televisione)* dare il segnale di fine trasmissione; *(per estensione)* concludere; terminare.

to sign on, - **a)** firmare (impegnarsi) per un lavoro - **b)** *to sign sb on,* assumere (ingaggiare) qcno.

to sign out, *(in caserma, in collegio, ecc.)* firmare il registro per poter mangiare fuori.

to sign over, confermare un atto di vendita.

to sign up = **to sign on.**

[1]**signal** ['signəl] *s.* **1** segno; segnale: *traffic signals,* segnali stradali — *to give the signal to retreat,* dare il segnale della ritirata — *A red light is usually a danger signal,* La luce rossa è di solito un segnale di pericolo — *distress signal,* segnale di soccorso — *signal rocket,* razzo di segnalazione — *signal-box, (ferrovia)* cabina di segnalazione — *signal-gun,* cannone per segnalare qcsa *(spec. il pericolo).* **2** *(al pl., mil.)* collegamenti.

to **signal** ['signəl] *vt e i.* (**-ll-**; *USA* **-l-**) segnalare; trasmettere tramite segnali; far uso di segnali: *to signal a message,* mandare un messaggio con segnali — *to signal (to) the commanding officer (that...),* segnalare al comandante (che...) — *to signal to the waiter to bring the menu,* far cenno al cameriere di portare la lista — *Sailors signal with flags by day and with lights at night,* I marinai fanno le segnalazioni di giorno con bandiere e di notte con luci.

[2]**signal** ['signəl] *agg* notevole; segnalato; esemplare; clamoroso: *a signal success,* un successo notevole — *a signal victory,* una vittoria clamorosa. □ *avv* **signally.**

to **signalize** ['signəlaiz] *vt (non comune)* segnalare; rendere notevole: *to signalize oneself,* distinguersi.

signaller ['signələ*] *s.* (*USA* **signaler**) segnalatore *(nell'esercito).*

signalling ['signəliŋ] *s.* segnalazione; *(talvolta)* segnaletica.

signalman ['signəlmən] *s.* (*pl.* **signalmen**) segnalatore *(ferrovia e marina).*

signatory ['signətəri] *s. e agg* firmatario.

signature ['signətʃə*] *s.* **1** firma: *to put one's signature to a letter,* apporre la propria firma ad una lettera — *to honour one's signature,* onorare la propria firma — *to send letters in to the manager for signature,* far passare le lettere al direttore per la firma — *signature tune,* sigla musicale *(p.es. di un programma radiofonico).* **2** *(tipografia)* segnatura. **3** *(ant.)* marchio; segno: *the signatures of sin,* i segni del peccato. □ *(mus.) key signature,* segno in chiave.

signboard ['sain,bɔ:d] *s.* insegna *(di bottega, di locanda).*

signer ['sainə*] *s.* firmatario.

signet ['signit] *s.* sigillo: *signet ring,* anello con sigillo.

significance [sig'nifikəns] *s.* **1** significato: *to understand the significance of a remark,* capire il significato d'una osservazione — *a look of deep significance,* uno sguardo molto significativo. **2** importanza; rilevanza: *a matter of great significance,* un argomento di grande importanza.

significant [sig'nifikənt] *agg* **1** significativo; *(per estensione)* significante; espressivo; eloquente: *a significant speech,* un discorso significativo. **2** importante: *significant things,* cose importanti. □ *avv* **significantly.**

signification [,signifi'keiʃən] *s.* significato; senso.

significative [sig'nifikətiv] *agg* indicativo.

to **signify** ['signifai] *vt e i. (piuttosto formale)* **1** esprimere; comunicare; significare *(le proprie intenzioni, ecc.);* manifestare; denotare; indicare: *He signified his agreement by nodding,* Manifestò la sua approvazione con un cenno di assenso — *Does a high forehead signify intelligence?,* Una fronte alta è segno di intelligenza? — *What does this phrase signify?,* Che cosa significa questa espressione? **2** importare; avere importanza: *It doesn't signify,* Non significa nulla; Non ha importanza — *It signifies little,* Importa poco.

signing ['sainiŋ] *s.* (atto della) firma.

signpost ['sainpoust] *s.* indicazione stradale.

silage ['sailidʒ] *s.* foraggio conservato in un silo.

silence ['sailəns] *s.* **1** silenzio; calma; quiete: *to call for silence,* esigere (richiedere) il silenzio. **2** silenzio; l'essere (o stare) zitti: *There was a short silence,* Ci fu un breve silenzio — *to listen to sb in silence,* ascoltare qcno in silenzio — *Their silence on recent events surprises me,* Il loro silenzio sui recenti avvenimenti mi sorprende — *We should pass over this disgraceful affair in silence,* Dovremmo passare sopra a questo malaugurato affare in silenzio — *Silence gives* *consent, (prov.)* Chi tace acconsente — *to put (to reduce) sb to silence,* ridurre al silenzio qcno; far star zitto qcno confutandone gli argomenti.

to **silence** ['sailəns] *vt* far tacere; ridurre al silenzio; far cessare; calmare: *to silence a baby's crying,* far cessare il pianto di un bambino — *to silence one's critics,* far tacere i propri critici.

silencer ['sailənsə*] *s.* silenziatore; *(di automobile)* marmitta.

silent ['sailənt] *agg* **1** silenzioso; quieto; calmo; tacito: *a silent film,* un film muto. **2** zitto; silente; silenzioso: *Do you know when to keep silent?,* Sai quando stare zitto? (Sai stare zitto?) — *You'd better be silent about what happened,* Faresti meglio a tacere su quanto è avvenuto — *the silent majority,* la 'maggioranza silenziosa'. **3** *(fonetica, ecc.)* muto; che non si pronuncia: *a silent letter,* una lettera muta. □ *the silent service, (GB)* la marina. □ *avv* **silently.**

silhouette [,silu'et] *s.* 'silhouette'; profilo; contorno; sagoma; controluce: *to see sth in silhouette,* vedere qcsa di profilo, in controluce.

to **silhouette** [,silu'et] *vt* mostrarsi di profilo; ritrarre di profilo: *trees silhouetted against the sky at dawn,* alberi stagliati contro il cielo all'alba.

silica ['silikə] *s.* silice; anidride silicica.

silicate ['silikit/-eit] *s.* silicato.

siliceous, silicious [si'liʃəs] *agg* siliceo.

silicon ['silikən] *s.* silicio.

silicone ['silikoun] *s.* silicone.

silicosis [,sili'kousis] *s.* silicosi.

silk [silk] *s.* **1** seta: *raw silk,* seta grezza — *silk stockings,* calze di seta — *a silk hat,* cappello a cilindro. **2** *(al pl.)* sete; vestiti di seta. **3** *(in Inghilterra) to take silk,* entrare nel collegio dei Queen's (King's) counsel (⇨ counsel); *(fam.)* diventare avvocato di detto collegio.

silken ['silkən] *agg* **1** *(fig.)* soffice; morbido; di seta: *silken hair,* capelli di seta — *a silken voice,* una voce morbida. **2** *(ant., lett.)* serico; di seta: *silken dresses,* vestiti serici, di seta.

silkiness ['silkinis] *s.* morbidezza; lucentezza; delicatezza.

silkworm ['silkwə:m] *s.* baco da seta.

silky ['silki] *agg* (**-ier**; **-iest**) soffice, morbido, lucente come la seta: *a silky voice,* una voce morbida, flautata — *a silky manner,* maniere delicate. □ *avv* **silkily.**

sill [sil] *s.* **1** *(spesso* window-sill*)* davanzale; *(di porta)* soglia. **2** *(geologia)* filone; strato. **3** *(di vagone ferroviario)* longherone.

sillabub, syllabub ['siləbʌb] *s.* latte rappreso (o panna montata) con vino *(spesso madera o sherry)* e zucchero (e talvolta con succo o buccia di limone).

silliness ['silinis] *s.* stupidità; scempiaggine; sciocchezza.

silly ['sili] *agg* (**-ier**; **-iest**) stupido; sciocco; fatuo; futile: *to say silly things,* dire stupidaggini — *a silly little boy,* uno stupidello — *Don't be silly!,* Non far lo stupido! — *How silly of you to do that!,* Che sciocco sei stato a farlo! — *to knock sb silly,* stordire qcno. □ *avv* **sillily.**

□ *s.* stupido; sciocchino *(spec. riferito a bambini): Go away, you little sillies!,* Andatevene, sciocchini!

silo ['sailou] *s.* *(pl.* **silos***)* silo.

silt [silt] *s.* limo; materiale sedimentario sciolto o in sospensione.

to **silt** [silt] *vt e i. (generalm. seguito da* up*)* insabbiare (insabbiarsi); ostruire (ostruirsi): *The sand has silted (up) the mouth of the river,* La sabbia ha ostruito la foce del fiume.

silvan ['silvən] *agg* = **sylvan.**

silver ['silvə*] *s.* **1** argento: *silver plate,* metallo argentato. **2** monete argentee o d'argento: *Twenty pounds in notes and five pounds in silver,* Venti sterline in banconote e cinque in monete argentee — *a silver collection,* una colletta di monete argentee — *Have you any silver on you?,* Hai della moneta spicciola con te? **3** *(talvolta* table silver*)* argenteria: *to sell one's silver to pay the mortgage interest,* vendere l'argenteria per pagare gli interessi dell'ipoteca. **4** *(attrib.)* colore argento; *(di suoni)* argentino; argenteo; *(in arte e letteratura)* d'argento *(ciò che è al secondo posto, dopo le cose migliori): He has a silver tongue; He is silver-tongued,* Ha una lingua d'argento; Ha una brillante eloquenza — *the silver age,* il periodo argenteo; l'età argentea — *silver birch,* betulla argentea — *silver-fish,* 'pesciolino d'argento' *(insetto)* — *silver wedding,* nozze d'argento.

to **silver** ['silvə*] *vt* inargentare: *The years have silvered her hair,* Gli anni le hanno inargentato i capelli.

□ *vi* inargentarsi: *Her hair had silvered,* Le si erano inargentati i capelli.

silvering ['silvəriŋ] *s.* argentatura.

silvern ['silvən] *agg (ant.)* d'argento; argenteo: *Speech is silvern but silence is golden,* La parola è d'argento, ma il silenzio è d'oro.

silverside ['silvəsaid] *s.* girello *(il taglio migliore del bue).*

silversmith ['silvəsmiθ] *s.* argentiere.

silverware ['silvəwεə*] *s.* argenteria.

silvery ['silvəri] *agg* argenteo; argentino: *the silvery notes of a bell,* le note argentine di una campana.

simian ['simiən] *agg* scimmiesco. □ *s.* scimmia.

similar ['similə*] *agg* simile; similare; somigliante; analogo. □ *avv* **similarly.**

similarity [,simi'læriti] *s.* somiglianza; analogia; similarità.

simile ['simili] *s.* similitudine; paragone.

similitude [si'militju:d] *s.* *(molto formale)* **1** somiglianza; sembianza: *in the similitude of...,* nelle sembianze di... **2** similitudine; paragone: *to talk in similitudes,* parlare per similitudini.

simitar ['simitə*] *s.* = **scimitar.**

simmer ['simə*] *s.* *(solo al sing.)* lenta ebollizione: *to keep sth at a simmer,* far bollire qcsa lentamente.

to **simmer** ['simə*] *vi e t.* **1** bollire; far bollire lentamente, a fuoco lento; sobbollire: *Let the soup simmer for a few minutes,* Far (Si lasci) bollire la minestra per alcuni minuti a fuoco lento. **2** ribollire: *to simmer with rage,* ribollire di rabbia — *to simmer down, (fam., di persona)* sbollire; calmarsi.

simnel cake ['simnl keik] *s.* specie di 'plum cake' ricoperto di pasta di mandorle *(specialità pasquale).*

simonist, simoniac ['saimənist/sai'mouniək] *agg* simoniaco.

simony ['saiməni] *s.* simonia.

simoom [si'mu:m] *s.* 'simun' *(vento del deserto).*

simp [simp] *s.* *(fam., abbr. di* **simpleton***)* semplicione; bamboccio.

simper ['simpə*] *s.* sorriso affettato, melenso.

to **simper** ['simpə*] *vi* sorridere affettatamente, stupidamente.

¹**simple** ['simpl] *agg* (**-er**; **-est**) **1** semplice: *simple food (cooking),* cibo (cucina) semplice — *a simple style of architecture,* uno stile architettonico semplice. **2** *(di persona)* ingenuo; semplice; spontaneo: *as simple as a*

child, ingenuo come un bambino — *Are you so simple as to believe him?,* Sei così ingenuo da credergli? — *a simple soul,* uno spirito semplice — *to behave in a simple way,* comportarsi con semplicità — *simple-minded,* semplice; ingenuo; credulone — *simple-hearted,* franco; aperto; candido. **3** umile: *simple folk,* gente umile. **4** autentico; vero e proprio; puro e semplice: *the truth pure and simple,* la verità pura e semplice.

□ *avv* **simply** ⇨.

[2]**simple** ['simpl] *s. (ant.)* erba medicinale.

simpleton ['simpltən] *s.* sempliciotto; imbecille; babbeo.

simplicity [sim'plisiti] *s.* semplicità; naturalezza; candore: *to speak with simplicity,* parlare con naturalezza — *to be simplicity itself, (fam.)* essere la semplicità in persona; essere la cosa più semplice del mondo.

simplification [,simplifi'keiʃən] *s.* semplificazione.

to **simplify** ['simplifai] *vt* semplificare.

simply ['simpli] *avv* **1** in modo semplice; semplicemente; senza sofisticazioni: *to live simply,* vivere con semplicità — *to dress simply,* vestire semplicemente, senza eccentricità — *to be simply dressed,* essere vestito con semplicità. **2** completamente; del tutto; assolutamente; semplicemente: *His pronunciation is simply terrible,* La sua pronuncia è assolutamente terribile — *She looks simply lovely,* È assolutamente deliziosa. **3** semplicemente; solamente; soltanto: *You must believe me simply on my word,* Devi credermi soltanto sulla parola — *It's simply a matter of working hard,* È semplicemente questione di lavorare sodo.

simulacrum [,simju'leikrəm] *s.* (*pl.* **simulacra**) simulacro *(anche fig.).*

to **simulate** ['simjuleit] *vt* **1** simulare; fingere: *simulated enthusiasm,* finto entusiasmo. **2** assumere l'aspetto di; imitare.

simulation [,simju'leiʃən] *s.* simulazione; finzione; finta.

simulator ['simjuleitə*] *s.* simulatore.

simultaneous [,siməl'teinjəs] *agg* simultaneo.

□ *avv* **simultaneously.**

simultaneousness, simultaneity [,siməl'teinjəsnis/,siməltə'niəti] *s.* simultaneità.

sin [sin] *s.* **1** peccato: *to confess one's sins to a priest,* confessare i propri peccati ad un prete — *to ask for one's sins to be forgiven,* chiedere il perdono dei propri peccati — *original sin,* peccato originale — *deadly (mortal) sin,* peccato mortale — *the seven deadly sins,* i sette peccati capitali — *to live in sin,* vivere nel peccato. **2** *(fam.)* peccato; colpa; fallo; errore; offesa *(contro qcno): It's a sin to give the children so much homework,* È un errore dare ai bambini tanto compito.

to **sin** [sin] *vi* (**-nn-**) peccare; macchiarsi di una colpa.

since [sins] **I** *avv* **1** *(con il v. al pass. prossimo o al trapassato prossimo)* da allora; da allora in poi; da quel momento; in seguito: *He left home in 1970 and has not been heard of since,* Se ne è andato da casa nel 1970 e da allora non si è saputo più nulla di lui — *ever since,* da allora; da allora in poi — *He went to Turkey in 1967 and has lived there ever since,* Andò in Turchia nel 1967 e da allora abita laggiù — *The town was destroyed by an earthquake ten years ago and has since been rebuilt,* La città fu distrutta dieci anni fa da un terremoto ed è stata poi ricostruita. **2** *(piuttosto desueto: con il v. al pres. o al pass.)* fa: *He did it many years since,* Fece questo molti anni fa — *long since, (generalm. usato in fine di frase)* molto tempo fa — *How long since is it?,* Quanto tempo fa (è successo)?

II *prep (con il v. al pass. prossimo o trapassato prossimo nella frase principale: ma ⇨ anche il* **III**, *congiunz.)* da; da quando; dal tempo in cui: *She hasn't been home since her marriage,* Non è più tornata a casa sua da quando si è sposata — *Since last seeing you I have been ill,* Sono ammalato da quando ti ho visto l'ultima volta.

III *congiunz* **1** *(con il v. al pres. o al pass. prossimo nella frase principale)* dal momento che; da quando; da chi: *Where have you been since I last saw you?,* Dove sei stato da quando ti ho visto l'ultima volta? — *How long is it since you were in London?,* Quant'è che (Da quando) sei a Londra? — *It is just a week since we arrived here,* È esattamente una settimana che siamo arrivati qui. **2** poiché; giacché; siccome; dal momento che; visto che: *Since we haven't the money, we cannot buy it,* Poiché non abbiamo i soldi non possiamo comperarlo — *Since you insist...,* Visto che insisti...

sincere [sin'siə*] *agg* **1** *(di sentimenti, comportamento)* sincero; genuino; vero: *It is my sincere belief that...,* È mio sincero convincimento che... — *Are they sincere in their wish to disarm?,* Sono sinceri nel loro desiderio di disarmo (di ridurre gli armamenti)? **2** *(di persone)* sincero; schietto; franco.

□ *avv* **sincerely,** sinceramente; francamente: *(nelle lettere) Yours sincerely,* Cordialmente (Suo); Cordiali saluti.

sincerity [sin'seriti] *s.* sincerità; franchezza; schiettezza; onestà: *(speaking) in all sincerity,* (parlando) con tutta sincerità.

[1]**sine** ['saini] *prep lat* 'sine'; senza: *sine die,* a tempo indeterminato — *sine qua non,* condizione essenziale.

[2]**sine** [sain] *s. (trigonometria)* seno.

sinecure ['sainikjuə*] *s.* sinecura.

sinew ['sinju:] *s.* **1** tendine; nervo. **2** *(al pl.)* nerbo; energia; forza fisica; vigore *(anche fig.): the sinews of war,* il nerbo della guerra.

sinewy ['sinju:i] *agg* **1** tendinoso; fibroso. **2** nerboruto; muscoloso; vigoroso: *sinewy arms,* braccia muscolose.

sinful ['sinful] *agg* peccaminoso; immorale; colpevole; malvagio. □ *avv* **sinfully.**

sinfulness ['sinfulnis] *s.* immoralità; colpevolezza; stato di peccato.

to **sing** [siŋ] *vt e i.* (*pass.* **sang**; *p. pass.* **sung**) **1** cantare; intonare cantando: *to sing a French song,* cantare, intonare una canzone francese — *to sing to the guitar (to a piano accompaniment),* cantare accompagnandosi alla chitarra (con l'accompagnamento del pianoforte) — *She sang the baby to sleep,* Addormentò il bambino cantandogli una ninna nanna — *Will you sing a song for me?,* Mi canti una canzone?; Dài, cantami una canzone — *You are not singing in tune (are singing out of tune),* Canti fuori tono — *The birds were singing,* Gli uccelli cantavano — *My heart sang with joy, (fig.)* Il mio cuore esultava di gioia — *to sing another song (tune), (fig.)* cambiare registro (tono); abbassare la cresta.

2 cantare; celebrare in versi: *'Arms and the man I sing...',* 'Canto l'armi e l'eroe...' — *to sing (of) sb's exploits,* celebrare (con versi, con canti) le imprese di qcno — *to sing sb's praises,* celebrare, cantare le lodi di qcno.

3 essere cantabile: *This aria doesn't sing well,* Quest'aria non è cantabile.

4 borbottare; brontolare; *(di orecchi)* ronzare; *(di vento, pallottola)* fischiare: *The kettle was singing on* *the hob,* Il pentolino dell'acqua stava borbottando sul focolare.

to sing in (out), celebrare; festeggiare l'inizio (la fine) di qcsa: *to sing the Old Year out and the New Year in,* festeggiare *(con canti, allegramente)* la fine dell'anno vecchio e l'inizio dell'anno nuovo.

to sing out, chiamare; gridare; ordinare con voce forte: *to sing out an order,* gridare un ordine.

to sing up, cantare più forte; alzare la voce: *Sing up girls, and let's hear you!,* Su ragazze, cantate forte che vi sentiamo!

singable ['siŋəbl] *agg* cantabile: *Much of this modern music is not singable,* Buona parte di questa musica moderna non è cantabile.

singe [sin*d*ʒ] *s.* bruciacchiatura; strinatura; lieve bruciatura *(su tessuto, ecc.)*.

to **singe** [sin*d*ʒ] *vt* (*p. pres.* **singeing**) **1** bruciacchiare *(spec. i capelli): to have one's hair cut and singed,* farsi tagliare i capelli e bruciare le punte. **2** strinare; bruciare lievemente: *If the iron is too hot you'll singe that nightdress,* Se il ferro è troppo caldo brucerai quella camicia da notte — *She was busy singeing the poultry,* Era occupata a strinare il pollame.

□ *vi* bruciacchiarsi; bruciarsi leggermente; scottarsi; strinarsi.

singer ['siŋə*] *s.* **1** cantante; cantore; cantatrice. **2** uccello canoro.

singing ['siŋiŋ] *s.* **1** canto; il cantare: *to teach singing,* insegnare canto — *singing-master,* maestro di canto — *to take singing lessons,* prendere lezioni di canto. **2** *(degli orecchi)* ronzio.

single ['siŋgl] *agg* **1** unico; solo; semplice: *a single track,* un binario semplice — *a single ticket,* un biglietto di corsa semplice — *to walk in single file,* camminare in fila indiana — *single combat,* combattimento corpo a corpo; singolar tenzone — *single-seater,* monoposto — *single-engined,* monomotore — *single-breasted, (di cappotto o giacca)* monopetto — *single-handed,* fatto da solo, senz'aiuto — *single-minded,* coerente; leale; devoto ad una causa. **2** non sposato; celibe; scapolo; nubile: *single men and women,* celibi e nubili — *to remain single,* restar scapolo (o nubile). **3** singolo; per una persona sola: *a single bed,* un letto ad una piazza — *the single state (life),* il celibato; il nubilato. **4** *(bot.)* semplice: *a single tulip,* un tulipano semplice *(con una sola corolla)*.

□ *avv* **singly.**

□ *s.* **1** *(nel tennis, nel golf)* singolo; singolare; *(nel cricket)* colpo che permette al battitore di segnare un 'run'; *(nel baseball)* colpo che permette al battitore di raggiungere la prima posizione. **2** *(abbr. per* single ticket*)* biglietto di sola andata: *two singles to Leeds,* due biglietti di sola andata per Leeds.

singleness ['siŋglnis] *s.* singolarità; unicità: *singleness of purpose,* unicità di propositi; devozione ad una sola causa.

to **single out** [,siŋgl'aut] *vt* scegliere; distinguere.

singlet ['siŋglit] *s.* maglietta; camiciola.

singleton ['siŋgltən] *s.* **1** carta unica di un seme *(in mano a un giocatore)*. **2** cosa unica *(la sola esistente)*. **3** *(genetica umana)* figlio unico.

singsong ['siŋsɔŋ] *s.* **1** raduno canoro; concerto vocale improvvisato. **2** cantilena; canto monotono: *in a singsong,* con cantilena.

□ *(attrib.)* monotono; cantilenante: *in a singsong voice,* con voce monotona.

singular ['siŋgjulə*] *agg* **1** *(poco comune)* singolare; strano; insolito: *Isn't it unwise to make yourself so singular in your dress?,* Non è insensato da parte tua vestirti in un modo così strano? **2** eccezionale; fuori del comune; straordinario: *a man of singular courage and honesty,* un uomo di un coraggio e di un'onestà fuori dell'ordinario. **3** *(gramm.)* singolare.

□ *avv* **singularly.**

□ *s. (gramm.)* (il) singolare: *The singular of 'children' is 'child',* Il singolare di 'children' è 'child'.

singularity [,siŋgju'læriti] *s.* singolarità; stranezza.

to **singularize** ['siŋgjuləraiz] *vt* singolarizzare; distinguere, distinguersi; rendere singolare.

Sinhalese [,sinhə'li:z] *agg e s.* singalese.

sinister ['sinistə*] *agg* **1** sinistro; funesto; minaccioso; di cattivo augurio; che porta sfortuna: *a sinister beginning,* un inizio funesto. **2** sinistro; malvagio; cattivo: *a sinister face,* una faccia cattiva, sinistra — *sinister looks,* occhiate sinistre. **3** *(araldica)* sinistro *(sulla parte sinistra dello scudo): bar sinister (talvolta bend obaton sinister),* sbarra (banda, pezza a forma di bastone) sinistra *(segno di discendenza per parte illegittima)*. □ *avv* **sinisterly.**

sink [siŋk] *s.* **1** lavello; acquaio; lavandino *(di cucina); (più raro)* scarico; scolo: *She complains that she spends her life at the kitchen sink,* Si lamenta che passa metà della sua vita all'acquaio (a lavare). **2** *(fig.)* ricettacolo; sentina: *That part of the town is a sink of iniquity,* Quella parte della città è una sentina di vizi (è il ricettacolo della delinquenza). **3** *(geologia)* palude; lago salmastro; *(USA)* foiba; voragine.

to **sink** [siŋk] *vi* (*pass.* **sank**; *p. pass.* **sunk**; *come agg.* **sunken** ⇨) **1** affondare; andare a fondo; andare giù; colare a picco; immergersi; sommergersi; sprofondare, sprofondarsi; *(di sole)* calare; tramontare; scomparire: *The ship sank,* La nave colò a picco, affondò — *The sun was sinking in the west,* Ad occidente il sole stava tramontando — *Leave him to sink or swim,* Lascia che se la cavi da solo; O la va o la spacca.

2 cedere; calare; degradare; lasciarsi cadere; *(di cuore, gambe)* cedere; mancare, venir meno: *The foundations have sunk,* Le fondamenta hanno ceduto — *The ground sinks to the sea,* Il suolo degrada verso il mare — *He sank into a chair,* Si lasciò cadere su una poltrona — *The soldier sank to the ground badly wounded,* Il soldato cadde a terra gravemente ferito — *His heart sank at the thought of failure,* Si sentì venir meno al pensiero del fallimento.

3 *(fig.)* sprofondarsi; immergersi; abbassarsi; avvilirsi; umiliarsi; *(di ammalato)* peggiorare; venir meno; morire: *He sank into a deep sleep,* Cadde in un sonno profondo — *He was sunk in thought (despair),* Era tutto assorto nei suoi pensieri (Era sprofondato nella disperazione) — *He is sinking fast,* Sta peggiorando rapidamente — *to sink into vice,* lasciarsi andare al vizio — *to sink into insignificance,* sprofondare nella mediocrità, nell'oblio — *He sank in the estimation of his friends,* Decadde nella stima dei suoi amici.

4 *(di liquidi e fig., di idee, ecc.)* penetrare o scendere profondamente; infiltrarsi; imprimersi: *The rain sank into the dry ground,* La pioggia penetrò profondamente nel terreno arido — *Let this warning sink in (sink into your mind),* Che questo ammonimento ti rimanga ben impresso in mente.

□ *vt* **1** affondare; mandare a fondo; immergere.

2 abbassare: *He sank his voice to a whisper,* La sua voce si fece un bisbiglio.

3 scavare; ficcare; infiggere; piantare; incavarsi: *to sink a well,* scavare un pozzo — *to sink a post one foot deep in the ground,* infiggere un palo nel terreno per la profondità di un piede.

4 *(comm.)* investire: *He has sunk half his fortune in a*

new business undertaking, Ha investito metà dei suoi capitali in una nuova impresa commerciale.
5 *(comm.)* ammortizzare: *sinking fund,* fondo d'ammortamento.
□ *to sink a die,* incidere uno stampo — *Let us sink our differences and work together,* Mettiamo da parte tutti i nostri dissensi e lavoriamo assieme.

sinkable ['siŋkəbl] *agg* affondabile.

sinker ['siŋkə*] *s.* **1** scavatore; perforatore *(di pozzi, ecc.).* **2** piombo; peso *(di scandaglio, di lenza).* **3** *(mecc.)* incisore; punta; platina.

sinkhole ['siŋk,houl] *s.* scarico; pozzo di scarico; pozzo nero.

sinking ['siŋkiŋ] *agg (spec. in) a sinking feeling,* una sensazione spiacevole *(allo stomaco: per paura o fame).*
□ *s.* **1** affondamento; abbassamento; cedimento; sprofondamento. **2** scavo; trivellazione *(d'un pozzo).* **3** *(mecc.)* incisione. **4** *(comm.)* investimento *(di denaro);* ammortamento *(di un debito)* — *sinking fund* ⇨ **to sink,** *vi* **5.**

sinless ['sinlis] *agg* senza peccato; senza colpa; puro; innocente. □ *avv* **sinlessly.**

sinlessness ['sinlisnis] *s.* innocenza; immunità da peccato.

sinner ['sinə*] *s.* peccatore.

Sinologist [si'nɔlədʒist] *s.* sinologo.

Sinology [si'nɔlədʒi] *s.* sinologia.

sinuosity [,sinju'ɔsiti] *s.* sinuosità.

sinuous ['sinjuəs] *agg* sinuoso. □ *avv* **sinuously.**

sinus ['sainəs] *s.* (*pl.* **sinuses, sinus**) **1** *(anat.)* cavità; seno. **2** *(bot.)* seno *(tra i due lobi della foglia).*

sinusitis [,sainə'saitis] *s.* sinusite.

sinusoid ['sainəsɔid] *s.* (curva) sinusoide.

sinusoidal [,sainə'sɔidl] *agg (matematica)* sinusoide; sinusoidale.

sip [sip] *s.* (piccolo) sorso.

to **sip** [sip] *vt e i.* (**-pp-**) centellinare; sorseggiare.

siphon ['saifən] *s.* sifone *(in ogni senso): soda-siphon,* sifone da seltz.

to **siphon** ['saifən] *vt (seguito da* off *o* out*)* travasare *(per mezzo d'un sifone).*
□ *vi* uscire *(attraverso un sifone).*

sir [sə(:)*] *s.* **1** *(come forma di cortesia al vocativo; anche all'inizio di una lettera)* signore: *Yes, sir,* Sì, signore — *Dinner is served, sir,* Il pranzo è pronto, signore — *Sir, it is my duty to inform you that the maids are on strike,* Signore, è mio dovere informarLa che le domestiche sono scese in sciopero — *'No, my dear sir',* 'No, mio caro signore' — *Dear Sir (Dear Sirs),* Egregio signore (Egregi signori). **2** *(titolo davanti a nome proprio. NB: mai davanti al solo cognome, ma spesso davanti al solo nome di battesimo)* 'Sir': *Sir Winston Churchill,* 'Sir' Winston Churchill — *Dear Sir John, (p.es. all'inizio di una lettera)* Caro Sir John; Egregio Sir John.

sire ['saiə*] *s.* **1** *(ant.)* padre; antenato. **2** *(ant. con la maiuscola)* sire; maestà. **3** *(di un cavallo o di animale in genere)* progenitore: *race-horses with pedigree sires,* cavalli da corsa con progenitori di purissima razza.

to **sire** ['saiə*] *vt (spec. di cavallo maschio)* essere progenitore di; generare: *a Derby winner sired by Pegasus,* un vincitore del 'Derby' *(famosa corsa ippica),* figlio di Pegasus.

siren ['sairən] *s.* **1** *(mitologia)* sirena. **2** *(di fabbrica, di nave, ecc.)* sirena.

sirloin ['sə:lɔin] *s.* lombo di manzo; filetto.

sirocco [si'rɔkou] *s.* scirocco.

sirrah ['sirə] *s. (ant., spreg.)* messere.

sirup ['sirəp] *s.* = **syrup.**

sisal ['saisl/'sisl] *s. (pianta)* agave sisalana: *sisal fibre,* sisal.

siskin ['siskin] *s. (zool.)* lucherino.

sissy ['sisi] *s. (fam.)* donnicciola; uomo o ragazzo effeminato.

sissyish, sissyfied ['sisiiʃ/'sisifaid] *agg (fam.)* effeminato; di (da) donnicciola.

sister ['sistə*] *s.* **1** sorella; persona che si comporta come una sorella: *half-sister (anche* step-sister*),* sorellastra — *sister-in-law, (pl.* sisters-in-law*)* cognata — *She was a sister to him,* Fu come una sorella per lui. **2** *(GB)* infermiera-capo *(in un ospedale).* **3** suora; monaca; religiosa: *Sisters of Mercy,* Suore della Misericordia. **4** *(attrib.)* uguale; dello stesso tipo e disegno: *sister ships,* navi gemelle.

sisterhood ['sistəhud] *s.* congregazione; confraternita di religiose *(dedite alle cure degli infermi o alle opere pie);* comunità di monache.

sisterly ['sistəli] *agg* di sorella; da sorella; fraterno: *sisterly love,* amore di sorella.

to **sit** [sit] *vt e i.* (**-tt-**) (*pass. e p. pass.* **sat**) **1** sedere; stare seduto; sedersi: *He sits here,* Si siede qui — *The child is not big enough to sit at the table yet,* Il bambino non è ancora abbastanza grande per poter sedere a tavola — *to sit tight,* tenersi saldo, fermo *(p.es. in sella, o anche fig., in una situazione difficile).* **2** riunirsi; essere riunito *(di un comitato, di una assemblea, ecc.);* essere in seduta: *The House of Commons was still sitting at three a.m.,* La Camera dei Comuni era ancora in seduta alle tre di notte. **3** montare; tenersi in sella: *She sits her horse well,* Si tiene bene in sella. **4** appollaiarsi; accovacciarsi; accucciarsi: *a sitting duck,* un'anatra appollaiata; *(fig.)* un bersaglio facile. **5** *(riferito a volatili domestici)* covare: *That hen wants to sit,* Quella gallina ha bisogno di covare. **6** mettere a sedere; *(ant.)* mettersi a sedere: *He picked up the child and sat her at a little table,* Sollevò la bambina e la mise a sedere su un piccolo tavolo. **7** *(di abiti)* stare; adattarsi: *The coat sits badly across the shoulders,* La giacca cade male sulle spalle — *His new dignity sits well on him,* La sua nuova dignità gli si confà perfettamente.

to sit back, *(fig.)* rilassarsi; riposarsi.

to sit down, - **a)** sedersi; prendere posto - **b)** *to sit down under insults (ecc.),* sopportare insulti (ecc.).

to sit for, - **a)** *to sit for an examination,* dare un esame - **b)** *to sit for one's portrait,* posare per il proprio ritratto - **c)** *to sit for a constituency,* rappresentare una circoscrizione; essere il deputato di una circoscrizione.

to sit in, - **a)** 'occupare' *(una fabbrica, un istituto, ecc. in segno di protesta)* - **b)** *to sit in on sth,* partecipare a qcsa come uditore.

to sit on (upon), - **a)** *(fam.)* smontare; umiliare; snobbare; mortificare: *That impudent fellow needs sitting on (to be sat upon),* Quell'impudente ha bisogno di essere messo a posto - **b)** *to sit on (a jury, a committee),* fare parte (di una giuria, di un comitato).

to sit out, - **a)** assistere fino alla fine: *The film was awful, but they sat it out,* Il film era terribile, ma rimasero fino alla fine - **b)** tenersi (rimanere) fuori; non prendere parte: *I think I'll sit out the next dance,* Credo che non ballerò il prossimo ballo - **c)** sedere all'aperto, fuori: *Let us go and sit out,* Andiamo a sederci fuori.

to sit to, posare: *to sit to an artist,* posare per un artista.

to sit up, - **a)** alzarsi a sedere *(spec. sul letto): The* *patient is well enough to sit up in bed now,* Ormai il malato sta bene abbastanza da potersi sedere sul letto — *Sit up straight, children!,* State seduti bene (con la schiena eretta), bambini! - **b)** vegliare; restare alzato (non andare a letto): *I shall be late getting back, so please don't sit up for me,* Farò tardi, perciò per favore non restare alzato per causa mia — *The nurse sat up with her patient all night,* L'infermiera vegliò il malato tutta la notte - **c)** *to make (sb) sit up, (fam.)* allarmare (spaventare, mettere in apprensione, spronare, incitare) qcno.

sit-down ['sit,daun] *agg (nell'espressione) a sit-down strike,* uno sciopero con occupazione dell'azienda.

site [sait] *s.* sito; luogo; posto; *(di malattia)* localizzazione: *a building site,* un cantiere.

to **site** [sait] *vt* situare; collocare.

sit-in ['sit,in] *s.* occupazione *(di azienda, edificio universitario, ecc.).*

sitter ['sitə*] *s.* **1** persona che posa per un ritratto. **2** chioccia. **3** animale in riposo *(perciò più facile da colpire); (per estensione)* bersaglio facile.

sitting ['sitiŋ] *s.* **1** sessione *(periodo di attività di una assemblea, comitato, corte di giustizia, ecc.).* **2** tirata: *to finish reading a book at one sitting,* riuscire a leggere un libro in una sola tirata. **3** seduta *(di posa per un ritratto, ecc.): The artist wants you to give him six sittings,* L'artista vuole che gli concediate sei sedute. **4** tornata; turno: *In the dining room of this hotel a hundred people can be served at one sitting,* Nella sala da pranzo di questo albergo cento persone possono essere servite in una sola tornata. **5** covata *(insieme di uova che vengono covate).* □ *sitting room,* (camera di) soggiorno.

situate ['sitjueit] *agg (lett.)* = **situated.**

situated ['sitjueitid] *agg* **1** situato; collocato; posto. **2** *(di persona)* in una particolare situazione: *The widow was badly situated,* La vedova era in una situazione difficile (era in ristrettezze finanziarie) — *I'm awkwardly situated just now,* In questo momento sono messo assai male.

situation [,sitju'eiʃən] *s.* **1** situazione; posizione; collocazione *(di una città, di un edificio, ecc.).* **2** situazione; condizione; stato delle cose: *to be in an embarrassing situation,* trovarsi in una situazione imbarazzante. **3** impiego; lavoro; posto: *to be out of a situation,* essere disoccupato.

sitz bath ['sitsbɑːθ] *s.* semicupio.

six [siks] *s. e agg* sei: *in sixes,* a sei per volta — *the Six,* i Sei paesi fondatori del Mercato Comune — *six-footer, (fam.)* persona *(spec. uomo)* o cosa alta sei piedi — *six-shooter,* rivoltella a sei colpi — *six of the best, (GB, un tempo, a scuola)* sei colpi di verga. □ *It's six of one and half a dozen of the other,* Praticamente non c'è nessuna differenza tra i due; Se non è zuppa è pan bagnato; Uno è colpevole quanto l'altro — *to be at sixes and sevens,* essere in gran confusione; essere in disordine.

sixfold ['siksfould] *agg e avv* sestuplo; sei volte tanto.

sixpence ['sikspəns] *s.* **1** moneta da sei penny; mezzo scellino *(prima dell'adozione del sistema decimale nel 1971): Can you give two sixpences for this shilling?,* Puoi cambiarmi questo scellino con due monete da sei penny? **2** valore del mezzo scellino.

sixpenny ['sikspəni] *agg* da sei penny; del costo di mezzo scellino: *There are no sixpenny seats in this cinema,* Non ci sono posti da sei penny in questo cinema.

sixteen ['siks'tiːn] *s. e agg* sedici.

sixteenth ['siks'tiːnθ] *s. e agg* sedicesimo; un sedicesimo.

sixth [siksθ] *s. e agg* sesto; un sesto. □ *avv* **sixthly,** in sesto luogo.

sixtieth ['sikstiiθ] *s. e agg* sessantesimo; un sessantesimo.

sixty ['siksti] *s. e agg* sessanta: *sixty minutes,* sessanta minuti — *sixty-one, sessantuno* — *sixty-first; sixty-second; sixty-third,* sessantunesimo; sessantaduesimo; sessantatreesimo — *in the sixties,* - **a)** nei sessanta - **b)** negli anni sessanta.

sizable ['saizəbl] *agg* piuttosto grande; di dimensioni considerevoli. □ *avv* **sizably.**

sizar ['saizə*] *s. (GB: all'università di Cambridge o al Trinity College di Dublino)* borsista.

[1]**size** [saiz] *s.* **1** misura; dimensione; formato; proporzione; grandezza: *a building of vast size,* un fabbricato di enormi dimensioni — *It was about the size of a duck's egg,* Era press'a poco delle dimensioni di un uovo di anatra — *... of some size,* ... di una certa grandezza; ... abbastanza grande — *They're both of a size,* Sono entrambi della stessa misura — *That's about the size of it, (fam.)* Così, a un dipresso, stanno le cose; Press'a poco così sono andate le cose — *a life-size portrait,* un ritratto a grandezza naturale. **2** *(di vestiti, scarpe, ecc.)* taglia; numero; misura: *size five shoes,* scarpe di misura cinque — *to be three sizes too large,* essere più grande di tre numeri — *all sizes of gloves,* tutte le misure di guanti — *king size, (di sigarette)* formato grande; formato maggiore — *What size hat do you wear (take)?,* Che numero di cappello porti?

[1]to **size** [saiz] *vt* **1** ordinare; raggruppare; classificare; fare la cernita secondo la misura. **2** *(mecc.)* ridurre, determinare, definire la misura; ridimensionare. **3** *to size sth or sb up,* calcolare la grandezza di qcsa (qcno); valutare le dimensioni di qcsa (qcno); *(fam.)* giudicare, farsi un'idea di qcsa (qcno).

[2]**size** [saiz] *s. (industria tessile)* colla; appretto; bozzima.

[2]to **size** [saiz] *vt* imbozzimare; dare l'appretto *(a una parete, ecc.).*

sizeable ['saizəbl] *agg* = **sizable.**

-sized ['saizd] *(nei composti)* della misura di...; di formato...: *medium-sized,* di formato medio — *pint-sized, (fam.)* minuscolo; piccino.

sizer ['saizə*] *s.* **1** cernitore, cernitrice. **2** *(industria tessile)* macchina imbozzatrice. **3** *(industria mineraria)* pezzatore *(di minerali).*

sizing ['saiziŋ] *s.* **1** *(industria tessile)* imbozzimatura; incollatura; apprettamento. **2** *(mecc.)* dimensionamento.

sizy ['saizi] *agg* colloso; appiccicoso; vischioso.

to **sizzle** ['sizl] *vi* **1** sfrigolare: *A steak was sizzling in the pan,* Una bistecca sfrigolava nella padella. **2** *(fig.)* friggere *(per la rabbia);* scoppiare *(per il caldo).*

[1]**skate** [skeit] *s.* pattino.

to **skate** [skeit] *vi* pattinare; percorrere pattinando. □ *to skate (spesso: to be skating) on thin ice, (fig.)* trattare un argomento delicato o pericoloso; camminare sul filo del rasoio — *to skate over a problem,* sfiorare appena una questione.

[2]**skate** [skeit] *s. (zool.)* razza.

skater ['skeitə*] *s.* pattinatore.

skating ['skeitiŋ] *s. (spesso* ice-skating*)* pattinaggio: *roller-skating,* pattinaggio a rotelle — *skating-rink,* pista di pattinaggio *(anche a rotelle).*

to **skedaddle** [ski'dædl] *vi (fam.)* darsela a gambe; svignarsela.

skeet [ski:t] **1** *(naut.)* sassola. **2** *(USA, sport)* piattello.

skein [skein] *s.* matassa.

skeleton ['skelitn] *s.* **1** scheletro: *the skeleton in the cupboard,* ciò che in una famiglia si tace per vergogna; il segreto di famiglia. **2** *(di un edificio, ecc.)* ossatura; scheletro; intelaiatura; parte strutturale; *(di una teoria, ecc.)* schema; abbozzo; progetto di massima: *the steel skeleton of a new building,* la struttura d'acciaio di un nuovo edificio. **3** slittino; 'skeleton'. □ *a skeleton key,* una comunella; un passepartout — *a skeleton staff,* un organico ridotto al minimo.

skep [skep] *s.* **1** cesta di vimini. **2** alveare *(di paglia o vimini).*

skeptic ['skeptik] *agg* = **sceptic.**

sketch [sketʃ] *s.* **1** schizzo; bozzetto: *sketch-book; sketch-block,* album di schizzi — *sketch-map,* carta muta *(con i contorni ma con pochi dettagli).* **2** abbozzo *(di racconto);* descrizione per sommi capi; trattazione sommaria: *He gave me a sketch of his plans for the expedition,* Mi ha fatto un sommario dei suoi piani per la spedizione. **3** 'sketch'; scenetta *(generalm. umoristica).* **4** *(fam.)* macchietta; tipo buffo.

to **sketch** [sketʃ] *vt e i.* **1** schizzare; abbozzare; buttar giù sulla carta per sommi capi *(un disegno, un progetto, ecc.); (spesso seguito da* out*)* fare un sommario: *to sketch out proposals for a new road,* buttar giù degli schemi per una nuova strada. **2** fare schizzi; fare bozzetti: *My sister often goes to the country to sketch,* Mia sorella va spesso in campagna a fare degli schizzi.

sketchiness ['sketʃinis] *s.* sommarietà; incompletezza; approssimazione.

sketchy ['sketʃi] *agg* (**-ier**; **-iest**) **1** abbozzato; accennato ma senza dettagli. **2** incompleto; impreciso: *He has a rather sketchy knowledge of geography,* Ha una conoscenza piuttosto approssimativa della geografia. □ *avv* **sketchily.**

skew [skju:] *agg* storto; sbilenco; sghembo; obliquo; *(statistica)* asimmetrico; anormale: *skew-eyed, (fam.)* strabico.

skewbald ['skju:bɔ:ld] *agg (di cavallo)* pomellato.

skewer ['skjuə*] *s.* spiedo.

to **skewer** ['skjuə*] *vt* infilzare con lo spiedo.

ski [ski:/ʃi:] *s.* (*pl.* **skis** *o meno comunemente* **ski**) sci: *a pair of skis,* un paio di sci — *to bind on one's ski(s),* attaccarsi gli sci — *ski-jump,* salto con gli sci — *ski-lift,* sciovia — *ski-plane,* aeroplano appositamente attrezzato di sci per atterraggi sulla neve.

to **ski** [ski:/ʃi:] *vi* (*pass. e p. pass.* **ski'd**; *p. pres.* **skiing**) sciare: *to go skiing at the New Year,* andare a sciare a Capodanno — *to go in for skiing,* dedicarsi allo sci; essere appassionato di sci.

skid [skid] *s.* **1** *(mecc.)* pattino. **2** slittata; slittamento; sbandata *(a causa di neve, ghiaccio, ecc.): How would you get out of a skid?,* Come te la caveresti in una sbandata?

to **skid** [skid] *vi* (**-dd-**) *(di un'automobile)* slittare; fare una slittata.

skidding ['skidiŋ] *s.* slittamento.

skier [ski:ə*/ʃi:ə*] *s.* sciatore.

skies [skaiz] *s. pl di* **sky.**

skiff [skif] *s.* scialuppa; barca a remi.

skiffle ['skifl] *s.* musica popolare (derivata dal 'folk') fortemente ritmata, dei primi Anni Sessanta.

skiing ['ski:iŋ] *s.* lo sci; lo sciare: *a skiing instructor,* un maestro di sci — *a skiing lesson,* una lezione di sci.

skilful ['skilful] *agg* (*USA* **skillful**) abile; esperto; bravo; destro: *He's not very skilful with his chopsticks (not very skilful at using chopsticks),* Non è molto bravo a mangiare con i bastoncini. □ *avv* **skilfully.**

skill [skil] *s.* **1** abilità; pratica; destrezza. **2** tecnica.

skilled [skild] *agg* esperto; abile; specializzato: *to be skilled in doing sth,* essere abile nel fare qcsa — *skilled workmen,* operai specializzati — *skilled work,* lavoro da specialista — *skilled labour,* mano d'opera specializzata.

skillet ['skilit] *s.* casseruola con manico lungo e (di solito) tre piedi.

skilly ['skili] *s.* brodaglia; zuppa d'avena diluita.

to **skim** [skim] *vt e i.* (**-mm-**) **1** schiumare; scremare; spannare: *to skim milk,* scremare il latte — *to skim the cream from the milk,* togliere via la panna dal latte — *to skim off the grease from sth,* sgrassare qcsa *(una minestra, brodo, ecc.)* — *skimmed-milk,* latte scremato. **2** *(spesso seguito da* over*)* rasentare; sfiorare: *The swallows were skimming (over) the water,* Le rondini stavano volando raso sull'acqua. **3** *(spesso seguito da* through*)* scorrere; leggere rapidamente: *to skim (through) a newspaper (a catalogue, ecc.),* scorrere un giornale (un catalogo, ecc.).

skimmer ['skimə*] *s.* **1** schiumarola; scrematore. **2** *(zool.)* rincope nero.

to **skimp** [skimp] *vt e i.* lesinare; limitare; far economia: *to skimp the butter when making a cake,* lesinare sul burro nel preparare una torta — *They are so poor that they have to skimp,* Sono così poveri che devono fare strette economie.

skimpy ['skimpi] *agg* (**-ier**; **-iest**) **1** tirchio; spilorcio. **2** *(di un vestito, ecc.)* fatto con molta economia; *(per estensione)* succinto. □ *avv* **skimpily.**

skin [skin] *s.* **1** pelle; epidermide; cute: *She is all skin and bone,* È soltanto pelle e ossa — *We all got soaked to the skin,* Ci bagnammo fino all'osso — *to escape by the skin of one's teeth,* farcela per il rotto della cuffia; cavarsela per un pelo — *to save one's skin,* salvare la pelle — *skin-diving,* pesca subacquea in apnea — *skin-deep,* superficiale; a fior di pelle — *to have a thin (thick) skin,* essere ipersensibile (avere la pelle dura) — *skin-grafting,* innesto; trapianto di pelle. **2** pelle *(di animale);* pellame; cuoio; pelle non conciata: *rabbit skins,* pelli di coniglio. **3** otre: *wine skins,* otri di vino. **4** buccia *(di un frutto);* scorza *(di una pianta): to slip on a banana skin,* scivolare su una buccia di banana — *grape-skins,* la buccia dell'uva. **5** pelle; pellicola *(del latte).*

to **skin** [skin] *vt e i.* (**-nn-**) **1** spellare; scuoiare; scorticare; sbucciare: *to skin a rabbit,* scuoiare un coniglio — *thick-skinned, (fig.)* insensibile; duro — *thin-skinned, (fig.)* ipersensibile — *to keep one's eyes skinned, (fam.)* tenere gli occhi bene aperti; stare in guardia. **2** *(fam.)* imbrogliare; derubare; spogliare; pelare: *He was skinned of all his money by a confidence trickster,* Fu derubato di tutto il suo denaro da un truffatore (all'americana). **3** rifar la pelle; ricoprirsi di pelle; cicatrizzarsi: *The wound skinned over,* La ferita si cicatrizzò.

skinflint ['skinflint] *s.* miserabile; taccagno; avaro.

skinful ['skinful] *s.* **1** quanto sta in un otre di pelle; otre. **2** *(fam.)* scorpacciata.

skinless ['skinlis] *agg* **1** senza pelle. **2** senza buccia.

skinny ['skini] *agg* (**-ier**; **-iest**) scarno; magro; tutt'ossa.

skint [skint] *agg (GB, sl.)* senza una lira; senza un soldo.

[1]**skip** [skip] *s. (industria)* benna; tazza.

[2]**skip** [skip] *s.* balzo; salto: *a hop, a skip and a jump,* un saltello, un balzo e un salto. □ *skip distance, (radio)* zona di silenzio — *skip bombing,* bombardamento da bassa quota.

to **skip** [skip] *vi e t.* (**-pp-**) **1** balzare; saltare; saltellare: *to skip over an obstacle,* saltare un ostacolo — *The lambs were skipping about in the fields,* Gli agnellini saltellavano nei prati. **2** saltare la corda: *skipping-rope,* corda per saltare. **3** *(fig.)* fare un salto *(in un luogo);* cambiare argomento; saltare di palo in frasca: *to skip over (o across) to Paris for the week-end,* fare un salto a Parigi per il week-end — *He skipped from one subject to another,* È saltato da un argomento ad un altro. **4** *(generalm. seguito da* off*)* tagliare la corda; svignarsela: *He skipped off without saying anything to any of us,* Se l'è svignata senza dire nulla a nessuno di noi. **5** omettere; tralasciare; sorvolare: *We'll skip the next chapter!,* Tralasceremo il prossimo capitolo!

[1]**skipper** ['skipə*] *s.* esperia.

[2]**skipper** ['skipə*] *s.* **1** *(fam.)* capitano *(di squadra sportiva, di piccolo mercantile o peschereccio, o di aereo).* **2** *(vocativo, fam.)* 'capo'.

skirl [skə:l] *s.* suono acuto e stridulo *(spec. di cornamuse).*

skirmish ['skə:miʃ] *s. (mil. e fig.)* scaramuccia; schermaglia.

to **skirmish** ['skə:miʃ] *vi* fare scaramucce.

skirmisher ['skə:miʃə*] *s.* chi partecipa ad una scaramuccia; soldato di pattuglia.

skirt [skə:t] *s.* **1** gonna; sottana. **2** parte inferiore *(dalla vita in giù)* di un capo di vestiario; falda *(di un cappotto).* **3** *(al pl.)* bordo; margine; estremità; confine; lembo: *on the skirts of the town,* ai margini della città. **4** *(sl., anche* a piece of skirt*)* 'sottana'; ragazza; donna.

to **skirt** [skə:t] *vt e i.* confinare (con); costeggiare; essere ai bordi di; passare lungo: *Our road skirted the forest,* La nostra strada costeggiava la foresta.

skirting-board ['skə:tiŋbɔ:d] *s.* zoccolo; zoccolatura *(di una parete).*

skit [skit] *s.* parodia; bozzetto comico; scenetta comica: *a skit on Wagner,* una parodia su Wagner.

skittish ['skitiʃ] *agg* **1** *(di cavallo)* ombroso. **2** *(di donna)* civettuolo; frivolo; capriccioso; incostante. □ *avv* **skittishly.**

skittishness ['skitiʃnis] *s.* **1** *(di cavallo)* ombrosità. **2** *(di donna)* civetteria; frivolezza; volubilità.

skittle ['skitl] *s.* birillo; *(al pl.,* skittles, *con v. al sing.)* gioco dei birilli: *skittle-alley,* pista per giocare ai birilli — *skittle-pins,* birilli. □ *beer and skittles,* divertimento; cose piacevoli — *Life isn't all beer and skittles,* La vita non è tutta rose e fiori.

to **skittle** ['skitl] *vt (al cricket) to skittle out the batsmen,* eliminare velocemente i successivi battitori.

to **skive** [skaiv] *vt e i.* **1** tagliare *(cuoio, gomma, ecc.)* in strati sottili. **2** radere il pelo a *(pelli, ecc.).* **3** *(sl.)* evitare i lavori pesanti; fare il 'lavativo', lo scansafatiche.

skiver ['skaivə*] *s.* **1** sottile striscia di cuoio. **2** trincetto. **3** *(sl.)* scansafatiche.

skivvy ['skivi] *s. (GB, spreg.)* domestica.

skua ['skju:ə] *s.* stercorario.

to **skulk** [skʌlk] *vi* **1** nascondersi; muoversi furtivamente; imboscarsi. **2** sottrarsi al proprio dovere; evitare le responsabilità.

skulker ['skʌlkə*] *s.* imboscato; scaricabarili.

skull [skʌl] *s.* teschio; cranio: *to have a thick skull,* essere uno zuccone; essere piuttosto stupido — *skull and cross-bones,* teschio con i femori incrociati — *skull-cap,* papalina; zucchetto *(dei cardinali).*

skullduggery [skʌl'dʌgəri] *s. (USA)* inganno.

-skulled [skʌld] *(come prefisso, preceduto da un agg.)* dalla testa...: *thick-skulled,* zuccone; stupido.

skunk [skʌŋk] *s.* **1** moffetta *(animale e pelliccia).* **2** persona spregevole.

sky [skai] *s. (pl.* **skies***)* cielo; firmamento; *(spesso al pl.)* clima; cieli; tempo: *The sky was clear,* Il cielo era sereno — *a clear (blue, starry) sky,* un cielo sereno (azzurro, stellato) — *under the open sky,* a cielo aperto; all'aria libera; all'aperto.
□ *to praise (to extol, to laud) sb to the skies,* lodare (esaltare) qcno; portare qcno alle stelle — *to be raised to the skies,* essere portato al settimo cielo — *sky-blue, (agg. e s.)* azzurro cielo — *sky-high, (agg.)* altissimo; *(avv.)* molto in alto — *to blow sth sky-high,* far saltare qcsa in aria — *sky-line,* linea; profilo; orizzonte; linea dell'orizzonte — *the sky-line of New York,* l'orizzonte di New York — *sky pilot, (fam.)* cappellano di marinai *(spec. su una nave da guerra)* — *to sky-rocket,* librarsi in alto come un razzo; *(comm., detto di prezzi)* alzarsi paurosamente; aumentare improvvisamente e di molto — *sky-writing,* scrittura aerea *(disegnata nell'aria per fini pubblicitari).*

to **sky** [skai] *vt (di giuoco)* lanciare, scagliare *(una palla, ecc.)* molto in alto.

skyer ['skaiə*] *s. (calcio)* tiro alto; tiro a 'campanile', a 'candela'.

skyey ['skaji:] *agg (poet.)* celeste; azzurro; etereo; sublime.

skylark ['skailɑ:k] *s.* allodola.

to **skylark** ['skailɑ:k] *vi* **1** gabbare; prendersi gioco di (qcno). **2** far chiasso; scherzare; ruzzare; far baldoria.

skylight ['skailait] *s.* lucernario; lanterna *(di lucernario); (naut.)* osteriggio; spiraglio.

skyline ['skailain] *s.* ⇨ **sky.**

skysail ['skaiseil] *s.* velaccina; pappafico.

skyscape ['skaiskeip] *s.* paesaggio *(con ampio orizzonte).*

skyscraper ['skai,skreipə*] *s.* grattacielo.

skyward(s) ['skaiwəd(z)] *agg e avv* volto (diretto) verso l'alto; verso il cielo.

skyways ['skaiweiz] *s. pl* rotte aeree.

slab [slæb] *s.* **1** lastra; piastra; soletta: *a hall paved with slabs of stone,* una sala pavimentata con lastre di pietra. **2** fetta; strato: *slab cake,* 'plum cake' che si vende a pezzi.

[1]**slack** [slæk] *agg* **1** *(di persona)* negligente; trascurato; indolente; fiacco: *Don't get slack at your work,* Non diventare indolente nel tuo lavoro. **2** *(spec. comm.)* fiacco; debole; inerte; inattivo; stagnante: *Trade is slack this week,* Il commercio è fiacco questa settimana — *There is only a slack demand for oil shares,* C'è soltanto una debole richiesta di azioni. **3** lento; molle; allentato: *a slack rope,* una corda lenta — *to keep a slack hand (o rein) (on affairs), (fig.)* dirigere, governare fiaccamente; tenere le redini allentate. **4** *(di movimento)* lento; pigro: *periods of slack water,* periodi di acqua stagnante (tra le due maree). □ *avv* **slackly.**

to **slack** [slæk] *vi* **1** *(spesso* **to slack off***)* rilassarsi; essere pigro; allentare il ritmo *(di lavoro): Don't slack off in your studies,* Non rallentare il tuo ritmo di studio. **2 to slack up,** rallentare; diminuire la velocità: *Slack up before you reach the cross-road,* Rallenta prima di arrivare all'incrocio. **3 to slack off** (o **away**), allentare *(una corda, ecc.)*.

[2]**slack** [slæk] *s.* **1** imbando *(parte non tesa di una fune): to pull (to take) in the slack of the rope,* tirare una cima. **2** *(al pl.)* calzoni; pantaloni piuttosto larghi *(spec. da donna).* **3** polvere di carbone.

to **slacken** ['slækn] *vt e i.* **1** diminuire; ridurre; calare *(anche di affari): to slacken speed,* ridurre la velocità — *The gale is slackening a little,* La burrasca sta calando un po'. **2 to slacken off**, rallentare. **3** allentare; sciogliere: *to slacken the reins,* allentare le briglie.

slackening ['slækənıŋ] *s.* **1** diminuzione; riduzione *(di intensità, velocità);* rallentamento; calo *(anche comm., degli affari).* **2** allentamento.

slacker ['slækə*] *s. (fam.)* pigrone; poltrone; scansafatiche.

slackness ['slæknis] *s.* negligenza; trascuratezza; pigrizia; indolenza; inerzia; inattività.

slag [slæg] *s. (metallurgia)* scoria; loppa.

slain [slein] *pass di* **to slay**.

to **slake** [sleik] *vt* **1** spegnere *(la calce)* con acqua. **2** appagare; soddisfare; spegnere *(la sete, il desiderio di vendetta, ecc.).*

slam [slæm] *s.* **1** rumore forte; sbatacchiamento. **2** *(nel bridge, nel whist) a grand slam,* un grande 'slam'; cappotto — *a small slam,* un piccolo 'slam'; stramazzo.

to **slam** [slæm] *vt* (**-mm-**) **1** sbattere; sbatacchiare; chiudere con violenza: *to slam the door,* sbattere la porta — *to slam the window shut,* chiudere la finestra con violenza — *to slam the door in sb's face,* sbattere la porta in faccia a qcno. **2** mettere giù con violenza; gettare; scagliare; scaraventare: *She slammed the box down on the table,* Sbatté la scatola sul tavolo — *The batsman slammed the ball into the grandstand,* Il battitore scagliò la palla nella tribuna principale — *to slam the brakes on,* azionare i freni in modo brusco; frenare bruscamente. **3** criticare aspramente.

□ *vi* chiudersi con grande rumore; sbattere: *The door slammed (o slammed to),* La porta sbatté.

slander ['slɑ:ndə*] *s.* **1** *(dir.)* diffamazione orale. **2** calunnia; maldicenza.

to **slander** ['slɑ:ndə*] *vt* diffamare; calunniare.

slanderer ['slɑ:ndərə*] *s.* diffamatore; calunniatore.

slanderous ['slɑ:ndərəs] *agg* diffamatorio; calunnioso. □ *avv* **slanderously**.

slang [slæŋ] *s.* gergo; linguaggio convenzionale *(di una categoria di persone): army slang,* gergo militare — *schoolboy slang,* gergo studentesco — *slang words and expressions, (attrib.)* parole ed espressioni gergali — *The use of out-of-date slang is typical of foreigners' English,* L'uso di parole gergali antiquate è proprio dell'inglese parlato dagli stranieri.

to **slang** [slæŋ] *vt* ingiuriare; insultare: *Stop slanging me,* Smettila di insultarmi — *I won't take part in a slanging match,* Non intendo partecipare a uno scambio di insulti.

slanginess ['slæŋinis] *s.* carattere gergale; tendenza al gergo.

slangy ['slæŋi] *agg* (**-ier; -iest**) gergale; che usa il gergo. □ *avv* **slangily**.

slant [slɑ:nt] *s.* **1** pendenza; pendio; inclinazione; china: *on the slant,* in pendenza — *on a slant,* su una china. **2** *(USA, fam.)* punto di vista; modo di vedere: *to get a new slant on the political situation,* vedere una situazione politica in una nuova prospettiva.

to **slant** [slɑ:nt] *vi* pendere; inclinarsi: *His handwriting slants from right to left,* La sua scrittura pende (è inclinata) da destra verso sinistra.

□ *vt (fig.)* presentare (le notizie, ecc.) da un certo angolo visuale, in modo tendenzioso; distorcere; travisare.

slanting ['slɑntiŋ] *agg* inclinato; in pendenza: *a slanting roof,* un tetto inclinato — *slanting eyes,* occhi a mandorla.

□ *avv* **slantingly, slantwise**, in pendenza; con un'inclinazione.

[1]**slap** [slæp] *s.* **1** schiaffo; ceffone; pacca: *to give sb a slap on the face,* dare uno schiaffo sulla faccia a qcno; *(fig.)* umiliare o respingere seccamente qcno. **2** *(di pistone)* scampanamento.

to **slap** [slæp] *vt* (**-pp-**) **1** schiaffeggiare; prendere a ceffoni; dare pacche: *She slapped his face; She slapped him on the face,* Lo schiaffeggiò. **2 to slap down**, - **a)** sbattere (mettere giù) qcsa con violenza e rumore: *He slapped the book down on the table,* Sbatté il libro sul tavolo - **b)** *to slap sb down, (fig.)* schiaffeggiare qcno moralmente. **3** *(seguito da on)* sbattere: *to slap on paint,* applicare frettolosamente una mano di vernice — *to slap sixpence on the price of petrol,* aumentare (di colpo) di sei pence il prezzo della benzina.

□ *vi (di pistone)* scampanare.

[2]**slap** [slæp] *avv (fam.)* direttamente; in pieno: *The car ran slap into the wall,* L'automobile andò a sbattere in pieno contro il muro.

□ **slap-bang** *avv (fam.),* violentemente; a capofitto: *He ran slap-bang into a stationary lorry,* Andò a sbattere contro un camion in sosta — **slap-happy**, allegramente noncurante — **slap-up**, *(fam.)* di prim'ordine; con i fiocchi — *to be treated to a slap-up dinner,* essere invitato ad un pranzo con i fiocchi.

slapdash ['slæpdæʃ] *agg* avventato; affrettato; precipitoso: *a slapdash worker,* chi lavora senza particolare cura e attenzione.

□ *avv (fam.)* impetuosamente; avventatamente; affrettatamente: *to do one's work slapdash (in a slapdash manner),* lavorare avventatamente.

slapstick ['slæpstik] *s.* farsa grossolana; comicità di bassa lega; scherzi maneschi: *a slapstick comedy, (attrib.)* una commedia grossolana.

slash [slæʃ] *s.* **1** sfregio; squarcio; frustata; taglio; fendente. **2** *(volg.)* pisciata.

to **slash** [slæʃ] *vt e i.* **1** sfregiare; frustare; squarciare: *Don't slash your horse in that cruel way,* Non frustare il tuo cavallo in modo così crudele — *He slashed at the weeds with his stick,* Menò colpi alle erbacce con il bastone. **2** sferzare *(fig.);* stroncare; criticare aspramente: *to slash a new book (play),* criticare aspramente un nuovo libro; stroncare una commedia — *a slashing attack on the government's policy,* una sferzata contro la politica governativa. **3** *(fam.)* ridurre fortemente *(prezzi, stipendi, ecc.).*

slat [slæt] *s.* assicella; stecca.

slate [sleit] *s.* **1** ardesia; lastra d'ardesia usata come tegola: *slate-coloured,* color ardesia *(blu grigio)* — *a slate quarry,* una cava d'ardesia — *slate-pencil,* matita d'ardesia. **2** lavagna: *to have a clean slate, (fig.)* avere una fedina penale senza macchia — *to start with a clean slate, (fig.)* ricominciare da zero; dare un taglio netto al passato e cominciare una nuova vita.

□ *slate-club, (GB)* associazione di mutuo soccorso.

to **slate** [sleit] *vt* **1** ricoprire *(un tetto)* di lastre d'ardesia. **2** *(USA, fam.)* proporre *(qcno)* come candidato; mettere in lista *(qcno, per un'elezione, un posto, ecc.): 'Green slated for the Presidency', (titolo su un* *giornale)* 'Green candidato alla Presidenza'. **3** *(fam.)* criticare severamente; stroncare *(una commedia, ecc. in una recensione).*

slating ['sleitiŋ] *s.* aspra critica; stroncatura: *to give sb a sound slating,* rivolgere aspre critiche a qcno.

slattern ['slætən] *s.* sciattona; sudiciona.

slatternliness ['slætənlinis] *s.* sciatteria; sudiceria.

slatternly ['slætənli] *agg* sciatto; sudicio.

slaty ['sleiti] *agg* d'ardesia; simile all'ardesia; color ardesia: *slaty coal,* carbone con resti d'ardesia.

slaughter ['slɔ:tə*] *s.* carneficina; macello.

to **slaughter** ['slɔ:tə*] *vt* macellare; *(fig.)* far macello (strage); massacrare; trucidare.

slaughterer ['slɔ:tərə*] *s.* macellaio.

Slav [slɑ:v/slæv] *s. e agg* slavo.

slave [sleiv] *s.* schiavo *(anche fig.);* servo *(anche mecc.): slave-driver,* - **a)** chi sorveglia gli schiavi - **b)** negriero, negriere *(fig.)* — *to make a slave of sb,* schiavizzare qcno — *slaves of fashion,* schiavi della moda — *a slave to duty,* una persona schiava del dovere — *slave-ship,* nave negriera; nave per il trasporto degli schiavi — *the slave States, (stor. USA)* gli Stati schiavisti — *the slave trade,* il commercio (il traffico) degli schiavi.

to **slave** [sleiv] *vi* lavorare (faticare, sgobbare) come uno schiavo: *to slave away at a dictionary,* lavorare come uno schiavo ad un dizionario.

[1]**slaver** ['sleivə*] *s.* trafficante di schiavi; negriero; nave negriera.

[2]**slaver** ['slævə*] *s.* saliva.

to **slaver** ['slævə*] *vi* sbavare; imbavare; bagnare di saliva.

slavery ['sleivəri] *s.* **1** (condizione di) schiavitù: *to be sold into slavery,* essere venduto come schiavo. **2** schiavismo: *the abolition of slavery,* l'abolizione dello schiavismo. **3** lavoro faticoso e mal retribuito.

slavey ['sleivi] *s.* (*pl.* **slaveys**) servetta; giovane cameriera *(spec. di una pensione).*

slavish ['sleiviʃ] *agg* servile; da schiavo; pedissequo: *a slavish imitation,* un'imitazione pedissequa.
□ *avv* **slavishly.**

Slavonic [slə'vɔnik] *agg* slavo.

slaw [slɔ:] *s.* = **cole-slaw.**

to **slay** [slei] *vt* (*pass.* **slew**; *p. pass.* **slain**) *(lett. o scherz.)* ammazzare; uccidere; trucidare.

slayer ['sleiə*] *s. (nel linguaggio giornalistico)* assassino; omicida; uccisore.

sleazy ['sli:zi] *agg* (**-ier**; **-iest**) *(fam.)* **1** trascurato; trasandato; sudicio; squallido. **2** *(di tessuto)* leggero; inconsistente. □ *avv* **sleazily.**

sled, sledge [sled/sledʒ] *s.* slittino; slitta.

to **sled,** to **sledge** [sled/sledʒ] *vi e t.* andare in slitta; trasportare in slitta: *to go sledging,* andare in slitta.

sledge [sledʒ] *s. (anche* sledge-hammer*)* martello da fabbro; maglio; mazza: *a sledge-hammer blow,* un colpo di mazza; una mazzata; *(fig.)* un fattaccio violento — *a sledge-hammer style,* uno stile violento (corrosivo).

sleek [sli:k] *agg* **1** *(di capelli o del pelo di animali)* liscio; morbido; lucente: *as sleek as a cat,* morbido e liscio come un gatto. **2** *(fig.)* strisciante; mellifluo; untuoso. □ *avv* **sleekly.**

to **sleek** [sli:k] *vt* lisciare; rendere liscio, morbido e lucente: *to sleek a cat's fur,* lisciare il pelo d'un gatto.

sleekness ['sli:knis] *s.* **1** levigatezza; lucentezza. **2** *(fig.)* untuosità.

sleep [sli:p] *s.* **1** sonno; sonnolenza; il dormire: *How many hours' sleep do you need?,* Di quante ore di sonno hai bisogno? — *He didn't get much sleep,* Non ha dormito molto — *I haven't had a wink of sleep all night,* Non ho chiuso occhio tutta la notte — *to talk in one's sleep,* parlare durante il sonno — *to go to sleep,* addormentarsi — *to get to sleep,* riuscire ad addormentarsi; prendere sonno — *to put (sb) to sleep,* mettere *(un bambino)* a letto; farlo addormentare — *sleep-walker,* sonnambulo — *sleep-walking,* sonnambulismo — *beauty sleep,* il primo sonno. **2** *(sempre con l'art. indeterminativo)* dormita; periodo di sonno; dormitina: *to have a good sleep,* fare una buona dormita — *a sleep of three hours,* una dormitina di tre ore. **3** *(fig., per estensione)* riposo; morte: *the last sleep, (fig.)* il sonno della morte; il sonno del giusto.

to **sleep** [sli:p] *vt e i.* (*pass. e p. pass.* **slept**) **1** dormire; riposare (dormendo): *She slept eight hours (the whole night through),* Dormì otto ore (tutta la notte) — *to sleep the clock round,* dormire per dodici ore consecutive — *to sleep like a top (a log),* dormire come un ghiro; dormire come un sasso — *He slept the sleep of the just,* Dormiva il sonno dei giusti.

2 accogliere; dar da dormire; provvedere di alloggio; ospitare: *This hotel sleeps three hundred guests,* Questo albergo può accogliere trecento ospiti.

to sleep around, passare da una donna all'altra, da un uomo all'altro.

to sleep away, sprecare (il tempo) dormendo: *He slept the afternoon away,* Passò l'intero pomeriggio a dormire.

to sleep in, dormire in casa.

to sleep off, liberarsi di qcsa (farsi passare qcsa) dormendo: *He slept off a headache,* Si fece passare il mal di testa con una bella dormita.

to sleep on, - **a)** continuare a dormire - **b)** *to sleep on (o over) a problem,* lasciare che la notte porti consiglio; dormirci sopra.

to sleep out, dormire fuori casa; passare fuori la notte.

to sleep with sb, *(eufemistico)* avere rapporti sessuali con qcno; andare a letto con qcno.

sleeper ['sli:pə*] *s.* **1** chi dorme; dormiente: *I'm a good (bad) sleeper,* Dormo bene (male) — *a heavy sleeper,* un dormiglione; uno che ha il sonno pesante — *a light sleeper,* uno che ha il sonno leggero. **2** *(ferrovia)* traversina; travetto. **3** *(ferrovia)* vagone letto.

sleepily ['sli:pili] *avv* ⇨ **sleepy.**

sleepiness ['sli:pinis] *s.* sonnolenza; sopore.

sleeping ['sli:piŋ] *s. (spesso attrib.)* riposo; il riposare; il dormire; il sonno: *sleeping-bag,* sacco a pelo — *sleeping-berth,* cuccetta; brandina — *sleeping-car, (ferrovia)* vagone letto — *sleeping-draught,* pozione sonnifera — *sleeping-pill,* sonnifero — *sleeping quarters,* dormitorio; camerate; dormitori — *sleeping-sickness* ⇨ **sickness 1.**
□ *agg* dormiente; addormentato: *Let sleeping dogs lie,* Non stuzzicare il can che dorme — *the Sleeping Beauty,* la Bella Addormentata — *a sleeping partner, (comm.)* un socio accomodante (inattivo).

sleepless ['sli:plis] *agg* insonne; senza sonno; *(di notte)* in bianco; agitato; tormentato; *(di attività, ecc.)* febbrile; senza sosta: *to pass a sleepless night,* passare una notte in bianco. □ *avv* **sleeplessly.**

sleeplessness ['sli:plisnis] *s.* insonnia.

sleepy ['sli:pi] *agg* (**-ier**; **-iest**) **1** assonnato; sonnolento; soporifico: *to feel sleepy,* aver sonno — *to look sleepy,* aver l'aria assonnata — *sleepy-head,* dormiglione. **2** *(di un luogo)* quieto; sonnolento; tranquillo: *a sleepy little village,* un paesino tranquillo.
□ *avv* **sleepily.**

sleet [sli:t] *s.* nevischio; neve mista a pioggia.

to **sleet** [sli:t] *vi* venir giù nevischio, neve o grandine mista a pioggia.

sleety ['sli:ti] *agg* di nevischio; in forma di nevischio.

sleeve [sli:v] *s.* **1** manica; *(mecc., ecc.)* manicotto: *to roll up one's shirt-sleeves,* tirarsi su le maniche (della camicia) — *to laugh up one's sleeve, (fig.)* ridere sotto i baffi — *to have sth up one's sleeve, (fig.)* avere un piano (un'idea, ecc.) segreto — *to wear one's heart on one's sleeve,* parlare col cuore in mano; non far mistero dei propri sentimenti. **2** custodia; copertina *(di un disco musicale).* **3** *(aeronautica)* manica a vento.

-sleeved ['sli:vd] *(nei composti) short-sleeved,* dalle maniche corte.

sleeveless ['sli:vlis] *agg* senza maniche.

sleigh [slei] *s.* slitta *(trainata da cavalli, ecc.): a sleigh ride,* una corsa in slitta.

to **sleigh** [slei] *vi* andare in slitta.
□ *vt* trasportare con la slitta.

sleight [slait] *s.* destrezza; abilità: *sleight of hand,* gioco di mano; gioco d'abilità; gioco di destrezza.

slender ['slendə*] *agg* **1** esile; sottile; smilzo; snello. **2** *(fig.)* scarso; stentato; magro: *a slender income,* un magro reddito — *slender means,* scarsi mezzi.
□ *avv* **slenderly.**

slenderness ['slendənis] *s.* **1** snellezza; magrezza. **2** esiguità; modicità *(di prezzi, ecc.).*

slept [slept] *pass e p. pass di* **to sleep.**

sleuth ['slu:θ] *s.* **1** *(anche* sleuth-hound*)* segugio; cane poliziotto. **2** *(fam.)* investigatore; detective.

slew [slu:] *pass di* **to slay.**

to **slew** [slu:] *vi e t.* girare; torcere; girarsi; ruotare; far ruotare; *(mil.)* brandeggiare: *The crane slewed round,* La gru girò (ruotò) intorno a se stessa — *The driver slewed his crane round,* Il manovratore fece ruotare la gru.

slice [slais] *s.* **1** fetta. **2** *(fig., fam.)* parte; porzione; pezzo: *a slice of good luck,* un po' di buona fortuna — *Smith took too large a slice of the credit,* Smith si è presa una parte sproporzionata di credito. **3** paletta; spatola. **4** *(nel giuoco del golf)* colpo 'tagliato' (riuscito male).

to **slice** [slais] *vt e i.* **1** affettare; tagliare via a fette: *to slice up a loaf,* tagliare a fette una grossa pagnotta — *The butcher sliced off a thick steak,* Il macellaio tagliò una grossa bistecca. **2** *(sport)* colpire *(la palla)* 'di taglio' (malamente); lisciare.

slicer ['slaisə*] *s.* affettatrice.

[1]**slick** [slik] *agg* **1** liscio; levigato; lucido; scorrevole; scivoloso: *The roads were slick with mud,* Le strade erano scivolose per il fango. **2** abile; furbo; astuto: *a slick salesman,* un abile venditore — *a slick business deal,* un affare andato a buon porto, ben riuscito.
□ *avv* **slickly.**
□ *come avv* direttamente; esattamente; proprio; in pieno: *to hit a man slick on the jaw,* colpire un uomo giusto alla mascella.

[2]**slick** [slik] *s. (anche* oil slick*)* grossa macchia di petrolio grezzo sul mare.

slicker ['slikə*] *s.* **1** *(USA)* impermeabile a campana. **2** *(USA)* furbo; imbroglione: *city slickers,* gente furba di città.

slid [slid] *pass e p. pass di* **to slide.**

slide [slaid] *s.* **1** scivolata; sdrucciolone; scivolone: *to have a slide on the ice,* scivolare sul ghiaccio *(per divertimento).* **2** scivolo; sdrucciolo *(per i giochi dei bambini);* piano inclinato; pista di discesa; *(mecc.)* guida o piano di scorrimento. **3** diapositiva; lastra; vetrino *(per esami al microscopio).* **4** *(mecc.)* parte scorrevole; slitta; cursore: *slide rule,* regolo calcolatore. **5** (= landslide) frana; slavina.

to **slide** [slaid] *vi (pass. e p. pass.* **slid***)* **1** sdrucciolare; scivolare; scorrere: *The book slid off my knee,* Il libro mi scivolò dal ginocchio — *The drawers of this desk slide in and out easily,* I cassetti di questa scrivania scorrono bene — *to let things slide, (fam.)* lasciar correre; lasciar che le cose vadano per il loro verso. **2** diventare; trasformarsi gradualmente o impercettibilmente: *to slide into dishonesty,* finire per diventare disonesto. **3** *(di persona)* muovere o muoversi senza rumore: *The thief slid into the room,* Il ladro scivolò nella stanza — *He slid away instantly,* Se la svignò immediatamente. **4 to slide over sth,** sorvolare su qcsa; accennare appena a qcsa.
□ *vt* far scivolare; far scorrere: *She slid a coin into his hand,* Gli fece scivolare in mano una moneta.

sliding ['slaidiŋ] *agg* scorrevole; mobile: *sliding door,* porta scorrevole — *sliding scale,* scala mobile *(dei salari, ecc.)* — *sliding seat,* sedile scorrevole *(di canotto, ecc.).*

[1]**slight** [slait] *agg* (**-er; -est**) **1** sottile; smilzo; leggero; magro; esile: *a slight figure,* una figura esile — *to be supported by a slight framework,* essere sostenuto da una struttura leggera. **2** piccolo; poco importante; leggero; lieve: *a slight error,* un errore di poco conto — *a slight headache,* un leggero mal di testa — *to do sth without the slightest difficulty,* fare qcsa senza la benché minima difficoltà — *She takes offence at the slightest thing,* Si offende per ogni minima cosa — *You didn't embarrass me in the slightest,* Non mi hai imbarazzato minimamente (per nulla) — *I haven't the slightest idea,* Non ho la minima (la più pallida) idea.
□ *avv* **slightly** ⇨.

[2]**slight** [slait] *s.* affronto; offesa; ingiuria; mancanza di riguardo: *to put a slight on sb,* recare offesa a qcno — *to suffer slights,* patire ingiurie (subire offese).

to **slight** [slait] *vt* **1** mancare di rispetto; disprezzare; fare poco conto di; offendere. **2** trascurare; ignorare; tenere in quasi nessun conto: *She felt slighted because no one spoke to her,* Si sentì trascurata perché nessuno le parlò.

slighting ['slaitiŋ] *agg* dispettoso; sprezzante.
□ *avv* **slightingly.**

slightly ['slaitli] *avv* **1** in modo snello, sottile: *a slightly built boy,* un ragazzo dal fisico snello. **2** in misura modesta; leggermente; un po': *The patient is slightly better today,* Il paziente sta un pochino meglio oggi — *I know her only slightly,* La conosco appena.

slightness ['slaitnis] *s.* **1** snellezza; magrezza. **2** debolezza; fragilità; tenuità.

slim [slim] *agg* (**slimmer; slimmest**) **1** snello; smilzo; magro. **2** *(fam.)* povero; insufficiente; da poco: *a slim excuse,* una scusa che non regge — *a slim chance,* una possibilità minima; una magra possibilità — *He was condemned upon the slimmest of evidence,* Venne condannato in base a delle prove molto tenui. **3** astuto; scaltro. □ *avv* **slimly.**

to **slim** [slim] (**-mm-**) *vi* dimagrire; diventare snello, magro.
□ *vt* snellire; dimagrire: *slimming exercises,* esercizi dimagranti.

slime [slaim] *s.* **1** limo; fanghiglia; melma; poltiglia. **2** bava; mucillaggine *(spec. delle lumache).*

slimness ['slimnis] *s.* **1** esilità; snellezza; sottigliezza. **2** scarsezza; insufficienza; esiguità. **3** astuzia; scaltrezza.

slimy ['slaimi] *agg* **1** limaccioso; fangoso. **2** viscoso. **3** untuoso; servile.

□ *avv* **slimily.**

[1]**sling** [sliŋ] *s.* **1** fionda. **2** lancio *(di oggetti con una fionda).* **3** imbracatura; cinghia; catena oscillante *(per spostare oggetti pesanti).* **4** *(med.)* bendaggio ad armacollo: *He had his arm in a sling,* Aveva un braccio al collo.

to **sling** [sliŋ] *vt e i.* (*pass. e p. pass.* **slung**) **1** lanciare; scagliare: *to sling mud at sb,* scagliare fango contro qcno *(anche fig.)* — *Sling it over, will you?, (fam.)* Buttamelo, per favore! **2** sospendere; sollevare; imbracare; issare: *to sling a hammock between two tree-trunks,* sospendere un'amaca a due tronchi d'albero — *to sling (up) a barrel,* issare un barile — *with his rifle slung over his shoulder,* col fucile in spalla.

[2]**sling** [sliŋ] *s.* bevanda composta di liquore *(generalm. gin)* con aromi e acqua o gassosa.

slinger ['sliŋə*] *s.* fromboliere.

slingshot ['sliŋʃɔt] *s.* **1** *(USA)* fionda. **2** colpo di fionda.

to **slink** [sliŋk] *vi* (*pass. e p. pass.* **slunk**) **1** andare furtivamente; scivolar via; sgusciare; sgattaiolare; svignarsela. **2** *(di animale)* abortire; figliare prematuramente.

slip [slip] *s.* **1** scivolata; scivolone; passo falso; lieve errore *(di disattenzione);* svista: *to make a slip,* incorrere in un lapsus (in un lieve errore) — *a slip of the tongue (of the pen),* un lapsus linguae (calami). **2** *(anche* pillow-slip*)* federa *(di guanciale).* **3** sottana; sottoveste: *gym-slip,* tuta (femminile) per ginnastica. **4** striscia di carta; talloncino; scontrino: *an order slip,* un talloncino d'ordinazione — *a paying-in slip,* una distinta di versamento. **5** talea; piccola porzione di ramo; germoglio *(anche in senso fig.): a mere slip of a boy (girl),* uno scricciolo di ragazzo (ragazza). **6** *(naut., generalm. al pl.: anche* slip-way*)* scivolo; scalo di alaggio *(sul quale si costruiscono o si riparano le navi): The ship is still on the slips,* La nave è ancora sugli scivoli. **7** *(al pl.)* quinte (teatrali): *to watch a performance from the slips,* assistere ad uno spettacolo dalle quinte. **8** *(nel gioco del cricket, al pl.)* zona immediatamente dietro il battitore. **9** argilla semiliquida. **10** *(pugilato)* schivata. **11** *(aeronautica, naut.)* regresso. **12** *(mecc., ecc.)* scorrimento; scivolamento; slittamento.

□ *slip-carriage; slip-coach,* vettura sganciabile in corsa — *slip-cover,* fodera; copertura *(di mobili, ecc.)* — *slip-knot,* - **a)** nodo scorsoio - **b)** nodo che si può sciogliere con uno strattone — *slip-road,* bretella; raccordo di accesso (a un'autostrada); svincolo — *slip-up, (fam.)* grosso errore; pasticcio; strafalcione — *land-slip,* frana; slavina — *There is many a slip 'twixt the cup and the lip, (prov.)* Dal dire al fare c'è di mezzo il mare — *to give sb the slip; to give the slip to sb,* liberarsi (sbarazzarsi) di qcno; svignarsela.

to **slip** [slip] (**-pp-**) *vi* **1** - **a)** scivolare; slittare *(anche mecc.);* fare uno scivolone; *(di aeroplano)* scivolare d'ala: *He slipped on the icy road and broke his leg,* Scivolò sulla strada ghiacciata rompendosi una gamba — *The knife slipped and cut my hand,* Il coltello scivolò e mi tagliò la mano — *The blanket slipped off the bed,* La coperta scivolò dal letto — *The fish slipped out of my hand,* Il pesce scivolò (fuori) dalla mia mano - **b)** *(con vari avv. indicanti moto)* scivolare, muoversi furtivamente, rapidamente, inosservato, con dolcezza: *She slipped away (out, off) without being seen,* Scivolò via senza essere vista; Se la svignò — *The ship slipped through the water,* La nave scivolò sull'acqua — *The years slipped away,* Gli anni passavano (scivolavano via) — *to slip into (out of) a dress, (di donna)* infilarsi in (sfilarsi da) un vestito — *to slip into bad habits,* cadere in cattive abitudini — *to slip into dialect,* scivolare nel dialetto — *She has slipped from the path of virtue,* Si è scostato un poco dal sentiero della virtù — *Just slip across to the tobacconist, will you?,* Ti dispiace fare un salto dal tabaccaio? **2** sfuggire *(spec. dalla mente): His name has slipped from my mind,* Il suo nome mi sfugge (m'è sfuggito dalla mente) — *to let sth slip,* lasciarsi sfuggire (scappare) qcsa — *This is an opportunity we mustn't let slip,* Questa è un'occasione che non dobbiamo lasciarci sfuggire — *Don't let the opportunity slip,* Non lasciarti scappare l'occasione. **3** *(spesso seguito da* up*)* sbagliare, sbagliarsi; fare (commettere) un errore: *You've slipped in your grammar,* Hai fatto un errore di grammatica — *We slipped up badly there,* Ci siamo presi una bella cantonata su questo punto.

□ *vt* far scivolare; far scorrere: *He slipped a coin into the waiter's hand,* Fece scivolare una moneta nella mano del cameriere — *to slip sb a quid, (sl.)* 'allungare' di nascosto una sterlina a qcno — *to slip a coat on (off),* infilarsi (sfilarsi) una giacca — *to slip in a remark,* infilare un'osservazione nel discorso — *to slip a bolt,* far scorrere (tirare) un catenaccio. **2** liberare; sciogliere: *to slip a greyhound from its leash,* liberare un levriero dal guinzaglio — *to slip anchor,* liberare l'ancora — *to slip a stitch, (lavoro a maglia, ecc.)* lasciar cadere una maglia. **3** sfuggire: *The point slipped my mind,* Il punto è sfuggito alla mia attenzione — *to slip one's pursues,* sfuggire agli inseguitori. **4** liberarsi da: *to slip one's chains,* liberarsi dalle catene. **5** *(di animale domestico)* abortire; partorire prematuramente.

slipover ['slipouvə*] *s.* pullover.

slipper ['slipə*] *s.* **1** ciabatta; pianella; pantofola. **2** freno a scarpa; martinicca. **3** *(alle corse dei cani)* chi dà la partenza liberando gli animali.

to **slipper** ['slipə*] *vt* percuotere a colpi di ciabatta; prendere a ciabattate.

slippered ['slipəd] *agg* in pantofole.

slipperiness ['slipərinis] *s.* **1** sdrucciolevolezza. **2** astuzia; scaltrezza; disonestà; evasività.

slippery ['slipəri] *agg* **1** scivoloso; sdrucciolevole: *slippery roads,* strade dal fondo viscido. **2** *(fig.)* difficile; incerto; instabile; infido: *We're on slippery ground when dealing with this subject,* Quando si tocca questo argomento ci si trova su un terreno infido. **3** *(di persona)* infido; non scrupoloso; evasivo; ingannevole: *a slippery customer, (fam.)* un tipo infido — *He's as slippery as an eel,* È viscido come un'anguilla. □ *avv* **slipperily.**

slippy ['slipi] *agg (fam.)* **1** scivoloso; sdrucciolevole. **2** svelto; attivo; rapido.

□ *avv* **slippily.**

slipshod ['slipʃɔd] *agg* trascurato; trasandato; sciatto: *a slipshod style,* uno stile sciatto.

slipstream ['slipstri:m] *s. (aeronautica)* flusso dell'elica; scia.

slipway ['slipwei] *s. (naut.)* scalo di costruzione (o di alaggio).

slit [slit] *s.* fessura; fenditura; taglio; crepa; spaccatura: *the slit of a letter-box,* la fenditura di una buca per le lettere — *a slit trench, (mil.)* una trincea stretta (per uno o per pochi).

to **slit** [slit] *vt* (**-tt-**) (*pass. e p. pass.* **slit** *oppure* **slitted**) tagliare *(spec. per il lungo);* fendere; spaccare; aprire: *to slit sb's throat,* tagliare la gola a qcno — *to slit an*

envelope open, aprire una busta (tagliandola) — *to slit cloth into strips,* tagliare a strisce della stoffa.
□ *vi (spesso seguito da* down *o* up*)* tagliarsi; aprirsi; spaccarsi; strapparsi: *The shirt has slit down the back,* La camicia si è squarciata sulla schiena.

to **slither** ['sliðə*] *vi* scivolare; sdrucciolare.

slithery ['sliðəri] *agg* = **slippery**.

sliver ['slivə*] *s.* **1** scheggia; frammento; scaglia; pezzetto: *a sliver of cheese,* un pezzetto (una scheggia) di formaggio. **2** pezzetto di pesce usato come esca.

to **sliver** ['slivə*] *vt e i.* scheggiare; frammentare; scheggiarsi; frammentarsi; spezzettare.

slob [slɔb] *s.* zoticone.

slobber ['slɔbə*] *s.* **1** bava. **2** *(fig.)* sentimentalismo; svenevolezza.

to **slobber** ['slɔbə*] *vi e t.* sbavare, sbavarsi; bagnare di saliva; *(fig.)* fare lo sdolcinato: *to slobber over sb, (fig.)* fare lo svenevole con qcno.

sloe [slou] *s.* prugnolo, prugnola; susino; susina di macchia: *sloe-gin,* (specie di) prunella; liquore alla prugnola.

to **slog** [slɔg] *vi e t.* (**-gg-**) *(fam.)* **1** picchiare forte; colpire violentemente. **2** procedere a fatica; sgobbare; faticare.

slogan ['slougən] *s.* 'slogan'; formula sintetica ed espressiva, facile da fissare e da ricordare, usata per scopi pubblicitari o propagandistici.

slogger ['slɔgə*] *s. (fam.)* **1** picchiatore nerboruto. **2** sgobbone; lavoratore tenace, strenuo.

sloop [slu:p] *s.* **1** sloop; piccola imbarcazione da diporto ad un albero. **2** *(mil.)* corvetta.

slop [slɔp] *s.* **1** *(al pl.)* acqua o altro liquido sporco; acque nere; risciaquatura di piatti: *slop-pail,* secchio dell'acqua sporca, orina, ecc. — *slop-basin,* recipiente per gli avanzi del tè. **2** *(al pl., fam.)* brodaglia; liquido poco sostanzioso. **3** *(al pl.)* abiti bell'e fatti e di poco costo; *(naut.)* corredo da marinaio: *slop-shop,* bottega da rigattiere; negozio di abiti confezionati *(e di poco costo).*

to **slop** [slɔp] *vi* (**-pp-**) **1** traboccare; spandersi: *The tea slopped (over) into the saucer,* Il tè traboccò nel piattino. **2** *(seguito da* about *o* around*)* camminare, giocare, ecc. facendo saltare gli spruzzi: *Why do some children love slopping about in puddles?,* Perché a certi bambini piace molto sbattere i piedi (sguazzare) nelle pozzanghere? **3** *to slop over sb, (fam.)* essere troppo espansivo, fare lo svenevole con qcno.
□ *vt* **1** bagnare; versare; rovesciare: *to slop beer over the counter,* rovesciare birra sul banco. **2** imbrattare versando qcsa: *to slop paint all over the floor,* imbrattare di vernice tutto il pavimento. **3** *(seguito da* out*)* svuotare *(un secchio d'acqua sporca, orina, ecc.).*

slope [sloup] *s.* **1** pendenza; inclinazione; china; pendio; declivio; rampa; *(ferrovia)* scarpata: *the slope of a roof,* l'inclinazione di un tetto — *a slight (steep) slope,* una leggera (forte) pendenza. **2** *(mil.)* spall'arm: *with his rifle at the slope,* col fucile in posizione inclinata, a spall'arm.

to **slope** [sloup] *vi* **1** essere inclinato; inclinarsi; pendere; declinare: *Our garden slopes down to the river,* Il nostro giardino declina verso il fiume — *His handwriting slopes backwards,* La sua calligrafia pende a sinistra. **2 to slope off,** *(fam.)* svignarsela.
□ *vt (mil.)* mettere (il fucile) in posizione inclinata: *to slope arms,* mettere il fucile a spall'arm.

sloping ['sloupiŋ] *agg* (*p. pres. di* **to slope** ⇨) inclinato; in pendenza. □ *avv* **slopingly.**

sloppiness ['slɔpinis] *s.* **1** fangosità *(di strada);* il bagnato. **2** sdolcinatezza. **3** trasandatezza; sciatteria.

sloppy ['slɔpi] *agg* (**-ier**; **-iest**) **1** bagnato; *(di strada)* pieno di pozzanghere: *sloppy weather,* tempo umido, piovoso. **2** *(di cibo)* assomigliante a brodaglia; brodoso. **3** *(fam.)* sciatto; trasandato; trascurato: *a sloppy piece of work,* un lavoro fatto male — *a sloppy joe,* un maglione a sacco. **4** *(fam.)* svenevole; sentimentale; sdolcinato: *sloppy sentiment,* sentimentalismo — *sloppy talk about girl-friends,* discorsi svenevoli sulle amichette. □ *avv* **sloppily.**

to **slosh** [slɔʃ] *vt* **1** *(sl.)* percuotere; battere; picchiare; colpire: *to slosh sb on the chin,* colpire qcno al mento. **2** impiastricciare; applicare (malamente): *to slosh paint on,* applicare malamente una mano di vernice.
□ *vi (spesso seguito da* about*)* sguazzare; guazzare.

slot [slɔt] *s.* **1** fessura: *slot-machine,* distributore automatico. **2** scanalatura. **3** *(fam.)* posto idoneo. **4** *(alla radio, alla televisione)* spazio *(pubblicitario, ecc.)*

to **slot** [slɔt] *vt* (**-tt-**) **1** introdurre; inserire *(p.es. una moneta in un distributore automatico).* **2** scanalare; praticare una fessura; stozzare.

sloth [slouθ] *s.* **1** accidia; ignavia; pigrizia; oziosità; indolenza. **2** *(zool.)* bradipo.

slothful ['slouθful] *agg* accidioso; ignavo; indolente. □ *avv* **slothfully.**

slouch [slautʃ] *s.* andatura pigra e dinoccolata: *slouch-hat,* cappello a cencio. □ *The show was no slouch, (fam.)* Lo spettacolo non era niente male.

to **slouch** [slautʃ] *vi* ciondolare; bighellonare.

slouching ['slautʃiŋ] *agg* (*p. pres. di* **to slouch** ⇨) dinoccolato; scomposto; trasandato. □ *avv* **slouchingly.**

[1]**slough** [slau] *s.* palude; pantano.

[2]**slough** [slʌf] *s.* **1** muta; spoglia; pelle *(perduta da un animale che fa la muta).* **2** squama; scaglia.

to **slough** [slʌf] *vt* perdere; mutare: *to slough off bad habits,* perdere (liberarsi di) cattive abitudini — *a snake that has sloughed its skin,* un serpente che si è spogliato della sua pelle.
□ *vi* fare la muta; spogliarsi.

Slovak ['slouvæk] *agg e s.* slovacco *(anche la lingua).*

sloven ['slʌvn] *s.* sciattone; sudicione; pigrone; ciabattone.

Slovene ['slouvi:n] *s.* sloveno *(anche la lingua).*

Slovenian [slou'vi:njən] *agg e s.* sloveno.

slovenliness ['slʌvnlinis] *s.* sciatteria; sudiceria; trasandatezza.

slovenly ['slʌvnli] *agg* sciatto; sudicio; trascurato.

slow [slou] *agg* **1** lento; poco veloce: *a slow journey,* un viaggio lento — *a slow march,* una marcia lenta — *a slow runner,* un corridore poco veloce — *a slow train,* un treno accelerato — *slow poison,* veleno di lento effetto — *to be slow to anger,* essere lento nell'arrabbiarsi — *He is slow to make up his mind,* È lento nel decidersi — *to be slow of speech,* essere lento nel parlare — *He's not slow to defend himself,* Non tarda a difendersi — *in slow motion, (di un film)* al rallentatore — *a slow-motion film,* una pellicola al rallentatore — *a slow child,* un bambino lento di comprendonio — *slow-witted,* ottuso; tardo di mente; duro di comprendonio. **2** *(usato come predicato, solitamente di orologi, ecc.)* indietro; in ritardo: *That clock is five minutes slow,* Quell'orologio è indietro di cinque minuti. **3** poco interessante; scialbo; tedioso: *We thought the party (the entertainment) was rather slow,* Trovammo il party (lo spettacolo) piuttosto noioso. **4** *(sport: di terreno)* pesante.
□ *avv* **slowly,** piano; adagio; lentamente.
□ *avv* (**-er**; **-est**) **1** lentamente; piano; adagio: *Tell the*

driver to go slow, Di' al conducente di andare piano — *How slow the time passes!,* Come passa adagio il tempo! — *Slow astern!, (naut.)* Indietro (A poppa) lentamente! — *to go slow,* - **a)** procedere con cautela; lavorare di meno; essere meno attivo — *You ought to go slow until you feel really well again,* Dovresti essere meno attivo fino a quando non ti sentirai di nuovo meglio - **b)** *(di operai in una fabbrica, ecc.)* lavorare a rilento *(per protesta): a go-slow campaign,* una lotta operaia basata sul rallentamento del ritmo di lavoro — ⇨ *anche* **go-slow. 2** *(nei composti, p.es. i seguenti) slow-going,* che va lentamente — *slow-moving,* che si muove lentamente — *slow-spoken,* che parla lentamente. □ *Slow but sure, (prov.)* Chi va piano va sano e va lontano.

to **slow** [slou] *vi e t. (spesso seguito da* up *o* down*)* rallentare; ridurre la velocità; ritardare: *Slow up (o down) before you reach the crossroads,* Rallenta prima di raggiungere l'incrocio — *All this conversation slows down the action of the play,* Tutto questo dialogo rallenta l'azione della commedia.

slowcoach ['sloukoutʃ] *s. (GB)* pigrone; testone; zuccone.

slowdown ['sloudaun] *s.* rallentamento.

slowness ['slounis] *s.* **1** lentezza; tardezza; *(di orologio)* ritardo. **2** *(fig.)* indolenza; pigrizia. **3** *(fig.)* ottusità. **4** noiosità; scarsa vivacità.

slowpoke ['sloupouk] *s. (USA)* = **slowcoach.**

slow-worm ['slouwə:m] *s.* orbettino.

sludge [slʌdʒ] *s.* **1** fanghiglia; limo. **2** condensa; acqua di scolo; liquame di pozzo nero. **3** morchia; morchiume; feccia dell'olio.

to **slue** [slju:] = **to slew.**

[1]**slug** [slʌg] *s.* limaccia; lumacone ignudo.

[2]**slug** [slʌg] *s.* **1** pallottola di forma irregolare. **2** lingotto; pezzo di metallo che contiene caratteri tipografici. **3** *(USA)* gettone telefonico.

to **slug** [slʌg] *vt e i.* **(-gg-)** *(USA)* **to slog 1.**

sluggard ['slʌgəd] *s.* fannullone; poltrone; individuo pigro e lento, inattivo.

sluggish ['slʌgiʃ] *agg* lento; pigro; indolente; tardo (nei movimenti); inerte; poco attivo. □ *avv* **sluggishly.**

sluggishness ['slʌgiʃnis] *s.* lentezza; pigrizia; indolenza; inerzia; scarsa attività.

sluice [slu:s] *s.* **1** *(anche* sluice-gate, sluice-valve*)* chiusa; saracinesca; paratoia: *inlet sluice,* paratoia di presa. **2** *(anche* sluice-way*)* canale di chiusa. **3** canale di scarico. **4** risciacquata.

to **sluice** [slu:s] *vt* **1** munire di chiusa, di chiuse. **2** inondare *(aprendo le chiuse);* bagnare; allagare. **3** risciacquare; lavare *(con acqua corrente).*

slum [slʌm] *s.* quartiere povero e squallido: *the slums,* i bassifondi della città — *a slum-clearance campaign,* una campagna per la bonifica dei bassifondi cittadini.

to **slum** [slʌm] *vi* **(-mm-) 1** visitare i quartieri poveri *(per assistenza, ecc.): to go slumming,* andare a visitare i quartieri poveri. **2** *(fam. o scherz.)* fare economie.

slumber ['slʌmbə*] *s.* sonno; sonnellino; assopimento: *to fall into a troubled slumber,* cadere in un sonno agitato — *to disturb sb's slumber(s),* turbare i sonni a qcno *(anche fig.).*

to **slumber** ['slʌmbə*] *vi e t.* **1** dormire; dormirsela; sonnecchiare. **2** *to slumber away,* passare (il tempo) sonnecchiando: *to slumber away a hot afternoon,* trascorrere un caldo pomeriggio sonnecchiando.

slumberer ['slʌmbərə*] *s.* chi dorme; chi è assopito.

slumberous ['slʌmbərəs] *agg* assopito; assonnato.

slummer ['slʌmə*] *s.* visitatore (o abitante) dei quartieri poveri.

slummy ['slʌmi] *agg* povero; squallido; dei bassifondi; dei quartieri poveri.

slump [slʌmp] *s.* **1** caduta improvvisa. **2** crollo *(di prezzi, attività commerciale);* depressione economica.

to **slump** [slʌmp] *vi* **1** cadere di schianto; piombare; crollare; cadere pesantemente: *Tired from his walk, he slumped into an armchair,* Stanco della camminata, si accasciò su una poltrona — *The bullet entered his chest and he slumped (down) to the floor,* La pallottola gli trapassò il petto ed egli cadde con un tonfo sul pavimento. **2** *(comm., spec. di prezzi)* subire un tracollo; ribassare (di colpo).

slung [slʌŋ] *pass e p. pass di* **to sling.**

slunk [slʌŋk] *pass e p. pass di* **to slink.**

slur [slə:*] *s.* **1** macchia; insulto; affronto; rimprovero: *to cast a slur on sb's reputation,* macchiare la reputazione di qcno — *to keep one's reputation free from slur(s),* salvaguardare la propria reputazione dall'onta. **2** dizione difettosa; pronunzia legata, indistinta. **3** *(mus.)* legatura.

to **slur** [slə:*] *vt e i.* **(-rr-) 1** pronunciare in modo legato, difettosamente. **2** *(mus.)* cantare in modo legato; legare. **3** *(fig., generalm. seguito da* over*)* sorvolare; passar sopra: *He slurred over the dead man's faults and spoke chiefly of his virtues,* Sorvolò sui difetti del defunto e parlò principalmente delle sue virtù.

slurry ['slʌri] *s.* impasto liquido.

slush [slʌʃ] *s.* **1** fanghiglia; poltiglia di neve. **2** *(fig.)* sentimentalismo; romanticheria; svenevolezza.

slushy ['slʌʃi] *agg* **1** fangoso; melmoso; viscido. **2** sentimentale; svenevole. □ *avv* **slushily.**

slut [slʌt] *s.* **1** sudiciona; sciattona. **2** donnaccia; sgualdrina. **3** birbantella; sfacciatella; ragazzina sfrontata.

sluttish ['slʌtiʃ] *agg* sciatto; trascurato; sudicio *(anche fig.).* □ *avv* **sluttishly.**

sly [slai] *agg* **(slyer; slyest) 1** astuto; scaltro; sornione; malizioso: *(as) sly as a fox,* astuto come una volpe — *a sly look,* uno sguardo sornione — *He is a sly dog,* È uno che la sa lunga — *to do sth on the sly,* far qcsa alla chetichella (segretamente, furtivamente). **2** birichino; malizioso; scherzoso. □ *avv* **slyly.**

slyboots ['slaibu:ts] *s. (fam., scherz.: un po' desueto)* furbacchione; birichino.

slyness ['slainis] *s.* **1** astuzia; scaltrezza; malizia. **2** slealtà; carattere infido. **3** birichineria; scherzosità.

[1]**smack** [smæk] *s.* **1** schiaffo; ceffone; sventola; colpo forte: *to give the ball a hard smack,* colpire forte la palla — *to get a smack in the eye,* ricevere un pugno in un occhio; *(anche fig.)* subire una grave offesa, un duro colpo, una grave delusione. **2** schiocco *(di labbra, di schiaffo, di frusta): to give sb a smack on the lips,* schioccare un bacio a qcno — *I heard the smack of a whip,* Sentii lo schiocco di una frusta. □ *to have a smack at sth,* fare un tentativo; provare *(a fare qcsa).* □ *come avv (fam.)* in pieno; diritto; direttamente: *He ran smack into a brick wall,* Andò a sbattere contro un muretto — *to hit sb smack in the eye,* colpire qcno in pieno in un occhio.

[1]to **smack** [smæk] *vt* **1** schiaffeggiare: *to smack a child's bottom,* sculacciare un bambino. **2** schioccare; far schioccare *(la frusta, ecc.);* baciare facendo schioccare le labbra: *to smack one's lips,* far schioccare le labbra *(come anticipazione di un piacere sensuale, di cibi appetitosi, ecc.).*

[2]**smack** [smæk] *s.* **1** sapore; aroma; gusto. **2** pizzico; punta: *to have a smack of obstinacy in one's*

character, avere un pizzico (una punta) di ostinazione nel proprio carattere.

[2]to **smack** [smæk] *vi (sempre seguito da* of*)* aver sapore di; sapere di: *opinions that smack of heresy,* opinioni (idee) che sanno di eresia — *medicine that smacks of sulphur,* medicina che ha sapore di (sa di) zolfo.

[3]**smack** [smæk] *s. (spesso* fishing smack*)* barca da pesca; peschereccio.

[1]**smacking** ['smækiŋ] *s.* schiocco; schiaffo; ceffone; botte; busse: *The child needs a good smacking,* Il bambino ha bisogno di un bel po' di ceffoni.

[2]**smacking** ['smækiŋ] *agg (spec. di bacio)* schioccante; sonoro.

small [smɔ:l] **I** *agg* **1** piccolo: *a small town,* una piccola città; una cittadina — *a small sum of money,* una piccola somma di denaro — *small arms,* armi leggere (portatili) — *the small hours,* le ore piccole — *small letters,* lettere minuscole. **2** di poca importanza; modesto; insignificante: *small shopkeepers,* piccoli negozianti — *small farmers,* piccoli agricoltori — *to be thankful for small mercies,* essere grato di ogni beneficio, sia pur piccolo — *small talk,* chiacchiere; futili pettegolezzi — *small change,* spiccioli; *(fig.)* discorsi futili — *They live in quite a small way,* Vivono in modo molto semplice — *small-time, (agg., fam.)* di minore importanza; di terz'ordine — *a small eater,* uno che mangia poco; un modesto mangiatore — *in a small way,* in modo modesto; in misura lieve — *He has contributed to scientific progress in a small way,* Ha contribuito modestamente al progresso scientifico. **3** meschino; gretto: *Only a small man (A man with a small mind) would behave so badly,* Soltanto un uomo meschino si comporterebbe così — *small-minded,* gretto; piccino; meschino; dalla mentalità ristretta — *to look (to feel) small,* sentirsi umiliato; sentirsi piccolo; fare una figura meschina. **4** umile; povero: *great and small,* i grandi e i piccoli; i potenti e gli umili; tutti i ceti sociali. **5** *(ant., di birra)* leggero: *to think no small beer of oneself,* avere un alto concetto di sé; peccare di presunzione. □ *He failed, and small wonder!,* Non ce l'ha fatta, e non c'è da stupirsene! — *small fry* ⇨ [1]**fry** — *the still small voice,* la voce della coscienza — *on the small side,* piuttosto piccolo; modesto; basso.

II *avv (nell'espressione) to sing small, (fig.)* farsi umile; abbassare la cresta.

III *s.* **1** *(con l'art. determinativo)* la parte più sottile: *the small of the back,* il fondo della schiena. **2** *(al pl.)* biancheria minuta.

smallholder [smɔ:l'houldə*] *s.* piccolo proprietario agricolo o affittuario.

smallholding [smɔ:l'houldiŋ] *s.* piccola tenuta di terreno coltivato.

smallness ['smɔ:lnis] *s.* **1** piccolezza. **2** grettezza; meschinità. **3** umiltà; povertà.

smallpox ['smɔ:lpɔks] *s.* vaiolo.

smarmy ['smɑ:mi] *agg (fam.)* untuoso; mellifluo; servile; accattivante.

[1]**smart** [smɑ:t] *s.* acuto dolore; sofferenza; bruciore *(fisico e morale): The smart of his wound kept him awake,* Il dolore acuto della ferita lo tenne sveglio.

to **smart** [smɑ:t] *vi* **1** avere un male acuto; far male; bruciare: *The smoke made my eyes smart,* Il fumo mi fece bruciare gli occhi — *Iodine smarts when it is put on a cut,* La tintura di iodio brucia se la si mette su un taglio. **2** *(fig.)* soffrire: *He was smarting under an injustice,* Stava soffrendo per un'ingiustizia. **3 to smart for sth,** subire le conseguenze di qcsa; scontare; pagare il fio; soffrire: *He will make you smart for this impudence,* Ti farà pagare cara questa tua impudenza.

[2]**smart** [smɑ:t] *agg* **1** brillante; elegante; attillato; alla moda: *a smart hat,* un cappello elegante — *You look very smart today,* Hai un aspetto molto elegante oggi — *the smart set,* la società elegante; la gente alla moda. **2** intelligente; vivace; sveglio; ingegnoso; scaltro: *a smart retort,* una replica spiritosa, mordace — *smart dealing,* un procedimento ingegnoso *(e forse anche un po' disonesto).* **3** svelto; vivace: *to start out at a smart pace,* mettersi in marcia ad un'andatura veloce, con passo svelto. **4** severo; aspro; duro; forte: *smart punishment,* punizione severa — *a smart rebuke,* un aspro rimprovero — *a smart box on the ears,* un bel ceffone. □ *avv* **smartly.**

to **smarten** ['smɑ:tn] *vt e i. (spesso seguito da* up*)* abbellire, abbellirsi; adornare; rendere elegante: *to smarten oneself up to receive visitors,* mettersi in ghingheri per ricevere gli ospiti — *She has smartened up since I met her last,* Si è fatta molto più elegante da quando la vidi l'ultima volta.

smartness ['smɑ:tnis] *s.* **1** eleganza; proprietà. **2** abilità; acutezza; vivacità; brio; spirito.

smash [smæʃ] *s.* **1** forte colpo; urto violento; fracasso; *(anche* smash-up*)* schianto; scontro: *The teapot fell with an awful smash,* La teiera cadde facendo un rumore del diavolo — *There has been a terrible rail smash,* C'è stato un terribile scontro ferroviario. **2** *(comm.)* rovina; crollo; tracollo; fallimento; bancarotta; 'crack': *When the banks failed many businesses were ruined in the smash that followed,* Quando le banche fallirono, nel tracollo che seguì molte aziende andarono in rovina. **3** *(al tennis)* schiacciata; smash.

□ *(come agg. attrib.)* efficace; bello: *a smash hit, (fam.)* un grande successo; un successone.

□ *(come avv.)* con un gran fracasso; dritto e filato: *to go (to run) smash into a wall,* andare a fracassarsi contro un muro.

to **smash** [smæʃ] *vt* **1** frantumare; fracassare; sfasciare; fare a pezzi; rompere: *to smash a window (an egg),* rompere una finestra (un uovo) — *The drunken man smashed up all the furniture,* L'ubriaco sfasciò tutti i mobili — *The firemen smashed in (smashed down) the doors,* I vigili del fuoco sfondarono (abbatterono) la porta — *Don't smash the door open; I have a key!,* Non forzare la porta; ho una chiave! — *a smash-and-grab raid,* una 'spaccata'; un furto con effrazione di vetrine, ecc. **2** *(seguito da* into, through, *ecc.)* forzare *(un passaggio, ecc.);* fare irruzione. **3** assestare un colpo forte; dare una batosta; *(per estensione)* sconfiggere; annientare: *to give sb a smashing blow,* dare una bella batosta a qcno — *to smash the enemy,* annientare il nemico — *to smash a record, (sport)* polverizzare un primato, un record. **4** *(al tennis)* fare una schiacciata.

□ *vi* **1** andare in pezzi; rompersi; sfasciarsi: *The car smashed into a wall,* L'auto andò a sfasciarsi (a sbattere violentemente) contro un muro. **2** *(comm.)* andare in rovina; fare bancarotta; fallire.

smasher ['smæʃə*] *s.* **1** colpo violento. **2** *(fam.)* persona o cosa assai bella, 'favolosa', ecc.; cannonata.

smash-hit ['smæʃ'hit] *s. (fam.)* ⇨ **smash** *agg.*

smashing ['smæʃiŋ] *agg (sl. studentesco)* formidabile; 'fantastico'; 'bestiale'; 'favoloso'; straordinario; eccellente.

smash-up ['smæʃʌp] *s.* ⇨ **smash** *s.* **1.**

smattering ['smætəriŋ] *s.* infarinatura *(di una materia, di una lingua).*

smear [smiə*] *s.* macchia; chiazza; imbrattatura; *(fig.)* calunnia; diffamazione: *a smear of paint,* una macchia di vernice — *smears of blood on the wall,* macchie di sangue sul muro — *a smear campaign,* una campagna diffamatoria — *smear-word,* parola denigratoria — *In the USA 'Communist' is still a smear-word,* Negli Stati Uniti 'comunista' è ancora una parola denigratoria.

to **smear** [smiə*] *vt e i.* **1** spalmare; coprire *(di sostanze grasse, oleose): to smear one's hands with grease,* spalmarsi le mani di grasso. **2** insudiciare, insudiciarsi; imbrattare, imbrattarsi; lordare; macchiare *(anche fig.): hands smeared with blood,* mani lordate di sangue.

smell [smel] *s.* **1** *(anche* sense of smell*)* olfatto; odorato; fiuto. **2** odore; profumo: *What a nice smell!,* Che buon odorino! — *There's a smell of cooking,* C'è odor di cucina — *I like the smell of thyme,* Mi piace il profumo del timo. **3** cattivo odore; puzza; tanfo: *What a smell!,* Che puzza! **4** annusata; fiutata: *Have (Take) a smell at this egg and tell me whether it's good,* Odora quest'uovo e dimmi se è buono.

to **smell** [smel] *vt* (*pass. e p. pass.* **smelt**; *talvolta* **smelled**) **1** *(avvertire con l'olfatto)* sentire; fiutare: *Can (Do) you smell anything unusual?,* Non senti un odore strano? — *The camels smelt the water a mile off,* I cammelli fiutarono l'acqua a un miglio di distanza — *I can smell something burning,* Sento odore di bruciato — *to smell a rat, (fam.)* fiutare un imbroglio. **2** fiutare; annusare: *Smell this and tell me what it is,* Annusa questo e dimmi cos'è — *The dog was smelling (at) the lamp-post,* Il cane stava fiutando il lampione.

□ *vi (seguito da un agg. o da* of *più un sostantivo)* **1** avere odore, profumo (di): *The flowers smell sweet,* I fiori hanno un dolce profumo — *The dinner smells good,* Il pranzo ha un buon odorino — *Your breath smells of brandy,* Hai il fiato che puzza di cognac — *smelling-salts,* sali (da fiuto) — *smelling-bottle,* boccetta dei sali (da fiuto). **2** puzzare; mandare un cattivo odore: *Fish soon smells in summer,* D'estate il pesce puzza presto — *His breath smells,* Gli puzza il fiato.

to smell about, andare in giro fiutando; fiutare qua e là; *(lett. e fig.)* andare in cerca d'informazioni.

to smell at, annusare; fiutare: ⇨ *vt* **2.**

to smell of ⇨ *vi* **1.**

to smell out, scoprire, scovare col fiuto.

smelling ['smeliŋ] *agg* ⇨ **to smell,** *vi.*

smelly ['smeli] *agg (fam.)* puzzolente.

[1]**smelt** [smelt] *s.* sperlano.

[2]**smelt** [smelt] *pass e p. pass di* **to smell.**

to **smelt** [smelt] *vt* fondere; estrarre (per fusione) un metallo.

smelting ['smeltiŋ] *s. (metallurgia)* fusione: *smelting-works,* fonderia — *smelting-furnace,* altoforno.

smilax ['smailæks] *s.* salsapariglia.

smile [smail] *s.* sorriso: *He was all smiles,* Era tutto sorrisi, felicissimo — *Give us a smile!,* Dài, sorridi!

to **smile** [smail] *vi e t.* **1** sorridere: *He never smiles,* Non sorride mai — *What are you smiling at?,* Di che cosa stai sorridendo? — *to smile a bitter smile,* sorridere con amarezza, tristemente. **2** esprimere (qcsa) con un sorriso: *Father smiled his approval,* Il babbo approvò con un sorriso — *She smiled her thanks,* Ringraziò con un sorriso. **3 to smile (sth) away,** fugare (qcsa) con un sorriso: *to smile away sb's fears,* fugare le paure di qcno con un sorriso. **4 to smile upon,** arridere (a qcsa, qcno).

smiling ['smailiŋ] *agg* sorridente. □ *avv* **smilingly.**

smirch [smə:tʃ] *s.* macchia; *(anche fig.)* onta; disonore.

to **smirch** [smə:tʃ] *vt* macchiare; sporcare; insozzare *(anche fig.).*

smirk [smə:k] *s.* sorriso sciocco.

to **smirk** [smə:k] *vi* sorridere stupidamente; fare un sorriso compiaciuto e sciocco.

to **smite** [smait] *vt e i.* (*pass.* **smote**; *p. pass.* **smitten**) **1** *(ant. e lett., talvolta scherz.)* colpire; percuotere; picchiare: *He smote the ball into the grandstand,* Colpì la palla facendola piombare nella tribuna d'onore — *His conscience smote him,* La coscienza gli rimordeva — *He was smitten with remorse,* Era tutto preso dal rimorso — *to smite one's breast,* battersi il petto — *A strange sound smote our ears,* Uno strano suono ci colpì le orecchie. **2** sgominare; annientare; sconfiggere; debellare; castigare; punire: *God will smite our enemies,* Dio punirà i nostri nemici.

smith [smiθ] *s.* fabbro; lavoratore di metalli: *black-smith,* fabbro ferraio; maniscalco — *gold-smith,* orefice; orafo.

smithereens [,smiðə'ri:nz] *s. pl* frammenti; frantumi; briciole: *to smash sth to (*o *into) smithereens,* frantumare qcsa; ridurre qcsa in frantumi.

smithy ['smiθi] *s.* fucina; bottega del fabbro.

smitten ['smitn] *p. pass di* **to smite.**

smock [smɔk] *s.* **1** grembiule. **2** camiciotto; camiciola.

smocking ['smɔkiŋ] *s.* pieghettatura; ricamo pieghettato; punto 'smock'.

smog [smɔg] *s. (da* smoke *più* fog*)* smog.

smoggy ['smɔgi] *agg* pieno di smog.

smoke [smouk] *s.* **1** fumo: *cigarette (cigar) smoke,* fumo di sigaretta (di sigaro) — *to end up in smoke,* finire in fumo; sfumare; finire in un nulla di fatto — *to go up in smoke,* bruciarsi completamente; *(fig.)* finire in fumo, in un nulla di fatto — *There's no smoke without a fire, (prov.)* Non c'è fumo senza fuoco — *smoke-bomb,* bomba fumogena — *smoke-dried,* affumicato *(di prosciutto, pesci, ecc.)* — *smoke-screen,* cortina di fumo — *smoke-stack,* ciminiera; fumaiolo. **2** fumata; fumatina *(di tabacco); (al pl., fam.)* sigarette; sigari: *Stop working and have a smoke,* Smetti di lavorare e fatti una fumatina — *Pass the smokes round, (fam.)* Fai passare le sigarette (i sigari).

to **smoke** [smouk] *vt* **1** fumare *(tabacco, ecc.): to smoke a pipe,* fumare la pipa — *He smoked himself sick,* Fumò sino ad ammalarsi. **2** *(di pesce, ecc.)* affumicare: *smoked ham (salmon),* prosciutto (salmone) affumicato. **3** affumicare; sporcare o macchiare o annerire di fumo: *a smoked ceiling,* un soffitto annerito dal fumo — *a sheet of smoked glass,* una lastra di vetro affumicato. **4** disinfestare; far uscire (col fumo): *to smoke the plants in a greenhouse,* disinfestare (affumicare) le piante di una serra — *to smoke out snakes from a hole,* stanare col fumo dei serpenti. □ *Put that in your pipe and smoke it!,* Prendi e porta a casa!

□ *vi* **1** fumare; far fumo; emettere vapore: *a smoking volcano,* un vulcano fumante — *That oil-lamp smokes badly,* Quella lampada ad olio fa molto fumo. **2** *(detto di pipe, ecc.)* tirare: *This pipe smokes well,* Con questa pipa si fuma bene — *A good cigar will smoke for at least half an hour,* Un buon sigaro dura (acceso) almeno mezz'ora.

smokeless ['smouklis] *agg* senza fumo: *smokeless fuel,* combustibile che non fa fumo — *the smokeless atmosphere of the countryside,* l'atmosfera pulita della campagna — *a smokeless zone,* una zona in cui è vietato emettere fumi inquinanti.

smoker ['smoukə*] *s.* **1** fumatore. **2** *(ferrovia)* carrozza o compartimento per fumatori. **3** *(fam.)* festicciola.

smoking ['smoukiŋ] *s.* il fumare: *No smoking,* Vietato fumare — *smoking-carriage (-car, -compartment),* carrozza (scompartimento ferroviario) per fumatori — *smoking-jacket,* giacca per fumare — *smoking-mixture,* miscela di tabacco da pipa — *smoking-room,* sala per fumatori.

smoko ['smoukou] *s. (fam., in Australia, in Nuova Zelanda)* fumatina.

smoky ['smouki] *agg* (**-ier**; **-iest**) fumoso; che fa fumo; pieno di fumo; sporco di fumo; inquinato; che sa di fumo: *smoky chimneys,* camini fumosi — *the smoky atmosphere of an industrial town,* l'atmosfera inquinata di una città industriale.

to **smolder** ['smouldə*] *vi* = **to smoulder**.

smooth [smu:ð] *agg* **1** liscio; levigato; piano: *smooth paper (skin),* carta (pelle) liscia — *a smooth road,* una strada piana — *to be smooth to the touch,* essere liscio, levigato al tatto — *to make things smooth for sb,* spianare la via a qcno — *smooth-bore, (agg., di fucile)* a canna liscia. **2** calmo; tranquillo; facile: *a smooth sea,* un mare calmo (liscio come l'olio) — *a smooth flight,* un volo tranquillo — *a smooth crossing,* una traversata calma, facile. **3** *(di mistura, di pasta, ecc.)* ben amalgamato. **4** dolce; scorrevole; morbido; vellutato: *a smooth voice,* una voce morbida — *a smooth claret,* un 'Bordeaux' vellutato. **5** *(di persone, ecc., generalm. spreg.)* conciliante; mellifluo; insinuoso; ipocrita; untuoso: *a smooth temper,* un carattere conciliante — *smooth manners,* maniere untuose, stucchevolmente cortesi — *a smooth face,* un viso ipocrita — *smooth spoken; smooth tongued,* mellifluo; insinuante. □ *avv* **smoothly**.

□ *s.* lisciatina; spianata; livellatura: *to give one's hair a smooth,* darsi una lisciatina ai capelli. □ *to take the rough with the smooth,* prendere il mondo come viene.

to **smooth** [smu:ð] *vt (spesso seguito da* out, over, down, away*)* lisciare; spianare; appianare; *(fig.)* facilitare; togliere via: *to smooth down one's dress,* darsi una lisciata al vestito — *to smooth away obstacles,* togliere gli ostacoli — *to smooth over difficulties,* appianare le difficoltà — *smoothing-iron,* ferro da stiro — *smoothing-plane,* pialla; pialletto.

smoothie ['smu:ði] *s.* (*sl., spreg.: cfr.* **smooth,** *agg* **5**) persona cortese ma un po' ipocrita, untuosa.

smoothness ['smu:ðnis] *s.* **1** levigatezza. **2** scorrevolezza; facilità. **3** dolcezza; docilità; arrendevolezza. **4** *(del mare)* calma.

smote [smout] *pass di* **to smite**.

smother ['smʌðə*] *s.* fumo soffocante; nuvola di fumo o di vapore; polverone.

to **smother** ['smʌðə*] *vt* **1** soffocare; asfissiare; sopprimere. **2** spegnere; estinguere *(un fuoco).* **3** *(fig.)* coprire; ricoprire; avvolgere; celare; nascondere: *to smother a grave with flowers,* coprire una tomba di fiori — *to smother a child with kisses,* coprire di baci un bambino — *to be smothered with* (o *in*) *dust by passing cars,* essere avvolto dalla polvere delle auto che passano — *to smother a scandal,* soffocare (coprire, insabbiare) uno scandalo. **4** *(fig.)* soffocare *(uno sbadiglio, ecc.);* trattenere; frenare: *to smother one's anger (feelings of resentment),* trattenere la propria ira (il proprio risentimento).

smoulder ['smouldə*] *s.* combustione lenta; fiamma che cova *(anche fig.).*

to **smoulder** ['smouldə*] *vi* bruciare lentamente e senza fiamma; covare *(di fuoco, e anche fig.): smouldering discontent,* malcontento represso, latente.

smudge [smʌdʒ] *s.* **1** imbrattatura; macchia *(anche fig.);* chiazza; sgorbio: *You've got a smudge on your cheek,* Hai una macchia sulla guancia — *Wash your hands or you'll make smudges on the writing-paper,* Lavati le mani, se no lascerai l'impronta (il segno) sulla carta da scrivere. **2** *(spec. USA)* falò; fuoco all'aperto *(per tener lontani gli insetti, ecc.).*

to **smudge** [smʌdʒ] *vt e i.* **1** macchiare; sporcare; lordare; imbrattare. **2** *(di inchiostri, vernici, ecc.)* spandere, spandersi: *Ink smudges easily,* L'inchiostro si spande facilmente.

smudgy ['smʌdʒi] *agg* imbrattato; macchiato.
□ *avv* **smudgily**.

smug [smʌg] *agg* (**smugger**; **smuggest**) soddisfatto di sé; sufficiente; compiaciuto; scioccamente vanitoso.
□ *avv* **smugly**.
□ *s. (sl. studentesco)* sgobbone; musone; orso.

to **smuggle** ['smʌgl] *vt* contrabbandare; fare passare clandestinamente: *to smuggle sth into a country,* far entrare qcsa clandestinamente — *to smuggle sb out of a blockaded city,* far uscire qcno (di nascosto) da una città assediata.
□ *vi* fare il contrabbandiere.

smuggler ['smʌglə*] *s.* **1** contrabbandiere. **2** imbarcazione contrabbandiera.

smuggling ['smʌgliŋ] *s.* contrabbando.

smugness ['smʌgnis] *s.* mediocrità soddisfatta; sciocca vanità; stupido compiacimento.

smut [smʌt] *s.* **1** macchia *(di fuliggine); (spesso pl.)* polvere o granelli *(di carbone bruciato).* **2** *(malattia del grano)* carbonchio; golpe. **3** *(fig., collettivo)* oscenità; sconcezze; linguaggio turpe: *Don't talk smut,* Non dire parole oscene.

to **smut** [smʌt] *vt* (**-tt-**) sporcare di fuliggine; annerire; lordare.

smuttiness ['smʌtinis] *s.* **1** sporcizia; nerume. **2** *(fig.)* oscenità; indecenza; sconcezza.

smutty ['smʌti] *agg* (**-ier**; **-iest**) **1** fuligginoso; annerito; sporco. **2** *(fig.)* osceno; sconcio; indecente: *smutty stories,* storielle (barzellette) oscene, sconce. □ *avv* **smuttily**.

snack [snæk] *s.* spuntino; pasto leggero e veloce: *snack-bar; snack-counter,* tavola calda.

snaffle ['snæfl] *s. (anche* snaffle-bit*: di cavallo)* morso snodato: *to ride sb on the snaffle,* condurre, guidare qcno dolcemente (con mano leggera).

to **snaffle** ['snæfl] *vt (fam.)* arraffare; rubare; appropriarsi senza permesso.

snag [snæg] *s.* **1** spuntone; sporgenza; troncone. **2** ceppo; radice; ramo che emerge dal terreno. **3** *(fam.)* difficoltà nascosta; intoppo; inciampo; ostacolo imprevisto.

to **snag** [snæg] *vt* impigliarsi (in qcsa) tirando o strappando un filo.

snail [sneil] *s.* chiocciola; lumaca *(anche fig.): at a snail's pace,* a passo di lumaca.

snake [sneik] *s.* serpente; serpe *(anche fig., di individuo traditore e infido);* biscia: *a snake in the grass, (fig.)* un serpente fra l'erba; un'insidia nascosta — *to cherish a snake in one's bosom,* allevare una serpe in seno — *snakes and ladders,* il gioco dell'oca — *snake-charmer,* incantatore di serpenti — *Snakes!,* Maledizione!, Accidenti!; Diavolo!

to **snake** [sneik] *vi* serpeggiare.

snakeshead ['sneikshed] *s.* *(spesso* snakeshead fritillary*)* fritillaria.
snakeskin ['sneikskin] *s.* pelle di serpente.
snaky ['sneiki] *agg* **1** infestato da serpenti. **2** serpentino; tortuoso *(anche fig.).* **3** *(fig.)* infido; perfido. □ avv **snakily.**
snap [snæp] *s.* **1** morso; morsicata; colpo secco *(coi denti, ecc.);* rumore secco; scatto: *The dog made an unsuccessful snap at the meat,* Il cane tentò inutilmente di azzannare la carne — *The lid shut with a snap,* Il coperchio si chiuse con uno scatto — *Snap went the oar,* Improvvisamente si spezzò un remo (con un rumore secco). **2** *(spesso* cold snap*)* ondata di freddo intenso. **3** *(fam.)* energia; vigore; brio; vivacità: *Put some snap into it!,* Mettici un po' di brio! **4** biscotto croccante; *(al pl.)* croccantini: *ginger-snaps,* croccantini allo zenzero. **5** fermaglio; fibbia a scatto; *(anche* snap fastener*)* bottone automatico. **6** *(fotografia, abbr. di* snapshot*)* istantanea.
□ *(come agg. attrib.)* improvviso; non preparato: *a snap election,* un'elezione inattesa — *a snap judgment,* un giudizio dato su due piedi — *a snap division,* una votazione improvvisa *(al Parlamento)* — *to take a snap vote,* passare improvvisamente ai voti.
to **snap** [snæp] *vt e i.* **(-pp-)** **1** *(spesso seguito da* at*)* azzannare; afferrare coi denti; mordere d'improvviso; ghermire; abboccare *(di pesce): The dog snapped (at) my leg,* Il cane mi azzannò la gamba — *The fish snapped at the bait,* Il pesce abboccò all'amo (all'esca) — *to snap sb up,* interrompere rudemente qcno; saltare su *(fam.).* **2** parlare; rispondere; ordinare *(con voce aspra): The sergeant snapped out his orders,* Il sergente gridava seccamente i suoi ordini — *to snap one's fingers (at sth, sb; in sb's face),* far schioccare le dita *(richiamando qcno, o in segno di disprezzo);* infischiarsi di qcsa, qcno. **3** rompere; spaccare *(facendo un rumore secco);* rompersi; spaccarsi: *He stretched the rubber band till it snapped,* Tese l'elastico finché si ruppe. **4** *(spesso* to snap shut*)* chiudere (chiudersi) di scatto. **5** fare (scattare) un'istantanea (di qcsa).
to snap at ⇨ **1** *e* **2**.
to snap into it, incominciare; muoversi; sbrigarsi *(a fare qcsa).*
to snap sb off; to snap sb's head (o **nose) off**, interrompere qcno; trattare qcno bruscamente.
to snap out of it, venirne fuori *(da uno stato di pigrizia, malinconia, ecc.).*
to snap sth up, non lasciarsi scappare (sfuggire) qcsa *(un'occasione, ecc.): The cheapest articles were soon snapped up,* Gli articoli più economici andavano a ruba.
snapdragon [ˌsnæp'drægən] *s.* bocca di leone; antirrino.
snappish ['snæpiʃ] *agg* stizzoso; iroso; ringhioso. □ *avv* **snappishly.**
snappishness ['snæpiʃnis] *s.* asprezza; tono stizzoso.
snappy ['snæpi] *agg* **(-ier; -iest)** **1** vivace; brillante; brioso: *Make it snappy!,* Sbrigati!; Finisci in fretta! **2** stizzoso; iroso; ringhioso. □ *avv* **snappily.**
snapshot ['snæpʃɔt] *s.* **1** *(fotografia)* istantanea: *to take a snapshot,* fare, scattare un'istantanea. **2** colpo *(di pistola, ecc.)* tirato senza mira.
snare [snɛə*] *s.* trappola; insidia *(anche fig.);* tagliola: *His promises are a snare and a delusion,* Le sue promesse sono una trappola e una delusione. □ *snare drum,* tamburo drum.
to **snare** [snɛə*] *vt* intrappolare; prendere in trappola.
[1]**snarl** [snɑ:l] *s.* ringhio; aspro rimbrotto.
[1]to **snarl** [snɑ:l] *vi e t.* **1** *(di cane: spesso seguito da* at*)* mostrare i denti; ringhiare. **2** *(fig.)* parlare minacciosamente, rabbiosamente; ringhiare: *to snarl out an answer,* rispondere con acredine.
[2]**snarl** [snɑ:l] *s.* **1** *(anche* snarl-up*)* ingorgo di traffico. **2** garbuglio *(spec. di fili).*
[2]to **snarl** [snɑ:l] *vi e t.* *(del traffico: spesso seguito da* up*)* intasare, intasarsi.
snatch [snætʃ] *s.* **1** strappo; presa; strattone: *to make a snatch at sth,* tentare di afferrare qcsa. **2** brano; squarcio; pezzetto: *short snatches of verse,* brevi stralci di poesia — *snatches of conversation,* frammenti di conversazione — *to work in snatches,* lavorare a singhiozzo, discontinuamente. **3** *(sl.)* furto; sequestro di persona.
to **snatch** [snætʃ] *vt e i.* **1** afferrare; agguantare; ghermire; dar di piglio: *He snatched the letter from me; He snatched the letter out of my hand,* Mi strappò la lettera di mano — *He snatched up his gun and fired,* Afferrò la pistola e sparò — *to snatch at sth,* cercare di afferrare qcsa. **2** prendersi; strappare via; portar via; cogliere a stento: *to snatch an hour's sleep,* pigliarsi un'ora di sonno — *to snatch a hasty meal,* mangiare quattro bocconi alla svelta — *to snatch a kiss,* baciare (qcno) di sorpresa.
snatcher ['snætʃə*] *s.* *(nei composti)* ladro; accoppatore: *bag-snatcher,* scippatore — *body-snatcher,* dissotteratore di cadaveri.
sneak [sni:k] *s.* **1** persona spregevole; codardo; carogna: *sneak-thief,* ladruncolo. **2** *(sl. studentesco)* spia; spione.
to **sneak** [sni:k] *vi e t.* **1** *(seguito da* in, out, away, back, *ecc.)* strisciare; introdursi (uscire, andarsene, ritornare, ecc.) furtivamente; insinuarsi: *to sneak off without saying goodbye,* andarsene alla chetichella, senza salutare. **2** *(sl. studentesco)* fare la spia. **3** *(fam.)* rubare; rubacchiare: *to sneak a look at sth,* dare di nascosto un'occhiata a qcsa.
sneakers ['sni:kəz] *s.* *(USA, ora anche GB)* scarpette da ginnastica, da tennis; scarpa con suola di gomma.
sneaking ['sni:kiŋ] *agg* **1** furtivo; nascosto; segreto: *to have a sneaking respect (sympathy) for sb,* nutrire un segreto rispetto (una segreta simpatia) per qcno. **2** servile; vile; abbietto. □ *avv* **sneakingly.**
sneaky ['sni:ki] *agg* = **sneaking 2.** □ *avv* **sneakily.**
sneer [sniə*] *s.* ghigno; sogghigno; scherno; sorriso beffardo.
to **sneer** [sniə*] *vi* sogghignare; schernire; dileggiare; ghignare: *to sneer at religion,* schernire la religione.
sneeringly ['sniəriŋli] *avv* beffardamente; con scherno.
sneeze [sni:z] *s.* sternuto.
to **sneeze** [sni:z] *vi* sternutire; fare uno sternuto. □ *It's not to be sneezed at, (fam.)* Non è da prendere sottogamba; Non è da disprezzarsi.
snicker ['snikə*] *s.* **1** nitrito. **2** risatina repressa, soffocata.
to **snicker** ['snikə*] *vi* **1** nitrire. **2** reprimere, soffocare una risatina.
snide [snaid] *agg (fam.)* malizioso e un po' altezzoso; sprezzante.
sniff [snif] *s.* annusata; fiutata; il fiutare: *to get a sniff of sea air,* respirare un po' di aria di mare — *One sniff of this stuff is enough to kill you,* Una sola fiutata di questa roba è sufficiente per ammazzarti.
to **sniff** [snif] *vi e t.* **1** aspirare rumorosamente col naso. **2** *(spesso seguito da* at*)* annusare; fiutare; inalare; *(fig.)* subodorare: *to sniff the sea-air,* aspirare profondamente l'aria di mare — *to sniff (at) a rose,* annusare una rosa — *to sniff a medicine,* inalare una

medicina. **3 to sniff out,** subodorare; fiutare *(p.es. uno scandalo).* **4 to sniff at,** disapprovare; disprezzare: *The offer is not to be sniffed at,* L'offerta non è da disprezzarsi.

to **sniffle** ['snifl] *vi* = **to snuffle.**

sniffy ['snifi] *agg (fam.)* **1** sprezzante. **2** maleodorante. □ *avv* **sniffily.**

snifter ['sniftə*] *s. (sl.)* cicchetto *(bevanda).*

snigger ['snigə*] *s.* risatina repressa; risolino cinico.

to **snigger** ['snigə*] *vi* abbozzare un risolino cinico.

snip [snip] *s.* **1** taglio; forbiciata. **2** ritaglio; pezzetto; scampolo. **3** *(fam.)* sarto. **4** *(sl. ippico)* cavallo vincente, sicuro. **5** *(al pl.)* forbici da lattoniere: *snip-snap,* colpo di forbici; dialogo pungente e spiritoso. **6** *(sl., piuttosto desueto)* affare; occasione: *It's a snip at that price,* A quel prezzo è un affare.

to **snip** [snip] *vt e i.* **(-pp-)** tagliuzzare; tagliare a colpi di forbici: *to snip off the ends,* tagliare via le estremità; spuntare — *to snip a hole in sth,* fare un buco con le forbici in qcsa — *to snip cloth,* tagliuzzare della stoffa.

snipe [snaip] *s. (pl. invariato)* **1** beccaccino. **2** *(USA)* cicca; mozzicone *(di sigaretta, sigaro).* **3** *(imbarcazione)* snipe.

to **snipe** [snaip] *vi e t.* **1** sparare da un nascondiglio: *to snipe at sb, (fig.)* attaccare qcno. **2** *(generalm. nella forma* to go sniping*)* cacciare il beccaccino.

sniper ['snaipə*] *s.* cecchino; tiratore scelto che spara da un luogo nascosto.

snippet ['snipit] *s.* **1** frammento; ritaglio; pezzetto. **2** *(al pl.)* zibaldone; frammenti *(di notizie, opere letterarie, ecc.).*

snipping ['snipiŋ] *s.* ritaglio; pezzetto; scampolo.

to **snitch** [snitʃ] *vt* rubare *(generalm. una cosa senza valore).*

to **snivel** ['snivl] *vi* **(-ll-;** *USA* **-l-)** piagnucolare; frignare.

sniveller ['snivlə*] *s.* piagnucolone; frignone; moccioso.

snob [snɔb] *s.* 'snob'; individuo che nutre grande ammirazione per (e spesso imita) le persone di classe sociale elevata; persona che disprezza i ceti e gli ambienti più bassi dei suoi — *snob-appeal,* capacità di attrarre l'interesse degli 'snobs'.

snobbery, snobbishness ['snɔbəri/'snɔbiʃnis] *s.* snobismo: *inverted snobbery,* snobismo alla rovescia.

snobbish ['snɔbiʃ] *agg* snobistico. □ *avv* **snobbishly.**

snood [snu:d] *s. (dial. e lett.)* **1** retina per capelli. **2** lenza.

snook [snu:k] *s. (solo nell'espressione) to cock a snook at sb,* fare marameo; prendere in giro qcno.

snooker ['snu:kə*] *s. (gioco)* tipo di biliardo. □ *to be snookered, (fam.)* essere messo in difficoltà.

to **snoop** [snu:p] *vi (USA, fam.)* curiosare; indagare; ficcare il naso: *to snoop around,* andare in cerca di scandali, infrazioni, ecc.

snooper ['snu:pə*] *s. (USA, fam.)* ficcanaso; curiosone; spione.

snooty ['snu:ti] *agg (fam.)* altezzoso; arrogante; sdegnoso; snob. □ *avv* **snootily.**

snooze [snu:z] *s. (fam.)* pisolino; sonnellino: *to have a snooze after lunch,* fare un sonnellino dopo colazione.

to **snooze** [snu:z] *vi (fam.)* fare un sonnellino; fare un pisolino.

snore [snɔ:*/snɔə*] *s.* il rumore di chi russa.

to **snore** [snɔ:*/snɔə*] *vi* russare.

snorer ['snɔrə*] *s.* persona che russa.

snoring ['snɔriŋ] *s.* il russare.

snorkel ['snɔ:kl] *s.* = **schnorkel.**

snort [snɔ:t] *s.* **1** sbuffo; sbuffata: *to give a snort of contempt,* sbuffare con disprezzo. **2** *(naut.)* 'snorkel'; presa d'aria per sommergibili.

to **snort** [snɔ:t] *vi e t.* **1** sbuffare: *to snort with rage,* sbuffare di rabbia. **2** esprimere sbuffando: *to snort (out) a reply,* rispondere sbuffando — *to snort defiance at sb,* sbuffare con aria di sfida contro qcno.

snorter ['snɔ:tə*] *s.* **1** *(fam.)* qualcosa di eccellente, straordinario, veramente difficile o impegnativo: *This problem is a real snorter,* Questo problema è veramente difficile; è un vero rompicapo. **2** forte bufera di vento. **3** *(fam.)* sgridata; ramanzina; lavata di capo.

snorty ['snɔ:ti] *agg (fam.)* irascibile; collerico.

snot [snɔt] *s. (volg.)* moccio; muco nasale.

snotty ['snɔti] *agg* **1** *(volg.)* moccioso. **2** *(spesso* snotty-nosed*)* altezzoso.
□ *s. (nel gergo della marina)* guardiamarina.

snout [snaut] *s.* **1** muso; grugno. **2** la parte frontale di qcsa che richiami un muso; becco; beccuccio; muso *(di automobile);* lingua *(di ghiacciaio).*

snow [snou] *s. (raro al pl.)* **1** neve: *a heavy fall of snow,* un'abbondante nevicata — *roads deep in snow,* strade ricoperte da neve alta — *snow-capped (-clad, -covered),* ricoperto, ammantato di neve — *snow-white,* bianco come la neve; bianchissimo — ⇨ *anche* **snowball, snow - blind, snowbound,** *ecc.* **2** *(USA, sl.)* cocaina; *(talvolta)* eroina.

to **snow** [snou] *vi e t.* **1** nevicare: *It snowed all day,* Nevicò per tutta la giornata — *to be snowed up* (o *in),* essere bloccato dalla neve. **2** cospargere di neve; spruzzare di bianco. **3** *(fig.)* arrivare in quantità; *(fam.)* fioccare: *Gifts and messages snowed in on her birthday,* Il giorno del suo compleanno fioccarono da ogni parte regali e auguri. **4 to be snowed under,** *(fig.)* essere sopraffatto; essere sommerso — *to be snowed under with work,* essere sommerso dal lavoro — *to be snowed off, (di gara, partita)* essere annullato a causa della neve.

snowball ['snoubɔ:l] *s.* palla di neve: *snowball-tree,* viburno; palla di neve; pallone di maggio.

snow - blind ['snoublaind] *agg* accecato *(temporaneamente)* dal riflesso della neve.

snowblindness [,snou'blain*d*nis] *s.* congiuntivite dovuta al riflesso della neve.

snowbound ['snoubaund] *agg* bloccato dalle nevi.

snowdrift ['snoudrift] *s.* cumulo di neve *(ammucchiata dal vento).*

snowdrop ['snoudrɔp] *s.* bucaneve.

snowfall ['snoufɔ:l] *s.* nevicata.

snowfield ['snoufi:ld] *s.* nevaio.

snowflake ['snoufleik] *s.* fiocco (falda) di neve.

snowline ['snoulain] *s.* limite delle nevi (perenni).

snowman ['snoumən] *s.* *(pl.* **snowmen**) fantoccio, pupazzo di neve.

snow - plough ['snouplau] *s.* (*USA* **snowplow**) spazzaneve.

snowshoe ['snouʃu:] *s.* racchetta da neve.

snowy ['snoui] *agg* **(-ier; -iest) 1** nevoso; ricoperto di neve; niveo: *snowy weather,* tempo da neve, nevoso — *snowy roofs,* tetti ricoperti di neve. **2** candido; bianco.

[1]**snub** [snʌb] *s.* **1** umiliazione; mortificazione; aspro rimprovero. **2** arresto improvviso di una nave *(spec. con un cavo).*

to **snub** [snʌb] *vt* **(-bb-) 1** snobbare; umiliare; trattare con disprezzo; respingere sgarbatamente. **2** fermare; arrestare una nave *(spec. mediante un cavo).*

[2]**snub** [snʌb] *agg (solo del naso)* camuso; rincagnato; rivolto all'insù: *snub-nosed,* dal naso rincagnato.

snuff [snʌf] *s.* tabacco da fiuto: *to take a pinch of* *snuff,* prendere un pizzico (una presa) di tabacco — *up to snuff, (fam.)* accorto; che ha buon fiuto; astuto; scaltro — *snuff-box,* tabacchiera *(anche anat.)* — *to give sb a snuff,* dare una lavata di capo a qcno — *snuff-coloured,* color tabacco.

[1]to **snuff** [snʌf] *vt e i.* = **to sniff.**

[2]to **snuff** [snʌf] *vt* **1** *(spesso seguito da* out*)* smoccolare; spegnere *(una candela).* **2 to snuff out,** *(fig.)* reprimere; domare *(una rivolta, ecc.).*

☐ *vi (fam., talvolta* to snuff it*)* spegnersi; morire.

snuffers ['snʌfəz] *s. pl* smoccolatoio; forbici per smoccolare.

snuffle ['snʌfl] respiro rumoroso: *the snuffles, (fam.)* un raffreddore.

to **snuffle** ['snʌfl] *vi* **1** tirare su con il naso; aspirare rumorosamente. **2** parlare con voce nasale; parlare in tono lagnoso. **3** biascicare preghiere.

snug [snʌg] *agg* (**snugger**; **snuggest**) **1** comodo; riparato; confortevole; tranquillo: *snug in bed,* comodo e caldo a letto — *a snug wollen vest,* una calda maglietta di lana — *to be snug and cosy by the fireside,* essere al sicuro e al caldo presso il fuoco — *as snug as a bug in a rug, (fam., fig.)* comodissimo. **2** ordinato e pulito; in buona posizione. **3** *(fam.)* sufficiente; modesto ma sicuro: *a snug little income,* una piccola rendita sufficiente (sicura). **4** aderente; stretto *(di indumento): a snug jacket,* una giacca aderente.

☐ *avv* **snugly.**

☐ *(usato come avv.) a snug-fitting coat,* un soprabito che va stretto.

snuggery ['snʌgəri] *s.* camera, posticino accogliente, tranquillo.

to **snuggle** ['snʌgl] *vi (spec.* to snuggle down, to snuggle up to sb*)* rannicchiarsi; accostarsi; mettersi vicino *(per trarre protezione o conforto).*

☐ *vt* stringere a sé; tenersi vicino; coccolare; vezzeggiare.

snugness ['snʌgnis] *s.* comodità; agio; tranquillità (⇨ **snug**).

so [sou] **I** *avv* **1** così; tanto; talmente: *He was so ill that we sent for a doctor,* Stava così male che abbiamo mandato a chiamare un medico — *Would you be so kind as to help me?,* Vorrebbe essere così gentile da aiutarmi? — *I had to take a taxi, it was so late,* Era così tardi che ho dovuto prendere un tassì — *So you're lost your job, have you?,* E così hai perso l'impiego, vero? — *not so... as...,* non così... come... — *It isn't so big as I thought,* Non è così grosso come pensavo — *He isn't so stupid as to do that,* Non è così stupido da fare quello — *... so to speak,* ... per così dire — *Not so fast!,* Non così veloce! — *I haven't had so enjoyable an evening for ages,* È da un sacco di tempo che non ho trascorso una serata così divertente — *So be it!,* Così sia!

so far, - **a)** così lontano: *Since we've come so far, we may as well go on,* Visto che siamo arrivati fin qua, tanto vale proseguire - **b)** *(fig.)* fin qui; fino a questo punto: *Everything is in order so far,* Fin qua (Finora) tutto è in ordine — *So far, so good,* Fin qui, tutto bene - **c) so far as...,** per quanto...: *So far as I know,* Per quanto io sappia - **d) so far from...,** lungi da...; invece di...: *So far from being a help, he was a hindrance,* Invece di essere di aiuto fu d'intralcio.

so long as..., purché...; a patto che...: *You may borrow the book so long as you keep it clean,* Puoi prendere a prestito il libro purché tu lo tenga pulito.

so many, tanti (tante): *There were so many we didn't know where to put them,* Ce n'erano tanti che non sapevamo dove metterli.

so much, - **a)** *(agg. e pron.)* tanto (tanta): *You shouldn't eat so much bread,* Non dovresti mangiare tanto pane - **b)** *(avv.)* tanto: *Don't talk so much!,* Non parlare tanto! — *so much a head,* un tanto a testa — *So much the better!,* Tanto meglio! — *What you have written is so much nonsense,* Quello che hai scritto non è altro che un sacco di stupidaggini - **c) so much for...,** ecco quanto c'è da dire su...; e questo è tutto su...: *So much for part one; now for parts two and three,* Ecco tutto sulla prima parte; ora passiamo alla seconda e alla terza - **d) not so much as...,** neanche; neppure; nemmeno: *He didn't so much as ask me to sit down,* Non mi chiese nemmeno di sedere - **e) so much so that...,** a tal punto che...: *He is extremely rich so much so that he doesn't know how much he's worth,* È ricco a tal punto da non sapere quanto possieda - **f) not so much... as...,** non tanto... quanto...: *He is not so much unintelligent as uneducated,* Non è tanto ignorante quanto incolto.

... or so..., ... o giù di lì; pressapoco...: *He must be forty or so,* Deve avere quarant'anni o giù di lì.

... and so forth; **... and so as,** ... e così via; ... eccetera; ... e via dicendo.

2 *(enfatico, rafforzativo)* molto; assai; così: *I'm so glad to see you!,* Sono molto felice di rivederti! — *It was so kind of you!,* È stato davvero molto gentile da parte Sua! — *ever so..., (fam., seguito da un agg.)* molto; tanto; assai — *He's ever so handsome,* È bellissimo.

3 *(di maniera: desueto, salvo nel linguaggio formale e nell'espressione* 'So it was that...'*)* in questo (quel, tal) modo; così: *So, and so only, can it be done,* Si può fare soltanto in questo modo — *Stand just so!,* Rimanga proprio così! — *Just so!, (come risposta)* Esattamente!; Precisamente!; Proprio così! — *So it was that I became a sailor,* E fu così che diventai marinaio — *As you beat me, so shall I beat you,* Come mi battesti, così ti batterò — *As X is Y, so Y is to Z,* X sta a Y come Y sta a Z.

4 anche; pure: *You are young and so am I,* Tu sei giovane e io pure — *Tom speaks French and so does his brother,* Tom parla francese e suo fratello pure — *'I went to the cinema yesterday' - 'Oh, did you? So did I',* 'Ieri sono andato al cinema' - 'Ah, sì? Anch'io'.

5 *(in sostituzione di una proposizione o di un'idea già espressa) I told you so!,* Te l'avevo detto! — *'You've got a flat tyre' - 'So I have!',* 'Hai una gomma bucata' - 'Eh, già!'.

6 di sì: *I think (hope, believe) so,* Penso (Spero, Credo) di sì — *I'm afraid so,* Temo di sì.

7 so as to..., in modo da...: *I will have everything ready so as not to keep you waiting,* Avrò tutto quanto in modo da non farvi aspettare.

8 so that..., - **a)** affinché; di modo che; perché: *Speak clearly, so that they understand,* Parla chiaro affinché ti possano comprendere - **b)** cosicché: *Nothing more was heard of him, so that people thought he was dead,* Non se ne seppe più nulla, cosicché si pensava che fosse morto.

☐ *so-so,* così così — *so-and-so,* - **a)** un tale - **b)** bastardo — *so-called,* cosidetto — *So long!, (fam.)* Ciao!; A presto!; Ci vediamo! — *So what?, (fam.)* E con ciò?; E allora? — *Is that so?; You don't say so!,* Ma va'!; Non dirmelo!; Davvero? — *So you're not coming?,* Allora non vieni? — *So there you are!; So that's that!,* Ecco tutto!

II *congiunz* 1 perciò; cosicché: *The shops were closed,*

so I couldn't buy anything, I negozi erano chiusi, perciò non ho potuto comprare niente.
2 perciò; quindi: *They cost a lot of money, so use them carefully,* Costano molto, perciò adoperali con cura.
3 affinché; perché (= **so that** ⇨ *sopra*).

soak [souk] *s.* **1** immersione; bagnatura; inzuppamento; ammollo: *Give the sheets a good soak,* Metti le lenzuola in ammollo per un bel po'. **2** *(fam.)* ubriacone; beone.

to **soak** [souk] *vt* **1** immergere; inzuppare; lasciare a bagno: *to soak bread in milk,* inzuppare del pane nel latte — *Soak the cloth in the dye for one hour,* Lascia a bagno il panno nella tintura per un'ora — *to soak oneself in the history of a place, (fig.)* immergersi nella storia di un luogo. **2** *(seguito da* up*)* assorbire; asciugare: *Blotting paper soaks up ink,* La carta asciugante assorbe l'inchiostro. **3** *(di pioggia, ecc.)* bagnare: *We all got soaked,* Ci bagnammo tutti — *We were soaked to the skin,* Eravamo bagnati fino all'osso. **4** torchiare; estorcere, spillare *(soldi, con eccessive tasse, ecc.)*: *to soak the rich, (fam.)* spillare soldi dai ricchi (tassandoli fortemente).
□ *vi* **1** immergersi; inzupparsi; imbeversi: *Let the clothes soak for a few hours in soapy water,* Si immergano i panni in acqua insaponata per alcune ore. **2** penetrare; colare; passare; filtrare: *The rain had soaked through the roof,* La pioggia era filtrata attraverso il tetto. **3** *(fam., un po' desueto)* bere troppo (alcool); bere come una spugna; ubriacarsi.

soaker ['soukə*] *s. (fam.)* **1** acquazzone. **2** forte bevitore; beone.

[1]**soaking** ['soukiŋ] *agg* che bagna molto: *a soaking downpour,* un grosso rovescio di pioggia — *to be soaking wet,* essere bagnato fradicio.

[2]**soaking** ['soukiŋ] *s.* **1** bagnata: *to get a soaking,* bagnarsi come un pulcino. **2** ammollo; immersione: *to give the sheets a soaking,* mettere le lenzuola in ammollo.

soap [soup] *s.* sapone: *a bar (cake, tablet) of soap,* un pezzo (una tavoletta) di sapone; una saponetta — *soap flakes,* scaglie di sapone; sapone in scaglie — *soap-powder,* sapone in polvere — *soap-bubble,* bolla di sapone — *soap-suds, (pl.)* saponata — *soft soap,* sapone liquido; *(fig.)* adulazione; 'insaponatura'; lusinghe — ⇨ *anche* **to soft-soap.**
□ *soap-box,* - **a)** tribuna improvvisata; palchetto dei predicatori vaganti, degli oratori nei parchi, ecc. - **b)** cassa di legno usata per il trasporto del sapone — *soap-opera, (USA)* dramma sentimentale a puntate *(alla radio, ecc.).*

to **soap** [soup] *vt* **1** insaponare: *to soap oneself down,* darsi una bella insaponata. **2** *(fam.)* adulare; cercare di piacere a qcno; insaponare.

soapy ['soupi] *agg* **1** saponoso; che sa di sapone: *This bread tastes soapy,* Questo pane ha un gusto di sapone. **2** *(fam.)* adulatore; insinuante: *a soapy voice,* una voce insinuante.

to **soar** [sɔ:*/sɔə*] *vi* **1** levarsi in volo; prendere il volo; librarsi *(anche fig.)*; *(della mente)* levarsi; elevarsi: *to soar like an eagle,* librarsi come un'aquila. **2** innalzarsi; levitare; andare alle stelle: *Prices soared as soon as war broke out,* I prezzi andarono alle stelle non appena scoppiò la guerra.

sob [sɔb] *s.* singhiozzo; singulto: *The child's sobs gradually died down,* A poco a poco i singulti del bambino si calmarono — *sob-stuff, (fam.)* sentimentalismo; scritto o film lacrimoso, sentimentale — *sob-sister, (USA, fam.)* giornalista specializzata in 'servizi' su casi pietosi, patetici.

to **sob** [sɔb] *vi e t.* (**-bb-**) **1** singhiozzare: *She sobbed her heart out,* Si mise a singhiozzare profondamente — *She sobbed herself to sleep,* Singhiozzò fino ad addormentarsi. **2 to sob out,** dire, confessare, narrare singhiozzando (tra i singulti): *She sobbed out the story of her son's death in a traffic accident,* Raccontò tra i singhiozzi del figlio morto in un incidente stradale.

sobbingly ['sɔbiŋli] *avv* (*dal p. pres. di* **to sob**) singhiozzando; con voce rotta dai singhiozzi.

sober ['soubə*] *agg* **1** equilibrato; assennato; calmo; composto; misurato; *(di colore)* sobrio: *to be in sober earnest,* fare proprio sul serio — *to make a sober estimate of what is possible,* fare un calcolo realistico delle possibilità — *sober-minded,* saggio; serio — *in sober fact,* in realtà; stando ai fatti — *sober-sides, (fam.)* persona seria, posata. **2** sobrio; temperante; parco *(nel mangiare e bere, ecc.)*. **3** non ubriaco.
□ *avv* **soberly.**

to **sober** ['soubə*] *vt* far passare la sbornia (a qcno); *(fig.)* calmare; sedare; far rinsavire: *The bad news sobered all of us,* Le brutte notizie ci fecero diventare tutti seri.
□ *vi* **1 to sober up,** smaltire la sbornia. **2 to sober down,** calmarsi: *I wish those excited children would sober down!,* Come vorrei che quei bambini scatenati si calmassero un poco!

soberness ['soubənis] *s.* = **sobriety.**

sobriety [sou'braiəti] *s.* **1** calma; equilibrio; moderazione; assennatezza. **2** sobrietà; temperanza; moderazione.

sobriquet ['soubrikei] *s. (fr.)* nomignolo; soprannome.

soccer ['sɔkə*] *s. (fam.)* gioco del calcio *(contraz. di* Association Football*)*.

sociability [,souʃə'biliti] *s.* socievolezza; affabilità; cordialità.

sociable ['souʃəbl] *agg* socievole; amichevole; comunicativo. □ *avv* **sociably.**
□ *s.* **1** *(un tempo)* giardiniera; carrozza con sedili a fronte scoperta. **2** amorino; divano a forma di S.

social ['souʃəl] *agg* **1** socievole; gregario: *Ants are social creatures,* Le formiche sono animali gregari — *Man is a social animal,* L'uomo è un animale socievole. **2** socievole; che ama la compagnia; affabile. **3** sociale; dei soci *(di un club, ecc.)*; di compagnia; in compagnia: *to spend a social evening,* passare una serata in compagnia di amici — *a social club,* un circolo sociale. **4** sociale; della società: *social reforms,* riforme sociali — *social climber,* arrampicatore sociale. □ *avv* **socially.**
□ *s.* adunanza di soci; raduno sociale; incontro *(di persone varie)*.

socialism ['souʃəlizəm] *s.* socialismo.

socialist ['souʃəlist] *agg e s.* socialista.

socialistic [,souʃə'listik] *agg* socialistico.

socialite ['souʃəlait] *s.* **1** persona mondana. **2** *(USA, fam.)* chi occupa una posizione di primo piano nell'alta società.

socialization [,souʃəlai'zeiʃən] *s.* socializzazione.

socialize ['souʃəlaiz] *vt* socializzare. □ *socialized medicine, (USA)* assistenza medica (dello Stato).

society [sə'saiəti] *s.* **1** società: *a danger to society,* un pericolo per la società. **2** società; bel mondo: *a society man (woman),* un uomo (una donna) di mondo — *high society,* il bel mondo; l'alta società — *society gossip, (collettivo)* pettegolezzi mondani (del bel mondo) — *the society column, (di un giornale)* la rubrica della cronaca mondana. **3** compagnia: *to send* *an evening in the society of one's friends,* passare una serata in compagnia degli amici. **4** associazione: *the Society of Friends,* l'Associazione dei Quaccheri.

sociological [,sousiə'lɔdʒikəl] *agg* sociologico. □ *avv* **sociologically.**

sociologist [,sousi'ɔlədʒist] *s.* sociologo.

sociology [,sousi'ɔlədʒi] *s.* sociologia.

[1]**sock** [sɔk] *s. (sl.)* colpo; pugno: *to give sb a sock on the jaw,* dare a qcno un pugno sul muso. □ *to give (sb) sock, (fig., di un dolore)* far molto male (a qcno).

to **sock** [sɔk] *vt (sl.)* picchiare; prendere a pugni; menar botte; colpire; lanciare: *Sock him on the jaw!,* Picchialo alla mascella! — *Sock a brick at him!,* Colpiscilo con (Lanciagli contro) un mattone!

[2]**sock** [sɔk] *avv (sl.)* dritto; in pieno: *He hit him sock on the chin,* Lo colpì dritto al mento.

[3]**sock** [sɔk] *s.* **1** calza corta; calzino: *sock suspender,* reggicalza o giarrettiera *(da uomo).* **2** soletta. **3** socco; calzare basso: *sock and buskin,* socco e coturno *(commedia e tragedia).*

socket ['sɔkit] *s.* cavità; incavatura: *electric light socket,* portalampade — *eye-sockets,* cavità orbitali — *tooth socket,* alveolo (dentario) — *socket-joint,* manicotto; giunto ad incastri — *socket-wrench,* chiave a tubo — *bayonet socket,* portalampada a baionetta — *flush socket,* presa (di corrente) incassata.

sockeye ['sɔkai] *s. (spesso* sockeye salmon*)* salmone roseo.

Socratic [sɔ'krætik] *agg* socratico.

[1]**sod** [sɔd] *s.* zolla erbosa; tappeto erboso: *under the sod,* sottoterra — *to put sb under the sod,* mandare qcno al Creatore; spedire qcno all'altro mondo.

[2]**sod** [sɔd] *s. (volg.: abbr. di* **sodomite**: *usato come insulto generico)* bastardo; stronzo.

to **sod off** [sɔd ɔf] *vi (volg.: da* [2]**sod**: *solo all'imperativo)* Vaffanculo!

soda ['soudə] *s.* **1** carbonato di sodio; soda: *caustic soda,* soda caustica. **2** 'seltz': *soda-water,* acqua di seltz; 'seltz' — *soda-siphon,* sifone del seltz.

sodden ['sɔdn] *agg* **1** zuppo; fradicio; completamente inzuppato: *clothes sodden with rain,* indumenti zuppi (fradici) di pioggia. **2** *(di pane o altro cibo)* molle; malcotto; pesante; umido. **3** *(fig.)* incretinito; istupidito; sciocco *(per il troppo bere).*
□ *avv* **soddenly.**

sodium ['soudjəm] *s.* sodio: *sodium bicarbonate,* bicarbonato di sodio — *sodium carbonate,* carbonato di sodio; soda *(per il bucato)* — *sodium chloride,* cloruro di sodio *(sale da cucina).*

sodomite ['sɔdəmait] *s.* sodomita.

sodomy ['sɔdəmi] *s.* sodomia.

sofa ['soufə] *s.* divano; canapè; sofà: *sofa-bed,* divano letto.

sofism ['soufizəm] *s.* sofisma.

soft [sɔft] *agg* **1** molle; morbido; soffice: *soft soil,* terreno molle — *She likes a soft pillow and a hard mattress,* A lei piace il cuscino soffice e il materasso duro — *as soft as velvet,* morbido come il velluto — *soft palate,* palato molle — *the softer sex,* il sesso debole — *soft-footed,* dal passo felpato — *soft soap* ⇨ **soap** — ⇨ *anche* **to soft-soap.** **2** *(di luce, colori)* riposante; tenue: *Some lamps give a soft light,* Certe lampade danno una luce riposante. **3** *(di suoni)* sommesso; basso; *(della voce)* gentile; conciliante: *soft music,* musica sommessa — *in a soft voice,* a bassa voce; con voce sommessa — *a soft answer,* una risposta conciliante — *to have a soft tongue,* parlare in modo blando — *soft-spoken,* dalla voce dolce; affabile; cordiale — *soft pedal,* sordina *(di pianoforte)* — ⇨ *anche* **to soft-pedal.** **4** *(del tempo)* mite; dolce: *a soft breeze,* una dolce brezza — *a soft wind,* un venticello. **5** debole; flaccido; floscio: *His muscles have got soft through lack of exercise,* I suoi muscoli sono diventati deboli (molli) per mancanza d'esercizio. **6** facile: *to have a soft job,* avere un lavoro facile (un compito agevole) — *a soft option, (fam.)* un'alternativa comoda. **7** tenero; sensibile: *He has a soft heart,* Ha un cuore tenero — *soft-hearted,* sensibile; dal cuore tenero; pietoso — *soft-heartedness,* tenerezza; sensibilità; pietà. **8** *(fam.)* svanito; tocco *(di cervello);* sciocco: *He's not as soft as he looks,* Non è così svanito come sembra — *He's gone soft!,* È tocco! — *Jack is soft about Anne,* Jack ha perso la testa per Anne — *soft-headed,* idiota; scemo — *soft-witted, (agg.)* sciocco; scemo. **9** *(fonetica)* dolce: *C is soft in 'city' and hard in 'cat',* La c è dolce in 'city' e dura in 'cat'.
□ *soft furnishings,* tendine; tendaggi, ecc. — *soft goods,* stoffe; tessuti — *a soft-boiled egg,* un uovo alla coque — *a soft drug,* droga 'leggera' — *soft coal,* carbone bituminoso — *soft currency, (comm.)* valuta non convertibile — *soft nothings, (pl.)* paroline dolci — *soft-skinned vehicles, (mil.)* veicoli non blindati — *soft solder,* lega per saldatura dolce — *soft wood,* legno dolce — *soft sell,* - **a)** articolo che si vende facilmente - **b)** l'arte di vendere — *to have a soft spot for sb,* avere un debole per qcno — *soft drinks,* bevande non alcooliche *(spec. succhi di frutta)* — *soft water,* acqua piovana *(poco salina, in opposizione a* hard water*);* acqua dolce. □ *avv* **softly.**

softball ['sɔftbɔl] *s.* 'softball' *(gioco simile al baseball).*

to **soften** ['sɔfn] *vt e i. (spesso seguito da* up*)* **1** ammorbidire; rendere morbido; ammorbidirsi; diventare morbido, molle; diventare tenero. **2** mitigare; addolcire; intenerire; lenire. **3** fiaccare; stancare; snervare.

softener ['sɔfnə*] *s.* depuratore.

softening ['sɔfniŋ] *s.* ammollimento; ammorbidimento: *the softening of water,* la depurazione dell'acqua — *softening of the brain, (med.)* rammollimento cerebrale; encefalomalacia; *(fam.)* rimbambimento.
□ *agg* emolliente.

softish ['sɔftiʃ] *agg* piuttosto soffice; piuttosto morbido; molliccio; *(sl.)* piuttosto facile.
□ *avv* **softishly**

softness ['sɔftnis] *s.* **1** morbidezza; mollezza. **2** *(fig.)* debolezza; fiacchezza. **3** dolcezza; mitezza; delicatezza; affabilità. **4** stupidità.

to **soft-pedal** ['sɔft'pedl] *vt e i.* (**-ll**) *(mus.)* **1** mettere la sordina; suonare in sordina. **2** *(fig.)* smorzare *(il tono, ecc.);* non insistere tanto; non provocare reazioni negative.

to **soft-soap** ['sɔft'soup] *vt (fam.)* insaponare; adulare.

to **soft-solder** ['sɔft,souldə*] *vt* saldare a dolce.

software ['sɔftwεə*] *s. (computeristica)* software *(l'insieme dei linguaggi, programmi, ecc.).*

softwood ['sɔftwud] *s.* legno dolce.

softy ['sɔfti] *s. (fam.)* individuo rammollito, debole; imbecille; sciocco.

sogginess ['sɔginis] *s.* umidità; pesantezza; l'essere zuppo.

soggy ['sɔgi] *agg* (**-ier; -iest**) *(spec. di terreno)* pesante; impregnato di liquido; zuppo d'acqua; fortemente umido. □ *avv* **soggily.**

Soho [sou'hou] *s.* quartiere del 'West End' di Londra,

famoso per i suoi ristoranti esotici, la sua vita notturna, ecc.

soil ['sɔil] *s.* suolo; terreno; terra: *one's native soil,* la propria terra; il suolo natio — *foreign soil,* terra straniera.

to **soil** ['sɔil] *vt* macchiare; insudiciare; sporcare; imbrattare: *soiled linen,* lenzuola sporche (biancheria sporca) — *He refused to soil his hands,* Si rifiutò di sporcarsi le mani.
□ *vi* macchiarsi; insudiciarsi; sporcarsi; imbrattarsi: *material that soils easily,* stoffa che si sporca facilmente.

soirée ['swɑ:rei/swa,rei] *s.* *(fr.)* 'soirée'; serata; riunione; festa mondana.

sojourn ['sɔdʒə:n/'sʌdʒə:n] *s.* soggiorno; permanenza.

to **sojourn** ['sɔdʒə:n/'sʌdʒə:n] *vi* soggiornare; risiedere; stare.

sojourner ['sɔdʒə:nə*/'sʌdʒə:nə*] *s.* ospite; residente.

Sol [sɔl] *s.* *(scherz., spesso* Old Sol*)* il sole.

solace ['sɔləs] *s.* consolazione; sollievo; conforto.

to **solace** ['sɔləs] *vt* dare sollievo, conforto; consolare.

solar ['soulə*] *agg* solare: *the solar year,* l'anno solare.
□ *solar plexus,* plesso solare.

solarium [sou'lɛəriəm] *s.* *(pl.* **solaria***)* solarium.

sold [sould] *pass e p. pass di* **to sell.**

solder ['sɔ:ldə*] *s.* **1** lega; metallo per saldature. **2** *(fig.)* vincolo; cemento; legame.

to **solder** ['sɔ:ldə*] *vt* **1** saldare. **2** *(fig.)* cementare; legare; unire.

soldering ['sɔ:ldəriŋ] *s.* saldatura: *soldering-iron,* saldatore; saldatoio.

soldier ['souldʒə*] *s.* **1** soldato; militare: *to play at soldiers,* giocare ai soldati — *old soldier,* veterano — *private soldier,* soldato semplice — *a soldier of fortune,* un soldato di ventura. **2** comandante; stratega.

to **soldier** ['souldʒə*] *vi* fare il soldato: *to soldier on, (fig.)* continuare a lavorare nonostante le difficoltà.

soldierlike, soldierly ['souldʒəlaik/'souldʒəli] *agg* militaresco; marziale; coraggioso.

soldiery ['souldʒəri] *s.* soldatesca; truppa; soldati.

[1]**sole** [soul] *s.* pianta del piede; suola; soletta; *(per estensione)* base; fondo; basamento.

to **sole** [soul] *vt* mettere le suole; risuolare: *to send a pair of shoes to be soled and heeled,* mandare un paio di scarpe a far risuolare e a far mettere i tacchi.

[2]**sole** [soul] *s.* sogliola: *lemon sole,* sogliola limanda.

[3]**sole** [soul] *agg* **1** unico; solo: *the sole cause of the accident,* l'unica causa del sinistro. **2** esclusivo; unico: *sole agent,* rappresentante esclusivo: *We have the sole right of selling the article,* Abbiamo il diritto esclusivo di vendita dell'articolo.
□ *avv* **solely,** solamente; unicamente; esclusivamente: *solely responsible,* unicamente responsabile — *solely because of you,* esclusivamente per causa vostra.

solecism ['sɔlisizəm] *s.* **1** solecismo; sgrammaticatura. **2** scorrettezza; errore di etichetta.

-soled ['sould] *agg (nei composti)* dalla suola...: *rubber-soled shoes,* scarpe dalla suola di gomma — *thin-soled shoes,* scarpe dalla suola sottile.

solemn ['sɔləm] *agg* solenne; grave; serio; importante; *(dir.)* formale: *a solemn silence,* un silenzio solenne — *a solemn duty,* un grave dovere — *a solemn fool,* un perfetto imbecille. □ *avv* **solemnly.**

solemness ['sɔləmnis] *s.* solennità; gravità; pompa.

solemnity [sə'lemniti] *s.* **1** solennità; gravità; pompa; sussiego. **2** celebrazione solenne.

solemnization [,sɔləmnai'zeiʃən] *s.* celebrazione solenne.

to **solemnize** ['sɔləmnaiz] *vt* solennizzare; celebrare solennemente, con i dovuti riti.

sol - fa ['sɔl'fɑ:] *s.* solfeggio.

to **solicit** [sə'lisit] *vt e i.* **1** sollecitare; richiedere con insistenza: *Both candidates solicited my vote,* Entrambi i candidati sollecitarono il mio voto. **2** *(di prostituta, ecc.)* importunare; adescare.

solicitation [sə,lisi'teiʃən] *s.* **1** sollecitazione; richiesta insistente. **2** invito; adescamento.

soliciting [sə'lisitiŋ] *s.* *(di prostituta, ecc.)* adescamento.

solicitor [sə'lisitə*] *s.* **1** *(GB)* procuratore legale; notaio; avvocato *(con facoltà di discutere cause nelle corti di grado inferiore; cfr.* **barrister***)*: *Solicitor General,* Vice Procuratore Generale. **2** *(USA)* piazzista; galoppino elettorale; questuante. **3** *(raro)* sollecitatore.

solicitous [sə'lisitəs] *agg* **1** sollecito; premuroso. **2** ansioso; preoccupato; desideroso: *to be solicitous to please,* essere desideroso di piacere. □ *avv* **solicitously.**

solicitude [sə'lisitju:d] *s.* sollecitudine; premura; apprensione; ansia; preoccupazione.

solid ['sɔlid] *agg* **1** solido *(anche fig.)*; compatto; fermo; omogeneo: *to become solid,* diventare solido; solidificarsi — *a solid building,* una costruzione solida — *a solid argument,* un valido argomento — *a man of solid character,* un uomo dal carattere fermo — *a solid business firm,* una solida azienda commerciale. **2** massiccio; pieno: *a bar of solid iron,* una sbarra di ferro massiccio. **3** solidale; unanime: *a solid vote,* un voto solidale (unanime). **4** *(fam.)* completo; intero; ininterrotto; di fila: *I've been waiting a solid hour!,* Aspetto da ben un'ora! □ *avv* **solidly.**
□ *s.* solido; sostanza solida; alimento solido; solido geometrico.

solidarity [,sɔli'dæriti] *s.* solidarietà.

solidification [sə,lidifi'keiʃən] *s.* solidificazione.

to **solidify** [sə'lidifai] *vt e i.* solidificare; divenire solido.

solidity, solidness [sə'liditi/'sɔlidnis] *s.* solidità; compattezza; omogeneità; *(fig.)* fermezza; validità.

to **soliloquize** [sə'liləkwaiz] *vi* **1** fare un soliloquio; recitare un monologo. **2** parlare tra sé; pensare ad alta voce.

soliloquy [sə'liləkwi] *s.* monologo; soliloquio.

solipsism ['sɔlipsizəm] *s.* solipsismo.

solitaire [,sɔli'tɛə*] *s.* **1** solitario; gioiello con una sola gemma. **2** *(gioco di carte)* solitario.

solitary ['sɔlitəri] *agg* **1** solitario; solingo; appartato; infrequentato: *a solitary valley,* una vallata solitaria. **2** solo; senza compagnia; solitario: *a solitary walk,* una passeggiata solitaria — *solitary confinement,* segregazione in cella di isolamento. **3** solitario; che ama la solitudine. **4** solo; unico: *a solitary instance,* un unico esempio. □ *avv* **solitarily.**
□ *come s. (fam.)* = **solitary confinement** ⇨ **2,** *sopra.*

solitude ['sɔlitju:d] *s.* **1** solitudine; isolamento. **2** solitudine; luogo isolato; luogo solitario.

solo ['soulou] *s.* *(pl.* **solos***)* **1** 'a solo'; assolo; esecuzione di un solo artista. **2** *(gioco di carte)* varietà di 'whist'. **3** volo compiuto da solo.

soloist ['soulouist] *s.* solista.

solstice ['sɔlstis] *s.* solstizio: *summer (winter) solstice,* solstizio d'estate (d'inverno).

solubility [,sɔlju'biliti] *s.* solubilità.

soluble ['sɔljubl] *agg* solubile.

solution [sə'lu:ʃən] *s.* **1** soluzione *(di un problema)*: *problems that defy solution,* problemi senza soluzione (difficilissimi). **2** soluzione *(in liquidi, ecc.): a solution of salt in water,* una soluzione di acqua e sale.

solvable ['sɔlvəbl] *agg* risolvibile; solubile; che può essere spiegato.

to **solve** [sɔlv] *vt* risolvere; sciogliere; spiegare.

solvency ['sɔlvənsi] *s.* **1** capacità solvente; capacità di sciogliere (o sciogliersi) in un liquido. **2** *(comm.)* solvibilità; capacità di pagare.

solvent ['sɔlvənt] *agg* **1** solvente; capace di sciogliere. **2** *(comm.)* solvente; in grado di pagare.
□ *s.* solvente.

sombre ['sɔmbə*] *agg* (*USA* **somber**) fosco; cupo; oscuro; tetro; triste; tenebroso: *a sombre January day,* una fosca giornata di gennaio — *sombre clothes,* abiti scuri — *a sombre picture of the future of mankind,* un'immagine tetra del futuro dell'umanità.
□ *avv* **sombrely.**

sombreness ['sɔmbənis] *s.* (*USA* **somberness**) oscurità; tenebrosità; tetraggine.

some [sʌm] **I** *agg* **1** *(partitivo: usato nelle proposizioni affermative; generalm. sostituito da* **any** *nelle frasi negative, dubitative e interrogative, ma è usato nelle frasi interrogative quando ci si aspetta una risposta affermativa o quando si offre qualcosa)* del (dello, della, dei, delle, degli); un po' di: *Please give me some milk,* Per favore, mi dia del latte — *There are some children outside,* Ci sono dei bambini fuori — *Aren't there some stamps in that drawer?,* Non ci sono dei francobolli in quel cassetto? — *Will you have some cake?,* Vuoi un po' di torta? — *Give me some more,* Dammene dell'altro (ancora un po').
2 *(piuttosto enfatico: posto l'accento tonico)* qualche; *(pl.)* certi (certe); alcuni (alcune): *Some children learn languages easily,* Certi bambini imparano facilmente le lingue — *All work is not dull: some work is pleasant,* Non tutti i lavori sono noiosi: certi lavori sono piacevoli.
3 uno (una); un certo (una certa); un qualche: *He is living at some place in East Africa,* Vive in una qualche località dell'Africa orientale — *I've read that story before in some book or other,* Ho già letto quel racconto in un qualche libro — *some day,* un giorno o l'altro — *some time around midnight,* intorno alla mezzanotte; verso mezzanotte.
4 un po' di; parecchio: *I may be some time,* Può darsi che stia via per un po' di tempo — *We went some miles out of our way,* Uscimmo dal nostro percorso di parecchie miglia — *The station is some distance from the village,* La stazione è abbastanza lontana dal paese — *This is some help to understanding the problem,* Questo dà un certo aiuto nel capire il problema.
5 *(fam.)* grande; notevole: *That was some dinner!,* È stato un pranzo favoloso!
II *pron* **1** alcuni (alcune): *Some of these books are quite useful,* Alcuni di questi libri sono abbastanza utili.
2 un po'; una parte: *I agree with some of what you say,* Concordo in parte con quello che dici.
3 ne: *Will you have some?,* Ne vuoi? — *I want some,* Ne voglio.
III *avv* **1** circa; pressapoco: *That was some twenty years ago,* È stato circa vent'anni fa — *There were some fifteen people there,* C'erano circa quindici persone presenti.
2 *(fam., USA, ma anche GB)* un po'; alquanto; piuttosto; parecchio: *It rained some,* Piovve un po' — *That's going some!,* Che velocità!

somehow ['sʌmhau] *avv* in qualche modo.

someone ['sʌmwʌn] *pron indef* ⇨ **somebody.**

someplace ['sʌmpleis] *avv* (*USA* = **some place**) da qualche parte: *someplace else,* da qualche altra parte.

somersault ['sʌməsɔ:lt] *s.* capriola; salto mortale: *to turn (to throw) a somersault,* fare una capriola.

to **somersault** ['sʌməsɔ:lt] *vi* fare una capriola.

something ['sʌmθiŋ] **I** *pron* **1** qualcosa; qualche cosa: *There's something on the floor,* C'è qualcosa sul pavimento — *something to eat,* qualcosa da mangiare — *I should prefer something smaller,* Preferirei qualcosa di più piccolo — *There's something in what he says,* C'è qualcosa di vero in ciò che dice — *It's something to be home again without an accident,* È già qualcosa essere di nuovo a casa senza che sia capitato niente — *He is something in the Foreign Office,* Ha una qualche carica al Ministero degli Esteri — *something else,* qualcos'altro; qualche altra cosa. **2 ... or something,** ... o qualcosa di simile; ... o giù di lì: *Mr Green is a shopkeeper or something,* Il signor Green è un bottegaio o qualcosa di simile — *I hear he has broken an arm or something,* Mi han detto che si è rotto un braccio o qualcosa di simile. **3 something of...,** un po'...; alquanto...; in un certo senso...; una specie di...: *The soldier found himself something of a hero when he returned to his village,* Quando ritornò al suo paese, il soldato si accorse di essere una specie di eroe — *He is something of a liar, don't you think?,* È alquanto bugiardo, non trovi? — *I'm something of a carpenter,* Ho una certa pratica dei lavori di carpenteria (falegnameria).
II *come avv* **1** un poco; circa; press'a poco: *The airship was shaped something like a cigar,* L'aeronave aveva press'a poco la forma di un sigaro — *He left something like ten thousand pounds,* Lasciò circa (un qualcosa come) diecimila sterline — *Now that's something like!,* Oh! benissimo; così va bene! **2** *(ant.)* piuttosto; abbastanza; alquanto: *He was carrying on something awful! (something shocking), (fam.)* Stava protestando (brontolando, urlando) in modo indegno (da matti)!

sometime ['sʌmtaim] *avv* **1** un giorno o l'altro; un qualche giorno; presto o tardi: *I hope you will come sometime soon,* Spero che tu venga uno di questi giorni — *See you sometime,* Ci vediamo uno di questi giorni — *I saw him sometime in May,* Lo vidi un giorno di maggio — *It was sometime last summer,* Era un qualche giorno della scorsa estate. **2** una volta; un tempo; già: *Mr Black, sometime professor of physics,* il signor Black, un tempo professore (ex-ordinario) di fisica — *The Rev. Thomas Atkins, sometime priest of this parish,* Il rev. Thomas Atkins, già parroco di questa parrocchia.

sometimes ['sʌmtaimz] *avv* qualche volta; di tanto in tanto; ogni tanto; talvolta: *I sometimes get a letter from him,* Qualche volta (Ogni tanto) ricevo una lettera da lui — *She likes sometimes the one and sometimes the other,* Le piace ora l'uno, ora l'altro.

somewhat ['sʌm*h*wɔt] *avv* un poco; piuttosto; in un certo grado: *I was somewhat surprised,* Fui piuttosto sorpreso — *He answered somewhat hastily,* Rispose un po' affrettatamente — *We arrived somewhat late,* Arrivammo un po' tardi.
□ **somewhat of...,** alquanto...; piuttosto...; ... anzi che no: *He was somewhat of a liar,* Era piuttosto bugiardo — *I found it somewhat of a difficulty,* Lo trovai piuttosto duro; Trovai che era un osso piuttosto duro.

somewhere ['sʌm*h*wɛə*] *avv* in qualche luogo; da qualche parte: *It must be somewhere near,* Deve essere in qualche luogo qui vicino — *He lost it* *somewhere between his office and the post office,* Lo perse da qualche parte tra il suo ufficio e l'ufficio postale.

somnambulism [sɔm'næmbjulizəm] *s.* sonnambulismo: *artificial somnambulism,* ipnotismo.

somnambulist [sɔm'næmbjulist] *s.* sonnambulo.

somnolence ['sɔmnələns] *s.* sonnolenza.

somnolent ['sɔmnələnt] *agg* **1** sonnolento; assonnato; semiassopito. **2** soporifero.

son [sʌn] *s.* figlio; figliolo: *the Son of God (of Man),* il Figlio di Dio (dell'Uomo) — *the sons of men,* l'umanità — *son-in-law* (*pl.* sons-in-law), genero — *Tell me, son..., (da persona più anziana a più giovane)* Dimmi, figliolo... — *the sons of freedom,* i figli della libertà — *the sons of France,* i Francesi — *He's his father's son,* È proprio figlio di suo padre (gli assomiglia in tutto e per tutto) — *son of a gun* = **sonofabitch 2.**

sonata [sə'nɑ:tə] *s. (mus.)* sonata: *a piano sonata,* una sonata per pianoforte — *a violin sonata,* una sonata per violino e pianoforte.

song [sɔŋ] *s.* canto; canzone; aria; *(per estensione)* componimento poetico: *the song of the lark,* il canto dell'allodola — *song-book,* canzoniere — *song-bird,* uccello canoro — *to burst into song,* prendere a cantare. □ *to buy (to sell) sth for a song,* comprare (vendere) qcsa per un'inezia — *It's nothing to make a song and dance about,* Non è niente di importante; È cosa da nulla.

songster ['sɔŋstə*] *s.* **1** cantante. **2** uccello canoro. **3** *(fig., raro)* poeta.

songstress ['sɔŋstris] *s.* **1** cantante. **2** poetessa.

sonic ['sɔnik] *agg* sonico; fonico; acustico; del suono: *a sonic bang (o boom),* uno scoppio sonico.

sonnet ['sɔnit] *s.* sonetto.

sonneteer [,sɔni'tiə*] *s.* sonettista; scrittore di sonetti.

sonny ['sʌni] *s. (fam.) (usato per rivolgersi affettuosamente ad un ragazzino)* figliolino; figlio mio; ragazzo mio.

sonofabitch ['sʌnəvə,bitʃ] *s. (USA, fam.)* **1** bastardo; figlio d'un cane. **2** *(affettuoso)* mascalzone.

sonority [sə'nɔriti] *s.* sonorità; risonanza.

sonorous [sə'nɔ:rəs] *agg* **1** sonoro; risonante: *the sonorous voice of the church bell,* la voce sonora della campana della chiesa. **2** altisonante: *sonorous titles,* titoli altisonanti. □ *avv* **sonorously.**

sonsy ['sɔnsi] *agg (scozz.)* prosperoso; rubicondo; fiorente; gioioso: *a sonsy lass,* una ragazza rubiconda.

soon [su:n] *avv* (**sooner**; **soonest**) **1** presto; tra breve; fra poco; tra non molto; *(al passato)* di lì a poco: *Come back soon!,* Torna presto! — *We shall soon be home,* Tra breve saremo a casa — *See you soon!,* Arrivederci presto!; A presto! — *He'll be here sooner than you expect,* Sarà qui prima che tu non creda — *We didn't arrive so soon (as soon) as we hoped,* Non arrivammo così presto di quanto avessimo sperato — *It will soon be five years since we came to live here,* Tra non molto saranno cinque anni da quando siamo venuti ad abitare qui — *soon after,* poco dopo; *(al passato)* di lì a poco — *sooner or later,* presto o tardi; prima o poi — *The sooner you begin, the sooner you'll finish,* Prima incominci e prima finisci — *The sooner the better,* Più presto è, meglio è — *Please come soonest, (stile telegrafico)* Prego venire al più presto (d'urgenza).

all too soon, (fin) troppo presto.

as soon as..., (non) appena: *He started out as soon as he received the news,* Partì non appena ebbe ricevuto la notizia — *Come as soon as you can!,* Vieni appena puoi! — *as soon as possible,* appena possibile; il più presto possibile; al più presto; quanto prima.

how soon?, tra quanto tempo?; quando?

no sooner... than..., (non) appena... che...: *He had no sooner arrived home (No sooner had he arrived home) than he was asked to set out again,* Era appena arrivato a casa che gli si chiese di ripartire — *No sooner said than done,* Detto fatto.

none too soon, appena in tempo; proprio all'ultimo.

so soon, così presto.

very soon, molto presto; prestissimo.

2 di preferenza; piuttosto: *I'd as soon stay at home as go for a walk,* Preferirei stare a casa piuttosto che fare una passeggiata — *He said he would sooner resign,* Disse che avrebbe preferito dimettersi — *as soon as not,* di preferenza — *I'd as soon go as not,* Vi andrei abbastanza volentieri.

□ *Least said, soonest mended,* Meno se ne parla, meglio è.

soot [sut] *s.* fuliggine; nerofumo.

sooth [su:θ] *s. (ant. o lett.)* verità: *in sooth,* in verità.

to **soothe** [su:ð] *vt* **1** acquietare; rendere quieto; calmare; placare; lenire: *to soothe a crying baby,* acquietare un bambino che piange — *to soothe sb's anger,* placare l'ira di qcno — *to soothe an aching tooth,* calmare il dolore a un dente. **2** lusingare; blandire: *to soothe sb's vanity,* lusingare la vanità di qcno.

soothing ['su:θiŋ] *agg* calmante; lenitivo.

soothsayer ['su:θ,seiə*] *s.* indovino; individuo che dice la buona ventura.

sooty ['suti] *agg* **1** fuligginoso. **2** *(fig.)* nero; scuro.

sop [sɔp] *s.* **1** pezzo di pane o biscotto inzuppato *(in latte, ecc.)*; boccone. **2** offa; dono propiziatorio: *to throw a sop to Cerberus,* gettare l'offa a Cerbero; *(fig.)* corrompere o calmare qcno con del denaro.

to **sop** [sɔp] *vt* (**-pp-**) intingere; inzuppare; impregnare: *Sop up the water with this towel,* Asciuga via l'acqua con questo asciugamano.

sophism ['sɔfizəm] *s.* sofisma.

sophist ['sɔfist] *s.* sofista.

sophisticated [sə'fistikeitid] *agg* **1** raffinato; sofisticato. **2** artificioso; affettato. **3** *(di alimento)* sofisticato; adulterato. □ *avv* **sophisticatedly.**

sophistication [sə,fisti'keiʃən] *s.* **1** raffinatezza; eleganza. **2** artificiosità; affettazione. **3** adulterazione.

sophistry ['sɔfistri] *s.* sofisticheria; cavillosità.

sophomore ['sɔfəmɔ:*] *s. (USA)* **1** studente del secondo anno *(di college, high school o università).* **2** *(spreg.)* saccente; saputello.

soporiferous [,soupə'rifərəs] *agg* soporifero.

soporific [,sɔpə'rifik] *agg* soporifero. □ *avv* **soporifically.**

□ *s.* sonnifero.

sopping ['sɔpiŋ] *agg* bagnato: *sopping clothes,* vestiti bagnati fradici, inzuppati d'acqua.

□ *(come avv.)* completamente; fino ad esserne inzuppato: *to be sopping wet,* essere bagnato fradicio.

soppy ['sɔpi] *agg* (**-ier**; **-iest**) **1** bagnato fradicio; zuppo. **2** *(fam.)* lacrimoso; svenevole; scioccamente sentimentale. □ *avv* **soppily.**

soprano [sə'prɑ:nou] *agg e s.* (*pl.* **sopranos**) soprano.

sorbet ['sɔ:bət] *s. (fr.)* sorbetto; gelato.

sorcerer ['sɔ:sərə*] *s.* stregone; mago.

sorceress ['sɔ:səris] *s.* strega; maliarda; incantatrice.

sorcery ['sɔ:səri] *s.* stregoneria; magia; incantesimo; malia.

sordid ['sɔ:did] *agg* **1** sordido; vile; meschino; basso;

ignobile. **2** miserabile; squallido; sudicio. □ *avv* **sordidly.**

sordidness ['sɔːdidnis] *s.* **1** sordidezza; bassezza; meschinità; viltà; azione ignobile. **2** squallore; sudiciume; estrema miseria.

[1]**sore** [sɔː*/sɔə*] *agg* **1** dolorante; infiammato; irritato; che fa male: *a sore throat,* un mal di gola — *a sight for sore eyes,* un piacere a vedersi; qualcosa di piacevole — *to be like a bear with a sore head, (fig.)* essere di umor nero. **2** addolorato; triste: *a sore heart,* un cuore triste. **3** dolente *(anche fig.);* fastidioso; irritante: *a sore point,* un punto dolente. **4** irritato; scontento: *to feel sore about not being invited to a party,* sentirsi punto dallo scontento per non essere stato invitato ad un ricevimento. **5** *(ant.)* grave; grande; misero; brutto: *to be in sore distress,* essere in grave angustia — *to be in sore need of help,* terribilmente bisognoso di aiuto. □ *avv* **sorely** ⇨.

□ *(come avv., ant.)* dolorosamente; severamente; gravemente; molto; assai: *to be sore afflicted,* essere assai afflitto.

[2]**sore** [sɔː*/sɔə*] *s.* **1** magagna; piaga; ulcera; ferita. **2** argomento doloroso; ricordo penoso: *Let's not reopen old sores, (fig.)* Non riapriamo vecchie ferite.

sorely ['sɔːli] *avv* **1** gravemente; dolorosamente; penosamente: *to be sorely tempted,* essere gravemente tentato. **2** grandemente; assai; molto: *New finance is sorely needed,* C'è un gran bisogno di nuovi finanziamenti — *We are sorely in need of cash,* Abbiamo un estremo bisogno di liquido.

soreness ['sɔːnis] *s.* **1** dolore; pena; irritazione *(della pelle, ecc.).* **2** *(fig.)* dispiacere.

sorghum ['sɔːgəm] *s.* sorgo; saggina.

soroptimist [sɔː'rɔptimist] *s.* membro di un'associazione internazionale di circoli femminili.

sorority [sə'rɔriti] *s.* *(USA)* associazione femminile *(spec. universitaria).*

[1]**sorrel** ['sɔrəl] *s.* *(bot.)* acetosa; acetosella.

[2]**sorrel** ['sɔrəl] *agg* color sauro. □ *s.* cavallo sauro.

sorriness ['sɔrinis] *s.* **1** afflizione; pena. **2** meschinità; povertà estrema.

sorrow ['sɔrou] *s.* **1** afflizione; pena; dolore; dispiacere; affanno; travaglio; rammarico; *(al pl.)* sventure: ... *to my great sorrow,* ... con mio grande dispiacere (dolore, rincrescimento) — *in sorrow and in joy,* nel dolore e nella gioia; in tutte le traversie della vita — *His sorrows have turned his hair white,* I dispiaceri gli hanno fatto venire i capelli bianchi — *to look at sb in (o with) sorrow,* guardare qcno con compassione, con pena; provare pietà per qcno — *sorrow-stricken,* addolorato; afflitto — *He spoke more in sorrow than in anger,* Parlò in tono più afflitto che adirato — *the Man of Sorrows,* Gesù Cristo; Cristo crocefisso — *our Lady of Sorrows,* l'Addolorata. **2** rincrescimento; rammarico; pentimento: *to express sorrow for having done wrong,* esprimere rammarico per aver sbagliato. **3** *(più raro)* lamento; lamentela; doglianza; pianto: *The woman's sorrow was heard by all the crowd,* Sulla folla dei presenti si levò alto il lamento della donna.

to **sorrow** ['sɔrou] *vi (seguito da* at, over *o* for*)* addolorarsi; affliggersi; rattristarsi: *She was sorrowing over her child's death,* Si affliggeva per la morte del suo bambino.

sorrower ['sɔrouə*] *s.* chi soffre; persona afflitta.

sorrowful ['sɔrouful] *agg* **1** addolorato; triste; afflitto; abbattuto; melanconico. **2** penoso; doloroso; che rattrista; triste. □ *avv* **sorrowfully.**

sorrowfulness ['sɔroufulnis] *s.* **1** dolore; tristezza; afflizione; abbattimento. **2** penosità; dolorosità.

sorry ['sɔri] *agg* **1** *(solo predicativo)* addolorato; desolato; dolente; spiacente: *to be sorry, (spesso seguito da* about, at, for, *ecc.)* essere spiacente; essere addolorato — *I'm sorry,* Mi dispiace; Sono spiacente — *We're sorry to hear of your father's death,* Siamo addolorati dalla notizia della morte di tuo padre — *I should be sorry for you to think that,* Mi dispiacerebbe moltissimo che tu lo pensassi — *Aren't you sorry for (o about) what you have done?,* Non ti dispiace per quello che hai fatto? — *to be (to feel) sorry for oneself,* essere abbattuto (depresso) — *'Can you lend me a pound?' - 'Sorry, but I can't',* 'Mi puoi imprestare una sterlina?' - 'Mi dispiace (Spiacente), ma non posso' — *Sorry!,* Scusa (Scusi, Scusate)!

2 *(solo predicativo)* pentito: *to be sorry,* pentirsi — *If you'll say you're sorry, we'll forget the incident,* Se ci dirai che sei pentito, dimenticheremo ciò che è successo — *You'll be sorry for this!,* Te ne pentirai!

3 *(solo attrib.)* miserevole; miserando; pietoso; meschino; sgradevole: *to be in a sorry state,* essere in uno stato pietoso — *to be in a sorry plight,* essere nei guai, conciato male — *a sorry excuse,* una misera scusa; un pretesto futile — *a sorry fellow,* un disgraziato — *a sorry place,* un luogo misero — *It was a sorry sight,* Fu una scena pietosa.

□ *avv* **sorrily.**

sort [sɔːt] *s.* **1** sorta; tipo; genere; ordine; specie; classe; categoria; razza: *Dance music is the sort she likes most,* La musica da ballo è il tipo di musica che le piace di più — *What sort of people does he think we are?,* Che razza di gente crede che siamo? — *We can't approve of this sort of thing (things of this sort),* Non possiamo approvare una cosa del genere (simili cose) — *There were all sorts of cakes,* C'erano torte di tutti i tipi — *nothing of the sort,* niente del genere.

2 sort of *(locuzione avv., fam.: USA abbr. in* **sorta***)* alquanto; un po'; piuttosto; quasi; in un certo modo: *I sort of (sorta) thought this would happen,* Avevo una vaga idea che questo sarebbe successo — *I was sort of (sorta) tired,* Ero piuttosto stanco.

3 *... of a sort; ... of sorts; a sort of..., (fam.)* una specie di...; ... per modo di dire; ... per così dire; cosiddetto — *They served coffee of a sort (coffee of sorts),* Ci servirono del caffè di qualità scadente — *It's a sort of anthology,* È una specie di antologia.

□ *after a sort; in a sort,* fino a un certo punto; in un certo senso — *a good sort, (fam.)* una brava persona; una buona pasta d'uomo — *to be out of sorts, (fam.)* essere un po' giù di corda, non in forma.

to **sort** [sɔːt] *vt e i.* **1** *(spesso seguito da* out, over, from*)* cernere; scegliere; assortire; separare: *The boy was sorting (sorting out, sorting over) the foreign stamps he had collected,* Il ragazzo stava classificando i francobolli esteri che aveva raccolto — *We must sort out the good apples from the bad,* Dobbiamo separare (cernere) le mele buone dalle guaste. **2** *(seguito da* out*)* risolvere; (ri)organizzare; (ri)ordinare; (ri)sistemare; (ri)comporre: *to sort out a tricky situation,* risolvere una situazione difficile, delicata — *to sort sb out, (fam.)* 'sistemare' qcno *(generalm. nel senso di 'castigare')* — *to sort oneself out; (talvolta) to get sorted out,* sistemarsi. □ *to sort well (ill) with sth, (ant.)* essere in armonia; accordarsi; non essere in armonia; non accordarsi con qcsa: *His heroic death sorted well with his character,* La sua morte eroica si adattava bene al (era in perfetto accordo con il) suo carattere.

sorta ['sɔ:tə] *locuzione avv* (*abbr. fam. USA di* **sort of**) ⇨ **sort 2.**

sortable ['sɔ:təbl] *agg* ordinabile; classificabile.

sorter ['sɔ:tə*] *s.* classificatore; selezionatore; *(negli uffici postali)* cernitore.

sortie ['sɔ:ti] *s. (mil. o simile)* sortita di combattimento; uscita.

sorting ['sɔ:tiŋ] *s.* **1** (*dal p. pres. di* **to sort**) cernita; selezione; classificazione: *sorting machine,* macchina classificatrice, selezionatrice meccanica. **2** *(comm.)* assortimento; *(di posta)* smistamento.

sortition [ˌsɔ:'tiʃən] *s.* sorteggio.

so-so ['sou'sou] *agg e avv* così così; mediocre; passabile.

sot [sɔt] *s.* ubriacone; beone.

sottish ['sɔtiʃ] *agg* avvinazzato; abbrutito; istupidito dal bere; alcoolizzato. □ *avv* **sottishly.**

sottishness ['sɔtiʃnis] *s.* ubriachezza cronica; stupidità.

sou [su:] *s. (fr.)* soldo; soldino: *I haven't a sou,* Non ho il becco di un quattrino.

soubriquet ['su:brikei] *s.* = **sobriquet.**

soufflé ['su:flei] *s. (fr.)* sformato *(piatto della cucina francese).*

sough [sau/sʌf] *s.* sussurrio; mormorio; gemito; fremito.

to **sough** [sau/sʌf] *vi* sussurrare; mormorare; fremere; gemere.

sought [sɔ:t] *pass e p. pass di* **to seek.** □ *sought-after,* ricercato.

soul [soul] *s.* **1** anima *(in ogni senso);* animo; spirito; essere; creatura; individuo: *That man has no soul,* Quell'uomo è senz'anima — *He put his heart and soul into his work,* Mise anima e corpo nel suo lavoro — *The ship sank with two hundred souls on board,* La nave affondò con duecento persone a bordo — *Poor little soul!,* Povera creaturina! — *Upon my soul!,* In fede mia! **2** personificazione; essenza: *He is the soul of courage (of honour),* È la personificazione del coraggio (dell'onore) — *Don't tell a soul,* Non dirlo ad anima viva — *There wasn't a soul in sight,* Non si vedeva un'anima; Non c'era anima viva. □ *All Souls' Day,* Ognissanti — *soul-destroying,* avvilente; che abbrutisce — *soul-felt,* sentito; sincero; spontaneo; dal profondo dell'anima — *soul-searching,* penetrante; toccante; che va in fondo all'anima — *soul-stirring,* toccante; commovente.

soulful ['soulful] *agg* sentimentale *(spesso in senso spreg.);* emotivo. □ *avv* **soulfully.**

soulless ['soulis] *agg* egoista; spietato; senz'anima; arido; crudele; privo di ispirazione; banale; prosaico; senza sentimento. □ *avv* **soullessly.**

[1]**sound** [saund] *s.* **1** suono; rumore; rintocco; squillo; rombo; rimbombo: *vowel sounds and consonant sounds,* suoni vocalici e consonantici — *a sound-box, (mus.)* una cassa di risonanza — *sound-effects, (cinema)* effetti sonori — *a sound-film,* un film sonoro — *a sound-track, (cinema)* una colonna sonora — *We heard the sound of voices,* Udimmo un rumore (un brusio) di voci — *a sound wave,* un'onda sonora — *sound and fury, (fig.)* parole senza senso; parole a vanvera; farneticamento. **2** *(solo al sing.)* suono; impressione; tenore; tono: *The news has a sinister sound,* La notizia suona sinistra — *I don't like the sound of it,* C'è qualcosa che non mi suona bene.

[1]to **sound** [saund] *vt e i.* **1** suonare; dar suono; (far) risuonare; (far) echeggiare; (far) rimbombare: *to sound a trumpet,* suonare la tromba — *The trumpets sounded,* Squillarono le trombe — *to sound the retreat,* suonare la ritirata — *This black key won't sound,* Questo tasto nero *(del piano)* non suona — *to sound a man's praises,* cantar le lodi di qcno — *to sound the alarm,* dare l'allarme — *to sound a note of alarm,* far suonare il campanello di allarme. **2** pronunciare, far sentire: *You mustn't sound the 'h' in 'hour' or the 'b' in 'dumb',* Non bisogna far sentire l'acca in 'hour' e la bi in 'dumb'. **3** auscultare; effettuare un controllo attraverso il suono: *The doctor sounded my lungs,* Il dottore mi auscultò i polmoni — *A railwayman was sounding the wheels of the carriages,* Un ferroviere stava effettuando il controllo alle ruote delle carrozze. **4** suonare; sembrare; parere; dare l'impressione: *How sweet this music sounds!,* Come suona dolce questa musica! — *It sounds to me as if there's a tap running somewhere,* Mi sembra di sentire un rubinetto aperto da qualche parte — *His explanation sounds all right,* Le sue spiegazioni sembrano giuste — *Her excuse sounds hollow,* La sua scusa non mi convince. **5 to sound off (about sth),** *(fam.)* parlare (di qcsa) in tono esagerato, con entusiasmo eccessivo.

[2]to **sound** [saund] *vt e i.* **1** sondare; scandagliare; *(med.)* esaminare con la sonda: *sounding-balloon,* pallone-sonda. **2** (*fig.: spesso* **to sound out**) sondare; scandagliare *(l'animo, i sentimenti);* sentire; chiedere in confidenza; indagare cautamente: *to sound sb (out) about (o on) sth,* cercare di sapere qcsa da qcno — *I will sound the manager about (o on) the question of holidays,* Cercherò di sapere qualcosa dal direttore circa la questione delle vacanze — *Have you sounded him out yet?,* Hai già tastato il terreno con lui?

[2]**sound** [saund] *agg* **1** sano; in buona salute: *sound fruit,* frutta sana — *sound teeth,* denti sani — *to have a sound constitution,* avere un fisico sano; essere di sana costituzione — *a sound mind in a sound body,* una mente sana in un corpo sano — *as sound as a bell, (fam.)* sano come un pesce — *to be sound in wind and limb, (fam.)* essere in forma, in ottime condizioni, pieno di energia, in buona salute — *safe and sound,* sano e salvo. **2** *(di argomenti, ecc.)* giusto; valido; ragionevole; fondato; efficace; *(di consiglio)* saggio: *a sound policy,* una politica saggia — *a sound piece of advice,* un consiglio prudente (buono, saggio). **3** capace; abile; buono; in gamba: *a sound tennis player,* un buon giocatore di tennis. **4** grande; accurato; completo; bello; sonoro: *to give sb a sound thrashing,* dare a qcno un fracco di legnate; suonargliele coi fiocchi. **5** *(di sonno)* profondo *(usato anche avverbialmente): to have a sound sleep,* fare una bella dormita — *to be a sound sleeper,* dormire sodo; avere il sonno profondo; dormire volentieri — *to be sound asleep,* essere profondamente addormentato. **6** *(comm.)* onesto; integro; fidato; solido; solvibile: *a sound enterprise,* un'impresa molto solida.
□ *avv* **soundly 1** sanamente; giustamente; bene. **2** efficacemente; grandemente. **3** gravemente; sonoramente; severamente: *They were soundly beaten,* Furono clamorosamente battuti.

[3]**sound** [saund] *s.* braccio di mare; stretto.

sounder ['saundə*] *s.* **1** chi suona, ecc. **2** ricevitore telegrafico acustico; *(di telefono)* manipolatore fonico. **3** *echo-sounder, (naut.)* scandaglio acustico.

[1]**sounding** ['saundiŋ] *agg* (*p. pres. di* [1]**to sound** ⇨) **1** sonante; risonante: *sounding-board, (mus.)* tavola armonica. **2** *(di retorica)* roboante; *(di titolo)* altisonante.

[2]**sounding** ['saundiŋ] *s.* (*da* [2]**to sound**) **1** *(naut.)* scandaglio: *sounding-line,* scandaglio; sonda. **2** profondità misurata; fondale. **3** *(al pl.)* fondali bassi; fondali

scandagliabili: *We are in soundings,* Siamo su fondali bassi. **4** *(med.)* auscultazione.

soundless ['saundlis] *agg* **1** senza suono; muto; silenzioso. **2** *(naut.)* insondabile; non scandagliabile; senza fondo. □ *avv* **soundlessly.**

soundness ['saundnis] *s.* **1** sanità; vigore; buono stato; buona salute. **2** correttezza; efficacia; validità *(di argomenti, ecc.).* **3** rettitudine; ortodossia *(di dottrine).* **4** *(comm.)* solidità; solvibilità *(di una ditta, ecc.).*

soundproof ['saundpru:f] *agg* impenetrabile al suono; isolato acusticamente; insonorizzato.

soup [su:p] *s.* minestra; zuppa; passato: *chicken (tomato) soup,* crema di pollo (di pomodoro) — *vegetable soup,* zuppa (minestra) di verdura — *soup-kitchen,* mensa (gratuita) per i poveri; mensa di pronto soccorso *(per terremotati, ecc.)* — *soup-ticket,* buono per una minestra gratuita. □ *to be in the soup, (fam.)* essere nella bagna; trovarsi nei guai.

to **soup up** ['su:pʌp] *vt (sl.)* truccare *(un motore): a souped-up engine,* un motore truccato.

soupçon ['su:psɔ̃] *s. (fr.)* pizzico; pochino (di qcsa).

soupy ['su:pi] *agg* simile alla zuppa; denso.

sour ['sauə*] *agg* **1** aspro; agro; acerbo; acidulo. **2** *(di bevande e cibi)* andato a male; acido; fermentato: *sour milk,* latte andato a male — *a sour smell,* un odore di acido, di sostanze fermentate. **3** *(fig.)* acido; acrimonioso; amaro; bisbetico; arcigno; amareggiato: *to be made sour by disappointments,* essere amareggiato dalle delusioni — *What a sour face she has!,* Guarda che faccia da bisbetica! □ *avv* **sourly.**

to **sour** ['sauə*] *vt e i.* **1** inacidire, inacidirsi; acidificare; rendere agro: *The hot weather has soured the milk,* Il tempo caldo ha fatto inacidire il latte. **2** *(fig.: generalm. al pass. o al passivo)* inasprire; esacerbare: *Her temper has soured, (fig.)* Il suo carattere si è inasprito — *The old man has been soured by poverty,* Il vecchio è stato esacerbato dalla povertà.

source [sɔ:s] *s.* **1** sorgente *(di fiume).* **2** *(fig.)* fonte; origine; causa; principio: *a reliable source,* una fonte attendibile — *That well is the source of infection for these cases of typhoid,* Quel pozzo è la causa d'infezione in questi casi di tifo.

to **source** [sɔ:s] *vt (comm.)* rifornirsi; approvvigionarsi *(in un certo mercato, presso una data azienda).*

sourness ['sauənis] *s.* **1** acidità; acerbità. **2** acrimonia; asprezza.

to **souse** [saus] *vt* **1** immergere *(in acqua);* lasciare a bagno. **2** coprire *(con acqua);* versare molta acqua su. **3** marinare; mettere in salamoia.

soused [saust] *agg* **1** in salamoia: *soused herrings,* aringhe in salamoia. **2** *(fam.)* ubriaco; sbronzo.

soutane [su:'tɑ:n] *s. (fr.)* tonaca; sottana *(di prete cattolico).*

south [sauθ] *s.* sud; mezzogiorno; mezzodì; meridione: *Texas is in the south of the U.S.A.,* Il Texas si trova nel sud degli Stati Uniti d'America.

□ *agg attrib* meridionale; del sud: *South America,* l'America del sud — *the South Pacific,* il Pacifico meridionale — *a room with a south aspect,* una stanza esposta a mezzogiorno — *to grow roses on a south wall,* coltivare delle rose su un muro esposto a mezzogiorno.

□ *(composti) south-east, (abbr.* SE.*) (s., agg. e avv.)* sud-est; di sud-est; sud orientale; diretto o proveniente da sud-est — *south-easter, (naut.)* forte vento di sud-est; *(in Italia)* scirocco — *south-easterly,* di sud-est; proveniente da sud-est; diretto a sud-est — *south-south-east, (abbr.* SSE*)* sud-sud-est — *south-west, (abbr.* SW.*) (s., agg. e avv.)* sud-ovest; di sud-ovest; sud-occidentale; diretto o proveniente da sud-ovest — *south-wester (sou'-wester),* forte vento di sud-ovest; *(in Italia)* libeccio; burrasca di sud-ovest — *sou'-wester,* cappello da marinaio *(di tela cerata, a gronda)* — *south-westerly,* proveniente da, o diretto a, sud-ovest; di sud-ovest — *south-south-west, (abbr.* SSW.*)* sud-sud-ovest.

□ *avv* al sud; verso il sud: *The ship was sailing due south,* La nave stava veleggiando verso sud.

southbound ['sauθbaund] *agg* diretto verso il sud.

southerly ['sʌðəli] *agg* del sud; meridionale; australe. □ *avv* **1** verso sud. **2** dal sud.

southern ['sʌðən] *agg* del sud; meridionale; australe: *southern Europe,* Europa meridionale — *the Southern States, (USA)* gli Stati del Sud — *the Southern Cross, (astronomia)* la Croce del Sud.

southerner ['sʌðənə*] *s.* meridionale; *(USA)* abitante degli Stati del Sud; *(stor.)* sudista.

southernmost, southmost ['sʌðənmoust/'sauθmoust] *agg superl* il più a sud; dell'estremo sud.

southpaw ['sauθpɔ:] *s. (USA)* giocatore *(pugile, ecc.)* mancino.

southwards ['sauθwə:dz] *avv* verso sud.

souvenir ['su:vəniə*] *s.* ricordo; souvenir.

sou'wester [sau'westə*] *s. (naut.: abbr. fam. di* **south-wester***)* ⇨ **south.**

sovereign ['sɔvrin] *agg* sovrano; supremo; sommo: *a sovereign state,* uno stato sovrano (indipendente) — *the sovereign good,* il sommo bene; il bene supremo — *a sovereign remedy,* un rimedio supremo.

□ *s.* **1** sovrano; monarca; principe regnante. **2** *(GB)* sovrana; sterlina d'oro.

sovereignty ['sɔvrinti] *s.* sovranità; potere; dominio.

Soviet ['souviet/'sɔv-] *s.* soviet; consiglio: *the Soviet Union,* l'Unione Sovietica.

□ *(come agg.)* sovietico; *(erroneamente ma comunemente)* russo.

sow [sau] *s.* scrofa: *to be as drunk as a sow,* essere ubriaco fradicio; essere ubriaco come una scimmia — *to get the wrong sow by the ear,* prendere un granchio.

to **sow** [sou] *vt e i. (pass.* **sowed**; *p. pass.* **sown** *o* **sowed***)* seminare; piantare; disseminare; spargere: *to sow a plot of land with grass,* seminare un pezzo di terra a erba — *to sow the seed of hatred,* spargere il seme dell'odio — *to sow one's wild oats,* sfogare i bollori; correre la cavallina — *As a man sows so shall he reap, (prov.)* Quello che uno semina raccoglie — *Sow the wind and reap the whirlwind, (prov.)* Chi semina vento raccoglie tempesta.

sower ['souə*] *s.* seminatore.

sowing ['souiŋ] *s.* semina; seminagione: *sowing seed,* semente; semenza — *sowing time,* stagione della semina; sementa — *sowing machine,* (macchina) seminatrice.

sown [soun] *p. pass di* **to sow.**

soy [sɔi] *s.* salsa di semi di soia *(tipica della Cina e del Giappone).*

soya ['sɔiə] *s. (anche* soya-bean*)* soia; semi di soia.

sozzled ['sɔzld] *agg (sl.)* ubriaco fradicio.

spa [spɑ:] *s.* **1** sorgente di acque medicamentose. **2** stazione termale.

space [speis] *s.* **1** spazio *(spesso attrib.): to travel through space,* viaggiare attraverso lo spazio — *space-helmet (-suit),* elmetto (tuta) spaziale — *space-heater,* apparecchio di riscaldamento a irradiazione e convezione — *space-time, (fis. e filosofia)* 'spazio tempo'; spazio a quattro dimensioni. **2** distanza; lunghezza; separazione; *(tipografia)* spazio; spaziatura:

to be separated by a space of ten feet, essere separati da una distanza di dieci piedi — *the spaces between printed words,* le spaziature tra le parole stampate — *Leave a blank space for something to be added,* Lasciate uno spazio bianco per poterci scrivere poi qualcosa — *space-bar,* sbarra spaziatrice *(di una macchina da scrivere).* **3** spazio; area; superficie; posto: *open spaces,* aree libere, fabbricabili, ecc. — *the wide open spaces,* le praterie americane — *Clear a space on the platform for the speaker,* Lasciate uno spazio libero sul palco per l'oratore — *Have you enough space to work in?,* Avete spazio sufficiente per lavorarvi? — *There isn't enough space in this classroom for thirty desks,* Non c'è spazio sufficiente in quest'aula per trenta banchi. **4** *(solo al sing., anche* space of time*)* spazio di tempo; periodo; intervallo: *a space of three years,* un periodo (un intervallo) di tre anni.

to **space** [speis] *vt* spaziare; distanziare; scaglionare; disporre ad intervalli; *(tipografia)* spazieggiare; interlineare: *to space out the posts three feet apart,* scaglionare i paletti a tre piedi di distanza l'uno dall'altro — *to space out payments over five years,* scaglionare i pagamenti su un periodo di cinque anni.

spacecraft ['speiskrɑ:ft] *s.* veicolo spaziale.

spaceman ['speismən] *s.* (*pl.* **spacemen**) astronauta.

spaceship ['speisʃip] *s.* astronave.

spacing ['speisiŋ] *s.* **1** spazieggiatura; spaziatura: *single- (double-) spacing,* spaziatura uno (due). **2** distanza.

spacious ['speiʃəs] *agg* spazioso; ampio; vasto.
□ *avv* **spaciously.**

spaciousness ['speiʃəsnis] *s.* spaziosità; ampiezza; vastità.

spade [speid] *s.* **1** vanga; *(talvolta)* badile: *spade-work,* vangatura; *(fig.)* lavoro preparatorio *(spec. se arduo).* **2** *(seme delle carte da gioco, generalm. al pl.)* picche. □ *to call a spade a spade,* dire pane al pane (e vino al vino).

spadeful ['speidful] *s.* quanto sta in una vanga.

spaghetti [spə'geti] *s. (col v. al sing.)* spaghetti; pasta (asciutta) in genere.

spake [speik] *(ant. o poet.) pass di* **to speak.**

spam [spæm] *s.* carne di maiale in scatola *(contraz. di* spiced ham*).*

[1]**span** [spæn] *s.* **1** spanna *(unità di misura pari a cm. 23 circa);* palmo. **2** *(di arco, ponte aereo, ecc.)* luce; campata; lunghezza; apertura: *the span of a bridge,* la lunghezza di un ponte — *a single-span bridge,* un ponte ad una sola campata — *The arch has a span of sixty metres,* L'arco ha una luce di sessanta metri. **3** spazio o lunghezza *(di tempo);* periodo; lasso; intervallo: *the span of life,* l'arco (gli anni) della vita — *for a short span of time,* per un breve lasso di tempo. **4** *(USA e Sud-Africa)* pariglia *(di cavalli, muli);* giogo *(di buoi all'aratro, ecc.).* □ *span-roof,* tetto a due spioventi — *a span-roof greenhouse,* una serra con tetto (copritura) a due spioventi.

to **span** [spæn] *vt* (**-nn-**) **1** attraversare; estendersi; abbracciare: *The Thames is spanned by many bridges,* Il Tamigi è attraversato da molti ponti — *His life spanned almost the whole of the Nineteenth century,* La sua vita abbracciò quasi tutto il secolo diciannovesimo. **2** misurare a spanne, a palmi.

[2]**span** [spæn] *agg* ⇨ **spick.**

spangle ['spæŋgl] *s.* lustrino; paillette. □ *oak spangle,* galla; escrescenza spugnosa sulle foglie della quercia.

to **spangle** ['spæŋgl] *vt* (*spec. al p. pass.* **spangled**) coprire, ornare di lustrini: *the Star-Spangled Banner* ⇨ **star 1.**

Spaniard ['spænjəd] *s.* spagnolo; abitante della Spagna.

spaniel ['spænjəl] *s.* **1** spaniel *(razza di cani).* **2** individuo servile e strisciante.

Spanish ['spæniʃ] *agg* spagnolo: *Spanish black,* nero di Spagna — *Spanish fly,* cantaride — *Spanish grass,* sparto — *the Spanish Main, (stor.)* i Caraibi — *Spanish red,* rosso di Spagna — *Spanish onion,* varietà di cipolla dolce.
□ *s.* la lingua spagnola (il castigliano).

to **spank** [spæŋk] *vt* sculacciare.
□ *vi* trottare *(di cavallo);* muoversi agilmente; *(di nave)* filare: *a spanking pace,* un trotto serrato; un passo veloce.

[1]**spanking** ['spæŋkiŋ] *s.* sculacciata: *to give a child a spanking,* sculacciare un bambino.

[2]**spanking** ['spæŋkiŋ] *agg e avv (fam.)* di prim'ordine; magnifico; eccellente; magnificamente: *to have a spanking time,* spassarsela magnificamente.
□ *avv* **spankingly.**

spanner ['spænə*] *s. (GB, mecc.)* chiave: *monkey-spanner,* chiave inglese — *ratchet spanner,* chiave a cricco. □ *to throw a spanner into the works, (fig.)* sabotare qcsa; fare dell'ostruzionismo; mettere il bastone tra le ruote.

[1]**spar** [spɑ:*] *s.* trave; palo; pertica; albero; pennone.

[2]**spar** [spɑ:*] *s.* spato *(tipo di minerale).*

to **spar** [spɑ:*] *vi* (**-rr-**) esercitarsi al pugilato; *(fig.)* discutere; disputare; dibattere: *sparring-match,* incontro dimostrativo *(di pugilato); (fig.)* disputa; discussione — *sparring-partner,* allenatore (di pugile).

[1]**spare** [spɛə*] *agg* **1** di riserva; di ricambio; d'avanzo; superfluo; disponibile; *(di tempo)* libero: *spare parts, (mecc.)* pezzi di ricambio — *spare time,* tempo libero — *a spare wheel,* una ruota di ricambio — *We have no spare room in our house,* A casa nostra non abbiamo alcuna stanza di riserva. **2** *(di persone)* magro; smilzo; sparuto: *to be spare of build,* essere di corporatura smilza — *a tall, spare man,* un uomo alto e magro. **3** povero; parco; frugale: *a spare meal,* un pasto frugale — *to be on a spare diet,* seguire una dieta leggera (povera) — *spare-rib,* costoletta di maiale piuttosto scarnata. □ *avv* **sparely.**

to **spare** [spɛə*] *vt e i.* **1** risparmiare *(anche fig.);* salvare; salvaguardare: *to spare sb's life; to spare sb his life,* risparmiare la vita di qcno — *We may meet again if we are spared,* Possiamo incontrarci ancora se saremo vivi — *He doesn't spare himself,* Non si risparmia affatto *(nell'impiego delle sue energie, ecc.);* Non ha riguardi per sé — *How can we spare his feelings?,* Come possiamo evitare di offendere i suoi sentimenti? — *Spare us the details!,* Risparmiaci i dettagli! — *Spare the rod and spoil the child, (prov.)* Se risparmi (Se non usi) la verga rovinerai il bambino. **2** risparmiare; economizzare; fare a meno (di); riuscire a trovare *(tempo);* dare; donare: *We can't spare the time for a holiday at present!,* Non possiamo trovare il tempo per una vacanza per il momento! — *Can you spare me a gallon of petrol?,* Può darmi un gallone di benzina? — *We have enough and to spare,* Ne abbiamo a sufficienza e d'avanzo. **3** usare con parsimonia, con cura: *to spare no expense,* non badare a spese.

[2]**spare** [spɛə*] *s. (spec. mecc.)* parte (pezzo) di ricambio.

spareness ['spɛənis] *s.* **1** frugalità; scarsezza; povertà. **2** sparutezza; magrezza.

sparing ['spɛəriŋ] *agg* parco; frugale; sobrio; economo; moderato; limitato: *You should be more sparing of your energy,* Dovresti essere più moderato nell'uso delle tue energie. □ *avv* **sparingly.**

[1]**spark** [spɑ:k] *s.* **1** scintilla; favilla: *The firework burst in a shower of sparks,* Il fuoco d'artificio scoppiò in una cascata di scintille. **2** *(fig.)* scintilla; sprazzo: *He hasn't a spark of generosity in him,* Non c'è in lui la benché minima traccia di generosità. □ *spark source,* scintillatore — *spark plug, (di autoveicolo)* candela (di accensione).

to **spark** [spɑ:k] *vi e t.* **1** scintillare; emettere (mandare, sprizzare) scintille. **2 to spark off,** - **a)** *(elettr.)* far esplodere; esplodere - **b)** *(fig.)* scatenare.

[2]**spark** [spɑ:k] *s.* galante; damerino; zerbinotto.

sparking ['spɑ:kiŋ] *s.* *(fis.)* scintillamento: *sparking-plug, (di auto)* candela.

to **sparkle** ['spɑ:kl] *vi* brillare; scintillare; sfavillare; risplendere: *Her eyes sparkled with excitement,* I suoi occhi sfavillavano di eccitazione.

sparkler ['spɑ:klə*] *s.* **1** *(sl. della malavita, spesso al pl.)* diamante. **2** piccolo fuoco d'artificio da tenere in mano.

sparkling ['spɑ:kliŋ] *agg* **1** scintillante; sfavillante; splendente. **2** *(di vini)* spumante.

sparring ['spɑ:riŋ] *agg* ⇨ **to spar.**

sparrow ['spærou] *s.* passero: *house-sparrow,* passero comune.

sparse [spɑ:s] *agg* sparso; scarso; rado: *a sparse population,* una popolazione poco densa — *a sparse beard,* una barba rada. □ *avv* **sparsely.**

sparseness, sparsity ['spɑ:snis/'spɑ:siti] *s.* scarsità; radezza.

Spartan ['spɑ:tən] *agg e s.* *(anche fig.)* spartano.

spasm ['spæzəm] *s.* spasmo; spasimo; accesso; attacco improvviso: *a spasm of coughing,* un violento attacco di tosse.

spasmodic, spasmodical [spæz'mɔdik(l)] *agg* **1** spasmodico. **2** intermittente; convulso. □ *avv* **spasmodically.**

spastic ['spæstik] *agg* spastico; spasmodico. □ *s.* **1** spastico; individuo affetto da paralisi spastica. **2** *(sl.)* imbecille.

[1]**spat** [spæt] *s.* *(USA)* **1** schiaffetto; colpetto. **2** battibecco; litigio.

[1]to **spat** [spæt] *vi* (**-tt-**) *(USA)* **1** dare uno schiaffetto, un colpetto. **2** battibeccare; litigare.

[2]**spat** [spæt] *s.* uova di ostriche.

[2]to **spat** [spæt] *vi* (**-tt-**) *(dell'ostrica)* deporre uova.

[3]**spat** [spæt] *pass e p. pass di* **to spit.**

[4]**spat** [spæt] *s.* (*generalm. al pl.:* **a pair of spats**) ghetta; uosa.

spatchcock ['spætʃkɔk] *s.* volatile ucciso e cotto subito.

to **spatchcock** ['spætʃkɔk] *vt (fam.)* inserire; inframmezzare; ficcare: *He spatchcocked into his speech a curious passage about ostriches,* Ficcò nel suo discorso un brano curioso sugli struzzi.

spate [speit] *s.* piena; flusso improvviso: *to be in spate,* essere in piena — *a spate of orders,* un flusso improvviso di ordini — *a spate of new books for review,* una ondata di nuovi libri da recensire.

spatial ['speiʃəl] *agg* spaziale. □ *avv* **spatially.**

spatter ['spætə*] *s.* **1** schizzo; spruzzo. **2** gocciolio; spruzzata: *a spatter of rain,* una spruzzata di pioggia.

to **spatter** ['spætə*] *vt e i.* **1** schizzare; spruzzare; inzaccherare; imbrattare; cospargere: *to spatter grease on one's clothes; to spatter one's clothes with grease,* schizzare grasso sui propri abiti — *As the bus went by it spattered us with mud,* L'autobus passando ci spruzzò di fango. **2** *(di liquido in ebollizione)* borbottare; spruzzare. **3** gocciolare; *(per estensione)* picchiettare: *We heard the rain spattering down on the tin roof of the hut,* Sentivamo la pioggia picchiettare sul tetto di latta della capanna.

spatula ['spætjulə] *s.* spatola; paletta.

spavin ['spævin] *s.* sparagnagno *(esostosi del cavallo).*

spavined ['spævind] *agg* affetto da sparagnagno.

spawn [spɔ:n] *s.* **1** uova *(di pesci, molluschi, anfibi, ecc.).* **2** *(spreg.)* stirpe; progenie: *spawn of the devil,* figli (razza) del diavolo. **3** micelio.

to **spawn** [spɔ:n] *vt e i.* *(generalm. fig.)* prolificare abbondantemente; moltiplicare, moltiplicarsi; generare copiosamente; proliferare.

to **spay** [spei] *vt* castrare.

to **speak** [spi:k] *vt e i.* (*pass.* **spoke**; *p. pass.* **spoken**; *ant.* **spake, spoken**) **1** parlare; conversare; chiacchierare; discorrere; discutere: *The baby is learning to speak,* Il bambino sta imparando a parlare — *Please speak more slowly,* Per favore parlate più adagio — *to speak to (o with) sb about (o of) sth,* parlare a qcno di qcsa — *to speak well of sb,* parlar bene di qcno — *nothing to speak of,* niente di cui valga la pena parlare; niente d'importante — *not to be on speaking terms with sb,* non parlare o non rivolgere più la parola a qcno *(in seguito ad un bisticcio)* — *They're not (They're no longer) on speaking terms,* Non si parlano più — *... so to speak,* ... per così dire; ... per modo di dire — *speaking-trumpet,* cornetto acustico — *speaking-tube,* tubo elastico; portavoce a tubo — *He spoke (for) forty minutes,* Parlò per quaranta minuti — *Are you good at speaking in public?,* Sei bravo a parlare in pubblico? — *He speaks several languages,* Parla (Conosce) parecchie lingue — *English spoken,* Si parla inglese qui — *spoken English,* l'inglese parlato — *strictly (roughly, generally, ecc.) speaking,* parlando in senso stretto (approssimativamente, in linea generale).

2 esprimere; rivelare; far conoscere; manifestare; dire: *Speak the truth!,* Di' la verità! — *to speak one's mind,* dire francamente la propria opinione.

3 valere; contare; esprimere: *Actions speak louder than words,* Le azioni sono più eloquenti delle parole — *The portrait speaks; The portrait is a speaking likeness,* È un ritratto parlante (sembra vero).

4 provare; mostrare; testimoniare: *Report speaks him anything but a coward, (ant.)* Ha la fama di essere tutt'altro che vile — *to speak well for sb, (di testimonianze, ecc.)* testimoniare a favore di qcno; essere di buon augurio per qcno — *to speak volumes (for sb),* essere molto eloquente; costituire una prova irrefutabile (in favore di qcno).

5 *(naut.)* segnalare; fare segnalazioni; comunicare *(con altra nave).*

6 *(di arma da fuoco, di strumento musicale)* far sentire la propria voce; suonare.

to speak for, *(cfr. il* **4,** *sopra)* parlare a nome di; essere prova di; testimoniare: *to speak for oneself,* parlare a proprio nome, a titolo personale.

to speak to, - **a)** parlare a (con) qcno (⇨ **1,** *sopra*) - **b)** attestare; testimoniare; parlare al riguardo: *I can speak to the accused having been at the scene of the crime,* Posso attestare che l'imputato era presente alla scena del delitto - **c)** attenersi: *You must speak to the subject,* Devi attenerti all'argomento.

to speak out, dire la propria idea od opinione; parlare senza paura.

to speak up, - a) parlare più forte: *Speak up!*, Voce! - b) = **to speak out**.

speak-easy ['spi:k,i:zi] *s.* *(USA)* spaccio non autorizzato di liquori *(durante il proibizionismo degli anni venti)*.

speaker ['spi:kə*] *s.* **1** chi parla; parlatore; dicitore; oratore; *(radio e televisione)* annunciatore; 'speaker'. **2** *the Speaker,* il presidente della Camera dei Comuni *(in GB);* il presidente della Camera dei Rappresentanti *(in USA)*. **3** (= loud-speaker) altoparlante; cassa acustica.

speakership ['spi:kəʃip] *s.* *(politica)* presidenza; carica di presidente (*della Camera: cfr.* **speaker**).

speaking ['spi:kiŋ] *s.* **1** il parlare; discorso; parola; loquela: *'Unaccustomed as I am to public speaking...'*, 'Benché io non sia abituato a parlare in pubblico...'. **2** il modo di parlare; eloquenza; declamazione; arte oratoria.
□ *agg* parlante; eloquente; espressivo.

spear [spiə*] *s.* **1** lancia; alabarda; asta; picca. **2** *(anche* fishing spear*)* arpione; fiocina. **3** *(al pl.)* spine *(delle piante)*. **4** aculeo; pungiglione. □ *spear-grass,* gramigna — *spear-side,* discendenza maschile — *spear-wood,* acacia; eucalipto australiano.

to **spear** [spiə*] *vt* trapassare; trafiggere; colpire *(con una lancia)*.

spear-head ['spiəhed] *s.* *(generalm. fig.)* gruppo d'assalto; forza d'urto; punta avanzata.

to **spear-head** ['spiəhed] *vt* fare da gruppo d'assalto (o da forza d'urto, da punta avanzata) a qcsa.

spearmint ['spiəmint] *s.* menta 'romana'.

spec [spek] *s.* (*fam., abbr. di* **speculation**) speculazione; affare vantaggioso: *Those mining shares turned out a good spec,* Quelle azioni minerarie si rivelarono una buona speculazione — *to buy sth on spec,* comprare qcsa nella speranza di trarne guadagno.

[1]**special** ['speʃəl] *agg* speciale; particolare; apposito; straordinario: *a special favour,* un favore straordinario (particolare) — *as a special favour...*, in via eccezionale... — *a special train,* un treno straordinario — *special correspondent,* inviato speciale — *special constable,* agente di polizia aggiunto; agente ausiliario — *special delivery letter,* lettera espresso — *special subject, (all'università)* (materia, disciplina di) specializzazione. □ *avv* **specially** ⇨.

[2]**special** ['speʃəl] *s.* **1** agente ausiliario di polizia. **2** treno straordinario. **3** *(di giornale)* edizione straordinaria.

specialist ['speʃəlist] *s.* specialista: *an eye specialist,* uno (un medico) specialista degli occhi; un oculista — *a specialist in plastic surgery,* uno specialista di chirurgia plastica.

speciality [,speʃi'æliti] *s.* (*USA anche* **specialty**) specialità; caratteristica: *Lacemaking is her speciality,* Fare merletti è la sua specialità — *Wood carvings are a speciality of this region,* I legni intagliati sono una caratteristica di questa regione.

specialization [,speʃəlai'zeiʃən] *s.* specializzazione.

to **specialize** ['speʃəlaiz] *vt* **1** specializzare; specificare. **2** adattare; trasformare; modificare. □ *specialized knowledge,* conoscenza specifica, da specialista.

specially ['speʃəli] *avv* **1** particolarmente; in modo particolare: *'D'you like it?' - 'Not specially',* 'Ti piace?' - 'Non particolarmente'. **2** appositamente; apposta: *I came here specially to see you,* Son venuto qui apposta per vedere te.

specialty ['speʃəlti] **1** ⇨ **speciality**. **2** *(dir.)* atto autentico.

specie ['spi:ʃi] *s.* moneta metallica; numerario: *specie payments; payment in specie,* pagamenti (pagamento) in moneta metallica.

species ['spi:ʃi:z] *s.* *(invariato al pl.)* specie; genere; sorta; tipo; classe: *the human species,* la specie umana; il genere umano — *Blackmail is a species of crime hated by all decent people,* Il ricatto è un genere di delitto odiato dalle persone perbene.

specific [spi'sifik] *agg* **1** specifico; preciso: *specific orders,* ordini precisi — *What are your specific aims?*, Quali sono i vostri fini precisi? **2** determinato; particolare: *The money is to be used for a specific purpose,* Il denaro deve essere usato per uno scopo preciso (particolare) — *specific remedy,* (rimedio) specifico — *specific gravity, (fis.)* peso specifico.
□ *avv* **specifically** ⇨.
□ *s.* (rimedio) specifico: *Quinine is a specific for malaria,* Il chinino è un rimedio specifico contro la malaria.

specifically [spi'sifikəli] *avv* specificatamente; particolarmente: *You were specifically warned by your doctor not to eat lobster,* Il medico ti aveva avvisato di non mangiare soprattutto l'aragosta.

specification [,spesifi'keiʃən] *s.* **1** specificazione; descrizione particolareggiata. **2** *(spesso al pl.)* istruzioni; spiegazioni; dettagli: *specifications for a garage (for building a garage),* istruzioni per la costruzione di un'autorimessa. **3** *(al pl.)* capitolato; specifica. **4** *(al pl.)* caratteristiche. **5** norma. **6** *(di un brevetto)* descrizione.

specificity, specificness [,spesi'fisiti/spi'sifiknis] *s.* specificità.

to **specify** ['spesifai] *vt* specificare; fissare; stabilire; precisare; determinare: *The contract specifies red tiles, not slates, for the roof,* Il contratto stabilisce (specifica) per il tetto l'impiego di tegole rosse, non di lastre di ardesia.

specimen ['spesimin/-mən] *s.* **1** esemplare; campione; saggio; modello: *specimens of rocks and ores,* campioni di rocce e minerali — *a specimen page,* una pagina di prova. **2** *(med.)* campione. **3** *(fam.)* campione *(iron.);* tipo; individuo: *What a queer specimen he is!*, Che strano tipo!

specious ['spi:ʃəs] *agg* specioso; capzioso: *a specious argument,* un argomento capzioso. □ *avv* **speciously**.

speciousness ['spi:ʃəsnis] *s.* speciosità.

speck [spek] *s.* **1** macchiolina; puntino; piccolo segno: *Do you ever see specks in front of your eyes?*, Ti capita mai di vedere delle macchioline davanti agli occhi? **2** corpuscolo; particella; granello: *I've got a speck of dust in my eye,* Ho un granello di polvere nell'occhio.

specked ['spekt] *agg* macchiato; chiazzato; punteggiato: *specked apples,* mele macchiate.

speckle ['spekl] *s.* macchiolina; chiazza; puntino.

speckled ['spekld] *agg* picchiettato; maculato; screziato.

speckless ['speklis] *agg* senza macchia; intatto; immacolato.

specs [speks] *s. pl* (*fam. abbr. di* **spectacles**) occhiali.

spectacle ['spektəkl] *s.* **1** spettacolo *(in ogni senso);* vista; scena: *a sad (a sorry) spectacle,* uno spettacolo triste — *It was quite a spectacle,* Era da vedersi — *Don't make a spectacle of yourself,* Non dare spettacolo di te; Non fare scena; Non mostrarti ridicolo, ecc. **2** *(al pl., salvo quando è attrib.)* occhiali: *a pair of spectacles,* un paio di occhiali — *a spectacle-case,* un astuccio per gli occhiali — *to see everything through* *rose-coloured spectacles,* vedere tutto (la vita) rosa; essere ottimista.

spectacled ['spektəkld] *agg* occhialuto; che porta occhiali.

spectacular [spek'tækjulə*] *agg* spettacolare; spettacoloso; straordinario. □ *avv* **spectacularly.**
□ *s. (manifestazione)* 'kolossal'; rappresentazione spettacolare.

spectator [spek'teitə*] *s.* spettatore.

spectral ['spektrəl] *agg* spettrale. □ *avv* **spectrally.**

spectre ['spektə*] *s.* (*USA* **specter**) spettro; fantasma.

spectrograph ['spektrougrɑ:f] *s.* spettrografo.

spectrographic [,spektrou'græfik] *agg* spettrografico.

spectrography [spek'trɔgrəfi] *s.* spettrografia.

spectrometer [spek'trɔmitə*] *s.* spettrometro.

spectroscope ['spektrəskoup] *s.* spettroscopio.

spectroscopic [,spektrə'skɔpik] *agg* spettroscopico.

spectroscopy [spek'trɔskəpi] *s.* spettroscopia.

spectrum ['spektrəm] *s.* (*pl.* **spectra**) spettro *(in ottica o per estensione).*

to **speculate** ['spekjuleit] *vi* **1** speculare; meditare; congetturare: *to speculate about (on, upon) the future of the human race,* meditare sul futuro della razza umana — *to speculate about (on, as to) the make-up of the new government,* fare delle congetture sulla composizione del nuovo governo. **2** *(comm.)* speculare: *to speculate in oil shares,* speculare sulle azioni petrolifere.

speculation [,spekju'leiʃən] *s.* **1** speculazione; meditazione; congettura. **2** *(comm.)* speculazione: *to buy mining shares as a speculation,* fare delle speculazioni comperando azioni minerarie — *to make some bad speculations,* fare qualche speculazione sbagliata.

speculative ['spekjulətiv] *agg* **1** speculativo; di speculazione; meditativo. **2** speculatorio; rischioso.
□ *avv* **speculatively.**

speculator [,spekju'leitə*] *s.* speculatore *(spec. comm.).*

sped [sped] *pass e p. pass di* **to speed.**

speech [spi:tʃ] *s.* **1** parola; favella; facoltà o modo di parlare; linguaggio: *the faculty of speech,* la facoltà della favella — *Our thoughts are expressed by speech,* I nostri pensieri sono espressi per mezzo della parola — *His indistinct speech made it impossible to understand him,* Il suo modo di parlare indistinto impediva che lo si capisse — *figure of speech,* figura retorica — *a speech defect,* un difetto di pronunzia. **2** discorso; arringa; orazione: *to make a speech about sth,* fare un discorso su qcsa — *speech-day,* giorno delle premiazioni *(in una scuola).*

to **speechify** ['spi:tʃifai] *vi (fam.)* fare discorsi; arringare; sproloquiare.

speechless ['spi:tʃlis] *agg* senza parola; muto: *to be speechless with surprise,* essere muto (rimanere senza parola) per la sorpresa — *Anger left him speechless,* L'ira lo lasciò senza parola. □ *avv* **speechlessly.**

speed [spi:d] *s.* **1** velocità; rapidità; celerità; fretta: *He was travelling at full (o top) speed,* Stava viaggiando a piena (tutta) velocità — *to travel at a speed of thirty miles an hour,* viaggiare ad una velocità di trenta miglia all'ora — *It's dangerous to corner at speed,* È pericoloso prendere una curva in velocità — *speed-limit,* limite di velocità — *a speed cop, (sl.)* un agente di polizia addetto all'osservanza dei limiti di velocità — *a speed merchant, (fam.)* un 'patito' della velocità — *speed-boat, (naut.)* fuoribordo — *speed-indicator,* tachimetro; indicatore di velocità — *speed-track (anche* speed-way*),* pista; circuito per gare automobilistiche. **2** *(sl.)* qualsiasi allucinogeno ad effetto rapido: *speed-ball,* miscela di cocaina e morfina.

to **speed** [spi:d] *vt e i. (pass. e p. pass.* **sped** *salvo nell'***1**, *sotto)* **1** *(seguito da* up*)* accelerare; aumentare la velocità; sveltire; rendere più celere: *to speed up an engine,* accelerare un motore — *to speed up a train service,* sveltire (rendere più celere) una linea ferroviaria — *to speed up traffic,* sveltire il traffico. **2** affrettarsi; percorrere rapidamente: *The car sped along the road,* L'automobile procedeva veloce lungo la strada — *The motorist was fined for speeding,* L'automobilista venne multato per eccesso di velocità. **3** *(ant., salvo nell'esempio che segue)* accomiatare; congedarsi; augurare buon vento, fortuna propizia: *to speed a guest on his way,* augurare buona fortuna a un ospite che parte. □ *God speed!,* Dio ti sia favorevole!

speeding ['spi:diŋ] *s.* eccesso di velocità (*cfr.* **to speed, 3**).

speedometer [spi'dɔmitə*] *s.* tachimetro; indicatore di velocità.

speed-up ['spi:dʌp] *s. (fam.)* accelerazione; aumento del ritmo.

speedway ['spi:dwei] *s.* **1** (= speed-track: ⇨ **speed**). **2** *(USA)* autostrada.

speedwell ['spi:dwel] *s. (bot.)* veronica.

speedy ['spi:di] *agg* rapido; spedito; veloce; lesto: *to wish sb a speedy recovery,* augurare a qcno una rapida (pronta) guarigione. □ *avv* **speedily.**

speleologist [,spi:li'ɔlədʒist] *s.* speleologo.

speleology [,spi:li'ɔlədʒi] *s.* speleologia.

[1]**spell** [spel] *s.* **1** incantesimo; incanto; formula magica: *to cast a spell over sb; to put a spell on sb; to lay sb under a spell,* gettare un incantesimo su qcno — *to be under a spell,* essere sotto un incantesimo; essere ammaliato. **2** attrazione; attrattiva; fascino; incanto; malia: *to fall under sb's spell,* subire il fascino di qcno. □ ⇨ *anche* **spellbinder, spellbound.**

[1]to **spell** [spel] *vt e i.* (*p. pass.* **spelled** *o* **spelt**) **1** sillabare; compitare; scrivere o pronunciare *(una parola)* lettera per lettera: *Why don't you learn to spell?,* Perché non impari l'ortografia? — *How do you spell your name,* Come si scrive il Suo nome? **2** significare; implicare; voler dire: *Does laziness always spell failure?,* La pigrizia implica sempre l'insuccesso? — *That would spell disaster!,* Sarebbe un disastro! **3 to spell out,** - **a)** spiegare per filo e per segno - **b)** leggere, capire a stento: *It took the boy an hour to spell out a page of German,* Il ragazzo impiegò un'ora per leggere faticosamente una pagina di tedesco.

[2]**spell** [spel] *s.* **1** spazio o periodo *(di tempo);* durata; momento: *a long spell of warm weather,* un lungo periodo di tempo caldo — *a cold spell,* un'ondata di freddo — *to rest for a (short) spell,* riposare un momentino. **2** turno o cambio *(di lavoro): to take spells at the wheel, (di due persone in auto)* avvicendarsi al volante; guidare a tratti.

[2]to **spell** [spel] *vt (spec. USA)* avvicendarsi; dare il cambio; alternarsi: *It would be helpful if you would spell me at rowing,* Sarebbe un bell'aiuto se tu potessi darmi il cambio ai remi.

spellbinder [,spel'baində*] *s.* incantatore; oratore affascinante *(spec. USA).*

spellbound ['spelbaund] *agg* affascinato; incantato; ammaliato: *The speaker held his audience spellbound,* L'oratore incantò il pubblico (con la sua parola), lo tenne a bocca aperta.

speller ['spelə*] *s.* **1** chi compita: *He is a good (bad) speller,* Conosce bene (male) l'ortografia. **2** sillabario.

spelling ['speliŋ] *s.* compitazione; scomposizione in lettere; ortografia: *Which is the better spelling: Tokio or Tokyo?,* È più corretto scrivere Tokio o Tokyo? — *Do you use English spelling or American spelling?,* Usate (Seguite) l'ortografia britannica o americana?

[1]**spelt** [spelt] *pass e p. pass di* [1]**to spell.**

[2]**spelt** [spelt] *s.* spelta; farro.

to **spend** [spend] *vt e i.* (*pass. e p. pass.* **spent** ⇨) **1** spendere *(denaro)*: *to spend all one's money,* spendere tutto il proprio denaro — *to spend too much money on clothes,* spendere troppo denaro in vestiti — *to spend ten pounds a week,* spendere dieci sterline la settimana — *He's always spending,* Spende sempre — *spending-money,* denaro per le piccole spese — *to spend a penny, (eufemismo)* andare al gabinetto, al cesso *(in un locale pubblico)*; far pipì. **2** *(fig.)* spendere; usare; dedicare *(le energie, ecc.)*; consumare; impiegare; adoperare: *to spend a lot of care on sth (in doing sth),* dedicare molta cura nel fare qcsa — *to spend all one's energies,* spendere (consumare) tutte le proprie energie — *They went on firing until all their ammunition was spent,* Continuarono a sparare fino a quando non esaurirono le munizioni (⇨ *anche* **spent,** *agg.*). **3** *(tempo)* passare; trascorrere: *to spend a week-end in London,* passare un fine-settimana a Londra — *to spend one's spare time gardening,* passare il proprio tempo libero facendo del giardinaggio.

spendable ['spendəbl] *agg* spendibile; che si può spendere.

spender ['spendə*] *s.* chi spende; spenditore: *a big (heavy) spender,* uno spendaccione.

spendthrift ['spen*d*θrift] *s.* spendaccione, spendacciona; dissipatore.
☐ *agg* spendereccio; prodigo.

spent [spent] *agg* (*p. pass. di* **to spend**) consumato; esausto; esaurito; finito; sfinito: *a spent volcano,* un vulcano spento — *a spent match,* un fiammifero spento — *a spent swimmer,* un nuotatore esausto, sfinito — *a spent bullet,* una pallottola 'morta'.

sperm [spə:m] *s.* sperma.

spermaceti [,spə:mə'seti/-'si:ti] *s.* spermaceti; bianco di balena.

spermatozoon [,spə:mətou'zouən] *s.* (*più comune al pl.* **spermatozoa**) spermatozoo.

sperm-whale ['spə:m*h*weil] *s.* capodoglio.

to **spew** [spju:] *vt e i.* vomitare; rigettare.

sphagnum ['sfægnəm] *s. (generalm.* sphagnum moss*)* sfagno.

sphere [sfiə*] *s.* **1** sfera; globo. **2** *(fig.)* sfera; ambiente; mondo; campo; ambito: *sphere of influence,* sfera d'influenza — *research in the poisons sphere (in the sphere of poisons),* ricerche nel campo dei veleni.

spherical ['sferikl] *agg* sferico.

spheroid ['sfiərɔid] *s.* sferoide.

sphincter ['sfiŋ*k*tə*] *s.* sfintere.

sphinx [sfiŋks] *s.* sfinge *(anche fig.)*.

spice [spais] *s.* **1** spezie; aroma. **2** *(fig.)* sapore piccante; mordente; interesse; gusto: *a story that lacks spice,* una storia senza mordente — *Variety is the spice of life,* È la varietà che dà sapore alla vita. **3** *(fig.: non molto comune)* sfumatura; tocco; un poco; un tantino; un pizzico: *She has a spice of malice in her character,* Ha un tocco di malizia nel suo temperamento.

to **spice** [spais] *vt* condire con spezie; aromatizzare; insaporire; *(fig.)* rendere interessante o piccante: *a speech spiced with humour,* un discorso condito di umorismo.

spiciness ['spaisinis] *s.* **1** gusto aromatico; aroma. **2** *(fig.)* arguzia; salacità.

spick [spik] *agg (solo nell'espressione fam.* spick and span*)* lindo; splendente; fiammante.

spicy ['spaisi] *agg* (**-ier**; **-iest**) **1** aromatico; piccante; pepato. **2** *(fig.)* piccante; mordace; salace: *The spicy details of an actress's love life,* I piccanti particolari sulla vita amorosa di un'attrice. ☐ *avv* **spicily.**

spider ['spaidə*] *s.* **1** ragno *(anche fig., spreg.)*: *a spider's web,* una tela di ragno; una ragnatela. **2** graticola a treppiede. **3** sediolo a grandi ruote. **4** *(mecc.)* crociera. **5** *(non molto comune)* spider; spyder *(automobile)*. ☐ *spider line,* (filo di) ragno.

spidery ['spaidəri] *agg* simile a ragno *(spec. di grafia)*; a forma lunga e sottile; a zampa di gallina.

spied [spaid] *pass e p. pass di* **to spy.**

spiel [spi:l/ʃpi:l] *s. (sl., USA: dal tedesco)* discorso (spesso imbonitore).

to **spiel** [spi:l/ʃpi:l] *vi (sl., USA: dal tedesco)* avere la lingua sciolta; parlare molto (per imbonire).

spieler ['spi:lə*/'ʃpi:lə*] *s. (sl., USA: dal tedesco)* imbonitore; banditore.

spigot ['spigət] *s.* **1** *(generalm. di legno)* tappo; zaffo; zipolo. **2** *(USA)* rubinetto.

spike [spaik] *s.* **1** punta; lancia; chiodo *(a becco, di scarpe sportive, ecc.)*; arpione: *spike heel, (USA)* tacco a spillo *(di scarpe da donna)*. **2** *(bot.)* spiga, spigo: *spikes of lavender,* spighi di lavanda. **3** *(al pl., fam.)* scarpe da corsa. **4** *(fis., di un'onda)* picco.

to **spike** [spaik] *vt* **1** inchiodare; munire di chiodi; ferrare: *spiked running shoes,* scarpe da corsa chiodate — *to spike sb's guns,* inchiodare i cannoni a qcno; *(fig.)* rovinargli i piani o l'azione. **2** *(fam.)* correggere *(una bevanda analcoolica)*: *tea spiked with rum,* tè corretto con rum.

spikenard ['spaiknɑ:d] *s.* spiganardo *(la pianta e l'unguento)*.

spiky ['spaiki] *agg* **1** irto; aguzzo. **2** *(fig., di persona)* intransigente; scontroso; intrattabile.

[1]**spill** [spil] *s.* caduta *(da cavallo, ecc.)*; capitombolo: *to have (to take) a nasty spill,* fare un brutto capitombolo.

to **spill** [spil] *vt* (*pass. e p. pass.* **spilt** *o* **spilled**) **1** versare *(generalm. accidentalmente)*; spandere: *Don't spill the milk!,* Non versare il latte! — *to spill blood,* versare sangue; uccidere — *to spill the beans, (fam.)* sputare il rospo; svelare un segreto. **2** *(di cavallo, ecc.)* far cadere; disarcionare: *His horse spilt him,* Il cavallo lo disarcionò — *The horse shied and we were all spilt into the ditch,* Il cavallo fece uno scarto (s'impennò) e tutti fummo scaraventati dentro il fosso.
☐ *vi* spandersi; rovesciarsi; traboccare: *The ink has spilled on the desk,* Si è rovesciato l'inchiostro sul tavolo.

[2]**spill** [spil] *s.* striscia di carta per appiccare il fuoco; legnetto.

spillover [,spil'ouvə*] *s.* eccesso: *new towns for London's spillover population,* nuove città (satelliti) per l'eccesso di popolazione di Londra.

spillway ['spilwei] *s.* canale di scarico *(di una chiusa, ecc.)*; sfioratore.

spilt [spilt] *p. pass di* **to spill.**

spin [spin] *s.* **1** rotazione; moto rotatorio; movimento a spirale; *(sport)* effetto; *(aeronautica)* vite; avvitamento: *flat spin,* vite piatta — *to be in a flat spin, (fig.)* essere preso dal panico — *to put spin (a spin) on the ball, (p.es. al cricket)* dare l'effetto alla palla. **2**

gita; giretto; breve corsa *(su un veicolo).* □ ⇨ *anche* **spin-off.**

to **spin** [spin] *vt e i.* (*pass.* **spun** *o* **span**; *p. pass.* **spun**) **1** filare: *to spin wool (cotton),* filare lana (cotone) — *Spiders spin webs,* I ragni filano le ragnatele — *spinning-jenny; spinning-wheel* ⇨ **spinning.** **2** *(fig.)* svolgere; dipanare *(un racconto);* raccontare: *to spin a yarn, (generalm.)* raccontarne delle belle — *to spin sth out,* tirare qcsa per le lunghe; portare avanti qcsa il più a lungo possibile. **3** (far) girare; (far) roteare: *to spin a coin,* lanciare una monetina *(per fare testa o croce)* — *to send sb spinning,* spingere via qcno con violenza — *to spin round,* - **a)** girare vorticosamente - **b)** voltarsi. **4** *(fam., spesso seguito da* along *o* around*)* andare a tutta birra; 'filare'. □ ⇨ *anche* **spin-drier, to spin-dry, spin-off.**

spinach ['spinidʒ] *s.* spinacio; spinaci.

spinal ['spainl] *agg* spinale; vertebrale: *the spinal column,* la colonna vertebrale — *the spinal cord,* il midollo spinale.

spindle ['spindl] *s.* **1** fuso. **2** perno; asse; mandrino. □ *spindle-legged; spindle-shanked,* dalle gambe lunghe e sottili — *spindle-tree, (bot.)* fusaggine; berretta da prete.

spindly ['spindli] *agg* lungo e sottile; fusiforme; affusolato.

spin-drier ['spin'draiə*] *s.* centrifuga.

spindrift ['spindrift] *s.* schiuma; spruzzaglia *(delle onde del mare): spindrift clouds,* nuvolaglia; cirri.

to **spin-dry** ['spin'drai] *vt* asciugare con la centrifuga.

spine [spain] *s.* **1** spina dorsale; colonna vertebrale. **2** spino; spina; lisca. **3** dorso *(di libro).* □ *spine-chilling, (di racconto, ecc.)* agghiacciante; terrificante.

spineless ['spainlis] *agg* **1** senza spine; senza lische. **2** senza spina dorsale; *(fig.)* debole; senza carattere. □ *avv* **spinelessly.**

spinet [spi'net] *s.* spinetta.

spinnaker ['spinəkə*] *s. (vela)* fiocco pallone; spinnaker.

spinner ['spinə*] *s.* **1** filatore, filatrice. **2** macchina per filare. **3** vasaio; tornitore di vasi. **4** *(cricket)* lanciatore specialista nel dare l'effetto alla palla. **5** *(fam.)* narratore, narratrice; chi tira in lungo; chiacchierone, chiacchierona. **6** *(mecc.: del mozzo dell'elica)* ogiva.

spinneret ['spinəret] *s. (di ragno)* filiera.

spinney ['spini] *s.* (*pl.* **spinneys**) boschetto; sottobosco; macchia.

spinning ['spiniŋ] *s.* filatura: *spinning jenny,* filatoio multiplo — *spinning wheel,* filatoio a mano; arcolaio.

spin-off ['spinɔf] *s.* prodotto, tecnica o procedura derivata (in un secondo tempo) dallo sviluppo di tecnologie avanzate; prodotto laterale; vantaggio secondario.

spinster ['spinstə*] *s. (generalm. dir.)* donna nubile; *(fam.)* zitella.

spinsterhood ['spinstəhud] *s.* stato di nubile.

spiny ['spaini] *agg* **1** spinoso; pieno di lische. **2** *(fig.)* spinoso; difficile; fastidioso; imbarazzante.

spiraea [spai'riə] *s.* spirea; regina dei prati.

spiral ['spaiərəl] *s.* spirale.

□ *agg* a spirale; elicoidale: *spiral gear,* ingranaggio a spirale — *spiral balance,* bilancia a molla — *spiral staircase,* scala a chiocciola. □ *avv* **spirally.**

to **spiral** ['spaiərəl] *vi* (**-ll-**; *USA anche* **-l-**) muoversi a spirale; scendere, salire a spirale.

spire ['spaiə*] *s.* guglia; cuspide.

spirit ['spirit] *s.* **1** spirito *(vari sensi);* anima; animo; *(per estensione)* intelligenza; genio: *He was troubled in spirit,* Aveva l'animo tormentato; Era turbato — *I shall be with you in spirit,* Sarò con te nello spirito (col pensiero) — *What a noble spirit he is!,* Che nobile animo! — *He was one of the leading spirits in the Reform Movement,* Fu uno dei capi spirituali del Movimento riformista — *the abode of spirits,* la dimora degli spiriti; il regno delle ombre — *to believe in spirits,* credere agli spiriti — *to raise a spirit,* evocare uno spirito *(dall'oltretomba)* — *an evil spirit,* uno spirito maligno. **2** *(per estensione)* spirito; coraggio; ardore; vigore; energia; entusiasmo; vivacità; brio; stato d'animo: *Put a little more spirit in your work,* Metti un po' più di entusiasmo nel tuo lavoro — *team spirit,* spirito di squadra (di corpo) — *to be in high spirits,* essere su di corda — *to be in poor (low) spirits; to be out of spirits,* essere giù di corda, depresso, col morale a terra — *Have a glass of brandy to keep up your spirits,* Prendi un bicchiere di brandy per tirarti su il morale. **3** spirito; essenza; sostanza; intendimento; intenzione; vero significato: *to obey the spirit, not the letter of the law,* obbedire allo spirito e non alla lettera della legge — *to do sth in a spirit of mischief,* fare qcsa con intenzione malevola — *Whether it was unwise or not depends upon the spirit in which it was done,* Se sia stato saggio o no (il farlo) dipende dalle intenzioni con cui fu fatto. **4** spirito; tendenza; mentalità: *the spirit of the times,* lo spirito del tempo. **5** *(spesso al pl.)* spirito; alcool; olio essenziale; essenza: *spirits of camphor,* olio essenziale di canfora — *spirits of wine,* alcool — *spirit paint,* vernice a spirito — *spirit lamp,* lampada a spirito — *spirit level,* livella a bolla d'aria — *motor spirit, (un tempo)* carburante. **6** liquore; superalcoolico *(grappa, brandy, whisky, gin, rum, ecc.): She drinks no spirit but vodka,* Non beve liquori ad eccezione della vodka — *the spirit trade,* il commercio dei liquori — *wines and spirits,* vini e liquori.

to **spirit** ['spirit] *vt* **1** *(seguito da* away*)* rapire; portare via; far sparire. **2** *(seguito da* up*)* animare; incoraggiare; ravvivare; rallegrare.

spirited ['spiritid] *agg* **1** vivace; vigoroso; animato; brioso: *a spirited defence,* una difesa vigorosa — *a spirited horse,* un cavallo audace, coraggioso. **2** *(nei composti) high-spirited,* ardente; brioso; vivace; 'su di giri' — *low-spirited,* abbattuto; avvilito; giù di corda — *mean-spirited,* meschino; gretto — *public-spirited,* dotato di senso civico.

spiritedness ['spiritidnis] *s.* animazione; vivacità; brio; coraggio; entusiasmo; intraprendenza; foga.

spiritless ['spiritlis] *agg* abbattuto; accasciato; avvilito; senza entusiasmo; senza coraggio; vile.

spiritual ['spiritjuəl] *agg* spirituale: *spiritual court,* tribunale ecclesiastico — *spiritual gifts,* i doni dello Spirito Santo — *the Lords Spiritual, (GB)* gli arcivescovi e vescovi membri della Camera dei Lords. □ *avv* **spiritually.**

□ *s. (spesso* Negro spiritual*)* canto corale dei negri, ad ispirazione biblica; spiritual.

spiritualism ['spiritjuəlizəm/-tʃu-] *s.* spiritismo; spiritualismo.

spiritualist ['spiritjuəlist] *s.* spiritista; spiritualista.

spiritualistic [,spiritjuə'listik/-tʃu-] *agg* spiritistico; spiritualistico.

spirituality [,spiritju'æliti/-tʃu-] *s.* **1** spiritualità; immaterialità. **2** *(al pl.)* beni ecclesiastici.

spiritualization [,spiritjuəlai'zeiʃən/-tʃu-] *s.* spiritualizzazione.

to **spiritualize** ['spiritjuəlaiz/-tʃu-] *vt* spiritualizzare.

spirituel(le) [ˌspiritju'el/-tʃu-] *agg (generalm. di donna)* etereo; delicato; raffinato; gentile.

spirituous ['spiritjuəs/-tʃu-] *agg (dir.)* alcoolico; spiritoso: *spirituous liquors,* alcoolici; bevande alcooliche.

spirt, to **spirt** [spəːt] ⇨ **spurt** *e* **to spurt.**

[1]**spit** [spit] *s.* **1** spiedo; schidione. **2** lingua di terra. **3** banco di sabbia sommerso.

[1]to **spit** [spit] *vt* (**-tt-**) schidionare; infilzare con lo spiedo; trafiggere; trapassare.

[2]**spit** [spit] *s.* **1** sputo; saliva. **2** lo sputare: *spit and polish, (fam.)* sputo e olio di gomito *(detto di pulizia troppo minuziosa, spec. mil.).* **3** ritratto preciso; equivalente: *He's the dead spit of his father,* È il ritratto preciso di suo padre.

[2]to **spit** [spit] *vt e i.* (**-tt-**) *(pass. e p. pass.* **spat**) **1** sputare; mandar fuori dalla bocca; *(di gatto)* soffiare minaccioso: *She spat in his face,* Gli sputò in faccia — *The cat spat at the dog,* Il gatto soffiò minaccioso verso il cane — *to spit blood,* sputare sangue — *to spit it out, (fig.)* confessare tutto — *Come on, spit it out!,* Dài, sputa fuori! **2** *(di fuoco, candela, ecc.)* spigolare; mandar fuori *(p.es. faville): The guns were spitting fire,* I cannoni stavano vomitando fuoco. **3** *(fam., di pioggia)* cadere lievemente: *It's not raining heavily, only spitting,* Non piove forte, sta solo piovigginando (c'è solo qualche goccia).

[3]**spit** [spit] *s.* profondità raggiunta da una vangata.

spite [spait] *s.* **1** disprezzo; dispetto; spregio; picca; ripicca: *to do sth from spite (out of spite),* fare qcsa per dispetto. **2** *(preceduto dall'art. indeterminativo: non molto comune)* rancore; risentimento; cattiveria: *to have a spite against sb,* nutrire del risentimento per qcno — *to satisfy a private spite,* dare libero sfogo ad un rancore personale. **3 in spite of,** nonostante; a dispetto di; malgrado: *In spite of all his efforts he failed,* Non ce la fece nonostante tutti i suoi sforzi.

to **spite** [spait] *vt* fare un dispetto; importunare; contrariare; tormentare: *The neighbours let their radio blare every afternoon just to spite us,* Tutti i pomeriggi i nostri vicini di casa lasciano altissimo il volume della radio solo per farci un dispetto. □ *to cut off one's nose to spite one's face,* fare del male a sé stessi nel recare danno ad altri.

spiteful ['spaitful] *agg* dispettoso; astioso; malevolo; maligno; vendicativo. □ *avv* **spitefully.**

spitefulness ['spaitfulnis] *s.* malignità; astio; cattiveria; malizia; malevolenza.

spitfire ['spitfaiə*] *s.* persona irascibile, rissosa; sputapepe.

[1]**spitting** ['spitiŋ] *s.* lo sputare: *No spitting,* Vietato sputare.

[2]**spitting** ['spitiŋ] *agg (solo nella frase) the spitting image of...,* l'immagine spaccata di... (*cfr.* [2]**spit 3**).

spittle ['spitl] *s.* saliva; sputo.

spittoon [spi'tuːn] *s.* sputacchiera.

spiv [spiv] *s. (GB, sl.)* chi vive di espedienti; chi si arrangia; trafficante.

splash [splæʃ] *s.* **1** schizzo; spruzzo; *(di fango)* zacchera; pillacchera; *(di colore)* macchia; chiazza: *Her dog is brown with white splashes,* Il suo cane è marrone con chiazze bianche — *There are some splashes of mud on your trousers,* Ci sono delle zacchere di fango sui tuoi pantaloni. **2** tonfo; sciaguattio; sciabordio: *He jumped into the swimming pool with a splash,* Si tuffò nella piscina con un tonfo — *to make a splash, (fam.)* far colpo; far furore. **3** *(fam.)* spruzzatina; goccio *(di acqua, di seltz): a whisky and splash,* un whisky e una spruzzatina di acqua di seltz.

to **splash** [splæʃ] *vt* spruzzare; schizzare; sprizzare; *(di fango)* inzaccherare: *Don't splash me,* Non spruzzarmi — *to splash water on (o over) the floor,* spruzzare acqua sul pavimento — *to splash the floor with water,* spruzzare il pavimento con dell'acqua — *Children love to splash water over one another,* Ai bambini piace spruzzarsi l'un l'altro — *to splash one's money about,* sperperare (buttare via) il proprio denaro.
□ *vi* **1** schizzare; spruzzare; sprizzare: *This tap is no good: it splashes,* Questo rubinetto non va bene: schizza. **2** *(con una particella preposizionale o avverbiale)* muoversi; cadere; passare (spruzzando): *We splashed across the stream,* Attraversammo il torrente sollevando molti spruzzi — *to splash down, (astronautica)* ammarare *(di navicella spaziale, ecc.).*

splashdown ['splæʃdaun] *s.* ammaraggio *(di navicella spaziale, ecc.).*

[1]**splay** [splei] *s. (archit.)* sgancio; strombo; svasatura.

to **splay** [splei] *vt e i.* **1** *(archit.)* svasare; sguanciare; strombare: *a splayed window,* una finestra svasata (a strombo). **2** divergere; essere in posizione obliqua.

[2]**splay** [splei] *agg* **1** largo e piatto: *splay mouth,* bocca larga; smorfia. **2** obliquo; divergente; storto; volto verso l'esterno: *splay-footed, (agg.)* coi piedi alla 'Charlot'; coi piedi volti all'infuori.

spleen [spliːn] *s.* **1** milza. **2** *(fig.)* malumore; bile; rancore. **3** *(fig.: meno comune)* malinconia; ipocondria.

splendid ['splendid] *agg* splendido; magnifico; stupendo; eccellente; ottimo; 'fantastico'; 'favoloso'. □ *avv* **splendidly.**

splendiferous [splen'difərəs] *agg (fam., scherz.)* = **splendid.**

splendour ['splendə*] *s.* (*USA* **splendor**) **1** splendore; fulgore; magnificenza. **2** *(talvolta al pl.)* grandezza; gloria.

splenetic [spli'netik] *agg* **1** splenico; della milza. **2** splenetico; bilioso; bizzoso; irritabile; collerico. □ *avv* **splenetically.**

splice [splais] *s.* accoppiamento; legame; congiungimento; giunto a ganasce.

to **splice** [splais] *vt* **1** *(mecc., naut.)* accoppiare; unire; intrecciare *(le due estremità di una fune);* congiungere; giuntare *(una pellicola, un nastro).* **2** *(sl.) to get spliced,* sposarsi. □ *to splice the mainbrace, (fig., naut.)* far distribuire una razione di rum all'intero equipaggio.

splint [splint] *s.* **1** assicella; stecca *(per tenere a posto una frattura).* **2** *(anche* splint-bone*)* fibula; perone. **3** soprosso *(sulla gamba di un cavallo).*

to **splint** [splint] *vt (med.)* sostenere con stecche.

splinter ['splintə*] *s.* scheggia; frammento *(di legno, ecc.): to get a splinter in one's finger,* conficcarsi una scheggia in un dito — *splinter-bone,* fibula; perone — *splinter-bar,* bilancino *(di calesse, ecc.)* — *splinter-proof,* a prova di schegge *(spec. di proiettile)* — *a splinter group,* ala o gruppo scissionista *(di partito politico).*

to **splinter** ['splintə*] *vt e i.* scheggiare, scheggiarsi.

splintery ['splintəri] *agg* **1** che si scheggia facilmente. **2** scheggiato; pieno di schegge; simile a scheggia.

[1]**split** [split] *s.* **1** fessura; spaccatura; strappo: *Will you sew up this split, please?,* Per favore, mi cuci questo strappo? *(nei pantaloni, ecc.).* **2** *(fig.)* rottura; divisione; scissione: *a split in the Labour Party,* una scissione nel partito laburista. **3** *(fam.)* bottiglia

piccola *(di acqua minerale, ecc.)*; mezza porzione; bicchierino *(di liquore)*. **4** *(ginnastica, generalm. al pl.:* the splits*)* spaccata: *to do the splits,* fare la spaccata. **5** *(generalm.* banana split*)* banana *(talvolta anche un altro frutto)* tagliata per il lungo con gelato, panna, ecc.

to **split** [split] *vt e i.* (**-tt-**) (*pass. e p. pass.* **split**) **1** spaccare, spaccarsi; fendere, fendersi; rompere, rompersi: *He was splitting logs,* Stava spaccando la legna — *This wood splits easily,* Questo legno si spacca con facilità — *to split sth open,* aprire qcsa *(rompendo o spaccando)* — *to split open,* aprirsi — *to split one's sides with laughter,* sbellicarsi dalle risa — *My head is splitting,* Mi sta scoppiando la testa *(per l'emicrania, ecc.)* — *to split sth off,* staccare qcsa — *to split off,* staccarsi — *to split hairs,* spaccare un capello in quattro — *split peas,* piselli secchi spaccati — *to split the difference,* accordarsi sul prezzo *(facendo a metà tra la richiesta e l'offerta)* — *to split an infinitive,* separare l'infinito d'un verbo dalla particella 'to' *(generalm. considerato poco corretto: p.es.* to quickly read a book*)* — *a split second,* un attimo. **2** stracciare, stracciarsi; strappare, strapparsi: *She split her skirt,* Strappò la gonna. **3** *(talvolta seguito da* up*)* scindere, scindersi; separare; dividere, dividersi; scomporre, scomporsi: *to split the atom,* scindere l'atomo — *to split a cake into parts,* dividere in parti un dolce — *The students split up into three groups,* Gli studenti si divisero in tre gruppi. **4 to split on sb,** *(sl.)* spiattellare; tradire *(un complice)*; fare la spia.

[2]**split** [split] *agg, pass e p. pass di* **to split.**

splitting ['splitiŋ] *s.* (*da* **to split** ⇨; *spesso* **splitting-up**) scissione; separazione; scisma; fessura; spaccatura; rottura.

□ *(come agg. attrib., nelle espressioni) hair-splitting,* cavilloso; che spacca il capello in quattro — *a splitting headache,* un temibile mal di testa — *side-splitting laughter,* una risata omerica.

splodge, splotch [splɔdʒ/splɔtʃ] *s. (fam.)* macchia; chiazza.

to **splosh** [splɔʃ] *vt (fam.)* spendere a profusione; spendere e spandere.

splurge [splə:dʒ] *s. (fam.)* sfoggio; esibizione; ostentazione.

to **splurge** [splə:dʒ] *vi (fam.)* fare sfoggio di; mettere (mettersi) in mostra.

splutter ['splʌtə*] *s.* **1** farfuglio; balbettio; biascichio. **2** rumore di schizzi, di spruzzi; spruzzio.

to **splutter** ['splʌtə*] *vi e t.* **1** farfugliare; biascicare; balbettare. **2** parlare sputacchiando.

spoil [spɔil] *s.* **1** *(generalm. al pl.)* bottino; spoglio; preda; refurtiva; 'malloppo': *The thieves divided up the spoil(s),* I ladri si divisero la refurtiva. **2** *(sempre al pl.)* guadagno; profitto, profitti; vantaggi: *the spoils of office, (politica)* i profitti derivanti dalla propria carica; gli uffici distribuiti ai vincitori di elezioni politiche — *the spoils system, (USA)* il sistema della distribuzione delle cariche *(dopo una vittoria alle elezioni politiche)*. **3** *(sempre al sing.)* materiale di sterro; detriti.

to **spoil** [spɔil] *vt* (*pass. e p. pass.* **spoilt** *oppure* **spoiled**) **1** guastare; rovinare; sciupare; deteriorare; deturpare: *fruit spoilt by insects,* frutta guastata dagli insetti — *Our holidays were spoilt by bad weather,* Le nostre vacanze sono state rovinate dal cattivo tempo — *Don't spoil your appetite by eating sweets just before dinner,* Non rovinarti l'appetito mangiando caramelle appena prima di pranzo — *spoiled ballot papers,* schede elettorali annullate per vizio di forma — *I'll spoil his beauty for him, (fam.)* Gli rompo il muso; Gli cambio i connotati. **2** viziare; dare brutte abitudini: *to spoil one's children,* viziare i propri figli — *a spoilt child of fortune,* un ragazzo viziato. **3** accudire; badare ai propri comodi; star dietro; coccolare: *He likes having a wife who spoils him,* Gli piace avere una moglie che lo coccoli. **4 to be spoiling for sth,** avere una gran voglia di qcsa; non vedere l'ora di far qcsa. **5** *(ant. e lett.)* = **to despoil.**

□ *vi (di cibi, ecc.)* andare a male; guastarsi; avariarsi; alterarsi: *Some kinds of food soon spoil,* Alcuni tipi di cibi si alterano presto.

spoilage ['spɔilidʒ] *s.* **1** deterioramento; sciupio. **2** *(tipografia)* carta che si sciupa *(per l'avviamento e nel corso del processo di stampa)*.

spoiler ['spɔilə*] *s.* **1** saccheggiatore; predatore; spogliatore. **2** chi guasta o sciupa, ecc. **3** *(di aereo)* diruttore. **4** *(di automobile)* 'spoiler'.

spoiling ['spɔiliŋ] *s.* **1** deturpazione; deterioramento; sciupio; guasto; *(mecc.)* avaria. **2** *(ant. o lett.)* saccheggio; ruberia. □ *to be spoiling for sth* ⇨ **to spoil 4.**

spoilsman ['spɔilzmən] *s.* (*pl.* **spoilsmen**) *(USA)* fautore dello 'spoils system' (⇨ **spoil 2**).

spoil-sport ['spɔil,spɔ:t] *s.* guastafeste.

spoilt [spɔilt] *pass e p. pass di* **to spoil.**

[1]**spoke** [spouk] *s.* **1** raggio *(di una ruota)*. **2** piolo. **3** impugnatura del timone. □ *to put a spoke in sb's wheel,* mettere a qcno un bastone tra le ruote.

[2]**spoke** [spouk] *pass di* **to speak.**

spoken ['spoukən] *p. pass di* **to speak.**

spokesman ['spouksmən] *s.* (*pl.* **spokesmen**) portavoce; rappresentante.

spoliation [,spouli'eiʃən] *s.* **1** spoliazione; saccheggio *(spec. di nave neutrale)*. **2** distruzione di un documento; alterazione di un documento.

spondaic ['spɔndeik] *agg* spondaico.

spondee ['spɔndi:] *s.* spondeo.

sponge [spʌndʒ] *s.* **1** spugna: *to throw up* (o *in*) *the sponge, (pugilato)* gettare la spugna; *(fig.)* cedere; arrendersi — *to pass the sponge over sth, (anche fig.)* passare la spugna su qcsa; cancellare; dimenticare. **2** *(med.)* tampone di garza; batuffolo. **3** *(anche* sponge-cake*)* pan di Spagna; pasta Margherita: *Victoria sponge; jam sponge,* torta da tè composta di due strati di pan di Spagna con un ripieno di marmellata *(generalm. di lamponi o di fragole)*. **4** *(mil.)* feltro dello scovolo. **5** *(fam.)* scroccone; parassita.

to **sponge** [spʌndʒ] *vt e i.* **1** asciugare (pulire, inumidire) con la spugna; passar la spugna: *to sponge a wound,* pulire una ferita *(con un batuffolo)* — *to sponge out a memory,* cancellare dalla memoria, dimenticare un (brutto) ricordo. **2** *(talvolta seguito da* from, on, upon*)* assorbire; imbeversi; *(fig.)* vivere di scrocco: *to sponge upon one's friends,* vivere alle spalle dei propri amici — *to sponge a dinner,* scroccare un pranzo — *to sponge a fiver from an old acquaintance,* scroccare un biglietto da cinque sterline ad un vecchio amico.

sponger ['spʌndʒə*] *s.* scroccone; parassita.

sponginess ['spʌndʒinis] *s.* spugnosità.

sponging ['spʌndʒiŋ] *s.* lo scroccare.

spongy ['spʌndʒi] *agg* spugnoso; poroso; soffice.

sponsor ['spɔnsə*] *s.* **1** padrino; madrina; patrono; patrocinatore. **2** garante; mallevadore; responsabile. **3** ditta che finanzia un programma radio o televisivo (in cambio della pubblicità dei suoi prodotti); patrocinatore; 'sponsor'.

to **sponsor** ['spɔnsə*] *vt* garantire; sostenere; favorire;

patrocinare; pagare le spese (di qcsa); fare réclame (⇨ **sponsor 3**).

sponsorship ['spɔnsə,ʃip] *s.* patrocinio.

spontaneity, spontaneousness [,spɔntə'ni:iti/ spɔn'teinjəsnis] *s.* spontaneità.

spontaneous [spɔn'teinjəs] *agg* spontaneo; istintivo; autonomo; non sollecitato: *He made a spontaneous offer of help,* Si offerse spontaneamente di venire in aiuto — *spontaneous combustion,* autocombustione. □ *avv* **spontaneously**.

spoof [spu:f] *s. (sl.)* imbroglio; truffa; bidone: *a spoof offer,* un'offerta-bidone.

to **spoof** [spu:f] *vt (sl.)* truffare; imbrogliare; bidonare.

spook [spu:k] *s. (scherz.)* spettro; fantasma.

spooky ['spu:ki] *agg* (**-ier**; **-iest**) *(scherz.)* da (di) spettri; che fa pensare agli spettri; sinistro: *a spooky house,* una casa di spettri (infestata dagli spettri). □ *avv* **spookily**.

spool [spu:l] *s.* rocchetto; bobina.

[1]**spoon** [spu:n] *s.* cucchiaio: *tea-spoon,* cucchiaino — *soup-spoon,* cucchiaio da minestra — *spoon-fed,* - **a)** *(di bambino)* nutrito col cucchiaio; imboccato - **b)** *(di studente)* istruito per gradi, a poco a poco - **c)** *(di industria, ecc.)* aiutato; favorito; sovvenzionato. □ *to be born with a silver spoon in one's mouth,* nascere con la camicia.

[1]to **spoon** [spu:n] *vt* prendere, versare col cucchiaio: *to spoon (sth) out,* servire *(cibi con il cucchiaio di servizio).*

[2]**spoon** [spu:n] *s.* bastone da golf, con spatola in legno.

[2]to **spoon** [spu:n] *vi (scherz.)* fare il cascamorto; amoreggiare; sbaciucchiarsi.

spoonerism ['spu:nərizəm] *s.* papera; scambio delle iniziali di due parole (*p.es. You have tasted a worm,* Hai assaggiato un verme, *anziché You have wasted a term,* Hai sprecato un trimestre).

spoonful ['spu:nful] *s.* (*pl.* **spoonfuls** *o* **spoonsful**) cucchiaiata.

spoony ['spu:ni] *agg (scherz.)* innamorato cotto: *to be spoony on sb,* essere innamorato cotto di qcno. □ *avv* **spoonily**.

spoor [spuə*] *s.* traccia; odore; pista; pesta *(di animale).*

sporadic [spə'rædik] *agg* sporadico; occasionale. □ *avv* **sporadically**.

spore [spɔ:*] *s.* spora; germe: *spore case,* sporangio.

sporran ['spɔrən] *s.* borsetta *(di cuoio, generalm. rivestita di pelliccia)* che fa parte del costume maschile scozzese.

sport [spɔ:t] *s.* **1** gioco; scherzo; svago; divertimento; passatempo: *to say sth in sport,* dire qcsa per ischerzo — *to make sport of sb,* farsi gioco di qcno — *to be the sport of Fortune,* essere lo zimbello della fortuna (della mala sorte). **2** sport; attività sportiva: *to be fond of sport,* essere appassionato di sport — *country sports,* attività sportive di campagna (pesca, caccia, equitazione) — *athletic sports,* atletica. **3** *(al pl.)* giochi ginnici; incontri sportivi; gare atletiche: *the school sports,* le gare atletiche scolastiche — *inter-university sports,* incontri sportivi inter-universitari. **4** *(fam.)* persona che ci sta allo scherzo: *He's a good sport,* Non è un tipo che se la prende — *Come on, be a sport!,* Dai, non prendertela (accetta di buon grado la burla)! **5** *(bot., zool.)* pianta, animale, ecc. fortemente atipico. □ *sports-car,* automobile sportiva — *sports-coat (-jacket),* giacca sportiva — *sports-editor,* redattore sportivo *(di giornale);* responsabile della rubrica sportiva.

to **sport** [spɔ:t] *vi e t.* **1** giocare; divertirsi; scherzare; spassarsela: *The kitten was sporting with its tail,* Il gattino stava giocando con la sua coda. **2** *(fam.)* mettere in mostra; sfoggiare; far sfoggio (di); ostentare: *to sport a moustache,* fare sfoggio di (un bel paio di) baffi.

sporting ['spɔ:tiŋ] *agg* **1** sportivo: *a sporting man,* uno sportivo — *a sporting parson, (GB, stor., spreg. e scherz.)* un parroco (anglicano) amante della caccia *(e che si curava poco della parrocchia).* **2** equo; giusto; onesto; leale; cavalleresco; *(fam.)* sportivo; che accetta il rischio di perdere: *a sporting offer,* un'offerta equa — *to give sb a sporting chance,* dare a qcno la possibilità di rivalsa, ecc. — *It's very sporting of you to give me such an advantage,* È molto sportivo da parte tua concedermi questo vantaggio. □ *avv* **sportingly**.

sportive ['spɔ:tiv] *agg* gaio; scherzoso; gioviale. □ *avv* **sportively**.

sportiveness ['spɔ:tivnis] *s.* **1** cavalleria; lealtà sportiva. **2** l'essere sportivo.

sportsman ['spɔ:tsmən] *s.* (*pl.* **sportsmen**) **1** sportivo; uomo appassionato di caccia, pesca, ecc. **2** uomo leale, cavalleresco, animato da spirito sportivo.

sportsmanlike ['spɔ:tsmənlaik] *agg* **1** sportivo. **2** *(fig.)* cavalleresco; leale; generoso.

sportsmanship ['spɔ:tsmənʃip] *s.* **1** sportività. **2** *(non molto comune)* abilità sportiva. **3** *(fig.)* lealtà; cavalleria; padronanza di sé.

spot [spɔt] *s.* **1** macchia *(anche fig.);* macchiolina; 'pois'; pallino: *a white dress with red spots,* un vestito bianco a pallini rossi — *to have spots of mud on one's stockings,* avere macchie di fango sulle calze; avere le calze macchiate di fango — *There isn't a spot on her reputation,* La sua reputazione è senza macchia. **2** *(riferito alla carnagione)* brufolo: *This ointment will clear your face of spots,* Questa crema ti farà andar via i brufoli dalla faccia. **3** goccia: *Did you feel a few spots of rain?,* Hai sentito qualche goccia di pioggia? **4** posto; particolare; luogo; punto *(anche fig.): This is the (very) spot where he was murdered,* Questo è (proprio) il posto (il punto) dove fu assassinato — *a beauty spot,* un luogo di particolare bellezza naturale — *to have a tender spot for sb,* avere un debole per qcno — *to find sb's weak spot,* trovare (scoprire) il punto debole di qcno — *to put one's finger on sb's weak spot,* toccare qcno nel suo punto debole; mettere il dito sul punto debole di qcno — **on the spot**, - **a)** sul posto: *The police were on the spot a few minutes later,* La polizia fu sul posto pochi minuti dopo — *the man on the spot,* l'uomo che è sul posto *(il corrispondente o agente locale, ecc.)* — *Let's leave the decision to the man (the men, the people) on the spot,* Lasciamo decidere agli 'addetti ai lavori' (a chi conosce la situazione) - **b)** subito; lì per lì; su due piedi: *He fell dead on the spot,* Cadde morto sul colpo — *The bullet struck his head and he was killed on the spot,* La pallottola lo colpì alla testa e rimase ucciso sul colpo — *to put sb on the spot (talvolta: in a spoot), (fam.)* mettere qcno in una situazione difficile; *(talvolta, sl. della malavita)* decidere di 'far fuori' qcno. **5** *(alla radio, alla televisione)* spazio *(pubblicitario, ecc.).* **6** *(fam.)* una piccola quantità; un po'; un tantino: *What about a spot of sth to eat?,* Che ne diresti di mangiare qcsa? — *He's having a spot of bother with his boss,* Ha qualche noia con il suo datore di lavoro — *a spot of brandy,* un goccino di cognac.

□ *a spot check,* un controllo saltuario — *spot cash, (comm.)* pagamento in contanti alla consegna — *spot prices,* prezzi per pagamento in contanti — *spot market,* mercato del disponibile.

to **spot** [spɔt] *vt e i.* (**-tt-**) **1** macchiare, macchiarsi; punteggiare; chiazzare: *a table spotted with ink,* un tavolo macchiato di inchiostro — *material that spots easily,* stoffa che si macchia facilmente. **2** *(fam.)* piovigginare: *It's beginning to spot (with rain),* Sta incominciando a piovigginare. **3** localizzare; individuare; distinguere; scoprire; riconoscere: *to spot a friend in a crowd,* individuare (riconoscere) un amico in mezzo alla folla.

spotless ['spɔtlis] *agg* senza macchia *(anche fig.);* immacolato: *a spotless kitchen (reputation),* una cucina in perfetto ordine (una reputazione mai macchiata). □ *avv* **spotlessly.**

spotlight ['spɔtlait] *s.* riflettore; cerchio di luce *(a teatro);* luce della ribalta; faro *(di scena): to be in (to hold) the spotlight,* essere in piena luce; essere al centro dell'attenzione, dell'interesse.

to **spotlight** ['spɔtlait] *vt* **1** puntare i riflettori (su qcsa o qcno). **2** *(fig.)* mettere in piena luce; individuare; mettere in evidenza.

spotted ['spɔtid] *agg* (*p. pass. di* **to spot**) macchiato; coperto di macchioline; chiazzato *(specie della pelle o delle piume di taluni animali).* □ *spotted fever,* - **a)** meningite cerebrospinale - **b)** tifo petecchiale — *spotted dog,* - **a)** cane dalmata - **b)** *(anche* spotted dick*)* budino con uvetta.

spotter ['spɔtə*] *s.* chi scopre, localizza, individua; osservatore: *an aircraft-spotter,* un osservatore aereo — *a train-spotter,* un ragazzo appassionato di treni (e che passa lunghe ore a guardarli).

spotty ['spɔti] *agg* (**-ier**; **-iest**) **1** maculato; macchiato; punteggiato: *a spotty complexion,* una pelle foruncolosa — *windows spotty with fly marks,* finestre punteggiate di macchioline (lasciate dalle mosche). **2** irregolare; diseguale; non uniforme: *a spotty piece of work,* un lavoro (eseguito in modo) non uniforme, irregolare.

spouse [spauz] *s. (dir., ant. e scherz.)* sposa, sposo.

spout [spaut] *s.* **1** beccuccio *(di teiera, ecc.);* grondaia; tubo di scarico. **2** getto *(d'acqua, di vapore);* zampillo: *water-spout,* tromba marina — *sand-spout,* turbine di sabbia. □ *to be up the spout, (fam.)* essere in pegno (al monte di pietà) — *to have (to keep) one up the spout, (sl. mil.)* tenere il fucile (il cannone, ecc.) carico.

to **spout** [spaut] *vt e i.* **1** scaricare; gettare; schizzare; far scaturire; zampillare; far zampillare; sgorgare; *(di balena)* lanciare acqua dagli sfiatatoi. **2** *(fam.)* declamare; parlare a getto continuo: *to spout Latin verses,* declamare versi latini.

sprain [sprein] *s.* distorsione; strappo muscolare; slogatura.

to **sprain** [sprein] *vt* storcere; distorcere; slogare: *to sprain one's wrist,* slogare il polso.

sprang [spræŋ] *pass di* **to spring.**

sprat [spræt] *s.* **1** *(pesce)* spratto. **2** *(scherz.)* ragazzetto gracile e mingherlino. □ *to throw a sprat to catch a herring (a mackerel, a whale),* dare un uovo per avere una gallina; dare un pochino per avere molto.

sprawl [sprɔ:l] *s.* atteggiamento o movimento scomposto.

to **sprawl** [sprɔ:l] *vi* **1** abbandonarsi; sdraiarsi in modo scomposto; stravaccarsi: *sprawling on the sofa,* sdraiato scompostamente sul sofà — *to send sb sprawling,* mandare qcno lungo e disteso. **2** *(di calligrafia, piante, grandi città)* allungarsi; estendersi disordinatamente: *suburbs that sprawl out into the countryside,* sobborghi che si estendono caoticamente nella campagna.

[1]**spray** [sprei] *s.* **1** spruzzo; spruzzi; spruzzaglia. **2** getto vaporizzato *(di profumo, ecc.);* spruzzata *(di insetticida, ecc.);* spray. **3** spruzzatore; vaporizzatore: *spray-gun,* pistola a spruzzo *(per verniciatura, ecc.);* spruzzatore.

to **spray** [sprei] *vt* spruzzare; irrorare; vaporizzare: *to spray mosquitoes,* spruzzare un insetticida contro le zanzare — *to spray fruit-trees,* irrorare di anticrittogamici delle piante da frutta — *to spray the enemy with bullets,* investire il nemico di pallottole.

[2]**spray** [sprei] *s.* fronda; ramoscello; virgulto (ornamento): *a spray of diamonds,* un ramoscello (una spilla a forma di ramoscello) di diamanti.

sprayer ['spreiə*] *s.* **1** persona che spruzza, che irrora. **2** *(apparecchio)* spruzzatore; vaporizzatore.

spread [spred] *s. (raramente al pl.)* **1** estensione; ampiezza; larghezza; *(mecc.)* distanza; *(di aereo)* apertura alare: *the spread of a bird's wings,* la larghezza (l'apertura) d'ali di un uccello. **2** diffusione; propagazione: *the spread of disease (knowledge, education),* la diffusione della malattia (della conoscenza, dell'istruzione). **3** *(fam.)* banchetto; festino; abbondanza; ben di Dio: *What a spread!,* Quanto ben di Dio! (Che banchetto!). **4** pasta; crema *(da spalmare sul pane, ecc.): anchovy spread,* pasta d'acciughe. **5** *(statistica)* scarti; scostamenti; deviazione. **6** *(giornalismo)* articolo, servizio, annuncio pubblicitario che riempie un'intera pagina: *a double-page spread on the World Cup,* un servizio di due pagine sul campionato del mondo. **7** *(USA, comm.)* contratto a premio *(in Borsa, che dà il diritto di acquistare e di vendere una certa quantità di azioni anche più volte durante un determinato periodo, secondo l'andamento delle quotazioni);* opzione doppia. □ *a bed-spread,* un copriletto — *middle-age spread, (fam.)* pancetta della mezza età.

to **spread** [spred] *vt* (*pass. e p. pass.* **spread**) **1** stendere; spiegare; ricoprire: *to spread a cloth on a table; to spread a table with a cloth,* stendere una tovaglia su un tavolo (ricoprire un tavolo con una tovaglia) — *to spread out a map,* aprire (distendere, spiegare) una carta topografica — *to spread (out) one's arms,* stendere le braccia — *The bird spread its wings,* L'uccello spiegò le ali — *to spread the sails, (naut.)* spiegare le vele. **2** cospargere; ricoprire; spalmare: *to spread butter on bread; to spread a slice of bread with butter,* spalmare burro sul pane. **3** diffondere; propagare; spargere; disseminare; trasmettere: *to spread knowledge,* diffondere la conoscenza — *Flies spread disease,* Le mosche diffondono (trasmettono) le malattie. **4 to spread oneself,** - **a)** distendersi; allungarsi; sdraiarsi; stravaccarsi - **b)** diffondersi *(su un argomento);* parlare a lungo - **c)** lasciarsi andare; sprecarsi; essere molto generoso. **5** prolungare; distribuire; protrarre: *a course of studies spread over three years,* un corso di studi che dura (della durata di) tre anni — *instalments (payments) spread over twelve months,* rate (pagamenti) distribuiti lungo un periodo di (che durano) dodici mesi.

□ *vi* **1** diffondersi; propagarsi; spargersi: *The water spread over the floor,* L'acqua si sparse sul pavimento — *The rumour quickly spread through the village,* La diceria si diffuse rapidamente in tutto il villaggio — *The fire spread from the factory to the houses nearby,* Il fuoco (L'incendio) si propagò dalla fabbrica alle case vicine. **2** estendersi; presentarsi; distendersi: *a desert spreading for hundreds of miles,* un deserto che si estende per centinaia di miglia — *A wonderful* *view spread before us,* Una veduta meravigliosa si presentò dinnanzi a noi.

spreadeagle ['spredi:gl] *s.* **1** (figura di) aquila *(ad ali spiegate: come appare in talune monete).* **2** pollo 'alla diavola'. **3** *(ant., naut.)* uomo legato con gambe e braccia divaricate *(per punizione).*
□ *agg (spec. USA, riferito al patriottismo)* enfatico; sciovinistico.

to **spreadeagle** ['spredi:gl] *vt* **1** *(ant., naut.)* legare *(un marinaio)* a braccia e gambe divaricate *(per punizione).* **2** distendersi; stendersi; allungare *(braccia e gambe): sunbathers spreadeagled on the sands,* bagnanti distesi sulla spiaggia al sole. **3** *(spec. USA)* parlare in modo enfaticamente patriottico; fare lo sciovinista.

spreader ['spredə*] *s.* oggetto per spargere, spalmare, ecc.: *manure-spreader,* macchina spandi-concime.

spread-over [,spred,ouvə*] *s.* *(talvolta* spread system*)* distribuzione delle ore lavorative (in una fabbrica).

spree [spri:] *s.* baldoria; baraonda; bisboccia; festa: *to be on the spree,* fare festa; far bisboccia.

sprig [sprig] *s.* **1** rametto; ramoscello. **2** disegno; ornamento *(generalm. su stoffa)* a forma di ramoscello. **3** *(fam.)* rampollo; discendente; giovinastro.

sprigged [sprigd] *agg* decorato a fiori, a ramoscelli.

sprightliness ['spraitlinis] *s.* allegria; gaiezza; vivacità; gioia.

sprightly ['spraitli] *agg* (**-ier**; **-iest**) allegro; gaio; vivace; gioioso.

[1]**spring** [spriŋ] *s.* **1** primavera. **2** *(attrib.)* di primavera; primaverile: *spring flowers,* fiori primaverili.

[2]**spring** [spriŋ] *s.* **1** balzo; salto; scatto. **2** fonte; sorgente: *hot (mineral) springs,* sorgenti termali (di acque minerali) — *spring water,* acqua sorgiva — *a hot-spring resort,* una località termale. **3** *(spesso al pl.)* origine; causa; fonte: *the springs of human conduct,* le fonti (le cause) della condotta umana. **4** molla: *the springs of a motor car,* le molle di un'automobile — *the spring of a watch,* la molla di un orologio — *leaf-spring,* molla a balestra — *hair-spring,* spirale del bilanciere — *spring-balance,* bilancia a molla — *spring-board,* trampolino — *spring-mattress,* materasso a molle. **5** elasticità; scatto: *rubber bands that have lost their spring,* elastici che hanno perso la loro elasticità. □ *spring tide,* marea sigiziale (delle sigizie) — *spring-gun,* fucile a molla *(usato contro i bracconieri, ecc.).*

to **spring** [spriŋ] *vi e t.* (*pass.* **sprang**; *p. pass.* **sprung**) **1** *(seguito da preposizione che indica direzione, come* down, out, to, up*)* balzare; scattare; levarsi di scatto; saltare: *He sprang to his feet,* Balzò in piedi — *He sprang out of bed,* Balzò fuori dal letto — *He sprang forward to help me,* Fece un balzo in avanti per aiutarmi — *He sprang up from his seat,* Balzò dalla sedia — *to spring to, (di porta, ecc.)* chiudersi di scatto — *The branch sprang back and hit me in the face,* Il ramo rimbalzò (ritornò indietro) e mi colpì in faccia.

2 *(seguito spesso da* up*)* apparire; comparire; spuntare; sorgere; presentarsi improvvisamente; levarsi: *Weeds were springing up everywhere,* Erbacce spuntavano dappertutto — *The wheat is beginning to spring up,* Il grano incomincia a spuntare — *A suspicion sprang up in her mind,* Un sospetto sorse (si presentò improvvisamente) nella sua mente — *A breeze has sprung up,* Si è levata una brezza.

3 *(seguito da* from*)* discendere; derivare; procedere; scaturire; saltar fuori: *He is sprung from royal blood,* È disceso da sangue reale — *I'm afraid all your difficulties spring from laziness,* Temo che tutti i tuoi problemi derivino dalla pigrizia — *Where did you spring from?,* Da dove sei saltato fuori?

4 produrre (mettere fuori, palesare) improvvisamente: *to spring a new theory on sb,* sorprendere qcno tirando fuori una nuova teoria — *to spring a surprise on sb,* cogliere qcno di sorpresa.

5 scattare; fare scattare; mettere in azione; azionare: *to spring a trap,* fare scattare una trappola — *to spring a mine,* brillare una mina.

6 *(piuttosto desueto tranne nella locuzione* to spring a leak*)* fare spaccare; fendere, fendersi; incrinare, incrinarsi: *My cricket bat has sprung,* La mia mazza da cricket si è incrinata — *I have sprung my tennis racket,* Ho spaccato la mia racchetta da tennis — *to spring a leak,* aprire una falla *(in una imbarcazione).*

7 *(caccia)* far levare *(la selvaggina).*

8 *(sl.)* far evadere *(qcno dal carcere).*

9 *(archit.)* impostare *(un arco).*

10 *(mecc.)* molleggiare; provvedere di molle.

springbok ['spriŋbɔk] *s.* antidorcade; antilope del Sud-Africa. □ *the Springboks,* la squadra di rugby del Sud-Africa.

springer ['spriŋə*] *s.* **1** specie di 'spaniel'. **2** *(archit.)* imposta *(di arco).*

springless ['spriŋlis] *agg* **1** privo di molle; privo di molleggio. **2** privo di sorgenti.

springlike ['spriŋlaik] *agg* primaverile: *springlike weather,* tempo primaverile.

springtide ['spriŋtaid] *s.* (*anche* ⇨ *anche* [2]**spring**) tempo di primavera; stagione primaverile; *(fig.)* anni verdi; principio.

springtime ['spriŋtaim] *s.* tempo di primavera.

springy ['spriŋi] *agg* (**-ier**; **-iest**) elastico; agile; svelto.

to **sprinkle** ['spriŋkl] *vt* spruzzare; aspergere; irrorare; spargere; cospargere; innaffiare: *to sprinkle water on a dusty path; to sprinkle a dusty path with water,* irrorare di acqua un sentiero polveroso — *to sprinkle the floor with sand,* cospargere il pavimento di sabbia.

sprinkler ['spriŋklə*] *s.* **1** spruzzatore *(spec. anti-incendio);* innaffiatore. **2** *(liturgia)* aspersorio.

sprinkling ['spriŋkliŋ] *s.* spruzzatina; pizzico; infarinatura: *There was a sprinkling of young people at the reception,* Al ricevimento si vedeva qua e là qualche giovane.

sprint [sprint] *s.* 'sprint'; volata; scatto veloce; scatto finale.

to **sprint** [sprint] *vi* fare una volata; percorrere di volata.

sprinter ['sprintə*] *s.* velocista; scattista.

sprit [sprit] *s.* piccolo pennone *(che va dall'albero alla parte superiore di una vela): sprit sail,* vela a trapezio; tarchia.

sprite [sprait] *s.* **1** fata. **2** folletto; elfo.

sprocket ['sprɔkit] *s.* *(mecc.)* dente *(di ingranaggio): sprocket-hole,* perforazione *(di una pellicola cinematografica)* — *sprocket-wheel,* ruota dentata.

sprout [spraut] *s.* **1** germoglio; tallo. **2** *(Brussels) sprouts,* cavolini di Bruxelles.

to **sprout** [spraut] *vi e t.* **1** *(seguito da* up*)* germogliare; spuntare; incominciare a crescere; metter fuori le foglie. **2** far germogliare: *The continuous wet weather has sprouted the barley,* Il protrarsi del tempo umido (Tutta questa umidità) ha fatto germogliare l'orzo *(dopo il taglio).* **3** spuntare; crescere; farsi crescere: *When do deer first sprout (their) horns?,* Ai cervi quando spuntano le corna per la prima volta? —

Tom has sprouted a moustache, Tom si è lasciato crescere i baffi.

[1]**spruce** [spru:s] *agg* lindo; elegante; azzimato; ben messo. □ *avv* **sprucely**.

to **spruce** [spru:s] *vt e i. (seguito da* up*)* agghindare; mettere in ordine; azzimare: *They were all spruced up for the party,* Erano tutti in ghingheri per la festa — *to spruce oneself up,* mettersi in ghingheri.

[2]**spruce** [spru:s] *s. (anche* spruce fir*)* abete rosso: *spruce beer,* birra d'abete rosso.

spruceness ['spru:snis] *s.* eleganza; lindezza.

sprung [sprʌŋ] *p. pass di* **to spring**: provvisto di molle; molleggiato.

spry [sprai] *agg* (**spryer**; **spryest**) vivace; arzillo; vispo; agile: *Look spry,* Fa' presto; Sbrigati. □ *avv* **spryly**.

spud [spʌd] *s.* **1** *(fam.)* patata. **2** zappetta; sarchio.

to **spue** [spju:] *vt e i.* = **to spew**.

spume [spju:m] *s.* spuma; schiuma.

spun [spʌn] *pass e p. pass di* **to spin**.

spunk [spʌŋk] *s.* **1** *(fam.)* coraggio; ardimento; fegato. **2** esca *(per accendere il fuoco).*

spunky ['spʌŋki] *agg (fam.)* che ha del fegato; coraggioso; ardimentoso. □ *avv* **spunkily**.

spur [spə:*] *s.* **1** sperone: *to put (to set) the spurs to a horse,* dar di sprone ad un cavallo — *to win one's spurs,* guadagnarsi gli speroni di cavaliere; *(stor. e fig.)* conquistare fama e onori. **2** *(fig.)* sprone; impulso; stimolo; urgenza: *to act on the spur of the moment,* agire sotto l'impulso (lo stimolo) del momento. **3** sperone; appendice della zampa dei polli. **4** contrafforte; sperone *(di montagna).* **5** svincolo *(di autostrada).* □ *spur-gear,* ingranaggio; ruota dentata — *spur-track,* raccordo ferroviario.

to **spur** [spə:*] *vt e i.* (**-rr-**) **1** spronare; incitare; stimolare: *He was spurred on by ambition,* Era spronato dall'ambizione. **2** andare a spron battuto; correre a grande velocità. **3** munire di speroni.

spurious ['spjuəriəs] *agg* **1** falso; apocrifo. **2** *(di persona)* spurio; illegittimo; bastardo. □ *avv* **spuriously**.

spuriousness ['spjuəriəsnis] *s.* **1** illegittimità; falsità; l'essere apocrifo. **2** l'essere spurio, illegittimo.

to **spurn** [spə:n] *vt* **1** respingere violentemente; rigettare; sdegnare; rifiutare; allontanare con sdegno; disprezzare. **2** non avere a che fare (con qcno, qcsa); avere niente da spartire (con qcno, qcsa).

spurt [spə:t] *s.* **1** zampillo; schizzo. **2** guizzo; scatto; impeto: *a spurt of anger,* un impeto di rabbia — *to put on a spurt towards the end of a race,* fare uno scatto verso la fine di una corsa.

to **spurt** [spə:t] *vi e t.* **1** sprizzare; zampillare; schizzare; sgorgare; far sprizzare; far zampillare; far sgorgare; far schizzare. **2** *(sport e fig.)* scattare; fare uno scatto, una volata; fare uno sforzo breve e intenso.

sputnik ['sputnik] *s. (dal russo)* sputnik; satellite artificiale.

to **sputter** ['spʌtə*] *vi e t.* **1** schizzare; sputacchiare; spruzzare. **2** farfugliare; borbottare. **3** crepitare; scoppiettare; sfrigolare.

sputum ['spju:təm] *s.* sputo; saliva; espettorato.

spy [spai] *s.* spia; delatore: *police spies,* confidenti della polizia; informatori.

to **spy** [spai] *vi e t.* **1** *(spesso seguito da* on *o* upon*)* spiare; fare la spia: *to spy upon the enemy's movements,* spiare i movimenti del nemico. **2** *(spesso seguito da* out*)* esplorare; osservare: *to spy out the land,* esplorare un territorio. **3** scorgere; scoprire: *You are quick at spying her faults,* Sei rapido a scorgere i difetti di lei.

spy-glass ['spaiglɑ:s] *s. (ant.)* cannocchiale *(piccolo).*

spy-hole ['spaihoul] *s.* spioncino.

squab [skwɔb] *s.* **1** volatile implume; piccioncino. **2** individuo corto e tozzo; barilotto. **3** cuscino imbottito; *(di auto)* schienale imbottito. **4** divano; sofà.

squabble ['skwɔbl] *s.* alterco; baruffa; lite; battibecco.

to **squabble** ['skwɔbl] *vi* litigare; venire a parole; bisticciare; altercare; *(sl. tipografico)* scomporre; scombinare *(righe già composte).*

squabby ['skwɔbi] *agg (fam.)* grassoccio; grassottello; paffuto.

squad [skwɔd] *s.* squadra; drappello; gruppo: *squad car,* automobile della polizia — *flying squad,* (la) volante — *the awkward squad,* coscritti; squadra di coscritti; *(fig.)* persone incompetenti; principianti.

squadron ['skwɔdrən] *s.* **1** squadrone di cavalleria. **2** squadriglia; flottiglia.

squalid ['skwɔlid] *agg* squallido; misero; sordido; povero; miserabile; sudicio. □ *avv* **squalidly**.

squall [skwɔ:l] *s.* **1** strillo; urlo. **2** *(spec. naut.)* bufera; turbine; burrasca: *to look out for squalls, (fig.)* stare in guardia; stare all'erta; tenere gli occhi bene aperti. **3** trambusto; baruffa; litigio.

to **squall** [skwɔ:l] *vi e t.* strillare; urlare; schiamazzare: *squalling babies,* bambini che strillano.

squally ['skwɔ:li] *agg* tempestoso; burrascoso.

squalor ['skwɔlə*] *s.* squallore; sordidezza; miseria; sudiciume.

to **squander** ['skwɔndə*] *vt* sperperare; sciupare; sprecare; dissipare.

squandermania ['skwɔndə'meinjə] *s. (fam.)* mania di spreco; sciupio; sperpero; dissipazione *(spec. di denaro pubblico).*

square [skwɛə*] **I** *agg* **1** quadrato; quadro; di forma quadrata; ad angoli retti: *a square table,* un tavolo quadrato — *to put a word in square brackets,* mettere una parola tra parentesi quadre — *square dance,* danza ballata da quattro coppie che formano un quadrato vuoto — *square corners,* angoli retti — *a square jaw,* una mascella quadrata — *square-shouldered,* dalle spalle quadrate — *square-toed, (di scarpe)* a punta quadrata; *(di persona)* formale; compassato; affettato; conformistico — *a square-toes,* un individuo formale, affettato, cerimonioso. **2** *(matematica)* al quadrato; quadrato: *a square foot,* un piede quadrato — *nine square inches,* nove pollici quadrati — *The square root of nine is three,* La radice quadrata di nove è tre — *A carpet six feet square has an area of thirty-six square feet,* Un tappeto di sei piedi per sei ha una superficie di trentasei piedi quadrati — *square measure,* misura espressa in quadrati. **3** regolato; sistemato; pareggiato; pari; saldato: *to get square with sb,* mettersi in pari con qcno; regolare i conti con qcno — *We're all square,* Siamo pari *(p.es. in un gioco)* — *Let's call it square, shall we?,* Vogliamo considerarci in pari (a posto)? **4** netto; chiaro; preciso; deciso: *to meet with a square refusal,* trovarsi di fronte ad un netto rifiuto — *a square meal,* un pasto sostanzioso, come si deve. **5** leale; onesto; giusto: *square dealings, (negli affari)* comportamento onesto; rapporti corretti: *to get a square deal (from sb),* ottenere un trattamento leale (da qcno); essere trattati lealmente da qcno — *to play a square game,* fare un gioco pulito (leale). **6** robusto; massiccio; tozzo: *square built,* robusto; massiccio; vigoroso. □ *square leg, (al cricket)* posizione *(dell'arbitro o di un giocatore che rincorre la palla)* in prossimità

del battitore e ad angolo retto rispetto ad una linea immaginaria che congiunge le due 'wickets' (porte). □ *avv* **squarely.**
II *avv* **1** ad angolo retto; perpendicolarmente: *to stand (to sit) square,* stare (sedere) ad angolo retto — *to hit a man square on the jaw,* colpire un uomo direttamente alla mascella. **2** onestamente; lealmente; correttamente: *to play fair and square,* giocare in modo limpido e corretto.
III *s.* **1** quadro; quadrato; *(in certi giochi)* casella: *word square,* quadrato magico — *to go back to square one,* tornare all'inizio *(anche fig.).* **2** *(matematica)* al quadrato; quadrato: *The square of 7 is 49,* Il quadrato di 7 è 49; 7 al quadrato fa 49. **3** *(disegno)* squadra *(strumento per disegnare gli angoli retti): to be out of square,* essere fuori di squadra — *set square,* squadra a triangolo — *T square,* riga a T. **4** *(mil.)* quadrato: *hollow square,* quadrato vuoto. **5** *(metallurgia)* barra quadra. **6** piazza; piazzetta: *to listen to the band playing in the town square,* ascoltare la banda che suona nella piazza della città — *He lives at 35 Russell Square,* Abita al n. 35 di Russell Square — *barrack square,* piazza d'armi *(all'interno di una caserma)* — *square-bashing, (sl. mil.)* esercitazioni sulla piazza d'armi. **7** isolato; blocco di case. **8** *(sl. dei giovani)* conformista.

to **square** [skwɛə*] *vt e i.* **1** quadrare; squadrare; fare la quadratura: *to square the circle,* fare la quadratura del circolo. **2** elevare al quadrato; fare il quadrato *(di un numero).* **3** *(spesso seguito da* off*)* dividere in quadrati. **4** *(spesso seguito da* up*)* pareggiare; regolare; saldare; far quadrare *(conti): to square accounts with sb,* regolare i conti con qcno *(anche fig.)* — *It's time I squared up with you; It's time we squared up,* È venuto il momento di regolare i miei conti con te (di regolare i nostri conti). **5** *(fam.)* corrompere; pagare; comprare; dare denaro per ottenere favori. **6** mettere in quadro; conformare; accordare; adattare, adattarsi; corrispondere; far corrispondere. **7** *(mecc.)* mettere a punto; regolare *(un congegno, un meccanismo).* **8** *(al golf: anche* to square the score*)* pareggiare; essere pari. **9 to square up to sb,** mettersi in posizione d'attacco; squadrare un avversario; porsi in guardia; *(fig.)* affrontare *(difficoltà, ecc.).*

squarehead ['skɛəhed] *s.* *(USA, fam., spreg.)* 'testa quadra'; persona di origine scandinava.

squareness ['skwɛənis] *s.* **1** quadratura; forma quadrata. **2** franchezza; dirittura; lealtà; onestà.

squaring ['skwɛəriŋ] *s.* **1** quadratura. **2** squadratura.

[1]**squash** [skwɔʃ] *s.* *(raro al pl.)* **1** calca; ressa; folla; pigia pigia. **2** spiaccichio; rumore di cosa che si spiaccica; tonfo. **3** *(generalm.* squash-hat*)* cappello floscio. **4** spremuta; bibita *(d'arancia, ecc.).* **5** *(abbr. di* squash-rackets*)* gioco della palla elastica.

to **squash** [skwɔʃ] *vt e i.* **1** schiacciare; spremere; pigiare. **2** ammaccarsi; schiacciarsi; spiaccicarsi: *Soft fruits squash easily,* La frutta tenera si schiaccia facilmente. **3** pigiarsi; accalcarsi; fare ressa: *to squash into a small space,* entrare a fatica in un ambiente piccolo — *They squashed through the gate,* Entrarono pigiandosi per il cancello. **4** *(fam.)* fare tacere; zittire; costringere al silenzio.

[2]**squash** [skwɔʃ] *s.* *(invariato al pl.)* melopopone; zucca.

squashy ['skwɔʃi] *agg* **1** molle; molliccio; floscio. **2** pantanoso; molle e bagnato.

squat [skwɔt] *agg* **1** accoccolato; accovacciato. **2** tozzo; schiacciato; tarchiato; basso.

to **squat** [skwɔt] *vi* (**-tt-**) **1** *(spesso seguito da* down*)* accoccolarsi; accovacciarsi; accosciarsi; porsi a sedere sui calcagni; rannicchiarsi; *(di animali)* acquattarsi; accucciarsi. **2** *(fam.)* sedersi. **3** occupare (abusivamente) un terreno *(spec. pubblico).*

squatter ['skwɔtə*] *s.* **1** occupante abusivo di un terreno, ecc. (⇨ **to squat** 3). **2** *(in Australia)* allevatore di bestiame.

squaw [skwɔ:] *s.* squaw; la donna, la moglie di un pellerossa: *squaw-man,* uomo bianco sposato ad una pellerossa.

squawk [skwɔ:k] *s.* **1** strido; grido aspro e rauco *(spec. di uccello).* **2** *(fam.)* grido acuto di lamento, lagnanza rumorosa.

to **squawk** [skwɔ:k] *vi* **1** emettere strida *(spec. di uccello).* **2** *(fam.)* lagnarsi; lamentarsi.

squawker ['skwɔ:kə*] *s.* chi emette strida aspre e rauche; *(fam.)* chi si lagna con grida acute di lamento.

squeak [skwi:k] *s.* **1** grido breve e acuto; squittio; guaito; strillo; pigolio. **2** cigolio; scricchiolio. □ *to have a narrow squeak,* scamparla per un pelo (per il rotto della cuffia).

to **squeak** [skwi:k] *vi e t.* **1** scricchiolare; produrre un cigolio. **2** strillare; proferire con voce rotta e acuta, stridula. **3** pigolare; squittire; guaire. **4** *(fam.)* fare il confidente, la spia; 'cantare'; 'soffiare'.

squeaker ['skwi:kə*] *s.* *(fam.)* informatore; delatore.

squeaky ['skwi:ki] *agg* (**-ier**; **-iest**) **1** stridulo: *in a squeaky voice,* con voce stridula. **2** scricchiolante; cigolante. □ *avv* **squeakily.**

squeal [skwi:l] *s.* strillo acuto; strido; stridore.

to **squeal** [skwi:l] *vi e t.* **1** stridere; strillare; emettere strida. **2** *(fam.)* fare la spia, il delatore; 'cantare'; 'soffiare': *to make sb squeal, (fam.)* ricattare qcno.

squealer ['skwi:lə*] *s.* **1** animale che emette strida. **2** uccello implume; piccioncino. **3** informatore; delatore; spia. **4** *(fam.)* lamentone; individuo che protesta o si lamenta in continuazione.

squeamish ['skwi:miʃ] *agg* **1** di stomaco delicato; schifiltoso; schizzinoso. **2** troppo pignolo; troppo scrupoloso; troppo delicato. □ *avv* **squeamishly.**

squeamishness ['skwi:miʃnis] *s.* schifiltosità; schizzinosità; l'essere troppo delicato, troppo scrupoloso.

squeegee ['skwi:'dʒi:] *s.* **1** *(naut., fotografia, ecc.)* seccatoio. **2** tergivetro.

squeeze [skwi:z] *s.* **1** pressione; stretta; compressione; schiacciamento; spremuta; schizzo: *credit squeeze,* stretta creditizia — *to give sb a hug and a squeeze,* dare a qcno un abbraccio e una stretta — *Add a squeeze of lemon to your drink,* Aggiungi uno schizzo di limone alla tua bibita — *It was a tight squeeze,* Eravamo pigiati come sardine. **2** appropriazione di denaro; 'cresta'. **3** calco; impronta. **4** *(al bridge)* il costringere l'avversario a giocare una carta buona.

to **squeeze** [skwi:z] *vt e i.* **1** comprimere; premere; pressare; strizzare; schiacciare; spremere; stringere con forza: *to squeeze sb's hand,* stringere la mano di qcno con forza — *to squeeze a lemon dry,* spremere completamente un limone — *to squeeze paste into a ball,* comprimere la pasta in modo da farne una palla. **2** farsi largo a stento; cacciarsi; aprirsi un varco; pigiarsi: *to squeeze (oneself) into a crowded bus,* trovarsi un posto a forza su un autobus affollato — *to squeeze (one's way) through a crowd,* farsi largo a stento tra la folla — *Can you squeeze in?,* Puoi aprirti un varco?; Riesci ad entrare? **3** estorcere; spillare; spremere: *to squeeze more money out of the public,* spillare altro denaro alla gente. **4** essere compressibile; lasciarsi spremere: *Sponges squeeze easily,* Le spugne sono facilmente compressibili. **5** eseguire un calco, una impronta. **6** *(al bridge)* costringere a giocare carte importanti.

squeezer ['skwi:zə*] *s.* **1** chi spreme, schiaccia, pressa (⇨ **to squeeze**). **2** apparecchio per spremere; spremifrutta. **3** *(al pl.)* carte da poker.

squelch [skweltʃ] *s.* tonfo; rumore prodotto da un corpo solido in un liquido o nel fango.

to **squelch** [skweltʃ] *vi e t.* guazzare; fare cic ciac: *Some cows were squelching through the mud,* Alcune mucche guazzavano nel fango — *The water squelched in my shoes,* L'acqua faceva cic ciac nelle mie scarpe.

squib [skwib] *s.* **1** petardo; razzo. **2** pasquinata; breve e violenta satira contro qcno.

squid [skwid] *s.* calamaro; seppiolina.

squiffy ['skwifi] *agg (sl.)* alticcio; brillo; lievemente ubriaco. □ *avv* **squiffily.**

squiggle ['skwigl] *s. (GB, fam.)* svolazzo; scarabocchio.

squiggly ['skwigli] *agg (GB, fam.)* scarabocchiato.

squint [skwint] *s.* **1** strabismo; occhi storti: *a man with a squint,* un uomo affetto da strabismo — *squint-eyed, (agg.)* dagli occhi storti; strabico. **2** *(fig.)* malevolo; critico. **3** *(fam.)* occhiata; sguardo furtivo: *Let me have a squint at it,* Lasciami dare un'occhiata.

to **squint** [skwint] *vi* **1** essere strabico; avere gli occhi storti. **2** guardare di traverso; guardare socchiudendo gli occhi; guardare furtivamente.

squire ['skwaiə*] *s.* **1** *(GB)* signorotto; gentiluomo di campagna; il signore del villaggio. **2** *(stor.)* scudiero. **3** *(spesso scherz.)* galante; cavalier servente; cicisbeo; damerino. **4** *(USA)* giudice di pace; giudice locale.

to **squire** ['skwaiə*] *vt* **1** far da cavaliere; scortare una dama. **2** governare; dominare.

squirearchy ['skwaiərɑ:ki] *s. (GB)* **1** governo sostenuto dai grandi proprietari terrieri *(fino alla riforma elettorale del 1832).* **2** il ceto dei gentiluomini di campagna.

squirm [skwə:m] *s.* contorsione; movimento di disagio, di imbarazzo.

to **squirm** [skwə:m] *vi* contorcersi; agitarsi; essere (stare) sulle spine.

squirrel ['skwirəl] *s.* scoiattolo.

squirt [skwə:t] *s.* **1** schizzo; spruzzo; zampillo; getto. **2** schizzetto; strumento per schizzare. **3** *(fam.)* individuo borioso e petulante; tipo insignificante.

to **squirt** [skwə:t] *vi e t.* schizzare; zampillare; sprizzare; iniettare; spruzzare.

stab [stæb] *s.* **1** stilettata; pugnalata; coltellata: *(anche fig.) a stab in the back,* una coltellata alla schiena. **2** trafittura; fitta lancinante; colpo straziante *(anche fig.);* colpo a tradimento. □ *to have a stab at sth, (fam.)* provare a fare qcsa; provarci.

to **stab** [stæb] *vt e i.* (**-bb-**) **1** pugnalare; trafiggere con uno stiletto; trapassare; accoltellare; ferire *(anche fig.): to stab a man in the back,* pugnalare (accoltellare) un uomo alla schiena — *to stab sb to the heart,* trafiggere qcno al cuore. **2** straziare; provocare delle fitte. **3** martellinare (una parete, una superficie prima di intonacarla).

stabber ['stæbə*] *s.* **1** stiletto; pugnale. **2** sicario; feritore; accoltellatore.

stability [stə'biliti] *s.* stabilità: *directional stability,* stabilità di rotta.

stabilization [,steibilai'zeiʃən/,stæb-] *s.* stabilizzazione.

to **stabilize** ['steibilaiz] *vt* stabilizzare; rendere stabile.

stabilizer ['steibilaizə*] *s.* stabilizzatore.

[1]**stable** ['steibl] *agg* stabile; fermo; fisso; solido; saldo. □ *avv* **stably.**

[2]**stable** ['steibl] *s.* scuderia; stalla: *stable-boy,* mozzo di stalla — *stable-man,* stalliere — *stable-companion,* cavallo della stessa scuderia; *(fig.)* compagno; camerata — *livery-stable,* scuderia con noleggio di cavalli — *racing-stable,* scuderia di cavalli da corsa.

to **stable** ['steibl] *vt* tenere in una scuderia; alloggiare (un cavallo).

stabling ['steibliŋ] *s.* stallaggio; stallatico; capacità di alloggiare cavalli.

staccato [stə'kɑ:tou] *agg e avv (mus.)* staccato.

stack [stæk] **1** *s.* bica; cumulo; catasta; pila; mucchio; *(di fucili)* fascio; *(fig.)* grande quantità; montagna. **2** gruppo di comignoli; *(di fabbrica)* alta ciminiera: *smoke-stack, (di locomotiva, piroscafo)* ciminiera; fumaiolo. **3** scansia; scaffalatura; scaffale per libri. **4** misura di capacità per legna e carbone, pari a m. 33,06. **5** *(al largo della Scozia o delle Orcadi)* faraglione.

to **stack** [stæk] *vt* **1** *(spesso seguito da* up*)* accatastare; ammucchiare; ammassare; abbicare (il grano). **2** sistemare le carte (barando): *to have the cards stacked against one, (fig.)* trovarsi in grave difficoltà. **3** tenere (aerei) a quote assegnate in attesa dell'atterraggio.

stadium ['steidjəm] *s.* **1** stadio; campo sportivo. **2** *(med.)* fase; stadio *(di una malattia).* **3** stadio *(unità di misura dell'antica Grecia).*

staff [stɑ:f] *s.* **1** (*pl. anche* **staves**) bastone; sostegno; bordone *(generalm. fig.): the staff of life,* il pane (il sostegno della vita). **2** bastone *(come insegna di comando, di autorità): a pastoral staff,* un pastorale (bastone vescovile). **3** asta; sostegno: *a flag-staff,* un'asta di bandiera. **4** il personale; l'insieme dei collaboratori; staff; *(di una scuola ecc.)* il corpo degli insegnanti: *to be on the staff,* fare parte del personale. **5** lo stato maggiore *(di un esercito).* **6** *(agrimensura)* paletto graduato. **7** (*mus., pl.* **staves**) pentagramma; rigo musicale.

to **staff** [stɑ:f] *vt* fornire di personale; costituire il personale; formare il personale: *an under-staffed office,* un ufficio con un numero insufficiente di personale.

stag [stæg] *s.* **1** il maschio del cervo: *stag-hound,* segugio; cane per la caccia al cervo. **2** gallo da combattimento. **3** *(sl.)* speculatore di Borsa. **4** *(sl.)* spia; confidente; informatore: *to turn stag,* diventare confidente *(della polizia);* fare la spia. □ *stag-party,* riunione per soli uomini; *(spesso)* festa d'addio al celibato — *stag-film,* film pornografico.

stage [steidʒ] *s.* **1** palcoscenico *(e per estensione)* teatro *(anche fig.);* scena: *to come on the stage,* entrare in palcoscenico (entrare in scena) — *the stage,* il teatro *(la produzione teatrale, il lavoro teatrale come professione)* — *to go on the stage,* fare del teatro; calcare le scene — *to set the stage, (letteralm.)* allestire la scena; *(fig.)* preparare il terreno per qcsa *(un avvenimento, uno sviluppo)* — *stage-craft,* abilità teatrale; senso del teatro — *stage directions,* didascalie — *stage door,* porta del palcoscenico; ingresso di servizio *(riservato agli attori)* — *stage fright,* paura del pubblico — *stage manager,* regista teatrale; direttore di scena — *stage-struck, (agg.)* pazzo del palcoscenico; con un grande desiderio di fare l'attore — *stage-whisper, (teatro)* 'a parte' *(parole sussurrate ma in modo udibile); (fig.)* sussurro udibile. **2** fase; stadio; grado; momento: *a three-stage rocket,* un razzo a tre stadi — *The baby has reached the talking stage,* Il bimbo ha raggiunto la fase della parola. **3** tappa: *to travel by easy stages,* viaggiare a comode tappe —

stage(-coach) diligenza — *fare-stage,* tratta tariffaria. **4** scaffale; impalcatura; palchetto.

to **stage** ['steidʒ] *vt e i.* **1** mettere in scena; rappresentare. **2** inscenare; organizzare; combinare: *The ex-champion hopes to stage a come-back,* L'ex-campione spera di imporsi (di affermarsi) di nuovo. **3** essere adatto alla rappresentazione: *The drama stages well (badly),* Il dramma è adatto (non è adatto) alla rappresentazione. **4** *(un tempo)* viaggiare in diligenza; viaggiare a tappe.

stagecraft ['steidʒkrɑ:ft] *s.* arte scenica; tecnica teatrale.

stager ['steidʒə*] *s. (solo nell'espressione) an old stager,* uno che la sa lunga; una vecchia volpe; un tipo molto esperto.

stagey ['steidʒi] *agg* ⇨ **stagy.**

stagflation ['stæg,fleiʃən] *s. (comm., fam.)* 'stagflazione'; combinazione di ristagno e inflazione.

stagger ['stægə*] *s.* **1** *(solo al sing.)* barcollio; ondeggiamento; vacillamento. **2** *(al pl.* **the staggers**) vertigini; *(veterinaria)* capostorno.

to **stagger** ['stægə*] *vi e t.* **1** barcollare; vacillare; traballare; muoversi, camminare vacillando; ondeggiare. **2** *(di un colpo, di un avvenimento)* sconvolgere; sconcertare; fare barcollare; fare vacillare; scuotere: *to receive a staggering blow, (anche fig.)* ricevere un colpo che stordisce. **3** scaglionare *(p.es. orari, ferie, ecc.);* distribuire nel tempo: *staggered shifts, (p.es. in fabbrica)* turni a scacco. **4** *(mecc.)* sfalsare; scalare *(le ali di un aereo).*

staggerer ['stægərə*] *s.* **1** chi cammina o si muove barcollando, vacillando. **2** colpo o avvenimento che scuote, sconvolge, fa barcollare o vacillare.

staggering ['stægəriŋ] *agg* sbalorditivo: *a staggering piece of news,* una notizia sbalorditiva. □ *avv* **staggeringly.**

staginess ['steidʒinis] *s.* teatralità; comportamento istrionico.

staging ['steidʒiŋ] *s.* **1** supporto; ponteggio; impalcatura. **2** *(teatro)* messa in scena. **3** viaggio in diligenza; guida (di una diligenza).

stagnancy ['stægnənsi] *s.* = **stagnation.**

stagnant ['stægnənt] *agg* stagnante; ristagnante *(anche fig.).*

to **stagnate** ['stægneit] *vi* stagnare; ristagnare; *(fig.)* rimanere inattivo; impigrire, impigrirsi.

stagnation [stæg'neiʃən] *s.* ristagno; *(fig.)* inattività; immobilità; stasi.

stagy ['steidʒi] *agg (anche* **stagey**) teatrale; istrionico. □ *avv* **stagily.**

staid [steid] *agg* posato; composto. □ *avv* **staidly.**

staidness ['steidnis] *s.* compostezza; posatezza.

stain [stein] *s.* **1** colorante; tinta; colore. **2** macchia *(anche fig.): ink stains,* macchie di inchiostro — *stain-remover,* smacchiatore.

to **stain** [stein] *vt e i.* **1** macchiare *(anche fig.);* sporcare: *blood-stained hands,* mani macchiate di sangue. **2** tingere; colorare: *He stained the wood brown,* Tinse il legno di scuro — *stained glass window,* vetrata dipinta, istoriata. **3** *(di stoffa)* stingere; scolorire; macchiarsi; sporcarsi.

stainless ['steinlis] *agg* **1** immacolato; senza macchia. **2** *(di stoffa)* antimacchia. **3** *(di acciaio)* inossidabile.

stair [stɛə*] *s.* gradino; scalino; *(al pl.)* scalinata; scale: *The child was sitting on the top (bottom) stair,* Il bimbo era seduto sull'ultimo (sul primo) gradino — *I passed her on the stairs,* La oltrepassai per le scale — *a flight of stairs,* una rampa (un rampante) di scale — *stair carpet,* guida; passatoia da scala — *stair-rod,* bastone; bacchetta fermaguida *(per la passatoia)* — *below stairs,* al piano seminterrato *(nelle case signorili la parte abitata un tempo dai domestici)* — *Their affairs were being discussed below stairs,* Le loro faccende private erano oggetto di discussione (erano sulle labbra) di tutta la servitù.

staircase ['stɛəkeis] *s.* **1** scale: *Many old Edinburgh houses have spiral staircases,* Molte vecchie case di Edimburgo hanno scale a chiocciola. **2** *(anche* stairwell*)* tromba delle scale.

stairway ['stɛəwei] *s.* scala.

stake [steik] *s.* **1** palo; paletto; picchetto; piuolo. **2** (palo del) rogo: *to be condemned to the stake,* essere condannato al rogo — *to suffer at the stake,* patire la pena del rogo. **3** posta *(al gioco);* puntata; scommessa: *stake-holder,* consegnatario delle scommesse — *to be at stake,* essere in gioco, in ballo — *His reputation was at stake,* Era in gioco la sua reputazione. **4** interessi; affari: *He has a stake in the country,* Ha degli interessi in campagna. **5** *(al pl.)* premi *(spec. delle corse ippiche);* corse a premi.

to **stake** [steik] *vt* **1** sostenere con dei pali; puntellare. **2** *(seguito da* off, out*)* delimitare con dei pali, con dei picchetti; cingere; recintare: *to stake out a claim,* delimitare con dei pali un terreno rivendicato; *(fig.)* accampare dei diritti. **3** giocare; puntare; rischiare; mettere in gioco; scommettere: *to stake ten pounds on the favourite, (in una corsa di cavalli)* puntare dieci sterline sul (cavallo) favorito — *I'd stake my life on it,* Ci scommetterei la testa. **4** *(stor.)* impalare; trafiggere con un palo.

stalactite ['stæləktait] *s.* stalattite.

stalagmite ['stæləgmait] *s.* stalagmite.

[1]**stale** [steil] *agg* **1** *(di cibo)* stantio; passato; vecchio; trito; vieto *(anche fig.): stale bread,* pane stantio, raffermo — *stale news (jokes),* notizie stantie (barzellette trite). **2** *(di artista, atleta)* giù di forma; spossato; sovraffaticato *(per il troppo allenamento): to become (to get) stale,* essere giù di forma; esaurirsi. **3** *(di mercato)* stagnante; fermo. **4** *(dir.)* scaduto; in prescrizione.

to **stale** [steil] *vi* diventare stantio, vecchio, trito.

[2]**stale** [steil] *s.* orina *(di cavalli, ecc.).*

stalemate ['steilmeit] *s.* **1** *(scacchi)* stallo. **2** *(fig.)* punto morto; situazione di stallo.

to **stalemate** ['steilmeit] *vt* **1** *(scacchi)* portare in stallo l'avversario. **2** *(fig.)* portare a un punto morto.

staleness ['steilnis] *s.* l'essere stantio, passato, vecchio, trito, vieto (⇨ [1]**stale**).

stalk [stɔ:k] *s.* **1** stelo; gambo; peduncolo. **2** ciminiera alta.

to **stalk** [stɔ:k] *vt e i.* **1** andare impettito; camminare rigido: *to stalk out of the room,* uscire impettito dalla stanza. **2** *(anche fig.)* avanzare; correre; percorrere a grandi passi: *Famine stalked (through) the land,* La carestia imperversava per il paese. **3** avvicinarsi cautamente, di soppiatto (alla preda): *stalking horse,* - **a)** cavallo dietro a cui si cela il cacciatore - **b)** *(fig.)* falso pretesto; sotterfugio.

stalker ['stɔ:kə*] *s.* chi si avvicina di soppiatto alla preda; cacciatore.

stall [stɔ:l] *s.* **1** stalla; scuderia; box per il cavallo o altro animale in una stalla: *stall-fed, (p.es. di vitello)* ingrassato nella stalla. **2** bancherella; chiosco; edicola. **3** scanno; stallo; *(GB)* poltrona di platea. **4** *(di velivolo)* stallo. □ *finger-stall,* ditale protettivo.

to **stall** [stɔ:l] *vt e i.* **1** mettere, tenere nella stalla *(spec. per l'ingrasso).* **2** munire di stalli, di scanni *(un coro).* **3** *(di animali, di un carro)* piantarsi nel fango; impantanarsi; affossarsi. **4** *(di motore)* andare in panne; arrestarsi. **5** *(di velivolo)* 'stallare'. **6** prendere tempo; evitare di dare una risposta; menare il can per l'aia; rispondere elusivamente; procrastinare: *to stall for time,* prendere tempo.

stallion ['stæljən] *s.* stallone.

stalwart ['stɔ:lwət] *agg* **1** vigoroso; gagliardo; prestante; alto e muscoloso; robusto. **2** coraggioso; deciso; risoluto; valido; prode. □ *avv* **stalwartly.** □ *s.* partigiano; sostenitore.

stamen ['steimen] *s.* stame.

stamina ['stæminə] *s.* energia; carica; (capacità di) resistenza; vigore; forza *(anche d'animo);* forte fibra: *to lose one's stamina,* perdere vigore, la propria capacità di resistenza; infiacchirsi.

stammer ['stæmə*] *s.* balbettio; balbuzie.

to **stammer** ['stæmə*] *vi e t.* balbettare; farfugliare; tartagliare: *to stammer sth out,* pronunciare qcsa balbettando.

stammerer ['stæmərə*] *s.* balbuziente; persona che balbetta, farfuglia.

stamp [stæmp] *s.* **1** impronta; colpo deciso *(del piede);* atto del calcare i piedi; atto del calpestare con forza. **2** timbro; impronta; marchio; stampigliatura. **3** *(anche* postage stamp*)* francobollo: *duty (revenue) stamp,* marca da bollo — *stamp-duty,* imposta sul bollo — *stamp-collector,* filatelista *(collezionista)* — *stamp-dealer,* filatelista *(commerciante)* — *stamp-machine,* distributore automatico di francobolli. **4** *(generalm. al sing.)* segno; impronta. **5** *(generalm. al sing.)* stampo; tipo; fatta: *men of that stamp,* uomini di quello stampo (di quella fatta).

to **stamp** [stæmp] *vt e i.* **1** calcare; battere *(i piedi)* con forza; pestare; calpestare; muoversi a passi pesanti; schiacciare (con i piedi): *to stamp upstairs,* salire pesantemente le scale — *to stamp on a spider,* schiacciare (calpestare) un ragno — *to stamp sth out,* schiacciare; soffocare; estinguere; debellare; annientare. **2** imprimere; timbrare; bollare. **3** frantumare; schiacciare; pestare *(minerali).* **4** affrancare; mettere il francobollo. **5** *(di metalli)* stampare; punzonare. **6** *(fig.)* caratterizzare; marcare; contrassegnare; dare il marchio.

stampede [stæm'pi:d] *s.* fuga disordinata e precipitosa *(di un branco di animali o di una folla di gente);* fuggi-fuggi; serra-serra *(anche fig.).*

to **stampede** [stæm'pi:d] *vi e t.* fuggire disordinatamente *(in preda al panico);* mettere in fuga disordinata; generare panico; perdere la testa.

stamping ['stæmpiŋ] *s.* **1** scalpitio; calpestio: *(fam.) stamping-ground,* luogo di ritrovo, di raduno. **2** impressione; bollatura; timbratura: *stamping-machine,* affrancatrice postale; punzonatrice. **3** *(industria)* frantumatura. **4** *(mecc.)* punzonatura: *drop-stamping, (metallurgia)* stampaggio al maglio.

stance [stæns] *s.* **1** posizione assunta dal giocatore *(spec. a cricket o a golf)* per colpire la palla. **2** *(fig.)* presa di posizione *(p.es. in una disputa).*

to **stanch** [stɑ:ntʃ/*(USA)* stæntʃ] *vt* = **to staunch.**

stanchion ['stɑ:nʃən/*(USA)* 'stæ:nʃən] *s.* palo; pilastro; sostegno.

stand [stænd] *s.* **1** sosta; fermata: *a one-night stand, (detto di compagnia teatrale)* sosta di un solo giorno. **2** presa di posizione; resistenza: *to make a stand against the enemy,* opporre resistenza al nemico — *to make a stand for one's principles,* prendere posizione a favore dei propri principi. **3** posto; posizione: *He took (up) his stand near the window,* Prese posto vicino alla finestra — *I take my stand upon sound precedents,* La mia posizione è confortata da nobili precedenti. **4** appoggio; sostegno *(generalm. in composti, per indicare il mobiletto sul quale si possono collocare determinati oggetti): a music-stand,* un leggio — *a hat-stand,* un portacappelli — *an ink-stand,* un calamaio. **5** banco; bancarella: *a news-stand,* un'edicola; un chiosco dei giornali. **6** 'stand' *(ad una fiera, una mostra commerciale): the British stand at the Frankfurt Book Fair,* lo stand britannico alla Fiera del Libro di Francoforte. **7** posteggio: *a cab-stand,* un posteggio di vetture di piazza. **8** gradinata; tribuna *(allo stadio): the grand-stand,* la tribuna centrale. **9** *(USA)* banco dei testimoni: *to take the stand,* andare (presentarsi) al banco dei testimoni. **10** *(in Australia)* campo; area coltivata; coltivazione: *a good stand of wheat,* una bella estensione di grano. □ *stand-pipe,* tubo verticale; serbatoio piezometrico — ⇨ *anche* **standpoint, standstill.**

to **stand** [stænd] *vi* (*pass. e p. pass.* **stood**) **1** stare in piedi; stare: *He was too weak to stand,* Era troppo debole per stare in piedi — *That chair will not stand on three legs,* Quella sedia non sta in piedi su tre gambe — *We had to stand all the way,* Dovemmo stare in piedi per tutto il viaggio — *Standing room only!,* Solo posti in piedi! — *Don't just stand there arguing: do something!,* Non startene lì a discutere: fa' qualcosa! — *He stood looking over my shoulder,* Stava a guardare al di sopra delle mie spalle — *to stand on one's own two feet,* essere indipendente — *His hair stood on end,* Gli si rizzarono i capelli — *He stands six foot two,* È alto sei piedi e due (pollici) — *Stand still while I take your photograph,* Stai fermo mentre ti faccio la fotografia — *Stand at ease!, (mil.)* Riposo! — *a standing jump,* un salto da fermo, senza rincorsa.

2 *(generalm. seguito da* up*)* alzarsi in piedi: *Stand up, please!,* Alzatevi, per favore! — *Everyone stood (up) when the Queen entered,* Tutti si alzarono quando entrò la regina — *I can't get this model to stand up,* Non riesco a far star in piedi questo modellino — *We stood (up) to see better,* Ci alzammo per vedere meglio.

3 essere; trovarsi; stare: *He stood there ready to run,* Era lì pronto per correre — *The thermometer stood at 92° F.,* Il termometro si trovava a 92° F. — *The fund stands at three thousand pounds,* La somma finora raccolta per la sottoscrizione è di tremila sterline — *to stand in need of sth,* aver bisogno di qcsa — *As matters stand...,* Così come stanno le cose... — *Who stands first on the list?,* Chi è primo nell'elenco? — *He stands alone among his colleagues,* Spicca tra i suoi colleghi — *The house stands on a hill,* La casa si trova su una collina — *Where does Tom stand in class?,* Che posto occupa Tom nella sua classe?

4 *(di liquidi)* ristagnare; depositare, depositarsi; *(di infusione, decotto)* 'farsi': *The water appears to stand here,* Sembra che l'acqua ristagni qui — *Let the tea stand,* Aspetta che il tè si faccia.

5 restare; mantenere, mantenersi immutato; durare; resistere: *Let the words stand,* Lasciamo le parole immutate — *The agreement must stand,* L'accordo dovrà rimanere immutato — *The house has stood two hundred years and will stand another century,* La casa ha resistito per duecento anni e resisterà un altro secolo — *to stand firm (fast),* resistere; tener duro.

6 presentarsi (candidato): ⇨ **to stand for c).**

□ *vt* **1** mettere; collocare; situare: *Stand the ladder against the wall,* Metti la scala contro il muro —

Stand the bottle on the table, Metti la bottiglia sul tavolo — *If you are naughty again, you'll be stood (you'll be made to stand) in the corner,* Se farai ancora il cattivo, sarai messo nell'angolo — *Stand the empty barrels on the floor,* Colloca sul pavimento i barili vuoti — *Don't stand the tin of petrol near the fire,* Non mettere la latta di benzina vicino al fuoco — *The traitor was stood up against the wall and shot,* Il traditore fu posto contro il muro e fucilato.

2 sopportare; sostenere; resistere; tollerare: *He can't stand the hot weather,* Non riesce a sopportare il caldo — *She says she will stand no nonsense,* Dice che non tollererà sciocchezze — *I can't stand that woman,* Non posso sopportare ('vedere') quella donna — *She can't stand being kept waiting,* Non tollera che la si faccia aspettare — *to stand fire,* resistere al fuoco nemico — *to stand one's ground,* mantenere la propria posizione *(anche in senso fig.);* non cedere — *to stand the test of time,* resistere alla prova del tempo.

3 fornire; provvedere; offrire: *to stand sb a good dinner,* provvedere, offrire a qcno un buon pranzo — *Will he stand us champagne?,* Ci offrirà dello champagne?

4 sottoporsi (a); essere sottoposto (a): *to stand trial for murder,* venire sottoposto a processo per omicidio.

□ *Stand and deliver, (ant.)* O la borsa o la vita — *Will you stand godmother to the child?,* Vuoi fare da madrina al bambino? — *He stood convicted of treachery,* Era stato dichiarato colpevole di tradimento — *I stand corrected,* Riconosco che mi sono sbagliato; Accetto la correzione — *It stands to reason that...,* Va da sé...; È logico che... — *to stand well with sb,* godere del rispetto di qcno — *to stand a good chance (of success, ecc.),* avere una buona probabilità (di successo) — *to stand sb in good stead* ⇨ **stead** — *to stand on ceremony,* fare cerimonie (complimenti) — *to stand to win (to gain, to lose),* essere candidato alla vittoria (al guadagno, alla perdita) — *What do we stand to gain by the treaty?,* Che cosa abbiamo da guadagnare con il trattato? — *to stand clear,* allontanarsi; tenersi lontano, fuori — *Stand clear from (o of) the gates!,* State lontano dai cancelli!; Lasciare libero l'ingresso!

to stand aside, **a)** tirarsi da parte; scostarsi: *to stand aside to let someone pass,* scostarsi (tirarsi da parte) per lasciare passare qcno - **b)** starsene da parte; non fare nulla; tirarsi indietro: *He's a man who never stands aside when there's something that needs doing,* È un uomo che non si tira mai indietro quando c'è qualcosa da fare - **c)** ritirarsi, ritirare la propria candidatura: *to stand aside in favour of a better man,* ritirarsi per lasciare il posto a un uomo migliore.

to stand at ⇨ **to stand,** *vi* **3.**

to stand back, - **a)** indietreggiare - **b)** esser situato lontano da: *The house stands back from the road,* La casa è situata lontano dalla strada.

to stand by, - **a)** assistere; essere presente; stare a guardare: *How can you stand by and see such cruelty?,* Come puoi stare a guardare una crudeltà simile? - **b)** *to stand by sb,* sostenere; appoggiare; schierarsi (con): *I'll stand by you whatever happens,* Sarò al tuo fianco qualsiasi cosa accada - **c)** *to stand by sth,* mantenere, mantenersi fedele; confermare: *I stand by what I said last week,* Confermo ciò che ho detto la settimana scorsa - **d)** esser pronto all'azione.

to stand down, - **a)** ritirarsi *(dal banco dei testimoni)* - **b)** ritirare la propria candidatura - **c)** smontare di guardia *(spec. dopo uno stato d'allarme)* - **d)** *(mil.)* venir smobilitato; smobilitarsi.

to stand for, - **a)** rappresentare; equivalere; stare per: *'P.O.' stands for 'Post Office' or 'postal order',* 'P.O.' equivale a (sta per) 'Post Office' o 'postal order' — *I admire Christianity but not all it stands for,* Ammiro il cristianesimo ma non tutto ciò che rappresenta - **b)** sostenere; battersi per; appoggiare: *to stand for racial tolerance,* battersi per la tolleranza razziale (contro la discriminazione razziale) - **c)** essere (presentarsi) candidato per...: *to stand for Parliament,* essere candidato al Parlamento - **d)** *(fam.)* tollerare; sopportare: *She says she's not going to stand for her own children disobeying her,* Dice che non ha nessuna intenzione di tollerare che i figli le disobbediscano.

to stand in, - **a)** partecipare (all'onere); contribuire: *Let me stand in with you if it is too expensive,* Permettetemi che contribuisca anch'io se è troppo caro - **b)** *to stand in for sb,* sostituire qcno; fare la controfigura *(di attore o attrice).*

to stand off, - **a)** stare lontano; allontanarsi - **b)** sospendere (qcno) dal lavoro (temporaneamente).

to stand out, - **a)** distaccarsi; spiccare; essere evidente; *(fig.)* distinguersi: *The tower stood out against the blue sky,* La torre spiccava contro il cielo azzurro — *You can't say that his work stands out from the others,* Non si può dire che il suo lavoro si distingue da quello degli altri - **b)** continuare a resistere: *The troops stood out against the enemy until their ammunition was exhausted,* Le truppe continuarono a resistere contro il nemico fino a quando le loro munizioni non si esaurirono.

to stand over, - **a)** rimanere sospeso; essere rinviato, rimandato: *Let the matter stand over until the next meeting,* Lasciamo in sospeso la questione fino alla prossima riunione — *accounts standing over, (comm.)* conti in sospeso - **b)** *to stand over sb,* controllare; sorvegliare assiduamente; tenere d'occhio; star dietro (a): *Unless I stand over him he makes all sorts of mistakes,* Se non lo controllo assiduamente, commette ogni sorta di errori.

to stand to, - **a)** *(mil.)* prepararsi a un attacco - **b)** (*più comune* **to stick to** ⇨) restare vicino; non abbandonare: *to stand to one's guns,* non abbandonare il proprio pezzo (d'artiglieria) — *to stand to one's principles,* tener fede (non abbandonare) i propri principi.

to stand up, - **a)** essere (stare) in piedi (⇨ **to stand** *vi* **1**): *He has only the clothes he stands up,* Possiede soltanto i vestiti che ha indosso - **b)** alzarsi (da seduto) (⇨ **to stand,** *vi* **2**) - **c)** *to stand up for sb,* sostenere, appoggiare, prendere il partito di qcno - **d)** *to stand up to sb (sth),* affrontare a viso aperto; *(di materiale)* mantenersi in buone condizioni *(malgrado usura, trattamento poco delicato, ecc.);* resistere (a): *Some metals stand up well to high temperatures,* Alcuni metalli resistono bene alle alte temperature.

standard ['stændəd] *s.* **1** stendardo; vessillo; insegna; bandiera *(anche fig.): to raise the standard of revolt,* innalzare il vessillo della rivolta — *standard-bearer,* vessillifero; *(fig.)* antesignano. **2** *(spesso attrib.)* modello; livello; campione; misura; norma; regola; tipo; standard: *standard weights and measures,* pesi e misure standard (modello) — *to set a high standard for candidates in an examination,* stabilire un livello alto per i candidati ad un esame — *work that is not up to standard,* lavoro che non è all'altezza della norma — *to conform to the standards of society,* conformarsi alle norme della società — *a high standard* *of living,* uno standard (un modello, un livello) alto di vita; un alto tenore di vita — *standard authors,* autori 'classici' — *standard time,* l'ora legale — *standard bread, (GB)* pane comune — *standard English,* l'inglese 'standard' — *standard gauge,* scartamento normale *(ferrovia).* **3** *(talvolta, nelle scuole elementari)* classe. **4** *monetary standard,* titolo; proporzione di metallo prezioso nelle monete: *the gold standard,* parità aurea. **5** *(spesso attrib.)* supporto; sostegno; base; piedistallo: *a standard lamp,* una lampada a stelo. **6** tubo verticale *(dell'acqua o del gas).* **7** pianta potata ad alberello.

standardization [ˌstændədai'zeiʃən] *s.* standardizzazione; normalizzazione; unificazione; uniformità.

to **standardize** ['stændədaiz] *vt* standardizzare; uniformare.

stand-by ['stændbai] *s.* appoggio; sostegno; cosa o persona tenuta in riserva e su cui si può contare; scorta. □ *to be on stand-by, (all'aeroporto)* essere in lista d'attesa.

stand-in ['stændin] *s.* controfigura.

[1]**standing** ['stændiŋ] *s.* **1** durata: *a dispute of long standing,* una disputa che dura da tempo. **2** posizione; grado; reputazione: *men of standing,* uomini di alto rango — *a member in full standing,* un membro (socio) a pieno titolo — *financial standing,* situazione finanziaria.

[2]**standing** *agg* **1** *(di esercito, regola, ordine, ecc.)* fisso; permanente; stabile; che si rinnova tacitamente: *a standing order with a bookseller for every new book by X,* un'ordinazione da un libraio (fatta una volta per tutte), per ogni nuovo libro di X — *standing orders,* regole permanenti *(spec. militari o di procedura parlamentare)* — *His ignorance is a standing joke,* La sua ignoranza è ormai proverbiale — *long-standing,* di lunga data; *(talvolta)* cronico. **2** che sta in piedi; fermo; eretto: *standing corn,* grano non mietuto — *standing room,* posto in piedi — *He was given a standing ovation,* Tutti si alzarono per applaudirlo — *a standing jump* ⇨ **to stand** *vi* **1**.

stand-off ['stændɔ:f] *s. (rugby)* mediano di apertura.

stand-offish [ˌstænd'ɔfiʃ] *agg* riservato; distaccato; freddo; scostante. □ *avv* **stand-offishly.**

stand-offishness [ˌstænd'ɔfiʃnis] *s.* freddezza; distacco; indifferenza; carattere scostante.

standpatter ['stændˌpætə*] *s. (USA, politica)* tradizionalista fautore della 'linea dura'; conservatore intransigente.

standpoint ['stændpɔint] *s.* punto di vista.

standstill ['stændstil] *s.* arresto; fermata; punto morto: *to come to a standstill, (p.es. di treno)* fermarsi — *to be brought to (to come to) a standstill, (di trattative, ecc.)* giungere (venire) a un punto morto — *Trade is at a standstill,* Il commercio è in ristagno.

stand-to ['stændtu:] *s.* all'armi; all'erta.

stand-up ['stændʌp] *agg* **1** *(di colletto)* rigido; diritto *(contrario di* turn-down, *all'ingiù).* **2** *(di un pasto)* da consumarsi all'impiedi: *a stand-up buffet,* un pranzo freddo all'impiedi. □ *a stand-up fight,* una zuffa.

stank [stæŋk] *pass di* **to stink.**

stanza ['stænzə] *s.* stanza *(di poesia);* strofa.

staphylococcus [ˌstæfilou'kɔkəs] *s.* (*pl.* **staphylococci**) stafilococco.

[1]**staple** ['steipl] *s.* **1** chiodo a U; gancio; zanca; graffa; cambretta. **2** staffa; toppa *(di serratura).* **3** graffetta; punto metallico.

to **staple** ['steipl] *vt* fissare, legare, unire o cucire con una graffetta, con un gancio.

[2]**staple** ['steipl] *s.* **1** prodotto, industria, commercio, attività principale o di base *(di un paese);* elemento principale; cibo base *(della dieta di una nazione): Cotton is one of the staples of Egypt,* Il cotone è uno dei prodotti principali dell'Egitto — *Rice is the staple food in many Asian countries,* Il riso è il cibo fondamentale (è la base dell'alimentazione) di molti paesi asiatici. **2** fibra; fiocco; qualità *(nell'industria tessile): cotton of short (fine, ecc.) staple,* cotone di fibra corta (fine, ecc.). **3** materia prima. **4** mercato principale; centro commerciale.

stapler ['steiplə*] *s.* cucitrice; macchina cucitrice *(spec. di documenti).*

star [stɑ:*] *s.* **1** stella; astro: *fixed star,* stella fissa — *shooting star,* stella cadente; stella filante; meteora — *star-spangled,* stellato — *the stars and stripes; the star-spangled banner,* la bandiera statunitense — *to be born under a lucky star,* nascere sotto una buona stella — *What do the stars foretell?,* Cosa dicono le stelle?; Cosa prevede l'oroscopo? — *You may thank your lucky stars you were not killed in that accident,* Puoi ringraziare la tua buona stella se non sei morto in quell'incidente — *star-gazer, (scherz.)* astronomo; astrologo; indovino; chi ha la testa nelle nuvole — *to see stars, (fig.)* vedere le stelle. **2** *(tipografia)* stella; stelletta; asterisco: *a two-star hotel,* un albergo con due stelle. **3** *(mil.)* - **a)** stelletta - **b)** medaglia. **4** divo; stella; astro *(del cinema, della canzone, ecc.): the stars of stage and screen,* i divi del teatro e dello schermo — *an all-star cast,* un complesso di attori di prima grandezza — *the star turn,* il numero di attrazione — *a star performance,* un'interpretazione di prim'ordine. □ *star shell,* razzo luminoso.

to **star** [stɑ:*] *vi e t.* (**-rr-**) **1** ornare di stelle; costellare: *a lawn starred with daisies,* un prato costellato di margherite. **2** avere il ruolo di protagonista: *She is to star in a new film,* Sarà la protagonista di un nuovo film — *'Death at Cactus Point' starring James Hearn,* 'Morte a Cactus Point' con James Hearn *(come interprete principale).* **3** mettere un asterisco. **4** *(di vetro)* incrinarsi a raggiera.

starboard ['stɑ:bəd] *s.* dritta; tribordo: *to alter course to starboard,* variare la rotta verso tribordo.

to **starboard** ['stɑ:bəd] *vt* virare a dritta, a tribordo: *to starboard the helm,* volgere il timone a tribordo.

starch [stɑ:tʃ] *s.* **1** amido. **2** *(fig.)* eccessiva affettazione; rigidità formale.

to **starch** [stɑ:tʃ] *vt* inamidare.

starched [stɑ:tʃd] *agg* rigido; formale; affettato; contegnoso: *a starched manner,* un modo affettato, formale.

starchy ['stɑ:tʃi] *agg* **1** amidaceo; amilaceo. **2** = **starched.**

stardom ['stɑ:dəm] *s. (cinema, ecc.)* celebrità.

stare [stɛə*] *s.* sguardo fisso; occhiata; il fissare con gli occhi: *a stare of horror,* uno sguardo attonito per l'orrore — *a vacant stare,* uno sguardo vuoto.

to **stare** [stɛə*] *vi e t.* fissare; guardare fisso; squadrare (con lo sguardo); sgranare gli occhi: *Do you like being stared at?,* Ti piace che ti si fissi (essere fissato)? — *They all stared with astonishment,* Tutti sgranarono gli occhi per lo stupore — *to make sb stare,* far fare tanto d'occhi a qcno; sbalordirlo; sorprenderlo — *to stare sb out of countenance,* fissare qcno con insistenza, fino a metterlo in imbarazzo — *to stare sb down,* fissare qcno fino a fargli abbassare lo sguardo — *to stare sb into silence,* imporre a qcno il silenzio con lo sguardo — *to stare sb in the face,* - **a)** fissare in viso qcno - **b)** *(di cosa)* essere proprio davanti; essere proprio sotto gli occhi (sotto il naso): *The book*

I was looking for was staring me in the face, Il libro che stavo cercando era proprio sotto i miei occhi (proprio davanti a me).

starfish ['stɑːfiʃ] *s.* asteria; stella di mare.

staring ['stɛəriŋ] *agg (di colore)* chiassoso; vistoso; sgargiante; che dà nell'occhio.
□ *avv (solo nell'espressione) stark staring mad,* completamente matto; matto da legare.

stark [stɑːk] *agg* **1** rigido; inflessibile. **2** totale; completo: *stark madness,* completa pazzia.
□ *avv* completamente; interamente; totalmente: *stark naked,* completamente nudo.

starkers ['stɑːkəs] *avv e agg predicativo (fam.)* completamente nudo.

starlet ['stɑːlit] *s.* **1** piccola stella; stellina. **2** *(fam.)* giovane attrice.

starlight ['stɑːlait] *s.* luce delle stelle; chiarore stellare: *to walk home by starlight,* camminare verso casa al lume delle stelle — *a starlight night,* una notte stellata.

starling ['stɑːliŋ] *s.* storno; stornello.

starlit ['stɑːlit] *agg* illuminato dalle stelle; stellato: *a starlit scene,* una scena illuminata dalle stelle.

starriness ['stɑːrinis] *s.* fulgenza; splendore; luminosità.

starry ['stɑːri] *agg* **1** stellato; pieno di stelle. **2** luminoso; fulgente; brillante; scintillante: *starry eyes,* occhi stellanti, splendenti — *starry-eyed, (agg.)* dagli occhi stellanti; *(fig.)* ingenuo; sognatore; sognante.

start [stɑːt] *s.* **1** sussulto; sobbalzo; trasalimento; soprassalto: *to wake with a start,* svegliarsi di soprassalto — *by fits and starts,* a sprazzi; a intervalli; saltuariamente; a pezzi e bocconi. **2** avvio; inizio; partenza; principio; avviamento: *to make an early start,* partire (principiare) di buon'ora — *from start to finish,* dal principio alla fine. **3** *(atletica, ecc.)* vantaggio; posizione di vantaggio: *The small boys were given a start of ten yards,* Ai ragazzini piccoli venne dato un vantaggio di dieci yards — *They didn't give me much (any) start,* Non mi diedero molto (alcun) vantaggio — *He got a good start in life,* Nella vita fu molto avvantaggiato all'inizio.

to **start** [stɑːt] *vi e t.* **1** sobbalzare; sussultare; trasalire; balzare; fare un balzo: *He started up from his seat,* Balzò dalla sedia — *He started at the sound of my voice,* Sobbalzò (Trasalì) al suono della mia voce. **2** salire; affluire; muoversi rapidamente: *His eyes nearly started out of his head,* Gli occhi gli uscivano quasi fuori dalle orbite. **3** *(di legname)* sfasciarsi; disgiungersi; allentarsi: *The ship has started at the seams,* La nave si è sfasciata (allentata) ai comenti. **4** mettersi in viaggio; avviarsi; partire: *We must start early,* Dobbiamo metterci in viaggio presto — *At last the bus started,* Finalmente l'autobus si avviò. **5** iniziare; incominciare; avviare; dare inizio a: *to start work,* iniziare il lavoro — *It started raining (to rain),* Cominciò a piovere — *Have you started working yet?,* Hai già incominciato a lavorare? **6** *(spesso seguito da* off*)* avviare *(una persona): A rich uncle started him (off) in business,* Uno zio ricco lo avviò negli affari. **7** mettere in moto; determinare; provocare; dare origine: *We couldn't start (up) the car,* Non riuscimmo a mettere in moto la macchina — *This news started me thinking,* Questa notizia incominciò a farmi pensare — *to start a baby, (fam.)* essere incinta; iniziare una gravidanza — *to start something, (fam.)* - **a)** provocare una lite - **b)** covare una malattia *(spec. un raffredore).* **8** *(sport)* dare la partenza: *starting-prices, (nelle corse ippiche)* quotazioni (dei cavalli) alla partenza — *starting post,* (punto di) partenza.

to start in, - **a)** *(fam.)* cominciare; iniziare - **b)** *to start in on sb,* rimproverare (sgridare) qcno.

to start out, avere intenzione di; intendere; accingersi: *to start out to write a novel,* avere intenzione di (accingersi a) scrivere un romanzo.

to start off, partire; prendere l'avvio; cominciare a muoversi.

to start up, - **a)** sobbalzare; trasalire - **b)** sorgere; insorgere; venirsi a creare; saltar fuori; venir fuori - **c)** avviare *(p.es. un'impresa commerciale).*

to start with, *(locuzione avverbiale)* - **a)** in primo luogo; tanto per cominciare: *To start with, we haven't enough money,* Tanto per cominciare, non abbiamo abbastanza denaro - **b)** all'inizio; in principio: *We had only six members to start with,* Avevamo soltanto sei membri all'inizio.

starter ['stɑːtə*] *s.* **1** *(sport)* partente. **2** 'starter'; mossiere; chi da la partenza in una gara. **3** motorino d'avviamento: *self-starter,* avviamento automatico. **4** *(GB, al pl., fam.)* antipasto; primo piatto.

starting ['stɑːtiŋ] *agg* ⇨ **to start 7.**

to **startle** ['stɑːtl] *vt* **1** fare sobbalzare; sussultare; trasalire. **2** spaventare: *I was startled,* Mi spaventai.

startling ['stɑːtliŋ] *agg* (*p. pres. di* **to startle**) sorprendente; allarmante.

starvation [stɑː'veiʃən] *s.* inedia; fame: *starvation wages,* salario di fame — *a starvation diet,* una dieta da fame.

to **starve** [stɑːv] *vt e i.* **1** affamare; ridurre alla fame: *to starve to death,* morire di fame — *to starve sb to death,* far morire qcno di fame — *to starve for sth; to be starved of sth, (fig.)* avere estremo bisogno di qcsa; desiderare ardentemente qcsa; essere affamato di qcsa — *to starve sb into surrender; to starve sb out,* costringere qcno alla resa per fame; prendere qcno per fame. **2** *(fam., spec. nella forma progressiva:* to be starving*)* avere fame; morire di fame. **3** *(di piante)* languire; deperire; intristire.

starveling ['stɑːvliŋ] *s.* affamato; malnutrito; famelico; mezzo morto di fame.

to **stash away** [stæʃ ə'wei] *vt (fam.)* nascondere; celare; depositare.

state [steit] *s.* **1** *(solo al sing.)* stato; condizione; situazione; posizione: *The house was in a dirty state,* La casa era in stato di sporcizia — *What a state he's in!,* In che condizioni è mai! — *to be in a bad state of repair,* essere in un cattivo stato di manutenzione — *to get (to be) into a state, (fam.)* essere a mal partito; essere in agitazione. **2** *(spesso con la maiuscola)* stato; nazione; governo: *the State Department,* il Dipartimento di Stato; *(USA)* il Ministero degli Affari Esteri. **3** *(raro)* rango; dignità. **4** pompa; cerimonia; parata; gala; onori ufficiali: *The President was received in state,* Il presidente venne ricevuto con grande pompa (con gli onori dovuti) — *The Queen was in her robes of state,* La regina vestiva gli abiti da cerimonia. □ *to lie in state,* essere esposto nella camera ardente.
□ *(attrib.)* da cerimonia; da parata; di gala; di stato; reale: *the state coach,* la carrozza di gala — *a state call, (fam.)* una visita formale.

to **state** [steit] *vt* **1** affermare; asserire; dichiarare; definire; esprimere; esporre; formulare; specificare; spiegare: *to state one's views,* esprimere le proprie opinioni — *I have seen it stated that...,* Ho visto affermare che... **2** stabilire; fissare; determinare: *No time had been stated,* Non era stata fissata ora alcuna.

statecraft ['steitkrɑ:ft] *s.* arte, scienza politica; arte del buon governo.

stateless ['steitlis] *agg* senza patria; apolide.

stateliness ['steitlinis] *s.* maestosità; nobiltà; signorilità; sontuosità; magnificenza; imponenza; solennità; dignità.

stately ['steitli] *agg* (**-ier**; **-iest**) maestoso; nobile; signorile; sontuoso; magnifico; imponente; solenne; dignitoso: *the stately homes of England,* le maestose dimore inglesi (della nobiltà).

statement ['steitmənt] *s.* **1** espressione; esposizione. **2** affermazione; asserzione; dichiarazione: *to make a statement,* fare una dichiarazione. **3** rapporto; resoconto; relazione; rendiconto: *a bank statement; a statement of account,* estratto conto — *statement of expenses,* conto spese.

stateroom ['steitrum] *s.* *(naut.)* cabina di lusso; *(talvolta)* salone per le cerimonie.

statesman ['steitsmən] *s.* (*pl.* **statesmen**) statista; uomo di stato.

statesmanlike ['steitsmənlaik] *agg* (con lungimiranza, saggezza, abilità) da statista; da uomo di stato.

statesmanship ['steitsmənʃip] *s.* capacità di governo; saggezza nel governare.

static ['stætik] *agg* statico; fermo; in stato di equilibrio. □ *avv* **statically.**

□ *s.* = **statics 2.**

statics ['stætiks] *s.* *(col v. al sing.)* **1** statica. **2** *(radio)* disturbi; scariche atmosferiche. **3** *(cinematografia)* effluvi.

station ['steiʃən] *s.* **1** stazione *(in tutti i sensi);* posto; posizione: *weather station,* stazione meteorologica — *petrol (USA* gas*) station,* posto di rifornimento di benzina — *service station,* stazione di servizio — *the stations of the Cross,* le stazioni della Via Crucis — *police-station,* stazione (posto) di polizia — *a goods station,* una stazione (uno scalo) merci — *station-manager (-master), (GB)* capo stazione — *One of the cruisers was out of station,* Uno degli incrociatori era fuori posizione. **2** condizione sociale; rango; ceto: *people in all stations of life,* persone di ogni condizione sociale. **3** *(in Australia)* fattoria di allevamento. **4** guarnigione; base; posto di operazioni. **5** *(bot.)* habitat; ambiente di vita.

□ *station-house,* - **a)** guardina - **b)** *(USA)* posto di polizia o pompieri — *station-roof,* pensilina ferroviaria — *station-wagon,* (automobile) giardinetta — *action stations* ⇨ **action 4** — *power station,* centrale elettrica.

to **station** ['steiʃən] *vt* **1** collocare; porre; situare; appostare. **2** *(mil.)* dislocare: *to be stationed at Heidelberg,* essere di stanza a Heidelberg.

stationary ['steiʃnəri] *agg* **1** permanente; fisso; stabile: *a stationary crane,* una gru fissa. **2** stazionario; immobile; fermo; senza variazioni: *to collide with a stationary van,* cozzare contro un furgone in sosta.

stationer ['steiʃnə*] *s.* cartolaio; *(una volta)* editore: *Stationers Hall, (GB)* sede londinese della Company of Stationers *(la corporazione che regolava in Inghilterra l'attività editoriale fino al 1842).*

stationery ['steiʃnəri] *s.* cartoleria; articoli di cartoleria (cancelleria): *the Stationery Office,* l'organismo che cura in Inghilterra la pubblicazione di libri e documenti governativi *(abbr. H.M.S.O. = Her Majesty's Stationery Office).*

statistical [stə'tistikəl] *agg* statistico. □ *avv* **statistically.**

statistician [,stætis'tiʃən] *s.* esperto di statistica; studioso di statistica.

statistics [stə'tistiks] *s.* **1** *(con il v. al pl.)* statistiche; calcoli statistici. **2** *(con il v. al sing.)* statistica *(come scienza).*

statuary ['stætjuəri] *agg* statuario; da statua; scultoreo.

□ *s.* sculture; statue.

statue ['stætju:] *s.* statua.

statuesque [,stætju'esk] *agg* statuario; simile a statua.

statuette [,stætju'et] *s.* statuetta.

stature ['stætʃə*] *s.* statura *(anche fig.);* altezza *(di persona).*

status ['steitəs] *s.* **1** condizione sociale; grado; classe; rango; posizione; situazione; stato: *to have no official status,* non avere nessuna posizione ufficiale — *status symbol,* simbolo della propria posizione sociale — *status seeker,* arrampicatore sociale; chi cerca di migliorare la propria posizione. **2** stato giuridico: *status quo,* statu(s) quo.

statute ['stætju:t] *s.* legge scritta *(spec. parlamentare): statute law,* le leggi scritte — *statute book(s),* libri che contengono le leggi scritte emanate dal Parlamento.

statutory ['stætjutəri] *agg* stabilito, prescritto dalla legge.

staunch [stɔ:ntʃ] *agg* **1** *(di amico, sostenitore, ecc.)* fedele; leale; acceso; deciso. **2** stagno; impermeabile. **3** solido; massiccio. □ *avv* **staunchly.**

□ *s.* emostatico.

to **staunch** [stɔ:ntʃ] *vt* **1** arrestare, fermare un'emorragia. **2** controllare; arrestare *(il corso di una malattia).*

staunchness ['stɔ:ntʃnis] *s.* **1** fedeltà; lealtà. **2** impermeabilità. **3** solidità; stabilità.

stave ['steiv] *s.* **1** doga *(di barile).* **2** piolo *(di scala).* **3** strofa; stanza: *stave-rhyme,* allitterazione. **4** pentagramma; rigo musicale. **5** *(al pl.)* ⇨ **staff 1** *e* **7.**

to **stave** [steiv] *vt e i.* (*pass. e p. pass.* **staved** *o* **stove**) **1** *(seguito da* in*)* sfondare; rompere; fracassare; sfondarsi; rompersi; fracassarsi. **2** *(seguito da* off*)* tenere lontano; allontanare; ritardare; differire; scansare: *to stave off one's creditors,* tenere a bada i creditori — *to stave off disaster,* tenere lontano il pericolo — *to stave (off) sb from doing sth,* trattenere (impedire a) qcno dal (di) fare qcsa. **3** sistemare le doghe; fornire di doghe (un barile).

[1]**stay** [stei] *s.* **1** soggiorno; sosta; permanenza: *a three-week stay in Israel,* un soggiorno di tre settimane in Israele — *a month's stay in hospital,* un mese di degenza in ospedale. **2** pausa; fermata; arresto; sospensione *(nella procedura legale).*

[1]to **stay** [stei] *vi* **1** stare; restare; rimanere; fermarsi; trattenersi: *to stay in bed,* stare a letto — *stay-at-home, (fam., spesso attrib.)* persona che ama restare in casa; tipo casalingo — *to stay in a hotel,* stare in albergo — *to stay with friends,* essere ospite di amici — *Why don't you stay to dinner?,* Perché non ti fermi a pranzo? — *Stay where you are!,* Rimani dove sei! — *to stay put* ⇨ [2]**put** — *I'm too busy to stay,* Sono troppo occupato per fermarmi — *I stayed to see what would happen,* Mi fermai per vedere cosa sarebbe accaduto — *I can stay only a few minutes,* Posso trattenermi solo pochi minuti. **2** *(ant., generalm. all'imperativo)* aspettare; fermarsi: *Stay! You've*

forgotten one thing, Aspetta! Hai dimenticato una cosa.

□ *vt* **1** arrestare; fermare; sospendere; differire; rimandare: *to stay the progress of a disease,* arrestare il progredire d'una malattia — *to stay one's hand,* trattenersi (astenersi) dal fare qcsa — *to stay judgement (proceedings),* sospendere la sentenza (il procedimento legale). **2** resistere; reggere; sopportare: *to stay the course,* resistere fino alla fine del percorso (d'una gara, ecc.); resistere in una lotta, ecc. — *staying-power,* resistenza *(p.es. di un atleta).* **3** calmare: *to have a sandwich to stay one's hunger,* mangiare un panino per calmare la fame.

to stay in, stare (restare) in casa; *(mil.)* essere consegnato.

to stay out, rimanere fuori; restare fuori casa: *Tell the children they mustn't stay out,* Di' ai ragazzi che non devono restare fuori casa.

to stay up, rimanere alzato: *I stayed up reading until midnight,* Rimasi a leggere fino a mezzanotte.

²**stay** [stei] *s.* **1** supporto; appoggio; sostegno *(anche fig.).* **2** *(naut.)* straglio; controvento. **3** *(al pl., ant. o scherz.)* corsetto; busto.

²to **stay** [stei] *vt* puntellare; sostenere.

stay-at-home ['steiəthoum] *agg* ⇨ **to stay** *vi* **1.**

stayer ['steiə*] *s.* (*cfr.* **to stay** *vt* **2**) persona (o animale) che resiste alla fatica; *(sport)* fondista.

staying-power ['steiiŋ 'pauə*] *s.* ⇨ **to stay** *vt* **2.**

stead [sted] *s.* vece: *in a person's stead,* in sostituzione (in luogo) di una persona — *to stand sb in good stead,* essere di grande vantaggio a qcno; servire a qcno.

steadfast ['stedfɑ:st] *agg* fermo; risoluto; costante; inflessibile; tenace: *to be steadfast to one's principles,* essere fermo nei propri principi. □ *avv* **steadfastly.**

steadfastness ['stedfɑ:stnis] *s.* fermezza; risolutezza; costanza; inflessibilità; tenacia.

steadiness ['stedinis] *s.* **1** fermezza; sicurezza; fissità; stabilità. **2** regolarità; costanza. **3** impegno; serietà.

steady ['stedi] *agg* (**-ier**; **-iest**) **1** fisso; saldo; stabile; fermo: *to make a table steady,* rendere stabile un tavolo — *to be on a steady foundation,* essere su base solida, su solide fondamenta — *a steady faith,* una fede salda — *steady purposes,* saldi propositi. **2** costante; regolare; continuo: *a steady wind,* un vento costante — *a steady speed,* una velocità regolare — *a steady improvement,* un miglioramento costante. **3** posato; giudizioso; serio: *a steady young man,* un giovane serio — *a steady worker,* un serio lavoratore. □ *avv* **steadily.**

□ *avv* **1** con calma: *(Keep her) steady!, (naut.)* Barra dritta!; Avanti così! — *Steady (on)!,* Calma!; Attenzione!; Vacci piano!; Controllati! **2** fermo: *to hold sth steady,* tenere fermo qcsa. **3** *(nell'espressione) to be going steady,* filare; amoreggiare.

□ *s. (fam.)* innamorato (innamorata); fidanzato (fidanzata).

to **steady** ['stedi] *vt* rendere saldo; consolidare; rafforzare: *to steady a boat,* mettere in rotta (in equilibrio) una barca.

□ *vi* consolidarsi; rinforzarsi: *Prices are steadying,* I prezzi stanno stabilizzandosi — *to steady down,* mettere la testa a posto; mettere giudizio.

steak [steik] *s.* fetta *(di carne o pesce);* trancia.

steal [sti:l] *s.* **1** *(non molto comune)* furto. **2** *(per estensione: non molto comune)* oggetto rubato; refurtiva. **3** *(fam.)* (buon) affare: *It's a steal!,* È un affare!

to **steal** [sti:l] *vt e i.* (*pass.* **stole**; *p. pass.* **stolen**) **1** rubare: *Someone has stolen my watch,* Qualcuno mi ha rubato l'orologio — *I have had my watch stolen,* Mi è stato rubato l'orologio — *It is wrong to steal,* Rubare è peccato — *to steal a kiss from sb,* rubare un bacio a qcno — *to steal a look at sb,* dare un'occhiata furtiva a qcno. **2** *(seguito da preposizione che indica direzione, come* in, out, away, *ecc.)* muoversi, entrare (uscire, allontanarsi, ecc.) furtivamente, alla chetichella, di soppiatto: *He stole into the room,* Entrò di nascosto nella stanza — *A tear stole down her cheek,* Una lacrima scese furtiva sulla sua guancia.

□ *to steal a march on sb,* guadagnare terreno; prendersi un vantaggio su qcno — *to steal sb's thunder,* rubare la gloria (il merito) a qcno — *to steal the show,* monopolizzare l'attenzione.

stealing ['sti:liŋ] *s.* furto; ladreria.

stealth [stelθ] *s. (solo nell'espressione) to do sth by stealth,* fare qcsa furtivamente, segretamente, silenziosamente, di soppiatto.

stealthy ['stelθi] *agg* (**-ier**; **-iest**) furtivo; segreto; subdolo. □ *avv* **stealthily.**

steam [sti:m] *s.* **1** vapore; vapore acqueo. **2** energia; forza; pressione *(di una locomotiva o una nave a vapore): to proceed under one's own steam, (di nave o fig.)* andare avanti con le proprie forze (con i propri mezzi) — *to get up steam,* aumentare la pressione; *(fig.)* raccogliere le energie; infuriarsi — *Full steam ahead!,* Avanti a tutta forza! (a tutto vapore!) — *to keep up steam,* restare sotto pressione — *to work off steam,* calmarsi; sbollire — *to let off steam,* sfogare, scaricare la propria energia; sfogarsi; scatenarsi; scaricarsi — *steam-bath,* bagno turco; bagno di vapore — *steam-engine,* locomotiva — *steam-power,* energia del vapore; forza vapore.

to **steam** [sti:m] *vi e t.* **1** emettere, esalare vapore; fumare. **2** andare, navigare, procedere o funzionare a vapore. **3** cucinare a vapore o a bagnomaria; ammorbidire per mezzo del vapore; trattare con vapore.

to steam ahead, - **a)** avanzare; procedere *(di macchina a vapore)* - **b)** *(fam.)* fare grandi progressi; mettercela tutta.

to steam away, - **a)** evaporare - **b)** partire; allontanarsi *(di macchina a vapore).*

to steam off, staccare, scollare *(p.es. un francobollo)* col vapore.

to steam up, - **a)** *(di vetri)* appannarsi - **b)** *to get steamed up, (fam.)* montare in collera; 'incavolarsi'; infuriarsi.

steamboat ['sti:mbout] *s.* vapore; battello a vapore; vaporetto.

steamer ['sti:mə*] *s.* **1** (*anche* **steamship,** *abbr.* **s/s** *o* **SS**) nave a vapore; vapore; piroscafo; steamer. **2** pentola a pressione. **3** autoclave. **4** veicolo a vapore. **5** generatore di vapore.

to **steam-heat** ['sti:mhi:t] *vt* riscaldare a vapore.

steam-roller [,sti:m'roulə*] *s.* rullo compressore (stradale).

to **steam-roller** [,sti:m'roulə*] *vt* schiacciare con un rullo compressore; *(fig.)* schiacciare; annientare.

steamship ['sti:mʃip] *s.* ⇨ **steamer 1.**

steamy ['sti:mi] *agg* **1** fumante; che emana, che emette vapore. **2** umido; denso di vapore; appannato.

steed [sti:d] *s.* **1** *(lett.)* corsiero; destriero. **2** *(scherz.)* cavallo; bicicletta.

steel [sti:l] *s.* **1** acciaio: *a grip of steel,* un pugno di acciaio — *steel-clad,* corazzato; rivestito d'acciaio — *steel-hearted,* dal cuore d'acciaio — *stainless steel,* acciaio inossidabile. **2** *(spesso* cold steel, *arma bianca)* pugnale; arma bianca; lama; spada; *(fig.)* ferro; *(poet.)* acciaro: *an enemy worthy of one's steel, (retorico o* *fig.)* un avversario degno della propria spada. **3** cote; acciarino. **4** stecca d'acciaio *(per busti o sottane).* □ *steel band,* orchestra *(spec. dell'isola di Trinidad)* che adopera i bidoni, ecc. quali strumenti di percussione.

to **steel** [sti:l] *vt* **1** rivestire d'acciaio; corazzare. **2** *(fig.)* temprare; rendere duro come acciaio; indurire; corazzare: *to steel oneself (one's heart) to do sth,* temprarsi (temprare il proprio cuore) per compiere qcsa.

steelworks ['sti:lwɔ:ks] *s. (col v. al sing.)* acciaieria.

steely ['sti:li] *agg* d'acciaio; *(spec. fig.)* duro, forte e splendente come l'acciaio; inflessibile.

steelyard ['sti:ljɑ:d] *s.* **1** stadera. **2** valvola di sicurezza di caldaia.

steenbok ['sti:nbɔk] *s.* raficero.

steep [sti:p] *agg* **1** ripido; erto; scosceso: *a steep path,* un ripido sentiero. **2** *(fam.)* assurdo; eccessivo; esagerato; inverosimile: *It's a bit steep that I should pay for all of you!,* È semplicemente assurdo (È un po' grossa) che io debba pagare per tutti voi! — *That story's rather steep!,* Quella storia è piuttosto inverosimile! □ *avv* **steeply.**

to **steep** [sti:p] *vt* immergere; inzuppare; impregnare *(anche fig.): to steep gherkins in vinegar,* lasciare a bagno i cetrioli nell'aceto.

□ *vi* imbevere: *to be steeped in history,* essere imbevuto di storia.

to **steepen** ['sti:pən] *vt e i.* rendere (diventare, farsi) ripido.

steeping ['sti:piŋ] *s.* **1** bagnatura; immersione; macerazione; inzuppamento. **2** infusione.

steeple ['sti:pl] *s.* guglia; campanile: *steeple-jack,* operaio che compie riparazioni su guglie e campanili.

steeplechase ['sti:pltʃeis] *s.* **1** corsa ippica con ostacoli (nella campagna). **2** corsa podistica campestre; 'steeplechase'.

steeplechaser ['sti:pl,tʃeisə*] *s.* **1** fantino (cavallo) che corre in uno 'steeplechase'. **2** podista.

steeplechasing ['sti:pl,tʃeisiŋ] *s. (sport)* **1** corsa ippica con ostacoli. **2** corsa campestre.

steepness ['sti:pnis] *s.* ripidità; inclinazione; pendenza.

steer [stiə*] *s.* manzo. □ *a bum steer, (USA, fam.)* un cattivo consiglio.

to **steer** [stiə*] *vt e i.* **1** manovrare; dirigere il corso; guidare; pilotare: *to steer by the stars,* dirigere il corso (la rotta) seguendo le stelle — *to steer north,* dirigere il corso (la rotta) verso il nord; fare rotta verso nord — *a steering committee,* un comitato direttivo. **2** *(con senso passivo)* manovrarsi; lasciarsi manovrare; lasciarsi guidare; rispondere alla guida: *a ship that steers well,* una nave che si guida bene (che risponde bene alla guida). □ *to steer clear of sth (sb), (fig.)* evitare (scansare) qcsa (qcno) — *to steer one's course,* volgere il corso; fare rotta; dirigersi.

steerage ['stiəridʒ] *s. (solo al sing. o usato attrib.)* **1** governo del timone; rispondenza: *steerage way,* abbrivo sufficiente per governare una nave con il timone. **2** *(ant.* = tourist class, *classe turistica)* ponte; posto di ponte; posto di terza classe: *to go (to travel) steerage,* andare (viaggiare, fare la traversata) in classe turistica.

steering ['stiəriŋ] *s.* governo; comando; sterzo: *steering-wheel,* - **a)** *(di nave)* ruota del timone - **b)** *(di automobile)* volante.

steersman ['stiəzmən] *s.* (*pl.* **steersmen**) pilota; timoniere.

stele ['sti:li] *s.* (*pl.* **stelae**) stele.

stellar ['stelə*] *agg* stellare.

[1]**stem** [stem] *s.* **1** stelo; gambo; picciolo; ceppo; fusto: *underground stem, (bot.)* rizoma. **2** parte di un oggetto a forma di stelo, gambo, ecc.: *the stem of a glass (a pipe),* il gambo (lo stelo) di un bicchiere (il bocchino di una pipa) — *the stem of a note,* la gamba di una nota (musicale). **3** *(di parola)* radice. **4** dritto di prora: *from stem to stern,* da prua a poppa; *(fig.)* da cima a fondo; completamente. **5** *(di famiglia)* ceppo; ramo; stirpe.

[2]**stem** [stem] *s. (sci)* 'spazzaneve'.

[1]to **stem** [stem] *vi* (**-mm-**) nascere; derivare; sorgere: *to stem from sth,* derivare (scaturire) da qcsa.

[2]to **stem** [stem] *vt* (**-mm-**) **1** arginare; contenere. **2** *(fig.)* bloccare; tamponare; arrestare: *to stem the tide of popular indignation,* arrestare l'ondata di sdegno popolare.

-stemmed [stemd] *(nei composti)* dallo stelo; dal gambo; dal tronco: *long- (short-, thick-) stemmed,* dallo stelo (dal gambo, dal tronco) lungo (corto, spesso).

stench [stentʃ] *s.* tanfo; puzzo.

stencil ['stensl] *s.* **1** stampino; mascherina. **2** decorazione a stampino. **3** marchio. **4** matrice di ciclostile: *stencil copy,* copia in ciclostile.

to **stencil** ['stensl] *vt* (**-ll-**; *USA* **-l-**) **1** riprodurre a stampino; stampinare. **2** *(fam.)* ciclostilare.

stenographer [ste'nɔgrəfə*] *s.* stenografo.

stenography [ste'nɔgrəfi] *s.* stenografia.

stentorian [sten'tɔ:riən] *agg (di voce)* stentoreo.

step [step] *s.* **1** passo *(anche fig.);* andatura: *to take a step forward (back),* fare un passo avanti (indietro) — *We must retrace our steps,* Dobbiamo tornare sui nostri passi — *It's only a few steps farther,* È qui a pochi passi — *step by step,* passo a passo; gradualmente; poco alla volta — *one step,* 'one-step' — *two-step,* passo doppio — *We heard steps outside,* Sentimmo dei passi all'esterno — *That's Cindy: I recognize her step,* Sta arrivando Cindy: la riconosco dal passo — *to be in step with sb,* stare al passo con qcno — *to be out of step,* essere fuori passo, giù di passo — *to keep step with sb,* tenere il passo con qcno — *to take a false step,* fare un passo falso — *to break step,* perdere il passo; andare fuori passo; cambiare il passo — *When did you get your step up?,* Quando sei passato di grado? — *Watch your step!,* Fai attenzione!; Sii prudente! **2** gradino; scalino: *Mind the step!,* Sta' attento al gradino! — *a pair of steps,* una scala (scaletta) doppia — *The child was sitting on the bottom step,* Il fanciullo era seduto sul gradino più basso — *The guide cut steps in the ice,* La guida tagliava gradini nel ghiaccio. **3** *(fig.)* misura; provvedimento: *to take steps to prevent an epidemy,* prendere delle misure per impedire un'epidemia — *That would be a rash step,* Sarebbe un passo avventato, un provvedimento affrettato — *What's the next step?,* E ora che si fa?; Qual è la prossima mossa? — *to take legal steps,* adire le vie legali.

to **step** [step] *vi e t.* (**-pp-**) **1** fare un passo; dirigersi (verso); camminare; andare; venire *(generalm. seguito da avv. o prep. che indica direzione: per particolari usi idiomatici ⇨ in coda): Step this way, please!,* Da questa parte, prego!; Si accomodi di qua, prego! — *to step across the road,* attraversare la strada — *to step across a stream,* attraversare un corso d'acqua — *to step aside,* farsi da parte; tirarsi in disparte; fare una digressione — *to step back,* fare un passo indietro; indietreggiare — *to step forward,* avanzare; fare un passo avanti — *to step in,* entrare; *(fig.)* intervenire; intromettersi — *to step into a boat,* entrare (salire) in una barca — *to step off (out),* scendere — *to step on sth,* camminare su qcsa; pestare (premere, schiacciare) qcsa *(col piede)* — *to step on the gas,* schiacciare l'acceleratore; andare a tutta birra; *(fig.)* stringere i tempi — *Step on it!, (fam.)* Muoviti!; Sbrigati! — *to step lively,* affrettarsi; fare presto — *to step into the breach, (fig.)* prendere il posto di qcno — ⇨ *anche* **stepping-stone. 2** *(fam.)* ballare; danzare. **3** *(naut.)* sistemare (l'albero) nella scassa.

to step down, - **a)** discendere - **b)** *(elettr.)* diminuire *(la tensione)* - **c)** dimettersi; rinunciare *(ad un posto, una candidatura).*

to step out, - **a)** uscire - **b)** *(spesso* to step it out*)* affrettarsi; muovere il passo - **c)** *(USA, fam.)* divertirsi.

to step up, - **a)** aumentare: *to step up production,* aumentare la produzione - **b)** *(elettr.)* elevare, aumentare *(la tensione).*

step- [step] *prefisso: step-child, step-son, step-daughter,* figliastro; figliastra — *step-father, step-mother (pl.* step-parents*),* patrigno; matrigna — *step-brother, step-sister,* fratellastro; sorellastra.

step-ins ['stepins] *s. pl (sl.)* indumenti intimi femminili.

steppe [step] *s.* steppa.

stepped [stept] *agg* a gradini.

stepping-stone [ˌstepiŋ'stoun] *s.* pietra per guadare; *(fig.)* passo; gradino: *a first stepping-stone to success,* il primo passo verso il successo.

stepwise ['stepˌwaiz] *avv* a mo' di scala.

stereo ['stiəriou] *agg* (*abbr. fam. di* **stereophonic**) stereofonico.

stereophonic [ˌsteriə'founik] *agg* (*abbr. spesso in* **stereo**) stereofonico.

stereophony [ˌstiəri'ɔfəni] *s.* stereofonia.

stereoscope ['steriəskoup] *s.* stereoscopio.

stereoscopic [ˌsteriə'skɔpik] *agg* stereoscopico.

stereotype ['steriətaip] *s.* stereotipo; 'cliché' *(anche fig.).*

to **stereotype** ['steriətaip] *vt* **1** stereotipare; stampare per mezzo di stereotipo. **2** *(generalm. usato al p. pass.)* fissare; cristallizzare: *stereotyped greetings,* saluti stereotipati, convenzionali.

sterile ['sterail] *agg* sterile *(anche fig.);* infecondo.

sterility [ste'riliti] *s.* sterilità.

sterilization [ˌsterilai'zeiʃən] *s.* sterilizzazione.

to **sterilize** ['sterilaiz] *vt* sterilizzare; rendere sterile.

sterilizer ['sterilaizə*] *s.* sterilizzatore.

sterling ['stə:liŋ] *agg* **1** *(dell'oro)* a 22 carati *(titolo 916/1000); (dell'argento)* titolo 925/1000 *(o di moneta, dal 1920 in poi, 500/1000).* **2** *(riferito alla 'lira' britannica)* sterlina: *five pounds sterling, (abbr.:* stg.*)* cinque lire sterline — *the sterling area,* l'area della sterlina — *How much is that in sterling?,* Quanto fa in sterline? **3** *(di qualità, ecc.)* schietto; sincero; solido; genuino.

□ *s.* sterlina *(solo al sing.).*

[1]**stern** [stə:n] *agg* rigido; rigoroso; severo; austero; duro: *to be made of sterner stuff,* essere di tempra dura. □ *avv* **sternly.**

[2]**stern** [stə:n] *s.* **1** poppa *(di un'imbarcazione): stern wheeler,* battello a ruota posteriore. **2** parte posteriore; coda *(spec. di cane da caccia); (fam.)* deretano.

sternness ['stə:nis] *s.* severità; rigorosità; austerità; durezza.

sternum ['stə:nəm] *s.* (*pl.* **sterna**) sterno.

sternward ['stə:nwəd] *agg e avv (naut.)* a poppa; verso poppa.

sternwards ['stə:nwədz] *avv (naut.)* verso poppa.

stertorous ['stə:tərəs] *agg (di respiro)* rantoloso; rumoroso; stertoroso.

stet [stet] *(lat.) voce verbale (tipografia)* 'vive'.

stethoscope ['steθəskoup] *s.* stetoscopio.

stetson ['stetsən] *s. (dal nome del primo fabbricante)* cappello da 'cowboy' a falda larga.

stevedore ['sti:vidɔ:*] *s.* stivatore; scaricatore di porto.

stew [stju:] *s.* **1** stufato: *Irish stew,* spezzatino di montone stufato. **2** *(fam.)* (stato di) ansia; apprensione: *to be in a stew,* essere in uno stato di apprensione, molto agitato.

to **stew** [stju:] *vt e i.* **1** stufare; cuocere; far cuocere in umido: *stewing pears,* pere da cuocere *(da mangiare cotte, non crude)* — *to let a person stew in his own juice,* lasciare cuocere qcno nel proprio brodo — *The tea is stewed,* Il tè è troppo forte (carico, per eccesso di infusione). **2** *(fig.)* soffrire per il caldo afoso; soffocare: *It's stewing outside,* Fuori si muore dal caldo. **3** *(fam.)* stare in apprensione, in ansia. **4** *(sl.)* sgobbare; studiare intensamente.

steward [stjuəd] *s.* **1** maggiordomo; dispensiere; amministratore; economo *(di casa privata, circolo, collegio, ecc.);* amministratore; fattore *(di una grossa proprietà terriera).* **2** *(su navi, aerei)* 'steward'; assistente di bordo; addetto; cameriere: *the baggage (cabin, deck, ecc.) steward,* l'addetto ai bagagli (di cabina, di coperta, ecc.). **3** cerimoniere. **4** *(nei cortei, nei comizi)* membro del servizio d'ordine: *The hecklers were thrown out by the stewards,* I disturbatori vennero cacciati via da membri del servizio d'ordine.

stewardess ['stjuədis] *s.* **1** economa; dispensiera. **2** hostess; assistente di bordo.

stewardship ['stjuədʃip] *s.* amministrazione; gestione.

stick [stik] *s.* **1** bastone; stecco; bastoncino; bacchetta *(anche, fam., di direttore d'orchestra): to gather dry sticks to make fire,* raccogliere dei fuscelli secchi per accendere il fuoco — *The old man cannot walk without a stick,* Il vecchio non può camminare senza bastone — *shooting-stick* ⇨ **shooting** — *to take a stick to sb,* bastonare qcno — *Give that boy the stick,* Usa la bacchetta con quel ragazzaccio (fallo rigare dritto). **2** pezzo; stecca; gambo; spezzone: *a stick of chalk,* un pezzo di gesso — *a stick of sugar-candy (sealing-wax),* una stecca di zucchero filato (di ceralacca) — *a stick of celery,* un gambo di sedano — *a stick of bombs,* un grappolo di bombe — *a stick of dynamite,* un candelotto di dinamite — *a stick of type,* un compositoio. **3** *(fam., un po' desueto)* tipo; individuo. **4** (*USA, fam., al pl.:* **the sticks**) i boschi; le zone agresti: *to be out in the sticks,* essere al di fuori *(di una questione, ecc.).* **5** *(sl., naut.)* albero maestro; pennone.

□ *You've got (hold of) the wrong end of the stick,* Hai preso un abbaglio, una cantonata — *We have only a few sticks of furniture,* Abbiamo solo quattro mobili sgangherati — *over the sticks, (sl.)* corsa ippica ad ostacoli — *to use the big stick,* usare la mano forte.

[1]to **stick** [stik] *vt* sostenere, puntellare con bastoni, pali: *Have you sticked your vines yet?,* Avete già puntellato le viti?

[2]to **stick** [stik] *vt e i.* (*pass. e p. pass.* **stuck**) **1** conficcare; ficcare; infilare: *to stick a fork into a potato,* conficcare una forchetta in una patata — *The needle stuck in my finger,* L'ago mi si conficcò nel dito — *The cushion was stuck full of pins,* Il cuscino era pieno di spilli — *He stuck his pen behind his ear,* Si

infilò la penna dietro l'orecchio — *He stuck his hands in his pockets,* Si cacciò (Si mise) le mani in tasca.
2 attaccare, attaccarsi; incollare, incollarsi: *to stick a stamp on a letter,* incollare un francobollo su una lettera — *These stamps have stuck (together),* Questi francobolli si sono attaccati (insieme) — *to stick a placard on the hoarding,* affiggere un manifesto sul tabellone — *The name stuck,* Quel nome gli rimase — *Stick no bills!,* Vietata l'affissione! — *sticking-plaster,* cerotto.
3 piantarsi; incepparsi; bloccarsi; fermarsi: *The bus stuck in the mud,* L'autobus si impantanò — *The key stuck in the lock,* La chiave si inceppò nella serratura — *to stick in sb's throat,* conficcarsi in gola; non andare né su né giù; *(fig.: di proposta, ecc.)* essere difficile da mandar giù, da accettare.
4 *(fam.)* sopportare; resistere: *How can you stick that fellow?,* Come puoi sopportare quel tipo? — *I can't stick it any longer,* Non resisto più; Non lo sopporto più; Non ce la faccio più — *Stick it!,* Forza!; Tieni duro!
to stick around, non allontanarsi; restare nelle vicinanze.
to stick at, - **a)** fermarsi, arrestarsi, esitare (di fronte a): *He sticks at nothing,* Non s'arresta davanti a nulla — ⇨ *anche* **stick-at-nothing** - **b)** applicarsi *(ad un lavoro, ecc.): Don't stick at trifles,* Non perderti in un bicchier d'acqua — *He sticks at his work ten hours a day,* Lavora indefessamente per dieci ore al giorno.
to stick by, restare fedele a (qcno, a un principio).
to stick down, - **a)** posare; mettere giù: *Stick it down anywhere you like,* Posalo dove ti pare - **b)** buttar giù (appunti, ecc.) - **c)** incollare: *to stick down (the flap of) an envelope,* incollare una busta.
to stick on, - **a)** rimanere su: *Can you stick on a horse?,* Ce la fai a restare su un cavallo? - **b)** *to stick sth on,* incollare qcsa - **c)** *(fam.) to stick it on,* far pagar caro, salato; aumentare i prezzi: *The hotel-keepers stick it on during the busy season,* Gli albergatori fanno dei prezzi salati durante le stagioni alte.
to stick out, - **a)** sporgere: *Your handkerchief is sticking out of your pocket,* Ti spunta il fazzoletto dalla tasca — *It sticks out a mile!, (fam.)* È lampante! - **b)** cacciar fuori: *Don't stick your tongue out at your sister!,* Non fare le linguacce a tua sorella! — *to stick out one's chest,* gonfiare il petto; stare col petto in fuori — *Don't stick your head out of the window,* Non sporgere la testa dal finestrino — *to stick one's neck out, (fig.)* esporsi al pericolo, biasimo, ecc. - **c)** *to stick it out,* sopportare fino alla fine, tenere duro - **d)** *to stick out for sth,* tener duro (per ottenere qcsa); non cedere: *They're sticking out for higher wages,* Tengono duro per ottenere dei salari più alti.
to stick to, - **a)** restar fedele *(ai propri ideali, a un amico, ecc.): to stick to the point,* restare in argomento — *Do you still stick to your story?,* Si attiene ancora alla Sua versione dei fatti? - **b)** *to stick to it (to one's work),* lavorare sodo.
to stick together, - **a)** attaccarsi; incollarsi; appiccicarsi - **b)** *(fam.)* rimanere fedele l'uno all'altro; essere amici.
to stick up, - **a)** drizzare; sporgere: *The branch stuck up out of the water,* Il ramo sporgeva dall'acqua - **b)** ordinare (a qcno) di levare le mani in alto: *'Stick 'em up!', cried the gunman,* 'Mani in alto!', gridò il bandito — *to stick up the bank,* fare una rapina alla banca - **c)** *to stick up for sb,* sostenere; difendere: *to stick up for a friend,* prendere le difese di un amico - **d)** *to stick up to sth (sb),* resistere, tener testa a qcsa (qcno) - **e)** *to be stuck up,* essere borioso (presuntuoso, arrogante).
to stick with, - **a)** rimanere (a fianco di qcno); stare (alle costole di qcno) - **b)** *to be stuck with sb, (fam.)* non riuscire a liberarsi di qcno.

stick-at-nothing ['stik ət 'nʌθiŋ] *agg (fam.)* temerario; che non si ferma davanti a nulla.

sticker ['stikə*] *s.* **1** *(fam.)* persona tenace, perseverante. **2** etichetta adesiva.

stickiness ['stikinis] *s.* viscosità; appiccicosità.

stick-in-the-mud ['stikinðəmʌd] *agg* lento; tardo; retrogrado.
□ *s.* persona lenta, tarda; posapiano: *Our headmaster is an old stick-in-the-mud,* Il nostro preside è un vecchio fossile.

stickleback ['stiklbæk] *s.* spinarello.

stickler ['stiklə*] *s. (seguito da* for*)* assertore; accanito sostenitore; individuo pignolo, intransigente: *He is a stickler for discipline,* Insiste molto sulla disciplina.

stick-on ['stikɔn] *agg* adesivo: *stick-on labels,* etichette adesive.

stick-up ['stikʌp] *s.* (⇨ **to stick up** *b*) rapina a mano armata.

sticky ['stiki] *agg* (**-ier**; **-iest**) **1** appiccicoso; appiccicaticcio; adesivo; viscoso; viscido; attaccaticcio. **2** *(fam., del tempo)* afoso; umido e caldo. **3** *(fam.)* pignolo; complicato; che fa obiezioni o difficoltà; che pone ostacoli, obiezioni. **4** difficile; arduo: *to have a sticky time,* attraversare un momento difficile — *to come to a sticky end, (sl.)* finire male; fare una brutta fine — *per 'a sticky wicket'* ⇨ **wicket.** □ *avv* **stickily.**

stiff [stif] *agg* **1** rigido; duro; irrigidito: *a stiff collar,* un colletto rigido, duro — *a sheet of stiff cardboard,* un foglio di cartone rigido — *to have a stiff back,* avere la schiena rigida — *to have a stiff neck,* avere il torcicollo — *to be stiff-necked, (fig.)* essere cocciuto, testardo — *to feel stiff after a long walk,* sentirsi irrigidito (indolenzito) dopo una lunga camminata — *to keep a stiff upper lip,* stringere i denti; tener duro; mostrare fermezza di carattere. **2** duro; compatto; denso; sodo: *Stir the flour and milk to a stiff paste,* Mescolare la farina e il latte fino ad ottenere una pasta compatta. **3** *(fig., di comportamento, ecc.)* freddo; formale; contegnoso; riservato; altero: *to get a stiff reception,* essere ricevuto con freddezza — *to give sb a stiff bow,* fare a qcno un inchino formale (contegnoso); salutare freddamente qcno. **4** *(fig., di compito)* difficile; duro; arduo: *The book is stiff reading,* Il libro è difficile a leggersi (non è di facile lettura) — *a stiff climb,* un'ardua ascensione. **5** *(fig.)* forte; intenso; alto; gagliardo; elevato *(di prezzi): a stiff breeze,* una forte brezza — *a stiff price,* un prezzo alto — *a stiff bill,* un conto salato — *a stiff drink,* una bevanda fortemente alcoolica. □ *avv* **stiffly.**
□ *s.* **1** *(fam.)* morto; salma. **2** *(fam., generalm.* big stiff*)* cretino; imbecille.
□ *avv* moltissimo; fino a starne male: *It bored me stiff,* Mi annoiò da morire — *She was scared stiff,* Era morta dalla paura; Era irrigidita dallo spavento.

to **stiffen** ['stifn] *vt* **1** irrigidire; consolidare; rassodare. **2** incoraggiare; spronare: *to stiffen sb's morale,* sollevare il morale di qcno. **3** correggere *(una bevanda, ecc.);* rendere più forte.
□ *vi* **1** irrigidirsi; consolidarsi; rafforzarsi; indurirsi. **2** irrigidirsi; intorpidirsi; indolenzirsi.

stiffener ['stifnə*] *s.* **1** cosa che rinforza, che dà maggior sostegno o rigidezza; chi dà la colla o l'appretto *(a tessuti, ecc.)*; *(mecc.)* elemento di rinforzo. **2** *(fam.)* tonico; bicchierino di liquore stimolante.

stiffening ['stifniŋ] *s.* **1** indurimento; rassodamento; irrigidimento; intorpidimento; indolenzimento. **2** imbottitura; rinforzo; elemento di rinforzo. **3** *(industria tessile)* colla; appretto; amido; sostanza usata per rassodare o irrigidire.

stiffness ['stifnis] *s.* **1** rigidezza; durezza; compattezza; consistenza; densità. **2** *(di clima)* rigore; freddezza. **3** *(del vento, ecc.)* intensità; forza; violenza.

to **stifle** ['staifl] *vt e i.* *(letteralm. o fig.)* soffocare; reprimere; trattenere.

stigma ['stigmə] *s.* **1** marchio; segno; macchia *(anche fig.)*. **2** (*al pl.* **stigmata**) stimmate. **3** *(bot.)* stigma.

to **stigmatize** ['stigmətaiz] *vt* stigmatizzare; bollare; marchiare.

stile [stail] *s.* scaletta per scavalcare una siepe o un muretto.

stiletto [sti'letou] *s.* (*pl.* **stilettos, stilettoes**) stiletto; pugnaletto. □ *stiletto heels,* tacchi a spillo.

[1]**still** [stil] *agg* **1** quieto; calmo; tranquillo; fermo; immobile: *Please (keep) still while I take your photograph,* Fermi, per favore, mentre scatto la foto — *How still everything is!,* Com'è tutto calmo!; Che quiete!; Che tranquillità! — *the still small voice,* la voce della coscienza. **2** *(di vini)* non spumante. □ *still-life (pl. still-lifes), (pittura)* natura morta; quadro di natura morta.
□ *s.* *(poet.)* calma; tranquillità; silenzio; quiete; pace profonda: *in the still of the night,* nella quiete della notte.

[1]to **still** [stil] *vt* calmare; acquietare; placare.
□ *vi* calmarsi; acquietarsi; placarsi.

[2]**still** [stil] *avv* **1** ancora; tuttora; sempre: *He is still busy,* È ancora occupato; Ha ancora da fare — *He still hopes (He is still hoping) for a letter from her,* Spera ancora (Spera sempre; Continua ancora a sperare) in una sua lettera — *Will he still be here when I get back?,* Sarà ancora qui al mio ritorno? — *In spite of all his faults she still loved him (più lett.: she loved him still),* Nonostante tutti i difetti gli voleva ancora bene (gli voleva bene lo stesso). **2** *(con un comparativo)* anche; ancora; persino; di molto: *That would be better still (still better),* Ciò sarebbe ancora meglio (meglio ancora) — *still more,* ancor più — *still less,* ancor meno — *Tom is tall but Mary is still taller (taller still),* Tom è alto ma Mary lo è ancor di più. **3** pure; eppure; tuttavia; nondimeno; comunque; lo stesso: *He has treated you badly: still, he's your brother and you ought to help him,* Si è comportato male con te, è comunque tuo fratello e dovresti aiutarlo.

[3]**still** [stil] *s.* **1** alambicco. **2** distillatore; distilleria: *still-house, (USA)* distilleria — *still-room,* dispensa *(spec. di grande casa antica)*; sala o laboratorio di distilleria.

[2]to **still** [stil] *vt* *(ant.)* distillare; fabbricare *(liquori)*.

still-birth ['stil,bə:θ] *s.* parto di un feto morto.

still-born ['stil,əbɔə:n] *agg* **1** nato morto. **2** *(fig., spec. di idee, progetti)* abortito; fallito; non riuscito.

stillness ['stilnis] *s.* calma; quiete; silenzio; tranquillità; immobilità.

stilt [stilt] *s.* trampolo; *(talvolta)* palafitta: *to walk on stilts,* camminare sui trampoli — *stilt bird,* trampoliere.

stilted ['stiltid] *agg* *(di stile)* artificioso; ampolloso.

stimulant ['stimjulənt] *s.* (sostanza) stimolante; eccitante.

to **stimulate** ['stimjuleit] *vt* stimolare; spronare; incitare; incoraggiare.

stimulating [,stimju'leitiŋ] *agg* stimolante; eccitante. □ *avv* **stimulatingly.**

stimulus ['stimjuləs] *s.* (*pl.* **stimuli**) stimolo; incentivo; impulso.

sting [stiŋ] *s.* **1** pungiglione; aculeo: *sting-ray,* pastinaca; razza dalla coda con aculei. **2** spina; pelo urticante *(di alcune piante)*. **3** puntura; punzecchiatura; *(fig.)* trafittura; dolore acuto; morso: *the sting of a whip,* il colpo doloroso di una sferza — *the sting of hunger,* il morso della fame. **4** *(fam.)* mordente: *His service has no sting in it, (al tennis)* Il suo servizio non ha mordente.

to **sting** [stiŋ] *vt e i.* (*pass. e p. pass.* **stung**) **1** pungere; punzecchiare; essere pungente, irritante; irritare; far bruciare: *a stinging remark,* un'osservazione pungente — *a stinging blow,* un bel ceffone — *stinging-nettles,* ortiche. **2** ferire; tormentare; colpire acerbamente. **3** stimolare; spronare; pungolare: *Anger stung him to action,* La collera lo stimolò (lo pungolò) all'azione. **4** bruciare; fare molto male; essere dolorante: *Does it sting?,* Brucia?; (Ti) fa male? — *to be stung to the quick,* essere punto sul vivo — *to be stung with envy,* essere punto dall'invidia. **5** *to sting sb for sth,* sganciare qcsa a qcno: *He was stung for fifty pounds,* Ci rimise cinquanta sterline.

stinger ['stiŋə*] *s.* **1** aculeo. **2** insetto, pianta, risposta che punge.

stinginess ['stin*d*ʒinis] *s.* spilorceria; meschinità; grettezza, avarizia.

stinging ['stiŋiŋ] *agg* ⇨ **to sting.**

stingless ['stiŋlis] *agg* privo di pungiglione; senza spine; *(fig.)* innocuo; privo di mordente.

stingy ['stin*d*ʒi] *agg* (**-ier; -iest**) avaro; spilorcio; taccagno. □ *avv* **stingily.**

stink [stiŋk] *s.* **1** puzza; puzzo; fetore: *stink-bomb,* bomba-giocattolo puzzolente. **2** *(al pl., sl. studentesco)* chimica. □ *to raise a stink, (fam., fig.)* fare il diavolo a quattro; piantare una grana.

to **stink** [stiŋk] *vi e t.* (*pass.* **stank** *o* **stunk**; *p. pass.* **stunk**) **1** puzzare; essere fetido; emanare fetore: *to stink the place out, (fam.)* impestare l'ambiente — *to stink to high heaven,* mandare un puzzo terribile — *to stink of money; to be stinking rich, (fam.)* puzzare di denaro; essere ricco sfondato — *to cry stinking fish,* darsi la zappa sui piedi. **2** *(seguito da* out*)* stanare per mezzo del fetore; costringere a uscire per il cattivo odore. □ *to stink sth a mile off (miles away), (sl.)* sentire l'odore di qcsa a miglia di distanza — *a stinking cold, (fam.)* un forte raffreddore.

stinker ['stiŋkə*] *s.* *(fam.)* **1** individuo puzzolente, fetente; persona molto sgradevole. **2** letteraccia; lettera di biasimo o di insulti, di disapprovazione grave.

stinking ['stiŋkiŋ] *agg* ⇨ **to stink.**

[1]**stint** [stint] *s.* **1** limite; restrizione: *(generalm. nell'espressione) without stint,* senza limite. **2** porzione; quantità assegnata *(di lavoro)*; compito: *to do one's daily stint,* fare la propria dose di lavoro quotidiano. **3** periodo di lavoro (di servizio).

to **stint** [stint] *vt e i.* privare; sottoporre a limitazioni; razionare; fare economia; risparmiare: *to stint oneself (of sth),* tirare la cinghia; privarsi, fare economia (di qcsa).

[2]**stint** [stint] *s.* *(zool.)* piovanello.

stipend ['staipend] *s.* *(spec. per gli ecclesiastici)* stipendio; remunerazione; beneficio; prebenda: *Mass stipend,* l'offerta per le Messe.

stipendiary [stai'pendjəri] *agg* stipendiato; che riceve

uno stipendio: *stipendiary magistrate, (GB)* magistrato stipendiato *(di grande città di provincia).*
□ *s.* = *stipendiary magistrate.*

to **stipple** ['stipl] *vt* punteggiare *(nel disegno o nella pittura).*

to **stipulate** ['stipjuleit] *vt e i.* **1** convenire; pattuire; stabilire: *The contract stipulates that payment shall be in dollars,* Il contratto stabilisce che il pagamento venga effettuato in dollari. **2** *(seguito da* for*)* insistere; esigere come condizione essenziale; pretendere: *to stipulate for the best materials to be used,* insistere (esigere come condizione essenziale) che vengano usati i materiali migliori.

stipulation [,stipju'leiʃən] *s.* condizione; convenzione; patto; accordo: *on the stipulation that...,* a patto (a condizione) che...

[1]**stir** [stə:*] *s.* **1** rimescolata. **2** *(di solito al sing.)* trambusto; subbuglio; agitazione; eccitazione; scompiglio: *The news caused quite a stir (made a great stir) in the village,* La notizia provocò un certo scompiglio (fece una grande sensazione) nel villaggio.

to **stir** [stə:*] *vi e t.* **(-rr-)** **1** muovere, muoversi; agitare, agitarsi: *She is not stirring yet,* Non si è ancora mossa (È ancora a letto) — *to stir abroad,* uscire (di casa) — *You had better stir yourself,* Faresti meglio a muoverti (a darti da fare) — *not to stir a finger,* non muovere un dito — *to stir one's stumps* ⇨ **stump 4.** **2** rimescolare; agitare: *to stir the fire,* attizzare il fuoco. **3** *(fig.)* eccitare; commuovere; stimolare: *He wants stirring up,* Ha bisogno di essere stimolato — *to stir the blood,* fare bollire (scaldare) il sangue; infiammare; entusiasmare. **4** suscitare; fare nascere; nascere; accendersi; sorgere; insorgere: *Pity stirred in his heart,* La pietà si accese (sorse) nel suo cuore.

[2]**stir** [stə:*] *s. (sl.)* prigione; carcere: *to be in stir,* stare al fresco.

stirring ['stəriŋ] *agg* eccitante; entusiasmante; stimolante; emozionante; commovente. □ *avv* **stirringly.**

stirrup ['stirəp] *s.* staffa: *stirrup bone,* staffa (osso dell'orecchio) — *stirrup cup,* bicchiere della staffa — *stirrup-pump,* pompa antincendio portatile *(munita di staffe per tenerla ferma).*

stitch [stitʃ] *s.* **1** punto *(di cucito, di maglia o in chirurgia): to drop a stitch,* scalare (diminuire) di un punto; *(per errore)* lasciare cadere una maglia — *to put stitches into (to take stitches out of) a wound,* dare dei punti a (togliere dei punti da) una ferita — *to have not a stitch on, (fam.)* non avere panni addosso; essere completamente nudo — *A stitch in time saves time, (prov.)* Un punto a tempo ne risparmia cento — *chain-stitch,* punto catenella — *herring-bone stitch,* punto a spina (spigato). **2** *(solo al sing.)* fitta di dolore al fianco.

to **stitch** [stitʃ] *vt e i.* cucire; dare dei punti; *(chirurgia)* suturare: *to stitch sth on,* applicare qcsa (cucendo) — *to stitch sth up,* rimarginare qcsa.

stoat [stout] *s.* **1** donnola. **2** ermellino *(in estate, quando ha la pelliccia bruna).*

stock [stɔk] *s.* **1** fusto; tronco; ceppo; ciocco *(di albero).* **2** portainnesto. **3** base; sostegno; asta; *(di fucile)* calcio; *(di frusta)* manico; *(di aratro)* barra; *(di ancora)* traversa: *lock, stock and barrel, (fig.)* completamente. **4** ceppo; stirpe; origine: *of Puritan (farming, ecc.) stock,* di origine puritana (contadina, ecc.) — *stocks and stones,* - **a)** oggetti, cose inanimate - **b)** *(fig.)* gente ottusa, insensibile, pigra — *stock-still, (avv.)* immobile; senza movimento; inerte — *laughing-stock,* oggetto di scherno; zimbello. **5** materiale: *rolling stock,* materiale rotabile — *stock-in-trade, (anche fig.)* ferri del mestiere; mercanzia. **6** brodo: *chicken stock,* brodo di pollo. **7** approvvigionamenti; disponibilità; scorta; riserva *(di merce): to be in stock (out of stock),* essere disponibile (esaurito) — *to take stock,* fare l'inventario *(della merce in magazzino)* — *stock-taking,* inventario — *stock book,* libro magazzino; libro inventari — *to take stock of sth, (fig.)* fare il punto (di una situazione); ponderare; valutare. **8** *(anche* live-stock*)* bestiame; scorte vive: *fat stock,* bestiame grasso; bestiame da (pronto per la) macellazione — *dead stock,* scorte morte — *stock-raising,* allevamento del bestiame. **9** quantità; provvista; scorta: *to get in stocks of coal and coke,* fare la scorta di carbone e coke — ⇨ *anche* **to stockpile, stockpiling.** **10** capitale sociale; *(al pl.)* titoli; obbligazioni; *(USA)* azioni: *stock-broker,* agente di cambio — *stock exchange,* Borsa valori; Borsa titoli — *stock jobber,* speculatore; giocatore di Borsa — *joint stock company,* società per azioni — *stock market,* mercato finanziario; mercato titoli ed azioni. **11** *(al pl.)* taccata; sostegno della chiglia di una nave in riparazione o in costruzione: *on the stocks,* in cantiere; *(fig., di progetto, opera, ecc.)* in allestimento; in preparazione. **12** *(al pl.)* ceppi; gogna. **13** collare. **14** *(bot.)* violaciocca.
□ *agg attrib* comune; di uso comune; di repertorio; consueto; solito: *the stock answer,* la solita risposta — *stock car,* automobile di serie usata per gare; 'stock car' — *stock photo,* foto d'archivio — *stock sizes,* misure correnti — *stock company,* compagnia (teatrale) di repertorio.

to **stock** [stɔk] *vt* **1** approvvigionare; fornire; rifornire; provvedere: *to stock a shop with goods,* fornire di merce un negozio — *well-stocked,* ben rifornito (provvisto). **2** avere; essere provvisto (di); tenere *(in vendita, in magazzino): Do you stock raincoats?,* Siete provvisti di (Avete, Tenete) impermeabili? **3** munire *(una fattoria)* di bestiame. **4** seminare a erba, a foraggio; rimboscare; piantare alberi; ripopolare di pesci *(corsi d'acqua o stagni).* **5** montare *(un fucile);* munire di affusto *(un cannone, un aratro, ecc.).*
□ *vi* (*generalm.* **to stock up**) fare provvista; fare una scorta: *to stock up with coal,* far provvista di carbone.

stockade [stɔ'keid] *s.* staccionata; palizzata.

to **stockade** [stɔ'keid] *vt (generalm. al p. pass.)* cingere, munire di palizzata.

stockbroker ['stɔk,broukə*] *s.* agente di cambio.

stockfish ['stɔkfiʃ] *s.* stoccafisso; baccalà.

stockholder ['stɔk,houldə*] *s. (dir., comm.)* azionista.

stockinet [,stɔki'net] *s.* tessuto a maglia elastico per biancheria intima.

stocking ['stɔkiŋ] *s.* calza: *blue stocking, (fig., spreg.)* donna intellettuale — *stocking-foot,* piede della calza — *in one's stocking (stockinged) feet,* scalzo; senza scarpe.

stockinged ['stɔkiŋd] *agg* calzato: *to do sth in one's stockinged feet,* fare qcsa senza scarpe (indossando solo le calze).

stockist ['stɔkist] *s.* grossista; fornitore; distributore.

stockman ['stɔkmən] *s.* (*pl.* **stockmen**) **1** allevatore di bestiame. **2** mandriano. **3** *(comm.)* magazziniere.

to **stockpile** ['stɔkpail] *vt* fare scorta; formare riserve *(spec. di materie prime o di materiale bellico).*

stockpiling ['stɔk,pailiŋ] *s.* accaparramento; l'accumulare riserve *(spec. di materie prime o di materiale bellico).*

stocky ['stɔki] *agg* tarchiato; basso e robusto.
□ *avv* **stockily.**

stockyard ['stɔkjɑ:d] *s.* recinto per il bestiame.

stodge [stɔdʒ] *s. (sl.)* cibo pesante e senza sapore; cibo che ingozza.

stodgy ['stɔdʒi] *agg* **1** *(di cibo)* pesante e sostanzioso. **2** *(di libri, ecc.)* indigesto; faticoso; pesante; *(di persona)* ottuso. □ *avv* **stodgily.**

stoep [stu:p] *s. (in Sud Africa)* terrazza; portico o gradinata antistante l'ingresso di un'abitazione.

stoic ['stouik] *s.* stoico.

stoical ['stouikəl] *agg* stoico. □ *avv* **stoically.**

stoicism ['stouisizəm] *s.* stoicismo.

to **stoke** [stouk] *vt* alimentare, caricare *(una caldaia, una fornace, ecc.).*
□ *vi (seguito da* up*)* rimpinzarsi.

stokehole, stokehold ['stoukhoul/'stoukhould] *s.* sala caldaie *(in una nave).*

stoker ['stoukə*] *s.* **1** fuochista. **2** congegno di alimentazione di una caldaia.

[1]**stole** [stoul] *s.* stola; sciarpa.

[2]**stole, stolen** [stoul/'stoulən] *pass e p. pass di* **to steal.**

stolid ['stɔlid] *agg* stolido; flemmatico; imperturbabile. □ *avv* **stolidly.**

stolidness, stolidity ['stɔlidnis/stə'liditi] *s.* flemma; lentezza di riflessi.

stomach ['stʌmək] *s.* **1** stomaco: *to lie heavy on the stomach,* rimanere sullo stomaco — *to turn the stomach,* rivoltare lo stomaco. **2** *(eufemismo per)* pancia; ventre; addome: *stomach-ache,* mal di pancia — *to hit sb in the stomach,* colpire qcno al ventre. **3** *(fig.)* voglia; desiderio; stomaco; fegato: *to have no stomach for a fight,* non avere il fegato di battersi.

to **stomach** ['stʌmək] *vt (generalm. in forma interr. o negativa)* sopportare; *(fig.)* digerire; ingoiare; mandar giù; tollerare: *I can't stomach him!,* Non riesco a digerirlo (a sopportarlo)!

stomachful ['stʌməkful] *s.* quanto sta nello stomaco.

to **stomp** [stɔmp] *vi* battere il piede con forza e con ritmo.

[1]**stone** [stoun] *s.* **1** pietra; sasso; ciottolo: *a wall made of stone; a stone wall,* un muro di pietra — *the Stone Age,* l'Età della pietra — *stone-cold,* freddo come la pietra — *to have a heart of stone,* avere un cuore di pietra; essere insensibile — *a fall of stones down a hillside,* una caduta di massi giù per la collina — *It's only a stone's throw from here,* È qui a due passi — *They live within a stone's throw of Leeds,* Abitano molto vicino a Leeds — *to throw stones at sb, (anche fig.)* lanciare sassi contro qcno — *Those who live in glass houses should not throw stones, (prov.)* Chi non è perfetto non dovrebbe lanciare accuse contro gli altri — *stone-breaker,* spaccapietre; tagliapietre; *(mecc.)* frantoio — *stone-pit; stone-quarry,* cava di pietra. **2** *(anche* precious stone*)* pietra preziosa; gemma. **3** *(pietra di forma e per uso particolare) Bristol stone,* cristallo di rocca — *broken stone,* pietrisco — *building-stone,* pietra da costruzione — *Cornish stone,* caolino — *dressed (hewed) stone, (archit.)* pietra lavorata; concio — *hearth-stone,* pietra del focolare. **4** *(di frutta)* nocciolo; *(di uva)* seme; vinacciolo; *(di grandine)* chicco: *a hail-storm with stones big as peas,* una grandinata con chicchi grandi come piselli — *stone-fruit,* frutto (frutta) con nocciolo. **5** *(med., anche* gall-stone*)* calcolo: *to have an operation for stone,* sottoporsi ad un'operazione per un calcolo (per calcoli). **6** *(GB, come misura di peso: spesso con il pl. invariato)* 'stone' *(pari a 14 libbre, cioè a kg. 6,350): two stone of flour,* due 'stone' di farina — *A man who weighs twenty stone is certainly over-weight,* Un uomo che pesi 127 chili è senza dubbio al di sopra del peso forma.
□ *to leave no stone unturned,* tentare ogni mezzo; fare l'impossibile — *One cannot draw blood from a stone, (prov.)* Non si può cavare sangue da una pietra (cote, rapa) — *stone-blind (stone-dead; stone-deaf),* completamente cieco (morto stecchito; sordo come una campana).

to **stone** [stoun] *vt* **1** lapidare; colpire, prendere a sassate: *to stone sb to death,* lapidare qcno. **2** snocciolare *(frutta);* togliere i semi.

stonecrop ['stounkrɔp] *s.* borraccina.

stoned [stound] *agg* **1** *(fam.)* sbronzo; ciucco. **2** *(di frutta)* snocciolato.

stoneless ['stounlis] *agg* **1** senza pietre; senza sassi. **2** *(di frutta)* senza nocciolo.

stonemason ['stoun,meisn] *s.* scalpellino; tagliapietra; muratore.

stoner ['stounə*] *s.* **1** lapidatore; tagliapietre. **2** *(mecc.)* snocciolatoio.

to **stonewall** ['stounwɔ:l] *vt e i.* **1** *(al cricket)* fare un gioco di difesa. **2** *(politica)* essere eccessivamente prudente; fare dell'ostruzionismo.

stone-waller ['stoun,wɔ:lə*] *s.* **1** giocatore fin troppo prudente. **2** *(politica)* ostruzionista.

stonewalling ['stoun,wɔ:liŋ] *s. (nel cricket, nel calcio, ecc.)* gioco di difesa; gioco fin troppo prudente; *(politica)* tattica ostruzionistica; ostruzionismo.

stoneware ['stounwɛə*] *s. (collettivo)* grès; terraglie; porcellane dure.

stonework ['stounwə:k] *s. (collettivo)* lavoro in muratura; lavoro o lavorazione in pietra; scultura; lavoro di scultura; arte lapidaria.

stony ['stouni] *agg* **1** pietroso; sassoso; pieno di ciottoli. **2** *(fig.)* 'di pietra'; duro; freddo; insensibile: *a stony heart,* un cuore di pietra — *a stony stare,* un'occhiata gelida — *stony politeness,* fredda cortesia. **3** *(fam.: generalm.* stony broke*)* senza una lira; spiantato. □ *avv* **stonily.**

stood [stu:d] *pass e p. pass di* **to stand.**

stooge [stu:dʒ] *s.* **1** spalla *(negli spettacoli di varietà).* **2** aiutante che compie la parte più ingrata e pericolosa di un lavoro; tirapiedi; scagnozzo. **3** adescatore; informatore. **4** *(sl.)* allievo pilota.

to **stooge** [stu:dʒ] *vi* **1** *(seguito da* about, around*)* bighellonare. **2** *to stooge for sb,* essere l'aiutante o il tirapiedi di qcno.

stool [stu:l] *s.* **1** sgabello; panchetta; scanno; seggiolino: *to fall between two stools,* finire come l'asino di Buridano; non sapere che pesci pigliare. **2** *(med., anche al pl.)* feci. **3** *(ant.)* gabinetto; latrina: *night-stool; close-stool,* comoda; seggetta. **4** *(caccia)* palo per il richiamo: *stool-pigeon,* - **a)** piccione da richiamo *(per la caccia)* - **b)** *(fig.)* persona che fa da esca. **5** ceppo; tronco; radice (che emette gemme).

[1]**stoop** [stu:p] *s.* **1** inclinazione; curvatura (del capo o del corpo); lo stare curvo o chino: *to walk with a stoop,* camminare curvo (chino) *(per malattia o vecchiaia).* **2** *(di falco)* il piombare sulla preda; picchiata.

to **stoop** [stu:p] *vi e t.* **1** piegare; curvare; chinare; piegarsi; curvarsi; chinarsi. **2** *(fig.)* abbassarsi; degradarsi; umiliarsi: *He's a man who would stoop to anything,* È un uomo disposto a qualsiasi bassezza (che si abbasserebbe a qualsiasi cosa) — *to stoop to conquer,* umiliarsi per vincere. **3** *(di falco)* piombare sulla preda.

[2]**stoop** [stu:p] *s.* (*cfr.* **stoep**) *(USA)* terrazza o portico antistante l'ingresso di un'abitazione.

stooping ['stu:piŋ] *agg* curvo; incurvato: *stooping shoulders,* spalle incurvate.

stop [stɔp] *s.* **1** arresto; sosta; fermata; interruzione; sospensione: *to come to a stop,* fermarsi — *The train came to a sudden stop,* Il treno si fermò improvvisamente — *This train goes from London to Leeds with only two stops,* Questo treno va da Londra a Leeds con due sole fermate (intermedie) — *an unscheduled stop,* una fermata non prevista *(nell'orario)* — *We must put a stop to this; We must bring this to a stop,* Dobbiamo porre termine a ciò; Dobbiamo finirla con questo. **2** (luogo di) fermata: *Where's the nearest stop?,* Dov'è la fermata più vicina? — *request stop,* fermata a richiesta. **3** *(mecc.)* fermo; punto di arresto; dispositivo di bloccaggio; fermascuretti *(di finestra);* fermaporta: *stop-nut,* dado di bloccaggio — *stop-drill,* trapano di arresto — *stop-cock,* rubinetto di arresto. **4** *(gramm.)* segno di punteggiatura; punto: *full stop, (GB)* punto; punto fermo. **5** *(di organo)* registro; pulsante (manopola, tasto) per comando di registro: *to pull out all the stops, (fig.)* usare ogni mezzo. **6** *(di macchina fotografica)* apertura; diaframma. **7** *(fonetica)* suono plosivo; consonante plosiva *(p.es.* p, b, k, t, d*): glottal stop,* occlusione; consonante occlusiva. **8** *(linguaggio telegrafico)* stop. **9** *(segnaletica stradale)* 'stop'; 'alt'.

to **stop** [stɔp] *vt* (**-pp-**) **1** fermare; arrestare; bloccare: *to stop a car (a train, a runaway horse),* fermare un'auto (un treno, un cavallo che scappa) — *Stop thief!,* Al ladro! **2** impedire; ostacolare; trattenere: *What can stop us (from) going if we want to go?,* Cosa ci può impedire di andare se lo vogliamo? — *Can't you stop the child (from) getting into mischief?,* Non puoi impedire che il bambino ne faccia una delle sue? — *He will certainly go, there is no one to stop him,* Ci andrà certamente, non c'è nessuno che glielo possa impedire. **3** smettere; interrompere: *to stop work,* smettere, cessare di lavorare — *We stopped talking,* Smettemmo di parlare; Interrompemmo il discorso. **4** *(talvolta seguito da* up*)* turare; otturare; stagnare; tappare; tamponare; riparare: *to stop a leak in a pipe,* riparare un tubo che perde — *to have a tooth stopped,* farsi otturare un dente — *to stop one's ears,* turarsi le orecchie; *(fig.)* non voler sentire — *to stop the way,* impedire, ostruire il passaggio; sbarrare la strada *(anche fig.)* — *to stop a gap,* turare una falla; *(fig.)* colmare una lacuna. **5** intercettare *(una lettera).* **6** sospendere; interrompere; *(di pagamento, ecc.)* tagliare: *to stop (payment of) a cheque,* bloccare il pagamento di un assegno — *The bank has stopped payment,* La banca ha bloccato i pagamenti (è nell'impossibilità di far fronte ai suoi impegni) — *to stop sb's wages,* bloccare, trattenere il salario a qcno. **7** parare *(un colpo): to stop a goal, (calcio)* parare un tiro *(in porta)* — *to stop a bullet,* essere colpito da una pallottola. **8** *(gramm.)* punteggiare; mettere la punteggiatura. **9** *(mus.)* premere il tasto; toccare la corda; tappare i buchi *(di uno strumento musicale per ottenerne la nota desiderata).*

☐ *vi* **1** fermarsi; fare tappa; arrestarsi; fare una sosta: *Does this train stop at Crewe?,* Questo treno si ferma a Crewe? — *to stop dead (o short),* fermarsi improvvisamente, bruscamente — *We stopped to have a rest,* Facemmo una sosta per riposarci. **2** cessare; fermarsi: *The rain has stopped,* Ha smesso di piovere — *The clock (His heart) has stopped,* L'orologio (Il suo cuore) si è fermato. **3** stare; abitare; alloggiare; passare la notte: *to stop at home,* stare, fermarsi a casa (non uscire) — *Are you stopping at this hotel?,* Ti fermi (Alloggi) in questo hotel? **4 to stop off (**o **over),** fermarsi a far tappa durante un viaggio. **5 to stop up (late),** restare alzato (fino a tardi). ☐ ⇨ *anche* **stop-cock, stopgap, stop-go,** *ecc.*

stop-cock ['stɔpkɔk] *s.* rubinetto di arresto.

stopgap ['stɔpgæp] *s.* rimedio temporaneo; sostituto; 'tappabuchi'.

stop-go ['stɔpgou] *agg (di politica econ.)* oscillante; di 'stop and go'.

stop-over ['stɔp,ouvə*] *s.* fermata; sosta; *(talvolta, per estensione)* pernottamento: *a stop-over ticket,* biglietto *(ferroviario, aereo, ecc.)* con possibilità di fermate intermedie.

stoppage ['stɔpidʒ] *s.* **1** ostruzione; ingombro; ostacolo. **2** interruzione; intasatura; blocco; arresto; fermata: *stoppage of leave, (mil.)* consegna. **3** interruzione di lavoro; sciopero. **4** detrazione *(dalla paga).*

stopper ['stɔpə*] *s.* **1** tappo; turacciolo. **2** *(nel calcio)* difensore; mediano; 'stopper'. ☐ *to put the stoppers on sb,* ostacolare qcno.

to **stopper** ['stɔpə*] *vt* bloccare; turare; tappare; fermare.

stopping ['stɔpiŋ] *s.* **1** arresto; fermata; tappa. **2** interruzione *(di lavoro).* **3** sospensione *(di pagamenti).* **4** *(med.)* amalgama; otturazione; cemento *(per denti).*

stop-press ['stɔppres] *s.* *(giornalismo: anche* stop-press news*)* 'ultimissime'.

stopwatch ['stɔp,wɔtʃ] *s.* cronometro a scatto.

storage ['stɔ:ridʒ] *s.* **1** immagazzinamento. **2** deposito; magazzino. **3** magazzinaggio. **4** carica; riserva *(di energia): storage bin,* silo — *cold storage,* conservare al freddo.

store [stɔ:*/stɔə*] *s.* **1** provvista; scorta; riserva: *to lay in stores of coal for the winter,* far provviste di carbone per l'inverno — *a good store of wine,* una buona scorta di vino — *a store of wisdom, (fig.)* un pozzo di sapienza. **2** *(al pl.)* depositi di magazzino; scorte di materie prime; *(naut.)* scorte di bordo; *(mil.)* rifornimenti; munizioni: *naval and military stores,* scorte navali e militari — *marine stores,* magazzini navali, negozio di forniture per navi — *marine-store dealer,* rifornitore navale — *store-ship,* nave deposito. **3** *(anche* store-house*)* magazzino; deposito; *(fig.)* miniera; pozzo: *The book is a store-house of information,* Il libro è una miniera d'informazioni — *store-room,* dispensa. **4** *(generalm. USA)* negozio; bottega: *a clothing store,* un negozio di abbigliamento — *store clothes,* abiti confezionati — *chain-store,* negozio (che fa parte) di una catena. **5** *(GB)* emporio; grande magazzino; grande negozio: *a village store,* un emporio *(di paese, con una grande varietà di articoli)* — *a general stores,* un emporio — *a department store,* un grande magazzino — *the big department stores of London,* i grandi magazzini (negozi) di Londra. **6** *(computeristica)* memoria. **7 in store,** in serbo; da parte: *Who knows what the future has in store for you?,* Chissà cosa ti riserverà il futuro? — *There's a surprise in store for you,* C'è una sorpresa per te.

☐ *to set great (little, no, not much) store by sth,* tenere in gran (poco, nessun, non eccessivo) conto qcsa.

to **store** [stɔ:*/stɔə*] *vt* **1** *(spesso* to store up*)* mettere da parte *(per farne uso più tardi);* raccogliere: *Squirrels store up food for the winter,* Gli scoiattoli mettono da parte il cibo per l'inverno. **2** mettere in magazzino; immagazzinare; depositare; deporre. **3** fornire; equipaggiare; dotare; provvedere: *a mind well stored with facts,* una mente ben provvista di fatti. **4** *(computeristica)* immettere nella memoria: *a stored routine (programme),* un programma memorizzato.

storehouse ['stɔ:haus] *s.* magazzino; deposito.

storekeeper ['stɔ:,ki:pə*] *s.* **1** *(spec. mil.)* magazziniere. **2** bottegaio.

storeman ['stɔ:mən] *s.* (*pl.* **storemen**) magazziniere.

storeroom ['stɔ:rum] *s.* magazzino; dispensa.

storey, story ['stɔ:ri] *s.* (*pl.* **storeys, stories**) **1** piano *(di edificio).* **2** *the top storey, (scherz.)* il cervello.

-storeyed, -storied ['stɔ:rid] *agg* che ha piani: *a six-storeyed building,* un edificio a sei piani.

storied ['stɔ:rid] *agg* **1** celebrato nella storia o nella leggenda. **2** istoriato. **3** = **-storeyed.**

stork [stɔ:k] *s.* cicogna: *a visit from the stork,* l'arrivo della cicogna *(la nascita di un bambino).* □ *stork-bill,* geranio.

storm [stɔ:m] *s.* **1** tempesta; bufera; temporale; burrasca; *(talvolta)* uragano; ciclone: *a thunder-storm,* un temporale con lampi e tuoni — *a dust- (sand-) storm,* una tempesta di polvere (di sabbia) — *a snow-storm,* una tempesta di neve; una tormenta — *to cross the Channel in a storm,* attraversare la Manica durante una burrasca — *The forecast says there will be storms,* Secondo le previsioni meteorologiche ci saranno temporali — *a storm in a teacup, (fam.)* una tempesta in un bicchier d'acqua — *storm-beaten, (agg.)* flagellato dalla bufera; battuto dalla tempesta; danneggiato dalle burrasche — *storm-bound, (agg.)* bloccato dalla tempesta, dal temporale, ecc. — *storm-tossed, (agg.)* sballottato o danneggiato dalla bufera — *storm-centre,* occhio del ciclone; *(fig.)* focolaio di disordini — *storm-cloud,* nuvola da temporale; nembo — *storm-cone (-signal),* segnale di burrasca, di tempesta — *storm-door,* porta doppia — *storm-lantern,* lanterna a vento — *storm-sail, (naut.)* vela di fortuna — *storm-window,* controfinestra; finestra doppia. **2** *(fig., per estensione)* scroscio; uragano; esplosione, pioggia: *a storm of protest,* un coro di proteste — *a storm of applause,* uno scroscio di applausi (di battimani) — *a storm of abuse,* una pioggia d'improperi — *a storm of bullets,* una pioggia di proiettili — *a storm of rage,* uno scoppio d'ira — *to bring a storm about one's ears, (fig.)* suscitare un vespaio; provocare vivaci proteste; far sorgere una forte opposizione. **3** assalto; attacco: *to take sth by storm, (mil.)* prendere d'assalto; *(fig.)* conquistare di colpo *(il pubblico, ecc.)* — *storm-troops, (generalm. riferito all'esercito nazista)* truppe d'assalto — *storm-trooper,* soldato dei reparti d'assalto; 'ardito'.

to **storm** [stɔ:m] *vt e i.* **1** infuriare; scatenarsi *(anche fig.); (fam.)* fare una scenata; dare in escandescenze: *He stormed into the room,* Si precipitò furiosamente nella stanza — *He stormed at me,* Mi si scatenò contro; Mi fece una scenata. **2** *(mil.)* prendere d'assalto; aprirsi un varco; penetrare di forza: *The men stormed (their way) into the fort (stormed the fort),* I soldati presero il forte d'assalto — *the storming party,* la colonna d'assalto. **3** tempestare *(di domande, ecc.): He stormed me with questions,* M'investì con un sacco di domande. **4** *(fig.)* cattivarsi immediatamente *(il pubblico, ecc.): The great actress stormed the town,* La grande attrice ebbe subito tutta la città ai suoi piedi.

storminess ['stɔ:minis] *s.* natura burrascosa; tempestosità; *(fig.)* furia; violenza.

stormless ['stɔ:mlis] *agg* calmo; senza tempeste.

stormproof ['stɔ:mpru:f] *agg* a prova di tempesta; resistente ai temporali, alla bufera.

stormtrooper ['stɔ:m,tru:pə*] *s.* ⇨ **storm 3.**

stormy ['stɔ:mi] *agg* **1** tempestoso; burrascoso; temporalesco: *stormy weather,* tempo burrascoso — *a dark and stormy night,* una notte buia e tempestosa. **2** *(di sentimenti, di temperamento, ecc.)* focoso; appassionato, violento; irascibile: *a stormy life,* una vita burrascosa, fortunosa — *a stormy discussion,* una violenta discussione. □ *stormy petrel,* uccello della tempesta; procellaria. □ *avv* **stormily.**

story ['stɔ:ri] *s.* **1** storia; racconto; aneddoto; narrazione; resoconto: *stories of ancient Greece,* storie dell'antica Grecia — *the story of Columbus,* la storia di (Cristoforo) Colombo — *to tell a story,* raccontare una favola — *story-teller,* narratore; novelliere; *(fam.)* contafrottole; bugiardo — *a ghost story,* un racconto di fantasmi — *a children's story-book,* un libro di fiabe per bambini — *a story-book ending,* un finale (ottimistico e sereno) da favola — *short story,* novella — *to cut a long story short...,* per farla breve...; in poche parole... — *The story goes that...,* La gente dice che...; Si dice in giro che... — *But that's another story,* Ma questa è un'altra storia (un altro paio di maniche). **2** *(fam.)* storia; bugia; frottola; fandonia: *Don't tell me stories,* Non contarmi frottole — *It makes a good story but...,* È quasi credibile, ma... **3** *(lett.)* storia; trama; intreccio. **4** *(di giornale)* articolo; servizio; cronistoria. **5** = **storey.**

to **story** ['stɔ:ri] *vt* istoriare; decorare *(le pareti di una stanza, ecc.)* con scene storiche, mitologiche o fantastiche.

stoup [stu:p] *s.* **1** *(ant.)* boccale; brocca; caraffa. **2** pila dell'acquasanta.

[1]**stout** [staut] *agg* **1** forte; resistente; solido; robusto; vigoroso. **2** deciso; coraggioso; strenuo; valoroso; risoluto: *a stout fellow,* un tipo deciso (coraggioso) — *stout-hearted, (agg.)* coraggioso; gagliardo. **3** *(di costituzione)* corpulento; grosso; pingue: *to grow (to get) stout,* tendere ad ingrassare. □ *avv* **stoutly.**

[2]**stout** [staut] *s.* birra forte, scura.

stoutness ['stautnis] *s.* **1** resistenza; solidità; robustezza. **2** fermezza; risoluzione; coraggio. **3** pinguedine; corpulenza.

[1]**stove** [stouv] *s.* stufa; fornello *(per cucinare, scaldare, ecc.);* serra riscaldata: *stove enamel,* vernice a fuoco — *stove pipe,* tubo (canna) da stufa — *stove-pipe hat, (USA)* cappello a cilindro.

[2]**stove** [stouv] *pass e p. pass di* **to stave.**

to **stow** [stou] *vt* **1** mettere via; ordinare; collocare accuratamente; riporre. **2** stipare; riempire: *to stow away food,* rimpinzarsi di cibo. □ *Stow it!, (fam.)* Sta' zitto!; Chiudi il becco!

□ *vi* **to stow away,** imbarcarsi clandestinamente *(su nave o altro mezzo di trasporto).*

stowaway ['stouəwei] *s.* passeggero clandestino; clandestino.

to **straddle** ['strædl] *vt e i.* **1** stare a cavalcioni, a gambe divaricate; *(di una gru)* sbracciare. **2** *(artiglieria, ecc.)* fare forcella. **3** *(fig.)* tenere il piede in due staffe.

to **strafe** [strɑ:f] *vt (fam., dal tedesco)* **1** bombardare; mitragliare a bassa quota. **2** *(fig.)* punire; sgridare; rimproverare.

to **straggle** ['strægl] *vi* **1** crescere, svilupparsi disordinatamente. **2** disperdersi; sparpagliarsi; sbandare; rimanere indietro.

straggler ['strægləˣ] *s.* sbandato; disperso; chi è rimasto indietro *(anche in una gara sportiva).*

straggly ['strægli] *agg* **1** sbandato; disperso. **2** che è cresciuto, che si è sviluppato in modo disordinato.

[1]**straight** [streit] **I** *agg* **1** diritto; dritto; retto; aperto; in linea retta: *a straight line,* una linea retta — *a straight road,* una strada diritta — *straight hair,* capelli lisci — *the straight and narrow path,* La retta via — *to keep a straight face, (fig.)* rimanere impassibile, non scomporsi. **2** diritto; perpendicolare; *(per estensione)* simmetrico; a posto: *Is my hat on straight?,* È diritto (È a posto) il mio cappello? **3** in ordine; assettato; ordinato; accurato; lindo: *to put (to set) a room straight,* riordinare (riassettare, mettere in ordine) una stanza. **4** *(fig., di persona, ecc.)* franco; leale; sincero; schietto: *to give a straight answer to a question,* rispondere francamente a una domanda — *He is perfectly straight in all his dealings,* È onestissimo in tutte le sue azioni — *His wife will keep him straight when he is released from prison,* Quando uscirà di prigione sua moglie lo farà rigar diritto — *to be straight as a die,* essere tutto d'un pezzo. **5** *(di liquore, ecc.)* liscio; puro; non diluito; schietto. □ *a straight fight, (politica)* un confronto diretto *(tra due candidati)* — *a straight tip, (fam.)* un'informazione preziosa; una 'soffiata' di prim'ordine *(nelle scommesse alle corse, nei giochi in borsa)* — *to vote a straight ticket, (politica)* votare secondo le direttive del proprio partito — *a straight flush, (nel gioco del poker)* una scala; una sequenza.

II *avv* **1** diritto; in linea retta: *The smoke rose straight up,* Il fumo si alzava diritto — *Keep straight on,* Vada avanti dritto — *to look straight ahead,* guardare dritto in avanti — *He was so drunk he couldn't walk straight,* Era così ubriaco che non riusciva a camminar dritto — *Let's get this straight!,* Mettiamo le cose in chiaro! **2** direttamente; immediatamente; subito: *He went straight to Rome without staying in Paris,* Andò direttamente a Roma senza fermarsi a Parigi — *to gome (to go) straight to the point,* venire (andare) subito al sodo — *He went straight from school into his father's business,* Dalla scuola passò direttamente all'azienda di suo padre — *straight away; straight off,* immediatamente — *straight out,* senza esitazione; subito — *I told him straight out that I thought he was wrong,* Gli dissi subito che secondo me aveva torto. **3** *(nell'espressione) to go (to be going, to keep) straight, (fig.)* vivere onestamente; rigar diritto *(spec. dopo dei precedenti penali).*

III *s.* **1** posizione diritta; linea a piombo; linea retta: *to be out of straight,* essere storto. **2** rettilineo; *(sport)* dirittura d'arrivo: *The two horses were together as they entered the finishing straight,* I due cavalli giunsero assieme alla dirittura d'arrivo. **3** *to be on the straight, (fam.)* agire lealmente; comportarsi bene; (*di ex criminali: cfr.* to be going straight *sotto l'avv.,* **3**) vivere onestamente; rigar diritto; non sgarrare. **4** *(nel gioco del poker)* scala; sequenza.

straightaway ['streitəwei] *avv* (*ant.* **straightway**) immediatamente; subito.

to **straighten** ['streitn] *vt* **1** drizzare; raddrizzare: *to straighten a piece of wire,* raddrizzare un pezzo di fil di ferro — *to straighten one's tie,* aggiustarsi la cravatta. **2** *(mecc., spesso seguito da* out*)* spianare; lisciare. **3** mettere in ordine; rassettare *(una stanza).* **4** *(fig.: generalm. seguito da* out*)* correggere; raddrizzare: *to try to straighten out a confused situation,* cercare di appianare una situazione confusa.
□ *vi (talvolta rifl., talvolta seguito da* up*)* drizzarsi; raddrizzarsi: *He straightened up before answering me,* Si raddrizzò prima di rispondermi.

straightforward [streit'fɔːwəd] *agg* **1** *(di esposizione, spiegazione)* semplice; chiaro; comprensibile: *written in straightforward language,* scritto in una lingua semplice, chiara. **2** *(di persona)* onesto; sincero; schietto. □ *avv* **straightforwardly.**

straightforwardness [streit'fɔːwədnis] *s.* **1** semplicità; chiarezza *(di spiegazione, ecc.).* **2** *(di persona)* rettitudine; onestà.

straightness ['streitnis] *s.* **1** l'essere diritto; dirittura. **2** *(fig.)* rettitudine; onestà.

straightway ['streitwei] *avv (ant.)* subito; immediatamente.

strain [strein] *s.* **1** tensione *(anche fig.);* sforzo; fatica; affaticamento; logoramento; logorio: *The rope broke under the strain,* La fune si ruppe per la tensione — *the strain of sleepless nights,* il logorio di notti insonni — *the strain of modern life,* il logorio (lo 'stress') della vita moderna. **2** esaurimento: *to be suffering from mental strain,* soffrire di esaurimento nervoso. **3** distorsione; slogatura; strappo *(muscolare).* **4** *(generalm. al pl.)* note; musica; versi. **5** *(di discorso o di prosa)* tono; stile. **6** tendenza; inclinazione; propensione: *There is a strain of insanity in the family,* C'è una certa tendenza alla follia nella famiglia. **7** stirpe; razza; discendenza; origine; ceppo.

to **strain** [strein] *vt e i.* **1** tendere; tirare; sottoporre a tensione; forzare; sforzare: *to strain after effects,* cercare l'effetto *(in arte, in letteratura, ecc.)* — *to strain at the leash,* tirare al guinzaglio; *(fig.)* essere impaziente di incominciare — *to strain every nerve (to do sth),* tendere ogni nervo, fare ogni sforzo (per fare qcsa) — *to strain one's ears,* sforzare (tendere al massimo) le orecchie — *a strained laugh,* un riso forzato — *strained relations,* rapporti tesi, forzati. **2** stancare; affaticare; stremare; rovinare *(cuore, occhi, voce, ecc.).* **3** *(fig.)* forzare il significato; oltrepassare i limiti; andare oltre: *to strain a point in sb's favour,* fare un'eccezione (uno strappo alla regola) per favorire qcno — *to strain one's authority,* abusare della propria autorità — *to strain the meaning of a word,* forzare il significato di una parola. **4** *(talvolta seguito da* away *o* off*)* filtrare; percolare: *to strain vegetables,* filtrare via l'acqua dalle verdure — *to strain away (*o *off) the liquid from sth,* (far) colare via il liquido da qcsa. **5** *(lett.)* serrare; tenere stretto; stringere; abbracciare stretto.

strainer ['streinəˣ] *s.* colino; filtro.

[1]**strait** [streit] *agg (ant.)* stretto.

[2]**strait** [streit] *s.* **1** stretto; canale; braccio di mare *(con i nomi propri può trovarsi al sing. o pl.): the Straits of Gibraltar,* lo stretto di Gibilterra — *the Magellan Strait,* lo stretto di Magellano. **2** *(generalm. al pl.)* ristrettezza; guaio; difficoltà: *to be in financial straits,* trovarsi in difficoltà finanziarie (in ristrettezze) — *to be in dire straits,* essere alle strette (in gravi difficoltà).

to **straiten** ['streitn] *vt* restringere; limitare. □ *to be in straitened circumstances,* trovarsi in ristrettezze; essere caduto in miseria.

strait-jacket [,streit'dʒækit] *s.* camicia di forza; *(fig.)* ostacolo; impedimento; strettoia.

strait-laced [,streit'leist] *agg* austero; rigoroso; puritano; prude.

[1]**strand** [strænd] *s. (poet.)* lido; sponda; riva sabbiosa.

to **strand** [strænd] *vi e t.* **1** *(di nave, battello)* arenarsi;

far arenare. **2** *to be (to be left) stranded, (di persona)* trovarsi in difficoltà *(spec. senza mezzi di trasporti o senza denaro);* essere lasciato nei guai.

[2]**strand** [strænd] *s.* **1** trefolo; ogni capo e filo *(di una corda o di un cavo);* treccia. **2** *(fig., non molto comune)* filo conduttore *(di un racconto).*

strange [streindʒ] *agg* **1** strano; sorprendente; insolito; curioso; singolare; inspiegabile: *to hear a strange noise,* udire uno strano rumore — *Truth is stranger than fiction,* La verità è più sorprendente dell'invenzione — *Strange to say...!,* Cosa strana...!; Strano a dirsi...! — *to feel strange,* non sentirsi bene; avere dei giramenti di testa; *(talvolta)* sentirsi sperduto (come un pesce fuori d'acqua); trovarsi a disagio — *It feels strange!,* È una sensazione strana (curiosa, insolita)! **2** *(ant., lett. e in alcune locuzioni)* sconosciuto: *a strange face,* una faccia sconosciuta — *to be in a strange land,* essere in terra straniera. **3** *(solo predicativo, seguito da* to*)* nuovo; non pratico; non abituato: *The village boy was strange to city life,* Il ragazzo di campagna era nuovo alla vita di città — *He is still strange to the work,* Non è ancora pratico del suo lavoro. □ *avv* **strangely.**

strangeness ['streindʒnis] *s.* **1** stranezza; bizzarria; singolarità; fatto curioso. **2** l'essere sconosciuto. **3** *(cfr.* **strange 3**) estraneità; l'essere poco pratico (di qcsa).

stranger ['streindʒə*] *s.* estraneo; sconosciuto; forestiero: *The dog always barks at strangers,* Il cane abbaia sempre agli sconosciuti — *I am a stranger in this town,* Non sono pratico di questa città — *You're quite a stranger!, (fam.)* Non ti si vede (conosce) più!; Quanto tempo che non ci si vede più! — *Why, hullo stranger!,* Ma chi si vede! — *He is no stranger to sorrow,* Non è nuovo al dolore — *He is a stranger to me,* Non lo conosco affatto.

to **strangle** ['stræŋgl] *vt* strangolare; strozzare; soffocare; *(anche fig.)* reprimere; stroncare *(una risata p.es.).*

stranglehold ['stræŋglhould] *s.* strangolamento; stretta mortale; morsa paralizzante *(quasi sempre fig.).*

strangler ['stræŋglə*] *s.* strangolatore; strozzatore.

strangling ['stræŋgliŋ] *s.* strangolamento; strozzatura: *death by strangling,* morte per strangolamento.

strangulation [,stræŋgju'leiʃən] *s.* **1** strangolamento. **2** *(patologia)* strozzatura.

strap [stræp] *s.* **1** cinghia; correggia; cinturino *(di orologio, anche* watch-strap*): the strap, (per estensione)* sferzata; colpo di cinghia, di correggia *(come punizione)* — *to get the strap,* assaggiare la cinghia — *strap-oil, (fig.)* sferzate; colpi di cinghia *(come punizione)* — *shoulder-strap,* spallina; bretella — *chin-strap,* soggolo. **2** maniglia a pendaglio *(su tram, autobus, ecc.): strap-hanger,* passeggero in piedi che si regge alla maniglia. **3** staffa *(dei pantaloni).* **4** *(mecc.)* nastro; cinghia; moietta; reggetta; fascetta; staffa. **5** *(naut.)* stroppo. **6** *(bot.)* ligula; linguetta.

to **strap** [stræp] *vt* (**-pp-**) **1** legare; assicurare con cinghia, reggetta, moietta: *to strap up a suitcase,* legare con una cinghia una valigia — *to strap on one's wrist-watch,* assicurare l'orologio al polso. **2** dare colpi di cinghia (a qcno); prendere (qcno) a cinghiate; frustare; fustigare. **3** *(generalm. seguito da* up*)* applicare un cerotto; coprire con un cerotto.

strapping ['stræpiŋ] *agg* robusto; sano; gagliardo; vigoroso; ben piantato; fiorente. □ *avv* **strappingly.**

strata ['strɑ:tə] *s. pl di* **stratum.**

stratagem ['strætidʒəm] *s.* stratagemma.

strategic, strategical [strə'ti:dʒik(əl)] *agg* strategico. □ *avv* **strategically.**

strategics [strə'ti:dʒiks] *s. (col v. al sing.)* strategia.

strategist ['strætidʒist] *s.* stratega.

strategy ['strætidʒi] *s.* strategia.

stratification [,strætifi'keiʃən] *s.* stratificazione; disposizione a strati.

to **stratify** ['strætifai] *vt e i.* stratificare, stratificarsi; disporre, disporsi a strati.

strato-cumulus [,strætou'kju:mjuləs] *s.* (*pl.* **strato-cumuli**) stratocumulo.

stratosphere ['strætousfiə*] *s.* stratosfera.

stratum ['strɑ:təm] *s.* (*pl.* **strata**) **1** strato; stratificazione. **2** strato sociale; classe; ceto.

stratus ['strɑ:təs] *s.* (*pl.* **strati**) *(meteorologia)* strato.

straw [strɔ:] *s.* **1** paglia: *a man of straw,* un uomo di paglia — *to make bricks without straw,* fare qcsa senza usare tutti i materiali necessari — *strawboard,* cartone spesso *(fatto con la paglia)* — *straw-coloured,* paglierino; color paglia — *straw(-hat),* paglietta. **2** pagliuzza; fuscello; festuca *(anche fig.); (per bere)* cannuccia: *not to care a straw,* non preoccuparsi minimamente; non curarsi per niente; infischiarsene — *not to be worth a straw,* non valere un fico secco — *to catch (to clutch) at a straw, (fig.)* aggrapparsi a un filo *(di speranza)* — *a straw in the wind, (fig.)* un segno premonitore. □ *It's the last straw that breaks the camel's back, (prov.)* È l'ultima goccia che fa traboccare il vaso — *That's the last straw!,* Questo è il colmo!

strawberry ['strɔ:bəri] *s.* fragola: *strawberry jam,* marmellata di fragole. □ *strawberry leaves, (GB, araldica)* dignità, corona ducale — *strawberry-mark,* neo angiomatoso; voglia di fragola — *strawberry blonde,* bionda rossa.

stray [strei] *s.* **1** (animale o persona, spec. bambino) sperduto, derelitto, abbandonato, randagio, smarrito: *waifs and strays,* orfani e derelitti. **2** *(elettr.)* dispersione. **3** *(al pl., di comunicazioni radio)* disturbi.
□ *agg attrib* **1** vagante; sperduto; randagio; ramingo; senza padrone *(di animale);* senza casa; abbandonato: *a stray dog,* un cane randagio (*o* senza padrone) — *a stray bullet,* un proiettile vagante. **2** raro; occasionale: *a few stray shots,* qualche colpo sporadico — *The streets were empty except for a few stray taxis,* Le strade erano vuote a parte qualche raro tassì.

to **stray** [strei] *vi* **1** vagare. **2** deviare; divagare; perdere la strada; smarrirsi *(anche fig.): to stray from the path,* allontanarsi dal sentiero; perdere la strada — *to stray from the subject,* uscire fuori tema. **3** *(elettr.)* disperdersi.

streak [stri:k] *s.* **1** striscia; striatura; banda; fascia; linea irregolare; riga: *a streak of lightning,* un lampo; un baleno. **2** *(di minerale)* vena; filone. **3** *(fig.)* traccia; tocco; accenno; vena: *There was a yellow streak in him,* C'era in lui una punta di viltà. **4** momento; breve periodo. □ *the silver streak,* la Manica.

to **streak** [stri:k] *vt e i.* **1** striare; rigare. **2** *(fam.)* muoversi velocemente; andare come un lampo. **3** fare dello 'streaking'.

streaker ['stri:kə*] *s.* chi fa dello 'streaking'.

streaking ['stri:kiŋ] il correre nudo in luogo pubblico *(moda dei primi Anni Settanta).*

streaky ['stri:ki] *agg* (**-ier; -iest**) striato; screziato; venato; *(di carne)* lardellato.

stream [stri:m] *s.* **1** ruscello; torrente; fiumiciattolo. **2** corrente; flusso: *to go up (down) stream,* risalire (scendere) la corrente — *up-stream,* a monte — *down-stream,* a valle — *to go with the stream, (fig.)* seguire la corrente — *the Gulf Stream,* la Corrente del Golfo.

3 fiotto *(di sangue);* fiumana; marea *(di gente, ecc.);* profluvio *(di lacrime).* **4** corso; serie; successione *(di eventi, ecc.): stream of consciousness,* 'flusso di coscienza'; monologo. **5** *(nelle scuole)* corso; sezione.

to **stream** [stri:m] *vi* **1** *(seguito da* down *o da* with: *cfr. il primo esempio, sotto)* scorrere; fluire; inondare; gocciolare; grondare: *Sweat was streaming down his face; His face was streaming with sweat,* Il sudore gli colava dal volto; Il suo viso grondava sudore — *to stream with blood,* grondar sangue. **2 to stream out,** uscire a fiotti. **3** sventolare; fluttuare; ondeggiare: *Her hair streamed in the wind,* I suoi capelli ondeggiavano al vento.

□ *vt (a scuola)* assegnare *(allievi)* ad una determinata sezione *(in base al loro grado di preparazione e intelligenza).*

streamer ['stri:mə*] *s.* **1** bandiera al vento; banderuola; pennone; fiamma. **2** nastro. **3** *(al pl.)* aurora boreale. **4** *(USA)* titolo *(di giornale)* a piena pagina.

streaming ['stri:miŋ] *agg* *(p. pres. di* **to stream** ⇨*)* grondante; bagnato; madido: *to have a streaming cold,* avere il naso che cola per il gran raffreddore.

□ *s. (a scuola)* l'assegnare *(allievi)* ad una determinata sezione *(cfr.* **to stream,** *vt).*

streamlet ['stri:mlit] *s.* ruscelletto; rivolo d'acqua; torrentello.

to **streamline** ['stri:mlain] *vt* **1** dare forma aerodinamica *(ad una carrozzeria d'auto, ecc.).* **2** rendere (un procedimento, un metodo) più svelto, più efficiente: *streamlined methods (controls),* metodi (controlli) efficienti, funzionali.

streamlined ['stri:mlaind] *agg* aerodinamico; affusolato.

streamliner ['stri:mlainə*] *s.* cartello pubblicitario *(lungo la strada).*

street [stri:t] *s.* strada; via *(di paese o città, generalm. con case su di un lato o su entrambi): to meet a friend in the street,* incontrare un amico per la strada — *to cross (to go across) the street,* attraversare la strada — *high (o main) street,* strada, via principale — *by-street; side street,* via secondaria, laterale — *one-way street,* strada a senso unico — *the man in the street,* l'uomo della strada; l'uomo comune; il cittadino medio — *to turn sb into the streets,* buttare qcno sul lastrico — *Carnaby Street,* via di Londra, nota negli Anni Sessanta per i suoi negozi di moda giovanile *(usato anche attrib.)* — *Fleet Street* ⇨ **Fleet Street** — *No. ten Downing Street* ⇨ **Downing Street** — *Wall Street,* la via di New York dove ha sede la Borsa; *(fig.)* la finanza americana — *street arab,* piccolo vagabondo — *street-lamp,* lampione — *street-sign,* insegna stradale — *street-vendor (-seller),* venditore ambulante — *street-sweeper (-cleaner),* spazzino; *(mecc.)* spazzatrice meccanica; macchina spazzatrice — *street-walker (-girl),* prostituta; 'passeggiatrice' — *to go on the streets,* battere il marciapiede.

□ *not in the same street (as...),* di molto inferiore a...; non altrettanto buono di... — *to be streets ahead (of sb),* essere ben al di là, di gran lunga superiore a (qcno) — *not up my street,* estraneo ai miei interessi; fuori del mio campo — *That's just up my street!,* È proprio quello che m'interessa!

streetcar ['stri:tkɑ:*] *s. (USA)* **1** tram. **2** *(talvolta)* filobus.

streetward ['stri:twɔ:d] *agg* che dà sulla strada. □ *avv* verso la strada.

strength [streŋθ] *s.* **1** forza *(in ogni senso, anche fig.);* vigore; robustezza; energia: *God is our strength,* Dio è la nostra forza — *the strength of a rope,* la resistenza (robustezza) di una fune — *to regain (one's) strength,* riacquistare le forze; ristabilirsi; rimettersi — *on the strength of...,* tenendo conto di...; sulla base di...; appoggiandosi a... — *I gave him the job on the strength of your recommendation,* Gli ho dato il posto sulla base della tua raccomandazione. **2** intensità; efficacia; energia; concentrazione; forza: *the strength of a poison,* l'efficacia di un veleno — *the strength of a solution, (chim.)* la concentrazione di una soluzione. **3** *(mil.)* organico; effettivo; quadri; forze: *to be up to strength,* essere in pieno effettivo.

to **strengthen** ['streŋθən] *vt* rinforzare; rafforzare; irrobustire.

strenuous ['strenjuəs] *agg* strenuo; energico; arduo; stremante; estenuante: *to make strenuous efforts,* fare sforzi estenuanti — *to lead a strenuous life,* condurre una vita intensa (attiva). □ *avv* **strenuously.**

strenuousness ['strenjuəsnis] *s.* energia; tenacia; vigore; intensità; accanimento.

streptococcus [,streptou'kɔkəs] *s.* *(pl.* **streptococci***)* streptococco.

stress [stres] *s.* **1** tensione; sforzo; pressione; fatica; difficoltà; costrizione; 'stress'. **2** enfasi; importanza; insistenza; peso; accento *(gramm. e fig.): to lay stress on sth,* dare importanza (peso) a qcsa — *stress-mark,* accento; segno grafico dell'accento. **3** *(mecc.)* tensione; sforzo; sollecitazione.

to **stress** [stres] *vt* **1** forzare; sottoporre a fatica; sottoporre a tensione. **2** mettere l'accento (su) *(anche fig.);* dare peso, importanza (a); mettere in rilievo, in risalto; accentuare; sottolineare: *We should like to stress that the goods as dispatched were very well packed,* Desideriamo sottolineare che la merce spedita era molto bene imballata.

stretch [stretʃ] *s.* **1** stiramento; allungamento; stiracchiamento: *to have a good stretch, (fam.)* stirarsi per bene; stiracchiarsi tutto. **2** forzatura; sforzo; abuso: *a stretch of the imagination,* uno sforzo d'immaginazione — *... at full stretch,* ... lavorando a tutta forza; ... al limite delle proprie forze. **3** estensione; distesa *(di spazio);* periodo ininterrotto *(di tempo).* **4** *(alle corse)* percorso diritto; rettilineo. **5** *(sl.)* periodo di detenzione, di lavori forzati: *to do a stretch,* stare al fresco (per un certo periodo). **6** *(naut.)* bordata.

to **stretch** [stretʃ] *vt e i.* **1** tirare; stendere; allungare; tendere; allungarsi; stendersi: *to stretch a rope tight,* tirare una fune fino a tenderla — *to stretch a pair of gloves,* tendere (far calzare bene) un paio di guanti — *to stretch one's neck,* allungare (tendere) il collo *(per vedere meglio)* — *to stretch one's arms,* stendere le braccia — *to stretch oneself (one's muscles),* stendersi, stiracchiarsi; tendere i propri muscoli — *to stretch one's legs,* sgranchire le gambe — *to stretch out one's arm for a book,* allungare il braccio per prendere un libro — *to stretch oneself out (on sth),* sdraiarsi, allungarsi (su qcsa). **2** estendersi; *(di strade)* snodarsi; inoltrarsi. **3** *(fig.)* forzare *(il significato, il limite, ecc.);* sforzarsi; abusare; fare violenza a: *to stretch the law,* forzare la legge — *to stretch a point in sb's favour,* fare uno strappo alla regola (per favorire qcno) — *to stretch one's powers,* sforzarsi fino in fondo, troppo — *to be fully stretched, (di atleta, ecc.)* essere impegnato a fondo — *My means won't stretch to it, (fam.)* I miei mezzi (Le mie finanze) non giungono a tanto; Non ci posso arrivare; Non me lo posso permettere. **4** *(sl.)* impiccare; tirare il collo (a).

stretcher ['stretʃə*] *s.* **1** barella: *stretcher-bearer,* barelliere; portabarella. **2** tenditore; stenditore; allargatore; congegno per stendere o allargare gli oggetti:

boot-stretcher, tendiscarpe — *canvas-stretcher,* telaio (per tele di quadri). **3** *(canottaggio)* puntapiedi. **4** *(edilizia)* mattone per piano. **5** *(fam.)* frottola; bugia.

to **strew** [stru:] *vt* (*pass.* **strewed**; *p. pass.* **strewed** *o* **strewn**) spargere; cospargere; ricoprire; disseminare; sparpagliare.

strewth [stru:θ] *interiezione* = **struth**.

striated [strai'eitid] *agg* striato.

stricken ['strikən] *agg* (*p. pass. ant. di* **to strike**) colpito; oppresso; affranto; sopraffatto; sconvolto: *terror-stricken,* sopraffatto (sconvolto) dal terrore — *panic-stricken,* in preda al panico — *to be stricken in years,* essere oppresso dagli anni — *to be stricken with fever (pestilence, ecc.),* venire colpito dalla febbre (dalla pestilenza, ecc.).

strict [strikt] *agg* **1** rigido; severo; rigoroso. **2** stretto; preciso; esatto; assoluto: *in the strict sense of the term,* nel senso stretto del termine.

□ *avv* **strictly 1** severamente; rigorosamente; in modo rigido: *to be strictly forbidden,* essere severamente vietato. **2** strettamente; precisamente: *strictly speaking,* in senso stretto; a rigor di logica (di termini).

strictness ['striktnis] *s.* **1** rigore; severità; rigidità. **2** esattezza; precisione.

stricture ['striktʃə*] *s.* **1** *(spesso al pl.)* critica; censura; biasimo: *to pass strictures on (o upon) sb,* muovere delle critiche a qcno. **2** *(med.)* restringimento; stenosi.

stride [straid] *s.* (lungo) passo; andatura; distanza percorsa con un solo passo: *to make great strides, (spec. fig.)* fare grandi progressi; fare dei grandi passi avanti — *to take sth in one's stride,* fare qcsa facilmente, senza il minimo sforzo, senza scomporsi — *to get into one's stride,* trovare l'andatura giusta (il ritmo giusto).

to **stride** [straid] *vi e t.* (*pass.* **strode**; *p. pass. raro* **stridden**) **1** camminare; andare a gran passi: *to stride along,* avanzare a grandi passi — *to stride off* (o *away),* allontanarsi a grandi passi. **2** *(seguito da* over, across *ecc.)* scavalcare; saltare con un gran passo; oltrepassare con un solo passo. **3** inforcare; cavalcare.

strident ['straidnt] *agg* stridente; acuto; stridulo. □ *avv* **stridently.**

strife [straif] *s.* conflitto; lotta; vertenza; contesa.

strike [straik] *s.* **1** sciopero: *to be on strike,* essere in sciopero — *to go (to come) out on strike,* scendere (mettersi) in sciopero — *strike-pay,* indennità di sciopero — *strike-leader,* animatore di uno sciopero; *(talvolta)* agitatore — *strike-breaker,* crumiro — *strike-bound,* bloccato, paralizzato dallo sciopero; fermo per sciopero. **2** scoperta di giacimento *(di petrolio, ecc.): a lucky strike,* un colpo fortunato; *(spesso)* una speculazione finanziaria fortunata. **3** *(mil.)* incursione *(spec. aerea): a strike aircraft,* un aereo da combattimento. **4** *(baseball)* colpo *(anche se fallito).* **5** *(geologia)* direzione *(di un filone, vena, ecc.).*

to **strike** [straik] *vt e i.* (*pass. e p. pass.* **struck**; *p. pass. ant. e aggettivale* **stricken** ⇨) **1** colpire; picchiare; battere; percuotere; urtare: *He struck me on the chin,* Mi colpì al mento — *He struck the table a heavy blow,* Diede un forte colpo sul tavolo — *He struck his knee with his hand; He struck his hand upon his knee,* Batté la mano contro il ginocchio — *We must strike at the root of the evil,* Dobbiamo colpire il male alla radice — *Who struck the first blow?,* Chi ha dato il primo colpo? (*cioè* Chi ha cominciato la rissa?) — *The ship struck a rock,* La nave urtò (contro) uno scoglio — *The tree was struck by lightning,* L'albero fu colpito da un fulmine — *Mandrake strikes again,* Mandrake colpisce ancora — *a striking force, (mil.)* una forza d'urto — *to be within striking distance,* essere a portata d'urto (di attacco improvviso) — *to strike while the iron is hot,* battere il ferro finché è caldo.

2 accendere *(sfregando): to strike sparks from flint,* generare scintille dalla selce — *to strike a match,* accendere un fiammifero — *The matches are damp, they won't strike,* I fiammiferi sono umidi, non si accendono — *to strike a light,* accendere un lume — *Strike a light!, (fam.)* Perbacco!; Caspita!; Accidenti!

3 suonare; battere; fare risuonare: *The clock has just struck four,* L'orologio ha appena battuto le quattro — *The hour (His hour) has struck,* L'ora (La sua ora) è suonata — *The Prime Minister struck a note of warning against over-optimism,* Il Primo Ministro ammonì di non essere troppo ottimisti (fece un appello contro l'eccessivo ottimismo).

4 rendere, ridurre d'un colpo: *to strike sb blind,* rendere qcno cieco d'un colpo; accecare qcno — *I was struck all of a heap, (fam.)* Rimasi sbalordito, sbigottito — *to strike fear (terror, ecc.) into sb,* riempire qcno di paura (terrore, *ecc.*) — *Attila struck terror into the people of eastern Europe,* Attila riempì di terrore i popoli dell'Europa orientale — *to strike sb dead,* fulminare qcno — *Strike me dead!, (fam.)* Peste mi colga!

5 impressionare; colpire *(l'attenzione, l'immaginazione, ecc.): How does it strike you?,* Che impressione ti fa?; Ti va?; Che effetto ti fa?; Che te ne pare? — *The plan strikes me as ridiculous,* Il progetto mi sembra ridicolo — *What struck me was that...,* Ciò che mi colpì fu il fatto che... — *It struck me that he was not telling the truth,* Ebbi l'impressione che non stesse dicendo la verità — *An idea suddenly struck him,* Un'idea improvvisamente lo colpì.

6 colpire (per); dare la sensazione di: *The cell struck cold and damp,* La cella dava l'impressione di essere fredda ed umida — *The room strikes you as warm and comfortable as soon as you come in,* La stanza dà una senzazione di calore e di comodità appena vi si mette piede.

7 battere (moneta); coniare: *to strike a coin (a medal),* coniare una moneta (una medaglia).

8 imbattersi; scoprire; trovare: *to strike the track (the right path),* trovare la traccia (la pista giusta) — *to strike oil,* trovare il petrolio; *(fig.: anche* to strike it rich*)* trovare l'America, la gallina dalle uova d'oro — *to strike upon an idea (a plan),* trovare un'idea (un piano).

9 *(seguito da avv. che indica direzione)* avviarsi in una certa direzione; prendere per; darsi a: *We struck into the woods,* Prendemmo per i boschi — *The boys struck (out) across the fields,* I ragazzi si avviarono per i campi.

10 ottenere; raggiungere un risultato; arrivare: *to strike a balance (an average),* arrivare, pervenire a un equilibrio (a una media).

11 concludere (realizzare, ottenere, arrivare a) un accordo: *to strike a bargain,* realizzare, concludere un buon affare.

12 rimuovere; levare; ammainare *(le vele, una bandiera);* togliere; abbassare: *to strike tents (camp),* levare le tende — *to strike one's flag,* ammainare la propria bandiera (*cioè* arrendersi).

13 *(seguito spesso da* for *o* against*)* scioperare: *to strike for higher pay,* scioperare per un salario più alto — *to strike against bad working conditions,* scioperare a causa delle cattive condizioni di lavoro. **14** *(di piante)* affondare; *(di radici)* penetrare; attecchire: *to strike root,* mettere radici — *The cutting soon struck root,* La talea (Il rametto) mise presto radici — *to strike a cutting,* piantare una talea.

to strike at, - **a)** tentare di colpire; *(fig.)* tendere a danneggiare: *The new law strikes at basic freedoms,* La nuova legge colpisce le libertà fondamentali - **b)** colpire (⇨ **to strike 1**).

to strike back, restituire il colpo; reagire.

to strike down, gettare a terra; atterrare; abbattere.

to strike in, - **a)** intervenire; entrare in discorso; interrompere; frapporsi: *John struck in with a suggestion that we should take the next plane out,* John intervenne suggerendo che avremmo dovuto prendere il prossimo aereo in partenza - **b)** *to strike into* ⇨ **9,** *sopra.*

to strike off, - **a)** far saltare con un colpo; troncare; tagliare *(p.es. la testa con un colpo di scure, ecc.)* - **b)** *(tipografia)* stampare; tirare: *to strike off a thousand copies of a book,* stampare mille copie di un libro - **c)** radiare; espellere; estromettere: *to be struck off the Medical Register,* essere radiato dall'Albo dell'Ordine dei Medici.

to strike out, - **a)** ⇨ **9,** *sopra* - **b)** nuotare vigorosamente; dare ampie bracciate: *to strike out for the shore,* guadagnare la riva con vigorose bracciate - **c)** colpire con forza: *He lost his temper and struck out wildly,* Perse la calma e menò botte da orbi - **d)** escogitare: *to strike out a line for oneself,* escogitare (trovare) un (proprio) sistema - **e)** eliminare; cancellare *(con una linea): to strike out a word (a name, an item),* eliminare una parola (un nome, una voce).

to strike through, cancellare (qcsa) con un tratto di penna.

to strike up, iniziare; avviare; dare inizio (a): *The two boys struck up a friendship,* I due ragazzi diedero inizio a un rapporto di amicizia — *The band struck up (a tune),* La banda attaccò (un pezzo, un motivo).

strikebound ['straikbaund] *agg* ⇨ **strike 1.**

striker ['straikə*] *s.* **1** scioperante. **2** *(di una campana)* battaglio; *(di un fucile)* percussore; *(di una serratura)* riscontro. **3** *(sport)* battitore; *(calcio)* attaccante.

striking ['straikiŋ] *agg* (*p. pres. di* **to strike,** *spec. il* **5**) impressionante; sensazionale; che suscita grande impressione o interesse; sorprendente. □ *avv* **strikingly.**

string [striŋ] *s.* **1** stringa; cordoncino; spago; cordino; legaccio; laccio: *to be (still) tied to one's mother's apron-strings, (fig.)* essere (ancora) attaccato alle gonne *(letteralm.* ai lacci del grembiale*)* della propria madre — *shoe-strings, (USA)* stringhe da scarpe — *a shoe-string budget, (fig.)* un bilancio *(spec. domestico)* esiguo — *to do sth on a shoe-string budget,* fare qcsa con dei mezzi assai ridotti — *string alphabet,* alfabeto per i ciechi. **2** (= bowstring) corda (nervo) dell'arco: *to have two strings to one's bow,* avere due frecce al proprio arco — *the first (second) string, (spec. sport)* la prima (la seconda) persona su cui si fa affidamento. **3** corda *(di strumento musicale): a string band (orchestra),* un'orchestra d'archi — *the strings,* gli archi — *a concerto for harpsichord and strings,* un concerto per clavicembalo e archi — *to harp on one string (on the same string), (anche fig.)* toccare una corda sola (toccare sempre lo stesso tasto) — *to touch a string in sb's heart,* far vibrare una corda nel cuore di qcno. **4** filo *(di marionette): to pull strings, (fig.)* tirare i fili; ottenere qcsa con l'aiuto di amicizie influenti — *to have sb on a string,* avere qcno in proprio potere, farlo agire come un burattino — *no strings (attached); without strings, (fam., spec. di aiuto finanziario)* senza condizioni o clausole restrittive. **5** fila; filo; filza; teoria; rosario; successione; serie: *a string of horses,* i cavalli da corsa di una determinata scuderia — *a string of curses (of lies),* una sfilza di improperi (di bugie). **6** fibra; filamento: *string-beans,* fagiolini. **7** *(anat.)* tendine; nervo; legamento. **8** *(bigliardo)* colpo preliminare *(per stabilire chi giocherà per primo).* **9** = **stringcourse.**

to **string** [striŋ] *vt e i.* (*pass. e p. pass.* **strung,** *talvolta* **stringed**) **1** munire di corde; mettere le corde. **2** (*al p. pass.* **strung**) stretto; legato; teso; pronto; eccitato: *to be strung up,* essere teso — *He is a very highly strung person,* È una persona estremamente sensibile (molto tesa). **3** accordare uno strumento; tendere le corde *(di un arco).* **4** infilare; formare una filza: *to string words together,* mettere insieme delle parole. **5** appendere ad un filo, ad una corda; sospendere: *to string sb up, (fam.)* impiccare qcno. **6** togliere il filo *(a certe verdure, p.es. fagiolini).* **7** diventare filamentoso, vischioso *(di colla).* **8** *(bigliardo)* colpire la palla per stabilire chi giocherà per primo. **9** *(USA, fam.)* farsi gioco di (qcno).

to string sb along, *(fam.)* menar qcno per il naso.

to string along with sb, *(fam.)* stare insieme con qcno; frequentare qcno.

to string out, disporre (disporsi) in fila.

to string together ⇨ *il* **4,** *sopra.*

to string up ⇨ *il* **5,** *sopra.*

stringcourse ['striŋ,kɔ:s] *s.* marcapiano.

stringed [striŋd] *agg (mus.)* a corda: *stringed instruments,* strumenti a corda.

stringency ['strindʒənsi] *s.* **1** urgenza; impellenza. **2** ristrettezza; difficoltà.

stringent ['strindʒənt] *agg* **1** rigido; severo; rigoroso: *stringent legislation,* legislazione severa. **2** urgente; impellente; stringente. **3** *(comm., econ.)* scarso; mancante di denaro (circolante); difficile: *a stringent market,* un mercato difficile *(mancante di denaro).* □ *avv* **stringently.**

stringer ['striŋə*] *s.* **1** *(carpenteria)* corrente, traversa orizzontale; catena. **2** *(giornalismo)* corrispondente locale.

stringy ['striŋi] *agg* (**-ier; -iest**) **1** fibroso; filamentoso; filaccioso; stopposo. **2** *(di liquido)* viscoso. □ *stringy bark,* specie di eucalipto.

strip [strip] *s.* **1** striscia; fascia; nastro: *a strip of garden behind the house,* una striscia (una fascia) di giardino dietro la casa — *an air-strip,* una pista d'atterraggio — *strip-lighting,* illuminazione per mezzo di tubi fluorescenti — *strip cartoons; comic strips,* fumetti; 'strisce'. **2** (*attrib.: abbr. di* **striptease**) *strip-show,* spogliarello. **3** *(fam.)* maglia *(di calciatore).*

to **strip** [strip] *vt e i.* (**-pp-**) **1** svestire, svestirsi; denudare, denudarsi; spogliare, spogliarsi; togliere; strappare: *to strip down,* svestirsi — *to strip off one's clothes and have a swim,* togliersi gli indumenti e fare una nuotata — *to strip off a wrapping,* togliere l'involucro — *to strip a bed,* disfare un letto. **2** *(mil.)* degradare (qcno). **3** *(mecc.: generalm. seguito da* down*)* smontare; smantellare; scomporre. **4** *(mecc.)* spanare, spanarsi; togliere la filettatura *(a una vite, a un dado, ecc.).* **5** mungere fino alla fine. **6** togliere *(alle foglie del tabacco)* i gambi e le nervature. **7** togliere i residui metallici *(mediante elettrolisi).* **8** *(med.)* scollare.

stripe [straip] *s.* **1** striscia; gallone; lista; fascia; banda. **2** gallone; grado militare: *to lose one's stripes,* perdere (rimetterci) i galloni; venire degradato — *to get one's* *stripes,* guadagnare i galloni; venire promosso — *to wear the stripes, (USA, sl.)* essere in gattabuia. **3** *(anche al pl., fam.)* tipo; genere; partito: *to be of the same political stripe,* essere dello stesso colore politico. **4** *(ant., generalm. al pl.)* sferzata; staffilata; frustata.

striped [straipt] *agg* rigato; listato; a striscie.

stripey ['straipi] *agg* a strisce.

stripling ['stripliŋ] *s.* giovinetto; giovincello; adolescente.

stripper ['stripə*] *s.* **1** spogliarellista. **2** sverniciatore. **3** *wire stripper,* pinza spelafilo.

striptease ['stripti:z] *s.* spogliarello: *striptease artiste,* spogliarellista.

to **strive** [straiv] *vi* (*pass.* **strove**; *p. pass.* **striven**) **1** lottare; combattere; battersi *(seguito da* for, with *o* against*): to strive for peace,* lottare per la pace. **2** sforzarsi; ingegnarsi; impegnarsi; fare del proprio meglio: *to strive after an effect,* sforzarsi per ottenere un effetto — *She strove hard to succeed,* Fece tutto il possibile (si impegnò duramente) per ottenere il successo.

striver ['straivə*] *s.* chi lotta, si batte con impegno: *a striver after truth,* uno che cerca assiduamente la verità.

strobe [stroub] *agg, abbr di* **stroboscopic(al)**.

stroboscope ['strɔbəskoup] *s.* stroboscopio.

stroboscopic(al) [,strɔbə'skɔpik(əl)] *agg* stroboscopico.

stroboscopy [,strɔ'bɔskəpi] *s.* stroboscopia.

strode [stroud] *pass di* **to stride**.

stroke [strouk] *s.* **1** colpo; percossa; botta: *at a stroke; with one stroke; at a single stroke,* d'un solo colpo — *the stroke of a hammer,* il colpo di un martello — *ten strokes of the birch,* dieci vergate — *a master-stroke,* un colpo da maestro — *That was a good stroke of business,* Quello fu proprio un buon colpo (un buon affare) — *I haven't done a stroke of work today,* Non ho fatto un briciolo di lavoro oggi — *a stroke of lightninq; a lightning stroke,* un fulmine — *What a stroke of luck!,* Che colpo di fortuna! **2** *(nuoto)* bracciata; *(canottaggio)* vogata; remata: *to swim with a slow stroke,* nuotare a bracciate lente — *the breast (back, side) stroke,* il nuoto a rana (sul dorso, alla marinara) — *a fast (slow) stroke,* una vogata veloce (lenta). **3** primo vogatore *(in un equipaggio di canottieri).* **4** tratto *(di penna);* tocco; pennellata: *with a stroke of the pen,* con un tocco (tratto) della penna — *thin strokes,* tratti (pennellate) sottili. **5** suono; rintocco; tocco: *on the stroke of three,* al rintocco (suono) delle tre; alle tre precise; allo scoccare delle tre — *He arrived on the stroke,* Giunse al tocco; Arrivò puntualissimo. **6** *(med.)* colpo; attacco improvviso; ictus: *a paralytic stroke,* un colpo (un attacco) di paralisi — *a stroke of apoplexy,* un colpo apoplettico. **7** *(mecc.)* corsa *(di stantuffo);* tempo *(di un motore): working stroke, (mecc.)* corsa utile, di lavoro — *backward (return) stroke, (mecc.)* corsa di ritorno — *a two-stroke engine,* un motore a due tempi.

[1]to **stroke** [strouk] *vt (canottaggio)* fare da primo vogatore; vogare (*cfr.* **stroke 3**).

[2]to **stroke** [strouk] *vt* accarezzare; lisciare; passare la mano su: *to stroke sb (up) the wrong way,* prendere qcno per il verso sbagliato, irritarlo — *to stroke sb down,* lisciare qcno; rabbonire, quietare qcno.

stroll [stroul] *s.* passeggiata; giretto; due passi.

to **stroll** [stroul] *vi* passeggiare; fare due passi; gironzolare; bighellonare.

stroller ['stroulə*] *s.* **1** chi passeggia; bighellone. **2** vagabondo; girovago. **3** attore girovago. **4** passeggino; carrozzina *(dei bambini).*

strong [strɔŋ] *agg* **1** *(di cose concrete)* forte; robusto; resistente; solido; saldo: *a strong stick,* un bel (robusto) bastone — *a strong wind,* un forte vento — *to be as strong as a horse,* essere forte come un toro — *a strong-box,* una cassaforte — *a strong-room,* una camera blindata — *strong-arm methods,* metodi forti; la maniera forte. **2** *(fig.)* forte; saldo; potente; vigoroso; gagliardo; *(per estensione)* convincente; fondato: *a strong fort,* un forte ben difeso — *a strong side,* una squadra (sportiva) forte — *a strong will,* una forte volontà — *a strong candidate,* un candidato con buone possibilità di successo — *to have a strong hold on sb,* esercitare un forte ascendente su qcno — *strong-minded,* risoluto; deciso — *my (his) strong point,* il mio (suo) forte — *an army five thousand strong,* un'armata forte di cinquemila uomini — *a strong argument,* un argomento convincente — *a strong suspicion,* un sospetto fondato. **3** *(fig.: riferito a concentrazioni, intensità ecc.)* forte; *(di tè)* carico; *(di formaggio)* piccante; *(di bevanda)* alcoolico; *(per estensione)* nauseabondo; maleodorante: *a strong light,* una luce forte (intensa, accecante) — *a strong cup of coffee,* una tazza di caffè piuttosto carico — *strong butter,* burro rancido — *This is strong meat for you!, (fam.)* Questo non è pane per i tuoi denti! **4** *(econ., comm.: di mercato)* in rialzo; in espansione. **5** *(gramm.: di verbo)* forte. □ *avv* **strongly**.

□ *in funzione di avv (nelle seguenti espressioni) to be going strong,* essere ancora arzillo, vigoroso; procedere bene; fare notevoli progressi — *to come (to go) it a bit strong, (fam.)* esagerare; passare il segno.

strong-arm ['strɔŋ,ɑ:m] *agg (attrib.)* ⇨ **strong 1**.

strong(-)box ['strɔŋ,bɔks] *s.* ⇨ **strong 1**.

stronghold ['strɔŋ'hould] *s.* roccaforte.

strong(-)man ['strɔŋ'mæn] *s.* uomo forte *(anche fig.).*

strong(-)room ['strɔŋ,ru:m] *s.* ⇨ **strong 1**.

strontium ['strɔnʃiəm] *s.* stronzio.

strop [strɔp] *s.* coramella; cuoio per affilare il rasoio.

to **strop** [strɔp] *vt* (**-pp-**) affilare sulla coramella.

strophe ['stroufi] *s.* strofe; strofa.

stroppy ['strɔpi] *agg (fam.)* attaccabrighe.

strove [strouv] *pass di* **to strive**.

struck [strʌk] *pass e p. pass di* **to strike**.

structural ['strʌktʃərəl] *agg* **1** strutturale; di struttura; relativo alla struttura: *structural linguistics,* la linguistica strutturale — *structural steel,* acciaio per costruzioni. **2** *(geologia)* tettonico. □ *avv* **structurally**.

structuralism ['strʌktʃərə,lizəm] *s.* strutturalismo.

structuralist ['strʌktʃərə,list] *s.* strutturalista. □ *agg* strutturalistico.

structure ['strʌktʃə*] *s.* **1** struttura *(anche gramm.): structure drills,* esercizi strutturali — *English sentence structure,* la struttura della frase in inglese. **2** costruzione; edificio; fabbricato.

to **struggle** ['strʌgl] *vi* **1** lottare; combattere; battersi: *to struggle against (o with) difficulties,* lottare contro le difficoltà. **2** fare sforzi; dibattersi; divincolarsi; dimenarsi; lottare: *to struggle to one's feet,* alzarsi in piedi con fatica.

to struggle through, farsi strada (procedere) a fatica — **to struggle in (out),** penetrare (aprirsi un varco) a fatica.

to struggle up, salire con difficoltà; arrancare.

strum [strʌm] *s.* strimpellio; strimpellata.

to **strum** [strʌm] *vi e t.* (**-mm-**) strimpellare: *to strum* *(on) the banjo,* strimpellare il banjo — *to strum a tune on the piano,* accennare un motivo al pianoforte.

strumpet ['strʌmpit] *s. (ant.)* prostituta.

strung [strʌŋ] *pass e p. pass di* **to string** (⇨ *in particolare il* **2**).

[1]**strut** [strʌt] *s.* l'incedere, il camminare impettito.

[1]to **strut** [strʌt] *vi* (**-tt-**) camminare impettito; incedere boriosamente, con sussiego.

[2]**strut** [strʌt] *s. (mecc.)* puntone; puntello; *(di aereo)* montante.

[2]to **strut** [strʌt] *vt* (**-tt-**) *(mecc.)* puntellare.

struth [stru:θ] *interiezione (GB, da taluni considerata volg. o blasfema poiché deriva da* God's truth*)* caspita!; porca miseria!

strychnine ['strikni:n] *s.* stricnina.

stub [stʌb] *s.* **1** mozzicone; troncone; ceppo; radice *(di dente);* rimanenza: *The dog has only a stub of a tail,* Il cane ha solo un mozzicone di coda — *stub axle,* fuso a snodo. **2** *(USA)* matrice *(del libretto degli assegni).*

to **stub** [stʌb] *vt* (**-bb-**) **1** sradicare; ripulire dalle erbacce, ceppi, ecc. **2** battere *(il piede)* contro; inciampare. **3** *(seguito da* out*)* spegnere; schiacciare *(una sigaretta, un sigaro).*

stubble ['stʌbl] *s.* **1** stoppia. **2** barba ispida. **3** capelli a spazzola.

stubbly ['stʌbli] *agg* **1** coperto di stoppie. **2** ispido.

stubborn ['stʌbən] *agg* **1** caparbio; ostinato; testardo; cocciuto: *to be as stubborn as a mule,* essere testardo come un mulo. **2** tenace; inflessibile; duro; pervicace. **3** refrattario; difficile: *stubborn soil,* terreno difficile (ingrato). □ *avv* **stubbornly.**

stubbornness ['stʌbənnis] *s.* ostinazione; caparbietà; testardaggine; pervicacia; insistenza ostinata.

stubby ['stʌbi] *agg* (**-ier**; **-iest**) tronco; mozzo: *stubby fingers,* dita (della mano) tozze.

stucco ['stʌkou] *s.* (*pl.* **stuccos, stuccoes**) stucco.

to **stucco** ['stʌkou] *vt* decorare a stucco; stuccare.

stuck [stʌk] *pass e p. pass di* **to stick**: *per 'to be stuck with sb'* ⇨ **to stick with b**).

stuck-up ['stʌk'ʌp] *agg (fam.)* borioso; presuntuoso; pieno di sé; arrogante.

[1]**stud** [stʌd] *s. (GB, anche* collar stud*)* **1** bottoncino a testa fissa o mobile *(per fermare il colletto o lo sparato di una camicia).* **2** borchia; chiodo a testa larga *(per porte, per ornamento o protezione).* **3** *(mecc.)* perno; traversino. **4** *(mecc.)* colonnetta; perno sporgente: *stud bolt,* prigioniero; vite prigioniera.

to **stud** [stʌd] *vt* (**-dd-**) **1** (*generalm. al p. pass.* **studded**) ornare; tempestare; costellare: *a star-studded sky,* un cielo trapunto di stelle. **2** imbullettare; munire di borchie: *a studded oak door,* una porta di quercia coperta di borchie.

[2]**stud** [stʌd] *s.* scuderia; allevamento di cavalli: *stud book,* registro dei purosangue — *stud-horse (mare),* stallone (giumenta o fattrice) da monta.

student ['stju:dənt] *s.* **1** studente *(spec. universitario): medical students,* studenti di medicina — *student lamp,* lampada da tavolo. **2** studioso; ricercatore; indagatore. **3** *(GB, talvolta)* borsista; titolare di una borsa di studio. **4** *(al Christ Church College di Oxford)* = **fellow 3.**

studied ['stʌdid] *p. pass di* **to study,** *usato come agg* **1** deliberato; premeditato; voluto: *a studied insult,* un deliberato insulto. **2** calcolato; affettato: *with studied politeness,* con cortesia affettata.

studio ['stju:diou] *s.* **1** studio *(di pittore, scultore o fotografo).* **2** studio cinematografico; teatro di prosa. **3** auditorio radiofonico; studio televisivo. □ *studio couch,* divano letto.

studious ['stju:djəs] *agg* **1** studioso. **2** attento; diligente; sollecito; zelante; riguardoso; premuroso. **3** deliberato. □ *avv* **studiously.**

studiousness ['stju:djəsnis] *s.* **1** amore dello studio; l'essere studioso; applicazione allo studio. **2** cura; premura; sollecitudine; zelo.

study ['stʌdi] *s.* **1** *(vari sensi)* studio (*cfr. anche* **studio**). **2** indagine; ricerca; oggetto di studio: *The proper study of mankind is man, (da Alexander Pope, 'Essay on Man')* La vera ricerca (Il vero obiettivo di indagine) dell'umanità è l'uomo — *His face was a study,* Il suo volto era tutto da studiare. **3** schizzo; abbozzo; esperimento. **4** *(ant.)* pensiero; preoccupazione; premura: *to be in a brown study,* essere assorto in meditazione. **5** *(sl. teatrale) to be a good (slow) study,* essere bravo (lento) ad imparare la parte (*cfr.* **understudy**).

to **study** ['stʌdi] *vt e i.* **1** studiare; compiere degli studi: *He was studying for the medical profession,* Studiava per prepararsi alla professione medica — *He's studying to be a doctor,* Studia da medico. **2** dedicare attenzione e considerazione; curarsi; preoccuparsi: *to study only one's own interests,* preoccuparsi (curarsi) soltanto dei propri interessi. □ ⇨ *anche* **studied.**

stuff [stʌf] *s.* **1** materia; sostanza; materiale; roba *(spesso spreg.);* robaccia: *food-stuffs,* generi alimentari — *green stuff,* verdure — *Do you call this stuff beer?,* Questa roba tu la chiami birra? — *For heaven's sake get that stuff out of here!,* Per l'amor di Dio, porta via quella robaccia! **2** *(ant.)* stoffa di lana; tessuto: *a stuff gown,* toga *(di avvocato).* **3** *(fig.)* stoffa: *We must find out what stuff he is made of,* Dobbiamo scoprire di che sostanza (pasta, stoffa) è fatto — *He is not the stuff heroes are made of,* Non ha la stoffa dell'eroe. □ *That's the stuff to give them!; Just the stuff to give the troops!,* Ecco quello che ci vuole per loro! — *Do your stuff!,* Dimostra quello che sei capace di fare! — *He knows his stuff!,* Sa il fatto suo! — *stuff and nonsense,* sciocchezze; stupidaggini.

to **stuff** [stʌf] *vt* **1** *(spesso seguito da* with*)* riempire; imbottire; *(spesso seguito da* into*)* pressare dentro; *(spesso seguito da* up*)* tappare; ostruire; turare: *to stuff a bag with feathers; to stuff feathers into a bag,* imbottire un sacco di piume — *a head stuffed with silly romantic ideas,* una testa imbottita di sciocche idee romantiche — *to stuff (up) one's ears with cotton-wool,* tapparsi le orecchie con del cotone — *to stuff (up) a hole,* tappare un buco — *My nose is stuffed up,* Ho il naso chiuso *(per un raffreddore).* **2** *(cucina)* mettere un ripieno; farcire; imbottire: *stuffed peppers,* peperoni ripieni — *stuffed olives,* olive farcite — *stuffed turkey,* tacchino ripieno. **3** impagliare; imbalsamare: *a stuffed tiger,* una tigre impagliata. **4** *(spesso rifl.)* ingozzare, ingozzarsi; satollare, satollarsi; rimpinzare, rimpinzarsi: *When will that boy stop stuffing (himself)?,* Quando smetterà di rimpinzarsi quel ragazzo? — *She stuffed the child with sweets,* Rimpinzò il bambino di dolci — *to stuff a goose,* ingrassare (fare ingrassare) un'oca. **5** stipare; riempire al massimo: *to stuff one's clothes into a trunk,* stipare i propri indumenti in un baule. **6** *(sl.)* sopportare: *If you don't like it, you'll just have to stuff it!,* Se non ti piace, arrangiati! **7** *(volg.)* chiavare.

stuffiness ['stʌfinis] *s.* **1** mancanza d'aria; odore di rinchiuso. **2** *(fam.)* cattivo umore; broncio. **3** *(fam.)* permalosità; sdegnosità; contegnosità.

stuffing ['stʌfiŋ] *s.* **1** imbottitura; stoppa: *to knock the* *stuffing out of sb, (fam.)* battere qcno in modo umiliante; sconcertare, sconvolgere qcno; farlo scendere dal suo piedistallo. **2** *(cucina)* ripieno.

stuffy ['stʌfi] *agg* (**-ier**; **-iest**) **1** soffocante; senza aria; poco arieggiato; che sa di rinchiuso. **2** *(fam.)* arcigno; imbronciato; di cattivo umore. **3** *(fam.)* permaloso; sdegnoso; contegnoso. □ *avv* **stuffily**.

stultification [ˌstʌltifi'keiʃən] *s.* **1** ridicolizzazione. **2** invalidazione; vanificazione.

to **stultify** ['stʌltifai] *vt* **1** invalidare; infirmare; vanificare; rendere inutile. **2** ridicolizzare; rendere ridicolo: *to stultify oneself,* contraddirsi; smentirsi *(per estensione)* rendersi ridicolo.

stumble ['stʌmbl] *s.* atto dell'inciampare; passo falso.

to **stumble** ['stʌmbl] *vi* **1** inciampare; incespicare: *to stumble upon (across) sth, (anche fig.)* imbattersi in qcsa; trovare qcsa inaspettatamente o per caso — *stumbling-block,* ostacolo; impedimento; scoglio. **2** *(seguito da* along*)* avanzare (camminare) con passi malsicuri, barcollando, inciampando. **3** impappinarsi; impaperarsi; confondersi e fare degli errori parlando.

stump [stʌmp] *s.* **1** ceppo; tronco *(di albero reciso o caduto): stump oratory,* oratoria da comizio, da piazza *(dal fatto che un tempo l'oratore saliva sul ceppo di un albero) — to be on the stump, (fam.)* essere impegnato in agitazioni, comizi di natura politica. **2** moncherino; moncone *(di arto, ecc.).* **3** mozzicone *(di matita, sigaretta, ecc.);* sfumino. **4** *(scherz.)* gamba: *(spec. nell'espressione) to stir one's stumps,* muovere le gambe; affrettarsi; sgambare. **5** *(cricket)* paletto.

to **stump** [stʌmp] *vi e t.* **1** camminare, incedere pesantemente, rigidamente. **2** *(fam., di domanda, indovinello, ecc.)* sconcertare; mettere in difficoltà; mettere in imbarazzo; disorientare. **3** *(spec. nell'espressione) to stump the country,* andar tenendo comizi *(cfr.* **stump** 1). **4** *(cricket)* mettere fuori gara (un battitore) colpendo il 'wicket' *(composto di tre* 'stumps' *= paletti).* **5** *(seguito da* up, *GB, fam.)* sborsare; sganciare; tirar fuori.

stumper ['stʌmpə*] *s. (fam.)* **1** problema, quesito imbarazzante. **2** *(GB, cricket)* = **wicket-keeper**.

stumpy ['stʌmpi] *agg* (**-ier**; **-iest**) **1** *(di terreno)* coperto di ceppi. **2** corto; tozzo; tarchiato: *a stumpy little man,* un ometto tozzo.

to **stun** [stʌn] *vt* (**-nn-**) **1** assordare; intronare. **2** tramortire; stordire; fare perdere i sensi. **3** sbalordire; stordire; intontire; sconvolgere.

stung [stʌŋ] *pass e p. pass di* **to sting**.

stunk [stʌŋk] *pass e p. pass di* **to stink**.

stunner ['stʌnə*] *s. (fam.)* **1** cosa che assorda. **2** cosa (o persona) che sbalordisce, che lascia a bocca aperta.

stunning ['stʌniŋ] *agg* **1** assordante. **2** *(fam.)* sbalorditivo; sensazionale; straordinario; splendido; 'favoloso'; stupendo; magnifico: *a stunning blonde,* una bionda 'favolosa' — *What a stunning hat!,* Che splendido cappello! □ *avv* **stunningly**.

stunt [stʌnt] *s.* **1** bravata; impresa spericolata; esibizione: *stunt flying,* volo acrobatico — *stunt man, (cinema)* controfigura *(acrobata, cascatore).* **2** *(anche* publicity stunt*)* trovata pubblicitaria. **3** montatura giornalistica.

to **stunt** [stʌnt] *vt* arrestare la crescita; bloccare lo sviluppo.

stunted ['stʌntid] *agg* stentato; striminzito *(spec. di albero);* nano; rachitico.

stupefaction [ˌstju:pi'fækʃən] *s.* **1** inebetimento *(anche a causa di stupefacenti);* torpore; stordimento. **2** stupefazione; stupore; sbalordimento.

to **stupefy** ['stju:pifai] *vt* **1** istupidire; stordire; inebetire; intontire: *to be stupefied with drink,* essere istupidito (inebetito) per il bere. **2** sbalordire; stupefare.

stupendous [stju:'pendəs] *agg* **1** enorme; immenso; straordinario; tremendo; formidabile. **2** sbalorditivo; meraviglioso; stupendo; stupefacente; prodigioso; magnifico. □ *avv* **stupendously**.

stupid ['stju:pid] *agg* **1** stupido; sciocco; ottuso; lento di comprendonio. **2** noioso; scialbo; seccante; uggioso. □ *avv* **stupidly**.

□ *s. (fam.)* babbeo; scimunito: *What a stupid he is!,* Che babbeo è!

stupidity [stju(:)'piditi] *s.* **1** stupidità; ottusità. **2** stupidaggine.

stupor ['stju:pə*] *s.* stupore; stordimento; stupefazione; torpore.

sturdiness ['stə:dinis] *s.* robustezza; resistenza; solidità; forza; vigore.

sturdy ['stə:di] *agg* **1** vigoroso; robusto; forte; gagliardo. **2** solido; saldo: *sturdy common sense,* solido buonsenso. □ *avv* **sturdily**.

sturgeon ['stə:dʒən] *s.* storione.

stutter ['stʌtə*] *s.* balbuzie; tartagliamento.

to **stutter** ['stʌtə*] *vi e t.* tartagliare; essere balbuziente; balbettare.

stutterer ['stʌtərə*] *s.* balbuziente.

[1]**sty** [stai] *s.* (*pl.* **sties**) **1** *(anche* pig-sty*)* porcile. **2** *(per estensione)* tugurio; dimora sordida.

[2]**sty, stye** [stai] *s.* (*pl.* **sties, styes**) orzaiolo.

Stygian ['stidʒiən] *agg* stigio; dello Stige; *(fig.)* infernale; oscuro; tetro.

style [stail] *s.* **1** stile; modo; maniera: *a short story written in a delightful style,* un racconto scritto in uno stile piacevole — *the latest styles in hats,* cappelli all'ultima moda — *to live in the European style,* vivere alla maniera europea — *old (new) style,* stile *(di calendario)* giuliano (gregoriano). **2** stile; eleganza; distinzione; tono; classe: *to do things in style,* fare le cose con stile (come si deve). **3** titolo *(che si adopera per rivolgersi a qcno); (comm.)* ragione sociale; nome dell'azienda. **4** *(stor.)* stilo *(per incidere le tavolette).* **5** *(della meridiana)* gnomone. **6** *(bot.)* stilo.

to **style** [stail] *vt* **1** dare il titolo; chiamare, designare con il titolo. **2** disegnare; progettare; creare: *new cars styled by Italian designers,* nuove vetture create da stilisti italiani.

stylish ['stailiʃ] *agg* che ha distinzione (tono, classe); elegante. □ *avv* **stylishly**.

stylishness ['stailiʃnis] *s.* stile; eleganza; distinzione; tono; buon gusto.

stylist ['stailist] *s.* **1** stilista. **2** *(comm.)* disegnatore; stilista: *hair stylist,* parrucchiere.

stylistic [stai'listik] *agg* stilistico. □ *avv* **stylistically**.

to **stylize** ['stailaiz] *vt* stilizzare.

stylo ['stailou] *s., abbr di* **stylograph**.

stylograph ['stailəgrɑ:f] *s.* penna stilografica.

stylus ['stailəs] *s.* **1** stilo; bulino. **2** puntina *(di giradischi).*

stymie ['staimi] *s. (golf)* posizione della palla di un giocatore fra quella dell'avversario e la buca.

to **stymie** ['staimi] *vt* (*fig.: cfr.* **stymie**) mettere in una posizione difficile; ostacolare.

styptic ['stiptik] *agg e s. (med.)* (sostanza) astringente; coagulante: *styptic pencil,* matita emostatica.

Styx [stiks] *nome proprio* Stige: *(nell'espressione) to cross the Styx,* morire; varcare lo Stige.

suasion ['sweiʒən] *s. (raro)* persuasione.

suave [swɑ:v/sweiv] *agg (spesso spreg.)* (fin troppo) soave; gentile; dolce; garbato; affabile; cortese. □ *avv* **suavely.**

suavity ['swæviti] *s.* soavità; gentilezza; dolcezza; affabilità; cortesia.

[1]**sub** [sʌb] *prep (lat.)* sotto: *sub judice,* in corso di giudizio *(e perciò incommentabile)* — *sub rosa, (di notizia, informazione, comunicazione)* confidenziale; in assoluta segretezza.

[2]**sub** [sʌb] *s.* **1** *(abbr. fam. di* subaltern*)* ufficiale subalterno. **2** *(abbr. di* submarine*)* sommergibile. **3** *(abbr. di* substitute*)* sostituto. **4** *(abbr. di* subscription*)* abbonamento; quota sociale; sottoscrizione. **5** *(abbr. di* sub-lieutenant*)* sottotenente. **6** *(abbr. di* sub-editor*)* redattore aggiunto.

subalpine ['sʌb'ælpain] *agg* subalpino.

subaltern ['sʌbltən] *s. (GB, mil.)* tenente o sottotenente.

subcommittee ['sʌbkə,miti] *s.* sottocomitato; sottocommissione.

subconscious ['sʌb'kɔnʃəs] *agg e s.* subcosciente. □ *avv* **subconsciously.**

subconsciousness ['sʌb'kɔnʃəsnis] *s.* subcoscienza; subcosciente.

subcontinent [,sʌb'kɔntinənt] *s.* quasi un continente; sottocontinente.

subcontract [,sʌb'kɔntrækt] *s.* subappalto.

to **subcontract** [,sʌbkən'trækt] *vt e i.* subappaltare; dare o accettare in subappalto.

subcontractor [,sʌbkən'træktə*] *s.* subappaltatore.

subcutaneous ['sʌbkju(:)'teinjəs] *agg* sottocutaneo; ipodermico.

to **subdivide** ['sʌbdi'vaid] *vt e i.* suddividere, suddividersi.

subdivision ['sʌbdi,viʒən] *s.* **1** suddivisione. **2** *(in Australia)* lottizzazione *(di un terreno).*

subdominant ['sʌb'dɔminənt] *s.* (nota) sottodominante.

to **subdue** [səb'dju:] *vt* **1** assoggettare; sottomettere; soggiogare; vincere; sconfiggere; conquistare; domare. **2** attenuare; mitigare; ridurre; smorzare *(spec. al p. pass.): subdued voices (lights),* voci (luci) attenuate, smorzate.

to **subedit** ['sʌb'edit] *vt* redigere *(un giornale).*

subeditor ['sʌb'editə*] *s.* redattore aggiunto *(di un giornale).*

subfusc ['sʌbfʌsk] *agg* fosco; brunastro; opaco. □ *s.* abito scuro; abiti scuri.

subgroup ['sʌbgru:p] *s. (chim., ecc.)* sottogruppo.

subheading ['sʌb,hediŋ] *s.* sottotitolo.

subhuman ['sʌb'hju:mən] *agg* sub-umano; inferiore all'umano; quasi bestiale; disumano.

[1]**subject** ['sʌbdʒikt] *s.* **1** suddito, suddita: *She was a French citizen by birth and a British subject by marriage,* Era cittadina francese di nascita e suddita inglese per effetto del matrimonio. **2** soggetto; argomento; tema; materia: *to change the subject,* cambiare argomento — *the subject of a poem (picture),* il soggetto di una poesia (di un quadro) — *on the subject of...,* a proposito di...; in materia di...; in tema di... — *subject-heading,* titolo di indice — *subject matter,* argomento; soggetto *(di un libro, di un'opera, ecc.).* **3** soggetto *(di uno studio, di un esperimento).* **4** motivo; causa; circostanza determinante; *(di persona)* oggetto *(di compassione, ridicolo, congratulazione, ecc.).* **5** individuo; tipo; persona; *(med.)* soggetto. **6** *(gramm.)* soggetto. **7** *(mus.)* tema. **8** materia d'insegnamento.

[2]**subject** ['sʌbdʒikt] *agg* **1** soggetto; assoggettato; dipendente; sottoposto. **2** soggetto; esposto; suscettibile (di); con la tendenza (a): *Trains are subject to delay when there is fog,* I treni sono soggetti al ritardo quando c'è la nebbia. □ **subject to...,** salvo...; subordinato (subordinatamente) a...: *The plan is subject to confirmation,* Il progetto è subordinato a conferma — *subject to approval,* salvo approvazione — *subject to collection, (comm.)* salvo incasso; salvo buon fine.

to **subject** [səb'dʒekt] *vt* **1** assoggettare; rendere soggetto; sottomettere; soggiogare. **2** esporre; sottoporre: *to subject oneself to criticism,* esporsi alla critica — *to subject a man to torture,* sottoporre un uomo alla tortura.

subjection [səb'dʒekʃən] *s.* assoggettamento; conquista; dominio; sottomissione; soggezione; schiavitù.

subjective [sʌb'dʒektiv] *agg* **1** soggettivo; personale; individuale. **2** *(gramm.)* del soggetto; relativo al soggetto. □ *avv* **subjectively.**

subjectivity [,sʌbdʒek'tiviti] *s.* soggettività.

to **subjoin** ['sʌb'dʒɔin] *vt* **1** soggiungere. **2** aggiungere in fondo, in calce.

to **subjugate** ['sʌbdʒugeit] *vt* soggiogare; assoggettare; domare; sottomettere; asservire.

subjugation [,sʌbdʒu'geiʃən] *s.* assoggettamento; conquista; sottomissione; asservimento.

subjunctive [səb'dʒʌŋktiv] *agg e s.* congiuntivo; soggiuntivo.

sublease ['sʌb'li:s] *s.* subaffitto; sublocazione.

to **sublease** ['sʌb'li:s] *vt* subaffittare.

to **sublet** ['sʌb'let] *vt e i.* **(-tt-) 1** subaffittare. **2** dare in subappalto.

sub-lieutenant ['sʌblef'tenənt] *s.* **1** *(mil.)* sottotenente. **2** *(naut., mil.)* sottotenente di vascello.

sublimate ['sʌblimeit/-mit] *s.* sublimato. □ *agg* sublimato; elevato; purificato; idealizzato.

to **sublimate** ['sʌblimeit] *vt* sublimare *(anche fig.);* elevare; purificare; idealizzare.

sublimation [,sʌbli'meiʃən] *s.* sublimazione *(anche fig.);* elevazione; purificazione; idealizzazione.

sublime [sə'blaim] *agg* **1** sublime; eccelso. **2** *(iron.)* perfetto; supremo; sommo: *He looked at me with sublime indifference,* Mi guardò con perfetta indifferenza. □ *avv* **sublimely.**

subliminal [səb'liminl] *agg* subliminale; subconscio: *subliminal advertising,* pubblicità subliminale; persuasione occulta.

sublimity [səb'limiti] *s.* sublimità.

sub-machine gun ['sʌbmə'ʃi:ngʌn] *s. (mil.)* fucile mitragliatore; 'mitra'.

submarine ['sʌbməri:n] *agg* sottomarino; subacqueo. □ *s.* sommergibile; sottomarino.

to **submerge** [səb'mə:dʒ] *vt* **1** immergere; coprire con un liquido. **2** affondare. □ *vi* immergersi; essere sommerso.

submerged [səb'mə:dʒd] *agg* sommerso: *the submerged tenth, (fig.)* i derelitti; i miserabili; gli indigenti.

submergence, submersion [səb'mə:dʒəns/səb'mə:ʃən] *s.* sommersione; immersione.

submersible [səb'mə:səbl] *agg e s.* sommergibile.

submission [səb'miʃən] *s.* **1** sottomissione; rassegnazione; resa; accettazione dell'altrui autorità. **2** umiltà; rispetto; soggezione; sottomissione: *with all due* *submission,* con tutto il rispetto dovuto. **3** *(dir.)* ipotesi; tesi; teoria *(sottoposta a una giuria, a un giudizio).*

submissive [səb'misiv] *agg* sottomesso; remissivo; obbediente; docile. □ *avv* **submissively.**

submissiveness [səb'misivnis] *s.* sottomissione; remissività; obbedienza; docilità.

to **submit** [səb'mit] *vt e i.* (**-tt-**) **1** sottomettersi; sottoporsi. **2** sottoporre; rimettere all'approvazione; rimettere al giudizio: *to submit plans to a city council,* sottoporre progetti a un consiglio comunale. **3** *(dir.)* asserire; sostenere: *I submit that the witness is lying,* Sostengo che il testimone mente. **4** cedere; arrendersi; piegarsi; rassegnarsi; assoggettarsi.

subnormal ['sʌb'nɔ:məl] *agg* subnormale; inferiore al normale.

subordinate [sə'bɔ:dinit] *agg* **1** secondario; meno importante; di ordine inferiore; in sott'ordine: *subordinate commander,* comandante in seconda. **2** subordinato; dipendente.
□ *s.* subordinato; subalterno; inferiore.

to **subordinate** [sə'bɔ:dineit] *vt* **1** considerare come secondario, meno importante; subordinare. **2** assoggettare; rendere dipendente; fare dipendere: *subordinating conjunction, (gramm.)* congiunzione subordinativa.

subordination [sə,bɔ:di'neiʃən] *s.* **1** subordinazione; dipendenza; sottomissione. **2** inferiorità; secondarietà.

subordinative [sə'bɔ:dinətiv] *agg* subordinativo.

to **suborn** [sə'bɔ:n/sʌ-] *vt* subornare; corrompere.

subornation [,sʌbɔ:'neiʃən] *s.* subornazione; corruzione.

subpoena [səb'pi:nə/sʌb-] *s. (lat.)* citazione in giudizio; mandato di comparizione.

to **subpoena** [səb'pi:nə/sʌb-] *vt* citare (convocare) in giudizio.

to **subscribe** [səb'skraib] *vi e t.* **1** sottoscrivere; versare; pagare o impegnarsi a pagare; contribuire *(con denaro).* **2** abbonarsi; impegnarsi ad acquistare: *to subscribe to a journal,* abbonarsi ad una rivista specializzata — *to subscribe for a book,* prenotarsi per l'acquisto di un libro. **3** aderire; accettare; approvare; sottoscrivere: *to subscribe to an opinion,* aderire a (approvare) una opinione. **4** *(non molto comune)* sottoscrivere; firmare in calce un documento: *to subscribe one's name to a petition,* sottoscrivere (scrivere il proprio nome per) una petizione.

subscriber [səb'skraibə*] *s.* **1** chi sottoscrive, contribuisce, aderisce, ecc. **2** abbonato. □ *subscriber trunk dialling, (GB, abbr.* STD*)* teleselezione.

subscript ['sʌbskript] *agg e s. (matematica e grammatica greca)* sottoscritto *(simbolo o lettera);* sottosegnato.

subscription [səb'skripʃən] *s.* **1** sottoscrizione; colletta; raccolta pubblica di fondi. **2** versamento; contributo; quota di iscrizione. **3** abbonamento: *subscription concert,* concerto in abbonamento — *subscription form,* modulo di abbonamento. **4** firma; sottoscrizione.

subsection ['sʌb,sekʃən] *s.* sottosezione.

subsequent ['sʌbsikwənt] *agg* susseguente; successivo: *subsequent to..., (espressione avverbiale)* in seguito a...; dopo...; facendo seguito a...
□ *avv* **subsequently.**

to **subserve** [səb'sə:v] *vt* giovare; servire; favorire; promuovere; incoraggiare.

subservience [səb'sə:vjəns] *s.* dipendenza; ossequiosità; servilità.

subservient [səb'sə:vjənt] *agg* **1** servizievole; ossequioso; servile. **2** utile; favorevole; giovevole.
□ *avv* **subserviently.**

to **subside** [səb'said] *vi* **1** cedere; sprofondare; calare; abbassarsi; decrescere; assestarsi. **2** *(di bufera, ecc.)* quietarsi; calmarsi; diminuire di intensità. **3** *(scherz., di persona)* lasciarsi cadere; abbandonarsi; sprofondare: *to subside into a chair,* lasciarsi cadere (abbandonarsi) su una sedia.

subsidence ['sʌbsidəns/səb'saidəns] *s.* **1** abbassamento; calo; sprofondamento; decrescita; crollo. **2** *(fig.)* acquietamento; diminuzione di intensità.

subsidiary [səb'sidjəri] *agg* **1** sussidiario; ausiliario; accessorio; supplementare. **2** sussidiato; sovvenzionato.
□ *s.* **1** ausiliario; assistente; aiuto. **2** *(comm.)* società controllata *(talvolta* collegata*).*

subsidization [,sʌbsidai'zeiʃən] *s.* finanziamento; sovvenzione.

to **subsidize** ['sʌbsidaiz] *vt* sussidiare; sovvenzionare; finanziare.

subsidy ['sʌbsidi] *s.* **1** sussidio; sovvenzione; aiuto finanziario. **2** appannaggio; assegno concesso al sovrano.

to **subsist** [sʌb'sist/səb-] *vi* esistere; vivere; mantenersi in vita; sostentarsi: *to subsist on a vegetable diet,* seguire una dieta vegetariana; nutrirsi solo di vegetali.

subsistence [sʌb'sistəns] *s.* **1** sussistenza; vita. **2** mezzi di sussistenza: *subsistence money,* indennità di missione, di trasferta.

subsoil ['sʌbsɔil] *s.* sottosuolo.

subsonic [sʌb'sɔnik] *agg* subsonico.

substance ['sʌbstəns] *s.* **1** sostanza; materia; essenza; *(chim.)* elemento; sostanza. **2** consistenza; sostanza; essenza; contenuto essenziale; parte fondamentale: *an argument of little substance,* un argomento di scarsa consistenza — *I agree in substance with what you say,* Sono d'accordo nella sostanza con quello che tu dici. **3** solidità; sostanza; consistenza; robustezza; resistenza: *This material has some substance,* Questo materiale ha una certa robustezza (solidità, resistenza). **4** *(solo al sing.)* sostanze; beni; ricchezza: *a man of substance,* un uomo che ha delle sostanze (ricco) — *to waste one's substance,* scialacquare (sperperare, disperdere) la propria ricchezza. **5** grammatura *(peso specifico della carta).*

substandard [,sʌb'stændəd] *agg* (di qualità) inferiore alla norma.

substantial [səb'stænʃəl] *agg* **1** solido; resistente; forte. **2** abbondante; considerevole; sostanzioso; notevole: *a substantial improvement,* un notevole miglioramento — *a substantial meal,* un pasto abbondante. **3** solido *(in senso finanziario);* di buoni mezzi; ricco; abbiente; agiato; facoltoso: *a substantial business firm,* una solida azienda commerciale. **4** essenziale; sostanziale: *We are in substantial agreement,* Siamo sostanzialmente d'accordo. **5** reale; vero e proprio; effettivo; che ha una sostanza fisica.
□ *avv* **substantially.**

to **substantiate** [səb'stænʃieit] *vt* provare; addurre fatti a prova di; convalidare; dare fondamento; dare sostanza; rendere sostanziale: *to substantiate a charge,* provare (addurre fatti a prova di) un'accusa.

substantiation [səb,stænʃi'eiʃən] *s.* prova; conferma; convalidazione.

substantival [,sʌbstən'taivəl] *agg* di sostantivo; sostantivale.

substantive ['sʌbstəntiv] *agg* indipendente; autosufficiente; autonomo: *substantive rank, (mil.)* grado effettivo — *substantive law, (dir.)* diritto sostanziale.

□ *s. (gramm.)* sostantivo; nome.

substation ['sʌbsteiʃən] *s.* sottostazione.

substitute ['sʌbstitju:t] *s.* **1** sostituto; facente funzioni; supplente. **2** surrogato; sostituto.

to **substitute** ['sʌbstitju:t] *vt e i.* sostituire; rimpiazzare; supplire (a).

substitution [,sʌbsti'tju:ʃən] *s.* sostituzione; rimpiazzamento.

substratum ['sʌb'strɑ:təm/-streit-] *s.* (*pl.* **substrata**) substrato; sostrato; fondo *(anche fig.)*.

substructure ['sʌb,strʌktʃə*] *s.* sottostruttura.

to **subsume** [səb'sju:m] *vt* classificare; comprendere in una classe, categoria, regola; *(filosofia)* sussumere.

to **subtend** [səb'tend] *vt (geometria)* sottendere.

subterfuge ['sʌbtəfju:dʒ] *s.* sotterfugio; stratagemma.

subterranean [,sʌbtə'reinjən] *agg* sotterraneo; *(fig.)* segreto; nascosto; celato.

subtitle ['sʌb,taitl] *s.* **1** sottotitolo. **2** didascalia cinematografica.

subtle ['sʌtl] *agg* **1** indefinibile; incomprensibile; impercettibile; sottile: *a subtle distinction,* una distinzione sottile (impercettibile) — *a subtle charm,* un fascino indefinibile (misterioso). **2** *(per estensione)* inspiegabile; misterioso. **3** *(spec. di persona)* acuto; intelligente; penetrante; sottile; abile; ingegnoso: *a subtle argument,* un'argomentazione abile (sottile) — *a subtle device,* una trovata ingegnosa. □ *avv* **subtly.**

subtlety ['sʌtlti] *s.* **1** elusività; indefinibilità. **2** acutezza; acume; sottigliezza; abilità; destrezza; astuzia.

subtopia [sʌb'toupjə] *s. (spreg., spesso scherz.)* tratto di campagna urbanizzato, all'estrema periferia della città.

to **subtract** [səb'trækt] *vt* sottrarre; fare una sottrazione.

subtraction [səb'trækʃən] *s.* sottrazione.

subtropical ['sʌb'trɔpikəl] *agg* subtropicale.

suburb ['sʌbə:b] *s.* sobborgo; zona periferica; periferia: *the suburbs,* i sobborghi; i dintorni.

suburban [sə'bə:bən] *agg* **1** suburbano. **2** *(di persona)* di mentalità e interessi limitati, ristretti.

suburbia [sə'bə:bjə] *s. (generalm. spreg.)* i sobborghi; *(per estensione)* modo di vita e mentalità tipiche di chi vive nei sobborghi.

subvention [sʌb'venʃən] *s.* sovvenzione; sussidio.

subversion [səb'və:ʃən] *s.* sovversione; sovvertimento; rovesciamento.

subversive [səb'və:siv] *agg* sovversivo; sovvertitore. □ *avv* **subversively.**

to **subvert** [səb'və:t] *vt* sovvertire; minare; rovesciare.

subway ['sʌbwei] *s.* **1** sottopassaggio; passaggio sotterraneo. **2** *(USA)* ferrovia sotterranea (metropolitana).

to **succeed** [sək'si:d] *vi* aver successo; *(spesso seguito da* in *più il gerundio)* riuscire (a fare qcsa): *The attack succeeded,* L'attacco riuscì — *Nothing succeeds like success, (prov.)* Un successo tira l'altro — *to succeed in an examination,* riuscire in un esame — *to succeed in climbing a mountain,* riuscire a scalare una montagna.

□ *vt* **1** succedere; prendere il posto (di); subentrare; essere l'erede; ereditare: *Who succeeded Churchill as Prime Minister?,* Chi successe a Churchill nella carica di Primo Ministro? — *to succeed to an estate,* ereditare un patrimonio — *On George VI's death, Elizabeth II succeeded (to the throne),* Alla morte di Giorgio VI salì al trono Elisabetta II. **2** succedersi; susseguire, susseguirsi: *Years succeed years,* Gli anni si susseguono — *The storm was succeeded by calm,* Alla tempesta si susseguì la calma.

succeeding [sək'si:diŋ] *agg* successivo; seguente; susseguente.

success [sək'ses] *s.* successo; buon esito; riuscita; prova positiva, favorevole: *to meet with success,* incontrare (ottenere) successo — *without success,* senza successo; invano — *to have great success in life,* avere molto successo nella vita — *The plan was a great success,* Il progetto (piano) fu un grosso successo — *Nothing succeeds like success* ⇨ **to succeed 1** — *He has had three successes and one failure,* Tre volte ha avuto successo, una volta ha fatto fiasco — *The army has had several successes recently,* L'esercito ha riportato diversi successi (vittorie) recentemente.

successful [sək'sesful] *agg* che ha successo; riuscito; fortunato; felice; prospero; che ottiene esito favorevole. □ *avv* **successfully.**

succession [sək'seʃən] *s.* **1** successione *(anche dir.)*; serie: *the succession of the seasons,* il succedersi delle stagioni — *in succession,* in successione; di seguito — *a succession of wet days,* una serie di giorni piovosi. **2** (diritto di) successione; discendenza; eredità.

successive [sək'sesiv] *agg* successivo; seguente; consecutivo. □ *avv* **successively.**

successor [sək'sesə*] *s.* **1** successore. **2** cosa o evento che segue un altro.

succinct [sək'siŋkt] *agg* **1** corto; breve; succinto; conciso. **2** terso; limpido. □ *avv* **succinctly.**

succinctness [sək'siŋktnis] *s.* concisione; brevità; chiarezza.

succour ['sʌkə*] *s.* (*USA* **succor**) soccorso; aiuto; assistenza.

to **succour** ['sʌkə*] *vt* (*USA* **to succor**) soccorrere; aiutare; prestare assistenza.

succubus ['sʌkjubəs] *s.* succubo.

succulence ['sʌkjuləns] *s.* **1** succosità; sapore; succulenza. **2** carnosità; polposità.

succulent ['sʌkjulənt] *agg* **1** succoso; saporito; succulento. **2** carnoso; polposo.

to **succumb** [sə'kʌm] *vi* soccombere; cedere; essere sconfitto; piegarsi; morire: *to succumb to one's injuries,* soccombere (morire) per le ferite.

such [sʌtʃ] *agg e pron* tale; simile; di questo genere; siffatto; questo (-i, -a, -e); quello (-i, -a, -e): *such words,* parole tali — *no such words,* nessuna parola tale — *Such were his words,* Tali (Quelle) furono le sue parole — *Such is not my intention,* Questa (Quella) non è la mia intenzione — *No such thought entered my head,* Non mi è assolutamente passata per la testa un'idea simile — *poets such as Keats and Shelley,* poeti come Keats e Shelley — *Harrison, or some such name,* Harrison, o un nome del genere — *All such possibilities must be considered,* Tutte le possibilità di questo genere devono essere prese in considerazione — *I hope never to have another such experience,* Spero di non avere mai un'altra esperienza del genere — *on such an occasion; on an occasion such as this,* in una simile occasione; in una occasione come questa — *I haven't many specimens, but I will send you such as I have,* Non dispongo di molti esemplari, ma Le manderò quelli che ho — *All such as are of my opinion,* Tutti coloro che sono della mia stessa opinione — *He is a brilliant scholar and everywhere recognized as such,* È uno studioso brillante ed è dovunque riconosciuto come tale — *Down with radicals and all such!,* Abbasso i radicali e tutti i loro simili!

such a (o an)..., tanto (tanta): *Don't be in such a hurry!,* Non avere tanta fretta! — *I haven't had such an* *enjoyable evening for months,* È da mesi che non trascorro una serata così divertente.

such as it is (they are), così com'è (come sono); per quanto modesto (scadente) che sia (siano): *You can use my bicycle, such as it is,* Puoi adoperare la mia bicicletta, per scadente che sia.

such as to..., *(seguito dall'infinito)* tale da...; così da...: *Her illness is not such as to cause anxiety,* La sua malattia non è tale da suscitare ansietà.

Such as...?, *(fam.)* Per esempio?: *'I've read a lot of interesting books lately' - 'Such as?',* 'Ho letto un sacco di libri interessanti in questi ultimi tempi' - 'Per esempio?'.

□ *avv* talmente; così: *I've never heard such arrant nonsense,* Non ho mai sentito delle sciocchezze così spudorate!

suck [sʌk] *s.* succhiata; poppata: *to have (to take) a suck at a lollipop,* dare una succhiata ad un lecca-lecca — *to give suck to a baby, (ant.)* dare il seno a un bambino. □ *a suck-up, (GB, sl. studentesco)* un leccapiedi.

to **suck** [sʌk] *vt e i.* **1** succhiare *(anche fig.)*; poppare: *She sucked the orange dry,* Succhiò completamente l'arancia — *The child still sucks its thumb,* Il bambino si succhia ancora il pollice — *to suck in knowledge,* succhiare (assorbire) conoscenza — *to suck sb's brains,* sfruttare le idee di qcno — *sucking-pig,* maialino di latte. **2** *(spesso seguito da* up*)* assorbire: *plants that suck moisture from the soil,* piante che assorbono umidità dal suolo. **3** risucchiare; inghiottire: *The canoe was sucked (down) into the whirlpool,* La canoa venne risucchiata dal vortice. **4** *(di pompa, ecc.)* aspirare. **5 to suck up to sb,** *(GB, sl. studentesco)* fare il leccapiedi.

sucker ['sʌkə*] *s.* **1** chi (cosa che) succhia. **2** ventosa. **3** succhione; pollone *(nelle piante)*; *(fig.)* parassita; sfruttatore. **4** *(GB, fam.)* tipo di dolce fatto di zucchero da succhiare. **5** *(fam.)* sempliciotto; credulone; uno che le beve *(fam.)*.

to **suckle** ['sʌkl] *vt* allattare; dare il latte (a).

suckling ['sʌkliŋ] *s.* lattante; poppante: *babes and sucklings, (biblico)* gli innocenti; i bambini innocenti.

suction ['sʌkʃən] *s.* **1** succhiamento; aspirazione. **2** adesione a ventosa; adesione a vuoto.

Sudanese [,su:də'ni:z] *s. e agg* sudanese.

sudden ['sʌdn] *agg* improvviso; inaspettato; imprevisto; repentino; subitaneo. □ *avv* **suddenly.**

□ *s. (solo nell'espressione) all of a sudden,* tutto ad un tratto; di colpo.

suddenness ['sʌdnnis] *s.* repentinità; subitaneità.

suds [sʌdz] *s. pl* **1** schiuma di sapone; saponata; acqua saponata. **2** *(fam.)* birra.

to **sue** [sju:/su:] *vt e i.* far causa, specialmente per danni subiti o per il divorzio. □ *to sue for peace,* chiedere la pace.

suède [sweid] *s. (fr.)* **1** *(talvolta)* pelle di capretto felpata. **2** *(generalm. attrib.)* scamosciato.

suet [sjuit/suit] *s.* grasso di rognone; involucro di grasso che copre i rognoni.

suety ['sjuiti/'suiti] *agg* grasso; sugnoso.

to **suffer** ['sʌfə*] *vi e t.* **1** soffrire; patire: *to suffer from headaches,* soffrire di dolori di testa — *His business suffered while he was ill,* I suoi affari risentirono della sua malattia. **2** subire; provare; fare esperienza *(di qcsa di spiacevole)*. **3** *(talvolta)* permettere; tollerare; lasciare: *Suffer the little children to come unto Me, (Bibbia)* Lasciate che i pargoli vengano a Me — *How can you suffer such insolence?,* Come potete tollerare una simile insolenza? — *to suffer fools gladly,* sopportare pazientemente le persone stupide.

sufferable ['sʌfərəbl] *agg* sopportabile; tollerabile.

sufferance ['sʌfərəns] *s. (solo nell'espressione* of sufferance*) He's only here on sufferance,* La sua presenza qui è soltanto tollerata (non desiderata).

sufferer ['sʌfərə*] *s.* sofferente; vittima; persona che soffre.

suffering ['sʌfəriŋ] *s.* **1** sofferenza; dolore; pena. **2** *(al pl.)* patimenti; sventure: *They laughed at the prisoner's sufferings,* Risero dei patimenti del prigioniero. **3** sopportazione; tolleranza.

to **suffice** [sə'fais] *vi e t.* bastare; essere sufficiente; soddisfare: *Your word will suffice,* Sarà sufficiente la tua parola (il tuo impegno) — *Suffice it to say that...,* Basti dire che...

sufficiency [sə'fiʃənsi] *s. (generalm. con l'art. indeterminativo)* quantità sufficiente: *self-sufficiency,* autosufficienza.

sufficient [sə'fiʃənt] *agg* sufficiente; bastante: *self-sufficient,* - **a)** autosufficiente - **b)** troppo sicuro di sé. □ *avv* **sufficiently.**

suffix ['sʌfiks] *s.* suffisso.

to **suffocate** ['sʌfəkeit] *vt e i.* soffocare; asfissiare *(anche fig.)*: *He was suffocating with rage,* Soffocava dalla rabbia.

suffocation [,sʌfə'keiʃən] *s.* soffocazione; soffocamento; asfissia.

suffragan ['sʌfrəgən] *s. (anche* suffragan bishop*)* suffraganeo.

suffrage ['sʌfridʒ] *s.* **1** suffragio. **2** diritto di suffragio.

suffragette [,sʌfrə'dʒet] *s.* suffragista; suffragetta *(scherz.)*.

to **suffuse** [sə'fju:z] *vt* coprire; soffondere, soffondersi: *eyes suffused with tears,* occhi velati (soffusi) di lacrime.

suffusion [sə'fju:ʒən] *s.* cospargimento; spargimento; velo; soffusione.

sugar ['ʃugə*] *s.* zucchero: *lump (o cube) sugar,* zucchero in zollette — *sugar tongs,* mollette per lo zucchero — *sugar-basin (-bowl),* zuccheriera — *brown (raw) sugar,* zucchero scuro (greggio) — *granulated sugar,* zucchero cristallino — *caster sugar,* zucchero semolato fine — *powdered sugar,* zucchero a velo — *sugar-beet,* barbabietola da zucchero — *sugar-cane,* canna da zucchero — *sugar mill,* zuccherificio — *sugar-loaf,* pan di zucchero — *a sugar-loaf hill,* una collina a pan di zucchero. □ *sugar-daddy, (fam.)* anziano danaroso che copre di doni, soldi, ecc., la sua giovane amante.

to **sugar** ['ʃugə*] *vt* zuccherare; inzuccherare *(anche fig.)*; addolcire; rendere dolce: *to sugar the pill, (fig.)* indorare la pillola.

sugary ['ʃugəri] *agg* **1** zuccherino; molto dolce; ricco di zucchero. **2** *(fig.)* mellifluo; insinuante; melato.

to **suggest** [sə'dʒest] *vt* **1** proporre; avanzare (una possibilità); suggerire: *An idea suggested itself to him,* Gli venne in mente un'idea. **2** far pensare; richiamare alla mente; esprimere: *The white look on his face suggested fear,* Il pallore del suo volto esprimeva paura. **3** insinuare; affermare: *He suggested that the woman was lying,* Insinuò che la donna mentiva.

suggestible [sə'dʒestibl] *agg* **1** suggestionabile; che si lascia suggestionare. **2** suggeribile; che può essere suggerito, proposto.

suggestion [sə'dʒestʃən] *s.* **1** suggerimento; proposta; consiglio. **2** progetto; idea; piano; disegno *(che vengono proposti, suggeriti)*. **3** sfumatura; lieve traccia; idea: *He speaks English with a suggestion of* *a French accent,* Parla l'inglese con una sfumatura di accento francese. **4** associazione di idee. **5** *(psicologia)* suggestione.

suggestive [sə'dʒestiv] *agg* **1** suggestivo; stimolante. **2** allusivo; pieno di sottintesi. □ *avv* **suggestively.**

suicidal [sjui'saidl] *agg* suicida *(fig.)*; fatale; rovinoso. □ *avv* **suicidally.**

suicide ['sjuisaid] *s.* **1** suicidio *(anche fig.)*. **2** suicida.

suit [sju:t] *s.* **1** abito completo *(da uomo)*; abito da donna; 'tailleur': *a two-piece suit,* un 'due pezzi' — *a three-piece suit,* un 'tre pezzi' — *a man's suit,* un completo da uomo — *a woman's suit,* un 'tailleur' — *a dress suit,* un abito da sera (per uomo) — *a swimsuit; a bathing-suit,* un costume da bagno — *to have a suit pressed,* farsi stirare un abito. **2** *(piuttosto ant.)* richiesta; domanda; petizione: *to grant sb's suit,* accogliere la richiesta di qcno — *to press one's suit,* fare pressione con la propria richiesta; insistere. **3** *(piuttosto ant.)* domanda di matrimonio; corte: *to plead (to press) one's suit with a young woman,* corteggiare con insistenza una ragazza. **4** *(dir.: anche* law-suit*)* azione legale; causa: *to bring a suit against sb,* far causa a qcno — *to be a party in a suit,* essere parte in causa — *a criminal (civil) suit,* una causa penale (civile). **5** *(di carte da gioco)* seme; serie di carte dello stesso colore: *a long suit of clubs,* una lunga serie di fiori — *to follow suit,* - **a)** giocare una carta dello stesso colore; 'rispondere' con lo stesso seme, a colore - **b)** *(fig.)* fare altrettanto.

to **suit** [sju:t] *vt e i.* **1** addirsi; essere conveniente; andare (fare) bene: *The seven o'clock train will suit us very well,* Il treno delle sette farà proprio al caso nostro — *Does the climate suit you?,* Il clima ti si addice (ti fa bene)? — *Will Thursday suit (you)?,* Va bene giovedì? — *to suit oneself,* fare ciò che si vuole; fare i propri comodi — *Suit yourself!,* Fa' come vuoi (come ti pare)! **2** *(spec. di abbigliamento, acconciature, ecc.)* addirsi; intonarsi; star bene: *Does this hat suit me?,* Mi sta bene questo cappellino? — *That colour does not suit your complexion,* Quel colore non si addice alla tua carnagione. **3 to suit sth to sth else,** adattare, adeguare qcsa a qcsa: *to suit the punishment to the crime,* adeguare la punizione alla colpa — *to suit one's style to one's audience,* adeguare il proprio stile al pubblico — *to suit the action to the word,* far seguire alle parole i fatti; non promettere o minacciare a vanvera. **4 to be suited for** (o **to**), essere adatto; accordarsi (andar d'accordo): *That man is not suited for teaching (is not suited to be a teacher),* Quell'uomo non è adatto all'insegnamento.

suitability, suitableness [,sju:tə'biliti/'sju:təblnis] *s.* convenienza; opportunità; adeguatezza.

suitable ['sju:təbl] *agg* adatto; conveniente; idoneo; appropriato; opportuno; adeguato. □ *avv* **suitably.**

suitcase ['sju:tkeis] *s.* valigia.

suite [swi:t] *s.* **1** corteo; seguito. **2** *(anche* a suite of furniture*)* arredamento; mobilio; mobilia. **3** *(anche* a suite of rooms*)* appartamento *(in un albergo, ecc.)*. **4** *(mus.)* suite; sequenza.

suiting ['sju:tiŋ] *s. (abbigliamento)* tessuto: *gentlemen's suitings,* tessuti da uomo; drapperie.

suitor ['sju:tə*] *s.* **1** corteggiatore; pretendente. **2** postulante. **3** *(dir.)* attore; parte in giudizio; chi promuove un'azione giudiziaria.

sulfa, sulfate, sulfide, *ecc. (USA)* ⇨ **sulpha, sulphate, sulphide,** *ecc.*

sulk [sʌlk] *s. (generalm. al pl.)* broncio; malumore; musoneria: *to have (a fit of) the sulks,* fare il broncio; avere un accesso di malumore.

to **sulk** [sʌlk] *vi* essere di cattivo umore; fare il broncio; tenere il broncio.

sulkiness ['sʌlkinis] *s.* malumore; musoneria; tetraggine; broncio.

[1]**sulky** ['sʌlki] *agg* (**-ier**; **-iest**) tetro; cupo; scontroso; imbronciato. □ *avv* **sulkily.**

[2]**sulky** ['sʌlki] *s.* 'sulky'; sediolo *(carrozzino per le corse al trotto)*.

sullen ['sʌlən] *agg* **1** accigliato; arcigno; burbero; astioso; pieno di rancore, di risentimento. **2** tetro; cupo; fosco. □ *avv* **sullenly.**

sullenness ['sʌlənis] *s.* tetraggine; malumore; astio; risentimento; rancore.

to **sully** ['sʌli] *vt (generalm. fig.)* macchiare; insozzare; sporcare: *to sully sb's reputation,* macchiare (insozzare, insudiciare) la reputazione di qcno.

sulpha ['sʌlfə] *s.* ⇨ **sulphonamides**

sulphate ['sʌlfeit] *s.* solfato.

sulphide ['sʌlfaid] *s.* solfuro.

sulphonamides [sʌl'fɔnəmaidz] *s. (anche* sulpha drugs*)* sulfamidici.

sulphur ['sʌlfə*] *s.* zolfo.

sulphureous [sʌl'fjuəriəs] *agg* sulfureo; di (simile a) zolfo.

sulphuretted ['sʌlfjuretid] *agg* solforato: *sulphuretted hydrogen,* idrogeno solforato.

sulphuric [sʌl'fjuərik] *agg* solforoso.

sulphurous ['sʌlfərəs/-fjur-] *agg* solforico.

sultan ['sʌltən] *s.* **1** sultano. **2** pollo sultano.

sultana [səl'tɑ:nə] *s.* **1** sultana. **2** uva sultanina. **3** gallina sultana.

sultanate ['sʌltənit] *s.* sultanato.

sultriness ['sʌltrinis] *s.* **1** afa; caldo soffocante. **2** focosità.

sultry ['sʌltri] *agg* (**-ier**; **-iest**) **1** *(dell'atmosfera, del clima)* afoso; umido e soffocante. **2** *(di temperamento)* passionale. □ *avv* **sultrily.**

sum [sʌm] *s.* **1** *(anche* sum total*)* somma; totale; ammontare; importo. **2** addizione; somma; calcolo: *good at sums,* bravo nel calcolo — *to do a sum in one's head,* fare un calcolo mentale. **3** somma *(di denaro)*; ammontare; quantità. **4** *in sum,* in poche parole; in breve.

to **sum up** ['sʌmʌp] *vt e i.* (**-mm-**) **1** fare il totale; fare l'addizione. **2** riassumere; fare un sunto, una ricapitolazione; *(di giudice)* riassumere le testimonianze. **3** capire; farsi un giudizio: *He summed up the situation at a glance,* Capì al volo la situazione — *She quickly summed him up,* Si fece rapidamente un giudizio su di lui.

to **summarize** ['sʌməraiz] *vt* riassumere; compendiare.

summary ['sʌməri] *agg* sommario; conciso; abbreviato; per sommi capi; sbrigativo. □ *avv* **summarily.** □ *s.* riassunto; sunto; ricapitolazione; relazione sommaria; compendio.

summat ['sʌmət] *trascrizione della pronunzia dial di* **something** ⇨: qualcosa: *summat to drink,* qualcosa da bere — *Let's 'ave summat to eat!,* Mangiamo un boccone!

summation [sʌm'eiʃən] *s.* **1** *(dir.)* arringa finale. **2** *(matematica)* addizione.

summer ['sʌmə*] *s.* estate: *in (the) summer,* in estate — *the summer holidays,* le vacanze estive — *a summer cottage,* una casetta per l'estate — *a matron of some forty summers, (lett. o scherz.)* una signora sui quarant'anni — *summer-house,* padiglione in un giardino — *summer lightning,* lampi diffusi e lontani

— *summertime,* tempo d'estate — *summer time, (GB)* ora legale; ora estiva.

to **summer** ['sʌmə*] *vi (raro)* passare l'estate.

summery ['sʌməri] *agg* estivo: *a summery dress,* un vestito estivo.

summing-up ['sʌmiŋʌp] *s.* (*pl.* **summings-up**) *(dir.)* ricapitolazione.

summit ['sʌmit] *s.* sommità; cima; vertice; vetta; colmo; apice *(anche fig.): talks at the summit (summit talks),* incontri al vertice.

to **summon** ['sʌmən] *vt* **1** convocare; citare; invitare: *to summon shareholders to a general meeting,* convocare gli azionisti per un'assemblea generale — *to summon sb to appear as a witness,* chiamare qcno a comparire come testimone — *to summon the garrison of a fort to surrender,* invitare la guarnigione di un forte ad arrendersi (intimare la resa alla guarnigione). **2** radunare; mettere insieme; raccogliere: *to summon (up) one's courage,* farsi coraggio.

summons ['sʌmənz] *s.* (*pl.* **summonses**) **1** citazione *(del tribunale);* mandato di comparizione: *to issue a summons,* spiccare (emettere) un mandato di comparizione. **2** invito; intimazione *(p.es. di resa).*

to **summons** ['sʌmənz] *vt (dir.)* notificare a qcno un atto o un mandato; citare in giudizio.

sump [sʌmp] *s.* **1** pozzo nero; fossa biologica. **2** pozzo di scarico. **3** *(GB)* coppa dell'olio; carter.

sumpter ['sʌm*p*tə*] *s. (ant.) (spesso* sumpter-horse, sumpter-mule*)* bestia da soma.

sumptuary ['sʌm*p*tjuəri] *agg* suntuario.

sumptuous ['sʌm*p*tjuəs] *agg* sontuoso; fastoso; ricco. □ *avv* **sumptuously.**

sumptuousness ['sʌm*p*tjuəsnis] *s.* sontuosità; fastosità.

sun [sʌn] *s.* **1** sole; luce del sole: *to rise with the sun,* alzarsi col sole; essere mattiniero — *the midnight sun,* il sole di mezzanotte — *the rising sun,* il sole nascente — *sun-up, (fam.)* levar del sole; alba — *sun worship,* - **a)** culto del sole - **b)** *(fam.)* l'esporsi al sole — *sun-worshipper,* - **a)** adoratore del sole - **b)** *(fam.)* chi ama esporsi al sole — *to sit in the sun,* sedersi al sole — *to have the sun in one's eyes,* avere il sole negli occhi — *to draw the curtains to shut out (let in) the sun,* tirare le tende per non far entrare (per far entrare) il sole — *a place in the sun, (anche fig.)* un posto al sole — *There's nothing new under the sun, (prov.)* Non c'è niente di nuovo sotto il sole — *sun-god,* il dio del sole; il Sole — *sun-blind,* tenda di finestra *(spec. esterna, sul balcone, ecc.);* veneziana — *sun-bonnet,* cappello, cappellino da sole — *sun-dried,* essiccato al sole *(di frutta, ecc.)* — *sun-glasses,* occhiali da sole — *sun-lamp,* lampada al quarzo; lampada a raggi ultravioletti — *sun-spot,* macchia solare. **2** astro; stella: *There are many suns larger than ours,* Ci sono molti astri più grandi del nostro (del sole) — *His sun is set, (fam.)* La sua stella è tramontata.

to **sun** [sʌn] *vt* (**-nn-**) **1** *(seguito da* oneself*)* prendere il sole; mettersi al sole: *The cat was sunning itself on the path,* Il gatto si stava crogiolando al sole sul sentiero. **2** mettere, esporre al sole: *Put the mattress out to sun,* Metti il materasso al sole.

sunbaked ['sʌn,beikd] *agg* cotto dal sole: *sunbaked fields,* campi bruciati dal sole.

to **sunbathe** ['sʌnbeið] *vi* fare bagni di sole; fare la cura del sole.

sunbeam ['sʌnbi:m] *s.* **1** raggio di sole. **2** *(fig., spesso riferito a bambino)* persona allegra, cinguettante.

sunburn ['sʌnbə:n] *s.* **1** abbronzatura. **2** scottatura.

sunburnt, sunburned ['sʌnbə:nt/'sʌnbə:nd] *agg* **1** abbronzato. **2** scottato *(dal sole).*

sundae ['sʌndi] *s.* gelato con frutta *(ricoperto di frutta e nocciole).*

Sunday ['sʌndi/-dei] *s.* domenica: *one's Sunday clothes (Sunday best),* gli abiti migliori (della festa) — *Sunday school,* scuola di catechismo.

to **sunder** ['sʌndə*] *vt (ant. o lett.)* dividere; separare; scindere; disgiungere.

sun-dial ['sʌn,daiəl] *s.* meridiana.

sundown ['sʌndaun] *s.* tramonto.

sundowner ['sʌn,daunə*] *s.* **1** *(in Australia)* vagabondo che arriva apposta al tramonto presso una fattoria (per scroccarvi cibo e alloggio e poi ripartire l'indomani senza aver lavorato). **2** *(fam.)* aperitivo serale.

sundries ['sʌndriz] *s. pl* **1** articoli vari; oggetti di vario genere; articoli diversi; cose di varia natura. **2** *(comm.)* spese varie; varie.

sundry ['sʌndri] *agg pl* diversi; vari: *on sundry occasions,* in diverse occasioni — *all and sundry,* ciascuno e tutti; tutti quanti.

sunfish ['sʌnfiʃ] *s.* pesce mola; pesce luna.

sunflower ['sʌn,flauə*] *s.* girasole.

sung [sʌŋ] *p. pass di* **to sing.**

sunk [sʌŋk] *pass e p. pass di* **to sink.**

sunken ['sʌnkən] *agg* (*p. pass. di* **to sink**) incavato; infossato.

sunless ['sʌnlis] *agg* privo di sole; senza sole; cupo; tetro.

sunlight ['sʌnlait] *s.* luce del sole.

sunlit ['sʌnlit] *agg* illuminato dal sole; soleggiato: *a sunlit landscape,* un paesaggio illuminato dal sole.

sunny ['sʌni] *agg* **1** pieno di sole; assolato; radioso; luminoso: *a sunny room,* una stanza soleggiata. **2** *(fig.)* allegro; gaio: *a sunny smile,* un sorriso allegro, gaio — *to look on the sunny side,* vedere il lato buono delle cose. □ *sunny side up, (USA, di uovo fritto)* servito con il tuorlo all'insù. □ *avv* **sunnily.**

sunrise ['sʌnraiz] *s.* il levar del sole; l'alba.

sunset ['sʌnset] *s.* tramonto.

sunshade ['sʌnʃeid] *s.* **1** parasole. **2** tenda; tendone *(di balcone, negozio, ecc.).*

sunshine ['sʌnʃain] *s.* luce del sole: *sunshine roof, (d'automobile)* tetto mobile, scorrevole.

sunstroke ['sʌnstrouk] *s.* colpo di sole; insolazione.

suntan ['sʌntæn] *s.* abbronzatura: *suntan cream (oil),* crema (olio) abbronzante.

sup [sʌp] *s.* sorso: *(raro tranne nell'espressione) to have neither bite nor sup,* non toccare né cibo né bevande (né boccone né sorso).

to **sup** [sʌp] *vi e t.* (**-pp-**) **1** sorseggiare; centellinare: *(spec. scozzese) Sup (up) your broth,* Bevi il tuo brodo — *He that sups with the devil must have a long spoon, (prov.)* Chi tratta con il diavolo deve farlo con mille precauzioni. **2 to sup on (***o* **off) sth,** fare un pranzo (a base di qcsa).

super ['sju:pə*] *s.* **1** (*abbr. fam. di* **supernumerary**). **2** (*abbr. fam. di* **superintendent**).
□ *agg (fam.)* **1** superlativo; straordinario; magnifico; impressionante; sopraffino. **2** *(misura)* di superficie; piano; quadrato: *20 feet super,* venti piedi (quadrati) di superficie.

super- ['sju:pə*] *prefisso* **1** superiore; più che; più grande: *super-normal,* oltre il normale; più che normale. **2** a un livello superiore; a un grado più alto: *super-heated,* surriscaldato. **3** sopra; di sopra; in cima: *to superimpose,* sovrapporre; mettere sopra.

superabundance [ˌsju:pərəˈbʌndəns] *s.* sovrabbondanza.

superabundant [ˌsju:pərəˈbʌndənt] *agg* sovrabbondante.

to **superannuate** [ˌsju(:)pəˈrænjueit] *vt* **1** collocare a riposo per raggiunti limiti di età; pensionare; giubilare; mettere in pensione; eliminare per vecchiaia *(anche oggetti, macchinari, ecc.).* **2** chiedere il ritiro dalla scuola *(di un alunno che ha superato i limiti d'età o il cui profitto è troppo scarso).*

superannuation [ˌsju:pəˌrænjuˈeiʃən] *s.* **1** inabilità dovuta a vecchiaia. **2** collocamento a riposo; pensionamento. **3** pensione di vecchiaia.

superb [sju(:)ˈpə:b] *agg* magnifico; splendido; superbo. □ *avv* **superbly.**

supercargo [ˈsju:pəˌkɑ:gou] *s.* (*pl.* **supercargoes**) **1** commissario di bordo *(di nave mercantile).* **2** agente marittimo.

to **supercharge** [ˈsju:pətʃɑ:dʒ] *vt (mecc.)* sovralimentare *(un motore).*

supercharger [ˈsju:pəˌtʃɑ:dʒə*] *s.* compressore; pompa di alimentazione.

supercilious [ˌsju(:)pəˈsiliəs] *agg* sdegnoso; altero; arrogante. □ *avv* **superciliously.**

superciliousness [ˌsju(:)pəˈsiliəsnis] *s.* sdegnosità; alterigia; arroganza; sussiego.

super-ego [ˈsju:pərˈegou] *s. (psicanalisi)* super-io.

supererogation [ˌsju(:)pərˌerəˈgeiʃən] *s.* troppo zelo; impegno eccessivo.

superfatted [ˌsju(:)pəˈfætid] *agg (generalm. di sapone)* ricco di grasso.

superficial [ˌsju(:)pəˈfiʃəl] *agg* **1** superficiale. **2** di superficie. □ *avv* **superficially.**

superficiality [ˌsju(:)pəˌfiʃiˈæliti] *s.* superficialità.

superficies [ˌsju(:)pəˈfiʃii:z] *s. (invariato al pl.)* superficie.

superfine [ˈsju:pəˈfain] *agg* **1** finissimo; sopraffino. **2** raffinato; eccessivamente sottile.

superfluity [ˌsju(:)pəˈfluiti] *s.* superfluità; eccesso; sovrabbondanza.

superfluous [sju(:)ˈpə:fluəs] *agg* [illegible]erfluo; eccessivo. □ *avv* **superfluously.**

to **superheat** [ˈsju:pəhi:t] *vt* surriscaldare.

superhuman [ˌsju:pəˈhju:mən] *agg* sovrumano.

to **superimpose** [ˈsju:pərimˈpouz] *vt* sovrapporre; sovrimporre.

superimposition [ˌsju:pərˌimpəˈziʃən] *s.* sovrapposizione.

to **superintend** [ˌsju:pərinˈtend] *vt e i.* sovraintendere; controllare; dirigere.

superintendence [ˌsju:pərinˈtendəns] *s.* sovrintendenza; controllo; direzione.

superintendent [ˌsju:pərinˈtendənt] *s.* sovrintendente; direttore; supervisore; commissario *(di polizia).*

superior [sju(:)ˈpiəriə*] *agg* **1** superiore; al di sopra della media *(di qualità, di grado, ecc.);* migliore: *table wine of superior quality,* vino da tavola di qualità superiore. **2** superiore *(in numero);* preponderante; *(talvolta)* superiore; non influenzabile; che non dà peso: *He is superior to bribery,* È al di sopra della corruzione. **3** sprezzante; altezzoso.
□ *s.* **1** superiore: *my superiors in rank,* i miei superiori di grado — *Napoleon had no superior as a general,* Napoleone non aveva superiori come generale. **2** *(in ordini religiosi)* superiore, superiora.

superiority [sju(:)ˌpiəriˈɔriti] *s.* superiorità: *his superiority in talent,* il suo talento superiore.

superlative [sju(:)ˈpə:lətiv] *agg* **1** superlativo; sommo: *a man of superlative wisdom,* un uomo di grandissima saggezza. **2** *the superlative degree, (gramm.)* il grado superlativo. □ *avv* **superlatively.**
□ *s. (gramm.)* superlativo: *to speak in superlatives,* superlativi.

superman [ˈsju:pəmæn] *s.* (*pl.* **supermen**) superuomo.

supermarket [ˈsju:pəˌmɑ:kit] *s.* supermercato.

supernal [sju(:)ˈpə:nl] *agg (lett.)* superno; divino; sommo; celeste.

supernatural [ˌsju(:)pəˈnætʃrəl] *agg* soprannaturale: *the supernatural,* il soprannaturale; il metafisico. □ *avv* **supernaturally.**

supernormal [ˈsju:pəˈnɔ:məl] *agg* oltre il normale.

supernumerary [ˌsju:pəˈnju:mərəri] *agg e s.* **1** soprannumerario *(cosa o persona, p.es. lavoratore, che va oltre il numero stabilito).* **2** comparsa teatrale.

superscript [ˌsju(:)pəˈskript] *agg* scritto in alto; soprasegnato.

superscription [ˌsju(:)pəˈskripʃən] *s.* soprascritta; iscrizione; intestazione (indirizzo).

to **supersede** [ˌsju(:)pəˈsi:d] *vt* rimpiazzare; sostituire; prendere il posto; soppiantare: *to be superseded,* essere superato; essere antiquato, passato di moda.

supersession [ˌsju(:)pəˈseʃən] *s.* rimpiazzamento; sostituzione.

supersonic [ˌsju(:)pəˈsɔnik] *agg* supersonico.

supersonics [ˌsju(:)pəˈsɔniks] *s. (col v. al sing.)* volo supersonico; scienza e tecnica del volo supersonico.

superstition [ˌsju:pəˈstiʃən] *s.* superstizione.

superstitious [ˌsju:pəˈstiʃəs] *agg* superstizioso.
□ *avv* **superstitiously.**

superstructure [ˈsju:pəˌstrʌktʃə*] *s.* **1** sovrastruttura. **2** *(ferrovia)* armamento.

supertax [ˈsju:pətæks] *s.* soprattassa; imposta supplementare.

to **supervene** [ˌsju(:)pəˈvi:n] *vi* sopravvenire; sopraggiungere.

to **supervise** [ˈsju:pəvaiz] *vt e i.* sovrintendere; sorvegliare.

supervision [ˌsju(:)pəˈviʒən] *s.* supervisione; sovrintendenza; direzione; sorveglianza.

supervisor [ˌsju:pəˈvaizə*] *s.* sovrintendente; controllore; supervisore; direttore.

supervisory [ˌsju(:)pəˈvaizəri] *agg* direttivo; ispettivo; di sorveglianza.

supine [ˈsju:pain] *agg* **1** supino; sdraiato. **2** passivo; supino; acquiescente; inerte. □ *avv* **supinely.**

supineness [sju:ˈpainnis] *s.* **1** *(raro)* posizione supina. **2** *(fig.)* indolenza; passività.

supper [ˈsʌpə*] *s.* cena: *the Last Supper,* l'Ultima Cena — *the Lord's Supper,* l'Eucaristia; la Comunione.

supperless [ˈsʌpəlis] *agg* senza cena.

suppertime [ˈsʌpətaim] *s.* ora di cena.

to **supplant** [səˈplɑ:nt] *vt* soppiantare; prendere il posto di; eliminare.

supplanter [səˈplɑ:ntə*] *s.* soppiantatore; chi occupa il posto di un altro.

supple [ˈsʌpl] *agg* **1** flessibile; pieghevole. **2** agile. **3** morbido; tenero; arrendevole; docile.

supplement [ˈsʌplimənt] *s.* supplemento; aggiunta.

to **supplement** [ˈsʌplimənt] *vt* integrare; aggiungere; fare aggiunte: *to supplement one's income by writing books,* integrare i propri guadagni scrivendo libri.

supplementary [ˌsʌpliˈmentəri] *agg* supplementare.

suppleness [ˈsʌplnis] *s.* **1** agilità; elasticità; duttilità. **2** arrendevolezza; compiacenza; docilità; mitezza.

suppliant [ˈsʌpliənt] *agg* supplice; supplichevole.
□ *s.* supplicante.

supplicant [ˈsʌplikənt] *s.* chi supplica; supplicante.

to **supplicate** ['sʌplikeit] *vt e i.* supplicare; implorare: *to supplicate sb to help,* supplicare l'aiuto di qcno — *to supplicate for pardon,* implorare il perdono.

supplication [,sʌpli'keiʃən] *s.* supplica; implorazione.

supplier [sə'plaiə*] *s.* fornitore, fornitrice.

supply [sə'plai] *s.* **1** provvista; scorta; fornitura; fornimento; approvvigionamento: *We shall be receiving new supplies of shoes next week,* Riceveremo nuove forniture di scarpe la prossima settimana — *Have you a good supply of reading matter for the train journey?,* Hai una buona scorta di roba da leggere per il viaggio in treno? — *to lay in a supply of sth,* approvvigionarsi di qcsa — *the water (electricity) supply,* la rete idraulica (elettrica) — *to be in short supply,* scarseggiare — *supply ship,* naviglio sussidiario — *supply station, (GB)* centrale elettrica. **2** *(al pl.)* viveri; assegno personale: *Tom's father cut off the supplies,* Il papà di Tom gli ha tagliato i viveri. **3** *(al pl.)* fondi pubblici; stanziamenti dello Stato; sussidi: *medical supplies for the Army,* forniture sanitarie per l'esercito — *Minister of Supply, (GB, stor.)* il Ministero dei Rifornimenti *(di armi belliche)* — *Supply-Day, (GB, alla Camera dei Comuni)* giorno in cui si richiede l'approvazione del bilancio preventivo delle spese dello Stato. **4** *(econ.)* offerta: *supply and demand,* domanda e offerta. □ *to be (to go) on supply,* supplire — *a supply teacher,* un (insegnante) supplente.

to **supply** [sə'plai] *vt* **1** fornire; provvedere: *to supply food for one's children (to supply one's children with food),* provvedere al sostentamento dei propri figli — *to be well supplied with sth,* essere ben provvisti di qcsa. **2** soddisfare; riparare; provvedere: *The government should supply the need for more houses,* Il governo dovrebbe soddisfare il bisogno di altre case — *to supply a deficiency,* colmare una deficienza — *to supply a loss,* riparare una perdita.

support [sə'pɔ:t] *s.* **1** appoggio; sostegno; aiuto: *This bridge needs more support,* Questo ponte necessita di maggior sostegno (rinforzo) — *I hope to have your support in the election,* Spero di avere il tuo appoggio nelle elezioni — *Dick is the chief support of the family,* Dick è il sostegno principale della famiglia — *price supports,* sussidi dello Stato *(p.es. per l'agricoltura)* — *to speak in support of sth,* parlare a favore di qcsa; caldeggiare *(un'azione, ecc.)* — *to speak in support of sb,* prendere le difese di qcno — *in support, (di truppe)* di rincalzo; di riserva; di rinforzo. **2** *(mecc.)* supporto. **3** mantenimento; sostentamento: *The tramp was found (to be) without visible means of support,* Si scoprì che il vagabondo non aveva mezzi visibili di sostentamento.

to **support** [sə'pɔ:t] *vt* **1** sostenere; reggere; sorreggere: *Is this bridge strong enough to support heavy lorries?,* Questo ponte è così solido da reggere autocarri pesanti? — *He hurt his ankle, so he had to be supported home,* Si ferì alla caviglia e così dovettero sorreggerlo fino a casa. **2** appoggiare; sostenere; aiutare; *(sport)* fare il tifo *(per una squadra): to support a claim (a political party),* appoggiare una richiesta (un partito politico) — *a hospital supported by voluntary contributions,* un ospedale che poggia su contributi volontari — *a theory that is not supported by the facts,* una teoria non (che non è) avvalorata dai fatti — *an accusation not supported by proof,* un'accusa non sostenuta da prove — *supporting troops,* truppe di rincalzo — *a supporting actor,* un attore di ruolo secondario; una 'spalla' — *a supporting film,* una pellicola secondaria (un fuori programma). **3** mantenere: *He has a large family to support,* Ha una famiglia numerosa da mantenere — *to support oneself,* sostenersi — *to be self-supporting,* guadagnarsi la vita; essere economicamente indipendente. **4** *(non molto comune)* sopportare; tollerare: *I can't support your impudence any longer,* Non posso sopportare più a lungo la vostra impudenza.

supportable [sə'pɔ:təbl] *agg* sopportabile; sostenibile; tollerabile.

supporter [sə'pɔ:tə*] *s.* **1** chi appoggia, sostiene; fautore; sostenitore. **2** tifoso. **3** *(araldica)* sostegno.

to **suppose** [sə'pouz] *vt* **1** supporre: *Let us suppose (that) the news is true (Suppose the news is true),* Supponiamo (Mettiamo) che la notizia sia vera — *Everyone is supposed to know the rules,* Si suppone (Si presume) che tutti conoscano le regole. **2** pensare; immaginare; credere: *What do you suppose he wanted?,* Cosa pensi che volesse? — *All her neighbours supposed her to be (supposed that she was) a widow,* Tutto il vicinato credeva che lei fosse vedova — *'You'll be there too, I suppose',* 'Sarai là anche tu, immagino' — *'Will he come?' - 'Yes, I suppose so',* 'Verra?' - 'Sì, credo di sì' — *'No, I suppose not' (No, I don't suppose so),* 'No, non credo'. **3** presupporre: *Creation supposes a creator,* La Creazione presuppone un creatore. **4** - **a) to be supposed to do sth,** essere tenuto a fare qcsa: *Is the servant supposed to clean the outside of the windows or only the inside?,* La domestica è tenuta a pulire la parte esterna delle finestre o solo quella interna? - **b) not to be supposed to do sth,** *(fam.)* non essere permesso fare qcsa: *We're not supposed to play football on Sunday,* Non abbiamo il permesso di giocare al pallone alla domenica.
□ *Suppose we go for a swim?,* E se andassimo a fare una nuotata?; Andiamo a fare una nuotata?

supposed [sə'pouzd] *agg* (*p. pass. di* **to suppose**) **1** presunto; supposto. **2** *(dir., di persona)* putativo.
□ *avv* **supposedly**.

supposing [sə'pouziŋ] *congiunz* supposto che; supponendo che: *Supposing it rains, what will you do?,* Metti che piova, che cosa farai?

supposition [,sʌpə'ziʃən] *s.* **1** supposizione. **2** congettura; ipotesi: *on this supposition; on the supposition that,* in questa ipotesi; nell'ipotesi che.

suppository [sə'pɔsitəri] *s.* supposta.

to **suppress** [sə'pres] *vt* **1** sopprimere; eliminare; abolire: *to suppress a rising,* schiacciare una rivolta. **2** reprimere; soffocare; far cessare; conculcare: *to suppress the truth (a yawn, one's feelings),* far tacere la verità (soffocare uno sbadiglio; soffocare i propri sentimenti) — *suppressed anger,* ira repressa.

suppression [sə'preʃən] *s.* soppressione; repressione.

suppressive [sə'presiv] *agg* repressivo; che tende a sopprimere.

suppressor [sə'presə*] *s. (radio, televisione)* soppressore; dispositivo o filtro antidisturbi.

to **suppurate** ['sʌpjuəreit] *vi* suppurare; venire a suppurazione.

suppuration [,sʌpjuə'reiʃən] *s.* suppurazione.

supra-national ['sju:prə'næʃənl] *agg* supernazionale; sopra-nazionale.

supremacy [sju'preməsi] *s.* **1** supremazia; primato (su). **2** autorità massima.

supreme [sju(:)'pri:m] *agg* supremo; sommo; massimo. □ *avv* **supremely** ⇨.

supremely [sju(:)'pri:mli] *avv* in modo supremo; supremamente; *(spesso)* estremamente: *supremely happy,* estremamente felice.

surcharge ['sə:tʃɑ:dʒ] *s.* **1** soprattassa. **2** *(comm.)* sovraccosto; sovrapprezzo. **3** sovraccarico. **4** bollo impresso *(su un francobollo, per cambiarne il valore).*

to **surcharge** [sə:'tʃɑ:dʒ] *vt* **1** sovraccaricare. **2** porre, applicare una soprattassa.

surd [sə:d] *s. (matematica)* numero irrazionale.

sure [ʃuə*] *agg* **1** sicuro; certo: *Can we be sure of his honesty? (Can we be sure that he is honest?),* Possiamo essere sicuri della sua onestà? — *Do you feel sure?,* Ti senti sicuro?; Ne sei sicuro? — *I think he's coming, but I'm not quite sure,* Credo che verrà, ma non ne sono del tutto certo (non ne sono sicurissimo) — *You're sure of a welcome,* Puoi star certo che sarai accolto bene — *to be (to feel) sure of oneself,* essere (sentirsi) sicuro di sé — *He's sure to come,* Verrà di sicuro — *for sure,* di sicuro; per certo — *to make sure (of sth),* assicurarsi, accertarsi (di qcsa) — *I made sure that he would be here,* Ero certo che sarebbe stato qui — *I think there's a train at 5.15, but you'd better make sure,* Penso ci sia un treno alle 5 e 15, ma è meglio che te ne accerti — *Make sure you come!,* Guarda di venire! **2** fidato; sicuro: *sure proof,* prova certa — *a sure remedy,* un rimedio sicuro — *a sure thing,* cosa certa — *Sure thing! (fam., spec. USA, come risposta: cfr. avv.* **3**, *sotto)* — *sure-footed,* dalle gambe salde; dal passo sicuro. **3** *(imperativo) be sure to (be sure and) do sth,* non mancare di fare qcsa — *Be sure to post that letter,* Non mancare di imbucare quella lettera. □ *... to be sure...,* certo; in verità — *She's not pretty, to be sure, but she's very intelligent,* Certo non è bella, ma è molto intelligente — *Well, to be sure!,* Perbacco!; Davvero!

□ *avv* **surely** ⇨.

□ *avv* **1 sure enough,** infatti: *I said it would happen and sure enough it did,* Dissi che sarebbe accaduto, ed infatti accadde. **2 as sure as...,** come è (che)...: *as sure as fate,* come è vero Iddio — *As sure as my name is Bob,* Com'è vero che mi chiamo Bob. **3** *(fam., spec. USA)* certamente; proprio; certo: *It was sure cold,* Faceva proprio freddo — *'Are you ready?' - 'I sure am!',* 'Sei pronto?' - 'Certo che lo sono!' — *'Are you coming?' - 'Sure!',* 'Vieni?' - 'Certo!'.

surely ['suəli] *avv* **1** certamente; di sicuro; sicuramente; senza dubbio: *He will surely fail,* Fallirà di sicuro. **2** fermamente; costantemente: *He was working slowly but surely,* Lavorava lentamente, ma con costanza. **3** certo; certamente; spero bene che...; vero?: *Surely this wet weather won't last much longer!,* Certo questo tempo umido non durerà ancora molto! — *You didn't want to hurt him, surely!,* Spero bene che tu non volessi ferirlo; Non volevi mica ferirlo, vero? **4** (*cfr.* **sure**, *avv.* **3**) *(nelle risposte)* certo; senz'altro: *'Would you be willing to help me?' - 'Surely!',* 'Vorresti aiutarmi?' - 'Certo!'.

sureness ['ʃuənis] *s.* **1** sicurezza; certezza. **2** *(di mira, ecc.)* infallibilità.

surety ['ʃuəriti] *s.* **1** *(ant.)* sicurezza; certezza: *of a surety,* certamente; di sicuro. **2** garanzia; cauzione. **3** garante: *to stand surety for sb,* fare da garante (garantire) per qcno.

surf [sə:f] *s.* **1** risacca. **2** cresta dell'onda; spuma dei frangenti: *surf boat,* barca piatta per la navigazione tra i frangenti — *surf board,* tavola da 'surfing' — *surfing (surf riding), (sport)* 'surfing'. **3** *(ballo)* 'surf'.

surface ['sə:fis] *s.* **1** *(di un solido, di un liquido)* superficie; piano; specchio (d'acqua): *surface mail,* posta normale (per via terra) — *surface-to-air, (di missili, ecc.)* superficie-aria. **2** apparenza; esteriorità: *His faults are all on the surface,* I suoi difetti sono tutti esteriori — *below the surface,* in fondo. **3** *(attrib.)* superficiale; di superficie; esteriore: *surface speed, (di sommergibile)* velocità in emersione — *surface-active,* tensioattivo.

to **surface** ['sə:fis] *vt e i.* **1** ricoprire la superficie; rifinire in superficie: *to surface a road with gravel (tarmac),* inghiaiare (o incatramare) una strada. **2** *(di sommergibile, ecc.)* emergere; venire a galla; affiorare.

surfactant ['sə:fæktənt] *s.* sostanza tensioattiva.

surfeit ['sə:fit] *s. (generalm. preceduto dall'art. indeterminativo)* sazietà; eccesso: *to have a surfeit of peaches,* fare indigestione di pesche.

to **surfeit** ['sə:fit] *vt* rimpinzare fino alla nausea; fare indigestione; provocare indigestione; fornire in sovrabbondanza: *to surfeit oneself with fruit,* rimpinzarsi (fare indigestione) di frutta.

surge [sə:dʒ] *s.* **1** *(del mare)* ondata; maroso. **2** *(fig.)* spinta; impulso; impeto; flutto: *a surge of pity,* un impeto di compassione. **3** sovracorrente momentanea.

to **surge** [sə:dʒ] *vi* **1** *(del mare, ecc., anche fig.)* riversare, riversarsi; avanzare; fluire; ondeggiare; gonfiarsi; montare: *The crowds surged out of the stadium,* La moltitudine si riversò fuori dal campo sportivo — *Anger surged (up) within him,* La collera gli montò su. **2** *(di ruota)* girare a vuoto. **3** *(naut., di fune)* allentare, allentarsi; mollare, mollarsi; lascare.

surgeon ['sə:dʒən] *s.* **1** medico chirurgo: *house surgeon,* chirurgo interno — *dental surgeon,* dentista. **2** ufficiale medico.

surgery ['sə:dʒəri] *s.* **1** chirurgia. **2** sala operatoria. **3** *(GB)* gabinetto medico; ambulatorio medico: *surgery hours,* ore di consultazione; orario delle visite ambulatoriali.

surgical ['sə:dʒikəl] *agg* chirurgico; operatorio: *a surgical boot,* una scarpa ortopedica — *surgical spirit, (GB)* alcool. □ *avv* **surgically.**

surliness ['sə:linis] *s.* malagrazia; ostilità; scontrosità; malumore.

surly ['sə:li] *agg* (**-ier**; **-iest**) sgarbato; arcigno; ostile; di malumore; scontroso; burbero. □ *avv* **surlily.**

surmise [sə:'maiz] *s.* supposizione; congettura: *You were right in your surmise,* La Sua supposizione (congettura) era giusta (esatta).

to **surmise** [sə:'maiz] *vt e i.* supporre; presumere; sospettare.

to **surmount** [sə:'maunt] *vt (generalm. fig.)* sormontare; superare; valicare.

surmountable [sə:'mauntəbl] *agg* sormontabile; superabile.

surname ['sə:neim] *s.* **1** cognome; patronimico; casato. **2** soprannome.

to **surpass** [sə:'pɑ:s] *vt* superare; sorpassare; vincere; essere superiore; eccellere.

surpassing [sə:'pɑ:siŋ] *agg* superiore; impareggiabile. □ *avv* **surpassingly.**

surplice ['sə:plis] *s. (religione)* cotta; rocchetto.

surpliced ['sə:plisd] *agg* in cotta; con indosso la cotta; pronto per la funzione religiosa.

surplus ['sə:pləs] *s.* **1** 'surplus'; soprappiù; eccesso; avanzo; eccedenza: *war surplus,* residuati di guerra. **2** *(attrib.)* in eccedenza; d'avanzo; in soprappiù: *surplus population,* eccesso di popolazione.

surprise [sə'praiz] *s.* sorpresa; meraviglia; stupore: *What a surprise!,* Che sorpresa! — *To my surprise (To everyone's surprise) his plan succeeded,* Con mia sorpresa (Con stupore di tutti) il suo piano riuscì — *His failure did not cause much surprise (was not a* *great surprise),* Il suo fallimento non causò molta sorpresa (non sorprese affatto) — *We have some surprises in store for you,* Vi abbiamo riserbato qualche sorpresa — *He looked at me in surprise,* Mi guardò (Mi fissò) con stupore — *to take sb by surprise,* prendere qcno di sorpresa, alla sprovvista — *They took the fort by surprise,* Catturarono il forte (con un attacco) di sorpresa.

□ *(attrib.)* di sorpresa; improvviso; senza preavviso: *a surprise visit (attack),* una visita (un attacco) di sorpresa.

to **surprise** [sə'praiz] *vt* **1** sorprendere; stupire; meravigliare: *You surprise me!,* Mi sorprendi! — *She gave me a surprised look,* Mi guardò stupita — *She was more surprised than frightened,* Era più stupita che spaventata. **2 to be surprised (at, about sth),** stupirsi; meravigliarsi; essere sorpreso (di qcsa): *We were surprised at the news (surprised to hear the news),* La notizia ci stupì — *I'm surprised (to learn that) he didn't come,* Sono sorpreso (Mi sorprende) che non sia venuto — *It's nothing to be surprised about (at),* Non c'è niente da stupirsi; Non c'è da meravigliarsi — *I should not be surprised if it rained this afternoon,* Non mi meraviglierei se nel pomeriggio piovesse. **3** sorprendere; prendere alla sprovvista; cogliere d'improvviso, in flagrante, sul fatto: *to surprise the enemy,* cogliere (attaccare) il nemico di sorpresa — *to surprise a burglar in the act,* sorprendere uno scassinatore sul fatto. **4 to surprise sb into doing sth,** indurre qcno a fare qcsa cogliendolo di sorpresa.

surprised [sə'praizd] *agg* sorpreso; stupito; meravigliato (⇨ **to surprise**).

□ **surprisedly** *avv* con aria stupita, sorpresa; con (grande) stupore.

surprising [sə'praiziŋ] *agg* che suscita sorpresa; sorprendente. □ *avv* **surprisingly.**

surrealism [sə'riəlizəm] *s.* surrealismo.

surrealist [sə'riəlist] *s.* surrealista.

surrealistic [səriə'listik] *agg* surrealista. □ *avv* **surrealistically.**

surrender [sə'rendə*] *s.* **1** *(mil.)* resa; capitolazione; *(delle armi)* consegna: *No surrender!,* Non ci arrendiamo! **2** *(comm., dir., ecc.)* restituzione; cessione; abbandono: *surrender value,* valore di riscatto *(di una polizza di assicurazione).*

to **surrender** [sə'rendə*] *vt e i.* **1** arrendersi; capitolare; consegnare; cedere (qcsa a qcno): *We shall never surrender,* Non cederemo mai — *He surrendered his insurance policy,* Cedette la sua polizza di assicurazione. **2** rinunciare a; abbandonare: *We shall never surrender our liberty,* Non rinunceremo mai alla nostra libertà. **3** *(generalm. rifl.)* abbandonarsi; lasciarsi andare; darsi: *He surrendered (himself) to despair,* Si abbandonò alla disperazione.

surreptitious [,sʌrəp'tiʃəs] *agg* clandestino; furtivo; subdolo; surrettizio. □ *avv* **surreptitiously.**

surrey ['sʌri] *s. (USA)* piccola carrozza.

surrogate ['sʌrəgit/-geit] *s. (GB)* sostituto; delegato *(spec. di un vescovo).*

surround [sə'raund] *s.* bordo; contorno *(fra un tappeto e le pareti): a linoleum surround,* un bordo coperto di linoleum.

to **surround** [sə'raund] *vt* circondare; attorniare; chiudere tutt'intorno; cingere: *The troops were surrounded,* Le truppe erano accerchiate.

surrounding [sə'raundiŋ] *agg* circostante; circonvicino.

surroundings [sə'raundiŋz] *s. pl* dintorni; condizioni ambientali; ambiente.

surtax ['sə:tæks] *s.* soprattassa; imposta complementare.

to **surtax** [sə:'tæks] *vt* imporre una soprattassa; soprattassare.

surveillance [sə:'veiləns] *s.* sorveglianza; vigilanza.

survey ['sə:vei] *s.* **1** quadro generale; esame; indagine; studio; compendio; veduta d'insieme. **2** rilievo; rilevamento topografico, idrografico, sotterraneo, ecc. **3** ispezione; perizia.

to **survey** [sə'vei] *vt* **1** guardare; contemplare: *to survey the countryside from the top of a hill,* contemplare la campagna dalla cima di una collina. **2** esaminare; prendere in esame; passare in rassegna: *The Prime Minister in his speech at the Guildhall surveyed the international situation,* Il Primo Ministro nel suo discorso alla Guildhall esaminò la situazione internazionale. **3** *(topografia)* rilevare; misurare: *to survey a parish,* fare il rilevamento di un distretto. **4** ispezionare; fare una perizia: *Have the house surveyed before you offer to buy it,* Fa' fare una perizia alla casa prima di comprarla.

surveying [sə:'veiiŋ] *s.* **1** rilevamento; misurazione. **2** ispezione; perizia.

surveyor [sə(:)'veiə*] *s.* **1** topografo. **2** perito. **3** ispettore; controllore: *quantity surveyor,* misuratore di materiali e loro costi; perito.

survival [sə'vaivəl] *s.* **1** sopravvivenza: *survival after death,* il sopravvivere dopo la morte — *the survival of the fittest,* la sopravvivenza del più adatto (la selezione naturale) — *a survival kit,* un'attrezzatura per la sopravvivenza. **2** reliquia; pezzo da museo.

to **survive** [sə'vaiv] *vt e i.* sopravvivere; essere ancora in vita; scampare (a qcsa); superare (una crisi): *to survive an earthquake,* sopravvivere ad un terremoto — *to survive a shipwreck,* scampare ad un naufragio — *those who survived,* i sopravvissuti — *She survived all her children,* Sopravvisse a tutti i suoi figli — *I hope I shall never survive my usefulness,* Spero di non diventare vecchio e inutile. □ *Oh, he'll survive, don't worry!,* Non preoccuparti, non morirà!

survivor [sə'vaivə*] *s.* **1** sopravvissuto; superstite: *to send help to the survivors of the earthquake,* mandare aiuti ai superstiti del terremoto. **2** chi sa cavarsela o arrangiarsi.

susceptibility [sə,septi'biliti] *s.* **1** sensibilità: *susceptibility to hypnotic influences,* sensibilità all'ipnosi. **2** *(al pl.)* suscettibilità: *We must avoid wounding their susceptibilities,* Dobbiamo evitare di ferire la loro suscettibilità.

susceptible [sə'septibl] *agg* **1** sensibile; influenzabile; impressionabile: *a girl with a susceptible nature,* una ragazza di carattere sensibile. **2 susceptible to...,** sensibile a...; facilmente toccato da...: *to be susceptible to flattery,* essere sensibile all'adulazione. **3 susceptible of...,** suscettibile di...: *Is your statement susceptible of proof?,* La Sua dichiarazione è suscettibile di prova?

suspect ['sʌspekt] *agg* sospetto: *His statements are suspect,* Le sue affermazioni sono sospette.

□ *s.* persona sospetta: *political suspects,* persone politicamente sospette.

to **suspect** [səs'pekt] *vt* **1** sospettare; subodorare: *He suspected an ambush,* Subodorava un'imboscata — *I suspect (that) he's a liar,* Sospetto che sia un bugiardo. **2** dubitare; sospettare (di): *to suspect the truth of an account,* sospettare della veridicità di un rapporto. **3** *to suspect sb of sth,* sospettare qcno di qcsa: *He is* *suspected of telling lies,* Lo si sospetta di raccontare bugie.

to **suspend** [səs'pend] *vt* **1** appendere. **2** *(al passivo, di particelle solide)* essere in sospensione. **3** sospendere; posporre; differire: *a suspended sentence, (dir.)* (la) condizionale — *in a state of suspended animation, (di persona)* in stato di incoscienza; in stato di coma. **4** sospendere; privare qcno di una carica, un ufficio, ecc. per un certo periodo.

suspender [səs'pendə*] *s.* **1** *(GB) (anche* sock suspender*)* giarrettiera per calze *(da uomo).* **2** *(GB)* giarrettiera *(del reggicalze): suspender belt,* reggicalze. **3** *(al pl., USA)* bretelle *(per sostenere i calzoni).* **4** *(di medaglia)* gancetto.

suspense [səs'pens] *s.* 'suspense'; sospensione d'animo; ansietà; incertezza; dubbio.

suspension [səs'penʃən] *s.* sospensione *(vari sensi): suspension bridge,* ponte sospeso.

suspicion [səs'piʃən] *s.* **1** sospetto; dubbio: *I have a suspicion that he is dishonest,* Ho il sospetto che sia disonesto — *He was arrested on (the) suspicion of having stolen the money,* Fu arrestato perché sospettato di aver rubato il denaro — *His behaviour aroused no suspicion,* Il suo comportamento non fece sorgere sospetti — *Don't lay yourself open to suspicion,* Non esporti ai sospetti — *above suspicion,* al disopra di ogni sospetto. **2** *(al sing. con art. indeterminativo)* pizzico; punta; tantino; un po' (di): *There was a suspicion of sadness in her voice,* C'era una punta di tristezza nella sua voce.

suspicious [səs'piʃəs] *agg* sospettoso; sospetto; diffidente; losco: *to be (to feel) suspicious of sb (about, of, sth),* diffidare, sospettare di qcno (di qcsa) — *The affair looks suspicious to me,* La questione mi appare sospetta (losca). □ *avv* **suspiciously.**

to **sustain** [səs'tein] *vt* **1** sostenere; reggere; sorreggere. **2** sostenere; mantenere; provvedere; prolungare: *sustaining food,* cibo che sostiene, che dà energie, nutriente — *to make a sustained effort,* fare uno sforzo prolungato. **3** subire; sopportare; soffrire: *to sustain a defeat,* subire una sconfitta. **4** *(dir.)* appoggiare; dare ragione a; convalidare; confermare. **5** *(teatro)* sostenere (una parte); interpretare adeguatamente.

sustenance ['sʌstinəns] *s.* **1** sostentamento; nutrimento; cibo. **2** proprietà, sostanza nutritiva.

sutler ['sʌtlə*] *s. (stor.)* vivandiere; cantiniere.

suttee [sʌ'ti:] *s. (India)* **1** vedova che si sacrifica sul rogo del marito defunto. **2** *(per estensione)* il sacrificio stesso.

suture ['sju:tʃə*] *s.* **1** sutura. **2** filo, materiale da sutura.

suzerain ['su:zərein] *s.* **1** signore; grande feudatario. **2** stato (o sovrano) che ha il diritto di controllare un altro paese.

suzerainty ['su:zəreinti] *s.* signoria; sovranità; controllo politico.

svelte [svelt] *agg (fr., spec. della figura femminile)* svelto; snello; slanciato.

swab [swɔb] *s.* **1** straccio; strofinaccio *(spec. per lavare i pavimenti); (naut.)* radazza. **2** *(med.)* tampone *(per i prelievi, ecc.)* o il materiale con esso raccolto. **3** *(sl.)* individuo goffo e maldestro.

to **swab** [swɔb] *vt* (**-bb-**) **1** *(spesso seguito da* down *o* out*)* pulire, lavare con uno straccio; *(naut.)* radazzare. **2** medicare o prelevare con un tampone: *to swab up,* raccogliere (un liquido) con uno strofinaccio; asciugare; spugnare.

to **swaddle** ['swɔdl] *vt* fasciare; avvolgere nelle fasce *(un neonato, come usava un tempo): swaddling-clothes (swaddling-bands),* fasce *(anche fig.).*

swag [swæg] *s.* **1** *(sl.)* bottino; refurtiva; cosa ottenuta illecitamente. **2** *(in Australia)* fagotto; fardello.

swagger ['swægə*] *s.* andatura, atteggiamento burbanzoso; boria; spavalderia. □ *swagger stick,* frustino; bastoncino da ufficiale.
□ *agg (sl.)* molto elegante.

to **swagger** ['swægə*] *vi* camminare, comportarsi burbanzosamente, boriosamente.

swaggerer ['swægərə*] *s.* fanfarone; spaccone; spavaldo; smargiasso.

swain [swein] *s. (ant., poet.)* pastorello; amante bucolico; *(scherz.)* garzoncello innamorato; amante.

[1]**swallow** ['swɔlou] *s.* **1** il trangugiare; l'inghiottire; il deglutire. **2** boccone; sorsata; quantità ingollata.

to **swallow** ['swɔlou] *vt e i.* **1** inghiottire *(anche fig.);* ingoiare; trangugiare; deglutire; mandar giù. **2** *(seguito da* up*)* esaurire; divorare; far scomparire: *All my savings were swallowed up by lawyers' fees,* Tutti i miei risparmi furono mangiati dalle parcelle degli avvocati. **3** *(fig.) to swallow an insult (an affront),* trangugiare un insulto; ingoiare un affronto — *to swallow one's words,* rimangiarsi le parole — *to swallow a story,* bere una storia — *to swallow the bait,* abboccare all'amo.

[2]**swallow** ['swɔlou] *s.* rondine: *One swallow does not make a summer, (prov.)* Una rondine non fa primavera — *swallow dive,* tuffo a rondine — *swallow-tailed, (agg.: di farfalle, uccelli)* coda di rondine; *(abbigliamento maschile: di giubba)* a coda di rondine.

swallowtail ['swɔlouteil] *s.* macaone.

swam [swæm] *pass di* **to swim.**

swamp [swɔmp] *s.* palude; pantano; acquitrino: *swamp fever,* febbre malarica.

to **swamp** [swɔmp] *vt* sommergere; inondare; riempire d'acqua; travolgere *(anche fig.).*

swampy ['swɔmpi] *agg* paludoso.

swan [swɔn] *s.* cigno; *(fig.)* cantore: *swan dive, (USA)* tuffo a volo d'angelo — *a black swan, (fig.)* una mosca bianca — *swan-song, (fig.)* canto del cigno — *the Swan of Avon,* Shakespeare — *swan's-down,* - **a)** piumini di cigno - **b)** vigogna; mollettone — *swan-neck, (di tubazione)* collo d'oca — *swan-upping, (GB)* censimento (annuale) dei cigni del Tamigi.

to **swan** [swɔn] *vi* (**-nn-**) *(sl. mil.)* girellare; gironzolare.

swank [swæŋk] *s. (fam.)* ostentazione; pavoneggiamento; vanagloria.

to **swank** [swæŋk] *vi (fam.)* gloriarsi; pavoneggiarsi; darsi delle arie.

swanky ['swæŋki] *agg* **1** elegante; vistoso; sgargiante. **2** borioso; pieno di arie.

swap [swɔp] *s.* = **swop.**

to **swap** [swɔp] *vt e i.* (**-pp-**) = **to swop.**

sward [swɔ:d] *s. (lett.)* zolla erbosa; tappeto erboso.

sware [swεə*] *(ant.) pass di* **to swear.**

swarf [swɔ:f] *s. (mecc.)* sfrido.

swarm [swɔ:m] *s.* **1** sciame. **2** *(fig.)* moltitudine; frotta.

[1]to **swarm** [swɔ:m] *vi* **1** *(di api)* sciamare. **2** *(di luoghi)* essere affollati di; formicolare; brulicare: *The beaches were swarming with bathers,* Le spiagge brulicavano di bagnanti — *The stables swarmed with flies,* Le stalle pullulavano di mosche. **3** affollarsi; accalcarsi.

[2]to **swarm** [swɔ:m] *vi e t.* arrampicarsi *(con le mani e le gambe): to swarm up a tree,* arrampicarsi su un albero.

swart [swɔ:t] *agg (ant. o lett.)* = **swarthy.**

swarthy ['swɔ:ði] *agg* scuro di carnagione; bruno.

swashbuckler ['swɔʃ,bʌklə*] *s.* rodomonte; smargiasso; spaccone; bravaccio.

swashbuckling ['swɔʃ,bʌkliŋ] *agg* da rodomonte; da smargiasso; da spaccone; da bravaccio.
□ *s.* rodomontata; spacconata; bravata.

swastika ['swæstikə/'swɔs-] *s.* svastica; croce uncinata.

to **swat** [swɔt] *vt* (**-tt-**) colpire; schiacciare *(con qcsa di piatto);* piattonare; dare una piattonata.

swatch [swɔtʃ] *s.* (*pl.* **swatches**) campione *(di tessuto); (al pl.)* campionario.

swath [swɔθ] *s.* (*pl.* **swaths**) **1** falciata; erba o grano falciato. **2** area, striscia di terreno reso sgombro dal passaggio della falciatrice.

to **swathe** [sweið] *vt* bendare; fasciare strettamente.

swatter ['swɔtə*] *s.* cosa o persona che schiaccia: *fly-swatter,* schiacciamosche.

sway [swei] *s.* **1** oscillazione; ondeggiamento; dondolio. **2** *(ant. e lett.)* dominio; controllo; governo.

to **sway** [swei] *vi e t.* **1** ondeggiare; oscillare; dondolare: *Don't sway your hips at me, you hussy!,* Non mi ancheggiare davanti, sfrontata! **2** controllare; dirigere; influenzare; governare: *a speech that swayed the voters,* un discorso che influenzò gli elettori. **3** sbandare. **4** *(naut.)* ghindare. □ *sway-backed, (di cavallo)* con il dorso fortemente incavato.

to **swear** [swɛə*] *vt e i.* (*pass.* **swore**; *p. pass.* **sworn**) **1** giurare; affermare; sostenere; assicurare; garantire *(solennemente, enfaticamente): He swore to tell the truth, (He swore that he would tell the truth),* Giurò che avrebbe detto la verità — *I could have sworn that there was somebody in the next room,* Avrei giurato (Ero sicuro) che nell'altra stanza c'era qualcuno — *sworn enemies,* nemici giurati. **2** far giurare: *to swear sb to a secret,* far giurare a qcno di mantenere un segreto. **3** *(dir.)* affermare; sostenere; deporre (sotto giuramento): *to swear an accusation (a charge) against sb,* accusare qcno (sotto giuramento) — *sworn evidence,* testimonianza giurata. **4** imprecare; bestemmiare: *The captain swore at his crew,* Il capitano imprecava contro il suo equipaggio — *He swears like a trooper,* Bestemmia come un turco — *He swore himself hoarse,* Bestemmiò fino a perdere la voce — *Don't teach my parrot to swear, please!,* Non insegnare parolacce al mio pappagallo, per piacere!

to swear by, - **a)** fare appello; invocare; chiamare a testimone: *He swears by all the gods that...,* Giura su tutti gli dei che... - **b)** *(fam.)* credere ciecamente: *He swears by quinine for malaria,* Contro la malaria ha una fiducia cieca nel chinino.

to swear in, far prestare giuramento a qcno; insediare qcno *(in una carica)* facendogli prestare giuramento: *to swear in a jury,* insediare una giuria — *to swear in a witness,* far giurare un testimone *(in tribunale).*

to swear off, *(fam.)* rinunciare solennemente: *He swore off smoking when the doctors said it caused lung cancer,* Giurò di non fumare più quando i medici dissero che ciò provocava il cancro ai polmoni.

to swear to, giurare; assicurare: *He swore to having paid for the goods,* Giurò che la merce l'aveva pagata — *I would swear to having met that man somewhere,* Giurerei (Sarei disposto a giurare) di aver incontrato quel tale da qualche parte.

swearer ['swɛərə*] *s.* **1** chi impreca o bestemmia; chi proferisce improperi. **2** *(non comune)* chi giura; chi presta giuramento.

swear-word ['swɛəwə:d] *s.* parolaccia.

sweat [swet] *s.* **1** sudore; traspirazione: *to be in a sweat (all of a sweat),* essere madido di sudore; grondare sudore; *(fig.)* essere in grande ansietà (apprensione) — *to be in a cold sweat,* avere i sudori freddi; essere atterrito — *to do sth by the sweat of one's brow,* fare qcsa col sudore della propria fronte — *sweat glands,* ghiandole sudorifere. **2** sudata; atto del sudare: *A good sweat sometimes cures a cold,* Una buona sudata talvolta guarisce il raffreddore. **3** *(fig.)* fatica; sforzo intenso; duro lavoro: *a sweat-shop,* un'azienda che sfrutta gli operai. **4** appannatura; l'appannarsi *(di una superficie).* □ *sweat shirt, (spec. USA)* maglietta — *an old sweat, (fam.)* un veterano.

to **sweat** [swet] *vi e t.* **1** sudare; traspirare; trasudare; *(fig.)* faticare duramente; sgobbare: *to sweat blood,* sudar sangue. **2** far sudare: *to sweat out a cold,* curare un raffreddore facendo sudare — *The doctor sweated his patient,* Il medico fece sudare il suo malato. **3** sfruttare: *That employer sweats his workers,* Quel datore di lavoro sfrutta i suoi dipendenti — *sweated goods,* merce sudata (prodotta da operai sfruttati) — *sweated labour,* mano d'opera sfruttata. **4** *(di tabacco, pelli, ecc.)* far fermentare; sottoporre a fermentazione. **5** saldare a stagno. **6** *(USA, sl.)* far parlare; sottoporre ad interrogatorio di terzo grado.

sweater ['swetə*] *s.* **1** 'sweater'; ampio maglione sportivo di lana pesante: *sweater girl, (fam.)* ragazza dal seno vistoso. **2** sfruttatore; padrone esigente. **3** preparato sudorifero.

sweaty ['sweti] *agg* **1** sudato; bagnato di sudore; madido di sudore. **2** che fa sudare; *(fig.)* faticoso; gravoso.

Swede [swi:d] *s.* **1** svedese. **2** *(GB, con la minuscola)* rapa svedese.

Swedish ['swi:diʃ] *agg e s.* **1** svedese. **2** la lingua svedese.

sweep [swi:p] *s.* **1** *(anche seguito da* up *o* out*)* spazzata; scopata: *Give the room a good sweep,* Dai una bella spazzata alla stanza — *to make a clean sweep,* far piazza pulita. **2** gesto, movimento rapido e ampio: *with a sweep of his arm,* con un gesto del braccio. **3** portata; raggio o campo d'azione. **4** distesa; spazio continuo; tratto; declivio; *(archit.)* curvatura: *a fine sweep of country,* un bel tratto di campagna. **5** flusso; lo scorrere regolare: *the sweep of the tide,* il flusso della marea. **6** (= chimney-sweep) spazzacamino. **7** remo lungo *(che si manovra stando in piedi).* **8** mazzacavallo *(nei pozzi).* **9** *(di ala)* angolo di freccia; *(di elica)* passo angolare. **10** esplorazione sistematica; *(televisione)* movimento di scansione. **11** cavo di dragaggio; rastrello. **12** *(fam.)* = **sweepstake.**

to **sweep** [swi:p] *vt e i.* (*pass. e p. pass.* **swept**) **1** scopare; spazzare *(anche fig., del vento, ecc.);* pulire con la scopa: *to sweep the floor,* scopare il pavimento — *to sweep the chimney,* spazzare il camino — *to sweep up the dust,* togliere la polvere. **2** *(generalm. seguito da un avv.:* along, off, *ecc.)* spingere via; trascinare via: *The current swept the logs along,* La corrente trascinava i tronchi di legno — *The wind swept my hat off,* Il vento si portò via il mio cappello — *We were almost swept off our feet by the waves,* Fummo quasi sopraffatti dalle ondate — *to be swept off one's feet, (fig.)* essere sopraffatto dall'emozione; essere preso dall'entusiasmo — *to sweep the board,* vincere l'intera posta in un gioco d'azzardo; *(fig.)* prendere tutti i premi; avere tutti i successi possibili — *to sweep all before one,* avere un successo travolgente — *to sweep objections aside,* non tenere in alcun conto le obiezioni di qcno. **3** camminare in modo impettito e solenne; incedere o procedere maestosamente: *She swept out of the room,* Uscì dalla stanza con incedere maestoso. **4** stendersi; estendersi; snodarsi: *The road sweeps round the lake,* La strada si snoda intorno al lago — *The coast sweeps northward in a wide curve,* La costa si stende verso nord con una vasta curva. **5** *(con lo sguardo o fig.)* spaziare; scorrere; scrutare: *The searchlights swept the sky,* I riflettori scrutavano il cielo. **6** toccare leggermente; sfiorare; strisciare: *Her dress swept the ground,* L'abito le strisciava per terra.

sweeper ['swi:pə*] *s.* *(operaio)* spazzino; *(macchina)* spazzatrice: *street sweepers,* spazzaturai; spazzini — *a (carpet) sweeper,* una scopa meccanica; un battitappeto — *a (mine-)sweeper,* un dragamine (spazzamine).

sweeping ['swi:piŋ] *agg* completo; radicale; assoluto: *sweeping changes (reforms),* cambiamenti profondi; riforme radicali — *a sweeping statement,* una affermazione generica — *a sweeping victory,* una vittoria completa — *sweeping reductions in prices,* formidabili riduzioni nei prezzi. □ *avv* **sweepingly**.

sweepings ['swi:piŋz] *s. pl* spazzatura; rifiuti: *a heap of street sweepings,* una catasta di rifiuti della strada.

sweepstake ['swi:psteik] *s.* lotteria abbinata alle corse dei cavalli.

[1]**sweet** [swi:t] *agg* **1** dolce; zuccherato; zuccherino; amabile: *I like my tea sweet,* Mi piace il tè dolce — *to taste sweet,* avere un dolce sapore; sapere di dolce — *to have a sweet tooth,* essere ghiotto di dolci, di cose dolci — *sweet wine,* vino dolce, amabile. **2** dolce; fragrante; odoroso; profumato: *The garden is sweet with thyme,* Il giardino è tutto fragrante di timo — *Don't the roses smell sweet!,* Come sono fragranti (profumate) le rose! — *sweet-scented,* fragrante; molto profumato. **3** piacevole; attraente; simpatico; amabile; *(di suono, ecc.)* armonioso; soave; musicale: *a sweet voice,* una soave voce — *a sweet little girl,* una simpatica ragazzina — *a sweet temper,* un temperamento dolce — *sweet-tempered,* di carattere dolce; di temperamento mite — *How sweet of you!,* Come sei gentile!; È molto gentile (o carino) da parte tua! — *What a sweet little doggie you have!,* Che bel (grazioso) cagnolino hai! — *Isn't the baby sweet!,* Che bel bimbetto! — *Revenge is sweet,* La vendetta è dolce. **4** fresco; puro; genuino; *(di cibi)* non alterato; *(di acqua)* dolce o potabile: *sweet milk,* buon latte — *sweet breath,* alito fresco.

□ *to do sth at one's own sweet will,* far qcsa a piacere, a piacimento, con comodo — *to be sweet on (o upon) sb, (fam.)* aver molta simpatia per qcno; essere innamorato di qcno — *sweet-brier (-briar),* rosa selvatica — *sweet pea,* pisello odoroso — *sweet potato,* - **a)** patata dolce; batata - **b)** ocarina — *sweet-william (-john),* garofano dei poeti; garofano a mazzetti; 'palmachristi'. □ *avv* **sweetly**.

[2]**sweet** [swi:t] *s.* **1** *(GB;* **candy** *in USA)* dolciume; caramella; confetto; cioccolatino. **2** *(GB;* **dessert** *in USA)* dolce; dessert. **3** *(al pl.)* gioie; consolazioni; soddisfazioni; piaceri: *to taste the sweets of success,* gustare (provare) le gioie del successo — *to enjoy the sweets of life,* gustare i (darsi ai) piaceri della vita. **4** *(vocativo)* caro (cara); tesoro: *Yes, my sweet,* Sì, tesoro.

sweetbread ['swi:tbred] *s.* pancreas; animella *(di bestia macellata).*

to **sweeten** ['swi:tn] *vt e i.* **1** zuccherare; dolcificare. **2** *(fig.)* addolcire, addolcirsi; mitigare. **3** disinfettare; depurare *(aria, acqua).*

sweetening ['swi:tniŋ] *s.* **1** dolcificante; sostanza che addolcisce. **2** dolcificazione; purificazione *(di acqua, aria).*

sweetheart ['swi:thɑ:t] *s.* innamorato (innamorata); amoroso (amorosa); *(al vocativo)* tesoro; caro (cara).

sweetmeat ['swi:tmi:t] *s.* dolce; frutta candita; caramella; confetto.

sweetness ['swi:tnis] *s.* **1** dolcezza. **2** aroma; fragranza. **3** purezza *(di acqua, aria, ecc.).*

[1]**swell** [swel] *s.* **1** *(mus.)* crescendo; crescendo seguito da diminuendo: *the swell of an organ,* il volume (l'intensità, il crescendo) dell'organo. **2** *(naut., sempre al sing.)* moto ondeggiante del mare; 'mare vecchio'; alternarsi di lunghe onde regolari *(dopo una burrasca): There was a heavy swell after the storm,* Dopo la burrasca il mare ondeggiava forte. **3** *(fam., piuttosto desueto)* elegantone; damerino; gran signore; pezzo grosso: *What a swell you look in that new suit!,* Che elegantone sei con quel vestito nuovo!

to **swell** [swel] *vt e i.* *(pass.* **swelled**; *p. pass.* **swollen,** *raro* **swelled**) **1** gonfiare, gonfiarsi; dilatare, dilatarsi; aumentare; ingrossare; ingrassarsi; inturgidirsi; tumefarsi: *Wood often swells when wet,* Il legno spesso si gonfia (si dilata) quand'è bagnato — *His face began to swell,* Gli si cominciò a gonfiare il viso — *The river was swollen with melted snow,* Con lo sciogliersi delle nevi il fiume si era ingrossato — *His heart swelled with pride,* Il suo cuore si gonfiò di orgoglio — *The boy's eyes were swollen with tears,* Gli occhi del ragazzo erano gonfi di lacrime. **2** salire; aumentare *(di prezzi, della marea, ecc.): swollen estimates,* preventivi troppo alti — *These small items help to swell the total,* Queste piccole somme aiutano a far salire (aumentare) il totale.

[2]**swell** [swel] *agg* **1** *(fam., piuttosto desueto* ⇨ [1]**swell 3**) elegantone; alla moda: *Who are your swell friends?,* Chi sono quei tuoi amici eleganti? **2** *(spec. USA)* eccellente; in gamba; di prim'ordine: *He's a swell tennis player,* È un tennista in gamba — *Swell! (That's swell!),* Benone!

swelling ['sweliŋ] *s.* **1** gonfiore; rigonfiamento; enfiagione. **2** aumento; ingrossamento.

to **swelter** ['sweltə*] *vi* essere oppresso dal caldo; sudare abbondantemente: *a sweltering hot day,* una giornata di caldo opprimente.

swept [swept] *pass e p. pass di* **to sweep**: *swept-back,* a freccia positiva *(di ala)* — *swept volume,* cilindrata.

swerve [swə:v] *s.* deviazione; mutamento repentino di direzione; *(di automobile)* sbandata.

to **swerve** [swə:v] *vi e t.* **1** deviare o far deviare; mutare repentinamente di direzione; *(di automobile)* sbandare. **2** *(fig.)* desistere; deviare; traviare, traviarsi; allontanarsi dalla retta via.

[1]**swift** [swift] *agg* rapido; veloce; lesto; agile; svelto; pronto; celere: *swift of foot, (lett.)* piè veloce — *swift to anger, (lett.)* pronto all'ira. □ *avv* **swiftly**.

[2]**swift** [swift] *s.* **1** rondone. **2** tritone; salamandra acquaiola. **3** aspo; rocchetto.

swiftness ['swiftnis] *s.* rapidità; celerità; sveltezza; prontezza; agilità.

swig [swig] *s.* *(fam.)* sorsata; lungo sorso: *to take a swig,* bere una sorsata (un lungo sorso).

to **swig** [swig] *vt e i.* (**-gg-**) *(fam.)* tracannare; bere d'un fiato; bere lunghe sorsate.

swill [swil] *s.* **1** risciacquatura; lavatura. **2** broda per maiali; brodaglia. **3** *(in Australia)* trincata; abbondante bevuta.

to **swill** [swil] *vt e i.* **1** risciacquare; lavare. **2** bere avidamente; tracannare.

swim [swim] *s.* **1** nuotata: *to have (to go for) a swim,* fare (andare a fare) una nuotata. **2** *(the swim, sempre al sing.)* corrente principale (degli affari); giro: *to be in (out of) the swim, (fam.)* essere (essere fuori) del giro. □ *My head was all of a swim,* Mi girava la testa (⇨ **to swim 4**).

to **swim** [swim] *vi e t.* (*pass.* **swam**; *p. pass.* **swum**) **1** nuotare; fare il bagno; galleggiare: *Fishes swim,* I pesci nuotano — *We swam all afternoon,* Nuotammo tutto il pomeriggio — *Let's go swimming!,* Andiamo a fare il bagno! — *When the boat upset they had to swim for it,* Quando la barca si capovolse, dovettero mettersi in salvo (salvarsi) a nuoto — *to swim a race,* partecipare a una gara di nuoto — *to swim with the tide (the stream),* andare con la corrente *(anche fig.);* fare come fanno i più; fare come tutti. **2** attraversare (far passare) a nuoto: *to swim the English Channel,* attraversare la Manica a nuoto — *He swam his horse across the river,* Fece passare a nuoto il fiume al cavallo. **3** essere inondato, bagnato: *eyes swimming with tears,* occhi inondati di lacrime — *meat swimming in gravy,* carne immersa nel sugo. **4** ondeggiare; *(della testa)* girare; avere il capogiro: *The room swam before his eyes,* Tutta la stanza gli ondeggiava davanti — *His head swam,* Gli girava la testa.

swimmer ['swimə*] *s.* nuotatore, nuotatrice.

swimming ['swimiŋ] *s.* nuoto: *swimming-bath,* piscina coperta — *swimming-pool,* piscina all'aperto — *swimming-costume,* costume da bagno *(da donna)* — *swimming-trunks,* costume (slip) da bagno *(da uomo).*

swimmingly ['swimiŋli] *avv* a gonfie vele; a meraviglia; ottimamente.

swimsuit ['swim,su:t] *s.* costume da bagno *(da donna).*

swindle ['swindl] *s.* imbroglio; truffa; raggiro; turlupinatura; frode.

to **swindle** ['swindl] *vt e i.* truffare; imbrogliare; raggirare; turlupinare; frodare: *to swindle sb out of his money,* frodare una somma di denaro a qcno — *Some people are easily swindled,* Certe persone si fanno imbrogliare facilmente.

swindler ['swindlə*] *s.* truffatore; imbroglione.

swine [swain] *s. (invariato al pl.)* **1** maiale; suino: *swine-herd,* guardiano di porci — *swine-plague,* peste suina. **2** *(spreg., di persona)* porco; maiale.

swing [swiŋ] *s.* **1** oscillazione; dondolio; dondolamento. **2** ritmo sostenuto: *to go with a swing, (di musica o poesia)* avere un ritmo scorrevole; *(fig., di un trattenimento, ecc.)* avere un buon andamento — *swing music,* 'swing'; tipo di jazz dalle molte variazioni — *in full swing,* in piena attività; a pieno ritmo. **3** altalena; l'andare in altalena. □ *swing shift, (USA)* turno di lavoro notturno.

to **swing** [swiŋ] *vi e t.* (*pass. e p. pass.* **swung**) **1** dondolare; oscillare; far l'altalena: *The big ape swung (itself) from branch to branch,* La grossa scimmia passava dondolandosi da un ramo all'altro — *The door swung shut (swung to),* La porta si richiuse — *no room to swing a cat in,* senza spazio per muoversi. **2** camminare in modo sciolto e spedito. **3** *(seguito da* round*)* ruotare; girare: *He swung round and faced his accusers,* Fece un giro su se stesso e fronteggiò i suoi accusatori. **4** *to swing for sth, (fam.)* essere impiccato (per aver fatto qcsa). □ *to swing the lead, (GB, sl.)* marcar visita.

to **swinge** [swindʒ] *vt (ant.)* colpire con forza.

swingeing ['swindʒiŋ] *agg* (*p. pres. di* **to swinge**) **1** *(di colpo)* duro; forte. **2** *(di maggioranza, danni, ecc.)* stragrande; ingente.

swinging ['swiŋiŋ] *agg (fam., anni 60)* 'à la page'; beat; divertente; spregiudicato.

swinish ['swainiʃ] *agg* da maiale; bestiale; sozzo; sudicio; schifoso. □ *avv* **swinishly.**

swinishness ['swainiʃnis] *s.* bestialità; sozzeria.

swipe [swaip] *s.* colpo forte, violento; botta.

to **swipe** [swaip] *vt (fam.)* **1** colpire con forza; scagliare; battere con forza. **2** *(generalm. scherz.)* rubare; grattare.

swirl [swə:l] *s.* **1** mulinello; vortice; turbine. **2** turbolenza. **3** *(USA)* ricciolo. **4** *(USA)* fettuccia circolare.

to **swirl** [swə:l] *vt e i.* mulinare; turbinare; girare o far girare vorticosamente; trascinare turbinosamente.

[1]**swish** [swiʃ] *s.* **1** fruscio; sibilo. **2** *(GB)* sferzata.

to **swish** [swiʃ] *vt e i.* **1** sibilare; frusciare; *(spec. di coda o verga)* scuotere; far vibrare. **2** frusciare; far frusciare. **3** *to swish sth off,* tagliar via qcsa con un bastone.

[2]**swish** [swiʃ] *agg (fam.)* elegante; 'chic'.

Swiss [swis] *agg e s. (invariato al pl.)* svizzero. □ *Swiss roll,* rotolo di pan di Spagna spalmato di marmellata di fragole o lamponi.

switch [switʃ] *s.* **1** *(USA, ferrovia)* scambio: *switch man,* uomo addetto agli scambi. **2** *(elettr.)* interruttore; commutatore; deviatore: *a two-way switch,* interruttore a due vie. **3** verga; bacchetta; frustino. **4** capelli posticci; treccia posticcia. **5** cambiamento.

to **switch** [switʃ] *vt e i.* **1** girare l'interruttore: *to switch on,* accendere — *to switch off,* spegnere. **2** smistare; azionare uno scambio; deviare: *to switch a train into a siding,* deviare un treno su un binario di raccordo. **3** cambiare; sviare: *to switch the conversation to a less embarrassing subject,* portare la conversazione su un soggetto meno imbarazzante. **4** frustare *(con un frustino o una verga).* **5** muovere bruscamente; agitare: *He switched it out of my hand,* Me l'ha strappato di mano.

switch-back ['switʃ,bæk] *s. (anche* switch-back railway*)* ferrovia a zig-zag; montagne russe: *switch-back road,* strada a gobbe; tracciato a rampe.

switchboard ['switʃ,bɔ:d] *s.* **1** quadro di comando, di controllo. **2** centralino (telefonico): *switchboard operator,* centralinista.

swivel ['swivl] *s.* perno; anello girevole; mulinello.

to **swivel** ['swivl] *vt e i.* (**-ll-**; *USA anche* **-l-**) girare; ruotare *(su un perno): He swivelled round in his chair (swivelled his chair) to see who had come in,* Ruotò sulla sedia per vedere chi era entrato.

swiz [swiz] *s. (fam.)* delusione; 'fregatura'.

swizzle ['swizl] *s.* 'cocktail' con ghiaccio. □ *swizzle-stick,* bastoncino per mescolare uno 'swizzle'.

swob, to **swob** [swɔb] *s. e vt* (**-bb-**) = **swab, to swab.**

swollen ['swoulən] *p. pass di* **to swell.** □ *agg* gonfio: *a swollen ankle,* una caviglia gonfia — *swollen head, (fam.)* presunzione — *swollen-headed, (agg.)* presuntuoso.

swoon [swu:n] *s.* svenimento; deliquio.

to **swoon** [swu:n] *vi* **1** svenire; mancare; venir meno. **2** *(mus., di suono)* smorzarsi; spegnersi lentamente.

swoop [swu:p] *s.* calata *(sulla preda o fig.): at one (fell) swoop, (fig.)* d'un balzo; d'un colpo.

to **swoop** [swu:p] *vi* piombare; calare *(sulla preda o fig.);* afferrare al volo, d'un balzo; abbattersi.

swop [swɔp] *s.* baratto; scambio.

to **swop** [swɔp] *vt e i.* (**-pp-**) *(fam.)* barattare: *to swop yarns,* scambiarsi storielle — *to swop places with sb,* cambiare posto con qcno — *Don't swop horses in*

mid-stream, (prov.) Non fare cambiamenti quando il lavoro è già mezzo fatto.
sword [sɔ:d] *s.* spada: *to put to the sword, (lett.)* passare a fil di spada; uccidere — *to cross swords with, (fig.)* incrociare le spade con qcno; avere una disputa con qcno — *to draw (to sheathe) the sword,* sguainare la spada; iniziare le ostilità (ringuainare la spada; fare la pace) — *at the point of the sword,* con la spada alla gola — *sword-cane (-stick),* bastone animato; bastone da stocco — *sword-cut,* ferita da lama di spada; fendente — *sword-play,* scherma; *(fig.)* botta e risposta; schermaglia.
swordfish ['sɔ:dfiʃ] *s.* pesce spada.
swordsman ['sɔ:dzmən] *s.* (*pl.* **swordsmen**) schermitore; spadaccino.
swordsmanship ['sɔ:dzmənʃip] *s.* il tirare di scherma; abilità nel maneggiare la spada.
swore, sworn [swɔ:*/swɔ:n] *pass e p. pass di* **to swear.**
swot [swɔt] *s. (GB, sl.)* **1** sgobbone; 'violino'. **2** studio intenso.
to **swot** [swɔt] *vi e t.* (**-tt-**) *(GB, sl.)* studiare intensamente; sgobbare: *to swot up one's geometry,* studiarsi a fondo la geometria.
swum [swʌm] *p. pass di* **to swim.**
swung [swʌŋ] *pass e p. pass di* **to swing.**
sybarite ['sibərait] *s.* sibarita; individuo raffinato e dedito ai piaceri; gaudente.
sybaritic [,sibə'ritik] *agg* sibaritico; da sibarita.
sycamore ['sikəmɔ:*] *s.* sicomoro *(GB, tipo di acero; USA, platano d'America; in Egitto e Siria, tipo di fico).*
sycophancy ['sikəfənsi] *s.* adulazione; servilismo.
sycophant ['sikəfənt] *s.* adulatore; parassita; individuo servile.
syllabary ['siləbəri] *s.* sillabario.
syllabic [si'læbik] *agg* sillabico.
to **syllabicate,** to **syllabify,** to **syllabize** [si'læbikeit/si'læbifai/'siləbaiz] *vt* sillabare; dividere in sillabe.
syllabication, syllabification [si,læbi'keiʃən/si,læbifi'keiʃən] *s.* il sillabare; divisione in sillabe.
syllable ['siləbl] *s.* sillaba.
-syllabled ['siləbld] *suffisso (formato da un certo numero di sillabe): three-syllabled,* trisillabo; trisillabico.
syllabus ['siləbəs] *s.* (*pl.* **syllabi** *o* **syllabuses**) programma di un corso di studi; programma di lezioni scolastiche.
syllogism ['silədʒizəm] *s.* sillogismo.
syllogistic [,silə'dʒistik] *agg* sillogistico.
sylph [silf] *s.* **1** silfide. **2** silfo: *sylph-like,* con la grazia di una silfide.
sylvan, silvan ['silvən] *agg (lett.)* silvestre; silvano.
symbiosis [,simbi'ousis] *s. (biologia e fig.)* simbiosi.
symbiotic(al) [,simbi'ɔtik(əl)] *agg (biologia e fig.)* simbiotico.
symbol ['simbəl] *s.* simbolo; emblema.
symbolic, symbolical [sim'bɔlik(əl)] *agg* simbolico. □ *avv* **symbolically.**
symbolism ['simbəlizəm] *s.* **1** simbolismo *(in letteratura, ecc.).* **2** sistema di simboli.
symbolist ['simbəlist] *s.* simbolista.
symbolistic [,simbə'listik] *agg* simbolistico.
symbolization [,simbəlai'zeiʃən] *s.* simboleggiamento.
to **symbolize** ['simbəlaiz] *vt* simboleggiare.
symmetric, symmetrical [si'metrik(əl)] *agg* simmetrico. □ *avv* **symmetrically.**
symmetry ['simitri] *s.* simmetria; armonia di proporzioni.
sympathetic [,simpə'θetik] *agg* comprensivo; amichevole; solidale; dimostrante simpatia: *a sympathetic face (heart),* una faccia cordiale; un cuore sensibile — *a sympathetic audience,* un pubblico caldo, comprensivo — *a sympathetic strike,* uno sciopero per solidarietà. □ *sympathetic nerve,* nervo simpatico — *sympathetic ink,* inchiostro simpatico.
□ *avv* **sympathetically.**
to **sympathize** ['simpəθaiz] *vi* essere comprensivo; compatire; condividere i sentimenti di qcno; partecipare dei sentimenti di qcno: *to sympathize with sb in his afflictions,* condividere i dolori di qcno — *Tom's parents do not sympathize with his ambition to go on the stage,* I genitori di Tom non approvano (non capiscono) il suo desiderio di fare del teatro.
sympathizer ['simpəθaizə*] *s.* simpatizzante; sostenitore *(spec. in politica).*
sympathy ['simpəθi] *s.* comprensione; partecipazione; sensibilità; compassione; tenerezza: *to send sb a letter of sympathy,* mandare a qcno una lettera di condoglianze — *to have no sympathy with sb's foolish opinions,* non mostrare simpatia per le opinioni sciocche di qcno — *in sympathy with,* d'accordo con — *Will the bus workers strike in sympathy with the railway workers?,* Gli autotranvieri sciopereranno per solidarietà con i ferrovieri? — *a man of wide sympathies,* un uomo di grande bontà d'animo — *My sympathies are with you,* Hai tutta la mia comprensione.
symphonic [sim'fɔnik] *agg* sinfonico.
symphony ['simfəni] *s. (anche attrib.)* sinfonia.
symposium [sim'pouzjəm] *s.* (*pl.* **symposiums** *o* **symposia**) **1** simposio. **2** raccolta di studi; saggi su un determinato argomento.
symptom ['simptəm] *s.* **1** *(med.)* sintomo. **2** segno; indizio; sintomo.
symptomatic [,simptə'mætik] *agg* sintomatico *(anche fig.);* indicativo. □ *avv* **symptomatically.**
synagogue ['sinəgɔg] *s.* sinagoga; tempio ebraico.
synchroflash ['siŋkrou,flæʃ] *s. (generalm. attrib.)* fotolampo sincronizzato.
synchromesh ['siŋkrou,meʃ] *s.* cambio di velocità sincronizzato.
synchronism ['siŋkrənizəm] *s.* sincronismo.
synchronization [,siŋkrənai'zeiʃən] *s.* sincronizzazione.
to **synchronize** ['siŋkrənaiz] *vt e i.* sincronizzare; rendere sincrono; essere sincrono.
synchrotron ['siŋkroutrɔn] *s.* sincrotrone.
to **syncopate** ['siŋkəpeit] *vt (mus.)* sincopare.
syncopation [,siŋkə'peiʃən] *s.* sincopatura.
syncope ['siŋkəpi] *s.* sincope.
syncretic [siŋ'kri:tik] *agg* sincretico.
syncretism ['siŋkritizəm] *s.* sincretismo.
syndic ['sindik] *s.* **1** curatore d'interessi; economo *(di una università).* **2** sindaco *(non riferito ai paesi anglosassoni).*
syndicalism ['sindikəlizəm] *s.* sindacalismo.
syndicalist ['sindikəlist] *s.* sindacalista *(chi sostiene il sindacalismo).*
syndicate ['sindikit] *s.* **1** agenzia di stampa. **2** associazione di aziende commerciali; gruppo monopolistico; consorzio.
to **syndicate** ['sindikeit] *vt* **1** associare, associarsi in un gruppo monopolistico. **2** vendere notizie, articoli, ecc. attraverso un'agenzia di stampa.

syndication [ˌsindi'keiʃən] *s.* costituzione in un gruppo monopolistico.
syndrome ['sindroum] *s.* sindrome.
synod ['sinəd] *s.* sinodo.
synonym ['sinənim] *s.* sinonimo.
synonymous [si'nɔniməs] *agg* sinonimo.
synopsis [si'nɔpsis] *s.* (*pl.* **synopses**) sinossi; sommario; compendio.
synoptic [si'nɔptik] *agg* sinottico. □ *avv* **synoptically.**
syntactic [sin'tæktik] *agg* sintattico.
syntax ['sintæks] *s.* sintassi.
synthesis ['sinθəsis] *s.* (*pl.* **syntheses**) sintesi.
to **synthesize**, to **synthetize** ['sinθisaiz/'sinθitaiz] *vt* sintetizzare.
synthetic [si'θetik] *agg* **1** sintetico; artificiale. **2** relativo al processo di sintesi. **3** *(di una lingua)* che ha tendenza a sintetizzare. □ *avv* **synthetically.**
syphilis ['sifilis] *s.* sifilide; lue.
syphilitic [ˌsifi'litik] *agg* sifilitico; luetico.
□ *s.* sifilitico; persona affetta da lue.
syphon ['saifən] *s.* = **siphon.**
Syriac ['siriək] *s.* *(stor.)* siro *(dell'antica Siria).*
Syrian ['siriən] *s. e agg* siriano *(della Siria odierna).*
syringa [si'riŋgə] *s.* siringa; arbusto che produce fiori bianchi intensamente profumati.
syringe ['sirindʒ] *s.* **1** *(med.)* siringa. **2** canna *(per annaffiare).*
to **syringe** ['sirindʒ] *vt* **1** iniettare con una siringa. **2** bagnare, innaffiare con una siringa.
syrup ['sirəp] *s.* sciroppo: *golden syrup, (GB)* melassa chiara.
syrupy ['sirəpi] *agg* sciropposo *(anche fig.).*
system ['sistəm] *s.* **1** sistema *(come insieme di elementi che svolgono una funzione comune); (anat.)* organismo; apparato; *(mecc.)* sistema; impianto: *the nervous system,* il sistema nervoso — *a railway system,* un sistema ferroviario — *Too much alcohol is bad for the system,* Troppo alcool è nocivo per l'organismo — *systems analysis,* analisi organizzativa *(spec. di una struttura aziendale).* **2** sistema; metodo; ordine; organizzazione: *You mustn't expect good results if you work without system,* Non puoi aspettarti dei buoni risultati se non lavori con ordine (metodo).
systematic, systematical [ˌsistə'mætik(əl)] *agg* sistematico; metodico; organizzato.
□ *avv* **systematically.**
systematization ['sistimətai'zeiʃən] *s.* riduzione a sistema; sistematizzazione; sistemazione.
to **systematize** ['sistimətaiz] *vt* ridurre a sistema; ordinare sistematicamente; sistemare.

T, t [ti:] *s.* (*pl.* **T's, t's**) T, t *(ventesima lettera dell'alfabeto inglese): to cross one's* (o *the) T's,* mettere i punti sulle 'i'; essere minuzioso, preciso, pignolo — *T for Tommy, (al telefono, ecc.)* T come Torino — *T-square,* squadra a T — *T-shirt,* camiciola; camiciotto — *T-junction,* incrocio stradale a T. □ *to a T,* a pennello; alla perfezione.

ta [tɑ:] *interiezione (GB, fam.: linguaggio infantile)* grazie.

tab [tæb] *s.* **1** etichetta *(con la marca di un indumento);* mostrina *(di indumento mil.);* gancio; passante *(per appendere);* punta *(di un laccio da scarpe).* **2** *(mecc.)* linguetta; piastrina. **3** *(di aereo)* aletta compensatrice; correttore di assetto. □ *to keep tabs on sth (sb),* tenere conto di qcsa; sorvegliare (controllare) qcno.

to **tab** [tæb] *vt* (**-bb-**) *(fam.)* catalogare; registrare.

tabard ['tæbəd] *s.* **1** cotta d'armi. **2** tabarro.

tabby ['tæbi] *s.* **1** gatto *(spec. femmina)* tigrato. **2** *(fam., un po' desueto)* donna pettegola; zitella. **3** stoffa marezzata. **4** specie di calcestruzzo.

tabernacle ['tæbənækl] *s.* **1** *(con l'art. determinativo)* il Tabernacolo *(santuario portatile degli antichi ebrei).* **2** *(per estensione)* tabernacolo; luogo di culto *(spec. battista);* altare *(una tenda per gli evangelisti)* da campo. **3** ciborio. **4** *(fig.: linguaggio teologico)* corpo umano. **5** *(naut.)* supporto scatolato.

table ['teibl] *s.* **1** tavolo; tavola; tavolino: *a dining-(tea-) table,* un tavolo da pranzo (da tè) — *a billiard-(card-) table,* un tavolo da bigliardo (da gioco) — *table tennis,* tennis da tavolo; 'ping pong' — *to be at table,* essere a tavola (durante il pranzo) — *They were at table when we called,* Erano a tavola (Stavano pranzando) quando passammo da loro — *table wine,* vino da pasto — *a table-knife (-spoon),* un coltello (un cucchiaio) da tavola — *table-lifting (table-rapping, table-turning),* il sollevarsi (il battere, il girare) del tavolo *(durante una seduta spiritica)* — *table-linen,* biancheria da tavola — *table-talk,* conversazione a tavola; discorsi che si fanno durante i pasti — ⇨ *anche* **tablecloth, tablemat, tableware,** *ecc.* **2** *(soltanto al sing.)* tavolata; insieme dei commensali: *a table of card-players,* un tavolo di giocatori di carte — *King Arthur and his Round Table,* re Artù e i cavalieri della Tavola Rotonda — *jokes that amused the whole table,* storielle che divertirono l'intera tavolata. **3** *(soltanto al sing.)* cibo che si serve a tavola: *He keeps a good table,* Serve dell'ottimo cibo; Tiene una buona tavola; Mangia bene. **4** tabella; elenco *(di solito in colonna);* indice: *table of contents,* indice delle materie *(di un libro)* — *multiplication table,* tavola pitagorica — *time-table,* orario — *the tables of the law,* le tavole della Legge; i Dieci Comandamenti. **5** *(anche* table-land, tableland*)* tavolato; altipiano. **6** *(di pietra)* lastra. **7** *(di pietra preziosa)* superficie piatta.
□ *to lay sth on the table, (in Parlamento)* rinviare *(un disegno di legge, ecc.)* a tempo indeterminato — *to turn the tables on sb,* capovolgere le posizioni; riportarsi in posizione di vantaggio — *By the end of the meal he was under the table,* Alla fine della cena era ubriaco fradicio — *to drink sb under the table,* far bere qcno fino a ubriacarlo.

to **table** ['teibl] *vt* **1** *(USA)* rimandare; rinviare: *to table a motion (a bill),* rinviare una mozione (un disegno di legge). **2** *(GB)* proporre; mettere all'ordine del giorno: *to table an amendment,* proporre un emendamento. **3** elencare; fare tabelle; classificare.

tableau ['tæblou] *s.* *(fr.: pl.* **tableaux***)* **1** *(spesso* tableau vivant*)* quadro vivente; rappresentazione plastica con elementi umani. **2** *(fig.)* incidente; situazione drammatica.

tablecloth ['teiblklɔθ] *s.* tovaglia.

table d'hôte ['tɑ:bl'dout] *s. (fr.)* pranzo a prezzo fisso: *(generalm. attrib., p.es.) a table d'hôte lunch,* una colazione a prezzo fisso.

tableful ['teiblful] *s.* tavolata.

table(-)land ['teibllænd] *s.* altipiano; tavolato.

tablemat ['teiblmæt] *s.* sottopiatto.

tablespoon ['teiblspu:n] *s.* cucchiaio da tavola.

tablespoonful ['teiblspu:nful] *s.* cucchiaiata *(il contenuto di un cucchiaio da tavola).*

tablet ['tæblit] *s.* **1** *(stor.)* tavoletta *(per scrivere).* **2** lapide; targa. **3** blocchetto di fogli. **4** compressa; pastiglia; pasticca: *a soap tablet,* una saponetta — *two tablets of aspirin; two aspirin tablets,* due compresse di aspirina — *throat tablets,* pasticche per la gola.

tableware ['teiblwɛə*] *s.* vasellame; servizio di piatti e di posate.

tabloid ['tæblɔid] *s.* giornale di formato ridotto, generalmente di grande tiratura *(con fumetti, molte fotografie, e notizie presentate in modo molto conciso e spesso sensazionale): tabloid journalism,* giornalismo scandalistico.

taboo [tə'bu:] *s.* **1** tabù; cosa proibita; cosa interdetta e temuta: *to be taboo,* essere vietato, proibito; essere 'tabù' — *taboo words,* parole (termini) che non si devono usare *(perché considerate triviali, ecc.).* **2** *(per estensione)* generale consenso a non fare o non discutere qcsa.

to **taboo** [tə'bu:] *vt* proibire; interdire; vietare.

tabor ['teibə*] *s. (stor.)* tamburello.

tabu [tə'bu:] *s.* = **taboo.**

tabular ['tæbjulə*] *agg* **1** simile ad una tavola; piatto; dalla superficie piana; *(scient.)* tabulare. **2** disposto a tabella: *a report in tabular form,* un resoconto con disposizione a tabella; un prospetto sinottico.

to **tabulate** ['tæbjuleit] *vt* classificare; catalogare a tabelle; incasellare; incolonnare.

tabulation [,tæbju'leiʃən] *s.* classificazione a tabelle; incolonnamento; catalogazione.

tabulator ['tæbjuleitə*] *s. (di una macchina da scrivere)* tabulatore.

tachometer [tæ'kɔmitə*] *s. (mecc.)* **1** contagiri. **2** tachimetro.

tachymeter [tæ'kimi:tə*] *s.* **1** *(geodesia)* tacheometro. **2** *(mecc.)* tachimetro.

tacit ['tæsit] *agg* tacito; implicito: *a tacit agreement,* un tacito accordo. □ *avv* **tacitly.**

taciturn ['tæsitə:n] *agg* taciturno; di poche parole. □ *avv* **taciturnly.**

taciturnity [,tæsi'tə:niti] *s.* taciturnità.

tack [tæk] *s.* **1** chiodo; chiodino; bulletta: *tin-tack,* chiodino di ferro stagnato — *thumb-tack, (USA)* puntina da disegno. **2** *(nel cucito)* imbastitura. **3** *(naut.: cavo)* mura. **4** *(naut.)* movimento a zig-zag; virata: *on the port (starboard) tack,* tutto a babordo (a tribordo) — *to be on the right (wrong) tack, (fig.)* essere sulla strada giusta (sbagliata) — *to try another tack, (fig.)* affrontare lo stesso problema per un altro verso. **5** (= **tackiness**) appiccicosità: *tack-free,* essiccato al tatto. □ *hard tack, (naut.)* galletta — *to get (to come) down to brass tacks,* venire al sodo.

to **tack** [tæk] *vt e i.* **1** imbullettare; fissare con i chiodi: *to tack down a carpet,* fissare un tappeto con dei chiodi. **2** imbastire; cucire a punti lunghi; *(saldatura)* puntare: *to tack a ribbon on to a hat,* cucire un nastro su un cappello con punti lunghi — *to tack down a fold,* imbastire una piega — *to tack an appeal for money on to a speech, (fig.)* concludere un discorso con una richiesta di denaro. **3** *(naut.)* virare di bordo in prua; bordeggiare; compiere delle bordate: *to tack to port,* virare a babordo.

tackiness ['tækinis] *s.* appiccicosità.

tackle ['tækl] *s.* **1** *(mecc., naut.)* paranco; taglia. **2** *(collettivo)* attrezzatura; equipaggiamento *(per uno sport, ecc.): fishing tackle,* attrezzatura da pesca. **3** *(rugby)* placcaggio; *(calcio)* contrasto; 'tackle'.

to **tackle** ['tækl] *vt e i.* **1** affrontare: *I don't know how to tackle this problem,* Non so come affrontare questo problema — *Why don't you tackle him over (o about) the matter?,* Perché non gli parli chiaramente della questione? **2** afferrare; *(nel calcio)* contrastare; *(nel rugby)* placcare; bloccare: *He tackles fearlessly,* Placca senza timore.

tacky ['tæki] *agg* appiccicoso; appiccicaticcio; colloso; vischioso.

tact [tækt] *s.* tatto; riguardo; delicatezza *(di modi).*

tactful ['tæktful] *agg* pieno di tatto. □ *avv* **tactfully.**

tactic ['tæktik] *s.* **1** mossa tattica. **2** *(al pl.)* tattica *(anche fig.): to win by surprise tactics,* vincere con la tattica della sorpresa.

tactical ['tæktikəl] *agg* tattico: *tactical exercises,* esercizi tattici — *a tactical error,* un errore di tattica.

tactician ['tæk'tiʃən] *s.* tattico.

tactile, tactual ['tæktail/'tæktjuəl] *agg* **1** tattile. **2** tangibile. □ *avv* **tactually.**

tactless ['tæktlis] *agg* privo di tatto; mancante di tatto. □ *avv* **tactlessly.**

tactlessness ['tæktlisnis] *s.* mancanza di tatto.

tadpole ['tædpoul] *s.* girino.

taffeta ['tæfitə] *s.* taffetà *(naturale e artificiale).*

taffrail ['tæfreil] *s. (naut.)* coronamento.

Taffy ['tæfi] *s. (fam.: imitazione inglese della pronuncia gallese del nome* Dafydd *= David)* gallese; uomo del Galles.

taffy ['tæfi] *s. (USA e Scozia)* = **toffee.**

tag [tæg] *s.* **1** aghetto; punta *(di un laccio da scarpe).* **2** etichetta; cartellino *(con un indirizzo, un prezzo, ecc.).* **3** modo di dire; frase fatta; citazione; luogo comune: *Latin tags,* citazioni latine — *question tags, (gramm. ingl.)* espressioni del tipo '... isn't it?', '... won't you?', '... are there?', ecc., che equivalgono all'italiano 'non è vero?'. **4** gioco dell'acchiapparsi; chiapparello.

to **tag** [tæg] *vt e i.* **(-gg-)** **1** attaccare un'etichetta; mettere cartellini. **2** *(spesso seguito da* along, *talvolta da* on*)* seguire passo passo qcno: *The children tagged (tagged along) after their mother,* I bambini camminavano passo passo dietro la loro madre — *to tag on to sb,* rimanere alle costole di qcno. **3** congiungere; attaccare; appiccicare: *to tag old articles together to make a book,* mettere insieme dei vecchi articoli per farne un libro.

[1]**tail** [teil] *s. (dir.)* proprietà ereditabile per linea diretta.

[2]**tail** [teil] *s.* **1** coda; estremità; *(legatoria)* taglio di piede; *(di una lettera)* gamba: *Dogs wag their tails when they are pleased,* I cani dimenano la coda quando sono contenti — *the tail of a kite (of a comet, of an aircraft),* la coda di un aquilone (di una cometa, di un aeroplano) — *the tail of a cart,* l'estremità di un carro — *tail-wind,* vento di coda (di poppa) — *to be tail-heavy,* essere appoppato — *to leave (to put) one's tail between one's legs,* avere (mettersi) la coda tra le gambe — *to turn tail,* voltare le spalle; fuggire — *to be tails up, (di persona)* essere di buon umore, con il morale alle stelle — *tail fin,* deriva *(di velivolo)* — *tail-spin,* discesa a vite *(di un aeroplano)* — *shirt-tail,* l'estremità (inferiore) di una camicia — *tail end, (di solito con l'art. determinativo)* parte finale — *at the tail end of the procession,* alla coda della processione — *tail-light,* fanale (fanalino) di coda; luce di posizione — *with the tail of the eye,* con la coda dell'occhio. **2** *(al pl.)* rovescio di una moneta; 'croce'. **3** *(al pl.:* **tails,** *fam.* = tail coat*)* 'frac'; marsina; 'coda di rondine': *Shall I wear a dinner-jacket or tails?,* Devo indossare lo smoking o il frac?

to **tail** [teil] *vt* **1** *(spesso seguito da* after*)* stare alle calcagna di qcno; seguire da vicino; pedinare. **2** mozzare la coda; tagliare il gambo (la radice). **3** **to tail in,** incastrare. □ *to top and tail* ⇨ **to top 5.**
□ *vi* **to tail off** (*o* **away**), - **a)** diminuire - **b)** *(di suoni, voci, ecc.)* affievolirsi; svanire man mano - **c)** *(di corridori)* formare una fila; disunirsi.

tailcoat ['teil'kout] *s.* marsina.

-tailed [teild] *agg (nei composti)* dalla coda...; con coda...: *long- (short-) tailed,* dalla coda lunga (corta).

tailgate ['teilgeit] *s.* **1** *(USA)* sponda posteriore *(di camion);* sportello *(anche ribaltabile)* sul retro di automobile. **2** *(GB, al pl.)* paratoia di fondo chiusa.

tailgating ['teilgeitiŋ] *s.* tamponamento *(di veicoli).*

tailings ['teiliŋz] *s. pl* residui di scarto.

tailless ['teillis] *agg* senza coda: *a tailless cat,* un gatto senza coda — *a tailless aircraft,* un velivolo tutt'ala.

tailor ['teilə*] *s.* sarto: *tailor's shop,* sartoria — *tailor-made,* fatto su misura; *(fig.)* appropriato; appositamente studiato, fabbricato, ecc. — *a tailor-made solution,* una soluzione studiata appositamente.

to **tailor** ['teilə*] *vt* **1** confezionare; tagliare e cucire *(un abito): a well-tailored suit,* un abito ben fatto (confezionato). **2** *(fig.)* concepire; studiare; adattare: *a well tailored speech,* un discorso ben concepito — *to tailor sth to meet sb's requirements,* concepire (pensare, studiare) qcsa in modo da soddisfare le esigenze di qcno.

tailoress ['teiləris] *s.* sarta.

tailoring ['teiləriŋ] *s.* il mestiere del sarto; l'arte del taglio e del cucito.

tailpiece ['teilpi:s] *s.* **1** finalino; disegnino alla fine di un capitolo di libro; vignetta; *(per estensione)* appendice; poscritto; *(mus.)* coda. **2** *(di strumento musicale)* cordiera.

tailplane ['teilplein] *s. (di aereo)* stabilizzatore; piano di coda (orizzontale).

tailstock ['teilstok] *s. (mecc.)* contropunta.

tailwater ['teil,wɔ:tə*] *s.* acqua che esce dallo sfioratore di una diga.

taint [teint] *s.* **1** contaminazione; tara: *There was a taint of insanity in the family,* C'era un tocco di pazzia nella famiglia. **2** macchia: *a taint on his reputation,* una macchia sulla sua reputazione. **3** deterioramento; imputridimento.

to **taint** [teint] *vt e i.* contaminare, contaminarsi; infettare, infettarsi.

tainted ['teintid] *agg (spec. di cibo)* guasto; infetto.

taintless ['teintlis] *agg* incontaminato; puro; esente da infezioni.

take [teik] *s.* **1** presa *(l'atto del prendere).* **2** presa *(nel senso di quantità di selvaggina, pesce, ecc. catturato).* **3** *(spec. di un incontro sportivo)* incasso. **4** *(fotografia, cinematografia, televisione)* ripresa: *double-take, (cinema)* ripresa doppia *(con due macchine).* □ *to do a double take,* guardare un'altra volta; non credere ai propri occhi.

to **take** [teik] *vt* (*p. pres.* **taking**; *pass.* **took**; *p. pass.* **taken**) **1** prendere; pigliare; afferrare; cogliere; ottenere; catturare; conquistare; arraffare; impadronirsi (di); 'fregare'; accettare: *to take sb's hand,* prendere la mano di qcno — *to take notes,* prendere appunti — *to take a man by the throat,* prendere un uomo per la gola — *to take hold of sth,* afferrare, impugnare qcsa — *to take command,* prendere il comando — *to take holy orders,* prendere gli ordini (religiosi) — *to take one's degree,* prendere la laurea; laurearsi — *to take a wife, (ant.)* sposarsi; prender moglie — *to take a fortress,* prendere una fortezza — *to take five hundred prisoners,* prendere cinquecento prigionieri — *to take first prize,* ottenere (vincere) il primo premio — *to take a hint,* cogliere (al volo) un'allusione (e agire di conseguenza) — *The new play took the public fancy,* La nuova commedia fece presa sul pubblico — *Someone has taken my hat,* Qualcuno mi ha preso il cappello — *He takes whatever he can lay his hands on,* Arraffa qualunque cosa su cui riesce a mettere le mani — *Will you take tea or coffee?,* Volete tè o caffè? — *The doctor took my temperature,* Il medico mi prese la temperatura — *The tailor took his measurements for a new suit,* Il sarto gli prese le misure per un abito nuovo — *to take sth to heart,* prendere qcsa a cuore — *Did they take your name and address?,* Hanno preso il tuo nome e indirizzo? — *to take one's time over sth,* prendersela comoda — *Take it (Take things) easy!,* Prenditela comoda!; Non preoccuparti!; Non ti affannare! — *to take things coolly,* prendere le cose con calma — *to take aim,* prendere la mira — *We must take things as they are,* Dobbiamo prendere le cose come sono — *You must take us as you find us,* Dovete prenderci come siamo — *to take sb's advice,* accettare i consigli di qcno — *Take it or leave it!,* Prendere o lasciare! — *You can take it from me!; Take it from me!,* Credi a me!; Te lo garantisco io! — *Take my word for it!,* Credi a me! — *He took a job with a law firm,* Si è impiegato in uno studio legale — *Will you take five hundred pounds for the car?,* Vi vanno cinquecento sterline per l'automobile? — *to take sth to heart,* prendersela a cuore — *to take sth ill (amiss),* prendersela a male; risentirsi — *to take sth seriously,* prendere qcsa sul serio — *to take a joke in earnest,* prendere sul serio uno scherzo.

2 fare *(idiomatico, in molte espressioni);* prendersi, prendere: *to take a holiday (a walk, a bath, a deep breath, ecc.),* fare una vacanza (una passeggiata, un bagno, un respiro profondo, ecc.) — *I don't suppose that shop takes less than 1,000 pounds a week,* Non credo che quel negozio faccia meno di 1.000 sterline alla settimana — *to take cold,* prendere freddo — *to take an examination,* fare (sostenere) un esame — *to take a photograph,* fare una fotografia — *to take a chair (a seat),* sedersi — *to take medical (legal) advice,* consultare un medico (un avvocato) — *to take fright,* prendersi paura; spaventarsi — *to take heart,* essere fiducioso, ottimista — *to take courage,* riprendere coraggio — *to take heed,* fare attenzione — *to take a fancy to sb (sth),* farsi una passione, incapricciarsi di qcno (qcsa) — *to take a liking (a dislike) to sb,* prendere in simpatia (in antipatia) qcno — *to take the liberty of doing sth,* prendersi la libertà di fare qcsa.

3 comprare; noleggiare; affittare; prendere: *I'll take two pounds of your Kenya coffee,* Prendo due libbre del vostro caffè Kenia — *He took a car (a taxi),* Noleggiò (Prese) un'automobile (un tassì) — *We took a cottage at the seaside for the holidays,* Affittammo una villetta al mare per le vacanze — *to take driving (skiing) lessons,* prendere lezioni di guida (di sci) — *He takes the 'Times' every morning,* Compera il 'Times' tutte le mattine.

4 portare; trasportare; accompagnare: *to take letters to the post,* portare lettere alla posta — *to take the luggage upstairs,* portare (trasportare) di sopra i bagagli (le valigie) — *to take a friend home in one's car,* accompagnare a casa un amico con la propria auto — *to take sb to court, (fig.)* portare qcno in tribunale — *Take her some flowers,* Portale dei fiori — *Take it away!,* Portalo via! — *He takes his pay-packet home to his wife,* Porta a casa la sua busta paga e la consegna alla moglie — *take-home pay, (fig.)* paga netta *(dedotte le trattenute, le tasse, ecc.).*

5 reggere; resistere; sopportare: *Don't worry: he can take it!,* Non preoccuparti: resisterà (reggerà)! — *to take a stress,* resistere ad uno sforzo — *These chairs will take a lot of use,* Queste sedie resisteranno ad un uso prolungato — *I can't take it any more,* Non ne posso più; Non ce la faccio più — *He can't take his drink,* Non sopporta quello che beve.

6 *(spesso impers.:* it takes..., *ecc.)* richiedere; necessitare; occorrere: *How long does it take to get there?,* Quanto ci vuole per arrivarci? — *The job took four hours,* Il lavoro richiese quattro ore — *These things take time,* Queste cose richiedono tempo — *It takes two to make a quarrel,* Per poter litigare bisogna essere in due — *It took a lot of doing (più fam.* some doing*),* Ci volle del bello e del buono — *The wound took a long time to heal,* La ferita mise molto tempo a rimarginarsi.

7 *(gramm.: di verbo, ecc.)* reggere: *The Latin verb 'prodere' takes the dative,* Il verbo latino 'prodere' regge il dativo.

8 considerare; giudicare; interpretare; dedurre; supporre; concludere; inferire; stimare; prendere: *I took him to be an honest man,* Lo giudicavo un uomo onesto — *What do you take me for?,* Per chi mi prendi? — *Do you take me for a fool?,* Mi consideri un imbecille? — *Take it any way you like!,* Prendila come vuoi! — *Even the experts took the picture for a genuine Rembrandt,* Persino gli esperti giudicarono il quadro un autentico Rembrandt — *I take it that we are to come early,* Suppongo che dobbiamo venire presto — *You may take it for granted that...,* È scontato che... — *to take sth as read, (anche fig.)* considerare qcsa come già letto *(p.es.: il verbale di una precedente riunione)* — *How did he take it?, (p.es. una notizia)* Come l'ha presa? — *I should take it kindly*

if..., Considererei una cortesia se...; Sarei estremamente grato se...
9 accollarsi; assumere *(un impegno);* assolvere *(una funzione): to take evening service,* assolvere il servizio (le funzioni) del vespro (della sera) — *to take a class,* fare lezione — *to take sth in hand,* intraprendere qcsa — *to take sb in hand, (fig.)* far rigar dritto qcno — *to take the trouble to do sth,* darsi la pena di fare qcsa — *to take trouble (pains) over sth,* darsi pena per fare qcsa — *to take charge of sth,* - **a)** prendere in consegna qcsa - **b)** occuparsi, prendersi la responsabilità di qcsa — *to take care of sth (sb),* prendersi cura di qcsa (qcno) — *to take sb's part,* prendere le parti di qcno.
10 *(cinematografia, ecc.)* riprendere; girare.
11 registrare; prendere; mettere giù *(appunti, schemi, ecc.): to take note,* prendere nota — *to take a broadcast on tape,* registrare una trasmissione su nastro.
□ *vi* **1** far presa; attecchire; riuscire; venire: *The graft did not take,* L'innesto non riuscì — *Roses take very well here,* Le rose attecchiscono (vengono) bene qui.
2 essere fotogenico; 'venire' bene *(in fotografia): He does not take well,* Non viene bene in fotografia.
□ *I'm not taking any!,* Grazie! Non ci sto! — *The devil take it!,* Il diavolo se lo porti! — *to be taken ill,* ammalarsi — *to take sb's life,* uccidere qcno; togliergli la vita — *to take sth into account; to take account of sth,* tener conto di qcsa — *to take advantage of sth (sb),* approfittare di qcsa (qcno) — *to take sb into one's confidence,* concedere a qcno la propria fiducia *(spec. mettendolo a parte dei propri segreti)* — *to take sth to pieces; to take sth apart,* smontare qcsa — *to take the chair,* presiedere una seduta — *to take one's chance,* affidarsi alla sorte — *to take effect,* - **a)** produrre un risultato; avere (fare) effetto - **b)** entrare in vigore — *to take exception to sth,* protestare contro qcsa; essere offeso da qcsa; deplorare qcsa — *to take an interest in sth,* interessarsi a qcsa — *to take notice (of sth),* accorgersi, notare, rendersi conto (di qcsa) — *to take offence (at sth),* offendersi per qcsa — *to take the opportunity (of doing sth, to do sth),* cogliere l'occasione (di fare, per fare qcsa) — *to take part in sth,* partecipare a qcsa — *to take place,* aver luogo; accadere — *to take pride in sth,* andare orgoglioso di qcsa. □ ⇨ *anche sotto i seguenti sostantivi:* **biscuit, cake, heed, pains, silk, stock, umbrage.**
to take after, assomigliare a qcno; 'prendere da qcno' *(nel carattere o nei lineamenti): Your daughter does not take after you in any way,* Tua figlia non ti assomiglia minimamente.
to take away, - **a)** asportare; portare via; allontanare; escludere: *'Not to be taken away', (p.es. di libri, in una biblioteca)* 'Da non asportare' — *The child was taken away from school,* Il bambino fu allontanato dalla scuola — *What takes you away so early?,* Che cosa ti fa andar via così presto? - **b)** sottrarre: *Six take away five equals one,* Sei meno cinque fa uno.
to take back, - **a)** prendere indietro; riprendersi; accettare la restituzione: *Shopkeepers will not usually take back goods after they have been paid for,* I negozianti generalmente non sono disposti a prendere indietro la merce dopo che è stata pagata - **b)** ritirare *(un'affermazione, un giudizio, ecc.);* ritrattare: *I take back what I said,* Ritiro ciò che ho detto - **c)** ricondurre; riportare indietro *(nello spazio e nel tempo): These stories took him back to his childhood,* Queste storie lo riportarono ai giorni della sua infanzia.
to take down, - **a)** tirar giù; prendere *(da uno scaffale o da un ripiano posto in alto): to take down a book from the top shelf,* prendere un libro dall'ultimo scaffale — *to take down a mast, (naut.)* tirar giù (abbassare) un albero (maestro) - **b)** smantellare; smontare; tirar giù: *to take down a crane,* smontare una gru — *to take down a wall,* smantellare un muro — *to take down the curtains,* tirare giù le tende - **c)** riportare *(in forma scritta);* scrivere; prendere nota: *The reporters took down the speech,* I giornalisti presero nota del discorso - **d)** *(generalm. nell'espressione) to take sb down a peg,* umiliare, mortificare qcno.
to take for *(What do you take me for? - Do you take me for a fool?, ecc.)* ⇨ **to take,** *vt,* **8.**
to take from, - **a)** detrarre; indebolire; infirmare; rendere meno efficace; diminuire: *These faults to some extent take from his credit as a biographer,* Questi errori infirmano entro certi limiti la sua credibilità come biografo - **b)** *(You can) take it from me!* ⇨ **to take 1.**
to take in, - **a)** accettare; ospitare; dare ospitalità: *to make a living by taking in paying guests (lodgers),* guadagnarsi da vivere accettando ospiti paganti (pensionanti) — *to take a traveller in for the night,* ospitare un viaggiatore per la notte - **b)** ricevere; accettare; assumere; prendere lavoro a domicilio: *The poor widow earns her living by taking in washing,* La povera vedova si guadagna da vivere facendo la lavandaia a casa - **c)** riprendere *(un indumento): This dress needs to be taken in (needs taking in) at the waist,* Questo vestito ha bisogno di essere ripreso in vita - **d)** *(naut.)* ridurre *(la velatura): Orders were given to take in sail,* Vennero dati ordini di ridurre le vele - **e)** includere; comprendere; inserire; toccare: *a tour taking in six European capitals,* un viaggio che tocca sei capitali europee - **f)** annettersi; appropriarsi; bonificare: *A good deal of Romney Marsh was taken in from the sea by monks,* Gran parte di Romney Marsh fu prosciugata (fu tolta al mare) grazie al lavoro dei monaci - **g)** capire; assimilare; valutare; studiare; rendersi conto (di): *They listen to my lectures but I wonder how much they take in,* Ascoltano le mie conferenze, ma mi chiedo quanto capiscano — *We need more time to take in the situation,* Abbiamo bisogno di altro tempo per valutare la (per rendersi conto della) situazione - **h)** cogliere *(visivamente, a colpo d'occhio): He took in the scene at a glance,* Colse la situazione con una sola occhiata - **i)** ingannare; imbrogliare: *Don't let yourself be taken in by these politicians,* Non lasciatevi ingannare da questi politicanti — *He was badly taken in when he bought that second-hand car,* Fu imbrogliato in malo modo quando comprò quell'automobile di seconda mano - **j)** credere; prestare ingenuamente fede; 'bere': *The children were taking it all in,* I bambini credevano a tutto ingenuamente - **k)** accompagnare *(in modo formale);* scortare: *to take a lady in to dinner,* accompagnare (offrire il braccio a) una signora per condurla a tavola.
to take off, - **a)** togliere, togliersi; levarsi; eliminare: *to take off one's hat,* togliersi il cappello — *I take off my hat to the chairman, (fig.)* Faccio tanto di cappello al presidente — *Why don't you take off that silly little moustache?,* Perché non ti togli quegli stupidi baffetti? — *The surgeon took off his leg,* Il chirurgo gli amputò la gamba - **b)** dedurre; sottrarre; ridurre; togliere; levare: *to take ten pounds off the price,* togliere dieci sterline dal prezzo — *Take your hand off*

my shoulder, Leva la mano dalla mia spalla - **c)** portare via; condurre: *He was taken off to prison,* Fu portato in prigione — *She took me off to see her garden,* Mi condusse a vedere il suo giardino — *The crew were taken off the ship by the lifeboat,* L'equipaggio fu portato via dalla nave sulla scialuppa di salvataggio - **d)** distogliere *(l'attenzione, lo sguardo, ecc.): to take sb's mind off sth,* distogliere la mente di qcno da qcsa — *She never took her eyes off me,* Non distolse mai gli occhi da me - **e)** eliminare; ritirare *(dal servizio);* sopprimere: *The seven a.m. express to Bristol will be taken off as from October 28th,* L'espresso per Bristol delle sette sarà soppresso a partire dal 28 ottobre - **f)** rifare il verso; imitare: *Alice is clever at taking off the head-mistress,* Alice è brava nel rifare il verso della (nell'imitare la) preside - **g)** *(di aereo)* decollare: *Our local airport is too small for Jumbo jets to take off,* Il nostro aeroporto è troppo piccolo perché possano decollare i 'Jumbo' - **h)** *(fam.)* andarsene *(spec. di motocicletta, macchina);* scappare di casa.

to take on, - **a)** impegnarsi; accollarsi, assumersi la responsabilità: *to take on extra work,* accollarsi del lavoro straordinario — *to take it on oneself to give orders,* assumersi la responsabilità di dare ordini - **b)** battersi; fronteggiare; affrontare; accettare di misurarsi *(con qcno): to take sb on at golf (billiards),* affrontare qcno a golf (a bigliardo) — *to be ready to take on all comers,* essere pronto a battersi con chiunque - **c)** assumere; ingaggiare: *to take on twenty more workers,* ingaggiare (assumere) altri venti operai - **d)** assumere *(un aspetto, una qualità): The chameleon can take on the colours of its surroundings,* Il camaleonte può assumere i colori del suo ambiente - **e)** prendere a bordo; caricare; imbarcare; far salire: *The bus stopped to take on some children,* L'autobus si fermò per prendere a bordo (far salire) alcuni bambini — *to take on water,* far (rifornimento di) acqua - **f)** portare oltre (troppo lontano, oltre il punto di destinazione): *I fell asleep in the train and was taken on to Leeds,* Mi addormentai in treno e fui portato fino a Leeds - **g)** *(fam.)* agitarsi; scalmanarsi; fare il diavolo a quattro; prendersela: *She took on something awful when she was accused of telling lies,* Se la prese terribilmente quando fu accusata di dire bugie — *For heaven's sake don't take on so: it's not important!,* Per l'amor di Dio, non prendertela tanto: non è una cosa importante! - **h)** *(fam.)* sfondare; avere successo: *This fashion for wearing a scarf over your hair seems to be taking on,* Questa moda di portare una sciarpa sui capelli sembra che stia avendo successo.

to take out, - **a)** tirare fuori; estirpare; togliere; asportare: *to have one's appendix taken out,* farsi asportare l'appendice — *How can I take out these ink stains from my blouse?,* Come posso togliere queste macchie di inchiostro dalla mia camicetta? - **b)** portar fuori; accompagnare: *to take the children out for a walk,* portar fuori i bambini per una passeggiata — *to take one's wife out to dinner,* portar fuori la moglie a cena - **c)** procurarsi; ottenere il rilascio; stipulare; contrarre: *to take out an insurance policy,* fare una polizza d'assicurazione - **d)** *to take it out of sb,* svuotare; sfinire; fiaccare; spossare: *All that heavy work has taken it out of him,* Tutto quel lavoro pesante lo ha sfinito - **e)** sbarazzare; liberare; sgombrare: *I'll take the nonsense out of him,* Lo metto a posto io - **f)** *to take it out on sb,* farla pagare a qcno - **g)** *to take it out in sth,* ripagarsi; accettare in cambio *(p.es. come compenso): The innkeeper couldn't pay me the ten pounds he owed me, but let me take it out in drinks and cigars,* L'albergatore non poté pagarmi le dieci sterline che mi doveva, ma mi diede in cambio bevande e sigari.

to take over, - **a)** *(econ., comm.)* assumere il controllo *(spec. mediante una 'fusione');* impadronirsi: *It was in 1948 that the government took over the railways in Great Britain,* Fu nel 1948 che il governo assunse il controllo delle ferrovie in Gran Bretagna - **b)** *to take over from sb,* prendere le consegne (da qcno); succedere a qcno; assumere la carica (di qcno); subentrare (a qcno): *The new Chancellor took over yesterday,* Il nuovo Cancelliere ha preso ieri le consegne — *When Mr Green retired, his son took over the business,* Quando il signor Green si ritirò, suo figlio assunse la direzione dell'azienda - **c)** portare; trasportare *(a mezzo di un veicolo): Mr White took me over to the island in his launch,* Mr White mi portò all'isola con la sua lancia.

to take to, - **a)** darsi; dedicarsi; volgersi: *to take to drinking; to take to drink,* darsi al bere — *to take to the road,* - 1) *(di circo, compagnia teatrale)* partire in 'tournée' - 2) darsi alla strada *(nel senso di fare il vagabondo)* — *to take to flight (to the woods, the jungle, the heather),* darsi alla fuga (ai boschi, alla giungla, alla macchia) — *to take to one's heels,* darsela a gambe - **b)** affezionarsi; appassionarsi; innamorarsi: *He took to riding like a duck takes to water,* Si innamorò dell'equitazione come un'anitra dell'acqua.

to take up, - **a)** sollevare; tirar fuori; prendere: *to take up a carpet,* sollevare un tappeto — *to take up one's pen,* prendere la penna - **b)** far salire *(passeggeri)* - **c)** assorbire; asciugare; captare *(isotopi);* sciogliere *(solidi in un liquido): Blotting-paper takes up ink,* La carta assorbente assorbe l'inchiostro — *How much water is needed to take up a pound of salt?,* Quanta acqua occorre per sciogliere una libbra di sale? - **d)** prendere (occupare); impegnare: *The table takes up too much room,* Il tavolo occupa troppo spazio - **e)** *to take sth up with sb,* trattare (un argomento con qcno); interpellare (qcno per un dato argomento): *I shall take the matter up with the Ministry officials,* Tratterò la questione con i funzionari del ministero - **f)** interessarsi; dedicarsi: *to take up photography,* dedicarsi alla fotografia - **g)** prendere sotto la propria protezione: *The young soprano was taken up by the famous conductor,* Il giovane soprano fu preso sotto la protezione del famoso direttore d'orchestra - **h)** riprendere; riattaccare: *Harry took up the tale at the point where John had left off,* Harry riprese il racconto dove lo aveva interrotto John - **i)** riprendere (interrompere e obiettare); rimbeccare: *He took me up on a number of points,* Mi ha fatto obiezione su parecchi punti - **j)** accettare *(una cambiale);* sottoscrivere *(azioni o obbligazioni)* al momento della emissione; contrarre *(p.es. un prestito)* - **k)** *(non comune)* arrestare: *He was taken up by the police,* Fu arrestato dalla polizia - **l)** assicurare; fermare; fissare; raccogliere: *to take up an artery,* fermare (assicurare, suturare) un'arteria — *to take up a dropped stitch,* raccogliere un punto scappato *(nel lavoro a maglia)* - **m)** *to take up one's residence at...,* fissare la propria dimora a... - **n)** *to take up one's new job,* entrare nella nuova carica - **o)** *(del tempo: fam. e dial.)* riprendersi; divenire bello: *The weather is taking up,* Il tempo si va rimettendo.

to take up with, 'filare' con qcno; andare ad abitare con (un amante): *I hear he's taken up with that blonde,* Mi dicono che adesso fila con quella bionda.

to be taken up with, - **a)** essere completamente preso da (qcsa): *My time is fully taken up with writing,* Il mio tempo è completamente preso dallo scrivere - **b)** essere affascinato da (qcno), innamorato di (qcno): *He seems to be very much taken up with Sally,* Sembra che sia proprio affascinato da Sally.

to be taken with, essere attratto (da); avere una impressione favorevole (di): *I am very taken with his son's behaviour,* Mi ha fatto un'ottima impressione il comportamento di suo figlio.

to take sth upon oneself, assumersi le responsabilità di qcsa: *to take it upon oneself to do sth,* prendersi la responsabilità di fare qcsa.

take-away ['teikəwei] *agg (di cibo, ecc.)* da portare via; da asportare.

take-down ['teikdaun] *s. (fam.)* umiliazione; mortificazione.

take-home ['teik,houm] *agg* ⇨ **to take,** *vt,* **4.**

take-in ['teikin] *s. (fam.)* inganno; imbroglio.

taken ['teikn] *p. pass di* **to take.**

take(-)off ['teikɔ(:)f] *s.* **1** decollo *(di velivolo, ma ora anche fig., econ., ecc.): take-off time,* - **a)** ora di decollo - **b)** tempo di decollo — *take-off weight,* peso al decollo. **2** *(fam.)* imitazione (umoristica); caricatura; parodia. **3** *(di macchine agricole, ecc.) power take-off,* presa di forza.

take-over ['teik,ouvə*] *s. (comm., di un'azienda)* rilevamento; assorbimento: *take-over bid,* offerta di assorbimento.

taker ['teikə*] *s.* **1** colui che prende qcsa (*cfr.* **to take**). **2** colui che accetta una scommessa: *I offered fifty pounds to anyone who could hold his breath for three minutes but there were no takers,* Ho offerto cinquanta sterline a chi riusciva a tenere il fiato per tre minuti ma nessuno ha voluto accettare la scommessa.
□ **taker-in,** *(fam.)* imbroglione; truffatore.

take-up ['teikʌp] *s.* avvolgitore: *take-up spool,* bobina di avvolgimento *(di proiettore cinematografico, di magnetofono).*

taking ['teikiŋ] *agg* che ha presa; *(fig.)* attraente; accattivante.
□ *s.* (*al pl.* **takings**) incasso; introito; ricevuta.

taking-off ['teikiŋɔ:f] *s.* **1** decollo. **2** *(fam.)* imitazione (umoristica); caricatura.

talc [tælk] *s. (mineralogia)* talco.

talcum ['tælkəm] *s. (generalm.* talcum powder*)* talco in polvere; boro talco.

tale [teil] *s.* **1** racconto; storia; favola; fiaba: *fairy-tales,* racconti di fate — *Dead men tell no tales,* I morti non parlano — *It tells its own tale,* Parla da sé; Si spiega da sé — *a tale of woe,* un racconto doloroso; una triste storia — *old wives' tales,* pregiudizi da donnetta, popolari; dicerie — *Thereby hangs a tale* ⇨ **thereby. 2** segreto *(generalm. al pl. o attrib.): to tell tales,* divulgare i segreti altrui — *tale-bearer, tale-teller,* persona che spiffera le cose altrui, che fa della maldicenza; spifferone; spia — *tale-bearing; tale-telling,* lo spifferare le cose altrui; l'essere maldicente; il raccontare i fatti degli altri — ⇨ *anche* **tell(-)tale. 3** *(ant.)* conto; ammontare: *The tale of dead and wounded was sixty,* Il numero dei morti e dei feriti era di sessanta.

talent ['tælənt] *s.* **1** talento; disposizione naturale; ingegno; attitudine: *a man of great talent,* un uomo di grande talento — *local talent,* ingegni locali; *(fam.)* le belle ragazze (del rione, del paese, della città) — *Jack and Bill stood at the bar eyeing the local talent, (fam.)* Jack e Bill se ne stavano al bar occhieggiando le belle ragazze del posto — *a talent scout,* uno scopritore di talenti (di persone di talento) — *to have a talent for music,* aver talento (essere dotato) per la musica. **2** talento *(stor.: misura di peso e unità monetaria).*

talented ['tæləntid] *agg* dotato; pieno di talento: *a talented musician,* un musicista molto dotato.

talentless ['tæləntlis] *agg* senza alcun talento; senza disposizione naturale; non dotato.

talesman ['teilzmən] *s.* (*pl.* **talesmen**) *(dir.)* membro supplente di una giuria.

talisman ['tælizmən] *s.* talismano; amuleto.

talk [tɔ:k] *s.* **1** conversazione; discussione; discorso; chiacchierata; *(talvolta)* pettegolezzi: *I've had several interesting talks with him about that,* Ho avuto con lui parecchie conversazioni interessanti al riguardo — *There's too much talk and not enough work being done!,* Troppe parole e pochi fatti!; Si chiacchiera troppo qui! — *Let's have a talk!,* Parliamo un po'!; Facciamo quattro chiacchiere! — *small talk,* conversazione frivola, di società — *the talk of the town,* la favola della città — *She is the talk of the town,* È sulla bocca di tutti; Tutti ne parlano; È la celebrità del momento — *to be all talk,* parlare e parlare (ma non fare i fatti); essere un chiacchierone — *He's nothing but talk,* Sa solo parlare — *It's nothing but talk,* Sono soltanto dicerie. **2** conversazione; conferenza; discorso: *He will give a talk to the Woman's Institute on his travels in Asia,* Parlerà dei suoi viaggi in Asia alla Pro Cultura Femminile. **3** linguaggio; parlata: *baby talk,* linguaggio infantile.

to **talk** [tɔ:k] *vi e t.* **1** parlare; chiacchierare; conversare; discorrere; *(per estensione)* ragionare: *He was talking to (o with) a friend,* Stava parlando con un amico — *What are they talking of (o about)?,* Di che cosa stanno parlando? — *Talking of...,* Parlando di...; A proposito di... — *Talking of travel, have you ever been to Athens?,* Parlando di viaggi, sei mai stato ad Atene? — *You'll see, we have means of making you talk,* Vedrai: abbiamo i nostri mezzi per farti parlare — *Now you're talking!,* Adesso sì che parli bene! — *You can talk!; (talvolta) You can't talk!,* Faresti meglio a tacere, tu! — *to talk oneself hoarse,* perdere la voce a forza di parlare — *to talk through one's hat,* spararle grosse — *to talk big,* vantarsi.
2 parlare; sapere *(una lingua): He talks six languages,* Sa (Parla) sei lingue.
3 discutere; parlare, discorrere di: *I want to talk business (politics),* Voglio discutere di affari (di politica) — *to talk shop, (fam.)* parlare del proprio lavoro — *to talk sense (nonsense),* dire cose assennate (stupidaggini) — *talking point,* argomento del giorno.

to talk about, - **a)** discutere, parlare di qcsa (qcno): *to talk about one thing and another,* parlare del più e del meno — *a much talked-about project,* un progetto su cui si discute molto - **b)** *to be (much) talked about (o of),* essere oggetto di chiacchiere (di pettegolezzi): *You'll get yourself talked about if you behave badly,* Se ti comporterai male tutti sparleranno di te - **c)** *Talk about...!,* ... e va' a parlare di!...: *They've just imprisoned five hundred journalists - talk about democracy!,* Hanno appena imprigionato cinquecento giornalisti: e poi va' a parlare di democrazia!

to talk at sb, parlare con qcno senza stare ad ascoltarlo.

to talk away, continuare a parlare.

to talk back, ribattere; rimbeccare; replicare; rispondere con mala grazia.

to talk down, - **a)** *to talk down to sb,* parlare con aria di superiorità, con condiscendenza (scegliendo parole semplici) - **b)** *to talk sb down,* ridurre al silenzio qcno - **c)** *to talk down an aircraft,* far atterrare un aereo a mezzo di istruzioni radio.

to talk sb into doing sth, convincere qcno a fare qcsa.

to talk of ⇨ **to talk 1** *e* **to talk about** - **b).**

to talk round, - **a)** *to talk round sth,* girare intorno a *(un argomento, senza venirne a capo)* - **b)** *to talk sb round,* far mutare parere a qcno; convincere, tirare qcno dalla propria parte *(a forza di farlo ragionare).*

to talk over, - **a)** trattare qcsa; discutere qcsa - **b)** *to talk sb over* = *to talk sb round* - **c)** *to talk over sb's head, (fig.)* parlare a qcno con sussiego.

to talk to, *(fam.)* riprendere; sgridare; rimproverare: *I shall have to talk to my tailor: this suit fits very badly,* Dovrò sgridare il mio sarto: questo vestito mi sta malissimo.

talkative ['tɔ:kətiv] *agg* loquace; ciarliero.

talker ['tɔ:kə*] *s.* **1** conversatore; parlatore. **2** ciarlone; chiacchierone; fanfarone.

talkie ['tɔ:ki] *s. (fam.: ora desueto)* film sonoro: *the talkies,* films parlati — *talkie strip,* diaviva.

talk-in ['tɔ:kiŋ] *s.* comizio o dibattito di protesta (*cfr.* **teach-in**).

talking ['tɔ:kiŋ] *agg* parlante: *talking picture,* film sonoro.

talking-to ['tɔ:kiŋtu:] *s.* (*fam.: cfr.* **to talk to**) sgridata; lavata di capo; ramanzina: *The teacher gave the lazy boy a good talking-to,* L'insegnante fece una bella ramanzina al ragazzo svogliato.

tall [tɔ:l] *agg* **1** alto; grande: *Tom is six foot tall,* Tom è alto sei piedi *(cioè, 1 metro e 85 cm circa)* — *She is taller than her sister,* È più alta di sua sorella — *She wears high heels to make herself look taller,* Porta scarpe col tacco alto per sembrare più grande — *That yacht has a very tall mast,* Quel panfilo ha un albero altissimo. **2** *(fam.)* esorbitante; eccessivo; esagerato; straordinario; impossibile: *a tall story,* una storia incredibile — *a tall order,* un ordine difficile, impossibile (da eseguire).

tallboy ['tɔ:lbɔi] *s. (GB)* cassettone alto; chiffonière *(fr.).*

tallish ['tɔ:liʃ] *agg* abbastanza (piuttosto) alto.

tallness ['tɔ:lnis] *s.* altezza.

tallow ['tælou] *s.* sego.

tally ['tæli] *s.* **1** *(stor.)* taglia *(legno su cui si facevano le tacche di contrassegno per le merci consegnate).* **2** *(nell'uso moderno)* tacca; etichetta; contrassegno: *tally-clerk,* controllore *(della consegna, carico e scarico delle merci).*

to **tally** ['tæli] *vi* corrispondere; concordare: *The two lists do not tally,* Le due liste non corrispondono — *Your list doesn't tally with mine,* Il tuo elenco non concorda con il mio — *The stories of the two men tallied,* I racconti dei due uomini collimavano.

tally-ho! [,tæli'hou] *interiezione* Eccola! *(grido d'incitamento della caccia alla volpe quando si avvista l'animale); (per estensione, sl. mil. GB)* nemico in vista!

talon ['tælən] *s.* artiglio *(di uccello rapace).*

talus ['tæləs] *s.* **1** scarpata; pendio pietroso; ghiaione. **2** *(anat.)* astragalo. **3** *(patologia)* talismo.

tamable ['teiməbl] *agg* domabile; addomesticabile; che si può sottomettere.

tamarind ['tæmərind] *s.* tamarindo *(l'albero e il frutto).*

tamarisk ['tæmərisk] *s.* tamerice.

tambour ['tæmbuə*] *s.* **1** *(archit.)* tamburo. **2** *(porta)* bussola girevole. **3** telaio da ricamo. **4** pesce tamburo. **5** serranda avvolgibile *(di scrivania, ecc.).*

tambourine [,tæmbə'ri:n] *s.* tamburello.

tame [teim] *agg* **1** *(di animali)* domestico; addomesticato: *a tame monkey,* una scimmia addomesticata. **2** *(di persona)* docile; sottomesso: *Her husband is a tame little chap,* Suo marito è un ometto docile e mansueto. **3** insipido; privo d'interesse, di 'grinta'; piuttosto noioso; insulso; banale: *a tame baseball game,* un incontro di baseball privo d'interesse — *The story has a tame ending,* La storia ha un finale scialbo, piuttosto banale. □ *avv* **tamely.**

to **tame** [teim] *vt* domare; ammansire; rendere docile; addomesticare; sottomettere.

tameness ['teimnis] *s.* **1** mansuetudine; docilità; sottomissione. **2** insipidità; insulsaggine; banalità.

tamer ['teimə*] *s.* domatore: *a lion tamer,* un domatore di leoni.

tamil ['tæmil] *s.* 'tamil' *(lingua e razza dell'India del Sud e di Ceylon).*

taming ['teimiŋ] *s.* addomesticamento; ammansimento.

tammany ['tæməni] *s. (anche* Tammany Hall*)* centro organizzativo del Partito Democratico a New York; *(per estensione)* la politica o i membri di tale partito.

tam-o'-shanter, tammy [,tæmə'ʃæntə*/'tæmi] *s.* berretto scozzese.

to **tamp** [tæmp] *vt* intasare; pigiare; comprimere; costipare *(terra).*

to **tamper** ['tæmpə*] *vi* interferire; immischiarsi: *to tamper with sth,* manomettere qcsa.

tampering ['tæmpəriŋ] *s.* (*cfr.* **to tamper**) intrigo; macchinazione; manomissione.

tampon ['tæmpən/-pɔn] *s. (med.)* tampone.

[1]**tan** [tæn] *agg* marrone con sfumature giallastre o rossicce: *tan leather shoes,* scarpe di pelle marrone rossiccio.

□ *s.* abbronzatura: *to get a good tan,* abbronzarsi bene.

to **tan** [tæn] *vt* (**-nn-**) **1** conciare (le pelli): *to tan sb's hide, (sl.)* conciare qcno per le feste; frustare qcno; 'suonargliele'. **2** abbronzare: *to return from the holidays with a tanned face,* ritornare dalle vacanze con la faccia abbronzata.

□ *vi* abbronzarsi: *Some people tan quickly,* Certe persone si abbronzano rapidamente.

[2]**tan** [tæn] *s., contraz di* **tangent** ⇨.

tandem ['tændəm] *s.* (= tandem bicycle) 'tandem'; bicicletta a due posti.

□ *avv* a tandem; uno dietro l'altro: *to drive (to ride) tandem,* guidare (cavalcare) a tandem.

[1]**tang** [tæŋ] *s.* sapore piccante; odore forte; gusto o olezzo caratteristico di qcsa: *the salty tang of sea air,* l'odore salmastro dell'aria di mare.

[2]**tang** [tæŋ] *s. (mecc.)* codolo; linguetta.

tangent ['tændʒənt] *s.* tangente: *to go off at a tangent, (fig.)* cambiare improvvisamente idea.

tangential [tæn'dʒentʃəl] *agg* tangenziale: *a tangential screw,* una vite senza fine — *tangential strength,* resistenza al taglio.

tangerine [,tændʒə'ri:n] *s.* 'tangerine'; specie di mandarino.

tangibility [,tændʒi'biliti] *s.* tangibilità; evidenza; chiarezza.

tangible ['tændʒəbl] *agg* **1** tangibile; toccabile. **2** chiaro; manifesto; palese; reale; concreto: *tangible proof,* prova tangibile (evidente, concreta).

□ *avv* **tangibly.**

□ *s. (al pl.)* beni tangibili (materiali).

tangle ['tæŋgl] *s.* **1** groviglio; garbuglio: *to be in a* *tangle; to be all of a tangle,* essere aggrovigliato (ingarbugliato, arruffato) — *to comb the tangles out of a dog's hair,* districare col pettine il pelo arruffato di un cane. **2** complicazione; situazione confusa; pasticcio: *to be in a tangle,* essere nei guai (nei pasticci).

to **tangle** ['tæŋgl] *vt e i.* **1** aggrovigliare; ingarbugliare; confondere; pasticciare; complicare: *tangled hair,* capelli ingarbugliati (molto arruffati). **2** *to tangle with sb,* impegolarsi (immischiarsi) con qcno.

tango ['tæŋgou] *s.* tango *(mus. e danza).*

tangy ['tæŋi] *agg (di sapore)* piccante; *(di odore)* pungente; penetrante.

tank [tæŋk] *s.* **1** contenitore *(di un liquido o gas);* vasca; serbatoio; cisterna; cassone: *petrol-tank,* serbatoio di benzina — *rain-water tank,* serbatoio d'acqua piovana — *a ship's tanks,* le cisterne di una nave — *fish tank,* peschiera — *tank engine,* locomotiva 'tender'. **2** *(mil.)* carro armato: *tank trap,* trappola, trabocchetto per ostacolare o impedire l'avanzata di carri armati — *tank-buster,* aereo con cannoni anticarro. □ *tank suit,* costume da bagno (maschile) di foggia 1920.

tankard ['tæŋkəd] *s.* boccale.

tanked ['tæŋkt] *agg (anche* tanked up*) (sl.)* brillo.

tanker ['tæŋkə*] *s.* nave cisterna; petroliera; autocisterna; autobotte.

tankman ['tæŋkmæn] *s.* (*pl.* **tankmen**) *(mil.)* carrista.

tanned [tænd] *agg* **1** *(di cuoio)* conciato. **2** *(di persona)* abbronzato.

[1]**tanner** ['tænə*] *s. (GB, sl.)* moneta da sei pence; mezzo scellino *(prima del 1971).*

[2]**tanner** ['tænə*] *s.* conciatore di pelli.

tannery ['tænəri] *s.* conceria.

tannic ['tænik] *agg* tannico: *tannic acid,* acido tannico.

tannin ['tænin] *s.* tannino.

tanning ['tæniŋ] *s.* **1** concia *(il processo): chrome tanning,* concia al cromo. **2** *(di persona)* abbronzatura. **3** *(fam.)* botte; busse; frustate: *a good tanning,* un sacco di legnate; una bella lezione.

tannoy ['tænɔi] *s.* sistema di altoparlanti usato nei luoghi pubblici *(spec. negli aeroporti).*

tansy ['tænzi] *s.* tanaceto.

to **tantalize** ['tæntəlaiz] *vt* illudere; stuzzicare; sottoporre al supplizio di Tantalo: *a tantalizing smell of food,* uno stuzzicante profumino di cibo.

tantalum ['tæntələm] *s.* tantalio.

tantalus ['tæntələs] *s.* mobiletto portabottiglie *(con lucchetto).*

tantamount ['tæntəmaunt] *agg (soltanto nell'espressione) tantamount to...,* equivalente a...: *The Queen's request was tantamount to a command,* La richiesta della regina equivaleva ad un comando.

tantrum ['tæntrəm] *s.* scoppio d'ira, di collera; sfuriata: *He's in one of his tantrums again,* È di nuovo 'incavolato'.

[1]**tap** [tæp] *s.* **1** *(GB)* rubinetto; chiavetta *(del gas): to turn a tap on (off),* aprire (chiudere) un rubinetto — *on tap, (di birra, ecc.)* alla spina; *(fig.)* sempre a disposizione; pronto per essere usato. **2** zaffo; zipolo. **3** *(mecc.)* maschio.

[1]to **tap** [tæp] *vt* (**-pp-**) **1** spillare *(un liquido);* tagliare, incidere *(la corteccia di un albero per farne uscire il liquido); (med.)* fare la paracentesi (a); incidere: *to tap a cask of cider,* spillare una botte di sidro — *to tap sugar-maples,* incidere aceri per ricavarne lo sciroppo. **2** *(fig.)* spillare; intercettare: *to tap a man for money (for information),* spillare denaro (informazioni) ad una persona — *to tap telephone wires,* intercettare le comunicazioni telefoniche — *telephone tapping,* intercettazioni telefoniche. **3** fornire di rubinetto, zipolo *(botte, barile, ecc.).*

[2]**tap** [tæp] *s.* **1** colpetto; picchio: *tap-dancing,* tip-tap. **2** *(al pl.:* **taps**, *USA mil.)* 'silenzio'.

[2]to **tap** [tæp] *vt e i.* (**-pp-**) **1** battere leggermente; dare un colpetto; picchiettare: *to tap a man on the shoulder,* dare un colpetto sulla spalla a qcno — *to tap at (o on) the door,* bussare alla porta — *to tap one's foot on the floor impatiently,* battere un piede per terra con impazienza. **2** *(spesso seguito da* off *o* out*)* trasmettere *(un messaggio, nell'alfabeto 'Morse').*

tape ['teip] *s.* **1** nastro (*vari usi:* ⇨ *anche* **2**, **3**); fettuccia *(per legare pacchi o per confezionare abiti): three yards of linen tape,* tre iarde di fettuccia di lino — *to do up the tapes of an apron into neat bows,* legare le fettucce di un grembiule con fiocchi ben fatti — *tape-measure,* rotella metrica; metro a nastro. **2** striscia piuttosto stretta di qualsiasi materiale, - **a)** *(anche* ticker-tape*)* nastro di carta del telegrafo - **b)** *(anche* insulating-tape*)* nastro isolante - **c)** *(anche* magnetic tape*)* nastro magnetico; nastro del registratore — *tape-recorder,* registratore; magnetofono. **3** nastro del traguardo *(in una gara sportiva): to breast the tape,* tagliare il traguardo. □ *red tape, (collettivo)* burocrazia; trafila burocratica.

to **tape** ['teip] *vt* **1** *(spesso seguito da* up*)* legare con nastro. **2** registrare *(su nastro magnetico).* □ *to have (to have got) sb taped,* sapere vita, morte e miracoli di qcno.

[1]**taper** ['teipə*] *s.* candela lunga e sottile; cero.

[2]**taper** ['teipə*] *s.* conicità.

to **taper** ['teipə*] *vt* affusolare; assottigliare *(ad una estremità); (mecc.)* rastremare.
□ *vi (spesso seguito da* off*)* assottigliarsi; affusolarsi; *(mecc.)* rastremarsi.

tapestried ['tæpistrid] *agg* tappezzato; ornato di arazzi.

tapestry ['tæpistri] *s.* arazzo; tappezzeria.

to **tapestry** ['tæpistri] *vt* tappezzare.

tapeworm ['teipwə:m] *s.* tenia; verme solitario.

tapioca [,tæpi'oukə] *s.* tapioca.

tapir ['teipə*] *s.* tapiro.

tapis ['tæpi] *s. (dal fr.: solo nell'espressione* on the tapis*)* sul tappeto; in discussione; in esame.

tapping ['tæpiŋ] *s.* **1** spillamento *(di botte);* incisione *(di aceri, alberi della gomma); (med.)* paracentesi. **2** intercettazione *(telefonica).* **3** picchiettio.

taproom ['tæpru:m] *s.* bar; locale di mescita d'alcoolici.

taps [tæps] *s.* ⇨ [2]**tap 2**.

tapster ['tæpstə*] *s.* barista; chi mesce alcoolici; garzone d'osteria.

[1]**tar** [tɑ:*] *s.* pece; catrame: *tar-macadam* ⇨ **tarmac**. □ to have a touch of the tar-brush, *(detto di un meticcio)* avere la pelle un po' scura.

to **tar** [tɑ:*] *vt* (**-rr-**) incatramare; stendere pece: *to tar and feather sb,* cospargere di pece e poi di piume qcno *(stor., come punizione, ecc.)* — *to be tarred with the same brush,* essere caratterizzato dagli stessi difetti e colpe; essere della stessa razza.

[2]**tar** [tɑ:*] *s. (ant.: anche* Jack-tar*)* marinaio.

taradiddle ['tærədidl] *s. (fam.)* bugia; frottola; fandonia.

tarantella, tarantelle [,tærən'telə/,tærən'tel] *s.* tarantella *(mus. e danza).*

tarantula [tə'ræntjulə/tə'ræntʃulə] *s.* tarantola.

tarboosh [tɑ:'bu:ʃ] *s.* sorta di fez indossato dai musulmani.

tardiness ['tɑ:dinis] *s.* lentezza; indugio; ritardo.

tardy ['tɑ:di] *agg* **1** *(non molto comune)* tardo; lento; tardivo: *tardy progress,* un progresso lento — *to be tardy in offering help,* offrire aiuto in ritardo. **2** *(USA)* in ritardo: *to be tardy for school,* essere in ritardo per andare a scuola. □ *avv* **tardily.**

[1]**tare** [tεə*] *s. (biblico: generalm. al pl.)* erbaccia; zizzania.

[2]**tare** [tεə*] *s.* tara.

target ['tɑ:git] *s.* **1** bersaglio; obiettivo; segno: *target area,* zona da bombardare; obiettivo — *target-practice,* esercitazione di tiro al segno (al bersaglio). **2** *(fig.)* bersaglio; oggetto di critica: *This book will be the target of bitter criticism,* Questo libro sarà oggetto di aspre critiche. **3** *(fig.)* obiettivo; meta; scopo: *production target,* obiettivo da raggiungere (nella produzione). **4** (*anche* **targe**) scudo.

tariff ['tærif] *s.* **1** tariffa; lista dei prezzi; tariffario. **2** tariffa doganale; tassa d'importazione: *to raise tariff walls against foreign goods,* far sorgere barriere protezionistiche contro le merci importate — *tariff reform, (stor., GB, diciannovesimo secolo)* 'riforma' delle tariffe doganali; protezionismo.

tarmac ['tɑ:mæk] *s. (abbr. di* tar-macadam, *dal nome dell'inventore)* **1** miscela di catrame *('tar')* e pietrisco, usata per fondi stradali; 'macadàm'. **2** *(fam.)* pista *(d'aeroporto).*

tarn [tɑ:n] *s.* laghetto montano.

tarnation [tɑ:'neiʃən] *interiezione* maledizione.

tarnish ['tɑ:niʃ] *s.* offuscamento; appannamento; ossidazione *(di superfici metalliche).*

to **tarnish** ['tɑ:niʃ] *vi e t. (di metalli)* appannare; perdere la lucentezza; ossidare, ossidarsi: *The damp atmosphere has tarnished the silver,* L'umidità atmosferica ha ossidato l'argenteria — *Chromium does not tarnish easily,* Il cromo non si ossida facilmente — *His reputation is tarnished,* La sua reputazione si è offuscata.

taro ['tɑ:rou] *s.* colocasia.

tarpaulin [tɑ:'pɔ:lin] *s.* tela cerata; telone impermeabile.

tarpon ['tɑ:pən] *s.* pesce d'argento.

tarradiddle ['tærədidl] *s.* = **taradiddle.**

tarragon ['tærəgən] *s.* dragoncello: *tarragon vinegar,* aceto aromatizzato al dragoncello.

[1]**tarry** ['tɑ:ri] *agg* catramoso.

[2]**tarry** ['tæri] *s. (mecc.)* sosta.

to **tarry** ['tæri] *vi (lett.)* **1** indugiare; trattenersi; attendere; sostare: *to tarry (behind) for sb,* attendere qcno. **2** indugiare; attardarsi; essere in ritardo.

[1]**tart** [tɑ:t] *agg* **1** acido; aspro; agro: *tart fruit,* frutta asprigna — *a tart flavour,* un sapore aspro, acido. **2** *(fig.)* pungente; mordace: *a tart manner (disposition),* un umorismo pungente (un modo di fare tagliente). □ *avv* **tartly.**

[2]**tart** [tɑ:t] *s. (GB)* torta di frutta; crostata: *apple tart,* crostata di mele — *jam tarts,* tortine ripiene di marmellata.

[3]**tart** [tɑ:t] *s. (sl.)* prostituta; sgualdrina.

[1]**tartan** ['tɑ:tən] *s.* 'tartan'; tessuto tipico scozzese che riproduce il disegno particolare di un 'clan'.

[2]**tartan** ['tɑ:tən] *s. (veliero)* tartana.

[1]**tartar** ['tɑ:tə*] *s.* **1** tartaro *(dei denti).* **2** tartaro *(ai lati delle botti, in seguito alla fermentazione del vino).* □ *cream of tartar,* cremore di tartaro.

[2]**tartar** ['tɑ:tə*] *s. (spesso con la maiuscola)* tartaro; *(per estensione)* persona violenta, collerica. □ *to catch a tartar,* trovar pane per i propri denti.

tartaric [tɑ:'tærik] *agg* tartarico: *tartaric acid,* acido tartarico.

tartlet ['tɑ:tlit] *s.* piccola torta *(generalm. una sorta di crostata).*

tartness ['tɑ:tnis] *s.* **1** asprezza; acidità. **2** *(fig.)* mordacità.

to **tart oneself up** [tɑ:t wʌn'self ʌp] *vt (fam.)* mettersi in ghingheri.

tartrate ['tɑ:trit] *s. (chim.)* tartrato.

task [tɑ:sk] *s.* compito *(spesso difficile o noioso);* lavoro; dovere; incarico; impresa; mansione: *to set a boy a task,* dare un compito ad un ragazzo — *She finds housekeeping an irksome task,* Trova che fare la massaia è una mansione fastidiosa — *task-force,* unità dell'esercito per missioni ed incarichi speciali — *task-master, task-mistress,* chi dà dei compiti ed assegna incarichi; maestro, sorvegliante severo. □ *to take sb to task (for* o *about sth),* riprendere, richiamare qcno (per qcsa).

to **task** [tɑ:sk] *vt* affaticare; sforzare.

taskwork ['tɑ:skwə:k] *s.* cottimo.

tassel ['tæsəl] *s.* fiocco; nappa.

tasselled ['tæsəld] *agg* (*USA* **tasseled**) infiocchettato; con fiocchi, con le nappe.

taste [teist] *s.* **1** gusto: *to be sweet (sour) to the taste,* essere dolce (aspro) al gusto — *Sugar has a sweet taste,* Lo zucchero ha un gusto dolce — *I don't like the taste of this mixture,* Non mi piace il sapore di questa mistura — *to leave a bad taste in the mouth,* lasciare la bocca amara *(letteralm. e fig.);* lasciare una sensazione di disgusto. **2** gusto; predilezione; preferenza; *(per estensione)* buon gusto: *He has a taste for Manila cigars,* Ha una predilezione per i sigari Manila — *There's no accounting for tastes,* Non si può discutere dei gusti — *Abstract art is not to his taste,* L'arte astratta non è di suo gusto — *Add sugar to taste, (nelle ricette, ecc.)* Aggiungere zucchero a piacere — *in bad taste,* di cattivo gusto — *She has (an) excellent taste in clothes,* Si veste con ottimo gusto. **3** *(di solito al sing. con l'art. indeterminativo)* assaggio: *Won't you have a taste of this cake?,* Non vuoi un assaggio di questa torta? — *Give him a taste of the whip,* Fagli assaggiare la frusta.

to **taste** [teist] *vt* **1** sentire; gustare: *If you have a bad cold you cannot taste anything,* Non si sente il gusto di niente quando si ha un forte raffreddore — *Can you taste anything strange in this soup?,* Senti che questa minestra ha un gusto strano? **2** assaggiare: *The cook tasted the soup to see whether he had put enough salt in it,* Il cuoco assaggiò la minestra per sentire se vi avesse messo abbastanza sale. **3** provare; assaporare: *to taste happiness,* provare la felicità. □ *vi* **1** avere un gusto, un sapore: *to taste sour,* essere aspro; avere un gusto aspro. **2 to taste of sth,** - **a)** sapere di qcsa; avere il gusto di qcsa — *It tastes too much of garlic,* Sa troppo d'aglio - **b)** *(lett.)* conoscere; sperimentare: *The valiant only taste of death but once,* I valorosi sperimentano la morte una sola volta.

tasteful ['teistful] *agg* di gusto; di buon gusto; raffinato; elegante. □ *avv* **tastefully.**

tasteless ['teistlis] *agg* **1** *(di cibo)* senza gusto; senza sapore; insipido. **2** *(spec. di persona)* privo di gusto. **3** *(di un'osservazione)* di cattivo gusto. □ *avv* **tastelessly.**

taster ['teistə*] *s.* assaggiatore; degustatore.

tasting ['teistiŋ] *s.* degustazione; assaggio.

tasty ['teisti] *agg* gustoso; saporito. □ *avv* **tastily.**

[1]**tat** [tæt] *s.* ⇨ [2]**tit.**

[2]**tat** [tæt] *s. (sl.)* stoffa di qualità scadente.

to **tat** [tæt] *vi e t.* (**-tt-**) lavorare il merletto; fare pizzi per guarnizioni.

ta-ta ['tæ'tɑ:] *interiezione (infantile)* ciao.

tatter ['tætə*] *s. (generalm. al pl.)* straccio; cencio; brandello: *to be in tatters,* essere ridotto a brandelli — *to tear sb's reputation to tatters, (fig.)* fare a brandelli la reputazione di qcno.

tatterdemalion [,tætədə'meiljən] *s. (ant.)* straccione; pezzente.

tattered ['tætəd] *agg* cencioso; stracciato; lacero; sbrindellato.

tatting ['tætiŋ] *s.* merletto; pizzo da guarnizione.

tattle ['tætl] *s.* discorso a vanvera.

to **tattle** ['tætl] *vi e t.* cianciare; chiacchierare; parlare a vanvera; spettegolare.

tattler ['tætlə*] *s.* chiacchierone; persona ciarliera; pettegolo.

[1]**tattoo** [tə'tu:] *s.* tatuaggio.

to **tattoo** [tə'tu:] *vt* tatuare; fare un tatuaggio: *The sailor had a ship tattooed on his arm,* Il marinaio portava sul braccio il tatuaggio di una nave.

[2]**tattoo** [tə'tu:] *s.* **1** *(mil., soltanto sing.)* ritirata; ora della ritirata: *to beat (to sound) the tattoo,* suonare la ritirata. **2** tamburellamento: *He was beating a tattoo on the table with his fingers,* Stava tamburellando con le dita sul tavolo. **3** (*anche* torchlight tattoo, searchlight tattoo) parata; carosello militare *(solitamente notturno, come spettacolo).*

to **tattoo** [tə'tu:] *vi* **1** *(mil.)* suonare la ritirata. **2** *(fig.)* tamburellare con le dita.

tattooing [tə'tu:iŋ] *s.* tatuaggio.

tatty ['tæti] *agg (fam.)* sciatto; trasandato; disordinato. □ *avv* **tattily.**

taught [tɔ:t] *pass e p. pass di* **to teach.**

taunt [tɔ:nt] *s.* sarcasmo; scherno; provocazione; rimprovero offensivo.

to **taunt** [tɔ:nt] *vt* fare del sarcasmo (su qcno); attaccare (qcno, in modo sarcastico); rinfacciare; schernire: *They taunted the boy with cowardice (with being a coward),* Accusarono il ragazzo di vigliaccheria; Diedero del vile al ragazzo.

tauntingly ['tɔ:ntiŋli] *avv* sarcasticamente; ingiuriosamente; per scherno.

taut [tɔ:t] *agg (di corde, e fig. dei nervi, ecc.)* teso; tirato; rigido: *to haul a rope taut,* tendere una corda — *a taut smile,* un sorriso teso (tirato, stiracchiato). □ *avv* **tautly.**

tautness ['tɔ:tnis] *s.* tensione.

tautological [,tɔ:tə'lɔdʒikəl] *agg* tautologico.

tautology [tɔ:'tɔlədʒi] *s.* tautologia.

tavern ['tævən] *s.* taverna; osteria; bettola.

tawdriness ['tɔ:drinis] *s.* vistosità; cattivo gusto.

tawdry ['tɔ:dri] *agg* sgargiante; vistoso; appariscente ma di poco costo; di cattivo gusto: *tawdry jewellery,* gioielli da quattro soldi. □ *avv* **tawdrily.**

tawny ['tɔ:ni] agg bruno fulvo; marrone rossiccio; bronzeo; abbronzato.

tawse [tɔ:z] *s.* specie di frustino usato per le punizioni nelle scuole scozzesi.

tax [tæks] *s.* **1** tassa; imposta; tributo; *(come agg. attrib.)* fiscale: *to levy a tax on sth,* imporre una tassa su qcsa — *direct (indirect) taxes,* imposte dirette (indirette) — *Inspector of Taxes,* ispettore delle tasse — *He paid five hundred pounds in taxes,* Ha pagato 500 sterline di tasse — *income tax,* imposta sul reddito; imposte dirette — *excise tax,* dazio — *purchase tax, (USA: sales tax)* imposta sull'entrata — *value added tax (VAT),* imposta sul valore aggiunto (IVA) — *tax-collector,* esattore delle imposte — *a tax-dodger,* un evasore fiscale — *tax-free, (agg.)* - **a)** esente da tasse - **b)** *(di stipendio, ecc.)* netto d'imposte. **2** *(soltanto al sing.)* peso; carico; onere: *a tax on one's strength,* una cosa che fa spendere energie.

to **tax** [tæks] *vt* **1** tassare; mettere imposte; gravare con tributi. **2** gravare; mettere a dura prova: *to tax a person's patience,* mettere a dura prova la pazienza di una persona. **3** *(seguito da* with*)* tacciare; accusare: *to tax sb with neglect of his work (with having neglected his work),* tacciare qcno di avere trascurato il proprio lavoro. **4** *(dir.)* stabilire le spese di una causa.

taxability [,tæksə'biliti] *s.* grado di tassazione; imponibilità.

taxable ['tæksəbl] *agg* imponibile; soggetto a tassazione.

taxation [tæk'seiʃən] *s. (collettivo)* sistema di tassazione; sistema fiscale; tasse; imposte; tributi: *to reduce taxation,* ridurre gli aggravi fiscali — *to grumble at high taxation,* brontolare per le forti tasse.

taxi ['tæksi] *s.* (*anche* taxi-cab: *pl.* **taxis**) taxi; tassì; autopubblica: *taxi rank,* posteggio taxi — *air-taxi,* aerotassì. □ *taxi-dancer, (USA)* 'taxi-girl'.

to **taxi** ['tæksi] *vi* **1** *(un po' desueto)* andare in taxi; fare una corsa in taxi: *As we were late, we taxied to the station,* Siccome eravamo in ritardo, prendemmo un taxi per andare alla stazione. **2** *(di aeroplano)* rullare; *(di idrovolante)* flottare: *The plane was taxiing along the runway,* L'aereo stava rullando sulla pista.

taxidermist ['tæksidə:mist] *s.* tassidermista; impagliatore.

taxidermy ['tæksidə:mi] *s.* tassidermia.

taximeter ['tæksi,mi:tə*] *s.* tassametro.

taxpayer ['tæks,peiə*] *s.* contribuente; *(spesso, per estensione)* cittadino.

tea [ti:] *s.* **1** tè: *a pound of tea,* una libbra di tè — *Ceylon tea; China tea,* tè di Ceylon; tè cinese — *Russian tea,* tè al limone (servito in un bicchiere) — *a cup of tea,* una tazza di tè — *to make tea,* fare il tè — *beef-tea,* brodo ristretto di manzo — *camomile tea,* infuso di camomilla — *tea-bag,* bustina di tè — *tea-break,* intervallo di breve durata, durante il quale viene servito il tè — *tea-caddy,* scatola per il tè — *tea-cake,* pastina da tè; focaccia dolce — *tea-chest,* cassa per il tè — *tea-cloth,* - **a)** tovaglia da tè - **b)** asciugapiatti — *tea-cosy,* copriteiera — *tea-leaf,* fogliolina di tè — *tea-service; tea-set,* servizio da tè — *tea-strainer,* colino per il tè — *tea-things,* tutto il servizio per il tè — *Put the tea-things on the table,* Prepara tutto sul tavolo per il tè — *tea-towel,* panno per asciugare i piatti — *tea-cart (USA); tea-trolley; tea-wagon,* carrello portavivande per servire il tè — *tea-urn,* 'samovar'; grande bollitore per tè *(nei ristoranti)* — ⇨ *anche* **teacup, teapot, teaspoon. 2** *(per estensione)* tè; merenda *(rinfresco o leggero pasto che si consuma tradizionalmente dalle ore sedici in poi): We have tea at half-past four,* Siamo soliti prendere il tè alle quattro e mezza — *They were at tea when I called,* Quando passai da loro stavano prendendo il tè — *The waitress has served twenty teas since four o'clock,* La cameriera ha servito venti tè dalle quattro — *plain tea,* merenda — *tea-dance,* tè danzante — *tea-fight, (fam.)* tè (trattenimento) — *tea-garden,* giardino dove si serve il tè — *tea-party,* tè (ricevimento); ricevimento all'ora del tè — *tea-table conversation,* chiacchiere del pomeriggio; pettegolezzi — ⇨ *anche* **teahouse, tearoom, teatime. 3** *(detto anche* high tea*)* pasto serale servito con tè; cenetta. □ *tea-rose,* rosa 'tea'.

to **teach** [ti:tʃ] *vt e i. (pass. e p. pass.* **taught**) insegnare;

istruire; dare lezioni; fare l'insegnante: *to teach children,* insegnare ai bambini — *to teach French (history, ecc.),* insegnare francese (storia, ecc.) — *to teach a child to swim (how to swim),* insegnare a nuotare ad un bambino — *He has taught his dog to perform some clever tricks,* Ha ammaestrato il suo cane a fare alcuni bei numeri (giochetti) — *He teaches for a living,* Si guadagna da vivere facendo l'insegnante — *He has been teaching four hours already this morning,* Sono già quattro ore che fa lezione stamattina.

□ *to teach sb a lesson, (fig.)* dare una (bella) lezione a qcno — *I'll teach him to use my pen,* Glielo insegnerò io ad usare la mia penna — *That'll teach you!,* Così imparerai!

teachable ['ti:tʃəbl] *agg* **1** *(di discente)* ricettivo; *(di animale)* ammaestrabile. **2** *(di materia, cosa)* insegnabile; accessibile.

teacher ['ti:tʃə*] *s.* insegnante; docente; professore (professoressa); maestro (maestra).

teach-in ['ti:tʃin] *s.* lungo dibattito pubblico, specialmente all'università (spesso una forma di protesta civile) con una serie di interventi da parte di esperti, generalmente su argomenti politici, sociali o di attualità.

teaching ['ti:tʃiŋ] *s.* insegnamento; istruzione; *(al pl.)* dottrine pedagogiche: *teaching aids,* sussidi didattici.

teacup ['ti:kʌp] *s.* tazzina da tè: *a storm in a teacup,* una tempesta in un bicchier d'acqua.

teacupful ['ti:kʌp,ful] *s.* contenuto di una tazza da tè.

teahouse ['ti:haus] *s.* casa da tè *(in Cina e Giappone, ecc.).*

teak [ti:k] *s.* tek *(l'albero e il legno).*

teal [ti:l] *s. (pl. invariato)* alzavola.

team [ti:m] *s.* **1** tiro *(di due o più buoi o cavalli, ecc.).* **2** *(sport)* squadra; *(per estensione, nel lavoro)* gruppo; 'équipe': *the players in my team,* i giocatori della mia squadra — *team-work,* sforzo combinato; lavoro di gruppo; lavoro 'd'équipe' — *team spirit,* spirito di corpo.

to **team** [ti:m] *vt* aggiogare *(buoi);* attaccare *(cavalli).*
□ *vi* **to team up (with sb),** compiere uno sforzo combinato (con qcno); lavorare in collaborazione (con qcno).

teamster ['ti:mstə*] *s.* **1** *(raro)* guidatore di un tiro di animali. **2** *(USA)* guidatore di camion; camionista.

teapot ['ti:pɔt] *s.* teiera.

[1]**tear** [tiə*] *s.* lacrima; stilla: *Her eyes welled with tears,* I suoi occhi si riempirono di lacrime — *The story moved us to tears,* La storia ci commosse fino alle lacrime — *The girl burst into tears,* La ragazza scoppiò in lacrime — *They all laughed till the tears came,* Risero tutti fino alle lacrime — *tear-drop,* lacrima — *tear-gas,* gas lacrimogeno — *tear-gas bomb,* bomba lacrimogena; candelotto lacrimogeno.

[2]**tear** [tεə*] *s.* lacerazione; strappo; *(med.)* ferita lacera.

to **tear** [tεə*] *vt e i.* (*pass.* **tore**; *p. pass.* **torn**) **1** *(anche fig.)* strappare; lacerare, lacerarsi; stracciare, stracciarsi; straziare; dilaniare: *to tear a sheet of paper in two,* strappare un foglio di carta a metà — *to tear up a letter,* fare a pezzi una lettera — *to tear a sheet of paper out of a notebook,* strappare un foglio da un taccuino — *As I pulled the sheet out of the typewriter, it tore,* Mentre toglievo il foglio dalla macchina da scrivere, si strappò — *This material tears easily,* Questa stoffa si strappa facilmente — *He was wearing worn-out and torn clothes,* Indossava vestiti logori e laceri — *to tear one's hair with rage,* strapparsi i capelli per la rabbia — *to tear a leaf from the calendar,* strappare un foglio dal calendario — *He was torn to pieces by a tiger,* Fu fatto a pezzi (Fu dilaniato) da una tigre — *a country torn by civil war,* un paese dilaniato dalla guerra civile — *a heart torn by grief,* un cuore infranto dal dolore.
2 *(con varie prep., indicanti moto: p.es.* down, off, out, up*)* precipitarsi; scorrazzare eccitati; uscire o discendere in fretta, a precipizio: *The children tore out of the school gates,* I bambini si precipitarono fuori dei cancelli della scuola — *The dog tore off up the road,* Il cane scappò via per la strada — *He tore down the hill,* Discese a precipizio dalla collina.
□ *to tear a strip off sb (to tear sb off a strip),* dare a qcno una lavata di capo — *That's torn it!, (fam.)* Siamo fritti!; Ora siamo nei guai! — *to be torn between two alternatives; to be very torn,* essere dibattuto tra due alternative.e.e.

to tear at, dare uno strappo a (qcsa); cercare di tirare via, di strappare (qcsa).

to tear oneself away, allontanarsi, staccarsi (da qcsa): *She could scarcely tear herself away from the scene,* Riuscì a malapena ad allontanarsi dalla scena — *He couldn't tear himself from his book,* Non riusciva a staccarsi dal libro.

to tear down, demolire: *They are tearing down the old slaughter-house at last,* Finalmente stanno demolendo il vecchio mattatoio.

to tear up, - **a)** strappare qcsa a pezzettini - **b)** *to tear up a plant,* sradicare una pianta.

tearaway ['tεərəwei] *s.* giovane aggressivo, impetuoso; *(talvolta spreg.)* giovinastro.

tearful ['tiəful] *agg* lacrimoso. □ *avv* **tearfully.**

tearing ['tεəriŋ] *agg (fam.)* impetuoso; avventato: *(generalm. nelle espressioni) to be in a tearing hurry,* avere molta fretta (una fretta tremenda) — *to go at a tearing pace,* andare di gran corsa (a rotta di collo).

tearless ['tiəlis] *agg* senza lacrime. □ *avv* **tearlessly.**

tearoom ['ti:rum] *s.* sala da tè.

tease [ti:z] *s.* persona che si diverte a prendere in giro gli altri; burlone; seccatore; importuno: *What a tease she is!,* Che seccatrice è!

to **tease** [ti:z] *vt* **1** burlarsi *(di qcno o qcsa);* stuzzicare; farsi gioco; prendere in giro; infastidire; molestare; irritare: *You must never tease a child because it stutters,* Non bisogna mai burlarsi di un bambino perché balbetta — *Molly was teasing the cat,* Molly stava stuzzicando il gatto — *He teased his father about his bald head,* Prendeva in giro suo padre per la sua testa pelata. **2** cardare; pettinare: *to tease flax,* cardare il lino.

teasel ['ti:zl] *s.* cardo.

teaser ['ti:zə*] *s.* **1** = **tease. 2** *(fam.)* domanda imbarazzante; compito difficile; problema di difficile soluzione; rompicapo.

teasingly ['ti:ziŋli] *avv* burlescamente; in modo seccante; fastidiosamente.

teaspoon ['ti:spu:n] *s.* cucchiaino da tè.

teaspoonful ['ti:spu:n,ful] *s.* cucchiaiata *(contenuto di un cucchiaino da tè).*

teat [ti:t] *s.* **1** capezzolo. **2** tettarella *(del poppatoio).* **3** mammella.

teatime ['ti:taim] *s.* l'ora del tè.

tec [tek] *s.* (*abbr. sl. di* **detective**) investigatore; 'detective'.

tech [tek] *s. (abbr. studentesca di* technical college *o di* technical drawing*).*

technical ['teknikəl] *agg* tecnico: *technical terms,* termini tecnici — *technical college,* - **a)** istituto tecnico - **b)** scuola secondaria ad indirizzo artigianale

— *technical drawing,* disegno tecnico *(come materia d'insegnamento)* — *a pianist who has technical skill but not much feeling,* un pianista che ha abilità tecnica ma non molta sensibilità.
technicality [,tekni'kæliti] *s.* **1** carattere tecnico. **2** tecnicismo; termine tecnico; aspetto tecnico: *The two architects were discussing building technicalities,* I due architetti stavano discutendo le tecniche di costruzione — *The judge explained the legal technicalities to the jury,* Il giudice spiegò alla giuria gli aspetti tecnici della legge. **3** cavillo.
technician [tek'niʃən] *s.* tecnico; perito; operaio o artigiano specializzato.
technicolor ['tekni,kʌlə*] *s.* 'technicolor'.
technique [tek'ni:k] *s.* tecnica; metodica.
technocracy [tek'nɔkrəsi] *s.* tecnocrazia; governo di tecnici; supremazia della tecnica.
technocrat ['teknəkræt] *s.* tecnocrate.
technological [,teknə'lɔdʒikəl] *agg* tecnologico.
technologist [tek'nɔlədʒist] *s.* tecnologo.
technology [tek'nɔlədʒi] *s.* tecnologia.
tedder ['tedə*] *s.* voltafieno.
teddy-bear ['tedi,bɛə*] *s.* orsacchiotto di pezza.
teddy boy ['tedi,bɔi] *s.* *(GB)* 'teddy boy' *(giovane teppista degli anni cinquanta).*
tedious ['ti:djəs] *agg* noioso; tedioso. □ *avv* **tediously**.
tediousness ['ti:djəsnis] *s.* tedio; noia.
tedium ['ti:djəm] *s.* tedio; noia; monotonia.
[1]**tee** [ti:] *s.* la lettera T; oggetto a forma di T: *tee-shirt* ⇨ **T-shirt**, *sotto* **T, t**.
[2]**tee** [ti:] *s.* **1** *(al golf)* 'tee'; mucchietto di sabbia *(talvolta una pedana di legno o di gomma)* dal quale si batte la palla. **2** *(in altri giochi, come le bocce, ecc.)* bersaglio.
to **tee** [ti:] *vt e i.* **1** *(al golf)* mettere (la palla) sul 'tee': *to tee off,* dare il colpo d'inizio; iniziare la partita — *teeing ground,* piazzale di partenza. **2** *(fig.) to tee sth up,* preparare (organizzare) qcsa.
to **teem** [ti:m] *vi* **1** abbondare: *Fish teem in this river,* I pesci abbondano in questo fiume. **2** *(seguito da* with*)* formicolare, pullulare (di qcsa): *The lakeside teemed with mosquitoes,* La riva del lago pullulava di zanzare — *His head was teeming with bright ideas,* La sua testa pullulava di idee brillanti.
teeming ['ti:miŋ] *agg* brulicante; formicolante; pullulante. □ *to be teeming with sth,* ⇨ **to teem 2**, *sopra.*
teenage ['ti:n,eidʒ] *agg attrib* adolescente; giovane *(generalm. dai 13 ai 19 anni, ma cfr. anche* **teenager***)*: *teenage fashions,* la moda giovane.
teenager ['ti:n,eidʒə*] *s.* ragazzo o ragazza dai 13 ai 19 anni d'età; *(in senso più vasto)* ragazzi (ragazze) fino ai 21-22 anni e oltre: *a club for teenagers,* un circolo per giovani.
teens [ti:nz] *s. pl* gli anni dai tredici ai diciannove: *She's still in her teens; She's not yet out of her teens,* Non ha ancora vent'anni.
teeny ['ti:ni] *agg* piccolo piccolo (= **tiny**).
to **teeter** ['ti:tə*] *vi* **1** ondeggiare (come su un'altalena); andare su e giù. **2** traballare; essere pericolante.
teeth [ti:θ] *pl di* **tooth**.
to **teethe** [ti:ð] *vi* mettere i primi denti; iniziare la dentizione: *teething troubles,* problemi, fastidi, malesseri connessi alla dentizione; *(fig.)* problemi, difficoltà iniziali.
teetotal [ti:'toutl] *agg* astemio; antialcoolico; contrario alle bevande alcooliche.
teetotaller [ti:'toutlə*] *s.* astemio.
teetotum [ti:'toutəm] *s.* trottola *(da far girare con le dita, con quattro facce segnate con lettere).*
teg [teg] *s.* pecora o montone nel secondo anno di vita.
tegument ['tegjumənt] *s.* tegumento.
telecamera ['teli,kæmərə] *s.* telecamera.
telecast ['telikɑ:st] *s.* trasmissione o programma televisivo.
to **telecast** ['telikɑ:st] *vt* mandare in onda; trasmettere per televisione; teletrasmettere.
telecommunications ['telikə,mju:ni'keiʃənz] *s. pl* telecomunicazioni.
telecontrol ['telikən'troul] *s.* telecomando.
telefilm ['telifilm] *s.* film televisivo; telefilm.
telegenic [,teli'dʒenik] *agg* 'telegenico'.
telegram ['teligræm] *s.* telegramma.
telegraph ['teligrɑ:f/'teligræf] *s.* telegrafo: *telegraph post* (o *pole),* palo del telegrafo — *telegraph-line,* linea telegrafica — *field telegraph,* telegrafo campale — *bush telegraph,* telegrafo della giungla.
to **telegraph** ['teligrɑ:f] *vi e t.* telegrafare: *Shall I telegraph or telephone?,* Devo telegrafare o telefonare? — *He telegraphed (to) his brother,* Telegrafò a suo fratello.
telegrapher [te'legrəfə*] *s.* telegrafista.
telegraphese ['teligrə'fi:z] *s.* stile (gergo) telegrafico.
telegraphic [,teli'græfik] *agg* telegrafico: *telegraphic address,* indirizzo telegrafico — *a telegraphic style,* un uno stile telegrafico. □ *avv* **telegraphically**.
telegraphist [te'legrəfist] *s.* telegrafista.
telegraphy [te'legrəfi] *s.* *(propriamente* wireless telegraphy*)* telegrafia.
telemark ['telimɑ:k] *s.* *(sci)* 'telemark' *(sistema d'arresto con brusca virata).*
telemeter ['telimi:tə*] *s.* telemetro.
teleological [,teliə'lɔdʒikl] *agg* teleologico.
teleologist [,teli'ɔlədʒist] *s.* teleologo.
teleology [,teli'ɔlədʒi] *s.* teleologia.
telepathic [,teli'pæθik] *agg* telepatico. □ avv **telepathically**.
telepathist [te'lepəθist] *s.* **1** studioso di telepatia. **2** persona dotata di poteri telepatici.
telepathy [te'lepəθi] *s.* telepatia.
telephone ['telifoun] *s.* telefono: *You are wanted on the telephone, sir,* È desiderato al telefono, signore — *to be on the telephone,* - **a)** essere al telefono - **b)** essere abbonato al telefono — *telephone number,* numero di telefono — *to answer the telephone,* rispondere al telefono — *telephone directory,* elenco telefonico — *telephone exchange,* centrale (centralino) telefonico — *telephone booth (o box),* cabina telefonica.
to **telephone** ['telifoun] *vt e i.* telefonare *(a qcno): to telephone sb that...,* telefonare a qcno che... — *to telephone to say that...,* telefonare per dire che...
telephonic [,teli'fɔnik] *agg* telefonico.
telephonist [te'lefənist] *s.* telefonista; centralinista.
telephony [te'lefəni] *s.* telefonia.
telephoto ['teli'foutou] *s.* telefoto. □ *a telephoto lens,* un teleobiettivo.
telephotographic ['teli,foutə'græfik] *agg* telefotografico; fotografato con il teleobiettivo.
telephotography ['telifə'tɔgrəfi] *s.* telefotografia; fotografia eseguita con il teleobiettivo.
teleplay ['teliplei] *s.* commedia televisiva.
teleprinter ['teli,printə*] *s.* telescrivente.
telescope ['teliskoup] *s.* telescopio; cannocchiale da marina.
to **telescope** ['teliskoup] *vt e i.* **1** incastrare, incastrarsi; compenetrare; chiudere a telescopio: *When*

the trains collided, the first two coaches of the express telescoped (were telescoped), Quando i due treni si scontrarono, le prime due carrozze del rapido si incastrarono l'una nell'altra. **2** *(fig.)* accorciare. **3** *(fig.)* semplificare.

telescopic [,telis'kɔpik] *agg* **1** telescopico: *a telescopic lens,* - **a)** una lente telescopica - **b)** un teleobiettivo — *a telescopic view of the moon,* una veduta telescopica della luna. **2** a cannocchiale; a telescopio; a incastro: *a telescopic aerial,* un'antenna a telescopio.
□ *avv* **telescopically.**

telescreen ['teliskri:n] *s.* schermo televisivo.

teletype ['telitaip] *s.* **1** telescrivente. **2** messaggio per telescrivente.

teletypewriter ['teli'taip,raitə*] *s.* telescrivente.

to **teleview** ['telivju:] *vt e i.* guardare *(uno spettacolo televisivo).*

televiewer ['teli,vju:ə*] *s.* telespettatore.

to **televise** ['telivaiz] *vt* trasmettere per televisione; teletrasmettere.

television ['teli,viʒən] *s.* televisione: *to see sth on television,* vedere qcsa alla televisione (per televisione) — *television news,* telegiornale — *television set,* televisore.

telex ['teleks] *s.* **1** telescrivente; macchina 'telex'. **2** 'telex'; messaggio per telescrivente.

to **telex** ['teleks] *vt* trasmettere (inviare) per 'telex'; 'telexare'.

to **tell** [tel] *vt e i. (pass. e p. pass.* **told**) **1** dire; raccontare; riferire; rivelare; svelare: *I told him my name,* Gli dissi il mio nome — *Tell me where you live,* Dimmi dove abiti — *Tell him to wait,* Digli di aspettare — *He was told to start at once,* Gli fu detto di partire subito — *I can't tell you how happy I am,* Non riesco a dirti quanto io sia felice — *He told me (that) he was coming,* Mi disse che stava venendo — *If he asks, tell him,* Se te lo chiede, diglielo — *Don't tell me it's too late!,* Non ditemi che è troppo tardi! — *to tell the truth (a lie),* dire la verità (una bugia) — *to tell sb a secret,* rivelare (svelare) un segreto a qcno — *You promised not to tell but you have done so,* Avevi promesso di non parlare ma lo hai fatto — *He told the news to everybody in the village,* Riferì la notizia a tutti nel villaggio — *Tell the children a story (a tale),* Racconta una storia (una favola) ai bambini — *They told us about their misfortunes,* Ci raccontarono le loro disavventure — *So I've been told,* Così mi è stato raccontato — *You can never tell; You never can tell,* Non si può mai dire; Non si sa mai — *There is no telling,* Non si può dire — *There's no telling what may happen,* Non si può dire quello che può succedere — *Tell it like it is, (fam.)* Di' le cose come stanno — ⇨ *anche* **tale 1.**

2 distinguere; discernere; riconoscere; vedere; stabilire; dire: *Can you tell Tom from his twin brother?,* Sei capace di distinguere Tom dal suo gemello? — *to tell good from evil,* (saper) discernere il bene dal male — *I can't tell the difference between them,* Non riesco a vedere la differenza tra loro — *How do you tell which button to press?,* In base a che cosa decidi (Come fai a sapere) quale bottone schiacciare? — *He is only five, but he can tell the time already,* Ha solo cinque anni, ma sa già leggere l'orologio.

3 *(ant.)* contare; fare la conta di *(generalm. nelle espressioni): to tell one's beads,* contare i grani (del rosario); dire le proprie orazioni — *... all told,* contando tutti (in tutto) — *We were twenty all told,* Eravamo in venti, contando tutti.

4 agire; fare effetto; produrre un effetto *(generalm. negativo): All this hard work is telling on him,* Tutto questo lavoro pesante lo sta abbattendo — *Every blow tells,* Ogni colpo ha il suo effetto — *His criminal record told against him,* I suoi precedenti penali giocarono contro di lui.
□ *You're telling me!, (sl., spesso iron.)* Ne sono convinto! — *to tell the tale,* contarla lunga — *to tell the world, (sl.)* proclamare — *You can tell that to the Marines (to the Horse Marines)!,* Vallo a raccontare ad un altro! — *(I'll) tell you what!,* Senti (Sta' a sentire), ho un'idea! — *Tell me another!, (fam.)* Ma va'!; Non ci credo!

to tell of, narrare (raccontare, parlare) di qcsa: *The sailor told of his last voyage,* Il marinaio narrava il suo ultimo viaggio.

to tell off, - **a)** *(un po' desueto)* scegliere (qcno) per un certo compito: *Ten men were told off for special duty,* Furono scelti dieci uomini per un servizio speciale - **b)** *(fam.)* sgridare (qcno): *She was told off for being so careless,* Fu sgridata per la sua trascuratezza — *That fellow needs to be told off,* Quel tale ha bisogno di essere sgridato.

to tell on, - **a)** *(fam.)* svelare i segreti (di qcno); fare la spia: *John told on his sister,* John ha svelato i segreti di sua sorella - **b)** ⇨ *il* **4,** *sopra.*

[1]**teller** ['telə*] *s.* **1** narratore; raccontatore: *story-teller,* narratore. **2** *(in un'assemblea)* scrutinatore; scrutatore. **3** *(in una banca)* cassiere.

[2]**teller** ['telə*] *s.* mina tedesca piatta.

telling ['teliŋ] *agg* efficace; significativo: *a telling speech,* un discorso efficace. □ *avv* **tellingly.**

telling-off ['teliŋɔ:f] *s. (fam.:* ⇨ **to tell off,** *b)* sgridata; ramanzina.

tell(-)tale ['telteil] *s.* **1** spione; pettegolo. **2** *(mecc.)* spia luminosa; segnale di pericolo.
□ *agg* significativo; rivelatore: *a tell(-)tale blush,* un rossore significativo — *the telltale ash on the carpet,* la cenere rivelatrice sul tappeto.

telluric [te'ljuərik] *agg* tellurico.

telly ['teli] *s. (GB, fam.)* **1** televisione. **2** televisore.

telpher ['telfə*] *s.* teleferica: *a telpher line,* una teleferica; una funivia.

temerarious [,temə'rɛəriəs] *agg (lett.)* temerario.

temerity [ti'meriti] *s.* temerarietà; avventatezza.

temp [temp] *s. (abbr. di* temporary employee*)* impiegato *(spec. una segretaria)* non di ruolo.

temper ['tempə*] *s.* **1** tempera; tempra *(del vetro, ecc.);* grado di durezza o di elasticità; rinvenimento *(di metalli);* percentuale di carbonio *(nelle leghe di acciaio).* **2** miscela legante; mescolanza. **3** *(di persona)* indole; carattere; temperamento; disposizione: *to be in a good temper,* essere di buon umore — *to be in a temper (in a bad temper),* essere di malumore, nervoso, irritato, impaziente — *to keep one's temper,* mantenere la calma; mantenersi calmo — *to lose one's temper,* perdere la calma (le staffe, la pazienza) — *She has a temper,* Ha un caratteraccio (un caratterino). **4** collera; ira; stizza; malumore: *to fly into a temper,* adirarsi — *to be out of temper (with sb),* essere arrabbiato, adirato, stizzito (con qcno); essere fuori dai gangheri.

to **temper** ['tempə*] *vt* **1** temperare; temprare *(p.es. l'argilla);* rinvenire. **2** mescolare; stemperare. **3** *(fig.)* addolcire; temperare; mitigare: *to temper justice with mercy,* temperare la giustizia con la misericordia.
□ ⇨ *anche* [1]**tempered,** *agg.*

tempera ['tempərə] *s. (pittura)* tempera.

temperament ['tempərəmənt] *s.* **1** temperamento; carattere; indole: *a girl with a nervous temperament,* una ragazza con un temperamento nervoso — *The two brothers have entirely different temperaments,* I due fratelli hanno caratteri completamente differenti — *Success often depends on temperament,* Il successo dipende spesso dall'indole. **2** temperamento; emotività; carattere appassionato. **3** *(mus.)* temperamento.

temperamental [,tempərə'mentl] *agg* **1** innato; congenito; costituzionale: *a temperamental dislike for study,* un'antipatia congenita per lo studio. **2** lunatico; instabile; capriccioso; mutevole; emotivo: *a temperamental tennis-player,* un tennista incostante, capriccioso. □ *avv* **temperamentally.**

temperance ['tempərəns] *s.* temperanza; moderazione *(soprattutto nel bere alcoolici);* astinenza totale *(dal bere): a temperance society (league),* un'associazione (una lega) per l'astensione dalle bevande alcooliche — *a temperance hotel,* un albergo dove non si servono alcoolici.

temperate ['tempərit] *agg* **1** temperato; moderato *(nei modi, nel linguaggio): Be more temperate in your language, please,* Sia più moderato nel Suo linguaggio, per favore. **2** *(di clima o di zone del globo terrestre)* temperato: *the north temperate zone,* la zona temperata settentrionale. □ *avv* **temperately.**

temperateness ['tempəritnis] *s.* moderazione; temperanza.

temperature ['tempritʃə*] *s.* temperatura: *to have (to be running) a temperature,* avere la febbre.

[1]**tempered** ['tempəd] *agg* **1** temprato; temperato: *tempered steel,* acciaio temprato — *The Well-tempered Clavier,* il 'Clavicembalo ben temperato'. **2** *(fig.)* mitigato; moderato.

[2]**-tempered** ['tempəd] *agg (nei composti)* dal carattere (indole)...: *good-tempered,* buono; di carattere buono; simpatico — *bad-tempered,* irascibile; scontroso; irritabile — *fiery-tempered; hot-tempered,* focoso — *even-tempered,* di carattere mite.
□ *avv* **-temperedly**: *bad-temperedly,* in modo irascibile (scontroso, ecc.)

tempest ['tempist] *s.* tempesta; bufera; burrasca *(anche fig.);* uragano: *tempest-beaten (-swept, -tossed),* battuto (spazzato, sconvolto) dalla tempesta — *A tempest of laughter swept through the crowd,* Un uragano di risate si scatenò tra la folla.

tempestuous [tem'pestjuəs] *agg (del tempo, ma anche fig.)* tempestoso; burrascoso; turbolento; turbinoso; agitato; violento: *to be in a tempestuous mood,* essere d'umore burrascoso — *a tempestuous political meeting,* una tempestosa riunione politica. □ *avv* **tempestuously.**

templar ['templə*] *s.* **1** *(GB)* avvocato; uomo di legge; studente di un 'Temple' (⇨ [1]**temple 2**). **2** *(stor.)* templare.

template ['templeit] *s.* calibro sagomato; sagoma.

[1]**temple** ['templ] *s.* **1** tempio; chiesa. **2** *the Inner Temple; the Middle Temple,* (sedi londinesi di) due delle quattro associazioni inglesi di avvocati *(cioè* barristers*').*

[2]**temple** ['templ] *s.* tempia.

templet ['templət] *s.* = **template.**

tempo ['tempou] *s.* *(dall'ital.: pl.* **tempos,** *o in musica* **tempi)** **1** ritmo; cadenza: *This long strike has upset the tempo of production,* Questo lungo sciopero ha alterato il ritmo della produzione. **2** *(mus.)* tempo; ritmo.

temporal ['tempərəl] *agg* **1** *(gramm., ecc.)* temporale: *temporal conjunctions,* congiunzioni temporali. **2** terreno; mondano; temporale: *the temporal power of the Pope,* il potere temporale del papa — *the lords temporal and spiritual, (GB)* i pari del regno e i vescovi. **3** *(anat.)* temporale.

temporality [,tempə'ræliti] *s.* *(di solito al pl.)* beni temporali; possedimenti terreni: *the temporalities of the Church,* i beni temporali della Chiesa.

temporalty ['tempərəlti] *s. collettivo* i laici.

temporariness ['tempərərinis] *s.* temporaneità; provvisorietà.

temporary ['tempərəri] *agg* temporaneo; passeggero; provvisorio: *temporary employment,* un impiego temporaneo — *temporary difficulties,* difficoltà passeggere — *a temporary bridge,* un ponte provvisorio. □ *avv* **temporarily.**

to **temporize** ['tempəraiz] *vi* prendere tempo; temporeggiare: *a temporizing politician,* un politico che temporeggia.

temporizer ['tempəraizə*] *s.* temporeggiatore.

temporizingly ['tempəraiziŋli] *avv* temporeggiando; con una tecnica fondata sul temporeggiamento.

to **tempt** [tem*p*t] *vt* **1** tentare; allettare; indurre *(in tentazione): Nothing could tempt him to such a course of action,* Nulla potrebbe indurlo ad assumere una tale linea di condotta — *Bad companions tempted him to drink heavily,* Le cattive compagnie lo indussero a bere molto. **2** attrarre; attirare: *The warm weather tempted us to go for a swim,* Il caldo ci spinse ad andare a nuotare — *She tempted the child to have a little more soup,* Cercò di convincere il bambino a prendere ancora un po' di minestra — *What a tempting offer!,* Che offerta allettante! **3** mettere alla prova: *to tempt Providence,* correre un rischio.

temptation [tem*p*'teiʃən] *s.* **1** tentazione; il tentare: *to yield (to give way) to temptation,* cedere alla tentazione — *to put temptation in sb's way,* indurre qcno in tentazione. **2** allettamento; incentivo; ciò che alletta, attrae: *Advertisements are temptations to spend money,* Gli avvisi pubblicitari sono degli incitamenti a spendere denaro.

tempter ['tem*p*tə*] *s.* tentatore; persona tentatrice: *the Tempter,* il Tentatore; il diavolo.

tempting ['tem*p*tiŋ] *agg* allettante; attraente. □ *avv* **temptingly.**

temptress ['tem*p*tris] *s.* tentatrice; donna seducente.

ten [ten] *s. e agg* dieci: *It's ten to twelve,* Sono le dodici meno dieci — *ten to one,* - **a)** l'una meno dieci - **b)** dieci a uno; con nove probabilità su dieci: *It's ten to one he'll arrive late,* Molto probabilmente arriverà in ritardo.

tenability [,tenə'biliti] *s.* **1** sostenibilità *(di una teoria, ecc.).* **2** difendibilità.

tenable ['tenəbl] *agg* **1** *(di teoria, ecc.)* sostenibile. **2** *(di un impiego o di una posizione)* tenibile; che si può tenere; occupabile: *The lectureship is tenable for a period of three years,* L'incarico può essere tenuto per un periodo di tre anni. **3** *(mil.)* difendibile.

tenacious [ti'neiʃəs/te'neiʃəs] *agg* tenace; caparbio: *a tenacious memory,* una memoria tenace — *to be tenacious of one's rights (liberties),* essere attaccato ai propri diritti (alle proprie libertà). □ *avv* **tenaciously.**

tenaciousness, tenacity [ti'neiʃəsnis/ti'næsiti] *s.* tenacia; ostinazione; caparbietà; tenacità.

tenancy ['tenənsi] *s.* **1** affitto; locazione: *during his tenancy of the farm,* mentre aveva in affitto la fattoria. **2** periodo di affitto; durata della locazione: *to hold a life tenancy of a house,* avere una locazione a vita di una casa.

tenant ['tenənt] *s.* inquilino; locatario; affittuario: *to evict tenants for non-payment of rent,* sfrattare degli inquilini per mancato pagamento dell'affitto — *tenant farmers,* fittavoli.

to **tenant** ['tenənt] *vt (generalm. al passivo)* occupare come inquilino; affittare: *buildings tenanted by railway workers,* abitazioni affittate a ferrovieri.

tenantless ['tenəntlis] *agg (di casa, podere)* non occupato da affittuario; libero; sfitto; vuoto.

tenantry ['tenəntri] *s. (collettivo, sing.)* (i) fittavoli; (gli) inquilini; (gli) affittuari di una proprietà.

tench [tentʃ] *s.* tinca.

[1]to **tend** [tend] *vt* curare; badare (a); prendersi cura (di).

[2]to **tend** [tend] *vi* tendere; essere incline; essere diretto: *Prices are tending upwards,* I prezzi tendono a salire — *He tends to pitch the ball too high,* Tende a lanciare la palla troppo in alto.

tendency ['tendənsi] *s.* tendenza; inclinazione: *Business is showing a tendency to improve,* Gli affari mostrano una tendenza al miglioramento — *a strong upward tendency in oil shares,* una forte tendenza al rialzo nelle azioni petrolifere.

tendentious [ten'denʃəs] *agg* tendenzioso. □ *avv* **tendentiously.**

tendentiousness [ten'denʃəsnis] *s.* tendenziosità.

[1]**tender** ['tendə*] *s.* **1** custode; sorvegliante; guardiano; chi si prende cura di qcno o qcsa: *a machine-tender,* un macchinista — *a bar-tender,* un barista. **2** piccola imbarcazione; lancia *(per trasportare passeggeri e merci da e su navi più grandi).* **3** *(ferrovia)* 'tender'; carro di scorta. **4** *(naut.)* nave di appoggio.

[2]**tender** ['tendə*] *s.* **1** *(comm.)* offerta *(di pagamento);* capitolato *(di appalto);* offerta reale: *a sealed tender,* un'offerta sigillata *(per un appalto)* — *to invite tenders for a new bridge,* bandire un concorso (una gara d'appalto) per la costruzione di un nuovo ponte — *to put in (to make, to send in) a tender for sth,* fare un'offerta per qcsa *(spec. in una gara d'appalto)* — *to accept the lowest tender,* accettare l'offerta più bassa. **2** *legal tender,* valuta legale — *to be legal tender,* avere corso legale.

to **tender** ['tendə*] *vt e i.* **1** offrire; presentare; porgere: *to tender money in payment of a debt,* offrire del denaro in pagamento (a saldo) di un debito — *to tender one's services,* offrire i propri servizi — *to tender one's resignation,* rassegnare le dimissioni. **2** *(comm.)* offrire *(della merce a un dato prezzo);* proporre un prezzo; fare un'offerta *(in una gara d'appalto): to tender for the construction of a new motorway,* fare un'offerta per la costruzione di una nuova autostrada.

[3]**tender** ['tendə*] *agg* **1** tenero; delicato *(anche fig.): tender blossoms,* fiori *(di alberi da frutta)* delicati — *a tender steak,* una bistecca tenera — *a tender subject,* un argomento delicato — *a person of tender age (years),* una persona ancora molto giovane (di età immatura, di tenera età) — *a tender conscience,* una coscienza sensibile — *a tender heart,* un cuore tenero — *tender-hearted,* di cuore sensibile, delicato. **2** debole; fragile: *to touch sb on a tender spot,* toccare qcno in un punto debole; pungere qcno sul vivo. **3** gentile; amorevole; dolce; affettuoso: *tender looks,* sguardi dolci — *tender care,* cura amorevole — *tender parents,* genitori affettuosi — *to bid sb a tender farewell,* salutare (dire addio a) qcno affettuosamente — *to be tender of sb's feelings,* avere molto riguardo per i sentimenti di qcno. □ *avv* **tenderly.**

tenderfoot ['tendəfut] *s.* (*pl.* **tenderfoots,** *talvolta* **tenderfeet) 1** *(stor., USA e nelle colonie)* nuovo venuto; novellino; pivello; *(talvolta)* persona non ancora abituata alle dure condizioni di vita dei paesi poco civilizzati. **2** 'piede tenero'; pivellino *(primo grado dei 'boy scouts').*

to **tenderise,** to **tenderize** ['tendəraiz] *vt* rendere più tenero *(spec. la carne).*

tenderloin ['tendəlɔin] *s.* **1** filetto *(di manzo).* **2** *(USA, con la maiuscola)* quartiere malfamato di New York *(ed ora di altre città statunitensi).*

tenderness ['tendənis] *s.* **1** tenerezza. **2** debolezza; fragilità. **3** affetto; sollecitudine.

tendon ['tendən] *s.* tendine.

tendril ['tendril] *s.* viticcio.

tenement ['tenimənt] *s.* **1** *(anche* tenement-house*)* casamento; casa popolare. **2** *(dir.)* abitazione; casa; podere; possedimento; tenuta.

tenet ['tenit/'ti:net] *s.* principio; opinione; credenza; dottrina.

tenfold ['tenfould] *agg* decuplo. □ *avv* al decuplo; dieci volte tanto.

tenner ['tenə*] *s. (GB, sl.)* dieci sterline; biglietto da dieci sterline.

tennis ['tenis] *s.* tennis: *tennis-ball (-racket),* pallina (racchetta) da tennis — *tennis court,* campo da tennis — *lawn tennis,* tennis su campo erboso. □ *tennis-elbow,* epicondilalgia esterna.

tenon ['tenən] *s.* **1** tenone; parte che s'incastra *(in falegnameria).* **2** *(naut.)* miccia; maschio.

[1]**tenor** ['tenə*] *s.* **1** *(generalm. con l'art. determinativo)* tenore *(di vita).* **2** tono; filo *(di un discorso);* tenore: *She knew enough Spanish to get the tenor of what was being said,* Sapeva lo spagnolo a sufficienza per cogliere il senso di quanto si stava dicendo.

[2]**tenor** ['tenə*] *s.* tenore: *a tenor voice,* una voce da tenore — *the tenor clef,* la chiave di tenore — *the tenor part,* la parte da tenore — *a tenor viola,* una viola tenore.

tenpence ['tenpəns] *s.* dieci 'pence'.

tenpins ['tenpinz] *s. (col v. al sing.)* gioco con dieci birilli; *(col v. al pl.)* i birilli stessi.

[1]**tense** [tens] *s. (gramm.)* tempo.

[2]**tense** [tens] *agg* teso; contratto: *tense nerves,* nervi tesi — *a tense atmosphere,* un'atmosfera tesa — *faces tense with anxiety,* facce contratte per l'ansia — *We were tense with expectancy,* Eravamo tesi nell'attesa. □ *avv* **tensely.**

to **tense** [tens] *vt e i. (talvolta seguito da up)* tendersi; contrarsi; irrigidirsi: *He tensed his muscles for the effort,* Contrasse i muscoli per lo sforzo.

tenseness, tensity ['tensnis/'tensiti] *s.* tensione; irrigidimento; rigidità.

tensile ['tensail] *agg* **1** relativo alla tensione: *tensile strength,* resistenza alla rottura; carico di rottura. **2** duttile; elastico; estensibile.

tension ['tenʃən] *s.* **1** il tendere o l'essere teso. **2** tensione *(anche fig.);* eccitamento; agitazione: *racial tension(s),* tensioni razziali. **3** *(elettr.)* tensione; potenziale; voltaggio: *high tension wires,* fili ad alta tensione. **4** tensione; pressione *(di un gas o vapore).*

tent [tent] *s.* tenda; (grande) padiglione: *tent-peg,* picchetto da tenda — *bell-tent,* tenda conica — *tent-bed,* letto a baldacchino — *oxygen tent,* tenda ad ossigeno.

tentacle ['tentəkl] *s.* tentacolo *(anche fig.): the tentacles of the law, (fig.)* i tentacoli (il lungo braccio) della legge.

tentative ['tentətiv] *agg* **1** a titolo di prova, di esperimento, di massima: *a tentative suggestion,* un suggerimento a titolo di prova — *to come to a tentative conclusion,* venire a una conclusione di massima — *to* *make a tentative offer,* fare un'offerta per prova. **2** esitante; titubante; incerto. □ *avv* **tentatively.**

tenterhooks ['tentəhuks] *s. pl (nell'espressione) to be on tenterhooks,* essere in ansia; essere sulle spine (sui carboni ardenti).

tenth [tenθ] *s. e agg* decimo; un decimo *(di una cosa divisa in dieci parti uguali); (giorno del mese)* dieci; *(tassa)* decima. □ *avv* **tenthly.**

tenuity [ti'njuiti/te'njuiti] *s.* tenuità; leggerezza; sottigliezza.

tenuous ['tenjuəs] *agg* tenue; leggero; sottile *(di distinzioni).*

tenure ['tenjuə*] *s.* **1** possesso; occupazione; diritto di occupazione: *The farmers want security of tenure,* Gli agricoltori vogliono garanzie circa la stabilità dei loro possedimenti in affitto. **2** durata della carica; permanenza in carica: *The tenure of office of the President is four years,* La durata della carica del Presidente è di quattro anni.

tepee ['ti:pi:] *s.* tenda conica dei pellirosse.

tepid ['tepid] *agg* tiepido *(anche fig.).* □ *avv* **tepidly.**

tepidity, tepidness [te'piditi/'tepidnis] *s.* tiepidità.

tercentenary [,tə:sen'ti:nəri] *s.* tricentenario; terzo centenario; trecentesimo anniversario: *tercentenary celebrations,* celebrazioni del tricentenario.

tercentennial [,tə:sen'tenjəl] *s.* trecentesimo anniversario.

tercet ['tə:sit/'tə:set] *s. (poesia)* terzina.

to **tergiversate** ['tə:dʒivəseit] *vi* fare un voltafaccia; cambiare totalmente d'opinione; tergiversare; esprimersi in modo sempre indeciso e contrastante.

tergiversation [,tə:dʒivə'seiʃən] *s.* tergiversazione.

term [tə:m] *s.* **1** durata; periodo: *a long term of imprisonment; a long prison term,* un lungo periodo di detenzione — *during his term of office as President,* durante il periodo della sua presidenza.
2 *(nelle scuole, ecc.)* trimestre; sessione *(GB, anche di un tribunale): the spring (autumn) term,* il trimestre (la sessione) primaverile (autunnale) — *end-of-term examinations,* esami di fine trimestre — *during term-time,* durante il trimestre.
3 *(generalm. al pl.)* condizione; termine; clausola: *to do sth on one's own terms,* fare qcsa alle proprie condizioni — *to come to terms with sb,* venire a patti con qcno — *not on any terms,* a nessun patto — *to bring a person to terms,* convincere una persona ad addivenire ad un accordo — *terms of surrender,* condizioni di resa — *terms of reference,* termini di riferimento.
4 *(al pl., comm.)* prezzo; condizioni: *to inquire about terms for a stay at a hotel,* informarsi sui termini di pagamento per un soggiorno in un albergo — *terms of sale,* condizioni di vendita — *on the usual terms,* alle solite condizioni — *moderate terms,* prezzi modici — *inclusive terms,* prezzo tutto compreso — *hire-purchase terms,* condizioni per pagamento a rate — *easy terms,* facilitazioni.
5 *(al pl.)* relazione; rapporti: *to be on good terms with sb,* essere in buoni rapporti con qcno — *to meet sb on equal terms,* incontrare qcno in termini di parità — *not to be on speaking terms with sb,* - **a)** conoscere qcno appena di vista - **b)** essere in rotta con qcno; non parlare più con qcno.
6 termine *(anche logica, matematica);* parola; *(spesso al pl.)* termini; espressioni: *technical (scientific, legal) terms,* termini tecnici (scientifici, legali) — *The expression '$a^2 + 2ab + b^2$' has three terms,* L'espressione '$a^2 + 2ab + b^2$' ha tre termini — *He referred to your work in terms of high praise (in glowing terms),* Parlò del vostro lavoro in termini elogiativi — *How dare you speak of her in such abusive terms?,* Come ti permetti di parlare di lei in termini così insultanti? — *in plain terms,* in parole povere — *a contradiction in terms,* una contraddizione in termini.

to **term** [tə:m] *vt* chiamare; dare un termine; definire; denominare: *He has no right to term himself a professor,* Non ha alcun diritto di definirsi professore.

termagant ['tə:məgənt] *s.* donna bisbetica; chiassona.

terminable ['tə:minəbl] *agg* terminabile.

terminal ['tə:minl] *agg* **1** trimestrale: *terminal examinations (accounts),* esami (conti) trimestrali. **2** terminale; finale. **3** *(med.)* terminale. □ *avv* **terminally.**
□ *s.* **1** stazione di testa; capolinea; aerostazione; 'terminal'. **2** *(elettr.)* morsetto: *the terminals of a battery,* i morsetti di una batteria. **3** *(elaborazione dati)* terminale; unità periferica.

to **terminate** ['tə:mineit] *vt* terminare; porre fine (termine) a: *to terminate sb's contract,* porre fine al (rescindere il) contratto di qcno — *the word that terminates a sentence,* la parola con cui termina una frase.
□ *vi* finire; terminare: *The meeting terminated at ten o'clock,* La riunione finì alle dieci — *Many English adverbs terminate in '-ly',* Molti avverbi inglesi terminano in '-ly'.

termination [,tə:mi'neiʃən] *s.* **1** termine; conclusione; rescissione: *termination of a pregnancy,* interruzione di una gravidanza; aborto — *the termination of a contract,* la risoluzione di un contratto — *to put a termination to sth,* porre termine a qcsa — *to bring sth to a termination,* portare a termine qcsa. **2** terminazione; desinenza *(di una parola).*

terminological [,tə:minə'lɔdʒikəl] *agg* terminologico: *a terminological inexactitude,* un'inesattezza terminologica; *(scherz.)* una menzogna. □ *avv* **terminologically.**

terminology [,tə:mi'nɔlədʒi] *s.* terminologia.

terminus ['tə:minəs] *s.* stazione terminale; capolinea; 'terminus'.

termite ['tə:mait] *s.* termite.

tern [tə:n] *s.* rondine di mare; sterna.

Terpsichorean [,tə:psikə'ri(:)ən] *agg* tersicoreo: *the Terpsichorean art,* l'arte della danza.

terrace ['terəs] *s.* **1** terrazza; terrazzo; ripiano coltivabile a gradoni. **2** scalinata ad ampi gradini. **3** *(GB)* fila di case lungo un pendio: *8 Mappin Terrace, Bath,* al numero 8 di Mappin Terrace a Bath. **4** *(USA)* aiuola alberata.

to **terrace** ['terəs] *vt* formare delle terrazze; disporre a terrazze; terrazzare: *a terraced lawn,* un prato a terrazze — *terraced houses, (GB)* fila di case accostate l'una all'altra — *a terraced toof,* tetto a terrazza.

terracotta ['terə'kɔtə] *s.* terracotta; color terracotta: *a terracotta vase,* un vaso di terracotta.

terra firma ['terə'fə:mə] *s. (lat.)* terraferma: *We were glad to be on terra firma again,* Fummo contenti di essere di nuovo sulla terraferma.

terrain [tə'rein/te'rein/'terein] *s.* terreno: *difficult terrain for tanks,* terreno difficile per carri armati.

terra incognita ['terəin'kɔgnitə] *s. (lat.)* terra sconosciuta; terra inesplorata.

terrapin ['terəpin] *s.* tartaruga d'acqua dolce.

terrestrial [ti'restriəl/te'restriəl] *agg* **1** terrestre: *the terrestrial parts of the world,* le parti terrestri del mondo. **2** relativo alla Terra; terrestre: *a terrestrial globe,* un globo terrestre; un mappamondo.
□ *avv* **terrestrially.**

terrible ['teribl] *agg* **1** terribile; tremendo; spaventoso;

orribile: *a terrible accident,* un incidente spaventoso — *He died in terrible agony,* Fece una morte atroce. **2** *(fam., per estensione)* tremendo; straordinario; eccessivo; orribile; pessimo; schifoso: *The heat is terrible in Baghdad during the summer,* A Bagdad durante l'estate il calore è terribile — *The food was terrible,* Il cibo era pessimo — *My room was in terrible state of disorder,* La mia stanza era in un orribile stato di disordine — *He's a terrible actor,* È un pessimo attore.

terribly ['teribli] *avv* **1** *(non molto comune)* in modo terribile, spaventoso. **2** *(fam.)* tremendamente; terribilmente; molto; 'da matti': *It's terribly early,* È molto presto — *It's terribly cold,* Fa un freddo cane — *He's a terribly boring lecturer,* È un conferenziere noiosissimo — *I'm terribly glad you could come,* Sono molto contento che tu sia potuto venire — *I think he's terribly lucky,* Ritengo che sia molto fortunato.

terrier ['teriə*] *s.* **1** 'terrier'; cane da caccia. **2** *(GB, fam.: con la maiuscola)* soldato della milizia territoriale.

terrific [tə'rifik] *agg* **1** terrificante; terrorizzante; spaventevole; terribile. **2** *(fam.)* enorme; estremo; 'fantastico'; straordinario; 'pazzesco'; 'bestiale': *The party was a terrific success,* Il party ha avuto un successo strepitoso — *He was driving at a terrific pace,* Stava guidando ad una velocità pazzesca. □ *avv* **terrifically.**

to **terrify** ['terifai] *vt* terrorizzare; spaventare; impaurire: *The child was terrified of being left alone in the house,* Il bambino era terrorizzato all'idea di venire lasciato solo nella casa — *She was terrified out of her wits,* Era terrorizzata al punto da diventare pazza — *What a terrifying experience!,* Che esperienza terrificante (spaventosa, terribile, orribile)!

territorial [,teri'tɔ:riəl] *agg* territoriale: *territorial possessions,* possedimenti territoriali — *to have territorial claims against a State,* avere delle rivendicazioni territoriali nei confronti di uno Stato — *territorial waters,* acque territoriali — *the Territorial Army, (GB)* la milizia territoriale.
□ *s. (GB)* territoriale; membro della milizia territoriale.

territory ['teritəri] *s.* **1** territorio, territori; colonia, colonie: *Portuguese territory in Africa,* i territori (le colonie) portoghesi in Africa. **2** territorio; zona; distretto: *This salesman travels over a large territory,* Questo commesso viaggiatore opera in un ampio territorio. **3** *(USA)* territorio *(distretto con autonomia legislativa ma non riconosciuto come Stato dell'Unione): Until 1959 Hawaii was a Territory, not a State,* Fino al 1959, le isole Hawaii costituivano un territorio e non uno Stato.

terror ['terə*] *s.* **1** terrore; paura; spavento: *to run away in terror,* scappare via per il terrore — *to be in terror of one's life,* temere fortemente per la propria vita — *to spread terror,* spargere il terrore — *to be terror-struck (terror-stricken),* essere colto da terrore — *to have a terror of fire,* avere una paura terribile del fuoco — *This added to our terrors,* Ciò accrebbe le nostre paure. **2** *(fam.)* peste *(fig.: spec. di bambino): This child is a holy terror,* Questo bambino è una autentica peste.

terrorism ['terərizəm] *s.* terrorismo.

terrorist ['terərist] *s.* terrorista.

to **terrorize** ['terəraiz] *vt* terrorizzare; spargere il terrore.

terry ['teri] *s.* (tessuto) riccio: *terry-cloth,* tessuto a spugna.

terse [tə:s] *agg (di discorso, stile, oratore)* incisivo; netto; conciso. □ *avv* **tersely.**

terseness ['tə:snis] *s.* concisione.

tertian ['tə:ʃən] *agg (di febbre)* terzana.

tertiary ['tə:ʃiəri] *agg (geologia, ecc.)* terziario.

tessellated ['tesileitid] *agg* decorato con piastrelle a tessera, a mosaico: *a tessellated pavement,* una pavimentazione a mosaico.

test [test] *s.* **1** esame; prova; esperimento; saggio: *methods that have stood the test of time,* metodi che hanno resistito alla prova del tempo — *an endurance test,* una prova di durata (di resistenza) — *a blood test,* un esame del sangue — *a screen test,* un provino *(per il cinema)* — *to take a driving test,* dare l'esame di guida — *a test in arithmetic,* una prova d'aritmetica — *an intelligence test,* un test mentale — *a test case,* una causa legale promossa allo scopo di stabilire un precedente giuridico — *to put sth to the test,* mettere qcsa alla prova; collaudare qcsa — *a test pilot,* un pilota collaudatore; un collaudatore di aerei — *a test-tube, (chim.)* una provetta — *a test-tube baby,* un figlio della provetta. **2** criterio; (pietra di) paragone: *That's a good test,* È un'ottima base per un giudizio. □ *test(-match), (GB, nel cricket, rugby)* incontro fra due squadre nazionali.

to **test** [test] *vt* provare; mettere alla prova; esaminare; saggiare; collaudare: *to have one's eyesight tested,* farsi esaminare la vista — *to test ore for gold,* esaminare un minerale grezzo per stabilire se contenga oro — *a well-tested remedy,* un rimedio ampiamente sperimentato — *The long climb tested our power of endurance,* La lunga scalata mise alla prova la nostra capacità di resistenza.

testament ['testəmənt] *s.* testamento: *the Old (New) Testament,* l'Antico (il Nuovo) Testamento.

testamentary [,testə'mentəri] *agg* testamentario.

testate ['testit/'testeit] *s. e agg (dir.)* testante; che ha fatto un testamento.

testator [tes'teitə*] *s.* persona che ha fatto testamento; testatore.

testatrix [tes'teitriks] *s.* (*pl.* **testatrixes, testatrices**) donna che ha fatto testamento; testatrice.

[1]**tester** ['testə*] *s.* **1** collaudatore. **2** saggiatore. **3** apparecchio di misura (per prove).

[2]**tester** ['testə*] *s.* baldacchino.

testicle ['testikl] *s.* testicolo.

to **testify** ['testifai] *vt e i.* **1** testimoniare; attestare; affermare sotto giuramento; deporre in tribunale: *He testified under oath that he had not been at the scene of the crime,* Testimoniò sotto giuramento che non era stato sul luogo del delitto — *The teacher testified to the boy's ability,* L'insegnante testimoniò dell'abilità del ragazzo — *Two witnesses will testify against her and three will testify on her behalf,* Due testimoni deporranno contro di lei e tre deporranno a suo favore. **2** dimostrare; essere la prova (di qcsa): *Her tears testified (to) her grief,* Le sue lacrime erano la prova del suo dolore.

testimonial [,testi'mounjəl] *s.* **1** certificato (di servizio, di buona condotta); attestato; benservito. **2** *(per estensione)* medaglia o dono collegiale offerto in riconoscimento di meriti o servizi resi.

testimony ['testiməni] *s.* **1** testimonianza; deposizione: *You will have to produce testimony of your statement,* Dovrà addurre prove a testimonianza della Sua affermazione — *in testimony whereof...,* in fede di ciò... **2** *(collettivo)* dichiarazioni; affermazioni: *According to the testimony of the medical profession, the health of the nation is improving,* Secondo le dichiarazioni della classe medica, la salute pubblica sta migliorando. □ *the Testimony,* il Decalogo; la legge divina.

testiness ['testinis] *s.* irascibilità; impazienza; risentimento; irritabilità.

testy ['testi] *agg* irascibile; impaziente; risentito; irritabile. □ *avv* **testily.**

tetanus ['tetənəs] *s.* tetano.

tetchiness ['tetʃinis] *s.* stizza; irritabilità.

tetchy ['tetʃi] *agg* stizzoso; irritabile. □ *avv* **tetchily.**

tête-à-tête ['teitɑ:'teit] *s. (fr.)* 'tête-à-tête'; incontro a due; colloquio a quattr'occhi.
□ *avv* in privato; a quattr'occhi: *He dined tête-à-tête with the Premier,* Cenò in privato con il Primo Ministro.

tether ['teθə*] *s.* pastoia; catena: *(ora generalm. nell'espressione) to be at the end of one's tether, (fig.)* essere allo stremo delle proprie forze; non poterne più.

to **tether** ['teθə*] *vt* impastoiare; legare: *He tethered his horse to the fence,* Legò il cavallo allo steccato.

tetrachloride [,tetrə'klɔ:raid] *s.* tetracloruro.

Teuton ['tju:tən] *s.* teutone.

Teutonic [tju(:)'tɔnik] *agg* teutonico.

Texan ['teksən] *agg e s.* (abitante) del Texas; 'texano'.

text [tekst] *s.* **1** testo: *too much text and not enough pictures,* troppo testo e non abbastanza illustrazioni — *a corrupt text,* un testo corrotto. **2** *(della Bibbia)* versetto; passo *(preso come spunto per una predica).* **3** (= text-book) manuale; libro di testo; trattato: *an algebra text-book,* un manuale di algebra.

textbook ['tekstbuk] *s.* ⇨ **text 3.**
□ *agg* da manuale: *a textbook manoeuvre,* una manovra da manuale.

textile ['tekstail] *s.* stoffa; fibra tessile.
□ *agg attrib* tessile: *the textile industry,* l'industria tessile.

textual ['tekstjuəl] *agg* testuale; del (nel) testo: *textual errors,* errori testuali — *textual criticism,* critica testuale.

texture ['tekstʃə*] *s.* **1** grana; tessuto: *a skin of fine texture,* una pelle di grana fine. **2** struttura *(di un minerale, di una roccia).* **3** trama *(nei tessuti): cloth with a loose texture,* tessuto a trama larga.

Thai [tai] *s. e agg* siamese; tailandese.

thalidomide [θæ'lidəmaid] *s.* talidomide: *thalidomide baby,* bambino menomato *(per effetto del farmaco somministrato alla madre durante la gravidanza).*

than [ðən; *talvolta, nella forma 'forte'* ðæn] *congiunz e prep* di; che; quanto; di quanto: *John is taller than his brother,* John è più alto di suo fratello — *I have never met anyone cleverer than him,* Non ho mai incontrato nessuno più intelligente di lui — *I know you better than he (than he does),* Ti conosco meglio di lui — *I know you better than him,* Conosco te meglio di quanto non conosca lui — *I like her no better than he (than he does),* Lei piace a me tanto quanto piace a lui — *I like her no better than him,* Mi piace lei tanto quanto lui — *He is several years older than me (than I),* È di parecchi anni più vecchio di me — *They sang louder than us,* Cantavano più forte di noi — *no other than...; (spesso) none other than...,* nientemeno che...; nessun altro che... — *It was no other than my old friend Jones,* Era nientemeno che il mio vecchio amico Jones — *nothing else than...,* nient'altro che... — *His failure was due to nothing else than his own carelessness,* Il suo fallimento è esclusivamente dovuto alla sua trascurataggine — *rather than...; sooner than...,* piuttosto che...; piuttosto di...; anziché...

thane [θein] *s. (stor. GB: nel periodo 'anglosassone')* libero cittadino *(che prestava servizio militare ricevendone in cambio terra).*

thanedom ['θeindəm] *s. (stor.)* territorio (giurisdizione, dignità) di un 'thane'.

thanehood ['θeinhud] *s. (stor.)* condizione (dignità) di un 'thane'.

to **thank** [θæŋk] *vt* **1** ringraziare: *to thank sb for his help,* ringraziare qcno per il suo aiuto — *There's no need to thank me,* Non c'è alcun bisogno di ringraziarmi — *Thank heaven you've come,* Grazie al cielo sei venuto — *Thank God she's safe,* Grazie a Dio è fuori pericolo (salva) — *You have only yourself to thank!,* Te lo sei voluto tu!; Devi ringraziare solo te stesso!; Ben ti sta! — *I suppose we have to thank you for getting us into this mess,* Dobbiamo ringraziare te, immagino, per averci cacciato in questo pasticcio.
2 thank you, Grazie; Vi (Ti, La) ringrazio: *Yes, thank you,* Sì, grazie — *No, thank you,* No, grazie — *Thank you very much,* Grazie mille — *Thank you for your letter of...,* Grazie per (*più comunemente,* Abbiamo ricevuto) la vostra lettera del... — *Thank you for everything,* Grazie di tutto — *Thank you for nothing, (iron.)* Tante grazie — *He left without even a thank you,* Se ne andò senza neanche ringraziare.
3 *(generalm. al futuro, nelle richieste perentorie)* essere grato; essere obbligato: *I'll thank you to give me that book back,* Ti sarò grato se mi renderai quel libro — *I will thank you to be a little more polite,* Ti sarò obbligato se sarai un po' più educato.

thankee ['θæŋki:] *ant e dial* = **thank you:** ⇨ **to thank 2.**

thankful ['θæŋkful] *agg* grato; riconoscente: *You should be thankful to have (thankful that you have) escaped with minor injuries,* Dovresti essere contento (grato al cielo) per essertela cavata a buon mercato.
□ *avv* **thankfully.**

thankfulness ['θæŋkfulnis] *s.* riconoscenza; gratitudine.

thankless ['θæŋklis] *agg (di persona o di cosa)* ingrato; *(di persona)* privo di riconoscenza: *a thankless task,* un compito ingrato.

thank-offering ['θæŋk,ɔfəriŋ] *s.* offerta per grazia ricevuta.

thanks [θæŋks] *s. pl* **1** ringraziamenti: *to give thanks for sth,* ringraziare per (rendere grazie di) qcsa — *to kneel and give thanks to God,* inginocchiarsi e ringraziare (rendere grazie) a Dio — *I don't want any thanks,* Non voglio ringraziamenti — *vote of thanks,* mozione di ringraziamento. **2** grazie: *Thanks a lot!; Thanks very much!; Many thanks!,* Tante grazie! *(anche iron.);* Grazie mille! — *No, thanks,* No, grazie — *thanks to...,* grazie a...; in grazia di...; a causa di... — *Thanks to your help we were successful,* Siamo riusciti grazie al tuo aiuto — *small thanks (no thanks) to him (you, them, ecc.), (iron.)* non certo grazie a lui (a te, a loro, ecc.).

thanksgiving ['θæŋks,giviŋ] *s.* **1** rendimento di grazie; preghiera di rendimento di grazie. **2** *(USA* Thanksgiving Day*)* cerimonia religiosa di rendimento di grazie, celebrata l'ultimo giovedì di novembre.

thank you ['θæŋkju:] ⇨ **to thank 2.**

thankyou ['θæŋkju:] *agg attrib (nell'espressione) a thankyou letter,* una lettera di ringraziamento (*cfr.* **thank you,** *sotto* **to thank, 2**).

¹that [ðæt] (*pl.* **those**) **I** *agg e pron dimostrativo* **1** quel; quello; quella; quelli; quegli; quelle; cotesto (-a, -i, -e); ciò; *(talvolta)* questo (-a, -i, -e): *Look at that man (those men),* Guarda quell'uomo (quegli uomini) — *What's that?,* Che cos'è quello? — *What are those?,* Cosa sono quelli? — *What was that noise?,* Che

cos'era quel rumore? — *What noise was that?,* Che rumore era quello? — *Is that you, Mary?,* - **a)** *(alla porta)* Sei tu, Mary? - **b)** *(mentre si guarda una foto)* Sei tu quella lì, Mary? — *Are those children yours?,* Sono vostri quei bambini? — *Are those your children?,* Sono quelli i vostri bambini? — *I don't much like that friend of yours,* Non mi piace molto quel (*talvolta* cotesto) tuo amico — *This book is much better than that (than that one),* Questo libro è molto migliore di quello — *These are much better than those,* Questi sono molto migliori di quelli — *Life was easier in those days,* La vita era più facile in quei giorni — *from that time on,* da allora in poi; da quel momento in poi — *to that end, (lett.)* a questo fine; a questo scopo — *What about that five pounds you borrowed from me last month?, (fam., usato alla forma sing. con un s. pl.)* Che ne è di quelle cinque sterline che hai preso in prestito da me il mese scorso?
2 ciò; questo: *Is that what you really think?,* È questo (ciò) che pensate veramente? — *That's what he told me,* Questo è quello (Ecco quello) che mi disse — *I give you that; I'll grant you that,* Questo te lo concedo; Sì, ti concedo questo — *And with that he left,* E con ciò, se ne andò.
3 *(come antecedente di un pron. relativo espresso o sottinteso)* quello... (che); colui... (il quale); *(al pl.)* coloro... (i quali), ecc.: *It's a different kind of car from that which I am used to,* È un tipo di automobile diverso da quello a cui sono abituato — *All those I saw were old,* Tutti coloro che (quelli che) vidi erano vecchi — *Those who do not wish to need not go,* Quelli che non desiderano andare non sono tenuti ad andare — *Those (people who were) present at the ceremony were...,* Coloro che erano presenti (I presenti) alla cerimonia erano... — *There are those who say...,* Ci sono quelli che dicono...; C'è chi dice...
□ *that is...,* cioè...; ossia... — *What of that?,* E con ciò? — *and (and so) that's that,* ecco tutto; e basta — *I won't tell you, and that's that!,* Non te lo voglio dire, e basta! — *like that,* in questo (quel) modo; in questa (quella) maniera; così — *That's what you think!,* Questo lo pensi tu! — *That's right!,* Giusto! — *That's it!,* Proprio così!; Giusto!; Ecco la soluzione! — *That's it (That's right)! Dump your books just anywhere you want, and I'll see to them, (sarcastico)* Ecco, bravo! Butta pure i libri dove vuoi, tanto ci sono io a sistemarli.
... at that, - **a)** a quel punto (lì); così: *Why not leave it at that?,* Perché non lasciare le cose così? - **b)** tutto sommato: *It's true: you might just as well take it at that,* È vero: tutto sommato potresti anche prenderlo - **c)** per giunta; anche; pure: *It was second-hand, and rusty at that,* Era di seconda mano, e per giunta era arrugginito — *... and all that,* ... e via dicendo; ... e così via; ... e così di seguito — *for all that,* nonostante tutto ciò; ciò nonostante; con tutto ciò.
II *avv (fam.: è sempre accentato)* così; a tal punto; tanto: *I can't walk that far!,* Non riesco ad andare a piedi tanto lontano!; Non ce la farò mai ad arrivare a piedi fino là! — *I have done only that much,* Ho fatto solo quel tanto — *It is about that high,* È all'incirca di quell'altezza — *I was that angry I could have hit him,* Ero così arrabbiato che avrei potuto picchiarlo — *Open the window! It isn't all that cold!,* Apri la finestra! Non fa poi così freddo!

[2]**that** [ðət] *pron relativo* che; il quale (la quale, i quali, le quali) **1** *(come soggetto del verbo della proposizione relativa) The letter that came this morning is from my father,* La lettera che giunse questa mattina è di mio padre — *Those dogs that attacked your sheep ought to be shot,* Quei cani che hanno attaccato le vostre pecore dovrebbero essere abbattuti — *The man that sold you that camera is a rogue,* L'uomo che ti ha venduto quell'apparecchio fotografico è un mascalzone — *one of the greatest men that ever lived,* uno degli uomini più grandi che mai siano vissuti — *the only person that can help me,* la sola persona che può aiutarmi.
2 *(come compl. diretto del verbo della proposizione relativa: generalm. omesso) The pen that you gave me is very useful,* La penna che mi hai dato è utilissima — *The books that I am sending you will help you in your studies,* I libri che ti mando ti aiuteranno nei tuoi studi — *Is this the best that you can do?,* È questo il meglio che potete fare? — *The people that you met yesterday were amused by your jokes,* La gente che hai incontrato ieri era divertita dalle tue barzellette.
3 *(come compl. indiretto preceduto da proposizione: spesso omesso) All the people that I wrote to agreed to come,* Tutte le persone alle quali io scrissi accettarono di venire — *Is this the book that you were looking for?,* È questo il libro che stavi cercando? — *the photographs that you were looking at...,* le fotografie che stavi guardando... — *The man that I was talking to had just arrived from Canada,* L'uomo con il quale stavo parlando era appena arrivato dal Canadà — *Where's the man that you borrowed it from?,* Dov'è l'uomo dal quale lo hai preso in prestito?
4 *(dopo un'espressione di tempo: generalm. omesso) during the years that he had been in the army...,* durante gli anni nei quali era stato nell'esercito... — *the year that my father died,* l'anno in cui mio padre morì — *the evening that we went to the theatre,* la sera in cui andammo a teatro.

[3]**that** [ðət; *talvolta, nella forma 'forte',* ðæt] *congiunz* **1** *(per introdurre varie specie di proposizioni subordinate)* che: *She said that she would come,* Disse che sarebbe venuta — *It so happens that I know that man,* Si dà il caso che io conosca quell'uomo — *The trouble is that we are short of money,* Il fatto è che (Il guaio è che) siamo a corto di denaro — *I will see to it that everything is ready,* Penserò io a fare sì che tutto sia pronto — *His behaviour was such that we all refused to receive him in our homes,* Il suo comportamento era tale che noi tutti rifiutammo di riceverlo nelle nostre case — *Oh, that I could be with you again!, (piuttosto lett.)* Oh, come vorrei essere nuovamente con te!
2 *(piuttosto lett.: =* so that; in order that*)* ché; perché; affinché: *Bring it nearer that I may see it better,* Portalo più vicino affinché possa vederlo meglio — *I will give up my claim that (so that, in order that) you may have the property,* Ritirerò la mia richiesta in modo che tu possa ottenere la proprietà.
□ *supposing that...,* supposto (supponendo) che... — *on condition that...,* a patto che...; a condizione che... — *not that...,* non che (non dico che)... — *Not that I don't want it,* Non per dire che non lo voglio — *now that...,* ora che...; adesso che... — *but that...,* se non fosse per il fatto che...

thatch [θætʃ] *s.* **1** copertura di paglia *(sui tetti).* **2** *(fam.)* massa di capelli; capelli folti; zazzera.

to **thatch** [θætʃ] *vt* ricoprire (un tetto) con paglia.

thaumaturge ['θɔːmətəːdʒ] *s.* taumaturgo.

thaw [θɔː] *s.* disgelo *(anche fig.: di rapporti politici, ecc.)*; sgelo: *Let's go skating before the thaw sets in,* Andiamo a pattinare prima che venga il disgelo.

to **thaw** [θɔː] *vt e i.* **1** sgelare, sgelarsi: *It is thawing,* Sta disgelando — *to thaw out the radiator,* sgelare il radiatore — *to leave frozen food to thaw before cooking it,* lasciare sgelare il cibo surgelato prima di cucinarlo. **2** *(fig., nei rapporti tra persone o Stati)* sgelarsi; sciogliersi; diventare meno formale e più cordiale: *After a good dinner he began to thaw,* Dopo un buon pranzo cominciò a sgelarsi — *A bottle of wine helped to thaw (out) our guests,* Una bottiglia di vino aiutò a rendere più cordiali i nostri ospiti.

the [ðə *ma quando è enfatico, e comunque davanti ad un suono vocalico* ði:] **I** *art determinativo sing e pl* il (lo, la, i, gli, le). *(NB: in certi casi viene omesso in italiano: talvolta, naturalmente, converrà renderlo con una delle forme composte quali* al, allo; del, dello, degli; sul, sulla, sulle, *ecc. A volte invece, a seconda del contesto, si dovrà usare* questo, -i, -a, -e, *oppure* quello, -i, -a, -e*): the sun,* il sole — *the moon,* la luna — *the planets,* i pianeti — *the stars,* le stelle — *the sea,* il mare — *the Earth,* la Terra — *the Church,* la Chiesa — *the Party,* il Partito — *the Government,* il Governo — *the Mediterranean (Sea),* il (Mar) Mediterraneo — *the Atlantic (Ocean),* l'Oceano Atlantico — *the Sahara,* il Sahara — *the Alps,* le Alpi — *the White House,* la Casa Bianca — *the Divine Comedy,* la Divina Commedia — *the Appassionata,* l'Appassionata *(sonata per pianoforte di Beethoven)* — *Louis the Fourteenth,* Luigi XIV — *the rich and the poor,* i ricchi e i poveri — *the dying,* i morenti; i moribondi — *the wounded (the injured),* i feriti — *the beautiful,* il bello *(come concetto astratto);* la bellezza — *the English,* gli Inglesi — *the French,* i Francesi — *the Joneses,* i Jones — *the Wilsons,* i Wilson — *in the year 1939,* nell'anno 1939 — *the 1939-1945 War,* la guerra del 1939-1945; la Seconda Guerra Mondiale — *in the autumn of 1975,* nell'autunno del 1975 — *in the autumn,* - **a)** in autunno *(cioè nell'autunno di un anno qualsiasi)* - **b)** quest'autunno — *the top of the hill,* la cima della collina — *the centre of the town,* il centro della città — *the town centre,* il centro città; il centro cittadino — *the books on my desk,* i libri sulla mia scrivania — *to play the piano (the guitar),* suonare il pianoforte (la chitarra) — *to play the fool,* fare l'imbecille — *to go to the theatre,* andare a teatro — *to wait for sb at the theatre,* aspettare qcno al teatro — *in the beginning,* all'inizio; in principio — *at the end,* alla fine — *in the end,* infine — *the best way,* - **a)** il modo migliore - **b)** la strada migliore — *the only way out,* l'unica via d'uscita — *the tallest woman,* la donna più alta — *twenty pence in the pound,* venti 'pence' alla sterlina (cioè il venti per cento) — *to pay by the hour,* pagare (qcno, qcsa) un tot all'ora — *Bloggs' crisps are the crisps (pronuncia enfatica* ði:*),* Le patatine Bloggs sono le migliori.

II *come avv (generalm.* **the... the...**, *seguito da un comparativo)* quanto... tanto...: *The more he has the more he wants,* Più ottiene e più pretende — *The more the merrier,* Più siamo meglio è — *the sooner the better,* quanto prima tanto meglio — *So much the worse for you!,* Peggio per te! — *So much the better!; All the better!,* Tanto meglio!

theatre ['θiətə*] *s.* (*USA* **theater**) **1** teatro: *open-air theatre,* teatro all'aperto; arena — *to go to the theatre,* andare a teatro — *theatre-goer,* frequentatore di teatri; persona che va abitualmente a teatro. **2** *(di solito sing., con l'art. determinativo)* teatro; opere teatrali; arte drammatica; complesso delle opere drammatiche in una letteratura: *a book about the Greek theatre,* un libro sul teatro greco — *legitimate theatre,* repertorio teatrale di riconosciuto valore culturale. **3** sala di conferenze; anfiteatro universitario: *an operating theatre,* una sala operatoria. **4** teatro; scena; luogo in cui si svolge un'azione: *a theatre of war,* un teatro di guerra.

theatrical [θi'ætrikəl] *agg* **1** teatrale: *a theatrical company,* una compagnia teatrale. **2** *(di maniere, comportamento, ecc.)* teatrale; affettato; innaturale; studiato; melodrammatico. □ *avv* **theatrically.**

theatricals [θi'ætrikəlz] *s. pl* rappresentazioni teatrali *(spec. di dilettanti);* recite.

Theban ['θi:bən] *agg e s. (stor.)* Tebano.

thee [ði:] *pron ant* ⇨ **thou.**

theft [θeft] *s.* furto.

their [ðɛə*] *agg possessivo* il (la, i, le) loro: *They have lost their dog,* Hanno perduto il loro cane — *They have a house of their own,* Hanno una casa tutta loro.

theirs [ðɛəz] *pron possessivo* il (la, i, le) loro: *That dog is theirs, not ours,* Quel cane è il loro, non il nostro — *It's a habit of theirs,* È una delle loro abitudini.

theism ['θi(:)izəm] *s.* teismo.

theist ['θi:ist] *s.* teista.

theistic, theistical [θi:'istik/θi:'istikl] *agg* teistico.

them [ðəm; *talvolta, nella forma forte,* ðem] *pron personale di 3ª persona pl (compl.)* **1** li; le; essi; esse; loro: *Give them to me!; Give me them!,* Dammeli! — *Give me two of them,* Dammene due — *neither of them,* né l'uno né l'altro — *It was very kind of them,* È stato molto gentile da parte loro. **2** (*cfr.* **they 3**) esso; essa; lo; la: *If anyone comes, make them wait,* Se viene qualcuno, fallo aspettare.

theme [θi:m] *s.* **1** tema; soggetto; argomento. **2** *(spec. USA)* tema; soggetto per una composizione scolastica. **3** tema musicale; motivo: *theme song,* motivo principale di un film, di una commedia, ecc.

themselves [ðəm'selvz] *pron rifl* se stessi; si: *They hurt themselves,* Si fecero male.

□ *pron enfatico* essi (loro) stessi; sé: *They kept some for themselves,* Ne tennero un po' per sé — *by themselves,* da soli — *They did the work by themselves,* Fecero tutto il lavoro da soli — *They were by themselves when I called,* Erano soli quando passai a trovarli — *They themselves have often made that mistake,* Anche loro hanno fatto sovente quel-l'errore.

then [ðen] **I** *avv* allora; a quel tempo; in quell'epoca: *We were living in Wales then,* Vivevamo nel Galles a quell'epoca — *I was still unmarried then,* Allora ero ancora scapolo.

... and then, e quindi; e poi; dopo; successivamente: *We'll have the salmon, and then roast chicken, please,* Prenderemo prima il salmone e poi del pollo arrosto — *We had a week in Rome and then went to Naples,* Passammo una settimana a Roma e dopo andammo a Napoli.

before then, prima di allora.

by then, ormai; già: *I ran as far as the bridge, but by then they had already left,* Corsi fino al ponte, ma ormai erano (già) partiti.

(every) now and then, di tanto in tanto.

from then on (*o* **onwards),** da allora in poi.

since then, sin da allora: *In 1972 his wife died, and since then he has been working on a new book,* Sua moglie morì nel 1972, e da allora lavora ad un nuovo libro.

then and there; there and then, su due piedi; subito; immediatamente; ipso facto.

until then, fino ad allora.

II *in funzione di agg* (*sempre* **the then...**) di quel tempo;

in quel tempo; (l')allora: *the then President,* l'allora presidente; il presidente di allora.

III *in funzione di congiunz* **1** *(generalm. all'inizio o alla fine di una frase)* in tal caso; stando così le cose; quindi; perciò: *'It isn't here' - 'It must be in the next room, then',* 'Non è qui' - 'Allora deve essere nell'altra stanza' — *You say you don't want to be a doctor. Then what do you want to be?,* Dici di non voler fare il medico. E allora cosa vuoi fare?

2 inoltre; anche; e poi: *And then, you must remember...,* E inoltre, devi ricordare... — *Then there is Mrs. Green - she must be invited to the wedding two,* E poi c'è la signora Green: anche lei deve essere invitata alle nozze.

3 dunque; quindi: *It is clear, then, that your proposal is no use,* È chiaro, quindi, che la vostra proposta non è di nessuna utilità — *Well, then, let's begin,* Dunque (Be'; Allora) incominciamo — *now then..., (per richiamare l'attenzione o per esprimere una protesta)* dunque; ehi; suvvia — *Now then, what are you boys doing in my orchard?,* Ehi, ragazzi, che state facendo nel mio frutteto?

thence [ðens] *avv (ant. e lett.)* **1** di là. **2** perciò; quindi.

thenceforth, thenceforward [ðens'fɔ:θ/'ðens 'fɔ:wəd] *avv (ant., lett. e dir.)* da quel momento in poi; da allora in poi.

theocracy [θi'ɔkrəsi] *s.* teocrazia.

theocratic [θiə'krætik] *agg* teocratico.

theodolite [θi'ɔdəlait] *s.* teodolite.

theologian [θiə'loudʒjən] *s.* teologo.

theological [θiə'lɔdʒikəl] *agg* teologico. □ *avv* **theologically.**

theology [θi'ɔlədʒi] *s.* teologia.

theorbo [θi'ɔ:bou] *s. (stor., mus.)* tiorba.

theorem ['θiərəm] *s. (matematica, ecc.)* teorema.

theoretic, theoretical [θiə'retik/θiə'retikəl] *agg* teorico. □ *avv* **theoretically.**

theoretician [,θiəre'tiʃən] *s.* **1** filosofo teoretico. **2** teorico.

theorist ['θiərist] *s.* teorico; persona che elabora una teoria.

to **theorize** ['θiəraiz] *vi* teorizzare; formulare una teoria.

theory ['θiəri] *s.* **1** teoria; piano; progetto: *in theory,* in teoria; teoricamente — *Your plan is excellent in theory, but would it succeed in practice?,* Il Suo piano è eccellente in teoria, ma potrebbe aver successo in pratica? **2** teoria; dottrina; tesi; principio: *Darwin's theory of evolution,* la teoria darwiniana dell'evoluzione. **3** idea; opinione: *He has a theory that wearing hats makes men bald,* È dell'opinione che portare il cappello faccia diventare calvi — *a pet theory, (fam.)* un 'chiodo fisso'; un 'pallino'.

theosophical [θiə'sɔfikəl] *agg* teosofico. □ *avv* **theosophically.**

theosophist [θi'ɔsəfist] *s.* teosofo.

theosophy [θi'ɔsəfi] *s.* teosofia.

therapeutic, therapeutical [,θerə'pju:tik/,θerə'pju:tikəl] *agg* terapeutico. □ *avv* **therapeutically.**

therapeutics [,θerə'pju:tiks] *s. (generalm. col v. al sing.)* terapeutica.

therapist ['θerəpist] *s.* terapeutico; medico clinico.

therapy ['θerəpi] *s.* terapia.

there [ðεə*] **I** *avv* **1** là; lì; in quel luogo; ci; vi: *We shall soon be there,* Presto saremo là — *We are nearly there,* Ci siamo quasi — *Put the box there, in that corner,* Metti la scatola lì, in quell'angolo — *I've never been to Rome but I hope to go there next year,* Non sono mai stato a Roma ma spero di andarci l'anno venturo — *Put them in (under, near, ecc.) there,* Metteteli lì dentro (sotto, vicino, ecc.) — *Move along there, please,* Passare avanti (Circolare), per favore — *here and there,* qua e là — *then and there; there and then* ⇨ **then I, 1** — *there and back,* avanti ed indietro; andata e ritorno — *Can I go there and back in one day?,* Posso andare e tornare in un solo giorno? — *over there,* laggiù — *down there,* laggiù — *up there,* lassù — *I live here, Mr Green lives down there, and Mr Brown lives up there, on the other side of the river,* Io abito qui, il signor Green abita laggiù e il signor Brown lassù, dall'altra parte del fiume — *Hi! You there!,* Ehi! Voi lì! — *Hallo, are you there?, (al telefono)* Pronto, ci sei (ancora)? — *That woman there is eating a lot,* Quella donna lì sta mangiando un mucchio di roba.

2 *nell'espressione* **there is** (*contraz.* **there's,** *pl.* **there are**); *e inoltre nelle varianti there was (pl. there were); there has been (pl. there have been); there will be; there would be; there can be; there could be; there must be; there appears to be; there seems to be, ecc.,* ci; vi; c'è (vi è); ci sono (vi sono), ecc.: *There is someone at the door,* C'è qualcuno alla porta — *There aren't any,* Non ce ne sono — *There can be (There must be) no doubt about it,* Non vi può essere (Non ci dev'essere) nessun dubbio su questo — *I don't want there to be any misunderstanding,* Non voglio che ci siano degli equivoci — *Let there be no mistake about it,* Facciamo in modo che non ci siano dubbi su questo — *There being nothing more to do, he left,* Non essendoci più nulla da fare, egli se ne andò — *There's no stopping him,* Non c'è modo di fermarlo — *There appeared (There seemed) to be no one who could answer our inquiries,* Sembrava che non ci fosse nessuno in grado di rispondere alle nostre domande.

3 *(all'inizio di una frase, generalm. con valore esclamativo* ⇨ *anche* **there II,** *interiezione)* ecco: *There goes the last bus!,* Ecco che l'ultimo autobus se ne va! — *'Where's my case?' - 'There it is!',* 'Dov'è la mia valigia?' - 'Eccola!' — *'I can't find my spectacles' - 'There they are!',* 'Non trovo i miei occhiali' - 'Eccoli!' — *There now!,* Ecco! (Eccoti servito!) — *There's the bell ringing for mass,* Ecco che suona la campana per la messa — *You have only to turn the switch and there you are,* Hai solo da girare l'interruttore ed ecco fatto — *There's a fine, ripe pear for you!,* Eccoti una bella pera matura! — *There's gratitude for you!,* Guarda che bella gratitudine! *(anche iron.)* — *There's a good boy!,* Su, da bravo!; Dai!

4 in ciò; in quanto a questo; su questo punto; lì; qui: *I disagree with you there,* Su questo punto non sono d'accordo con te — *You are mistaken there,* Qui tu ti sbagli — *There lies the difficulty,* Qui sta il difficile (la difficoltà).

□ *not all there, (fam.)* non del tutto a posto (mentalmente); senza un venerdì; un po' tocco — *here, there, and everywhere,* un po' dappertutto.

II *interiezione* **1** *(soprattutto parlando a bambini per consolare o rabbonire)* via; su: *There! There! Never mind, you'll soon feel better,* Su, via! Non te la prendere, vedrai che starai subito meglio.

2 *(esclamativo)* ecco: *There, now! What did I tell you?,* Ecco, vedi cosa ti avevo detto? — *There! You have upset the ink!,* Ecco! Hai rovesciato l'inchiostro!

thereabout(s) ['ðεərəbaut(s)] *avv* vicino; nei pressi; nei dintorni; circa; pressappoco; giù di lì; all'incirca: *in Rye or thereabouts,* a Rye o nelle vicinanze (nei dintorni) — *five pounds or thereabouts,* cinque sterline all'incirca; cinque sterline su per giù.

thereafter [ðɛər'ɑ:ftə*] *avv (ant., lett. e dir.)* quindi; dopo di che; dopo.

thereat [ðɛər'æt] *avv (ant. e dir.)* **1** in quel luogo; là; colà. **2** al che; a ciò.

thereby ['ðɛə'bai] *avv (ant. e dir.)* perciò; così; in tal modo; conseguentemente.
□ *(lett.)* al riguardo: *(comune nella frase) Thereby hangs a tale,* C'è una storia al riguardo.

therefor [ðɛə'fɔ:*] *avv (ant. e dir.)* per ciò; per questo; come corrispettivo.

therefore ['ðɛəfɔ:*] *avv* perciò; dunque; quindi; per tale (questa, quella) ragione.

therefrom [ðɛə'frɔm] *avv (ant. e dir.)* riguardo a ciò; da ciò; indi.

therein ['ðɛər'in] *avv (ant. e dir.)* in ciò.

thereinafter [,ðɛərin'ɑ:ftə*] *avv (spec. dir.)* in ciò che segue; più avanti.

thereinto [ðɛər'intu] *avv (ant. e dir.)* là dentro; entro.

thereof [ðɛər'ɔv] *avv (ant. e dir.)* di ciò; da ciò; da questa fonte.

thereon [ðɛər'ɔn] *avv (ant. e dir.)* su ciò; su questo; al riguardo.

there's [ðɛəz] *contraz di there is* ⇨ **there 2.**

thereto [ðɛə'tu:] *avv (ant. e dir.)* in più; per di più; in aggiunta a ciò.

thereunder [ðɛər'ʌndə*] *avv (ant. e dir.)* sotto a ciò; al disotto di ciò.

thereupon ['ðɛərə'pɔn] *avv (ant., lett. e dir.)* allora; in conseguenza a ciò.

therewith [ðɛə'wiθ] *avv (ant., lett. e dir.)* **1** al che; a ciò; e allora; in breve. **2** con ciò; con questo; insieme. **3** in aggiunta; inoltre.

therewithal [,ðɛəwi'ðɔ:l] *avv (ant.)* oltre a ciò; inoltre; per di più.

therm [θə:m] *s.* grande o piccola caloria *(unità di misura).*

[1]**thermal** ['θə:məl] *agg* termale; termico: *thermal springs,* sorgenti termali — *the thermal barrier,* la barriera del calore — *a thermal power station,* una centrale termica. □ *avv* **thermally.**

[2]**thermal** ['θə:məl] *s. (nel volo a vela, ecc.)* corrente ascensionale.

thermic ['θə:mik] *agg* termico.

thermo-couple ['θə:mou,kʌpl] *s.* termocoppia.

thermodynamic ['θə:moudai'næmik] *agg* termodinamico. □ *avv* **thermodynamically.**

thermodynamics ['θə:moudai'næmiks] *s. (col v. al sing.)* termodinamica.

thermometer [θə'mɔmitə*] *s.* termometro.

thermonuclear ['θə:mou'nju:kliə*] *agg* termonucleare.

thermos ['θə:mɔs] *s. (anche* thermos flask*)* 'termos'; recipiente termostatico.

thermostat ['θə:moustæt] *s.* termostato.

thermostatic [,θə:mou'stætik] *agg* termostatico.

thesaurus [θi(:)'sɔ:rəs] *s.* (*pl.* **thesauri** *o* **thesauruses**) lessico; dizionario dei sinonimi; tesoro; antologia; florilegio; enciclopedia.

these [ði:z] *agg e pron pl* ⇨ **this.**

thesis ['θi:sis] *s.* (*pl.* **theses**) **1** tesi; teoria. **2** dissertazione; tesi (di laurea).

thespian ['θespiən] *agg* di Tespi; drammatico: *the thespian art,* l'arte drammatica; il teatro.

thews [θju:z] *s. pl (ant.)* muscoli: *thews and sinews,* muscoli e nervi — *He has thews of steel,* Ha muscoli d'acciaio.

thewy ['θju:i] *agg (ant.)* muscoloso; nerboruto; forte; vigoroso.

they [ðei] *pron personale (soggetto) di 3ª persona pl* **1** essi (esse); loro: *'Have you seen John and Peter?' - 'No, they haven't come yet',* 'Hai visto John e Peter?' - 'No, non sono ancora venuti' — *they who...,* coloro che... **2** si *(soggetto impers.): They say that the government will have to resign,* Si dice (Dicono) che il governo dovrà dimettersi. **3** *(talvolta sing., come alternativa di* he or she*): When we have a friend to stay, they always have the best chair,* Quando uno dei nostri amici ci fa una visita, gli diamo sempre la sedia più bella. □ *Here they are!,* Eccoli (Eccole) qua!

they'd [ðeid] *contraz di* **1** they had: *They'd never spoken like that before,* Non avevano mai parlato così. **2** they would: *They said they'd come quickly,* Dissero che sarebbero venuti presto.

they'll [ðeil] *contraz di* they will, they shall: *They'll be here shortly,* Saranno qui tra poco.

they're [ðɛə*] *contraz di* they are: *They're Italian, aren't they?,* Sono italiani, non è vero?

they've [ðeiv] *contraz di* they have: *They've arrived!,* Sono arrivati!

thick [θik] **I** *agg* (**-er**; **-est**) **1** spesso: *a thick slice of bread,* una spessa fetta di pane — *a thick line,* una linea (una riga) spessa — *ice three inches thick,* ghiaccio spesso tre pollici. **2** denso; folto; fitto; cupo; serrato; compatto; spesso: *thick hair,* capelli folti; capigliatura folta — *a thick forest,* una foresta fitta (densa) — *in the thickest part of the crowd,* nel folto (nel bel mezzo) della folla — *The corn was thick in the field,* Il grano cresceva fitto nei campi — *thick soup,* minestra densa (spessa) — *a thick fog,* una fitta nebbia — *The air was thick with dust (with snow),* L'aria era piena di polvere (di neve). **3** *(fam.)* stupido; scemo; ottuso: *thick-headed,* testone; zuccone. **4** *(di voce)* rauco; velato. **5** *(fam.)* intimo; molto unito: *They're very thick together,* Sono molto uniti — *They're as thick as thieves,* Sono amici per la pelle. □ *to be a bit thick, (fam.)* essere spropositato (incredibile, esagerato, 'un po' troppo') — *Three weeks of heavy rain is a bit thick,* Tre settimane di pioggia fitta sono un po' troppo — *to lay it on thick, (sl.)* profondersi in complimenti, in cerimonie, in lamentele, ecc. — *thick-skinned,* - **a)** dalla pelle dura *(fig., nel senso di poco sensibile)* - **b)** resistente: *thick-skinned vehicles, (mil.)* veicoli blindati — *to give sb a thick ear,* dare un bel ceffone a qcno. □ *avv* **thickly.**

II *s.* **1** (la) parte più densa; (il) nucleo; (il) grosso: *in the thick of the fight,* nel folto della mischia — *to be in the thick of it,* essere nell'occhio del ciclone. **2** la parte spessa (di qcsa): *the thick of the thumb,* il polpastrello del pollice. □ *through thick and thin,* nella buona e nella cattiva sorte.

III *avv* fittamente; densamente: *You're spreading the butter too thick,* Spalmi il burro a strati troppo spessi — *The snow lay thick everywhere,* Una spessa coltre di neve ricopriva ogni cosa — *His blows came thick and fast,* I suoi colpi arrivavano fitti e veloci — *thick-set* ⇨ **thickset.**

to **thicken** ['θikən] *vt* ispessire; infoltire; addensare; rendere denso.
□ *vi* **1** ispessirsi; infoltirsi; addensarsi; *(fig.)* complicarsi: *The plot thickens,* La faccenda si complica (s'ingarbuglia). **2** *(della voce)* diventare gutturale.

thickening ['θikəniŋ] *s.* ispessimento; infoltimento; condensamento.

thicket ['θikit] *s.* folto (d'alberi); boschetto.

thickhead ['θikhed] *s. (sl., spreg.)* testa dura; zuccone.

thickness ['θiknis] *s.* **1** spessore; densità; foltezza: *thickness gauge,* spessimetro. **2** *(di materiale)* spessore; strato. **3** *(fam.)* stupidità; lentezza (di riflessi); ottusità.

thickset ['θik'set] *agg* **1** *(di persona)* tozzo; tarchiato; robusto; atticciato. **2** *(di cosa)* fitto; folto: *a thickset hedge,* una siepe fitta.

thief [θi:f] *s.* (*pl.* **thieves**) ladro; ladruncolo: *Stop thief!,* Al ladro!

to **thieve** [θi:v] *vi e t.* rubare.

thievery ['θi:vəri] *s.* ruberia; furto.

thieving ['θi:viŋ] *agg* ladro.

thievish ['θi:viʃ] *agg* ladresco.

thigh [θai] *s.* **1** coscia: *thigh-bone,* femore; osso della coscia. **2** parte superiore delle zampe posteriori di un animale.

thimble ['θimbl] *s.* ditale.

thimbleful ['θimblful] *s.* goccio; goccino; piccola quantità di liquido.

thin [θin] *agg* (**-ner**; **-nest**) **1** sottile; esile; fine: *a thin slice of bread,* una fetta sottile di pane — *a thin sheet of paper,* un sottile foglio di carta — *to be thin-skinned, (letteralm.)* essere di pelle sottile; *(fig.)* essere sensibile, suscettibile — *thin-skinned vehicles, (mil.)* veicoli non blindati — *thin boards,* assi (tavole) sottili — *a thin piece of string,* un sottile pezzo di spago — *a thin stroke,* un sottile tratto *(di penna).* **2** magro; snello: *rather thin in the face,* alquanto magro in viso — *Your illness has left you very thin,* La malattia ti ha molto smagrito. **3** rarefatto; poco denso; rado; poco folto; leggero: *a thin mist,* una nebbiolina — *He seemed to vanish into thin air,* Sembrò svanire nell'aria leggera — *a thin audience,* un pubblico rado — *'Your hair's getting rather thin on top, sir', said the barber,* 'I Suoi capelli stanno diventando radi sulla sommità della testa, signore', disse il barbiere. **4** *(di liquidi)* poco sostanzioso; molto fluido; leggero; acquoso: *thin gruel,* semolino acquoso (leggero) — *thin beer,* birra leggera — *thin wine,* vino leggero — *thin blood,* sangue debole. **5** *(della luce)* tenue; pallido; esile; fievole: *We walked in the thin sunlight,* Camminammo nella pallida luce del sole. **6** *(fig.)* debole; fiacco; povero; modesto; poco convincente; inconsistente; scadente: *thin humour,* umorismo scadente, debole — *a thin excuse,* una scusa inconsistente — *a thin disguise,* un travestimento (trucco) poco convincente — *a thin story,* una storia (una trama) esile.

□ *to have a thin time, (fam.)* passarsela male — *to wear thin,* - **a)** logorarsi; assottigliarsi - **b)** *(fig.)* indebolirsi: *That excuse is beginning to wear a bit thin,* Questa scusa incomincia a mostrare la coda — *thin captain,* galletta; biscotto secco. □ *avv* **thinly.**

to **thin** [θin] *vt* (**-nn-**) *(spesso seguito da* down *o da* out*)* assottigliare; sfoltire; diradare; rarefare: *War and disease had thinned (down) the population,* La guerra e la malattia avevano decimato la popolazione — *He thinned out the seedlings,* Sfoltì le piantine.

□ *vi* **1** sfoltirsi; diradarsi: *We had better wait until the fog thins,* Faremmo meglio ad aspettare che la nebbia si diradi — *At last the crowd thinned,* Finalmente la ressa diminuì. **2** *(generalm. seguito da* down*)* dimagrire.

thine [ðain] *pron possessivo sing e pl (ant.)* (il) tuo (la tua; i tuoi; le tue): *Is this mine or thine?,* Questo è mio o tuo?

□ *agg possessivo* = **thy.**

thing [θiŋ] *s.* **1** cosa: *Whose are those things on the table?,* Di chi sono quelle cose sul tavolo? — *How are things?,* Come vanno le cose?; Come va? — *spiritual things,* le cose dello spirito — *She's too fond of sweet things,* Le piacciono troppo le cose dolci — *There's another thing I should like to ask you,* C'è un'altra cosa che vorrei chiederti — *That only makes things worse,* Ciò peggiora soltanto le cose (la situazione) — *the first thing to do,* la prima cosa da fare — *One thing led to another, and in February they were married,* Da cosa venne cosa, e a febbraio si sposarono.

2 (*in frasi negative:* **not... a thing**) niente; nulla: *I couldn't see a thing,* Non vedevo (Non potevo vedere) niente — *There wasn't a thing to eat,* Non c'era niente da mangiare — *It doesn't mean a thing to me,* - **a)** Non mi importa niente - **b)** Non ne capisco niente.

3 *(al pl.)* oggetti; cose personali; attrezzi; 'roba'; *(talvolta, dir. o comm.)* beni: *Bring your fishing things with you,* Porta con te gli attrezzi da pesca — *Have you packed your things for the journey?,* Hai preparato l'occorrente (la tua roba) per il viaggio? — *Put your things on and come for a walk,* Vestiti (Mettiti la tua roba) e vieni a fare una passeggiata — *things personal, real, (dir.)* beni mobili, immobili.

4 the thing, quel che ci vuole, che bisogna fare; la cosa migliore (da fare): *A holiday in the mountains will be the very thing (just the thing) for you,* Una vacanza in montagna è proprio quel che ci vuole per te — *That's not at all the thing to do,* Non è assolutamente la cosa da farsi; È la cosa meno adatta da farsi — *He always says the right (wrong) thing,* Fa sempre l'osservazione giusta (sbagliata) — *to look (to feel) not quite the thing, (fam.)* non star bene; non sentirsi bene (in forma).

5 coso; affare: *Can you see? There's a thing you have to turn under the lid,* Vedi? C'è un coso che devi girare sotto il coperchio.

6 creatura: *She's a sweet little thing!,* È così cara quella bambina! — *Poor thing, he's been ill all winter,* Povera creatura (Poverino), è stato ammalato tutto l'inverno.

□ *You take things too seriously,* Te la prendi troppo — *I must think things over,* Devo pensarci su; Devo riflettere a lungo — *This is the biggest thing since penicillin,* Questo è il farmaco più importante dalla scoperta della penicillina — *Well, of all things!,* Pensa un po'!; Chi l'avrebbe mai detto! — *for one thing...,* in primo luogo...; prima di tutto...; tanto per cominciare... — *For one thing, I haven't any money; for another...,* In primo luogo, non ho denaro; in secondo... — *Taking one thing with another,* Tutto sommato — *The thing is...,* Quel che conta è...; L'importante è... — *The thing is, can we get there in time?,* Quel che conta è: ce la faremo ad arrivare in tempo? — *The odd thing about it was...,* Lo strano era che... — *We must do that first thing (first thing tomorrow, first thing in the morning),* Dobbiamo fare questo subito domattina — *as a general (usual) thing,* generalmente; di solito — *a near thing,* un pericolo, ecc. evitato per un pelo, a mala pena — *It is an understood thing,* È scontato (sottinteso, pacifico) — *things Japanese,* tutto quanto riguarda il Giappone *(costumi, arti, ecc.)* — *dumb things,* gli animali (che non hanno la parola) — *to have a thing about sth, (fam.)* essere in preda ad una ossessione; 'avere il pallino' di qcsa — *to know a thing or two,* saperla lunga — *to see things, (generalm. alla forma progressiva* to be seeing things*)* soffrire d'allucinazioni — *That's quite another thing,* È un altro paio di maniche — *Don't make a thing of it!, (fam.)* Non fartene un problema! — *He's having one of his things, (fam.)* È in uno dei suoi momenti di malumore.

thingamy, thingumabob, thingumajig, thingummy ['θiŋəmi/'θiŋəməbɔb/'θiŋəmədʒig/'θiŋəmi] *s. (fam.)* coso; affare; aggeggio.

think [θiŋk] *s. (fam.: nelle espressioni) to have a think,* pensare, riflettere un po' — *to have another think coming,* dover ripensarci — *If that's what he's after, he's got another think coming,* Se è quello che vuole dovrà ripensarci.

to **think** [θiŋk] *vt e i. (pass. e p. pass.* **thought**) **1** pensare; riflettere: *You should think before doing that,* Dovresti pensarci prima di farlo — *Do you think in English when you speak English?,* Pensi in inglese quando parli inglese? — *Let me think a moment,* Lasciami pensare (Fammi riflettere) un momento — *I think of (o about) you every moment,* Penso a te in ogni momento — *He may not say much but he thinks a lot,* Forse non parla tanto, ma pensa molto — *to think aloud,* pensare ad alta voce.
2 credere; ritenere; considerare; pensare: *'Do you think it will rain?' - 'Yes, I think so',* 'Credi che pioverà?' - 'Credo di sì' — *No, I don't think so (I think not),* No, credo di no — *We thought her quite a clever girl,* Pensavamo che fosse una ragazza intelligente — *Do you think it likely?,* Lo ritiene probabile? — *It will be better to start early, don't you think?,* Sarà meglio partir presto, non credi? — *I thought it better to go away,* Pensai che fosse meglio andarmene — *Do as you think best,* Fa' come meglio credi; Fa' come ti pare.
3 immaginare: *I can't think where she has gone off to,* Non riesco ad immaginare dove possa essere andata — *You can't think how glad I am to see you,* Non puoi immaginare quanto io sia felice di vederti.
4 aspettarsi; credere: *I never thought to see you here!,* Non mi sarei mai aspettato di vederti qui! — *Who would have thought to see you here!,* Chi mai si sarebbe aspettato di vederti qui! — *I thought as much,* Me lo aspettavo.
□ *Stop worrying, or you'll think yourself silly!,* Smettila di preoccuparti, o, a forza di pensarci, diventerai scemo! — *You can't think away the toothache,* Non puoi farti passare il mal di denti col pensiero — ⇨ *anche* **think-tank**.

to think about, - **a)** pensare a, di: *She was thinking about her childhood days,* Stava pensando ai giorni della sua infanzia - **b)** esaminare; riflettere su: *Please think about the proposal and let me have your views tomorrow,* Per favore, esaminate la proposta e fatemi sapere domani il vostro parere.

to think back to, ritornare a qcsa *(con la mente);* risalire a qcsa.

to think of, - **a)** considerare; prendere in considerazione: *We have a hundred and one things to think of before we can decide,* Abbiamo cento e più cose da considerare prima che ci possiamo decidere - **b)** immaginare; concepire; pensare: *Just think of the cost (the danger)!,* Immagina solo il costo (il pericolo)! — *To think of his knowing nothing about it!,* E pensare che non ne sapeva niente! — *I couldn't think of such a thing!,* Non potrei immaginare una cosa simile! — *He would never think of letting his daughter marry a fellow like you,* Non penserebbe mai di lasciare sposare a sua figlia un tipo come te - **c)** ricordare: *I can't think of his name at the moment,* Non riesco a ricordare il suo nome in questo momento - **d)** suggerire; escogitare: *Who first thought of the idea?,* Chi ha suggerito per primo l'idea? - **e)** apprezzare; considerare; tenere in considerazione: *to think highly of sb,* avere molta stima di qcno — *He thinks the world of her,* Ha di lei una grandissima stima — *They didn't think much of my new novel,* Non apprezzarono molto il mio nuovo romanzo — **to think nothing of (sth),** non tenere (qcsa) in nessuna considerazione — *He thinks nothing of her,* Non la considera (apprezza) affatto — *They thought nothing of killing women and children,* A loro non importava niente uccidere donne e bambini.

to think out, meditare, escogitare, esaminare attentamente: *It seems to be a well-thought-out scheme,* Sembra un piano ben escogitato — *That wants thinking out,* Questo richiede un attento esame.

to think over, riflettere; meditare su: *Please, think over what I have said,* Ti prego, rifletti su quanto ho detto — *Yes, I'll think it over,* Sì, ci penserò su.

to think up, escogitare; inventare; ideare.

thinkable ['θiŋkəbl] *agg* pensabile; immaginabile; concepibile.

thinker ['θiŋkə*] *s.* pensatore: *free-thinker,* libero pensatore.

thinking ['θiŋkiŋ] *agg (p. pres. di* **to think**) pensante; raziocinante: *the thinking public,* il pubblico pensante — *thinking people,* le persone ragionevoli.
□ *s.* (il) pensare: *to do some hard thinking,* pensare fortemente — *his (my, ecc.) way of thinking,* il (mio) modo di pensare; il suo (mio) parere, avviso — *You are of my way of thinking,* Sei del mio stesso avviso; La pensi come me — *He is, to my (way of) thinking, the best living novelist,* Egli è, a mio avviso, il miglior scrittore vivente — *Can I bring you round to my way of thinking?,* Posso convincerti a pensarla come me? □ *to put one's thinking-cap on,* mettersi a pensare, a riflettere.

think-tank [θiŋk tæŋk] *s.* gruppo o comitato di esperti *(il cui compito è di risolvere problemi tecnici, politici, economici, ecc.);* centro studi; centro di ricerca.

thinness ['θinnis] *s.* **1** sottigliezza; finezza. **2** magrezza; esilità. **3** radezza; leggerezza. **4** acquosità; fluidità. **5** *(fig.* ⇨ **thin 6**) debolezza; povertà.

third [θə:d] *agg* terzo: *the third month of the year,* il terzo mese dell'anno — *on the third floor,* al terzo piano — *every third day,* ogni tre giorni — *the third largest city in France,* la terza città della Francia (in ordine di grandezza) — *Edward the Third,* Edoardo III — *one third of a litre,* un terzo di litro — *third degree,* (interrogatorio di) terzo grado — *a third-class degree, (GB)* una laurea di terzo grado — *a third party,* una terza persona — *third-party insurance (risks),* assicurazione per danni contro terzi; rischi contro terzi — *third rail,* terza rotaia — *third-rate; third-class,* di terz'ordine; scadente — *a third-rater,* una persona di poco conto. □ *avv* **thirdly,** in terzo luogo: *thirdly and lastly,* in terzo e ultimo luogo.
□ *s.* **1** un (il) terzo; la terza parte (di qcsa): *the third of April,* il tre aprile. **2** *(GB)* laurea di terzo grado. **3** *(mus.)* terza. **4** terza velocità. **5** terza classe *(ferrovia, ecc.).*

thirst [θə:st] *s.* **1** sete: *to quench one's thirst,* dissetarsi — *This kind of work gives me a thirst,* Questo genere di lavoro mi fa venir sete — *to die of thirst,* morire di sete. **2** *(fig.)* sete; brama; avidità: *a thirst for knowledge,* una sete di conoscenza — *to satisfy one's thirst for adventure,* appagare la propria sete d'avventura.

to **thirst** [θə:st] *vi (seguito da* for*)* aver sete (di); essere assetato (di): *to thirst for revenge,* avere sete (essere assetato) di vendetta.

thirsty ['θə:sti] *agg* assetato: *to be (to feel) thirsty,* aver sete — *to make sb thirsty,* far venir sete a qcno; mettergli sete — *Some kinds of food make one thirsty,* Certi tipi di cibo mettono sete — *thirsty work,* (un) lavoro che mette sete (che fa venir sete) — *Tennis is a thirsty game,* Il tennis è un gioco che rende assetati — *The fields are thirsty for rain,* I campi sono assetati di pioggia.

□ *avv* **thirstily,** con sete; con bramosia.

thirteen ['θə:'ti:n] *s. e agg* tredici.

thirteenth ['θə:'ti:nθ] *s. e agg* tredicesimo; un tredicesimo.

thirtieth ['θə:tiiθ] *s. e agg* trentesimo; un trentesimo.

thirty ['θə:ti] *s. e agg* trenta: *thirty-one; thirty-two; thirty-three,* trentuno; trentadue; trentatrè — *thirty-first; thirty-second,* trentunesimo; trentaduesimo — *March the thirty-first; the thirty first of March,* il trentun marzo — *the Thirties,* gli anni trenta — *ten thirty,* le dieci e trenta — *to be in one's thirties,* essere tra i trent'anni e i quaranta.

this [ðis] (*pl.* **these**) **I** *agg e pron dimostrativo* **1** questo (questa; questi; queste); costui (costei); questi: *Look at this box (these boxes),* Guarda questa scatola (queste scatole) — *Look at this!,* Guarda questo!; Guarda qua! — *What's this?,* Cos'è questo? — *What are these?,* Cosa sono questi? — *Are these children yours?,* Sono vostri questi bambini? — *Are these your children?,* Sono questi i vostri bambini? — *This new pen of mine doesn't leak,* Questa mia nuova penna non perde — *This pupil of yours seems very bright,* Questo Suo allievo sembra molto sveglio — *Is this what you want?,* È questo quello che volete? — *These are better than those,* Questi sono migliori di quelli — *Life is difficult (in) these days,* La vita è difficile di questi tempi (al giorno d'oggi) — *It ought to be ready by this time,* Dovrebbe essere pronto a quest'ora (ormai) — *Where were you this time last year?,* Dove eravate l'anno scorso a quest'epoca? — *to this end,* (*lett.*) a questo fine; a questo scopo — *He has been watching you this ten minutes,* (*fam., usato alla forma sing. con un s. pl.: generalm. riferito al tempo*) Ti sta guardando da dieci minuti.

2 ciò; questo: *And with this (at this), he left,* E con ciò se ne andò — *What of this?,* E con ciò? — *This is true!,* Questo è vero! — *This won't do!,* Questo non va!

□ *like this; in this way,* così; in questo modo — *this day week (month),* oggi a otto (a un mese) — *talking of this and that,* parlando del più e del meno — *This is London!,* (*alla radio*) Qui Londra! — *This is Jones speaking,* (*al telefono*) Qui parla Jones — *Who is this speaking?,* (*al telefono*) Chi parla?; Chi è che parla?

II *avv* (*fam.*) così; tale; a tal punto; in questo modo: *He's about this high,* È alto all'incirca così — *Now that we have come this far...,* Ora che siamo arrivati fin qui... — *this much,* tanto così — *Can you spare me this much?,* Me ne puoi dare (prestare) tanto così? — *I know this much, that his story is exaggerated,* Io so solo questo, che la sua storia è esagerata.

thistle ['θisl] *s.* cardo selvatico: *thistle-down,* lanuggine *(che porta i semi del cardo).*

thither ['ðiðə*] *avv (ant.)* là; in quella direzione: *hither and thither,* qua e là; dappertutto; in tutte le direzioni.

tho' [ðou] *abbr di* **though.**

thole [θoul] *s. (anche* thole pin*)* scalmo.

thong [θɔŋ] *s.* cinghia; correggia.

thorax ['θɔ:ræks] *s.* torace.

thorn [θɔ:n] *s.* **1** spina: *a thorn in one's flesh (in one's side), (fig.)* una spina nel fianco. **2** *(talvolta)* pianta spinosa; spino: *thorn-tree,* biancospino; *(anche)* albero spinoso.

thorny ['θɔ:ni] *agg* **1** spinoso. **2** *(fig.)* spinoso; difficile: *a thorny problem,* un problema spinoso.

thorough ['θʌrə*] *agg* completo; accurato; esauriente; dettagliato; approfondito; 'bello': *a thorough worker,* un lavoratore meticoloso — *to receive thorough instruction in English,* ricevere un'accurata istruzione in inglese — *to give a room a thorough cleaning,* pulire a fondo una stanza — *to be thorough in one's work,* essere scrupoloso nel proprio lavoro — *a thorough-paced scoundrel,* un perfetto mascalzone — ⇨ *anche* **thorough(-)going.**

□ *avv* ⇨ **thoroughly.**

thoroughbred ['θʌrəbred] *agg (talvolta s., spec. di cavallo)* purosangue; di razza pura; *(di persona)* di gran classe; di grande stile.

thoroughfare ['θʌrəfɛə*] *s.* via di primaria importanza; arteria di grande traffico; strada di transito: *Broadway is perhaps New York's most famous thoroughfare,* Broadway è forse la più famosa strada di New York — *No thoroughfare,* Divieto di transito; Passaggio proibito.

thorough(-)going ['θʌrə,gouiŋ] *agg* **1** esauriente; completo; profondo; deciso; risoluto. **2** *(per estensione)* dichiarato; matricolato; perfetto; bell'e buono: *a thoroughgoing scoundrel,* un perfetto mascalzone.

thoroughly ['θʌrəli] *avv* a fondo; completamente; in modo completo (accurato, dettagliato, approfondito); *(per estensione)* bell'e buono.

thoroughness ['θʌrənis] *s.* completezza; perfezione; accuratezza.

those [ðouz] *pl di* **that.**

[1]**thou** [ðau] *pron soggetto (ant., usato ancora nelle preghiere: la forma del compl. è* **thee** ⇨ *e l'agg. possessivo* **thy** ⇨*)* tu: *Thou art much like him,* Tu gli assomigli molto — *Hast thou slept?,* Hai dormito? — *Wert thou with him?,* Eri con lui? — *He was with thee,* Stava con te.

[2]**thou** [θau] *s. (sl.)* millesimo di pollice.

though [ðou] *congiunz* **1** (*anche* **although**) sebbene; benché; quantunque: *Though (Although) it was very cold, he went out without an overcoat,* Sebbene facesse molto freddo, uscì senza soprabito.

2 (anche) se; ancorché: *He will never be dishonest, even though he (should) be reduced to poverty,* Non sarà mai disonesto anche se dovesse essere ridotto alla povertà — *Strange though it may seem, he is older than any of us,* Per quanto possa sembrare strano, è più vecchio di tutti noi.

3 as though, come se: *He talks as though he knew all about the subject,* Parla come se sapesse tutto sulla materia — *He looked as though he had seen a ghost,* Aveva l'aria di uno che avesse visto un fantasma.

□ *avv* tuttavia; però; pure: *He will probably say 'yes'; you never know, though,* È probabile che dica di 'sì', tuttavia, non si sa mai — *He said he would come; he hasn't, though,* Disse che sarebbe venuto: però non è venuto.

[1]**thought** [θɔ:t] *pass e p. pass di* **to think.**

[2]**thought** [θɔ:t] *s.* **1** pensiero; meditazione; riflessione: *a kind thought,* un pensiero (*fam.* un pensierino) gentile — *He spends hours in thought,* Passa ore e ore in meditazione — *He was lost in thought,* Era assorto nei suoi pensieri — *Greek thought,* il pensiero ellenico — *The very thought of going to the dentist upsets me,* Il solo pensiero di andare dal dentista mi

turba — *after serious thought,* dopo una seria riflessione — *on second thoughts,* pensandoci meglio; ripensandoci — *thought-reader,* chi legge il pensiero — *thought-reading,* lettura del pensiero — *thought-transference,* telepatia; trasmissione del pensiero. **2** concetto; trovata; idea; opinione; intenzione: *His speech was full of striking thoughts,* Il suo discorso era pieno di concetti (di trovate, di idee) interessanti — *Please write and let me have your thoughts on the matter,* Per favore, mi scriva facendomi sapere la Sua opinione in merito — *That boy hasn't a thought in his head,* Quel ragazzo non ha un'idea in testa — *He keeps his thoughts to himself,* Tiene le sue idee per sé — *He had no thought of hurting your feelings,* Non aveva nessuna intenzione di ferire i tuoi sentimenti. **3** cura; preoccupazione; premura: *The nurse was full of thought for her patient,* L'infermiera era piena di cure per il malato — *to take thought for sth,* preoccuparsi per (darsi pensiero per) qcsa. **4** *(con l'art. indeterminativo)* un po'; un'ombra; 'un'idea': *It's a thought too long,* È un po' troppo lungo.

thoughtful ['θɔ:tful] *agg* **1** pensieroso; pensoso; sovrappensiero; preoccupato; serio: *a thoughtful look,* uno sguardo pensoso (serio). **2** premuroso; attento; sollecito; gentile: *a thoughtful friend,* un amico premuroso — *It was thoughtful of you to tell me you were coming,* È stato gentile da parte tua farmi sapere che venivi. □ *avv* **thoughtfully.**

thoughtfulness ['θɔ:tfulnis] *s.* **1** pensosità; raccoglimento. **2** premura; attenzione; sollecitudine; gentilezza.

thoughtless ['θɔ:tlis] *agg* **1** leggero; avventato; sbadato; spensierato. **2** poco premuroso; egoista; 'menefreghista'. □ *avv* **thoughtlessly.**

thoughtlessness ['θɔ:tlisnis] *s.* **1** leggerezza; avventatezza; sbadataggine; spensieratezza. **2** mancanza di premura, di riguardo; egoismo; 'menefreghismo'.

thousand ['θauzənd] *s. e agg* mille; un migliaio: *a thousand thanks,* mille grazie; grazie mille — *a thousand and one,* mille e uno — *one thousand two hundred and fifty-nine,* milleduecentocinquantanove.

thousandfold ['θauzəndfould] *agg e avv* mille volte (tanto).

thousandth ['θauzənθ] *s. e agg* millesimo.

thraldom ['θrɔ:ldəm] *s.* schiavitù; servitù; *(fig.)* soggezione.

thrall [θrɔ:l] *s. (letteralm. e fig.)* **1** schiavo. **2** schiavitù.

to **thrash** [θræʃ] *vt e i.* **1** sferzare; bastonare; staffilare; fustigare: *He thrashed the boy soundly,* Le diede di santa ragione al ragazzo. **2** *(fam.)* 'stracciare' qcno in una gara, in una partita. **3** *(generalm. seguito da* about *o* around*)* dibattersi; agitarsi; scuotere: *The swimmer thrashed about in the water,* Il nuotatore sguazzava qua e là nell'acqua. **4** = **to thresh. 5 to thrash out,** - **a)** dibattere; discutere; definire; sviscerare *(un problema, ecc.)* - **b)** scoprire *(la verità);* chiarire *(un problema);* giungere ad una soluzione.

thrashing ['θræʃiŋ] *s.* percosse; botte; bastonatura: *to give sb a good thrashing,* picchiare (bastonare) qcno di santa ragione — *to get a good thrashing,* - **a)** prendersi un sacco di legnate - **b)** l'essere battuto, sconfitto (in una gara, ecc.).

thread [θred] *s.* **1** filo; filato: *a reel of silk thread,* un rocchetto di filo di seta — *a needle and thread,* un ago e del filo — *gold thread,* filo d'oro — *to hang by a thread,* pendere da un filo; essere appeso ad un filo. **2** filo *(fig.);* cosa lunga e sottile: *A thread of light came through the keyhole,* Un filo di luce penetrava dal buco della serratura. **3** *(fig.)* filo; linea; direttiva; filone: *to lose the thread,* perdere il filo del discorso — *to gather up the threads of a story,* trarre le fila della storia. **4** *(mecc., di vite)* filetto; filettatura; impanatura.

to **thread** [θred] *vt* **1** infilare *(un ago; delle perline su un filo, ecc.): to thread a film,* mettere la pellicola in un proiettore. **2** *(spesso* to thread one's way through*)* infilarsi; intrufolarsi; farsi largo. **3** striare *(capelli): black hair threaded with silver,* capelli neri striati d'argento. **4** *(mecc.)* filettare.

threadbare ['θredbɛə*] *agg* **1** *(stoffa, tessuto)* logoro; liso: *a threadbare coat,* un cappotto logoro. **2** *(fig.: di discorsi, argomenti, ecc.)* trito; vieto; stantio; comune; banale.

threadlike ['θredlaik] *agg* filiforme; sottile e lungo.

threat [θret] *s.* minaccia; sintomo; segno premonitore: *to be under the threat of expulsion,* essere sotto la minaccia di espulsione — *There was a threat of rain in the dark sky,* Dal cielo buio incombeva una minaccia di pioggia.

to **threaten** ['θretn] *vt e i.* **1** minacciare (qcno); proferire una minaccia: *to threaten an employee with dismissal,* minacciare di licenziamento un impiegato — *to threaten to murder sb,* minacciare di assassinare qcno — *They threatened revenge,* Minacciarono una vendetta. **2** minacciare *(fig.): The clouds threatened rain,* Le nuvole minacciavano pioggia — *It threatens to rain,* Minaccia di piovere.

threatening ['θretniŋ] *agg* minaccioso; minacciante. □ *avv* **threateningly.**

three [θri:] *agg e s.* tre: *It's a quarter to three,* Sono le tre meno un quarto — *a three-act play,* una commedia in tre atti — *a three-cornered contest, (spec. politica)* una competizione (un'elezione) con tre candidati — *three-dimensional, (spesso abbr. in* 3D*)* tridimensionale — *three-figure,* di tre cifre — *three-lane,* a tre corsie — *three-piece,* a tre pezzi — *a three-point landing,* un atterraggio su tre punti *(cioè, perfetto)* — *three-ply wool,* una lana a tre capi (a tre fili) — *three-quarter, (rugby)* trequarti — *three-quarters, (di ritratti)* di tre quarti — *a three-speed gear,* un cambio a tre velocità — *three-wheeled,* a tre ruote — *three-storied (-storeyed), (di edificio)* a tre piani — *the three R's* ⇨ **R, r.**

threefold ['θri:fould] *agg e avv* triplo; triplice; tre volte (tanto).

threepence ['θrəpəns/'θripəns] *s.* tre pence *(GB, prima del 1971).*

threepenny ['θrepəni/'θrʌpəni] *agg (GB, prima del 1971)* che costa tre pence; da tre pence; del valore di tre pence: *a threepenny bit (piece),* una monetina da tre pence.

threescore ['θri:'skɔ:*] *agg e s. (ant.)* sessanta; sessant'anni: *threescore years and ten,* settant'anni.

threesome ['θri:səm] *s.* gruppo di tre persone; gioco a tre; *(nel golf)* partita con tre giocatori; il terzetto dei giocatori.

threnody ['θri:nədi/'θrenədi] *s.* trenodia; lamento funebre.

to **thresh** [θreʃ] *vt e i.* trebbiare; battere il grano: *to thresh corn by hand,* battere il grano a mano — ⇨ *anche* **threshing.**

thresher ['θreʃə*] *s.* **1** trebbiatrice, trebbiatore. **2** grosso squalo con una lunga coda.

threshing ['θreʃiŋ] *s.* trebbiatura: *threshing floor,* aia — *threshing machine,* trebbia; trebbiatrice.

threshold ['θreʃhould] *s.* **1** soglia: *to cross the threshold,* varcare la soglia. **2** *(fig.)* soglia; entrata;

orlo; vigilia; limite; inizio: *He was on the threshold of his career,* Era all'inizio della sua carriera.

threw [θru:] *pass di* **to throw.**

thrice [θrais] *avv (piuttosto desueto)* tre volte.

thrift [θrift] *s.* **1** economia; risparmio; parsimonia. **2** *(bot.)* statice.

thriftless ['θriftlis] *agg* prodigo; incapace di economia; spendereccio. □ *avv* **thriftlessly,** con eccessiva prodigalità.

thriftlessness ['θriftlisnis] *s.* prodigalità; mancanza di economia; spreco.

thrifty ['θrifti] *agg* **1** economo; risparmiatore; parsimonioso. **2** *(USA)* fiorente; florido. □ *avv* **thriftily.**

thrill [θril] *s.* **1** brivido; fremito; sussulto; palpito; trasalimento; eccitazione: *It gave her quite a thrill to shake hands with the Princess,* Il fatto di stringere la mano alla principessa le diede un brivido. **2** *(med.)* fremito.

to **thrill** [θril] *vt* (far) rabbrividire, fremere: *The film thrilled the audience,* Il film fece rabbrividire gli spettatori — *We were thrilled with horror,* Fremevamo per l'orrore.

□ *vi* fremere; rabbrividire; palpitare; sussultare; trasalire: *We thrilled at the good news,* Un fremito ci percorse alla buona notizia — *She thrilled with delight,* Trasalì di gioia — *There was a thrilling finish to the race,* La gara ebbe un finale elettrizzante.

thriller ['θrilə*] *s.* romanzo (racconto, film, ecc.) sensazionale, eccitante, emozionante; *(spesso)* romanzo, film giallo o poliziesco.

thrilling ['θriliŋ] *agg* entusiasmante; elettrizzante (⇨ **to thrill** *vi*).

to **thrive** [θraiv] *vi* (*pass.* **throve;** *p. pass.* **thriven**) prosperare; essere florido, fiorente; avere successo; crescere bene: *Children thrive on good food,* I bambini crescono sani e floridi se nutriti con buon cibo — *a thriving business,* un'impresa (commerciale) molto fiorente.

thro', thro [θru:] ⇨ **through.**

throat [θrout] *s.* gola; esofago; trachea; *(di un tubo)* strozzatura: *to cut sb's throat,* tagliare la gola a qcno — *to cut one's own throat, (fig.)* darsi la zappa sui piedi — *to have a sore throat,* avere mal di gola — *A bone has stuck in my throat,* Mi si è conficcato un osso in gola — *Don't thrust your opinions down other people's throats,* Non cercare di cacciare a forza le tue opinioni nella testa altrui — *throat-wash,* gargarismo.

-throated ['θroutid] *agg (nei composti) a red-throated bird,* un uccello con piume rosse sulla gola — *a full-throated roar,* un urlo a squarciagola.

throaty ['θrouti] *agg* gutturale: *a throaty voice,* una voce gutturale — *a throaty cough,* una tosse cavernosa.

throb [θrɔb] *s.* battito; pulsazione; palpito; vibrazione. □ *heart-throb* ⇨ **heart.**

to **throb** [θrɔb] *vi* (**-bb-**) *(del cuore)* battere; pulsare: *Her heart was throbbing with excitement,* Il cuore le batteva forte per l'emozione — *His head throbbed,* La testa gli pulsava — *His wound throbbed painfully,* La sua ferita pulsava dolorosamente.

throbbing ['θrɔbiŋ] *agg* (*p. pres. di* **to throb**) pulsante; palpitante; vibrante; rombante: *the throbbing sound of machinery,* il frastuono di macchinari — *a town throbbing with industrial activity,* una città che pulsa di attività industriale — *a throbbing pain,* un dolore vivo (acuto).

throe [θrou] *s. (generalm. al pl.)* doglie; spasmi: *death-throes,* agonia — *to be in the throes of an examination, (fam.)* essere alle prese con un esame.

thrombosis [θrɔm'bousis] *s.* trombosi.

throne [θroun] *s.* **1** trono; *(di vescovo)* soglio. **2** *(con l'art. determinativo)* l'autorità regia: *to come to the throne,* salire al trono — *to be loyal to the throne,* essere fedeli e leali alla Corona.

throng [θrɔŋ] *s.* folla; calca; moltitudine di persone.

to **throng** [θrɔŋ] *vt* affollare: *The railway stations were thronged with people,* Le stazioni ferroviarie erano affollate.

□ *vi* accalcarsi; affollarsi; far ressa: *People thronged to see the new play,* La gente si accalcava per vedere la nuova commedia.

throstle ['θrɔsl] *s.* **1** tordo sassello. **2** *(GB)* filatoio.

throttle ['θrɔtl] *s. (anche* throttle-valve*)* valvola 'a farfalla' *(che regola il flusso di benzina, ecc., in un motore): to open out the throttle,* aprire la valvola — *to close the throttle,* chiudere la valvola — *with the throttle full open,* con la valvola aperta al massimo.

to **throttle** ['θrɔtl] *vt* strozzare; soffocare; strangolare *(anche fig.).*

□ *vi* regolare *(il flusso o la pressione del vapore, ecc.);* diminuire la velocità; rallentare; ridurre *(i giri del motore): to throttle down,* rallentare.

through [θru:] (*talvolta abbr. in* **thro'** *o* **thro**: *in USA spesso* **thru**) **I** *prep* **1** - **a)** attraverso *(compl. di moto attraverso luogo); (talvolta)* tra: *The Thames flows through London,* Il Tamigi scorre attraverso Londra — *The burglar came in through the window,* Lo scassinatore entrò per la finestra — *There is a path through the fields,* C'è un sentiero attraverso i campi — *She passed her fingers through her hair,* Si passò le dita tra i capelli — *He was looking through a telescope,* Guardava attraverso un telescopio - **b)** *(idiomatico in molti verbi composti. Seguono alcuni esempi: ma ⇨ soprattutto alle voci relative, p.es.* to put sb through it, to run through, *ecc.) He went through hell in the hospital,* Patì le pene dell'inferno in ospedale — *We must go through the accounts,* Dobbiamo esaminare con cura i conti — *He got through the examination,* Superò l'esame — *I can't seem to get through to him,* Non riesco ad entrare in contatto con lui — *He saw through the trick,* Scoperse il trucco.

2 *(compl. di tempo)* per la durata di; durante; per: *The children are too young to sit through a long sermon,* I bambini sono troppo piccoli per starsene fermi durante tutta una lunga predica — *He won't live through the night,* Non vivrà fino a domani; Non supererà la notte — *all through the year,* per tutto l'anno.

3 *(USA, di tempo)* fino a... (compreso): *We shall be in London from Tuesday through Saturday,* Saremo a Londra da martedì fino a tutto sabato.

4 *(compl. di mezzo)* mediante; per mezzo di; tramite: *I learnt of the position through a newspaper advertisement,* Ho saputo del posto mediante un annuncio sul giornale.

5 *(compl. di causa)* a causa di; per; per colpa di: *The accident happened through no fault of yours,* L'incidente avvenne non per colpa vostra — *It was all through you that we were late,* È stata tutta colpa vostra se siamo arrivati in ritardo — *We got lost through not knowing the way,* Ci perdemmo perché non conoscevamo la strada.

II *avv* **1** attraverso; dal principio alla fine; da parte a parte: *They wouldn't let us through,* Non vollero lasciarci passare — *Read the book through carefully,*

Leggi attentamente il libro dal principio alla fine — *He slept the whole night through,* Dormì tutta la notte — *Did your brother get through?,* Ce l'ha fatta tuo fratello? *(p.es. ad un esame).*

2 fino alla fine; completamente: *to see sth through,* seguire qcsa nel suo sviluppo fino alla sua conclusione; non mollare fino alla fine; fare una cosa fino in fondo — *to go through with sth,* portare a termine qcsa — *through and through,* completamente; assolutamente — *You are wet through* (o *through and through),* Sei bagnato fino al midollo — *He's a reliable man through and through,* È un uomo degno di fiducia in tutto e per tutto.

3 *(al telefono, GB)* 'in linea'; 'in comunicazione': *I will put you straight through to the manager,* La metto subito in comunicazione con il direttore — *You're through,* Siete in linea; Parlate pure.

4 to be through (with sth), - **a)** finire; terminare: *When will you be through with your work?,* Quando avrai finito il tuo lavoro? — *Are you through?, (USA, al telefono)* Avete parlato? - **b)** *(fam.)* averne avuto abbastanza; non poterne più; essere stufo: *I'm through with this job!,* Sono stufo (Ne ho abbastanza) di questo impiego!

5 direttamente: *This train goes through to Paris,* Questo treno prosegue direttamente per Parigi.

III *(come agg.)* diretto: *a through train to Paris,* un espresso per Parigi — *through tickets (rates),* biglietti (tariffe) per servizio cumulativo su tratti appartenenti ad amministrazioni diverse *(servizio internazionale; e in GB, prima della nazionalizzazione delle ferrovie nel 1948)* — *through passengers,* passeggeri di treno diretto — *No through road,* Strada senza uscita.

throughly ['θru:li] *avv (ant.)* ⇨ **thoroughly.**

throughout [θru:'aut] *prep* attraverso tutto; da una parte all'altra; da un capo all'altro: *throughout the area,* per tutta la zona — *throughout the length and breadth of the land,* per tutta la lunghezza e la larghezza del Paese — *throughout the war,* per l'intera durata della guerra.

□ *avv* completamente; in ogni parte; in ogni modo; sotto tutti i punti di vista: *The coat is lined with fur throughout,* Il cappotto è interamente foderato di pelliccia — *The woodwork in the house was rotten throughout,* Le travi di legno della casa erano completamente marcie.

throughput ['θru:put] *s.* materiale in corso di lavorazione.

throve [θrouv] *pass di* **to thrive.**

throw [θrou] *s.* **1** getto; lancio; tiro: *a well-aimed throw,* un tiro ben centrato — *a throw of the dice,* un lancio dei dadi — *to be within a stone's throw,* essere ad un tiro di pietra (di schioppo); essere molto vicino. **2** *(mecc.)* corsa massima; alzata; raggio. **3** *(lotta libera)* schienata. □ ⇨ *anche* **throw-away, throw-back, throw-in, throw-out.**

to **throw** [θrou] *vt e i.* (*pass.* **threw**; *p. pass.* **thrown**) **1** lanciare; gettare; buttare; scagliare; tirare: *He threw the ball to his sister,* Lanciò la palla a sua sorella — *He throws well,* Sa lanciare bene; Ha un bel lancio; È un buon lanciatore — *Don't throw stones at my dog!,* Non tirar sassi al mio cane! — *Please throw me that book,* Per favore, buttami quel libro — *He seized the man and threw him to the ground,* Afferrò l'uomo e lo scaraventò a terra — *The drunken man was thrown out,* L'ubriaco fu buttato fuori — *to throw sb overboard,* buttare qcno in mare; *(fig.)* disfarsi di qcno *(p.es. di un collaboratore)* — *to throw open a window,* spalancare una finestra — *to throw open a private garden,* aprire al pubblico un giardino (un parco) privato — *to throw good money after bad, (comm.)* buttare altro denaro nel tentativo di ricuperare quello che è già stato perduto — *He threw three sixes, (ai dadi)* Per tre volte gli venne il sei. **2** *(di cavallo, ecc.)* disarcionare; *(di lottatore, ecc.)* gettare a terra; atterrare; mettere al tappeto; *(fig.)* sconfiggere; battere; disarmare: *Two of the jockeys were thrown in the second race,* Nella seconda gara due fantini furono disarcionati — *I thought I know English quite well, but his pronunciation throws me,* Pensavo di conoscere abbastanza bene l'inglese, ma la sua pronuncia mi disarma. **3** perdere: *The horse threw its shoe,* Il cavallo perse un ferro. **4** *(di serpente)* mutare. **5** *(di conigli, ecc.)* partorire; figliare; sgravarsi. **6** *(industria tessile)* torcere; avvolgere (in filo). **7** *(industria fittile)* formare; modellare al tornio. **8** *(fam.)* dare: *to throw a party (a dinner),* dare un ricevimento (un pranzo). **9** *(elettr.)* inserire; disinserire *(secondo il contesto): to throw a switch,* inserire (disinserire) un interruttore.

to throw at, - **a)** lanciare, gettare (qcsa) verso (qcno) - **b)** *to throw oneself at sb,* gettarsi su qcno.

to throw about, - **a)** disseminare; sparpagliare; gettare qua e là (in giro); *(fig.)* sperperare *(denaro): Don't throw waste paper about in the park,* Non buttare carta straccia per il parco — *to throw one's money about,* sperperare il proprio denaro - **b)** *to throw one's arms about,* agitare le braccia; gesticolare.

to throw away, - **a)** buttar via; scartare; sprecare: *to throw away an opportunity,* sprecare una bella occasione — *My advice was thrown away upon him,* I miei consigli per lui erano fiato sprecato - **b)** *(di attori, ecc.)* recitare senza enfasi, con tono volutamente dimesso.

to throw back, - **a)** buttare indietro - **b)** ripiegare; contentarsi - **c)** *(biologia)* regredire - **d)** *(di luce)* riflettere.

to throw down, - **a)** buttare giù; gettare a terra: *to throw oneself down,* gettarsi a terra - **b)** depositare; lasciare *(un sedimento).*

to throw in, - **a)** lanciare; gettare; buttare dentro - **b)** *(calcio, ecc.)* rimettere (la palla) in gioco - **c)** aggiungere; dare in aggiunta; unire: *You can have the piano for sixty pounds with the stool thrown in,* Puoi avere il pianoforte per sessanta sterline compreso lo sgabello — *He threw in a remark which I didn't like,* Aggiunse un'osservazione che non mi piacque affatto — *I shall throw in my lot with you,* Unisco la mia sorte alla tua - **d)** *to throw in one's hand,* dare partita vinta *(anche fig.).*

to throw oneself (heart and soul) into sth, buttarsi anima e corpo in un'impresa.

to throw off, - **a)** buttar giù *(note, ecc.);* improvvisare: *to throw off an epigram,* improvvisare un epigramma - **b)** liberarsi *(di malattie, di gente importuna, ecc.): to throw off a bad cold,* liberarsi di un brutto raffreddore - **c)** togliersi; levarsi *(un abito d'addosso).*

to throw on, gettarsi addosso *(un abito).*

to throw oneself on (upon), mettersi alla mercè (di qcno): *He threw himself on the mercy of his captors,* Si mise alla mercè dei suoi rapitori.

to throw out, - **a)** buttar via, fuori: *They threw him out of the night club,* Lo buttarono fuori (Lo espulsero) dal 'night' - **b)** buttare all'infuori; gonfiare *(spec. il petto)* - **c)** dire casualmente - **d)** respingere; bocciare *(un disegno di legge)* - **e)** *to throw (sb) out,* sconcertare; distogliere; far distrarre: *Keep quiet or you'll throw me out in my calculations,* Stai zitto, sennò mi fai sbagliare i calcoli - **f)** emettere: *to throw out a* *hint,* insinuare; accennare a qcsa — *to throw out a challenge,* lanciare una sfida - **g)** estendere *(un fabbricato): to throw out a new wing,* costruire un nuovo padiglione.

to throw over, - **a)** gettarsi *(un abito)* addosso: *to throw a shawl over one's shoulders,* gettarsi uno scialle sulle spalle - **b)** abbandonare; lasciare: *to throw over a plan (an old friend),* abbandonare un piano (un vecchio amico).

to throw together, - **a)** raccogliere (radunare) in fretta - **b)** *to be thrown together, (di persone)* incontrarsi per caso: *Chance had thrown us together at a skiing resort,* Il caso ci aveva fatto incontrare in una stazione sciistica - **c)** *(fig.)* compilare malamente, frettolosamente; abborracciare: *That last textbook of his seems to have been thrown together in a hurry,* Quel suo ultimo testo scolastico mi sembra abborracciato.

to throw up, - **a)** alzare *(p.es. le braccia)* - **b)** spalancare *(una finestra a ghigliottina)* - **c)** vomitare; rigettare - **d)** rinunciare *(ad una carica);* dare le dimissioni - **e)** distogliere (lo sguardo); levare (gli occhi) al cielo *(per orrore, ecc.).*

throw-away ['θrouəwei] *s.* 'volantino'; foglietto pubblicitario *(che si butta via dopo averlo letto).* □ *agg attrib* che si getta via: *throw-away cardboard plates,* piatti di cartone *(p.es. per i pic-nic)* che si gettano via dopo l'uso — *a throw-away line, (in una commedia, ecc.)* una battuta importante da recitare senza enfasi, fingendo di trascurarne l'importanza.

throw-back ['θroubæk] *s. (biologia: in generale)* regressione; *(caso singolo)* esempio di regressione; 'scherzo di natura' *(fam.).*

thrower-out ['θrouəraut] *s.* buttafuori.

throw-in ['θrouin] *s. (calcio, ecc.)* rimessa in gioco.

thrown [θroun] *p. pass di* **to throw.**

throw-out ['θrouaut] *s.* oggetto buttato via; rifiuto; *(comm.)* articolo di scarto.

throwster ['θroustə*] *s.* torcitore.

thru [θru:] *prep (USA)* = **through.**

to **thrum** [θrʌm] *vt e i.* (**-mm-**) strimpellare; tamburellare *(con le dita): to thrum (on) a guitar,* strimpellare una chitarra — *to thrum on the table,* tamburellare sul tavolo.

[1]**thrush** [θrʌʃ] *s.* tordo.

[2]**thrush** [θrʌʃ] *s.* afta; candidosi delle mucose orali.

thrust [θrʌst] *s.* **1** spinta *(anche mecc.);* spintone. **2** *(mil.)* attacco a fondo; *(fig.)* attacco verbale; 'frecciata'; *(scherma)* stoccata.

to **thrust** [θrʌst] *vt e i.* (*pass. e p. pass.* **thrust**) ficcare; conficcare; spingere; infilare; cacciare; forzare: *He thrust his hands into his pockets,* Si ficcò le mani nelle tasche — *We had to thrust our way through the crowd,* Dovemmo farci largo a forza tra la folla — *to thrust sb aside (away),* spingere qcno in disparte — *to thrust sb back,* respingere qcno; spingerlo indietro — *They thrust themselves forward,* Si spinsero avanti — *to thrust at sb,* assalire qcno *(con un bastone, un'arma bianca, ecc.)* — *Some have greatness thrust upon them,* Alcuni la grandezza se la trovano addosso — *He has thrust himself into a well-paid position,* È riuscito a conquistarsi un posto ben retribuito.

thruster ['θrʌstə*] *s.* chi spinge; chi si butta *(per ottenere qcsa);* arrivista.

thrusting ['θrʌstiŋ] *agg (di persona)* invadente.

thud [θʌd] *s.* tonfo; rumore sordo: *The bullet entered his brain and he fell to the carpet with a thud,* La pallottola gli penetrò il cervello e cadde sul tappeto con un tonfo.

to **thud** [θʌd] *vi* cadere (conficcarsi) con un rumore sordo; colpire con un rumore sordo: *The bullets thudded into the sandbags behind which we were sheltering,* Le pallottole andarono a conficcarsi con un rumore sordo nei sacchetti di sabbia dietro ai quali noi ci stavamo riparando.

thug [θʌg] *s.* **1** 'thug' o 'thugee' *(membro di una setta indiana di strangolatori).* **2** *(per estensione)* teppista; delinquente *(spec. se violento).*

thuggee ['θʌgi:] *s.* ⇨ **thug 1.**

thumb [θʌm] *s.* pollice: *to be under sb's thumb,* subire l'influenza di qcno; essere dominato da qcno — *Thumbs up!,* Evviva! — *Thumbs down!,* Pollice verso!; Abbasso! — *to give a project the thumbs-down,* bocciare un progetto — *thumb-nail,* unghia del pollice — *thumb-nail sketch,* ritratto in miniatura; descrizione concisa — *thumb-index, (p.es. in un dizionario)* indice con scanalatura per le lettere — *thumb-stall,* ditale *(per proteggere un pollice malato).* □ *to be all fingers and thumbs,* essere goffo, maldestro — *rule of thumb,* regola basata sull'esperienza pratica — *thumb-tack, (USA)* puntina da disegno.

to **thumb** [θʌm] *vt* voltare *(le pagine di un libro con il pollice);* sfogliare; *(per estensione)* lasciar l'impronta del pollice; sporcare: *to thumb the pages of a dictionary,* sfogliare un dizionario — *a well-thumbed book,* un libro sgualcito per l'uso — *to thumb one's nose at sb,* far marameo a qcno — *to thumb a lift,* chiedere un passaggio in automobile facendo con il pollice il segno dell'autostop; fare l'autostop.

thumbnail ['θʌmneil] *s. e agg* ⇨ **thumb.**

thumbscrew ['θʌmskru:] *s.* **1** *(anche* thumb-nut*)* vite (dado) ad alette. **2** *(stor.)* strumento di tortura per schiacciare i pollici.

thump [θʌmp] *s.* **1** tonfo; colpo: *The baby fell out of its cot with a thump,* Il bimbo cadde dal suo lettino con un tonfo. **2** colpo; botta; pacca: *a friendly thump on the back,* una pacca amichevole sulla schiena. **3** *(automobile)* vibrazione di rotolamento.

to **thump** [θʌmp] *vt e i.* colpire; battere; picchiare; dar pugni; prendere a pugni: *He thumped (on, upon) the door,* Picchiò alla porta — *She thumped the cushion flat,* Sprimacciò il cuscino fino a renderlo piatto — *His heart was thumping with excitement,* Il suo cuore batteva forte per l'eccitazione — *The two boys began to thump one another,* I due ragazzi cominciarono a picchiarsi — *He was thumping out a tune on the piano,* Stava strimpellando (pesantemente) un motivo sui tasti del pianoforte.

thumper ['θʌmpə*] *s.* **1** *(fam.)* forte colpo. **2** *(fam.)* grossa bugia; 'balla'.

thumping ['θʌmpiŋ] *agg (fam.)* grande; grosso; enorme; colossale: *a thumping great lie,* una bugia grossa.

thunder ['θʌndə*] *s.* **1** tuono: *a loud crash of thunder,* un forte rombo di tuono — *a peal of thunder,* un tuono — *There's thunder in the air,* C'è aria di tempesta — *thunder-storm,* temporale (con lampi e tuoni) — ⇨ *anche* **thunderbolt, thunderclap, thundercloud. 2** *(fig.)* tuoni; strepiti; fulmini; scrosci: *the thunder of the guns,* il fragore dei cannoni — *thunders of applause,* scrosci d'applausi — *the thunders of the Church against gambling,* i tuoni e fulmini della Chiesa contro il gioco d'azzardo. □ *to steal sb's thunder,* battere sul tempo; bruciare la notizia *(a svantaggio di qcno).*

to **thunder** ['θʌndə*] *vi e t.* **1** *(impers.)* tuonare: *It was thundering and lightening,* Stava tuonando e lampeggiando. **2** battere con fragore; rimbombare; rumoreggiare: *Someone was thundering at the door,* Qualcuno stava bussando rumorosamente alla porta — *The train thundered through the station,* Il treno attraversò rombando la stazione. **3** *(generalm. seguito da* against*)* tuonare *(a parole);* minacciare; urlare; inveire: *The reformers thundered against gambling,* I riformatori tuonarono contro il gioco d'azzardo.

thunderbolt ['θʌndəboult] *s.* fulmine; saetta; *(fig.)* notizia tragica e inaspettata.

thunderclap ['θʌndəklæp] *s.* tuono; rombo di tuoni; *(fig.)* brutta notizia improvvisa.

thundercloud ['θʌndəklaud] *s.* nuvolone; nembo.

thunderer ['θʌndərə*] *s.* **1** il Tonante *(epiteto di Giove).* **2** *(GB, scherz., un po' desueto)* il giornale 'The Times'.

thundering ['θʌndəriŋ] *agg (fam.)* **1** enorme; terribile: *He was in a thundering rage,* Era terribilmente arrabbiato — *a thundering nuisance,* una seccatura unica; un seccatore unico. **2** colossale; stragrande; strepitoso; 'fantastico': *(spesso in funzione di avv.) a thundering good yarn,* un racconto davvero entusiasmante, strepitoso (che è una 'cannonata').
□ *avv* **thunderingly.**
□ *avv (fam.)* molto; assai; maledettamente.

thunderous ['θʌndərəs] *agg* tonante; rombante; fragoroso; rumoreggiante: *thunderous applause,* un fragoroso applauso. □ *avv* **thunderously.**

thunderstorm ['θʌndə*,stɔ:m] *s.* temporale *(con lampi e tuoni).*

thunderstruck ['θʌndəstrʌk] *agg (fig., predicativo)* stupefatto; attonito; folgorato.

thundery ['θʌndəri] *agg (di tempo)* che minaccia tuoni; temporalesco.

thurible ['θjuəribl] *s.* turibolo; incensiere.

thurifer ['θjuərifə*] *s.* turiferario.

Thursday ['θə:zdi/'θə:zdei] *s.* giovedì.

thus [ðʌs] *avv (piuttosto formale)* **1** così; in questo modo: *thus far,* fino a questo punto; fin qui. **2** quindi; perciò.

thwack [θwæk] *vt e s.* = **whack.**

thwart [θwɔ:t] *s.* banco *(per chi rema).*

to **thwart** [θwɔ:t] *vt* frustrare; opporsi; ostacolare; render vano: *to thwart sb's plans,* ostacolare i piani di qcno — *to be thwarted in one's ambitions (in one's aims),* essere ostacolato nelle proprie ambizioni (nei propri scopi).

thwartships ['θwɔ:tʃips] *avv (naut.)* per madiere; *(fam.)* per traverso.

thy [ðai] *agg possessivo (ant., e nelle preghiere:* **thine** *davanti a suono vocalico)* tuo (tua; tuoi; tue): *thy book,* il tuo libro — *thine uncle,* tuo zio — *'Hallowed be thy name',* 'Benedetto sia il nome tuo'.

thyme [taim] *s. (bot.)* timo.

thyroid ['θaiərɔid] *s. (anche* thyroid gland*)* tiroide: *thyroid extract,* estratto di tiroide; tiroidina.
□ *agg* tiroideo.

thyself [ðai'self] *(ant.)* **1** *pron rifl* te stesso (stessa): *Know thyself,* Conosci te stesso. **2** *pron enfatico* tu stesso (stessa).

tiara [ti'ɑ:rə] *s.* **1** tiara; diadema. **2** tiara; triregno papale.

Tibetan [ti'betən] *agg e s.* tibetano.

tibia ['tibiə] *s. (pl.* **tibiae***)* tibia.

tic [tik] *s.* tic (nervoso); movimento incontrollato di un muscolo.

[1]**tick** [tik] **1** ticchettio; battito; 'tic tac' *(di orologi, ecc.): tick-tock,* 'tic tac'; *(linguaggio infantile)* orologio. **2** *(fam.)* momento; minuto; attimo: *I'll be with you in two ticks,* Sarò da te in due minuti — *Half a tick!,* Solo un istante!; Un attimo! **3** segno di 'visto' *(p.es. su un compito scritto).*

to **tick** [tik] *vi e t.* **1** *(di orologio, ecc.)* ticchettare; fare tic tac: *The child put the watch to its ear and listened to it ticking,* Il bimbo si portò l'orologio vicino all'orecchio e ne ascoltò il ticchettio. **2** *(mecc., per estensione; spesso seguito da* away*)* funzionare; *(di orologio)* segnare il passare del tempo: *The taximeter was ticking away,* Il tassametro funzionava a tutto spiano — *What makes it tick?, (fam.)* Che cosa lo fa funzionare così? — *to tick away the minutes,* segnare i minuti — *The minutes ticked by,* I minuti passavano. **3 to tick over,** *(di motore e, fig., di persona o di impresa, ecc.)* andare al minimo. **4 to tick sth off,** spuntare *(i nomi da un elenco): to tick off a name,* spuntare un nome. **5 to tick sb off,** *(fam.)* rimproverare qcno; dare una bella lavata di capo a qcno: *to get ticked off,* prendersi una bella lavata di capo — *to give sb a good ticking-off,* dare una bella ramanzina a qcno.

[2]**tick** [tik] *s. (GB, sl.)* credito: *to buy sth on tick,* comprar qcsa a credito — *to get tick,* ottenere credito.

[3]**tick** [tik] *s.* zecca; acaro; parassita *(spec. del cane).*

[4]**tick** [tik] *s.* **1** fodera di materasso o cuscino. **2** *(anche* **ticking***)* stoffa da fodera *(di materasso).*

ticker ['tikə*] *s.* **1** *(fam.: un po' desueto)* telescrivente: *to get a ticker-tape reception,* essere accolti a suon di nastri di telescrivente *(spec. riferito ad una celebrità di passaggio a New York).* **2** *(fam.)* orologio. **3** *(fam.)* cuore.

ticket ['tikit] *s.* **1** biglietto: *Do you want a single or a return ticket?,* Vuole un biglietto semplice o di andata e ritorno? — *season ticket,* abbonamento; tessera d'abbonamento — *Admission by ticket only,* Si ammettono soltanto le persone munite di biglietto — *ticket-collector, (ferrovia)* controllore — *ticket office,* biglietteria. **2** cartellino *(con un prezzo, ecc.);* etichetta. **3** *(USA)* lista dei candidati di un partito: *to vote the straight ticket,* votare attenendosi strettamente alla linea del partito. **4** *the ticket, (fam.)* la cosa giusta da farsi — *That's the ticket!,* Questo sì che va! — *That's not quite the ticket,* Questo non va affatto bene. **5** *(fam.)* multa; contravvenzione. **6** *(GB) ticket of leave,* permesso *(ad un detenuto di lasciare una prigione);* foglio di libertà vigilata: *a ticket-of-leave man,* una persona in libertà vigilata. **7** *(naut.)* certificato; brevetto.

to **ticket** ['tikit] *vt* mettere un cartellino (su qcsa); etichettare.

ticking ['tikiŋ] *s.* **1** ⇨ [4]**tick. 2** ticchettio. □ *Per 'ticking-off'* ⇨ **to tick 5.**

tickle ['tikl] *s.* solletico; prurito.

to **tickle** ['tikl] *vt e i.* **1** solleticare; fare il solletico; titillare; pizzicare: *to tickle sb in the ribs,* fare a qcno il solletico sui fianchi — *Pepper tickles if it gets into the nose,* Il pepe pizzica se va nel naso — *My nose is tickling,* Mi pizzica il naso. **2** stuzzicare; stimolare; compiacere; lusingare; solleticare *(fig.): The story tickled her fancy,* La storia stuzzicò la sua fantasia — *I was tickled to death at the news, (fam.)* La notizia mi divertì un mondo. **3** acchiappare *(trote)* con le mani.

tickler ['tiklə*] *s.* **1** *(fam.)* rompicapo. **2** *(mecc.)* scuotitore; *(di un carburatore)* titillatore. **3** *(comm.)* scadenziario.

ticklish ['tikliʃ] *agg* **1** *(di persona)* che soffre il solletico. **2** *(di problema o lavoro)* difficile; imbarazzante; delicato; scabroso: *a ticklish question,* una domanda imbarazzante — *to be in a ticklish situation,* essere (trovarsi) in una situazione delicata.

tidal ['taidl] *agg* soggetto a marea o maree: *a tidal river,* un fiume soggetto alle maree — *a tidal wave,* un'onda di marea; *(fig.)* un'ondata *(di sentimenti popolari, di proteste, ecc.).*

tidbit ['tidbit] *s.* = **titbit.**

tiddler ['tidlə*] *s.* **1** pesciolino d'acqua dolce. **2** *(fam.)* ragazzino.

tiddly, tiddley ['tidli] *agg (fam.)* **1** piccolo; trascurabile; insignificante; di nessun conto. **2** alticcio.

tiddly-winks ['tidliwiŋks] *s.* gioco delle pulci.

¹tide [taid] *s.* **1** marea: *at high (low) tide,* con l'alta (la bassa) marea — *spring tide,* marea equinoziale, sizigiale — *neap tide,* marea di quadratura. **2** *(fig.)* marea; flusso; corrente; tendenza; ondata: *the rising tide of discontent,* la crescente ondata di malcontento — *The Socialists were hoping for a turn of the tide,* I socialisti speravano in un cambiamento di tendenza.

²tide [taid] *s. (ant.)* stagione; periodo *(ora solo nei composti): Easter(-)tide,* Pasqua — *Whitsun(-)tide,* Pentecoste — *even(-)tide,* sera.

to **tide over** ['taidouvə*] *vt* aiutare (qcno) a superare, a sormontare qcsa *(spec. un brutto periodo): He sold his car to tide him over his period of unemployment,* Vendette la sua automobile per tirare avanti durante il periodo di disoccupazione — *Will twenty-five pounds tide you over until you get your wages?,* Ti basteranno venticinque sterline per tirare avanti fino al giorno dello stipendio?

tideway ['taidwei] *s.* canale che convoglia la marea; *(per estensione)* flusso o riflusso in tale canale.

tidiness ['taidinis] *s.* ordine; accuratezza; precisione.

tidings ['taidiŋz] *s. pl (ant., lett. e scherz.)* notizie: *The tidings came too late,* Le notizie arrivarono troppo tardi — *Have you heard the glad tidings?,* Hai sentito la buona notizia?

tidy ['taidi] *agg* (**-ier**; **-iest**) **1** *(di persona)* ordinato; preciso *(nel collocare le cose);* accurato: *tidy-minded,* dalla mente ordinata — *a tidy boy,* un ragazzo ordinato. **2** *(di cosa)* ordinato; lindo; pulito; curato; in ordine: *a tidy room,* una stanza ordinata. **3** *(fam.)* considerevole; piuttosto abbondante *(spec. di denaro): a tidy sum of money,* una considerevole somma di denaro; una bella somma. □ *avv* **tidily,** ordinatamente. □ *s.* cestino; recipiente per rifiuti di vario genere; portaoggetti: *a hair tidy,* un recipiente per buttare via i capelli tolti da una spazzola.

to **tidy** ['taidi] *vt (spesso seguito da* up*)* ordinare; mettere in ordine: *You'd better tidy up the room before the guests arrive,* Dovresti mettere in ordine la stanza prima che arrivino gli ospiti — *I must tidy myself up,* Devo mettermi in ordine — *to tidy one's hair,* tagliarsi i capelli.

tie [tai] *s.* **1** nodo; legaccio; legame; *(fig.)* vincolo; parentela; connessione: *the ties of friendship,* i vincoli dell'amicizia — *family ties,* vincoli di famiglia — *ties of blood,* vincoli di sangue. **2** *(piuttosto fam.)* legame; impedimento; impaccio; vincolo; limitazione: *Mothers often find their small children a tie,* Le madri considerano spesso i loro piccoli come un impaccio *(alla propria attività, libertà d'azione, ecc.).* **3** *(mecc.)* tirante; *(USA)* traversina *(di binario ferroviario).* **4** *(in alcuni giochi)* pareggio; pari punti: *The game ended in a tie,* La partita finì in un pareggio — *cup tie, (calcio)* partita di coppa — *to play off a tie,* giocare lo spareggio. **5** *(mus.)* legatura; legato. **6** *(talvolta* neck-tie*)* cravatta: *bow-tie,* cravatta a farfalla — *tie-clip,* fermacravatta — *tie-pin,* spillo per cravatta.

to **tie** [tai] *vt* **1** *(spesso seguito da* on, down, up, *ecc.)* legare; allacciare; annodare; legare insieme; unire: *to tie up a parcel,* legare un pacco — *to tie down cases on the deck,* fissare (assicurare) delle casse al ponte della nave — *to tie a dog to a post,* legare un cane ad un palo — *to tie on a label,* legare (con uno spago) un'etichetta — *He is tied to his mother's apron-strings,* È attaccato alla sottana di sua madre — *My hands are tied,* Ho le mani legate *(fig.)* — *to tie a scarf,* annodarsi la sciarpa — *to tie a knot,* fare un nodo — *He's eight now, and he still can't tie his tie,* Ha otto anni ormai, e ancora non riesce ad annodarsi la cravatta.

2 *(comm., dir., ecc.: spesso seguito da* down *o* up*)* costringere; impegnare; vincolare: *to tie a man down to a contract,* vincolare una persona ad un contratto — *to tie up one's capital (a property),* vincolare il proprio capitale (una proprietà) — *to tie oneself down to sth,* obbligarsi (vincolarsi, impegnarsi) a fare qcsa — *a tied house, (GB)* 'pub' o osteria obbligata a rifornirsi presso una determinata fabbrica di birra — *a tied cottage, (GB)* una casa vincolata *(che il dipendente deve lasciar libera se smette di lavorare per il padrone).*

3 *(mus.)* legare.

□ *vi* **1** attaccarsi; allacciarsi; appendersi; annodarsi: *Does this sash tie in front or at the back?,* Questa fascia si annoda davanti o dietro?

2 *(sport, ecc.)* pareggiare; *(in concorsi)* avere lo stesso punteggio; *(fam.)* uguagliare: *They tied with Celtic in the last game,* Hanno pareggiato con il Celtic nell'ultima partita — *They tied for (the) first place in the examination,* All'esame sono risultati primi a pari merito.

to tie down, - **a)** legare (= *vt* **1**) - **b)** *(comm.)* vincolare (= *vt* **2**).

to tie in (with sth), avere un legame, un rapporto con qcsa; ricollegarsi; 'quadrare': *This ties in with what we were talking about last week,* Questo si ricollega a ciò di cui parlavamo la scorsa settimana.

to tie up, - **a)** legare (= *vt* **1**) - **b)** *(comm.)* vincolare (= *vt* **2**) tie 2) - **c)** *to be (to get) tied up with,* essere (entrare) in relazione, in rapporti d'affari con - **d)** *to be (to get) tied up, (fam., di donna)* essere sposata; *(di nodo)* essere ingarbugliato; *(di disputa)* essere ad un punto morto.

to tie with, pareggiare (= *vi* **2**).

tied [taid] *agg e p. pass di* **to tie 1** *tied house; tied cottage* ⇨ **to tie** *vt* **2. 2** *tongue-tied* ⇨ **tongue,** *s.*

tie-in ['taijin] *s.* abbinamento pubblicitario.

tie-on ['taijɔn] *agg (di etichetta, ecc.)* da attaccare con lo spago.

tiepin ['taipin] *s.* ⇨ **tie 6.**

tier [tiə*] *s.* **1** ordine *(spec. di scaffali o di posti a teatro, o in senso gerarchico): a first tier box,* un palco di prim'ordine — *a wedding-cake with three tiers; a three-tiered wedding-cake,* una torta matrimoniale a tre 'piani'. **2** *(fila di bastimenti)* andana.

tie-up ['taiʌp] *s.* **1** *(spec. mecc.)* punto morto; battuta d'arresto; blocco; inceppamento. **2** *(USA)* sospensione forzata del lavoro. **3** *(comm.)* associazione *(di più ditte);* rapporto; connessione; legame.

tiff [tif] *s.* bisticcio; diverbio non grave *(generalm. tra innamorati, fidanzati, ecc.).*

tiffin ['tifin] *s. (anglo-indiano)* seconda colazione; pasto leggero di mezzogiorno.

tiger ['taigə*] *s.* tigre: *tiger-lily,* giglio tigrato.

tigerish ['taigəriʃ] *agg* tigresco; da tigre. □ *avv* **tigerishly.**

tight [tait] *agg* **1** fermo; teso; saldo; duro; stretto; chiuso; serrato: *a tight knot,* un nodo (ben) saldo — *tight-lipped,* a bocca chiusa; con le labbra serrate; *(spesso)* arcigno — *I can't get the cork out of the bottle, it's too tight,* Non riesco a togliere il turacciolo dalla bottiglia, è troppo saldo — *The drawer is so tight that I can't open it,* Il cassetto è così ben chiuso che non riesco ad aprirlo — *These shoes are so tight that they hurt,* Queste scarpe son così strette che mi fanno male — *a tight joint, (mecc.)* un giunto solido — *to fill bags so that they are tight,* riempire i sacchi fino a che non siano ben tesi — *He went on eating until his stomach was tight,* Continuò a mangiare sino a rimpinzarsi lo stomaco. **2** ermetico; a tenuta stagna; stagno; impenetrabile; impermeabile: *water-tight (air-tight, gas-tight),* a tenuta d'acqua (di aria, di gas) — *tight soil,* terreno impermeabile. **3** teso; *(di vestito)* aderente; attillato; stretto: *a tight-fitting jacket,* una giacca attillata — ⇨ *anche* **tightrope. 4** *(fig., fam.)* duro; severo; difficile: *a tight schedule,* un programma (di lavoro) — *a tight squeeze,* una forte stretta; un pigia pigia; *(fig.)* un passaggio difficile; una grave difficoltà — *to be in a tight place (corner),* trovarsi in difficoltà, in una situazione difficile; essere alle strette. **5** *(fam.)* ubriaco: *to get tight,* ubriacarsi; sbronzarsi. **6** *(fam.: di denaro)* scarso; non facilmente ottenibile: *Money is tight,* Il denaro è scarso — *The money-market is tight,* Il mercato finanziario è difficile, pesante (Si possono ottenere crediti solo pagando forti tassi). **7** *(fam., di persona: anche* tight-fisted*)* tirchio; spilorcio; avaro. □ *avv* **tightly.**
□ *(usato come avv.)* forte; saldamente: *to squeeze (to hold) sb tight,* abbracciare stretto qcno — *to sleep tight,* dormire profondamente.

to **tighten** ['taitn] *vt e i.* **1** stringere; serrare: *to tighten (up) a screw,* avvitare una vite — *to tighten one's belt,* stringersi la cinghia *(fig.).* **2** tendere *(p.es. una fune);* tirare.

tightness ['taitnis] *s.* **1** fermezza; saldezza; strettezza. **2** ermeticità; tenuta stagna; impermeabilità. **3** tensione; l'esser teso. **4** *(fam.)* ubriachezza. **5** *(fam.)* tirchieria; spilorceria.

tightrope ['taitroup] *s.* fune *(di funambolo): tightrope walker,* funambolo.

tights [taits] *s. pl (GB)* calzamaglia; collant; *(USA)* calzamaglia da ballerina.

tigress ['taigris] *s.* tigre femmina.

tike [taik] *s.* = **tyke.**

tilde ['tildi] *s.* **1** tilde. **2** *(segno tipografico)* serpolino.

tile [tail] *s.* tegola; piastrella; mattonella. □ *to be on the tiles; to have a night on the tiles, (sl.)* far baldoria — *to have a tile loose, (sl.)* avere una rotella fuori posto.

to **tile** [tail] *vt* coprire (rivestire) con tegole.

tiler ['tailə*] *s.* conciatetti.

[1]**till** [til] **I** *prep* fino (sino) a: *from morning till night,* dal mattino alla sera — *I shall wait till ten o'clock (till next Monday, ecc.),* Aspetterò fino alle dieci (fino a lunedì prossimo, ecc.) — *Goodbye till tomorrow,* Arrivederci a domani — *Till then I had known nothing about it,* Fino a quel momento non ne avevo saputo niente — *You had better wait until his return,* Faresti meglio ad aspettare fino al suo ritorno.
II *congiunz* fino a che; finché; fino a quando; fino al momento in cui; fintanto che: *Go straight on till you come to the post-office and then turn left,* Va' dritto fino a quando arrivi all'ufficio postale e poi gira a sinistra — *Let's wait until the rain stops,* Aspettiamo fino a quando non smette di piovere — *Till you told me, I had heard nothing of what happened,* Fino a quando tu non me lo dicesti, non avevo sentito nulla di quanto era accaduto — *She won't go away until you promise to help her,* Non se ne andrà finché tu non abbia promesso di aiutarla.

[2]**till** [til] *s.* cassetto per riporre il denaro *(in un negozio);* cassa: *to be caught with one's hand in the till, (fig.)* essere pescato con le mani nel sacco.

to **till** [til] *vt* lavorare (la terra).

tillage ['tilidʒ] *s.* coltivazione; aratura; terra dissodata, lavorata.

[1]**tiller** ['tilə*] *s.* agricoltore; coltivatore.

[2]**tiller** ['tilə*] *s. (naut.)* barra del timone.

tilt [tilt] *s.* **1** inclinazione; piano inclinato; pendenza. **2** *(stor.)* torneo; giostra; combattimento; attacco con una lancia: *to have a tilt at sb, (fig.)* dare battaglia *(amichevolmente)* a qcno *(in un dibattito);* spezzare una lancia contro qcno — *tilt-yard,* campo del torneo; luogo della giostra; lizza. □ *(at) full tilt,* a piena velocità; con tutta forza; di gran carriera — *The boy ran full tilt into me,* Il ragazzo correndo mi investì in pieno.

to **tilt** [tilt] *vt e i.* **1** inclinare, inclinarsi; piegare, piegarsi: *Don't tilt the table!,* Non inclinare il tavolo! — *Tilt the barrel (up) to empty it,* Inclina il barile per vuotarlo. **2** *(stor.)* torneare; attaccare in giostre d'armi; *(fig.)* attaccare verbalmente o con scritti: *The reformer tilted at gambling and other abuses,* Il riformatore attaccò il gioco e altre cose illecite — *to tilt at windmills,* combattere contro i mulini a vento *(come don Chisciotte).*

tilth [tilθ] *s.* **1** dissodamento. **2** terreno dissodato, coltivato: *to rake a seed-bed to a good tilth,* dissodare un campo da semina a buona profondità.

timber ['timbə*] *s.* **1** legname *(da costruzione): timber-merchants,* commercianti di legname — *timber-yard,* deposito di legname. **2** alberi da legname: *to cut down (to fell) timber,* tagliare (abbattere) alberi da legname — *to put a hundred acres of land under timber,* piantare alberi da legname su cento acri di terreno — *The fire destroyed thousands of acres of timber,* Il fuoco distrusse migliaia di acri di alberi da legname — *Timber!,* Attenzione, cade! *(grido dei boscaioli per preannunciare la caduta di un albero).* **3** trave; asse; tavola *(di sostegno).* **4** *(GB, nella caccia alla volpe)* palizzate; steccati. **5** *(USA)* tempra: *a man of real ministerial timber,* un uomo con una tempra da ministro. **6** *(di nave di legno)* costola; ordinata; madiere. □ *Shiver my timbers, (fam., piuttosto desueto)* Dannazione!; Accidenti!; Maledizione!

timbered ['timbəd] *agg* **1** *(di edifici)* di legno; costruito o rivestito di legno: *half-timbered, (GB, di certe case antiche, spec. del periodo elisabettiano)* con facciata a travatura di legno. **2** *(di terreno)* coperto di legname.

timbre ['tæmbə*/tɛ̃:mbr/tɛ̃:br] *s. (mus.)* timbro.

timbrel ['timbrəl] *s.* tamburello.

time [taim] *s.* **1** (il) tempo *(nel suo insieme, come concetto generale);* periodo; epoca; età: *past, present and future time,* il tempo passato, presente e futuro — *The world exists in space and time,* Il mondo esiste nello spazio e nel tempo — *Time will show who is right,* Il tempo mostrerà chi ha ragione — *Old Father Time,* il Tempo *(personificato)* — *a period of time,* un periodo di tempo — *at this point in time, (generalm. USA)* al momento attuale — *What a time you have been!,* Quanto tempo ci hai messo! — *That will take* *time,* Per ciò (Per questo) ci vorrà del tempo — *I have no (I haven't much) time for sport,* Non ho (Non ho molto) tempo da dedicare allo sport — *We have no time to lose,* Non abbiamo tempo da perdere — *to be pressed for time,* essere a corto di tempo — *It will take me all my time to do this, (fam.)* Per fare questo dovrò mettercela tutta *(tempo e energie)* — *Take your time (over it)!,* Da' tempo al tempo!; Prenditela con calma! — *in time,* col tempo — *You'll learn how to do it in time,* Col tempo imparerai a farlo anche tu — *in no time (at all),* in men che non si dica; subito; prestissimo — *from time immemorial; from time out of mind,* da tempo immemorabile; da secoli; da sempre — *to gain time,* guadagnar tempo *(accampando scuse, ecc.); (di orologio)* avanzare — *for the time being,* per il momento; provvisoriamente — *all the time,* per tutto il tempo; sempre; *(USA)* esclusivamente — *I looked all over the house for that letter, and it was in my pocket all the time,* Ho cercato quella lettera dovunque per la casa e per tutto quel tempo ce l'avevo in tasca — *He is a businessman all the time,* È esclusivamente un uomo d'affari — *in half the time,* in metà tempo — *He did the job in four hours; I could have done it in half the time,* Ha fatto il lavoro in quattro ore; io l'avrei potuto fare in metà tempo — *half the time,* quasi sempre; molto spesso — *He says he works hard, but he's day-dreaming half the time,* Dice che lavora sodo, ma è quasi sempre lì a sognare a occhi aperti — *in Stuart times,* durante il regno (l'epoca) degli Stuart — *in the time(s) of the Stuarts,* al tempo degli Stuart — *in ancient (prehistoric) times,* nell'epoca antica (preistorica) — *the good old times,* il bel tempo antico; i bei tempi andati — *Mr. X was head of the school in my time,* Ai miei tempi direttore della scuola era il signor X — *The house is old but it will last my time,* La casa è vecchia, ma mi basterà per il resto della mia vita.

2 tempo *(misurato in anni, mesi, giorni, ore, ecc.)*; ora; momento; *(talvolta)* orario: *The winner's time was eleven seconds,* Il tempo del vincitore era di undici secondi — *He ran the mile in record time,* Corse il miglio a tempo di primato (a tempo record) — *to keep good (bad) time, (di orologi)* segnar bene il tempo (non andar bene) — *What time is it?; What's the time?,* Che ore sono? — *The child can now tell the time,* Il bambino sa dire l'ora ormai — *Greenwich time,* l'ora di Greenwich — *summer time,* orario estivo; ora legale — *standard time,* ora ufficiale; *(GB)* ora solare *(secondo il meridiano di Greenwich)* — *real time,* tempo reale *(computeristica).*

3 momento; ora (ore); periodo; epoca: *It's lunch-time,* È ora di pranzo — *There is a time for everything,* C'è un momento adatto per ogni cosa — *spare time,* tempo libero — *to do sth in one's spare time,* far qcsa nelle ore libere (nei ritagli di tempo) — *It's time I was going (time for me to go),* È ora che me ne vada — *It's time somebody taught you to behave,* È ora che qualcuno ti insegni l'educazione (come comportarti) — *I must bide my time,* Devo aspettare la mia ora (l'occasione buona) — *Time's up,* È ora *(di consegnare un compito, di chiudere un locale pubblico, ecc.)* — *Time, gentlemen, please!, (GB, in un* pub*)* È l'ora della chiusura, signori! — *full time; half time; extra time, (sport)* fine della partita (fischio finale); fine del primo tempo; tempi supplementari — *to work against time,* lavorare contro il tempo, con la massima fretta — *at (at one and) the same time,* nello stesso tempo; contemporaneamente; tuttavia; nondimeno — *to laugh and cry at the same time,* ridere e piangere allo stesso tempo — *from time to time; at times,* ogni tanto; di tanto in tanto — *at all times,* sempre; in ogni occasione; immancabilmente — *My (his, ecc.) time is drawing near,* Si sta avvicinando l'ora *(di un importante avvenimento, di una crisi, ecc.)* — *at your (his, ecc.) time of life,* alla tua (sua, ecc.) età — *in time,* in tempo; con un po' d'anticipo — *We were in time for the train (in time to catch the train),* Arrivammo in tempo per prendere il treno — *the time of day,* l'ora *(segnata dall'orologio)* — *to pass the time of day with sb,* fermarsi a far quattro chiacchiere con qcno — *behind time,* in ritardo; indietro — *The train is ten minutes behind time,* Il treno è in ritardo di dieci minuti — *He's always behind time with his payments,* È sempre indietro coi pagamenti — *on time,* in orario — *The train is on time (came in on time),* Il treno è (arrivò) in orario — *Tell me the times of the trains to Manchester,* Mi dica l'orario dei treni per Manchester — *time-table,* orario *(ferroviario, scolastico, di lavoro, ecc.)* — *time card,* cartellino di presenza — *time-sheet,* foglio di presenza — *time clock,* 'orologio marcatempo' *(per la bollatura del cartellino di presenza)* — *to be on short time,* lavorare a tempo ridotto — *time and a half,* paga maggiorata del cinquanta per cento — *a full-time job,* un lavoro a tempo pieno — *a part-time job,* un lavoro che non impegna per tutta la giornata — *to work part time,* lavorare non a tempo pieno.

4 volta; occasione: *this (that, next, another) time,* questa (quella, la prossima, un'altra) volta — *the time before last,* la penultima volta — *for the first (the last) time,* per la prima (l'ultima) volta — *He has failed five times,* È stato bocciato (ad un esame) cinque volte — *I've told you a dozen times,* Te l'ho detto una dozzina di (tante) volte — *at one time,* una volta; in passato — *At one time I used to go climbing every summer,* Una volta facevo dell'alpinismo ogni estate — *at other times,* in altre occasioni; altre volte — *time and again; times without number,* ripetutamente; mille volte — *many times; many a time,* molte volte — *one (two, ecc.) at a time,* uno (due, ecc.) alla volta — *Hand them to me two at a time,* Dammeli (Passameli) due alla volta — *Three times five is (are) fifteen,* Tre per cinque fa quindici — *Yours is ten times the size of mine (ten times as large as mine),* Il tuo è dieci volte (più) grande del mio.

5 *(mus.)* tempo; ritmo: *common time,* tempo e ritmo comune *(di due quarti, di quattro quarti)* — *waltz time,* tempo (ritmo) di valzer — *in (out of) time,* a (fuori) tempo — *to keep time,* tenere il tempo — *in double-quick time,* prestissimo; a ritmo tagliato — *to beat time,* battere il tempo; dirigere *(un'esecuzione musicale).*

□ *this time next week,* oggi a otto — *this time next month,* tra un mese — *in a month's (a year's) time,* tra un mese (un anno) — *I haven't got much time for him,* Non sono disposto a perdere il mio tempo con lui — *time-consuming,* che richiede (molto) tempo — *time zone,* fuso orario — *time-bomb,* bomba a orologeria — *time-expired, (di soldati, marinai, ecc.)* congedato; smobilitato — *time exposure, (fotografia)* posa lunga — *time-fuse, (mil.)* spoletta a tempo — *time-honoured,* venerando; sacro; rispettato *(per la sua antichità)* — *time-lag,* ritardo; intervallo di tempo — *time-limit,* limite di tempo; periodo — *time-saving,* che fa risparmiare tempo — *time-server,* opportunista *(s.)* — *time-serving,* opportunista *(agg.)* — *time-work,* lavoro a ore, a giornata — *time off,* tempo libero — *time signal,* segnale orario — *He is serving his time,* Sta facendo (completando) il suo servizio; *(di carcerato)* Sta scontando la pena — *to be near her time, (di donna)* essere prossima al parto — *to do time, (fam.)* scontare una pena detentiva; essere in prigione, in galera — *We have had a good time,* Ci siamo divertiti; Ce la siamo spassata — *We lived through terrible times during the war years,* Durante la guerra abbiamo vissuto momenti terribili — *Times are good (bad),* I tempi sono propizi (difficili); Si vive bene (male) adesso — *ahead of (born before) one's time(s),* in anticipo sui tempi *(cioè, di idee molto evolute, ecc.)* — *behind the times,* antiquato; di idee antiquate — *the time of one's life, (fam.)* periodo di grande felicità o gioia — *I'm having the time of my life,* Mi sto divertendo da matti — *at the best of times,* (anche) al momento migliore (più propizio); nelle migliori condizioni possibili.

to **time** [taim] *vt* **1** fare (qcsa) al momento giusto; scegliere il momento più opportuno (per fare qcsa); progettare; disporre; fissare: *He timed his journey so as to arrive before dark,* Fissò il viaggio in modo da arrivare ancora con la luce — *The remark was well (ill) timed,* L'osservazione fu fatta al momento opportuno (sbagliato). **2** cronometrare; calcolare; misurare il tempo; determinare i tempi *(di lavorazione).* **3** regolare; aggiustare; sincronizzare; *(mecc.)* mettere in fase: *to time one's steps to the music,* regolare i propri passi sulla musica *(danzando)* — *to time the speed of a machine,* regolare (sincronizzare) la velocità di un motore. □ ⇨ *anche* **timing.**

timekeeper ['taim,ki:pə*] *s.* **1** controllore *(di ore di lavoro in fabbrica, ecc.);* tempista. **2** cronometro; orologio. **3** *(sport)* cronometrista.

timekeeping ['taim,ki:piŋ] *s.* **1** *(industria)* rilevamento dei tempi. **2** *(sport)* (il) cronometrare.

timeless ['taimlis] *agg (lett.)* eterno; al di fuori del tempo.

timelessness ['taimlisnis] *s. (lett.)* eternità.

timeliness ['taimlinis] *s.* tempestività; opportunità.

timely ['taimli] *agg* tempestivo; opportuno.

timepiece ['taimpi:s] *s.* orologio; cronometro.

timer ['taimə*] *s.* **1** *(mecc.)* sincronizzatore. **2** *(sport)* cronometrista. **3** *(sport)* cronometro. □ *a full-timer,* persona che lavora a orario completo.

timetable ['taim,teibl] *s.* orario *(ferroviario, scolastico, di lavoro, ecc.).*

timid ['timid] *agg* timido; spaurito: *That fellow is as timid as a rabbit,* Quel tizio è pauroso come un coniglio. □ *avv* **timidly.**

timidity, timidness [ti'miditi/'timidnis] *s.* paura; timidezza.

timing ['taimiŋ] *s.* **1** dosaggio delle forze: *He won the race in the last couple of yards. I've never seen such perfect timing,* Ha vinto la corsa nelle ultime due iarde. Non ho mai visto una così perfetta condotta di gara. **2** *(mecc.)* sincronizzazione; messa in fase: *timing gear,* distribuzione. **3** determinazione dei tempi *(di lavorazione).* **4** *(televisione)* cadenza.

timorous ['timərəs] *agg (non molto comune)* timido; timoroso; pauroso. □ *avv* **timorously.**

timothy ['timəθi] *s. (bot.: anche* timothy-grass*)* coda di topo.

tin [tin] *s.* **1** stagno *(l'elemento);* latta: *tin-plate,* latta; lamiera stagnata — *tin-foil,* (carta) stagnola — *a (little) tin god, (fam.)* un idolo di latta; un idolo dai piedi d'argilla — *a tin hat, (sl.)* un elmetto — *tinsmith,* stagnino; lattoniere — *tin soldiers,* soldatini di latta. **2** *(anche* tin-can*) (GB)* lattina; scatola di latta; barattolo di latta: *a tin of sardines,* una scatola di sardine — *a sardine-tin,* una scatola da sardine — *tin-opener,* apriscatole. **3** *(sl.)* denaro; 'grana'. □ *tin-pan alley, (fam.)* il mondo delle canzonette — *tinfish, (GB, sl.)* siluro.

to **tin** [tin] *vt* (**-nn-**) **1** stagnare; rivestire di latta. **2** *(GB)* inscatolare: *tinned peaches,* pesche in scatola.

tincture ['tiŋktʃə*] *s.* **1** *(chim.)* tintura; soluzione in alcool di sostanze medicinali: *tincture of iodine,* tintura di iodio. **2** *(con l'art. indeterminativo)* aroma; sfumatura; tocco.

to **tincture** ['tiŋktʃə*] *vt* sfumare; tingere; colorare: *views tinctured with heresy,* opinioni che sanno leggermente di eresia.

tinder ['tində*] *s.* stoppa *(infiammabile): tinder-box,* scatola contenente esca, acciarino e pietra focaia.

tine [tain] *s.* punta; dente; rebbio *(di forchetta).*

-tined [taind] *agg (nei composti)* con... punte: *a three-tined hayfork,* un tridente.

tinfoil ['tinfɔil] *s.* ⇨ **tin 1.**

ting [tiŋ] *s.* tintinnio.

to **ting** [tiŋ] *vt e i.* tintinnare.

tinge [tindʒ] *s.* sfumatura; leggera coloritura; mescolanza: *There was a tinge of sadness in her voice,* C'era una punta di tristezza nella sua voce.

to **tinge** [tindʒ] *vt* **1** colorare; dare una sfumatura. **2** *(fig.)* permeare: *admiration tinged with envy,* ammirazione mista a invidia.

tingle ['tiŋgl] *s.* pizzicorino; bruciore; prurito; formicolio; fremito: *to have a tingle in one's finger-tips,* avere un formicolio alla punta delle dita.

to **tingle** ['tiŋgl] *vi* pizzicare; bruciare; fremere; vibrare; *(fig.)* essere eccitato: *His cheek tingled from the slap she had given him,* Gli bruciava la guancia per lo schiaffo che lei gli aveva dato — *His fingers tingled with the cold,* Le sue dita pizzicavano per il freddo — *The children were tingling with excitement,* I bambini fremevano per l'eccitazione.

tinker ['tiŋkə*] *s.* **1** stagnino; calderaio (ambulante). **2** aggiustatura; rabberciamento; riparazione: *to have an hour's tinker at the radio set,* trascorrere un'ora a cercare di riparare la radio. □ *I don't care a tinker's cuss, (volg.)* Non me ne importa un accidente (un fico secco); Me ne frego.

to **tinker** ['tiŋkə*] *vi* cercare di riparare *(maldestramente);* armeggiare; rabberciare: *to tinker at (to tinker away at, to tinker with) a broken machine,* armeggiare intorno ad una macchina rotta.

tinkle ['tiŋkl] *s.* tintinnio: *the tinkle of a bell,* il tintinnio di un campanello.

to **tinkle** ['tiŋkl] *vi e t.* (far) tintinnare.

tinned [tind] *agg* ⇨ **to tin.**

tinning ['tiniŋ] *s.* **1** stagnatura. **2** *(GB, non molto comune)* inscatolamento *(di cibi).*

tinny ['tini] *agg* di stagno; simile a latta; *(di suono)* metallico: *a tinny piano,* un piano dal suono metallico.

tinpot ['tinpɔt] *agg attrib (fam.)* da due soldi; scadente.

tinsel ['tinsəl] *s.* **1** filo d'argento *(per decorazioni natalizie).* **2** orpello; falsa brillantezza; appariscenza.

to **tinsel** ['tinsəl] *vt* (**-ll-**; *USA* **-l-**) adornare con fili argentei.

tinselly ['tinsəli] *agg* sgargiante; vistoso; appariscente.

tinsmith ['tinsmiθ] *s.* ⇨ **tin 1.**

tint [tint] *s.* tinta; sfumatura; varietà di colore: *tints of green in the sky at dawn,* sfumature di verde nel cielo quando albeggia — *an artist who excels at flesh tints,* un artista che eccelle nei toni color carne.

to **tint** [tint] *vt* dare la tinta (a qcsa); colorire; tinteggiare.

tintinnabulation ['tinti,næbju'leiʃən] *s. (generalm. scherz.)* tintinnio.

tinware ['tinwɛə*] *s.* oggetti *(spec. pentole, ecc.)* di latta.

tiny ['taini] *agg* piccolissimo; minutissimo.

[1]**tip** [tip] *s.* **1** punta; sottile estremità; apice: *the tips of the fingers; the finger-tips,* le punte delle dita — *Per 'finger-tip'* ⇨ **fingertip** — *the tip of one's nose,* la punta del naso — *asparagus tips,* punte d'asparagi — *The bird measured twelve inches from tip to tip,* L'uccello misurava dodici pollici dalla punta di un'ala all'altra — *from tip to toe,* dalla testa ai piedi; completamente — *to have sth on the tip of one's tongue,* aver qcsa sulla punta della lingua. **2** puntale; cima; cuspide: *cigarettes with cork (filter) tips,* sigarette con il bocchino (il filtro) di sughero.

[1]to **tip** [tip] *vt* (**-pp-**) mettere una punta, un puntale, un bocchino (a qcsa): *filter-tipped cigarettes,* sigarette con il filtro.

[2]**tip** [tip] *s.* scarico *(delle immondizie): the municipal refuse tip,* lo scarico municipale dei rifiuti.

[2]to **tip** [tip] *vt e i.* (**-pp-**) **1** inclinare, inclinarsi; capovolgere, capovolgersi; rovesciare, rovesciarsi: *He tipped the table up (o over),* Rovesciò il tavolo — *The table tipped up,* La tavola s'inclinò — *He was tipped out of the cart into the ditch,* Fu rovesciato fuori dal carro e finì dentro al fosso — *to tip the scale(s),* - **a)** fare pendere la bilancia da una parte; *(fig.)* essere il fattore determinante di qcsa; *(fig.)* essere la goccia che fa traboccare il vaso - **b)** *(seguito da* at*)* pesare: *He tipped the scale at a hundred and forty pounds,* Pesava centoquaranta libbre. **2** versare; rovesciare: *to tip water out of a pail,* versare l'acqua da un secchio — *to tip one's tea into the saucer,* rovesciare il tè nel piattino.

[3]**tip** [tip] *s.* **1** colpetto; tocco leggero. **2** mancia: *to leave a tip under one's plate,* lasciare la mancia sotto il piatto. **3** consiglio; informazione riservata *(spec. sui nomi dei cavalli vincenti nelle corse, o sui rialzi e i ribassi delle azioni in Borsa): a tip for the Derby,* un'informazione riservata sul Derby — *If you take my tip you'll make a lot of money,* Se segui il mio consiglio guadagnerai un mucchio di denaro — *tip-off,* avvertimento; informazione riservata; 'soffiata'.

[3]to **tip** [tip] *vt* (**-pp-**) **1** sfiorare; colpire leggermente: *His bat just tipped the ball,* La sua racchetta sfiorò appena la palla — *He tipped his hat to the vicar,* Si portò la mano al cappello in segno di saluto al parroco. **2** dare una mancia a: *to tip the porter,* dare una mancia al facchino. □ *to tip sb the wink, (fam.)* strizzare l'occhio; fare l'occhiolino a qcno — *to tip the winner,* fornire il nome del cavallo vincente — *to tip sb off,* dare un avvertimento (una 'soffiata') a qcno — *a tip-and-run raid, (mil.)* un'incursione lampo.

tipped [tipt] *agg* ⇨ [1]**to tip.**

tippet ['tipit] *s. (generalm. stor.)* mantellina; pellegrina; stola; cappa *(di giudici, prelati, ecc.).*

tipple ['tipl] *s. (fam.)* bevanda alcoolica; *(scherz.)* bevanda *(in generale): My favourite tipple is lemonade: John's is whisky,* La mia bevanda preferita è la limonata: quella di John è il whisky — *What's your tipple?,* Cosa bevi?; Che cosa vuoi bere?

to **tipple** ['tipl] *vi e t. (fam.)* **1** sbevazzare; alzare facilmente il gomito. **2** bere *(bevande alcooliche).*

tippler ['tiplə*] *s.* beone; bevitore.

tipstaff ['tipstɑ:f] *s. (stor.)* aiutante dello sceriffo.

tipster ['tipstə*] *s.* informatore; persona che offre consigli *(riguardo alle corse ippiche, ecc.).*

tipsy ['tipsi] *agg (fam.)* brillo; alticcio; ubriaco: *to get tipsy,* ubriacarsi — *tipsy-cake,* specie di 'zuppa inglese'. □ *avv* **tipsily.**

tiptoe ['tiptou/'tip'tou] *avv (nell'espressione) on tiptoe,* in punta di piedi: *to be (to wait) on tiptoe with excitement,* stare (aspettare) in punta di piedi per l'eccitazione.

to **tiptoe** ['tiptou/'tip'tou] *vi* camminare in punta di piedi: *She tiptoed to the child's bedside,* Si avvicinò in punta di piedi al lettino del bimbo.

tip-top ['tip'tɔp] *agg (fam.)* di prim'ordine; di gran classe; superlativo: *a tip-top hotel (dinner),* un albergo di prim'ordine; un pranzo superlativo.
□ *avv (fam.)* benissimo.

tip-up ['tip'ʌp] *agg* ribaltabile: *tip-up lorry,* autocarro a cannone ribaltabile.

tirade [ti'reid] *s.* tirata; filippica; invettiva.

tire ['taiə*] *s. (spec. USA)* = **tyre.**

[1]to **tire** ['taiə*] *vt* affaticare; stancare; spossare; annoiare: *The long walk tired the children,* La lunga passeggiata stancò i bambini — *The long lecture tired the audience,* L'interminabile conferenza annoiò il pubblico — *to be tired of sth,* essere stufo di qcsa — *to tire sb out,* esaurire, logorare, spossare qcno — *to be quite tired out,* essere stanco morto.
□ *vi* affaticarsi; stancarsi; annoiarsi: *She never tires of talking about her clever son,* Non si stanca mai di parlare del suo intelligentissimo figliuolo.

[2]to **tire** ['taiə*] *vt (ant.)* vestire; acconciare: *tire-woman, (ant.)* cameriera personale (o di teatro) — *tiring-room,* spogliatoio *(di teatro, per attori);* camerino.

tired ['taiəd] *agg* (*p. pass. di* **to tire**) **1** stanco; affaticato: *to feel tired,* sentirsi stanco. **2** stufo. **3** *(fam., di cibi)* un po' andato; vecchio. □ *avv* **tiredly.**

tiredness ['taiədnis] *s.* stanchezza; spossatezza.

tireless ['taiəlis] *agg* instancabile. □ *avv* **tirelessly.**

tiresome ['taiəsəm] *agg* fastidioso; seccante; noioso. □ *avv* **tiresomely.**

tiro ['taiərou] *s.* = **tyro.**

'tis [tiz] *abbr di* it is *(ant. e dial.): 'Tis very true,* È verissimo — *'Tis cold,* Fa freddo.

tisane [ti(:)'zæn] *s. (fr.)* tisana; infuso; decotto.

tishoo ['tiʃu] *s. (voce onomatopeica)* suono dello starnuto; eccì; etciù.

tissue ['tisju:/'tiʃju:] *s.* **1** tessuto *(vari sensi, anche biologia).* **2** *(fig.)* rete; trama; serie: *a tissue of lies,* una rete (un ordito) di menzogne. □ *tissue paper,* carta velina — *toilet tissue,* carta igienica — *face tissues,* fazzoletti di carta per togliere il trucco.

[1]**tit** [tit] *s.* (*anche* **titmouse,** *con pl.* **titmice**) cincia: *great tit,* cinciallegra — *tit-lark,* pispola — *long-tailed tit,* codibugnolo — *blue-tit,* cinciarella.

[2]**tit** [tit] *s. (nell'espressione) tit for tat,* occhio per occhio; pan per focaccia.

[3]**tit** [tit] *s.* **1** *(volg.)* mammella; poppa. **2** *(fam.)* capezzolo.

Titan, titan ['taitən] *s. (nome proprio)* Titano; *(per estensione)* titano; gigante; persona con doti sovrumane *(fisiche o mentali).*

titanic [tai'tænik] *agg* titanico.

titanium [tai'teiniəm] *s.* titanio.

titbit ['titbit] *s.* leccornia; bocconcino prelibato; *(fig.)* notizia piccante.

titer ['taitə*] *s.* = **titre.**

tithe [taið] *s.* **1** *(stor.)* decima *(tributo versato alla Chiesa sulle rendite dei prodotti agricoli): tithe-barn,* granaio per le decime. **2** *(raro, lett.)* il decimo; la decima parte.

to **titillate** ['titileit] *vt* titillare; stuzzicare; stimolare; eccitare piacevolmente.

titillation [,titi'leiʃən] *s.* titillamento; stuzzicamento; stimolo.

to **titivate** ['titiveit] *vt e i. (spesso rifl., fam.)* agghindare; adornare; rendere elegante: *She was titivating herself before the mirror,* Si stava agghindando davanti allo specchio.

titlark ['titlɑ:k] *s.* ⇨ **'tit.**

title ['taitl] *s.* **1** titolo *(di un libro, ecc.): title-page,* pagina di testa; frontespizio — *the title-rôle,* la parte principale; il ruolo del personaggio che dà il titolo all'opera — *a performance of 'Hamlet' with Irving in the title-rôle,* una rappresentazione dell''Amleto' con Irving nel ruolo principale. **2** *(di persona)* titolo; grado; qualifica. **3** diritto *(ad un possesso);* titolo *(che dà un diritto): What title has he to the throne?,* Quali sono i suoi titoli per pretendere al trono? — *Has he any title to the land?,* Ha qualche diritto sul terreno? — *title-deed,* documento che comprova un diritto di proprietà.

titled ['taitld] *agg* titolato; in possesso di un titolo di nobiltà: *a titled lady,* una signora titolata *(duchessa, ecc.).*

titmouse ['titmaus] *s.* ⇨ **'tit.**

titration [tai'treiʃən] *s. (chim.)* titolazione.

titre ['taitə*] *s.* (*USA* **titer**) titolo *(chim., fisiologia, ecc.).*

titter ['titə*] *s.* risatina sciocca e semi-soffocata.

to **titter** ['titə*] *vi* ridacchiare *(scioccamente).*

tittle ['titl] *s. (solo nell'espressione biblica) not one jot or tittle,* per niente; assolutamente; neanche un tantino.

tittle-tattle ['titl'tætl] *s.* pettegolezzi.

titular ['titjulə*] *agg* **1** titolare; nominale; intestato. **2** nominale *(ma non effettivo): titular ruler,* sovrano nominale — *titular sovereignty,* sovranità nominale.

tizzy ['tizi] *s. (fam., solo nell'espressione) to be in a tizzy,* essere sulle spine, assai nervoso, ecc.

to [tu: *ma la forma 'debole'* tə *è più comune, spec. davanti ad una consonante]* **I** *prep* **1** *(compl. di termine, moto a luogo, direzione, ecc.)* a; in; per; verso; fino a (in); in direzione di: *To whom did you give it?; Who did you give it to?,* A chi lo desti? — *The man to whom I gave it (The man I gave it to) has left,* L'uomo a cui lo diedi è partito — *to walk to school,* incamminarsi verso scuola — *to go to the grocer's,* andare dal droghiere — *to fall to the ground,* cadere a terra — *He went off to London,* Se ne partì per Londra — *on the way to the station,* andando alla stazione — *Scotland is to the north of England,* La Scozia è a nord dell'Inghilterra — *a quarter to six,* un quarto alle sei; le sei meno un quarto — *ten to two,* dieci alle due (le due meno dieci) — *with one's back to the wall,* con le spalle al muro — *to turn to the right,* girare a (verso) destra — *to go from bad to worse,* andare di male in peggio — *house-to-house; door-to-door,* di casa in casa — *Hold it (up) to the light,* Tienilo contro luce — *a tendency to laziness,* una tendenza alla pigrizia — *to be slow to anger,* essere lento ad arrabbiarsi — *all to no purpose,* tutto inutilmente — *to fight to the last gasp,* combattere fino all'ultimo respiro — *to be wet to the skin,* essere bagnato fino all'osso — *to count (up) to ten,* contare fino a dieci — *shades of colour from red to violet,* sfumature di colore dal rosso al violetto — *She was moved to tears,* Fu commossa fino alle lacrime — *rough to the touch,* ruvido al tatto — *Dilute to taste, (sulle etichette)* Diluire a piacimento. **2** *(indicante durata)* a; fino a: *from beginning to end,* dal principio alla fine — *from first to last,* dal primo all'ultimo — *faithful to the end (last),* fedele fino alla fine (fino in fondo) — *from Saturday to Monday,* da sabato a lunedì — *from morning to night,* da mattino a sera — *I didn't stay to the end of the meeting,* Non rimasi fino alla fine della riunione — *He was conscious to the last,* Rimase cosciente fino all'ultimo. **3** *(compl. di paragone, confronto, relazione, ecc.)* da; a; (piuttosto) che; a confronto; a paragone di: *It's nothing to what it might be,* Non è niente a confronto di quanto potrebbe essere — *He's quite rich now compared to what he used to be,* Adesso è abbastanza ricco a confronto di ciò che era una volta — *We won by six goals to three,* Vincemmo per sei reti a tre — *The picture is true to life (nature),* La fotografia (Il quadro) è rispondente alla realtà (naturale, reale) — *This is inferior (superior) to that,* Questo è inferiore (superiore) a quello — *Draw it to scale,* Disegnalo in scala.

II *(come particella preposta all'infinito dei verbi)* - **a)** *(nell'inf. puro e semplice: talvolta il verbo è sottinteso, nel qual caso* to *lo sostituisce): He wants to go,* Vuole andarsene — *He wants me to go,* Vuole che io me ne vada — *We didn't want to go but we had to,* Non volevamo andarcene, ma dovemmo proprio (andarcene) — *I intended to go, but forgot to,* Era mia intenzione andarci, ma me ne dimenticai — *He often does things you wouldn't expect him to,* Spesso fa delle cose che tu non ti aspetteresti (che facesse).

b) *(quando l'infinito viene impiegato come sostantivo)* il; lo: *It is sinful to steal,* Il furto (Il rubare) è un peccato — *To err is human, to forgive divine,* (Lo) sbagliare è umano, (il) perdonare è divino.

c) *(con funzione avverbiale: esprime finalità, intenzione, ecc.)* per; con lo scopo, l'intenzione, il risultato (di): *They came to (in order to) help me,* Vennero per aiutarmi — *Our goods are made to last,* I nostri prodotti sono fatti per durare.

d) *(usato per precisare il significato di molti agg., avv. e s. e per introdurre certe proposizioni relative)* a; da; per: *I'm ready to help,* Sono pronto ad aiutare — *The book is easy to understand,* Il libro è facile da capire — *He is old enough to go to school,* È vecchio abbastanza per andare a scuola — *She's too young to marry,* È troppo giovane per sposarsi — *It's too hot for me to drink,* È troppo caldo perché io lo possa bere — *the first to arrive,* il primo ad arrivare — *He lived to be ninety,* Campò fino a novant'anni — *The good old days have gone never to return,* I bei tempi se ne sono andati per non più ritornare — *He awoke to find himself in a strange room,* Si svegliò per ritrovarsi in una strana stanza.

III *avv (usato dopo alcuni verbi, con il significato di* a posto; accostato; fermo: *NB: in questa accezione la pronunzia è sempre* tu:*): Push the door to,* Accosta la porta — *Leave the door to,* Lascia la porta accostata — *to come to,* riprendere conoscenza; rinvenire — *to fall to,* incominciare *(a mangiare, a combattere, ecc.)* — ⇨ *anche, p.es.,* to bring to, to heave to (*vt* **2**), to stand to.

toad [toud] *s. (anche spreg., di persona)* rospo. ☐ *toad in the hole,* piatto che comprende salsiccia (talvolta carne) avvolta in uno strato di pastella.

toadflax ['toudflæks] *s.* linaria.

toadstool ['toudstu:l] *s.* fungo a ombrello; *(fam.)* fungo velenoso.

toady ['toudi] *s.* adulatore; leccapiedi.

to **toady** ['toudi] *vi* adulare *(per guadagnare qcsa): to toady to the boss,* leccare i piedi al padrone.

toadyish ['toudiiʃ] *agg* adulatorio; servile.

toadyism ['toudiizəm] *s.* adulazione; servilità.

[1]**toast** [toust] *s.* pane tostato; pane abbrustolito; crostino: *a piece of toast,* una fetta di pane tostato — *a poached egg on toast,* un uovo in camicia servito su una fetta di pane tostato — *two slices of toast,* due fette di pane tostato — *anchovy toast,* crostini (fette di pane tostato) con pasta di acciughe. □ *to be as warm as toast,* essere ben caldo — *to have sb on toast,* avere qcno alla propria mercè.

to **toast** [toust] *vt* tostare; abbrustolire, abbrustolirsi: *toasting-fork,* forchettone per abbrustolire il pane. □ *vi* scaldarsi; riscaldarsi.

[2]**toast** [toust] *s.* **1** brindisi: *to give (to propose) a toast,* fare (proporre) un brindisi — *to drink a toast to sb,* bere alla salute di qcno; fare un brindisi a qcno — *to respond (to reply) to a toast,* rispondere (contraccambiare) un brindisi — *toast-master,* maestro delle cerimonie. **2** persona alla quale si brinda: *She was the toast of the town,* Era la beniamina della città.

to **toast** [toust] *vt* brindare; fare un brindisi (a qcno); bere alla salute (di qcno): *to toast the bride and bridegroom,* brindare alla sposa e allo sposo.

toaster ['toustə*] *s.* *(macchina)* tostatrice; tostapane.

tobacco [tə'bækou] *s.* tabacco.

tobacconist [tə'bækənist] *s.* tabaccaio: *tobacconist's shop,* tabaccheria.

toboggan [tə'bɔgən] *s.* toboga; slitta canadese.

to **toboggan** [tə'bɔgən] *vi (spesso* to go tobogganing*)* andare in toboga.

tobogganing [tə'bɔgəniŋ] *s.* sport del 'toboga'.

toby-jug ['toubidʒʌg] *s.* boccale o bricco a forma di uomo con cappello a tre punte.

tocsin ['tɔksin] *s.* campana a martello *(generalm. segnale d'allarme).*

today [tə'dei] *avv e s.* oggi; oggigiorno; oggidì: *Today is Sunday,* Oggi è domenica — *Life today is so expensive,* La vita è così cara oggi — *Have you seen today's newspapers?,* Hai visto i giornali di oggi? — *We're leaving today week (a week today),* Partiremo tra una settimana esatta — *the writers of today,* gli scrittori d'oggi.

to **toddle** ['tɔdl] *vi* **1** camminare con passi incerti, malsicuri e vacillanti. **2** *(fam.)* camminare; passeggiare: *to toddle round to see a friend,* andare a far visita ad un amico *(tranquillamente a piedi)* — *I think I'll just toddle off (o along),* Beh, io me ne vado.

toddler ['tɔdlə*] *s.* bambino che tenta i primi passi.

toddy ['tɔdi] *s.* **1** *(in certi paesi dei tropici)* bevanda alcoolica preparata con succo di palme. **2** liquore in acqua bollente; grog; ponce.

to-do [tə'du:] *s.* rumore; confusione; trambusto; movimento ed eccitazione: *What a to-do!,* Che trambusto!

toe [tou] *s.* **1** dito del piede; divisione della parte anteriore della zampa di un animale: *to turn one's toes in (out),* mettere i piedi in dentro (in fuori) — *to tread (to step) on sb's toes, (fig.)* pestare i piedi a qcno — *from top to toe,* dalla testa ai piedi; completamente — *to be on one's toes, (fig.)* essere attento, pronto ad agire — *toe-hold,* appiglio; punto d'appoggio piccolo e malfermo *(p.es. durante una scalata)* — *toe-nail,* unghia del piede *(dell'uomo).* **2** punta *(di calza, ecc.): toe-cap,* mascherina *(di una scarpa)* — *toe-clip,* fermapiedi. □ *the light, fantastic toe, (scherz.)* il ballare — *to turn up one's toes, (scherz.)* morire.

to **toe** [tou] *vt* toccare *(con le punte dei piedi): to toe the line,* stare con il piede sulla linea di partenza; *(fig.)* obbedire agli ordini; uniformarsi alle direttive *(di un partito politico, ecc.).*

-toed [toud] *agg (nei composti, p.es.) pigeon-toed,* dal piede valgo.

toe-in ['tou,in] *s.* *(automobile)* convergenza.

toe-out ['tou,aut] *s.* *(automobile)* divergenza.

toff [tɔf] *s.* *(GB, sl.)* persona elegante e distinta; 'snob'; damerino; elegantone.

toffee, toffy ['tɔfi] *s.* (*USA e Scozia* **taffy**) caramella (fatta anche con burro). □ *He can't swim for toffee, (fam.)* Come nuotatore non vale un soldo.

toffee-nosed ['tɔfi'nouzd] *agg (GB, fam.)* altezzoso; sopracciglioso; che si dà delle arie.

to **tog** [tɔg] *vt* (**-gg-**) *(fam.)* vestirsi; abbigliarsi: *(generalm. nell'espressione) to tog oneself up (out),* vestirsi bene; mettersi in ghingheri; 'tapparsi'.

toga ['tougə] *s.* *(stor. romana)* toga.

together [tə'geðə*] *avv* **1** insieme; assieme; in compagnia: *They went for a walk together,* Andarono a fare una passeggiata insieme — *We are working together,* Lavoriamo insieme — *Are they living together?,* Convivono? *(come marito e moglie)* — *to gather together,* raccogliere, raccogliersi; radunare, radunarsi — *together with...,* insieme con... — *all together,* tutti insieme; tutto assieme; complessivamente — *to stand or fall together,* essere solidali; stare uniti — *to pull oneself together,* ricomporsi; raccogliere le idee; concentrarsi.
2 contemporaneamente; allo stesso momento: *All his troubles came together,* Tutte le grane gli sono piovute addosso contemporaneamente.
3 *(non molto comune)* continuamente; di seguito; successivamente; senza interruzione: *They sat talking for hours together,* Stettero seduti a parlare per ore di seguito — *He has been away from school for weeks together through illness,* È stato assente da scuola per intere settimane perché malato.

togetherness [tə'geðənis] *s.* cameratismo; (spirito di) solidarietà.

toggle ['tɔgl] *s.* giunto di legno; alamaro *(di un 'montgomery'); (naut.)* cavigliotto.
□ *(attrib.)* articolato; a ginocchiera.

togs [tɔgz] *s. pl (fam.)* abiti; vestiti: *to put on one's best togs,* indossare i vestiti migliori.

toil [tɔil] *s.* **1** fatica; duro lavoro: *after long toil,* dopo un duro lavoro. **2** *(al pl.)* ⇨ **toils.**

to **toil** [tɔil] *vi* faticare; affaticarsi *(per compiere un lavoro);* procedere, muoversi con difficoltà e fatica: *to toil over sth,* sgobbare per fare qcsa — *to toil up a steep hill,* arrancare faticosamente su per un pendio ripido.

toiler ['tɔilə*] *s.* lavoratore accanito.

toilet ['tɔilit] *s.* **1** toeletta *(il lavarsi, il vestirsi, ecc.): She spent only a few minutes on her toilet,* Fece toeletta in pochissimi minuti — *a toilet set,* un servizio da toeletta — *toilet articles,* articoli da toeletta — *toilet-powder,* talco — *toilet-table,* mobile da toeletta; toeletta — *toilet water,* acqua di colonia. **2** *(ant.)* toeletta; vestito; abbigliamento: *They went to the garden party to display their summer toilets,* Andarono al ricevimento in giardino per sfoggiare le loro 'toilettes' estive. **3** gabinetto; ritirata: *toilet-paper,* carta igienica — *toilet-roll,* rotolo di carta igienica. **4** *(med.)* toeletta *(di una ferita).*

toiletries ['tɔilit,riz] *s. pl* articoli da toelette.

toils [tɔilz] *s. pl (ant.)* reti; lacci; trappole *(generalm. fig.): to be caught in the toils of the law,* essere preso nei lacci della legge.

toilsome, toilful ['tɔilsəm/'tɔilful] *agg* faticoso; laborioso. □ *avv* **toilsomely, toilfully.**

token ['toukən] *s.* **1** segno; pegno; simbolo; garanzia; prova: *A white flag is used as a token of surrender,* Come segnale di resa si usa una bandiera bianca — *I'm giving you this watch as a token of my esteem (of my affection),* Ti do questo orologio quale pegno della mia stima (del mio affetto) — *book token,* buono-libri — *in token of...,* come prova di... **2** *(attrib.)* simbolico; nominale; 'pro-forma': *The enemy offered only a token resistance,* Il nemico oppose soltanto una resistenza 'pro forma' — *token payment,* pagamento simbolico — *token vote,* voto 'pro forma' *(per stanziamenti di denaro governativo)* — *token money,* moneta con un valore nominale che supera quello intrinseco — *token strike,* sciopero 'simbolico' *(cioè 'bianco' o di poche ore).* **3** gettone; contromarca. □ *by the same token,* di conseguenza; analogamente.

told [tould] *pass e p. pass di* **to tell**: *per 'all told'* ⇨ **to tell 3**; *per 'to be told off'* ⇨ **to tell off a)** *e* **b).**

tolerable ['tɔlərəbl] *agg* tollerabile; passabile; sopportabile; discreto: *tolerable food,* cibo passabile — *to be in tolerable health,* essere in discreta salute.
□ *avv* **tolerably,** discretamente; abbastanza: *to do sth tolerably well,* fare qcsa abbastanza bene — *He speaks tolerably good french,* Parla un francese accettabile, discreto.

tolerance ['tɔlərəns] *s.* tolleranza; *(med., anche)* assuefazione.

tolerant ['tɔlərənt] *agg* tollerante: *He isn't very tolerant of criticism,* Non sopporta di essere criticato. □ *avv* **tolerantly.**

to **tolerate** ['tɔləreit] *vt* **1** tollerare: *I won't tolerate your impudence,* Non tollererò la tua impudenza. **2** sopportare *(la compagnia, la vicinanza di qcno): How can you tolerate that rude fellow?,* Come fai a sopportare quel tipo villano?

toleration [,tɔlə'reiʃən] *s.* tolleranza; indulgenza *(spec. in campo religioso).*

tolerationist [,tɔlə'reiʃənist] *s.* fautore della tolleranza *(spec. stor. GB, nei confronti delle minoranze religiose).*

[1]**toll** [toul] *s.* **1** pedaggio; gabella; dazio; imposta: *toll-gate,* casello di pedaggio — *toll-house,* casa di un guardiano di casello o di barriera di pedaggio. **2** *(fig.)* tributo di vite umane; tasso di mortalità: *The war took a heavy toll,* La guerra richiese un pesante tributo di vite (costò molte vite). **3** *(GB) toll call,* comunicazione telefonica interurbana.

[2]**toll** [toul] *s. (solo sing.)* rintocco *(di una campana).*

to **toll** [toul] *vt* battere a rintocco; suonare; scandire: ... *never send to know for whom the bell tolls...,* ... non mandare a chiedere per chi suona la campana...

tollkeeper ['toul,ki:pə*] *s.* gabelliere; esattore di pedaggi.

Tom, tom [tɔm] *s.* **1** *(con la maiuscola: diminutivo del nome* Thomas*)* tizio *(persona indeterminata): Tom, Dick, or Harry,* Tizio, Caio o Sempronio. **2** *(USA)* collaborazionista negro. **3** = **tomcat** ⇨.

tomahawk ['tɔməhɔ:k] *s.* 'tomahawk' *(ascia di guerra dei pellirossa).*

to **tomahawk** ['tɔməhɔ:k] *vt* colpire o uccidere con un 'tomahawk'.

tomato [tə'mɑ:tou/*(USA)* tə'meitou] *s.* *(pl.* **tomatoes***)* pomodoro: *tomato juice,* succo di pomodoro; 'tomato'.

tomb [tu:m] *s.* tomba; sepolcro.

tomboy ['tɔmbɔi] *s.* ragazzetta scatenata; maschiaccio.

tombstone ['tu:mstoun] *s.* pietra tombale.

tomcat ['tɔm'kæt] *s.* *(anche* **tom***)* gatto maschio.

tome [toum] *s.* *(lett., spesso scherz.)* tomo; grosso volume.

tomfool ['tɔm'fu:l] *s.* stupido; persona sciocca; babbeo. □ *(attrib.)* stupido: *a tomfool speech,* un discorso stupido.

tomfoolery ['tɔm'fu:ləri] *s.* stupidaggine; comportamento sciocco; scherzo idiota.

Tommy, tommy ['tɔmi] *s.* **1** *(sl.: anche* Tommy Atkins*)* soldato britannico. **2** *(mecc.: anche* tommy bar*)* spina. **3** cibo. □ *tommy system,* pagamento del salario in natura — *tommy-gun,* mitra; fucile mitragliatore — *tommy-rot, (fam.)* scemenza; estrema sciocchezza — *You're talking tommy rot,* Stai dicendo scemenze — *That's all tommy rot,* Questa è una completa idiozia.

tomorrow [tə'mɔrou] *avv e s.* domani: *If today is Monday, tomorrow will be Tuesday,* Se oggi è lunedì domani sarà martedì — *the day after tomorrow,* dopodomani — *Don't wait until tomorrow,* Non aspettare fino a domani — *tomorrow morning,* domattina; domani mattina — *tomorrow week,* domani otto — *The announcement will appear in tomorrow's newspaper,* L'annuncio apparirà sui giornali di domani — *What will the men and women of tomorrow think of us?,* Che cosa penseranno di noi gli uomini e le donne del futuro (di domani)?

tomtit ['tɔmtit] *s. (GB)* = **'tit.**

tom-tom ['tɔmtɔm] *s.* 'tam tam'.

ton [tʌn] *s.* **1** *(anche* long ton*)* tonnellata *(di 2240 libbre): short ton, (USA)* tonnellata *(di 2000 libbre) — metric ton (spesso: tonne),* tonnellata metrica. **2** *(naut.)* tonnellata di stazza o di ingombro. **3** *(fam.)* grande quantità, peso o numero; un mucchio (un sacco) di: *He has tons of money,* Possiede denaro a palate. **4** *(GB, sl.)* velocità di cento miglia all'ora: *to do a ton, (sl.)* correre a cento miglia all'ora — *ton-up, agg attrib (di moto o di motociclista)* capace di correre a cento miglia all'ora; *(per estensione)* rumoroso; fracassone.

tonal ['tounl] *agg* tonale *(anche mus.);* di tono o tonalità. □ *avv* **tonally.**

tonality [tou'næliti] *s. (mus., ecc.)* tonalità.

tone [toun] *s.* **1** tono; tonalità; suono; *(di colore)* tono; gradazione; sfumatura; *(di luce)* grado: *the sweet tone(s) of a violin,* i toni dolci di un violino — *to speak in an angry (entreating) tone,* parlare con tono arrabbiato (con tono implorante) — *The doctor's tone was serious,* Il tono del medico era serio — *a carpet in tones of brown,* un tappeto nelle gradazioni del marrone — *a photograph in warm tones,* una fotografia dai toni caldi — *tone-arm,* braccio di un grammofono di tipo antiquato — *tone-poem, (mus.)* poema sinfonico — *a tone poem,* un 'poema sinfonico'. **2** accento tonico; accentazione. **3** *(solo al sing.)* tono; *(fig.)* spirito; carattere; morale: *The next speaker gave a serious tone to the discussion,* L'oratore successivo impresse un tono serio alla discussione. **4** *(med.)* tono (fisico); vigore; energia: *muscular tone; muscle tone,* tono muscolare — *to recover mental tone,* riacquistare il vigore della mente.

to **tone** [toun] *vt e i.* **1** *(mus.)* dare il tono; accordare; intonare; *(colore)* dare una sfumatura; intonare; virare. **2** *(spec. di colori)* intonarsi; essere intonato; armonizzare (con): *These curtains tone (in) well with your rugs,* Queste tende s'intonano bene con i tuoi tappeti. **3 to tone down,** sfumare; attenuare; smorzare; rendere meno intenso: *The artist toned down the* *cruder colours in his paintings,* L'artista smorzò i colori più crudi nei suoi dipinti — *You'd better tone down some of the offensive statements in your article,* Faresti meglio ad attenuare alcune delle affermazioni offensive nel tuo articolo — *The excitement toned down,* L'eccitazione si attenuò. **4 to tone up,** alzare di tono; tonificare; accentuare; rinvigorire, rinvigorirsi: *Exercise tones up the muscles,* L'esercizio tonifica i muscoli.

-toned [tound] *agg (nei composti)* dotato di un particolare tono (⇨ **tone,** *s.*): *silver-toned trumpets,* trombette dal suono argentino.

toneless ['tounlis] *agg* senza colore; senza tono; monotono; piatto; inespressivo: *to answer in a toneless voice,* rispondere con una voce inespressiva.
□ *avv* **tonelessly.**

toner ['tounə*] *s.* pigmento organico.

tongs [tɔŋz] *s. pl (spesso* a pair of tongs*)* tenaglia; pinze; molle: *sugar tongs,* pinzette per lo zucchero; mollette — *coal tongs,* molle da carbone — *ice tongs,* pinze per il ghiaccio — *lazy tongs,* molle estensibili.
□ *to go at sth (at it) hammer and tongs,* battersi con tutti i mezzi.

tongue [tʌŋ] *s.* **1** lingua; favella; linguaggio; modo di parlare: *to have a furred (coated) tongue,* avere la lingua patinosa — *The doctor asked me to put out my tongue,* Il medico mi chiese di metter fuori la lingua — *Don't put your tongue out at me, you saucy child!,* Non tirarmi fuori la lingua, sfacciatello! — *ox-tongue,* lingua di bue — *ham and tongue sandwiches,* tramezzini di prosciutto e lingua — *He has a glib (ready, sharp) tongue,* Ha la lingua sciolta (pronta, tagliente) — *a slip of the tongue,* un 'lapsus linguae'; un errore involontario — *to wag one's tongue,* parlare a vanvera — *to have lost one's tongue,* aver perso la parola; essere troppo timido per parlare — *to find one's tongue,* sciogliersi la lingua — *to hold one's tongue,* stare zitto; smettere di parlare — *to have one's tongue in one's cheek,* parlare ironicamente; assecondare ironicamente l'interlocutore — *to keep a civil tongue in one's head,* essere (sempre) di parole cortesi — *tongue-tied,* senza parola; incapace di parlare *(per paura, ecc.)* — *tongue-twister,* scioglilingua — *to give tongue, (di una muta di cani)* latrare; abbaiare. **2** lingua; idioma: *mother tongue,* madrelingua — *the German tongue,* la lingua tedesca. **3** *(oggetti di forma simile a lingua);* lingua *(di terra);* linguetta *(di scarpa);* aletta; ancia *(di clarino, oboe);* ago *(di bilancia, ecc.);* battaglio *(di campana);* puntale *(di fibbia);* fiamma; fiammella.

to **tongue** [tʌŋ] *vt* toccare con la lingua.

-tongued [tʌŋd] *agg* **1** *(mecc.)* provvisto di aletta. **2** *(nei composti)* dalla lingua: *a loose-tongued person,* una persona dalla lingua (troppo) sciolta.

tonguing ['tʌŋiŋ] *s. (mus.)* tecnica dell'uso della lingua *(nel suonare l'oboe, il flauto dolce, ecc.).*

tonic ['tɔnik] *agg* tonico; stimolante; tonificante; corroborante: *the tonic quality of sea air,* le qualità tonificanti dell'aria di mare — *tonic water,* acqua tonica.
□ *avv* **tonically.**
□ *s.* **1** tonico. **2** (= tonic water) acqua tonica: *a gin and tonic,* un gin con acqua tonica. **3** *(mus.)* tonica.

tonic-solfa ['tɔnik sɔl'fɑ:] *s.* solfeggio.

tonight [tə'nait/tu'nait] *avv e s.* stanotte; stasera: *last night, tonight, and tomorrow night,* l'altra notte, stanotte e domani notte — *tonight's radio news,* il giornale radio di questa sera.

tonnage ['tʌnidʒ] *s.* **1** stazza; tonnellaggio. **2** portata; capacità di carico. **3** tonnellaggio complessivo della flotta mercantile di una nazione. **4** tassa sui carichi in base al tonnellaggio.

tonne [tʌn] *s. (fr.)* tonnellata metrica.

tonneau ['tɔnou] *s. (dal fr.: un po' desueto)* parte posteriore della scocca *(di una carrozza, di un'automobile).*

tonsil ['tɔnsil] *s.* tonsilla: *to have one's tonsils out,* farsi togliere le tonsille.

tonsillitis [,tɔnsi'laitis] *s.* tonsillite; infiammazione delle tonsille.

tonsorial [tɔn'sɔ:riəl] *agg (spesso scherz.)* da barbiere; da tonsura.

tonsure ['tɔnʃə*] *s.* tonsura.

to **tonsure** ['tɔnʃə*] *vt* tonsurare.

tontine [tɔn'ti:n] *s.* tontina.

too [tu:] *avv* **1** anche; pure: *I, too, have been to Paris,* Anch'io sono stato a Parigi — *I have been to Paris, too,* Sono stato anche a Parigi — *She plays the piano, and sings, too,* Suona il pianoforte e canta pure — *Sally, too, plays the piano,* Anche Sally suona il pianoforte — *... and I know the answer, too,* ... e conosco anche la risposta.

2 per giunta; per di più: *There was frost last night, and in May too!,* C'è stata una brinata ieri notte, e dire che siamo in maggio!

3 *(davanti ad agg. e avv.)* troppo: *You're driving too fast for safety,* Stai andando troppo veloce e può essere pericoloso — *These shoes are too small for me,* Queste scarpe sono troppo piccole per me — *It's too hot for work; It's too hot to work,* Fa troppo caldo per lavorare — *It's too difficult a task for me,* È un compito troppo difficile per me — *It's too good to be true,* È troppo bello per essere vero — *That's too small a box (That box is too small) to hold all these things,* Quella è una scatola troppo piccola (Quella scatola è troppo piccola) per contenere tutte queste cose — *He was too tired to go any farther,* Era troppo stanco per proseguire — *That's just too bad!, (spesso iron.)* Che peccato! — *to go (to carry sth) too far,* andare troppo oltre; andare troppo in là; superare la misura.

all too..., fin troppo...: *all too soon,* fin troppo presto — *The holidays ended all too soon,* Le vacanze finirono troppo presto.

none too..., non molto...; non troppo...; mica tanto... *(fam.);* tutt'altro che...: *I'm none too well today,* Non mi sento troppo bene, oggi — *none too soon,* appena in tempo — *We were none too early for the train,* Eravamo tutt'altro che in anticipo per il treno.

only too..., semplicemente troppo...; molto...; estremamente...: *I am only too pleased to see you!,* Sono estremamente contento di vederti!

4 too much troppo; *(davanti a s. sing.)* troppo, troppa; *(davanti a s. pl.)* **too many** troppi, troppe: *I hope you weren't disturbed too much by all that noise,* Spero che non vi abbia disturbato troppo tutto quel rumore — *to be one too many for...,* essere troppo (per)...; essere più in gamba (di)... — *He was one too many for you that time,* Fu ben più in gamba di te quella volta — *We've had too much rain lately,* Abbiamo avuto troppa pioggia recentemente — *He has read too many books,* Ha letto troppi libri — *That's too much!,* Questo è troppo! — *You can have too much of a good thing,* Il troppo stroppia.

5 *(fam.)* molto; tanto; veramente; davvero; assai: *He was too glad to be here,* Era veramente contento di essere qui.

6 too-too, *(come agg.)* ⇨ **too-too.**

took [tuk] *pass di* **to take.**

tool [tu:l] *s.* **1** arnese; utensile; attrezzo; strumento: *machine-tool (pl.* machine-tools*)*, macchina utensile. **2** *(fig.)* strumento: *He was a mere tool in the hands of the dictator,* Era semplicemente uno strumento nelle mani del dittatore. **3** *(volg.)* uccello; cazzo.

to **tool** [tu:l] *vt* **1** decorare; bulinare *(la rilegatura di un libro).* **2 to tool up**, attrezzare *(una fabbrica, un laboratorio);* munire di arnesi (di macchinari).

tooling ['tu:liŋ] *s.* **1** fregiatura; intaglio; ornamentazione *(della rilegatura di un libro).* **2** lavorazione con utensili. **3** attrezzatura *(di una fabbrica, un laboratorio, ecc.).*

toot [tu:t] *s.* breve suono *(di corno, trombetta, fischio, ecc.).*

to **toot** [tu:t] *vi* emettere un breve suono (⇨ **toot**).

tooth [tu:θ] *s.* *(pl.* **teeth**) **1** dente: *tooth-brush,* spazzolino da denti — *to have a tooth out (USA: to have a tooth pulled),* farsi togliere un dente — *to have all one's own teeth,* avere tutti i propri denti — *to have a sweet tooth,* essere goloso di dolci — *to cast sth in a person's teeth,* gettare qcsa in faccia a qcno; rinfacciare qcsa a qcno — *in the teeth of...,* direttamente contro...; *(per estensione)* malgrado... — *to be armed to the teeth,* essere armato fino ai denti — *to escape by the skin of one's teeth,* farcela per un pelo; cavarsela per il rotto della cuffia — *to fight tooth and nail,* combattere con le unghie e con i denti — *to be long in the tooth, (all'origine, solo per cavalli)* essere vecchio — *to show one's teeth,* mostrare i denti. **2** oggetto a forma di dente: *to go through sth with a fine tooth-comb,* setacciare qcsa fino in fondo.

toothache ['tu:θeik] *s.* mal di denti.

toothbrush ['tu:θbrʌʃ] *s.* spazzolino da denti.

toothed [tu:θt] *agg* dentellato; seghettato; dentato; a denti: *sharp toothed,* dai denti aguzzi — *a toothed wheel,* una ruota dentata.

toothful ['tu:θful] *s.* goccino *(spec. di liquori).*

toothless ['tu:θlis] *agg* sdentato; senza denti.

toothpaste ['tu:θpeist] *s.* *(anche* tooth-powder*)* dentifricio.

toothpick ['tu:θpik] *s.* stuzzicadenti.

toothsome ['tu:θsəm] *agg (di cibo)* gustoso; saporito; appetitoso. □ *avv* **toothsomely.**

toothy ['tu:θi] *agg* dai denti all'infuori.

tootle ['tu:tl] *s.* *(fam.)* suono del flauto, ecc.

to **tootle** ['tu:tl] *vi* *(fam.)* suonare il flauto *(o altro strumento simile).*

too-too ['tu:'tu:] *agg pred (fam., di persona)* affettato.

tootsy ['tutsi] *s.* **1** *(fam.: linguaggio infantile)* piede; piedino. **2** *(anche* **toots**: *come vezzeggiativo)* amore; tesoro.

[1]**top** [tɔp] *s.* **1** cima; capo; apice; vertice; punto più alto *(anche fig.): at the top of the hill,* in cima alla collina — *a hill-top,* la cima di una collina (di un pendio) — *the top of a mountain; a mountain-top,* la vetta di una montagna — *turnip-tops,* cime di rapa — *at the top of the page,* in cima alla pagina — *the fifth line from the top,* il quinto rigo dall'alto — *at the top of the tree,* in cima all'albero; *(fig.)* all'apice; al culmine *(della carriera, ecc.)* — *He came out at the top of the list,* Risultò in cima all'elenco — *to come top; to come out top,* risultare primo *(spec. ad un esame)* — *to sit at the top of the table,* sedere a capotavola — *on top,* in cima; sopra — *The green book is at the bottom of the pile and the red one is on top,* Il libro verde è al fondo della pila e quello rosso in cima — *on (the) top of...,* - **a)** sopra...; sopra a...; addosso (a)... *Put the red book on (the) top of the others,* Metti il libro rosso sopra gli altri — *It fell on top of him,* Gli cadde addosso - **b)** in aggiunta; inoltre; per soprappiù: *He borrowed fifty pounds from me for the journey and then, on top of that, he asked me if he could borrow my car, too,* Prese in prestito da me cinquanta sterline per il viaggio e poi, per soprappiù, mi chiese se potevo imprestargli anche la macchina — *from top to toe,* dalla testa ai piedi; da capo a piedi; da cima a fondo; completamente — *from top to bottom,* da cima a fondo; completamente — *to come to the top; to reach the top,* arrivare in cima; *(fig.)* arrivare al successo — *to reach (to be at) the top of the ladder (the tree), (generalm. fig., riferito alla carriera)* arrivare (essere) in cima alla scala (all'albero) — *Top of the Pops,* il disco *(di musica popolare)* in testa alla classifica delle vendite. **2** parte superiore; superficie superiore; tetto; coperchio; tappo: *to polish the top of a table,* lucidare il piano di un tavolo — *He put the luggage on the top of the car,* Mise i bagagli sul tetto dell'automobile — *a bottle-top,* un tappo *(generalm. metallico)* — *the top of a bus,* l'imperiale (di un autobus) — *top of the milk,* fior di latte. **3** massimo; punto, grado più alto; culmine: *to shout at the top of one's voice,* urlare col massimo della propria voce, a squarciagola. **4** *the big top, big top,* la grande tenda; il tendone del circo. **5** *the tops* ⇨ **tops.**

□ *agg attrib* in alto; più alto; massimo; superiore: *on the top shelf,* sullo scaffale più alto — *at top speed,* a velocità massima — *in top gear (automobilismo: talvolta, fam., 'in top'),* in presa diretta; in quarta — *the top right-hand corner,* l'angolo superiore destro; l'angolo in alto a destra — *to charge top prices,* far pagare prezzi altissimi — *to be out of the top drawer,* appartenere alla classe sociale più elevata — *top people,* la gente che conta — *top secret,* segretissimo — *to be top dog, (sl.)* essere in vantaggio; avere la meglio — *top-boot,* stivale a mezza coscia — *top-coat,* soprabito — *top-hole, (sl.)* eccellente; di prima qualità — *top-ranking,* del rango (del tipo) superiore — *top-flight; top-notch, (fam.)* eccellente; di prima qualità — *top-flight French authors,* autori francesi di primaria importanza — *top hat,* cappello a cilindro — *top-heavy,* carico in alto; instabile; sovraccarico — *the Top Ten,* i primi dieci dischi *(di musica popolare)* nella classifica dei successi — ⇨ *anche* **topgallant, topsail, topsoil,** *ecc.*

to **top** [tɔp] *vt* (**-pp-**) **1** coprire; servire; essere di copertura: *a church topped by (o with) a steeple,* una chiesa sormontata da un campanile. **2** raggiungere la cima di; essere sulla vetta di: *When we topped the hill we had a fine view,* Raggiunta la cima della collina, godemmo di un bel panorama. **3** *(seguito da* up*)* riempire; colmare; rabboccare: *to top up a car battery,* riempire la batteria di un'automobile — *to top up with oil,* ristabilire il livello dell'olio. **4** sorpassare; superare: *Exports topped fifty million pounds,* Le esportazioni superarono i cinquanta milioni di sterline — *to top it all...,* per coronare il tutto... **5** spuntare; tagliare le punte (i gambi); cimare: *to lift and top beets,* sradicare barbabietole e cimarle — *to top and tail gooseberries,* togliere i gambi all'uva spina — *to top and tail a baby, (fam.)* pulire soltanto la bocca e il sedere a un bambino. **6** *(sl. della malavita, GB)* impiccare.

[2]**top** [tɔp] *s.* trottola: *to sleep like a top,* dormire come un ghiro.

topaz ['toupæz] *s.* topazio.

to **top-dress** [tɔp'dres] *vt* concimare la superficie *(senza arare).*

top-dressing [tɔp'dresiŋ] *s.* concimazione superficiale: *to give a field a top-dressing of lime,* concimare superficialmente un campo con calce.

to **tope** [toup] *vi* ubriacarsi; sbevazzare; bere abitualmente; essere dedito al bere.

topee, topi ['toupi] *s. (anglo-indiano)* casco per il sole *(di tipo 'coloniale').*

toper ['toupə*] *s.* beone; bevitore smodato; ubriacone.

topgallant [tɔp'gælənt] *agg (naut.)* di velaccio: *topgallant mast,* albero di velaccio.
□ *s. (naut.)* **1** velaccio. **2** albero (pennone) di velaccio.

topiary ['toupjəri] *s.* l'arte di potare le piante e le siepi in fogge ornamentali *(p.es. in forma di pigne, pavoni, ecc.).*

topic ['tɔpik] *s.* soggetto; argomento; materia *(per una discussione).*

topical ['tɔpikəl] *agg* **1** attuale; d'attualità: *a topical news film,* un filmato delle notizie d'attualità. **2** *(med.)* topico; locale. □ *avv* **topically.**

topicality [,tɔpi'kæliti] *s.* (l'essere d')attualità.

topknot ['tɔpnɔt] *s.* ciuffo di capelli, penne, ecc.

topless ['tɔplis] *agg* **1** eccelso; altissimo; senza cima. **2** *(di costume da bagno, di vestito)* senza la parte superiore.
□ *come s.* costume da bagno (da donna) senza la parte superiore; 'topless'.

topmast ['tɔpmɑ:st] *s. (naut.)* albero di coffa.

topmost ['tɔpmoust] *agg* (il) più alto.

topographical [,tɔpə'græfikəl] *agg* topografico. □ *avv* **topographically.**

topography [tə'pɔgrəfi] *s.* topografia.

topology [tə'pɔlədʒi] *s.* topologia.

topper ['tɔpə*] *s.* **1** *(abbr. fam. di* top hat*)* cappello a cilindro. **2** *(fam.)* brava persona.

[1]**topping** ['tɔpiŋ] *agg (fam., linguaggio studentesco un po' desueto)* di prim'ordine; eccellente; ottimo: *to have a topping time,* divertirsi moltissimo. □ *avv* **toppingly.**

[2]**topping** ['tɔpiŋ] *s. (in cucina)* decorazione; rivestitura *(p.es. di cioccolata, glassa, ecc.).*

to **topple** ['tɔpl] *vi* traballare; vacillare; capovolgersi; rovesciarsi; cadere: *The chimney toppled and fell,* Il comignolo traballò e cadde — *The pile of books toppled over (down),* La pila di libri si rovesciò.
□ *vt* far cadere *(anche fig., p.es. un governo).*

tops [tɔps] *s. (nell'espressione fam.) He's (It's) the tops,* È il migliore; È un tipo favoloso (una cosa favolosa), proprio il tipo (la cosa) che ci vuole.

topsail ['tɔpsl] *s.* vela di gabbia; contromezzana; parrocchetto.

topsoil ['tɔpsɔil] *s.* terreno di superficie.

topsy-turvy ['tɔpsi'tə:vi] *agg e avv* sottosopra; in gran confusione; a soqquadro: *The whole world is (has turned) topsy-turvy,* Il mondo intero è sottosopra.

topsyturvydom ['tɔpsi'tə:vidəm] *s.* l'essere a soqquadro, sottosopra.

toque [touk] *s.* 'toque' *(piccolo cappello femminile).*

tor [tɔ:*] *s. (quasi esclusivamente usato nella toponomastica)* collinetta rocciosa; punta rocciosa.

torch [tɔ:tʃ] *s.* **1** torcia; fiaccola *(anche fig.): the torch of learning,* la fiaccola della cultura — *to hand on the torch,* tenere accesa la fiaccola — *torch-race,* corsa a staffetta di portatori di fiaccole — *torch-singer,* cantante di canzoni sentimentali. **2** *(mecc.)* cannello. **3** torcia elettrica; lampadina tascabile; 'pila'. □ *to carry a torch for sb, (fam.)* essere innamorato e non ricambiato.

torchlight ['tɔ:tʃlait] *s.* la luce delle torce: *a torchlight procession,* una fiaccolata.

tore [tɔ:*/tɔə*] *pass di* **to tear.**

torment ['tɔ:ment] *s.* tormento; sofferenza; pena; strazio: *to be in torment,* subire tormenti — *to suffer torment(s) from an aching tooth,* patire grandi pene per il mal di denti — *the torments of jealousy,* i tormenti della gelosia.

to **torment** [tɔ:'ment] *vt* tormentare; torturare; far soffrire; molestare; infastidire; innervosire: *Stop tormenting your father by asking silly questions,* Smettila di molestare tuo padre facendogli delle domande sciocche.

tormentor [tɔ:'mentə*] *s.* cosa che tormenta; tormentatore.

torn [tɔ:n] *p. pass di* **to tear.**

tornado [tɔ:'neidou] *s.* (*pl.* **tornadoes**) 'tornado'; tromba d'aria; *(erroneamente e fig.)* uragano; ciclone.

torpedo [tɔ:'pi:dou] *s.* (*pl.* **torpedoes**) **1** siluro; torpedine: *torpedo-boat,* motosilurante; torpediniera — *torpedo-tube,* lanciasiluri. **2** *(ferrovia)* petardo. **3** *(zool.)* torpedine. **4** *(USA, sl.)* guardia del corpo armata.

to **torpedo** [tɔ:'pi:dou] *vt* silurare *(anche fig.);* attaccare; colpire; far naufragare.

torpid ['tɔ:pid] *agg* **1** torpido; pigro; tardo. **2** intorpidito; letargico. **3** *(GB, come s.) torpids,* gara di canottaggio invernale all'università di Oxford.
□ *avv* **torpidly.**

torpidness, torpidity ['tɔ:pidnis/tɔ:'piditi] *s.* torpore; intorpidimento; inerzia; letargo.

torpor ['tɔ:pə*] *s.* torpore.

torque [tɔ:k] *s.* **1** collana *(di metallo).* **2** *(mecc.)* coppia; momento torcente.

torrent ['tɔrənt] *s.* **1** torrente: *mountain torrents,* torrenti montani. **2** *(anche fig.)* torrente; diluvio; scroscio: *a torrent of words (abuse, insults),* un fiume di parole (di ingiurie, di insulti) — *torrents of rain; rain falling in torrents,* torrenti di pioggia; pioggia a catinelle.

torrential [tɔ'renʃəl] *agg* torrenziale. □ *avv* **torrentially.**

torrid ['tɔrid] *agg* torrido; caldissimo.

torridity [tə'riditi] *s.* calore torrido.

torsion ['tɔ:ʃən] *s. (mecc.)* torsione.

torsional ['tɔ:ʃənl] *agg (mecc.)* di torsione: *torsional stress,* sollecitazione di torsione.

torso ['tɔ:sou] *s.* (*pl.* **torsos**) torso *(di statua);* tronco *(del corpo umano).*

tort [tɔ:t] *s. (dir.)* atto illecito *(che comporta una responsabilità civile).*

tortoise ['tɔ:təs] *s.* tartaruga *(di terra o d'acqua dolce): tortoise-shell,* - **a)** (guscio di) tartaruga - **b)** *(gatto)* squama di tartaruga; persiano calicò - **c)** specie di farfalla.

tortuous ['tɔ:tjuəs] *agg* tortuoso; *(fig.)* tortuoso; distorto; disonesto. □ *avv* **tortuously.**

torture ['tɔ:tʃə*] *s.* tortura; supplizio; *(fig. e per estensione)* dolore; sofferenza; pena; strazio: *to put sb to the torture,* mettere qcno alla tortura — *instruments of torture,* strumenti di tortura — *to suffer torture from toothache,* vedere le stelle per il mal di denti — *the tortures of the damned,* le sofferenze dei dannati.

to **torture** ['tɔ:tʃə*] *vt* torturare; mettere al supplizio; tormentare; far soffrire: *to torture a man to make him confess sth,* torturare un uomo per fargli confessare qcsa — *to be tortured with anxiety (by doubts),* essere torturato dall'ansia (dai dubbi).

torturer ['tɔ:tʃərə*] *s.* torturatore; aguzzino.

Tory, tory ['tɔ:ri] *s. e agg* **1** *(stor. GB)* Tory *(membro del partito conservatore del Settecento).* **2** *(spesso spreg.)* conservatore; membro dell'attuale partito conservatore. **3** *(stor. USA)* lealista *(ai tempi della Guerra d'Indipendenza).*

toryism ['tɔ:riizəm] *s.* conservatorismo; la politica del partito conservatore.

tosh [tɔʃ] *s. (GB, sl., piuttosto desueto)* sciocchezze; stupidaggini; fesserie.

toss [tɔs] *s.* **1** scossa; scrollata: *with a contemptuous toss of the head,* con una sprezzante scrollata di capo — *to take a toss,* essere disarcionato dal cavallo. **2** lancio *(generalm. di una moneta)* — *to win (to lose) the toss,* vincere (perdere) facendo a testa o croce.

to **toss** [tɔs] *vt* **1** gettare; lanciare in aria; scagliare; tirare; rimestare: *to toss a ball to sb; to toss sb a ball,* lanciare una palla a qcno — *to toss sth aside (away),* buttare via qcsa — *The horse tossed its rider,* Il cavallo disarcionò il cavaliere — *He tossed the beggar a coin; He tossed a coin to the beggar,* Lanciò una moneta al mendicante — *She tossed her head,* Scrollò la testa — *He was tossed by the bull,* Fu scagliato per aria dal toro — *to toss (up) a coin,* gettare in aria una moneta — *to toss (sb) for sth,* tirare a sorte *(con una moneta)* per qcsa. **2** sballottare; sbattere: *The ship was tossed about,* La nave fu sballottata di qua e di là. **3 to toss (sth) off,** - **a)** bere qcsa tutto d'un fiato - **b)** fare qcsa frettolosamente; buttar giù qcsa: *to toss off an epigram (a newspaper article),* buttar giù un epigramma (un articolo di giornale) - **c)** *(GB, sl.)* masturbarsi.

☐ *vi* **1** agitarsi; rivoltarsi; andar su e giù; ballonzolare; *(di nave)* ballare: *The sick child tossed about in its sleep all night,* Il bambino malato si rivoltò nel sonno per tutta la notte — *The branches were tossing in the wind,* I rami si agitavano al vento. **2 to toss up** (*talvolta* **to toss for it**), tirare a sorte.

toss-up ['tɔsʌp] *s. (fam.)* il fare a testa o croce; *(per estensione)* una probabilità del 50%: *It's a toss-up whether he will get here in time,* Ci sono 50 probabilità su 100 che arrivi in tempo.

tot [tɔt] *s.* **1** *(spesso* tiny tot*)* bambino piccolo; infante. **2** bicchierino *(di liquore).*

total ['toutl] *agg* totale; completo; intero: *total silence,* silenzio totale — *to be in total ignorance of sth,* essere nell'ignoranza completa di qcsa — *What are your total debts?,* A quanto ammontano in tutto i vostri debiti? — *a total eclipse of the sun,* un'eclissi totale di sole — *total war,* guerra integrale.

☐ *avv* **totally.**

☐ *s.* totale: *Our expenses reached a total of twenty pounds,* Le nostre spese raggiunsero un totale di venti sterline — *What does the total come to?,* A quanto ammonta il totale?

to **total** ['toutl] *vt e i.* (**-ll-**; *USA anche* **-l-**) fare il totale; sommare; addizionare; ammontare: *The visitors to the exhibition totalled fifteen thousand,* I visitatori della mostra ammontarono a quindicimila — *It totals up to sixteen pounds,* Ammonta a sedici sterline.

totalitarian [,toutæli'tɛəriən] *agg* totalitario.

totalitarianism [,toutæli'tɛəriənizəm] *s.* totalitarismo.

totality [tou'tæliti] *s.* **1** totalità. **2** periodo in cui un'eclissi è totale.

totalizator ['toutəlai,zeitə*] *s.* totalizzatore.

tote [tout] *s., abbr fam di* **totalizator.**

to **tote** [tout] *vt (fam.)* portare; trasportare: *tote bag,* borsa a tracollo.

totem ['toutəm] *s.* 'totem': *totem-pole,* palo che porta disegnato o scolpito un totem.

totemism ['toutəmizəm] *s.* totemismo.

t'other, tother ['tʌðə*] *s. (dial., fam. e scherz.: contraz. di* the other*)* l'altro: *Take t'other 'un, (cioè 'the other one')* Prendi l'altro.

to **totter** ['tɔtə*] *vi* **1** barcollare: *The wounded man tottered to his feet,* Il ferito si rialzò barcollando. **2** essere malfermo, pericolante; tremare; traballare; vacillare: *The tall chimney-stack tottered and then fell,* L'alto fumaiolo vacillò e quindi cadde.

tottery ['tɔtəri] *agg* malfermo; traballante; vacillante; insicuro.

to **tot up** ['tɔtʌp] *vi* (**-tt-**) ammontare: *The expenses totted up to five pounds,* Le spese ammontarono a cinque sterline.

☐ *vt* addizionare: *to tot up a column of figures,* addizionare una colonna di numeri.

toucan ['tu:kæn] *s.* tucano.

touch [tʌtʃ] *s.* **1** contatto; tocco; atto del toccare; leggero colpo; colpetto; tratto di pennello: *Even the slightest touch will break a soap-bubble,* Anche il colpo più leggero rompe una bolla di sapone — *I felt a touch on my arm,* Sentii un colpetto sul braccio (Mi sentii toccare sul braccio) — *at a touch,* al minimo colpo; al più lieve tocco — *to add a few finishing touches,* dare gli ultimi tocchi — *to give a horse a touch of the spurs,* dare un colpetto di sproni ad un cavallo.

2 tatto; senso del tatto; contatto: *soft (rough) to the touch,* morbido (ruvido) al tatto — *the cold touch of marble,* il freddo contatto del marmo.

3 traccia; segno; accenno; pizzico; sfumatura; punta; velo: *a touch of frost in the air,* un accenno di brina nell'aria — *to have a touch of the sun,* prendersi una leggera insolazione — *There was a touch of irony in his remarks,* C'era un briciolo (una punta, un velo) di ironia nelle sue osservazioni — *to have a touch of rheumatism,* avere un accenno di reumatismo — *a touch of parsley and garlic,* un pizzico di prezzemolo e aglio.

4 stile; impronta; maniera; segno; tocco: *the touch of a master,* il tocco di un maestro — *a sculptor with a bold touch,* uno scultore dallo stile vigoroso — *to have a light touch,* avere la mano leggera (un tocco leggero) — *the Nelson touch,* il piglio di Nelson — *the common touch,* maniere semplici.

5 comunicazione; rapporto; relazione; contatto: *to be in touch with,* essere in (regolare) contatto con — *to keep in touch with old friends,* tenersi (mantenersi) in contatto con dei vecchi amici — *to be out of touch with the political situation,* aver perso i contatti con la situazione politica — *to lose touch,* perdere i contatti — *If we correspond regularly we shan't lose touch,* Se ci scriveremo regolarmente non perderemo i contatti.

6 *(calcio, rugby)* zona del campo fuori delle linee laterali: *touch-lines, (pl.)* linee laterali.

7 *(sl.) a soft (an easy) touch,* una persona che apre facilmente la borsa: *He's always good for a touch, (fam.)* È sempre pronto ad aprire la borsa.

to **touch** [tʌtʃ] *vt e i.* **1** toccare, toccarsi; raggiungere; arrivare a; sfiorare; far toccare; mettere a contatto: *One of the branches is touching the water,* Uno dei rami tocca l'acqua — *The two estates touch (touch each other),* Le due proprietà si toccano, sono confinanti — *Can you touch the top of the door?,* Riesci a toccare (raggiungere) la parte superiore della porta? — *The mountains seemed to touch the clouds,* Le montagne sembravano toccare le nubi — *Visitors are requested not to touch the exhibits,* I visitatori sono pregati di non toccare gli oggetti esposti — *He touched me on the arm,* Mi toccò il braccio — *He touched his hat to me,* Portò la mano al cappello per salutarmi — *He touched the bell,* Premette il campanello — *He touched the keys of the piano,* Sfiorò i tasti del pianoforte — *The thermometer touched*

95°F yesterday, Il termometro ha toccato (raggiunto) i 95°F ieri — *to touch wood, (fig.)* toccare ferro — *He hasn't touched food for two days,* Non tocca cibo da due giorni — *to touch bottom,* toccare il fondo *(anche fig.)* — *The water isn't deep here: I can just touch bottom,* L'acqua non è profonda qui; riesco giusto a toccare il fondo — *to touch the spot, (fam. un po' desueto)* - **a)** essere proprio quello che ci vuole; fare la cosa giusta: *A glass of iced lager touches the spot on a hot day,* Un bicchiere di birra bionda ghiacciata è proprio quello che ci vuole in una giornata calda - **b)** andare alla radice di un male.

2 *(fig.)* colpire; toccare; commuovere; ferire; urtare: *The sad story touched us,* La triste storia ci commosse — *We were all touched with remorse when we heard what had happened,* Fummo tutti colpiti dal rimorso quando sentimmo quello che era avvenuto — *The remark touched him to the quick,* L'osservazione lo ferì (lo punse, lo toccò) sul vivo — *You have touched his self-esteem,* Hai ferito il suo amor proprio — *You have touched him on a tender place,* Lo hai toccato in un punto debole *(in senso proprio e fig).*

3 danneggiare; colpire: *The apple-blossom was touched by frost,* La fioritura del melo fu colpita dal gelo — *The valuable paintings were not touched by the fire,* I preziosi dipinti non furono danneggiati dall'incendio.

4 avere effetto; ottenere qualche risultato: *Nothing I have used will touch these grease spots,* Niente di ciò che ho usato riuscirà ad aver ragione di queste macchie di grasso.

5 affrontare; *(per estensione)* spuntarla (con): *She couldn't touch the first two questions in the biology paper,* Non riuscì a spuntarla con le prime due domande dell'esame di biologia.

6 stare alla pari; reggere, sostenere il confronto con *(generalm. in frasi negative): No one can touch him as an actor of tragic rôles,* Nessuno può stargli alla pari come attore tragico.

7 concernere; riguardare; toccare; avere a che fare (con): *As a pacifist I refuse to touch shares of armament firms,* Come pacifista mi rifiuto di acquistare azioni di società produttrici di materiale bellico — *What you say does not touch the point at issue,* Quello che dici non riguarda il punto in discussione — *'Whisky?' - 'No, thanks, I never touch the stuff',* 'Un whisky?' - 'No, grazie, non lo bevo mai'.

8 *(fam., seguito da* for*)* farsi prestare (denaro); spillar denaro: *He touched me for five pounds,* Mi ha spillato cinque sterline.

to touch at, *(di una nave)* fare scalo a: *Our steamer touched at Naples,* Il nostro piroscafo fece scalo a Napoli.

to touch down, - **a)** toccare terra; atterrare *(di un velivolo)* - **b)** *(rugby)* fare una meta.

to touch for ⇨ *l'8, sopra.*

to touch off, - **a)** scaricare *(un cannone)* - **b)** avviare; dare inizio (a qcsa); scatenare; accendere *(p.es. una miccia): The arrest of the leaders touched off a riot,* L'arresto dei capi fece scoppiare la rivolta.

to touch on (upon), toccare *(un argomento);* trattare brevemente.

to touch up, ritoccare *(un disegno, una fotografia, ecc.).*

to touch upon ⇨ **to touch on.**

touchable ['tʌtʃəbl] *agg* toccabile; che può essere toccato.

touch-and-go ['tʌtʃənd'gou] *agg* rischioso; arrischiato; incerto; azzardato: *It was touch-and-go whether the doctor would arrive in time,* Era difficile dire se il dottore sarebbe arrivato in tempo — *It was touch-and-go with the sick man,* Il malato era in una situazione molto critica (precaria).

touch-down ['tʌtʃdaun] *s.* **1** *(di aereo)* appoggio; impatto. **2** *(rugby americano)* meta.

touché [tu:'ʃei] *(dal fr.) interiezione (nella scherma e fig.)* Toccato!

touched [tʌtʃt] *agg* **1** *(p. pass. di* **to touch***)* toccato; commosso. **2** *(fam.)* tocco *(nel cervello).*

[1]**touching** ['tʌtʃiŋ] *agg* *(cfr.* **to touch 2***)* toccante; commovente; patetico. □ *avv* **touchingly.**

[2]**touching** ['tʌtʃiŋ] *prep* *(cfr.* **to touch 6***)* riguardante; concernente.

touchpaper ['tʌtʃpeipə*] *s. (di fuochi d'artificio)* carta nitrata.

touchstone ['tʌtʃstoun] *s.* pietra di paragone.

to **touch-type** ['tʌtʃtaip] *vi e t.* (saper) battere a macchina ad occhi chiusi.

touchy ['tʌtʃi] *agg* permaloso; suscettibile.
□ *avv* **touchily.**

tough [tʌf] *agg* **1** duro; resistente; tenace; tiglioso: *as tough as leather,* duro come il cuoio — *Tough rubber is needed for tyres,* La gomma resistente è necessaria per i pneumatici. **2** *(fig.: di persona)* duro; resistente; temprato; saldo; robusto: *tough soldiers,* soldati temprati. **3** *(fig.: di persona)* rozzo; violento; brutale; difficile: *a tough criminal,* un delinquente brutale — *a tough customer, (fam.)* un tipo difficile; un individuo scomodo — *a tough guy, (spec. USA)* un tipo duro; un 'duro'; un 'bullo'. **4** duro; inflessibile; fermo; rigido; ostinato: *The employers got tough with (adopted a get-tough policy towards) their workers,* I datori di lavoro adottarono una politica inflessibile verso i loro dipendenti. **5** difficile; arduo: *a tough job (problem),* un lavoro difficile; un problema arduo. □ *avv* **toughly.**
□ *s.* (fam., anche **toughie**) persona rozza; duro; 'bullo'; bruto.

to **toughen** ['tʌfn] *vt (talvolta seguito da* up*)* indurire; temprare.
□ *vi* indurirsi.

toughness ['tʌfnis] *s.* **1** durezza; tenacia; resistenza; saldezza; robustezza. **2** inflessibilità; ostinatezza. **3** difficoltà.

toupee, toupet ['tu:pei] *s. (fr.)* 'toupet'; posticcio.

tour [tuə*] *s.* **1** giro; viaggio con molte tappe: *a round-the-world tour,* un viaggio intorno al mondo — *a motor-coach tour of Europe,* un giro d'Europa in torpedone — *conducted tours,* viaggi organizzati (con guida). **2** *(spec. mil.)* turno di servizio *(in sedi all'estero);* intervallo di tempo trascorso in qualche servizio all'estero. **3** giro; tournée *(di compagnia teatrale, ecc.).*

to **tour** [tuə*] *vt e i.* viaggiare; fare un giro: *to tour western Europe,* girare l'Europa occidentale — *They are touring in Spain,* Stanno viaggiando in Spagna — *The play will tour the provinces in the autumn,* Il lavoro teatrale farà una tournée in provincia in autunno.

tour de force ['tuə* də 'fɔ:s] *s. (fr.)* 'tour de force'; brillante e impegnativa prova di forza o di abilità.

tourer ['tuərə*] *s. (automobile)* torpedo.

touring ['tuəriŋ] *agg* da turismo.

tourism ['tuərizəm] *s.* turismo.

tourist ['tuərist] *s.* turista.
□ *agg (attrib.)* da turista; per turisti; turistico: *a tourist agency,* un'agenzia turistica — *a tourist ticket,* un biglietto turistico *(di andata e ritorno, a prezzo ri-*

dotto) — *tourist class,* classe turistica — *to travel tourist,* viaggiare in classe turistica.

tournament ['tuənəmənt/'tɔ:nəmənt] *s.* **1** *(stor.)* torneo. **2** torneo *(tra giocatori di carte o sportivi): a tennis tournament,* un torneo di tennis.

tourniquet ['tuəniket/'tuənikei] *s.* laccio emostatico.

to **tousle** ['tauzl] *vt* scompigliare *(spec. i capelli);* mettere in disordine: *a boy with tousled hair,* un ragazzo dai capelli scompigliati.

tout [taut] *s.* *(spesso spreg.)* **1** piazzista; sollecitatore; propagandista. **2** informatore *(spec. per le corse di cavalli).*

to **tout** [taut] *vi* fare il sollecitatore, l'informatore: *There were men outside the station touting for the hotels,* All'uscita della stazione c'erano degli individui che procacciavano clienti per vari alberghi.

[1]**tow** [tou] *s.* rimorchio; traino: *to take a boat in tow,* prendere a rimorchio una barca — *Can we give you a tow?,* Possiamo trainarvi? — *He usually has his family in tow, (fam.)* Di solito ha la famiglia al seguito.

to **tow** [tou] *vt* trainare; rimorchiare; alare: *to tow a damaged ship into port,* rimorchiare in porto una nave in avaria — *to tow a broken-down car to the nearest garage,* rimorchiare un'automobile ferma per guasto al garage più vicino — *tow(ing)-line; tow(ing)-rope,* gomena; cavo (fune) da rimorchio, da traino; alzaia — ⇨ *anche* **towpath.**

[2]**tow** [tou] *s.* stoppa *(di lino o canapa, per fare corde).*

toward(s) [tə'wɔ:d(z)/tɔ:d(z)] *prep* **1** *(di moto e di tempo)* verso; in direzione di; alla volta di: *We were walking towards the sea,* Camminavamo verso il mare — *to sit with one's back towards the window,* sedere con la schiena volta verso la finestra — *the first steps toward the abolition of armaments,* i primi passi verso l'abolizione degli armamenti — *towards the end of the century,* verso la fine del secolo. **2** *(fig.)* nei riguardi di; nei confronti di; circa; verso: *Are his feelings towards us friendly?,* Prova un sentimento di amicizia nei nostri riguardi? (verso di noi?) — *What will the Government's attitude be towards the plan?,* Quale sarà l'atteggiamento del governo verso il progetto? **3** *(fig.)* per; per lo scopo di: *Half their savings went towards a new car,* Impiegarono la metà dei loro risparmi per comprarsi una nuova automobile.

tow-away ['tou(w)əwei] *s.* rimozione forzata *(di un'automobile).*

towel ['tauəl] *s.* asciugamano: *a bath-towel,* un asciugamano da bagno — *a roller-towel,* asciugamano scorrevole (a rullo) — *towel-rack; towel-rail,* porta-asciugamani — *towel-horse,* cavalletto per asciugamani — *sanitary towel,* assorbente igienico — *dish-towel (tea-towel),* asciugapiatti. □ *to throw in the towel, (pugilato e fig.)* gettare la spugna.

to **towel** ['tauəl] *vt* (**-ll-**; *USA* **-l-**) **1** asciugare *(con un asciugamano).* **2** *(GB, sl.)* bastonare.

towelling ['tauəliŋ] *s.* **1** (*USA anche* **toweling**) stoffa; tela asciugamani. **2** *(GB, sl.)* bastonatura.

[1]**tower** ['touə*] *s.* rimorchiatore.

[2]**tower** ['tauə*] *s.* torre: *the Tower of London (talvolta soltanto* the Tower*),* la Torre di Londra — *tower block, (GB)* grattacielo — *water-tower,* cisterna, serbatoio idrico a forma di torre — *conning tower,* torretta di comando *(di un sommergibile).* □ *a tower of strength,* uno strenuo difensore; persona forte ed incrollabile come una torre.

to **tower** ['tauə*] *vi* torreggiare; sovrastare: *to tower above, (fig., di persone eminenti)* dominare; sovrastare; innalzarsi *(al di sopra degli altri)* — *a man who towers above his contemporaries,* un uomo che sovrasta i suoi contemporanei.

towered ['tauəd] *agg* turrito: *many-towered,* dalle molte torri.

towering ['tauəriŋ] *agg* **1** torreggiante. **2** *(nell'espressione) to be in a towering rage,* essere in preda a un violento accesso di rabbia; essere arrabbiatissimo.

towhead ['touhed] *s.* testa bionda; ragazzo dai capelli di stoppa.

town [taun] *s.* **1** città; cittadina: *Would you rather live in a town or in the country?,* Preferiresti vivere in città o in campagna? — *a country town,* una città di provincia — *town life,* vita di città — *to go to town to do some shopping,* andare in città a fare un po' di spese — *I'm going down town this afternoon,* Andrò in città (in centro) questo pomeriggio — *He's in (out of) town today,* Oggi è in città (fuori città) — *town centre,* centro (della) città — *town clerk,* segretario comunale — *town council,* consiglio comunale — *town councillor,* consigliere comunale — *town crier,* banditore pubblico — *town hall,* municipio — *town house,* casa di città. **2** *(GB, senza l'articolo; talvolta con la maiuscola)* Londra; *(talvolta)* Oxford, Cambridge o altre città universitarie: *He is spending the week-end in Town,* Passa il week-end a Londra — *to go up to town,* andare a Londra — *Town and Gown,* città e università; cittadini e studenti.
□ *town planning,* urbanistica — *town lights,* luci di posizione — *The whole town was talking about it,* Ne parlava tutta la città — *It's the talk of the town,* È l'argomento del giorno; Ne parlano tutti — *to paint the town red (to go out on the town), (fam.)* far baldoria — *a man about town,* un uomo di mondo — *to go to town (on sth),* sfrenarsi; mettercela tutta.

townee [tau'ni:] *s.* **1** *(GB, sl. universitario un po' desueto)* abitante di una città universitaria *(ma non membro dell'università).* **2** *(spreg.)* cittadino *(che non sa nulla di agricoltura).*

townsfolk ['taunzfouk] *s. pl* cittadinanza; cittadini; abitanti delle città.

township ['taunʃip] *s.* *(generalm.)* villaggio; piccola città; comune; *(USA, Canadà)* - **a)** suddivisione di una contea dotata di poteri giurisdizionali - **b)** distretto di trentasei miglia quadrate *(nei rilievi topografici); (Sud Africa)* sobborghi di abitazioni per non-europei; *(Australia)* area scelta per costruirvi una città.

townsman ['taunzmən] *s.* (*pl.* **townsmen**) cittadino: *fellow-townsman,* concittadino.

townspeople ['taunz,pi:pl] *s. pl* = **townsfolk.**

tow-off ['tou(w)ɔf] *s.* *(volo a vela)* traino.

towpath ['toupɑ:θ] *s.* strada alzaia; banchina d'alaggio.

toxaemia [tɔk'si:miə] *s.* tossiemia; intossicazione del sangue.

toxic ['tɔksik] *agg* tossico; intossicante: *non-toxic,* non tossico; innocuo. □ *avv* **toxically.**

toxicity [tɔk'sisiti] *s.* tossicità.

toxicologist [,tɔksi'kɔlədʒist] *s.* tossicologo.

toxicology [,tɔksi'kɔlədʒi] *s.* tossicologia.

toxin ['tɔksin] *s.* tossina.

toy ['tɔi] *s.* **1** giocattolo; balocco: *toy dog,* cane da salotto o di compagnia — *toy soldier,* soldatino *(di piombo, di latta o di plastica)* — *toy-box,* scatola dei balocchi. **2** trastullo; gioco; inezia; nonnulla; passatempo.

to **toy** ['tɔi] *vi* *(generalm. seguito da* with*)* giocherellare; trastullarsi; baloccarsi; divertirsi: *He toyed with the idea of buying a yacht,* Si trastullava con l'idea di comprare un panfilo — *He was toying with a pencil,*

Giocherellava con una matita — *to toy with one's food,* mangiare di poco appetito *(quasi giocherellando col cibo).*

toyshop ['tɔiʃɔp] *s.* negozio di giocattoli.

[1]**trace** [treis] *s.* **1** traccia; segno; orma: *traces of an ancient civilization,* tracce di un'antica civiltà — *The police were unable to find any trace of the thief,* La polizia non riuscì a scoprire alcuna traccia del ladro. **2** residuo; resto; traccia; piccola quantità: *The post-mortem showed traces of arsenic in the intestines,* L'autopsia rivelò tracce di arsenico negli intestini. □ *trace elements,* oligoelementi.

to **trace** [treis] *vt e i.* **1** tracciare; abbozzare; segnare; vergare; disegnare: *to trace out the plan of a house,* tracciare (abbozzare) il progetto di una casa. **2** *(spesso seguito da* over*)* ricalcare: *to trace over a drawing (a map),* ricalcare un disegno (una cartina). **3** seguire; seguire la traccia (di); andare in traccia (di); trovare traccia (di); individuare: *The criminal was traced to Glasgow,* Le tracce del criminale furono seguite sino a Glasgow — *We cannot trace any letter from you dated 1st June,* Non riusciamo a rintracciare alcuna Vostra lettera del primo giugno — *Archaeologists have traced many Roman roads in Britain,* Gli archeologi hanno scoperto (hanno trovato tracce di) molte strade romane in Gran Bretagna. **4 to trace (sth) back to (sb, sth),** - **a)** fare risalire; rintracciare: *He can trace his descent back to an old Norman family,* Può dimostrare di discendere da una antica famiglia normanna — *The rumour was traced back to a journalist,* La fonte del pettegolezzo venne individuata in un giornalista; La diceria fu fatta risalire ad un giornalista - **b)** avere origine (in); risalire (a): *His fear of dogs traces back to an experience in his childhood,* La sua paura dei cani risale ad una esperienza della sua infanzia.

[2]**trace** [treis] *s.* tirella: *to kick over the traces, (fig.)* mordere il freno; ribellarsi; essere insofferenti a un giogo; mordere le briglie — *in the traces, (fig., lett.)* bardato.

traceable ['treisəbl] *agg* **1** rintracciabile; che può essere scoperto. **2** attribuibile; che può essere fatto risalire (a). **3** ricalcabile; tracciabile. □ *avv* **traceably.**

tracer ['treisə*] *s.* **1** arnese o persona che traccia disegni. **2** chi scopre o rintraccia. **3** ricalcatore; lucidista; strumento o persona che esegue il ricalco: *tracer point,* palpatore; tastatore *(di macchina a riproduzione).* **4** *(talvolta* tracer bullet*)* *(proiettile) tracciante.* □ *tracer element,* tracciatore radioattivo.

tracery ['treisəri] *s. (archit., ecc. e fig.)* lavoro a traforo; disegno ornamentale; *(per estensione)* nervatura *(di una foglia).*

trachea [trə'kiə/'trækiə] *s.* (*pl.* **tracheae**) trachea.

trachoma [trə'koumə] *s.* tracoma.

tracing ['treisiŋ] *s.* (*da* **to trace 2**) ricalco; lucido: *tracing cloth,* tela da ricalco — *tracing paper,* carta da ricalco.

track [træk] *s.* **1** traccia; pista; orma; impronta; solco; scia *(di nave): to follow the tracks left in the snow by a bear,* seguire le tracce (le orme, le impronte) lasciate nella neve da un orso — *to be on the track of sb; to be on sb's tracks,* essere sulla traccia di qcno (sulle piste di qcno) — *The police are on the track of the thief,* La polizia è sulle orme del ladro — *to cover up one's tracks,* agire con circospezione; nascondere i propri movimenti o le proprie attività; nascondere le proprie tracce — *to keep track of sth (sb),* tenere d'occhio, seguire qcno (qcsa) — *to read the newspaper to keep track of current events,* leggere i giornali per seguire gli avvenimenti — *in one's tracks, (fam.)* lì per lì; su due piedi; seduta stante — *He fell dead in his tracks,* Cadde morto lì dov'era — *to make tracks, (fam.)* svignarsela; darsela a gambe; fuggire via — *to make tracks for sth, (fam.)* avviarsi (dirigersi) verso qcsa — *It's time we made tracks for home,* È tempo (È ora) che ci avviamo verso casa.

2 sentiero; strada battuta: *sheep-tracks,* sentieri di pecore; tratturi — *off the track, (fig.)* fuori strada; fuori argomento — *the beaten track,* la strada battuta; il sentiero sicuro; *(fig.)* la norma; la regola.

3 rotta; traiettoria; percorso; corso; strada; scia; itinerario: *the track of a storm,* la rotta di una tempesta.

4 binario *(di ferrovia): single (double) track,* binario semplice (doppio) — *goods on track, (USA)* merce spedita per ferrovia — *to leave the track,* uscire dal binario; deragliare — *track-layer,* operaio addetto alla posa dei binari — *He was born on the wrong side of the (railroad) tracks, (USA)* È nato nella zona povera della città — *to have a one-track mind,* avere un'idea fissa; seguire sempre una sola linea di pensiero; soffrire di deformazione professionale.

5 pista sportiva; tracciato per una competizione sportiva: *a motor-racing track,* una pista (un tracciato) per le corse automobilistiche — *a running track,* una pista per atletica — *track suit,* tuta sportiva — *track events, (atletica)* prove (gare) su pista.

6 cingolo *(di trattore, carro armato, ecc.).*

7 pista *(di nastro magnetico, ecc.).*

to **track** [træk] *vt* **1** seguire le tracce; inseguire; braccare; essere sulle tracce: *to track an animal to its den,* seguire le tracce di un animale sino alla sua tana — *to track down,* scovare; catturare; raggiungere; prendere — *to track down a bear,* scovare (catturare) un orso — *to track out,* scovare; scoprire; rintracciare. **2** tracciare un percorso (un sentiero, una via). **3** fornire di binari; mettere in opera (posare) binari. **4** *(mecc.)* avere lo scartamento (di). **5** *(televisione, cinema)* carrellare. **6** alare *(un'imbarcazione).*

tracked [trækt] *agg (mecc.)* cingolato; munito di cingoli: *tracked vehicles,* mezzi cingolati.

tracker ['trækə*] *s.* battitore *(di selvaggina): tracker dog,* cane poliziotto.

tracking ['trækiŋ] *s.* **1** inseguimento; lavoro dei battitori *(di selvaggina).* **2** *(aeronautica mil., missilistica)* puntamento *(col radar, ecc.).*

trackless ['træklis] *agg* privo di pista (sentieri); impraticabile; impenetrabile: *trackless forests,* foreste prive di piste (impenetrabili). □ *avv* **tracklessly.**

[1]**tract** [trækt] *s.* **1** distesa *(di boschi, terra coltivata, ecc.): the wide tracts of desert in North Africa,* le vaste distese di deserto nell'Africa settentrionale. **2** *(anat.)* apparato; vie: *the digestive tract,* l'apparato digerente.

[2]**tract** [trækt] *s.* trattato; trattatello; opuscolo.

tractability [,træktə'biliti] *s.* trattabilità; arrendevolezza; docilità.

tractable ['træktəbl] *agg* trattabile; arrendevole; docile; maneggevole. □ *avv* **tractably.**

Tractarian [træk'tɛəriən] *s. (stor.)* fautore (seguace) del 'Tractarianism'.
□ *agg* del 'Tractarianism'.

Tractarianism [træk'tɛəriənizəm] *s. (stor.)* movimento ottocentesco della Chiesa Anglicana, tendente al Cattolicesimo.

traction ['trækʃən] *s.* **1** trazione: *traction-engine,* trattrice; trattore. **2** *(di una ruota sulla rotaia, ecc.)* aderenza.

tractor ['træktə*] *s.* **1** trattore. **2** *(di veicolo commerciale)* motrice.

trad [træd] *agg* (*abbr. fam. di* **traditional**) **1** tradizionale; tradizionalista. **2** *(riferito al jazz)* 'classico'; tipico degli anni '20 e '30 *(con ritmi abbastanza semplici e con abbondanza di improvvisazione)*.

trade [treid] *s.* **1** commercio; affari; rapporti commerciali: *Trade was good last year,* Lo scorso anno il commercio è stato buono (gli affari sono andati bene) — *Mr Smith is in trade,* Mr. Smith è nel commercio — *the balance of trade,* la bilancia commerciale (con l'estero) — *the Board of Trade, (GB, una volta)* il Ministero del Commercio — *trade mark, (dir.)* marchio (d'impresa) — *trade name,* nome depositato; marca *(nome di una ditta)* — *trade price,* prezzo al rivenditore — *trade show,* anteprima. **2** industria *(particolare)*; settore *(particolare)*: *the building trade,* l'edilizia — *the book trade,* l'editoria — *We call them 'blurbs' in the trade,* Noi del settore li chiamiamo 'soffietti' — *the Trade, (GB, fam.)* i produttori e rivenditori di alcoolici *(spec. birra)* — *the white slave trade,* la tratta delle bianche. **3** occupazione; mestiere; lavoro: *He's a bricklayer by trade,* Di mestiere fa il muratore — *Shoemaking is a useful trade,* Quello del calzolaio è un mestiere utile — *the tricks of the trade,* i trucchi del mestiere.

□ *trade union; trades-union, (GB)* sindacato — *trade unionism,* sindacalismo — *trade unionist,* sindacalista — *trade wind (spesso al pl.,* the Trades*),* (vento) aliseo.

to **trade** [treid] *vi e t.* commerciare; trafficare; negoziare; *(USA, anche)* barattare; trattare: *to trade in furs and skins,* commerciare in pellicce e pelli — *ships that trade between London and ports in the Mediterranean,* navi da trasporto che fanno la spola tra Londra ed i porti del Mediterraneo.

to trade (sth) for (sth), scambiare; barattare: *They traded knives for gold dust,* Scambiarono (Barattarono) coltelli con polvere d'oro — *The boy traded his knife for a cricket bat,* Il ragazzo scambiò il suo coltello con una mazza da 'cricket'.

to trade in, cedere (un oggetto usato) quale pagamento parziale *(per un nuovo articolo dello stesso genere)*.

to trade upon (on), approfittare; trarre vantaggio; speculare: *to trade upon sb's sympathy,* speculare sulla simpatia di qcno — *to trade upon one's past reputation,* trarre profitto dalla propria reputazione.

trade-in ['treidin] *s.* permuta; oggetto ceduto in pagamento parziale (⇨ **to trade in**).

trademark ['treidmɑ:k] *s.* marchio *(di fabbrica, e fig.)*.

trade-off ['treidɔf] *s. (comm.)* scambio di concessioni.

trader ['treidə*] *s.* **1** commerciante; mercante. **2** nave mercantile.

tradesfolk ['treidzfouk] *s. pl* = **tradespeople**.

tradesman ['treidzmən] *s.* (*pl.* **tradesmen**) **1** negoziante; commerciante; fornitore: *tradesmen's entrance,* porta di servizio. **2** operaio specializzato.

tradespeople ['treidz,pi:pl] *s. pl* i commercianti.

trading ['treidiŋ] *s.* commercio; compra-vendita: *trading-estate,* zona industriale — *trading-stamp,* buono-regalo; 'punto'.

tradition [trə'diʃən] *s.* **1** tradizione: *The stories of Robin Hood are based mainly on tradition(s),* Le vicende di Robin Hood sono basate essenzialmente sulla tradizione — *It is a tradition in that family for the eldest son to enter the army,* È tradizione in quella famiglia che il primogenito si arruoli nell'esercito. **2** *(dir.)* tradizione; consuetudine.

traditional [trə'diʃənl] *agg* tradizionale. □ *avv* **traditionally**.

traditionalism [trə'diʃənəlizəm] *s.* tradizionalismo.

traditionalist [trə'diʃənəlist] *s.* tradizionalista.

to **traduce** [trə'dju:s] *vt* diffamare; calunniare.

traducer [trə'dju:sə*] *s.* diffamatore; calunniatore.

traffic ['træfik] *s.* **1** traffico; movimento; circolazione: *There was a lot of traffic on the roads yesterday,* C'era un gran traffico sulle strade ieri — *traffic control tower, (di un aeroporto)* torre di controllo — *traffic light,* semaforo — *traffic beam,* luce anabbagliante *(di autovettura)* — *traffic circle, (USA)* rotonda — *traffic density,* densità di traffico — *traffic flow,* il deflusso del traffico — *traffic jam,* ingorgo stradale *(del traffico)* — *traffic manager, (spec. ferrovia)* dirigente del movimento — *ocean traffic,* traffico oceanico; navigazione di lungo corso — *railway traffic,* traffico ferroviario. **2** attività di trasporto esercitata da società ferroviaria, di navigazione, ecc. **3** commercio; negozio; traffico; scambio: *the traffic in liquor,* il commercio delle bevande alcooliche — *illegal drug traffic,* il traffico clandestino della droga.

to **traffic** ['træfik] *vi* (**-ck-**) commerciare; trafficare: *to traffic in hides,* commerciare in pellami.

trafficator ['træfikeitə*] *s. (di automobile)* freccia direzionale; indicatore di direzione.

trafficker ['træfikə*] *s. (spreg.)* trafficante: *a drug trafficker,* un trafficante di droga.

trafficking ['træfikiŋ] *s. (spreg.)* commercio; traffico *(spec. di droga)*.

tragedian [trə'dʒi:djən] *s.* **1** tragediografo. **2** *(non molto comune)* attore tragico.

tragedienne [trə,dʒi:di'en] *s. (fr.)* attrice tragica.

tragedy ['trædʒidi] *s. (teatro e fig.)* tragedia; *(fig.)* disgrazia.

tragic ['trædʒik] *agg* tragico. □ *avv* **tragically**.

tragicomedy ['trædʒi'kɔmidi] *s.* tragicommedia.

trail [treil] *s.* **1** traccia; segno; scia; impronta: *a trail of smoke,* una scia di fumo — *vapour trails,* tracce di vapore *(nel cielo)* — *a trail of destruction,* una scia di distruzione. **2** orma; odore lasciato dalla preda: *The hounds were hot on the trail,* I segugi seguivano freneticì le orme — *to be hot on sb's trail, (fig.)* essere alle calcagna di qcno. **3** sentiero; pista; cammino: *to blaze the trail,* aprire una nuova strada *(anche fig.)* — *trail-blazer,* avanguardista; pioniere. **4** *(di cannone)* coda. □ *trail rope,* cavo guida *(di aerostato)* — *at the trail, (mil.)* in posizione di 'bilanciarm'.

to **trail** [treil] *vi* **1** strisciare; strascicare: *Her long skirt was trailing along (o on) the floor,* La sua lunga gonna strisciava lungo il pavimento. **2** *(di piante, ecc.)* strisciare; arrampicarsi; crescere (sopra, lungo, ecc.): *There were roses trailing over the walls,* C'erano rose che si arrampicavano sui muri. **3** camminare con passo stanco; trascinarsi; procedere faticosamente, a stento: *The wounded soldiers trailed past us,* I soldati feriti ci passarono accanto con passo strascicato — *The tired children trailed along behind their father,* I bambini stanchi si trascinavano faticosamente dietro al padre. **4** *(seguito da* away *o* off*)* - **a)** allontanarsi trascinandosi a stento - **b)** *(fig.)* affievolirsi; trasformarsi: *The discussion trailed off into a quarrel,* La discussione degenerò in un litigio. **5** *(mil.)* portare (il fucile) in posizione di 'bilanciarm'. □ *trailing edge,* bordo d'uscita *(di un'ala)*.

□ *vt* **1** trascinare. **2** inseguire; cacciare.

trailer ['treilə*] *s.* **1** rimorchio; veicolo al traino *(roulotte, carrello portabagagli, ecc.): trailer-truck,* autotreno. **2** pianta rampicante. **3** breve serie di scene estratte da un film, come presentazione; 'prossimamente'.

train [trein] *s.* **1** treno; convoglio ferroviario: *passenger train,* treno passeggeri — *to travel by train,* viaggiare in treno — *goods train; freight train,* treno merci — *express train,* treno espresso (direttissimo) — *stopping train; slow train,* accelerato — *troop train,* tradotta — *up train, (GB)* treno diretto a Londra — *down train, (GB)* treno diretto in provincia — *excursion train,* treno turistico — *boat train, (GB)* treno diretto *(di solito, da Londra)* ad un porto per farvi coincidenza con una nave — *train-ferry,* nave-traghetto — *train jumper, (USA)* viaggiatore (ferroviario) clandestino. **2** corteo; seguito; codazzo; accompagnamento; sfilata; successione; fila: *a train of camels,* una fila (un corteo) di cammelli — *the baggage train, (mil.)* le salmerie — *persons in the king's train,* persone al seguito del re. **3** serie; successione; fila; catena: *A knock at the door interrupted my train of thought,* Un colpo alla porta interruppe la successione dei miei pensieri — *What an unlucky train of events!,* Che sfortunata successione di avvenimenti! — *War often brought pestilence in its train,* La guerra trascinava spesso dietro di sé le epidemie. **4** coda; strascico *(di abito, mantello, ecc.): train-bearer,* paggio; reggistrascico; caudatario. **5** miccia; striscia di polvere pirica: *in train,* innescato; *(fig.)* pronto. **6** *(in Canadà)* slitta. **7** *(mecc.)* serie di ingranaggi; treno. **8** *(artiglieria)* brandeggio. □ *train band, (stor.)* milizia cittadina londinese.

to **train** [trein] *vt* **1** esercitare; preparare; allenare; ammaestrare; educare; istruire; addestrare: *to train (up) children to be good citizens,* preparare, educare i bambini ad essere dei buoni cittadini — *to train a horse for a race,* allenare un cavallo per una corsa — *Very little escapes his trained eye,* Ben poco sfugge al suo occhio esercitato — *He was trained for the ministry,* Fu preparato al sacerdozio — *There is a shortage of trained nurses,* C'è una carenza di infermiere addestrate (preparate) — *over-trained,* superallenato; in superallenamento. **2** far crescere, allevare (piante) in un certo modo: *to train roses against (over) a wall,* far crescere rose contro (sopra) un muro. **3** puntare; dirigere; orientare: *to train a gun upon the enemy's positions,* puntare (orientare) un cannone sulle postazioni del nemico.

□ *vi* **1** allenarsi: *They are training for the boat-race,* Si stanno allenando per la regata — *He usually trains on a diet of beer and beefsteak,* Di solito si allena con una dieta a base di birra e bistecche — *to train down,* allenarsi per rientrare nei limiti di peso. **2** *(fam., non molto comune)* viaggiare in treno.

trainee [trei'ni:] *s.* persona sottoposta ad allenamento (tirocinio, addestramento); tirocinante; apprendista; recluta.

trainer ['treinə*] *s.* **1** allenatore; istruttore; trainer. **2** ammaestratore; domatore. □ *trainer aircraft,* velivolo di addestramento; velivolo-scuola.

training ['treiniŋ] *s.* allenamento; addestramento; formazione; esercitazione; esercizio; tirocinio; pratica; istruzione: *to be in (out of) training,* essere in buone (cattive) condizioni di allenamento; essere in (fuori) allenamento — *to go into training,* mettersi in allenamento; allenarsi; sottoporsi ad allenamento — *training college,* scuola di tirocinio *(spec. per insegnanti)* — *training-ship,* nave scuola — *vocational training,* formazione professionale.

to **traipse** [treips] *vi (fam.)* arrancare stancamente; camminare faticosamente: *to traipse round the shops buying food for the family,* trascinarsi per i negozi comprando cibo per la famiglia.

trait [trei/treit] *s. (dal fr.)* tratto; caratteristica saliente *(distintivo della fisionomia o del carattere).*

traitor ['treitə*] *s.* traditore: *to turn traitor,* diventare un traditore — *a traitor to the cause,* un traditore della causa.

traitorous ['treitərəs] *agg* traditore; da traditore. □ *avv* **traitorously.**

traitress ['treitris] *s.* traditrice.

trajectory ['trædʒəktəri/trə'dʒektəri] *s.* traiettoria.

tram [træm] *s.* **1** *(GB) (anche* tram-car*)* tram; vettura tramviaria: *tram-line,* linea tramviaria *(la rotaia e il percorso); (per estensione) tram-lines, (tennis)* corridoi. **2** vagoncino; carrello *(nelle miniere).* □ *to be in (out of) tram, (mecc.)* essere a (fuori) posto.

tramline ['træmlain] *s.* ⇨ **tram 1.**

trammel ['træməl] *s.* **1** ostacolo; impedimento; intoppo; pastoia. **2** compasso a verga. **3** *(geometria)* ellissografo.

to **trammel** ['træməl] *vt* (**-ll-**; *USA* **-l-**) imbarazzare; ostacolare.

trammelled ['træməld] *agg (di cavallo)* balzano.

tramp [træmp] *s.* **1** *(preceduto dall'art. determinativo; solo al sing.)* trapestio; rumore di passi pesanti; calpestio: *I heard the tramp of marching soldiers,* Udii il calpestio (lo scalpiccio) di soldati in marcia. **2** camminata; lunga passeggiata; 'scarpinata': *to go for a tramp in the country,* fare una lunga camminata in campagna. **3** barbone; vagabondo; persona senza fissa dimora e generalmente senza mestiere e senza lavoro; *(USA)* donna di facili costumi: *There's a tramp at the door begging for food,* C'è un barbone alla porta che chiede cibo. **4** *(naut.: spesso* tramp steamer*)* nave da carico; 'carretta' *(che non segue una rotta regolare, ma raggiunge qualsiasi porto dove ci sia un carico).*

to **tramp** [træmp] *vi e t.* **1** camminare pesantemente; percorrere con passo pesante: *He tramped up and down the platform waiting for the train,* Camminava pesantemente su e giù per il marciapiede aspettando il treno. **2** percorrere a piedi; camminare, viaggiare *(per lunghi tratti)* a piedi; 'scarpinare'; errare; vagabondare: *to tramp through the mountains of Wales,* viaggiare a piedi attraverso le montagne del Galles — *to tramp over the moors,* fare un lungo giro (vagabondare) nella brughiera.

trample ['træmpl] *s.* calpestio; scalpiccio.

to **trample** ['træmpl] *vt e i.* **1** calpestare *(anche fig.);* pestare; schiacciare sotto i piedi: *The children have trampled on (o down) the flowers,* I bambini hanno calpestato i fiori — *to be trampled to death,* morire calpestato — *to trample on sb's feelings,* calpestare i sentimenti di qcno. **2** camminare a passi pesanti: *to trample sth (sb) under foot, (spesso fig.)* calpestare (maltrattare, vessare) qcsa (qcno).

trampoline ['træmpəlin] *s.* trampolino.

tramway ['træmwei] *s.* linea tramviaria; tramvia.

trance [trɑ:ns] *s.* 'trance'; stato d'ipnosi; catalessi; *(per estensione)* estasi; rapimento contemplativo: *to send sb into a trance,* mandare in trance qcno.

tranquil ['træŋkwil] *agg* tranquillo; quieto; calmo; pacifico. □ *avv* **tranquilly.**

tranquillity [træŋ'kwiliti] *s.* tranquillità; pace; calma.

to **tranquillize** ['træŋkwilaiz] *vt* tranquillizzare; calmare.
tranquillizer ['træŋkwilaizə*] *s.* tranquillante; calmante; sedativo.
to **transact** [træn'zækt] *vt* negoziare; fare delle transazioni *(negli affari);* sbrigare *(un affare).*
transaction [træn'zækʃən] *s.* **1** conduzione *(degli affari);* trattazione; disbrigo: *the transaction of business,* il disbrigo degli affari. **2** affare; operazione; negozio: *cash transactions,* operazioni per contanti — *stock exchange transactions,* operazioni in borsa. **3** *(dir.)* transazione; compromesso; accordo. **4** *(al pl.)* atti; memorie; verbali *(di società o accademie culturali): the transactions of the Kent Archaeological Society,* gli atti della Società Archeologica del Kent.
transalpine ['trænz'ælpain] *agg e s.* transalpino.
transatlantic ['trænzət'læntik] *agg* **1** transatlantico. **2** oltre l'Atlantico; al di là dell'Atlantico.
transceiver ['trænsivə*] *s.* **1** ricetrasmettitore. **2** stazione ripetitrice.
to **transcend** [træn'send] *vt* *(propriamente)* trascendere; *(generalm., per estensione)* oltrepassare; superare; battere.
transcendence, transcendency [træn'sendəns/ træn'sendənsi] *s.* trascendenza.
transcendent [træn'sendənt] *agg* trascendente; *(per estensione)* superiore; eccellente: *a man of transcendent genius,* un uomo di straordinario ingegno.
transcendental [,trænsen'dentl] *agg* **1** trascendentale. **2** *(improprio, ma comune)* oscuro; difficile; astruso; non comprensibile per la gente comune. **3** *(matematica)* trascendente.
transcendentalism [,trænsen'dentəlizəm] *s.* trascendentalismo.
transcendentalist [,trænsen'dentəlist] *s.* (filosofo) trascendentalista.
transcontinental ['trænz,kɔnti'nentl] *agg* transcontinentale.
to **transcribe** [træns'kraib] *vt* **1** trascrivere; copiare *(musica, scrittura).* **2** *(nel linguaggio radiofonico)* registrare *(un programma);* trasmettere *(un programma registrato).*
transcript ['trænskript] *s.* trascrizione *(spec. di un programma radiofonico o di un processo);* copia; verbale.
transcription [træns'kripʃən] *s.* **1** trascrizione; copia; copiatura: *errors in transcription,* errori nella trascrizione. **2** *(nel linguaggio radiofonico)* registrazione *(di un programma);* trasmissione *(di un programma registrato): the BBC transcription service,* il servizio registrazioni *(di programmi radiofonici stranieri)* della BBC.
transducer [træns'djusə*] *s.* trasduttore.
transept ['trænsept] *s.* *(archit.)* transetto.
transfer ['trænsfə:*] *s.* **1** *(dir., ecc.)* trasferimento; trapasso; atto di trapasso; *(comm.)* bonifico; storno: *transfer fee,* cifra versata per la cessione di un calciatore. **2** *(non molto comune)* biglietto cumulativo. **3** decalcomania; ricalco: *transfer paper,* carta per copie riproducibili; carta da trasporto. **4** *(GB, mil.)* rimpiazzo.
to **transfer** [træns'fə:*] *vt* (**-rr-**) **1** trasferire; spostare; traslocare: *The head office has been transferred from Leeds to London,* La sede centrale è stata trasferita da Leeds a Londra — *The dog has transferred its affection to its new master,* Il cane ha trasferito il suo affetto sul suo nuovo padrone. **2** cedere; passare; trasmettere la proprietà, il possesso; *(comm.)* stornare: *to transfer one's rights to sb,* cedere i propri diritti a qcno. **3** decalcare; ricalcare (disegni).
□ *vi* passare; cambiare *(da un treno all'altro, da una occupazione ad un'altra, ecc.): He has transferred to an infantry regiment,* È passato ad un reggimento di fanteria.
transferability [,trænsfə:rə'biliti] *s.* trasferibilità; cedibilità.
transferable [træns'fə:rəbl] *agg* trasferibile; cedibile: *transferable accounts,* conti trasferibili — *not transferable, (su un assegno)* non trasferibile.
transference ['trænsfərəns] *s.* **1** trasferimento; *(in psicologia)* transfert. **2** ricalco. **3** trasbordo.
transfiguration [,trænsfigju'reiʃən] *s.* trasfigurazione.
to **transfigure** [træns'figə*] *vt* trasfigurare, trasfigurarsi.
to **transfix** [træns'fiks] *vt* **1** trafiggere. **2** *(fig.)* immobilizzare; impalare; paralizzare: *He stood transfixed with fear (with horror, with amazement),* Restò paralizzato dalla paura (dall'orrore, dallo stupore).
to **transform** [træns'fɔ:m] *vt* trasformare: *Success and wealth transformed his character,* Il successo e la ricchezza trasformarono il suo carattere — *A steam-engine transforms heat into energy,* La macchina a vapore trasforma il calore in energia — *to transform sb beyond recognition,* rendere qcno irriconoscibile; trasformare qcno al punto da renderlo irriconoscibile — *to transform down (up), (elettr.)* abbassare (elevare) la tensione.
transformable [træns'fɔ:məbl] *agg* trasformabile; che può essere trasformato.
transformation [,trænsfə'meiʃən] *s.* **1** trasformazione; metamorfosi: *His character has undergone a great transformation since he was converted,* Da quando è stato convertito il suo carattere ha subito una profonda trasformazione — *transformation scene, (teatro)* scena che viene trasformata sotto gli occhi degli spettatori. **2** *(patologia)* alterazione; degenerazione.
transformer [træns'fɔ:mə*] *s.* trasformatore *(spec. elettr.).*
to **transfuse** [træns'fju:z] *vt* trasfondere; fare una trasfusione (a qcno).
transfusion [træns'fju:ʒən] *s.* trasfusione: *a blood transfusion,* una trasfusione di sangue.
to **transgress** [træns'gres] *vt e i.* **1** oltrepassare: *to transgress the bounds of decency,* oltrepassare i limiti della decenza. **2** trasgredire; violare; infrangere. **3** peccare; venir meno a un principio morale; trasgredire.
transgression [træns'greʃən] *s.* trasgressione; violazione; peccato.
transgressor [træns'gresə*] *s.* trasgressore.
to **tranship** [træn'ʃip] *vt* = **to trans-ship.**
transience, transiency ['trænziəns(i)] *s.* transitorietà; fugacità.
transient ['trænziənt] *agg* passeggero; transitorio; effimero; breve; caduco: *transient happiness,* una breve felicità — *a transient success,* un successo effimero.
□ *avv* **transiently.**
□ *s.* *(USA)* cliente di passaggio *(in un albergo, ecc.).*
transistor [træn'sistə*] *s.* **1** *(elettronica)* 'transistor'. **2** *(comunemente, per* transistor radio *o* transistor set*)* radiolina a transistor.
transistorized [træn'sistəraizd] *agg* transistorizzato; a transistor.
transit ['trænsit] *s.* transito; passaggio *(anche in astronomia);* trasporto: *goods lost in transit,* merci perdute durante il trasporto (in transito) — *transit passengers,*

passeggeri in transito — *transit camp,* campo di transito (di sosta) — *transit duty,* dazio su merce in transito — *transit-instrument,* equatoriale; telescopio girevole.

transition [træn'siʒən] *s.* **1** transizione; mutamento; passaggio. **2** *(archit., arte)* passaggio; *(specificatamente)* il passaggio dal romanico al gotico.

transitional [træn'siʒənl] *agg* **1** di transizione. **2** *(archit.)* appartenente al periodo di transizione tra il romanico e il gotico. □ *avv* **transitionally.**

transitive ['trænsitiv] *agg (gramm.)* transitivo. □ *avv* **transitively.**

transitory ['trænsitəri] *agg* transitorio; passeggero; fugace. □ *avv* **transitorily.**

translatable [træns'leitəbl] *agg* traducibile.

to **translate** [træns'leit] *vt e i.* **1** tradurre: *to translate an English book into French,* tradurre un libro inglese in francese — *translated from Italian (from the Italian),* tradotto dall'italiano — *to translate ideas into action,* tradurre le idee in atti concreti — *Poems don't translate well,* Le poesie non si traducono bene. **2** *(non molto comune)* interpretare; spiegare; intendere; chiarire: *How would you translate his silence?,* Come interpreteresti il suo silenzio? **3** *(religione)* trasferire *(p.es. un vescovo da una diocesi ad un'altra);* assumere in cielo. **4** trasmettere un messaggio con il ripetitore telegrafico.

translation [træns'leiʃən] *s.* **1** traduzione: *errors in translation (translation errors),* errori di traduzione — *to make (to do) a translation into French,* fare una traduzione in francese. **2** trasferimento *(di un alto prelato).* **3** assunzione in cielo. **4** trasmissione con il ripetitore telegrafico. **5** *(mecc., fis.)* traslazione.

translator [træns'leitə*] *s.* **1** traduttore. **2** ripetitore telegrafico.

to **transliterate** [trænz'litəreit] *vt* traslitterare; trascrivere *(in un altro alfabeto).*

transliteration [,trænzlitə'reiʃən] *s.* traslitterazione; trascrizione.

translucence, translucency [trænz'lu:sns/trænz'lu:snsi] *s.* traslucidità.

translucent [trænz'lu:snt] *agg* traslucido.

transmigration [,trænzmai'greiʃən] *s.* trasmigrazione: *transmigration of the soul,* trasmigrazione dell'anima; metempsicosi.

transmission [trænz'miʃən] *s.* **1** trasmissione; il trasmettere. **2** *(negli autoveicoli)* trasmissione; cambio.

to **transmit** [trænz'mit] *vt* (**-tt-**) **1** trasmettere; mandare; consegnare; comunicare: *to transmit a message by radio,* trasmettere un messaggio via radio — *to transmit a disease,* trasmettere una malattia. **2** lasciar passare; condurre; trasmettere: *Iron transmits heat,* Il ferro conduce il calore.

transmitter [trænz'mitə*] *s.* trasmettitore; apparecchio trasmittente; radiotrasmettitore.

transmogrification [,trænzmɔgrifi'keiʃən] *s. (quasi sempre scherz.)* improvvisa, quasi magica trasformazione *(d'aspetto o di carattere).*

to **transmogrify** [trænz'mɔgrifai] *vt (quasi sempre scherz.)* trasformare d'incanto, con arti magiche; far cambiare qcsa o qcno d'improvviso e completamente.

transmutable [trænz'mju:təbl] *agg* tramutabile; trasformabile. □ *avv* **transmutably.**

transmutation [,trænzmju:'teiʃən] *s.* tramutamento; trasformazione.

to **transmute** [trænz'mju:t] *vt* tramutare; trasformare: *Base metals cannot be transmuted into gold,* Non si possono trasformare metalli vili in oro.

transoceanic ['trænz,ouʃi'ænik] *agg* transoceanico.

transom ['trænsəm] *s.* **1** traversa di legno *(p.es. alla sommità di una porta o finestra): transom-window,* lunetta apribile; vasistas. **2** *(naut.)* aracaccia.

transparence [træns'pɛərəns] *s.* trasparenza; *(fig.)* chiarezza; evidenza.

transparency [træns'pɛərənsi] *s.* **1** trasparenza; *(fig.)* chiarezza; evidenza. **2** diapositiva.

transparent [træns'pɛərənt] *agg* **1** trasparente. **2** chiaro; evidente; limpido: *a transparent lie,* una evidente menzogna — *a man of transparent honesty,* un uomo di chiara onestà — *a transparent style,* uno stile limpido. □ *avv* **transparently.**

transpiration [,trænspi'reiʃən] *s.* traspirazione.

to **transpire** [træns'paiə*] *vi e t.* **1** *(di un avvenimento, di un segreto)* trapelare; venir fuori; venire a sapersi: *It transpired that the President had spent the week-end golfing,* Venne fuori che il presidente aveva passato il fine settimana giocando a golf. **2** *(nel linguaggio giornalistico)* accadere; avvenire; succedere. **3** *(del corpo, delle piante)* traspirare; esalare.

transplant [træns'plɑ:nt] *s.* **1** trapianto *(anche med., mediante intervento chirurgico);* il trapiantare. **2** *(med.)* organo trapiantato.

to **transplant** [træns'plɑ:nt] *vt e i.* **1** trapiantare: *to transplant young cabbage plants,* trapiantare pianticelle di cavolo — *Some seedlings do not transplant well,* Certe pianticelle non sono facilmente trapiantabili. **2** *(fig., di persone)* trapiantarsi; trasferirsi e sistemarsi in un altro posto.

transplantation [,trænsplɑ:n'teiʃən] *s.* trapianto.

transpolar ['træns,poulə*] *agg* transpolare.

transport ['trænspɔ:t] *s.* **1** trasporto *(spesso usato attrib.): the transport of troops by air,* il trasporto di truppe per via aerea — *lost in transport,* perduto durante il trasporto — *road transport,* trasporto su strada — *water-borne transport,* trasporto per via d'acqua — *transport charges,* spese di trasporto — *a transport café,* un caffè per camionisti. **2** *(per estensione)* mezzo di trasporto: *My car is being repaired so I am without transport (without means of transport) at present,* Stanno riparando la mia automobile, perciò sono senza mezzo di trasporto, per il momento. **3** *(mil.: anche* troop-transport*)* nave o aereo per il trasporto delle truppe; nave- (aereo-) convoglio. **4** *(spesso al pl.)* slancio; rapimento; trasporto; estasi: *In a transport of delight, she danced round the room,* In uno slancio di gioia si mise a danzare per la stanza.

to **transport** [træns'pɔ:t] *vt* **1** trasportare: *to transport goods by lorry,* trasportare merce con un autocarro — *to be transported with joy,* lasciarsi trasportare dalla gioia; essere fuori di sé per la gioia; essere rapito dalla gioia. **2** *(stor., dir.)* deportare: *He was transported to Australia,* Fu deportato in Australia.

transportable [træns'pɔ:təbl] *agg* **1** trasportabile; che può essere trasportato. **2** *(stor., dir.)* deportabile.

transportation [,trænspɔ:'teiʃən] *s.* **1** trasporto. **2** *(stor., dir.)* deportazione: *The criminal was sentenced to transportation for life,* Il criminale fu condannato alla deportazione a vita. **3** *(USA)* mezzo di trasporto.

transporter [træns'pɔ:tə*] *s.* **1** trasportatore; traslatore. **2** corriere.

to **transpose** [træns'pouz] *vt* **1** trasporre; trasportare; spostare. **2** *(mus.)* trasportare *(trascrivere in un'altra chiave).*

transposition [,trænspə'ziʃən] *s.* trasposizione; spostamento; trasporto.

to **trans-ship** [træns'ʃip] *vt* (**-pp-**) trasbordare.

trans-shipment [træns'ʃipmənt] *s.* trasbordo.

transubstantiation ['trænsəb,stænʃi'eiʃən] *s.* transustanziazione.
transversal [trænz'və:səl] *agg e s.* *(geometria)* trasversale; traversale.
transverse ['trænzvə:s/trænz'və:s] *agg* trasversale; *(med.)* traverso. □ *avv* **transversely.**
transvestism ['træns'vestizəm] *s.* travestitismo.
transvestite ['træns'vestait] *s.* travestito.
trap [træp] *s.* **1** trappola; *(fig.)* tranello; insidia: *fly-trap,* acchiappamosche — *Venus' fly-trap, (bot.)* pigliamosche — *mouse trap,* trappola per topi — *to fall into a trap,* cadere in (una) trappola — *to be caught in a trap,* essere (preso) in trappola — *The employer set a trap for the assistant by putting marked money in the till,* Il principale tese una trappola al commesso mettendo denaro segnato nella cassa. **2** sifone; tubo di scarico a forma di U; pozzetto intercettatore. **3** *(GB)* carrozzella; calesse. **4** *(anche* trap-door*)* botola; *(fig.)* trabocchetto: *trap-door,* strappo in un abito a forma di L. **5** *(sl.)* bocca; 'becco'. **6** *(sport)* lanciapiattelli; *(corsa dei levrieri)* gabbia: *trap-shooting,* tiro al piattello. **7** *(al pl.)* ⇨ **traps.**
to **trap** [træp] *vt* (**-pp-**) **1** intrappolare; prendere in trappola; accalappiare; ingannare; imbrogliare. **2** munire *(una conduttura di scarico)* di sifone.
□ *vi* disporre trappole.
trapeze [trə'pi:z] *s.* trapezio *(per esercizi ginnici e acrobazie).*
trapezium [trə'pi:zjəm] *s.* *(GB, geometria)* trapezio.
trapezoid ['træpizɔid] *s.* *(USA, geometria)* trapezio.
trapper ['træpə*] *s.* cacciatore *(di animali da pelliccia)* che fa uso di trappole.
trappings ['træpiŋz] *s. pl* **1** bardatura. **2** *(fig.)* insegne; decorazioni: *He had all the trappings of high office but very little power,* Aveva tutte le patacche che contrassegnano un'alta carica, ma ben poco potere.
trappist ['træpist] *s.* trappista.
traps [træps] *s. pl (fam.)* oggetti personali; bagaglio; carabattole; roba: *Pack up your traps,* Fa' le valigie.
to **trapse** [treips] *vi* = **to traipse.**
trash [træʃ] *s.* **1** robaccia; ciarpame. **2** *(USA)* immondizia; pattume; rifiuti; porcheria: *trash-can,* pattumiera; secchio dell'immondizia. **3** *(USA)* persone spregevoli; persone che non contano niente: *white trash,* popolazione bianca povera *(negli Stati del Sud).*
to **trash** [træʃ] *vt (USA, sl.)* devastare.
trashy ['træʃi] *agg* senza valore; spregevole; scadente: *trashy novels,* romanzi di nessun valore letterario.
□ *avv* **trashily.**
trauma ['trɔ:mə] *s.* (*pl.* **traumata** *o* **traumas**) trauma *(fisico o psicologico).*
traumatic [trɔ:'mætik] *agg* traumatico. □ *avv* **traumatically.**
travail ['træveil] *s. (ant.)* travaglio; processo del parto: *a woman in travail,* una donna che sta partorendo.
to **travail** ['træveil] *vi (ant.)* **1** travagliarsi; affaticarsi. **2** avere le doglie del parto.
travel ['trævl] *s.* **1** (il) viaggiare; (i) viaggi: *Travel was slow and dangerous in olden days,* I viaggi erano lenti e pericolosi nei tempi andati — *He is fond of travel,* Gli piace molto viaggiare — *a travel agency,* un'agenzia di viaggi. **2** *(al pl.)* viaggi *(spec. all'estero): to write a book about one's travels,* scrivere un libro sui propri viaggi. **3** *(mecc.)* corsa; escursione: *free travel,* gioco assiale. □ *travel shot, (cinema)* carrellata — *travel sickness,* mal d'auto; mal di mare, ecc.; *(talvolta, eufemismo per)* diarrea.
to **travel** ['trævl] *vi e t.* (**-ll-**; *USA* **-l-**) **1** viaggiare; fare un viaggio *(spec. lungo): to travel round the world,* viaggiare attorno al mondo — *to travel (for) thousands of miles,* viaggiare per migliaia di miglia — *to travel (for) three months,* viaggiare per tre mesi — *to travel light,* viaggiare con poco bagaglio — *a much-travelled (well-travelled) man,* un uomo che ha viaggiato molto; un giramondo — *a much-travelled road,* una strada di gran traffico. **2** muoversi; andare; passare; *(di onde sonore, ecc.)* diffondersi: *The car bodies travel from one part of the factory to another,* Le scocche delle automobili passano da un reparto all'altro — *Light travels faster than sound,* La luce va più veloce del suono. **3** fare il commesso viaggiatore, il rappresentante: *Who do you travel for?,* Lei di che ditta è rappresentante?; Che ditta rappresenta? **4** scorrere *(con lo sguardo);* riandare *(con la mente): The general's eyes travelled over the enemy's positions,* Gli occhi del generale scorsero le (si posarono sulle) posizioni nemiche — *Her mind travelled over recent events,* La sua mente riandò ai fatti recenti.
-**travelled** ['trævəld] *agg: p. pass di* **to travel** ⇨ **1.**
traveller ['trævlə*] *s.* **1** viaggiatore, viaggiatrice: *fellow-traveller,* - **a)** compagno di viaggio - **b)** criptocomunista — *traveller's cheque,* assegno turistico. **2** *(anche* commercial traveller*)* commesso viaggiatore. **3** *(mecc.)* cursore. □ *traveller's joy, (bot.)* vitalba.
travelling ['trævliŋ] *s.* **1** il viaggiare; i viaggi: *Do you like travelling?,* Ti piace viaggiare? **2** *(mecc.)* movimento.
□ *agg attrib* **1** di (da) viaggio: *travelling expenses,* spese di viaggio. **2** *travelling salesman,* commesso viaggiatore. **3** *(mecc.)* mobile.
travelogue ['trævəlɔg] *s.* (*USA* **travelog**) documentario o conferenza (con diapositive) su un viaggio, una spedizione, ecc.
traverse ['trævə:s] *s.* **1** *(alpinismo)* traversata. **2** *(mil.: di trincea)* riparo trasversale; paraschegge. **3** *(di cannone)* brandeggio; spostamento di direzione; *(mecc.)* traslazione. **4** *(naut.)* navigazione a bordate. **5** *(dir.)* contestazione; opposizione. **6** *(archit.)* traversa.
to **traverse** ['trævə:s] *vt* **1** attraversare; traversare; muoversi (viaggiare) attraverso; percorrere: *The railway traverses hundreds of miles of desert,* La ferrovia attraversa (percorre) centinaia di miglia di deserto. **2** girare; spostare; brandeggiare *(un cannone).* **3** *(naut.)* mettere per lungo (o per chiglia). **4** *(dir.)* contestare; fare opposizione. **5** considerare attentamente; esaminare a fondo; sviscerare *(un argomento).*
□ *vi* **1** spostarsi lateralmente. **2** *(di un congegno)* ruotare (su un perno).
travesty ['trævisti] *s.* imitazione; travisamento; parodia: *His trial was a travesty of justice,* Il suo processo fu una parodia della giustizia.
to **travesty** ['trævisti] *vt (non molto comune)* parodiare; travestire: *to travesty sb's style of writing,* parodiare lo stile di qcno.
trawl [trɔ:l] *s.* **1** *(anche* trawl-net*)* rete da trascinare; sciabica. **2** *(USA: anche* trawl-line*)* palamite; lenzara.
to **trawl** [trɔ:l] *vt e i.* pescare con la sciabica; rastrellare il fondo del mare: *to trawl a net,* trascinare una rete.
trawler ['trɔ:lə*] *s.* **1** moto-peschereccio con sciabica. **2** pescatore che usa la sciabica.
trawling ['trɔ:liŋ] *s.* pesca con la sciabica.
tray [trei] *s.* **1** vassoio: *tea-tray,* vassoio da tè. **2** contenitore da scrivania *(per corrispondenza, pratiche da evadere, ecc.): in-tray,* raccoglitore per le carte in arrivo — *out-tray,* raccoglitore per le carte da spedire: *pen-tray,* portapenne. **3** *(fotografia)* bacinella.

4 *(per monete, gioielli, ecc.)* medagliere. 5 *(di baule)* piano.

treacherous ['tretʃərəs] *agg* 1 *(di persona)* falso; sleale; traditore. 2 ingannevole; traditore; infido: *treacherous weather,* tempo traditore — *The ice is treacherous,* Il ghiaccio è infido — *My memory is treacherous,* La mia memoria m'inganna.
□ *avv* **treacherously.**

treachery ['tretʃəri] *s.* falsità; slealtà; tradimento; inganno.

treacle ['tri:kl] *s.* 1 melassa. 2 sciroppo (denso) di zucchero.

treacly ['tri:kli] *agg* di (o come) melassa; spesso e dolce; *(fig.)* mieloso; sdolcinato: *treacly sentiments,* sentimenti sdolcinati.

tread [tred] *s.* 1 passo; andatura: *with a heavy tread,* con passo pesante. 2 gradino; pedata di scalino; piolo. 3 battistrada *(di una ruota)*: *Good treads minimize the risk of skidding,* I buoni battistrada rendono minimo il pericolo di slittamenti. 4 *(di veicolo)* carreggiata.

to **tread** [tred] *vi e t.* (*pass.* **trod**; *p. pass.* **trodden**) 1 camminare; mettere il piede sopra; calpestare *(anche fig.)*; percorrere; battere *(anche fig.)*; calcare: *to tread on sb's toes,* camminare sui piedi di qcno; pestare i piedi a qcno *(anche fig.)* — *Don't tread on the flower beds,* Non calpestare le aiuole — *She trod lightly so as not to wake the baby,* Camminò con passo leggero in modo da non svegliare il bambino — *to tread in sb's footsteps,* camminare sulle orme (seguire le orme) di qcno; seguire l'esempio di qcno — *to tread on sb's heels, (letteralm. e fig.)* stare alle calcagna di qcno — *to tread (to be treading) on air,* sentirsi in cielo; toccare il cielo con un dito — *to tread a dangerous path,* battere (seguire, percorrere) una strada pericolosa — *to tread the boards, (retorico)* calcare le tavole del palcoscenico; calcare le scene; fare l'attore — *to tread a measure, (ant.)* danzare — *to tread water,* tenersi a galla in acqua profonda facendo 'la bicicletta'. 2 pigiare; pestare; schiacciare *(con i piedi)*: *to tread grapes,* pigiare uva — *to tread (out) the juice from grapes,* pigiare il succo dai grappoli — *to tread out a fire in the grass,* estinguere un fuoco nell'erba a colpi di piede. 3 aprire (tracciare) un sentiero passandovi sopra; battere un sentiero: *The cattle had trodden a path to the pond,* Il bestiame aveva tracciato un sentiero che conduceva allo stagno.

treadle ['tredl] *s.* pedale *(p.es. di macchina per cucire)*; calcola.

to **treadle** ['tredl] *vi* muovere, manovrare il pedale.

treadmill ['tredmil] *s.* 1 *(stor.)* mulino azionato *(dall'uomo o da una bestia)* mediante una grande ruota a gradini. 2 *(fig.)* lavoro monotono, opprimente, tedioso.

treason ['tri:zn] *s.* tradimento *(ai danni del proprio paese o di chi lo governa)*: *high treason,* alto tradimento.

treasonable, treasonous ['tri:znəbl/'tri:znəs] *agg* traditore. □ *avv* **treasonably.**

treasure ['treʒə*] *s.* tesoro *(anche fig.)*: *buried treasure,* (un) tesoro sepolto — *She says her new maid is a perfect treasure,* Dice che la sua nuova domestica è un vero tesoro — *My treasure!,* Tesoro (mio)! — *treasure-hunt,* caccia al tesoro — *treasure-house,* casa che conserva (che nasconde) un tesoro; tesoreria — *treasure-trove, (dir.)* tesoro trovato.

to **treasure** ['treʒə*] *vt* 1 raccogliere; accumulare; ammassare; tesaurizzare: *to treasure memories of one's childhood,* raccogliere (accumulare) ricordi d'infanzia — *to treasure sth up in one's memory,* raccogliere (conservare) qcsa nella propria memoria. 2 stimare (valutare) grandemente; fare tesoro (di); stimare prezioso; considerare un tesoro; custodire (serbare) come un tesoro: *to treasure sb's friendship,* stimare grandemente l'amicizia di qcno — *He treasures the watch his father gave him,* Custodisce come un tesoro l'orologio datogli dal padre.

treasurer ['treʒərə*] *s.* tesoriere.

treasury ['treʒəri] *s.* 1 *(GB:* The Treasury*)* il Tesoro; l'Erario; il Ministero del Tesoro: *the First Lord of the Treasury,* il primo Lord del Tesoro *(uno dei titoli del Primo Ministro del Regno Unito)* — *the Treasury Board (Lords of the Treasury),* il Consiglio del Tesoro; gli alti funzionari che sovrintendono agli affari del Tesoro *(generalm. il Primo Ministro, il Cancelliere dello Scacchiere e tre altri ministri)* — *the Treasury Bench,* i banchi del governo *(in Parlamento)* — *Treasury Bills,* buoni del Tesoro — *Treasury notes, (USA)* biglietti del Tesoro. 2 tesoreria; cassa: *The treasury of our tennis club is almost empty,* La cassa del nostro circolo di tennis è quasi vuota. 3 *(fig.)* fonte preziosa; tesoro; miniera.

treat [tri:t] *s.* 1 festa; trattenimento; banchetto: *It's a great treat for her to go to the opera,* È una gran festa per lei andare all'opera — *a children's treat,* una festa (una gita, ecc.) organizzata per i bambini. 2 piacere; godimento: *What a treat to get into the peace and quiet of the country!,* Che piacere entrare nella pace e tranquillità della campagna! 3 l'offrire; il pagare *(un pranzo, ecc.)*: *This is to be my treat,* Tocca a me offrire; Pago io stavolta — *to stand treat, (fam., un po' desueto)* pagare *(un pranzo, una cena, ecc.)* — *Dutch treat,* trattenimento in cui si fa alla romana.

to **treat** [tri:t] *vt e i.* 1 trattare *(anche chim.)*: *He treats his wife badly,* Tratta male sua moglie — *Don't treat me like a child,* Non trattarmi come un bambino — *You must treat them with more consideration,* Devi trattarli con maggior considerazione — *The lecturer treated his subject thoroughly,* Il conferenziere trattò l'argomento in modo esauriente — *The problem has been treated by numerous experts,* Il problema è stato discusso da numerosi esperti — *The essay treats of the progress of cancer research,* Il saggio tratta del progresso delle ricerche sul cancro — *to treat a substance with acid,* trattare una sostanza con acido. 2 considerare: *We had better treat it as a joke,* Faremmo meglio a considerarlo uno scherzo. 3 curare: *Which doctors are treating her?,* Quali sono i medici che la stanno curando? — *How would you treat a case of rheumatism?,* Come cureresti un caso di reumatismi? 4 *(nella forma* to treat sb to sth*)* offrire: *to treat one's friends to oysters and champagne,* offrire ostriche e champagne agli amici — *I shall treat myself to a good holiday,* Mi prenderò (Mi concederò) una bella vacanza. 5 *(spesso seguito da* with*)* negoziare: *to treat with the enemy for peace,* negoziare la pace col nemico.

treatise ['tri:tiz] *s.* trattato; trattatello; dissertazione: *a treatise on (o upon) ethics,* un trattato sull'etica.

treatment ['tri:tmənt] *s.* 1 trattamento; cura; terapia: *The treatment of conscientious objectors is a scandal,* Il trattamento degli obiettori di coscienza è scandaloso — *He has tried many treatments for skin diseases,* Ha provato diverse cure per le malattie della pelle — *He soon recovered under the doctor's treatment,* Guarì presto con la cura del dottore — *They are trying a new treatment for cancer,* Stanno provando una nuova cura per il cancro. 2 trattazione;

(mus.) esecuzione; *(cinema, televisione)* scaletta; sviluppo.

treaty ['tri:ti] *s.* **1** trattato; patto; convenzione: *a peace treaty,* un trattato di pace — *a treaty port, (stor.)* un porto (cinese) aperto agli europei. **2** trattativa; negoziato *(fra privati): to be in treaty with sb for sth,* essere in trattative con qcno per qcsa — *to sell a house by private treaty,* vendere una casa mediante accordi privati (trattative private).

[1]**treble** ['trebl] *agg* triplo; triplice: *treble chance, (GB, totocalcio)* concorso che consiste nell'indovinare otto pareggi per tre punti ciascuno, con l'assegnazione di un punteggio minore qualora il risultato non sia di parità.
□ *s.* **1** il triplo; tre volte tanto: *He earns treble my salary,* Guadagna tre volte tanto il mio stipendio. **2** tripletta.

to **treble** ['trebl] *vt e i.* triplicare, triplicarsi: *He has trebled his earnings (His earnings have trebled) over the last few years,* Ha triplicato i suoi guadagni (I suoi guadagni si sono triplicati) in questi ultimi anni.

[2]**treble** ['trebl] *agg* di soprano; acuto: *treble pitch,* chiave (timbro) di soprano.
□ *s.* soprano *(ragazzo).*

tree [tri:] *s.* **1** albero; pianta; *(talvolta)* arbusto: *to cut down trees for timber,* abbattere alberi per ricavarne legname — *oak-tree,* quercia — *lemon tree,* (albero di) limone — *to be up a tree (fam., talvolta: a gum-tree),* essere alle strette (con le spalle al muro, senza via d'uscita) — *to be at the top of the tree, (fig.)* essere al culmine della carriera (della professione) — *family tree,* albero genealogico — *tree-creeper,* rampichino — *tree-fern,* felce arborea. **2** supporto; sostegno; asse: *boot- (shoe-) tree,* forma da scarpe — *axle-tree,* asse delle ruote. **3** *(ant.)* patibolo; forca; *(con la maiuscola)* la Croce di Cristo.

to **tree** [tri:] *vt* **1** costringere *(qcno)* a rifugiarsi su un albero: *The hunter was treed by the bear,* Il cacciatore fu costretto dall'orso a rifugiarsi su un albero. **2** *(di scarpa, stivale, ecc.)* mettere in forma.

treeless ['tri:lis] *agg* privo d'alberi; senza alberi.

trefoil ['trefɔil/'tri:fɔil] *s.* **1** *(bot.)* trifoglio; erba medica. **2** *(archit., ecc.)* ornamento a forma di trifoglio (o di foglia di trifoglio).

trek [trek] *s.* *(all'origine, in Sud Africa)* viaggio su carro trainato da buoi; *(per estensione)* viaggio lungo e faticoso.

to **trek** [trek] *vi* (**-kk-**) *(in origine, in Sud Africa)* viaggiare su un carro trainato da buoi; *(per estensione)* viaggiare lentamente e con difficoltà: *pony trekking,* escursionismo col 'pony'.

trellis ['trelis] *s.* traliccio *(quasi sempre come supporto di piante rampicanti);* pergolato.

to **trellis** ['trelis] *vt* fornire di tralicci; sostenere *(piante rampicanti)* con tralicci.

tremble ['trembl] *s.* tremito; tremore; fremito; tremolio; sussulto: *There was a tremble in her voice,* C'era un tremito nella sua voce — *He was all of a tremble, (fam.)* Tremava come una foglia. □ *the trembles,* paralisi agitante; morbo di Parkinson.

to **tremble** ['trembl] *vi* **1** tremare; trepidare: *His voice trembled (was trembling) with anger,* La sua voce tremò (tremava) di collera — *We were trembling with cold,* Tremavamo di freddo — *I tremble to think what may have happened to him,* Tremo al pensiero di ciò che può essergli accaduto — *She trembled for his safety,* Trepidava per la sua salvezza — *in fear and trembling,* in angoscia e terrore; tremante di paura — *to tremble in every limb,* tremare verga a verga; tremare come una foglia — *to tremble in the balance,* essere sospeso (appeso) a un filo — *His life trembles in the balance,* La sua vita è sospesa ad un filo. **2** vibrare; sussultare: *The bridge trembled as the heavy lorry crossed it,* Il ponte vibrò mentre il pesante autocarro lo attraversava.

tremendous [tri'mendəs] *agg* **1** tremendo; terribile; enorme; grandissimo; immenso; potentissimo: *a tremendous explosion,* una potentissima esplosione — *to be travelling at a tremendous speed,* viaggiare ad altissima velocità. **2** *(fam.)* straordinario; incredibile; fantastico: *He's a tremendous eater,* È un fantastico mangiatore.
□ *avv* **tremendously,** molto; moltissimo; assai; 'terribilmente'; 'un mondo'; 'un sacco'; 'da morire': *I like him tremendously!, (fam.)* Mi piace un mondo ('da morire')!

tremolo ['treməlou] *s.* *(mus.)* tremolo.

tremor ['tremə*] *s.* **1** tremore; fremito: *the tremor of a leaf,* il tremore di una foglia — *an earth tremor,* una scossa tellurica; una scossa di terremoto. **2** brivido.

tremulous ['tremjuləs] *agg* **1** tremulo; tremante: *in a tremulous voice,* con voce tremula. **2** timido; nervoso: *a tremulous spinster,* una timida zitella.
□ *avv* **tremulously.**

trench [trentʃ] *s.* **1** fosso; solco; canale. **2** *(mil.)* trincea; camminamento: *trench warfare,* guerra di trincea — *trench-coat,* 'trench'; impermeabile pesante di foggia militare. **3** *(oceanografia)* fossa.

to **trench** [trentʃ] *vt e i.* **1** scavare fossi (canali); circondare (munire) di fossi (canali): *to trench a field,* scavare canali (di scolo) in un campo. **2** *(mil.)* scavare (munire di) trincee; trincerare. **3** *(seguito da* upon: *non è molto comune)* invadere; usurpare; accostarsi; rasentare: *His remark trenches upon roughness,* La sua osservazione rasenta la villania — *Visitors trenched upon my spare time last week,* I visitatori mi hanno rubato il tempo libero, la settimana scorsa.

trenchancy ['trentʃənsi] *s.* incisività; acutezza; tono o stile tagliente.

trenchant ['trentʃənt] *agg* *(di linguaggio)* pieno di forza; tagliente; incisivo: *trenchant speech,* un discorso incisivo. □ *avv* **trenchantly.**

trencher ['trentʃə*] *s.* tagliere di legno *(una volta per carni, adesso generalm. per il pane).*

trencherman ['trentʃə:mən] *s.* (*pl.* **trenchermen**) mangiatore: *a good trencherman,* una buona forchetta.

trend [trend] *s.* inclinazione generale; tendenza; andamento; *(dell'economia)* congiuntura: *the trends of modern thought,* le tendenze del pensiero moderno — *price trend,* andamento dei prezzi — *trend-setter,* persona che con il suo esempio contribuisce a stabilire una moda.

to **trend** [trend] *vi* *(non comune)* tendere; avere una certa tendenza: *The road trends towards the west,* La strada tende verso ovest.

trendy ['trendi] *agg* *(fam.: spec. di abiti maschili)* alla moda.

to **trepan** [tri'pæn] *vt* (**-nn-**) **1** *(med.)* trapanare. **2** *(mecc.)* tornire scanalature anulari; forare a nocciolo.

to **trephine** [tri'fi:n/tri'fain] *vt* trapanare *(il cranio).*

trepidation [,trepi'deiʃən] *s.* trepidazione; ansia; ansietà.

trespass ['trespəs] *s.* **1** violazione di proprietà; sconfinamento; intrusione; accesso abusivo. **2** *(ant. e nel linguaggio biblico)* peccato; torto; offesa: *'Forgive us our trespasses...',* 'Perdonaci i nostri peccati...'. **3** abuso; usurpazione; prevaricazione.

to **trespass** ['trespəs] *vi* **1** violare; passare oltre i confini *(di una proprietà privata);* invadere; introdursi abusivamente: *to trespass on sb's private property,* violare la proprietà privata di qcno — *No trespassing!,* Vietato l'accesso! — *to trespass upon,* abusare; approfittarsi; invadere; usurpare — *to trespass upon sb's time,* abusare del tempo di qcno. **2** *(ant. e nel linguaggio biblico)* trasgredire; contravvenire; violare; offendere; peccare: *'... as we forgive them that trespass against us',* '... come noi perdoniamo a quelli che ci offendono'.

trespasser ['trespəsə*] *s.* **1** intruso; violatore di confini; trasgressore; contravventore: *Trespassers will be prosecuted,* I trasgressori saranno perseguiti a termini di legge. **2** *(ant. e nel linguaggio biblico)* peccatore.

tress [tres] *s. (poet. e lett.)* capelli; treccia: *her beautiful golden tresses,* le sue belle trecce d'oro.

trestle ['tresl] *s.* cavalletto: *trestle-table,* tavolo a cavalletto — *trestle-bridge,* ponte a trespolo.

trews [tru:z] *s. pl (scozzese)* pantaloni stretti *(spec. se di tessuto 'tartan').*

triad ['traiæd] *s.* triade.

trial ['traiəl] *s.* **1** prova; saggio; esperimento; collaudo: *to give sth a trial,* provare qcsa; sottoporre qcsa a (mettere qcsa in) prova — *a trial of strength,* una prova di forza — *We shall put the machine to further trial,* Sottoporremo la macchina ad ulteriore collaudo (prova) — *on trial,* - **a)** in prova; a titolo di prova: *Take the machine on trial and then, if you like it, buy it,* Prenda la macchina in prova e poi, se le piace, la compri - **b)** in seguito a prova; alla prova: *The new clerk was found on trial to be incompetent,* Il nuovo impiegato si rivelò incompetente alla prova (in seguito alla prova) - **c)** sotto processo (⇨ **3**) — *a trial flight,* un volo sperimentale (di prova) — *a trial trip (run),* un viaggio (giro) di prova — *trial balance,* bilancio di verifica — *trial order, (comm.)* ordine di prova (a titolo di prova). **2** seccatura; guaio; tribolazione; pena; dura prova (per la pazienza di qcno): *That wretched boy is a trial to his teachers,* Quel dannato ragazzo è una tribolazione per i suoi insegnanti — *Life is full of little trials,* La vita è piena di piccole tribolazioni. **3** processo; giudizio; dibattimento giudiziario: *He was on trial for theft,* Era sotto processo per furto — *The trial lasted a week,* Il processo durò una settimana — *to bring sb to trial; to bring sb up for trial; to put sb on trial,* portare qcno in giudizio; sottoporre qcno a un processo — *to stand one's trial,* subire un processo; venire processato.

triangle ['traiæŋgl] *s. (geometria, mus., ecc.)* triangolo: *the eternal triangle,* il classico (solito) triangolo.

triangular [trai'æŋgjulə*] *agg* **1** *(geometria)* triangolare. **2** *(fig.)* tripartito; triangolare.

triangulation ['trai,æŋgju:'leiʃən] *s.* triangolazione.

tribal ['traibl] *agg* tribale. □ *avv* **tribally.**

tribalism ['traibəlizəm] *s.* tribalismo.

tribe [traib] *s.* **1** tribù *(anche zool. e bot.): the Indian tribes of America,* le tribù indiane dell'America. **2** *(generalm. spreg.)* genia; razza; classe; tribù: *the tribe of politicians,* la genia dei politicanti.

tribesman ['traibzmən] *s.* (*pl.* **tribesmen**) membro di una tribù.

tribulation [,tribju'leiʃən] *s.* tribolazione; sofferenza; pena; patimento.

tribunal [trai'bju:nl/tri'bju:nl] *s.* commissione, tribunale, consiglio di giudici riunito per dirimere determinate questioni *(p.es. l'esenzione dal servizio militare).*

¹tribune ['tribju:n] *s.* **1** *(stor. romana)* tribuno. **2** capopopolo; demagogo.

²tribune ['tribju:n] *s.* tribuna.

tributary ['tribjutəri] *agg* **1** tributario *(di uno Stato verso un altro Stato).* **2** affluente *(di fiume).*
□ *s.* **1** Stato o governante soggetto a tributo. **2** affluente.

tribute ['tribju:t] *s.* **1** tributo: *The conquered nations had to pay tribute to the rulers of ancient Rome,* Le nazioni soggiogate dovevano pagare tributi ai governanti dell'antica Roma — *to lay a nation under tribute,* assoggettare una nazione al pagamento di tributi. **2** *(fig.)* omaggio; tributo: *By erecting this statue we have paid tribute (a tribute) to the memory of the founder of our school,* Nell'erigere questa statua abbiamo reso omaggio alla memoria del fondatore della nostra scuola — *floral tributes,* omaggi floreali. **3** *(nell'industria mineraria)* parte del minerale estratto (o il suo equivalente in denaro) corrisposto al minatore a titolo di compenso.

tricar ['traikɑ:*] *s.* motocarro a tre ruote.

trice [trais] *s. (nella locuzione avv.) in a trice,* in un battibaleno.

to **trice** [trais] *vt (naut., generalm. seguito da* up*)* issare *(una vela o il boma)* e legare.

triceps ['traiseps] *s. e agg* tricipite.

trichloride [trai'klɔ:raid] *s.* tricloruro.

trick [trik] *s.* **1** trucco; inganno; stratagemma; frode: *He knows all the tricks of the trade,* Conosce tutti i trucchi del mestiere — *He got the money from me by a trick,* Mi ha carpito il denaro con l'inganno. **2** tiro; scherzo: *Those kids are always up to amusing tricks,* Quei ragazzi sono sempre pronti a combinare tiri divertenti — *That was an unfair trick,* È stato un tiro mancino — *to play a trick on sb,* giocare un tiro a qcno — *a dirty trick,* un brutto scherzo; uno scherzo di cattivo gusto. **3** gioco di abilità, di prestigio; trucco (*nel gioco delle carte;* ⇨ *anche* **5**): *to do the trick, (fam.)* farcela; spuntarla; avere la meglio — *This hammer should do the trick,* Con questo martello dovrei farcela — *to know a trick worth two of that, (fam.)* saperla lunga — *to get (o to learn) the trick of it,* mangiare la foglia. **4** abitudine; vezzo; *(per estensione)* affettazione: *He has a trick of pulling his left ear when he is thinking,* Ha l'abitudine di tirarsi l'orecchio sinistro quando pensa a qcsa. **5** *(nel gioco delle carte)* presa: *to take (to win) a trick,* fare (vincere) una presa. **6** *(naut.)* turno di guardia al timone *(generalm. di due ore): to take one's trick at the wheel,* prendere il proprio turno di guardia al timone.
□ *trick-cyclist,* - **a)** ciclista acrobata - **b)** *(corruzione scherz. di* psychiatrist*)* psichiatra.

to **trick** [trik] *vt* **1** ingannare; truffare; imbrogliare *(spesso nelle forme:* to trick sb into doing sth; to trick sb out of doing sth, *o* out of sth*): You've been tricked,* Sei stato gabbato — *He was tricked into signing the agreement,* Fu indotto con un inganno a firmare il documento — *He tricked the poor girl out of her money,* Ha truffato la povera ragazza e le ha carpito i suoi soldi. **2 to trick sth out (*o* up),** adornare, decorare, agghindare qcsa.

trickery ['trikəri] *s.* inganno; astuzia; frode; tiro mancino.

trickle [trikl] *s.* gocciolio; filo d'acqua: *The stream had shrunk to a mere trickle,* Il torrente si era ridotto ad un semplice filo d'acqua. □ *trickle charge, (elettr.)* carica centellinare.

to **trickle** ['trikl] *vi* colare; gocciolare; stillare: *Blood trickled from the wound,* Il sangue colava dalla ferita — *The tears trickled down her cheeks,* Le lacrime le scendevano lungo le guance (le scorrevano giù per le guance) — *People began to trickle out of the theatre,* La gente cominciò ad uscire alla spicciolata dal teatro — *Contributions on trickling in,* I contributi stanno arrivando poco alla volta, alla spicciolata.
□ *vt* far colare: *He was trickling oil into the bearings of the machine,* Stava facendo colare l'olio nei supporti della macchina.

trickster ['trikstə*] *s.* imbroglione; farabutto: *confidence trickster,* truffatore 'all'americana'.

tricky ['triki] *agg* **1** *(di problema)* complesso; intricato; delicato; difficile. **2** *(di persona)* furbo; infido; scaltro.

tricolo(u)r ['trikələ*] *s.* tricolore.

tricycle ['traisikl] *s.* triciclo.

trident ['traidənt] *s.* tridente.

[1]**tried** [traid] *pass e p. pass di* **to try**: *(come agg.)* provato; sperimentato; fidato; fido.

triennial [trai'eniəl] *s. e agg* triennale. □ *avv* **triennially.**

trier ['traiə*] *s. (fam.)* persona di buona volontà, volenterosa.

trifle ['traifl] *s.* **1** inezia; minuzia; bazzecola; sciocchezza: *It's silly to quarrel over trifles,* È sciocco litigare per delle inezie — *The merest trifle upsets her,* La più semplice inezia la sconvolge. **2** piccola quantità di denaro; 'sciocchezza': *It cost me only a trifle,* Mi costò una sciocchezza. **3** 'zuppa inglese' a base di pan di spagna, crema, marmellata, frutta, liquore, ecc.
□ **a trifle,** *(usato come avv.)* un tantino; alquanto: *This dress is a trifle too short,* Questo vestito è un tantino corto — *Isn't the meat a trifle tough?,* Non è un tantino dura la carne?

to **trifle** ['traifl] *vi e t. (generalm. seguito da* with*)* scherzare; baloccarsi; gingillarsi; prendere alla leggera: *He's not a man to be trifled with,* Non è uomo da prendere alla leggera — *It's wrong of you to trifle with that girl's affections,* Non è giusto da parte tua scherzare con i sentimenti di quella ragazza — *Don't trifle with your food; either eat it or leave it!,* Non gingillarti con il cibo: mangialo o lascialo!

trifler ['traiflə*] *s.* perditempo; persona frivola.

trifling ['traifliŋ] *agg* **1** insignificante; di nessuna o minima importanza; lieve; da nulla; trascurabile: *a trifling error,* un errore insignificante (di nessuna importanza) — *of trifling value,* di valore trascurabile — *It's no trifling matter,* Non è una cosa da nulla. **2** *(di persona)* frivolo; fatuo; leggero. □ *avv* **triflingly.**

trig [trig] *s., abbr fam di* **trigonometry.**

trigger ['trigə*] *s.* **1** grilletto: *He's quick on the trigger,* Ha il grilletto facile — *trigger-happy,* dal grilletto facile. **2** *(mecc.)* levetta di scatto (o di sgancio).

to **trigger** ['trigə*] *vt (generalm. seguito da* off*)* generare; essere la causa immediata di qcsa; provocare; scatenare: *Who (What) triggered off the rebellion?,* Chi (Che cosa) fece scoppiare la ribellione?

trigonometry [,trigə'nɔmitri] *s.* trigonometria.

trijet ['trai,dʒet] *s. (aereo)* trireattore.

trike [traik] *s., abbr fam di* **tricycle.**

trilateral ['trai'lætərəl] *agg* trilaterale. □ *avv* **trilaterally.**

trilby ['trilbi] *s. (spesso* trilby hat*)* cappello di feltro morbido, a cencio.

trilingual ['trai'liŋgwəl] *agg* trilingue.

trill [tril] *s.* **1** trillo *(anche mus.).* **2** *(fonetica)* consonante che viene fatta vibrare.

to **trill** [tril] *vi e t.* **1** trillare; *(fam.)* canticchiare; canterellare: *The canary was trilling away in its cage,* Il canarino trillava nella sua gabbia. **2** *(fonetica)* far vibrare *(una consonante): Can you trill the sound 'r' as in Spanish?,* Sei capace di far vibrare il suono della erre come in spagnolo?

trillion ['triljən] *s. e agg (GB)* miliardo di miliardi; *(USA)* mille miliardi; trilione.

trilogy ['trilədʒi] *s.* trilogia.

[1]**trim** [trim] *s.* **1** assetto; ordine; stato; disposizione; condizione: *Everything was in good trim (in proper trim),* Tutto era in buon ordine — *We must get into good trim for the athletics meeting,* Dobbiamo metterci in buona forma per l'incontro d'atletica leggera — *in fighting trim,* in condizioni di combattimento; in assetto di guerra. **2** finitura; rifinitura; arredamento; finiture interne in legno *(di una casa);* abbigliamento *(di un'automobile).* **3** *(cinematografia)* taglio; parte tagliata di una pellicola.

to **trim** [trim] *vt* **(-mm-)** **1** tagliare; aggiustare (tagliando); spuntare; potare; cimare; rifilare; sbavare: *to trim sb's beard,* spuntare la barba a qcno — *to trim the wick of a lamp,* spuntare il lucignolo di una lampada — *to trim a hedge,* potare (cimare) una siepe. **2** ordinare; mettere in ordine; assettare: *to trim a ship,* assettare una nave *(distribuendo uniformemente carico e passeggeri);* orientare le vele secondo il vento. **3** ornare, ornarsi; abbellire; guarnire: *to trim a dress with lace,* abbellire (ornare) un abito con del merletto — *a hat trimmed with fur; a fur-trimmed hat,* un cappello guarnito di pelliccia. **4** *(fam.)* rimproverare; sgridare; castigare; bastonare; sconfiggere.
□ *vi* barcamenarsi; tergiversare; destreggiarsi seguendo un calcolo opportunistico *(in politica).*

[2]**trim** [trim] *agg* **(-mm-)** ordinato; ben tenuto; in buone condizioni; lindo; pulito: *a trim cabin,* una cabina linda, ben ordinata — *a trim ship,* una nave in buone condizioni, ben tenuta — *a trim little garden,* un giardinetto ben tenuto. □ *avv* **trimly.**

trimaran ['triməræn] *s.* trimarano.

trimmer ['trimə*] *s.* **1** aggiustatore; assettatore. **2** decoratore. **3** *(naut.)* stivatore. **4** potatore; cimatore. **5** strumento per potare; forbici per potare; svettatoio. **6** *(metallurgia)* attrezzo sbavatore. **7** *(archit.)* trave principale. **8** *(in politica)* opportunista; voltafaccia. **9** *(radio)* compensatore. **10** *(di aereo)* correttore di assetto.

trimming ['trimiŋ] *s.* **1** ornamento; decorazione; guarnizione: *lace trimmings,* guarnizione (ornamenti) di merletto. **2** passamaneria. **3** finitura; rifinitura. **4** *(metallurgia)* sbavatura. **5** *(al pl.)* fronzoli; aggiunte; ammennicoli. **6** *(al pl.)* ritagli. **7** *(al pl.)* contorno *(di un piatto): roast chicken and all the trimmings,* pollo arrosto con i contorni tradizionali *(cioè salsiccette, bacon, varie salse e verdure).* **8** *(fam.)* sgridata; rabbuffo; ramanzina. **9** opportunismo.

trinitrotoluene [trai'naitrou'tɔljuiːn] *s. (generalm. abbr. in* TNT*)* tritolo; trinitrotoluene.

trinity ['triniti] *s.* triade; trinità: *the (Holy) Trinity,* la Santissima Trinità.

trinket ['triŋkit] *s.* ninnolo di poco valore; piccolo ornamento.

trio ['triːou] *s. (pl.* **trios)** **1** trio (gruppo di tre); triade; terzetto. **2** *(mus.)* trio.

triolet ['traiəlet/'tri:əlet] *s.* poesia (o strofa) di otto versi.

trip [trip] *s.* **1** gita; viaggio; escursione: *a trip to the sea-side,* una gita al mare — *a business trip,* un viaggio d'affari — *a week-end trip,* una gita di fine settimana — *round trip,* viaggio di andata e ritorno — *trip-recorder,* contachilometri parziale. **2** saltello; passo agile e leggero. **3** sgambetto. **4** inciampo; *(fig.)* fallo; errore; passo falso. **5** disinnesto; rilascio. **6** *(sl.)* 'viaggio'; esperienza psichedelica; dose di allucinogeno.

to **trip** [trip] *vi e t.* (**-pp-**) **1** saltellare; camminare con passo agile e leggero: *She came tripping down the garden path,* Se ne venne saltellando lungo il sentiero del giardino — *to trip a measure, (ant.)* ballare con agilità. **2** inciampare; incespicare *(anche fig.)*; fare inciampare; fare incespicare *(anche fig.)*: *He tripped over the root of a tree,* Inciampò nella radice di un albero — *The wrestler tripped his opponent,* Il lottatore fece inciampare il (fece lo sgambetto al) suo avversario — *The clever lawyer tripped (up) the witness,* L'abile avvocato fece inciampare il teste in contraddizioni — *to catch sb tripping,* cogliere in fallo qcno. **3** liberare; far scattare *(un congegno)*: *to trip the anchor,* spedare l'ancora.

tripartite [trai'pɑ:tait] *agg* tripartito; con tre partecipanti o firmatari.

tripartition [,traipɑ:'tiʃən] *s.* tripartizione.

tripe [traip] *s.* **1** trippa: *a dish of stewed tripe,* un piatto di trippa in umido. **2** *(GB, sl.)* sciocchezze; fesserie: *Stop talking tripe!,* Smettila di dire fesserie!

triplane ['traiplein] *s.* triplano.

triple ['tripl] *agg* triplice; triplo: *the Triple Alliance,* la Triplice Alleanza — *triple time, (mus.)* tempo triplo — *the Triple Crown,* il triregno; la corona papale; la tiara pontificia — *triple-headed, (agg.)* tricipite — *triple-pole, (agg., fis.)* tripolare.

to **triple** ['tripl] *vt e i.* triplicare, triplicarsi.

triplet ['triplit] *s.* **1** uno di tre gemelli. **2** terzina; trio; *(mus.)* tripletta.

triplex ['tripleks] *agg* triplice: *triplex glass,* vetro infrangibile (a tre strati).

triplicate ['triplikit] *agg* triplicato; in tre copie.
□ *s.* triplice copia: *a document drawn up in triplicate,* un documento redatto in triplice copia.

tripod ['traipɔd] *s.* **1** treppiedi *(spec. per macchina fotografica)*; sgabello o tavolo con tre gambe. **2** cavalletto.

tripos ['traipɔs] *s.* *(GB, università di Cambridge)* esame sostenuto da chi aspira a laurearsi con lode; *(per estensione)* lista dei candidati che hanno superato l'esame: *the History (Classics, ecc.) tripos,* la laurea con lode in Storia (in Lettere Classiche, ecc.).

tripper ['tripə*] *s.* **1** *(GB, quasi sempre spreg.)* gitante; escursionista: *week-end trippers,* gitanti di fine settimana. **2** *(non comune)* chi inciampa, incespica. **3** *(non comune)* cosa che fa incespicare.

tripping ['tripiŋ] *agg* agile e leggero; saltellante; lesto; rapido; lieve e veloce. □ *avv* **trippingly.**

triptych ['triptik] *s.* trittico.

trireme ['trairi:m] *s.* trireme.

to **trisect** [trai'sekt] *vt* tripartire; trisecare; dividere in tre sezioni (uguali).

trite [trait] *agg* trito; non originale; risaputo; banale; pieno di luoghi comuni. □ *avv* **tritely.**

triteness ['traitnis] *s.* banalità.

triumph ['traiəmf] *s.* trionfo *(anche stor. romana, ecc.)*; successo; esultanza; piena vittoria: *to return home in triumph,* ritornare in patria (a casa) in trionfo — *shouts of triumph,* grida di trionfo (di esultanza) — *to win a triumph over one's enemies,* riportare un trionfo (trionfare) sui propri nemici.

to **triumph** ['traiəmf] *vi (spesso seguito da* over*)* trionfare; vincere; riportare una grande vittoria; esultare: *to triumph over a beaten enemy,* trionfare su un nemico battuto — *to triumph over opposition,* trionfare (riportare una grande vittoria) sull'opposizione (sugli oppositori).

triumphal [trai'ʌmfəl] *agg* trionfale; di trionfo; del trionfo.

triumphant [trai'ʌmfənt] *agg* trionfante; vittorioso; esultante. □ *avv* **triumphantly.**

triumvir [trai'ʌmvə:*] *s.* triumviro.

triumvirate [trai'ʌmvireit] *s.* triumvirato.

triune ['traiju:n] *agg* tre persone in una; tre in uno; uno e trino: *the triune Godhead,* la Divinità una e trina.

trivalent [trai'veilənt] *agg* trivalente.

trivet ['trivit] *s.* treppiede *(supporto per arnesi da cucina)*. □ *as right as a trivet,* arzillo e in buona salute; in ottime condizioni.

trivia ['triviə] *s. pl* banalità.

trivial ['triviəl] *agg* **1** futile; insignificante; di poco valore; poco importante: *a trivial loss,* una perdita insignificante — *to raise trivial objections against a proposal,* sollevare obiezioni futili contro una proposta. **2** banale; comune; monotono; tedioso: *the trivial round,* il solito giro, tran tran; la solita routine. **3** *(di persona)* frivolo; poco serio; superficiale; vacuo.
□ *avv* **trivially.**

triviality [,trivi'æliti] *s.* **1** banalità; futilità. **2** frivolezza; superficialità; vacuità: *to talk trivialities,* parlare di banalità (di argomenti frivoli, di frivolezze).

trocar ['troukɑ:*] *s.* trequarti.

trochaic [trou'keiik] *agg* trocaico.

trochee ['trouki:] *s.* *(metrica)* trocheo.

trod, trodden [trɔd/'trɔdn] *pass e p. pass di* **to tread.**

trog [trɔg] *s.* (*abbr. fam. di* **troglodyte**).

troglodyte ['trɔglədait] *s.* troglodita.

Trojan, trojan ['troudʒən] *agg* di Troia; troiano: *the Trojan War,* la guerra di Troia — *the Trojan Horse,* il cavallo di Troia.
□ *s.* Troiano. □ *to work like a trojan,* lavorare sodo (come un negro); sgobbare.

troll [troul] *s.* *(mitologia scandinava primitiva)* essere soprannaturale; gigante; *(in favole più tarde)* elfo; gnomo; 'troll'.

to **troll** [troul] *vt e i.* **1** cantare allegramente: *to troll (forth) a song,* canticchiare una canzone — *to troll merrily,* cantare allegramente. **2** pescare con la tirlindana: *to troll for pike,* andare a pescare lucci con la tirlindana.

trolley ['trɔli] *s.* **1** carrello; carrettino (a mano). **2** piccolo carrello ferroviario. **3** *(anche* trolley-table*)* carrello portavivande. **4** 'trolley'; rotella di presa *(di filobus)*: *trolley-bus,* filobus. **5** *(USA, anche* trolley-car*)* tram.

trollop ['trɔləp] *s.* **1** donna sudicia e sciatta; sciattona. **2** prostituta; puttana; troia. **3** bisbetica.

trombone [trɔm'boun] *s.* trombone *(solo mus.)*.

trombonist [trɔm'bounist] *s.* suonatore di trombone; trombonista.

troop [tru:p] *s.* **1** gruppo; frotta; banda; schiera; truppa; compagnia; gregge; torma; branco: *a troop of schoolchildren,* una frotta di scolaretti — *a troop of antelope(s),* un branco di antilopi. **2** *(al pl. o attrib.)* truppa; soldati; milizie; militari: *to find billets for the troops,* trovare alloggiamenti per la truppa (per i militari) — *troop-carrier,* nave (aereo) convoglio *(per il trasporto della truppa)* — *storm-troops,* truppe d'assalto — *troop-train,* tradotta. **3** squadrone di cavalleria, artiglieria *(comandato da un tenente o capitano): to get one's troop,* ottenere il comando di uno squadrone. **4** drappello; compagnia di boy scouts. **5** 'troupe'; gruppo di attori *(di cinema o teatro).* **6** segnale di adunata della truppa *(dato con un rullo di tamburo).*

to **troop** [tru:p] *vi (seguito da varie prep. indicanti moto:* off, out, *ecc.)* muoversi in gruppo; affollarsi; aggrupparsi; adunarsi; muoversi a frotte: *The children trooped out of school,* I bambini uscivano a frotte dalla scuola.

□ *vt* sfilare; passare in rivista: *trooping the Colour, (GB)* sfilata di un reggimento con le bandiere in parata.

trooper ['tru:pə*] *s.* **1** cavalleggero; soldato di cavalleria: *to swear like a trooper,* bestemmiare come un turco (come un carrettiere). **2** poliziotto a cavallo. **3** cavallo di truppa.

troopship ['tru:pʃip] *s.* nave convoglio *(per il trasporto della truppa).*

trope [troup] *s. (gramm.)* tropo.

trophy ['troufi] *s.* trofeo; premio: *tennis trophies,* trofei tennistici *(coppe o medaglie).*

tropic ['trɔpik] *s.* tropico: *Tropic of Cancer (of Capricorn),* Tropico del Cancro (del Capricorno) — *the Tropics,* i tropici; le zone tropicali.

tropical ['trɔpikəl] *agg* tropicale. □ *avv* **tropically.**

trot [trɔt] *s. (solo al sing.)* **1** trotto *(di cavallo; anche fig.): to go at a steady trot,* andare ad un trotto regolare (costante) — *to keep sb on the trot, (fig., fam.)* tenere qcno al trotto; farlo correre; tenerlo occupato; tenerlo sempre in movimento — *to be on the trot,* - **a)** essere indaffarato - **b)** *(di prigioniero evaso)* essere in fuga - **c)** avere la diarrea. **2** trottata; passeggiata al trotto: *to go for a trot,* fare una trottata. **3** *(USA)* bigino; libretto con la traduzione.

to **trot** [trɔt] *vi e t.* (-tt-) **1** *(di cavalli, ecc.)* trottare; andare al trotto. **2** *(spesso seguito da* along, away, off, *ecc.)* camminare a passo svelto; trotterellare; correre in fretta; affrettarsi; andarsene in fretta; filare via: *Well, I must be trotting off home, (fam.)* Bene, devo correre in fretta a casa — *Trot away, you!,* Tu fila via in fretta! **3 to trot out,** *(scherz.)* produrre; tirar fuori; esibire; sfoggiare: *to trot out one's knowledge,* fare sfoggio di ciò che si sa. **4** *(seguito da vari avv. e prep.)* far trottare; far camminare (a lungo): *to trot a person off his legs,* far trottare una persona tanto da consumarle le gambe — *to trot sb round,* portare in giro qcno (far trottare a lungo qcno).

troth [trouθ] *s. (ant.)* fede; fedeltà; parola *(generalm. nelle espressioni): in troth,* in verità; in fede; sulla mia parola — *to plight one's troth,* dare la propria parola *(spec. come promessa di matrimonio).*

trotter ['trɔtə*] *s.* **1** trottatore; cavallo per le corse al trotto. **2** *(generalm. al pl.)* zampino di maiale *(come cibo).* **3** *(scherz.)* piede.

troubadour ['tru:bədɔ:*/'tru:bəduə*] *s.* trovatore.

trouble ['trʌbl] *s.* **1** afflizione; agitazione; turbamento; ansietà; preoccupazione; guaio (guai): *Her heart was full of trouble,* Il suo cuore era carico d'ansia — *He has been through much trouble; He has had many troubles,* Ha avuto molte preoccupazioni; Ha passato molti guai — *He has a lot of domestic troubles,* Ha un sacco di preoccupazioni familiari — *She's always making trouble for her friends,* Crea sempre dei guai per i suoi amici — *to make trouble,* combinare guai; creare fastidi — *His troubles are over now,* Adesso le sue preoccupazioni sono finite *(detto in genere di chi è appena morto)* — *The trouble is that...,* Il guaio è che... — *What's the trouble now?,* E adesso cosa c'è che non va? — *to be in trouble,* essere nei guai; essere nei pasticci — *to get into trouble,* cacciarsi nei guai — *to get sb into trouble,* cacciare (mettere) qcno nei guai, nei pasticci — *to get a girl into trouble, (fam.)* mettere incinta una ragazza — *to be asking (looking) for trouble, (fam.)* cercar grane, guai.

2 impiccio; disturbo; incomodo; seccatura: *I don't want to be a trouble to you,* Non voglio esserti d'impiccio — *Some dishes are very enjoyable but a great trouble to prepare,* Certi piatti sono ottimi da mangiare ma molto scomodi da preparare — *Did the work give you much trouble?,* Il lavoro ti ha dato molte seccature? — *to take the trouble to do sth,* darsi la pena di fare qcsa — *Thank you for all the trouble you've taken to help my son,* Grazie per tutto l'incomodo che ti sei preso aiutando mio figlio — *It will be no trouble,* Non sarà di alcun disturbo (di nessun fastidio) — *It isn't worth the trouble,* Non (ne) vale la pena.

3 disordine (politico); tumulto; agitazione: *They've been having a good deal of trouble (a lot of trouble) in the Middle East,* Ci sono stati molti disordini nel Medio Oriente — *Labour troubles cost enormous sums last year,* Le agitazioni sindacali sono costate un'enorme somma di denaro lo scorso anno — *the Troubles, (GB, stor.)* il periodo tumultuoso che precedette la creazione della Repubblica d'Irlanda.

4 *(med.)* disturbo (disturbi): *liver trouble,* disturbi di fegato — *mental trouble,* disturbi psichici — *children's troubles,* disturbi dei bambini.

5 *(mecc.)* guasto.

□ *trouble-maker,* agitatore; provocatore — *trouble-shooter,* - **a)** funzionario dell'industria incaricato di appianare i contrasti; mediatore - **b)** persona incaricata di localizzare i guasti di determinati impianti — *trouble-shooting, (nell'industria)* appianamento dei contrasti; *(mecc.)* localizzazione dei guasti.

to **trouble** ['trʌbl] *vt* **1** turbare; preoccupare; affliggere: *to be troubled by bad news,* essere turbato da brutte notizie — *What troubles me is that...,* Ciò che mi preoccupa è che... — *to be troubled with a nasty cough,* essere afflitto da una tosse tormentosa.

2 *(in richieste cortesi; ma è spesso iron.)* disturbare; dispiacere; infastidire: *May I trouble you for a match?,* Posso chiederLe un fiammifero?; Le spiace darmi un fiammifero? — *I'm sorry to trouble you,* Mi dispiace disturbarLa.

3 agitare *(spec. al p. pass.): a troubled look,* uno sguardo agitato — *to fish in troubled waters,* pescare in acque torbide (nel torbido); approfittare di una situazione confusa.

□ *vi (spec. in frasi negative ed interrogative: talvolta v. rifl.* **to trouble oneself***)* disturbarsi; scomodarsi; darsi il disturbo (di): *Don't trouble to meet me at the station,* Non darti il disturbo di venirmi a prendere alla stazione — *Don't trouble about that,* Non scomodarti per questo — *Oh, don't trouble (yourself), thanks!,* Oh, non si disturbi, grazie! — *Why should I trouble to explain?,* Perché dovrei scomodarmi a spiegare?

troubled ['trʌbld] *agg* ⇨ **to trouble,** *vt (spec.* **1** *e* **3**).

troublesome ['trʌblsəm] *agg* fastidioso; seccante; molesto; penoso: *a troublesome child,* un bambino molesto — *a troublesome problem,* un problema seccante; un rompicapo.

troublous ['trʌbləs] *agg (lett.)* agitato; difficile: *to live in troublous times,* vivere in tempi difficili.

trough [trɔf] *s.* **1** truogolo; mangiatoia; abbeveratoio *(anche* drinking trough*).* **2** madia. **3** *trough of the sea,* spazio cavo fra due onde successive; 'ventre' (di un'onda). **4** *(meteorologia)* avvallamento. **5** canale trasportatore.

to **trounce** [trauns] *vt* **1** battere; picchiare; percuotere. **2** sconfiggere.

trouncing ['traunsiŋ] *s.* botte; legnate: *to give sb a good trouncing,* dare a qcno un sacco di legnate; *(anche fig., sport)* dare una batosta a qcno.

troupe [tru:p] *s.* compagnia *(spec. teatrale o di circo).*

trouper ['tru:pə*] *s.* membro di una compagnia teatrale. □ *He's a good trouper,* È un ottimo compagno.

trouser ['trauzə*] *agg attrib* da pantaloni: *trouser buttons (pockets),* bottoni (tasche) da pantaloni — *trouser-press,* stiracalzoni — *trouser suit, (GB)* tailleur pantalone.

trousered ['trauzəd] *agg* che porta le brache (i calzoni).

trousers ['trauzəz] *s. pl (spesso nella forma* a pair of trousers*)* pantaloni; calzoni.

trousseau ['tru:sou] *s. (fr.)* corredo *(da sposa).*

trout [traut] *s. (pl. invariato)* trota: *salmon trout,* trota salmonata.

trove [trouv] *agg* ⇨ **treasure.**

to **trow** [trau] *vt (ant. o scherz.)* pensare; credere.

trowel ['trauəl] *s.* **1** cazzuola; frattazzo. **2** paletta da giardiniere *(per trapianti).*

to **trowel** ['trauəl] *vt* applicare *(l'intonaco, ecc.)* con la cazzuola; intonacare *(un muro)* con la cazzuola.

troy [trɔi] *s.* 'troy' *(sistema inglese di pesi per l'oro e l'argento): This spoon weighs four oz* ['auntsəz] *troy,* Questo cucchiaio pesa quattro once 'troy'.

truancy ['tru(:)ənsi] *s.* il marinare la scuola.

truant ['tru(:)ənt] *s.* **1** ragazzo che marina la scuola: *to play truant,* marinare la scuola. **2** *(attrib.)* bighellone; pigro; ozioso.

truce [tru:s] *s.* tregua *(in una guerra).*

[1]**truck** [trʌk] *s.* **1** *(GB, ferrovia)* pianale; carro merci aperto. **2** *(USA)* autocarro; camion. **3** carrello ferroviario *(per il trasporto di bagaglio).* **4** carrello: *lift truck; fork-lift truck,* carrello elevatore.

to **truck** [trʌk] *vt (USA)* trasportare su autocarro. □ *vi* fare l'autotrasportatore.

[2]**truck** [trʌk] *s.* **1** scambio; baratto: *to have no truck with sth (sb),* non avere rapporti con qcsa (qcno). **2** pagamento in natura: *truck system,* pagamento degli stipendi in natura. **3** *garden truck, (USA)* verdura fresca dell'orto; ortaggi.

to **truck** [trʌk] *vi (USA, sl.)* camminare con atteggiamento impettito.

truckage ['trʌkidʒ] *s.* **1** trasporto mediante carro o autocarro. **2** spese di porto, ecc. (⇨ [1]**truck**).

trucker ['trʌkə*] *s. (USA)* **1** camionista. **2** ortolano.

trucking ['trʌkiŋ] *s. (generalm. USA)* trasporto stradale *(con autocarri).*

truckle ['trʌkl] *s. (generalm.* truckle bed*)* letto a rotelle; brandina.

to **truckle** ['trʌkl] *vi* sottomettersi; abbassarsi; arrendersi vilmente: *This country will never truckle to bullies,* Questo paese non cederà mai ai prepotenti.

truculence, truculency ['trʌkjuləns/'trʌkjulənsi] *s.* truculenza.

truculent ['trʌkjulənt] *agg* truculento; violento; aggressivo. □ *avv* **truculently.**

trudge [trʌdʒ] *s.* camminata lunga e faticosa; scarpinata *(fam.).*

to **trudge** [trʌdʒ] *vi* scarpinare *(fam.);* arrancare; camminare faticosamente: *to trudge through the deep snow,* arrancare attraverso la neve alta — *He trudged twenty miles,* Camminò faticosamente per venti miglia.

[1]**true** [tru:] *agg* (**-er**; **-est**) **1** vero; certo; sincero: *Is it true that you are going to Japan next month?,* È vero che vai in Giappone il mese prossimo? — *Is it really true?,* Ma è vero sul serio? — *to come true,* avverarsi; realizzarsi — *True friendship should last for ever,* La vera amicizia dovrebbe durare sempre — *'But if it rains, it's not worth going'* - *'True',* 'Se piove, però, non vale la pena di andarci' - 'Questo è vero' ('Già'). **2** leale; fedele: *to be true to one's word,* tener fede alla parola data — *a true friend,* un amico leale. **3** legittimo; genuino; vero e proprio: *Who was the true heir to the throne?,* Chi era l'erede legittimo al trono? **4** conforme; esatto; preciso: *a true copy of a document,* una copia conforme (autenticata) d'un documento — *a true pair of scales,* una bilancia esatta. **5** *(mecc.)* centrato: *Is the wheel true?,* È centrata la ruota? □ *avv* **truly** ⇨.

□ *true blue, (agg.)* fedele; leale; *(s.)* sostenitore fedele del partito conservatore — *true-born,* di pura razza — *true north,* nord geografico — *true-hearted,* fedele; leale — *true speed,* velocità effettiva — *true to type* ⇨ **type 1.**

[2]**true** [tru:] *avv* veramente; sinceramente: *Tell me true,* Dimmi la verità. □ *to aim true,* mirare giusto — *to ring true,* suonare giusto.

[3]**true** [tru:] *s. (mecc.)* allineamento; centratura: *The axle is out of true,* L'asse è fuori centro — *to be in true,* essere in centro, allineato.

to **true** [tru:] *vt (mecc.: generalm. seguito da* up*)* centrare; allineare: *to true up a wheel,* centrare una ruota.

truffle ['trʌfl] *s.* tartufo.

truffled ['trʌfld] *agg (cucina)* tartufato; con tartufi.

trug [trʌg] *s. (GB)* canestro o cestello da giardiniere *(fatto di strisce di legno).*

truism ['tru(:)izəm] *s.* verità ovvia, lapalissiana.

trull [trʌl] *s. (ant.)* sgualdrina.

truly ['tru:li] *avv* **1** in verità; in fede; veramente: *Speak truly,* Di' la verità. **2** sinceramente: *to feel truly grateful,* sentirsi sinceramente grato — *Yours truly, (nella chiusura delle lettere)* Distinti saluti; *(talvolta)* Cordiali saluti; Cordialmente — *Yours very truly (Very truly yours),* Molto cordialmente. **3** genuinamente; certamente; veramente: *a truly beautiful picture,* un quadro davvero (indubbiamente) bello — *a truly brave action,* un'azione veramente coraggiosa.

[1]**trump** [trʌmp] *s.* **1** *(nei giochi di carte)* atout *(fr.);* briscola; trionfo: *Hearts are trumps,* I cuori sono briscole — *two no-trumps,* due senza (atout) — *to play one's trump card, (fig.)* giocare la propria carta (migliore); giocare il proprio asso — *to turn up trumps, (fam.)* - **a)** avere un risultato superiore alle aspettative - **b)** avere un colpo di fortuna. **2** *(fam.)* tipo in gamba; brav'uomo; persona piena di risorse.

to **trump** [trʌmp] *vt e i.* **1** giocare una briscola; prendere con una briscola: *to trump the ace of clubs,* guadagnare con una briscola l'asso di fiori. **2** *(seguito da* up*)* inventare; architettare; escogitare: *a trumped-up charge,* un'accusa montata.

[2]**trump** [trʌmp] *s. (ant. e lett.)* tromba; suono emesso

da una tromba: *the last trump; the trump of doom,* la tromba del Giudizio Universale.

trumpery ['trʌmpəri] *agg* cianfrusaglia; chincaglieria: *trumpery ornaments,* paccottiglia.

trumpet ['trʌmpit] *s.* **1** tromba: *trumpet major, (mil.)* primo trombettiere — *trumpet-call,* squillo di tromba — *Let the trumpets sound!,* Fiato alle trombe! — *to blow one's own trumpet,* dar fiato alla propria tromba *(fig.);* tessere le proprie lodi; vantarsi. **2** oggetto a forma di tromba: *speaking trumpet,* megafono — *ear-trumpet,* cornetto acustico. **3** *(di elefante)* barrito.

to **trumpet** ['trʌmpit] *vt e i.* **1** annunciare al suono della tromba; strombazzare *(anche fig.);* proclamare ai quattro venti. **2** *(di elefante)* barrire.

trumpeter ['trʌmpitə*] *s.* suonatore di tromba; trombettiere: *to be one's own trumpeter,* tessere le proprie lodi; battere la grancassa in proprio favore. □ *trumpeter swan,* cigno trombetta.

to **truncate** ['trʌŋkeit] *vt* troncare: *a truncated cone,* un cono tronco.

truncheon ['trʌntʃən] *s. (GB)* bastone corto *(spec. quello dei poliziotti inglesi che in generale costituisce la loro sola arma);* sfollagente.

to **trundle** ['trʌndl] *vt e i.* rotolare; far rotolare; ruzzolare: *The porter trundled his barrow along the platform,* Il facchino spingeva faticosamente (pesantemente) il suo carrello sulla banchina.

trunk [trʌŋk] *s.* **1** tronco; fusto *(di un albero, di una colonna).* **2** torso *(del corpo umano).* **3** baule; cassa; cassone; *(di automobile)* bagagliera. **4** proboscide *(di elefante).* **5** *(al pl.:* trunks*)* pantaloncini sportivi: *swimming trunks,* calzoncini da bagno.
□ *trunk hose,* calzoni a sbuffo *(moda maschile del XVI e XVII secolo)* — *trunk-call, (GB)* chiamata (telefonica) interurbana — *trunk-line,* - **a)** linea principale *(ferroviaria)* - **b)** linea (telefonica) interurbana — *trunk-road,* strada maestra; strada principale.

trunnion ['trʌnjən] *s. (mecc.)* perno di articolazione; *(di cannone)* orecchione.

truss [trʌs] *s.* **1** *(misura di peso per paglia e fieno)* fascio; fastello; balla. **2** intelaiatura; travatura; armatura di legno; capriata; sostegno *(di un tetto, di un ponte, ecc.).* **3** cinto erniario. **4** *(naut.)* trozza. **5** *(archit.)* mensola.

to **truss** [trʌs] *vt* **1** legare stretto *(anche una persona);* legare a fascio; avvincere con legami: *to truss hay,* legare stretto (a fascio) il fieno — *to truss up a chicken,* legare stretto un pollo *(prima di cucinarlo).* **2** puntellare; sostenere con armature: *to truss a bridge,* puntellare un ponte.

trust [trʌst] *s.* **1** fiducia; fede; confidenza: *to put one's trust in God,* riporre la propria fede in Dio — *Mary hasn't (doesn't place) much trust in Jim's promises,* Mary non ripone molta fiducia nelle promesse di Jim — *on trust,* - **a)** sulla fiducia; sulla parola: *You'll have to take my statement on trust,* Dovrai accettare la mia dichiarazione sulla fiducia - **b)** *(comm.)* a credito: *to buy goods on trust,* comprare merce a credito. **2** responsabilità: *a position of great trust,* un posto di grande responsabilità. **3** *(dir.)* fedecommesso; lascito in amministrazione fiduciaria: *I am holding the property in trust for my nephew,* Ho la proprietà in amministrazione fiduciaria per conto di mio nipote — *trust-money,* denaro in amministrazione fiduciaria — *trust fund,* fondo fiduciario. **4** trust; 'cartello'; 'amministrazione monopolistica'; monopolio: *He made his fortune as the head of a powerful steel trust,* Fece la sua fortuna come capo di un potente trust dell'acciaio — *anti-trust laws, (dir., USA)* leggi antimonopolistiche. □ *brains trust,* 'trust' dei cervelli; *(talvolta)* tavola rotonda.

to **trust** [trʌst] *vt e i.* **1** avere fiducia (in); confidare; fidarsi (di); credere (a); contare (su); fare assegnamento (sopra): *He's not a man to be trusted (not a man I would trust),* Non è un uomo di cui ci si possa fidare (di cui mi fiderei) — *Can you trust his account of what happened?,* Pensi che si possa credere alla sua versione dei fatti? *to trust in,* confidare; credere; sperare (in); fidarsi (di) — *Trust in God,* Confida in Dio — *to trust to,* fare assegnamento (su); fidarsi (di); lasciare (a) — *Don't trust to chance,* Non lasciare nulla al caso — *You trust to your memory too much,* Fai troppo assegnamento sulla tua memoria; Ti fidi troppo della tua memoria.
2 affidare; consegnare; dare in custodia; prestare: *He may be trusted to do the work well,* Gli si può affidare quel lavoro con piena tranquillità — *I wouldn't trust him with those gramophone records,* Io non gli darei (non mi fiderei di prestargli) quei dischi — *Should boys of sixteen be trusted with high-powered motor-cycles?,* È bene dare in mano a dei ragazzi di sedici anni potenti motociclette?
3 fidarsi (di); lasciar fare qcsa *(con piena fiducia nel buon esito): It's unwise to trust small children out of doors in a big town,* Non è saggio lasciar uscire da soli, in una grande città, i bambini piccoli — *We can't trust that boy out of our sight,* Non possiamo fidarci di quel ragazzo quando non è con noi.
4 *(piuttosto formale)* sperare (fortemente); augurarsi; confidarsi: *I trust you're all in good health,* Mi auguro (Voglio sperare) che siate tutti in buona salute — *You're quite well, I trust,* Mi auguro che Lei stia bene — *We trust to receive a cheque from you in settlement of this account, (stile commerciale)* Rimaniamo in fiduciosa attesa di un Vostro assegno a saldo del presente conto.

trusted ['trʌstid] *agg* (*p. pass. di* **to trust**) di fiducia; fidato.

trustee [trʌs'ti:] *s. (comm., ecc.)* **1** amministratore fiduciario; *(talvolta)* curatore fallimentare. **2** amministratore; membro del consiglio di amministrazione di un ente pubblico (di un'opera pia, ecc.).

trusteeship [trʌs'ti:ʃip] *s. (comm.)* amministrazione fiduciaria; curatela.

trustful, trusting ['trʌstful/'trʌstiŋ] *agg* (*p. pres. di* **to trust**) fiducioso; che ha piena fiducia negli altri.
□ *avv* **trustfully, trustingly.**

trustworthiness ['trʌstwə:ðinis] *s.* fidatezza; fedeltà; attendibilità.

trustworthy ['trʌstwə:ði] *agg* fidato; degno di fiducia.

trusty ['trʌsti] *agg (ant.)* fido; fidato; sicuro; degno di fiducia; fedele: *a trusty servant,* un servitore fidato — *his trusty steed,* il suo fedele destriero. □ *avv* **trustily.**
□ *s. (fam.)* carcerato che gode di certi privilegi *(per la buona condotta tenuta in carcere).*

truth [tru:θ: *pl.* tru:ðz] *s.* **1** verità; (il) vero: *There's no truth (There's not a word of truth) in what he says,* Non c'è niente di vero (neanche una parola di vero) in ciò che dice — *to tell the truth,* - **a)** dire la verità - **b)** a dir il vero — *a home truth, (spec. al pl.)* una verità sgradevole; la dura verità — *the honest truth,* la pura verità — *He is truth itself,* È la bocca della verità — *in truth, (lett.)* invero; infatti — *truth serum; truth drug,* il siero della verità. **2** veridicità. **3** *(mecc.)* posizione giusta; centro.

truthful ['tru:θful] *agg* **1** sincero; onesto. **2** veridico; veritiero. □ *avv* **truthfully.**

truthfulness ['tru:θfulnis] *s.* **1** sincerità. **2** veridicità.

try [trai] *s.* **1** prova; tentativo: *Let me have a try (at it)!*, Fammi fare un tentativo!; Lasciami provare!; Lascia che ci provi io! — *He had three tries and failed each time,* Fece tre tentativi ed ogni volta sbagliò. **2** *(rugby)* meta. □ ⇨ *anche* **try-on, try-out.**

to **try** [trai] *vi e t.* (*pass. e p. pass.* **tried**) **1** provare; tentare; cercare; sforzarsi: *to try to do sth; to try and do sth,* provare a (tentare di, cercare di) fare qcsa — *Try to (Try and) behave better,* Cerca di comportarti meglio — *I've tried till I'm tired,* Ho provato fino a stancarmi — *I don't think I can do it, but I'll try,* Non penso di potercela fare, ma mi sforzerò — *He tried his hardest,* Ha fatto del suo meglio; Ha provato in tutti i modi — *He tries to be fair to everyone,* Cerca di essere equo con tutti — *I try and walk a mile every day,* Cerco di fare un miglio a piedi tutti i giorni — *He didn't even try to do it,* Non ha neanche provato a farlo — *He didn't even try,* Non ci ha neanche provato.

2 provare; mettere alla prova; sperimentare; assaggiare; usare o fare qcsa come esperimento: *Have you ever tried sleeping in a tent?*, Hai mai provato a dormire sotto una tenda? — *Won't you try this new kind of detergent?*, Perché non prova questo nuovo tipo di detersivo? — *Try how far you can jump,* Vediamo un po' quanto riesci a saltare — *Try knocking at the back door if nobody hears you at the front door,* Prova a bussare alla porta del retro se nessuno risponde alla porta davanti — *Please try me for the job,* Per favore, prendetemi (assumetemi) in prova.

3 sforzare; affaticare; stancare; mettere a dura prova: *Small print tries the eyes,* I caratteri piccoli stancano la vista — *Don't try his patience too much,* Non abusare della sua pazienza — *His courage was severely tried,* Il suo coraggio fu messo a dura prova.

4 *(dir.)* processare; giudicare: *He was tried for murder,* Fu processato per omicidio — *Which judge will try the case?*, Chi sarà il giudice al processo?

to try for, cercare d'ottenere; concorrere (per): *to try for a scholarship,* concorrere per una borsa di studio.

to try on, - **a)** provare *(un abito, ecc.)*: *to go to the tailor's to try on a suit,* andare dal sarto per provarsi un vestito - **b)** fare il proprio gioco *(alle spese di qcno)*; 'farla': *It's no use your trying it (your games, your tricks) on with me,* È inutile che tu cerchi di farmela.

to try out, sottoporre (qcsa) a dura prova; sperimentare (qcsa) a lungo; purificare *(metalli)*: *The idea seems good but it needs to be tried out,* L'idea mi sembra buona, ma bisognerà metterla alla prova.

trying ['traiiŋ] *agg* (⇨ **to try 3**) fastidioso; stancante; faticoso; penoso; difficile.

try-on ['traiɔn] *s. (fam.)* **1** tentativo d'inganno. **2** prova *(di abiti)*.

try-out ['traiaut] *s. (fam.)* prova; esperimento.

trysail ['traiseil] *s.* vela di cappa.

tryst [trist/traist] *s. (ant.)* appuntamento *(spec. fra innamorati)*: *to keep (to break) tryst with sb,* tener fede a (disdire) un appuntamento con qcno.

to **tryst** [trist/traist] *vi* fissare un appuntamento: *trysting-place,* luogo di appuntamento.

Tsar, Tsarina [zɑ:*/zɑ:'ri:nə] *s.* = **Czar, Czarina.**

tsetse ['tsetsi] *s. (anche* tsetse-fly*)* mosca tsè-tsè.

tub [tʌb] *s.* **1** tino; tinozza; mastello; vasca: *a rain-water tub,* una tinozza (un mastello) per l'acqua piovana. **2** *(anche* tubful*)* quantità di liquido contenuta in una tinozza. **3** *(fam., per* bath tub; *ora piuttosto desueto)* vasca da bagno; bagno: *to have a cold tub before breakfast,* fare un bagno freddo prima di colazione. **4** nave sgangherata; 'tinozza'. **5** *(industria mineraria)* cassone; secchione; vagonetto. □ *tub-thumper,* oratore (predicatore) da strapazzo.

to **tub** [tʌb] *vt e i.* (**-bb-**) **1** fare un bagno *(nella vasca da bagno)*. **2** mettere in una tinozza. **3** *(industria mineraria)* rivestire (un pozzo) di legno o di travi metalliche. **4** allenare, allenarsi ai remi.

tuba ['tju:bə] *s.* tuba.

tubby ['tʌbi] *agg* (**-ier**; **-iest**) *(fam.)* obeso; corpulento; a forma di tinozza; tozzo: *a tubby little man,* un ometto basso e grosso come un tino.

tube [tju:b] *s.* **1** tubo; tubetto; *(anat.)* tubo; tuba; tromba; canale: *a steel tube,* un tubo d'acciaio — *a tube of toothpaste,* un tubetto di dentifricio — *the bronchial tubes,* i bronchi — *inner tube,* camera d'aria. **2** *(a Londra)* metropolitana; ferrovia sotterranea: *to travel to the office by tube every morning,* andare in ufficio tutte le mattine in metropolitana. **3** *(USA)* valvola *(di apparecchi elettronici)*: *electron tube,* valvola termoionica — *picture tube,* tubo a raggi catodici per la televisione; cinescopio — *screen grid tube,* valvola con griglia di schermo — *tube socket,* supporto della valvola. **4** (= test tube) fiala; provetta.

tubeless ['tju:blis] *agg (di un pneumatico)* senza camera d'aria.

tuber ['tju:bə*] *s.* tubero.

tubercular [tju'bə:kjulə*] *agg* tubercolare.

tuberculosis [tju,bə:kju'lousis] *s.* tubercolosi: *pulmonary tuberculosis,* tubercolosi polmonare.

tuberculous, [tju'bə:kjuləs] *agg* tubercolare; tubercoloso.

tuberose ['tju:bərous] *s.* tuberosa.

tuberous ['tju:bərəs] *agg* **1** coperto di tubercoli; bernoccoluto. **2** *(bot.)* tuberoso.

tubing ['tju:biŋ] *s.* **1** tubo; materiale in forma di tubo: *five feet of rubber tubing,* cinque piedi di tubo di gomma. **2** tubatura; tubazione.

tubular ['tju:bjulə*] *agg* tubolare; tubiforme; fatto di tubi: *tubular furniture,* mobili tubolari — *a tubular bridge,* un ponte tubolare.

tuck [tʌk] *s.* **1** basta; piega *(di indumento)*: *to make a tuck in a dress,* fare una basta in un vestito. **2** *(GB, sl., spec. studentesco)* chicca; chicche; dolciumi; cibarie *(di cui sono ghiotti i bambini)*: *tuck-shop,* negozio che vende chicche, dolciumi *(spec. vicino ad un collegio)* — *tuck-in,* mangiata; scorpacciata — *The boys had a good tuck-in,* I ragazzi fecero una bella scorpacciata. **3** parte inferiore della poppa di un'imbarcazione.

to **tuck** [tʌk] *vt e i.* **1** piegare; ritirare; rimboccare, rimboccarsi *(spec. seguito da* up*)*; sistemare; raggomitolare; rincalzare; aggiustare; accomodare; ripiegare; mettere a posto: *The bird tucked its head under its wing,* L'uccello piegò il capo sotto l'ala — *The map is tucked away in a pocket at the end of the book,* La cartina è ripiegata in una busta alla fine del libro — *Your shirt's hanging out; tuck it in at once,* Ti si è sfilata la camicia; ritirala subito (mettila a posto subito) — *He tucked up his shirt-sleeves,* Si rimboccò le maniche della camicia — *She tucked the ends of her hair into her bathing-cap,* Si tirò i capelli dentro la cuffia da bagno — *He sat with his legs tucked up under him,* Sedette con le gambe raggomitolate sotto di sé — *She tucked the child up in bed,* Mise il bambino a letto e gli rimboccò le coperte — *She took* *off her shoes and stockings, tucked up her skirt, and waded across the stream,* Si tolse scarpe e calze, si rimboccò la gonna e attraversò la corrente. **2 to tuck in** (o **into**), mangiare avidamente; ingozzarsi; satollarsi; mangiare con piacere: *He tucked into the cold ham,* Mangiò avidamente prosciutto freddo.

[1]**tucker** ['tʌkə*] *s. (stor.)* piccolo scialle di pizzo; fisciù *(usato dalle donne del sedicesimo e diciassettesimo secolo).* □ *to put on one's best bib and tucker,* mettersi in ghingheri.

[2]**tucker** ['tʌkə*] *s. (in Australia, sl.)* cibo.

tuckered ['tʌkəd] *agg (USA, generalm.* tuckered out*)* stanco.

Tudor ['tju:də*] *agg (GB: stor., archit., lett.)* Tudor; dei Tudor *(dinastia sul trono dal 1485 al 1603): Tudor architecture,* architettura Tudor — *the Tudor rose,* la rosa dei Tudor.

Tuesday ['tju:zdi/'tju:zdei] *s.* martedì: *Shrove Tuesday,* martedì grasso.

tuft [tʌft] *s.* ciuffo *(di piume o d'erba);* ciocca *(di capelli);* fiocco *(di fibra).*

tufted ['tʌftid] *agg* guarnito di ciuffi o di ciocche; che cresce a ciuffi; *(di stoffa)* aggugliato.

tug [tʌg] *s.* **1** strappo; strattone; tirata violenta *(anche fig.): The naughty boy gave his sister's hair a tug,* Il monello tirò con forza i capelli della sorella — *I felt a tug at my sleeve,* Mi sentii tirare improvvisamente per la manica — *Parting from his family was a tug (a tug at his heart-strings),* Separarsi dalla famiglia fu un brutto colpo per lui — *tug-of-war,* (gara di) tiro alla fune. **2** *(naut.)* rimorchiatore. **3** tirella *(della bardatura di un cavallo).*

to **tug** [tʌg] *vt e i.* (**-gg-**) **1** tirare con forza; trascinare; dare uno strappo; dare uno strattone: *The child was tugging her toy cart round the garden,* La bimba trascinava il suo carrettino per il giardino — *We tugged so hard that the rope broke,* Demmo uno strappo così forte che la fune si spezzò — *The puppy was tugging at my shoe-lace,* Il cagnolino tirava con forza il laccio della mia scarpa — *to tug a subject in,* tirare in ballo un argomento. **2** arrancare; faticare; trascinarsi; penare. **3** *(naut.)* tirare a rimorchio; rimorchiare.

tugboat ['tʌgbɔ:t] *s. (naut.)* rimorchiatore.

tuition [tju'iʃən] *s.* insegnamento; istruzione: *to have (to give) private tuition in Latin,* prendere (dare) lezioni private di latino.

tulip ['tju:lip] *s.* tulipano.

tulle [tul] *s. (fr.)* tulle.

tumble ['tʌmbl] *s.* **1** capitombolo; ruzzolone; caduta: *to have a nasty tumble,* fare un brutto capitombolo. **2** disordine; scompiglio; confusione: *Things were all in a tumble,* Le cose erano tutte in disordine.

to **tumble** ['tʌmbl] *vi e t.* **1** ruzzolare; capitombolare: *to tumble down the stairs,* ruzzolare giù dalle scale — *to tumble off a horse,* cadere da cavallo — *The baby is just learning to walk and is always tumbling over,* Il bimbo sta appena imparando a camminare e cade continuamente. **2** agitarsi; ruzzolarsi; muoversi disordinatamente; dimenarsi: *The puppies were tumbling about on the floor,* I cuccioli si ruzzolavano sul pavimento — *The sick man tossed and tumbled in his bed,* Il malato era inquieto e si agitava nel letto — *I was so tired that I threw my clothes off and tumbled into bed,* Ero così stanco che mi spogliai in fretta e mi gettai nel letto. **3** essere malconcio; andare in pezzi; andare in rovina; crollare; rovinare: *The old barn is tumbling down (is tumbling to pieces),* Il vecchio granaio sta andando in pezzi. **4** scaraventare (fuori, a terra, ecc.); far cadere: *The accident tumbled us out of the bus,* L'incidente ci scaraventò fuori dell'autobus. **5** scompigliare; sbattere; mettere sottosopra; mettere in disordine; arruffare; scarmigliare; gettare alla rinfusa: *to tumble one's bed-clothes,* mettere sottosopra le coltri del proprio letto — *to tumble sb's hair,* scarmigliare i capelli di qcno. **6** abbattere (col fucile). **7** barilare. **8 to tumble to sth,** *(sl.)* rendersi conto; afferrare il significato; capire: *At last he tumbled to what I was hinting at,* Alla fine capì a cosa alludevo.

tumble-down ['tʌmbldaun] *agg* cadente; diroccato.

to **tumble-dry** ['tʌmbldrai] *vt* centrifugare lentamente (il bucato).

tumbler ['tʌmblə*] *s.* **1** bicchiere dal fondo piatto, senza stelo. **2** leva di una serratura. **3** piccione tomboliere. **4** saltimbanco. **5** bottale; barilatrice. □ *tumbler gear,* cambio di velocità — *tumbler switch,* interruttore.

tumbril, tumbrel ['tʌmbril/'tʌmbrəl] *s. (stor.)* carretta *(usato per portare i condannati alla ghigliottina durante la Rivoluzione Francese).*

tumescence [tju:'mesns] *s.* tumescenza; gonfiore.

tumescent [tju:'mesnt] *agg* tumescente; gonfio.

tumid ['tju:mid] *agg* **1** tumido; gonfio; enfiato. **2** *(di stile letterario)* ampolloso; ridondante. □ *avv* **tumidly.**

tumidity [tju:'miditi] *s.* **1** tumidezza; tumefazione; enfiagione. **2** ampollosità; ridondanza.

tummy ['tʌmi] *s. (fam.: spec. nel linguaggio infantile)* stomaco; ventre; pancia: *tummy-ache,* mal di pancia — *tummy-button,* ombelico.

tumour ['tju:mə*] *s.* (*USA* **tumor**) tumore.

tumult ['tju:mʌlt] *s.* **1** tumulto; chiasso; agitazione: *the tumult of battle,* il tumulto della battaglia. **2** tumulto; agitazione; scompiglio *(della mente): to be in a tumult,* essere in tumulto — *when the tumult within him had subsided...,* quando l'agitazione che era dentro di lui si fu calmata...

tumultuous [tju'mʌltjuəs] *agg* tumultuoso; disordinato; chiassoso; agitato: *a tumultuous political meeting,* un tumultuoso raduno politico. □ *avv* **tumultuously.**

tumulus ['tjumjuləs] *s.* (*pl.* **tumuli**) tumulo.

tun [tʌn] *s.* **1** botte *(per il vino);* barile *(per la birra).* **2** misura di capacità corrispondente a 252 galloni.

tuna ['tjunə] *s.* (*pl.* **tuna, tunas**) tonno.

tundra ['tʌndrə] *s.* tundra.

tune [tju:n] *s.* **1** *(mus.)* aria; motivo; melodia: *Some of this modern music has very little tune in it,* Certa musica moderna contiene pochissima melodia — *to whistle a popular tune,* fischiettare un motivetto popolare. **2** tono; armonia; accordo; consonanza *(anche fig.): to sing in tune,* cantare in tono — *The piano and the violin are not in tune,* Il pianoforte e il violino non sono accordati — *The piano is out of tune,* Il pianoforte è scordato — *to be out of tune with one's surroundings,* non essere in armonia con il proprio ambiente — *to change one's tune; to sing another tune, (fig.)* cambiare registro; cambiare contegno, atteggiamento. □ **to the tune of...,** *(riferito a denaro, prezzo, ecc.)* per la bellezza di...; alla cifra esorbitante di...; per ben...

to **tune** [tju:n] *vi e t.* **1** *(mus.)* accordare: *to tune a piano,* accordare un pianoforte — *per tuning fork, tuning hammer* ⇨ **tuning 1. 2** *(seguito da* up*)* mettersi in tono; accordare lo strumento: *The orchestra were tuning up when we entered the concert-hall,* Gli orchestrali stavano accordando i loro strumenti quando entrammo nella sala del concerto. **3** *(spesso seguito da* in*)* sintonizzare *(un apparecchio radio): to tune one's* *set to a wave-length,* sintonizzare il proprio apparecchio su una lunghezza d'onda — *to tune in to the B.B.C. Home Service,* sintonizzarsi sul programma nazionale (radiofonico) della B.B.C. **4** *(mecc.)* mettere a punto *(p.es. un motore).*

tuneful ['tju:nful] *agg* armonioso; melodioso. ☐ *avv* **tunefully.**

tunefulness ['tju:nfulnis] *s.* melodiosità; musicalità.

tuneless ['tju:nlis] *agg* **1** *(di strumento)* scordato. **2** *(di suono)* disarmonico; discordante.

tuner ['tju:nə*] *s.* **1** accordatore: *a piano tuner,* un accordatore di pianoforti. **2** *(radio)* sintonizzatore.

tung-oil ['tʌŋɔil] *s.* olio di legno.

tungsten ['tʌŋstən] *s.* tungsteno; wolframio.

tunic ['tju:nik] *s.* tunica; casacca; giubba.

tuning ['tju:niŋ] *s.* **1** *(mus.)* accordatura: *tuning fork,* diapason — *tuning-hammer,* chiave da accordatore. **2** *(radio, anche* tuning in*)* sintonia; sincronizzazione: *tuning dial,* scala parlante. **3** *(mecc.)* messa a punto *(di un motore).*

tunk [tʌŋk] *s.* tonfo.

tunnel ['tʌnl] *s.* 'tunnel'; galleria scavata nella terra o nella roccia; traforo: *wind tunnel,* galleria del vento.

to **tunnel** ['tʌnl] *vt* (**-ll-**; *USA* **-l-**) costruire una galleria.

tunny ['tʌni] *s. (anche* tunny-fish*)* tonno.

tup [tʌp] *s.* **1** *(zool.)* montone. **2** *(mecc.)* mazza battente.

to **tup** [tʌp] *vt* **1** *(di montone)* coprire; fecondare. **2** *(mecc.)* battere con un maglio.

tuppence ['tʌpəns] *s. (GB, fam.)* due 'pence'.

tuppenny ['tʌpni] *agg* **1** che costa due 'pence': *tuppenny piece, (stor.)* moneta da due 'penny'. **2** *(anche* tuppenny-halfpenny*)* da due soldi. ☐ *I don't care a tuppenny damn,* Non me ne importa un fico secco.

turban ['tə:bən] *s.* turbante *(copricapo orientale o cappello da donna).*

turbaned ['tə:bənd] *agg* con turbante; inturbantato: *a turbaned Sikh,* un Sikh con il turbante.

turbid ['tə:bid] *agg* **1** *(di liquidi)* torbido; spesso; fangoso; non pulito: *turbid waters,* acque torbide — *turbid rivers,* fiumi fangosi. **2** *(fig.)* torbido; confuso: *a turbid imagination,* un'immaginazione torbida. ☐ *avv* **turbidly.**

turbidity, turbidness [tə:'biditi/'tə:bidnis] *s.* torbidezza *(anche fig.).*

turbine ['tə:bain/'tə:bin] *s.* turbina: *turbine engine,* motore a turbina — *gas turbine,* turbina a gas — *steam turbine,* turbina a vapore — *water turbine,* turbina idraulica — *turbine boat,* turbonave.

turbo-jet ['tə:bou'dʒet] *s.* turboreattore; turbogetto.

turbo-prop ['tə:bou'prɔp] *s. e attrib (contraz. di* turbo-propeller engine*)* turboelica; motore a turboelica.

turbot ['tə:bət] *s. (zool.)* rombo.

turbulence ['tə:bjuləns] *s.* turbolenza.

turbulent ['tə:bjulənt] *agg* turbolento; agitato; incontrollato: *turbulent waves,* onde agitate — *turbulent passions,* passioni turbolente — *a turbulent mob,* una folla turbolenta. ☐ *avv* **turbulently.**

turd [tə:d] *s. (volg.)* (pezzo di) sterco; stronzo: *sheep turds,* escrementi di pecora.

tureen [tju'ri:n] *s.* zuppiera *(spesso* soup tureen*)*; legumiera.

turf [tə:f] *s.* **1** tappeto erboso; terreno erboso; zolla: *to make a lawn by laying turf,* fare un tappeto con delle zolle erbose **2** *(pl.* **turfs** *o* **turves***)* pezzo di zolla erbosa *(asportato o asportabile); (in Irlanda)* torba; pezzo di torba. **3** *(per estensione) the turf,* l'ippica; il mondo dell'ippica; la professione ippica: *turf accountant; turf commission agent,* allibratore.

to **turf** [tə:f] *vt* **1** coprire di zolle erbose. **2 to turf out,** *(sl.)* buttare fuori; espellere; estromettere.

turgid ['tə:dʒid] *agg* **1** gonfio; turgido. **2** *(di stile)* pomposo; ampolloso; pieno di parole altisonanti. ☐ *avv* **turgidly.**

turgidity [tə:'dʒiditi] *s.* **1** turgidezza; turgidità. **2** ampollosità verbale; enfasi; magniloquenza.

Turk, turk [tə:k] *s.* **1** turco. **2** *(raro, scherz.)* bimbo vivace; persona difficile da seguire e controllare: *You little turk!,* Tu piccolo scavezzacollo! ☐ *turk's head,* turbante *(nodo).*

turkey ['tə:ki] *s.* **1** tacchino. **2** *(USA, fam.)* fiasco; fallimento. ☐ *to talk turkey, (USA, sl.)* parlare senza tanti preamboli; dire le cose chiare, come stanno.

Turkish, turkish ['tə:kiʃ] *s. (lingua)* turca. ☐ *agg* turco: *turkish bath,* bagno turco — *turkish delight,* tipo di dolce gelatinoso fatto a cubetto con una spolverata di zucchero — *turkish towel,* asciugamano ruvido.

turmeric ['tə:mərik] *s.* curcuma.

turmoil ['tə:mɔil] *s.* disordine; tumulto; agitazione; scompiglio: *The town was in a turmoil during the elections,* La città era in tumulto durante le elezioni.

turn [tə:n] *s.* **1** giro; rotazione; torsione; *(per estensione)* cambiamento: *a few turns of the handle,* qualche giro di manovella — *a turn of Fortune's wheel,* un giro della ruota della Fortuna.

2 svolta; curva; virata; cambiamento di direzione: *sudden turns in the road,* svolte (curve) improvvise nella strada — *at every turn, (fig.)* in ogni angolo; ad ogni piè sospinto; frequentemente; tutti i momenti — *I've been coming across old friends at every turn during this reunion,* Continuo ad imbattermi in vecchi amici (ad ogni piè sospinto) durante questa riunione — *He was frustrated at every turn,* I suoi sforzi vennero ogni volta frustrati — *the turn of the tide,* il cambiamento della marea — *The tide is on the turn,* La marea sta per cambiare.

3 mutamento; cambiamento di condizione; piega: *The sick man took a turn for the better (for the worse),* L'ammalato subì un cambiamento in meglio (in peggio) — *His illness took a favourable turn,* La sua malattia prese una buona piega — *on the turn,* sul punto di cambiare (di mutarsi, di diventare) — *The milk is on the turn,* Il latte sta per diventare acido.

4 turno; volta; occasione; opportunità: *It's your turn to read now, John,* È il tuo turno di leggere, John; Ora tocca a te leggere, John — *Wait (until it is) your turn,* Aspetta il tuo turno — *My turn will come,* Verrà il mio turno (Verrà per me la volta buona) — *out of turn,* fuori turno; fuori tempo — *You musn't speak out of (your) turn,* Non devi parlare quando non tocca a te — *in turn (di due persone; anche) turn and turn about,* a turno; in successione; successivamente; uno dopo l'altro — *The boys were summoned in turn to see the headmaster,* I (due) ragazzi furono chiamati a turno (uno dopo l'altro) per incontrarsi con il preside — *by turns,* successivamente; uno dietro l'altro; a rotazione — *They laughed and cried by turns,* Ora ridevano, ora piangevano — *to take turns at sth,* stabilire (fissare) dei turni per qcsa; fare qcsa a turno — *I'll take a turn at the oars if you want a rest,* Ora starò un pochino io ai remi, se vuoi riposarti — *Mary and Helen took turns at sitting up with their sick mother,* Mary ed Helen vegliarono a turno la madre ammalata.

5 azione; favore; servizio; tiro; trattamento: *One good*

turn deserves another, (prov.) Una buona azione ne merita un'altra — *He once did me a good (bad) turn,* Una volta mi ha fatto un buon (un cattivo) servizio.
6 tendenza; attitudine; disposizione; vena; inclinazione; propensione: *a boy with a mechanical turn,* un ragazzo con attitudine alla meccanica — *He has a gloomy turn of mind,* È tendenzialmente tetro (triste).
7 scopo; fine; obiettivo; bisogno; necessità: *I think this book will serve my turn,* Credo che questo libro faccia al caso mio.
8 giretto; passeggiata; breve periodo di attività: *I'll take a turn round the deck before I go to bed,* Farò due passi (un giretto) in coperta prima di andare a letto.
9 *(a teatro)* numero; attrazione: *Grock used to be a star turn at the circus,* Grock era una grande attrazione del circo.
10 scossa; turbamento; colpo; brutto colpo: *The news gave me quite a turn,* La notizia fu per me un vero colpo.
11 *(fam.)* lieve malore *(p.es. vertigini, senso di soffocamento, ecc.).*
12 *(al pl.)* mestruazioni.
13 linea; forma: *the turn of a vase,* la linea di un vaso.
14 *(mus.)* fioritura; variazione.
□ *turn about,* giravolta; l'atto del voltarsi; *(fig.)* voltafaccia; cambiamento repentino di atteggiamento — *turn bench,* tornio portatile; tornio da orologiaio — *done to a turn, (di cibo)* cotto a puntino; al punto giusto di cottura.

to **turn** [tə:n] *vt e i.* **1** girare, girarsi; far girare; voltare, voltarsi; ruotare; dirigere, dirigersi: *The earth turns round the sun,* La terra gira intorno al sole — *The wheels were turning slowly,* Le ruote giravano lentamente — *What turns the wheels?,* Cos'è che fa girare le ruote? — *He turned his head and looked back,* Girò la testa (Si voltò) e guardò indietro — *Shall we turn back now?,* Torniamo indietro adesso? — *The car turned (round) the corner,* L'automobile girò all'angolo, voltò l'angolo — *He turned left (to the left),* Girò a sinistra — *Please turn your eyes this way,* Per favore, guarda di qua (in questa direzione) — *He turned the lights low,* Ridusse la luce delle lampade *(a petrolio, ecc.)* — *Nothing will ever turn him from his purpose,* Niente riuscirà a distoglierlo dal suo proposito — *He turned his back to the wall,* Voltò le spalle al muro — *He turned his back on me,* Mi voltò le spalle; *(anche fig.)* Mi lasciò; Mi abbandonò — *He was idly turning the pages of a book,* Stava svogliatamente voltando le pagine di un libro.
2 mutare, mutarsi; cambiare, cambiarsi; trasformare, trasformarsi; mutare (colore); (far) diventare; volgere: *Frost turns water into ice,* Il gelo trasforma l'acqua in ghiaccio — *Caterpillars turn into butterflies,* I bruchi diventano farfalle — *My hair has turned grey,* I miei capelli sono diventati grigi — *The leaves are beginning to turn,* Le foglie incominciano a cambiare colore *(in autunno)* — *He has turned traitor,* È diventato un traditore — *Could you turn this piece of prose into verse?,* Saresti capace di volgere in versi questo brano di prosa? — *Can you turn this passage into Greek?,* Sai tradurre questo brano in greco? — *He turned my remarks into ridicule,* Volse le mie osservazioni in ridicolo.
3 aggirare; girare intorno; parare; stornare *(colpi): to turn (the flank of) an army,* aggirare (il fianco di) un esercito — *to turn sb's flank, (fig.)* vincere (superare, battere) qcno.
4 (far) inacidire *(il latte).*
5 *(della marea, della fortuna)* mutare; cambiarsi; girare.
6 raggiungere e sorpassare: *He has turned fifty,* È arrivato ai cinquanta *(di età)* — *It has just turned two,* Sono appena passate le due.
7 tornire *(anche fig.);* ottundere; smussare; *(fig.)* forbire; rifinire: *wood (metal) that turns easily,* legno (metallo) che si può facilmente lavorare al tornio — *a well-turned ankle,* una caviglia ben tornita — *to turn an epigram,* 'scolpire' un epigramma — *a well-turned sentence,* una frase ben tornita.
8 voltare; rivoltare *(un vestito, ecc.);* rovesciare; invertire: *to have an old overcoat turned,* far rivoltare un vecchio soprabito — *to turn one's coat, (fig.)* voltar gabbana.
□ *He can turn his hand to almost anything,* Può (imparare a) fare qualsiasi cosa — *He knows how to turn things to account,* Sa trar profitto dalle cose — *He turned a deaf ear to my request for help,* Rifiutò di accogliere la mia richiesta di aiuto — *The mere thought of food turned his stomach,* Il solo pensiero del cibo gli rivoltò lo stomaco — *His stomach turned at the sight of blood,* Alla vista del sangue si sentì male — *to turn sb's head,* dare alla testa (di qcno); montare la testa di qcno; far montare qcno in superbia — *All the praise the young actress has received has turned her head,* Tutte le lodi ricevute dalla giovane attrice le hanno montato la testa — *to turn sb's brain,* dare di volta al cervello; fare impazzire; sconvolgere — *to turn the corner,* svoltare; *(fig.)* superare il punto critico *(di una malattia, ecc.)* — *to turn the scale (scales), (fam.)* far volgere la bilancia (a favore o contro qcno) — *to turn up one's heels, (fam.)* morire — *to turn Queen's (King's) evidence, (di imputato)* decidersi a testimoniare a favore della pubblica accusa — *to turn an honest penny,* fare un onesto guadagno — *to turn the tables on sb,* rovesciare la situazione a sfavore di qcno.

to turn about, voltarsi; *(spec. mil.)* far dietrofront: *About turn!, (mil.)* Dietrofront!

to turn against, - **a)** rivoltarsi contro; diventare ostile a - **b)** mettere contro: *She tried to turn the children against their father,* Cercò di mettere i figlioli contro il padre.

to turn around = to turn round.

to turn aside, deviare *(vt e i.);* scantonare; *(fig.)* sviare; stornare.

to turn away, - **a)** allontanarsi; voltar le spalle: *She turned away in disgust,* Si allontanò disgustata - **b)** *to turn sb away,* mandar via; cacciare: *to turn away a beggar,* cacciar via un mendicante — *We had to turn away hundreds of people,* Siamo stati costretti a respingere centinaia di persone - **c)** sviare; deviare.

to turn down, - **a)** piegare *(una pagina, un colletto, ecc.)* - **b)** abbassare *(la fiamma, ecc.)* - **c)** respingere *(una proposta, ecc.): He asked Sally to marry him but she turned him down (turned down his proposal),* Chiese a Sally di sposarlo, ma lei rifiutò la sua proposta — *He tried to join up but was turned down because of poor physique,* Cercò di arruolarsi nell'esercito, ma fu respinto per debole costituzione fisica - **d)** svoltare; rovesciare *(una carta da giuoco)* - **e)** svoltare (giù per...): *He turned down a narrow road,* Svoltò per una stradina.

to turn in, - **a)** piegare in dentro: *He turned his toes in,* Arricciò le dita dei piedi in giù — *His toes turn in,* Ha il piede varo - **b)** riconsegnare; *(fam.)* restituire: *You must turn in your equipment when you leave the army,* Devi riconsegnare l'equipaggiamento militare quando vai in congedo - **c)** *to turn sb in to the police,* consegnare qcno nelle mani della polizia - **d)** *(fam.)* andare a letto: *We turned in at eleven o'clock,* Andammo a letto alle undici.

to turn inside out, rivoltare; rovesciare; capovolgere: *The wind turned my umbrella inside out,* Il vento mi rovesciò l'ombrello.

to turn into, - **a)** svoltare in una strada: *We turned into the lane,* Prendemmo il vicolo - **b)** *to turn into sth,* mutarsi; cambiarsi; trasformarsi - **c)** *to turn sth into sth else,* mutare, trasformare qcsa: *The witch turned him into a toad,* La strega lo cambiò in rospo.

to turn off, - **a)** chiudere *(il rubinetto, il gas, ecc.);* spegnere *(la luce)* - **b)** licenziare; mandar via *(un servo)* - **c)** produrre *(un epigramma)* - **d)** svoltare; *(di strada)* diramarsi: *Is this where we turn off for Stockport?,* È qui che bisogna svoltare per Stockport? - **e)** *(sl.)* impiccare.

to turn on, - **a)** aprire *(un rubinetto, ecc.);* accendere *(la luce)* - **b)** eccitare - **c)** dipendere: *The success of a picnic usually turns on the weather,* Il successo di una scampagnata generalmente dipende dal tempo - **d)** aggredire (improvvisamente); attaccare.

to turn out, - **a)** girare all'infuori: *His toes turn out,* Ha il piede valgo - **b)** spegnere o chiudere: *Please turn out the lights,* Per favore, spegni le luci - **c)** *(di fabbrica, ecc.)* produrre; sfornare: *Our new factory is turning out a large quantity of goods,* La nostra nuova fabbrica sta producendo una grande quantità di manufatti — *The school has turned out some good scholars,* La (nostra) scuola ha prodotto (sfornato) alcuni ottimi studiosi - **d)** espellere; cacciare; sfrattare; svuotare *(tasche, cassetti): to turn out a tenant,* sfrattare un inquilino — *to turn sb out of his job,* cacciare qcno dall'impiego — *to turn out all the drawers in one's desk,* svuotare tutti i cassetti della propria scrivania - **e)** (far) chiamare *(polizia, pompieri)* per un intervento: *to turn out the guard,* far assembrare (radunare) le guardie - **f)** presentarsi; presenziare; *(di folla)* assieparsi: *The whole village turned out to welcome us,* L'intero villaggio era lì a darci il benvenuto — *Not many men turned out for duty,* Non molti uomini si presentarono al lavoro - **g)** *(fam.)* alzarsi dal letto - **h)** risultare; terminare: *Everything turned out well (satisfactorily),* Tutto andò a finire bene — *The day turned out wet,* Quel giorno piovve — *as it turned out,* a conti fatti — *It turned out that...,* Il risultato fu che...; Risultò che... - **i)** *to be well (ecc.) turned out,* essere ben equipaggiato, dotato, fornito, vestito: *a well turned out young man,* un giovanotto elegante — *She was beautifully turned out,* Era elegantemente vestita - **j)** rovesciare *(una torta o un budino dalla forma).*

to turn over, - **a)** girare, girarsi; voltare, voltarsi; capovolgere, capovolgersi; capottare: *He turned over in bed,* Si rigirava nel letto — *The car turned right over,* L'auto capottò - **b)** *to turn a problem over (over and over) in one's mind,* meditare (a lungo) su un problema - **c)** trasferire; cedere *(un'azienda): I've turned over my business to my successors,* Ho trasferito la mia azienda ai miei successori — *I have turned over the management of my affairs to my brother,* Ho ceduto la direzione degli affari a mio fratello - **d)** consegnare: *The thief was turned over to the police,* Il ladro fu consegnato alla polizia - **e)** *(comm.)* avere un giro d'affari *(dell'ordine di...): His company turns over 25,000 pounds a day,* La sua azienda ha un giro d'affari di 25.000 sterline al giorno - **f)** *to turn over a new leaf, (fig.)* cambiar vita; mettere la testa a partito.

to turn round, - **a)** girare; voltarsi: *Turn round and let me see your profile,* Voltati e fammi vedere il tuo profilo - **b)** *(di nave, aeroplano, ecc.)* venir scaricato e ripartire.

to turn to, rivolgersi; mettersi; applicarsi: *The child turned to its mother for comfort,* Il bambino si voltò verso la madre in cerca di conforto — *It's time we turned to (o turned to our work),* È ora che ci mettiamo al lavoro.

to turn up, - **a)** volgere in su; rimboccare: *to turn up one's sleeves,* tirarsi su le maniche - **b)** arricciare: *She turned up her nose at the suggestion,* A quella proposta arricciò il naso - **c)** portare in superficie: *The ploughman turned up a silver sword,* L'aratore portò alla luce una spada d'argento - **d)** apparire; arrivare; farsi vedere; saltar fuori; capitare: *He promised to come but hasn't turned up yet,* Ha promesso che sarebbe venuto; ma non si è ancora fatto vedere — *The book you have lost will turn up one of these days,* Un giorno o l'altro il libro che hai perso salterà fuori — *He's still waiting for something to turn up,* È sempre in attesa che salti fuori qualcosa *(un lavoro, un colpo di fortuna, ecc.)* - **e)** far vomitare: *The stink from the slaughter-house turned her up,* Il puzzo del mattatoio la fece vomitare - **f)** alzare *(il gas o il volume di una radio)* - **g)** *Turn it up!, (fam.)* Basta!; Smettila!; Piantala!

to turn upon, - **a)** = **to turn on d)** - **b)** fondarsi (poggiarsi) su.

turnbuckle [tə:n'bʌkl] *s.* tenditore a vite; *(naut.)* arridatoio.

turncoat ['tə:nkout] *s.* voltagabbana; opportunista.

turncock ['tə:nkɔk] *s.* addetto al servizio idrico; fontaniere.

turn-down ['tə:ndaun] *agg attrib (p.es. di colletto)* rovesciabile; rovesciato.

turner ['tə:nə*] *s.* tornitore.

turning ['tə:niŋ] *s.* **1** tornitura. **2** svolta; curva *(di strada);* traversa: *Take the first turning on (to) the right,* Prendi la prima svolta (traversa) a destra.

turning-point ['tə:niŋ'pɔint] *s.* svolta decisiva; momento critico: *to reach a turning-point in history (in one's life),* giungere ad una svolta decisiva per la storia (per la propria vita) — *There was a turning-point in the negotiation yesterday,* Ieri i negoziati sono giunti ad una svolta decisiva.

turnip ['tə:nip] *s.* rapa: *turnip tops,* cime di rapa.

[1]**turnkey** ['tə:nki] *s.* secondino; carceriere.

[2]**turnkey** ['tə:nki] *agg (di contratto per la costruzione di uno stabilimento)* 'chiavi in mano'; che prevede una fornitura o una installazione completa.

turn-out [tə:'naut] *s.* **1** rovistamento *(dei cassetti);* lo svuotare *(le tasche, ecc.): It's time we had a proper turn-out,* È ora di fare un po' di ordine qui. **2** assembramento *(di folla); (GB, fam.)* sciopero. **3** produzione *(di merci).* **4** equipaggiamento; equipaggio o tiro di cavalli: *a smart turn-out,* un bell'equipaggio; un bel tiro di cavalli.

turnover [tə:n'ouvə*] *s.* **1** capovolgimento; cambiamento repentino; avvicendamento: *There is a higher turnover of the labour force in unskilled trades than in skilled trades,* Nei mestieri meno qualificati l'indice di avvicendamento della forza lavoro è più alto che in quelli più qualificati. **2** *(comm.)* giro o volume d'affari; fatturato: *turnover tax,* imposta sull'entrata — *to sell goods at low prices hoping for a quick turnover,* vendere la merce a prezzi più bassi sperando in un rapido giro d'affari. **3** *(comm.)* ricambio; rotazione *(del personale).* **4** focaccia ripiena; pasticcio di pasta ripiena. **5** *(fam., giornalistico)* articolo che prosegue nella pagina seguente.

turnpike ['tə:npaik] *s.* **1** *(stor.)* barriera; sbarra; cancello *(di strade per le quali si doveva pagare un pedaggio).* **2** *(USA =* turnpike road*)* autostrada *(a pedaggio).*

turn-round ['tə:nraund] *s.* **1** preparazione di un aereo, nave, ecc., per il viaggio di ritorno (*cfr.* **to turn round,** b). **2** *(econ.)* svolta.

turnspit ['tə:nspit] *s.* **1** girarrosto. **2** *(stor.)* cane usato per far girare lo spiedo.

turnstile ['tə:nstail] *s.* cancelletto ruotante *(di campo sportivo, stadio, ecc. per far entrare solo una persona alla volta).*

turntable ['tə:n,teibl] *s.* **1** piattaforma girevole *(per locomotive).* **2** piatto girevole; 'piatto' *(di giradischi).*

turn(-)up ['tə:n'ʌp] *s.* **1** risvolto *(dei pantaloni).* **2** *(fam., generalm. nell'espressione) a turn-up for the book,* una cosa sorprendente, inaspettata.

turpentine ['tə:pəntain] *s.* trementina.

turpitude ['tə:pitju:d] *s.* turpitudine; bassezza; cattiveria; azione depravata.

turps [tə:ps] *s., abbr fam di* **turpentine.**

turquoise ['tə:kwɑ:z/'tə:kwɔiz] *s.* turchese *(pietra dura).* □ agg (color) turchese.

turret ['tʌrit] *s.* **1** torretta; piccola torre. **2** torretta corazzata.

[1]**turtle** ['tə:tl] *s.* tartaruga. □ *to turn turtle, (di una nave)* capovolgersi.

[2]**turtle** ['tə:tl] *s. (ant., ora* turtle-dove*)* tortora.

turtleback ['tə:tlbæk] *s.* **1** spartitraffico. **2** *(naut.)* ponte arcuato.

turtleneck ['tə:tlnek] *agg (di pullover)* a collo alto; alla 'dolce vita'.

turves [tə:vz] *s., pl di* **turf 2.**

tush [tʌʃ] *interiezione (di disprezzo o impazienza)* puah!; uff!

tusk [tʌsk] *s.* zanna.

tussle ['tʌsl] *s.* rissa; lotta.

to **tussle** ['tʌsl] *vi (quasi sempre* to tussle with sb*)* lottare con qcno; rissare.

tussock ['tʌsək] *s.* cespuglio; ciuffo d'erba.

tut, tut tut [tʌt/tʌt'tʌt] *interiezione* pst!; puah!; uffa!

tutelage ['tju:tilidʒ] *s.* tutela; periodo della tutela: *a child in tutelage,* un bambino sotto tutela.

tutelar, tutelary ['tju:tilə*/'tju:tiləri] *agg* tutelare: *tutelar authority,* autorità tutelare.

tutor ['tju:tə*] *s.* **1** istitutore; precettore; insegnante privato; ripetitore. **2** *(GB)* insegnante universitario che segue direttamente il lavoro di un piccolo gruppo di studenti. **3** *(dir.)* tutore.

to **tutor** ['tju:tə*] *vt* **1** fare il precettore; insegnare; ammaestrare: *to tutor a boy in Latin,* insegnare latino a un ragazzo. **2** controllare; disciplinare; frenare: *to tutor oneself to be patient,* disciplinarsi (addestrarsi) alla pazienza.

tutorial [tju'tɔ:riəl] *agg* didattico; di precettore. □ *s. (GB, in certe università)* ora di istruzione individuale sotto la guida di un 'tutor' (⇨ **tutor, 2**).

tutti frutti ['tu:ti'fru:ti] *s.* specie di cassata.

to **tut-tut** [tʌt'tʌt] *vt e i.* (**-tt-**) zittire; esprimere disprezzo o impazienza: *He tut-tutted at the idea,* Espresse la sua disapprovazione al progetto.

tutu ['tu'tu] *s. (fr.)* tutù.

tu-whit tu-whoo [tu'wit-tu'wu:] *s.* il verso della civetta.

tuxedo [tʌk'si:dou] *s. (USA)* abito da sera maschile; 'smoking'.

twaddle ['twɔdl] *s.* discorso sciocco; ciarle; stupidaggini; frottole; fesserie; 'balle'.

to **twaddle** ['twɔdl] *vt* dire o scrivere cose sciocche: *Stop twaddling!,* Smettila di dire stupidaggini!

twaddler ['twɔdlə*] *s.* ciarlone; persona che parla così per parlare, e dice sciocchezze.

twain [twein] *s. (ant.)* due: *to rend sth in twain,* spaccare (fendere) qcsa in due.

twang [twæŋ] *s.* **1** *(di strumento musicale, ecc.)* vibrazione metallica *(prodotta da una corda che viene pizzicata, ecc.).* **2** *(di persona)* suono nasale; tono nasale: *to speak with a twang,* parlare con un tono nasale.

to **twang** [twæŋ] *vt e i.* vibrare; produrre un suono metallico; strimpellare; pizzicare la corda di uno strumento: *The bow twanged and the arrow whistled through the air,* L'arco vibrò e la freccia sibilò nell'aria — *He was twanging a banjo,* Pizzicava le corde di un banjo.

'twas [twɔz/twəz] *forma contratta ant e dial di* it was: *'Twas a wild and stormy night,* Era una notte buia e tempestosa.

tweak [twi:k] *s.* pizzicotto.

to **tweak** [twi:k] *vt* pizzicare; tirare; storcere.

twee [twi:] *agg (fam.)* bellino *(generalm. spreg.).*

tweed [twi:d] *s.* **1** *(spesso attrib.)* 'tweed'; tipo di stoffa sportiva a più colori tessuti insieme: *a tweed coat,* un cappotto di 'tweed'. **2** *(al pl.)* tessuti di 'tweed': *dressed in Scottish tweeds,* vestito di 'tweed' scozzese.

tweedy ['twi:di] *agg (fam.)* mascolino *(spec. riferito al modo di vestire di una donna di una certa età).*

'tween [twi:n] *prep (forma contratta ant. e lett. di* **between** ⇨*)* fra; in mezzo a: *'tween decks, (naut.)* corridoio, spazio tra due ponti.

tweeny ['twi:ni] *s. (fam.)* sguattera; ragazzina tuttofare.

tweet [twi:t] *s. (di uccelli)* cinguettio.

to **tweet** [twi:t] *vi* cinguettare.

tweeter ['twi:tə*] *s.* altoparlante a compressione per i toni alti.

tweezers ['twi:zəz] *s. (anche* a pair of tweezers*)* pinzetta (strappapeli, ecc.).

twelfth [twelfθ] *s. e agg* dodicesimo: *twelfth man, (in una squadra di undici)* giocatore di riserva — *Twelfth Night,* la notte dell'Epifania.

twelve [twelv] *agg e s.* dodici: *the Twelve,* i dodici Apostoli.

twelve(-)month ['twelvmʌnθ] *s.* anno: *I haven't seen her for nearly a twelvemonth,* Non la vedo da quasi un anno. □ *avv this day twelvemonth,* un anno fa; tra un anno.

twentieth ['twentiiθ] *agg e s.* ventesimo.

twenty ['twenti] *agg e s.* venti: *twenty-one; twenty-two,* ventuno; ventidue — *my twenty-first (twenty-second) birthday,* il mio ventunesimo (ventiduesimo) compleanno — *June the twenty-second,* il ventidue giugno — *twenty past eleven,* le undici e venti — *twenty-five to twelve,* le dodici meno venticinque.

'twere [twə:*/twεə*/twə*] *contraz ant di* it were: *'Twere well 'twere done at once,* Sarebbe meglio farlo subito.

twerp [twə:p] *s.* = **twirp.**

twice [twais] *avv* due volte; doppiamente: *twice as much (as many),* due volte tanto — *I must have been there once or twice,* Ci sarò stato una volta o due — *He's twice the man he was,* È il doppio di quello che era prima — *to think twice about doing sth,* pensare due volte prima di fare qcsa (o di prendere una decisione) — *a twice-told tale,* una storia detta e ripetuta; una storia molto nota.

to **twiddle** ['twidl] *vt e i.* **1** girare: *to twiddle one's thumbs,* far girare i pollici. **2** gingillarsi *(con qcsa);* giocherellare.

twig [twig] *s.* rametto; ramoscello.

to **twig** [twig] *vt e i.* (**-gg-**) *(fam.)* capire; intuire; afferrare: *I soon twigged what he was up to,* Compresi immediatamente che cosa stava combinando.

twiggy ['twigi] *agg* **1** con tanti ramoscelli: *to support plants with twiggy sticks,* sostenere piante con bastoni ramificati. **2** sottile come un ramoscello.

twilight ['twailait] *s.* **1** crepuscolo; luce crepuscolare. **2** *(fig.)* periodo remoto e poco conosciuto; albori; inizio confuso: *in the twilight of history,* agli albori della storia.

twill [twil] *s.* stoffa di cotone tessuta in diagonale.

'twill [twil/twəl/twl] *contraz ant di* it will: *'Twill be good for him,* Gli farà bene.

twilled [twild] *agg* tessuto in diagonale.

twin [twin] *s.* gemello *(uno di due gemelli): twin birth,* parto gemellare — *twin brother (sister),* fratello gemello (sorella gemella) — *twin beds,* letti gemelli — *twin cylinder, (di un motore)* cilindri accoppiati — *twin jet,* bireattore — *twin screw, (di nave)* a due eliche — *twin set,* completo in lana a due pezzi *(maglietta e golfino).*

twine [twain] *s.* cordino; spago.

to **twine** [twain] *vt e i.* intrecciare, intrecciarsi; torcere; attorcigliare, attorcigliarsi; cingere; girare; avviluppare, avvilupparsi: *to twine flowers into a garland,* intrecciar fiori per farne una ghirlanda — *vines that twine round a tree,* viti che si avviluppano attorno a un albero — *She twined her arms round my neck,* Mi cinse il collo con le braccia.

twinge [twindʒ] *s.* fitta di dolore; dolore lancinante e acuto: *a twinge of toothache,* una fitta di mal di denti — *a twinge of conscience,* un rimorso.

twinkle ['twiŋkl] *s.* **1** scintillio; balenio; sfavillio; luccichio. **2** ammiccatina; strizzatina d'occhio; battito di ciglia; *(per estensione)* rapido movimento: *in a twinkle,* in un baleno; in un batter d'occhio.

to **twinkle** ['twiŋkl] *vi* scintillare; brillare; balenare; sfavillare; luccicare.

twinkling ['twiŋkliŋ] *s. (solo al sing.)* **1** scintillio; balenio. **2** istante; batter d'occhio: *in a twinkling; in the twinkling of an eye,* in un batter d'occhio.

to **twirl** [twə:l] *vt e i.* **1** (far) girare; roteare velocemente: *She twirled the mop to get the water out of it,* Roteò in aria la scopa di stracci per farne uscire l'acqua. **2** arricciare: *He twirled his moustache (up),* Si arricciò i baffi.

twirp, twerp [twə:p] *s. (GB, sl.)* **1** persona spregevole; mascalzone. **2** *(più comunemente)* sciocco; stupido; imbecille; idiota; cretino; 'fesso'.

twist [twist] *s.* **1** torsione; contorsione; torcimento; storta: *The bully gave the little boy's arm a twist,* Il prepotente torse il braccio al ragazzino. **2** curva; svolta; mutamento di direzione: *There are numerous twists in the road over the pass,* Ci sono numerose curve nella strada che attraversa il valico. **3** cartoccio; oggetto attorcigliato; spira; spirale: *a rope full of twists,* una fune piena di spire — *a twist of paper,* un cartoccio di carta. **4** filo ritorto; cordoncino; treccia; rotolo. **5** *(di palla, spec. al bigliardo)* effetto. **6** tendenza; disposizione; inclinazione: *He has a criminal twist in him,* Ha in sé una predisposizione alla delinquenza. **7** *(GB)* cocktail; miscela di liquori. **8** 'twist' *(danza dei primi anni Sessanta).*

to **twist** [twist] *vt e i.* **1** intrecciare, intrecciarsi; attorcigliare, attorcigliarsi: *to twist pieces of straw into a rope,* intrecciare pezzi di paglia per formare una fune — *She twisted the girl's hair round her fingers to make it curl,* Attorcigliò i capelli della ragazza attorno alle sue dita per arricciarli. **2** torcere, torcersi; contorcere, contorcersi; distorcere, distorcersi: *to twist a wet cloth,* torcere uno straccio bagnato — *to twist the cap off a fountain-pen,* svitare il coperchio di una penna stilografica — *to twist a man's arm,* torcere il braccio ad un uomo — *If you use too much force, you'll twist the key,* Se userai troppa forza torcerai la chiave — *His features were twisted with pain,* I suoi lineamenti erano contorti per il dolore — *The thief twisted out of the policeman's grip and ran off,* Il ladro si liberò con un movimento serpentino (sgusciò via) dalla stretta del poliziotto e fuggì via — *The injured man twisted about in pain,* Il ferito si torceva per il dolore — *He fell and twisted his ankle,* Cadde e si distorse la caviglia — *She can twist her husband round her little finger, (fig.)* Può fare del marito quello che vuole. **3** *(seguito da* off*)* spezzare *(per mezzo di torsione): to twist off the end of a piece of wire,* spezzare, torcendola, l'estremità di un fil di ferro. **4** falsare *(il significato di qcsa);* distorcere; alterare; travisare: *The police tried to twist his words into a confession of guilt,* La polizia cercò di distorcere le sue parole in una confessione di colpevolezza. **5** muoversi a spirale; attorcigliarsi; formare una spirale; girare a spirale; formare volute: *twisted columns,* colonne tortili (a tortiglione) — *The smoke from my cigarette twisted upwards,* Il fumo che usciva dalla mia sigaretta saliva in volute. **6** serpeggiare; avere un corso (un andamento) sinuoso; muoversi serpeggiando; sgusciare: *The road twists and turns up the side of the mountain,* La strada si snoda serpeggiando lungo il fianco della montagna — *We twisted (our way) through the crowd,* Sgusciammo attraverso la folla. **7** *(di palla, spec. nel gioco del bigliardo)* avere (dare) un effetto. **8** ballare il 'twist'. **9** *(fig.)* raggirare; abbindolare; ingannare.

twisted ['twistəd] *agg* (*p. pass. di* **to twist**) **1** storto; ritorto; contorto. **2** *(fig., di persona)* complesso; contorto; sleale.

twister ['twistə*] *s.* **1** *(fam.)* individuo disonesto; imbroglione; truffatore. **2** compito difficile; grave problema; rompicapo: *a tongue-twister,* uno scioglilingua. **3** *(industria tessile)* ritorcitoio. **4** *(USA, fam.)* tornado.

twisty ['twisti] *agg* (**-ier**; **-iest**) **1** tortuoso; pieno di curve; serpeggiante: *a twisty road,* una strada tortuosa. **2** disonesto; tortuoso; in malafede: *a twisty politician,* un uomo politico disonesto (in malafede).

twit [twit] *s.* sciocco; cretino; 'fesso'.

to **twit** [twit] *vt* (**-tt-**) stuzzicare; prendersi gioco di *(qcno per qcsa);* prendere in giro *(qcno);* fare dell'ironia su *(qcno): It is wrong to twit a man with (*o *about) his humble origin,* Non è giusto prendere in giro un uomo per le sue umili origini.

twitch [twitʃ] *s.* **1** contrazione improvvisa; spasimo; 'tic'. **2** strappo; strattone: *I felt a twitch at my sleeve,* Mi sentii tirare per la manica.

to **twitch** [twitʃ] *vt e i.* **1** contrarre, contrarsi; contorcersi: *The dog's nose twitched as it passed the butcher's shop,* Il naso del cane si contrasse mentre passò davanti alla bottega del macellaio — *His face twitched with terror,* La sua faccia si contrasse per il terrore — *The horse twitched its ears,* Il cavallo contrasse le orecchie. **2** dare uno strattone; tirare bruscamente; strappare: *The wind twitched the paper out of my hand,* Il vento mi strappò di mano la carta.

twitter ['twitə*] *s.* **1** cinguettio. **2** *(fam., di persone): to be (all) in a twitter,* essere in grande agitazione, in uno stato di eccitazione.

to **twitter** ['twitə*] *vi (di uccelli)* cinguettare; emettere una sequela di piccoli deboli suoni; pigolare; *(di persone)* parlare in fretta *(per nervosismo o eccitazione).*

'twixt [twikst] *prep (abbr. ant., dial. e lett. di* **betwixt**).

two [tu:] *s. e agg* due: *to come (to break, to cut) sth in two,* venire (rompere, tagliare) qcsa in due — *to put two and two together,* tirare le somme; trarre le logiche conseguenze — *by twos and threes,* a due e tre per volta — *Two can play at that game,* È una partita che si gioca in due; *(fig.)* Bisogna tener conto anche dell'avversario; Non bisogna fare i conti senza l'oste — *It's ten to two,* Sono le due meno dieci — *two-edged,* a doppio taglio *(anche fig.)* — *two-faced,* bifronte; che ha due facce; insincero — *two-handed,* a due mani; da usare in due — *two-piece,* in due pezzi; in due parti; costituito da due parti — *a two-piece (suit),* un (abito a) due pezzi — *two-seater,* biposto *(mobile, aereo, ecc.)* — *two-step,* passo doppio *(tipo di ballo)* — *two-way,* - **a)** *(di interruttore elettrico)* bipolare - **b)** *(di strada)* percorribile nei due sensi *(cfr. one-way street,* strada a senso unico*)* - **c)** *two-way radio,* ricetrasmittente — *two a penny,* di poco costo; da due soldi.

twofold ['tu:fould] *agg* doppio. □ *avv* doppiamente.

twopence ['tʌpəns] *s.* la somma di due penny.

twopenny ['tʌpni] *agg* del costo di due penny: *There are no twopenny fares on London buses now,* Non ci sono biglietti da due pence negli autobus di Londra adesso. □ *two-penny half-penny,* dozzinale; da quattro soldi.

twosome ['tu:səm] *s.* **1** gruppo di due; coppia *(di giocatori, ecc.);* paio. **2** ballo (gioco, ecc.) a coppie. □ *agg (di ballo, ecc.)* a due; per due persone; in coppia.

'twould [twud] *contraz ant di* it would: *'Twould not be right,* Non sarebbe giusto.

Tyburn ['taibə:n] *nome proprio (stor., GB)* Tyburn *(zona di Londra, vicina all'odierna Marble Arch, in cui si eseguivano le condanne a morte).* □ *Tyburn tree,* forca; patibolo — *Tyburn tippet,* capestro.

tycoon [tai'ku:n] *s.* **1** *(stor. giapponese)* 'shogun' *(comandante in capo degli eserciti per diritto ereditario).* **2** *(spec. USA)* capitano d'industria; magnate: *oil tycoons,* magnati del petrolio.

tying ['taiiŋ] *p. pres di* **to tie.**

tyke [taik] *s.* cagnaccio; cane bastardo; *(come insulto)* zoticone.

tympanum ['timpənəm] *s.* (*pl.* **tympana**) *(anat., archit.)* timpano.

type [taip] *s.* **1** tipo; esemplare; modello; figura; specie; genere; classe: *Abraham Lincoln was a fine type of the American patriot,* Abraham Lincoln fu uno splendido modello di patriota americano — *They make good Burgundy type wine (wine of the Burgundy type) in Australia,* In Australia si fa del buon vino del tipo borgogna — *men of this type,* uomini di questo tipo — *Her beauty is of the Italian type,* La sua bellezza è di tipo italiano — *true to type, (biol.)* conforme alla specie; *(di persona)* fedele al proprio carattere — *A cowardly bulldog is not true to type,* Un bulldog pauroso non riflette le qualità della sua specie — *to act true to type,* agire secondo (in conformità con) la propria personalità. **2** *(persona)* individuo; 'tipo'. **3** carattere tipografico; tipo: *The printers are short of type (of certain types),* I tipografi sono a corto di caratteri (di alcuni caratteri) — *Wooden type is (Wooden types are) sometimes used for printing posters,* Talvolta vengono usati caratteri di legno per stampare manifesti — *The material is now in type,* Il materiale è già stato composto — *type-setter,* compositore (tipografo); macchina compositrice — *type-writer,* macchina da scrivere.

to **type** [taip] *vt* **1** *abbr di* **to type - write. 2** *(med.)* determinare *(p.es. il gruppo sanguigno).*

to **type-cast** ['taipkɑ:st] *vt* scritturare *(un attore)* per una parte che richiede le caratteristiche per le quali è ormai noto; scritturare in modo banale, senza fantasia.

typescript ['taipskript] *s.* dattiloscritto.

to **type - write** ['taiprait] *vt e i.* (*generalm. al p. pass.* **type-written**) scrivere (battere) a macchina; dattilografare: *a type-written letter,* una lettera scritta a macchina.

typewriter ['taip,raitə*] *s.* **1** macchina per scrivere. **2** *(una volta)* dattilografo, dattilografa.

type - written ['taip,ritn] *p. pass di* **to type - write.**

typhoid ['taifɔid] *s. (anche* typhoid fever*)* tifo; febbre tifoidea.

typhoon [tai'fu:n] *s.* tifone; ciclone tropicale.

typhus ['taifəs] *s.* tifo (petecchiale).

typical ['tipikl] *agg* tipico; rappresentativo; caratteristico *(di qcsa).* □ *avv* **typically.**

to **typify** ['tipifai] *vt* essere tipico (di); tipicizzare; incarnare; essere caratteristico (di); rappresentare come simbolo.

typist ['taipist] *s.* dattilografo, dattilografa.

typographer [tai'pɔgrəfə*] *s.* tipografo.

typographic [,taipə'græfik] *agg* tipografico.

typography [tai'pɔgrəfi] *s.* tipografia.

tyrannical, tyrannous [ti'rænikəl/'tirənəs] *agg* tirannico; da despota o tiranno. □ *avv* **tyrannically, tyrannously.**

tyrannicide [ti'rænisaid] *s.* **1** tirannicida. **2** tirannicidio.

to **tyrannize** ['tirənaiz] *vi e t.* tiranneggiare; governare in modo tirannico: *to tyrannize over the weak,* tiranneggiare i deboli — *He tyrannizes his family,* Tiranneggia la sua famiglia.

tyrannous ['tirənəs] *agg* tirannico; tirannesco; crudele.

tyranny ['tirəni] *s.* **1** tirannia. **2** tirannide: *to live under a tyranny,* vivere sotto una tirannide.

tyrant ['taiərənt] *s.* tiranno; despota.

tyre ['taiə*] *s. (GB)* pneumatico; copertone; gomma *(di ruota).*

tyred ['taiəd] *agg (di autoveicolo)* munito di gomme, di pneumatici.

tyreless ['taiələs] *agg (di autoveicolo)* senza pneumatici.

tyro ['taiərou] *s.* (*pl.* **tyros**) principiante; apprendista.

Tyrolese [,tirə'li:z] *agg e s.* tirolese.

tzar, tzarina [zɑ:*/zɑ:'ri:nə] *s.* = **czar, czarina.**

tzarist ['zɑ:rist] *agg e s. (stor.)* zarista.

tze tze ['tsetsi] *s.* = **tsetse.**

U, u [ju:] *s.* **1** U, u *(ventunesima lettera dell'alfabeto inglese): u for uncle, (al telefono, ecc.)* U come Udine. **2** *(come agg., fam.)* caratteristico delle classi elevate: *non-u,* non caratteristico delle classi elevate; volgare. □ *U-boat,* 'U-boot' *(sottomarino tedesco)* — *U-turn,* curva ad 'U' *(di 180°);* inversione di marcia — *U-turns not allowed,* Sono proibite le inversioni di marcia.

ubiquitous [ju:'bikwitəs] *agg* ubiquitario; dotato di ubiquità; onnipresente. □ *avv* **ubiquitously.**

ubiquity [ju:'bikwiti] *s.* ubiquità; onnipresenza.

udder ['ʌdə*] *s. (generalm. di vacca)* poppa; mammella.

ugh [uh/u:x] *interiezione (per esprimere disgusto)* uh!; puah!

to **uglify** ['ʌglifai] *vt* imbruttire; rendere brutto.

ugliness ['ʌglinis] *s.* **1** bruttezza. **2** bassezza; abiezione.

ugly ['ʌgli] *agg* (**-ier**; **-iest**) **1** brutto; sgradevole alla vista; sgraziato; *(per estensione)* odioso: *as ugly as sin,* brutto come il peccato — *to make ugly faces,* fare le boccacce. **2** minaccioso; spiacevole; pericoloso; che promette male: *The sky looks ugly,* Il cielo appare minaccioso — *He's an ugly customer, (fam.)* È un tipo pericoloso; È un brutto individuo — *The news from the Pacific is ugly,* Le notizie provenienti dal Pacifico sono brutte. **3** vile; turpe; abbietto: *ugly vices,* turpi vizi. □ *avv* **uglily.**

ukase [ju:'keis/ju:'keiz] *s.* **1** *(stor.)* ukase; editto dello zar. **2** *(per estensione)* ordine arbitrario; editto dittatoriale.

Ukrainian [ju:'kreinjən] *agg e s.* ucraino.

ukulele [ju:kə'leili] *s.* ukulele; chitarra hawaiiana.

ulcer ['ʌlsə*] *s.* ulcera; piaga: *duodenal ulcer,* ulcera duodenale.

to **ulcerate** ['ʌlsəreit] *vt e i.* ulcerare, ulcerarsi; *(fig.)* ferire.

ulceration [,ʌlsə'reiʃən] *s.* ulcerazione.

ulcerous ['ʌlsərəs] *agg* ulceroso.

ullage ['ʌlidʒ] *s.* **1** *(comm.)* calo; colaggio *(mancanza di liquido in botti, bottiglie, ecc.).* **2** deposito *(in una bottiglia di vino, ecc.);* sedimento. **3** *(per estensione)* feccia *(anche umana).*

ulna ['ʌlnə] *s.* ulna.

ulster ['ʌlstə*] *s.* 'ulster'; soprabito ampio e pesante con cintura e mantellina.

ult [ʌlt] *agg abbr di* **ultimo** ⇨.

ulterior [ʌl'tiəriə*] *agg* **1** ulteriore. **2** diverso. **3** segreto; nascosto; recondito: *ulterior motives,* ragioni nascoste (recondite).

ultimate ['ʌltimət] *agg* **1** definitivo; finale; ultimo: *the ultimate deterrent,* il deterrente definitivo. **2** fondamentale; basilare: *ultimate principles,* princìpi fondamentali — *the ultimate cause,* la causa fondamentale. □ *avv* **ultimately** ⇨.
□ *come s. the ultimate,* il 'massimo'; il 'non plus ultra'.

ultimately ['ʌltimətli] *avv* **1** in definitiva. **2** infine; alla fine.

ultimatum [,ʌlti'meitəm] *s.* ultimatum.

ultimo ['ʌltimou] *agg (stile burocratico)* ultimo; scorso *(nelle lettere commerciali, abbr.* **ult.**): *Thank you for your letter of the 10th ult.,* Grazie per la vostra lettera del 10 ultimo scorso.

ultra- ['ʌltrə] *prefisso* ultra-: *ultra-conservative,* ultraconservatore — *ultra-critical,* ultracritico — *ultra-fashionable; ultra-smart,* ultraelegante — *ultra-high-frequency,* frequenza ultraelevata.

ultramarine [,ʌltrəmə'ri:n] *agg e s.* azzurro oltremare.

ultramodern [,ʌltrə'mɔdən] *agg* modernissimo.

ultramontane [,ʌltrə'mɔntein] *agg* **1** *(geografia)* oltramontano; ultramontano; oltremontano; *(per gli europei del Nord)* italiano. **2** *(religione)* ultramontano; del partito 'italiano' *(nella Chiesa Cattolica).*
□ *s.* fautore del partito 'italiano' *(nella Chiesa Cattolica).*

ultrasonic [,ʌltrə'sɔnik] *agg* ultrasonico.

ultraviolet [,ʌltrə'vaiəlit] *agg* ultravioletto: *ultraviolet rays,* raggi ultravioletti.

ultra vires ['ʌltrə 'vaiəri:z] *agg e avv (lat.)* al di là dei propri poteri o di quanto disposto dalla legge.

to **ululate** ['ju:ljuleit] *vi* ululare; lamentarsi con alti gemiti.

ululation [,ju:lju'leiʃən] *s.* ululato.

umbelliferous [,ʌmbe'lifərəs] *agg* umbellifero; ombrellifero.

umber ['ʌmbə*] *s.* terra d'ombra *(sostanza colorante): burnt umber,* terra d'ombra bruciata — *raw umber,* terra d'ombra naturale.

umbilical [ʌm'bilikəl/ʌmbi'laikəl] *agg* **1** ombelicale: *umbilical cord,* cordone ombelicale. **2** *(ascendenza)* di linea materna.

umbrage ['ʌmbridʒ] *s.* risentimento; offesa: *to take umbrage at sth,* offendersi (adombrarsi) per qcsa.

umbrella [ʌm'brelə] *s.* **1** ombrello *(anche della medusa);* parapioggia; paracqua: *beach umbrella,* ombrellone — *umbrella-stand,* portaombrelli. **2** ombrello aereo; stormo di aerei da caccia che serve da protezione. **3** schermo protettivo; protezione: *under the umbrella of the U.N.,* sotto la protezione dell'ONU.
□ *come agg attrib* conglobante; generale: *an umbrella clause,* una clausola che copra tutte le eventualità *(in un contratto, ecc.).*

Umbrian ['ʌmbriən] *agg e s.* umbro.

umpire ['ʌmpaiə*] *s. (sport, dir.)* arbitro.

to **umpire** ['ʌmpaiə*] *vt e i.* arbitrare; fare da arbitro.

umpteen ['ʌm*p*ti:n] *agg (fam.)* un grande numero; molti; parecchi; 'un mucchio'; 'un sacco': *to have umpteen reasons for doing sth,* avere un mucchio di ragioni per fare qcsa.

umpteenth ['ʌm*p*ti:nθ] *agg (fam.)* ennesimo: *for the umpteenth time,* per l'ennesima volta.

'un [ʌn] *pron (fam.)* uno; tizio; tipo; individuo: *He's a good 'un,* È un brav'uomo — *That's a good 'un!,* Questa sì che è buona!

unabashed [,ʌnə'bæʃt] *agg* impassibile; imperturbato; per niente imbarazzato.

unabated [ˌʌnəˈbeitid] *agg* non diminuito; costante; violento come prima; implacabile.

unable [ʌnˈeibl] *agg* inabile; incapace: *to be unable to do sth,* essere incapace (non essere in grado) di fare qcsa.

unabridged [ˌʌnəˈbridʒd] *agg* non abbreviato; integrale.

unacademic [ˈʌnˌækəˈdemik] *agg* non accademico.

unaccented [ˌʌnækˈsentid] *agg* non accentato; atono: *unaccented syllable,* sillaba atona.

unacceptable [ˌʌnəkˈseptəbl] *agg* inaccettabile.

unaccomodating [ˌʌnəˈkɔmədeitiŋ] *agg* poco accomodante; non condiscendente.

unaccompanied [ˌʌnəˈkʌmpənid] *agg* solo; non accompagnato; *(mus.)* senza accompagnamento: *sonata for unaccompanied violin,* sonata per solo violino.

unaccomplished [ˌʌnəˈkɔmpliʃt] *agg* incompiuto; non finito.

unaccountable [ˌʌnəˈkauntəbl] *agg* **1** inspiegabile; strano; bizzarro. **2** non responsabile; irresponsabile. □ *avv* **unaccountably.**

unaccounted for [ˌʌnəˈkæuntidfɔ:*] *agg* **1** inspiegato; strano. **2** non rintracciabile.

unaccustomed [ˌʌnəˈkʌstəmd] *agg* **1** non abituato; poco abituato; non avvezzo: *Unaccustomed as I am to public speaking...,* Nonostante io non sia abituato a parlare in pubblico... **2** inconsueto; insolito; inusitato; strano: *his unaccustomed silence,* il suo insolito (strano) silenzio.

unacknowledged [ˌʌnəkˈnɔlidʒd] *agg* **1** non riconosciuto; misconosciuto. **2** senza risposta; inevaso.

unacquainted [ˌʌnəˈkweintid] *agg* ignaro; poco pratico: *to be unacquainted with sth,* essere poco pratico di qcsa.

unadopted [ˌʌnəˈdɔptid] *agg (GB, spec. di nuova strada)* non ancora a carico delle autorità locali per la manutenzione; privato.

unadorned [ˌʌnəˈdɔ:nd] *agg* disadorno; senza ornamenti; senza fronzoli; semplice.

unadulterated [ˌʌnəˈdʌltəreitid] *agg* **1** non adulterato; non sofisticato; genuino; puro. **2** *(fam.)* assoluto; bell'e buono.

unadvised [ˌʌnədˈvaizd] *agg* **1** scriteriato; inavveduto; irriflessivo; privo di giudizio; sconsiderato. **2** non consigliato. □ *avv* **unadvisedly.**

unaffected [ˌʌnəˈfektid] *agg* **1** senza affettazione; sincero; semplice; spontaneo. **2** non tocco; inalterato; immutato. **3** poco impressionato; non preoccupato; inalterato; impassibile; insensibile. □ *avv* **unaffectedly.**

unafraid [ˌʌnəˈfreid] *agg* non spaventato; senza paura.

unaided [ˌʌnˈeidid] *agg e avv* senza aiuto; da solo.

unallayed [ˌʌnəˈleid] *agg* non alleviato; implacato; immutato.

unallowable [ˌʌnəˈlauəbl] *agg* inammissibile.

unalloyed [ˌʌnəˈlɔid] *agg* **1** *(di metallo)* puro; non legato. **2** *(fig.)* puro; schietto; genuino.

unalterable [ˌʌnˈɔ:ltərəbl] *agg* inalterabile; immutabile. □ *avv* **unalterably.**

unaltered [ˌʌnˈɔ:ltəd] *agg* inalterato; immutato.

unambiguous [ˌʌnæmˈbigjuəs] *agg* non ambiguo; inequivocabile; esplicito. □ *avv* **unambiguously.**

unambitious [ˌʌnæmˈbiʃəs] *agg* non ambizioso; senza ambizioni. □ *avv* **unambitiously.**

un-American [ˌʌnəˈmerikən] *agg* non americano; *(generalm.)* anti-americano.

unamusing [ˌʌnəˈmju:ziŋ] *agg* non divertente; noioso. □ *avv* **unamusingly.**

unanimity [ˌju:nəˈnimiti] *s.* unanimità.

unanimous [juˈnæniməs] *agg* unanime; concorde. □ *avv* **unanimously.**

unannounced [ˌʌnəˈnaunst] *agg* inaspettato; imprevisto; non preannunciato.

unanswerable [ˌʌnˈɑ:nsərəbl] *agg* **1** che non può avere risposta. **2** inconfutabile; irrefutabile; incontestabile. **3** *(di persona)* non in grado di rispondere *(delle proprie azioni);* che non può essere tenuto responsabile. □ *avv* **unanswerably.**

unanswered [ʌnˈɑ:nsəd] *agg* **1** senza risposta; privo di risposta; inevaso. **2** non corrisposto; senza corrispettivo; *(fig.)* deluso.

unappealing [ˌʌnəˈpi:liŋ] *agg* poco attraente.

unappetizing [ˌʌnˈæpitaiziŋ] *agg* poco appetitoso. □ *avv* **unappetizingly.**

unappreciated [ˌʌnəˈpri:ʃieitid] *agg* **1** non apprezzato; sottovalutato. **2** incompreso.

unappreciative [ˌʌnəˈpri:ʃieitiv] *agg* indifferente; che non apprezza.

unapproachable [ˌʌnəˈproutʃəbl] *agg* inaccostabile; inavvicinabile. □ *avv* **unapproachably.**

unarmed [ʌnˈɑ:md] *agg* disarmato; inerme: *unarmed combat,* combattimento senza armi *(judo, karatè, ecc.).*

unashamed [ˌʌnəˈʃeimd] *agg* senza vergogna; svergognato. □ *avv* **unashamedly.**

unasked [ʌnˈɑ:skt] *agg* **1** non richiesto; non interpellato; spontaneo; volontario: *She's always ready to help and often does so unasked,* È sempre pronta ad aiutare e spesso lo fa spontaneamente (non richiesta). **2** senza invito; non invitato.

unassailable [ˌʌnəˈseiləbl] *agg* inattaccabile.

unassertive [ˌʌnəˈsə:tiv] *agg* non dogmatico.

unassimilated [ˌʌnəˈsimileitid] *agg* non assimilato *(anche fig.).*

unassuming [ˌʌnəˈsju:miŋ] *agg* schivo; modesto; senza pretese; che non desta l'attenzione. □ *avv* **unassumingly.**

unattached [ˌʌnəˈtætʃt] *agg* **1** senza legami; indipendente; *(spec. nel senso di)* senza vincoli matrimoniali; celibe. **2** *(mil.)* non assegnato a un reggimento; a disposizione.

unattainable [ˌʌnəˈteinəbl] *agg* irraggiungibile; inaccessibile. □ *avv* **unattainably.**

unattempted [ˌʌnəˈtemptid] *agg* intentato; non tentato.

unattended [ˌʌnəˈtendid] *agg* **1** solo; senza scorta; senza seguito; senza seguaci. **2** incustodito; trascurato.

unattested [ˌʌnəˈtestid] *agg* non attestato; non comprovato.

unattractive [ˌʌnəˈtræktiv] *agg* poco attraente; *(spesso)* antipatico. □ *avv* **unattractively.**

unauthorized [ˌʌnˈɔ:θəraizd] *agg* non autorizzato.

unavailable [ˌʌnəˈveiləbl] *agg* non disponibile; impegnato; occupato.

unavailing [ˌʌnəˈveiliŋ] *agg* inutile; inefficace.

unavoidable [ˌʌnəˈvɔidəbl] *agg* inevitabile; ineluttabile. □ *avv* **unavoidably.**

unaware [ˌʌnəˈwɛə*] *agg (pred.)* ignaro; non a conoscenza; inconsapevole: *He was unaware of my presence,* Era ignaro della mia presenza.

unawares [ˌʌnəˈwɛəz] *avv* **1** inaspettatamente; di sorpresa; alla sprovvista: *to catch sb unawares,* cogliere qcno alla sprovvista. **2** inconsapevolmente.

unbacked [ʌnˈbækt] *agg* **1** senza appoggi; senza sostenitori; abbandonato. **2** *(nelle corse ippiche)* su cui nessuno punta.

to **unbalance** [ʌnˈbæləns] *vt* far perdere l'equilibrio; sbilanciare; squilibrare.

unbalanced [ʌnˈbælənst] *agg (spec. di persona, della*

mente) non equilibrato; squilibrato; disordinato; confuso.

to **unbar** [ʌn'bɑ:*] *vt* (**-rr-**) **1** togliere le sbarre *(a una porta, ecc.)*. **2** *(per estensione, fig.)* liberalizzare *(l'accesso ad una professione)*.

unbarred [ʌn'bɑ:d] *agg* non sbarrato.

unbearable [ʌn'bɛərəbl] *agg* insopportabile. □ *avv* **unbearably**.

unbeatable [ʌn'bi:təbl] *agg* imbattibile.

unbeaten [ʌn'bi:tn] *agg* **1** non battuto; poco battuto; non frequentato; inesplorato. **2** imbattuto; invitto; insuperato.

unbecoming [,ʌnbi'kʌmiŋ] *agg* disadatto; disdicevole; sconveniente. □ *avv* **unbecomingly**.

unbefitting [,ʌnbi'fitiŋ] *agg* indecoroso; disadatto.

unbeknown, unbeknownst [,ʌnbi'noun/,ʌnbi'-nounst] *agg predicativo e avv (fam.)* all'insaputa: *He did it unbeknown to me,* Lo fece a mia insaputa.

unbelief [,ʌnbi'li:f] *s.* miscredenza; incredulità; scetticismo.

unbelievable [,ʌnbi'li:vəbl] *agg* incredibile; da non credersi. □ *avv* **unbelievably**.

unbeliever [,ʌnbi'li:və*] *s.* scettico; incredulo; miscredente; ateo.

unbelieving [,ʌnbi'li:viŋ] *agg* scettico; incredulo; miscredente; ateo. □ *avv* **unbelievingly**.

unbeloved [ʌnbi'lʌvd] *agg* non amato.

to **unbend** [ʌn'bend] *vi e t.* **1** raddrizzare; tendere; distendere. **2** rilassarsi, rilassare; distendersi. **3** allentare; sciogliere; slegare.

unbending [ʌn'bendiŋ] *agg* rigido; risoluto; inflessibile. □ *avv* **unbendingly**.

unbias(s)ed [ʌn'baiəst] *agg* obiettivo; imparziale; senza pregiudizi.

unbidden [ʌn'bidn] *agg* **1** spontaneo; non richiesto; non sollecitato. **2** non chiamato; non invitato; senza invito.

to **unbind** [ʌn'baind] *vt* *(pass. e p. pass.* **unbound**) slegare.

unbirthday ['ʌnbə:θdei] *agg attrib (scherz., di regali, ecc.)* per un giorno qualsiasi *(cioè, non per il compleanno)*.

unblushing [ʌn'blʌʃiŋ] *agg* sfacciato; spudorato; incapace di arrossire. □ *avv* **unblushingly**.

to **unbolt** [ʌn'boult] *vt* **1** disserrare. **2** *(mecc.)* sbullonare.

unborn [ʌn'bɔ:n] *agg* non ancora nato.

to **unbosom** [ʌn'buzəm] *vt* svelare; rivelare; confidare; sfogare: *(generalm. come v. rifl., p.es.) to unbosom oneself to a friend,* sfogarsi con (svelare i propri affanni a) un amico.

unbought [ʌn'bɔ:t] *agg* invenduto.

unbound [ʌn'baund] *agg* **1** *pass e p. pass di* **to unbind**. **2** *(di libro)* non rilegato.

unbounded [ʌn'baundid] *agg* senza limite; illimitato; sconfinato; infinito: *unbounded ambition,* ambizione smisurata (senza limite).

unbowed [ʌn'baud] *agg* **1** diritto; non piegato. **2** non domo; invitto; indomito.

unbreakable [ʌn'breikəbl] *agg* infrangibile.

unbreathable [ʌn'bri:ðəbl] *agg* irrespirabile.

unbridled [ʌn'braidld] *agg* sfrenato; scatenato; senza briglia: *an unbridled tongue,* una lingua senza freno.

unbroken [ʌn'broukən] *agg* **1** *(di cavallo)* selvaggio; non domato; indomito. **2** ininterrotto: *six hours of unbroken sleep,* sei ore di sonno ininterrotto. **3** imbattuto; insuperato: *an unbroken record,* un record non superato.

unbrushed [ʌn'brʌʃt] *agg* non spazzolato.

unbuilt [ʌn'bilt] *agg* non costruito.

to **unburden** [ʌn'bə:dn] *vt* scaricare; alleggerire; alleviare; liberare, liberarsi da un peso: *to unburden one's heart (conscience),* togliersi un peso dal cuore (dalla coscienza) — *to unburden oneself to sb,* confidarsi, sfogarsi con qcno; aprire l'animo a qcno; confessarsi a qcno.

unburied [ʌn'berid] *agg* insepolto.

unbusinesslike [ʌn'biznislaik] *agg* **1** inadatto al commercio; non conforme agli usi commerciali. **2** poco pratico.

unbuttoned [ʌn'bʌtnd] *agg* **1** sbottonato. **2** a proprio agio; rilassato.

uncalled [ʌn'kɔ:ld] *agg* non chiamato; non richiesto. □ **uncalled-for**, superfluo; non necessario; gratuito; fuori luogo — *Such comments are uncalled-for,* Commenti simili sono fuori posto.

uncanny [ʌn'kæni] *agg* soprannaturale; misterioso; magico. □ *avv* **uncannily**.

uncanonical [ʌnkə'nɔnikəl] *agg* non canonico; non conforme ai canoni.

uncapsizable [ʌn'kæp'saizəbl] *agg* non capovolgibile.

uncared-for [ʌn'kɛədfɔ:*] *agg* trascurato; abbandonato; negletto.

uncaring [ʌn'kɛəriŋ] *agg* incurante; menefreghista.

unceasing [ʌn'si:siŋ] *agg* incessante; continuo; ininterrotto. □ *avv* **unceasingly**.

unceremonious ['ʌn,seri'mounjəs] *agg* privo di cerimonie; semplice; alla buona; *(per estensione)* brusco; poco cortese; spiccio; sbrigativo. □ *avv* **unceremoniously**.

unceremoniousness ['ʌn,seri'mounjəsnis] *s.* semplicità; mancanza di cerimonie; *(per estensione)* scortesia; sbrigatività.

uncertain [ʌn'sə:tn] *agg* **1** mutevole; incerto; instabile; su cui non si può fare affidamento: *uncertain weather,* tempo mutevole (incerto) — *a man with an uncertain temper,* un uomo dall'umore mutevole. **2** incerto; dubbio; malsicuro; indeciso: *to be (to feel) uncertain what to do (as to what to do),* essere (sentirsi) indeciso (sul da farsi) — *a lady of uncertain age, (scherz.)* una signora dall'età dubbia — *... in no uncertain terms,* ... chiaro e tondo — *I told him what I thought of him in no uncertain terms,* Gli dissi chiaro e tondo cosa pensavo di lui. □ *avv* **uncertainly**.

uncertainty [ʌn'sə:tnti] *s.* incertezza; indecisione; dubbio; insicurezza.

unchallengeable [ʌn'tʃælindʒəbl] *agg* non sfidabile; incontestabile. □ *avv* **unchallengeably**.

unchallenged [ʌn'tʃælindʒd] *agg* non sfidato; incontestato.

unchanged [ʌn'tʃeindʒd] *agg* invariato; immutato.

unchanging [ʌn'tʃeindʒiŋ] *agg* stabile; non mutevole. □ *avv* **unchangingly**.

uncharitable [ʌn'tʃæritəbl] *agg* spietato; incaritatevole; senza misericordia; aspro; severo; rigido. □ *avv* **uncharitably**.

uncharted [ʌn'tʃɑ:tid] *agg* non segnato sulla carta *(geografica o marittima)*; inesplorato; sconosciuto.

unchecked [ʌn'tʃekt] *agg* **1** incontrollato; indisciplinato: *unchecked anger,* ira incontrollata. **2** non controllato; non verificato; non esaminato.

unchivalrous [ʌn'ʃivəlrəs] *agg* poco cavalleresco; scortese; non degno di un gentiluomo.

unchristian [ʌn'kristjən/-tʃən] *agg* **1** non cristiano; contrario ai princìpi cristiani. **2** *(fam.)* non da cristiano; poco cristiano; *(per estensione)* irragionevole; impossibile; assurdo: *Why do you call on me at this unchristian hour?,* Perché vieni a trovarmi a quest'ora folle?

uncial ['ʌnsiəl] *agg (stor.)* onciale; unciale.
uncircumcised [ʌn'sə:kəmsaizd] *agg* non circonciso.
uncivil [ʌn'sivl] *agg* incivile; maleducato; villano; sgarbato. □ *avv* **uncivilly**.
uncivilized [ʌn'sivilaizd] *agg* barbaro; selvaggio; incivile; rude.
unclad [ʌn'klæd] *agg (lett.)* ignudo; spoglio; svestito.
unclaimed [ʌn'kleimd] *agg* non reclamato; non richiesto; non ritirato.
to **unclasp** [ʌn'klɑ:sp] *vt* **1** sfibbiare; slacciare. **2** mollare; staccare.
unclassified [ʌn'klæsifaid] *agg* non classificato.
uncle ['ʌŋkl] *s.* **1** zio: *Uncle Sam,* 'Zio Sam'; gli Stati Uniti. **2** *(scherz.)* prestatore su pegno: *Uncle's,* il monte dei pegni. **3** *(fam.)* annunciatore radiofonico o televisivo. □ *to talk to sb like a Dutch uncle,* rimproverare qcno con dolcezza; parlargli con severità bonaria.
unclean [ʌn'kli:n] *agg* sporco; impuro; immondo.
unclear [ʌn'kliə*] *agg* oscuro; poco chiaro.
□ *avv* **unclearly**.
to **unclench** [ʌn'klentʃ] *vt* disserrare (il pugno); aprire (la mano).
to **unclothe** [ʌn'klouð] *vt* svestire; spogliare.
unclouded [ʌn'kloudid] *agg* sereno; luminoso; privo di nubi; terso; non offuscato *(spesso fig.)*.
unco ['ʌŋkou] *agg (scozzese)* insolito; inconsueto; strano.
□ *avv* estremamente; notevolmente; straordinariamente: *(spec.) the unco good,* i Giusti.
uncoloured [ʌn'kʌləd] *agg* **1** non colorato; incolore. **2** semplice; spoglio; non abbellito; non esagerato: *an uncoloured description of events in South Africa,* una descrizione fedele degli avvenimenti nel Sud Africa.
un(-)come(-)at(-)able ['ʌnkʌm'ætəbl] *agg (fam., di persona)* inaccessibile; *(di cosa)* non ottenibile; non raggiungibile.
uncomfortable [ʌn'kʌmfətəbl] *agg* **1** incomodo; disagevole. **2** a disagio; inquieto. **3** sgradevole.
□ *avv* **uncomfortably**.
uncommitted [,ʌnkə'mitid] *agg* **1** non commesso; non compiuto. **2** *(p.es. di scrittore, ecc.)* non impegnato; non vincolato; indipendente.
uncommon [ʌn'kɔmən] *agg* **1** insolito; non comune. **2** notevole; raro; eccezionale. **3** *(come avv., fam.)* straordinariamente. □ *avv* **uncommonly**.
uncommunicative [,ʌnkə'mju:nikətiv] *agg* taciturno; riservato; 'chiuso'.
□ *avv* **uncommunicatively**.
uncomplaining [,ʌnkəm'pleiniŋ] *agg* che non si lamenta; stoico. □ *avv* **uncomplainingly**.
uncomplicated [ʌn'kɔmplikeitid] *agg* semplice.
uncomplimentary [,ʌnkɔmpli'mentəri] *agg* poco lusinghiero.
uncomprehending [,ʌnkɔmpri'hendiŋ] *agg (di sguardo)* ottuso.
uncompromising [ʌn'kɔmprəmaiziŋ] *agg* intransigente; nemico dei compromessi; irriducibile.
□ *avv* **uncompromisingly**.
unconcealed [ʌnkən'si:ld] *agg* non celato; aperto; manifesto.
unconcern [,ʌnkən'sə:n] *s.* indifferenza; mancanza di preoccupazione.
unconcerned [,ʌnkən'sə:nd] *agg* **1** estraneo; non interessato; neutrale. **2** indifferente; noncurante; tranquillo. □ *avv* **unconcernedly**.
unconditional [,ʌnkən'diʃənəl] *agg* incondizionato; assoluto; senza riserve; netto: *The victors demanded unconditional surrender,* I vincitori esigettero una resa incondizionata. □ *avv* **unconditionally**.
unconditioned [,ʌnkən'diʃənd] *agg* incondizionato; spontaneo: *unconditioned reflex,* riflesso incondizionato.
unconfirmed [,ʌnkən'fə:md] *agg* **1** non confermato. **2** non cresimato.
uncongenial [,ʌnkən'dʒi:njəl] *agg* non congeniale; antipatico.
unconnected [,ʌnkə'nektid] *agg* **1** distaccato; a sé stante. **2** *(fig.)* slegato. **3** non imparentato.
unconquerable [ʌn'kɔŋkərəbl] *agg* invincibile; indomabile.
unconscionable [ʌn'kɔnʃənəbl] *agg (lett., talvolta scherz.)* **1** senza scrupoli. **2** irragionevole; incontrollato; eccessivo: *You take an unconscionable time dressing,* Impieghi a vestirti una quantità irragionevole (eccessiva) di tempo. □ *avv* **unconscionably**.
unconscious [ʌn'kɔnʃəs] *agg* **1** inconscio; privo di sensi. **2** ignaro; che non ha consapevolezza.
□ *avv* **unconsciously**.
□ *come s. the unconscious,* l'inconscio.
unconsciousness [ʌn'kɔnʃəsnis] *s.* **1** stato di incoscienza. **2** inconsapevolezza.
unconsecrated [ʌn'kɔnsikreitid] *agg* non consacrato.
unconsenting [,ʌnkən'sentiŋ] *agg* non consenziente.
unconsidered [,ʌnkən'sidəd] *agg* **1** sconsiderato; imprudente; avventato. **2** non tenuto in considerazione; ignorato; trascurato.
unconstitutional [,ʌnkɔnsti'tju:ʃənl] *agg* incostituzionale. □ *avv* **unconstitutionally**.
unconsummated [,ʌn'kɔnsʌmeitid] *agg (di matrimonio)* non consumato.
uncontrollable [,ʌnkən'trouləbl] *agg* incontenibile; incontrollabile. □ *avv* **uncontrollably**.
uncontroverted [ʌn'kɔntrəvə:tid] *agg* incontestato; indiscusso; mai messo in questione, in discussione.
unconvinced [,ʌnkən'vinst] *agg* non convinto; non persuaso.
unconvincing [,ʌnkən'vinsiŋ] *agg* poco convincente.
□ *avv* **unconvincingly**.
uncooperative [,ʌnkou'ɔpərətiv] *agg* non cooperativo. □ *avv* **uncooperatively**.
to **uncork** [ʌn'kɔ:k] *vt* stappare; sturare.
uncorrectable [,ʌnkə'rektəbl] *agg* incorreggibile; irrimediabile. □ *avv* **uncorrectably**.
uncorroborated [,ʌnkə'rɔbəreitid] *agg* non comprovato.
to **uncouple** [ʌn'kʌpl] *vt* **1** sciogliere. **2** *(mecc., ecc.)* sganciare; staccare.
uncouth [ʌn'ku:θ] *agg* rozzo; sgraziato; incivile; grossolano; volgare. □ *avv* **uncouthly**.
uncouthness [ʌn'ku:θnis] *s.* rozzezza; grossolanità; inciviltà; volgarità.
to **uncover** [ʌn'kʌvə*] *vt* **1** scoprire; scoperchiare; *(fig.)* rivelare; svelare: *The police have uncovered a plot against the President,* La polizia ha scoperto un complotto contro il Presidente. **2** *(mil.)* mettere *(truppe nemiche)* allo scoperto.
□ *vi (ant.)* scoprirsi (togliersi il cappello).
uncritical [ʌn'kritikəl] *agg* acritico.
uncrossed [ʌn'krɔst] *agg* **1** non ostacolato; non contrariato; non avversato: *a rapid rise to power uncrossed by any rivals,* una rapida ascesa al potere non ostacolata da rivali. **2** non attraversato. **3** *(delle gambe, delle braccia)* non accavallate; non incrociate. **4** *(di assegno)* non sbarrato.

uncrowned [ʌn'kraund] *agg* non (ancora) incoronato; senza corona *(anche di atleta, ecc.);* sovrano di fatto.

uncrushable [ʌn'krʌʃəbl] *agg* **1** ingualcibile. **2** *(scherz.)* incontenibile.

unction ['ʌŋkʃən] *s.* **1** unzione *(con l'olio, spec. nei riti religiosi): Extreme Unction,* Estrema Unzione. **2** *(fig.)* untuosità; mellifluità; ipocrisia: *She related the scandal with great unction,* Riferì la maldicenza con tono untuoso.

unctuous ['ʌŋktjuəs] *agg* unto; untuoso *(anche fig.);* ipocrita; mellifluo. □ *avv* **unctuously.**

uncultivated [ʌn'kʌltiveitid] *agg (di terreno e fig.)* incolto; non coltivato; non colto.

to **uncurl** [ʌn'kə:l] *vt* **1** disfare (i ricci a qcno, ai capelli). **2** disfare; svolgere.
□ *vi* **1** *(di carta o di capelli)* distendersi; diventare liscio; stirarsi. **2** *(di persona, animale)* raddrizzarsi.

uncut [ʌn'kʌt] *agg* **1** *(di un libro)* intonso. **2** *(di pietra preziosa, ecc.)* non tagliato.

undamaged [ʌn'dæmidʒd] *agg* indenne; non danneggiato.

undated [ʌn'deitid] *agg* non datato; senza data.

undaunted [ʌn'dɔ:ntid] *agg* imperterrito; impavido; intrepido. □ *avv* **undauntedly.**

to **undeceive** [,ʌndi'si:v] *vt* disingannare; disilludere.

undecided [,ʌndi'saidid] *agg* indeciso; irresoluto; incerto. □ *avv* **undecidedly.**

undefeated [,ʌndi'fi:tid] *agg* invitto.

undefended [,ʌndi'fendid] *agg* **1** indifeso; privo di protezione. **2** *(dir.)* non assistito; privo di difesa legale. **3** *(dir.)* senza ricorrere alla difesa.

undefinable [,ʌndi'fainəbl] *agg* indefinibile.

undelivered [,ʌndi'livəd] *agg* **1** non consegnato. **2** non sgravato. **3** *(di verdetto)* non pronunciato.

undemonstrative [,ʌndi'mɔnstrətiv] *agg* riservato; poco espansivo; 'chiuso'.

undeniable [,ʌndi'naiəbl] *agg* innegabile; incontestabile; indubitabile. □ *avv* **undeniably.**

undenominational ['ʌndi,nɔmi'neiʃənl] *agg* non confessionale: *undenominational education,* istruzione non confessionale.

undependable [,ʌndi'pendəbl] *agg* inattendibile; infido.

under ['ʌndə*] **I** *prep* **1** *(compl. di moto, di stato, ecc.)* sotto (a, di): *The cat was under the table,* Il gatto era sotto il tavolo — *There's nothing new under the sun, (prov.)* Non c'è nulla di nuovo sotto il sole — *We passed under several bridges,* Passammo sotto parecchi ponti — *The soldiers were standing under the castle wall,* I soldati erano sotto le mura del castello — *The village nestles under the hill,* Il paesetto è raccolto ai piedi della collina — *The part of an iceberg under the water is much larger than the part above the water,* La parte sott'acqua di un iceberg è molto più grande della parte che sta al di sopra — *to speak under one's breath,* parlare sottovoce — *He hid his face under the bedclothes,* Nascose la faccia sotto le coperte — *Her hair came out from under her cap,* I capelli le uscivano da sotto il berrettino — *under sb's (very) eyes,* (proprio) sotto gli occhi di qcno.
2 al di sotto di; meno di; meno che; più piccolo di; inferiore a: *children under fourteen years of age,* bambini al di sotto dei quattordici anni — *to be under age,* - **a)** essere minorenne - **b)** essere al di sotto dell'età legale *(p.es. per la guida)* — *books for the under-tens,* libri per bambini inferiori ai dieci anni — *incomes under 300 pounds,* entrate (redditi) inferiori alle 300 sterline — *to run a hundred metres in under twelve seconds,* correre i cento metri in meno di dodici secondi — *under half an acre,* meno di un mezzo acro — *no one under (the rank of) captain,* nessuno sotto il grado di capitano — *to speak under one's breath,* parlare sottovoce; bisbigliare.
3 sotto *(anche in senso fig.): They were marching under heavy rain,* Marciavano sotto la pioggia battente — *to sink under a load of grief,* sprofondare sotto il peso del dolore — — *under cover of...,* al riparo di... — *under cover of night,* col favore delle tenebre.
4 *(per indicare varie condizioni)* in; in corso (di); in via (di); sotto; *(di campi)* coltivato, seminato (a): *road under repair,* strada in riparazione; *(cartello stradale)* lavori in corso — *under construction,* in costruzione — *under discussion,* in discussione — *fifty acres under wheat,* cinquanta acri di (seminati a) grano — *under pain of death,* sotto pena di morte — *to be under sentence of death,* essere condannato a morte — *under an assumed name,* sotto falso nome; in incognito — *under separate cover, (comm.)* in plico a parte — *England under the Stuarts,* l'Inghilterra sotto gli Stuart — *to keep (to get) sth under control,* tenere (riuscire a mettere) qcsa sotto controllo — *to get under way (talvolta:* underway*),* avviarsi — *to be under way (talvolta:* underway*),* essere in corso di realizzazione — *to be under a cloud, (fig.)* essere in disgrazia — *to be under the impression that...,* avere l'impressione che... — *to be under an obligation to sb,* essere in obbligo verso qcno.
II *avv* sotto; al di sotto; disotto: *The ship went under,* La nave affondò, colò a picco — *Can you stay under for two minutes?,* Ce la fai a stare sott'acqua per due minuti? — *to go under, (fig.)* fallire; soccombere — *Down Under* ⇨ **¹down II.**
III *prefisso* sotto-; vice-; subalterno: *under-gardeners,* giardinieri subalterni — *under-secretary,* sottosegretario — ⇨ *anche* **underdeveloped, undernourished, underpaid, underwater, ecc.**

to **underact** [,ʌndər'ækt] *vt e i.* recitare *(un ruolo, una parte)* con scarsa efficacia.

underarm ['ʌndərɑ:m] *agg* **1** sottoascellare. **2** ⇨ **underhand 2.**

to **underbid** [,ʌndə'bid] *vt (pass. e p. pass.* **underbid***)* **1** fare un'offerta inferiore (a quella di un concorrente). **2** *(a carte)* fare una puntata (una dichiarazione) inferiore (al valore delle carte che si hanno in mano).

underbred [,ʌndə'bred] *agg* **1** maleducato; volgare; screanzato. **2** *(di animale)* non di razza; bastardo.

underbrush ['ʌndəbrʌʃ] *s.* sottobosco.

undercarriage ['ʌndə,kæridʒ] *s.* **1** *(di automobile)* telaio. **2** *(di aereo)* carrello (d'atterraggio).

undercharge ['ʌndətʃɑ:dʒ] *s.* **1** il far pagare meno del dovuto. **2** *(artiglieria)* carica insufficiente.

to **undercharge** [,ʌndə'tʃɑ:dʒ] *vt* **1** far pagare poco (meno del dovuto). **2** *(artiglieria)* caricare in modo insufficiente.

underclothes, underclothing ['ʌndəklouðz/'ʌndə,klouðiŋ] *s. pl e collettivo* biancheria intima.

undercover ['ʌndə'kʌvə*] *agg* segreto; nascosto; travestito; camuffato: *an undercover agent,* - **a)** un poliziotto *(o altro funzionario)* che agisce da agente provocatore frequentando i criminali e facendosi passare per uno di loro - **b)** *(talvolta)* spia.

undercroft ['ʌndə,krɔft] *s.* cripta *(di chiesa).*

undercurrent ['ʌndə,kʌrənt] *s.* **1** corrente sottomarina. **2** tendenza occulta, nascosta, sotterranea.

undercut ['ʌndəkʌt] *s.* **1** sottofiletto. **2** rientranza. **3** *(sport)* colpo dal basso.

to **undercut** [,ʌndə'kʌt] *(pass. e p. pass.* **undercut***)* *vt* **1** *(raro)* tagliare dal basso. **2** *(sport)* colpire dal basso; tagliare *(la palla).* **3** vendere a prezzo inferiore *(di quelli praticati dalla concorrenza).*

underdeveloped ['ʌndədi'veləpt] *agg* sottosviluppato; depresso: *underdeveloped muscles,* muscoli poco sviluppati — *an underdeveloped country,* un paese sottosviluppato *(ora, eufemisticamente,* 'in via di sviluppo').

underdog ['ʌndədɔg] *s.* perditore; derelitto; misero: *to plead for the underdog,* battersi per gli umili.

underdone [,ʌndə'dʌn] *agg (spec. di carne)* poco cotto; non troppo cotto; 'al sangue'.

underestimate [,ʌndə'estimit] *s.* sottovalutazione.

to **underestimate** [,ʌndə'estimeit] *vt* sottovalutare.

to **underexpose** [,ʌndəriks'pouz] *vt (fotografia)* sottoesporre.

underexposure [,ʌndəriks'pouʒə*] *s. (fotografia)* sottoesposizione.

underfed [,ʌndə'fed] *agg* malnutrito; denutrito.

underfoot [,ʌndə'fut] *avv* **1** sotto i piedi; in terra. **2** *(fig.)* sotto i piedi; in stato di soggezione, di inferiorità: *to tread sb underfoot,* mettersi qcno sotto i piedi. **3** *(fig.: meno comune)* fra i piedi; d'impaccio.

undergarment ['ʌndə,gɑ:mənt] *s.* capo di biancheria intima.

to **undergo** ['ʌndəgou/ʌndə'gou] (*pass.* **underwent**; *p. pass.* **undergone**) *vt* subire; provare; passare attraverso; sopportare; sottoporsi (a): *to undergo repairs,* andare in riparazione — *to undergo an operation,* subire un'operazione.

undergone ['ʌndəgɔn] *p. pass di* **to undergo** ⇨.

undergraduate [,ʌndə'grædjuit] *s.* studente universitario (prima della laurea): *in his undergraduate days,* quando frequentava l'università; quando era studente.

underground [,ʌndə'graund] *avv* **1** sottoterra; nel sottosuolo: *Coal-miners have to spend their working hours underground,* I minatori sono costretti a passare le loro ore di lavoro sottoterra. **2** *(fig.)* in segreto; clandestinamente; furtivamente: *to go underground,* ritirarsi (ed agire) nella clandestinità.

☐ *agg (attrib.)* segreto; nascosto; clandestino; 'underground': *an underground movement,* un movimento clandestino — *underground theatre,* il teatro 'underground'.

☐ *s. (GB)* metropolitana; ferrovia sotterranea: *to travel by underground,* viaggiare in metropolitana — *a station on the underground; an underground station,* una stazione della metropolitana.

undergrowth ['ʌndəgrouθ] *s.* sottobosco; boscaglia.

underhand [,ʌndə'hænd] *avv* **1** sottomano; clandestinamente; segretamente; astutamente: *underhand methods,* vie traverse. **2** dal basso verso l'alto *(modo di lanciare la palla, al cricket o al tennis).*

underhanded [,ʌndə'hændid] *agg* **1** sottomano; nascosto; clandestino; segreto. **2** dal basso verso alto.

underhung [,ʌndə'kʌŋ] *agg (di persona)* dalla mascella prominente.

underlay ['ʌndəlei] *s.* **1** carta (o tela) impermeabile *(da porre sotto qcsa).* **2** *(geologia)* inclinazione *(di una vena di minerale).*

to **underlie** [,ʌndə'lai] *vt* (*p. pres.* **underlying** ⇨; *pass.* **underlay**; *p. pass.* **underlain**) **1** essere (stare, giacere) sotto. **2** essere alla base; costituire il fondamento: *the principles which underlie the English system of government,* i princìpi che stanno alla base del sistema inglese di governo.

to **underline** [,ʌndə'lain] *vt* sottolineare *(letteralm., ora talvolta anche fig.).*

underling ['ʌndəliŋ] *s. (generalm. spreg.)* inferiore; subalterno; servitorello; tirapiedi.

underlip ['ʌndəlip] *s.* labbro inferiore.

underlying [,ʌndə'laiiŋ] *agg* (*p. pres. di* **to underlie**) **1** posto sotto; sottostante. **2** *(fig.)* che sta alla base (di qcsa); basilare; fondamentale. **3** *(per estensione)* implicito; sottinteso.

undermanned [,ʌndə'mænd] *agg* sottoforza; con pochi uomini.

undermentioned [,ʌndə'menʃənd] *agg* sottocitato; sottoriportato; sottoindicato; nominato più avanti.

to **undermine** [,ʌndə'main] *vt* minare; scalzare alla base; *(fig.)* insidiare; indebolire; screditare: *cliffs undermined by the sea,* scogliere scalzate alla base dal mare — *His health was undermined by drink,* La sua salute fu indebolita (fu minata) dal bere — *The President's enemies are spreading rumours to undermine his authority,* I nemici del Presidente vanno diffondendo dicerie per screditare la sua autorità.

underneath [,ʌndə'ni:θ] *avv* al di sotto; in basso; sotto.

☐ *prep* sotto; sotto a (di).

undernourished [,ʌndə'nʌriʃd] *agg* denutrito.

underpaid [,ʌndə'peid] *pass e p. pass di* **to underpay**.

underpants [,ʌndə'pænts] *s. pl* mutande; 'slip'.

underpass ['ʌndə,pɑ:s] *s.* sottopassaggio.

to **underpay** [,ʌndə'pei] *vt* (*pass. e p. pass.* **underpaid**) pagare (retribuire) male.

to **underpin** [,ʌndə'pin] *vt* (**-nn-**) sottomurare; puntellare.

to **underplay** [,ʌndə'plei] *vt e i (di attore)* buttar via la parte; *(di giocatore, o fig.)* giocare al di sotto delle proprie possibilità.

underpopulated [,ʌndə'pɔpjuleitid] *agg* sottopopolato; scarsamente popolato.

underprivileged [,ʌndə'privilidʒd] *agg (di persona, di classe sociale)* misero; povero; meno favorito.

☐ *come s.: the underprivileged,* i derelitti; i diseredati.

underproduction [,ʌndəprə'dʌkʃən] *s.* sottoproduzione; produzione scarsa, insufficiente.

to **underquote** [,ʌndə'kwout] *vt (comm.)* sottoquotare; praticare o stabilire prezzi inferiori a quelli della concorrenza.

to **underrate** [,ʌndə'reit] *vt* sottovalutare; svalutare; sminuire.

to **underscore** [,ʌndə'skɔ:*] *vt* sottolineare *(letteralm., ora anche fig.).*

under(-)secretary [,ʌndə'sekritəri] *s.* sottosegretario; vice segretario: *Parliamentary Undersecretary,* sottosegretario — *Permanent Undersecretary, (GB)* funzionario capo (direttore generale) di un Ministero.

to **undersell** [,ʌndə'sel] *vt e i.* (*pass. e p. pass.* **undersold**) svendere; vendere sotto costo; vendere a prezzi inferiori a quelli della concorrenza.

undersexed [,ʌndə'sekst] *agg* dalla sessualità debole.

undersheriff ['ʌndə,ʃerif] *s.* vice-sceriffo.

undershirt [,ʌndə'ʃə:t] *s.* maglietta; camiciola.

to **undershoot** [,ʌndə'ʃu:t] *vt e i.* (*pass. e p. pass.* **undershot**) *(aeronautica)* fare un atterraggio 'corto'.

undershot ['ʌndəʃɔt] *agg* **1** *(della ruota di un mulino)* azionata dall'acqua che passa sotto. **2** *(mecc.)* colpito per di sotto.

undersigned ['ʌndəsaind] *agg* sottoscritto; firmato.

☐ *come s. (nella forma) I, the undersigned...,* Io sottoscritto...; Il sottoscritto...

undersized ['ʌndə'saizd] *agg* **1** di misura inferiore *(alla comune).* **2** rachitico; mingherlino.

undersold [ʌndə'sould] *pass e p. pass di* **to undersell**.

understaffed [ˌʌndəˈstɑːft] *agg (di azienda, ufficio, ecc.)* a corto di personale; che non ha personale sufficiente.

to **understand** [ˌʌndəˈstænd] *vt e i.* (*pass. e p. pass.* **understood**) **1** capire; comprendere; intendere; afferrare; rendersi conto; spiegarsi: *to understand French (a problem),* capire il francese (un problema) — *He didn't understand me,* Non mi capì — *He couldn't understand what I said,* Non riusciva a capire quello che dicevo — *A good teacher must understand children,* Un buon insegnante deve capire i bambini — *It's easy to understand why he was angry,* È facile capire perché si era arrabbiato — *You don't understand what a difficult position I'm in,* Non ti rendi conto in quale posizione difficile mi trovi — *I cannot understand his (o him) marrying a widow,* Non riesco a spiegarmi come abbia potuto sposare una vedova — *to make oneself understood,* farsi capire; farsi comprendere — *to understand one another,* intendersi; comprendersi; capirsi; andare d'accordo — *The employers and workers have not reached an agreement yet, but at least they understand one another,* I datori di lavoro e gli operai non hanno ancora raggiunto un accordo, ma almeno si capiscono — *Is that understood?,* È chiaro? — *I quite understand,* Comprendo perfettamente.
2 venire a sapere; capire; rendersi conto; dedurre; desumere; supporre: *I understand that you are married,* Ho saputo (Mi risulta) che Lei è sposato — *I understood him to be willing to help me,* Capii che era disposto ad aiutarmi — *We were given to understand that free accommodation would be supplied,* Ci fecero capire che si sarebbe provveduto ad alloggiarci gratis — *Am I to understand that you refuse?,* Devo dedurre che Lei rifiuta?
3 sottintendere: *In the sentence 'He is taller than I', the verb 'am' is to be understood after 'I',* Nella frase 'He is taller than I', è sottinteso il verbo 'am' dopo 'I'.

understandable [ˌʌndəˈstændəbl] *agg* comprensibile; intelligibile. □ *avv* **understandably.**

understanding [ˌʌndəˈstændiŋ] *agg* **1** comprensivo; indulgente. **2** *(non comune)* intelligente.
□ *s.* **1** intelletto; comprendonio. **2** intesa; accordo: *to reach an understanding,* raggiungere un accordo — *on the understanding that...,* a patto che...; a condizione che...

to **understate** [ˌʌndəˈsteit] *vt* attenuare; minimizzare: *They exaggerated the enemy's losses and understated their own,* Esagerarono le perdite del nemico e minimizzarono le loro.

understatement [ˌʌndəˈsteitmənt] *s.* **1** 'mezza affermazione' *(dichiarazione attenuata, tendente ad attenuare o a minimizzare l'importanza di qcsa).* **2** lo sminuire.

to **understock** [ˌʌndəˈstɔk] *vt* fornire (approvvigionare) in quantità inferiore alla necessità.

understood [ˌʌndəˈstud] *pass e p. pass di* **to understand.**

understrapper [ˈʌndəˌstræpə*] *s. (spreg.)* inferiore; subalterno; tirapiedi; 'travet'.

understudy [ˈʌndəˌstʌdi] *s.* **1** *(teatro)* sostituto *(di un attore).* **2** *(cinema)* controfigura.

to **understudy** [ˈʌndəˌstʌdi] *vt (teatro)* **1** studiare (una parte) come sostituto. **2** sostituire.
□ *vi* fare da sostituto.

to **undertake** [ˌʌndəˈteik] *vt* (*pass.* **undertook**; *p. pass.* **undertaken**) **1** assumere; intraprendere; rendersi responsabile *(di qcsa);* acconsentire, impegnarsi *(a fare qcsa): Gladstone undertook the premiership when he was 82 years old,* Gladstone assunse la carica di Primo Ministro quando aveva 82 anni — *He has undertaken to finish the job by Friday,* Si è impegnato a finire il lavoro per venerdì. **2** iniziare; incominciare. **3** assicurare; promettere; garantire: *I can't undertake that you will make a profit,* Non posso garantirti che ne ricaverai un utile.

undertaker [ˌʌndəˈteikə*] *s.* **1** imprenditore; appaltatore. **2** impresario di pompe funebri.

undertaking [ˌʌndəˈteikiŋ] *s.* **1** compito; impegno (di lavoro); mansione; dovere. **2** impresa; azienda. **3** promessa; assicurazione; garanzia: *on the undertaking that...,* a patto che...; a condizione che...

undertone [ˈʌndətoun] *s.* **1** tono sommesso, basso: *to talk in an undertone,* parlare sommessamente (a voce bassa). **2** substrato; qualità nascosta; sottofondo: *an undertone of discontent (hostility, sadness),* un sottofondo di malcontento (di ostilità, di tristezza). **3** colore tenue, sfumato.

undertook [ˌʌndəˈtuk] *pass di* **to undertake.**

undertow [ˈʌndətou] *s.* risacca; risucchio.

undervaluation [ˈʌndəˌvæljuˈeiʃən] *s.* sottovalutazione.

to **undervalue** [ˌʌndəˈvæljuː] *vt* sottovalutare; *(talvolta)* deprezzare; svalutare.

undervest [ˈʌndəvest] *s.* maglietta.

underwater [ˌʌndəˈwɔːtə*] *agg* sott'acqua; subacqueo.

underway [ˌʌndəˈwei] *locuzione avverbiale* ⇨ **under,** *prep,* **4.**

underwear [ˈʌndəwɛə*] *s.* biancheria intima.

underweight [ˈʌndəweit] *agg* troppo leggero; di peso inferiore al normale; sotto peso.

underwent [ˌʌndəˈwent] *pass di* **to undergo.**

to **underwhelm** [ˈʌndəwelm] *vt* lasciare (qcno) indifferente.

underworld [ˈʌndəwəːld] *s.* **1** *(mitologia greca)* gli inferi; l'Ade; l'Oltretomba. **2** antipodi. **3** malavita; 'mala'.

to **underwrite** [ˌʌndəˈrait] *vt* (*pass.* **underwrote**; *p. pass.* **underwritten**) **1** sottoscrivere; firmare. **2** assicurare; emettere *(una polizza d'assicurazione);* coprire *(un rischio).* **3** impegnarsi a sottoscrivere *(capitale azionario).*

underwriter [ˌʌndəˈraitə*] *s.* **1** assicuratore *(spec. marittimo).* **2** finanziatore; sottoscrittore.

underwriting [ˌʌndəˈraitiŋ] *s. (comm.)* **1** assicurazione *(spec. marittima).* **2** *(talvolta)* sottoscrizione; finanziamento.

underwritten [ˌʌndəˈritn] *p. pass di* **to underwrite.**

underwrote [ˈʌndərout] *pass. di* **to underwrite.**

undeserved [ˌʌndiˈzəːvd] *agg* immeritato. □ *avv* **undeservedly.**

undesigned [ˌʌndiˈzaind] *agg* involontario; accidentale.

undesirable [ˌʌndiˈzaiərəbl] *agg* indesiderabile; sgradito.
□ *s.* persona indesiderabile, sgradita.

undespairing [ˌʌndisˈpɛəriŋ] *agg* che non dispera; *(per estensione)* ottimista. □ *avv* **undespairingly.**

undetected [ˌʌndiˈtektid] *agg (di crimine, ecc.)* non scoperto.

undeterminable [ˌʌndiˈtəːminəbl] *agg* indeterminabile.

undetermined [ˌʌndiˈtəːmind] *agg* **1** indeterminato; indefinito; non ancora risolto, deciso. **2** *(di persona)* indeciso; incerto; irresoluto.

undeterred [ˌʌndiˈtəːd] *agg* per nulla scoraggiato; imperturbato.

undeveloped [,ʌndi'veləpt] *agg* allo stato primitivo; non sviluppato.
undeviating [ʌn'di:vieitiŋ] *agg* diretto (senza deviare). □ *avv* **undeviatingly.**
undid [ʌn'did] *pass di* **to undo.**
undies ['ʌndiz] *s. pl (fam.)* biancheria intima femminile.
undigested [,ʌndi'dʒestid] *agg* non digerito.
undignified [ʌn'dignifaid] *agg* non dignitoso.
undiscerned [,ʌndi'sə:nd] *agg* indistinto.
undiscernible [,ʌndi'sə:nəbl] *agg* **1** indistinguibile. **2** impercettibile.
undiscerning [,ʌndi'sə:niŋ] *agg* senza discernimento.
undischarged [,ʌndis'tʃɑ:dʒd] *agg* **1** non scaricato; ancora carico. **2** *(di un compito)* incompiuto; non portato a compimento.
undiscriminating [,ʌndis'krimineitiŋ] *agg* senza discernimento.
undisguised [,ʌndis'gaizd] *agg* non mascherato; *(generalm. fig.)* evidente; manifesto.
undismayed [,ʌndis'meid] *agg* impavido; imperterrito.
undisputed [,ʌndis'pju:tid] *agg* incontrastato; indiscusso.
undissolved [,ʌndi'zɔlvd] *agg* non sciolto; non disciolto.
undistinguished [,ʌndis'tiŋgwiʃt] *agg* senza distinzione; poco distinto; comune; mediocre.
undisturbed [,ʌndis'tə:bd] *agg* **1** indisturbato; senza essere disturbato. **2** imperturbato.
undivided [,ʌndi'vaidid] *agg* indiviso; intero.
to **undo** [ʌn'du:] *vt* (*pass.* **undid**; *p. pass.* **undone**) **1** disfare; slegare; slacciare; sbottonare: *My shoelace has come undone,* Mi si è slegato il laccio della scarpa. **2** disfare; annullare; distruggere: *He has undone all his predecessor's good work,* Ha distrutto tutto il buon operato del suo predecessore — *What is done cannot be undone, (prov.)* Ciò che è fatto non può essere disfatto; Cosa fatta capo ha. **3** *(ant., solitamente passivo)* rovinare; mandare in rovina *(progetti, reputazione, morale): 'Alas, I am undone!', she sobbed out,* 'Ahimè, sono rovinata!', singhiozzò. **4** *(generalm. al p. pass., nell'espressione) to leave sth undone,* tralasciare di fare qcsa: *We have left undone those things which we ought to have done, (dalla 'confessione generale' della liturgia anglicana)* Abbiamo omesso di fare quelle cose che avremmo dovuto fare.
undoing [ʌn'du:iŋ] *s.* rovina; distruzione: *Drink was his undoing,* Il bere fu la sua rovina.
undomesticated [,ʌndə'mestikeitid] *agg* non addomesticato; selvaggio; *(per estensione, di donna)* poco casalinga; poco esperta; non interessata ai problemi domestici.
undone [ʌn'dʌn] *agg e p. pass di* **to undo.**
undoubted [ʌn'dautid] *agg* indubitato; sicuro; indubbio; certo. □ *avv* **undoubtedly,** senza dubbio.
undraped [ʌn'dreipt] *agg* nudo; non drappeggiato.
undreamed, undreamt [ʌn'dri:md/ʌn'drempt] *agg (generalm. seguito da* of*)* mai sognato; mai visto; mai immaginato: *to earn undreamed-of wealth,* guadagnare una ricchezza insperata — *undreamed-of beauties,* bellezze mai viste.
undress [ʌn'dres] *s.* **1** abbigliamento discinto. **2** bassa uniforme.
to **undress** [ʌn'dres] *vt* spogliare; svestire. □ *vi* spogliarsi; svestirsi.
undrinkable [ʌn'driŋkəbl] *agg* imbevibile; non potabile.
undrunk [ʌn'drʌnk] *agg* non bevuto.

undue [ʌn'dju:] *agg* indebito; non dovuto; sconveniente; non opportuno; eccessivo: *with undue haste,* con fretta eccessiva — *to exercise an undue influence upon sb,* esercitare un'indebita influenza su qcno. □ *avv* **unduly.**
undug [ʌn'dʌg] *agg* non scavato.
to **undulate** ['ʌndjuleit] *vi* **1** ondulare; ondeggiare. **2** essere, apparire ondulato.
undulation ['ʌndju'leiʃən] *s.* **1** ondulazione. **2** movimento ondulatorio. **3** curva, linea *(del terreno)* ondulata.
undutiful [ʌn'dju:tiful] *agg* irriverente. □ *avv* **undutifully.**
undying [ʌn'daiiŋ] *agg* immortale; eterno; imperituro.
unearned [ʌn'ə:nd] *agg* **1** non guadagnato *(col lavoro): unearned income,* reddito (redditi) non derivante da lavoro; rendite. **2** immeritato: *unearned praise,* lode immeritata.
to **unearth** [ʌn'ə:θ] *vt* scovare; scoprire; portare alla luce.
unearthly [ʌn'ə:θli] *agg* **1** ultraterreno; soprannaturale. **2** spettrale; orribile; misterioso; terrificante; sinistro; lugubre. **3** *(fam.)* irragionevole; impossibile; assurdo: *Why do you wake me up at this unearthly hour?,* Perché mi svegli a quest'ora impossibile?
unease [ʌn'i:z] *s. (lett.)* disagio; inquietudine; turbamento.
uneasiness [ʌn'i:zinis] *s.* disagio; agitazione; inquietudine; turbamento.
uneasy [ʌn'i:zi] *agg* agitato; a disagio; inquieto; ansioso; turbato: *to pass an uneasy night,* passare una notte agitata — *We grew uneasy at their long absence,* Divenimmo inquieti per la loro lunga assenza. □ *avv* **uneasily.**
uneatable [ʌn'i:təbl] *agg* immangiabile.
uneaten [ʌn'i:tn] *agg* non mangiato; non consumato; intatto.
uneconomic [ʌn,i:kə'nɔmik] *agg* antieconomico.
uneconomical [ʌn,i:kə'nɔmikəl] *agg* non economico; dispendioso.
unedifying [ʌn'edifaiiŋ] *agg* non edificante; poco edificante.
uneducated [ʌn'edjukeitid] *agg* incolto; senza istruzione.
unelaborate [,ʌni'læbərit] *agg* non elaborato.
unembarrassed [,ʌnim'bærəst] *agg* non imbarazzato; disinvolto.
unemotional [,ʌni'mouʃənl] *agg* non emotivo. □ *avv* **unemotionally.**
unemphatic [,ʌnim'fætik] *agg* non enfatico; piano; dimesso.
unemployable [,ʌnim'plɔiəbl] *agg* inutilizzabile; che non può essere impiegato; *(di persona)* inabile; non adatto a un lavoro.
unemployed [,ʌnim'plɔid] *agg* **1** inutilizzato; non impiegato: *unemployed capital,* capitale inutilizzato. **2** disoccupato. □ *come s. the unemployed,* i disoccupati.
unemployment [,ʌnim'plɔimənt] *s.* disoccupazione: *unemployment insurance,* assicurazione contro la disoccupazione — *unemployment pay (benefit),* sussidio (indennità) di disoccupazione.
unencumbered [,ʌnin'kʌmbəd] *agg* non ingombro; libero.
unending [ʌn'endiŋ] *agg* senza fine; interminabile; incessante. □ *avv* **unendingly.**
unenterprising [ʌn'entəpraiziŋ] *agg* poco intraprendente.
unentertaining [ʌn,entə'teiniŋ] *agg* non divertente.

unenthusiastic ['ʌnin,θju:zi'æstik] *agg* privo d'entusiasmo. □ *avv* **unenthusiastically.**
unenviable [ʌn'enviəbl] *agg* non invidiabile. □ *avv* **unenviably.**
unequal [ʌn'i:kwəl] *agg* **1** diseguale; irregolare; discontinuo; variabile. **2** *(seguito da* to*)* disadatto; non all'altezza; non adeguato; impari: *I feel unequal to the task,* Non mi sento all'altezza del compito — *to give up the unequal struggle,* arrendersi di fronte a delle difficoltà troppo grandi. □ *avv* **unequally.**
unequalled [ʌn'i:kwəld] *agg* ineguagliato; incomparabile.
unequivocal [,ʌni'kwivəkl] *agg* inequivocabile. □ *avv* **unequivocally.**
unerring [ʌn'ə:riŋ] *agg* infallibile; preciso; sicuro; accurato: *to fire with unerring aim,* far fuoco con mira infallibile (precisa). □ *avv* **unerringly.**
unescapable [,ʌnis'keipəbl] *agg* inevitabile.
unethical [ʌn'eθikl] *agg* amorale. □ *avv* **unethically.**
uneven [ʌn'i:vən] *agg* ineguale; disuguale; irregolare. □ *avv* **unevenly.**
uneventful [,ʌni'ventful] *agg* monotono. □ *avv* **uneventfully.**
unexamined [,ʌnig'zæmind] *agg* non esaminato; non controllato; non verificato.
unexampled [,ʌnig'zɑ:mpld] *agg* senza pari; impareggiabile; ineguagliabile; eccezionale; senza precedenti; unico: *the unexampled heroism of our soldiers,* l'ineguagliabile eroismo dei nostri soldati.
unexceptionable [,ʌnik'sepʃnəbl] *agg* irreprensibile; ineccepibile. □ *avv* **unexceptionably.**
unexceptional [,ʌnik'sepʃənəl] *agg* comune. □ *avv* **unexceptionally.**
unexciting [,ʌnik'saitiŋ] *agg* non emozionante. □ *avv* **unexcitingly.**
unexpected [,ʌniks'pektid] *agg* inaspettato. □ *avv* **unexpectedly.**
unexpired [,ʌniks'paiəd] *agg* non scaduto.
unexplained [,ʌniks'pleind] *agg* non spiegato.
unexploded [,ʌniks'ploudid] *agg* inesploso.
unexplored [,ʌniks'plɔ:d] *agg* inesplorato.
unexpurgated [ʌn'ekspə:geitid] *agg* non espurgato; integro.
unfading [ʌn'feidiŋ] *agg* imperituro. □ *avv* **unfadingly.**
unfailing [ʌn'feiliŋ] *agg* **1** infallibile; immancabile; sicuro. **2** inesauribile: *his unfailing good humour,* il suo inesauribile buon umore. □ *avv* **unfailingly.**
unfair [ʌn'fɛə*] *agg* ingiusto; iniquo; sleale; inadeguato; scorretto: *unfair treatment,* trattamento iniquo — *by unfair means,* con mezzi sleali — *unfair competition,* concorrenza sleale. □ *avv* **unfairly.**
unfaithful [ʌn'feiθful] *agg* infedele; mancante alle promesse e alle aspettative. □ *avv* **unfaithfully.**
unfaithfulness [ʌn'feiθfulnis] *s.* infedeltà.
unfaltering [ʌn'fɔ:ltəriŋ] *agg* fermo; risoluto; deciso; non esitante; sicuro: *with unfaltering steps,* a passi decisi — *with unfaltering courage,* con fermo coraggio. □ *avv* **unfalteringly.**
unfamiliar [,ʌnfə'miljə*] *agg* **1** inconsueto; poco familiare; strano; poco noto: *That face is not unfamiliar to me,* Quel volto non mi è sconosciuto. **2** poco abituato; non pratico; inesperto: *He is still unfamiliar with this district,* È ancora poco pratico di questa zona. □ *avv* **unfamiliarly.**
unfashionable [ʌn'fæʃnəbl] *agg* non alla moda. □ *avv* **unfashionably.**
unfashioned [ʌn'fæʃənd] *agg* informe.
to **unfasten** [ʌn'fɑ:sn] *vt* slegare; slacciare.
unfathomable [ʌn'fæðəməbl] *agg* insondabile; imperscrutabile; inesplorabile; impenetrabile. □ *avv* **unfathomably.**
unfathomed [ʌn'fæðəmd] *agg* **1** insondato; impenetrato; inesplorato. **2** misterioso; sconosciuto; non compreso.
unfavourable [ʌn'feivərəbl] *agg* sfavorevole. □ *avv* **unfavourably.**
unfeasible [ʌn'fi:zəbl] *agg* non fattibile; inattuabile; impraticabile.
unfed [ʌn'fed] *agg* non nutrito; senza cibo.
unfeeling [ʌn'fi:liŋ] *agg* insensibile; duro; arido; spietato. □ *avv* **unfeelingly.**
unfeigned [ʌn'feind] *agg* vero; sincero; genuino; autentico; non simulato. □ *avv* **unfeignedly.**
unfenced [ʌn'fenst] *agg* non cintato; senza palizzata; aperto.
unfermented [,ʌnfə:'mentid] *agg* non fermentato.
unfettered [ʌn'fetəd] *agg* senza impedimenti; spedito.
unfinished [ʌn'finiʃt] *agg* non finito; incompiuto; incompleto; *(comm.: di merce)* semilavorato.
unfit [ʌn'fit] *agg* **1** inadatto; non idoneo; inabile: *He is unfit for business (unfit to be a doctor),* Non è adatto per gli affari (per fare il medico) — *unfit to eat,* non commestibile; immangiabile — *This road is unfit for heavy traffic,* Questa strada è inadatta al traffico pesante — *He was rejected as unfit,* Fu riformato perché fisicamente inabile. **2** non in forma; in cattiva salute.
to **unfit** [ʌn'fit] *vt* **(-tt-)** rendere inabile: *A bad attack of lumbago unfitted him for work in the garden,* Un forte attacco di lombaggine lo rese inabile al lavoro in giardino.
unfitted [ʌn'fitid] *agg* inadatto.
unfitting [ʌn'fitiŋ] *agg* sconveniente. □ *avv* **unfittingly.**
to **unfix** [ʌn'fiks] *vt* staccare.
unflagging [ʌn'flægiŋ] *agg* infaticabile; instancabile. □ *avv* **unflaggingly.**
unflappable [ʌn'flæpəbl] *agg (fam.)* flemmatico; imperturbabile. □ *avv* **unflappably.**
unflattering [ʌn'flætəriŋ] *agg* non adulatorio. □ *avv* **unflatteringly.**
unflinching [ʌn'flintʃiŋ] *agg* risoluto e impavido. □ *avv* **unflinchingly.**
unflustered [ʌn'flʌstəd] *agg* imperturbato.
to **unfold** [ʌn'fould] *vt e i.* **1** spiegare; stendere; distendere; allargare. **2** risolvere; rivelare; svelare; scoprire: *She unfolded to him her plans for the future,* Gli rivelò i suoi progetti per il futuro.
unforeseeable [,ʌnfɔ:'si:əbl] *agg* imprevedibile. □ *avv* **unforeseeably.**
unforeseen [,ʌnfɔ:'si:n] *agg* non previsto; imprevisto; inatteso; inaspettato: *unforeseen circumstances,* (gli) imprevisti.
unforgettable [,ʌnfə'getəbl] *agg* indimenticabile. □ *avv* **unforgettably.**
unforgivable [,ʌnfə'givəbl] *agg* imperdonabile. □ *avv* **unforgivably.**
unforgiven [,ʌnfə'givən] *agg* non perdonato; imperdonato.
unforgiving [,ʌnfə'giviŋ] *agg* che non perdona; implacabile. □ *avv* **unforgivingly.**
unformed [ʌn'fɔ:md] *agg* immaturo.
unfortunate [ʌn'fɔ:tʃnit] *agg e s.* sfortunato; sventurato. □ *avv* **unfortunately,** purtroppo; sfortunatamente.
unfounded [ʌn'faundid] *agg* infondato; senza fondamento; ingiustificato: *unfounded rumours,* notizie prive di fondamento; dicerie infondate.
to **unfreeze** [ʌn'fri:z] *vt e i.* sgelare.

unfriendly [ʌn'frendli] *agg* non amichevole; ostile; freddo.

to **unfrock** [ʌn'frɔk] *vt* togliere la tonaca (a qcno); spretare; sospendere 'a divinis'.

unfulfilled [,ʌnful'fild] *agg* **1** incompiuto; non adempiuto. **2** frustrato; non realizzato.

unfunded [ʌn'fʌndid] *agg (comm.)* non consolidato; fluttuante: *unfunded debt,* debito (pubblico) fluttuante.

unfunny [ʌn'fʌni] *agg* non divertente.

to **unfurl** [ʌn'fə:l] *vt* spiegare *(vele, ecc.);* aprire; distendere.
□ *vi (di una vela)* spiegarsi.

unfurnished [ʌn'fə:niʃt] *agg* **1** non ammobiliato; privo di mobili. **2** sfornito; sprovvisto; privo: *to be unfurnished with news,* essere privo (sfornito) di notizie.

ungainly [ʌn'geinli] *agg* sgraziato; goffo.

ungated [ʌn'geitid] *agg* privo di porte o cancello; aperto; *(per estensione, di passaggio a livello)* incustodito.

ungathered [ʌn'gæðəd] *agg* non raccolto.

ungenerous [ʌn'dʒenərəs] *agg* ingeneroso; illiberale; meschino.

ungentlemanly [ʌn'dʒentlmənli] *agg* indegno di un gentiluomo; poco signorile; scortese; maleducato; scorretto; sgarbato.

ungetatable [,ʌnget'ætəbl] *agg* inaccessibile; irraggiungibile.

ungirt [ʌn'gə:t] *agg (lett.)* non cinto; senza cinto.

to **unglue** [ʌn'glu:] *vt* scollare.

ungodly [ʌn'gɔdli] *agg* **1** empio; irreligioso. **2** *(fam.)* irragionevole; impossibile; assurdo: *Why on earth do you telephone me at this ungodly hour?,* Perché diavolo mi telefoni a quest'ora impossibile?

ungovernable [ʌn'gʌvənəbl] *agg* incontrollabile; irrefrenabile; violento; sfrenato: *ungovernable passions,* passioni incontrollabili — *a man with an ungovernable temper,* un uomo dal temperamento violento. □ *avv* **ungovernably.**

ungracious [ʌn'greiʃəs] *agg* scortese; incivile; sgarbato. □ *avv* **ungraciously.**

ungrammatical [,ʌngrə'mætikl] *agg* sgrammaticato; scorretto. □ *avv* **ungrammatically.**

ungrateful [ʌn'greitful] *agg (di persona e di compito)* ingrato. □ *avv* **ungratefully.**

ungrudging [ʌn'grʌdʒiŋ] *agg* liberale; generoso. □ *avv* **ungrudgingly.**

unguarded [ʌn'gɑ:did] *agg* **1** indifeso; incustodito. **2** *(di persona, di osservazione, ecc.)* incauto; imprudente; indiscreto; avventato; sconsiderato.
□ *avv* **unguardedly.**

unguent ['ʌŋgwənt] *s.* unguento.

unhallowed [ʌn'hæloud] *agg* **1** sconsacrato. **2** *(lett.)* empio; sacrilego; scellerato: *with unhallowed joy,* con gioia sacrilega.

unhampered [ʌn'hæmpəd] *agg* non impedito; non ostacolato.

to **unhand** [ʌn'hænd] *vt (ant. e scherz.)* togliere le mani (di dosso); lasciare libero: *'Unhand me, villain!', she cried,* 'Toglimi le mani di dosso, villano!', gridò.

unhappiness [ʌn'hæpinis] *s.* infelicità; tristezza.

unhappy [ʌn'hæpi] *agg* **1** infelice; triste. **2** sfortunato; sventurato. **3** inopportuno; infelice; fuori luogo.
□ *avv* **unhappily.**

unharmed [ʌn'hɑ:md] *agg* incolume; indenne; sano e salvo.

to **unharness** [ʌn'hɑ:nis] *vt* togliere la bardatura *(a un cavallo, ecc.).*

unhatched [ʌn'hætʃt] *agg (di uovo e anche fig.)* non schiuso.

unhealthy [ʌn'helθi] *agg* **1** poco sano; di salute cagionevole; malaticcio. **2** malsano; insalubre.
□ *avv* **unhealthily.**

unheard [ʌn'hə:d] *agg* **1** non udito. **2** inascoltato; *(dir.)* senza essere stato interrogato. **3 unheard-of,** inaudito; straordinario; incredibile; senza precedenti.

unheated [ʌn'hi:tid] *agg* non riscaldato.

unheeded [ʌn'hi:did] *agg* inosservato; inascoltato.

unheedful [ʌn'hi:dful] *agg (lett.)* disattento; negligente.

unheeding [ʌn'hi:diŋ] *agg* incurante.
□ *avv* **unheedingly.**

unhelpful [ʌn'helpful] *agg (di persona)* non disposto a fornire aiuto; *(di cosa)* inutile.

unhesitating [ʌn'hesiteitiŋ] *agg* deciso; risoluto.
□ *avv* **unhesitatingly,** senza esitazione; in modo deciso, risoluto.

to **unhinge** [ʌn'hindʒ] *vt* **1** scardinare; sgangherare; togliere dai cardini. **2** *(fig.)* sconvolgere: *His mind is unhinged,* La sua mente è sconvolta.

unholy [ʌn'houli] *agg* **1** empio; malvagio; scellerato; profano; sacrilego. **2** *(fam.)* terribile; irragionevole; impossibile.

to **unhook** [ʌn'huk] *vt* sganciare; staccare.

unhoped-for [ʌn'houptfɔ:*] *agg* insperato.

unhopeful [ʌn'houpful] *agg* sfiduciato.
□ *avv* **unhopefully.**

to **unhorse** [ʌn'hɔ:s] *vt* disarcionare; far cadere da cavallo.

unhurried [ʌn'hʌrid] *agg* calmo; senza fretta.
□ *avv* **unhurriedly,** con calma; senza fretta.

unhurt [ʌn'hə:t] *agg* illeso; sano e salvo.

unicorn ['ju:nikɔ:n] *s.* **1** unicorno; liocorno *(animale mitologico).* **2** *(zool.)* narvalo.

unidentified ['ʌnai'dentifaid] *agg* non identificato: *unidentified flying object (abbr.* UFO*),* oggetto volante non identificato; *(fam.)* 'disco volante'; 'ufo'.

unification [,ju:nifi'keiʃən] *s.* unificazione.

uniform ['ju:nifɔ:m] *agg* uniforme; costante; invariabile: *to keep sth at a uniform temperature,* mantenere qcsa ad una temperatura costante.
□ *avv* **uniformly.**
□ *s.* divisa; uniforme; tenuta: *the blue uniform of the police,* l'uniforme azzurra della polizia — *in uniform,* in divisa.

uniformed ['ju:nifɔ:md] *agg* in uniforme; in divisa: *uniformed policemen,* agenti in divisa.

uniformity [,ju:ni'fɔ:miti] *s.* uniformità.

to **unify** ['ju:nifai] *vt* **1** unificare; riunire. **2** uniformare; rendere uniforme.

unilateral [,ju:ni'lætərəl] *agg* unilaterale *(anche fig.): unilateral car-parking,* parcheggio su un solo lato (della strada). □ *avv* **unilaterally.**

unimaginable [,ʌni'mædʒinəbl] *agg* inimmaginabile; inconcepibile. □ *avv* **unimaginably.**

unimaginative [,ʌni'mædʒinətiv] *agg* senza fantasia.
□ *avv* **unimaginatively.**

unimpaired [,ʌnim'pɛəd] *agg* indenne; intatto.

unimpeachable [,ʌnim'pi:tʃəbl] *agg* irreprensibile; ineccepibile; indiscutibile. □ *avv* **unimpeachably.**

unimpeded [,ʌnim'pi:did] *agg* non impedito.
□ *avv* **unimpededly.**

unimportance [,ʌnim'pɔ:təns] *s.* scarsa importanza.

unimportant [,ʌnim'pɔ:tənt] *agg* senza importanza; di scarsa importanza; insignificante; trascurabile.

unimposing [,ʌnim'pouziŋ] *agg* poco imponente.
□ *avv* **unimposingly.**

unimpressive [ˌʌnimˈpresiv] *agg* non impressionante; che non fa colpo. □ *avv* **unimpressively.**
unimproved [ˌʌnimˈpruːvd] *agg* non sottoposto a migliorie.
uninformed [ˌʌninˈfɔːmd] *agg* **1** non (o poco) informato. **2** ignorante; incolto.
uninhabitable [ˌʌninˈhæbitəbl] *agg* inabitabile.
uninjured [ʌnˈindʒəd] *agg* illeso; incolume; indenne.
uninspiring [ˌʌninˈspairiŋ] *agg* senza ispirazione; piatto; scialbo; banale; poco invitante.
□ *avv* **uninspiringly.**
unintelligent [ˌʌninˈtelidʒənt] *agg* inintelligente; privo di intelligenza. □ *avv* **unintelligently.**
unintelligible [ˌʌninˈtelidʒəbl] *agg* inintelligibile; incomprensibile. □ *avv* **unintelligibly.**
unintended [ˌʌninˈtendid] *agg* involontario.
unintentional [ˌʌninˈtenʃənl] *agg* involontario; non intenzionale. □ *avv* **unintentionally.**
uninterested [ʌnˈintristid] *agg* non interessato; indifferente. □ *avv* **uninterestedly.**
uninteresting [ʌnˈintristiŋ] *agg* poco interessante; non interessante; privo d'interesse.
□ *avv* **uninterestingly.**
uninterrupted [ˈʌnˌintəˈrʌptid] *agg* ininterrotto; incessante; continuo. □ *avv* **uninterruptedly.**
uninvited [ˌʌninˈvaitid] *agg* non invitato; senza invito.
uninviting [ˌʌninˈvaitiŋ] *agg* non allettante.
□ *avv* **uninvitingly.**
union [ˈjuːnjən] *s.* **1** unione; congiunzione: *the union of the three cantons,* l'unione dei tre cantoni — *the Universal Postal Union,* l'Unione Postale Universale — *the Soviet Union,* l'Unione Sovietica — **the Union,** - **a)** l'Unione *(dell'Inghilterra e della Scozia nel 1707): the Union Jack,* la bandiera del Regno Unito - **b)** *(USA)* l'unione degli Stati costituzionalisti contro i confederati durante la guerra di Secessione americana (1861-1865) - **c)** *(USA)* l'Unione; gli Stati Uniti: *the President's address to the Union,* il discorso del Presidente a tutti i cittadini degli Stati Uniti. **2** accordo; armonia; concordia; unione: *to live in perfect union,* vivere in perfetta armonia — *a happy union,* un'unione felice *(spec. un matrimonio).* **3** associazione; unione; raggruppamento; *(in certe università)* associazione studentesca: *trade union; (spesso) union,* sindacato — *the Unions,* i sindacati — *union leaders,* dirigenti sindacali. **4** *(GB, ant.)* ospizio; ricovero per poveri gestito da due o più parrocchie. **5** *(mecc.)* giunto; raccordo *(per bielle o tubazioni).* □ *(USA) union suit,* sottoveste *(specie di calzamaglia con corpino incorporato).*
unionism [ˈjuːnjənizəm] *s.* **1** *(politica)* unionismo. **2** sindacalismo. **3** *(USA, stor.)* fedeltà all''Unione'; antisecessionismo.
unionist [ˈjuːnjənist] *s.* **1** membro di un sindacato; sindacalista. **2** *(GB, stor.)* persona contraria all'indipendenza dell'Irlanda; *(oggi, nella politica nord-irlandese, anche* Ulster Unionist*)* membro sostenitore del partito conservatore. **3** *(USA, stor.)* unionista; sostenitore del governo federale *(durante la guerra civile del 1861-1865);* oppositore della secessione.
unique [juːˈniːk] *agg* **1** unico; solo. **2** singolare; straordinario; senza uguale. □ *avv* **uniquely.**
uniqueness [juːˈniːknis] *s.* unicità.
unisex [ˈjuːniseks] *agg* 'unisex'; *(di vestiario, ecc.)* adatto per entrambi i sessi.
unison [ˈjuːnizn] *s.* unisono; concordia; armonia; accordo: *to sing in unison,* cantare all'unisono — *to act in unison with others,* agire in armonia (in accordo) con altri.
unit [ˈjuːnit] *s.* **1** unità *(in vari sensi: matematica, mil., comm., ecc.): unit cost,* costo unitario — *unit trust,* fondo comune d'investimento; 'investment trust'. **2** *(mecc., ecc.)* gruppo: *kitchen unit,* insieme di mobili per cucina o di elettrodomestici; monoblocco — *unit furniture,* mobili unificati *(di uguale disegno).*
Unitarian [ˌjuːniˈtɛəriən] *s.* unitario *(appartenente alla Chiesa Unitaria).*
□ *agg* unitario: *the Unitarian Church,* la Chiesa Unitaria.
Unitarianism [ˌjuːniˈtɛəriənizəm] *s.* unitarismo *(la religione della Chiesa Unitaria).*
to **unite** [juˈnait] *vi* **1** unirsi; riunirsi; congiungersi: *Let us all unite in fighting (o to fight) poverty and disease,* Uniamoci tutti per combattere la povertà e le malattie. **2** mescolarsi.
□ *vt* unire *(anche in matrimonio);* riunire; congiungere.
united [juˈnaitid] *agg* (*p. pass. di* **to unite**) unito; compatto; riunito; congiunto; comune: *the United Kingdom,* il Regno Unito — *the United States of America,* gli Stati Uniti d'America — *to present a united front to the enemy,* presentare un fronte unito contro il nemico — *to make a united effort,* fare uno sforzo congiunto (comune). □ *avv* **unitedly.**
unity [ˈjuːniti] *s.* **1** unità: *the (dramatic) unities; the unities of place, time and action,* le unità drammatiche; le unità di luogo, tempo e azione. **2** armonia; accordo; concordia. **3** *(matematica)* unità; il numero uno.
universal [ˌjuːniˈvəːsəl] *agg* universale; generale; comune; per tutti: *universal history,* storia universale — *The cinema provides universal entertainment,* Il cinema fornisce (offre) intrattenimento per tutti — *a universal rule,* una regola universale — *a universal joint (coupling),* un giunto universale; un giunto cardanico.
□ *avv* **universally,** universalmente; generalmente; dappertutto; ovunque; da tutti.
universality [ˌjuːnivəːˈsæliti] *s.* universalità.
universe [ˈjuːnivəːs] *s.* universo.
university [ˌjuːniˈvəːsiti] *s.* **1** università. **2** *(con* the*)* membri dell'Università *(il corpo accademico e gli studenti, considerati collettivamente).* **3** *(attrib.)* universitario: *a university student,* uno studente universitario — *a university teacher,* un professore (un assistente) universitario — *a university man,* un laureato.
unjust [ʌnˈdʒʌst] *agg* ingiusto. □ *avv* **unjustly.**
unjustifiable [ʌnˈdʒʌstifaiəbl] *agg* ingiustificabile.
□ *avv* **unjustifiably.**
unjustified [ʌnˈdʒʌstifaid] *agg* ingiustificato.
unkempt [ʌnˈkempt] *agg* **1** spettinato; scarmigliato; arruffato. **2** *(fig.)* disordinato; trascurato; sciatto; trasandato: *an unkempt style,* uno stile sciatto.
unkind [ʌnˈkaind] *agg* cattivo; poco gentile; meschino.
□ *avv* **unkindly.**
unkindness [ʌnˈkaindnis] *s.* cattiveria.
unkingly [ʌnˈkiŋli] *agg* non regale; indegno di un re.
unknightly [ʌnˈnaitli] *agg* poco cavalleresco; indegno d'un cavaliere.
unknowable [ʌnˈnouəbl] *agg* inconoscibile.
unknowing [ʌnˈnouiŋ] *agg* ignaro. □ *avv* **unknowingly.**
unknown [ʌnˈnoun] *agg* ignoto; sconosciuto: *the Unknown Warrior,* il Milite Ignoto.
□ *s. (con* the*)* **1** l'ignoto. **2** *(matematica)* l'incognita.
to **unlace** [ʌnˈleis] *vt* slacciare.
unladylike [ʌnˈleidilaik] *agg* indegno di, disdicevole per una signora.

unlamented [ˌʌnlə'mentid] *agg* non compianto; illacrimato.

unlawful [ʌn'lɔ:ful] *agg* illegale; illecito.
□ *avv* **unlawfully**

to **unlearn** [ʌn'lə:n] *vt* disimparare; dimenticare.

to **unleash** [ʌn'li:ʃ] *vt* **1** liberare; slegare; sguinzagliare. **2** *(fig.)* scatenare.

unleavened [ʌn'levnd] *agg* non lievitato; senza lievito; azzimo.

unless [ʌn'les] *congiunz* a meno che; salvo che; se non; eccetto che; eccetto se: *You will fail unless you study harder,* Non ce la farai, a meno che tu ti metta a studiare di più — *Unless compelled to stay in by bad weather, I go for a walk every day,* Se non sono costretto a stare a casa per il maltempo, faccio una passeggiata ogni giorno.

unlet [ʌn'let] *agg* sfitto.

unlettered [ʌn'letəd] *agg* illetterato; incolto; ignorante; analfabeta.

unlicensed [ʌn'laisənst] *agg* privo di patente, di licenza *(spec. un esercizio pubblico che non serve bevande alcooliche).*

unlicked [ʌn'likt] *agg* **1** non rifinito; grossolano; rozzo: *an unlicked cub, (fig.)* un ragazzotto maleducato. **2** *(sl., di una squadra sportiva)* imbattuto.

unlike [ʌn'laik] *agg* **1** dissimile; diverso; differente: *unlike signs, (matematica)* segni diversi (contrari) — *He is quite unlike any Frenchman I have ever known,* Non assomiglia in nulla ai francesi che ho conosciuto. **2** *(di ritratto, ecc.)* non assomigliante. **3** non tipico *(nelle espressioni del tipo): It's unlike him to be so mean,* Non è da lui essere così spilorcio.
□ *prep* in modo diverso da; a differenza di.

unlikely [ʌn'laikli] *agg* **1** improbabile; inverosimile: *He is unlikely to get here before seven,* È improbabile che arrivi qui prima delle sette — *an unlikely story,* un racconto inverosimile. **2** poco promettente; insoddisfacente; inadatto: *He seems rather an unlikely candidate for the job,* Sembra un candidato piuttosto inadatto per quel posto.

unlimited [ʌn'limitid] *agg* illimitato; sconfinato.

unlined [ʌn'laind] *agg* **1** sfoderato; non foderato. **2** senza righe; senza rughe.

unlisted [ʌn'listid] *agg* non quotato (in Borsa).

unlit [ʌn'lit] *agg* non illuminato; non acceso.

to **unload** [ʌn'loud] *vt e i.* **1** scaricare; liberare da un carico; alleggerire, alleggerirsi. **2** disfarsi (di); sbarazzarsi (di); vendere: *Many investors are unloading their shares in South African companies,* Molti operatori si stanno disfacendo delle (stanno svendendo le) azioni che posseggono nelle società sudafricane.

unloading [ʌn'loudiŋ] *s.* scarico; scaricamento.

to **unlock** [ʌn'lɔk] *vt* **1** aprire *(con una chiave).* **2** rivelare; svelare *(un segreto, uno stato d'animo).* **3** *(mecc.)* sbloccare.

unlooked-for [ʌn'luktfɔ:*] *agg* inatteso; imprevisto; inaspettato; impensato.

to **unloose** [ʌn'lu:s] *vt* allentare; sciogliere; slegare; liberare.

unlovable [ʌn'lʌvəbl] *agg (spec. di persona)* antipatico; sgradevole.

unloved [ʌn'lʌvd] *agg* non amato.

unlovely [ʌn'lʌvli] *agg* non attraente; sgraziato; brutto; sgradevole.

unloving [ʌn'lʌviŋ] *agg* freddo; poco affettuoso.
□ *avv* **unlovingly.**

unlucky [ʌn'lʌki] *agg* **1** sfortunato; disgraziato. **2** infelice; malaugurato; che porta sfortuna.
□ *avv* **unluckily.**

unmade [ʌn'meid] *agg* non fatto; disfatto; sfatto.

to **unmake** [ʌn'meik] *(pass. e p. pass.* **unmade**) *vt* disfare; abbattere; distruggere.

to **unman** [ʌn'mæn] *vt* (**-nn-**) **1** abbattere; scoraggiare; accasciare: *The news of his friend's death unmanned him for a while,* La notizia della morte dell'amico lo accasciò per un certo tempo. **2** evirare; castrare. **3** disarmare; mettere in disarmo: *to unman a ship,* disarmare (privare dell'equipaggio) una nave.

unmanageable [ʌn'mænidʒəbl] *agg* **1** ingovernabile; intrattabile; 'difficile'; indisciplinato; ribelle. **2** *(di materiale)* difficile a lavorarsi. □ *avv* **unmanageably.**

unmanly [ʌn'mænli] *agg* poco virile; debole; effeminato.

unmanned [ʌn'mænd] *agg* privo di equipaggio; senza equipaggio; senza personale; non presidiato.

unmannered, unmannerly [ʌn'mænəd/ʌn'mænəli] *agg* sgarbato; senza maniere; scortese; villano; maleducato.

unmarked [ʌn'mɑ:kt] *agg (dal p. pass. di* **to mark** ⇨) **1** non marcato; non segnato; non contrassegnato. **2** *(raro)* inosservato. **3** *(di compiti, ecc.)* non ancora corretto.

unmarried [ʌn'mærid] *agg* non sposato; celibe; nubile: *unmarried mother,* ragazza madre.

to **unmask** [ʌn'mɑ:sk] *vt* togliere la maschera; smascherare; scoprire: *to unmask a traitor,* smascherare un traditore.
□ *vi* gettare, togliersi la maschera: *The revellers unmasked at midnight,* I partecipanti alla festa si tolsero la maschera a mezzanotte.

unmatchable [ʌn'mætʃəbl] *agg* impareggiabile; senza pari; ineguagliabile; incomparabile.

unmatched [ʌn'mætʃt] *agg* **1** senza pari; ineguagliato; senza l'uguale; senza rivali. **2** spaiato; scompagnato.

unmeaning [ʌn'mi:niŋ] *agg* privo di significato; senza senso; senza espressione; *(per estensione)* inutile; vano; vacuo.

unmeasured [ʌn'meʒəd] *agg* **1** non misurato. **2** smisurato; sconfinato; enorme; senza limite.

unmeet [ʌn'mi:t] *agg (ant.)* **1** disadatto. **2** indegno.

unmentionable [ʌn'menʃənəbl] *agg* innominabile; irripetibile.
□ *(come s. pl.) unmentionables, (scherz.: un tempo)* pantaloni; 'gli innominabili'; *(oggi)* biancheria intima.

unmerciful [ʌn'mə:siful] *agg* senza pietà; spietato *(anche fig.).*

unmethodical [ˌʌnmi'θɔdikəl] *agg* non metodico.
□ *avv* **unmethodically,** senza metodo.

unmindful [ʌn'maindful] *agg (lett.)* **1** immemore; dimentico. **2** incurante; distratto; negligente.
□ *avv* **unmindfully.**

unmistakable [ˌʌnmis'teikəbl] *agg* inequivocabile; chiaro; evidente; certo; indubbio; lampante; inconfondibile. □ *avv* **unmistakably.**

unmitigated [ʌn'mitigeitid] *agg* completo; assoluto; vero e proprio; perfetto; 'bell'e buono': *an unmitigated scoundrel,* un vero e proprio furfante; un furfante bell'e buono.
□ *avv* **unmitigatedly.**

unmixed [ʌn'mikst] *agg* non mescolato; puro; liscio.

unmolested [ˌʌnmou'lestid] *agg* non molestato; indisturbato.

to **unmount** [ʌn'maunt] *vt e i.* smontare.

unmoved [ʌn'mu:vd] *agg* **1** saldo; fisso; fermo. **2** *(fig.)* impassibile; insensibile: *He remained unmoved by her entreaties for pity,* Rimase insensibile alle suppliche di lei.

unmown [ʌn'moun] *agg* non falciato.

unmusical [ʌn'mju:zikəl] *agg* **1** *(di suono)* poco musicale; discordante; scordato. **2** *(di persona)* poco amante della musica; poco dotato per la musica; stonato.
unnamable [ʌn'neiməbl] *agg* innominabile.
unnamed [ʌn'neimd] *agg* non nominato; segreto.
unnatural [ʌn'nætʃrəl] *agg* **1** innaturale; artificiale; *(di maniere)* affettato. **2** contrario alla natura; snaturato; anormale; crudele; mostruoso; bestiale.
□ *avv* **unnaturally**.
unnecessary [ʌn'nesisəri] *agg* non necessario; inutile; superfluo. □ *avv* **unnecessarily**.
unnegotiable [,ʌnni'gouʃiəbl] *agg (comm.)* non negoziabile.
unneighbourly [ʌn'neibəli] *agg* non da buon vicino; poco gentile.
to **unnerve** [ʌn'nə:v] *vt* snervare; indebolire; accasciare; scoraggiare; *(per estensione)* intimidire; spaventare.
unnoticeable [ʌn'noutisəbl] *agg* inosservabile.
unnoticed [ʌn'noutist] *agg* inosservato: *to let sth pass unnoticed,* passar qcsa sotto silenzio.
unnumbered [ʌn'nʌmbəd] *agg* **1** non numerato. **2** innumerevole.
unobjectionable [,ʌnəb'dʒekʃənəbl] *agg* ineccepibile.
□ *avv* **unobjectionably**.
unobliging [,ʌnə'blaidʒiŋ] *agg* poco compiacente.
□ *avv* **unobligingly**.
unobservant [,ʌnəb'zə:vənt] *agg* privo di spirito di osservazione.
unobserved [,ʌnəb'zə:vd] *agg* inosservato.
unobstructed [,ʌnəb'strʌktid] *agg* libero; sgombro; non ostruito.
unobtainable [,ʌnəb'teinəbl] *agg* non ottenibile; irraggiungibile.
unobtrusive [,ʌnəb'tru:siv] *agg* discreto; riservato.
□ *avv* **unobtrusively**.
unoccupied [ʌn'ɔkjupaid] *agg* non occupato; libero; *(talvolta)* disponibile.
unofficial [,ʌnə'fiʃəl] *agg* non ufficiale; ufficioso: *unofficial sources,* fonti ufficiose. □ *avv* **unofficially**.
unopened [ʌn'oupənd] *agg* non aperto; chiuso.
unopposed [,ʌnə'pouzd] *agg* incontestato; incontrastato; senza incontrare resistenza.
unorganized [ʌn'ɔ:gənaizd] *agg* disorganizzato.
unoriginal [,ʌnə'ridʒənl] *agg* usuale; privo d'originalità.
unorthodox [ʌn'ɔ:θədɔks] *agg* non ortodosso; eterodosso.
unostentatious [ʌn,ɔsten'teiʃəs] *agg* senza ostentazione; modesto. □ *avv* **unostentatiously**.
to **unpack** [ʌn'pæk] *vt* disfare *(una valigia);* togliere *(dalla valigia);* tirar fuori.
□ *vi* disfare le valigie.
unpaid [ʌn'peid] *agg* **1** *(di lavoro)* non retribuito; non pagato; non remunerato. **2** *(di debito)* non saldato; *(di fattura)* insoluta.
unpalatable [ʌn'pælətəbl] *agg* di gusto sgradevole *(anche fig.).* □ *avv* **unpalatably**.
unparalleled [ʌn'pærəleld] *agg* impareggiato; senza uguale; senza precedenti.
unpardonable [ʌn'pɑ:dnəbl] *agg* imperdonabile.
□ *avv* **unpardonably**.
unparliamentary [,ʌnpɑ:lə'mentəri] *agg* non parlamentare; contrario alle usanze parlamentari; *(per estensione)* scorretto; incivile.
unpatriotic [ʌn,pætri'ɔtik] *agg* non patriottico.
□ *avv* **unpatriotically**.
unperson [ʌn'pə:sn] *s. (talvolta scherz.)* personaggio *(spec. politico)* che ha perso il potere (l'influenza, il prestigio) che aveva.
unperturbed [ʌnpə'tə:bd] *agg* imperturbato.
to **unpick** [ʌn'pik] *vt* scucire; disfare.
to **unpin** [ʌn'pin] *vt* (**-nn-**) togliere gli spilli (a qcsa); disfare.
unpitying [ʌn'pitiiŋ] *agg* impietoso.
□ *avv* **unpityingly**, senza pietà.
unplaced [ʌn'pleist] *agg (in una gara)* non piazzato.
unplanned [ʌn'plænd] *agg* **1** non progettato; non pianificato. **2** *(spec. di avvenimento)* non previsto; imprevisto.
unplayable [ʌn'pleiəbl] *agg* **1** *(di brano musicale, di commedia, ecc.)* ineseguibile. **2** *(sport: di terreno)* non giocabile; impraticabile.
unpleasant [ʌn'plezənt] *agg* sgradevole; spiacevole; antipatico. □ *avv* **unpleasantly**.
unpleasantness [ʌn'plezəntnis] *s.* **1** spiacevolezza; sensazione sgradevole. **2** malinteso; disaccordo; dissenso; litigio: *a slight unpleasantness,* un lieve disaccordo.
unploughed [ʌn'plaud] *agg* non arato.
to **unplug** [ʌn'plʌg] *vt* (**-gg-**) togliere la spina; staccare *(un apparecchio elettrico).*
unpolished [ʌn'pɔliʃt] *agg* **1** non lucidato. **2** *(fig., di persona)* poco colto; grossolano; rozzo.
unpopular [ʌn'pɔpjulə*] *agg* impopolare.
□ *avv* **unpopularly**.
unpopularity [ʌn,pɔpju'læriti] *s.* impopolarità.
unpractised [ʌn'præktist] *agg* poco pratico; inesperto; senza esperienza.
unprecedented [ʌn'presidentid] *agg* inaudito; senza precedenti. □ *avv* **unprecedentedly**.
unpredictable [ʌn'pridiktəbl] *agg* imprevedibile.
□ *avv* **unpredictably**.
unprejudiced [ʌn'predʒudist] *agg* imparziale; senza pregiudizi; spregiudicato.
unpremeditated [,ʌnpri'mediteitid] *agg* impremeditato; impensato; involontario *(anche dir.).*
unprepared [,ʌnpri'pɛəd] *agg* **1** impreparato; non pronto; alla sprovvista. **2** *(di un discorso, ecc.)* improvvisato.
unprepossessing [ʌn,pri:pə'zesiŋ] *agg* poco attraente. □ *avv* **unprepossessingly**.
unpresentable [,ʌnpri'zentəbl] *agg* impresentabile.
unpretending, unpretentious [,ʌnpri'tendiŋ/ ,ʌnpri'tenʃəs] *agg* modesto; semplice; senza pretese.
□ *avv* **unpretendingly, unpretentiously**.
unpriced [ʌn'praist] *agg (di oggetto in vendita)* non ancora fornito di prezzo; il cui prezzo non è ancora stato fissato; senza prezzo; *(di catalogo, listino)* senza i prezzi.
unpriestly [ʌn'pri:stli] *agg* indegno di un sacerdote.
unprincipled [ʌn'prinsipld] *agg* amorale; privo di principi; senza scrupoli; disonesto.
unprintable [ʌn'printəbl] *agg* impubblicabile; non adatto ad essere stampato; osceno.
unprivileged [ʌn'privilidʒd] *agg* non privilegiato; *(USA, eufemismo per)* povero; miserabile; inferiore (*cfr.* **underprivileged**).
unproductive [,ʌnprə'dʌktiv] *agg* improduttivo; infecondo. □ *avv* **unproductively**.
unprofessional [,ʌnprə'feʃənl] *agg* contrario alle regole professionali; scorretto: *unprofessional conduct,* scorrettezza professionale.
□ *avv* **unprofessionally**.
unprofitable [ʌn'prɔfitəbl] *agg* inutile; senza profitto.
□ *avv* **unprofitably**.

unpromising [ʌn'prɔmisiŋ] *agg* poco promettente. □ *avv* **unpromisingly.**

unprompted [ʌn'prɔmptid] *agg* spontaneo; improvvisato; senza suggerimento; volontario.

unpronounceable [ˌʌnprə'naunsəbl] *agg* impronunziabile.

unpropitious [ˌʌnprə'piʃəs] *agg* poco propizio; sfavorevole. □ *avv* **unpropitiously.**

unproportionate [ˌʌnprə'pɔ:ʃənit] *agg* sproporzionato. □ *avv* **unproportionately.**

unprotected [ˌʌnprə'tektid] *agg* non protetto; indifeso.

unprovable [ʌn'pru:vəbl] *agg* non provabile; indimostrabile.

unproved [ʌn'pru:vd] *agg* **1** non provato; indimostrato. **2** *(dir., di testamento)* non autenticato.

unprovided [ˌʌnprə'vaidid] *agg* **1** *(generalm. seguito da* for*)* senza mezzi; senza risorse: *The widow was left unprovided for,* La vedova rimase priva di mezzi. **2** impreparato; imprevisto.

unprovoked [ˌʌnprə'voukt] *agg* non provocato; senza provocazione; *(per estensione)* immeritato.

unpublished [ʌn'pʌbliʃt] *agg* inedito.

unpunctual [ʌn'pʌŋktjuəl] *agg* poco puntuale.

unpunctuated [ʌn'pʌŋktjueitid] *agg* senza punteggiatura; non punteggiato.

unpunishable [ʌn'pʌniʃəbl] *agg* non punibile.

unpunished [ʌn'pʌniʃt] *agg* impunito.

unqualified [ʌn'kwɔlifaid] *agg* **1** incondizionato; pieno; senza riserva; assoluto: *an unqualified denial,* un diniego assoluto (categorico). **2** *(di persona)* senza i dovuti requisiti; senza titoli; non competente.

unquenchable [ʌn'kwentʃəbl] *agg* inestinguibile; insaziabile. □ *avv* **unquenchably.**

unquestionable [ʌn'kwestʃənəbl] *agg* indubbio; incontestabile; indiscutibile. □ *avv* **unquestionably.**

unquestioned [ʌn'kwestʃənd] *agg* **1** indiscusso; incontestato. **2** non esaminato; non vagliato.

unquestioning [ʌn'kwestʃəniŋ] *agg* assoluto; pronto; senza discussione; senza riserva: *unquestioning loyalty,* lealtà assoluta — *unquestioning obedience,* obbedienza cieca. □ *avv* **unquestioningly.**

unquiet [ʌn'kwaiət] *agg* inquieto; agitato; turbato: *to live in unquiet times,* vivere in tempi difficili.

unquotable [ʌn'kwoutəbl] *agg* irriferibile.

to **unquote** [ʌn'kwout] *vt e i.* chiudere (una citazione): *'Unquote',* 'Chiudere (le) virgolette'; 'Fine della citazione': *His answer was, quote, You'll be lucky!, unquote,* La sua risposta fu, virgolette, Stai fresco!, chiuse virgolette.

to **unravel** [ʌn'rævəl] *vt e i.* **(-ll-) 1** disfare; dipanare: *The baby unravelled the knitting her mother had left on the chair,* La bambina disfece la maglia che la madre aveva lasciato sulla sedia. **2** *(fig.)* risolvere; sciogliere; svelare; chiarire: *to unravel a mystery,* svelare un mistero.

unravished [ʌn'ræviʃt] *agg* inviolato.

unreachable [ʌn'ri:tʃəbl] *agg* irraggiungibile.

unread [ʌn'red] *agg* non letto.

unreadable [ʌn'ri:dəbl] *agg* illeggibile; di non facile lettura.

unreadiness [ʌn'redinis] *s.* stato di impreparazione.

unready [ʌn'redi] *agg* impreparato; non pronto.

unreal [ʌn'riəl] *agg* irreale; illusorio; immaginario; fantastico.

unreason [ʌn'ri:zn] *s.* irragionevolezza; irrazionalità; assurdità.

unreasonable [ʌn'ri:znəbl] *agg* irragionevole; assurdo; stravagante; *(di prezzo)* eccessivo; esoso. □ *avv* **unreasonably.**

unreasonableness [ʌn'ri:znəblnis] *s.* irragionevolezza.

unreasoning [ʌn'ri:zniŋ] *agg* che non ragiona; incapace di ragionare; *(per estensione)* irragionevole.

unrebuked [ˌʌnri'bju:kt] *agg* senza rimprovero.

unreceipted [ˌʌnri'si:tid] *agg* **1** *(di pagamento)* senza ricevuta. **2** *(di fattura)* non quietanzato.

unreceptive [ˌʌnri'septiv] *agg* non recettivo.

unreciprocated [ˌʌnri'siprəkeitid] *agg* non contraccambiato.

unrecognizable [ʌn'rekəgnaizəbl] *agg* irriconoscibile. □ *avv* **unrecognizably.**

unrecognized [ʌn'rekəgnaizd] *agg* non riconosciuto.

unrecompensed [ʌn'rekəmpenst] *agg* senza compenso; non remunerato.

unrecorded [ˌʌnri'kɔ:did] *agg* **1** non registrato; di cui non si ha memoria. **2** non verbalizzato.

unrecoverable [ˌʌnri'kʌvərəbl] *agg* **1** irrecuperabile. **2** *(talvolta)* incurabile.

unredeemable [ˌʌnri'di:məbl] *agg* irredimibile; non riscattabile.

unredeemed [ˌʌnri'di:md] *agg* **1** irredento; non riscattato. **2** *(comm.: di cambiale, ecc.)* non ritirato; non rimborsato.

to **unreel** [ʌn'ri:l] *vt* disfare; srotolare.

unrefined [ˌʌnri'faind] *agg* **1** *(di prodotto)* non raffinato; greggio. **2** *(di persona)* grossolano; rozzo.

unregarded [ˌʌnri'gɑ:did] *agg* misconosciuto; trascurato.

unregenerate [ˌʌnri:'dʒenərit] *agg* incallito; impenitente.

unregistered [ʌn'redʒistəd] *agg* **1** non registrato. **2** *(di lettera, pacco)* non raccomandato.

unrehearsed [ˌʌnri'hə:st] *agg* *(di spettacolo teatrale)* non provato; *(per estensione)* improvvisato; inaspettato.

unrelated [ˌʌnri'leitid] *agg* **1** *(di cosa)* senza rapporto *(con un'altra cosa).* **2** *(di persona)* non imparentato. **3** non riferito.

unrelenting [ˌʌnri'lentiŋ] *agg* inesorabile; implacabile. □ *avv* **unrelentingly.**

unreliability [ˌʌnri'laiə'biliti] *s.* inattendibilità; mancanza di affidamento; instabilità.

unreliable [ˌʌnri'laiəbl] *agg* inattendibile; infido; instabile; che non dà affidamento. □ *avv* **unreliably.**

unrelieved [ˌʌnri'li:vd] *agg* **1** non ravvivato; non rianimato; senza sollievo; monotono: *a plain black dress unrelieved by a touch of colour,* un semplice abito nero non ravvivato da un tocco (una nota) di colore. **2** *(di truppe, ecc.)* senza rinforzi. □ *avv* **unrelievedly.**

unremarkable [ˌʌnri'mɑ:kəbl] *agg* ordinario; normale; comune.

unremitting [ˌʌnri'mitiŋ] *agg* incessante; continuo; persistente; assiduo; senza tregua. □ *avv* **unremittingly.**

unremunerative [ˌʌnri'mju:nərətiv] *agg* poco rimunerativo. □ *avv* **unremuneratively.**

unrepair [ˌʌnri'pɛə*] *s.* *(generalm. nella frase) to be in a state of unrepair,* aver bisogno di riparazioni.

unrepairable [ˌʌnri'pɛərəbl] *agg* irreparabile.

unrepealed [ˌʌnri'pi:ld] *agg* *(dir.)* non abrogato; non revocato.

unrepentant [ˌʌnri'pentənt] *agg* impenitente; incorreggibile. □ *avv* **unrepentantly.**

unreported [ˌʌnri'pɔ:tid] *agg* non comunicato; non riferito; non denunciato.

unrepresentative [ʌnˌrepri'zentətiv] *agg* non rappresentativo.

unrepresented [ʌn,repri'zentid] *agg* non rappresentato.
unrequested [,ʌnri'kwestid] *agg* non richiesto.
unrequited [,ʌnri'kwaitid] *agg* **1** *(quasi sempre riferito all'amore)* non corrisposto; non ricambiato. **2** *(comm.)* non ripagato. **3** invendicato.
unreserved [,ʌnri'zə:vd] *agg* **1** *(di posti, ecc.)* non riservato; non prenotato. **2** *(di persona)* non riservato; espansivo. **3** senza riserva; incondizionato.
□ *avv* **unreservedly**.
unresisting [,ʌnri'zistiŋ] *agg* che non oppone resistenza; remissivo; sottomesso.
unresolved [,ʌnri'zɔlvd] *agg* insoluto.
unresponsive [,ʌnris'pɔnsiv] *agg* apatico; non comunicativo. □ *avv* **unresponsively**.
unrest [ʌn'rest] *s.* fermento; agitazione; tumulto; turbolenza: *social unrest,* fermento (turbolenza) sociale.
unrestrainable [,ʌnris'treinəbl] *agg* irrefrenabile.
□ *avv* **unrestrainably**.
unrestrained [,ʌnris'treind] *agg* sfrenato.
□ *avv* **unrestrainedly**.
unrestricted [,ʌnris'triktid] *agg* senza restrizioni; senza limitazioni *(spec. di strada senza limite di velocità).* □ *avv* **unrestrictedly**.
unreturnable [,ʌnri'tə:nəbl] *agg* **1** da non restituire. **2** che non si può restituire.
unrevised [,ʌnri'vaizd] *agg* non revisionato; non rivisto; non corretto.
unrewarded [,ʌnri'wɔ:did] *agg* non retribuito; senza ricompensa.
unrewarding [,ʌnri'wɔ:diŋ] *agg* ingrato; non gratificante; non rimunerativo. □ *avv* **unrewardingly**.
unrhymed [ʌn'raimd] *agg* *(di versi)* non rimato; sciolto; libero.
unridable [ʌn'raidəbl] *agg* incavalcabile.
unrighteous [ʌn'raitʃəs] *agg* **1** peccaminoso; malvagio; cattivo. **2** *(raro)* ingiusto. □ *avv* **unrighteously**.
to **unrip** [ʌn'rip] *vt* (**-pp-**) squarciare; aprire.
unripe [ʌn'raip] *agg* *(anche fig.)* immaturo; acerbo; 'verde'.
unripened [ʌn'raipənd] *agg* non maturato.
unripeness [ʌn'raipnis] *s.* immaturità.
unrivalled [ʌn'raivəld] *agg* (*USA* **unrivaled**) ineguagliato; incomparabile; senza rivali; senza pari.
to **unrobe** [ʌn'roub] *vt* *(riferito quasi sempre ad abiti da cerimonia)* spogliare; svestire.
□ *vi* spogliarsi; svestirsi.
to **unroll** [ʌn'roul] *vt* spiegare; svolgere *(un rotolo);* srotolare.
□ *vi* spiegarsi; svolgersi; srotolarsi.
unromantic [,ʌnrou'mæntik] *agg* poco romantico.
□ *avv* **unromantically**.
to **unroof** [ʌn'ru:f] *vt* scoperchiare *(un edificio).*
unruffled [ʌn'rʌfld] *agg* **1** non arruffato; liscio; senza pieghe. **2** *(fig.)* calmo; sereno.
unruliness [ʌn'ru:linis] *s.* indisciplina; insubordinazione; sregolatezza.
unruly [ʌn'ru:li] *agg* indisciplinato; insubordinato; sregolato; indocile.
to **unsaddle** [ʌn'sædl] *vt* **1** dissellare; levare la sella *(a un cavallo).* **2** disarcionare; buttare giù di sella *(una persona).*
unsafe [ʌn'seif] *agg* **1** *(di un'azione)* pericoloso; rischioso. **2** *(di edificio, ecc.)* pericolante; malsicuro.
□ *avv* **unsafely**.
unsaid [ʌn'sed] *agg* inespresso; indefinito; taciuto: *Some things are better left unsaid,* Certe cose è meglio non dirle (è meglio passarle sotto silenzio).
unsalable [ʌn'seiləbl] *agg* invendibile.
unsalaried [ʌn'sælərid] *agg* non retribuito; senza stipendio.
unsanitary [ʌn'sænitəri] *agg* antigienico.
unsated [ʌn'seitid] *agg* insaziato; insoddisfatto.
unsatiable [ʌn'seiʃjəbl] *agg* insaziabile.
□ *avv* **unsatiably**.
unsatisfactory [ʌn,sætis'fæktəri] *agg* poco (o non) soddisfacente; difettoso; insufficiente.
□ *avv* **unsatisfactorily**.
unsatisfied [ʌn'sætisfaid] *agg* insoddisfatto.
unsatisfying [ʌn'sætisfaiiŋ] *agg* **1** insoddisfacente. **2** *(di cibo, ecc.)* che non soddisfa. □ *avv* **unsatisfyingly**.
unsaturated [ʌn'sætʃəreitid] *agg* insaturo.
unsavoury [ʌn'seivəri] *agg* (*USA* **unsavory**) **1** *(di cibo)* insipido; insapore. **2** disgustoso; nauseante *(anche in senso fig.);* cattivo: *unsavoury stories,* storie disgustose — *a man with an unsavoury reputation,* un uomo con una reputazione piuttosto dubbia.
to **unsay** [ʌn'sei] *vt* (*pass. e p. pass.* **unsaid**) ritrattare; negare.
unscalable [ʌn'skeiləbl] *agg* *(di parete, ecc.)* non scalabile; inaccessibile; 'impossibile'.
unscathed [ʌn'skeiðd] *agg* illeso; incolume; sano e salvo.
unscheduled [ʌn'ʃedju:ld] *agg* fuori programma; non previsto dal programma; *(di mezzo pubblico)* straordinario.
unscholarly [ʌn'skɔləli] *agg* non dotto; non da dotto (studioso); senza rigore filologico.
unschooled [ʌn'sku:ld] *agg* inesperto; non addestrato; impreparato.
unscientific [,ʌnsaiən'tifik] *agg* poco (non) scientifico.
□ *avv* **unscientifically**.
to **unscramble** [ʌn'skræmbl] *vt* separare; chiarire; risolvere.
unscratched [ʌn'skrætʃt] *agg* illeso; senza un graffio.
to **unscrew** [ʌn'skru:] *vt e i.* svitare, svitarsi.
unscripted [ʌn'skriptid] *agg* *(di dibattito radiofonico, ecc.)* estemporaneo; improvvisato; senza copione.
unscrupulous [ʌn'skru:pjuləs] *agg* senza scrupoli; privo di scrupoli. □ *avv* **unscrupulously**.
unsealed [ʌn'si:ld] *agg* non sigillato; *(di lettera, ecc.)* non chiuso; aperto.
unseasonable [ʌn'si:zənəbl] *agg* **1** fuori stagione. **2** *(fig.)* inopportuno; intempestivo. □ *avv* **unseasonably**.
unseasoned [ʌn'si:znd] *agg* **1** *(di legno)* non stagionato; *(fig.)* immaturo; inesperto. **2** *(di cibo)* scondito; senza condimento.
to **unseat** [ʌn'si:t] *vt* *(letteralm.)* togliere la sedia (a qcno); *(fig.)* deporre; privare del posto; estromettere: *Jones was unseated at the General Election,* L'onorevole Jones è stato battuto alle elezioni generali — *to be unseated, (equitazione)* venire (essere) disarcionato.
unseaworthy [ʌn'si:wə:ði] *agg* *(di imbarcazione)* non idoneo *(alla navigazione).*
unseeing [ʌn'si:iŋ] *agg* *(generalm. lett.)* **1** cieco. **2** inosservante.
unseemly [ʌn'si:mli] *agg* indecoroso; indecente; sconveniente.
unseen [ʌn'si:n] *agg* **1** inosservato; non visto. **2** invisibile. **3** *(di traduzione)* estemporanea.
□ *s.* **1** traduzione a prima vista (estemporanea). **2** *the unseen,* l'aldilà; il mondo ultrasensibile.
unselfconscious [,ʌnself'kɔnʃəs] *agg* naturale; spontaneo. □ *avv* **unselfconsciously**.
unselfish [ʌn'selfiʃ] *agg* disinteressato; altruista.
□ *avv* **unselfishly**.
unselfishness [ʌn'selfiʃnis] *s.* disinteresse; altruismo.

unsensational [ˌʌnsenˈseiʃənl] *agg* non sensazionale. □ *avv* **unsensationally.**
unsent [ʌnˈsent] *agg* non spedito; non mandato. □ **unsent-for,** non convocato; senza essere stato chiamato.
unsentenced [ʌnˈsentənst] *agg (di imputato)* in attesa della sentenza; non giudicato.
unsentimental [ˌʌnsentiˈmentl] *agg* non sentimentale. □ *avv* **unsentimentally.**
unserviceable [ʌnˈsə:visəbl] *agg* inservibile; inutile.
unset [ʌnˈset] *agg* **1** non messo a posto; *(di tavola)* non ancora preparato. **2** *(di gioiello, prezioso)* non incastonato. **3** *(di sostanza liquida che deve diventare solida)* non ancora solidificato.
to **unsettle** [ʌnˈsetl] *vt* sconvolgere; turbare; mettere in disordine.
unsettled [ʌnˈsetld] *agg* **1** sconvolto; turbato; messo in disordine; disordinato; *(del tempo)* instabile; perturbato. **2** non stabilito; incerto; indeciso. **3** *(comm.: di fattura, ecc.)* non saldato; insoluto.
unsettling [ʌnˈsetliŋ] *agg* conturbante; sconvolgente.
unsevered [ʌnˈsevəd] *agg* non (completamente) reciso; non separato.
to **unsew** [ʌnˈsou] *(pass.* **unsewed;** *p. pass.* **unsewn**) *vt* scucire.
to **unsex** [ʌnˈseks] *vt* privare delle caratteristiche del proprio sesso; mascolinizzare *(oppure* rendere effeminato, *secondo il contesto).* □ *unsexed chicks,* pulcini di cui non si è ancora stabilito il sesso.
unshakable [ʌnˈʃeikəbl] *agg* irremovibile. □ *avv* **unshakably.**
unshaken [ʌnˈʃeikən] *agg* fermo; saldo; risoluto. □ *avv* **unshakenly.**
unshapely [ʌnˈʃeipli] *agg* deforme; sgraziato.
unshaved, unshaven [ʌnˈʃeivd/ʌnˈʃeivn] *agg* non raso; non sbarbato; con la barba non fatta.
to **unsheathe** [ʌnˈʃi:θ] *vt* sguainare; sfoderare.
unshewn [ʌnˈʃɔ:n] *agg: forma lett e ant di* **unshown** ⇨.
unshielded [ʌnˈʃi:ldid] *agg* nudo; senza schermo protettivo.
to **unship** [ʌnˈʃip] *vt* (**-pp-**) **1** scaricare (una nave, un carico). **2** *(in un'imbarcazione piccola)* smontare *(un remo, la barra del timone).*
unshown [ʌnˈʃoun] *agg* non mostrato; non dimostrato; non esposto.
unshrinkable [ʌnˈʃriŋkəbl] *agg (di tessuto)* irrestringibile.
unshrinking [ʌnˈʃriŋkiŋ] *agg* impavido. □ *avv* **unshrinkingly.**
unshrunk [ʌnˈʃrʌŋk] *agg (di tessuto)* non sottoposto a decatizzazione.
unshuttered [ʌnˈʃʌtəd] *agg* senza persiane; senza scuri.
unsighted [ʌnˈsaitid] *agg* **1** non in vista; non ancora scorto. **2** *(di persona)* fuori visuale; in condizione di non poter vedere.
unsightliness [ʌnˈsaitlinis] *s.* bruttezza.
unsightly [ʌnˈsaitli] *agg* sgraziato; brutto; sgradevole alla vista.
unsigned [ʌnˈsaind] *agg* non firmato; senza firma.
unsinkable [ʌnˈsiŋkəbl] *agg* inaffondabile.
unskilful [ʌnˈskilful] *agg* maldestro. □ *avv* **unskilfully.**
unskilled [ʌnˈskild] *agg* inesperto; *(di mano d'opera, ecc.)* non specializzato: *unskilled worker,* manovale — *unskilled labour,* manovalanza.
unskimmed [ʌnˈskimd] *agg (di latte)* non scremato; intero.
unslaked [ʌnˈsleikt] *agg* **1** *(raro)* non spento; non smorzato. **2** *(di sete)* non appagata. □ *unslaked lime,* calce viva.
unsleeping [ʌnˈsli:piŋ] *agg* che non dorme; (sempre) desto; vigile.
unslept-in [ʌnˈsleptin] *agg (di letto)* non disfatto; non utilizzato.
to **unsling** [ʌnˈsliŋ] *vt (pass. e p. pass.* **unslung**) togliere *(spec. un'arma)* da tracolla.
unsmiling [ʌnˈsmailiŋ] *agg* non sorridente; arcigno. □ *avv* **unsmilingly.**
unsmoked [ʌnˈsmoukt] *agg* **1** non fumato. **2** non affumicato.
unsociable [ʌnˈsouʃəbl] *agg* non socievole; scontroso. □ *avv* **unsociably.**
unsocial [ʌnˈsouʃəl] *agg* asociale.
unsoiled [ʌnˈsɔild] *agg* immacolato; incontaminato; non sporcato.
unsold [ʌnˈsould] *agg* invenduto.
unsoldierly [ʌnˈsouldʒəli] *agg* poco militare; indegno di un soldato.
unsolicited [ˌʌnsəˈlisitid] *agg* non richiesto; non sollecitato.
unsolvable [ʌnˈsɔlvəbl] *agg (di questione, ecc.)* insolubile.
unsolved [ʌnˈsɔlvd] *agg* insoluto; non risolto.
unsophisticated [ˌʌnsəˈfistikeitid] *agg* **1** schietto; naturale; semplice; ingenuo. **2** *(raro)* non sofisticato; non adulterato. □ *avv* **unsophisticatedly.**
unsorted [ʌnˈsɔ:tid] *agg* **1** non scelto. **2** non classificato.
unsought [ʌnˈsɔ:t] *agg* **1** non ricercato. **2** ottenuto senza sforzo o ricerca. **3** non richiesto.
unsound [ʌnˈsaund] *agg* **1** difettoso; imperfetto; guasto; in cattive condizioni. **2** infermo; malsano; malato: *to be of unsound mind,* essere malato di mente. **3** insoddisfacente; erroneo; falso. **4** infido. □ *avv* **unsoundly.**
unsown [ʌnˈsoun] *agg (di terreno)* non seminato.
unsparing [ʌnˈspɛəriŋ] *agg* **1** generoso; liberale; munifico: *to be unsparing in one's praise,* essere prodigo di elogi. **2** *(raro)* inesorabile; spietato. □ *avv* **unsparingly.**
unspeakable [ʌnˈspi:kəbl] *agg* indicibile; inesprimibile; indefinibile; indescrivibile; ineffabile. □ *avv* **unspeakably.**
unspecified [ʌnˈspesifaid] *agg* non specificato.
unspent [ʌnˈspent] *agg* **1** non speso. **2** non consumato; non usato; non utilizzato.
unspoiled, unspoilt [ʌnˈspɔilt] *agg* **1** non spogliato; non depredato; intatto; *(di paesaggio)* non rovinato. **2** *(di bambino)* non guastato; non viziato.
unspoken [ʌnˈspoukən] *agg* non detto; taciuto.
unsporting, unsportsmanlike [ʌnˈspɔ:tiŋ/ʌnˈspɔ:tsmənlaik] *agg* poco sportivo; indegno di uno sportivo; *(per estensione)* gretto; meschino; fazioso. □ *avv* **unsportingly.**
unspotted [ʌnˈspɔtid] *agg* senza macchia; puro; immacolato; incontaminato.
unsprung [ʌnˈsprʌŋ] *agg* non provvisto di molle; non molleggiato.
unstable [ʌnˈsteibl] *agg* instabile *(anche chim.);* incostante; volubile. □ *avv* **unstably.**
to **unstack** [ʌnˈstæk] *vt* rimuovere (togliere) da una catasta, da una pila.
unstained [ʌnˈsteind] *agg* **1** non macchiato; *(di legno)* non verniciato. **2** *(fig.)* immacolato.
unstamped [ʌnˈstæmpt] *agg (di documento)* senza bollo; non timbrato; *(di lettera, ecc.)* senza francobollo; non affrancato.

unstated [ʌn'steitid] *agg* taciuto; non dichiarato.

unstatesmanlike [ʌn'steitsmənlaik] *agg* indegno di uno statista.

unsteady [ʌn'stedi] *agg* **1** instabile; poco solido; malfermo; traballante; *(di vento, del tempo, ecc.)* variabile. **2** *(fig.)* incostante; irresoluto; titubante. □ *avv* **unsteadily.**

unsterilized [ʌn'sterilaizd] *agg* non sterilizzato.

to **unstick** [ʌn'stik] *vt* (*pass. e p. pass.* **unstuck** ⇨) allentare; lasciare; slacciare; scollare; staccare.

unstinting [ʌn'stintiŋ] *agg* (dato) senza riserve; dato liberamente, di tutto cuore; abbondante. □ *avv* **unstintingly.**

to **unstitch** [ʌn'stitʃ] *vt* scucire.

to **unstop** [ʌn'stɔp] *vt* (**-pp-**) stappare; sturare; aprire; stasare.

unstoppable [ʌn'stɔpəbl] *agg* inarrestabile.

unstressed [ʌn'strest] *agg (fonetica)* non accentato; atono.

unstrung [ʌn'strʌŋ] *agg* **1** *(di persona)* sconvolto; turbato; con i nervi a pezzi. **2** senza corde; allentato.

unstuck [ʌn'stʌk] *agg* (*p. pass. di* **to unstick**) scollato; staccato; non incollato: *to come unstuck,* scollarsi; *(fig., fam.)* riuscire male; fallire; andare a monte — *Our plan has come unstuck,* Il nostro progetto è fallito.

unstudied [ʌn'stʌdid] *agg* spontaneo; naturale; semplice; senza affettazione.

unsubdued [,ʌnsəb'dju:d] *agg* indomito.

unsubstantial [,ʌnsəb'stænʃəl] *agg* **1** incorporeo; immateriale; inconsistente; leggero; fantastico. **2** *(per estensione)* instabile; poco solido. □ *avv* **unsubstantially.**

unsubstantiated [,ʌnsəb'stænʃieitid] *agg* non comprovato.

unsuccessful [,ʌnsək'sesful] *agg* che non ha (che non ha avuto) successo; non coronato da successo; sfortunato; non riuscito. □ *avv* **unsuccessfully.**

unsuitability, unsuitableness [ʌn'sju:təbiliti/ ʌn'sju:təblnis] *s.* l'essere disadatto; sconvenienza; inopportunità.

unsuitable [ʌn'sju:təbl] *agg* disadatto; inadatto; sconveniente; inopportuno. □ *avv* **unsuitably.**

unsuited [ʌn'sju:tid] *agg* disadatto; inadatto.

unsullied [ʌn'sʌlid] *agg* immacolato; incontaminato.

unsung [ʌn'sʌŋ] *agg* non cantato; non celebrato *(dai poeti): an unsung hero,* un eroe non immortalato dalla poesia, non celebrato dai poeti.

unsupported [,ʌnsə'pɔ:tid] *agg* **1** non sostenuto; non appoggiato *(anche fig.).* **2** non sovvenzionato. **3** non comprovato; non confermato.

unsure [ʌn'ʃuə*] *agg* **1** *(di persone o di fatti)* incerto; poco sicuro: *I'm unsure of the date,* Non sono certo della data — *to be unsure of oneself,* essere insicuro. **2** malsicuro; poco solido. □ *avv* **unsurely.**

unsurpassable [,ʌnsə(:)'pɑ:səbl] *agg* insuperabile. □ *avv* **unsurpassably.**

unsurpassed [,ʌnsə(:)'pɑ:st] *agg* insuperato.

unsuspected [,ʌnsəs'pektid] *agg* insospettato; non sospettato.

unsuspecting, unsuspicious [,ʌnsəs'pektiŋ/ ,ʌnsəs'piʃəs] *agg* non sospettoso; fiducioso. □ *avv* **unsuspectingly, unsuspiciously.**

unsustained [,ʌnsəs'teind] *agg* non sostenuto.

unsustaining [,ʌnsəs'teiniŋ] *agg* privo di sostanza; inadeguato; insufficiente: *It is unsustaining to eat only salad,* È poco nutriente mangiare solo insalata.

unswallowed [ʌn'swɔloud] *agg* non inghiottito; non ingoiato.

unswayed [ʌn'sweid] *agg (seguito da* by*)* non soggetto all'influenza (di); non controllato, dominato (da).

unsweetened [ʌn'swi:tnd] *agg* non addolcito; non zuccherato; senza zucchero; *(sulle etichette)* naturale.

unswerving [ʌn'swə:viŋ] *agg* fermo; diritto; preciso; deciso: *to pursue an unswerving course,* perseguire un intento con fermezza. □ *avv* **unswervingly.**

unsympathetic [,ʌnsimpə'θetik] *agg* **1** non solidale; non comprensivo. **2** *(meno comune)* non simpatico; antipatico. □ *avv* **unsympathetically.**

unsystematic [,ʌnsisti'mætik] *agg* non sistematico. □ *avv* **unsystematically.**

untainted [ʌn'teintid] *agg* incontaminato. □ *avv* **untaintedly.**

untamed [ʌn'teimd] *agg* indomito; non addomesticato.

to **untangle** [ʌn'tæŋgl] *vt* districare.

untanned [ʌn'tænd] *agg (di pelli)* non conciato; greggio; grezzo.

untapped [ʌn'tæpt] *agg* **1** *(di albero della gomma, di acero, di canna da zucchero)* non inciso *(per l'estrazione del liquido); (di fusto, barile)* non spillato. **2** *(di risorse)* non sfruttato.

untarnished [ʌn'tɑ:niʃt] *agg* **1** *(raro)* non macchiato. **2** *(fig.)* senza macchia; immacolato.

untasted [ʌn'teistid] *agg* non assaggiato; non toccato.

untaught [ʌn'tɔ:t] *agg* **1** *(di studente)* non istruito o addestrato; ignorante; incolto; *(per estensione)* ingenuo; spontaneo; naturale. **2** *(di cosa, di conoscenza)* non studiato; innato.

untaxed [ʌn'tækst] *agg* esente da imposte.

unteachable [ʌn'ti:tʃəbl] *agg* **1** *(di studente)* indocile; non educabile. **2** *(di materia)* impossibile da insegnare; che non si può insegnare.

untempered [ʌn'tempəd] *agg* **1** *(di acciaio)* non rinvenuto; non temprato. **2** *(fig.)* non mitigato; estremo.

untenable [ʌn'tenəbl] *agg* insostenibile.

untenanted [ʌn'tenəntid] *agg* sfitto; non abitato.

untended [ʌn'tendid] *agg* incustodito; non sorvegliato.

unthanked [ʌn'θæŋkt] *agg* non ringraziato.

unthankful [ʌn'θæŋkful] *agg* ingrato; non riconoscente. □ *avv* **unthankfully.**

unthinkable [ʌn'θiŋkəbl] *agg* impensabile; inimmaginabile; inconcepibile; inammissibile. □ *avv* **unthinkably.**

unthinking [ʌn'θiŋkiŋ] *agg* irriflessivo; sbadato; sventato; sconsiderato: *in an unthinking moment,* in un momento di distrazione. □ *avv* **unthinkingly.**

unthoughtful [ʌn'θɔ:tful] *agg* **1** senza riguardi; irriguardoso. **2** *(impropriamente)* ⇨ **unthinking.** □ *avv* **unthoughtfully.**

unthought-of [ʌn'θɔ:tɔv] *agg* inaspettato; improvviso.

to **unthread** [ʌn'θred] *vt* sfilare (un ago); districare *(anche fig.).*

untidiness [ʌn'taidinis] *s.* **1** disordine; confusione. **2** *(di persona)* trasandatezza; trascuratezza *(spec. nel vestire).*

untidy [ʌn'taidi] *agg* **1** disordinato. **2** *(di persona)* trasandato; trascurato. □ *avv* **untidily.**

to **untidy** [ʌn'taidi] *vt* mettere in disordine; scompigliare.

to **untie** [ʌn'tai] *vt* (*p. pres.* **untying**) **1** slegare; slacciare; disfare. **2** sciogliere; liberare.

until [ʌn'til] *prep e congiunz* ⇨ **till.**

untimeliness [ʌn'taimlinis] *s.* intempestività; inopportunità.

untimely [ʌn'taimli] *agg* **1** prematuro. **2** intempestivo; inopportuno.
untiring [ʌn'taiəriŋ] *agg* instancabile; infaticabile; costante; assiduo. □ *avv* **untiringly.**
unto ['ʌntu] *prep* (*ant.* = **to**) fino a: *to be faithful unto death,* essere fedele fino alla morte.
untold [ʌn'tould] *agg* **1** non detto; taciuto. **2** incalcolabile; indicibile: *a man of untold wealth,* un uomo di incalcolabile ricchezza.
untouchable [ʌn'tʌtʃəbl] *agg* intoccabile.
□ *s.* (*in India: spesso con la maiuscola*) intoccabile; paria.
untouched [ʌn'tʌtʃt] *agg* **1** non toccato; intatto. **2** (*fig.*) non commosso; indifferente.
untoward [ʌn'touəd] *agg* **1** (*ant.*) intrattabile; ribelle; recalcitrante. **2** infausto; sinistro; sfavorevole; sfortunato.
untraceable [ʌn'treisəbl] *agg* non rintracciabile; irreperibile.
untrained [ʌn'treind] *agg* inesperto; non ammaestrato; non allenato; (*per estensione*) indisciplinato.
untrammelled [ʌn'træməld] *agg* senza impacci o pastoie; libero.
untranslatable [,ʌntræns'leitəbl] *agg* intraducibile. □ *avv* **untranslatably.**
untried [ʌn'traid] *agg* **1** non provato. **2** inesperto; mai messo alla prova. **3** (*dir.*) non processato.
untrimmed [ʌn'trimd] *agg* **1** senza ornamenti. **2** non tagliato; non spuntato; non potato.
untrodden [ʌn'trɔdn] *agg* non calpestato; non battuto; non frequentato; (*per estensione*) intentato; nuovo.
untroubled [ʌn'trʌbld] *agg* imperturbato; non turbato; calmo; tranquillo; sereno.
untrue [ʌn'tru:] *agg* **1** (*di affermazione, notizia*) falso; non vero; errato. **2** (*di persona*) disonesto; menzognero; bugiardo; sleale. **3** (*mecc.*) non centrato.
untrustworthiness [ʌn'trʌst,wə:ðinis] *s.* disonestà; falsità; slealtà.
untrustworthy [ʌn'trʌst,wə:ði] *agg* indegno di fede (di fiducia); infido; falso; disonesto; sleale.
□ *avv* **untrustworthily.**
untruth [ʌn'tru:θ] *s.* menzogna; mendacio; falsità; bugia.
untruthful [ʌn'tru:θful] *agg* menzognero; bugiardo. □ *avv* **untruthfully.**
untruthfulness [ʌn'tru:θfulnis] *s.* mendacia; falsità.
to **untuck** [ʌn'tʌk] *vt* disfare (*una piega*); sciogliere; spiegare; tirar giù (*p.es. una manica rimboccata*).
untuned [ʌn'tju:nd] *agg* **1** (*mus.*) scordato. **2** (*di apparecchio radio, ecc.*) non sintonizzato.
unturned [ʌn'tə:nd] *agg* non rivoltato; non rovesciato; non smosso: *to leave no stone unturned,* (*fig.*) non lasciar nulla d'intentato; fare ogni sforzo; fare l'impossibile.
untutored [ʌn'tju:təd] *agg* **1** incolto; ignorante; senza istruzione. **2** (*per estensione*) spontaneo; schietto; semplice.
to **untwine,** to **untwist** [ʌn'twain/ʌn'twist] *vt* disfare; districare.
□ *vi* sciogliersi; districarsi.
unusable [ʌn'ju:zəbl] *agg* inutilizzabile; inservibile.
unused [ʌn'ju:zd] *agg* **1** non (ancora) usato; non adoperato; intatto; inutilizzato. **2** (*raro*) in disuso; non usato. **3** (*filatelia*) nuovo. **4 unused to,** [ʌn'ju:st] (*cfr.* **used 2**) non abituato a; non avvezzo a; poco pratico di: *I'm quite unused to such large meals,* Non sono affatto abituato a pasti così abbondanti.
unusual [ʌn'ju:ʒuəl] *agg* insolito; non normale; inusitato; inconsueto; non regolare; strano; raro; eccezionale: *an unusual word,* una parola insolita, inusitata — *a woman of unusual beauty,* una donna di rara bellezza. □ *avv* **unusually.**
unutterable [ʌn'ʌtərəbl] *agg* impronunciabile; indicibile (*anche fig.*); indescrivibile (*fig.*).
□ *avv* **unutterably.**
unvaried [ʌn'vɛərid] *agg* uniforme; non variato; monotono.
unvarnished [ʌn'vɑ:niʃt] *agg* **1** non verniciato. **2** (*fig.*) semplice; senza abbellimenti; nudo e crudo; immediato: *the plain, unvarnished truth,* la verità nuda e cruda.
unvarying [ʌn'vɛəriiŋ] *agg* invariabile; costante; senza variazioni. □ *avv* **unvaryingly.**
to **unveil** [ʌn'veil] *vt e i.* **1** scoprire; svelare; rivelare. **2** inaugurare (*p.es. un monumento, una statua, ecc.*).
unveiling [ʌn'veiliŋ] *s.* (cerimonia di) inaugurazione.
unverifiable [ʌn'verifaiəbl] *agg* non verificabile; incontrollabile.
unverified [ʌn'verifaid] *agg* non verificato; incontrollato.
unversed [ʌn'və:st] *agg* non versato (*in una materia*); inesperto.
unviolated [ʌn'vaiəleitid] *agg* inviolato.
unvoiced [ʌn'vɔist] *agg* **1** non detto; taciuto. **2** (*fonetica*) sordo.
unvouched-for [ʌn'vautʃtfɔ:] *agg* non attestato; non confermato.
unwanted [ʌn'wɔntid] *agg* indesiderato; non voluto.
unwarlike [ʌn'wɔ:laik] *agg* non bellicoso.
unwarned [ʌn'wɔ:nd] *agg* non avvisato; non avvertito.
unwarranted [ʌn'wɔrəntid] *agg* **1** ingiustificato. **2** (*spec. USA*) senza garanzia; non garantito.
unwary [ʌn'wɛəri] *agg* incauto; imprudente.
□ *avv* **unwarily.**
unwashed [ʌn'wɔʃt] *agg* non lavato; sporco. □ *the great unwashed,* (*spreg. o scherz.*) la plebaglia.
unwatchful [ʌn'wɔtʃful] *agg* disattento; sbadato; non vigile. □ *avv* **unwatchfully.**
unwatered [ʌn'wɔ:təd] *agg* **1** (*di piante, ecc.*) non innaffiato. **2** (*di bestiame*) non abbeverato. **3** (*di bevanda alcoolica*) non innacquato.
unwavering [ʌn'weivəriŋ] *agg* deciso; non vacillante; ben fermo; risoluto; irremovibile. □ *avv* **unwaveringly.**
unweaned [ʌn'wi:nd] *agg* non ancora divezzato; non svezzato.
unwearable [ʌn'wɛərəbl] *agg* non indossabile.
unwearied [ʌn'wiərid] *agg* **1** infaticato; inesausto. **2** = **unwearying.** □ *avv* **unweariedly.**
unwearying [ʌn'wiəriiŋ] *agg* instancabile; infaticabile; tenace. □ *avv* **unwearingly.**
to **unweave** [ʌn'wi:v] *vt* (*pass.* **unwove**; *p. pass.* **unwoven**) stessere; disfare (*un tessuto, una matassa, un nodo*).
unwed [ʌn'wed] *agg* non sposato.
unwedded [ʌn'wedid] *agg* **1** non sposato. **2** (*mecc.*) non unito.
unwelcome [ʌn'welkəm] *agg* **1** male accolto. **2** sgradito; spiacevole. □ *avv* **unwelcomely.**
unwell [ʌn'wel] *agg* indisposto; ammalato.
unwholesome [ʌn'houlsəm] *agg* **1** (*spec. di cibo, ma anche fig.*) insalubre; malsano. **2** (*fig.: di persona*) corrotto; morboso; odioso; repulsivo.
□ *avv* **unwholesomely.**
unwieldiness [ʌn'wi:ldinis] *s.* **1** scarsa maneggiabilità; pesantezza; l'essere ingombrante. **2** pesantezza; lentezza; goffaggine.
unwieldy [ʌn'wi:ldi] *agg* **1** ingombrante; poco pratico;

poco maneggevole. **2** goffo; pesante; impacciato. □ *avv* **unwieldily.**

unwilling [ʌn'wiliŋ] *agg* contrario; restio; maldisposto; avverso. □ *avv* **unwillingly,** mal volentieri.

to **unwind** [ʌn'waind] *vt* (*pass. e p. pass.* **unwound**) svolgere; sgomitolare; slegare.
□ *vi* **1** sgomitolarsi; svolgersi. **2** *(fig.)* rilassarsi; diventare più 'aperto' e amichevole; 'sciogliersi'.

unwiped [ʌn'waipt] *agg (di stoviglie, ecc.)* non asciugato.

unwise [ʌn'waiz] *agg* poco saggio; incauto; imprudente. □ *avv* **unwisely.**

unwished-for [ʌn'wiʃtfɔ:*] *agg* indesiderato.

unwitting [ʌn'witiŋ] *agg* **1** inconsapevole; inconscio. **2** involontario; inavvertito. □ *avv* **unwittingly.**

unwonted [ʌn'wountid] *agg (piuttosto lett.)* **1** insolito. **2** non abituato; non avvezzo. □ *avv* **unwontedly.**

unworkable [ʌn'wə:kəbl] *agg* **1** non lavorabile. **2** ineseguibile; non fattibile; impraticabile.

unworkmanlike [ʌn'wə:kmənlaik] *agg* **1** *(di persona)* inetto; inesperto. **2** *(di lavoro)* fatto male.

unworldly [ʌn'wə:ldli] *agg* spirituale; immateriale; non di questa terra.

unworn [ʌn'wɔ:n] *agg* **1** *(raro)* non logoro. **2** mai indossato; nuovo; come nuovo.

unworried [ʌn'wʌrid] *agg* imperturbato.

unworthiness [ʌn'wə:ðinis] *s.* indegnità.

unworthy [ʌn'wə:ði] *agg* indegno; non degno; basso; vile. □ *avv* **unworthily.**

unwound [ʌn'waund] *pass e p. pass di* **to unwind.**

unwove, unwoven [ʌn'wouv/ʌn'wouvn] *pass e p. pass di* **to unweave.**

to **unwrap** [ʌn'ræp] *vt* (**-pp-**) disfare; aprire; svolgere *(p.es. un pacco)*; disincartare.

unwritten [ʌn'ritn] *agg* **1** orale; tradizionale; non scritto: *an unwritten law,* una legge non scritta. **2** *(non comune)* in bianco: *an unwritten sheet of paper,* un foglio bianco.

un(-)wrung [ʌn'rʌŋ] *agg (nell'espressione 'My withers are unwrung')* ⇨ **withers.**

unyielding [ʌn'ji:ldiŋ] *agg* **1** duro; rigido. **2** *(di persona)* risoluto; ostinato; fisso; rigido; *(per estensione)* crudele; spietato. □ *avv* **unyieldingly.**

to **unzip** [ʌn'zip] *vt* (**-pp-**) aprire *(per mezzo di cerniera-lampo)*.

up [ʌp] **I** *prep* su; su per: *to climb up a mountain,* scalare una montagna — *to walk up the stairs,* salire le scale; andare su per le scale — *to sail up a river,* risalire un fiume — *to travel up-country,* viaggiare verso l'interno di un paese, verso l'hinterland — *to walk up the road,* camminare lungo (su per) la strada — *to drive sb up the wall, (fam., fig.)* mandare in bestia qcno.

II *avv* **1** su; in su; verso l'alto; *(per combinazioni idiomatiche con i verbi ⇨ anche alle voci relative, p.es.* to bring up, to get up, to have up, to pick up, to put up (with), to wash up*): Lift your head up!,* Su la testa! — *to lift up one's head,* alzare la testa — *Pull your socks up!,* Tirati su i calzini!; *(fam.)* Cerca di far meglio (di migliorare)! — *Prices are still going up,* I prezzi stanno ancora salendo — *He lives three floors up,* Abita tre piani sopra (più in alto) — *His blood is up, (fig.)* È arrabbiato *(cioè, il sangue gli è montato alla testa)* — *up and down,* su e giù; avanti e indietro — *to walk up and down,* passeggiare su e giù — *up there,* lassù — *up here,* quassù.

2 su; alzato: *He is already up,* È già in piedi (fuori dal letto) — *I was up late last night,* Sono rimasto su fino a tardi ieri sera — *She was up all night with a sick child,* È stata su tutta la notte con un bimbo malato — *Stand up!,* Alzati! — *He stood up to ask a question,* Si levò in piedi per fare una domanda — *Parliament is up,* Il Parlamento non è in seduta — *to be up and about again,* essere di nuovo in piedi *(p.es. dopo una malattia)*.

3 *(per indicare movimento verso città o luogo importante, spec. città universitaria; o un luogo al nord): He has gone up to London for the day,* È andato a Londra per la giornata — *When are you going up to Oxford?,* Quando andrai a Oxford? — *The case was brought up before the High Court,* Il caso fu portato davanti all'Alta Corte.

4 *(per indicare movimento in senso generico verso chi parla o verso il luogo di cui si parla): to come up to sb,* avvicinarsi a qcno — *She went straight up to the door,* Andò direttamente alla porta.

5 *(usato con molti verbi per dare il significato di 'completamente', 'definitivamente'): The stream has dried up,* La corrente si è completamente prosciugata — *We have eaten everything up,* Abbiamo mangiato tutto — *Time's up,* Il tempo è scaduto — *Lock (Fasten, Chain, Nail) it up,* Chiudilo a chiave (Legalo, Incatenalo, Inchiodalo) completamente; Chiudilo per bene.

6 *(usato con alcuni verbi per indicare un aumento di intensità): Speak (Sing) up!,* Parla (Canta) più forte! — *Her spirits went up,* Si riprese d'animo; Si rianimò — *to blow sth up,* far esplodere qcsa.

7 up against, alle prese con: *He's really up against it now,* Adesso ha dei guai sul serio.

8 up to, - **a)** *(con* to be*)* dedito; impegnato a (tramare): *What's he up to?,* Che cosa sta tramando? — *He's up to no good,* Non sta concludendo (tramando) niente di buono - **b)** *to be (o to feel) up to sth,* essere all'altezza di (fare) qcsa, in grado di fare qcsa: *I don't feel up to going to work today,* Non mi sento in grado di andare a lavorare oggi — *This new book of Green's isn't up to his last,* Questo nuovo libro di Green non è all'altezza del suo precedente — *He isn't up to such a difficult job yet,* Non è (ancora) all'altezza di un lavoro così difficile - **c)** fino a: *Count from one up to twenty,* Conta da uno fino a venti — *to be up to one's knees in mud,* essere immerso nel fango fino ai ginocchi — *to be up to one's eyes in work,* essere immerso nel lavoro fin sopra i capelli - **d)** *to be up to sb, (impers.)* essere compito di; toccare a: *It's up to us to give them all the help we can,* Tocca a noi dargli tutto l'aiuto che possiamo.

□ *What's up?,* Cosa c'è?; Che succede? — *There's something up,* Sta succedendo qualcosa di strano, di insolito; C'è qualcosa che non va — *He's well up in Latin,* Va abbastanza bene in latino — *It's all up with me,* Per me è finita — *Up with...!,* Viva...!; Evviva...! — *ups and downs, (come s. pl.)* alti e bassi; vicissitudine (⇨ *anche* **up-and-coming, to up-end, up-state, upstream, up-to-date, up-to-the-minute, upturn,** *ecc*).

to **up** [ʌp] *vi* (**-pp-**) *(scherz.: generalm.) to up and do sth,* saltar su; alzarsi di scatto; balzare in piedi: *She upped and threw the teapot at him,* Saltò su e gli scagliò contro la teiera.
□ *vt (fam.)* alzare; aumentare *(spec. prezzi, offerte, ecc.)*.

up-and-coming ['ʌpənd'kʌmiŋ] *agg (fam.)* promettente; intraprendente.

upborne [ʌp'bɔ:n] *agg* sostenuto; sorretto.

to **upbraid** [ʌp'breid] *vt* rimproverare; sgridare; riprendere: *to upbraid sb with a fault (for doing sth),* sgridare qcno per una mancanza (per aver fatto qcsa).

upbringing ['ʌp,briŋiŋ] *s.* educazione; allevamento.

upcountry ['ʌp'kʌntri] *agg* (all')interno; entroterra. □ *avv* verso l'interno.

to **update** ['ʌpdeit] *vt* aggiornare; rinnovare; migliorare.

updating [,ʌp'deitiŋ] *s.* aggiornamento.

to **up-end** [ʌp'end] *vt (fam.)* **1** metter dritto. **2** rovesciare.

upgrade ['ʌpgreid] *s.* salita; pendenza: *to be on the upgrade, (fig.)* essere in ascesa.

to **upgrade** [ʌp'greid] *vt* promuovere; avanzare di grado.

upheaval [ʌp'hi:vəl] *s.* sconvolgimento; cambiamento radicale; sismo.

upheld [ʌp'held] *pass di* **to uphold**.

uphill ['ʌphil] *agg* **1** in ascesa; in salita; erto: *an uphill road,* una strada in salita — *an uphill race,* una corsa in salita. **2** *(fig.)* arduo; difficile; faticoso: *an uphill task,* un compito arduo, difficile.

□ *avv* in salita; su.

to **uphold** [ʌp'hould] *vt* (*pass. e p. pass.* **upheld**) **1** sostenere; appoggiare; approvare: *I cannot uphold such conduct,* Non posso approvare un simile comportamento. **2** mantenere; confermare: *to uphold a verdict,* confermare un verdetto (una sentenza) — *to uphold the law,* far rispettare (sostenere) la legge.

to **upholster** [ʌp'houlstə*] *vt* tappezzare; rivestire; imbottire. □ *well-upholstered,* grassoccio; corpulento.

upholsterer [ʌp'houlstərə*] *s.* tappezziere.

upholstery [ʌp'houlstəri] *s.* tappezzeria; rivestimento.

upkeep ['ʌpki:p] *s.* mantenimento; (spesa di) manutenzione.

upland ['ʌplənd] *s. (spesso al pl.)* altopiano; territorio montano: *an upland region,* una regione montuosa; un altopiano.

uplift ['ʌplift] *s.* **1** sollevamento. **2** elevazione; influsso benefico; edificazione.

to **uplift** [ʌp'lift] *vt* elevare; innalzare.

upmost ['ʌpmoust] *agg* = **uppermost**.

upon [ə'pɔn] *prep* su; sopra (**on** *è più comune, salvo nel linguaggio formale; ma l'uso di* **upon** *è obbligatorio nelle seguenti espressioni*): *Upon my word,* Sulla mia parola; Parola mia; Perbacco — *Once upon a time,* (C'era) una volta.

[1]**upper** ['ʌpə*] *s.* tomaia. □ *to be (down) on one's uppers,* essere in bolletta; essere al verde.

[2]**upper** ['ʌpə*] *agg* superiore; più alto; più elevato: *the upper lip,* il labbro superiore — *stiff upper lip* ⇨ **stiff** — *one of the upper rooms,* una delle camere di sopra — *upper-case, (agg.)* maiuscolo — *the upper storey, (fig., fam.: letteralm. 'il piano superiore')* il cervello — *to be wrong in the upper storey,* essere un po' tocco — *to have (o to get) the upper hand,* prende il controllo (di qcsa); prendere in mano (una situazione) — *the upper classes,* le classi alte — *the upper-crust,* l'aristocrazia — *the Upper House, (GB)* la Camera Alta; la Camera dei Lord.

upper-cut ['ʌpəkʌt] *s. (pugilato)* montante.

uppermost ['ʌpəmoust] *agg* il più alto; il più elevato; predominante: *Thoughts of the holidays were uppermost in their minds,* Il pensiero delle vacanze era predominante (al primo posto) nella loro mente. □ *avv* al di sopra; in cima. □ *It's not always wise to say whatever comes uppermost,* Non sempre è saggio dire la prima cosa che ci viene in mente.

uppish ['ʌpiʃ] *agg (fam.)* borioso; presuntuoso; arrogante.

uppishness ['ʌpiʃnis] *s. (fam.)* boria; arroganza; presunzione.

uppity ['ʌpiti] *agg (fam.)* = **uppish**.

upright ['ʌprait] *agg* **1** dritto; eretto; verticale *(anche di pianoforte).* **2** *(fig.)* retto; integro; onesto; tutto d'un pezzo. **3** *(uso predicativo o in funzione di avv.)* dritto; in posizione eretta: *to stand (to hold oneself) upright,* stare (tenersi) in posizione eretta — *to set a post upright,* piantare un palo verticalmente.

□ *avv* **uprightly**.

□ *s.* **1** asta; palo verticale; montante. **2** (= upright piano) pianoforte verticale.

uprightness ['ʌpraitnis] *s.* **1** posizione verticale. **2** *(fig.)* dirittura morale; rettitudine.

uprising [ʌp'raizin/'ʌpraiziŋ] *s.* **1** sommossa; rivolta; insurrezione. **2** il sorgere; il levarsi; levata (dal letto).

uproar ['ʌprɔ:*/'ʌprɔə*] *s.* tumulto; frastuono; chiasso; trambusto; baraonda; baccano.

uproarious [ʌp'rɔ:riəs] *agg* tumultuante; chiassoso; fragoroso; rumoroso; festoso. □ *avv* **uproariously**.

to **uproot** [ʌp'ru:t] *vt* sradicare; svellere; estirpare *(anche fig.).*

upset ['ʌpset] *s.* **1** capovolgimento; turbamento; sconvolgimento: *to have a stomach upset,* avere lo stomaco sottosopra, un'indigestione — *She has had a terrible upset,* Ha avuto un terribile turbamento — *You can imagine what an upset we have had with the decorators and upholsterers in the house all week,* Puoi immaginare lo scompiglio che abbiamo avuto con i decoratori e i tappezzieri in casa per tutta la settimana. **2** *(sport)* risultato (esito) a sorpresa. □ *upset price, (in un'asta)* prezzo minimo.

to **upset** [ʌp'set] *vt e i.* (*p. pres.* **upsetting**; *pass. e p. pass.* **upset**) **1** rovesciare; capovolgere: *Don't upset the boat!,* Non far capovolgere la barca! — *The cat has upset its saucer of milk,* Il gatto ha rovesciato il suo piattino con il latte. **2** turbare; sconvolgere; portare scompiglio: *to upset the enemy's plans,* sconvolgere i piani del nemico — *to upset one's stomach by eating too much,* sconvolgere lo stomaco mangiando troppo; fare un'indigestione — *The sight of physical suffering upsets her,* La vista delle sofferenze fisiche la turba — *to be rather upset,* essere piuttosto turbato, sconvolto. □ *to upset the applecart, (fig.)* rompere le uova nel paniere.

upshot ['ʌpʃɔt] *s. (sing., sempre* the upshot*)* conclusione; esito; risultato: *What will be the upshot of it all?,* Quale sarà il risultato di tutto questo?

upside-down ['ʌpsaid'daun] *avv* sottosopra; sossopra; in disordine *(anche fig.);* a soqquadro: *The house was turned upside-down by the burglars,* La casa fu messa a soqquadro dai ladri.

upstage [ʌp'steidʒ] *agg (fam.)* = **uppish, uppity**.

□ *avv (teatro)* verso il fondo della scena.

upstairs [ʌp'stɛəz] *avv* al piano di sopra; al piano superiore. □ *to kick sb upstairs,* 'giubilare' qcno con una promozione; promuovere qcno per sbarazzarsene.

□ *agg* del piano superiore: *an upstairs room,* una camera del piano superiore (del primo piano).

upstanding [ʌp'stændiŋ] *agg* **1** diritto; eretto. **2** forte; sano; robusto. **3** *(di stipendio)* fisso; stabile.

upstart ['ʌpstɑ:t] *s. (spesso attrib.)* individuo che è divenuto improvvisamente importante, che si è fatto da sé, che ha raggiunto una posizione di primo piano venendo dalla gavetta; un 'arrivato'.

upstate ['ʌpsteit] *agg (USA)* della parte settentrionale

o interna di uno Stato dell'Unione *(ma spec. del New York).*
□ *avv* verso l'interno; verso nord.
upstream ['ʌp'stri:m] *avv* controcorrente; verso la sorgente; a monte.
upsurge ['ʌpsə:dʒ] *s.* insorgenza; accesso; manifestazione improvvisa; sfogo: *an upsurge of anger (of indignation),* uno accesso di rabbia (di indignazione).
uptake ['ʌpteik] *s.* **1** intelligenza; comprensione: *(generalm. nelle espressioni) to be quick (to be slow) on the uptake,* essere veloce (essere lento, tardo) di comprendonio. **2** *(fis.)* captazione.
uptight ['ʌptait] *agg (sl.)* molto teso e apprensivo.
up-to-date ['ʌptə'deit] *agg (anche* **uptodate***)* aggiornato; attuale; moderno; alla moda.
up-to-the-minute ['ʌptəðə'minit] *agg* modernissimo; attualissimo.
uptown ['ʌp'taun] *avv e agg (USA)* dei quartieri alti, residenziali.
upturn ['ʌptə:n] *s.* svolta favorevole, positiva; *(econ.)* ripresa; rialzo.
to **upturn** [ʌp'tə:n] *vt* alzare; volgere in su: *an upturned nose,* un naso all'insù.
upward ['ʌpwəd] *agg* ascendente; in salita; verso l'alto: *an upward glance,* uno sguardo verso l'alto — *an upward trend, (spec. econ.)* una tendenza ascendente, al rialzo — *upward movement,* ascesa; *(econ., dei prezzi, dei costi)* lievitazione — *upward flowing current,* corrente ascendente — *upward gradient,* rampa; salita; pendenza — *upward motion, (aeronautica)* cabrata. □ *avv* ⇨ **upwards**.
upwards ['ʌpwədz] *avv (talvolta* **upward***)* verso l'alto; in su; in alto; in salita; all'insù: *We followed the river upwards,* Seguimmo il fiume in senso contrario alla corrente — *bottom upwards,* sottosopra; capovolto; rovesciato — *to climb upwards,* progredire; migliorare — *to move upwards,* fare progressi; avanzare di grado — *upwards of...,* più di... — *upwards of fifty people,* più di cinquanta persone — *... and upwards, ...* e oltre; ... e più — *children of nine and upwards,* ragazzi dai nove anni in su.
uranium [juə'reinjəm] *s.* uranio.
urban ['ə:bən] *agg* urbano; cittadino.
urbane [ə:'bein] *agg* educato; civile; urbano; cortese. □ *avv* **urbanely**.
urbanity [ə:'bæniti] *s.* urbanità; civiltà; educazione; cortesia; *(al pl.)* buone maniere.
urbanization [,ə:bənai'zeiʃən] *s.* urbanizzazione.
to **urbanize** ['ə:bənaiz] *vt* urbanizzare; conferire caratteristiche urbane.
urchin ['ə:tʃin] *s.* **1** monello; bricconcello; ragazzetto: *street urchin,* monello di strada. **2** porcospino; riccio: *sea-urchin,* riccio di mare.
urge [ə:dʒ] *s.* **1** spinta; incitamento; esortazione; stimolo; sollecitazione. **2** forte desiderio; passione: *He has an urge to travel,* Ha la passione del viaggio — *I had an uncontrollable urge to kick his backside,* Mi venne un desiderio irresistibile di dargli un calcio nel sedere. **3** *(fam., spesso* the urge*)* passione sessuale; libidine.
to **urge** [ə:dʒ] *vt* **1** *(spesso seguito da* on, onward, forward*)* urgere; spingere; incalzare; pressare; esortare; incitare; stimolare; sollecitare: *'Buy it now', he urged; 'prices will soon rise',* 'Lo compri adesso', mi sollecitò; 'fra poco i prezzi saliranno' — *Agitators urged the peasants to revolt,* Gli agitatori incitavano i contadini a ribellarsi. **2** insistere; addurre; mettere in evidenza; sottolineare: *He urged on his pupils the importance of hard work,* Insisté i suoi allievi sull'importanza di lavorare sodo.
urgency ['ə:dʒənsi] *s.* urgenza; premura: *a matter of great urgency,* un problema di grande urgenza.
urgent ['ə:dʒənt] *agg* **1** urgente; pressante: *to be in urgent need of sth,* aver urgente bisogno di qcsa. **2** *(fam., ma non molto comune: detto di una persona o della sua voce)* insistente; incalzante: *They were urgent for the doctor to come,* Insistettero per far venire il dottore.
uric ['juərik] *agg* urico.
urinal ['juərinl] *s.* **1** 'pappagallo'. **2** orinatoio; vespasiano.
urinary ['juərinəri] *agg* urinario.
□ *s.* **1** orinatoio. **2** deposito dell'urina *(pozzo nero)* per fare concime.
to **urinate** ['juərineit] *vi* urinare; orinare.
urine ['juərin] *s.* urina; orina.
urn [ə:n] *s.* **1** urna *(spec. funeraria): urn burial,* sepoltura delle ceneri in urna. **2** grosso recipiente per il caffè o il tè: *coffee-urn,* caffettiera — *tea-urn,* samovar.
Ursuline ['ə:sjulain] *s. e agg (religione)* Orsolina.
Uruguayan [,uru'gwaiən] *agg e s.* uruguaiano.
us [ʌs/əs] *pron personale di prima persona pl (compl.)* noi, ci: *They saw us,* Essi ci videro (videro noi) — *Mary was speaking to us,* Mary stava parlando con noi — *That's us,* Siamo noi.
usability [,ju:zə'biliti] *s.* utilizzabilità.
usable ['ju:zəbl] *agg* usabile; adoperabile; utilizzabile; servibile; impiegabile.
usage ['jusidʒ/'ju:zidʒ] *s.* **1** uso; trattamento: *Machines soon wear out under rough usage,* Le macchine si consumano in fretta se sono trattate malamente. **2** uso *(spec. linguistico);* usanza; abitudine; consuetudine; costume; tradizione: *expressions that have come into usage,* espressioni che sono state introdotte nell'uso comune — *usages that are justified by their appearance in the books of good writers,* usi che sono giustificati dal loro apparire nei libri di buoni scrittori — *usage and abusage,* usi ed abusi *(di vocaboli, ecc.).*
use [ju:s] *s.* **1** uso; impiego: *the use of electricity,* l'uso dell'elettricità — *to learn the use of tools,* imparare come si usano degli attrezzi — *a tool with many uses,* uno strumento che ha più usi — *for use only in case of fire,* da usarsi solo in caso di incendio — *to find a use for sth,* trovare un uso per qcsa; scoprire l'uso di una cosa — *in use,* in uso; in dotazione — *to be out of use,* essere fuori uso (in disuso) — *to come into use,* venire in uso; venire adottato o impiegato; diffondersi — *When did the word 'transistor' come into use?,* Quando si incominciò ad usare la parola 'transistor'? — *to go (to fall) out of use,* cadere in disuso; passare di moda — *This custom has gone (has fallen) out of use,* Quest'abitudine è caduta in disuso — *to make use of sth,* usare (servirsi, approfittare di) qcsa — *You must make good use of any opportunities you have of practising English,* Devi approfittare di tutte le occasioni che ti si offrono per esercitarti nell'inglese — *to put sth to good use,* mettere qcsa a buon conto; usarla bene — *to have no use for sth,* - **a)** non avere (più) bisogno di una cosa: *I have no (further) use for it!, (fam.)* Non mi serve (più)!; Non so (più) cosa farmene! - **b)** non sopportare: *I've no use for people who are always grumbling,* Non sopporto gli eterni brontoloni. **2** utilità; vantaggio; profitto: *to be of use,* servire; essere utile — *Is this of any use to you?,* Ti è di qualche utilità?; Ti serve questo? — *Can I be of*

any use?, Posso esservi utile? — *What's the use?*, A che pro? — *It's no use your pretending (It's no use for you to pretend) that you didn't know the rules,* È inutile che tu cerchi di far credere che non conoscevi le regole. **3** uso; potere di usare: *to lose the use of one's legs,* perdere l'uso delle gambe. **4** uso; diritto di usare; *(dir., comm.)* godimento; usufrutto: *to give a friend the use of one's library,* permettere ad un amico di usare la propria biblioteca. **5** lungo uso; pratica; familiarità; dimestichezza; usanza; abitudine; *(religione)* rituale; liturgia; rito: *In these cases use is the best guide,* In questi casi la pratica è la miglior guida — *use and wont,* uso e costume — *the Anglican use,* il rito anglicano.

to **use** [ju:z] *vt* **1** usare; adoperare; impiegare; servirsi (di); usufruire (di): *Use your brains!*, Usa il cervello! — *A hammer is used for driving in nails,* Il martello si usa per piantare i chiodi — *When persuasion failed they used force,* Visto che la persuasione non serviva, usarono la forza — *May I use your name as a reference?*, Posso servirmi del Suo nome come referenza? **2** *(talvolta seguito da* up*)* usare; consumare: *How much coal did we use last winter?*, Quanto carbone consumammo lo scorso inverno? — *He has used up all his strength,* Ha consumato tutte le sue energie. **3** *(lett.)* trattare; agire; comportarsi: *Use others as you would like them to use you,* Tratta gli altri come vorresti che essi trattassero te — *He thinks himself ill(-)used,* Ritiene di essere trattato male.
□ *vi (ora solo al pass. e al p. pass.)* ⇨ [2]**used**.

[1]**used** [ju:zd] *agg (p. pass. di* **to use,** *vt)* usato; smesso; *(filatelia)* annullato; usato.

[2]**used** [ju:st] *pass e p. pass di* **to use** *(vi.)* **1** *(al pass.: è un v. anomalo, seguito dall'inf. Forma negativa:* **used not,** *abbr.* **usen't** *o* **usedn't** *e fam.* **didn't use**) solere; essere avvezzo (a); essere abituato (a); essere solito (a) *(spesso equivale all'imperfetto in italiano): That's where I used to live when I was a child,* Ecco dove abitavo da piccolo — *Life isn't so easy here as it used to be,* Qui la vita non è più facile come un tempo — *You used to smoke a pipe, use(d)n't you? (fam. didn't you?),* Una volta fumavi la pipa, non è vero? — *There used to be some trees in this field, use(d)n't there? (fam.* didn't there?*)*, C'erano delle piante una volta in questo campo, non è vero? — *He used not to speak like that,* Una volta non parlava così. **2** *(p. pass., seguito da* to*)* abituato: *He's used to hard work (to working hard),* È abituato a lavorar sodo — *I'm not used to being spoken to in that rude way,* Non sono abituato ad essere interpellato con quel tono sgarbato — *You will soon get used to it,* Ti ci abituerai in fretta.

useful ['ju:sful] *agg* **1** utile: *A spade is a useful tool in these cases,* Una zappa è un attrezzo utile in questi casi — *to make oneself useful,* rendersi utile — *a useful hint,* un suggerimento utile. **2** *(fam.)* capace; efficiente; efficace; 'valido': *He's a useful member of the team,* È un valido membro della squadra. **3** *(fam.)* notevole; considerevole; ragguardevole; bello *(fam.): a useful little sum,* una bella sommetta. □ *avv* **usefully.**

usefulness ['ju:sfulnis] *s.* utilità.

useless ['ju:slis] *agg* inutile; inservibile; vano: *A car is useless without petrol,* Un'automobile è inservibile senza benzina — *It's useless to argue,* È inutile discutere. □ *avv* **uselessly.**

uselessness ['ju:slisnis] *s.* inutilità; vanità.

user ['ju:zə*] *s.* utente; *(al pl.)* utenza.

usher ['ʌʃə*] *s.* **1** maschera *(inserviente maschile).* **2** usciere. **3** *(ant. o scherz.)* assistente *(di un professore).*

to **usher** ['ʌʃə*] *vt* **1** condurre; accompagnare; introdurre: *The maidservant ushered me into the drawing-room,* La cameriera mi introdusse nel salotto. **2** *(seguito da* in*)* annunciare; inaugurare; dare inizio a: *The change of government ushered in a period of prosperity,* Il cambiamento di governo inaugurò un periodo di prosperità.

usherette [,ʌʃə'ret] *s.* maschera *(inserviente femminile).*

usual ['ju:ʒuəl] *agg* usuale; solito; consueto; abituale; comune: *He arrived later than usual,* Arrivò più tardi del solito — *As is usual with picknickers, they left a lot of litter behind them,* Come succede di solito con chi fa le scampagnate, si lasciarono dietro un mucchio di rifiuti. □ *avv* **usually,** solitamente; di solito.
□ *s. (nell'espressione) The usual, please!, (fam., al bar, ecc.)* Il solito, per favore!

usufruct ['ju:sju(:)frʌkt/'ju:z-] *s. (dir., comm.)* usufrutto.

usurer ['ju:ʒərə*] *s.* usuraio; strozzino.

usurious [ju:'zjuəriəs] *agg* usurario; da usuraio; da strozzino: *a usurious rate of interest,* un interesse da strozzino.

to **usurp** [ju:'zə:p] *vt* usurpare: *to usurp the throne,* usurpare il trono.

usurpation [,ju:zə:'peiʃən] *s.* usurpazione.

usurper [ju:'zə:pə*] *s.* usurpatore.

usury ['ju:ʒuri] *s.* usura; strozzinaggio.

utensil [ju:'tensl/-sil] *s.* utensile; strumento; arnese: *writing utensils,* oggetti di cancelleria.

uterine ['ju:tərain] *agg* uterino.

uterus ['ju:tərəs] *s. (pl.* **uteri**) utero.

utilitarian [,ju:tili'tɛəriən] *agg* **1** utile; pratico; utilitario. **2** utilitarista; utilitaristico.
□ *s.* utilitarista.

utilitarianism [,ju:tili'tɛəriənizəm] *s.* utilitarismo.

utility [ju:'tiliti] *s.* **1** utilità; vantaggio. **2** cosa utile: *utility car,* (automobile) utilitaria — *utility coach,* autofurgone — *utility man, (teatro)* generico; comparsa — *utility van,* furgoncino. **3** *(spec.* public utility*)* servizio pubblico.

utilizable [,ju:ti'laizəbl] *agg* utilizzabile.

utilization [,ju:tilai'zeiʃən] *s.* utilizzazione.

to **utilize** ['ju:tilaiz] *vt* utilizzare.

utmost ['ʌtmoust] *agg* **1** estremo; più lontano; ultimo: *to the utmost ends of the earth,* fino agli estremi confini della terra. **2** massimo; grandissimo; estremo: *to be in the utmost danger,* essere in grandissimo (estremo) pericolo — *to be of the utmost importance,* essere della massima importanza — *to do sth with the utmost care,* fare qcsa con la più grande attenzione (cura).
□ *s.* il massimo possibile: *to do one's utmost,* fare tutto il possibile — *to the utmost of one's power,* fino all'estremo limite delle proprie forze — *to try one's utmost,* fare di tutto; fare del proprio meglio.

Utopia [ju:'toupjə] *s.* utopia.

Utopian [ju:'toupjən] *agg* utopistico: *a utopian scheme,* un disegno (un progetto) utopistico.
□ *s. (all'origine)* cittadino di Utopia; *(generalm.)* utopista.

utter ['ʌtə*] *agg* assoluto; completo; totale; estremo: *utter darkness,* completa oscurità — *She's an utter stranger to me,* Non la conosco affatto; Mi è del tutto sconosciuta. □ *avv* ⇨ **utterly.**

to **utter** ['ʌtə*] *vt* **1** emettere; mandare; lanciare *(con la bocca): to utter a sigh,* emettere un sospiro. **2** dire;

proferire; pronunciare; esprimere: *the last words he uttered,* le ultime parole che proferì. **3** *(dir.)* mettere in circolazione; pubblicare; divulgare; rendere pubblico (di pubblico dominio); spacciare: *to utter a libel,* mettere in circolazione un libello — *to utter false coin,* spacciare denaro falso.

utterance ['ʌtərəns] *s.* **1** articolazione *(delle parole);* pronuncia; modo di parlare: *a clear utterance,* un'articolazione chiara. **2** espressione; parola; cosa detta: *to give utterance to one's feelings,* manifestare (esprimere) i propri sentimenti.

utterly ['ʌtəli] *avv* assolutamente; completamente; del tutto; totalmente.

uttermost ['ʌtəmoust] *agg e s.* = **utmost.**

uvula ['ju:vjulə] *s.* (*pl.* **uvulae** *o* **uvulas**) ugola.

uvular ['ju:vjulə*] *agg* dell'ugola.

uxorious [ʌk'sɔ:riəs] *agg* eccessivamente tenero con la moglie. □ *avv* **uxoriously.**

uxoriousness [ʌk'sɔ:riəsnis] *s.* eccessivo amore (eccessiva tenerezza) per la moglie.

V, v [vi:/vi:z] *s.* **1** (*pl.* **V's, v's**) V, v *(ventiduesima lettera dell'alfabeto inglese)*: *V sign,* segno di vittoria *(con l'indice e il medio che formano una V)* — *V for Victor, (al telefono, ecc.)* V come Verona — *a V-neck pullover,* un pullover con scollatura a V. **2** *abbr di* **versus.**

vac [væk] *s.* (*abbr. fam. di* **vacation**) vacanza, vacanze; ferie.

vacancy ['veikənsi] *s.* **1** l'essere vuoto; l'essere vacante; vacanza; lacuna: *to look over the edge of a cliff into vacancy,* guardare nel vuoto dall'orlo di un dirupo. **2** vacuità mentale; mancanza d'intelligenza; distrazione. **3** posto, impiego vacante: *good vacancies for typists and clerks,* buoni posti disponibili per dattilografe e impiegati.

vacant ['veikənt] *agg* **1** vuoto: *to gaze into vacant space,* avere lo sguardo fisso nel vuoto. **2** vacante; libero; non occupato: *a vacant room,* una stanza libera — *to apply for a vacant position,* far domanda per un posto vacante — *vacant possession,* (casa, immobile, edificio) libero subito. **3** *(riferito al tempo)* privo di occupazioni; libero; tranquillo. **4** *(dell'intelletto)* assente; vacuo; distratto; *(dello sguardo)* vacuo; assente; indifferente. □ *avv* **vacantly.**

to **vacate** [və'keit] *vt* **1** abbandonare *(un domicilio)*; evacuare; sgomberare; lasciare libero: *to vacate a house,* lasciar libera una casa. **2** lasciare vacante: *to vacate one's seat,* lasciare il proprio posto. **3** ritirarsi; rinunciare al possesso o all'uso di qcsa.

vacation [və'keiʃən] *s.* **1** vacanza, vacanze; ferie; periodo di riposo *(per l'università, per i tribunali, ecc.)*: *the long (o summer) vacation,* le vacanze estive — *to be on vacation,* essere in vacanza (in ferie). **2** abbandono; dimissioni; il ritirarsi: *His vacation of a good position in the Post Office was unwise,* La sua decisione di abbandonare una buona posizione alle Poste è stata poco saggia.

to **vacation** [və'keiʃən] *vi (USA)* andare in vacanza; prendersi una vacanza; trascorrere una vacanza: *He is vacationing in Florida,* Sta trascorrendo le vacanze in Florida.

vacationist, vacationer [və'keiʃənist/və'keiʃənə*] *s. (USA)* chi è in vacanza; villeggiante.

to **vaccinate** ['væksineit] *vt* vaccinare.

vaccination [ˌvæksi'neiʃən] *s.* vaccinazione.

vaccine ['væksi:n] *s.* vaccino: *polio vaccine,* vaccino contro la poliomielite.

to **vacillate** ['væsileit] *vi* vacillare; barcollare; esitare; essere incerto o dubbioso: *to vacillate between hope and fear,* essere in dubbio fra speranza e timore.

vacillating ['væsileitiŋ] *agg* vacillante; esitante; titubante.

vacillation [ˌvæsi'leiʃən] *s.* vacillamento; barcollamento; esitazione; incertezza.

vacuity [və'kjuiti] *s.* **1** *(non molto comune)* vuoto; spazio vuoto. **2** *(fig., di sguardo, stile, ecc.)* vacuità; inespressività; fatuità.

vacuous ['vækjuəs] *agg* vuoto; vacuo; privo d'espressione; sciocco; stupido: *a vacuous expression,* un'espressione vacua, assente — *a vacuous stare,* uno sguardo vuoto, privo d'espressione — *a vacuous remark,* un'osservazione insignificante, sciocca, stupida. □ *avv* **vacuously.**

vacuum ['vækjuəm] *s.* *(pl.* **vacuums**: *anche* **vacua,** *ma soltanto nel linguaggio scientifico)* vuoto: *vacuum bottle (flask),* 'thermos' — *vacuum cleaner,* aspirapolvere — *vacuum pump,* depressore pulsometro — *vacuum tube,* tubo a gas rarefatto — *vacuum brakes,* freni a depressione — *vacuum-packed,* confezionato sottovuoto (sotto vuoto spinto).

vade-mecum ['veidi'mi:kəm] *s. (dal lat.)* vademecum; manuale; prontuario.

vagabond ['vægəbɔnd] *agg* vagabondo; errante; nomade: *to live a vagabond life,* vivere una vita vagabonda — *vagabond gipsies,* zingari nomadi.
□ *s.* vagabondo.

vagabondage ['vægəbɔndidʒ] *s.* vagabondaggio.

vagary [və'gɛəri] *s.* capriccio; stranezza; stravaganza: *the vagaries of fashion,* le stravaganze della moda — *the vagaries of human reason,* le eccentricità della ragione umana.

vagina [və'dʒainə] *s. (anat.)* vagina.

vaginal [və'dʒainəl] *agg* vaginale.

vagrancy ['veigrənsi] *s. (dir.)* vagabondaggio; accattonaggio.

vagrant ['veigrənt] *agg* **1** vagante; errante; nomade; vagabondo: *vagrant tribes,* tribù nomadi — *vagrant musicians,* suonatori ambulanti — *to lead a vagrant life,* condurre una vita errabonda. **2** *(fig.)* errabondo: *vagrant thoughts,* pensieri errabondi.
□ *s.* vagabondo; nomade; mendicante; accattone.

vague [veig] *agg* **1** vago; indistinto; confuso; impreciso: *vague outlines,* contorni imprecisi — *vague demands,* richieste confuse — *I haven't the vaguest idea what they want,* Non ho la più vaga (la più pallida) idea di cosa vogliano. **2** *(di persone, comportamento, ecc.)* incerto; esitante; insicuro.
□ *avv* **vaguely**

vagueness ['veignis] *s.* vaghezza; imprecisione; incertezza; indeterminatezza.

vain [vein] *agg* **1** vano; inutile: *a vain attempt,* un vano tentativo — *vain hopes (promises),* speranze (promesse) vane. **2 in vain,** - **a)** invano; infruttuosamente; inutilmente: *to try in vain to do sth,* tentare invano di fare qcsa — *All our work was in vain,* Tutto il nostro lavoro fu inutile - **b)** senza rispetto; in modo irriverente: *to take the name of God in vain,* nominare il nome di Dio invano — *to take a person's name in vain,* sparlare (parlare irrispettosamente) di una persona. **3** vano; vanitoso; vanaglorioso: *He's as vain as a peacock,* È vanitoso come un pavone — *She's vain of her beauty,* È orgogliosa della sua bellezza.
□ *avv* **vainly.**

vainglorious [vein'glɔ:riəs] *agg* **1** vanaglorioso. **2** *(USA)* vanitoso. □ *avv* **vaingloriously.**

vainglory [vein'glɔ:ri] *s.* **1** vanagloria. **2** *(USA)* vanità.

valance, valence ['væləns] *s.* **1** balza; drappeggio; falpalà. **2** *(di automobile)* fianchetto.

[1]**vale** [veil] *s. (poet. e nella toponimia)* valle: *this vale of tears,* questa valle di lacrime.

[2]**vale** ['vɑ:lei] *s.* addio; lettera d'addio.

valediction [,væli'dikʃən] *s.* parole d'addio; parole di commiato.

valedictory [,væli'diktəri] *agg* d'addio; di commiato: *a valedictory speech,* un discorso d'addio.

[1]**valence** ['væləns] *s.* ⇨ **valance.**

[2]**valence** ['veiləns] *s. (chim.)* valenza.

valentine ['væləntain] *s.* biglietto (lettera, dono) mandato all'innamorato o all'innamorata nel giorno di San Valentino, il 14 febbraio.

valerian [və'lɛəriən] *s.* valeriana.

valet ['vælit/'vælei/'væli] *s. (dal fr.)* valletto; cameriere personale; guardarobiere *(d'albergo).*

to **valet** ['vælit] *vt* prestar servizio come valletto, guardarobiere, cameriere: *The hotel has a good valeting service,* L'albergo ha un ottimo servizio di lavanderia e stireria.

valetudinarian ['væli,tju:di'nɛəriən] *agg* debole; malaticcio; di salute malferma; troppo preoccupato della propria salute.
□ *s.* persona malaticcia, di salute cagionevole.

valiant ['væljənt] *agg* prode; audace; coraggioso. □ *avv* **valiantly.**

valid ['vælid] *agg* **1** valido; legittimo; fondato. **2** *(di contratto, ecc.)* valido; valevole: *valid for three months,* valevole per tre mesi. **3** valido; fondato; solido: *to raise valid objections to a scheme,* sollevare valide obiezioni ad un progetto. □ *avv* **validly.**

to **validate** ['vælideit] *vt* convalidare; render valido; ratificare: *to validate a claim,* convalidare una richiesta.

validity [və'liditi] *s.* validità; legittimità; fondatezza.

valise [və'li:z/*(USA)* və'li:s] *s.* *(dal fr.)* borsa da viaggio; valigetta; sacca.

valley ['væli] *s.* **1** valle; vallata; vallone: *the Valley of the Nile; the Nile Valley,* la Valle del Nilo. **2** *(edilizia)* compluvio.

vallum ['væləm] *s. (lat.)* vallo.

valorization [,vælərai'zeiʃən] *s.* valorizzazione.

to **valorize** ['væləraiz] *vt* valorizzare; avvalorare; dare valore.

valorous ['vælərəs] *agg* valoroso; coraggioso.
□ *avv* **valorously.**

valour ['vælə*] *s.* (*USA* **valor**) coraggio; valore *(in guerra);* audacia.

valse [vɑ:ls] *s. (fr.)* valzer.

valuable ['væljuəbl] *agg* di valore; prezioso; costoso: *a valuable discovery,* una scoperta di grande valore.
□ *avv* **valuably.**
□ *s. (al pl.:* valuables*)* oggetti preziosi, di valore; 'preziosi'.

valuation [,vælju'eiʃən] *s.* valutazione; stima; *(per estensione)* valore.

valuator ['væljueitə*] *s.* perito; estimatore.

value ['vælju:] *s.* **1** valore; pregio; utilità: *of some value,* di un certo valore — *of no value,* di nessun valore — *This book will be of great value to him in his studies,* Questo libro gli sarà di grande utilità per i suoi studi — *Does this volume give you good value for money?,* Questo libro vale veramente i soldi che costa? — *moral (ethical) values,* valori morali (etici) — *a value judgment,* un giudizio di valore. **2** *(comm.)* valore; stima; prezzo; costo: *The house is going down in value all the time,* La casa continua a perdere valore — *Market values rose sharply last week,* Durante la settimana scorsa i prezzi di mercato sono aumentati bruscamente — *Value Added Tax* ⇨ **tax 1** — *value in account,* valuta in conto — *commercial value,* valore (prezzo) commerciale — *selling value,* valore venale — *value in exchange,* potere di acquisto — *(for) value received,* per valore ricevuto — *face value; nominal value,* valore nominale — *surplus value,* plusvalore — *rateable (taxable) value,* valore imponibile. **3** *(di parola)* significato; *(mus., di nota)* lunghezza; durata.

to **value** ['vælju:] *vt* **1** *(comm.)* valutare; stimare; computare: *He valued the house for me at 9,500 pounds,* Mi valutò la casa 9.500 sterline. **2** stimare; apprezzare; tener in grande conto: *to value sb's advice,* apprezzare molto i consigli di qcno.

valued ['vælju:d] *agg* **1** (*come p. pass. di* **to value** ⇨) valutato. **2** stimato; pregiato; prezioso; apprezzato: *a valued colleague,* un collega prezioso (apprezzato).

valueless ['væljulis] *agg* senza valore; privo di valore; inutile.

valuer ['væljuə*] *s. (comm.)* estimatore; perito; valutatore.

valve [vælv] *s. (mecc., radio e anat.)* valvola: *safety valve,* valvola di sicurezza *(anche fig.).*

valved [vælvd] *agg* **1** *(bot., zool.)* munito di valva (di valve). **2** *(mecc.)* munito di valvola (di valvole): *two-(twin-)valved,* a due valvole.

valvular ['vælvjulə*] *agg* valvolare: *a valvular disease of the heart,* una disfunzione delle valvole cardiache.

to **vamoose, to vamose** [væ'mu:s/væ'mous] *vi (fam., USA)* andarsene (filarsela) velocemente; 'tagliar la corda'.

[1]**vamp** [væmp] *s.* tomaia.

[1]to **vamp** [væmp] *vt e i.* **1** riparare, rifare la tomaia. **2** *(fig.: spesso seguito da* up *o* out*)* rabberciare; abborracciare: *to vamp up some lectures from old notes,* raffazzonare conferenze servendosi di vecchi appunti. **3** trovare (un motivo per una canzone); improvvisare (un accompagnamento musicale).

[2]**vamp** [væmp] *s. (abbr. di* **vampire,** *scherz.)* donna seducente; donna fatale; maliarda; 'vamp'.

[2]to **vamp** [væmp] *vt* sedurre; affascinare; ammaliare.

vampire ['væmpaiə*] *s.* **1** vampiro *(anche fig.);* sanguisuga; dissanguatore *(fig.).* **2** *(zool., anche* vampire-bat*)* vampiro.

[1]**van** [væn] *s.* **1** furgone; autofurgone; furgoncino. **2** bagagliaio *(veicolo e deposito).* **3** carrozzone *(degli zingari, di un circo, ecc.).*

[2]**van** [væn] *s. (mil. e fig.)* avanguardia: *to be in the van of scientific progress,* essere all'avanguardia del progresso scientifico.

vanadium [və'neidjəm] *s.* vanadio.

vandal ['vændəl] *s.* vandalo; distruttore.

vandalism ['vændəlizəm] *s.* vandalismo.

vane [vein] *s.* **1** banderuola; segnavento. **2** pala *(di una turbina o di un mulino)* azionata da vento o da acqua.

vanguard ['vængɑ:d] *s. (mil. e fig.)* avanguardia.

vanilla [və'nilə] *s.* vaniglia *(la pianta, l'essenza, ecc.).*

vanish ['væniʃ] *s.* dittongo debole; vocale evanescente.

to **vanish** ['væniʃ] *vi* svanire; scomparire; dileguarsi: *Your prospects of success have vanished,* Le tue possibilità di successo sono svanite — *The thief ran into the crowd and vanished from sight,* Il ladro scappò in mezzo alla folla e scomparve alla vista — *vanishing cream,* crema emolliente; fondo tinta — *vanishing point, (in prospettiva)* punto di fuga delle parallele.

vanity ['væniti] *s.* **1** vanità; presunzione: *to do sth out of vanity,* fare qcsa per vanità, presunzione — *to tickle sb's vanity,* stuzzicare la vanità di qcno —

injured vanity, vanità offesa — *vanity bag (case),* 'nécessaire' per il trucco. **2** vanità; inutilità; futilità.

to **vanquish** ['væŋkwiʃ] *vt (piuttosto lett.)* vincere; sconfiggere; sopraffare.

vantage ['vɑ:ntidʒ] *s.* **1** vantaggio: *vantage ground,* terreno favorevole — *point of vantage,* punto a favore; punto di vantaggio. **2** *(al tennis)* vantaggio.

vapid ['væpid] *agg* scialbo; scipito; insulso; non interessante: *vapid conversation,* una conversazione scialba — *the vapid outpourings of politicians,* le insulse sbrodolate degli uomini politici. □ *avv* **vapidly**.

vapidity, vapidness [væ'piditi/'væpidnis] *s.* insipidezza; insulsaggine.

vaporization [,veipərai'zeiʃən] *s.* vaporizzazione; evaporazione.

to **vaporize** ['veipəraiz] *vt e i.* vaporizzare; evaporare.

vaporizer ['veipəraizə*] *s.* **1** spruzzatore; vaporizzatore. **2** *(del carburatore)* iniettore.

vaporous ['veipərəs] *agg* **1** vaporoso; pieno di vapori. **2** *(ant.)* chimerico; fantastico; irreale.

vapour ['veipə*] *s.* (*USA* **vapor**) **1** vapore; esalazione gassosa; bruma: *water vapour,* - **a)** vapore acqueo - **b)** umidità atmosferica — *vapour-bath,* bagno di vapore — *vapour-trails,* scie di vapore *(p.es. di aerei).* **2** *(generalm. al pl.)* fantasie; fantasticherie; allucinazioni: *the vapours of a disordered mind,* le allucinazioni di una mente sconvolta. **3** *the vapours, (ant.)* depressione; malinconia: *to suffer from the vapours,* soffrire di profonde depressioni.

variable ['vɛəriəbl] *agg* variabile; mutevole: *variable winds,* venti variabili — *His mood (His temper) is variable,* Il suo umore è mutevole — *a variable geometry aircraft,* un velivolo ad assetto variabile. □ *avv* **variably**.

□ *s.* entità variabile, non costante.

variableness ['vɛəriəblnis] *s.* variabilità; mutevolezza.

variance ['vɛəriəns] *s.* **1** disaccordo; divergenza di opinioni *(di solito nella frase* to be at variance*): The two sisters have been at variance for years,* Le due sorelle sono state in disaccordo per anni — *We are at variance among ourselves (with the others),* Siamo in disaccordo fra noi (con gli altri). **2** *(statistica)* varianza.

variant ['vɛəriənt] *agg* differente; variante; alternativo: *variant spellings of a word,* differenti modi di scrivere una parola.

□ *s.* variante.

variation [,vɛəri'eiʃən] *s.* **1** variazione; modificazione; cambiamento: *variation(s) of pressure (temperature),* variazioni di pressione, di temperatura — *variations in public opinion,* cambiamenti nell'opinione pubblica. **2** *(mus.)* variazione: *variations on a theme by Händel,* variazioni su un tema di Händel. **3** *(biol.)* variazione; mutamento.

varicoloured ['vɛəri,kʌləd] *agg* variopinto; multicolore; variegato.

varicose ['værikous] *agg* varicoso.

varied ['vɛərid] *agg* **1** vario; di generi differenti: *varied opinions,* opinioni varie — *the varied scenes of life,* gli svariati eventi della vita. **2** variato; non monotono: *a varied career,* una carriera movimentata.

variegated ['vɛərigeitid] *agg* variegato.

variegation [,vɛəri'geiʃən] *s.* screziatura.

variety [və'raiəti] *s.* **1** varietà; diversità: *a life full of variety,* una vita piena di varietà — *We demanded more variety in our food,* Esigemmo che il cibo fosse un po' più vario. **2** *(solo al sing., con l'art. indeterminativo)* numero; gran numero; molteplicità; molti; parecchi; diversi: *for a variety of reasons,* per diverse ragioni; per più motivi — *a large variety of patterns to choose from,* un gran numero di modelli tra i quali scegliere. **3** *(bot., zool. e fig.)* varietà; esemplare; specie: *several varieties of carnations,* parecchie varietà di garofani. **4** *(GB, teatro)* varietà: *a variety theatre,* un teatro di varietà — *variety artists,* artisti di varietà.

variform ['vɛərifɔ:m] *agg* multiforme.

variorum edition [,vɛəri'ɔ:rəm e'diʃən] edizione (di un testo) in cui vengono collazionati tutti i testi critici.

various ['vɛəriəs] *agg* vario; diverso; differente; svariato: *for various reasons,* per varie ragioni; per ragioni di vario genere — *at various times,* in momenti diversi — *A criminal is often known to the police under various names,* Spesso un criminale è noto alla polizia sotto nomi differenti.

□ *avv* **variously**.

varlet ['vɑ:lit] *s. (ant.)* furfante.

varmint ['vɑ:mint] *s.* (*dial. e USA* = **vermin**) persona o animale nocivo, dannoso: *You little varmint!,* Piccolo furfante!

varnish ['vɑ:niʃ] *s.* lacca; vernice; *(fig.)* apparenza; esteriorità: *to scratch the varnish on a table,* grattare la vernice su un tavolo — *a varnish of good manners,* una vernice di buona educazione.

to **varnish** ['vɑ:niʃ] *vt* verniciare; dare la vernice o lo smalto. □ *varnishing-day,* vernissage *(fr.);* vernice.

varnishing ['vɑ:niʃiŋ] *s.* verniciatura.

varsity ['vɑ:siti] *s. (GB, contraz. fam. di* **university**: *generalm. attrib., p.es. in) varsity match,* partita tra università *(spec. l'incontro annuale di rugby tra Oxford e Cambridge).*

to **vary** ['vɛəri] *vt e i.* variare; cambiare, cambiarsi; mutarsi; modificarsi: *Many prices vary with the season,* Molti prezzi cambiano con la stagione — *varying prices,* prezzi mutevoli — *They vary in weight from three to five pounds,* Variano di peso dalle tre alle cinque libbre — *You should vary your diet,* Dovresti seguire una dieta più varia.

vascular ['væskju:lə*] *agg* vascolare.

vase [vɑ:z/*(USA)* veis/veiz] *s.* vaso.

vasectomy [væ'sektəmi] *s.* vasectomia.

vaseline ['væsili:n] *s.* vaselina.

vasomotor ['veizou'moutə*/'veisou'moutə*] *agg e s.* vasomotore.

vassal ['væsəl] *s.* vassallo; *(fig.)* dipendente; subalterno: *(attrib.) a vassal state,* uno stato vassallo.

vassalage ['væsəlidʒ] *s.* vassallaggio; stato di dipendenza, di servitù.

vast [vɑ:st] *agg* vasto; immenso; esteso.

□ *avv* **vastly**, di gran lunga; ampiamente: *This work is vastly superior to mine,* Questo lavoro è di gran lunga superiore al mio.

vastness ['vɑ:stnis] *s.* vastità; immensità.

vat [væt] *s.* tino; tinozza; mastello *(per distillare, per tingere, ecc.).*

vaudeville ['voudəvil] *s. (fr.)* vaudeville; *(USA)* teatro di varietà.

[1]**vault** [vɔ:lt] *s.* **1** volta; soffitto ad archi. **2** cantina; cripta; camera di sicurezza: *to keep one's jewels in a vault at the bank (in a bank vault),* tenere i propri gioielli in camera di sicurezza alla banca. **3** *(poet.)* volta: *the vault of heaven,* il cielo; la volta celeste.

[2]**vault** [vɔ:lt] *s.* salto *(con l'asta);* balzo; volteggio.

to **vault** [vɔ:lt] *vi e t.* saltare *(con l'asta);* balzare; volteggiare: *to vault (over) a fence,* saltare uno steccato — *The jockey vaulted into the saddle,* Il fantino montò in sella con un balzo — *vaulting-horse,* cavalletto *(per esercizi ginnici).*

vaulted ['vɔ:ltid] *agg* a volta: *a vaulted roof,* un tetto a volta.

vaulter ['vɔ:ltə*] *s.* saltatore; volteggiatore.

vaulting ['vɔ:ltiŋ] *s. (archit.)* costruzione a volta: *fan vaulting,* volta a ventaglio — *cross vaulting,* volta a crociera — *barrel vaulting,* volta a botte.

to **vaunt** [vɔ:nt] *vi* vantarsi; gloriarsi.
□ *vt* vantare; lodare.

vaunter ['vɔ:ntə*] *s.* millantatore.

've [v] *contraz di* **have** ⇨ *(p.es. in* I've = I have; you've = you have, *ecc.): I've never seen him before!,* Non l'ho mai visto (prima d'ora)! — *If he was coming he'd 've arrived by now,* Se doveva venire sarebbe già arrivato ormai.

veal [vi:l] *s.* carne di vitello.

vector ['vektə*] *s. (fis., matematica)* vettore.
□ *agg* **1** vettoriale. **2** *(epidemiologia)* vettore.

vedette [vi'det/və'det] *s. (mil.)* vedetta: *vedette-boat,* vedetta; motovedetta.

to **veer** [viə*] *vi (spec. del vento o di opinioni)* virare; cambiare direzione; girare: *The wind veered round to the north,* Il vento girò *(in senso orario)* in direzione nord.

veg [vedʒ] *s., abbr fam di* **vegetable 1**: *meat and two veg, (fam.)* porzione di carne con due contorni.

vegetable ['vedʒitəbl] *s.* **1** vegetale; legume; ortaggio; verdura: *meat and vegetables,* carne con contorno. **2** contorno; verdura: *vegetable soup,* minestra (zuppa) di verdura — *vegetable marrow,* zucca.
□ *agg* vegetale: *the vegetable kingdom,* il regno vegetale — *vegetable oils,* oli vegetali.

vegetarian [,vedʒi'tɛəriən] *s. e agg* vegetariano: *a vegetarian diet,* una dieta vegetariana.

vegetarianism [,vedʒi'tɛəriənizəm] *s.* vegetarianismo.

to **vegetate** ['vedʒiteit] *vi* vegetare *(anche fig.).*

vegetation [,vedʒi'teiʃən] *s.* vegetazione.

vegetative ['vedʒitətiv] *agg* vegetativo: *vegetative nervous system, (anat.)* sistema neurovegetativo.

vehemence ['vi:imәns/'vi:əməns] *s.* veemenza; ardore; impeto; violenza.

vehement ['vi:əmənt] *agg* **1** *(di sentimento)* veemente; ardente; fortissimo; *(di persona o comportamento, ecc.)* impetuoso; appassionato: *a man of vehement character,* un uomo di carattere impetuoso — *vehement desires (passions),* desideri (passioni) ardenti. **2** *(non molto comune)* violento; impetuoso; travolgente: *a vehement wind,* un vento impetuoso.
□ *avv* **vehemently.**

vehicle ['vi:ikl] *s.* **1** veicolo; mezzo di trasporto. **2** *(fig.)* tramite; mezzo *(per propagare idee, ecc.): Art may be used as a vehicle for (o of) propaganda,* L'arte può essere usata come veicolo di propaganda. **3** *(med., ecc.)* veicolo; eccipiente.

vehicular [vi:'hikjulə*] *agg* **1** di veicolo; veicolare: *Road closed to vehicular traffic,* Strada chiusa al traffico (di veicoli). **2** che funge (che serve) da veicolo: *a vehicular language,* una 'lingua franca'; una lingua strumentale.

veil [veil] *s.* **1** velo; veletta: *to take the veil,* prendere il velo (farsi suora). **2** *(fig.)* velo; maschera; pretesto; apparenza: *a veil of mist,* una cortina di nebbia — *to commit murder under the veil of patriotism,* commettere un assassinio sotto il pretesto del patriottismo — *Let us draw a veil over what followed,* Stendiamo un velo su quanto seguì.

to **veil** [veil] *vt* **1** velare: *Not all Muslim women are veiled,* Non tutte le donne musulmane portano il velo. **2** *(fig.)* nascondere: *He could not veil his distrust,* Non poté celare la sua diffidenza — *a veiled threat,* una velata minaccia.

veiling ['veiliŋ] *s.* **1** il velare; velatura. **2** velo; stoffa per veli.

vein [vein] *s.* **1** vena (vaso sanguigno). **2** vena; venatura *(anche fig.): There is a vein of melancholy in his character,* C'è una vena di malinconia nel suo carattere. **3** vena; filone *(di minerale): a vein of gold,* un filone d'oro. **4** stato d'animo; umore; vena; disposizione: *to be in a merry vein,* essere in uno stato d'animo allegro — *He writes humorous songs when he is in the (right) vein,* Scrive delle canzoni umoristiche quando è in vena.

veined ['veind] *agg* con venature; venato: *veined marble,* marmo venato.

veld, veldt [felt] *s. (Sud Africa)* 'veld'; terreno *(privo di alberi e roccioso)* dell'altipiano sudafricano.

vellum ['veləm] *s.* pergamena; cartapecora.

velocipede [vi'lɔsipi:d] *s.* **1** *(stor.)* velocipede *(primo tipo di bicicletta).* **2** *(USA)* triciclo per bambini.

velocity [vi'lɔsiti] *s.* velocità; rapidità: *at the velocity of sound,* alla velocità del suono — *muzzle velocity,* velocità di partenza *(di proiettili).*

velour(s) [və'luə*] *s. (fr.)* velours; feltro vellutato; felpa.

velvet ['velvit] *s.* velluto. □ *attrib* di velluto: *a velvet frock,* un abito *(da donna)* di velluto — *a velvet tread,* un passo felpato — *an iron hand in a velvet glove,* un pugno di ferro in un guanto di velluto.

velveteen [,velvi'ti:n] *s.* velluto di cotone.

velvety ['velviti] *agg* vellutato.

venal ['vi:nl] *agg* venale; corrotto; disonesto; influenzato dal denaro: *venal practices,* metodi venali, corrotti. □ *avv* **venally.**

venality [vi:'næliti] *s.* venalità.

to **vend** [vend] *vt (linguaggio formale, spec. dir.)* vendere; mettere in vendita: *vending machine,* distributore automatico *(per sigarette, ecc.).*

vendee [ven'di:] *s. (dir.)* compratore; acquirente.

vender ['vendə*] *s.* venditore.

vendetta [ven'detə*] *s.* vendetta; faida *(tra famiglie nemiche).*

vendor ['vendɔ:*] *s.* **1** *(spec. dir.)* venditore: *news-vendor,* venditore di giornali; giornalaio. **2** distributore automatico *(a moneta).*

veneer [və'niə*] *s.* **1** impiallacciatura. **2** *(fig.)* vernice; esteriorità; apparenza ingannevole: *to have a veneer of culture,* avere una vernice di cultura.

to **veneer** [və'niə*] *vt* impiallacciare: *to veneer a deal desk with walnut,* impiallacciare una scrivania d'abete con legno di noce.

venerable ['venərəbl] *agg* **1** venerabile; venerando; ragguardevole: *a venerable scholar,* un venerabile studioso — *the venerable ruins of the abbey,* le venerande rovine dell'abbazia. **2** venerabile *(titolo di un arcidiacono nella Chiesa Anglicana).* □ *avv* **venerably.**

to **venerate** ['venəreit] *vt* venerare; rispettare profondamente.

veneration [,venə'reiʃən] *s.* venerazione; profondo rispetto.

venereal [vi'niəriəl] *agg* venereo.

Venetian [vi'ni:ʃən] *agg* veneziano: *Venetian blind, (anche con la* v *minuscola)* persiana (tenda) alla veneziana.

vengeance ['vendʒəns] *s.* vendetta; ritorsione di un affronto: *to seek vengeance upon sb (for an injury),* volersi vendicare di qualcuno (per un affronto subito) — *to lay oneself open to sb's vengeance,* offrire il fianco alla vendetta di qcno — *to take vengeance on an enemy,* compiere la propria vendetta su un nemico. ☐ ... *with a vengeance, (fam.)* ... completamente; ... ad oltranza; ... in modo eccessivo o straordinario; ... 'da pazzi' — *Prices have gone up with a vengeance,* I prezzi sono saliti notevolmente.

vengeful ['vendʒful] *agg* vendicativo; desideroso di vendetta. ☐ *avv* **vengefully**.

venial ['vi:niəl] *agg (di un peccato, ecc.)* veniale. ☐ *avv* **venially**.

venison ['venzn/'venizn] *s.* carne di cervo.

venom ['venəm] *s. (di serpenti, ecc.)* veleno; *(fig.)* veleno; malignità; perfidia; odio.

venomed ['venəmd] *agg* velenoso; *(fig.)* maligno; pieno di acredine e di cattiveria.

venomous ['venəməs] *agg* velenoso; venefico; avvelenato; perfido. ☐ *avv* **venomously**.

venous ['vi:nəs] *agg* **1** venoso. **2** *(bot.)* con nervature; nervato: *a venous leaf,* una foglia con nervature.

vent [vent] *s.* **1** foro; orifizio; apertura; buco *(per entrata o uscita di gas, liquidi, ecc.)*: *vent-hole,* sfiatatoio. **2** apertura; spacco *(sul dorso di un cappotto)*. **3** via di sfogo; apertura; passaggio: *The floods found a vent through the dykes,* Le acque alluvionali trovarono un passaggio attraverso le dighe. **4** *(soltanto al sing.)* sfogo; via libera *(per esprimere i propri sentimenti)*: *He found a vent for his feelings in an impassioned speech,* Sfogò i suoi sentimenti in un appassionato discorso — *to give vent to sth,* dar sfogo a qcsa.

to **vent** [vent] *vt* aprire un foro; sfogare; scaricare: *He vented his ill-temper upon his wife,* Sfogò il suo malumore sulla moglie.

to **ventilate** ['ventileit] *vt* **1** ventilare *(p.es. una stanza)*; far prendere aria; ossigenare. **2** *(fig.)* far conoscere *(un problema)*; porre in discussione; prendere in considerazione; esaminare.

ventilation [,venti'leiʃən] *s.* ventilazione; passaggio d'aria; aerazione: *ventilation shaft,* condotto per l'aerazione *(di una miniera, ecc.)*.

ventilator ['ventileitə*] *s.* ventilatore.

ventricle ['ventrikl] *s. (anat.)* cavità; ventricolo.

ventriloquism [ven'triləkwizəm] *s.* ventriloquio.

ventriloquist [ven'triləkwist] *s.* ventriloquo.

ventriloquy [ven'triləkwi] *s.* ventriloquio.

venture ['ventʃə*] *s.* **1** avventura; caso; rischio; azzardo. **2** impresa *(spec. se speculativa)*: *to do sth at a venture,* fare qcsa senza un obiettivo preciso; fare qcsa a caso — *joint venture, (comm.)* associazione in partecipazione.

to **venture** ['ventʃə*] *vt e i.* **1** rischiare; avventurarsi; arrischiare; azzardare; mettere a repentaglio: *to venture one's life to save sb from drowning,* rischiare la propria vita per salvare qcno dall'annegamento — *to venture too near the edge of a cliff,* avventurarsi troppo accosto all'orlo di un dirupo — *to venture on a perilous journey,* avventurarsi in un viaggio pieno di pericoli — *Will you venture on a slice of my home-made cake?,* Si fida ad assaggiare una fetta della mia torta fatta in casa? — *Nothing venture nothing gain, (prov.)* Chi non risica non rosica. **2** osare; arrischiare; aver l'ardire: *to venture an opinion,* arrischiare un'opinione — *to venture a guess,* azzardarsi ad indovinare — *I venture to disagree (to suggest...),* Mi permetto di non essere d'accordo (di suggerire...).

venturer ['ventʃərə*] *s.* chi va alla ventura: *(spec. nella espressione) Merchant Venturers, (stor.)* mercanti che si avventuravano per i loro commerci in paesi lontani.

venturesome ['ventʃəsəm] *agg* **1** *(di persona)* avventuroso; pronto all'azzardo; audace; temerario. **2** *(di comportamento)* rischioso; pericoloso; arrischiato; azzardato.

venturous ['ventʃərəs] *agg* avventuroso. ☐ *avv* **venturously**.

venue ['venju:] *s.* **1** *(fam.)* luogo per un appuntamento. **2** luogo per un incontro sportivo. **3** *(dir.)* sede di un processo: *change of venue,* trasferimento di un processo.

veracious [və'reiʃəs] *agg* vero; verace; veritiero. ☐ *avv* **veraciously**.

veracity [və'ræsiti] *s.* veracità; credibilità.

veranda(h) [və'rændə] *s.* veranda; terrazza.

verb [və:b] *s.* verbo.

verbal ['və:bl] *agg* **1** orale; verbale: *a verbal error,* un errore verbale — *to have a good verbal memory,* avere una buona memoria testuale — *a verbal statement (explanation),* un'affermazione (una spiegazione) orale. **2** *(gramm.)* verbale: *a verbal noun,* un nome verbale; un gerundio. **3** *(raro)* letterale; parola per parola: *a verbal translation,* una traduzione letterale. ☐ *avv* **verbally**.

verbatim [və:'beitim] *avv (lat.)* parola per parola; letteralmente; testualmente: *to take down a speech verbatim,* trascrivere un discorso parola per parola — *a verbatim report,* un rapporto testuale.

verbena [və(:)'bi:nə] *s.* verbena.

verbiage ['və:biidʒ] *s.* verbosità: *The speaker lost himself in verbiage,* L'oratore si perse in verbosità.

verbose [və:'bous] *agg* verboso; prolisso. ☐ *avv* **verbosely**.

verboseness, verbosity [və:'bousnis/və:'bɔsiti] *s.* verbosità; prolissità.

verdancy ['və:dənsi] *s.* **1** il verdeggiare. **2** *(fig.)* inesperienza; ingenuità.

verdant ['və:dənt] *agg* **1** *(solo lett.)* verdeggiante: *verdant lawns,* prati verdeggianti. **2** *(fig.)* inesperto; ingenuo.

verdict ['və:dikt] *s.* **1** *(dir.)* verdetto; sentenza: *an open verdict* ⇨ **open 4**. **2** giudizio; opinione; parere.

verdigris ['və:digri(:)s] *s.* verderame.

verdure ['və:dʒə*/-djə*] *s.* verde; verzura: *the verdure of the trees in spring,* il verde degli alberi in primavera.

verdured ['və:dʒəd] *agg (lett., poet.)* pieno di verzura; verdeggiante.

verge [və:dʒ] *s.* **1** bordo; orlo; ciglio; limite. **2** *(al sing. con l'art. determinativo)* posizione vicinissima; soglia; orlo: *to be on the verge of sth,* essere molto vicino a qcsa; essere sulla soglia di fare qcsa — *to bring sb to the verge of madness,* portare qcno sulla soglia della follia — *The country is on the verge of disaster,* Il paese è sull'orlo del disastro — *She was on the verge of bursting into tears,* Era sul punto di scoppiare in lacrime — *He is on the verge of ninety,* È sulla soglia dei novant'anni.

to **verge** [və:dʒ] *vi* **1** inclinare; declinare; piegarsi; discendere; calare: *The sun was verging towards the horizon,* Il sole stava calando verso l'orizzonte. **2** *(seguito da* on *o* upon*)* confinare con; avvicinarsi a; essere contiguo a: *to be verging on bankruptcy,* scivolare verso la bancarotta; essere sull'orlo del fallimento — *Such ideas verge on foolhardiness,* Idee di questo genere confinano con l'avventatezza.

verger ['və:dʒə*] *s.* **1** *(nella Chiesa Anglicana)* sacrestano. **2** mazziere.

verier ['veriə*] *agg, comp ant di* ²**very**.
veriest ['veriəst] *agg, superl ant di* ²**very**.
verifiable ['verifaiəbl] *agg* verificabile; controllabile; dimostrabile; confermabile.
verification [,verifi'keiʃən] *s.* verifica; controllo; dimostrazione; prova; conferma.
to **verify** ['verifai] *vt* **1** verificare; controllare; accertare; appurare: *to verify the details of a report,* controllare i particolari di un resoconto. **2** dimostrare; confermare; provare: *Subsequent events verified my suspicions,* Gli avvenimenti che seguirono confermarono i miei sospetti.
verily ['verili] *avv (ant.)* realmente; veramente.
verisimilitude [,verisi'militju:d] *s.* apparenza; sembianza; verosimiglianza.
veritable ['veritəbl] *agg* vero; reale; autentico.
□ *avv* **veritably**.
verity ['veriti] *s.* **1** *(ant.)* verità. **2** realtà; verità indiscutibile: *the eternal verities,* le verità eterne; le leggi divine.
verjuice ['və:dʒu:s] *s.* agresto.
vermicide ['və:misaid] *s.* vermicida; vermifugo.
vermiform ['və:mifɔ:m] *agg* vermiforme: *the vermiform appendix, (anat.)* l'appendice vermiforme.
vermifuge ['və:mifju:dʒ] *s.* vermifugo.
vermilion [və'miljən] *agg e s.* vermiglio; vermiglione; cinabro; rosso vermiglio.
vermin ['və:min] *s. (di solito considerato come pl.)* animali o insetti nocivi; parassiti *(anche fig.).*
verminous ['və:minəs] *agg* **1** verminoso; infestato dai parassiti: *verminous children,* bambini infestati dai pidocchi. **2** provocato da parassiti: *verminous diseases,* malattie causate da parassiti.
vermouth ['və:muθ] *s.* vermut; vermouth.
vernacular [və'nækjulə*] *agg* vernacolo; dialettale: *a vernacular poet,* un poeta dialettale.
□ *s.* vernacolo; dialetto: *the vernaculars of the USA,* le parlate dialettali degli Stati Uniti.
vernal ['və:nl] *agg (lett.)* primaverile; di primavera.
veronica [və'rɔnikə] *s. (bot.)* veronica.
versatile ['və:sətail] *agg* versatile; eclettico: *a versatile mind,* una mente versatile.
versatility [,və:sə'tiliti] *s.* versatilità.
verse [və:s] *s.* **1** poesia: *prose and verse,* prosa e poesia — *blank verse,* versi sciolti — *a verse translation,* una traduzione in versi. **2** verso *(con un numero definito di accenti e di sillabe);* versetto *(della Bibbia): to quote a few verses from Tennyson,* citare alcuni versi di Tennyson. **3** strofa: *a poem (a hymn) of five verses,* un poema (un inno) di cinque strofe. □ *to give chapter and verse,* dare un riferimento esatto; citare con estrema precisione.
versed [və:st] *agg* abile; versato; portato *(per qcsa);* esperto: *to be well versed in the arts (in mathematics),* essere molto versato nelle arti (nella matematica).
versification [,və:sifi'keiʃən] *s.* **1** arte e modo di versificare. **2** riduzione in versi. **3** metrica.
versifier ['və:sifaiə*] *s.* versificatore; poeta.
to **versify** ['və:sifai] *vt e i.* mettere in versi; comporre versi; versificare.
version ['və:ʃən] *s.* **1** versione; traduzione: *a new version of the Bible,* una nuova traduzione della Bibbia. **2** resoconto; relazione; versione personale: *There were contradictory versions of what the Prime Minister had actually said,* C'erano versioni contrastanti su quello che il Primo Ministro aveva effettivamente dichiarato.
verso ['və:sou] *s.* verso; pagina di sinistra di un libro.
versus ['və:səs] *prep (lat., generalm. abbreviato in* **v.**, *usato nel linguaggio legale o sportivo; nel linguaggio legale si legge* 'and'*)* contro: *Robinson v. Brown, (in una causa)* Robinson contro Brown — *Kent v. Surrey, (in un incontro sportivo)* il Kent contro il Surrey.
vertebra ['və:tibrə] *s.* (*pl.* **vertebrae**) vertebra.
vertebrate ['və:tibrit] *s. e agg* vertebrato.
vertex ['və:teks] *s.* (*pl.* **vertices**) punta; apice; cima; sommità; vertice *(di un triangolo).*
vertical ['və:tikl] *agg* verticale; perpendicolare: *a vertical cliff,* uno strapiombo — *a vertical take-off aircraft,* un aeroplano a decollo verticale.
□ *avv* **vertically**.
□ *s.* (linea) verticale: *out of the vertical,* non in verticale.
vertices ['və:tisi:z] *s. pl di* **vertex** ⇨.
vertiginous [və:'tidʒinəs] *agg* **1** vertiginoso; che dà le vertigini. **2** in movimento continuo e vorticoso.
□ *avv* **vertiginously**.
vertigo ['və:tigou] *s.* vertigine; giramento di testa.
verve [və:v] *s.* 'verve'; entusiasmo; brio; spirito; vivacità; energia; vigore *(spec. di opera letteraria e artistica).*
¹**very** ['veri] *avv* **1** molto; assai; -issimo (-errimo): *He was very angry,* Era molto arrabbiato — *a very bad translation,* una pessima traduzione — *a very good cook,* un'ottima cuoca — *I was very pleased to see her,* Fui assai contento (contentissimo) di vederla — *They did it very carefully,* Lo fecero con grande cura — *very well,* benissimo; molto bene; *(come risposta, anche)* benone; d'accordo — *Very well, doctor, I'll give up smoking,* D'accordo, dottore, smetterò di fumare.
2 *(premesso a superlativi e a* own, *ha valore puramente enfatico): the very best quality,* la migliore qualità al mondo — *the very first to arrive,* il primo ad arrivare — *at six o'clock at the very latest,* alle sei al più tardi — *You can keep this for your very own,* Puoi tener questo tutto per te.
²**very** ['veri] *agg* **1** vero; proprio; autentico; esatto; perfetto; bell'e buono: *This is the very thing I want!,* Questa è proprio la cosa che cerco (di cui ho bisogno)! — *At that very moment the telephone bell rang,* In quel preciso istante squillò il telefono. **2** stesso; medesimo; solo; semplice: *He knows our very thoughts,* Conosce i nostri stessi pensieri (Ci conosce a fondo) — *The very idea of being sent abroad delighted him,* La sola idea di venir mandato all'estero lo riempiva di gioia.
vesicle ['vesikl] *s.* vescicola; vescichetta; cisti; sacco.
vespers ['vespəz] *s. pl (spesso con il v. al sing.)* vespri; i canti del vespro. □ *(attrib., al sing.) the vesper bell,* la campana del vespro.
vespertine ['vespətain] *agg* **1** vespertino. **2** notturno.
vessel ['vesl] *s.* **1** vaso; recipiente; contenitore concavo. **2** vascello; nave; bastimento. **3** (= blood-vessel) vaso sanguigno.
vest [vest] *s.* **1** maglia; maglietta. **2** *(in GB usato solo nel linguaggio commerciale =* waistcoat; *in USA di uso normale)* panciotto: *coat, vest and trousers,* giacca, panciotto e pantaloni — *a vest-pocket camera,* una macchina fotografica che può essere contenuta nella tasca del panciotto.
to **vest** [vest] *vt e i.* **1** conferire; investire *(di carica, autorità, ecc.);* assegnare: *to vest a person with authority,* investire d'autorità una persona — *In some countries authority is said to be vested in the people,* Si dice in alcuni paesi che il potere spetti al popolo (emani dal popolo, appartenga al popolo) — *In the USA, Congress is vested with the power to declare*

war, Negli Stati Uniti d'America il Congresso è investito del potere di dichiarare guerra (⇨ *anche* **vested**). **2** *(seguito da* in*)* assegnare: *power (authority) that vests in the Crown,* il potere che è assegnato alla Corona. **3** *(ant. o poet. o religioso)* vestire, vestirsi.

vesta ['vestə] *s.* cerino; fiammifero.

vestal ['vestl] *s.* *(anche* vestal-virgin*)* vestale; sacerdotessa di Vesta.
□ *agg* casta; pura; vergine.

vested ['vestid] *agg* **1** vestito con paramenti ecclesiastici. **2** *(di diritto o interesse)* acquisito.

vestibule ['vestibju:l] *s.* **1** anticamera; vestibolo; (locale d')ingresso. **2** vestibolo; portico di una chiesa. **3** *(USA, ora anche GB)* soffietto tra due vagoni ferroviari: *vestibule train,* treno con carrozze intercomunicanti.

vestige ['vestidʒ] *s.* **1** vestigio; segno; traccia; resto; rudere: *Not a vestige of the abbey remains,* Non resta neppure una traccia dell'abbazia — *There is not a vestige of truth in the report,* Non c'è neppure un briciolo di verità nel resoconto. **2** *(anat.)* resto; residuo; rudimento *(di un organo).*

vestigial [ves'tidʒiəl] *agg* di vestigio; rudimentale.

vestment ['vestmənt] *s.* veste; abito *(spec. sacerdotale);* abito da cerimonia.

vestry ['vestri] *s.* **1** sacrestia. **2** *(nelle Chiese non-conformistiche)* sala per riunioni, assemblee o preghiere in comune. **3** *(talvolta, nella Chiesa Anglicana)* assemblea del consiglio d'amministrazione parrocchiale.

vestryman ['vestrimən] *s.* membro d'un consiglio d'amministrazione parrocchiale.

vesture ['vestʃə*] *s.* *(poet.)* veste; abbigliamento; modo di vestire.

[1]**vet** [vet] *s.* *(abbr. fam. di* veterinary surgeon*)* veterinario.

to **vet** [vet] *vt* (**-tt-**) **1** visitare; fare un esame medico. **2** esaminare; correggere; controllare *(uno scritto).*

[2]**vet** [vet] *s.* (*USA, abbr. di* **veteran**) veterano; reduce.

vetch [vetʃ] *s.* veccia.

veteran ['vetərən] *s.* **1** veterano; esperto *(spec. soldato): veterans of two World Wars,* veterani delle due guerre mondiali — *a veteran teacher,* un insegnante esperto; un veterano dell'insegnamento. **2** *(USA)* veterano; reduce: *Veterans Day,* giornata commemorativa dell'armistizio del 1918; festa dei combattenti.

veterinary ['vetrinəri] *agg* veterinario: *veterinary surgeon,* medico veterinario.

veto ['vi:tou] *s.* (*pl.* **vetoes**) potere o diritto di veto; proibizione: *to exercise the veto (the right of veto),* esercitare il diritto di veto — *to put a veto on sth,* mettere il veto a qcsa; proibire qcsa.

to **veto** ['vi:tou] *vt* porre il veto; proibire; vietare: *The police vetoed the procession,* La polizia vietò il corteo.

to **vex** [veks] *vt* **1** vessare; irritare; contrariare; infastidire: *She was vexed that I didn't help her,* Era arrabbiata perché non l'avevo aiutata — *He was vexed at his failure,* Era irritato per il suo insuccesso. **2** *(poet. e retorico)* agitare *(del mare): vexed by storms,* agitato da tempeste. □ *a vexed question,* una questione controversa; una 'vexata quaestio'.

vexation [vek'seiʃən] *s.* vessazione; irritazione; fastidio; contrarietà.

vexatious [vek'seiʃəs] *agg* vessatorio; irritante; fastidioso; contrariante. □ *avv* **vexatiously.**

vexing ['veksiŋ] *agg* (⇨ **to vex**) fastidioso; molesto; seccante.

via ['vaiə] *prep (lat.)* 'via'; per; attraverso: *to travel from London to Paris via Dover,* andare da Londra a Parigi via Dover.

viability [,vaiə'biliti] *s.* vitalità; possibilità di sopravvivenza.

viable ['vaiəbl] *agg* vitale; in grado di sopravvivere; *(per estensione)* fattibile; effettuabile; funzionale: *Is the new constitution viable?,* La nuova costituzione è in grado di sopravvivere? □ *avv* **viably.**

viaduct ['vaiədʌkt] *s.* viadotto.

vial ['vaiəl] *s.* fiala.

viands ['vaiəndz] *s. pl (ant.)* vivande; cibi; generi alimentari; provviste.

vibrant ['vaibrənt] *agg* emozionante; eccitante; vibrante. □ *avv* **vibrantly.**

vibraphone ['vaibrəfoun] *s.* vibrafono.

to **vibrate** [vai'breit] *vi e t.* vibrare; far vibrare; tremare: *The house vibrates whenever a heavy lorry passes,* La casa trema ogni volta che passa un autocarro pesante — *His voice vibrated with passion,* La sua voce tremò di passione.

vibration [vai'breiʃən] *s.* **1** vibrazione. **2** oscillazione: *twenty vibrations per second,* venti oscillazioni al secondo.

vibrator [vai'breitə*] *s.* vibratore.

vibratory ['vaibretəri] *agg* vibratorio.

vicar ['vikə*] *s.* **1** *(nella Chiesa Anglicana)* parroco. **2** *(nella Chiesa Cattolica)* vicario; rappresentante: *the vicar of Christ,* il vicario di Cristo (il Papa) — *cardinal vicar,* cardinale vicario.

vicarage ['vikəridʒ] *s.* *(nella Chiesa Anglicana)* **1** parrocchia *(senza decime).* **2** casa parrocchiale.

vicarious [vi'kɛəriəs] *agg* **1** vicario: *the vicarious sufferings of Jesus Christ,* le sofferenze di Gesù Cristo per il bene dell'umanità — *vicarious liability, (dir.)* responsabilità per danni arrecati da altri — *a vicarious ruler,* un governatore sostituto. **2** deputato; delegato: *vicarious authority,* autorità conferita per delega. □ *avv* **vicariously.**

[1]**vice** [vais] *s.* **1** vizio; immoralità: *the Vice Squad,* il 'Buon costume'. **2** *(di cavalli)* difetto; vizio; cattiva abitudine: *He said the horse was free from vice (had no vices),* Affermò che il cavallo era esente da difetti.

[2]**vice** [vais] *s.* (*USA* **vise**) morsa; morsetto: *to be as firm as a vice,* essere irremovibile — *a vice-like grip,* una morsa (una stretta di mano) d'acciaio.

[3]**vice** [vais] *prep (lat.)* al posto di; in luogo di: *Mr Smith has been appointed chief accountant vice Mr Brown, who has retired,* Il signor Smith è stato nominato capo contabile al posto del signor Brown, che è andato in pensione.

viceregal [vais'ri:gl] *agg* vicereale.

vicereine ['vaisrein] *s.* moglie di un vicerè; viceregina.

viceroy ['vaisrɔi] *s.* vicerè.

vice versa ['vaisi 'və:sə] *agg (lat.)* viceversa.

vicinity [vi'siniti] *s.* **1** *(raro)* vicinanza; intimità: *in close vicinity to the church,* in stretto contatto con la chiesa. **2** dintorni; vicinanze; vicinato: *There isn't a good school in the vicinity,* Non c'è una buona scuola nei dintorni.

vicious ['viʃəs] *agg* **1** vizioso; immorale: *vicious practices (habits),* pratiche (abitudini) viziose — *a vicious life,* una vita dedita al vizio. **2** maligno; dispettoso; rabbioso; cattivo; sadico: *a vicious kick,* un calcio dato con cattiveria — *a vicious look,* un'occhiata cattiva. **3** *(di un cavallo)* ombroso. **4** sbagliato; difettoso; corrotto; impuro: *a vicious argument,* un argomento sbagliato (mal impostato) — *a vicious* *circle,* un circolo vizioso — *a vicious spiral,* una spirale viziosa. □ *avv* **viciously.**

viciousness ['viʃəsnis] *s.* viziosità; immoralità; malignità; cattiveria; ombrosità; guasto; difetto.

vicissitude [vi'sisitju:d] *s.* vicissitudine; traversia; alterna fortuna: *His life was marked by vicissitudes,* La sua vita fu segnata da vicissitudini.

victim ['viktim] *s.* vittima: *He is the victim of his brother's anger,* È la vittima dell'ira di suo fratello — *A fund was opened to help the victims of the earthquake (the earthquake victims),* Fu aperta una sottoscrizione per aiutare i terremotati.

victimization [,viktimai'zeiʃən] *s.* persecuzione.

to **victimize** ['viktimaiz] *vt* vittimizzare; render vittima; sacrificare: *He was victimized by swindlers,* Fu vittima di truffatori.

victor ['viktə*] *s.* vincitore; conquistatore.

Victorian [vik'tɔ:riən] *s. e agg* vittoriano; *(per estensione)* puritano; persona di costumi rigidi e antiquati.

victorious [vik'tɔ:riəs] *agg* vittorioso. □ *avv* **victoriously.**

victory ['viktəri] *s.* vittoria.

victual ['vitl] *s. (generalm. al pl.)* viveri; vettovaglie; provviste; approvvigionamenti.

to **victual** ['vitl] *vt* (**-ll-**; *USA anche* **-l-**) approvvigionare; vettovagliare; rifornire di viveri: *to victual a ship,* caricare di vettovaglie una nave.
□ *vi* rifornirsi di viveri; fare approvvigionamenti; fare provviste: *The ship victualled at Colombo,* La nave si rifornì di vettovaglie a Colombo.

victualler ['vitlə*] *s.* commerciante in generi alimentari; approvvigionatore; fornitore di viveri: *licensed victualler,* gestore di bar o altro locale pubblico *(autorizzato alla vendita di alcoolici).*

vicuña [vi'kju:nə] *s.* vigogna *(l'animale e la lana).*

vide ['vaidi] *(voce verbale, lat.)* 'vedi': *vide supra,* vedi sopra — *vide infra,* vedi sotto.

videlicet [vi'di:liset] *avv (generalm. abbr. in* **viz.,** *ma si legge comunque* 'namely'*)* cioè; vale a dire.

video ['vidiou] *s. (USA)* televisione: *video-tape,* nastro per registrare programmi televisivi — *video recorder,* videoregistratore.

to **vie** [vai] *vi* (*p. pres.* **vying**) competere; rivaleggiare; gareggiare: *The two boys vied with one another for first place,* I due ragazzi gareggiarono fra loro per il primo posto.

Viennese [,vie'ni:z] *agg e s.* viennese.

Vietnamese [,vjetnə'mi:z] *agg e s.* vietnamita.

view [vju:] *s.* **1** vista; sguardo; visione: *As we rounded the bend, we came in view of the lake (the lake came into view),* Girata la curva giungemmo in vista del lago — *Clouds came down and the hilltops passed from our view,* Le nuvole si abbassarono e la cima delle colline scomparve dalla nostra vista — *The speaker stood in full view of the crowd,* L'oratore stava in piedi sotto lo sguardo della folla — *to be on view,* essere in mostra, esposto. **2** veduta; paesaggio; prospettiva; vista; panorama: *a house with a fine view over the valley,* una casa con una bella vista sulla valle — *an album of views,* un album di vedute. **3** visione; mostra: *private view,* anteprima *(di una mostra, ecc.).* **4** visione (mentale); giudizio; idea: *to take a general view of the subject,* avere una visione generale dell'argomento — *to get a clear view of the facts,* farsi una chiara idea dei fatti. **5** opinione; parere; avviso: *to take a very poor view of sb's conduct,* avere una ben misera opinione della condotta di qcno — *He holds radical views,* Ha opinioni radicali — *in my view,* a mio avviso. **6** piano; progetto; intenzione; mira; scopo: *to fall in with (to meet) sb's views,* condividere (favorire) le opinioni di qcno — *with a view to facilitating research,* con la mira di facilitare la ricerca — *He has other views for the summer,* Ha altri progetti per l'estate — *in view of the fact that...,* *(linguaggio burocratico)* considerato che...; visto che... — *In view of the facts, it seems useless to continue,* Considerati i fatti, sembra inutile continuare — *point of view,* punto di vista.
□ *view-point* ⇨ **viewpoint.**

to **view** [vju:] *vt* guardare; osservare; esaminare; considerare: *The subject may be viewed in various ways,* Il soggetto può essere considerato sotto diversi aspetti — *Has the matter been viewed from the taxpayers' standpoint?,* È stato esaminato il problema dal punto di vista dei contribuenti? — *order to view,* permesso di visitare una casa in vendita.

viewer ['vju:ə*] *s.* spettatore; *(spec.* television viewer*)* telespettatore.

viewfinder ['vju:,faində*] *s.* mirino *(di una macchina fotografica).*

viewing ['vju:iŋ] *s.* (*cfr.* **to view**) **1** osservazione; contemplazione. **2** esame; ispezione. **3** il guardare la televisione: *viewing figures,* indici di gradimento *(dei programmi televisivi).*

viewless ['vju:lis] *agg* **1** *(poet. o retorico)* invisibile. **2** *(USA)* senza idee; privo di opinioni.

viewpoint ['vju:pɔint] *s.* **1** punto di vista. **2** opinione; parere. **3** punto panoramico.

vigil ['vidʒil] *s.* **1** veglia: *to keep vigil over sb,* vegliare qcno. **2** *(ant.)* vigilia *(di festività religiosa).*

vigilance ['vidʒiləns] *s.* vigilanza; sorveglianza; attenzione: *to exercise vigilance,* esercitare sorveglianza — *vigilance committee, (spec. USA)* comitato di vigilanza *(di salute pubblica).*

vigilant ['vidʒilənt] *agg* vigile; vigilante; all'erta. □ *avv* **vigilantly.**

vigilante [,vidʒi'lænti] *s. (spec. USA)* membro di un comitato di vigilanza.

vignette [vi'njet] *s.* **1** illustrazione. **2** ritratto (a mezzo busto). **3** *(fig.)* schizzo; descrizione sommaria *(del carattere di una persona).*

vigorous ['vigərəs] *agg* vigoroso; forte; energico. □ *avv* **vigorously.**

vigour ['vigə*] *s.* (*USA* **vigor**) vigore; energia.

Viking ['vaikiŋ] *s.* vichingo.

vile [vail] *agg* **1** vile; vergognoso; disgustoso; abietto; basso; ignobile. **2** *(fam.)* cattivo; orribile: *vile weather,* tempo orribile. **3** *(ant.)* vile; senza pregio; senza valore: *this vile body,* questo vile corpo. □ *avv* **vilely.**

vileness ['vailnis] *s.* viltà; abiezione; spregevolezza.

vilification [,vilifi'keiʃən] *s.* diffamazione; calunnia; pettegolezzo maligno e pernicioso.

to **vilify** ['vilifai] *vt* diffamare; calunniare.

villa ['vilə] *s.* villa.

village ['vilidʒ] *s.* villaggio; paese; paesino: *the village idiot,* lo scemo del villaggio — *the village post-office,* l'ufficio postale del paese.

villager ['vilidʒə*] *s.* abitante di un villaggio.

villain ['vilən] *s.* **1** malvagio; scellerato; furfante; persona ingiusta e perversa; *(teatro, cinema, ecc.)* 'cattivo'. **2** *(scherz.)* briccone; furfantello; *(di bambino)* birichino: *The little villain hid my slippers,* Quel mascalzoncello mi ha nascosto le pantofole. **3** = **villein.**

villainous ['vilənəs] *agg* **1** malvagio; scellerato. **2** *(fam.)* cattivo: *villainous handwriting,* una grafia orrenda. □ *avv* **villainously.**

villainy ['vilənì] *s.* malvagità; perversità; scelleratezza; furfanteria; mascalzonata.
villein ['vilin] *s. (stor.)* servo (della gleba).
villeinage ['vilinidʒ] *s. (stor.)* servitù; l'essere servo.
vim [vim] *s. (fam.: dal lat.)* energia; forza: *to feel full of vim,* sentirsi pieno di energia — *Put more vim into it!,* Mettici più energia!
vinaigrette [,vinei'gret] *s. (fr.)* boccetta dei sali. □ *vinaigrette sauce,* salsa 'vinaigrette' *(composta da olio di oliva, aceto di vino, sale, pepe e senape).*
to **vindicate** ['vindikeit] *vt* **1** rivendicare; sostenere; far valere: *to vindicate a claim,* vantare una pretesa — *to vindicate one's title to a privilege,* rivendicare il proprio diritto a un privilegio. **2** *(soprattutto alla forma passiva)* giustificare.
vindication [,vindi'keiʃən] *s.* rivendicazione; difesa; giustificazione: *to speak in vindication of one's conduct,* parlare a giustificazione della propria condotta.
vindicator ['vindikeitə*] *s.* rivendicatore; sostenitore; difensore.
vindicatory ['vindikeitəri] *agg* **1** = **vindictive**. **2** *(di legge)* punitivo; repressivo.
vindictive [vin'diktiv] *agg* vendicativo.
□ *avv* **vindictively**.
vindictiveness [vin'diktivnis] *s.* spirito vendicativo; tendenza alla vendetta.
vine [vain] *s.* vite; pianta rampicante in generale.
vinegar ['vinigə*] *s.* aceto: *wine vinegar,* aceto di vino.
vinegary ['vinigəri] *agg* **1** agro; acido; simile ad aceto. **2** *(fig.)* di carattere acido.
vinery ['vainəri] *s.* serra per piante di vite.
vineyard ['vinjəd] *s.* vigneto; vigna.
vino ['vi:nou] *s. (fam.)* vino comune.
vinous ['vainəs] *agg* vinoso; di vino; tipico del vino; da vino.
vintage ['vintidʒ] *s.* **1** vendemmia; raccolto delle uve. **2** *(vino di una particolare)* annata: *rare old vintages,* vini di vecchie annate (non facilmente trovabili) — *vintage wines,* vini d'annata — *a vintage year,* una buona annata — *a vintage sports car,* un'automobile sportiva di vecchio modello — *a vintage Rolls Royce,* una Rolls Royce vecchio modello.
vintner ['vintnə*] *s.* vinaio; commerciante in vini.
vinyl ['vainil] *s.* vinile: *vinyl resin,* resina vinilica.
viol ['vaiəl] *s. (mus.)* viola *(di tipo antico): bass viol,* viola da gamba.
[1]**viola** [vi'oulə] *s. (mus.)* viola.
[2]**viola** ['vaiələ] *s. (bot.)* viola.
to **violate** ['vaiəleit] *vt* **1** violare *(un giuramento, un trattato, un luogo sacro, i sentimenti di qcno, ecc.): to violate sb's privacy,* violare l'intimità di qcno. **2** violentare.
violation [,vaiə'leiʃən] *s.* violazione.
violence ['vaiələns] *s.* violenza; impetuosità; veemenza: *robbery with violence,* rapina a mano armata — *to do violence to sth,* far violenza a qcsa.
violent ['vaiələnt] *agg* **1** violento; impetuoso; forte; brutale: *a violent wind,* un vento impetuoso — *a violent attack,* un attacco violento — *violent blows,* colpi brutali — *violent passions,* passioni impetuose — *a violent contrast,* un fortissimo contrasto. **2** violento; cruento: *to meet a violent death,* morire di morte violenta. **3** forte; acuto: *violent toothache,* un forte mal di denti. □ *avv* **violently**.
violet ['vaiəlit] *s.* **1** violetta. **2** color viola; violetto.
violin [vaiə'lin] *s.* violino: *violin player,* violinista — *violin concerto,* concerto per violino — *first (second) violin,* primo (secondo) violino.
violinist [vaiə'linist] *s.* violinista.
violist [vi'oulist] *s.* suonatore di viola; violista.
violoncellist [,vaiələn'tʃelist] *s.* *(generalm. abbr. in* **'cellist**) violoncellista.
violoncello [,vaiələn'tʃelou] *s.* *(generalm. abbr. in* **'cello**) violoncello.
viper ['vaipə*] *s.* vipera *(anche fig.).*
virago [vi'rɑ:gou/vi'reigou] *s.* virago.
virgin ['və:dʒin] *agg* **1** vergine; casta; pura: *the Virgin Queen,* la Regina Vergine *(Elisabetta I d'Inghilterra)* — *the virgin birth,* la (dottrina della) Immacolata Concezione. **2** immacolato; incontaminato; non toccato; vergine: *virgin snow,* neve immacolata — *virgin forest,* foresta vergine — *virgin soil,* suolo vergine, che non è mai stato coltivato. **3** *(fig., della mente)* senza preconcetti; aperto.
□ *s.* vergine *(donna o uomo).*
virginal ['və:dʒinl] *agg* verginale; puro.
□ *s. (mus., anche* the virginals *o* a pair of virginals*)* virginale.
virginia [və'dʒinjə] *s.* *(tabacco)* virginia: *virginia cigarettes,* sigarette virginia. □ *virginia creeper,* vite vergine.
virginity [və:'dʒiniti] *s.* verginità.
viridian [vi'ridjən] *agg e s.* verde veronese.
virile ['virail] *agg* virile; maschio; *(per estensione)* forte; vigoroso: *virile eloquence,* eloquenza virile — *a virile style,* uno stile (letterario) forte e asciutto.
virility [vi'riliti] *s.* virilità; mascolinità.
virtu [və:'tu:] *s.* *(usato solo nell'espressione) articles of virtu,* pezzi d'arte; oggetti artistici.
virtual ['və:tjuəl/-tʃi-] *agg* **1** in pratica; di fatto; effettivo; *(talvolta)* virtuale: *the virtual head of the business,* il capo effettivo dell'impresa — *a virtual defeat,* una virtuale sconfitta — *a virtual confession,* una confessione di fatto. **2** *(fis., ottica)* virtuale.
□ *avv* **virtually**.
virtue ['və:tʃu:/-tju:] *s.* **1** virtù *(molti sensi): Virtue is its own reward, (prov.)* La virtù è premio a se stessa — *the cardinal (theological) virtues,* le virtù cardinali (teologali) — *to make a virtue of necessity,* fare di necessità virtù — *Our climate has the virtue of never being too hot or too cold,* Il nostro clima ha il pregio di non essere mai troppo caldo o troppo freddo. **2** virtù; moralità; castità: *a woman of virtue,* una donna virtuosa — *a woman of easy virtue,* una donna di facili costumi. **3** virtù; efficacia; capacità; potere: *Have you any faith in the virtue of herbs to heal sickness?,* Hai fiducia nell'efficacia delle erbe per curare le malattie? **4 by** (*o* **in**) **virtue of...**, in virtù di...; a causa di...; in forza di...: *... by virtue of the authority conferred upon me, ...* in virtù dell'autorità conferitami — *He claimed a pension in virtue of his long military service,* Reclamò una pensione in virtù del suo lungo servizio militare.
virtuosity [,və:tju'ɔsiti] *s.* virtuosismo.
virtuoso [,və:tju'ouzou/'-ousou] *s.* (*pl.* **virtuosos**) **1** intenditore; conoscitore; amatore *(di cose d'arte).* **2** virtuoso *(spec. mus.).*
virtuous ['və:tjuəs] *agg* virtuoso; morale.
□ *avv* **virtuously**.
virulence ['vir(j)uləns] *s.* virulenza.
virulent ['vir(j)ulənt] *agg (di veleno)* virulento; mortale; *(di odio, ecc.)* violento; fortissimo; *(di parole)* astioso; *(di morbo)* virulento; maligno.
□ *avv* **virulently**.
virus ['vaiərəs] *s.* (*pl.* **viruses**) **1** virus: *the virus of*

rabies, il virus della rabbia — *virus diseases,* malattie da virus *(virali).* **2** *(fig.)* veleno (morale).

visa ['vi:zə] *s.* visto *(sul passaporto): entrance (exit) visa,* visto d'entrata (d'uscita).

to **visa** ['vi:zə] *vt* vistare; mettere il visto: *to get one's passport visaed before going to Poland,* farsi mettere il visto sul passaporto prima di partire per la Polonia.

visage ['vizidʒ] *s. (lett.)* viso; faccia; volto.

-visaged ['vizidʒd] *agg (nei composti): gloomy-visaged funeral directors,* impresari di pompe funebri dalla faccia triste.

vis-à-vis ['vi:zəvi:/-zɑ:-] *avv (fr.)* vis-à-vis; di fronte; di faccia.
☐ *prep* in rapporto a; in confronto con.

viscera ['visərə] *s. pl* viscere.

visceral ['visərəl] *agg* viscerale.

viscid ['visid] *agg* viscido. ☐ *avv* **viscidly.**

viscose ['viskous] *s.* viscosa *(fibra tessile sintetica).*

viscosity [vis'kɔsiti] *s.* viscosità.

viscount ['vaikaunt] *s.* visconte.

viscountcy ['vaikauntsi] *s.* grado e titolo di visconte.

viscountess ['vaikauntis] *s.* viscontessa.

viscous ['viskəs] *agg* viscoso.

vise [vais] *s.* ⇨ [2]**vice.**

visibility [,vizi'biliti] *s.* visibilità.

visible ['vizibl] *agg* visibile; manifesto. ☐ *avv* **visibly.**

vision ['viʒən] *s.* **1** vista; visione: *field of vision,* campo visivo. **2** intuito; intuizione; visione; sagacia: *the vision of a poet,* la visione di un poeta — *a man of vision,* un uomo d'intuito. **3** immaginazione; fantasia; potere evocativo; visione; apparizione; allucinazione: *to see visions,* avere visioni — *The lake, in the morning mist, was a vision,* Nella bruma del mattino, il lago era una visione fantastica.

visional ['viʒənl] *agg* irreale; visionario.
☐ *avv* **visionally.**

visionary ['viʒənəri] *agg* **1** irreale; immaginario; visionario; fantastico. **2** *(di persona)* visionario; sognatore; utopico.
☐ *s.* sognatore; utopista; visionario.

visit ['vizit] *s.* visita: *to pay a visit to a friend (a patient, a prospective customer),* fare una visita a un amico (a un malato, a un probabile cliente) — *a visit of several hours,* una visita di parecchie ore — *a flying visit,* una rapida visita — *to go on a visit to the seaside,* fare una gita al mare.

to **visit** ['vizit] *vt e i.* **1** visitare; fare visita; andare a vedere; andare a trovare: *to visit a friend,* andare a trovare un amico — *to visit Rome,* visitare Roma — *His rich relatives very seldom visit him,* I suoi ricchi parenti vanno a trovarlo molto di rado — *He is visiting in Paris, (USA)* Si trova in visita a Parigi — *We are visiting at a new hotel, (USA)* Ci siamo sistemati in un nuovo albergo. **2** ispezionare: *Restaurant and hotel kitchens are visited regularly by officers of public health,* Le cucine di ristoranti e alberghi vengono regolarmente ispezionate da ufficiali di sanità. **3** *(spec. USA) to visit with sb,* parlare, conversare con qcno; andare a far quattro chiacchiere con qcno — *She loves visiting with her neighbours,* Le piace molto (andare a) chiacchierare coi vicini di casa. **4** *(ant.)* punire; castigare; colpire: *to visit the sins of the fathers upon the children,* far ricadere sui figli i peccati dei padri — *A drought visited the country,* Il paese fu colpito dalla siccità.

visitant ['vizitənt] *s.* **1** *(lett.)* visitatore *(spec. importante o soprannaturale).* **2** uccello migratore.

visitation [,vizi'teiʃən] *s.* **1** visitazione; visita *(di carattere ufficiale, ecclesiastico): a visitation of the sick,* una visita ai malati *(fatta da un sacerdote).* **2** calamità; piaga; punizione; castigo: *The famine was a visitation of God for their sins,* La carestia fu un castigo del Signore per i loro peccati.

visiting ['vizitiŋ] *s.* il far visita; il visitare: *We are not on visiting terms,* Non siamo tanto amici da farci visita.
☐ *come agg attrib* in visita: *visiting nurse,* infermiera che assiste i malati a domicilio — *visiting-card,* biglietto da visita — *visiting professor,* professore universitario che risiede in un'università straniera per un certo periodo *(p.es. un semestre o un anno accademico).*

visitor ['vizitə*] *s.* **1** visitatore, visitatrice; ospite; cliente; turista: *summer visitors,* turisti estivi; 'presenze' estive — *the visitors' book,* il registro degli ospiti, dei visitatori. **2** uccello migratore.

visor ['vaizə*] *s.* **1** *(ant.)* visiera *(della celata).* **2** visiera *(di un berretto).* **3** *(anche* sun-visor*)* schermo contro il sole *(in un'automobile).*

vista ['vistə] *s.* **1** scorcio panoramico; panorama; prospettiva; veduta. **2** *(fig.)* panoramica; visione retrospettiva o futura: *the vistas of bygone times,* i ricordi dei tempi andati — *a discovery that opens up new vistas,* una scoperta che apre nuove prospettive.

visual ['vizjuəl/-ʒju-] *agg* visuale; visivo: *visual images,* immagini visive — *visual aids in teaching,* sussidi visivi nell'insegnamento. ☐ *avv* **visually.**

visualization [,vizjuəlai'zeiʃən] *s.* visualizzazione; raffigurazione; immagine mentale; messa a fuoco *(fig.).*

to **visualize** ['vizjuəlaiz] *vt* visualizzare; raffigurare mentalmente; vedere con chiarezza *(un'idea);* mettere a fuoco *(fig.).*

vital ['vaitl] *agg* **1** vitale: *vital statistics,* - **a)** statistiche demografiche *(sulla natalità, ecc.)* - **b)** misure 'anatomiche' *(fam., di una donna: vita, fianchi, petto)* — *the vital force (principle),* la forza (il principio) vitale. **2** supremo; capitale; essenziale: *to be of vital importance,* essere di capitale importanza — *a vital necessity,* una necessità primaria.
☐ *avv* **vitally,** molto; assai; estremamente: *It is vitally important that you post this before midnight,* È assolutamente necessario che tu imbuchi questa lettera entro la mezzanotte.

vitalism ['vaitəlizəm] *s.* vitalismo.

vitalist ['vaitəlist] *s.* seguace del vitalismo.

vitality [vai'tæliti] *s.* vitalità.

to **vitalize** ['vaitəlaiz] *vt* dar vita; infondere vigore; animare.

vitals ['vaitlz] *s. pl* organi vitali.

vitamin ['vaitəmin] *s.* vitamina: *vitamin deficiency,* carenza vitaminica — *vitamin tablets,* compresse di vitamine.

to **vitiate** ['viʃieit] *vt* viziare; guastare; alterare: *vitiated blood,* sangue impuro — *vitiated air,* aria viziata.

viticulture ['vitikʌltʃə*] *s.* viticultura.

vitreous ['vitriəs] *agg* **1** vetroso; vitreo. **2** *(anat.)* vitreo *(anche s.).*

to **vitrify** ['vitrifai] *vt e i.* vetrificare; rendere vetroso; vetrificarsi.

vitriol ['vitriəl] *s.* vetriolo; acido solforico: *blue vitriol,* vetriolo blu; solfato di rame.

vitriolic [,vitri'ɔlik] *agg (fig., di parole o sentimenti)* mordace; caustico; sarcastico: *a vitriolic attack on the President,* un feroce attacco al Presidente — *vitriolic remarks,* osservazioni sarcastiche.

to **vituperate** [vai'tju:pəreit] *vt* vituperare; ingiuriare; maledire.

vituperation [,vaitju:pə'reiʃən] *s.* vituperio; ingiuria; biasimo; violento rimprovero.

vituperative [vai'tju:pərətiv] *agg* vituperativo; ingiurioso.

viva ['vaivə] *s., abbr fam di* **viva voce.**

vivacious [vi'veiʃəs] *agg* vivace; brioso; brillante; gaio. □ *avv* **vivaciously.**

vivacity [vi'væsiti] *s.* vivacità; brio; gaiezza.

viva voce ['vaivə 'vousi] *agg e avv* a viva voce; orale; oralmente.
□ *s. (in certe università)* esame orale.

vivid ['vivid] *agg* **1** *(di colori)* vivido; brillante; vivace. **2** *(di descrizione, ricordo, ecc.)* vivido; distinto; lucido. □ *avv* **vividly.**

vividness ['vividnis] *s.* brillantezza; vivacità; lucidità; chiarezza.

viviparous [vi'vipərəs] *s. e agg* viviparo.

to **vivisect** [,vivi'sekt] *vt* vivisezionare.

vivisection [,vivi'sekʃən] *s.* vivisezione.

vivisectionist [,vivi'sekʃənist] *s.* vivisezionatore; chi approva la vivisezione; fautore della vivisezione.

vixen ['viksn] *s.* **1** volpe femmina. **2** *(fig.)* donna intrattabile e litigiosa.

vixenish ['viksniʃ] *agg* bisbetico; litigioso.

viz. [viz] *avv, abbr di* **videlicet** ⇨.

vizier [vi'ziə*] *s.* visir.

vocabulary [və'kæbjuləri] *s.* **1** vocabolario; elenco di voci e definizioni; glossario. **2** lessico *(specifico di una persona o riguardante un certo campo): a writer with a large vocabulary,* uno scrittore con un lessico molto ricco.

vocal ['voukəl] *agg* vocale: *the vocal organs,* gli organi vocali — *vocal music,* musica vocale — *Anger made her vocal,* La rabbia la spinse a parlare. □ *avv* **vocally.**

vocalist ['voukəlist] *s.* vocalista; cantante.

vocation [vou'keiʃən] *s.* **1** *(soltanto al sing.)* vocazione *(spec. religiosa o sociale).* **2** attitudine; tendenza; inclinazione: *He has little vocation for teaching,* Ha scarsa attitudine all'insegnamento. **3** mestiere; professione; tipo di lavoro; impiego.

vocational [vou'keiʃənl] *agg* professionale: *vocational guidance,* guida ad una professione; avviamento professionale.

vocative ['vɔkətiv] *s. e agg (gramm.)* vocativo.

to **vociferate** [vou'sifəreit] *vt e i.* vociferare; vociare; gridare; strillare.

vociferation [vou'sifə'reiʃən] *s.* vociferazione.

vociferous [vou'sifərəs] *agg* vociferante; rumoroso; strillante: *a vociferous crowd,* una folla vociferante. □ *avv* **vociferously.**

vogue [voug] *s.* voga; moda: *Are small hats still the vogue?,* I cappelli piccoli sono ancora di moda? — *Detective novels had a great vogue ten years ago, but are not so popular today,* I romanzi polizieschi erano in gran voga dieci anni fa, ma non sono così popolari oggi — *When did plus fours come into vogue?,* Quando vennero di moda i calzoni alla zuava? — *to be in vogue,* essere in voga, di moda — *to be all the vogue,* essere in gran voga, di gran moda, popolarissimo, all'ultima moda, all'ultimo grido — *a vogue word,* una parola di moda, in voga.

voice [vɔis] *s.* **1** voce: *He is not in good voice,* È giù di voce — *He has lost his voice,* Ha perso la voce — *in a loud (soft, shrill, rough) voice,* a voce alta (con una voce dolce; con voce acuta; con voce rude) — *They gave voice to their indignation,* Espressero la loro indignazione — *to lift up one's voice,* mettersi a parlare; mettersi a cantare — *to raise one's voice,* alzare la voce — ... *with one voice,* ... unanimemente — *the voice of Nature,* la voce della natura — *the voice of God,* la voce di Dio (la coscienza). **2** opinione: *I have no voice in the matter,* Non ho voce in capitolo. **3** *(fonetica)* vocale. **4** *(gramm.)* voce *(di un verbo);* forma *(attiva, passiva, ecc.).*

to **voice** [vɔis] *vt* **1** dire; esprimere: *The spokesman voiced the feelings of the crowd,* Il portavoce si fece interprete dei sentimenti della folla. **2** emettere; pronunciare (un suono, consonantico e vocalico): *a voiced consonant,* una consonante sonora.

-voiced [vɔist] *agg (nei composti)* con un certo tipo di voce: *rough-voiced,* dalla voce aspra.

voiced [vɔist] *agg* ⇨ **to voice 2.**

voiceless ['vɔislis] *agg* **1** senza voce; incapace di emettere suoni. **2** *(di consonanti)* sordo: *The sounds p, t, k are voiceless,* I suoni p, t, k sono sordi.

void [vɔid] *agg* **1** vuoto; vacante. **2** *void of,* privo di; sfornito di: *a subject void of interest,* un argomento privo d'interesse — *a proposal void of reason,* una proposta senza motivo. **3** *(dir., spesso* null and void*)* non valido; nullo; privo di forza legale: *The agreement, not having been signed, was void,* L'accordo, non essendo stato firmato, era nullo.
□ *s.* vuoto; (lo) spazio (atmosferico): *to disappear into the void,* svanire nel nulla — *There was an aching void in his heart,* C'era un vuoto doloroso nel suo cuore.

to **void** [vɔid] *vt* **1** annullare; render nullo; invalidare. **2** svuotare; sgomberare; evacuare; espellere.

voidable ['vɔidəbl] *agg (dir.)* annullabile; invalidabile.

voile [vɔil] *s. (fr.)* voile; tessuto leggerissimo.

volatile ['vɔlətail] *agg* **1** *(di liquido)* volatile. **2** *(di persona e suo atteggiamento)* vivace; capriccioso; incostante; mutevole; volubile.

volatility [,vɔlə'tiliti] *s.* volatilità; volubilità.

volcanic [vɔl'kænik] *agg* vulcanico *(anche fig.).*

volcano [vɔl'keinou] *s.* vulcano: *active (dormant, extinct) volcano,* vulcano attivo (inattivo, estinto).

volcanology [,vɔlkə'nɔlədʒi] *s.* vulcanologia.

vole [voul] *s.* arvicola: *field vole,* topo campagnolo — *water vole,* topo d'acqua.

volition [vou'liʃən] *s.* volizione: *to do sth of one's own volition,* fare qcsa di propria spontanea volontà.

volitional [vou'liʃənl] *agg* di volizione; volitivo.

volitive ['vɔlitiv] *agg* volitivo; *(gramm.)* ottativo.

volley ['vɔli] *s.* **1** raffica; salva; scarica *(anche fig.);* filza; profluvio *(d'improperi, di maledizioni, di bestemmie, ecc.).* **2** *(tennis)* volata: *half-volley,* battuta della palla subito dopo il rimbalzo.

to **volley** ['vɔli] *vt e i.* **1** scaricare *(proiettili);* tuonare *(di cannoni, tutti insieme): The guns volleyed on all sides,* I cannoni tuonavano da tutte le parti. **2** *(tennis)* colpire al volo una palla.

volley-ball ['vɔlibɔ:l] *s.* pallavolo.

volt [voult] *s.* volt: *a six-volt battery,* una batteria (una pila) da sei volt.

voltage ['voultidʒ] *s.* voltaggio; tensione.

voltaic [vɔl'teiik] *agg* voltaico.

volte-face ['vɔlt'fɑ:s] *s. (fr.)* voltafaccia.

voltmeter [vɔlt'mi:tə*] *s.* voltmetro (misuratore di tensione elettrica).

volubility [,vɔlju'biliti] *s.* loquacità; scioltezza; facilità di parola.

voluble ['vɔljubl] *agg* ciarliero; loquace. □ *avv* **volubly.**

volume ['vɔljum] *s.* **1** volume; capacità; massa; *(per estensione)* quantità; contenuto: *the volume of a cask,* la capacità di una botte — *the volume of wine in a cask,* la quantità di vino in una botte. **2** voluta *(massa di fumo o di vapore): Volumes of black smoke* *belched out from the chimneys,* Ampie volute di fumo nero uscivano dalle ciminiere. **3** sonorità; potere sonoro; volume: *a voice of great volume,* una voce molto potente — *volume control,* regolatore del volume. **4** volume; libro; tomo *(di una serie): an encyclopaedia in twenty volumes,* una enciclopedia in venti volumi.

□ *to speak volumes, (fig.)* parlare più efficacemente di qualsiasi discorso; essere una chiara ed evidente dimostrazione — *His donations to charity speak volumes for his generosity,* Le sue donazioni a enti assistenziali dimostrano in modo estremamente convincente la sua generosità.

voluminous [vəˈlju:minəs] *agg* **1** *(di scritti)* voluminoso; ponderoso; *(di altre cose)* ampio; vasto: *a voluminous correspondence,* una corrispondenza voluminosa — *voluminous skirts,* gonne ampie. **2** *(di uno scrittore)* fecondo; prolifico. □ *avv* **voluminously.**

voluntary [ˈvɔləntəri] *agg* **1** volontario; spontaneo: *a voluntary statement (confession),* un'affermazione (una confessione) spontanea — *voluntary workers (helpers),* lavoratori (aiutanti) volontari. **2** sovvenzionato da contributi volontari: *a voluntary school, (GB, piuttosto desueto)* una scuola privata. **3** *(di movimenti muscolari)* volontario. □ *avv* **voluntarily.**

□ *s. (mus.)* assolo di organo *(p.es. alla fine di un servizio liturgico).*

volunteer [ˌvɔlənˈtiə*] *s.* **1** volontario. **2** soldato che presta servizio volontario: *a volunteer camp,* un campo di volontari.

to **volunteer** [ˌvɔlənˈtiə*] *vt* offrire spontaneamente o volontariamente: *He volunteered some information,* Offerse volontariamente alcune informazioni.

□ *vi* offrirsi volontario; andar volontario; prestar servizio come volontario: *How many of them volunteered?,* Quanti di loro si sono offerti volontari? — *He volunteered for the campaign,* Si offrì come volontario per la campagna.

voluptuary [vəˈlʌptjuəri] *agg* **1** voluttuario; di lusso. **2** sensuale.

□ *s.* lussurioso; persona voluttuosa e sensuale; libertino.

voluptuous [vəˈlʌptjuəs] *agg* voluttuoso; lussurioso; sensuale: *to lead a voluptuous life,* condurre una vita di piaceri. □ *avv* **voluptuously.**

voluptuousness [vəˈlʌptjuəsnis] *s.* voluttà; piacere carnale; sensualità.

volute [vɔˈlju:t] *s.* voluta.

voluted [vɔˈlju:tid] *agg* a volute; decorato con volute: *a voluted sea-shell,* una conchiglia a spirale.

vomit [ˈvɔmit] *s.* vomito; cibo vomitato.

to **vomit** [ˈvɔmit] *vt e i.* **1** vomitare: *He vomited everything he had eaten,* Vomitò tutto ciò che aveva mangiato. **2** *(di ciminiera, ecc.)* eruttare; esalare.

voodoo, voodooism [ˈvu:du:/ˈvu:du:izəm] *s.* vuduismo.

voracious [vəˈreiʃəs] *agg* vorace; molto affamato; ingordo; insaziabile: *a voracious reader,* un divoratore di libri. □ *avv* **voraciously.**

voracity [vɔˈræsiti] *s.* voracità; insaziabilità.

vortex [ˈvɔ:teks] *s.* (*pl.* **vortexes** *o* **vortices**) vortice; turbine *(di attività): to be drawn into the vortex of politics,* essere trascinato nel vortice della politica.

votary [ˈvoutəri] *s.* devoto; cultore; seguace; persona votata (a qcsa).

vote [vout] *s.* **1** voto; diritto di voto; suffragio: *to put sth to the vote,* mettere qcsa ai voti — *to give one's vote to the more handsome candidate,* dare il proprio voto al candidato più avvenente — *the right to vote,* il diritto di voto. **2** numero dei voti; totale dei voti: *Will the Labour vote increase or decrease at the next election?,* Aumenteranno o diminuiranno i voti dei laburisti nelle prossime elezioni? **3** stanziamento di denaro deciso per votazione: *the defence vote,* gli stanziamenti votati per la Difesa.

to **vote** [vout] *vi e t.* **1** votare; decidere; deliberare per votazione; *(per estensione)* approvare: *to vote a sum of money for education,* stanziare (mediante votazione) una somma di denaro per l'istruzione pubblica — *to vote down a proposal,* respingere ai voti una proposta — *to vote sth through,* sostenere (approvare) qcsa — *to vote on a proposal,* mettere ai voti (votare) una proposta — *to vote a bill through, (al Parlamento)* approvare un disegno di legge — *to vote a party out of power,* estromettere un partito in seguito a votazione. **2** *(fam.)* riconoscere (per opinione comune): *The new teacher was voted a very decent sort,* Il nuovo insegnante fu concordemente riconosciuto come un tipo molto comprensivo. **3** *(fam.)* suggerire; proporre: *I vote (that) we telephone him now,* Propongo di telefonargli subito.

voteless [ˈvoutlis] *agg* non votante; senza il diritto di voto.

voter [ˈvoutə*] *s.* votante; elettore: *floating voter,* elettore fluttuante (che muta facilmente decisione).

votive [ˈvoutiv] *agg* votivo: *votive tablet,* ex-voto.

to **vouch** [vautʃ] *vi (seguito da* for*)* garantire; essere garante (per qcno); essere responsabile; essere mallevadore.

voucher [ˈvautʃə*] *s.* buono; tagliando di pagamento: *meal vouchers,* buoni per i pasti.

to **vouchsafe** [vautʃˈseif] *vt (linguaggio ant. o molto formale)* concedere; degnarsi *(di fare qcsa);* accondiscendere: *He vouchsafed (me) no reply,* Non si degnò di rispondermi.

vow [vau] *s.* promessa solenne; giuramento; voto: *marriage vows,* promesse di matrimonio — *a vow of chastity,* un voto di castità — *a vow of celibacy (of silence),* un voto di non sposarsi (di tacere su qcsa) — *to break a vow,* rompere un voto — *to perform a vow,* mantenere un voto.

to **vow** [vau] *vt* fare voto (di); promettere solennemente; giurare: *He vowed to avenge the insult,* Giurò che avrebbe vendicato l'insulto — *The emperor vowed a temple to the gods if they granted him victory,* L'imperatore fece voto di offrire un tempio agli dei se gli avessero concesso la vittoria — *They were forced to vow obedience,* Furono costretti a giurare obbedienza.

vowel [ˈvauəl/-il] *s.* vocale.

vox populi [vɔksˈpɔpjulai] *s. (lat.)* 'vox populi'; l'opinione comune.

voyage [ˈvɔiidʒ] *s.* viaggio *(per mare o per via d'acqua in genere);* traversata: *a voyage from London to Australia,* un viaggio per mare da Londra all'Australia — *to make (to go on, to send sb on) a voyage,* fare un viaggio per mare (andare in viaggio; mandare qcno a fare un viaggio) — *the voyage out,* il viaggio d'andata — *the voyage home,* il viaggio di ritorno — *on the outward voyage,* nell'andata — *on the homeward voyage,* nel ritorno.

to **voyage** [ˈvɔiidʒ] *vi* fare un viaggio per mare o su un corso d'acqua; navigare.

voyager [ˈvɔiidʒə*] *s.* viaggiatore; navigatore.

voyeur [vwaˈjɛ(r)] *s. (fr.)* guardone.

vulcanite [ˈvʌlkənait] *s.* vulcanite; gomma dura (vulcanizzata).

vulcanization [ˌvulkənaiˈzeiʃən] *s.* vulcanizzazione.

to **vulcanize** ['vʌlkənaiz] *vt* vulcanizzare.

vulgar ['vʌlgə*] *agg* **1** volgare; maleducato; di cattivo gusto; grossolano; triviale: *a vulgar expression,* una espressione volgare, triviale. **2** comune; popolare: *vulgar errors,* errori comuni — *vulgar superstitions,* superstizioni popolari — *the vulgar tongue,* la lingua volgare; il volgare *(lingua parlata dal popolo, in contrapposizione al latino)* — *the vulgar, (spreg.: spesso* the vulgar herd*)* il volgo; la plebe; il popolo. □ *avv* **vulgarly**.

vulgarian [vʌl'gɛəriən] *s.* persona volgare.

vulgarism ['vʌlgərizəm] *s.* volgarismo; volgarità.

vulgarity [vʌl'gæriti] *s.* volgarità; grossolanità; trivialità.

vulgarization [,vʌlgərai'zeiʃən] *s.* volgarizzazione *(in tutti i sensi).*

to **vulgarize** ['vʌlgəraiz] *vt* volgarizzare *(nei due sensi di 'rendere volgare' e 'rendere popolare, divulgare').*

Vulgate ['vʌlgit] *s.* *the Vulgate,* la Vulgata *(versione latina della Bibbia fatta nel IV secolo).*

vulnerability [,vʌlnərə'biliti] *s.* vulnerabilità.

vulnerable ['vʌlnərəbl] *agg* vulnerabile: *to find sb's vulnerable spot,* scoprire il punto debole di qcno — *Is he vulnerable to ridicule?,* È sensibile al ridicolo?

vulpine ['vʌlpain] *agg* volpino; tipico della volpe; astuto.

vulture ['vʌltʃə*] *s.* **1** avvoltoio. **2** *(fig.)* avvoltoio; persona rapace; profittatore *(delle disgrazie altrui).* □ *Per 'culture vulture'* ⇨ **culture 2.**

vulva ['vʌlvə] *s.* vulva.

vying ['vaiiŋ] *p. pres di* **to vie**.

W, w ['dʌbəlju:] *s.* (*pl.* **W's, w's**) W, w *(ventitreesima lettera dell'alfabeto inglese): W for William, (al telefono, ecc.)* V doppia come Washington (Wellington, Waterloo).

wacky ['wæki] *agg (sl.)* strambo; pazzo; stravagante.

wad [wɔd] *s.* **1** batuffolo; tampone. **2** stoppaccio; borra. **3** rotolo; pacco; fascio; mazzo *(di documenti o banconote).* **4** *(GB, sl. mil.)* panino; tramezzino.

to **wad** [wɔd] *vt* (**-dd-**) **1** comprimere; pressare a batuffolo; fare un batuffolo (di qcsa). **2** tamponare; tappare. **3** imbottire; foderare *(un indumento): a wadded jacket,* una giacchetta imbottita. **4** formare *(documenti o banconote)* a rotoli, a fasci, a pacchi.

wadding ['wɔdiŋ] *s.* ovatta; feltro; materiale da imbottiture; stoppaccio.

waddle ['wɔdl] *s.* andatura ondeggiante o ancheggiante *(a mo' di anatra).*

to **waddle** ['wɔdl] *vi* camminare ondeggiando *(a mo' di anatra);* incedere ancheggiando.

to **wade** [weid] *vi e t.* **1** guadare: *Can we wade (across, through) the brook?,* Possiamo guadare il ruscello? — *wading bird,* trampoliere; fenicottero. **2** *(generalm. seguito da* through*)* avanzare faticosamente; procedere a stento *(anche fig.): The boy waded through the dull book,* Il ragazzo andava avanti faticosamente nella lettura del noiosissimo libro. **3** *(seguito da* in *o* into*)* attaccare con impeto; caricare; mettercela tutta; mettersi di buona lena — *to wade into sb (sth),* attaccare vigorosamente qcno (qcsa).

wader ['weidə*] *s.* **1** trampoliere; fenicottero. **2** chi attraversa a guado; chi guada un corso d'acqua. **3** *(al pl.)* stivaloni impermeabili.

wadi ['wɑ:di/'wɔdi/'wædi] *s.* uadi *(in Medio Oriente, Nord Africa e Arabia: letto di fiume asciutto).*

wafer ['weifə*] *s.* **1** 'wafer'; cialda; biscotto molto sottile e friabile. **2** ostia: *wafer-thin,* sottile come un'ostia. **3** disco adesivo usato per sigillare.

[1]**waffle** ['wɔfl] *s.* cialda; specie di focaccia: *a waffle iron,* ferro per cialde.

[2]**waffle** ['wɔfl] *s.* discorso (discorsi) a vanvera; ciarla; chiacchiericcio.

to **waffle** ['wɔfl] *vi (fam.)* parlare a vanvera; ciarlare senza costrutto; blaterare: *How that man does waffle on!,* Come insiste nel parlare a vanvera quello là! — *What's she waffling about now?,* Di che cosa sta ciarlando ora?

waft [wɑ:ft/wɔft] *s.* **1** soffio *(d'aria);* alito; effluvio. **2** *(non molto comune)* lieve movimento ondeggiante *(di saluto, ecc.);* battito d'ala.

to **waft** [wɑ:ft/wɔft] *vt* sospingere; diffondere; spandere *(in aria o in acqua): The scent of the flowers was wafted (down, across, over) to us by the breeze,* Il profumo dei fiori si spandeva fino a noi per la brezza.

[1]**wag** [wæg] *s.* scotimento; scrollata: *a wag of the tail,* uno scodinzolio; uno scodinzolamento.

to **wag** [wæg] *vt e i.* (**-gg-**) muovere; dimenare; agitare, agitarsi: *The dog wagged its tail,* Il cane scodinzolava — *The dog's tail wagged,* La coda del cane si dimenava; Il cane scodinzolava — *The news set tongues (chins, beards) wagging,* La notizia mise tutti in agitazione.

[2]**wag** [wæg] *s.* buontempone; persona scherzosa o faceta; burlone.

wage [weidʒ] *s. (generalm. al pl.)* paga; salario; retribuzione: *His wages are fifty pounds a week,* Il suo salario è di cinquanta sterline la settimana; Prende cinquanta sterline alla settimana — *a fair day's wage for a fair day's work,* una giusta paga giornaliera per un giusto lavoro giornaliero — *a living wage,* una paga (un salario) sufficiente — *The wages of sin is death, (biblico)* La morte è la retribuzione del peccato — *wage-earner,* salariato; lavoratore salariato; persona che lavora; sostegno della famiglia — *wage-fund,* fondo retribuzioni — *wage-packet,* busta paga — *wage-scale,* tabella delle paghe (dei salari) — *sliding wage scale,* scala mobile dei salari — *wage-sheet,* foglio paga.

to **wage** [weidʒ] *vt* intraprendere; porre mano a; condurre *(una campagna militare): to wage war on (*o *against) sb,* far guerra a qcno; scendere in guerra contro qcno.

wager ['weidʒə*] *s.* scommessa: *to lay (to make) a wager,* fare una scommessa — *to take (up) a wager,* accettare una scommessa.

to **wager** ['weidʒə*] *vt e i.* scommettere: *to wager ten pounds on a horse,* scommettere dieci sterline su un cavallo — *I'm ready to wager you a fiver that...,* Sono pronto a scommettere cinque sterline con te che...

waggery ['wægəri] *s.* burla; scherzo; amenità; facezia.

waggish ['wægiʃ] *agg* giocondo; scherzoso; faceto; ameno; burlesco. □ *avv* **waggishly.**

waggishness ['wægiʃnis] *s.* scherzosità; tendenza alla burla, allo scherzo.

to **waggle** ['wægl] *vt e i.* = **to wag.**

waggon ['wægən] *s.* (*anche, e spec. USA,* **wagon**) **1** carro a quattro ruote; carro dei pionieri: *station-waggon,* automobile giardinetta; familiare — *waggon-load,* carrettata. **2** vagone ferroviario scoperto; carro merci. **3** *(spesso* tea-waggon*)* carrello per il tè. □ *to be on the waggon (on the water waggon), (fam.)* essere astemio; non bere alcoolici — *to go on the waggon,* diventare astemio; smettere di bere alcoolici.

wag(g)oner ['wægənə*] *s.* carrettiere; conducente.

wag(g)onette [,wægə'net] *s.* carrozza con sedili laterali trainata da un cavallo.

wagon-lit ['vægɔ̃:n'li:/*(fr.)* vagɔ̃li] *s. (fr.)* vagone letto.

wagtail ['wægteil] *s.* cutrettola; ballerina; batticoda.

waif [weif] *s. (soprattutto di bambino)* senzatetto; derelitto: *waifs and strays,* bambini derelitti e abbandonati.

wail [weil] *s.* gemito; pianto; lamento; vagito; ululato: *the wails of a new-born child,* i vagiti di un neonato.

to **wail** [weil] *vi e t.* **1** gridare; lamentarsi; ululare; piangere: *to wail (over) one's misfortunes,* dolersi delle proprie disgrazie — *She was wailing for her lost* *child,* Stava piangendo il suo bambino perduto — *a wailing noise,* un suono lamentoso — *Wailing Wall,* muro del pianto, delle lamentazioni. **2** gemere; lamentarsi *(detto del vento).*

wain [wein] *s. (ant. e poet.)* carro: *Charles' Wain,* l'Orsa Maggiore; il Carro.

wainscot ['weinskət/'wenskət] *s.* zoccolo di legno su una parete; rivestimento a pannelli.

wainscoted ['weinskətid] *agg* rivestito a pannelli di legno: *a wainscoted room,* una stanza con lo zoccolo di legno.

wainscoting ['weinskətiŋ] *s.* boiserie; *(fr.)* rivestimento *(di una parete interna)* in legno.

waist [weist] *s.* **1** cintola; vita; cintura: *to wear a sash round one's waist,* portare una fascia attorno alla vita — *to be stripped to the waist,* essere nudo sino alla cintola — *waist-band,* cintura; fascia; fusciacca — *waist-deep, (agg. e avv.)* sino alla cintola; all'altezza della cintola; immerso sino alla cintola — *waist-high,* all'altezza della cintola; fino alla vita — *waist-line,* giro di vita. **2** corpetto; camicetta *(USA anche* shirtwaist*).* **3** parte centrale *(di un oggetto);* parte mediana: *the waist of a ship,* la parte centrale di una nave — *the waist of a violin (of an hour-glass),* la strozzatura di un violino (di una clessidra).

waistcoat ['weiskout/'weistkout] *s. (GB)* panciotto; gilé.

-waisted ['weistid] *agg (nei composti): wasp-waisted,* dal vitino di vespa.

waistline ['weistlain] *s.* linea della cintura: *to watch (to keep an eye on) one's waistline,* stare attento alla linea.

[1]**wait** [weit] *s.* (periodo di) attesa: *We had a long wait for the bus,* Attendemmo a lungo l'autobus — *I don't like these long waits,* Non mi piacciono queste lunghe attese. □ *to lie in wait for sb,* stare in agguato (per prendere qcno); tendere un'imboscata a qcno — *The highwayman lay in wait for the stage-coach,* Il brigante attendeva in agguato la diligenza.

to **wait** [weit] *vi e t.* **1** *(spesso seguito da* for*)* aspettare; attendere; essere o restare in attesa: *Wait for me, please,* Per favore aspettami — *Will you please wait a minute?,* Vuole attendere un momento, prego? — *How long have you been waiting?,* Da quanto tempo stai aspettando? — *We are waiting for the rain to stop,* Aspettiamo che smetta di piovere — *Wait for it!,* Aspetta: adesso viene il bello! — *We waited to see what would happen,* Aspettammo per vedere cosa sarebbe successo — *to play a (o the) waiting game,* temporeggiare; giocare d'attesa — *They say that everything comes to those who wait,* Si dice che chi sa aspettare ottiene tutto — *to keep sb waiting,* fare attendere qcno; farlo aspettare — *His wife never keeps him waiting,* Sua moglie non lo fa mai attendere — *Wait and see,* Aspetta e vedrai — *No waiting, (segnaletica stradale)* Divieto di sosta — *waiting room,* sala d'aspetto — *waiting list,* lista d'attesa. **2** *(non molto comune: equivalente a* to await*)* attendere; rimanere in attesa *(di un segnale, di un'occasione propizia, ecc.): You must wait your turn,* Devi aspettare il tuo turno — *He is waiting his opportunity,* Sta aspettando l'occasione propizia. **3** *(non molto comune)* ritardare; posticipare *(un pasto): Don't wait dinner for me,* Non ritardare la cena per causa mia. **4** *(generalm.* to wait at table*)* servire a tavola.

to wait about (o around), stare ad aspettare nelle vicinanze.

to wait behind, rimanere, restare *(p.es. dopo la fine di una riunione).*

to wait on, upon sb, - **a)** servire: *A Japanese wife used to be expected to wait on her husband hand and foot,* Una moglie giapponese era tenuta a servire suo marito in tutto e per tutto - **b)** *(ant.)* fare visita a qcno.

to wait up for sb, stare alzato ad aspettare qcno.

[2]**wait** [weit] *s. (al pl.)* cantori che nel periodo natalizio usavano passare di casa in casa intonando i canti di Natale.

waiter ['weitə*] *s.* cameriere *(in un ristorante, ecc.).*

waiting ['weitiŋ] *s. (da* **to wait***) lady-in-waiting,* dama d'onore *(della regina)* — *lord-in-waiting,* gentiluomo della Casa reale — *per waiting list, waiting room, No waiting* ⇨ **to wait 1.**

waitress ['weitris] *s.* cameriera *(in un ristorante, ecc.).*

to **waive** [weiv] *vt* rinunciare; lasciar perdere: *to waive a privilege,* rinunciare ad un privilegio.

waiver ['weivə*] *s.* (atto scritto di) rinuncia.

[1]**wake** [weik] *s.* **1** *(generalm. pl., spesso* Wakes Week*)* settimana di vacanza annuale, specie nelle città industriali del Lancashire. **2** *(spec. in Irlanda)* veglia funebre.

to **wake** [weik] *vi (pass.* **woke** *o* **waked**; *p. pass.* **woke, waked** *o* **woken***) (spesso seguito da* up*)* svegliarsi; destarsi; risvegliarsi; *(fig.)* scuotersi: *What time do you usually wake (up?),* A che ora ti svegli di solito? — *I woke early,* Mi svegliai presto, di buon'ora — *Has the baby waked (woken) yet?,* Si è già svegliato il bambino? — *He woke up with a start,* Si svegliò di soprassalto — *He woke to find himself in prison,* Al suo risveglio si ritrovò in prigione — *Wake up!,* Svegliati!; Scuotiti! — *He needs someone to wake him up,* Ha bisogno di qualcuno che lo scuota un po'.

□ *vt* **1** svegliare; destare: *Don't wake the baby,* Non svegliare il bambino — *They were making enough noise to wake the dead,* Facevano un baccano del diavolo (da svegliare anche i morti). **2** *(spec. in Irlanda)* vegliare *(un morto).* **3** rievocare; suscitare; provocare: *The incident waked memories of his schooldays,* L'episodio gli fece rievocare lontani ricordi del tempo di scuola. **4** far risuonare; far echeggiare: *They woke echoes in the valley,* Fecero risuonare la vallata di echi.

[2]**wake** [weik] *s.* scia *(anche fig.): in the wake of sb; in sb's wake,* nella scia di qcno; sulle orme di qcno.

wakeful ['weikful] *agg* **1** insonne; senza sonno; sveglio: *a wakeful night,* una notte insonne. **2** vigile; all'erta. □ *avv* **wakefully.**

to **waken** ['weikn] *vt* svegliare; risvegliare; destare.

□ *vi* svegliarsi; risvegliarsi; destarsi.

waking ['weikiŋ] *s.* risveglio.

□ *agg* **1** sveglio: *a waking dream,* un sogno ad occhi aperti. **2** di veglia: *waking hours,* ore di veglia.

Waldensian [wɔl'densiən] *agg e s. (stor.)* Valdese.

wale [weil] *s.* ⇨ [2]**weal.**

walk [wɔ:k] *s.* **1** passeggiata; camminata; cammino; percorso; sentiero; strada: *to go (out) for a walk,* fare una passeggiata; uscire a passeggio — *to have a pleasant walk across the fields,* fare una bella passeggiata attraverso i campi — *The station is ten minutes' walk from my house,* La stazione è a dieci minuti di cammino da casa mia. **2** andatura; passo; modo di camminare: *I recognized him at once by his walk,* Lo riconobbi subito dal suo passo (dalla sua andatura) — *After running for two miles he dropped into a walk,* Dopo aver corso per due miglia cominciò ad andare al passo. **3** *(talvolta, nelle città)* viale. **4** *walk of life,* livello (classe) sociale; ceto; professione; occupazione: *persons in the humbler walks of life,* persone del più umile livello sociale (dei ceti più bassi).

to **walk** [wɔ:k] *vi e t.* **1** - **a)** camminare; andare a piedi; passeggiare: *We walked five miles,* Camminammo (per) cinque miglia — *Shall we ride or walk?,* Andiamo a cavallo o a piedi? — *to walk in one's sleep,* essere sonnambulo; camminare nel sonno — *to walk on all fours,* andare a quattro zampe; camminare carponi.

b) *(usato con particelle avverbiali e preposizionali) to walk away,* andarsene (a piedi) — *to walk down,* scendere (a piedi) — *to walk in,* entrare (a piedi) — *to walk up,* salire (a piedi) — *He was walking up and down the station platform,* Passeggiava su e giù lungo il marciapiede della stazione *(⇨ anche sotto i v. composti).*

2 far camminare; condurre al passo: *Horses should be walked for a while after a race,* Si dovrebbe far camminare un po' i cavalli dopo una corsa — *He walked his horse up the hill,* Condusse al passo il suo cavallo su per la collina — *He put his arms round me and walked me off,* Mi cinse con il braccio e mi portò a spasso — *You'll walk me off my feet (legs),* Mi farai stancare a furia di camminare.

3 percorrere a piedi; percorrere camminando: *I have walked this district for miles round,* Ho percorso (a piedi) questo territorio in lungo ed in largo per miglia — *to walk the boards,* calcare le scene — *to walk the wards, (di studenti in medicina)* far pratica (in ospedale) — *to walk the plank* ⇨ **plank 1** — *to walk the streets, (piuttosto desueto)* battere le strade; battere il marciapiede.

to walk about, passeggiare; camminare qua e là, su e giù; bighellonare.

to walk away, - **a)** *(seguito da* from*)* distanziare; vincere; stravincere qcno: *Smith walked away from all his competitors,* Smith distanziò tutti i suoi avversari - **b) to walk away with sth,** *(fam.)* stravincere *(una partita, ecc.).*

to walk into, - **a)** *(sl.)* far piazza pulita; divorare; finire - **b)** rimproverare; dare una lavata di capo.

to walk off, - **a)** andarsene via (a piedi) - **b)** smaltire o digerire (camminando): *to walk off one's anger,* smaltire la rabbia camminando — *to walk off one's dinner,* digerire il pranzo camminando - **c)** *to walk off with sth,* andarsene con (portando via) qcsa: *Someone has walked off with my umbrella,* Qualcuno se ne è andato con il mio ombrello - **d)** vincere (una gara, un premio) con estrema facilità - **e)** *to walk sb off his feet* ⇨ **to walk 2.**

to walk on, *(teatro)* fare la comparsa: *He just walks on in that play,* È solo una comparsa in quella commedia.

to walk out, *(fam.)* - **a)** scendere in sciopero; scioperare: *The men in this factory walked out yesterday,* I lavoratori di questa fabbrica hanno scioperato ieri - **b)** *to walk out on sb,* piantare in asso qcno; abbandonarlo - **c)** *to walk out with sb, (spec. alla forma progressiva)* uscire con qcno; fare la corte a qcno: *The cook is walking out with one of the tradesmen,* La cuoca se la intende con uno dei fornitori.

to walk up, - **a)** percorrere a piedi; camminare lungo: *I was walking up Oxford Street,* Camminavo per Oxford Street - **b)** accostarsi; avvicinarsi; appressarsi: *A stranger walked up to me and asked me the time,* Uno sconosciuto mi si appressò e mi chiese l'ora - **c)** accomodarsi; entrare *(p.es. per invitare qcno ad uno spettacolo): Walk up! Walk up!,* Venite! Venite!

walk(-)about ['wɔ:kəbaut] *s.* **1** *(sl. australiano)* improvviso ritorno (di un indigeno) alla vita nomadica; viaggio nel deserto. **2** *(fam.)* incontro con la folla; visita informale *(di personaggio illustre)* che prevede incontri col pubblico.

walker ['wɔ:kə*] *s.* camminatore (camminatrice). □ *shop-walker,* addetto alla sorveglianza *(in un grande negozio)* — *street-walker,* donna da marciapiede; 'passeggiatrice'; prostituta.

walkie-talkie ['wɔ:ki 'tɔ:ki] *s. (fam.)* radiotelefono portatile; apparecchio ricevente e trasmittente (ricetrasmittente) portatile.

walking ['wɔ:kiŋ] *s.* **1** il camminare; il passeggiare. **2** *(come agg. attrib.) walking stick,* bastone da passeggio — *walking tour,* giro turistico a piedi — *a walking encyclopaedia, (fam., scherz.)* un'enciclopedia ambulante. □ *to get one's walking papers, (fam.)* essere licenziato.

walk-on ['wɔ:kɔn] *agg attrib (solo nell'espressione) a walk-on part, (teatro)* comparsa.

walk-out ['wɔ:kaut] *s.* **1** l'andarsene *(da una conferenza, da uno spettacolo)* in segno di protesta. **2** interruzione improvvisa del lavoro; sciopero.

walk-over ['wɔ:k,ouvə*] *s.* facile vittoria; 'passeggiata': *The race was a walk-over for Jones,* La corsa fu una passeggiata per Jones.

walk-up ['wɔ:kʌp] *agg (nell'espressione) a walk-up flat,* un appartamento in una casa senza ascensore.

wall [wɔ:l] *s.* muro; parete *(anche fig.)*; muraglia: *The castle walls are very thick,* Le mura del castello sono molto spesse — *Hang the picture on the wall,* Appendi il quadro alla parete — *Walls have ears,* I muri hanno orecchie — *dry-stone walls,* muri a secco — *a wall of fire,* un muro (una barriera, una muraglia) di fuoco — *a mountain wall,* - **a)** la parete di una montagna - **b)** una catena di monti scoscesi — *the North Wall of the Eiger,* la parete nord dell'Eiger; l'Eigerwand *(tedesco)* — *a blind wall,* un muro cieco — *a party wall,* un muro divisorio — *a sea wall,* un muro frangiflutti — *the Great Wall of China,* la Grande Muraglia cinese — *to run one's head against a wall (a brick wall),* battere la testa contro un muro — *to be with one's back to the wall,* essere con le spalle al muro; non avere una via d'uscita — *to drive sb to the wall,* mettere qcno con le spalle al muro; ridurre qcno allo stremo — *to see through a brick wall,* vedere attraverso un muro di mattoni; *(fig.)* avere (possedere) un forte intuito — *It's like talking to a brick wall!,* Parlare con lui è come parlare col muro!

□ *to go to the wall,* essere messo in disparte; fallire — *wall-bed,* letto ribaltabile — *wall-bracket,* mensola a muro — *wall-chase,* incassatura per tubazioni (o fili) — *wall-hook,* gancio a muro — *wall-lamp,* lampada a muro — *wall-lizard,* lucertola muraiola — *wall-painting,* dipinto su muro; affresco — *wall-socket,* presa (di corrente) a muro (⇨ *anche* **wallflower, wallpaper).**

to **wall** [wɔ:l] *vt* **1** cintare di un muro (di mura); recingere; munire di un muro *(usato prevalentemente al p. pass.): walled cities,* città cinte di mura — *a walled garden,* un giardino cintato da un muro. **2** *(generalm. seguito da* up*)* murare; ostruire; chiudere con un muro: *to wall up a window (an opening),* murare una finestra (un'apertura).

wallaby ['wɔləbi] *s.* canguro piccolo; macropo.

wallah ['wɔlə] *s.* **1** *(anglo-indiano)* persona adibita ad una qualche occupazione; addetto; venditore; lavorante: *box wallah,* venditore ambulante — *char-*

wallah, venditore di tè — *punkah wallah,* domestico addetto alla ventola scacciamosche. **2** tizio; individuo.

wallet ['wɔlit] *s.* **1** portafogli. **2** *(ant.)* sacca da viaggio *(per pellegrini o mendicanti);* bisaccia.

wallflower ['wɔ:l,flauə*] *s.* **1** violaciocca. **2** ragazza che 'fa tappezzeria' a una festa, a un ballo, per mancanza di cavalieri.

Walloon, Wallonian [wɔ'lu:n/wɔ'lounjən] *s. e agg* vallone.

wallop ['wɔləp] *s.* **1** botta; percossa: *Down he went with a wallop!,* Ed ecco che cadde per il gran colpo! **2** *(GB, fam.)* birra.

to **wallop** ['wɔləp] *vt* (**-p-** *oppure* **-pp-**) *(sl. o scherz.)* picchiare; percuotere; colpire duramente; bastonare.

[1]**walloping** ['wɔləpiŋ] *s.* **1** bastonatura; legnate. **2** *(fig.)* grave sconfitta; disfatta: *Our team got a walloping,* La nostra squadra ha subito una sconfitta.

[2]**walloping** ['wɔləpiŋ] *agg (fam.)* gigantesco; madornale: *What a walloping lie!,* Che bugia colossale!

wallow ['wɔlou] *s.* pantano; brago.

to **wallow** ['wɔlou] *vi* **1** rotolarsi; sguazzare: *The pigs wallowed in the mire,* I maiali si rotolavano nella melma. **2** *(fig.)* sguazzare: *to be wallowing in money,* nuotare nell'oro. **3** *(fig.)* compiacersi.

wallpaper ['wɔ:l,peipə*] *s.* carta da parati.

walnut ['wɔ:lnʌt] *s.* noce *(l'albero, il frutto e il legno).*

walrus ['wɔ:lrəs] *s.* tricheco: *a walrus moustache, (fam.)* baffi da tricheco; baffi spioventi.

waltz [wɔ:ls] *s.* valzer *(mus. e danza).*

to **waltz** [wɔ:ls] *vt e i.* **1** ballare il valzer; volteggiare allegramente: *She waltzed into the room and out again,* Entrò ed uscì dalla stanza volteggiando allegramente — *She waltzes divinely,* Balla il valzer divinamente. **2** far ballare il valzer; far girare a passo di valzer: *He waltzed her round the room,* Le fece fare un giro di valzer. **3** *(seguito da* through*)* superare con estrema facilità *(una prova, un esame).*

wampum ['wɔmpʌm] *s. (collettivo)* 'wampum' *(conchiglie usate dai Pellerossa come ornamento e come moneta).*

wan [wɔn] *agg* pallido; esangue; smunto; smorto; debole. □ *avv* **wanly.**

wand [wɔnd] *s.* **1** bacchetta magica. **2** bastone *(come simbolo di autorità).* **3** *(non molto comune)* bacchetta di direttore d'orchestra.

to **wander** ['wɔndə*] *vi e t.* **1** errare; vagare; vagabondare; girovagare: *to wander over the countryside,* vagare per la campagna — *to wander aimlessly up and down the road,* vagabondare su e giù per la strada senza meta — *Harry wandered in to see me this morning,* Harry è capitato da me stamattina — *wandering star,* pianeta — *wandering Jew,* ebreo errante. **2** deviare dalla giusta direzione *(anche fig.);* smarrire la strada; smarrirsi: *Some of the sheep have wandered away,* Alcune pecore hanno smarrito il gregge — *We wandered (for) miles and miles in the mist,* Vagammo per miglia e miglia nella nebbia. **3** *(fig.)* divagare; errare con la mente; lasciare vagare libera la mente; riandare con la mente: *Don't wander from (o off) the subject (the point),* Non divagare dall'argomento — *His mind is wandering,* La sua mente sta vagando — *His mind (His thoughts) wandered back to his college days,* Ritornò con la mente ai giorni dell'università.

wanderer ['wɔndərə*] *s.* **1** chi va senza meta, vagando. **2** chi smarrisce la strada o devia *(anche fig.): a wanderer from the fold,* una pecorella smarrita.

wanderings ['wɔndəriŋz] *s. pl* **1** lunghi viaggi; peregrinazioni; vagabondaggi. **2** farneticazione; delirio; vaneggiamento.

wanderlust ['wɔndəlʌst] *s. (dal tedesco)* forte aspirazione (vivo desiderio) a viaggiare.

wane [wein] *s.* declino: *(spec. nella frase) to be on the wane,* essere in declino.

to **wane** [wein] *vi* calare; decrescere *(della luna); (fig.)* declinare; indebolirsi; rimpicciolirsi: *His strength (influence, reputation) is waning,* La sua forza (influenza, reputazione) sta declinando, è in declino.

wangle ['wæŋgl] *s.* intrigo; raggiro; maneggio; manovra subdola: *to get sth by a wangle,* procurarsi qcsa con un raggiro.

to **wangle** ['wæŋgl] *vt (fam.)* estorcere; ottenere brigando; procacciarsi con l'astuzia; 'strappare': *to wangle an extra week's holiday,* ottenere (brigando) una settimana di ferie in più.

to **wank** [wæŋk] *vi (volg.)* masturbarsi.

wanness ['wɔnnis] *s.* pallore; debolezza.

want [wɔnt] *s.* **1** mancanza; penuria; scarsezza; deficienza; difetto: *The earthquake victims are suffering from want of medical supplies,* I terremotati soffrono per mancanza di medicinali — *The plants died from want of water,* Le piante morirono per mancanza d'acqua — *Your work shows want of thought (of care),* Il tuo lavoro dimostra mancanza di riflessione (di cura). **2** bisogno; necessità; indigenza; povertà: *to be in want of sth,* aver bisogno di qcsa — *He is always in want of money,* È sempre a corto di denaro — *The house stands in want of repair,* La casa ha bisogno di riparazioni — *We may one day be in want,* Un giorno potremmo trovarci nell'indigenza. **3** esigenza: *He is a man of few wants,* È un uomo di poche esigenze — *We can supply all your wants,* Possiamo soddisfare tutte le vostre esigenze — *The book meets a long-felt want,* Il libro risponde a una esigenza sentita da tempo — *a wants-list,* un elenco di 'desiderata' *(libri, francobolli, monete antiche, ecc.).*

to **want** [wɔnt] *vt e i.* **1** avere bisogno (di); abbisognare; richiedere: *What do you want?,* Di che cosa hai bisogno? — *These plants are drooping - they want water,* Queste piante stanno languendo: hanno bisogno di acqua — *Wanted, a cook for a small family,* Cercasi cuoca per piccola famiglia — *He is wanted by the police,* È ricercato dalla polizia — *Will you want (be wanting) anything more, sir?,* Ha bisogno d'altro, signore? — *Tell the office-boy that I won't be wanting him this afternoon,* Dite al fattorino che non avrò bisogno di lui oggi pomeriggio — *Your hair wants cutting,* I tuoi capelli hanno bisogno di essere tagliati — *What that boy wants is a good beating,* Ciò di cui ha bisogno quel ragazzo è (Quel ragazzo ha bisogno di) una buona sculacciata.

2 volere; desiderare: *What d'you (do you) want?,* Cosa (Che cosa) vuoi? — *What do you want from (o of, with) me?,* Che cosa vuole da me? — *I don't want her meddling in my affairs,* Non voglio che si immischi nei fatti miei — *Do you want this box opened?,* Vuoi che questa scatola venga aperta? — *Do you want me to open that box?,* Vuoi che apra quella scatola? — *I want a pound of butter, please,* Voglio una libbra di burro, per favore — *She wants to go to Italy,* Desidera andare in Italia — *She wants me to go with her,* Desidera che io vada con lei — *I don't want there to be any misunderstanding,* Desidero che non ci sia alcun malinteso — *to want sth back,* volere indietro (rivolere) qcsa.

3 *(fam.)* dovere *(spec. al condizionale): You want to tell him to mind his own business,* Dovresti dirgli di badare agli affari suoi — *You want to see a doctor,* Faresti bene a farti vedere da un medico — *You want to see your lawyers about that problem,* Dovresti consultare i tuoi avvocati su quella questione.

4 *(piuttosto desueto)* volerci; mancare; essere mancante (*spesso nella forma progressiva* **to be wanting**; *talvolta impers. ant.*: **it wants...**): *A few pages of this book are wanting,* Mancano alcune pagine di questo libro — *He is wanting in courtesy,* Manca di cortesia — *The infinitive of the verb 'must' is wanting,* L'infinito del verbo 'must' manca — *That man is a little wanting,* Quell'uomo è un tantino deficiente — *He was tried and found (to be) wanting,* Venne messo alla prova e fu giudicato non all'altezza *(del compito)* — *It wants one inch of the regulation length,* È più corto di un pollice della (Manca un pollice alla) lunghezza regolamentare — *It wants half an hour to the appointed time,* Ci vuole (Manca) mezz'ora all'ora stabilita.

5 *(spesso seguito da* for: *quasi sempre nella forma negativa)* essere nel bisogno; mancare del necessario: *to want for nothing; not to want for anything,* non mancare di nulla; avere tutto quello che occorre; star bene.

6 to want out, *(fam. USA)* non voler più essere coinvolto; volersi ritirare.

wanted ['wɔntid] *agg* ⇨ **to want 1**: *a wanted notice,* un avviso *(nei commissariati di polizia)* recante fotografia e generalità della persona ricercata.

wanting ['wɔntiŋ] *prep (raro)* senza; in mancanza di: *Wanting mutual trust, friendship is impossible,* Senza reciproca fiducia, l'amicizia è impossibile.

☐ *agg* (= *p. pres. di* **to want** ⇨).

wanton ['wɔntən] *agg* **1** allegro; giocoso; capriccioso; irresponsabile; sventato: *wanton breezes,* venticelli capricciosi — *in a wanton mood,* in atteggiamento giocoso. **2** sfrenato; lussureggiante; selvaggio; incontrollato: *a wanton growth,* una crescita lussureggiante *(di erbe)* — *... in wanton profusion,* ... in profusione (incontrollata). **3** vandalico; inutile; arbitrario: *wanton destruction,* distruzione vandalica; vandalismo — *a wanton insult,* un insulto gratuito. **4** immorale; licenzioso; impudico; dissoluto: *wanton thoughts,* pensieri impudichi.

☐ *s. (desueto)* donna dissoluta.

to **wanton** ['wɔntən] *vi (raro)* **1** scherzare; giocare; folleggiare: *The wind was wantoning with the leaves,* Il vento scherzava con le foglie. **2** agire, comportarsi in modo licenzioso.

wantonness ['wɔntənnis] *s.* **1** leggerezza; allegria sfrenata; capriccio. **2** licenziosità; dissolutezza; immoralità.

war [wɔ:*] *s.* guerra *(anche fig.)*; lotta; battaglia: *civil war,* guerra civile — *the cold war,* la guerra fredda — *We have had two world wars in this century,* Abbiamo avuto due guerre mondiali in questo secolo — *to be at war,* essere in guerra — *They were at war with three great powers,* Erano in guerra con tre grandi potenze — *to make (to wage) war upon sb,* scendere in guerra contro qcno — *to go to war (against) sb,* iniziare la guerra contro qcno — *to carry the war into the enemy's camp,* portare la guerra in campo nemico *(anche fig.)*; attaccare il nemico — *the art (the God) of war,* l'arte (il dio) della guerra — *a war of nerves,* una guerra dei nervi — *the war of the elements,* la guerra (l'infuriare) degli elementi — *the war on want,* la lotta contro la povertà — *to declare war on (o upon) sb,* dichiarare guerra a qcno — *a declaration of war,* una dichiarazione di guerra — *to have been in the wars, (fam., spesso scherz.)* essersela vista brutta; essere piuttosto malconcio — *war game,* 'gioco di guerra'; simulazione di scontro militare *(come esercitazione teorica, con l'aiuto di elaboratori elettronici, ecc.)* — *war-baby,* figlio di guerra — *war-bride,* sposa di guerra — *war-widow,* vedova di guerra — *war-cloud(s),* nube (minaccia) di guerra — *war-cry,* - **a)** grido di guerra - **b)** motto; slogan *(di una fazione politica)* — *war-horse,* - **a)** cavallo da carica, da guerra, da battaglia - **b)** veterano — *War Office, (GB, fino al 1964)* Ministero della Guerra — *war-paint,* - **a)** pittura di guerra *(che alcuni popoli primitivi si fanno sul corpo prima del combattimento)* - **b)** *(scherz.)* grande uniforme: *The General was in full war-paint,* Il generale era in grande uniforme - **c)** *(sl.)* trucco; maquillage *(fr.)* — ⇨ *anche* **warhead, warlord, warmonger, warpath, wartime.**

to **war** [wɔ:*] *vi* (**-rr-**) fare (la) guerra; lottare; battersi: *to be warring for supremacy,* lottare per la supremazia.

warble ['wɔ:bl] *s.* trillo; gorgheggio; modulazione; canto *(d'uccello)*.

to **warble** ['wɔ:bl] *vi e t. (di uccelli)* trillare; gorgheggiare.

warbler ['wɔ:blə*] *s.* uccello gorgheggiante (del genere Silviidi: usignolo; cannaiola; cannareccione; forapaglie, ecc.).

ward [wɔ:d] *s.* **1** difesa; guardia; sorveglianza: *to keep watch and ward,* vigilare; fare la guardia. **2** *(dir.)* custodia; stato di custodia; tutela: *a child in ward,* un bimbo sotto tutela. **3** *(per estensione)* minorenne; persona sotto tutela; pupillo (pupilla). **4** rione; circoscrizione territoriale. **5** reparto; sezione; corsia *(di ospedale)*. **6** *(al pl.)* risalti e ritagli di chiave o di serratura.

to **ward** [wɔ:d] *vt (seguito da* off*)* evitare; schivare; parare.

warden ['wɔ:dn] *s.* **1** sovrintendente; reggente; governatore; rettore; guardiano; direttore: *the warden of a youth hostel,* il direttore di un ostello della gioventù — *prison warden, (USA)* direttore di un carcere — *air-raid warden, (GB)* capo fabbricato responsabile di determinati servizi durante le incursioni aeree nemiche — *traffic wardens, (GB)* addetti (sorveglianti) ai parcheggi; posteggiatori. **2** *(ant., tranne in casi particolari)* titolo di taluni governatori o presidenti: *the Warden of Merton,* il presidente di Merton College *(all'Università di Oxford)*.

warder ['wɔ:də*] *s.* carceriere; guardia carceraria; secondino; sentinella *(di carcere)*.

wardress ['wɔ:dris] *s.* carceriera.

wardrobe ['wɔ:droub] *s.* **1** guardaroba; armadio. **2** guardaroba; vestiti; corredo d'abiti.

wardroom ['wɔ:drum] *s. (marina)* quadrato degli ufficiali.

wardship ['wɔ:dʃip] *s. (dir.)* custodia; *(spec. di un minorenne)* tutela.

ware [wɛə*] *s.* **1** *(collettivo: generalm. nei composti)* manufatti, articoli, oggetti (di): *silver(-)ware,* argenteria — *iron(-)ware; hard(-)ware,* ferramenta (articoli in ferro). **2** *(al pl.)* merci; prodotti; articoli in vendita; mercanzia: *to advertise one's wares,* fare pubblicità per la propria mercanzia — *small wares,* articoli di merceria.

to **ware** [wɛə*] *vt (usato all'imperativo)* fare attenzione; evitare: *Ware wire!,* Attenzione al filo spinato! *(nella caccia alla volpe)*.

warehouse ['wɛəhaus] *s.* deposito; magazzino.

to **warehouse** ['wɛəhauz] *vt* mettere (tenere, custodire) in un deposito (magazzino).

warehouseman ['wɛəhausmən] *s.* magazziniere.

warehousing ['wɛəhauziŋ] *s.* magazzinaggio; immagazzinamento.

warfare ['wɔ:fɛə*] *s.* guerra; il guerreggiare: *the horrors of modern warfare,* gli orrori della guerra moderna — *nuclear warfare,* la guerra nucleare.

warhead ['wɔ:hed] *s.* testata esplosiva *(di ordigno, spec. missile nucleare).*

warily ['wɛərili] *avv* ⇨ **wary.**

wariness ['wɛərinis] *s.* circospezione; cautela; diffidenza.

warlike ['wɔ:laik] *agg* **1** bellicoso; guerresco: *a cruel and warlike people,* un popolo crudele e bellicoso. **2** di guerra; bellico: *warlike preparations,* preparativi bellici *(di guerra).*

warlock ['wɔ:lɔk] *s.* stregone.

warlord ['wɔ:lɔ:d] *s.* grande capo militare.

warm [wɔ:m] *agg* **1** caldo *(generalm. di temperatura gradevole);* tiepido: *It was warm, but not hot, yesterday,* Era una giornata tiepida, ma non calda ieri — *Come and get warm by the fire,* Vieni a scaldarti vicino al fuoco — *Put your warmest clothes on before you go out in the snow,* Indossa gli indumenti più caldi che hai prima di uscire nella neve — *Red, yellow and orange are called warm colours,* Il rosso, il giallo e l'arancione sono considerati colori caldi — *warm work,* - **a)** lavoro che fa sudare - **b)** lavoro pericoloso — *to make things warm for sb,* rendere la vita difficile a qcno — *warm blood, (zool.)* sangue caldo — *warm-blooded,* di (dal) sangue caldo. **2** affettuoso; caloroso; cordiale; espansivo: *to give sb a warm welcome,* dare a qcno un caloroso benvenuto — *a warm friend (supporter),* un affettuoso amico (un caloroso sostenitore) — *He has a warm heart,* Ha un animo espansivo — *warm-hearted, (agg.)* espansivo; dal cuore affettuoso. **3** *(di traccia o odore di selvaggina)* recente; fresco; *(nei giochi infantili)* fuoco: *You're getting warm!,* Ci sei vicino, focherello!

□ *avv* **warmly.**

□ *s.* **1** *(fam.)* scaldata; atto del riscaldare: *Come by the fire and have a warm,* Vieni accanto al fuoco e datti una scaldata. **2** *(GB) British warm,* specie di soprabito pesante, di foggia militare. **3** *in the warm,* al caldo.

to **warm** [wɔ:m] *vt* scaldare; riscaldare: *to warm oneself (one's hands) by the fire,* scaldarsi (scaldarsi le mani) accanto al fuoco — *a warming drink,* una bevanda che riscalda — *Please warm (up) this milk,* Per favore, scalda questo latte — *to warm sb (sb's jacket), (sl.)* darle a qcno di santa ragione — *warming-pan,* scaldaletto; scaldino.

□ *vi* animarsi; scaldarsi; riscaldarsi; eccitarsi; entusiasmarsi; appassionarsi: *The milk is warming (up) on the stove,* Il latte si sta scaldando sul fornello — *He warmed up as he went on with his speech,* Si animò andando avanti nel discorso — *He is beginning to warm to the task,* Incomincia ad appassionarsi al lavoro.

warmer ['wɔ:mə*] *s. (generalm. usato nei composti)* scaldino; oggetto *(o anche fig., persona, discorso, scritto)* che serve per scaldare (eccitare, appassionare): *dish-warmer,* scaldavivande — *foot-warmer,* scaldapiedi.

warmonger ['wɔ:,mʌŋgə*] *s.* guerrafondaio.

warmth [wɔ:mθ] *s.* calore; calorosità; tepore: *He was flattered by the warmth of his welcome,* Fu lusingato dal calore della sua accoglienza — *He answered with warmth,* Rispose con calore.

warm-up ['wɔ:mʌp] *s.* **1** *(sport)* esercizi di preparazione ad una gara (per scaldarsi i muscoli); 'preatletica'. **2** fase preparatoria; allenamento.

to **warn** [wɔ:n] *vt* **1** avvertire; preavvertire; ammonire; mettere in guardia: *to warn sb of (about, against) sth,* avvertire qcno di qcsa — *He was warned of the danger,* Fu avvertito del pericolo — *We warned them not to go skating on such thin ice,* Li ammonimmo di non andare a pattinare su un ghiaccio così sottile — *You've been warned,* Siete stati avvertiti — *He warned me that there were pick-pockets in the crowd,* Mi avvertì che c'erano dei borsaioli tra la folla. **2** *(mil.)* designare: *to warn sb for guard,* designare qcno per la guardia (intimare a qcno di fare la guardia). **3** *(dir.)* diffidare. **4** **to warn sb off,** ordinare (intimare) a qcno di allontanarsi: *He was warned off,* Gli venne intimato di allontanarsi.

warning ['wɔ:niŋ] *s.* **1** avvertimento; ammonimento; monito: *He paid no attention to my warnings,* Non prestò alcuna attenzione ai miei ammonimenti — *Let this be a warning to you,* Questo ti serva di monito — *You should take warning from what happened to me,* Dovresti trarre ammonimento da ciò che è capitato a me — *The enemy attacked without warning,* Il nemico attaccò improvvisamente — *air-raid warning,* segnale di allarme aereo — *early warning system* ⇨ **early I** *agg.* **2** *(non molto comune)* preavviso di licenziamento: *to give warning,* licenziare, licenziarsi; dare gli otto giorni — *The gardener has given me a week's warning,* Il giardiniere mi ha comunicato che si licenzierà tra una settimana. **3** *(dir.)* diffida. **4** *(su un cartello) Warning!,* Attenzione!; Pericolo!

□ *agg* ammonitore: *He gave me a warning look,* Mi diede un'occhiata ammonitrice — *warning light,* spia luminosa.

warp [wɔ:p] *s.* **1** deformazione; torsione *(di legname).* **2** *(industria tessile)* ordito. **3** *(fig.)* deformazione; perversione. **4** cavo da tonneggio *(per spostare un bastimento).* **5** deposito alluvionale.

to **warp** [wɔ:p] *vt* **1** piegare; deformare; alterare; guastare; torcere, torcersi: *The hot sun warped the boards,* Il sole caldo deformò le tavole — *His judgment is warped by self-interest,* Il suo giudizio è alterato dall'interesse. **2** *(nell'industria tessile)* ordire. **3** spostare *(un bastimento)* per mezzo di funi; tonneggiare. **4** fertilizzare *(un terreno)* con sedimenti alluvionali.

□ *vi* piegarsi; deformarsi; torcersi; alterarsi; curvarsi: *Some gramophone records warp in very hot weather,* Certi dischi si deformano quando fa molto caldo.

warpath ['wɔ:pɑ:θ] *s. (usato solo nell'espressione) to be on the warpath,* essere sul sentiero di guerra.

warped [wɔ:pt] *agg* (*da* **to warp**) **1** deformato; distorto; curvato. **2** *(di persona)* pervertito; deviato.

warping ['wɔ:piŋ] *s.* (*da* **to warp** ⇨) **1** distorsione; deformazione. **2** *(industria tessile)* orditura: *warping machine,* orditoio. **3** *(fig.)* deviazione; pervertimento.

warrant ['wɔrənt] *s.* **1** diritto; autorità; giustificazione: *He had no warrant for saying so,* Non aveva alcun diritto di parlare così. **2** *(dir. e comm.)* mandato; autorizzazione scritta; ordine: *a warrant of arrest; a warrant for the arrest of sb,* un mandato di cattura — *death-warrant,* ordine di esecuzione — *Here are the warrants for your dividends,* Ecco i mandati per i vostri dividendi — *distress warrant,* ordine di sequestro — *dock warrant,* certificato di deposito — *search warrant,* mandato di perquisizione — *stock* *warrant,* certificato di azione al portatore. **3** nomina, brevetto di sottufficiale: *warrant officer,* sottufficiale (sergente maggiore nell'esercito; nostromo in marina). **4** garanzia; garante: *This letter is a warrant of his honesty,* Questa lettera è una garanzia della sua onestà.

to **warrant** ['wɔrənt] *vt* **1** giustificare; autorizzare; legittimare: *Nothing can warrant such insolence,* Niente può giustificare una simile insolenza. **2** garantire; attestare; assicurare *(comm. e ant.): This material is warranted (to be) pure silk,* Questo tessuto è garantito di pura seta — *I'll warrant him an honest and reliable fellow,* Attesto che è una persona onesta e responsabile — *I can't warrant it to be (I can't warrant that it is) genuine,* Non posso garantire della sua genuinità (che sia genuino).

warrantee [,wɔrən'ti:] *s.* persona in favore della quale viene data una garanzia.

warrantor ['wɔrəntɔ:*] *s.* garante; mallevadore.

warranty ['wɔrənti] *s.* **1** autorizzazione; giustificazione: *What warranty have you for doing this?,* Quale autorizzazione avete per fare questo? **2** *(spec. USA, ma ora anche GB)* garanzia: *Can you give me a warranty of quality for these goods?,* Potete darmi una garanzia di qualità per questa merce?

warren ['wɔrin/'wɔrən] *s.* appezzamento di terreno pieno di tane di conigli; conigliera; garenna; recinto per conigli.

warring ['wɔ:riŋ] *agg* (*p. pres. di* **to war**) guerriero.

warrior ['wɔriə*] *s.* guerriero; combattente.

warship ['wɔ:ʃip] *s.* nave da guerra.

wart [wɔ:t] *s.* verruca; bitorzolo; escrescenza; porro. ☐ **wart hog,** facocero *(tipo di maiale africano).*

wartime ['wɔ:taim] *s. (spesso attrib.)* tempo di guerra; guerra (periodo di): *in wartime,* in tempo di guerra — *wartime regulations (rationing),* regolamenti (razionamenti) del tempo di guerra.

warty ['wɔ:ti] *agg* verrucoso; bitorzoluto.

wary ['wɛəri] *agg* cauto; circospetto; attento: *a wary look,* uno sguardo circospetto — *to be wary of outriders,* stare attento agli estranei — *to be wary of giving offence,* stare attento a non offendere — *to keep a wary eye on sb,* tener d'occhio qcno — *a wary old fox,* una vecchia volpe diffidente. ☐ *avv* **warily.**

was [wɔz/wəz] *1ª e 3ª persona sing del pass. di* **to be** ⇨: *I was very angry,* Ero molto arrabbiato — *I was told he was coming by train,* Mi dissero che veniva col treno — *He was late,* Arrivò in ritardo.

wash [wɔʃ] *s.* **1** atto del lavare; lavata; lavaggio; abluzione: *I must go and have a wash,* Devo andare a darmi una lavatina — *Will you give the car a wash (a wash-down) please?,* Volete per favore dare una lavata all'auto? — *wash-basin; wash-bowl,* catino; bacinella; lavandino — *wash-stand, (mobile)* portacatino — *wash-room,* toeletta; gabinetto — *stomach-wash,* lavanda gastrica.
2 bucato; biancheria da lavare: *She has a large wash this week,* Deve fare un grosso bucato questa settimana — *She was hanging out the wash,* Stava stendendo il bucato — *All my shirts are at the wash,* Tutte le mie camicie sono a bucato — *When does the wash come back from the laundry?,* Quando arriva il bucato dalla lavanderia? — *wash-board,* asse, tavola per il bucato — *wash-day,* giorno di bucato — *wash-house,* lavanderia; lavatoio — *wash-tub,* mastello, tinozza per il bucato — *It will all come out in the wash, (fig.)* Vedrai che tutti i nodi vengono al pettine.
3 sciabordio; flusso; scia *(di nave): the wash of the waves,* lo sciabordio delle onde — *the wash made by a steamer's propellers,* la scia lasciata dalle eliche di un piroscafo.
4 sbobba; brodaglia; broda *(dei maiali);* risciacquatura: *This soup is a mere wash,* Questa minestra è una vera risciacquatura.
5 mano di colore; imbiancatura; acquarello; guazzo: *wash-drawing,* pittura a tempera.
6 lozione; liquido *(generalm. come secondo componente di una parola composta): mouth-wash,* colluttorio — *eye-wash,* - **a)** liquido per gli occhi; bagno oculare - **b)** *(fam.)* sciocchezze; 'balle' — *hair-wash,* lozione per capelli.
☐ *wash-sale, (USA, sl.)* finta vendita in Borsa.

to **wash** [wɔʃ] *vt e i.* **1** lavare, lavarsi; fare il bucato: *to wash one's hands,* lavarsi le mani — *to wash one's clothes,* lavare i propri indumenti — *I wash my hands of it,* Me ne lavo le mani — *Wash them clean,* Lavali bene — *Go and wash (yourself),* Vai a lavarti — *I must wash before dinner,* Debbo lavarmi prima di pranzo — *He never washes in cold water,* Non si lava mai con l'acqua fredda.
2 essere lavabile; lavarsi: *Does this material wash well?,* Si lava bene questa stoffa? — *That excuse will not wash, (fig.)* Quella scusa non convince (non regge).
3 bagnare; lambire; spazzare *(del mare o di corso d'acqua): The sea washes the base of the cliffs,* Il mare lambisce (spazza) la base delle scogliere.
4 *(del mare o di corsi d'acqua)* spazzare (via); gettare; trasportare: *He was washed overboard by a huge wave,* Fu gettato oltre la murata da un'enorme ondata: ⇨ *anche* **to wash away** b) *e* **to wash up** b).
5 scavare: *The water had washed a channel in the sand,* L'acqua aveva scavato un canale nella sabbia.
6 *(del mare o di corsi d'acqua)* infrangersi; sbattere *(spesso seguito da una parola che definisce meglio il senso del movimento; p.es.* along, out, in, into, over, *ecc.): We heard the waves washing against the sides of our boat,* Sentivamo le ondate infrangersi contro i fianchi della nostra barca — *Huge waves washed over the deck,* Onde colossali si abbattevano sulla coperta.
to wash away, - **a)** lavare via; rimuovere (togliere) lavando - **b)** *(di onde, ecc.)* portar via; spazzar via - **c)** erodere.
to wash down, - **a)** lavare con getti d'acqua: *to wash down a car (the decks of a ship),* lavare con getti d'acqua un'auto (il ponte di una nave) - **b)** innaffiare *(accompagnare il cibo con una bevanda): My lunch was bread and cheese washed down with beer,* Feci colazione con pane e formaggio, innaffiati di birra.
to wash off, - **a)** rimuovere, eliminare lavando; lavar via: *to wash dirty marks off a wall,* lavar via macchie di sporco da una parete - **b)** scomparire (con il lavaggio).
to wash out, - **a)** lavare via; eliminare lavando: *to wash out blood stains,* lavar via macchie di sangue - **b)** *(della pioggia)* interrompere *(una strada, una ferrovia);* provocare l'abbandono di una partita *(p.es. di cricket)* - **c)** *to be (to look, to feel) washed out,* essere (sembrare, sentirsi) sfinito, stremato, 'distrutto'.
to wash up, - **a)** rigovernare; lavare i piatti, posate, ecc. - **b)** *(delle onde)* portare *(relitti, ecc.)* sulla spiaggia - **c)** *(USA)* lavarsi. ☐ *He's all washed-up,* È un fallito.

washable ['wɔʃəbl] *agg* lavabile; che può essere lavato.

washer ['wɔʃə*] *s.* **1** lavatrice; lavastoviglie. **2** rondella; rosetta.

washer-woman ['wɔʃə,wumən] *s.* (*pl.* **washerwomen**) lavandaia.

washing ['wɔʃiŋ] *s.* **1** lavatura; lavaggio. **2** biancheria da lavare; bucato: *to hang out the washing,* stendere il bucato — *washing-board,* asse per lavare — *washing-day,* giorno del bucato — *washing-machine,* lavabiancheria; lavatrice automatica — *washing-powder,* polvere per lavare; detersivo — *washing-soda,* soda da bucato — *washing-up,* piatti da lavare; rigovernatura.

wash-out ['wɔʃaut] **1** interruzione (di strada o di ferrovia) provocata da una piena. **2** *(fam.)* fiasco; fallimento clamoroso.

washy ['wɔʃi] *agg* diluito; acquoso; *(di colori)* sbiadito; pallido; *(di sentimenti, stile, ecc.)* scialbo; annacquato; fiacco.

wasn't ['wɔznt] *contraz di* was not *(1ª e 3ª persona del pass. di* **to be**, *forma negativa) Why wasn't I told?,* Perché non mi è stato detto? — *He said he wasn't coming,* Disse che non sarebbe venuto.

wasp [wɔsp] *s.* vespa: *wasp-waist,* vitino di vespa.

waspish ['wɔspiʃ] *agg* irritabile; stizzoso; bisbetico; collerico; pungente. □ *avv* **waspishly.**

wassail ['wɔsl/'wɔseil/'wæseil] *s. (ant.)* **1** bisboccia. **2** birra con spezie.

to **wassail** ['wɔseil] *vi (ant.)* far baldoria sbevazzando.

wassailer ['wɔseilə*] *s. (ant.)* gozzovigliatore; chi fa bisboccia.

wast [wɔst] (*ant. e poet.: 2ª persona sing. pass. di* **to be**) *thou wast,* tu eri; tu fosti.

wastage ['weistidʒ] *s.* spreco; sciupio; quantità persa per spreco.

waste [weist] *agg* **1** deserto; desolato; incolto; spoglio; improduttivo; squallido; *(di terreno)* sterile: *waste land,* terreno sterile (desolato, improduttivo) — *to lay waste,* devastare; saccheggiare; rendere sterile. **2** inutile; di scarto; di rifiuto: *waste paper,* carta straccia *(carta di rifiuto)* — *waste paper basket (USA: waste basket),* cestino per la carta straccia — *waste products,* materiali di rifiuto; scarti *(di lavorazione).*

□ *s.* **1** spreco; sciupio; consumo disordinato o sfrenato; perdita: *It's a waste of time,* È uno spreco di tempo — *There's too much waste in this house,* C'è troppo spreco in questa casa — *to go (to run) to waste,* andare sprecato; sprecarsi — *What a pity to see all that water running to waste!,* Che peccato vedere tutta quell'acqua andare sprecata! **2** scarto; rifiuto: *waste-pipe,* tubo (condutture) di scarto — *waste water,* acque di scolo; liquame — *cotton (silk, wool, top) waste,* cascame di cotone (seta, lana, pettinato). **3** *(spesso al pl.)* deserto; territorio desolato, sterile; landa; distesa desolata: *the wastes of the Sahara,* le distese desolate del Sahara — *a waste of waters,* una distesa desolata di acque — *waste-land,* deserto; terra desolata; zona desertica.

to **waste** [weist] *vt* **1** sciupare; sprecare; sperperare; dissipare: *to waste one's time and money,* sprecare il proprio tempo e denaro — *to waste one's words (one's breath),* sprecare le parole (il fiato) — *All his efforts were wasted,* Tutti i suoi sforzi furono sprecati — *Waste not, want not, (prov.)* Chi non spreca non avrà bisogno. **2** devastare; saccheggiare; isterilire. **3** logorare; consumare: *a wasting disease,* una malattia che consuma — *His body was wasted by long illness,* Il suo corpo era consumato dalla lunga malattia.

□ *vi* **1** logorarsi; consumarsi: *He's wasting away,* Si sta consumando (spegnendo). **2** sprecarsi; andare sprecato: *Turn that tap off - the water is wasting,* Chiudi quel rubinetto: l'acqua va sprecata.

wasteful ['weistful] *agg* rovinoso; dispendioso: *wasteful habits,* abitudini rovinose (dispendiose). □ *avv* **wastefully.**

waster ['weistə*] *s.* perditempo; fannullone; buono a niente.

wastrel ['weistrəl] *s.* buono a nulla; fannullone; sprecone; dissipatore; sperperatore; scialacquatore; spendaccione.

[1]**watch** [wɔtʃ] *s.* **1** attenzione; vigilanza; guardia: *to keep watch,* fare la guardia — *to keep watch over sb,* sorvegliare qcno — *to be on the watch,* stare all'erta — *watch-tower,* scolta; torre di guardia — ⇨ *anche* **watchdog, watchman, watchword.** **2** *(stor.: generalm. al sing. con l'art. determinativo:* the watch*)* ronda; pattuglia di vigilanza: *the constables of the watch,* i poliziotti della ronda — *to call out the watch,* chiamare la ronda. **3** *(naut.)* guardia; (turno) di guardia: *port (starboard) watch,* guardia di sinistra (destra) — *the first watch,* il primo turno di guardia *(dalle otto di sera a mezzanotte)* — *the middle watch,* il secondo turno di guardia *(da mezzanotte alle quattro)* — *the dog-watches,* i due turni di guardia serali *(dalle quattro alle sei e dalle sei alle otto)* — *to be on watch,* essere di guardia *(su una nave)* — *to keep watch,* essere di guardia. **4** *(ant.)* veglia; periodo di veglia insonne: *in the watches of the night,* nei momenti di insonnia.

to **watch** [wɔtʃ] *vt e i.* **1** guardare; osservare; stare attento; seguire *(con lo sguardo e con l'attenzione): Watch me carefully,* Osservatemi attentamente — *Watch what I do and how I do it,* Guardate bene quello che faccio e come lo faccio — *We sat there watching the cricket,* Sedemmo lì a guardare il cricket — *Are you going to play or only watch?,* Giochi o stai solo a guardare? — *I have to watch my weight,* Devo stare attento al peso; Devo guardarmi (nel mangiare) — *He watched to see what would happen,* Stette a guardare quello che sarebbe accaduto — *I sat watching the shadows creep across the meadow,* Stavo seduto ad osservare le ombre strisciare lungo il prato — *Don't just sit there watching: do something!,* Non stare lì a guardare: fa' qualcosa! — *I watched her cross the street,* La osservavo mentre attraversava la strada — *My lawyer is watching the case for me (holds a watching brief for me),* Il mio avvocato sta seguendo il caso per me — *The doctor told her to watch for symptoms of measles,* Il dottore le disse di stare attenta ai sintomi del morbillo — *Will you watch (over) my clothes while I have a swim?,* Vuoi tener d'occhio i miei indumenti mentre faccio una nuotata? — *to watch one's time,* aspettare il momento favorevole (giusto) — *Watch out!,* Sta' attento!; Attenzione! — *Watch your tongue!,* Sta' attento a quello che dici! — *Watch what you're doing!,* Attento a quello che fai! — *to watch one's step,* - **a)** stare attento a dove si mettono i piedi - **b)** badare a non commettere errori. **2** *(ant.)* vegliare; restare, stare sveglio: *to watch all night at the bedside of a sick child,* vegliare tutta la notte al capezzale di un bimbo malato.

[2]**watch** [wɔtʃ] *s.* orologio *(da tasca o da polso): watch-case,* cassa dell'orologio — *watch-chain,* catena dell'orologio — *watch-glass,* vetro dell'orologio; vetro da orologio — *watch-key,* chiave (chiavetta) dell'orologio — *watch-pocket,* taschino dell'orologio —

stop-watch, orologio ad arresto; cronometro — ⇨ *anche* **watchmaker**.

watchdog ['wɔtʃdɔg] *s.* **1** cane di (da) guardia. **2** *(per estensione)* organizzazione o individuo preposto al controllo, alla sorveglianza.

watcher ['wɔtʃə*] *s.* osservatore; osservatrice.

watchful ['wɔtʃful] *agg* attento; vigilante; in guardia. □ *avv* **watchfully**.

watchfulness ['wɔtʃfulnis] *s.* vigilanza; attenzione.

watchmaker ['wɔtʃ,meikə*] *s.* orologiaio.

watchman ['wɔtʃmən/-men] *s.* (*pl.* **watchmen**) **1** *(stor.)* membro della ronda. **2** guardiano; sorvegliante.

watchword ['wɔtʃwə:d] *s.* parola d'ordine; motto.

water ['wɔ:tə*] *s.* **1** acqua: *to take the waters,* fare la cura delle acque — *in Icelandic waters,* in acque (territoriali) islandesi — *a ship for service in Home waters,* una nave destinata al servizio in acque territoriali — *lavender- (rose-) water,* acqua di lavanda (di rose) — *a diamond of the first water,* un diamante della più bell'acqua — *by water,* per via d'acqua — *on the water,* in acqua (in barca, in battello, ecc.) — *under water,* inondato; sommerso dall'acqua; allagato — *in smooth water,* in acque tranquille — *in deep water(s),* in cattive acque (in acque agitate) — *water on the knee,* accumulo patologico di fluido nel ginocchio — *water on the brain,* idrocefalia — *to keep one's head (oneself) above water,* (riuscire a) tenersi a galla — *to get into (to be in) hot water,* cacciarsi (essere) nei guai (nei pasticci) — *to throw cold water on sth,* gettare dell'acqua fredda su qcsa *(anche fig.)* — *to hold water, (di una teoria)* tenere l'acqua; stare a galla; dimostrarsi valida — *to cast (to throw) one's bread upon the water(s), (fig.)* fare del bene senza aspettarsi alcun compenso; seminare bene — *to go through fire and water,* attraversare fuoco e acqua; passarne di tutti i colori *(per qcsa o per qcno)* — *to make water,* - **a)** fare acqua; orinare - **b)** *(di imbarcazione)* fare acqua; avere una falla — *the waters of forgetfulness,* le acque dell'oblio; il Lete — *head-waters* ⇨ **head(-)waters**. **2** marea: *at high (low) water,* con l'alta (con la bassa) marea — *high (low) water mark,* limite dell'alta (bassa) marea.

□ *to spend money like water, (fig.)* avere le mani bucate — *water-biscuit,* 'cracker'; galletta — *water-melon,* anguria; cocomero — *water-bag,* otre — *water-bailiff,* - **a)** *(in un porto)* funzionario della dogana - **b)** guardiapesca — *water-bath, (industria chimica)* bagnomaria — *water-bearing stratum,* falda freatica — *water-bearer,* portatore d'acqua — *water-bird,* uccello acquatico — *water-blister,* vescica *(sulla pelle)* — *water-boa,* serpente d'acqua; anaconda — *water-boat,* nave cisterna — *water-borne,* - **a)** *(di merci)* trasportate per via d'acqua - **b)** *(di malattia)* trasmessa da acque contaminate — *water-bottle,* - **a)** bottiglia dell'acqua - **b)** borraccia — *water-buffalo,* bufalo acquatico; bufalo indiano — *water-bus,* vaporetto — *water-butt,* botte per acqua piovana — *water-carriage,* trasporto *(di merci)* per via d'acqua — *water-cart,* - **a)** carro per il trasporto dell'acqua - **b)** carro per innaffiare; annaffiatrice — *water-clock,* orologio ad acqua — *water-closet,* gabinetto a sciacquone *(ad acqua corrente)* — *water-colour (USA -color),* acquarello *(il materiale, la tecnica pittorica e anche il dipinto)* — *water-colo(u)rist,* acquarellista — *water-cooled,* raffreddato per mezzo dell'acqua — *water-cooler,* raffreddatore d'acqua — *water-craft,* imbarcazione, imbarcazioni — *water-diviner,* rabdomante — *water-fly,* insetto acquatico — *water-gate,* cateratta; chiusa — *water-hen,* gallinella di pantano — *water-hole,* polla d'acqua; pozza d'acqua — *water-ice,* sorbetto — *water-line,* - **a)** linea di galleggiamento: *the load water-line,* linea di galleggiamento a nave carica — *(light) water-line,* linea di galleggiamento a nave non carica - **b)** *(industria della carta)* linea della filigrana — *water-main,* condotta centrale dell'acqua — *water-meadow,* marcita — *water-melon,* cocomero; 'popone' — *water-meter,* contatore dell'acqua — *water-mill,* mulino ad acqua — *water-pipe,* tubo (conduttura) dell'acqua — *water-plane,* - **a)** piano di galleggiamento - **b)** idrovolante — *water-polo,* pallanuoto — *water-power,* energia idraulica — *water-pump,* pompa ad acqua — *water-softener,* depuratore dell'acqua — *water-spaniel,* cane 'spaniel' addestrato per la caccia in palude — *water-spout,* - **a)** tubo di scarico; grondaia - **b)** tromba marina — *water-supply,* riserva, approvvigionamento idrico — *water-system,* impianto idrico — *water-table,* falda freatica — *The water-table has been lowered by drought,* La falda freatica si è abbassata a causa della siccità — *water-tank,* cisterna; serbatoio dell'acqua — *water-tower,* torre serbatoio — *water-wheel,* ruota idraulica — *water-wings,* salvagente *(per imparare a nuotare)* — *water-worn,* levigato, consumato, corroso dall'acqua — ⇨ *anche* **watercourse, watercress, waterfall, waterfowl, watertight, waterworks,** *ecc.*

to **water** ['wɔ:tə*] *vt* **1** innaffiare; irrigare; bagnare: *to water the lawn,* innaffiare il prato — *watering-can,* innaffiatoio — *watering-cart,* innaffiatrice; carro per innaffiare *(le strade).* **2** abbeverare; dare acqua: *to water the horses,* abbeverare i cavalli. **3** annacquare *(anche fig.);* diluire; allungare con acqua; *(fig., finanza)* gonfiare artificiosamente *(il capitale di una società, emettendo nuove azioni): This milk has been watered (down),* Questo latte è stato annacquato — *The story has been watered down,* La storia è stata annacquata. **4** *(industria tessile)* marezzare.

□ *vi* inumidirsi; bagnarsi; *(degli occhi)* lacrimare; velarsi di lacrime: *The smoke made my eyes water,* Il fumo mi fece lacrimare gli occhi — *to make sb's mouth water,* far venire l'acquolina in bocca a qcno.

watercourse ['wɔ:təkɔ:s] *s.* **1** corso d'acqua. **2** canale. **3** *(naut.)* ombrinale.

watercress ['wɔ:təkres] *s.* crescione d'acqua.

watered ['wɔ:təd] *(p. pass. usato come agg.)* bagnato; irrigato; rifornito d'acqua: *a country watered by numerous rivers,* un paese bagnato (irrigato) da numerosi fiumi. □ *watered silk,* seta marezzata.

waterfall ['wɔ:təfɔ:l] *s.* cascata; cateratta.

waterfowl ['wɔ:təfaul] *s.* uccello acquatico; *(spesso collettivo)* uccelli acquatici.

waterfront ['wɔ:təfrʌnt] *s. (di città)* lungofiume; lungolago; lungomare; *(per estensione)* porto.

waterglass ['wɔ:tə,glæs] *s.* **1** soluzione di silicato di soda *(usata per la conservazione delle uova).* **2** indicatore di livello *(per caldaie).*

watering ['wɔ:təriŋ] *s.* **1** innaffiamento. **2** *(agricoltura)* irrigazione. **3** marezzatura *(della seta).* **4** approvvigionamento d'acqua.

watering-place ['wɔ:təriŋ,pleis] *s.* **1** pozzo d'acqua. **2** abbeveratoio. **3** località termale; sorgente idroterapeutica. **4** località balneare.

waterlily ['wɔ:tə,lili] *s.* ninfea.

waterlogged ['wɔ:təlɔgd] *agg* **1** *(di nave)* carica d'acqua al punto da risultare ingovernabile. **2** *(di legno)* impregnato d'acqua; *(di terreno)* fradicio; sommerso. **3** *(di sostanza chimica)* saturo.

Waterloo [,wɔ:tə'lu:] *nome proprio (nell'espressione)*

to meet one's Waterloo, andare incontro alla propria disfatta.

waterman ['wɔ:təmən] *s.* (*pl.* **watermen**) barcaiolo.

watermark ['wɔ:təmɑ:k] *s.* **1** filigrana. **2** livello raggiunto dall'acqua. **3** indicatore del livello dell'acqua.

to **watermark** ['wɔ:təmɑ:k] *vt* 'filigranare' *(la carta).*

waterproof ['wɔ:təpru:f] *agg* impermeabile.

to **waterproof** ['wɔ:təpru:f] *vt* rendere impermeabile; impermeabilizzare.

watershed ['wɔ:təʃed] *s.* spartiacque.

waterside ['wɔ:təsaid] *s.* riva; sponda; *(di lago, fiume, mare)* litorale.

watertight ['wɔ:tətait] *agg* **1** a tenuta d'acqua; stagno. **2** inconfutabile; ineccepibile: *a watertight alibi,* un alibi ferreo.

waterway ['wɔ:təwei] *s.* **1** corso d'acqua navigabile. **2** *(naut.)* trincarino.

waterworks ['wɔ:təwə:ks] *s.* **1** impianto idrico; acquedotto. **2** giochi d'acqua; fontane. **3** *(fam.)* apparato urinario o *(più comunemente)* lacrimatorio: *to turn on the waterworks, (fam.)* mettersi a piangere.

watery ['wɔ:təri] *agg* **1** acquoso; pieno d'acqua *(spec. di verdure cotte).* **2** *(di colore)* pallido; sbiadito; slavato. **3** *(di occhi o labbra)* umido; bagnato; colante; lacrimoso. **4** preannunciante pioggia: *a watery moon,* una luna che annuncia pioggia. □ *He found a watery grave,* Trovò la morte nell'acqua.

watt [wɔt] *s.* 'watt' *(unità di potenza elettrica).*

[1]**wattle** ['wɔtl] *s.* **1** canniccio; intreccio di canne o vimini: *wattle and daub,* graticcio ricoperto di argilla per muri e tetti. **2** acacia di tipo australiano *(i cui fiori gialli costituiscono l'emblema nazionale).*

[2]**wattle** ['wɔtl] *s. (di uccello)* bargiglio.

wave [weiv] *s.* **1** onda; flutto *(anche fig.);* maroso: *in waves,* a ondate (successive) — *The infantry attacked in waves,* La fanteria attaccò a ondate. **2** movimento (ondeggiante); cenno: *with a wave of his hand,* con un cenno della mano. **3** ondulazione; sinuosità: *She has a natural wave in her hair,* Ha i capelli naturalmente ondulati. **4** ondata; dilagazione; diffusione crescente e costante: *a wave of indignation,* un'ondata di indignazione — *a crime wave,* un'ondata di criminalità — *a heat wave,* un'ondata di caldo. **5** *(fis., radio, ecc.)* onda: *wave-band,* gamma di lunghezza d'onda — *wave-changer; wave-change switch,* commutatore di frequenza (di gamma) — *wave-front,* fronte d'onda — *wave-guide,* guida d'onda — *wave-meter,* lunghezza d'onda — *long (medium, short) waves,* onde lunghe (medie, corte) — ⇨ *anche* **wavelength.**

to **wave** [weiv] *vt* **1** agitare; far ondeggiare: *to wave one's hand to sb,* agitare la mano in direzione di qcno — *to wave one's umbrella,* agitare il proprio ombrello. **2** *(seguito da un sostantivo, o da un avv. che indica direzione:* away, on, *ecc.)* fare un segno; accennare *(agitando o facendo ondeggiare qcsa): He waved us away,* Ci fece segno di andarcene — *The officer waved his men on (back),* L'ufficiale fece segno ai suoi uomini di avanzare (di tornare indietro) — *She waved me a greeting,* Mi fece un segno di saluto (agitando la mano) — *She waved adieu to us from the doorway,* Ci salutò dalla soglia — *to wave aside,* scartare; accantonare; mettere da parte *(una proposta, ecc.).* **3** ondulare: *She has had her hair permanently waved,* Si è fatta fare la permanente.

□ *vi* **1** ondeggiare; fluttuare; sventolare. **2** fare un cenno con la mano. **3** essere ondulato; essere sinuoso: *Her hair waves beautifully,* I suoi capelli sono deliziosamente ondulati.

wavelength ['weivleŋθ] *s.* lunghezza d'onda: *to be on sb's wavelength, (fig.)* essere in sintonia con qcno.

to **waver** ['weivə*] *vi* **1** ondeggiare; oscillare; vacillare. **2** vacillare; titubare; esitare; tentennare; indietreggiare: *His courage wavered,* Il suo coraggio cominciò a venir meno — *He wavered in his resolution,* Tentennò nella sua decisione — *The line of troops wavered and then broke,* Lo schieramento dei soldati vacillò e poi cedette. **3** esitare; essere in dubbio: *to waver between two opinions,* essere in dubbio tra due pareri.

waverer ['weivərə*] *s.* persona irresoluta, titubante, vacillante.

wavering ['weivəriŋ] *agg* (*p. pres. di* **to waver** ⇨) **1** oscillante; vacillante; guizzante: *wavering shadows,* ombre vacillanti — *wavering flames,* fiamme guizzanti. **2** titubante; esitante; irresoluto; tentennante; indeciso.

□ *s.* **1** oscillazione; guizzo. **2** esitazione; titubanza; indecisione.

wavy ['weivi] *agg* ondulato; ondeggiante; ondoso: *a wavy line,* una linea ondulata (ondeggiante) — *wavy hair,* capelli ondulati — *the Wavy Navy, (GB, sl., desueto)* la 'Royal Naval Volunteer Reserve' *(corpo dei riservisti volontari della marina militare).* □ *avv* **wavily.**

[1]**wax** [wæks] *s.* **1** cera: *paraffin wax,* paraffina solida — *cobbler's wax,* cera (pece) da calzolai — *ear-wax,* cerume *(delle orecchie)* — *sealing-wax,* ceralacca — *wax chandler,* fabbricante di candele di cera — *a wax candle,* una candela di cera — *a wax doll,* una bambola di cera — *wax-end,* spago incerato *(da calzolaio)* — *wax-light,* candela di cera — ⇨ *anche* **waxwork. 2** prima registrazione (su disco).

[1]to **wax** [wæks] *vt* **1** dare la cera; cospargere di cera; incerare: *to wax furniture,* dare la cera ai mobili — *waxed paper,* carta paraffinata; carta oleata. **2** fare la prima registrazione *(di qcsa)* su disco.

[2]**wax** [wæks] *s. (sl.)* scatto di rabbia; scoppio d'ira: *to get into a wax,* avere uno scoppio d'ira.

[2]to **wax** [wæks] *vi* **1** *(spec. della luna)* crescere; essere in aumento. **2** *(ant., ora solo in alcune espressioni fisse)* divenire; farsi: *to wax merry,* diventare allegro — *to wax indignant,* indignarsi — *to wax eloquent,* farsi eloquente — *to wax strong,* irrobustirsi.

waxen ['wæksən] *agg* **1** *(ant.)* fatto di cera. **2** cereo: *a waxen complexion,* un colorito cereo. **3** come cera; morbido; plasmabile.

waxwork ['wækswə:k] *s.* **1** modello (statua) in cera. **2** *(al pl.)* museo delle cere.

[1]**waxy** ['wæksi] *agg* **1** cereo; bianco come la cera. **2** morbido; tenero; liscio, plasmabile come la cera: *waxy potatoes,* patate morbide e liscie come la cera.

[2]**waxy** ['wæksi] *agg* arrabbiato; incollerito.

way [wei] *s.* **1** via *(anche fig.);* strada; sentiero: *Which is the best (the quickest, the shortest) way there?,* Qual è la via migliore (la più rapida, la più breve)? — *(the) way in,* (l')entrata — *(the) way out,* (l')uscita — *Can you find your way home?,* Riesci a trovare la strada per tornare a casa? — *We lost the way (our way) in the dark,* Perdemmo la strada al buio — *We'd better stop and ask the way,* Faremmo meglio a fermarci e chiedere la strada — *a way across the fields,* un sentiero attraverso i campi — *My friend lives across (o over) the way,* Il mio amico abita dall'altro lato della strada — *There is no way through,* Non si può passare — *to pave the way for sth,* preparare il terreno per qcsa — *to go one's way,* andarsene per la propria strada — *to lead the way,* far strada; fare da guida — *to pick one's way,* procedere con cautela, studiando ogni passo — *to make the best of one's way,* andare il più veloce possibile — *to make one's way to (o towards) a place,* andare a (verso) un luogo — *to make one's way forward,* avanzare — *to make one's way back,* tornare (indietro) — *to make one's way out,* uscire — *He has made his way in life,* Si è fatto strada nella vita — *at the parting of the ways, (fig.)* al bivio; al momento decisivo; al punto cruciale — *the Way of the Cross,* la Via Crucis — *the Appian Way,* la via Appia — *out of the way,* eccezionale; fuori del comune — *He has done nothing out of the way yet,* Non ha ancora fatto niente di eccezionale — *out-of-the-way, (attrib.)* remoto; isolato — *an out-of-the-way place,* un luogo remoto, isolato — *by way of..., (prep.)* via... — *He came by way of Dover,* Arrivò via Dover *(ma ⇨ anche il* **9**, *sotto)* — *by the way,* strada facendo; durante il viaggio — *the permanent way,* la strada ferrata — *on the way,* strada facendo — *I'll buy some on the (on my) way home,* Ne comprerò tornando a casa — *He's on the way to success,* È sulla via del successo — *to be well on the way,* essere a buon punto — *Help is on the way,* I soccorsi stanno per arrivare — *He's in a fair way to succeed,* È sulla buona strada; È probabile che riesca — *to be on the way out,* essere in declino *(di persona, costume, ecc.); (fig., fam.)* essere superato, fuori moda.

2 movimento in una certa direzione *(spec. in acqua o sull'acqua);* velocità; progresso: *to gather (to lose) way,* guadagnare (perdere) velocità — *The boat slowly gathered way,* Lentamente la barca prese velocità — *to be under way; to have way on, (di nave)* muoversi sull'acqua — *to get under way,* cominciare ad avanzare — *to make way (headway), (lett., fig.)* avanzare; progredire — *to give way, (di rematori)* remare con foga.

3 modo; maniera; via: *the right (wrong, best, ecc.) way to do sth (of doing sth),* il modo giusto (sbagliato, migliore, ecc.) di fare qcsa — *Is this the way to do it?,* È questo il modo di farlo? — *Do it (in) your own way if you don't like my way,* Fallo a modo tuo se non ti piace il mio — *The work must be finished one way or another,* Il lavoro deve essere finito in un modo o in un altro — *There are no two ways about it,* C'è poco da discutere — *ways and means,* metodi e mezzi — *to have (to get) one's own way,* fare come si vuole; ottenere ciò che si vuole; averla vinta — *to go (to take) one's own way,* fare di testa propria; non seguire i consigli degli altri — *any way; anyway,* in ogni modo (o caso); comunque — *each way (both ways), (nelle scommesse sui cavalli)* vincente e piazzato — *to be in the family way, (fam.)* essere incinta — *the good old ways,* le vecchie buone abitudini — *English ways of living,* il modo di vivere degli inglesi — *to be set in one's ways,* essere molto abitudinario — *the way of the world,* l'andamento del mondo — *It's not his way to be mean,* Non è abitudine essere meschino — *Don't take offence: it's only his way,* Non offenderti: è solo il suo modo di fare — *to my way of thinking,* secondo me; a mio modo di vedere — *He's a clever man in some ways,* Sotto certi aspetti è un uomo intelligente — *He is in no way to blame,* Non è da biasimare sotto nessun punto di vista — *Can I help you in any way?,* Posso aiutarti in qualche modo? — *in a way,* in un certo senso — *He's a bit of a wag in his way,* A modo suo è un po' un buontempone.

4 distanza: *a short way,* non molto distante — *'How far is it?' - 'It's some way',* 'Quanto dista?' - 'Un bel pezzo di strada' — *It's a long way off (from here),* È molto distante, lontano (da qui) — *Your work is still a long way from perfection,* Il tuo lavoro è ancora molto lontano dalla perfezione — *Your work this week is better by a long way,* Il tuo lavoro questa settimana è di gran lunga migliore — *This will go a long way in (o towards) overcoming the initial difficulties,* Questo sarà molto utile per superare le difficoltà iniziali.

4 direzione; parte: *He went this (that, the other) way,* Andò in questa (in quella, nell'altra) direzione — *Look this way, please,* Guarda da questa parte, per favore — *Such opportunities never come my way,* Occasioni di questo genere non mi capitano mai — *You've got your hat on the wrong way,* Ti sei messo male il cappello — *to put sb in the way of sth,* mettere qcno nelle condizioni di ottenere qcsa — *A kind friend put him in the way of earning a living,* Un amico gentile lo mise in condizione di guadagnarsi da vivere.

6 *(fam., solo al sing.)* dintorni; paraggi: *He lives somewhere Reading way (down Reading way),* Abita in qualche posto nelle vicinanze di Reading — *The crops are looking very well our way,* Dalle nostre parti il raccolto si preannunzia molto buono — *down your way,* dalle vostre parti.

7 stato; condizione: *She was in a terrible way,* Era in uno stato spaventoso — *Things are in a bad way,* Le cose hanno preso una brutta piega — *in a small way,* su piccola scala; modestamente; senza pretese — *a printer in a small way,* un tipografo senza pretese — *to live in a small way,* vivere modestamente — *to live in a big way,* vivere dispendiosamente.

8 sfera; campo (d'attività): *to do sth in the way of business,* fare qcsa come mestiere — *This is not in my way,* Questo esula dal mio campo (non è di mia competenza).

9 *by way of,* - **a)** a titolo di: *to say sth by way of apology (introduction),* dire qcsa a titolo di scusa (d'introduzione) - **b)** con l'intenzione di; con lo scopo di: *to make inquiries by way of learning the facts of the case,* fare ricerche con lo scopo di conoscere i particolari del fatto.

10 *(naut., al pl.)* scalo di costruzione; invasatura.

□ *way-bill, (comm.)* nota di spedizione; lista di passeggeri, di merci — *way-train, (USA)* treno locale — *to want to have it both ways,* volere fare i propri comodi — *one-way street,* strada a senso unico — *once in a way,* una volta ogni tanto — *Where there's a will there's a way, (prov.)* Volere è potere — *to put oneself out of one's way (to do sth),* scomodarsi (a fare qcsa); farsi in quattro — *to go out of one's way (to do sth),* fare di tutto (per fare qcsa) — *He went out of his way to be rude to me,* Fece di tutto per essere scortese con me — *Don't stand in the way,* Non stare tra i piedi — *to get in the way, (di persone)* mettersi tra i piedi; *(di cose in generale)* essere ingombrante — *Tell the boy not to get in the way,* Di' al ragazzo di non mettersi tra i piedi — *Get out of my way!,* Togliti di mezzo!; Levati dai piedi! — *Don't let this stand in your way!,* Che questo non ti sia d'impaccio! — *Clear the way!,* Sgomberare!; Lasciare libero il passaggio!; Circolare! — *Put it out of harm's way,* Mettilo al sicuro — *I don't see my way clear to helping you,* Non vedo in che modo potrei aiutarti — *I don't see my way to finding the money,* Non vedo come trovare il denaro — *to make way (for sb),* far posto; far largo (a qcno) — *to get sth out of the way,* sistemare qcsa; sbarazzarsi di qcsa — *to put sb out of the way,* mettere qcno in prigione; sbarazzarsi di qcno *(anche uccidendolo)* — *right of way,* diritto di passaggio; precedenza — *to give way to sth (sb),* cedere il passo — *to give way,* cedere *(anche fig.)* — *to give way to one's feelings,* sfogarsi — *What have we in the way of food?,* Cosa c'è da mangiare?; Cosa abbiamo come cibo?

[2]**way** [wei] *avv* (= **away,** *talvolta scritto* **'way.** *Intensificativo con prep.: p.es.* way above; way back; way out; way past, *ecc.*): *I met him way ('way) back in 1920,* Lo conobbi nell'ormai lontano 1920 — *It's way past your bed-time,* La tua ora di andare a letto è passata da un pezzo.

☐ **way out,** - **a)** *avv e agg* lontano: *I can see a ship way out to sea,* Vedo una nave, in lontananza, sul mare — *Your answer was way out,* La tua risposta era completamente sbagliata - **b)** *agg (col trattino:* way-out*)* eccentrico; stravagante: *way-out clothes,* abbigliamento eccentrico.

wayfarer ['wei,fɛərə*] *s. (ant. e lett.)* viandante; viaggiatore *(spec. a piedi).*

wayfaring ['wei,fɛəriŋ] *agg* viaggiante.

to **waylay** [wei'lei] *vt (pass. e p. pass.* **waylaid***)* tendere un agguato; aspettare al varco: *He was waylaid by bandits,* Gli fu tesa un'imboscata dai banditi.

way-out ['wei(j)aut] *agg* ⇨ *sotto* [2]**way.**

way(-)side ['weisaid] *s. (spesso attrib.)* margine; ciglio; sponda *(della strada, di un sentiero, ecc.)*: *to fall by the wayside, (anche fig.)* cadere per la strada — *a wayside inn,* una locanda (osteria) lungo la strada — *wayside flowers,* fiori che crescono lungo la strada, sul ciglio.

wayward ['weiwəd] *agg* ostinato; cocciuto; indocile; capriccioso; ribelle: *a wayward child,* un bambino testardo. ☐ *avv* **waywardly.**

waywardness ['weiwədnis] *s.* ostinazione; capricciosità.

we [wi:] *pron personale soggetto di 1ª persona pl* noi: *We're going to Paris tomorrow,* Andiamo a Parigi domani.

weak [wi:k] *agg* **1** debole *(anche gramm.)*; gracile; fiacco; delicato; poco resistente — *too weak to walk,* troppo debole per camminare — *to be weak in the legs,* essere debole di gambe — *to be weak in spelling,* essere debole in ortografia — *the weak points of an argument (of a plan),* i punti deboli di un argomento (di un progetto) — *the weaker sex,* il sesso debole — *weak-kneed,* fiacco; *(spesso)* smidollato. **2** *(di liquido, soluzione, infuso)* poco concentrato; leggero; diluito; non forte — *weak tea,* tè leggero — *a weak solution,* una soluzione diluita (poco concentrata).

☐ *avv* **weakly,** debolmente.

to **weaken** ['wi:kən] *vt* indebolire; infiacchire; rendere debole.

☐ *vi* indebolirsi; infiacchirsi; diventare debole.

weakening ['wi:kəniŋ] *agg (da* **to weaken** ⇨*)* che indebolisce.

☐ *s.* indebolimento.

weakling ['wi:kliŋ] *s.* creatura debole, gracile; individuo debole.

weakly ['wi:kli] *agg* gracile; malaticcio: *a weakly child,* un bambino gracile (malaticcio).

☐ *avv* ⇨ **weak.**

weakness ['wi:knis] *s.* debolezza *(anche fig.* = punto debole*)*: *the weakness of old age,* la debolezza della vecchiaia — *the weakness of a country's defences,* la debolezza delle difese di un paese — *We all have our little weaknesses,* Abbiamo tutti le nostre piccole debolezze — *to have a weakness for sth,* avere un debole per qcsa.

[1]**weal** [wi:l] *s. (ant.)* benessere; prosperità: *(generalm. nelle espressioni) weal and woe,* nella buona e nella cattiva sorte — *for the public (o general, common) weal,* per il benessere comune.

[2]**weal** [wi:l] *s.* marchio *(di frusta, ecc.)*; livido.

weald [wi:ld] *s. (generalm. poet.)* **1** aperta campagna. **2** regione boscosa. ☐ *the Weald,* regione dell'Inghilterra meridionale (tra il Sussex e il Kent).

wealth [welθ] *s.* **1** ricchezza; patrimonio; beni; sostanze: *a man of great wealth,* un uomo di grande ricchezza — *to acquire great wealth,* entrare in possesso di grandi ricchezze. **2** gran quantità o gran numero; profusione; abbondanza: *a book with a wealth of illustrations,* un libro con abbondanza di illustrazioni.

wealthy ['welθi] *agg* ricco; danaroso; abbondante; opulento. ☐ *avv* **wealthily.**

wean [wi:n] *s. (scozzese)* bimbo.

to **wean** [wi:n] *vt* **1** svezzare *(un bambino o un cucciolo)*; togliere il latte. **2** disabituare; far perdere l'abitudine; distogliere.

weaning ['wi:niŋ] *s.* divezzamento; svezzamento.

weapon ['wepən] *s.* arma *(anche fig.)*.

weaponless ['wepənlis] *agg* disarmato; inerme.

wear [wɛə*] *s.* **1** uso *(spec. di abiti)*: *a coat that has been in constant wear,* un soprabito che è stato portato continuamente. **2** uso; consumo; usura; logoramento: *These shoes show signs of wear,* Queste scarpe cominciano a mostrare i segni dell'uso — *This coat is beginning to look the worse for wear,* Questo soprabito comincia ad essere sciupato — *The carpets are showing signs of wear,* I tappeti mostrano i segni dell'uso — *wear and tear,* usura; consumo; logoramento — *fair wear and tear,* usura (consumo) normale. **3** *(per estensione)* resistenza; durata; capacità d'uso: *This material will stand any amount of wear,* Questo tessuto resisterà a lungo — *There's not much wear left in these shoes,* Queste scarpe non dureranno ancora per molto. **4** *(spec. nei composti)* indumenti: *under-wear,* biancheria intima — *foot-wear,* calzature — *ladies' wear,* articoli per signora — *a shop that specializes in children's wear,* un negozio che è specializzato in confezioni per bambini.

to **wear** [wɛə*] *vt e i. (pass.* **wore**; *p. pass.* **worn***)* **1** portare; indossare; avere addosso: *He was wearing a hat (spectacles, a beard, ecc.),* Portava il cappello (gli occhiali, la barba, ecc.) — *This is a style that is much worn now,* Questo è uno stile molto in uso adesso (di gran moda) — *She never wears green,* Non si veste mai di verde — *to wear one's hair long,* portare i capelli lunghi — *to wear one's years lightly,* portare bene gli anni.

2 avere; mostrare: *She was wearing a troubled look,* Aveva un'aria preoccupata — *The house wore a neglected look,* La casa aveva un aspetto trasandato.

3 consumare, consumarsi; logorare, logorarsi: *The steps had been worn away,* I gradini si erano consumati — *This old overcoat is terribly worn,* Questo vecchio soprabito è molto logoro — *I have worn my socks into holes,* Ho bucato i calzini a forza di usarli — *to wear thin* ⇨ **thin** — *In time a path was worn across the field,* Coll'andar del tempo attraverso il campo si formò la traccia di un sentiero.

4 durare; resistere: *Good leather will wear for years,* Il cuoio di buona qualità dura anni — *This cloth has worn well (badly),* Questo tessuto è durato a lungo (poco).

☐ *to wear the crown,* - **a)** portare la corona, essere re

b) essere un martire — *Old Mr Smith is wearing well,* Il vecchio Mr Smith resiste bene (è ancora in gamba) — *to wear the trousers, (fig.)* dominare il marito.

to wear away, - **a)** logorare; consumare: *The footsteps of thousands of visitors had worn away the steps,* I passi di migliaia di visitatori avevano consumato i gradini - **b)** consumarsi: *The inscription has worn away,* L'iscrizione si è consumata - **c)** sciupare *(tempo);* sprecare *(la propria vita).*

to wear down, - **a)** logorare; consumare: *The heels of these shoes are worn down,* I tacchi di queste scarpe sono consumati - **b)** estenuare; logorare: *to wear down the enemy's resistance,* fiaccare la resistenza nemica.

to wear off, - **a)** consumarsi; essere cancellato: *The nap quickly wore off,* Il pelo si consumò presto - **b)** svanire: *The novelty will soon wear off,* Le novità tramontano presto.

to wear on, *(di tempo)* passare lentamente.

to wear out, - **a)** logorare; consumare; logorarsi; consumarsi: *My shoes are worn out,* Le mie scarpe sono consumate — *Cheap shoes soon wear out,* Le scarpe a poco prezzo si consumano presto - **b)** estenuare; esaurire; logorare; stancare: *I am worn out with all this hard work,* Sono esaurito da tutto questo lavoro pesante — *to feel worn out,* sentirsi a pezzi, sfinito — *His patience wore out at last,* Finalmente perse la pazienza — *He has worn out his welcome,* Ha approfittato troppo dell'ospitalità - **c)** esaurirsi; logorarsi; stancarsi; consumarsi: *His patience was worn out,* La sua pazienza era giunta al limite.

wearable ['wɛərəbl] *agg (di indumenti)* portabile; che si può indossare.

wearer ['wɛərə*] *s.* chi porta (un indumento).

weariness ['wiərinis] *s.* **1** stanchezza; fatica. **2** tedio; noia.

wearing ['wɛəriŋ] *agg (dal p. pres. di* **to wear** ⇨) **1** da portare; da indossare: *wearing-apparel,* indumenti; abiti; vestiario. **2** faticoso; logorante; che stanca: *a wearing day,* una giornata faticosa.

wearisome ['wiərisəm] *agg* **1** faticoso; stancante. **2** uggioso; tedioso; interminabile.

weary ['wiəri] *agg* **1** stanco; affaticato. **2** stancante; affaticante; faticoso: *a weary journey,* un viaggio faticoso — *after walking ten weary miles...,* dopo aver camminato per dieci faticose miglia... — *a weary Willie, (fam.)* un Michelaccio; un fannullone — *to have a weary time,* stancarsi; annoiarsi a morte.
□ *avv* **wearily**.

to **weary** ['wiəri] *vt* affaticare; stancare: *to weary sb with requests,* stancare qcno con delle richieste — *to be wearied with marching and climbing,* essere stanco di camminare e arrampicarsi.
□ *vi (seguito da* of*)* stancarsi; stufarsi (di qcsa): *to weary of living all alone,* stancarsi di vivere tutto solo.

weasel ['wi:zl] *s.* **1** donnola. **2** *(fig.)* spione; persona spregevole, che agisce furtivamente. □ *weasel-faced,* dal volto affilato e furbo.

to **weasel** ['wi:zl] *vt solo in* **1 to weasel on sb,** tradire qcno *(p.es. facendo una 'soffiata').* **2 to weasel out,** ritirarsi da vile.

weather ['weðə*] *s.* tempo *(atmosferico): He stays indoors in wet weather,* Sta in casa quando il tempo è umido — *bad weather,* cattivo (brutto) tempo; maltempo — *She goes out in all weathers,* Esce con qualsiasi tempo — *What is the weather like?,* Com'è il tempo?; Che tempo fa? — *to make bad weather, (naut.)* essere colto da una burrasca — *to make good weather, (naut.)* imbattersi nel bel tempo — *a weather-beaten face,* un viso segnato dalle intemperie — *weather-bound, (di nave, ecc.)* trattenuto dal cattivo tempo — *weather-bureau,* ufficio meteorologico — *weather-chart (-map),* carta meteorologica — *weather-glass,* barometro — *weather-proof,* resistente alle intemperie — *weather-ship,* nave destinata alle osservazioni meteorologiche — *weather-vane,* banderuola meteorologica — *weather report,* bollettino meteorologico — *weather-station,* osservatorio meteorologico — *weather-wise,* esperto in meteorologia — *the weather forecast,* le previsioni del tempo — ⇨ *anche* **weathercock, weatherman, weathermost.**

to **weather** ['weðə*] *vt e i.* **1** superare *(una tempesta, ecc.): to weather a storm,* resistere ad una tempesta — *to weather a crisis, (fig.)* superare una crisi. **2** *(naut.)* doppiare: *to weather a cape,* doppiare un capo. **3** stagionare; esporre all'aria, alle intemperie. **4** scolorire, scolorirsi; consumare, consumarsi: *The rocks were weathered by wind and water,* Le rocce erano sgretolate dal vento e dalle intemperie.

weathercock ['weðəkɔk] *s.* segnavento; ventaruola; banderuola; *(fig.)* individuo incostante.

weathering ['weðəriŋ] *s.* azione *(sulla pietra, ecc.)* di agenti atmosferici; sgretolamento; erosione (⇨ **to weather 4**).

weatherman ['weðəmən] *s.* (*pl.* **weathermen**) *(fam.)* addetto al servizio delle previsioni meteorologiche *(specie alla televisione).*

weathermost ['weðəmoust] *agg (generalm. naut.)* (il) più esposto al vento; più sopravvento.

weave [wi:v] *s.* tessuto; tessitura; tipo di tessitura; armatura.

to **weave** [wi:v] *vt e i.* (*pass.* **wove**; *p. pass.* **woven**) **1** tessere; intessere; ordire *(anche fig.);* lavorare a un telaio: *to weave threads together,* tessere insieme dei fili — *to weave a story round an incident,* intessere una storia su un incidente — *to weave a plot,* ordire un intrigo. **2** intrecciare: *to weave flowers into a wreath,* intrecciare fiori per fare una corona — *to weave a garland of flowers,* intrecciare una ghirlanda di fiori. **3** insinuarsi; serpeggiare: *The driver was weaving (his way, in and out) through the traffic,* L'automobilista si faceva strada intrufolandosi nel traffico — *The road weaves through the valleys,* La strada serpeggia attraverso le valli. □ *Get weaving!, (sl.)* Sbrigati!; Su, muoviti!

weaver ['wi:və*] *s.* tessitore.

weaving ['wi:viŋ] *s.* tessitura: *the weaving trade,* il ramo tessile — *power loom weaving,* tessitura meccanica.

web [web] *s.* **1** rete *(generalm. fig.);* trama: *a web of lies,* una rete (una trama) di menzogne. **2** tela *(di ragno o altro animale): a spider's web, cobweb)* la tela di un ragno; una ragnatela. **3** membrana *(di palmipede): web-footed; web-toed,* palmipede. **4** *(mecc.)* ingegno; spalla; braccio *(di manovella);* maschetta; *(ferrovia)* anima; gambo *(di rotaia).* **5** *(tipografia)* rotolo di carta da stampare: *web-press,* rotativa — *cotton (silk, wool) web,* tessuto di cotone (seta, lana). □ *web-eye, (patologia)* pterigio.

webbed ['webd] *agg* palmato; unito da una membrana: *webbed feet,* piedi palmati.

webbing ['webiŋ] *s.* tessuto robusto *(per cinture, cinghie, ecc.).*

we'd [wi:d] *contraz di* - **a)** we had: *We'd already seen it,* L'avevamo già visto - **b)** we should, we would: *We'd like to go now,* Vorremmo andare ora.

to **wed** [wed] *vt e i.* **(-dd-) 1** sposare, sposarsi: *wedded* *life,* vita coniugale — *one's wedded wife, (generalm. scherz.)* la legittima sposa. **2** unire; combinare: *to wed simplicity to beauty,* unire la semplicità alla bellezza — *to be wedded to sth,* essere devoto a (attaccato a) qcsa in modo indissolubile — *He is wedded to his own opinions and nothing can change him,* È molto attaccato alle sue opinioni e nulla può cambiarlo.

wedding ['wediŋ] *s.* matrimonio *(la cerimonia);* sposalizio; sponsali; nozze; *(attrib.)* nuziale: *silver (golden, diamond) wedding,* nozze d'argento (d'oro, di diamante) — *wedding breakfast,* rinfresco nuziale — *wedding-cake,* torta nuziale — *wedding-guest,* invitato alle nozze — *wedding-march,* marcia nuziale — *wedding-ring,* anello nuziale; fede nuziale.

wedge [wedʒ] *s.* **1** cuneo *(anche fig.);* bietta; zeppa: *wedge-shaped,* a forma di cuneo; cuneiforme — *the thin end of the wedge, (fig.)* fatto di importanza trascurabile al momento, destinato tuttavia a causare gravi mutamenti. **2** spicchio; triangolo; oggetto a forma di cuneo: *sliding wedge,* chiavistello; saliscendi.
□ *wedge-gear,* ruota di frizione *(con gola a cuneo).*

to **wedge** [wedʒ] *vt* **1** incuneare; imbiettare; rincalzare con una zeppa. **2** ficcare; conficcare; serrare; incastrare; fissare: *to wedge packing into a crack,* ficcare del materiale in una fessura — *to wedge a door open,* bloccare una porta in modo da farla rimanere aperta.

wedlock ['wedlɔk] *s. (dir. e lett.)* matrimonio; stato coniugale: *to be born in lawful wedlock,* essere nato da un matrimonio legittimo — *to be born out of wedlock,* essere nato al di fuori del matrimonio; essere illegittimo.

Wednesday ['wenzdi/-dei] *s.* mercoledì: *Ash Wednesday,* il mercoledì delle Ceneri.

wee [wi:] *agg (fam.)* piccolissimo; minuscolo; minutissimo: *Put just a wee drop of brandy in my coffee,* Metti solo una goccia di cognac nel mio caffè.
□ *a wee bit, (espressione avverbiale)* un tantino: *She is a wee bit jealous,* È un tantino gelosa.

weed [wi:d] *s.* **1** malerba; erbaccia: *My garden is running to weeds,* Il mio giardino si va ricoprendo di erbacce — *weed-killer,* diserbante; erbicida. **2** *(fig., fam.)* spilungone; allampanato; stanga; sega. **3** *(fig.)* ronzino. **4** ⇨ **weeds. 5** *(fam., ora desueto)* tabacco; sigaro; sigaretta. **6** *(sl.)* marijuana; 'erba'.

to **weed** [wi:d] *vt e i.* **1** sarchiare; ripulire dalle erbacce: *to weed the garden,* ripulire dalle erbacce il giardino — *to be busy weeding,* essere occupato a togliere le erbacce. **2** *(seguito da* out*)* estirpare; sradicare; eliminare; epurare; ripulire: *to weed out the herd,* selezionare il gregge.

weeds [wi:dz] *s. pl* **1** indumenti; abiti. **2** *(generalm.* widow's weeds*)* gramaglie.

weedy ['wi:di] *agg* (**-ier**; **-iest**) **1** ricoperto (pieno, infestato) di erbacce. **2** spilungone; allampanato; magro e lungo: *a weedy young man,* un giovanotto allampanato (spilungone).

week [wi:k] *s.* settimana; periodo di sette giorni; 'otto giorni': *this (last, next) week,* questa (la scorsa, la prossima) settimana — *for the last (next) six weeks,* per le ultime (prossime) sei settimane — *What day of the week is it?,* Che giorno della settimana è oggi? — *I'll see you in a week's time,* Ti vedrò tra una settimana (otto giorni) — *a six weeks' holiday,* una vacanza di sei settimane — *tomorrow week,* domani otto; otto giorni a domani — *yesterday week,* otto giorni ieri — *week in, week out,* per settimane e settimane; una settimana dopo l'altra — *a forty-hour working week,* una settimana lavorativa di quaranta ore. □ *to knock sb into the middle of next week, (fam.)* spedire qcno nel regno dei sogni — ⇨ *anche* **week-day, week-end.**

week-day ['wi:kdei] *s.* giorno feriale *(spesso attrib.): I'm always busy on week-days,* Sono sempre occupato nei giorni feriali — *Are there any week-day services in the church?,* Ci sono servizi feriali nella chiesa?

week-end ['wi:k'end] *s. (spesso attrib.)* fine settimana; vacanze di fine settimane: *to spend the week-end with friends,* passare il fine settimana con amici — *a long week-end,* un fine settimana che dura da venerdì a martedì — *a week-end ticket,* un biglietto (ferroviario) di andata e ritorno a prezzo ridotto per il 'week-end'.

to **week-end** ['wi:k'end] *vi* trascorrere il fine settimana in villeggiatura, con amici, ecc.

week-ender ['wi:k'endə*] *s.* persona che passa il 'week-end' fuori città.

weekly ['wi:kli] *agg* settimanale: *a weekly magazine,* una rivista settimanale.
□ *s.* (rivista) settimanale.
□ *avv* settimanalmente; una volta alla settimana; ogni settimana.

to **ween** [wi:n] *vt (ant.)* credere; pensare; ritenere.

to **weep** [wi:p] *vi e t.* (*pass. e p. pass.* **wept**) piangere; lacrimare; versare lacrime: *to weep for joy,* piangere di gioia — *to weep over one's misfortunes,* piangere sulle proprie disgrazie — *She wept over her sad fate,* Pianse sul suo triste destino — *She wept herself to sleep,* Pianse fino ad addormentarsi.

weeping ['wi:piŋ] *s.* pianto.
□ *agg (spec. di alberi come la betulla e il salice)* piangente.

weevil ['wi:vil] *s.* tonco; curculionide; calandra del grano; punteruolo.

weft [weft] *s. (di tessuto)* trama.

to **weigh** [wei] *vt e i.* **1** pesare; avere peso: *He weighed himself on the scales,* Si pesò sulla bilancia — *It weighs ten pounds,* Pesa dieci libbre — *weighing machine,* pesatrice; pesa; bilancia; pesapersone.
2 soppesare *(anche fig.);* valutare; considerare; confrontare; vagliare: *to weigh a stone in one's hand,* soppesare una pietra — *to weigh one plan against (*o *with) another,* confrontare un piano con un altro — *to weigh the pros and cons,* valutare, considerare il pro e il contro — *to weigh one's words,* soppesare le parole; star bene attento a ciò che si dice — *to weigh (up) the consequences of an action,* considerare bene le conseguenze di un'azione.
3 *to weigh anchor, (naut.)* levare l'ancora; salpare.
to weigh against = *to tell against* ⇨ *sotto* **to tell 4.**
to weigh down, - **a)** piegare: *The fruit weighed the branches down,* I frutti piegavano i rami - **b)** *(fig.)* opprimere: *She was weighed down with sorrow,* Era oppressa dal dolore.
to weigh in, - **a)** *(di fantino, pugile, poco prima di una gara)* pesare, pesarsi - **b)** entrare (intervenire) con forza: *to weigh in with an argument,* intervenire (in una discussione) con un'argomentazione convincente; presentare; farsi avanti — *He weighed in with both hands,* Entrò nella rissa menando colpi con entrambe le mani.
to weigh on, preoccupare; esercitare una forte influenza; opprimere: *The problem weighs heavy on my mind,* Questo problema mi preoccupa molto.
to weigh out, - **a)** *(di fantino, pugile, dopo una gara)* pesare, pesarsi - **b)** pesare e distribuire; dosare: *The grocer was weighing out bags of sugar,* Il droghiere stava pesando sacchetti di zucchero — *She was weighing out flour, sugar, and butter for a cake,* Stava

pesando della farina, dello zucchero e del burro per (fare) una torta.

to weigh up, - **a)** *to weigh sb up,* valutare qcno - **b)** *to weigh sth up,* considerare (prendere in considerazione) qcsa.

to weigh with, convincere; avere importanza: *The point that weighs with me...,* Il punto che per me è importante...

weighbridge ['weibridʒ] *s.* pesatrice a ponte; ponte a pesa: *a public weighbridge,* una pesa pubblica.

weight [weit] *s.* **1** peso; carico; gravame; pesantezza: *Are bananas sold by weight or at so much each?,* Le banane si vendono a peso o a un tanto l'una? — *My weight is 140 lb,* Peso 140 libbre (Kg. 63,500) — *The two boys are (of) the same weight,* I due ragazzi sono dello stesso peso — *He is your superior both in height and in weight,* Ti supera sia in statura che in peso — *That man is twice my weight,* Quell'uomo pesa il doppio di me — *to put on weight,* ingrassare — *to lose weight,* dimagrire — *The pillars have a great weight to bear,* I pilastri devono sopportare un forte carico — *balance weight, (mecc.)* contrappeso — *dead weight,* peso morto — *delivery weight,* peso di consegna — *empty weight,* peso a vuoto — *gross (total) weight,* peso lordo — *net weight,* peso netto — *over (under) weight,* sopra (sotto) il peso — *to be worth one's weight in gold,* valere tanto oro quanto si pesa.

2 peso; oggetto pesante; peso metallico *(tarato, per bilance, ecc.): an ounce (a 100 gramme, a 2 lb) weight,* un peso *(di bilancia)* da un'oncia (da 100 grammi, da 2 libbre) — *a clock worked by weights,* un orologio che funziona a pesi — *paper-weight,* fermacarte — *The doctor says he must not lift weights,* Il dottore dice che non deve sollevare pesi — *weight-lifting, (sport)* sollevamento pesi — *weight-lifter,* pesista.

3 *(fig.)* peso; fardello; preoccupazione; fastidio; responsabilità; aggravio; ostacolo: *That's a great weight off my mind,* È una grande preoccupazione che mi sono tolta — *He has a great weight of responsibility,* Ha (su di sé) una pesante responsabilità.

4 *(fig.)* peso; importanza; influenza; considerazione; stima: *arguments of great weight,* argomentazioni che hanno gran peso — *opinions that carry weight,* opinioni autorevoli — *to throw one's weight about, (fam.)* darsi importanza; darsi delle arie.

5 peso; sistema di misurazione pesi: *troy weight,* sistema di misurazione 'troy' *(usato in GB, USA, ecc., per medicinali e metalli preziosi)* — *avoirdupois weight,* sistema di misurazione 'avoirdupois' *(per oggetti comuni).*

to **weight** [weit] *vt* **1** appesantire; gravare: *a walking-stick weighted with lead,* un bastone da passeggio reso più pesante (rinforzato) con del piombo. **2** *(seguito da* down*) (desueto)* sovraccaricare: *He was weighted down with packages,* Era sovraccarico di pacchi. **3** *(industria tessile)* rinforzare; caricare: *weighted silk,* seta rinforzata. **4** *(statistica)* ponderare: *a weighted average,* media ponderata.

weightiness ['weitinis] *s.* pesantezza; gravame; *(fig.)* gravità; ponderatezza; importanza; influenza; autorità.

weighting ['weitiŋ] *s.* **1** appesantimento. **2** *(industria tessile)* carica.

weightless ['weitlis] *agg* **1** senza peso. **2** *(fig.)* senza importanza.

weightlessness ['weitlisnis] *s.* imponderabilità; stato di assenza di peso.

weightlifter, weightlifting ['weit,liftə*/'weit,liftiŋ] *s.* ⇨ **weight 2**.

weighty ['weiti] *agg* **1** pesante; gravoso. **2** *(fig.)* importante; influente: *weighty considerations (arguments),* considerazioni (argomentazioni) di gran peso. □ *avv* **weightily**.

weir [wiə*] *s.* chiusa; sbarramento *(in un corso d'acqua);* sbarramento di rami *(di una pescaia).*

[1]**weird** [wiəd] *agg* **1** soprannaturale; ultraterreno: *Weird shrieks came from the darkness of the ruined castle,* Grida misteriose provenivano dal buio del castello in rovina. **2** *(fam.)* strano; bizzarro; inesplicabile; misterioso: *What weird hats women sometimes wear!,* Che bizzarri cappelli hanno le donne talvolta! □ *avv* **weirdly**.

[2]**weird** [wiəd] *s. (ant. o scozzese)* **1** fato; destino. **2** incantesimo; malia.

weirdie ['wiədi] *s. (fam.)* persona eccentrica, bizzarra, stramba *(soprattutto nel vestire); (spesso)* 'hippy'.

weirdness ['wiədnis] *s.* carattere soprannaturale; mistero; bizzarria.

Welch [welʃ] *agg* ⇨ **welsh**.

welcome ['welkəm] **I** *agg* **1** benvenuto; bene accetto; gradito: *a welcome visitor,* un ospite bene accetto — *welcome news,* buone notizie — *to make a friend welcome,* fare buone accoglienze ad un amico (fargli sentire che è il benvenuto; accoglierlo calorosamente) — *A loan would be very welcome just now,* Un prestito sarebbe proprio una cosa gradita in questo momento.

2 to be welcome to sth (to do sth), essere *(cordialmente)* autorizzato (a fare qcsa); essere libero di fare qcsa: *You are welcome to borrow my bicycle,* La mia bicicletta è a tua disposizione — *He is welcome to the use of my library,* Metto ben volentieri a sua disposizione la mia biblioteca — *If anyone thinks he can do it better, he's welcome!, (iron.)* Se c'è qualcuno che crede di poter fare meglio, faccia pure! — *You're welcome!, (USA, ora talvolta anche GB)* Non c'è di che!; Prego!

II *interiezione* Benvenuto!; Benvenuti!: *Welcome to England!,* Benvenuti in Inghilterra! — *Welcome aboard!,* Benvenuti a bordo! — *Welcome back!,* Ben tornato! — *Welcome home!,* Ben tornato a casa!

III *s.* benvenuto; buona accoglienza: *We met with a warm (cold) welcome,* Trovammo un'accoglienza cordiale (fredda) — *The heartiest of welcomes awaited us,* Ci attendeva un'accoglienza cordialissima — *to outstay (to overstay) one's welcome,* abusare (approfittare) dell'ospitalità altrui; non essere più un ospite gradito.

to **welcome** ['welkəm] *vt* dare il benvenuto; salutare cordialmente *(qcno che arriva); (fig.)* accogliere *(un'idea, ecc.)* volentieri, con piacere: *to welcome a friend to one's home,* accogliere cordialmente in casa un amico — *to welcome a suggestion warmly (coldly),* accogliere cordialmente, con entusiasmo (freddamente) un suggerimento — *Suggestions are welcomed,* Tutte le proposte sono ben accette.

weld [weld] *s.* saldatura; punto saldato; giunto saldato: *T weld,* giunto saldato a T — *weld time,* tempo di saldatura — *arc weld,* saldatura ad arco.

to **weld** [weld] *vt* saldare *(anche fig.): to weld the pieces of a broken axle,* saldare i pezzi di un asse rotto — *to weld parts together,* saldare insieme delle parti — *arguments that are closely welded,* argomenti che sono strettamente connessi (saldati).

□ *vi* saldarsi: *Some metals weld better than others,* Alcuni metalli si saldano meglio di altri.

welder ['weldə*] *s.* **1** operaio saldatore. **2** macchina saldatrice.

welding ['weldiŋ] *s.* saldatura: *welding machine,* saldatrice — *spot welding,* saldatura a punti — *seam welding,* saldatura continua.

welfare ['welfɛə*] *s.* bene; benessere; prosperità; *(per estensione)* assistenza: *to work for the welfare of the nation,* lavorare per il bene (il benessere) della nazione — *to be solicitous for sb's welfare,* prendersi a cuore il benessere di qcno — *child welfare,* assistenza infantile — *welfare work,* opera (lavoro) assistenziale — *welfare officer,* assistente sociale — *the welfare State,* lo Stato assistenziale.

welk [welk] *s.* acne rosacea; rigonfiamento cutaneo di carattere infiammatorio.

welkin ['welkin] *s. (poet.)* cielo; volta celeste: *to make the welkin ring,* far risuonare (di grida) la volta celeste.

we'll [wi:l] *contraz di* we shall *e di* we will: *We'll come tomorrow,* Verremo domani.

[1]**well** [wel] *s.* **1** pozzo: *to drive (to sink) a well,* scavare un pozzo — *well-water,* acqua di pozzo — *artesian well,* pozzo artesiano — *oil wells,* pozzi petroliferi — *well-shaft,* canna di pozzo — *ink-well,* calamaio — *well-borer,* trivella di perforazione — *well-deck, (naut.)* ponte a pozzo. **2** *(ant. e in alcuni toponimi)* sorgente *(anche fig.)*; fonte: *the well of knowledge,* la fonte del sapere — *well-head; well-spring,* sorgente. **3** *(anche* stair-well*)* tromba delle scale; vano dell'ascensore. **4** *(GB)* spazio riservato agli avvocati in un tribunale.

to **well** [wel] *vi* scaturire; sgorgare; fluire; zampillare: *Tears welled from her eyes (welled up in her eyes),* Le sgorgarono le lacrime dagli occhi — *The blood welled from the wound,* Il sangue sgorgava dalla ferita.

[2]**well** [wel] **I** *avv* (**better, best**) **1** bene; giustamente; con cura; attentamente; diligentemente; completamente *(NB: per l'uso di* **well** *con* **to be** *e* **to get**: *p.es.* Are you well, *ecc.* ⇨ *il* **II** *sotto): The children behaved well,* I bambini si sono comportati bene — *Those children are very well-behaved,* Quei bambini sono molto educati (*per altri composti aggettivali come* well-behaved ⇨ **well- 2**) — *The house is well situated,* La casa si trova in una buona posizione — *He speaks English well,* Parla bene l'inglese — *Well run!,* Bella corsa!; Hai corso bene!; Bravo! — *Well done!,* Bravo!; Ben fatto!; Hai fatto bene! — *I hope everything is going well with you,* Spero che le tue cose procedano tutte bene — *If all goes well...,* Se tutto va (andrà) bene... — *Do these colours go well together?,* Si armonizzano (bene) questi colori? — *Does this colour go well with that colour?,* Questo colore si adatta a quest'altro? — *to do oneself well,* trattarsi bene; non farsi mancar nulla — *to do well by sb,* trattare bene qcno — *to do well to,* fare bene a — *You would do well to say nothing about it,* Faresti bene a non dire niente — *Check the bill well before you pay it,* Controlla bene il conto prima di pagarlo — *Shake the bottle well,* Agitare bene la bottiglia — *Well begun is half done, (prov.)* Chi ben comincia è a metà dell'opera — *All's well that ends well, (prov.)* Tutto è bene quel che finisce bene.

2 con ammirazione; con approvazione; favorevolmente; bene: *to think (to speak) well of sb,* pensare (parlare) bene di qcno — *It speaks well for your teaching methods that all the pupils passed the examination,* Il fatto che tutti gli allievi siano stati promossi depone a favore del tuo metodo d'insegnamento — *to stand well with sb,* essere stimato da qcno; essere nelle grazie di qcno; essere visto bene da qcno; godere dell'apprezzamento o della simpatia di qcno — *He stands well with his employers,* È visto bene (È stimato) dai suoi datori di lavoro.

3 ben; a buona ragione; a buon conto; onestamente; giustamente: *You may well be surprised,* Puoi ben essere sorpreso — *You may well say so,* Puoi ben dirlo — *As you well know...,* Come ben sai... — *We might well make the experiment,* Potremmo a buon conto fare l'esperimento — *I couldn't very well refuse to help them,* Non potevo onestamente rifiutarmi di prestar loro aiuto — *You may quite well give illness as an excuse,* Puoi giustamente addurre come scusa la (tua) malattia.

4 fortunatamente; con fortuna; in modo soddisfacente: *to come off well,* cavarsela bene; aver fortuna — *You are well out of it,* T'è andata bene; Te la sei cavata — *I wish I was well out of this business,* Come vorrei essere fuori da questa faccenda.

5 as well (*avv.: spesso* **just as well**) con eguale ragione; senza altre conseguenze; ormai: *You might (just) as well say that white is black,* Con lo stesso diritto si potrebbe (Tanto vale) sostenere che il bianco è nero — *Our holidays were ruined by the weather; we might (just) as well have stayed at home!,* Le nostre vacanze sono state rovinate dal cattivo tempo; tanto valeva essere rimasti a casa! — *You may as well tell me the truth,* Puoi anche (ormai) dirmi la verità — *It's just as well I didn't lend him the money,* Buon per me che non gli ho anche imprestato del denaro — *Just as well!, (come interiezione)* Meno male!

6 (di) un bel po'; molto: *He was leaning well back (forward) in his chair,* Era tutto piegato all'indietro (in avanti) sulla sedia — *His name is well up in the list,* Il suo nome è quasi in cima alla lista — *He must be well past forty (well over forty years of age),* Deve aver passato da parecchio i quarant'anni — *He is well up in business matters,* In quanto ad affari se ne intende parecchio — *It is well worth trying,* Vale certamente la pena provare — *They're well away!,* Sono un bel po' avanti! — *He's well on the way to success,* È ben avviato sulla strada del successo — *pretty well...,* pressoché...; quasi...; praticamente...

7 ... as well (as), ... come pure; ... in aggiunta a; ... e anche; ... e...: *He gave me money as well as advice,* Mi diede dei soldi e anche dei buoni consigli — *He gave me advice, and money as well,* Mi diede dei consigli, come pure del denaro — *We shall travel by night as well as by day,* Viaggeremo e di giorno e di notte — *Give me those as well,* Dammi anche quelli.

II *agg predicativo* (**better, best**) bene; in buona salute; meglio; consigliabile; preferibile; opportuno: *'How are you?' - 'Quite well, thank you',* 'Come sta?' - 'Abbastanza bene, grazie' — *to be (to feel) well,* star bene — *to look well,* aver buona cera — *to get well,* ristabilirsi *(dopo una malattia)* — *Get well soon!,* Tanti auguri! *(di pronta guarigione)* — *get-well card,* cartolina-augurio — *All's well that ends well, (prov.)* Tutto è bene quel che finisce bene — *All is not well in the world nowadays,* Non tutto va bene nel mondo oggigiorno — *It's all very well (for you) to suggest a holiday in Italy, but how am I to find the money?,* Fai molto bene a suggerirmi una vacanza in Italia, ma come trovo il denaro? — *It would be well to start early,* Sarebbe bene (opportuno) partire presto — *It would be just as well for you to ask your employer's permission,* Sarebbe bene (meglio, opportuno) che tu chiedessi il permesso al tuo datore di lavoro — *It was* *well for you that nobody saw you,* T'è andata bene che nessuno ti abbia visto — *We're very well off where we are,* Ci troviamo benissimo dove siamo — *well off,* fortunato; ricco; benestante — *He does not know when he is well off,* Non sa (capire) quando è fortunato.

III *interiezione* - **a)** *(per esprimere stupore)* beh!; bene!; ebbene!; ma guarda un po'!: *Well, who would have thought it!,* Ma guarda un po', chi l'avrebbe mai pensato! — *Well, well! I should never have guessed it!,* Beh, non l'avrei mai immaginato! — *Well I never!, (fam.)* Ma no!; Ma chi l'avrebbe detto!

b) *(per esprimere sollievo)* bene; finalmente: *Well, here we are at last!,* Bene, eccoci qua finalmente!

c) *(per esprimere rassegnazione)* bene; ebbene; purtroppo: *Well, it can't be helped,* Purtroppo non se ne può fare a meno — *Well, there's nothing we can do about it,* Ebbene, non ci possiamo fare niente.

d) *(per sottolineare un accordo)* benissimo; d'accordo: *Very well, then, we'll talk it over again tomorrow,* Benissimo allora, ne riparleremo di nuovo domani.

e) *(per sottolineare una concessione)* bene; 'mah!'; forse; può darsi: *Well, you may be right,* Mah! Forse hai ragione.

f) *(per riassumere un discorso, una storia)* bene; ebbene; dunque; ordunque: *Well, as I was saying...,* Dunque, come stavo dicendo... — *Well, the next day...,* Ebbene, il giorno seguente...

IV *s.* (il) bene: *to wish sb well,* augurare (ogni) bene (buona fortuna) a qcno — *Let well alone, (prov.)* Il meglio è nemico del bene.

well- [wel] *prefisso* **1** *(come prefisso inseparabile)* ⇨ **wellbeing, welldoing, well-nigh, well-off, well-to-do, wellwisher.**

2 *(unito con trattino a molti p. pass. con funzione di agg. attrib.: seguono i più comuni in ordine alfabetico)* ben; bene: **well-advised,** saggio; prudente: *a well-advised action,* un'azione saggia — **well-appointed,** ben attrezzato; ben equipaggiato: *a well-appointed expedition,* una spedizione ben equipaggiata — **well-balanced,** equilibrato; ben proporzionato — **well-behaved,** educato — **well-born,** di buona famiglia — **well-bred,** educato — **well-conducted,** *(di persona)* disciplinato; ben costumato; che si comporta bene; *(di azienda, affari)* gestito bene — **well-chosen,** ben scelto; trascelto — **well-connected,** di buon parentado; che ha buone relazioni (sociali o commerciali) — **well-defined,** ben definito — **well-disposed** *(towards sb),* benevolo; ben disposto — **well-favoured,** bello; di bell'aspetto — **well-fed,** ben nutrito *(generalm. iron.)* — **well-found,** ben attrezzato; ben provvisto — **well-founded,** (ben) fondato: *well-founded suspicions,* sospetti fondati — **well-groomed,** elegante; vestito con cura — **well-grounded,** ben fondato; bene informato; competente — **well-heeled,** *(fam.)* ricco; benestante — **well-informed,** bene informato; al corrente; aggiornato: *in well-informed quarters,* in ambienti bene informati — *usually well-informed sources,* fonti solitamente attendibili — **well-intentioned,** bene intenzionato; a fin di bene — **well-knit,** forte; robusto; compatto; *(di persona)* ben piantato — **well-known,** noto; ben noto; rinomato — **well-liked,** popolare; amato; ben amato — **well-made,** ben fatto — **well-mannered,** educato; cortese — **well-marked,** ben marcato; chiaro; evidente; distinto — **well-meaning,** bene intenzionato — **well-meant,** inteso, (detto, fatto) a fin di bene — **well-read,** colto; istruito — **well-rounded,** ben tornito; completo; ben fatto — **well-set** = **well-knit** — **well-set-up,** - **a)** ben piantato; rotondo - **b)** economicamente solido; ricco; stabile — **well-spoken,** - **a)** facondo; eloquente; raffinato nel parlare - **b)** detto, pronunciato bene — **well-spoken-of,** di buona reputazione; di buona fama; stimato — **well-timed,** tempestivo; opportuno — **well-tried,** provato; sperimentato (con successo); sicuro — **well-turned,** ben tornito *(di frase, ecc.)* — **well-worn,** - **a)** molto usato; frusto; sdruscito - **b)** *(fig.)* comune; trito; banale.

wellbeing ['wel'bi:iŋ] *s.* benessere; prosperità; felicità: *to have a sense of wellbeing,* avere (provare) un senso di benessere (fisico) — *to work for the wellbeing of the nation,* lavorare per il benessere della nazione.

welldoing ['wel'du:iŋ] *s.* virtù; l'agire bene.

Wellingtons ['weliŋtənz] *s. pl (anche* Wellington boots*)* stivali di gomma alti fino al ginocchio.

well-nigh ['wel'nai] *avv* quasi; praticamente: *It is well-nigh impossible,* È quasi impossibile — *He was well-nigh drowned,* Quasi annegò; Poco mancò che annegasse.

well-off ['wel'ɔf] *agg (fam.)* ⇨ [2]**well II** *agg.*

well-to-do ['weltə'du:] *agg* = **well-off.**

wellwisher ['wel'wiʃə*] *s.* sostenitore; fautore.

Welsh [welʃ] *agg (anche* **Welch,** *nel nome di certi reggimenti)* gallese: *Welsh rabbit (rarebit),* pane tostato con formaggio fuso.

□ *s.* **1** gallese *(la lingua).* **2** *(al pl.) the Welsh,* i Gallesi.

to **welsh** [welʃ] *vi e t. (di allibratore: spesso seguito da* on*)* andarsene alla chetichella senza pagare i vincitori.

welsher ['welʃə*] *s.* allibratore che scappa per non pagare le scommesse.

welt [welt] *s.* **1** *(tra la tomaia e la suola di una scarpa)* guardone; tramezzo. **2** *(raro)* colpo di sferza.

[1]**welter** ['weltə*] *s.* confusione; tumulto; mischia: *the welter of creeds,* la confusione delle fedi — *a welter of meaningless verbiage,* un affastellamento di verbosità senza senso.

[2]**welter** ['weltə*] *agg (nelle espressioni) a welter race,* una corsa per fantini di peso 'welter' — *welter-weight, (nel pugilato)* pugile di peso intermedio tra i leggeri e i medi; peso 'welter'.

to **welter** ['weltə*] *vi* rotolarsi; sguazzare; essere inzuppato, immerso *(spesso fig., nel sangue, ecc.).*

wen [wen] *s.* **1** cisti sebacea; porro. **2** nucleo urbano supersviluppato: *the great wen,* Londra.

wench [wentʃ] *s.* **1** *(ant. e scherz.)* ragazza; fanciulla; giovane donna: *a buxom wench,* una ragazzotta formosa, prosperosa — *a fine strapping wench,* una ragazza bella e robusta. **2** *(un tempo, spec. di ragazza di campagna)* donna di servizio; servotta; ancella.

to **wench** [wentʃ] *vi (ant. e scherz.: spec. nella forma* to go wenching*)* frequentar sgualdrine.

to **wend** [wend] *vt (ant.)* andare: *to wend one's way,* proseguire (andare) per la propria strada — *to wend one's way home,* incamminarsi verso casa.

went [went] *p. pass di* **to go.**

wept [wept] *pass e p. pass di* **to weep.**

we're [wiə*] *contraz di* we are: *Now we're safely at home...,* Ora che siamo giunti a casa sani e salvi...

were [wə:*/wεə*] **1** *pass (2ª persona sing., 1ª, 2ª e 3ª persona pl.) di* **to be** ⇨: *We were there all the afternoon,* Eravamo lì tutto il pomeriggio — *They weren't in,* Non erano a casa. **2** *congiuntivo imperfetto di* **to be**: *If I were you...,* Se io fossi in te...

weren't [wə:nt] *contraz di* were not ⇨ **were 1.**

wer(e)wolf ['wə:wulf] *s.* (*pl.* **wer(e)wolves**) licantropo.

wert [wə:t] (*ant. e poet.: 2ª persona sing. di* **to be**): *thou wert,* tu eri; tu fosti.

Wesleyan ['wezliən/'wesliən] *s. e agg* (membro) della Chiesa Metodista fondata da John Wesley.

west [west] *s.* occidente; ovest *(per estensione, il territorio a occidente): Bristol is in the west of England,* Bristol è nella parte occidentale dell'Inghilterra — *the west,* - **a)** l'occidente; i paesi occidentali *(l'Europa e il Continente americano)* - **b)** l'ovest *(in generale il territorio occidentale di un dato Paese)* — *the Mid-West, (USA)* gli Stati tra i Monti Allegani e le Montagne Rocciose — *the Far West, (USA)* il 'West' *(la regione ad ovest delle Montagne Rocciose).*

□ *agg attrib* occidentale; dell'ovest; dall'ovest: *a west wind,* un vento dell'ovest — *on the west coast,* sulla costa occidentale — *west longitude,* longitudine ovest — *the West End,* il 'West End', quartiere elegante di Londra, da cui: *west-end, (agg.)* del 'West-End' — *West-End theatres,* teatri del 'West-End' — *the West Country,* zona dell'Inghilterra a ovest della linea immaginaria che va dall'isola di Wight alla foce del fiume Severn, da cui: *West-Country, (agg.)* della (caratteristico della) regione anzidetta — *West Point,* West Point; l'Accademia Militare statunitense — *West Side,* il 'West Side'; i quartieri occidentali di New York.

□ *avv* verso occidente; ad ovest: *to sail (to travel) west,* navigare (viaggiare) verso occidente — *to go west, (sl.)* morire; crepare — *west of...,* (ancora più) a ovest di...

westbound ['westbaund] *agg (naut. e ferrovia)* diretto a ovest.

to **wester** ['westə*] *vi* andare verso ovest; volgersi verso ovest.

westering ['westəriŋ] *agg* che va verso l'Ovest.

westerly ['westəli] *agg* verso ovest; in direzione ovest; *(di vento)* proveniente da ovest.

□ *avv* verso ovest.

western ['westən] *agg* occidentale; dell'occidente; dell'ovest *(spesso riferito agli USA).*

□ *s.* 'western'; opera (film, racconto, dramma, ecc.) ambientato nel 'West'.

westerner ['westənə*] *s. (spec. USA)* abitante di uno degli stati occidentali dell'Unione.

westernization [,westənai'zeiʃən] *s.* occidentalizzazione.

to **westernize** ['westənaiz] *vt* occidentalizzare, occidentalizzarsi.

westernmost ['westənmoust] *agg* il più occidentale; all'estremo occidente.

westing ['westiŋ] *s. (naut.)* distanza percorsa verso l'occidente.

[1]**westward** ['westwəd] *agg* volto a occidente; a ponente; occidentale: *in a westward direction,* in direzione ovest.

[2]**westward(s)** ['westwəd(z)] *avv* a ponente; verso occidente: *to travel westwards (westward),* viaggiare verso occidente.

[1]**wet** [wet] *agg* (**wetter, wettest**) **1** bagnato; umido; *(di vernice)* fresco: *wet clothes,* vestiti bagnati — *wet paint,* vernice fresca — *Her cheeks were wet with tears,* Le sue guance erano bagnate di lacrime — *to get wet,* bagnarsi; prendere la pioggia — *Mind you don't get your feet wet!,* Attento a non bagnarti i piedi! — *We got wet to the skin,* Ci siamo completamente bagnati; Ci siamo inzuppati fino all'osso — *wet through,* inzuppato; fradicio — *Your coat is wet through,* La tua giacca è tutta bagnata (bagnata fradicia). **2** piovoso: *wet weather,* tempo piovoso — *the wettest summer for twenty years,* l'estate più piovosa degli ultimi vent'anni. **3** *(USA, stor.)* non proibizionista; antiproibizionista: *a wet State,* uno Stato non proibizionista. **4** *(di persona, fam.)* debole; flebile; senza spirito; eccessivamente timido. □ *a wet blanket, (fam.)* un guastafeste — *wet-dock, (naut.)* darsena — *wet-nurse,* balia.

[2]**wet** [wet] *s.* **1** pioggia: *Come out of the wet!,* Togliti dalla pioggia! **2** (l')umido; (il) bagnato. **3** stagione delle piogge. **4** *(abbr. di* wet blanket) ⇨ *sotto* [1]**wet**.

to **wet** [wet] *vt* (**-tt-**) bagnare; *(talvolta)* inumidire: *to wet the clothes before ironing,* bagnare (inumidire) gli indumenti prima di stirarli — *The baby has wetted its bed again,* Il bambino ha di nuovo bagnato il letto. □ *to wet one's whistle, (fam.)* ⇨ **whistle 3**.

wether ['weðə*] *s.* castrato; montone castrato.

wetting ['wetiŋ] *s.* 'bagnata': *I got a wetting in the storm last night,* Mi sono preso una bella bagnata durante il temporale di ieri sera.

we've [wi:v] *contraz di* we have: *We've never seen it,* Non l'abbiamo mai visto.

whack [wæk] *s.* **1** (il rumore di una) bastonata; forte colpo; battitura; botte *(pl.).* **2** *(sl.)* quota; parte; porzione: *Have you all had a fair whack?,* Ne avete avuto tutti una buona porzione?

to **whack** [wæk] *vt* **1** percuotere; battere; picchiare; bastonare; randellare. **2** *(fam., spesso seguito da* up*)* dividere; spartire.

whacked [wækd] *agg (fam.)* stanco morto; esausto; 'fuso'.

whacker ['wækə*] *s. (fam.)* persona (o cosa) grande e grossa.

whacking ['wækiŋ] *s.* bastonatura; busse; percosse: *to give a naughty child a whacking,* picchiare per bene un bambino cattivo.

□ *agg (fam.)* grosso; enorme: *a whacking lie,* una grossa (un'enorme) bugia.

□ *avv* molto; -issimo: *a whacking great lie,* una grandissima bugia.

whacky ['wæki] *agg (sl.)* matto; pazzo; tocco.

whale [weil] *s.* balena; cetaceo: *whale-boat,* baleniera — *whale-calf,* balenotto; balenottero — *whale-fishing,* caccia alla balena — *whale-line,* lenza da balena — *whale-oil,* olio di balena — *bull whale,* balena maschio — *cow whale,* balena femmina — *sperm whale,* capodoglio. □ *whale-bone* ⇨ **whalebone** — *a whale of a book,* un libro coi fiocchi — *to be a whale at sth,* essere molto in gamba in qcsa — *a whale of a good time,* uno spasso senza fine, straordinario.

to **whale** [weil] *vi* cacciare, andare a caccia di balene: *to go whaling,* andare a caccia di balene — *the whaling industry,* l'industria baleniera — *whaling-gun,* cannoncino per la caccia alla balena — *whaling-ship,* baleniera.

whalebone ['weilboun] *s.* fanone *(lamina cornea flessibile nella mascella di alcuni cetacei);* stecca di balena.

whaler ['weilə*] *s.* **1** baleniere. **2** baleniera; nave baleniera.

whaling ['weiliŋ] *s.* caccia alla balena.

whang [wæŋ] *s. (voce onomatopeica)* colpo; scoppio; rimbombo.

to **whang** [wæŋ] *vt* colpire forte con rimbombo.

wharf [wɔ:f] *s.* (*pl.* **wharfs** *o* **wharves**) banchina; molo *(per scaricare navi).*

wharfage ['wɔ:fidʒ] *s.* diritto di banchina; denaro pagato per attraccare e scaricare.

wharfinger ['wɔ:findʒə*] *s.* **1** proprietario di banchina (di molo interno). **2** guardiano dello scalo.

what [wɔt] **I** *agg* **1** *(interrogativo)* quale, quali; che:

What books have you read on this subject?, Che (Quali) libri hai letto su questo argomento? — *Tell me what books you have read recently,* Dimmi che (quali) libri hai letto ultimamente — *What time is it?,* Che ora è?; Che ore sono? — *Ask him what time it is,* Chiedigli che ora è (che ore sono) — *What size (colour) do you want?,* Che grandezza (colore) desidera?

2 *(esclamativo)* che: *What a good idea!,* Che bella idea! — *What a genius you are!,* Che genio sei!; Come sei geniale! — *What nonsense!,* Che sciocchezze! — *What a fool!,* Che stupido!

3 *(relativo)* quello (che): *What little he said on this subject was full of wisdom,* Quel poco che disse su quest'argomento fu molto saggio — *What few friends I have here have been very kind to me,* Quei pochi amici che ho qui sono stati tutti molto gentili con me — *Give me what books you have on the subject,* Mi dia tutti i libri che ha (qualsiasi libro Lei abbia) su questo argomento.

II *interiezione* come!; ma come!: *What, gone already!,* Ma come: già partito?

III *pron* **1** *(interrogativo)* che; che cosa; cosa: *What happened?,* Che cosa (Cosa) successe? — *What does your father do?,* Che cosa (Cosa) fa tuo padre? — *Tell me what happened,* Dimmi cosa successe — *What does it matter?,* Che importa? — *What's the use?,* A che pro? — *What's the use of going there?,* A che cosa serve andarci? — *Well, what of it?,* Bene, e con ciò?; Che importa? — *What are you talking about?,* Di che cosa state parlando? — *What can he be thinking of?,* A che cosa diavolo sta pensando?

what about... *(in espressioni quali): What about a cup of tea?* Che ne dici di (prendere) una tazza di tè? — *What about going now?,* Che ne diresti di partire adesso?

what... for(?), - **a)** perché: *What did you do that for?,* Perché hai fatto ciò (così)?; Perché l'hai fatto? — *He took it away, but I don't know what for,* Se lo portò via ma non so perché - **b)** a quale scopo; per qual fine: *What is this tool used for?,* A che cosa serve questo arnese? (⇨ *anche* **what-for,** *s.*).

what if...?, - **a)** cosa succederebbe se...? - **b)** che importa se...?: *What if it rains?,* E se piove?; E se dovesse piovere?; Cosa facciamo se piove? — *What if the rumours are true?,* - **a)** Cosa succederà se le chiacchiere sono vere? - **b)** E che importa se le chiacchiere sono vere!

what... like?, come...: *What's the weather like this morning?,* Com'è il tempo stamattina? — *What's the new teacher like?,* Com'è il nuovo insegnante?

what though..., *(ant.)* che cosa importa se...: *What though we are poor, we still have each other,* Che importa se siamo poveri dal momento che stiamo insieme?

2 *(relativo)* ciò che; quello che; la cosa che; quanto; tutto ciò che: *What he says is not important,* Ciò che (Quel che) dice non è importante — *Do what you think is right,* Fai ciò che ritieni sia giusto — *What the country needs most is wise leadership,* Ciò di cui il Paese ha maggiormente bisogno è una guida saggia — *It's a useful book and, what is more, not at all expensive,* È un libro utile e per di più niente affatto costoso — *what with... and (what with),* vuoi per... vuoi per... — *What with overwork and (what with) undernourishment, he fell ill,* Vuoi per l'eccessivo lavoro vuoi per la denutrizione, si ammalò.

3 *(esclamativo)* quanto!; quante cose!: *What he has endured!,* Quante cose ha dovuto sopportare! — *What he drinks!,* Quanto (Come) beve!

□ *So what?,* E con ciò?; *(fam.)* E chi se ne frega? *(volg.)* — *... and what not,* ... e altro ancora; ... e non so cos'altro — *I know what,* So io cosa (fare, dire); Ho un'idea — *I'll tell you what,* Senti; Stammi a sentire; Ecco cosa suggerirei — *to know what's what,* sapere il da farsi; avere buon senso — *what-d'you-call-him (-her); what's-his (-her)-name, (di persone)* un tizio; un tale di cui non ricordo il nome – *what-do-you-call-it; what's-its-name, (di oggetto)* coso; affare; aggeggio — *... (and) what-have-you, (fam.)* ... (e) cose del genere; ... (e) cose simili; ... eccetera.

whate'er [wɔt'ɛə*] *contraz poet di* **whatever.**

whatever [wɔt'evə*] **I** *agg indef* **1** qualunque; qualsiasi: *Whatever drivel the newspapers print, some people always believe it,* Qualsiasi stupidaggine i giornali stampino, c'è sempre gente che ci crede — *Take whatever measures you consider best,* Prenda tutte le misure che crede più opportune.

2 *(enfatico, in frasi negative)* affatto; di nessun genere; di sorta: *I have no intention whatever of going,* Non ho affatto (la benché minima) intenzione di andarci — *There can be no doubt whatever about it,* Non ci può essere nessun dubbio al riguardo.

II *pron indef* **1** qualsiasi cosa; qualunque cosa; checché: *You are certainly right, whatever others may say,* Hai certamente ragione, checché ne dicano gli altri — *Keep calm, whatever happens,* Qualsiasi cosa capiti, tienti calmo — *Do whatever you like,* Fai quello che vuoi.

2 tutto ciò che: *Whatever I have is at your disposal,* Tutto ciò che ho è a tua disposizione.

what-for [wɔt'fɔ:*] *s. (fam.)* castigo; punizione: *He gave the boy what-for,* Diede al ragazzo quel che si meritava.

what-not [wɔt'nɔt] *s.* **1** scaffaletto; scansia. **2** *(fam.)* nonnulla; bazzecola. □ *... and what-not,* ... e così via; ... eccetera.

whatsit ['wɔtsit] *s. (fam.)* coso; affare.

whatsoe'er [,wɔtsou'ɛə*] *contraz poet di* **whatsoever.**

whatsoever [,wɔtsou'evə*] *agg e pron, forma enfatica o lett. di* **whatever.**

wheat [wi:t] *s.* (pianta di) grano; frumento: *a field of wheat,* un campo di grano.

wheatear ['wi:tiə*] *s.* culbianco.

wheaten ['wi:tn] *agg* di grano o di frumento: *wheaten flour,* farina di grano.

to **wheedle** ['wi:dl] *vt* adulare; lusingare; ottenere con lusinghe: *The girl wheedled a bicycle out of her father,* Con lusinghe, la ragazza ottenne una bicicletta dal padre.

wheedling ['wi:dliŋ] *agg* (*p. pres. di* **to wheedle**) carezzevole; lusinghiero: *... in a wheedling voice,* ... con voce carezzevole.

□ *s. (collettivo)* lusinghe; moine.

wheel [wi:l] *s.* **1** ruota *(vari sensi): wheels within wheels,* un affare molto complicato; faccende ingarbugliate — *to put one's shoulder to the wheel,* dare una mano; aiutare la baracca; collaborare al progresso di un'impresa — *the man at the wheel,* l'uomo al volante; il conducente; *(per estensione)* chi comanda — *to break a man on the wheel, (stor.)* mandare un uomo alla ruota; sottoporre un uomo alla tortura della ruota — *to go on wheels,* andare a ruota libera; andare a gonfie vele — *wheel and axle,* carrucola — *wheel body,* corpo della ruota — *wheel case,* scatola degli ingranaggi — *wheel-chair,* sedia a rotelle; carrozzina per invalidi — *wheel-guard,* protezione della mola — *disk wheel,* ruota a disco — *driving wheel,* ruota motrice — *Fortune's wheel,* la ruota della fortuna — *Ferris wheel,* ruota panoramica — *grinding wheel,* mola — *hand wheel,* volantino — *paddle wheel,* ruota a pale — *potter's wheel,* ruota (tornio) del vasaio — *sprocket wheel,* ruota a denti — *steering wheel,* - **a)** volante *(di autovettura)* - **b)** timone; congegno di pilotaggio. **2** *(ant.)* bicicletta. **3** *(spec. mil.)* rotazione; moto circolare; evoluzione circolare; cerchio: *a right (left) wheel,* una rotazione (una conversione) a destra (a sinistra). **4** *(mecc.)* ingranaggio; ruota dentata. □ *He's a big wheel, (sl.)* È un pezzo grosso — ⇨ *anche* **wheelbarrow, wheelbase, wheelhouse, wheelwright.**

to **wheel** [wi:l] *vt* **1** spingere, trainare, muovere *(un veicolo a ruote): to wheel a barrow,* spingere una carriola. **2** portare; trasportare *(su un veicolo a ruote): to wheel a child in a perambulator,* portare un bimbo a passeggio in una carrozzina — *to wheel the rubbish out to the dump,* trasportare su una carriola i rifiuti al deposito delle immondizie.

□ *vi* **1** ruotare; girare; turbinare: *The sea-gulls were wheeling in the air above me,* I gabbiani ruotavano nell'aria sopra di me — *Right (Left) wheel!,* Ruotare a destra (a sinistra)! **2** *to wheel round,* - **a)** ruotare: *The sails of the windmill were wheeling round,* Le pale del mulino a vento ruotavano - **b)** girarsi (in fretta).

wheelbarrow ['wi:l,bærou] *s.* carriola.

to **wheelbarrow** ['wi:l,bærou] *vt* trasportare in carriola; scarriolare.

wheelbase ['wi:lbeis] *s. (di autoveicolo)* passo; interasse delle ruote.

wheeled [wi:ld] *agg* a ruote; dotato di ruote.

-wheeler ['wi:lə*] *s. (nei composti): two-wheeler,* veicolo a due ruote — *three-wheeler,* veicolo a tre ruote; triciclo.

wheelhouse ['wi:lhaus] *s.* casotto del timoniere.

wheelwright ['*h*wi:lrait] *s.* carradore; carraio.

wheeze [wi:z] *s.* **1** sibilo; ansito. **2** *(sl.)* scherzo; battuta scherzosa. **3** *(sl. studentesco, piuttosto desueto)* idea brillante; trovata.

to **wheeze** [wi:z] *vi e t.* **1** ansare; ansimare; respirare con affanno. **2** *(di pompa o altro meccanismo)* sibilare. **3** *(seguito da* out*)* proferire ansando; pronunciare affannosamente; emettere ansimando: *The asthmatic old man wheezed out a few words,* Il vecchio asmatico proferì alcune parole — *A barrel-organ was wheezing out an old tune,* Un organino emetteva ansimando le note di un vecchio motivo.

wheeziness ['wi:zinis] *s.* respiro affannoso; l'ansare.

wheezy ['wi:zi] *agg* ansante; ansimante; affannoso; sibilante. □ *avv* **wheezily.**

whelk [welk] *s.* buccina *(mollusco a conchiglia).*

whelp [welp] *s.* **1** cucciolo *(di cane o di animale feroce).* **2** bambino o ragazzo maleducato e ribelle.

to **whelp** [welp] *vi* figliare.

when [wen] *avv e congiunz* **1** *(interrogativo)* quando; a che ora; in che occasione o circostanza: *When did it happen?,* Quand'è successo? — *I don't know when that happened,* Non so quando ciò sia successo — *When can you come?,* A che ora puoi venire? — *Till when can you stay?,* Fino a quando puoi rimanere? — *Since when has he been missing?,* Quand'è che è stato smarrito?; Da quanto tempo manca? — *Say when!,* Dimmi quando basta! *(p.es. riempiendo un bicchiere o un piatto).*

2 *(relativo)* quando: *It was raining when we arrived,* Quando arrivammo stava piovendo — *He raised his hat when he saw her,* Quando la vide, la salutò con una scappellata — *The Queen will visit the town in May, when she will open the new hospital,* La regina farà visita alla città in maggio, quando inaugurerà il nuovo ospedale — *Sunday is the day when I am least busy,* Domenica è la giornata in cui sono meno occupato — *There are times when joking is not permissible,* Ci sono dei momenti in cui non è lecito scherzare — *It was one of those cold, wet evenings when most people stay indoors,* Era una di quelle sere fredde e piovose in cui la maggior parte della gente se ne sta chiusa in casa — *when all's said and done...,* in fin dei conti...; dopo tutto...

3 *(come congiunz. concessiva)* sebbene; nonostante; anche se; mentre; quando: *He always walks when he might take a taxi,* Va sempre a piedi, mentre potrebbe benissimo prendere un taxi.

4 *(come congiunz. condiz.)* se; dal momento che: *How can I help them to understand when they won't even listen to me?,* Come posso aiutarli a capire, se non vogliono nemmeno ascoltarmi?

whence [wens] *avv (ant.)* **1** *(nelle interrogazioni)* donde; da dove; da che cosa; da che: *Do you know (from) whence she came?,* Sai da dove è venuta? — *Whence comes it that...?,* Da cosa deriva che... (Com'è che...)? **2** al luogo dal quale (da cui): *Return whence you came,* Ritorna al luogo dal quale venisti — *We know neither our whence nor our whither,* Non sappiamo né da dove veniamo né dove siamo diretti.

whencesoever [,wenssou'evə*] *avv e congiunz (ant.)* da qualsiasi luogo, causa o origine.

whene'er [wen'evə*] *avv (poet.)* = **whenever.**

whenever [wen'evə*] *avv* **1** in qualsiasi momento; non importa quando: *I'll discuss it with you whenever you like to come,* Ne discuterò con Lei in qualsiasi momento che Lei voglia venire. **2** tutte le volte che; ogni volta che; sempre: *Whenever that man says 'To tell the truth...', I suspect that he's about to tell a lie,* Tutte le volte che quell'uomo dice 'a dire il vero...', ho il sospetto che stia per dire una menzogna.

whensoever [,wensou'evə*] *avv* = **whenever.**

where [wεə*] *avv e congiunz* **1** *(interrogativo)* dove; in quale luogo; da che parte: *Where does he live?,* Dove abita? — *I wonder where he lives,* Chissà dove abita — *Where shall we be if another world war breaks out?,* Dove andremo a finire se scoppia un'altra guerra mondiale? — *Where does he come from?,* Da dove viene? — *Where are you going (to)?,* Dove stai andando? — *Where did we get to (o up to)?,* A che punto siamo arrivati? — *He doesn't even know where to begin, (generalm. fig.)* Non sa nemmeno da che parte incominciare.

2 *(relativo)* dove; nel luogo in cui: *She would like to live in a country where it never snows,* Le piacerebbe abitare in un paese nel quale non nevicasse mai — *That's the place where the accident occurred,* Ecco il luogo dove è successo l'incidente — *Where there's no rain, farming is difficult or impossible,* Dove non piove, l'agricoltura è difficile o impossibile — *I found my books where I'd left them,* Ho ritrovato i libri nel punto in cui li avevo lasciati — *That's where you are mistaken,* È qui che ti sbagli.

□ *Where's the harm in trying?,* Che c'è di male a provare?

whereabouts ['wεərəbauts] *avv* dove; in quale luogo (più o meno).

□ *s.* il luogo in cui si trova qcno o qcsa: *The police*

want to know his whereabouts, La polizia vuole sapere dov'è.

whereas [wɛər'æz] *congiunz* **1** *(ant., dir. e lett.)* poiché; dal momento che; premesso che. **2** mentre *(spec. per esprimere un contrasto): He seemed happy, whereas, in fact, he was very sad,* Sembrava felice, mentre, in realtà, era molto triste.

whereat [wɛər'æt] *avv (ant., dir. e lett.)* per cui; di cui: *He came into the room, whereat everyone fell silent,* Entrò nella stanza, per cui tutti tacquero.

whereby [wɛə'bai] *avv* **1** *(ant. e dir.)* come; in che modo. **2** *(formale)* per cui: *They want to know the reasons whereby you refused to help,* Vogliono sapere i motivi per cui Lei si è rifiutato di prestare aiuto.

where'er [wɛər'ɛə*] *contraz poet di* **wherever**.

wherefore ['wɛəfɔ:*] *avv (ant.)* **1** perché: *Wherefore com'st thou at this hour?,* Perché mai vieni qui a quest'ora? **2** *(ant.)* perciò; quindi: *He was ill, wherefore he could not come,* Era malato, perciò non poté venire. □ *come s.* causa; motivazione: *(spec. nell'espressione) the whys and the wherefores,* i perché ed i percome.

wherefrom [wɛə'frɔm] *avv (lett.)* **1** da dove; da che cosa. **2** dal quale (dalla quale; dai quali; dalle quali); da cui.

wherein [wɛər'in] *avv (ant. e dir.)* **1** *(interr.)* in che cosa? **2** in cui; nel quale.

whereof [wɛər'ɔv] *avv (ant. e dir.)* di che cosa; da che cosa.

whereon [wɛər'ɔn] *avv (ant. e dir.)* su cui: *The ground whereon the house was built,* La terra su cui fu costruita la casa.

wheresoe'er [,wɛərsou'ɛə*] *contraz poet di* **wheresoever**.

wheresoever [,wɛərsou'evə*] *avv, forma enfatica di* **wherever**.

whereto [wɛə'tu:] *avv (lett.)* **1** verso dove. **2** al quale (alla quale; ai quali; alle quali).

whereunto [wɛər'ʌntu:] *avv (ant. e dir.)* a cui: *There was a meeting whereunto many people came,* Ci fu una riunione a cui partecipò molta gente.

whereupon [,wɛərə'pɔn] *avv (ant., lett. e dir.)* dopo di che: *He told us what he thought of us, whereupon he left,* Ci disse ciò che pensava di noi, dopo di che se ne andò.

wherever [wɛər'evə*] *avv* **1** *(interr.)* dove *(enfatico): Wherever do you think you're going?,* Dove diavolo credi di andare? **2** *(come congiunz.)* dovunque; da qualunque parte: *Wherever you go, remember my words,* Dovunque tu vada, ricordati delle mie parole.

wherewith [wɛə'wið] *avv (ant., lett. e dir.)* con cui: *He found the money wherewith to build a new house,* Trovò il denaro con cui costruire una nuova casa.

wherewithal ['wɛəwiðɔ:l] *avv (lett.)* = **wherewith**. □ *s.* l'occorrente; i mezzi *(spec. denaro).*

wherry ['weri] *s.* barca leggera e poco profonda per trasportare persone e merci sui fiumi; (specie di) chiatta.

to **whet** [wet] *vt* **(-tt-)** **1** affilare; appuntare; rendere aguzzo. **2** *(fig.)* aguzzare; eccitare; stimolare *(l'appetito, un desiderio).*

whether ['weðə*] *congiunz dubitativa* se: *Go and see whether she is there,* Vai a vedere se è lì — *I don't know whether she will be able to come,* Non so se potrà venire — *I wonder whether it's large enough,* Chissà se è grande abbastanza — *Ask him whether he can come,* Chiedigli se può venire — *I don't know whether it's right,* Non so se sia giusto — *Send me a telegram letting me know whether I am to come,* Mandami un telegramma facendomi sapere se debbo venire — *I wonder whether we shall be in time for the last bus or whether we shall have to walk it,* Chissà se faremo in tempo per l'ultimo autobus o se dovremo andare a piedi — *I don't know whether to accept or refuse,* Non so se accettare o no — *Will you advise me whether to accept the offer?,* Mi può consigliare se accettare l'offerta? — *I am in doubt whether I ought to give this plan my approval,* Sono in dubbio se dare la mia approvazione a questo progetto — *The question whether (or not) we ought to call in a specialist was answered by the family doctor,* Il problema se chiamare o meno uno specialista fu risolto dal nostro medico di famiglia — *whether... or no (or not),* in ambo i casi; sia... sia — *I don't care whether he stays or not,* Non mi importa che rimanga o che se ne vada — *He'd better get on with it, whether he likes it or not,* Farebbe meglio ad incominciare, che gli piaccia o no — *I'm not interested in whether you like the plan or not,* Non mi importa niente che il piano ti piaccia o no.

whetstone ['wetstoun] *s.* pietra per affilare arnesi e lame.

whew! [hwiu:] *interiezione (esprime costernazione, sorpresa, ecc., ma anche stanchezza)* caspita!

whey [wei] *s.* siero del latte.

which [witʃ] **I** *agg* **1** *(interr.)* quale; quali; che: *Which way shall we go: up the hill or along the river?,* Da che parte andiamo: su per la collina o lungo il fiume? — *Which way shall we do it?,* In che modo lo facciamo (Come dobbiamo farlo)? — *Which Jones do you mean: Jones the baker or Jones the postman?,* Quale Jones intendi dire: Jones il panettiere o Jones il postino? — *Which foreign languages do you know?,* Quali lingue straniere conosci? — *Tell me which book you want,* Dimmi quale libro vuoi.

2 *(relativo: linguaggio lett. e formale; sempre preceduto da virgola)* questo; quello: *I told him to go to a doctor, which advice he took,* Gli dissi di andare da un medico, ed egli ascoltò questo mio consiglio — *Call between one o'clock and two o'clock, at which time I am usually having lunch,* Mi telefoni tra l'una e le due: a quell'ora di solito sono a colazione.

II *pron* **1** *(interr.)* chi; quale; quali: *Which is taller, Tom or Dick?,* Chi è più alto, Tom o Dick? — *Which of the boys is the tallest?,* Quale dei ragazzi è il più alto? — *Which of you is coming with me?,* Chi di voi viene con me? — *Tell me which of them is better,* Dimmi qual è il migliore — *Please advise me which to take,* Per favore, consigliami quale prendere — *The twins are so much alike that I never know which is which,* I gemelli sono così simili che non so mai distinguerli.

2 *(relativo: nell'uso moderno adoperato solo per cose e non per persone)* il quale; la quale; i quali; le quali; che; il che; ciò; cosa che.

a) *(usato come soggetto: talvolta sostituito da* that*): Take the book which is lying on that table,* Prendi il libro che è su quel tavolo — *The house which is for sale is at the end of the street,* La casa che è in vendita si trova in fondo alla via — *The river which flows through London is called the Thames,* Il fiume che attraversa Londra si chiama Tamigi.

b) *(usato come compl. diretto; spesso sostituito da* that, *o addirittura omesso): Was the book (which) you were reading a novel?,* Era un romanzo il libro che stavi leggendo? — *The pen (which) you see on the table is mine,* La penna che vedi sul tavolo è mia.

c) *(usato come compl. indiretto): The photographs at which you were looking (The photographs you were* *looking at) were all taken by my father,* Le fotografie che stavi guardando furono tutte scattate da mio padre — *The hotel at which we stayed was both cheap and comfortable,* L'albergo in cui stavamo era comodo e a buon mercato — *The book to which I wanted to refer was not in the library,* Il libro che volevo consultare non era in biblioteca.

d) *(in proposizioni parentetiche): This house, which is to be sold by auction next month, was built about fifty years ago,* Questa casa, che sarà messa all'asta il mese prossimo, fu costruita circa cinquant'anni fa — *His car, for which he paid 1,200 pounds, is a five-seater saloon,* La sua automobile, per la quale ha pagato 1.200 sterline, è una berlina a cinque posti — *It was raining hard, which kept us indoors,* Pioveva forte, e ciò ci costrinse a restare in casa — *He said he had lost the book, which was untrue,* Disse che aveva perso il libro, il che era falso — *Moreover, which you may hardly believe, the examiners had decided in advance to fail half the candidates!,* E per di più, cosa che stenterai a credere, gli esaminatori avevano già deciso di bocciare metà dei candidati!

whichever [witʃ'evə*] *agg e pron* qualunque; qualsiasi; chiunque: *Whichever of you took my book must give it me back at once,* Chiunque tra voi abbia preso il mio libro deve restituirmelo subito — *Whichever way you look at it, it's a mess,* Da qualunque lato tu consideri la cosa, è un pasticcio.

whichsoever [,witʃsou'evə*] *forma enfatica di* **whichever.**

whidah-bird ['widə'bə:d] *s. (zool.)* vedova.

whiff [wif] *s.* **1** soffio; sbuffo: *a whiff of fresh air,* un soffio d'aria fresca. **2** zaffata; boccata; tirata: *He stopped work to have a few whiffs,* Smise di lavorare per dare alcune tirate (alla sigaretta). **3** *(fam.)* piccolo sigaro.

to **whiff** [wif] *vt e i.* soffiare; emettere piccoli sbuffi *(di fumo).*

Whig [wig] *s. (stor.)* 'Whig' *(membro del partito politico inglese che si opponeva ai 'Tories' e che fu nel diciannovesimo secolo sostituito dal partito liberale).*

Whiggish ['wigiʃ] *agg (stor.)* dei 'Whig' (*anacronisticamente ma comunemente: cfr.* **Whig**); liberale.

while [wail] **I** *congiunz* **1** mentre; nel tempo che; finché; fin tanto che: *He fell asleep while (he was) learning Latin grammar,* Si addormentò mentre stava imparando la grammatica latina — *While in London he studied music,* Mentre era a Londra studiò musica — *While there is life there is hope, (prov.)* Finché c'è vita c'è speranza.

2 *(avversativo)* mentre invece; laddove: *Jane was dressed in brown while Mary was dressed in blue,* Jane era vestita di marrone, mentre invece Mary vestiva di blu.

3 *(concessivo)* sebbene; pure; anche se: *While I admit that the problem is difficult, I don't agree that it's insoluble,* Pur ammettendo che il problema sia difficile, non sono d'accordo sul fatto che sia insolubile.

4 *(dial., Inghilterra settentrionale)* fino a quando: *I'll wait while you come,* Aspetterò fino a quando tu non sarai arrivato.

II *s.* tempo; pezzo; momento: *Where have you been all this while?,* Dove sei stato (durante) tutto questo tempo? — *I haven't seen him for a long while (for this long while past),* È da molto tempo che non lo vedo — *We are going away for a while,* Andiamo via per un po' (di tempo) — *I'll be back in a little while,* Tornerò tra breve — *He was here a short while ago,* Si trovava qui poco tempo fa — *once in a while,* di tanto in tanto; occasionalmente — *He was singing the while,* Per tutto quel tempo continuò a cantare.

□ *to be worth (one's) while,* valere la pena, il tempo impiegato — *It isn't worth our while going there now,* Non vale la pena di andarci in questo momento — *He'll make it worth your while,* Ti ricompenserà in qualche modo — ⇨ *anche* **worthwhile.**

to **while** [wail] *vt* passare (il tempo): *to while away the time; to while the time away,* far passare il tempo *(piacevolmente, senza far niente);* ammazzare il tempo.

whilom ['wailəm] *avv (ant.)* una volta; un tempo; in passato.

□ *agg* antico; d'un tempo.

whilst [wailst] *congiunz* mentre (= **while I**).

whim [wim] *s.* ghiribizzo; capriccio; idea improvvisa e balzana: *only a passing whim,* soltanto un capriccio passeggero — *to be full of whims,* essere pieno di ghiribizzi — *His every whim is complied with,* Si soddisfa ogni suo capriccio.

whimper ['wimpə*] *s.* lamento; piagnucolio.

to **whimper** ['wimpə*] *vi e t.* **1** piagnucolare; frignare; uggiolare. **2** parlare o esprimersi con voce piagnucolosa.

whimsical ['wimzikəl] *agg* fantasioso; capriccioso; estroso. □ *avv* **whimsically.**

whimsicality [,wimzi'kæliti] *s.* fantasiosità; estrosità.

whimsy ['wimzi] *s.* **1** ghiribizzo; estro; fantasia; stravaganza. **2** stramberia; umore strano o fantasioso.

whine [wain] *s.* **1** lungo gemito; lamento; uggiolamento; uggiolio. **2** piagnucolio insistente e continuato. **3** sibilo lungo e continuato *(ad esempio di un proiettile che rimbalza).*

to **whine** [wain] *vi e t.* **1** gemere; lamentarsi; uggiolare. **2** frignare; piagnucolare: *The dog was whining outside the door,* Il cane uggiolava fuori dalla porta — *If that child doesn't stop whining I'll go mad!,* Se quel bimbo non la smette di piagnucolare impazzirò! **3** dire lamentosamente: *The beggar was whining (out) requests for alms,* Il mendicante stava chiedendo lamentosamente l'elemosina. **4** *(di pallottola, ecc.)* fischiare.

whiner ['wainə*] *s.* persona o animale che si lamenta; frignone; piagnone.

whinny ['wini] *s.* lieve nitrito.

to **whinny** ['wini] *vi* nitrire.

whip [wip] *s.* **1** frusta; sferza; staffile; scudiscio: *I'll give him a taste of the whip,* Gli farò assaggiare la frusta — *to have the whip hand of (sb),* avere (qcno) in proprio potere — *whip-handle (-staff),* manico della frusta — *whip-saw,* sega a mano — *whip stitch,* sopraggitto. **2** *(fam.)* cocchiere; fiaccheraio. **3** *(nella caccia alla volpe)* bracchiere. **4** *(GB, anche* Whip*)* segretario organizzativo di partito politico *(che controlla l'osservanza della disciplina di partito al Parlamento);* specie di 'capugruppo'. **5** *(GB)* ordine di presenziare a un dibattito parlamentare e di votare impartito da un 'whip' *(⇨* **4** *sopra): a three-line whip,* una convocazione urgente *(sottolineata tre volte).*

to **whip** [wip] *vt e i.* **(-pp-)** **1** frustare; sferzare; flagellare; fustigare: *to whip a horse (a child),* frustare un cavallo (un bambino) — *The rain was whipping (against) the window-panes,* La pioggia sferzava i vetri delle finestre — *to whip on,* incitare con la frusta — *The driver whipped the horses on,* Il cocchiere spinse avanti i cavalli con la frusta. **2** frullare; montare; sbattere: *whipped cream,* panna montata. **3** *(fam.)* sconfiggere; battere; sgominare. **4** *(seguito da un avv. che indica direzione, come* off, on, out, round, through, *ecc.)* prendere (afferrare, estrarre, togliere, muovere) rapidamente; muoversi rapidamente: *He whipped out a knife,* Estrasse fulmineamente un coltello — *He whipped off his coat,* Si sfilò in fretta il soprabito — *The thief whipped the jewels off the counter,* Il ladro afferrò i gioielli dal banco — *to whip through one's supper,* cenare in fretta — *to whip on one's clothes,* vestirsi frettolosamente — *The thief whipped round the corner, and disappeared in the crowd,* Il ladro sgusciò oltre l'angolo e scomparve in mezzo alla folla. **5** avvolgere strettamente con corda o spago. **6** cucire a sopraggitto. **7** issare; legare. □ *to whip the cat,* - **a)** fare economia; essere parsimonioso - **b)** lavorare a giornata *(come sarto o falegname)* — *to whip creation, (fig.)* battere ogni altro esempio del genere — *to whip one's followers together,* radunare, raccogliere i propri seguaci.

to whip on ⇨ **1**, *sopra.*

to whip round, raccogliere sottoscrizioni; fare una colletta.

to whip up, risvegliare, stimolare *(l'entusiasmo).*

whipcord ['wipkɔ:d] *s.* **1** corda da frusta. **2** tessuto a costine.

whiplash ['wiplæʃ] *s.* sferzata.

whipper ['wipə*] *s.* frustatore.

whipper-in ['wipər'in] *s. (caccia)* bracchiere.

whipper-snapper ['wipə,snæpə*] *s.* giovane insignificante, ma invadente e presuntuoso; sfrontatello; farfallone.

whippet ['wipit] *s.* 'whippet'; cane da corsa *(incrocio di un levriero con un 'terrier' o uno 'spaniel').*

whipping ['wipiŋ] *s.* fustigazione; frustate: *whipping post,* palo dei condannati alla fustigazione — *whipping boy, (stor.)* ragazzo allevato insieme a un giovane principe e castigato in sua vece; *(fig.)* capro espiatorio — *whipping top,* trottola.

whip(-)poor(-)will ['wippə,wil] *s.* caprimulgo.

whippy ['wipi] *agg* elastico; flessibile.

whip(-)round ['wipraund] *s.* sottoscrizione; colletta.

whir, whirr [wə:*] *s. (soltanto al sing.)* frullo *(delle ali di un uccello);* ronzio *(di un motore).*

to **whir, to whirr** [wə:*] *vi* (**-rr-**) frullare; ronzare.

whirl [wə:l] *s. (solo al sing.)* **1** turbine; turbinio; vortice; mulinello *(anche fig.): a whirl of dust,* un turbinio di polvere — *His brain was in a whirl (was a-whirl, was all of a whirl),* Il suo cervello era in tumulto. **2** attività frenetica; ritmo vertiginoso; dinamismo estremo; brulichio; parossismo: *the whirl of modern life in a big city,* il ritmo vertiginoso della vita moderna in una grande città.

to **whirl** [wə:l] *vt e i.* **1** girare rapidamente; far girare rapidamente; turbinare; fare turbinare; girare con movimento vorticoso; fare girare con movimento vorticoso; volteggiare; fare volteggiare: *The wind whirled the dead leaves about,* Il vento faceva turbinare tutt'intorno le foglie morte — *The leaves came whirling down in the autumn wind,* Le foglie cadevano volteggiando nel vento autunnale — *The dancers whirled round the room,* I ballerini volteggiavano per la stanza. **2** correre via rapidamente; trascinare via rapidamente; essere trascinato via rapidamente: *The telegraph poles whirled past us as the train gathered speed,* I pali del telegrafo correvano via rapidamente man mano che il treno andava acquistando velocità — *Our friends were whirled away in Jack's sports-car,* I nostri amici furono trascinati via velocemente nella macchina sportiva di Jack. **3** *(della mente, dei pensieri, ecc.)* girare confusamente; turbinare; stordire: *His head whirled,* La sua testa girava turbinosamente.

whirligig ['wə:ligig] *s.* **1** trottola; girandola. **2** moto di avvicendamento; susseguirsi di avvenimenti: *the whirligig of time,* l'avvicendarsi del tempo.

whirlpool ['wə:lpu:l] *s.* gorgo; vortice *(anche fig.);* mulinello.

whirlwind ['wə:lwind] *s.* turbine; tromba d'aria: *to sow the wind and reap the whirlwind,* seminare vento e raccogliere tempesta.

whish [wiʃ] *s. (voce onomatopeica)* fruscio; sibilo.

whisk [wisk] *s.* **1** piumino per la polvere; pennacchio scacciamosche *(anche* fly-whisk*).* **2** frullino; frusta *(per sbattere le uova, ecc.).* **3** colpo, movimento rapido *(p.es. della coda di un cavallo).* □ *in (o with) a whisk,* in un baleno; in un attimo.

to **whisk** [wisk] *vt e i.* **1** spazzolare; togliere *(la polvere);* cacciare via; scacciare *(le mosche): to whisk the flies off,* cacciar via le mosche. **2** agitare; muovere rapidamente; dimenare: *The cow whisked her tail,* La mucca dimenò la coda. **3** frullare; sbattere; montare: *to whisk eggs,* frullare delle uova. **4** *(seguito da avv. che indica direzione:* away, off, up, *ecc.)* mandare rapidamente; spedire; portare rapidamente: *The waiter whisked the plates away,* Il cameriere fece sparire i piatti (li portò via in un baleno) — *They whisked him off to prison,* Lo portarono subito in prigione — *I was whisked up to the top floor,* Fui portato rapidamente all'ultimo piano *(dall'ascensore).*

whisker ['wiskə*] *s. (di solito al pl.)* **1** peli della barba; fedine; favoriti; lunghe basette. **2** baffo *(di gatto, tigre, topo, ecc.).* **3** *(naut.)* pennoni di civada.

whiskered ['wiskəd] *agg* **1** fornito di fedine (di favoriti); dalle lunghe basette. **2** *(di animali)* baffuto.

whisky, whiskey ['wiski] *s.* (*generalm.* **whiskey** *negli USA e quando si riferisce a quello irlandese)* 'whisky'.

whisper ['wispə*] *s.* **1** sussurro; bisbiglio; discorso sottovoce: *He answered in a whisper,* Rispose in un sussurro — *They were talking in whispers,* Stavano bisbigliando tra loro; Stavano parlando sottovoce. **2** mormorio; diceria; voce *(che circola);* maldicenza; insinuazione: *Whispers are going round that the firm is likely to go bankrupt,* Circolano voci secondo le quali l'azienda corre il rischio di fallire.

to **whisper** ['wispə*] *vi e t.* **1** sussurrare; bisbigliare; parlare in un sussurro; dire in un sussurro: *to whisper (a word) to sb,* sussurrare (una parola) a qcno — *to whisper (to sb) that...,* sussurrare (a qcno) che... — *to whisper to sb to do sth,* sussurrare a qcno di fare qcsa — *whispering-gallery,* galleria acustica *(dove un sussurro può essere percepito da un'estremità all'altra).* **2** mormorare; diffondere una diceria; dire in segreto; mettere in giro *(una voce, una calunnia);* sparlare; parlare male: *It is whispered that he is heavily in debt,* Si mormora che è gravemente indebitato — *a whispering campaign,* una campagna calunniosa; una campagna di maldicenza. **3** *(delle foglie, del vento, ecc.)* frusciare; stormire; fremere: *The wind was whispering in the pines,* Il vento stormiva tra i pini.

whisperer ['wispərə*] *s.* **1** chi sussurra; chi parla bisbigliando. **2** maldicente; chi mette in giro voci malevole; persona pettegola. **3** spia; confidente; delatore.

whispering ['wispəriŋ] *agg* (*p. pres. di* **to whisper** ⇨) sussurrante; che bisbiglia; mormorante.

□ *s.* **1** sussurrio; mormorio. **2** mormorazione; maldicenza.

whist [wist] *s.* 'whist' *(gioco di carte): whist-drive,* torneo di 'whist'.

whistle ['wisl] *s.* **1** fischio; sibilo: *We heard the whistle of a steam-engine,* Udimmo il fischio di una locomotiva — *whistle-stop tour, (spec. USA)* giro (viaggio) elettorale *(compiuto in treno con frequenti, brevissime soste nelle stazioni più piccole).* **2** zufolo; fischietto; fischio. **3** gola *(fam., solo nell'espressione): to wet one's whistle,* bagnarsi la gola (l'ugola, il becco); bere un goccetto.

to **whistle** ['wisl] *vi e t.* **1** fischiare; sibilare; zufolare; fischiettare: *to whistle a tune,* fischiettare un motivo — *The engine whistled before reaching the level-crossing,* La locomotiva fischiò prima di arrivare al passaggio a livello — *The wind whistled through the rigging,* Il vento sibilava tra le sartie — *The bullets whistled past our ears,* Le pallottole ci sibilavano intorno. **2** chiamare con un fischio; lanciare un fischio come segnale; fischiare a qcno: *He whistled his dog back; He whistled to his dog to come back to him,* Chiamò indietro il cane con un fischio. **3 to whistle for sth,** aspettare inutilmente qcsa; 'star fresco': *I owe my tailor a hundred pounds but he can whistle for it,* Devo cento sterline al mio sarto, ma dovrà sudare per averle.

whistler ['wislə*] *s.* **1** fischiatore. **2** uccello fischiatore.

whit [wit] *s. (solo nell'espressione, piuttosto ant.)* **not a whit,** *(talvolta)* **no whit,** per niente; per nulla; neanche un briciolo: *There's not a whit of truth in the statement,* Non c'è un minimo di verità nell'affermazione — *I don't care a whit,* Non m'importa un corno.

Whit [wit] *s.* ⇨ **Whitsun.**

white [wait] *agg* **1** bianco; candido: *His hair has turned white,* I suoi capelli sono diventati bianchi — *to go white,* impallidire — *Her face went white,* Il volto le si sbiancò — *white-lipped,* dalle labbra smorte, esangui — *to be as white as a sheet,* essere bianco come un lenzuolo — *white meat; white bread; white wine,* carne bianca; pane bianco; vino bianco — *white coffee,* caffelatte; 'cappuccino' — *white corpuscles,* globuli bianchi — *white magic,* magia bianca. **2** *(fig.)* innocente; onesto; puro; candido: *a white lie,* una bugia innocente (pietosa). **3** bianco; di razza bianca: *white civilization,* la civiltà dei bianchi — *white man,* uomo bianco (di razza bianca) — *white slave,* schiava bianca — *the white slave traffic; white slavery,* la tratta delle bianche.

□ *white-collar(ed), agg* che lavora in ufficio — *white-collar employees,* impiegati — *the White House,* la Casa Bianca — *White Paper, (GB)* libro bianco; resoconto governativo — *to bleed sb white,* dissanguare (indebolire, esaurire) qcno — *His creditors bled him white,* I suoi creditori lo dissanguarono — *white ant,* termite; formica bianca — *white bear,* orso bianco; orso polare — *white caps; white horses,* cavalloni; onde dalle creste spumose — *white coal,* carbone bianco — *White friars,* frati carmelitani — *white flag,* bandiera bianca *(simbolo della resa)* — *white heat,* calor bianco; incandescenza — *white-hot,* incandescente; arroventato — *white-livered,* privo di fegato; codardo — *white metal,* metallo bianco — *white alloy,* argentone; metallo bianco — *the white plague; the white scourge,* tubercolosi — *white sheet,* tunica del penitente — *to stand in a white sheet,* indossare (vestire) la tunica del penitente (confessare i propri peccati).

□ *s.* **1** bianco *(colore): dressed in white,* vestito di bianco. **2** uomo di razza bianca; uomo bianco. **3** bianco *(dell'uovo);* albume; chiara: *Take the whites of two eggs...,* Prendete le chiare di due uova... **4** bianco degli occhi; sclera: *'Don't fire until you see the whites of their eyes', said the Colonel,* 'Non sparate finché non vedrete il bianco dei loro occhi (finché non saranno vicinissimi)', disse il colonnello. **5** *(al pl.)* leucorrea.

whitebait ['waitbeit] *s. pl* 'bianchetti'; pesciolini da frittura.

whited ['waitid] *agg (ant., solo nell'espressione) a whited sepulchre,* un sepolcro imbiancato.

Whitehall ['waithɔ:l] *s.* via londinese in cui hanno sede alcuni dei principali ministeri ed uffici governativi; *(per estensione)* il governo britannico e la sua linea politica.

to **whiten** ['waitən] *vt e i.* diventare bianco; imbiancare; incanutire; sbiancare; impallidire.

whiteness ['waitnis] *s.* bianchezza; candore.

whitening ['waitniŋ] *s.* = [2]**whiting.**

whitethorn ['waitθɔ:n] *s.* biancospino.

whitewash ['waitwɔʃ] *s.* **1** calce; latte di calce. **2** copertura *(in senso fig. tutto ciò che serve a coprire o nascondere degli errori).*

to **whitewash** ['waitwɔʃ] *vt* **1** dare una mano di calce (il bianco) a. **2** coprire i difetti (gli errori, le colpe) di qcno.

whitewashing ['wait,wɔʃiŋ] *s.* imbiancatura.

whither ['wiðə*] *avv (ant.)* dove.

whithersoever [,wiðəsou'evə*] *avv (ant.)* in qualunque luogo.

[1]**whiting** ['waitiŋ] *s.* merlano.

[2]**whiting** ['waitiŋ] *s.* gesso in polvere; bianco di Spagna.

whitlow ['witlou] *s.* patereccio.

Whitsun ['witsən] *s. (anche* Whit Sunday*)* Pentecoste: *Whitsun(-)tide,* il fine settimana della Pentecoste o la settimana che segue Pentecoste — *Whit Monday (Tuesday),* il lunedì (il martedì) della settimana che segue Pentecoste.

to **whittle** ['witl] *vt e i.* **1** tagliuzzare *(legno): The boy whittled a small branch,* Il ragazzo tagliuzzò un ramoscello — *He was whittling (away) at a piece of wood,* Stava intagliando un pezzo di legno. **2** *(fig.: spesso seguito da* down*)* ridurre (a gradi); diminuire: *They are trying to whittle down our salaries,* Stanno cercando di ridurre gradatamente i nostri stipendi.

to **whiz, to whizz** [wiz] *vi (fam.)* sibilare; ronzare.

whizz [wiz] *s. (fam.)* sibilo; ronzio: *The arrows whizzed past,* Le frecce passarono sibilando. □ *whizz kid, (sl.)* giovane brillante e pieno di idee che fa strada molto rapidamente.

who [hu:] *pron relativo e interr soggetto. NB: al compl oggetto si usa* **whom** *(⇨ qui sotto) nello stile letterario e formale. Per il genitivo ⇨* **whose. I** *(interr.)* chi: *Who is that man?,* Chi è quell'uomo? — *Who are those men?,* Chi sono quegli uomini? — *I wonder who those people are,* Mi domando chi siano quelle persone — *Who broke the window?,* Chi ruppe la finestra? — *Do you know who broke the window?,* Sai chi ruppe la finestra? — *Who do you think he is?,* Chi credi che egli sia? — *Who doesn't know that girl?,* Chi non conosce quella ragazza? — *To whom did you give it?,* A chi lo hai dato? — *Who (Whom) did you give it to?,* A chi lo hai dato? — *Who saw you?,* Chi ti vide? — *Who (Whom) did you see?,* Chi vedesti? — *Who else did you see?,* Chi altri vedesti? — *Who (Whom) do you think I met in the post-office this morning?,* Chi credi che io abbia incontrato all'ufficio postale stamani? — *I don't know to whom I* *ought to address the request; I don't know who I ought to address the request to,* Non so a chi dovrei rivolgere la richiesta.

II *(relativo)* **1** che; chi; il (la) quale; i (le) quali: *This is the gentleman who wanted to see you,* Questo è il signore che desiderava vederLa — *That is the man about whom we were speaking,* Quello è l'uomo del quale noi stavamo parlando — *I know who you mean,* So a chi ti riferisci; So chi vuoi dire — *My wife, who has been abroad recently, hopes to see you soon,* Mia moglie, che è stata all'estero recentemente, spera di vederti presto — *My brother, whom you met the other day, has recently written a book on Indian art,* Mio fratello, che hai conosciuto l'altro giorno, ha scritto recentemente un libro sull'arte indiana — *These new neighbours, to whom I was introduced yesterday, have come here from Yorkshire,* Questi nuovi vicini, ai quali sono stato presentato ieri, sono venuti qui dallo Yorkshire.

2 he who; she who; they who; those who, *ecc.,* colui che; colei che; coloro che: *He who laughs last laughs longest,* Ride bene chi ride l'ultimo — *Those whom the gods love die young,* Muore giovane chi è amato dagli dèi.

3 anybody who (anyone who), chiunque; chi: *Anybody who says that is an idiot,* Chiunque lo dica è un imbecille.

□ *to know who's who,* sapere quali sono le persone importanti — *to know who's who and what's what,* sapere tutto su una situazione e un ambiente — *Who's Who,* il 'Chi è?'; il 'Gotha'.

whoa! [wou] *interiezione* = **wo!**

who'd [hu:d] *contraz di* **1** who had: *He wouldn't tell me who'd done it,* Non voleva dirmi chi l'aveva fatto. **2** who would: *Who'd have thought it?,* Chi l'avrebbe pensato?

whodun(n)it [hu:'dʌnit] *s. (sl.* = 'who done it', *forma sgrammaticata di* 'who did it?' = 'Chi lo fece?' *cioè* 'Chi è il colpevole?'*)* racconto poliziesco; 'giallo'.

whoever [hu:'evə*] *pron relativo indef* chiunque: *Whoever says that is wrong,* Chiunque dica una cosa del genere sbaglia — *Whoever else may object, I shall vote in favour,* Voterò a favore a dispetto delle obiezioni di chiunque altro.

whole [houl] **I** *agg* **1** intero; completo; integro; indiviso: *I waited for her a whole half-hour,* L'aspettai per una intera mezz'ora — *It rained for three whole days,* Piovve per tre giorni interi — *He swallowed the plum whole,* Ingoiò la prugna tutta intera — *Many snakes swallow their victims whole,* Molti serpenti ingoiano intere le loro vittime — *I want to know the whole truth about this matter,* Voglio conoscere tutta la verità su questa faccenda — *The whole country was anxious for peace,* Tutto il paese era in ansia per la pace — *I didn't see him the whole evening,* Non lo vidi per tutta la serata — *He gave his whole attention to the problem,* Dedicò tutta la sua attenzione al problema — *You haven't eaten the whole lot, have you?,* Non l'avrai mangiato tutto, spero — *to do sth with one's whole heart,* fare qcsa con tutto il cuore — ⇨ *anche* **whole-hearted, whole-heartedly** — *whole number,* numero intero, integrale — *to go the whole hog* ⇨ **hog. 2** *(non molto comune)* indenne; sano; intatto; non rotto: *You're lucky to escape with a whole skin,* Sei fortunato ad aver portato a casa la pelle — *There isn't a whole plate in the house,* Non c'è un solo piatto sano in casa. **3** *(ant., linguaggio biblico)* sano; in buona salute: *They that are whole need not a physician,* Coloro che sono in buona salute non necessitano del medico — *His hand was made whole,* La sua mano fu sanata. □ *avv* ⇨ **wholly.**

II *s.* il tutto; un tutto; l'unità; l'insieme: *Four quarters make a whole,* Quattro quarti fanno un'unità — *A whole is greater than any of its parts,* Il tutto è maggiore di ogni sua parte — *The whole of my money was stolen,* Venni derubato di tutto il mio denaro — *He spent the whole of the year in Pakistan,* Trascorse tutto l'anno in Pakistan — *Is the land to be divided up or sold as a whole?,* Il terreno è da dividere o deve essere venduto globalmente? □ *on (o upon) the whole,* complessivamente; nel complesso; tutto considerato — *(taken) as a whole,* (considerato) complessivamente, nell'insieme.

whole-hearted ['houl 'hɑ:tid] *agg* cordiale; *(per estensione)* sentito; di tutto cuore; totale; incondizionato: *I give my whole-hearted approval to the scheme,* Do la mia piena (incondizionata) approvazione al progetto.

□ *avv* **whole-heartedly,** di tutto cuore.

wholemeal ['houlmi:l] *agg (di pane, ecc.)* integrale.

wholesale ['houlseil] *s. (di solito attrib.)* vendita all'ingrosso: *to sell wholesale (USA: at wholesale),* vendere all'ingrosso — *wholesale prices,* prezzi all'ingrosso — *a wholesale dealer,* un negoziante all'ingrosso; un grossista.

□ *agg* **1** all'ingrosso: *Our business is wholesale only,* La nostra attività è solo all'ingrosso. **2** *(fig.)* su vasta scala; grande: *There was wholesale slaughter when the police opened fire,* Ci fu una grande strage quando la polizia aprì il fuoco.

□ *avv* **1** all'ingrosso. **2** in massa; in blocco.

wholesaler ['houl,seilə*] *s.* grossista; negoziante all'ingrosso.

wholesome ['houlsəm] *agg* sano; salutare; salubre; che fa bene *(anche fig.).*

who'll [hu:l] *contraz di* who will: *Who'll be bringing the beer?,* Chi è che deve portare la birra?

wholly ['houlli] *avv* completamente; interamente; del tutto: *Few men are wholly bad,* Pochi uomini sono del tutto cattivi — *I wholly agree with you,* Sono del tutto d'accordo con voi.

whom [hu:m] *pron* ⇨ **who.**

whomever, whomsoever [hu:m'evə*/hu:msou'evə*] *pron compl oggetto di* **whoever, whosoever.**

whoop [hu:p] *s.* **1** grido; urlo: *a whoop of joy,* un grido di gioia. **2** urlo strozzato durante un accesso di tosse.

to **whoop** [hu:p] *vi e t.* **1** gridare; urlare; schiamazzare. **2** fare l'urlo della pertosse; tossire.

whoopee ['wu:pi:] *s. (fam.)* grido di gioia: *to make whoopee,* fare baldoria.

whooping-cough ['hu:piŋkɔf] *s.* pertosse.

to **whop** [wɔp] *vt* **(-pp-)** *(sl.)* **1** bastonare; picchiare; battere. **2** *(fig.)* battere; sconfiggere.

whopper ['wɔpə*] *s. (fam.)* enormità *(per qualsiasi cosa, ma spec. bugie): That was a whopper you told last night,* Era veramente grossa la bugia che hai raccontato ieri sera.

whopping ['wɔpiŋ] *agg* enorme; immane; gigantesco: *a whopping lie,* una bugia enorme.

□ *avv (sl.)* enormemente; tremendamente; molto: *a whopping big fish,* un pesce enorme.

whore [hɔ:*/huə*] *s. (spreg.)* prostituta; sgualdrina; donna di malaffare: *whore-monger, (ant.)* uomo incline a frequentare prostitute — *to go whoring,* frequentare prostitute; 'andare a puttane'.

who're ['huə*] *contraz di* who are: *Who're you?,* Chi

siete? — *Who're they taking with them to the beach?,* Chi si portano dietro alla spiaggia?

whorl [wə:l/*h*wɔ:l] *s.* **1** verticillo *(di un fiore).* **2** spira; giro di una spirale; figura a vortice.

whorled [wə:ld/*h*wɔ:ld] *agg* **1** verticillato. **2** munito di spire; disposto a spirale.

whortleberry ['wə:tl,beri] *s.* mirtillo.

who's [hu:z] *contraz di* **1** who is: *Who's this?,* E chi è questo? **2** *contraz di* who has: *Who's been here?,* Chi è stato qui?

whose [hu:z] *pron interr e relativo* (*genitivo di* **who** *e di* **which**) di cui; il (la, i, le) cui; del quale (della quale, dei quali, delle quali); di chi: *Whose house is that?,* Di chi è quella casa? — *I wonder whose house that is,* Mi chiedo di chi sia quella casa — *Is that the man whose house was broken into by burglars last week?,* È quello l'uomo la cui casa è stata svaligiata dai ladri la settimana scorsa? — *The boy whose father complained to me is very stupid,* Il ragazzo, il cui padre si è lamentato con me, è molto stupido — *There's the house whose windows are broken,* Ecco la casa le cui finestre sono rotte — *Members of the Fire Service, whose work is often dangerous, are paid less than the Police,* Gli appartenenti al Corpo dei Vigili del Fuoco, il cui lavoro è spesso pericoloso, sono pagati meno che gli agenti di polizia — *Mr Smith, whose car I borrowed for this journey, is a rich lawyer,* Il signor Smith, la cui auto ho avuto in prestito per questo viaggio, è un ricco avvocato.

whoso, whosoever ['hu:sou/,husou'evə*] *pron (ant.)* = **whoever.**

whosoe'er [,husou'ɛə*] *contraz poet di* **whosoever.**

who've [hu:v] *contraz di* who have... *o di* whom have...: *Who've you told it to?,* A chi l'hai raccontato?

why [wai] **I** *avv* **1** *(interr.)* perché; per quale ragione; a quale scopo: *Why is he late?,* Perché è in ritardo? — *Do you know why he was late? - Tell me why,* Sai perché era in ritardo? - Dimmi perché — *Why not let her do as she likes?,* Perché non lasciarle fare come vuole? — *'Why go now?' - 'Why not?',* 'Perché andare adesso?' - 'Perché no?'.
2 *(relativo)* la ragione per cui; (il) perché: *The reasons why he did it are obscure,* Le ragioni per cui lo ha fatto sono oscure — *This is (the reason) why I left early,* Ecco perché sono partito presto — *Why you should always arrive late I don't know,* Perché tu debba sempre arrivare in ritardo non lo so.
II *interiezione (esprime sorpresa, disappunto o protesta)* (ma) guarda; diamine; caspita; perdinci; perdiana; ehi; oibò: *Why, it's quite easy! A child could do it!,* Diamine, è facilissimo! Un bambino saprebbe farlo! — *Why, what's the harm?,* Perdiana, che male c'è?
III *s.* (il) perché: *the whys and the wherefores,* i perché e i percome.

wick [wik] *s.* stoppino; lucignolo.

wicked ['wikid] *agg* **1** *(di persona o di azione)* cattivo; malvagio; perverso; ingiusto; immorale. **2** dispettoso; malintenzionato: *a wicked blow,* un brutto colpo. **3** malizioso; furbastro; birichino: *She gave me a wicked look,* Mi lanciò un'occhiata maliziosa. □ *avv* **wickedly.**

wickedness ['wikidnis] *s.* cattiveria; malvagità; dispetto; malizia.

wicker ['wikə*] *s. (generalm. attrib.)* vimine: *a wicker chair,* una sedia di vimini — *wicker-work,* lavoro in vimini.

wicket ['wikit] *s.* **1** *(anche* wicket-gate*)* portello; porta pedonale; cancelletto. **2** sportello *(di ufficio);* biglietteria *(lo sportello dei biglietti).* **3** *(al cricket)* porta *(di tre assi verticali collegate da traverse chiamate* bails*): Surrey were four wickets down,* Il Surrey ebbe eliminati quattro battitori (perse quattro 'porte') — *We won by six wickets,* Vincemmo per sei 'porte' — *to keep wicket,* giocare appostato dietro la porta — *wicket-keeper,* giocatore che si piazza dietro la porta per fermare le palle mancate dal battitore, ecc. **4** *(al cricket, per estensione)* spazio erboso tra le due porte. □ *to bat (to be batting) on a sticky wicket, (letteralm., al cricket)* giocare *(per il battitore)* su un terreno difficile; *(fig.)* essere costretto ad agire in condizioni svantaggiose.

wide [waid] *agg* **1** largo; ampio; esteso; vasto; spazioso; immenso: *a road twelve feet wide,* una strada larga dodici piedi — *a wide river,* un ampio fiume — *a man with wide interests,* un uomo di vasti interessi — *the wide world,* il mondo spazioso — *a wide margin,* un ampio margine — *the wide Atlantic,* l'immenso Atlantico. **2** completamente aperto; spalancato: *She stared at him with wide eyes,* Lo fissò con gli occhi spalancati — *Open your mouth wide,* Spalanca la bocca. **3** lontano; fuori bersaglio; fuori segno: *Your answer was wide of the mark,* La tua risposta non ha fatto centro. **4** *(sl.)* furbo; sveglio; attento; svelto: *wide-awake,* del tutto sveglio *(anche fig.);* ben attento; svelto; intelligente; dai riflessi prontissimi; vigile: *a wide-awake young woman,* una giovane donna molto sveglia. □ *avv* **widely.**
□ *avv* **1** fuori bersaglio; lontano; fuori centro: *The arrow fell wide of the mark,* La freccia cadde lontano dal bersaglio. **2** completamente; del tutto: *He was wide awake,* Era completamente sveglio — *The window was wide open,* La finestra era spalancata.
□ *s. (al cricket)* lancio che manda la palla al di fuori della portata del battitore (e che gli 'regala' quindi un punto).

to **widen** ['waidn] *vt e i.* allargare, allargarsi; ampliare, ampliarsi; estendere, estendersi.

widening ['waidniŋ] *s.* **1** allargamento; ampliamento. **2** slargo.

widespread ['waidspred] *agg* molto diffuso; su vasta scala.

widgeon ['widʒən] *s.* fischione *(anatra selvatica).*

widow ['widou] *s.* vedova: *grass widow,* 'vedova bianca'.

to **widow** ['widou] *vt* rendere vedova (o vedovo).

widowed ['widoud] *agg* reso vedovo o vedova.

widower ['widouə*] *s.* vedovo.

widowhood ['widou*h*ud] *s.* vedovanza.

width [widθ] *s.* **1** ampiezza; larghezza: *a road of great width,* una strada di grande larghezza (molto larga) — *width of mind, (fig.)* larghezza di mente; ampiezza di vedute. **2** larghezza; spazio geometrico da lato a lato: *a width of ten feet,* una larghezza di dieci piedi — *ten feet in width,* dieci piedi in larghezza. **3** altezza *(di tessuto): to join two widths of cloth,* unire due altezze di stoffa — *curtain material of various widths,* stoffa per tende di diversa altezza.

to **wield** [wi:ld] *vt* **1** maneggiare: *to wield an axe,* maneggiare un'ascia. **2** esercitare: *to wield power,* esercitare il potere.

wife [waif] *s.* (*pl.* **wives**) **1** moglie; coniugata: *Smith and his wife,* Smith e sua moglie — *a club for young wives,* un circolo per giovani mogli (per coniugate). **2** *(ant.)* comare; donna sposata (*cfr. anche* **fishwife, housewife**): *old wives' tales,* favole di vecchie comari — *'The Merry Wives of Windsor',* 'Le allegre comari di

Windsor' — *all the world and his wife* ⇨ **world 2** — *to take sb to wife,* prendere qcno in moglie.

wifelike, wifely ['waiflaik/'waifli] *agg* di, da moglie; che si addice ad una moglie; coniugale: *wifelike (wifely) virtues,* virtù che si addicono ad una moglie (coniugali).

wig [wig] *s.* parrucca.

wigged ['wigd] *agg* imparruccato; con la parrucca.

wigging ['wigiŋ] *s. (fam.)* rimprovero; sgridata: *to give sb a good wigging,* dare a qcno una bella lavata di capo.

to **wiggle** ['wigl] *vt e i.* dimenare, dimenarsi; agitare, agitarsi: *The baby was wiggling its toes,* Il bimbo stava muovendo le dita dei piedi — *Stop wiggling and sit still,* Smettila di dimenarti e stai seduto fermo.

wight [wait] *s. (ant.)* persona; essere; individuo: *a luckless wight,* un essere sfortunato.

wigwam ['wigwæm] *s.* tenda o capanna dei pellirossa, fatta di pelli e stuoie.

wild [waild] *agg* **1** selvaggio; *(per estensione)* feroce; indomito; incolto; selvatico: *wild flowers,* fiori spontanei, selvatici — *wild animals,* - **a)** *(in generale)* animali selvatici; - **b)** *(più in particolare)* animali feroci; belve — *a reserve for the preservation of wild life,* una riserva per la conservazione della vita naturale. **2** *(di cavallo e di animale non domestico)* ombroso; pauroso; timido; difficile da avvicinare: *The deer are rather wild,* I cervi sono piuttosto paurosi (difficili da avvicinare). **3** eccitato; furioso; furibondo; fuori di sé; sfrenato: *There were sounds of wild laughter,* Si udiva il fragore di risate sfrenate — *He was wild with anger,* Era fuori di sé per la collera — *It made her wild to see such cruelty,* Assistere ad una simile crudeltà la rese furiosa — *Anxiety drove them almost wild,* L'angoscia li fece quasi uscir di senno (impazzire). **4** incontrollato; avventato; sconsiderato: *a wild guess,* un pronostico avventato (una congettura sconsiderata) — *wild shooting,* il tirare (lo sparare) a casaccio — *to run wild,* - **a)** crescere disordinatamente, senza controllo, senza freno - **b)** inselvatichirsi: *They allow their children to run wild,* Permettono ai loro figli di crescere allo stato brado — *The garden has run wild,* Il giardino è tornato allo stato naturale. **5** *(fam.)* matto: *to be wild about sth (sb) (to be wild to do sth),* andare matti per qcsa (qcno) — *The girls were wild about (wild to meet) the famous film star,* Le ragazze impazzivano dalla voglia di incontrare il divo del cinema. □ *wild goose,* oca selvatica — *a wild-goose chase,* un'impresa inutile e sciocca — *to sow one's wild oats,* correre la cavallina; vivere gaiamente e intensamente — ⇨ *anche* **wildcat, wildfire, wildfowl.** □ *avv* **wildly.**

□ *avv* a caso; a casaccio; avventatamente; sconsideratamente: *to shoot wild,* sparare all'impazzata.

□ *s. (spesso al pl.)* zona selvaggia, inabitata, incolta: *the call of the wild,* il richiamo della foresta — *the wilds of Africa,* le regioni selvagge dell'Africa — *to go out into the wilds,* inoltrarsi nelle regioni selvaggie (inesplorate). □ *in the wild,* allo stato naturale.

wildcat ['waildkæt] *s.* **1** gatto selvatico; *(USA)* lince. **2** *(USA, fam.)* persona irritabile o aggressiva.

□ *attrib* rischioso; avventato. □ *a wildcat strike,* uno sciopero 'a gatto selvaggio'.

wildebeest ['wildəbi:st] *s.* gnu.

wilderness ['wildənis] *s.* landa; deserto; plaga incolta e desolata; distesa; vastità desolata: *a wilderness of waters,* una desolata distesa di acque — *From his attic window he looked out over a wilderness of roofs,* Dalla finestra della sua soffitta poteva vedere una squallida distesa di tetti.

wildfire ['waild,faiə*] *s.* **1** *(stor.)* fuoco greco. **2** baleno; lampo *(spec. se senza tuono).* □ *to spread like wildfire, (fig., di notizie, ecc.)* diffondersi in un lampo.

wildfowl ['waildfaul] *s. (collettivo)* selvaggina volatile; uccelli selvatici; anatre selvatiche.

wildness ['waildnis] *s.* **1** stato selvaggio; selvatichezza. **2** impetuosità, turbolenza di carattere.

wile [wail] *s. (di solito al pl.)* inganno; trucco; astuzia; stratagemma: *to fall a victim to the wiles of an unscrupulous rogue,* cadere vittima degli inganni di un furfante senza scrupoli — *the wiles of the Devil,* le astuzie del diavolo.

to **wile** [wail] *vt* ingannare; sedurre; allettare; adescare; tentare: *to wile sb into doing sth,* indurre qcno a far qcsa con l'inganno — *to wile away the time,* ingannare il tempo.

wilful ['wilful] *agg* **1** *(di persona)* ostinato; caparbio; volitivo; testardo; cocciuto. **2** intenzionale; volontario; voluto: *wilful murder, (dir.)* omicidio volontario.

□ *avv* **wilfully.**

wilfulness ['wilfulnis] *s.* ostinatezza; caparbietà; testardaggine; intenzionalità; deliberazione volontaria.

[1]**will** [wil] *v. dif (negativo* **will not** *oppure* **won't**; *pass. e condiz.* **would,** *negativo* **would not** *oppure* **wouldn't**) **I** - **a)** (*come ausiliare per il futuro; all'affermativo spesso abbreviato in* **'ll**: *p.es.* **I'll**) *If today is Monday, tomorrow will be Tuesday,* Se oggi è lunedì, domani sarà martedì — *'Will you be coming, too?' - 'No, I won't',* 'Verrai (Vieni) anche tu?' - 'No, non verrò (non vengo)' — *All right, I'll come,* Va bene, verrò — *I won't do it again,* Non lo farò più — *We'll pay back the money soon,* Restituiremo presto il denaro — *You will be in time if you hurry,* Farai in tempo se ti affretti — *You won't be in time unless you hurry,* Non farai in tempo se non ti affretterai — *I wonder whether it will be ready,* Mi domando se sarà pronto.

b) (**will** *al presente;* **would** *al passato. Raramente abbreviato: si usa come ausiliare per la forma abituale, per indicare cioè un'azione consueta, abituale, corrispondente al v. ital. 'solere', 'essere solito'; o per esprimere un'azione prevedibile, possibile*) *He will sit there hour after hour looking at the traffic go by,* È solito restare qui ore ed ore a guardare il traffico — *Sometimes the boys would play a trick on their teacher,* I ragazzi solevano talvolta giocare un tiro mancino alla maestra — *Occasionally the machine will go wrong without any apparent cause,* Capita che la macchina si metta a funzionare male senza una causa apparente.

c) (**will** *al presente;* **would** *al passato: si usa per esprimere probabilità o verosimiglianza o supposizione*) *This'll be the book you're looking for, I think,* Questo sarà (deve essere) il libro che stai cercando, credo — *'I want someone to do a lot of typing for me' - 'Will I do?',* 'Ho bisogno di qualcuno che scriva un bel po' a macchina per me' - 'Vado bene io?' — *She would be about sixty when she died,* Avrà avuto (Doveva avere) sessant'anni quando morì.

d) would *(come ausiliare per il condizionale: spesso abbr. in* **-'d***) I would if I could,* Lo farei se potessi — *They would be killed if the car went over the cliff,* Si ammazzerebbero se l'automobile andasse sulla scogliera — *They'd have been killed if the car had gone over the cliff,* Si sarebbero uccisi se l'automobile fosse andata sulla scogliera — *We would have come if it hadn't rained,* Saremmo venuti (Volevamo, Avevamo l'intenzione di venire) se non avesse piovuto — *Would* *you mind opening the window?,* Ti dispiacerebbe aprire la finestra? — *I (you) would rather..., (con il pass.)* Preferirei... (Preferiresti..., ecc.) — *I'd rather you came early,* Preferirei che tu venissi presto — *Would you like a cup of tea?,* Vorresti una tazza di tè?

e) would *(come ausiliare per il futuro nel pass.: raramente abbreviato) I said I would do it,* Dissi che lo avrei fatto — *We said we would help them,* Dicemmo che li avremmo aiutati.

II volere - **a)** *(generalm. usato alla 2ª e 3ª persona, nelle domande, richieste, ecc.: talvolta equivale a* per favore, per piacere*): Will you come in?,* Vuoi entrare (per piacere)? — *What will you have?,* Cosa prendi? (Cosa bevi?) — *Will you have some more tea?,* Vuoi dell'altro tè? — *Pass the salt, will you?,* Passami il sale, vuoi? (per favore) — *Would you come back later?, she asked,* Vorresti tornare più tardi?, chiese — *Would I come in, she wanted to know,* Voleva sapere se io desideravo entrare.

b) *(enfatico)* volere *(mai abbreviato nelle frasi affermative; indica insistenza, ostinazione o inevitabilità): He will have his own way,* Vuole per forza fare a modo suo — *Boys will be boys,* I ragazzi sono ragazzi — *Accidents will happen,* Gli incidenti sono inevitabili — *That's just what you would say,* Ci si poteva aspettare che tu dicessi questo — *Of course it would rain on the day we chose for a picnic,* Naturalmente era destino che piovesse il giorno che avevamo scelto per il 'picnic' — *He won't help me,* Non vuole aiutarmi — *This window won't open,* Questa finestra non vuole aprirsi.

[2]**will** [wil] *v. dif (pass.* **would**; *non esistono altre forme)* **1** *(ant.)* desiderare; volere: *Let him do what he will,* Lasciate che faccia quello che desidera — *What would you?,* Che cosa desidera (desideravi)?

2 *(con significato ottativo; il soggetto* I *viene spesso omesso)* desiderare; volere: *Would (that) it were otherwise!,* Come vorrei che fosse diversamente! — *I would to God (that) I had not agreed!,* Volesse il cielo che io non avessi acconsentito! — *Would that they were safe home again!,* Quanto vorrei che ritornassero a casa sani e salvi!

3 *(piuttosto ant.)* scegliere; preferire; volere; desiderare: *the place where he would (rather) be,* il luogo in cui preferiva essere — *Come when (whenever) you will,* Vieni ogni volta che ne hai voglia.

[3]**will** [wil] *s.* **1** volontà *(anche nel senso più generale di energia, tenacia, ostinazione, costanza, impegno, ecc.): to work with a will,* lavorare con tenacia — *He showed a will that overcame all obstacles,* Dimostrava una volontà che superava tutti gli ostacoli — *God's will be done,* Sia fatta la volontà di Dio — *He has always had his will, (ant.)* Ha sempre fatto come ha voluto — *What is your will?, (ant.)* Quale è la tua volontà? — *He has no will of his own,* Non ha autonomia — *Will can conquer habit,* La volontà può vincere l'abitudine — *will-power,* forza di volontà — *He has a strong (weak) will,* Ha una forte (debole) volontà — *The will to live helps a patient to recover,* La volontà di vivere aiuta un malato a guarire — *Where there's a will there's a way, (prov.)* Volere è potere — *She has a boundless will to please,* Ha una sconfinata volontà di piacere — *You must take the will for the deed,* Devi considerare l'intenzione, non il risultato — *They married her off against her will,* La sposarono contro la sua volontà — *to do sth of one's own free will,* fare qcsa spontaneamente, di propria volontà — *at will,* a volontà; a piacimento — *You may come and go at will,* Potete andare e venire a vostro piacimento — *tenant at will,* affittuario, inquilino che può essere dimesso in qualunque momento — *good(-)will,* buona volontà — *'Peace on earth and good will towards men',* 'Pace in terra agli uomini di buona volontà' (⇨ *anche* **goodwill**) — *ill-will,* malanimo; rancore; astio.

2 ultime volontà: *last will and testament,* testamento e ultime volontà — *to die without making a will,* morire senza fare testamento.

to **will** [wil] *vt e i.* **1** volere; esercitare la volontà: *We cannot achieve success merely by willing it,* Non possiamo conseguire il successo solo volendolo — *Willing and wishing are not the same thing,* Volere e desiderare non sono la stessa cosa.

2 stabilire; disporre; comandare: *God has willed it so,* Dio ha voluto così (ha disposto che fosse così) — *God wills that man should be happy,* Dio vuole che l'uomo sia felice.

3 controllare con la volontà; imporre, imporsi (con la volontà): *Can you will yourself to keep awake (into keeping awake)?,* Sei capace di imporre a te stesso di stare sveglio? — *It would be convenient if we could will ourselves across lands and oceans,* Sarebbe comodo se noi potessimo attraversare con la sola volontà terre e oceani.

4 *(non molto comune)* lasciare per testamento; lasciare in eredità; fare testamento; stabilire per testamento: *He willed most of his money to charities,* Lasciò la maggior parte del suo denaro ad opere di bene.

-willed [wild] *agg (nei composti) strong-willed,* dal carattere molto forte — *weak-willed,* dal carattere debole.

willful ['wilful] *agg (USA)* ⇨ **wilful**.

willies ['wiliz] *s. pl (nell'espressione fam.) to give sb the willies,* mettere la fifa addosso a qcno.

willing ['wiliŋ] *agg* **1** disposto; di buona voglia; volenteroso: *willing workers,* operai volenterosi — *He's quite willing to pay the price I ask,* È del tutto disposto (È dispostissimo) a pagare il prezzo che chiedo.

2 pronto; spontaneo; senza esitazioni: *willing obedience,* obbedienza volontaria.

☐ *avv* **willingly**, volentieri; di buon grado.

willingness ['wiliŋnis] *s.* buona volontà; buona disposizione; prontezza; spontaneità.

will-o'-the-wisp ['wiləðə,wisp] *s.* fuoco fatuo; *(più usato in senso fig.)* persona o cosa inafferrabile o irraggiungibile.

willow ['wilou] *s.* salice: *weeping willow, (pianta e legno)* salice piangente — *willow-pattern,* disegno di tipo cinese, blu su fondo bianco, in ceramiche.

willowy ['wiloui] *agg (di persone)* esile; sottile.

willy-nilly ['wili'nili] *avv* volente o nolente.

wilt [wilt] *(ant., 2ª persona sing. di* [1]**will**) *Do as thou wilt,* Fai come vuoi.

to **wilt** [wilt] *vi e t. (di fiori e piante)* appassire, appassirsi; *(di persone)* infiacchirsi; indebolirsi.

wily ['waili] *agg* astuto; furbo; smaliziato; scaltro: *a wily old fox,* una vecchia volpe scaltra (piena d'astuzie). ☐ *avv* **wilily**.

wimple ['wimpl] *s. (stor.)* soggolo.

win [win] *s. (sport)* vittoria; risultato positivo; successo; vincita: *Our team has had five wins this summer,* Quest'estate la nostra squadra ha conseguito cinque vittorie.

to **win** [win] *vt e i. (p. pres.* **winning**; *pass. e p. pass.* **won**) **1** vincere; conquistare; guadagnare; *(in senso assoluto)* essere vittorioso: *to win a race (a battle, a scholarship, a prize),* vincere una gara (una battaglia, una borsa di studio, un premio) — *to win fame and fortune,* con-

quistare fama e ricchezza — *Which side won?,* Chi (Quale squadra) ha vinto? — *She had a nature that quickly won her the friendship of her colleagues,* Aveva un carattere che le guadagnò ben presto l'amicizia dei suoi colleghi — *He won five pounds from (o off) me at cards,* Mi ha vinto cinque sterline alle carte — *to win the day (the field),* riuscire vittorioso; avere battaglia vinta — *to win free (clear, out, through),* liberarsi da qcsa; superare (difficoltà, ecc.); avere successo; farcela — *to win hands down, (fam.)* vincere senza fatica — *the winning candidate,* il candidato vincente — *winning-post,* punto d'arrivo; traguardo.
2 indurre; convincere; persuadere; ottenere il favore: *We won him over to our view,* Lo convincemmo del nostro punto di vista (Lo tirammo dalla nostra parte) — *a winning smile,* un sorriso accattivante.
3 guadagnare; raggiungere; conseguire *(dopo grande sforzo): to win the summit (the shore),* raggiungere la cima (guadagnare la riva) — *to win a victory,* conseguire una vittoria.
to win back, riconquistare; riguadagnare.
to win on (upon), *(di argomentazione, teoria)* attirare, attrarre qcno.
to win out ⇨ **1.**
to win over, convincere, persuadere qcno (⇨ **2**).
to win through ⇨ **1.**

wince [wins] *s.* fremito; sussulto; sobbalzo: *without a wince,* senza un fremito; senza batter ciglio.

to **wince** [wins] *vt* sussultare; trasalire: *He winced under the blow,* Fremette sotto il colpo.

wincey ['winsi] *s.* flanella *(di lana o di cotone).*

winch [wintʃ] *s.* argano; verricello; manovella.

to **winch** [wintʃ] *vt* muovere usando un argano, un verricello: *The sailplane was winched off the ground,* L'aliante fu fatto decollare per mezzo di un verricello.

[1]**wind** [wind] *s.* **1** vento: *The wind is rising (is falling),* Il vento si sta levando (sta scemando) — *There's not much (not a lot of) wind today,* Non c'è molto vento oggi — *a north wind,* un vento settentrionale (da nord) — *warm winds from the south,* venti caldi meridionali (da sud) — *He ran like the wind,* Correva come il vento — *wind-bound,* immobilizzato dal vento — *wind-break,* frangivento — *wind-sock; wind-cone; wind-sleeve; wind-hose,* manica a vento — *wind-gauge,* anemometro — *wind-swept, (agg.)* spazzato dal vento; esposto al vento — *My papers were blown to the four winds,* Le mie carte vennero sparpagliate ai quattro venti — *to fling (to cast, to throw) caution to the winds,* abbandonare (mettere da parte) la prudenza — *to find out which way the wind is blowing, (anche fig.)* scoprire da che parte spira il vento — *to take the wind out of sb's sails,* prendere qcno in contropiede; prevenire qcno; portare via il vantaggio a qcno — *to be in the wind, (di cosa)* essere nell'aria (in preparazione) — *There's something in the wind, I can feel it,* C'è qualcosa nell'aria (si sta preparando, sta per accadere qualcosa), lo sento. **2** fiato; resistenza; respiro: *The runner soon lost his wind,* Il corridore perse ben presto il fiato — *After two miles, he stopped to recover (to get back) his wind,* Dopo due miglia, si fermò per riprender fiato — *to get one's second wind,* riprendere fiato *(durante una corsa)* — *sound in wind and limb,* in perfetto stato di efficienza; in piena forma — *wind-broken,* bolso. **3** odore; sentore *(portato dal vento o nell'aria): to get wind of sth, (fig.)* sentire l'odore di qcsa; avere il sentore di qcsa; fiutare qcsa; avere il sospetto di qcsa — *The dogs got wind of the fox,* I cani fiutarono l'odore della volpe. **4** vaniloquio; parole vuote; discorso senza senso: *Don't listen to the politicians - they are all wind,* Non stare ad ascoltare i politici: sono solo parole vuote. **5** flatulenza: *to suffer from wind,* soffrire di flatulenza — *to break wind,* scoreggiare; fare un peto. **6** *(al sing. con l'art. determinativo)* (gli) strumenti a fiato; (i) fiati: *the wood-wind,* i legni *(flauto, oboe, ecc.)* — *wind-instrument,* strumento a fiato.
□ *to raise the wind, (sl.)* procurarsi il denaro necessario — *to get (to have) the wind up, (sl.)* avere fifa; spaventarsi — *to put the wind up sb, (sl.)* far venire fifa a qcno; spaventare qcno — *wind-flower, (spec. poet. e lett.)* anemone — *wind-hose, (marina)* manica a vento — *wind-jammer, (fam.)* veliero (mercantile) — ⇨ *anche* **windbag, windcheater, windmill,** *ecc.*

[1]to **wind** [wind] *vt* (*pass. e p. pass.* **winded**) **1** fiutare; sentire l'odore (di qcsa): *The hounds winded the fox,* I segugi fiutarono la volpe — *The deer winded the stalkers,* Il cervo sentì l'odore dei suoi inseguitori. **2** sfiatare, sfiatarsi; rimanere senza fiato; affannare; avere il fiato grosso: *He was quite winded by the long climb,* Rimase completamente senza fiato per la lunga salita. **3** fare riprendere fiato a; lasciare respirare; dare respiro (fiato) a: *We stopped to wind our horses,* Ci fermammo per fare riprendere fiato ai nostri cavalli.

[2]to **wind** [waind] *vt* (*pass. e p. pass.* **winded**; *erroneamente* **wound**) *(ant.)* suonare (strumenti a fiato): *to wind a horn,* suonare il corno.

[3]to **wind** [waind] *vi e t.* (*pass. e p. pass.* **wound**) **1** serpeggiare; snodarsi sinuosamente; procedere, avanzare serpeggiando; formare delle anse; seguire un percorso a spirale: *The river winds (its way) to the sea,* Il fiume scende serpeggiando verso il mare — *We climbed the winding staircase,* Salimmo per la scala a chiocciola — *The path winds up the hillside,* Il sentiero sale serpeggiando lungo il fianco della collina — *She wound herself (her way) into his affection,* Si insinuò lentamente nel cuore di lui.
2 avvolgere; arrotolare; legare: *to wind (up) wool into a ball,* avvolgere lana in un gomitolo — *to wind yarn,* avvolgere del filato — *to wind back a tape, to wind thread on to a reel,* avvolgere del filo su un rocchetto — *to wind in the line,* riavvolgere la lenza — *to wind sth off,* srotolare qcsa — *to wind sb round one's (little) finger,* tenere qcno al guinzaglio; far fare a qcno tutto quello che si vuole; avere qcno in tasca (in proprio potere).
3 coprire; avvolgere; cingere; abbracciare; circondare; proteggere: *to wind a shawl round a baby,* cingere (avvolgere) uno scialle attorno a un bambino — *to wind a baby in a shawl,* avvolgere un bambino in uno scialle — *She wound her arms round the child,* Cinse con le braccia il bimbo — *She wound the child in her arms,* Cinse il bimbo nelle sue braccia.
4 girare; fare girare *(una manovella);* tirar su *(facendo girare una manovella): to wind a handle,* fare girare una manovella — *to wind up ore from a mine,* tirar su del minerale da una miniera — *to wind the window down,* abbassare il finestrino.
5 *(spesso seguito da* up*)* caricare *(una molla di orologio o di altro meccanismo giocattolo, ecc.): If you forget to wind up your watch it will stop - unless it is a self-winding watch,* Se ti dimentichi di caricare l'orologio, si fermerà, a meno che non sia un orologio a carica automatica.
6 to wind up, concludere; mettere fine; terminare: *It's time for him to wind up his speech,* È ora che egli

concluda il suo discorso — *He wound up by declaring that his efforts would be continued,* Terminò dichiarando che i suoi sforzi sarebbero continuati — *They wound up the evening by singing some folk-songs,* Conclusero la serata cantando alcune canzoni popolari — *to wind up a company,* sciogliere (liquidare) una società — *to wind up one's affairs,* liquidare (sistemare) i propri affari.

7 to be wound up, essere teso al massimo: *He was wound up to a high pitch of excitement,* Era al massimo dell'eccitazione — *Expectation was wound up to a high pitch,* L'attesa era diventata spasmodica — *She was wound up to a fury,* Era in uno stato di tensione furiosa.

[2]**wind** [waind] *s.* giro *(di manovella, ecc.).*

windbag ['wind*b*æg] *s.* **1** otre *(di cornamusa).* **2** *(fam.)* parolaio; chiacchierone; 'trombone'.

windcheater ['wind'tʃi:tə*] *s.* giacca a vento.

winded ['windid] *agg* **1** (*p. pass. di* [1]**to wind**) senza fiato; sfiatato. **2** *(nei composti) long-winded,* dal fiato lungo; *(fig.)* verboso — *short-winded,* dal fiato corto.

windfall ['win*d*fɔ:l] *s.* **1** frutta *(spec. mela)* abbattuta dal vento. **2** *(fig.)* fortuna inaspettata, piovuta dal cielo; guadagno inatteso.

windhover ['wind,hɔvə*] *s.* gheppio.

windiness ['windinis] *s.* **1** tempo ventoso. **2** verbosità; vacuità. **3** flatulenza; ventosità.

winding ['waindiŋ] *agg* serpeggiante; tortuoso; sinuoso.

winding-sheet ['waindiŋʃi:t] *s.* sudario.

winding-up ['waindiŋʌp] *s.* *(comm., dir.)* liquidazione *(di una società, ecc.).*

windlass ['windləs] *s.* argano; verricello.

windless ['windlis] *agg* privo di vento; senza vento.

windmill ['winmil/'windmil] *s.* mulino a vento: *to fight (to tilt at) windmills, (fig.)* caricare (battersi contro) i mulini a vento.

window ['windou] *s.* finestra; finestrino; sportello; apertura; luce; vano; *(nelle imbarcazioni)* oblò; vetrina *(di negozio): window dressing,* - **a)** arte di disporre (di esporre) gli oggetti in una vetrina - **b)** *(fig.)* capacità di (tendenza a) mettere in luce le proprie qualità — *window dresser,* vetrinista — *window envelope,* busta a finestra — *window-pane,* vetro per finestre; vetro di finestra — *window-sash,* telaio di finestra — *window-shutter,* imposta — *window-sill,* davanzale — *French* (o *french) window,* porta finestra — *to go window-shopping,* guardare le vetrine; comprare con gli occhi.

windowed ['windoud] *agg* munito di finestre.

windpipe ['win*d*paip] *s.* trachea.

windscreen ['windskri:n] *s.* (*USA* **windshield**) parabrezza: *windscreen-wiper,* tergicristallo.

windward ['windwəd] *s.* parte esposta al vento; parte da cui tira il vento.

□ *agg e avv* esposto al vento; nella direzione del vento; sopravento.

windy ['windi] *agg* **1** ventoso; esposto al vento. **2** verboso; vacuo (⇨ [1]**wind 4**). **3** *(sl.)* impaurito; spaventato. □ *avv* **windily.**

wine [wain] *s.* **1** vino: *table wine,* vino da pasto — *vintage wine,* vino di annata — *new wine in old bottles,* vino nuovo in bottiglie vecchie; *(fig.)* fermento di nuove idee; principi nuovi non più conciliabili con le vecchie istituzioni. **2** succo fermentato simile al vino, fatto con altra frutta (e talvolta persino con certe radici p.es. la carota) e non con uva: *black-currant wine,* vino di ribes. **3** festa goliardica nella quale si beve molto vino — ⇨ *anche* **winebibber, winebibbing, wineglass,** *ecc.*

to **wine** [wain] *vt* offrire vino; invitare a una festa in cui si beve vino: *(generalm. nell'espressione) to wine and dine,* offrire da mangiare e da bere a qcno.

winebibber ['wain,bibə*] *s.* gran bevitore di vino; beone.

winebibbing ['wain,bibiŋ] *agg* che beve molto vino; amante del vino.

□ *s.* il bere molto vino; l'essere un beone.

wineglass ['waingla:s] *s.* bicchiere da vino.

wineglassful ['waingla:sful] *s.* bicchierata (contenuto di un bicchiere).

winegrower ['wain,grouə*] *s.* viticoltore; vignaiolo.

winegrowing ['wain,grouiŋ] *s.* viticoltura.

winepress ['wainpres] *s.* torchio da vino.

winery ['wainəri] *s.* vineria (osteria).

winesap ['wainsæp] *s.* mela americana.

wineskin ['wainskin] *s.* otre da vino.

wing [wiŋ] *s.* **1** ala *(di uccello, insetto, aereo, anche fig. di edifici): to take sb under one's wing,* prendere qcno sotto la propria ala (o protezione); proteggere qcno — *Fear lent him wings,* La paura gli mise le ali ai piedi — *to clip a person's wings,* mozzare (tagliare) le ali a qcno — *wing-flap, (di aereo)* 'flap'; ipersostentatore — *wing-span; wing-spread,* apertura d'ali — *wing nut,* dado ad alette; galletto — *wing chair,* poltrona a orecchioni — *The north wing of the house was added fifty years ago,* L'ala nord della casa venne costruita cinquanta anni fa. **2** parafango *(di automobile).* **3** *(al pl.)* quinte *(di palcoscenico): We were allowed to watch the performance from the wings,* Ci venne consentito di assistere alla rappresentazione stando dietro le quinte. **4** volo: *to shoot a bird on the wing,* sparare ad un uccello in volo — *to take wing,* prendere (spiccare) il volo. **5** *(football, hockey)* ala. **6** *(GB: nella Royal Air Force)* formazione di due o più squadroni: *wing-commander,* tenente colonnello. **7** *(GB: nella Royal Air Force: al pl.)* distintivo (grado) di pilota: *to get one's wings,* conseguire il brevetto di pilota.

to **wing** [wiŋ] *vt e i.* **1** dare, mettere ali a *(generalm. fig.): Fear winged him (his steps),* La paura gli mise le ali ai piedi. **2** volare; viaggiare su ali: *The planes winged (their way) over the Alps,* Gli aeroplani volarono sopra le Alpi. **3** ferire, colpire alle ali o *(fam.)* alle braccia.

winged [wiŋd] *agg* alato *(anche fig.);* fornito di ala: *the winged god,* il dio alato (Mercurio) — *a winged Victory,* una Vittoria alata — *the winged horse,* il cavallo alato (Pegaso) — *winged verses (lines),* versi alati.

wingless ['wiŋlis] *agg* privo di ala (di ali).

wink [wiŋk] *s.* **1** ammiccamento; segnale; strizzata d'occhio: *to tip sb the wink,* avvisare qcno; mettere qcno in guardia. **2** istante; batter d'occhio: *I didn't sleep a wink,* Non ho dormito un istante — *in a wink,* in un batter d'occhio. □ *forty winks,* un sonnellino; un pisolino.

to **wink** [wiŋk] *vi e t.* **1** ammiccare; strizzare l'occhio; fare segno con gli occhi: *She winked at me,* Ella mi ammiccò — *He winked a tear away,* Strizzò via una lacrima — *to wink at sth,* fingere di non vedere qcsa; chiudere un occhio a qcsa; passare sopra qcsa. **2** *(di luce, stelle, ecc.)* palpitare; brillare; scintillare; balenare; baluginare: *The lighthouse was winking in the far distance,* Il faro baluginava in lontananza —

winking lights, lampeggiatori; luci intermittenti *(degli autoveicoli).*

winkle ['wiŋkl] *s.* chiocciola di mare.

to **winkle** ['wiŋkl] *vt (seguito da* out*)* estrarre; cavare; tirar fuori.

winner ['winə*] *s.* **1** vincitore, vincitrice. **2** persona (o cosa) che è sicura di vincere, che non può fallire.

winning ['winiŋ] *agg* ⇨ **to win 1** *e* **2.**

winnings ['winiŋz] *s. pl* vincita *(spec. al gioco).*

to **winnow** ['winou] *vt* **1** ventilare; spulare: *to winnow wheat,* passare il grano con un ventilatore — *to winnow the chaff away* (o *from the grain),* togliere la pula dal grano. **2** *(fig.)* separare: *to winnow truth from falsehood,* separare la verità dal falso.

winnowing ['winouiŋ] *s.* **1** vagliatura; spulatura: *winnowing-machine,* macchina vagliatrice. **2** *(fig.)* cernita.

winsome ['winsəm] *agg* attraente; piacevole; seducente; avvenente; affascinante; luminoso: *a winsome smile (manner),* un sorriso (un comportamento) seducente. □ *avv* **winsomely.**

winsomeness ['winsəmnis] *s.* fascino; seduzione; amabilità; grazia; avvenenza.

winter ['wintə*] *s.* **1** inverno: *winter sports,* sports invernali — *winter wheat,* grano invernale — *winter solstice,* solstizio d'inverno — *winter quarters, (mil.)* quartieri d'inverno — *winter-bourne,* torrente; fiume invernale — *winter-clothing; winter-clothes,* abiti pesanti; abiti invernali — *winter-garden,* giardino d'inverno — *winter-sleep,* ibernazione; letargo invernale. **2** *(poet.)* 'inverno'; anno (di età): *a man of seventy winters,* un uomo di settant'anni. **3** *(fig.)* vecchiaia; periodo triste della vita.

to **winter** ['wintə*] *vi* **1** svernare; passare (trascorrere) l'inverno. **2** mantenere, nutrire *(piante o animali)* durante l'inverno.

wintery, wintry ['wintri] *agg* invernale; rigido; freddo; privo di calore *(anche fig.): a wintery sky,* un cielo invernale — *wintery weather,* (un) tempo rigido — *a wintry greeting,* un saluto freddo (gelido).

winy ['waini] *agg* vinoso.

wipe [waip] *s.* **1** asciugata; strofinata; pulitina: *Give this table a wipe,* Da' una pulitina a questo tavolo. **2** *(sl.)* fazzoletto.

to **wipe** [waip] *vt e i.* asciugare; pulire; strofinare: *to wipe the dishes,* asciugare i piatti — *to wipe one's hands on a towel,* asciugarsi le mani in un asciugamano — *to wipe one's face,* asciugarsi la faccia — *Take this handkerchief and wipe your nose, David,* Prendi questo fazzoletto e asciugati il naso, David.

□ *to wipe the floor with sb, (fig.)* sconfiggere qcno in modo umiliante.

to wipe away, asciugar via; togliere (asciugando, strofinando): *to wipe one's tears away,* asciugarsi le lacrime.

to wipe off, - **a)** cancellare *(p.es. con una spugna, uno strofinaccio): to wipe a drawing off the blackboard,* cancellare un disegno dalla lavagna - **b)** liberarsi; sbarazzarsi; annullare; eliminare: *to wipe off a debt,* liberarsi di (annullare) un debito.

to wipe out, - **a)** pulire *(la parte interna di qcsa): to wipe out a jug,* pulire una brocca - **b)** sbarazzarsi (di); liberarsi (da); eliminare: *to wipe out old scores,* eliminare vecchi rancori — *to wipe out an insult,* liberarsi da un'offesa *(spec. vendicandosi)* - **c)** annientare; distruggere: *The epidemic almost wiped out the population of the island,* L'epidemia quasi sterminò la popolazione dell'isola.

to wipe up, asciugare; raccogliere *(liquido)* asciugando; pulire (asciugando): *to wipe up spilt milk,* asciugare (raccogliere) del latte versato — *to wipe up a mess,* pulire lo sporco — *to do the wiping-up,* asciugare i piatti.

wiper ['waipə*] *s.* **1** pulitore; addetto alle pulizie. **2** strofinaccio. **3** *(sl.)* fazzoletto. **4** *(mecc.)* eccentrico. **5** *(mil.)* scovolo. **6** *windscreen wiper,* tergicristallo *(di autoveicolo).*

wiping-up ['waipiŋ ʌp] *s.* ⇨ **to wipe up.**

wire ['waiə*] *s.* **1** filo (metallico): *telephone wires,* fili telefonici — *The wires are down,* Sono caduti i fili del telefono — *copper wire,* filo di rame — *barbed wire,* filo spinato — *wire netting,* rete metallica — *wire-cutter,* cesoia tagliafili — *wire-drawing,* trafilatura (dei metalli) — *wire fence,* siepe (rete) metallica; reticolato — *wire recorder,* magnetofono che registra su filo — *wire recording,* registrazione su filo — *wire-tapping,* intercettazione di messaggi telegrafici o telefonici — *plumb-wire,* filo a piombo. **2** *(fam.)* telegramma: *by wire,* a mezzo telegramma; telegraficamente — *to send sb a wire,* inviare un telegramma a qcno — *to send off a wire,* spedire un telegramma — *Let me know by wire what time to expect you,* Fammi sapere a mezzo telegramma a che ora debbo aspettarti.

□ *wire-dancer (-walker),* funambolo — *wire-haired, agg (di cane)* a pelo ruvido; irsuto — *wire wool,* paglietta; paglia di ferro — *wire-worm,* millepiedi; enteride — *wire-wove, (di carta)* di prima qualità — *a live wire,* - **a)** un filo che porta corrente elettrica - **b)** *(fig.)* una persona attiva, dinamica — *to pull the wires, (generalm. fig.)* tirare i fili; muovere le fila; brigare; manovrare — *wire-puller, (fig.)* chi manovra dietro le quinte; persona intrigante.

to **wire** ['waiə*] *vt e i.* **1** assicurare, legare, sostenere con dei fili metallici (con un filo metallico): *to wire two things together,* legare insieme due cose con del filo di ferro — *to wire carnations,* sostenere dei garofani con del filo metallico. **2** infilare, infilzare con un filo metallico: *to wire pearls to form a necklace,* infilzare perle per farne una collana. **3** allacciare, collegare con dei fili: *Has the house been wired for electricity yet?,* L'impianto della casa è già stato allacciato alla rete elettrica? **4** prendere al laccio; catturare. **5** *(fam.)* telegrafare (a qcno): *He wired (to) his brother to buy oil shares,* Telegrafò al fratello di comprare azioni petrolifere — *He wired me that he would be delayed,* Mi telegrafò che sarebbe stato trattenuto. **6 to wire in,** *(fam., un po' desueto)* darci dentro; mettersi di lena; darsi da fare; mettercela tutta.

wireless ['waiəlis] *agg* senza fili: *wireless telegraphy,* telegrafo senza fili.

□ *s.* **1** radiotelegrafia; radio: *to send a message by wireless,* mandare un messaggio per radio — *a wireless officer (operator),* un radiotelegrafista. **2** *(un po' desueto)* apparecchio radio: *a wireless set,* un apparecchio radio — *to listen to a concert over the wireless,* ascoltare un concerto alla radio.

wiring ['waiəriŋ] *s.* insieme di fili (metallici); *(spec.)* impianto elettrico: *wiring diagram,* schema elettrico.

wiry ['waiəri] *agg* **1** simile a filo metallico; di filo metallico; rigido. **2** *(di capelli)* irto; ripido. **3** *(di persona)* resistente; instancabile; tenace; forte.

wisdom ['wizdəm] *s.* **1** saggezza; prudenza; giudizio; discernimento; senno; buonsenso. **2** sapienza; scienza: *the wisdom of the ancients,* la sapienza degli antichi.

□ *wisdom-tooth,* dente del giudizio — *to cut one's wisdom-teeth,* mettere i denti del giudizio; *(fig.)* mettere giudizio; raggiungere l'età del buonsenso.

[1]**wise** [waiz] *s. (ant.)* modo; maniera; guisa: *in no wise,* in nessun modo — *in this wise,* in questa maniera.

[2]**-wise** [waiz] *avv (USA, ora anche GB)* per quanto riguarda...: *How are you off money-wise?,* Come state a denaro? — *percentage-wise,* percentualmente.

[3]**wise** [waiz] *agg* **1** saggio; savio; accorto; prudente; assennato; avveduto: *to be wise after the event,* avere il senno di poi. **2** sapiente; dotto; esperto; edotto; erudito: *He came away none the wiser; He came away as wise as he went,* Se ne ritornò sapendone esattamente quanto prima — *to be (to get) wise to sb (sth), (fam.)* rendersi conto di qcno (qcsa); vedere chiaro; venire a conoscere; mangiare la foglia; vedere bene come stanno le cose — *to put sb wise to sth,* mettere qcno al corrente di qcsa; informarlo (di ciò che accade, ecc.). **3** *(USA)* astuto; furbo: *a wise guy,* un sapientone; un furbo. □ *wise man,* stregone; mago; esperto nelle arti magiche — *wise woman,* maga; strega; indovina; *(Scozia)* levatrice — *the Three Wise Men of the East,* i Tre Re Magi d'Oriente.
□ *avv* **wisely.**

wiseacre ['waiz,eikə*] *s.* sapientone; saccente.

wisecrack ['waizkræk] *s.* spiritosaggine; battuta arguta.

to **wisecrack** ['waizkræk] *vi e t. (fam.)* dire come battuta; dire facezie, spiritosaggini; fare dello spirito.

wish [wiʃ] *s.* **1** desiderio; volontà; voglia; aspirazione: *He has no wish to go,* Non ha nessuna voglia di andarci — *She expressed a wish to be alone,* Espresse il desiderio di essere lasciata sola — *He disregarded his father's wishes,* Non tenne conto dei desideri di suo padre — *She got her wish,* Ottenne quel che voleva — *Her wish was granted,* Il suo desiderio fu esaudito — *If wishes were horses, beggars might ride, (prov.)* Se i desideri fossero cavalli, anche i mendicanti potrebbero cavalcare — *The wish is father to the thought, (prov.)* I giudizi sono spesso figli dei desideri. **2** augurio; *(per estensione)* saluto: *With best wishes,* Con i migliori auguri (o saluti).

to **wish** [wiʃ] *vt e i.* **1** - **a)** *(seguito da un inf.)* desiderare; volere: *She wishes to be alone,* Vuole essere lasciata sola — *Do you really wish me to go?,* Vuole veramente che me ne vada? — *Well, if you wish it,* Bene, se proprio lo desidera (se è proprio questo che vuole) - **b)** *(seguito da un v. al pass. o al condiz.)* Vorrei..., Vorrebbe..., ecc.; Desidererei..., Desidererebbe..., ecc.; Magari potessi..., ecc.: *I wish I knew what was happening,* Vorrei tanto sapere (Magari sapessi) cosa sta succedendo — *I wish I could go,* Vorrei tanto poter andare — *I wish I were rich,* Vorrei tanto essere ricco — *She wished she had stayed at home,* Avrebbe voluto essere rimasta a casa — *I do wish (How I wish) you would shut up!,* Vorrei tanto che tu stessi zitto!; Ma non puoi star zitto? - **c)** esprimere un desiderio: *Let's wish!,* Esprimiamo un desiderio! — *Doing is better than wishing, (prov.)* Meglio fare che desiderare — *wishing-bone* ⇨ **wishbone** — *wishing-cap,* berretto magico *(nelle favole)* — *wishing-well,* pozzo magico (dei desideri).
2 to wish for, desiderare; aspirare; sperare; pregare: *She has everything a woman can wish for,* Ha tutto ciò che una donna può desiderare — *How he wished for an opportunity to go abroad!,* Come desiderava (Desiderava tanto) che gli si presentasse un'occasione per andare all'estero! — *The weather was everything they could have wished for,* Il tempo era il meglio che potessero sperare — *What more can you wish for?,* Cosa puoi sperare di più?
3 augurare, augurarsi: *to wish sb well (ill),* augurar bene (male) a qcno — *I wish nobody ill,* Non auguro il male a nessuno — *to wish sb good morning,* dire 'buon giorno' a qcno — *to wish sb goodbye,* salutare qcno *(accomiatandosi)* — *to wish sb a pleasant journey,* augurare buon viaggio a qcno — *to wish happiness to all one's friends,* augurare felicità a tutti i propri amici — *He began to wish himself out of the affair,* Cominciava ad augurarsi di non avere più niente a che fare con quella faccenda — *I wished (I could have wished) myself a thousand miles away,* Avrei voluto essere lontano mille miglia.
4 *(fam.)* **to wish on sb,** affibbiare (rifilare, appioppare) qcsa a qcno.
5 to wish sth away, far finta che qcsa non esista.

wishbone ['wiʃboun] *s.* forcella dello sterno di un pollo *(talvolta anche di altri volatili);* 'osso dei desideri'. *(Dopo il pasto due persone afferrano ciascuna un'estremità dell'osso, tirandola: la persona a cui rimane il pezzo più lungo formula un desiderio).*

wishful ['wiʃful] *agg* desideroso: *wishful thinking,* pensiero influenzato dal desiderio e quindi illusorio; (un) pio desiderio; illusione. □ *avv* **wishfully.**

wishy-washy ['wiʃi'wɔʃi] *agg* **1** *(di minestra, ecc.)* annacquato; brodoso; acquoso. **2** *(di discorsi, persone)* insipido; di poco spirito; sdolcinato.

wisp [wisp] *s.* ciuffo; fascio; manciata; *(di fumo)* filo.

wispy ['wispi] *agg* simile a un ciuffo; esile; sottile.

wistaria [wis'tɛəriə] *s.* glicine.

wistful ['wistful] *agg* languido; ansioso; insoddisfatto; nostalgico; malinconico: *wistful eyes,* occhi languidi — *a wistful expression,* un'espressione ansiosa — *in a wistful mood,* in uno stato d'animo malinconico.
□ *avv* **wistfully.**

wit [wit] *s.* **1** presenza di spirito; intelligenza; intuito; ingegno; intelletto; buonsenso; arguzia: *He hadn't the wit (He hadn't wit enough) to realize what to do in the emergency,* Non ebbe la presenza di spirito di capire che cosa fare in quell'emergenza — *to have (to keep) one's wits about one,* avere (tenere) gli occhi bene aperti; stare all'erta; esser pronto all'azione — *to be at one's wits' end,* essere al limite delle proprie risorse; essere assai perplesso; non sapere che pesci pigliare — *to live by one's wits,* vivere di espedienti; vivere d'astuzia. **2** brio; spirito; carattere brillante; acutezza; vivacità: *His writings sparkle with wit,* I suoi scritti sono vivaci e brillanti. **3** persona arguta e vivace.

to **wit** [wit] *vt e i. (ant. e dir.)* sapere. □ **to wit,** cioè; vale a dire.

witch [witʃ] *s.* **1** strega; maga; megera; fattucchiera: *witch-doctor,* stregone — *witch-hunt,* caccia alle streghe. **2** *(talvolta)* donna affascinante e pericolosa; maliarda.

witchcraft ['witʃkrɑ:ft] *s.* magia; stregoneria; malia; incantesimo; sortilegio; arti magiche.

witch-elm, witch-hazel [witʃ'elm/witʃ'heizl] *s.* ⇨ **wych-hazel.**

witchery ['witʃəri] *s.* **1** magia; stregoneria; sortilegio; malia. **2** fascino; incantesimo; malia.

witching ['witʃiŋ] *agg* delle streghe; della stregoneria; ammaliante: *the witching hour (of night),* l'ora delle streghe; l'ora della notte in cui le streghe sono attive; mezzanotte.

witenagemot ['witinəgi'mout] *s. (stor.)* assemblea generale *(o* nazionale, *anacronisticamente)* degli anglosassoni.

with [wið] *prep* **1** *(indica specificazione, compagnia, ecc.)* con; *(in taluni casi* ⇨ *gli esempi)* da; per: *a cup with a broken handle,* una tazza col manico rotto —

a coat with patch pockets, una giacca con le tasche applicate — *a girl with blue eyes,* una ragazza dagli occhi azzurri — *a child with no clothes on,* un bambino svestito (con niente addosso) — *a woman with an angry look in her eyes,* una donna dallo sguardo irato — *to be with child,* essere incinta — *to be with young, (di animale)* essere gravida — *Apples go well with pork,* Le mele s'accompagnano bene con la carne di maiale — *to live with one's parents,* vivere con i genitori; abitare dai genitori — *to go for a walk with a friend,* fare una passeggiata con un amico — *to discuss a problem with sb,* discutere un problema con qcno — *to spend the day with one's uncle,* passare la giornata in compagnia dello zio — *to mix one substance with another,* mescolare una sostanza con un'altra — *I shall be with you in a few minutes!,* Sarò da Lei tra pochi minuti! — *I have no money with me,* Non ho denaro qui con me; Sono senza denaro — *There's something wrong with the lift,* C'è qualcosa che non va con l'ascensore — *The next move is with you,* La prossima mossa tocca a te — *It rests with you to decide,* Tocca a voi decidere; La decisione dipende da voi — *What d'you want with me?,* Cosa volete da me? — *What's your business with him?,* Cos'hai a che fare con lui? — *It's a habit with some people,* Per qualcuno questa è un'abitudine — *We can't do anything with him,* Con lui non c'è niente da fare — *It's holiday time with us now,* Qui da noi è tempo di vacanze adesso — *The first object with them is always to make a profit,* La prima cosa per loro è sempre guadagnare — *He that is not with me is against me,* Chi non è con me è contro di me — *I am with you in what you say,* Sono d'accordo con Lei in quanto dice — *Are you with me?,* Mi segui? (Mi capisci?).

2 *(relazione, mezzo, strumento, maniera, ecc.)* con: *to write with a pen,* scrivere con la penna — *to take sth with both hands,* afferrare qcsa con tutte e due le mani — *to walk with crutches,* camminare con le stampelle — *to cut sth with a knife,* tagliare qcsa con un coltello — *Say it with flowers,* Ditelo con i fiori — *to see sth with one's own eyes,* vedere qcsa con i propri occhi — *to receive sb with open arms,* ricevere qcno a braccia aperte — *to do sth with the help of one's friends,* fare qcsa con l'aiuto dei propri amici — *With pleasure!,* Con piacere!; Volentieri! — *He was standing with his hands in his pockets,* Stava in piedi con le mani in tasca — *to win with ease,* vincere con facilità — *to fight with courage,* combattere con coraggio — *to breathe with difficulty,* respirare a fatica — *With the approach of sunset it became chilly,* Con l'avvicinarsi del tramonto si fece frescolino — *Salary increases with age,* Lo stipendio aumenta con l'età — *It will improve with time,* Migliorerà col tempo — *With these words the general dismissed his officers,* Con queste parole il generale congedò gli ufficiali — *And with this...,* E con ciò...

3 *(contrapposizione)* con; contro: *to fight (to argue, to quarrel) with sb,* combattere (discutere, litigare) con qcno — *to be in competition with sb,* essere in concorrenza con qcno — *to be at war with Persia,* essere in guerra contro la Persia — *to break with sb,* rompere con qcno — *to fall out with sb,* litigare con qcno — *to have it out with sb,* mettere le cose in chiaro con qcno.

4 di: *Fill the box with sand,* Riempi la cassa di sabbia — *a lorry loaded with timber,* un camion carico di legname — *The hills were covered with snow,* Le colline erano coperte di neve.

5 *(compl. di separazione e di privazione)* da: *to part with sth,* staccarsi da qcsa; dare via qcsa — *Let us dispense with ceremony!,* Lasciamo da parte le formalità!

6 *(compl. di limitazione)* pure con; nonostante: *With all her faults he still liked her,* Pur con tutti i difetti che lei aveva le voleva ancora bene.

□ *to get with it, (fam.)* aggiornarsi — *Away with him!,* Portatelo via! — *Down with Bloggs!,* Abbasso Bloggs! — *Off with his head!,* Decapitatelo!; Tagliategli la testa! — *to be silent with shame,* essere senza parole per la vergogna — *to be shaking with cold,* tremare per il freddo.

withal [wiˈðɔːl] *avv (ant.)* anche; per di più; inoltre.
□ *prep (ant.: sempre posposto al s.)* con: *What shall he fill his belly withal?,* Con che cosa riempirà la sua pancia?

to **withdraw** [wiðˈdrɔː] *vt (pass.* **withdrew**; *p. pass.* **withdrawn**) **1** ritirare; togliere; tirare indietro; prelevare: *to withdraw old bank-notes from circulation,* ritirare vecchie banconote dalla circolazione — *to withdraw money from the bank,* prelevare danaro dalla banca — *to withdraw a boy from school,* ritirare (togliere) un ragazzo dalla scuola. **2** ritrattare; ritirare; rimangiarsi: *He refused to withdraw the offending expression,* Si rifiutò di rimangiarsi l'insulto. **3** richiamare indietro; far allontanare; allontanare; ritirare: *to withdraw troops from an exposed position,* ritirare le truppe da una posizione indifesa.
□ *vi* ritirarsi; appartarsi: *to withdraw from society,* appartarsi — *After dinner the ladies withdrew,* Dopo il pranzo le signore si appartarono.

withdrawal [wiðˈdrɔːəl] *s.* **1** ritiro; ritirata. **2** ritiro; prelevamento. **3** ritrattazione; ritiro *(di accusa, affermazione, ecc.).* □ *withdrawal symptoms, (med., di tossicomane)* sindrome da privazione.

withdrawn [wiðˈdrɔːn] *p. pass di* **to withdraw.**

withdrew [wiðˈdruː] *pass di* **to withdraw.**

withe [wiθ/wið/waið] *s.* ⇨ **withy.**

to **wither** [ˈwiðə*] *vi* appassire; avvizzirsi; essiccarsi; inaridirsi: *Her hopes withered,* Le sue speranze sfiorirono.
□ *vt* **1** disseccare; far appassire: *The hot summer withered (up) the grass,* L'estate calda fece seccare l'erba. **2** fulminare *(con lo sguardo): She withered him with a scornful look,* Lo fulminò con un'occhiata sprezzante.

withering [ˈwiðəriŋ] *agg* **1** *(non comune)* che fa appassire. **2** fulminante *(di occhiata, ecc.).* □ *avv* **witheringly.**

withers [ˈwiðəz] *s. pl* garrese. □ *to wring sb's withers, (fig.)* far stare male (in ansia) qcno — *My withers are un(-)wrung,* L'accusa non mi tocca.

withershins [ˈwiðəʃinz] *avv (dial.)* in senso antiorario.

to **withhold** [wiðˈhould] *vt (pass. e p. pass.* **withheld**) **1** trattenere: *He tried to withhold the truth from us,* Cercò di nasconderci la verità. **2** non restituire; rifiutare (di dare); negare: *I shall withhold my consent,* Non darò il mio consenso.

within [wiðˈin] *prep* dentro; all'interno; entro; al di qua; non oltre: *to remain within call (within reach),* rimanere a portata di voce — *to be within hearing (within call),* essere a portata di voce — *to be within sight of harbour,* essere in vista del porto — *within a mile,* nel raggio di un miglio — *within a mile of the station,* a meno di (non oltre) un miglio dalla stazione — *to live within one's income,* vivere secondo le

proprie entrate — *within an hour,* entro un'ora — *payment within one week, (comm.)* pagamento entro otto giorni — *within limits,* entro certi limiti — *within the law,* - **a)** nell'ambito della legge - **b)** nella legalità.
□ *avv (ant. e in alcune espressioni particolari)* **1** dentro; all'interno: *seen from within,* visto dal di dentro — *painted within and without,* verniciato dentro e fuori — *Apply within,* Rivolgersi all'interno. **2** *(non molto comune)* in casa. **3** *(al teatro)* dietro le quinte.

without [wið'aut] *prep* **1** senza: *You can't buy anything without money,* Non si può comperare niente senza denaro — *We'll have to do without,* Dovremo farne a meno (fare senza) — *She went out without a hat,* Uscì senza cappello — *He was working without any hope of reward,* Lavorava senza alcuna speranza di ricompensa — *without fail,* senza fallo; di sicuro; certamente — *without doubt; without a doubt,* senza dubbio — *times without number,* infinite volte; un'infinità di volte — *I once did it without being caught,* L'ho fatto una volta senza essere pescato — *Can you do it without his (o him) knowing it?,* Puoi farlo senza che lui lo sappia? — *He left without so much as saying that he was sorry,* Se ne andò senza neppure chiedere scusa — *to go without saying,* essere scontato, palese, ovvio — *That goes without saying!,* È palese (ovvio)!
2 *(ant.)* all'esterno (di); fuori (di): *in a meeting without the House,* in un convegno (tenutosi) al di fuori del Parlamento — *without doors,* fuori di casa — *to be without the pale (of the law),* essere fuori della legalità.
□ *avv e s. (ant. e in alcune espressioni particolari)* fuori; all'esterno; all'aperto; all'aria libera: *seen from without,* visto dal di fuori — *within and without* ⇨ **within**, *avv.*

to **withstand** [wið'stænd] *vt (pass. e p. pass.* **withstood**) resistere; opporre resistenza *(a pressioni o attacchi): to withstand a siege,* resistere ad un assedio — *shoes that will withstand hard wear,* scarpe in grado di durare a lungo.

withy, withe ['wiði/wið] *s.* vimine; giunco.

witless ['witlis] *agg* sciocco; privo di intelligenza; senza cervello; privo di spirito; stupido; tonto. □ *avv* **witlessly.**

witness ['witnis] *s.* **1** testimone; teste: *witness-box,* banco dei testimoni — *eye witness,* testimone oculare — *witness for the prosecution (for the defence),* teste a carico (a discarico). **2** prova; testimonianza; deposizione: *to give witness on behalf of an accused person,* fare una deposizione in favore di una persona accusata — *to bear witness against sb,* testimoniare contro qcno — *to bear false witness,* rendere falsa testimonianza — *to bear witness to sth,* attestare qcsa. □ *in witness of...,* a testimonianza di...; a conferma di...

to **witness** ['witnis] *vt e i.* **1** assistere; essere presente; vedere: *to witness an accident,* assistere a un incidente. **2** testimoniare; deporre come teste; fare da testimone: *to witness against an accused person,* deporre come teste contro un imputato — *to witness to the truth of a statement,* testimoniare circa la verità di un'affermazione — *A Mr X witnessed to having seen the accused near the scene of the crime,* Un certo Mr X testimoniò di aver visto l'imputato nei pressi del luogo del delitto. **3** provare; dimostrare; confermare; suffragare: *Her pale face witnessed the agitation she felt,* Il suo volto pallido rivelava lo stato di agitazione in cui si trovava.

-witted ['witid] *agg (nei composti) quick-witted,* d'ingegno pronto — *slow-witted,* tardo; lento a capire.

witticism ['witisizəm] *s.* **1** spiritosaggine. **2** battuta spiritosa.

wittingly ['witiŋli] *avv* consapevolmente; intenzionalmente.

witty ['witi] *agg* (**-ier; -iest**) **1** spiritoso; acuto; brillante; arguto; divertente; pieno d'ingegno: *a witty girl,* una ragazza spiritosa. **2** *(ant. o dial.)* intelligente; abile; astuto. □ *avv* **wittily.**

to **wive** [waiv] *vi e t. (ant.)* prendere moglie; sposarsi.

wives [waivz] *s. pl di* **wife.**

wizard ['wizəd] *s.* mago *(anche fig.);* stregone: *a financial wizard,* un mago della finanza.
□ *agg (sl. studentesco, un po' desueto)* fantastico; meraviglioso; 'bestiale': *a wizard comic,* un fumetto 'favoloso'.

wizardry ['wizədri] *s.* magia; stregoneria.

wizened ['wiznd] *agg* avvizzito; raggrinzito; corrugato; rugoso: *a wizened old man,* un vecchio rugoso — *an old man with a wizened face,* un vecchio con la faccia tutta raggrinzita.

wo!, whoa! [wou] *interiezione (per fermare i cavalli)* oh!; ferma!

woad [woud] *s.* guado *(pianta e tintura).*

wobble ['wɔbl] *s. (mecc.)* farfallamento *(di una ruota);* rotazione fuori piano; *(della voce)* tremolio. □ *Chandler wobble, (astronomia)* periodo di Chandler.

to **wobble** ['wɔbl] *vi e t.* **1** traballare; far traballare; dondolare; barcollare; vacillare; oscillare; tremolare: *This table wobbles,* Questo tavolo traballa — *The front wheels of that car wobble,* Le ruote anteriori di quell'automobile traballano — *Don't wobble the desk,* Non far dondolare il banco — *Her voice sometimes wobbles on high notes,* Talvolta la sua voce tremola nelle note alte. **2** *(fig.)* esitare; tentennare; oscillare; titubare: *He wobbles between two opinions,* Esita tra due tesi diverse.

wobbler ['wɔblə*] *s.* **1** chi vacilla, traballa; cosa che vacilla, traballa. **2** *(fig.)* persona titubante; esitante.

wobbly ['wɔbli] *agg* **1** barcollante; tremolante; dondolante; traballante: *He's still a bit wobbly on his legs after his long illness,* È ancora un po' incerto sulle gambe dopo la lunga malattia — *a wobbly chair,* una sedia traballante. **2** *(fig., di persona)* esitante; titubante; tentennante.

woe [wou] *s. (ant. e poet., talvolta scherz.)* **1** dolore; afflizione; pena; affanno; male; sventura; disgrazia; calamità; malanno: *a tale of woe,* un racconto doloroso; una triste storia — *Woe to him!,* Sventura lo colga!; Guai a lui! — *Woe is me!,* Ahimè!; Ohimè!; Povero me! — *in weal and woe,* nella buona e nella cattiva sorte. **2** *(al pl.)* guai; avversità; contrarietà; cause di dolore; disgrazie: *poverty, illness and other woes,* povertà, infermità ed altri guai.

woebegone ['woubi,gɔn] *agg* desolato; triste; sconsolato: *What a woebegone look!,* Che espressione desolata!

woeful ['wouful] *agg* **1** doloroso; afflitto; triste; disgraziato. **2** deprecabile; increscioso: *woeful ignorance,* deprecabile ignoranza. □ *avv* **woefully.**

wog [wɔg] *s. (sl. mil., spreg.: forse da* gollywog) **1** abitante del Medio Oriente; turco; arabo; *(spec.)* egiziano. **2** *(per estensione)* straniero; indigeno.

woke [wouk] *pass e p. pass di* **to wake.**

woken ['woukən] *p. pass di* **to wake.**

wold [would] *s.* zona di campagna incolta; landa; brughiera; plaga.

wolf [wulf] *s.* (*pl.* **wolves**) **1** lupo: *to cry wolf,* gridare 'al lupo' (dare falsi allarmi) — *a wolf in sheep's clothing,* un lupo in veste d'agnello — *to keep the wolf from the door,* tenere lontana la miseria — *wolf's bane,* aconito *(tipo di pianta medicinale)* — *wolf-cub,* - **a)** lupacchiotto; cucciolo di lupo - **b)** 'lupetto' *(boy scout giovane)* — *wolf-hound,* cane da pastore alsaziano *(originariamente addestrato per la caccia al lupo)* — — *she-wolf,* lupa. **2** *(fig.)* individuo avido, rapace. **3** *(fam.)* donnaiolo: *wolf-whistle,* fischio del 'pappagallo'.

to **wolf** [wulf] *vt (spesso seguito da* down*)* divorare avidamente; mandar giù; ingozzare: *to wolf (down) one's food,* divorare (mandar giù) avidamente il proprio cibo.

wolfish ['wulfiʃ] *agg* **1** di, da lupo: *a wolfish appetite,* una fame da lupo. **2** *(fig.)* vorace; avido; rapace; crudele; selvaggio. □ *avv* **wolfishly.**

wolfram ['wulfrəm] *s.* wolframio; tungsteno.

wolverine ['wulvəri:n] *s.* **1** *(zool.)* ghiottone. **2** *(USA, fam.)* abitante del Michigan: *the Wolverine State,* lo Stato del Michigan.

wolves [wulvz] *s. pl di* **wolf.**

woman ['wumən] *s.* (*pl.* **women**) **1** donna *(anche attrib.)*; dama: *men, women and children,* uomini, donne e bambini — *a single woman,* una donna nubile — *a woman of the world,* una donna di mondo — *a woman doctor,* una dottoressa — *a woman driver (pl.:* women drivers*),* una conducente — *woman-scientist,* scienziata — *woman-servant,* domestica; cameriera — *woman friend,* amica — *woman-hater,* misogino — *woman's man,* donnaiolo; damerino; cicisbeo; uomo galante — *women's liberation movement; (abbr.) women's lib,* movimento femminista; movimento per la liberazione della donna — *a woman with a past,* una donna con un passato — *needlewoman,* cucitrice; donna che lavora di cucito — *There is something of the woman in his character,* C'è qualcosa di femminile nel suo carattere — *The queen sent one of her women to fetch the doctor,* La regina mandò una delle sue dame a chiamare il medico. **2** *(fam., fig.)* donnicciola; individuo rammollito, debole, inetto, fiacco; femminuccia: *All the old women in the Cabinet ought to resign now that war has broken out,* Tutte le vecchie donnicciole (gli inetti, i rammolliti) che stanno al Governo dovrebbero dimettersi ora che è scoppiata la guerra.

womanhood ['wumənhud] *s.* **1** *(collettivo)* le donne; il sesso femminile; il bel sesso; il sesso debole. **2** condizione (stato) di donna; maturità fisica della donna: *She had now grown to (She had reached) womanhood,* Era ormai diventata una donna.

womanish ['wuməniʃ] *agg* **1** effeminato. **2** femminile; da donna; donnesco: *womanish clothes,* abiti femminili.

to **womanize** ['wumənaiz] *vi (fam.)* ricercare la compagnia femminile.

womankind ['wumən'kaind] *s.* le donne; il sesso femminile.

womanlike, womanly ['wumənlaik/'wumənli] *agg* femminile; femmineo; di, da donna; proprio di una donna; adatto ad una donna: *womanlike (womanly) modesty,* modestia femminile.

womb [wu:m] *s.* grembo; ventre; utero: *It still lies in the womb of time, (fig.)* Giace ancora nel grembo del futuro.

wombat ['wɔmbæt/'wɔmbət] *s.* vombato *(tipo di marsupiale australiano).*

women ['wimin] *s. pl di* **woman.**

womenfolk ['wiminfouk] *s. pl* le donne; le donne della famiglia (della città, del paese, della tribù, ecc.).

won [wʌn] *pass e p. pass di* **to win.**

wonder ['wʌndə*] *s.* **1** meraviglia; stupore; sorpresa; ammirazione: *They were filled with wonder,* Erano pieni di meraviglia — *We looked at the conjurer in silent wonder,* Guardammo il prestigiatore con muto stupore — *No wonder...,* Non fa meraviglia (che)...; Non c'è da meravigliarsi (che)...; C'era da aspettarselo... — *No wonder you got there so late,* Non fa meraviglia che siate arrivati così tardi — *He was taken ill, and no wonder (and little wonder), considering that he had been overworking for years,* Cadde ammalato, e c'era da aspettarselo, dato che da anni esagerava nel lavoro — *wonder-struck, (agg.)* allibito; stupefatto. **2** meraviglia; portento; prodigio; miracolo; cosa o persona che suscitano meraviglia: *Television is one of the wonders of modern science,* La televisione è uno dei prodigi della scienza moderna — *signs and wonders,* miracoli e prodigi — *to work wonders,* far meraviglie; far miracoli *(anche fig.)*; far grandi cose — *a nine days' wonder,* un fuoco di paglia — *For a wonder...,* Incredibile a dirsi... — *For a wonder he paid back the money he had borrowed,* Incredibile a dirsi, restituì il denaro che aveva preso a prestito — *It is a wonder (that)...,* È sorprendente che...; È un miracolo se... — *It's a wonder (that) you didn't lose your way in the dark,* È sorprendente che al buio tu non abbia sbagliato strada — *What a wonder!,* Miracolo!; Che sorpresa!; Sorprendente!

to **wonder** ['wʌndə*] *vi e t.* **1** meravigliarsi; stupirsi: *Can you wonder at it?,* E te ne stupisci? — *I don't wonder at her refusing to marry him,* Non mi stupisce affatto che lei si rifiuti di sposarlo — *I wonder he wasn't killed,* C'è da stupirsi che non sia stato ucciso — *It's not to be wondered at,* Non c'è da stupirsene; C'era da aspettarselo — *I wondered to hear her voice in the next room,* Fu con mia grande sorpresa che udii la sua voce nella stanza vicina. **2** chiedersi; essere curioso di sapere; domandarsi; fantasticare: *I was wondering about that,* Me lo stavo domandando (anch'io) — *I wonder who he is (what he wants, why he is late, whether he will come, whose it is),* Chissà chi è (cosa vuole, perché è in ritardo, se verrà, di chi è) — *Have they any wholemeal bread, I wonder?,* Chissà se avranno del pane integrale? — *I wonder if it's time for dinner yet,* Chissà se è già l'ora di pranzo — *I was wondering how to get there quickly,* Stavo chiedendomi come fare per arrivarci in fretta.

wonderful ['wʌndəful] *agg* **1** meraviglioso; prodigioso; stupefacente; portentoso. **2** *(fam., per estensione)* ottimo; eccellente; 'favoloso'; stupendo: *We've been having wonderful weather lately,* Abbiamo avuto un tempo meraviglioso in questi giorni — *a wonderful view,* un panorama stupendo.
□ *avv* **wonderfully.**

wonderingly ['wʌndəriŋli] *avv* con meraviglia (stupore); con aria stupita.

wonderland ['wʌndəlænd] *s. (nelle fiabe)* il paese delle meraviglie, dei balocchi.

wonderment ['wʌndəmənt] *s.* meraviglia; stupore.

wondrous ['wʌndrəs] *agg (poet.)* mirabile; meraviglioso.

□ *avv (lett.)* mirabilmente: *to be wondrous kind,* essere mirabilmente gentile.

wonky ['wɔŋki] *agg (fam.)* **1** malfermo; instabile; incostante: *a wonky chair,* una sedia malferma (traballante). **2** *(di persona)* barcollante; vacillante; traballante; debole; malato: *She still feels a bit wonky after that attack of flu,* Si sente ancora un po' debole dopo quell'attacco di influenza.

won't [wount] *abbr di* will not ⇨ **'will**: *He won't be coming,* Non verrà — *He simply won't go,* Non vuole assolutamente andare — *Won't you sit down?,* (Non) vuol accomodarsi?

wont [wount] *s. (solo al sing.)* uso; consuetudine; costume; abitudine: *He went to bed much earlier than was his wont,* Andò a letto molto più presto di quanto non fosse sua abitudine — *use and wont,* uso e costume.

□ *(come agg. predicativo nell'espressione) to be wont to do sth,* essere solito fare qcsa; essere abituato a fare qcsa: *He was wont to say that all boys are lazy,* Era solito dire che tutti i ragazzi sono pigri.

wonted ['wountid] *agg* solito; abituale; consueto; usuale.

to **woo** [wu:] *vt* **1** corteggiare (una ragazza); cercare di conquistare; chiedere in moglie. **2** *(fig.)* cercare di ottenere; mirare a *(fama, ricchezza, successo, ecc.).*

wood [wud] *s.* **1** *(generalm. collettivo)* legno; legna: *Tables are usually made of wood,* I tavoli sono generalmente fatti di legno — *wood floors,* pavimenti di legno — *to chop wood for the fire,* tagliar legna per il fuoco — *hard wood,* legno duro — *soft wood,* legno dolce. **2** *(spesso al pl.)* bosco; selva *(anche fig.): a beech wood,* un bosco di faggi — *a walk in the wood,* una passeggiata nel bosco — *to take to the woods,* darsi alla macchia; imboscarsi — *to be out of the wood, (fig.)* essere fuori dai guai — *We're not yet out of the wood,* Non siamo ancora fuori dai guai. **3** botte; barile: *(from) the wood,* (dal) barile — *beer from the wood,* birra spillata dal barile (alla spina) — *wine in the wood,* vino in botti. **4** *(al pl., mus., anche* woodwind*)* strumenti a fiato *(un tempo fatti di legno).* **5** *(nel gioco delle bocce)* boccino; *(al golf)* bastone, mazza da golf.

□ *wood alcohol,* alcool metilico — *wood-tar,* catrame di legno — *wood-block, (tipografia)* matrice (stampo) di legno — *wood-carver,* intagliatore (scultore in legno) — *wood-carving,* scultura in legno — *wood-coal,* carbone di legna; lignite — *wood engraver,* incisore su legno — *wood-engraving,* incisione su legno — *wood house,* legnaia — *wood-lily,* mughetto — *wood-louse (pl.* wood-lice*),* onisco — *wood nymph,* ninfa del bosco; driade — *wood pigeon,* colombaccio; colombo selvatico — *wood pulp,* polpa di legno; cellulosa — *wood-turner,* tornitore di legno — *wood-turning,* tornitura del legno — *to be unable to see the wood for the trees, (letteralm.)* vedere l'albero e non la foresta; perdersi nei particolari — *Touch wood!, (fam.)* Tocca ferro! — ⇨ *anche* **woodcraft, woodcutter, woodman, woodpile, woodshed, woodsman, woodwork.**

woodbine ['wudbain] *s.* caprifoglio.

woodcock ['wudkɔk] *s.* beccaccia.

woodcraft ['wudkrɑ:ft] *s.* familiarità con le foreste.

woodcut ['wudkʌt] *s.* incisione su legno; xilografia.

woodcutter ['wud,kʌtə*] *s.* **1** boscaiolo; taglialegna. **2** incisore *(su legno).*

wooded ['wudid] *agg* boscoso; ricco di alberi; coperto di alberi: *wooded country,* territorio boscoso.

wooden ['wudn] *agg* **1** fatto di legno *(solo attrib.): a wooden leg,* una gamba di legno — *wooden walls, (stor., fig.)* navi da guerra — *a wooden head, (fig.)* una testa di legno; un testone — *wooden-headed,* stupido; testone. **2** *(fig.)* legnoso; inespressivo; rigido; impacciato; freddo: *a wooden smile,* un sorriso legnoso (inespressivo) — *His manners were extremely wooden,* Le sue maniere erano estremamente impacciate (rigide).

woodland ['wudlænd] *s.* territorio boscoso; selva *(usato anche attributivamente): woodland scenery,* paesaggio boscoso (silvestre).

woodman ['wudmən] *s.* *(pl.* **woodmen***)* boscaiolo; taglialegna.

woodpecker ['wud,pekə*] *s.* picchio.

woodpile ['wudpail] *s.* catasta di legna.

woodshed ['wudʃəd] *s.* legnaia; deposito della legna *(spec. da ardere).*

woodsman ['wudzmən] *s.* *(pl.* **woodsmen***)* *(spec. USA)* = **woodman.**

woodwind ['wudwind] *s.* strumenti a fiato: *a woodwind instrument,* uno strumento a fiato *(non di ottone: flauto, oboe, clarinetto o fagotto).*

woodwork ['wudwə:k] *s.* **1** lavorazione del legno; falegnameria; carpenteria. **2** lavori, parti in legno; oggetti di legno *(spec. le parti in legno di un edificio: infissi, scale, ecc.).*

woodworm ['wudwə:m] *s.* tarlo: *That piece of furniture has got woodworm,* Quel mobile ha il tarlo.

woody ['wudi] *agg* (**-ier**; **-iest**) **1** boscoso: *a woody hillside,* un declivio boscoso. **2** ligneo; legnaceo; simile al legno; legnoso: *the woody stems of a plant,* le parti legnose di una pianta.

wooer ['wu:ə*] *s.* corteggiatore; pretendente; spasimante.

woof [wu:f] *s.* = **weft.**

woofer ['wu:fə*] *s.* diffusore (altoparlante) per i bassi.

wooing ['wu:iŋ] *s.* corteggiamento.

wooingly ['wu:iŋli] *avv* amorosamente; a mo' di corteggiamento.

wool [wul] *s.* **1** lana; vello *(di pecora, capra e alcuni altri animali: p.es. il lama e l'alpaca);* stoffa di lana; filato di lana: *the wool trade,* il commercio della lana — *wool merchants,* commercianti in lana — *knitting wool,* lana per lavori a maglia (ai ferri) — *to wear wool next to the skin,* indossare (portare) indumenti di lana sulla pelle — *wool-fat; wool-oil,* lanolina — *wool-grower,* allevatore di pecore — *wool-hall,* mercato della lana; Borsa della lana — *wool-pack,* - **a)** balla di lana *(di 240 libbre)* - **b)** cielo a pecorelle — *wool-stapler, (stor.)* - **a)** cernitore della lana - **b)** venditore di lana grezza — *carding wool (short wool),* lana di carda; lana corta — *combing wool; long wool,* lana da pettine; lana lunga — *cotton wool, (GB)* bambagia; ovatta. **2** capigliatura riccia e lanosa; capelli crespi.

□ *dyed in the wool, (di tessuto)* tinto prima della filatura; *(fig.)* inveterato; 'viscerale' — *a dyed-in-the-wool Tory,* un Tory inveterato — *much cry and little wool,* molto rumore per nulla; molto fumo e niente (poco) arrosto — *to pull the wool over sb's eyes,* gettare fumo negli occhi a qcno; 'infinocchiare' qcno — *wool-gathering, (agg. e s.)* distratto; sbadato — *to lose one's wool, (fam.)* adirarsi; arrabbiarsi — *to go for wool and come home shorn,* andare per tosare ed essere tosati; andare per suonare ed essere suonati.

woollen ['wulən] (*USA* **woolen**) *agg attrib* **1** di lana; fatto di lana: *woollen cloth,* stoffa di lana. **2** laniero: *woollen manufacturers (merchants),* industriali (commercianti) lanieri.

woollens ['wulənz] *s. pl* stoffa di lana; articoli (indumenti) di lana.

woolliness ['wulinis] *s.* **1** lanosità. **2** *(fig.)* confusione mentale.

woolly ['wuli] *agg* (**-ier**; **-iest**) **1** di lana; lanoso; coperto di lana: *woolly hair,* capelli lanosi — *a woolly coat,* un soprabito di lana. **2** *(fig.)* confuso; fumoso; indistinto; non chiaro: *woolly ideas,* idee confuse.
□ *s. (pl.* **woollies,** *fam.)* indumento di lana *(spec. maglione, maglia).*

Woolsack ['wulsæk] *s. (GB) (sempre con l'art. determinativo)* il cuscino di lana del seggio del Lord Chancellor *(alla Camera dei Lords): to reach the Woolsack,* diventare (essere nominato) Lord Cancelliere.

wop [wɔp] *s. (sl., spreg.)* italiano *(spec. se immigrato negli USA)* o altro straniero dalla carnagione scura.

word [wə:d] *s.* **1** parola; vocabolo; termine: *I have no words to express my gratitude,* Non trovo parole per esprimere la mia gratitudine — *I don't know this word,* Non conosco questa parola (questo vocabolo) — *Words failed him,* Gli vennero meno le parole — *a play on (o upon) words,* un gioco di parole — *That's not the word for it,* Non è il termine giusto — *Warm's not the word for it!,* 'Caldo' non è la parola giusta!; Fa (Faceva) terribilmente caldo! — *in a (in one) word,* brevemente; in una parola; per farla breve — *in other words,* in altri termini — *to translate sth word by word,* tradurre qcsa parola per parola, alla lettera — *not a word,* nemmeno una parola; niente; nulla — *He didn't say a word about it,* Non disse niente al riguardo — *I don't believe a word of the story,* Non credo una parola di quella storia — *Dr. Jekyll will now say a few words,* Parlerà ora brevemente il dottor Jekyll — *Don't waste words on that fellow,* Non sprecar fiato con quel tale; È inutile che tu cerchi di convincerlo — *to have a word with sb,* parlare, avere un breve colloquio con qcno — *to have words (with sb),* bisticciare (litigare) con qcno; scambiarsi degli insulti — *They've had words, I hear,* Ho sentito che hanno bisticciato — *to take sb at his word,* prendere qcno in parola — *to suit the action to the word,* far seguire i fatti alle parole — *to say (to put in) a good word for sb,* dire (mettere) una buona parola in favore di qcno (appoggiarlo; raccomandarlo) — *to eat one's words,* rimangiarsi le parole; ammettere di aver sbagliato; ritirare quanto detto e chiedere scusa — *It's too good for words,* È indicibilmente (indescrivibilmente) buono — *big words,* parole grosse; paroloni; vanterie; fanfaronate; insulti; parole offensive — *a word in season,* un consiglio opportuno; una parola opportuna — *a word out of season,* una parola inopportuna; una parola fuori luogo — *to have the last word,* aver l'ultima parola *(su un argomento)* — *The last word has not yet been said on this subject,* Non è stata ancora detta l'ultima parola su questo argomento — *the last word in...,* l'ultima novità in fatto di... — *That motor-coach tour of Scotland was the last word in comfort and convenience,* Quel giro di Scozia in torpedone fu quanto di meglio si potesse desiderare in fatto di comodità e convenienza.
2 *(al sing., spesso senza art.)* notizie; informazioni: *Please send me word of your safe arrival,* Per favore, fammi sapere se sei arrivato bene — *Please leave word for me at the office,* Per favore, lascia detto qualcosa per me in ufficio — *The word got round that...,* Si sparse la voce che... — *Word came that I was wanted at the office,* Mi giunse parola (Venni a sapere) che avevano bisogno di me in ufficio — *I have had no word from home since then,* Da allora non ho più nessuna notizia da casa.
3 *(al sing., con agg. possessivo)* promessa; assicurazione; garanzia; parola (d'onore): *to break (to keep) one's word,* venir meno alla (mantenere la) parola data — *I give you my word for it,* Su questo ti do la mia parola d'onore — *He is a man of his word,* È un uomo di parola — *my word upon it,* sul mio onore — *Upon (talvolta* 'Pon*) my word!,* Sul mio onore!; Parola d'onore! — *My word!, (come esclamazione di sorpresa)* Perbacco!
4 *(solo al sing.)* comando; ordine; parola d'ordine: *The officer gave the word to fire,* L'ufficiale diede l'ordine di sparare — *You must give the word before you can pass,* Prima di passare devi dare la parola d'ordine.
5 the Word, la Sacra Scrittura *(in particolare il Vangelo);* il Verbo (di Dio): *to preach the Word to the heathen,* predicare il Vangelo ai pagani.
□ *word-book,* - **a)** lessico; vocabolario - **b)** libretto d'opera — *word-painter,* narratore o scrittore vivace e accurato — *word-perfect, (agg., di persona)* che sa bene a memoria *(una poesia, una parte di teatro)* — *word-picture,* descrizione pittoresca — *word-splitting,* sofisticheria; pedanteria; il cavillare.

to **word** [wə:d] *vt* mettere in parole; esprimere; formulare; redigere; scrivere: *a well-worded letter,* una lettera ben scritta — *The suggestion might be worded more politely,* Il suggerimento potrebbe essere formulato in un modo più cortese.

wordiness ['wə:dinis] *s.* verbosità; prolissità.

wording ['wə:diŋ] *s.* **1** formulazione; espressione; enunciazione: *A different wording might make the meaning clearer,* Forse una formulazione diversa renderebbe più chiaro il significato. **2** dicitura.

wordless ['wə:dlis] *agg* **1** senza parole. **2** non espresso.

wordy ['wə:di] *agg* verboso; prolisso. □ *avv* **wordily.**

wore [wɔ:*/wɔə*] *pass di* **to wear.**

work [wə:k] *s.* **1** lavoro; opera; attività; fatica: *Are you fond of work?,* Ti piace lavorare? — *Do you like your work?,* Ti piace il tuo lavoro? — *It was the work of a moment to turn the key in the lock and make him a prisoner,* Girare la chiave nella toppa e farlo prigioniero fu il lavoro di un momento — *It was very hard work getting to the top of the mountain,* È stato molto duro (faticosissimo) arrivare in cima alla montagna — *This is the work of an enemy,* Questa è l'opera di un nemico — *Machines now do much of the work formerly done by man,* Le macchine eseguono ora gran parte del lavoro che una volta facevano gli uomini — *to set (to get) to work,* mettersi al lavoro; incominciare (a fare qcsa); rimboccarsi le maniche; darsi da fare — *to set (to go) about one's work,* incominciare un lavoro — *work in progress,* lavoro in corso — *It's all in the day's work,* È una cosa di ordinaria amministrazione — *What time do you get to (your) work?,* A che ora vai al lavoro? — *The men were on their way to work,* Gli uomini stavano andando al lavoro — *It was difficult to find work during the depression,* Era difficile trovare lavoro durante la crisi — *to be out of work,* essere senza lavoro, senza impiego, disoccupato — *He has been out of work for a year,* È un anno che è senza lavoro — *to be at work,* essere al lavoro, in fabbrica, in ufficio — *He's at work now, but he'll be back at six,* È al lavoro adesso, ma sarà di ritorno alle sei — *He's at work on his new symphony,* Sta lavorando alla sua nuova sinfonia — *I always find plenty of work that needs doing in my garden,* Trovo sempre moltissime cose da fare nel giardino — *I have some* *work for you to do,* Ho un lavoretto da farti fare — *She took her work out on the verandah,* Portò il suo lavoro *(di rammendo, ecc.)* sulla veranda — *work-bag (work-basket, work-box),* borsa da lavoro (cestino da lavoro, scatola contenente gli arnesi da lavoro) — *work table,* tavolo da lavoro.

2 lavoro; opera; creazione; manufatto; prodotto: *It is the work of a famous silversmith,* È opera di un famoso argentiere — *What a beautiful piece of work!,* Che bel lavoro! — *The villagers sell their work to tourists,* Gli abitanti del villaggio vendono i loro manufatti ai turisti.

3 opera; lavoro (libro, dipinto, composizione musicale): *the works of Shakespeare,* le opere di Shakespeare — *works of art,* opere d'arte — *a new work on modern art,* un nuovo libro sull'arte moderna.

4 *(al pl.)* meccanismo; parti mobili *(di macchinario, ecc.)*; ingranaggio: *the works of a clock,* il meccanismo di un orologio — *There's something wrong with the works,* C'è qualcosa che non funziona nell'ingranaggio — *to throw a spanner in the works* ⇨ **spanner**.

5 *(al pl. ma generalm. con il v. sing.)* fabbrica; officina; impianto industriale: *a gas-works,* una fabbrica (l'impianto) del gas — *an iron-works,* una ferriera — *a brick-works,* una fabbrica di mattoni — *The steel-works were (o was) closed for the Christmas holidays,* Le acciaierie furono chiuse per le vacanze natalizie — *ex works, (comm.)* franco stabilimento — *a works council (o committee),* un consiglio (un comitato) di fabbrica.

6 *(al pl.)* lavori; opere pubbliche *(strade, ponti, ecc.)*: *civil engineering works,* lavori di ingegneria civile — *the Ministry (the Office) of Works,* il Ministero dei Lavori Pubblici.

7 *(al pl.)* opera di difesa; fortificazioni: *The works were thought to be impregnable,* Le fortificazioni erano ritenute inespugnabili — ⇨ *anche* **earth-works, out-works.**

8 *(anche* work-piece*)* pezzo da lavorare.

□ *work-people,* operai; manovali; lavoratori — *work-shy,* svogliato — *work-study,* studio dei problemi attinenti il lavoro — *welfare work,* assistenza sociale — *a maid of all work,* una domestica tuttofare — *to have one's work cut out,* avere un bel da fare — *to make short work of sth,* sbrigarsi a fare qcsa; far piazza pulita di qcsa; sbarazzarsi rapidamente di qcsa — *He's a nasty piece of work!, (fam.)* Che tipo meschino! — ⇨ *anche* **workbench, workbook, workday,** *ecc.*

to **work** [wəːk] *vi e t.* **1** lavorare: *He's been working hard all day,* È tutto il giorno che lavora sodo (che ci dà dentro, che sgobba) — *Most people have to work in order to live,* La maggior parte della gente deve lavorare per (guadagnarsi da) vivere — *He's working on a new invention,* Sta lavorando ad una nuova invenzione — *He has always worked against reform,* Si è sempre opposto (È sempre stato contrario) alle riforme — *Greene is working on a new novel,* Greene sta scrivendo un nuovo romanzo — *The men in this factory work forty hours a week,* Gli operai di questa fabbrica lavorano quaranta ore alla settimana — *This man works in leather,* Quest'uomo lavora il cuoio (è un artigiano del cuoio) — *to work hard (o like the devil),* lavorare sodo; sgobbare — *He is working his way through college,* Lavora per mantenersi all'università — *He worked his passage from Australia to England,* Lavorò sulla nave per pagarsi il passaggio dall'Australia all'Inghilterra — *to work to rule,* applicare il regolamento; lavorare facendo ostruzionismo; fare uno 'sciopero bianco'.

2 *(di macchine, di un apparato, ecc.)* funzionare; operare; *(di un progetto, ecc.)* aver successo; avere effetto: *The lift (The bell) is not working,* L'ascensore (Il campanello) non funziona (è guasto) — *The gears work smoothly,* Gli ingranaggi funzionano a perfezione (vanno benissimo) — *My brain does not seem to be working well today,* Si direbbe che oggi il mio cervello non funzioni bene — *Will these new methods work?,* Pensi che questi nuovi metodi avranno l'effetto sperato? — *The charm worked,* L'incantesimo riuscì — *It worked like a charm,* Funzionò come d'incanto.

3 far lavorare; far funzionare; azionare; manovrare: *He works his wife too hard,* Fa lavorare troppo sua moglie — *Don't work yourself (your poor wife) to death,* Non ammazzarti (Non ammazzare la tua povera moglie) dal lavoro — *The machines are worked by electricity,* Le macchine sono azionate ad elettricità — *She was working the treadle of her sewing-machine,* Stava azionando il pedale della sua macchina da cucire.

4 (*talvolta con pass. e p. pass.* **wrought**) fare; produrre; eseguire; causare; trovare; escogitare; ottenere: *to work miracles,* fare miracoli — *to work harm (mischief),* fare danno; fare del male — *The destruction wrought by the fire was appalling,* Le distruzioni causate dall'incendio furono spaventose — *Time has wrought many changes in him,* Il tempo ha operato molti cambiamenti in lui — *to work one's will (upon sb),* attuare i propri propositi (nei confronti di qcno); fare come uno si è prefisso — *to work it, (fam.)* fare in modo che (qcsa) avvenga, si attui, funzioni — *I'll work it if I can,* Cercherò di riuscirci (di farcela).

5 sfruttare; con its, dirigere; operare: *to work a mine (a farm),* sfruttare una miniera (dirigere una fattoria) — *This salesman works the North Wales area,* Questo commesso viaggiatore opera nella regione settentrionale del Galles.

6 *(talvolta con* its, his, her way; *e seguito da* in, out, through, into, *ecc.)* muovere *(gradualmente e superando delle difficoltà)*; mettere in posizione; far entrare, uscire, penetrare, passare: *Can you work the stone into position?,* Ce la fai a mettere a posto la pietra? — *The screw had worked loose,* La vite si era allentata — *The rain worked its way through the roof,* La pioggia si era fatta strada attraverso il tetto — *Your shirt has worked its way out,* Ti è uscita la camicia dai pantaloni — *Many months later the needle worked its way out of her arm,* Molti mesi dopo, l'ago le uscì dal braccio — *The wind worked round to the south,* Il vento girò a sud — *He'll work round to it in time,* Col tempo ci arriverà — *The men slowly worked their way forward,* Gli uomini riuscivano a procedere a fatica.

7 (*talvolta con pass. e p. pass.* **wrought**) lavorare; foggiare; plasmare; impastare; manipolare: *to work clay,* lavorare la creta (impastarla con acqua) — *to work dough,* lavorare la pasta *(del pane, ecc.)* — *wrought iron,* ferro battuto, lavorato.

8 (*talvolta con pass. e p. pass.* **wrought**) - **a)** fare effetto; farsi sentire - **b)** agitarsi; contrarsi: *The yeast began to work,* Il lievito cominciò a fermentare — *The idea worked like madness in his mind (brain),* Quell'idea gli si agitava in testa sino a farlo impazzire — *Their sufferings worked (o wrought) upon our feelings so much that we gave them all the help we could,* Le loro sofferenze ci impressionarono tanto che demmo loro tutto l'aiuto che potemmo — *His face began to work violently,* La sua faccia incominciò a contrarsi violentemente.

9 ricamare: *to work one's initials on a handkerchief,* ricamare le proprie iniziali su di un fazzoletto.

to work against, agire contro; lavorare ai danni di (qcno).

to work away, continuare a lavorare: *John is still working away at his homework,* John sta ancora facendo il compito.

to work in, - **a)** riuscire a penetrare; infiltrarsi: *The dust works in everywhere,* La polvere riesce a penetrare dappertutto - **b)** introdurre *(in un discorso, ecc.);* far stare: *Can't you work in a few jokes?,* Non puoi introdurre (nel discorso) qualche barzelletta?

to work off, - **a)** liberarsi; liquidare; far fuori: *to work off one's superfluous energy,* dare sfogo alle proprie energie superflue - **b)** sbrigare: *to work off arrears of correspondence,* sbrigare corrispondenza arretrata.

to work on, - **a)** ⇨ **1,** *sopra* - **b)** influire su; influenzare.

to work out, - **a)** esaurire, esaurirsi *(di risorse, ecc.): That silver-mine is now worked out,* Quella miniera d'argento è ora esaurita - **b)** risolvere; calcolare: *I can't work out those problems in algebra,* Non riesco a risolvere quei problemi di algebra — *He was working out some coded messages,* Stava decifrando alcuni messaggi in codice — *I've worked out your share of the expenses at two pounds,* Ho calcolato a due sterline la tua parte di spese — *They are working out a new method of sending the mail by rocket,* È in preparazione (in fase di studio) un nuovo metodo per far viaggiare la posta con i razzi - **c)** risultare: *I hope everything will work out all right for you,* Spero che tutto andrà bene per te — *It'll work itself out, you'll see,* Vedrai che si risolverà - **d)** *to work out one's own salvation,* salvarsi con i propri sforzi (con le proprie forze) - **e)** *(di sportivo, spec. di pugile)* allenarsi.

to work over, *(sl.)* pestare; massacrare (qcno).

to work round (o **around) to** ⇨ **6** *sopra.*

to work up, - **a)** costruire *(gradualmente);* sviluppare: *to work up a business,* dar vita ad un'azienda - **b)** provocare; eccitare; fomentare: *to work up a rebellion,* fomentare una rivolta - **c)** montare, montarsi; svilupparsi: *to work up to a climax,* arrivare al culmine; giungere all'acme — *He's working himself up into a rage,* Sta montando su tutte le furie — *It's nothing to get so worked up about,* Non c'è nessun motivo di agitarsi tanto.

to work upon = to work on, - **b).**

workable ['wə:kəbl] *agg* **1** *(di terreno)* lavorabile; coltivabile; *(di miniera, giacimenti)* sfruttabile. **2** fattibile; realizzabile; praticabile.

workaday ['wə:kədei] *agg* **1** comune; ordinario; quotidiano; da tutti i giorni. **2** *(fig.)* tedioso; prosaico: *this workaday life,* questa vita tediosa — *this workaday world,* questo mondo prosaico.

workbench ['wə:kbentʃ] *s.* banco di lavoro.

workbook ['wə:kbuk] *s. (spec. USA)* libro-quaderno *(con questionari, schemi di lavoro, spazi da riempire, ecc.);* quaderno degli esercizi.

workday ['wə:kdei] *s.* giorno feriale, di lavoro.

worker ['wə:kə*] *s.* lavoratore; operaio (operaia): *fellow-worker,* compagno di lavoro — *clerical worker,* impiegato — *factory worker,* operaio — *skilled worker,* operaio specializzato — *unskilled worker,* operaio non specializzato — *white-collar workers,* impiegati — *blue-collar workers,* operai — *worker bee,* ape operaia.

workhouse ['wə:khaus] *s.* **1** *(GB, stor.)* ricovero di mendicità. **2** *(USA)* riformatorio. **3** *(ant.)* laboratorio.

working ['wə:kiŋ] *s.* **1** funzionamento; lavorio; azione; attività; processo: *hot working, (metallurgia)* lavorazione a caldo — *the workings of conscience,* il lavorio della coscienza — *the principles that guide the workings of the human mind,* i principi che guidano l'attività mentale — *working to rule,* applicazione del regolamento; 'sciopero bianco'. **2** *(di volto, ecc.)* contrazione; distorcimento. **3** miniera; galleria di miniera; cava: *The boys went exploring in some disused workings,* I ragazzi andarono ad esplorare alcune gallerie di miniera abbandonata. **4 working-out,** elaborazione; esecuzione; calcolo dei risultati: *the working-out of a plan,* l'elaborazione di un piano.

□ *agg* **1** (*con vari significati, come il v.* **to work** ⇨) che lavora; di lavoro; lavorativo: *working day,* giorno lavorativo — *a working week of forty hours,* una settimana lavorativa di quaranta ore — *working clothes,* abiti di fatica, di lavoro — *the working classes,* le classi lavoratrici; i lavoratori; il proletariato — *a working-class family,* una famiglia della classe lavoratrice (di lavoratori), proletaria — *hard-working, (agg.)* infaticabile; che lavora molto — *a working drawing,* un disegno costruttivo — *a working hypothesis,* un'ipotesi di lavoro — *a working group,* un gruppo di lavoro — *a working party,* una commissione di studio; un comitato d'inchiesta; *(USA)* una squadra di operai. **2** atto a funzionare; efficiente; sufficiente; funzionante: *in working order,* in stato (in grado) di funzionare; in buono stato; in perfetta efficienza: *to put a machine in working order,* mettere una macchina in grado di funzionare — *Everything is in working order,* Tutto è a posto; Tutto è pronto per incominciare — *The Government has a working majority,* Il governo dispone di una maggioranza sufficiente — *working capital,* capitale d'esercizio — *working expenses,* spese d'esercizio.

workman ['wə:kmən] *s.* (*pl.* **workmen**) lavoratore; operaio; salariato.

workmanlike ['wə:kmənlaik] *agg* fatto con competenza: *workmanlike manufacture,* esecuzione a regola d'arte — *a workmanlike job,* un lavoro ben fatto (eseguito a regola d'arte).

workmanship ['wə:kmənʃip] *s.* **1** fattura; esecuzione; lavorazione: *articles of poor (excellent) workmanship,* articoli di fattura scadente (di ottima fattura). **2** abilità; ingegno.

workout ['wə:kaut] *s.* **1** *(specialm. USA)* pratica; prova; collaudo. **2** (*cfr.* **to work out**) allenamento *(spec. di pugile).*

workpiece ['wə:kpi:s] *s.* pezzo da lavorare.

workroom ['wə:kru:m] *s.* laboratorio; stanza di lavoro.

works [wə:ks/wə:kz] *s. pl* ⇨ **work 5.**

workshop ['wə:kʃɔp] *s.* **1** officina; laboratorio. **2** *(fam.)* incontro di lavoro.

world [wə:ld] *s.* **1** mondo; terra; pianeta; universo; *(per estensione)* vita; gente: *the Old World,* il Vecchio Mondo; l'Europa — *the New World,* il Nuovo Mondo; l'America — *the Roman world,* il mondo romano (antico) — *the English-speaking world,* i popoli di lingua inglese — *the world of sport,* il mondo dello sport; gli ambienti sportivi — *the scientific (financial) world,* il mondo scientifico; gli ambienti scientifici (il mondo finanziario; i circoli finanziari) — *the animal (mineral, vegetable) world,* il mondo animale (minerale, vegetale) — *to make a journey round the world,* fare il giro del mondo — *to the world's end,* fino in capo al mondo — *the best in* *the world,* il migliore del mondo — *to know (to see) the world,* conoscere il mondo; avere esperienza della vita — *a man of the world,* un uomo di mondo, che ha esperienza della vita; *(spesso, per estensione)* un tipo tollerante — *to take the world as one finds it,* prendere il mondo come viene; adattarsi alle circostanze — *a citizen of the world,* un cittadino del mondo; un cosmopolita — *It's the same the world (the whole world) over,* Tutto il mondo è paese — *Is this the best of all possible worlds?,* È questo il migliore di tutti i possibili universi? — *(in) this world and the next,* in questo mondo e nell'altro — *the world to come,* la vita futura, dopo la morte — *the lower world,* l'inferno — *to bring a child into the world,* dare alla luce (mettere al mondo) un bambino — *world-weary,* stanco della vita (di vivere) — *the world, the flesh, and the devil,* il mondo, la carne e il diavolo — *to forsake the world,* abbandonare il mondo; darsi alle cose spirituali — *to make the best of both worlds,* - **a)** *(un po' desueto)* sfruttare (usare) nel miglior modo il temporale e lo spirituale - **b)** *(più comunemente)* saper approfittare degli aspetti apparentemente contrastanti di una situazione. **2** gente; pubblico; l'opinione della gente: *the great world,* il gran pubblico; la gente alla moda — *all the world and his wife,* tutti quanti; tutti senza eccezione — *What will the world say?,* Cosa dirà la gente? — *Since he retired from business he has lived out of the world,* Da quando ha lasciato gli affari fa vita ritirata — *The whole world (All the world) knows...,* Tutti sanno che... **3 a world of...,** *(fam.)* un mondo (un sacco) di; un grande numero di; moltissimo; tanto; assai: *My holidays did me a world of good,* Le vacanze mi fecero un sacco di bene — *There was a world of meaning in the look she gave me,* Lo sguardo che mi diede era assai significativo. □ *to make a noise in the world,* diventare famoso; essere oggetto di conversazione — *Nothing in the world would please me more,* Niente al mondo mi piacerebbe (gradirei) di più — *Who in the world is that fellow?,* Chi è mai quel tipo? — *world without end,* per sempre — *for all the world like,* esattamente simile — *She's for all the world like a woman I knew twenty years ago,* Assomiglia perfettamente a una donna che conoscevo vent'anni fa — *You are all the world to me,* Tu sei tutto per me (sei la mia vita) — *for the world,* niente affatto; per nessuna cosa al mondo — *I wouldn't hurt her feelings for the (whole) world,* Non vorrei urtare i suoi sentimenti per nessuna cosa al mondo — *to carry the world before one,* avere il mondo ai propri piedi; avere uno strepitoso successo — *... to the world,* completamente...; del tutto... — *He was tired to the world,* Era stanco da morire — *to be drunk to the world,* essere ubriaco fradicio — *to feel on top of the world,* sentirsi benissimo, sulla cresta dell'onda — *to begin the world,* incominciare la carriera — *How goes the world with you?,* Come vanno i tuoi affari?

□ *(come agg. attrib.)* mondiale; universale: *the World Bank,* la Banca Mondiale — *a world language,* una lingua diffusa in tutto il mondo; una lingua universale — *a world power,* una potenza mondiale — *on a world scale,* su scala mondiale — *World War I (II); the First (Second) World War,* la Prima (la Seconda) Guerra Mondiale — *world-wide, (avv.)* in tutto il mondo; a livello mondiale; *(agg.)* mondiale; sparso o diffuso in tutto il mondo — *world-wide fame,* fama mondiale.

worldliness ['wə:ldlinis] *s.* **1** temporalità. **2** mondanità; carattere mondano.

worldly ['wə:ldli] *agg* **1** materiale; terreno; temporale: *worldly goods,* beni materiali (terreni). **2** mondano: *worldly people,* gente attaccata ai piaceri della vita. □ *worldly-wise,* esperto delle cose del mondo; accorto — *worldly wisdom,* esperienza delle cose del mondo; accortezza.

worm [wə:m] *s.* **1** verme *(anche fig., spreg., di persona);* bruco; larva; tarlo; lombrico: *earth-worm,* lombrico — *glow-worm,* lucciola — *silk-worm,* baco da seta — *tape-worm,* tenia — *wood-worm,* verme del legno; tarlo — *the worm of conscience,* il tarlo della coscienza — *to be food for worms,* divenire pasto dei vermi; morire — *He is a worm!,* È un verme! — *worm-cast,* tumulo di terra ammassata da un lombrico — *worm-eaten,* mangiato dai vermi; tarlato; decrepito — *worm-fishing,* pesca coi lombrichi — *worm-powder,* vermifugo — *worm-hole,* tarlo; buco del tarlo. **2** *(fam., spesso al pl.)* ossiuri: *to have worms,* avere i vermi. **3** filo di una vite: *worm-gear,* ingranaggio elicoidale — *worm-wheel,* ruota elicoidale. **4** *(mecc.) worm-screw,* vite senza fine — *worm-pipe,* serpentino. □ *Even a worm will turn,* Anche un santo perderebbe la pazienza.

to **worm** [wə:m] *vt* **1** *(spesso* to worm one's way*)* muoversi lentamente; aprirsi la strada lentamente; insinuarsi; farsi largo con pazienza o costanza: *He wormed his way (wormed himself) through the undergrowth,* Si aprì la strada lentamente attraverso il sottobosco — *He wormed himself into her confidence,* Si insinuò nelle sue grazie. **2** *(seguito da* out *o* out of*)* carpire; riuscire ad ottenere: *He wormed the secret out of me,* Riuscì a carpirmi il segreto. **3** liberare *(un animale domestico)* dai vermi, dalla tenia. **4** *(naut.)* intregnare.

wormwood ['wə:mwud] *s.* **1** assenzio. **2** *(fig.)* amarezza; mortificazione; umiliazione cocente.

wormy ['wə:mi] *agg* **1** verminoso; pieno di vermi; bacato; tarlato. **2** simile a un verme; *(fig.)* abietto; strisciante; vile; spregevole.

worn [wɔ:n] *p. pass di* **to wear.**

worried ['wʌrid] *agg* preoccupato (⇨ **to worry**).

worrier ['wʌriə*] *s.* persona di temperamento ansioso; *(fam.)* 'nevrotico'.

worrisome ['wʌrisəm] *agg* **1** fastidioso; noioso; seccante; preoccupante. **2** ansioso; inquieto; irritabile.

worrit ['wʌrit] *s. (fam., dial.)* = **worry.**

to **worrit** ['wʌrit] *vt e i. (fam., dial.)* = **to worry.**

worry ['wʌri] *s.* **1** ansia; preoccupazione; fastidio; inquietudine: *to show signs of worry,* mostrare segni d'inquietudine. **2** *(generalm. al pl.)* preoccupazione; fastidio; ansia; guaio; grattacapo; assillo: *What a little worry that child is!,* Che fastidio quel bambino! — *a life full of worries,* una vita piena di preoccupazioni — *Money worries and little domestic worries have made him look old,* Preoccupazioni finanziarie e piccoli fastidi domestici l'hanno fatto invecchiare precocemente.

to **worry** ['wʌri] *vt e i.* **1** infastidire; importunare; annoiare; seccare: *to worry sb with foolish questions,* importunare qcno con delle domande sciocche — *The noise of the traffic worried her,* Il rumore del traffico le dava fastidio — *He has a worried look,* Ha un'aria preoccupata — *He looks worried,* Sembra preoccupato — *What's worrying you?,* Cos'è che ti dà fastidio?; Cos'è che ti preoccupa? — *Her child has a bad cough and it rather worries her,* Il suo bambino ha una brutta tosse e lei è piuttosto preoccupata — *I* *have a bad tooth that is worrying me,* Ho un dente cariato che mi dà fastidio — *Don't worry about the children,* Non preoccuparti dei bambini — *to worry oneself (about* o *over sth),* preoccuparsi (per qcsa) — *to worry oneself to death,* preoccuparsi in modo eccessivo (fino a morirne) — *She was always worrying her husband for more money,* Continuava a importunare il marito con richieste continue di danaro. **2** preoccuparsi; tormentarsi; essere in ansia: *Don't worry about trifles,* Non preoccuparti per cose da nulla — *You have no cause to worry,* Non hai motivo di preoccuparti — *What's the use of worrying?,* A che serve tormentarsi? — *Don't worry about trying to find it; it'll turn up one day,* Non tormentarti a cercarlo; salterà fuori da solo un giorno o l'altro. **3** *(spec. di cani, spesso seguito da* at*)* azzannare; sbranare; dilaniare: *The dog was worrying (at) a rat,* Il cane stava sbranando un topo. **4** affrontare: *to worry out a problem,* affrontare un problema *(fino a trovarne la soluzione).* **5 to worry along,* tirare avanti. □ *I should worry!, (sl.)* Me ne infischio!; Me ne frego!

worrying ['wʌriiŋ] *agg* preoccupante; fastidioso; noioso; seccante. □ *avv* **worryingly.**

worse [wə:s] **I** *agg* (*compar. di* **bad**) **1** peggiore; più malandato; più malato; in peggiori condizioni: *Your work is bad but mine is much worse,* Il tuo lavoro è brutto, ma il mio è di gran lunga peggiore — *We couldn't have had worse weather for our journey,* Non avremmo potuto aver un tempo peggiore per il nostro viaggio — *Is there anything worse than war?,* C'è (forse) qualcosa di peggiore di una guerra? — *You are making things worse,* Stai peggiorando le cose; Stai complicando la situazione — *He escaped with nothing worse than a few scratches,* Se l'è cavata con poco o niente (con qualche scalfittura) — *My shoes are the worse for wear,* Le mie scarpe son mal ridotte per il troppo uso — *to be the worse for drink,* essere ubriaco. **2** *(come agg. predicativo)* peggiore; peggio; in peggiori condizioni: *The doctor says she is much worse today,* Il dottore dice che la paziente sta molto peggio oggi — *I'm glad you don't feel any worse,* Sono lieto che non ti senta peggio — *to be none the worse for sth,* uscire indenne da qcsa — — *He is none the worse for his terrible experience,* Da quella terribile esperienza è uscito indenne.

II *avv* **1** (*forma compar. di* **badly**) peggio: *He is behaving worse than ever,* Sta comportandosi peggio che mai — *He has been taken worse,* La sua salute è peggiorata di molto — *to be worse off,* essere in peggiori condizioni (economiche), in una situazione (posizione) peggiore *(cfr. 'well-off' sotto* ²**well II** *agg.)* — *none the worse,* non... di meno — *I like the man none the worse for being outspoken,* Quell'uomo non mi piace di meno per la sua schiettezza. **2** *(rafforzativo)* più; peggio: *It's raining worse than ever,* Sta piovendo più che mai — *She hates me worse than before,* Mi detesta ancor più di prima.

III *s.* (il) peggio; (la) cosa peggiore: *I have worse to tell,* Ho (ancora) da dirti di peggio — *There is (yet) worse to come,* E c'è di peggio — *a change for the worse,* un cambiamento in peggio — *Things seem to be going from bad to worse,* Sembra che le cose stiano andando di male in peggio.

to **worsen** ['wə:sn] *vt e i.* peggiorare; far peggiorare.

worship ['wə:ʃip] *s.* **1** culto; adorazione; venerazione: *places of worship,* luoghi di culto — *public worship,* culto pubblico; funzione religiosa — *the worship of success,* il culto del successo — *hero-worship,* il culto degli eroi. **2** *(titolo)* eminenza; signoria; eccellenza *(usato per certi magistrati e per il sindaco di alcune città importanti): Your Worship,* Vostra Eccellenza — *His Worship, the Lord Mayor of Bristol,* Sua Eccellenza il Sindaco di Bristol. **3** *(ant.)* merito; fama; virtù: *to win worship,* conquistare fama (merito).

to **worship** ['wə:ʃip] *vt* (**-pp-**; *USA* **-p-**) adorare; venerare; idolatrare: *to worship God,* adorare (venerare) Dio — *to worship one's wife,* adorare (idolatrare) la propria moglie.

□ *vi* andare in chiesa; partecipare alle funzioni religiose.

worshipful ['wə:ʃipful] *agg (nei titoli onorifici)* molto onorevole; eccellentissimo; venerabile: *the Right Worshipful Lord Mayor of Bristol,* l'eccellentissimo (il molto onorevole) sindaco di Bristol.

worshipper ['wə:ʃipə*] (*USA* **worshiper**) *s.* adoratore; chi venera: *the worshippers,* i fedeli.

worst [wə:st] **I** *agg* (*superl. di* **bad**) (il) peggiore: *the worst storm for five years,* il temporale più brutto degli ultimi cinque anni — *the worst dinner I've ever eaten,* il peggiore pranzo che io abbia mai mangiato — *the worst frost this winter,* la più forte gelata di quest'inverno — *It's the worst ever,* È il peggiore di cui si abbia notizia (il peggiore in assoluto).

II *avv* (*superl. di* **badly**) peggio (di tutti); nel peggiore dei modi: *Tom played badly, Harry played worse, and I played worst,* Tom ha giocato male, Harry ha giocato peggio di lui ed io peggio di tutti.

III *s.* (il) peggio: *You must be prepared for the worst,* Devi prepararti al peggio (aspettarti il peggio) — *The worst of the storm is over,* Il peggio del temporale è passato — *She keeps cheerful, even when things are at their worst,* Si mantiene di buon umore anche quando le cose vanno nel peggiore dei modi — *if the worst comes to the worst,* se le cose volgono al peggio; nel peggiore dei casi; nella peggiore delle ipotesi — *to get the worst of it,* avere la peggio; essere sconfitto — *the worst of it is that...,* il peggio è che... — *at worst (at the worst),* alla peggio; per male che vada — *Do your worst!, (come sfida)* Fai pure!; Fai pure come vuoi!; Scatenati pure!

to **worst** [wə:st] *vt* sconfiggere; spuntarla (su qcno).

worsted ['wustid] *s.* lana o filato pettinato; tessuto pettinato.

¹**worth** [wə:θ] *agg* **1** *(di cose)* che vale; del valore; valevole: *to be worth sth,* valere qcsa — *I paid only three hundred pounds for this used car but it's worth much more,* Per questa auto usata ho pagato solo trecento sterline, ma vale molto di più — *It's not worth more than ten pounds,* Non vale più di dieci sterline — *for what it is worth,* per quel che vale — *That's all I heard; I pass it on to you for what it's worth,* Questo è tutto quanto ho udito; te lo comunico per quel che vale.

2 *(di persona)* in possesso di; con un patrimonio di: *What's the old man worth?,* Qual è il patrimonio del vecchio? — *He died worth a million pounds,* Morì lasciando (un patrimonio del valore di) un milione di sterline.

3 degno; meritevole; che vale la pena di: *The book is well worth reading,* È un libro che vale la pena leggere — *It's hardly worth troubling about,* Quasi non ne vale il disturbo — *He says life wouldn't be worth living without friendship,* Dice che la vita non varrebbe la pena di essere vissuta senza l'amicizia — *It's not worth the paper it's printed on,* Non vale nemmeno la carta su cui è stampato — *It was worth it (was worth my while),* Ne valeva la pena — *It's a difficult job, but I'll make it worth your while,* È un lavoro difficile, ma vedrò di ricompensarti a dovere — ⇨ *anche* **worthwhile.**

□ *not to be worth one's salt,* non meritare lo stipendio che si riceve — *for all one is (was) worth, (fam.)* con tutte le proprie forze; a più non posso; mettendocela tutta — *He was running for all he was worth,* Correva a più non posso.

[2]**worth** [wə:θ] *s.* **1** valore; prezzo; *(fig.)* merito: *books (discoveries) of great (little, not much) worth,* libri (scoperte) di grande (di poco, di non molto) valore — *to know a friend's worth,* sapere quanto vale un amico — *men of great worth,* uomini di grande merito. **2** quantità (di qcsa) corrispondente a un determinato prezzo: *a pound's worth of apples,* mele per il valore di una sterlina.

worthiness ['wə:ðinis] *s.* **1** merito; valore. **2** dignità; rispettabilità.

worthless ['wə:θlis] *agg* **1** senza valore; che non vale niente; inutile. **2** *(di persona)* indegno; di nessun merito; buono a nulla. □ *avv* **worthlessly.**

worthlessness ['wə:θlisnis] *s.* **1** mancanza di valore; inutilità. **2** indegnità; bassezza.

worthwhile ['wə:θ,*h*wail] *agg* meritevole; che vale la pena: *It's hardly worthwhile saving money when there is inflation,* Non vale quasi la pena risparmiare denaro quando c'è l'inflazione — *This is a very worthwhile cause,* Questa è una causa degna.

worthy ['wə:ði] *agg* (**-ier**; **-iest**) **1** degno; meritevole: *a cause worthy of support,* una causa meritevole di sostegno (appoggio) — *worthy of note,* degno di nota — *a man who is worthy of a place in the team,* un uomo che è degno di avere un posto nella squadra. **2** rispettabile; onorevole; degno *(spesso iron. o con tono di sufficienza): a worthy gentleman,* una degna persona (un signore rispettabile) — *She says she helps only the worthy poor,* Dice che aiuta soltanto i poveri che lo meritano.

□ *s.* **1** *(ant.)* signore; notabile; maggiorente; personaggio importante: *an Elizabethan worthy,* un notabile elisabettiano. **2** *(spesso iron.)* tipo distinto; degna persona; personaggio: *Who's the worthy who has just arrived?,* Chi è quel tipo distinto che è appena arrivato? — *Who are the worthies on the platform?,* Chi sono quei pascià (quei pezzi grossi) in tribuna?

wot [wɔt] *(1ª e 3ª persona sing. del v. ant.* **to wit**, *sapere): God wot,* Dio sa.

would [wud] ⇨ [1]**will** *e* [2]**will.**

would-be ['wud'bi:] *agg* aspirante: *would-be authors,* aspiranti autori.

wouldn't ['wudnt] *contraz di* would not (⇨ [1]**will** *e* [2]**will**): *I wouldn't go there if I were you,* Non ci andrei se fossi in te.

wouldst [wudst] *forma ant di* would (⇨ [1]**will** *e* [2]**will**) *usata con* thou: *What wouldst thou?,* Che cosa vuoi?

[1]**wound** [wu:nd] *s.* **1** ferita *(anche fig.)*; piaga *(anche in senso fig.): a knife wound in the arm,* una ferita da coltello sul braccio — *a bullet wound,* una ferita da pallottola — *a wound to his pride (vanity),* una ferita al suo orgoglio (alla sua vanità) — *The dog was licking its wounds,* Il cane stava leccando le sue ferite — *the Five Wounds,* le Cinque Piaghe *(di Cristo).* **2** *(poet.)* pena d'amore; ferita d'amore; mal d'amore.

to **wound** [wu:nd] *vt* ferire *(anche fig.)*; colpire: *Ten soldiers were killed and thirty wounded,* Dieci soldati rimasero uccisi e trenta feriti — *He felt wounded in his honour,* Si sentiva ferito nell'onore — *seriously wounded,* gravemente ferito.

[2]**wound** [waund] *pass e p. pass di* [3]**to wind.**

wove, woven [wouv/'wouvən] *pass e p. pass di* **to weave.**

wow [wau] *interiezione* Caspita!; Perbacco!

□ *s. (USA, fam.: sempre* a wow) un successo strepitoso; un fatto clamoroso.

wrack [ræk] *s.* **1** alga. **2** rifiuto marino. **3** rovina; disastro: *to go to wrack and ruin* ⇨ [4]**rack.**

wraith [reiθ] *s.* fantasma; spettro.

wrangle ['ræŋgl] *s.* zuffa; alterco; baruffa.

to **wrangle** ['ræŋgl] *vi* partecipare ad un alterco: *to wrangle with sb over trifles,* altercare con qcno per delle sciocchezze.

wrangler ['ræŋglə*] *s.* *(GB, all'università di Cambridge)* studente che si classifica tra i primi agli esami di matematica.

wrap [ræp] *s.* indumento aggiuntivo *(ad es. una sciarpa, uno scialle, ecc.).*

to **wrap** [ræp] *vt* (**-pp-**) **1** avvolgere; avviluppare; arrotolare; coprire: *to wrap a child in a shawl,* avvolgere un bimbo in uno scialle — *The peak was wrapped in cloud,* La cima era avvolta nelle nuvole — *The affair is wrapped (up) in mystery,* La cosa è avvolta nel mistero — *to wrap oneself in a blanket,* avvolgersi (avvilupparsi) in una coperta — *Wrap this shawl round your shoulders,* Avvolgiti questo scialle attorno alle spalle — *You'd better wrap (yourself) up well before you go out,* Faresti meglio a coprirti bene prima di uscire. **2** impaccare; incartare; arrotolare: *Wrap plenty of paper round it,* Fanne un pacco con molta carta intorno. **3** *(fig.)* coprire; nascondere: *Why does he wrap up his meaning in such obscure language?,* Perché nasconde (copre, avvolge) il suo pensiero con un linguaggio tanto oscuro? **4 to wrap up,** *(fam.)* - **a)** concludere; portare a termine: *That wraps it up for tonight, friends,* Ecco tutto per stasera, amici - **b)** *Wrap up!,* Chiudi il becco! **5 to be wrapped up in sth,** *(fig.)* - **a)** essere completamente preso da qcsa; essere profondamente assorto in qcsa: *He is wrapped up in his work,* È tutto preso dal suo lavoro - **b)** essere dedito (devoto) a qcsa: *She is wrapped up in her children,* È tutta dedita ai suoi figli.

□ *vi* **1** avvolgersi; coprirsi: *to wrap up well,* coprirsi bene. **2** combaciare; sovrapporsi: *The edges do not wrap (over),* Gli orli non combaciano.

wrapper ['ræpə*] *s.* **1** fascetta *(attorno a un giornale, a un libro)*; copertina. **2** vestaglietta; leggera veste da camera.

wrapping ['ræpiŋ] *s.* **1** involucro; copertura; benda; fasciatura: *the wrappings of a mummy,* le bende di una mummia. **2** materiale da imballaggio; carta da pacchi: *wrapping paper,* carta da imballaggio.

wrath [rɔ(:)θ] *s.* ira; furore; collera; indignazione.

wrathful ['rɔ:θf*u*l] *agg* iroso; collerico; furente; indignato. □ *avv* **wrathfully.**

to **wreak** [ri:k] *vt* sfogare; dare effetto; dare libero sfogo: *to wreak one's fury upon sb,* sfogare la propria furia su qcno — *to wreak havoc,* compiere una devastazione.

wreath [ri:θ] *s.* **1** ghirlanda; corona; serto *(di fiori).* **2** anello; spirale; voluta *(di fumo, di bruma, ecc.).*

to **wreathe** [ri:ð] *vt* **1** coprire; avvolgere; circondare: *hills wreathed in mist,* colline avvolte nella foschia — *a face wreathed in smiles,* una faccia tutta sorrisi. **2** avvolgere; arrotolare: *The snake wreathed itself round the branch,* Il serpente si avvolse attorno al ramo. **3** intrecciare *(fiori)*; fare una ghirlanda.

□ *vi (di fumo, nebbia, ecc.)* alzarsi a spirale; salire in volute; *(di fogliame)* attorcigliarsi.

wreck [rek] *s.* **1** rovina; distruzione; naufragio *(anche* *fig): to save a ship from wreck,* salvare una nave dalla rovina (dal naufragio) — *the wreck of one's hopes,* il naufragio (il crollo) delle proprie speranze. **2** relitto; nave naufragata; avanzo; rottame *(anche fig.): Robinson Crusoe obtained food and supplies from the wreck,* Robinson Crusoe ricavò cibo e provviste dal relitto della sua nave — *The car was a wreck after the collision,* Dopo lo scontro l'automobile era ridotta a un rottame — *He is a mere wreck of his former self,* È l'ombra di se stesso — *to be a nervous wreck,* avere i nervi a pezzi.

to **wreck** [rek] *vt* **1** naufragare; far naufragare; distruggere; rovinare; mandare in rovina: *The ship was wrecked,* La nave naufragò — *The train was wrecked,* Il convoglio fu distrutto — *You'll wreck your digestion if you swallow your food in that way,* Ti rovinerai la digestione ingoiando il cibo a quel modo. **2** demolire; abbattere; smantellare.

wreckage ['rekidʒ] *s.* **1** rottami; relitti; frammenti di un naufragio *(o di qcsa che è andato distrutto).* **2** disastro; scontro.

wrecker ['rekə*] *s.* **1** chi si occupa di imprese per il recupero di materiale (navi, merci) naufragato. **2** *(USA)* demolitore *(di vecchi edifici).* **3** *(stor.)* chi provocava naufragi *(p.es. con false segnalazioni lungo coste infide)* a scopo di saccheggio.

wren [ren] *s.* **1** *(ornitologia)* scricciolo. **2** *(con la* w *maiuscola)* ausiliaria della Marina inglese *(abbr. di Women's Royal Naval Service).*

wrench [rentʃ] *s.* **1** strappo; tirata; torsione *(improvvisa e violenta): He gave his ankle a wrench,* Si distorse una caviglia — *He pulled the handle off with a single wrench,* Staccò via la maniglia con un solo strappo. **2** strazio; colpo terribile; duro colpo: *Separation from her children was a terrible wrench,* La separazione dai suoi figli fu uno strazio terribile per lei. **3** *(USA)* chiave inglese; chiave per avvitare o svitare bulloni: *double head wrench; double-ended wrench,* chiave doppia — *monkey-wrench,* chiave inglese; chiave a rollino.

to **wrench** [rentʃ] *vt* **1** strappare; torcere; tirare *(violentemente): to wrench sth off,* strappare via qcsa — *to wrench the door open,* spalancare la porta con uno strappo — *to wrench sth out of sb's hand,* strappare qcsa dalle mani di qcno — *She wrenched herself from (o out of) the villain's clutches,* Si liberò con uno strattone dalle grinfie del malfattore. **2** slogare; distorcere: *to wrench one's wrist,* slogarsi il polso. **3** distorcere; falsare; travisare.

to **wrest** [rest] *vt* **1** strappare; toglier via violentemente: *to wrest a sword from sb,* strappare una spada a qcno. **2** estorcere; ricavare a stento: *to wrest a confession of guilt from sb,* estorcere una confessione di colpevolezza a qcno — *to wrest a living from poor land,* ricavare a stento di che vivere da una terra povera. **3** distorcere; travisare *(fatti o significati).*

to **wrestle** ['resl] *vi e t.* combattere *(per atterrare l'avversario);* lottare *(anche fig.): to wrestle with sb (with a problem),* lottare con qcno (con un problema).

wrestler ['reslə*] *s.* lottatore.

wrestling ['resliŋ] *s.* lotta *(lo sport): a wrestling match,* un incontro di lotta.

wretch [retʃ] *s.* **1** persona disgraziata, miserabile, infelice, sciagurata. **2** persona spregevole, meschina. **3** *(scherz.)* birbante; briccone; furfante.

wretched ['retʃid] *agg* **1** infelice; disgraziato: *to lead a wretched existence,* condurre un'esistenza miserabile — *This aching tooth makes me feel so wretched,* Questo dente malato mi fa sentire così infelice. **2** squallido: *wretched houses,* case squallide. **3** di cattiva qualità; cattivo; insoddisfacente: *wretched weather,* brutto tempo. **4** desolante; scoraggiante; deprimente; spaventoso: *the wretched stupidity of the nation's leaders,* la scoraggiante stupidità dei governanti della nazione. □ *avv* **wretchedly.**

wretchedness ['retʃidnis] *s.* miseria; infelicità; disgrazia; cattiva qualità; squallore.

wrick, rick [rik] *s.* distorsione: *to give one's back a wrick,* procurarsi una distorsione alla schiena — *to have a wrick in the neck,* avere il torcicollo.

to **wrick, to rick** [rik] *vt* torcere; storcere: *to wrick one's ankle,* farsi una distorsione alla caviglia.

wriggle ['rigl] *s.* contorsione; contorcimento.

to **wriggle** ['rigl] *vi* **1** contorcersi; dimenarsi *(anche fig.): Small children wriggle in their seats when they are bored,* I bambini piccoli si dimenano nelle loro sedie quando si annoiano — *to wriggle along, (di verme, ecc.)* muovere (avanzare) contorcendosi — *The eel wriggled out of my fingers,* L'anguilla sgusciò contorcendosi dalle mie dita — *He wriggled through the thick hedge,* Sgusciò attraverso la fitta siepe. **2** *(fig.)* dare risposte evasive; essere evasivo (sgusciante).

□ *vt* contorcere; dimenare: *to wriggle one's toes,* torcere (dimenare) le dita dei piedi — *to wriggle oneself free from sth,* liberarsi *(da corde, p.es.)* dimenandosi (contorcendosi) — *to wriggle one's way out of a difficulty, (fig.)* districarsi da una difficoltà.

wriggler ['riglə*] *s.* **1** chi si contorce; chi si dimena. **2** larva di zanzara.

wright [rait] *s. (raro, tranne nei composti)* operaio; artigiano; fabbricante (*cfr.* **wheelwright, shipwright, playwright**).

wrily ['raili] *avv* ⇨ **wry.**

wring [riŋ] *s.* **1** torsione; stretta; strizzata; spremuta: *Give it another wring,* Dacci un'altra strizzata. **2** *(fig.)* pena; strazio.

to **wring** [riŋ] *vt* (*pass. e p. pass.* **wrung**) **1** torcere; strizzare; spremere (torcendo); tirare (torcendo): *to wring a hen's neck,* tirare il collo ad una gallina — *to wring (out) wet clothes,* strizzare abiti bagnati — *to wring the water out of one's swimsuit,* strizzare via l'acqua dal proprio costume da bagno — *wringing wet,* zuppo; bagnato fradicio. **2** stringere forte; serrare *(anche fig.): to wring a person's hand,* stringere forte la mano di una persona — *to wring one's hands,* torcersi le mani *(per la disperazione, il dolore, ecc.)* — *Her sad story wrung my heart,* La sua triste storia mi strinse il cuore. **3** estorcere; strappare a forza: *to wring a confession out of sb,* estorcere (strappare a forza) una confessione a qcno.

wringer ['riŋə*] *s.* = **mangle.**

[1]**wrinkle** ['riŋkl] *s.* grinza; piega; ruga: *She's beginning to get wrinkles round her eyes,* Sta incominciando ad avere grinze attorno agli occhi — *Her new dress fits without a wrinkle,* Il suo vestito nuovo non fa una grinza (le sta a pennello) — *She ironed out the wrinkles in her dress,* Stirò via le grinze del suo vestito.

to **wrinkle** ['riŋkl] *vt* corrugare; increspare; raggrinzire; formare delle pieghe: *to wrinkle up one's forehead,* corrugare la fronte — *to be wrinkled with age,* essere raggrinzito per la vecchiaia.

□ *vi* corrugarsi; incresparsi: *The front of this dress wrinkles,* Il davanti di questo vestito si increspa (fa le pieghe).

[2]**wrinkle** ['riŋkl] *s. (fam. e un po' desueto)* suggerimento; trovata: *to give sb a wrinkle,* dare una buona

idea a qcno — *to put sb up to a wrinkle,* insegnare un trucchetto a qcno.

wrinkly ['riŋkli] *agg* rugoso; grinzoso.

wrist [rist] *s.* polso: *He took me by the wrist,* Mi prese per il polso — *wrist-watch,* orologio da polso.

wristband ['ristbænd] *s.* polsino *(di camicia).*

wristlet ['ristlit] *s.* braccialetto; cinturino *(di un orologio): wristlet watch,* orologio da polso.

[1]**writ** [rit] *s.* **1** ordine; decreto; mandato *(emesso da chi detiene il potere esecutivo): a writ for the arrest of sb,* un ordine di arresto per qcno — *to serve a writ on sb,* notificare un mandato a qcno. **2** *Holy Writ,* Sacra Scrittura; la Bibbia.

[2]**writ** [rit] *pass e p. pass ant di* **to write.**

to **write** [rait] *vi e t.* (*pass.* **wrote**; *p. pass.* **written**; *talvolta, ant. e in certe espressioni* **writ**) scrivere; tracciare *(segni, caratteri);* stilare; compilare: *to learn to read and write,* imparare a leggere e a scrivere — *to write on both sides of the paper,* scrivere su entrambi i lati del foglio — *I've been writing (for) three hours,* Sono tre ore che scrivo — *Are we to write in ink or in pencil?,* Dobbiamo scrivere a penna o a matita? — *Write (to) me every week,* Scrivimi ogni settimana — *He wrote me that he was staying with his brother in Leeds,* Mi scrisse che si trovava da suo fratello a Leeds — *He wrote me an account of his visit,* Mi scrisse un resoconto della sua visita — *I wrote to let them know that I was coming,* Mandai una lettera per far loro sapere che stavo arrivando — *to be written (o writ) large,* essere scritto in grande, a caratteri cubitali — *to write shorthand,* stenografare — *to write three sheets,* scrivere (riempire) tre fogli — *to write a cheque,* scrivere (riempire) un assegno — *to write a certificate,* compilare un certificato — *to write an application,* fare una domanda scritta — *to write a programme,* comporre un programma *(per calcolatore)* — *to write a novel,* scrivere un romanzo — *to write for the papers,* scrivere per i giornali; fare il giornalista — *to make a living by writing,* guadagnarsi da vivere facendo lo scrittore — *He had trouble (honesty) written on his face,* Aveva la preoccupazione (l'onestà) stampata in faccia — *It's nothing to write home about, (fam.)* Non è niente di speciale.

to write away, - **a)** scrivere di getto; continuare a scrivere: *He was writing away as fast as he could,* Stava scrivendo con la massima rapidità possibile - **b)** *to write away for sth,* ordinare qcsa per posta: *They wrote away for the new catalogue,* Hanno richiesto per posta il nuovo catalogo.

to write back, rispondere ad una lettera; rispondere per iscritto.

to write down, - **a)** annotare; registrare: *You'd better write down the address before you forget it,* Faresti meglio a prendere nota dell'indirizzo prima che te ne dimentichi - **b)** qualificare; designare; descrivere: *I should write him down as a fool,* Io lo qualificherei come uno sciocco - **c)** *(comm.)* svalutare *(attività).*

to write in, inserire *(ad es. dati, informazioni, ecc. su un modulo).*

to write off, - **a)** buttar giù rapidamente *(per iscritto): to write off a description of an event,* buttar giù la descrizione di un avvenimento - **b)** cancellare; annullare; mettere al passivo: *to write off a debt,* annullare un debito — *to write off five hundred pounds for depreciation of machinery,* mettere al passivo cinquecento sterline per deprezzamento del macchinario - **c)** *to write off for sth* = **to write away b).**

to write out, - **a)** scrivere per esteso; compilare: *to write out a copy of an agreement,* trascrivere copia di una convenzione — *to write out a cheque,* scrivere (riempire) un assegno - **b)** *to write oneself out,* esaurirsi: *The novelist wrote himself out,* Il romanziere ha esaurito la sua vena - **c)** togliere; eliminare *(p.es. un attore, da uno sceneggiato televisivo a puntate).*

to write up, - **a)** aggiornare; fare un resoconto completo (di qcsa); descrivere: *to write up one's diary,* aggiornare il proprio diario — *I must write up my notes of the lecture,* Devo completare gli appunti della conferenza (della lezione universitaria) — *The journalist wrote up the affair for his paper,* Il giornalista ci fece un articolo per il suo giornale - **b)** *(comm.)* rivalutare *(attività).*

write-off ['raitɔf] *s. (fam.)* perdita (secca); cancellazione (di un credito): *After the accident the car was a write-off,* Dopo l'incidente la macchina non valeva più nulla.

writer ['raitə*] *s.* **1** scrivente; scrittore; scrivano: *the writer of this letter,* l'autore di questa lettera — *the writer,* lo scrivente; chi scrive — *writer's cramp,* crampo dello scrittore o dello scrivano. **2** autore. **3** *(GB)* impiegato statale *(di un certo tipo);* marinaio che svolge un lavoro d'ufficio (scritturale).

write-up ['raitʌp] *s.* resoconto scritto *(di un evento, di un esperimento, ecc.);* recensione *(p.es. di un concerto pubblico, di uno spettacolo teatrale).*

to **writhe** [raið] *vi* contorcersi; rotolarsi *(dal dolore); (fig.)* fremere *(di sdegno);* essere moralmente ferito: *to writhe under insults,* fremere sotto gli insulti.

writing ['raitiŋ] *s.* **1** l'atto di scrivere; lo scrivere; scrittura: *to put sth down in writing,* mettere qcsa per iscritto — *His writing (hand-writing) is difficult to read,* La sua scrittura è difficile da leggere — *writing-desk,* scrittoio; scrivania — *writing-ink,* inchiostro per scrivere *(da penna)* — *writing-paper,* carta da lettere. **2** *(al pl.)* scritti; opere letterarie: *the writings of Swift,* le opere di Swift.

written ['ritn] *p. pass di* **to write.**

wrong [rɔŋ] **I** *agg* **1** *(di comportamento)* ingiusto; scorretto; disonesto: *It is wrong to steal,* Rubare è disonesto — *It was wrong of you (You were wrong) to borrow his bicycle without asking his permission,* È stato scorretto da parte tua (Hai fatto male a) prendere la sua bicicletta senza chiedergli il permesso. **2** sbagliato; errato; inesatto; non esatto; non a posto; sconveniente; non appropriato: *to be wrong,* sbagliare; essere in errore — *It is wrong to say that water always boils at a hundred degrees,* È sbagliato dire che l'acqua bolle sempre a cento gradi — *You are wrong in thinking that he took it,* Sbagli a credere che l'abbia preso lui — *a wrong answer,* una risposta errata — *Can you prove that I am wrong? (that my opinions are wrong?),* Potete dimostrare che ho torto (che le mie opinioni sono errate)? — *You're doing it the wrong way,* Stai facendolo in modo sbagliato — *You've got the wrong idea; You've got hold of the wrong end of the stick,* Ti sei fatto un'idea sbagliata — *We got into the wrong train,* Salimmo su un treno sbagliato — *We took a wrong turning,* Girammo per una strada sbagliata — *the wrong side of a piece of cloth,* il rovescio di un pezzo di stoffa — *wrong side out, (di capo di vestiario)* rovescio; a rovescio. **3** difettoso; non in ordine; che non funziona: *There's nothing wrong with the engine; perhaps there's no petrol in the tank,* Il motore è tutto a posto; forse non c'è più benzina nel serbatoio — *What's wrong with your radio?,* Cosa c'è che non va nella tua radio (che guasto ha)? — *What's wrong with you?, (fam.)* Cos'hai?; Cosa c'e che non va? □ *to be born on the* *wrong side of the blanket,* nascere illegittimo — *in the wrong box, (fam.)* in una situazione imbarazzante — *to be on the wrong side of forty,* avere oltrepassato la quarantina — *to get out of bed on the wrong side,* alzarsi di cattivo umore — *wrong-headed,* perverso e ostinato; pervicace — *wrong-headedly, (avv.)* pervicacemente. □ *avv* **wrongly.**

II *avv* in modo sbagliato; erroneamente; ingiustamente; impropriamente; male; malamente; a torto; a rovescio: *to do sth wrong,* sbagliare qcsa; fare una cosa in modo sbagliato — *to guess wrong,* fraintendere; capire (dedurre) male — *to prove sb wrong,* dimostrare che qcno ha torto — *to lead a person wrong,* fuorviare una persona — *You've got it (all) wrong,* Avete frainteso, non avete capito bene — *They told me wrong,* Me l'han riferito in modo errato — *to go wrong,* - **a)** sbagliar strada - **b)** traviare; deviare dal bene, dal retto cammino; darsi a una vita peccaminosa - **c)** *(di piani)* fallire: *All our plans went wrong,* Tutti i nostri piani fallirono.

III *s.* **1** (il) male; (il) peccato; azione disonesta; cosa immorale: *to know the difference between right and wrong,* saper distinguere il bene dal male — *to do wrong,* peccare; far male; sbagliare — *Two wrongs do not make a right, (prov.)* Due neri non fanno un bianco. **2** ingiustizia; torto: *to suffer wrong,* subire dei torti, delle ingiustizie — *to do wrong to sb,* fare dei torti a qcno — *You do me wrong,* Mi fai un torto; Mi tratti ingiustamente — *She complained of the wrongs she had suffered,* Si lamentò dei torti che aveva subito — ⇨ *anche* **wrongdoer, wrongdoing. 3 in the wrong,** dalla parte del torto; in colpa: *to be in the wrong,* essere dalla parte del torto — *He admitted that he was in the wrong,* Ammise che il torto era suo — *They tried to put me in the wrong,* Cercarono di farmi apparire colpevole — *You are both in the wrong,* Avete torto (Vi sbagliate) tutti e due.

to **wrong** [rɔŋ] *vt* trattare ingiustamente; fare un torto; offendere: *His deeply wronged wife deserves our help and sympathy,* Sua moglie, così ingiustamente trattata e offesa, si merita tutto il nostro aiuto e la nostra comprensione — *He wronged me when he said that I was envious,* Mi ha fatto un torto quando ha detto che ero invidioso.

wrongdoer ['rɔŋ'du:ə*] *s.* chi fa del male; peccatore; malfattore; trasgressore; delinquente.

wrongdoing ['rɔŋ'du:iŋ] *s.* male; peccato; trasgressione; infrazione.

wrongful ['rɔŋful] *agg* ingiusto; iniquo; sleale; ingiustificato: *wrongful dismissal,* licenziamento ingiustificato. □ *avv* **wrongfully.**

wrote [rout] *pass di* **to write.**

wroth [rouθ] *agg (solamente predicativo poet., biblico o scherz.)* arrabbiato; furente; indignato.

wrought [rɔ:t] *p. pass di* **to work 4, 7, 8.**

wrung [rʌŋ] *pass e p. pass di* **to wring.**

wry [rai] *agg* storto; *(fig.)* contrariato: *to make a wry face,* fare una faccia storta *(per disappunto)* — *a wry smile,* un sorriso sforzato. □ *avv* **wrily.**

wryneck ['rainek] *s. (med. e zoologia)* torcicollo.

wych-hazel [witʃ'heizl] *s. (anche* witch-hazel, witch-elm *o* wych-elm*)* amamelide.

wynd [waind] *s. (scozzese)* stradina; vicolo.

wyvern ['waivə(:)n] *s. (araldica)* dragone alato a due zampe.

X

X, x [eks] *s. (pl.* **X's, x's***)* X, x *(ventiquattresima lettera dell'alfabeto inglese): X for Xmas, (al telefono, ecc.)* X come Xanthia. □ *Mr X,* il signor X — *x-rays,* raggi X — *an x-ray,* una radiografia — *x-ray photography,* radiografia — *an x-ray examination,* un esame radiografico — *to x-ray sb,* sottoporre qcno ad un esame radiografico.

xenophobe ['zenəfoub] *s.* xenofobo.

xenophobia [,zenə'foubjə] *s.* xenofobia.

Xmas ['krisməs] *abbr di* **Christmas.**

X-ray ['eks'rei] *s.* ⇨ **X, x.**

to **X-ray** ['eks'rei] *vt* ⇨ **X, x.**

xylonite ['zailənait] *s.* celluloide.

xylophone ['zailəfoun] *s.* xilofono.

Y

Y, y [wai] *s.* (*pl.* **Y's, y's**) Y, y *(venticinquesima lettera dell'alfabeto inglese): y for yellow, (al telefono, ecc.)* Y come York.

yacht [jɔt] *s.* **1** yacht; imbarcazione da regata: *yacht-club,* circolo velico; circolo nautico. **2** panfilo; imbarcazione da crociera *(solitamente a motore, o a vela e motore).*

to **yacht** [jɔt] *vi (spesso nella forma* to go yachting*)* navigare o fare una crociera su uno yacht; partecipare a regate.

yachting ['jɔtiŋ] *s.* 'vela'; sport velico; navigazione su uno yacht.

yachtsman ['jɔtsmən] *s.* (*pl.* **yachtsmen**) comandante o proprietario di yacht; chi pratica la vela.

yaffle, yaffil ['jæfl] *s.* picchio verde.

yah [jɑ:] *interiezione* puah!

yahoo [jɑ:'hu:] *s.* *(da Swift, 'Gulliver's Travels')* persona bestiale, ignorante; bruto.

yak [jæk] *s.* yak *(bue del Tibet).*

yam [jæm] *s.* **1** *(bot.)* igname. **2** *(spec. USA)* patata dolce.

yank [jæŋk] *s. (fam.)* strappo; strattone.

to **yank** [jæŋk] *vt (fam.)* strappar (via); dare uno strattone (a); tirare con violenza: *to yank out a tooth,* cavare un dente — *Tom yanked the bed-clothes off his young brother and told him to get up,* Tom strappò via le coperte dal letto del fratellino e gli disse di alzarsi.

Yank [jæŋk] *s.* (*abbr., spec. GB, di* **Yankee 3** ⇨).

Yankee ['jæŋki:] *s.* **1** *(USA)* 'yankee'; nativo della Nuova Inghilterra. **2** *(durante la Guerra Civile americana)* nativo di uno qualsiasi degli Stati del Nord. **3** *(GB)* cittadino degli Stati Uniti; americano. □ *GB, attrib* americano; statunitense: *Yankee inventions,* invenzioni americane.

Yankeefied, Yankified ['jæŋkifaid] *agg (GB, fam.)* americanizzato.

yap [jæp] *s.* guaito.

to **yap** [jæp] *vi* (**-pp-**) guaire.

[1]**yard** [jɑ:d] *s.* **1** cortile *(solitamente cintato): farm-yard; barn-yard,* aia di una fattoria — *cattle-yard,* recinto per il bestiame — *school-yard,* campo di ricreazione di una scuola. **2** *(USA)* giardino *(intorno ad un'abitazione).* **3** recinto per uso particolare: *railway yards; marshalling yards,* scalo (deposito) ferroviario — *a tan-yard,* una conceria. □ *the Yard (abbr. fam. per* Scotland Yard*),* sede del 'Criminal Investigation Department' — ⇨ *anche* **dockyard, shipyard, vineyard.**

[2]**yard** [jɑ:d] *s.* **1** iarda *(unità di misura che equivale a tre piedi o a trentasei pollici): yard-measure,* nastro (bastone, ecc.) per misurare *(in iarde).* **2** *abbr di* **yardarm.**

yardarm ['jɑ:dɑ:m] *s. (naut.)* ciascuna delle parti terminali del pennone: *to man the yardarm,* disporre i marinai sui pennoni *(come forma di saluto).*

yardstick ['jɑ:dstik] *s.* **1** *(fig.)* pietra di paragone; metro. **2** pennone *(sugli alberi delle navi)* per il supporto di una vela.

yarn [jɑ:n] *s.* **1** filo; filato *(spec. di lana).* **2** *(fam.)* storia; racconto; racconto di viaggio: *to spin a yarn,* raccontare (inventare) una storia — *The beggar spun a long yarn about his misfortunes,* Il mendicante fece un lungo racconto delle sue disgrazie.

to **yarn** [jɑ:n] *vi* chiacchierare; raccontare: *We stayed up yarning until midnight,* Restammo alzati a chiacchierare fino a mezzanotte.

yarrow ['jærou] *s. (bot.)* millefoglie.

yashmak ['jæʃmæk] *s.* velo indossato in pubblico dalle donne musulmane.

yaw [jɔ:] *s.* **1** *(naut.)* straorzata. **2** *(aeronautica)* imbardata.

to **yaw** [jɔ:] *vi* **1** *(naut.)* straorzare. **2** *(aeronautica)* imbardare.

yawl [jɔ:l] *s.* **1** iole. **2** barca a remi; scialuppa.

yawn [jɔ:n] *s.* sbadiglio.

to **yawn** [jɔ:n] *vi* **1** sbadigliare. **2** essere spalancato; spalancarsi: *a yawning fissure,* una fenditura spalancata, aperta — *A gulf yawned at our feet,* Un abisso si spalancava ai nostri piedi.

yaws [jɔ:z] *s.* frambesia; vaiolo di tipo tropicale.

yclept [i'klept] *agg (ant. e scherz.)* chiamato; detto; di nome; nominato.

[1]**ye** [ji:] *pron (ant. =* **you***)* voi: *Ye fools!,* O voi sciocchi! — *How d'ye do?,* Come state?

[2]**ye** [ji:] *art (antica forma scritta di* **the***: ora solo in insegne di botteghe, locande, bar, ecc.): Ye Castle Inne,* Taverna del Castello.

yea [jei] *avv e interiezione (ant.)* sì: *Yea, verily,* Sì, davvero.
□ *s. yeas and nays,* i sì e i no; i voti favorevoli e i contrari.

yeah [ja:] *avv (USA, fam. per* **yes***)* sì.

to **yean** [jein/ji:n] *vt e i.* figliare; partorire *(di pecore e capre).*

yeanling ['jeinliŋ] *s.* capretto; agnellino.

year [jə:*/jiə*] *s.* anno; annata: *He is twenty years of age (twenty years old),* Ha vent'anni — *He became blind in his twelfth year,* Divenne cieco a dodici anni (nel dodicesimo anno di età) — *a boy of ten years; a ten-year-old boy,* un ragazzo di dieci anni — *She looks young for her years,* Sembra più giovane della sua età — *He got ten years,* Gli diedero dieci anni (di carcere) — *to reach the years of discretion,* arrivare all'età della ragione — *in the year 1865,* nell'anno 1865 — *last year,* l'anno scorso — *this year,* quest'anno — *next year,* l'anno prossimo — *the year after next,* tra due anni — *New Year's Day,* Capodanno; il primo dell'anno — *a good year,* una buona annata — *leap year,* anno bisestile — *light year,* anno luce — *year in year out,* tutti gli anni; un anno dopo l'altro — *all the year round,* tutto l'anno — *year-round, (agg.)* di (per) tutto l'anno — *in this year of grace (of our Lord) 1977,* nell'anno del Signore 1977 — *year-book,* annuario — *year-long, (agg.)* della durata di un anno — *a year-long struggle,* una lotta di un anno — *financial (fiscal) year,* anno finanziario (fiscale) — *school year,* anno scolastico — *operating year; financial year, (comm.)* esercizio — *year-end; (talvolta) year's-end, (agg.)* di fine anno; *(talvolta, econ.)* consuntivo — *year's-end figures,* dati (consuntivi) di fine anno (fine esercizio).

yearling ['jə:liŋ/'jiə-] *s.* (animale) di un anno: *a yearling colt,* un puledro di un anno.

yearly ['jə:li] *agg* annuo; annuale. □ *avv* annualmente; una volta all'anno; ogni anno; tutti gli anni.

to **yearn** [jə:n] *vi* struggersi; anelare; sentire nostalgia; desiderare: *He yearned for a sight of the old, familiar faces,* Si struggeva dal desiderio di rivedere i vecchi volti familiari — *He yearned to return to his native land,* Anelava il ritorno alla sua terra natale.

yearning ['jə:niŋ] *s.* desiderio; struggimento; brama; anelito.

yeast [ji:st] *s.* lievito; sostanza fermentante.

yeasty ['ji:sti] *agg* simile a lievito; spumoso; spumeggiante.

yell [jel] *s.* urlo; grido; strillo: *a yell of terror,* un grido di terrore — *They greeted us with yells of hate,* Ci accolsero con grida d'odio — *the college yell, (USA)* il grido d'incoraggiamento del 'college' *(alle sue squadre sportive).*

to **yell** [jel] *vi e t.* **1** gridare; strillare; urlare: *to yell with fright (laughter),* strillare per il terrore (per il riso). **2** dire (qcsa) gridando: *to yell (out) an order,* urlare un ordine — *to yell one's defiance,* lanciare il proprio grido di sfida.

yellow ['jelou] *s. e agg* **1** giallo: *yellow fever,* febbre gialla — *yellow pages,* pagine gialle. **2** *(fam., anche* yellow-bellied*)* codardo; vile: *He has a yellow streak in him,* C'è una vena di viltà in lui. □ *the yellow press,* i giornali con notizie a sensazione.

to **yellow** ['jelou] *vt e i.* far ingiallire; rendere (diventare) giallo: *The leaves of the book were yellowed (had yellowed) with age,* Le pagine del libro erano ingiallite dal tempo. — *The leaves of the trees are yellowing,* Le foglie degli alberi stanno ingiallendo.

yellowback ['jeloubæk] *s.* romanzo popolare *(dalla copertina gialla).*

yellowness ['jelounis] *s.* giallore.

yelp [jelp] *s.* strillo; guaito.

to **yelp** [jelp] *vi* strillare; guaire.

[1]**yen** [jen] *s.* yen *(moneta giapponese).*

[2]**yen** [jen] *s. (fam.)* forte desiderio; gran voglia: *to have a yen for sth,* avere una gran voglia di qcsa.

to **yen** [jen] *vi (fam.; sempre seguito da* for*)* arere una gran voglia di; desiderare ardentemente.

yeoman ['joumən] *s.* (*pl.* **yeomen**) **1** *(stor.)* agricoltore in proprio; piccolo proprietario terriero; *(talvolta, per estensione)* membro della guardia nazionale a cavallo composta dai piccoli proprietari terrieri. **2** *(GB)* sottufficiale di marina addetto alle segnalazioni visive; *(USA)* sottufficiale di marina con compiti amministrativi; commissario di bordo. □ *Yeoman of the Guard, (GB)* guardia del corpo reale *(con speciali funzioni di cerimoniere)* alla Torre di Londra *(ed altrove in particolari occasioni).*

□ *(come agg. attrib., nell'espressione) yeoman service,* servizio efficace ed utile.

yeomanry ['joumənri] *s. (stor.)* corpo di guardie a cavallo composto di volontari appartenenti alla classe dei piccoli proprietari terrieri; *(nella Seconda Guerra Mondiale)* corpo di volontari.

yep [jep] *avv (corruzione fam. di* **yes**, *spec. USA)* sì.

yer [jə:*] *corruzione fam dell'agg possessivo* **your**: *Shut yer mouth!,* Chiudi il becco!

yes [jes] *interiezione (affermativa)* sì; certo: *'Don't you like it?'-'Yes' (Yes, I do'),* 'Non it'), 'Non ti piace?'-'Sì, certo' — *'Isn't she beautiful?' 'Yes, isn't she?',* 'Non è forse bella?' 'Sì, lo è' — *'Waiter!'-'Yes, sir!',* 'Cameriere!'-'Sì, signore!' — *Answer with a plain 'yes' or 'no',* Rispondi chiaramente con un sì o con un no — *to answer (to say) yes,* rispondere (dire) di sì.

yes-man ['jesmən] *s.* (*pl.* **yes-men**) tirapiedi; adulatore; dipendente o collega servile.

yester- ['jestə*] *prefisso (poet.)* di ieri; di un tempo; del passato: *Where are the snows of yester-year?,* Dove sono le nevi dello scorso anno? — *yester-morn (yester-morning),* ieri mattina — *yester-eve (yester-evening),* ieri sera.

yesterday ['jestədi/-dei] *avv e s.* ieri: *Yesterday was Sunday,* Ieri era domenica — *He arrived yesterday,* È arrivato ieri — *Where's yesterday's paper?,* Dov'è il giornale di ieri? — *the day before yesterday,* l'altro ieri; ieri l'altro; avant'ieri — *Where were you yesterday morning?,* Dov'eri ieri mattina? — *She left home yesterday week,* Partì da casa ieri a otto.

yet [jet] **I** *avv* **1** *(generalm. in proposizioni negative, interrogative o dubitative)* ancora; finora; per ora; già; a quest'ora: *They are not here yet (not yet here),* Non sono ancora qui — *We have had no news from him yet; We haven't yet had news from him,* Non abbiamo ancora avuto sue notizie — *At two o'clock they hadn't yet decided how to spend the afternoon,* Alle due non avevano ancora deciso come passare il pomeriggio — *I wonder whether they've finished the work yet,* Chissà se han già finito il lavoro — *Has your brother arrived yet?,* È già arrivato tuo fratello? — *Need you go yet?,* Devi già andartene? — *We needn't do it just yet,* Non è necessario che lo facciamo per il momento — *as yet,* finora; sinora; ancora — *As yet we haven't (hadn't) made any plans for the holidays,* Non abbiamo fatto finora (Non avevamo ancora fatto) alcun progetto per le vacanze — *The scheme has worked well as yet,* Finora il piano ha funzionato bene.

2 *(in frasi affermative: un po' desueto, al posto del più frequente* still*)* ancora: *Go at once while there is yet time,* Vai subito finché c'è ancora tempo — *This problem is yet more difficult,* Questo problema è ancora più difficile — *I have yet more exciting news for you,* Ho per te delle novità ancora più emozionanti — *There is yet more to come,* E ce n'è ancora; E non è tutto qui (non è finito qui); Il peggio (Il meglio) deve ancora venire — *yet again,* ancora una volta.

3 ancora; in futuro: *The enemy may win yet (may yet win),* Il nemico può ancora vincere.

II *congiunz* pure; eppure; tuttavia; però; ma: *She's vain and foolish, yet (and yet) people like her,* È vana e sciocca, eppure piace a tutti — *He has studied hard, yet he will fail,* Ha sgobbato sodo, eppure sarà bocciato — *Yet I still think you're wrong,* Eppure, persisto nel credere che tu ti sbagli — *nor yet, (non comune)* e neanche; e neppure; e nemmeno.

yeti ['jeti] *s.* 'jeti'; l'abominevole uomo delle nevi.

yew [ju:] *s.* tasso *(albero, siepe, legno).*

Yid [jid] *s. (volg., spreg.)* ebreo; israelita.

Yiddish ['jidiʃ] *s. e agg* yiddish.

yield [ji:ld] *s.* frutto; resa; raccolto; reddito: *a good yield of wheat,* un buon raccolto di frumento — *What is the yield per acre?,* Qual è la resa per acro?

— *The yields on his shares have decreased this year,* I redditi delle sue azioni sono diminuiti quest'anno.

to **yield** [ji:ld] *vt* produrre; dare; fruttare; rendere: *trees that yield fruit,* alberi che producono frutta — *investments yielding ten per cent,* investimenti che fruttano (rendono) il dieci per cento.
□ *vi* cedere; concedere; dare; mollare; abbandonare; desistere: *to yield ground to the enemy,* cedere terreno al nemico — *He yielded to the temptation,* Cedette alla tentazione — *The disease yielded to treatment,* La malattia fu vinta dalla cura — *to yield up the ghost, (ant. e lett.)* render l'anima; morire.

yielding ['ji:ldiŋ] *agg* remissivo; cedevole; dolce; arrendevole; compiacente; accomodante.
□ *avv* **yieldingly**.

yippee ['jipi:] *esclamazione (di gioia)* Hurra!

yob, yobo, yobbo [jɔb/'jɔbou] *s. (sl.)* giovane pigro e maleducato; screanzato.

yodel ['joudl] *s.* 'jodel'; canto, richiamo modulato in falsetto.

to **yodel** ['joudl] *vt e i.* (**-ll-**; *USA* **-l-**) cantare facendo lo 'jodel'; emettere un lungo suono modulato in falsetto *(alla maniera dei montanari del Tirolo o di certi cantoni svizzeri).*

yoga ['jougə] *s.* yoga.

yoghourt, yogourt ['jougə:t/'jɔg-] yogurt.

yogi ['jougi] *s.* 'yogi'; maestro, seguace o esperto di 'yoga'.

yo-heave-ho ['jou 'hi:v 'hou] *interiezione (ant., naut.)* issa! *(grido tipico dei marinai che compiono uno sforzo simultaneo).*

yoke [jouk] *s.* **1** giogo *(di bue o buoi, di acquaiolo, ecc.).* **2** *(per estensione, con il pl. invariato)* paio; coppia: *five yoke of oxen,* cinque paia di buoi. **3** *(stor. romana, ecc.)* giogo: *to pass under the yoke, (fig.)* passare sotto il giogo — *to throw off the yoke,* liberarsi del giogo (della servitù, ecc.); ribellarsi; rifiutarsi di obbedire. **4** *(sartoria)* sprone *(alle spalle e ai fianchi).*

to **yoke** [jouk] *vt* **1** aggiogare; porre il giogo *(ai buoi): to yoke oxen together,* unire due buoi con il giogo — *to yoke oxen to a plough,* aggiogare dei buoi ad un aratro. **2** unire, unirsi; accoppiarsi: *to be yoked to an unwilling partner,* essere in coppia con (unito a) un socio riluttante.

yokel ['joukəl] *s.* contadino; semplicione; bifolco; burino; zoticone.

yolk [jouk] *s.* tuorlo; rosso d'uovo.

yon [jɔn] *agg (ant., dial. o poet.)* = **yonder**, *agg.*

yonder ['jɔndə*] *(ant., lett. e dial.) agg* quello (là): *yonder group of trees,* quel gruppo di alberi (che si vede laggiù).
□ *avv* ad una certa distanza; laggiù.

yore [jɔ:*] *s. (solamente nell'espressione) ... of yore, ...* d'una volta; ... d'un tempo.

you [ju:] **I** *pron personale, 2ª persona sing o pl* tu; te; ti; voi; vi; *(corrisponde anche alla forma di cortesia di 3ª persona)* Lei; Le; Loro: *You are my friend,* Tu sei (Lei è) mio amico — *You are my friends,* Voi siete miei amici — *Does he know you?,* Lui ti conosce? — *I'm afraid I don't know you,* Temo di non conoscerLa — *This is for you,* Questo è per te (per voi, per Lei) — *I'll give it to you,* Te (Ve) lo darò; Glielo darò.
II *pron indef o impers: It is much easier to cycle with the wind behind you,* È molto più facile pedalare con il vento dietro (di sé) — *You never know,* Non si sa mai — *Can you get stamps here?,* Si possono acquistare francobolli qua?

you'd [ju:d] *contraz di* - **a)** you had: *You'd better go,* Faresti meglio ad andare - **b)** you would: *I wish you'd ask him,* Vorrei che tu glielo chiedessi.

you'll [ju:l] *contraz di* you will, you shall: *You'll find it in the dictionary,* Lo troverai sul vocabolario.

young [jʌŋ] *agg* (**-er**; **-est**) giovane; piccolo; giovanile; non maturo; *(per estensione)* inesperto: *a young woman,* una donna giovane — *John is younger than I am,* John è più giovane di me — *They have two daughters, and Mary is the younger,* Hanno due figlie, e Mary è la più giovane (la secondogenita) — *Young Jones is always ready to help others,* Il giovane Jones è sempre pronto ad aiutare gli altri — *young man,* giovane; giovanotto; ragazzo — *She was with her young man, (fam.)* Era con il suo ragazzo — *Now listen to me young man (fam.: young'un),* Adesso mi stia a sentire, giovanotto — *young lady,* signorina; ragazza — *young people,* i giovani — *young-looking,* dall'aspetto giovanile — *in my young days,* nei miei anni verdi; quand'ero giovane — *The night is yet young, (lett.)* La notte è ancora giovane (non è ancora avanzata) □ *to be young for one's years,* portare bene i propri anni — *an angry young man,* un giovane 'arrabbiato' — *bright young people (things),* giovani brillanti; *(talvolta)* gioventù dorata — *Pliny the Younger,* Plinio il Giovane — *the younger Pitt,* Pitt il Giovane — *the young Churchill,* il giovane Churchill — *The Young Pretender, (GB, stor.)* Carlo Stuart.
□ *come s. pl* i giovani; la gioventù; *(di animale)* i piccoli; la prole: *the young,* i giovani; i ragazzi — *young and old,* tutti, giovani e vecchi — *books for the young,* libri per (i) ragazzi — *to be with young, (di animale)* essere gravida, pregna — *Some animals quickly desert their young,* Alcuni animali abbandonano la prole molto presto.

youngster ['jʌŋstə*] *s.* giovincello; ragazzo; giovanotto.

young'un ['jʌŋən] *s.* ⇨ **young**.

your [juə*/jɔ:*] *agg possessivo (2ª persona sing. o pl.)* **1** tuo; vostro; *(corrisponde anche alla forma di cortesia di 3ª persona)* Suo; Loro: *Show me your hands,* Fammi vedere le (tue) mani. **2** *(spesso in senso enfatico e spregiativo): So this is what your experts say, is it?,* Questo è dunque quello che dicono i vostri esperti, vero?

you're [juə*] *contraz di* you are: *You're late!,* Sei in ritardo!

yours [juəz/jɔ:z] *pron possessivo e agg predicativo* tuo; vostro; *(cfr.* **your**, *agg.)*; Suo; Loro: *That book is yours,* Quel libro è tuo (Suo) — *I've borrowed a book of yours,* Ho preso a prestito uno dei vostri (uno dei tuoi, uno dei Suoi) libri.
□ *(nella chiusa delle lettere) Yours truly; yours sincerely,* Cordiali saluti; Cordialmente; Molto cordialmente — *Yours faithfully,* Distinti saluti — *Yours,* Suo (Tuo).

yourself [juə'self/jɔ:-] *(pl.* **yourselves**) *pron rifl* **1** ti; vi *(cfr.* **your**, *agg.)*; si: *Did you hurt yourself?,* Ti sei fatto male?; Si è fatto male? **2** *(in senso enfatico)* tu stesso; voi stessi; Lei stesso (stessa); Loro stessi (stesse): *You yourself said so,* L'hai detto tu stesso — *(all) by yourself,* solo; da solo; tutto da solo; senza aiuto.

youth [ju:θ] *s.* **1** gioventù; giovinezza; giovane età: *the enthusiasm of youth,* l'entusiasmo della giovinezza (della gioventù) — *the friends of one's youth,* gli amici di gioventù — *in my youth,* in gioventù; quand'ero giovane. **2** giovanotto; giovane; giovanetto; giovinastro: *Half a dozen youths were standing at the street corner,* Una mezza dozzina di giovani erano in piedi all'angolo della strada. **3** *(collettivo)* i giovani; la gioventù: *the youth of the nation,* la gioventù della nazione — *a youth hostel,* un ostello per la gioventù — *a youth centre (club),* un centro per i giovani.

youthful ['ju:θful] *agg* giovane; giovanile: *a youthful appearance,* un aspetto giovanile. □ *avv* **youthfully**.

youthfulness ['ju:θfulnis] *s.* giovanilità; aria, aspetto giovanile.

you've [ju:v] *contraz di* you have: *You've lost!,* Hai perduto!

yowl [jaul] *s.* **1** gnaulio. **2** ululato.

to **yowl** [jaul] *vi* **1** gnaulare; miagolare. **2** ululare.

yoyo ['joujou] *s.* 'yo-yo'.

yucca ['jʌkə/'jukə] *s.* iucca; yucca.

yule [ju:l] *s. (anche* yule-tide*)* Natale; feste natalizie: *yule-log,* ceppo di Natale.

Z

Z, z [zed/zi:] *s.* (*pl.* **Z's, z's**) Z, z *(ultima lettera dell'alfabeto inglese): z for zebra, (al telefono, ecc.)* Z come Zara.

zany ['zeini] *s.* **1** *(ant.)* zanni; buffone; pagliaccio. **2** *(fam.)* semplicione; sciocco; giocherellone.

zeal [zi:l] *s.* zelo; entusiasmo; fervore: *to show zeal for a cause,* dimostrare entusiasmo per una causa — *to work with great zeal,* lavorare con grande zelo.

zealot ['zelət] *s.* zelatore; partigiano *(di una causa, di un partito, ecc.);* fanatico.

zealotry ['zelətri] *s.* zelo estremo; fanatismo.

zealous ['zelous] *agg* zelante; sollecito; premuroso: *to be zealous to please one's employer,* essere desideroso di compiacere il proprio datore di lavoro — *to be zealous for liberty and freedom,* essere anelante alla libertà e all'indipendenza. □ *avv* **zealously.**

zebra ['zi:brə] *s.* zebra. □ *zebra crossing,* passaggio pedonale a strisce; zebratura stradale.

zed [zed] *s. (GB)* zeta. □ *zed iron, (metallurgia)* ferro a zeta.

zee [zi:] *s. (USA)* zeta.

zenith ['zeniθ] *s.* zenit; apice; punto massimo; culmine: *at the zenith of his career,* all'apice della sua carriera.

zephyr ['zefə*] *s.* **1** zefiro; favonio; vento dell'Ovest; *(poet.)* brezza leggera e delicata. **2** canottiera *(di atleta).*

zero ['ziərou] *s.* zero: *The thermometer fell to zero last night,* Il termometro è sceso a zero la notte scorsa — *ten degrees below zero,* dieci gradi sotto zero — *zero hour,* ora zero — *Zero hour was three a.m.,* L'ora zero fu fissata alle tre antimeridiane — *zero gravity,* gravità zero — *zero adjuster,* dispositivo di messa a zero — *zero resetting,* azzeramento — *zero growth, (econ.)* crescita zero.

zest [zest] *s.* **1** gusto; godimento; intenso interesse; piacere: *He entered into the scheme with zest,* Prese parte al programma con vivo piacere. **2** sapore; aroma; *(fig.)* nota piccante; particolare eccitante o stimolante: *The possibility of danger gave (a) zest to the adventure,* La possibilità d'incontrare pericoli diede sapore all'avventura. **3** scorza di arancio o di limone.

zig-zag ['zigzæg] *s.* zig-zag. □ *agg attrib* a zig-zag: *a zig-zag path up the hillside,* un sentiero a zig-zag su per il fianco della collina. □ *avv* a zig-zag.

to **zig-zag** ['zigzæg] *vi* (**-gg-**) andare a zig-zag; zigzagare: *The drunken man zig-zagged down the street,* L'ubriaco andava a zig-zag lungo la strada.

zinc [ziŋk] *s.* zinco: *zinc oxide,* ossido di zinco.

to **zinc** [ziŋk] *vt* zincare.

zinnia ['ziniə] *s.* zinnia.

Zionism ['zaiənizəm] *s.* sionismo.

Zionist ['zaiənist] *s.* sionista.

zip [zip] *s.* **1** *(onomatopeico)* sibilo. **2** *zip fastener,* cerniera; chiusura lampo.

to **zip** [zip] *vt* (**-pp-**) aprire o chiudere qcsa per mezzo di una chiusura lampo: *She zipped her bag open,* Aprì la cerniera della sua borsa — *Zip your jacket up!,* chiuditi la giacca!

zip code [zip coud] *s. (USA)* codice (di avviamento) postale.

zipper ['zipə*] *s.* = **zip 2.**

zircon ['zə:kən] *s.* zircone.

zirconium [zə:'kounjəm] *s.* zirconio.

zither ['ziðə*] *s.* cetra tirolese.

zodiac ['zoudiæk] *s.* **1** zodiaco: *the signs of the zodiac,* i segni dello zodiaco. **2** diagramma dello zodiaco.

zodiacal [zou'di:əkəl] *agg* zodiacale.

zombie ['zɔmbi] *s.* **1** *(nelle Indie Occidentali)* morto risuscitato per magia. **2** *(USA, fam.)* babbeo; stupido; 'salame'. **3** *(USA, fam.)* bevanda alcoolica.

zonal [zounl] *agg* zonale; di zona; diviso in zone.

zone [zoun] *s.* zona *(vari usi): the torrid, temperate and frigid zones,* la zona torrida, la zona temperata, la zona polare o glaciale — *the war zone,* la zona di guerra; il luogo dei combattimenti e delle operazioni belliche — *within the zone of submarine activity,* nella zona dell'attività sottomarina; entro il raggio d'azione dei sottomarini — *danger zone,* zona di pericolo — *time zone,* fuso orario — *zone time, (spec. USA)* ora locale.

to **zone** [zoun] *vt* delimitare, segnare, recintare (una zona).

zoning ['zouniŋ] *s.* suddivisione in zone; piano regolatore.

zoo [zu:] *s.* zoo; giardino zoologico.

zoological [,zouə'lɔdʒikl/zu-] *agg* zoologico: *zoological gardens, (pl.)* giardino zoologico; zoo.

zoologist [zou'ɔlədʒist] *s.* zoologo.

zoology [zou'ɔlədʒi/zu-] *s.* zoologia.

zoom [zu:m] *s.* **1** salita in candela; cabrata in richiamata. **2** *zoom lens,* obiettivo trasfocatore.

to **zoom** [zu:m] *vi* **1** *(di aereo: spesso seguito da* up*)* salire in candela o in richiamata. **2** zumare *(in riprese cinematografiche o televisive).*

zoophilist [zou'ɔfilist] *s.* zoofilo.

zoophily [zou'ɔfili] *s.* zoofilia.

zoophyte ['zouəfait] *s.* zoofito.

zootechnics [,zouou'tekniks] *s.* zootecnia.

zootsuit ['zu:t'su:t] *s. (USA, sl., ant.)* vestito composto da pantaloni larghi in alto e stretti in basso, e da un giaccone a sacco.

zouave [zu:'ɑ:v/'zu:ɑ:v] *s.* zuavo.

zounds [zaundz] *interiezione (ant.)* caspita!; perbacco!; accidenti!

Zulu ['zu:lu:] *s.* zulù.

zymotic [zai'mɔtik] *agg* enzimatico; fermentativo.

TABELLE E APPENDICI

TABELLE E APPENDICI

I **Espressioni numeriche e loro lettura**

- numeri cardinali e ordinali
- numeri decimali e frazionali
- numeri telefonici e di serie
- risultati sportivi
- espressioni matematiche.

II **Pesi e misure:**

- Pesi: « Avoirdupois »
- Misure lineari, di superficie e di volume
- Misure di capacità per liquidi e solidi
- Misure circolari o angolari
- Il sistema metrico decimale.

III **Scale termometriche.**

IV **Sistemi monetari.**

V **L'ora e la data.**

VI **La punteggiatura e l'alfabeto.**

VII **Alfabeti telefonici.**

VIII **Nomi di città.**

IX **Nomi di stati e di paesi.**

X **Denominazioni territoriali:**

- Inghilterra, Galles, Irlanda del Nord, Scozia (*contee e regioni*)
- Repubblica d'Irlanda (Eire) (*province e contee*)
- Canada (*province e territori*)
- Australia (*stati e territori*)
- Nuova Zelanda (*distretti provinciali*)
- Stati Uniti (*stati*).

XI **Verbi forti.**

XII **Nota sulla morfologia e la sintassi dell'inglese prima del 1800 circa.**

TABELLE

I. ESPRESSIONI NUMERICHE E LORO LETTURA

Si riportano qui di seguito cinque note relative al modo di leggere e scrivere i numeri in inglese in alcuni casi particolari:

(i) « o » (zero) può leggersi:

a) « nought » [nɔ:t]: è la forma più comune, specialmente in Gran Bretagna;

b) « oh » [ou]: equivale alla pronuncia standard della lettera dell'alfabeto « o ». Si usa normalmente nella lettura dei numeri del telefono.
Questa è l'unica lettura di « o » che ammette il plurale; si dirà pertanto « a long series of noughts » (una lunga serie di zeri) *e non* « a long series of ohs »; « one followed by six noughts » (uno seguito da sei zeri);

c) « zero » [zi:ərou]: è la forma generalmente usata negli Stati Uniti. Inoltre, è la forma usata ovunque nei contesti scientifici: « five degrees below zero » (cinque gradi sotto zero) ed anche nel discorso figurato — per esempio « zero hour » (l'ora zero);

d) nei risultati sportivi si usano diversi termini specifici: « nil », « love », ecc.

(ii) *La forma singolare di « hundred »* (cento), *« thousand »* (mille) e *« million »* (milione), nella lingua parlata o se scritta per esteso, deve essere preceduta, come in tutti i multipli analoghi (per es., « dozen », dozzina) dall'articolo indeterminativo « a » oppure, talvolta, da « one ».

Es.: I lent him a hundred pounds;
a million inhabitants.

L'uso dell'articolo « a » è di gran lunga più comune. « One » viene usato nel linguaggio tecnico o scientifico, per dare maggiore enfasi nelle date e nei conteggi in serie (per es., « one hundred, two hundred, three hundred, ecc.).

(iii) Si deve inserire *la parola* « *and* » (e) tra il numero espresso in centinaia, migliaia, milioni, ecc. e una qualunque unità residua inferiore a cento:

Es.: 210 = two hundred and ten;
2 000 080 = two million and eighty;
ma 2 000 600 = two million six hundred;
« The 1001 Nights » = « The Thousand and One Nights » *.

(iv) *Il plurale dei numeri in inglese* si forma seguendo le normali regole morfologiche per i sostantivi, aggiungendo cioè *-s*, *-'s*, o *-ies*:

Es.: thousands of people;
I can give you two fifties for a hundred;
2 Colt 45s (che si leggerà « two Colt forty-fives);

ma allorché i numeri vengono usati *attributivamente* si usa la forma *singolare*:

Es.: two Colt forty-five revolvers.

Allo stesso modo si avrà:

10 Boeing 747s (che si legge « ten Boeing seven-four-sevens »);
ma 10 Boeing 747 airliners (che si legge « ten Boeing seven-four-seven airliners).

Quando ci si riferisce alla quantità, soprattutto a grandi quantità di cose non specificate, si preferisce di solito la forma aggettivale:

Es.: The number of inhabitants is about three thousand;
It cost him two-and-a-half million;

ma parlando di danaro è abbastanza comune sentire la forma plurale:

Es.: The Council spent twenty millions on that by-pass.

(v) Il sistema usato per le date e, in misura minore, per l'ora (vedi Appendice V) ha notevolmente influenzato il modo di leggere e di scrivere tutti i numeri fino a 1999 e, successivamente, i numeri multipli di cento fino a cinquemila circa:

Es.: « 1600 laboratory rats » si legge « sixteen hundred... »; e
« 3500 feet » si legge spesso « thirty-five hundred feet ».

Numeri cardinali e ordinali:

cardinali		*ordinali*	
1	one [wʌn]	1st	first [fe:st]
2	two [tu:]	2nd	second ['sekənd]
3	three [θri:]	3rd	third [θə:d]
4	four [fɔ:*]	4th	fourth [fɔ:θ]
5	five [faiv]	5th	fifth [fifθ]
6	six [siks]	6th	sixth [siksθ]

* Le mille e una notte. (Si noti il plurale, « nights »).

7	seven ['sevən]	7th	seventh ('sevənθ)
8	eight [eit]	8th	eighth [eitθ]
9	nine [nain]	9th	ninth [nainθ]
10	ten [ten]	10th	tenth [tenθ]
11	eleven [i'levən]	11th	eleventh [i'levənθ]
12	twelve [twelv]	12th	twelfth [twelfθ]
13	thirteen ['θə:ti:n]	13th	thirteenth [ˌθə:'ti:nθ]
14	fourteen ['fɔ:*ti:n]	14th	fourteenth [ˌfɔ:'ti:nθ]
15	fifteen ['fifti:n]	15th	fifteenth [ˌfif'ti:nθ]
16	sixteen ['siksti:n]	16th	sixteenth [ˌsik'sti:nθ]
17	seventeen ['sevənti:n]	17th	seventeenth [ˌsevən'ti:nθ]
18	eighteen ['eiti:n]	18th	eighteenth [ˌei'ti:nθ]
19	nineteen ['nainti:n]	19th	nineteenth [ˌnain'ti:nθ]
20	twenty ['twenti]	20th	twentieth ['twentiəθ]
21	twenty-one ['twenti'wʌn]	21st	twenty-first [ˌtwenti'fə:st]
22	twenty-two ['twenti'tu:]	22nd	twenty-second [ˌtwenti'sekənd]
23	twenty-three ['twenti'θri:]	23rd	twenty-third [ˌtwenti'θə:d]
24	twenty-four ['twenti'fɔ:], *ecc.*	24th	twenty-fourth [ˌtwenti'fɔ:θ], *ecc.*
30	thirty ['θə:ti]	30th	thirtieth ['θə:tiəθ]
40	forty ['fɔ:ti]	40th	fortieth ['fɔ:tiəθ]
50	fifty ['fifti]	50th	fiftieth ['fiftiəθ]
60	sixty ['siksti]	60th	sixtieth ['sikstiəθ]
70	seventy ['sevənti]	70th	seventieth ['sevəntiəθ]
80	eighty ['eiti]	80th	eightieth ['eitiəθ]
90	ninety ['nainti]	90th	ninetieth ['naintiəθ]
100	a (*o* one) hundred ['hʌndrəd]	100th	a (*o* one) hundredth ['hʌndrədθ]
200	two hundred	200th	two hundredth
1 000	a (*o* one) thousand	1 000th	a (*o* one) thousandth
2 000	two thousand	2 000th	two thousandth
10 000	ten thousand	10 000th	ten thousandth
100 000	a (*o* one) hundred thousand	100 000th	a (*o* one) hundred thousandth
1 000 000	a (*o* one) million * ['miliɔn]	1 000 000th	a (*o* one) millionth ['miliɔnθ]

Va notato l'uso di « *dozen* » invece di « twelve », sia come numero esatto, sia come equivalente dell'italiano « decina ».

> « a baker's dozen » è familiare per « tredici »;
>
> 6 si legge spesso « half a dozen » *o* « a half dozen »;
>
> i multipli di 12, 24, 36, ecc., si scrivono e si leggono spesso: « two dozen », « three dozen », ecc.;
>
> 12 dozzine (144) si chiama talvolta « a gross » (*pl. invariato*), d'uso specialmente commerciale;

La parola « score » (*pl. invariato*) può essere usata al posto di « twenty ».

---

* Si usa spesso la lettera M come abbreviazione di « million » o « millions », specialmente nelle somme di danaro:

Es.: « 10 M dollars ».

Alcuni numeri piu complessi:

101 a (*o* one) hundred and one;
163 a (*o* one) hundred and sixty-three;
595 five hundred and ninety-five;
2 831 two thousand, eight hundred and thirty-one;
19 629 nineteen thousand, six hundred and twenty-nine;
7 482 756 seven million, four hundred and eighty-two thousand, seven hundred and fifty-six.

	USA	*GB*
(1 000 000 000)	one billion	one thousand million(s)
(1 000 000 000 000)	one trillion	one billion
(1 000 000 000 000 000)	one quadrillion	one thousand billion(s)
(1 000 000 000 000 000 000)	one quintillion	one trillion.

NB. Oggi in Gran Bretagna si tende a preferire l'uso americano di « billion ». I termini « trillion », « quadrillion » e « quintillion », specialmente gli ultimi due, sono scarsamente usati.

1^2 si legge « one squared », talvolta « one to the power of two »;
1^3 « one cubed », talvolta « one to the power of three »;
1^4 « one to the power of four »;
1^5 « one to the power of five »;
10^9 « ten to the power of nine », ecc.

Numeri decimali e frazionari:

I numeri interi e frazionari espressi nel sistema *decimale* si scrivono con un punto (che si legge « point »), *non con una virgola*. Il punto viene di solito scritto in alto:

Es.: 2·6 = « two point six »;
0·3 = « nought point three » *o, più comunemente*, « point three ».

Si usa la virgola là dove l'italiano usa un punto o uno spazio:

Es.: 1,000 = l'italiano 1.000 oppure 1000 oppure 1 000;
1,000,000 = 1.000.000, ecc.;
1,872,063 = 1.872.063, ecc.

In base a quanto sopra detto risulta che:

2,705·47 km = l'italiano 2.705,47 km.

Le frazioni non decimali di uso comune si scrivono e si leggono come in italiano, servendosi cioè dei numeri cardinali per il numeratore e dei numeri ordinali per il denominatore:

Es.: 1/3 = one-third;
2/5 = two-fifths;
3/4 = three-quarters;
1 4/7 = one and four-sevenths;
2 1/8 = two and one-eighth.

Per le frazioni più complesse, come per esempio 17/23, si ricorre ai numeri cardinali in questo modo: « seventeen over twenty-three ». Nel caso di numeri molto lunghi, come per esempio, 119/456 si sentirà più comunemente la forma « one-one-nine over four-five-six ».
Si noti inoltre che alcuni *multipli di due* di uso comune, specialmente « trentaduesimi» e « sessantaquattresimi » usati con frequenza nella musica e nella bulloneria, si leggono « thirty-seconds » e « sixty-fourths », ecc.

Numeri telefonici e di serie

I *numeri del telefono* al di sopra di 1000 e *i numeri di serie* (matricola, assegni, passaporti, ecc.) si possono leggere singolarmente o raggruppati in coppie:

Es.: 5424351 si leggerà « five-four, two-four, three-five-one », *mai* « fifty-four... », ecc.

La sbarra si legge « stroke »:

Es.: « passport N° 26522/A » si leggerà « passport number two-six-five-two-two, stroke A ».

Coppie di stessi numeri possono leggersi usando la parola « double »:

Es.: 542233 si leggerà « five-four, double two, double three », specialmente nel caso di numeri del telefono.

Alcuni poi leggono i numeri di telefono *stranieri* (cioè non inglesi o americani) in gruppi di tre; in ogni caso, gruppi di numeri « autonomi » come ad esempio i prefissi, ecc., tendono ad essere letti insieme:

Es.: « The code for Bristol is 0272 » si leggerà « ...oh-two-seven-two ».

I numeri del telefono inferiori a 1000 (interni, ecc.) non si leggono a coppie:

Es.: « Oxford (0875) 57669, ext. 262 » si leggerà « ...oh-eight-seven-five, five-seven, six-six-nine, extension two six two ».
« 999 » (il numero per le chiamate d'emergenza nel Regno Unito) si leggerà « nine-nine-nine ».

Risultati sportivi

I risultati sportivi, punteggi, ecc. vengono generalmente dati in numeri normali:

Es.: « Rangers beat Celtic three-two ».

Si usa la preposizione « to » quando si tratta di numeri grossi, o quando si usano i termini « points », « runs » (nel cricket) o « goals »:

Es.: « Rangers beat Celtic by three goals to two ».

« 0 » si legge « nought » [nɔ:t] oppure, qualora preceduto da un altro numero, « nil » [nil]:

Es.: « Fulham beat Chelsea three-nil ».

Nel tennis si usa il termine « love » [lʌv] per « 0 ». Nel cricket si usa il termine « duck » [dʌk] per il battitore che lascia il campo senza avere fatto « runs » (zero punti).

Lettura delle espressioni matematiche

Si riportano qui di seguito alcuni tra i simboli e le espressioni più comuni nella matematica, geometria, statistica, ecc.
Nel caso in cui vengano date due letture, la seconda è quella meno formale o tecnica.

$+$ plus (*o* and)
$-$ minus (*o* take away)
$\pm$ plus or minus
$\times$ multiplied by (*o* times *o, quando si danno dimensioni*, by) *
$\div$ divided by
$=$ is equal to (*o* equals)
$\neq$ is not equal to (*o* does not equal)
$\simeq$ is approximately equal to
$\equiv$ is equivalent to (*o* is identical with)
$<$ is less than
$\nless$ is not less than
$\leqslant$ is less than or equal to
$>$ is more than (*o* is greater than)
$\ngtr$ is not more than
$\geqslant$ is more than or equal to
% per cent
∞ infinity
$\propto$ varies as (*o* is proportional to)
3 : 9 : : 4 : 16 three is to nine, as four is to sixteen
$\in$ is an element of (a set)
$\notin$ is not an element of (a set)
$\varnothing$ *or* { } is an empty set
$\cap$ intersection
$\cup$ union
$\subset$ is a subset of
$\rightarrow$ implies
$\log_e$ natural logarithm *or* logarithm to the base e [i]
$\sqrt{}$ (square) root
$\sqrt[3]{}$ cube root
x^2 x [eks] squared
x^3 x [eks] cubed
x^4 x [eks] to the power four (*o* to the fourth)
π pi [pai]
r [a (r)] = radius of circle
πr^2 pi r squared [pai a:' skwεəd] (formula per l'area del cerchio)
n! n [en] factorial
$\int$ the integral of
$\angle$ angle
$\llcorner$ right angle
$\triangle$ triangle
$\parallel$ is parallel to
$\perp$ is perpendicular to
$^{\circ}$ degree
$'$ minute (di un arco)
$''$ second (di un arco).

---

* *Es.*: « 10 × 3 » si legge « ten times three » oppure « ten multiplied by three ».
« a room 16 ft × 20 ft » si legge « a room sixteen feet by twenty feet ».

II. PESI E MISURE *

(i) Nella tabella che segue, le forme abbreviate delle espressioni inglesi vengono date la prima volta che appare il peso o la misura.

(ii) Come appare nel corpo del dizionario, « metre », « litre » e i loro composti si scrivono « meter » e « liter » negli Stati Uniti.

(iii) Nel sistema dei pesi e delle misure in uso in Gran Bretagna e negli Stati Uniti, non si usa la congiunzione « and » (e) tra un'unità di peso o misura maggiore e quella minore. Cioè si dice e si scrive:
« This table is five feet six inches long » (Questo tavolo è lungo cinque piedi e sei pollici).
Il nome dell'unità più piccola è spesso sottinteso:

Es.: « He's five foot ten » (È alto cinque piedi e dieci pollici).

Pesi « Avoirdupois »:

GB e USA			*Metrico*
		1 grain (gr)	0,0648 g
437½ grains	=	1 ounce (oz)	28,35 g
16 drams (dr)	=	1 ounce	28,35 g
16 ounces	=	1 pound (lb)	0,454 kg
14 pounds	=	1 stone **	6,356 kg
2 stone	=	1 quarter	12,7 kg
4 quarters	=	1 hundredweight (cwt)	50,8 kg
112 pounds	=	1 cwt (*o* quintal)	50,8 kg
100 pounds	=	short cvt (*o* quintal)	45,4 kg
20 hundredweight	=	1 ton	1016,04 kg
2000 pounds	=	1 short ton	0,907 tonn
2240 pounds	=	1 long ton	1,016 tonn

---

* Com'è noto, il sistema « inglese » di pesi e misure è piuttosto complesso. Questo fatto è ormai generalmente riconosciuto anche in Gran Bretagna. Infatti, già nel maggio del 1965 il « President of the Board of Trade » (Ministro per il Commercio) annunciava ufficialmente alla Camera dei Comuni che « il Governo auspica da parte delle industrie del paese l'adozione del sistema metrico decimale in ogni settore, fino a che esso non diventi col tempo il sistema più diffuso in tutto il Regno Unito... Il Governo spera inoltre che nell'arco dei prossimi dieci anni questo cambiamento avrà interessato la maggior parte delle industrie del paese ».
Per un'analisi completa del problema e per indicazioni relative ai rapporti tra il sistema inglese e il sistema metrico decimale (nell'ambito del « Système International d'Unités »), si consiglia l'agile libretto *Changing to the Metric System* a cura di Pamela Anderton e P.H. Bigg, Her Majesty's Stationery Office, London, 1965 e successive edizioni.

** «stone» si usa soltanto per il peso del corpo umano (non negli Stati Uniti).

Misure lineari, di superficie, di volume:

*lineari**

GB e USA			Metrico
		1 inch (in)	25,3995 mm
12 inches	=	1 foot (ft)	30,479 cm
3 feet	=	1 yard (yd)	0,9144 m
1760 yards	=	1 mile (m)	1,6093 km

*superficie***

		1 square inch (sq in)	6,4516 cm²
144 sq inches	=	1 sq foot	929,030 cm²
9 sq feet	=	1 sq yard	0,836 m²
4840 sq yards	=	1 acre	0,405 ha
640 acres	=	1 sq mile	2,599 km²

volume

		1 cubic inch	16,387 cm³
1728 cubic inches	=	cubic foot	0,028 m³
27 cubic feet	=	1 cubic yard	0,765 m³

Misure di capacità per liquidi e solidi

liquidi

GB			Metrico
4 gills	=	1 pint (pt)	0,5679 l
2 pints	=	1 quart (qt)	1,1359 l
4 quarts	=	1 gallon (gal)	4,5435 l

solidi

		1 gallon	4,5435 l
2 gallons	=	1 peck	9,0870 l
4 pecks	=	1 bushel	36,3477 l
8 bushels	=	1 quarter	290,7816 l

---

* *Misure nautiche* (usate per misurare la profondità e la distanza sulla superficie di mari, fiumi, ecc.):

GB e USA			Metrico
6 feet	=	1 fathom	1,8288 m
608 feet	=	1 cable	185,313 m
6,080 feet	=	sea (*o* nautical mile)	1,852 km
3 sea miles	=	1 league	5,550 km
60 sea miles	=	1 degree	
360 degrees	=	1 circle	

NB.: La velocità di un miglio marino all'ora si chiama « knot » (nodo).

** *Misure usate in agrimensura*

GB e USA				Metrico
7·92 inches	=	1 link	=	20,1168 cm
100 links (22 yards)	=	1 chain	=	20,1168 m
10 chains	=	1 furlong	=	201,168 m
80 chains (8 furlongs)	=	1 mile	=	1,6093 km
10 square chains	=	1 acre	=	0,405 ha

Misure circolari o angolari:

60 seconds ('')	=	1 minute (')
60 minutes	=	1 degree (°)
45 degrees	=	1 oxtant
60 degrees	=	1 sextant
90 degrees	=	1 quadrant or right angle (∟)
360 degrees	=	1 circle or circumference

Il sistema metrico decimale:

lunghezza		*GB e USA*
10 millimetres (mm)	= 1 centimetre (cm)	= 0·3937 inches
100 centimetres	= 1 metre (m)	= 39·37 inches *o* 1·094 yards
1000 metres	= 1 kilometre (km)	= 0·62137 miles

Nota: 8 km equivale a circa 5 miglia.

superficie		*GB e USA*
100 square metres (sq m *o* m^2)	= 1 are (a)	= 0·0247 acres
100 ares	= 1 hectare (ha)	= 2·471 acres
100 hectares	= 1 square kilometre (*o* km^2)	= 0·386 square miles

peso		*GB*
10 milligrams (mg)	= 1 centigram (cg)	= 0·1543 grains
100 centigrams	= 1 gram (g)	= 15·4323 grains
100 grams	= 1 ettogram (hg)	= 0·2204 pounds
1000 grams	= 1 kilogram (kg)	= 2·2046 pounds
100 kilograms	= 1 quintal (q)	= 220·46 pounds
1000 kilograms	= 1 tonne	= 19·684 hundredweight

capacità		*GB*
1000 millilitres (ml)	= 1 litre	= 1·75 pints
10 litres	= 1 dekalitre	= 2·1997 gallons

III. SCALE TERMOMETRICHE

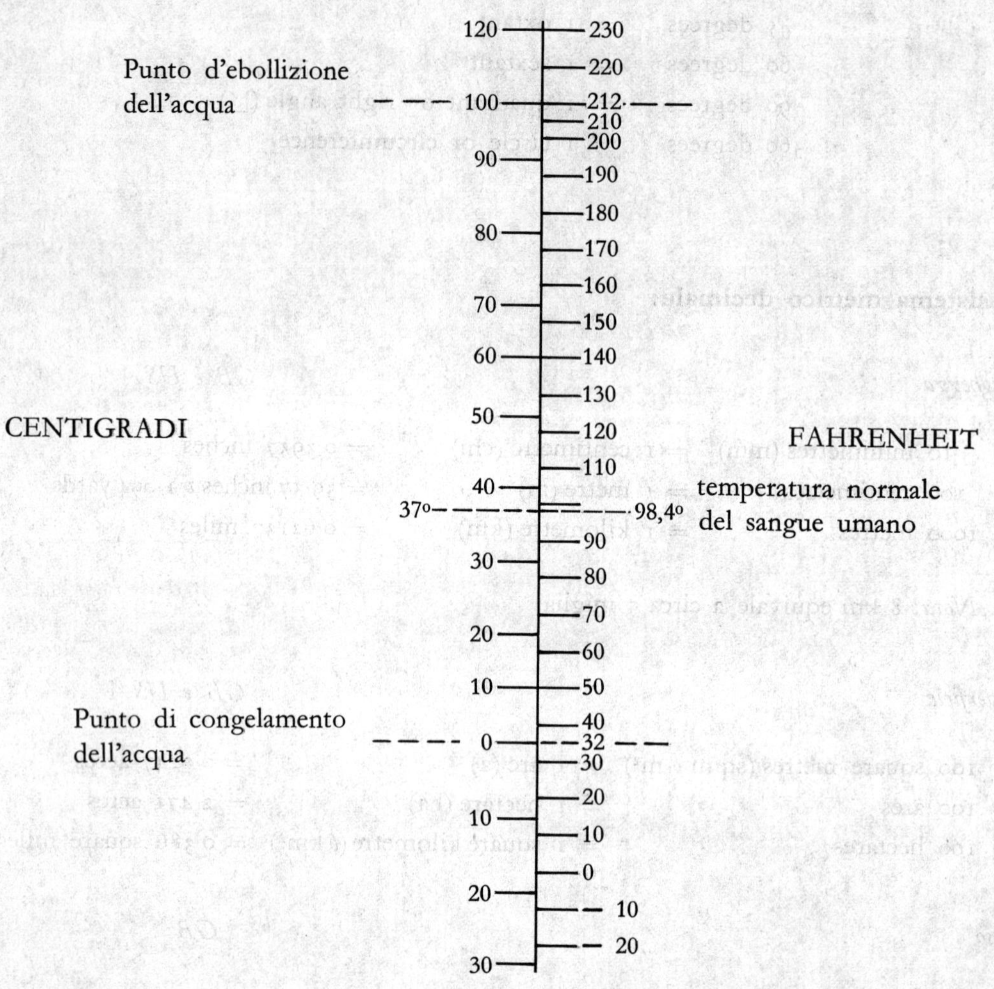

NB.: Per passare dalla scala di Fahrenheit alla scala centigrada basta sottrarre trentadue e quindi moltiplicare per 5/9:

Es.: $86^{o}F = \frac{(86 - 32) \times 5}{9} = 30^{o}C$.

Per passare dalla scala centigrada alla scala Fahrenheit si moltiplichi per 9/5 e si aggiunga quindi trentadue:

Es.: $45^{o}C = \frac{45 \times 9}{5} + 32 = 113^{o}F$.

IV. SISTEMI MONETARI

Il Regno Unito

NB.: Il Regno Unito ha adottato il sistema decimale all'inizio del 1971. Seguono informazioni relative ai due sistemi: il nuovo e il vecchio rispettivamente.

Sistema in vigore dal 1971

100 pence (scritto 100p *) = 1 pound (£1.00)

1/2p	a halfpenny; half a penny
1p	a penny; one p
2p	two pence; two p
5p	five pence; five p
10p	ten pence; ten p
50p	fifty pence; fifty p

Esistono le monete equivalenti a tutti i valori sopra indicati. Esistono inoltre banconote per i seguenti valori:

£1	one pound (*sl* a quid)
£5	five pounds (*sl* a fiver)
£10	ten pounds (*sl* a tenner)
£20	twenty pounds.

NB.: 1) In riferimento al nuovo « penny » è ancora troppo presto per dire se alcune forme siano più o meno comuni (o colloquiali) di altre. Le alternative sono « penny » (*pl.* pence), oppure « p » (*invariato al pl.*).

Per es.:

(1p)	« I paid a penny (*o* one p) for it »
(2p)	« It's two pence (*o* two p) a cup »
(10p)	« They're ten pence (*o* ten p) an ounce ».

NB.: 2) Le cifre espresse in « pounds » e « pence » non vogliono « and »:

Per es.:

« I bought it for six ninety-five » (£6.95).

Vecchio sistema - in vigore fino al 1971

Fino al 15 febbraio 1971 era in vigore il vecchio sistema britannico (conosciuto come « Lsd »**, o « pounds, shillings and pence »).

12 pence = 1 shilling; 20 shillings = 1 pound

1/2	a halfpenny
1d	a penny
2d	twopence
3d	threepence
4d	threepence

---

* Pronuncia [pi:].

** Sono le abbreviazioni delle parole latine « libra », « solidus » e « denarus » rispettivamente.

4d	fourpence
5d	fivepence
6d	sixpence (*sl* a tanner)
1s	a shilling (*sl* a bob)
2s	two shillings (*anche* a florin; *sl* two bob)
2s 6d	two shillings and six pence; half a crown
5s	five shillings (*sl* five bob).

Esistevano monete per tutti i valori sopra elencati ad eccezione del 2d, 4d e 5d. Dal 1935 la moneta da cinque scellini (nota anche come « crown ») veniva coniata solo in occasione di avvenimenti speciali (es. l'incoronazione della Regina Elisabetta nel 1953, la morte di Sir Winston Churchill nel 1965) ed era destinata soprattutto ai collezionisti. Il « farthing » (1/4d, un quarto di penny) rimase in uso fino al 1961.
Le banconote erano:

10s	ten shillings
£1	one pound
£5	five pounds
£10	ten pounds.

Le cifre venivano scritte in questo modo:

£1.13s 6d = « one pound thirteen shillings and sixpence »
4s 6d = « four shillings and sixpence »
10 1/2d = « tenpence halfpenny ».

Scrivendo o leggendo cifre in « pounds » o « shillings », la seconda unità non veniva di solito espressa, e non si usava la parola « and » per unire le due quantità.

Es.: « Five pounds ten » = £5.10s (cinque sterline e dieci scellini).

La stessa cosa valeva anche per le cifre espresse in « shillings » e « pence ». In realtà, in questo caso di solito non si esprimeva nessuna delle due unità:

Es.: « six and eleven » = 6s 11d (sei scellini e undici pence).

Gli Stati Uniti

100 cents (100c) = 1 dollar ($1)

		(*nomi delle monete*)
1c	a cent	a penny
5c	five cents	a nickel
10c	ten cents	a dime
25c	twenty-five cents	a quarter
50c	fifty cents; half a dollar	a half-dollar.

banconote

$1 a dollar; (*sl* a buck)
$5; $10; $20; $50; £100 five, ten, twenty, fifty, a hundred dollars).

Le banconote si chiamano generalmente « bills » [bilz]. Così « a dollar bill »; « a ten-dollar bill ».

Canada, Australia, Nuova Zelanda

100 cents = $1 (one dollar)

V. L'ORA E LA DATA

a) *L'ora*

Es.: 6.00 six o'clock
6.10 ten past six
6.15 a quarter past six (*USA*, *generalm.* a quarter after six)
6.20 twenty past six
6.30 half past six (*o* six-thirty)
6.35 twenty-five to seven
6.45 a quarter to seven (*USA*, *generalm.* a quarter of seven).

Quando l'ora è esatta o « in punto » (es. 5.00; 6.00) si unisce spesso ad essa la parola « o'clock ».
Si noterà come non si usi la parola « minutes » allorché i minuti vengono dati in multipli di cinque.
Se invece il numero dei minuti non è un multiplo di cinque (*es.*, 9.03; 10.11, ecc.) alla lettura dell'ora si fa seguire la lettura dei minuti, o sotto forma numerica, oppure aggiungendo la parola « minutes »:

Es.: 6.11 six-eleven *o* eleven minutes past six;
6.37 six thirty-seven *o* twenty-three minutes to seven.

La prima forma è comunemente usata nella lettura di orari ferroviari, di aerei, ecc.:

Es.: « I catch the 6.10 (the six-ten) to go to work and the 5.23 (the five twenty-three) to come home ».

Le lettere « *a.m.* » (ante meridiem) *e* « *p.m.* » (post meridiem) che servono ad indicare rispettivamente le ore prima e dopo mezzogiorno, si leggono come lettere separate: [ei (j)em; pi (j)em].
« *Mezzogiorno* » si traduce con « twelve (o'clock) », *o* « noon », *o* « midday »; mezzanotte con « twelve (o' clock) » *o* « midnight ».
Il « *24-hour clock* », ovvero l'uso di « tredici », « quattordici », ecc., per le ore pomeridiane fino alla mezzanotte, è poco usato nel linguaggio quotidiano. Lo si trova invece nel linguaggio militare e in riferimento agli orari dei mezzi di trasporto pubblico dei paesi stranieri.

Es.: 00.05 oh oh five hours
01.00 oh one hundred hours
11.00 eleven hundred hours
11.20 eleven twenty hours
19.05 nineteen oh five hours
24.00 twenty-four hundred hours

Si noti l'uso di « oh », « hundred » e « hours ». L'uso della parola « hours » è una convenzione del linguaggio militare. Non è necessario inserirla, invece, quando ci si riferisce agli orari dei mezzi di trasporto pubblico, ecc.:

Es.: You can leave on the 23.03 (twenty-three oh three) train;
There's a flight to Paris at 19.00 (nineteen hundred)

Abbreviazioni: « hour » = hr. (*pl.* hrs)
« minute » = min. (*pl.* mins)
« second » = sec. (*pl.* secs)

Es.: Travelling time from London to Bristol: 1 hr 40 mins.

b) *La data*

Quando la data è scritta o letta per intero, per es. nei documenti legali, ecc. essa avrà la forma seguente: « the twenty-first day of September, one thousand, nineteen hundred and thirty-five ».

c) *Gli anni*

Nell'uso comune, parlato o scritto, i secoli « tondi » hanno la forma seguente: « four hundred », « nine hundred », « ten hundred » (1000); « eleven hundred » (1100); « twelve hundred » (1200), ecc.

Dai secoli XII/XIII in poi (o prima, nel caso di date assai note o molto recenti) si tende ad omettere la parola « hundred » e gli anni si leggono a coppie. Si noti, negli esempi che seguono, la forma « one thousand » (*non* « a thousand »).

Es.:

423	four hundred and twenty-three
1001	one thousand and one
1009	one thousand and nine
1042	ten hundred and forty-two
1066	ten sixty-six*
1201	twelve hundred and one
1224	twelve hundred and twenty-four
1492	fourteen ninety-two**
1607	sixteen-seven *o* sixteen oh seven
1977	nineteen seventy-seven

Le abbreviazioni B.C. (before Christ) e A.D. (abbreviazione del latino « anno Domini ») vengono usate là dove l'italiano usa a.C. e d.C. Si leggono come lettere [bi si: ; ei di:] e si possono mettere sia prima come dopo la data.

I mesi: ad eccezione di maggio (May) e luglio (July) i mesi vengono abbreviati, nella forma scritta, nel modo seguente:

Jan	Apr	(July)	Oct
Feb	(May)	Aug	Nov
Mar	Jun	Sept	Dec

* Data nota: l'invasione normanna dell'Inghilterra.

** Data nota: la « scoperta » delle Indie Occidentali da parte di Cristoforo Colombo.

I giorni della settimana vengono abbreviati come segue:

Sun* Mon Tues Wed(s) Thurs Fri Sat

I giorni (sempre in numeri ordinali) e i mesi (abbreviati o no) possono scriversi in diversi modi:

Es.: May 22nd, 1977 May 22, 1977
22nd May 1977 22 May 1977

e possono venire letti rispettivamente:

May the twenty-second (*USA* May twenty-second); May twenty-two; the twenty-second of May.

Quando la data è scritta interamente in numeri, essi avranno la forma 22.5.77 (*o* 22/5/77). Negli Stati Uniti e in certe organizzazioni internazionali non è rara la forma 5.22.77.

VI. LA PUNTEGGIATURA E L'ALFABETO

La punteggiatura:

,	comma
;	semi-colon
:	colon
.	full stop (*GB*); period (*USA*)
?	question mark
!	exclamation mark
'	apostrophe
" "	inverted commas; quotation marks (*USA* quotes)
( )	brackets; parentheses
-	hyphen
—	dash
...	dots
=	equals

L'alfabeto:

A	[ei]	N	[en]
B	[bi:]	O	[ou]
C	[si:]	P	[pi:]
D	[di:]	Q	[kju:]
E	[i:]	R	[a:*]
F	[ef]	S	[es]
G	[dʒi:]	T	[ti:]
H	[eitʃ]	U	[ju:]
I	[ai]	V	[vi:]
J	[dʒei]	W	[dʌbl ju:]
K	[kei]	X	[eks]
L	[el]	Y	[wai]
M	[em]	Z	[zed]; *USA* [zi:]

* Nei paesi di lingua inglese la domenica viene considerata il primo giorno della settimana.

VII. ALFABETI TELEFONICI

	Italiano	*Inglese*	*Americano*	*Internazionale*
A	Ancona	Andrew	Abel	Amsterdam
B	Bologna	Benjamin	Baker	Baltimore
C	Como	Charlie	Charlie	Casablanca
D	Domodossola	David	Dog	Danemark
E	Empoli	Edward	Easy	Edison
F	Firenze	Frederick	Fox	Florida
G	Genova	George	George	Gallipoli
H	Hotel	Harry	How	Havana
I	Imola	Isaac	Item	Italia
J	I lunga, Jersey	Jack	Jig	Jérusalem
K	Kursaal	King	King	Kilogramme
L	Livorno	Lucy	Love	Liverpool
M	Milano	Mary	Mike	Madagascar
N	Napoli	Nellie	Nan	New York
O	Otranto	Oliver	Oboe	Oslo
P	Padova	Peter	Peter	Paris
Q	Quarto	Queenie	Queen	Québec
R	Roma	Robert	Roger	Roma
S	Savona	Sugar	Sugar	Santiago
T	Torino	Tommy	Tare	Tripoli
U	Udine	Uncle, uniform	Uncle	Uppsala
V	Venezia	Victor	Victor	Valencia
W	Washington	William	William	Washington
X	Ics, Xantia, Xeres	Xmas, x-ray	X	Xanthippe
Y	York	Yellow	Yoke	Yokohama
Z	Zara	Zebra	Zebra	Zürich

VIII. NOMI DI CITTÀ

Città straniere

L'elenco che segue comprende solo i nomi di quelle città – piccole o grandi che siano – che abbiano forme piuttosto diverse in italiano e in inglese.

L'Aia	The Hague [ðə heig]
Alessandria d'Egitto	Alexandria [ælek'sændriə]
Algeri	Algiers [æl'dʒiə:z]
Amburgo	Hamburg ['hæmbə:g]
Anversa	Antwerp ['æntwə:p]
Atene	Athens ['æθənz]
La Avana	Havana [hə'vænə]
Avignone	Avignon ['ævi:ñɔ]
Barcellona	Barcelona ['ba:sə'lounə]
Basilea	Basle [ba:l]
Belgrado	Belgrade [bel'greid]

Berlino	Berlin [bə:'lin]
Berna	Berne [bə:n]
Betlemme	Bethlehem ['beθli,hem]
Bruxelles	Brussels ['brʌsəlz]
Brema	Bremen ['breimən]
Cadice	Cadiz [kə'diz]
Il Cairo	Cairo ['kairou]
Città del Capo	Cape Town [keip taun]
Città del Messico	Mexico City ['meksikou 'siti]
Colonia	Cologne [kə'loun]
Cracovia	Cracow; Krakow ['krækau]
Damasco	Damascus [də'mæskəs]
Danzica	Danzig ['dænzig], Gdansk [gdænsk]
Digione	Dijon ['di:zõ]
Dresda	Dresden ['drezdən]
Francoforte	Frankfurt ['frænkfə:t]
Gerusalemme	Jerusalem [dʒe'ru-selem]
Ginevra	Geneva [dʒe'ni:v'ə]
Leida	Leyden ['leidən]
Leningrado	Leningrad ['leningræd]
Liegi	Liège [li'eʒ]
Lilla	Lille [li:l]
Lione	Lyons ['laiənz; li:ɔnz]
Lipsia	Leipzig ['laipzig]
Lisbona	Lisbon ['lizbən]
Losanna	Lausanne [lou'zæn]
Lovanio	Louvain ['lu:vein; lu:'vã]
Lubecca	Lübeck ['lju:bek]
Magonza	Mainz [meinz; maints]
Marsiglia	Marseilles [ma:'seilz]
La Mecca	Mecca ['mekə]
Monaco di Baviera	Munich ['mju:nik]
Mosca	Moscow ['mɔskou]
Nizza	Nice [ni:s]
Norimberga	Nuremberg ['nju:rəm,bə:g]
Parigi	Paris ['pæris]
Pechino	Peking [pi:'kiŋ]
Praga	Prague [pra:g]
Salisburgo	Salzburg ['sɔ:ltsbə:g]
San Paolo	São Paulo [sao 'paulou]
Santiago del Cile	Santiago [,sænti'a:gou]
Siviglia	Seville ['səvil]
Stoccarda	Stuttgart [stu:tga:*t]
Stoccolma	Stockholm ['stɔkhɔlm]
Strasburgo	Strasburg ['stræzbe:g]
Tolone	Toulon [tu:'lɔn]
Tolosa	Toulouse [tu:'lu:z]
Treviri	Trier [triə*]
Varsavia	Warsaw ['wɔ*:sɔ:]

Tunisi	Tunis [ˈtju:nis]
Zagabria	Zagreb [ˈza:greb]
Zurigo	Zurich [ˈzju:rik]

Città della Gran Bretagna

Dublino	Dublin [ˈdʌblin]
Edimburgo	Edinburgh [ˈedinˌbrə]
Londra	London [ˈlʌndən]

Città italiane

Firenze	Florence [ˈflɔ:rənts]
Genova	Genoa [ˈdʒenouə]
Livorno	Leghorn* [ˈleghɔ:n]
Mantova	Mantua [ˈmæntjuə]
Milano	Milan [miˈlæn]
Napoli	Naples [ˈneipəlz]
Padova	Padua [ˈpædʒuə]
Roma	Rome [roum]
Siena	Sienna* [siˈenə]
Siracusa	Syracuse [ˈsairəˌkju:z]
Torino	Turin [tju:ˈrin]
Venezia	Venice [ˈvenis]

Una nota sui nomi delle città straniere

Come si vede, l'inglese tende a « tradurre » (o cambiare) molto meno i nomi delle città straniere. Cosí, per esempio, São Paulo (San Paolo) rimane in portoghese; Dijon (Digione), Louvain (Lovanio) e Basle (Basilea) in francese; Frankfurt (Francoforte) e Mainz (Magonza) in tedesco.
Per quei nomi che cambiano poco in italiano (per esempio i nomi tedeschi in « -burg », che diventano « -burgo ») abbiamo dato soltanto qualche esempio. Occorre sottolineare che con nomi analoghi (per esempio Magdeburgo) il comportamento dell'inglese è quasi sempre lo stesso: cioè si dice « Magdeburg » come in tedesco.

IX. NOMI DI STATI E DI PAESI

Segue un elenco di quei paesi i cui nomi hanno forme piuttosto diverse in inglese e in italiano.

Arabia (Saudita)	(Saudi) Arabia [ˈsaudi/ˈsə:di əˈreibiə]
Belgio	Belgium [ˈbeldʒəm]
Brasile	Brasil [brəˈzil]
Cecoslovacchia	Czechoslovakia [ˌtʃekousləˈvækiə]
Cile	Chile [ˈtʃili]
Cina	China [ˈtʃainə]
Cipro	Cyprus [ˈsaiprəs]
Danimarca	Denmark [ˈdenma:*k]

* Ormai quasi desueto.

Egitto	Egypt ['i:dʒipt]
Finlandia	Finland ['finlənd]
Francia	France [fra:nts]
Galles	Wales [weilz]
Germania (Ovest/Est)	(West/East) Germany ['dʒə:məni]
Giamaica	Jamaica [dʒə'meikə]
Giappone	Japan [dʒə'pæn]
Gibilterra	Gibraltar [dʒi'brɔ:ltə*]
Giordania	Jordan ['dʒɔ:dən]
Gran Bretagna	Great Britain [greit 'britən]
Grecia	Greece [gri:s]
Inghilterra	England ['inglənd]
Irlanda	Ireland ['aiələnd]
Repubblica d'Irlanda	Eire ['ɛərə]
Islanda	Iceland ['aislənd]
Italia	Italy ['itəli]
Jugoslavia	Yugoslavia [jugou'sla:viə]
Libano	Lebanon ['lebənən]
Libia	Libya ['libiə]
Lussemburgo	Luxemburg ['lʌksəmbə:g]
Messico	Mexico ['meksikou]
Olanda (Paesi Bassi)	Holland; the Netherlands (*pl*) ['hɔlənd; 'neðələndz]
Nuova Zelanda	New Zealand [nju: 'zi:lənd]
Norvegia	Norway ['nɔ*wei]
Polonia	Poland ['poulənd]
Portogallo	Portugal [pɔ:*tju:gəl]
Regno Unito	(the) United Kingdom (*abbr.* UK) [ju:'naitid 'kiŋdəm]
Romania	Rumania (*ora spesso* Romania) [ru:'meiniə]
Scozia	Scotland ['skɔtlənd]
Siria	Syria ['siriə]
Spagna	Spain [spein]
Stati Uniti	(the) United States (of America) [ju:'naitid steits]
Svezia	Sweden ['swi:dən]
Svizzera	Switzerland ['switsələnd]
Tailandia	Thailand ['tailənd]
Turchia	Turkey ['tə:ki]
Ungheria	Hungary ['hungəri]
Unione Sovietica	(the) Soviet Union; (the) Union of Soviet Socialist Republics (*abbr.* USSR) ['souviət ju:niən]

X. DENOMINAZIONI TERRITORIALI

IL REGNO UNITO (The United Kingdom of Great Britain and Northern Ireland)

Inghilterra (Contee) *†

† Avon ['eivən]
Bedfordshire (*Beds*) ['bedfədʃə*]
Berkshire (*Berks*) ['ba:kʃə* ; *USA* 'bə:k–]

* = contea che ha cessato di esistere per la riforma amministrativa del 1972.
† = contea creata nel 1972.

Buckinghamshire (*Bucks*) [ˈbʌkiŋəmʃə*]
Cambridgeshire (*Cambs*) [ˈkeimbridʒʃə*]
Cheshire (*Ches*) [ˈtʃeʃə*]
† Cleveland [ˈkli:vlənd ; ˈklev–]
Cornwall (*Corn*) [ˈkɔ:nwəl ; ˈkɔ:nwɔ:l]
* Cumberland (*Cumb*) [ˈkʌmbələnd]
† Cumbria [ˈkʌmbriə]
Derbyshire [ˈda:biʃə* ; *USA* ˈdə:bi–]
Devon(shire) [ˈdevənʃə*]
Dorset(shire) [ˈdɔ:sətʃə*]
Durham (*Dur*) [ˈdʌrəm ; *USA* də:rm]
Essex (*Ess*) [ˈesiks]
Gloucestershire (*Glos*) [ˈglɔstəʃə*]
Hampshire (*Hants*) [ˈhæmpʃə*]
† Hereford and Worcester [ˈherəfəd ən ˈwustə*]
* Herefordshire [ˈherəfədʃə*]
Hertfordshire (*Herts*) [ˈha:tfədʃə ; ha:ts]
† Humberside [ˈhʌmbəsaid]
* Huntingdonshire (*Hunts*) [ˈhʌntiŋdənʃə* ; hʌnts]
† (The) Isle of Wight (*I of W*) [ði:(j)ˈail əv ˈwait]
Kent [kent]
Lancashire (*Lancs*) [ˈlænkəsʃə*]
Leicestershire (*Leics*) [ˈlestəʃə*]
Lincolnshire (*Lincs*) [ˈliŋkənʃə* ; liŋks]
(County of) London [ˈlʌndən]
† (County of) Manchester [ˈmæntʃəstə*]
† Merseyside [ˈmə:zisaid]
* Middlesex (*Midds*) [ˈmidlseks]
Norfolk (*Norf*) [ˈnɔ:fək]
Northamptonshire (*Northants*) [nɔ:ˈθæmptənʃə* ; ˈnɔ:θænts]
Northumberland (*Northd*) [nɔ:ˈθʌmbələnd]
Nottinghamshire (*Notts*) [ˈnɔtiŋəmʃə* ; nɔts]
Oxfordshire (*Oxon*) [ˈɔksfədʃə* ; ˈɔksən]
* Rutland(shire) [ˈrʌtləndʃə*]
Shropshire (*Salop*) [ˈʃrɔpʃə* ; ˈsæləp]
Somersetshire (*Som*) [ˈsʌməsetʃə*]
Staffordshire (*Staffs*) [ˈstæfədʃə*]
Suffolk (*Suff*) [ˈsʌfək]
Surrey (*Sy*) [ˈsʌri]
Sussex (*Sx*) [ˈsʌsəks]
† Tyne and Wear [ˈtain n wiə*]
Warwickshire (*Warwicks*) [ˈwɔrikʃə*]
† West Midlands [ˈwest ˈmidləndz]
* Westmorland [ˈwes(t)mələnd]
Wiltshire (*Wilts*) [ˈwiltʃə*]
* Worcestershire (*Worcs*) [ˈwustəʃə*]
Yorkshire (*Yorks*) [ˈjɔ:kʃə*]

Galles

(Contee: dal 1972)

Clwyd ['klu:(w)id]
Dyfed ['dʌvid]
Mid Glamorgan [mid glə'mɔ:gən]
South Glamorgan
West Glamorgan
Gwent [gwent]
Gwynedd ['gwinəð]
Powys ['pau(w)is]

(fino al 1972)

Anglesey ['ænglsi:]
Breconshire *o* Brecknockshire (*Brec*) ['brekənʃə* ; 'breknɔk–]
Caerarvonshire (*Caern*) (kə'na:vənʃə*]
Cardiganshire (*Cards*) ['ka:digənʃə*]
Carmarthenshire (*Carm*) [kə'ma:ðənʃə*]
Denbighshire ['denbiʃə*]
Flintshire ['flintʃə*]
Glamorgan(shire) (*Glam*) [glə'mɔ:gənʃə*]
Merionethshire [ˌmeri'ɔnəθʃe*]
Monmouthshire (*Mon*) ['mɔnməθʃə* ; 'mʌn–]
Montgomeryshire (*Montgom*) [mən(t)'gɔməriʃə*]
Pembrokeshire (*Pemb*) ['pembrəkʃə*]
Radnorshire (*Rad*) ['rædnəʃə*]

Scozia

(regioni: dal 1975)

Borders ['bɔ:də*z]
Central ['sentrəl]
Dumfries and Galloway ['dʌmfri:s ən 'gæləwei]
Fife [faif]
Grampian ['græmpiən]
Highland ['hailænd]
Lothian ['louðjən]
Orkney ['ɔ:kni]
Shetland ['ʃetlənd]
Strathclyde [stræθ'klaid]
Teyside ['teisaid]
Western Isles ['westə:n ailz]

(contee: fino al 1975)

Aberdeenshire [ˌæbə'di:nʃə*]
Angus ['æŋgəs]
Argyllshire [a:'gailʃə*]
Ayrshire ['εəʃə*]
Banffshire ['bænfʃə*]
Berwiskshire ['berikʃə*]
Bute(shire) ['bju:tʃə*]
Caithness ['keiθnes]

Clackmannanshire [klæk'mænənʃə*]
Dumbartonshire [dʌm'ba:tənʃə*]
Dumfriesshire [dʌm'fri:sʃə*]
East Lothian [i:st 'louðjən]
Fife [faif]
Inverness(shire) [invə'nesʃə*]
Kincardineshire [kin'ka:di:nʃə*]
Kinross(shire) [kin'rɔsʃə*]
Kirkudbrightshire [kə:'ku:bri:ʃə*]
Lanarkshire ['lænəkʃə*]
Midlothian [mid'louðiən]
Morayshire ['mʌriʃə*]
Nairnshire [nɛənʃə*]
Orkney ['ɔ:*kni]
Peeblesshire ['pi:bəlzʃə*]
Perthshire ['pə:θʃə*]
Renfrewshire ['renfru:ʃə*]
Ross and Cromarty [ˌrɔs ən 'krɔməti]
Roxburghshire ['rɔksbrəʃə*]
Selkirkshire ['selkə:kʃə*]
Stirlingshire ['stə:liŋʃə*]
Sutherland ['sʌðələnd]
West Lothian [west 'louðiən]
Wigtownshire ['wigtənʃə*]
Zetland ['zetlənd]

Irlanda del Nord
(Contee)

Antrim ['æntrim]
Armagh [a:'ma:]
Down [daun]
Fermanagh [fə'mænə]
Londonderry ['lʌndənderi]
Tyrone [ti'roun]

REPUBBLICA D'IRLANDA (EIRE)
(Province e contee)

Provincia di Leinster ['lenstə*]

Carlow ['ka:lou]
Dublin ['dʌblin]
Kildare [kil'ðɛə*]
Kilkenny [kil'keni]
Leix [li:ʃ]
Longford ['lɔŋfəd]
Louth [lauθ]
Meath [mi:θ]
Offaly ['ofəli]

Westmeath [west'mi:θ]
Wexford ['weksfəd]
Wicklow ['wiklou]

Provincia di Munster ['mʌnstə*]

Clare [klɛə*]
Cork [kɔ:k]
Kerry ['keri]
Limerick ['limərik]
Tipperary [ˌtipə'rɛəri]
Waterford ['wɔ:təfəd]

Provincia di Connaught ['kɔnɔ:t]

Galway ['gɔ:lwei]
Leitrim ['li:trim]
Mayo ['meiou]
Roscommon [rɔs'kɔmən]
Sligo ['slaigou]

Provincia di Ulster ['ʌlstə*]
(parte: le rimanenti contee sono elencate tra quelle dell'Irlanda del Nord)

Cavan ['kævən]
Donegal ['dɔnigɔ:l]
Monaghan ['mɔnəhən]

CANADA
(Province e territori)

Alberta (*Alta*) [æl'bə:tə]
British Columbia (*BC*) ['britiʃ kə'lʌmbiə]
Labrador (*Lab*) ['læbrədɔ:*]
Manitoba (*Man*) ['mæni'toubə]
New Brunswick (*NB*) [nju: 'brʌnzwik]
Newfoundland (*ND* oppure *Nfd*) [ˌnju:fənd'lænd]
Nova Scotia (*NS*) ['nouvə 'skouʃə]
Ontario (*Ont*) [ɔn'tɛəriou]
Prince Edward Island (*PEI*) [prins 'edwəd 'ailənd]
Quebec (*Que* oppure *PQ*) [kwi'bek]
Saskatchewan (*Sask*) [sə'skætʃəwən]
Yukon Territory ['ju:kɔn 'teritəri]
North West Territories (*NWT*) [nɔ:θ west 'teritəriz]

AUSTRALIA
(Stati e territori)

New South Wales (*NSW*) [nju: sauth weilz]
Northern Territory (*NT*) ['nɔ:ðə:n 'teritəri]
Queensland (*Qld*) ['kwi:nzlənd]
South Australia (*S Aus*) [sauth ɔ'streiliə]
Tasmania (*Tas*) [tæz'meiniə]

Victoria (*Vic*) [vik,tɔ:riə]
Western Australia (*W Aus*) ['westə:n ɔ'streiliə]
Australian Capital Territory: Canberra* ['kænbərə]

NUOVA ZELANDA (New Zealand)
(Distretti provinciali)

Auckland ['ɔ:klənd]
Canterbury ['kæntəbəri]
Hawke's Bay ['hɔ:ks bei]
Marlborough ['ma:lbərə]
Nelson ['nelsən]
Otago [ou'ta:gou]
Taranaki ['tærəna:ki]
Wellington ['weliŋtən]

STATI UNITI (The United States of America)
(Stati)

Alabama (*Ala*) ['æləbæmə]
Alaska (*Alas*) [ə'læskə]
Arizona (*Ariz*) [æri'zounə]
Arkansas (*Ark*) ['a:kənsɔ:]
California (*Cal* oppure *Calif*) [,kæli'fɔ:niə]
Colorado (*Colo*) [,kɔlə'ra:dou]
Connecticut (*Conn*) [kə'netikət]
Delaware (*Del*) ['deləwɛə*]
District of Columbia * (*DC*) ['distrikt əv kə'lʌmbiə]
Florida (*Fla*) ['flɔridə]
Georgia (*Ga*) ['dʒɔ:dʒiə]
Hawaii [hə'wai:]
Idaho (*Id*) ['aidəhou]
Illinois (*Ill*) [,ilə'noi]
Indiana (*Ind*) [,indi:'ænə]
Iowa (*Ia*) ['aiəwə]
Kansas (*Kan*) ['kænzəs]
Kentucky (*Ken* oppure *Ky*) [ken'tʌki]
Louisiana (*La*) [lu:'i:zi:ænə]
Maine (*Me*) [mein]
Maryland (*Md*) ['mɛərilənd]
Massachusetts (*Mass*) ['mæsətʃu:zits]
Michigan (*Mich*) ['mitʃigən]
Minnesota (*Minn*) [,mini'soutə]
Mississippi (*Miss*) [,misi'sipi]
Missouri (*Mo*) [mi'su:ri]
Montana (*Mont*) [mɔn'ta:nə]
Nebraska (*Neb* oppure *Nebr*) [ne'bræskə]
Nevada (*Nev*) [nə'va:də]
New Hampshire (*NH*) [nju: hæmpʃə*]
New Jersey (*NJ*) [nju: dʒə:zi]
New Mexico (*NM*) [nju: 'meksikou]

* Capitale federale

New York (*NY*) [nju: jɔ:k]
North Carolina (*NC*) [nɔ:θ ˌkærə'lainə]
North Dakota (*ND*) [nɔ:θ də'koutə]
Ohio (*O*) [ou'hai(j)ou]
Oklahoma (*Okla*) [ˌouklə'houmə]
Oregon (*Oreg* oppure *Ore*) ['ɔrigən]
Pennsylvania (*Pa* oppure *Penn*) [ˌpensəl'veiniə]
Rhode Island (*RI*) [roud 'ailənd]
South Carolina (*SC*) [sauθ kærə'lainə]
South Dakota (*SD*) [sauθ də'koutə]
Tennessee (*Tenn*) [ˌtenə'si:]
Texas (*Tex*) ['teksəs]
Utah (*Ut*) ['ju:tə]
Vermont (*Vt*) [və'mɔnt]
Virginia (*Va*) [və'dʒiniə]
Washington (*Wash*) ['wɔʃiŋtən]
West Virginia (*W Va*) [west 'vədʒiniə]
Wisconsin (*Wis*) [wis'kɔnsin]
Wyoming (*Wyo* oppure *Wy*) [wai'(j)oumiŋ]

XI. VERBI FORTI *

(i) In alcuni casi le due forme riportate (per esempio « hanged, hung » sotto « to hang ») non sono del tutto intercambiabili, ma vengono usate in modi diversi (ad esempio, tra le due forme del participio passato di « to broadcast », si preferisce « broadcast » quale aggettivo). Le abbiamo segnalate mettendole in corsivo: dovranno essere controllate sotto il lemma in questione.

(ii) « To be » e « to have » sono verbi *irregolari*, anche nelle forme del presente.

(iii) Dai verbi forti possono derivare altri verbi, o aggiungendo una preposizione (per esempio, « to undertake » da « to take », « to rerun » da « to run »; « to misdeal » da « to deal ») o un altro segmento o particella (per esempio « to waylay » da « to lay »; « to browbeat » da « to beat »).
Nell'elenco che segue sono stati inclusi soltanto quei pochi verbi composti il cui paradigma è diverso da quello del verbo di origine (per esempio « to hamstring », che al passato può avere sia la forma « hamstringed » che « hamstrung »).
Oggi si nota una tendenza a creare verbi deboli (« regolari ») nel caso in cui sia necessario distinguerli da omografi regolari (per esempio « to relay », *collegare per relé*; per distinguerlo da « to relay - relaid - relaid », *stendere di nuovo*).

(iv) Per la pronunzia → alle singole voci nel corpo del dizionario.

INFINITO	PASSATO	PARTICIPIO PASSATO
to abide	abided, abode	*abided*, *abode*
to awake	awoke	awaked, awoken
to be**	was (1ª e 3ª pers. sing.), were	been
to bear	bore	*borne*, *born*

* Sono quelli generalmente noti (erroneamente) come « irregolari ».

** Per la coniugazione del tempo presente → la voce *to be* nel corpo del dizionario.

INFINITO	PASSATO	PARTICIPIO PASSATO
to beat	beat	beaten
to beget	begot (*ant.* begat)	begotten
to begin	began	begun
to bend	bent	*bent*, *bended*
to bereave	*bereaved*, *bereft*	*bereaved*, *bereft*
to beseech	besought	besought
to bet	bet, betted	bet, betted
to bid	*bade*, *bid* (*ant.* bad)	*bid*, *bidden*
to bind	bound	bound
to bite	bit	bitten
to bleed	bit	bitten
to bleed	bled	bled
to blend	blended (*lett.* blent)	blended
to bless	*blessed*, *blest*	*blessed*, *blest*
to blow	blew	blown
to break	broke (*ant.* brake)	broken
to breed	bred	bred
to bring	brought	brought
to broadcast	broadcast, broadcasted	*broadcast*, *broadcasted*
to build	built	built
to burn	burnt, burned	*burnt*, *burned*
to burst	burst	burst
to buy	bought	bought
to cast	cast	cast
to catch	caught	caught
to chide	chided (*ant.* chid)	chided, chidden (*ant.* chid)
to choose	chose	chosen
to cleave	*clove*, *cleft*, *cleaved* (ant. *clave*)	*cleft*, *cloven*, *cleaved*
to cling	cling	clung
to clothe	clothed	*clothed*, *clad*
to come	came	come
to cost	cost	cost
to creep	crept	crept
to crow	crowed, crew	crowed
to cut	cut	cut
to dare	dared (*ant.* durst)	dared
to deal	dealt	dealt
to dig	dug	dug
to dive	dived (*USA* dove)	dived
to do	did	done
to draw	drew	drawn
to dream	dreamed, dreamt	dreamed, dreamt
to drink	drank	drunk
to drive	drove	driven
to dwell	dwelt	dwelt
to earn	earned, earnt	*earned*, *earnt*
to eat	ate	eaten
to fall	fell	fallen
to feed	fed	fed
to feel	felt	felt
to fight	fought	fought
to find	found	found
to flee	fled	fled

INFINITO	PASSATO	PARTICIPIO PASSATO
to fling	flung	flung
to fly	flew	flown
to forbear	forbore	forborne
to freeze	froze	frozen
to get	got	got, (*USA*) gotten
to gilded	gilded	gilded (*lett.* gilt)
to gird	girded	*girded*, *girt*
to give	gave	given
to go	went	gone
to grave	graved	graven
to grind	ground	ground
to grow	grew	grown
to hamstring	hamstringed, hamstrung	hamstringed, hamstrung
to hang	*hung*, *hanged*	*hung*, *hanged*
to have*	had	had
to hear	heard	heard
to heave	heaved, hove	heaved, hove
to hew	hewed	hewed, hewn
to hide	hid	hidden, hid
to hit	hit	hit
to hold	held	held
to hurt	hurt	hurt
to keep	kept	kept
to kneel	knelt	knelt
to knit	knitted, knit	knitted, knit
to know	knew	known
to lade	laded	laden
to lay	laid	laid
to lead	led	led
to lean	leant, leaned	leant, leaned
to leap	leapt, leaped	leapt, leaped
to learn	learnt, learned	learnt, learned
to leave	left	left
to lend	lent	lent
to let	let	let
to lie	lay	lain
to light	lighted, lit	*lighted*, *lit*
to lose	lost	lost
to make	made	made
to mean	meant	meant
to meet	met	met
to melt	melted	*melted*, *molten*
to overwork	overworked	*overworked*, *overwrought*
to pay	paid	paid
to prove	proved	*proved*, *proven*
to put	put	put
to read	read	read
to rend	rent	rent
to rid	rid, ridded	rid
to ride	rode	ridden
to ring	rang	rung

* Per la coniugazione del tempo presente → la voce *to have* nel corpo del dizionario.

INFINITO	PASSATO	PARTICIPIO PASSATO
to rise	rose	risen
to rive	rived	riven
to run	ran	run
to saw	sawed	sawn, (*USA*) sawed
to say	said	said
to see	saw	seen
to seek	sought	sought
to sell	sold	sold
to send	sent	sent
to set	set	set
to sew	sewed	sewn, sewed
to shake	shook	shaken
to shave	shaved	*shaved*, *shaven*
to shear	sheared	*shorn*, *sheared*
to shed	shed	shed
to shine	shone	shone
to shoe	shod	shod
to shoot	shot	shot
to show	showed	shown, showed
to shrink	shrank, shrunk	*shrunk*, *shrunken*
to shrive	shrove, shrived	shriven, shrived
to shut	shut	shut
to sing	sang	sung
to sink	sank	*sunk*, *sunken*
to sit	sat	sat
to slay	slew	slain
to sleep	slept	slept
to slide	slid	slid
to sling	slung	slung
to slink	slunk	slunk
to slit	slit	slit
to smell	smelt, smelled	smelt, smelled
to smite	smote	smitten
to sow	sowed	sown, sowed
to speak	spoke	spoken
to speed	*sped*, *speeded*	*sped*, *speeded*
to spell	spelt, spelled	spelt, spelled
to spend	spent	spent
to spill	spilt, spilled	spilt, spilled
to spin	spun, span	spun
to spit	spat	spat
to split	split	split
to spoil	spoilt, spoiled	spoilt, spoiled
to spread	spread	spread
to spring	sprang	sprung
to stand	stood	stood
to stave	staved, stove	staved, stove
to steal	stole	stolen
to stick	stuck	stuck

INFINITO	PASSATO	PARTICIPIO PASSATO
to sting	stung	stung
to stink	stank, stunk	stunk
to strew	strewed	strewn, strewed
to stride	strode	stridden
to strike	struck	*struck*, *stricken*
to string	strung	strung
to strive	strove	striven
to swear	swore	sworn
to sweep	swept	swept
to swell	swelled	*swollen*, *swelled*
to swim	swam	swum
to swing	swung	swung
to take	took	taken
to teach	taught	taught
to tear	tore	torn
to telecast	telecast, telecasted	telecast, telecasted
to tell	told	told
to think	thought	thought
to thrive	throve, thrived	*thriven*, *thrived*
to throw	threw	thrown
to thrust	thrust	thrust
to tread	trod	trodden (*ant.* trod)
to wake	woke, waked	woken, waked
to wear	wore	worn
to weave	wove	woven
to wed	wedded	*wedded*, *wed*
to weep	wept	wept
to win	won	won
to wind	*winded*, *wound*	*winded*, *wound*
to work	*worked*, *wrought*	*worked*, *wrought*
to wring	wrung	wrung
to write	wrote	written

XII. NOTE SULLA MORFOLOGIA E LA SINTASSI DELL'INGLESE PRIMA DEL 1800 CIRCA

Come si vede dalla tavola dei verbi forti, l'inglese del periodo che va dal 1550 al 1800 circa era un po' diverso dalla lingua degli ultimi centocinquant'anni.
Per ovvi motivi non è possibile in questa sede, a causa del poco spazio disponibile, dare una « grammatica » completa dell'inglese del periodo sopra menzionato. Chiunque intenda leggere per esempio Shakespeare, dovrebbe fare quello che la maggior parte degli inglesi e americani fanno: procurarsi un testo con abbondanza di note. Infatti persino a livello lessicale la differenza tra l'inglese di Shakespeare e l'inglese contemporaneo è troppo grande per essere facilmente comprensibile.
Tuttavia queste brevi note dovrebbero essere di aiuto nel mostrare la diversità delle forme nei due periodi.

1. Alcune parole allora di uso estremamente comune sono ormai obsolete o quasi. È essenziale conoscerle per poter capire i testi anteriori al 1800 o anche più recenti.

Per es.:

an	= « if »
aye (*o* yea)	= « yes »
hither	= « here » (*compl. di moto o luogo*)
nay	= « no »
ill	= « badly »
thither	= « there » (*compl. di moto o luogo*)
whither	= « where » (*compl. di moto o luogo*)

2. Alcuni *pronomi* non sono più usati o sono usati in un modo diverso:

Es.:

thou	= « you » (*sing*) *Nota*: la forma accusativa e dativa di « thou » era « thee »; il suo aggettivo possessivo era « thy »; il pronome possessivo « thine ».
ye	= « you » (*pl*).
'em	forma abbreviata di « them » (*accusativo e dativo*).

Nota: « his » veniva spesso usato là dove oggi si userebbe « its ».

3. Coniugazione dei verbi

a) Al presente la seconda persona singolare terminava in « -st »:

thou art	= you are
thou hast	= you have
thou canst	= you can
thou doest (*o* dost)	= you do
thou seest	= you see
thou seest	= you see
thou knowest	= you know

b) La terza persona singolare di solito terminava in « -th »:

he hath	= he has
he doeth (*o* doth)	= he does
he knoweth	= he knows
he cometh	= he comes

c) Nel passato remoto la forma di molti verbi *forti* era diversa:

I spake	= I spoke
I wit	= I knew
I ken	= I saw
I writ	= I wrote

Nota: la forma « thou wert » o « thou wast » era usata al posto di « you were » (passato di « to be »).

Nel caso di verbi *regolari* o *deboli* il suffisso finale « -ed » del passato remoto e del participio passato veniva spesso scritto « -t » (e naturalmente ancora oggi si pronuncia in questo modo):

I drop't = I dropped
mock't = mocked

d) I verbi venivano spesso coniugati nella forma affermativa con l'ausiliare « to do »:

I do see = I see
I did go = I went
they did speak = they spoke

ed erano spesso coniugati *senza* l'ausiliare nella forma interrogativa e negativa:

What said he to them? = What did he say to them?
What say'st thon = What do you say?; What are you saying?
I know not = I don't know
They saw not = They didn't see; They couldn't see

e) Il participio passato dei verbi *forti* era spesso diverso, e di solito seguiva la forma del passato remoto:

chid = chided
durst = dared
wrought = worked

f) Alcuni verbi che ora si coniugano con l'ausiliare « to have » al passato prossimo venivano spesso coniugati con l'ausiliare « to be »:

I am come = I've come
he is gone * = he has gone
they are arrived = they have arrived

4. Molte forme contratte di parole di uso comune oggi non sono più usate (sebbene esse appaiano ancora talvolta in poesia e in dialetto):

e'en = even
ere = before
e'er = ever
ne'er = never
o'er = over
'neath = beneath
'tis = it is
'twas = it was
'twere = it was; (*talvolta*) it would be; it would have been

* Questa forma è ancora in uso oggi.

ITALIANO - INGLESE

A

[1]**A, a** *sm e f.* A, a: *dall'a alla zeta,* from A to Z — *A come Ancona, (al telefono, ecc.)* A for Andrew.

[2]**a, ad** *prep* **I** *(preposizione semplice)* **1** *(compl. di termine)* - **a)** to *(spesso omesso, spec. allorché il compl. indiretto segue direttamente il compl. oggetto; ⇨ gli esempi seguenti): Ho dato il mio libro a Giovanni,* I've given my book to Giovanni; I've given Giovanni my book — *Daglielo!,* Give it to him!; Give it him!; Give him it! — *affidare qcsa a qcno,* to entrust sth to sb; to entrust sb with sth — *dire qcsa a qcno,* to say sth to sb; to tell sb sth - **b)** *(contro, verso)* at; to: *sparare a qcno,* to shoot at sb.

2 *(compl. di moto a luogo)* - **a)** *(direzione)* to; *(talvolta: verso)* towards: *andare a scuola (a Roma, al cinema, al mare),* to go to school (to Rome, to the cinema, to the seaside) — *spostarsi a sinistra (a destra),* to move to the left (to the right) — *scendere al fiume,* to go down to the river — *venire al sodo, (fig.)* to get down to brass tacks.

b) *(con alcuni verbi che significano 'arrivare')* at; in; *(talvolta)* to: *arrivare alla stazione,* to arrive at the station — *arrivare a Londra,* to arrive in London; to get to London.

3 *(compl. di stato in luogo: in generale)* at; *(in alcuni casi specifici, e con i nomi di città grandi)* in; *(in alcuni casi specifici: ⇨ sotto)* on: *essere a scuola (alla stazione, a teatro),* to be at school (at the station, at the theatre) — *rimanere a tavola,* to remain at table — *rimanere a casa,* to stay at home — *essere al telefono,* to be on the telephone (*fam.* on the phone) — *essere al lavoro,* to be at work *(talvolta, fam.,* on the job*)* — *Lavora alla Borsa,* He works at (*o* on) the Stock Exchange — *Lavora alla Fiat (alla Montedison),* He works at Fiat (at Montedison) — *ai piedi della montagna,* at the foot of the mountain — *(Se io fossi) al tuo posto...,* (If I were) in your place... — *stare a letto,* to stay in bed — *stare all'aria aperta,* to stay in the open air — *abitare a Milano,* to live in Milan — *a riva,* on shore — *essere a (alla) destra/sinistra,* to be on the right/left; to be to the right/left — *essere a sud di Roma,* to be (to the) south of Rome — *a distanza,* at a distance — *a un'ora di distanza,* an hour away — *stare al buio,* to be in the dark — *essere all'ombra (al sole),* to be in the shade (in the sun).

4 *(compl. di tempo, età, ecc.)* at; in; *(talvolta, p.es. con i giorni della settimana)* on: *alle tre e mezzo,* at half past three — *a mezzogiorno,* at midday; at noon — *a Natale (a Pasqua),* at Christmas (at Easter) — *alzarsi all'alba,* to get up at dawn — *A quattro anni compose il suo primo quartetto per archi,* He composed his first string quartet at the age of four — *al sabato,* on Saturdays — *a maggio,* in May.

5 *(compl. di modo, maniera, mezzo)* at; in; by; on; with: *al galoppo,* at a gallop — *a cavallo,* on horseback — *a piedi,* on foot — *a credito,* on credit; on tick *(fam.)* — *a digiuno,* on an empty stomach — *fare qcsa a modo proprio,* to do sth in one's own way — *all'italiana,* in the Italian fashion (*o* style) — *vestirsi all'antica,* to dress in an old-fashioned way — *a memoria,* by heart — *dipinto a olio,* painted in oils — *scrivere a matita,* to write in pencil — *fatto a mano,* made by hand (hand-made) — *fatto a macchina,* made by machine; machine-made — *scritto a mano,* written by hand; handwritten — *scritto a macchina,* typewritten — *a braccia aperte,* with open arms — *a fatica,* with difficulty.

6 *(prezzo)* at; *(misura)* per *(in alcuni casi la prep. viene sostituita dall'art. indeterminativo* a, an*): vendere qcsa a cinquecento lire l'etto,* to sell sth at five hundred lire the hundred grams — *vendere qcsa a poco prezzo (a buon mercato),* to sell sth cheap — *Questa stoffa costa ottomila lire al metro,* This cloth costs eight thousand lire a (*o* per) metre — *viaggiare a ottanta chilometri all'ora,* to travel at eighty kilometres an hour (per hour) — *a tutta velocità,* at top speed.

7 *(compl. di vantaggio, svantaggio)* in; at; to; for: *un assegno a Suo favore,* a cheque in your favour — *a vostro rischio e pericolo,* at your own risk — *nuocere alla salute,* to be bad for the health — *Ho comperato una pelliccia a mia moglie,* I've bought a fur coat for my wife; I've bought my wife a fur coat.

8 *(riferito ad una pena)* to: *condannare qcno a quindici anni (all'ergastolo, a morte),* to sentence sb to fifteen years (to life imprisonment, to death).

9 *(compl. di paragone)* to: *La scimmia è simile all'uomo,* The monkey is similar to Man (resembles Man).

10 *(fine o scopo)* for; to: *uscire a passeggio,* to go (out) for a walk — *Furono posti due soldati a guardia dell'armeria,* Two soldiers were set to guard the armoury.

II *(introduce vari tipi di proposizioni - causali, finali, temporali, condizionali e relative - con il verbo all'infinito: spesso, ma non sempre, corrisponde semplicemente al* to *dell'infinito inglese)* - **a)** *(causale): Hai sbagliato a non correggerlo in tempo,* You were wrong not to correct it in time — *Hai ragione a credere che io la ami,* You are right in thinking (right to think) I love her.

b) *(finale): convincere qcno a cambiare mestiere,* to persuade sb to change his job — *andare a trovare qcno,* to go and visit sb — *andare a vedere qcno,* to

go and see sb — *dare ad intendere (a qcno) che...,* to give (sb) to understand that...
c) *(temporale): Nel sentire la notizia si rallegrò,* He rejoiced at the news — *Al vederlo, mi sentii mancare,* When I saw him, I almost fainted.
d) *(condizionale): A dir il vero, non sono sicuro,* To tell the truth, I'm not sure — *A guardar bene, la questione sembra assai diversa,* If you look into it, the problem seems very different.
e) *(relativa): Fu lui il primo a saperlo,* He was the first to know.
□ *Al ladro!,* Stop, thief! — *star bene a quattrini,* to be well-off — *a parer mio (tuo),* in my (your) opinion — *quanto a lui,* as for him; as far as he is concerned — *essere ferito a morte,* to be mortally wounded — *a uno a uno,* one by one — *a dozzine,* by (*o* in) dozens — *uno alla volta,* one at a time — *a tempo perso,* in one's spare time.
Per le seguenti locuzioni avverbiali ⇨ sotto l'elemento principale: **a capofitto, a caso, a corpo a corpo, a faccia a faccia, a gocce, a goccia a goccia, a mano a mano, a stento.**
Per le seguenti preposizioni composte ⇨ sotto l'elemento principale: **davanti a, addosso a, a favore di, attorno a, di fianco a, fino a, di fronte a, intorno a, in mezzo a, oltre a, vicino a.** *Per* **al di là (di)** ⇨ **là**; *per* **al di qua (di)** ⇨ **qua.**

abaco *sm* abacus.

abate *sm* abbot (⇨ *anche* abbé).

abat-jour *sm (fr.)* **1** *(paralume)* lampshade. **2** *(per estensione: lampada)* (table) lamp.

abbacchiare *vt* **1** to beat* (to knock) down. **2** *(fig.)* to depress.
□ **abbacchiarsi** *v. rifl* to be* depressed; to be* downcast.

abbacchiato *agg* **1** *(moralmente)* downcast; in low spirits; down in the mouth *(fam.).* **2** *(fisicamente)* exhausted.

abbacchio *sm* (young) lamb.

abbacinamento *sm* **1** *(accecamento)* blinding *(anche fig.).* **2** *(abbagliamento)* dazzle; dazzling.

abbacinare *vt (accecare)* to blind; *(abbagliare)* to dazzle *(anche fig.).*

abbagliamento *sm* **1** dazzle; dazzling; dazzlement. **2** *(fig.)* confusion; bewilderment.

abbagliante *agg* dazzling.
□ *sm* main headlight; upper beam *(USA).*

abbagliare *vt* **1** *(anche fig.)* to dazzle; *(accecare)* to blind *(anche fig.).* **2** *(fig.)* to astonish; to fascinate.

abbaglio *sm* **1** dazzle; dazzling. **2** *(errore)* error; mistake; blunder: *prendere un abbaglio,* to make a mistake; to blunder; to slip up.

abbaiare *vi* to bark *(anche fig.); (di cani piccoli)* to yap; *(latrare)* to bay; to howl: *Un cane abbaia agli sconosciuti,* A dog will bark at strangers — *Can che abbaia non morde, (prov.)* Barking dogs don't bite.

abbaino *sm* **1** *(finestra)* dormer (-window). **2** *(soffitta)* garret.

abbandonare *vt* **1** *(persone o cose)* to forsake*; to abandon; *(spec. se contravvenendo ad una legge o ad un regolamento)* to desert: *Tutti gli amici lo avevano abbandonato,* All his friends had forsaken him — *Abbandonò la moglie e i figli,* He deserted his wife and children — *I soldati che avevano abbandonato i propri posti furono puniti,* The soldiers who had deserted their posts were punished — *abbandonare il campo, (sport)* to abandon the match; *(mil.)* to lose the field — *abbandonare la nave,* to abandon ship.
2 *(un luogo)* to leave*; to quit *(spec. USA): Abbandonò il proprio paese appena dodicenne,* He left his homeland when he was only just twelve.
3 *(rinunciare a, dimettersi da)* to give* up; to drop; to let* go; to renounce; to resign; to quit *(USA); (diritti, ecc.)* to waive: *Abbandonò tutti i suoi progetti,* He gave up (He dropped) all his plans — *Non dovete abbandonare ogni speranza,* You mustn't give up (all) hope — *abbandonare il mondo (la propria religione, la fede),* to renounce the world (one's religion, one's faith) — *abbandonare il proprio lavoro,* to resign (to quit; *fam.* to throw up) one's job — *abbandonare le armi,* to lay down one's arms — *abbandonare la caccia (l'inseguimento),* to break off the chase (the pursuit) — *Abbandonò la presa,* He relinquished (He gave up) his hold; He let go — *abbandonare la partita, (pugilato e fig.)* to throw in the sponge; *(nel poker e fig.)* to throw in one's hand.
4 *(trascurare)* to neglect.
5 *(lasciare cadere il capo, le braccia, ecc.)* to hang* down; *(con la parte del corpo come soggetto)* to drop; to sink*: *Abbandonò il capo sul petto,* She hung down her head; Her head dropped (*o* sank) upon her breast.
□ **abbandonarsi** *v. rifl* **1** *(ai ricordi, alle passioni, ecc.)* to give* oneself up (to sth); to abandon oneself (to sth); to give* way (to sth); to yield (to sth): *Quando lo saprà, si abbandonerà alla disperazione,* When she hears about it, she will abandon herself to despair — *abbandonarsi alla gioia,* to be transported with joy — *abbandonarsi al vizio del bere,* to take to drink — *abbandonarsi al vizio della droga,* to become a drug addict.
2 *(perdersi d'animo)* to lose* heart (*o* courage).
3 *(affidarsi a qcno, qcsa)* to throw* oneself on sb, sth; to rely absolutely on sb, sth.
4 *(rilassarsi)* to relax; *(lasciarsi cadere)* to drop; to flop *(fam.): Si abbandonò sulla sedia, completamente esausto,* He dropped (He flopped) into a chair, utterly worn out.

abbandonato *agg* **1** abandoned; deserted; desolate. **2** *(in disuso)* obsolete; out of date.
□ *sm (trovatello)* foundling; waif.

abbandono *sm* **1** abandonment; abandoning; desertion. **2** *(il lasciarsi andare)* abandon. **3** *(desolazione, trascuratezza)* neglect: *Il giardino era in uno stato di completo abbandono,* The garden was in a state of utter neglect.

abbarbicarsi *v. rifl* **1** *(mettere radici)* to take* root; to cling* (to sth) *(anche fig. = attaccarsi).* **2** *(fig.: fissarsi)* to dig* oneself in; *(di passioni, ecc.)* to take* root.

abbassamento *sm* lowering; sinking; *(riduzione)* reduction; *(caduta, calo)* fall; drop; *(del terreno: assestamento)* sagging; settlement: *un generale abbassamento delle tariffe ferroviarie,* a general reduction in railway fares — *un abbassamento del livello della occupazione,* a reduction in employment levels; an increase in unemployment — *un improvviso abbassamento di temperatura,* a sudden fall (*o* drop) in the temperature.

abbassare *vt* **1** to lower; to let* down; to drop: *abbassare la testa, gli occhi,* to lower one's head, one's eyes — *Non credo che abbasserà l'affitto,* I don't think he'll lower the rent — *abbassare i prezzi,* to lower (to cut) prices — *Abbassò la voce in un sussurro,* He lowered his voice to a whisper — *Per favore, abbassi il finestrino,* Please put the window down — *abbassare la bandiera,* to lower (to strike, to haul down) the flag — *abbassare (deporre) le armi,* to lay down one's arms — *abbassare il sipario,* to lower (to bring down) the curtain — *abbassare la cresta, (fig.)* to swallow one's pride. **2** *(ridurre)* to lower; to turn down; *(di luci, ecc.)* to dim; to dip: *abbassare il gas,* to turn down the gas — *abbassare le luci,* to dim the lights — *abbassare i fari di un'automobile,* to dip the lights of a car. **3** *(fig.: umiliare)* to humble; to abase; to lower: *Dio abbassa i superbi,* God humbles the proud.

☐ **abbassarsi** *v. rifl* **1** *(chinarsi)* to stoop (down); to bend* down: *Dovette abbassarsi per salire in macchina,* He had to stoop down to get into the car. **2** *(diminuire, calare)* to diminish; to decrease; to lower; *(di prezzi)* to go* down; to drop; *(di vento, temperatura)* to drop; to fall*; *(del sole, della luna, del terreno)* to sink*; *(di ponte, soffitto o simile)* to sag: *Il costo della vita si è abbassato lievemente,* The cost of living has gone down slightly — *La temperatura si è abbassata,* The temperature has dropped. **3** *(fig.: umiliarsi, avvilirsi)* to humble oneself; to stoop: *abbassarsi davanti a Dio,* to humble oneself before God — *Non si abbasserebbe davanti a nessuno,* He wouldn't stoop to anyone. **4** *(degnarsi)* to condescend.

abbassato *agg* lowered; down: *La leva era abbassata,* The lever was down; The lever had been lowered.

abbasso *avv* down; below; *(al piano inferiore, al piano terreno)* downstairs; *(naut.)* below decks.

☐ *interiezione* down (with)!

abbastanza *avv* **1** *(quanto basta, a sufficienza)* enough; sufficiently *(solo davanti al verbo)*: *Non cammina abbastanza,* He doesn't walk enough; He doesn't do enough walking — *Non sa abbastanza per poterne parlare in pubblico,* He doesn't know enough to be able to talk about it in public — *Non apprezzate abbastanza le sue qualità,* You don't sufficiently appreciate his qualities — *averne abbastanza di qcno,* to have had enough of sb (to be tired of sb; to be fed up with sb) — *'Ti piace la pittura moderna?' - 'Sì, abbastanza',* 'Do you like modern painting?' - 'Yes, fairly'.

2 *(piuttosto)* rather; *(iron.)* very: *Si crede abbastanza furba,* She thinks she's rather (*o* very) clever.

abbattere *vt* **1** *(demolire, anche fig.)* to demolish; *(atterrare)* to knock down; *(abbattere tagliando)* to cut* down; to fell: *abbattere le argomentazioni di qcno,* to demolish sb's arguments — *abbattere il proprio avversario,* to knock down one's opponent — *Il vento abbatté una parte della staccionata,* The wind knocked down a part of the fence — *Si dovettero abbattere molti alberi per allargare la strada,* Many trees had to be cut down (*o* felled) to widen the road. **2** *(un aereo: far cadere)* to shoot* down; to down. **3** *(di animale: ammazzare)* to kill; to slaughter; to put* down. **4** *(scoraggiare)* to dishearten; to discourage; *(stremare)* to exhaust: *Si lascia abbattere facilmente,* He gets discouraged easily. **5** *(naut.)* to cast*; *(in chiglia)* to careen.

☐ **abbattersi** *v. rifl (cadere)* to fall*; *(scoraggiarsi, perdersi d'animo)* to be* discouraged.

abbattimento *sm* **1** demolition; destruction; *(con esplosivo)* blasting; *(il tagliare)* felling; cutting down; *(l'atterrare)* knocking down. **2** *(scoraggiamento)* discouragement. **3** *(di aerei)* shooting down. **4** *(naut.: in carena)* careening. **5** *(detrazione)* allowance.

abbazia *sf* **1** *(edificio)* abbey. **2** *(carica)* abbacy; benefice.

abbecedario *sm* primer; spelling-book.

abbellimento *sm* **1** embellishment; embellishing. **2** *(mus.)* grace; grace-note.

abbellire *vt* to embellish; to beautify; to adorn: *abbellire un resoconto,* to embroider (to exaggerate) an account.

☐ **abbellirsi** *v. rifl (adornarsi)* to adorn oneself.

abbeverare *vt (far bere)* to water.

☐ **abbeverarsi** *v. rifl (di animale)* to water; *(di persona, anche fig.)* to drink*; to slake one's thirst.

abbeveratoio *sm* **1** *(recipiente)* drinking-trough. **2** *(luogo)* horse-pond; watering-place.

abbiccì *sm* **1** alphabet; ABC. **2** *(sillabario)* primer; *(fig.)* hornbook. **3** *(fig.)* ABC; rudiments: *essere all'abbiccì,* to be a beginner.

abbiente *agg* wealthy; well-to-do; prosperous.

☐ *come s. pl* (the) well-to-do: *i meno abbienti,* the less well-to-do — *gli abbienti e i non abbienti,* the haves and the have-nots.

abbigliamento *sm* **1** clothes *(pl.)*; clothing; attire *(lett.)*: *l'industria dell'abbigliamento,* the clothing industry — *un negozio d'abbigliamento,* a clothes shop. **2** *(di carrozzeria)* trimming. **3** *(fig.)* ornament; decoration.

abbigliare *vt,* **abbigliarsi** *v. rifl* to dress (up): *La bambina abbigliava la sua bambola,* The little girl was dressing her doll — *Si stava abbigliando per andare al ballo,* She was dressing up to go to the ball.

abbinamento *sm* coupling; linking; link.

abbinare *vt* to couple; to link.

abbindolamento *sm* dupery.

abbindolare *vt* **1** *(ingannare)* to dupe; to humbug; to cheat. **2** *(mettere la matassa sul bindolo)* to reel; to wind*.

abbisognare *vi* to need; to want: *Mi abbisognano i tuoi consigli,* I need your advice — *Che cosa vi abbisogna?,* What do you need? — *La scuola abbisogna di una palestra,* The school needs a gymnasium.

abboccamento *sm* **1** interview; conversation; talk: *avere un abboccamento con qcno,* to have an interview with sb. **2** *(chirurgia)* anastomosis.

abboccare *vi* **1** *(di pesce)* to bite*. **2** *(cadere in un tranello)* to take* (to swallow) the bait.

☐ *vt* **1** *(riempire)* to fill up. **2** *(prendere con la bocca)* to take*; to mouth. **3** *(collegare due parti di un condotto)* to join; to connect.

☐ **abboccarsi** *v. reciproco* to have* an interview (a meeting); to confer; to meet*.

abboccato *agg (di vino)* sweet; sweetish.

abboffarsi, abbuffarsi *v. rifl* to stuff oneself; to make* a pig of oneself: *abboffarsi di paste alla crema,* to stuff oneself with cream cakes.

abbonamento *sm* subscription; *(ferroviario, ecc.)* season-ticket: *fare l'abbonamento, (a una rivista, ecc.)* to take out a subscription; to become a subscriber; *(ferroviario, ecc.)* to buy a season-ticket.

abbonare *vt* **1** to make* (sb) a subscriber. **2** *(approvare)* to approve. **3** *(dedurre, scontare)* to deduct; to reduce.

☐ **abbonarsi** *v. rifl (a una pubblicazione)* to subscribe (to); to take* out a subscription; *(a una serie di spettacoli, a servizi di trasporto, ecc.)* to buy* a season-ticket: *Non ti sei ancora abbonato al telefono?,* Aren't you on the telephone yet? — *abbonarsi alla televisione,* to take out a TV licence.

abbonato *sm (a una pubblicazione, al servizio telefonico)* subscriber; *(utente)* user; consumer; *(a servizi di trasporto, teatro, ecc.)* season-ticket holder.

abbondante *agg* abundant; plentiful; copious: *ab-*

bondante di, abounding in; rich in — *tre miglia abbondanti,* a good three miles.

abbondantemente *avv* abundantly; plentifully; copiously; generously; heavily: *Pianse abbondantemente,* He (She) wept copiously — *Nevicò abbondantemente,* It snowed heavily; There was a heavy snowfall.

abbondanza *sf* abundance; plenty: *denaro in abbondanza,* plenty of money — *nuotare nell'abbondanza,* to have plenty of everything; to be rolling in money — *averne in abbondanza,* to have a lot of sth — ... *con abbondanza di particolari,* ... in great detail.

abbondare *vi* to abound; to be* plentiful: *I pesci abbondano in questo fiume,* Fish abound in this river — *Il fiume abbonda di pesci,* The river abounds in (*o* with) fish.

□ *abbondare in cautele,* to be over-cautious — *abbondare in cortesie,* to be over-polite.

abbordabile *agg* **1** approachable; accessible. **2** *(di una spesa)* able to be met; reasonable.

abbordaggio *sm* boarding: *andare all'abbordaggio,* to board; to assault.

abbordare *vt* **1** *(naut.)* to board; to go* alongside (a ship). **2** *(affrontare)* to face; *(con perizia)* to tackle: *abbordare una curva,* to take a curve. **3** *(avvicinare)* to accost; to buttonhole.

abbordo *sm* approach: *di facile abbordo,* easily approachable.

abborracciare *vt* to bungle; to botch; to put* (sth) together hurriedly.

abbottonare *vt* to button (up).

□ **abbottonarsi** *v. rifl* to button oneself up *(anche fig.);* to button up one's clothes; *(fig.)* to shut* up like a clam.

abbottonato *agg* buttoned (up); *(fig.)* reserved; tight-lipped.

abbottonatura *sf (atto)* buttoning (up); *(serie di bottoni e occhielli)* buttons; row of buttons.

abbozzare *vt* **1** *(un disegno)* to sketch (out); *(una statua)* to rough-cast*: *abbozzare un gesto (un sorriso),* to give a hint of a gesture (of a smile). **2** *(fig.)* to outline; *(un piano)* to draft.

abbozzo *sm* **1** rough sketch; draft; outline; *(scultura)* rough-cast; rough-draft: *un abbozzo d'uomo,* an ungainly man. **2** *(bot.)* bud.

abbracciare *vt* **1** to embrace; to hug *(fam.);* to neck *(sl., USA); (forte a sé)* to clasp in one's arms: *La bambina abbracciava con tenerezza il fratellino,* The child was hugging her little brother. **2** *(seguire, accettare incondizionatamente)* to embrace; to take* up; to adopt; to espouse: *abbracciare una fede,* to embrace a faith — *abbracciare una carriera,* to take up a career — *abbracciare un partito, una causa,* to espouse a party, a cause — *abbracciare il consiglio di qcno,* to follow sb's advice. **3** *(fig.: circondare, comprendere, contenere)* to include; to comprise; to take* in; to enclose: *Il mio esame abbraccia tutta la letteratura inglese dal Seicento in poi,* My examination includes the whole of English literature from the Seventeenth Century on — *La vita di quello scrittore abbraccia quasi un secolo,* The life of that writer spans almost a century — *Questo muro abbraccia tutto il giardino,* This wall encloses the entire garden. **4** *(con lo sguardo, con la mente)* to take* in: *Abbracciò con lo sguardo ogni particolare della nuova casa,* She took in every detail of the new house — *Chi troppo abbraccia, nulla stringe, (prov.)* Grasp all, lose all.

□ **abbracciarsi** *v. rifl e reciproco* to embrace; to cling* together; *(di pianta, ecc.)* to twine round: *Si abbracciarono,* They embraced; They embraced one another (*o* each other) — *abbracciarsi strettamente,* to cling tightly (to each other).

abbraccio *sm* embrace; *(stretta)* hug.

abbrancare *vt* to clutch; to seize; to grasp; *(acciuffare)* to collar; *(afferrare)* to catch*; *(arraffare)* to snatch; to collar.

□ **abbrancarsi** *v. rifl* to grab.

abbreviamento *sm* ⇨ **abbreviazione.**

abbreviare *vt* to shorten; *(ridurre)* to curtail; to cut* short; *(riassumere)* to abridge: *Dobbiamo abbreviare le nostre vacanze,* We must curtail our holidays — *abbreviare una lunga storia,* to cut a long story short.

abbreviativo *agg* shortening; abridging.

abbreviatore *sm* abridger.

abbreviazione *sf* abbreviation; abridgement; shortening; contraction.

abbronzamento *sm (da sole)* bronzing.

abbronzare *vt* to bronze; *(del sole)* to bronze; to tan.

□ **abbronzarsi** *v. rifl* to get* tanned.

abbronzato *p. pass e agg* bronzed; *(per il sole)* tanned.

abbronzatura *sf* bronzing; *(da sole)* sun-tan; tan.

abbrunare *vt* to brown; to darken; to colour (sth) brown; *(in segno di lutto)* to drape with black; *(bandiera)* to fly* (a flag) at half-mast.

□ **abbrunarsi** *v. rifl* **1** *(farsi scuro)* to grow* dark. **2** *(in segno di lutto)* to put* on mourning.

abbrunato *p. pass e agg* browned; darkened; *(in lutto)* wearing mourning; *(parato a lutto)* hung with black: *bandiere abbrunate,* flags at half-mast — *lettera abbrunata,* black-edged letter.

abbrustolimento *sm* toasting; *(di caffè)* roasting; *(bruciacchiatura)* singeing; burning.

abbrustolire *vt* to toast; *(caffè, ecc.)* to roast; *(bruciacchiare)* to singe; to burn*.

abbrutimento *sm (atto)* brutalization; *(stato di abbrutimento)* brutishness; sottishness; *(avvilimento)* brutish dejection.

abbrutire *vt* to brutalize; to coarsen; *(degradare)* to degrade.

□ **abbrutirsi** *v. rifl* to become* brutal; to become* a brute.

abbuffarsi *v. rifl* ⇨ **abboffarsi.**

abbuiarsi *v. rifl* **1** *(del cielo)* to darken; to become* overcast. **2** *(di espressione del volto)* to darken; *(farsi minaccioso)* to grow* menacing; *(immalinconirsi)* to grow* sad. **3** *(di immagine)* to grow* dim.

abbuono *sm* **1** allowance; deduction; discount: *fare un abbuono,* to make an allowance — *abbuono per calo peso,* allowance for short weight; draft — *abbuono per avaria,* allowance for damage. **2** *(sport)* handicap.

abburattare *vt* **1** *(setacciare)* to sift. **2** *(fig.)* to discuss; to examine. **3** *(malmenare)* to maltreat; to misuse; *(fare il prepotente)* to bully.

□ **abburattarsi** *v. rifl* to toss about.

abdicare *vi e t.* to abdicate; *(fig.: rinunciare)* to renounce; to waive.

abdicazione *sf* abdication; abdicating.

aberrante *agg* aberrant.

aberrazione *sf* aberration.

abetaia *sf* fir-wood.

abete *sm* fir; fir-tree; *(legno)* fir-wood: *abete rosso,* spruce fir — *abete bianco,* silver fir.

abietto *agg* despicable; vile; base; *(depravato)* depraved; degraded.

abiezione *sf* abjection; abasement; degradation; vileness.
abigeato *sm (dir.)* cattle-stealing; rustling.
abile *agg (valente)* able; *(idoneo)* fit; *(intelligente, ingegnoso)* clever; capable; skilful; *(accorto)* shrewd.
abilità *sf (capacità)* ability; *(idoneità)* fitness; aptitude; *(bravura)* cleverness; *(maestria)* skill.
abilitare *vt* to qualify; to license.
□ **abilitarsi** *v. rifl* to qualify; to take* one's final examination.
abilitazione *sf* qualification; *(titolo)* diploma; certificate: *abilitazione all'insegnamento,* teaching diploma.
abilmente *avv* cleverly; skilfully.
abissale *agg* bottomless; unfathomable; abyssal *(anche fig.).*
abissino *agg e sm* Abyssinian.
abisso *sm* abyss; gulf; chasm; *(al pl.)* depths: *essere sull'orlo dell'abisso,* to be on the edge of the abyss (on the verge of disaster) — *Tra i due fratelli c'è un abisso,* The two brothers are poles apart.
abitabile *agg* habitable; inhabitable; fit to be lived in.
abitabilità *sf* **1** habitableness. **2** *(di automobile, ecc.)* comfort.
abitacolo *sm (di velivolo: carlinga)* cockpit; *(di velivolo: cabina)* cabin; *(di nave)* binnacle; *(di automobile)* passenger compartment.
abitante *sm* inhabitant; resident; dweller.
□ *agg* living; dwelling.
abitare *vt e i.* to live; to inhabit *(non molto comune); (dimorare)* to dwell*; *(risiedere)* to reside; *(popolare)* to populate.
abitato *sm* **1** *(in campagna)* inhabited area; *(villaggio)* village. **2** *(zona urbana)* built-up area; *(zona residenziale)* residential area.
abitatore *sm,* **abitatrice** *sf* inhabitant; *(nei composti)* dweller: *abitatori delle grotte,* cave-dwellers — *abitatori di tuguri,* slum-dwellers.
abitazione *sf* house; habitation; *(residenza)* residence; *(dir.)* dwelling: *senza traccia di abitazione umana,* without a sign of human habitation — *la crisi delle abitazioni,* the housing problem.
abito *sm* **1** *(da uomo)* suit; *(da donna)* dress; frock; *(al pl.: abiti)* clothes; clothing: *Quell'abito le sta a pennello,* That dress fits her perfectly — *abito estivo, (da uomo)* light (summer) suit; *(da donna)* summer dress — *abiti invernali,* winter clothes (*o* clothing) — *abito a coda di rondine,* tail coat (dress coat) — *abito a doppio petto,* double-breasted suit — *abito a un petto solo,* single-breasted suit — *abito da sera,* evening dress *(anche da uomo)* — *abito da passeggio,* walking-out dress; *(da uomo)* lounge-suit — *un taglio d'abito, (da uomo)* a suit length; *(da donna)* a dress length — *abito da amazzone,* riding habit — *farsi fare un abito,* to have a suit (a dress) made — *abiti fatti,* ready-made clothes (off-the-peg clothes) — *abiti fatti su misura,* made-to-measure clothes; tailor-made (*USA* custom-tailored) clothes — *provarsi un abito,* to try a suit (a dress) on. **2** *(foggia, modo di vestire proprio di una particolare categoria, ecc.)* dress: *abito civile,* civilian dress — *abito militare,* military dress. **3** *(veste religiosa)* cassock *(di sacerdote);* frock; habit *(di monaco): prendere, vestire l'abito,* to take the habit (to enter the religious life) — *L'abito non fa il monaco, (prov.)* It's not the cowl that makes the monk; Appearances are often deceiving. **4** *(abitudine, disposizione naturale o acquisita)* habit: *un abito mentale,* a habit of mind. **5** *(med.)* constitution: *un abito apoplettico, linfatico,* an apoplectic, lymphatic constitution.
abituale *agg* habitual; usual; customary: *delinquente abituale,* habitual criminal.
abitualmente *avv* usually; habitually; regularly.
abituare *vt* to accustom.
□ **abituarsi** *v. rifl* to accustom oneself (to sth); to get* used (to sth).
abitudinario *agg* of fixed habits; habit-loving.
□ *sm* person of fixed habits; habit-loving person.
abitudine *sf* habit; practice; *(usanza, costume)* custom; use: *come d'abitudine,* as usual — *d'abitudine,* as a rule — *avere l'abitudine,* to be used (to) — *fare l'abitudine a qcsa,* to get accustomed (*o* used) to sth — *prendere una brutta abitudine,* to get into a bad habit — *avere la brutta abitudine di fare qcsa,* to be in the bad habit of doing sth — *perdere l'abitudine di fare qcsa,* to lose the habit of doing sth.
abituro *sm* hovel; *(capanna)* hut.
abiura *sf* abjuration.
abiurare *vt* to abjure; to renounce formally; *(rinnegare)* to forswear*.
ablativo *agg e sm* ablative: *ablativo assoluto,* ablative absolute.
abluzione *sf* ablution.
abnegazione *sf* abnegation; renunciation; self-sacrifice; self-denial.
abnorme *agg* abnormal.
abolire *vt* to abolish; to annul; *(leggi, ecc.)* to repeal; to abrogate.
abolizione *sf* abolition; *(di leggi, ecc.)* repeal; abrogation.
abolizionismo *sm* abolitionism.
abolizionista *sm* abolitionist.
abominabile *agg* abominable; detestable.
abominando *agg* detestable. □ *sm* heretic.
abominare *vt* to detest; to abhor; to abominate.
abominevole *agg* abominable; detestable; loathsome.
abominevolmente *avv* abominably; horribly.
abominio *sm* abomination; abhorrence; *(disonore)* disgrace.
aborigeno *agg* aboriginal; indigenous; native.
□ *sm* aboriginal; aborigene *(spec. al pl.);* native.
aborrimento *sm* abhorrence: *avere qcsa in aborrimento,* to abhor sth.
aborrire *vt* to abhor; to feel* repugnance (for).
abortire *vi* **1** to abort; *(spontaneamente)* to miscarry; to have* a miscarriage: *fare abortire,* to procure an abortion. **2** *(fig.)* to miscarry; to fail.
abortivo *agg* abortive. □ *sm (med.)* abortifacient.
aborto *sm* **1** abortion; *(spontaneo)* miscarriage. **2** *(fig.: cosa mal riuscita)* abortion; unfinished work. **3** *(fig.: persona sgraziata)* abortion; deformed person; freak.
abrasione *sf* abrasion; scraping off; *(lesione)* abrasion; graze.
abrasivo *agg e sm* abrasive.
abrogare *vt* to abrogate; to repeal; to revoke.
abrogazione *sf* repeal; abrogation; reversal.
abside *sf* **1** *(archit.)* apse. **2** *(geometria, astronomia)* apsis *(pl.* apsides*).*
abulia *sf* abulia; aboulia.
abulico *agg (med.)* abulic; *(più comune)* lacking in will-power; *(spreg.)* spineless; weak-willed.
abusare *vi (usare male)* to abuse; to misuse; *(eccedere)* to use to excess; to over-indulge in; *(approfittare)* to take* advantage (of sth); to trespass (upon sth): *abusare della propria autorità,* to abuse one's authority — *abusare della pazienza di qcno,* to take advantage of sb's patience — *abusare del tempo di*

qcno, to trespass upon sb's time — *abusare del cibo,* to over-indulge; to over-eat.

abusivamente *avv* illegally; unlawfully.

abusivo *agg* illegal; unlawful; illicit: *un'edizione abusiva,* a pirated edition.

□ *sm* intruder; trespasser.

abuso *sm* abuse *(anche di medicinali);* misuse; *(uso smodato)* over-indulgence: *abuso di confidenza,* breach of confidence — *abuso di potere,* misuse of one's powers — *fare abuso di qcsa,* to over-indulge in sth.

acacia *sf* acacia.

acanto *sm (bot. e archit.)* acanthus.

acaro *sm* mite; tick.

acca *sf* the letter H; aitch; *(talvolta)* ache; *(fig.)* a mere nothing: *Non vale un'acca,* It's not worth a fig — *Non ci capisco un'acca,* It's all Greek to me — *Non sa un'acca,* He doesn't know a thing.

accademia *sf* **1** academy; society; *(di Belle Arti)* Art School; Academy. **2** *(rappresentazione)* performance; *(trattenimento)* entertainment. **3** *(discorso vacuo)* senseless argument; empty words: *fare dell'accademia,* to talk to no purpose; *(nel calcio)* fancy footwork.

accademicamente *avv* academically.

accademico *agg* academic; theoretic.

□ *sm* academician.

accadere *vi* to happen *(spesso con costruzione personale in inglese);* to take* place; to occur: *Accadde che...,* It happened (*o* It came about) that... — *Cose che accadono!,* Such things will happen! — *Mi accadde di incontrarlo,* I happened to meet him — *Accada quel che accada,* Come what may.

accaduto *sm* event; happening; occurrence: *Lo fermò per raccontargli l'accaduto,* He stopped him to tell him what had happened.

accagliare *vi,* **accagliarsi** *v. rifl* to curdle; to coagulate.

accalappiacani *sm* dog-catcher.

accalappiamento *sm* ensnaring; catching; *(fig.)* deceit; trickery; allurement.

accalappiare *vt* to catch*; to ensnare *(anche fig.);* *(ingannare)* to allure; to deceive; *(farsi gioco)* to trick: *lasciarsi accalappiare,* to fall into a trap.

accalappiatore *sm* ensnarer; deceiver.

accalcarsi *v. rifl* to throng; to crowd.

accaldarsi *v. rifl* to grow* warm; to get* over-heated; *(fig.)* to get* excited; to get* heated; to get* hot under the collar *(fam.);* to get* (all) het up *(fam.).*

accaldato *agg* warm; hot; over-heated; *(fig.)* excited; heated.

accalorarsi *v. rifl* to get* excited; to become* animated; to get* heated; to get* worked up.

accampamento *sm* camp; *(l'accamparsi)* encampment: *levare l'accampamento,* to break camp.

accampare *vt* **1** *(mil.)* to encamp; to camp. **2** *(fig.: diritti)* to allege; to put* forth; to assert; *(scuse)* to bring* forward; to put* up.

□ **accamparsi** *v. rifl* to camp; to be* encamped; *(piantare le tende)* to pitch one's tent.

accanimento *sm* **1** *(tenacia)* obstinacy; persistence. **2** *(odio)* rage; fury: *con accanimento (furiosamente),* furiously; *(tenacemente)* very hard.

accanirsi *v. rifl* **1** to persist obstinately: *accanirsi a lavorare,* to work doggedly (with feverish determination). **2** to become* enraged; to be* implacable.

accanitamente *avv* **1** obstinately; stubbornly. **2** ruthlessly; bitterly.

accanito *agg* **1** *(tenace)* obstinate; persistent; stubborn: *un fumatore accanito,* a chain smoker. **2** *(implacabile)* fierce; pitiless; ruthless; bitter; *(inveterato)* inveterate: *un avversario accanito,* an inveterate enemy.

accanto *avv* beside; near; by; nearby.

□ **accanto a** *prep* by; next to; close to; beside; at the side of.

accantonamento *sm* **1** *(mil.)* billeting; quartering. **2** *(comm.)* allocation; reserve (funds).

accantonare *vt* **1** *(mil.)* to quarter; to billet. **2** *(mettere da parte)* to set* aside; to allocate; to put* in reserve; to put* away.

accaparramento *sm* cornering; hoarding; profiteering.

accaparrare *vt* **1** *(fissare con caparra)* to engage; to book. **2** *(assicurarsi, ottenere)* to secure; to corner. **3** *(fare incetta di beni)* to hoard; to profiteer.

□ **accaparrarsi** *v. rifl* to corner; to buy* up.

accaparratore *sm* buyer up; hoarder; cornerer; *(spreg.)* profiteer; shark.

accapigliarsi *v. rifl* **1** to scuffle; to come* to blows; to tear* each other's hair. **2** *(litigare a parole)* to quarrel; to squabble.

accappatoio *sm* bath-robe; *(da spiaggia)* beach-wrap.

accapponare *vt* **1** to castrate; to caponize. **2** *(la pelle)* to creep*: *fare accapponare la pelle di qcno,* to make sb's flesh creep.

□ **accapponarsi** *v. rifl (della pelle)* to creep*: *Mi si accappona la pelle,* I get goose-flesh; My flesh creeps.

accarezzamento *sm* **1** fondling; caress; caressing; *(fig.)* cherishing. **2** *(lusinga)* flattery.

accarezzare *vt* **1** to caress; to fondle; to pet; *(un animale)* to stroke: *Stava accarezzando il gatto,* She was stroking (She was fondling) the cat. **2** *(vagheggiare)* to cherish: *accarezzare un progetto, un'idea, un'illusione,* to cherish a plan, an idea, an illusion — *Per anni accarezzò la speranza che suo figlio potesse essere ancora vivo,* For years she cherished the hope that her son might still be alive. **3** *(lusingare)* to flatter: *Non accarezzare la sua vanità,* Don't flatter his vanity.

accartocciamento *sm* **1** curling up; wrapping up; shrivelling; *(bot.)* curl. **2** *(archit.)* (frieze formed of) scrolls, cartouches or volutes.

accartocciare *vt* **1** to curl; to twist into a cone; *(avvolgere)* to wrap up. **2** *(archit.)* to form into a scroll (a cartouche).

□ **accartocciarsi** *v. rifl* to curl up; *(raggrinzirsi)* to shrivel.

accartocciato *agg* curled up; wrapped up; shrivelled; scrolled.

accasare *vt* to marry off.

□ **accasarsi** *v. rifl* **1** to marry; to get* married. **2** *(sistemarsi)* to settle down; *(mettere su casa)* to set* up house.

accasciamento *sm* collapse; breakdown; prostration.

accasciare *vt* to prostrate; to crush; to dispirit.

□ **accasciarsi** *v. rifl (lasciarsi cadere)* to collapse; to sink* wearily; to flop; *(abbattersi)* to lose* courage; to lose* heart; to become* dispirited: *accasciarsi su una poltrona,* to sink wearily (to flop) into an armchair.

accastellare *vt* to pile; to heap up.

accatastamento *sm* stack; pile; *(l'accatastare)* stacking; piling.

accatastare *vt* to pile up; to stack; *(ammucchiare)* to heap (up).

accattare *vt* **1** *(ottenere qcsa, scroccare)* to cadge; to scrounge; *(andare in cerca di qcsa)* to fish (for sth): *accattare un pasto,* to cadge a meal — *accattare complimenti,* to fish for compliments. **2** *(chiedere l'elemosina)* to beg.

accattivarsi *v. rifl* ⇨ **cattivarsi.**

accatto *sm (elemosina)* begging: *campare d'accatto,* to live by begging.

accattonaggio *sm* begging; beggary.

accattone *sm* beggar; *(scroccone)* scrounger.

accavalcione, accavalcioni *avv* astride.

accavallamento *sm* overlapping; piling up; *(intrico)* crossing.

accavallare *vt (incrociare)* to cross; *(ammucchiare)* to pile up; *(nel lavoro a maglia)* to slip one stitch over another.

□ **accavallarsi** *v. rifl* **1** *(sovrapporsi)* to pile up; to tangle; to get* entangled; to overlap. **2** *(med.)* to ride* over one another. **3** *(delle onde)* to form breakers; to pile up.

accecamento *sm* blinding; blindness; *(fig.)* darkness; confusion; *(ostruzione)* obstruction; stoppage; *(con un muro)* walling-up; *(mecc.)* countersinking.

accecare *vt* **1** to blind *(anche fig.); (abbagliare)* to dazzle: *una luce accecante,* a blinding (a dazzling) light. **2** *(chiudere un'apertura)* to block up; to wall up. **3** *(mecc.)* to countersink*. **4** *(agricoltura)* to disbud; to prune. **5** *(naut.)* to stop.

□ **accecarsi** *v. rifl* to go* blind; to become* blind.

accecato *p. pass e agg* blind; blinded *(anche fig.); (abbagliato)* dazzled: *accecato dall'ira,* blind with rage.

accedere *vi* **1** *(portarsi verso un luogo, avvicinarsi)* to approach; to reach: *È possibile accedere a quella località a piedi?,* Is it possible to reach that spot on foot? **2** *(entrare)* to enter: *È difficile accedere al castello,* It's difficult to enter the castle. **3** *(fig.: entrare a far parte, ottenere una carica, ecc.)* to enter (upon); to accede to: *accedere all'Università,* to enter university (the University) — *accedere al trono,* to accede to the throne. **4** *(acconsentire, aderire)* to comply (with sth); to accede (to sth): *accedere ad una richiesta (ai desideri di qcno),* to comply with a request (with sb's wishes) — *accedere ad una proposta,* to accede to a proposal.

acceleramento *sm* acceleration; swiftness; *(comm.)* promptness; dispatch.

accelerare *vt* to accelerate; to quicken; to speed up; *(comm.)* to expedite: *accelerare la produzione,* to accelerate (to speed up, to step up) production — *accelerare il passo,* to quicken one's pace.

□ *vi* to accelerate; to speed up; to pick up speed; to gain speed.

accelerativo *agg* accelerating; quickening.

accelerato *agg* rapid; quick: *polso accelerato,* rapid pulse — *marcia accelerata,* quick march.

□ *sm (ferrovia)* (slow) stopping train; local train.

acceleratore *sm* **1** accelerator: *premere sull'acceleratore,* to step on the gas *(fam.).* **2** *(cinematografia)* time-lapse camera.

accelerazione *sf* acceleration *(in generale, e anche di veicolo);* quickening; speeding-up.

accendere *vt* **1** to light*: *accendere la pipa,* to light one's pipe; to light up *(fam.)* — *Mi fa accendere per favore?,* Could you give me a light, please? — *accendere un fiammifero,* to strike a match. **2** to turn on; *(spec. azionando un interruttore)* to switch on. **3** *(fig.)* to inflame (to excite, to arouse): *accendere di passione,* to inflame with passion. **4** *(mecc.)* to ignite. **5** *(dir., comm.)* to open: *accendere un conto,* to open an account.

□ **accendersi** *v. rifl* **1** *(prender fuoco)* to catch* (fire); to ignite. **2** *(fig.: illuminarsi)* to light* up; *(infiammarsi)* to become* inflamed; *(arrossire, avvampare)* to flush; to blush: *Il suo volto si accese di piacere,* His face lit up with pleasure — *Si accese in volto per la vergogna,* He blushed with shame. **3** *(infatuarsi, innamorarsi)* to fall* in love (with).

accendibile *agg* flammable; inflammable; combustible.

accendigas *sm* gaslighter.

accendino, accendisigaro *sm* cigarette-lighter; lighter.

accenditoio *sm* lighting-stick; taper; *(di fornello)* pilot-burner.

accenditore *sm* lighter; *(mecc.)* igniter.

accennare *vi e t.* **1** *(indicare)* to point; to beckon; *(muovendo il capo)* to nod: *Accennò la porta,* He pointed to the door — *Mi accennò di seguirlo,* He beckoned me to follow him. **2** *(far l'atto di)* to make* as if; to look as if; *(dar segno di)* to show* signs: *Il tempo accenna a farsi piovoso,* It looks as if it is turning to rain — *La costruzione accenna a rovinare,* The building shows signs of collapsing. **3** *(fig.: parlare brevemente)* to mention; to touch on; *(alludere)* to hint (at); to allude: *Non mi accennò nulla delle sue intenzioni,* He gave me no hint of his intentions. **4** to sketch; to outline; *(abbozzare, tracciare)* to trace: *accennare un motivo, (mus.)* to play (to sing, to hum) a few notes of a tune.

accenno *sm* **1** *(fig.)* hint; allusion; mention. **2** *(gesto, segno)* gesture; sign; *(con il capo)* nod; *(abbozzo)* slight sign; outline; *(comm.)* acknowledgement.

accensione *sf* **1** lighting; *(per mezzo di un interruttore)* switching on; *(mecc.)* ignition; *(di caldaia)* starting: *candela d'accensione,* sparking plug — *accensione a scintilla,* spark ignition — *accensione a spinterogeno,* coil ignition. **2** *(lett.: di colori, di luci)* brightness; vividness. **3** *(comm.: apertura)* opening. **4** *(dir.)* registering (of a debt); raising (of a mortgage).

accentare *vt* **1** to accent *(anche mus.);* to mark (sth) with an accent. **2** *(accentuare)* to stress; to emphasize; to accentuate.

accentazione *sf* accentuation.

accento *sm* **1** *(accento tonico)* stress; tonic accent; *(segno grafico)* accent: *mettere l'accento su qcsa, (fig.)* to place the accent on sth; to stress sth. **2** *(pronuncia, cadenza)* accent; twang *(fam.): un forte accento veneziano,* a strong Venice accent. **3** *(fig.)* tone; *(sfumatura)* hint: *un accento amaro,* a bitter tone — *un accento di tristezza,* a hint of sadness. **4** *(mus.)* accent.

accentramento *sm* centralizing; centralization; concentration: *accentramento di potere (del potere, dei poteri),* centralization of authority.

accentrare *vt* **1** *(radunare)* to gather; to assemble; *(concentrare)* to concentrate. **2** to centralize. **3** *(attirare)* to attract.

□ **accentrarsi** *v. rifl* to gather; to assemble; *(di attenzione)* to be* focussed on.

accentratore *sm* centralizer. □ *agg* centralizing; focussing.

accentuare *vt* **1** to accentuate; to stress; to emphasize. **2** *(mus.)* to play with expression.

□ **accentuarsi** *v. rifl* to grow*; to intensify; to become* more marked: *con l'accentuarsi della crisi,* as the crisis gets (*o* got) worse.

accentuatamente *avv* accentuatedly; strongly.

accentuato *agg* accentuated; *(forte)* strong; *(evidente)* marked.
accentuazione *sf* accentuation.
accerchiamento *sm* encircling; surrounding.
accerchiare *vt* to encircle; to surround.
☐ **accerchiarsi** *v. rifl* to surround oneself (with sth); to gather (sth) round oneself: *accerchiarsi di fedeli sostenitori,* to surround oneself with faithful supporters.
accertabile *agg* ascertainable; verifiable.
accertamento *sm* ascertainment; *(controllo)* check; *(verifica)* verification; *(conferma)* confirmation; assurance; *(fiscale)* tax assessment; *(comm.)* settlement; *(psicologia)* assessment: *giorno di accertamento,* settling day — *fare un accertamento di cassa,* to make a cash inventory.
accertare *vt (rendere certo)* to make* (sth) certain; *(assicurare)* to assure; *(controllare, verificare)* to ascertain; to check; to verify; *(confermare, attestare)* to confirm; to certify; *(in senso fiscale)* to assess; *(comm.)* to settle.
☐ **accertarsi** *v. rifl* to ascertain; to make* sure (of sth); to assure oneself: *Si accertò che tutto fosse in ordine,* He made sure everything was in order.
acceso *agg* (⇨ **accendere**) **1** lighted; lit. **2** *(di apparecchio)* on. **3** *(di colore)* bright. **4** *(comm.)* open. **5** *(fig.)* excited; inflamed; blushing; *(innamorato)* passionate; deeply in love (with sb): *essere acceso di rabbia,* to be burning with anger.
accessibile *agg* **1** *(di luogo, ecc.)* accessible; get-at-able *(fam.)*; *(a portata di mano)* within easy reach. **2** *(di spesa)* reasonable. **3** *(di concetto, idea)* easily understood: *accessibile a tutti,* easily understood by all; comprehensible to all. **4** *(di persona)* approachable; easy to approach.
accessibilità *sf* accessibility; get-at-ability *(fam.)*; *(di persona)* approachability; affability.
accessione *sf* **1** accession; *(consenso)* assent; agreement; adhesion; *(dir.)* accretion; accession. **2** *(di febbre)* increase; *(di malattia)* onset. **3** *(astronomia)* new moon.
accesso *sm* **1** access; admittance; entry: *viale d'accesso,* drive; approach road — *di facile accesso, (fig.: di persona)* (easily) approachable — *Vietato l'accesso,* No admittance. **2** *(impeto)* fit; *(med.)* fit; attack: *un accesso d'ira,* a fit of anger. **3** *(dir.)* view; judicial inspection.
accessorio *agg* additional; supplementary; accessory.
☐ *sm* **1** accessory; *(al pl. anche)* fittings; fitments; outfit *(sing.)*. **2** *(dir.)* appurtenance.
accetta *sf* hatchet; chopper; *(da battaglia)* axe; battle-axe; *(da falegname)* adze. ☐ *fatto con l'accetta, (di cosa)* clumsily made; *(di persona)* rough; uncouth — *darsi l'accetta sui piedi,* to cook one's goose.
accettabile *agg* acceptable; admissible.
accettabilità *sf* acceptability; admissibility.
accettare *vt* to accept *(anche comm., dir., ecc.)*; *(ammettere, anche)* to admit; *(aderire a)* to agree to: *accettare una cambiale,* to accept a bill of exchange — *accettare una carica,* to accept an appointment — *accettare le scuse di qcno,* to accept sb's excuses — *accettare un suggerimento,* to agree to a suggestion — *Non si accettano reclami,* No complaints (will be) considered — *Accetto ciò che dici,* I agree with what you say — *accettare di fare qcsa,* to agree to do sth.
accettazione *sf* **1** acceptance: *accettazione incondizionata,* general acceptance — *accettazione condizionata,* conditional (*o* qualified) acceptance — *mancata accettazione,* non-acceptance. **2** *(di una parola, ecc.)* acceptation. **3** *(luogo)* reception.
accetto *agg* agreeable; welcome: *essere bene accetto a tutti,* to be universally liked.
accezione *sf* (accepted) meaning; acceptation.
acchiappamosche *sm* **1** *(zool.)* fly-catcher; *(bot.)* fly-trap; catchfly. **2** *(strumento)* fly-swatter. **3** *(fannullone)* idler; layabout.
acchiappare *vt* to catch* *(anche un malanno, una malattia)*; to capture; *(afferrare)* to seize; *(intrappolare)* to trap: *acchiappare qcno in flagrante (sul fatto),* to catch sb red-handed (*o* in the act).
acchito *sm (biliardo)* lead. ☐ **d'acchito** *(di primo acchito),* right from the start; from the outset; right away.
acciaccare *vt* to crush; to squash; *(fig.)* to prostrate; to crush; *(mecc.)* to crimp.
acciaccatura *sf* **1** *(mus.)* acciaccatura; (short) grace note. **2** *(mecc.)* crimping.
acciacco *sm* infirmity; ailment; *(al pl.)* aches and pains; *(fig.)* tribulation; affliction: *essere pieno di acciacchi,* to be full of aches and pains.
acciaieria *sf* steel-works; steel-plant.
acciaio *sm* steel *(anche fig.)*: *acciaio inossidabile,* stainless steel — *acciaio dolce,* mild steel — *acciaio al carbonio (al titanio, ecc.),* carbon (titanium, *ecc.*) steel — *acciaio in lingotti,* ingot steel — *lamiera d'acciaio,* sheet steel — *lana d'acciaio,* steel wool — *profilati d'acciaio,* structural steel *(sing.)* — *rivestito in acciaio,* steel-clad — *struttura di acciaio,* steelwork — *uno sguardo d'acciaio,* a steely look — *nervi d'acciaio,* nerves of steel.
acciaiolo *sm* grinder; sharpener; sharpening-steel.
acciambellare *vt* to roll; to coil.
☐ **acciambellarsi** *v. rifl* to curl up; to coil up.
acciarino *sm (per accendere l'esca)* steel; *(di ruota)* linchpin.
accidempoli *esclamazione* good Lord!; good heavens!
accidentale *agg* casual; accidental; fortuitous; *(non essenziale)* non-essential; additional.
accidentalità *sf* **1** fortuitousness. **2** *(di superficie)* roughness; *(di terreno, anche)* unevenness.
accidentalmente *avv* casually; by chance.
accidentato *agg* **1** *(di terreno)* uneven; rough; bumpy. **2** *(colpito da paralisi)* paralysed.
accidente *sm* **1** *(accadimento)* event; *(infausto)* accident; mishap: *per accidente,* by accident (by chance). **2** *(med.)* stroke; fit; *(per estensione, fam.: colpo* ⇨ *sotto)*. **3** *(persona fastidiosa)* nuisance; *(ragazzo vivace)* imp; little devil. **4** *(= niente: rafforzativo, con il v. al negativo) Non m'importa un accidente,* I don't care a damn — *Non vale un accidente,* It's not worth a damn — *Non vedo un accidente,* I can't see a thing — *Non capisco un accidente,* It's all Greek to me; It's as clear as mud *(fam.)*.
☐ *Accidenti!, (interiezione)* Damn and blast! — *Accidenti a te!,* To hell with you! — *correre come un accidente,* to run like the devil — *mandare degli accidenti a qcno,* to call down curses upon sb — *Ti venisse un accidente!,* The devil take you! — *essere brutto come un accidente,* to be as ugly as sin.
accidia *sf* laziness; sloth.
accidioso *agg* lazy; slack; slothful.
accigliamento *sm* frown.
accigliarsi *v. rifl* to frown; to knit* one's brows; *(apparire contrariato)* to look sullen (*o* stern).
accigliato *agg* frowning; stern; sullen.
accingersi *v. rifl* to be* about (to do sth); to set* to;

to be* on the point (of doing sth): *accingersi al lavoro,* to set to work — *Mi accinsi a parlare,* I opened my mouth to speak.

acciocché *congiunz* in order that; so that; that.

acciottolare *vt* **1** *(selciare)* to pave with cobbles; to cobble. **2** *(produrre un certo rumore)* to clatter; to rattle.

acciottolato *sm* cobbled paving; cobblestones.

acciottolio *sm* clatter; rattle; clashing.

accipicchia *interiezione* good Lord!; good heavens!

acciuffare *vt (catturare)* to catch*; to capture; *(afferrare)* to seize; to snatch.
□ **acciuffarsi** *v. rifl* to come* to blows; to scuffle.

acciuga *sf* anchovy: *pasta d'acciughe,* anchovy paste — *magro come un'acciuga,* as thin as a rake (as a lath) — *essere pigiati come acciughe,* to be packed (in) like sardines.

acclamare *vt e i.* **1** *(salutare)* to cheer; to applaud. **2** *(eleggere)* to acclaim; to proclaim.

acclamatore *sm* applauder; acclaimer.

acclamazione *sf* **1** acclamation: *eleggere qcno per acclamazione,* to elect sb by acclamation. **2** *(applauso)* applause; ovation.

acclimatare *vt* to acclimatize.
□ **acclimatarsi** *v. rifl* to acclimatize oneself; to become* acclimatized.

acclimatazione *sf* acclimatization.

acclive *agg* steep; sloping upward.

accludere *vt* to enclose: *Accludiamo un assegno di lire diecimila,* We are enclosing a cheque for ten thousand lire.

accluso *agg (stile comm.)* enclosed: *Troverà qui accluso un nostro dépliant,* Please find enclosed our brochure; Please find our brochure, enclosed.

accoccolarsi *v. rifl* to squat; to crouch.

accodamento *sm* queuing up.

accodare *vt (animali)* to fasten head to tail; to line up; to get* into line; *(persone)* to arrange (to put*) in single file.
□ **accodarsi** *v. rifl* **1** to get* into line; to fall* in (behind sb). **2** *(seguire)* to follow; to tail.

accogliente *agg* **1** *(ospitale)* hospitable; welcoming. **2** *(piacevole, comodo)* pleasant; comfortable; cosy.

accoglienza *sf* reception; welcome: *fare (buona) accoglienza a qcno,* to welcome sb. □ *fare accoglienza a una cambiale,* to honour a bill.

accogliere *vt* **1** to receive; to accept; *(con piacere)* to welcome: *accogliere qcno a braccia aperte,* to receive (to welcome) sb with open arms. **2** *(approvare)* to consent; to approve of; to welcome. **3** *(esaudire)* to grant; *(aderire)* to agree (to sth). **4** *(contenere)* to contain.

accolito *sm* acolyte *(anche scherz.); (fig.)* follower; devotee.

accollare *vt (caricare)* to charge (to saddle) (sb with sth).
□ **accollarsi** *v. rifl* to take* (sth) upon oneself; to shoulder: *accollarsi un debito,* to take over a debt — *accollarsi una spesa,* to shoulder an expense.

accollata *sf (stor.)* accolade.

accollato *agg* **1** *(fig.: carico)* laden; yoked. **2** *(di vestito)* high-necked; *(di scarpa)* ankle-snug; close-fitting. **3** *(araldica)* conjoined.

accollatura *sf* **1** *(di abito)* neckline; collar. **2** *(segno del giogo al collo)* yoke mark.

accollo *sm* **1** weight; burden. **2** *(appalto)* commitment; contract. **3** *(dir.)* the act of taking over (a debt, *ecc.*). **4** *(archit.)* cornice; projection.

accolta *sf (lett.)* assembly; gathering; company.

accoltellare *vt* to knife; to stab.

accoltellato *sm (edilizia)* bricks laid edgeways; edge course.

accoltellatore *sm* stabber.

accomandante *sm (dir., comm.)* limited partner.

accomandatario *sm (dir., comm.)* general partner.

accomandita *sf (dir., comm.)* limited partnership.

accomiatare *vt* to dismiss; to send* (sb) away; to give* (sb) leave to depart.
□ **accomiatarsi** *v. rifl* to take* one's leave; to take* leave (of sb); to say* good-bye (to sb); *(separarsi)* to part.

accomodabile *agg* adjustable; adaptable; *(che può essere riparato)* mendable; repairable: *una faccenda accomodabile,* a matter that can be settled.

accomodamento *sm* **1** arrangement; agreement; *(accordo)* settlement; composition. **2** *(adattamento)* adjustment; adaptation; *(ottica)* accommodation. **3** *(riparazione)* mending; repairing.

accomodante *agg* accommodating.

accomodare *vt e i.* **1** *(riparare)* to mend; to repair; to fix. **2** *(mettere in ordine)* to set* in order; to tidy; *(disporre)* to arrange; *(sistemare)* to settle: *accomodare dei libri su un tavolo,* to set books in order on a table — *accomodare fiori in un vaso,* to arrange flowers in a vase — *accomodarsi i capelli,* to tidy one's hair — *accomodare una disputa,* to settle an argument. **3** *(tornare comodo)* to suit. **4** *(conciare)* to ill-treat: *Ti accomoderò per le feste!, (fam.)* I'll fix you!
□ **accomodarsi** *v. rifl* **1** *(entrare)* to come* in (to go* in); *(a sedere)* to sit* down; to take* a seat; *(meno formale: mettersi a proprio agio)* to make* oneself at home: *Si accomodi! (Venga avanti!),* Come in!; *(Venga da questa parte!)* This way, please!; *(Si sieda!)* Take a seat!; Sit down! — *Accomodatevi!,* Make yourself at home! **2** *(mettersi d'accordo)* to come* to an agreement (on *o* over sth). **3** *(di cose: aggiustarsi)* to work out: *Le cose si accomoderanno,* It'll all work out.

accomodatura *sf (riparazione)* mending; repairing.

accompagnabile *agg (che si può accoppiare)* matchable.

accompagnamento *sm* **1** accompaniment; *(seguito, corteo)* train; retinue; escort: *accompagnamento funebre,* funeral procession. **2** *(mus.)* accompaniment. **3** *(mil.)* supporting fire. **4** *(l'armonizzare)* matching.

accompagnare *vt* **1** to accompany *(anche mus.);* to take*; to go* (with sb); to come* (with sb); *(fig.: con lo sguardo, ecc.)* to follow: *Era accompagnato dalla sua segretaria,* He was accompanied by his secretary — *accompagnare qcno all'ultima dimora,* to accompany sb to his last resting place — *accompagnare un cantante al pianoforte,* to accompany a singer at (*o* on) the piano — *Accompagno spesso i ragazzi a scuola,* I often take my children to school — *Non accompagna mai la moglie al cinema,* He never takes his wife to the cinema — *Mi accompagni?,* Will you come with me? — *accompagnare qcno a casa,* to see sb home — *accompagnare qcno alla porta,* to show sb out (to the door) — *accompagnare qcno nel bagno,* to show sb the bathroom — *accompagnare qcno alla stazione,* to see sb to the station; to see sb off — *accompagnare una signora (ad un ballo, ecc.),* to escort a lady (to a dance, *ecc*) — *accompagnare qcno con lo sguardo (col pensiero),* to follow sb with one's eyes (one's mind) — *accompagnare una porta (perché non sbatta),* to close a door gently — *accompagnare un mazzo di fiori con un biglietto,* to send a card (a note) with a bunch of flowers — *accompagnare un corteo funebre,* to follow a funeral — *accompagnare una sposa all'altare,* to give a bride away — *Dio t'accompagni!,* God be with you! — *Dio li fa e poi li accompagna, (prov.)* Birds of a feather flock together — *Meglio soli che male accompagnati, (prov.)* Better alone than in bad company. **2** *(accoppiare)* to couple: *Quei due amici sono bene accompagnati,* Those two friends are well matched. **3** *(armonizzare)* to match: *Vorrei accompagnare questo tessuto,* I should like to match this cloth.

□ **accompagnarsi** *v. rifl* **1** to go* (along) (with sb); to join up (with sb): *L'insegnante si accompagnò ai ragazzi,* The teacher went with the boys. **2** *(stare in compagnia)* to keep* (sb) company. **3** *(accoppiarsi, sposarsi)* to couple. **4** *(armonizzare)* to match: *I guanti dovrebbero accompagnarsi alla borsetta,* The gloves ought to match the bag. **5** *(mus.)* to accompany oneself: *Si accompagna alla chitarra,* He accompanies himself on the guitar.

accompagnatore *sm* **1** companion; *(di scorta, cavaliere)* escort; *(di comitiva)* guide; escort; courier. **2** *(mus.)* accompanist. **3** *(sport)* team-manager.

accompagnatrice *sf* **1** companion; escort; chaperon; *(di una comitiva)* guide; hostess; escort. **2** *(mus.)* accompanist.

accomunabile *agg* able to be pooled (to be put together) (with sth).

accomunamento *sm* joining; communing; sharing; *(il mettere in comune)* pooling *(anche fig.).*

accomunare *vt* **1** *(mettere in comune)* to pool; to make* (sth) common. **2** *(mettere alla pari)* to equalise; to put* (sth) on a par (with sth else); to level. **3** *(riunire)* to combine; to unite.

□ **accomunarsi** *v. rifl* to put* oneself on equal terms; to join; to fraternize (with).

acconciare *vt* **1** *(sistemare)* to arrange; to prepare; to put* (sth) in order. **2** *(adornare)* to adorn; to deck; to attire; *(i capelli a qcno)* to do* (sb's hair).

□ **acconciarsi** *v. rifl* **1** *(disporsi)* to get* ready; to be* about to. **2** *(adornarsi)* to deck oneself out; to adorn oneself; *(capelli)* to do* (one's hair). **3** *(adattarsi, rassegnarsi)* to adapt oneself; to resign oneself; to compose oneself.

acconciatore *sm* hairdresser.

acconciatura *sf* *(pettinatura)* hair-style; hair-do *(fam.); (ornamento)* headdress; headgear.

acconcio *agg* **1** suitable; opportune; seasonable; convenient. **2** *(ben abbigliato)* well-dressed; well-groomed.

□ *sm* suitability; opportuneness: *venire in acconcio,* to be opportune; to come in handy.

accondiscendere *vi* to yield (to sb, sth); to comply (with sth); to consent (to sth): *Accondiscendendo alla Vostra richiesta...,* In compliance with your request... — *accondiscendere al volere di qcno,* to yield (to give in) to sb.

acconsentire *vi* **1** to consent (to sth); to approve (of sth): *Chi tace acconsente,* Silence is equivalent to consent. **2** *(cedere)* to give* in (to sb, sth); to yield (to sb, sth).

accontentare *vt* to content; to meet* (sb's) wishes.

□ **accontentarsi** *v. rifl* to be* content (with sth); to be* satisfied (with sth): *accontentarsi di poco,* to be content with little.

acconto *sm* instalment; part payment: *in acconto,* on account — *dare (lasciare) un acconto,* to give (to leave) sth on account; to leave a deposit.

accoppare *vt (letteralm.)* to kill with a blow on the neck (with a rabbit punch); *(fam.)* to bump (sb) off; to do* (sb) in.

□ **accopparsi** *v. rifl* to kill oneself; to get* (to be*) killed: *A momenti si accoppava,* He very nearly killed himself; He almost got killed — *accopparsi di lavoro,* to work oneself to death.

accoppiabile *agg* matchable; able to be joined together.

accoppiamento *sm* **1** coupling; mating; matching; pairing; *(al giogo)* yoking. **2** *(mecc.)* coupling; connection; *(di ingranaggi)* mating; meshing: *accoppiamento bloccato,* force (*o* drive) fit — *accoppiamento libero,* running fit.

accoppiare *vt* **1** to couple; to pair; to mate; to unite; to connect; *(aggiogare)* to yoke; *(fam.)* to join in marriage; to hitch *(fam.).* **2** *(combinare)* to combine. **3** *(mecc.)* to couple.

□ **accoppiarsi** *v. rifl* **1** *(di animali)* to mate; to copulate. **2** *(fam.: sposarsi)* to marry; to get* hitched (*o* spliced) *(fam.).* **3** *(mettersi in coppia)* to pair (with sb); *(combinarsi)* to match. **4** *(di ingranaggi)* to mate; to mesh.

accoppiata *sf (ippica)* bet on winner and second horse in the same race.

accoramento *sm* grief; distress; heart-ache.

accorare *vt* to grieve; to pierce to the heart.

□ **accorarsi** *v. rifl* to be* heart-broken; to be* stricken with grief.

accorato *agg* heart-broken; grief-stricken.

accorciabile *agg* able to be shortened.

accorciamento *sm* **1** shortening. **2** *(mecc.)* shrinkage.

accorciare *vt* to shorten; to make* shorter: *... per accorciare un po' i tempi,* ... in order to speed things up a bit.

□ **accorciarsi** *v. rifl* to get* (to grow*) shorter.

accorciatoia *sf* short cut.

accorciatura *sf* shortening.

accordabile *agg* **1** *(concedibile)* grantable; able to be granted. **2** *(mus.)* tunable; *(armonizzabile)* able to be harmonized. **3** *(gramm.)* able to be made to agree with.

accordare *vt* **1** *(concedere)* to grant; to concede; to give*: *accordare un favore,* to grant a favour — *accordare l'amnistia,* to grant an amnesty — *accordare uno sconto,* to give a discount. **2** *(armonizzare colori, ecc.)* to match. **3** *(mus.)* to tune: *Dovresti farti accordare il pianoforte,* You should have your piano tuned. **4** *(gramm.: far concordare)* to make* (sth) agree (with sth else): *Dovete accordare il verbo col soggetto,* You must make the verb agree with its subject.

□ **accordarsi** *v. rifl e reciproco* **1** *(mettersi d'accordo)* to agree (on sth); to reach (an) agreement on (*o* over, about) sth: *Si accordarono di partire presto,* They agreed to start early — *Si accordarono sulle condizioni,* They agreed on the terms. **2** *(armonizzarsi, intonarsi: di colori, tessuti, ecc.)* to match. **3** *(gramm.: concordarsi)* to agree (with). **4** *(conformarsi)* to accord (with). **5** *(mus.)* to tune up.

accordatore *sm* tuner.

accordatura *sf* **1** tuning (up). **2** *(tono)* chord.

accordo *sm* **1** agreement; arrangement; consent: *un accordo commerciale,* a trade agreement — *un accordo tra gentiluomini,* a gentlemen's agreement — *essere (rimanere, trovarsi) d'accordo,* to agree — *non essere d'accordo,* to disagree — *addivenire a un accordo,* to come to (to enter into) an arrangement — *agire d'accordo,* to act in accordance — *andare d'accordo con qcno,* to get along (to get on well) with sb; to see eye to eye with sb — *mettersi d'accordo,* to come to an understanding (an agreement); to reach (an) agreement — *stare agli accordi,* to keep to (to stand by) the agreement — *come d'accordo,* as agreed (upon) — *di comune accordo,* by mutual (*o* common) consent; with one accord — *in accordo con qcsa,* in accordance with sth — *in base agli accordi presi,* by (under, as per) the terms of our agreement. **2** *(mus.)* chord: *un accordo maggiore (minore),* a major (minor) chord — *un accordo arpeggiato,* a broken chord — *essere in accordo,* to be in tune. **3** *(gramm.)* agreement; concordance. **4** *(radio, sintonizzazione)* tuning; syntonization. □ **D'accordo!**, Agreed!; Granted!; All right! — *D'accordo?,* All right?; Is that all right?

accorgersi *v. rifl* to notice; to perceive; to become* aware (of sth); *(capire)* to realize.

accorgimento *sm* **1** *(accortezza, astuzia)* shrewdness; good sense: *Ebbe l'accorgimento di tacere,* He had the good sense to keep quiet. **2** *(provvedimento)* expedient; *(espediente)* device; trick.

accorrere *vi* to run*; to rush.

accortamente *avv* shrewdly; wisely; prudently.

accortezza *sf* good sense; prudence; shrewdness; far-sightedness: *avere l'accortezza di fare qcsa,* to be careful to do sth.

accorto *agg* shrewd; wary; alert: *mal accorto,* incautious; *(sprovveduto)* ill-prepared — *essere accorto,* to be alert; to be on one's guard.

accostabile *agg* approachable.

accostamento *sm* **1** approach. **2** *(di colori)* matching. **3** *(naut.)* drawing alongside; *(cambiamento di direzione)* hauling.

accostare *vt* **1** to draw* near (*o* close to); to put* near (*o* close to); to approach: *Accosta la sedia al tavolo,* Put the chair near (*o* close to) the table. **2** *(porte, finestre, ecc.)* to set* ajar. **3** *(persone)* to approach.

□ *vi* **1** *(naut.: cambiar rotta)* to turn; to alter course; *(di veliero)* to haul; to tack: *accostare a dritta (a sinistra),* to haul (to tack) to starboard (to port). **2** *(naut.)* to move alongside.

□ **accostarsi** *v. rifl* **1** *(farsi vicino a)* to come* (to go*, to draw*) near (to sb, sth); to move closer (to sb, sth). **2** *(di automobile, ecc.)* to draw* up. **3** *(fig.: accettare, aderire a)* to accept *(idee, ecc.); (ad un partito politico, ecc.)* to join. **4** *(rassomigliarsi)* to resemble; to be* like; to be* similar. □ *accostarsi alla Comunione (ai Sacramenti),* to receive Holy Communion (the Sacraments).

accosto *avv* near; nearby: *farsi accosto,* to draw near. □ **accosto a,** *prep* near; close to; next to.

accovacciarsi *v. rifl* to crouch.

accozzaglia *sf* **1** *(di persone)* heterogeneous group; *(spreg.)* rabble; mob. **2** *(di cose)* jumble; hotchpotch.

accozzamento *sm* muddle; jumble.

accozzare *vt* to throw* (*fam.* to chuck) together; to amass.

accreditamento *sm* **1** credit; crediting. **2** *(diplomazia)* accrediting.

accreditare *vt* **1** to give* (to attach) credit to. **2** *(comm.)* to credit. **3** *(diplomazia)* to accredit.

□ **accreditarsi** *v. rifl* to gain (to acquire) credit.

accreditato *agg* **1** *(comm.)* credited. **2** *(diplomazia)* accredited *(anche fig.).*

accrescere *vt* to increase; to augment; *(fig.)* to increase; to extend.

□ **accrescersi** *v. rifl* to increase; to grow* larger.

accrescimento *sm* increase.

accrescitivo *agg e sm* augmentative.

accucciarsi *v. rifl* **1** to lie* down. **2** *(acciambellarsi)* to curl up.

accudire *vi (seguito da a)* to look after; to see* to.

accumulabile *agg* cumulative.

accumulamento *sm* accumulation.

accumulare *vt* to accumulate; to heap up.

□ **accumularsi** *v. rifl* to accumulate.

accumulatore *sm* **1** accumulator. **2** *(automobile)* battery.

accumulazione *sf* accumulation.

accuratamente *avv* carefully; with care; thoroughly; precisely.

accuratezza *sf* thoroughness; carefulness; precision: *con accuratezza* = **accuratamente.**

accurato *agg* thorough; careful; precise.

accusa *sf* **1** charge; accusation: *capo d'accusa, (dir.)* indictment; *(mil.)* charge-sheet — *fare delle accuse contro qcno,* to make accusations against sb — *essere in stato di accusa,* to be committed for trial. **2** *(la pubblica accusa)* prosecution: *testimone d'accusa,* witness for the prosecution.

accusabile *agg* chargeable.

accusare *vt* **1** *(in senso generale)* to accuse; to charge; to censure; to blame: *accusare qcno di qcsa,* to accuse sb of sth — *Lo accusarono di molti difetti,* They accused him of many faults — *Non accusare il destino,* Don't blame fate. **2** *(dir.)* to accuse; to charge; to indict; to impeach *(raro: usato soltanto per persone con cariche importanti): accusare qcno di omicidio,* to charge sb with murder — *accusare qcno di aver ucciso la moglie,* to accuse a man of killing his wife — *accusare un giudice di corruzione,* to impeach a judge for taking bribes. **3** *(manifestare)* to show*; to bring* out; to betray: *Le sue parole accusavano tutto il suo disappunto,* His words betrayed all his disappointment. **4** *(un dolore)* to feel*; to complain of: *accusare un dolore,* to feel a pain — *Il malato accusava un mal di gola,* The patient was complaining of a sore throat. **5** *(notificare)* to acknowledge: *accusare ricevuta di una lettera,* to acknowledge receipt of a letter. **6** *(nella scherma) accusare il colpo,* to acknowledge that the blow has struck home. **7** *(al giuoco delle carte, ecc.)* to declare; to call.

accusativo *agg e sm* accusative: *all'accusativo,* in the accusative.

accusato *sm* accused.

accusatore *agg* accusing. □ *sm* **1** accuser. **2** *(dir.)* counsel for the prosecution; Public Prosecutor.

accusatorio *agg* accusing; accusatory.

acefalo *agg* **1** *(poesia, bot., zool.)* acephalous. **2** *(fig.)* headless; with no head.

acerbità *sf* **1** *(non maturità)* unripeness; greenness *(anche fig.); (sapore aspro)* bitterness; sourness. **2** *(durezza d'animo)* harshness; austerity.

acerbo *agg* **1** *(di sapore)* bitter; sharp. **2** *(immaturo)* unripe; sour; green *(anche fig.).* **3** *(austero)* harsh; austere.

acero *sm* maple.

acerrimo *agg superl* very fierce; implacable.

acetato *sm* acetate.

acetico *agg* acetic.

acetilene *sm* acetylene.

aceto *sm* **1** vinegar: *aceto dei sette ladri,* aromatic vinegar. **2** *(lett.)* bite. □ *pigliar d'aceto,* to taste vinegary — *verdura sotto aceto,* pickles — *cipolline sotto aceto,* pickled onions.

acetone *sm* **1** acetone. **2** *(per le unghie)* nail-polish remover.

acetosa *sf* sorrel.

acetosità *sf* sourness; acidity.
acetoso *agg* sour; vinegary.
acidamente *avv* sourly; acidly.
acidità *sf* acidity; bitterness *(anche fig.): acidità di stomaco,* heartburn.
acido *agg* acid; *(fig.)* sour; acid.
□ *sm (chim.)* acid: *sapere d'acido,* to taste acid (*o* sour); to have an acid taste — *Questo vino ha una punta d'acido,* This wine is a little acid — *essere resistente agli acidi,* to be acid-proof.
acidulo *agg* acidulous.
acidume *sm (sapore)* bitter (*o* acid) taste; *(insieme di sostanze)* bitter things.
acino *sm* **1** *(bot., anat.)* acinus *(pl.* acini*)*. **2** *(chicco)* grape; berry.
acinoso *agg* acinose.
acme *sf* acme; highest point.
acne *sf* acne.
acqua *sf* **1** water: *acqua dolce,* fresh water — *acqua di mare,* sea water — *acqua salata,* salt water; brine — *acqua dura (leggera),* hard (soft) water — *acqua piovana,* rain water — *acqua potabile,* drinking water — *acqua di seltz,* soda water — *acqua minerale,* mineral water — *acqua naturale,* tap water — *acqua di colonia,* Eau de Cologne *(fr.); (talvolta)* Cologne — *acqua di rose,* rose water — *acqua di rigovernatura,* washing-up water — *in acque territoriali,* in territorial waters — *nelle acque di Livorno,* off the coast of Leghorn — *corso d'acqua,* watercourse; stream; *(spec. navigabile)* waterway — *a fior d'acqua,* on the surface (of the water) — *sott'acqua,* underwater — *acqua alta,* high water; high tide — *acqua bassa,* low water; low tide — *far acqua, (di persona, di animale)* to make water; *(med.)* to pass water; to urinate; *(di recipiente, di nave)* to leak — *È una barca che fa acqua da tutte le parti, (fig.)* It's a very shaky concern. **2** *(med., ecc.)* fluid; *(al pl.: liquido amniotico)* waters; *(succo di certe piante)* juice. **3** *(pioggia)* rain: *acqua a catinelle,* heavy rain — *rovescio d'acqua,* downpour; cloudburst — *prendere l'acqua,* to get caught in the rain; to get soaked.
□ *acqua ragia,* turpentine; 'turps' *(fam.)* — *acqua regia,* aqua regia — *acqua madre,* mother water — *contro acqua,* against the current — *della più bell'acqua, (di diamante)* of the first water; *(di furfante, ecc.)* arrant *(agg. attrib.)* — *Acqua!, (nei giochi, per avvertire che uno è fuori strada)* You're cold! — *Acqua in bocca!,* Keep it under your hat!; Mum's the word! — *un'acqua cheta, (fig.)* a sly person; a sly boots — *Acqua cheta rovina i ponti, (prov.)* Still waters run deep — *un buco nell'acqua, (fig.)* a damp squib — *fare un buco nell'acqua, (fig.)* to beat the air — *simili come due gocce d'acqua,* as like as two peas — *avere l'acqua alla gola,* to be on the brink of disaster — *fare provvista d'acqua, (naut.)* to water (a ship) — *imbarcare acqua, (di barca)* to take on water — *lasciar correre l'acqua per il suo verso,* to let matters take their course — *lavorare sott'acqua, (fig.)* to act in an underhand way — *mettere acqua sul fuoco,* to damp sb's enthusiasm (to pour oil on troubled waters) — *navigare (trovarsi) in cattive acque,* to be in difficulty; to fall on hard times — *pestare l'acqua nel mortaio,* to beat the air; to act to no purpose — *portare acqua al mare,* to carry coals to Newcastle — *tirare l'acqua al proprio mulino,* to bring grist to one's mill — *un comunista all'acqua di rose,* a milk and water Communist — *Acqua passata non macina più, (prov.)* Let bygones be bygones.
acquaforte *sf (tecnica e stampa)* etching.
acquafortista *sm* etcher.
acquaio *sm* sink.
acquaiolo *sm* water-carrier; water-seller.
acquaplano *sm* aquaplane; *(naut.)* hydroplane.
acquaragia *sf* turpentine.
acquario *sm* **1** aquarium *(pl.* aquariums, aquaria*)*. **2** *(astronomia)* Aquarius; the Water-Carrier.
acquartierare *vt* to quarter.
□ **acquartierarsi** *v. rifl* to take* up quarters *(anche fig.)*.
acquasantiera *sf* font; stoup.
acquatico *agg* aquatic.
acquattarsi *v. rifl* **1** to crouch down. **2** *(nascondersi)* to hide*.
acquavite *sf* brandy.
acquazzone *sm* downpour; heavy shower.
acquedotto *sm* aqueduct: *acquedotto municipale,* municipal water system.
acqueo *agg* aqueous; water *(attrib.): falda acquea,* water bed — *vapore acqueo,* water vapour; steam — *umore acqueo, (anat.)* aqueous humour.
acquerellare *vt* to paint in (*o* with) water-colours.
acquerellista *sm e f.* water-colour painter.
acquerello *sm* water-colour.
acquiescente *agg* acquiescent.
acquiescenza *sf* acquiescence.
acquietabile *agg* appeasable.
acquietamento *sm* appeasement.
acquietare *vt* to appease; to placate.
□ **acquietarsi** *v. rifl* **1** *(mettersi in quiete)* to calm down. **2** *(rassegnarsi)* to resign oneself.
acquirente *sm* buyer; purchaser.
acquisire *vt* **1** to acquire: *un diritto acquisito,* an acquired right. **2** *(apprendere)* to learn*. **3** *(dir.)* to admit; to enter.
acquisizione *sf* acquisition; *(fig., al pl.)* acquired knowledge *(sing.)*; acquirements.
acquistabile *agg* acquirable; purchasable; gainable.
acquistare *vt* **1** *(comprare)* to buy*; to purchase; to acquire: *acquistare delle azioni, (comm.)* to purchase shares. **2** *(ottenere)* to acquire; to get*; to obtain: *Acquistò molta fama,* He acquired a considerable reputation for himself. **3** *(guadagnare)* to gain: *acquistar tempo (credito, esperienza, ecc.),* to gain time (credit, experience, *ecc.*) — *acquistar terreno, (fig.)* to gain ground; to make headway; *(di idee, ecc.)* to gain acceptance.
□ *vi (migliorare)* to improve: *Il vino acquista con gli anni,* Wine improves with age.
acquisto *sm* **1** *(cosa acquistata)* purchase; buy; acquisition; *(atto dell'acquistare)* purchasing; *(ingaggio)* signing-up; *(persona ingaggiata)* person signed-up: *potere d'acquisto,* purchasing power — *uscire per acquisti,* to go shopping. **2** *(dir.)* acquisition.
acquitrino *sm* bog; marsh; swamp.
acquitrinoso *agg* boggy; marshy; swampy.
acquolina *sf (nell'espressione) far venire l'acquolina in bocca a qcno,* to make sb's mouth water.
acquosità *sf* wateriness.
acquoso *agg* watery.
acre *agg* **1** acrid; bitter. **2** *(di suono)* harsh. **3** *(fig.)* acrimonious; harsh.
acredine *sf* **1** *(di suono)* harshness. **2** *(fig.)* acrimony; harshness; acerbity.
acremente *avv* **1** bitterly. **2** harshly. **3** acrimoniously.
acrilico *agg* acrylic.
acrimonia *sf* acrimony.
acrimoniosamente *avv* acrimoniously.
acrimonioso *agg* acrimonious; acrid.

acro *sm* acre.
acrobata *sm* acrobat.
acrobaticamente *avv* acrobatically.
acrobatico *agg* acrobatic.
acrobatismo *sm* acrobatics *(anche fig.)*.
acrobazia *sf* **1** acrobatic trick (*o* feat). **2** *(al pl.)* acrobatics *(anche fig.)*; *(aeree)* aerobatics; stunt flying. □ *fare acrobazie per vivere,* to have a devil of a job to make a living.
acromatico *agg* achromatic.
acropoli *sf* acropolis.
acrostico *agg e sm* acrostic.
acuire *vt* to sharpen; *(di appetito)* to whet.
□ **acuirsi** *v. rifl in funzione di sm* exacerbation: *con l'acuirsi della crisi...,* as the crisis got more serious...
aculeo *sm* **1** *(bot.)* prickle; aculeus *(pl.* aculei*)*. **2** *(zool.)* sting; aculeus.
acume *sm* sharpness of mind; acumen.
acuminare *vt* to sharpen.
acuminato *agg* sharp.
acustica *sf* acoustics.
acustico *agg* acoustic; auditory: *apparecchio acustico,* hearing-aid — *cornetto acustico,* ear-trumpet.
acutamente *avv* sharply; intensely; acutely.
acutezza *sf* acuteness; sharpness.
acutizzare *vt* **1** to sharpen. **2** *(rendere intenso)* to intensify.
□ **acutizzarsi** *v. rifl* to become* (to grow*) acute.
acuto *agg* **1** *(appuntito)* pointed; sharp: *arco acuto, (archit.)* pointed (*o* Gothic) arch. **2** *(fig.: penetrante)* sharp; *(di odore)* strong; *(di voce)* shrill; *(di dolore)* severe; intense, sharp; *(med.)* acute; *(di tensione politica)* acute; *(perspicace)* acute; keen; sharp. **3** *(gramm., matematica)* acute. **4** *(mus.)* high; sharp.
□ *sm (mus.)* high note.
ad *prep* ⇨ **a, ad.**
adagiare *vt* to settle; to lay* down; to set* down.
□ **adagiarsi** *v. rifl* to lie* down.
[1]**adagio** *avv* **1** *(con lentezza)* slowly. **2** *(con prudenza)* cautiously; *(delicatamente)* gently; with care: *Adagio Biagio!, (fam.)* Gently now!; Easy does it!
□ *sm (mus.)* adagio *(pl.* adagios*)*.
[2]**adagio** *sm* adage; maxim; saying.
adamantino *agg (anche fig.)* adamantine.
adamitico *agg (nell'espressione scherz.) in costume adamitico,* in one's birthday suit.
Adamo *nome proprio* Adam: *il pomo d'Adamo, (anat.)* Adam's apple.
adattabile *agg* adaptable.
adattabilità *sf* adaptability.
adattamento *sm (vari sensi)* adaptation: *un adattamento cinematografico,* an adaptation for the screen; a screen adaptation — *capacità d'adattamento,* adaptability.
adattare *vt* **1** *(rendere adatto, aggiustare)* to fit; to adjust; to modify; to alter; to adapt: *adattare la maniglia alla porta,* to fit the handle to the door — *Gli adattò il cappotto di suo fratello,* She altered her brother's coat for him — *adattare una commedia per lo schermo,* to adapt a play for the screen. **2** *(di animo, ecc.)* to adapt: *Devi adattare i tuoi desideri alla realtà delle cose,* You must adapt your wishes to things as they are.
□ **adattarsi** *v. rifl* **1** to adjust oneself; to adapt oneself: *adattarsi a un nuovo genere di vita,* to adjust oneself to a new kind of life. **2** *(andar bene, ecc.)* to fit; to suit; to be* suitable: *Questo vestito mi si adatta benissimo,* This dress fits me splendidly (suits me fine) — *Questo impiego non si adatta ai miei gusti,* This job doesn't suit me. **3** *(rassegnarsi)* to resign oneself (to sth); to submit (to sth); to put* up (with sth); to make* the best (of sth): *Dobbiamo adattarci (alle cose, alle circostanze),* We must make the best of it (of things, of circumstances).
adatto *agg* suitable; right; fit: *essere adatto allo scopo,* to be suitable (right) for the purpose.
addebitare *vt* **1** *(comm.)* to debit; to charge. **2** *(incolpare qcno di qcsa)* to lay* the blame (for sth on sb).
addebito *sm* **1** *(comm.)* debit. **2** *(fig.)* charge: *muovere un addebito a qcno di qcsa,* to charge sb with sth.
addendo *sm* addendum *(pl.* addenda*)*.
addensamento *sm* **1** accumulation; gathering. **2** *(di persone)* crowding.
addensare *vt* to thicken; *(raccogliere)* to gather together; to accumulate.
□ **addensarsi** *v. rifl* to gather; to get* thicker.
addensatore *sm (mineralogia)* densifier; thickener.
addentare *vt* **1** to bite. **2** *(di utensili)* to grip; to bite*.
addentatura *sf* **1** bite. **2** *(di utensili)* grip. **3** *(segno lasciato dai denti)* toothmark.
addentellare *vt* to leave* toothings (at the end of a wall).
addentellato *sm* **1** toothing. **2** *(fig.)* link.
addentrarsi *v. rifl* to penetrate; to go* (deeply) into; to become* immersed in.
addentro *avv e prep* deeply: *essere addentro in,* to be familiar with; *(informato)* to be in on; *(esperto)* to be well up in.
addestrabile *agg* trainable.
addestramento *sm* training; *(ippica)* dressage.
addestrare *vt* to train.
□ **addestrarsi** *v. rifl* to train oneself; to train.
addestratore *sm* trainer.
addetto *agg* assigned.
□ *sm* **1** *(impiegato)* employee. **2** *(in diplomazia)* attaché. □ *gli addetti ai lavori, (p.es. in un cantiere)* authorized persons; *(esperti della materia)* experts.
addì *avv* on the (day) of.
addiaccio *sm* **1** *(per pecore)* pen; fold. **2** *(mil., ecc.)* bivouac: *dormire all'addiaccio,* to sleep in the open.
addietro *avv* **1** *(indietro)* back; behind: *tirarsi addietro (fig.: esitare),* to hold back; to hang back. **2** *(nel passato)* before; back; ago: *sei anni addietro,* six years back (*o* ago) — *per l'addietro,* in the past.
addio *esclamazione* **1** goodbye!; *(meno comune)* farewell! **2** *(per esprimere disappunto)* Bang goes (*pass.* went)...!; That's (*pass.* That was) the end of...! — *Se arrivano i ragazzi, addio tranquillità!,* If the kids turn up, bang goes our peace and quiet!
□ *sm* goodbye; farewell: *serata d'addio,* farewell performance — *dare l'addio alle scene,* to give up (to leave) the stage.
addirittura *avv* **1** *(senza indugio)* immediately; straight away; right away. **2** *(assolutamente)* absolutely; quite: *È addirittura ridicolo,* It's absolutely ridiculous. **3** *(persino)* even. □ *È addirittura un asino,* He's an absolute ass — *Addirittura!,* Really!
addirsi *v. rifl (seguito da* a*)* to be* suitable (to be* becoming) to; to become*: *Non le si addice,* It doesn't become her.
additare *vt* to point at (*o* to); *(mostrare)* to point out.
additivo *agg* additive.
□ *sm* additive.
addivenire *vi* to reach; to come* to.
addizionale *agg* additional.
addizionalmente *avv* in addition; additionally.
addizionare *vt* to add; to sum up.

addizionatrice *sf* adding-machine.
addizione *sf* addition; adding up.
addobbare *vt* **1** to decorate. **2** *(di persona)* to dress up.
addobbatore *sm* decorator.
addobbo *sm* decoration; hangings *(pl.)*.
addolcimento *sm* **1** *(il rendere dolce)* sweetening. **2** *(il mitigare)* softening. **3** *(il calmare)* soothing.
addolcire *vt* **1** *(rendere dolce)* to sweeten; *(rendere meno duro, anche l'acqua)* to soften; *(colori)* to tone down: *Addolcì la medicina per il bambino,* She sweetened the medicine for the child — *addolcire il colpo,* to soften the blow. **2** *(lenire, calmare)* to soothe; to relieve; to alleviate: *addolcire una pena,* to relieve a pain. **3** *(metalli: temprare)* to temper.
□ **addolcirsi** *v. rifl* **1** *(fig.: di clima)* to become* (to grow*) mild (*o* milder); *(di temperamento, ecc.)* to become* (to grow*) soft (*o* softer). **2** *(lenirsi, calmarsi)* to soften; to calm down; to relent.
addolorare *vt* to cause suffering to; to grieve.
□ **addolorarsi** *v. rifl* to regret; to be* sorry.
addolorato *agg* sorry. □ *(religione) l'Addolorata,* Our Lady of Sorrows.
addome *sm* abdomen.
addomesticabile *agg* **1** *(di animale)* tameable. **2** *(di pianta)* trainable.
addomesticamento *sm* **1** *(di animale)* taming; domestication. **2** *(di pianta)* training.
addomesticare *vt* **1** *(un animale)* to tame; to domesticate. **2** *(una pianta)* to train. **3** *(una persona)* to accustom.
□ **addomesticarsi** *v. rifl* **1** *(animale)* to become* tame. **2** *(abituarsi)* to grow* (to get*) familiar (with sb, sth); to get* accustomed (to sb, sth).
addomesticatore *sm* tamer.
addomesticatura *sf* **1** *(di animale)* taming. **2** *(di pianta)* cultivation.
addominale *agg* abdominal.
addormentare *vt* **1** *(far dormire)* to put* (to send*) to sleep; *(fig.: annoiare)* to send* to sleep; to bore: *Il suo discorso mi fece addormentare,* His speech sent me to sleep (bored me stiff) — *addormentare un bambino cullandolo,* to lull (to rock) a child to sleep — *addormentare qcno cantando,* to sing sb to sleep. **2** *(attutire)* to deaden; to allay; to dull: *addormentare il dolore con una medicina,* to dull the pain with a medicine. **3** *(intorpidire)* to benumb: *Avevo la gamba destra addormentata,* My right leg had gone numb (had gone to sleep). **4** *(med.)* to anaesthetize: *addormentare un paziente prima dell'operazione,* to anaesthetize a patient before the operation.
□ **addormentarsi** *v. rifl* **1** to go* to sleep; to fall* asleep: *Si addormentò profondamente,* He fell into a deep sleep — *Mi si è addormentato il piede sinistro,* My left foot has gone to sleep — *riuscire ad addormentarsi,* to get to sleep. **2** *(intorpidirsi)* to grow* numb. □ *addormentarsi sugli allori, (fig.)* to rest on one's laurels — *addormentarsi nel Signore, (fig.)* to die peacefully.
addormentato *agg* **1** asleep *(pred.)*. **2** *(assonnato)* sleepy. **3** *(fig.)* dull.
addossare *vt* **1** *(appoggiare)* to lean*: *addossare un tavolo alla parete,* to lean a table against the wall. **2** *(mettere a carico, attribuire, imputare)* to lay* (sth on sb); to charge (sb with sth); to burden (sb with sth); to entrust (sb with sth); to saddle (sb with sth): *addossare la responsabilità a qcno,* to lay the responsibility on sb — *Si addossò la colpa di tutto,* He took the blame for everything — *La moglie si addossò i debiti del marito,* The wife took her husband's debts upon herself — *Perché dovresti addossarti tutta la responsabilità?,* Why should you saddle yourself with all the responsibility?
□ **addossarsi** *v. rifl* **1** *(stringersi contro, ecc.)* to stand* against; *(bruscamente, rapidamente)* to flatten oneself against: *Mentre passava il corteo, i ragazzi si addossarono al muro,* The boys stood against the wall as the procession passed — *L'uomo si addossò al muro quando l'automobile gli passò vicino,* The man flattened himself against the wall as the car passed. **2** *(ammassarsi, accalcarsi)* to crowd; to throng: *I ragazzi si addossarono gli uni agli altri per ripararsi dalla pioggia,* The boys crowded against one another (huddled together) to shelter from the rain — *La gente si addossò alla porta per vedere quello che era accaduto,* People crowded to the door to see what had happened.
addosso I *avv (sopra, su di sé, con sé)* on; upon: *Non ho mai molti soldi addosso,* I never have much money on me — *Portava addosso tutti i gioielli che aveva,* She had on (She was wearing) all the jewels she possessed — *Mettiti addosso qualcosa di pesante,* Put on some heavy clothes — *Levati quella roba d'addosso!,* Take that stuff off! — *Non gli toglieva gli occhi d'addosso,* She could not take her eyes off him — *levarsi qcno (qcsa) d'addosso,* to get rid of sb (sth) — *tirarsi addosso le disgrazie,* to draw misfortunes on oneself — *avere la maledizione addosso,* to carry a curse with one; to bear a curse — *avere molti anni addosso,* to be very old — *avere una famiglia numerosa addosso,* to have a large family on one's shoulders — *avere la febbre addosso,* - **a)** to have a temperature - **b)** *(fig.)* to be restless; to be in a fever — *avere il diavolo addosso,* to be in a devil of a temper — *avere addosso una malattia,* to suffer (to be suffering) from a disease — *Mi vengono i brividi addosso,* I'm getting the shivers.
II addosso a *prep* **1** *(su)* on: *mettere le mani addosso a qcno,* - **a)** *(picchiare)* to lay hands on sb - **b)** *(catturare)* to seize sb; to arrest sb — *tagliare i panni addosso a qcno, (fig.)* to run sb down — *piantare gli occhi addosso a qcno,* to stare at sb — *mettere gli occhi addosso a qcsa,* to covet sth — *gettare la colpa addosso a qcno,* to throw (to put, to lay) the blame on sb; to give sb the blame.
2 *(contro)* at; against: *L'autobus mi venne quasi addosso,* The bus nearly ran me over — *dare (saltare) addosso a qcno,* to assault sb; to attack sb; *(biasimare)* to blame sb; *(perseguitare)* to hunt sb — *stare addosso a qcno,* to press (to urge) sb.
3 *(molto vicino)* on top of: *Le nuove costruzioni vengono su una addosso all'altra,* New buildings are springing up one on top of the other.
4 *(in funzione di interiezione, come incitamento): Dagli addosso!,* At him!
addotto *agg (allegato)* adduced; alleged; *(med.)* adducted.
□ *sm* adduct.
addottoramento *sm* conferment of a degree.
addottorare *vt* to confer a degree on.
□ **addottorarsi** *v. rifl* to graduate; to take* one's degree.
adducibile *agg* adducible; adduceable.
addurre *vt* to adduce; to allege; to bring* to bear; *(citare)* to cite: *addurre esempi,* to give examples.
adduttore *sm e agg attrib* adductor.

adeguabile *agg* adaptable; which can be adapted (to sth).
adeguamento *sm* adjustment.
adeguare *vt* to fit; to adjust: *adeguare gli stipendi al costo della vita,* to adjust wages to the cost of living. □ *adeguare al suolo,* to raze to the ground.
□ **adeguarsi** *v. rifl* to conform; to adjust; to adapt.
adeguatamente *avv* **1** *(proporzionalmente)* adequately. **2** *(in modo opportuno)* fitty; rightly.
adeguatezza *sf* adequacy.
adeguato *agg* **1** *(proporzionato)* adequate. **2** *(conforme)* consistent.
adempibile *agg* performable.
adempiere *vt* **1** to fulfil; to carry out. **2** *(dir.)* to execute.
□ *vi (seguito da* a) to perform.
□ **adempiersi** *v. rifl* to come* true.
adempimento *sm* fulfilment; *(esecuzione)* accomplishment; *(dir.)* performance; execution: *nell'adempimento del proprio dovere,* in the performance of one's duty.
adempire *vt* ⇨ **adempiere.**
adenoidi *sf pl* adenoids.
adepto *agg e sm* disciple; follower.
aderente *agg* **1** adhesive; adherent. **2** *(di vestiti)* close- (*o* tight-) fitting. **3** *(fig.)* faithful (to sth); in keeping (with sth).
□ *sm* adherent; supporter.
aderenza *sf* **1** adhesion *(anche med.).* **2** *(fig.)* agreement; acceptance; *(vincolo)* tie.
aderire *vi* **1** to adhere (to sth); to stick (to sth). **2** *(fig.: consentire)* to agree (to sth); *(accettare)* to accept.
adescabile *agg* seducible.
adescamento *sm* **1** enticement; seduction; *(da parte di prostituta)* soliciting. **2** *(idraulica)* priming.
adescare *vt* **1** to lure; to bait; *(uccelli)* to decoy; *(da parte di prostituta)* to solicit. **2** *(fig.)* to entice; to seduce. **3** *(idraulica)* to prime.
adescatore *sm* enticer.
adesione *sf* **1** adhesion. **2** *(fig.)* agreement; assent; *(l'accettare)* acceptance; *(appoggio)* support.
adesività *sf* adhesiveness.
adesivo *agg* adhesive.
adesso *avv* now: *da adesso in poi,* from now on — *per adesso,* for the moment — *adesso adesso,* just now.
adiacente *agg* adjacent (to); close (to); next (to); adjoining.
adiacenza *sf (al pl.)* surroundings; environs.
adibire *vt* to put* to use (as); to use (as): *adibire una stanza a studio,* to use a room as a study — *essere adibito a...,* to be used as...
àdipe *sm* fat; flab *(fam.).*
adiposità *sf* adiposity.
adiposo *agg* adipose.
adirare *vt* to anger.
□ **adirarsi** *v. rifl* to get* angry (at sth, with sb); to fly* into a temper (over sth); to get* worked up (over sth).
adirato *agg* angry; enraged; furious.
adire *vt* **1** to resort to (law); to apply to (the courts): *adire le vie legali,* to start legal proceedings. **2** *(accettare)* to accept; to take* up.
adito *sm* entrance; *(fig.)* access: *dare adito (a),* to lead (to); to open (into); to give rise (to).
adocchiare *vt* to eye; to cast* eyes (on sth, sb); *(guardare con desiderio)* to covet; to set* one's eyes (on sth, sb).
adolescente *agg* adolescent; teen(-)age.
□ *sm* adolescent; teenager.
adolescenza *sf* adolescence; teens *(fam.): essere nell'adolescenza,* to be in one's teens.
adombrabile *agg* **1** *(di carattere)* suspicious. **2** *(di cavallo)* skittish.
adombramento *sm* **1** overshadowing; *(fig.)* veiling. **2** *(accenno)* hint; allusion.
adombrare *vt* **1** *(oscurare)* to darken; to cast* a shadow over; *(un disegno)* to shade in. **2** *(celare)* to veil; to obscure. **3** *(alludere)* to hint at; to give* a hint of.
□ **adombrarsi** *v. rifl* **1** *(spaventarsi)* to shy; to start at shadows. **2** *(fig.)* to be* suspicious; to wear* a dark look.
adontarsi *v. rifl* to take* offence (at sth); to be* offended (at sth).
adoperabile *agg* usable.
adoperare *vt* to use; to make* use of.
□ **adoperarsi** *v. rifl* to take* trouble; to set* to work; to make* an effort.
adorabile *agg* adorable.
adorabilità *sf* adorability.
adorabilmente *avv* adorably.
adorare *vt* to worship; to venerate; *(spec. fam.)* to adore.
adoratore *sm* worshipper; *(scherz.)* admirer.
adorazione *sf* adoration; worship.
adornabile *agg* adornable; which can be adorned.
adornare *vt* to adorn *(anche fig.);* to bedeck.
□ **adornarsi** *v. rifl* to adorn oneself; to dress up.
adorno *agg* ornate; adorned (with).
adottabile *agg* adoptable.
adottante *sm e f.* adopter.
adottare *vt* **1** to adopt *(anche fig.).* **2** *(un libro di testo)* to choose*; to select.
adottivo *agg* adoptive.
adozione *sf* **1** adoption. **2** *(scelta)* choice: *paese di adozione,* adoptive country.
adrenalina *sf* adrenalin.
adsorbimento *sm (med.)* adsorption.
adulare *vt* to flatter; to adulate *(raro).*
adulatore *sm* flatterer.
adulatorio *agg* flattering.
adulazione *sm* flattery; adulation.
adultera *sf* adulteress.
adulteramento *sm* adulteration.
adulterare *vt* to adulterate.
adulterazione *sf* adulteration.
adulterino *agg* **1** *(di relazione)* adulterous. **2** *(di figlio)* adulterine; illegitimate; bastard.
adulterio *sm* adultery.
adultero *agg* adulterous. □ *sm* adulterer.
adulto *agg e sm* adult; grown-up.
adunanza *sf* meeting; assembly.
adunare *vt* **1** to gather together; to assemble. **2** *(contenere)* to bring* together.
□ **adunarsi** *v. rifl* to assemble; to gather; to meet*.
adunata *sf (mil.)* parade: *suonare l'adunata,* to sound the assembly.
adunco *agg* hooked.
aedo *sm (stor.)* bard; *(poeta)* poet.
aerare *vt* **1** to air. **2** *(chim.)* to aerate.
aerato *agg* **1** aired; *(arioso)* airy. **2** *(chim.)* aerated.
aeratore *sm* aerator; ventilator.
aerazione *sf* **1** airing; ventilation. **2** *(chim.)* aeration.
aere *sm (poet.)* air.
aereo *agg* **1** aerial; *(fig.)* airy. **2** *(dell'aviazione)* air: *posta aerea,* air mail.
□ *sm* **1** aeroplane; aircraft; airplane *(USA);* 'plane *(fam.): andare (viaggiare) in aereo,* to go (to travel) by

'plane, by air — *prendere l'aereo per Praga,* to take the 'plane to Prague; to fly to Prague. **2** *(radio)* aerial.
aeriforme *agg* aeriform; gaseous.
aerobico *agg* aerobic.
aerocisterna *sf* air tanker.
aeroclub *sm* flying club.
aerodinamica *sf* aerodynamics *(col v. al sing.).*
aerodinamico *agg* **1** aerodynamic. **2** *(di carrozzeria, ecc.)* streamlined.
aerodromo *sm* aerodrome; airdrome *(USA).*
aerofaro *sm* beacon.
aerofotografia *sf* aerial (*o* air) photography.
aerografo *sm* spray-gun.
aerolinea *sf* airline.
aerolito *sm* aerolite; aerolith.
aeromobile *sm* aircraft.
aeromodellismo *sm* model aircraft construction.
aeromodello *sm* model aircraft.
aeronauta *sm* aeronaut.
aeronautica *sf* aeronautics *(col v. al sing.);* aviation; *(mil.)* Air Force: *Ministero dell'Aeronautica,* Air Ministry.
aeronautico *agg* aeronautic(al).
aeronavale *agg* air-sea *(attrib.).*
aeronave *sf* airship.
aeronavigazione *sf* (air) navigation.
aeroplano *sm* aeroplane; aircraft; 'plane; airplane *(USA);* ship *(USA, fam.); (a reazione)* jet; *(da caccia)* fighter; pursuit 'plane *(USA); (di linea)* airliner: *prendere l'aeroplano per Milano,* to take a (*o* the) 'plane to Milan; to fly to Milan.
aeroporto *sm* airport; aerodrome; *(spec. mil.)* airfield.
aerosiluro *sm* air torpedo.
aerospaziale *agg* aero-space *(attrib.).*
aerostatica *sf* aerostatics *(col v. al sing.).*
aerostato *sm* aerostat.
aerostazione *sf* (air) terminal.
aerotassì *sm* air taxi.
aerotrasportato *agg* airborne.
aerotrasporto *sm* air transport.
afa *sf* sultriness; closeness.
affabile *agg* affable; kindly.
affabilità *sf* affability.
affabilmente *avv* affably.
affaccendamento *sm* bustle; stir.
affaccendarsi *v. rifl* to be* busy *(seguito dal gerundio): affaccendarsi a fare qcsa,* to be busy doing sth — *Si affaccendava a preparare la cena,* She was busy getting supper ready.
affaccendato *agg* busy: *essere molto affaccendato (a fare qcsa),* to be very busy (doing sth).
affacciare *vt* **1** *(avanzare, prospettare)* to point out; to raise; to venture; to put* forward: *Affacciarono parecchi dubbi,* They raised several doubts. **2** *(mostrare, far vedere)* to show*; to present: *Affacciò il viso, finalmente,* She showed her face at last.
□ **affacciarsi** *v. rifl* **1** *(mostrarsi, presentarsi alla finestra, farsi vedere)* to show* oneself; to appear (at the window); to come* forward; to come* (to go*) to the window; *(far capolino)* to peep: *Il compositore si affacciò per ringraziare il pubblico,* The composer came forward to thank the audience — *Un sole pallido si affacciò tra le nubi,* A pale sun appeared among (peeped through) the clouds. **2** *(venire alla mente, presentarsi alla mente)* to strike*; to occur: *Mi si affacciò il pensiero che egli potesse mentire,* The thought struck me (It occurred to me) that he might be lying. **3** *(fronteggiare, guardare verso)* to face: *La casa si affacciava sul lago,* The house faced the lake.
affamare *vt* to starve (out).
affamato *agg* **1** starving; hungry. **2** *(fig.)* eager (for sth).
affannare *vt* **1** to leave* (sb) breathless. **2** *(fig.)* to trouble.
□ **affannarsi** *v. rifl* **1** *(darsi da fare)* to busy oneself. **2** *(agitarsi)* to get* worked up; to worry; to get* all hot and bothered *(fam.): Ti stai affannando per niente,* You're getting all worked up over nothing.
affannato *agg* **1** breathless. **2** *(fig.)* worried; worked up.
affanno *sm* **1** *(difficoltà di respiro)* breathlessness. **2** *(fig.)* worry; trouble: *dare affanno,* to give trouble — *prendersi affanno,* to worry — *levare (qcno) d'affanno,* to get (sb) out of trouble — *essere in affanno per qcno,* to be anxious about sb.
affannosamente *avv* with difficulty; *(fig.)* anxiously.
affannoso *agg* **1** *(di respiro, ecc.)* laboured; difficult. **2** *(fig.)* anxious; troubled.
affardellare *vt* to bundle together; to make* a bundle of: *affardellare lo zaino,* to pack one's kit.
affare *sm* **1** *(faccenda)* matter; business; concern; affair: *Non è sempre un affare facile procurarsi un visto,* Getting a visa is not always an easy matter (affair, business) — *Non è affare mio,* It's no concern (no business) of mine; It's none of my business — *Mise ordine nei suoi affari prima di andare all'estero,* He put his affairs in order before going abroad — *Bada agli affari tuoi!,* Mind your own business! — *Bell'affare!,* This is a fine state of affairs! — *un brutto affare,* a nasty business — *l'affare Dreyfus,* the Dreyfus affair.
2 *(comm.)* transaction; deal *(fam.); (occasione)* bargain: *L'affare è stato concluso,* The transaction has been completed — *Ho combinato un grosso affare con una ditta americana,* I've pulled off a big deal with an American firm — *Affare fatto!,* Done!; Taken!; Agreed!; It's a deal! — *gli affari,* business — *Gli affari calano sempre dopo il periodo di Natale,* Business is always slack after Christmas — *parlare di affari,* to talk business — *viaggio d'affari,* business trip — *genere d'affari,* line of business — *uomo d'affari,* businessman — *Gli affari sono affari!,* Business is business!
3 *(cosa, coso)* thing; *(se cosa materiale)* affair: *Ho da sbrigare alcuni affari stasera,* I've got a number of things to do this evening — *Il letto era un affare grosso, terribilmente difficile da spostare,* The bed was an enormous affair and awfully difficult to move.
4 *(caso giudiziario)* affair.
□ *gente di alto affare, (fam.)* (the) top people — *un affare di cuore,* a love affair; *(se illecito)* affair; affaire *(fr.)* — *giro d'affari,* turnover; total sales — *incaricato d'affari,* chargé d'affaires *(fr.).*
affarismo *sm* unscrupulous dealings *(pl.);* sharp practice; profiteering.
affarista *sm* unscrupulous (*o* sharp) businessman *(pl. -men);* profiteer.
affaristico *agg* speculative.
affascinante *agg* charming; fascinating; attractive.
affascinare *vt* **1** *(ammaliare)* to bewitch. **2** *(fig.)* to charm; to fascinate; to attract.
affascinatore *sm* charmer.
affascinatrice *sf* charmer; enchantress.
affastellamento *sm* **1** bundling. **2** *(fig.)* piling up.

affastellare *vt* **1** to tie (to make*) up into bundles. **2** *(fig.)* to pile.
affaticamento *sm* **1** *(l'atto)* tiring. **2** *(l'effetto)* tiredness.
affaticare *vt* to tire; to strain; to fag *(fam.)*; *(spossare, sfinire)* to exhaust; to wear* (sb) out: *L'insegnamento lo affatica molto,* Teaching tires him a lot (wears him out) — *Non affaticare gli occhi leggendo troppo a lungo,* Don't strain your eyes by reading too much.
□ **affaticarsi** *v. rifl* **1** *(stancarsi)* to tire oneself (out); to get* tired; to get* strained (worn out); *(sottoporsi a fatica)* to work hard. **2** *(adoperarsi, affannarsi, darsi un gran da fare)* to strive*; to endeavour; to work hard: *Si affaticava a dimostrare che la sua idea era buona,* He strove to show that his idea was good — *Il ragazzo si affaticava a studiare,* The boy tired himself out studying (studied very hard).
affatto *avv* **1** *(del tutto)* completely. **2** *(rafforzativo di negazione)* (not) at all; by no means: *Non ho affatto sonno,* I'm not at all sleepy — *Non ha affatto finito quel lavoro,* He's by no means finished that job.
affermabile *agg* assertable; affirmable.
affermare *vt* **1** *(dir di sì)* to affirm. **2** *(asserire)* to assert.
□ **affermarsi** *v. rifl* **1** to make* oneself known; to make* a name for oneself. **2** *(di moda, ecc.)* to become* popular.
affermativa *sf* affirmative.
affermativamente *avv* affirmatively; in the affirmative.
affermativo *agg* **1** affirmative. **2** *(assertivo)* assertive.
affermazione *sf* **1** affirmation; assertion; statement. **2** *(successo)* performance; achievement.
afferrare *vt* **1** to seize *(anche fig.)*: *afferrare qcno per il braccio,* to seize sb by the arm; to grab sb's arm. **2** *(capire)* to grasp.
□ **afferrarsi** *v. rifl* **1** to grasp (at sb, sth). **2** *(come v. reciproco)* to seize one another.
[1]**affettare** *vt (tagliare a fette)* to slice; to cut* (sth) into slices.
[2]**affettare** *vt (ostentare)* to affect.
affettatamente avv affectedly; artificially.
[1]**affettato** *agg (tagliato)* sliced.
□ *sm* sliced meat (ham, salami, *ecc.*).
[2]**affettato** *agg (artificioso)* affected; artificial; mannered.
affettatrice *sf* slicer.
affettazione *sf* affectation; artificiality of manner.
affettivo *agg* affective.
[1]**affetto** *sm* affection: *provare affetto per qcno,* to feel affection for sb — *con affetto,* affectionately.
[2]**affetto** *agg* **1** *(med., ecc.)* afflicted (with); suffering (from): *affetto da demenza,* mad; insane. **2** *(dir.)* burdened.
affettuosamente *avv* **1** affectionately; lovingly. **2** *(in chiusura di lettera)* Love; *(tra uomini)* Yours; Yours ever.
affettuosità *sf* affection; tenderness. □ *(in chiusura di lettera)* Yours affectionately; Love; Yours ever.
affettuoso *agg* affectionate; fond; loving.
affezionare *vt* to instil (in sb) a liking (for sth).
□ **affezionarsi** *v. rifl* to grow* fond of.
affezionato *agg* devoted (to); affectionate; fond (of).
affezione *sf* **1** *(sentimento)* devotion: *nutrire (avere) affezione per qcno,* to feel affection for sb — *prezzo d'affezione,* sentimental value. **2** *(med.)* affection; disease.
affiancare *vt* **1** *(mil.)* to flank; *(naut.)* to go* alongside. **2** *(fig.: sostenere)* to help; to support.
□ **affiancarsi** *vi e rifl* **1** *(mil.)* to march side by side. **2** *(naut.)* to come* alongside.
affiatamento *sm* concord; harmony; understanding; agreement: *C'è molto affiatamento tra loro,* They get on very well together.
affiatare *vt* to make* (people) get on well together.
□ **affiatarsi** *v. rifl* to get* on well together.
affibbiare *vt* **1** to buckle. **2** *(fig.: un colpo)* to let* fly. **3** to saddle (sb with sth): *affibbiare a qcno la colpa di qcsa,* to lay the blame for sth on sb — *affibbiare un soprannome,* to pin a nickname (on sb) — *affibbiare monete false,* to palm off dud coins (on sb).
affidamento *sm* assurance: *dare affidamento,* to give assurance; to be reliable; to be trustworthy — *Non dà affidamento,* He's unreliable — *fare affidamento su qcno per qcsa,* to rely on sb for sth.
affidare *vt* **1** *(consegnare alle cure di qcno)* to entrust (sb with sth *o* sth to sb): *affidare la propria salute ad un medico,* to entrust one's health to a doctor; to entrust a doctor with one's health — *Gli affidarono l'educazione dei loro figli,* They entrusted the education of their children to him. **2** *(confidare)* to confide: *Sono sicuro di poterti affidare questo segreto,* I feel sure I can confide this secret to you. **3** *(commettere, consegnare)* to commit: *affidare un prigioniero a qcno,* to commit a prisoner to sb — *affidare l'anima a Dio,* to commit one's soul to God. **4** *(dir.: concedere)* to grant: *Il giudice affidò la custodia della ragazza alla madre,* The judge granted the custody of the girl to her mother.
□ **affidarsi** *v. rifl (contare su)* to rely (on); *(abbandonarsi fiduciosamente a)* to depend on; *(confidare in)* to trust in; *(avere fiducia in)* to place one's trust in: *affidarsi a un amico,* to rely on (to depend on) a friend — *Mi affido alla vostra intelligenza,* I trust (in) your intelligence — *affidarsi a Dio,* to trust (to place one's trust in) God.
affievolimento *sm* **1** weakening. **2** *(radio)* fading.
affievolire *vt* to weaken; to enfeeble.
□ **affievolirsi** *v. rifl* **1** to grow* weak; to get* feebler. **2** *(radio)* to fade.
affiggere *vt* **1** to post (up); to stick* up. **2** *(poet.)* to fix.
□ **affiggersi** *v. rifl* to gaze (at sth); to stare (at sth).
affilamento *sm* whetting; sharpening.
affilare *vt* to sharpen; to whet; *(sul cuoio)* to strop; *(sulla mola)* to grind; *(sulla pietra)* to hone.
□ **affilarsi** *v. rifl* to get* thin (thinner).
affilata *sf* (slight) sharpening.
affilato *agg* **1** sharp; whetted; ground; honed. **2** *(fig.)* thin; pinched.
affilatoio *sm* sharpener.
affilatrice *sf* sharpener; grinder.
affilatura *sf* (*cfr.* **affilare**) sharpening; whetting; grinding; honing.
affiliare *vt* to affiliate.
□ **affiliarsi** *v. rifl* to join (sb, sth); to become* a member (of sth).
affiliato *agg* associated.
□ *sm* associate; affiliate.
affiliazione *sf* affiliation.
affinamento *sm* **1** *(di uno stile)* refining. **2** *(di metalli)* refining; fining; smelting.
affinare *vt* **1** *(affilare)* to sharpen. **2** *(fig.: uno stile)* to refine; to polish. **3** *(fig.: l'ingegno, ecc.)* to make* (sth) keener. **4** *(metalli)* to refine.
affinché *congiunz* so that; in order that; that: *Le tra-*

smettiamo gli atti della riunione affinché Lei possa prenderne atto, We are sending you the minutes of the meeting in order that you may take note of them.
affine *agg* similar; like; allied: *tabacchi e generi affini,* tobacco and allied wares; tobacco and the like.
affinità *sf* affinity.
affiochimento *sm* **1** *(atto)* weakening. **2** *(effetto)* weakness.
affiochire *vt e i.* to weaken; *(di luce)* to grow* dim (*o* faint).
□ **affiochirsi** *v. rifl* to grow* weak (weaker); to weaken.
affioramento *sm* **1** emergence *(anche fig.).* **2** *(di sottomarino)* surfacing. **3** *(geologia)* outcrop.
affiorare *vi* **1** *(emergere)* to emerge; to break* through. **2** *(fig.)* to come* to light. **3** *(naut.: di sottomarino)* to surface.
affissione *sf* posting; bill-posting: *Divieto di affissione,* Stick no bills.
affisso *sm* **1** *(manifesto)* notice; bill. **2** *(gramm.)* affix.
affittabile *agg* rentable.
affittacamere *sm* landlord. □ *sf* landlady.
affittanza *sf* tenancy; *(contratto)* lease.
affittare *vt (dare in affitto)* to let*; to rent; *(prendere in affitto)* to rent.
affitto *sm* rent; *(talvolta, riferito a terreni e a macchinario, ecc.)* leasing: *dare qcsa in affitto,* to rent (to lease) sth — *prendere qcsa in affitto,* to rent (to lease) sth — *camere di affitto,* rent.
affittuale, affittuario *sm* tenant.
affliggere *vt* **1** *(causare dolore)* to torment: *essere afflitto da una malattia,* to suffer (to be suffering) from an illness. **2** *(fig.)* to afflict.
□ **affliggersi** *v. rifl* to distress oneself (at, about, over sth); to grieve (for, over sth): *Di che ti affliggi?,* What are you so distressed about?; What are you worrying about?
afflitto *agg* **1** *(da dolore)* tormented. **2** *(fig.)* afflicted: *aver l'aria afflitta,* to look miserable.
afflizione *sf* **1** *(dolore)* torment. **2** *(fig.)* affliction.
afflosciare *vt* to make* (sth, sb) flabby.
□ **afflosciarsi** *v. rifl* **1** *(diventare floscio)* to become* flabby. **2** *(accasciarsi)* to flop (down).
affluente *agg e sm* tributary; affluent *(raro).*
affluenza *sf* **1** flow. **2** *(concorso di gente)* crowd.
affluire *vi* **1** to flow. **2** *(fig.)* to pour in: *La gente affluiva,* People poured in.
afflusso *sm* inflow *(anche di capitali, ecc.);* influx; *(flusso)* flow.
affogamento *sm* drowning.
affogare *vt e i.* **1** to drown: *morire affogato,* to drown; to die by drowning. **2** *(cucina)* to poach: *uova affogate,* poached eggs. □ *affogare nei debiti,* to be up to one's ears in debt — *o bere o affogare, (fig.)* sink or swim.
□ **affogarsi** *v. rifl* to drown.
affollamento *sm* **1** thronging. **2** *(folla)* crowd; throng.
affollare *vt* to crowd.
□ **affollarsi** *v. rifl* to crowd; to throng.
affollato *agg* crowded; thronged.
affondamento *sm* sinking.
affondare *vt e i.* to sink*.
affondatore *sm* sinker.
affossamento *sm* **1** *(l'affossare)* ditching. **2** *(avvallamento)* subsidence. **3** *(fig.: accantonamento)* shelving.
affossare *vt* **1** to ditch; to drain. **2** *(fig.: accantonare)* to shelve; to ditch *(fam.).*
□ **affossarsi** *v. rifl* to grow* hollow.
affossato *agg* sunk; *(delle guance, ecc.)* sunken.
affrancabile *agg* **1** releasable. **2** *(che si può riscattare)* redeemable.
affrancamento *sm* **1** *(il liberare)* freeing; release. **2** *(il riscattare)* redemption.
affrancare *vt* **1** *(liberare)* to free; to set* free; to emancipate; to liberate. **2** *(riscattare)* to redeem. **3** *(applicare francobolli su)* to stamp; to frank.
□ **affrancarsi** *v. rifl (anche fig.)* to free oneself.
affrancatrice *sf* franking-machine.
affrancatura *sf* stamping; franking.
affranto *agg* depressed; disheartened; *(distrutto)* worn out: *un cuore affranto,* a broken heart.
affratellamento *sm* fraternization.
affratellare *vt* to make* (people) fraternize; to bring* (people) together.
□ **affratellarsi** *v. reciproco* to fraternize.
affrescare *vt* to fresco.
affresco *sm* fresco *(pl.* frescoes*).*
affrettare *vt* to speed up; to hasten; to quicken; to urge on; *(un lavoro)* to speed up: *affrettare il passo,* to quicken one's pace.
□ **affrettarsi** *v. rifl* to hurry; to make* haste: *Affrettatevi!,* Hurry up!; *(più fam.)* Get a move on!
affrettatamente *avv* hurriedly; hastily; in haste; in a hurry.
affrettato *agg* hurried; hasty; in a hurry; *(poco curato)* careless.
affrontare *vt* **1** *(andare incontro, esporsi)* to face; to confront: *affrontare il pericolo,* to face danger — *affrontare il nemico,* to confront the enemy — *affrontar battaglia,* to engage battle — *affrontare una spesa,* to manage to pay for sth. **2** *(disporsi a, incominciare a fare, a trattare)* to turn one's attention (to sth); to tackle; to discuss; to deal* (with sth): *affrontare un argomento, una questione,* to turn one's attention to a subject, to a problem. **3** *(tec.: far combaciare)* to fit; to mate; to match.
□ **affrontarsi** *v. rifl reciproco* **1** *(scontrarsi, venire alle mani)* to clash; to come* to blows; to begin* to fight: *I due eserciti si affrontarono fuori della città,* The two armies clashed outside the town. **2** *(stare faccia a faccia)* to face each other (one another): *Le due donne si affrontarono fieramente,* The two women faced each other fiercely.
affronto *sm* affront; insult: *fare un affronto a qcno,* to insult sb.
affumicamento *sm* **1** blackening (with smoke). **2** *(di cibi)* smoking; *(di aringhe)* kippering.
affumicare *vt* **1** *(riempire di fumo)* to fill (sth) with smoke; *(annerire)* to blacken with smoke. **2** *(esporre cibi al fumo)* to smoke; *(aringhe)* to kipper.
affumicato *agg* **1** blackened with smoke. **2** *(esposto al fumo: di cibo, ecc.)* smoked: *salmone affumicato,* smoked salmon.
affusolare *vt* to taper.
affusolato *agg* tapering.
affusto *sm* gun-carriage.
afgano *agg e sm* Afghan.
afono *agg* aphonic.
aforisma *sm* aphorism.
afoso *agg* sultry; close.
africano *agg e sm* African.
africo *sm* south-west wind.
afrodisiaco *agg e sm* aphrodisiac.
afta *sf* thrush: *afta epizootica,* foot-and-mouth disease.
agata *sf* agate.
agemina *sf* damask.
ageminare *vt* to damascene.
agenda *sf* **1** diary. **2** *(lista di argomenti)* agenda.

agente *sm* **1** agent; representative: *il nostro agente di Milano,* our agent in Milan — *Vi preghiamo di rivolgerVi al nostro agente per i campioni,* For samples, please apply to our agent (to our representative) — *agente commissionario,* commission agent — *agente di cambio,* stockbroker — *agente di polizia,* policeman — *agente di vendita,* sales agent — *agente esclusivo,* sole agent — *agente immobiliare,* estate (*o* land) agent — *agente investigativo,* detective — *agente provocatore,* agent provocateur *(fr.)* — *agente pubblicitario,* press agent. **2** *(chim., ecc.)* agent; reagent.

agenzia *sf* **1** agency: *agenzia di viaggi,* travel agency. **2** *(ufficio)* office. □ *contratto di agenzia, (dir.)* agency.

agevolamento *sm* facilitation.

agevolare *vt* **1** *(una cosa)* to facilitate; to make* (sth) easy. **2** *(una persona)* to help.

agevolazione *sf* **1** facilitation. **2** *(riduzione)* reduction.

agevole *agg* **1** easy. **2** *(di strada)* smooth. **3** *(di spazio)* reasonable; sufficient.

agevolmente *avv* easily; with ease.

agganciamento *sm* hooking; *(ferrovia)* coupling.

agganciare *vt* **1** to hook; *(ferrovia)* to couple. **2** *(fam.: una persona)* to catch*; to latch on to.

aggeggio *sm* gadget; contraption; contrivance.

aggettare *vi* to jut out.

aggettivale *agg* adjectival.

aggettivo *sm* adjective.

aggetto *sm* projection.

agghiacciamento *sm* freezing; icing.

agghiacciare *vt* **1** to ice. **2** *(fig.: far inorridire)* to freeze* sb's blood.
□ **agghiacciarsi** *v. rifl* to freeze*; *(di speccio d'acqua)* to freeze* over.

agghiaccio *sm* tiller; *(del timone)* steering gear.

agghindare *vt (fam.)* to titivate; to dress (sth, sb) up.
□ **agghindarsi** *v. rifl* to dress up; *(spreg.)* to doll oneself up.

aggio *sm* agio.

aggiogabile *agg* able to be yoked; which can be yoked.

aggiogamento *sm* yoking.

aggiogare *vt* **1** to yoke. **2** *(fig.)* to subjugate.

aggiornamento *sm* **1** *(rinvio)* postponement; *(dir.)* adjournment. **2** *(revisione)* updating; revision; renovation; *(di un impianto)* renovation: *un corso di aggiornamento,* a refresher course.

aggiornare *vt* **1** *(differire)* to postpone; *(dir.)* to adjourn; to defer; to postpone. **2** *(rivedere)* to revise; to update; to bring* (sth) up to date.
□ **aggiornarsi** *v. rifl* to bring* oneself up to date; to get* up to date.

aggiornato *agg* **1** postponed; *(dir.)* adjourned; deferred. **2** *(messo a giorno)* revised; updated.

aggiramento *sm* **1** trickery. **2** *(mil.)* outflanking.

aggirare *vt* **1** *(circondare)* to surround; to encircle: *I soldati aggirarono la postazione nemica,* The soldiers surrounded (*o* encircled) the enemy. **2** *(girare intorno)* to go* (to pass) round; to outflank. **3** *(evitare, scansare)* to pass round; to avoid: *aggirare un ostacolo,* to pass round (to avoid) an obstacle. **4** *(ingannare)* to trick.
□ **aggirarsi** *v. rifl* **1** *(girovagare)* to hang* about; to wander about; to go* about: *Si aggirava malinconicamente per le stanze vuote,* He wandered sadly about the empty rooms. **2** *(ammontare approssimativamente)* to be* around (*o* about): *Il prezzo si aggira sulle cinquanta sterline,* The price is around (is about, is in the region of) fifty pounds. **3** *(trattare, riguardare)* to deal* with.

aggiudicabile *agg* awardable.

aggiudicante *sm* **1** awarder. **2** *(dir.)* adjudicator.

aggiudicare *vt* **1** to award; *(dir.)* to adjudge; to adjudicate. **2** *(concedere in appalto)* to entrust (sb sth, sth to sb, sb with sth); to award (sb sth, sth to sb). **3** *(assegnare all'incanto)* to knock (sth) down (to sb): *Aggiudicato!,* Gone!
□ **aggiudicarsi** *v. rifl* to win*; to be* awarded: *aggiudicarsi il primo posto,* to win first place.

aggiudicazione *sf* **1** *(all'asta)* adjudication. **2** *(di appalto)* award of contract.

aggiungere *vt* to add: *'E non verrò neanch'io', aggiunse,* 'And I shan't be coming either', he added.
□ **aggiungersi** *v. rifl* to join; to be* added (to); to be* followed by.

aggiunta *sf* addition: *fare un'aggiunta a qcsa,* to make an addition to sth — *in aggiunta a...,* in addition to... — *con l'aggiunta di...,* with the addition of...

aggiuntivamente *avv* adjunctively.

aggiuntivo *agg* adjunctive *(poco comune);* additional; supplementary.

aggiunto *agg* **1** added. **2** *(assistente)* assistant *(anche attrib.).*

aggiustabile *agg* **1** mendable; repairable. **2** *(che si può regolare)* able to be settled; which can be settled.

aggiustaggio *sm* adjustment; fitting.

aggiustamento *sm* **1** mending; repairing. **2** *(fig.: accomodamento, regolazione)* settlement.

aggiustare *vt* **1** *(riparare)* to mend; to repair: *fare (farsi) aggiustare qcsa,* to get (to have) sth mended — *Fatti aggiustare le scarpe,* Get your shoes mended (*o* repaired) — *aggiustare un orologio,* to repair a watch. **2** *(sistemare, mettere in ordine)* to settle; to arrange; to put* in order: *aggiustarsi la cravatta,* to straighten one's tie — *aggiustare i conti (una faccenda),* to settle accounts (a matter) — *Aggiustiamo dopo!,* We'll settle up later! □ *T'aggiusto io (per le feste)!,* I'll fix you! (I'll give you a sound thrashing, a good hiding!) — *aggiustare il tiro,* to correct the (*o* one's) aim.
□ **aggiustarsi** *v. rifl* **1** *(mettersi in ordine, farsi elegante)* to tidy oneself up; to make* oneself smart; to smarten oneself up: *Devo aggiustarmi prima che arrivino,* I must tidy myself up before they arrive. **2** *(adattarsi)* to adapt oneself; to get* by; to make* do: *Possiamo aggiustarci in questa cameretta per stanotte,* We can get by (make do) in this little room for tonight. **3** *(migliorare)* to improve: *Il tempo si sta aggiustando,* The weather is improving. **4** *(v. reciproco: mettersi d'accordo)* to come* to an agreement (to an understanding); to agree (on sth; upon sth): *Ci si aggiusta sempre,* We can always come to an agreement.

aggiustatore *sm (mecc.)* fitter.

agglomeramento *sm* conglomeration; agglomeration; *(di gente)* crowd; throng.

agglomerare *vt,* **agglomerarsi** *v. rifl* to conglomerate; to agglomerate.

agglomerato *sm* built-up area: *un grande agglomerato,* a large urban centre.

agglutinamento *sm* agglutination.

agglutinante *agg* **1** agglutinant; adhesive. **2** *(glottologia)* agglutinate.

agglutinare *vt* to agglutinate.
□ **agglutinarsi** *v. rifl* to stick together.

aggomitolare *vt* to wind* into a ball.
□ **aggomitolarsi** *v. rifl* to curl up.

aggradare *vi dif* to please *(costruzione personale o*

impersonale): come meglio vi aggrada, as you please; as you think best.

aggraffare *vt* **1** *(mecc., ecc.)* to clamp; to clinch. **2** *(fig.)* to grasp.

aggranchiare, aggranchire *vt* to numb; to benumb.
□ **aggranchiarsi, aggranchirsi** *v. rifl* to become* numb (*o* stiff).

aggrappare *vt* to grasp; to clench; to grip; *(dell'ancora)* to bite*.
□ **aggrapparsi** *v. rifl* to cling* to; to clutch; to catch* hold of. □ *v. reciproco (pugilato)* to clinch; to go* into a clinch.

aggrappato *agg* clinging.

aggravamento *sm* **1** *(di pena, ecc.)* increase. **2** *(peggioramento)* turn for the worse; worsening.

aggravante *agg* aggravating.
□ *sf (dir.)* aggravation; aggravating circumstance.

aggravare *vt* **1** *(rendere più grave, appesantire, aumentare)* to make* heavier; to aggravate; to increase: *aggravare un carico,* to increase a burden — *aggravare un'offesa,* to aggravate an offence — *aggravare la pena,* to increase the sentence. **2** *(peggiorare)* to make* worse; to worsen: *Non aggravare le cose (la situazione),* Don't make things (the situation) worse. □ *aggravare lo stomaco,* to overload one's stomach; to overeat — *un cibo che aggrava lo stomaco,* food which lies heavy on the stomach — *aggravare la coscienza,* to weigh down (to burden) one's conscience.
□ **aggravarsi** *v. rifl (diventare più grave, peggiorare)* to become* worse; to get* worse; to worsen: *La situazione si aggravò,* The situation became worse — *Le condizioni del vecchio si aggravarono,* The old man's condition got worse (worsened).

aggravato *agg* **1** increased. **2** *(di malato)* worse.

aggravio *sm* increase; burden: *un aggravio fiscale,* a tax increase.

aggraziato *agg* graceful; elegant; pretty.

aggredire *vt* to attack; to assail; to go* for *(fam.)*; *(con parole)* to attack; to inveigh against; to rail at.

aggregamento *sm* aggregation.

aggregare *vt* **1** to add; *(territorio)* to annex. **2** *(p.es. un nuovo socio)* to admit.
□ **aggregarsi** *v. rifl* to join; to become* a member (of sth).

aggregato *agg* **1** united; aggregated. **2** *(di impiegato, ecc.)* attached: *un socio aggregato,* an associate member.
□ *sm* **1** *(urbanistica)* complex; *(di case)* block. **2** *(mineralogia)* aggregate.

aggregazione *sf* aggregation.

aggressione *sf* **1** attack; *(spec. dir.)* assault: *aggressione a mano armata,* armed assault — *essere vittima di un'aggressione,* to be the victim of an attack. **2** *(tra più Stati)* aggression: *un patto di non-aggressione,* a non-aggression pact.

aggressivamente *avv* aggressively.

aggressività *sf* aggressiveness.

aggressivo *agg* aggressive.
□ *sm* agent: *aggressivi chimici,* chemical agents (*o* weapons); war gases.

aggressore *sm* assailant; *(tra più Stati)* aggressor.

aggrinzare, aggrinzire *vt* to wrinkle: *aggrinzare la pelle,* to wrinkle one's skin.
□ **aggrinzarsi, aggrinzirsi** *v. rifl* to wrinkle.

aggrondato *agg* frowning.

aggrottare *vt* to knit*: *aggrottare le ciglia,* to frown; to knit one's brows.

aggrovigliamento *sm (l'atto o l'effetto)* entanglement; *(l'effetto)* tangle.

aggrovigliare *vt* to tangle; to entangle.
□ **aggrovigliarsi** *v. rifl* **1** to get* entangled. **2** *(fig.: complicarsi)* to become* complicated.

aggruppamento *sm (l'atto o l'effetto)* grouping; *(l'effetto)* group; cluster.

aggruppare *vt* to group; to assemble; to gather (together); to collect.
□ **aggrupparsi** *v. rifl* to form a group; to group (together); to assemble.

agguagliare *vt* **1** *(rendere uguale)* to make* equal. **2** *(riuscire uguale)* to equal.
□ **agguagliarsi** *v. rifl* to make* oneself equal; to match oneself against.

agguantare *vt* **1** to seize; to catch* hold of. **2** *(ciclismo)* to catch* up with. **3** *(fam.)* to catch*.

agguato *sm* **1** *(imboscata)* ambush: *stare in agguato,* to lie in ambush. **2** *(tranello)* trap.

agguerrimento *sm* **1** *(mil.)* training. **2** *(fig.)* inurement.

agguerrire *vt* **1** *(mil.)* to train. **2** *(fig.)* to fortify; to temper.
□ **agguerrirsi** *v. rifl* to become* versed.

agguerrito *agg* **1** *(preparato)* trained; well-trained; tempered; prepared; ready; *(di scrittore, critico)* expert; well-read. **2** *(comm.: di concorrenza)* stiff; strong.

aghiforme *agg* needle-shaped.

agiatamente *avv* comfortably.

agiatezza *sf* comfort; affluence.

agiato *agg* wealthy; well-to-do; well-off; confortably off: *essere di agiata condizione,* to be well-off.

agile *agg (anche fig.)* agile; nimble: *agile di mano,* light-fingered.

agilità *sf (anche fig.)* agility; nimbleness.

agilmente *avv* nimbly.

agio *sm* **1** ease; comfort: *sentirsi a proprio agio,* to feel at ease. **2** *(opportunità)* chance; opportunity.

agiografia *sf* hagiography.

agiografo *sm* hagiographer.

agire *vi* **1** *(fare, operare)* to act; *(in determinate circostanze: più energico)* to take* action: *È venuto il momento di agire,* The time has come to act (to take action) — *agire per proprio conto,* to act on one's own account — *agire per conto di qcno,* to act on sb's behalf — *agire su consiglio di qcno,* to act upon sb's advice — *agire dietro suggerimento,* to act upon a suggestion — *agire in buona fede,* to act in good faith. **2** *(comportarsi)* to behave; to act: *agire bene (male, saggiamente),* to behave well (badly, wisely) — *Hai agito in modo molto onesto,* You have behaved very honestly. **3** *(mecc., ecc.: funzionare)* to work; to operate: *Il freno posteriore non agisce più,* The rear brake doesn't work (has stopped working). **4** *(avere un effetto, agire su)* to act (on, upon sth); to affect: *Questa medicina agisce sul sistema nervoso,* This medicine acts on (*o* upon) the nervous system — *Questo veleno agisce rapidamente,* This poison acts very quickly. **5** *(agire legalmente)* to proceed (against sb); to take* legal action (against sb); to start proceedings (against sb). **6** *(teatro)* to play: *La compagnia agiva solo a Londra,* The company used to play only in London.

agitabile *agg (di persone)* excitable; impressionable.

agitare *vt* **1** *(scuotere, muovere)* to shake*; *(con violenza)* to toss: *agitare prima dell'uso,* to shake well

before using — *agitare la mano, il fazzoletto (in segno di saluto),* to wave one's hand, one's handkerchief — *Il cane agitava la coda,* The dog was wagging its tail. **2** *(fig.: commuovere, turbare)* to excite; to trouble; to disturb; to stir up; to upset*: *agitare il popolo contro il governo,* to excite the people against the government — *Era agitato per le cattive notizie,* He was troubled by the bad news. **3** *(dibattere)* to discuss: *agitare un problema (una questione),* to discuss a problem (a matter).
□ **agitarsi** *v. rifl* **1** *(muoversi, p.es. per il dolore)* to toss (oneself) about; *(spec. a letto)* to toss and turn; *(non riuscire a star fermo)* to fidget: *Si agitò tutta la notte,* He was tossing about (He tossed and turned) all night. **2** *(darsi da fare, adoperarsi)* to bustle about: *Tutti si agitavano,* Everybody was bustling about. **3** *(turbarsi, eccitarsi)* to get* excited (at *o* over sth); to become* upset (at *o* over sth). **4** *(politica, ecc.)* to agitate: *Gli operai si stanno agitando per salari più alti,* The workers are agitating for higher wages.

agitato *agg* **1** *(anche fig.)* shaken; *(fig.)* upset; agitated; troubled. **2** *(dibattuto)* discussed.

agitatore *sm* **1** agitator. **2** *(mecc.)* stirrer; mixer.

agitazione *sf* **1** *(scuotimento)* shaking; tossing. **2** *(fig.: il recare disturbo)* upsetting; troubling. **3** *(inquietudine)* agitation: *mettere qcno in agitazione,* to get (to make) sb agitated. **4** *(animazione)* bustle.

aglio *sm* garlic: *uno spicchio di aglio,* a clove of garlic. □ *mangiar l'aglio, (fig.)* to swallow one's rage.

agnellino *sm* lambkin.

agnello *sm* lamb: *dolce come un agnello,* meek as a lamb — *pelle d'agnello,* lambskin.

agnosticismo *sm* agnosticism.

agnostico *agg e sm* agnostic.

ago *sm* **1** *(da cucito, da siringa, della bussola, delle conifere)* needle; *(della stadera)* tongue; *(dello scambio ferroviario)* blade; tongue: *ago da calza,* knitting-needle — *ago indicatore,* pointer. **2** *(pungiglione)* sting.

agognare *vt e i.* to yearn for; to long for.

agone *sm (lotta)* contest *(anche fig.): gettarsi nell'agone,* to enter the lists.

agonia *sf* **1** death throes; pangs of death *(entrambi pl.).* **2** *(tormento)* agony.

agonismo *sm* athletics.

agonista *sm e f.* athlete.

agonistica *sf* athletics *(con costruzione sing.).*

agonizzare *vi* to be* in one's death throes; *(talvolta)* to be* in one's death agony.

agopuntura *sf* acupuncture.

agoraio *sm* needle-case.

agostiniano *agg e sm* Augustinian.

agosto *sm* August.

agraria *sf* agriculture.

agrario *agg* agrarian; *(con riferimento all'agricoltura, anche)* agricultural; *(con riferimento alla terra)* land *(attrib.): riforma agraria,* agrarian (*o* land) reform. □ *sm* land-owner; landed proprietor.

agreste *agg* rural.

agresto *sm* verjuice.

agretto *agg* sourish.

agrezza *sf* sourness; bitterness.

agricolo *agg* agricultural: *prodotti agricoli,* agricultural products — *trattori agricoli,* agricultural (*o* farm) tractors.

agricoltore *sm* agriculturist.

agricoltura *sf* agriculture.

agrifoglio *sm* ilex; holly.

agrimensore *sm* surveyor.

agrimensura *sf* land-surveying.

agrippina *sf* chaise-longue *(fr.).*

agro *agg (anche fig.)* sour; bitter. □ *sm* juice. □ *prendere l'agro,* to become sour.

agrodolce *agg* bitter-sweet; *(spec. di cibi)* sweet-and-sour.

agronomia *sf* agronomy; agronomics *(col v. al sing.).*

agronomo *sm* agronomist.

agrume *sm* citrus fruit.

agrumeto *sm* citrus grove.

agugliato *agg* tufted.

aguzzamento *sm* sharpening.

aguzzare *vt* to sharpen *(anche fig.); (l'appetito)* to whet; *(le orecchie)* to prick up: *aguzzare la vista,* to look hard; to strain to see — *aguzzare le labbra,* to purse one's lips.

aguzzino *sm* **1** *(stor.)* slave-driver. **2** *(carceriere)* jailer; gaoler; *(per estensione)* torturer.

aguzzo *agg* sharp.

ah *esclamazione* ah; ha.

ahi *esclamazione* ah; oh.

ahimè *esclamazione* alas.

aia *sf* threshing-floor; *(per estensione)* farmyard. □ *menare il can per l'aia, (fig.)* to beat about the bush.

aio *sm* tutor.

airone *sm* heron.

aitante *agg* sturdy; robust; stalwart.

aiuola *sf* flower-bed; seeded patch.

aiutante *sm* **1** assistant. **2** *(mil.)* adjutant; *(naut.)* master-at-arms; mate: *aiutante di campo,* aide-de-camp *(fr.)* — *aiutante di bandiera,* flag lieutenant.

aiutare *vt* to help; to assist; to aid.
□ **aiutarsi** *v. rifl* **1** to help oneself: *Chi s'aiuta Dio l'aiuta, (prov.)* God helps those who help themselves. **2** *(reciproco)* to help one another.

aiuto *sm* **1** help; aid: *invocare aiuto,* to call for help. **2** *(soccorso)* assistance; *(governativo, ecc.)* relief: *venire in aiuto di qcno,* to come to sb's assistance. **3** *(assistente)* assistant: *aiuto regista,* assistant director.

aizzamento *sm* incitement.

aizzare *vt* **1** to incite; to urge on: *aizzare una persona contro un'altra,* to set one person against another. **2** *(una bestia)* to set* (on sb).

aizzatore *sm* inciter.

ala *sf* **1** wing: *mettere le ali ai piedi,* to lend (to add) wings to the feet (to one's feet) — *prendere qcno sotto le proprie ali,* to take sb under one's wing — *tarpare le ali a qcno,* to clip sb's wings — *spiegare le ali,* to spread one's wings — *mettere le ali,* to sprout wings — *le ali della fantasia,* the wings of the imagination. **2** *(cosa o formazione simile ad un'ala)* wing; *(anat., anche)* ala; *(di elica)* blade; *(di chiesa)* aisle; *(lato)* side: *ala destra (sinistra), (calcio)* right (left) wing; outside right (left) — *mezz'ala destra (sinistra),* inside right (left) — *un'ala dell'edificio,* a wing of the building. □ *far ala,* to form a double edge; to form up on either side.

alabarda *sf* halberd.

alabardiere *sm* halberdier.

alabastro *sm* alabaster.

alacre *agg* quick; lively.

alacremente *avv* quickly; lively.

alacrità *sf* alacrity.

alaggio *sm (naut.)* haulage.

alamaro *sm* toggle; frog.

alambicco *sm* still.

alano *sm* Great Dane.

[1]**alare** *sm* fire-dog; andiron.

[2]**alare** *vt* to haul; to tow.

[3]**alare** *agg* wing *(attrib.): apertura alare,* wing span.
alato *agg* winged; *(fig.: elevato)* soaring.
alba *sf* dawn *(anche fig.);* first light; *(più lett.)* daybreak: *all'alba,* at dawn; at daybreak — *sul far dell'alba,* at daybreak; as day was breaking; *(enfatico)* at the crack of dawn.
albagia *sf* conceit; arrogance.
albagioso *agg* conceited.
albanese *agg e sm* Albanian.
albatro *sm* albatross.
albeggiare *vi* to dawn *(anche fig.).*
alberare *vt* **1** *(p.es. un viale)* to plant with trees. **2** *(naut.)* to step a mast.
alberato *agg* **1** *(di zona)* wooded; *(di viale)* tree-lined; lined with trees. **2** *(naut.)* masted.
alberatura *sf* **1** plantation. **2** *(naut.)* masting.
alberello *sm* **1** *(piccolo albero)* sapling. **2** *(bot.)* aspen; asp.
albergare *vt* **1** to lodge. **2** *(fig.)* to harbour.
□ *vi* to stay (at); to put* up (at).
albergatore *sm* hotel-keeper; *(padrone)* hotel-owner.
alberghiero *agg* hotel *(attrib.): scuola alberghiera,* hotel workers' training school.
albergo *sm* **1** hotel: *casa albergo,* residential hotel; residence. **2** *(lett.: rifugio)* shelter.
albero *sm* **1** *(pianta)* tree: *albero di Natale,* Christmas tree — *albero genealogico,* - **a)** family (*o* genealogical) tree - **b)** *(di animali, e scherz. di persone)* pedigree. **2** *(naut.: per sostenere vele, ecc.)* mast; *(di carico)* derrick: *albero di maestra,* mainmast — *albero di bompresso,* bowsprit — *albero di mezzana,* mizzenmast — *albero di fortuna,* jury mast. **3** *(anat.)* trunk. **4** *(mecc.)* shaft; *(portafresa, ecc.)* arbor: *albero primario,* transmission (*o* main) shaft — *albero secondario,* driven shaft; countershaft — *albero a camme,* camshaft — *albero a gomiti,* crankshaft — *albero del cambio,* gear shaft — *albero di trasmissione,* propeller shaft — *albero motore,* driving shaft.
albicocca *sf* apricot: *marmellata di albicocche,* apricot jam.
albicocco *sm* apricot-tree.
albinismo *sm* albinism.
albino *sm* albino.
albo *sm* **1** *(tavola)* notice-board; *(registro)* roll; register. **2** *(libro, fascicolo)* album.
albore *sm* **1** *(lett.)* dawn; first light. **2** *(fig., al pl.)* dawn *(sing.);* first signs (dawnings).
album *sm* album.
albume *sm* **1** *(dell'uovo)* white; albumen. **2** *(bot.)* albumen.
albumina *sf* albumin.
albuminoso *agg* albuminous.
alcali *sm* alkali.
alcalino *agg* alkaline.
alcaloide *sm* alkaloid.
alce *sm* elk.
alchimia *sf (anche fig.)* alchemy.
alchimista *sm e f.* alchemist.
alcione *sm* kingfisher: *alcione gigante,* kookaburra; halcyon *(zool.);* laughing jackass *(fam.).*
alcionio *agg* halcyon: *giorni alcionii,* halcyon days.
alcole, alcool *sm* **1** alcohol: *alcool denaturato,* methylated spirits *(pl.);* meths *(pl., fam.).* **2** *(per estensione)* drink; *(talvolta: liquori forti)* spirits: *darsi all'alcool,* to take to the bottle.
alcoolico *agg* alcoholic.
alcoolismo *sm* alcoholism.
alcoolizzare *vt* **1** *(una sostanza)* to alcoholize. **2** *(una persona)* to intoxicate.
□ **alcoolizzarsi** *v. rifl* to become* an alcoholic.
alcoolizzato *agg e sm* alcoholic.
alcova *sf* alcove; recess.
alcun, alcuno I *agg* **1** *(al pl.)* some; a number of *(enfatico);* a few; *(talvolta, in proposizioni interr.)* any: *Mancano alcuni coltelli,* Some knives are missing; There are some knives missing — *Ho visto alcuni miei amici al cinema,* I saw some friends of mine (some of my friends) at the cinema — *Non ho capito alcune cose,* There are a number of things I haven't understood — *Puoi darmi alcuni fermagli?,* Can you give me any (*o* some) clips?
2 *(sing.: in proposizioni negative)* any; *(se in inglese il verbo è nella forma positiva)* no: *Non c'è alcun motivo di aspettare ancora,* There's no reason to wait any longer; There's no point in waiting any longer — *senza aiuto alcuno,* without (any) help; *(meno comune)* with no help — *senza alcun dubbio,* without any doubt; without a doubt — *senza alcun riguardo per gli altri,* without any consideration for others — *in alcun luogo,* anywhere.
II *pron* **1** *(al sing.)* anybody; anyone; *(se in inglese il verbo è nella forma positiva)* nobody; none: *Non chiederlo ad alcuno,* Don't ask anybody for it.
2 *(al pl.)* some; a few; *(riferito a persone, anche)* some people; *(correlativo)* some...; *(quando viene ripetuto tre volte)...* others: *Alcuni mangiavano, alcuni dormivano, alcuni guardavano la televisione,* Some were eating, some were sleeping, and others were watching television.
alcunché *pron indef (lett.) (qualche cosa)* something; *(alcuna cosa)* anything.
aldeide *sf* aldehyde.
aldilà *sm* (the) life to come: *nell'aldilà,* in the next world.
aleatorio *agg* aleatory.
aleggiare *vi* **1** to flutter. **2** *(fig.)* to hover.
alesaggio *sm (diametro)* bore; *(a mano)* reaming; *(su una macchina alesatrice)* boring.
alesare *vt* to ream; to bore.
alesatore *sm* **1** *(strumento)* reamer. **2** *(operaio)* borer.
alesatrice *sf* boring-machine.
alesatura *sf (a mano)* reaming; *(su una macchina alesatrice)* boring.
alessandrino *agg* Alexandrian.
□ *sm (verso poetico)* Alexandrine *(talvolta con la minuscola).*
aletta *sf* **1** *(mecc.)* tongue; fin. **2** *(naut.)* bilge keel. **3** *(aereo)* tab. **4** *(zool.)* pinnule.
alettare *vt* to fin.
alettatura *sf* finning.
alettone *sm* aileron.
[1]**alfa** *sf (lettera dell'alfabeto greco)* alpha. □ *dall'alfa all'omega, (fig.)* from A to Z.
[2]**alfa** *sf (bot.)* esparto; *(fibra)* esparto grass.
alfabeticamente *avv* alphabetically; in alphabetical order.
alfabetico *agg* alphabetic(al).
alfabeto *sm* alphabet *(anche fig.): l'alfabeto cirillico,* the Cyrillic alphabet — *l'alfabeto Morse,* the Morse code.
alfiere *sm* **1** *(mil.)* ensign. **2** *(scacchi)* bishop. **3** *(fig.)* standard-bearer.
alfine *avv* eventually; in the end.
alga *sf (bot.)* alga; water-weed: *alga marina,* seaweed; kelp.
algebra *sf* algebra.

algebrico *agg* algebraic(al).
algerino *agg e sm* Algerian.
aliante *sm* glider; sailplane.
alias *avv* alias.
alibi *sm* alibi; *(fig.)* excuse: *provare un alibi,* to establish an alibi.
alice *sf* anchovy.
alienabile *agg* alienable.
alienabilità *sf* alienability.
alienamento *sm* **1** *(dir. e fig.)* alienation; *(distaccamento)* estrangement. **2** *(ostilità)* hostility.
alienare *vt* **1** *(trasferire)* to transfer; to sell*; *(dir.: solo beni immobili)* to convey. **2** *(fig.)* to alienate; to estrange.
□ **alienarsi** *v. rifl (fig.)* to turn away; to become* estranged.
alienato *agg* **1** transferred; conveyed. **2** *(fig.)* alienated; *(distaccato)* cut off.
□ *sm* lunatic.
alienazione *sf* **1** *(dir.)* transfer; conveyance. **2** *(fig.)* alienation; estrangement. **3** *(med.)* alienation; insanity.
alieno *agg* **1** *(contrario, avverso)* averse; opposed: *Sono alieno dalle discussioni,* I'm opposed to argument — *Non è del tutto alieno dalla proposta,* He's not entirely averse to the proposal. **2** *(estraneo, straniero)* alien; foreign: *La grettezza era aliena alla sua natura,* Meanness was alien to his nature.
[1]**alimentare** *vt* **1** to feed*; to nourish; *(una caldaia, ecc.)* to stoke. **2** *(fig.)* to add fuel to; to foment.
[2]**alimentare** *agg* **1** food *(attrib.)*; *(med.)* alimentary. **2** *(dir.)* maintenance *(attrib.)*.
□ *(come sm al pl.)* foodstuffs *(pl.)*: *un negozio di alimentari,* a grocer's (shop).
alimentatore *sm* feeder; *(di caldaia)* stoker.
alimentazione *sf* **1** feeding; nourishment. **2** *(mecc.)* feed; feeding; *(di caldaia, ecc.)* stoking; *(elettr.)* mains supply: *pompa d'alimentazione,* fuel pump — *alimentazione sotto pressione,* boost.
alimento *sm* **1** nourishment; food. **2** *(fig.)* fuel. **3** *(al pl., dir.)* maintenance; alimony *(entrambi sing.)*.
aliquota *sf* **1** *(matematica)* aliquot. **2** *(per determinare una tassa, ecc.)* rate. **3** *(parte, quota)* share: *pagare l'aliquota,* to pay one's share.
aliscafo *sm* hydroplane.
alisei *sm pl* trade-winds; Trades.
alitare *vi* to breathe; *(fig.: del vento)* to sigh.
alito *sm* breath *(anche fig.)*.
allacciamento *sm* **1** *(l'atto)* linking; fastening; *(con corde, ecc.)* tying up. **2** *(l'effetto)* link; connection; *(ferroviario)* junction.
allacciare *vt* **1** *(stringere, assicurare)* to fasten; to bind*; to tie up: *Allacciate le cinture di sicurezza!,* Fasten your safety (*o* seat) belts! **2** *(con le stringhe)* to tie; *(abbottonare)* to button (up); *(affibbiare)* to buckle: *allacciare le scarpe,* to lace (up) one's shoes — *allacciare un grembiule,* to lace (up) an apron — *allacciare il cappotto,* to button (up) one's coat — *allacciare una cintura,* to buckle a belt. **3** *(collegare, compiere un allacciamento)* to link; to connect: *allacciare due città per mezzo d'una ferrovia,* to connect two towns by a railway. **4** *(stringere rapporti)* to establish; to form: *allacciare vantaggiosi rapporti d'affari,* to establish profitable business connections.
allacciatura *sf* lacing; lashing; binding; *(di fibbia)* buckling.
allagamento *sm* flooding; inundation.
allagare *vt* to flood; to inundate *(anche fig.)*.
allampanato *agg* lanky; lean; as thin as a rake.
allargamento *sm* widening; expansion; *(ampliamento)* extension: *allargamento di un vestito,* letting out of a dress.
allargare *vt* **1** to widen; to broaden; to increase; *(abiti)* to let* out: *allargare un sentiero,* to widen a path — *Allargò il viso in un sorriso,* His face broadened (out) into a smile. **2** *(aprire)* to open; *(estendere, dilatare)* to extend: *Allargò le braccia con rassegnazione,* He opened (He spread) his arms in resignation — *allargare il cuore (confidarsi),* to open one's heart — *allargare la mano,* to open one's hand; *(fig.)* to be generous, liberal (to act generously, liberally) — *allargare il proprio campo d'azione,* to extend one's field of action — *allargare il gioco, (calcio)* to open up play — *allargare il tempo, (mus.)* to slacken the tempo — *allargare le scarpe,* to stretch shoes.
□ **allargarsi** *v. rifl* **1** to widen: *Laggiù la strada si allarga,* The road widens down there. **2** *(estendersi)* to extend. □ *allargarsi in un alloggio più grande,* to move into larger premises — *Gli si allargò il cuore quando sentì la notizia,* His heart lightened when he heard the news.
allargatore *sm* stretcher.
allarmante *agg* alarming.
allarmare *vt* to alarm; to startle.
□ **allarmarsi** *v. rifl* to get* alarmed (at *o* over sth); to be* startled (at sth).
allarme *sm* **1** alarm; alert; *(durata del pericolo)* alert: *dare l'allarme,* to give the alarm — *falso allarme,* false alarm — *allarme aereo,* air-raid warning — *segnale di cessato allarme,* all-clear. **2** *(fig.)* alarm; fright: *mettere in allarme qcno,* to alarm sb.
allarmismo *sm* scaremongering; alarmism.
allarmista *sm e f.* scaremonger; alarmist.
allarmistico *agg* alarmist.
allattamento *sm* suckling; breast-feeding: *allattamento artificiale,* bottle-feeding.
allattare *vt* to suckle; to nurse.
alleanza *sf* alliance: *fare alleanza,* to make an alliance; to join forces *(fig.)*.
alleare *vt* to unite; to combine.
□ **allearsi** *v. rifl* to unite; to join forces; to ally oneself (with sb).
alleato *agg* allied.
□ *sm* ally: *gli Alleati,* the Allies.
[1]**allegare** *vt* to produce; to adduce; to put* forward.
[2]**allegare** *vt* **1** *(accludere)* to enclose; to attach: *Alleghiamo il modulo 52B, che preghiamo di restituire al più presto,* We are enclosing form 52B, which we would ask you to return to us at your earliest convenience — *... qui allegato,* ... enclosed (herewith). **2** *(i denti)* to set* on edge.
□ *vi (bot.)* to set*; *(metallurgia)* to form an alloy.
allegato *sm* enclosure; *(ad un accordo, un contratto)* annex; addendum.
alleggerimento *sm* lightening; *(fig., p.es. delle imposte)* lessening; reduction.
alleggerire *vt* **1** to lighten: *alleggerire il carico d'una nave,* to lighten a ship's cargo — *L'hanno alleggerita della borsetta, (scherz.)* She's been relieved of her handbag; Someone's pinched her handbag *(fam.)*; She's had her handbag pinched *(fam.)*. **2** *(alleviare, rendere più sopportabile)* to relieve; to lessen; *(diminuire)* to reduce: *alleggerire una sofferenza,* to relieve (to lessen) a pain — *alleggerire le tasse,* to reduce taxation.
□ **alleggerirsi** *v. rifl* **1** to become* lighter. **2** *(vestirsi leggero)* to put* on lighter clothes.
allegoria *sf* allegory.

allegorico *agg* allegoric(al).
allegramente *avv* cheerfully; gaily; merrily.
allegrezza *sf* joy: *saltare per l'allegrezza,* to jump for joy.
allegria *sf* gaiety; cheerfulness: *Allegria!,* Let's all have a good time! — *stare in allegria,* to be feeling cheerful — *vivere in allegria,* to lead a gay life.
allegro *agg* **1** gay; cheerful; *(di colore)* bright; cheerful; *(ameno)* smiling. **2** *(spensierato)* gay; happy-go-lucky; carefree: *donnina allegra,* loose woman. **3** *(fam.: brillo)* happy; tipsy.
□ *sm (mus.)* allegro.
allegrone *sm* cheerful person (*o* chap, fellow).
alleluia *sm* hallelujah.
allenamento *sm* training; practice *(anche fig.): tenersi in allenamento,* to keep oneself in practice (in trim) — *essere fuori allenamento,* to be out of training.
allenare *vt* to train *(anche fig.).*
□ **allenarsi** *v. rifl* to train; to be* in training; *(addestrarsi)* to train oneself: *Piero si sta allenando per la gara di sabato,* Piero is training for Saturday's match.
allenatore *sm* **1** trainer; coach *(spec. USA).* **2** *(pugile)* sparring partner. **3** *(ciclismo)* pace-setter.
allentamento *sm* **1** *(di corda, ecc.)* loosening; *(mecc.)* working loose; *(di freno)* releasing. **2** *(di passo, ecc.; anche fig.)* slackening.
allentare *vt* **1** to loosen; to release; to relax *(anche fig.);* to slacken *(anche fig.): allentare un nodo (una vite, una cintura),* to loosen a knot (a screw, a belt) — *allentare il freno,* to release the brake — *allentare la stretta,* to relax one's grip (one's hold) — *allentare i cordoni della borsa,* to loosen the purse-strings — *allentare le redini (la disciplina),* to slacken the reins; to relax discipline. **2** *(rallentare)* to slacken; to slow down: *allentare il passo,* to slacken one's pace — *allentare il ritmo, (mus.)* to slacken the rhythm.
□ **allentarsi** *v. rifl* **1** *(mecc., ecc., anche di una corda)* to loosen; to become* loose; to get* looser; *(di ingranaggi, catene)* to work loose: *La vite si è allentata,* The screw has loosened (has worked loose). **2** *(diminuire d'intensità)* to slacken; to weaken; to fall* off.
allergia *sf* allergy: *avere l'allergia a qcsa,* to be allergic to sth.
allergico *agg* allergic: *essere allergico a qcsa,* to be allergic to sth.
allestimento *sm* **1** preparation; setting up. **2** *(industria)* equipment. **3** *(di navi)* fitting out; completion.
□ *'Vetrina in allestimento',* 'Display in course of preparation'.
allestire *vt* **1** *(preparare)* to prepare; *(uno spettacolo)* to put* on; to stage. **2** *(industria)* to equip; to tool. **3** *(una nave, ecc.)* to fit out; to complete.
allestitore *sm* setter; fitter.
allettamento *sm* attraction; amusement.
allettare *vt* to entice; to attract.
allettatore *sm* charmer.
allettevole *agg* attractive; inviting.
allevamento *sm* **1** *(del bambino)* bringing up; rearing; *(di animali)* breeding; raising; rearing; *(di piante)* cultivation; growing. **2** *(complesso di impianti o luogo)* farm; *(per cani)* kennels; *(per cavalli)* stud-farm; *(per piante)* nursery: *pollo di allevamento,* battery chicken. **3** *(insieme di animali)* herd; stud.
allevare *vt (bambini)* to bring* up; to raise; *(animali)* to breed*; to raise; *(piante)* to grow*; to cultivate.
allevatore *sm (di animali)* breeder; *(di bestiame, anche)* stockbreeder; *(di piante)* grower; nurseryman *(pl.* -men*).*
alleviamento *sm* **1** relief. **2** *(fig.)* lightening.
alleviare *vt* **1** to relieve; to ease; to alleviate. **2** *(fig.)* to lighten.
allibire *vi* to pale; to be* astounded (at sth); to be* dismayed (at sth).
allibrare *vt* to enter; to write* down.
allibratore *sm* bookmaker; bookie *(fam.).*
allietare *vt* to cheer up; to gladden.
□ **allietarsi** *v. rifl* to rejoice.
allievo *sm* **1** pupil; student. **2** *(mil.)* cadet: *allievo ufficiale,* officer cadet.
alligatore *sm* alligator.
allignare *vi* to take* root; *(fig.)* to flourish; *(prosperare)* to thrive*.
allineamento *sm* **1** alignment *(anche tipografico);* lining up. **2** *(mil.)* dressing; *(di marcia)* forming up. **3** *(politica)* line-up. **4** *(naut.)* leading mark. **5** *(econ.)* alignment; adjustment: *allineamento dei prezzi (dei salari),* price (wage) alignment (*o* adjustment) — *allineamento monetario,* revaluation.
allineare *vt* **1** to line; to align. **2** *(mil.)* to dress; *(per una marcia)* to form up. **3** *(econ., ecc.)* to adjust; to align; to bring* (sth) into line.
□ **allinearsi** *v. rifl* **1** to fall* into line. **2** *(mil.)* to dress; to fall* in. **3** *(politica)* to line up.
allineato *agg* aligned; lined up: *un paese non allineato,* a non-aligned country.
allitterazione *sf* alliteration.
allocco *sm* **1** *(zool.)* tawny owl. **2** *(fig.)* fool; dummy.
allodola *sf* lark; skylark. □ *specchietto (richiamo) per le allodole, (fig.)* decoy; trap for fools.
allogare *vt* to put*; to place; *(danaro)* to invest.
□ **allogarsi** *v. rifl* **1** to live. **2** *(impiegarsi)* to take* a job.
allogeno *agg e sm* alien.
alloggiamento *sm* **1** accommodation; *(mil.)* quarters *(pl.);* billet. **2** *(mecc.)* housing; slot.
alloggiare *vt* **1** to put* (sb) up; *(mil.)* to quarter; to billet. **2** *(mecc.)* to seat; to house.
□ *vi* to put* up; *(mil.)* to quarter; to be* billeted.
□ *Chi tardi arriva male alloggia, (prov.)* First come, first served.
alloggiatore *sm* landlord.
alloggio *sm* **1** *(l'alloggiarsi)* accommodation *(anche naut.);* lodging: *vitto e alloggio,* board and lodging. **2** *(appartamento)* flat; *(mil.)* quarters *(pl.).*
allontanamento *sm* **1** removal; *(licenziamento)* dismissal. **2** *(l'andarsene)* departure.
allontanare *vt* **1** to remove; to move away; to take* away: *Allontanò la poltrona dal televisore,* He moved the armchair away from the television set. **2** *(cacciar via)* to send* away; to drive* away; to turn away; *(licenziare)* to remove; to turn out; to dismiss; to sack *(fam.): Lo allontanarono in malo modo,* They sent him away without ceremony; They bundled him off *(fam.);* They kicked him out *(fam.)* — *Fu allontanato per incompetenza,* He was dismissed (He was sacked) for incompetence. **3** *(fig.: distogliere)* to turn out; to deter; *(un pericolo)* to avert: *allontanare i cattivi pensieri,* to turn out bad thoughts — *allontanare qcno dall'idea di fare qcsa,* to deter sb from doing sth.
□ **allontanarsi** *v. rifl* to go* away; to go* off; to move away; to depart; to leave*.
allora *avv* **1** then; *(in quel momento)* at that moment; *(in quel tempo)* at that time; then; in those days: *Allora gli dissi quel che pensavo di lui,* Then I told him what I thought of him — *sino allora,* until then;

till then; up to then — *allora come allora,* at that moment — *per allora,* for the moment — *il direttore di allora (l'allora direttore),* the manager at that time; the manager in those days; the then manager — *fin d'allora,* from that time on; from then on — *d'allora in poi,* from then on.
2 *(in tal caso)* well then; then; in that case; such being the case: *Allora, vai o non vai?,* Well then, are you going or aren't you? — *Allora, poi!,* If that's the case! **3** *(quindi, perciò)* so; therefore; at this: *Non venne alla porta, e allora me ne andai,* He didn't come to the door, and so I left.
□ *Era uscito allora allora,* He had just gone out — *E allora?, (cioè: Che fare?)* What now?; Well, then?; *(E con ciò?)* So what?
allorché *congiunz* when.
alloro *sm* laurel *(anche fig.)*; bay *(spec. in cucina)*; bay tree: *riposare sugli allori, (fig.)* to rest on one's laurels — *una foglia di alloro,* a bay leaf.
allorquando *congiunz* when; as soon as.
alluce *sm* big toe.
allucinante *agg* hallucinating; *(fam.: terribile)* awful; terrible; dreadful.
allucinare *vt* **1** to hallucinate. **2** *(abbagliare)* to dazzle. **3** *(fig.)* to startle; to confuse.
allucinato *agg* hallucinated.
allucinazione *sf* hallucination: *avere le allucinazioni,* to have hallucinations.
allucinogeno *sm* hallucinogenic (drug); psychotogenic.
alludere *vi* to hint (at); to allude (to).
allumare *vt* to alum.
allume *sm* alum.
allumina *sf* alumina.
alluminio *sm* aluminium; aluminum *(USA)*.
allunaggio *sm* moon-landing.
allunare *vi* to moon-land; to land (on the moon).
allungabile *agg* extendible; extensible.
allungamento *sm* **1** lengthening *(anche gramm.)*; extension; *(di tempo)* prolonging; extension. **2** *(diluizione)* watering down. **3** *(mecc.)* stretch; stretching; elongation.
allungare *vt* **1** to lengthen; to make* longer; to prolong; to extend: *allungare una gonna,* to lengthen a skirt — *allungare la vita,* to prolong life — *allungare il passo,* to lengthen one's stride; to quicken the pace — *allungare la strada,* to go the long way round. **2** *(stendere)* to stretch; to stretch out; *(fam.: porgere)* to hand: *Gli allungai la mano,* I stretched out my hand to him — *allungare il viso,* to grow long in the face — *allungare il muso,* to pull a long face — *Gli allungò il formaggio,* He handed him the cheese — *allungare le orecchie,* to prick up one's ears — *allungare il collo,* to stretch (to crane) one's neck — *allungare un calcio,* to lodge a kick; to give sb a kick — *allungare un ceffone,* to let fly a slap; to give sb a box on the ear — *allungare le mani su qcno (picchiarlo),* to lay hands on sb — *allungare le mani (rubare),* to be light-fingered. **3** *(diluire)* to dilute; *(annacquare)* to dilute; to water down; *(rendere meno denso)* to thin; to thin down.
□ **allungarsi** *v. rifl* **1** to lengthen *(anche gramm.)*; to grow* longer: *Le giornate si allungano,* The days are getting longer. **2** *(riferito alla statura)* to grow* tall. **3** *(stirarsi)* to stretch (out); *(sdraiarsi)* to lie* down: *allungarsi sul letto,* to lie down (to stretch out) on the bed.
allungatura *sf* lengthening; elongation.
allungo *sm* **1** lengthening-piece. **2** *(calcio)* long forward pass; *(pugilato)* reach; *(il colpo)* straight right *(o* left); *(ciclismo, ecc.)* spurt.
allusione *sf* allusion; hint.
allusivamente *avv* allusively.
allusivo *agg* allusive.
alluvionale *agg* alluvial.
alluvionato *agg* flooded.
□ *sm* flood victim.
alluvione *sf* flood *(anche fig.)*; *(dir.)* alluvion.
almanaccare *vt e i.* to puzzle (one's brains): *almanaccare su qcsa,* to puzzle over sth.
almanacco *sm* almanack.
almeno *avv* **1** at least: *Ti costerà almeno diecimila,* It'll cost you at least ten thousand lire. **2** *(ottativo)* if only...: *Almeno arrivasse puntuale!,* If only he would arrive on time!
aloe *sm* aloe.
alogeno *sm* halogen.
alone *sm* halo *(anche fig.)*.
alpaca *sm (animale e stoffa)* alpaca.
alpacca *sf* nickel silver.
alpe *sf* alp: *le Alpi occidentali (Pennine, Graie),* the Western (Pennine, Graian) Alps.
alpeggio *sm* alpine pasture.
alpestre *agg* Alpine; *(montano)* mountainous.
alpinismo *sm* mountaineering.
alpinista *sm e f.* mountain-climber; mountaineer.
alpino *agg* Alpine.
□ *sm (mil.)* 'Alpino': *gli Alpini,* the Alpini; Alpine troops.
alquanto **I** *agg (al sing.)* some; a certain amount of; *(al pl.)* some; a few; a certain amount of: *Aveva bevuto alquanto vino,* He had drunk a certain amount of wine.
II *avv (piuttosto)* rather; somewhat; *(talvolta: un poco)* a little; a bit: *Era alquanto brillo,* He was rather drunk.
alsaziano *agg e sm* Alsatian.
altalena *sf* swing; *(fig.)* see-saw: *fare l'altalena,* to go on the swing(s).
altamente *avv* very; highly; greatly: *una persona altamente qualificata,* a highly qualified person.
altana *sf* roof-terrace.
altare *sm* altar: *l'altare maggiore,* the high altar.
alterabile *agg* **1** alterable. **2** *(fig.)* touchy.
alterabilità *sf* **1** alterability. **2** *(fig.)* touchiness.
alterare *vt* **1** *(modificare, peggiorando)* to impair; to affect; *(deformare)* to distort; *(talvolta, non necessariamente in senso peggiorativo)* to alter; to change: *con voce alterata (dall'ira),* in an angry voice — *alterare la verità,* to distort (to twist) the truth — *alterare i fatti,* to misrepresent the facts; to alter matters. **2** *(falsificare)* to falsify; to forge; to counterfeit; *(adulterare)* to adulterate.
□ **alterarsi** *v. rifl* **1** *(generalm. negativo)* to be* impaired; to be* affected; to be* altered; *(andare a male)* to go* bad; *(di latte)* to go* off; to go* sour; *(di burro, ecc.)* to go* sour; *(di merci)* to deteriorate; to perish. **2** *(mutarsi)* to alter; to change; to undergo* change; *(perdere la lucidità)* to grow* fuddled: *Il suo volto si alterò,* His expression changed (His face darkened). **3** *(arrabbiarsi)* to get* angry; to lose* one's temper.
alterazione *sf* **1** alteration; change; *(di cibo)* adulteration. **2** *(fig.)* distortion.
altercare *vi* to squabble; to quarrel.
alterco *sm* altercation; wrangle; squabble.
alterezza *sf* pride.
alterigia *sf* haughtiness.

alternanza *sf* alternation; *(delle coltivazioni)* rotation.
alternare *vt* to alternate; *(mecc.)* to reciprocate.
□ **alternarsi** *v. rifl e reciproco* **1** to alternate; *(darsi il cambio)* to take* turns (at sth, in doing sth). **2** *(agricoltura)* to rotate. □ *l'alternarsi, (in funzione di sm)* alternation; succession.
alternatamente *avv* alternately.
alternativa *sf* **1** *(scelta)* alternative. **2** *(l'alternarsi)* alternation; interchange.
alternativamente *avv* alternatively.
alternativo *agg* **1** alternate. **2** *(mecc.)* reciprocating.
alternato *agg* alternate: *corrente alternata,* alternating current.
alternazione *sf* alternation.
alterno *agg* alternate.
altero *agg* **1** *(orgoglioso)* proud. **2** *(superbo)* haughty; high-and-mighty *(fam.).*
altezza *sf* **1** height; altitude; *(astronomia)* elevation: *altezza sul mare,* height above sea level — *a grande altezza,* at a great height — *cadere da una grande altezza,* to fall from a great height — *cadere da mille metri di altezza,* to fall from a height of a thousand metres. **2** *(di statura)* tallness. **3** *(profondità)* depth: *l'altezza di un pozzo,* the depth of a well. **4** *(di stoffa)* width; breadth. **5** *(di suoni)* pitch. **6** *(fig.: elevatezza, nobiltà)* nobility; loftiness; greatness: *l'altezza del suo ingegno,* the loftiness of his mind. **7** *(titolo)* Highness: *Vostra Altezza,* Your (Royal) Highness — *Sua Altezza Reale, (di uomo)* His Royal Highness; *(di donna)* Her Royal Highness.
□ *all'altezza del numero dieci, (di fronte a)* opposite number ten — *all'altezza di Capo di Buona Speranza, (naut.)* off the Cape of Good Hope — *Arrivati all'altezza della prima sorgente, girammo a destra,* When we got to the first spring, we turned right — *essere all'altezza di una situazione,* to be up (to be equal) to the situation — *essere all'altezza dei tempi,* to be up-to-date; to be abreast of the times.
altezzosamente *avv* haughtily.
altezzoso *agg* haughty; arrogant.
alticcio *agg* tipsy; merry.
altimetria *sf* altimetry.
altimetro *sm* altimeter.
altipiano *sm* plateau; tableland; highland.
altisonante *agg* high-sounding; sonorous.
altitudine *sf* altitude; height; elevation *(fig.).*
[1]**alto** *agg* **1** high; *(di statura, spec. di persona)* tall: *una montagna alta quattromila metri,* a mountain four thousand metres high — *un uomo molto alto,* a very tall man — *prezzi alti,* high prices — *l'alta finanza,* high finance — *l'alta moda,* high fashion — *l'alta stagione,* the high season — *un ufficiale di alto grado,* a high-ranking officer — *acciaio di alto grado,* high-grade steel — *alta marea,* high tide; high water — *l'alto mare, (dir., naut.)* the high seas — *in alto mare,* at sea; on the open sea; on the high seas; *(fig.)* at sea; uncertain.
2 *(profondo)* deep: *neve alta cinquanta centimetri,* snow fifty centimetres deep.
3 *(di suono)* loud; high-pitched; high: *leggere qcsa ad alta voce,* to read sth aloud — *dire qcsa a voce alta,* to say sth in a loud voice; *(fig.)* to say sth out loud.
4 *(di tessuti, ecc.)* wide.
5 *(fig.: elevato)* high; lofty; soaring; *(nobile)* noble; excellent; high; lofty: *alti sentimenti,* noble feelings.
□ *la città alta,* the upper part of the town — *l'Alta Italia,* Northern Italy — *l'Alto Veneto,* Upper Venetia — *la Camera Alta,* the Upper House — *l'alto Medio Evo,* the early Middle Ages — *a notte alta,* in the depth of night — *La Pasqua è alta quest'anno,* Easter is late this year — *le classi alte,* the upper classes.
[2]**alto** *avv* **1** high; above; up: *in alto, (fig.)* in high quarters; *(in cielo)* in heaven — *il salto in alto,* the high jump — *volare alto,* to fly high — *mirare alto, (anche fig.)* to aim high — *tenere alto qcsa, (fig.)* to uphold sth.
2 *(ad alta voce)* aloud: *proclamare alto,* to proclaim aloud.
□ *Mani in alto!,* Hands up! — *In alto i cuori!,* Cheer up!
[3]**alto** *sm* **1** height; *(cima)* top; summit: *dall'alto di questa torre,* from the top of this tower — *in alto,* on high; in high quarters — *un ordine dall'alto,* an order from above (from high quarters).
2 *(fig.: cielo)* heaven: *un'ispirazione dell'alto,* an inspiration from heaven; a heaven-sent inspiration.
□ *gli alti e i bassi della vita,* the ups and downs (the vicissitudes) of life — *fare alto e basso,* to do what one pleases — *guardare qcno dall'alto in basso,* to look down on sb.
altoforno *sm* blast-furnace.
altolà *interiezione* stop!; halt there!; halt!
altolocato *agg* upper-class.
altoparlante *sm* loud-speaker; speaker *(fam.).*
altopiano *sm* table-land.
altorilievo *sm (scultura)* high-relief.
altresì *avv* also; likewise.
altrettanto **I** *agg* - **a)** *(in frasi positive)* as much... (as); *(pl.)* as many... (as) - **b)** *(in frasi negative, anche)* so much... (as); *(pl.)* so many... (as) - **c)** *(talvolta)* the same number of...: *Ho altrettanto denaro di lui,* I have as much money as he has — *Non ho altrettante possibilità di te,* I haven't so many chances as you have — *Ha comprato tre camicie e altrettante cravatte,* He bought three shirts and the same number of ties (and as many ties).
II *pron* **1** - **a)** *(in frasi positive)* as much... (as); *(pl.)* so many... (as) - **b)** *(in frasi negative, anche)* so much... (as); *(pl.)* so many... (as) - **c)** *(talvolta)* the same number (the same quantity): *Egli ha tre figli, io ne ho altrettanti,* He has three children, I have as many — *Non ne ho altrettanti,* I haven't so many (as he has). **2** *(la stessa cosa)* the same: *'Grazie!' - 'Altrettanto a te!',* 'Thanks!' - 'The same to you!'.
III *avv* **1** *(con agg. in frasi positive)* as... (as); *(in frasi negative, anche)* so... (as): *Egli è altrettanto bravo,* He is as clever as (he is, I am, *ecc.*) — *Non sono altrettanto bravo,* I am not so clever (as he is, as you are, *ecc.*). **2** *(con v. in frasi positive)* the same; likewise; as much... (as); *(in frasi negative, anche)* so much... (as): *Egli fece altrettanto,* He did the same (*o* likewise) — *Lei spese altrettanto,* She paid as much (as I) — *Io non spesi altrettanto,* I didn't pay so much (as she did).
altri *pron indef invariabile solo sing* **1** *(un'altra persona)* another person; anyone else; *(gli altri)* (other) people: *Uno sosteneva una ragione, altri un'altra,* One person put forward one point of view, another put forward another — *Non c'è altri che lui che possa farlo,* There's nobody else but him who can do it. **2** *(qualcuno)* anyone.
altrimenti *avv* otherwise.
altro **I** *agg indef* **1** other; *(un altro)* another: *Molti altri ragazzi vennero col treno,* Many other boys came by train — *Dammi gli altri libri,* Give me the other books — *Verrò un'altra volta,* I'll come another time — *qualche altra volta,* some other time — *altre volte,*

on other occasions; at other times — *d'altra parte (d'altro canto),* on the other hand.
2 *(differente)* different; another: *Da allora è un altro uomo,* Since then he's been a different man (another man) — *Questa è tutt'altra cosa,* That's quite another matter.
3 *(ulteriore, ancora, in più)* more; further: *altri cinque minuti,* five more minutes; five minutes more; another five minutes — *senz'altro avviso,* without (any) further warning.
4 *(trascorso, penultimo, precedente)* other; before last; previous: *l'altro giorno,* the other day; the day before yesterday; the day before last; two days ago — *l'altra settimana,* last week; a week ago.
5 *(prossimo, futuro)* next: *Ci andrò un altro mese,* I'll go there next month — *un altro venerdì,* next Friday.
6 *(con pron., agg. e avv. indef. e interr.: 'chi altro?', 'qualcun altro', ecc.)* else: *Chi altro venne?,* Who else came? — *Dove altro andrai?,* Where else will you go? — *qualcun altro,* somebody (*o* someone) else — *chiunque altro,* anybody (*o* anyone) else — *qualcos'altro,* something else — *nient'altro,* nothing else — *nessun altro,* no one else; nobody else — *poc'altro,* little else.
II *pron indef, correlativo (o reciproco)* **1** *(riferito a cose)* the other; the other one; another; another one; others; the others: *Dammi l'altro,* Give me the other (one) — *Preferirei un altro,* I would prefer another (one).
2 *(riferito a persone)* another; another person; *(chiunque altro)* anybody (anyone) else; *(al pl.)* others; the others; other people: *Un altro ti direbbe la stessa cosa,* Another person (Anybody else) would tell you the same thing — *Gli altri verranno domani,* The others will come tomorrow — *Gli altri dicano quello che vogliono,* Other people may say what they like — *tutti gli altri,* all the others; everybody else.
3 *(ancora uno)* another; one more; *(ancora qualcuno)* some more: *Dammene un altro,* Give me one more — *Dammene degli altri,* Give me some more.
4 *(sostantivato: qualcosa ancora, qualcosa in più)* more; much more; more besides; *(qualcosa d'altro, qualcosa di diverso)* something (*o* anything) else: *Gli dirò questo e altro!,* I'll tell him this and more besides (and worse)! — *Ci vuole altro per spaventarlo!,* It takes a lot more to frighten him! — *Vi serve altro?,* Do you need something else? — *Ci vuole ben altro per convincerlo!,* It will take something more than that (something different from that) to persuade him! — *Non c'è altro,* There's nothing else.
5 *(pron. correlativo) alcuni... altri,* some... some — *l'uno e l'altro (entrambi),* both — *o l'uno o l'altro,* either; one or the other — *né l'uno né l'altro,* neither; neither one nor the other.
6 *(pron. reciproco) l'un l'altro, (tra due)* each other; *(tra più di due)* one another: *Giovanni e Maria si vogliono bene (l'un l'altro),* Giovanni and Maria love each other — *In quella famiglia si amano l'un l'altro,* In that family they love one another very much.
☐ *Altro che!,* Certainly!; Surely!; Sure! *(fam.)* — *Tutt'altro!,* Not at all!; Not in the least! — *tutt'altro che...,* anything but... — *È tutt'altro che bello,* It's anything but beautiful — *non fare altro che...,* to do nothing but... — *fra l'altro,* among other things — *più che altro,* above all; particularly — *senz'altro,* certainly; by all means — *se non altro,* at least — *da un giorno all'altro,* from day to day — *un giorno o l'altro,* one of these days — *Stupido che non sei altro!,* A fool, that's all you are! — *È una ragione come un'altra,* It's a good enough reason — *Altro è dire, altro è fare, (prov.)* Easier said than done — *Ci mancherebbe altro!* ⇨ **mancare.**

altronde *(soprattutto nella locuzione avv.) d'altronde,* moreover; however; on the other hand.

altrove *avv* somewhere else; elsewhere: *essere altrove; avere la testa altrove, (fig.)* to be miles away; to have one's mind on sth else.

altrui **I** *agg* others'; other people's: *la roba altrui,* other people's belongings (*o* things).
II *pron personale (lett.)* others; other people: *giovare ad altrui,* to help others.
III *s. l'altrui, (la roba degli altri)* other people's belongings (*o* things).

altruismo *sm* unselfishness; altruism.

altruista *sm e f.* altruist.

altruisticamente *avv* altruistically.

altruistico *agg* unselfish; altruistic.

altura *sf* **1** *(luogo alto)* high ground. **2** *(alto mare)* open sea; deep sea.

alunno *sm* pupil.

alveare *sm* hive *(anche fig.);* bee-hive.

alveo *sm* river-bed.

alvo *sm* **1** *(lett.)* belly. **2** *(med.)* bowel.

alzabandiera *sf* hoisting the flag.

alzaia *sf* **1** *(fune)* tow-rope; tow-line. **2** *(strada)* towpath.

alzare *vt* **1** to raise; to lift (up); *(con fatica)* to heave: *alzare gli occhi,* to raise one's eyes; to look up — *alzare la mano,* to raise one's hand — *alzare la testa,* to lift one's head — *alzare l'ancora, (naut.)* to raise the anchor — *alzare la voce,* to raise one's voice; to shout — *alzare la voce contro qcno,* to scold sb. **2** *(comm.: aumentare prezzi, ecc.)* to raise; to increase. **3** *(costruire)* to build*; to raise; to put* up; *(erigere)* to erect; *(rendere più alto, rialzare)* to raise; to heighten: *alzare un monumento a qcno,* to raise (to put up) a monument to sb — *Alzò il tetto di qualche centimetro,* He raised (He heightened) the roof a few centimetres. **4** *(naut., ecc.: issare, anche mediante gru)* to hoist: *alzare la bandiera,* to hoist the flag — *alzare le vele,* to hoist the sails; *(salpare)* to set sail — *alzare il gran gala,* to dress ship. **5** *(nella caccia)* to raise; *(talvolta)* to spring*. ☐ *alzare le mani su qcno, (fig.)* to beat sb; to lift a hand against sb *(ant.)* — *alzare le spalle,* to shrug one's shoulders — *alzare i tacchi, (fig.)* to flee; to leave — *alzare il gomito, (fig.)* to drink too much — *alzare le carte,* to cut the cards — *alzare il bollore,* to start boiling; to be on the boil.
☐ **alzarsi** *v. rifl* **1** *(sorgere)* to rise*: *Si alzò improvvisamente un forte vento,* A strong wind rose suddenly; A strong wind suddenly began to blow (suddenly blew up). **2** *(di persone: alzarsi in piedi)* to stand* up; to rise* to one's feet; to raise oneself; *(di persona pesante)* to hoist oneself up; to heave oneself up: *Alzati!,* Stand up! **3** *(alzarsi da letto)* to get* up. **4** *(crescere in altezza, statura)* to grow*; to grow* tall. **5** *(di uccelli: levarsi in volo)* to fly* up; to fly* off; *(di aeroplano: decollare)* to take* off.

alzata *sf* **1** *(l'alzare qcsa)* lifting (up); raising; *(l'alzarsi)* rising; *(aumento)* rise; *(l'alzarsi da letto)* getting up: *votare per alzata e seduta,* to vote by rising — *votare per alzata di mano,* to vote by a show of hands. **2** *(argine)* embankment; (river) bank; *(cumulo di terra)* mound. **3** *(archit.)* elevation; front view; *(di un gradino, ecc.)* riser. **4** *(di carte)* cut. **5** *(calcio)* high kick; *(pallavolo)* high shot; *(sollevamento pesi)* raise; lift: *un'alzata di 150 chili,* a 150 kilo raise — *sparare al-*

l'alzata, (nella caccia) to shoot on the wing. **6** *(mecc.: di valvole, ecc.)* lift. **7** *(fruttiera)* fruit-stand.
□ *alzata di scudi, (fig.)* protest; rebellion — *alzata di spalle,* shrug of the shoulders.

[1]**alzato** *agg* up; out of bed: *Già alzato?,* Already up and about?

[2]**alzato** *sm* elevation; front view.

amabile *agg* **1** lovable. **2** *(di vino)* sweet; sweetish.

amabilità *sf* **1** lovableness. **2** *(di vino)* sweetness.

amabilmente *avv* lovably.

amaca *sf* hammock *(anche naut.).*

amalgama *sm* **1** amalgam. **2** *(fig.)* mixture; medley; *(spreg.)* hotchpotch.

amalgamare *vt* to amalgamate *(anche fig.).*

amalgamazione *sf* amalgamation.

amanuense *sm* amanuensis *(pl.* amanuenses*).*

amaramente *avv* bitterly.

amaranto *agg e sm* amaranth.

amare *vt* **1** to love; *(essere innamorato di qcno)* to be* in love with sb; *(meno forte)* to like: *amare i figli (il prossimo),* to love one's children (one's neighbour) — *amare la comodità,* to love one's comfort (to like one's comfort) — *Paolo amava Francesca,* Paolo was in love with Francesca — *amare qcno alla follia,* to love sb to distraction — *farsi amare da qcno,* to win sb's affection (*o* love). **2** *(essere appassionato di, dilettarsi di)* to like; to delight in; to take* pleasure in; to be* fond of; to care for *(spec. negativo): Ama parlar male di tutti,* He delights in (He takes pleasure in) speaking badly about everyone — *Ama molto la musica classica,* He is very fond of classical music — *Non amo molto la cucina tedesca,* I don't care much for German cooking; I don't like German cooking much. **3** *(richiedere, avere bisogno)* to need; to require: *Questa è una pianta che ama la luce,* It's a plant which needs light.
□ **amarsi** *v. rifl reciproco* to love each other *(di due persone);* to love one another *(tra più di due persone): Quei due giovani si amano,* Those two young people love each other.

amareggiare *vt* to embitter; to sadden.
□ **amareggiarsi** *v. rifl* to grieve (for sb, over sth).

amarena *sf* bitter cherry.

amaretto *sm* macaroon.

amarezza *sf* bitterness; *(fig.)* bitterness; rancour.

amarilli *sf* amaryllis.

amaro *agg* bitter *(anche fig.): mandare giù un boccone amaro,* to swallow a bitter pill.
□ *sm* **1** *(sapore)* bitterness. **2** *(liquore)* bitters *(pl.).*

amato *agg* loved; beloved.
□ *sm* darling; loved one; beloved; sweetheart.

amatore *sm* **1** lover. **2** *(intenditore)* connoisseur; *(dilettante)* amateur.

amatorio *agg* amatory.

amazzone *sf* **1** *(stor.: donna guerriera)* amazon. **2** *(donna che va a cavallo)* horsewoman *(pl.* -women*): tenuta d'amazzone,* riding-habit — *cavalcare all'amazzone,* to ride side-saddle.

ambagi *sf pl* circumlocutions: *senz'ambagi,* without more ado.

ambasceria *sf* embassy.

ambascia *sf* **1** *(difficoltà di respiro)* difficulty in breathing; feeling of oppression. **2** *(fig.)* anguish.

ambasciata *sf* **1** embassy. **2** *(commissione)* message; errand.

ambasciatore *sm* ambassador; *(chi porta un'ambasciata)* messenger.

ambasciatrice *sf* ambassadress.

ambedue *agg e pron* both.

ambiare *vi* to amble.

ambidestro *agg* ambidextrous.

ambientale *agg* environmental ambient; surrounding; *(di temperatura)* room *(attrib.).*

ambientare *vt* to acclimatize; to fit in.
□ **ambientarsi** *v. rifl* to find* one's feet; to settle in; to get* used to a place.

ambiente *agg* surrounding: *'Servire a temperatura ambiente',* 'Serve at room temperature'.
□ *sm* **1** environment; surroundings *(pl.).* **2** *(gruppo, livello sociale, ecc.)* set; sphere. **3** *(stanza)* room.

ambiguamente *avv* ambiguously; shadily.

ambiguità *sf* ambiguity; ambiguousness; *(di persona)* shadiness.

ambiguo *agg* ambiguous; obscure; *(di persona)* shady; dubious: *una persona ambigua,* a shady individual.

ambio *sm* amble.

ambire *vt* to aspire (to).

ambito *sm* ambit *(anche fig.);* context; circle.

ambivalente *agg* ambivalent.

ambivalenza *sf* ambivalence.

ambizione *sf* ambition: *pieno d'ambizione,* ambitious.

ambizioso *agg* ambitious.

[1]**ambo** *agg* both: *da ambo le parti,* on both sides.

[2]**ambo** *sm* couple.

ambosesso *agg* of either sex; of both sexes.
□ *sm pl* persons of either sex.

ambra *sf* amber: *ambra grigia,* ambergris.

ambrato *agg* **1** amber-coloured. **2** *(che odora d'ambra)* amber-scented.

ambrosia *sf* ambrosia.

ambulante *agg* wandering: *biblioteca ambulante, (scherz.)* walking encyclopaedia — *sonatore ambulante,* strolling musician — *venditore ambulante,* hawker; peddler (*o* pedlar).

ambulanza *sf* ambulance.

ambulatorio *agg* ambulatory.
□ *sm (di medico generico, ecc.)* surgery; *(di ospedale)* out-patients' department.

ameba *sf* amoeba *(pl.* amoebas *o* amoebae*).*

amen *sm* amen: *in un amen,* in the twinkling of an eye.

amenità *sf* **1** amenity; pleasantness. **2** *(facezia)* pleasantry: *dire un mucchio di amenità,* to talk a lot of nonsense.

ameno *agg* **1** pleasant; agreeable: *discorsi ameni,* pleasant conversation: *letteratura amena,* pleasant reading. **2** *(bizzarro)* funny; extraordinary.

amento *sm (bot.)* catkin.

americanizzare *vt* to Americanize.
□ **americanizzarsi** *v. rifl* to Americanize; to become* Americanized.

americano *agg e sm* American.

ametista *sf* amethyst.

amianto *sm* asbestos.

amica *sf* **1** (girl) friend. **2** *(amante)* lover; mistress.

amicarsi *v. rifl* to make* friends (with sb); to befriend.

amichevole *agg* friendly; amicable.

amichevolmente *avv* amicably; in a friendly way.

amicizia *sf* friendship: *far qcsa per amicizia,* to do sth out of friendship (*o* for friendship's sake) — *Ha molte amicizie,* He has many friends — *amicizie pericolose,* bad company — *amicizie altolocate,* friends in high places — *fare amicizia con qcno,* to make friends with sb.

amico *agg* friendly.

□ *sm* **1** friend: *amico del cuore,* bosom friend — *un amico di casa,* a friend of the family. **2** *(amante)* lover.
amicone *sm* bosom (*o* close) friend.
amido *sm* starch: *dare l'amido ad un indumento,* to starch a garment.
amletico *agg* vacillating; indecisive.
ammaccare *vt* to bruise; *(un metallo, ecc.)* to dent.
ammaccatura *sf* bruise; *(di metallo, ecc.)* dent.
ammaestrabile *agg* teachable; *(addestrabile)* trainable.
ammaestramento *sm* **1** *(l'istruire)* teaching. **2** *(l'addestrare)* training.
ammaestrare *vt* **1** *(istruire)* to teach*. **2** *(animali)* to train.
ammaestratore *sm* **1** teacher. **2** *(di animali)* trainer.
ammainabandiera *sf* lowering of the flag.
ammainare *vt (naut., le vele)* to furl; *(la bandiera)* to lower; to haul down; *(un'imbarcazione)* to lower: *ammainare la vela, (fig.)* to give up (to abandon) a project.
ammalarsi *v. rifl* to fall* ill; to be* taken ill.
ammalato *agg* ill; sick.
□ *sm* sick person; patient.
ammaliare *vt* to bewitch; to fascinate.
ammaliatore *agg* bewitching; fascinating.
□ *sm* enchanter.
ammaliatrice *sf* enchantress.
ammanco *sm* deficit.
ammanettare *vt* to handcuff.
ammannire *vt* to prepare.
ammansare, ammansire *vt* **1** *(una bestia feroce)* to tame. **2** to soothe; *(calmare)* to calm (down).
□ **ammansirsi** *v. rifl* **1** *(di bestia feroce)* to become* tame. **2** *(calmarsi)* to become* calm.
ammantare *vt* to mantle.
□ **ammantarsi** *v. rifl* to be* clothed; *(essere ricoperto)* to be* decked.
ammaraggio *sm* landing; *(di velivolo terrestre)* ditching; *(di capsula spaziale)* splashdown.
ammarare *vi* to land (on *o* in the sea); *(con apparecchio terrestre)* to ditch; *(astronautica)* to splash down.
ammarraggio *sm* mooring.
ammarrare *vt* to moor.
ammassamento *sm* massing; *(mucchio)* mass.
ammassare *vt* to amass.
□ **ammassarsi** *v. rifl* to crowd together.
ammasso *sm* heap; mass: *un ammasso di bugie, (fig.)* a pack of lies.
ammatassare *vt* to wind* into a skein.
ammattimento *sm (l'ammattire)* maddening.
ammattire *vi* **1** to be* driven mad; to go* mad. **2** *(scervellarsi)* to rack one's brains.
ammattonare *vt* to pave with bricks.
ammattonato *sm* brick floor.
ammattonatura *sf* brick paving.
ammazzamento *sm* murder; killing.
ammazzare *vt (uccidere, anche fig.: rovinare)* to kill; *(assassinare)* to murder; *(gergo giornalistico)* to slay*; to slaughter *(animali o persone in gran numero)*: *ammazzare animali per ricavarne cibo,* to kill (to slaughter) animals for food — *ammazzare il tempo,* to kill time — *L'hanno ammazzato in pieno giorno,* They killed (They murdered) him in broad daylight — *Non ammazzare, (stile biblico)* Thou shalt not kill.
□ **ammazzarsi** *v. rifl* **1** *(suicidarsi)* to kill oneself; to commit suicide: *ammazzarsi prendendo il veleno,* to commit suicide by taking poison — *ammazzarsi di lavoro,* to work oneself to death. **2** *(trovare la morte, morire, perire)* to be* killed; to get* killed; to die: *Si è ammazzato in un incidente aereo,* He was killed (He died) in an air crash.
ammazzasette *sm* giant-killer; loud-mouth.
ammazzatoio *sm* slaughter-house.
ammenda *sf* **1** *(multa)* fine. **2** *(riparazione)* amends.
ammendare *vt* to amend.
ammennicolo *sm* **1** *(pretesto)* excuse. **2** *(al pl.: piccole aggiunte)* sundries *(pl.)*.
ammettere *vt* **1** *(lasciare entrare, ricevere)* to admit; to receive; to accept: *La scuola può ammettere solo pochi ragazzi all'anno,* The school can accept (can admit, can take) only a few boys each year — *ammettere qcno agli esami,* to admit sb to the examinations — *ammettere qcno all'esercizio della professione forense,* to call to the Bar. **2** *(permettere, tollerare)* to allow; to admit; to accept: *Non ammetto scuse,* I won't allow (*o* accept, admit) any excuses — *Non ammette di essere interrotto,* He won't tolerate being interrupted. **3** *(riconoscere)* to admit; to acknowledge; to concede; to confess: *Rifiutò di ammettere che aveva sbagliato,* He refused to admit (to acknowledge, to confess) that he was mistaken — *Hai ragione, lo ammetto,* You're right, I admit. **4** *(supporre)* to suppose: *Ammettiamo che la notizia sia vera,* Let us suppose that the news is true — *Ammesso che tu abbia ragione...,* Supposing (that) you are right... — *Ammesso e non concesso,* Granted for the sake of argument.
ammezzato *sm* mezzanine.
ammiccare *vi (con gli occhi)* to wink; *(con la mano)* to motion: *ammiccare a qcno,* to wink at sb; to give sb a wink.
ammicco *sm* wink; winking.
amministrare *vt* to administer; *(governare)* to run*; to manage.
amministrativo *agg* administrative.
amministratore *sm* **1** administrator. **2** *(governatore)* head. **3** *(di società)* director: *amministratore delegato,* managing director; chief executive.
amministrazione *sf* **1** administration; management; *(gli amministratori)* administration: *consiglio di amministrazione,* board of directors. **2** *(gli affari)* business.
ammirabile *agg* admirable.
ammiraglia *sf (naut.)* flag-ship; *(ciclismo)* judge's (*o* team manager's) car.
ammiragliato *sm* **1** admiralty. **2** *(grado)* admiralship. **3** *(ministero)* Admiralty *(GB);* Navy Department *(USA)*.
ammiraglio *sm* admiral.
ammirare *vt* to admire: *Ammiro poco quella tua amica,* I don't think much of that friend of yours.
ammirativo *agg* admiring.
ammiratore *sm* **1** admirer; *(tifoso)* fan. **2** *(corteggiatore)* suitor.
ammirazione *sf* admiration: *provare (sentire) ammirazione per qcno,* to feel admiration for sb.
ammirevole *agg* admirable.
ammirevolmente *avv* admirably.
ammissibile *agg* admissible.
ammissibilità *sf* admissibility.
ammissione *sf* **1** *(permesso di entrare)* admission; admittance; *(ammissione all'università)* matriculation: *esame d'ammissione,* entrance examination. **2** *(l'ammettere qcsa)* admission; acknowledgement: *per tua stessa ammissione,* on your own admission. **3** *(mecc.)* induction; *(di macchina a vapore)* admission.

ammobiliamento *sm* **1** furnishing. **2** *(insieme di mobili)* furniture.
ammobiliare *vt* to furnish.
ammodernamento *sm* modernization.
ammodernare *vt* to modernize.
ammodo *agg* well-behaved; correct; proper.
☐ *avv* properly; correctly.
ammogliare *vt* to find* (sb) a wife.
☐ **ammogliarsi** *v. rifl* to get* married; to marry; to take* a wife; *(gergo giornalistico)* to wed.
ammogliato *agg* married.
☐ *sm* married man *(pl.* men*)*.
ammollamento *sm* soaking.
ammollare *vt* **1** *(bagnare)* to soak; to wet; *(ammorbidire)* to soften. **2** *(allentare)* to slacken; to let* go. **3** *(assestare)* to let* fly; to land; to deal*.
☐ **ammollarsi** *v. rifl* **1** *(bagnarsi)* to get* soaked; to soften; *(ammorbidirsi)* to become* soft. **2** *(allentarsi)* to slacken; to loosen.
ammollimento *sm* softening *(anche fig.)*.
ammollire *vt* to soften *(anche fig.)*.
☐ **ammollirsi** *v. rifl* to grow* soft; to get* soft; to soften.
ammollo *sm* soaking; soak: *lasciare qcsa in ammollo,* to leave sth to soak.
ammoniaca *sf* ammonia.
ammonimento *sm* admonition; warning.
ammonire *vt* **1** *(mettere in guardia)* to put* (sb) on his guard; to warn. **2** *(correggere)* to reprove; to admonish. **3** *(dir.)* to caution; to warn.
ammonizione *sf* **1** *(avvertimento)* warning; admonition. **2** *(monito)* admonishment. **3** *(riprensione)* reproof; telling-off *(fam.)*.
[1]**ammontare** *vt (ammassare)* to heap; to pile up.
☐ *vi (assommare)* to amount (to); to add up (to).
[2]**ammontare** *sm* **1** *(comm.)* amount. **2** *(matematica)* sum.
ammonticchiare *vt,* **ammonticchiarsi** *v. rifl* to pile up; to heap up.
ammorbamento *sm* **1** infection; pollution. **2** *(fig.)* corruption.
ammorbare *vt* **1** to infect; *(di odori)* to taint; to foul. **2** *(fig.)* to taint; to corrupt.
ammorbidire *vt,* **ammorbidirsi** *v. rifl* to soften.
ammorsare *vt* to grip (to secure) in a vice; to vice.
ammortamento *sm* **1** depreciation: *quota di ammortamento,* depreciation allowance — *ammortamento degli investimenti,* capital consumption allowance. **2** *(pagamento rateale)* amortisation; redemption. ☐ *fondo d'ammortamento,* sinking fund; depreciation reserve.
ammortare *vt* to amortize.
ammortire *vt* to deaden; *(smorzare)* to soften; to soothe: *ammortire il colpo,* to soften the blow — *ammortire i colori,* to tone down colours.
ammortizzabile *agg (comm.)* amortizable.
ammortizzamento *sm* **1** ⇨ **ammortamento. 2** *(mecc., ecc.)* dampening; damping.
ammortizzare *vt* **1** ⇨ **ammortare. 2** *(mecc., ecc.)* to damp; to cushion.
ammortizzatore *sm* shock-absorber; damper.
ammortizzazione *sf* ⇨ **ammortamento.**
ammosciare, ammoscire *vt* to make* floppy.
☐ *vi* to become* floppy.
ammucchiamento *sm* piling (up); heaping (up).
ammucchiare *vt* to pile (up); to heap (up): *ammucchiare denari,* to make a pile of money.
☐ **ammucchiarsi** *v. rifl* to pile up.
ammuffire *vi* **1** to go* (to grow*) mouldy. **2** *(fig.)* to moulder: *ammuffire sui libri,* to pore over books — *ammuffire in casa,* to shut oneself away; to languish at home.
ammutinamento *sm* mutiny; *(per estensione)* refusal to obey an order.
ammutinare *vt,* **ammutinarsi** *v. rifl* to mutiny.
ammutinato *sm* mutineer.
ammutolire *vi* **1** *(diventare muto)* to become* dumb. **2** *(tacere)* to fall* silent; to clam up *(fam.)*; to be* struck dumb *(anche fig.)*: *ammutolire per lo spavento,* to be struck dumb with terror.
amnesia *sf* amnesia; loss of memory.
amnistia *sf (dir.)* amnesty; general pardon: *concedere un'amnistia,* to grant (an) amnesty.
amnistiare *vt* to release under an amnesty.
amo *sm* **1** fish-hook: *pescare con l'amo,* to angle — *gettare l'amo,* to cast the hook. **2** *(dello strale)* barb; *(dell'ancora)* fluke. **3** *(fig.)* bait: *abboccare all'amo,* to rise to the bait.
amorale *agg* amoral.
amorazzo *sm* love-affair; affair.
amore *sm* **1** love; *(affetto)* affection; fondness; *(in certe espressioni, p.es.* per l'amor di Dio*)* sake: *l'amore di una madre per i figli,* a mother's love for her children — *sposare (qcno) per amore,* to marry (sb) for love — *amore del prossimo,* love of one's neighbour — *amore della lettura (della musica, ecc.),* fondness for reading (for music, *ecc.*) — *ottenere (conquistare, guadagnare) l'amore di qcno,* to win sb's affection — *Spera di ottenere il suo amore,* He hopes to win her affection — *amore di sé,* self-love; selfishness — *amor proprio,* self-respect; self-esteem; amour-propre *(fr.)* — *per amore,* out of love — *Sopporta tutto per amore dei figli,* She puts up with everything out of love for her children — *per amore o per forza,* willy-nilly; by hook or by crook — *d'amore e d'accordo,* in love and accord — *figlio dell'amore,* love child — *matrimonio d'amore,* love match — *andare (essere) in amore (di animali),* to be on heat — *far l'amore, fare all'amore (con qcno),* to make love (to sb) — *per amore di Dio (del Cielo),* for God's (for Heaven's, for goodness', *USA* for Pete's) sake — *per amore di pace,* for the sake of peace (for peace's sake). **2** *(appellativo e designazione di cosa o persona graziosa)* love; my love; darling; beloved; beauty: *Vieni, amore,* Come here, love (*o* darling) — *Non è un amore quel bambino?,* Isn't that child a darling? (What a lovely child!) — *Abbiamo trovato un alberghetto che era un amore,* We found a hotel which was a real beauty; We found a darling little hotel. **3** *(al pl.: vicende amorose)* love-affairs *(pl.)*; amours *(lett., scherz. o ant.)*: *Non fa che parlare dei suoi amori,* He does nothing but talk about his love-affairs. ☐ *con amore,* with enthusiasm; with care — *Amore (il dio Amore della mitologia),* Eros; Love; Cupid.
amoreggiamento *sm* flirtation.
amoreggiare *vi* to flirt.
amoretto *sm* flirtation.
amorevole *agg* **1** *(che sente o dimostra amore)* loving; fond. **2** *(affabile)* friendly.
amorevolezza *sf* kindliness; tender consideration.
amorevolmente *avv* lovingly; fondly.
amorfo *agg* **1** shapeless; amorphous. **2** *(fig.: di persona)* colourless.
amorino *sm* **1** *(putto)* cupid. **2** *(bot.)* wild mignonette. **3** *(divano)* sociable.
amoroso *agg* **1** *(affettuoso, ecc.)* loving; fond; affectionate. **2** *(pertinente all'amore)* amorous; love

(attrib.): poesia amorosa, love poetry. **3** *(mus.)* amoroso.

□ *sm (f.* amorosa*)* **1** fiancé *(fr., f.* fiancée*)*; sweetheart. **2** *(teatro)* amoroso *(m.)*; amorosa *(f.)*.

amovibile *agg* movable; displaceable; able to be moved or shifted.

ampère *sm (fr.)* ampère.

amperometro *sm* ammeter.

ampiamente *avv* **1** widely. **2** amply; generously.

ampiezza *sf* **1** *(qualità)* spaciousness; *(di ambiente)* roominess. **2** *(grandezza)* width; breadth: *ampiezza di vedute,* breadth of mind. **3** *(fis.)* amplitude; *(mecc.)* excursion. **4** *(fig.)* range; extent.

ampio *agg* **1** *(vasto)* spacious; *(esteso)* vast; extensive; *(largo)* wide *(anche fig.)*; *(di grande portata)* far-reaching: *ampi poteri,* wide powers. **2** *(abbondante)* generous; ample; *(di vestito)* loose-fitting.

amplesso *sm* **1** *(lett.)* embrace. **2** *(rapporto sessuale)* intercourse; copulation.

ampliamento *sm* widening; broadening.

ampliare *vt* **1** *(rendere più largo)* to widen; to broaden. **2** *(rendere più largo e più lungo)* to extend; to enlarge.

□ **ampliarsi** *v. rifl* to grow* wider; to spread*.

amplificare *vt* **1** to amplify. **2** *(fig.)* to magnify; to enlarge upon.

amplificativo *agg* amplifying.

amplificatore *sm* amplifier.

amplificazione *sf* **1** amplification. **2** *(radio)* amplification; gain.

ampolla *sf* **1** cruet. **2** *(religione)* ampulla *(pl.* ampullae*)*. **3** *(anat.)* ampulla *(pl.* ampullae*)*.

ampolliera *sf* cruet-stand.

ampollosamente *avv* pompously.

ampollosità *sf* pomposity; bombast.

ampolloso *agg* pompous; bombastic.

amputare *vt* to amputate.

amputazione *sf* amputation.

amuleto *sm* amulet.

anaconda *sm* anaconda.

anacoreta *sm* **1** anchorite. **2** *(fig.)* hermit.

anacronismo *sm* anachronism.

anacronistico *agg* anachronistic.

anagrafe *sf* **1** (local) population and family register. **2** *(ufficio)* register office; registry.

anagrafico *agg* *(attrib.)* register: *dati anagrafici,* personal data.

anagramma *sm* anagram.

anagrammatico *agg* anagrammatic(al).

analcolico *agg* non-alcoholic: *bibita analcolica,* soft drink.

□ *sm* soft drink; *(aperitivo)* non-alcoholic aperitif.

analfabeta *agg* illiterate; unable to read or write.

□ *sm* illiterate.

analfabetismo *sm* illiteracy.

analgesia *sf* analgesia.

analgesico *agg e sm* analgesic.

analisi *sf* **1** analysis *(anche med., ecc.)*; *(televisione)* scanning: *analisi dei costi,* cost accounting — *analisi dei tempi,* time study. **2** *(indagine)* examination; study.

□ *in ultima analisi,* in conclusion; in the final analysis.

analista *sm e f.* analyst.

analiticamente *avv* analytically.

analitico *agg* analytic(al).

analizzare *vt* to analyse; to analyze; to test.

analizzatore *sm* **1** *(apparecchio)* analyser; *(di scansione)* scanner. **2** *(persona)* analyst.

analogamente *avv* analogously; likewise; in a similar fashion (*o* way); in the same way.

analogia *sf* analogy.

analogicamente *avv* analogically.

analogico *agg* analogic(al).

analogo *agg* similar; analogous: *in modo analogo,* likewise; in a similar fashion (*o* way).

ananasso *sm* pineapple.

anarchia *sf* **1** anarchy. **2** *(dottrina)* anarchism.

anarchico *agg* anarchic(al). □ *sm* anarchist.

anarchismo *sm* anarchism.

anatema *sm* anathema.

anatematizzare *vt* to anathematize.

anatomia *sf* anatomy.

anatomico *agg* anatomic(al).

anatomista *sm* anatomist.

anatra *sf* **1** *(domestica)* duck; *(maschio)* drake. **2** *(selvatica)* wild duck (*o* drake); mallard.

anca *sf* **1** hip; flank. **2** *(di animali)* flank. **3** *(naut.)* quarter.

ancata *sf* movement of the hip.

ancella *sf* **1** *(lett. o fig.)* handmaid. **2** *(scherz.)* maid.

ancestrale *agg* ancestral.

anche *congiunz* **1** *(pure)* also; as well *(alla fine della frase)*; too *(alla fine della frase)*: *Diceva che sarebbe andato anche a Pavia,* He said he would also be going to Pavia; He said that he would be going to Pavia, too — *Ha studiato il latino e anche il greco,* He's learnt Latin and Greek, too (and Greek as well) — *'Gli abbiamo telefonato ieri' - 'Anche noi',* 'We 'phoned him yesterday' - 'So did we' ('We did, too') — *Vengo anch'io!,* I'm coming, too! — *'Ho portato del denaro. E tu?' - 'Anche',* 'I've brought some money. What about you?' - 'I have, too'. **2** *(al negativo)* either: *Anche oggi non potrà venire,* He won't be able to come today either. **3** *(persino)* even: *Per me sei stato anche troppo gentile,* To my mind, you were even too kind — *anche se,* even if — *Anche se te l'ha detto lui, non bisogna crederci,* Even if he told you so, you mustn't believe it — *Anche volendo (Anche se volessimo), non ce la faremmo più,* Even if we wanted to, we couldn't make it now. □ *anche perché,* particularly since; partly because; not least because.

ancheggiare *vi* to wiggle one's hips; *(ballando)* to shimmy *(USA)*.

anchilosare *vt* to anchylose.

anchilosato *agg* stiff; arthritic.

ancillare *agg* relating to maid-servants: *amori ancillari, (scherz.)* love-affairs with chambermaids.

ancona *sf* altar-piece; reredos; *(nicchia)* niche; recess.

'ancora *avv* **1** *(quando vi è continuità d'azione)* still; *(talvolta, riferito al futuro)* yet: *Nel 1950 era ancora bambino,* In 1950 he was still a child — *Dovrà lavorare per molti anni ancora,* He'll still have to work for many years; He'll have to work for many years yet.

2 *(finora: quasi sempre in proposizioni negative)* yet: *Non è ancora arrivato,* He hasn't come yet — *Non ero ancora stato in Inghilterra,* I hadn't yet been to England.

3 *(di nuovo)* again; *(un'altra volta)* once more; once again: *Venite ancora a trovarci,* Come and see us again — *Se lo fai ancora una volta, lo dirò a tuo padre,* If you do that again, I'll tell your father — *'Questo discorso è da riscrivere!' - 'Ancora?',* 'This speech needs rewriting!' - 'What, again?'.

4 *(di più)* more; *(talvolta, riferito a tempo)* longer: *Me ne dia ancora!,* Give me some more! — *Ancora*

qualche giorno, e ne saremo fuori, (Just) a few more days, and we'll be out of it.
5 *(rafforzativo)* even; still: *È ancora più difficile,* It's even (It's still) more difficult — *C'è ancora dell'altro,* There's even (*o* still) more — *ancora oggi,* even today — *È ancora di là da venire,* It's still a long way off.

[2]**àncora** *sf* **1** anchor: *gettare (mollare, calare) l'ancora,* to let go (to drop, to cast) the anchor — *levare (salpare) l'ancora,* to weigh anchor — *venire (portare una nave) all'ancora,* to come (to bring a ship) to anchor — *essere all'ancora (stare all'ancora),* to lie (to ride, to be) at anchor — *ancora a picco,* anchor apeak — *ancora da terra,* shore anchor — *ancora di ormeggio,* mooring anchor — *ancora di speranza (di rispetto),* sheet anchor. **2** *(di elettromagnete)* keeper; *(di orologio)* anchor: *orologio ad ancora,* lever watch.
□ *ancora di salvezza, (fig.)* last hope; sheet anchor.

ancoraggio *sm* **1** *(manovra nautica)* anchoring *(anche fig.).* **2** *(luogo, fonda o fig.)* anchorage; *(posto di fonda)* berth: *diritti (tasse) d'ancoraggio,* dues; anchorage.

ancorare *vt* to anchor *(anche fig.); (di valuta)* to peg.
□ **ancorarsi** *v. rifl* **1** *(naut.)* to cast* anchor; to anchor. **2** *(piantarsi)* to cling*; to anchor oneself. **3** *(stabilirsi)* to dig* oneself in; to entrench oneself.

ancorché *congiunz (sebbene)* although; though; *(anche se)* even if; even though.

ancorquando *congiunz (lett.)* even if.

andaluso *agg e sm* Andalusian.

andamento *sm* course; movement; pattern; *(econ.)* trend.

andante *agg* **1** *(continuo)* unbroken; continuous. **2** *(corrente)* current. **3** *(scorrevole)* easy-flowing; *(di stile)* plain; unpretentious. **4** *(fig.: conveniente o scadente)* cheap.
□ *sm (mus.)* andante.

[1]**andare** *vi* **1** to go*: *È ora di andare,* It's time to go — *Ma dove stai andando scalzo?,* Where are you going with nothing on your feet? — *Vuoi andare a teatro?,* Do you want to go to the theatre? — *Andammo in Turchia l'estate scorsa,* We went to Turkey last summer — *Vado a fare la spesa,* I'm going shopping — *Chi va là?,* Who goes there? (Who's there?) — *Va' a farti friggere (Va' al diavolo, all'inferno)!,* Go to hell! — *andare e venire,* to come and go — *andar lontano, (anche fig.)* to go far — *andare a piedi,* to go on foot; to walk — *andare in macchina,* to go by car; to drive; *(GB, anche)* to motor — *andare con il treno (in barca, in nave, in aereo),* to go by train (by boat, by ship, by air) — *andare a fare una passeggiata,* to go for a walk — *andare a spasso (a zonzo),* to go for a stroll; to stroll — *andare a vuoto,* to go wide; to fail — *andare al piano di sotto (di sopra),* to go downstairs (upstairs) — *andare alla deriva,* to go adrift; to drift — *andare a fondo,* to go down; *(di nave, anche)* to sink; *(fig.)* to be ruined — *andare a fondo di una questione,* to go deeply into a problem; to examine a question thoroughly; to get to the bottom of a question — *andare fino in fondo,* to go on (to carry on) to the end — *lasciar andare,* to let things go (*o* slide); *(non insistere)* to let it go — *lasciarsi andare,* to let oneself go — *andar oltre,* to go further — *andare a chiamare qcno,* to go for sb — *andare a trovare qcno (andare da qcno),* to go and see sb; to call on sb — *Perché non vai dalla (a trovare la) nonna?,* Why don't you go and see granny? — *Pensiamo di andare da loro passando per Milano,* We are thinking of calling on them on our way through Milan — *Dove va questo posacenere?,* Where does this ashtray go? — *La vittoria andò al cavallo francese,* The race went to the French horse — *Tutte le mele sono andate a male,* All the apples have gone bad — *I miei nervi stanno andando in pezzi,* My nerves are going to pieces — *Quanto riso può andare in questo sacco?,* How much rice will go into this sack (will this sack hold?)
2 *(procedere)* to be* getting on; to go* on; to go*; *(di salute, ecc.)* to be*: *C'è qualcosa che non va?,* Is anything wrong? — *Come va la salute?,* How are you?; How are you keeping? — *Come va? (Come vanno le cose?),* How's life?; How are things? — *Finalmente tutto va,* At last everything's going smoothly — *Come va il loro matrimonio?,* How is their marriage getting on? — *Come va la scuola?,* How are you getting on at school? — *Non me ne va mai una dritta,* Nothing ever goes right for me — *andare a finire,* - **a)** to end up: *Andò a finire alla concorrenza,* He ended up working for a rival firm — *Andò a finire che la sposò,* He ended up by marrying her - **b)** to turn out: *Vedrai che poi tutto andrà a finire bene,* Everything will turn out all right: you'll see — *andar bene (male),* to go off well (badly) — *Il ricevimento è andato a gonfie vele,* The party went off with a swing — *andare di traverso,* - **a)** *(di cibo)* to go down the wrong way - **b)** *(andare male)* to turn out badly; to go wrong — *Almeno questo è andato (è fatto),* At least that's out of the way (that's settled).
3 *(comportarsi in un dato modo)* to behave; to act: *andar cauto,* to act (to behave) cautiously — *Va orgoglioso di suo figlio,* He is proud of his son — *andare a naso,* to guess — *andare per le spicce,* to go straight to the point — *andare d'accordo con qcno,* to get on well with sb.
4 *(avere successo commerciale)* to go* (to sell*) well; to be* in (great) demand; *(essere di moda)* to be* the fashion; to be* in *(fam.)*: *Il suo libro sta andando benissimo,* His book is selling (is going) very well — *andare a ruba,* to sell like hot cakes — *Quest'anno va l'ottone,* Brass is in fashion (is all the rage) this year — *Le scarpe con il tacco alto vanno di nuovo,* High-heeled shoes are in again.
5 *(funzionare)* to go*; to work: *Il mio orologio non va,* My watch won't go — *Oggi l'ascensore non va,* The lift isn't working today — *Qui tutto va ad elettricità,* Everything works by electricity here — *andare avanti, indietro, (di orologio)* to be fast, slow.
6 *(essere di gradimento)* to be* to sb's liking; to like *(con costruzione personale);* to feel* like: *L'idea non mi va,* I don't like the idea — *Vi andrebbe di vedere un film?,* Would you like to see a film? — *Ti va bene stasera?,* Does tonight suit you? — *Quella persona non mi va,* I can't stand that person.
7 *(confarsi)* to suit; *(di misure)* to fit; *(donare)* to go* (to look) well on sb: *Questa taglia non mi va,* This size doesn't fit me — *Gli andava a pennello,* It suited him to a tee — *I cappelli ti vanno d'incanto,* Hats look perfect on you.
8 andarci *(occorrere)* to be* required; to be* necessary; to need *(con costruzione personale): Non mi sembra ci andassero tutte queste correzioni,* I don't think all these corrections were necessary — *Ci andranno un bel po' di soldi,* We'll need a lot of money.
9 *(avere corso legale)* to be* legal tender; to be* current: *Queste monete non vanno più da due anni,* These coins haven't been current (legal tender) for the last two years — *È un modulo che non va più,* This form is no longer valid.
10 *(con valore passivo: essere)* to be*; to get*: *Il cane*

andò perso durante il viaggio, The dog was lost during the journey (on the way).

11 *(dover essere)* to be* to; must *(verbo difettivo): Questo lavoro va finito per stasera,* This job is to be finished (must be finished) by this evening — *La cosa andava fatta diversamente,* It ought to have been done differently.

12 *(seguito da gerundio, nel senso di continuare a)* to be*...; to go* around...: *È da mesi ormai che va dicendo che l'azienda fallirà,* For months now he's been saying (he's been going around saying) that the company will collapse — *Quelle due vanno spettegolando su tutti,* Those two are going around gossiping about everybody.

13 andarsene - **a)** *(andare via)* to go*; to go* away; to go* off; to leave*: *Venne alle tre, ma se ne andò subito,* He came at three, but went (away) immediately — *Vattene!,* Go away!; Clear off! — *Mi spiace: ora devo andarmene,* I'm sorry I must be going now; I must be off now — *Adesso dovreste andarvene tutti,* Now you should all leave (*o* go).
b) *(consumarsi)* to go*: *I miei risparmi se ne stanno andando,* My savings are all going.
c) *(scomparire)* to disappear; *(di macchia)* to come* out; *(sbiadire)* to fade: *Le macchie di inchiostro non se ne vanno facilmente,* Ink stains do not come out easily — *La mia abbronzatura se ne sta andando ormai,* My tan is fading.
d) *(morire)* to die; to go*: *Quel povero vecchio se ne sta andando,* That poor old chap is dying (is going).
□ *andare a Canossa,* to humble oneself; to eat humble pie — *andare a dama,* to get a king — *andare all'altro mondo,* to die; to kick the bucket *(scherz.)* — *andare a donne,* to go with prostitutes — *andare alle stelle, (di prezzi)* to go sky-high — *andare dietro a qcno,* to go (to run) after sb — *andare di mezzo,* to get involved; to suffer the consequences; to be the scapegoat — *Ma su andiamo!,* Come off it!; I say!; Look here! — *Ma va' là!,* Come off it!; Get on with you! — *andare sul sicuro,* to be on a safe thing — *Se non vado errato,* If I'm not mistaken — *andare incontro a qcno, (fig.)* to meet sb's needs; to meet sb halfway — *andare a nozze, (fig.)* to be a piece of cake — *andare all'aria (a monte, in fumo),* to come to nothing; to fall through; to fizzle out — *andare a rotoli,* to fail; to miscarry — *andare a servizio,* to go into domestic service; to go out *(fam.)* — *andare a tentoni,* to grope — *andare di corpo,* to empty one's bowels — *andare in brodo di giuggiole,* to be extremely pleased; to go into ecstasies — *andare in pensione,* to retire — *andare sotto ad un'automobile,* to get run over; to end up under a car — *andare a gambe all'aria,* to tumble head over heels — *andare di pari passo, (fig.)* to keep in step; to agree — *andare a tempo, (mus.)* to keep time — *andare carponi,* to crawl — *peggio che andar di notte,* worse than ever — *andare per i cinquanta,* to be getting on for fifty — *andare in calore,* to be on heat; *(di cervi)* to rut — *andare da sé,* to be a matter of course — *Va' a indovinare!,* Who can tell! — *Vada come vada!,* Come what may! — *Finché la va!,* As long as it keeps up! — *andare in collera (in bestia),* to lose one's temper — *andare in piazza,* to go bald — *andare a fagiolo,* to be just the job — *andare all'asta,* to be put up for auction.

[2]**andare** *sm* **1** going: *C'era un continuo andare e venire,* There was a lot of coming and going. **2** *(andatura)* gait; walk. □ *a lungo andare,* in the long run — *a tutto andare,* at full speed; like mad *(fam.)* — *con l'andar del tempo (degli anni),* as the years go by; with the passing of time — *dare l'andare a qcno,* to give sb the sack; to dismiss sb.

andata *sf* going: *viaggio di andata,* outward journey — *viaggio di andata e ritorno,* journey there and back; round trip; *(naut.)* voyage out and home — *biglietto di sola andata,* single (ticket) — *biglietto d'andata e ritorno,* return (ticket) — *girone d'andata, (calcio)* first half of the season's matches — *a lunga andata,* in the long run.

andato *agg* **1** gone by; *(scorso)* last. **2** *(logoro)* worn out. **3** *(spacciato)* done for; ruined: *È bell'e andato!,* He's done for! **4** *(avariato)* gone bad; gone off.

andatura *sf* **1** *(portamento)* bearing; carriage; *(modo di camminare)* walk; way of walking; gait: *un uomo dall'andatura nobile,* a man of noble bearing — *un'andatura goffa (dinoccolata),* an awkward (slouching) gait — *Lo riconobbi dalla sua andatura,* I recognized him from (*o* by) his walk (his way of walking). **2** *(ritmo, velocità)* going; running; pace; speed; rate: *procedere a tutta andatura,* to go at top speed (*fam. anche* at a dickens of a rate) — *Su una strada come questa, quaranta chilometri all'ora sono una buona andatura,* On a road like this, forty kilometres an hour is good going — *stabilire (fissare, fare) l'andatura, (in una competizione sportiva)* to set the pace; to make the running — *rompere l'andatura, (equitazione)* to break the pace — *andatura pesante,* heavy going. **3** *(nella navigazione a vela)* tack; point of sailing; *(velocità di navigazione)* rate: *andatura di bolina,* sailing close to the wind (on a close reach) — *andatura in poppa (a fil di ruota),* on the port (starboard) tack — *un'andatura di quindici nodi,* a rate of fifteen knots.

andazzo *sm (spreg.)* goings on *(pl.)*; way of going on; *(andamento)* trend.

andicappare *vt* to handicap.

andirivieni *sm* **1** coming and going. **2** *(intrico di vie)* maze. **3** *(giro di parole)* humming and hawing.

andito *sm* **1** *(corridoio)* passage. **2** *(bugigattolo)* corner.

androne *sm* entrance way.

aneddotica *sf* anecdotes *(pl.)*.

aneddoticamente *avv* narratively.

aneddotico *agg* anecdotal.

aneddotista *sm e f.* anecdotist.

aneddoto *sm* anecdote.

anelante *agg* **1** panting; breathless. **2** *(fig.)* eager.

anelare *vi* to be* eager (for sth); to long (for sth); to desire: *anelare alla libertà,* to long for freedom.

anelito *sm* **1** *(lett.)* panting. **2** *(brama)* longing; yearning.

anello *sm* **1** ring *(nei vari sensi): anello di fidanzamento (di matrimonio),* engagement (wedding) ring — *anello porta-chiavi,* key-ring — *gli anelli di Saturno,* Saturn's rings — *soffiare anelli di fumo,* to blow smoke rings — *anello di ormeggio, (naut.)* mooring ring — *anello sigillo,* seal-ring — *anello elastico, (mecc.)* circlip — *giorno dell'anello (delle nozze),* wedding day — *scambiarsi gli anelli,* to exchange rings — *dare l'anello (sposare),* to marry — *prendere l'anello,* to get married — *fare un esercizio agli anelli, (ginnastica)* to do an exercise on the rings. **2** *(congiunzione, legame)* link: *gli anelli di una catena,* the links of a chain — *l'anello mancante,* the missing link. **3** *(ricciolo)* curl.

anemia *sf* anaemia *(GB)*; anemia *(USA)*.

anemico *agg* anaemic *(GB)*; anemic *(USA)*.

anemone *sm* **1** *(bot.)* anemone. **2** *(zool.) anemone di mare,* sea anemone.
aneroide *agg* aneroid.
anestesia *sf* anaesthesia *(GB);* anesthesia *(USA).*
anestesista *sm e f.* anaesthetist *(GB);* anesthetist *(USA).*
anestetico *agg e sm* anaesthetic *(GB);* anesthetic *(USA).*
anestetizzare *vt* to anaesthetize *(GB);* to anesthetize *(USA).*
aneurisma *sm* aneurysm; aneurism.
anfibio *agg* **1** amphibious. **2** *(fig.)* queer; shady.
□ *sm* amphibian.
anfiteatro *sm* **1** *(stor.)* amphitheatre; arena. **2** *(teatro, geologia)* amphitheatre. **3** *(aula)* theatre; hall.
anfitrione *sm* host; amphitryon *(lett.).*
anfora *sf* amphora; jar.
anfratto *sm* gorge; tortuous path.
angariare *vt* to harry.
angelica *sf (bot.)* angelica.
angelico *agg* angelic(al).
angelo *sm* angel: *angelo custode,* guardian angel; *(scherz.)* policeman; cop *(fam.)* — *angelo caduto,* fallen angel — *È l'angelo della casa,* She is an angel about the house. □ *È un angelo di bontà,* He's as good as gold — *cantare come un angelo,* to sing divinely.
angheria *sf* **1** heavy tax. **2** *(fig.)* oppressive act; injustice.
angina *sf* **1** quinsy. **2** *(angina pectoris)* angina pectoris.
angiporto *sm* **1** *(di un porto)* lee side. **2** *(strada angusta)* lane; alley. **3** *(vicolo chiuso)* blind alley; cul de sac *(fr.).*
anglicano *agg* Anglican.
anglicismo *sm* Anglicism; Englishism; Britishism *(USA).*
anglofilo *agg e sm* Anglophil(e).
anglofobia *sf* Anglophobia.
anglofobo *agg e sm* Anglophobe.
anglomania *sf* Anglomania.
anglosassone *agg* **1** *(stor.)* Anglo-Saxon. **2** *(relativo a popolo, persona, paese, ecc., di lingua o cultura inglese)* English-speaking; *(spesso)* English and American; *(impropriamente)* Anglo-Saxon: *la letteratura anglosassone,* the literature of the English-speaking countries.
□ *sm e f.* English-speaking person; *(persona di discendenza inglese)* Anglo-Saxon.
[1]**angolare** *agg* **1** angular. **2** *(archit. e fig.) pietra angolare,* cornerstone.
□ *sm* angle iron.
[2]**angolare** *vt* **1** to set* at an angle: *angolato,* angled. **2** *(calcio)* to take* a corner (-kick). **3** *(cinema, ecc.)* to take* an angle shot.
angolo *sm* **1** *(geometria)* angle: *angolo acuto (retto, ottuso),* acute (right, obtuse) angle — *essere ad angolo retto con qcsa,* to be at a right angle to sth (to be at right angles to sth) — *l'angolo di due rette,* the angle formed by two straight lines — *angolo di caduta,* angle of fall — *angolo di curvatura,* bending angle — *angolo di deviazione (di incidenza),* angle of deviation (of incidence) — *angolo di emergenza, (ottica)* angle of emergence — *angolo di rifrazione,* refraction angle. **2** *(canto, spigolo)* corner *(anche nel calcio): l'angolo di una stanza,* the corner of a room — *un posto d'angolo,* a corner seat — *il negozio all'angolo,* the shop on the (at the) corner — *l'angolo di (della) strada,* the street corner — *appena girato l'angolo,* just around the corner — *Batté contro l'angolo del tavolino,* He knocked against the corner of the table — *in ogni angolo, in tutti gli angoli,* high and low, in every corner — *calcio d'angolo,* corner; corner-kick — *fare angolo con, (di una strada)* to run into; to meet — *La casa si trova nel punto in cui Via Mazzini fa angolo col Corso,* The house is situated where Via Mazzini meets the Corso (at the corner of Via Mazzini and the Corso). **3** *(luogo appartato)* spot; place; nook; corner: *un angolo tranquillo,* a quiet spot — *un angolo fuori mano,* an out-of-the way place — *un angolo ombroso,* a shady nook.
angolosità *sf* **1** angularity. **2** *(fig.)* edginess; peevishness.
angoloso *agg* **1** edged; edgy. **2** *(del corpo)* bony. **3** *(fig.)* edgy; peevish; tetchy.
angoscia *sf* **1** anxiety. **2** *(filosofia)* angst *(tedesco).* **3** *(psicologia)* anguish.
angosciare *vt* to cause anxiety; to make* (sb) anxious.
□ **angosciarsi** *v. rifl* to get* upset (over *o* about sth); to get* anxious (about sth).
angosciato *agg* greatly upset; anguished.
angosciosamente *avv* with anguish; in an anguished manner.
angoscioso *agg* **1** *(disperato)* anguished. **2** *(che dà angoscia)* painful; nerve-wracking.
anguilla *sf* **1** *(zool.)* eel. **2** *(spreg.: persona che sfugge)* slippery customer. **3** *(naut.)* carling; deck girder.
anguillaia *sf* eel-pond.
anguria *sf* water-melon.
angustia *sf* **1** *(scarsità di spazio)* narrowness. **2** *(insufficienza)* lack: *versare in angustie,* to be in financial straits; to be in straitened circumstances. **3** *(fig.: ansia)* anguish; distress.
angustiare *vt* to upset*; to worry.
□ **angustiarsi** *v. rifl* to upset* oneself (over sth); to get* worried, upset (over sth).
angusto *agg* narrow *(anche fig.).*
anice *sm* anise: *seme di anice,* aniseed.
anilina *sf* aniline.
anima *sf* **1** soul *(anche fig.); (spirito)* spirit: *credere nell'immortalità dell'anima,* to believe in the immortality of the soul — *evocare l'anima d'un defunto,* to call up a spirit from the dead — *le anime dannate,* lost souls — *cura di anime,* care of souls — *le anime purganti,* the souls in Purgatory — *la buon'anima di mio padre,* my father, God rest his soul — *pregare per l'anima di qcno,* to pray for sb's soul — *anime gemelle,* twin souls — *un'anima candida, innocente,* a simple soul — *anima e corpo,* body and soul — *La pubblicità è l'anima del commercio,* Advertising is the very soul of business — *Era l'anima della festa,* He was the life and soul of the party — *l'anima di un'impresa,* the moving spirit of an enterprise.
2 *(cuore)* heart; *(sentimento)* feeling: *con tutta l'anima,* with all one's heart — *suonare il violino con anima,* to play the violin with feeling — *metterci l'anima nel fare qcsa,* to do sth with feeling; to put one's heart and soul into sth — *non avere anima,* to be without scruple (without feeling); to be completely unscrupulous (*o* unfeeling).
3 *(persona)* soul; person; *(abitante)* inhabitant: *Non c'era (Non si vedeva) anima viva,* There wasn't a living soul to be seen — *un paese di poche anime,* a village with few inhabitants.
4 *(nucleo, elemento centrale di qcsa: mecc.)* core; centre; heart; *(di fucile, ecc.)* bore; *(di cannone)* tube; *(di rotaia)* web; *(di timone)* rudderpost; *(d'ombrello)*

shank; *(di violino)* sound-post; *(di pallone)* bladder; *(di frutta)* core.

□ *giocarsi l'anima,* to stake everything — *esalare l'anima (rendere l'anima a Dio),* to breathe one's last; to die; to give up the ghost — *rompere l'anima a qcno, (fam.)* to bother sb — *Ce l'ho sull'anima,* I can't stand him — *essere corpo e anima con qcno,* to be hand in glove with sb — *volere un bene dell'anima,* to love sb dearly — *essere un'anima in pena,* to be in great distress — *rodersi l'anima,* to eat one's heart out — *vendere l'anima a caro prezzo,* to sell one's life dear — *Anima mia!,* My love!; My darling! — *tenere, reggere l'anima coi denti,* to be at death's door; to be at one's last gasp.

animale *agg* animal.

□ *sm* **1** animal. **2** *(fig.)* beast; imbecile.

animalesco *agg* **1** *(proprio dell'animale)* animal. **2** *(fig.: stupido)* stupid; *(da bestia)* bestial; *(goffo)* clumsy: *mangiare in modo animalesco,* to eat like a pig.

animalità *sf* animal nature.

animare *vt* **1** *(infondere l'anima)* to give* life to; to breathe life into; to endow with life; to animate *(anche fig.): animare un corpo (il marmo, la creta, ecc.),* to give life to (to breathe life into) a body (marble, clay, *ecc.*). **2** *(ravvivare, dare vivacità, ecc.)* to animate; to enliven; to brighten: *Un dolce sorriso le animò il volto,* A sweet smile brightened her face — *Ci fu un'animata discussione,* There was an animated (a lively) discussion. **3** *(esortare, spingere, infondere coraggio, ecc.)* to encourage; to hearten; to inspire: *animare qcno a lavorare di più,* to encourage sb to work harder — *La magnifica rete animò i giocatori,* The magnificent goal animated (*o* inspired) the players. **4** *(promuovere, sviluppare)* to promote; to foster; to activate: *animare i lavori pubblici,* to promote public works. □ *Era animato da buoni sentimenti verso di loro,* He entertained good feelings towards them.

□ **animarsi** *v. rifl* **1** *(acquistar vita)* to come* to life; to become* animated; to come* alive; to grow* lively: *Con il primo giorno di primavera, i boschi si animarono,* With the first day of spring, the woods came to life (came alive). **2** *(accalorarsi, diventar più vivace)* to become* animated; to become* (to get*) livelier; to brighten: *Il dibattito si stava animando,* The discussion was becoming (was getting) livelier — *I suoi occhi si animarono,* His eyes brightened. **3** *(prendere animo, coraggio)* to take* heart; to take* courage.

animatamente *avv* fervently; animatedly.

animato *agg* **1** animate; living. **2** *(vivace)* lively; animated: *cartoni animati, (cinema)* cartoons. **3** *(dotato di nucleo o anima)* cored. **4** ⇨ **animare.**

animatore *sm* **1** enlivener; leading spirit: *essere l'animatore di una festa,* to be the life and soul of a party. **2** *(cinema)* animator.

□ *agg (f. animatrice)* animating; enlivening; *(che infonde vita)* life-giving.

animazione *sf* **1** animation; liveliness; *(attività)* activity; *(trambusto, movimento)* bustle: *discutere qcsa con animazione,* to discuss sth animatedly; to have an animated discussion. **2** *(cinema)* animation.

animella *sf* sweetbread.

animismo *sm* animism.

animo *sm* **1** *(mente)* mind; *(inclinazione, intenzione)* inclination; intention: *Avevo l'animo altrove,* My mind was elsewhere — *avere l'animo tranquillo,* to have an untroubled mind — *mettersi l'animo in pace,* to set one's mind at rest — *abbattimento d'animo,* mental depression — *aprire l'animo,* to speak one's mind (to speak frankly; to open one's heart) — *avere in animo di fare qcsa,* to have (it) in mind to do sth; to intend doing sth. **2** *(inclinazione, disposizione, natura)* mood; disposition: *disposizione d'animo,* mood — *essere di buon animo,* to be in a cheerful mood — *essere nello stato d'animo giusto per fare qcsa,* to be in the (right) mood for sth (to do sth) — *Non ero nello stato d'animo d'andare alla festa,* I was not in the mood to go to the party — *essere d'animo gentile,* to be of a kind disposition — *far qcsa di buon animo,* to do sth willingly (*o* cheerfully) — *far qcsa di mal animo,* to do sth unwillingly. **3** *(coraggio, cuore)* courage; heart: *prendere animo,* to take heart (*o* courage) — *perdersi d'animo,* to lose heart — *Non avevo l'animo di darle la notizia,* I hadn't the heart to give her the news. □ *Animo!,* Cheer up!

animosamente *avv* **1** *(arditamente)* bravely; courageously. **2** *(ostilmente)* with animosity; resentfully.

animosità *sf* **1** *(atteggiamento ostile)* animosity; resentment. **2** *(lett.)* bravery; courage.

animoso *agg* **1** *(coraggioso)* brave; courageous; *(di animale)* spirited. **2** *(ostile)* hostile.

anitra *sf* ⇨ **anatra.**

annacquamento *sm* **1** watering down; dilution. **2** *(econ.)* watering.

annacquare *vt* **1** to water (down); to dilute. **2** *(fig.)* to water down; to tone down: *annacquare un capitale, (econ.)* to water stock.

annacquata *sf* **1** light watering; slight dilution. **2** *(pioggerella)* light shower.

annacquato *agg* **1** *(allungato)* watered down; diluted. **2** *(fig.)* mitigated.

annaffiamento *sm* watering.

annaffiare *vt* to water; *(spruzzare)* to sprinkle.

annaffiata *sf* **1** light watering; sprinkling. **2** *(pioggerella)* light shower; sprinkle of rain.

annaffiatoio *sm* watering-can; sprinkler.

annaffiatore *sm,* **annaffiatrice** *sf (macchina)* sprinkler; road-sprinkler.

annaffiatura *sf* watering; sprinkling.

annali *sm pl* annals.

annalista *sm e f.* annalist.

annaspare *vt (il filato)* to wind*; to reel.

□ *vi* to wave one's arms about; to thrash about; to gesticulate; *(fig.: non concludere nulla)* to muck about; to waste one's time; *(imbrogliarsi)* to get* into a muddle.

annata *sf* **1** year: *Fu un'annata fredda,* It was a cold year — *una buona annata,* a good year — *annate magre (scarse),* lean years — *pagare un'annata di affitto,* to pay a year's rent. **2** *(riferito a vino)* year; vintage: *vino d'annata,* vintage wine.

annebbiamento *sm* **1** spreading of fog (of mist). **2** *(marina)* laying of a smoke-screen. **3** *(velo che si forma su una pellicola)* bloom; clouding. **4** *(della mente)* clouding. **5** *(della vista)* dimness.

annebbiare *vt* to cloud; to fog; to dim; *(fig.)* to dull.

□ **annebbiarsi** *v. rifl* to cloud (over); to become* cloudy (*o* foggy); *(fig.: della vista)* to dim; to grow* dim; *(della mente)* to cloud.

annegamento *sm* drowning.

annegare *vt* to drown *(anche fig.): annegare i dispiaceri nel vino,* to drown one's troubles in drink.

□ *vi* **1** to drown; to be* drowned: *stare per annegare,*

to be drowning — *annegare nell'oro,* to be rolling in money. **2** *(di carburatore)* to flood.
□ **annegarsi** *v. rifl* to drown oneself.

annerimento *sm* **1** *(il far diventare nero)* blackening. **2** *(il diventare nero)* darkening.

annerire *vt e i.* to blacken.
□ **annerirsi** *v. rifl* to darken; to grow* dark.

annessione *sf* annexation.

annesso *agg* **1** *(attaccato)* attached; *(accluso)* enclosed: *documenti annessi,* documents enclosed. **2** *(di territorio)* annexed.
□ *sm (spec. al pl.)* **1** outbuilding; annex(e): *annessi e connessi, (dir.: di una costruzione)* appurtenances; *(fig.)* incidental expenses; odds and ends: *fra annessi e connessi, (fam.)* what with one thing and another. **2** *(anat.)* appendage.

annettere *vt* **1** *(aggiungere, unire)* to add; to join; *(accludere)* to enclose; *(attribuire, fig.)* to attach. **2** *(una provincia, uno Stato, ecc.)* to annex.

annichilire *vt* **1** to annihilate; to wipe out. **2** *(fig.)* to crush.

annidare *vt* **1** to place in a nest. **2** *(fig.)* to nourish.
□ **annidarsi** *v. rifl* **1** *(fare il nido)* to nest. **2** *(fig.: nascondersi)* to hide*; to take* refuge; *(trovare dimora)* to settle down; to find* a place to live; *(fig.: dell'odio, ecc.)* to take* root.

annientamento *sm* **1** *(l'annientare)* destruction. **2** *(l'annientarsi)* prostration.

annientare *vt* to annihilate; to destroy *(anche fig.).*
□ **annientarsi** *v. rifl* to humble oneself; to come* to nothing.

anniversario *agg* anniversary.
□ *sm* **1** anniversary. **2** *(compleanno)* birthday.

anno *sm* **1** year: *Sono anni che non vado in montagna,* I haven't been to the mountains for years (for ever so long, *fam.* for donkey's years); It's ages since I last went to the mountains — *l'anno prossimo (scorso),* next (last) year — *l'anno corrente (in corso),* the present year; this year — *nell'anno accademico in corso,* in the current academic year — *anno luce,* light-year — *anno bisestile,* leap-year — *il primo dell'anno (Capodanno),* New Year's Day — *aspettare l'Anno Nuovo,* to see the New Year in — *Buon Anno!,* Happy New Year! — *nell'anno di grazia (del Signore) 1300,* in the year of our Lord 1300 — *un anno dopo l'altro,* year after year; year in year out — *di anno in anno,* from year to year — *col passare degli anni,* as the years go (*pass.* went) by — *gli anni venti (trenta) ecc.,* the Twenties (Thirties), *ecc.* — *essere all'ultimo anno di università,* to be in the last year of university — *studente del secondo anno,* student in his (her) second year — *durante tutto l'anno,* all the year round — *una volta all'anno,* once a year — *in capo all'anno,* at the end of the year — *tutti gli anni,* every year — *lavorare tredici mesi all'anno,* to work hard — *anno d'esercizio, (comm.)* operating year — *anno finanziario,* financial year — *anno fiscale,* fiscal year — *È stato un anno a marzo,* A year last March — *Sarà un anno a maggio,* A year next (*o* in) May.
2 *(età) avere diciotto (trentadue, ottanta) anni,* to be eighteen (thirty-two, eighty) (years old) — *'Quanti anni hai?' - 'Diciannove',* 'How old are you?' - 'I'm nineteen' — *non aver ancora vent'anni,* to be under twenty; to be still in one's teens — *essere avanti negli anni,* to be getting on — *essere sui trent'anni,* to be about thirty — *portar bene gli anni,* to be young for one's years — *levarsi gli anni,* to take a few years off one's age; to lie about one's age — *avere poco più di trent'anni,* to be in one's early thirties — *avere cinquant'anni suonati,* to be over fifty.
□ *gli anni verdi,* youth — *nel fiore degli anni,* in the prime of life — *una persona d'anni,* an old person — *compiere gli anni,* to have one's birthday — *Anno nuovo, vita nuova, (prov.)* The new year calls for a new way of life.

annobilire *vt (ant.)* to ennoble.

annodamento *sm* knotting.

annodare *vt* to knot; to tie: *annodare i lacci delle scarpe,* to lace up one's shoes — *annodarsi la cravatta,* to tie one's tie.
□ **annodarsi** *v. rifl* to become* knotted.

annodatura *sf* knotting.

annoiare *vt* **1** *(recare noia)* to bore. **2** *(recare fastidio)* to annoy; to irritate.
□ **annoiarsi** *v. rifl (provare noia)* to be* bored; to get* bored; to be* fed up: *annoiarsi a morte,* to be bored to death; to be bored stiff.

annona *sf* State organization and control of the distribution of food.

annonario *agg* relating to food control: *tessera annonaria,* ration card.

annotare *vt* **1** *(prendere nota)* to note down; to make* a note of; *(comm.)* to book. **2** *(postillare)* to annotate.

annotatore *sm* annotator.

annotazione *sf* **1** *(nota)* note. **2** *(postilla)* note; annotation; footnote. **3** *(dir.)* notification.

annottare *vi impers* to grow* dark.

annoverare *vt* **1** *(includere)* to number; to include: *Lo annovero tra i miei più stretti amici,* I number him among my closest friends. **2** *(enumerare)* to enumerate.

annuale *agg* annual; yearly: *abbonamento annuale,* yearly (*o* annual) subscription.
□ *sm* anniversary.

annualità *sf* annuity; annual fee.

annualmente *avv* annually; every year.

annuario *sm* year-book.

annuire *vi* to nod; *(acconsentire)* to assent; to agree; to consent.

annullabile *agg (dir.)* voidable.

annullamento *sm* **1** *(comm.)* cancellation. **2** *(dir.)* annulment; cancellation.

annullare *vt* **1** *(dir.)* to annul; to nullify. **2** *(comm.)* to cancel. **3** *(privare di efficacia)* to undo*; to nullify.
□ *francobollo annullato,* used (*o* cancelled) stamp.
□ **annullarsi** *v. rifl* **1** *(matematica)* to vanish. **2** *(fig.)* to lose* oneself; to humble oneself. **3** *(distruggersi, fig.)* to efface oneself. **4** *(reciproco)* to cancel out; to cancel each other (out).

annullo *sm* postmark.

annunciare *vt* to announce; *(preannunciare)* to foretell*; to indicate: *Quelle nuvole annunciano pioggia,* Those clouds are a sign of rain. □ *Per favore, mi annunci al direttore,* Please, tell the manager I am here — *Chi devo annunciare?,* What name shall I say? — *farsi annunciare,* to give one's name.

annunciatore *sm,* **annunciatrice** *sf* announcer.

annunciazione *sf (religione)* Annunciation; *(festa)* Lady Day.

annuncio *sm* announcement; *(pubblicitario)* advertisement; *(notizia)* news: *annunci economici,* classified advertisements.

annunziare *vt* ⇨ **annunciare.**

Annunziata *sf (religione)* Our Lady of the Annunciation.

annuo *agg* annual; yearly: *reddito annuo,* annual income.
annusare *vt* to smell*; to sniff; *(fiutare, anche fig.)* to scent; to smell* out; to nose out; to discover: *annusare tabacco,* to take snuff.
annusata *sf* sniff.
annuvolamento *sm* clouding.
annuvolare *vt* to cloud *(anche fig.).*
□ **annuvolarsi** *v. rifl* to grow* cloudy; to cloud over; to become* gloomy *(anche fig.).*
ano *sm (di mammiferi)* anus; *(di altri animali)* vent; anus.
anodino *agg e sm (med., fig.)* anodyne.
anodo *sm* anode.
anofele *sm* anopheles.
anomalia *sf* anomaly.
anomalo *agg* anomalous.
anonimato *sm* anonymity.
anonimo *agg* **1** anonymous: *lettere anonime,* anonymous letters. **2** *società anonima,* joint-stock company.
□ *sm* **1** anonymous author (composer, *ecc.: spesso abbr. in* anon). **2** *(scritto)* anonymous work: *conservare l'anonimo,* to remain anonymous.
anormale *agg* abnormal.
□ *sm* abnormal person; *(pervertito)* pervert; *(spreg.: per omosessuale)* homosexual.
anormalità *sf* abnormality.
ansa *sf* **1** *(maniglia)* handle. **2** *(fig.: pretesto)* pretext; opportunity; handle. **3** *(anat.)* loop; ansa *(pl.* ansae*)*; *(di fiume)* meander; loop.
ansare *vi* to pant; to gasp.
anseatico *agg (stor.)* Hanseatic.
ansia *sf* anxiety: *essere (stare) in ansia per qcno,* to be anxious about sb; to be concerned about (*o* for) sb — *aspettare qcno con ansia,* to wait anxiously for sb.
ansietà *sf* anxiety.
ansiosamente *avv* **1** anxiously. **2** eagerly.
ansioso *agg* **1** anxious. **2** *(fig.)* eager: *Sono ansioso di vederti,* I'm eager (*o* longing) to see you — *Siamo ansiosi di partire,* We're eager to leave.
ansito *sm* gasping; panting.
anta *sf* **1** *(di dittico, ecc.)* panel. **2** *(di finestra)* shutter; *(di armadio)* door. **3** *(archit.)* anta *(pl.* antas *o* antae*).*
antagonismo *sm* **1** *(rivalità)* rivalry. **2** *(contrasto)* antagonism.
antagonista *sm e f.* **1** *(rivale)* rival. **2** *(muscolo, ecc.)* antagonist.
□ *agg (mecc.)* counteracting.
antartico *agg e sm* Antarctic.
antecedente *agg* preceding. □ *sm* antecedent.
antecedenza *sf* antecedence; precedence: *in antecedenza,* previously.
antecedere *vt* to precede.
antecessore *sm* **1** predecessor. **2** *(soldato)* scout.
antefatto *sm* prior event; preliminary *(spesso al pl.)*: *presentare gli antefatti,* to give the background (the prior history).
anteguerra *agg (attrib.)* pre-war.
□ *sm* pre-war period.
antenato *sm* ancestor; *(al pl.)* forefathers; forbears.
antenna *sf* **1** *(naut.)* spar; yard; *(palo)* pole; *(radio, televisione)* aerial; antenna *(pl.* antennae *o* antennas*).* **2** *(zool.)* antenna *(pl.* antennae *o* antennas*)*; feeler.
anteporre *vt* to prefer; to place (to put*) before: *anteporre qcsa a qcsa altro,* to put sth before sth else.
anteprima *sf* preview; trade show.
anteriore *agg* **1** *(nello spazio)* front; fore; anterior. **2** *(nel tempo)* preceding; anterior to: *futuro anteriore,* future perfect.
anteriorità *sf* priority; precedence.
anteriormente *avv* **1** towards the front. **2** previously.
antesignano *sm* **1** *(stor.)* standard-bearer. **2** *(fig.)* pioneer; forerunner.
antiabbagliante *agg* antidazzle; glareproof: *luce antiabbagliante,* traffic beam.
□ *sm (aereo)* glare shield.
antiaereo *agg* anti-aircraft *(attrib.).*
antibatterico *agg* antibacterial.
antibiotico *agg e sm* antibiotic.
anticaglia *sf* **1** *(spreg.)* junk. **2** *(oggetto)* curiosity.
anticamente *avv* in ancient (in former) times; in days of old *(lett.)*; in olden days *(lett.).*
anticamera *sf* ante-room; antechamber: *far anticamera,* to be kept waiting — *far fare anticamera a qcno,* to keep sb waiting — *l'anticamera del cervello,* the forefront of the mind; *(generalm. in) Non gli è passato nemmeno per l'anticamera del cervello,* It didn't even cross his mind.
anticarro *agg* anti-tank.
antichità *sf* **1** antiquity; *(tempi antichi)* ancient times. **2** *(spec. al pl.: cose antiche)* antiques; antiquities: *negozio di antichità,* antique shop.
anticiclone *sm* anticyclone.
anticipare *vt* **1** to advance; to bring* forward: *anticipare la partenza,* to bring forward (the date of) one's departure. **2** *(comm.)* to pay* in advance; *(prestare)* to advance: *Dovete pagare l'affitto anticipato,* You must pay the rent in advance. **3** *(sport)* to anticipate. **4** *(una notizia)* to publish advance news. **5** to tell* sb sth from the start: *Gliel'ho già anticipato e lo ribadirò ancora,* I told him so at the start and I shall mention it again. □ *anticipare i tempi,* to be ahead of one's time.
□ *vi (essere in anticipo)* to be* early; *(di un treno)* to get* in early; *(d'un orologio)* to be* fast.
anticipatamente *avv* in advance; in anticipation.
anticipato *agg* advanced; anticipated: *pagamento anticipato,* payment in advance.
anticipazione *sf* **1** bringing forward. **2** *(notizia)* advance news. **3** *(mus.)* anticipation.
anticipo *sm* **1** *(di denaro)* advance; prepayment: *chiedere un anticipo,* to ask for an advance — *pagare in anticipo,* to pay in advance; to prepay. **2** *(mecc.)* spark lead; spark advance. **3** *(sport)* anticipation: *giocare d'anticipo, (tennis)* to strike the ball on the rebound. □ *essere in anticipo (rispetto al proprio tempo),* to be ahead of one's times; *(rispetto all'orario)* to be early — *Il treno arrivò con un anticipo di dieci minuti,* The train got in ten minutes early.
anticlericale *agg* anti-clerical.
antico *agg* **1** *(dell'antichità)* ancient: *l'antica Roma,* ancient Rome. **2** *(vecchio)* old: *l'Antico Testamento,* the Old Testament. □ *all'antica,* old-fashioned *(agg.)*; in an old-fashioned way *(avv.)* — *in antico,* in ancient times.
□ *sm* ancient *(generalm. al pl.: gli antichi,* the ancients*).*
anticoncezionale *agg e sm* contraceptive.
anticonformista *sm e f.* non-conformist; 'rebel'.
anticongelante *agg e sm* anti-freeze.
anticorpo *sm* antibody.
anticrittogamico *agg e sm* fungicide.
antidetonante *agg e sm* antiknock.
antidiluviano *agg e sm* antediluvian.
antidoto *sm* antidote.
antiestetico *agg* unaesthetic; ugly.

antifebbrile *agg* anti-febrile. □ *sm* febrifuge.
antifecondativo *agg e sm* contraceptive.
antifona *sf (mus., religione)* antiphon. □ *(fam.) capir l'antifona,* to get the message — *Sempre la stessa antifona,* It's always the same story.
antifurto *agg* antitheft. □ *sm* antitheft device.
antigelo *sm* antifreeze.
antigienico *agg* unhygienic; unsanitary.
antilogaritmo *sm* antilogarithm.
antilope *sf* antelope.
antimateria *sf* anti-matter.
antimeridiano *agg* morning: *le otto antimeridiane,* eight in the morning; eight a. m. (= ante meridiem, *lat.*).
antimonio *sm* antimony.
antincendio *agg* fire-fighting: *pompa antincendio,* fire hydrant.
antinebbia *agg* anti-fog *(attrib.): fari antinebbia,* fog lamps.
antinfortunistica *sf* accident prevention.
antiorario *agg* anti-clockwise; counter-clockwise.
antipapa *sm* anti-Pope.
antipasto *sm* hors-d'oeuvres *(fr., pl.).*
antipatia *sf* dislike; aversion; antipathy: *avere, nutrire antipatia verso (per) qcno,* to feel antipathy to (*o* towards, against) sb; to dislike sb — *Ho antipatia per la matematica,* I can't stand mathematics.
antipatico *agg* unpleasant; disagreeable.
antipiega *agg* creaseproof.
antipodi *sm pl* **1** *(punti)* antipodes: *essere agli antipodi, (fig.)* to be poles apart. **2** *(persone)* antipodeans.
antipolio *agg* polio *(attrib.).*
antiquaria *sf* **1** *(scienza)* archaeology. **2** *(comm.)* antique trade.
antiquariato *sm* antique (*o* old book) trade: *pezzo d'antiquariato,* antique.
antiquario *sm* **1** *(collezionista)* antiquary. **2** *(commerciante)* antique dealer.
antiquato *agg* antiquated; old-fashioned; *(linguaggio)* obsolete.
antirabbico *agg* anti-rabid.
antiruggine *agg (attrib.)* anti-rust; rust-proof; rust-resistant.
□ *sf* rust-preventer.
antisdrucciolevole *agg* anti-skid *(attrib.);* non-skid *(attrib.);* non-slip *(attrib.).*
antisemita *agg* anti-Semitic. □ *sm* anti-Semite.
antisemitismo *sm* antisemitism.
antisettico *agg* antiseptic.
antisismico *agg* antiseismic(al).
antisociale *agg* antisocial.
antistante *agg* in front (of); opposite: *la piazzetta antistante al municipio,* the square in front of the Town Hall.
antitesi *sf (lett.)* antithesis.
antiteticamente *avv* antithetically.
antitetico *agg* antithetic(al).
antitossico *agg* antitoxic.
antitossina *sf* antitoxin.
antiurto *agg* shock-proof.
antivedere *vt* to foresee*.
antiveggente *agg* foreseeing.
antiveggenza *sf* foresight.
antivenire *vt* to forestall.
antivigilia *sf* the day before the eve: *l'antivigilia di Natale,* two days before Christmas.
antologia *sf* anthology.
antologico *agg* anthological.
antonomasia *sf* antonomasia.
antrace *sm* anthrax.
antracite *sf* anthracite.
antro *sm* **1** cavern. **2** *(fig.)* hole.
antropoide *agg* anthropoid.
antropologia *sf* anthropology.
antropologo *sm* anthropologist.
anulare *agg* annular: *il dito anulare,* the ring-finger.
□ *sm* ring-finger.
anzi *congiunz* **1** *(o meglio, più precisamente, o piuttosto)* or rather; indeed: *Ti telefonerò, anzi ti verrò a trovare,* I'll give you a call, or rather I'll come and see you — *Sembra triste, anzi molto triste,* He looks sad, indeed, very sad.
2 *(al contrario)* on the contrary; quite the reverse; *(lett.)* nay: *Non è affatto brutta, anzi abbastanza carina,* She's not at all ugly, on the contrary she's quite pretty — *'Le dà fastidio?' - 'Anzi!',* 'Does it bother you?' - 'On the contrary!' ('Not at all!'; 'Quite the reverse!') — *anzi che no, (avv.: piuttosto, alquanto)* rather — *Anziché guardare la televisione, faresti meglio a leggere un buon libro,* Rather than (Instead of) watching television, you'd do better to read a good book — ⇨ *anche* **anziché, anzitempo.**
anzianità *sf* **1** *(vecchiaia)* old age. **2** *(di servizio, di grado, ecc.)* seniority.
anziano *agg* **1** *(d'età)* old; elderly. **2** *(di servizio, grado, ecc.)* senior.
□ *sm* **1** *(d'età)* old person; elderly person; senior citizen *(USA).* **2** *(di servizio, grado, ecc.)* senior. **3** *(stor.)* elder.
anziché *congiunz* **1** *(piuttosto che)* rather than: *Anziché andare, mi dimetterei!,* I'd rather resign than go! **2** *(invece di)* instead of: *Perché non aspettiamo anziché correre inutilmente?,* Why don't we wait instead of hurrying in vain?
anzidetto *agg (lett.)* aforesaid; above-mentioned.
anzitempo *avv* before (one's) time.
anzitutto *avv* first of all.
aorta *sf* aorta.
apartitico *agg (neol.)* non-party.
apatia *sf* apathy; indifference.
apaticamente *avv* apathetically.
apatico *agg* apathetic(al); indifferent.
ape *sf* bee; honey-bee; *(fuco)* drone: *ape operaia,* worker-bee — *nido di api,* honeycomb.
aperitivo *sm* aperitif; appetiser.
apertamente *avv* openly; frankly.
aperto *agg* **1** open *(anche fig.); (di busta)* unsealed; *(di pronuncia)* broad: *nel mare aperto,* on the open sea — *aperto al pubblico,* open to the public — *all'aria aperta,* in the open air — *dormire all'aperto,* to sleep in the open — *giochi all'aria aperta,* outdoor games — *una città aperta,* an open city — *una lettera aperta,* an open letter — *in aperta campagna,* in the open country — *dormire con le finestre aperte,* to sleep with the windows open — *accogliere qcno a braccia aperte,* to receive (to welcome) sb with open arms — *a cuore aperto,* with open heart — *chirurgia a cuore aperto,* open-heart surgery — *rimanere a bocca aperta,* to remain (to stand) open-mouthed — *con gli occhi aperti,* open-eyed — *a mani aperte,* with open hands — *stare a occhi aperti; tenere gli occhi aperti,* to keep one's eyes open — *sognare a occhi aperti,* to day-dream.
2 *(di luogo: esposto)* exposed.
3 *(di strada, ecc.: sgombro)* clear; open; unobstructed: *'Strada aperta al traffico',* 'Road open'.
4 *(fig.: franco, schietto)* open; frank; sincere; unreserved; *(di idee aperte)* open-minded: *un carattere*

aperto, an open temper — *uno sguardo aperto,* a frank look — *parlare in modo aperto,* to speak openly — *a viso aperto,* frankly — *È una persona molto aperta,* He's a very open-minded person — *È un libro aperto,* One can read him like a book.

apertura *sf* **1** *(atto dell'aprire e dell'aprirsi)* opening: *l'apertura d'una porta (d'una lettera, d'un negozio),* the opening of a door (a letter, a shop) — *apertura a sinistra, (politica)* opening to the left — *l'apertura di nuovi mercati, (comm.)* the opening up of new markets.
2 *(inizio, inaugurazione)* beginning; opening; inauguration; commencement: *l'apertura dell'anno accademico (giudiziario),* the beginning of the academic (judicial) year — *discorso di apertura,* opening (*o* inaugural) speech — *l'apertura di una mostra,* the inauguration of an exhibition — *l'apertura d'un conto,* the opening of an account — *apertura di credito,* opening of credit — *l'apertura della caccia,* the first day of the shooting season — *la stagione dell'apertura della caccia (pesca),* the open season — *l'apertura delle ostilità,* the outbreak of hostilities — *orario d'apertura (l'ora a cui si apre),* opening time; *(di negozio, ecc.)* business hours; *(di uffici)* office hours; *(di museo, ecc.)* visiting hours.
3 *(fenditura, spaccatura, fessura)* cleft; crack; opening; chink; gap; *(di macchina fotografica, ecc.)* aperture; *(foro, buco)* hole; *(di macchina automatica)* slot: *praticare un'apertura in un muro,* to make a hole in a wall — *l'apertura d'una grotta, caverna,* the mouth of a cave.
4 *(ampiezza)* spread; span: *l'apertura delle ali d'un uccello,* the spread of a bird's wings — *l'apertura del compasso,* the spread of the compass-legs — *apertura alare, (aeronautica)* wing span.
5 *(calcio, rugby, pallacanestro)* pass.
□ *apertura mentale, (fig.)* open-mindedness; broad-mindedness.

apice *sm* **1** *(matematica, anat.)* apex (*pl.* apexes *o* apices). **2** *(lett., fig.)* height; apex.

apicoltore *sm* bee-keeper.

apicoltura *sf* bee-keeping; apiculture.

apnea *sf* holding one's breath; *(med.)* apnoea *(GB);* apnea *(USA): immergersi in apnea,* to dive without a mask; to skin-dive.

Apocalisse *sf* Apocalypse.

apocalittico *agg* apocalyptic(al).

apocrifo *agg* apocryphal; spurious.

apoftegma *sm (lett.)* apophthegm; apothegm.

apogeo *sm* apogee *(anche fig.).*

apolide *agg* stateless. □ *sm e f.* stateless person.

apolitico *agg* non-political.

apollineo *agg* Apollonian: *estro apollineo, (scherz., fig.)* spark from Heaven.

apologetica *agg* apologetics.

apologetico *agg* apologetic(al).

apologia *sf* apology; defence.

apoplessia *sf* apoplexy.

apostasia *sf* apostasy.

apostata *sm e f.* apostate.

apostolico *agg* apostolic.

apostolo *sm* apostle.

apostrofare *vt* to apostrophize.

apostrofe *sf (lett.)* apostrophe.

apostrofo *sm (gramm.)* apostrophe.

apoteosi *sf* **1** *(deificazione)* apotheosis (*pl.* apotheoses). **2** *(teatro)* grand finale. **3** *(fig.)* eulogy: *fare l'apoteosi di qcno,* to make a hero of sb; to lionize sb.

appagabile *agg* satisfiable.

appagamento *sm* satisfaction.

appagare *vt* **1** to satisfy; to content; *(la sete)* to slake: *appagare l'occhio,* to satisfy the eye — *appagare i desideri di qcno,* to meet (to satisfy) sb's wishes. **2** *(placare)* to ease.
□ **appagarsi** *v. rifl* to be* satisfied (with); to be* content (with).

appaiamento *sm* **1** *(atto)* pairing; coupling. **2** *(effetto)* pair; couple.

appaiare *vt* **1** *(accoppiare)* to pair; to couple; *(animali)* to mate. **2** *(fare un paio)* to make* a pair.
□ **appaiarsi** *v. rifl (di animali)* to mate; to pair.

appallottolare *vt* to roll into a ball.
□ **appallottolarsi** *v. rifl* to roll oneself (up) into a ball.

appaltante *sm* employer; contractee.

appaltare *vt (dare in appalto)* to contract for; *(prendere in appalto)* to contract to build; to make a contract (for): *appaltare ad un'impresa la costruzione di una scuola,* to make a contract with a firm for the erection of a school.

appaltatore *sm* contractor.

appalto *sm* (building, service, *ecc.*) contract: *dare, prendere in appalto* ⇨ **appaltare.**

appannaggio *sm* **1** *(stor.)* appanage; perquisite. **2** *(del sovrano del Regno Unito)* Civil List. **3** *(per estensione)* annuity. **4** *(fig.)* prerogative.

appannamento *sm* **1** misting; *(di metalli)* tarnishing. **2** *(della vista)* dimming.

appannare *vt (vetri, specchi)* to mist; to fog; to cloud; *(metalli)* to tarnish; *(la vista)* to dim.
□ **appannarsi** *v. rifl (di vetri, specchi)* to fog (to mist) over; *(di metalli)* to tarnish; *(della vista)* to grow* dim.

appannato *agg* **1** misted; *(di metallo)* tarnished. **2** *(di vista)* dim.

apparato *sm* **1** *(anche mecc. e anat.)* apparatus; *(congegno)* contrivance. **2** *(preparativi, spiegamento)* display; *(pompa)* pomp; *(decorazione)* decoration.
□ *apparato scenico,* mise-en-scène *(fr.);* set.

apparecchiamento *sm* preparation.

apparecchiare *vt (preparare)* to prepare.
□ *vi* to lay* the table.

apparecchiatura *sf* equipment.

apparecchio *sm* **1** *(dispositivo, strumento)* apparatus *(raro al pl.);* piece of apparatus; device; appliance; *(di illuminazione)* fixture; fitting; *(radiofonico, telefonico, ecc.)* set; *(dentistico)* appliance; brace *(fam.); (acustico)* hearing-aid; *(ortopedico)* splint; plaster *(se gessato): apparecchio radio,* radio; wireless set — *apparecchio telefonico,* telephone — *apparecchio ricevente,* receiver — *apparecchio trasmittente,* transmitter — *apparecchio di prova (di analisi),* tester; checker — *apparecchio cercamine,* mine detector — *Rimanga all'apparecchio!, (al telefono)* Hold the line! **2** *(aeromobile)* aeroplane; aircraft; plane *(fam.);* airplane *(USA): Verrà con l'apparecchio,* He'll be coming by plane (by air) — *apparecchio per trasporto merci,* freighter — *apparecchio scuola,* trainer.

apparentamento *sm* coalition; alliance.

apparente *agg* apparent: *l'erede apparente, (dir.)* the heir apparent — *morte apparente, (med.)* catalepsy.

apparentemente *avv* apparently; seemingly.

apparenza *sf* appearance; look: *una persona di bella apparenza,* a person of good appearance — *giudicare dalle apparenze,* to judge by appearances — *salvare le apparenze,* to keep up appearances — *in apparenza,* apparently; seemingly — *all'apparenza,* to all appearances — *sotto falsa apparenza,* under false pretences. □ *L'apparenza inganna, (prov.)* All that glitters is not gold.

apparire *vi* **1** *(mostrarsi visibilmente)* to appear; *(all'improvviso, p.es. nella nebbia)* to loom (up): *Gli apparve la madre morta,* His dead mother appeared to him — *al suo apparire,* when he appeared — *Un autocarro apparve nella nebbia,* A lorry loomed (up) out of the fog. **2** *(risultare, mostrarsi chiaramente)* to appear: *La sua colpevolezza appare chiara,* His guilt appears clear — *I suoi sforzi apparvero inutili,* His efforts appeared useless. **3** *(sembrare)* to look; to appear; to seem: *Vuole apparire felice per i suoi figli,* She wants to look happy for her children.

appariscente *agg* striking; eye-catching.

appariscenza *sf* strikingness.

apparizione *sf* apparition.

appartamento *sm* flat; apartment *(USA); (se molto piccolo)* flatlet *(GB).*

appartarsi *v. rifl* to withdraw*.

appartato *agg* secluded.

appartenente *agg* belonging to; proper to.
□ *sm* member.

appartenenza *sf* **1** *(ad un sindacato, una famiglia, ecc.)* membership. **2** *(di un bene)* ownership. **3** *(ciò che appartiene)* belongings *(pl.); (dir.)* appurtenances *(pl.).*

appartenere *vi* **1** to belong: *Questa valigia appartiene a me,* This suitcase belongs to me — *A che club appartieni?,* Which club do you belong to? **2** *(spettare)* to pertain; to be* due.

appassimento *sm* **1** *(bot.)* withering. **2** *(fig.)* fading (away).

appassionare *vt* **1** to interest: *appassionare qcno alla musica,* to interest sb in music; to make sb love music. **2** *(commuovere)* to touch; to move.
□ **appassionarsi** *v. rifl* **1** to become* fond (of sth); to become* interested (in sth); to get* a passion (for sth): *Si è molto appassionato per lo sci,* He's become mad on skiing. **2** *(addolorarsi)* to grieve.

appassionatamente *avv* passionately.

appassionato *agg* passionate; ardent; *(pieno di fervore)* impassioned; *(amante)* fond (of sth); keen (on sth): *uno sguardo appassionato,* a passionate (an ardent) look — *un'arringa appassionata,* an impassioned defence — *È appassionato di musica,* He is fond of music; *(più forte)* He adores music.

appassire *vi* **1** *(bot.)* to wither. **2** *(fig.)* to fade.

appellabile *agg (dir.)* appealable.

appellante *agg e sm (dir.)* appellant.

appellare *vt* to call; to name.
□ **appellarsi** *v. rifl* **1** *(anche dir.)* to appeal. **2** *(lett.: chiamarsi)* to be* called; to be* named.

appellativo *sm* **1** *(titolo, ecc.)* style; appellation. **2** *(nome comune)* name; common name; designation. **3** *(gramm.)* common noun; appellative.

appello *sm* **1** appeal *(anche dir.): Corte d'Appello,* Court of Appeal — *giudizio d'appello (di secondo grado),* appeal decision; decision on appeal — *senza appello,* not appealable; *(più in generale)* without a doubt — *giudizio senza appello,* final decision — *ricorrere in appello,* to appeal — *respingere una sentenza in appello,* to reverse a decision on appeal — *un appello alla bontà di qcno,* an appeal to sb's better feelings — *fare appello a qcno,* to appeal to sb; to call upon sb; to summon up sb. **2** *(chiamata per nome)* call; roll-call; roll: *fare l'appello,* to call (over) the roll — *rispondere all'appello,* to answer the roll-call; to answer one's name — *mancare all'appello,* to be absent; *(fig.: risultare disperso)* to be missing.

appena *avv* **1** *(da poco)* just: *È appena partito,* He has just left.
2 *(a fatica)* hardly; scarcely; barely; with difficulty; only just: *Ti sento appena,* I can hardly hear you — *Si vedeva appena,* You could scarcely (*o* only just) see.
3 *(come correlativo, anche: non appena)* as soon as; no sooner... than; hardly... when: *appena mi sarà possibile,* as soon as I can; as soon as possible — *Appena mi vide svoltò all'angolo,* As soon as he saw me he turned round the corner — *Era appena guarito dal suo male quando fu falciato da un'auto,* Hardly had he recovered from his illness when a car ran him down.

appendere *vt* **1** to hang* up; to hang* (sth on, *o* from sth); *(per mezzo di uno spillo)* to pin on: *appendere i guantoni, (anche fig.)* to hang up one's gloves. **2** *(lett.: impiccare)* to hang*.
□ **appendersi** *v. rifl (al braccio di qcno)* to lean* on sb's arm; *(al collo di qcno)* to throw* one's arm round sb's neck.

appendice *sf* **1** *(anat.)* appendix *(pl.* appendices *o* appendixes*).* **2** *(di libro, ecc.)* appendix (*pl. come per l'***1**); *(di documento p.es. un contratto)* appendix; annex: *in appendice,* in (*o* as) an appendix — *romanzo d'appendice,* serial. **3** *(bot., zool.)* process.

appendicite *sf* appendicitis.

appesantire *vt* **1** *(anche fig.)* to weigh down; to (over)load: *appesantire una borsa con dei libri,* to weigh down a bag with books. **2** *(con un odore)* to cloy. **3** *(rendere torpido)* to dull: *Certi piatti appesantiscono lo stomaco,* Some dishes lie heavily on the stomach.
□ **appesantirsi** *v. rifl* **1** to become* heavy (*o* overheavy). **2** *(ingrassare)* to put* on weight; to become* fat. **3** *(diventare sonnolento)* to get* sluggish (to get* sleepy).

appeso *agg* **1** *(sospeso)* hanging. **2** *(lett.: impiccato)* hanged.

appestare *vt* **1** *(infettare)* to taint; to infect; to poison *(anche fig.: corrompere).* **2** *(riempire di cattivo odore)* to make* stink; to cause to stink; to stink* out *(fam.): Il fumo della tua pipa orrenda appesta tutta la casa,* Your horrid pipe is making the whole house stink (is stinking the whole house out).

appestato *agg* **1** plague-ridden; disease-ridden. **2** *(fig.)* tainted; infected. **3** *(puzzolente)* stinking.

appetenza *sf* **1** *(desiderio)* appetence; appetency; appetite. **2** *(per il cibo)* appetite: *non avere appetenza,* to be off one's food.

appetibile *agg* desirable.

appetibilità *sf* desirability.

appetire *vt* to crave (for).

appetito *sm* appetite *(anche fig.): aver appetito,* to be hungry — *perdere l'appetito,* to lose one's appetite — *stuzzicare l'appetito,* to whet the appetite — *Buon appetito!,* Enjoy your meal!

appetitoso *agg* **1** *(di cibo)* appetizing. **2** *(fig.)* intriguing; tempting.

appezzamento *sm* plot of land.

appianamento *sm* **1** levelling; smoothing. **2** *(fig.)* smoothing over; ironing out; settlement.

appianare *vt* **1** to level; *(lisciare, levigare)* to smooth. **2** *(fig.: rimuovere)* to remove; to smooth away; *(risolvere, comporre: p.es. un dissidio)* to settle; to iron out; to smoothe over.

appiattamento *sm* hiding; *(rannicchiandosi)* crouching.

appiattare *vt* to hide*.

□ **appiattarsi** *v. rifl (nascondersi)* to hide* (oneself); *(rannicchiarsi)* to crouch.

appiattire *vt* to flatten.

□ **appiattirsi** *v. rifl* to flatten oneself.

appiccare *vt* **1** to hang* (up); *(impiccare)* to hang. **2** *(affiggere)* to attach; to stick*: *appiccare il fuoco a qcsa,* to set fire to sth.

□ **appiccarsi** *v. rifl* **1** *(attaccarsi)* to cling*. **2** *(impiccarsi)* to hang* oneself.

appiccicare *vt* **1** to stick*; to glue. **2** *(fig.: appioppare)* to let* fly: *appiccicare uno schiaffo a qcno,* to give sb a slap; to slap sb. **3** *(attribuire)* to pin: *appiccicare un soprannome a qcno,* to pin a nickname on sb.

□ *vi* to be* sticky.

□ **appiccicarsi** *v. rifl* **1** to stick* (together). **2** *(fig.)* to stick* (to sb); to hang* on (to sth); to cling* (to sth): *Si appiccica a tutti come una sanguisuga,* He sticks to everybody like a leech — *È sempre appiccicato alle gonne di sua madre,* He's still tied to his mother's apron-strings.

appiccicaticcio *agg* **1** sticky. **2** *(fig., spec. di persona)* clinging.

appiccicatura *sf* **1** *(l'attaccare)* sticking. **2** *(fig.: cosa aggiunta)* extra.

appiccicoso *agg* **1** sticky. **2** *(viscoso)* tacky. **3** *(fig., spec. di persona)* clinging.

appiè *prep* at the foot. □ *note appiè di pagina,* footnotes.

appiedare *vt* to dismount.

appieno *avv* fully; completely; quite.

appigliarsi *v. rifl* **1** *(afferrarsi)* to catch* hold of; to grip. **2** *(di incendio)* to get* a hold (on sth); to spread* (to sth). **3** *(bot.)* to take* root. **4** *(fig.)* to stick* to.

appiglio *sm* **1** *(alpinismo)* handhold; foothold. **2** *(fig.)* pretext; excuse.

appioppare *vt* **1** *(fam.)* to give*; to land; to palm off: *Mi appioppò un pugno sulla mascella,* He gave me a punch on the jaw; He landed a punch on my jaw — *appioppare a qcno una banconota falsa,* to palm off a false banknote on sb — *appioppare un soprannome a qcno,* to pin a nickname on sb. **2** *(letteralm.)* to plant with poplars.

appisolarsi *v. rifl* to doze off; to drop off.

applaudire *vt* to applaud: *applaudire un attore,* to applaud an actor.

□ *vi* **1** to clap: *Tutti applaudirono per cinque minuti,* Everybody clapped for five minutes. **2** *(per estensione: approvare)* to approve; *(lodare)* to praise; to commend.

applauso *sm* **1** applause *(solo al sing.)*; clapping; *(con grida)* cheers *(pl.)*; cheering: *Gli applausi durarono ben cinque minuti,* The applause lasted a full five minutes. **2** *(approvazione)* approval; praise.

applicabile *agg* **1** applicable. **2** *(dir.: in vigore)* in force.

applicare *vt* **1** to apply: *applicare un cataplasma,* to apply a poultice — *Applicava tutta la sua attenzione all'impresa,* He applied all his attention to the undertaking — *applicare la mente a qcsa,* to set one's mind to sth — *applicare un bel ceffone,* to give sb a good slap in the face (on the face). **2** *(dir.: mettere in atto)* to carry out; to enforce; to apply. **3** *(dir.: istituire)* to impose: *applicare una nuova tassa,* to impose (to levy) a new tax.

□ **applicarsi** *v. rifl* to apply oneself; to devote oneself; *(lavorare)* to work; *(studiare)* to study: *È un ragazzo che si applica,* He's a hard-working boy.

applicato *agg* applied.

□ *sm (impiegato)* clerk.

applicazione *sf* **1** application *(vari sensi)*; *(dir.)* enforcement. **2** *(effetto)* (example of) application. **3** *(elemento decorativo)* appliqué work. □ *scuola d'applicazione, (mil.)* further training college for officers — *applicazioni tecniche, (scuola media)* handicrafts.

appoggiacapo *sm* **1** head-rest; *(di automobile)* restraint. **2** *(striscia di stoffa)* antimacassar.

appoggiamano *sm* **1** hand-rest. **2** *(pittura)* maulstick.

appoggiapiedi *sm* foot-stool; foot-rest.

appoggiare *vt* **1** to lean*; *(posare)* to lay*; to rest; to put*: *Appoggiò la scala all'albero,* He leaned the ladder against the tree — *Appoggiò la testa sulla scrivania,* He rested his head on the desk. **2** *(fig.: sostenere)* to back; to support: *Non posso appoggiare la tua proposta,* I can't back (*o* support) your proposal — *Ma chi ti appoggia?,* But who's backing you? **3** *(mus.)* to sustain; to hold*. **4** *(nel calcio: passare)* to pass; to send*: *Appoggiò il pallone all'ala destra,* He passed the ball to the right wing. **5** *(pugilato, ecc.: colpire senza forza)* to slap; to smack: *Gli appoggiò un ceffone,* He gave him a slap.

□ **appoggiarsi** *v. rifl* **1** to lean*. **2** *(fig.: fare affidamento)* to rely (on sb, on sth); to place one's trust (in sb). **3** *(di volatile: posarsi)* to perch.

appoggiatesta *sm* ⇨ **appoggiacapo.**

appoggiatoio *sm* **1** support. **2** *(delle scale)* hand-rail; banister *(generalm. al pl.)*.

appoggio *sm* **1** support *(anche fig.)*: *con l'appoggio del governo,* with government support. **2** *(fig.: persona amica)* friend; friend at court; helping hand: *avere molti appoggi,* to have a lot of support. **3** *(alpinismo)* foothold. **4** *(nelle costruzioni)* bearing. □ *cercare un appoggio,* to look for help — *punto d'appoggio, (mecc.)* fulcrum — *documento d'appoggio, (comm.)* voucher.

appollaiarsi *v. rifl* to roost.

appoppato *agg* **1** *(naut.)* down by the stern. **2** *(aereo)* tail-heavy.

apporre *vt* to affix; to append: *apporre la propria firma,* to append one's signature; to sign.

apportare *vt* **1** to bring*; *(causare)* to cause: *apportare danno (dolore, ecc.),* to cause harm (sorrow, *ecc.*). **2** *(citare)* to quote; to cite: *apportare un esempio,* to quote an example.

apportatore *sm* bearer.

apporto *sm* **1** contribution: *con l'apporto di...,* with a contribution from... — *apporto di capitale,* contribution of capital. **2** *(metallo d'apporto)* weld material.

appositamente *avv* **1** *(apposta)* specially; expressly. **2** *(in modo appropriato)* correctly; suitably.

apposito *agg* **1** *(speciale)* special. **2** *(adatto)* correct; proper.

apposizione *sf* **1** *(gramm.)* apposition. **2** *(l'apporre)* affixing; affixture.

apposta *avv (di proposito)* on purpose; *(appositamente, unicamente)* specially: *L'hai fatto apposta,* You did it on purpose — *Sono venuto apposta per te,* I've come specially for you — *a farlo apposta; neanche a farlo apposta,* by sheer coincidence.

□ *in funzione di agg* special; proper; suitable.

appostamento *sm* **1** *(agguato)* ambush: *mettersi in appostamento,* to lie in ambush (in wait). **2** *(postazione)* stationing; placing. **3** *(elemento di fortificazione)* post; position. **4** *(caccia)* hide.

appostare *vt* to lie* in wait (for sb).

□ **appostarsi** *v. rifl* to lie* in ambush.

apprendere *vt* **1** *(capire, afferrare)* to understand*;

to grasp; to pick up *(fam.)*; *(imparare)* to learn*: *apprendere con facilità,* to be a quick learner; to catch on quickly *(fam.)*. **2** *(venire a sapere)* to learn*; to hear*; *(dal giornale, ecc.)* to read*.
□ **apprendersi** *v. rifl* to catch* hold.
apprendimento *sm* learning.
apprendista *sm e f.* apprentice *(anche attrib.)*.
apprendistato *sm* apprenticeship.
apprensione *sf* apprehension; anxiety: *tenere qcno in apprensione,* to worry sb; to make sb anxious — *essere (stare) in apprensione,* to be anxious; to be apprehensive.
apprensivo *agg* apprehensive; nervous; anxious.
appressare *vt* to approach.
□ **appressarsi** *v. rifl* to draw* near; to approach.
appresso *avv e prep (vicino)* near; close; *(dietro)* behind; *(dopo)* after: *Stammi appresso!,* Keep near to me! — *Camminava appresso,* He was walking behind — *il giorno appresso,* the day after; the next day. □ *come appresso,* as follows.
apprestare *vt (lett.)* to prepare.
□ **apprestarsi** *v. rifl* to get* ready.
appretto *sm (industria tessile)* dressing: *appretto di muro,* priming plaster — *dare l'appretto,* to size.
apprezzabile *agg* appreciable.
apprezzamento *sm* **1** *(stimare)* appreciation. **2** *(il fissare il prezzo)* valuation; appraisal. **3** *(fig.)* opinion.
apprezzare *vt* **1** *(stimare una persona)* to think* highly (of sb; a lot of sb); *(una cosa)* to appreciate; to recognize the value (of sth). **2** *(gradire)* to appreciate. **3** *(comm.)* to appraise.
approccio *sm* approach: *fare degli approcci, (fig.)* to make approaches — *tentare un approccio,* to put out a feeler.
approdare *vi* **1** *(naut.)* to approach; to make* contact with the land; *(per estensione: toccare la riva)* to land. **2** *(fig.)* to come* to something.
approdo *sm (naut.)* landfall; approach; *(per estensione)* landing-place.
approfittare *vi* to take* advantage (of sth, sb); to profit (by sth).
approfondimento *sm* **1** investigation. **2** deepening.
approfondire *vt* **1** *(p.es. un pozzo)* to deepen. **2** *(fig.: esaminare a fondo)* to examine carefully; to go* (to look) into; to make* a thorough study of.
□ **approfondirsi** *v. rifl (fig.)* to acquire a thorough knowledge (of sth); to become* learned (in sth).
approfondito *agg* thorough; deep.
approntare *vt* to prepare; to make* ready.
appropriamento *sm* appropriation.
appropriarsi *v. rifl* **1** *(prendersi)* to take* possession (of sth); to appropriate (sth): *appropriarsi indebitamente di qcsa, (dir.)* to embezzle sth. **2** *(confarsi)* to apply; to be* appropriate; to suit.
appropriatamente *avv* appropriately.
appropriato *agg* appropriate.
appropriazione *sf* appropriation: *appropriazione indebita, (dir.)* embezzlement.
approssimare *vt* to approach.
□ **approssimarsi** *v. rifl* to approach; to draw* near.
approssimativamente *avv* approximately.
approssimativo, approssimato *agg* approximate; rough; rough-and-ready.
approssimazione *sf* approximation. □ *per approssimazione,* approximately.
approvabile *agg* open to approval (to acceptance, ecc.); *(accettabile)* acceptable.
approvare *vt* **1** to approve (of sb; of sb's doing sth); *(talvolta: lodare)* to praise: *Non approvo la tua condotta,* I don't approve of your behaviour. **2** *(accettare)* to accept; *(accettare ufficialmente)* to approve; to sanction; *(un disegno di legge, al Parlamento)* to pass; *(dare il proprio assenso)* to assent to (sth): *approvare una dichiarazione,* to approve a declaration — *La legge fu approvata entro l'anno,* The law was passed within the year — *Approvò la teoria solo all'inizio,* He assented to the theory only at the beginning. **3** *(in un esame: promuovere)* to pass.
approvazione *sf* **1** approval: *sottoporre qcsa all'approvazione di qcno,* to submit sth for sb's approval. **2** *(accettazione)* acceptance.
approvvigionamento *sm* **1** *(l'approvvigionare)* purveying; supplying; *(di cibo)* victualling. **2** *(acquisto materiali)* procurement. **3** *(al pl.: provviste)* provisions *(pl.)*; supplies *(pl.) (anche mil.)*; equipment *(sing.)*; arms *(pl.)*.
approvvigionare *vt* **1** to supply (sb with sth); *(di cibo)* to provision; to victual. **2** *(acquistare materiale)* to procure.
appruato *agg* **1** *(naut.)* down by the head. **2** *(aereo)* nose-heavy.
appuntamento *sm* **1** appointment; engagement. **2** *(fra innamorati)* date; tryst *(ant.)*. **3** *(spaziale, ecc.)* rendezvous *(fr.)*. □ *tardare ad un appuntamento,* to be late for an appointment — *mancare ad un appuntamento,* to break (to fail to keep) an appointment — *mancare all'appuntamento con qcno, (fig.)* to let sb down; to fail to come up to sb's expectations.
appuntare *vt* **1** *(annotare, prendere appunti)* to take* (down); to take* notes. **2** *(dirigere, puntare)* to point: *appuntare lo sguardo su qcno,* to fix (to rivet) one's eye's on sb. **3** *(fissare con oggetti appuntiti)* to stick*; to pin; *(con spilli)* to pin (sth up; sth on sth); *(saldare)* to tack-weld. **4** *(appuntire)* to sharpen: *appuntare una matita,* to sharpen a pencil.
□ **appuntarsi** *v. rifl* **1** *(dirigersi, rivolgersi)* to be* turned (at sb, at sth); to be* pointed (on sb, on sth); *(di sguardo)* to rivet. **2** *(farsi appuntito)* to sharpen.
appuntato *sm (stor.)* lance-corporal; *(dei carabinieri)* corporal.
appuntino *avv* nicely; meticulously.
appuntire *vt* to sharpen; to point; to put* a point (on sth).
appuntito *agg* sharp.
[1]**appunto** *sm* **1** *(nota)* note; memorandum: *prendere appunti,* to take (to make) notes. **2** *(rimprovero)* reproach; *(critica)* blame; criticism: *muovere un appunto a qcno,* to reproach sb.
[2]**appunto** *avv* **1** exactly; precisely; just: *per l'appunto,* precisely; (just) so — *Parlavamo appunto di questo,* We were speaking of that very thing. **2** *(affermazione)* certainly!; sure! *(USA)*.
appurare *vt* **1** *(controllare la verità)* to verify; to check. **2** *(mettere in chiaro)* to make* clear; to ascertain.
apribottiglie *sm* (bottle-) opener.
aprile *sm* April: *primo d'aprile,* All Fool's Day; all-fools-day; April Fool's Day — *l'aprile della vita, (fig.)* the prime of life; youth — *Aprile, ogni goccia un barile, (prov.)* April showers bring forth May flowers.
a priori *agg e avv* a priori.
apriorismo *sm* apriority.
aprioristicamente *avv* a priori.
apripista *sm* **1** *(macchina)* bulldozer. **2** *(sci)* forerunner.
aprire *vt* **1** to open; *(con la chiave)* to unlock; *(con la forza)* to force (open); to burst* open; *(un rubinetto, la luce, ecc.)* to turn on; *(le vele)* to unfurl: *aprire gli*

occhi, to open one's eyes — *aprire la porta,* to open the door — *Aprì la porta con uno spintone,* He threw (He burst) the door open — *aprire il giornale,* to open (to unfold) the newspaper — *aprire le tende,* to draw back the curtains — *aprirsi la via tra le fiamme,* to force one's way through the flames — *aprirsi la via combattendo,* to fight one's way (through) — *aprirsi un varco tra la folla,* to cut (to push, to shove) one's way through the crowd — *aprire una via, (alpinismo)* to open up a new route.
2 *(una ferita, ecc.)* to open up.
3 *(sezionare)* to dissect; to section; *(spaccare)* to split*; to crack; *(scavare)* to dig*: *aprire una buca,* to make (to dig) a hole.
4 *(comm., ecc.)* to open (up); to establish: *aprire un conto corrente,* to open a current account — *aprire una filiale,* to establish a branch — *aprire bottega,* to set up shop — *aprire nuovi mercati,* to open up new markets.
5 *(incominciare)* to begin*; to open: *aprire il discorso,* to begin (to start) talking; to begin one's speech — *aprire il fuoco,* to open fire; to open up.
6 *(capeggiare)* to head; to lead*: *aprire un corteo,* to head (to lead) a procession.
□ *aprire le porte al nemico, (fig.)* to give in; to surrender — *aprire l'animo alla speranza,* to open one's heart to hope — *non aprir bocca, (fig.)* not to say a word; to keep mum *(fam.)* — *aprire uno spiraglio, (anche fig.)* to let in some light — *aprire le braccia a qcno,* to receive sb with open arms — *aprire la via a qcsa,* to pave the way for sth — *aprire una falla,* to spring a leak — *Quando arrivò lui, apriti cielo!,* When he arrived, the fat was in the fire!
□ **aprirsi** *v. rifl* **1** to open; *(con violenza)* to burst* open: *aprirsi a ventaglio,* to fan out.
2 *(fendersi, spaccarsi)* to split*; to crack.
3 *(di tempo: rasserenarsi)* to clear up; to brighten.
4 *(di fiori: sbocciare)* to bloom; to open.
5 *(confidarsi)* to open one's heart (one's mind); to unburden oneself; to unbosom oneself.
6 *(dare su, affacciarsi su)* to open on to (*o* onto); to face.

apriscatole *sm* tin-opener; can-opener *(USA).*

aquila *sf* **1** eagle; *(astronomia)* Aquila; *(stor.)* eagle; standard: *nido d'aquila, (anche fig.)* eagle's nest — *aquila di mare,* sea eagle — *dagli occhi d'aquila,* eagle-eyed; sharp-sighted. **2** *(fig.: genio)* genius; master-mind: *Non è mica un'aquila!,* He's no genius!

aquilino *agg* aquiline.

aquilone *sm* **1** *(balocco)* kite. **2** *(vento)* North wind.

aquilotto *sm* **1** *(zool.)* eaglet; young eagle. **2** *(fig.)* learner pilot.

[1]**ara** *sf (altare)* altar.

[2]**ara** *sf (misura)* are.

arabescare *vt* to decorate with arabesques.

arabesco *sm* arabesque.

arabico *agg* **1** Arabic; Arabian: *cifre arabiche,* Arabic numerals — *gomma arabica,* gum arabic. **2** *(fig.)* indecipherable; unintelligible.

arabile *agg* arable.

arabo *agg* Arab; Arabian: *un cavallo arabo,* an Arab horse.
□ *sm* **1** Arab. **2** *(lingua araba)* Arabic: *parlare arabo, (fig.)* to talk double-Dutch.

arachide *sf* ground-nut; peanut; monkey-nut.

aragosta *sf* lobster; crawfish; crayfish.

araldica *sf* heraldry.

araldico *agg* heraldic.

araldo *sm* herald.

aranceto *sm* orange-grove.

arancia *sf* orange: *marmellata d'arancia,* orange marmalade — *spremuta d'arancia,* fresh (*o* freshly squeezed) orange juice — *un liquore all'arancia,* an orange-flavoured liqueur.

aranciata *sf* orangeade.

arancio *sm* **1** *(albero)* orange; orange-tree: *fiori d'arancio,* orange-flowers. **2** *(colore)* orange.

arancione *agg e sm* bright orange.

arare *vt* **1** to plough; *(USA)* to plow. **2** *(di ancora)* to drag.

arativo *agg* arable.

aratore *agg (attrib.)* plough; *(USA)* plow.
□ *sm* ploughman *(pl.* -men*); (USA)* plowman *(pl.* -men*).*

aratrice *sf* motor-plough; *(USA)* motor-plow.

aratro *sm* plough; *(USA)* plow.

aratura *sf* **1** ploughing; *(USA)* plowing. **2** *(stagione)* ploughing-season; *(USA)* plowing-season.

arazzeria *sf* **1** tapestry-work. **2** *(arazzi)* tapestry.

arazziere *sm* tapestry-worker.

arazzo *sm* tapestry.

arbitraggio *sm* **1** *(sport)* refereeing; umpiring. **2** *(dir.)* arbitration; arbitrament.

arbitrale *agg* arbitral: *clausola arbitrale,* arbitration clause.

arbitrare *vt* to arbitrate; *(sport)* to referee; to umpire.

arbitrario *agg* arbitrary.

arbitrato *sm (procedimento)* arbitration; arbitrament.

arbitrio *sm* **1** *(facoltà)* will; wish: *libero arbitrio, (dir.)* free will. **2** *(potestà)* will; dictate. **3** *(abuso)* arbitrary act; *(capriccio)* whim: *ad arbitrio,* arbritrarily — *commettere un arbitrio,* to commit an arbitrary act.

arbitro *sm* **1** arbiter: *essere arbitro di se stesso,* to be one's own arbiter. **2** *(dir.)* arbitrator; referee. **3** *(sport)* referee; umpire; judge.

arboreo *agg* arboreal.

arboricoltore *sm* arboriculturist.

arboricoltura *sf* arboriculture.

arboscello *sm* sapling.

arbusto *sm* shrub.

arca *sf* **1** ark. **2** *(cassa)* chest. □ *arca di scienza (di virtù), (fig.)* pillar of wisdom (of virtue).

arcade *agg* Arcadian.
□ *sm* **1** Arcadian. **2** *(fig.: scrittore manierato)* mannered (*o* rhetorical) writer.

arcadico *agg* **1** *(geografia, fig.)* Arcadian. **2** *(fig.)* mannered.

arcaicità *sf* ancientness.

arcaico *agg* archaic; *(di parola)* obsolete.

arcaismo *sm* archaism.

arcangelo *sm* archangel.

arcano *agg* mysterious; arcane.
□ *sm* mystery.

arcata *sf* **1** *(archit., anat.)* arch; *(serie d'archi)* arcade. **2** *(spazio percorso da una freccia)* bowshot; *(traiettoria)* flight. **3** *(mus.)* bowing.

arcato *agg* arched.

archeggio *sm (mus.)* bowing.

archeologia *sf* archaeology.

archeologico *agg* archaeological.

archeologo *sm* archaeologist.

archibugieria *sf,* **archibugio** *sm* arquebus.

architettare *vt* **1** to design; to plan. **2** *(macchinare)* to plot; to concoct.

architetto *sm* architect.

architettonico *agg* architectural; architectonic.

architettura *sf* architecture.

architrave *sm* **1** *(archit.)* architrave. **2** *(elemento costruttivo)* lintel.

archiviare *vt* **1** *(mettere in archivio)* to file; to register; *(accantonare)* to shelve. **2** *(dir.)* to dismiss.

archivio *sm* **1** *(complesso di documenti)* archives *(pl.)*; records *(pl.)*; files *(pl.)*. **2** *(luogo)* archives *(pl.)*; records office; filing department: *archivio di Stato,* State Archives; Public Records Office *(GB)*. **3** *(titolo di rivista)* archives.

archivista *sm e f.* archivist.

arci- *prefisso rafforzativo aggettivale (si traduce con un avv. come 'extremely'): È arciricco,* He's extremely rich (*fam.* stinking rich; rich as houses) — *Sono arcisicuro,* I'm absolutely sure; I'm dead certain.
□ *s. (raro e generalm. scherz. o spreg.)* arch-: *arcidiavolo,* arch-fiend.

arcidiacono *sm* archdeacon.

arcidiocesi *sf* archbishopric; archdiocese.

arciduca *sm* archduke.

arciducale *agg* archducal.

arciducato *sm* **1** archdukedom. **2** *(il territorio)* archduchy.

arciduchessa *sf* archduchess.

arciere *sm* archer; bowman *(pl.* -men*)*.

arcigno *agg* grim; gruff; forbidding: *arcigno in volto,* grim-faced.

arcimiliardario, arcimilionario *agg* extremely wealthy.
□ *sm* multimillionaire; *sf* multimillionairess.

arcione *sm* saddle-bow; *(per estensione)* saddle: *stare bene in arcione,* to ride well.

arcipelago *sm* archipelago.

arciprete *sm* dean; archpriest.

arcivescovado *sm* archbishop's palace.

arcivescovile *agg* archiepiscopal.

arcivescovo *sm* archbishop.

arco *sm* **1** arch; *(geometria, fis.)* arc: *un arco a sesto acuto,* an ogive (a Gothic) arch — *un arco a tutto sesto,* a round arch — *l'arco del piede,* the arch of the foot — *... ad arco,* arched *(ma cfr. anche il* **5**, *sotto)* — *lampada ad arco,* arc-lamp. **2** *(l'arma)* bow: *tendere l'arco,* to draw the (*o* one's) bow — *stare con l'arco teso, (fig.)* to be constantly on the look-out (on the watch). **3** *(fig.: spazio, durata)* span; space: *nell'arco di un mese,* within the span of one month; within one month. **4** *(mus.: di violino, ecc.)* bow. **5** *(mus., al pl.: strumenti ad arco)* stringed instruments; strings: *i quartetti per archi di Haydn,* Haydn's string quartets.

arcobaleno *sm* rainbow.

arcolaio *sm* reel; winder; frame for winding wool.

arcuare *vt* to curve; to bend*.

arcuato *agg* curved; bent; arched: *gambe arcuate,* bow-legs.

ardente *agg* **1** burning; blazing; *(caldissimo)* hot; *(incandescente)* red-hot: *carboni ardenti,* red-hot coals — *tizzone ardente,* red-hot brand. **2** *(fig.)* burning; ardent; fervent; passionate: *temperamento ardente,* fiery (*o* hot) temper — *desiderio ardente,* ardent wish.
□ *camera ardente,* funeral chamber; state room; funeral parlor *(USA)*.

ardentemente *avv (fig.)* ardently; fervently; passionately: *desiderare ardentemente qcsa,* to long for sth — *desiderare ardentemente fare qcsa,* to long to do sth — *Desiderava ardentemente partire,* He longed (He was longing) to go.

ardere *vt (bruciare)* to burn*; *(bruciacchiare)* to scorch; *(infiammare, anche fig.)* to inflame; to set* ablaze; *(fig.: inaridire)* to dry up; to shrivel; to scorch: *legna da ardere,* firewood.
□ *vi* to burn*; to be* on fire; *(fig.)* to burn*; to be* aflame: *ardere d'amore,* to burn with love — *ardere dal desiderio,* to burn with desire — *ardere di sdegno,* to burn with indignation; to be full of scorn — *ardere di sete,* to be parched; to be dying of thirst — *La casa ardeva,* The house was on fire.

ardesia *sf* slate.

ardimento *sm (lett.)* daring.

ardimentoso *agg* daring; brave.

¹ardire *sm* **1** courage; daring; boldness. **2** *(impudenza)* impudence; temerity: *avere l'ardire di fare qcsa,* to have the impudence to do sth.

²ardire *vi* to dare*; to venture; to have* the courage to; *(aver la sfrontatezza di)* to have* the temerity to.

arditamente *avv* boldly; bravely; courageously; daringly.

arditezza *sf* boldness; temerity.

ardito *agg (coraggioso)* bold; courageous; daring; *(pericoloso)* hazardous; risky; *(insolente, sfacciato)* insolent; impudent; *(di frase, di complimento, ecc.)* osé *(fr.)*: *farsi ardito,* to take courage — *una scollatura ardita,* a daring neckline.
□ *sm (mil.)* commando.

ardore *sm* **1** *(calore intenso)* scorching heat. **2** *(fig.: passione)* ardour; *(zelo)* zeal; fervour: *con ardore, (con passione)* ardently; passionately; *(con zelo)* with a will.

arduo *agg* **1** *(ripido)* steep. **2** *(fig.)* arduous; hard; difficult; *(di persona, ecc.)* gruelling.

area *sf* **1** area; zone: *area depressa,* depressed area — *area fabbricabile,* building land — *area linguistica,* linguistic zone. **2** *(calcio, per estensione)* penalty area.

arena *sf* **1** arena; *(del circo, della corrida)* ring; *(campo di gara)* ground: *scendere nell'arena, (fig.)* to enter the arena. **2** *(rena)* sand; silt.

arenaceo *agg* sandy.

arenamento *sm* silting up.

arenare *vi,* **arenarsi** *v. rifl* **1** *(naut.)* to run* aground; to get* stranded. **2** *(fig.)* to come* to a halt; to get* bogged down; to get* stuck.

arenaria *sf* sandstone.

arenario *agg* sandstone *(attrib.)*.

arengo *sm (stor.)* assembly.

arenile *sm (terreno)* sandy waste; *(spiaggia)* beach.

arenoso *agg* sandy.

argano *sm* winch; windlass; *(naut.)* capstan.

argentare *vt* to silver-plate.

argentato *agg* **1** silver-plated. **2** *(colore)* silvery.

argentatura *sf* silvering.

argenteo *agg* silver; silvery.

argenteria *sf* silverware.

argentiere *sm* silversmith.

¹argentino *agg* silver; silvery.

²argentino *agg e sm* Argentine; Argentinian.

argento *sm* **1** silver *(anche fig.)*: *d'argento,* silver — *un braccialetto d'argento,* a silver bracelet — *nozze d'argento,* silver wedding *(sing.)* — *argento vivo,* quicksilver — *capelli d'argento,* silver hair — *avere l'argento vivo addosso,* to be like a cat on hot bricks. **2** *(argenteria)* silver; silverware; (silver-) plate.

argentone *sm* nickel silver.

argilla *sf* clay: *argilla da ceramica,* potter's earth — *argilla liquida,* slip — *argilla refrattaria,* fireclay — *una pipa d'argilla,* a clay pipe — *un gigante dai piedi d'argilla,* a giant with feet of clay — *argilla smectica,* fuller's earth.

argilloso *agg* clayey; loamy.

arginamento *sm* **1** *(di corso d'acqua)* embankment. **2** *(di terreno)* diking.

arginare *vt* **1** to embank; to provide (to defend) with a dike. **2** *(fig.)* to stem; to check; to hold*.

arginatura *sf* embankment.

argine *sm* **1** embankment; *(diga)* dike; levee. **2** *(fig.)* limit; barrier: *far argine,* to act as a barrier — *porre un argine a qcsa,* to check sth.

argomentare *vt (raro: dedurre)* to deduce; to infer; to argue.
□ *vi* to argue; to reason.

argomentazione *sf* **1** argumentation. **2** *(prove)* arguments *(pl.).*

argomento *sm* **1** *(ragionamento, prova)* argument: *portare (sostenere) un argomento,* to advance (to uphold) an argument — *ribattere (confutare) un argomento,* to rebut (to confute) an argument — *Esistono validi argomenti contro il gioco d'azzardo,* There are strong arguments against gambling. **2** *(occasione, cagione, motivo)* occasion; cause; motive: *argomento di lamentela,* occasion (*o* cause) for complaint — *dare argomento a qcno per fare qcsa,* to give sb a motive for doing sth. **3** *(materia, soggetto)* matter; subject; subject-matter; topic; point: *un argomento di conversazione,* a subject (a topic) of conversation — *toccare un argomento delicato,* to touch on a delicate subject — *entrare in argomento,* to start the subject — *ritornare sull'argomento,* to come back to the matter (to the subject) — *rimanere in argomento (attenersi all'argomento),* to keep (to stick) to the point — *uscire d'argomento,* to stray from (to wander off) the point.

arguire *vt* to deduce; to infer.

argutamente *avv* wittily.

argutezza *sf* wittiness.

arguto *agg* witty; quick-witted: *detto arguto,* witty saying; a witticism; a wisecrack *(fam., USA).*

arguzia *sf* **1** *(qualità)* shrewdness; keenness of mind: *Quel ragazzo non ha molta arguzia,* That boy is not very bright. **2** *(parole argute)* witty remark; witticism. **3** *(pensiero arguto)* shrewd thought.

aria *sf* **1** air: *C'è qualcosa nell'aria, (anche fig.)* There's something in the air; Something is brewing — *in aria, (moto)* into the air; *(stato)* in the air — *Ti consiglio di cambiare aria,* I advise you to have a change of air (to change air); *(fuggire)* I advise you to get away (to have a change of scene) — *prendere (una boccata di) aria,* to get some fresh air — *all'aria aperta,* in the open air; outdoor *(agg.);* outdoors; out of doors *(avv.)* — *giochi all'aria aperta,* outdoor games — *giocare all'aria aperta,* to play in the open air (out of doors) — *(dotazione di) aria condizionata,* air conditioning — *aria compressa,* compressed air — *fucile ad aria compressa,* air-gun; air-rifle — *corrente d'aria,* draught; *(aeronautica)* air current — *filo d'aria,* breath of air — *filtro dell'aria,* air filter — *presa dell'aria,* air intake; air inlet — *vuoto d'aria,* air-pocket; air pit — *a mezz'aria,* in mid-air *(anche fig.* ⇨ *la fraseologia)* — *a pancia all'aria,* supine; face upwards; on one's back — *impermeabile all'aria,* air-tight — *castelli in aria,* castles in the air (*o* in Spain).
2 *(aspetto)* appearance; look; mien *(non comune);* air; countenance; *(modo di fare)* manner: *avere un'aria preoccupata,* to have a worried look; to wear a worried air; to look worried — *con aria triste,* with a sad look (*o* air, countenance) — *una persona dall'aria triste,* a sad-looking individual — *con aria da gradasso,* in a bragging manner — *avere l'aria di,* to have the look of; to look like (sth; being sth; doing sth) — *Ha l'aria di essere contento,* He looks (He seems) happy — *con l'aria di chi la sa lunga,* with a knowing air — *darsi delle arie,* to give oneself airs.
3 *(mus.)* air; tune; melody; *(di opera)* aria: *un'aria orecchiabile,* a catchy tune.
□ *camera d'aria* ⇨ **camera 4** — *un colpo d'aria,* a chill — *spostamento d'aria,* windage; *(per esplosione)* blast — *in linea d'aria,* as the crow flies — *andare all'aria,* to fail; to fall through; to come to nothing — *andare a gambe all'aria,* to fall head over heels — *buttare tutto all'aria,* to turn everything upside-down — *campare d'aria,* to live on nothing; to live on air — *essere campato in aria,* to be woolly-minded *(solo di persona);* to be unrealistic; to be unsound — *dare aria a qcsa,* to air (to ventilate) sth; to give sth an airing — *dire qcsa a mezz'aria,* to hint at sth — *mandare qcsa all'aria,* to cause sth to fail — *saltare (far saltare) in aria,* to blow up.

ariano *agg e sm* Aryan.

aridamente *avv* drily; dryly.

aridità *sf* dryness *(anche fig.).*

arido *agg* **1** *(secco)* dry; arid; parched. **2** *(sterile)* barren. **3** *(fig.: di stile, ecc.)* barren; arid: *uno stile arido,* an arid style. □ *un cuore arido,* a stony (*o* dry) heart.

arieggiare *vt* **1** *(dare aria)* to ventilate; to air. **2** *(imitare)* to imitate; *(somigliare)* to resemble.
□ *vi (atteggiarsi)* to pose: *arieggiare a letterato,* to pose as a literary man. □ *arieggiare a gran dama,* to put on the airs of a great lady.

arieggiato *agg* airy; well-aired.

ariete *sm* **1** *(zool.)* ram. **2** *(mil.)* (battering-) ram. **3** *(astronomia, ecc.)* Aries; the Ram.

aringa *sf* herring: *aringa affumicata,* smoked herring; *(in GB, più comunemente)* kipper.

arioso *agg (di luogo)* airy.
□ *sm (mus.)* arioso.

arista *sf (cucina)* roast loin of pork.

aristocratico *agg* aristocratic.
□ *sm* aristocrat: *far l'aristocratico,* to play the aristocrat.

aristocrazia *sf* aristocracy; nobility.

aritmetica *sf* arithmetic.

aritmetico *agg* arithmetical. □ *sm* arithmetician.

aritmico *agg* arrhythmic(al).

arlecchinata *sf* **1** *(teatro)* harlequinade. **2** *(fig.)* clownish act; comic prank; buffoonery.

arlecchinesco *agg (teatro, fig.)* harlequin *(attrib.);* clownish.

arlecchino *sm* **1** *(teatro)* Harlequin. **2** *(fig.)* buffoon; clown: *fare l'arlecchino,* to play the fool; to clown — *essere un arlecchino,* to be unreliable. **3** *(come agg.)* harlequin.

arma *sf* **1** arm *(generalm. al pl.);* fire-arm; weapon *(anche fig.): arma offensiva (difensiva),* offensive (defensive) weapon — *arma da fuoco,* fire-arm — *Le lacrime sono un'arma femminile,* Tears are a woman's weapon — *armi nucleari (biologiche, chimiche),* nuclear (biological, chemical) weapons — *armi leggere (portatili),* small arms — *fatto d'armi,* fight; feat of arms; warlike exploit — *piazza d'armi,* barrack square; drill ground — *porto d'armi,* gun licence — *un'arma a doppio taglio, (anche fig.)* a two-edged sword — *prendere le armi,* to take up arms — *venire alle armi,* to begin hostilities — *deporre (posare) le armi,* to lay down one's arms; to surrender — *presentare le armi,* to present arms — *All'armi!,* To arms! **2** *(esercito, milizia)* force; arm; army: *arma di fanteria,* infantry arm; infantry —

l'arma azzurra, the air force — *l'Arma (benemerita),* the Carabinieri. **3** *(araldica)* coat of arms.
□ *arma bianca* ⇨ **bianco**, *agg* — *essere alle prime armi, (fig.)* to be still a novice — *concedere l'onore delle armi,* to grant the honours of war — *combattere ad armi pari,* to fight on equal terms — *passare qcno per le armi,* to shoot (to execute) sb — *essere sotto le armi,* to serve the colours; to serve in the army; to be doing (one's) military service — *chiamare (richiamare) qcno alle armi,* to call sb to the colours; to call sb up (for military service) — *compagno d'armi,* comrade-in-arms — *il mestiere delle armi,* soldiering.

armacollo *sm (stor.)* baldric: *ad armacollo,* slung across the shoulders.

armadietto *sm* cabinet; *(con serratura)* locker.

armadillo *sm* armadillo.

armadio *sm (guardaroba)* wardrobe; cupboard; *(per cibi)* cupboard; *(per oggetti di valore)* cabinet; *(per apparecchiatura elettrica, ecc.)* cabinet: *armadio a muro,* built-in cupboard — *armadio frigorifero,* refrigerator cabinet; ice box.

armaiolo *sm* **1** *(mil.)* armourer. **2** *(chi vende armi, ecc.)* gunsmith.

armamentario *sm* **1** tools *(pl.)*; kit; *(chirurgico)* instruments *(pl.)*. **2** *(lett. o fig.)* paraphernalia; armamentarium *(pl.* armamentaria*)*.

armamento *sm* **1** armament; arming: *la corsa agli armamenti,* the armaments race. **2** *(naut.: l'armare una nave)* fitting out: *in armamento,* in commission. **3** *(naut.: equipaggio)* crew; *(di un pezzo)* gun-crew. □ *industria dell'armamento,* shipping industry.

armare *vt* **1** *(generalm.)* to arm; to provide (to equip) with arms: *armare i ribelli,* to arm the rebels. **2** *(equipaggiare)* to equip; to fit out; to rig: *armare un veliero,* to fit out a vessel — *armare i remi,* to put out the oars. **3** *(fornire di equipaggio)* to man; to crew. **4** *(caricare)* to cock; to load; to arm *(un ordigno nucleare)*: *armare un fucile,* to cock a rifle. **5** *(puntellare, sostenere una costruzione)* to reinforce; to strengthen; to shore up; *(una strada ferroviaria)* to lay down: *armare una galleria,* to timber (to reinforce) a mine gallery. □ *armare (qcno) cavaliere,* to dub sb knight; to knight sb — *armare la chiave, (mus.)* to put in (to insert) the key-signature.
□ **armarsi** *v. rifl* to arm oneself *(anche fig.)*: *Si armò di un grosso bastone,* He armed himself with a big stick — *armarsi di tutto il proprio coraggio (di tutta la propria pazienza),* to summon up (to call forth) all one's courage (patience).

armata *sf* **1** army; *(flotta)* fleet; *(flotta aerea)* armada. **2** *(stor.)* Armada.

armato *agg* **1** armed *(anche fig.)*; *(equipaggiato)* equipped; furnished: *armato di pazienza,* armed with patience. **2** *(naut.)* manned; fitted out. **3** *(edilizia)* reinforced; *(elettr.)* armoured; clad; sheathed: *cemento armato,* reinforced concrete.

armatore *sm* shipowner.

armatura *sf* **1** *(di guerriero)* armour. **2** *(edilizia)* scaffolding; *(ossatura metallica)* reinforcement; *(telaio)* framework. **3** *(elettr.: di cavo)* armour; cladding; *(di magnete)* armature; *(radio)* plate. **4** *(industria tessile)* weave.

armeggiare *vi* **1** *(affaccendarsi invano)* to fuss about. **2** *(farneticare)* to dream* up; to cook up. **3** *(tramare)* to intrigue; to manoeuvre.

armeggio *sm* manoeuvring; fussing about.

armeggione *sm* **1** *(chi si agita per nulla)* fusspot. **2** *(trafficone)* intriguer; wire-puller.

armeno *agg e sm* Armenian.

armento *sm* herd.

armeria *sf* armoury.

armiere *sm* **1** gunsmith. **2** *(mil.)* gunner.

armigero *agg (lett.)* armed.
□ *sm* **1** *(guerriero)* warrior. **2** *(guardia del corpo)* bodyguard.

armistizio *sm* armistice.

armonia *sf* harmony *(anche fig.)*.

armonica *sf* **1** *(strumento antico o moderno)* harmonica; *(a bocca, anche)* mouth organ. **2** *(fis.: oscillazione)* harmonic. **3** *(mus.)* harmonics.

armonicamente *avv* harmonically.

armonico *agg* **1** harmonic. **2** *(ben proporzionato)* harmonious.

armonio *sm* harmonium.

armonioso *agg* harmonious.

armonista *sm (mus.)* harmonist.

armonizzare *vt* to harmonize; to attune; to blend*.
□ *vi* to match; to go* together; to blend*.

arnese *sm* **1** *(attrezzo, strumento)* tool; implement; instrument: *arnese da lavoro,* working tool — *arnesi agricoli,* farm implements. **2** *(oggetto non ben definito)* thing; gadget; contrivance; device; contraption *(fam.)*: *un nuovo arnese per aprire le scatole,* a new gadget (*o* device) for opening tins. **3** *(abbigliamento)* get-up *(fam.)*: *Non posso ricevere gli ospiti in questo arnese,* I can't receive my guests in this get-up. **4** *(condizioni economiche o fisiche)* condition; state: *In che arnese era ridotto!,* What a condition (a state) he was in! — *essere male (bene) in arnese,* to be in a bad (good) state — *essere in cattivo (buon) arnese,* to be (to look) shabby (fine) — *rimettere qcno in arnese,* to set sb on his feet again. **5** *(individuo poco raccomandabile)* nasty-looking fellow; undesirable person: *arnese da galera,* jailbird.

arnia *sf* beehive.

aroma *sm* **1** *(odore)* aroma; fragrance *(lett.)*. **2** *(sostanza odorosa)* flavour; essence. **3** *(al pl.: cucina)* herbs; *(talvolta)* bouquet garni *(fr.)*.

aromaticità *sf* aromatic quality.

aromatico *agg* aromatic.

aromatizzare *vt* to flavour; to season.

arpa *sf* harp.

arpagone *sm* **1** *(naut.)* grapnel. **2** *(fig.)* miser; skinflint.

arpeggiamento *sm* arpeggio playing.

arpeggiare *vi* **1** to play on (to pluck) the harp. **2** *(fig.: eseguire arpeggi)* to play arpeggios.

arpeggio *sm* arpeggio.

arpia *sf* **1** *(mitologia e fig.)* Harpy. **2** *(zool.)* harpy eagle; harpy.

arpionare *vt* to harpoon.

arpione *sm* **1** *(mecc.)* pawl; dog. **2** *(ferrovia)* spike. **3** *(pesca)* harpoon. **4** *(uncino)* hook.

arpionismo *sm (mecc.)* ratchet gear.

arpista *sm e f.* harpist.

arrabattarsi *v. rifl* to endeavour to; to strive* to.

arrabbiamento *sm* anger.

arrabbiare *vi (di cane)* to become* rabid; to catch* rabies. □ *fare arrabbiare qcno*, to make* sb angry.
□ **arrabbiarsi** *v. rifl* to get* angry; to lose* one's temper; to fly* off the handle: *Non t'arrabbiare!,* Take it easy!

arrabbiata *sf (nell'espressione) all'arrabbiata,* in a great hurry.

arrabbiato *agg* **1** *(di cane)* rabid; *(di persona)* angry. **2** *(accanito)* keen; obstinate; persistent: *un fumatore arrabbiato,* a chain smoker.

arrabbiatura *sf* rage; temper: *prendersi una bella arrabbiatura per qcsa,* to fly into a rage over sth.
arraffare *vt* **1** *(afferrare)* to snatch. **2** *(fig.)* to pinch; to grab.
arrampicare *vi,* **arrampicarsi** *v. rifl* **1** to climb *(anche fig.);* to scramble; to clamber. **2** *(di piante)* to climb; to creep*. □ *arrampicarsi sui vetri (sugli specchi),* to argue that black is white.
arrampicata *sf* **1** *(l'arrampicarsi)* climbing. **2** *(singola scalata)* climb.
arrampicatore *sm* mountain climber; mountaineer: *arrampicatore sociale,* social climber.
arrancare *vi* **1** *(camminare)* to hobble; to limp; *(fig.)* to trudge; to plod. **2** *(vogare)* to pull away; to increase the rate of striking: *Arranca!, (naut.)* Take her up!
arrangiamento *sm (mus.)* arrangement.
arrangiare *vt* **1** *(accomodare, sistemare)* to arrange *(anche mus.);* to settle: *Vedrò di arrangiare anche questa faccenda,* I'll try to arrange (to settle) this matter, too — *Arrangiò le cose in modo che gli rimanesse del tempo libero,* He arranged things so as to have some spare time — *arrangiare un pezzo per pianoforte,* to arrange a piece (of music) for the piano. **2** *(preparare alla meglio, in fretta, ecc.)* to prepare; to make* ready: *Arrangiò in fretta un letto per lui,* She hurriedly prepared a bed (She got a bed ready) for him. □ *arrangiare qcno per le feste (malmenarlo, ridurlo male),* to give sb what for.
□ **arrangiarsi** *v. rifl* **1** *(accordarsi)* to come* to an agreement; to settle: *Tra noi ci arrangeremo benissimo,* We will settle it amongst ourselves. **2** *(risolvere le difficoltà, cavarsela)* to manage; to do* the best one can; to shift (to fend) for oneself; to get* by (*o* along): *In tempi difficili occorre arrangiarsi,* One must do the best one can in difficult times — *Se non riuscirò a trovare i soldi dovrò arrangiarmi,* If I can't find the money I shall have to manage without — *Arrangiati!,* Get along as best you can!; Get on with it!; *(più in generale)* Fight your own battles! — *Si arrangino!,* Let them get on with it!; If they don't like it they can lump it! — *arrangiarsi alla bell'e meglio,* to get by.
arrecare *vt* **1** to bring*. **2** *(causare)* to cause: *arrecare danni a qcno (qcsa),* to cause damage to sb (sth); to harm sb (sth).
arredamento *sm* **1** furnishing; interior decoration; *(teatro, ecc.)* stage decoration. **2** *(complesso di mobili, ecc.)* furnishings *(pl.);* furniture; *(teatro)* settings *(pl.);* props *(pl.).*
arredare *vt* to furnish.
arredatore *sm* interior decorator.
arredo *sm (generalm. al pl.)* fittings *(pl.);* furnishings *(pl.);* outfit; equipment; *(mobili)* furniture; *(religione)* ornaments *(pl.).*
arrembaggio *sm (naut.)* boarding: *andare all'arrembaggio,* to board (a ship); *(fig.)* to move in on.
arrembare *vt* to board.
arrendersi *v. rifl* to surrender; *(fig.)* to yield; to give* up; to give* in: *Il nemico si arrese,* The enemy surrendered — *Forza, non arrenderti!,* Come on, don't give up! □ *arrendersi all'evidenza,* to bow to the facts.
arrendevole *agg* **1** *(di persona)* easy-going. **2** *(pieghevole)* pliant.
arrendevolezza *sf* **1** *(di persona)* compliance. **2** *(di cose materiali)* pliancy.
arrestare *vt* **1** *(fermare)* to arrest; to stop; to halt; to bring* to a halt; *(un flusso di liquidi)* to staunch; to stanch: *arrestare un'automobile (un treno),* to halt (to stop) a car (a train) — *Le sue parole mi arrestarono,* His words brought me to halt — *La guerra ha arrestato lo sviluppo del paese,* The war has arrested the growth of the country — *arrestare un'emorragia,* to staunch (to stop) a haemorrhage. **2** *(assicurare alla giustizia)* to arrest: *La polizia arrestò il ladro,* The police arrested the thief.
□ **arrestarsi** *v. rifl* to halt; to stop; to come* to a standstill (to a halt, to a stop); to pause: *Il cavallo si arrestò davanti all'ostacolo,* The horse halted (came to a stop) in front of the obstacle — *Il treno si arrestò in aperta campagna,* The train halted (came to a standstill) in the open countryside — *arrestarsi di botto,* to freeze in one's tracks.
arresto *sm* **1** *(fermata, pausa)* stop; standstill; stoppage; pause; interval: *Il nostro lavoro subì un arresto,* Our work came to a stop (a standstill) — *arresto cardiaco,* heart failure — *senza arresto,* non-stop — *segnale d'arresto,* stop signal — *battuta d'arresto* ⇨ **battuta 4**. **2** *(mecc.: dispositivo d'arresto)* stop; catch: *arresto di emergenza,* emergency stop — *arresto di sicurezza,* safety catch — *valvola (leva) d'arresto,* cut-off valve (lever) — *rubinetto d'arresto,* stop-cock — *vite d'arresto,* stop screw. **3** *(dir.)* arrest; detention: *essere in stato di arresto (mil.: agli arresti),* to be under arrest — *mandato di arresto,* warrant — *spiccare un mandato di arresto,* to issue a warrant — *arresti semplici (di rigore), (mil.)* open (close) arrest.
□ *arresto psichico,* mental block.
arretrare *vt* to withdraw*.
□ **arretrarsi** *v. rifl* to draw* back; *(retrocedere)* to withdraw*.
arretratezza *sf* backwardness.
arretrato *agg* behindhand; in arrears; *(sottosviluppato)* backward: *arretrato nel lavoro,* behindhand in one's work — *lavoro arretrato,* work in arrears — *paese arretrato,* backward country — *numero arretrato,* back number — *pagamento arretrato,* outstanding payment.
□ *sm* **1** arrears; unsettled account. **2** *(riferito allo stipendio)* back pay.
arri *esclamazione* gee up!
arricchimento *sm* enrichment.
arricchire *vt* to enrich *(anche fig.): arricchire qcsa di qcsa,* to enrich sth with sth.
□ **arricchirsi** *v. rifl* to grow* rich; to get* rich: *arricchirsi a spese di qcno,* to get rich at sb else's expense.
arricchito *sm arricchito di guerra,* war profiteer — *nuovo arricchito,* nouveau riche *(fr.).*
arricciamento *sm* curling.
arricciare *vt* to curl: *arricciare il naso,* to turn up one's nose — *arricciare il pelo,* to make one's flesh creep; to make one's hair stand on end — *arricciarsi i baffi,* to curl one's moustache.
□ **arricciarsi** *v. rifl* to curl; to curl up: *I miei capelli si arricciano troppo,* My hair curls too much.
arricciatura *sf* curling; *(del naso)* turning up.
arridere *vi (lett.)* to smile on.
arringa *sf* harangue.
arringare *vt* to harangue.
arringatore *sm* haranguer.
arrischiare *vt* to risk; to venture: *arrischiare la pelle,* to risk one's life — *arrischiare una parola,* to venture a word.
□ **arrischiarsi** *v. rifl* to risk; to venture; *(osare)* to dare: *Non s'arrischiava a rispondere,* He did not dare (to) answer.
arrischiato *agg* **1** *(pieno di rischi)* risky. **2** *(audace)* reckless.
arrivare *vt e i.* **1** *(raggiungere)* to arrive; to get*; to

reach; *(in taluni casi)* to come*: *Arrivai a Bruxelles in meno di due ore,* I arrived in (I reached, I got to) Brussels in less than two hours — *arrivare a casa,* to arrive (to reach) home; to get home — *arrivare in porto,* to arrive at a port — *arrivare sano e salvo,* to arrive safe and sound — *Sembra che non arrivi mai,* It looks as if he will never come (never get here/there) — *È arrivato un pacco per te,* A parcel has come for you; There is a parcel for you — *Arrivò finalmente il giorno delle nozze,* At last the wedding-day arrived (*o* came) — *arrivare alla verità,* to arrive at (to get at) the truth — *arrivare allo scopo,* to attain (to achieve) one's purpose — *Arrivammo ad una decisione,* We arrived at (We reached) a decision — *Il prezzo è arrivato a dieci sterline la scorsa settimana,* The price reached ten pounds last week — *È arrivato a cinquant'anni senza una malattia grave,* He has reached the age of 50 without a single serious illness — *Il bimbo era così piccolo che non riusciva ad arrivare alla finestra,* The child was so small that he could not reach the window — *fin dove arriva lo sguardo,* as far as the eye can reach (can see) — *Sono arrivato a metà,* I am halfway (*o* halfway through).

2 *(essere in arrivo)* to come*; to be* coming; to be* on one's way: *Arrivo!,* Coming! — *Sta arrivando!,* He's coming!; He's on his way!

3 *(fig.: ridursi)* to be* reduced (to doing sth); *(giungere a tanto)* to go* as far as (to do sth): *Arrivò a vendere fiammiferi per strada,* He was reduced to selling matches in the street — *Arrivò a dirmi di andare al diavolo,* He went so far as to tell me to go to hell.

4 arrivarci - **a)** *(riuscire a capire)* to understand*; to make* out: *Non ci arrivo (Non capisco),* I don't understand what you mean; I don't get it *(fam.)* — *Non arrabbiarti: non è colpa sua se non ci arriva,* Don't get angry: it isn't his fault if he can't make it out - **b)** *(riuscire a toccare, ad afferrare qcsa)* to reach (sth): *Ci arrivi?,* Can you reach it?

5 *(accadere)* to happen; to occur *(più formale);* to befall* *(lett.): Non si sa mai quello che può arrivare,* One can never tell what may happen.

6 *(aver successo, affermarsi)* to be* successful; to arrive; to attain success; to get* to the top; to get* there: *Non pensa che ad arrivare, non importa come,* He thinks of nothing but arriving at (*o* attaining) success, no matter how — *un uomo arrivato,* a successful man; one who has arrived (made the grade).

7 *(durare, p.es. di moribondo)* to last (out): *Mi dispiace: non credo che arriverà a domani,* I'm sorry, but I don't think he'll last (out) until tomorrow.

☐ *Dove vuoi arrivare?, (fig.)* What are you getting at? — *arrivare addosso (sopra) a qcno,* to be on top of sb (to be upon sb) — *Chi tardi arriva male alloggia, (prov.)* First come first served.

arrivato *agg* **1** *nuovo arrivato,* newly arrived. **2** successful; established. ☐ *Ben arrivato!,* Welcome!
☐ *sm* successful man *(pl.* men*);* one who has arrived professionally (*o* socially); one who has made good.

arrivederci *interiezione* good(-)bye: *Grazie e arrivederci!,* Thank you and goodbye! — *Arrivederci a domani,* See you tomorrow — *Arrivederci a presto,* See you soon.

arrivismo *sm* social climbing.

arrivista *sm e f.* social climber.

arrivo *sm* **1** arrival: *al suo arrivo,* on his arrival; when he comes — *essere in arrivo,* to come in — *avere in arrivo,* to expect — *lettere in arrivo,* incoming letters — *il treno in arrivo sul binario tre,* the train now coming in on platform three. **2** *(sport)* finish. **3** *(ginnastica)* landing. **4** *(riferito a merce)* supply: *gli ultimi arrivi,* the latest supplies. **5** *(per estensione, riferito a persone, p.es. in albergo)* arrival; new guest: *venti arrivi e otto partenze,* twenty arrivals and eight departures.

arroccamento *sm* **1** *(scacchi)* castling. **2** *(mil.) linea d'arroccamento,* line of communication.

arroccare *vt* **1** *(scacchi)* to castle. **2** *(mil.)* to move troops into defensive positions. **3** *(fig.)* to take* refuge.
☐ **arroccarsi** *v. rifl* **1** *(scacchi)* to castle. **2** *(calcio)* to go* on to the defensive; to put* up the shutters *(fam.).* **3** *(fig.)* to take* refuge.

arrochimento *sm* making (*o* becoming) hoarse.

arrochire *vt* to make* hoarse.
☐ **arrochirsi** *v. rifl* to become* hoarse.

arrogante *agg* arrogant.

arrogantemente *avv* arrogantly.

arroganza *sf* arrogance: *con arroganza,* arrogantly; in an arrogant manner.

arrogare, arrogarsi *vt* to arrogate (to oneself): *arrogarsi un diritto,* to arrogate a right to oneself.

arrossamento *sm* reddening.

arrossare *vt* to redden.
☐ **arrossarsi** *v. rifl* to redden.

arrossire *vi* to blush: *arrossire per la vergogna,* to blush with shame — *far arrossire qcno,* to make sb blush.

arrostimento *sm* roasting; *(l'abbrustolire)* toasting.

arrostire *vt* to roast; *(alla graticola)* to grill; *(abbrustolire, tostare)* to toast: *pane arrostito,* toast.
☐ **arrostirsi** *v. rifl (al sole)* to roast; to bake; to bake oneself black.

arrosto *agg* roast: *pollo arrosto,* roast chicken.
☐ *sm* roast; roast meat. ☐ *cuocere arrosto,* to roast — *Molto fumo e poco arrosto,* All show and little substance.

arrotare *vt* **1** to sharpen: *arrotare i denti,* to grind one's teeth. **2** *(levigare)* to polish. **3** *(investire)* to graze; to run* over.

arrotino *sm* knife-grinder.

arrotolare *vt* to roll (sth) up.

arrotondare *vt* **1** to make* (sth) round; to round; *(mecc.)* to round (sth) off; *(fig., p.es. una frase)* to round *(spesso seguito da* off*).* **2** *(matematica, ecc.)* to round (sth) off: *arrotondare al millimetro,* to round off to the nearest millimetre — *arrotondare la (propria) paga,* to supplement one's wages — *arrotondare qcsa per difetto (per eccesso),* to round sth down (up).
☐ **arrotondarsi** *v. rifl* to become* round; *(ingrassare)* to become* plump.

arrovellamento *sm* exasperation.

arrovellarsi *vt e rifl* to work oneself up: *arrovellarsi il cervello, (fig.)* to rack one's brains.

arroventare *vt* to make* (sth) red-hot.
☐ **arroventarsi** *v. rifl* to grow* red-hot.

arroventato *agg* red-hot.

arrovesciamento *sm* overturning; upsetting; turning upside-down; turning inside-out.

arrovesciare *vt* to overturn; to turn (sth) upside down; to upset*; *(un abito)* to turn inside out.
☐ **arrovesciarsi** *v. rifl* to fall* backwards.

arruffamento *sm* **1** *(atto)* ruffling. **2** *(effetto)* tangle.

arruffare *vt* to ruffle: *arruffare i capelli a qcno,* to ruffle sb's hair — *arruffare la matassa,* to tangle a ball of wool; *(fig.)* to confuse the issue.

arruffio *sm* confusion.

arruffone *sm* **1** bungler. **2** *(imbroglione)* swindler.

arrugginire *vt* to rust.

☐ **arrugginirsi** *v. rifl* to rust; to grow* (to get*, to go*) rusty.
arrugginito *agg* rusty.
arruolamento *sm* enlistment.
arruolare *vt e i.* to enlist.
☐ **arruolarsi** *v. rifl* to enlist.
arsenale *sm* **1** *(mil. e fig.: quantità di armi)* arsenal; *(cantiere)* dockyard; shipyard. **2** *(sgabuzzino, ripostiglio, ecc.)* lumber-room; *(spreg.)* junk shop. **3** *(insieme di oggetti diversi)* heap of odds and ends; *(spreg.)* junk.
arsenico *sm* arsenic.
arso *agg* **1** burned; burnt. **2** *(riarso)* dry.
arsura *sf* **1** *(calore)* burning heat; *(aridità)* extreme dryness; burning dryness. **2** *(sete)* parching thirst.
artatamente *avv* by trickery; by cunning; by (*o* by means of) a stratagem.
arte *sf* **1** art: *un'opera d'arte,* a work of art — *le belle arti,* the fine arts — *arti applicate,* applied arts — *l'arte per l'arte,* art for art's sake — *La bellezza di questi giardini è dovuta più all'arte che alla natura,* The beauty of these gardens owes more to art than to nature — *la storia dell'Arte,* the history of Art — *le arti figurative,* painting and sculpture — *le arti grafiche,* the graphic arts — *la decima arte, (il cinema)* the tenth art — *essere senza arte né parte,* to have neither art nor part; to be good for nothing.
2 *(mestiere, tecnica)* art; craft; trade: *imparare un'arte,* to learn a trade (a craft) — *esercitare un'arte,* to carry on a trade — *Quella scuola insegna molte arti utili,* That school teaches many useful trades.
3 *(abilità)* art; talent; skill; knack; *(artifizio, astuzia)* artifice; cunning; trickery; craft: *l'arte di farsi benvolere,* the art (the knack) of making oneself liked — *l'arte di dire qualsiasi cosa sorridendo,* the art of saying everything with a smile — *con arte,* skilfully; with skill — *malgrado tutte le sue arti...,* in spite of all his (her) cunning...
4 *(stor.: corporazione)* corporation; guild: *arti minori (maggiori),* minor (major) guilds.
☐ *l'arte della guerra,* warcraft; strategy — *l'arte di Michelaccio (dei fannulloni),* laziness; idleness — *figlio d'arte,* child of the profession — *nome d'arte, (di scrittore)* pen-name; nom-de-plume *(fr.); (di attore)* stage name — *Scrive con il nome d'arte di Pitigrilli (Pitigrilli è il suo nome d'arte),* He writes under the pen-name of Pitigrilli (Pitigrilli is his pen-name) — *M.lle Boulangère, in arte Frou-Frou,* M.lle Boulangère, known professionally as Frou-Frou — *a regola d'arte,* in a workmanlike manner *(avv.)* — *ad arte,* - **a)** *(con artifizio)* cunningly - **b)** *(a bella posta)* on purpose — *le male arti,* magic; the black arts.
artefatto *agg* **1** *(non genuino)* adulterated; fake. **2** *(innaturale)* artificial.
☐ *sm* artifact; artefact.
artefice *sm* **1** artificer; craftsman *(pl.* -men*).* **2** *(addetto al fuoco)* artificer. **3** *(fig.)* author; creator: *il Sommo Artefice,* the Creator; the Supreme Architect.
arteria *sf (anat).* artery *(anche fig., e via, strada principale): arteria stradale,* arterial road.
arterioso *agg* arterial.
artesiano *agg* artesian.
artico *agg* arctic: *il Polo Artico,* the North Pole — *l'emisfero artico,* the northern hemisphere.
[1]**articolare** *agg* articular.
[2]**articolare** *vt* to articulate.
☐ **articolarsi** *v. rifl* to be* articulated (*o* divided): *Il testo del provvedimento governativo si articola in tre punti,* The text of the government measure is divided into three points.
articolato *agg* **1** *(chiaro)* articulate; distinct. **2** *(mecc.)* jointed; hinged; *(di autocarro, ecc.)* articulated. ☐ *preposizione articolata,* preposition (which is) combined with the definite article.
articolazione *sf* **1** *(di suono)* articulation. **2** *(anat.)* articulation; joint. **3** *(mecc.)* articulated joint.
articolista *sm e f.* columnist.
articolo *sm* **1** *(gramm., dir., ecc.)* article: *l'articolo determinativo (indeterminativo),* the definite (indefinite) article — *articolo di fede,* article of faith — *in articolo di morte,* in the article of death *(ma in inglese è raro; generalm.* in articulo mortis, *lat.; oppure* at the point of death*).* **2** *(di giornale)* article: *articolo di fondo,* leading article — *articolo di prima pagina,* front page article. **3** *(contabilità)* item; entry. **4** *(comm.)* article; *(insieme di articoli trattati)* line: *Questo articolo non è in vendita,* This article is not on sale — *Non trattiamo questo articolo,* We don't deal in this line — *articoli vari,* sundries — *articoli di porcellana (di vetro),* chinaware (glassware).
artiere *sm* **1** workman *(pl.* -men*).* **2** *(mil.)* pioneer.
artificiale *agg* artificial: *allattamento artificiale,* bottle-feeding — *fuochi artificiali,* fireworks.
artificialmente *avv* artificially.
artificiere *sm* **1** *(mil.)* artificer. **2** *(pirotecnico)* firework manufacturer (*o* maker).
artificio *sm* artifice: *con artificio,* artificially; in an artificial manner. ☐ *fuochi d'artificio,* fireworks.
artificiosamente *avv* artfully.
artificiosità *sf* **1** *(qualità)* artfulness; cunning; artificiality. **2** *(artificio)* artifice: *l'artificiosità del suo stile,* the affectedness of his style.
artificioso *agg* artful; cunning; *(artificiale)* artificial: *stile artificioso,* affected style.
artigianato *sm* **1** *(ceto)* craftsmen *(pl.).* **2** *(lavoro)* handicrafts *(pl.).*
artigiano *agg* working; artisan *(attrib.).*
☐ *sm* craftsman *(pl.* -men*).*
artigliere *sm* artilleryman *(pl.* -men*).*
artiglieria *sf* artillery: *pezzo d'artiglieria,* gun.
artiglio *sm* **1** claw. **2** *(fig.)* clutch.
artista *sm* artist; *(del varietà, circo, ecc.)* artiste *(fr.).*
artisticamente *avv* artistically.
artistico *agg* artistic.
arto *sm* limb; extremity.
artrite *sf* arthritis.
artritico *agg* arthritic.
arzigogolare *vi* **1** to quibble; to engage in tortuous reasoning. **2** *(fantasticare)* to let* one's thoughts wander; to let* one's fancy roam; to fantasticate.
arzigogolo *sm* quibble; play on words.
arzillo *agg* sprightly.
asbesto *sm* asbestos.
ascaro *sm* askari.
ascella *sf* **1** armpit; *(med.)* axilla *(pl.* axillae*).* **2** *(bot.)* axil.
[1]**ascendente** *agg* **1** ascending; mounting; rising; upward: *ritmo ascendente, (poesia)* rising rhythm — *scala ascendente, (mus.)* ascending scale. **2** *(comm.: che ammonta a)* amounting to. **3** *(scienze)* ascendant. ☐ *cronaca ascendente,* history in reverse — *linea ascendente, (nei rapporti di parentela)* ascendent line.
[2]**ascendente** *sm* **1** *(antenato)* ancestor. **2** *(astrologia)* ascendant. **3** *(autorità morale)* ascendancy; ascendency; sway: *avere un ascendente su qcno,* to have ascendancy on sb.
ascendenza *sf* **1** ancestry; lineage; ancestors *(pl.);*

stock: *essere di ascendenza proletaria,* to come of working-class stock. **2** *(fig.)* origin.

ascendere *vi* **1** to ascend; to rise* *(anche fig.).* **2** *(comm.: ammontare a)* to amount to.
□ *vt (lett.)* to ascend; to climb; to go* up.

ascensionale *agg* rising; ascending: *corrente ascensionale,* up-current; thermal — *velocità ascensionale,* rate of climb.

ascensione *sf* **1** *(astronomia, religione)* ascension. **2** *(aeronautica, alpinismo)* ascent; climb.

ascensionista *sm e f.* climber; mountaineer.

ascensore *sm* lift *(GB);* elevator *(USA).*

ascesa *sf* **1** ascent *(anche fig.): essere in ascesa,* to be rising; to be on the way up. **2** *(al trono)* accession; *(al potere)* rise. **3** *(verso la civiltà)* climb.

ascesi *sf (religione)* ascesis; *(più comunemente)* abstinence and meditation.

ascesso *sm* abscess: *un ascesso al dente,* an abscess on the tooth.

asceta *sm e f. (religione e fig.)* ascetic.

ascetico *agg (religione e fig.)* ascetic.

ascia *sf* **1** adze: *maestro d'ascia,* naval carpenter. **2** *(scure)* hatchet; *(con manico lungo)* axe. **3** *(fig.)* carpenter. □ *fatto con l'ascia, (fig.)* rough; roughed-out; *(di persona)* rough-hewn.

ascissa *sf* abscissa *(pl.* abscissas *o* abscissae*);* X-axis.

asciugacapelli *sm* hair-dryer; hair-drier.

asciugamano *sm* (hand *o* face) towel.

asciugare *vt* to dry; to dry up (*o* out); *(tergere)* to wipe; *(prosciugare)* to drain: *asciugare le lacrime di qcno,* to wipe away sb's tears; *(fig.)* to console sb — *asciugare una bottiglia, (bersela tutta)* to drink up a (whole) bottle; to drink a bottle dry — *asciugarsi le mani,* to dry (to wipe) one's hands — *asciugarsi le lacrime,* to dry (to wipe away) one's tears; *(iron.)* to be quickly consoled — *asciugare qcno (le tasche di qcno), (fig.)* to clean sb out; to suck sb dry.
□ *vi* to dry; to get* dry: *Queste camicie asciugano in fretta,* These shirts dry in next to no time.
□ **asciugarsi** *v. rifl* **1** to dry oneself; *(con un panno, ecc.)* to wipe oneself. **2** *(diventare asciutto)* to dry up; to get* dry: *Tutti i corsi d'acqua si asciugarono,* All the watercourses dried up.

asciugatoio *sm* **1** (bath) towel. **2** *(macchina)* dryer; drier.

asciugatura *sf* drying.

asciuttezza *sf* **1** dryness. **2** *(magrezza)* leanness. **3** *(di stile)* dryness; conciseness; *(anche scortese)* curtness.

asciutto *agg* **1** dry: *pane asciutto, (senza companatico)* dry bread — *pasta asciutta,* pasta — *balia asciutta,* dry nurse — *restare a bocca asciutta,* to be (to remain) without a bite to eat or a drop to drink; *(fig.)* to be disappointed. **2** *(senza lacrime)* tearless; dry: *I suoi occhi rimasero asciutti,* Her eyes remained tearless (*o* dry). **3** *(magro, snello)* thin; lean; slender; slim: *un corpo asciutto,* a thin (a lean) body. **4** *(fig.)* dry; curt; plain: *un discorso asciutto,* a dry speech — *dare a qcno una risposta asciutta,* to give sb a curt answer. □ *essere (restare) all'asciutto, (fig.)* to be penniless; to be hard up.

ascoltare *vt e i.* **1** to listen (to sth); *(talvolta)* to hear*: *ascoltare una conferenza,* to listen to a lecture — *Non ascoltare le loro chiacchiere,* Don't listen to all their gossip — *ascoltare da un orecchio solo,* to listen with only half an ear; to be only half listening; to pay little attention — *ascoltare la radio,* to listen in; to listen to the radio (the wireless) — *ascoltare radio Londra,* to listen in to London — *ascoltare le lezioni,* to attend classes — *ascoltare la Messa,* to attend (to hear) Mass. **2** *(dar retta, seguire, ubbidire)* to listen (to sb); to pay* attention (to sth); to obey: *ascoltare i consigli di qcno,* to take sb's advice; to heed (sb) — *Se mi avesse ascoltato, non si troverebbe ora nei pasticci,* If he had (Had he) only listened to me, he wouldn't be in trouble now — *Ascolta! (Ascoltami!),* Listen! (Listen to me!) — *Ascolta i consigli del medico,* Take your doctor's advice — *Non vuole mai ascoltare i genitori,* He will never listen to (never obey) his parents — *ascoltare qcno fino in fondo,* to hear sb out. **3** *(esaudire)* to hear*; to answer; to fulfil: *Il Signore ascolta le nostre preghiere,* The Lord hears our prayers. **4** *(med.)* to auscultate. **5** *(origliare)* to eavesdrop.

ascoltatore *sm* **1** listener; hearer. **2** *(apparecchio)* sound locator.

ascoltazione *sf* **1** listening. **2** *(med.)* auscultation.

ascolto *sm* **1** listening; *(di una trasmissione radiofonica)* reception: *indice di ascolto,* audience reception rating — *essere, stare, mettersi in ascolto,* to listen. **2** *(attenzione)* attention: *dare (porgere, prestare) ascolto a qcno,* to pay attention to sb; to listen to sb; to give sb a hearing.

ascrivere *vt* **1** *(annoverare)* to number among; *(ad una società, ecc.)* to enrol. **2** *(attribuire)* to ascribe; to attribute.

asessuale *agg* asexual.

asettico agg aseptic.

asfaltare *vt* to asphalt: *una strada asfaltata,* an asphalted road.

asfaltatore *sm* asphalter.

asfaltatura *sf* **1** asphalting. **2** *(copertura)* asphalt cover.

asfalto *sm* asphalt.

asfissia *sf* asphyxia; suffocation: *morire per asfissia,* to die of suffocation; to suffocate.

asfissiante *agg (med. e fig.)* asphyxiating; *(fig., di calore, ecc.)* stifling.

asfissiare *vt* **1** to asphyxiate; *(per estensione)* to stifle. **2** *(fam.)* to get* on sb's nerves.
□ *vi* to die of asphyxiation; *(per estensione)* to be* asphyxiated; to stifle; to suffocate.

asfittico *agg* asphyxiated; *(med.)* asphyctic; *(fig.)* weak; washed out *(fam.).*

asfodelo *sm* asphodel.

asiatico *agg* **1** Asian; *(meno comune)* Asiatic: *influenza asiatica, (o sf l'asiatica)* Asian flu. **2** *(fig.)* oriental.

asilo *sm* **1** *(stor.)* asylum; sanctuary: *asilo politico,* political asylum. **2** *(rifugio)* shelter; refuge: *dare asilo a qcno,* to shelter sb. **3** *(edificio)* home: *asilo notturno,* doss house. **4** *(istituto prescolastico)* kindergarten; nursery-school: *asilo nido,* day nursery. **5** *(dimora o rifugio di uccelli, ecc.)* sanctuary.

asimmetria *sf* asymmetry; *(statistica)* skewness.

asimmetrico *agg* asymmetric(al).

asina *sf* she-ass; *(talvolta, vezzeggiativo)* jenny.

asinata, asineria *sf* asinine remark (*o* action); asininity.

asinino *agg (letteralm. e fig.)* asinine. □ *tosse asinina,* whooping-cough.

asino *sm* **1** *(zool.)* ass; *(asinello)* donkey; *(il maschio, anche)* jackass: *a schiena d'asino,* cambered; hog-backed. **2** *(fig.: persona stupida)* ass; blockhead: *un asino calzato e vestito,* a conceited ass — *asino risalito,* jack-in-office; nouveau-riche *(fr.);* upstart — *dare il calcio dell'asino, (fig.)* to kick sb when he's down — *credere che l'asino voli,* to swallow anything — *essere come l'asino di Buridano,* to be unable to

make up one's mind; to vacillate — *lavar la testa all'asino, (fig.)* to work to no purpose — *legar l'asino dove vuole il padrone, (fig.)* to do as one's master wishes — *Pezzo d'asino!,* You silly ass!
□ *Qui casca l'asino,* This is where the difficulty lies; Here comes the hard part — *Meglio un asino vivo che un dottore morto, (prov.)* A live dog is better than a dead lion — *Raglio d'asino non sale in cielo, (prov.)* A fool's talk carries no weight.

asismico *agg* **1** earthquake-free; aseismic. **2** *(antisismico)* earthquake-proof.

asma *sf* asthma: *soffrire d'asma,* to suffer from asthma; to be an asthma sufferer.

asmatico *agg* asthmatic.

asociale *agg* **1** antisocial. **2** unsociable.

asola *sf* **1** *(di un abito)* buttonhole. **2** *(fessura)* slot.

asparago *sm* asparagus *(anche al pl.): un piatto di asparagi,* a dish of asparagus — *una frittata di asparagi,* an asparagus omelette.

aspergere *vt* to sprinkle; to besprinkle.

asperità *sf* **1** asperity; harshness. **2** *(del terreno)* roughness.

aspersione *sf* (ritual) sprinkling.

aspettare *vt e i.* to wait; to await; to expect: *aspettare l'autobus,* to wait for the bus — *Non aspetterò un minuto di più!,* I won't wait a moment longer! (another minute!) — *Non farci aspettare troppo,* Don't keep us waiting too long — *Aspetto una telefonata,* I'm expecting a 'phone call — *Che cosa aspetti?,* What are you waiting for? — *Aspetta!,* Wait!; Hang on a moment! — *aspettare con ansia,* to look forward to (doing sth) — *Aspettavo con ansia di vederlo,* I was looking forward to seeing him — *Aspettiamo un Vostro cortese cenno di conferma, (comm.)* Looking forward to receiving your confirmation; Awaiting your confirmation — *aspettare un bambino,* to be expecting a baby — *aspettare la manna dal Cielo,* to wait for a miracle; to wait upon Providence — *aspettare qcno alzato (non andare a dormire prima che arrivi),* to wait up for sb — *farsi aspettare,* to be slow; to be late — *La sua decisione si fece aspettare a lungo,* His decision was very slow in coming.
□ **aspettarsi** *v. rifl* to expect; *(talvolta)* to anticipate: *aspettarsi che qcno faccia qcsa,* to expect sb to do sth — *aspettarsi di fare qcsa,* to expect to do sth — *Si aspettavano che io lavorassi anche la domenica,* They expected me to work on Sundays, too — *Non mi aspettavo di vederti così presto,* I didn't expect to see you (I didn't anticipate seeing you) so soon — *C'era da aspettarselo,* It was only to be expected.
□ *Qui t'aspettavo!, (fig.)* - **a)** I thought I'd catch you out on that! - **b)** *(Qui sta il difficile!)* There's the rub! — *Me l'aspettavo!,* I thought as much!

aspettativa *sf* **1** expectation; anticipation; *(speranza)* hope; *(dir.)* expectancy: *secondo l'aspettativa,* as expected — *corrispondere (non corrispondere) all'aspettativa,* to come up to (to fall short of) sb's expectation(s) — *superare ogni aspettativa,* to exceed every expectation. **2** *(esonero)* leave of absence; temporary retirement (discharge): *essere in aspettativa,* to be on leave (of absence); to be temporarily discharged from one's duties — *essere in aspettativa per motivi di salute,* to be on sick-leave.

aspettazione *sf* expectation; anticipation; *(speranza)* hope; *(stato d'animo ansioso di chi aspetta)* expectancy.

[1]**aspetto** *sm* **1** *(apparenza, sembianza)* appearance; look; *(più raro)* aspect: *un uomo di umile aspetto,* a man of humble appearance; *(più formale)* a man of humble aspect — *un uomo dall'aspetto mite,* a gentle-looking man — *di bell'aspetto,* good-looking — *avere l'aspetto truce,* to look grim — *avere l'aspetto di...,* to look like...; to resemble... — *L'oggetto aveva l'aspetto di un libro,* The thing looked like (*o* resembled) a book. **2** *(di una questione)* point of view; side; aspect; angle: *Sotto questo aspetto sono pienamente d'accordo con voi,* From this point of view I quite agree with you — *considerare ogni aspetto di un problema,* to consider every aspect (every side) of a problem; to consider a problem from all angles — *Se le cose stanno così, la faccenda cambia aspetto,* If this is how things are, it puts a different complexion on the matter. **3** *(astrologia)* aspect.

[2]**aspetto** *sm* **1** *sala d'aspetto,* waiting-room. **2** *battuta d'aspetto, (mus.)* pause; *(fig.)* breathing space. □ *caccia all'aspetto,* hunting from a hide.

aspide *sm* **1** asp; *(poet.)* poisonous snake. **2** *(fig.: persona)* snake; viper.

aspirante *agg* **1** aspiring. **2** *(mecc.)* sucking; suction *(attrib.).*
□ *sm (candidato)* aspirant; candidate; applicant; *(sport)* hopeful; *(al titolo)* challenger; *(mil.)* cadet; *(marina)* midshipman *(pl.* -men*)*; *(corteggiatore)* suitor.

aspirapolvere *sm* vacuum-cleaner; hoover *(fam.).*

aspirare *vt* to inhale; to breathe (sth) in; to inspire; *(mecc.)* to suck (sth) in; *(pronunciare con aspirazione)* to aspirate.
□ *vi (anelare a)* to aspire to (*o* towards) sth; to aim at (sth).

aspiratore *sm* **1** exhaust fan; exhauster. **2** *(med.)* aspirator.

aspirazione *sf* **1** *(desiderio, ambizione)* desire; ambition; aspiration. **2** *(med.)* inhalation; aspiration; *(fonetica)* aspiration. **3** *(mecc.)* suction; intake; *(di motore a scoppio)* induction.

aspirina *sf* aspirin.

asportabile *agg* removable; *(med.)* operable.

asportare *vt* **1** *(portar via)* to take* away; *(rubare)* to carry off; to make* off with. **2** *(estirpare)* to cut* out; *(med.)* to resect.

asportazione *sf* removal; *(med.)* resection.

aspramente *avv* harshly; severely.

asprezza *sf* **1** *(di sapore)* sharpness; bitterness; *(di suono)* harshness; *(di superficie)* roughness; unevenness; *(per estensione)* impraticability. **2** *(fig.: rigore del clima, severità, durezza)* harshness; asperity. **3** *(linguistica)* clash (of consonants).

asprigno *agg* **1** sharpish; rather bitter. **2** *(fig.)* hostile.

aspro *agg* **1** *(agro)* sour; sharp; tart; *(ruvido)* rough; *(selvaggio)* rugged; *(di clima)* severe; *(di suono)* harsh; *(fonetica)* rough: *avere un sapore aspro,* to taste sour. **2** *(fig.: severo)* harsh; biting; tart; *(fig.: difficile, duro)* difficult; hard: *trattare qcno in modo aspro,* to treat sb harshly.

assaggiare *vt (gustare, anche fig.)* to taste; *(mangiare pochissimo)* to have* a bite of sth; *(provare)* to attempt; to try; *(saggiare)* to test; to sound; to explore; *(metallurgia)* to assay: *Non assaggiò nulla,* He didn't touch his food — *Gli ho fatto assaggiare il bastone,* I gave him a taste of my stick — *assaggiare la propria resistenza,* to try out one's strength — *assaggiare il terreno, (fig.)* to sound sb out; to see how the land lies.

assaggiatore *sm* **1** *(di vini, ecc.)* taster. **2** *(di minerali)* assayer.

assaggiatura *sf* **1** tasting. **2** assaying.

assaggio *sm* **1** tasting; *(quantità)* taste; *(campione)* sample. **2** *(di minerali)* assay. **3** *(prova)* trial; *(dimostrazione)* demonstration.

assai *avv (molto, parecchio)* very; quite; much; *(moltissimo)* very much; *(abbastanza)* enough; *(fin troppo)* more than enough; too much: *assai più vecchio di me,* very much older than me — *Studia assai,* He studies a great deal — *Mi hai già scocciato assai,* You've already bothered me more than enough — *averne assai di qcno (o qcsa),* to have enough of sb (sth) — *M'importa assai di quello che fate voi!, (sl.)* A hell of a lot (A fat lot) I care what you do!

assale *sm* axle.

assalire *vt* to attack; to assault; to assail; *(espugnare)* to storm; to pester *(anche fig.): assalire il nemico,* to attack the enemy — *assalire una fortezza,* to storm (to attack, to assail) a fortress — *Lo assalirono alle spalle,* He was assailed (He was attacked) in the rear — *essere assaliti dalle mosche (da richieste di aiuto),* to be pestered by flies (with requests for help) — *assalire qcno con domande di ogni genere,* to assail sb with questions of every kind — *essere assaliti dalla bufera,* to be caught in a storm — *essere assaliti da una malattia,* to be stricken with a disease — *essere assaliti da un dubbio (dalla paura),* to be seized by a doubt (with fear) — *Il rimorso mi assalì,* I was seized (I was struck) with remorse.

assalitore *sm* assailant; attacker.

assaltare *vt* to assault; to attack; to storm *(spec. mil. e fig.).*

assaltatore *sm* attacker.

assalto *sm* **1** assault; attack *(anche fig.): assalto alla baionetta,* bayonet attack — *reparti d'assalto, (mil.)* assault (shock, storm) troops — *mezzi d'assalto, (naut., mil.)* assault craft — *dare l'assalto a una banca,* to hold up a bank — *suonare l'assalto,* to sound the charge — *prendere d'assalto,* to storm; to take by storm *(anche fig.); (fig.)* to attack (*p.es.* a problem); to face up to sb. **2** *(scherma)* bout; *(pugilato)* round. **3** *(di malattia)* attack. □ *un assalto agli sportelli,* a run on a bank.

assaporamento *sm* savouring.

assaporare *vt* to savour *(anche fig.).*

assassinare *vt* to assassinate; to murder *(anche fig.).*

assassinio *sm* **1** *(uccisione)* murder; slaying; killing; assassination *(spec. per motivi politici).* **2** *(atto criminoso)* criminal act.

assassino *sm* **1** murderer; assassin; killer; slayer. **2** *(chi arreca danno)* destroyer.
□ *agg* **1** murderous *(anche fig.);* deadly. **2** *(seducente)* bewitching; killing.

asse *sf* **1** *(tavola di legno)* board; *(più larga e più spessa)* plank: *asse da stiro,* ironing-board. **2** *(geometria, ecc., e fig.)* axis *(pl.* axes*): asse terrestre,* polar axis — *asse stradale,* centre line. **3** *(organo di macchina)* axle; shaft. **4** *(moneta)* as. **5** *(dir.) asse ereditario,* (deceased's) estate.

assecondare *vt* **1** *(favorire)* to support; to assist. **2** *(soddisfare)* to content sb; to fall* in with sb's wishes; *(spreg.)* to pander to; to give* in to: *I genitori lo assecondano in tutto,* His parents give in to him all the time. **3** *(seguire)* to follow.

assediante *sm* besieger. □ *agg* besieging.

assediare *vt* **1** *(mil.)* to besiege. **2** *(isolare)* to surround; *(attorniare)* to besiege; to swarm around. **3** *(fig.: infastidire)* to pester; to besiege; to obsess: *assediare qcno di domande,* to pester sb with questions.

assedio *sm* siege *(anche fig.);* blockade: *assedio economico,* economic blockade — *stato d'assedio,* state of siege — *cingere d'assedio una città,* to lay siege to (to besiege) a town — *levare, rompere l'assedio a una città,* to raise the siege of a town — *stringere d'assedio, (fig.)* to obsess; to beset.

assegnabile *agg* assignable; capable of assignment (of allotment).

assegnamento *sm* **1** *(il dare)* allotment; assignment. **2** *(la somma)* allowance. □ *fare assegnamento su qcno (o qcsa),* to rely on sb (or sth).

assegnare *vt* **1** *(cose)* to allot; to assign; to entrust; *(persone)* to detail; to assign: *assegnare la custodia di qcsa a qcno,* to put sb in charge of sth — *assegnare la quota, (aeronautica)* to stack. **2** *(concedere)* to grant; to award. **3** *(fissare)* to fix; to lay* down. **4** *(statistica)* to weight.

assegnatario *sm* (judicial) assignee; person to whom sth is awarded.

assegnato *agg (comm.)* unpaid; to be paid on delivery: *porto assegnato,* carriage forward.

assegnazione *sf* **1** allotment; assignment; *(di lavoro)* allocation; *(di cariche direttive)* staffing. **2** *(dir.)* adjudication.

assegno *sm* **1** *(familiare, di carovita, ecc.)* allowance. **2** *(entrata)* income: *tirare avanti con un piccolo assegno mensile,* to get by on a small monthly income. **3** *(assegno bancario, cambiario)* cheque *(GB);* check *(USA): assegno circolare,* bank draft *(GB);* banker's check *(USA)* — *assegno sbarrato (non sbarrato),* crossed (open) cheque — *assegno a vuoto,* bad cheque; dud cheque *(fam.)* — *assegno in bianco,* blank cheque. **4** *contro assegno,* cash on delivery *(abbr.* C.O.D.*)* — *spedire qcsa in contr'assegno,* to send sth cash on delivery (C.O.D.).

assemblea *sf* **1** assembly; *(legislativa)* parliament *(spec. GB);* legislative assembly; *(regionale)* council; *(degli azionisti)* meeting. **2** *(adunanza)* gathering; meeting; *(liturgica)* congregation.

assembramento *sm* **1** crowd; gathering; assembly: *un assembramento di curiosi,* a crowd of sightseers — *divieto di assembramento,* ban on public meetings. **2** *(mil.)* muster.

assembrare *vi e t.,* **assembrarsi** *v. rifl* to assemble; to gather; to congregate; to flock.

assennatamente *avv* judiciously; sensibly.

assennatezza *sf* judiciousness; good sense.

assennato *agg* judicious; sensible.

assenso *sm* assent; consent: *dare il proprio assenso a qcsa,* to give one's assent (*o* consent) to sth.

assentarsi *v. rifl* to stay away; to absent oneself: *assentarsi dal lavoro,* to stay away from work; to stay at home.

assente *agg* **1** *(da scuola, lavoro, ecc.)* absent from; away from; *(da casa)* out; away: *Mi dispiace, ma è assente in questo momento,* I'm sorry but he's out at the moment — *È assente da casa da più di una settimana,* He's been away (away from home) for over a week. **2** *(lontano)* absent; *(dir.: scomparso)* missing. **3** *(fig.: distratto)* absent-minded; inattentive; absent.
□ *sm e f.* **1** *(da scuola, ecc.)* absentee. **2** *(persona defunta)* departed; deceased. **3** *(dir.)* missing person; person presumed dead.

assenteismo *sm* absenteeism.

assentimento *sm* assent; consent.

assentire *vi* to consent; to acquiesce: *assentire ad una richiesta,* to consent to a request.

assenza *sf* **1** *(da lezioni, posto di lavoro, ecc.)* absence; non-attendance; *(dal tribunale, ecc.)* nonappearance: *assenza dal lavoro,* absence from work — *un'assenza per malattia di cinque giorni,* a five-day absence due to illness — *assenza ingiustificata,* absence without leave — *registro delle assenze,* absentee register. **2** *(mancanza)* lack; want; absence: *per assenza di cure adeguate,* for lack of sufficient care — *per assenza di fondi,* for lack of funds — *assenza totale di peso,* weightlessness — *Sento molto la tua assenza,* I miss you very much. **3** *(dir.)* prolonged absence: *dichiarazione di assenza,* presumption of death. **4** *(med.) assenza epilettica,* petit mal *(fr.).*

assenziente *agg* assenting; consenting.

assenzio *sm* **1** *(bot.)* wormwood. **2** *(il liquore)* absinthe *(fr.)*

asserire *vt* to assert; to affirm.

asserragliamento *sm* barricade.

assertivo *agg* assertive.

assertore *sm* assertor.

asservimento *sm* enslaving; enslavement.

asservire *vt* to reduce sb to slavery; to enslave *(anche fig.).*

□ **asservirsi** *v. rifl* to submit; to become* a slave.

asserzione *sf* assertion.

assessorato *sm* councillorship.

assessore *sm* councillor.

assestamento *sm* **1** arrangement; settlement. **2** *(mecc.)* bedding; *(mediante un colpo)* striking. **3** *(del terreno)* settling: *piano di assestamento, (geologia)* bed plane.

assestare *vt* **1** *(mettere in ordine)* to arrange; to put* (sth) in order. **2** *(mecc.)* to bed; to set*; *(mediante un colpo)* to strike*. **3** *(naut.)* to trim. **4** *(fig.) assestare un pugno, un ceffone, ecc. a qcno,* to strike home; to land (to deal) sb a blow. **5** *(un bilancio, ecc.)* to balance.

□ **assestarsi** *v. rifl* **1** to settle oneself; *(sistemarsi)* to settle in (*o* down). **2** *(mecc.)* to set*; *(rodarsi)* to run* in. **3** *(del terreno)* to settle.

assestato *agg* **1** settled; ordered. **2** *(fig.: di persona)* well set-up.

assesto *sm* order; arrangement.

assetare *vt* **1** to make* thirsty; *(privare di acqua)* to deprive of water: *assetare una città, (mil.)* to reduce a city by thirst. **2** *(rendere bramoso)* to arouse a thirst (in sb for sth); to fill sb with longing (for sth).

assetato *agg* **1** thirsty; parched *(fam.)*; *(riarso)* dry; parched; thirsty. **2** *(fig.: bramoso)* thirsting; eager; longing (for sth): *essere assetato di potere,* to thirst for (*o* after) power.

□ *sm e f.* thirsty person.

assettare *vt* **1** to put* in order; to tidy. **2** *(naut.)* to trim.

□ **assettarsi** *v. rifl* to tidy oneself.

assetto *sm* **1** *(sistemazione, ordine)* arrangement; order: *mettere in assetto,* to arrange; to put into shape. **2** *(equipaggiamento)* order; *(in alcune espressioni)* trim: *assetto di guerra,* battle order *(o lett.)* array — *essere in assetto di guerra,* to be in fighting trim — *essere bene in assetto,* to be in good trim; to be in readiness — *essere male in assetto,* to be out of trim; to be unready. **3** *(posizione di equilibrio: naut.)* trim; *(aeronautica)* attitude; trim: *assetto di guida, (automobile)* driving position.

asseverare *vt* **1** to assert; to affirm. **2** *(dir.)* to swear*; to aver.

asseverativo *agg* affirmative; assertive.

asseverazione *sf* declaration; assertion.

assiale *agg* axial.

assicella *sf* **1** batten; lath; *(del tetto)* shingle. **2** *(rivestimento)* clapboard; weatherboard.

assicurabile *agg* insurable; which can be insured.

assicurare *vt* **1** *(rendere certo, procurare)* to assure; to ensure; to secure; to get*; *(garantire)* to guarantee; *(rassicurare)* to assure: *assicurare l'avvenire ai figli,* to assure (to ensure, to guarantee) the future of one's children — *assicurare la riuscita di un'impresa,* to ensure the success of an enterprise — *Potete assicurarmi due buoni posti?,* Can you secure (Can you get) me two good seats? — *Mi assicurarono che non c'era alcun rischio,* They assured me there was no risk — *assicurarsi qcsa,* to secure sth for oneself — *Si assicurò un ottimo impiego,* He secured a very good position.

2 *(affermare)* to affirm; to declare; *(promettere)* to promise; to assure: *Assicurò che sarebbe partito immediatamente,* He affirmed (He declared) he would leave immediately — *Assicurò una risposta immediata,* He promised an immediate reply — *Ti assicuro che non ho mai detto questo,* I assure you I never said this.

3 *(contrarre assicurazione)* to insure; to assure: *La merce deve essere assicurata dal compratore,* The goods are to be insured by the buyer — *Assicurò la moglie contro il rischio di morte,* He took out a life insurance policy on his wife.

4 *(fissare, rendere fermo, legare)* to secure; to fasten; to tie up; *(naut. e alpinismo)* to belay: *assicurare tutte le porte e le finestre prima di lasciare la casa,* to secure all the doors and the windows before leaving the house — *Assicurò il remo con una fune,* He fastened (He tied up) the oar with a rope.

5 *assicurare qcno alla giustizia,* to arrest sb; to deliver (to bring) sb to justice.

□ **assicurarsi** *v. rifl* **1** *(accertarsi)* to make* sure: *assicurarsi che nessuno stia ascoltando,* to make sure nobody is listening.

2 *(contrarre assicurazione)* to insure oneself (against sth); *(sulla vita)* to take* out a life insurance policy.

3 *(legarsi)* to fasten oneself: *Si assicurò bene alla corda prima di iniziare la scalata,* He fastened himself tightly (*o* securely) to the rope before beginning the climb.

assicurato *agg e sm* insured; *(sulla vita)* assured *(GB).*

assicuratore *sm* insurer; *(vita)* assurer *(GB).*

assicurazione *sf* **1** assurance; guarantee; pledge: *dare (fare) assicurazione a qcno,* to assure, to guarantee, to warrant sb. **2** *(comm.)* insurance: *assicurazione contro il fuoco (la grandine, malattie),* fire (hail, health) insurance — *assicurazione contro gli infortuni sul lavoro,* employer's liability (*o* industrial accident) insurance — *assicurazione delle merci,* insurance on goods — *assicurazione del vettore,* motor cargo liability insurance; *(aereo)* aircraft cargo (*o* aircraft passenger) insurance; *(marittimo)* ocean cargo insurance — *assicurazione (R.C.) contro terzi,* third-party insurance — *assicurazione sulla vita,* life insurance; life assurance *(GB)* — *assicurazione mista, in caso di vita,* endowment insurance — *assicurazione di rendita vitalizia,* annuity insurance — *agente (compagnia, polizza) di assicurazione,* insurance broker (company, policy) — *premio di assicurazione,* premium — *fare, stipulare un'assicurazione,* to effect an insurance — *pagare (rinnovare, disdire) l'assicurazione,* to pay (to renew, to terminate) one's insurance. **3** *(alpinismo)* belaying — *fare assicurazione,* to belay.

assideramento *sm* frostbite: *morire per assideramento,* to freeze (to be frozen) to death.

assiderare *vt* to numb; to freeze; to nip *(spec. le piante)*; *(raro)* to frostbite.

□ **assiderarsi** *v. rifl* to freeze; to get* frostbitten.

assiderato *agg* frozen; frostbitten.
assidersi *v. rifl (lett.)* to seat oneself; to take* one's seat.
assiduamente *avv* constantly; assiduously; *(diligentemente)* diligently.
assiduità *sf* assiduousness; *(frequenza costante)* regular attendance; *(costanza)* steadiness; *(diligenza)* diligence; conscientiousness; *(dedizione)* application; dedication; *(visite continue)* regular visits: *lavorare con assiduità,* to work diligently; *(senza interruzioni)* to work without stopping.
assiduo *agg* assiduous; constant; untiring; *(regolare)* regular; steady; *(diligente)* diligent; conscientious; devoted (to sth): *con cura assidua,* with constant care — *con sforzi assidui,* with untiring efforts — *essere assiduo a scuola,* to attend school regularly — *È un assiduo cliente,* He is a regular customer.
assiepamento *sm* crowding (*o* hedging) in.
assiepare *vt (circondare con siepe)* to fence (to hedge) in *(anche fig.)*.
□ **assieparsi** *v. rifl (fig.)* to crowd (round); to throng; to mass: *La gente si assiepò lungo le strade,* The crowds lined the streets.
assillare *vt* **1** to pester; to assail: *assillare qcno di domande,* to keep pestering sb with questions. **2** *(incitare)* to goad.
assillo *sm* **1** *(zool.)* gadfly. **2** *(preoccupazione)* nagging (*o* worrying) thought: *avere l'assillo del denaro,* to be continually bothered by money worries; to be constantly worrying about money.
assimilabile *agg* assimilable.
assimilabilità *sf* assimilability.
assimilare *vt* **1** *(biologia, fonetica e fig.)* to assimilate; *(med.)* to absorb. **2** *(far proprio)* to adopt; to assimilate; to make* one's own. **3** *(lett.: rendere simile)* to assimilate.
assimilativo *agg* assimilative.
assimilazione *sf* assimilation.
assioma *sm (filosofia e fig.)* axiom.
assiomaticamente *avv* axiomatically; indisputably.
assiomatico *agg* axiomatic; indisputable.
assiro *agg e sm* Assyrian.
assise *sf pl* **1** *(stor. e dir.)* assizes: *Corte d'Assise,* Assize Court; Court of Assize. **2** *(generalm.)* sessions; meetings.
assistentato *sm* assistantship.
assistente *sm* **1** *(generico)* helper. **2** *(aiutante)* assistant; *(sorvegliante)* superintendent; *(agli esami)* invigilator: *assistente di bordo (di volo),* steward; *(donna)* hostess. **3** *(chi esplica opera di assistenza)* (social) worker; visitor.
assistenza *sf* **1** *(presenza)* presence; attendance. **2** *(aiuto)* assistance; help; aid; *(cura assidua)* attention: *prestare assistenza,* to assist; to help. **3** *(comm., ecc.)* service: *assistenza legale,* legal aid — *assistenza sanitaria,* medical care — *assistenza sociale,* social services *(pl.)*; national assistance — *assistenza alla navigazione,* navigational aids — *assistenza post-vendita, di garanzia,* after-sales service.
assistenziale *agg* relief; welfare *(attrib.)*: *un ente assistenziale,* a welfare organization.
assistere *vi (essere presente)* to be* present (at sth); *(partecipare, intervenire)* to attend; to witness; to be* a witness (to sth); *(a spettacoli)* to watch; to go* to; *(agli esami scritti)* to invigilate: *assistere a una cerimonia,* to be present at a ceremony — *assistere a un incidente,* to witness an accident — *assistere a una parata militare,* to watch a parade — *assistere ad un concerto sinfonico,* to go to a symphony concert — *assistere a una conferenza,* to attend a lecture — *assistere alla Messa,* to hear Mass.
□ *vt (aiutare, soccorrere)* to assist; to give* assistance to; to help; to aid; to stand* by; to support; *(seguire, curare)* to take* care of; to watch over; to look after; to attend to; *(assistere un paziente)* to nurse; to tend: *Il tecnico era assistito da due operai,* The technician was assisted (was helped) by two workmen — *Fu assistito da un bravo avvocato,* He was assisted by a clever lawyer — *Ti assisterò qualunque cosa accada,* I'll stand by you whatever happens — *Dio t'assista!,* (May) God help you! — *assistere un ferito,* to assist (to give assistance to, to help) an injured man — *assistere un ammalato,* to nurse (to look after; to take care of) a sick man.
assito *sm* **1** *(tramezzo)* partition; dividing screen. **2** *(pavimento)* (temporary) plank floor.
asso *sm* **1** *(di dado, carta, ecc.)* ace: *avere l'asso nella manica,* to have an ace up one's sleeve. **2** *(fig.: pilota)* ace; *(atleta)* star; *(studioso)* wizard. □ *piantare in asso,* to leave in the lurch — *restare in asso,* to be left in the lurch; to be (left) out on a limb.
associabile *agg* capable of being joined (*o* associated); associable.
associare *vt* **1** *(unire)* to get* (to put*) together; to join; to combine: *associare l'utile al dilettevole,* to combine business with pleasure. **2** *(far partecipare, accogliere)* to receive; *(eleggere membro)* to make* (to elect) sb a member of sth; *(comm.)* to take* (sb) into partnership. □ *associare qcno alle carceri,* to escort sb to prison.
□ **associarsi** *v. rifl* **1** *(unirsi)* to join sb (*o* with sb); to join forces (with sb) *(anche fig.)*. **2** *(divenir membro)* to become* a member; to join; *(comm.)* to go* into partnership (with sb): *associarsi ad un giornale,* to subscribe (to take out a subscription) to a newspaper.
associativo *agg* associative.
associato *agg* associated; combined; *(comm.)* partner; in partnership.
□ *sm (socio)* member; associate; *(comm.)* partner; *(abbonato)* subscriber.
associazione *sf* **1** association. **2** *(comm.)* society; company; association.
assodamento *sm* **1** hardening; consolidation; strengthening. **2** ascertainment.
assodare *vt* **1** *(consolidare, anche fig.)* to consolidate; to strengthen; to make* sth firm; *(indurire)* to harden. **2** *(accertare)* to ascertain; to make* sure (of sth); to establish.
□ **assodarsi** *v. rifl* **1** *(indurirsi)* to harden; to set*; to solidify. **2** *(fig.: consolidarsi, rafforzarsi)* to grow* strong (*o* firm).
assoggettabile *agg* able to be subdued.
assoggettamento *sm* **1** *(il rendere soggetto)* subdual. **2** *(fig.: il sottoporre)* subjection. **3** *(l'assoggettarsi)* submission.
assoggettare *vt (anche fig.)* to subject; to subjugate; to subdue.
□ **assoggettarsi** *v. rifl* to subject oneself; to submit (oneself): *assoggettarsi a qcsa,* to subject oneself to sth; to submit to sth.
assolato *agg* exposed to (the) sunlight; sunny.
assoldamento *sm* recruiting; enlistment; hiring.
assoldare *vt (mil.)* to recruit; to enlist; *(mercenari, sicari, spie)* to hire; to employ.
assolo *sm (mus. e fig.)* solo.
assolto *agg* **1** *(dir.)* acquitted. **2** *(da un obbligo, im-*

pegno) released: *essere assolto da qcsa,* to be released from sth. **3** *(religione)* absolved.

assolutamente *avv* absolutely.

assolutezza *sf* absoluteness.

assolutismo *sm* absolutism.

assoluto *agg* **1** absolute: *maggioranza assoluta,* absolute majority — *primo assoluto, (sport)* outright winner — *soprano assoluto, (mus.)* leading soprano — *zero assoluto,* absolute zero — *Hai torto assoluto,* You are absolutely wrong — *in assoluto,* absolutely — *in modo assoluto,* absolutely. **2** *(di bisogno, ecc.: urgente)* urgent; desperate *(fam.)*.

☐ *sm* absolute.

assolutoria *sf (dir.)* acquittal.

assolutorio *agg* absolving; *(dir.)* acquitting: *verdetto assolutorio,* verdict of not guilty; acquittal.

assoluzione *sf* **1** *(dir.)* acquittal; discharge. **2** *(religione)* absolution.

assolvere *vt* **1** *(compiere)* to perform; to accomplish: *assolvere bene la propria parte,* to acquit oneself well. **2** *(liberare)* to relieve; to release; *(dir.)* to acquit; to discharge; *(religione)* to absolve: *assolvere qcno da un debito,* to waive sb's debt.

assomigliante *agg* resembling.

assomigliare *vt* **1** *(paragonare)* to liken (sb to sth); to compare (sb with sth). **2** *(rendere simile)* to make* sb like sth.

☐ *vi (essere simile)* to be* like; to look like; to be* similar; to resemble: *Assomiglia a suo zio,* He is like (He takes after) his uncle.

☐ **assomigliarsi** *v. reciproco* to be* alike; to resemble each other *(tra due);* to resemble one another *(tra più di due): assomigliarsi come due gocce d'acqua,* to be as alike as two peas in a pod.

assommare *vt (fig.: riunire)* to combine; to unite: *Assommava in sé tutti i difetti e tutti i pregi della madre,* She was the sum of all her mother's good and bad points.

☐ *vi* to amount: *I danni assommavano a vari milioni,* The damage amounted to several millions.

assonante *agg* assonant.

assonanza *sf* assonance.

assonnare *vt (lett.)* to send* (to lull) to sleep.

☐ **assonnarsi** *v. rifl (lett.)* to fall* asleep.

assonnato *agg* **1** *(lett.)* drowsy; sleepy. **2** *(fig.)* lazy; sluggish.

assopimento *sm* drowsiness.

assopire *vt* **1** to make* drowsy. **2** *(fig.)* to soothe.

☐ **assopirsi** *v. rifl* **1** to become* drowsy; to doze (to drop) off. **2** *(fig.)* to be* appeased; to calm down.

assopito *agg* drowsy.

assorbente *agg* absorbent; absorbing: *carta assorbente,* blotting-paper.

☐ *sm* absorbent: *assorbente acustico,* soundproofing — *assorbente igienico,* sanitary towel (*o* napkin).

assorbimento *sm* absorption; assimilation.

assorbire *vt* **1** to absorb; to soak (up): *assorbire acqua,* to absorb water. **2** *(fig.: assimilare)* to assimilate; *(esaurire)* to exhaust; to consume; to use up. **3** *(richiedere)* to demand; to absorb; to take* up; *(occupare, impegnare)* to engross: *assorbire gli attacchi avversari, (sport, ecc.)* to neutralize one's opponent's (opponents') attacks — *assorbire un colpo, (pugilato)* to take a punch.

assordamento *sm* **1** deafening. **2** *(acustica)* damping.

assordante *agg* deafening.

assordare *vt* **1** to deafen; *(stordire)* to stun. **2** *(infastidire)* to pester; to drive* (sb) mad. **3** *(attutire)* to damp.

assortimento *sm* assortment; selection; *(insieme)* set.

assortire *vt* **1** to arrange; to sort (out). **2** *(accordare)* to match. **3** *(rifornire)* to stock.

assortito *agg* **1** assorted; mixed; *(di colori, persone)* matched; assorted. **2** *(rifornito)* stocked: *un negozio assortito di ogni ben di Dio,* a shop stocked with everything under the sun.

assorto *agg* engrossed; absorbed; *(meno comune)* rapt: *essere assorto nei propri pensieri,* to be rapt in thought.

assottigliamento *sm* thinning; whittling down *(anche fig.)*.

assottigliare *vt* **1** to thin; to make* thin; *(aguzzare, affilare, anche fig.)* to sharpen: *assottigliare il cervello,* to sharpen one's brain (one's wits). **2** *(fig.: ridurre)* to reduce; to diminish; *(alleggerire)* to lighten: *assottigliare la borsa di qcno,* to lighten (to empty) sb's purse.

☐ **assottigliarsi** *v. rifl* **1** to grow* thin; to grow* thinner; to become* slender; *(appuntirsi)* to become* sharp. **2** *(fig.: diminuire)* to be* reduced; to diminish; *(fig.: alleggerirsi)* to grow* lighter; *(diradarsi)* to thin away; to clear away; *(ridursi)* to grow* smaller *(o* fewer, *se riferito ad un pl.); (ridursi di frequenza)* to become* less frequent.

assuefare *vt* to accustom; *(animali, piante, ecc.)* to train.

☐ **assuefarsi** *v. rifl* to get* used; to get* accustomed; to become* inured; to accustom oneself; *(di animali, ecc.)* to learn: *Mi è impossibile assuefarmi,* I can't really get used to it — *assuefarsi a fare qcsa,* to get used to doing sth.

assuefazione *sf* **1** adaptation; habit. **2** *(med.)* tolerance; assuetude: *una droga che dà assuefazione,* a habit-forming drug — *Non dà assuefazione,* It's not habit-forming.

assumere *vt* **1** *(prendere su di sé)* to assume; to take* (on); to take* upon oneself; to undertake*: *assumersi una responsabilità,* to assume (to take upon oneself) a responsibility — *assumere una carica,* to take office — *assumere la direzione di un'azienda,* to take on the management of a business. **2** *(prendere un atteggiamento)* to assume; to put* on (sth): *assumere un'espressione di candore,* to assume a look of innocence — *assumere un contegno distaccato,* to assume (to put on) an air of detachment. **3** *(prendere alle dipendenze)* to engage; to take* on; to employ; to hire; to appoint: *assumere due dattilografe,* to take on (to engage) two typists. **4** *(raccogliere)* to collect; to gather: *assumere informazioni su qcno,* to gather information about sb (to make enquiries about sb). **5** *(innalzare a una carica)* to raise; to elevate: *assumere al trono,* to raise to the throne — *assumere alla porpora (cardinalizia),* to raise to the purple — *essere assunto in Cielo,* to be taken up into Heaven. **6** *(supporre)* to assume; to suppose: *Assumiamo che...,* Let's assume that... — *Si assume che...,* It is assumed that...

☐ **assumersi** *v. rifl* to take* on; to take* upon oneself; to assume; to undertake*: *assumersi tutte le spese,* to take all expenses upon oneself — *assumersi un impegno,* to take on (to undertake) a commitment.

Assunta *sf* **1** Our Lady of the Assumption. **2** *(festa)* Assumption.

assunto *sm* **1** *(impegno, incarico)* engagement; task: *liberarsi di un gravoso assunto,* to get out of a difficult task. **2** *(tesi, argomento)* assumption; argument. **3** *(persona assunta)* employee.

assunzione *sf* **1** *(di un obbligo)* undertaking. **2** *(di un impiegato)* engagement; taking on; hiring: *assunzione in prova,* engagement on trial (for a trial period). **3** *(di comando)* taking over. **4** *(elevazione)* elevation; *(della Vergine)* Assumption. **5** *(filosofia)* assumption.

assurdamente *avv* absurdly.

assurdità *sf* absurdity.

assurdo *agg* absurd; ridiculous: *L'assurdo è che...,* The absurd thing is that...

□ *sm* absurdity; contradiction; non sequitur *(lat.)*: *dimostrazione per assurdo,* reductio ad absurdum *(lat.)*.

assurgere *vi (fig.)* to rise*.

asta *sf* **1** *(stor., mil.)* lance; spear. **2** *(bastone sottile)* pole; staff; *(di compasso)* leg; *(della bilancia)* arm; *(naut.)* boom; jib: *asta della bandiera,* flagpole; flagstaff — *a mezz'asta,* at half mast — *salto con l'asta, (sport)* pole-vaulting. **3** *(segno tipografico, ecc.)* stroke; *(scrittura infantile)* pot-hook: *asta ascendente (discendente),* up (down) stroke. **4** *(mecc.)* rod; bar: *asta del cambio,* gear selector rod — *asta di comando,* push rod — *asta di presa, (di tram, ecc.)* trolley pole. **5** *(comm.)* auction: *asta a sistema olandese,* Dutch auction — *asta fallimentare,* foreclosure sale — *banditore d'asta,* auctioneer — *vendita all'asta,* auction sale — *mettere o vendere all'asta,* to sell by auction; to call for tenders.

astante *agg* present.

□ *sm* person present; bystander.

astanteria *sf* (hospital) reception section.

astemio *agg* teetotal: *essere astemio,* to be a teetotaller.

□ *sm* teetotaller; non-drinker; (total) abstainer.

astenersi *v. rifl* to abstain (from sth); to keep* off; *(trattenersi)* to refrain (from sth): *astenersi da qcsa,* to abstain from sth — *astenersi dal fare qcsa,* to refrain from doing sth.

astenia *sf* **1** feebleness; weakness. **2** *(med.)* asthenia.

astensione *sf* abstention.

astensionismo *sm* (persistent) abstention.

asterisco *sm* **1** asterisk; star. **2** *(giornalismo)* starred item.

asteroide *sm* asteroid.

astigmatico *agg* astigmatic.

astigmatismo *sm* astigmatism.

astinente *agg* abstinent; abstemious; frugal.

astinenza *sf* **1** *(spec. religione e med.)* abstinence; abstinency; going without *(fam.)*. **2** *(continenza)* continence; *(castità)* chastity; *(austerità di vita)* frugality: *far vita d'astinenza,* to lead an austere life.

astio *sm* bitter hatred; *(rancore)* rancour; resentment; *(fam.)* grudge: *portare astio a qcno,* to hate sb bitterly (*o* very much); to bear sb a grudge — *nutrire (provare) dell'astio contro qcno,* to bear sb a grudge; to nurse a grudge against sb — *con astio,* with rancour; resentfully.

astiosamente *avv* spitefully.

astiosità *sf* spitefulness; resentfulness.

astioso *agg* spiteful; resentful.

astracan *sm* astrakhan.

astrale *agg* astral.

astrarre *vt* to abstract; to separate; *(lett.: distogliere)* to divert; to turn aside: *astrarre la mente dalle preoccupazioni quotidiane,* to turn one's mind aside from everyday worries.

□ *vi (prescindere da, non tener conto di)* to disregard; to leave* (sth) out of consideration.

□ **astrarsi** *v. rifl* to become* absorbed; to lose* oneself; *(lasciarsi andare a divagazioni)* to let* one's mind wander.

astrattamente *avv* abstractly; in the abstract.

astrattezza *sf* **1** abstractness. **2** *(indeterminatezza)* lack of foundation.

astrattismo *sm* abstract art.

astrattista *sm e f.* abstract artist.

astratto *agg* **1** abstract *(anche gramm.)*. **2** *(distratto)* abstracted; lost; far away; *(concentrato, assorto)* concentrated; absorbed.

□ *sm* abstract: *in astratto,* in the abstract; in abstract terms. □ *fare l'astratto, (fig.)* to pretend not to see.

astrazione *sf* **1** abstraction. **2** *(distrazione)* abstractedness; absence of mind.

astringente *agg e sm* astringent.

astro *sm* **1** celestial body; *(stella)* star; *(sole)* sun. **2** *(fig.)* star.

astrologare *vi* **1** to practise astrology; to cast* horoscopes. **2** *(fig.)* ⇨ **strologare.**

astrologia *sf* astrology.

astrologico *agg* astrological.

astrologo *sm* astrologer. □ *Crepi l'astrologo!,* Heaven forbid!

astronauta *sm e f.* astronaut; spaceman *(pl.* -men*)*.

astronautica *sf* astronautics.

astronave *sf* space-ship.

astronomia *sf* astronomy.

astronomicamente *avv* astronomically.

astronomico *agg* astronomical *(anche fig.)*.

astronomo *sm* astronomer.

astruseria, astrusità *sf* **1** *(qualità)* abstruseness. **2** *(idea, ecc.)* abstruse idea (notion, *ecc.*).

astruso *agg* abstruse.

astuccio *sm* case; holder: *un astuccio di pelle,* a leather case.

astutamente *avv* astutely; cunningly; shrewdly.

astuto *agg* astute; cunning; crafty; *(scaltro)* wily; shrewd; *(sottile)* subtle.

astuzia *sf* **1** *(qualità)* astuteness; *(spreg.)* craftiness; cunning: *giocare d'astuzia,* to play it clever. **2** *(azione, ecc.)* trick; stratagem; wile *(spesso al pl.)*.

atavismo *sm* atavism.

ateismo *sm* atheism.

ateistico *agg* atheistic; *(attrib.)* atheist.

ateneo *sm* **1** *(stor., o come nome di istituto, rivista)* Athenaeum. **2** *(lett.)* university. **3** *(accademia)* academy.

ateniese *agg e sm* Athenian.

□ *sf* Athenian woman *(pl.* women*)*.

ateo *agg e sm* atheist.

atipico *agg* atypical; *(bot., zool., ecc.)* aberrant.

atlante *sm (geografia, anat., ecc.)* atlas.

atlantico *agg* **1** Atlantic. **2** *(talvolta fig.: vasto)* gigantic; *(di formato)* atlas-size.

atleta *sm* **1** *(in genere)* player; athlete; sportsman *(pl.* -men*)*; *(chi pratica l'atletica leggera)* athlete: *avere un fisico da atleta,* to have an athletic physique. **2** *(persona di grande forza)* well-built person. **3** *(fig.: chi difende una causa nobile)* champion.

atletica *sf* athletics: *atletica leggera,* track and field events.

atletico *agg* athletic: *una federazione atletica,* an athletic union.

atmosfera *sf* atmosphere *(anche fig.)*.

atmosferico *agg* atmospheric: *la pressione atmo-*

sferica, the atmospheric pressure — *condizioni atmosferiche,* the state of the atmosphere.

atollo *sm* atoll.

atomico *agg* atomic; atom *(attrib.);* nuclear: *la guerra atomica,* nuclear warfare.

atomistica *sf* atomic theory.

atomo *sm* **1** *(fis., chim.)* atom. **2** *(fig.: minima parte)* grain; particle; atom: *un atomo di verità,* a grain of truth.

atono *agg (gramm.)* unaccented.

atrio *sm* **1** *(anat., stor.)* atrium *(pl.* atria *o* atriums*).* **2** *(di albergo, stazione)* entrance hall; lobby.

atroce *agg* **1** atrocious; horrifying; *(fam.: orribile)* dreadful; horrible; terrible. **2** *(feroce)* cruel.

atrocemente *avv* atrociously; terribly; horribly.

atrocità *sf* **1** *(qualità)* atrociousness; horror. **2** *(azione, ecc.)* atrocity.

atrofia *sf* atrophy.

atrofico *agg* atrophic.

atrofizzare *vt,* **atrofizzarsi** *v. rifl* to atrophy; *(fig.)* to wither; to dull.

attaccabile *agg* (*cfr.* **attaccare**) **1** able to be attached. **2** able to be attacked; assailable.

attaccabottoni *sm* persistent bore; person who buttonholes (who strikes up a conversation with) others.

attaccabrighe *sm* picker of quarrels; trouble-maker.

attaccamento *sm (affezione)* attachment: *avere un forte attaccamento per qcno,* to be very attached to sb.

attaccante *sm* **1** *(mil.)* attacker. **2** *(calcio)* forward.

attaccapanni *sm (a muro)* clothes-hook; *(gruccia)* coat-hanger; hanger; *(a palo)* hat-stand.

attaccare *vt e i.* **1** *(congiungere, fissare)* to attach; to fasten; *(legare)* to tie; *(talvolta, p.es. un cavallo)* to hitch (up); *(cucire)* to sew* on; *(incollare)* to stick*; to glue; to paste; *(applicare)* to affix; to apply; *(appendere)* to hang*; to hang* up: *attaccare un'etichetta a un baule,* to attach a label to a trunk — *attaccare due pezzi di corda,* to tie two pieces of string together — *attaccare un cavallo ad una staccionata,* to hitch (up) a horse to a fence — *attaccare la fodera ad un soprabito,* to sew the lining on an overcoat — *attaccare un manifesto a un muro,* to stick a poster on a wall — *attaccare un francobollo,* to stick on a stamp — *attaccare un cerotto,* to apply a plaster — *attaccare la giacca all'attaccapanni,* to hang one's jacket on the clothes-hanger — *attaccare un quadro alla parete,* to hang a picture on the wall — *È ancora attaccato alle gonnelle della madre,* He is still tied to his mother's apron-strings — *attaccare un bottone,* to sew on a button — *attaccare (un) bottone a qcno; attaccar briga* ⇨ **bottone 1, briga 2.**

2 *(contagiare)* to pass (sth on to sb); *(fig.)* to infect; *(talvolta)* to give*: *attaccare l'influenza a qcno,* to pass the 'flu on to sb — *Il suo entusiasmo attaccò tutti,* His enthusiasm infected everyone — *Mi hai attaccato il raffreddore!,* You've given me your cold!

3 *(assalire, muovere all'attacco)* to attack; to assail; to launch an attack: *attaccare il nemico,* to attack the enemy — *attaccare la politica del governo,* to attack the Government's policy — *La squadra ha attaccato per tutto il primo tempo,* The team kept attacking for the whole of the first half.

4 *(corrodere)* to attack; to corrode; to eat* (sth) away.

5 *(iniziare)* to begin*; to start; *(di musicisti)* to strike* up: *attaccare a lavorare,* to begin (to start) work; to begin (to start) working — *attaccare discorso con qcno,* to get into conversation with sb — *attaccare a mangiare,* to fall to — *attaccare lite,* to pick (to start) a quarrel.

6 *(attecchire)* to take* root; *(prendere piede, fig.)* to find* favour (*o* followers); to meet* with (sb's) approval; to meet* with success; to catch* on: *Le piantine hanno attaccato bene,* The seedlings have taken root well — *Questa moda non potrà attaccare,* This fashion won't find favour (won't catch on) — *Questo non attacca!,* This won't do!; Nothing doing here! — *Non attacca!,* Nothing doing!

□ **attaccarsi** *v. rifl e reciproco* **1** *(appigliarsi, aggrapparsi)* to cling*; *(di francobollo, etichetta adesiva)* to stick* (on); *(di cibo, alla pentola)* to stick*: *attaccarsi a una corda,* to cling to a rope — *Il bambino si attaccò alla gonna della madre,* The child clung to his mother's skirt — *attaccarsi come la colla,* to stick (to cling) like a limpet — *attaccarsi alla bottiglia,* to take to drink.

2 *(essere contagioso)* to be* contagious; to be* catching.

3 *(affezionarsi)* to become* fond (of sb); to become* attached (to sb); *(dedicarsi)* to devote oneself (to sth).

4 *(litigare)* to fight*; to quarrel; *(lottare)* to struggle: *Si attaccano per delle inezie,* They quarrel (They fight) over trifles.

attaccaticcio *agg* **1** sticky; tacky. **2** *(contagioso, anche fig.)* catching. **3** *(molesto)* clinging.

□ *sm* food that gets caught (gets stuck) on the bottom of the pan: *Questa frittata sa di attaccaticcio,* This omelette tastes a little burnt.

attaccato *agg* **1** attached; tied (*cfr.* **attaccare 1**). **2** *(fig.: legato, affezionato)* attached; devoted: *un uomo attaccato al denaro,* a stingy (a tight-fisted) man. **3** *(assalito)* attacked (*cfr.* **attaccare 3**).

attaccatura *sf* junction; join: *attaccatura della manica,* arm-hole.

attacchino *sm* billposter; billsticker.

attacco *sm* **1** attack; assault *(anche nell'alpinismo): sferrare un attacco di sorpresa,* to deliver (to launch) a surprise attack — *andare all'attacco,* to attack (to make an attack) — *respingere un attacco,* to repel an attack — *un violento attacco alla politica governativa,* a violent attack on Government policy — *l'attacco (gli attaccanti), (calcio, rugby)* the forward line (the forwards) — *centro-attacco,* centre-forward. **2** *(di malattia o malessere)* fit; attack; stroke: *un attacco di tosse,* a fit of coughing — *un attacco di isterismo,* an attack of hysteria — *un attacco apoplettico,* an apoplectic stroke. **3** *(inizio)* attack; beginning; start: *l'attacco di una romanza,* the attack (the beginning) of a romance. **4** *(punto di congiungimento, anche fig.)* juncture; connection; *(di carri ferroviari)* coupling; *(di sci)* binding. **5** *(appiglio, pretesto)* pretext; *(occasione)* occasion; chance; opportunity. **6** *(metallurgia)* etching.

attagliarsi *v. rifl* to fit; to suit; to be* suitable.

attanagliare *vt* **1** to pincer; to grip with pincers; *(con le mani)* to grip; to clutch. **2** *(fig.)* to torment; to torture.

attardarsi *v. rifl* to stay late; *(in ufficio)* to work late; to work back *(USA); (per strada)* to dawdle; to loiter.

attecchimento *sm* taking root *(anche fig.).*

attecchire *vi* **1** *(di pianta, tumore, ecc.)* to take*; to take* (to strike*) root. **2** *(di moda, parola, ecc.)* to catch* on; to catch* the public fancy.

atteggiamento *sm* attitude; *(fig.: della mente)* position; point of view; *(linea di condotta)* line.

atteggiare *vt* to assume; to put* on; to take* on; to affect; *(modellare)* to shape: *atteggiare le labbra al* *sorriso,* to put on a smile; to assume a smiling expression — *atteggiare le mani in preghiera,* to join one's hands in prayer.

□ **atteggiarsi** *v. rifl* to pose (as); to play the part of.

attempato *agg* elderly; somewhat old.

attendamento *sm* **1** *(l'attendarsi)* pitching tents; camping. **2** *(accampamento)* camp; encampment.

attendarsi *v. rifl* to pitch camp; to go* under canvas.

attendente *sm* batman *(pl.* -men*) (GB);* orderly

attendere *vt e i.* **1** *(aspettare)* to wait; to await: *attendere qcno,* to wait for sb — *attendere una risposta,* to wait for (to await) an answer — *attendere qcsa con ansia,* to wait anxiously for sth; to look forward to sth — *attendere che qcno arrivi,* to wait for sb to arrive — *Attenda!,* Wait a moment, please! **2** *(dedicarsi a, badare a)* to attend (to sth); to look (after sb); to take* care (of sb, of sth): *attendere ai propri affari,* to attend to one's affairs — *attendere ai fatti propri,* to mind one's own business — *attendere a un malato,* to look after a sick person.

□ **attendersi** *v. rifl* to expect: *attendersi una risposta favorevole,* to expect a favourable answer — *C'era da attendersi questo,* It was only to be expected.

attendibile *agg* reliable; worthy of consideration.

attendibilità *sf* reliability.

attendismo, attesismo *sm* policy of wait-and-see; sitting on the fence.

attenere *vi* to concern: *Le obiezioni non attenevano al problema,* The objections did not concern the question at issue — *Per quanto attiene al pagamento...,* As far as payment is concerned...; As regards payment...

□ **attenersi** *v. rifl (seguire)* to follow; to conform (to sth); to keep* (to sth); to stick* (to sth): *Attenersi strettamente alle istruzioni,* Follow the directions (*o* instructions) carefully — *attenersi alle prescrizioni del medico,* to follow (to keep to) the doctor's directions — *attenersi ad una dieta rigorosa,* to stick to a strict diet.

attentamente *avv* attentively; carefully.

attentare *vi (alla vita)* to make* an attempt (on sb's life); *(all'onore)* to attack; to assail.

□ **attentarsi** *v. rifl* to dare*: *Non ti attentare,* Don't you dare.

attentato *agg* bold; daring.

□ *sm* (criminal) attempt; assault.

attentatore *sm* person guilty of attempting a crime.

attento *agg* **1** alert; attentive: *Attento!,* Look out!; Take care!; Attention! — *Attento al gradino,* Mind the step — *Attenti al cane,* Beware of the dog. **2** *(sollecito)* diligent; *(accurato)* careful: *stare attento,* to pay attention; to be attentive; *(ascoltare con attenzione)* to listen carefully; *(badare, accudire)* to mind; to take care (of sb); to look (after sb); *(guardarsi da)* to beware (of sth).

□ *interiezione e sm Attenti!,* Attention! — *Attento a destra (sinistra)!,* Eyes right! (left!) — *mettersi sull'attenti,* to come to attention — *stare sull'attenti,* to stand at attention.

attenuante *agg* **1** *(dir.)* extenuating. **2** attenuating; deadening.

□ *sf (al pl.)* extenuating circumstances.

attenuare *vt* to attenuate; to weaken; to diminish; *(dir., ecc.)* to extenuate; to minimize; *(fig.: colori, suoni, ecc.)* to subdue; to tone down; to soften: *attenuare la pressione fiscale,* to diminish fiscal pressure — *attenuare la responsabilità di qcno,* to minimize sb's responsibility — *attenuare il colpo, (anche fig.)* to soften the blow — *attenuare la luce dei fari, (automobile)* to dip the lights.

□ **attenuarsi** *v. rifl* to diminish; to ease off; *(di colori, ecc.)* to tone down; *(di suono, ecc.)* to fade: *Il dolore si va attenuando,* The pain is passing (is wearing) off.

attenuazione *sf* **1** attenuation. **2** *(di suono)* damping; *(radio, ecc.)* attenuation; *(l'attenuarsi)* fading.

attenzione *sf* **1** attention; *(cura)* care: *attirare l'attenzione di qcno,* to attract sb's attention — *concentrare l'attenzione su qcsa,* to concentrate one's attention upon sth — *prestare attenzione a qcsa,* to pay attention to sth — *fare attenzione (a qcsa),* to be careful (about sth) — *fare qcsa con (molta) attenzione,* to do sth with (great) care. **2** *(generalm. al pl. nel senso di atto gentile, riguardoso)* attention(s); regard; kindness: *colmare qcno di attenzioni,* to overwhelm sb with attention (kindness) — *usare mille attenzioni a qcno,* to show every kindness to sb; to lavish attention on sb.

□ *interiezione (come ammonimento)* Look out!; *(nella segnaletica stradale)* Caution! *(talvolta)* Beware!; Mind...! — *Attenzione: autocarri pesanti!,* Caution: heavy lorries! — *Attenzione alle porte!,* Mind the doors!

atterraggio *sm* **1** *(aeronautica)* landing: *atterraggio di fortuna,* forced landing — *carrello d'atterraggio,* undercarriage. **2** *(nautica)* landmark.

atterramento *sm* **1** *(lotta)* throw; fall; *(pugilato)* knock down. **2** = **atterraggio. 3** *(demolizione)* demolition.

atterrare *vt* to knock down; to floor *(fam.); (demolire)* to demolish; to raze to the ground; to throw* down; *(abbattere)* to cut* down; to fell; *(fig.)* to prostrate; to humiliate; to destroy.

□ *vi (di aereo)* to land; *(con atterraggio corto)* to undershoot*; *(con atterraggio lungo)* to overshoot*; *(con urto)* to crash; *(con carrello rientrato)* to pancake; to make* a belly landing; *(di atleta)* to land.

atterrire *vt* to terrorize; to strike* with terror; to terrify.

□ **atterrirsi** *v. rifl* to be* terrified.

attesa *sf* wait; *(l'attendere)* waiting; *(aspettativa, speranza)* expectation; hope; *(sospensione)* suspense: *L'attesa non finiva mai,* I thought I'd have to wait for ever — *essere in attesa, (in generale)* to be waiting for sth; *(di donna incinta)* to be expecting; to be in the family way — *essere in attesa di qcsa,* to expect sth; to be expecting sth — *Mi lasciò in attesa per delle settimane,* He kept me in suspense for weeks — *con un'espressione di attesa,* expectantly — *deludere l'attesa di qcno,* to disappoint sb's expectation(s) — *essere in attesa,* to be waiting (for sb, sth); to await (sth) — *sala d'attesa,* waiting-room — *lista d'attesa,* waiting-list.

attesismo *sm* ⇨ **attendismo.**

atteso *agg* awaited; expected; *(desiderato)* longed for.

□ *atteso che...,* seeing that...; *(con valore avv.)* in consideration of...

attestabile *agg* certifiable; able to be affirmed.

[1]**attestare** *vt (affermare, assicurare)* to state; to affirm; to certify; *(testimoniare)* to testify; to bear* witness (to sth); *(garantire)* to vouch (for sth); *(giurare)* to swear* (to sth).

[2]**attestare** *vt (archit., mecc.)* to abut; to join; *(mil.)* to entrench; to draw* up.

□ **attestarsi** *v. rifl (schierarsi)* to draw* up; *(mil.: formare una testa di ponte)* to establish a bridge-head.

attestato *sm* certificate; declaration; *(per estensione: documento)* paper; document.

attestazione *sf* **1** affirmation; declaration. **2** *(di stima, ecc.)* declaration; demonstration.

atticciato *agg* thick-set; stocky.

attico *agg (stor., archit.)* Attic.
□ *sm* attic; penthouse *(USA)*.

attiguo *agg* adjacent; next (to); adjoining.

attillare *vt* to make* (a garment) close-fitting; to tailor (a garment) to fit closely.
□ **attillarsi** *v. rifl* to dress oneself up.

attillato *agg* **1** *(vestito, ecc.)* close- (*o* tight-) fitting; tight. **2** *(elegante)* elegant; well-dressed.

attimo *sm* moment; second *(fam.)*: *Un attimo prego!*, Just a moment, please! — *in un attimo,* in a second; in a flash.

attinente *agg* pertaining to; relating to; connected with.

attinenza *sf* relation; affinity: *Questo ha poca attinenza con l'argomento,* This bears little relation to (*o* has no bearing on) the subject.

attingere *vt* **1** *(acqua, ecc.)* to draw* (off). **2** *(ricavare)* to derive; *(procurarsi)* to get*; to obtain; *(trarre)* to draw* (on sth): *attingere informazioni,* to get (to obtain) information.

attirare *vt* **1** to attract; to draw*: *La calamita attira il ferro,* A magnet attracts iron — *attirare l'attenzione di qcno,* to attract (to draw) sb's attention — *Non mi attira,* It doesn't attract me (*o* appeal to me) — *attirare il nemico in un'imboscata,* to draw the enemy into an ambush — *Gli incidenti stradali attirano sempre la folla,* Street accidents always draw crowds. **2 attirarsi** - **a)** *(il favore, la stima, ecc.)* to win*; to attract: *attirarsi la stima di tutti,* to win everybody's esteem (*o* respect) - **b)** *(il biasimo, la maledizione, ecc.)* to draw* upon oneself; to bring* upon oneself; *(incorrere in qcsa)* to incur sth.

attitudinale *agg* aptitude *(attrib.)*: *esame attitudinale,* aptitude test.

attitudine *sf* **1** *(disposizione naturale)* gift; bent; *(psicologia, ecc.)* aptitude; *(dir.)* capacity: *avere attitudine per qcsa,* to have an aptitude (a bent) for sth — *avere molte attitudini,* to be very gifted. **2** *(atteggiamento)* attitude.

attivamente *avv* actively.

attivare *vt* to activate; to bring* into action (into operation).

attivismo *sm* activism.

attivista *sm e f.* activist.

attività *sf* **1** activity; *(fig.)* animation; liveliness; *(operosità, industriosità)* industry: *dedicarsi ad una determinata attività,* to devote oneself to a specific activity. **2** *(comm., generalm. al pl.)* assets: *attività e passività,* assets and liabilities — *attività invisibili,* intangible assets.
□ *attività primaria (agricoltura),* farming; primary production — *attività secondaria (industria),* industry; manufacturing — *attività terziaria (scambi e servizi civili),* services — *di grande attività,* busy; active — *in attività,* working; fully working — *essere in attività, (di ufficiale dell'esercito, ecc.)* to be on active service; *(di vulcano)* to be active — *La fabbrica è attualmente in piena attività,* The factory is working full out at present.

[1]**attivo** *agg* **1** active; industrious; energetic: *un ingegno attivo,* an active brain — *una vita attiva,* an active (an industrious) life — *un lavoratore attivo,* an active worker — *un vulcano attivo,* an active volcano — *prendere parte attiva ad un'impresa,* to take an active part in an enterprise — *un intervento attivo,* an energetic action — *in servizio attivo, (mil.)* on active service. **2** *(gramm.)* active: *la forma attiva,* the active voice — *un verbo attivo,* an active verb. **3** *(comm.)* productive; sound; profitable; active; *(esigibile)* receivable: *bilancio, saldo attivo,* credit balance — *L'azienda è attiva,* The business is sound (is making a profit) — *cambiali attive,* receivable bills — *conti attivi,* accounts receivable; receivables — *interessi attivi, (da incassare)* interest receivable; *(incassati)* received interest — *partite attive,* assets.

[2]**attivo** *sm* **1** *(comm., econ.: partite attive)* assets *(pl.)*: *attivo e passivo,* assets and liabilities — *attivo mobiliare (immobiliare),* personal (real) assets — *attivo immobilizzato,* fixed assets — *prospetto dell'attivo e del passivo,* statement of assets and liabilities — *all'attivo,* on the credit side — *avere qcsa al proprio attivo, (anche fig.)* to have sth to one's credit. **2** *(gramm.)* active voice.

attizzamento *sm* stirring up *(anche fig.)*; *(con attizzatoio)* poking; *(fig.)* inciting.

attizzare *vt* **1** *(il fuoco)* to stir up; *(con attizzatoio)* to poke. **2** *(fig.)* to stir up; to enflame; to incite.

attizzatoio *sm* poker.

attizzatore *sm* **1** *(arnese)* poker. **2** *(fig.: persona)* instigator.

[1]**atto** *agg (capace)* able; capable; *(adatto)* fit; suitable; *(appropriato)* proper: *atto al servizio militare,* fit for military service — *nave atta alla navigazione,* seaworthy ship.

[2]**atto** *sm* **1** act; action; deed; *(impresa)* exploit: *un atto crudele (lecito, di coraggio),* a cruel (lawful, courageous) act — *atto illecito,* wrong; tort *(dir.)* — *rendere conto dei propri atti,* to answer for one's actions — *gli Atti degli Apostoli,* the Acts of the Apostles — *Atto di Fede (Speranza, Carità),* Act of Faith (Hope, Charity) — *Il ladro fu sorpreso nell'atto di irrompere nella casa,* The thief was caught in the act of breaking into the house — *tradurre in atto qcsa,* to carry out sth; to put sth into action — *mettere in atto qcsa,* to put sth into effect — *essere in atto,* to be under way; to be in operation.
2 *(atteggiamento)* attitude; *(gesto)* gesture: *in atto di preghiera,* in an attitude of prayer — *un atto di rifiuto,* a gesture of refusal.
3 *(comm., dir.: documento)* document; deed; certificate; *(contratto)* contract; *(al pl.: atti di una società)* proceedings; *(talvolta)* transactions: *atto di nascita (di morte, di matrimonio),* birth (death, marriage) certificate — *atto di vendita,* bill of sale — *atto di compravendita,* contract of purchase — *atto apocrifo,* forged deed — *atto autentico,* original deed — *atto notarile,* deed executed before a notary — *atto giuridico,* legal transaction — *atti contrattuali,* deeds; agreements — *atto di citazione,* summons — *falso in atto pubblico,* forgery of an official document — *registrare un atto,* to record a deed — *annullare un atto,* to cancel a deed — *notificare un atto a qcno,* to serve a document on sb — *redigere un atto,* to draw up a deed — *atto di accusa,* indictment — *atto legale,* legal proceeding; legal action — *atti di una conferenza,* conference proceedings — *gli atti del Parlamento,* the official record of parliamentary proceedings; Hansard *(GB)* — *fare gli atti a qcno,* to take (to start) legal proceedings against sb — *mettere qcsa agli atti (a verbale),* to enter sth in the minutes — *atti esecutivi,* execution — *gli atti d'una associa-*

zione, the transactions of an association — *atto costitutivo di una società,* memorandum of association.
4 *(parte di una commedia)* act: *Amleto, Atto 1º, Scena 2ª,* Hamlet, Act 1, Scene 2 — *una commedia in tre atti,* a play in three acts — *un atto unico,* a one-act play.
□ *all'atto pratico,* in actual fact; in practice — *dare atto di qcsa,* to acknowledge sth — *fare atto di fare qcsa,* to make as if to do sth — *Fece atto d'andarsene,* He made as if to go — *fare atto di presenza,* to put in an appearance — *prendere atto di qcsa,* to take note of sth — *in atto d'amicizia, (comm.)* as a sign (a mark) of friendship — *all'atto della consegna, (comm.)* on delivery — *all'atto del pagamento, (comm.)* on payment.

attonito *agg* astonished; dumbfounded.

attorcigliamento *sm* **1** *(atto)* winding; twisting. **2** *(effetto)* twist.

attorcigliare *vt* to wind*; to twist.
□ **attorcigliarsi** *v. rifl* to get* wound; to get* twisted; to get* tangled: *attorcigliarsi intorno a qcsa,* to wind *(di serpente* to coil*)* oneself around sth.

attore *sm* **1** actor; *(fig.: protagonista)* protagonist; leading character: *il primo attore,* the leading actor — *attore promiscuo,* character actor — *attor giovane,* juvenile lead. **2** *(dir.)* plaintiff; petitioner.

attorniare *vt* to surround; to encircle; *(accerchiare)* to surround; to besiege.
□ **attorniarsi** *v. rifl* to surround oneself (with people, *ecc.*).

attorno I *avv* around; about; round: *Presto gli si radunò attorno una folla di persone,* A crowd soon gathered round him — *Molti bambini correvano attorno,* Lots of children were running about — *tutt'attorno,* all (a)round — *qui attorno,* hereabouts — *andare attorno,* to go around. □ *darsi d'attorno,* to do one's best; to do all one can; to do one's utmost — *guardarsi d'attorno,* to look about oneself; to look around — *levarsi d'attorno,* to get out of the way — *levarsi qcno d'attorno,* to get rid of sb — *L'ho sempre attorno,* I can't get rid of him.
II attorno a *prep* round; around; about: *I giocatori si radunarono attorno all'allenatore,* The players gathered round their trainer — *Correvano attorno al tavolo,* They were running round the table — *girare attorno ad un problema,* to beat about the bush — *stare attorno a qcsa,* to pay close attention to sth — *stare attorno a qcno,* to stick to sb's side; to hang (to hover) round sb; *(spreg., fam.)* to get in sb's hair.

attraccaggio *sm* docking; berthing.

attraccare *vt e i. (ad altra nave)* to go* alongside; *(alla banchina)* to dock; to berth.

attracco *sm* **1** *(ad altra nave)* going alongside; *(alla banchina)* docking; berthing. **2** *(luogo)* quay.

attraente *agg (che attira)* attracting; inviting; *(piacevole)* attractive; pleasant; *(simpatico)* engaging; *(affascinante)* charming; *(allettante)* alluring; *(seducente)* seductive: *con un sorriso attraente,* with an engaging (a fetching) smile — *poco attraente,* unattractive; uninviting.

attrarre *vt* to attract; to draw* *(anche fig.)*: *lasciarsi attrarre da qcno (da qcsa),* to fall for sb (sth) — *Non mi attrae,* It doesn't attract me; I don't find it attractive.

attrattiva *sf* **1** *(facoltà)* attraction; power of attraction. **2** *(fascino)* fascination. **3** *(al pl.)* attractive features.

attraversamento *sm* crossing.

attraversare *vt* **1** *(obliquamente)* to cross; to go* across; *(di nave)* to cut* across; *(da parte a parte)* to go* through; to pass through: *attraversare camminando,* to walk across (*o* through) — *attraversare di corsa,* to run across (*o* through) — *attraversare a nuoto,* to swim across (*o* through) — *attraversare il passo o il cammino a qcno,* to cut across sb's path; *(fig.)* to get in sb's way. **2** *(fig.: vivere, affrontare)* to go* through; to be* going through; to undergo*: *Attraversa un periodo difficile,* He's going through a difficult time.

attraverso *prep* **1** *(obliquamente)* across; *(da parte a parte)* through; *(riferito al tempo)* over: *attraverso la brughiera,* across the moor — *attraverso i secoli,* over the centuries. **2** *(mediante)* by means of; through: *attraverso un mio amico,* through a friend of mine. **3** *(in seguito a)* after; as a result of.

attrazione *sf* attraction: *provare attrazione per qcno,* to feel an attraction for sb.

attrezzamento *sm* equipment; tools *(pl.)*.

attrezzare *vt* to equip; to fit out; to tool.
□ **attrezzarsi** *v. rifl* to equip oneself; to fit oneself out; to kit oneself out (*o* up).

attrezzatura *sf (in generale)* equipment; *(mecc.)* tooling; *(per supporto)* fixture.

attrezzista *sm e f.* **1** gymnast (who specialises in equipment work). **2** *(teatro)* property-man *(pl.* -men*)*. **3** *(operaio)* toolmaker.

attrezzo *sm* tool; implement; appliance; *(al pl.)* equipment; *(mecc.)* fixture; *(spec. naut.)* tackle: *gli attrezzi del mestiere,* the tools of one's trade — *la borsa degli attrezzi,* tool-bag; tool kit — *attrezzi da cucina,* kitchen utensils — *attrezzi di scena, (teatro)* stage-properties; props *(sl.)* — *carro attrezzi,* breakdown van; wrecker *(USA)*.

attribuibile *agg* assignable; attributable; which can be ascribed (*o* attributed) to.

attribuire *vt* to attribute; to ascribe; *(dare, assegnare)* to give*; to award; to assign; *(imputare)* to impute.
□ **attribuirsi** *v. rifl* to ascribe to oneself; to arrogate (to oneself); to claim.

attributivamente *avv* attributively.

attributivo *agg* attributive.

attributo *sm* attribute.

attribuzione *sf* **1** *(assegnazione)* awarding. **2** *(di un quadro)* attribution *(anche fig.)*. **3** *(al pl.: mansioni)* duty.

attrice *sf* **1** *(teatro)* actress. **2** *(dir.)* plaintiff *(anche come agg.)*: *la società attrice,* the plaintiff company.

attrito *sm* **1** friction; *(logorio)* attrition. **2** *(fig.: dissidio)* dissension; disagreement.

attuale *agg* **1** present; current; existing: *prezzi attuali,* current prices. **2** *(che rimane valido)* topical: *Le tragedie di Sofocle sono ancora attuali,* Sophocles' tragedies are still topical. **3** *(filosofia, fis.)* actual.

attualità *sf* **1** *(filosofia)* actuality; reality. **2** *(modernità)* up-to-dateness; modernity: *un argomento di grande attualità,* a subject of great topical interest; a live issue — *cose d'attualità,* recent events — *attualità cinematografica,* newsreel — *essere di attualità,* to be fashionable; to be topical — *tornare di attualità,* to come back into fashion; to come back into the news.

attualmente *avv* at present; at the moment; currently; presently *(USA)*.

attuare *vt* to carry (sth) into effect; to put* (sth) into operation; to accomplish.

attuariale *agg* actuarial.

attuario *sm* actuary.

attuazione *sf* carrying into effect; putting into operation; accomplishment.

attutire *vt* to deaden; *(suono)* to muffle; *(fig.)* to appease; to soothe: *attutire il colpo, (anche fig.)* to soften the blow.

□ **attutirsi** *v. rifl* to diminish; *(dolore)* to wear* off.

audace *agg* bold; daring; fearless; *(temerario)* rash; *(insolente)* audacious; insolent; *(provocante)* provocative; *(sfacciato)* cheeky; impudent: *un abito audace,* a daring dress — *una mossa audace,* a provocative gesture; *(agli scacchi e fig.)* a bold move.

audacemente *avv* boldly; audaciously; rashly; cheekily.

audacia *sf* boldness; audacity; *(temerarietà)* rashness; *(insolenza)* insolence; audaciousness; *(sfacciataggine)* cheekiness; cheek; impudence.

audio *sm* audio; sound.

audiovisivo *agg* audiovisual. □ *sm pl* audiovisual aids.

auditivo *agg* auditory: *canale auditivo,* auditory canal.

auditorio *sm* auditorium; concert-hall; (recording) studio.

audizione *sf* **1** *(radio, ecc.)* audition. **2** *(dir.)* hearing.

auge *sm (anche fig.)* height; culmination; summit; *(astronomia)* apogee: *essere in auge,* to be at the height of one's fame (of one's popularity, *ecc.*); to be at the top of the tree — *venire in auge,* to find favour.

augurale *agg* **1** *(che esprime augurio)* well-wishing *(attrib.)*. **2** *(stor.)* augural.

augurare *vt* to wish: *Ti auguro buona fortuna,* I wish you good luck — *augurare ogni bene (ogni male) a qcno,* to wish sb well (ill) — *augurare il buon giorno (la buona notte) a qcno,* to wish sb good-morning (good-night) — *augurare la morte a qcno,* to wish sb dead.

□ **augurarsi** *v. rifl (sperare)* to hope; to wish; to hope (for sth); to look forward (to sth): *Mi auguro che tu abbia ragione,* I hope you're right — *Augurandomi che tu possa venire presto da noi...,* Looking forward to your coming to see us soon...

augure *sm (stor. e fig.)* augur.

augurio *sm* **1** wish; greeting: *augurio di Natale (Pasqua),* Christmas (Easter) greetings *(pl.)* — *con i migliori auguri,* with all good wishes; all the best *(fam.)* — *Auguri!,* All the best! *(fam.);* Good luck!; *(a Natale)* Happy Christmas! **2** *(presagio)* sign; omen: *essere di buon augurio,* to be a good sign — *un uccello di mal augurio,* a bird of ill omen.

augusto *agg* majestic; august.

aula *sf* **1** *(scuola)* classroom; *(università)* lecture-hall: *aula magna,* great hall. **2** *(locale destinato a riunioni)* hall; *(del tribunale)* courtroom; *(del parlamento)* chamber.

aulicamente *avv* in a courtly (in a learned) manner.

aulico *agg* **1** *(stor.)* Aulic. **2** *(di corte)* court *(attrib.)*. **3** *(colto, raffinato)* dignified; aulic; learned.

aumentare *vt* to increase; to raise; to put* up; to step up: *aumentare i prezzi,* to increare (to raise, to put up) prices — *aumentare la produzione,* to increare (to step up) production.

□ *vi* to increase; to rise*; to go* up: *I prezzi aumentano a tutt'andare,* Prices are going up like mad — *Il livello del fiume è aumentato,* The level of the river has risen.

aumento *sm* **1** increase: *un aumento del dieci per cento rispetto al 1974,* a ten per cent increase over 1974 — *essere in aumento,* to be rising; to be on the increase — *I prezzi sono in aumento,* Prices are on the increase (are rising) — *un aumento di capitale,* a capital increase. **2** *(fam.: di stipendio)* rise; raise *(USA)*.

aureo *agg* **1** gold: *una corona aurea,* a gold crown — *valuta aurea,* gold currency — *il sistema aureo,* the gold standard. **2** *(fig.)* golden; *(lett.)* precious; noble: *una corona aurea,* a golden crown — *età aurea,* golden age — *aurea mediocrità,* golden mean — *numero aureo, (astronomia)* golden number.

aureola *sf* **1** *(luce)* halo *(anche fig.)*; *(astronomia)* aureole. **2** *(iconografia: corona splendente)* aureola; *(disco d'oro)* aureole; halo; glory; *(luce soprannaturale)* halo.

auricolare *agg (anat., religione., dir.)* auricular: *dito auricolare,* little finger.

□ *sm* earphone.

aurifero *agg* auriferous; gold-bearing.

auriga *sm* **1** *(stor.)* charioteer. **2** *(lett.)* coachman *(pl. -men)*. **3** *(astronomia)* Auriga; Waggoner.

aurora *sf* **1** dawn *(anche fig.)*. **2** *(astronomia)* aurora: *aurora boreale,* aurora borealis *(lat.)*; Northern Lights.

auscultare *vt* to auscultate.

ausiliare *agg* auxiliary.

□ *sm e f.* assistant; collaborator.

□ *sm* auxiliary verb.

ausiliaria *sf (mil.)* member of a women's auxiliary force.

ausiliario *agg* auxiliary; *(di riserva)* reserve *(attrib.)*.

□ *sm* **1** *(ufficiale)* reservist. **2** *(al pl., stor.)* auxiliaries; *(oggi)* reserve; reserves.

auspicare *vt* **1** *(stor.)* to take* auspices; *(per estensione)* to prophesy. **2** *(augurare)* to wish; to hope: *Si auspica che...,* It is hoped that...

auspice *sm (stor.)* auspex *(pl.* auspices*)*. □ *(in espressioni con valore avverbiale) ... auspice il re (il ministro),* ... under the King's (the Minister's) patronage.

auspicio *sm* **1** *(stor.)* auspice; omen; *(pronostico)* omen; portent; sign; *(augurio)* wish: *essere di buon auspicio,* to be a good omen (*o* sign) — *iniziare qcsa sotto (con) buoni auspici,* to start sth at a propitious moment *(più lett.* under favourable auspices*)*. **2** *(al pl.: protezione, favore)* auspices; patronage *(sing.)*: *sotto gli auspici del governo,* under the auspices of the government.

austeramente *avv* austerely.

austerità *sf* austerity.

austero *agg* austere; stern; *(clima)* harsh.

australe *agg* **1** south; of the southern hemisphere: *Polo australe,* South Pole. **2** *(antartico)* antarctic. **3** *(astronomia)* australis *(lat.)*

australiana *sf (ciclismo)* pursuit.

australiano *agg e sm* Australian.

austriaco *agg e sm* Austrian.

austro *sm* **1** *(lett.)* south. **2** south wind.

autarchia *sf* **1** *(autosufficienza)* autarky. **2** *(potere assoluto)* autarchy.

autarchico *agg* **1** self-governing; sovereign; autarchic(al). **2** self-sufficient; autarkic(al); *(di prodotto)* home; home-produced.

aut-aut *sm* dilemma: *imporre un aut-aut a qcno,* to issue sb an ultimatum; to place sb in a dilemma.

autentica *sf* certificate (*o* declaration) of genuineness; authentication.

autenticabile *agg* capable of being certified as (of being declared) genuine.

autenticare *vt (dir.)* to legalize; to authenticate; *(veri-*

ficare) to certify: *autenticare un'opera d'arte,* to certify the genuineness of a work of art.
autenticazione *sf* certification.
autenticità *sf* genuineness; authenticity.
autentico *agg* authentic; *(genuino)* genuine; pure; *(vero)* true; real; *(originale)* original: *un autentico lestofante,* an out-and-out (a dyed in the wool) swindler.
autista *sm* driver; *(privato, personale)* chauffeur *(fr.).*
auto *sf abbr di* **automobile** ⇨.
autoabbronzante *agg* home sun-tan lotion (*o* cream).
auto-accensione *sf* kick-back.
autoambulanza *sf* ambulance.
autoattrezzi *sm* repair truck; breakdown van.
autobiografia *sf* autobiography.
autobiografico *agg* autobiographic(al).
autobiografo *sm* autobiographer.
autoblinda *sf,* **autoblindo** *sm* armoured car; machine-gun carrier.
autobotte *sf* tank truck; tanker.
autobus *sm* bus: *autobus a due piani,* double-decker.
autocarro *sm* lorry; truck *(USA).*
autocisterna *sf* tanker; fuel truck; *(in un aeroporto)* bowser.
autocivetta *sf* (police) prowl car.
autoclave *sf* **1** *(med.)* autoclave. **2** pressurised vat; pressure cooker.
autocombustione *sf (incendio spontaneo)* spontaneous combustion.
autocontrollo *sm* self-control.
autocratico *agg* autocratic; despotic.
autocrazia *sf* autocracy.
autocritica *sf* self-criticism: *fare l'autocritica,* to make a public confession of one's errors.
autoctono *agg* **1** *(geologia)* autocthonous. **2** *(di persona nata nel luogo in cui risiede)* native; indigenous.
autodecisione *sf* self-determination.
autodeterminante *agg* self-determining.
autodeterminazione *sf* self-determination.
autodidatta *sm e f.* self-taught person.
autodidattico *agg* teach-yourself *(attrib.).*
autodifesa *sf* personal vindication; *(lett.)* apologia; self-defence.
autodromo *sm* race track.
autofecondazione *sf* self-fertilization.
autofurgone *sm* van; utility.
autogeno *agg* autogenous: *saldatura autogena,* autogenous welding.
autogol *sm* own-goal.
autogoverno *sm* self-government.
autografare *vt* to autograph.
autografia *sf* autography.
autografico *agg* autographic(al).
autografo *agg e sm* autograph.
autogrill *sm* motorway restaurant (*o* snack-bar, *se è del tipo 'self-service').*
autolesione *sf* autolesion; self-inflicted wound (*o* injury).
autolettiga *sf* ambulance.
autolinea *sf* (bus) line.
automa *sm* robot; automaton *(pl.* automata*).*
automaticamente *avv* automatically.
automaticità *sf* automaticity.
automatico *agg* automatic *(anche fig.): distributore automatico,* slot machine.
□ *sm* **1** *(bottone)* pushbutton; press stud. **2** *(arma)* automatic.
automatismo *sm* automatism.
automazione *sf* automation.
automezzo *sm* motor vehicle.
automina *sf* propelling pencil.
automobile *sf* motor car; car; automobile *(spec. USA): andare in automobile,* to go by car — *fare un giro in automobile,* to go for a drive — *automobile di piazza,* taxi — *automobile da corsa,* racing car — *salone dell'automobile,* motor show.
automobilismo *sm* **1** motoring. **2** *(sport)* motor-racing.
automobilista *sm e f.* **1** motorist. **2** *(sport)* racing driver.
automobilistico *agg* **1** *(riferito alla guida)* motoring *(attrib.);* driving *(attrib.);* road *(attrib.): un incidente automobilistico,* a road accident. **2** *(riferito all'industria)* automobile *(attrib.);* car *(attrib.): l'industria automobilistica,* the automobile industry.
automotrice *sf* railcar *(GB);* motor car *(USA).*
autonoleggio *sm* car rental; car hire.
autonomamente *avv* autonomously.
autonomia *sf* **1** autonomy; (right of) self-government. **2** *(per estensione)* independence: *autonomia contrattuale,* freedom of contract — *conservare la propria autonomia,* to be free to make up one's own mind; to be master of one's own thoughts. **3** *(distanza di volo, ecc.)* range; *(durata)* endurance; duration.
autonomo *agg* **1** autonomous; *(per estensione)* independent. **2** *(mecc.)* self-contained.
autopista *sf* **1** *(strada naturale)* car track. **2** *(nei parchi di divertimento)* (fairground) race track.
autopompa *sf* fire-engine.
autopsia *sf* **1** *(med.)* necropsy. **2** *(dir.)* autopsy; post-mortem.
autopubblica *sf* taxi; hire car.
autopullman *sm* (motor-)coach.
autoradio *sm* **1** *(apparecchio)* car radio. **2** *(veicolo)* radio car; patrol car.
autore *sm,* **autrice** *sf (di libri)* author; writer; *(di poesie)* author; poet; *(di pitture)* painter; *(di sculture)* sculptor; *(di musiche)* composer; *(di misfatti)* perpetrator: *diritti d'autore, (dir.)* royalties — *un quadro d'autore,* a genuine master; *(se antico)* an old master — *Fuori l'autore!, (teatro)* Author!
autoreattore *sm* ram-jet engine.
autorespiratore *sm* aqualung.
autorete *sf (calcio)* own-goal.
autorevole *agg* authoritative; *(che ha molta influenza)* influential.
autorevolezza *sf* authority; authoritativeness.
autorevolmente *avv* authoritatively.
autoriduzione *sf* unilateral reduction (by user) of payment (for a public service).
autorimessa *sf* garage.
autorità *sf* **1** authority *(anche fig.); (potere)* power; *(influenza)* influence; *(prestigio)* prestige. **2** *(al pl.: politica)* authorities. **3** *(al pl.: personalità)* dignitaries.
autoritario *agg* autocratic; dictatorial; *(fig.)* overbearing; authoritarian: *con tono autoritario,* in an imperious tone.
autoritarismo *sm* authoritarianism.
autoritratto *sm* self-portrait.
autorizzare *vt* **1** to authorize; to empower; *(permettere)* to allow; to permit: *Chi ha autorizzato questo?,* Who authorized this? **2** *(dare diritto a)* to entitle; *(legittimare)* to justify: *Tutto autorizza a*

credere che sia vero, Everything entitles us to believe (*o* justifies us in believing) that it is true.

autorizzazione *sf* **1** authorization; permission; consent: *chiedere un'autorizzazione,* to ask for authorization — *Si richiede l'autorizzazione del padre o di chi ne fa le veci,* Consent of parent or guardian (is) required. **2** *(documento)* licence; permit; warrant.

autoscatto *sm (fotografia)* automatic release; self-timer.

autoscontro *sm* bumper car; dodgem car.

autoscuola *sf* driving school.

autostazione *sf* **1** *(di servizio)* service station. **2** *(di autolinee)* bus station.

autostop *sm* hitch-hiking; thumbing a ride *(USA): fare l'autostop,* to hitch-hike; to hitch; to thumb a lift (a ride).

autostoppista *sm e f.* hitch-hiker.

autostrada *sf (inglese)* motorway; *(italiana)* autostrada; *(tedesca)* autobahn; *(americana)* super-highway: *autostrada a pedaggio,* turnpike *(USA)* — *autostrada senza pedaggio,* freeway *(USA).*

autosufficiente *agg* self-sufficient.

autosufficienza *sf* self-sufficiency.

autosuggestione *sf* auto-suggestion.

autotrasporto *sm* motor transport; *(di merci)* road haulage *(GB);* trucking *(USA).*

autotreno *sm* trailer truck.

autoveicolo *sm* motor vehicle.

autovettura *sf* motor-car; automobile *(spec. USA).*

autrice *sf* authoress; *(spesso)* author (⇨ **autore**).

autunnale *agg (attrib.)* autumn; autumnal.

autunno *sm* autumn; fall *(USA): l'autunno della vita, (fig.)* the autumn of life.

ava *sf (lett.)* grandmother.

avallare *vt* **1** *(comm.)* to endorse as guarantor. **2** *(fig.)* to confirm; to endorse; to back; to bear* out.

avallo *sm* endorsement; guarantee.

avambraccio *sm* forearm.

avamporto *sm* outer harbour.

avamposto *sm* outpost; forward position.

avana *sm* **1** *(sigaro)* Havana. **2** *(colore)* Havana brown.

avancorpo *sm (archit., ecc.)* forepart.

avanguardia *sf* **1** *(mil.)* vanguard; van. **2** *(fig.)* avant-garde *(fr.): essere all'avanguardia,* to be very advanced; to be in the forefront; to be in the van *(lett.)* — *d'avanguardia,* advanced; avant-garde *(solo attrib.)* — *artista d'avanguardia,* avant-garde artist.

avannotto *sm* newly hatched fish; *(al pl., anche)* fry *(collettivo).*

avanscoperta *sf* reconnaissance; recce *(sl.): andare in avanscoperta,* to reconnoitre.

avanspettacolo *sm* curtain-raiser.

avanti I *avv* **1** *(di luogo, di spazio)* forward(s); ahead; on: *Fate un passo avanti, prego!,* Take a step forward(s), please! — *piegarsi in avanti,* to lean forward(s) — *marcia avanti,* forward gear — *avanti e indietro,* forwards and backwards; to and fro — *andare avanti,* to go forward; *(fig.: fare progressi, continuare)* to go on; to get on; to go ahead; *(comportarsi in un certo modo)* to carry on; *(fig.: tirare avanti)* to get by; to get along — *Va' avanti! (Continua!),* Go ahead! — *Se vai avanti così, sarai espulso,* If you go (If you carry) on like this, you'll be expelled — *Il lavoro va avanti bene,* The work is going on fine — *Le cose vanno avanti come al solito,* Things are going on much as usual — *mettersi, farsi avanti,* to come forward; to put oneself forward — *mettere le mani avanti,* to safeguard oneself — *mettere avanti delle riserve, obiezioni, ecc.,* to put forward reservations, objections, *ecc.* — *passaggio in avanti, (rugby, ecc.)* forward pass — *essere avanti nello studio, nel lavoro, ecc.,* to be well ahead with one's studies, work, *ecc.* — *essere avanti di quattro punti, (p.es. in una gara sportiva)* to be ahead (to be leading) by four points — *mandare avanti un'azienda,* to run a business — *mandare avanti la famiglia,* to provide for one's family.

2 *(di tempo: prima)* before: *un anno avanti,* a year before.

3 *(di tempo: posteriore a)* forward; on: *d'ora in avanti (di qui in avanti),* from this time forward; from now on — *essere avanti negli anni,* to be well on in years; to be getting on — *guardare avanti (pensare al futuro),* to look forward — *più avanti,* later; later on — *mettere avanti l'orologio,* to put the clock forward — *Il mio orologio è avanti,* My watch is fast.

II *prep* (*anche* **avanti a**) **1** *(di spazio)* before; in front of; *(in presenza, al cospetto di)* in the presence of: *avanti casa,* before (in front of) the house — *Avanti a me c'era una lunga fila,* There was a long queue in front of me — *passare avanti a qcno,* to overtake sb — *avanti al Papa,* in the presence of the Pope.

2 *(di tempo)* before: *avanti Cristo,* before Christ *(abbr.* B.C.*)* — *Hai tutta la vita avanti a te!,* You are in the prime of life!; You have your whole life before (*o* in front of) you! — *avant'ieri,* the day before yesterday.

III *interiezione: Avanti, march!,* Forward march! — *Avanti! (Su, dài!),* Come on! — *Avanti (Venite dentro)!,* Come in!; *(Andate dentro!)* Go in!; *(Servitevi!)* Help yourself (yourselves)! — *Avanti, c'è posto!,* Move along, please! — *Avanti a tutta forza (a tutto vapore)!, (naut.)* Full speed ahead!; Full steam ahead! — *Avanti adagio!, (naut.)* Slow speed ahead! — *Avanti a mezza forza!,* Half-speed ahead!

avantreno *sm* **1** *(mil.)* limber. **2** *(automobile)* front suspension.

avanzamento *sm* **1** progress; advance; advancement. **2** *(promozione)* promotion; advancement. **3** *(di macchina utensile)* feed.

[1]**avanzare** *vi* **1** to advance; to go* (to move) forward; to go* on; to proceed; *(fig.: progredire)* to gain ground: *Le forze nemiche avanzavano contro di noi,* The enemy forces were advancing against us — *Avanzammo di due miglia,* We advanced two miles — *avanzare a piedi,* to go forward on foot — *avanzare a tentoni, alla cieca,* to grope one's way forward — *avanzare a tutta birra (a grandi passi),* to advance at full speed; to stride forward — *avanzare negli anni,* to grow old; to be getting on. **2** *(fig.: progredire)* to progress; to make* progress; to gain ground: *La delinquenza organizzata avanza ogni giorno di più,* Organized crime is gaining ground every day.

□ *vt* **1** to advance; to put* forward; to bring* forward; to put* forth; to propose; to submit; to present: *Avanza prima il piede sinistro,* Put your left foot forward first — *Posso avanzare una riserva? (proposta, domanda, ecc.),* May I advance (put forward) a reservation (a proposal, a question, *ecc.*)? — *avanzare pretese,* to lay claims — *Avanzò una ipotesi,* He advanced a hypothesis. **2** *(fig.: superare)* to surpass; to exceed: *avanzare qcno in abilità (velocità, forza, astuzia),* to surpass sb in skill (speed, strength, astuteness). **3** *(promuovere, elevare)* to promote: *È stato avanzato di grado lo scorso mese,* He was promoted last month.

□ **avanzarsi** *v. rifl* **1** to advance; to get* on; to go* forward; to come* near; to approach: *Si avanzò verso* *di me con aria minacciosa,* He advanced on (*o* upon) me in a threatening manner — *L'inverno s'avanza,* Winter is approaching. **2** *(sporgere)* to project; to jut out: *un promontorio che s'avanza sul mare,* a promontory that juts out into the sea.

[2]**avanzare** *vi (rimanere)* to be* left (over); to remain: *Avanza sempre troppo pane,* There's always too much bread left (over) — *Non si è avanzato niente per me,* There's nothing left for me — *Dieci diviso tre uguale tre e avanza uno,* Ten divided by three: three and one over.

□ *vt* **1** *(risparmiare)* to save: *avanzare tempo e denaro,* to save time and money. **2** *(essere creditore di qcno)* to be* owed: *Avanzo da lui ventimila lire,* He owes me twenty thousand lire.

avanzata *sf* advance.

avanzato *agg* advanced; *(audace)* way out *(sl.).* □ *a notte avanzata,* well into the night — *essere in età avanzata,* to be advanced in years.

avanzo *sm* **1** *(ciò che resta)* remnant *(spec. di stoffa);* remainder; *(se poco)* scrap; *(al pl.: di cibo)* leftovers; scraps; *(rovine)* remains; ruins: *avanzo mortale, (lett.)* mortal remains. **2** *(matematica)* remainder; *(comm.)* surplus; *(utile d'esercizio)* profit carried (*o* brought) forward: *avanzi di cassa,* cash in hand.

□ *d'avanzo,* more than enough; plenty; enough and to spare — *avanzo di galera, (fig.)* jailbird; crook.

avaria *sf* **1** *(mecc.)* failure; breakdown. **2** *(danno subito durante un viaggio)* damage; *(comm., dir. marittimo)* average: *regolare l'avaria,* to adjust average.

avariare *vt* to damage; to cause damage.

□ *vi* to get* damaged.

□ **avariarsi** *v. rifl* to suffer damage; *(andare a male)* to go* bad; to go* off.

avariato *agg* damaged; spoiled.

avarizia *sf* **1** *(cupidigia di denaro)* avarice. **2** *(parsimonia)* stinginess: *(scherz.) Crepi l'avarizia!,* Hang (Blow) the expense!

avaro *agg* **1** *(tirchio)* stingy; tight-fisted; *(per estensione)* parsimonious. **2** *(parco)* sparing; niggardly: *un uomo avaro di parole,* a man of few words. **3** *(lett.: avido)* avaricious; covetous.

□ *sm* miser; skinflint *(fam.).*

ave **1** *(esclamazione)* hail!; ave! **2** *(abbr. di Ave Maria)* Hail Mary; Ave Maria. □ *in meno di una ave,* in less time than it takes to tell; before you could say Jack Robinson.

avemaria *sf (preghiera)* Hail Mary; Ave Maria; *(grano del rosario)* ave; bead; *(squilla)* Angelus: *tre avemarie,* three Hail-Marys — *dir le avemarie (il rosario),* to tell one's beads.

avena *sf* oat: *farina d'avena,* oatmeal.

[1]**avere** *vt* **1** to have*; *(possedere)* to possess; to own; *(nel linguaggio corrente si inserisce spesso la parola 'got' subito dopo 'have'): 'Hai dei soldi?' - 'No, non ne ho',* 'Have you (got) any money?' - 'No, I haven't' — *avere gli occhi azzurri,* to have blue eyes; to be blue-eyed — *Ha un raffreddore molto forte,* He has (He's got) a very bad cold — *'Hai avuto l'invito?' - 'Sì, ce l'ho in tasca',* 'Have you had an invitation?' - 'Yes, I've got it in my pocket' — *Ha una casa magnifica sul mare,* He has (He owns, He possesses) a splendid house by the sea — *Non ne ho la minima idea,* I haven't the faintest idea; I haven't got the faintest *(fam.)* — *Ho il piacere di comunicarVi che...,* I have pleasure in informing you that... — *avere a che fare con qcno (qcsa),* to have sth to do with sb (sth) — *Non ha niente a che fare con la questione che stiamo esaminando,* It has got nothing to do with the problem we are looking into — *aver memoria,* to have a good memory — *aver memoria di qcsa,* to remember sth — *avere il diritto di far qcsa,* to have the right to do sth — *avere a cuore qcsa,* to have sth at heart — *aver le formiche (p.es. ad una gamba),* to have pins and needles — *avere in animo di fare qcsa,* to have a mind to do sth; to intend to do sth — *avere qcno dalla propria parte,* to have sb on one's side — *Non abbiamo nessuno dalla nostra,* We have no-one on our side — *averne abbastanza di qcno (qcsa),* to have had enough of sb (sth) — *Ne ho abbastanza di te,* I've had (just about) enough of you — *aver bisogno di qcsa* ⇨ **bisogno 1**.

2 *(come v. ausiliare)* to have*: *L'ho già fatto,* I've already done it — *L'avevano già preparato,* They had already prepared it — *Se l'avessimo saputo prima, non l'avremmo licenziato subito,* If we had known about it earlier, we would not have sacked him immediately — *L'avrò sicuramente finito per quando tu ne avrai bisogno,* I shall certainly have finished it by the time you need it.

3 *(in locuzioni idiomatiche)* to be*: *'Quanti anni hai?' - 'Ho tredici anni',* 'How old are you?' - 'I'm thirteen' — *Ha ventotto anni,* He is twenty-eight (years old); *(nel linguaggio formale o legale)* He is twenty-eight years of age — *aver caldo (freddo),* to be (to feel) hot (cold) — *avere fame (sete),* to be hungry (thirsty) — *aver qcsa per certo,* to be sure of sth; to be certain about sth — *aver colpa,* to be at fault; to be guilty — *Non (ne) hai colpa,* You are not at fault; You're not to blame; It's not your fault; It's no fault of yours — *aver coraggio,* to be brave — *aver da fare,* to be busy — *aver fortuna (sfortuna),* to be lucky (unlucky) — *aver fretta,* to be in a hurry — *aver importanza,* to be important — *Non ha importanza,* It's not important; It doesn't matter — *avere le lune,* to be moody — *avere paura,* to be afraid — *avere ragione (torto),* to be right (wrong) — *aver sonno,* to be sleepy — *aver talento per qcsa,* to be gifted for sth — *aver qcno (qcsa) in uggia,* to be unable to bear (to stand) sb (sth).

4 *(ottenere, prendere)* to get*; to obtain; to get* hold of; *(guadagnare)* to earn: *Vedrò se potrò avere questi libri per domani, signore,* I'll see if I can get these books by tomorrow, sir — *Ha avuto quell'armadio antico per quasi niente,* He got that antique wardrobe for next to nothing (for a song *fam.*) — *Adesso che è passato di categoria, mio fratello ha 230.000 lire al mese,* Now that he's moved up a grade, my brother earns (*o* gets) 230,000 lire a month.

5 *(indossare)* to have* on; to wear*: *Quella mattina non avevo il cappello,* I didn't have my hat on (I wasn't wearing a hat) that morning — *La sposa aveva l'abito bianco?,* Did the bride wear white?

6 **avere a..., avere da...** *(seguiti da inf.)* to have* to (⇨ *anche* **must**, *v. dif.*): *A proposito, avrò da andare a Parigi fra un mese,* By the way, I'll have to (I must) go to Paris in a month's time — *Non hai che a dirmelo,* You have only to tell me — *Ho a compiacermi della Sua promozione a Vice Direttore Generale,* I have to congratulate you on your promotion to Deputy General Manager.

7 *(prendere)* to take*; to have*: *Avrai cura di lei in mia assenza?,* Will you take care of her in my absence? — *Se la ebbe a male,* He took it badly — *Non ebbero parte nel rovesciamento del governo,* They had (They took) no part in overthrowing the government.

8 **v'ha** *(raro: c'è, vi è)* there is: *Non v'ha motivo di*

temere, There is no reason to fear — *Non v'ha dubbio che...,* There is no doubt that...
□ *Che hai? (Che cos'hai?),* What's up? (What's the matter with you?) — *Non ho nulla,* Nothing is the matter (with me) — *Non ha mai niente,* He's never ill; He's never had a day's illness — *aver luogo,* to take place — *avere un obbligo verso qcno per qcsa,* to be obliged (to be under an obligation) to sb for sth — *avercela con qcno,* to be angry with sb; *(fam.: minaccioso)* to have it in for sb — *aversela a male per qcsa,* to take offence at sth; to take sth amiss — *aver qcno sullo stomaco,* to be sick of sb — *averne fin sopra i capelli,* to be fed up to the teeth with sth (sb) — *aver qcno in odio,* to hate sb — *aver odio (dispiacere, ammirazione) per qcno,* to feel hatred (sorrow, admiration) for sb — *aver caro qcsa,* to like sth — *aver compassione di qcno,* to have pity on sb; to feel sorry for sb — *aver notizie da qcno,* to hear from sb — *aver notizie di qcno,* to have news of sb — *aver probabilità di fare qcsa,* to stand a chance of doing sth — *avere le mani bucate,* to spend money like water; to be a spendthrift — *avere da ridire su qcsa,* to find fault with sth — *aver sentore di qcsa,* to get wind of sth — *aver a mente qcsa,* to bear sth in mind — *avere le mani in pasta,* to be involved in sth — *Ha del buono,* There's some good in him; He has his good points — *Ha del pazzo,* He's a bit mad — *Ne avrò per un pezzo,* I shall be busy for some time — *aver sembianza di qcsa,* to look like sth; to have the appearance of sth — *aver voglia di qcsa,* to feel like sth — *aver voglia di fare qcsa,* to feel like doing sth — *avere a che dire con qcno,* to have words with sb — *Ho già avuto a che dire con lui,* I've had to speak to him already in the past — *avere un diavolo per capello,* to be absolutely furious — *avere i numeri per fare una cosa, (fam.)* to be up to doing sth — *Chi ha avuto, ha avuto, (prov.)* Let bygones be bygones — *Chi più ha, più vuole, (prov.)* The more one has, the more one wants; The more you have, the more you want.

[2]**avere** *sm (comm.)* credit: *il dare e l'avere,* debit and credit — *la colonna dell'avere,* the credit column.

aviatore *sm* flier; flyer; aviator; *(mil.)* airman *(pl.* -men*)*.

aviatorio *agg* air *(attrib.)*; aviation *(attrib.)*.

aviazione *sf* **1** aviation. **2** *(arma)* air force.

avicoltore *sm* bird-fancier.

avicoltura *sf* bird-fancying; bird-rearing.

avidamente *avv* avidly; eagerly; greedily.

avidità *sf* avidity; greed; *(brama)* eagerness; *(sete)* thirst: *avidità di denaro,* greed for money.

avido *agg* greedy; avid; *(bramoso)* eager; *(assetato)* thirsting: *essere avido di denaro,* to be greedy for money — *esseve avido di gloria,* to be eager for glory; to thirst for glory.

aviere *sm (mil.)* aircraftman *(pl.* -men*)*.

aviogetto *sm* jet.

aviolinea *sf* airline.

aviorimessa *sf* hangar.

avito *agg* ancestral; *(ereditario)* hereditary.

avo *sm* **1** *(lett.)* grandfather. **2** ancestor.

avocare *vt (dir.)* to call for the transfer of a case: *avocare a sé,* to take upon oneself.

avorio *sm (sostanza, oggetto d'arte, colore)* ivory *(anche attrib.)*.

avulso *agg* torn (off); *(fig.)* cut off: *avulso dal contesto,* out of context.

avvalersi *v. rifl (lett.)* to avail oneself of (sth).

avvallamento *sm* **1** depression; subsidence. **2** *(meteorologia)* depression; trough.

avvaloramento *sm* confirmation.

avvalorare *vt* to give* value to; to make* (sth) valuable; *(accrescere, migliorare)* to enhance; to improve; *(rafforzare)* to strengthen; *(garantire)* to validate.
□ **avvalorarsi** *v. rifl (prender forza)* to become* stronger; to increase in strength.

avvampare *vt (bruciare)* to set* ablaze; to burn*.
□ *vi (ardere divampando)* to flare up; to blaze up; *(fig.)* to flare up; to be* inflamed (with sth): *Il suo volto avvampò d'ira,* His face flared up with anger — *avvampare in viso (arrossire),* to blush; to flush.

avvantaggiare *vt* to favour; to further; *(migliorare)* to improve; to benefit.
□ **avvantaggiarsi** *v. rifl* to take* advantage (of sth); to profit (by sth); *(progredire in qcsa)* to get* ahead; to get* an advantage (in sth); *(sport)* to draw* ahead; to get* ahead.

avvedersi *v. rifl* to be* aware (of sth); to notice.

avvedutamente *avv* astutely; warily.

avvedutezza *sf* astuteness; *(prudenza)* wariness.

avveduto *agg* astute; *(prudente)* wary.

avvelenamento *sm* poisoning.

avvelenare *vt* **1** *(rendere velenoso)* to poison; to make* (sth) poisonous. **2** *(intossicare con veleno)* to poison. **3** *(fig.: amareggiare)* to embitter; to poison: *avere il dente avvelenato contro qcno,* to bear sb a grudge; to have it in for sb *(fam.)*.
□ **avvelenarsi** *v. rifl* to poison oneself; to take* poison.

avvelenatore *sm* poisoner.

avvenente *agg* attractive; eye-catching.

avvenenza *sf* attractiveness.

avvenimento *sm* event; happening.

[1]**avvenire** *vi* **1** to happen; to occur; *(aver luogo)* to take* place; to occur. **2** *(come v. impers.)* to happen; *(Bibbia)* to come* to pass: *avvenga quel che vuole,* come what may; happen what may — *qualsiasi cosa avvenga,* whatever happens: *Avvenne che...,* It happened that...; It came about that...

[2]**avvenire** *sm* future: *un giovane con un buon avvenire,* a young man with a promising future — *in avvenire, per l'avvenire,* in future; *(d'ora in avanti)* from now on.
□ *in funzione di agg* future: *la vita avvenire,* the future life; the life to come.

avventare *vt* to fling*; to hurl; *(vibrare)* to let* fly; *(fig.: dire inconsideratamente)* to let* out.
□ **avventarsi** *v. rifl* to fling* oneself; to hurl oneself; to rush.

avventatamente *avv* rashly; recklessly.

avventatezza *sf* rashness; recklessness.

avventato *agg* rash; reckless; hasty: *essere avventato nel giudicare,* to be hasty in one's judgments; to jump to conclusions.

avventizio *agg* **1** *(che viene da fuori)* outside; *(sconosciuto)* foreign. **2** *(temporaneo)* temporary. **3** *(occasionale)* casual; *(dir.)* adventitious.
□ *sm (impiegato temporaneo)* temporary clerk; *(operaio)* casual labourer.

avvento *sm* **1** *(venuta)* coming; advent. **2** *(religione)* coming of Christ; *(periodo)* Advent. **3** *(al trono)* accession.

avventore *sm* regular customer; regular.

avventura *sf* **1** adventure; *(avvenimento)* incident: *un film d'avventura,* an adventure film — *una vita piena di avventure,* an adventurous life; an eventful life — *trovarsi in una brutta avventura,* to be in a tight spot.

2 *(vicenda amorosa)* affair; love affair. **3** *(caso)* chance: *per avventura,* by chance.
avventurare *vt* to venture *(anche fig.);* to risk; to hazard: *avventurare una domanda,* to venture to ask.
□ **avventurarsi** *v. rifl* to venture *(anche fig.);* to take* risks: *avventurarsi a dire qcsa,* to venture to say sth — *avventurarsi in mare,* to put out to sea.
avventuriera *sf* adventuress; *(sl.)* gold-digger.
avventuriero *sm* **1** one who lives by his wits; adventurer. **2** *(soldato)* soldier of fortune.
avventurosamente *avv* adventurously; eventfully.
avventuroso *agg* **1** adventurous; *(ricco di avventure)* eventful. **2** *(fig.)* risky.
avveramento *sm* fulfilment; realisation; coming true.
avverare *vt* **1** to fulfil. **2** *(verificare)* to verify; to confirm; to establish.
□ **avverarsi** *v. rifl* **1** to come* true; to be* fulfilled: *La profezia si avverò,* The prophecy came true. **2** *(accadere)* to happen; to take* place; to come* about: *Si avverarono dei fatti incredibili,* Some incredible things happened.
avverbiale *agg* adverbial.
avverbialmente *avv* adverbially.
avverbio *sm* adverb.
avversare *vt* to oppose; to set* oneself (against sth); *(ostacolare)* to hinder; to thwart; to cross.
□ **avversarsi** *v. reciproco (ostacolarsi, contrastarsi)* to oppose each other *(tra due persone);* to oppose one another *(tra più di due persone).*
avversario *agg* opposing; contrary; *(ostile)* hostile; *(nemico)* enemy *(attrib.): la parte avversaria, (dir.)* the other side — *avvocato avversario,* counsel for the other side.
□ *sm* opponent; *(in una lotta, anche)* antagonist; adversary: *un avversario di comodo,* an accommodating opponent.
avversione *sf* aversion; dislike; *(odio)* hatred; *(ripugnanza)* loathing: *avere avversione per qcsa,* to have (to feel) an aversion for sth — *avere tutto in avversione,* to dislike (to detest) everything — *prendere qcsa in avversione,* to conceive a dislike for sth.
avversità *sf* adversity; misfortune; *(calamità)* calamity.
avverso *agg (contrario)* adverse; contrary; opposing; *(sfavorevole)* unfavourable; *(ostile)* averse; hostile: *essere avverso a qcsa,* to be against sth — *sorte (fortuna) avversa,* adverse fortune — *Siamo partiti col tempo avverso,* We set out in unfavourable weather.
avvertenza *sf* **1** *(cura)* care; *(prudenza)* caution: *avere l'avvertenza di chiudere la porta,* to make sure the door is shut; to be sure to shut the door. **2** *(avvertimento)* warning. **3** *(breve scritto)* note; *(prefazione)* foreword; preface. **4** *(al pl.: istruzioni)* instructions.
avvertimento *sm* warning.
avvertire *vt* **1** *(informare)* to inform; to notify; to let* (sb) know (sth); *(far notare)* to point out; *(consigliare)* to advise. **2** *(mettere in guardia)* to warn. **3** *(sentire)* to feel*; *(percepire)* to perceive; to be* conscious (of sth): *avvertire un senso di disagio,* to feel uneasy — *avvertire la bellezza del paesaggio,* to become aware of the beauty of the countryside.
avvertitamente *avv* **1** with intention; on purpose. **2** carefully.
avvezzare *vt (abituare)* to accustom; to get* (sb) accustomed (to sth); *(ammaestrare)* to train; *(educare)* to teach*; *(allevare)* to bring* up: *avvezzare qcno a sbrigarsela da sé,* to get sb accustomed to looking after himself.
□ **avvezzarsi** *v. rifl (seguito da* a) to accustom oneself (to sth); to get* (to become*) accustomed (to sth); to get* used (to sth).
avvezzo *agg* used; accustomed: *Sono avvezzo a questo e ad altro ancora,* I've got used to taking things as they come.
avviamento *sm* **1** *(inizio)* start; beginning; commencement; *(introduzione)* introduction: *scuola di avviamento professionale,* vocational training school. **2** *(comm.)* trade; goodwill. **3** *(della produzione)* start-up; preproduction: *costi di avviamento,* start-up costs. **4** *(tipografia)* make-ready. **5** *(mecc.)* starting; setting in motion: *avviamento a pedale,* kick start — *meccanismo di avviamento,* starting device — *motorino di avviamento,* starter. □ *codice di avviamento postale,* post code; zip code *(USA).*
avviare *vt* **1** *(anche mecc.)* to start; to set* in motion; to set* going. **2** *(iniziare)* to start; to begin*; to initiate: *avviare qcno a un lavoro, a una professione,* to start sb in trade. **3** *(far prosperare)* to set* going; to make* prosper: *avviare una bottega,* to start up a shop; to set up shop; to get a shop going — *cfr. anche* **avviato,** *agg.*
□ **avviarsi** *v. rifl* to set* off; *(essere sul punto di)* to be* about to; to be* on the point of: *Si avviò a scuola,* He set off for school — *È ora di avviarsi,* It's time to get going — *La sua vita si avvia ormai al termine,* His life is now drawing to an end (towards its close).
avviato *agg* **1** *(incominciato)* under way; begun; started; *(iniziato, esperto)* initiated. **2** *(che prospera)* going; thriving; prosperous: *essere ben avviato,* to be going well; to have got off to a good start — *un negozio ben avviato,* a thriving shop — *un'azienda avviata,* a going concern; a thriving business.
avviatore *sm* starter: *avviatore automatico,* self-starter.
avvicendamento *sm* alternation; *(agricoltura)* rotation.
avvicendare *vt* to alternate; *(agricoltura)* to rotate.
□ **avvicendarsi** *v. reciproco* to alternate; to follow one another.
avvicinamento *sm* approach.
avvicinare *vt* **1** to draw* (to bring*) (sth) near (*o* nearer, closer): *Per favore, avvicina la tua sedia alla mia,* Please bring your chair closer to mine. **2** *(fig.: frequentare, entrare in rapporti)* to approach; to be* on familiar terms (with sb); to have* to do (with sb): *È piuttosto difficile avvicinarla,* She is rather difficult to approach — *È meglio che non lo avvicini,* It is better to have nothing to do with him.
□ **avvicinarsi** *v. rifl* **1** to approach; to come* up (to sb); to come* near; to get* near (*o* nearer, closer): *Un agente mi si avvicinò,* A policeman approached me (*o* came up to me) — *A sedici anni ci si avvicina alla virilità,* A boy of sixteen is approaching manhood — *Si avvicinò troppo alla riva e cadde,* He went too near the bank and fell in — *Non avvicinarti troppo!,* Don't come too close!; Don't get too near! — *Il gran momento si avvicina,* The great moment is approaching (is drawing near, is at hand). **2** *(essere simile a)* to be* similar to; to be* near to: *L'alluminio si avvicina all'argento per il colore,* Aluminium is similar in colour to silver — *La riproduzione si avvicina abbastanza all'originale,* The reproduction is near enough to the original.
avvilente *agg* discouraging; disheartening; depressing; *(umiliante)* humiliating.
avvilimento *sm* **1** despondency; despair: *lasciarsi*

prendere dall'avvilimento, to be disheartened. **2** *(umiliazione)* humiliation; degradation.
avvilire *vt* **1** *(scoraggiare, abbattere)* to dishearten; to discourage. **2** *(umiliare)* to humiliate; to degrade; to debase. **3** *(comm.: deprezzare)* to depreciate; to lower; to bring* down.
□ **avvilirsi** *v. rifl* **1** *(scoraggiarsi)* to lose* heart; to get* disheartened: *avvilirsi per qcsa,* to get disheartened over sth. **2** *(umiliarsi)* to humble oneself; *(degradarsi)* to lower oneself; to degrade oneself.
avvilito *agg* **1** *(scoraggiato, abbattuto)* disheartened; dejected; downhearted; down in the mouth *(fam.)*; *(umiliato)* humbled; mortified; humiliated. **2** *(comm.: deprezzato)* depreciated.
avviluppamento *sm (fig.)* entanglement; intricacy.
avviluppare *vt* **1** *(avvolgere)* to envelop; to wrap (sth) up: *avviluppare qcno in una coperta,* to wrap sb up in a blanket. **2** *(aggrovigliare)* to entangle; *(imbrogliare)* to cheat; to dupe; to swindle.
□ **avvilupparsi** *v. rifl* **1** *(avvolgersi)* to wrap oneself up. **2** *(aggrovigliarsi, anche fig.)* to get* entangled.
avviluppato *agg* **1** *(avvolto)* enveloped; wrapped up. **2** *(aggrovigliato)* entangled. **3** *(fig.: ingarbugliato)* entangled; mixed up; confused.
avvinazzato *agg* **1** *(ubriaco)* drunk; tight *(fam.)*. **2** *(di voce, volto, ecc.)* drunken; wine-sodden.
□ *sm* drunkard; drunk *(fam.)*.
avvincente *agg* charming; winning; compelling; *(di libro, ecc.)* enthralling.
avvincere *vt (fig.: attrarre fortemente)* to charm; to enthrall; to fascinate.
avvinghiare *vt* to clasp; to clutch; to seize.
□ **avvinghiarsi** *v. rifl* to cling*; to wind* oneself round: *Mi si avvinghiò,* He clung to me; *(al collo)* He threw his arms round my neck.
avvinto *agg (fig.)* bound up in; taken with.
avvio *sm* start; beginning: *dare l'avvio,* to set going — *prendere l'avvio,* to get going; to get under way.
avvisaglia *sf* **1** *(mil.)* skirmish. **2** *(med. e fig.)* sign; manifestation.
avvisare *vt* **1** *(informare, far sapere, avvertire)* to inform sb of sth; to let* sb know sth; to tell* sb of sth: *Hai avvisato i tuoi genitori che intendi partire?,* Have you informed (Have you told) your parents that you intend to leave? — *Vi preghiamo di avvisarci...,* Please let us know... **2** *(consigliare, mettere in guardia)* to warn: *Ti avevo avvisato di non andare a quel ricevimento,* I warned you not to go to that party — *Uomo avvisato, mezzo salvato, (prov.)* Forewarned is forearmed.
avvisatore *sm* **1** *(informatore)* informant; *(teatro)* call-boy. **2** *(per segnalazioni acustiche)* horn; siren; hooter; *(d'allarme)* alarm; warning signal; *(antincendio)* fire-alarm. **3** *(radio, televisione)* monitor.
avviso *sm* **1** *(annuncio)* announcement; notice: *mettere un avviso sul giornale,* to put an announcement in the paper — *dare avviso,* to give notice — *avviso al pubblico,* notice to the public — *avviso al lettore,* foreword; preface — *avviso pubblicitario,* advertisement; *(manifesto)* poster; placard — *avviso di consegna, (comm.)* delivery note — *avviso di incasso (pagamento), (comm.)* notice of collection (of payment) — *avviso di sfratto,* notice to quit. **2** *(opinione)* opinion: *a mio avviso,* in my opinion — *Sono dell'avviso che...,* I'm of the opinion that... — *Non sono del tuo avviso,* I don't agree with you. **3** *(consiglio, ammonizione)* warning: *Non hai ascoltato il mio avviso,* You paid no attention to my warning — *Ti sia d'avviso per un'altra volta,* Let this be a warning to you — *stare sull'avviso,* to be on one's guard; to be watchful.
avvistare *vt* to catch* sight (of sb, sth); to sight.
avvitamento *sm* **1** *(mecc.)* screwing. **2** *(di aereo)* spinning; spin. **3** *(ginnastica)* pirouette.
avvitare *vt* to screw (down, up); *(saldamente)* to screw tight; to tighten.
□ *vi (aereo)* to spin.
□ **avvitarsi** *v. rifl* to screw; *(aereo)* to spin; to go* into a spin; to spiral: *L'aereo si avvitò in mare,* The plane went into a spin and fell in the sea.
avvitatrice *sf* screwer.
avviticchiamento *sm* twining; twisting.
avviticchiare *vt,* **avviticchiarsi** *v. rifl* to twine; to twist.
avvivare *vt* to enliven; to animate; to quicken; *(colori)* to brighten.
□ **avvivarsi** *v. rifl* to brighten up; to become* lively; to revive; to grow* animated.
avvizzimento *sm* withering.
avvizzire *vi* to wither.
avvocatessa *sf* **1** female legal pratictioner; lawyer (⇨ *anche* **avvocato**). **2** *(scherz.: moglie di avvocato)* lawyer's wife.
avvocato *sm (dir.)* legal pratictioner; lawyer; counsel *(pl.* counsel*)*; attorney *(USA)*; counselor *(USA)*; *(GB: abilitato a praticare davanti ai tribunali inferiori)* solicitor; *(anche a quelli superiori)* barrister; *(consulente legale)* legal adviser; *(fig.: sostenitore)* advocate; pleader: *l'Ordine degli Avvocati,* the Law Society *(dei solicitors)*; the Bar Association *(dei barristers)* — *avvocato del diavolo,* devil's advocate *(anche fig.)* — *avvocato delle cause perse,* defender of lost causes — *rivolgersi a un avvocato,* to consult a lawyer. □ *parlare come un avvocato,* to have the gift of the gab — *saperne quanto un avvocato, (non spreg.)* to know all the tricks; to be able to cite cases; to be able to quote chapter and verse; *(spreg.)* to be a master of intrigue — *essere avvocato in causa propria,* to defend one's own interests.
avvocatura *sf (professione e ordine degli avvocati)* legal profession; *(dei barristers ⇨)* the Bar: *esercitare l'avvocatura,* to practise law; to be a legal pratictioner.
avvolgere *vt* to wrap *(anche fig.)*; to wrap (sth) up; to envelop; *(con movimento circolare)* to wind*: *avvolgere un bambino in una coperta,* to wrap a child (up) in a blanket — *avvolgere una corda, uno spago,* to wind a rope, a piece of string — *avvolgere una benda attorno a una ferita,* to wind a bandage round (to bandage) a wound — *La faccenda è avvolta nel mistero,* The affair is wrapped in mystery — *Si avvolse una sciarpa attorno al collo,* He wrapped a scarf round his neck — *La vetta era avvolta nella nebbia,* The peak was enveloped in mist.
□ **avvolgersi** *v. rifl* to wrap up.
avvolgibile *agg* roll-up; roll-down.
□ *sm (persiana)* roller blind; *(saracinesca)* shutter; roll-down door.
avvolgimento *sm* **1** rolling up; winding round; *(di stoffa, nastro, pellicola)* taking up. **2** *(elettr.)* winding.
avvolgitore *sm,* **avvolgitrice** *sf* take-up; winder.
avvoltoio *sm* vulture *(anche fig.)*.
avvoltolare *vt* to roll up.
□ **avvoltolarsi** *v. rifl* **1** to wrap oneself up in sth. **2** *(rotolarsi)* to wallow; to roll around.
azalea *sf* azalea.
azienda *sf* firm; concern; business; undertaking; *(società)* company; corporation *(USA)*: *azienda agricola,*

farm — *azienda familiare, (piccola)* family business; *(talvolta)* proprietary company; *(grande)* closed corporation — *azienda di erogazione,* non-profit-making enterprise — *l'Azienda dello Stato,* the state administration — *azienda di Stato,* public corporation — *azienda comunale,* municipal undertaking — *azienda elettrica,* electricity company — *azienda tramviaria,* bus company — *azienda autonoma,* independent office (of a State concern) — *azienda (autonoma) di soggiorno,* tourist bureau — *azienda a partecipazione statale,* firm (*o* undertaking) in which the State has a holding — *dirigente d'azienda,* executive; manager.

aziendale *agg* firm *(attrib.)*; business *(attrib.)*; company *(attrib.)*: *mensa aziendale,* company (*o* firm) canteen — *organizzazione aziendale,* business administration.

azimut *sm* azimuth.

azionamento *sm* operation: *dispositivo d'azionamento,* operating device.

azionare *vt* to operate; to work; to actuate; *(i freni)* to apply; to put* on.

azionario *agg* share *(attrib.)*; stock *(attrib.)*: *capitale azionario,* share capital — *pacchetto azionario,* parcel of shares; shareholding — *il mercato azionario,* the share (*o* stock) market.

azione *sf* **1** action; deed: *pensiero ed azione,* thought and action — *un uomo d'azione,* a man of action — *passare all'azione,* to take action — *entrare in azione,* to begin to act; to come into action — *Saremo giudicati per le nostre azioni,* We shall be judged by our actions — *fare una buona (cattiva) azione,* to do a good (a bad) deed — *mettere qcsa in azione,* to put sth into action — *mettere in azione una macchina,* to operate a machine — *azione e reazione,* action and reaction.

2 *(chim., ecc.)* effect; action: *l'azione d'un gas tossico,* the effect (the action) of a toxic gas.

3 *(soggetto di romanzo, azione di commedia, ecc.)* action; plot: *L'azione si svolge in Spagna,* The action takes place in Spain — *In questa tragedia l'azione è troppo lenta,* The action in this play is too slow — *unità d'azione,* unity of action.

4 *(dir.)* action; lawsuit; trial: *intentare un'azione contro qcno,* to bring an action against sb — *azione giudiziaria,* action; suit — *azione civile (penale),* civil (criminal) action.

5 *(mil.)* action; fight; engagement; exploit: *ucciso in azione di guerra,* killed in action — *entrare in azione (combattimento),* to go into action — *azione di sorpresa,* sudden attack.

6 *(comm.)* share; stock *(spec. USA)*: *azione differita o postergata,* deferred share — *azione nominativa,* registered share — *azione ordinaria,* ordinary share — *azione privilegiata,* preference *(USA anche* preferred*)* share — *azione al portatore,* bearer share — *azioni quotate in Borsa,* listed shares — *società per azioni,* joint stock company — *emettere azioni,* to issue shares — *sottoscrivere azioni,* to subscribe for shares.

□ *(come interiezione) Azione!,* Action!

azionista *sm e f.* shareholder; stockholder.

azoto *sm* nitrogen.

azzannare *vt* **1** to bite*; *(di lupo, cinghiale, ecc.)* to sink* (its) fangs (into sth). **2** *(fig.: criticare)* to tear* to pieces; to maul.

azzardare *vt* to risk; to hazard; to venture *(un'opinione, un'ipotesi)*.

□ **azzardarsi** *v. rifl* to dare* (to do sth); to take* the risk (of doing sth).

azzardatamente *avv* rashly; hazardously.

azzardo *sm* risk; hazard: *gioco d'azzardo,* game of chance.

azzeccagarbugli *sm* cunning (*o* hair-splitting) lawyer; petty practitioner; pettifogger.

azzeccare *vt (appioppare)* to hit*; to strike*; *(indovinare)* to guess; *(riuscire)* to succeed: *Non ne azzecca mai una,* He misses every time; He's never successful; He is always wide of the mark (always out of luck) — *azzeccare i numeri del lotto (un tredici al totocalcio),* to win the lottery (to get a winning line on the pools).

□ **azzeccarla,** to get it (right); to hit the mark.

azzerare *vt* **1** to reset*; to set* at zero; to zero. **2** *(calcolatrice)* to clear.

azzimare *vt* to adorn; to spruce up; to do* (sth) up.

□ **azzimarsi** *v. rifl* to do* oneself (to spruce oneself) up; to doll oneself up *(scherz.)*.

azzimo *agg* unleavened. □ *sm* unleavened bread.

azzoppare *vt* to lame.

□ **azzopparsi** *v. rifl* to go* (to become*) lame.

azzuffarsi *v. reciproco* to come* to blows.

azzurro *agg* blue; azure: *Principe Azzurro,* Prince Charming.

□ *sm* **1** *(colore)* blue; azure. **2** *(sport)* member of the Italian national team.

azzurrognolo *agg* bluish.

B

B, b *sm e f.* B, b: *B come Bologna, (al telefono, ecc.)* B for Benjamin.
babau *sm* **1** *(spauracchio)* bogy; bogey; bogy-man *(pl.* -men*).* **2** *(fig.: persona)* bugbear; ogre; *(cosa)* bugbear; bête noire *(fr.).*
babbeo *agg* foolish; stupid; idiotic.
□ *sm* fool; idiot; blockhead.
babbo *sm (fam.)* dad; daddy; pop; pa *(USA).* □ *Babbo Natale,* Father Christmas; Santa Claus.
babbuccia *sf* **1** *(di tipo orientale)* Turkish slipper; babouche *(fr.).* **2** *(pantofola)* flat-heeled slipper; flattie *(fam.).* **3** *(per neonato)* bootee.
babbuino *sm* baboon.
babele *sf (nome proprio)* Babel; *(fig.: caos, confusione)* bedlam; babel.
babilonese *agg e sm e f.* Babylonian.
babilonia *sf (fig.)* bedlam; babel.
babordo *sm (naut.)* port; port side; *(un tempo)* larboard.
bacato *agg* **1** worm-eaten; worm-ridden; wormy. **2** *(fig.)* corrupt; rotten.
bacca *sf* berry: *una bacca di ginepro,* a juniper berry.
baccalà *sm* **1** stockfish. **2** *(persona magra)* lamp-post; rake; bean-pole: *essere magro come un baccalà,* to be (as) thin as a rake. **3** *(persona stupida)* dummy.
baccanale *sm (rito)* Bacchanal; *(al pl.: festa romana)* Bacchanalia; *(per estensione)* revelry; drunken orgy; debauch; Bacchanalia *(lett.).*
baccano *sm* row; uproar; din *(fam.): fare un baccano del diavolo,* to make *(più fam.* to kick up*)* a hell of a row.
baccante *sf* **1** *(seguace di Bacco)* Bacchante. **2** *(fig.)* sensual (*o* voluptuous) woman *(pl.* women*).*
baccarà *sm* baccarat *(fr.).*
baccello *sm* pod; *(talvolta)* hull.
bacchetta *sf* **1** *(magica)* wand; *(divinatoria)* divining (*o* dowsing) rod. **2** *(simbolo del comando)* rod; staff; baton. **3** *(del direttore d'orchestra)* baton. **4** *(mus.: per battere il tamburo)* drumstick. **5** *(mil.)* ramrod.
bacchettone *sm* excessively pious (*o* sanctimonious) person; bigot.
bacchiare *vt* to knock (to beat*) down and gather (sth).
bacchiatura *sf* knocking-down; gathering.
bacheca *sf* **1** *(mobiletto)* showcase. **2** *(appesa al muro)* notice board.
bachelite *sf* bakelite.
bachicoltore *sm* silk-worm breeder.
bachicoltura *sf* raising (*o* breeding) of silk-worms.
baciamano *sm* hand-kissing; (act of) kissing sb's hand: *fare il baciamano,* to kiss sb's hand.
baciare *vt* **1** to kiss: *baciare la polvere,* to kiss (to bite) the dust. **2** *(lambire)* to touch; to meet*; *(poet.)* to kiss. □ *rima baciata,* rhyming couplet *(generalm. al pl.).*
□ **baciarsi** *v. reciproco* to kiss (each other, one another).
bacile *sm* **1** (household) basin (*o* bowl). **2** *(archit.)* cushion; echinus.
bacillare *agg* bacterial.
bacillo *sm* bacillus; germ *(fam.).*
bacinella *sf* (small) basin (*o* dish); *(fotografia, ecc.)* dish; tray.
bacino *sm* **1** *(recipiente)* basin. **2** *(idrografia, metallurgia, ecc.)* basin: *bacino di raccolta,* catch basin — *il bacino del Tamigi,* the Thames basin — *bacino idrografico,* catchment basin; drainage area — *bacino carbonifero,* coalfield — *bacino di colata,* sprue basin — *bacino oculare,* eye-bath. **3** *(anat.)* pelvis. **4** *(di porto)* dock; wet dock: *bacino di carenaggio (di raddobbo),* dry (graving) dock — *bacino galleggiante,* floating dock — *bacino di costruzione navale,* shipbuilding dock — *entrare in bacino,* to go into dock.
bacio *sm* kiss; peck *(scherz.); (con lo schiocco)* smack: *coprire (mangiare) qcno di baci,* to smother sb with kisses.
baco *sm* **1** *(larva)* worm; larva; grub; maggot *(fam.): baco da seta,* silk-worm. **2** *(fig.)* worm; bug.
bacterio *sm* bacterium.
bacucco *agg* ancient; stupid; as old as the hills *(fam.).*
□ *sm* dotard; Methuselah.
bada *sf (solo nell'espressione) tenere qcno a bada,* to keep sb at bay (at arm's length).
badare *vi* **1** *(sorvegliare, prendersi cura, occuparsi di)* to take* care of (sb); to look after (sb); to care for (sb); to mind: *badare ai bambini,* to look after (to take care of) the children — *Chi bada al bambino?,* Who's minding the baby? — *badare al gregge,* to look after (to watch over, to tend) the flock — *badare alla casa,* to run the house — *Badate ai fatti vostri!,* Mind your own business! **2** *(fare attenzione)* to look out; to be* careful; to mind; to pay* attention; to watch (out): *Bada a quel che fai!,* Be careful what you do!; Watch your step! — *Badate al cane!,* Mind the dog! — *Badate allo scalino!,* Mind the step! — *Bada di non cadere,* Watch your step — *Badate a quel che vi dico, per favore!,* Pay attention to what I'm telling you, please! — *Bada di non perdere il treno,* Mind you don't miss the train — *Bada alle mie parole!,* You mark my words! — *badare alla propria salute,* to be very careful of one's health — *senza badare a spese,* regardless of (the) expense — *non badare a spese,* to spare no expense — *Non badiamo a spese!,* Blow the expense! — *Non bada (Non badano) a spese,* Money's no object (with him, with them, *ecc.*) — *non badare al proprio interesse,* to neglect one's own interests *(pl.)* — *Bada!,* Look out!
badessa *sf* **1** abbess. **2** *(madre superiora)* mother superior. □ *parere una badessa,* to have a prosperous look.
badia *sf* abbey; *(per monaci)* monastery; *(per monache)* convent. □ *Casa mia, casa mia, benché piccola*

tu sia, tu mi sembri una badia, (prov.) There's no place like home!

badile *sm* shovel.

baffo *sm* **1** *(al pl.: baffi)* moustache. **2** *(di animali)* whisker. **3** *(frego)* smear; smudge; streak. □ *ridere sotto i baffi,* to laugh up one's sleeve — *coi baffi, (fig.)* excellent; splendid; really good; first-rate — *(cosa) da leccarsi i baffi,* (sth) to lick one's chops about (to lick one's lips over) — *Me ne faccio un baffo, (volg.)* I don't give a damn about it; I don't care a fig for it.

baffuto *agg* **1** moustached; moustachioed. **2** *(di animale)* whiskered.

bagagliaio *sm (di treno)* luggage van; baggage car *(USA); (di aereo)* luggage compartment; *(di vettura)* boot; trunk *(USA).*

bagaglio *sm* **1** luggage *(GB, invariato al pl.);* bags *(pl.);* baggage *(USA, invariato al pl.): bagaglio appresso (o presso),* accompanied luggage — *bagagli a mano,* hand luggage — *fare i bagagli,* to pack; to pack one's bags — *deposito bagagli,* left luggage office *(GB);* baggage-room *(USA).* **2** *(mil.)* baggage *(talvolta* impedimenta, *lat. pl.): perdere armi e bagagli, (fig.)* to lose everything — *buttare fuori (qcno) con armi e bagagli,* to turn (sb) out bag and baggage. **3** *(fig.: di nozioni, ecc.)* stock; store; treasure-house *(lett.).*

bagarinaggio *sm* ticket touting.

bagarino *sm* (ticket) tout; scalper.

bagascia *sf (volg.)* harlot.

bagattella *sf* **1** trifle; bagatelle. **2** *(mus.)* bagatelle.

baggianata *sf (azione sciocca)* half-witted action; *(detto sciocco)* nonsense; piece of nonsense.

baggiano *agg* stupid; foolish.
□ *sm* fool; simpleton; dolt.

bagliore *sm* glare; *(diffuso)* glow; *(di brevissima durata, ma piuttosto intenso)* flash: *il bagliore del sole sull'acqua,* the glare of the sun on the water — *un bagliore di speranza,* a gleam of hope.

bagnante *sm e f.* bather.

bagnare *vt* **1** to wet; to bathe *(spec. parti del corpo umano); (inzuppare)* to soak; to steep *(spec. tessuti); (immergere, intingere)* to dip; *(inumidire)* to damp; to dampen; to moisten; *(innaffiare)* to water: *Il suo viso era bagnato di lacrime,* His face was bathed in tears — *Il dottore bagnò la ferita,* The doctor bathed the wound — *Era bagnato di sudore,* He was bathed in sweat — *Stanotte il bambino ha bagnato di nuovo il letto,* Last night the baby wet the (its, his) bed again — *Bagnare il panno nella tintura,* Soak the cloth (Leave the cloth to soak) in the dye — *Ero bagnato fino alle ossa (come un pulcino),* I was soaked to the skin — *bagnare il pane nel latte (biscotti nel tè),* to soak (*fam.* to dunk) bread in milk (biscuits in tea) — *bagnare la penna nell'inchiostro,* to dip one's pen into the ink — *Ricordati di bagnare le camicie prima di stirarle,* Remember to damp the shirts before ironing them — *bagnare i fiori,* to water the flowers. **2** *(di mare, lago)* to wash; *(di fiume: traversare)* to flow through: *Genova è bagnata dal mare,* Genoa is washed by the sea — *Il Po bagna Torino,* The Po flows through Turin. □ *bagnarsi le labbra,* to moisten one's lips — *bagnare i galloni (la laurea, ecc.),* to celebrate one's promotion (one's degree, *ecc.*).
□ **bagnarsi** *v. rifl* **1** *(per la pioggia, ecc.)* to get* wet (*o* soaked, drenched): *bagnarsi tutto,* to get wet through; to get soaked; to get a soaking — *Bisogna cambiare il bambino perché si è bagnato (si è fatto la pipì addosso),* We must change the baby as he's wet himself — *Ci bagnammo tutti,* We all got soaked. **2** *(fare il bagno nella vasca)* to have* (to take*) a bath. **3** *(fare il bagno al mare, lago, ecc.)* to bathe; to have* a bathe; to go* for a swim.

bagnasciuga *sm* **1** *(naut.)* boot-topping; wind and water line. **2** *(fam.)* = **battigia.**

bagnata *sf* wetting: *dare una bagnata a qcsa,* to sprinkle sth with water; to wet sth — *prendersi una bella bagnata,* to get soaking wet.

bagnato *agg* wet; soaked; drenched: *bagnato fradicio,* soaking (*o* dripping) wet (⇨ *anche* **bagnare 1**). □ *Se non è zuppa è pan bagnato,* It's six of one and half a dozen of the other — *sembrare un pulcino bagnato,* to be as shy as a mouse.
□ *sm* wet place; wet surface; the wet *(fam.): Sono scivolato sul bagnato,* I slipped on the wet. □ *Piove sul bagnato, (fig.: a indicare fortuna)* Nothing succeeds like success; *(a indicare sfortuna)* It never rains but it pours.

bagnatura *sf* **1** bathing: *le bagnature,* the bathing season *(sing.).* **2** *(med.)* course of baths. **3** *(industria tessile)* steeping. □ *prendersi una bella bagnatura,* to get a soaking.

bagnino *sm* bathing-attendant; *(sulla spiaggia)* lifeguard.

bagno *sm* **1** *(il lavarsi nella vasca)* bath; *(la stanza da bagno)* bathroom: *fare il bagno,* to take (to have) a bath — *Mi faccio un bel bagno caldo e me ne vado a letto,* I shall have a hot bath (*fam.:* a good soak) and go to bed — *bagno (di) schiuma,* foam-bath — *bagno di fango,* mud-bath — *bagno di vapore,* steam-bath — *bagno turco,* Turkish bath — *stanza da bagno,* bathroom; toilet *(USA)* — *vasca da bagno,* bath-tub — *far fare il bagno a un bambino,* to bath a baby; to give a baby its (*o* his, her) bath. **2** *(all'aperto, nel mare, ecc.)* bathe: *Andiamo a fare un bagno?,* Shall we go for a bathe (for a swim)? — *costume da bagno,* swim-suit; bathing-costume; swimming-costume — *bagni di mare,* sea-bathing *(sing.)* — *bagno di sole,* sun-bathe — *cuffia da bagno,* bathing cap — *la stagione dei bagni,* the bathing season. **3** *(al pl., locale dove si fanno i bagni)* baths: *bagni pubblici,* public baths. **4** *(tec., scient., ecc.)* bath: *bagno di acido solforico,* sulphuric acid bath — *bagno d'olio,* oil-bath — *bagno d'iposolfito di sodio,* hypo bath.
□ *bagno penale,* penal settlement; penitentiary — *lasciar qcsa a bagno,* to soak sth; to leave sth to soak — *mettere i fagioli a bagno,* to put the beans to soak — *essere in un bagno di sudore,* to be bathed in (to be dripping with) sweat; to perspire profusely.

bagnomaria *sm* **1** bain-marie *(fr.);* double saucepan. **2** *(farmacologia)* water-bath.

bagordare *vi* to carouse.

bagordo *sm* carousel; revelry: *vivere nei bagordi,* to live a gay life.

[1]**baia** *sf (geografia)* bay.

[2]**baia** *sf (generalm. nell'espressione) dare la baia a qcno,* to make fun of sb; to take the mickey out of sb *(fam.).*

baio *agg e sm* bay.

baionetta *sf* bayonet: *Baionetta in canna!,* Fix bayonets! — *innesto a baionetta, (mecc.)* bayonet cap.

baita *sf* (Alpine) hut; *(talvolta)* chalet.

balaustra, balaustrata *sf* balustrade; banisters *(pl.);* balusters *(pl.).*

balbettamento *sm* stammering; stuttering; *(di bambino)* babbling.

balbettare *vt e i. (per difetto di pronuncia o per commozione)* to stammer; to stutter; *(di bambino)* to babble: *balbettare una scusa,* to stammer out an excuse — *balbettare un po' d'inglese,* to speak broken English.

balbettio *sm* stammering; *(di bambino)* prattle; babble.

balbuzie *sf* stutter; stammer.

balbuziente *agg* stammering; stuttering.
□ *sm e f.* stammerer; stutterer.

balconata *sf* **1** *(archit.)* balcony. **2** *(di teatro)* gallery.

balcone *sm* balcony.

baldacchino *sm* baldachin; canopy *(anche fig.).*

baldanza *sf* daring; boldness; *(fiducia in sé)* self-confidence.

baldanzosamente *avv* boldly; daringly; self-confidently.

baldanzoso *agg* bold; daring; self-confident.

baldo *agg* bold; daring.

baldoria *sf* feasting; merrymaking: *far baldoria,* to make merry; to carouse.

baldracca *sf (volg.)* whore; harlot.

balena *sf* **1** whale: *stecca di balena,* whalebone — *caccia alla balena,* whaling. **2** *(di persona, scherz.)* barrel of lard.

balenamento *sm* flashing.

balenare *vi* to lighten; *(talvolta, spec. fig.)* to flash: *Mi balenò una idea stupenda,* An excellent idea flashed through my mind.

baleniera *sf* **1** whaling ship; whaler. **2** *(imbarcazione a remi)* whaleboat; gig.

baleniere *sm* whaler; whaling man *(pl.* men*).*

balenio *sm* flashing.

baleno *sm* flash; *(lampo)* lightning: *in un baleno,* in a flash; like lightning.

balestra *sf* **1** cross-bow. **2** *(mecc.)* leaf spring. **3** *(tipografia)* galley.

balestrare *vt* to shoot* (sb) with a cross-bow.

balestriera *sf* loophole.

balestriere *sm* crossbow archer.

[1]**bàlia** *sf* **1** nurse; wet nurse: *balia asciutta, (fam.)* nursemaid; dry-nurse *(raro);* nanny *(fam.)* — *avere bisogno della balia, (fig.)* to be helpless; to be capable of drowning in an inch of water. **2** *(zool.)* flycatcher.

[2]**balia** *sf* power; authority: *essere in balia di qcno,* to be in sb's power — *essere in balia di se stesso,* to be left to one's own devices — *essere in balia della sorte,* to be in the hands of fortune (fate); to lie in the lap of the gods — *essere in balia delle onde,* to be at the mercy of the waves.

balistica *sf* ballistics *(col v. al sing.).*

balistico *agg* ballistic.

balla *sf* **1** bale; bundle. **2** *(fam.: frottola)* fib; lie; tall story: *Sono balle!, (fam.)* It's all lies!; Rubbish!; Balls! *(volg.).* □ *prendere la balla, (fam.)* to get tight.

ballare *vi* **1** to dance: *La ragazza ballava dalla gioia,* The girl was dancing for joy — *ballare come un orso,* to dance clumsily. **2** *(dondolare, oscillare, agitarsi)* to rock; to toss: *ballare nel letto,* to toss and turn (in one's bed). **3** *(di mobile malfermo)* to wobble.
□ *vt* to dance: *far ballare un bambino sulle ginocchia,* to dance a baby on one's knees.
□ *far ballare i quattrini,* to squander money — *Il tuo nuovo vestito ti balla addosso!,* You're lost in that dress! — *Quando non c'è la gatta i topi ballano, (prov.)* When the cat's away the mice will play — *Quando si è in ballo bisogna ballare, (prov.)* In for a penny, in for a pound.

ballata *sf* **1** *(lett.)* ballad; ballade *(fr.).* **2** *(mus.)* ballade *(fr.).*

ballatoio *sm* gallery.

ballerina *sf* **1** *(di professione)* ballerina; ballet dancer; *(del varietà o d'avanspettacolo)* chorus girl; chorine *(USA): prima ballerina,* prima ballerina; première danseuse *(fr.).* **2** *(donna che balla per diletto e spec. con abilità)* (good) dancer; *(compagna di ballo)* partner: *La tua ragazza è un'ottima ballerina,* Your girl friend is a very good dancer — *Non riesco a trovare la mia ballerina,* I can't find my partner. **3** *(scarpa femminile)* ballet shoe. **4** *(zool.)* wagtail. **5** *(bot.)* deadly nightshade.

ballerino *sm* **1** *(di professione)* ballet dancer. **2** good dancer. □ *ballerino da corda,* tight-rope walker.
□ *agg* dancing: *terre ballerine, (fig.)* earthquake areas.

balletto *sm* **1** dance; ballet. **2** *(corpo)* corps de ballet *(fr.).* □ *balletto rosa,* sex party.

ballista *sm (volg.)* liar.

ballo *sm* **1** dance; ball: *Mi concede il prossimo ballo?,* May I have the next dance? — *ballo in costume (in maschera),* fancy-dress (masked) ball. **2** *(il ballare)* dancing: *musica da ballo,* dance music — *lezione di ballo,* dancing lesson. □ *corpo di ballo,* corps de ballet *(fr.)* — *canzone a ballo,* ballade *(fr.)* — *ballo di S. Vito,* St Vitus' dance — *avere il ballo di S. Vito, (fig.)* to be always on the move; to have the fidgets *(fam.)* — *essere in ballo, (di qcsa)* to be at stake — *tirare in ballo qcsa,* to raise sth; to bring sth up.

ballonzolare *vi* to skip (to dance) about.

ballottaggio *sm* **1** second count (of votes); recount. **2** *(sport)* play-off.

balneare *agg* bathing *(attrib.);* seaside: *una stazione balneare,* a seaside resort.

baloccare *vt* to distract.
□ **baloccarsi** *v. rifl* **1** to amuse oneself. **2** *(perdere il tempo)* to waste one's time.

balocco *sm* toy.

balordaggine *sf* **1** dullness; stupidity. **2** *(azione)* stupid act. **3** *(affermazione sciocca)* stupid statement.

balordamente *avv* foolishly; stupidly.

balordo *agg* **1** *(sciocco)* foolish; mad; *(privo di senso)* stupid; senseless: *Che idea balorda!,* What a senseless idea! **2** *(stordito)* stunned; queer; peculiar: *sentirsi balordo,* to feel queer (*o* off-colour). **3** *(poco buono)* bad; nasty: *un affare balordo,* a nasty business — *un tempo balordo,* nasty (*o* wretched) weather.
□ *sm* dullard.

balsamico *agg* balsamic; *(salubre)* balmy.
□ *sm* balsam.

balsamo *sm* **1** balsam; balm; fragrance. **2** *(lenimento)* remedy. **3** *(fig.: conforto)* comfort; solace; balm.

balteo *sm* **1** belt; shoulder-belt. **2** *(mil.)* baldric.

baluardo *sm* bulwark *(anche fig.);* bastion; rampart.

baluginare *vi* to blink; to wink.

balza *sf* **1** crag; cliff. **2** *(di veste, ecc.)* fringe; border; frill; edging.

balzano *agg* **1** *(di cavallo)* with white fetlocks (*fam.* white socks). **2** *(fig.)* odd; quaint; queer: *un cervello balzano,* a queer fish.

balzare *vi* **1** to jump; to spring*; to leap*; to bounce: *Balzò in avanti,* He jumped forward — *Balzò nella (fuori della) stanza,* He leapt into (out of) the room — *Balzò dalla sedia (dal letto),* He leapt out of his chair (out of bed) — *balzare di (in) sella,* to leap from (into) the saddle — *balzare in piedi,* to jump to one's feet — *Il cuore le balzò dalla gioia,* Her heart leapt for joy. **2** *(fig.: risaltare)* to stand* out; to appear clear; to leap* before: *balzare agli occhi,* to leap before sb's eyes; to appear clear; to be plain.

balzellare *vi* to skip; *(procedere a piccoli salti)* to skip along.
balzello *sm (imposta)* heavy tax.
balzellone *sm* leap.
[1]**balzo** *sm* bound; bounce; leap; jump: *d'un balzo,* at one bound — *dare un balzo,* to start up; to leap to one's feet — *prendere la palla al balzo, (fig.)* to seize an opportunity — *procedere a balzi,* to bounce along.
[2]**balzo** *sm (dirupo)* cliff; precipice; crag. □ *vigneto a balzi,* terraced vineyard.
bambagia *sf* **1** raw cotton; *(cascame)* cotton-waste. **2** *(med., ecc.)* cotton wool.
□ *allevare nella bambagia, (fig.)* to coddle; to mollycoddle.
bambina *sf* **1** little girl; *(in fasce)* baby. **2** *(fam.: ragazza, spec. se carina)* chick; doll; bird.
bambinaggine *sf* childish action.
bambinaia *sf* nursemaid; nanny *(fam.)*.
bambinata *sf* childish action; prank.
bambinesco *agg* childish; infantile.
bambino *sm* **1** *(senza distinzione di sesso)* child *(pl.* children*): Hanno tre bambini,* They've got three children. **2** *(maschio)* little boy; infant; kid *(fam.)*: *avere un bambino,* to have a baby — *fare il bambino,* to behave like a child; to behave childishly — *aspettare un bambino,* to be expecting a baby — *Gesù Bambino,* the Infant Jesus.
bamboccio *sm* **1** *(bambino grassoccio)* chubby baby; chubby-faced child. **2** *(semplicione)* simpleton. **3** *(fantoccio)* rag doll.
bambola *sf* doll *(vari sensi)*: *giocare alle bambole,* to play with dolls.
bamboleggiare *vi* to behave like a child; to be* puerile.
bambolotto *sm* doll.
bambù *sm* **1** bamboo. **2** *(fusto)* bamboo stick (rod, pole, *ecc.*).
banale *agg* **1** trivial; commonplace; trite; banal. **2** *(comune)* common; *(insignificante)* mere; simple: *Non è che una banale distorsione,* It's only a (simple) sprain.
banalità *sf* banality; triviality.
banalmente *avv* in a banal (*o* trivial) way.
banana *sf* **1** banana. **2** *(di capelli)* sausage curl; bang.
bananeto *sm* banana plantation.
banano *sm* banana tree.
banca *sf* bank: *impiegato di banca,* bank clerk — *un conto in banca,* a bank account — *andare in banca,* to go to the bank — *lavorare in banca,* to work at a bank — *biglietto di banca,* banknote — *banca del sangue,* blood bank.
bancarella *sf* stall; booth; *(con ruote)* barrow; *(di libri)* bookstall *(GB)*.
bancarellista *sm e f.* stallholder.
bancario *agg* banking; bank *(attrib.)*: *assegno bancario,* cheque, *(USA)* check — *istituto bancario,* bank; banking house.
□ *sm* bank clerk.
bancarotta *sf* bankruptcy: *fare bancarotta,* to go bankrupt — *bancarotta fraudolenta,* fraudulent bankruptcy.
banchettare *vi* to banquet; to feast.
banchetto *sm* banquet: *banchetto delle nazioni, (stor.)* table of nations.
banchiere *sm* banker.
banchiglia *sf* ice field; ice bed.
banchina *sf* **1** *(naut.)* quay; wharf; *(molo)* pier: *diritti di banchina, (naut.)* quayage. **2** *(marciapiede)* platform. **3** *(per pedoni)* footpath; *(per ciclisti)* cycle path (*o* lane). **4** *(margine di una strada)* verge; shoulder. **5** *(mil.)* fire-step.
banchisa *sf* ice-pack.
banco *sm* **1** *(di scuola)* desk; form; *(panca, tavolo, seggio al Parlamento)* bench; *(di chiesa)* pew; *(talvolta)* stall: *il banco degli imputati,* the dock — *sedere sul banco degli imputati,* to sit (to be) in the dock; to be on trial — *il banco dei testimoni,* the witness box; stanch *(USA)* — *il banco della giuria,* the jury-box. **2** *(di vendita)* counter; *(di mercato)* street stall: *passare (vendere) qcsa a qcno sotto banco,* to pass (to sell) sb sth under the counter — *roba di sotto banco,* under-the-counter goods *(pl.)* — *banco dei pegni,* pawnbroker's; pawnbroker's shop; pawnshop. **3** *(di lavoro)* bench; worktable; workbench; frame: *banco da falegname,* carpenter's (*o* joiner's) bench — *banco di prova, (di motore, macchinario)* test bed; *(fig.)* acid test — *banco di collaudo,* test stand (*o* bench); inspection bench — *banco di manovra,* control board. **4** *(banca)* bank *(anche in certi giochi)*: *avere (tenere) il banco,* to hold the bank — *far saltare il banco,* to break the bank — *tener banco contro tutti,* to hold one's own against everybody. **5** *(espressioni varie: geografia, geologia, meteorologia)* bank; *(di ghiaccio)* ice-pack; floe; *(di carbone fossile)* seam: *banco di nebbia,* fog bank — *banco di nubi,* bank of clouds — *banco di sabbia,* sand-bank — *banco di coralli,* coral-reef — *banco di scogli,* reef — *banco di spugne,* sponge bed.
bancogiro *sm (comm.)* transfer; giro.
banconota *sf* banknote; note; bill *(USA)*.
[1]**banda** *sf (lato)* side *(anche naut.)*: *mettere da banda qcsa,* to put sth aside — *timone alla banda, (naut.)* with the helm over.
[2]**banda** *sf* **1** *(striscia)* stripe; *(di stoffa)* band; strip; *(di capelli)* band. **2** *(araldica)* bend. □ *banda d'atterraggio, (aeronautica)* landing strip.
[3]**banda** *sf* **1** *(di ladri, ecc.)* band; gang *(anche scherz.: brigata)*: *bande irregolari,* rebel bands — *una banda di amici,* a gang (*o* group) of friends. **2** *(di suonatori)* band.
bandella *sf* **1** *(di porta)* hinge. **2** *(elettr.)* bus bar. **3** *(metallurgia)* strap; strap-iron.
banderuola *sf* **1** *(segnavento)* weathercock; vane; wind vane; *(di nave)* pennant; streamer. **2** *(fig.)* fickle person; time-server; turncoat; weathercock: *essere una banderuola,* to be a weathercock; to play fast and loose.
bandiera *sf* flag; ensign; colours *(pl.)*; banner: *ammainare la bandiera,* to lower the flag — *bandiera di comodo,* flag of convenience — *a bandiere spiegate,* with flying colours — *abbandonare la bandiera,* to desert one's colours — *voltare (cambiare) bandiera,* to change sides (one's party, one's opinion); to be a turncoat — *alzare bandiera bianca,* to surrender; *(fig.)* to give up.
bandire *vt* **1** *(pubblicare, notificare, indire)* to publish; to notify; to proclaim: *bandire un concorso,* to advertise a competition (a competitive examination). **2** *(esiliare)* to banish; to exile; to expel. **3** *(mettere da parte, evitare)* to dispense (with sth); to put* (sth) aside: *bandire le cerimonie,* to dispense with formalities.
bandista *sm (mus.)* bandsman *(pl.* -men*)*.
bandita *sf* preserve; reserve: *cacciare in bandita,* to poach.
banditismo *sm* brigandage.

bandito *agg* banished. □ *sm* outlaw; bandit; *(brigante)* brigand.

banditore *sm* **1** *(stor.)* town crier. **2** *(nelle vendite all'incanto)* auctioneer. **3** *(fig.: di idea, dottrina)* proclaimer; prophet.

bando *sm* **1** notice; *(pubblico annuncio)* proclamation; edict: *bando di concorso,* announcement (*o* notice) of a competitive examination — *bando di vendita,* judicial order for sale. **2** *(esilio)* exile; banishment: *mettere al bando,* to outlaw. □ **Bando a...,** Away with the...; No more...; Enough of...; Cut the... — *Bando alle chiacchiere!,* Enough (of) talking!; Cut the cackle! *(fam.)*.

bandoliera *sf* bandolier.

bandolo *sm* end of skein; thread *(anche fig.)*. □ *trovare il bandolo, (fig.)* to find a solution.

baobab *sm* baobab.

bar *sm* **1** bar; café. **2** *(mobile)* cocktail cabinet.

bara *sf* coffin: *avere un piede nella bara,* to have one foot in the grave.

barabba *sm* *(manigoldo)* crook; *(fannullone)* layabout; good-for-nothing.

baracca *sf* **1** hut; cabin; *(baraccone)* booth; *(deposito)* shed. **2** *(catapecchia)* hovel. **3** *(spreg.: oggetto in cattive condizioni)* piece of junk. □ *mandare avanti la baracca,* to keep the ship afloat; to keep the show going — *piantar baracca e burattini,* to chuck everything up; to get out from under *(fam.)* — *aiutare la baracca,* to help things along — *far baracca,* to revel; to carouse.

baraccone *sm* large tent; booth.

baraonda *sf* disorder; confusion; chaos; *(di gente)* hustling; jostling.

barare *vi* to cheat.

baratro *sm* **1** precipice. **2** *(fig.)* abyss; depths. □ *il baratro infernale,* the Abyss; Hell.

barattare *vt* to barter; to swap *(fam.)*; to trade *(USA)*.

barattiere *sm* **1** *(naut.)* barrator. **2** *(rigattiere)* dealer; middleman *(pl.* -men*)*.

baratto *sm* *(comm.)* barter: *fare un baratto,* to barter one thing for another.

barattolo *sm* jar; pot; *(di latta)* tin; can *(USA)*.

barba *sf* **1** beard: *farsi crescere la barba,* to grow a beard — *una barba d'una settimana,* a week's (growth of) beard — *avere la barba lunga,* to be unshaven; to be (badly) in need of a shave — *farsi la barba,* to shave (oneself); to have a shave — *farsi fare la barba,* to get a shave — *fare la barba a qcno,* to shave sb; *(fig.)* to get the better of sb — *barba e capelli,* shave and haircut — *sapone da barba,* shaving soap. **2** *(radici sottili)* beard; root; rootlet; *(di carciofo)* choke: *mettere le barbe,* to take root. **3** *(di pesce)* barbel; wattle; *(d'uccello)* wattle; beard; *(di capra, ecc.)* beard. **4** *(fig., fam.: cosa noiosa)* bore: *Che barba!,* What a bore! — *Che barba questo ricevimento!,* What a boring party this is! — *avere la barba (di qcno, qcsa),* to be fed up (with sb, sth). □ *servir qcno di barba e capelli,* to put sb in his place; to teach sb a lesson; to fix sb *(fam.)* — *in barba a...,* in spite of... — *in barba a qcno,* at sb's expense.

barbabietola *sf* beetroot: *barbabietola da zucchero,* sugar-beet.

barbagianni *sm* **1** *(zool.)* barn owl. **2** *(persona sciocca)* simpleton.

barbaglio *sm* dazzling light; dazzle.

barbaramente *avv* **1** *(in modo barbaro)* barbarously. **2** *(con modi rozzi)* uncouthly.

barbaresco *agg* **1** barbarian; *(per estensione)* strange. **2** *(della Barberia)* Barbary; Barbesque. □ *sm* **1** Barbary Arab; Moor. **2** *(pirata)* Barbary pirate. **3** *(cavallo)* Barbary horse.

barbarico *agg* barbaric; barbarian.

barbarie *sf* barbarity; cruelty.

barbarismo *sm* barbarism.

barbaro *agg* **1** barbarous; barbaric; *(crudele)* fierce; cruel. **2** *(rozzo, incolto, fig.)* crude; uncouth; *(di stile)* unpolished.

barbero *sm* Barbary horse; barb; racehorse: *correre come un barbero,* to run like the wind.

barbetta *sf* **1** *(diminutivo di barba)* short beard. **2** *(mil.)* barbette. **3** *(naut.)* painter: *dar la barbetta, (scherz.)* to leave (sb) in one's wake. **4** *(di cavallo)* fetlock.

barbiere *sm* barber.

barbificare *vi* to put* down roots.

barbino *agg* poor; ghastly *(fam.)*: *fare una figura barbina,* to cut a poor figure.

barbiturico *agg* barbituric. □ *sm* barbiturate: *avvelenamento da barbiturici,* barbiturate poisoning.

barbogio *agg* doting. □ *sm* dotard.

barboncino *sm* poodle.

barbone *sm* **1** long beard. **2** *(cane, anche barboncino)* poodle. **3** *(vagabondo)* vagrant; beggar; tramp; *(giovane con capelli e barba lunghi)* hippie. **4** *(bot.)* bryony.

barboso *agg (fam.)* boring.

barbugliare *vi* to burble; to mumble.

barbuglione *sm* mumbler.

barbuto *agg* bearded.

[1]**barca** *sf* **1** boat; craft *(pl.* craft*)*; bark *(lett.)*: *Attraversammo il fiume in barca,* We crossed the river by (*o* in a) boat — *barca a vapore,* steamboat — *barca da diporto,* pleasure boat; pleasure craft — *barca a vela,* sailing boat; dinghy — *barca da pesca,* fishing boat — *barca di salvataggio,* lifeboat — *Siamo tutti nella stessa barca,* We are all in the same boat. **2** *(fig.: la famiglia, il lavoro)* = **baracca**. □ *È una barca che fa acqua da tutte le parti,* It's a very shaky concern (*o* outfit).

[2]**barca** *sf (bica)* rick; stack *(anche fig.)*: *avere una barca di soldi,* to have stacks (*o* heaps) of money.

barcaccia *sf* **1** old boat. **2** *(imbarcazione)* ship's boat; cutter. **3** *(palco)* box.

barcaiolo *sm* boatman *(pl.* -men*)*; waterman *(pl.* -men*)*.

barcamenarsi *v. rifl (destreggiarsi)* to keep* afloat; to manage; to get* along; *(tergiversare)* to beat* about the bush; to sit* on the fence: *sapersi barcamenare,* to be good at getting out of difficulties; to manage things well (*o* cleverly).

barcarizzo *sm (naut.)* gangway.

barcarola *sf (mus.)* barcarole *(fr.)*.

barchino *sm* wherry; punt; *(mil.)* landing craft.

barcollare *vi* to stagger *(spec. camminando)*; to reel *(spec. per effetto di un colpo o dell'alcool)*; *(ondeggiare)* to totter *(anche fig.)*; *(vacillare, fig.)* to be* shaky.

barcollio *sm* rolling; staggering.

barcolloni *avv (nell'espressione) camminare barcolloni,* to stagger.

barcone *sm (naut.)* scow; *(per costruire ponti provvisori)* pontoon.

bardare *vt* **1** *(un cavallo)* to harness. **2** *(scherz.)* to doll up. □ **bardarsi** *v. rifl (scherz.)* to doll oneself up.

bardatura *sf* **1** harness; trappings *(pl.)*: *togliere la bar-*

datura a un cavallo, to unharness a horse. **2** *(abbigliamento ridondante)* trappings *(pl.)*; finery.
bardo *sm* bard.
barella *sf (per il trasporto di materiali)* hand-barrow; barrow; *(per feriti)* stretcher; litter.
barelliere *sm* stretcher-bearer.
bargiglio *sm* wattle.
baricentrico *agg (fis.)* barycentric; centre-of-gravity *(attrib.)*.
baricentro *sm* centre of gravity; barycentre.
barile *sm* **1** *(botte e unità di misura)* barrel; cask; hogshead. **2** *(persona grassa)* barrel.
barilotto *sm* **1** keg. **2** *(persona tozza)* short dumpy person; barrel. **3** *(di bersaglio)* bull's eye; bull: *far barilotto,* to score a bull.
bario *sm* barium.
barista *sm* **1** barman *(pl.* -men*)*. **2** *(gestore)* barkeeper. □ *sf* barmaid.
baritonale *agg* baritone *(attrib.)*.
baritono *sm* baritone.
barletto *sm (morsa)* clamp.
barlume *sm* glimmer; gleam *(anche fig.)*: *un barlume di speranza,* a glimmer of hope.
baro *sm* card-sharper; cheat; swindler.
barocciaio *sm* carter.
baroccio *sm* cart; van; waggon.
barocco *agg* **1** *(anche sm)* Baroque. **2** *(fig.)* baroque; *(fiorito)* heavy; flowery.
barometrico *agg* barometric.
barometro *sm* barometer; glass *(fam.)*: *barometro di altezza,* altimeter. □ *barometro ambulante,* weather-prophet.
baronale *agg* baronial.
baronata *sf* roguery; trickery.
barone *sm* **1** baron; noble. **2** *(fig.)* baron; Don *(USA, spreg.)*.
baronessa *sf* baroness.
baronetto *sm* baronet.
baronia *sf* **1** *(territorio e rango)* barony. **2** *(neol., p.es. di professore universitario)* (private) preserve; fief; sphere of influence.
barra *sf* **1** bar; rod: *barra di rame,* bar of copper; copper bar — *barra spaziatrice,* space bar — *barra di traino,* towbar — *barra di direzione,* steering rod. **2** *(naut.: del timone)* tiller; helm; *(crocette)* cross-trees: *Barra sopravento!,* Hard aweather! — *Barra sotto!,* Helm down! — *cambiare la barra,* to shift the helm. **3** *(del morso)* bit. **4** *(di sabbia, ecc.)* sand-bar. **5** *(tramezzo di aula giudiziaria)* bar: *andare (stare) alla barra, (fig.)* to plead. **6** *(lineetta dall'alto al basso)* line; *(diagonale)* oblique stroke: *cinque barra sei, (matematica: 5/6)* five over six; *(talvolta)* five-sixths.
barracano *sm* barracan.
barracuda *sm* barracuda.
barricadiero *agg* revolutionary.
barricare *vt* to bar the way; to barricade.
□ **barricarsi** *v. rifl* to barricade oneself: *barricarsi nel silenzio,* to entrench oneself behind a barrier of silence.
barricata *sf* barricade: *fare le barricate,* to revolt — *essere dall'altra parte della barricata, (fig.)* to be on the other side of the fence.
barriera *sf* **1** barrier: *barriera corallina,* coral reef; *(in Australia)* barrier reef — *la barriera del suono,* the sound barrier. **2** *(steccato)* gate; *(stradale)* road-block; *(passaggio a livello)* level-crossing gate: *barriera di sicurezza, (su un'autostrada)* guardrail — *barriera daziale,* toll-gate. **3** *(fig.)* obstacle; difficulty: *barriera razziale,* colour bar — *barriere al libero scambio,* trade (*o* tariff) barriers.
barrire *vi* **1** *(di elefante, ecc.)* to trumpet. **2** *(fig.)* to bellow.
barrito *sm* **1** *(di elefante, ecc.)* trumpeting. **2** *(fig.)* bellow.
baruffa *sf* brawl; scuffle: *far baruffa,* to quarrel.
barzelletta *sf* joke; funny story: *raccontare barzellette,* to crack jokes; to tell funny stories — *pigliare qcsa in barzelletta,* to make light of sth.
basalto *sm* basalt.
basamento *sm* **1** base; *(piedestallo)* plinth; base. **2** *(zoccolo)* skirting board. **3** *(mecc.)* bed. **4** *(di automobile)* crankcase; cylinder block.
basare *vt* to base; to found.
□ **basarsi** *v. rifl* to be* based (on sth); to base oneself (on sth).
basco *agg* Basque. □ *sm* **1** Basque. **2** *(copricapo)* beret.
base *sf* **1** *(fondamento, sostegno, parte inferiore; anche fig.)* foundation *(spesso al pl.)*; basis *(pl.* bases*)*; ground; base: *la base d'un edificio,* the foundations *(pl.)* of a building — *le basi d'una dottrina religiosa,* the foundation *(sing.)* of a religious doctrine — *gettare le basi (di qcsa),* to lay the foundations (of *o* for sth) — *la base di una piramide (di un triangolo),* the base of a pyramid (of a triangle) — *Le tue argomentazioni hanno una buona base,* Your arguments have a firm basis (are well-founded) — *base cranica,* base of the skull — *su solida base,* on a solid basis — *in base a ciò,* on this basis — *in base a una tale richiesta,* in accordance with this request; on the grounds of this demand — *senza base,* groundless; baseless; without foundation — *mancare di basi,* to be without foundation; to be groundless — *avere buone basi in storia, ecc.,* to be good at (very strong in) history, *ecc.* — *a base di...,* with a basis of...; based on... — *un cocktail a base di gin,* a gin-based cocktail — *di base, (agg.)* basic; fundamental — *stipendio base,* basic salary — *base azionaria, (comm.)* share base. **2** *(mil., ecc.)* base: *base aerea (navale),* air (naval) base — *base spaziale,* space base — *base d'operazione,* base; base of operations *(pl.)* — *ritorno alla base,* return to base. **3** *(matematica, chim.)* base: *base organica,* organic base. **4** *(di partito politico, di sindacato)* rank and file; members *(pl.)*: *di base, (come agg.)* grass-roots *(solo attrib.)*; rank-and-file *(solo attrib.)*.
basetta *sf* whisker; side-whisker; *(al pl.)* side-boards *(sl.)*; side-burns *(USA)*.
basico *agg* basic.
basilare *agg* basic; fundamental.
basilica *sf* basilica.
basilico *sm* (sweet) basil.
bassa *sf* **1** plain; lowlands *(pl.)*: *andare nella bassa,* to go to the lowlands. **2** *(mil., sl.)* pass.
bassamente *avv* basely; in a low manner.
bassetto *sm* bass-viol.
bassezza *sf* **1** lowness; low altitude; *(di statura)* shortness. **2** *(viltà)* baseness; vileness; lowness; *(azione vile)* base action.
basso *agg* **1** low; *(di acqua: poco profonda)* shallow: *La luna era bassa nel cielo,* The moon was (*o* hung) low in the sky — *un soffitto basso,* a low ceiling — *un muro basso,* a low wall — *Ha la fronte bassa,* He has a low brow (*o* forehead) — *bassorilievo,* low relief; bas-relief *(fr.)* — *bassa marea,* low tide — *acqua bassa,* shallow water — *navigare in acque basse, (fig.: passarsela male)* to be in low water — *a*

prezzo basso, at a low price — *temperatura bassa,* low temperature — *mantenere i prezzi bassi,* to keep prices down — *far man bassa,* to pillage; to plunder — *tenere il capo basso,* to keep one's head down — *avere il morale basso,* to have the blues; to be down-hearted; to be down in the dumps *(fam.);* to be feeling blue — *a occhi bassi,* with lowered eyes — *un abito da sera dalla scollatura bassa,* a low-necked evening-dress — *avere la febbre bassa,* to have just a bit of a temperature — *praticare i prezzi più bassi del mercato, (comm.)* to quote rock-bottom prices — *basso ventre,* abdomen.
2 *(di statura)* short: *Tuo fratello è molto più basso di te,* Your brother is much shorter than you.
3 *(di suoni)* low; soft; *(profondo)* deep: *Parla sempre a voce bassa,* She always speaks in a low voice — *le note basse d'un mezzosoprano,* the low (*o* deep) notes of a mezzo-soprano.
4 *(fig.: vile, meschino)* base; vile; low: *un'azione bassa,* a base deed — *bassi istinti,* vile instincts — *agire per bassi scopi,* to act from base motives.
5 *(inferiore)* low; lower; inferior; *(fig.: umile)* humble: *merce di bassa qualità,* inferior (*o* poor) quality goods — *le classi basse,* the lower classes — *Messa bassa,* Low Mass — *oro basso,* low grade gold — *di bassa origine,* of humble origins *(pl.);* of low birth — *bassa stagione,* low season.
6 *(stor.: tardo)* late: *il basso Medioevo,* the Late Middle Ages — *il Basso Impero,* the Late Roman Empire — *basso latino,* low (*o* vulgar) Latin.
7 *(geografia)* low; lower; *(meridionale)* southern: *i Paesi Bassi,* the Low Countries — *la Bassa Italia,* Southern Italy — *il basso Po,* the lower Po; the lower reaches of the Po — *il Basso Egitto,* Lower Egypt.
□ *sm* **1** lower part; bottom. **2** *(mus.)* bass: *chiave di basso,* bass clef — *basso continuo,* through bass.
□ *cadere in basso,* to fall low; to come down in the world — *da basso (dabbasso),* downstairs — *in basso,* - **a)** *(stato)* down; below - **b)** *(moto)* downwards; down - **c)** *(fig.)* low — *guardare qcno dall'alto in basso,* to look down one's nose at sb; *(talvolta)* to look sb up and down — *squadrare qcno dall'alto in basso,* to look sb over from head to foot — *gli alti e i bassi della vita,* life's ups and downs.
□ *avv* **1** low: *mirare (sparare, tirare) basso,* to aim (to shoot) low. **2** *(a bassa voce)* low; softly.

bassofondo *sm* **1** *(letteralm.)* shallow(s); shoal. **2** *(al pl., fig.: quartieri poveri)* slums. □ *i bassifondi della società,* the dregs of society.

bassopiano *sm* low-lying plain.

bassorilievo *sm* bas-relief *(fr.);* low relief.

bassotto *agg* rather low.
□ *sm* dachshund; *(talvolta, erroneamente per 'cane inglese da lepre')* beagle.

basta *sf* **1** tacking; long stitching. **2** *(piega)* tuck: *scucire una basta,* to let out a tuck.

bastante *agg* sufficient.

bastardo *agg* bastard *(anche fig.);* illegitimate; *(di animale, pianta)* mongrel; hybrid; *(fig.)* spurious: *carattere (tipografico) bastardo,* bastard type — *cane bastardo,* mongrel.
□ *sm* bastard; illegitimate son; *(animale)* mongrel; *(pianta)* hybrid; *(trovatello)* cross; foundling.

bastare *vi* **1** to be* enough; to be* sufficient; to suffice: *Basteranno i soldi per il viaggio?,* Will the money be enough (*o* sufficient) for the journey? — *Non mi basta lo stipendio,* My salary is insufficient (is not enough for me to live on) — *bastare a se stesso,* to be self-sufficient — *Basta con le vostre assurde pretese!,* Enough of your preposterous claims! — *Mi basta la Sua parola,* Your word will suffice (is enough) — *Basti dire che...,* Suffice it to say that... — *Punto e basta!,* And that's that!; Period! *(USA)* — *Basta (Smettila)!,* Stop it! — *Basta così, grazie,* That's enough (That will do), thank you; *(nei negozi)* Nothing else, thank you; That's all, thank you — *Basta così?,* Is that enough?; *(nei negozi)* Anything else?; Will that be all? **2** *(durare)* to last: *Questa somma deve bastare fino al prossimo mese,* This sum of money must last (has got to last) till next month. **3** **basta che...**, *(purché...)* provided that...; as long as...; *(è sufficiente che...)* it is enough...: *Te lo do, basta che tu me lo restituisca,* I'm quite happy to give it to you, as long as you give it back — *Basta che tu lo chieda!,* You need only ask! — *Bastava che tu me lo dicessi!,* If only you'd told me!

bastevole *agg (lett.)* sufficient.

bastia *sf* stockade; entrenchment.

bastimento *sm* **1** ship; boat; vessel. **2** *(quantità)* shipload; boatload.

bastionare *vt* to fortify with bastions (with ramparts).

bastione *sm* bastion; rampart.

basto *sm* **1** pack saddle: *cinghie di basto,* girths — *cavallo da basto,* pack horse. **2** *(fig.)* load; heavy burden: *portare il basto,* to shoulder a burden — *non portar basto,* to be one's own master — *essere da basto e sella,* to be a maid of all work; to be able to turn one's hand to anything — *mettere il basto,* to subdue; to subjugate. □ *basto rovescio,* gutter.

bastonare *vt* **1** to beat*; *(con la verga)* to cane; *(con il randello)* to cudgel: *bastonare qcno di santa ragione,* to thrash sb furiously; to beat sb up; to lam into sb; to lambaste sb *(fam.).* **2** *(attaccare con critiche)* to flog; to batter.

bastonata *sf* blow: *fare alle bastonate,* to come to blows.

bastonatura *sf* beating; *(con la verga)* caning; hiding *(fam.).*

bastoncello *sm* **1** small stick. **2** *(tipografia)* small sans(-)serif. **3** *(al pl.: del ventaglio)* ribs.

bastoncino *sm* **1** small stick. **2** *(sci)* ski-stick; ski-pole. **3** *(anat.)* rod.

bastone *sm* **1** stick; *(da passeggio)* walking-stick; cane; *(verga)* cane; *(insegna militare)* baton; *(da golf)* club: *bastone alpino,* alpenstock *(dal tedesco)* — *bastone animato,* sword-stick — *bastone vescovile,* pastoral staff; crosier — *mettere il bastone fra le ruote,* to put a spanner in the works; to put a spoke in sb's wheel — *usare il bastone e la carota,* to use both the carrot and the big stick. **2** *(fig.)* support; prop; staff. **3** *(al pl., nel gioco delle carte)* clubs. **4** *(araldica)* baton; bar *(fam.).* **5** *(tipografia)* sans(-)serif *(agg. e s.).* **6** *(di pane)* French loaf.

batacchio *sm* **1** *(di campane)* clapper; striker. **2** *(di porta)* knocker.

batisfera *sf* bathysphere.

batista *sf* batiste *(fr.);* cambric.

batocchio *sm* = **batacchio.**

batosta *sf (colpo; e fig.: disgrazia)* blow: *una bella batosta,* a severe (*o* heavy) blow.

battage *sm (pubblicità)* build-up.

battaglia *sf* **1** battle; fight; *(pittura)* battle-scene: *battaglia aeronavale,* air-sea battle — *battaglia aeroterrestre,* air and land battle — *battaglia campale,* pitched battle — *campo di battaglia,* battlefield — *battaglia offensiva (difensiva),* offensive (defensive) battle — *battaglia controffensiva,* counter-offensive action — *battaglia finta,* mock battle (*o* fight) — *battaglia navale,* naval (*o* sea) battle — *fronte di battaglia,* line of battle; battlefront — *un esercito schierato in battaglia,* an army drawn up in battle order (in battle array *lett.*) — *dare a qcno battaglia,* to join battle (with sb). **2** *(lotta, conflitto; anche fig.)* fight; struggle; conflict; battle: *una battaglia d'idee,* a conflict of ideas — *una battaglia politica,* a political fight (*o* battle).

□ *cavallo da battaglia,* war-horse; charger *(lett.)* — *cavallo di battaglia, (fig.)* - **a)** *(pezzo forte)* favourite piece (*o* subject); 'pièce de résistance' *(fr.)* - **b)** *(argomento favorito)* pet subject; hobby-horse.

battagliare *vi* **1** to battle; to fight* *(anche fig.).* **2** *(fig.: disputare)* to argue; to contend.

battagliero *agg* warlike; belligerent: *un temperamento battagliero,* an aggressive temperament.

battaglio *sm* **1** *(di campana)* clapper; striker. **2** *(di porta)* knocker.

battaglione *sm* battalion.

battelliere *sm* boatman *(pl.* -men*)*; waterman *(pl.* -men*).*

battello *sm* boat; *(piccolo)* dinghy; skiff: *battello a vapore,* steamboat; steamship — *battello-porta,* caisson.

battente *sm* **1** *(di porta)* wing; door; leaf; *(di finestra)* shutter: *porta a due battenti,* double-door(s) — *chiudere i battenti,* to close the doors; *(fig.)* to close down — *serrare a due battenti,* to lock up securely; to double-lock. **2** *(battiporta)* (door-)knocker. **3** *(idrico)* head; water head. **4** *(industria tessile)* batten. □ *battente di boccaporto, (naut.)* washboard.

[1]**battere** *vt* **1** to beat*; to strike*; to hit*; to knock; *(col bastone, ecc.)* to thrash; *(con la verga)* to cane; *(con la sferza)* to lash; *(leggermente)* to rap; to tap; to knock; *(urtare)* to bump; to knock; *(mil.: attaccare duramente)* to pound; *(bombardando)* to strafe *(dal tedesco)*: *battere un chiodo,* to strike (to knock in) a nail — *battere il ferro finché è caldo,* to strike while the iron is hot; to make hay while the sun shines — *battere un tamburo,* to beat a drum — *battere le ore,* to strike the hours — *battere il tempo, (mus.)* to beat (the) time — *battere la testa contro la porta,* to knock (to hit, to bump) one's head against the door — *battere il naso in qcno, (fig.)* to run (to bump) into sb — *battere qcno sulla spalla, (leggermente)* to tap sb on the shoulder; *(fortemente)* to clap sb on the shoulder — *battersi il petto,* to beat one's breast; *(fig.)* to repent — *battere i piedi per terra, (p.es. per protesta, per il freddo)* to stamp one's feet; to stamp the ground — *battere il piede, (leggermente, per impazienza)* to tap one's foot — *battere le mani,* to clap (one's hands) — *battere gli occhi,* to blink — *battere l'occhio (strizzandolo),* to wink.

2 *(sconfiggere)* to beat*; to defeat; *(superare)* to overcome*: *battere un primato,* to beat a record — *battere qcno in qcsa,* to beat sb at sth — *battere qcno ai punti, (pugilato)* to win (to beat sb) on points — *Siamo stati battuti,* We have been defeated.

3 *(un calcio)* to kick: *battere un calcio di rigore,* to take a penalty.

4 *(coniare)* to mint; to strike*: *battere moneta,* to mint coins.

5 *(metalli)* to hammer.

6 *(trebbiare)* to thresh.

7 *(con macchina da scrivere)* to type.

8 *(bandiera)* to fly*: *battere bandiera italiana,* to fly the Italian flag — *battere bandiera nera,* to fly the black flag.

9 *(percorrere)* to scour; to beat*: *battere la campagna,* to scour the countryside — *battere i boschi,* to beat the woods — *battere i mercati,* to frequent (to go to) all markets — *battere una regione, (p.es. di viaggiatore di commercio)* to work a district (an area) — *battere il marciapiede, (fare la prostituta)* to walk the streets; to be a prostitute; to be a street-walker.

□ *vi* **1** *(alla porta)* to knock (on); *(colpire)* to beat*; to hit: *Qualcuno sta battendo alla porta,* Somebody is knocking on the door — *La pioggia batteva sui vetri,* The rain beat upon the window-panes.

2 *(di motori)* to knock; *(battere in testa, detonare)* to pink; to spark.

3 *(del polso, del cuore)* to beat*; to throb; to pulsate; *(dei denti)* to chatter: *Il cuore mi batteva forte,* My heart was going pit-a-pat — *Gli battevano i denti,* His teeth were chattering.

4 *(di ali, tende, ecc.)* to flap; *(rapidamente)* to flutter.

5 *(al tennis: fare la battuta)* to serve.

6 *(fig.: insistere)* to insist (on sth); to harp (on, sth); to emphasize.

□ **battersi** *v. rifl (combattere)* to fight*: *battersi per qcsa,* to fight for sth; to stick up for sth — *battersi all'ultimo sangue,* to fight to the last.

□ **battersi** *v. reciproco* to fight* (each other).

□ **battersela,** - **a)** *(fuggire)* to take to one's heels; to beat it *(fam.)* - **b)** *(svignarsela)* to take French leave.

□ *non battere ciglio, (non dimostrare sorpresa)* not to bat an eyelid; *(non aver paura)* not to flinch — *senza batter ciglio,* impassively; impassibly; without batting an eyelid — *battere sempre sullo stesso chiodo (tasto), (fig.)* to insist; to be always (to keep) harping on the same subject — *La lingua batte dove il dente duole, (prov.)* The tongue ever turns to the aching tooth — *battere la fiacca,* to be sluggish — *non sapere dove battere il capo (la testa),* not to know which way to turn — *battere la grancassa, (fig.)* to bang the big drum; to advertise — *battere i tacchi,* to take to one's heels — *battere in ritirata,* to beat a hasty retreat — *a tamburo battente,* at once; immediately — *pagare a tamburo battente,* to pay on the nail.

[2]**battere** *sm* beating: *un battere d'ali,* a beating of wings — *in un batter d'occhio,* in the twinkling of an eye.

batteria *sf* **1** *(mil.)* battery. **2** *(elettr.)* battery; accumulator: *batteria di accumulatori,* storage battery. **3** *(insieme di apparecchi, ecc.)* bank; *(di gabbie)* battery. **4** *(da cucina)* set of kitchen utensils (*o* equipment). **5** *(mus.)* drums *(pl.).* **6** *(sport)* heat. **7** *(meccanismo di orologio)* striking mechanism. □ *scoprire le proprie batterie,* to come out in the open; to show one's hand.

batterico *agg* bacterial.

batterio *sm* bacterium.

batteriologia *sf* bacteriology.

batteriologicamente *avv* bacteriologically.

batteriologico *agg* bacteriological.

batteriologo *sm* bacteriologist.

batterista *sm* drummer.

battesimale *agg* baptismal.

battesimo *sm* baptism *(anche fig.)*; *(solo la cerimonia)* christening: *battesimo del fuoco,* baptism of fire — *battesimo di una nave,* christening of a ship — *nome di battesimo,* Christian name; first name — *battesimo dell'aria,* first flight — *tenere qcno a bat-*

tesimo, to stand as godparent (*o* godfather, godmother) to sb.
battezzando *sm* child to be christened.
battezzare *vt* to baptise; to christen *(anche fig. o scherz.).* □ *battezzare il vino,* to water down wine.
battezzatore *sm* baptizer.
battibaleno *sm (spec. nell'espressione) in un battibaleno,* in a flash; in an instant; in the twinkling of an eye.
battibecco *sm* squabble; tiff.
batticarne *sm* meat-pounder; tenderiser *(fam.).*
batticuore *sm (med.)* palpitation. □ *fare venire il batticuore a qcno,* to bring sb's heart into his mouth; to make sb's heart miss a beat.
battigia *sf* water's edge; foreshore; waterline.
battimano *sm* hand-clapping; applause.
battimento *sm* **1** beat; beating; *(di mani)* clapping. **2** *(fis., spec. al pl.)* (interference) beat.
battipanni *sm* carpet-beater.
battista *agg* baptist: *S. Giovanni Battista,* St John the Baptist.
battistero *sm* baptistery.
battistrada *sm* **1** outrider. **2** *(sport.: in una gara)* pacesetter. **3** *(di pneumatico)* tread; track: *battistrada ricostruito,* recapped tread; recap *(fam.);* retread *(fam.).* □ *fare da battistrada,* to lead the way.
battito *sm* **1** *(del cuore)* pulse rate; heart-beat; throb *(anche fig.); (alle tempie)* throbbing. **2** *(dell'orologio)* ticking. **3** *(della pioggia)* beating. **4** *(mecc.)* pant; *(di biella, punteria, ecc.)* knock; knocking; *(irregolare)* rattle; *(in testa)* pink; pinking: *battito dello stantuffo,* piston slap.
battitore *sm* **1** *(in genere)* beater. **2** *(tennis)* server; *(cricket)* batsman *(pl.* -men*); (baseball)* striker; batter. **3** *(industria tessile)* beater; *(di trebbiatrice)* awner. **4** *(mil.)* scout; explorer.
battitura *sf* **1** beating. **2** *(con macchina per scrivere)* typing. **3** *(del grano)* threshing.
battona *sf (fam.)* street-walker; tart *(fam.).*
battuta *sf* **1** beat; *(bastonatura)* beating; *(colpo)* knock; *(caduta per terra)* fall: *dare una bella battuta a qcno,* to give sb a good beating (a good thrashing, a good hiding) — *Si prese una bella battuta,* He was soundly beaten; He got a good thrashing; They gave him what for *(fam.)* — *battuta di mani,* clapping (of hands). **2** *(di caccia)* beat; *(per estensione: di polizia)* round-up. **3** *(osservazione)* remark; *(spiritosaggine)* witty remark; wisecrack: *non perdere una battuta,* not to miss a word — *avere la battuta pronta,* never to be at a loss for an answer — *dare la battuta a qcno, (motteggiarlo)* to chaff sb; *(prenderlo in giro)* to tease sb; to pull sb's leg. **4** *(mus.)* bar; measure: *una battuta d'aspetto (d'arresto),* a bar rest — *una battuta d'arresto, (fig.)* a pause; an interruption; a stoppage; a standstill — *Gli affari hanno avuto una battuta d'arresto,* Business has come to a standstill. **5** *(mus.: gesto del maestro, dirigendo)* beat. **6** *(tennis)* service. **7** *(teatro e fig.)* cue: *dare la battuta a qcno, (suggerirgli cosa fare o dire)* to give sb his cue — *perdere la battuta, (fig.)* to miss one's cue — *alle prime battute, (all'inizio)* at the beginning — *in poche battute, (in un momento)* in a jiffy. **8** *(dattilografia)* stroke: *centottanta battute al minuto,* a hundred and eighty strokes a minute.
battuto *agg* **1** beaten; *(calpestato)* trodden. **2** *(fig.: sconfitto)* beaten. **3** *(di metallo)* hammered; beaten; *(lavorato)* wrought; *(coniato)* coined; minted: *oro battuto,* beaten gold — *ferro battuto,* wrought-iron. □ *a spron battuto,* at full speed.
□ *sm* **1** *(culinaria)* mirepoix *(fr.).* **2** *(pavimento)* earthen floor.
batuffolo *sm* **1** *(di cotone, ecc.)* tuft; twist; flock; *(confezionato)* ball; pad. **2** *(bambino, animale piccolo)* plump little baby (puppy, *ecc.*).
bau *interiezione* bow-wow!; *(nel linguaggio infantile, in funzione di sm: bau-bau)* doggie; doggy; bow-wow: *fare bau bau a qcno, (spaventare)* to say boo to sb.
baule *sm* trunk; box: *fare i bauli,* to pack up — *fare (disfare) un baule,* to pack (to unpack) a trunk.
bauletto *sm* beauty-case; vanity bag.
bauxite *sf* bauxite.
bava *sf* **1** dribble; slaver; slobber; *(schiumosa)* foam; froth; *(di lumaca)* slime: *con la bava alla bocca,* frothing (*o* foaming) at the mouth — *fare la bava,* to slaver; to dribble; *(arrabbiarsi)* to get angry; to foam at the mouth. **2** *(di vento)* puff of wind. **3** *(metallurgia)* burr; flash; *(del tagliente)* feather-edge. **4** *(filo di seta)* floss-silk; silk filament.
bavaglino *sm (tovagliolo)* bib.
bavaglio *sm* gag: *mettere il bavaglio a qcno, (anche fig.)* to gag sb.
Bavarese *agg e sm e f.* Bavarian.
bavero *sm* (coat) collar; lapel. □ *prendere qcno per il bavero, (fig.)* to swindle sb.
bavoso *agg* slavering; dribbling.
bazar *sm* bazaar.
bazza *sf* protruding chin.
bazzecola *sf* trifle; bagatelle.
bazzicare *vt* to frequent; to haunt; to hang* around: *bazzicare cattive compagnie,* to frequent bad company. □ *vi* to frequent; to hang* around.
bazzotto *agg* **1** *(di uovo)* parboiled. **2** *(malaticcio)* sickly.
[1]**be'** *interiezione* well!: *Be', andiamocene!,* Well, let's go! — *Be', che te ne pare?,* Well, that do you think (of it)? *(cfr.* **bene** *avv.,* **5**).
[2]**bé** *voce onomatopeica* baa.
beante *agg (med.)* open; patent.
bearsi *v. rifl* to delight (in sth); to enjoy; to rejoice (at sth): *Si bea alla vista delle belle ragazze,* He enjoys looking at pretty girls.
beatamente *avv* happily.
beatificare *vt* **1** to make* (sb) happy. **2** *(religione)* to beatify.
beatificazione *sf* beatification.
beatifico *agg* beatific.
beatitudine *sf* blessedness; bliss; *(religione)* beatitude.
beato *agg* happy; blissful; lucky; *(religione)* blessed: *Beato te!,* How lucky you are!; Lucky you!; *(fam.)* — *una vita beata,* a life of bliss.
□ *sm i beati,* the Blessed.
bebè *sm* baby.
beccaccia *sf* woodcock.
beccaccino *sm* snipe.
beccamorti *sm* grave-digger; sexton.
beccare *vt* **1** *(prendere col becco)* to peck; to pick up (with the beak); *(colpire col becco)* to peck; *(fig.: piluccare, mangiucchiare)* to pick (at sth); to nibble (at sth); to peck (at sth); to eat*: *beccare uva nella vigna,* to pick grapes in the vineyard. **2** *(prendere in fallo)* to catch*; to get*: *Fu beccato dalla polizia,* He was caught by the police — *Fu beccato sul fatto,* He was caught in the act; He was caught red-handed — *T'ho beccato!,* I've got you there! **3** *(stuzzicare)* to tease; to peck; *(a teatro: disapprovare con vivacità)* to hiss: *Smettila di beccarlo!,* Stop teasing him! — *Il tenore*

fu beccato dal loggione, The tenor was hissed by the gallery.

□ **beccarsi** *v. rifl e reciproco* **1** *(ferirsi col becco)* to peck each other (one another). **2** *(litigare)* to quarrel; to squabble; to wrangle: *continuare a beccarsi,* to go on pecking at each other.
3 *(fam.: buscarsi)* to catch*; to get*: *Si è beccato un bello schiaffo,* He got a good slap — *beccarsi un raffreddore,* to catch a cold — *Quel ragazzo se le becca sempre,* That boy always gets it in the neck *(fam.).*
4 *(ottenere facilmente)* to get*; to win*; to earn: *beccarsi un premio,* to win a prize — *In quell'affare mi son beccato più quattrini di quanto non m'aspettassi,* I got (I earned) more money than I expected from that transaction.

beccata *sf* **1** *(colpo)* peck. **2** *(quantità)* beakful; mouthful. **3** *(fig.)* biting remark; *(teatro)* catcall.

beccheggiare *vi* to pitch.

beccheggio *sm* pitching.

becchime *sm* birdseed: *becchime per i polli,* chicken-feed.

becchino *sm* grave-digger; sexton.

[1]**becco** *sm* **1** beak; bill. **2** *(fig., scherz.: bocca)* mouth: *dare di becco,* to bite; *(fig.)* to show off one's knowledge — *mettere il becco a (in) mollo; bagnarsi il becco,* to drink — *tenere il becco chiuso,* to hold one's tongue; to keep silent — *Chiudi il becco!,* Shut up!; Shut your trap! *(fam.).* **3** *(a gas)* burner. **4** *(di teiera, ecc.)* spout; lip; nozzle. □ *mettere il becco in qcsa,* to poke (to stick) one's nose into sth — *Ecco fatto il becco all'oca!,* That's done!; That's the finishing touch! — *avere paglia in becco,* to be a partner to a secret — *non avere il becco d'un quattrino,* to be without a penny; to be broke.

[2]**becco** *sm* **1** *(maschio della capra)* billy-goat. **2** *(fig., volg.: cornuto)* cuckold.

beccuccio *sm* **1** little beak. **2** *(di recipiente)* lip; spout. **3** *(per capelli)* clip.

beccuto *agg* beaked; billed.

beduino *agg e sm* beduin.

befana *sf* **1** *(Epifania)* Epiphany; Twelfth Night. **2** *(fig., scherz.)* ugly old woman *(pl.* women*);* old witch; hag. **3** *(strenna)* Epiphany present.

beffa *sf* **1** *(burla)* (laboured) hoax; jest; prank. **2** *(gesto)* gesture of scorn (*o* derision); snook *(fam.); (parola)* gibe; jeer: *farsi beffe di qcno,* to mock (to make fun of, to jeer at) sb.

beffardamente *avv* mockingly.

beffardo *agg* derisory; *(di persona)* mocking.
□ *sm* mocker; scoffer.

beffare *vt* to mock; to make* a fool (of sb).
□ **beffarsi** *v. rifl pronominale* to scoff (at sth); *(non curarsi)* not to give a damn (about sth): *beffarsi di qcno o qcsa,* not to give a damn for (*o* about) anyone or anything.

beffatore *sm* mocker.

beffeggiare *vt* to laugh (at sb); to mock.

beffeggiatore *sm* mocker.

bega *sf* **1** *(litigio)* dispute; quarrel; row *(fam.): cercar beghe,* to pick a quarrel. **2** *(impegno, affare noioso)* unpleasant business; distasteful task: *avere beghe,* to be in trouble — *non voler beghe,* not to want any trouble.

beghina *sf* **1** *(religiosa)* beguine. **2** bigot. **3** *(spreg.)* old bag.

begonia *sf* begonia.

bei *sm* bey.

beige *agg e sm* beige.

belare *vi* **1** to bleat. **2** *(fig.)* to bleat; *(piagnucolare)* to whine.

belato *sm* bleating.

bella *sf* **1** *(donna avvenente)* beautiful woman *(pl.* women*);* beauty; belle. **2** *(donna amata)* sweetheart; girl-friend. **3** *(sport)* play-off; decider *(fam.).* **4** *(bella copia)* fair copy.

belladonna *sf* **1** *(pianta)* deadly nightshade; belladonna. **2** *(estratto)* belladonna.

bellamente *avv* nicely; *(iron.)* in a fine way; happily.

belletto *sm* **1** make-up: *darsi il belletto,* to put on one's make-up; to make up (one's face). **2** *(fig.)* (stylistic) flourish.

bellezza *sf* **1** beauty; loveliness; (good) looks *(pl.); (spec. maschile)* handsomeness: *la bellezza di una donna,* the beauty of a woman — *concorso di bellezza,* beauty-contest — *istituto di bellezza,* beauty-parlour — *prodotti di bellezza,* beauty products (*o* preparations); cosmetics — *reginetta di bellezza,* beauty queen — *trattamento di bellezza,* beauty treatment — *Che bellezza!,* How marvellous!; How lovely! **2** *(donna o cosa bella)* beauty; *(al pl.: di città)* sights; wonders: *Ciao, bellezza!,* Hallo, beautiful!; Hi, baby! *(USA)* — *C'erano tutte le bellezze del circondario,* All the beauties (All the beautiful girls) of the district were there — *Andammo a vedere le bellezze del centro storico,* We went to see the sights of the old quarter of the town — *Questo quadro è una bellezza,* This painting is beautiful (*o* magnificent, very fine). **3** *(spesso iron., in espressioni idiomatiche: quantità, durata)* a good...; a whole...; a cool... *(solo riferito a denaro): Ti ho aspettato per la bellezza di tre ore,* I have been waiting for you for a good three hours — *la bellezza di un anno,* a whole year — *la bellezza di cento sterline,* a cool hundred pounds. □ *Funziona che è una bellezza!,* It works splendidly (*o* like a charm)! — *chiudere (finire) in bellezza,* to end with a flourish — *vincere in bellezza, (sport)* to win hands down — *per bellezza,* for show.

bellico *agg* war *(attrib.);* wartime *(attrib.): durante il periodo bellico,* during the war years — *occupazione bellica,* enemy occupation — *post-bellico,* post-war — *pre-bellico,* pre-war.

bellicosamente *avv* in a warlike way.

bellicoso *agg* warlike; bellicose.

belligerante *agg e sm e f.* belligerent.

belligeranza *sf* belligerency.

bellimbusto *sm* dandy; fop.

bellino *agg* **1** pretty; attractive. **2** *(affettato)* affected; precious; twee *(fam.).*

bello **I** *agg* **1** *(in vari sensi, anche di bellezza femminile)* beautiful; *(spec. di bellezza maschile)* handsome; *(di bell'aspetto)* good-looking; *(di qualità, ecc.)* fine; splendid; *(attraente)* lovely; *(grazioso)* pretty; nice; *(soddisfacente: spesso con valore pleonastico)* nice; *(di parte del corpo umano)* shapely; *(in alcune espressioni, spesso un po' ant.)* fair: *una bella donna,* a lovely (a beautiful) woman — *un bell'uomo,* a handsome (a good-looking) man — *un bel paio di gambe,* a fine (a shapely) pair of legs — *una bella voce,* a beautiful voice — *le belle arti,* the fine arts — *le belle lettere,* belles-lettres *(fr.)* — *una bella tazza di caffè,* a nice cup of coffee — *scrivere qcsa in bella copia,* to make a fair (a clean) copy — *belle parole, (spesso iron.)* fine words — *il bel sesso,* the fair sex — *Filippo il Bello, (stor.)* Philip the Fair.
2 *(del tempo)* fine; clear; nice; lovely; *(più raro)* fair:

una bella giornata, a fine day — *Fa bello,* It's fine — *Che bel tempo!,* What lovely weather!

3 *(buono)* good; fine: *una bella azione,* a good deed — *una bella idea,* a good (a nice) idea — *un bel pensiero,* a kind thought — *un bel lavoro,* a good (a fine) piece of work — *un bel posto,* a good job; an important position — *nei bei tempi antichi,* in the good old days.

4 *(elegante)* smart; elegant: *il bel mondo,* the smart set; high society — *belle maniere,* elegant manners — *Sei molto bella con quel vestito,* You look very smart in that dress — *farsi bello,* to smarten oneself up; to make oneself smart; *(vantarsi)* to blow one's own trumpet — *farsi bello in piazza, (pavoneggiarsi)* to show off.

5 *(vistoso, cospicuo, grande)* high; handsome; large; good; sizeable; fair: *un bel prezzo,* a high price — *un bel dono,* a handsome gift — *un bel patrimonio,* a large (a sizeable) estate — *una bella eredità,* a good (*o* sizeable) inheritance — *ad una bella altezza,* at a fair height — *un bel niente,* absolutely nothing; damn' all *(fam.)* — *una bella età,* a ripe (old) age.

6 *(iron.)* fine; pretty; nasty; dirty; *(rafforzativo: completo, assoluto)* real; utter; out and out: *Sei un bel matto,* You are a fine fool (an utter idiot) — *Che bel pasticcio!,* There's a pretty (nice) mess! — *Belle cose queste!,* What nasty things you've done! — *Mi ha giocato un bel tiro,* He played me a dirty trick — *una bella paura,* an awful fright — *Oh, bella!,* That's a nice thing! — *Bella figura!,* A fine figure you've cut! — *Sei un bello stupido!,* You idiot!

7 bell'e..., *(in funzione avverbiale)* quite...: *bell'e buono,* real; regular; downright; utter — *Il lavoro è bell'e finito,* The work is quite finished — *Il caffè è bello caldo,* The coffee is nice (*o* lovely) and hot — *Sei un cretino bello e buono!,* You're an utter idiot!

□ *darsi alla bella vita,* to enjoy oneself — *Che bei tempi!,* Those were the days! — *bel bello,* slowly; gently — *alla bell'e meglio,* as well as one can (could, *ecc.*) — *Tutto questo è molto bello, ma non sono convinto,* That's all very well (as far as it goes) but I'm not convinced — *avere un bel...,* to be no use... — *avere un bel cercare,* to search in vain — *Hai un bel dire,* It's no use your talking — *È troppo bello per essere vero,* It's too good to be true — *nel bel mezzo di...,* right in the middle of... — *scamparla bella,* to have a narrow escape — *passarsela bella,* to have a (very) pleasant time — *un bel giorno..., (nei racconti)* one fine day... — *farne delle belle,* to do a lot of nasty things; to play a lot of dirty tricks.

II *sm* **1** beauty; *(filosofia)* the beautiful: *il bello della vita,* the beauty of life — *Non ha il senso del bello,* He has no feeling for beauty — *il bello ideale,* ideal beauty — *il bello e il buono,* the good and the beautiful. **2** *(innamorato)* sweetheart; fiancé; boyfriend. **3** *(vocativo)* darling; love; *(ad un animale, p.es. un cavallo)* my beauty. □ *Cosa stai facendo (Cosa fai, Cosa mi racconti) di bello?,* What are you doing these days?; How's life treating you? — *Che c'è di bello al cinema?,* What's worth seeing at the cinema? — *Il tempo si mette al bello,* It's clearing up; It's turning fine — *Ci volle del bello e del buono per...,* It took a lot (of trouble) to...; It was an awful job (*fam.* a hell of a job) to... — *fare il bello,* to play smart (the gallant); to show off; *(talvolta)* to flirt — *Adesso viene (comincia) il bello,* Now comes the best of it — *Il bello è che...,* The funny thing (The best of it) is that... — *sul più bello,* just then; at the crucial point; *(improvvisamente)* suddenly; when least expected.

bellospirito *sm* wit; wag.

belluino *agg* ferocious; savage.

beltà *sf (lett.)* beauty.

belva *sf* wild beast *(anche fig.)*: *È una belva oggi, (fam.)* He's in a bad (a beastly) mood today.

belvedere *sm* **1** *(luogo)* view-point; *(terrazza)* belvedere. **2** *(naut.)* mizen-topgallant (sail). □ *(in funzione di agg.) carrozza belvedere,* observation car.

Belzebù *nome proprio* Belzebub; Old Nick *(fam.)*.

bemolle *sm (mus.)* flat: *Preludio e fuga in si bemolle minore,* Prelude and Fugue in B flat minor.

ben arrivato *agg e sm (spec. come interiezione)* welcome: *dare il ben arrivato a qcno,* to welcome sb.

benché *congiunz* though; *(anche)* although; *(enfatico)* even though: *Benché sia tardi...,* Although (Though) it's late... — *Benché malato, volle venire lo stesso,* Even though he was ill, he insisted on coming just the same.

benda *sf* **1** bandage *(spec. med.)*; *(che impedisce la vista)* blindfold *(anche fig.)*: *Le è caduta la benda dagli occhi,* The blindfold fell from her eyes. **2** *(ornamento del capo)* headband; *(di religioso)* fillet; *(di donna)* kerchief; wimple *(stor.)*: *bende vedovili,* widow's veil *(sing.)*. **3** *(naut.)* parcelling.

bendaggio *sm* bandages *(pl.)*; dressings *(pl.)*.

bendare *vt (med.)* to bandage; to dress; to blindfold: *bendare gli occhi a qcno,* to blindfold sb; *(fig.)* to pull the wool over sb's eyes — *avere gli occhi bendati, (fig.)* to be blind.

bendatura *sf* bandaging.

[1]**bene** *avv e interiezione* **1** well; *(rettamente)* rightly; *(come si deve)* properly: *Quel ragazzo parla (molto) bene l'inglese,* That boy speaks English (very) well — *abbastanza bene,* fairly well; tolerably well; quite well — *(fin) troppo bene,* (almost) too well — *di bene in meglio,* better and better — *Va (Sta) bene,* All right; Fine; O.K. *(sl.)*; sure *(USA)* — *Lo credo bene,* I can well believe it; I quite believe it — *agire bene,* to act rightly — *essere ben informato,* to be well-informed — *essere ben visto,* to be well thought of — *È stato bene che nessuno ti abbia sentito,* It's (It was) just as well nobody heard you; It's (It was) a good thing nobody heard you — *far del bene,* to do good — *La verdura ti fa bene,* Vegetables are good for you — *far bene,* to do well — *Fareste bene a non venire per qualche giorno,* You would do well not to come for a few days — *prendere bene qcsa,* to take sth in good part — ⇨ *anche* **benino, benissimo, benone.**

2 *(rafforzativo: davanti ad agg. e verbi)* very; quite; really; well: *Sarò ben lieto di aiutarti,* I'll be very pleased to help you — *È ben difficile fare come dici tu,* It is very difficult to do as you say — *Come tu ben sai...,* As you well know... — *Come Lei ben sa...,* As you are (well) aware...

3 *(non meno di)* well; quite; no less than; as much as (*pl.* as many as); a good: *ben oltre le cinque,* well past (well after) five o'clock — *L'ho visto ben tre volte,* I've seen him quite (*o* fully) three times — *Mi ci vollero ben venti giorni per finire,* It took me a good twenty days to finish — *Ho letto ben duecento pagine in tre ore,* I have read no less than two hundred pages in three hours — *ben duemila dollari,* a good (*fam.* a cool) two thousand dollars.

4 *(forma ellittica di 'perbene', usata attributivamente) una persona bene, (fam., dei ceti socialmente elevati)* an upper middle-class person; a posh chap *(fam.)* —

la gente bene, well-off people; the upper classes — *un quartiere bene,* a residential area.

5 *(interiezione)* well; all right: *Bene, eccoci qua,* Well, here we are — *Bene (D'accordo), puoi andare se vuoi,* All right, you can go if you like.

□ *ben bene,* truly; thoroughly — *bene o male,* somehow or other; by hook or by crook — *né bene né male,* so-so — *ad andar bene,* if all goes well; if everything goes all right; at best — *Lo spero bene,* I certainly hope so — *Se va bene, sarò di ritorno per venerdì,* I'll be back on Friday if all goes well — *Dici bene, tu!,* Easier said than done!; It's all very well for you to talk! — *Stia bene!,* Keep well!; Good health!; All the best! — *Ti sta bene,* It serves you right — *star bene, (di salute)* to be well; *(di aspetto)* to look well; *(di stile o colore)* to suit; *(di misura)* to fit; *(di ricchezza)* to be well off — *Sta bene,* All right; Agreed; Fine; O.K. *(sl.)* — *Quel cappellino ti sta bene,* That hat suits you well — *Queste scarpe non mi vanno bene (non sono della mia misura),* These shoes don't fit me — *Stai molto bene con quel vestito rosso,* You look very well in that red frock — *Questo nero non va bene con il giallo,* This black does not go well with the yellow — *Non sto bene in questa poltrona,* I'm not comfortable in this armchair — *Non sta bene per una ragazzina parlare così,* It is not proper (It's not right) for a young girl to talk like that — *Giovanni e Maria stanno bene assieme,* Giovanni and Maria get on well together — *Tutto è bene quel che finisce bene, (prov.)* All's well that ends well.

[2]**bene** *sm* **1** good; *(vantaggio, benessere)* good; welfare; advantage; sake: *il bene e il male,* good and evil — *opere di bene,* good works — *fare del bene,* to engage in good works; to do good; to do good works — *rendere bene per male,* to render good for evil — *a fin di bene,* to (*o* for) a good purpose — *per tuo bene (per amor tuo),* for your sake; for your own good — *il bene della comunità,* the common weal — *per il bene della patria,* for the good (the welfare) of the country — *Questa medicina ti farà molto bene,* This medicine will do you a lot of good — *dire bene di qcno,* to speak well of sb — *augurar bene a qcno,* to wish sb well — *voler bene a qcno,* to love sb; to be fond of sb — *volere un bene dell'anima a qcno,* to be extremely fond of sb.

2 *(persona amata)* sweetheart; darling; love.

3 *(dono, benedizione)* gift; blessing: *Il più grande dei beni è la salute,* Good health is the best of blessings — *Perse il bene dell'intelletto,* He went mad; *(fig.: Perse le staffe)* He lost his head; He became furious; He went off the deep end *(fam.)* — *C'era ogni ben di Dio,* There were all sorts of good things.

4 *(al pl., dir. e comm.)* goods; property *(sing.)*; possessions: *beni di consumo,* consumer goods — *beni demaniali,* state (*o GB* Crown) property — *beni ereditari,* estate — *beni immobili,* real estate *(sing.)* — *beni mobili,* personal property; goods and chattels — *beni strumentali,* stock-in-trade *(sing.)* — *avere dei beni al sole,* to be a man of property.

□ *Sommo Bene (Dio),* God; Summum Bonum *(lat.)* — *per bene,* honest; decent; respectable; well-bred — *la via del bene,* the straight and narrow path.

benedettino *agg e sm* Benedictine.

benedetto *agg* **1** blessed; *(che ha ricevuto la benedizione)* holy; consecrated: *acqua benedetta,* holy water. **2** *(iron., per 'maledetto')* blessed; wretched; damned: *Potevi dirmelo, benedetta figliola!,* You could have told me, wretched girl! — *quel benedetto uomo di tuo zio,* that blessed uncle of yours. **3** *(fausto)* lucky. **4** *(di terra, clima)* favoured; *(ben dotato)* gifted.

benedire *vt (impartire la benedizione)* to bless; *(consacrare)* to consecrate; *(di persona laica)* to give* (sb) one's blessing; to call on the Lord to bless (sb).

□ *andare a farsi benedire, (di persona, spec. all'imperativo)* to go to hell; *(di cose)* to go to pieces; to go to rack and ruin; to go to pot *(fam.)* — *mandare qcno a farsi benedire,* to send sb about his business; to send sb packing; to tell sb to go to hell — *benedire qcno con le pertiche,* to thrash sb.

benedizione *sf (azione)* blessing; *(funzione religiosa)* benediction: *Questa pioggia è una benedizione, (fig.)* This rain is a blessing.

beneducatamente *avv* in a well-mannered way; politely.

beneducato *agg* well brought-up; well-mannered.

benefattore *sm* benefactor.

benefattrice *sf* benefactress.

beneficamente *avv* charitably; beneficently.

beneficare *vt* to help; to aid.

beneficenza *sf* charity: *fare opera di beneficenza,* to do charitable works — *uno spettacolo di beneficenza,* a charity performance.

beneficiare *vi* to profit (by sth); to benefit (by sth); to draw* advantage (*o* profit) (from sth).

beneficiario *agg* beneficiary.

□ *sm* **1** *(dir.)* beneficiary; *(comm.)* payee. **2** *(sacerdote)* incumbent; beneficiary.

beneficiata *sf* **1** *(rappresentazione)* benefit; benefit-night. **2** *(fig.)* run of luck.

beneficiato *agg (di sacerdote)* beneficed.

□ *sm* **1** *(dir.)* person benefited; beneficiary; *(comm.)* payee. **2** *(sacerdote)* incumbent; beneficiary.

beneficio *sm* **1** benefit; help; advantage: *Non ho avuto alcun beneficio da quella cura,* I didn't get any benefit from that treatment — *a beneficio dei poveri,* for the benefit of the poor — *il beneficio della salute (di un buon clima),* the benefit of health (of a good climate) — *il beneficio del dubbio,* the benefit of the doubt — *il beneficio dell'inventario, (dir.)* (the) benefit of inventory — *con beneficio d'inventario, (nel linguaggio comune)* subject to confirmation. **2** *(comm.)* gain; profit: *beneficio netto (lordo),* net (gross) profit — *un margine di beneficio del cinque per cento,* a five per cent profit margin. **3** *(ecclesiastico)* benefice.

benefico *agg* **1** *(di pioggia p.es.)* beneficial. **2** *(filantropico)* charitable; benevolent: *fare (un')opera benefica,* to do a good deed (an act of charity).

benemerenza *sf* merit; distinction.

benemerito *agg (con superl. benemeritissimo)* worthy; meritorious.

□ *sm* distinguished person; worthy *(ant. o scherz.)*.

□ *la Benemerita,* the Carabinieri *(pl.)*.

beneplacito *sm* consent; approval: *dare il proprio beneplacito,* to give one's approval.

benessere *sm* well-being; welfare: *la società del benessere,* the 'Affluent Society'.

benestante *agg* well-off; well-to-do. □ *sm* well-off-person.

benestare *sm* **1** consent; approval; okay *(fam.)*. **2** *(bancario)* clearance.

benevolenza *sf* benevolence; good-will.

benevolmente *avv* benevolently.

benevolo *agg* indulgent; kindly disposed.

□ *sm* a kindly-disposed person.

bengala *sm* firework; *(per segnalazioni)* Bengal light.

bengalese *agg e sm e f.* Bengali.

bengali *sm* Bengali.

bengodi *sm* Cockaigne; Cockayne; land of milk and honey.
beniamino *sm* favourite; darling; Benjamin *(lett.)*.
benignamente *avv* benignly; kindly.
benignità *sf* kindness; benignity *(anche med.)*.
benigno *agg* **1** *(cortese)* kindly; benignant. **2** *(indulgente)* gentle; kind; benign. **3** *(med.)* benign.
benino *avv* quite well; pretty well; not so bad: *fare qcsa per benino, (fam.)* to do sth reasonably (*o* pretty) well.
benintenzionato *agg* well-meaning.
beninteso *avv* naturally; of course. □ *'Verrai anche tu?' - 'Beninteso!',* 'Will you come, too?' - 'Naturally!' (*o* 'Of course I will!') — *beninteso che...,* provided that...; on condition that...
benissimo *avv superl* very well; perfectly well; splendidly; excellently; perfectly; *(esclamazione)* Excellent; Splendid; Fine; Okay *(abbr.* O.K.*); (ben fatto)* Well done!; *(ben detto)* Well said!: *Oggi mi sento benissimo,* I feel very well today — *Può darsi benissimo che...,* It may very well be that... — *Si può capire benissimo che...,* It's perfectly clear that... — *Sto benissimo su questa sedia,* I am very comfortable on this chair — *'Come stai?' - 'Benissimo!',* 'How are you?' - 'Very well!' *(oppure)* All right!; Splendid!; Excellent!; Fine!; Okay!
benna *sf* bucket; *(mordente)* grab.
bennato *agg* well brought-up; *(nato da buona famiglia)* of good family *(predicato);* well-born *(lett.)*.
benone *avv* fine; okay; *(come interiezione)* Fine!; Excellent!
benparlante *sm e f.* correct speaker; well-spoken person.
benpensante *sm e f.* moderate; conformist.
benportante *agg* healthy for one's years; bearing one's age well.
benservito *sm* reference: *dare il benservito a qcno, (scherz.)* to sack sb; to give sb the sack (the boot).
bensì *congiunz* but; but rather: *Non bisogna pensarci, bensì rispondere subito,* You mustn't stop to think, but answer straightaway.
bentornato *interiezione e sm* welcome back: *dare il bentornato a qcno,* to welcome sb back.
benvenuto *agg e sm* welcome *(usato come interiezione o predicato): dare il benvenuto a qcno,* to welcome sb.
benvisto *agg* respected; appreciated; well thought-of.
[1]**benvolere** *vt dif* to love; to like: *farsi benvolere,* to make* (to get*) oneself liked — *prendere a benvolere qcno,* to take a liking (a fancy) to sb.
[2]**benvolere** *sm* esteem.
benvoluto *agg* well-liked; well-loved.
benzene *sm* benzene.
benzina *sf* petrol *(GB);* gasoline *(USA);* gas *(abbr. fam.);* fuel: *benzina super,* premium grade fuel — *fare il pieno di benzina,* to fill up (with petrol *o USA* gas).
benzinaio *sm (addetto)* petrol *(USA,* gas*)* station attendant; service-station attendant; *(gestore)* service-station keeper.
benzolo *sm* benzol.
beone *sm* hard drinker; toper *(ant. e lett.); (ubriacone)* drunkard.
beota *sm e f.* **1** *(letteralm.)* Boeotian. **2** *(fig.)* dull-witted person; dolt.
□ *(come agg.)* stupid; idiotic.
berbero *agg* Berber. □ *sm* **1** Berber. **2** *(cavallo)* Barbary horse.
berciare *vi* to scream; to yell; to bawl; to holler *(fam.)*.
bere *vt e i.* **1** to drink*; *(un uovo)* to suck: *bere un bicchiere di acqua,* to drink a glass of water — *un uovo da bere,* a fresh egg — *bere a centellini, a piccoli sorsi,* to sip; to drink in little sips — *bere a collo (a fiasco, alla bottiglia),* to drink from the flask (from the bottle) — *bere fino alla feccia,* to drink to the dregs — *bere fino all'ultima goccia,* to drink up; to drink to the last drop — *bere a garganella,* to gulp down — *bere in un sorso,* to drink at one gulp (at a single gulp) — *bere come una spugna,* to drink like a fish — *aver bevuto, (essere un po' alticcio)* to be high *(fam.)* — *bere un bicchiere in più,* to drink a little too much (a drop too much); to have one over the eight *(fam.)* — *bere per dimenticare,* to drown one's sorrows (in drink) — *bere alla salute di qcno,* to drink to sb's health; to toast sb — *bere il sangue di qcno,* to suck sb's blood — *o bere o affogare,* sink or swim. **2** *(credere ingenuamente, bere grosso, tutto)* to swallow; to drink* in; to believe anything; to be* gullible: *berla, bersela,* to swallow (sth) hook, line and sinker — *darla da bere a qcno,* to take sb in; to kid sb — *Bevve avidamente tutto quello che gli raccontarono,* He eagerly drank in everything they told him. **3** *(assorbire, consumare)* to absorb; to soak up; to suck in; to drink*; to use; to drink* in *(anche fig.): La terra bevve tutta l'acqua,* The land absorbed all the water — *Questo motore funziona bene, ma beve molto olio,* This engine works very well, but drinks up the oil.
□ *in funzione di sm* **1** *(atto del bere)* drinking. **2** *(ciò che si beve)* drink: *Quanto abbiamo speso per il mangiare ed il bere?,* How much have we spent on food and drink? □ *darsi al bere,* to take to drink.
beriberi *sm* beriberi.
berillo *sm* beryl.
[1]**berlina** *sf (pena e luogo)* pillory: *mettere qcno alla berlina,* to put sb in the pillory; to pillory sb; *(fig.)* to criticize (to deride) sb; to expose sb to ridicule.
[2]**berlina** *sf* **1** *(carrozza)* berlin; berline. **2** *(automobile):* saloon *(GB);* sedan *(USA)*.
berlinese *agg* Berlin *(attrib.)*. □ *sm e f.* Berliner.
bermuda *sm pl* Bermuda shorts; Bermudas.
bernoccolo *sm* **1** bump; swelling. **2** *(disposizione)* inclination; bent; flair: *Ha il bernoccolo della matematica,* He has a flair for maths.
bernoccoluto *agg* covered with bumps (with lumps); knobbly.
berretta *sf* **1** cap; *(di prelato)* hat; *(da prete)* biretta. **2** *(bot.)* spindle-tree.
berretto *sm (con visiera)* cap; *(basco)* beret; *(a busta)* forage cap.
bersagliare *vt* **1** *(mil.)* to batter away (at sth); to pound; to fire upon (sth); to shell. **2** *(fig.)* to torment; to dog; to harry.
bersagliere *sm* **1** sharpshooter. **2** *(fante)* light infantryman *(pl.* -men*);* 'bersagliere'. **3** *(fig.: anche* bersagliera *sf., fam.)* live wire: *alla bersagliera, (fig.)* dashingly; boldly.
bersaglio *sm (sport)* target; mark; *(fig.)* butt; target: *tiro al bersaglio, (esercizio)* target practice; *(luogo)* range.
berta *sf (mecc.)* ram; piledriver.
bertuccia *sf* **1** *(zool.)* Barbary ape. **2** *(fig.)* ugly, gossiping person.
bestemmia *sf* **1** *(parolaccia)* swear-word; profanity; *(maledizione)* oath; curse; *(contro la divinità)* blasphemy; imprecation: *dire (tirare) bestemmie,* to

curse; to swear. **2** *(affermazione assurda)* nonsense; wicked lie.

bestemmiare *vt e i.* to curse; to swear*; *(contro la divinità)* to blaspheme: *bestemmiare come un turco,* to swear like a trooper (a lord) — *bestemmiare una lingua,* to murder a language.

bestemmiatore *sm* swearer; *(contro la divinità)* blasphemer.

bestia *sf* **1** animal; *(in taluni contesti)* beast: *bestia da lavoro,* working-animal — *bestia da soma,* beast of burden — *bestia da tiro,* draught-animal — *bestia da macello,* beast for slaughtering — *bestia da sella,* riding-animal. **2** *(persona brutale)* brute; beast: *È una bestia,* He is a brute. **3** *(persona sciocca)* fool; blockhead: *parlare da bestia,* to talk nonsense. □ *bestia nera, (fig.)* bête noire *(fr.)*; bugbear — *una bestia rara, (fig.)* a queer (an odd) fish — *brutta bestia, (brutta cosa)* unpleasant thing — *lavoro da bestia,* drudgery — *una vita da bestia,* a dog's life — *lavorare, sudare come una bestia,* to drudge — *conoscere l'umore della bestia, (fig.)* to know sb well; to know sb's whims — *montare (andare) in bestia,* to fly into a passion (a rage); to lose one's temper — *diventare una bestia,* to get wild; to become furious; to go off the deep end *(fam.)*.

bestiale *agg* **1** *(da bestia)* bestial; brutish; *(crudele)* brutal; swinish; beastly. **2** *(fam.: intensificativo)* very; dead; damn': *Fa un freddo bestiale,* It is bitterly cold; It's freezing; It's damn' cold.
□ *(come interiezione) Bestiale!, (fam.)* Fantastic!; Incredible!; Amazing!; Fabulous!

bestialità *sf* **1** bestiality; beastliness; *(crudeltà)* brutality. **2** *(fig.: azione spropositata)* gross blunder; *(strafalcione)* howler *(fam.)*: *Non dire bestialità!,* Don't talk nonsense!

bestialmente *avv* in a beastly way; brutishly; bestially.

bestiame *sm* stock; livestock: *bestiame grosso,* cattle — *allevamento del bestiame,* stock-breeding; cattle-raising.

bestiolina *sf* (small) creature.

bestione *sm* **1** large (*o* massive) animal. **2** *(persona)* oaf; lummox *(USA)*.

beta *sf* beta: *raggi beta,* beta rays.

betel *sm (foglia)* betel; pan; *(bolo)* betel-nut.

betoniera *sf* concrete (*o* cement) mixer; *(semovente)* truck mixer.

bettola *sf* low tavern; pot-house: *parole (modi) da bettola, (fig.)* coarse language (behaviour).

bettonica *sf (bot.)* betony. □ *essere conosciuto come la bettonica, (fig.)* to be very well known.

betulla *sf* birch; silver birch.

bevanda *sf* drink; beverage *(spesso scherz.)*.

beveraggio *sm* **1** *(per le bestie)* mash; *(scherz.)* swill. **2** *(pozione)* potion; draught.

beverone *sm* **1** *(per le bestie)* swill; *(scherz.)* dishwater. **2** *(medicamentoso)* draught. **3** *(fig.: discorso sconclusionato)* hot air.

bevibile *agg* **1** drinkable; potable. **2** *(fig., scherz.)* plausible.

bevitore *sm* drinker; tippler *(fam.)*; boozer *(fam.)*: *essere un buon bevitore,* to be a hard drinker.

bevuta *sf* **1** *(consumazione)* drink: *una bella bevuta,* a good long drink. **2** *(rinfresco)* party.

bevuto *in funzione di agg* tipsy; high *(sl.)*.

biacca *sf* white lead.

biada *sf* fodder; *(mil.)* forage.

bianca *sf* **1** white woman *(pl.* women*)*; white girl: *la tratta delle bianche,* white slavery. **2** *(tipografia)* odd page: *stampato in bianca e volta,* printed on both sides (at the same time).

biancastro *agg* whitish; pale; dirty white.

biancheggiare *vt* to bleach; to whiten.
□ *vi* to look white; *(dei capelli)* to turn (to go*) white: *biancheggiare di neve,* to be white with snow.

biancheria *sf* linen; *(bucato)* washing: *biancheria personale (intima),* underclothes *(pl.)*; underwear; undies *(pl., fam.: di donna)*.

bianchetto *sm* **1** *(per muri)* whitewash; *(per scarpe)* shoe whitener; *(cosmetico)* white lead; ceruse; *(minerale)* whiting. **2** *(al pl.)* whitebait *(con la costruzione sing. o pl.)*.

bianchezza *sf* (dazzling) whiteness.

bianchire *vt* to whiten; to bleach; *(di metalli preziosi)* to shine; to polish; *(carne)* to blanch; to scald.

bianco *agg* **1** white; *(di capelli)* hoary; white; *(talvolta)* grey: *bianco come un cencio,* as white as a sheet — *bianco come la farina,* as white as flour — *bianco come la neve,* snow-white; as white as snow — *'così bianco che più bianco non si può', (linguaggio pubblicitario)* whiter than white; as white as white can be — *bianco come il latte,* milk-white; milky; as white as milk — *bianco come un giglio,* lily-white — *un vecchio dai capelli bianchi,* a white-haired old man. **2** *(di documento, foglio)* blank: *un foglio bianco,* a blank sheet — *riempire gli spazi bianchi,* to fill in the spaces (the blanks) — *scheda bianca,* voting-paper (*o* ballot-paper) left blank. □ *arma bianca,* naked (*o* cold) steel — *un assalto all'arma bianca,* a bayonet charge — *combattere ad arma bianca,* to fight hand-to-hand; to fight with bayonets (swords, daggers, knives, *ecc.*) — *l'arte bianca,* baking; bakery — *carbone bianco,* white coal; hydro-electric power — *libro bianco (governativo), (GB)* White Paper — *il Mar Bianco,* the White Sea — *il Monte Bianco,* Mont Blanc *(fr.)* — *un matrimonio bianco (non consumato),* an unconsummated marriage — *una mosca bianca, (fig.)* a great rarity; a thing or person seen once in a blue moon — *una notte bianca,* a sleepless night — *voci bianche,* children's voices; *(mus.)* unbroken voices; treble voices — *farsi bianco, (impallidire)* to turn pale — *fare i capelli bianchi al servizio di qcno,* to grow old and hoary in sb's service — *dare carta bianca a qcno* ⇨ **carta**.
□ *sm* **1** *(il colore)* white: *un bianco accecante,* a blinding (dazzling) white — *vestire in bianco,* to dress in white; to wear white — *un disegno in bianco e nero,* a black and white drawing — *bianco di calce,* whitewash — *dare il bianco (una mano di bianco),* to whitewash; *(fig.: cancellare)* to blot out; to cancel — *grado di bianco, (industria della carta)* whiteness. **2** *(la parte bianca di qcsa)* (the) white: *il bianco dell'occhio,* the white of the eye — *il bianco dell'uovo,* the white of an egg. **3** *(spazio bianco)* blank; *(tipografia)* blank line: *lasciare tre spazi in bianco,* to leave three blanks — *lasciare in bianco una riga,* to leave a line blank — *fare una firma in bianco,* to sign a blank document — *firma in bianco,* blank signature — *assegno in bianco, (comm.)* blank cheque — *cambiale in bianco,* undated bill — *passaporto in bianco,* blank passport. **4** *(uomo di razza bianca)* white; white man *(pl.* men*)*: *i bianchi,* white men; white people; whites (*cfr.* **bianca**). **5** *(chim.: campione)* blank. **6** *(araldica)* argent. **7** *(nel gioco degli scacchi)* White. **8** *(= biancheria)* linen: *cucitrice in bianco,* seamstress — *cucire di bianco,* to mend linen. □ *di punto in bianco,* all of a sudden — *far vedere bianco per nero,* to deceive; to mislead; to take (sb) in — *mettere nero su bianco,* to set (sth)

down in black and white; to put (sth) down in writing — *passare la notte in bianco,* to have a sleepless night — *pesce in bianco,* boiled fish — *mangiare in bianco,* to eat plain (*o* unseasoned) food.
biancore *sm (lett.)* whiteness; pallor.
biancospino *sm* hawthorn; *(fiore)* may.
biascicare *vt* **1** to champ (*fam.* to chump; to chomp) one's food. **2** *(parlare pronunziando male le parole)* to mumble; to mutter; *(velocemente)* to gabble.
biasimabile *agg* blameworthy; blameable; deserving blame.
biasimare *vt* to blame; *(criticare)* to reprove; to censure; to upbraid: *Non sei da biasimare per nessuna ragione,* You are in no way to blame — *Non ho nulla per cui debba biasimare me stesso,* I have nothing to blame myself for.
biasimevole *agg* blameworthy; blameable.
biasimevolmente *avv* blameably.
biasimo *sm* blame; reproof: *dare biasimo,* to blame; to censure — *una nota di biasimo,* a bad mark; a demerit *(USA).*
Bibbia *sf* Bible *(fig. anche* bible*).*
biberon *sm* (baby's) bottle. □ *aver ancora bisogno del biberon, (fig.)* to be still wet behind the ears.
bibita *sf* (soft) drink.
biblico *agg* biblical; Old Testament *(attrib.);* Bible *(attrib.); (fig.)* solemn: *società biblica,* Bible Society.
bibliofilo *sm* bibliophile.
bibliografia *sf* bibliography.
bibliografico *agg* bibliographic.
bibliografo *sm* bibliographer.
biblioteca *sf* **1** *(raccolta di libri; stanza o edificio in cui si trova)* library: *biblioteca ambulante (vivente), (fig., generalm. scherz.)* walking encyclopaedia — *topo di biblioteca,* bookworm. **2** *(collana)* series; collection. **3** *(mobile)* bookcase. □ *biblioteca di programmi, (di calcolatore)* software.
bibliotecario *sm* librarian.
biblioteconomia *sf* librarianship.
bica *sf* **1** shock (of sheaves); stook *(dial.).* **2** *(fig.)* stack; heap.
bicamerale *agg* bicameral.
bicarbonato *sm* bicarbonate: *bicarbonato di soda, (cucina)* baking powder; *(med.)* bicarbonate of soda; bicarbonate *(fam.);* bicarb *(abbr. fam.).*
bicchierata *sf* **1** *(contenuto d'un bicchiere)* glassful; glass; mug. **2** *(bevuta in compagnia)* party; drink; drinking party.
bicchiere *sm (di vetro)* glass; *(boccale da birra)* mug; tankard; *(chim.)* beaker; *(mecc.)* bowl; *(recipiente, p.es. di plastica)* cup: *bicchiere da vino,* wine-glass — *un bicchiere di vino,* a glass of wine — *bicchiere di carta,* paper cup — *bicchiere colmo,* bumper — *bicchiere piatto (senza stelo),* tumbler — *affogare in un bicchier d'acqua,* to bungle a simple matter; to make a mountain out of a molehill — *una tempesta in un bicchier d'acqua,* a storm in a teacup — *bicchiere della staffa,* stirrup cup; one for the road *(fam.).*
bicentenario *sm e agg* bicentenary; bicentennial.
bicicletta *sf* bicycle; cycle; bike *(fam.): bicicletta da corsa,* racing bicycle — *andare in bicicletta,* to ride a bicycle; to cycle — *un giro (una gita) in bicicletta,* a cycle (*o* bike) ride — *bicicletta a due posti,* tandem — *fare la bicicletta, (nuoto)* to tread water.
biciclo *sm* velocipede; penny-farthing *(fam.).*
bicipite *agg* **1** double-headed; two-headed. **2** *(anat.)* bicipital; biceps *(solo attrib.).*
□ *sm* biceps.
bicocca *sf* **1** *(casupola)* shack; shanty; tumbledown house. **2** *(stor.)* mountain lookout; hill-top fort; aerie *(lett.).*
bicolore *agg* **1** two-coloured. **2** *(politica)* two-party.
bidella *sf* (school) caretaker.
bidello *sm* (school) caretaker; *(talvolta)* janitor.
bidente *sm (forca)* pitchfork; *(zappa)* two-pronged hoe.
bidonata *sf (sl.)* swindle.
bidone *sm* **1** bin; can; drum; *(spreg.: di macchina, ecc.)* tin can. **2** *(sl.)* good-for-nothing; no-good; *(di atleta, ecc.)* dead loss; washout. **3** *(sl.: truffa)* swindle; take-in: *fare un bidone a qcno,* to swindle sb; to take sb for a ride.
bidonista *sm* swindler.
biecamente *avv* sullenly; threateningly.
bieco *agg* **1** *(predicativo)* askew. **2** *(sinistro)* sullen; threatening.
biella *sf* connecting rod; con rod *(abbr. fam.): biella d'accoppiamento,* drag link — *testa (occhio) di biella,* big (small) end.
biennale *agg (che dura due anni)* two-year *(attrib.); (talvolta)* biennial.
□ *sf (manifestazione)* Biennial Exhibition.
biennio *sm* two-year period; *(spec.)* two-year course.
bietola *sf* beet; *(fam.)* beetroot.
bifase *agg* two-phase.
biffare *vt* **1** to cross (sth) out; to put* a cross through (sth); *(una lastra)* to obliterate. **2** *(fig.)* to filch; to purloin; to snaffle *(sl.).*
bifido *agg (di lingua)* forked; *(anat.)* bifid; cleft.
bifocale *agg* bifocal.
bifolco *sm* **1** farm labourer; ploughman *(pl.* -men*).* **2** *(fig.)* bumpkin; yokel; yob *(sl.);* hick *(USA).*
bifora *agg* mullioned window.
biforcamento *sm* **1** *(il biforcarsi)* branching (off). **2** *(luogo)* fork; bifurcation.
biforcarsi *v. rifl* to fork; to branch; *(anat.)* to bifurcate.
biforcazione *sf* fork; junction; *(anat.)* bifurcation.
biforcuto *agg* forked *(anche fig.); (di piede)* cloven.
bifronte *agg* **1** two-faced; *(fig.: di persona)* insincere; two-faced; time-serving; *(di discorso, ecc. con due aspetti contrastanti)* inconsistent; conflicting. **2** *(di versi o frasi)* palindromic.
biga *sf* **1** *(stor.)* (two-horsed) chariot. **2** *(naut.)* sheers *(pl.);* shear-legs *(pl.).*
bigamia *sf* bigamy.
bigamo *agg* bigamous. □ *sm* bigamist.
bighellonare *vi* to loaf; to saunter about aimlessly.
bighellone *sm* loafer; lounger; layabout.
bigino *sm (fam.)* crib; word-for-word translation; pony *(USA).*
bigio *agg* dull grey; *(tempo)* cloudy; overcast.
bigiotteria *sf* **1** trinkets *(pl.);* costume (*o* imitation) jewellery; *(talvolta)* bijouterie *(fr.).* **2** *(negozio)* jeweller's; *(reparto di magazzino)* jewellery counter.
biglia *sf* = **bilia**.
bigliardo *sm* = **biliardo**.
bigliettaio *sm* ticket-seller; *(ferrovia)* booking-clerk *(GB);* ticket clerk *(USA); (sui treni)* ticket-collector *(GB);* conductor *(USA); (di tram, pullman, ecc.)* conductor; *(di teatro, ecc.)* box-office attendant.
biglietteria *sf* ticket-office (-counter); *(ferrovia, GB)* booking office; *(di teatro, ecc.)* box-office.
biglietto *sm* **1** *(breve scritto)* note; (short) letter: *mandare un biglietto a qcno,* to send (to drop) sb a note — *biglietto galante,* billet doux *(fr.);* love-letter — *un biglietto di presentazione,* a letter of introduction. **2** *(cartoncino)* card: *biglietto di auguri,*

greetings card — *biglietto di invito,* invitation card — *biglietto da visita,* card; visiting card. **3** *(contrassegno)* ticket: *fare il biglietto,* to buy (to get, to take) one's ticket — *biglietto ferroviario,* railway ticket — *biglietto di corsa semplice,* single ticket; single; one-way ticket *(USA)* — *biglietto di andata e ritorno,* return ticket; return; round-trip ticket *(USA)* — *biglietto circolare,* tourist (*o* circular) ticket — *biglietto festivo,* week-end ticket — *biglietto ridotto,* reduced-fare ticket; cheap ticket — *biglietto di favore (gratuito),* complimentary ticket — *biglietto omaggio,* free ticket — *biglietto turistico,* excursion ticket — *mezzo biglietto,* half-fare ticket — *biglietto supplementare,* extra ticket — *biglietto della lotteria,* lottery ticket; *(per le corse dei cavalli)* sweepstake ticket — *biglietto d'entrata,* entrance (*o* admission) ticket; *(ferrovia)* platform ticket — *biglietto di prenotazione,* reservation ticket. **4** *(di banca)* bank-note; note: *un biglietto da diecimila lire,* a ten thousand lire note. **5** *(comm.)* note: *biglietto all'ordine,* promissory note; note of hand — *biglietto d'uscita, (naut.)* clearance. **6** *biglietto d'alloggio, (mil.)* billet.

bigodino *sm* (hair) curler; curling-pin.

bigoncia *sf* **1** (small) vat: *a bigonce, (fig.)* by the bucketful. **2** *(ant.)* pulpit: *salire in bigoncia,* to lay down the law.

bigoncio *sm* **1** (large, portable) vat (*o* tub). **2** *(al teatro)* ticket stub bin.

bigotta *sf (naut.)* dead-eye.

bigotteria *sf* bigotry; *(bigottismo)* churchiness; ostentatious devoutness; superficial piety.

bigotto *sm* bigot; churchy person; over-zealous (excessively pious, sanctimonious) person.

bilancia *sf* **1** *(spec. nei negozi)* scale(s); pair of scales; balance: *bilancia da analisi (da assaggio, di orafo),* assay balance — *bilancia automatica,* automatic weighing machine — *bilancia a bilico (a bascula),* platform scale — *bilancia a indice,* dial balance — *bilancia a molla, (dinamometro)* spring balance — *bilancia pesa bambini (pediatrica),* baby scales — *bilancia a ponte,* weighbridge — *bilancia di precisione,* precision balance — *bilancia romana, (stadera)* steelyard — *piatto della bilancia,* scale — *braccio della bilancia,* balance-beam — *la Bilancia della Giustizia,* the Scales *(pl.)* of Justice — *la Bilancia, (astronomia)* Libra — *mettere qcsa sulla bilancia, (fig.)* to weigh sth up — *mettere qcsa sulla bilancia dell'orafo,* to weigh sth scrupulously (very carefully) — *stare in bilancia, (pesare le parole)* to weigh one's words; *(restare neutrale)* to sit on the fence — *tenere in pari la bilancia, (fig.)* to hold the scales even — *far pendere la bilancia da una parte, (fig.)* to turn (to tip) the scale — *dare il tracollo alla bilancia, (fig.)* to weigh down the scales.
2 *(dell'orologio)* balance; balance-wheel.
3 *(traversa di carro o carrozza)* swingletree; whipple tree.
4 *(rete da pesca)* trawl (-net).
5 *(comm.)* balance: *bilancia commerciale,* balance of trade; trade (*o* trading) balance — *bilancia dei pagamenti,* balance of payments — *bilancia attiva,* active (*o* favourable) balance of payments — *bilancia passiva,* passive (*o* adverse, unfavourable) balance of payments — *bilancia delle importazioni e delle esportazioni,* import-export balance.

bilanciamento *sm* **1** *(equilibratura)* balancing. **2** *(naut.)* righting (*o* bringing to an even keel) by shifting ballast, *ecc.*

bilanciare *vt* **1** *(vari sensi)* to balance; to equal: *Il guadagno non bilancia la perdita,* The gain doesn't balance (doesn't equal) the loss. **2** *(fig.: soppesare)* to weigh; to ponder: *bilanciare le parole (il pro e il contro),* to weigh one's words (the pros and cons).
☐ **bilanciarsi** *v. rifl* to balance (oneself). ☐ *v. reciproco (equilibrarsi)* to balance (out); to be* equivalent; to be* equal.

bilanciatore *agg* balancer.

bilanciere *sm* **1** *(d'orologio)* balance; swing wheel; *(al pl.: di bussola)* gimbals; *(mecc.)* rocker; equalizer; compensator; *(pressa)* fly press. **2** *(conio)* coining press. **3** *(di funambolo, portatore, ecc.)* pole. **4** *(nel sollevamento pesi)* bar. **5** *(di imbarcazione)* outrigger.

bilancio *sm* **1** *(preventivo di spesa)* budget: *bilancio preventivo (di previsione),* estimate — *il bilancio dello Stato,* the Budget — *bilancio del fabbisogno dei capitali,* capital budget — *bilancio familiare,* family budget — *presentare il bilancio,* to present the budget — *votare il bilancio,* to vote the budget — *approvare il bilancio,* to pass the budget. **2** *(consuntivo)* balance; *(documento)* balance sheet: *bilancio di chiusura,* closing balance — *bilancio consolidato (comparato),* consolidated (comparative) balance sheet — *bilancio di controllo (di verifica),* trial balance — *bilancio fallimentare,* statement of affairs — *bilancio provvisorio,* temporary balance — *bilancio consuntivo di fine anno,* final (year's-end) figures *(pl.)* — *un progetto di bilancio,* a draft balance — *la relazione annuale del bilancio,* the annual report — *stanziare qcsa in bilancio,* to appropriate sth in the balance sheet — *chiudere il bilancio, (i conti)* to balance (to close) the books. **3** *(fis., industria, ecc.)* balance: *bilancio termico,* heat balance. ☐ *fare il bilancio,* to strike the balance; *(fig.)* to weigh the pros and cons — *mettere in bilancio,* to estimate.

bilaterale *agg* bilateral.

bilateralmente *avv* bilaterally.

bile *sf* **1** *(med.)* bile. **2** *(fig.)* peevishness; bad temper; choler *(lett.)*: *rodersi, crepare dalla bile,* to be consumed with (to choke with) anger.

bilia *sf* **1** *(palla)* billiard ball. **2** *(buca)* pocket: *fare bilia,* to pocket; to pot. **3** *(di vetro)* marble.

biliardino *sm* **1** small billiard table. **2** *(gioco)* pin-ball; bagatelle *(fr.)*.

biliardo *sm* **1** billiards *(sing.)*: *palla da biliardo,* billiard-ball — *stecca da biliardo,* cue. **2** *(tavola)* billiard-table. **3** *(stanza)* billiard-room.

biliare *agg* biliary; bile *(attrib.)*.

bilico *sm* **1** equilibrium; poise: *tenere qcno in bilico,* to keep sb in suspense (on tenterhooks) — *essere in bilico tra la vita e la morte,* to hover between life and death. **2** *(mecc.)* bascule; *(di bilancia)* pivot: *peso a bilico,* platform scale; weighbridge.

bilingue *agg* bilingual.

bilione *sm* **1** *(miliardo)* milliard *(poco comune)*; thousand million *(GB: pl.* thousands of millions*)*; billion *(USA)*. **2** *(ant.: mille milliardi)* billion *(GB)*; thousand billion *(pl.* thousands of billions*)*.

bilioso *agg* bilious; *(fig.)* liverish; bad-tempered; peevish.

bimbo *sm* **bimba** *sf* young child; kid *(fam.)*; *(f. sl.: pupa)* baby.

bimensile *agg* fortnightly; twice-monthly.

bimensilmente *avv* twice monthly.

bimestrale *agg* **1** *(che dura due mesi)* bimestrial; two-month *(attrib.)*. **2** *(che ricorre ogni due mesi)* bimonthly; bimensual.

bimestralmente *avv* bimonthly.

bimestre *sm* **1** period of two months. **2** *(somma)*

two-monthly payment; amount equal to two single payments on a monthly basis.
bimotore *agg* twin-engined; bimotored.
□ *sm* twin-engined aircraft.
binario *sm* track; line; *(in stazione, riferito alla piattaforma)* platform; track *(USA)*: *ad un solo binario,* single-track; one-track — *Da che binario parte il treno per Milano?,* Which platform does (*o* will) the Milan train leave from? — *binario morto,* blind track; siding — *essere su un binario morto, (fig.)* to be up a blind alley (at a dead end).
binato *agg* in pairs *(solo predic.)*; paired; twin.
binda *sf* jack.
bindolo *sm* **1** *(aspo)* winder. **2** *(macchina idrovora)* wheel for raising water; water-wheel. **3** *(fig.: inganno)* trick; ruse; *(ingannatore)* trickster; twister.
binocolo *sm* binoculars *(pl.)*; field-glasses *(pl.)*; *(da teatro)* opera-glasses *(pl.)*.
binoculare *agg* binocular.
binomio *sm* **1** *(matematica)* binomial. **2** *(fig.)* pair (*o* couple) of things or persons that go together: *formare un binomio perfetto,* to make a perfect couple.
biochimica *sf* biochemistry.
biodegradabile *agg* biodegradable; soft.
biografia *sf* biography.
biograficamente *avv* biographically.
biografico *agg* biographic(al).
biografo *sm* biographer.
biologia *sf* biology.
biologicamente *avv* biologically.
biologico *agg* biological.
biologo *sm* biologist.
bionda *sf* **1** blonde. **2** *(al pl., sl.)* American cigarettes.
biondeggiante *agg (di messi)* golden; ripening.
biondeggiare *vi* **1** *(di persona)* to be* fair; to be* blond *(m.*; blonde *f.)*. **2** *(di messi)* to be* golden (*o* yellow).
biondo *agg* fair; blond *(m.)*; blonde *(f.)*; flaxen; golden: *il biondo metallo,* gold — *biondo ramato,* auburn — *biondo rossiccio,* tawny.
□ *sm (colore)* fair colour; *(uomo)* fair-haired man *(pl.* men*)*; blond man *(pl.* men*)*.
biossido *sm* dioxide; *(di idrogeno)* peroxide.
bipartire *vt* to divide in (*o* into) two parts; *(i capelli)* to part; to put* the parting (in one's hair).
bipartitico *agg (politica)* two-party; bipartisan: *sistema bipartitico,* two-party system.
bipartito *agg* bipartite.
bipartizione *sf* division into two parts.
bipede *agg* two-footed; two-legged *(fam.)*.
□ *sm* **1** biped. **2** *(scherz.)* human being; biped *(scherz.)*.
bipenne *sf* double-edged axe.
biplano *sm* biplane.
bipolare *agg* bipolar.
biposto *sm* two-seater.
birba *sf* **1** *(scherz., spec. di ragazzo)* lazybones; good-for-nothing. **2** *(persona malvagia)* rogue; villain.
birbante *sm* **1** rogue; knave; scoundrel. **2** *(monello)* rascal; scamp; wretch; son of a gun *(USA)*.
birbanteria *sf* **1** *(qualità)* dishonesty. **2** *(azione)* dirty trick; *(scherz.)* prank.
birbantesco *agg* roguish; villainous.
birbonata *sf* **1** *(azione malvagia)* sharp practice; dishonest action. **2** *(monelleria)* prank.
birbone *agg* **1** wicked; dirty: *un tiro birbone,* a dirty trick. **2** *(come rafforzativo)* terribly; damned; devilish: *Fa un freddo birbone,* It's terribly cold; It's freezing.
□ *sm* rascal; rogue; scoundrel.
birboneria *sf* dishonesty.
birbonesco *agg* roguish; villainous.
bireattore *sm* twin-jet; twin-engined jet.
birichinata *sf* prank; (naughty) trick.
birichino *agg* sly; saucy; naughty; cheeky; mischievous.
□ *sm* (little) rascal; scamp; cheeky youngster: *Non fare il birichino!,* Don't be cheeky!
birignao *sm (sl.)* la-di-da *(fam.)*; fruity (*o* plummy) voice; affected drawl.
birillo *sm* **1** skittle *(GB)*; pin *(USA)*. **2** *(al pl.: gioco)* ninepins; tenpins; *(GB, anche)* skittles.
birmano *agg* Burmese. □ *sm* Burman; Burmese *(invariato al pl.)*.
biro *sf* ballpoint pen; biro *(fam.)*.
biroccio *sm* ⇨ **baroccio.**
birra *sf* beer; ale: *birra alla spina,* draught beer — *birra scura,* brown ale; stout; porter — *birra chiara,* light ale; light *(fam.)*; lager *(se di tipo tedesco, danese, boemo, ecc.)* — *fabbricare birra,* to brew beer. □ *a tutta birra, (fig.)* at full speed.
birraio *sm* **1** *(fabbricante)* brewer. **2** *(venditore)* dealer in beer.
birreria *sf* **1** ale-house; inn; beer-house; pub *(GB)*. **2** *(fabbrica)* brewery.
bis *sm* **1** *(mus., tipografia)* bis. **2** *(interiezione e sm)* encore *(fr.)*: *chiedere un bis,* to encore; to call for an encore. **3** *(per estensione)* the same again: *Questa birra è ottima; facciamo il bis,* This beer's excellent; let's have the same again (let's have another round).
□ *treno bis,* relief-train.
bisaccia *sf* **1** *(alla sella)* saddle-bag; *(tasca)* pouch. **2** *(a tracolla)* shoulder-bag; haversack.
bisarca *sf* car transporter.
bisbetica *sf* shrew; scold *(ant.)*.
bisbetico *agg* bad-tempered; irritable; *(spec. di persona anziana)* cantankerous; *(di donna)* scolding; nagging; shrewish.
bisbigliare *vt e i.* **1** to whisper: *bisbigliare qcsa all'orecchio di qcno,* to whisper sth in sb's ear. **2** *(sparlare)* to gossip.
[1]**bisbìglio** *sm* **1** *(mormorio)* whispering. **2** *(radio: disturbo nella ricezione)* monkey chatter *(GB)*. **3** *(diceria)* rumour; whisper.
[2]**bisbiglìo** *sm* incessant whispering.
bisboccia *sf* party; get-together *(fam.)*; carousal *(ant.)*: *far bisboccia,* to carouse; *(più comune)* to go on a spree.
bisca *sf* gambling-house; gaming-house *(dir.)*; gambling-den *(spreg.)*.
biscaglina *sf* rope-ladder; *(naut.)* Jacob's ladder.
biscaglino *agg e sm* Biscayan.
biscaiolo *sm* gambler; gamester.
biscazziere *sm* **1** gaming-house keeper (*o* proprietor). **2** *(chi tiene il banco)* banker. **3** *(chi segna i punti)* scorer.
bischero *sm* **1** peg (of violin); tuning peg. **2** *(volg. e fig.)* prick.
biscia *sf* (non-poisonous) snake; grass snake: *biscia d'acqua,* water snake.
biscottificio *sm* biscuit (*USA* cookie) factory.
biscotto *sm* **1** biscuit *(GB)*; cookie *(USA)*. **2** *(naut.)* ship's biscuit. **3** *(porcellana, ecc.)* biscuit.
bisdrucciolo *agg* stressed on the last syllable but three.
bisecante *agg* bisecting. □ *sf* bisector.
bisecare *vt* to bisect.
bisessuale *agg* bisexual; *(bot.)* hermaphrodite.

bisestile *agg* bissextile; intercalary: *anno bisestile,* leap (*o* intercalary) year.
bisesto *sm* intercalary day *(cioè il 29 febbraio).*
bisettimanale *agg* twice-weekly.
bisettimanalmente *avv* twice weekly.
bisettrice *sf* bisecting line; bisector; *(ottica)* bisectrix.
bisezione *sf* bisection.
bisillabo *agg* disyllabic. □ *sm* disyllable.
bislaccamente *avv* eccentrically; oddly.
bislacco *agg* eccentric; queer; odd.
bismuto *sm* bismuth.
bisnipote *sm e f.* **1** *(di bisnonni)* great-grandchild; *(m.)* great-grandson; *(f.)* great-granddaughter. **2** *(di prozii) (m.)* great-nephew; *(f.)* great-niece.
bisnonna *sf* great-grandmother.
bisnonno *sm* great-grandfather.
bisogna *sf* requirement; need; necessity.
bisognare *vi* **1** *(impers. difettivo, usato solo alla 3ª persona),* - **a)** it is necessary... *(piuttosto formale in inglese): Bisogna che tu sia più parsimonioso,* It's necessary for you to be more economical — *Bisogna studiare,* It is necessary to study; One ought to study; You must study - **b)** *(costruzione personale, normale in inglese) (essere necessario)* to have* to; must*; *(convenire, in espressioni enfatiche)* should*; ought* to: *Bisogna che tu faccia il compito,* You must do your homework — *Bisognò farlo,* We had to do it; It had to be done — *Bisognerà proprio consolarla,* We'll really have to console her — *Bisognerebbe che voi veniste a trovarci,* You should (You ought to) come and see us — *Bisognava sentirla!,* You ought to have heard her!; You should have heard her! — *Bisognava vedere quanta gente c'era al ricevimento!,* You should have seen how many people there were at the party! — *Non bisogna sempre lamentarsi,* One shouldn't always complain — *Bisognava che tu me lo dicessi subito!,* You should have (You ought to have) told me at once! — *Bisogna vedere!,* We shall see!
2 *(aver bisogno, mancare: costruzione personale in inglese)* to need; to be* lacking in: *Vi bisogna una domestica?,* Do you need a cleaning-woman? — *Gli bisognava il nostro aiuto,* He needed our help — *Gli bisogna un po' di fiducia in sé stesso,* He is lacking in self-confidence.
bisogno *sm* **1** *(necessità)* need; necessity: *il bisogno quotidiano di denaro,* the daily need of (*o* for) money — *bisogni reali (fittizi),* real (fictitious) needs — *Non c'è bisogno di fare commenti,* There is no need to make any comments; No comment is called for — *Non c'era bisogno di preoccuparsi tanto,* There was no need to worry so much — *Non c'era bisogno che tu venissi subito,* There was no need for you to come straightaway — *in caso di bisogno,* in case of need (necessity); if need be — *secondo il bisogno,* according to necessity; according to one's needs — *al bisogno; a buon bisogno,* when required — *aver bisogno di qcsa,* to be in need of (to need) sth — *aver molto (urgente) bisogno di qcsa,* to be in great (urgent) need of sth — *Non ho più bisogno di te,* I don't need you any more — *Sento il bisogno di vederti,* I feel the need to see you; I miss you — *più del bisogno,* more than (is) necessary. **2** *(mancanza di mezzi, indigenza)* poverty; necessity; need: *trovarsi in gran bisogno,* to be in great (in dire) poverty; to be in need; to be very poor. □ *sentire un bisogno (fisiologico),* to want to go to the toilet (to the lavatory); to want to spend a penny *(fam.)* — *fare i propri bisogni,* to relieve oneself — *Il bisogno aguzza l'ingegno, (prov.)* Necessity is the mother of invention.
bisognoso *agg* needy; poor; indigent: *essere bisognoso d'aiuto,* to be in need of help.
□ *sm* pauper; destitute person.
bisonte *sm (europeo)* bison; *(americano)* buffalo; bison *(più correttamente).*
bissare *vt* to give* (to perform, to sing* *ecc.*) an encore.
bisso *sm* **1** *(tessuto)* fine linen; *(stor.)* byssus. **2** *(zool.)* byssus.
bistecca *sf* steak; *(piccola)* cutlet: *una bistecca ai ferri,* a grilled steak.
bistecchiera *sf* broiler; grill.
bisticciare *vi* to row; to bicker; to quarrel; to squabble *(spec. di bambini).*
bisticcio *sm* **1** row; tiff; squabble. **2** *(di parole)* pun; play on words; *(accorgimento stilistico)* trick of style.
bistrato *agg (truccato)* made-up.
bistrattare *vt* to ill-treat; to treat sb badly (*o* unfairly).
bistro *sm* bistre; *(per gli occhi)* eye black.
bisturi *sm* scalpel; *(talvolta)* bistoury.
bisunto *agg* very greasy.
bitorzolo *sm* protuberance; bump; excrescence.
bitorzoluto *agg (di albero e fig.)* gnarled; knotted.
bitta *sf* bitt; bollard.
bitter *sm* (bitter) aperitif.
bitumare *vt* to bitumen; to bituminize.
bitume *sm* bitumen.
bivaccare *vi* **1** *(di soldati, alpinisti, ecc.)* to bivouac*. **2** *(sistemarsi alla meglio)* to bed down; to rough it *(fam.).*
bivacco *sm* bivouac.
bivalente *agg* bivalent.
bivalve *agg* bivalve; bivalved; bivalvular.
□ *sm* bivalve.
bivio *sm* **1** *(di strada)* fork; crossroad(s); *(ferrovia)* frog; junction. **2** *(fig.)* alternative; dilemma: *Mi trovo davanti ad un bivio,* I am on the horns of a dilemma; I am between the devil and the deep blue sea.
bizantinamente *avv* pedantically.
bizantino *agg* **1** Byzantine; *(fig.)* excessively elegant; decadent. **2** *(fig.: cavilloso)* hair-splitting; pedantic.
□ *sm* Byzantine.
bizza *sf* tantrum; caprice: *fare le bizze, (di bambini, motori, ecc.)* to be capricious; to play (to act) up *(fam.).*
bizzarramente *avv* oddly; queerly; strangely.
bizzarria *sf* **1** eccentricity; quaintness; weirdness. **2** *(azione o cosa bizzarra)* whim; caprice; freak.
bizzarro *agg* **1** odd; bizarre *(fr.);* queer; eccentric. **2** *(di cavallo)* frisky; high-mettled.
bizzeffe *avv (solo nell'espressione avv.) a bizzeffe,* in abundance; galore.
bizzosamente *avv* capriciously.
bizzoso *agg* **1** *(capriccioso)* self-willed; capricious; wayward. **2** *(irascibile)* irritable.
blandamente *avv* gently; soothingly; blandly.
blandimento *sm* flattery; blandishment.
blandire *vt* **1** *(lenire)* to soothe. **2** *(allettare)* to cajole; to flatter.
blandizia *sf (spec. al pl.)* blandishments; flatteries (*o* flattery).
blando *agg* **1** mild; soft; bland. **2** *(di medicamento)* mild; bland. **3** *(di luce)* soft; subdued.
blasfemo *agg* blasphemous; heretical.
□ *sm* blasphemer.
blasonato *agg* titled; noble; blazoned *(raro).*

blasone *sm* 1 coat of arms; shield; crest *(impropriamente);* escutcheon *(spesso scherz.): una macchia sul blasone,* a blot on one's escutcheon; a skeleton in the family cupboard. 2 *(fig.)* badge; motto. 3 *(l'araldica)* heraldry.
blaterare *vi* to blather (*talvolta* to blether, to blither).
blatta *sf* cockroach; beetle.
blenda *sf* zinc sulphide; blende.
blesità *sf* lisp.
bleso *agg* lisping; having a lisp.
blindaggio *sm* (armour) plating; armour.
blindare *vt* to armour-plate.
blindato *agg* armoured; armour-plated; *(vetro)* bulletproof: *camera blindata,* strongroom — *mezzi blindati,* armour.
blindatura *sf* 1 armour plating. 2 *(di elica)* metal edging.
bloccaggio *sm* 1 *(mecc.)* locking. 2 *(nei giochi con la palla)* save.
bloccare *vt* 1 to block; to cut* (sth) off; to isolate; *(mil.)* to blockade: *Tutte le strade erano bloccate,* All roads were blocked — *un paese bloccato da una valanga,* a village cut off (*o* isolated) by an avalanche — *bloccare una città,* to blockade a city — *rimanere bloccato dalla neve,* to be snowbound — *bloccato dal ghiaccio,* ice-bound. 2 *(arrestare cose in movimento)* to stop; to jam; to stall; to block; *(fissare)* to lock; to fix: *bloccare la macchina,* to stop the car — *La polizia bloccò il corteo,* The police stopped the procession — *bloccare il traffico,* to block the traffic — *bloccare la palla, (sport)* to stop the ball — *bloccare un motore,* to stall an engine — *bloccare i comandi,* to block the controls — *bloccare gli attacchi, (di un paio di sci)* to lock (to fix) the bindings. 3 *(comm., econ.)* to freeze; to peg; to stop: *bloccare i salari,* to freeze wages — *bloccare gli affitti (i prezzi),* to peg rents (prices) — *bloccare un conto (un assegno),* to stop an account (a cheque). 4 *(calcio, ecc.)* to stop.
□ **bloccarsi** *v. rifl* to jam; to stall; to stick*; to get* stuck: *I freni si bloccarono e la macchina sbandò,* The brakes jammed and the car skidded — *Il motore si è bloccato,* The engine has stalled (*o* jammed).
bloccasterzo *sm* steering wheel lock; locking device.
[1]**blocco** *sm* 1 block *(anche mecc.): un blocco di marmo,* a block of marble — *un blocco di case,* a block of houses. 2 *(nell'espressione)* **in blocco,** a) *(comm., ecc.)* en bloc *(fr.);* in bulk: *vendere qcsa in blocco,* to sell sth en bloc - b) *(fig.: in modo piuttosto superficiale, grossolano)* roughly. 3 *(in politica)* bloc *(fr.): il blocco delle sinistre,* the left-wing bloc.
[2]**blocco** *sm* 1 *(sbarramento stradale, ecc.)* block; *(mil.)* blockade: *blocco del traffico,* traffic block — *blocco stradale; posto di blocco,* road block — *cabina di blocco,* signal-box — *forzare (rompere) il blocco,* to run the blockade — *togliere il blocco,* to raise the blockade. 2 *(med.)* block: *blocco renale,* renal block. 3 *(econ.: dei fitti)* restriction; rent-control; *(dei prezzi)* price control; *(dei salari)* wage freeze; *(dei licenziamenti)* veto on dismissals; *(delle assunzioni)* veto on hirings: *togliere il blocco,* to release from control.
blu *agg* blue: *una fifa blu, (fam.)* a blue funk.
□ *sm* blue: *blu marino,* navy blue.
bluffare *vi* to bluff.
blusa *sf* 1 *(da donna)* blouse. 2 *(da lavoro)* smock.
blusotto *sm* jerkin; windcheater.
[1]**boa** *sm* 1 *(serpente)* boa (constrictor). 2 *(sciarpa)* (feather) boa.
[2]**boa** *sf (naut.)* buoy.
boario *agg* cattle *(attrib.).*
boato *sm* rumbling; rumble: *boato sonico,* sonic boom (*o* bang).
bob *sm* bobsleigh.
bobbista *sm* bobsleigh rider; member of a bobsleigh team.
bobina *sf* 1 *(elettr.)* coil. 2 *(di pellicola o nastro)* reel; *(rocchetto, p.es. di nastro magnetico)* spool. 3 *(industria tessile)* bobbin.
bobinatrice *sf* winding machine (*o* frame); coil winder.
bocca *sf* 1 mouth: *Non parlare con la bocca piena,* Don't speak with your mouth full — *La bocca gli arriva fino agli orecchi,* His mouth stretches from ear to ear — *Ha tante bocche da sfamare,* He has many mouths to feed — *aprir bocca,* to open one's mouth — *spalancare la bocca,* to open one's mouth wide — *storcere la bocca,* to make a wry mouth — *cavar qcsa di bocca a qcno,* to take the words out of sb's mouth — *mettere le parole in bocca a qcno,* to put words into sb's mouth — *una bocca sacrilega,* a sacrilegious tongue — *avere la bocca buona (amara),* to have a pleasant (nasty) taste in one's mouth — *rifarsi la bocca,* to get rid of an unpleasant taste from one's mouth — *far venire l'acquolina in bocca a qcno,* to make sb's mouth water.
2 *(apertura di recipiente, di arma da fuoco, ecc.)* mouth: *bocca da fuoco,* muzzle; *(per estensione)* gun — *la bocca d'un fucile,* the mouth of a rifle — *bocca di fiume,* (river) mouth — *bocca d'acqua,* hydrant — *bocca di forno, di caldaia,* stokehole — *bocca di un salvadanaio,* slot of a money-box — *bocca d'alto forno,* throat — *bocca di colata,* sprue hole — *bocca da incendio,* fire hydrant; fire-plug — *bocca d'entrata dell'aria,* air inlet — *la bocca d'un sacco,* the mouth of a bag — *la bocca d'un vaso,* the mouth of a vase — *la bocca dello stomaco,* the pit of the stomach.
□ *bocca di leone, (bot.)* snapdragon; antirrhinum — *levarsi il pan di bocca,* to take the bread from one's mouth; to stint oneself; to go without — *parlare (dire, rispondere, ammettere) a mezza bocca,* to speak (to say, to answer, to admit) half-heartedly (grudgingly) — *dire quello che viene in bocca,* to say whatever comes into one's mind (*o* head) — *stare sempre a bocca chiusa,* to hold one's tongue — *non aprire mai bocca,* to keep silent — *restare a bocca aperta,* to be dumbfounded — *stare a bocca aperta (di fronte a qcsa),* to stand open-mouthed; to stand gaping (at sth) — *Stava a bocca aperta,* He just stood there gaping — *essere la bocca della verità,* to be the soul of truth — *essere di bocca buona,* to be a hearty eater; *(fig.)* to be easily satisfied — *essere sulla bocca di tutti,* to be the talk of the town; *(spreg.)* to be criticized by everyone — *cadere in bocca al lupo,* to put oneself in the hands of one's enemy — *rimanere a bocca asciutta,* not to get anything to eat; *(fig.)* to be left empty-handed — *cantare a bocca chiusa,* to hum — *tappare la bocca a qcno,* to shut sb up; to gag sb; to silence sb — *fare la bocca a qcsa,* to acquire a taste for sth — *non ricordarsi dalla bocca al naso,* to have a bad memory; to forget everything — *parole che riempiono la bocca,* high-sounding words — *prendere una medicina per bocca,* to take a medicine orally — *praticare a qcno la respirazione bocca a bocca,* to give sb the kiss of life — *passare di bocca in bocca, (di voci, notizie, ecc.)* to spread; to get around — *lasciarsi sfuggire qcsa di bocca,* to let sth slip out; to let sth out — *Gli è scappato di bocca,* He said it unintentionally — *baciare qcno sulla bocca,* to kiss

sb's lips; to kiss sb on the lips — *non aver né bocca né orecchi, (fig.)* to be dumb — *Acqua in bocca!,* Hush!; Don't say a word about it!; Mum's the word! — *In bocca al lupo!,* Good luck!

boccaccia *sf* **1** *(smorfia)* grimace; wry face: *fare boccacce,* to make (to pull) faces. **2** *(persona maldicente)* evil-mouthed person. □ *svegliarsi con la boccaccia,* to wake up with a foul (a nasty) taste in one's mouth.

boccaglio *sm* **1** *(mecc.)* nozzle. **2** *(imboccatura)* mouthpiece.

boccale *sm* jug; mug; *(da birra)* tankard.

boccaporto *sm (naut.)* hatchway.

boccascena *sm* proscenium.

boccata *sf* mouthful; *(di fumo)* puff: *prendere una boccata d'aria,* to go out for (to go out to get) a breath of fresh air.

boccetta *sf* **1** phial; small bottle: *boccetta di profumo,* perfume bottle. **2** small billiard ball; *(al pl.: il gioco)* billiards *(sing.)*; snooker *(sing.)*.

boccheggiante *agg* gasping; gasping for breath; *(moribondo)* at one's last gasp.

boccheggiare *vi* to gasp.

bocchetta *sf* **1** opening. **2** *(di strumento musicale)* mouthpiece.

bocchettone *sm* union; manifold.

bocchino *sm* **1** *(mus., di pipa, ecc.)* mouthpiece. **2** *(cannellino)* cigarette holder. □ *fare il bocchino,* to purse one's lips.

boccia *sf* **1** decanter; water-jug. **2** *(palla da gioco)* bowl; wood *(fam.)*; *(al pl.: gioco)* bowls. **3** *(scherz.)* head.

bocciare *vt* **1** *(respingere un disegno di legge, una proposta)* to reject; to throw* (sth) out. **2** *(agli esami)* to fail; to plough *(fam., GB)*: *essere bocciato ad un esame,* to fail an exam; to flunk *(USA)*. **3** *(nel gioco delle bocce)* to hit*; to strike* out. **4** *(fam.: di automobile)* to collide (with sth); to bump (into sth).

bocciatura *sf* **1** (examination) failure. **2** *(fam.: di automobile)* (minor) collision; *(ammaccatura)* dent.

boccino *sm* **1** *(bocce)* jack. **2** *(scherz.)* head.

boccio *sm* bud: *essere in boccio, (bot.)* to be in bud; *(fig.)* to be budding.

bocciodromo *sm* (open-air) bowling alley.

bocciofilo *sm* bowls player.
□ *agg* bowls *(attrib.)*; bowling *(attrib.)*: *società bocciofila,* bowls club.

bocciolo *sm* **1** *(bot., anat.)* bud. **2** *(di candeliere)* socket. **3** *(mecc.)* cam.

boccola *sf* **1** *(borchia)* buckle. **2** *(mecc.)* bush; bushing; *(ghiera)* ferrule.

boccolo *sm* curl (of hair).

bocconcino *sm* **1** morsel. **2** *(cibo squisito)* dainty; nibble; titbit. **3** *(al pl.: spezzatino)* stew; hash.

boccone *sm* **1** mouthful; bite; morsel: *tutto in un boccone,* in one mouthful; at one gulp. **2** *(piccolo pasto)* snack; bite: *mangiare un boccone,* to have a snack (a bite to eat). **3** *(esca)* bait. □ *contare i bocconi a qcno,* to stint sb of food; *(fam.)* to starve sb — *levarsi il boccone dalla bocca, (fig.)* to stint oneself; to go without — *a pezzi e bocconi,* by fits and starts — *per un boccone di pane, (per poco)* for next to nothing; for a song — *fra un boccone e l'altro,* during one's meal; while one is eating — *il boccone del prete, (fam.)* the parson's nose — *inghiottire un boccone amaro,* to swallow a bitter pill; to eat crow *(USA, fam.)*.

bocconi *avv* lying face downwards; prone: *cadere bocconi,* to fall flat on one's face.

boemo *agg e sm* Bohemian.

boero *agg* Boer. □ *sm* chocolate containing cherry and liqueur.

bofonchiare *vi* to grumble; to growl.

boia *sm* **1** executioner; *(nell'impiccagione)* hangman *(pl. -men)*; *(nella decapitazione)* headsman *(pl. -men)*. **2** *(fig.: mascalzone)* scoundrel; rogue.
□ *(come rafforzativo, fam.) Fa un freddo boia,* It's cold as Hell; It's damned (*o* damn') cold — *Boia d'un mondo!; Mondo boia!,* Blast!; Damn!; Dammit!

boiata *sf (fam.)* **1** *(cosa mal riuscita)* rubbish; *(fiasco)* flop. **2** *(azione vile)* vile trick. □ *Non dire boiate!,* Don't talk rubbish *(USA anche* crap*)!*

boicottaggio *sm* boycott.

boicottare *vt* to boycott.

bolero *sm* bolero.

bolgia *sf* **1** *(dantesca)* pit. **2** *(fig.)* hell; madhouse. □ *Che bolgia questo teatro!,* What a crowd there is in this theatre!

bolide *sm* **1** meteor; fireball: *passare come un bolide,* to shoot past like a bullet (a rocket). **2** *(auto)* racing car. **3** *(calcio)* cannonball. **4** *(scherz.: persona corpulenta)* barrel.

bolina *sf (naut.)* bowline: *navigare di bolina,* to sail close to the wind — *stretto di bolina,* close-hauled.

boliviano *agg* Bolivian. □ *sm* **1** Bolivian. **2** *(unità monetaria)* boliviano.

[1]**bolla** *sf* **1** bubble: *fare le bolle di sapone,* to blow (soap) bubbles. **2** *(vescichetta, pustola)* blister; pimple.

[2]**bolla** *sf* **1** *(editto)* bull; *(sigillo)* seal. **2** *(comm.)* bill; receipt; note.

bollare *vt* **1** *(con un timbro)* to stamp; *(con la cera)* to seal; *(con un marchio a fuoco)* to brand *(anche fig.)*: *bollare una lettera,* to stamp a letter — *bollare con ceralacca,* to seal with sealing wax — *bollare qcno d'infamia,* to brand sb with infamy — *bollare il cartellino, (fam.)* to clock in (*o* out); to punch the clock. **2** *(fam.: ammaccare)* to dent. □ *carta bollata,* stamped paper.

bollente *agg* **1** *(in ebollizione)* boiling. **2** *(assai caldo)* very hot; boiling *(fam.)*. **3** *(fig.)* vehement; hot-blooded.

bolletta *sf* bill; note: *bolletta del gas,* gas bill — *bolletta di consegna,* delivery note. □ *essere in bolletta,* to be hard up.

bollettario *sm* receipt book.

bollettino *sm* **1** *(comunicato)* bulletin; *(di guerra)* communiqué *(fr.)*: *bollettino meteorologico,* weather bulletin. **2** *(comm.)* list; note; *(modulo)* form: *bollettino di spedizione,* forwarding (*o* shipping) note — *bollettino dei prezzi,* price list. **3** *(periodico)* gazette; bulletin.

bollino *sm* coupon.

bollire *vi e t.* **1** to boil; to seethe *(generalm. fig.: di rabbia, ecc.)*: *Il brodo bolle,* The broth is boiling — *far bollire il latte,* to boil milk — *bollire di sdegno,* to boil (to seethe) with indignation — *lasciar bollire qcno nel suo brodo,* to let sb stew in his own juice — *In questa stanza si bolle,* It's boiling hot in this room. **2** *(fermentare)* to bubble; to brew *(anche fig.)*: *sapere ciò che bolle in pentola, (fig.)* to know what's cooking. □ *un bolli-bolli,* a turmoil.

bollita *sf* (short period of) boiling.

bollito *agg* boiled; brought to the boil. □ *sm* boiled meat.

bollitore *sm* **1** pan for boiling; casserole; *(per l'acqua)* kettle; *(bollilatte)* milk saucepan *(fam.)*. **2** *(industria)* boiler; copper. **3** autoclave.

bollitura *sf* **1** *(operazione)* boiling. **2** *(liquido)* broth; liquid (in which sth has been boiled).

bollo *sm* **1** *(anche fam., per francobollo)* stamp: *marca da bollo,* revenue stamp — *bollo per cambiale,* bill of exchange stamp — *tassa di bollo,* stamp duty — *bollo a secco,* impressed stamp — *carta da bollo,* (official) stamped paper — *bollo di circolazione, (per autoveicoli)* road fund licence. **2** *(sigillo)* seal; mark; brand; *(comm.: marchio)* trade mark. **3** *(fam.: livido, segno)* bump. **4** *(fam.: ammaccatura d'auto, al pl.)* dents.

bollore *sm* **1** *(cucina)* boil: *dare un bollore,* to bring to the boil — *levare (o alzare) il bollore,* to come to the boil. **2** *(il caldo)* intense heat; boiling weather. **3** *(fig.)* fervour; ardour; enthusiasm.

bolloso *agg* **1** *(chiazzato di bolle)* blistered. **2** *(con numerosi vuoti)* cavitated.

bolo *sm* **1** mouthful (ready for swallowing); *(riferito a ruminanti)* cud. **2** *(di tabacco)* quid. **3** (large) pill; bolus *(med.).*

bolso *agg* **1** *(di cavallo)* broken-winded; *(di persona)* asthmatic. **2** *(per estensione, della carne)* flaccid.

boma *sf (naut.)* boom.

bomba *sf* **1** *(mil., med., fis.)* bomb: *bomba H,* H (Hydrogen) bomb — *bomba a mano,* hand grenade — *a prova di bomba,* bomb-proof — *un alibi a prova di bomba, (fig.)* a watertight alibi — *bomba antisommergibile,* depth charge. **2** *(fig.: notizia esplosiva, scandalo)* bombshell. **3** = **bombetta. 4** *(cucina: di riso)* rice pudding; *(di pasta frolla, ecc.)* pastry puff; bombe *(fr.).* **5** *(nel gioco di bambini)* base; home. □ *tornare a bomba,* to get back to the subject — *È scoppiata la bomba,* The cat's out of the bag; The balloon's gone up; The fat's in the fire — *Che bombe!,* What nonsense! — *Corpo di mille bombe!, (scherz.)* Well, I never!

bombarda *sf* **1** *(mil.)* mortar; howitzer; bombard *(stor.).* **2** *(naut.)* brig schooner. **3** *(mus.)* bombardon.

bombardamento *sm* bombardment; shelling: *bombardamento aereo,* air raid — *bombardamento a tappeto,* carpet-bombing.

bombardare *vt* to bomb; to bombard *(anche fig.); (con artiglieria)* to shell: *bombardare in picchiata,* to dive-bomb — *bombardare qcno di domande,* to bombard sb with questions.

bombardiera *sf* **1** *(mil.)* embrasure. **2** *(stor.)* gunboat.

bombardiere *sm* **1** *(aereo)* bomber. **2** *(puntatore)* bomb-aimer *(GB);* bombardier *(USA).* **3** *(insetto)* bombardier beetle.

bombatura *sf* **1** *(di strada)* camber. **2** *(di lamiera, ecc.)* swelling; bulging.

bombetta *sf* bowler (hat) *(GB);* billycock *(ant.);* derby *(USA).*

bombice *sm* **1** moth whose larva weaves a cocoon. **2** *(per antonomasia)* silkworm moth.

bombola *sf* **1** (gas) bottle (*o* cylinder). **2** *(nebulizzatore)* aerosol.

bomboletta *sf* canister.

bombolone *sm* doughnut.

bomboniera *sf* bombonnière *(fr.);* candy-box *(USA).*

bompresso *sm* bowsprit.

bonaccia *sf* **1** *(naut.)* lull; calm. **2** *(fig.)* tranquillity; peace and quiet *(fam.).*

bonaccione *agg* easy-going; good-natured; complaisant.
□ *sm* easy-going person; good-natured chap.

bonariamente *avv* kind-heartedly.

bonarietà *sf* kind-heartedness; kindliness; good-naturedness.

bonario *agg* kind-hearted; kindly; good-natured: *uno sguardo bonario,* a kindly look.

bonifica *sf* **1** *(risanamento)* land reclamation; bringing under cultivation. **2** *(mil.)* clearing (of mined land). **3** *(trattamento)* hardening and tempering. **4** *(fig.)* improvement.

bonificare *vt* **1** to reclaim; to improve. **2** *(mil.)* to clear. **3** *(abbuonare)* to allow (to grant) a discount; *(eseguire un bonifico)* to transfer.

bonifico *sm* **1** *(comm.)* discount. **2** *(bancario)* transfer; credit transfer.

bonomia *sf* bonhomie *(fr.).*

bontà *sf* **1** *(d'animo)* goodness; *(cortesia)* kindness: *bontà d'animo (di cuore),* goodness of heart — *approfittare della bontà di qcno,* to take advantage of sb's kindness — *Abbiate la bontà di dirmi se...,* Will you be so good (so kind) as to tell me whether...; Will you kindly tell me whether... — *Abbiate la bontà di tacere,* Have the kindness to keep silent; Kindly keep silent — *Bontà tua! (sua!),* How kind (*o* good) of you! (of him, her!) — *Bontà tua se mi hai avvisato,* It was really kind of you to warn me. **2** *(di cosa, merce, ecc.)* goodness; quality; excellence; *(sapore buono)* tastiness: *La bontà dei nostri prodotti è ineguagliabile,* The quality of our products is without equal; Our products are of unbeatable quality — *La bontà del vino genuino è indiscutibile,* The excellence of genuine wine is undisputed — *È una bontà! (fam.: di cibi, ecc.)* It's delicious!

bonzo *sm* (Buddhist) monk.

borace *sm* borax.

borboglio *sm* gurgling; rumbling.

borbottamento *sm* mumbling; *(dello stomaco)* rumbling.

borbottare *vi* **1** to mumble. **2** *(brontolare)* to grumble; to grouse. **3** *(dello stomaco, del tuono)* to rumble.
□ *vt* to mumble; to mutter: *Borbottò qualcosa in veneto,* He muttered something in Venetian dialect.

borbottio *sm* (persistent) mumbling (*o* grumbling).

borbottone *sm* habitual grumbler (*o* grouser).

borchia *sf* **1** stud; boss. **2** *(chiodo)* upholsterer's nail. **3** *(finitura)* escutcheon plate.

bordare *vt* **1** *(fare un bordo, un orlo)* to border; to hem; to edge. **2** *(naut.)* to spread*; to shake* (sth) out. **3** *(mecc.)* to bead; *(cerchiare una ruota)* to rim.

bordata *sf* **1** *(naut.)* tack; *(tratto)* tack; leg. **2** *(cannonata)* broadside.

bordatura *sf* **1** *(orlo)* border; edge. **2** *(operazione)* edging; flanging.

bordeggiare *vi (naut.)* to tack; to beat* (up *o* about); to sail up and down.

bordeggio *sm* tacking; sailing close to the wind.

bordello *sm* **1** brothel. **2** *(fig.)* bedlam; *(per estensione)* noise; uproar; row; shindy: *far bordello,* to kick up a row.

bordino *sm* **1** *(di ruota)* flange. **2** *(di tessuto)* trimming.

bordo *sm* **1** *(naut., ecc.)* board: *a bordo,* on board; aboard — *Tutti a bordo!,* All aboard! — *andare (salire) a bordo,* to go on board — *essere a bordo,* to be aboard — *franco di bordo,* free on board *(abbr.* FOB*)* — *giornale di bordo,* log — *fuori bordo,* outboard — *motore fuori bordo,* outboard motor — *virare di bordo,* to alter course; to veer; *(fig.)* to change sides — *nave di alto bordo,* tall ship — *persona d'alto bordo,* V.I.P. *(sta per* Very Important Person*);* bigwig *(fam.)* — *gente di bordo,* crew. **2** *(orlo)* edge; border; *(di marciapiede)* curb; kerb; *(striscia di stoffa)* trimming; frill. **3** *(mecc.)* rim.

bordolese *agg* Bordelais; of Bordeaux. □ *poltiglia bordolese,* copper sulphate mixture (for protecting vines) — *bottiglia bordolese,* Bordeaux- (*o* claret-) type bottle.

[1]**bordone** *sm (da pellegrino)* staff. □ *piantare il bordone, (fig.)* to overstay one's welcome; to take root *(fam.).*

[2]**bordone** *sm (mus.)* drone (pipe). □ *tenere bordone a qcno, (fig.)* to act as sb's accomplice.

bordura *sf* **1** border; edge; surround. **2** *(cucina)* garnish. **3** *(guarnizione)* edging.

boreale *agg* northern; boreal.

borgata *sf* **1** *(in campagna)* hamlet. **2** *(in città)* district.

borghese *agg* **1** bourgeois *(fr.);* middle-class: *famiglia borghese,* middle-class family — *piccolo borghese,* petit-bourgeois *(fr.);* lower middle-class — *un ambiente borghese,* a middle-class (a bourgeois) environment. **2** *(spreg., fig.: mediocre, ristretto)* common; plain; mediocre; limited: *maniere borghesi,* common manners — *gusti borghesi,* mediocre tastes — *mentalità borghese,* limited mentality; narrow-mindedness. **3** *(civile)* civilian: *abito borghese,* civilian dress; civilian clothes *(pl.);* civvies *(pl.: sl. mil.)* — *agente in borghese,* plain clothes officer; plainclothes man.

□ *sm* **1** middle-class person; bourgeois *(fr.): i piccoli borghesi, (spreg.)* the lower middle classes; the petit bourgeois *(fr.).* **2** *(spreg., fig.)* common (mediocre, narrow-minded) person: *È un piccolo borghese,* He is a narrow-minded sort.

borghesia *sf* (the) bourgeoisie *(fr.);* (the) middle classes *(pl.): l'alta borghesia,* the upper middle class — *la piccola borghesia,* the lower middle class.

borgo *sm* **1** village. **2** *(quartiere)* district; *(suburbano)* suburb.

borgomastro *sm* burgomaster.

boria *sf* conceit; arrogance; side *(GB, fam.): metter su boria,* to give oneself airs; to put on side.

boriarsi *v. rifl* to boast (about sth).

borico *agg* boric.

boriosamente *avv* conceitedly.

borioso *agg* conceited; vain; boastful.

borotalco *sm* talcum powder.

borra *sf* **1** stuffing; wadding. **2** *(per cartuccia)* wad. **3** *(fig.)* rubbish.

borraccia *sf* **1** flask; bottle; *(per liquori)* hip flask. **2** *(di soldato, alpinista, ecc.)* water-bottle; canteen.

[1]**borsa** *sf* **1** bag; *(borsetta)* hand-bag; *(borsello)* purse; *(del tabacco)* pouch; *(cartella in pelle)* briefcase; *(dell'acqua)* hot-water bottle (*o* bag); *(del ghiaccio)* ice-bag: *borsa della spesa,* shopping bag — *borsa da viaggio,* grip; valise — *tenere i cordoni della borsa,* to hold the purse-strings — *avere le borse agli occhi, (fig.)* to have bags under one's eyes. **2** *(denaro)* money; *(nel pugilato: somma di danaro pattuita)* purse: *O la borsa o la vita!,* Your money or your life! — *pagare di propria borsa,* to pay out of one's own pocket — *toccare qcno nella borsa,* to touch sb for money — *tenere stretta la borsa,* to be stingy — *far borsa comune,* to pool (one's) resources. **3** *(di studio)* scholarship; grant; bursary.

[2]**borsa** *sf (valori)* Stock Exchange; *(mercato monetario)* money market; Bourse: *un'operazione di borsa,* an exchange transaction — *giocare in borsa,* to play the Stock Exchange; to speculate — *chiusura di borsa,* the close of business — *contratto di borsa,* Stock Exchange transaction. □ *borsa merci,* commodities exchange; *(a Londra)* Royal Exchange.

borsaiolo *sm* pickpocket; bag-snatcher.

borsanera *sf* black market.

borsanerista *sm* black marketeer.

borseggiare *vt* to pick (sb's) pocket: *essere borseggiato,* to have one's pocket picked.

borseggio *sm* pickpocketing.

borsellino *sm* **1** purse. **2** *(per le elemosine)* collection bag.

borsetta *sf* (lady's) bag (*o* handbag).

borsino *sm (trattazione)* curb market.

borsista *sm* **1** *(chi specula in Borsa)* speculator. **2** *(chi gode di borsa di studio)* scholarship (*o* bursary) holder; recipient of a grant.

boscaglia *sf* **1** scrub; heath *(GB); (in Australia)* bush. **2** *(bosco fitto)* forest; woodlands *(pl.);* backwoods *(USA, pl.).*

boscaiolo *sm* **1** woodman *(pl.* -men*) (GB);* woodcutter; woodsman *(pl.* -men*) (USA).* **2** *(guardaboschi)* forester.

boschereccio *agg* woodland *(attrib.);* sylvan *(lett.).*

boschetto *sm* thicket; coppice, *(GB anche)* copse; spinney *(raro).*

boschivo *agg* **1** *(terreno)* woody; wooded; well-wooded. **2** *(proprio del bosco)* woodland.

bosco *sm* wood: *bosco ceduo,* coppice, *(GB anche)* copse. □ *un bosco di capelli,* a bush (a mop) of hair — *essere da bosco e da riviera,* to be able to turn one's hand to anything — *diventare uccel di bosco,* to take to the woods (to the bush) — *far sentire a qcno un po' di succo di bosco, (scherz.)* to give sb a dose of the stick.

boscoso *agg* wooded; woody: *una zona boscosa,* a wooded area.

bosso *sm* **1** *(arbusto)* box. **2** *(legno)* box; boxwood.

bossolo *sm* **1** cartridge case; *(di proiettile)* shell case. **2** *(per dadi)* dice box (*o* shaker). **3** *(urna per elezioni)* ballot-box.

botanica *sf* botany.

botanico *agg* botanical; *(talvolta)* botanic: *orto botanico,* botanic(al) garden.

□ *sm* botanist.

botola *sf* trapdoor; *(nell'impiccagione)* trap; *(tombino)* manhole cover.

botolo *sm* **1** *(cane)* cur; (small) snappish dog. **2** *(uomo stizzoso)* testy (but harmless) man *(pl.* men*);* man *(pl.* men*)* whose bark is worse than his *(pl.* their*)* bite.

botta *sf* **1** blow; knock; *(segno sul corpo)* bruise: *fare a botte,* to come to blows — *dare botte da orbi (un sacco di botte),* to deal out a shower of blows — *dare le botte a qcno,* to spank sb — *prendere le botte,* to get a spanking. **2** *(sparo)* bang; report; shot; *(rumore sordo)* thud; thump. **3** *(scherma, ecc.)* pass; thrust; lunge. **4** *(motto pungente)* cutting remark: *botta e risposta,* cut and thrust. **5** *(fig.: duro colpo)* blow; shock. □ *Le botte vanno in giù e i cenci all'aria, (prov.)* It's always the poor that get the worst of it.

bottaio *sm* cooper.

bottata *sf* **1** *(lett.)* sharp retort; cutting remark. **2** *(fig.)* exaggerated price; daylight robbery *(fam.): Che bottata per una birra!,* That's daylight robbery for a glass of beer!

botte *sf* barrel; cask; butt: *essere in una botte di ferro, (fam.)* to be as safe as houses (as the Bank of England) — *dare un colpo al cerchio e uno alla botte,* to run with the hare and hunt with the hounds — *sembrare una botte,* to be as plump as a dumpling — *voler la botte piena e la moglie ubriaca, (prov.)* to want to have one's cake and eat it — *essere sedile di botte,* to carry the whole burden.

bottega *sf* shop; store *(spec. USA); (ant.: di artista)* studio; atelier *(fr.); (di artigiano)* workshop: *metter su (aprire) bottega,* to set up shop — *chiudere bottega,* to close down; to shut up shop; *(scherz.)* to pack up and go home; *(fig.)* to give up — *sviare la bottega,* to drive one's customers away — *essere uscio e bottega,* to be next-door neighbours. □ *scarti (fondi) di bottega,* throw-outs — *avere la bottega aperta, (fam.)* to have one's fly buttons undone; to be showing one's medals *(fam.).*

bottegaio *sm* **1** shopkeeper *(GB);* storekeeper *(USA).* **2** *(spreg.)* moneygrubber.

botteghino *sm* **1** *(di teatro, ecc.)* box-office. **2** *(del lotto)* lottery-shop.

bottiglia *sf (recipiente e quantità)* bottle: *una bottiglia da vino,* a wine-bottle — *una bottiglia di vino (di birra),* a bottle of wine (of beer) — *in bottiglia, (imbottigliato)* bottled — *il contenuto di una bottiglia,* a bottleful. □ *bottiglia di Leyda,* Leyden jar — *bottiglia Molotov,* Molotov cocktail.

bottiglieria *sf* **1** *(pubblico esercizio)* wine-shop; wine tavern. **2** *(cantina)* wine-vault; wine-cellar.

bottino *sm* **1** *(stor. mil.)* booty; loot; plunder; *(di ladro, ecc.)* loot; haul; swag *(fam.): fare un magro bottino,* to get a poor haul — *fare bottino di qcsa,* to plunder (to pillage, to loot) sth — *mettere a bottino,* to sack. **2** *(sacco, mil.)* pack.

botto *sm* bang; crash; *(di campana)* ring; clang; stroke.
□ **di botto,** all of a sudden; suddenly.

bottoncino *sm* **1** small button. **2** *(da colletto, con gambo)* stud. **3** *(bot.)* bud.

bottone *sm* **1** button; stud: *bottone del colletto,* collar-stud — *attaccare un bottone,* to sew a button on — *attaccare un bottone a qcno, (annoiarlo)* to buttonhole sb — *attaccare bottone con qcno, (riuscire a parlare)* to strike up a conversation with sb — *bottone automatico,* press stud; snap fastener — *bottoni gemelli,* cuff links. **2** *(elettr.: pulsante)* button; *(mecc.)* pin; *(di microscopio, ecc.)* knob: *la stanza dei bottoni,* the control room; *(fig.)* the nerve centre. **3** *(bot., anat.)* bud.

bottoniera *sf* **1** row of buttons; *(occhiello)* buttonhole. **2** *(quadro con pulsanti)* button strip.

bovaro *sm* **1** herdsman *(pl.* -men*).* **2** *(cane)* cattle-dog.

bove *sm (zool.)* domestic ox.

bovinamente *avv* stupidly.

bovindo *sm* bay window; *(se ad arco)* bow window; oriel *(archit.).*

bovino *agg* bovine *(anche fig.): carne bovina,* beef. □ *occhi bovini,* bulging eyes — *avere occhi bovini,* to be pop-eyed.
□ *sm* ox *(pl.* oxen*); (impropriamente, ma più comune)* cow *(pl.* cows *o* cattle*): i bovini,* cattle.

box *sm* **1** *(per cavalli)* loose box. **2** *(per vettura da corsa)* pit. **3** *(per auto privata)* lock-up garage. **4** *(recinto)* pen; *(per bambini)* play-pen. **5** *(al teatro)* box. **6** *(compartimento)* cubicle.

[1]**bozza** *sf* **1** *(archit.)* corbel; ashlar. **2** *(gonfiore, bernoccolo)* bump; swelling; protuberance. **3** *(naut.)* stopper; guy.

[2]**bozza** *sf* **1** *(abbozzo)* draft; rough copy. **2** *(tipografia)* proof: *bozza impaginata,* page proof — *bozza in colonna,* galley; galley proof — *prima bozza,* foul proof — *seconda bozza,* revise — *tirare una bozza,* to pull a proof — *correggere bozze,* to correct (to read) proofs — *correggere le bozze di un romanzo,* to proof-read a novel; to correct (to read) the proofs of a novel — *correttore di bozze,* proof-reader.

bozzettista *sm* **1** writer of sketches. **2** *(pubblicità)* commercial artist.

bozzetto *sm* **1** (preliminary) sketch; rough. **2** *(modello)* scale model.

bozzo *sm* **1** *(pietra)* ashlar. **2** *(bernoccolo)* bump; protuberance.

bozzolo *sm* **1** cocoon; *(fig.)* shell: *chiudersi nel proprio bozzolo, (fig.)* to retire into one's shell — *uscir dal bozzolo, (fig.)* to make one's debut; to spread one's wings. **2** *(grumo, ecc.)* lump.

bozzoloso *agg* lumpy.

braca *sf* **1** *(al pl.)* breeches; trousers; pants *(USA); (al sing.)* trouser-leg. **2** *(al pl.: mutande)* drawers; long johns *(fam.).* **3** *(pannolino per bambini)* napkin; diaper *(USA).* **4** *(allacciatura, cavo, ecc.)* sling; harness. □ *calare le brache, (fig.)* to give in; to climb down — *portare le brache, (di donna)* to wear the trousers; to wear the breeches .

braccare *vt (selvaggina)* to hunt; to pursue; *(un malfattore)* to hunt down.

braccetto *(nella locuzione avverbiale) a braccetto,* arm(-)in(-)arm: *andare a braccetto con qcno,* to go arm in arm with sb; *(fig.)* to see eye to eye with sb.

braccia *sf* ⇨ **braccio** (*spec. il* **2**).

bracciale *sm* bracelet; *(fascia)* arm-band.

braccialetto *sm (generalm.)* bracelet; *(se rigido)* bangle; *(dell'orologio)* watch-strap.

bracciantato *sm* day labourers *(pl.).*

bracciante *sm* day labourer; seasonal labourer.

bracciata *sf* **1** armful. **2** *(nuoto)* stroke.

braccio *sm* **1** arm; *(in certe espressioni)* hand: *stendere un braccio (le braccia),* to stretch out one's arm (one's arms) — *con le braccia tese,* with outstretched arms; with arms outstretched — *avere le braccia legate,* to have one's hands tied — *Ho le braccia legate,* My hands are tied — *essere il braccio destro di qcno,* to be sb's right-hand man — *Portava un bambino in braccio,* She was carrying a child in her arms — *La prese fra le braccia,* He took her in his arms — *Portava un libro sotto il braccio,* He was carrying a book under his arm — *accogliere qcno a braccia aperte,* to welcome sb with open arms — *portare il braccio al collo,* to have one's arm in a sling — *avere qcsa (qcno) al braccio,* to have sb (sth) on one's arm — *Aveva la borsetta al braccio,* She had her bag on her arm — *Diede il braccio a sua moglie,* He gave his arm to his wife — *essere in braccio a qcno,* to be in sb's arms — *incrociare le braccia,* to fold one's arms; *(fig.: scioperare)* to go (to come out) on strike — *gettarsi fra le braccia di qcno,* to throw oneself into sb's arms — *prendere qcno per un braccio,* to seize (to grab) sb by the arm — *con le braccia conserte,* with folded arms — *passeggiare sotto braccio (con qcno),* to walk arm-in-arm (with sb) — *a braccia,* by hand — *alzare il braccio,* to put up one's hand — *buttare (gettare) le braccia al collo di qcno,* to throw one's arms around sb's neck — *il braccio secolare,* the secular arm. **2** *(al pl.: lavoratori)* hands; workmen; labourers. **3** *(antica misura di lunghezza pari a circa 60 cm.)* ell; *(naut.: misura di profondità pari a m. 1,829 o a 6 piedi)* fathom. **4** *(cose a forma di braccio) (di croce)* limb; arm; *(di fiume)* arm; *(di terra)* promontory; *(di mare)* sound; strait; inlet; *(archit.: ala di un edificio)* wing; *(di bilancia)* beam; bar; *(di grammofono)* pick-up arm; *(di ancora)* arm; fluke; *(di leva)* lever arm; *(di gru)* jib; *(di sestante)* index bar; *(portante)* supporting arm; *(naut.: per orientare i pennoni)* brace; *(di manovella)* crank arm. □ *sentirsi cascar le braccia* ⇨ **cascare** — *tendere le braccia a qcno, (chiedere aiuto)* to ask for sb's help; *(aiutare qcno)* to help sb — *avere le braccia lunghe, (fig.)* to be very influential — *col lavoro delle proprie braccia,* by one's own exertions — *mettersi nelle braccia di qcno,* to rely on (*o* upon) sb; to place one's trust in sb — *darsi in braccio al nemico,* to surrender to the enemy — *braccio di ferro, (esercizio di forza fisica)* trial of strength *(anche fig.)* — *fare a braccio di ferro, (fig.)* to fight — *Dagli un dito e si prenderà un braccio,* Give him an inch and he'll take a mile — *essere in braccio alla disperazione,* to be a prey to despair — *sollevare qcno a braccia,* to lift sb bodily.

bracciolo *sm* **1** *(di poltrona)* arm. **2** *(corrimano)* hand-rail; banister.

bracco *sm* **1** gundog; hound; *(da ferma)* pointer; *(da riporto)* retriever. **2** *(fig.: 'detective')* sleuth.

bracconiere *sm* poacher.

brace *sf* embers *(pl.)*; live coal; cinders: *cuocere qcsa alla brace,* to barbecue sth — *bistecca alla brace,* broiled (*o* barbecued) steak — *rosso come la brace,* fiery red; *(fig.)* as red as a cherry — *farsi di brace,* to blush; to flush; to turn red — *cadere dalla padella nella brace* ⇨ **cadere** *vi* **2**.

braciere *sm* brazier.

braciola *sf* **1** chop; cutlet. **2** *(scherz.)* gash.

brado *agg* **1** *(di equini, ecc.)* wild; free; running free *(predicativo)*. **2** *(scherz.)* uncivilised.

brama *sf* desire; longing; eagerness; *(spreg.)* lust.

bramano *sm* ⇨ **bramino.**

bramare *vt* to desire; to long (for sth); to yearn (for sth); to hanker (after sth).

bramino *sm* Brahmin; Brahman.

bramire *vi* to roar; to bellow; *(del cervo)* to bell.

bramito *sm* bellow; roar; *(del cervo)* belling.

bramosamente *avv* eagerly.

bramosia *sf* desire; yearning; *(spreg.)* lust.

bramoso *agg* eager; yearning; *(spreg.)* greedy; lusting (for *o* after sth): *bramoso di sapere,* eager to know — *bramoso di guadagni,* greedy for profit (for gain).

branca *sf* **1** *(artiglio)* claw; talon; *(fig., al pl.)* clutches; grip *(sing.)*: *Cadde nelle branche d'un imbroglione,* She fell into the clutches of a swindler. **2** *(ramo, anche fig.)* branch. **3** *(rampa di scale)* flight of stairs.

brancata *sf* handful; fistful.

branchia *sf* gill.

brancicare *vi* to feel* one's way; to grope.

□ *vt* to handle; to paw; to maul.

branco *sm* **1** *(di pecore e uccelli)* flock; *(di lupi)* pack; *(mandria)* herd; *(d'oche)* gaggle. **2** *(spreg.)* troop; gang; pack: *a branchi,* in droves — *mettersi nel branco, (fig.)* to be one of the herd; to follow the crowd.

brancolamento *sm* groping *(anche fig.)*.

brancolare *vi* to grope *(anche fig.)*; to feel* one's way *(anche fig.)*.

branda *sf* **1** camp bed; folding bed. **2** *(amaca)* hammock.

brandello *sm* scrap *(anche fig.)*; tatter; rag; shred: *a brandelli,* ragged; in tatters; in rags — *fare a brandelli qcsa,* to tear sth to shreds. □ *Non ha un brandello di intelligenza, (fig.)* He hasn't got an ounce (a grain) of sense.

brandire *vt* to brandish.

brano *sm* **1** shred; scrap; piece; bit: *fare (cadere) a brani,* to tear (to fall) to pieces. **2** *(di libro, di musica, ecc.)* passage; piece; extract; excerpt: *un brano di lettura,* a reading passage.

branzino *sm* (sea-)bass.

brasare *vt* **1** *(cucina)* to braise. **2** *(mecc.)* to braze.

brasato *sm* braised meat.

brasiliano *agg e sm* Brazilian.

bravaccio *sm* boaster; braggart; *(prepotente)* bully.

bravamente *avv* resolutely; courageously.

bravata *sf* **1** *(millanteria)* boast; bragging. **2** *(azione)* showing-off.

bravo *agg* **1** *(abile, volenteroso)* good; clever; skilful: *un bravo insegnante (operaio, autista, ecc.),* a good (a skilful) teacher (worker, driver, *ecc.*) — *un bravo scolaro,* a clever pupil — *essere bravo in qcsa,* to be good at sth — *Mia sorella è brava in greco,* My sister is good at Greek — *Sei molto bravo nel trovare scuse,* You are very clever at finding excuses — *Bravo chi l'indovina,* Anyone who can get this is a genius; If you can guess it, you're a genius — *Bravo!,* Well done!; Bravo! — *Chi ci riesce è bravo,* If you can do (*o* manage to do) this, you're really good; I'd challenge anyone. **2** *(buono, onesto)* good; honest; decent: *È un brav'uomo,* He's a good sort (a decent chap) — *Fate i bravi, bambini!,* Be good, children! — *Su, da bravo, studia!,* Get on with your work, there's a good boy. **3** *(lett.: ardito, coraggioso)* brave; courageous; bold: *alla brava, (con spavalderia)* boldly; *(alla svelta)* quickly. **4** *(fam.: con valore pleonastico, enfatico)*: *Ogni giorno, dopo pranzo, faceva la sua brava dormitina,* Every day, in the afternoon, he would have his little nap — *Ci vuole il suo bravo tempo a fare questa traduzione,* It will take a lot of time (*o* quite a while) to do this translation.

□ *sm (stor.: bandito, assoldato da un signorotto)* bravo *(pl.* bravos, bravoes*)*; desperado *(pl.* desperadoes*)*.

bravura *sf (abilità)* skill; ability; cleverness: *pezzo di bravura, (mus.)* bravura piece (*o* passage) — *Bella bravura!, (iron.)* Very clever - I don't think!

[1]**breccia** *sf* breach; gap: *essere sulla breccia,* to be in full activity — *rimanere sulla breccia,* to be still (very) active — *cadere sulla breccia,* to die in harness — *far breccia su qcno,* to make a good impression on sb.

[2]**breccia** *sf* **1** *(brecciame)* broken stones; (road) metal; *(ghiaia)* gravel. **2** *(mineralogia)* breccia.

brefotrofio *sm* home for abandoned children (for waifs and strays).

bretella *sf* **1** *(di autostrada)* spur road. **2** *(al pl.: dei calzoni)* braces *(GB)*; suspenders *(USA)*; *(di indumenti femminili)* shoulder-straps; *(di paracadute)* harness *(sing.)*.

bretone, brettone *agg e sm* Breton.

breve *agg* **1** brief; short: *tra breve,* in a short while; before long; shortly — *a dirla (farla) breve,* to cut a long story short — *di breve durata,* short-lived — *Sarò breve,* I'll be brief; I won't be long. **2** *(fonetica)* short; unaccented.

□ *sf* **1** *(fonetica)* short syllable. **2** *(mus.)* breve.

□ *sm (stor.: lettera papale o imperiale)* breve.

brevemente *avv* briefly.

brevettare *vt (di invenzione)* to patent; to take* out a patent (on sth); *(di marchio)* to register: *Ho un sistema brevettato per fare quattrini, (scherz.)* I've got a patent *(USA* surefire*)* system for making money.

brevetto *sm (d'invenzione)* patent; *(dir.)* letters patent *(pl.)*; *(marchio)* registered trade mark; *(attestato)* licence; certificate; *(mil.)* brevet: *titolare d'un brevetto,* patentee; holder of a patent (of a trade mark).

breviario *sm* **1** *(religione)* breviary. **2** *(compendio)* compendium. **3** *(fig.: opera, ecc. a cui si ricorre spesso)* bible; *(prontuario)* vademecum.

brevità *sf* shortness; *(concisione)* brevity: *per brevità,* for brevity's sake; for the sake of brevity.

brezza *sf* breeze: *brezza di mare,* sea (*o* on-shore) breeze — *brezza di terra,* land (*o* off-shore) breeze.

bricco *sm* jug; pot.

bricconaggine *sf* dishonesty; trickery.

bricconata *sf* low (*o* dirty) trick.

briccone *sm* **1** blackguard; trickster; rogue: *vivere alla briccona,* to live by one's wits. **2** *(scherz.)* rascal.

bricconeria *sf* trickery; *(fam. o scherz.)* skulduggery.

briciola *sf* **1** *(di pane, ecc.)* crumb: *ridurre in briciole,* to crumble up; to break to bits. **2** *(fig.)* grain; bit: *Non hai una briciola di buon senso!, (fig.)* You haven't a grain of sense!

briciolo *sm* **1** bit; scrap; fragment. **2** *(fig.)* grain; crumb: *Non hai un briciolo di comprensione,* You haven't a grain (an ounce) of common sense — *un briciolo di pietà,* a crumb (an ounce) of pity.

briga *sf* **1** *(fastidio)* trouble; worry: *darsi (prendersi) la briga di fare qcsa,* to go to (to take) the trouble of doing sth. **2** *(lite)* quarrel: *attaccar briga con qcno,* to pick a quarrel with sb.

brigadiere *sm (sottufficiale, nei carabinieri, ecc.)* sergeant; 'brigadiere'.

brigantaggio *sm* banditry; brigandage.

brigante *sm* **1** bandit; brigand. **2** *(scherz.)* rascal.

brigantesco *agg* worthy of a bandit (*o* brigand): *atti briganteschi,* acts of brigandage.

brigantino *sm* brig; brigantine.

brigare *vi* to intrigue; to scheme.

brigata *sf* **1** *(mil.)* brigade; *(aeronautica)* group: *generale di brigata,* brigadier *(GB);* brigadier-general *(USA); (aeronautica)* air commodore *(GB);* brigadier general *(USA).* **2** company; group; party: *un'allegra brigata,* a merry crowd — *Poca brigata, vita beata, (prov.)* Two's company, three's a crowd (three's none).

briglia *sf* **1** rein *(anche fig.); (al pl.)* bridle *(sing.).* **2** *(mecc.)* bridle; *(di tornio)* carrier; dog. **3** *(naut.)* stay. **4** *(idraulica)* bar. □ *a briglia sciolta,* at full gallop; at full speed — *dar la briglia sul collo, (fig.)* to let (sb) have his head — *tenere qcno a briglia, (fig.)* to restrain sb; to keep a tight rein on sb — *tirar la briglia, (fig.)* to keep on a tight rein — *voltare la briglia, (fig.)* to turn back.

brillamento *sm* **1** *(luce)* dazzle; flare. **2** *(accensione di mina)* firing; exploding.

brillantare *vt* **1** *(sfaccettare)* to cut*. **2** *(ornare)* to decorate with brilliants. **3** *(lucidare)* to polish; to give* a brilliant finish (to sth). **4** *(cucina)* to ice; to frost.

brillante *agg* brilliant; shining; sparkling; glittering: *fare una vita brillante,* to lead a wordly life — *colore brillante,* vivid color — *una commedia brillante,* a sparkling comedy. □ *acqua brillante,* tonic water.
□ *sm* **1** brilliant; cut diamond. **2** diamond ring.

brillantemente *avv* brilliantly.

brillantina *sf* brilliantine.

[1]**brillare** *vi* **1** to shine* *(anche fig.);* to sparkle; *(di luce metallica)* to gleam; to glitter; *(di stelle)* to twinkle: *Le brillarono gli occhi di gioia,* Her eyes shone with joy — *Non brilla nel tennis (nella conversazione),* He doesn't shine at tennis (in conversation) — *Brillava per la sua assenza, (scherz.)* He was noticeable by his absence. **2** *(di mina: esplodere)* to burst*; to explode.
□ *vt (far esplodere una mina)* to detonate; to set* off: *Fecero brillare le mine,* They blasted the mines.

[2]**brillare** *vt (cereali)* to polish; to husk: *riso brillato,* polished rice.

brillo *agg* intoxicated; tipsy; tight *(fam.);* merry *(fam.).*

brina *sf* hoar-frost; rime *(lett.).*

brinare *vi (impers.)* to freeze: *Questa notte è brinato,* There was a frost last night.
□ *vt* **1** to cover with frost. **2** *(un bicchiere)* to frost; *(con lo zucchero)* to sugar (the rim).

brinata *sf* (hoar) frost.

brinato *agg* frosty; covered with frost; *(di bicchiere)* frosted; *(di capelli)* hoar *(lett.).*

brindare *vi* to toast; to drink* (a toast) (to sb); to raise one's glass (to sb).

brindello *sm* = **brandello.**

brindisi *sm* **1** toast: *fare un brindisi a qcno,* to propose a toast to sb — *fare un brindisi alla salute di qcno,* to drink sb's health. **2** *(componimento)* verses recited (*o* sung) during a toast.

brio *sm* vivacity; verve; liveliness; spirit; *(mus.)* brio: *essere pieno di brio,* to be in high spirits; to be full of life; to be full of beans *(fam.).*

briosamente *avv* vivaciously; gaily.

briosità *sf* vivacity; gaiety; liveliness; spirit.

brioso *agg* vivacious; gay; lively.

briscola *sf* **1** *(gioco)* 'briscola'. **2** *(carta)* trump; trump card. **3** *(fam.: percossa)* blow. □ *contare come il due di briscola,* to count for very little (for nothing); to be a nonentity.

britannico *agg* British; *(erroneamente, per 'inglese')* English.
□ *sm* Briton; Britisher *(USA); (erroneamente)* Englishman *(pl.* -men*).*

britanno *sm* (ancient) Briton.

brivido *sm* shiver; shudder; tremor; *(forte emozione)* thrill: *Mi corse un brivido per tutto il corpo,* I shuddered all over — *Mi fa venire i brividi, (fam.)* It gives me the creeps (the shivers, *fam.* the willies).

brizzolato *agg* **1** *(di cavallo)* dappled; *(di penna)* speckled. **2** *(di capelli)* grizzled.

brocca *sf* jug; pitcher; *(il contenuto)* jug; jugful.

broccato *sm* brocade.

brocco *sm* **1** *(ramo)* dead branch; stump. **2** *(di scudo)* boss; *(di bersaglio)* bull's eye. **3** *(cavallo)* nag. **4** *(fig., fam.: di atleta, ecc.)* dead loss; washout; flop.

broccolo *sm* **1** *(ortaggio)* broccoli *(sing.); (grappolo di rapa, ecc.)* head. **2** *(fig.)* idiot; blockhead.

broda *sf* **1** vegetable broth; *(spreg.)* dishwater; swill; slops *(pl.).* **2** *(fig.: di discorso, ecc.)* dull (*o* tedious) speech *(ecc.): Questo libro è una broda,* This book is as dull as ditchwater. **3** *(per estensione: acqua fangosa)* muddy water.

brodaglia *sf (spreg.)* watery soup *(e per estensione,* coffee, *ecc.);* dishwater.

brodo *sm* broth; soup; *(usato per cucinare)* stock; bouillon *(fr.): brodo lungo,* weak broth — *brodo ristretto,* consomme; jelly broth — *brodo di manzo,* beef tea.
□ *lasciare cuocere qcno nel suo brodo,* to let sb stew in his own juice — *Tutto fa brodo,* Every little helps; A use can be found for everything — *andare in brodo di giuggiole,* to go into ecstasies — *Gallina vecchia fa buon brodo, (prov.)* Old hens make the best soup; *(scherz.: di persona attempata ancora in gamba)* There's life in the old dog yet!

brodoso *agg* watery.

brogliaccio *sm* **1** *(specie di libro mastro)* note-book; day-book; *(naut.)* journal. **2** *(brutta copia)* rough copy.

brogliare *vi (brigare)* to intrigue; to scheme.

broglio *sm* intrigue; manoeuvring; *(elettorale)* gerrymandering; rigging.
bromo *sm* bromine.
bromuro *sm* bromide.
bronchi *sm pl* bronchi.
bronchiale *agg* bronchial.
bronchite *sf* bronchitis.
broncio *sm* pout; grudge: *fare il broncio,* to pout; to pull a face — *Si fanno il broncio da un paio di settimane,* They haven't been on speaking terms for a couple of weeks — *tenere il broncio a qcno,* to hold a grudge against someone.
bronco *sm* **1** twig. **2** *(anat.)* bronchus *(pl.* bronchi*).*
broncopolmonite *sf* bronchial pneumonia; broncho-pulmonitis.
brontolamento *sm* grumbling; grousing *(fam.);* beefing *(sl.).*
brontolare *vi* **1** *(lagnarsi)* to grumble; to moan; to grouse *(fam.);* to beef *(sl.).* **2** *(del tuono, dell'intestino)* to rumble.
□ *vt* to grumble (at sb).
brontolio *sm* grumbling; *(del tuono, dell'intestino)* rumbling.
brontolone *sm* (persistent) grumbler; *(chi trova a ridire su tutto e tutti)* fault-finder.
bronzeo *agg* **1** *(di bronzo)* bronze *(attrib.).* **2** *(abbronzato)* bronzed. **3** *(di voce, risonanza)* brazen.
bronzina *sf (mecc.)* **1** bushing; bush. **2** *(impropriamente: cuscinetto)* bearing.
bronzino *agg* = **bronzeo.** □ *morbo bronzino,* Addison's disease.
bronzista *sm* **1** *(artefice)* bronzesmith; *(artista)* sculptor in bronze. **2** *(venditore)* dealer in bronzes.
bronzo *sm* bronze *(anche oggetto in bronzo): bronzo dorato, (per decorazioni)* ormolu. □ *avere un cuore di bronzo,* to have a heart of stone — *avere una faccia di bronzo,* to be brazen (*o* brazen-faced).
brossura *sf* paper covers *(pl.): libro in brossura,* book in paper-covers; paperback.
brucare *vt* **1** *(di bruco)* to nibble; *(di pecora)* to graze; to browse. **2** *(sfogliare)* to strip.
brucatura *sf* grazing; *(raccolta a mano)* stripping.
bruciabile *agg* burnable.
bruciacchiare *vt* to scorch; *(peli, capelli)* to singe; *(per il gelo)* to blacken.
bruciacchiatura *sf* scorch; scorch mark; singe.
bruciamento *sm* burning.
bruciapelo *avv (nella locuzione) a bruciapelo,* point-blank; at point-blank range: *fare una domanda a bruciapelo,* to fire a question (at sb); to spring a question (on sb).
bruciare *vt* **1** to burn*; *(completamente)* to burn* up; *(incendiare)* to set* fire (to sth); to burn* (sth) down; *(bruciacchiare)* to scorch: *Attenzione a non bruciare l'arrosto,* Be careful not to burn the joint — *Il piromane bruciò il bosco,* The fire-bug set the wood on fire — *Ho bruciato tutte le vecchie lettere d'amore,* I've burnt all my old love letters — *Ho bruciato la camicia col ferro da stiro,* I have scorched my shirt with the iron — *La siccità ha bruciato i raccolti,* The drought has burnt the crops. **2** *(med.: cauterizzare)* to cauterize.
□ *vi* **1** to burn*; to be* burning *(anche fig.): Questa legna brucia bene,* This wood burns easily — *La foresta brucia ancora,* The forest is still on fire (burning) — *Le bruciavano le guance dalla vergogna,* Her cheeks were burning with shame — *Bruciava dal desiderio di vendicare la morte del padre,* He was burning (*o* longing, eager) to avenge the death of his father — *bruciare di febbre,* to burn (to be burning) with fever. **2** *(scottare)* to be* scorching; to be* very (*o* boiling) hot: *un sole che brucia,* a scorching sun — *La mia minestra brucia,* My soup is boiling hot. **3** *(provocare o provare bruciore, anche fig.)* to smart: *Il fumo della sua sigaretta mi faceva bruciare gli occhi,* The smoke of his cigarette made my eyes smart — *L'alcool brucia sulle ferite,* Alcohol smarts when it is put on a cut — *I rimproveri del padre gli bruciano ancora,* He is still smarting under his father's rebukes.
□ **bruciarsi** *v. rifl* to burn* (oneself); *(con un liquido: scottarsi)* to scald (oneself): *L'arrosto si è bruciato,* The roast has burnt — *Mi sono bruciata la lingua (il dito),* I've burnt my tongue (my finger) — *Si è bruciata con l'acqua bollente,* She has burnt (*o* scalded) herself with boiling water — *bruciarsi le ali,* to burn one's wings.
□ *La televisione brucia presto gli attori, (fig.)* Television wears out actors quickly — *bruciare le cervella a qcno,* to blow sb's brains out — *bruciare le tappe,* to shoot ahead; to hurry along; to make lightning progress; to make long strides — *bruciarsi i ponti,* to burn one's bridges (one's boats) — *aver la fronte che brucia (per la febbre),* to have a burning forehead — *bruciare dalla sete,* to have a burning thirst — *Si brucia dal caldo,* It is burning hot; It's boiling — *bruciare dalla curiosità (di passione),* to be aflame with curiosity (with passion).
bruciaticcio *sm* trace of burning; *(odore)* smell of burning: *sapere di bruciaticcio,* to taste burnt.
bruciato *agg* **1** burnt; *(dal gelo)* blackened: *sentir puzzo di bruciato,* to smell burning; *(fig.)* to smell a rat. **2** *(fig.)* burnt-out: *la gioventù bruciata, (stor. USA)* the Beat Generation.
bruciatore *sm* burner; *(di immondizie)* incinerator.
bruciatura *sf* burn; burning; *(scottatura da liquido)* scald.
bruciore *sm* smart; burning sensation; *(fig.)* smart.
bruco *sm* caterpillar; grub *(fam.);* worm *(fam.).*
brufolo *sm* spot; pimple.
brughiera *sf* heath; moor; moorland.
brulicame *sm* swarm.
brulicare *vi* to swarm (with sb, sth); to be* crawling (with sb, sth): *Il mercato brulicava di gente,* The market-place was swarming with people.
brulichio *sm* swarming; teeming.
brullo *agg* naked; bare; barren.
brulotto *sm* fire-ship.
[1]**bruma** *sf* **1** *(nebbiolina)* mist. **2** *(lett.: l'inverno)* winter.
[2]**bruma** *sf* ship-worm.
brumoso *agg (lett.)* misty; hazy.
bruna *sf* brunette *(fr.).*
brunire *vt* to burnish; to polish.
brunito *agg* burnished; polished.
brunitura *sf* burnishing; polishing.
bruno *agg* **1** brown; dark. **2** *(di carnagione)* swarthy; dark-skinned.
□ *sm* **1** *(colore)* dark brown. **2** *(uomo)* man *(pl.* men*)* with a dark complexion (*o* hair). **3** *(abito di lutto)* mourning.
brusca *sf* horse brush.
bruscamente *avv* **1** brusquely; roughly. **2** *(improvvisamente)* suddenly.
brusco *agg* **1** *(di sapore)* sharp. **2** *(di modi)* brusque; rough; abrupt. **3** *(del tempo)* cloudy; stormy. **4** *(improvviso)* abrupt; sudden: *un brusco risveglio,* a sudden (*o* rude) awakening — *con le brusche,* brusquely; bluntly; roughly.

□ *sm* sharp taste. □ *tra il lusco e il brusco,* at twilight; *(fig.)* in a quandary.

bruscolo *sm* mote; grain of dust.

brusio *sm* babble; hubbub; *(di insetti e talvolta di voci umane)* burr; buzzing; *(di foglie)* whispering.

brutale *agg* brutal; cruel; harsh.

brutalità *sf* brutality; *(azione)* brutal act.

brutalmente *avv* brutally; cruelly.

bruto *agg* brutish; brutal: *forza bruta,* brute strength (*o* force).

□ *sm* brute; *(scherz.)* brute; beast; *(maniaco, spec. sessuale)* maniac.

brutta *sf (fam.)* rough copy.

bruttare *vt* to dirty; to soil; to stain; to defile.

bruttezza *sf* ugliness; unsightliness.

brutto *agg* **1** *(di aspetto)* ugly; unsightly; *(per estensione: sgradevole, cattivo)* bad; nasty; *(di tempo)* bad; nasty; awful; *(di azione)* mean: *Quella ragazza si fa sempre più brutta,* That girl is getting uglier and uglier — *un edificio brutto,* an unsightly building — *brutto come il peccato (il demonio),* as ugly as sin (as the devil) — *brutte notizie,* bad news — *una brutta abitudine,* a nasty habit — *un brutto tempo,* bad (nasty) weather — *un brutto voto,* a bad mark — *un brutto odore,* a bad (a nasty) smell — *Ho preso un brutto raffreddore,* I've caught a bad (*o* nasty) cold — *un brutto affare (una brutta faccenda),* a nasty (an ugly) business — *un brutto segno,* a bad sign — *un brutto tiro,* a mean trick — *avere dei brutti modi, un brutto comportamento,* to behave badly; to be ill-mannered — *fare una brutta figura,* to cut a bad figure; to make a poor impression — *farsi brutto, (del tempo)* to change for the worse; *(di persona)* to get angry — *Che brutto muso!,* What an ugly mug! **2** *(rafforzativo)* naughty; silly; ugly: *Brutto cattivo!,* You naughty rascal! — *Brutto ignorante!,* You silly ass! — *Il diavolo non è così brutto come si dipinge, (prov.)* The devil is not as black as he is painted. □ *vedersela brutta,* to think that one's time has come *(più fam.* that one is in for it*); (più forte)* to look death in the face.

□ *in funzione di sf (sing.)* = **brutta**.

□ *in funzione di sf al pl (nelle seguenti espressioni) Alle brutte, le dirò tutto,* If the worst comes to the worst, I'll tell her everything — *con le brutte,* to come to blows — *passarne delle brutte,* to go through thick and thin — *sentirne delle brutte,* to hear bad news — *vederne delle brutte,* to hear all sorts of nasty things.

□ *in funzione di sm* (the) ugly; ugliness: *il brutto e il bello,* the ugly and the beautiful — *La stagione volge al brutto,* The weather is changing for the worse — *Il brutto è che...,* The worst of it is that... — *Ha di brutto che...,* His fault is that... — *Il brutto deve ancora venire,* The worst is yet to come.

bruttura *sf* **1** *(cosa)* ugly thing; eyesore. **2** *(azione)* base action; sin.

bubbola *sf* idle tale; nonsense.

bubbone *sm* lump; swelling; bubo *(med.)*.

bubbonico *agg* bubonic.

buca *sf* **1** pit; hole; *(di strada)* pothole: *buca delle lettere,* postbox; letter-box; mail-box *(USA)* — *buca del bigliardo,* pocket — *buca del suggeritore, (a teatro)* prompter's box. **2** *(avvallamento)* hollow; depression.

bucaneve *sm* snowdrop.

bucaniere *sm* buccaneer.

bucare *vt* to hole; to make* a hole (in sth); to perforate; *(med.)* to lance; *(biglietti)* to punch; *(gli orecchi)* to pierce. □ *bucare la palla,* to miss the ball. □ *vi* to have* a puncture; to have* a blow-out.

□ **bucarsi** *v. rifl* to prick oneself.

[1]**bucato** *agg* pierced; holed. □ *avere le mani bucate,* to be a spend-thrift.

[2]**bucato** *sm* washing; laundry: *giorno di bucato,* washing-day; wash(-)day — *lenzuola di bucato,* freshly laundered sheets — *fare il bucato,* to do the washing. □ *fare il bucato in casa, (fig.)* to refrain from washing one's dirty linen in public — *Lo scritto non si mette in bucato, (prov.)* What is written can never be washed out.

bucatura *sf* piercing; *(di biglietti)* punching; *(segno)* puncture; *(fam.)* injection.

buccia *sf* peel; rind; skin; *(di noci, ecc.)* husk: *buccia d'arancia (di limone),* lemon (orange) peel — *buccia di banana,* banana skin — *bucce di patate,* potato peelings — *avere la buccia dura, (fig.)* to have a tough hide — *riveder le bucce a qcno, (fig.)* to give sb a telling off; to tear sb off a strip *(fam.)*.

bucherellare *vt* to riddle; to fill with holes.

buco *sm* **1** hole; *(dell'ago)* eye; *(del mento, ecc.)* dimple; *(apertura)* opening: *buco della serratura (della chiave),* keyhole — *La mia camera è un buco,* My room is no more than a hole in the wall — *tappare un buco,* to stop (to plug) a hole; *(fig.)* to pay a debt. **2** *(fig.: piccolo locale)* hole; cubbyhole *(fam.)*; *(paesino insignificante)* dump *(fam.)*; one-horse town *(USA)*. **3** *(fam.: momento libero tra due impegni)* gap; free hour; moment free: *Ho un buco domani dalle nove alle dieci,* I've got a free hour tomorrow from nine till ten. □ *buco di gatto, (naut.)* lubber's hole — *fare un buco nell'acqua,* to beat the air; to fail — *non cavare un ragno dal buco,* to get nowhere; to fail completely — *Non tutte le ciambelle riescono col buco, (prov.)* Things can't always be expected to turn out well.

bucolica *sf* pastoral poem; eclogue.

bucolico *agg* pastoral; bucolic.

buddismo *sm* Buddhism.

buddista *sm e f.* Buddhist.

budello *sm* **1** bowel; gut; intestine; (*pl. f.* **budella**) entrails; guts: *corde di budello,* catgut — *cavar le budella a qcno,* to stick sb in the guts; to disembowel sb — *riempirsi le budella,* to stuff oneself with food — *sentirsi rimescolare le budella,* to have butterflies in the stomach. **2** *(viuzza)* alley. **3** *(tubo)* narrow tube.

budino *sm* pudding: *budino al cioccolato,* chocolate pudding.

bue *sm* ox *(pl.* oxen*)*; steer *(USA)*; beef *(USA, pl.* beefs *o* beeves*)*: *carne di bue,* beef — *bue marino,* dugong; sea cow — *bue muschiato,* musk-ox. □ *occhio di bue, (finestrino, lente)* bull's eye — *mettere il carro innanzi ai buoi,* to put the cart before the horse — *uova all'occhio di bue,* fried eggs; eggs fried sunny side up *(USA)* — *chiudere la stalla quando sono scappati i buoi, (prov.)* to shut the stable-door after the horse has bolted.

bufalo *sm* buffalo: *mangiare come un bufalo,* to eat like a horse.

bufera *sf* storm *(anche fig.)*; *(di vento)* squall; *(di neve)* blizzard: *La bufera è passata,* The storm has passed (*o* is over).

buffa *sf* **1** *(cappuccio)* hood. **2** *(visiera)* visor.

buffamente *avv* comically.

buffare *vi (soffiare)* to puff.

□ *vt (gioco della dama)* to huff.

buffata *sf* **1** gust; buffet; *(di fumo)* puff. **2** *(gioco della dama)* huff.
buffet *sm* buffet *(fr.)*.
buffetto *sm* pat on the cheek; playful slap; *(schiocco)* fillip; snapping of the fingers.
[1]**buffo** *agg* **1** funny; comical; comic; amusing; *(strano)* odd; queer: *Questa è buffa! Pretenderebbe che andassi io!,* This'll make you laugh! He expects *me* to go! — *È una persona buffa,* He's an odd sort *(o* a queer fish, *fam.)*. **2** *(teatro)* comic; burlesque: *opera buffa,* comic opera; opera bouffe *(fr.)*; opera buffa.
□ *sm* **1** *(teatro)* singer (who plays a comic role). **2** funny side (*o* thing): *Non hai ancora sentito il buffo della situazione,* You haven't heard the funny side of it yet — *Il buffo è che non ho neanche una lira in tasca,* The funny thing is that I haven't got a penny on me.
[2]**buffo** *sm* gust of (cold) wind.
buffonata *sf* **1** buffoonery; clowning; *(singola azione)* piece of buffoonery. **2** *(fig.: cosa da non prendersi sul serio)* joke; nonsense; something that should not be taken seriously.
buffone *sm* buffoon; clown; fool; *(di corte)* jester; fool: *fare il buffone,* to play the fool (the clown).
buffoneria *sf* jest; joke.
buffonescamente *avv* ridiculously; clownishly.
buffonesco *agg* comic; ridiculous; clownish.
buggerare *vt (fam.)* to trick; to deceive; to take* (sb) in. □ *Va' a farti buggerare!, (volg.)* Bugger off!
buggerata *sf* nonsense; rubbish: *Non raccontare buggerate!,* Don't talk nonsense!
[1]**bugia** *sf* **1** untruth; lie; fib *(fam.)*: *bugia pietosa,* white lie — *Non dire bugie!,* Don't tell lies! — *Non dico bugie!,* Honest!; No kidding! *(fam.)* — *Le bugie hanno le gambe corte, (prov.)* Truth will out. **2** *(fam.)* white spot (on the fingernail).
[2]**bugia** *sf* candlestick.
bugiardamente *avv* falsely; untruthfully.
bugiardo *agg* lying; untruthful.
□ *sm* liar: *dare del bugiardo a qcno,* to call sb a liar; to accuse sb of lying.
bugigattolo *sm* **1** cubby-hole; *(spreg.)* poky little room (*o* hole). **2** *(sottoscala)* stair-cupboard.
bugliolo *sm* **1** (ship's) bucket. **2** *(vaso)* chamber-pot.
bugna *sf* **1** *(archit.)* ashlar. **2** *(naut.)* clew.
bugnato *agg (archit.)* rusticated; faced with ashlar-work.
bugno *sm* skep; wicker beehive.
buio *agg* dark; gloomy *(anche fig.)*.
□ *sm* darkness; dark; *(l'imbrunire)* nightfall: *buio pesto,* pitch darkness (*o* dark) — *al buio,* in the dark *(anche fig.)* — *essere al buio di qcsa, (fig.)* to be in the dark about sth — *fare un salto nel buio, (fig.)* to make a leap in the dark.
bulbo *sm (bot., anat., di lampada, termometro, ecc.)* bulb: *bulbo dell'occhio (oculare),* eyeball. □ *cupola a bulbo,* onion dome.
bulboso *agg* bulbous.
bulgaro *agg* Bulgarian. □ *sm* **1** Bulgarian. **2** *(cuoio, profumo)* Russian leather.
bulinare *vt (metalli)* to engrave; *(cuoio)* to tool.
bulino *sm (per metalli)* graver; burin; *(per il cuoio)* tool: *l'arte del bulino,* engraving.
bulletta *sf* tack; carpet tack; *(di scarpa)* hobnail.
bullo *sm* tough; tough guy *(fam.)*.
bullonare *vt* to bolt.
bullone *sm* bolt: *bullone ad occhio,* eyebolt — *bullone passante,* through bolt.
bulloneria *sf* nuts and bolts *(pl.)*.
buonafede *sf* **1** good faith; *(dir.)* bona fides *(lat.)*. **2** *(ingenuità)* innocence; candour: *approfittare della buonafede di qcno,* to take advantage of sb's innocence.
buonagrazia *sf* good grace.
buonalana *sf* rogue *(anche scherz.)*.
buonanima *sf* good soul; kind soul: *la buonanima di mia nonna,* my dear old grandmother; my grandmother, God rest her soul.
buonanotte *sf* good night: *dare la buona notte a qcno,* to wish sb good night.
buonasera *sf* good evening.
buoncostume *sm* **1** *(il buon costume)* morals *(pl.)*. **2** *(la squadra)* the Vice Squad.
buongiorno *sm* good morning.
buongrado *sm (nella locuzione avverbiale: di buongrado)* willingly; gladly.
buongustaio *sm* connoisseur *(fr.)*; gourmet *(fr.)*.
buongusto *sm* taste; good taste: *avere il buon gusto di non fare qcsa,* to have the good taste to do sth.
[1]**buono** *agg* **1** *(conforme alla moralità)* good; *(tranquillo, mite)* good; quiet: *È un'anima buona,* He's (She's) a good soul — *Venne pieno di buone intenzioni,* He came full of good intentions — *Non è una buona madre,* She isn't a good mother — *State buoni, bambini!,* Be good, children! — *essere buono come il pane,* to have a heart of gold — *È un buon diavolo!,* He's a well-meaning fellow! — *essere tre volte buoni,* to be a simpleton.
2 *(cortese, benevolo)* kind; good; benevolent; gracious; friendly; decent: *Me l'ha detto con buone maniere,* He told me it in a kind way (in a friendly way) — *essere buono con qcno,* to be kind to sb — *Puoi dire tu una buona parola?,* Can you put in a good word? — *Lo vedevano di buon occhio,* They approved of him; They looked favourably on him — *Acconsentì di buon grado,* He agreed with good grace.
3 *(adatto, idoneo)* good; fit; serviceable; suitable; *(abile)* good; clever; skilful: *Non so se sia ancora buono da usare,* I don't know if it's still serviceable — *Speriamo di avere dei buoni professori,* Let's hope we get some good teachers — *S'è rivelato un buon attore,* He has turned out a good actor — *un buono a nulla,* a good-for-nothing.
4 *(utile, vantaggioso, propizio)* good; profitable; advantageous: *Continuano a fare buoni affari,* They're still doing good business — *Hai avuto buon gioco,* You were lucky — *a buon prezzo (mercato),* cheap.
5 *(valido, giusto)* good; right; *(vero)* genuine: *Non seppe trovare una buona scusa,* He couldn't find a good excuse — *Ho le mie buone ragioni,* I have my reasons — *a buon diritto,* by right — *al momento buono,* at the right moment — *perle buone,* genuine pearls — *Questa è un'ora buona,* This is a good moment (a convenient time).
6 *(con valore rafforzativo: grande)* good; abundant; large; fair; quite a...: *Ti ho aspettato per un'ora buona!,* I've been waiting for you for a good hour! — *Ce n'era un buon numero senza biglietto,* There were a fair number (quite a number) without tickets — *Ne hai avuto una buona dose,* You've had a fair dose (quite a dose) — *S'avviarono di buon passo,* They went off at a fair pace.
7 *(socialmente elevato, agiato, di buone tradizioni)* good; high: *Appartiene ad una buona famiglia,* He comes of a good family — *la buona società,* High Society.
8 *(pregevole)* good; first rate *(attrib.)*; *(in certe espres-*

sioni) (the) best: *Abbiamo visto una buona commedia,* We saw a good (*o* first-rate) play — *Non usavamo mai il salotto buono,* We never used the best room — *l'abito buono,* one's Sunday best.

9 *(gradevole)* good; nice; lovely; *(gustoso)* tasty: *Si sente un buon profumino!,* What a nice smell! — *Era in buona compagnia,* He was in good company — *Finalmente una buona notizia!,* A piece of good news at last! — *È un amante della buona tavola,* He enjoys good food.

10 *(del tempo)* fine; fair; good: *Spero che il tempo in montagna sia buono,* Let's hope the weather is fine in the mountains.

11 *(per formulare un augurio)* good; happy: *Buon Natale!,* Happy Christmas! — *Buona fortuna!,* Good luck! — *Buon divertimento!,* Have a good time!; Enjoy yourself! — *Buon pro ti faccia!,* Much good may it do you! — *Buon riposo!,* Sleep well!

□ *la buon'anima,* the late lamented — *alla buona,* informal; *(di persona)* simple — *fare qcsa alla buona,* to do sth without ceremony — *alla buon'ora!,* at last! — *Dio ce la mandi buona!,* God help us! — *di buon'ora,* early — *essere di buona bocca,* to eat everything and anything; *(fig.)* to be easily pleased — *essere in buona,* to be in a good mood — *essere in buona con qcno,* to be on good terms with sb — *essere (parlare) in buona fede,* to be (to speak) in good faith — *mettersi di buzzo buono (a fare qcsa),* to put one's back into (doing) sth — *fare buon viso a cattivo gioco,* to put a good face on it; to make the best of a bad job — *menar buono,* to bring good luck — *essere una buona forchetta,* to be a good trencherman — *tornare in buona con qcno,* to make it up with sb — *la buona stagione,* spring and summer.

□ *in funzione di sm* **1** *(ciò che è buono)* good: *C'è del buono in ciò che scrive,* There's some good in what he writes — *Non ne verrà nulla di buono,* No good will come of it — *C'è voluto del bello e del buono per farglielo accettare!,* It was a tough job (It was uphill work) to get him to accept! — *un poco di buono,* a good-for-nothing — *saper di buono,* to smell good.

2 *(persona buona)* good (*o* decent) person *(pl.* people*)*; good sort; decent chap: *Per fortuna ci sono ancora dei buoni!,* Fortunately there are still some decent people around! — *Non ha brontolato perché è un buono,* He didn't grumble because he's a good (a decent) sort — *Fa' il buono!,* Be good!; Be a good chap!

□ *Vedrai che adesso il tempo si metterà al buono!,* You'll see: the weather will change for the better now!

[2]**buono** *sm* **1** *(comm.)* bond; order; note: *buono del Tesoro,* Treasury bond — *buono di consegna,* delivery order — *buono d'incasso,* money-order. **2** *(tagliando)* coupon; voucher: *buono d'acquisto,* purchase voucher — *buono per benzina,* petrol coupon — *buono (di) sconto,* discount voucher.

buonsenso *sm* good sense; common sense: *essere senza buonsenso,* to be lacking in common sense; to be silly.

buontempone *sm* carefree (*o* happy-go-lucky) person; person out for a good time.

buonumore *sm* good humor; good temper.

buonuscita *sf* **1** *(indennità: di operaio, impiegato, ecc.)* retirement bonus; *(di alto dirigente, spec. se costretto a dimettersi)* golden handshake *(fam.)*. **2** *(di inquilino)* payment for surrender of lease.

burattare *vt* to sieve.

burattinaio *sm* puppeteer; Punch and Judy man *(pl.* men*) (fam.)*.

burattino *sm* puppet; marionette *(anche fig.)*: *teatro dei burattini,* puppet theatre; Punch and Judy show.

buratto *sm* (flour) sieve.

burbanza *sf* arrogance; haughtiness.

burbanzosamente *avv* arrogantly; haughtily.

burbanzoso *agg* arrogant; haughty.

burbera *sf* windlass.

burberamente *avv* crossly; grumpily.

burbero *agg* cross; short-tempered; grumpy; short; testy; *(nei modi)* rough; brusque: *burbero benefico,* bluff person; rough diamond.

buriana *sf* **1** squall. **2** *(fam.)* uproar; set-to.

burina *sf* = **bolina.**

burla *sf* **1** joke; trick: *Non è una burla!,* It's no joke! — *fare a qcno una bella burla,* to play a fine trick (*o* joke) on sb — *mettere in burla qcsa,* to treat sth as a joke; to make light of sth — *per burla,* in fun — *un re per burla,* a king in name only. **2** *(inezia)* trifle.

burlare *vt* to make* a fool (of sb); to play a joke (on sb); to pull sb's leg.

□ *vi* to joke.

□ **burlarsi** *v. rifl* to make* fun (of sb); to laugh (at sb); to poke fun (at sb).

burlescamente *avv* funnily.

burlesco *agg* funny; comical; burlesque.

burletta *sf* joke; *(farsa)* farce.

burlone *sm* clown; joker.

burocrate *sm* bureaucrat; *(spreg.)* stickler for red tape.

burocraticamente *avv* bureaucratically.

burocratico *agg* bureaucratic: *linguaggio burocratico,* officialese; gobbledegook *(USA, spreg.)*.

burocratismo *sm* bureaucratism; (excess of) red tape *(fam.)*.

burocrazia *sf* **1** bureaucracy. **2** *(spreg.)* (excers of) red-tape. **3** *(complesso dei funzionari pubblici)* Civil Service.

burrasca *sf* **1** storm; squall: *Il mare è in burrasca,* The sea is very rough (*o* stormy) — *tempo di burrasca,* stormy weather — *vento di burrasca,* gale. **2** *(fig.)* quarrel; trouble; misfortune.

burrascosamente *avv* stormily.

burrascoso *agg* stormy *(anche fig.)*.

burrificio *sm* butter factory; creamery.

burro *sm* butter: *burro fuso,* melted butter — *cotto al burro,* cooked in (*o* with) butter — *riso al burro,* rice with butter — *uova al burro,* fried eggs — *un panetto di burro,* a slab of butter — *burro artificiale,* margarine. □ *diventare un burro, (fig.)* to become quite sweet (*o* docile) — *dare un po' di burro a qcno,* to butter sb up — *avere le mani di burro,* to be butter-fingered.

burrone *sm* ravine; gorge.

burroso *agg (ricco di burro; o fig.: morbido al tatto)* buttery.

busca *sf* **1** search; quest *(lett.)*; *(questua)* begging for alms: *andare alla busca,* to beg for alms — *vivere alla busca,* to live off other people; to live by scrounging (*o* cadging, *o* sponging). **2** *(mil.)* unlawful appropriation; looting.

buscare *vt* to get*; to catch*: *buscarsi un raffreddore,* to catch a cold — *buscarle,* to get a beating (a thrashing, a good hiding).

busillis *sm* difficulty; crux.

bussa *sf* blow; *(al pl.)* beating *(sing.)*; thrashing; hiding.

bussare *vt* to knock; to rap: *bussare alla porta di*

qcno, to knock at (*o* on) sb's door; *(fig.)* to call on sb for help.

[1]**bussola** *sf* **1** compass: *perdere la bussola, (fig.)* to lose one's bearings (one's head). **2** *(mecc.)* bush; sleeve.

[2]**bussola** *sf (portantina)* sedan chair; *(antiporta)* inner door; swing door.

bussolotto *sm* **1** dice-box; shaker: *gioco dei bussolotti,* conjuring trick; juggling *(spreg.);* fiddling *(fam.).* **2** *(recipiente)* canister; *(di vetro)* tumbler.

busta *sf* **1** envelope: *busta a finestrella (con riquadro trasparente),* window envelope — *busta postale,* stamped envelope — *in busta a parte,* under separate cover — *in busta chiusa,* in a sealed envelope — *busta paga,* pay packet. **2** *(astuccio)* case: *busta di cuoio per documenti,* attaché case; portfolio.

bustaia *sf* corsetière *(fr.);* maker (*o* seller) of foundation garments.

bustarella *sf (fig.)* bribe.

bustina *sf* **1** (small) packet (*o* bag); sachet. **2** *(mil.)* forage cap.

bustino *sm* bodice; upper part of a dress.

busto *sm* **1** *(scultura)* bust; *(anat.)* trunk: *a mezzo busto,* half-length — *camminare col busto curvo,* to walk with a bent back. **2** *(indumento o protesi)* girdle; corset; foundation garment; stays *(pl.: generalm. scherz.).*

buttafuori *sm* **1** *(di teatro)* call-boy. **2** *(di locale notturno)* chucker-out; *(USA)* bouncer. **3** *(naut.)* outrigger.

buttare *vt e i.* **1** *(gettare, lanciare)* to throw*; to fling*; to chuck *(fam.): buttare qcsa in terra,* to throw sth on the ground — *buttare qcno a terra,* to throw sb to the ground — *buttare qcsa fuori dalla finestra,* to throw (to fling, to chuck) sth out of the window — *La ragazza gli buttò le braccia al collo,* The girl threw (*o* flung) her arms round his neck — *Buttò il cappello in aria e lo prese,* He threw (He tossed) his hat into the air and caught it — *Buttami la palla,* Please throw me the ball; Throw the ball over, please — *Non buttare sassi al mio cane!,* Don't throw stones at my dog! — *Buttate fuori quel cretino!,* Throw (Chuck) that idiot out! — *Non buttate tutta la colpa addosso a quel poveretto!,* Don't throw all the blame on that poor fellow! — *buttare i dadi,* to cast (to throw) the dice — *essere buttato in prigione,* to be flung (thrown) into prison — *buttare tutto all'aria,* to throw everything to the winds; to throw everything into utter confusion. **2** *(buttar via)* to throw* (sth) away; to throw* (sth) out; to discard; *(fig.: sprecare)* to waste; to throw* (sth) about: *Buttalo!,* Throw it away (*o* out)! — *buttar via tempo, danaro, ecc.,* to waste one's time, money, *ecc.* — *Sta buttando via tutti i suoi risparmi,* He's throwing all his savings away. **3** *(germogli)* to put* (sth) out; to shoot*; to sprout: *Gli alberi cominciano a buttare le foglie nuove,* The trees are putting out their new leaves. **4** *(emettere acqua, versare, sgorgare)* to spout; to gush *(di fontana)* to play; *(di ferita)* to leak: *La fontana del mio giardino non butta più,* The fountain in my garden doesn't play any more — *La ferita butta ancora sangue,* The wound is still bleeding. **5** *(metallurgia)* to cast*. **6** **buttar giù,** - **a)** *(demolire)* to knock (sth) down; *(riferito al vento)* to blow* (sth) down - **b)** *(abbattere un albero, ecc.)* to cut* (sth) down; to hack (sth) down - **c)** *(inghiottire)* to gulp (to gobble) (sth) down - **d)** *(prendere appunti, scrivere in fretta)* to scribble (sth) down; to jot (sth) down; to throw* (sth) off - **e)** *(fam.: mettere a cuocere la pasta)* to put* (sth) on - **f)** *(scoraggiare)* to dishearten - **g)** *(di malattia)* to pull (sb) down - **h)** *(demolire qcno con critiche)* to throw* discredit on (to disparage, to discredit) sb.

□ **buttarsi** *v. rifl* **1** to throw* (oneself); to fling* (oneself); *(saltare)* to jump; to plunge; to leap*; *(dedicarsi con slancio)* to throw* oneself (into sth); *(talvolta, fam.)* to have* a go (at sth): *Si buttò una sciarpa sulle spalle,* He threw (*o* flung) a scarf over his shoulders — *buttarsi sul letto,* to throw oneself on the bed — *buttarsi su una sedia (una poltrona, ecc.),* to fling oneself into a chair (an arm-chair, *ecc.*) — *buttarsi a terra,* to throw oneself on the ground; *(fig.)* to lose heart — *Si buttò addosso il cappotto,* He threw his coat on — *Si buttò nelle braccia di sua madre,* He threw (He flung) himself into his mother's arms — *buttarsi giù dalla finestra,* to throw oneself (to jump) out of the window — *buttarsi in mare,* to jump into the sea; *(da una nave)* to jump overboard — *buttarsi in acqua,* to plunge into the water — *buttarsi al collo di qcno,* to throw oneself round someone's neck — *buttarsi nella mischia,* to plunge into the fray — *Buttati!,* Take the plunge! — *buttarsi nel fuoco per qcno,* to go through fire and water for sb — *buttarsi allo sbaraglio,* to risk one's life (*o* fortune) — *Si buttò nello studio,* He threw himself into his studies; He hit the books *(USA, fam.).* **2** *(attaccare, assalire)* to swoop down (on sth); to fall* (upon sth); to attack: *Il falco si buttò sulla lepre,* The hawk swooped down on the hare — *Si buttarono sul nemico,* They fell upon the enemy.

buttata *sf* **1** *(bot.)* sprouting. **2** *(carta da gioco)* card played (*o* discarded).

butterato *agg* **1** *(del viso)* pock-marked; pitted. **2** *(di metalli)* pitted.

butteratura *sf* **1** *(del viso)* pocks *(pl.);* pock-marks *(pl.).* **2** *(di frutta)* spotting. **3** *(di metalli)* pitting.

buzzo *sm* belly; paunch; pot *(fam.): metter su buzzo,* to get pot-bellied; to get a stomach (a paunch) — *lavorare di buzzo buono, (fig.)* to put one's heart into one's work.

buzzurro *sm (fam.)* yokel; bumpkin.

C

C, c *sm e f.* C, c: *C come Como, (al telefono, ecc.)* C for Charlie.

cabala *sf* **1** *(stor., ecc.)* cabala. **2** *(arte divinatoria)* cabala; number magic; sorcery; *(credenza fantastica)* mumbo-jumbo; fantastic nonsense: *far la cabala del lotto,* to forecast the winning numbers of the state lottery. **3** *(intrigo)* intrigue; plot; cabal; junto: *fare (ordire) cabale,* to intrigue; to plot.

cabalistico *agg* **1** cabalistic; *(astruso)* occult; mystical; magic: *arte cabalistica, (iron.)* mumbo-jumbo. **2** *(illeggibile)* undecipherable; illegible.

cabina *sf* **1** box; hut; room; cabin: *cabina telefonica,* telephone-box; telephone booth; call box — *cabina balneare,* bathing-hut — *cabina di guida (di gru, autoveicolo, treno),* (driver's) cab — *cabina di funivia,* car; telpher — *cabina elettrica di trasformazione,* transformer room — *cabina di proiezione cinematografica,* projection booth — *cabina di registrazione,* recording room — *cabina fonica, di controllo del suono,* monitor room — *cabina elettorale,* voting booth. **2** *(ferrovia) cabina comando segnali, di segnalamento,* signal box — *cabina di smistamento e segnalazione,* interlocking tower — *cabina di guida del locomotore,* cab; engine cab; driver's cab; engineer's cab. **3** *(naut.) cabina passeggeri,* cabin — *cabina di lusso,* stateroom — *cabina di coperta,* deck-house — *cabina di poppa,* after cabin — *cabina di navigazione,* charthouse. **4** *(negli aerei e sulle navi spaziali) cabina di pilotaggio,* pilot's compartment; cockpit; *(di velivolo grande)* flight deck — *cabina di navigazione,* navigator's compartment — *cabina passeggeri,* passenger compartment; cabin — *cabina spaziale,* space cabin; *(in alcuni casi, quando si tratta di un 'modulo')* space capsule — *cabina pressurizzata, stagna,* pressurized cabin; pressure cabin.

cabinato *sm* cabin cruiser.

cablogramma *sm* cablegram; cable; *(talvolta, USA)* wire.

cabotaggio *sm* coasting trade: *nave di piccolo cabotaggio,* coaster.

cabrare *vi* to go* into a climb.

cabrata *sf* climb.

cacao *sm* **1** cacao(-tree). **2** *(polvere e bevanda)* cocoa(-powder).

cacare *vi (volg.)* to shit.

cacarella, cacherella *sf* **1** *(volg.)* the shits. **2** *(paura)* fear.

cacata *sf (volg.)* shit.

cacca *sf* excrement; *(volg.)* shit: *fare la cacca,* to have a motion; to do one's needs; *(volg.)* to shit.

cacchio *sm (sl., volg.) eufemismo per* **cazzo** ⇨.

cacchione *sm* **1** *(uovo di insetto)* egg; *(deposto sulla carne, ecc.)* fly-blow. **2** *(larva dell'ape)* grub. **3** *(spec. al pl.)* feather tips.

caccia *sf* **1** hunt; hunting *(generalm. a cavallo);* chase *(lett.); (con fucile)* shooting; *(con rete)* netting; *(con trappole)* trapping: *caccia grossa,* big-game hunting — *caccia col falco,* hawking; falconry — *caccia alla balena,* whaling — *caccia subacquea,* underwater fishing — *riserva di caccia,* game-reserve; sanctuary — *cane da caccia,* hound; gun-dog — *corno da caccia,* hunting-horn — *Divieto di caccia,* 'Hunting (*o* Shooting) forbidden' — *leggi sulla caccia,* game laws — *pallini da caccia,* small shot — *partita di caccia,* shooting party; shoot — *stagione di caccia,* shooting season — *andare a caccia,* to go hunting; *(di uccelli, ecc. con fucile)* to go shooting — *dare la caccia,* to chase; to hunt; to track down. **2** *(la selvaggina presa)* game. **3** *(inseguimento)* chase; pursuit; hunt: *caccia all'uomo (alle streghe, al tesoro),* man (witch, treasure) hunt — *dare la caccia a qcno,* to chase, to pursue sb; to hunt for sb — *essere alla caccia di qcsa, (fig.)* to hunt (to be hunting) for sth — *mettersi alla caccia di qcno,* to set off in pursuit of sb; to chase after sb. **4** *(aereo)* fighter; pursuit plane *(USA); (naut.)* destroyer.

cacciabombardiere *sm* fighter-bomber.

cacciagione *sf* game.

cacciare *vi (andare a caccia)* to go* hunting; to go* shooting.

□ *vt* **1** *(a cavallo)* to hunt; *(con fucile)* to shoot*; *(uccelli, anche)* to fowl; *(con trappole)* to snare; to lay* snares; to set* traps: *cacciare la volpe,* to go fox-hunting — *cacciare (qcsa) con le panie,* to catch (sth) with bird-lime — *cacciare di frodo,* to poach. **2** *(mil.: inseguire)* to chase; to drive*. **3** *(scacciare)* to drive* (out); to throw* out; to turn out; to chase; *(da scuola, collegio)* to expel; *(esiliare)* to banish: *cacciar via qcno,* to drive sb away — *cacciar via qcno (senza complimenti),* to send sb packing — *cacciare qcno di casa,* to turn (to throw) sb out of the house — *cacciare la malinconia,* to drive out (one's) sadness. **4** *(mettere, ficcare)* to shove; to thrust*; to stick*; to put*; to hide*: *cacciare le mani in tasca,* to stick one's hands in (into) one's pockets — *cacciare qcno in prigione,* to put (to throw, to cast, *lett.*) sb into prison — *cacciare la biancheria dentro la valigia,* to shove (to stick, to jam) one's clothes into a (into one's) suitcase — *Non cacciare il naso nei miei affari,* Don't poke (stick) your nose into my business — *Dove hai cacciato il mio libro?,* Where have you put my book? — *cacciarsi in testa qcsa,* to get sth into one's head.

□ *cacciare un grido,* to utter a cry — *cacciare fuori un coltello,* to pull out a knife.

□ **cacciarsi** *v. rifl* **1** *(introdursi)* to plunge into; to thrust* oneself into: *cacciarsi tra la folla,* to plunge into the crowd — *cacciarsi in un ginepraio,* to get into a mess — *cacciarsi in un'impresa disperata,* to embark on a hopeless enterprise. **2** *(nascondersi)* to hide* oneself: *Dove ti sei cacciato?,* Where are you?; Where have you got to?

cacciasommergibili *sm* anti-submarine craft.

cacciata *sf* **1** *(partita)* day's shooting (*o* hunting): *fare una cacciata,* to go for a day's shooting. **2** *(espulsione)* banishment; expulsion.

cacciatora *sf (giacca)* shooting-jacket. □ *alla cacciatora, (cucina)* en casserole *(fr.)*.

cacciatore *sm* **1** hunter *(anche fig.)*; huntsman *(pl.* -men*)*; *(di volatili)* shooter; *(per diletto)* sportsman *(pl.* -men*)*: *cacciatore di frodo,* poacher — *cacciatore di teste,* head-hunter — *cacciatore di dote,* fortune-hunter — *L'uomo è per natura cacciatore, (prov.)* Man is a hunter by nature. **2** *(mil.)* rifleman *(pl.* -men*)*; light infantryman *(pl.* -men*)*: *cacciatori a cavallo,* light cavalry. **3** *(pilota di aereo da caccia)* fighter-pilot.

cacciatorpediniere *sm* destroyer.

cacciatrice *sf* **1** *(poet.)* huntress. **2** *(per diletto)* sportswoman *(pl.* -women*)*.

cacciavite *sm* screw-driver.

cacciù *sm* cachou *(fr.)*.

caccola *sf* **1** *(spec. al pl.)* droppings; pellets; *(di insetti)* fly-specks. **2** *(fam.: muco)* snot; nose dirt; *(cispa)* eye gum; sleepy-dust *(linguaggio infantile)*.

cachemire *sm* cashmere.

cachessia *sf* cachexia; wasting.

cachet *sm* **1** *(med.)* capsule; *(spec. contro il mal di testa)* cachet *(fr.)*. **2** *(colorante dei capelli)* colour rinse. **3** *(tono, stile)* cachet *(fr.)*. **4** *(contratto temporaneo)* booking; *(compenso)* fee.

[1]**cachi** *sm (bot.)* (Japanese) persimmon.

[2]**cachi** *agg* khaki.

cacicco *sm* cacique.

cacio *sm* cheese: *una forma di cacio,* a cheese — *essere alto come un soldo di cacio,* to be very short; *(di bambino)* to be a tiny tot; to be a mite of a boy — *venire (cascare) come il cacio sui maccheroni,* to come (to turn up) at the right moment — *essere pane e cacio con qcno, (essere molto amici)* to be close friends (to be very thick) with sb.

cacofonia *sf* cacophony.

cacofonico *agg* cacophonous; discordant.

cacto *sm* cactus *(pl.* cacti*)*.

cadauno *agg e pron* each: *Meloni a mille lire cadauno,* Melons: One thousand lire each.

cadavere *sm* (dead) body; corpse; *(med.)* cadaver: *un cadavere ambulante,* a living corpse; a walking skeleton — *Quando giunse all'ospedale era già cadavere,* He was dead on arrival in hospital.

cadaverico *agg* **1** cadaverous; corpse-like; ghastly. **2** *(fig.)* ghostly; deathly pale.

cadente *agg* **1** falling. **2** *(di cose: in rovina)* crumbling; decaying; *(di persone: decrepito)* enfeebled; feeble; decayed.

cadenza *sf* **1** *(mus.: improvvisazione del solista in un concerto, ecc.)* cadenza. **2** *(ritmo)* beat; cadence. **3** *(inflessione)* intonation; cadence; lilt.

cadenzare *vt* **1** to mark the beat (of sth); to emphasize the rhythm (of sth). **2** to intone (to play) rhythmically.

cadenzato *agg* regular; rhythmic.

cadere *vi* **1** to fall* *(spesso seguito da* down, off, *ecc.)*; to drop; *(capitombolare)* to tumble; *(di capelli, ecc.)* to fall* out: *La tazza gli cadde di mano,* The cup fell (dropped) from his hand — *È caduto dalla bicicletta,* He fell off his bicycle — *Cadde giù dal tetto,* He fell off the roof — *Cadde per le scale,* He tumbled down the stairs — *Gli caddero tutti i denti,* All his teeth fell out — *I prezzi caddero improvvisamente,* Prices fell (*o* dropped) suddenly — *cadere in ginocchio,* to fall on one's knees — *cadere in piedi, (anche fig.)* to fall on one's feet — *cadere ai piedi di qcno, (anche fig.)* to fall at sb's feet — *cadere supino,* to fall on one's back — *cadere a terra,* to fall to the ground — *cadere in mare, (da un'imbarcazione)* to fall overboard.

2 *(fig.: decadere, passare a una condizione peggiore)* to fall*; to sink*: *cadere ammalato,* to be taken ill; to fall ill — *cadere in disgrazia,* to fall into disgrace; to lose favour — *cadere in disuso,* to fall into disuse; *(di parole o frasi)* to become obsolete — *cadere in miseria,* to fall upon evil days (upon hard times) — *cadere in (a) pezzi,* to fall to pieces — *cadere in sospetto,* to fall (to come) under suspicion — *cadere nel volgare,* to lapse into vulgarity — *cadere in basso, (fig.)* to sink low — *cadere dalla padella nella brace,* to fall out of the frying-pan into the fire.

3 *(lett.: tramontare, ecc.)* to set*; to sink*; to fall*: *al cadere del sole,* at sunset; at nightfall.

4 *(di città, di regime, di governo)* to fall*; *(di soldato)* to fall*; to be* killed (⇨ *anche* **caduto**, *sm*).

5 *(diminuire d'intensità)* to fall*; to drop: *Il vento cadde improvvisamente,* The wind fell (*o* dropped) suddenly — *cadere di tono,* to become lower.

6 *(fig.: capitare, ricorrere)* to fall*; to come*: *cadere a proposito, (di cosa)* to come in handy; *(di avvenimento, di persona)* to come (just) at the right moment; *(di frase, ecc.)* to be 'à propos' — *non cadere a proposito,* to be out of place — *I suoi occhi caddero su qualcosa che strisciava sul pavimento,* His eye fell upon something creeping on the floor — *Il discorso cadde sulle difficoltà incontrate da tutti noi,* The conversation turned to the difficulties we all have to face — *cadere sotto una regola,* to fall (to come) under a rule — *Pasqua cade presto quest'anno,* Easter falls (is) early this year — *Quest'anno il mio compleanno cade di martedì,* My birthday falls (is) on a Tuesday this year.

7 far cadere qcno (qcsa), to make* sb (sth) fall; *(abbattere con un colpo)* to knock sb (sth) down; *(fig.: di persona, di governo, ecc.)* to bring* about the fall of sb (sth); to overthrow*.

8 lasciar cadere, to drop; to let* drop: *lasciar cadere un argomento,* to drop a subject; to let a matter drop — *lasciarsi cadere su una poltrona,* to sink into an arm-chair.

9 *(far fiasco)* to fail; *(di libro, di rappresentazione, ecc.)* to be* a failure; *(fam.)* to be* a flop; to flop; to come* a cropper: *John cadde agli esami,* John failed (in) his exams; John came a cropper in the exams.

10 *(di stoffe, di capelli sciolti, ecc.)* to hang*; to fit: *I capelli le cadevano sulle spalle,* Her hair hung on her shoulders — *Questo soprabito cade bene,* This overcoat hangs well; This coat fits well.

□ *cadere dal sonno,* to feel (very) sleepy — *Gli caddero le braccia, (fig.)* He became disheartened; His spirits fell (flagged) — *cadere dalle nuvole,* to be taken aback; to be (to look) very surprised — *cadere in contraddizione,* to contradict oneself — *cadere in deliquio,* to faint; to swoon.

cadetto *agg* cadet.

□ *sm* **1** *(figlio non primogenito)* younger son; cadet. **2** *(mil.)* cadet; officer cadet; naval cadet. **3** *(sport)* reserve; colt.

cadmio *sm* cadmium.

caducità *sf* **1** frailty; transience; mortal nature. **2** *(dir.)* lapse.

caduco *agg* **1** short-lived; ephemeral; transient; fleeting. **2** *(bot., biologia)* deciduous; caducous: *denti caduchi,* milk-teeth. **3** *(med.)* falling: *il mal caduco,* falling sickness; epilepsy.

caduta *sf* **1** fall; drop: *caduta d'acqua,* waterfall — *una caduta in acqua,* a fall into the water — *caduta* *ritardata, (di paracadutista)* delayed drop — *caduta dei prezzi,* fall (drop) in prices — *una caduta rovinosa, (di aereo, ecc.)* a crash — *'Caduta massi', (in montagna)* 'Danger: Falling rocks!'; 'Rock fall!'. **2** *(fig.)* fall; ruin; downfall: *la caduta dell'Impero Romano,* the Fall of the Roman Empire — *la caduta dell'uomo, (Bibbia)* the Fall (of Man).

caduto *agg* fallen.
☐ *sm* **1** one who died for his country *(ecc.).* **2** *(al pl.)* the fallen; the dead: *monumento ai caduti,* war memorial.

caffè *sm* **1** coffee: *Mi piace (Prendo) il caffè amaro,* I like (I take) my coffee without sugar — *caffè corretto,* coffee laced with brandy, *ecc.* (*o* with a dash of brandy) — *caffè macchiato,* coffee with a dash of milk — *color caffè,* coffee-coloured — *cfr anche* **caffellatte.** **2** *(locale pubblico)* coffee-house; *(di tipo italiano)* bar; café: *caffè della stazione,* refreshment room.

caffeina *sf* caffeine.

caffellatte *sm* coffee and milk; café au lait *(fr.)*; *(per estensione: prima colazione)* breakfast coffee.

caffettano *sm* kaftan.

caffettiera *sf* **1** *(bricco)* coffee-pot. **2** *(macchinetta a filtro)* (coffee) percolator; *('moca')* coffee-maker. ☐ *una vecchia caffettiera, (fig.)* an old rattletrap; a boneshaker.

cafone *sm* **1** *(contadino)* peasant. **2** *(fig.)* ill-bred person; boor.

cagionare *vt* to cause; to be* the cause of.

cagione *sf* cause; reason: *a cagione di...,* by reason of...

cagionevole *agg* delicate; sickly: *salute cagionevole,* poor health.

cagliare *vi,* **cagliarsi** *v. rifl* to curdle.

caglio *sm* **1** rennet. **2** *(bot.)* cardoon.

cagna *sf* **1** bitch; she-dog. **2** *(fig.)* bitch; *(cattiva attrice, cantante, ecc.)* rotten actress (singer, *ecc.*).

cagnaccio *sm* cur.

cagnara *sf* **1** furious barking. **2** *(fam.)* row; rumpus; din.

cagnesco *agg (nell'espressione avv.) in cagnesco,* balefully: *Mi guardò in cagnesco,* He scowled at me; He gave me a dirty look.

cagnolino *sm* **1** little dog; *(nel linguaggio infantile)* doggie. **2** *(cucciolo)* puppy. **3** *(di lusso)* lap-dog; toy-dog.

caicco *sm* caique.

caimano *sm* cayman; caiman.

Caino *sm (nome proprio)* **1** Cain. **2** *(fig.)* fratricide; murderer.

cala *sf* **1** *(geografia)* creek; cove. **2** *(naut.)* partition (in the hold).

calabrone *sm* **1** *(zool.)* hornet. **2** *(fam., fig., di persona)* pest.

calafatare *vt* to caulk.

calafato *sm* caulker.

calamaio *sm* **1** ink-pot; *(con portapenne)* ink-stand; *(infossato)* ink-well. **2** *(tipografia)* ink fountain.

calamaro *sm* **1** *(zool.)* cuttlefish; squid. **2** *(al pl., fig.: occhiaie)* dark rings under the eyes.

calamita *sf* magnet: *calamita naturale,* lode-stone.

calamità *sf (lett.)* calamity; disaster.

calamitare *vt* to magnetize.

calamitato *agg* magnetic.

calamitoso *agg (lett.)* calamitous.

calamo *sm* **1** *(bot.)* calamus *(pl.* calami*)*; hollow stalk; *(canna)* reed. **2** *(per estensione: dardo)* dart; *(asta di freccia)* arrow-shaft. **3** *(per estensione: penna)* pen: *un lapsus calami,* a slip of the pen.

calanco *sm* gully.

[1]**calandra** *sf* **1** *(uccello)* lark. **2** *(insetto)* weevil.

[2]**calandra** *sf* calender; press.

calandrare *vt* to calender.

calandratura *sf* calendering.

[1]**calandrino** *sm* dupe; simpleton.

[2]**calandrino** *sm (squadra)* adjustable T-square.

calandro *sm* tawny-pipit.

calante *agg* falling; sinking; decreasing; *(di sole)* setting; *(di luna)* waning; on the wane: *marea calante,* ebb-tide.

calare *vi* **1** *(discendere)* to come* down; to descend; to drop down; *(di vento)* to drop; *(di acque)* to drop; to sink*; *(di inondazione)* to abate; *(di marea)* to ebb: *Calammo al piano in meno di due ore,* We came down to the plain in less than two hours — *calar di tono, (mus.)* to drop in pitch. **2** *(diminuire d'intensità)* to fall*; to decrease; to drop; to abate: *La febbre è calata,* The fever has abated; His (her, *ecc.*) temperature has dropped (has come down). **3** *(assalire)* to fall* upon; *(invadere)* to invade; *(di uccello rapace)* to swoop; to stoop *(ant.)*: *Il nemico calò loro addosso durante le tenebre,* The enemy fell upon them in the darkness — *L'esercito francese calò in Piemonte,* The French army invaded Piedmont — *Il falco calò sulla serpe,* The hawk swooped (down) on the snake. **4** *(tramontare, ecc.)* to set*: *Il sole sta calando,* The sun is setting — *al calar del sole,* at sunset — *al calar della notte,* at nightfall. **5** *(di peso)* to lose* weight: *Sto calando di peso,* I'm losing weight.
☐ *vt* **1** *(abbassare)* to lower; to let* down; to haul down; to drop; *(collocare)* to house: *calare un albero, (costruzione navale)* to house a mast — *calare una scialuppa di salvataggio,* to lower a life-boat — *calare le vele, (naut.)* to strike the sails; to haul down the sails — *calare un secchio nel pozzo,* to let down a pail into the well — *calare un carico,* to lower a load — *calare i prezzi,* to lower (to drop, to reduce) prices — *calare il sipario,* to lower the curtain — *calare le brache, (fig.)* to give in without a struggle. **2** *(assestare)* to strike*: *calare un fendente,* to slash. **3** *(tracciare)* to draw*; to drop: *calare una perpendicolare,* to draw (to drop) a perpendicular (line). **4** *(nei lavori a maglia)* to cast* off.
☐ **calarsi** *v. rifl* **1** to lower oneself; to let* oneself down: *Si calò dalla finestra,* He let himself down from the window — *calar(si) a corda doppia, (alpinismo)* to abseil. **2** *(tirarsi giù)* to pull down; to pull over: *Si calò il cappello sugli occhi,* He pulled his hat (down) over his eyes.

calata *sf* **1** *(discesa)* descent; *(invasione)* invasion; *(caduta, abbassamento)* fall; drop; lowering: *la calata del sipario,* the fall of the curtain — *la calata del sole,* the sunset — *una calata di brache, (fig.)* an abject surrender. **2** *(alpinismo)* abseil. **3** *(banchina)* quay; wharf; pier; landing-stage: *diritti di calata, (comm.)* wharfage; pierage. **4** *(pendio)* slope. **5** *(pronuncia particolare, dialettale)* cadence.

calca *sf* throng; mob: *fendere la calca,* to force one's way through the crowd.

calcagno *sm* heel: *avere qcno alle calcagna,* to be closely pursued by sb — *battere (levare, ecc.) le calcagna,* to run away; to take to one's heels; to show a clean pair of heels — *stare alle calcagna di qcno,* to dog sb's footsteps; to follow sb closely. ☐ *un lavoro fatto con le calcagna,* a very poor piece of work.

[1]**calcare** *sm* limestone.

[2]**calcare** *vt* **1** *(coi piedi)* to tread*; to trample upon; *(premere con forza)* to press (down); to cram; *(sottolineare con la voce)* to stress: *calcare le scene,* to tread the boards; to go on the stage — *calcare la mano, (esagerare)* to exaggerate; to overdo — *calcare la voce,* to speak emphatically — *calcare l'accento su qcsa,* to stress sth; to emphasize sth; to lay stress on sth — *calcar(si) il cappello in testa,* to cram one's hat on one's head. **2** *(ricalcare disegni, ecc.)* to trace.

calcareo *agg* calcareous.

calcata *sf* trampling; pressure. □ *dare una calcata a qcsa,* to ram (to press) sth down.

[1]**calce** *sf* lime: *calce viva,* quicklime; caustic lime — *acqua di calce,* lime water — *bianco di calce,* whitewash.

[2]**calce** *sm (solo nella locuzione avverbiale) in calce,* at the foot (of the page, *ecc.*).

calcedonio *sm* chalcedony.

calcestruzzo *sm* concrete.

calciare *vt e i.* to kick.

calciatore *sm* soccer-player.

calcificazione *sf* calcification.

calcina *sf* **1** mortar. **2** *(calce)* lime.

calcinaccio *sm* **1** fragment of mortar (of plaster) **2** *(al pl.)* rubble; debris.

calcinare *vt* to lime; *(chim.)* to calcine.

[1]**calcio** *sm* **1** kick *(anche sport): calcio d'inizio,* kick-off — *calcio piazzato, (rugby)* place-kick — *calcio di punizione,* free kick — *calcio di rigore,* penalty kick — *calcio d'angolo,* corner (kick) — *calcio di rimbalzo,* drop-kick — *calcio di rinvio,* goal-kick — *calcio al volo,* punt — *calcio raso terra,* kick along the ground — *dare un calcio a qcno,* to kick sb; to boot sb *(fam.)* — *tirare calci,* to kick — *mandar fuori a calci qcno,* to kick sb out — *dare il calcio dell'asino, (fig.)* to return evil for kindness — *dare un calcio alla fortuna (alla carriera, ecc.),* to turn one's back on fortune (on one's own career) — *fare a calci con qcno, (fig.)* to clash with sb; to be at variance with sb. **2** *(il giuoco del calcio)* football; soccer *(fam. in GB).* **3** *(di arma da fuoco)* butt(-end); stock.

[2]**calcio** *sm (chim.)* calcium.

calcistico *agg* football *(attrib.)*; soccer *(attrib.)*: *la stagione calcistica,* the football (*o fam.* soccer) season.

calco *sm* **1** *(con carta)* tracing. **2** *(arte)* moulding; (negative) mould: *fare un calco,* to cast a mould. **3** *(linguistica)* calque.

calcografia *sf* **1** *(la tecnica)* copper-plate engraving. **2** *(incisione)* copper-plate.

calcografo *sm* copper-plate engraver.

calcola *sf* treadle.

calcolabile *agg* calculable; that can be reckoned.

calcolare *vt e i.* **1** to reckon; *(matematica)* to compute; to calculate; *(fare una stima)* to estimate; to value: *calcolare male,* to miscalculate — *Si calcola un danno di parecchi milioni,* Damage is estimated at several million lire. **2** *(includere)* to include; to count in; *(considerare)* to consider; to think* of; to allow for: *calcolare i pro e i contro,* to weigh up the pros and cons — *tutto calcolato...,* all things considered...

[1]**calcolatore, calcolatrice** *agg* **1** calculating *(anche fig.).* **2** *(fig.)* shrewd; wary.

[2]**calcolatore** *sm* **1** *(persona)* calculator; structural engineer; *(fig.)* shrewd (*o* wary, *o* calculating) person. **2** *(strumento mil.)* predictor. **3** *(macchina elettronica)* computer.

calcolatrice *sf* reckoner; calculating machine; *(erroneamente)* computer.

calcolitografia *sf (tipografia)* copper-plate printing.

[1]**calcolo** *sm* **1** *(matematica)* calculation; reckoning: *calcolo differenziale,* differential calculus. **2** *(preventivo)* estimate; *(al pl.)* figures; accounts; *(congettura)* conjecture; supposition; guess: *macchina da calcolo,* calculating machine — *un errore di calcolo,* a miscalculation; a mistake in one's reckoning — *far calcolo; far calcoli,* to calculate; to reckon; to make calculations — *far calcolo su qcno o qcsa,* to count (to rely) on sb or sth — *far bene i propri calcoli,* to make one's plans; to consider carefully — *far qcsa per calcolo,* to do sth with a purpose; *(per proprio tornaconto)* to do sth for profit; to do sth with an eye to the main chance — *tener calcolo di qcsa,* to take sth into consideration.

[2]**calcolo** *sm (med.)* calculus *(pl.* calculi); stone *(fam.)*: *avere un calcolo renale,* to have a stone in the kidney.

caldaia *sf* boiler; furnace *(USA)*; *(per estensione: l'impianto)* boiler (*o* hot water) system: *caldaia a nafta,* oil-fired boiler.

caldaio *sm* copper; cauldron.

caldamente *avv* warmly; heartily.

caldana *sf* noon-time heat; heat-wave: *una caldana al viso,* a hot flush — *soffrire di caldane,* to be subject to (hot) flushes — *prendersi una caldana per qcno,* to fall head over heels in love with sb — *in un momento di caldana, (di rabbia)* in a fit of rage.

caldarrosta *sf* roast chestnut.

caldeggiare *vt* to support; to approve; to root for *(sl., USA)*; to advocate.

calderaio *sm* boilermaker; *(artigiano)* coppersmith; tinsmith.

calderone *sm* **1** cauldron. **2** *(fig.)* hotchpotch; mixture; melting-pot: *mettere tutto nello stesso calderone,* to jumble everything up.

caldo I *agg* **1** warm *(anche di colori)*; *(molto caldo)* hot: *acqua calda,* hot water — *ben caldo, (di bevande, di cibi)* good hot; good and hot; piping hot — *una scodella di minestra ben calda,* a bowl of piping hot soup — *servire caldo,* to serve hot — *animale a sangue caldo,* hot-blooded animal. **2** *(fig.: ardente, appassionato)* warm; ardent; fervent; passionate: *sangue caldo, (fig.)* hot blood — *un temperamento caldo,* a passionate (a hot) temper — *una calda raccomandazione,* a warm recommendation — *calde preghiere,* fervent prayers — *una testa calda,* a hot-headed person; a hot-head. **3** *(fig.: critico, turbolento)* hot; critical; difficult: *zone calde, (fig.)* hot areas — *giornate calde, (fig.)* critical days — *autunno caldo, (riferito a vertenze sindacali, ecc.)* 'hot autumn'. **4** *(recente)* hot; fresh; recent: *notizie calde calde,* the latest news. □ *piangere a calde lacrime,* to weep bitterly; to cry one's heart out — *pigliarsela calda per qcsa,* to take sth to heart; to put one's best into sth — *Non mi fa né caldo né freddo, (fig.)* It's all one to me; I couldn't care less (about it) — *Le critiche non gli fanno né caldo né freddo,* Criticism makes no impression whatever on him — *battere il ferro finché è caldo,* to strike while the iron is hot; to make hay while the sun shines.

II *sm* **1** heat; hot *(meno intenso:* warm) weather: *Il caldo era soffocante,* The heat was oppressive (was stifling) — *ondata di caldo,* heat-wave — *È arrivato il caldo,* The hot weather has started — *Fa caldo, (piacevole)* It's warm; *(eccessivo)* It's hot — *Questa giacca tiene molto caldo,* This coat is very warm — *mettere (vivande) al caldo,* to keep (food) warm —

tenere qcsa al caldo, to keep sth in a warm place (in the warm) — *Teme il caldo,* Keep in a cool place — *Vieni al caldo!, (vicino al focolare, ecc.)* Come into the warm! **2** *(fig.)* heat; ardour; fervour: *nel caldo della discussione,* in the heat of the quarrel — *nel caldo della battaglia,* in the thick of the battle. □ *far le cose a caldo,* to do things in the heat of the moment — *essere in caldo (in calore), (di animali)* to be on (*o* in) heat.

caldura *sf* summer heat; sultriness.

caleidoscopio *sm* kaleidoscope.

calendario *sm* **1** *(sistema)* calendar. **2** *(tavola, ecc.)* calendar; almanac: *calendario a fogli mobili,* tear-off (*o* flip-over) calendar.

calende *sf pl* Kalends: *rimandare qcsa alle calende greche,* to put sth off indefinitely.

calendimaggio *sm (lett.)* May-Day.

calendula *sf* marigold.

calepino *sm* dictionary; vocabulary; *(taccuino)* note-book.

calere *vi difettivo* to matter: *Poco mi cale,* It matters little to me — *avere (mettere) qcsa in non cale,* to attach no importance to sth; to disregard sth.

calesse *sm* gig.

calibrare *vt* to gauge; to calibrate.

calibratura *sf* gauging; calibration.

calibro *sm* **1** *(dell'interno di fucile o di corpo cilindrico)* calibre *(anche fig.)*; caliber *(USA)*; gauge; bore: *calibro (non passa) passa, (mecc.)* go (no-go) gauge — *un fucile di calibro 12,* a twelve-bore rifle — *i grossi calibri, (fig., fam.)* the big shots. **2** *(al pl.: compasso, ecc.)* cal(l)iper compasses; cal(l)ipers. □ *essere dello stesso calibro, (fig.)* to be of the same kind.

calice *sm* **1** wine glass; champagne glass; *(antico o pregiato)* goblet; *(della messa)* chalice: *bere l'amaro calice,* to taste the cup of bitterness — *bere al calice del piacere,* to have one's fill of pleasure. **2** *(anat., bot.)* calyx *(pl.* calyces).

calicò *sm* calico.

califfato *sm* caliphate.

califfo *sm* caliph.

caligine *sf* **1** fog; *(industriale)* smoke; smog. **2** *(oscurità)* darkness; murk. **3** *(della mente)* dimness.

caliginoso *agg* **1** foggy; murky. **2** *(oscuro)* dark.

callifugo *sm* corn-plaster.

calligrafia *sf* **1** *(bella scrittura)* calligraphy; penmanship: *lezioni di calligrafia,* lessons in calligraphy. **2** *(modo di scrivere)* handwriting; script.

calligrafico *agg* **1** calligraphic: *esame calligrafico,* examination by a graphologist (*o* handwriting expert). **2** *(fig.)* minutely finished.

calligrafo *sm* **1** calligrapher; calligraphist. **2** *(fig.)* over-refined stylist. □ *perito calligrafo, (dir.)* handwriting expert.

callista *sm* chiropodist.

callo *sm* **1** corn: *pestare i calli a qcno, (fig.)* to tread on sb's corns. **2** *(med., bot.)* callus. □ *Ci ho fatto il callo, (fig.)* I'm hardened to it.

callosità *sf* callosity.

calloso *agg* **1** full of corns; calloused. **2** *(fig.: insensibile)* callous.

calma *sf* calm *(anche del mare)*; calmness; peacefulness; quiet; stillness; tranquillity; *(negli affari, ecc.)* stagnation; dullness: *Calma e sangue freddo!,* Keep cool! — *mantenere la calma,* to keep a cool head — *perdere la calma,* to lose one's cool *(fam.)* — *prendersela con calma,* to take it easy.

calmante *agg* calming; soothing.

□ *sm (med.)* sedative.

calmare *vt* to calm (down); *(lenire)* to soothe; to relieve; *(rabbonire, placare)* to soothe; to appease; to tranquillize; to quieten.

□ **calmarsi** *v. rifl* to calm down; to grow* (to become*) calm; *(di vento, ecc.)* to abate; *(di dolore, ecc.)* to die down.

calmiere *sm* (officially) controlled retail price(s).

calmo *agg* **1** calm; peaceful; quiet; *(di mare)* calm; smooth. **2** *(comm.)* dull; slack.

calo *sm* **1** *(del prezzo)* fall; drop. **2** *(di volume)* shrinkage. **3** *(di qualità)* falling-off; decline. **4** *(di peso)* shortage; loss in weight; ullage *(comm.)*.

calore *sm* **1** heat; warmth: *colpo di calore,* heat-stroke. **2** *(fig.)* heat; warmth; ardour; fervour; eagerness: *Accettò con calore il nostro invito,* He eagerly (He warmly) accepted our invitation — *parlare con calore, (con fervore)* to speak (to talk) passionately; *(arrabbiandosi)* to speak heatedly — *andare, essere in calore, (di femmina di animali)* to be on (*o* in) heat.

caloria *sf* calorie.

calorifero *sm* **1** central heating plant. **2** *(radiatore)* radiator.

calorifico *agg* calorific; heat-producing.

calorosamente *avv* warmly; heartily.

caloroso *agg* **1** *(che produce calore)* warming. **2** *(chi non patisce il freddo)* warm-blooded. **3** *(cordiale)* warm; hearty: *un caloroso applauso,* hearty applause.

caloscia *sf* galosh; golosh; overshoe.

calotta *sf* **1** *(mecc.)* cap; cover. **2** *(papalina)* skullcap. **3** *(di orologio)* watchcase. **4** *(di paracadute)* canopy.

□ *calotta cranica,* skull-cap — *calotta polare,* ice-cap.

calpestamento *sm* treading under foot; trampling.

calpestare *vt* to trample (down); to tread* on (*o* upon); to stamp on; *(fig.)* to trample on: *'Vietato calpestare l'erba',* 'Keep off the grass'.

calpestio *sm* stamping; *(scalpiccio)* shuffling.

calunnia *sf* **1** *(dir.)* false accusation; malicious prosecution. **2** *(diffamazione)* slander; calumny; *(scherz.)* lie.

calunniare *vt* to defame; to slander; to make* a false accusation (*o* false accusations) against sb.

calunniatore *sm* slanderer.

calunnioso *agg* slanderous.

calura *sf (lett.)* great heat; sultriness.

calvario *sm* **1** *(stor.)* Calvary. **2** *(fig.)* trial; cross; ordeal.

calvinismo *sm* Calvinism.

calvizie *sf* baldness.

calvo *agg* bald; bald-headed: *testa calva,* baldhead; baldpate.

□ *sm* bald-headed man *(pl.* men).

calza *sf* **1** *(corta)* sock; *(lunga)* stocking: *venditore di calze,* hosier — *fare la calza,* to knit — *ferri da calza,* knitting-needles — *tirare le calze, le calzette, (scherz. per morire)* to kick the bucket; to peg out — *farsi tirare le calze, (farsi molto pregare)* to keep on refusing; to play hard to get *(fam.)*. **2** *(elettr.: rivestimento)* braiding.

calzamaglia *sf* tights *(comm., anche sing.)*; panty hose; leotards.

calzante *agg* apt; fitting.

calzare *vt (indossare)* to wear*; *(mettersi)* to put* on; *(mettersi per prova)* to try sth on; *(aiutare qcno a mettersi qcsa)* to help sb on with sth; to help sb to pull sth on; *(provvedere di calzature)* to fit out (to supply, to provide) with shoes, *ecc.*: *Che numero (di* *scarpe) calza?*, What size do you take? — *calzare il coturno (il socco) (scrivere tragedie, commedie),* to write tragedy (comedy); *(recitare tragedie, commedie)* to act tragedies (comedies).

□ *vi (andar bene)* to fit (well, perfectly); to be* fitting; *(essere appropriato)* to be* apt (appropriate); to fit the bill: *Ti calza come un guanto,* It fits you perfectly; It fits you like a glove — *Hai dato una risposta che calzava alla perfezione,* Your reply was most apt; Your reply hit the nail on the head *(fam.).*

calzascarpe *sm* shoe-horn.

calzatoio *sm* shoe-horn.

calzatura *sf (spesso al pl.)* footwear: *un negozio di calzature,* a shoe-shop.

calzaturificio *sm* shoe factory.

calzerotto *sm* thick (woollen) sock; stocking.

calzettaio *sm* hosier.

calzettone *sm* knee-length woollen sock.

calzino *sm* sock.

calzolaio *sm* shoemaker.

calzoleria *sf* **1** shoemaker's. **2** *(negozio)* shoe-shop.

calzoncini *sm pl* shorts.

calzoni *sm pl* trousers; bags *(sl.); (USA, anche)* pants; *(da donna)* slacks; *(da giardinaggio)* dungarees; *(da militare, stretti al ginocchio)* breeches; knee-breeches; *(da cavallerizzo)* riding-breeches; *(da golf)* plus-fours; *(alla zuava)* knickerbockers; *(a campana)* bell-bottom trousers; *(a sbuffo, dei mussulmani)* pyjama; pajama: *seminare i calzoni,* to have one's trousers slipping down — *portare i calzoni, (fig.)* to wear the trousers; to be the boss. □ *farsela nei calzoni,* to be in a blue funk; to do it in one's bags *(fam.).*

camaleonte *sm* **1** *(zool.)* chameleon. **2** *(fig.)* chameleon; *(voltagabbana)* turncoat.

camarilla *sf* clique; cabal.

cambiale *sf (tratta)* bill of exchange; draft; *(pagherò cambiario)* promissory note; note of hand; *(cambiale di matrimonio)* promise of marriage: *cambiale a vista,* bill payable on sight; bill at sight; sight bill — *cambiale di comodo, di favore,* accommodation bill (*o* paper); windbill; kite — *cambiale pagabile all'interno (all'estero),* inland (foreign) bill — *cambiale su piazza,* local bill — *cambiali in copia,* bills in a set.

cambiamento *sm* **1** change: *un cambiamento in meglio (in peggio),* a change for the better (for the worse) — *un cambiamento del tempo,* a change in the weather — *un brusco cambiamento di temperatura,* a sudden change in the temperature; *(verso l'alto)* a sharp rise (a leap) in the temperature; *(verso il basso)* a sharp drop in the temperature — *cambiamento di stato,* change of state — *cambiamento totale (da una posizione ad un'altra),* change-over — *In lui c'è stato un grande cambiamento,* He has changed a great deal — *C'è stato un cambiamento di proprietari,* The property has changed hands — *Cambiamento di proprietario, (annuncio)* Under New Management — *un cambiamento di scena, (fig.)* a change in the situation — *Ho bisogno di un cambiamento, (fig.)* I need a change. **2** *(modifica)* alteration; change: *Il sarto fece alcuni cambiamenti,* The tailor made a few alterations — *Non possiamo apportare alcun cambiamento alle clausole già stipulate,* We can't introduce any changes in the clauses already agreed upon. **3** *(mutamento di direzione)* shift: *cambiamento di marea,* turn of the tide — *cambiamento di rotta, (naut.)* change of course.

cambiare *vi* to change; *(di vento)* to shift; to turn: *Col tempo le tue idee cambieranno,* Your ideas will change in time — *Tutto cambia nel mondo,* Everything changes in this world — *Il tempo cambia,* The weather is changing — *Il vento cambia,* The wind is shifting.

□ *vt* **1** to change: *Ho cambiato idea,* I have changed my mind — *cambiare treno,* to change trains — *Dovrete cambiare a Milano,* You'll have to change at Milan — *cambiare discorso,* to change (to drop) the subject — *cambiare indirizzo,* to change one's address — *cambiare aria,* to have a change of air — *cambiare casa,* to move (to another house) — *cambiare posto,* to change one's place (one's seat) — *cambiare le penne,* to moult — *cambiare colore,* to change colour; *(impallidire)* to turn pale — *cambiare vita,* to turn over a new leaf — *cambiare marcia,* to change gear — *Ho bisogno di cambiare qualche sterlina,* I need to change a few pounds. **2** *(alterare)* to alter: *Ho cambiato poco della prima versione,* I have altered very little of the first draft. **3** *(sostituire)* to replace: *Dovetti cambiare due pezzi perché ormai troppo consumati,* I had to replace two parts as they were worn out.

□ *tanto per cambiare,* (just) for a change — *cambiare tono, (fig.)* to change one's tune — *cambiare aspetto,* to take on a different appearance; to begin to look different — *cambiare strada,* to take another road; *(fig.)* to change — *cambiare di mano (di proprietario),* to change hands — *cambiare le carte in tavola,* to change one's tune; to sing another tune.

□ **cambiarsi** *v. rifl* **1** to change: *Ti sei cambiato moltissimo,* You have changed a lot (a great deal). **2** *(d'abito)* to change: *cambiarsi per la cena,* to change for dinner — *Ho solo questo da cambiarmi,* This is all I've got to change into. **3** *(trasformarsi)* to turn (into sth): *Il suo dolore si cambiò in gioia,* His sorrow turned into joy. **4** *(scambiarsi qcsa: v. reciproco)* to exchange sth.

cambiario *agg* exchange *(attrib.);* pertaining to a bill of exchange: *titoli cambiari,* bills; drafts.

cambiavalute *sm* money-changer.

cambio *sm* **1** change; *(modifica)* alteration: *un cambio d'abito,* a change of clothes — *un cambio di cavalli,* a change of horses — *un cambio di vocale,* a vowel change — *il cambio della guardia,* the changing of the guard; *(fig.)* the change in the management — *dare il cambio a qcno,* to relieve sb; to take over from sb — *darsi il cambio,* to take sth in turns. **2** *(scambio)* exchange; *(baratto)* barter; swop, swap *(fam.); (USA)* trade: *in cambio di,* for; in exchange for; *(invece di)* instead of — *prendere qcsa in cambio,* to exchange sth — *prendere qcno in cambio di qualcun altro,* to mistake one person for another. **3** *(comm.)* exchange; *(tasso)* rate (of exchange); exchange rate: *cambio di apertura, di chiusura,* opening, closing rate — *guadagnare al cambio,* to gain on the exchange — *cambio libero,* free rate (of exchange) — *cambio a corso libero,* floating rate — *agente di cambio,* stockbroker; broker — *ufficio di cambio,* money-changer's office. **4** *(spiccioli)* change; small change: *Non ho cambio da darti,* I haven't any change to give you. **5** *(mecc.: di velocità)* gear; speed gear; *(d'avanzamento)* feed gear; *(scatola ingranaggi, GB)* gearbox; *(USA)* transmission; *(manovra)* gear change; *(operazione del cambiare)* shifting: *cambio sincronizzato,* synchromesh gear — *albero del cambio,* gearshaft.

cambista *sm* money-changer.

cambusa *sf* store-room; galley.

cambusiere *sm* store-keeper.

camelia *sf* camellia.

camera *sf* **1** *(locale d'abitazione)* room; *(talvolta, ant.)*

chamber: *camera da letto,* bedroom; *(ant.)* bedchamber — *camera a un letto,* single bedroom — *camera matrimoniale,* double bedroom — *camera da pranzo,* dining-room — *camera di soggiorno,* drawing-room; living-room; lounge — *camera degli ospiti,* guest-room; spare room — *camera dei bambini,* nursery — *camera dei giochi, (per bambini)* play-room; *(per ragazzi)* games-room; *(USA)* rumpus-room — *camera d'affitto,* rented room; lodgings — *camera sulla strada,* front room — *camera sul retro,* back room — *un appartamento di cinque camere,* a five-room(ed) flat — *fare la camera,* to tidy up (to do) one's room — *Si è di nuovo chiuso in camera sua,* He's shut himself up in his room again.
2 *(per estensione: insieme di mobili)* suite: *una camera da pranzo (da letto) di noce,* a walnut dining-room (bedroom) suite.
3 *(organo legislativo)* House *(di paesi anglosassoni);* Chamber *(di paesi stranieri); (ente)* chamber; board: *Camera dei Comuni,* House of Commons; *(spesso)* the Commons (the House) — *Camera dei Pari,* the House of Lords; the Lords — *Camera dei Rappresentanti,* House of Representatives — *Camera dei Deputati,* Chamber of Deputies — *Camera alta (bassa),* Upper (Lower) House (Chamber) — *Camera di commercio,* Chamber of Commerce; *(USA)* Board of Trade — *camera arbitrale,* arbitration board — *camera del lavoro,* trades union council.
4 *(mecc., ecc.: spazio cavo)* chamber: *camera a nebbia,* cloud chamber — *camera di decompressione,* decompression chamber — *camera di caricamento,* loading chamber; breach — *camera di compensazione,* ballonet — *camera d'aria,* bladder *(di pallone);* inner tube *(di un pneumatico); (intercapedine)* air space (*o* cavity) — *senza camera d'aria,* tubeless — *camera oscura,* box; chamber *(vano all'interno di una macchina fotografica).*
5 *(macchina fotografica)* camera.
6 *(anat.)* chamber; camera.
□ *musica da camera,* chamber music — *maestro di camera,* groom of the bedchamber — *valletto di camera,* page; valet — *veste da camera,* dressing-gown; *(da donna, anche)* housecoat — *camera blindata,* strong-room — *camera a gas,* gas chamber — *camera del tesoro,* vault — *camera di sicurezza, di punizione,* cell — *camera di consiglio, (dir.)* chambers *(pl.)* — *camera ardente,* chapelle ardente *(fr.);* mortuary chapel — *camera macchine,* engine-room — *camera oscura, (per lo sviluppo, ecc.)* dark room — *camera di compensazione, (comm.)* clearing house.

[1]**camerata** *sf (dormitorio)* dormitory.

[2]**camerata** *sm* **1** *(politica)* comrade. **2** *(compagno)* companion; fellow-student; *(amico)* chum; pal; mate.

cameratesco *agg* friendly; comradely: *solidarietà cameratesca,* esprit de corps *(fr.)* — *un senso cameratesco,* a sense of comradeship.

cameratismo *sm* comradeship.

cameriera *sf (domestica)* maid; housemaid; maidservant *(raro); (che serve a tavola)* parlour-maid; *(a ore)* daily help; help; *(di locale pubblico)* waitress; *(ai piani)* chamber-maid; *(nei 'colleges' inglesi)* bedder; *(di bordo)* stewardess; *(particolare, personale)* lady's maid; *(di attrice)* dresser.

cameriere *sm (domestico)* manservant *(pl.* menservants*); (dipendente dal maggiordomo)* footman *(pl.* -men*); (di locale pubblico)* waiter; *(capo)* head waiter; maître; *(nei 'colleges' inglesi)* scout; bedder; bedmaker; *(di bordo)* steward; *(particolare, personale)* valet (de chambre); gentleman's servant; *(di attore)* dresser.

camerino *sm* **1** small room. **2** *(di teatro)* green room; dressing room. **3** *(naut.)* wardroom. **4** *(fam.: gabinetto)* loo; lavatory; toilet.

camice *sm* **1** overall; *(di pittore)* smock. **2** *(religione)* surplice; alb.

camiceria *sf* shirt shop.

camicetta *sf* blouse; shirt.

camicia *sf* **1** *(da uomo)* shirt; shift *(ant.); (da donna)* shirt; blouse; chemise: *camicia da notte (da uomo),* night-shirt; *(da donna)* night-gown; night-dress; nightie *(fam.)* — *camicia di forza,* strait-jacket — *camicia di Nesso,* Nessus' shirt; *(fig.)* unbearable constriction — *Camicie Nere,* Blackshirts; Fascists — *Camicie Brune,* Brownshirts; Nazis — *Camicie Rosse,* (Garibaldi's) Redshirts — *in maniche di camicia,* in one's shirt sleeves — *in camicia,* in one's shirt — *rimanere, ridursi in camicia, (fig.)* to lose the shirt off one's back; to give (to lose) everything one has; to become very poor; to be down to one's last farthing — *lasciare qcno in camicia, (fig.)* to reduce sb to beggary; to leave sb in the lurch — *Darebbe anche la camicia,* He would give away the very shirt off his back. **2** *(copertina di un fascicolo, involucro)* jacket. **3** *(mecc.)* jacket: *camicia d'acqua (di vapore),* water (steam) jacket — *camicia di raffreddamento,* cooling jacket — *camicia smontabile, (di cilindro)* liner; cylinder liner. □ *essere nato con la camicia,* to be born with a silver spoon in one's mouth — *sudare sette camicie,* to sweat profusely; *(fig.)* to work extremely hard — *uova in camicia,* poached eggs.

camiciaia, camiciaio *sf e m.* shirtmaker.

camiciola *sf* vest.

camiciotto *sm* smock; overall.

caminetto *sm* mantelpiece.

caminiera *sf* **1** fire-guard. **2** *(lo specchio)* looking-glass (over a mantle-piece).

camino *sm* **1** chimney *(anche di vulcano); (condotto, canna, gola del camino)* chimney-flue; *(cappa del camino)* cowl; hood; *(comignolo)* chimney-pot; *(più comignoli riuniti)* chimney-stack; *(ciminiera)* smoke-stack; *(di piroscafo, ecc.)* funnel: *nero come la cappa del camino,* as black as soot. **2** *(focolare)* fire-place; hearth; fireside: *sedere attorno al camino,* to sit round the fireside.

camion *sm* lorry; truck.

camionabile, camionale *agg* open to lorry (to heavy) traffic.
□ *sf* road open to lorry (*o* heavy) traffic.

camionetta *sf* jeep.

camionista *sm* lorry-driver; truck-driver.

cammellato *agg* camel-borne.

cammelliere *sm* camel-driver.

cammello *sm* **1** camel. **2** *(tessuto)* camel-hair.

cammeo *sm* cameo.

camminamento *sm (mil.)* communication trench.

camminare *vi* **1** to walk; to go* on foot; *(procedere)* to proceed: *Mi piace camminare,* I like walking — *Cammina e cammina arrivarono al castello, (nelle fiabe)* On and on they went, till they got to the castle — *camminare al passo,* to walk in step — *camminare di buon passo,* to walk at a good pace — *camminare a quattro zampe,* to go on all fours — *camminare carponi,* to crawl (on all fours) — *camminare su qcsa, (calpestare)* to tread on sth — *camminare a fatica, (nel fango, ecc.)* to plod; to trudge; *(nell'acqua)* to wade — *camminare a grandi passi,* to stride — *camminare a passo di marcia,* to march — *camminare* *pomposamente (con boria, pettoruto, pavoneggiandosi),* to strut — *camminare pesantemente,* to tramp — *camminare in punta di piedi,* to walk on tiptoe; to walk softly — *camminare zoppicando,* to limp (along) — *camminare sulle uova (cautamente),* to walk (to proceed) cautiously — *camminare sui trampoli,* to walk on stilts; *(fig.)* to walk (to proceed) unsteadily. **2** *(mecc.)* to run*; to work; to go*: *Il mio orologio non cammina,* My watch won't go. **3** *(fig.: procedere, svilupparsi)* to proceed; to go* on; *(di discorso)* to sound: *Le cose ormai camminano,* Things are under way now; Things are moving — *Gli affari camminano bene,* Business is brisk — *Il tuo ragionamento camminerebbe meglio se...,* Your reasoning would sound better if... — *Cammina per i cinquanta,* He's getting on for fifty. □ *Su, cammina!,* Come on, get a move on! (get going!) — *camminare (filare) diritto, (fig.)* to live an honest life; to go straight *(fam.)* — *camminare sul sicuro (senza rischi),* not to risk anything.

camminata *sf* **1** (long) walk; hike; *(camminatina)* stroll: *fare una camminata,* to go for a (long) walk; to take a (long) walk. **2** *(andatura, modo di camminare)* gait.

camminatore *sm* walker.

cammino *sm* **1** way: *Alle tre ero già in cammino,* At three o'clock I was already on my (*o* on the) way — *dopo un lungo cammino,* after a long way — *per tutto il cammino,* all the way — *far molto cammino,* to go a long way; *(fig.)* to go far — *in cammino per...,* on one's way to... — *cammin facendo,* on the way — *fare un tratto di cammino con qcno,* to go with sb for part of the way — *Ci sono tre ore di cammino,* It's three hours away. **2** *(sentiero)* path *(anche fig.)*; way; track; *(strada)* road; *(percorso)* route; *(fig.)* course; *(viaggio)* journey: *Per errore scelse il cammino più lungo,* He chose the longest route by mistake — *il cammino della gloria,* the path to glory — *il cammino della perdizione,* the primrose path; the road to perdition — *il retto cammino, (fig.)* the straight and narrow path — *lasciare il retto cammino, (fig.)* to go astray; to stray — *Il cammino fu lungo e disagevole,* The journey was long and arduous — *riprendere il cammino,* to resume one's journey; to start off again.

camomilla *sf* **1** camomile. **2** *(decotto)* camomile tea.

camorra *sf* **1** *(stor.)* 'camorra'. **2** *(metodo di guadagno)* racket.

camorrista *sm* **1** member of the 'camorra'; camorrist. **2** racketeer.

camoscio *sm* **1** chamois *(fr.)*. **2** *(pelle)* shammy (leather).

campagna *sf* **1** country; countryside: *andare in campagna,* to go into the country — *Mi piacerebbe vivere in campagna,* I should like to live in the country — *La campagna è più bella in maggio e giugno,* The countryside looks its best in May and June — *casa di campagna,* country-house — *gente di campagna,* countryfolk — *vita in campagna,* country life — *la campagna torinese,* the countryside around Turin — *battere la campagna,* to scour the countryside — *la Campagna Romana,* the Campagna. **2** *(tenuta)* estate; property; farm-land. **3** *(mil.)* campaign: *le campagne della Prima Guerra Mondiale,* the campaigns of the First World War — *artiglieria da campagna,* field artillery — *È un uomo rotto a tutte le campagne, (anche fig.)* He is a seasoned old trooper. **4** *(di pubblicità, ecc.)* campaign: *campagna pubblicitaria,* advertising campaign — *campagna elettorale,* election campaign — *campagna contro l'inquinamento,* anti-pollution campaign. **5** *(ciclo di operazioni archeologiche)* season.

campagnola *sf* **1** countrywoman *(pl.* -women*)*; country girl. **2** *(autoveicolo)* estate car; shooting-brake.

campagnolo *agg* rustic; *(attrib.)* country: *ballo campagnolo,* country-dance — *alla campagnola,* in a rustic fashion.
□ *sm* countryman *(pl.* -men*)*; peasant.

campale *agg (mil.)* field *(attrib.)*: *battaglia campale,* pitched battle — *scontro campale,* open conflict (engagement) — *giornata campale,* day on which a decisive battle was fought; field day; *(fig.)* heavy day.

campana *sf* **1** bell; *(mus., al pl.)* bells; chimes: *concerto di campane (serie di campane),* peal of bells; 'carillon'; *(scampanio)* chimes — *suonare le campane,* to peal the bells — *suonare le campane a morto,* to toll (the knell) — *suonare la campana (le campane) a martello,* to ring (to sound) the alarm-bell(s). **2** *(di vetro)* glass-dome; *(da palombaro, d'immersione)* diving-bell. **3** *(di argano)* drum; *(mecc.)* cap; cover. □ *sordo come una campana,* as deaf as a post — *a campana, (di gonna, ecc.)* bell-shaped; flared; *(di calzoni)* bell-bottomed — *far campana all'orecchio,* to cup the hand to the ear — *sentire (anche) l'altra campana (tutt'e due le campane),* to hear what the other side has to say.

campanaccio *sm* cow-bell; goat-bell.

campanaio, campanaro *sm* bell-ringer.

campanario *agg* bell *(attrib.)*.

campanella *sf* **1** little bell. **2** *(battente)* (ring-shaped) knocker. **3** *(di tenda)* curtain-ring. **4** *(orecchino)* earring. **5** *(nel muro di una stalla, ecc.)* hitching-ring. **6** *(tra le narici dei bovini)* nose-ring.

campanello *sm* **1** *(da tavolo)* hand-bell; *(all'uscio)* door-bell; *(elettr.)* bell. **2** *(per estensione: cicala)* buzzer.

campanile *sm* bell-tower; belfry: *rivalità di campanile,* local rivalry — *Non vede più in là del suo campanile, (fig.)* He can't see (He won't look) any further than his own village (town).

campanilismo *sm* local patriotism; parochialism.

campanilistico *agg* parochial.

campanula *sf* harebell; bluebell.

campare *vi e t.* **1** *(vivere)* to live; to get* one's living: *campare di aria (di elemosina),* to live on air (on charity) — *campare alla giornata,* to live from hand to mouth — *campare su un fazzoletto di terra,* to live off a small patch of land. **2** *(tirare avanti)* to get* along (somehow); to get* by; to keep* body and soul together: *tirare a campare,* to like the easy life; to take things easy — *Si campa!,* I manage to get along! — *Campa cavallo (che l'erba cresce)!, (prov.)* It will be all right by the time it is too late! **3** *(salvare)* to save; to rescue.

campata *sf (arco)* span; *(di ponte)* bay; *(aeronautica)* span.

campato *agg (soprattutto nell'espressione) campato in aria,* unfounded; unsound.

campeggiare *vi* **1** *(far campeggio)* to camp; to go* camping. **2** *(mil.: accamparsi)* to camp; to encamp; to be* encamped. **3** *(spiccare)* to stand* out; to be* prominent.

campeggiatore *sm* camper.

campeggio *sm* **1** camp; holiday camp. **2** *(l'attendarsi)* camping. **3** *(il terreno)* camping-ground; camping-site.

campestre *agg* rural; *(attrib.)* country.

campicello *sm* little field; patch.

Campidoglio *sm* (the) Capitol: *salire in Campidoglio,* to triumph.
campionare *vt (comm.)* to sample.
[1]**campionario** *sm (comm.)* **1** collection (*o* set) of samples. **2** *(di tessuti, ecc.)* pattern-book.
[2]**campionario** *agg (nell'espressione) fiera campionaria,* trade-fair.
campionato *sm* championship.
campione *sm* **1** champion; *(detentore di record)* record-holder: *un campione in erba,* a budding champion — *farsi campione di qcsa,* to champion (the cause of) sth. **2** *(comm.)* sample; *(di tessuti)* pattern; swatch; *(esemplare)* specimen; *(statistica)* sample: *a titolo di campione,* as a sample — *conforme a campione,* as per sample — *corrispondente (non corrispondente) a campione,* up (not up) to sample — *'Campione senza valore',* sample post — *spedire come campione (senza valore),* to send by sample post — *trattare (vendere) su campione,* to deal (to sell) by sample.
campionessa *sf (sport)* ladies' (*o* girls') champion.
campire *vt (pittura)* to paint in (to fill in) the background.
campo *sm* **1** *(porzione di terreno)* field; *(al pl.: campagna)* country; countryside: *campo di patate,* potato-field — *campo di neve,* snow-field — *campo aurifero,* gold-field — *campo petrolifero,* oil-field.
2 *(area adattata ad usi particolari)* field; ground; course: *campo da gioco,* playing field — *campo sportivo,* sports ground — *campo da golf,* golf course; golf links — *campo da tennis,* tennis court; *(erboso)* grass court; *(in terra battuta)* hard court — *campo giochi,* playground — *campo d'aviazione,* airfield — *campo di fortuna,* emergency landing ground.
3 *(porzione di spazio)* field; *(cinema, ecc.)* shot: *campo di forza,* field of force — *campo magnetico,* magnetic field — *campo visivo,* visual field — *campo d'onda,* waveband — *campo d'azione, (di una gru)* reach — *campo angolare, (di una lente)* angle of view — *fuori campo,* off screen.
4 *(mil. e fig.)* field: *ospedale (cucina) da campo,* field hospital (kitchen) — *campo di battaglia,* battlefield; battle-ground — *campo minato,* minefield — *campo trincerato,* fortified position — *campo di tiro,* - **a)** *(poligono)* range; firing ground - **b)** *(di cannone)* field of fire — *mettere in campo,* to put into the field; to field; *(fig.)* to present — *scendere in campo,* to take the field; *(fig.)* to cross swords with sb — *tenere il campo,* to stand one's ground *(anche fig.)* — *abbandonare il campo,* to withdraw; to leave (to quit) the field — *morire sul campo,* to be killed in action.
5 *(accampamento)* camp: *campo base, (alpinismo)* base camp — *campo profughi,* refugee camp — *campo di concentramento,* concentration camp — *campo di sterminio,* death camp — *lettino da campo,* camp-bed — *porre (piantare) il campo,* to pitch camp — *levare il campo,* to strike camp; to decamp.
6 *(araldica, numismatica)* field; *(di dipinto, ecc.)* background; groundwork.
7 *(branca di attività)* field; sphere.
□ *(statistica) campo di variazione,* range.
camposanto *sm* cemetery; *(presso una chiesa)* church-yard.
camuffare *vt* to disguise; to camouflage; *(fig.)* to masquerade.
□ **camuffarsi** *v. rifl* to disguise oneself.
camuso *agg* flat-nosed; pug-nosed; snub-nosed.
canaglia *sf* **1** *(mascalzone)* scoundrel; *(scherz.)* rascal. **2** *(plebaglia)* rabble; mob.
canagliata *sf* mean (*o* scurvy) trick; blackguardly action.
canagliesco *agg* rascally.
canagliume *sm* rabble; mob.
canale *sm* **1** *(braccio di mare)* channel; strait; *(artificiale)* canal; *(navigabile)* shipway; waterway; watercourse; (ship-)canal: *il Canale della Manica,* the English Channel; the Channel — *canale di chiusa,* sluice — *canale di gronda,* gutter. **2** *(condotto, tubo)* pipe; tube: *canale di scolo,* drain; gutter; culvert — *canale di scolo della fognatura,* sewer. **3** *(metallurgia: scanalatura)* groove; race; runner; channel. **4** *(anat.)* duct; canal. **5** *(di radio, ecc.)* channel.
canalizzare *vt* to canalize.
canalizzazione *sf* canalization.
canalone *sm* gully.
canapa *sf* hemp: *canapa indiana,* Indian hemp; cannabis; marijuana.
canapè *sm* sofa.
canapificio *sm* hemp-mill.
canapo *sm* thick hempen rope; cable.
canarino *sm* canary: *mangiare quanto un canarino,* to eat hardly enough to keep a bird alive.
□ *agg (color canarino)* canary yellow; canary-coloured.
canasta *sf* canasta.
cancan *sm* **1** *(ballo)* can(-)can. **2** *(confusione)* uproar; confusion; *(fig.)* scandal.
cancellabile *agg* that can be erased (*o* rubbed out).
cancellare *vt* **1** *(con una croce)* to cross out; *(con un frego)* to strike* off; *(con una gomma)* to rub out; to erase; *(con un raschietto)* to scratch out; to erase; *(una scritta, ecc.)* to deface; *(fig.)* to efface; to obliterate; to delete; to expunge; to wipe out; to sponge out: *cancellare un'offesa,* to wipe out an offence — *cancellare qcsa dalla memoria,* to blot sth out of one's mind — *cancellare una causa dal ruolo, (dir.)* to strike a case off the list. **2** *(annullare)* to cancel; to annul: *cancellare un'ordinazione, (comm.)* to cancel an order — *cancellare una sentenza, (dir.)* to reverse (to overrule) a decision; *(penale)* to quash a sentence.
cancellata *sf* fence; railings.
cancellatura *sf* erasure.
cancellazione *sf* **1** cancelling; striking off. **2** *(dir., comm.)* annulment; cancellation; striking off. **3** *(di televisione)* blackout; blanking; *(di nastro)* wiping.
cancelleresco *agg* bureaucratic: *gergo cancelleresco,* legal jargon; officialese.
cancelleria *sf* **1** *(politica, diplomazia)* chancellery. **2** *(di tribunale)* office of the clerk (of a Court). **3** *(collettivo: articoli per scrivere)* stationery. □ *diritti di cancelleria,* registry fees.
cancellierato *sm* chancellorship.
cancelliere *sm* **1** *(dir.)* registrar; *(di tribunale)* clerk. **2** *(di governo)* Chancellor.
cancello *sm* **1** gate; wicket-door. **2** *(di autostrada)* toll-gate. □ *vendere qcsa a cancello chiuso,* to sell sth lock, stock and barrel; to sell sth on a walk-in, walk-out basis.
canceroso *agg* cancerous.
canchero *sm* **1** *(fam.)* cancer. **2** *(scocciatore)* nuisance; bore. **3** *(acciacco)* illness; ailment.
cancrena *sf* gangrene; *(fig.)* canker: *andare in cancrena,* to become affected with gangrene; *(fig.)* to degenerate.
cancrenoso *agg* gangrenous.
cancro *sm* **1** cancer: *avere il (essere malato di) cancro,*

to have cancer — *avere un cancro ai polmoni,* to have lung cancer (cancer of the lung). **2** *(astronomia)* Cancer: *tropico del Cancro,* Tropic of Cancer.

candeggiare *vt* to bleach.

candeggina *sf* bleach.

candeggio *sm* bleaching: *dare il candeggio a qcsa,* to bleach sth.

candela *sf* **1** candle; taper *(ant.)*: *a lume di candela,* by candlelight — *accendere una candela,* to light a candle; *(fig.)* to thank one's lucky stars — *faccia da candela,* pale and meagre face — *essere alla candela,* to be dying — *struggersi come una candela,* to pine (to waste) away — *a candela (a perpendicolo),* perpendicularly — *salire (precipitare, venir giù) a candela, (aeronautica)* to rocket; to zoom; to nose-dive — *ridurre qcno alla candela,* to ruin sb; to reduce sb to poverty (to indigence) — *avere la candela al naso, (di bambini)* to have a running (runny) nose — *reggere la candela, (fig.)* to play gooseberry — *Il gioco non vale la candela, (prov.)* The game is not worth the candle. **2** *(di automobile)* sparking plug; *(USA)* spark plug; *(generalm.)* plug. **3** *(fis.)* candle (-power); watt.

candelabro *sm* candelabrum *(pl.* candelabra*)*.

candelaio *sm* chandler.

candeliere *sm* **1** candlestick; candle-holder: *cercare guai col candeliere,* to go looking for trouble — *mettere qcno sul candeliere,* to think very highly of sb; to put sb on a pedestal. **2** *(naut.)* stanchion.

candelora *sf* Candlemas.

candelotto *sm* short, fat candle. □ *candelotto di dinamite,* stick of dynamite — *candelotto lacrimogeno,* tear gas grenade.

candidamente *avv* candidly; frankly.

candidato *sm* candidate; aspirant: *essere candidato alle elezioni,* to be a candidate (to stand as a candidate) in an election.

candidatura *sf* candidature; candidacy.

candido *agg* **1** white; snow-white; *(immacolato)* spotless. **2** *(sincero, franco)* frank; candid; *(innocente)* innocent; pure; *(ingenuo)* naïve: *Anima candida!,* Poor innocent!; *(fam.)* Poor sucker!

candire *vt* to candy; to crystallize: *frutta candita,* candied fruit.

candito *sm* **1** sugar candy; candy. **2** *(frutta)* candied fruit.

candore *sm* **1** brilliant white; snowy whiteness. **2** *(fig.)* purity; innocence; *(ingenuità)* naivety.

cane *sm* **1** dog; *(bracco, levriere, cane da caccia in generale)* hound; harrier: *cane da caccia,* sporting dog; *(per caccia a cavallo)* hound; *(per caccia col fucile)* gun dog — *cane da corsa (da seguito),* greyhound; whippet — *cane da ferma,* setter; pointer — *cane da guerra (portamessaggi),* message dog — *cane da guardia,* watch-dog — *cane lupo, (ibrido)* wolf-dog; *(comunemente)* Alsatian — *cane da pagliaio,* watch-dog; *(spreg. e fig.)* cur — *cane da gregge,* sheep-dog; *(pastore scozzese)* collie; *(pastore tedesco)* German shepherd dog; Alsatian — *cane poliziotto,* police dog — *cane da punta,* pointer — *cane da riporto,* retriever; spaniel — *cane da salotto,* lap-dog — *cane da slitta,* sled dog; husky — *un cane di razza,* a pedigree dog — *una vita da cane,* a dog's life — *Brutto cane!,* You dirty dog!; You cur! — *cane bastardo,* mongrel — *cane randagio,* stray dog — *una muta di cani,* a pack of hounds — *aizzare i cani contro qcno,* to set the dogs on sb. **2** *(di arma da fuoco)* cock; hammer: *cane in posizione di sicurezza,* half cock. **3** *(mecc.)* catch; jaw.
□ *figlio di un cane, (scherz.)* son of a bitch; *(volg.)* bastard — *un can grosso, (fig.)* a big shot — *Faceva un freddo cane,* It was bitterly cold; *(fam.)* It was deathly cold — *un tempaccio cane,* foul weather — *un lavoro da cani,* very hard work; drudgery; *(lavoro fatto male)* a slipshod piece of work — *roba da cani,* loathsome (awful) stuff — *Non trovammo (Non c'era) neppure un cane,* There wasn't a soul there — *essere solo come un cane,* to be utterly lonely; to be quite lonely and miserable — *avere (ricevere) un'accoglienza da cani,* to have (to receive) a very poor reception (a hostile reception, a cold welcome) — *drizzare le gambe ai cani,* to attempt a hopeless task — *essere come cane e gatto,* to be like cat and dog — *menare il can per l'aia,* to beat about the bush — *Can che abbaia non morde, (prov.)* Barking dogs don't bite — *Cane non mangia cane, (prov.)* There's honour among thieves — *Non stuzzicare un cane che dorme, (prov.)* Let sleeping dogs lie.

canestra *sf* wicker-basket.

canestraio *sm* basket-maker.

canestro *sm* **1** basket; hamper. **2** *(sport)* basket.

canfora *sf* camphor.

canforato *agg* camphored.

cangiamento *sm (lett.)* change.

cangiante *agg* changing: *seta cangiante,* shot silk.

cangiare *vt e i. (lett.)* = **cambiare**.

canguro *sm* kangaroo.

canicola *sf* **1** summer heat. **2** *(la stella Sirio)* Dog Star. □ *i giorni della canicola,* the dog-days.

canicolare *agg* hot: *pazzia canicolare,* midsummer madness.

canile *sm* **1** *(casotto)* kennel. **2** *(luogo di allevamento)* kennels *(pl.)*: *canile municipale,* municipal dog-pound. **3** *(fig.)* pigsty.

[1]**canino** *agg* canine; *(attrib.)* dog: *dente canino,* canine tooth — *mostra canina,* dog-show — *rosa canina,* dog-rose — *tosse canina,* whooping-cough.

[2]**canino** *sm (dente)* canine.

canizie *sf* white hair; *(fig.)* old age.

canizza *sf (caccia)* baying.

canna *sf* **1** *(palustre)* reed; *(coltivata, ecc.)* cane: *canna da zucchero,* sugar-cane. **2** *(asta, pertica)* rod; perch; *(bastone, bastoncino)* stick; cane; *(manico)* shaft; *(tubo)* pipe; *(di arma da fuoco)* barrel; bore; spout *(fam.)*; *(di bicicletta)* crossbar: *canna della gola, (anat.)* windpipe — *canna metrica, (di geometra)* measuring rod — *canna da passeggio,* cane; walking stick — *canna da pesca,* fishing-rod. □ *canna fumaria, del camino,* flue; chimney-stack — *una canna fessa, (fig.)* a broken reed — *povero in canna,* destitute; very poor; as poor as a church mouse — *essere come una canna al vento,* to be like a straw in the wind.

[1]**cannella** *sf (spezieria)* cinnamon.

[2]**cannella** *sf* **1** *(rubinetto)* tap. **2** *(di botte)* spigot: *mettere la cannella a una botte,* to tap a cask.

cannello *sm* **1** *(tubo di canna)* (short, hollow) pipe. **2** *(per esperienze chimiche)* pipette. **3** *(portapenne)* penholder. **4** *(industria tessile)* quill. □ *cannello di ceralacca,* stick of sealing-wax — *cannello ferruminatorio, (chim.)* blowpipe — *cannello fulminante (a strappo),* (pull) igniter — *cannello per saldature, (mecc.)* welding blowpipe; welding torch.

canneto *sm* cane-brake; bed of reeds.

cannibale *sm* **1** cannibal. **2** *(scherz.: gitante)* tripper; hiker: *un cannibale della strada,* a road-hog.

cannibalesco *agg* cannibal-like.

cannibalismo *sm* cannibalism.
cannocchiale *sm* **1** telescope. **2** *(talvolta: binocolo)* binoculars; field-glasses; *(da teatro)* opera-glasses.
cannonata *sf* cannon-shot; gun-shot; *(al pl.: cannoneggiamento)* cannonade; bombardment: *Non lo svegliano neanche le cannonate,* Even an earthquake wouldn't wake him. □ *È una cannonata!, (fam.)* It's fantastic (terrific, marvellous, wonderful)!
cannoncino *sm* **1** *(mil.)* light gun. **2** *(piega)* box-pleat; tubular fold.
cannone *sm* **1** gun; *(di vecchio tipo)* cannon *(pl.* cannon *o* cannons*): carne da cannone, (fig.)* cannon fodder — *una donna cannone,* a fat lady at the fair. **2** *(fig.: campione)* ace; champion: *È un cannone!,* He is an ace (a champion)! — *È un cannone in matematica,* He is fantastic (He's a wizard) at mathematics.
cannoneggiamento *sm* **1** gunfire; shelling. **2** *(naut.)* bombardment.
cannoneggiare *vt e i.* to shell.
cannoniera *sf* **1** *(naut.)* gunboat. **2** *(mil.)* embrasure.
cannoniere *sm* **1** *(naut.)* gunner. **2** *(calcio)* goal scorer; striker.
cannuccia *sf* **1** small reed; thin cane. **2** *(per bibite)* (drinking) straw. **3** *(di pipa)* stem.
canoa *sf* canoe: *andare in canoa,* to canoe; to go canoeing.
canocchia *sf* squill; squill-fish.
canone *sm* **1** canon; *(regola basilare)* fundamental rule; *(precetto)* precept. **2** *(affitto da pagare)* rent; fee; *(per la licenza di brevetti, ecc.)* royalty: *canone agricolo,* ground rent — *canone di locazione,* rent; hire — *canone di abbonamento televisivo,* television licence fee.
canonica *sf* rectory; vicarage; parsonage.
canonicato *sm* **1** canonry. **2** *(fig., scherz.)* sinecure.
canonico *agg* **1** canonical; *(attrib.)* canon: *diritto canonico,* canon law. **2** *(fig.)* suitable; appropriate.
□ *sm* canon. □ *stare da canonico,* to be in clover.
canonista *sm* canonist.
canonizzare *vt* to canonize.
canoro *agg* **1** melodious; singing: *uccelli canori,* song-birds. **2** *(simile al canto)* song-like.
Canossa *sf (nome proprio: nell'espressione, fig.) andare a Canossa,* to humble oneself; to eat humble pie; to put on sack-cloth and ashes.
canottaggio *sm* rowing; sculling: *gara di canottaggio,* boat-race.
canottiera *sf* **1** *(maglia)* singlet; vest. **2** *(cappello)* boater.
canottiere *sm* oarsman *(pl.* -men*)*; rowing man *(pl.* -men*); (guidatore)* cox.
canotto *sm* **1** *(canoa)* canoe. **2** *(barchetta)* boat; dinghy: *canotto a vela,* sailing dinghy — *canotto ausiliario,* dinghy; tender. **3** *(mecc.)* quill.
canovaccio *sm* **1** *(per asciugare)* drier; dish-cloth; *(per spolverare)* duster; *(tela per ricamo)* canvas; cross-stitch canvas. **2** *(trama, intreccio di dramma, di romanzo, ecc.)* plot; *(traccia schematica, di dramma o di film)* rough draft; *(traccia con particolari di sceneggiatura)* scenario: *commedia a canovaccio, (stor.)* play with improvised dialogue; 'commedia dell'arte'.
cantabile *agg* singable; suitable for the voice.
cantante *sm e f.* singer: *cantante lirica,* opera singer.
[1]**cantare** *vt e i.* **1** to sing*: *Mi piace cantare,* I like singing — *cantare una canzone,* to sing a song — *cantare salmi,* to chant psalms — *cantare a bocca chiusa,* to hum — *cantare sottovoce, canticchiare,* to croon — *cantare a squarciagola,* to sing at the top of one's voice — *cantare alla tirolese,* to yodel — *cantare a orecchio,* to sing by ear — *cantare da soprano,* to sing soprano — *cantare messa,* to sing mass; to celebrate high mass — *cantare le lodi di qcno,* to sing sb's praises. **2** *(di gallo)* to crow*; *(di gallina)* to cackle; *(di uccello)* to chirp; to chirrup; to sing*; *(di grillo)* to chirp; *(di rana)* to croak. **3** *(confessare, tradire i complici)* to squeal: *Dopo solo cinque ore di interrogatorio ha cantato,* He has squealed after only five hours of questioning — *far cantare qcno, (fig.)* to make sb talk. □ *cantarla chiara,* to speak one's mind — *cantare sempre la stessa canzone, (fig.)* to harp (to keep harping) on the same string — *cantare vittoria su qcno,* to crow over a defeated enemy — *lasciar cantare qcno, (non dar peso a quel che dice)* to let sb run on.
[2]**cantare** *sm* **1** singing. **2** *(lett.)* ballad.
cantastorie *sm* ballad-singer.
cantata *sf* **1** *(mus.)* cantata. **2** *(fam.)* sing-song.
cantautore *sm* songwriter and singer; singer who sings his own songs.
canterano *sm* chest-of-drawers.
canterellare *vt* to sing* softly.
canterellio *sm* low-voiced singing; humming.
canterino *sm* **1** *(uccello)* song-bird. **2** *(cantante)* folk-singer.
□ *agg* singing; warbling; *(di insetto)* chirping.
cantica *sf* narrative (*o* religious) poem; *(della Divina Commedia)* book.
canticchiare *vt* to sing*; *(sottovoce)* to sing* softly.
cantico *sm* religious poem (*o* song); canticle: *il Cantico dei Cantici,* the Song of Songs.
cantiere *sm* yard; *(per la costruzione edilizia)* builder's yard; *(naut.)* shipyard; *(di varo)* launching yard; *(di riparazione)* refitting yard; *(marina militare), (GB)* dockyard; *(USA)* navy yard: *cantiere nautico,* boatyard. □ *avere qcsa in cantiere, (fig.)* to have sth on the stocks (*o* in preparation).
cantilena *sf* **1** sing-song; *(tono cantilenoso)* sing-song voice. **2** *(ninna nanna)* lullaby. **3** *(discorso)* longwinded speech: *È sempre la stessa cantilena,* It's the same old story.
cantina *sf* **1** *(per la conservazione del vino, ecc.)* cellar; wine-cellar; vault; *(per estensione)* cellar; basement. **2** *(osteria)* wine-shop; tavern; *(spaccio di una caserma)* canteen. **3** *(locali per la produzione industriale del vino)* cellars *(pl.)*: *cantina sociale,* wine-producers' cooperative. **4** *(fig.: luogo buio)* cell; cellar. □ *andare in cantina, (fig.)* to drop one's voice.
cantiniere *sm* **1** cellarman *(pl.* -men*)*; *(in una casa)* butler; *(in un convento)* cellarer. **2** *(oste)* tavern-keeper; wine-seller.
cantino *sm* E string.
[1]**canto** *sm* **1** *(il cantare, l'arte del canto)* singing: *studiare canto,* to study singing — *maestro di canto,* singing-master — *lezioni di canto,* singing lessons — *canto a bocca chiusa,* humming — *canto sottovoce,* crooning — *bel canto,* 'bel canto'. **2** *(liturgico)* chant; singing: *canto gregoriano,* Gregorian chant; plain song — *canto fermo,* plain-chant; cantus firmus *(lat.)*. **3** *(melodia, canzone)* song; air; melody; *(rumore gradevole)* song; singing: *il canto della trebbia,* the song of the threshing-machine — *canti popolari,* folk songs — *canto di guerra,* war-song — *canto natalizio,* Christmas carol. **4** *(di animali) canto di uccelli,* song; singing; warble; warbling; chirrupping; chirping — *canto di gallo,* crow; crowing — *al canto del gallo,* at cock-crow — *canto di gallina,* cackle; cackling — *canto di grilli, cicale, ecc.,* chirp; chirping — *canto del*

cigno, (fig.) swan-song. **5** *(composizione poetica)* poem; lyric; *(parte di composizione poetica)* canto.

[2]**canto** *sm (angolo)* corner; *(spigolo)* angle; edge; *(lato, parte)* side; hand: *canto del fuoco,* chimney-corner; chimney-seat; ingle-nook — *dal canto mio, (da parte mia)* for my part; *(quanto a me)* as for me; as far as I am concerned — *a canto,* beside; next; *(vicino)* near; nearby — *da un canto, (da un certo punto di vista)* in a way — *d'altro canto,* on the other hand — *da ogni canto,* on all sides — *per ogni canto,* everywhere — *lasciare (mettere, porre) qcsa da canto, in un canto, (in disparte)* to leave (to set, to put) sth aside; *(in serbo)* to set sth aside; to lay sth aside; to store sth up; *(fig.: trascurare)* to leave sth aside; to neglect sth — *levarsi qcno da canto,* to get rid of sb.

cantonale *agg* cantonal.
□ *sm* **1** angle; angle iron. **2** ⇨ **cantoniera 2.**

cantonata *sf* **1** street corner. **2** *(fig.)* blunder: *prendere una cantonata,* to make a blunder (a terrible mistake).

cantone *sm* **1** *(regione)* district; canton *(spec. della Svizzera).* **2** *(angolo)* corner: *gioco dei quattro cantoni,* cat-(puss-)in-the-corner. **3** *(araldica, o di bandiera)* canton.

cantoniera *sf* **1** *(casa cantoniera)* road-mender's house. **2** *(armadio)* corner cupboard; *(vetrina)* corner cabinet.

cantoniere *sm* **1** road-mender. **2** *(di ferrovia)* trackman *(pl.* -men*).*

cantore *sm* **1** chorister; *(solista)* cantor. **2** *(poeta)* singer; poet.

cantoria *sf* choir-stalls; choir.

cantorino *sm* choir-book.

cantuccio *sm* **1** corner; nook: *starsene in un cantuccio,* to stay in a corner; *(fig.)* to keep apart. **2** *(di pane o cacio)* crust.

canuto *agg* white-haired; hoary.

canzonare *vt* to tease; to make* fun of; to mock.
□ *vi* to joke; to fool.

canzonatore *sm* teaser; mocker.

canzonatorio *agg* teasing; mocking.

canzonatura *sf* **1** teasing; banter. **2** *(beffa)* hoax. **3** *(scherzo)* joke. **4** *(facendo il verso)* take-off.

canzone *sf* **1** song: *È sempre la solita canzone!, (fig.)* It's always the same old story! **2** *(lett.)* canzone.

canzonetta *sf* popular song; *(fam.)* pop song.

canzonettista *sm e f.* **1** *(chi canta)* singer of light music. **2** *(chi scrive)* author of light songs.

canzoniere *sm* **1** song book. **2** *(lett.)* collection of lyrics.

caolino *sm* kaolin.

caos *sm (anche fig.)* chaos.

caotico *agg* chaotic.

capace *agg* **1** *(in generale)* able; *(intelligente, dotato)* clever; gifted; *(esperto)* skilled; expert; skilful; *(adatto)* fit: *È molto capace,* He's very able (very clever, very gifted) — *essere capace di fare qcsa,* to be able to do sth — *Sei capace?,* Are you able (*o* capable)?; Can you? — *un avvocato molto capace,* a very able (clever, expert) lawyer — *È l'uomo più capace che io conosca,* He is the ablest man I know — *È certamente capace di coprire quel posto,* He is quite fit for that position. **2** *(disposto a, pronto a)* capable (of): *essere capace di tutto,* to be capable of anything. **3** *(dir.)* competent; capable: *capace di fare testamento,* competent to make (capable of making) a will — *essere capace di intendere e di volere,* to be in full possession of one's faculties. **4** *(ampio, vasto)* capacious; spacious; ample; large; roomy: *una capace borsa da viaggio,* a capacious (a large) travelling-bag — *tasche capaci,* capacious (*o* ample) pockets — *una cabina capace,* a roomy cabin — *una sala capace di ottocento posti,* a hall with a seating capacity of eight hundred. □ *È capace che..., (= è possibile, è probabile che)* May be...; It may be that...

capacità *sf* **1** *(abilità)* ability; power; capacity; *(perizia)* skill; *(intelligenza)* cleverness: *la capacità di fare qcsa,* the ability (the power) to do sth — *una mente di grande capacità,* a very capable mind — *capacità manuale,* manual skill. **2** *(dote, facoltà)* capabilities *(pl.)*; abilities *(pl.)*; power: *un individuo di limitata capacità,* a person with limited capabilities — *È costretto a fare un lavoro inferiore alla sua capacità,* He is forced to do a job beneath his capabilities. **3** *(dir.)* capacity: *capacità giuridica,* legal capacity — *capacità di agire,* capacity to contract — *capacità a delinquere,* criminal disposition. **4** *(capienza)* capacity: *una stiva di grande capacità,* a hold of great capacity — *un ospedale con una capacità di 1.200 posti-letto,* a hospital with a capacity of 1,200 beds — *capacità vitale (volume massimo d'aria contenuta nei polmoni),* vital capacity — *capacità produttiva,* production capacity. **5** *(fis.)* capacity; capacitance: *capacità elettrica,* electric capacity — *la capacità di un accumulatore,* the capacity of a battery — *capacità termica (elettrostatica),* thermal (electrostatic) capacity.

capacitare *vt* to convince; to persuade.

capacitarsi *v. rifl (credere)* to believe; *(capire, rendersi conto)* to understand*; to make* out.

capanna *sf* **1** hut; cabin; shack; *(al mare)* bathing-hut. **2** *(tugurio)* hut; hovel; shanty. **3** *(rifugio alpino)* hut. □ *Ventre mio, fatti capanna!,* Make room, stomach, there'll be a lot coming down!

capannello *sm* small knot of people; huddle: *formare capannelli,* to gather in twos and threes.

capanno *sm* **1** *(al mare)* bathing-hut. **2** *(da caccia)* hide; butt.

capannone *sm* **1** large shed; *(di uno stabilimento)* floor. **2** *(aeronautica)* hangar.

caparbiamente *avv* obstinately; stubbornly.

caparbietà *sf* obstinacy; stubbornness.

caparbio *agg* obstinate; stubborn; self-willed; *(di cavallo)* spirited.

caparra *sf* deposit; caution-money.

capata *sf* blow with the head: *battere (dare) una capata,* to butt.

capatina *sf* call; short (*o* brief) visit: *dare, fare una capatina,* to call at (sb's house); to call on (sb); to drop in, to look in (at sb's house, on sb); to pay a short visit (to sb) — *Farò una capatina a Milano domani sera,* I'll pop over to Milan tomorrow evening.

capeggiare *vt* to lead*; to head.

capeggiatore *sm* ringleader.

capello *sm* **1** hair: *trovare un capello nella minestra,* to find a hair in the soup — *C'erano due capelli sul colletto della sua giacca,* There were two hairs on his coat collar. **2** *(al pl.: capelli)* hair *(usato sempre al sing.)*: *perdere i capelli,* to lose one's hair; *(fig.: perdere la calma, la pazienza)* to lose one's cool (one's temper) — *I suoi capelli sono lunghi e ondulati,* His (Her) hair is long and wavy — *Porta i capelli corti,* She wears her hair short — *forcina per capelli,* hair-pin — *spazzola per capelli,* hairbrush — *taglio dei capelli,* haircut — *Barba e capelli: lire 4.000,* Haircut and shave 4,000 lire — *farsi tagliare i capelli,* to have a haircut; to get one's hair cut — *lavarsi i capelli,* to wash one's hair — *farsi lavare i capelli,* to get

one's hair washed — *tintura per capelli,* hair-dye — *retina per capelli,* hair-net.
☐ *a capello (alla perfezione),* exactly; to a tee — *Ti sta a capello,* It fits you perfectly (to a tee) — *Lo hai descritto a capello,* You have described him to a tee (perfectly) — *un capello, (fig.: nulla)* not a bit; nothing — *non rischiare un capello,* to take not the slightest risk — *non spostarsi di un capello,* not to shift a bit; not to budge an inch — *a un capello (da...),* within a hair's-breadth (of...) — *per un capello,* by a hair's-breadth — *essere a un capello dalla rovina,* to be within a hair's-breadth of ruin — *sfuggire per un capello,* to escape by a hair's-breadth — *non torcere un capello (a qcno),* not to touch a hair (of sb's head) — *essere sospeso a un capello,* to hang (to be hanging) by a hair — *sentire drizzarsi (arricciarsi) i capelli,* to feel one's hair stand on end — *Fu un'esperienza da far rizzare i capelli,* It was a hair-raising experience — *tirare qcno per i capelli,* to drag sb by the hair — *tirato per i capelli, (forzato)* far-fetched; forced; unnatural — *prendersi per i capelli, (accapigliarsi)* to come to blows — *mettersi le mani nei capelli,* to wring one's hands; not to know which way to turn — *strapparsi i capelli per la disperazione,* to tear one's hair in desperation — *avere un diavolo per capello,* to be furious; to be in a foul temper; to be on edge — *averne fin sopra i capelli di qcno (qcsa),* to be fed up to the teeth with sb (sth); to be sick to death of sb (sth) — *fino alla punta dei capelli,* up to one's ears (eyes) — *essere indebitato fino alla punta dei capelli,* to be up to one's ears (eyes) in debt — *avere più guai che capelli in testa,* to have as many troubles as one has hairs on one's head — *spaccare un capello in quattro,* to split hairs — *fare venire i capelli bianchi a qcno,* to turn sb's hair white — *C'è da farsi venire i capelli bianchi,* It's enough to turn one's hair white — *capelli d'angelo, (qualità di pasta)* fine vermicelli.

capellone *sm* long-haired youth; *(per estensione)* beatnik.

capelluto *agg* hairy: *cuoio capelluto,* scalp.

capelvenere *sm* maidenhair; fern.

capestro *sm* halter; *(per impiccare)* noose: *capestro per bovi,* halter for oxen — *tipo da capestro,* gallows-bird.

capezzale *sm* **1** bolster. **2** *(fig.)* bedside.

capezziera *sf* antimacassar.

capezzolo *sm* nipple; teat; *(di animali)* teat; dug.

capienza *sf* capacity.

capigliatura *sf* **1** hair. **2** *(folta)* head of hair.

capillare *agg* **1** *(fis., anat.)* capillary. **2** *(fig.)* detailed; extending everywhere.

capillarità *sf* capillarity.

capinera *sf* blackcap.

capire *vt* to understand*; *(accertare, decifrare)* to make* out: *Qualche volta è difficile capire ciò che dice,* Sometimes it's difficult to understand (to make out, to grasp) what he says — *capire male,* to misunderstand — *farsi capire,* to make oneself understood — *Non ci capisco un fico (un tubo, un accidente)!,* I can't make head or tail of it! ☐ *Si capisce!,* Of course!; Naturally!; Certainly! — *Capirete, era mia moglie...,* You see, it was my wife... — *E adesso basta: ci siamo capiti?,* That's enough now, right? — *capire (le cose) a volo,* to grasp (things) at once; to catch on quickly *(fam.)* — *capire il latino (l'antifona),* to take the hint; to see what sb is driving at.

capirsi *v. rifl* to understand* each other.

[1]**capitale** *agg* **1** *(dir., ecc.)* capital; *(per estensione, di nemico, ecc.)* mortal; deadly: *pena capitale,* capital punishment — *sentenza capitale,* capital sentence; death sentence — *peccato capitale,* mortal (deadly) sin — *nemico capitale,* mortal (deadly) enemy — *odio capitale,* mortal (deadly) hatred. **2** *(fondamentale, principale)* main; chief; primary; prime; principal; essential; fundamental; vital: *il punto capitale,* the main point — *di capitale importanza,* of prime (primary, vital) importance — *una necessità capitale,* a prime (a vital) necessity. **3** *(tipografia)* capital: *lettera capitale,* capital letter. ☐ *beni capitali, (comm.)* capital goods.

[2]**capitale** *sf* capital; capital city: *Roma è la nostra capitale,* Rome is our capital (capital city) — *Torino è la capitale dell'automobile,* Turin is the capital of the automobile industry.

[3]**capitale** *sm* **1** *(comm.)* capital: *capitale e lavoro,* capital and labour — *capitale fisso,* fixed capital — *capitale circolante,* circulating (*o* floating) capital — *capitale sociale,* stock (*o* share) capital — *capitale interamente versato,* fully paid-up capital — *capitale nominale,* nominal capital — *capitale d'esercizio,* working capital — *capitale mobile,* movable goods — *avere un capitale di 100 milioni,* to be capitalized at 100 million — *investire dei capitali in un affare,* to invest (to put) capital into a business. **2** *(fig.)* fortune; (a) lot of money: *valere (spendere) un capitale,* to be worth (to spend) a fortune — *Quell'anello vale un capitale,* That ring is worth a fortune (a lot of money) — *accumulare un capitale,* to make (to accumulate) a fortune — *un capitale di (in) gioielli,* a fortune in jewels — *avere un capitale di esperienza,* to have a wealth of experience.
☐ *tenere qcno (qcsa) in capitale,* to count (to rely on) sb (sth) — *perdere il frutto e il capitale,* to lose the stake and the profits.

capitalismo *sm* capitalism.

capitalista *sm e f.* capitalist.

capitalistico *agg* capitalistic.

capitalizzare *vt* to capitalize; to plough back. ☐ *vi* to save money.

capitana *sf* **1** *(naut.)* flag-ship. **2** *(scherz.)* captain's wife.

capitanare *vt* to lead*; to command: *capitanare una squadra,* to captain a team.

capitanato *sm* captaincy.

capitaneggiare *vi* to behave like a commander.

capitaneria *sf* coastal district under a maritime authority: *capitaneria di porto,* harbour-master's office.

capitano *sm (mil.)* captain; leader; commander; *(sport e fig.)* captain; skipper; *(naut.)* captain; skipper; old man *(pl.* men*) (sl.)*; owner *(sl.)*: *passare capitano,* to be promoted (to) captain — *capitano di lungo corso,* sea captain — *capitano di nave mercantile,* master — *passare capitano, (nella marina mercantile)* to obtain one's master's certificate — *capitano di piccolo cabotaggio,* skipper; captain — *capitano in seconda,* mate — *capitano di porto,* harbour master — *un capitano di ventura, (stor.)* condottiere *(pl.* condottieri*)* — *il capitano del popolo, (stor.)* the leader of the local militia — *capitano d'industria,* captain of industry — *un capitan Fracassa, Ammazzasette, (fig.)* a braggart; a 'miles gloriosus' *(lat.)*.

capitare *vi e t.* **1** *(arrivare, giungere casualmente)* to come*; to arrive; to turn up *(fam.)*: *Siamo capitati lì proprio nel giorno in cui erano partiti,* We arrived there on the very day they'd gone — *Capitò da noi all'improvviso,* He turned up at our place unexpectedly. **2** *(accadere, verificarsi)* to happen; to occur; to arise*; *(trovarsi)* to find* oneself; to happen: *Se tu dovessi capitare dalle nostre parti...,* Should you find yourself down our way...; Should you happen to be passing through... — *Gli è capitato un incidente,* He has had an accident — *capitare tra capo e collo,* to happen unexpectedly; to take (sb) by surprise — *capitare (capitarne) di tutti i colori,* to run into all kinds of trouble *(con la costruzione personale)* — *Cose che capitano!,* These things will happen! — *Se capiterà l'occasione...,* Should the occasion arise...; If the occasion should occur...

□ *capitare bene (male),* to be lucky (unlucky) — *Siamo proprio capitati bene!, (iron.)* This is just fine!; This is a fine kettle of fish!

capitello *sm* **1** *(archit.)* capital. **2** *(legatoria)* headband.

[1]**capitolare** *sm* capitulary.

[2]**capitolare** *agg* of a cathedral chapter; capitular *(raro).*

[3]**capitolare** *vi* **1** *(mil.)* to capitulate; to surrender on terms. **2** *(fig.)* to give* in; to capitulate.

capitolato *sm (contratto)* contract; *(spec.)* government contract; *(condizioni specifiche di un contratto)* specification(s); terms: *capitolato d'appalto,* (articles and specifications of a) tender.

capitolazione *sf* **1** *(mil.)* capitulation; *(complesso dei fatti)* terms of surrender. **2** *(stor., al pl.)* Capitulations.

capitolo *sm* **1** *(di libro)* chapter; *(di un libro di testo, anche)* section; *(fig.)* period. **2** *(ecclesiastico)* chapter; cathedral chapter. **3** *(comm.)* item. □ *avere voce in capitolo,* to have a say in the matter.

capitombolare *vi* to tumble down headlong; to fall* head over heels.

capitombolo *sm* **1** headlong fall; tumble. **2** *(fig.)* downfall: *fare un capitombolo,* to tumble down; to come a cropper *(anche fig.).*

capitomboloni *avv* head over heels.

capitone *sm* **1** *(zool.)* large (female) eel. **2** *(volg.)* penis.

capo *sm* **1** *(testa)* head: *mal di capo,* headache — *chinare (abbassare) il capo, (fig.)* to resign oneself; to bow one's head *(lett.)* — *a capo chino,* with lowered head — *a capo fitto (capofitto),* head first; headlong — *coprirsi il capo,* to put one's hat on — *a capo scoperto,* bare-headed — *a capo alto,* with head held high; *(fig.)* proudly — *da capo a piedi,* from head to foot; from top to toe — *far girare il capo a qcno,* to make sb's head turn round (*o* whirl); *(fig.)* to turn sb's head — *giramento di capo,* giddiness; dizziness — *togliersi qcsa dal capo,* to get sth out of one's head — *aver altro per il capo,* to have other things to think of — *non sapere dove battere il capo,* to be at a loss — *rompersi il capo, (scervellarsi)* to rack one's brains — *mettersi in capo qcsa,* to get (to take) sth into one's head — *battere il capo (dar di capo) nel muro, (generalm. fig.)* to beat one's head against the wall — *scuotere il capo,* to shake one's head.

2 *(parte estrema, iniziale o finale di qcsa)* top; head; end: *il capo di uno spillo,* a pin-head — *da capo a fondo,* from top to bottom — *da un capo all'altro,* from end to end — *da capo,* over again; from the beginning; *(mus.)* 'da capo' — *ricominciare da capo,* to begin all over again; to start (again) from scratch — *andare in capo al mondo,* to go to the ends of the world — *in capo alla pagina,* at the top (*o* head) of the page — *essere a capotavola (a capo della tavola),* to be at the head of the table — *lana a due capi,* wool made of two threads; two-ply wool — *venire a capo di qcsa,* to get to the bottom of sth.

3 *(chi comanda)* head; chief; leader; boss *(fam.)*: *Capo del Governo,* Premier; Prime Minister — *Capo dello Stato,* Head (Chief) of State — *Capo di Stato Maggiore, (mil.)* Chief of Staff — *comandante in capo,* commander-in-chief — *capo di un partito politico,* party leader — *capo di un'azienda,* head of a firm — *capo di una cosca, di una banda di criminali,* boss; gang leader — *capo di una tribù,* chief of a tribe — *capo di un villaggio,* chieftain; headman — *capo del personale,* Personnel (Staff) Manager — *capo di un reparto,* head of a department — *capo operaio,* foreman — *capo reparto, (di operai)* shop foreman — *capo officina,* head foreman — *capo ufficio* ⇨ **capoufficio** — *ragioniere capo,* chief (*o* head) accountant — *redattore capo,* chief editor — *Capo!, (appellativo fam.)* Mate!; *(talvolta)* Chief! — *sottufficiale capo, (naut.)* chief petty officer — *essere a capo di qcsa,* to be at the head of sth.

4 *(singolo animale)* animal; beast; *(al pl.)* head: *È stato rubato il più bel capo dell'intera mandria,* The finest beast in the whole herd has been stolen — *venti capi di bestiame,* twenty head of cattle — *capi da riproduzione,* breeding stock.

5 *(singolo oggetto)* item; article: *un capo di vestiario,* an item (an article) of clothing — *La polizia fece l'inventario dei capi rubati,* The police drew up a list of the stolen articles.

6 *(punto di un discorso o argomento, articolo di un documento)* head; heading; item; paragraph: *capo d'accusa, (dir.)* charge; count (of an indictment) — *La relazione era suddivisa in quattordici capi,* The report was divided into fourteen sections (paragraphs) — *andare a capo,* to start a new paragraph — *A capo!, (nella dettatura)* New paragraph! — *capo primo; capo terzo,* item one; item three — *per sommi capi,* in short; summarily — *dire qcsa per sommi capi,* to give a summary (an outline, a résumé) of sth — *capo primo, (in primo luogo)* first of all.

7 *(geografia)* cape; headland; promontory; head; point; *(in Scozia; di solito soltanto in nomi di luogo)* ness: *il Capo di Buona Speranza,* the Cape of Good Hope — *Città del Capo,* Cape Town — *la Provincia del Capo,* Cape Province — *doppiare un capo,* to round a cape.

8 *(araldica)* chief.

□ *Capo d'Anno,* New Year's Day — *alzare (rizzare) il capo, (fig.)* to rebel — *una buona lavata di capo,* a scolding; a telling-off; a lecture; a thorough dressing-down — *in capo a due settimane,* within two weeks — *far capo a..., (di strada)* to lead to...; *(dipendere)* to be under...; to be subordinate to... — *tra capo e collo,* unexpectedly — *senza capo né coda,* without rhyme nor reason — *Cosa fatta capo ha, (prov.)* What's done is done; What's done can't be undone.

capobanda *sm* **1** *(mus.)* bandmaster. **2** *(di un gruppo)* ringleader; *(di delinquenti)* leader of a gang.

capocameriere *sm* head-waiter.

capocchia *sf* head *(anche scherz.).* □ dire a capocchia, to speak at random.

capoccia *sm* **1** *(capofamiglia)* head of a family. **2** *(di operai)* overseer; foreman *(pl.* -men*).* **3** *(scherz.)* boss.

capocellula *sm e f.* head of a (communist) cell.

capoclasse *sm e f.* head of a form; monitor.

capocomico *sm* leader (*o* manager) of a theatrical company.

capoconvoglio *sm (naut.)* convoy leader.

capocorda *sm* **1** *(elettr.)* terminal. **2** *(alpinismo)* ⇨ **capocordata.**

capocordata *sm e f.* leader (of a team of mountaineers).
capocronista *sm e f.* news editor.
capocuoco *sm* head cook; chef.
capodanno *sm* New Year's Day.
capodivisione *sm* head of a (Government) department.
capodoglio *sm* sperm-whale.
capofabbrica *sm* foreman *(pl.* -men*)*; inspector.
capofabbricato *sm (durante la seconda guerra mondiale)* air-raid warden.
capofamiglia *sm* family head; head of the (of a) family.
capofila *sm e f.* **1** first person in (person at the head of) a queue *(USA* a line*)*: *essere il (la) capofila,* to be at the head of a queue *(USA* a line*)*. **2** *(fig.: esponente principale)* leading exponent; *(spesso scherz.)* leading light.
capofitto *(nell'espressione avv.)* headlong; head-first: *precipitare a capofitto,* to fall headlong — *tuffarsi a capofitto,* to dive head-first.
capogiro *sm* giddiness; dizziness: *far venire il capogiro a qcno,* to make sb giddy — *Mi viene il capogiro,* I feel giddy — *una cifra da capogiro,* an astonishing (a staggering) figure.
capoguardia *sm* chief warder.
capolavoro *sm* masterpiece.
capolinea *sm* terminus *(pl.* termini*)*; end of the line.
capolino *sm* **1** small head. **2** *(bot.)* head; flower-head; capitulum. □ *far capolino, (dentro una stanza, ecc.)* to peep in; *(verso l'esterno)* to peep out; *(tra l'erba, ecc.)* to peep through.
capolista *sm e f.* **1** person at the top (at the head) of a list; *(per estensione)* candidate with the most votes. **2** *(calcio, ecc.)* team at the top of the table; (league *o* division) leaders *(pl.)*. □ *(in funzione di agg.)* top; leading.
capoluogo *sm (di provincia)* provincial capital; *(di regione)* regional capital.
capomastro *sm* master builder; master mason.
capopopolo *sm* mob-leader.
capoposto *sm (mil.)* guard commander.
caporale *sm (mil.)* lance-corporal. □ *caporalmaggiore,* corporal.
caporalesco *agg* bossy. □ *Mio zio ha una mentalità caporalesca,* My uncle is a martinet.
caporeparto *sm* **1** *(di operai)* foreman *(pl.* -men*)*. **2** *(di negozio e ufficio)* department head.
caporione *sm* ringleader; leader of a gang.
caposala *sf* **1** *(med.)* ward sister. **2** *(ferrovia, ecc.)* attendant.
caposaldo *sm* **1** *(nei rilievi topografici)* datum point (*o* line). **2** *(mil.)* stronghold. **3** *(fig.)* cornerstone.
caposcala *sm* staircase landing.
caposcarico *sm* gay spark.
caposcuola *sm* founder of a school (of painting, *ecc.*); leader of a movement.
caposezione *sm e f. (burocrazia)* head of a subdivision.
caposquadra *sm* **1** *(di operai)* foreman *(pl.* -men*)*; ganger; charge hand. **2** *(di soldati)* squad leader.
caposquadrone *sm* commander (of a squadron).
capostazione *sm* station-master.
capostipite *sm* founder of a family; progenitor *(anche fig.)*.
capotavola *sm e f.* head of the table: *sedere a capotavola,* to sit at the head of the table.
capote *sf (automobile)* hood: *capote a mantice,* folding top — *capote rigida,* hard top.
capotecnico *sm* technical director.
capotimoniere *sm* coxswain.
capotreno *sm (ferrovia, GB)* guard; *(USA)* conductor.
capotribù *sm* headman *(pl.* -men*)*; leader; chief.
capoturno *sm e f.* head of a shift.
capoufficio *sm* chief (*o* head) clerk; section leader.
capoverso *sm* **1** beginning of a paragraph; *(di versi)* beginning of a line. **2** paragraph; *(dir.)* section. **3** *(tipografia)* indention.
capovoga *sm (sport)* stroke: *essere il capovoga,* to stroke.
capovolgere *vt* to overturn; to turn upside-down; *(un'imbarcazione)* to capsize; *(rivoltare)* to turn inside out; *(fig.)* to invert; to reverse; *(sconvolgere)* to upset*. □ **capovolgersi** *v. rifl* to overturn; to turn over; to upset*; *(spec. di imbarcazione)* to capsize; to turn turtle *(fam.)*; *(fig.)* to be* reversed.
capovolgimento *sm* **1** upsetting; capsizing. **2** *(fig.)* reversal; complete change.
capovolto *agg* upside-down; topsyturvy.
[1]**cappa** *sf* **1** *(mantello)* cloak; coat; *(mantello con cappuccio)* hooded mantle; hooded cloak; *(di confraternita, ecc.)* robe; *(ecclesiastico: piviale)* cope; pluvial; *(di dignitario ecclesiastico)* cape; *(di frate)* cowl; hood: *film (romanzi) di cappa e spada,* cloak and dagger films (novels) — *vestirsi in cappa; mettersi in cappa magna,* to dress in great state. **2** *(di camino)* cowl; *(di fucina)* chimney: *nero come la cappa del camino,* as black as soot. **3** *(naut., ecc.: telone di protezione)* tarpaulin; *(andatura di nave al minimo)* lying to; *(comm.: diritto di cappa, soprannolo, regalia al capitano)* primage; hat money: *vele di cappa,* storm sails — *essere (navigare) alla cappa,* to heave-to; to lie-to — *Alla cappa!,* Heave-to! □ *la cappa del cielo,* the vault (the canopy) of heaven — *sotto la cappa del sole, (fig.)* in the (whole) world; all over the world — *essere (sentirsi, trovarsi) sotto una cappa di piombo,* to be (to feel) oppressed — *Per un punto Martin perse la cappa, (prov.)* For want of a nail the horse (the shoe, the battle) was lost.
[2]**cappa** *sf* bivalve; *(lunga)* razor-shell; *(mitilo)* mussel.
[3]**cappa** *sm e f.* (the letter) k; *(alfabeto greco)* kappa.
[1]**cappella** *sf* **1** chapel. **2** *(complesso dei cantori)* choir: *maestro di cappella,* choir-master — *musica a cappella,* music in church style; singing to the accompaniment of an organ.
[2]**cappella** *sf* **1** *(di fungo)* cap; top. **2** *(sl. mil.)* rookie.
cappellaccia *sf* crested lark.
cappellaio *sm* hatter.
cappellano *sm* chaplain: *cappellano militare,* padre; army chaplain.
cappellata *sf* hatful: *a cappellate,* by the shovelful.
cappelleria *sf* hat-shop; *(da donna)* milliner's.
cappelletto *sm* **1** *(della calza)* toe. **2** *(della scarpa)* toe-cap. **3** *(di falco)* hood. **4** *(d'ombrello, di valvola)* cap.
cappelliera *sf* hat-box.
cappello *sm* **1** hat: *cappello di pelo (di paglia, di feltro),* fur (straw, felt) hat — *cappello a cilindro,* top-hat — *cappello a cencio,* slouch hat; soft hat; felt hat — *cappello cardinalizio,* cardinal's hat — *cappello a tre punte,* three-cornered hat; cocked hat — *tenere (portare) il cappello sulle ventitré,* to wear one's hat at a rakish angle — *fare girare (passare) il cappello, (per raccogliere offerte)* to send (to pass) the hat round — *fare tanto di cappello,* to bow; to take one's hat off (to sb) — *Tanto di cappello!,* I take my

hat off (to you, to him, *ecc.*)! **2** *(testa, capocchia, parte di qcsa a forma di cappello)* head; heap; cap: *il cappello di un chiodo,* the head of a nail — *un cappello di nubi (di neve),* a heap of clouds (of snow) — *il cappello di un fungo,* the cap of a mushroom. **3** *(introduzione)* preamble; preface; introduction. □ *prendere cappello, (fig.)* to take umbrage.

cappellone *sm* **1** large hat. **2** *(recluta)* raw recruit. **3** *(sl.)* cowboy.

capperi *esclamazione* good heavens!

cappero *sm* caper.

cappio *sm* slip-knot; *(capestro)* noose.

capponaia *sf* **1** capon's cage. **2** *(sl.)* prison; cage.

cappone *sm* capon.

cappottare *vi* **1** *(di automobile)* to turn over; to overturn. **2** *(di aereo)* to nose over.

cappotto *sm* **1** *(leggero)* overcoat; top-coat; coat; *(pesante)* great-coat: *Mettiti il cappotto,* Put your coat on. **2** *(nel picchetto)* capot; *(nel bridge e fig.)* grand slam. □ *far cappotto, (a caccia)* to come back empty-handed; *(di barca)* to turn turtle — *dare (fare) cappotto a qcno, (sl.)* to wipe the floor with sb.

cappuccina *sf* **1** *(insalata)* salad of mixed herbs. **2** *(suora)* Capuchin nun.

cappuccino *sm* **1** *(frate)* Capuchin (friar). **2** *(bevanda)* white coffee; 'cappuccino'; 'café au lait' *(fr.).*

cappuccio *sm* **1** hood. **2** *(di stilografica)* cap. **3** *(di frate)* cowl. **4** *(mecc.)* cap; hood; *(di valvola)* nipple. **5** = **cappuccino 2.**

capra *sf* **1** goat; she-goat; nanny goat *(fam.)*: *luoghi da capre,* mountainous places. **2** *(cavalletto)* trestle; shear-legs; sawing-horse. **3** *(naut., al pl.)* sharp high rocks. □ *cavalcar la capra, (fig.)* to deceive oneself; to be mistaken — *salvar capra e cavoli,* to have one's cake and eat it; to manage to have it both ways.

capraio *sm* goatherd.

capretto *sm* kid.

capriata *sf* truss.

capriccio *sm* whim; passing fancy; vagary; caprice; quirk; *(bizzarria, ghiribizzo)* freak; *(mus.)* capriccio; caprice; *(arte)* whimsical composition; unconventional work: *capricci della natura,* freaks of nature — *un capriccio della sorte,* a twist (a quirk) of fate — *a capriccio,* whimsically; following one's fancy; in one's own sweet way — *avere un capriccio per qcsa,* to fancy sth; to have a fancy for sth — *far di proprio capriccio,* to get one's own way — *fare i capricci, (di bambini)* to be naughty; *(piagnucolando)* to whine and whimper; *(di macchina, ecc.)* to play up — *levarsi un capriccio,* to indulge a whim.

capriccioso *agg* **1** *(mutevole)* capricious; *(del tempo)* changeable; *(di bambino)* wilful; headstrong; wayward; *(cattivo)* naughty; *(lunatico)* moody. **2** *(bizzarro)* original; whimsical.

capricorno *sm* Capricorn: *il Tropico del Capricorno,* the Tropic of Capricorn.

caprifico *sm* wild fig.

caprifoglio *sm* honeysuckle.

caprimulgo *sm* nightjar; goatsucker.

caprino *agg* goatish; goaty; *(attrib.)* goat: *pelle caprina,* goatskin. □ *questioni di lana caprina,* captious arguments; things (matters, questions) that aren't worth arguing about.

□ *sm* **1** *(odore)* goatish smell. **2** *(formaggio)* goat's milk cheese.

[1]**capriola** *sf* **1** somersault: *fare una capriola,* to turn head over heels; to turn a somersault. **2** *(equitazione)* capriole. **3** *(ballo classico)* 'cabriole'.

[2]**capriola** *sf* doe; roe-deer.

capriolare *vi* to turn head over heels.

capriolo *sm* roe-deer; *(il maschio)* roe-buck.

capro, caprone *sm* goat; he-goat; billy-goat *(fam.).* □ *capro espiatorio,* scapegoat.

capsula *sf* **1** capsule; *(anat.)* capsula: *capsula di stagnola,* tinfoil capsule — *capsula orbitale (spaziale, di rientro),* orbital (space, re-entry) capsule. **2** *(cappellotto esplosivo)* primer; (percussion) cap. **3** *(di dente)* crown. **4** *(chim.: scodellina)* evaporating dish.

captare *vt* **1** *(di radio)* to pick up; to get*; to intercept; *(fis.)* to take* up. **2** *(accattivarsi)* to capture; to gain. **3** *(fig.: capire per intuito)* to catch* on.

captazione *sf (di radio)* picking up; *(fis.)* uptake.

capziosità *sf* captiousness.

capzioso *agg* captious.

carabattole *sf pl* odds and ends.

carabina *sf* rifle; carabine.

carabiniere *sm* carabineer; *(in Italia)* carabiniere.

carachiri *sm* hara-kiri: *fare carachiri,* to commit hara-kiri.

caracollare *vi* to caracol(e).

caracollo *sm* caracol(e).

caraffa *sf* carafe; *(da vino, anche)* decanter.

caraibico *agg* Caribbean.

carambola *sf (biliardo)* cannon: *far carambola, (anche fig.)* to cannon.

carambolare *vi* to cannon.

caramella *sf* **1** sweetmeat; caramel; sweet: *caramella molle,* toffee. **2** *(lente)* monocle.

caramellaio *sm* confectioner; sweet-maker.

caramellare *vt* **1** to coat with burnt sugar; to caramelize. **2** *(candire)* to candy.

caramellato *agg* caramelled. □ *sm* candied fruit.

caramello *sm* caramel.

caramente *avv* dearly; affectionately: *Ti saluto caramente, (in chiusura di lettera)* Yours affectionately.

carato *sm* **1** *(unità di misura)* carat. **2** *(comm.)* share. **3** *(naut.)* one twenty-fourth.

carattere *sm* **1** *(indole, temperamento)* character; temper; disposition; nature: *avere un buon (cattivo) carattere,* to have a good (a bad) character; to be good- (bad-) natured — *un uomo di carattere allegro,* a man with a cheerful disposition — *formazione del carattere,* character-building.

2 *(per estensione: forza di carattere)* character; backbone: *avere del carattere,* to have character (*o* backbone) — *non avere abbastanza carattere,* not to have enough backbone — *mancare (esser privo di) carattere,* to lack (to have no) backbone; to have a weak character — *un uomo di carattere,* a man of character; a man with backbone — *un uomo senza carattere,* a spineless individual; a fickle man.

3 *(caratteristica, peculiarità: anche in biologia, statistica, ecc.)* characteristic; character; peculiarity: *carattere distintivo,* distinguishing characteristic (character) — *notare (rilevare) i caratteri salienti di qcsa,* to note (to point out) the chief characteristics of sth — *essere (non essere) in carattere (con),* to be in (to be out of) character (with) — *Non è nel suo carattere dire bugie,* It's not in his character to tell lies.

4 *(lettera, segno)* character; letter; *(talvolta: grafia di una persona)* hand: *caratteri cirillici (cinesi),* Cyrillic (Chinese) characters — *carattere gotico,* black letter — *caratteri minuscoli (maiuscoli),* small (capital) letters — *caratteri a stampatello,* block letters (capitals) — *scrivere con un bel carattere chiaro,* to write in a clear hand.

5 *(tipografia)* type: *carattere chiaro (corsivo),* clear (Italic) type — *carattere grassetto (neretto),*

bold(-)face type — *carattere comune,* body type — *carattere mobile,* movable type — *carattere di fonderia,* foundry type — *carattere magnetico,* magnetic type.
6 *(religione)* character; confirmation.
7 *(nell'informatica, numero di 'bits' sufficiente a rappresentare una cifra o una lettera)* character.

caratterino *sm* (bad) temper; difficult character.

caratterista *sm e f. (teatro)* character actor (*sf* actress).

caratteristica *sf* characteristic *(anche in matematica, ecc.);* peculiarity; characteristic (distinctive) feature; trait; *(al pl., comm., ecc.)* specifications; *(di un aereo, ecc.)* performance.

caratteristico *agg* characteristic; typical; distinctive; individual; *(pittoresco)* quaint; picturesque: *note caratteristiche, (in un passaporto, ecc.)* special peculiarities.

caratterizzare *vt* to be* characteristic of; to characterize.

caratura *sf* **1** *(comm.)* share. **2** *(naut.)* part-ownership.

caravanserraglio *sm* caravanserai.

caravella *sf* caravel; carvel.

carboidrato *sm* carbohydrate.

carbonaia *sf* **1** *(buca)* charcoal pit. **2** *(catasta)* charcoal pile. **3** *(ripostiglio)* coal-cellar. **4** *(naut.)* bunker.

[1]**carbonaio** *sm* coalman *(pl.* -men*);* coal-seller.

[2]**carbonaio** *agg* coal *(attrib.): nave carbonaia,* collier.

carbonaro *sm (stor.)* member of the Carboneria; Carbonaro.

carbonato *sm (chim.)* carbonate.

carbonchio *sm* **1** *(pietra)* carbuncle. **2** *(med.)* anthrax; carbuncle. **3** *(agricoltura)* black blight; smut.

carboncino *sm (arte)* charcoal pencil: *disegno a carboncino,* charcoal drawing.

carbone *sm* **1** coal; *(animale)* bone (*o* animal) coal; *(di storta)* retort graphite; *(dolce, di legna)* charcoal; *(al pl.: braci)* cinders; charcoal embers; coals; *(per elettrodi)* carbon: *secchio del carbone,* (coal) scuttle — *giacimento (miniera) di carbone,* coal-field (-mine) — *carbone bianco,* white coal; hydroelectric power — *carta carbone,* carbon paper; carbon — *nero come il carbone,* coal-black; as black as coal (as soot) — *fare carbone, (naut.)* to coal; to bunker. **2** *(carbonchio)* black blight; smut. □ *stare (trovarsi) sui carboni accesi, (fig.)* to be on tenterhooks.

carbonella *sf* charcoal slack.

carboneria *sf (stor.)* secret society (of the Carbonari).

carbonico *agg (chim.)* carbonic; *(talvolta)* carbon *(attrib.): acido carbonico,* carbonic acid — *anidride carbonica,* carbon dioxide.

carboniera *sf (naut.)* **1** collier. **2** *(chiatta)* coal-barge. **3** *(deposito)* bunker.

carbonifero *agg* carboniferous; *(più comune)* coal *(attrib.): bacino (o giacimento) carbonifero,* coal-field — *strato carbonifero,* coal vein (*o* measure).

carbonile *sm (naut.)* bunker; coal bin.

carbonio *sm* carbon: *ossido di carbonio,* carbon monoxide.

carbonizzare *vt* **1** *(totalmente)* to carbonize. **2** *(parzialmente)* to char. □ *morire carbonizzato,* to be burned to death.

carbonizzazione *sf* carbonization; *(parziale)* charring.

carburante *sm* **1** *(in generale)* fuel. **2** *(benzina)* petrol; *(USA)* gas. □ *rifornimento di carburante,* refuelling.

carburare *vt* to carburize; to carburet.

carburatore *sm* carburettor, carburetter; carb *(fam.): carburatore doppio,* twin carburettor.

carburazione *sf* carburation: *carburazione magra,* weak mixture — *carburazione ricca,* rich mixture.

carburo *sm* carbide.

carcame *sm* carcase.

carcassa *sf* **1** *(di animale)* carcass; carcase. **2** *(intelaiatura)* framework; skeleton; *(mecc.)* casing; shell; *(di motore elettrico)* frame; yoke; *(naut.)* hulk; carcass. □ *la mia vecchia carcassa, (scherz.)* my old bones *(pl.)* — *una carcassa, (d'auto, ecc.)* an old crock (*o* wreck); a rattle-trap.

carcerario *agg* prison *(attrib.): riforma carceraria,* prison reform — *l'ordinamento carcerario,* prison regulations *(pl.)* — *guardia carceraria,* warder.

carcerato *sm* prisoner; convict.

carcerazione *sf* incarceration; imprisonment.

carcere *sm* **1** prison; jail; gaol. **2** *(carcerazione)* imprisonment: *carcere preventivo,* detention — *essere condannato a venticinque anni di carcere,* to be sentenced to twenty-five years' imprisonment.

carceriere *sm* warder; jailor; gaoler.

carciofo *sm* **1** artichoke. **2** *(fig.)* booby.

carda *sf* carding machine; card.

cardanico *agg (mecc.)* cardan *(attrib.): giunto cardanico, (automobile)* universal joint — *sospensione cardanica, (naut.)* gimbals *(pl.).*

cardano *sm (mecc.)* universal joint.

cardare *vt* to card; to tease.

cardata *sf* carding; teasing.

cardatura *sf* carding; teasing.

cardellino *sm* goldfinch.

cardiaco *agg* cardiac; heart *(attrib.): attacco cardiaco,* heart attack.

cardinalato *sm* cardinalate; cardinalship.

[1]**cardinale** *agg* cardinal: *i quattro punti cardinali,* the four cardinal points.

[2]**cardinale** *sm* **1** cardinal: *boccone da cardinale,* tit-bit — *cibo da cardinale,* delicious food. **2** *(zool.)* cardinal(-bird); grosbeak.

cardinalesco, cardinalizio *agg* pertaining to a cardinal; *(attrib.)* cardinal: *cappello cardinalesco,* cardinal's hat — *vestire la porpora cardinalizia,* to don the scarlet.

cardine *sm* **1** *(in generale)* hinge; pivot. **2** *(mecc.)* pintle. **3** *(fig.)* cornerstone; foundations *(pl.);* support.

cardiochirurgia *sf* heart surgery.

cardiografia *sf* cardiography.

cardiografico *agg* cardiographic.

cardiografo *sm* cardiograph.

cardiogramma *sm* cardiogram.

cardiologia *sf* cardiology.

cardiologo *sm* heart specialist.

cardiopatia *sf* cardiopathy.

cardo *sm* **1** thistle; teasel; teazle. **2** *(mangereccio)* cardoon. **3** *(industria tessile)* teasel.

cardone *sm* cardoon.

carena *sf (naut.)* bottom; keel: *carena sporca (o incrostata),* foul bottom.

carenaggio *sm* careening; graving: *bacino di carenaggio,* dry dock.

carenamento *sm* careening.

carenare *vt* **1** *(naut.)* to careen. **2** *(aeronautica)* to streamline; to fair.

carenatura *sf* fairing.

carenza *sf (mancanza)* lack; want; dearth; shortage; *(scarsità)* scarcity; inadequacy; *(med.)* deficiency; *(dir.)* default.

carestia *sf* **1** famine; dearth *(ant.).* **2** *(grave scarsità,* *mancanza, anche fig.)* (serious) lack; shortage; dearth; penury.

carezza *sf* **1** caress: *fare una carezza a qcno,* to caress sb. **2** *(al pl.)* endearments.

carezzevole *agg* **1** *(dolce)* caressing; endearing; tender. **2** *(insinuante)* silky.

cargo *sm* freighter; cargo ship *(solo di nave).*

cariare *vt,* **cariarsi** *v. rifl* to decay.

cariatide *sf* caryatid.

cariato *agg (di dente)* decayed; bad *(fam.);* rotten *(fam.).*

carica *sf* **1** *(mansione, ufficio, spec. se importante)* office; dignity; *(impiego)* position; post; appointment: *la carica di sindaco,* the office (the dignity) of mayor — *le più alte cariche dello Stato,* the highest dignities; *(se personificato)* the dignitaries of the State — *occupare una carica pubblica,* to hold public office — *accettare una carica,* to accept office — *entrare in (lasciare, dimettersi da una) carica,* to enter upon (to leave, to resign) office — *essere in carica,* to be in office — *una carica di grande responsabilità,* a highly responsible position — *una carica universitaria,* a university post (appointment) — *una carica onorifica,* an honorary appointment.
2 *(quantità di energia fisica)* charge: *carica elettrica,* electric charge — *la carica di un accumulatore,* the charge of an accumulator — *carica di lancio (di scoppio),* propelling (blasting) charge — *carica di profondità,* depth charge — *dare la carica (ad un orologio),* to charge; to wind up — *carica di un orologio (o altro meccanismo a molla),* winding.
3 *(quantità di energia fisiologica e psichica)* charge; force: *carica affettiva (psichica, erotica),* libido; affective (psychical, erotic) charge — *dare una carica di fiducia,* to give a dose of confidence — *la carica drammatica di una rappresentazione,* the dramatic force of a performance — *avere una carica di simpatia,* to be a very likeable person.
4 *(mil.: azione risolutiva, anche fig.)* charge: *carica di cavalleria (alla baionetta),* cavalry (bayonet) charge — *suonare la carica,* to sound the charge — *passo di carica,* double quick time — *tornare alla carica, (fig.)* to charge again; to insist; to persist — *Carica!, (grido di battaglia)* Charge!
5 *(sport)* tackle.
6 *(chim., industria tessile)* weight: *dare la carica,* to weight.

caricamento *sm* **1** loading. **2** *(fis.)* charging. **3** *(di uno strumento a molla)* winding (up): *a caricamento automatico,* self-winding. **4** *(di un'arma da fuoco)* loading. **5** *(di una pompa)* priming.

caricare *vt* **1** to load; to charge; *(su una nave)* to embark; to take* on board; *(truppe su autocarri)* to embus: *caricare un carretto,* to load a cart — *caricare una persona di bagagli,* to load a person with luggage — *caricare della merce,* to load goods; *(su una nave)* to ship goods; *(caricare qcsa eccessivamente)* to overload sth — *caricare i passeggeri,* to embark (to take on board) passengers.
2 *(gravare, anche fig.)* to load; to burden: *caricare di tasse,* to load (to burden) with taxation — *caricare lo stomaco di cibo,* to load one's stomach with food; to overload one's stomach — *caricare qcno di favori,* to load sb with favours.
3 *(riempire)* to charge; to fill; *(caricare un meccanismo a molla)* to wind* up; *(un'arma da fuoco)* to load; to charge: *caricare una batteria,* to charge a battery — *caricare la stufa (la pipa),* to load (to fill) the stove (one's pipe) — *caricare una macchina fotografica,* to load a camera — *caricare un orologio,* to wind up a watch (a clock) — *caricare un fucile,* to load a rifle.
4 *(mil. e sport: assalire con impeto)* to charge: *caricare il nemico,* to charge the enemy — *Il nostro centroavanti fu caricato violentemente dal terzino sinistro,* Our centre-forward was violently charged by the left full-back — *Il leone ferito caricò improvvisamente,* The wounded lion suddenly charged.
5 *(come processo industriale)* to weight.
□ *caricare la mano,* to exaggerate; to be very hard; to overdo it — *caricare la dose,* to increase the dose; *(fam., fig.)* to lay it on thick — *caricare una trappola,* to set a trap — *caricare una pompa,* to prime a pump — *caricare una caldaia,* to stoke a furnace — *caricare (elevare la tensione di) una batteria,* to boost a battery — *caricare qcno di botte,* to give sb a sound thrashing (a good hiding) — *caricare la vela, (naut.)* to lay on sail.
□ **caricarsi** *v. rifl* **1** *(appesantirsi)* to load oneself; to burden oneself: *caricarsi di abiti (di lavoro),* to load (to burden) oneself with clothes (with work).
2 *(raccogliere energie) caricarsi (prima di un esame, per una gara),* to gear oneself up — *caricarsi di sdegno,* to be full of indignation.

caricato *agg (affettato)* affected; over-elaborate.

caricatore *sm* **1** loader. **2** *(comm., naut.)* shipper. **3** *(di fucile, ecc.)* magazine. □ *piano caricatore, (ferrovia)* (loading) platform.

caricatura *sf* **1** caricature. **2** *(vignetta)* cartoon: *mettere in caricatura,* to caricature.

caricaturale *agg* grotesque; ludicrous.

caricaturista *sm e f.* caricaturist; cartoonist.

[1]**carico** *agg* **1** *(anche fig.)* laden (with); loaded (with); burdened (with); heavy (with); *(di linee telefoniche)* congested: *un autocarro carico di sabbia,* a lorry loaded with sand — *alberi carichi di frutta,* trees laden with fruit — *troppo carico,* overloaded — *carico di tasse,* burdened with taxes — *carico di onori,* laden with honours — *un vestito carico di fronzoli,* a dress laden with fripperies — *un animo carico di dolore,* a mind laden (*o* burdened) with grief — *carico di pensieri,* weighed down with cares (with care) — *un cielo carico di nubi,* an overcast sky — *essere carico di pericoli (di conseguenze, di allusioni, di insidie),* to be fraught with danger (consequences, innuendoes, insidiousness).
2 *(forte)* strong: *tè (caffè) carico,* strong tea (coffee).
3 *(di colore: intenso)* dark; deep; *(di cielo)* deep blue: *rosso carico,* dark (*o* deep) red — *tinte cariche, colori carichi,* deep colours.
4 *(caricato e pronto per funzionare)* charged; *(di fucile, ecc.)* loaded; filled (with); full (of); *(di orologio o altro meccanismo a molla)* wound; wound up; *(di proiettile, di filo elettrico)* live: *una batteria carica,* a charged battery — *una pipa carica,* a full pipe — *un fucile carico,* a loaded rifle — *una stufa carica di carbone,* a stove filled with (full of) coal — *un filo carico di elettricità,* a live wire — *un proiettile carico,* a live shell.

[2]**carico** *sm* **1** *(operazione di carico di nave)* loading; *(di nave, anche)* lading: *polizza di carico,* bill of lading — *carico e scarico,* charge and discharge — *registro (libro) di carico,* stock book.
2 *(materiale trasportato: su una nave)* shipment; cargo; *(su un altro mezzo di trasporto)* load; *(peso)* burden: *un carico di caffè, di grano,* a load *(o, se riferito a nave,* cargo *o* shipment*)* of coffee, of wheat — *animali da carico,* beasts of burden — *aumentare il carico,* to increase the cargo (the load) — *viaggiare*

a pieno carico, to run with a full load — *una nave da carico,* a cargo boat — *carico misto,* mixed cargo — *carico completo, (di nave)* shipload; *(di altro mezzo di trasporto)* carload; full load — *vendere l'intero carico di una nave,* to sell in bulk — *carico utile, (portata di un mezzo di trasporto)* capacity; carrying capacity — *carico pagante, (di un carro)* payload — *carico totale, (di un aereo)* full load; *(talvolta)* payload.
3 *(fig.: peso, onere)* load; weight; burden: *avere un pesante carico sulle spalle,* to have a heavy load on one's shoulders — *il carico della responsabilità,* the weight of responsibility — *carico fiscale,* taxation (*o* tax) burden — *riduzione del carico fiscale,* tax relief.
4 *(aggravio, spesa)* charge; expense: *spese postali a nostro carico,* postal charges at our expense — *a carico di..., (da segnare a debito di)* to be charged to...; to be debited to... — *Tutte le spese sono a carico del destinatario,* All expenses are to be charged to the consignee — *Spese a carico del nostro conto,* Expenses to be debited to our account — *segnare una somma a carico di qcno,* to debit sb with an amount — *avere due persone a carico,* to have two people to provide for.
5 *(accusa, colpa)* charge; accusation; imputation: *fare carico di qcsa a qcno,* to blame sb for sth — *deporre a carico di qcno,* to testify against sb — *testimone a carico,* witness for the prosecution — *certificato dei carichi pendenti, (in Pretura, in Tribunale, ecc.)* statement of charges pending.
6 *(fis., tecnologia)* load.
7 *(al gioco della briscola)* the ace and the three.

Cariddi *nome proprio (geografia, mitologia)* Charybdis: *trovarsi tra Scilla e Cariddi,* to be between the devil and the deep blue sea.

carie *sf* **1** *(med.)* caries; decay; *(cavità)* cavity. **2** *(del frumento)* bunt.

carillon *sm* carillon.

carino *agg* attractive; delightful; charming; *(spec. USA)* cute *(fam.)*; *(spec. di ragazza)* pretty; attractive; nice; *(di battuta, ecc.)* witty; good. □ *Questa sì ch'è carina!,* That's a good one!; *(un bel pasticcio)* That's a fine kettle of fish!

carisma *sm* charism; charisma.

carità *sf* **1** charity; charitableness; *(amore)* love: *giudicare il prossimo con carità,* to judge one's neighbours charitably (with charity) — *carità di patria,* love of one's country (one's motherland, fatherland) — *carità fraterna,* brotherly love — *carità pelosa,* interested (pretended, self-seeking) charity — *Fammi (Usami) la carità di andartene,* Please be so kind as to go away — *La carità comincia in casa propria,* Charity begins at home. **2** *(elemosina, beneficenza)* alms; charity: *vivere di carità,* to live on charity — *chiedere (fare, ricevere) la carità,* to ask for (to give, to receive) alms — *ospizio (casa) di carità,* alms-house — *scuola, istituto di carità,* charity school — *suora di carità,* charities — *Lasciò tutto il suo denaro per opere di carità,* He left all his money to charities.
□ **Per carità!,** - **a)** *(come rifiuto ironico o impaziente)* Not on your life!; God forbid!; Good heavens, no! — *Sposarsi per denaro? Per carità!,* Marry for money? Not on your life! (God forbid!) - **b)** *(Non si disturbi)* Please; For goodness' sake; *(più forte)* For God's sake; For heaven's sake: *Resti pure seduto, per carità!,* Please don't stand up, for goodness' sake! - **c)** *(Non è stato un disturbo)* Please don't thank me; It was no trouble at all!

caritatevole *agg* charitable; benevolent.

carlinga *sf* fuselage.

carlona *(nella locuzione avv.) alla carlona,* approximately; roughly; sketchily.

carmelitana *sf* Carmelite nun.

carmelitano *agg* Carmelite. □ *sm* Carmelite friar.

carminio *sm* carmine.

carnagione *sf* complexion.

carnaio *sm* **1** *(ossario)* charnel-house; *(luogo di eccidio)* shambles; *(strage sanguinosa)* carnage; slaughter; massacre. **2** *(spreg.: ammasso confuso di persone, spec. su una spiaggia)* flesh-heap.

carnale *agg* **1** carnal; sensual. **2** *cugino carnale,* first cousin — *fratelli carnali, (maschi)* full brothers; *(maschi e femmine)* full brothers and sisters.

carnalità *sf* carnality; sensuality.

carname *sm* carnage.

carne *sf* **1** *(di animale vivo, del corpo umano)* flesh *(anche fig.)*: *color carne,* flesh colour — *rosa carne,* flesh pink; flesh-coloured — *in carne e ossa,* in the flesh — *avere molta (poca) carne addosso,* to be plump (to be thin); to have much (not much) flesh — *essere bene in carne,* to be full-fleshed; to look flourishing — *rimettersi in carne,* to put on flesh; to put on weight — *la resurrezione della carne,* the resurrection of the flesh (of the body) — *le tentazioni (i peccati) della carne,* the temptations (the sins) of the flesh — *La carne è debole,* The flesh is weak — *il peso della carne,* the burden of the flesh — *essere (essere fatti) di carne,* to be flesh and blood — *essere della stessa carne di Adamo,* to be Adam's children; to have the same flesh as Adam — *essere carne della propria carne,* to be one's own flesh and blood — *ferire qcno nella carne viva,* to sting sb to the quick. **2** *(come alimento)* meat: *un piatto di carne fredda,* a dish of cold meat — *carne fresca (congelata),* fresh (frozen) meat — *carne in scatola,* tinned meat; canned meat *(USA)* — *carne cruda,* raw meat — *carne tritata,* minced meat; mince — *carne bovina (di manzo),* beef — *carne suina; carne di maiale,* pork — *carne bianca (rossa),* white (red) meat — *carne da cannone, da macello,* cannon-fodder — *Non c'è molta carne nel tuo discorso,* There's not much meat in your argument. **3** *(costituzione fisica o carnagione, quasi sempre al pl. in ital.)* complexion; flesh: *essere di carni sode (sane),* to have a firm (healthy) complexion — *carni rosee (olivastre, abbronzate),* a rosy (olive, sunburnt) complexion. **4** *(polpa di un frutto)* flesh; pulp; *(di noci, ecc.)* meat: *pesche ricche di carne,* fleshy (*o* pulpy) peaches.
□ *avere (mettere) molta carne al fuoco,* to have (to put) too many irons in the fire — *trovare carne per i propri denti,* to meet one's match — *Non è carne per i tuoi (miei) denti,* It's not your (my) cup of tea; It's too good for you (me) — *non essere né carne né pesce,* to be neither flesh, nor fowl, nor good red herring — *essere carne e unghia (con qcno),* to be intimate (with sb); to be on intimate terms (with sb).

carneade *sm* nonentity; nobody.

carnefice *sm* **1** executioner; *(nelle decapitazioni)* headsman *(pl.* -men*)*; *(nelle impiccagioni)* hangman *(pl.* -men*)*. **2** *(fig.)* torturer.

carneficina *sf* slaughter; massacre; carnage: *fare una carneficina,* to slaughter.

carnet *sm (fr.)* booklet; notebook: *carnet di ballo,* dance programme.

carnevalata *sf* **1** festive celebration (at Carnival-time). **2** *(fig.: buffonata)* spree.

carnevale *sm* **1** Carnival. **2** *(fig.)* merry-making: *far carnevale,* to make merry; to go out on a spree.
carnevalesco *agg* carnival *(attrib.): personaggio carnevalesco,* figure of fun.
carnicino *agg* flesh-coloured.
carniera *sf,* **carniere** *sm* game-bag; game-pouch.
carnivori *sm pl* carnivores; the Carnivora.
carnivoro *agg* carnivorous; meat- (flesh-) eating. □ *sm* carnivore; meat- (flesh-) eater.
carnosità *sf* **1** fleshiness; plumpness. **2** *(escrescenza)* fleshy excrescence.
carnoso *agg* **1** plump; fat; *(fam.)* well-covered. **2** *(bot.)* pulpy.
caro I *agg* **1** *(in generale)* dear; *(meno comune)* beloved; cherished; darling *(fam.): un caro amico,* a dear friend — *care memorie dell'infanzia,* cherished (dear) memories of childhood — *la sua cara moglie,* his dear wife — *Ha perso ogni cosa cara,* He lost everything that was dear to him — *Questa casa mi è molto cara,* This house is very dear to me — *Che cara ragazzina!,* What a darling little girl! — *Caro Signor Rossi, (anche all'inizio di una lettera)* Dear Mr Rossi — *mio caro,* my dear *(molto affettuoso, generalm. solo tra uomo e donna); (tra uomini)* my dear chap; my dear fellow — *Caro te; Caro Lei, (per esprimere ironia o impazienza)* My dear chap! — *Caro Signore (Cara Signora),* My dear Sir (Dear Madam) — *Ma che caro!; Quant'è caro!,* What a dear! — *Cari saluti; Tanti cari saluti,* Kind (Kindest) regards; Best wishes — *avere caro qcno (qcsa),* to hold sb (sth) dear; to be fond of sb (sth) — *essere caro come i propri occhi,* to be the apple of sb's eye(s) — *tenersi caro qcno (qcsa),* to cherish sb (sth) — *rendersi caro a qcno,* to endear oneself to sb — *essere caro al pubblico,* to be popular; to be well-liked — *se ti è cara la vita,* if you value your life — *Correte, se vi è cara la vita!,* Run, if you value your lives! **2** *(costoso)* dear; expensive: *cibi cari,* dear (expensive) food — *essere troppo caro,* to be too dear (too expensive) — *È troppo caro per me, non posso permettermelo!,* It's too expensive for me, I can't afford it!
II *(come avv.)* dear: *costare caro,* to cost dear — *Fu un errore che mi costò caro,* It was a mistake that cost me dear — *vendere caro,* to sell dear — *vender cara la vita (la pelle),* to sell one's life dear.
III *sm* **1** *(fam.)* dear one; beloved one: *i miei (i tuoi) cari,* my (your) dear ones — *il caro estinto,* the beloved one; the dear departed. **2** *(alto costo)* high price; high cost; dearness: *il caro-viveri,* the high cost of living (of commodities) (⇨ *anche* **carovita**).
carogna *sf* **1** carcass; carcase. **2** *(fig.)* blackguard; scoundrel.
carola *sf (lett.)* carol.
carolina *sf (biliardo)* cannon.
carosello *sm* **1** *(torneo)* tournament; carousel. **2** *(giostra)* merry-go-round; roundabout; *(USA)* carousel. **3** *(fig.)* vortex *(pl.* vortices*);* maelstrom; whirl. **4** *(movimento circolare)* wheel. □ *carosello tranviario,* yard for turning trams.
carota *sf* **1** carrot: *succo di carota,* carrot juice — *Dovremo usare sia il bastone sia la carota,* We'll have to use both the stick and the carrot. **2** *(fig., fam.: panzana)* tall story. **3** *(campione di minerale)* core.
carotide *sf (anat.)* carotid.
carovana *sf* **1** caravan; *(fig.: processione)* procession. **2** *(comitiva)* party; *(di gitanti)* party of sightseers. **3** *(fig.: tirocinio, pratica)* training; practice: *aver fatto la propria carovana,* to have had one's training — *fare un po' di carovana,* to get some practice.
carovaniere *sm* camel-driver.
carovaniero *agg* pertaining to caravans; caravan *(attrib.): una strada carovaniera,* a caravan route.
carovita *sm* **1** high cost of living. **2** *(indennità)* cost-of-living allowance.
carpa *sf* carp.
carpello *sm* carpel.
carpenteria *sf* **1** *(l'arte)* carpentry. **2** *(bottega)* carpenter's shop. □ *carpenteria in ferro, (industria delle costruzioni)* structural steel work.
carpentiere *sm* **1** carpenter. **2** *(naut.)* shipwright.
carpionare *vt* to souse.
carpione *sm* large trout. □ *pesce in carpione,* soused fish.
carpire *vt* **1** *(con violenza)* to seize; to snatch: *carpire il potere,* to seize power. **2** *(con difficoltà)* to extort; to get* sth out of sb; *(con astuzia, frode)* to obtain by fraud; to cheat (sb) out of (sth); to swindle (sth) out of (sb): *carpire un segreto a qcno,* to worm a secret out of sb.
carpo *sm* carpus *(pl.* carpi*);* wrist-joint.
carpone, carponi *avv* on all fours; on one's hands and knees: *mettersi carponi,* to get down on one's hands and knees.
carrabile *agg* suitable for vehicles: *passo carrabile,* drive-way.
carradore *sm* cartwright; wheelwright.
carraia *sf* cart road: *ponte alla carraia,* bridge for carts.
carraio *agg* carriage *(attrib.): passo carraio,* carriage-way.
carrareccia *sf* cart-road.
carrata *sf* cartful; cartload. □ *a carrate,* galore; in abundance.
carreggiabile *agg* open to light traffic. □ *sf* cart-road.
carreggiata *sf* **1** *(pavimento stradale)* roadway; *(corsia)* carriageway: *doppia carreggiata,* dual carriageway. **2** *(solco delle ruote)* rut; wheel-track. **3** *(scartamento)* gauge; *(USA)* gage; track; *(di auto)* track; *(di cingolato)* track-gauge.
□ *andare per la carreggiata, (fig.)* to follow the beaten track — *mettersi in carreggiata, (fig.)* to get into line; *(mettersi in pari)* to catch up with the others; *(entrare in argomento)* to come to the point — *rimettere qcno in carreggiata (sulla retta via),* to set sb right; *(riportarlo a bomba)* to bring sb back to the point — *rimettersi in carreggiata, (moralmente)* to come back to the right path (way); *(nel discorso)* to get back to the point — *stare, mantenersi in carreggiata, (moralmente)* to keep to the right path (*o* way); *(nel discorso)* to stick (to keep) to the point — *uscire di carreggiata, (di auto, ecc.)* to go off the track (*o* road); *(moralmente)* to go astray; to go off the rails; *(di discorso)* to wander away from the point.
carreggio *sm* **1** *(trasporto)* cartage; haulage; transport. **2** *(mil.: salmeria)* baggage train.
carrellare *vi* to track; to dolly.
carrellata *sf (cinematografia)* tracking (*o* running) shot.
carrello *sm* **1** trolley; truck; trailer; *(portavivande)* tea- (cocktail-) trolley; serving trolley; dumb-waiter; *(di supermercato)* shopping trolley; *(di miniera)* truck; corf; *(USA)* tram: *carrello elevatore,* fork-lift truck. **2** *(di vagone ferroviario)* truck; bogie. **3** *(per riprese televisive, ecc.)* dolly. **4** *(di macchina da scrivere, ecc.)* carriage. **5** *(di tornio, ecc.)* saddle; carriage. **6** *(per la-*

vorare sotto le auto) coaster. **7** *(aeronautica)* undercarriage; landing gear. **8** *(di cannone)* limber.

carretta *sf* **1** cart; *(a mano)* hand-cart. **2** *(spreg.: vecchia auto)* old heap; wreck; *(USA)* tincan. **3** *(fam.: nave da carico)* tramp. □ *tirare la carretta, (fig.)* to plod along.

carrettata *sf* cart-load; cartful.

carrettiere *sm* carter.

carretto *sm* hand-cart; push-cart: *carretto a mano,* hand-cart; wheelbarrow.

carriaggio *sm* **1** baggage truck. **2** *(al pl., stor. mil.: salmerie)* baggage (of an army).

carriera *sf* **1** career: *un diplomatico di carriera,* a career diplomat — *ufficiale di carriera, (mil.)* regular officer — *fare carriera,* to have a successful career; to gain promotion; to get on; to go up the ladder *(fam.)*. **2** *(andatura)* full speed; *(di cavallo)* full gallop: *andare di (gran) carriera,* to go (at) full speed; to career.

carriola *sf* wheel-barrow.

carrista *sm* **1** *(guidatore)* tank-driver. **2** *(soldato)* trooper; tankman *(pl. -men)*.

carro *sm* **1** *(a due ruote)* cart; *(a quattro ruote)* cart; wag(g)on; *(stor.: da guerra)* chariot: *carro funebre,* hearse — *carro attrezzi, (automobile)* break-down van; *(USA)* wrecker — *carro bagagli, (ferrovia)* luggage-van; *(USA)* baggage-van — *carro merci, (ferrovia)* truck; goods wagon — *carro dei pionieri, (USA)* covered wagon; prairie schooner — *carro di scorta,* tender. **2** *(per estensione: il contenuto di un carro)* cartload. □ *carro di Tespi,* travelling theatre — *il Gran Carro, (astronomia)* the Plough; *(USA)* the Big Dipper — *essere l'ultima ruota del carro, (fig.)* to be the least important person; to be only a cog in the wheel — *mettere il carro davanti ai buoi,* to put the cart before the horse — *pigliar la lepre col carro,* to be too late — *La peggior ruota del carro è quella che stride, (prov.)* The worst man at the job grumbles loudest.

carrobotte *sm* tank car.

carrozza *sf* **1** *(tirata da cavalli)* carriage; coach; *(da nolo)* (hackney-)cab. **2** *(ferrovia)* coach; carriage; *(USA)* railway-car: *carrozza con cuccette, con letti,* sleeping car; sleeper — *carrozza panoramica, belvedere,* observation car — *carrozza ristorante,* dining car; restaurant car. □ *In carrozza!,* All aboard! — *andare in paradiso in carrozza, (fig.)* to go to heaven in a coach and pair; to be lucky in life — *marciare in carrozza, (fig.)* to lead a life of ease.

carrozzabile *agg* carriage *(attrib.)*; practicable. □ *sf* carriage road.

carrozzaio *sm* carriage-builder.

carrozzare *vt* to supply the body (the coachwork) for; to coach-build.

carrozzella *sf* **1** *(per bambini)* perambulator; *(fam.)* pram. **2** *(per paralitici)* wheel-chair; invalid carriage.

carrozzeria *sf* **1** bodywork; body: *carrozzeria da corsa,* racing body — *carrozzeria fuori serie,* custom-built body. **2** *(di macchina per ufficio, ecc.)* casing. **3** *(fabbrica)* body-works; *(officina)* car repairer's.

carrozziere *sm* **1** car stylist; body-builder. **2** *(chi ripara)* body repairer.

carrozzina *sf* baby carriage; perambulator; *(fam.)* pram; *(pieghevole)* push-chair; stroller.

carrozzino *sm* **1** ⇨ **carrozzina**. **2** *(della motocicletta)* side-car.

carrozzone *sm* **1** large coach; van; wagon. **2** *(di circo, ecc.)* caravan.

carruba *sf* carob.

carrubo *sm* carob; locust(-tree).

carrucola *sf* **1** pulley. **2** *(la ruota)* sheave. **3** *(naut.)* dead-eye.

carsico *agg (geologia)* Karst *(attrib.)*.

carta *sf* **1** paper: *un foglio (una risma) di carta,* a sheet (a ream) of paper — *un progetto buono sulla carta,* a good scheme on paper — *carta a mano,* handmade paper — *carta di Fabriano (di Oxford),* Fabriano (Oxford) paper — *carta da lettere,* letter paper — *carta da lutto (listata a lutto),* black-bordered paper — *carta da imballaggio (da pacchi),* packing (wrapping) paper — *carta da disegno (da musica),* drawing (music) paper — *carta abrasiva,* abrasive paper — *carta assorbente,* blotting paper — *carta autoadesiva,* adhesive (*o* self-sticking) paper — *carta cerata,* waxed paper — *carta crespata,* crêpe paper — *carta da filtro,* filter paper — *carta da zucchero,* grocery paper; sugar paper — *carta filigranata,* watermarked paper — *carta di giornale,* newspaper — *carta da giornale,* newsprint — *carta gommata,* adhesive (*o* gummed) paper — *carta igienica,* toilet paper; lavatory paper — *carta intestata,* headed (*o* letter) paper — *carta moschicida,* flypaper — *carta oleata,* oilpaper; oiled paper — *carta patinata,* coated paper; art paper — *carta millimetrata,* graph paper — *carta da parati,* wallpaper — *carta per posta aerea,* airmail paper — *carta pergamena,* parchment paper — *carta reattiva,* test paper — *carta vergata,* laid paper — *carta velina,* tissue paper; *(per macchina da scrivere)* copy paper; flimsy *(GB)*; onionskin *(USA)* — *carta vetrata,* glass paper; sand paper — *carta carbone,* carbon paper — *carta moneta,* - **a)** *(tipo di carta per banconote)* bank-note paper (currency paper, safety paper) - **b)** *(finanza)* paper money — *carta bollata (da bollo, legale),* stamp (*o* stamped) paper — *carta libera (semplice),* plain (unstamped) paper — *carta protocollo,* foolscap — *carta pecora,* vellum paper — *carta pesta,* papier-mâché — *carta straccia,* waste paper — *carta stagnola,* tinfoil; metal paper — *di carta, (inconsistente, fragile, poco resistente)* made of paper; paper *(attrib.)* — *stomaco di carta,* a weak stomach — *tigre (leone) di carta,* paper tiger — *affidare qcsa alla carta, (mettere sulla carta)* to put sth on paper (on writing).

2 *(documento)* paper; *(biglietto, cartoncino)* card: *avere le carte in regola, (anche fig.)* to have one's papers in order — *carta da visita,* visiting card — *carta d'identità,* identity card — *carta annonaria,* ration card — *carta di credito,* credit card — *Attraverso queste carte noi possiamo conoscere la vita dei secoli passati,* From these documents we can learn what life was like in past centuries.

3 *(fam.: banconota)* bill; *(USA)* note: *una carta da mille,* a one-thousand lira note.

4 *(lista delle vivande)* menu; *(lista delle bevande)* list: *carta dei vini,* wine list — *mangiare alla carta,* to dine à la carte.

5 *(statuto)* charter: *carta costituzionale,* constitutional (*o* statutory) charter — *la carta atlantica,* the Atlantic Charter — *la carta delle Nazioni Unite,* the United Nations Charter.

6 *(geografica)* map; chart: *carta fisica (politica),* physical (political) map — *carta dei venti,* wind chart — *carta muta,* outline map — *carta parlata,* map with names — *carta automobilistica (stradale),* motoring map; road map — *carta celeste,* star map; chart of the heavens — *carta nautica,* pilot chart.

7 *(da gioco)* playing card; card: *un mazzo di carte,* a pack of cards — *carte francesi,* French cards — *carte* *italiane,* Italian (Neapolitan) cards — *fare le carte,* to shuffle the cards — *dare le carte,* to deal the cards — *alzare le carte,* to cut the cards — *cambiare le carte in tavola,* to shift one's ground (in an argument) — *mettere le carte in tavola,* to put one's cards on the table; to make things clear — *giocare bene le proprie carte,* to play one's cards well — *rischiare una carta,* to try a card; to run a risk — *la carta migliore,* one's best card — *la carta più importante,* one's trump card — *l'ultima carta,* one's last card; *(fig.)* the last trick in the bag — *giocare l'ultima carta,* to play one's last card — *avere buone (cattive) carte in mano,* to have a good (a bad) hand — *imbrogliare le carte,* to muddle the cards — *giocare (agire) a carte scoperte,* to act above board; to play fair — *leggere (fare) le carte,* to read sb's fortune in cards.

8 *(insieme delle cambiali che costituiscono il portafoglio di una banca)* portfolio.

□ *mandare a carte quarantotto,* to send to the devil — *dare carta bianca a qcno,* to give sb a free hand; to give sb carte blanche *(fr.)* — *fare carte false,* to go to any lengths — *Farebbe carte false per sposarla!,* He would go to any lengths to marry her! — *le Sacre Carte (la Bibbia),* Holy Writ; the Scriptures — *Carta canta e villan dorme, (prov.)* Once it's down in black and white, then the farmer can sleep tight.

cartacarbone *sf* carbon paper; carbon.

cartaccia *sf* **1** *(carta straccia)* waste paper. **2** *(peggiorativo)* coarse paper. **3** *(nei giochi)* bad card. **4** *(al pl.)* rubbish.

cartaceo *agg (attrib.)* paper.

cartaio *sm* paper manufacturer.

cartamodello *sm* paper pattern.

cartapecora *sf* vellum; parchment.

cartapesta *sf* papier mâché. □ *eroe di cartapesta, (fig.)* tin god; cardboard hero.

cartastraccia *sf* waste paper.

carteggiare *vi* to correspond (frequently).

carteggio *sm* **1** correspondence. **2** *(raccolta)* letters; papers.

cartella *sf* **1** *(di cuoio, ecc.)* brief-case; attaché-case; portfolio: *cartella dello scolaro,* school-bag; satchel. **2** *(generalm. di carta, per pratiche d'ufficio, ecc.)* folder; file; *(per estensione: il contenuto di una cartella)* file. **3** *(da scrittoio)* writing-pad. **4** *(foglio dattiloscritto)* typewritten page; sheet: *un rapporto di dieci cartelle,* a ten-page report. **5** *(archit.: quadrello, targa)* tablet. **6** *(econ.: azione)* share; share certificate; *(obbligazione)* bond; debenture.

□ *cartella della tombola,* tombola (bingo) score-card — *cartella clinica, (med.)* case sheet; case history.

cartelliera *sf* filing cabinet.

cartellino *sm (etichetta)* label; *(a ciondolo)* tag; *(dei prezzi)* price tag; *(biglietto)* ticket; *(tesserino)* card; personal (*o* identity) card; *(di presenza)* time-card; clock-card: *timbrare il cartellino,* to clock in *(fam.).*

cartello *sm* **1** sign; sign-board; *(etichetta)* label; *(di bottega)* shop-sign; *(pubblicitario)* poster; placard; *(di divieto)* warning notice; *(stradale, indicatore)* road sign; traffic sign; *(di sfida)* (written) challenge. **2** *(econ.)* monopoly; cartel; *(USA)* trust. □ *un artista di cartello,* a famous (a first-class) artist.

cartellone *sm* poster; placard; *(pubblicitario)* advertising poster; *(teatrale)* bill; play-bill; *(programma dettagliato)* programme. □ *tenere il cartellone, (teatro)* to run; to have a (long) run; *(aver successo)* to be a hit.

cartellonista *sm e f.* poster designer.

carter *sm* **1** *(di bicicletta, ecc.)* chain-guard. **2** *(basamento del motore)* crankcase; *(dell'olio)* sump; oil pan.

cartiera *sf* paper-mill; paper factory.

cartiglio *sm* cartouche; scroll.

cartilagine *sf* cartilage; gristle *(fam.).*

cartilaginoso *agg* cartilaginous; gristly *(fam.).*

cartina *sf* **1** *(geografica)* (small) map. **2** *(piccolo involto)* packet. **3** *(per le sigarette)* cigarette-paper.

cartocciata *sf* small packetful; bag: *una cartocciata di olive,* a bag of olives.

cartoccio *sm* **1** paper-bag; (small) packet; *(a forma di cono)* cornet. **2** *(archit.)* cartouche; roll. **3** *(artiglieria)* powder charge. □ *cuocere (pesce, ecc.) al cartoccio,* to bake (fish, *ecc.*) in grease-proof paper.

cartografia *sf* cartography; map-making.

cartografico *agg* cartographical.

cartografo *sm* cartographer; map-maker.

cartolaio *sm* stationer.

cartoleria *sf (negozio)* stationer's (shop).

cartolina *sf* **1** postcard: *cartolina illustrata,* picture postcard. **2** *(di precetto)* calling-up (*o* call-up) papers *(pl.).*

cartomante *sm e f.* fortune-teller.

cartoncino *sm* **1** thin pasteboard. **2** *(biglietto)* card.

cartone *sm* **1** cardboard; pasteboard; board; *(spesso)* millboard: *cartone ondulato,* corrugated (card)board. **2** *(arte)* cartoon. □ *cartone animato,* cartoon.

cartuccia *sf* cartridge *(anche filtro, ecc.): cartuccia a salva (a pallottola tracciante),* blank cartridge (tracer cartridge). □ *una mezza cartuccia, (fig.)* a shrimp; a puny person — *sparare l'ultima cartuccia, (fig.: fare un ultimo tentativo)* to shoot one's (last) bolt; to play one's last card.

cartucciera *sf* cartridge-belt.

casa *sf* **1** *(abitazione privata; ma* ⇨ *anche il* **2**, *sotto)* house; *(se è un appartamento, talvolta)* flat; *(edificio)* building; *(dir.)* dwelling: *casa di campagna,* country-house; *(se piccola)* cottage — *casa a un piano,* bungalow — *casa a due piani,* two-storey house — *casa prefabbricata,* prefabricated house; prefab *(abbr., fam.)* — *casa popolare,* tenement(-house); council house; *(se è un appartamento)* council flat — *casa operaia,* workmen's house — *casa rurale,* farmhouse — *casa signorile,* mansion — *I bambini non sono in casa: sono nel giardino,* The children are not in the house: they're in the garden — *Vorrebbe abitare a casa nostra,* He would like to live in our house (*o* with us) — *Andremo a casa loro* o *a casa della nonna,* We'll go to their house or to our grandmother's (house) — *donna di casa,* housewife — *lavori di casa,* housework — *mandare avanti la casa,* to run the house.

2 *(per estensione: abitazione propria, focolare domestico, nucleo, ambiente familiare)* home: *essere in casa,* to be at home (*o* indoors) — *stare a casa,* to stay at home — *andare a casa,* to go home — *tornare a casa,* to come back (to go back, to return) home — *nostalgia di casa,* home(-)sickness — *fatto in casa,* home-made — *Non sono in casa per nessuno, ad eccezione di mio fratello,* I'm not at home to anybody except my brother — *Ho dimenticato i quaderni a casa,* I've forgotten my exercise books at home — *Fa' come fossi a casa tua!,* Make yourself at home! — *sentirsi a casa propria, (a proprio agio)* to feel at home (at ease).

3 *(casato)* house; family; dynasty: *Casa Savoia,* the House of Savoy — *Casa Reale,* the Royal Family; the

Royal Household — *essere di casa nobile,* to be of noble birth.
4 *(edificio di uso pubblico)* house; hall; home: *casa da gioco,* casino; gambling house — *casa comunale,* town-hall — *casa di Dio,* House of God — *casa di cura,* nursing home — *casa dello studente,* (students') hostel — *casa di correzione,* reformatory — *casa di pena,* prison — *casa di tolleranza (chiusa),* (licensed) brothel — *casa equivoca, di appuntamenti,* house of ill-fame.
5 *(convento, monastero)* religious house; convent; monastery: *casa madre,* mother house.
6 *(ditta, azienda)* house; firm: *casa editrice,* publishing house; publisher; publisher's — *casa di mode,* fashion house — *La nostra casa fu fondata un secolo fa,* Our firm was founded a century ago — *casa madre,* parent company; *(di una filiale)* head office.
□ *amico di casa,* family friend — *padrone di casa,* landlord; house-owner; *(capofamiglia)* head of the family — *casa cantoniera,* signal box — *essere di casa,* to be like one of the family — *fare gli onori di casa,* to receive one's guests — *andare di casa in casa,* to go from door to door — *abitare a casa del diavolo,* to live in an out-of-the-way place — *mandare qcno a casa del diavolo,* to send sb to hell — *mettere su casa,* to set up house; *(sposarsi)* to get married — *essere fuori casa,* to be out (of doors) — *riportare la pelle a casa,* to arrive safe and sound — *È tutto casa e famiglia,* He is a stay-at-home sort of man; He is very fond of his family — *Non so neanche dove stia di casa, (fig.)* I know nothing about him — *È grande come una casa,* It's enormous — *Ehi, di casa! C'è nessuno?,* Is there anybody at home? — *Tieni le mani a casa tua!,* Hands off! — *giocare in casa, (sport)* to play at home — *giocare fuori casa,* to play away — *Ognuno è re a casa propria, (prov.)* Everyman is master in his own home — *A casa del ladro non si ruba, (prov.)* There's honour among thieves — *Casa mia, casa mia..., (prov.)* Home, sweet home.

casacca *sf* **1** *(giacca femminile)* bush-jacket. **2** *(ant.: divisa militare)* doublet; (military) coat; *(di fantino)* jacket. □ *voltar casacca, (fig.)* to turn one's coat; to change sides — *voltare (mutare) sempre casacca,* to be a turncoat.

casaccio *(nella locuzione avverbiale) a casaccio,* at random; anyhow; any way; any old how.

casale *sm* **1** hamlet; group of cottages. **2** *(casolare)* farm-house.

casalinga *sf* housewife.

casalingo *agg* **1** *(di casa)* homely; domestic; *(amante di casa)* home-loving. **2** *(fatto in casa)* home-made. **3** *(semplice, alla buona, senza pretese)* homely; plain; unpretentious. □ *alla casalinga,* simple; plainly; in a homely fashion — *cucina alla casalinga,* home cooking.
□ *sm (al pl.)* household articles.

casamatta *sf* pill-box; bunker.

casamento *sm* block (of flats): *Lo sa tutto il casamento,* The whole block knows about it.

casaro *sm* dairyman *(pl.* -men*).*

casata *sf* family; line; *(talvolta)* clan; *(lett.)* house.

casato *sm* **1** family name; surname. **2** *(origine)* birth.

cascame *sm* waste product(s); waste.

cascamorto *sm* love-sick (love-lorn) man *(pl.* men*): fare il cascamorto a una ragazza, (fam.)* to moon (around) after a girl.

cascante *agg* **1** *(debole)* feeble. **2** *(cadente)* falling; drooping; droopy. **3** *(flaccido)* flabby.

cascare *vi* to fall* (down); to drop; to tumble (down); *(con fracasso)* to crash (down): *Ci sei cascato!,* You've fallen into the trap!; You've been had! *(fam.); (T'ho pescato!)* I've caught you! — *cascare di dosso, (di vestiti larghi)* to drop (from); to hang (on) — *cascare dalla fame,* to be faint with hunger; to be starving — *cascare dalla fatica,* to be dog-tired; to be dropping with fatigue — *cascare dal sonno,* to be ready to drop — *cascare bene, in piedi, ritto,* to land (to fall) on one's feet; *(fig.)* to come off well; to be lucky — *cascare male,* to fall badly; *(fig.)* to come off badly; to be unlucky.
□ *Caschi il mondo,* Come what may; Whatever happens; No matter what — *Non casca il mondo per questo!,* It's nothing serious! — *Non casca il mondo se...,* It won't be the end of the world if... — *sentirsi cascare le braccia,* to lose courage; to feel one's heart in one's boots — *A una tale notizia mi cascarono le braccia,* I lost heart (I was dumbfounded) when I heard the news — *M'è cascato di mente,* I forgot it — *cascare addosso, (di malattia, ecc.)* to catch sb unawares — *cascare dalle nuvole,* to be struck dumb with amazement; to be very surprised (at sth) — *Mela matura casca da sé, (prov.)* Ripe fruit falls in its own good time — *L'asino dov'è cascato una volta non ci casca più, (prov.)* A burnt child dreads the fire.

cascata *sf* **1** *(caduta)* fall; *(capitombolo)* tumble. **2** *(di acqua)* fall; waterfall; cascade. **3** *(di perle, stoffe, ecc.)* cascade. **4** *(di collegamento elettrico)* cascade.

cascina *sf* farm building; farm-house.

cascinale *sm* **1** farm-house. **2** *(gruppo di case)* hamlet.

cascino *sm* cheese-mould.

casco *sm* **1** helmet; *(metallico)* steel-helmet; tin hat *(fam.); (di motociclista, ecc.)* crash-helmet; *(coloniale)* sun-helmet; topee. **2** *(asciugacapelli)* drier; hair-drier. **3** *(di banane)* bunch. □ *polizza casco, (comm.)* all-inclusive (all-risks) insurance policy.

caseario *agg (attrib.)* dairy.

caseggiato *sm* **1** *(zona)* built-up area. **2** *(edificio)* block (of flats).

caseificio *sm* butter and cheese factory; *(talvolta, se piccolo)* dairy.

casella *sf* **1** compartment; pigeon-hole. **2** *(cassetta)* box: *casella postale,* post office box; P.O. Box. **3** *(quadretto)* square; box.

casellante *sm* **1** *(di ferrovia)* signalman *(pl.* -men*);* level-crossing keeper. **2** *(di autostrada)* toll-collector.

casellario *sm* filing cabinet; files *(pl.): casellario penale,* police files *(pl.)* — *casellario giudiziale,* court records *(pl.).*

casello *sm* **1** *(di ferrovia)* signal box; railwayman's cottage. **2** *(di autostrada)* toll-collector's cabin; *(per estensione)* entry and exit point.

caserma *sf* barracks *(pl.): essere consegnato in caserma,* to be confined to barracks.

casino *sm* **1** *(di caccia)* lodge. **2** *(rustico)* cottage. **3** *(bordello)* brothel. **4** *(fig., sl.: pasticcio, ecc.)* mess; balls-up *(volg.); (rumore)* din; hubbub: *combinare un casino,* to make a mess (one hell of a mess, a balls-up) — *Questo problema è un bel casino,* This problem is a real mess (a right mess) — *trovarsi in un bel casino,* to be in a mess (a right mess) — *far casino,* to make a din (a hubbub).

casinò *sm (casa da gioco)* casino; gaming house; gambling den.

casista *sm* **1** *(religione)* casuist. **2** *(fig.)* meticulous person.

casistica *sf* **1** *(religione)* casuistry. **2** *(med., dir., ecc.)* series of cases.

caso *sm* **1** *(imprevisto, destino)* chance: *Decida il caso (Lasciamo decidere al caso),* Let chance decide (Let's leave it to chance) — *È stato un puro caso incontrarti,* It was sheer (*o* mere) chance that I met you — *Il caso volle che si dovessero lasciare,* Chance willed they should separate — *Non bisogna lasciar tutto al caso,* One mustn't leave everything to chance — *affidarsi al caso,* to trust in (*o* to) chance — *per puro caso, per caso,* by chance — *Si dà il caso che...,* It so happens that...
2 *(fatto, situazione, vicenda)* case; event; affair: *un caso disperato,* a desperate case — *un caso di coscienza,* a case of conscience — *In questi ultimi giorni si sono verificati troppi casi di rapina,* There have been too many cases of robbery recently — *i casi della vita,* the events of life; the ups and downs of life — *un caso fortuito,* an accidental case; a fortuitous event — *un caso giuridico,* a legal case — *un caso imprevisto,* an unforeseen event — *un caso dubbio,* a border-line case — *un caso limite,* an extreme case — *il caso Dreyfus,* the Dreyfus affair — *Pensa ai casi tuoi!,* Mind your own business!; It's none of your business!
3 *(possibilità, eventualità, opportunità)* case; possibility; way; opportunity: *in ogni caso,* in any case; at any rate; at all events — *in tal caso,* in that case — *in nessun caso,* under no circumstances — *in caso di incendio (di attacco aereo),* in case of fire (of air attack) — *I casi sono due,* There are two possibilities — *Non ci fu caso di farlo venire,* There was no way of getting him to come — *nel caso che,* in case; if — *Nel caso me ne dimenticassi, ti prego ricordami di...,* In case I forget, please remind me of... — *Nel caso non lo trovaste...,* In the event of your not finding it...; Should you not find it... — *Nel caso ti abbisognasse il mio aiuto...,* Should you (If you should) need my help... — *Se sarà il caso, lo farò io,* If necessary, I'll do it myself — *caso mai,* if; possibly; in that case — *Non so se potrò farlo in tempo: caso mai, chiediamo a lui,* I don't know if I'll be able to do it in time: if I can't (*o* just in case) let's ask him — *Mettiamo il caso che non arrivi,* Suppose he doesn't arrive — *Caso mai, telefona stasera,* You might like to telephone this evening — *in caso affermativo,* in the affirmative — *nel caso contrario,* otherwise — *Non è il caso,* It's not necessary; It's not worth while — *Ti avevo detto che non era il caso ti preoccupassi,* I told you there was no need to worry — *Per caso, hai mica trovato un bottone?,* Do you happen to have found a button?; Have you by any chance found a button?
4 *(med.)* case: *un caso di meningite,* a case of meningitis — *I casi più gravi vennero mandati all'ospedale,* The worst cases were sent to hospital — *un caso clinico,* a clinical case *(anche fig.)* — *un caso patologico,* a pathological case *(anche fig.)*.
5 *(gramm.)* case: *caso genitivo,* genitive case.
□ *parlare a caso,* to speak (to talk) at random; to speak for the sake of speaking — *agire a caso,* to act at random — *far caso a qcno (qcsa),* to pay attention to sb (sth) — *non far caso a qcno (qcsa),* to pay no attention to sb (sth); to take no notice of sb (sth); not to bother about sb (sth) — *fare al caso,* to be fit, suitable; to suit the case — *Questo fa proprio al caso mio!,* It's exactly what I need!; That's just what I need!

casolare *sm* cottage; *(scozzese)* croft; *(USA)* homestead.

casotto *sm* **1** wooden shelter; hut; kiosk; *(dei burattini)* puppet box; *(dei bagnanti)* bathing-hut; cabin; *(della sentinella)* sentry-box; *(del cane)* kennel. **2** *(fam.: bordello)* brothel. **3** *(naut.: del timone, di navigazione, di rotta)* pilot-house; wheel-house; charthouse. □ *far (piantar) casotto, (fam.: far chiasso)* to make a hubbub; to kick up a dreadful row (a hell of a row) *(fam.)*.

caspita, caspitina, caspiterina *interiezione* Good heavens!; Good gracious!; *(se esprime impazienza)* Damn!; Confound it all!

cassa *sf* **1** *(scàtola)* case; box; *(da frutta, ecc.)* crate; *(cofano)* coffer; chest; *(per strumento musicale)* case: *una cassa di merce,* a case of goods — *due casse di libri,* two cases (boxes) of books — *una cassa di medicinali,* a case of medicines — *la cassa dei medicinali,* the medicine chest — *cassa da munizioni,* ammunition chest — *una cassa di cartone (di legno),* a cardboard (a wooden) case (*o* box) — *una cassa da imballaggio,* a packing case — *una cassa di banane,* a crate of bananas — *cassa da morto,* coffin — *cassa dell'organo,* organ case — *cassa armonica,* sound-box.
2 *(comm.)* cash; *(di negozio, di sportello di banca, ecc.)* cash desk; desk; *(fondo)* fund: *a pronta cassa, (pagamento)* cash down; ready money — *piccola cassa,* petty cash — *libro di cassa,* cash-book — *registratore di cassa,* cash-register — *avanzo di cassa,* cash in hand — *cassa sociale,* company's cash in hand — *avere denaro in cassa,* to have money in hand — *Dov'è la cassa?,* Where is the (cash-)desk, please? — *Passare (Pagare) alla cassa!,* Pay at the desk, please! — *fondo di cassa,* reserve fund — *cassa malattie,* sickness fund — *la Cassa del Mezzogiorno,* Development Fund for the South of Italy — *cassa di risparmio,* savings bank — *cassa continua,* night safe — *tenere la cassa,* to be in charge of the cash; to be treasurer; *(fig.)* to hold the purse-strings — *ammanco di cassa,* deficit — *battere cassa,* to ask for money.
3 *(tipografia)* case: *cassa per la spaziatura,* space and quad case — *cassa alta (bassa), (= lettere maiuscole, minuscole)* upper (lower) case.
4 *(mecc., elettr., ecc.: di un trasformatore o interruttore)* tank; *(mecc.)* stator: *cassa battente, (industria tessile)* sley — *cassa del fuso,* spindle box — *cassa del fucile,* rifle-stock — *cassa dell'orologio,* watchcase — *cassa d'aria, (naut., mil.)* airlock; *(idraulica)* air chamber — *cassa di risonanza, (acustica)* resonance box — *(di sommergibile) cassa di rapida immersione,* crash diving tank — *cassa ingranaggi, (ferrovia)* gearbox — *cassa per zavorra d'acqua,* ballast tank — *cassa sabbiera, (ferrovia)* sandbox.
5 *(diffusore)* speaker; loudspeaker.
□ *la cassa toracica,* the chest — ⇨ *anche* **grancassa.**

cassaforte *sf* **1** safe. **2** *(camera)* strong-room.

cassaio *sm* box-maker.

cassapanca *sf* (linen) chest; *(con dorsale)* settle.

cassare *vt* **1** *(cancellare)* to cross out; to erase. **2** *(dir.: abrogare)* to repeal; to annul; *(annullare una sentenza)* to overrule; *(una condanna)* to quash. □ *cancellare qcno dall'albo,* to strike sb off the rolls.

cassatura *sf* crossing-out; erasure.

cassazione *sf* repeal; overruling; *(talvolta)* cassation: *Corte di Cassazione,* Supreme Court of Appeal.

cassero *sm* **1** *(naut., stor.)* poop; poop deck; aftercastle; *(oggi)* quarter-deck: *cassero di prora, (stor.)* forecastle; *(oggi)* focsle *(talvolta* fo'c's'le*).* **2** *(di* *fortezza)* keep; donjon. **3** *(cassaforma)* form; *(cassone)* caisson.

casseruola *sf* saucepan: *in casseruola,* en casserole *(fr.).*

cassetta *sf* (small) case; (little) box: *cassetta attrezzi,* tool-box — *cassetta delle idee, dei suggerimenti,* suggestion box — *cassetta dei preziosi,* jewel-box; casket — *cassetta di pronto soccorso,* first aid kit — *cassetta di sicurezza,* strong-box; safe deposit box. □ *un lavoro (un film) di cassetta,* a money-spinner — *un successo di cassetta,* a box-office success — *far (buona) cassetta,* to be good box-office — *titoli (azionari) di cassetta, (econ.)* readily negotiable (marketable) shares — *lavorare per la cassetta,* to work just for money — *stare a cassetta,* to hold the reins; to be in control.

cassettiera sf chest of drawers.

cassetto *sm* **1** drawer. **2** *(mecc.)* valve.

cassettone *sm* **1** chest of drawers; tallboy; *(USA)* high boy. **2** *(archit.)* caisson; lacunar. □ *soffitto a cassettoni,* coffer ceiling.

cassia *sf* cassia; senna.

cassiere *sm* cashier; teller.

cassone *sm* **1** large case; *(cassapanca)* chest; *(mil.: delle munizioni)* caisson; ammunition chest. **2** *(costruzione)* caisson; foundation block; *(a scompartimento stagno)* coffer-dam; *(a tenuta idraulica)* tank; *(per recupero navi)* caisson; camel. **3** *(di autocarro)* body.

casta *sf* caste *(anche fig.).*

castagna *sf* **1** chestnut; ergot: *castagna d'India,* horse-chestnut. **2** *(naut.)* pawl. **3** *(al pugilato, fam.)* knock-out punch; *(al calcio: tiro violento in porta)* cannonball. □ *cavar la castagna dal fuoco con la zampa del gatto, (fig.)* to make a catspaw of sb — *prendere qcno in castagna,* to catch sb out (*o* in the act, *o* red-handed).

castagnaccio *sm* chestnut-cake.

castagneto *sm* chestnut wood.

castagno *sm* chestnut(-tree); *(legno)* chestnut(-wood). □ *agg* nut-brown; chestnut *(attrib.).*

castagnola *sf* **1** cracker; petard. **2** *(naut.)* cleat.

castano *agg* chestnut; nut brown *(attrib.); (dei capelli)* auburn.

castellana *sf* lady (*o* mistress) of a castle; châtelaine *(fr.).*

castellano *sm* **1** lord (of a castle); seigneur *(fr.).* **2** commander of a castle; castellan; châtelain *(fr.).*

castello *sm* **1** *(fortificato)* castle; *(fortezza)* stronghold; *(residenza signorile di campagna)* country house; manor house: *un castello medievale,* a medi(a)eval castle — *un castello di carte,* a house of cards — *fare castelli in aria,* to build castles in Spain (in the air). **2** *(nell'edilizia)* scaffold; movable tower-shaped scaffolding. **3** *(di nave)* deck; castle: *castello di poppa,* quarter-deck; after-castle *(stor.)* — *castello di prua,* forecastle. □ *castello dei bachi da seta,* silk-worm scaffolding (*o* frames) — *castello motore,* engine mount(ing) — *letto a castello,* bunk; bunk-type bed.

castigamatti *sm* **1** cudgel. **2** *(persona)* bogy-man *(pl.* -men*).*

castigare *vt* **1** to punish; to chastise; to castigate. **2** *(correggere)* to purify.

castigatezza *sf* **1** *(castità)* chastity; purity. **2** *(correttezza, sobrietà)* correctness; restraint; moderation; decency; sobriety.

castigato *agg* **1** *(casto)* chaste; *(puro)* pure. **2** *(corretto, sobrio)* correct; sober. **3** *(di edizione)* bowdlerized; expurgated.

castigatore *sm* chastiser; punisher.

castigliano *sm e agg* Castilian.

castigo *sm* **1** punishment; chastisement: *essere in castigo,* to be in disgrace. **2** *(cosa o persona molesta)* pest; scourge: *castigo di Dio,* holy terror.

castità *sf* chastity; purity.

casto *agg* **1** chaste; continent. **2** *(fig.)* chaste; pure.

castorino *sm* nutria.

castoro *sm* **1** *(animale e pelliccia)* beaver. **2** *(droga)* castor.

castracani *sm* **1** dog-gelder. **2** *(spreg.)* saw-bones.

castrare *vt* **1** to castrate; to geld *(spec. un cavallo);* to emasculate. **2** *(un libro)* to expurgate; to bowdlerize. □ *castrare le castagne, (per farle arrostire)* to slit chestnuts.

castrato *sm* **1** *(agnello, ariete)* wether; *(altri animali)* gelding; neuter. **2** *(eunuco)* eunuch. **3** *(mus., stor.)* castrato.
□ *agg* ⇨ **castrare.**

castratoio *sm* castrating knife.

castratura, castrazione *sf* castration.

castrone *sm* **1** *(agnello)* wether; *(puledro)* gelding. **2** *(volg.)* idiot; half-wit.

castroneria *sf (volg.)* idiotic mistake; *(al pl.)* nonsense *(solo sing.).*

casuale *agg* fortuitous; *(attrib.)* chance: *un incontro casuale,* a chance encounter. □ *spese casuali,* incidental expenses.

casualità *sf* casualness.

casualmente *avv* by chance; fortuitously.

casuccia *sf* cottage; unpretentious little house.

casupola *sf* shabby little house.

cataclisma *sm* cataclysm; deluge; upheaval *(anche fig.).*

catacomba *sf* **1** catacomb. **2** *(fig.)* pit; hole.

catafalco *sm* catafalque.

catafascio *(nell'espressione avv.) a catafascio,* topsy-turvy; higgledy-piggledy — *andare a catafascio,* to go to bits (to pieces, to the dogs).

catalano *agg e sm* Catalan.

[1]**catalessi, catalessia** *sf (med.)* catalepsy.

[2]**catalessi** *sf (poet.)* catalexis.

[1]**catalettico** *agg e sm (med.)* cataleptic.

[2]**catalettico** *agg (poet.)* catalectic.

cataletto *sm (bara)* coffin; bier.

catalisi *sf* catalysis.

catalitico *agg* catalytic.

catalizzare *vt* to catalyze.

catalizzatore *sm* catalyst *(anche fig.).*

catalogare *vt* to catalogue; *(per estensione)* to enumerate.

catalogo *sm* catalogue: *catalogo per materie,* subject catalogue.

catamarano *sm* catamaran.

catapecchia *sf* hovel; slum; dump *(fam.).*

cataplasma *sm* **1** *(med.)* poultice. **2** *(individuo noioso)* bore; nagger.

cataplessia *sf* cataplexy.

catapulta *sf* catapult.

catapultare *vt* to catapult.

cataraffio *sm* caulking iron.

cataratta *sf* = **cateratta.**

catarifrangente *sm* reflector; rear reflector; *(di paracarro)* cat's eye.

catarrale *agg* catarrhal.

catarro *sm* catarrh.

catarroso *agg* catarrhal.

catarsi *sf* catharsis; purification.
catartico *agg* cathartic.
catasta *sf* **1** pile; stack; *(di sostegno)* chock; *(di puntellamento)* crib. **2** *(grande quantità)* heap(s): *comprare libri a cataste,* to buy heaps (*fam.* tons, cartloads) of books.
catastale *agg* cadastral: *rilievo catastale,* cadastral survey.
catasto *sm* **1** land register. **2** *(ufficio)* land-office.
catastrofe *sf* **1** catastrophe; disaster. **2** *(fam.)* complete failure; fiasco; flop.
catastrofico *agg* catastrophic(al).
catechismo *sm* catechism.
catechista *sm e f.* catechist.
catechizzare *vt* **1** to catechize. **2** *(fig.)* to lecture.
categoria *sf* category; class; *(naut.)* rating: *albergo di prima categoria,* first-class hotel.
categoricamente *avv* categorically; outspokenly.
categorico *agg* categorical *(anche filosofia);* absolute; unconditional; *(preciso)* precise; *(esplicito)* outspoken: *un rifiuto categorico,* a flat refusal; a point-blank refusal.
catena *sf* **1** chain: *catena dell'ancora,* anchor chain; chain cable — *catena del cane,* dog chain — *catena di bicicletta,* bicycle chain — *catena dell'uscio,* door chain — *catene da neve,* tyre-chains; skid chains — *catena di ordito,* chain warp — *catena a rulli,* roller chain — *lasciar filare la catena dell'ancora,* to slip the cable — *mettere un cane alla catena,* to put a dog on the chain — *le catene dell'amore,* the chains (the bonds) of love — *essere in catene,* to be in chains — *tenere qcno in catene,* to keep sb in chains (in shackles, in fetters). **2** *(serie, successione, anche fig.)* chain; succession; sequence; series: *una catena di sventure,* a chain (a series) of misfortunes — *una catena di montagne,* a mountain chain; a range of mountains — *una catena di negozi,* a chain of shops — *una catena di montaggio,* an assembly line — *a catena,* uninterruptedly; without stopping; non-stop — *catena di S. Antonio,* chain-letter — *fare la catena,* to form a chain. **3** *(chim., fis.)* chain: *reazione a catena,* chain reaction. **4** *(archit.)* chain; tie rod. **5** *(antica misura agraria)* chain. **6** *(del violino)* bass bar.
catenaccio *sm* **1** bolt; bar; padlock. **2** *(fig.: vecchia auto)* old crock; jalopy. □ *far catenaccio, (sport)* to play defensively; to put up the shutters *(fam.).*
catenella *sf* chain; *(della porta)* door-chain; *(dell'orologio)* watch-chain: *punto catenella,* chain-stitch.
cateratta *sf* cataract *(anche med.); (chiusa di canale, ecc.)* sluice; sluice-gate. □ *piovere a cateratte,* to pour with rain; to rain cats and dogs.
caterva *sf* **1** *(di persone)* horde; mob. **2** *(di cose)* heap(s); pile(s); no end of.
catetere *sm* catheter.
catilinaria *sf* bitter invective; philippic.
catinella *sf* basin. □ *piovere a catinelle,* to rain cats and dogs; to pour with rain.
catino *sm* basin; bowl: *volta a catino,* bowl-shaped vault.
catione *sm* cation.
cationico *agg* cationic.
catodico *agg* cathode *(attrib.).*
catodo *sm* cathode.
Catone *sm* **1** *nome proprio* Cato. **2** *(fig.)* stern moralist: *fare il Catone,* to take a high moral tone.
catorcio *sm (fam.)* old crock *(anche di persona).*
catramare *vt* to tar.
catrame *sm* tar.
cattedra *sf* **1** *(tavolo di insegnante)* desk. **2** *(incarico d'insegnamento nelle università)* chair; professorship; *(nelle scuole medie)* teaching post: *bandire un concorso a cattedra,* to advertise for a teacher. **3** *(pulpito)* pulpit; chair.
cattedrale *agg e sf* cathedral.
cattedrante *sm (spreg.)* pedant.
cattedratico *agg* **1** professorial; pertaining to a university chair; university *(attrib.).* **2** *(pedante)* pedantic.
cattivamente *avv* nastily; badly; evilly; naughtily (⇨ **cattivo**): *Lo guardò cattivamente,* She gave him a nasty look.
cattivello *agg* naughty.
cattiveria *sf* **1** wickedness; malice; spite; *(di bambino)* naughtiness: *per pura cattiveria,* out of mere spite. **2** *(azione malvagia)* wicked action; *(parole cattive)* spiteful (*o* nasty) words; malicious remark.
cattivo *agg* **1** *(di persona)* bad; nasty; *(malvagio)* bad; wicked; evil; ill-natured; unkind; hard-hearted; *(spec. di comportamento di bambino e scherz.)* naughty: *una persona cattiva,* a bad person — *un cattivo padre,* a bad (a wicked) father — *consigli cattivi,* evil advice — *cattive compagnie,* bad company *(sing.)* — *Perché sei così cattivo con quei bambini?,* Why are you so unkind to those children? — *essere di cattivo umore,* to be in a bad temper — *Cattivo! Non tirar la coda al gatto!,* You naughty boy! Don't pull the cat's tail! — *cattivo soggetto, (fam.)* nasty type; bad egg (hat).
2 *(sgradevole)* bad; nasty; unpleasant; *(spec. nel linguaggio infantile)* horrid; *(guasto)* bad; off *(pred.): cattivo odore,* bad (*o* nasty) smell.
3 *(sfavorevole)* bad; unlucky; *(di tempo)* bad; nasty; poor: *Arrivarono proprio in un cattivo momento,* They came at a very bad moment — *cattive notizie,* bad news — *nascere sotto una cattiva stella,* to be born under an unlucky star.
4 *(brutto)* bad; poor; *(inetto, incapace)* poor; incompetent; inefficient; *(scadente)* poor; bad: *essere in cattivo stato,* to be in a bad (a sorry) plight — *Non è una cattiva idea,* It's not a bad idea — *trovarsi (navigare) in cattive acque,* to be in difficulties; to be in low water (financially); to be hard up — *È un cattivo insegnante,* He's a bad (a poor) teacher — *Il suo udito è molto cattivo,* His hearing is very poor — *una cattiva memoria,* a bad memory — *cattivo metodo,* bad method — *cattivo gusto,* bad taste — *una cattiva fama,* a bad name.
5 *(sgarbato, turbolento)* bad; *(di mare)* rough: *cattive maniere,* bad manners — *con le buone o con le cattive,* by fair means or foul; by hook or by crook — *cattiva condotta,* bad conduct (*o* behaviour) — *farsi il sangue cattivo,* to get angry; to fly into a temper — *C'è ancora cattivo sangue tra le due famiglie,* There is still bad blood between the two families — *Se non riusciremo con le buone, proveremo con le cattive,* If persuasion doesn't work, we'll try the strong manner, we'll try getting tough *(fam.);* we'll resort to other tactics — *trattare qcno con le cattive,* to treat sb harshly.
□ *sm* **1** *(persona cattiva)* bad person; wicked man *(pl.* men*): i buoni e i cattivi,* good men and bad.
2 *(cosa cattiva, il male)* (the) bad: *prendere il buono e il cattivo,* to take the bad with the good (the rough with the smooth).
3 *(parte cattiva, guasta d'un frutto, ecc.)* bad (part).
□ *Il tempo volge al cattivo,* The weather is changing for the worse.

cattolicesimo, cattolicismo *sm* (Roman) Catholicism.
cattolicità *sf* **1** catholicity. **2** *(per estensione: i cattolici)* Catholics.
cattolico *agg e sm* (Roman) Catholic.
cattura *sf* **1** capture; seizure; *(dir.)* arrest: *mandato di cattura,* warrant (for the arrest of sb). **2** *(naut.)* prize.
catturare *vt* to capture; to catch*; to seize; *(arrestare)* to arrest; *(far prigioniero)* to take* (sb) prisoner.
caucciù *sm* India-rubber; pure rubber.
caudatario *sm* **1** *(religione)* train-bearer. **2** *(fam.)* yes-man *(pl.* -men*)*.
caudine *agg f. pl (nell'espressione) forche caudine,* Caudine Forks; *(fig.)* bitter humiliation: *passar sotto le forche caudine,* to suffer bitter humiliation; to eat humble pie; *(stor.)* to pass under the yoke.
causa *sf* **1** cause; reason; *(motivo)* motive; ground: *causa ed effetto,* cause and effect — *la Causa prima,* the First Cause — *risalire dagli effetti alle cause (di qcsa),* to go back from the effects to the causes (of sth) — *Se mi dirai la vera causa della tua richiesta, ti aiuterò,* If you tell me the real reason for your request, I'll help you — *a causa di; per causa di,* because of; owing to — *per causa tua, (per colpa tua)* through your fault; *(per amor tuo)* for your sake — *senza una giusta causa,* without good cause.
2 *(dir.)* lawsuit; suit; case; cause; action: *causa civile,* civil suit — *causa penale,* criminal case — *l'esame d'una causa,* the examination of a case — *giudicare una causa,* to try a case — *la discussione d'una causa,* the trial (of a case); the hearings *(pl.)* — *essere parte in causa,* to be a party to a suit; *(fig.)* to be concerned (*o* involved) in the matter — *le parti in causa,* the parties (to a case) — *far causa a qcno per,* to sue sb for — *intentare causa a qcno,* to bring a suit (to take legal action) against sb — *una causa persa,* a lost cause — *avvocato delle cause perse,* pleader of lost causes — *perorare una causa, (anche fig.)* to plead a cause.
3 *(partito, ideale, ecc.)* cause: *abbracciare (sposare) la causa della libertà,* to embrace (to espouse) the cause of liberty — *tradire la causa,* to betray the cause — *operare per una buona causa,* to work for a good cause — *far causa comune con qcno,* to make common cause with sb.
□ *dar causa vinta a qcno,* to throw up the sponge; to grant sb the point — *... in causa,* ... in question — *La persona in causa non c'è,* The person in question is not here — *non essere in causa,* not to be in question (in doubt) — *parlare con cognizione di causa,* to speak with full knowledge of the facts.
causale *agg* causal.
□ *sf (dir.)* ground; cause.
causalità *sf* causality.
causare *vt* to cause; to bring* about; to be* the cause of; to give* rise to: *causare dei malintesi,* to give rise to misunderstandings.
causativo *agg* causative.
causidico *sm (spreg.)* third-rate lawyer.
caustico *agg* **1** *(chim.)* caustic. **2** *(fig.)* caustic; biting; cutting.
cautamente *avv* cautiously; warily.
cautela *sf* **1** *(prudenza)* prudence; caution. **2** *(avvertenza)* precaution; care.
cautelare *vt* to protect; to defend.
□ **cautelarsi** *v. rifl* to take* precautions; to protect (to cover) oneself.
cauterio *sm* **1** cautery. **2** *(il cauterizzare)* cauterization.
cauterizzare *vt* to cauterize.
cauto *agg* cautious; circumspect; wary; prudent: *procedere cauti,* to go forward warily.
cauzione *sf* security; guarantee; *(deposito di garanzia)* caution money; *(per ottenere la libertà provvisoria)* bail: *essere rilasciato dietro cauzione,* to be released on bail.
cava *sf* **1** quarry; *(miniera a cielo aperto)* open-cast mine; pit: *scavare una cava,* to quarry. **2** *(fig.)* mine: *È una cava di notizie utili,* It's a mine of useful information.
cavadenti *sm* tooth-drawer; *(spreg.)* third-rate dentist.
cavafango *sm* dredge.
cavalcare *vt* to ride*; *(stare a cavalcioni)* to sit* astride; to straddle; to bestride*; *(di ponte, ecc.)* to span.
□ *vi* to ride*; to go* for a ride: *cavalcare all'amazzone,* to ride sidesaddle.
cavalcata *sf* **1** ride: *fare una cavalcata,* to go for a ride — *'La Cavalcata delle Valkirie',* 'The Ride of the Walkyries'. **2** *(comitiva a cavallo)* riding-party; *(corteo)* cavalcade.
cavalcatore *sm* **1** rider. **2** *(esperto)* horseman *(pl.* -men*)*.
cavalcatrice *sf* **1** rider. **2** *(esperta)* horsewoman *(pl.* -women*)*.
cavalcatura *sf* mount.
cavalcavia *sf* **1** *(sopra una ferrovia)* railway bridge; *(sopra un'altra via)* fly-over; *(USA)* overpass. **2** *(fra due case)* covered passageway.
cavalcioni *(nell'espressione avverbiale) a cavalcioni,* astride.
cavalierato *sm* knighthood.
cavaliere *sm* **1** *(chi va a cavallo)* rider; horseman *(pl.* -men*)*; *(soldato a cavallo)* cavalryman *(pl.* -men*)*; trooper; mounted soldier: *un abile cavaliere,* a good rider (*o* horseman). **2** *(stor. romana)* knight; equestrian; *(stor. medievale)* knight; cavalier; *(decorato d'insegna cavalleresca)* knight; *(signorotto)* squire; *(nobiluomo)* gentleman *(pl.* -men*)*; cavalier: *cavalier errante, di ventura,* knight errant — *creare qcno cavaliere,* to knight sb; to dub sb knight — *armare qcno cavaliere,* to dub sb (a knight) — *i Cavalieri della Tavola Rotonda,* the Knights of the Round Table — *l'Ordine dei Cavalieri di Malta,* the Order of the Knights of Malta. **3** *(chi accompagna una donna)* escort; *(di ballo)* partner; *(attrib.: cortese e galante)* gallant; chivalrous man *(pl.* men*)*: *'cavalier servente',* gallant. **4** *(onorificenza repubblicana)* cavalier. □ *cavaliere d'industria, (scherz.)* adventurer; swindler; 'chevalier' of industry — *essere cavaliere,* to be a gentleman.
cavalla *sf* mare.
cavallaio *sm* horse-dealer.
cavalleggiero *sm* light cavalryman *(pl.* -men*)*; trooper.
cavalleresco *agg* **1** *(di ordine, ecc.)* of knighthood. **2** *(di, da cavaliere)* knightly; *(fig.: nobile)* chivalrous; knightly; noble.
cavalleria *sf* **1** *(mil.)* cavalry; horse *(pl.)*; *(blindata)* armoured corps. **2** *(stor.)* chivalry. **3** *(cortesia)* chivalry.
[1]**cavallerizza** *sf* **1** *(maneggio)* riding-school. **2** *(arte)* horsemanship.
[2]**cavallerizza** *sf* horsewoman *(pl.* -women*)*; *(da circo)* circus rider.
cavallerizzo *sm* **1** skilled horseman *(pl.* -men*)*; *(da circo)* circus rider. **2** *(maestro)* riding master; *(allenatore)* trainer.

cavalletta *sf* **1** *(zool.)* grasshopper; hopper *(fam.)*; *(locusta)* locust. **2** *(fig.)* glutton.

cavalletto *sm* **1** trestle; horse; *(mecc.)* stand; *(di macchina fotografica)* tripod; stand; *(di pittore)* easel; *(per segare)* sawhorse; sawbuck. **2** *(stor.: strumento di tortura)* rack.

cavallina *sf* **1** filly; young mare. **2** *(gioco)* leap-frog. **3** *(attrezzo ginnico)* vaulting horse. □ *correre (battere) la cavallina,* to sow (one's) wild oats.

cavallino *sm (puledro)* colt; young horse; *(cavallo piccolo)* small horse; *(di razza nana)* pony.
□ *agg* horsy; equine; horse *(attrib.)*: *viso cavallino,* horse-face — *risata cavallina,* horse-laugh.

cavallo *sm* **1** horse: *essere a cavallo,* to be on horseback; to ride; *(fig.)* to be well on the way to success; to be out of danger — *Era a cavallo d'un dromedario,* He was riding a dromedary — *andare a cavallo,* to go on horseback; to ride — *montare a cavallo,* to mount — *scendere da cavallo,* to dismount — *cavallo da corsa,* race-horse — *cavallo da tiro,* draught horse — *cavallo da soma,* pack horse — *cavallo da sella,* saddle-horse — *cavallo a dondolo,* rocking horse — *cavallo da giostra, da gioco,* hobby-horse — *cavallo da caccia,* hunter — *cavallo di razza (purosangue),* thoroughbred (horse) — *a cavallo,* on horseback — *A cavallo!, (mil.)* To horse! — *cavallo da (di) battaglia* ⇨ **battaglia.**
2 *(cavallo-vapore)* horse-power *(abbr.* H.P.*)*: *un motore da quaranta cavalli,* a 40 horse-power *(abbr.* H.P.*)* engine.
3 *(attrezzo ginnico)* vaulting-horse.
4 *(negli scacchi)* knight.
5 *(soldato a cavallo)* mounted soldier; horse *(pl. collettivo col v. al sing.)*: *Il principe disponeva di tremila fanti e mille cavalli,* The prince could call on three thousand foot and a thousand horse.
6 *(inforcatura dei pantaloni)* fork; crotch.
□ *cavallo di Frisia,* cheval de Frise *(fr.)*; barbed-wire entanglement — *cavallo di S. Francesco,* walking stick — *andare col cavallo di S. Francesco,* to go on foot; to go on shank's pony — *coda di cavallo,* horse-tail; *(pettinatura)* pony-tail — *ferro di cavallo,* horseshoe — *tavola a ferro di cavallo,* horseshoe table — *guardia a cavallo,* horse-guard — *febbre da cavallo,* raging fever; very high temperature — *una medicina da cavallo,* horse-medicine; a very strong cure — *una cura da cavallo,* a very abundant dose — *essere a cavallo d'una sedia,* to be astride a chair — *A cavallo donato non si guarda in bocca, (prov.)* Don't look a gift-horse in the mouth — *L'occhio del padrone ingrassa il cavallo, (prov.)* Business prospers under the master's eye; Things prosper when the master keeps an eye on them himself.

cavallone *sm (ondata)* huge wave; roller; billow *(lett.)*; *(frangente)* breaker; comber; *(dalla cresta bianca)* white horse.

cavalluccio *sm* small horse: *cavalluccio marino,* sea-horse; hippocampus. □ *a cavalluccio di qcno,* on sb's shoulders.

cavare *vt* **1** *(estrarre, tirar fuori)* to take* out; to pull out; to draw* (out); to remove; *(ottenere)* to get* *(seguito da* out of *oppure* from*)*; to obtain: *cavare un dente,* to pull out (to extract) a tooth — *Vado a farmi cavare un dente,* I'm going to have a tooth out — *cavare sangue,* to draw (to let) blood — *cavar sangue da una rapa, (fig.)* to get blood out of a stone — *cavare un segreto di bocca a qcno,* to worm a secret out of sb — *non cavare una parola di bocca a qcno,* not to be able to get a word out of sb — *Non mi ha cavato una parola di bocca,* He couldn't get a word out of me — *non cavare un ragno dal buco,* to fail utterly; to get nowhere; be to stumped; to be up a gum tree.
2 *(togliere, togliersi)* to take* off; to remove: *cavarsi il cappello, la giacca, ecc.,* to take off one's hat, jacket, ecc.
3 cavarsela *(farcela),* to get* away with it; to find* a way out: *cavarsela a buon mercato,* to get off cheaply (*o* lightly).
□ *v. rifl cavarsi da un impiccio,* to get out of trouble — *cavarsi di torno qcno,* to get rid of sb — *cavarsi la fame,* to eat one's fill — *cavarsi il sonno,* to have one's fill of sleep — *cavarsi gli occhi, (v. reciproco: litigare furiosamente)* to fight (one another) to the death — *cavarsi gli occhi sui libri,* to ruin one's sight — *cavarsi una voglia,* to satisfy one's wish — *cavarsi la voglia di fare qcsa,* to give oneself the satisfaction of doing sth.

cavastivali *sm* boot-jack.

cavata *sf* extraction; taking out; taking off; *(di sangue)* blood-letting; *(fig.)* heavy expense (*o* tax).

cavatappi *sm* corkscrew.

cavatina *sf (mus.)* cavatina.

cavaturaccioli *sm* corkscrew.

cavazione *sf (nella scherma)* disengage.

cavedio *sm* small courtyard; atrium.

caverna *sf* **1** cave; cavern: *uomo delle caverne,* cave-man *(anche fig.)*. **2** *(mil.)* dugout. **3** *(med.)* cavity.

cavernicolo *sm* cave-dweller; *(fig.)* uncouth person.

cavernoso *agg* cavernous; *(di voce)* hollow; deep; booming.

cavetto *sm (elettr.)* flex.

cavezza *sf* halter; nose-band. □ *tenere qcno a cavezza,* to keep sb on a leash.

cavia *sf* guinea-pig *(anche fig.)*; *(talvolta)* cavy: *fare da cavia,* to be a guinea-pig.

caviale *sm* caviar(e).

caviglia *sf* **1** ankle. **2** *(cavicchio)* peg; pin; wooden dowel; *(ferrovia)* screw spike; sleeper screw; *(naut.: di ruota del timone)* rung.

cavigliera *sf* **1** ankle band. **2** *(naut.)* belaying-pin rack.

cavillare *vi* to quibble (over sth, at sth); to pick holes (in sth); to cavil (at sth).

cavillatore *sm* quibbler.

cavillo *sm* quibble; specious reason; argument.

cavilloso *agg* quibbling; specious; pedantic.

cavità *sf* hollow; *(anat.)* cavity.

cavitazione *sf* cavitation.

[1]**cavo** *agg* hollow; hollowed; concave; *(incavato)* sunken; *(vuoto)* empty.
□ *sm* hollow; cavity.

[2]**cavo** *sm (grossa corda)* cable; *(cordicella)* rope; cord; *(metallico)* wire rope; *(naut.)* rope; cable.

cavolaia *sf* **1** *(terreno coltivato a cavoli)* cabbage-patch. **2** *(farfalla)* cabbage-white.

cavolfiore *sm* cauliflower.

cavolo *sm* **1** cabbage: *cavolo broccolo,* broc(c)oli — *cavoli di Bruxelles,* sprouts — *cavolo fiore, (cavolfiore)* cauliflower — *cavolo rapa,* kohlrabi. **2** *(sl., eufemistico per* **cazzo** ⇨; *e nelle seguenti espressioni) un lavoro del cavolo, (fig.)* an awful piece of work — *una testa di cavolo, (fig.)* a blockhead — *Non me ne importa un cavolo di quel che dice!,* I don't care a fig (a rap, a damn thing) about what he says! — *Non ci capisco un cavolo,* I can't make head or tail of it — *grazie al cavolo!,* thanks for nothing! — *Sono cavoli tuoi (suoi)!,* That's your (his, her) business (*o* look-out)!

□ *entrarci come i cavoli a merenda,* to have nothing to do with (it); to be completely beside the point — *cavoli riscaldati, (fig.)* old hash; rehash — *andare a ingrassare i cavoli, (scherz.: morire)* to die; to peg out *(fam.);* to kick the bucket *(fam.);* to go and feed the worms.

cazzata *sf (volg.)* **1** worthless thing; piece of rubbish. **2** *(al pl.)* load of balls *(o* bollocks, *volg.).*

cazzo *sm (volg.)* **1** *(pene)* prick *(volg.);* tool *(volg.).* **2** *(interiezione) Cazzo!,* - **a)** *(= Già, è proprio vero!)* How right you are!; You're dead right!; I should jolly well say so! - **b)** *(= Maledizione!)* Hell!; Heck!; Shit! *(USA).*

□ *testa di cazzo,* blithering idiot; damn fool; bloody fool *(volg.)* — *... un cazzo, ...* nothing; ... damn all; ... fuck all *(molto volg.)* — *Non ha fatto un cazzo tutto il giorno,* He hasn't done a bloody thing all day — *un cazzo di niente,* absolutely nothing; damn all; fuck all *(molto volg.)* — *Non vale un cazzo,* It's (He's, She's) not worth a thing — *Non me ne importa un cazzo,* I couldn't care less; I couldn't bloody well care less; *(volg.)* I don't give a damn — *un libro (un film) del cazzo,* a bloody awful book (film) — *Col cazzo!,* You bet I won't!; I'll be damned if I will! — *Col cazzo se ci vado!,* I'll be damned if I'm going! (if I'll go!) — *Sono cazzi tuoi (suoi)!,* That's your (his, her) business (*o* look-out)! — *Ma che cazzo fai?,* What the hell (the devil) are you doing? — *Dove cazzo va adesso?,* Where the hell (Where the devil) is he off to now?

cazzottare *vt* to punch.

□ **cazzottarsi** *v. reciproco* to come* to blows.

cazzotto *sm* punch.

cazzuola *sf* trowel: *lisciare con la cazzuola,* to trowel off.

[1]**ce** *pron* ⇨ [1]**ci**.

[2]**ce** *avv di luogo, ecc.* ⇨ [2]**ci**.

cecchino *sm* sniper; sharpshooter.

cece *sm* chick-pea.

cecità *sf* **1** blindness. **2** *(fig.)* obtuseness; stupidity; blindness; ignorance.

ceco *sm e agg* Czech.

cecoslovacco *sm e agg (stor.)* Czecho-Slovak; *(oggi)* Czechoslovak; *(impropriamente)* Czech.

cedente *sm* assignor; transferer.

cedere *vi* **1** *(arrendersi, arretrare)* to surrender; to yield; to give* way; to give* in; to give* up: *Cedette alla disperazione e si tolse la vita,* He gave way to despair and took his own life — *Cede sempre alle preghiere della moglie,* He always yields to his wife's entreaties — *cedere all'impeto del nemico,* to give way before the enemy's attack — *Forza, non devi cedere!,* Come on, don't give up (*o* give in)! — *Dopo tante richieste, alla fine cedette,* After so many requests, in the end he gave in — *In quanto a memoria, non cede a nessuno,* His memory is second to none. **2** *(abbassarsi, sprofondare)* to give* way; to give*; to subside; to sink* down; to cave in; *(allentarsi)* to give*: *cedere al centro,* to sag — *Sentii le fondamenta cedere,* I felt the foundations giving way — *Il terreno cede,* The ground is subsiding — *La volta del tunnel ha ceduto,* The roof of the tunnel caved in.

□ *vt* **1** *(dare)* to give* (up); *(una città, un territorio al nemico)* to surrender; to yield; to cede: *Se non hai il dizionario, ti cedo il mio,* If you haven't got your dictionary, I'll give you mine — *cedere il posto a qcno,* to give (up) one's seat (one's place) to sb — *cedere il passo a qcno,* to make way for sb; to let sb pass — *cedere la mano (la destra, il lato destro della strada) a qcno,* to give sb the right of way — *cedere le redini a qcno,* to let sb take the lead; to hand over to sb — *cedere le armi, (mil.)* to surrender. **2** *(trasferire proprietà, titoli, ecc.)* to make* over; to hand over; to transfer; to assign; *(vendere)* to dispose of: *cedere un negozio,* to hand over a shop — *cedere la direzione d'uno stabilimento,* to hand over the management of a factory — *cedere i propri diritti a qcno,* to make over (to transfer, to cede) one's rights to sb — *cedere una cambiale,* to transfer a bill — *cedere una proprietà,* to transfer (to make over) a piece of property — *cedere azioni,* to dispose of (to sell) shares.

cedevole *agg* **1** yielding; that gives; *(di terreno, ecc.)* soft; yielding. **2** *(fig.: arrendevole, ragionevole)* apt to give in; yielding; flexible; pliable; amenable; accommodating; docile.

cedevolezza *sf* **1** *(di materiali)* compliance. **2** *(arrendevolezza)* amenability; docility.

cedibile *agg* transferable; assignable.

cediglia *sf* cedilla.

cedimento *sm* **1** *(l'arrendersi)* giving in; yielding *(anche fig.).* **2** *(sprofondamento)* giving way; collapse; *(in edilizia)* settling; settlement; *(di terreno)* sinking; subsiding; subsidence; *(di fondo stradale)* sag. **3** *(comm.: cessione di crediti, ecc.)* transfer; assignment.

cedola *sf* coupon; *(di assegno)* counterfoil: *cedola di commissione,* order-form.

cedolare *sf* tax on dividends.

cedrata *sf* lime juice.

[1]**cedro** *sm* citron.

[2]**cedro** *sm (albero e legno)* cedar.

cedrone *sm* capercaillie; capercailzie.

ceduo *agg* for periodical cutting; to be cut periodically: *bosco ceduo,* copse; coppice.

cefalea, cefalgia *sf* head-ache.

cefalo *sm* grey mullet.

ceffo *sm* **1** *(muso)* snout. **2** *(spreg.)* ugly face; *(sl.)* mug.

ceffone *sm* smack; cuff; slap: *prendere a ceffoni qcno,* to cuff sb.

celare *vt* to conceal; to hide*.

□ **celarsi** *v. rifl* **1** *(nascondersi)* to hide* (to conceal) oneself. **2** *(stare nascosto)* to be* hidden; to hide*.

celebrante *sm* celebrant.

celebrare *vt* **1** *(un rito)* to celebrate; to officiate (at): *celebrare le nozze di qcno,* to officiate at sb's wedding — *celebrare un processo,* to hold a trial. **2** *(lodare, esaltare)* to praise; to exalt; to extol; to sing*; to sing* the praises of. **3** *(una festa)* to celebrate; to keep*; to observe.

celebrazione *sf* **1** *(di un rito)* celebration; *(di un processo)* holding. **2** *(di una festa)* celebration; observance.

celebre *agg* celebrated; famous; *(spreg.)* notorious.

celebrità *sf* celebrity.

celere *agg* **1** *(svelto)* swift; quick: *con passo celere,* at a swift pace; with a quick step. **2** *(pronto)* prompt; *(rapido)* rapid; accelerated: *spedizione celere,* express delivery — *corso celere, (sl.)* crash course. □ *la Celere,* the Flying-Squad.

celerità *sf* swiftness; quickness; speed; promptitude *(non comune).*

celermente *avv* swiftly; promptly; quickly; rapidly.

celesta *sf* celesta.

celeste *agg* **1** *(divino)* heavenly; celestial; divine; *(del cielo)* heavenly. **2** *(colore, anche sm)* sky-blue; light-blue: *occhi celesti,* blue eyes.

□ *sm pl (gli dei)* the gods.

celestiale *agg* celestial; heavenly.

celestino *agg* pale-blue.

celia *sf* jest; joke: *per celia,* as a joke; in jest.
celiare *vi* to jest; to joke.
celibato *sm* celibacy; bachelorhood; bachelordom.
celibe *agg* unmarried; single; celibate.
□ *sm* bachelor.
cella *sf* **1** cell *(anche elettr., e di prigione);* small room; recess: *cella campanaria,* belfry; bell space — *mettere in cella di rigore,* to put in solitary confinement — *cella frigorifera,* cold store. **2** *(di tempio antico)* cella; naos.
cellula *sf* cell *(vari sensi).*
cellulare *agg* **1** *(biologia)* cellular. **2** *segregazione cellulare, (nelle prigioni)* close (*o* solitary) confinement — *furgone cellulare,* Black Maria *(GB);* prison-van; *(sl., USA)* Paddy Wagon.
celluloide *sf* celluloid.
cellulosa *sf* cellulose.
celta *sm* Celt.
celtico *agg e sm* Celtic.
cembalo *sm* **1** cymbal. **2** *(a tastiera)* psaltery; dulcimer. **3** *(clavicembalo)* harpsichord.
cementare *vt* **1** to cement *(anche fig.).* **2** *(metallurgia)* to case-harden.
cementazione *sf* **1** *(totale)* cementation. **2** *(parziale)* case-hardening.
cementista *sm* cement layer.
cemento *sm* cement: *cemento armato,* reinforced concrete.
cena *sf* dinner; *(leggera)* supper: *essere a cena,* to be at dinner; to be having dinner — *invitare qcno a cena,* to invite sb to dinner; to have sb to dinner. □ *l'Ultima Cena,* the Last Supper.
cenacolo *sm* **1** *(stor.)* dining-room. **2** *(dipinto)* Last Supper. **3** *(fig.)* meeting-place (of artists, *ecc.*); *(per estensione)* circle; coterie.
cenare *vi* to have* supper (*o* dinner); to dine; *(lett.)* to sup.
cenciaio, cenciaiolo *sm* rag-and-bone-man.
cencio *sm* rag; piece of cloth; *(brandello)* tatter; *(per spolverare)* duster; *(per asciugare piatti, ecc.)* dish-cloth: *coperto di cenci,* (dressed) in rags (in tatters) — *bianco come un cencio,* as white as a sheet; ghastly pale. □ *un cencio, (fig.)* an extremely weak person; a wet blanket *(fam.)* — *cadere (crollare) come un cencio,* to flop; to collapse — *ridursi a un cencio,* to became very weak; to become the shadow of one's former self — *Le botte vanno in giù e i cenci all'aria* ⇨ **botta.**
cencioso *agg* tattered; in rags: *una donna cenciosa,* a woman dressed in rags.
□ *sm (spreg.: povero)* pauper; tramp.
ceneraio, cenerario *sm* ash-pan.
cenere *sf* ash(es) *(anche fig.); (spec. di legna, carbone, ecc.)* cinders; *(al pl.: avanzi del corpo umano)* ashes: *color cenere,* ash-coloured — *biondo cenere,* ash-blonde — *ridursi in cenere,* to be burnt to a cinder — *andare (ridurre) in cenere,* to burn to a cinder; to reduce to ashes. □ *Le Ceneri,* Ash Wednesday.
Cenerentola *nome proprio* Cinderella *(anche fig.).*
cenerino *agg* ashen.
cenerognolo *agg* ash-grey.
cengia *sf (alpinismo)* ledge.
cenno *sm* **1** sign; gesture; *(col capo)* nod; *(con gli occhi)* wink; *(con la mano)* wave (of the hand): *al primo cenno,* at the first sign (*o* hint) — *Mi fece un cenno (col capo),* He gave me a nod; He nodded to me — *Mi fece cenno di avvicinarmi,* He beckoned me to come closer — *Mi fece cenno di non parlare,* He signalled to me to keep silent — *far cenno di sì,* to nod; to nod one's assent — *far cenno di no (a qcno), (col capo)* to shake one's head (at sb); *(con il dito)* to shake one's finger (at sb). **2** *(breve resoconto su un giornale)* notice; short notice. **3** *(di solito al pl.: traccia, sunto)* outline (of); notes (on); short account (of): *cenni di letteratura francese,* an outline of French literature — *Il professore ci diede qualche cenno sulle opere di Milton,* The teacher gave us a short account of (*o* some notes on) Milton's works. **4** *(allusione)* hint; allusion; clue: *far cenno a qcsa, (accennare a)* to mention sth.
□ *dare un cenno di risposta ad una lettera,* to acknowledge receipt of a letter — *Attendiamo un Vostro cenno in proposito,* We await your instructions on the matter — *In attesa di un Vostro cortese cenno di riscontro,* Awaiting your kind reply; *(meno formale)* We look forward (Looking forward) to hearing from you.
cenobita *sm* coenobite.
cenotafio *sm* cenotaph.
censimento *sm* census: *fare il censimento,* to take a census.
censire *vt* **1** to take* a census of (people, *ecc.*). **2** *(iscrivere)* to count (sb) in a census.
censito *agg* counted in a census.
censo *sm* **1** wealth; *(in senso tecnico, per le imposte)* taxable income. **2** *(stor.)* census.
censore *sm* censor.
censorio *agg* **1** censorial. **2** *(fig.)* censorious.
censura *sf* **1** censorship; *(collettivo)* board of censors; censor. **2** *(riprovazione)* censure; reproof; severe criticism; disapproval. □ *Censura!,* Censored!
censurabile *agg* censurable.
censurare *vt* **1** to censor. **2** *(per estensione: criticare)* to censure; to criticize; to blame.
centauro *sm* **1** centaur. **2** *(corridore)* motor-cycle racer.
centellinare *vt* to sip.
centellino *sm* sip: *bere qcsa a centellini,* to sip sth. □ *a centellini, (fig.)* bit by bit.
centenario *agg* **1** *(che ha cento anni)* centenarian; centennial. **2** *(che ricorre ogni cento anni)* centenary.
□ *sm* **1** *(persona)* centenarian. **2** *(commemorazione)* centenary.
centennale *agg* centennial; centenary.
centenne *agg* **1** *(di persona)* centenarian; hundred years old. **2** *(di cosa)* centennial.
centennio *sm* (period of a) hundred years; century.
centesimale *agg* centesimal.
centesimo *agg* hundredth.
□ *sm (di dollaro)* cent; *(di franco)* centime; *(per estensione e fig., un soldo)* a penny; a farthing: *non avere un centesimo, essere senza un centesimo,* to be (quite) penniless; to be broke — *contare (lesinare) il centesimo,* to count the pennies; *(essere taccagno)* to be stingy — *pagare al centesimo,* to pay to the last penny — *non valere un centesimo,* not to be worth a brass farthing (a penny, a cent; *USA* a red cent).
centigrado *agg* centigrade; Centigrade.
centigrammo *sm* centigramme; centigram.
centilitro *sm* centilitre; *(USA)* centiliter.
centimetro *sm* centimetre; *(USA)* centimeter.
centina *sf* **1** centre; *(USA)* center: *centina a ventaglio,* fantail — *a centina, (fig.)* slightly arched — *punto a centina, (cucito)* scallop stitch. **2** *(aeronautica)* rib.
centinaio *sm* a hundred; about a hundred: *a centinaia,* by the hundred; in hundreds.

centinare *vt* **1** to support with a centre. **2** *(cucito)* to scallop.

centinatura *sf* **1** centering. **2** *(mecc.)* camber.

centista *sm* (100 metre) sprinter.

cento *agg numerale cardinale* a (*o* one) hundred; *(per estensione: molti)* many; a lot of: *cento volte,* a hundred times; *(fig., anche)* again and again — *novantanove volte su cento,* ninety-nine times out of a hundred — *avere novantanove probabilità su cento di riuscire,* to be practically certain to succeed — *scommettere cento contro uno che...,* to bet a hundred to one that... — *una volta su cento,* hardly ever — *per cento,* per cent; percent — *al cento per cento,* one (*o* a) hundred per cent; completely; quite. □ *il numero cento, (fig.: il gabinetto)* the loo; the WC; the Gents; the Ladies — *Cento di questi giorni!,* Many happy returns of the day!

centomila *agg numerale cardinale* **1** a (*o* one) hundred thousand. **2** *(moltissimi)* thousands; hundreds.

centonchio *sm* chick-weed.

centrale *agg* central; *(principale)* main *(anche fig.);* central: *l'America Centrale,* Central America — *la zona centrale di una città,* the town centre — *una via centrale,* a street in the centre of (the) town — *sede centrale,* main office; headquarters — *la parte centrale di qcsa,* the centre (the middle) of sth — *riscaldamento centrale,* central heating.
□ *sf* centre; station; plant: *centrale elettrica,* power station; electricity generating station — *centrale nucleare,* nuclear power station — *centrale idroelettrica,* hydro-eletric power plant — *centrale telefonica,* (telephone) exchange.

centralinista *sm e f.* operator.

centralino *sm* **1** (telephone) exchange. **2** *(di albergo, ecc.)* switchboard.

centralizzare *vt* to centralize.

centralmente *avv* centrally; mainly.

centrare *vi e t.* **1** *(colpire nel centro)* to hit* the centre; to hit* in the middle; *(un bersaglio)* to score a bull's eye; *(nel segno, anche fig.)* to hit* the mark; to hit* the nail on the head; to strike* home: *L'hai centrato, (fam.)* You've got it. **2** *(equilibrare)* to centre; to adjust; to balance; *(mecc.)* to true (up); *(fig.: mettere a fuoco un problema, ecc.)* to put*, to get* (a problem, ecc.) in the right perspective. **3** *(nel calcio)* to centre.

centrato *agg* **1** *(mecc.)* true. **2** *(fig.)* on the mark *(pred.).*

centrifuga *sf* centrifuge.

centrifugare *vt* to centrifuge.

centrifugazione *sf* centrifugation.

centrifugo *agg* centrifugal.

centrino *sm* doily.

centripeto *agg* centripetal.

centrista *agg (politica)* centre *(attrib.);* middle-of-the-road.
□ *sm e f.* a middle-of-the-road politician; politician of the Centre.

centro *sm* **1** centre; *(USA)* center; middle; *(fig.)* heart; *(di una ruota)* hub: *La casa è il centro della nostra vita familiare,* Our home is the centre of our family life — *centro di gravità,* centre of gravity — *centro d'inerzia,* centre of gyration — *centro nervoso,* nerve centre — *essere al centro dell'attenzione,* to be the centre of attention — *un centro di attrazione,* a centre of attraction — *un centro d'interesse,* a centre of interest — *nel centro della stanza,* in the middle of the room — *il centro della questione,* the heart of the matter — *centro da tavola, (ornamento)* centre-piece — *il centro del ciclone,* the eye of the storm — *centro di galleggiamento, (naut.)* centre of buoyancy — *centro neutro, (elettr., di un sistema polifase)* star point — *centro di vista, (di un disegno in prospettiva)* point of sight.
2 *(di città)* centre; town centre; *(USA)* downtown; *(in alcune espressioni)* district: *nel centro della città,* in the centre of the town — *Centro Città, (su un cartello stradale)* Town Centre — *centro direzionale,* office district (*o* quarter) — *centro abitato, (città)* town; built-up; *(zona)* residential area — *centro commerciale,* shopping centre.
3 *(località importante)* centre; resort; town: *Torino è un grande centro industriale,* Turin is a great industrial centre — *centro balneare,* seaside resort — *centro invernale,* winter resort — *centro sciistico,* skiing resort — *centro termale,* spa.
4 *(politica)* Centre: *Il Governo è formato da una coalizione di partiti di centro,* The Government is formed of a coalition of Centre parties — *una coalizione di centro-sinistra,* a Centre-Left coalition.
5 *(ente, istituto)* centre; institute: *Centro Italiano di Cultura,* Italian Cultural Institute — *Centro Artistico,* Arts Centre — *centro di coordinamento salvataggi,* rescue coordination centre.
6 *(dipartimento, in un'azienda)* centre: *centro di produzione,* production centre — *centro dattilografico,* typing pool — *centro meccanografico,* tabulating department — *centro di costo,* cost centre — *centro di calcolo (di elaborazione dati),* data processing centre.
7 *(sport)* centre: *centro attacco,* centre forward — *centro mediano,* centre halfback.
8 *(di bersaglio)* bull's eye: *far centro,* to hit the bull's eye (the bull *fam.*); *(fig.)* to hit the mark.

centrosinistra *sm* Centre-Left coalition.

centuplicare *vt* **1** to centuplicate. **2** *(fig.)* to increase greatly; to multiply.

centuplo *agg* hundredfold. □ *sm* a hundred times as much.

centuria *sf (stor. romana)* century; body of a hundred men.

centurione *sm (stor. romana)* centurion.

ceppo *sm* **1** *(base di un albero)* tree-stump; stump; *(da ardere)* log; *(per decapitazioni)* block; *(in macelleria)* block; chopping-block: *ceppo di Natale,* Yule log. **2** *(fig.: razza, famiglia, ramo)* stock; origin; branch (of family); *(biologia)* strain: *essere del medesimo ceppo,* to come of the same stock — *Il Barone Schrantz era di un altro ceppo,* Baron Schrantz was a member of (belonged to) another branch (of the family). **3** *(al pl. e fig.)* bonds; shackles; fetters: *spezzare i ceppi, (fig.)* to free oneself. **4** *(mecc., di freni)* brake-block; brake; shoe; *(di aratro)* plough-stock; *(di ancora)* stock; anchor-stock; cross-bar: *senza ceppi, (di ancora)* stockless; self-stowing. **5** *(cassetta dell'elemosina)* alms-box.

[1]**cera** *sf* wax; *(per lucidare)* polish; wax; *(talvolta: tavoletta)* wax tablet: *bianco come la cera,* waxen; extremely pale — *cera negli orecchi,* wax; earwax; *(med.)* cerumen — *Museo delle Cere,* Waxworks (Museum) — *dar la cera,* to wax — *struggersi come la cera,* to melt away like wax.

[2]**cera** *sf (aspetto)* look; mien *(lett.)*: *avere buona (cattiva, brutta) cera,* to look well (ill, unwell) — *far buona cera a qcno,* to welcome sb heartily; to give sb a hearty welcome.

ceralacca *sf* sealing-wax.

ceramica *sf* **1** *(arte)* ceramics; pottery. **2** *(materiale)* baked clay. **3** *(prodotto)* piece of pottery; ceramics *(pl.)*.

ceramico *agg* ceramic.

cerare *vt* to wax.

cerato *agg* waxed; *(attrib.)* wax. □ *tela cerata,* oilcloth; oilskin.

Cerbero *nome proprio* Cerberus; *(fig.)* watch-dog.

cerbiatto *sm* fawn.

cerbottana *sf* **1** blowpipe. **2** *(giocattolo)* pea-shooter.

cerca *sf* **1** search; quest; *(del cane da caccia)* scenting; seeking: *andare in cerca di qcsa,* to look (to search) for sth; to set out in search of sth. **2** *(questua)* collection of alms: *fare la cerca; andare alla cerca, (di ordini questuanti)* to seek (to beg for) alms.

cercare *vt e i.* **1** to look (for); to search (for); to seek*; to hunt (for); to try* to find; to try* to get; *(a tastoni)* to fumble (for); to grope (for): *Lo cercammo dappertutto,* We looked for him everywhere — *Hai cercato?,* Have you looked? — *Cosa stai cercando?,* What are you looking for? — *Cercavo Radio Londra,* I was trying to get (to find) the BBC — *cercare fortuna,* to seek one's fortune — *cercare guai,* to look for *(spesso* to be looking for*)* trouble — *cercare qcsa (qcno) con gli occhi,* to look around for sth (sb) — *cercare qcno (qcsa) per mare e per terra,* to look for sb (sth) everywhere (high and low; here, there and everywhere) — *Cercavo il buco della serratura,* I was groping for the keyhole — *cercare il pelo nell'uovo,* to be very particular; to be hard to please — *Chi cerca trova, (prov.)* Look for it and you'll find it; *(Vangelo)* Seek and ye shall find.

2 *(nel dizionario, ecc.)* to look (sth) up: *Non sai cosa vuol dire? Cercalo!,* Don't you know what it means? Look it up!

3 *(richiedere)* to want; to look for: *Cercasi tuttofare,* Wanted, general help — *Scusi, cercava?,* Who are you looking for?; Who did you want?

4 cercare di, to try to; to strive* to; to endeavour to: *Cerca di capire!,* Try to understand! — *Cercai di fare del mio meglio,* I tried (I endeavoured) to do my best.

cercatore *sm* **1** *(persona)* searcher; seeker. **2** *(strumento)* finder; *(di radio)* detector; *(di telescopio)* checker. □ *frate cercatore,* mendicant (*o* begging) friar — *cercatore d'oro,* gold-digger.

cerchia *sf* circle. □ *cerchia delle mura,* city walls.

cerchiare *vt* **1** to bind* (sth) with hoops; to hoop. **2** *(cingere)* to encircle.

cerchiata *sf* trellis; lattice-work; pergola.

cerchiato *agg (nell'espressione) avere gli occhi cerchiati,* to have (black) rings round one's eyes.

cerchio *sm* **1** circle: *la quadratura del cerchio,* squaring the circle; *(fig.)* a question with no solution — *in cerchio,* in a ring; in a circle — *fare cerchio intorno a qcno,* to form a ring (to gather) round sb. **2** *(di ruota)* rim; *(di botte, attrezzo)* hoop; *(di gonna settecentesca)* hoop; crinoline: *far correre il (giocare al) cerchio,* to bowl a hoop. □ *fare il cerchio della morte,* to loop the loop — *dare un colpo al cerchio ed uno alla botte,* to try to keep in with both sides.

cerchione *sm* rim; *(ferrovia)* tread.

cercine *sm* **1** *(imbottitura)* pad. **2** *(acconciatura)* bun.

cereale *sm* cereal.

cerebrale *agg* cerebral *(anche fig.)*; brain *(attrib.)*.

cerebralmente *avv* cerebrally.

cereo *agg* **1** *(di cera)* wax *(attrib.)*; waxen; *(simile a cera)* waxy. **2** *(pallido)* waxen; very pale.

ceretta *sf* depilatory wax.

cerfoglio *sm* chervil.

cerimonia *sf* **1** ceremony; ritual; *(religiosa)* service; rite: *Maestro di cerimonie,* Master of Ceremonies — *abito da cerimonia,* formal dress — *visita di cerimonia,* formal visit. **2** *(pompa)* ceremony; pomp; splendour; *(formalità)* ceremoniousness; formality: *una persona che fa (che non fa) molte cerimonie,* a formal (an informal) person — *senza cerimonie (con semplicità),* informally; without ceremony; without fuss — *senza tante cerimonie (bruscamente),* bluntly; brusquely; rudely; without more ado — *Quante cerimonie!,* What a fuss! — *fare (stare sulle) cerimonie,* to stand on ceremony.

cerimoniale *agg* ceremonial.
□ *sm* ceremonial; etiquette.

cerimoniere *sm* Master of Ceremonies.

cerimoniosamente *avv* ceremoniously; formally.

cerimonioso *agg* **1** ceremonious; formal. **2** *(di discorso)* flowery.

cerino *sm* (waxed) match; vesta *(ant.)*; *(moccolino, stoppino)* taper. □ *passare il cerino acceso, (fig.)* to pass the buck *(fam.)*.

cernere *vt* to sort; to class; to grade.

cerniera *sf* hinge; clasp: *cerniera lampo,* zip (-fastener); zipper.

cernita *sf* selection; grading; sorting.

cernitrice *sf* grading machine.

cero *sm* tall candle; church candle: *cero pasquale,* Paschal candle.

cerone *sm* grease-paint.

cerotto *sm* plaster; sticking-plaster; adhesive plaster; *(medicato)* antiseptic plaster.

cerreto *sm* wood of Turkey oaks.

cerro *sm* **1** Turkey oak. **2** *(legno)* bitter oak.

certame *sm (poet.)* contest; duel: *singolar certame,* single combat.

certamente *avv* certainly; surely; undoubtedly; definitely: *Verranno certamente,* They are sure to come — *Ma certamente!,* Of course!; Certainly!; By all means!; *(USA)* Sure! — *Certamente sarà già arrivato,* He will surely (certainly) be there by now; He's sure to be there by now.

certezza *sf* certainty; certitude; *(convinzione)* conviction; *(sicurezza)* assuredness; assurance: *certezza matematica,* mathematical certainty — *con tutta certezza,* with absolute certainty — *avere la certezza che...,* to be certain (*o* sure) that... — *sapere con certezza,* to know for certain (for a certainty, *fam.* for a cert).

certificare *vt* to certify; to declare: *Si certifica che...,* I (We) hereby certify that...; This is to certify that... — *copia certificata conforme, (dir.)* true (certified) copy.
□ **certificarsi** *v. rifl* to make* sure (of sth, about sth).

certificato *sm* **1** certificate: *certificato di merito, di servizio,* testimonial; reference. **2** *(comm.)* certificate; bill; scrip: *certificato di origine,* certificate of origin.

[1]**certo I** *agg indef* **1** certain: *un certo signor Rossi,* a certain Mr Rossi — *un certo Giovanni Bianchi,* one Giovanni Bianchi — *un certo non so che,* a certain something; a 'je ne sais quoi' *(fr.)* — *di una certa età,* oldish; getting on — *una signora di una certa età,* an oldish lady — *È di (Ha) una certa età,* He's getting on — *raggiunta una certa età,* on reaching a certain age.

2 *(un po', qualche, alcuno)* some: *Certe persone dovrebbero badare ai fatti propri,* Some people ought to mind their own business — *Dovemmo aspettare per un certo tempo,* We had to wait (for) some time.

3 *(tale, di tal genere)* such; certain *(quando ha valore rafforzativo lo si elimina o lo si traduce con l'agg. inglese più idoneo)*: *Non dovrebbero più verificarsi certe cose,* Such things ought not to happen again —

Aveva certi occhi che mi facevano tremare, His eyes were so terrible they made me shiver — *C'erano certe torte che ti facevano venire l'acquolina in bocca,* There were marvellous cakes that made your mouth water.

II *(al pl., come pron. indef.) (taluni)* some; some people; some of them, of you, of us: *Certi dicono che tu hai torto,* Some people say that you are wrong — *Tutti noi leggemmo il suo libro, ma a certi non piacque tanto,* We all read his book, but some (of us) didn't like it much.

[2]**certo I** *agg* **1** *(vero, sicuro, indubitabile)* certain; sure; undoubted: *La sua venuta è certa,* We are sure of his (her) coming — *Ma è certo che verrà?,* But is it certain that he'll come?; Is he certain to come? — *sapere (avere) per certo,* to know for certain — *tener per certo,* to take for sure — *data certa, (dir.)* fixed date — *prova certa, (dir.)* irrefutable evidence — *Certo è che eravamo stupiti,* We certainly (*USA* sure) were surprised.

2 *(persuaso, convinto)* certain; sure; convinced: *Ne sono certo,* I'm quite sure of this (of it).

3 *(attendibile)* reliable: *notizie che provengono da fonte certa,* news from a reliable source.

4 *(in funzione di sm)* certainty; *(sicurezza)* safety: *lasciare il certo per l'incerto,* to give up certainty (*o* safety) for the uncertain.

II *avv* certainly; surely: *Certo, ti renderai conto che la cosa è possibile,* You will certainly see for yourself that it's possible — *Certo che leggerò il tuo libro,* I will certainly read your book — *Ma certo!; Sì, certo!,* Surely!; By all means!; Of course!; Certainly!; Sure! *(spec. USA)* — *'Vieni con me?' - 'Sì, certo!',* 'Will you come with me?' - 'Yes, I will!' ('Of course I will!'; 'Sure!') — *No, certo!,* Certainly not!

certosa *sf* Carthusian monastery; chartreuse *(fr.).*

certosino *sm* **1** Carthusian monk. **2** *(fig.)* hermit; recluse.

□ *agg* Carthusian. □ *un lavoro da certosino,* a job requiring infinite patience — *una pazienza da certosino,* the patience of Job.

certuno *pron indefinito* somebody; someone; *(al pl.)* some people; some.

ceruleo, cerulo *agg* sky-blue; cerulean.

cerume *sm* earwax.

cerva *sf* hind.

cervelletto *sm* cerebellum.

cervellino *sm* hare-brained person.

cervello *sm* brain; *(materia cerebrale)* brains; *(per estensione: intelligenza)* brain; brains; mind; head: *un'operazione chirurgica al cervello,* a brain operation — *Gli si è rammollito il cervello,* His brain has grown soft — *Mi si è svuotato il cervello,* My brain (mind) is a blank (has gone blank) — *Il cervello di tutta la faccenda fu il sig. Black,* Mr Black was the brains behind the whole business — *una persona di gran cervello,* a clever person; a fellow with plenty of brains — *cervello fritto con limone,* fried brains with lemon — *usare il cervello,* to use one's brains; to use one's loaf *(fam.)* — *cervello elettronico,* electronic brain; computer — *farsi saltare il cervello,* to blow one's brains out — *lavaggio del cervello,* brain-washing — *la fuga dei cervelli,* the Brain Drain.

□ *avere il cervello a posto,* to have one's head screwed on the right way; to have one's wits about one — *avere il (essere di) cervello fine,* to be sharp-witted — *avere il cervello di una gallina (di una formica),* to have the brain of a fly; to be hare-brained — *avere il cervello nei calcagni,* to be scatter-brained (hare-brained); to be reckless — *agire con poco cervello,* to behave recklessly (stupidly) — *dare al cervello, (di vino, ecc.)* to go to sb's head — *dare di volta al cervello,* to go off one's head — *lambiccarsi il cervello,* to rack (to cudgel) one's brains — *mettere il cervello a partito,* to mend one's ways — *Scarpe grosse, cervello fino, (prov.)* A peasant has big boots but sharp wits.

cervelloticamente *avv* fancifully; oddly.

cervellotico *agg* eccentric; fanciful; odd.

cervice *sf* neck; *(med.)* cervix: *piegare la cervice, (fig.)* to bow one's head; to resign oneself.

Cervino *nome proprio* the Matterhorn.

cervo *sm* **1** deer; *(il maschio)* stag; hart; *(la femmina)* doe: *carne di cervo,* venison. **2** *(insetto) cervo volante,* stag-beetle. **3** *(aquilone)* kite.

cesareo *agg* Caesarean; Caesarian; *(per estensione)* imperial: *poeta cesareo,* court poet. □ *taglio cesareo,* cesarian section.

cesariano *agg* relating to Julius Caesar (*o* to the Caesars); Caesarean (Caesarian).

□ *sm* adherent of Caesar; Caesarean (Caesarian).

cesarismo *sm* Caesarism.

cesellare *vt* **1** to engrave; to chase; to work; to emboss. **2** *(fig.)* to polish; to finish carefully.

cesellato *agg* **1** wrought; chased; *(inciso)* engraved; *(in rilievo)* embossed. **2** *(fig.)* polished.

cesellatore *sm* engraver; *(in oro)* goldsmith; *(in argento)* silversmith.

cesellatura *sf (di metalli)* chasing; *(anche di gemme)* engraving.

cesello *sm* chisel; graver; burin.

cesoie *sf pl* shears; *(da lamiere)* snips.

cespite *sm (econ.)* source: *cespite di entrata,* source of income.

cespo *sm* **1** tuft. **2** *(cespuglio)* bush; shrub. □ *un cespo di insalata,* a head of lettuce.

cespuglio *sm* bush.

cespuglioso *agg* bushy.

cessare *vi* **1** *(aver termine)* to cease; to stop; to come* to an end; *(abbandonare un'attività)* to give* up; to go* out of; to retire from: *cessare dal commercio,* to give up (to go out of, to retire from) business. **2** *(spec. di dolore)* to pass off. **3** *(calmarsi: di tempesta, ecc.)* to abate; to subside; to die down. □ *cessare di vivere,* to breathe one's last; to die.

□ *vt (smettere qcsa, tralasciare di fare qcsa)* to stop; to leave* off; to give* up (sth, doing sth); to cease (sth, doing sth, to do sth): *cessare il fuoco, (mil.)* to cease fire.

cessate il fuoco *locuzione sostantivale m.* cease-fire; truce.

cessazione *sf (econ.)* cessation; discontinuance: *cessazione di esercizio,* closing-down.

cessionario *agg* cessionary.

□ *sm* transferee; assignee.

cessione *sf* transfer; assignment; surrender; *(di immobile)* conveyance: *una cessione di stipendio,* a loan (an advance) on one's wages (*o* salary).

cesso *sm* **1** latrine; bog *(sl.)*; john *(fam., USA).* **2** *(fig.)* cesspool.

cesta *sf* (large) basket; *(con coperchio)* hamper: *a ceste,* by the bushel.

cestaio *sm* basket-maker.

cestinare *vt* **1** to throw* (*fam.* to chuck) into the waste-paper basket; to throw* away. **2** *(fig.: non prendere in considerazione)* to discard; to reject.

cestino *sm* small basket; *(da viaggio)* lunch-basket;

(da lavoro) work-basket; *(per la carta straccia)* waste-paper basket.

cestista *sm e f.* basket-ball player.

cesto *sm* **1** basket *(anche sport)*. **2** *(di foglie)* tuft; *(di insalata)* head.

cestone *sm* big basket; hamper.

cesura *sf (poesia)* caesura.

cetaceo *agg* cetaceous; cetacean.
□ *sm* cetacean.

ceto *sm* (social) class: *il ceto operaio,* the working class *(o* classes, *pl.)* — *il ceto medio,* the middle class *(o* classes, *pl.)*.

cetra *sf (strumento antico)* cithara; lyre; *(moderno)* zither; *(ant. o poet.)* cithar; cittern.

cetriolino *sm* gherkin.

cetriolo *sm (bot.)* cucumber: *cetriolo di mare, (zool.)* sea cucumber.

[1]**che** *agg e pron* **I** *agg interr* **1** *(imprecisato)* what: *Che libri hai comperato?,* What book did you buy? — *Che verdure volete?,* What vegetables do you want? — **che cosa,** what — *Che cosa fai stasera?,* What are you doing this evening? — *Che cos'hai detto?,* What did you say?

2 *(limitativo)* which: *Che vino preferisci, bianco o rosso?,* Which wine (Which kind of wine) do you prefer, white or red?

II *pron interr* what: *Che fai?,* What are you doing? — *Che c'è?,* What's the matter?; What's up? — *Dimmi che vuoi,* Tell me what you want — *A che stai pensando?,* What are you thinking of? — *Di che ti lamenti?,* What are you complaining about? — *Di che hai paura?,* What are you afraid of? — *Che altro?,* What next?

III *agg esclamativo* **1** what a... *(sing.)*; what... *(pl.)*: *Che tipo simpatico!,* What a nice chap! — *Che coraggio!,* What courage!; *(più in generale, fam.)* What a nerve! — *Che peccato!,* What a pity! — *Che bei fiori!,* What lovely flowers!

2 *(davanti ad agg. e in espressioni ellittiche)* how...: *Che bello!,* How nice! — *Che fortunato!,* How lucky!

IV *pron esclamativo* what: *Che fai!,* What are you doing!

V *pron relativo* **1** - **a)** *(soggetto: riferito a persone)* that; who: *la ragazza che sta fumando,* the girl that *(o* who) is smoking — *Mia madre, che è qui da un mese, parte domani,* My mother, who has been here for a month, is leaving tomorrow.

b) *(riferito a cose)* that; which: *i fiori che crescono in montagna,* the flowers that *(o* which) grow in the mountains — *Il whisky, che viene importato dalla Scozia, è molto caro,* Whisky, which is imported from Scotland, is very expensive.

2 - **a)** *(oggetto: riferito a persone)* that; who(m) *(NB: spesso non viene tradotto): la persona che abbiamo incontrato ieri al cinema,* the person that *(o* whom) we met at the cinema yesterday; *(più comune)* the person we met at the cinema yesterday — *il mio insegnante, che tutti stimano molto,* my teacher, whom everyone greatly respects.

b) *(riferito a cose)* that; which *(NB: spesso non viene tradotto): il libro che ho comperato,* the book that *(o* which) I bought; *(più comune)* the book I bought — *Quel quadro, che non piace a nessuno, è di grande valore,* That picture, which nobody likes, is very valuable.

di che, something; *(in proposizioni negative)* nothing; anything: *avere di che preoccuparsi,* to have something to be worried about — *Non ha di che vivere,* He has nothing to live on; He hasn't anything to live on — *Non c'è di che!,* Don't mention it!; Not at all!

3 - **a)** *(temporale: in cui)* that; when; in which *(NB: spesso non viene tradotto): il giorno che partimmo,* the day we left — *Posso venire nel giorno che vuoi,* I can come when you like.

b) *(di luogo)* that; where: *È qui che s'incontrano,* It's here that *(o* where) they meet.

4 *(correlativo di 'stesso')* as; that: *Ha gli stessi problemi che hanno tutti i ragazzi della sua età,* He has the same problems that all boys of his age have; He has the same problems as all boys of his age.

5 *(la qual cosa)* which; this: *È partito, il che significa che non lo vedremo per altri sei mesi,* He's left, which means that we shan't be seeing him again for another six months — *dal che si deduce...,* from which we infer that...; and from this we infer that...

VI *pron indef* something: *C'era un che di insolito,* There was something strange — *un certo non so che,* a certain something; a 'je ne sais quoi' *(fr.)* — *Questo pesce non è un gran che,* This fish is nothing special.

[2]**che** *congiunz* **1** - **a)** *(dichiarativa)* that *(NB: spesso non viene tradotto): Mi disse che avrebbe scritto,* He told me (that) he would write — *Spero che lei venga,* I hope that she will come; I hope she'll come — *Sento che non ce la farà,* I feel (that) he won't be up to it — *Posto che...; Ammesso che...,* Assuming that...

b) *(dopo verbi indicanti volontà, ecc., si usa la costruzione oggettiva) Voglio che egli resti qua,* I want him to remain here — *Desidero che si faccia subito,* I want it done at once.

2 *(causale)* for *(seguito dal gerundio): Ti sono grato che tu mi abbia scritto,* I'm grateful to you for writing to me.

3 *(consecutiva)* that: *Era così agitato che non capiva nulla,* He was so agitated that he couldn't understand a thing — *Il lavoro era così malfatto che fu necessario rifarlo da capo,* The work was so bad that it had to be done again from scratch.

4 *(finale)* that; so that *(NB: spesso non viene tradotto): Stai attento che non cada,* Mind it doesn't fall — *Badate che non succeda più,* Make sure it doesn't happen again.

5 *(temporale)* - **a)** *(quando)* when: *Arrivai che era appena partito,* I arrived when he had just left.

b) *(da quando) È da un anno che non lo vedo,* I haven't seen him for a year.

6 *(concessiva)* as far as: *... che io sappia,* ... as far as I know.

7 *(eccettuativa)* only; but: *Non studia che di notte,* He only studies at night — *non far altro che...,* to do nothing but... — *Non fa (altro) che parlare di sé,* He does nothing but talk about himself.

8 *(comparativa)* than: *È più che naturale,* It's more than natural — *È più furbo che intelligente,* He's more cunning than intelligent — *Preferisco scrivere che telefonare,* I prefer to write rather than to telephone — *più che mai,* more than ever.

9 *(in frasi esclamative, ottative o imperative non si traduce o si traduce con forme idiomatiche) Che il cielo non voglia!,* Heaven forbid! — *Che vada!,* Let him go!

10 *(in frasi interrogative, per fare supposizioni)* perhaps...; can it be that...?: *Che si sia sbagliato?,* Can he be mistaken?; Can he have made a mistake?

11 *(in alcune espressioni e in alcune locuzioni congiuntive) sia che... sia che...,* whether... or... — *Sia che ti piaccia, sia che non ti piaccia, lo dovrai fare,* You'll have to do it, whether you like it or not — *dopo che...,* after... — *prima che,* before — *tranne che,* except when — *salvo che,* unless; except when — *una volta che,* once when; as soon as — *Una volta che l'avrai finito, spediscimelo,* Once you've finished it, send it to me.

checché *pron indef* whatever.

chela *sf* nipper; claw.

cherubino *sm* cherub *(anche fig.; pl. anche)* cherubim.

chetamente *avv* quietly.

chetare *vt (calmare)* to quiet; to quieten; to still; to make* still; *(lo spirito, i sentimenti)* to appease; *(far zittire)* to hush; to silence: *chetare un creditore,* to keep a creditor quiet.

□ **chetarsi** *v. rifl* to quiet down; to be* quiet; *(fare silenzio)* to hush; to be* silent.

chetichella *(nella locuzione avv.) alla chetichella,* silently; inconspicuously: *entrare (uscire) alla chetichella,* to slip in (to slip out).

cheto *agg* quiet; silent. □ *L'acqua cheta rompe il ponte, (prov.)* Still waters run deep — *(donde) acqua cheta, (riferito a persona)* a deep one *(fam.).*

chi *pron* **I** *interrogativo* **1** *(soggetto)* who: *Chi sei?,* Who are you? — *Chi è?, (alla porta)* Who's there?; Who is it? — *Chi lo sa?,* Who knows? — *E chi lo sa?, (fam.)* I don't know — *Non so chi sia,* I don't know who he is.

2 - **a)** *(oggetto e compl. indiretti)* who(m): *Con chi sei uscito?,* Who(m) did you go out with? — *Con chi stavi parlando?,* Who were you talking to? — *Di chi stai parlando?,* Who(m) are you talking about? — *Di chi hai paura?,* Who are you afraid of?

b) di chi, *(possessivo)* whose: *Di chi è quella casa?,* Whose house is that?

3 *(riferito a un numero ristretto di persone)* which: *Chi di voi può venire?,* Which of you can come?

II *relativo* - **a)** *(soggetto: colui che)* he who; the man who; *(colei che)* she who; the woman who; *(la persona che)* the person who; *(coloro che)* they who; those who; the people who; *(indefinito: chiunque)* anyone who; whoever: *Ride bene chi ride ultimo, (prov.)* He who laughs last laughs longest — *Chi non paga non può entrare,* Those who don't pay cannot get in — *Chi risponde è un genio,* Anyone who answers is a genius — *Può andare chi vuole,* Anyone who wants can go.

b) *(compl.: colui che)* the man (whom); *(colei che)* the woman (whom); *(la persona che)* the person (whom); the one (whom); *(coloro che)* those (whom); the ones (whom); the people (that); *(indefinito: chiunque)* whoever: *Dillo a chi ti pare,* Tell it to whoever you like — *Esco con chi mi pare,* I go out with whoever I like.

c) *(indefinito: uno che, qualcuno che)* one who; someone who; somebody who: *Cerco chi possa aiutarlo,* I'm looking for someone who can help him.

d) *(indefinito: nessuno che)* no one who; nobody who; *(in frasi con il v. negativo)* anyone (anybody) who: *Non trova chi gli aggiusti il tetto,* He can't find anybody who can mend the roof for him.

e) *(indefinito: se uno, se qualcuno)* if one...; if anybody...; if you...; in case you...; anyone who...: *Chi volesse iscriversi può farlo ora,* Anyone who wants to put his name down may do so now — *Chi avesse bisogno di informazioni può rivolgersi in segreteria,* Anyone in need of information can apply to the secretariat.

III *indefinito* **chi... chi,** some... some; some... others; some people *(tutti pl. in inglese): C'era chi cantava, chi ballava,* Some were singing, others were dancing — *Chi dice una cosa, chi ne dice un'altra,* Some say one thing, some say another.

chiacchiera *sf* chat; chatter; chit-chat; (idle) talk; *(diceria)* rumour; tale; talk; *(pettegolezzo)* gossip; gossiping; *(loquacità)* loquacity; gift of the gab *(fam.): fare quattro chiacchiere,* to have a chat — *Poche chiacchiere, fuori di qua!,* Less talk (Cut the cackle); get out of here! — *troppe chiacchiere,* too much talk — *avere molta chiacchiera,* to have a glib tongue — *avere poca chiacchiera,* not to like talking — *perdersi in chiacchiere,* to waste time in useless chatter — *A chiacchiere tutti sono buoni,* Anyone can talk; It's easy to talk.

chiacchierare *vi* **1** to chat; to talk; *(molto e scioccamente)* to chatter; to be* a chatterbox; *(di bambini)* to prattle: *chiacchierare del più e del meno,* to talk idly; to chat about one thing and another (about this and that). **2** *(spettegolare)* to gossip.

chiacchierata *sf* **1** chat; informal talk; chit-chat *(fam.);* chinwag *(sl.).* **2** *(discorso noioso)* empty talk; gas; wind; hot air.

chiacchiericcio *sm* chattering.

chiacchierino *sm* chatterer; chatterbox.

□ *agg* chattering; chatty.

chiacchierio *sm* chattering.

chiacchierone *agg (ciarliero)* talkative; that likes talking.

□ *sm* talkative person; great talker; *(spreg.)* chatterer; chatterbox; *(pettegolo)* gossip; *(chi lascia sfuggire segreti)* one who cannot hold his tongue: *È un gran chiacchierone!,* He'd talk the hind leg off a donkey!

chiamare *vt* **1** *(imporre un nome a)* to call; to name: *Lo chiamarono Carlo,* They called (They named) him Carlo.

2 to call; *(dir.)* to summon: *chiamare qcno per telefono,* to call sb (up); to ring sb up — *Il dovere mi chiama,* Duty calls (me) — *Lo chiamarono a testimone nel processo Pautasso,* They called (They summoned) him as a witness in the Pautasso case — *Chiamami domattina alle cinque,* Call me tomorrow morning at five — *'Pilota chiama torre di controllo',* 'Pilot calling control-tower' — *chiamare ad alta voce,* to call out — *chiamare aiuto,* to call for help — *chiamare alle armi,* to call up — *chiamare a raccolta,* to rally; to gather; to assemble — *chiamare alla ribalta, (teatro)* to take a curtain call — *chiamare un taxi, (per la strada)* to hail a taxi; *(per telefono)* to ring for (to call) a taxi.

3 *(far venire)* to call for; *(mandare a chiamare)* to send* for: *Chiamate subito il dottore,* Send for the doctor at once.

4 *(alle carte)* to call; to declare; to bid*.

5 *(tirare, attirare, portar con sé)* to call (for); to bring* (with it): *Un favore chiama l'altro,* - **a)** *(è il primo di una serie)* One good turn deserves another - **b)** *(se gli dai il dito ti prende il braccio)* (If you) give him an inch he'll take an ell; One good turn leads to another — *essere chiamato in causa, (fig.)* to come into it (into the picture) — *Molti sono i chiamati e pochi gli eletti, (Vangelo)* Many are called but few are chosen.

□ **chiamarsi** *v. rifl* **1** *(aver nome)* to be* called: *Come si chiama questa cosa?,* What is this (thing) called? — *Come si chiama questo in inglese?,* What's the English for this? — *Come si chiama tua sorella?,* What's your sister's name?

2 *(considerarsi)* to consider oneself; to count oneself: *Possiamo ben chiamarci fortunati,* We can definitely consider ourselves lucky — *chiamarsi vinto,* to count oneself beaten — *chiamarsi in colpa,* to plead guilty; *(fam.)* to admit that one is wrong — *Questo si chiama parlar chiaro!,* Now that really is straight talk!; Now that's what I call frankness!

chiamata *sf* **1** call *(anche fig.).* **2** *(dir.: di tribunale)* summons. **3** *(telefonica)* call; telephone-call: *chiamata urbana,* local call — *chiamata interurbana,* trunk-call; *(USA)* long-distance call. **4** *(mil.: alle armi)* call-up; call to arms; *(USA)* draft. **5** *(tipografia: segno di richiamo)* cross-reference (mark); footnote.

chiappa *sf* buttock.

chiara *sf (fam.)* white (of an egg).

chiaramente *avv* **1** *(in modo chiaro)* clearly; *(francamente)* frankly; plainly. **2** *(evidentemente)* evidently.

chiaretto *sm* light red wine; *(italiano)* 'chiaretto'; *(se di Bordeaux)* claret.

chiarezza *sf* clarity; lucidity; *(limpidezza)* clearness; *(spec. fig.)* clarity: *spiegare qcsa con chiarezza,* to explain sth clearly.

chiarificare *vt* to clarify.

chiarificatore *sm* clarifier.

chiarificazione *sf* clarification; clearing up; *(spiegazione)* frank explanation.

chiarimento *sm* explanation; clearing up (of a point).

chiarire *vt* **1** *(rendere chiaro o limpido)* to clarify; to make* clear. **2** *(fig.: spiegare, appurare)* to make* clear; to clear up; to explain: *chiarire un dubbio,* to remove a doubt.

□ **chiarirsi** *v. rifl* **1** to become* clear; to be* cleared up. **2** *(del tempo)* to clear up; to clear.

chiarissimo *agg* most distinguished; renowned: *Chiarissimo professore A. Rossi, (in un indirizzo)* Prof. A. Rossi — *Chiarissimo professore, (in una lettera)* Dear Prof. Rossi *(NB: deve seguire il cognome).*

chiaro **I** *agg* **1** clear; *(luminoso)* bright; *(sereno)* cloudless; *(di colore)* light; pale; *(di stile, espressione)* lucid; clear: *una voce chiara,* a clear voice — *Era giorno chiaro,* It was broad daylight — *grigio chiaro,* pale grey. **2** *(evidente)* clear; obvious; evident; plain; manifest; *(fig.: netto, deciso)* straight: *chiaro come la luce del sole,* clear as day; as plain as daylight — *Per me la conclusione è chiara,* For me the conclusion is obvious (plain) — *un chiaro rifiuto,* a clear (a straight) refusal — *un no chiaro e tondo,* a straight no — *Patti chiari, amicizia lunga, (prov.)* Short reckonings make long friends. **3** *(famoso)* famous; celebrated; eminent; distinguished; renowned: *uno studioso di chiara fama,* an eminent scholar; a scholar of great distinction.

II *sm* clearness; brightness; *(luce)* light; *(giorno)* day; daylight: *chiaro di luna,* moonlight; moonshine — *al chiaro del sole,* in the sunshine — *i chiari di un quadro,* the lights in a painting — *Preferisco il chiaro all'oscuro,* I prefer light colours to dark — *Si sta facendo chiaro,* Day is breaking; It is dawning. □ *con questi chiari di luna, (fig.)* in these difficult times — *mettere in chiaro qcsa,* to clear sth up — *vestirsi di chiaro,* to wear light-coloured clothes; to dress in light colours — *venire in chiaro di qcsa,* to get to know sth — *chiaro d'uovo, (fam.)* egg white.

III *come avv* clearly; *(con franchezza)* frankly; openly; in plain English: *chiaro e tondo,* plainly; in plain English — *Mi disse chiaro e tondo di andarmene,* He told me in no uncertain terms to go away — *parlar chiaro,* to speak frankly — *Parliamoci chiaro!,* Let's be frank! — *vederci chiaro in qcsa,* to see clearly into sth — *non vederci chiaro in qcsa,* to suspect fraud (*o* foul play) in sth.

chiarore *sm* glimmer; patch of light; glow; *(della luna)* moonshine; radiance: *al chiarore dell'alba,* at the first light of dawn.

chiaroscuro *sm* light and shade; chiaroscuro.

chiaroveggente *agg* clairvoyant; far-seeing. □ *sm e f.* clairvoyant; fortune-teller.

chiaroveggenza *sf* **1** clear-sightedness. **2** *(divinazione)* clairvoyance; fortune-telling.

chiasma, chiasmo *sm* **1** *(retorica)* chiasmus. **2** *(med.)* chiasma.

chiassata *sf* **1** *(strepito)* din; shindy; hubbub; racket. **2** *(scenata)* row; rowdy (noisy) scene. **3** *(burla grossolana)* hoax; joke; jest.

[1]**chiasso** *sm* din; hubbub; racket; clatter; row; uproar; *(gioco chiassoso)* romp: *fare chiasso,* to make a noise; to make a row; *(fare scalpore)* to cause a stir; *(di bambini al gioco)* to romp.

[2]**chiasso** *sm (vicolo)* lane; row.

chiassoso *agg* **1** rowdy; noisy. **2** *(fig.)* gaudy; showy.

chiatta *sf* **1** barge; scow; wherry: *ponte di chiatte,* pontoon bridge. **2** *(nei porti)* lighter: *scaricare (trasportare) con chiatte,* to lighter. **3** *(traghetto)* ferry.

chiavaccio *sm* (big) bolt: *esserci tanto di chiavaccio,* to be bolted and barred.

chiavarda *sf* bolt.

chiavare *vt (volg.)* to fuck *(volg.);* to screw *(volg.).* □ *vi* to have* a fuck, a screw *(volg.).*

chiavata *sf (volg.)* **1** fuck *(volg.);* screw *(volg.).* **2** *(fregatura)* take-in *(sl.).*

chiave *sf* **1** key *(anche fig.): chiave di casa,* latchkey — *chiave maestra, apritutto,* master-key; skeleton key — *un mazzo di chiavi,* a bunch of keys — *buco della chiave,* key-hole — *chiudere a chiave,* to lock — *tenere qcsa sotto chiave,* to keep sth locked up (*o* under lock and key) — *le Chiavi di San Pietro,* St Peter's keys — *la chiave di volta, (archit. e fig.)* keystone. **2** *(fig.)* key; clue: *la chiave di un indovinello,* the clue to a riddle — *la chiave di un messaggio cifrato,* cipher-key — *uomo chiave,* key man — *teste chiave,* key witness — *punto chiave,* essential point — *industria chiave,* key industry. **3** *(mecc.)* key; spanner; *(USA)* wrench: *chiave di accensione, (di un autoveicolo)* ignition key — *chiave di accordatore,* tuning hammer — *chiave a catena, (per tubisti)* chain tongs; chain pipe wrench — *chiave inglese, a rollino,* adjustable spanner; *(USA)* monkey wrench — *chiave a pipa,* elbowed wrench — *chiave snodata,* universal socket wrench. **4** *(mus.)* clef: *chiave di violino,* treble clef — *chiave di basso,* bass clef. □ *una interpretazione in chiave moderna,* an interpretation in modern terms.

chiavetta *sf* **1** *(rubinetto)* tap. **2** *(di orologio, ecc.)* key; winder. **3** *(mecc.)* spline; key.

chiavica *sf* **1** *(fogna)* drain; sewer. **2** *(smaltitoio)* sinkhole.

chiavistello *sm* latch; bolt: *chiavistello a saliscendi,* thumb-latch.

chiazza *sf* **1** *(macchia)* (spreading) stain; spot. **2** *(di neve, ecc.)* patch.

chiazzare *vt* **1** to stain; to spot. **2** *(variegare)* to dapple.

chiazzato *agg* **1** *(macchiato)* stained; splashed; spotted. **2** *(variegato)* variegated; dappled.

chicchera *sf* cup (with handle).

chicchessia *pron* anyone; anybody.

chicchirichi *sm* cock-a-doodle-doo: *fare chicchirichì,* to crow — *al primo chicchirichì,* at cock crow.

chicco *sm* **1** *(di cereale)* grain; *(di melograna)* seed; *(di* *caffè)* bean. **2** *(di un rosario)* bead. □ *chicco di grandine,* hailstone — *chicco d'uva,* grape.

chiedente *sm e f.* applicant; petitioner.

chiedere *vt* **1** *(per sapere)* to ask; *(per avere)* to ask (for); *(richiedere)* to request; *(imperiosamente)* to demand; *(umilmente)* to beg; *(indagare, informarsi)* to inquire: *Gli chieda quanto costa,* Ask him how much it costs — *Chiede se vieni o no,* He's asking (He wants to know) whether you're coming or not — *chiedere un favore a qcno,* to ask a favour of sb; to ask sb a favour — *Chiesi solo un bicchiere d'acqua,* I only asked for a glass of water — *chiedere la mano di una donna,* to ask (for) a lady's hand — *chiedere qcsa in prestito,* to ask for the loan of sth; to ask to borrow sth — *chiedere il permesso a qcno,* to ask sb's permission — *chiedere di qcno,* to ask for sb — *chiedere notizie di qcno,* to ask after sb; to inquire after sb — *Mi hanno chiesto di uscire un momento,* They requested me to step outside (to leave the room) for a moment — *Chiesi di vedere il mio avvocato,* I demanded to see my lawyer — *chiedere l'elemosina,* to beg (for alms) — *chiedere perdono a qcno,* to beg (to ask) sb's pardon — *Chiedemmo inutilmente se c'era un treno per la capitale,* We inquired in vain if there was a train for the capital — *chiedere scusa a qcno (per qcsa),* to apologize to sb (for sth) — *Chiedo scusa!,* I'm sorry!; Excuse me! — *Chiedo scusa, ma non ho capito,* I beg your pardon, but I didn't understand. **2** *(riferito a prezzi)* to ask; to charge: *Per quell'anello mi chiese ventimila lire,* He charged me twenty thousand lire for that ring — *Quanto chiede?,* How much is he asking?

□ **chiedersi** *v. rifl* to wonder: *Mi chiedo cosa sia successo,* I wonder what has happened.

chierica *sf* **1** tonsure: *portare la chierica,* to be in holy orders. **2** *(al pl.: religiosi, ecclesiastici)* priests and monks; clergymen. **3** *(scherz.: calvizie)* baldness: *avere la chierica,* to begin to go bald; to be balding.

chierichetto *sm* altar-boy; *(corista)* choir-boy.

chierico *sm* **1** *(religione)* cleric; priest in minor orders; acolyte. **2** *(lett.: dotto)* scholar.

chiesa *sf (edificio)* church; *(spesso, di setta non conformista)* chapel; *(per estensione: unione o comunità di fedeli)* Church: *andare in chiesa,* to go to church — *un uomo (una donna) di chiesa,* a church-goer — *la chiesa militante,* the Church militant — *In chiesa coi santi, in taverna coi fanti, (prov.)* When in Rome do as the Romans do.

chiglia *sf* keel.

[1]**chilo** *sm* ⇨ **chilogrammo.**

[2]**chilo** *sm (med.)* chyle. □ *fare il chilo,* to rest after a meal.

chilogrammo *sm* kilogramme; kilogram; *(abbr.)* kilo.

chilometraggio *sm* kilometres covered; *(in miglia)* mileage.

chilometrico *agg* **1** kilometric: *percorso chilometrico,* distance in kilometres. **2** *(fig.)* long-winded; never-ending.

chilometro *sm* kilometre: *chilometro lanciato,* flying kilometre.

chimera *sf* **1** chim(a)era. **2** *(fig.)* fancy; illusion; chim(a)era.

chimerico *agg* chimerical; fantastic; visionary; illusory.

chimica *sf* chemistry.

chimicamente *avv* chemically.

chimico *agg* chemical: *prodotti chimici,* chemicals — *guerra chimica,* chemical warfare.

□ *sm* (research) chemist.

chimono *sm* kimono: *maniche a chimono,* kimono sleeves.

[1]**china** *sf (declivio)* slope; declivity; descent. □ *prendere una brutta china, (di persone)* to start going wrong; to take a wrong turning; *(di cose)* to take a turn for the worse — *essere sulla china degli anni,* to be growing old; to have gone over the top of the hill *(fam.).*

[2]**china** *sf (bot.)* cinchona; quinquina; *(corteccia)* cinchona bark.

[3]**china** *sf (ellitticamente per) inchiostro di china,* Indian (*o* China) ink: *passare un disegno a china,* to ink in a drawing.

chinare *vt* to bend*; to bow; to lower: *chinare lo sguardo, il volto,* to lower one's eyes — *chinare il capo, (in segno di saluto)* to bend one's head; to bow (to sb); *(per pregare)* to bow one's head; *(per dir di sì, per il sonno)* to nod; *(fig.: cedere)* to bow one's head; to give in; to yield; *(fig.: la fronte, in segno di rispetto)* to respect; to admire (sb for sth).

□ **chinarsi** *v. rifl.* **1** to stoop; to bend* down; to bow down. **2** *(fig.: sottomettersi)* to submit; to give* in; to yield.

chinato *agg* containing quinine.

chincagliere *sm* dealer in knick-knacks.

chincaglieria *sf* **1** knick-knacks; bric-à-brac. **2** *(negozio)* gift-shop.

chinino *sm* quinine.

chino *agg* bowed; bent; stooping: *a capo chino,* with bent head; with head bowed.

chioccia *sf* sitting hen; hen with a brood of chicks.

chiocciare *vi* to cackle; to cluck.

chioccio *agg* clucking; husky.

chiocciola *sf* **1** *(zool.)* snail. **2** *(mecc.)* scroll; volute; *(di tornio)* lead nut; screw nut. □ *scala a chiocciola,* spiral staircase.

chioccolare *vi* **1** to warble. **2** *(gorgogliare)* to gurgle.

chioccolio *sm* **1** warbling. **2** *(di ruscello, ecc.)* gurgling.

chiodaiolo *sm* **1** nailmaker. **2** *(fig.)* person with many debts.

chiodame *sm* (assortment of) nails.

chiodare *vt* to rivet.

chiodato *agg* nailed: *scarpe chiodate,* hobnailed boots — *bastone chiodato,* spiked stick.

chiodatrice *sf* riveting machine; riveter.

chiodatura *sf* riveting; *(giunto)* riveted joint.

chioderia *sf* **1** nail-factory. **2** *(chiodame)* nails *(pl.).*

chiodo *sm* **1** nail; *(a capocchia larga, borchia)* stud; *(da ribadire)* rivet; *(a testa bombata, per tappezzeria)* gimp nail; *(in alpinismo)* piton; peg; *(per battistrada di pneumatici)* spike; *(da scarpone)* nail; hobnail; *(di scarpa da calciatore)* stud; *(di scarpa da corsa, per l'atletica leggera)* spike; *(di rinforzo, senza testa)* sprig; *(a testa tonda)* button-head rivet; *(a testa larga)* mushroom-head rivet: *gambo del chiodo,* rivet shank — *piantare un chiodo,* to drive in (to hammer in) a nail — *togliere un chiodo,* to draw out (to take out) a nail — *ribadire un chiodo,* to rivet a nail. **2** *(idea fissa)* (fixed) idea: *È difficile togliergli di testa quel chiodo!,* It's difficult to get that idea out of his head! (that bee out of his bonnet) — *piantare (ribadire) il chiodo (ostinarsi),* to be obstinate; to insist on (sth). **3** *(dolore, fitta)* pain; pang: *chiodo isterico, (med.)* 'clavus hystericus' — *chiodo solare, (med.)* neuralgic headache. **4** *chiodo di garofano,* clove. **5** *(fig., fam.: debito)* debt: *piantar chiodi, (fig.)* to run into debt — *Ha lasciato dei chiodi un po' ovunque,* He has run heavily into debt; He has left a trail of debts behind him. □ *È magro come un chiodo,* He is as thin as a rake — *Roba da chiodi!,* It's (It was) just incredible (simply unbelievable)! — *attaccare la racchetta, i guantoni, ecc., al chiodo,* to hang up one's racket (one's gloves, *ecc.*) for good — *Batti il chiodo finché è caldo,* Make hay while the sun shines; Strike while the iron is hot — *Chiodo scaccia chiodo, (prov.)* One pain (One thing, One evil) drives out another.

chioma *sf* **1** head of hair; long thick hair; *(poet., scherz.)* (flowing) hair. **2** *(criniera)* mane. **3** *(di cometa)* halo. **4** *(d'albero)* foliage.

chiomato *agg* **1** long-haired. **2** *(d'albero)* leafy.

chiosco *sm* **1** kiosk; open-air stall; booth; *(di giornalaio)* news-stand; kiosk. **2** *(in giardino)* shelter; summer-house.

chiostra *sf* **1** *(recinto)* enclosure. **2** *(di montagne)* encircling chain; barrier. **3** *(di denti)* arch.

chiostro *sm* cloister: *la vita del chiostro,* life in the cloister; the cloistered life.

chiromante *sm e f.* palmist; fortune-teller.

chiromanzia *sf* palmistry; fortune-telling.

chirurgia *sf* surgery: *chirurgia plastica,* plastic surgery.

chirurgicamente *avv* surgically.

chirurgico *agg* surgical.

chirurgo *sm* surgeon.

chissà *avv* **1** heaven knows; who knows; I wonder whether: *Chissà quando verrà,* Who knows when he will come — *Chissà se piove al mare,* I wonder whether it's raining at the seaside. **2** *(forse)* perhaps; maybe: *'Verrai a teatro stasera?' - 'Chissà!',* 'Are you coming to the theatre tonight?' - 'Perhaps (Maybe)!'.

chitarra *sf* guitar.

chitarrista *sm e f.* guitarist; guitar-player.

chiudenda *sf* **1** *(steccato)* hedge; fence. **2** *(serranda)* shutter.

chiudere *vt* **1** to shut*; to close; *(con la chiave)* to lock; *(sbarrare)* to bar; *(bloccare)* to block: *Chiudi la bocca,* Shut your mouth — *Chiudi il becco!,* Shut up! — *Ho dimenticato di chiudere la porta,* I've forgotten to shut the door — *Hanno chiuso (sbarrato) tutti i cancelli,* They've barred all the gates — *chiudere il passo,* to block (to bar) the way — *chiudere un conto, (bancario)* to close an account — *chiudere (sigillare) una lettera,* to seal (up) a letter — *chiudere il pugno,* to clench one's fist — *chiudere violentemente,* to slam — *chiudere a catenaccio,* to bolt — *chiudere a chiave,* to lock — *chiudere con un lucchetto,* to padlock — *chiudere ermeticamente,* to seal — *chiudere i boccaporti, (naut.)* to batten down the hatches — *chiudere un circuito, (elettr.)* to close (to make) a circuit.

2 *(recingere, limitare, circondare)* to enclose; to surround; to shut* in: *Il parco era chiuso da un muro di mattoni rossi,* The garden was enclosed by a red brick wall — *un lago chiuso da altissimi picchi nevosi,* a lake surrounded by lofty snow-covered peaks — *chiudere con un recinto (uno steccato),* to fence in — *chiudere con un muro,* to wall up (*o* in).

3 *(terminare, concludere, finire)* to close; to finish; to conclude; to end; *(sistemare)* to settle; *(un negozio, una fabbrica)* to close down; to shut* down; to shut* up; *(una società, e talvolta fig., un discorso)* to wind* up: *Il Ministro degli Esteri chiuderà il dibattito,* The Foreign Minister *(GB* Foreign Secretary*)* will close (*o* wind up) the debate — *Chiuse la sua conferenza con una serie di diapositive,* He concluded (He finished) his lecture with a series of colour slides — *Chiuse i suoi giorni nella più nera miseria,* He ended his days in the blackest misery — *Se questi scioperi continueranno, sarà costretto a chiudere la fabbrica,* If these strikes continue, he will be forced to close down (to shut down) the factory — *chiudere una lettera, (mettere i saluti)* to conclude a letter — *'Debbo chiudere ora', (in una lettera)* 'I must close now' — *chiuder bottega, (per la notte)* to shut up shop; *(per sempre)* to close down — *chiuder casa,* to shut up house.

4 *(staccare, spegnere, disinnestare)* to shut* off; to turn off (*o* out); to switch off; to close: *chiudere la radio (il televisore),* to switch off the radio (the television) — *chiudere il rubinetto,* to turn off the tap — *chiudere il gas,* to shut off (to turn off) the gas — *chiudere qcsa in corto circuito,* to short-circuit sth.

5 *(rinchiudere)* to shut* up: *Non dovevi chiudere il cane in cucina,* You shouldn't have shut the dog up in the kitchen.

6 *(tappare)* to plug; to stop; to cork *(con sughero);* to bung *(con tappo di gomma): chiudere una bottiglia,* to cork a bottle — *chiudere un buco,* to stop (up) a hole. □ *Non ho chiuso occhio per più di ventiquattro ore,* I haven't slept a wink for twenty-four hours — *chiudere la bocca a qcno, (fig.)* to shut sb up (to shut sb's mouth; to gag sb) — *chiudere un occhio su qcsa,* to shut one's eyes to sth; to let sth pass; to wink at sth; to turn a blind eye to sth — *chiudere in dissolvenza, (cinema e televisione)* to fade out — *chiudere le orecchie a qcsa,* to shut one's ears at (*o* to) sth.

□ *vi* **1** to close; to shut*: *Questo cassetto non chiude bene,* This drawer won't shut (won't close) properly — *Il museo chiude tardi la domenica,* The museum closes late on Sundays.

2 *(finire)* to finish; to end: *Ho chiuso per sempre con loro,* I've finished with them for good — *chiudere in bellezza,* to finish well; to end well; to end on a happy note — *chiudere in perdita (in attivo),* to show a loss (a profit).

□ **chiudersi** *v. rifl* **1** to shut*; to close: *Il cancello si chiuse cigolando,* The gate closed with a creaking (a grating) noise — *Si chiude!,* Closing time!

2 *(del cielo, in senso meteorologico)* to cloud over; to become* overcast; to close in: *Il cielo si sta chiudendo,* The sky is becoming overcast (is clouding over).

3 *(rimarginarsi, di ferita)* to heal over.

4 *(rinchiudersi in sé stesso)* to withdraw* into oneself.

5 *(rinchiudersi)* to shut* oneself up.

chiunque **I** *pron indef (chicchessia, qualunque persona)* anybody; anyone: *Chiunque al mio posto avrebbe fatto lo stesso,* Anyone would have done the same in my place — *chiunque altro,* anybody (*o* anyone) else — *Posso fare questo meglio di chiunque altro,* I can do this better than anybody else.

II *pron relativo indef* **1** *(qualunque persona che..., usato come soggetto)* whoever; anyone who (*o* that); anybody who (*o* that); *(enfatico)* whosoever; *(riferito ad un numero limitato di persone)* whichever: *Chiunque dica una cosa simile è un bugiardo,* Whoever says such a thing is a liar — *Potrà farlo chiunque lo voglia,* Anyone who wants may do it — *chiunque sia,* whoever it is; whoever it may be.

2 *(compl. oggetto e altri casi indiretti, meno il genitivo)* whomever; whoever; *(enfatico)* whomsoever; anyone who (*o* that); anybody who (*o* that); no matter who(m); *(riferito ad un numero limitato di persone)* whichever: *Chiunque tu veda, parlagli,* Whoever you see, talk to him — *Dàllo a chiunque tu voglia,* Give it to whomever *(fam.* to whoever*)* you like — *Aiutava chiunque avesse bisogno,* He would help anyone who needed it — *Di chiunque tu stia parlando, non dovresti fare simili apprezzamenti,* No matter whom (*o* whoever) you are talking about, you shouldn't make such unkind remarks — *Di chiunque parli, ne dice sempre male,* Whoever he talks about, he always criticizes them.

3 di chiunque *(compl. di possesso)* whosever *(lett. e formale); (più comune)* whoever... to (*o* about, of): *Di chiunque sia questa automobile, devo dire che non mi piace,* Whosever this car is (Whoever this car belongs to), I must say I don't like it.

chiurlare *vi* to hoot; to to-whit; to to-whoo.

chiurlo *sm* **1** *(zool.)* curlew: *chiurlo piccolo,* whimbrel. **2** *(fig.: sempliciotto)* simpleton.

chiusa *sf* **1** *(recinto)* enclosure. **2** *(sbarramento di corso d'acqua)* dam; weir; dyke; water gate; sluice; *(di canale)* lock. **3** *(conclusione)* ending; close; conclusion.

chiusino *sm* **1** *(di fogna)* trap. **2** *(stradale)* manhole cover.

chiuso *agg* **1** shut; closed: *Il museo rimane chiuso il lunedì,* The museum is closed on Mondays — *chiuso per riposo settimanale,* weekday closing — *Tieni la bocca chiusa!,* Keep your mouth shut! — *circuito chiuso,* closed circuit. **2** *(di tempo: coperto)* overcast; cloudy. **3** *(stretto)* narrow *(anche fig.)*: *una mente chiusa,* a narrow-minded person. **4** *(fig.: riservato)* reserved. **5** *(concluso)* settled; *(comm.)* settled; balanced. □ *a porte chiuse,* behind closed doors; in camera *(lat.)* — *Lo farei a occhi chiusi,* I could do it blindfold (with my eyes closed) — *a occhi chiusi, (fig.)* with the utmost confidence — *a bocca chiusa, (mus.)* humming — *Chiuso!, (cioè Basta!)* Enough!

□ *sm* enclosed space (land); enclosure; close *(dir.)*; *(per bestiame)* pen; *(per pecore)* fold: *Qui c'è odore di chiuso,* The air here is stale.

chiusura *sf* **1** *(il chiudere)* closing; shutting (down); *(di dibattito parlamentare)* closure; *(fine)* close; end; conclusion: *l'ora di chiusura,* closing time — *discorso di chiusura,* closing speech — *chiusura dei conti, (comm.)* closing of accounts — *la chiusura d'un negozio (di uno stabilimento), (per cessazione d'attività)* the shutting down of a shop (of a factory) — *in chiusura di capitolo,* at the end of the chapter. **2** *(mecc.: serratura, allacciatura)* lock; locking; fastening; *(bloccaggio)* gripping: *chiusura automatica,* self-locking — *chiusura lampo,* zipper; zip(-fastener).

choc *sm (med.)* shock: *soffrire di choc,* to be suffering from shock.

[1]**ci** *pron* **1** *(pron. personale compl.)* us: *Ci dissero di farlo così,* They told us to do it like that — *Ci guardarono con occhi sbarrati,* They stared at us — *Per favore, ascoltateci,* Please, listen to us — *Non ci nascosero nulla,* They hid nothing from us — *Eccoci!,* Here we are!

2 *(pron. rifl.)* ourselves *(ma è spesso sottinteso)*: *Spesso noi ci giudichiamo più benignamente di quanto non facciamo con gli altri,* We often judge ourselves with more indulgence than we do other people — *Ci lavammo e ci vestimmo in meno di un quarto d'ora,* We washed and got dressed in less than a quarter of an hour.

3 *(pron. reciproco)* each other *(se tra due persone)*; one another *(tra più di due persone)*: *Maria ed io ci guardammo negli occhi,* Maria and I stared at each other — *A casa mia ci vogliamo tutti molto bene,* In our family we love one another very much — *Ci vediamo mercoledì,* We'll see one another on Wednesday; *(più comune, nel discorso diretto)* See you on Wednesday — *Ciao, ci vediamo!,* 'Bye, be seeing you!; See you!

4 *(pron. dimostrativo: idiomatico nei casi obliqui)* this; that; it: *Ci puoi contare!,* You may depend upon it! — *Pensaci!,* Think about it!; Think it over! — *Ci penso io!,* Leave it to me! — *Dormiamoci sopra!,* Let's sleep on it! — *Ci ho molto piacere!,* I am very glad about that (*o* of it)! — *Ci credo,* I can well believe it.

5 *(fam., per 'con lui', 'con lei', ecc.)* with (*o* to) him, her, *ecc.*: *Con lui non ci voglio parlare,* I don't want to talk to him.

[2]**ci** *avv di luogo* **1** *(qui)* here; *(là)* there *(spesso pleonastico in ital.: omesso in inglese)*: *Ci siamo e ci restiamo,* We are here and we'll stay here — *Andai a Londra e ci rimasi per una quindicina di giorni,* I went to London and stayed (there) for a fortnight — *Abito in montagna e ci sto bene,* I live in the mountains and I like it very much (there) — *Ci vorrei tornare,* I'd like to go back (there) — *Mio figlio non c'è,* My son's out; My son's not in; My son isn't in; My son's not here — *Non ci passerei mai di notte,* I'd never go down there at night.

2 **(c'è)** there is; **(ci sono)** there are: *C'è qualcosa che non va nel tuo compito,* There is something wrong in your homework — *C'è qualcosa per me?,* Is there anything for me? — *C'è modo e modo,* There's a right way and a wrong way — *Non c'è verso di convincerlo,* There's no way of convincing him — *C'erano parecchie persone,* There were many people — *Tra Giovanni e Carlo ci corre molto,* It's a far cry from (There is a great difference between) Giovanni and Carlo — *C'era una volta...,* Once upon a time there was...

3 *(in varie espressioni, pleonastico, con valore neutro o indeterminato) Ci vorrebbe molto?,* Will it take long? — *Io ci sto,* I agree; It's all right by (*o* with) me — *Non ci vedo chiaro in questa faccenda,* There's something about this business I don't understand — *Non ci feci caso,* I didn't take any notice — *Mi ci vorrebbe un po' di tempo,* I would need time.

ciabatta *sf* **1** slipper; *(calzatura vecchia)* old shoe; worn-out shoe: *essere in ciabatte,* to be in one's bedroom-slippers; *(fig.)* to be at one's ease — *trattare qcno come una ciabatta,* to treat sb badly. **2** *(fig.: di persona)* slipshod person; *(di donna)* slovenly woman *(pl.* women*)*; slut.

ciabattare *vi* to shuffle (along *o* about) in one's slippers.

ciabattino *sm* **1** cobbler. **2** *(fig.: pasticcione)* bungler.

ciabattona *sf* slipshod (*o* slovenly) woman *(pl.* women*)*; *(pasticciona)* bungler.

ciabattone *sm* slipshod fellow; slovenly fellow; *(pasticcione)* bungler.

ciac, ciacche *voce onomatopeica* whack; bang; slap; clip clop.

ciac, ciak *sm (cinema)* slate; clap sticks; clapper board. □ *(come interiezione: 'si gira')* Shoot!; Roll!

ciaccona *sf (mus.)* chaconne.

cialda *sf* wafer.

cialdone *sm* wafer-cake; cornet.

cialtronata *sf* shabby trick; mean behaviour.

cialtrone *sm* **1** *(persona pigra e trasandata)* lazy slovenly person. **2** *(furfante)* rogue; rascal.

cialtroneria *sf* **1** slovenliness. **2** *(furfanteria)* unscrupulous behaviour.

ciambella *sf* **1** *(dolce)* ring-shaped cake. **2** *(salvagente)* life belt. **3** *(cerchietto d'avorio o di plastica per neonati)* teething ring. □ *gambe a ciambella,* bow legs — *Non tutte le ciambelle riescono col buco, (prov.)*

Things cannot always be expected to turn out well; You can't win them all *(fam.)*.
ciambellano *sm* chamberlain; steward.
cianamide, cianammide *sf (chim.)* cyanamide.
cianato *sm* cyanate.
ciancia *sf* **1** *(al pl.)* vain words; idle talk: *Sono tutte ciance,* It's just idle talk. **2** *(pettegolezzo)* gossip; tittle-tattle.
cianciare *vi* to chatter; *(dire cose senza fondamento)* to talk through one's hat; to talk hot air.
ciancicare *vt (fam.)* **1** *(pronunciare male)* to mumble; to stammer. **2** *(biascicare)* to mumble.
cianfruglione *sm* clumsy person; blunderer.
cianfrusaglie *sf pl* knick-knacks.
ciangottare *vi* to mumble; to mutter; *(di bambini)* to prattle; *(di uccelli)* to chirp; to chirrup.
ciangottio *sm* mumbling; muttering; *(di bambini)* prattling; *(di uccelli)* chirping; chirruping.
cianidrico *agg* prussic; hydrocyanic.
cianografia *sf* blue-printing.
cianografico *agg* blue-print: *copia cianografica,* blue-print; cyanotype.
cianosi *sf* cyanosis.
cianotico *agg (med.)* cyanotic; *(per estensione)* blue; bluish; livid.
cianotipia *sf* blueprint; cyanotype.
cianuro *sm* cyanide.
ciao *interiezione (fam.)* **1** *(incontrandosi)* Hullo!; Hi! *(spec. USA)*. **2** *(lasciandosi)* Bye-bye; Cheerio; See you; Be seeing you; So long.
ciaramella *sf* bag-pipe.
ciarla *sf* **1** gossip; tittle-tattle: *Sono tutte ciarle,* It's all gossip — *fare quattro ciarle,* to have a chat; to yarn. **2** *(loquacità)* loquacity: *avere una gran ciarla,* to have the gift of the gab *(fam.)*.
ciarlare *vi* to chat; *(pettegolare)* to gossip.
ciarlatanata *sf* humbug.
ciarlataneria *sf* quackery; charlatanry.
ciarlatanesco *agg* quack *(attrib.)*.
ciarlatano *sm* charlatan; quack; *(ant.)* mountebank.
ciarliero *agg* talkative; loquacious.
□ *sm* talkative person; one who talks too much.
ciarlone *sm* chatterbox.
ciarpame *sm* trash; refuse; rubbish.
ciascheduno *agg e pron* ⇨ **ciascuno.**
ciascuno I *agg indef* **1** *(ogni)* every: *Ciascun uomo è nato col suo destino,* Every man is born with his own destiny — *A ciascun giorno la sua pena,* Every day has its own sorrows. **2** *(con valore distributivo)* each: *Ciascun fascicolo aveva la copertina di colore diverso,* Each number (*o* issue) had a cover in a different colour — *Ciascuno studente scelse l'argomento del proprio tema,* Each student chose the subject for his own essay.
II *pron indef* **1** *(ognuno, tutti)* everyone; everybody: *Ciascuno faccia come gli pare,* (Let) Everyone do as he likes — *Ciascuno avrà quanto gli spetta,* Everybody will have (will get) his due — *Ciascuno lo sa,* Everybody knows (it). **2** *(con valore distributivo)* each; each one: *Ciascuno di loro fece del suo meglio,* Each of them did his best — *Avrete diecimila lire ciascuno,* You will each get ten thousand lire — *I cocomeri costavano cinquecento lire ciascuno (l'uno),* The water melons cost five hundred lire each — *A ciascuno il suo,* To each his own.
cibare *vt* to feed*.
□ **cibarsi** *v. rifl* to feed* (on sth); to live (on) *(anche fig.)*: *cibarsi di verdure,* to live on vegetables.
cibarie *sf pl* provisions; foodstuffs.
cibario *agg* alimentary; edible.
cibernetica *sf* cybernetics.
cibo *sm* **1** food *(anche fig.)*. **2** *(pasto)* meal. **3** *(piatto, pietanza)* dish. □ *non toccar cibo,* to fast.
ciborio *sm* ciborium; *(tabernacolo)* tabernacle.
cicala *sf* **1** cicada. **2** *(cicalino)* buzzer. **3** *(fig.)* chatterbox.
cicalare *vi* to chatter.
cicalata *sf* long boring talk; rigmarole.
cicaleccio *sm* **1** chatter; chattering; jabbering. **2** *(di uccelli, insetti, ecc.)* chirping; chirruping; twittering.
cicalino *sm* buzzer.
cicalio *sm* low-voiced chatter; murmuring.
cicalone *sm* chatterbox; bore; gossip.
cicatrice *sf* scar *(anche fig.)*: *avere il volto coperto da cicatrici,* to have a (heavily) scarred face.
cicatrizzare *vt e i.,* **cicatrizzarsi** *v. rifl* **1** *(med.)* to cicatrize. **2** to heal (leaving a scar); to form a scab.
cicatrizzazione *sf (med.)* cicatrization; process of healing.
cicca *sf (di sigaretta)* cigarette end; *(GB, fam.)* fag-end; *(di sigaro)* cigar butt *(o* stub*)*; *(USA)* snipe. □ *Non vale una cicca,* It's not worth tuppence.
ciccaiolo *sm* one who picks up (and sells) cigarette-ends.
ciccare *vi* **1** to quid; to chew a quid; to chew tobacco. **2** *(fig.)* to sulk: *Cicca! Cicca!,* Put that in your pipe and smoke it!
cicche, ciacche, cicchete, ciacchete *voci onomatopeiche* **1** clap; slap; bang bang. **2** *(di passi, di tacchi)* tip tap; pitter patter.
cicchetto *sm* **1** *(bicchierino)* nip; drop; pick-me-up; *(prima di coricarsi)* nightcap. **2** *(fam.: rimprovero)* rebuke; talking to; ticking-off, telling-off *(fam.)*: *fare un bel cicchetto,* to haul sb over the coals. **3** *(automobile)* priming.
ciccia *sf (fam.)* meat; *(del corpo umano)* flesh; *(adipe)* fat; flab: *avere molta ciccia,* to be plump (*o* flabby); *(scherz.)* to be well covered.
cicciolo *sm* **1** *(med.)* small excrescence of fat. **2** *(cucina, al pl.)* small scraps of pork.
ciccione *sm (fam.)* fatty: *Ehi, ciccione, non mi sfondare il sedile!,* Look out, fatty, don't wreck the seat!
ciccioso *agg (fam.)* fat; plump; fleshy; *(di carne cascante)* flabby.
cicerone *sm* guide; 'cicerone': *fare da cicerone,* to act as a guide — *fare da cicerone a qcno,* to show sb around.
ciceroniano *agg (lett.)* Ciceronian.
cicisbeo *sm* **1** *(stor.)* gallant. **2** *(damerino, vagheggino)* ladies' man *(pl.* men*)*; dandy; fop.
ciclamino *sm* cyclamen.
ciclicamente *avv* cyclically; recurrently.
ciclico *agg* cyclic(al): *permutazione ciclica, (matematica)* cyclic permutation — *i poeti ciclici, (lett.)* the cyclic poets.
ciclismo *sm (sport)* cycling.
ciclista *sm e f.* **1** cyclist. **2** *(chi ripara biciclette)* bicycle repairer.
ciclistico *agg* bicycle *(attrib.)*; cycle *(attrib.)*: *gara ciclistica,* bicycle (cycle) race — *pista ciclistica,* cycle track.
ciclo *sm* **1** *(vari sensi)* cycle: *ciclo di produzione,* production cycle — *rimettere in ciclo, (industria)* to recycle. **2** *(trattamento terapeutico)* course.
ciclo-cross *sm* cyclo-cross; cross country (cycle) racing.
cicloidale *agg* cycloidal.

cicloide *sf (geometria)* cycloid.
ciclomotore *sm* motor-bicycle; moped.
ciclone *sm* **1** *(meteorologia)* cyclone; *(spec. nelle Indie Occidentali)* hurricane; *(nell'estremo Oriente)* typhoon. **2** *(persona assai vivace)* dynamo; tornado. **3** *(nell'industria)* centrifugal separator.
ciclonico *agg* cyclonic.
ciclope *sm (mitologia)* Cyclop(s).
ciclopico *agg (fig.)* cyclopean: *mura ciclopiche,* cyclopean walls.
ciclostilare *vt* to duplicate; to cyclostyle; to run* off (on a duplicator).
ciclostile *sm* duplicating machine; (rotary) duplicator: *copie a ciclostile,* duplicated copies.
ciclotrone *sm* cyclotron.
cicogna *sf (zool.)* stork. □ *l'arrivo della cicogna, (fig.)* a visit from the stork.
cicoria *sf* chicory.
cicuta *sf* hemlock; bennet; *(aglina o prezzemolo velenoso)* fool's parsley: *cicuta acquatica,* cow-bane.
ciecamente *avv* **1** blindly. **2** *(fig.: sconsideratamente)* rashly.
cieco *agg* **1** blind *(anche fig.)*: *È cieco alla bellezza di lei,* He is blind to her beauty — *Esigeva obbedienza cieca da parte di tutti,* He demanded blind obedience from everybody — *È cieco come una talpa,* He is as blind as a bat (as a mole) — *cieco da un occhio,* blind in one eye — *diventare cieco,* to go (to become) blind — *cieco nato,* born blind — *completamente cieco,* stone-blind — *cieco di rabbia,* blind with anger — *una finestra (un muro, un vicolo) cieco,* a blind window (wall, alley) — *lanterna cieca,* dark lantern — *volo cieco, (aeronautica)* blind flight — *andare alla cieca,* to go blindly (on); to grope one's way (along) — *fare qcsa alla cieca,* to do sth rashly (blindly) — *giocare a mosca cieca,* to play blind-man's-buff — *intestino cieco, (anat.)* caecum. **2** *(oscuro)* dark; gloomy; obscure; mysterious: *nei ciechi meandri della pazzia,* in the gloomy mazes of madness.
□ *sm* blind man (woman): *un cieco di guerra,* a blind ex-service man — *Aiutare i ciechi,* Help the blind — *Nella terra dei ciechi chi ha un occhio è re, (prov.)* In the country of the blind, the one-eyed man is king.
cielo *sm* **1** sky; *(clima)* climate; *(tempo atmosferico)* weather: *cielo blu (sereno, senza nuvole, stellato),* blue (clear, cloudless, starry) sky — *cielo coperto (nuvoloso, plumbeo, da temporale),* overcast (cloudy, leaden, stormy) sky — *un cielo a pecorelle,* a mackerel (fleecy) sky — *Stamattina il cielo è incerto,* The weather (The sky) is uncertain this morning — *Preferisco abitare sotto un cielo più mite,* I prefer to live in a milder climate — *un fulmine a ciel sereno,* a bolt out of the blue — *a cielo scoperto,* in the open air; under the open sky — *una miniera a cielo aperto,* a strip mine; an open-cast mine. **2** *(sfera celeste, firmamento)* heaven; *(volta)* vault; *(soffitto)* ceiling: *la volta del cielo,* the vault of heaven — *essere al settimo cielo,* to be in the seventh heaven — *portare (qcno) al settimo cielo,* to praise (sb) to the skies. **3** *(paradiso)* heaven(s); *(Dio, Provvidenza)* God; heaven; goodness: *salire al cielo,* to go to heaven — *Sa il cielo se io non ho fatto del mio meglio,* Heaven (Goodness) knows I've done my best — *Il cielo non voglia!,* Heaven forbid! — *Voglia il cielo che il dottore arrivi in tempo,* Let's hope to heaven the doctor arrives in time — *per amor del cielo,* for Heaven's sake; for goodness' sake — *grazie al cielo,* thank goodness; thank God; thank Heaven(s) — *Santo cielo!,* Good Heavens!; Good God!; My goodness!; Goodness gracious! □ *muovere cielo e terra,* to leave no stone unturned — *non stare né in cielo né in terra,* to be utter nonsense — *toccare il cielo col dito, (fig.)* to be as pleased as Punch.
cifosi *sf (med.)* kyphosis; hunch-back *(fam.)*.
cifra *sf* **1** figure; digit; *(numero)* number: *Questo numero contiene cinque cifre,* This number contains five figures (digits) — *un numero di cinque cifre,* a five-digit number — *fare cifra tonda,* to come to a round figure. **2** *(somma)* sum; amount; figure: *Quel tavolo è costato una bella cifra,* That table cost a fair sum (*fam.* a packet) — *una cifra astronomica,* an astronomical figure — *cifra di affari,* turnover. **3** *(monogramma)* monogram; cipher; *(anche)* cypher; interlaced initials *(pl.)*. **4** *(codice segreto)* code; cipher; cypher: *trasmettere qcsa in cifra,* to transmit sth in code.
cifrare *vt* **1** *(ricamare un monogramma)* to embroider with a monogram. **2** *(scrivere in codice)* to code; to codify.
cifrario *sm* cipher book; code.
cifrato *agg* **1** *(con un monogramma)* with a monogram; monogrammed. **2** *(in cifra)* in cipher; coded.
ciglio *sm* **1** *(con pl.* **ciglia**, *f.) (pelo)* eyelash; *(anche)* lash; *(per estensione: sopracciglio)* eyebrow: *avere le ciglia lunghe,* to have long eyelashes — *ciglia finte,* false eyelashes — *inarcare le ciglia,* to raise one's eyebrows — *in un batter di ciglia,* in the twinkling of an eye — *senza batter ciglio,* without turning a hair. **2** *(zool., al pl.: con pl.* **ciglia**, *f.)* cilia. **3** *(con pl.* **cigli**, *m.) (orlo, bordo)* edge; brink; rim; verge; *(di collina)* brow: *il ciglio della strada,* the edge of the road.
ciglione *sm* **1** bank; embankment. **2** *(bordo)* edge; brink.
cigno *sm* **1** swan: *cigno giovane,* cygnet — *canto del cigno,* swan song. **2** *(astronomia)* Swan; Cygnus.
cigolare *vi* **1** to squeak; to creak; to grate. **2** *(di legno verde)* to hiss.
cigolio *sm* squeak; squeaking; creaking.
cilecca *sf* near-miss; misfire: *far cilecca,* to misfire; *(fig.)* to fail; to go phut *(fam.)* — *Ha sparato ed ha fatto cilecca,* He shot and missed.
cileno *agg e sm* Chilean.
cilestrino *agg* very pale blue; palest blue.
ciliare *agg* ciliary.
cilicio *sm* **1** cilice; hair-shirt; *(panno ruvido)* hair-cloth. **2** *(fig.)* torture; torment.
ciliegia *sf* cherry. □ *l'amico ciliegia, (persona furba)* the old so-and-so; Mr Smart Alec — *Una ciliegia tira l'altra,* One thing leads to another; It's often difficult to stop once you've begun.
ciliegio *sm* **1** cherry(-tree): *fior di ciliegio,* cherry blossom. **2** *(legno)* cherry-wood.
cilindrare *vt* **1** *(carta, stoffa)* to calender. **2** *(una strada)* to roll; to press.
cilindrata *sf (mecc.)* (piston) displacement; swept volume; cubic capacity: *un'automobile di grossa (piccola) cilindrata,* a high- (low-) powered car.
cilindratura *sf* **1** *(mecc.)* calendering. **2** *(di strada)* (road) rolling.
cilindrico *agg* cylindrical; *(di albero, ecc.)* parallel.
cilindro *sm* **1** *(geometria; di motore a scoppio, ecc.)* cylinder; *(di laminatoi)* roll; *(calandra)* roller; calender: *una due cilindri,* a twin-cylinder motor-cycle. **2** *(cappello)* top hat.
cilindroide *agg* cylindroid.
cima *sf* **1** *(punta)* top; *(vetta)* summit; peak; top: *in cima a,* on the top of; at the top of — *da cima a*

fondo, from top to bottom; from top to toe; thoroughly — *pulire la casa da cima a fondo,* to clean (out) the house from top to bottom — *leggere un libro da cima a fondo,* to read a book from cover to cover — *Sei in cima ai miei pensieri,* You're in the forefront of my mind. **2** *(scherz.: di persona)* genius; first-rate: *Non è una cima,* He's not very bright; He's no genius. **3** *(bot.)* head; top: *cime di rapa,* turnip-tops. **4** *(naut.)* line; rope; hawser.

cimare *vt* **1** to crop off the top of (a plant). **2** *(un albero)* to poll; to lop. **3** *(i panni)* to clip; to cut*.

cimasa *sf* **1** *(archit.)* cornice; cyma; cymatium; moulding on top (of sth). **2** *(parte superiore di un muro)* coping. **3** *(di mobili)* decoration (*o* carving) on top of a piece of furniture.

cimata *sf* **1** polling; lopping; pruning. **2** *(di lana, panni)* cutting.

cimatura *sf* **1** cutting. **2** *(il pelo tagliato)* nap; clippings.

cimbalo *sm* cymbal. ☐ *andare in cimbali,* to be tipsy.

cimelio *sm* **1** relic; *(oggetto privo di valore)* junk. **2** *(trofeo)* trophy.

cimentare *vt* **1** *(mettere alla prova)* to put* to the test. **2** *(mettere a rischio)* to risk. **3** *(provocare, sfidare)* to provoke; to challenge; to goad (on). **4** *(l'oro)* to assay; to purify.

☐ **cimentarsi** *v. rifl* **1** *(mettersi alla prova)* to put* oneself to the test; to try one's strength. **2** *(avventurarsi, arrischiarsi)* to take* on a risk; to undertake*: *cimentarsi in un'impresa,* to undertake an enterprise.

cimento *sm (prova)* test; ordeal; *(rischio)* risk; danger: *essere in un brutto cimento,* to be in a tight corner — *mettere a cimento, (rischiare)* to risk; to endanger; *(provare)* to put to the test.

cimice *sf* **1** *(zool.)* bug; louse: *cimice dei letti,* bed bug. **2** *(puntina)* thumb-tack.

cimiciaio *sm* **1** bug-infested place. **2** *(fig.)* pig-sty; flea-pit.

cimicioso *agg (volg.)* bug-ridden; bug-infested; lousy.

cimiero *sm* **1** crest. **2** *(lett.: elmo)* helmet.

ciminiera *sf* **1** *(di fabbrica)* (factory) chimney; smoke-stack. **2** *(di nave)* funnel.

cimitero *sm* **1** graveyard; cemetery; burial ground; *(annesso a una chiesa)* churchyard. **2** *(fig.)* graveyard; morgue.

cimosa *sf* **1** *(bordura di stoffa)* selvage; selvedge; listing. **2** *(cancellino)* duster.

cimurro *sm* **1** *(di cani)* distemper; hardpad. **2** *(scherz.)* (a) bad cold.

cinabro *sm* **1** cinnabar; vermilion. **2** *(colore)* vermilion.

cincia, cinciallegra *sf* tit *(anche* titmouse, *pl.* titmice*)*; titlark.

cincilla *sf* chinchilla.

cin cin *interiezione* cheers; here's to you; down the hatch; cheerio; bottoms up: *far cin cin,* to clink glasses.

cincischiare *vt* **1** *(tagliuzzare)* to chop about; to cut* into shreds; *(sgualcire)* to crumple; to crease. **2** *(le parole)* to clip one's words; to mumble.

☐ *vi (perdere tempo)* to waste time; to mess about.

☐ **cincischiarsi** *v. rifl (sgualcirsi)* to crease; to get* creased (*o* crumpled).

cincischione *sm* potterer; dawdler.

cineamatore *sm* amateur film-maker *(USA* movie-maker*)*.

cineasta *sm e f.* **1** person connected with the cinema. **2** *(regista, ecc.)* film-maker.

cinecamera *sf* cine-camera *(USA* movie-camera*)*.

cinegiornale *sm* news-reel.

cinema *sm* ⇨ **cinematografo.**

cinemascope *sm* cinemascope.

cinematica *sf* kinematics.

cinematico *agg* kinematic(al).

cinematografare *vt* to film.

cinematografaro *sm (spreg.)* second-rate film-producer.

cinematografia *sf* cinematography; film- *(USA* movie-) making.

cinematograficamente *avv* cinematographically.

cinematografico *agg* film *(attrib.)*; cinema *(attrib.)*; *(USA)* movie *(attrib.)*; cinematographic: *studio cinematografico,* film studio — *macchina cinematografica,* cine-camera; movie-camera *(USA)*.

cinematografo *sm* **1** *(arte)* cinema; pictures *(pl.)*; *(USA)* movies; *(talvolta)* flicks *(fam.)*: *una diva del cinema,* a film star. **2** *(locale)* cinema; picture theatre; *(di infimo grado, sl.)* flea-pit: *cinematografo a posteggio,* drive-in cinema. **3** *(apparecchio)* projector. **4** *(l'industria)* cinema. **5** *(fig.: di scena o ambiente movimentato)* bedlam; riot; madhouse *(fam.)*.

cinepresa *sf* cine-camera *(USA* movie-camera*)*.

cinerama *sm* cinerama.

cineraria *sf* cineraria.

cinerario *agg* cinerary; of ashes: *urna cineraria,* cinerary urn.

cinereo *agg* ashen; ashy; ash-coloured; ashen-grey; *(di piumaggio)* cinereous.

cinescopio *sm* picture tube.

cineseria *sf* 'chinoiserie' *(fr.)*.

cineteca *sf* film library.

cinetica *sf (fis.)* kinetics *(di solito col v. al sing.)*: *cinetica dei gas,* kinetic theory of gases.

cineticamente *avv* kinetically.

cinetico *agg* kinetic: *energia cinetica,* kinetic energy.

cingere *vt* **1** *(legare alla vita)* to gird; *(con fiori, ecc.)* to wreathe: *cingere una spada,* to gird on a sword — *cingere d'alloro,* to crown (to wreathe) with laurel — *cingere la corona, (mettersela in testa)* to put on the crown; *(fig.)* to be crowned. **2** *(circondare)* to surround; to encircle; to encompass; *(con una siepe, ecc.)* to fence; to hedge: *cingere di mura,* to surround with walls — *cingere d'assedio,* to besiege.

☐ **cingersi** *v. rifl* to gird oneself; to put* on a belt.

cinghia *sf* **1** strap; *(di cuoio)* thong; *(cintura)* belt; *(per affilare)* strop; *(di fucile)* sling: *tirare la cinghia, (fig.)* to tighten one's belt; to go hungry. **2** *(mecc.)* belt: *cinghia di trasmissione,* driving belt.

cinghiale *sm* wild boar; boar: *pelle di cinghiale,* pigskin.

cinghiata *sf* blow with a strap (*o* belt): *prendere qcno a cinghiate,* to thrash sb with a belt; to give sb a belting (a taste of one's belt) *(fam.)*.

cingolato *agg* tracked: *mezzo cingolato,* tracked vehicle; *(talvolta)* crawler.

cingolo *sm (mecc.)* track; crawler track: *trattore a cingoli,* caterpillar tractor; crawler tractor.

cinguettare *vi* **1** to chirrup; to twitter *(anche di donna)*. **2** *(di bambini)* to prattle.

cinguettio *sm* **1** chirruping; twittering. **2** *(chiacchiericcio)* prattling.

cinicamente *avv* cynically.

cinico *agg* **1** cynical. **2** *(stor.)* Cynic.

☐ *sm* **1** cynic: *un atteggiamento da cinico,* a cynical attitude. **2** *(stor.)* Cynic.

ciniglia *sf* chenille *(fig.)*.

cinismo *sm* cynicism.

cinnamomo *sm* cinnamon.

cinocefalo *agg* cynocephalous; dog-headed.

□ *sm* **1** *(zool.)* cynocephalus; mandrill. **2** dog-headed man or god; *(mitologia egiziana)* Anubis; cynocephalus.
cinofilia *sf* love of dogs.
cinofilo *sm* dog-lover. □ *agg* dog-loving.
cinquanta *agg numerale cardinale e sm* fifty.
cinquantamila *agg numerale cardinale e sm* fifty thousand.
cinquantenario *agg* fifty years old; fifty-year-old *(attrib.)*.
□ *sm* fiftieth anniversary.
cinquantenne *agg* fifty-year-old *(attrib.)*.
□ *sm* fifty-year-old man *(f.* woman*)*.
cinquantennio *sm* (period of) fifty years.
cinquantina *sf* about fifty; fifty or so; some fifty: *una cinquantina di invitati,* about fifty guests; fifty guests or so — *un uomo sulla cinquantina,* a man of about fifty — *una cinquantina di anni fa,* some fifty years ago — *avvicinarsi alla cinquantina,* to be getting on for fifty — *essere sulla cinquantina,* to be about fifty — *avere passato la cinquantina,* to be over fifty; to be in one's fifties.
cinque *agg numerale cardinale e sm* five: *il cinque di maggio,* the fifth of May — *alle cinque in punto,* at five o'clock sharp.
cinquecentesco *agg* sixteenth-century; *(GB)* Elizabethan; *(in Italia)* of the Cinquecento.
cinquecentista *sm* **1** sixteenth-century Italian writer (artist, *ecc.*); cinquecentist. **2** specialist in sixteenth-century studies.
cinquecento *agg numerale cardinale* five hundred.
□ *sm* sixteenth century; *(per l'arte italiana)* Cinquecento.
cinquefoglie *sm* cinquefoil.
cinquemila *agg numerale cardinale e sm* five thousand.
cinquina *sf* **1** set of five; about five. **2** *(nel gioco del lotto: giocata)* set of five numbers played; *(anche nella tombola: vincita)* row of five winning numbers; winning line: *Ho fatto cinquina!,* I've got a winning line!; *(nel gioco familiare)* Line! **3** *(mil. e teatro)* pay.
cinquino *sm* **1** five-lire (coin). **2** *(stor.)* five-centesimo coin.
cinta *sf* **1** town-wall(s); *(di castello)* castle-wall(s): *muro di cinta,* boundary wall — *cinta daziaria,* local customs boundary. **2** *(mil.)* enceinte *(fr.)*; enclosure. **3** *(naut.)* gunwale; gunnel.
cintare *vt (con un muro)* to wall (in); *(con un recinto)* to fence in.
cinto *sm* **1** *(lett.: cintura)* girdle; belt; cord. **2** *(med.)* truss.
cintola *sf* **1** waist: *dalla cintola in su,* from the waist up. **2** *(fam.: cintura)* belt; girdle. □ *starsene con le mani alla cintola,* to be idle; to twiddle one's thumbs — *cucirsi qcno alla cintola,* to have sb tied to one's apron-strings — *largo in cintola,* generous — *stretto in cintola,* stingy.
cintura *sf* **1** belt; waistband; girdle; *(fascia)* sash; *(anat.)* girdle; *(vita)* waist: *cintura di salvataggio,* lifebelt; Mae West *(sl.)* — *cintura di sicurezza, (in aereo)* safety belt; *(in automobile)* seat belt; restraint. **2** *(urbanistica)* belt; ring. **3** *(judo, ecc.)* waist lock; *(qualifica)* belt: *cintura nera,* Black Belt.
cinturino *sm* **1** *(di camicia)* shirtband; *(del collo)* neckband; *(del polso)* wrist-band. **2** *(di orologio)* watch-strap. **3** *(di scarpa)* strap; bootstrap. **4** *(della sciabola)* sword-belt; baldric.
cinturone *sm (mil.)* belt.
ciò *pron dimostrativo* that; this; it: *Tutto ciò è falso,* All this (*o* that) is false — *oltre a ciò,* besides this (*o* that); furthermore — *ciò che,* what — *Ciò che mi dissero era sbagliato,* What they told me was wrong — *tutto ciò che, (ogni cosa che)* all that; *(qualsiasi cosa)* everything; whatever — *Tutto ciò che dici è vero,* All that you say is true — *Faremo tutto ciò che vorrai,* We shall do everything (*o* whatever) you like — *con tutto ciò,* for all that; in spite of everything — *e con ciò...,* and with that... — *e con ciò?,* so what? — *ciò detto...,* having said that...; that said...; and with that... — *oltre a ciò,* besides (that); moreover — *ciò nondimeno (nonostante),* nevertheless; in spite of that — *a ciò,* to which end; for that purpose — *essere da ciò,* to be capable of that.
ciocca *sf* **1** *(di capelli)* lock: *una ciocca di capelli sulla fronte,* a forelock; a cowlick *(scherz.)*. **2** *(di fiori o frutta)* bunch; cluster.
ciocco *sm* **1** (thick squat) log; block (of wood). **2** *(fig.: persona insensibile)* dolt; blockhead: *star lì come un ciocco,* to stand there like a fool; to stand there as if stunned.
cioccolata *sf,* **cioccolato** *sm* chocolate: *cioccolato fondente,* plain (*o* black) chocolate.
cioccolataio *sm* **1** *(chi produce)* chocolate manufacturer. **2** *(chi vende)* chocolate seller.
cioccolatiera *sf* chocolate pot.
cioccolatino *sm* chocolate: *cioccolatini al liquore,* liqueur chocolates; liqueur-filled chocolates.
cioè *avv* **1** that is *(spesso abbr. in)* i.e. *(= id est, lat.)*; that is to say; namely; *(o piuttosto)* or rather. **2** *(in frasi interrogative)* What do you mean?; What does that mean?: *'Hai sbagliato' - 'Cioè?',* 'You were wrong' - 'What do you mean?'.
ciondolamento *sm* **1** swinging (to and fro). **2** *(fig.)* dawdling.
ciondolare *vi* to dangle; to sway; *(fig.: bighellonare, oziare)* to hang* about; to loaf about: *Uscì ciondolando dalla stanza,* He staggered out of the room.
□ *vt* to swing*; to loll.
ciondolo *sm* **1** pendant. **2** *(di orecchino)* ear-drop. **3** *(scherz.: decorazione)* gong.
ciondolone *sm* idler; lounger; careless person.
ciondoloni *avv* dangling; hanging loosely; swinging from side to side; *(fig.)* hanging about; idling: *con le braccia ciondoloni,* with one's arms hanging loosely — *È stato tutto il giorno ciondoloni in giardino,* He's been hanging about (He's been idling) in the garden all day.
ciotola *sf* cup; bowl; *(di legno)* wooden bowl.
ciotolata *sf* bowlful.
ciottolare *vt* to cobble; to cobble-stone.
ciottolato *sm* cobble-stone paving; cobble-stones *(pl.)*.
ciottolo *sm* pebble; *(per fondo stradale)* cobble(-stone).
ciottoloso *agg* **1** *(di spiaggia)* pebbly. **2** *(di strada)* stony.
cipiglio *sm* **1** frown; scowl. **2** *(aspetto corrucciato)* frowning; scowling countenance: *guardare qcno con cipiglio,* to frown (to scowl) at sb.
cipolla *sf* **1** onion. **2** *(bulbo)* bulb. **3** *(dell'innaffiatoio)* rose. **4** *(scherz.: orologio)* turnip. □ *sottile come un velo di cipolla,* paper-thin — *doppio come le cipolle,* treacherous — *mangiar pane e cipolle,* to live on bread and water.
cipollaio *sm* **1** *(chi vende)* onion seller. **2** *(luogo piantato a cipolle)* onion bed; onion patch; *(campo)* onion field.

cipollato *agg* onion-like: *alabastro cipollato,* alabaster with onion structure.
cipollina *sf* chives *(pl.).*
cipollino *sm* cipolin.
cipolloso *agg* onion-like.
cippo *sm* **1** *(commemorativo)* inscribed pillar; *(funerario)* memorial stone; cippus *(raro).* **2** *(di confine)* boundary stone. □ *cippo portabandiera,* flag-step.
cipresso *sm* cypress.
cipria *sf* (face-)powder: *darsi la cipria,* to powder one's face — *piumino da cipria,* powder-puff.
circa *avv* about; roughly; approximately; nearly: *tremila circa; circa tremila,* about three thousand — *Sarà stato via dieci minuti circa,* He must have been away about ten minutes — *ventimila lire circa,* about twenty thousand lire.
□ *prep* about; regarding; concerning: *Circa al resto, ne discuteremo poi,* We can talk about the rest later.
circense *agg* *(archeologia)* circus *(attrib.).*
circo *sm* **1** circus. **2** *(geologia)* corrie *(GB); (altrove)* cirque *(fr.).*
circolante *agg* circulating: *capitale circolante, (contabilità)* liquid (*o* current) assets *(pl.); (finanziario)* circulating capital — *denaro circolante (il circolante),* currency. □ *biblioteca circolante,* lending library.
[1]**circolare** *agg* circular: *assegno circolare,* bank draft; *(USA)* banker's check.
□ *sf* **1** circular (letter). **2** *(linea di metropolitana, di tram)* circle-line.
[2]**circolare** *vi* **1** to move about; to move along; to circulate; to keep* moving: *Circolare, prego!,* Move along, please! **2** *(del sangue, aria, acqua, notizie)* to circulate; *(del denaro)* to be* current; to circulate; to be* in circulation; to go* around: *far circolare,* to put into circulation; to circulate — *Circolano certe voci sul suo conto,* There are rumours going around about him.
circolatorio *agg* *(med.)* circulatory.
circolazione *sf* **1** *(comm., anat.)* circulation: *essere in circolazione,* to be in circulation — *mettere in circolazione,* to issue; to put into circulation — *togliere dalla circolazione,* to withdraw from circulation — *valuta in circolazione, (comm.)* currency — *effetti in circolazione,* oustanding bills. **2** *(del traffico)* flow; traffic: *circolazione intensa,* heavy traffic — *Circolazione vietata,* No throughfare — *piazza di circolazione,* roundabout *(GB);* traffic circle *(USA)* — *carta (libretto) di circolazione,* registration book; log book — *tassa di circolazione,* road tax; road fund tax.
circolo *sm* **1** *(in vari sensi)* circle; round; ring: *stare in circolo,* to stand in a circle — *circolo polare,* polar circle. **2** *(società)* club; circle: *frequentare i circoli più eleganti,* to move in the best circles — *circolo sportivo,* sports club. **3** *(circoscrizione amministrativa)* district; *(giudiziaria)* circuit. **4** *(med.)* circulation.
circoncidere *vt* to circumcise.
circoncisione *sf* circumcision.
circondabile *agg* that can be surrounded.
circondare *vt* **1** to surround; to encircle; to enclose: *essere circondato di mistero,* to be surrounded with mystery. **2** *(fig.)* to overwhelm; to load: *circondare qcno di attenzioni,* to overwhelm sb with attentions; to lavish attention on sb.
□ **circondarsi** *v. rifl* to surround oneself (with); to gather round oneself: *Si circondò di persone inette,* He surrounded himself with incapable persons.
circondario *sm* **1** *(suddivisione amministrativa)* district. **2** *(territorio circostante, dintorni)* neighbourhood; surroundings *(pl.).* **3** *(dir.)* circuit.
circonferenza *sf* **1** circumference. **2** *(di persona, di albero)* girth.
circonflesso *agg* circumflex.
circonfuso *agg* surrounded by (*o* with); with a radiance all around; bathed: *essere circonfuso di luce,* to be bathed in light.
circonlocuzione *sf* circumlocution.
circonvallazione *sf* **1** ring road; outer circle. **2** *(tangenziale)* by-pass. **3** *(mil.)* circumvallation.
circonvenire *vt* *(dir.)* to circumvent; *(più fam.)* to cheat; to swindle; to trick; to dupe.
circonvenzione *sf* circumvention; *(fam.)* duping: *circonvenzione d'incapace, (dir.)* circumvention of an incapable.
circonvicino *agg* surrounding *(attrib.);* neighbouring *(attrib.): La Società è proprietaria di zone circonvicine,* The company owns the neighbouring areas.
circonvoluzione *sf* *(anat.)* convolution: *circonvoluzioni cerebrali,* cerebral convolutions.
circoscritto *agg* *(limitato)* limited; restricted; localized: *un fenomeno circoscritto,* a limited (*o* localized) phenomenon.
circoscrivere *vt* **1** *(geometria)* to circumscribe. **2** *(limitare)* to restrict; to limit. **3** *(per estensione: un incendio, ecc.)* to get* under control: *L'incendio è stato circoscritto,* The fire has been got under control.
circoscrizione *sf* **1** *(geometria)* circumscription. **2** area; territory: *circoscrizione elettorale,* constituency.
circospetto *agg* circumspect; cautious; wary: *avanzare in modo circospetto,* to move forward cautiously (*o* warily).
circospezione *sf* circumspection; caution: *agire con circospezione,* to act prudently.
circostante *agg* surrounding *(attrib.);* neighbouring *(attrib.).*
circostanti *sm pl* bystanders; onlookers; those standing near (*o* by, *o* round); those looking on.
circostanza *sf* circumstance *(raro al sing.); (occasione)* occasion: *in queste (quelle tali) circostanze,* in (*o* under) the circumstances — *date le circostanze...,* given the circumstances... — *in quella circostanza,* on that occasion — *Alla circostanza lo farò,* Should the occasion arise, I'll do it — *parole di circostanza,* words suitable to the occasion.
circostanziare *vt* to detail; to circumstantiate.
circostanziatamente *avv* in detail; circumstantially.
circostanziato *agg* circumstantial; circumstantiated; detailed.
circuire *vt* *(fig.)* to deceive; to entrap; to beguile *(raro).*
circuito *sm* **1** *(elettr., catena di cinema, cinta)* circuit: *corto circuito,* short circuit — *aprire (chiudere) un circuito,* to break (to close) a circuit — *televisione a circuito chiuso,* closed circuit television. **2** *(sport)* circular (race-) track.
circuizione *sf* *(fig.)* circumvention; deceiving.
circumnavigare *vt* to circumnavigate; to sail round.
circumnavigatore *sm* circumnavigator.
circumnavigazione *sf* circumnavigation.
circumpolare *agg* circumpolar.
cireneo *sm* scapegoat.
cirillico *agg* Cyrillic.
cirro *sm* **1** *(meteorologia)* cirrus; mare's tail *(fam.).* **2** *(bot.)* cirrus; tendril. **3** *(zool.)* cirrus; *(di certi pesci)* barbel. **4** *(lett.: ricciolo)* curl.

cirrocumulo *sm (meteorologia)* cirro-cumulus; mackerel sky *(fam.)*.

cirrosi *sf* cirrhosis: *cirrosi epatica,* cirrhosis of the liver.

cisalpino *agg* cisalpine.

cismontano *agg* cismontane.

cispa *sf (med.)* eye-rheum; (sleepy) dust *(fam.)*.

cispadano *agg* cispadane.

cisposo *agg* bleary; *(riferito a persona)* rheumy; watery-eyed.

cistercense *agg* Cistercian.

cisterna *sf* **1** cistern; reservoir; *(serbatoio)* tank: *nave (auto, vagone, aereo) cisterna,* tanker. **2** *(anat.)* cisterna; cistern.

cisti *sf* cyst.

cistico *agg* cystic.

cistifellea *sf* gall-bladder.

cistite *sf* cystis.

cistoscopia *sf* cystoscopy.

cistoscopio *sm* cystoscope.

cistotomia *sf* cystotomy.

citabile *agg* **1** *(che si può citare)* quotable. **2** *(che si può addurre come prova)* citable.

citante *sm e f.* plaintiff.

citare *vt* **1** *(fare una citazione da un autore)* to quote; *(come esempio, prova)* to cite; to mention; to instance: *citare qcsa a memoria,* to quote sth from memory — *citare qcno ad esempio,* to cite (to mention) sb as an example — *sopra citato,* above-mentioned. **2** *(dir.)* to summon; *(citare in giudizio)* to sue; to subpoena: *citare qcno come testimone,* to summon sb to appear as a witness — *citare qcno per danni,* to sue sb for damages.

citarista *sm e f. (suonatore di cetra antica)* cithara-player; *(di cetra moderna)* zither-player.

citazione *sf* **1** quotation; citation: *citazione calzante,* apt quotation. **2** *(dir.: invito a comparire)* summons; *(come testimone)* subpoena.

citeriore *agg (stor., geografia)* nearer.

citofono *sm (di casa privata)* house-phone; *(in ufficio, sugli aerei, ecc.)* intercom.

citoplasma *sm* cytoplasm.

citrato *sm* citrate.

citrico *agg* citric.

citrullaggine *sf* **1** silliness; foolishness. **2** *(azione da citrullo)* silly (*o* foolish) action.

citrullo *agg* foolish; silly.
□ *sm* fool; ninny; simpleton; donkey; ass; idiot.

città *sf* **1** town; *(grande o importante)* city: *Lavora in città, ma abita in campagna,* He works in town, but lives in the country — *andare in città,* to go to (*o* into) town — *fuori città,* out of town — *città capitale,* capital city — *città di provincia,* provincial city; country town — *città capoluogo, (di contea, riferito a GB)* county town; *(di provincia, ecc., riferito ad altri paesi)* provincial (regional) capital — *città natale,* native town — *una casa di città,* a town house — *città universitaria,* university town — *città giardino,* garden city — *città satellite,* satellite town — *città dormitorio,* dormitory town — *città-stato,* city-state — *gente di città,* city-dwellers; townspeople; townsfolk — *vita di città,* town (*o* city) life. **2** *(l'insieme degli abitanti)* town: *Tutta la città era ad accoglierlo,* The whole town was there (turned out) to welcome him — *È la favola della città,* He is the talk of the town.
□ *Città del Capo (Città del Messico, Città del Vaticano),* Cape Town (Mexico City, Vatican City) — *la Città Eterna,* the Eternal (Holy) City — *la città celeste (di Dio) e la città terrena (degli uomini),* the city of God and the city of men; the heavenly city and the earthly city.

cittadella *sf* citadel; stronghold *(anche fig.)*.

cittadina *sf* small town; township.

cittadinanza *sf* **1** *(il complesso dei cittadini)* inhabitants of a town (or city); *(talvolta)* citizenry; the town *(collettivo)*: *Tutta la cittadinanza partecipò ai funerali,* The whole town was present at the funeral — *cittadinanza onoraria,* freedom of the city. **2** *(condizione di cittadino)* citizenship; nationality: *cittadinanza britannica,* British citizenship (nationality) — *acquistare la cittadinanza,* to become a naturalized subject; to acquire citizenship.

cittadino *sm* **1** *(di uno Stato)* citizen; subject; national: *cittadino italiano,* Italian citizen (national): *cittadino britannico,* British subject (national). **2** *(abitante di città)* city-dweller; town-dweller; *(stor.)* burgess; *(in antitesi a contadino)* townsman *(pl.* -men*)*: *cittadino del mondo,* citizen of the world; cosmopolitan — *cittadino onorario,* freeman.
□ *agg* civic; city *(attrib.)*; town *(attrib.)*: *modi cittadini,* town ways.

ciucca *sf (fam.: nell'espressione) prendere la ciucca,* to get drunk.

ciucciare *vt (fam.)* to suck.

ciuccio *sm* comforter; dummy; *(USA)* pacifier.

ciuco *sm* **1** *(zool.)* jackass. **2** *(fig.)* ass; stupid (person).

ciuffo *sm (in genere)* tuft; *(di capelli)* forelock; wisp: *un ciuffo d'erba (di peli),* a tuft of grass (of hair) — *un ciuffo di cespugli (alberi),* a thicket — *prendere la fortuna per il ciuffo, (fig.)* to seize fortune by the forelock.

ciurlare *vi (fig., fam.) ciurlare nel manico,* to break one's word; to let sb down.

ciurma *sf* **1** *(naut.)* crew; *(GB, talvolta)* lower deck. **2** *(fig., spreg.)* gang; mob.

civetta *sf* **1** owl. **2** *(fig.)* flirt; coquette; minx: *fare la civetta,* to coquette; to flirt. **3** *(locandina)* news placard. □ *nave civetta,* mystery ship; 'Q' ship; decoy ship — *articolo civetta, (in un supermercato)* special offer; special attraction; *(se, come spesso accade, è venduto sotto costo)* loss leader.

civettare *vi* to flirt.

civetteria *sf* **1** *(di donna)* coyness; coquettishness; coquetry; feminine wiles *(pl.)*. **2** *(di bambino, ecc.)* winning ways.

civettuolo *agg* **1** *(di persona)* coquettish. **2** *(di cosa)* pretty; perky; trim: *una casina civettuola,* a trim little house.

civico *agg* civic; municipal; town *(attrib.)*: *museo civico,* town (*o* city, municipal) museum. □ *senso civico,* public spirit.

civile *agg* **1** *(vari sensi)* civil; *(non militare)* civil; civilian; *(USA)* citizen *(attrib.)*: *diritti civili,* civil rights — *morte civile,* loss of civil rights — *matrimonio civile,* civil marriage — *abiti civili,* civvies *(fam.)*; civilian clothes. **2** *(opposto 'a barbaro')* civilized: *un popolo civile,* a civilized people (*o* nation). **3** *(cortese)* polite; civil: *una risposta civile,* a civil answer. □ *(dir.) responsabilità civile,* tort liability — *la parte civile,* the plaintiff — *Genio Civile,* Civil Engineers *(pl.)*.

civilista *sm e f.* expert in civil law; civil lawyer.

civilizzare *vt* to civilize.
□ **civilizzarsi** *v. rifl* to become* civilized; *(per estensione: diventare più cortese)* to acquire more polish.

civilizzatore *agg* civilizing. □ *sm* civilizer.

civilizzazione *sf* civilization.

civilmente *avv* civilly; politely; in a civilized manner:

comportarsi civilmente, to behave in a civilized manner. □ *sposarsi civilmente,* to get married in a registry office.

civiltà *sf* **1** civilization: *un paese con un grado elevato di civiltà,* a highly civilized country. **2** *(gentilezza)* courtesy; civility.

civismo *sm* public spirit; (good) citizenship; civic virtue.

clacson *sm* hooter; (motor)-horn.

clamide *sf (stor.)* chlamys; short cloak.

clamore *sm (lett.: rumore)* clamour; din; *(scalpore)* outcry: *un avvenimento che suscita clamore,* a sensational event.

clamorosamente *avv* clamorously; noisily; *(fig.)* sensationally.

clamoroso *agg* **1** clamorous; loud; resounding. **2** *(fig.)* sensational; causing a great stir; resounding: *una sconfitta clamorosa,* a crushing defeat.

clan *sm* **1** *(tribù)* clan. **2** *(fig.)* clique; set.

clandestinamente *avv* secretly; clandestinely; stealthily.

clandestino *agg* secret; underground; clandestine: *matrimonio clandestino,* clandestine marriage — *movimento clandestino,* underground movement — *passeggero clandestino,* stowaway.

clangore *sm (lett.)* clangour; clang.

clarinettista *sm* clarinet-player; clarinetist.

clarinetto *sm* clarinet.

clarino *sm* bass clarinet.

clarissa *sf (religione)* Clarisse.

classe *sf* **1** *(categoria sociale)* class: *la classe dirigente,* the ruling class — *la classe media,* the middle class (classes) — *la classe operaia,* the working class (classes) — *lotta di classe,* class struggle — *coscienza di classe,* class-consciousness. **2** *(nei mezzi di trasporto)* class: *un biglietto di prima (seconda) classe,* a first- (second-) class ticket — *viaggiare in prima classe,* to travel first-class — *classe turistica,* tourist class; *(naut., una volta)* steerage — *classe seconda, (naut.)* cabin class. **3** *(nelle scuole, in generale)* class; *(aula)* classroom; school-room; *(classe di liceo)* form: *i miei compagni di classe,* my class-mates — *Che classe frequenti?,* What class (What form) are you in? — *classe maschile (femminile, mista),* a class of boys (of girls; a mixed class). **4** *(qualità)* quality; rate: *di classe,* first-rate; first-class; of good quality; classy *(fam.)* — *di prima classe,* first-class — *un tocco di classe,* a touch of class — *fuori classe,* superlative; of top (of superlative) quality; in a class apart — *È un atleta di classe internazionale,* He is an athlete of international standing. **5** *(zool., bot., matematica)* class. □ *classe di previsione,* accuracy rating — *classe di isolamento, (elettr.)* insulation class — *la classe del 1936, (mil.)* the class of 1936; the 1936 contingent.

classicamente *avv* classically.

classicismo *sm* classicism.

classicista *sm* classicist.

classico *agg* classic(al); *(cultura, civiltà, periodo)* classical: *lettere classiche,* classics — *musica classica,* classical music — *danza classica,* ballet dancing — *taglio classico,* classic cut — *Questa è classica!,* That's a good one!
□ *sm* classic.

classifica *sf* **1** classification. **2** *(sport)* (classified) results *(pl.)*; placings *(pl.)*: *essere secondo (terzo, ecc.) in classifica, (a un esame)* to be classed second (third, *ecc.*); *(sport)* to be placed second (third, *ecc.*).

classificabile *agg* classifiable.

classificare *vt* to classify; to class; *(un compito)* to mark.
□ **classificarsi** *v. rifl* to be* classed (*o* placed); to come*: *classificarsi tredicesimo a un concorso,* to be placed (to come) thirteenth in a competitive examination.

classificatore *sm* **1** classifier. **2** *(cartella)* classified file. **3** *(mobile)* filing-cabinet. □ *classificatore della lana,* stapler — *classificatore di merci,* classer.

classificatrice *sf* sorting machine.

classificazione *sf* **1** classification; *(valutazione)* grading; marking; classing. **2** *(voto assegnato)* mark; grade.

classista *agg* class *(attrib.)*: *lotta classista,* class conflict.
□ *sm e f.* class-conscious person.

claudicante *agg* **1** limping; lame. **2** *(fig.)* limping; halting; lame.

claudicare *vi* to limp; to hobble.

claudicazione *sf* **1** limping; hobbling. **2** *(med.)* claudication; lameness.

clausola *sf (dir.)* clause; article: *clausola restrittiva,* proviso — *clausola provvisionale,* interim decree — *clausola aggiuntiva,* rider — *clausole d'ingranaggio, (naut.)* ship's articles.

claustrale *agg* claustral; cloistered.

claustrofobia *sf* claustrophobia.

clausura *sf* **1** *(regola)* clausura: *suora di clausura,* enclosed nun. **2** *(convento)* cloister. **3** *(fig.)* seclusion.

clava *sf* **1** *(mazza)* club; cudgel; bludgeon. **2** *(da ginnastica)* (Indian) club. **3** *(di poliziotto)* truncheon; baton.

clavicembalista *sm e f.* harpsichordist; harpsichord player.

clavicembalistico *agg* harpsichord *(attrib.)*.

clavicembalo *sm* harpsichord: *un concerto per clavicembalo,* a harpsichord concerto.

clavicola *sf* **1** *(anat.)* clavicle; collar-bone. **2** *(di pollo)* wish-bone.

clavicolare *agg* clavicular.

clavicordio *sm* clavichord.

claviforme *agg (bot.)* clavate.

clemente *agg* **1** merciful; lenient; clement. **2** *(fig.: del tempo, ecc.)* mild; clement.

clemenza *sf* **1** leniency; clemency. **2** *(del tempo)* mildness.

cleptomane *sm e f.* kleptomaniac.

cleptomania *sf* kleptomania.

clericale *agg* clerical. □ *sm e f. (politica)* clericalist.

clericalismo *sm (politica)* clericalism.

clero *sm* clergy; *(spec. cattolico)* priesthood.

clessidra *sf* **1** *(a sabbia)* sandglass; hour-glass; *(piccola)* egg-timer. **2** *(ad acqua)* clepsydra; water-clock.

cliché *sm* **1** *(tipografia)* stereotype; cliché; block. **2** *(fig.)* cliché; hackneyed phrase.

cliente *sm e f.* **1** *(di professionista in genere)* client; *(di medico)* patient. **2** *(di negozio)* customer; *(d'albergo)* guest. **3** *(stor.)* client. **4** *(fig.)* protégé; dependant; *(spreg.)* hanger-on *(pl.* hangers-on*)*.

clientela *sf* **1** *(insieme di clienti)* = *pl di* **cliente 1** *e* **2**; clientèle *(fr.)*: *avere una buona clientela,* to have a large clientèle. **2** *(in senso astratto)* custom; connection; clientèle *(fr.)*. **3** *(stor.)* clientship; *(oggi, spreg.)* (band of) hangers-on.

clientelismo *sm (politica)* clientship.

clima *sm* **1** climate. **2** *(fig.)* atmosphere; climate. □ *cambiar clima,* to move to another region (*o* climate); to have a change of air.

climaterico *agg* **1** *(med.)* climacteric. **2** *(infausto)* critical; dangerous.
climaterio *sm* *(med.)* climacteric; *(femminile)* menopause; *(maschile)* andropause.
climaticamente *avv* climatically.
climatico *agg* climatic: *stazione climatica,* health-resort.
climatologia *sf* climatology.
clinica *sf* **1** *(insegnamento)* clinic; *(più spesso si traduce con l'agg.* clinical: *p.es.): clinica chirurgica,* clinical surgery. **2** *(settore ospedaliero)* department; section; *(casa di cura)* clinic; nursing-home.
clinicamente *avv* clinically.
clinico *agg* clinical: *quadro clinico,* clinical picture — *cartella clinica,* (hospital) file — *occhio clinico, (fig.)* expert (*o* experienced) eye.
□ *sm* clinician; *(insegnante)* lecturer in clinical medicine (*o* surgery).
clipeo *sm (anche zool.)* clypeus; buckler.
clistere *sm* enema; clyster.
clivo *sm (lett.)* hillock; gentle slope.
cloaca *sf* **1** *(fogna)* sewer; main drain; cloaca. **2** *(pozzonero)* cesspool. **3** *(zool.)* cloaca. **4** *(fig.)* cesspool; sink of iniquity.
clorato *sm* chlorate.
clorico *agg* chloric.
cloridrato *sm* chlorhydrate; hydrochlorate.
cloridrico *agg* hydrochloric.
cloro *sm* chlorine.
clorofilla *sf* chlorophyl.
cloroformio *sm* chloroform.
cloroformizzare *vt* to chloroform.
cloruro *sm* chloride.
coabitare *vi* to cohabit; to live together.
coabitazione *sf* cohabitation.
coacervo *sm* **1** pile. **2** *(di redditi, ecc.)* accumulation.
coadiutore *sm* **1** assistant; co-worker. **2** *(di un ecclesiastico)* coadjutor. **3** *(universitario)* assistant.
coadiutrice *sf* ⇨ **coadiutore.**
coadiuvante *sm (med.)* coadjuvant.
coadiuvare *vt (lett.)* to help; to assist.
coagulamento *sm* coagulation.
coagulante *agg* coagulative. □ *sm* coagulant.
coagulare *vt* to coagulate; to clot.
□ **coagularsi** *v. rifl* to coagulate; to clot; *(del latte)* to curdle; to clot; *(chim.: dei colloidi)* to gel.
coagulativo *agg* coagulative.
coagulazione *sf* coagulation.
coagulo *sm* **1** coagulum. **2** *(del sangue)* clot. **3** *(caglio)* curd.
coalescenza *sf* coalescence.
coalizione *sf* **1** coalition; alliance government *(per 'governo di coalizione').* **2** *(tra imprese)* trust.
coalizzarsi *v. rifl* to form a coalition (an alliance).
coamministratore *sm* joint manager.
coartare *vt* to coerce (sb into sth); to force; to constrain.
coartazione *sf* coercion; constraint.
coassiale *agg* coaxial.
coattivo *agg* coercive.
coatto *agg (dir.)* forced; compulsory: *domicilio coatto,* enforced residence.
coautore *sm* co-author.
coazione *sf (dir.)* coercion; compulsion; duress.
cobalto *sm* **1** *(chim.)* cobalt: *bomba al cobalto,* cobalt bomb. **2** *(colore)* cobalt-blue.
cobelligerante *sm* co-belligerant.
cobelligeranza *sf* co-belligerency.
cobra *sm* cobra.
cocaina *sf* cocaine; *(sl.)* coke.
cocainismo *sm* cocainism.
cocainomane *sm* cocaine addict.
cocainomania *sf* addiction to cocaine; cocaine addiction.
cocca *sf* **1** *(angolo di tessuto)* corner. **2** *(di freccia)* nick; notch. **3** *(di fuso)* notch.
coccarda *sf* cockade; rosette.
cocchiere *sm* **1** coachman *(pl.* -men*).* **2** *(vetturino)* cabman *(pl.* -men*);* cab-driver; *(fam.)* cabby.
cocchio *sm* **1** coach; carriage: *cocchio reale,* state-coach. **2** *(stor.)* chariot.
coccige *sm* coccyx.
coccinella *sf* ladybird; *(USA)* lady-bug.
cocciniglia *sf* **1** *(zool.)* cochineal insect. **2** *(il colore)* cochineal.
coccio *sm* **1** *(terraglia, terracotta)* earthenware; *(oggetto di coccio)* pot; crock; *(pl.)* crockery. **2** *(pezzo, frammento)* fragment; (broken piece of) pottery; cracked pot; *(archeologia)* sherd. **3** *(persona piena di acciacchi)* crock; ailing person. □ *Attento a non far cocci!,* Mind you don't break the china! — *Chi rompe paga e i cocci sono suoi, (prov.)* Pay for the damage and you can keep the pieces.
cocciutaggine *sf* obstinacy; pig-headedness; stubbornness.
cocciutamente *avv* obstinately; stubbornly; pig-headedly.
cocciuto *agg* obstinate; pig-headed; stubborn.
[1]**cocco** *sm* **1** *(bot.)* coco-palm; coco-tree. **2** *(il frutto)* coconut.
[2]**cocco** *sm (fam.: uovo)* egg.
[3]**cocco** *sm (fam.)* darling; apple of sb's eye: *essere il cocco di mamma,* to be mummy's darling.
coccodè *sm* clucking: *fare coccodè,* to cluck; to cackle.
coccodrillo *sm* crocodile: *coccodrillo palustre,* mugger — *lacrime di coccodrillo, (fig.)* crocodile tears.
coccola *sf* **1** *(bot.)* berry. **2** *(la pina)* cone.
coccolare *vt* to cuddle; to pet; to fondle.
□ **coccolarsi** *v. rifl (fra le coltri, p.es.)* to nestle; to snuggle down.
coccoloni *avv* squatting; crouching.
cocente *agg (anche fig.)* scorching; *(di liquidi)* scalding; burning; searing: *lacrime cocenti,* scalding tears — *un cocente desiderio,* a burning desire — *un cocente dolore,* a burning (a searing) pain.
coclea *sf* **1** *(anat.)* cochlea. **2** *(mecc.)* Archimedean screw; *(di compressore, turbina, ecc.)* scroll; volute. **3** *(in un anfiteatro romano)* entrance for wild animals. **4** *(scala a chiocciola)* spiral (*o* winding) staircase.
cocomero *sm* water-melon: *cocomero asinino,* touch-me-not; noli me tangere *(lat.)* — *cocomero di mare,* sea cucumber.
cocorita *sf* lovebird; budgerigar; budgie *(fam.).*
cocuzza *sf (dial.)* **1** *(zucca)* pumpkin. **2** *(testa)* pate. **3** *(al pl.: esclamazione)* good heavens. **4** *(al pl., sl.)* money.
cocuzzolo *sm* **1** *(della testa)* crown; *(fam.)* dome; *(del cappello)* crown. **2** *(di montagna)* top; peak.
coda *sf* **1** tail *(anche fig.); (di volpe)* brush; *(di capelli)* pony-tail; *(treccia)* pigtail; *(di abiti)* tail; train; *(dell'occhio)* tail; corner: *andarsene con la coda tra le gambe,* to go off with one's tail between one's legs — *la coda di una cometa,* the tail of a comet — *dalla lunga coda,* long-tailed — *senza coda,* tailless — *giacca a coda di rondine,* tail-coat; tails *(pl.)* — *incastro a coda di rondine,* dovetail joint; dovetailing — *scivolata di coda, (aeronautica)* tail slide — *la coda di*

un discorso, the tail-end (the end, the conclusion) of a speech — *fanale di coda,* tail-light (⇨ *anche* **fanalino**). **2** *(fila)* queue: *fare la coda,* to queue (up); to stand in a queue — *mettersi in coda,* to join the queue — *formare una coda,* to form a queue. **3** *(mus.)* coda. □ *avere la coda di paglia,* to have a guilty conscience; to have a weak case; to have sth to hide — *guardare con la coda dell'occhio,* to give a sidelong glance at — *non avere né capo né coda,* to make no sense; to be utter nonsense — *in coda, (cioè i vagoni posteriori di un treno)* at the back — *marciare in coda,* to bring up the rear — *restare in coda a tutti,* to fall behind everyone — *carrozzeria a coda tronca,* fast-back bodywork — *il vagone di coda,* the last carriage — *pianoforte a coda (a mezza coda),* grand piano (baby grand) — *Il diavolo ci ha messo la coda, (prov.)* The devil has a finger in the pie — *Nella coda sta il veleno, (prov.)* The sting is in the tail.

codardamente *avv* cravenly; contemptibly.

codardia *sf* cowardliness; cowardice.

codardo *agg* cowardly. □ *sm* coward; poltroon.

codazzo *sm (fam.)* retinue; flock; *(spreg.)* ragtag and bobtail; mob.

codeina *sf* codeine.

codesto *agg dimostrativo* **1** *(quello)* the; that; your; that... of yours *(spesso spreg.).* **2** *(tale)* such. □ *pron dimostrativo* that (one); the one near you.

codice *sm* **1** *(dir. e fig.)* code; code of laws: *codice penale,* Penal (*o* Criminal) Code — *codice civile,* Civil Code — *codice della strada,* highway code — *codice postale,* postal code; *(USA)* zip code — *inciampare nel codice,* to fall foul of the law. **2** *(manoscritto)* codex *(pl.* codices); manuscript. **3** *(cifrario)* code; *(chiave)* key.

codicillo *sm* codicil.

codificare *vt* to codify.

codificazione *sf* codification.

codino *sm* **1** pigtail; *(di parrucca)* queue. **2** *(fig.)* reactionary; diehard.

codirosso *sm* redstart; starfinch.

coeditore *sm* co-publisher.

coedizione *sf* co-edition; joint publication.

coeducazione *sf* co-education.

coefficiente *sm* **1** *(matematica, fis.)* coefficient: *coefficiente di attrito,* coefficient of friction; *(talvolta)* friction coefficient. **2** *(fig.: fattore, elemento, causa)* factor *(anche fig.).*

coefficienza *sf* coefficient cause; joint cause.

coeletto *agg* elected jointly (with sb).

coercibile *agg (lett.)* coercible.

coercitivo *agg* coercive.

coercizione *sf (anche dir.)* coercion; duress.

coerede *sm* joint heir *(sf.* heiress*)*; coheir *(sf.* coheiress*).*

coerente *agg* **1** *(unito insieme)* coherent; cohering. **2** *(fig.)* consistent: *Non sei coerente con te stesso,* You are not consistent.

coerentemente *avv* coherently; consistently.

coerenza *sf* (*cfr.* **coerente**) **1** coherence. **2** *(fig.)* consistency: *mancare di coerenza,* to be inconsistent; to lack consistency.

coesione *sf* cohesion.

coesistenza *sf* co-existence.

coesistere *vi* to co-exist.

coesivo *agg* cohesive.

coesore *sm* coherer.

coetaneo *agg* of the same age (as); of the same generation (as); contemporary (with). □ *sm (della stessa età)* person of the same age; *(della stessa generazione, epoca, ecc.)* contemporary.

coevo *agg* coeval; contemporary.

cofanetto *sm* **1** *(portagioie)* casket. **2** *(per libri, ecc.)* presentation case.

cofano *sm* **1** *(forziere)* coffer; chest; *(scrigno)* casket; jewel-case. **2** *(di automobile)* bonnet; *(di aereo)* cowling.

coffa *sf* top; crow's nest.

cogitabondo *agg (lett.)* thoughtful; in a brown study.

cogitare *vi (lett.)* to ponder; to be* deep in thought; to cogitate.

cogitazione *sf* cogitation; meditation.

cogliere *vt* **1** *(spiccare)* to pick; to pluck; *(in quantità)* to gather; *(raccogliere)* to reap: *cogliere un fiore,* to pick (to pluck) a flower — *cogliere i frutti del proprio lavoro,* to reap the fruits of one's labours — *cogliere gli allori, (fig.)* to win laurels. **2** *(sorprendere)* to catch*; to take*: *Fummo colti da un temporale,* We were caught in a storm — *essere colto in fallo,* to be caught out — *Fu colto sul fatto dalla polizia,* He was caught red-handed (He was caught in the act) by the police — *Non mi cogli più!,* You won't catch me again! — *La morte lo colse nel sonno,* He died in his sleep — *La malattia lo colse nel fiore degli anni,* Sickness took him in his prime — *cogliere qcno alla sprovvista,* to catch sb unawares — *cogliere qcno di sorpresa,* to take sb by surprise. **3** *(prendere, afferrare)* to seize: *cogliere l'occasione per fare qcsa,* to seize (to take) the opportunity of doing (*o* to do) sth — *cogliere la palla al balzo,* to seize the opportunity; to take one's chance; to take advantage of an unforeseen opportunity. **4** *(colpire)* to hit*; to get*: *cogliere nel segno, (anche fig.)* to hit the mark (the target); to hit home — *cogliere qcsa in pieno,* to score a bull's eye. **5** *(capire)* to grasp; to understand*; to get*: *cogliere qcsa al volo,* to grasp sth immediately — *Talvolta è difficile cogliere il significato delle sue osservazioni,* Sometimes it's difficult to get the meaning of his remarks. **6** *(di fune)* to coil.

coglione *sm (volg.)* **1** *(al pl.: testicoli)* balls *(volg.)*; bollocks *(volg.)*: *Mi sta sui coglioni,* He gets on my nerves; I can't stand him — *togliersi qcno (qcsa) dai coglioni,* to get rid of sb (sth). **2** *(cretino)* idiot; cretin; fool; moron *(spec. USA)*; jerk *(USA)*: *Non fare il coglione!,* Don't be an idiot! **3** *(bastardo)* bastard.

cognac *sm* Cognac; *(per estensione)* brandy.

cognata *sf* sister-in-law.

cognato *sm* brother-in-law.

cognito *agg* known.

cognizione *sf* **1** knowledge; notion: *Ha qualche cognizione di russo?,* Do you have any knowledge of Russian?; Do you know any Russian? — *con cognizione di causa,* with full knowledge of the facts. **2** *(dir.)* cognizance. **3** *(filosofia)* cognition.

cognome *sm* surname; family name: *cognome da nubile,* maiden name.

coibente *agg* insulating; non-conducting. □ *sm* insulator; non-conductor.

coibenza *sf* non-conductivity.

coincidente *agg* coinciding; coincident.

coincidenza *sf* **1** coincidence: *Che coincidenza!,* What a coincidence! — *per pura coincidenza,* by sheer coincidence. **2** *(di treno, ecc.)* connection: *perdere la coincidenza,* to miss one's connection.

coincidere *vi* **1** to coincide: *Coincide col ventesimo anniversario della rivoluzione,* It coincides with the twenthieth anniversary of the revolution — *Le due riunioni coincidono,* The two meetings fall at the same time. **2** *(corrispondere)* to coincide; to correspond; to agree: *Le sue idee non coincidono con le mie,* His ideas do not coincide with mine.

coinquilino *sm* fellow-tenant.

cointeressare *vt (comm.)* to give* (sb) a share in the profits; to take* (sb) as partner.

cointeressato *agg (comm.)* profit-sharing.
□ *sm* associate; partner.

cointeressenza *sf (comm.)* share (in the profits); percentage (on sales).

coinvolgere *vt* to involve: *restare coinvolto,* to get involved.

coito *sm* coition; coitus; sexual intercourse.

coke *sm* coke.

cola *sf* **1** cola; kola. **2** *(la noce)* kola-nut; kola-bean.

colà *avv* there; over there; down there; up there: *così colà, (fam.)* so so.

colabrodo *sm* strainer; colander; *(USA anche)* cullender; *(fig.)* sieve.

colaggio *sm* **1** *(perdita)* leakage. **2** *(metallurgia)* casting.

colagogo *agg* cholagogic.

colapasta *sm* pasta strainer.

colare *vt* **1** *(filtrare)* to strain; to filter; *(spec. il caffè)* to percolate; *(brodo, pasta)* to colander: *colare il latte,* to strain the milk. **2** *(versare lentamente)* to pour out slowly; *(fondere)* to cast*; to pour: *colare una statua d'argento,* to cast a statue in silver — *colare il bronzo nello stampo,* to pour (to run) the bronze into the mould.
□ *vi* **1** *(gocciolare)* to drip; to drop; to trickle; to run*; *(da tubi, ecc.)* to leak; *(di caffè)* to percolate: *L'acqua colava giù dal soffitto,* Water was trickling through the ceiling — *Il sudore gli colava giù per il volto,* Sweat was trickling (was running) down his face — *Gli cola il naso,* His nose is running — *Quella botte cola,* That cask is leaking. **2** *colare a picco (a fondo), (naut.)* to sink*; to founder.

colata *sf* **1** *(metallurgia)* casting; pouring; tapping; *(massa di metallo fuso)* cast; tap. **2** *(di lava)* flow; *(geologia)* lava bed; *(di fango, pietre)* mud flow; landslip; landslide.

colato *agg* filtered; purified; *(metallurgia)* cast; smelted; fused: *oro colato,* pure gold — *prendere qcsa per oro colato,* to accept sth unquestioningly; to take sth as gospel.

colatoio *sm* **1** sieve; strainer; *(per brodo, pasta)* colander; *(per il tè)* tea-strainer. **2** *(crogiolo)* crucible; *(di fonderia)* sprue; gate. **3** *(canalone)* couloir *(fr.)*.

colatura *sf* **1** straining; filtering; *(metallurgia)* casting; pouring. **2** *(residui)* dregs *(pl.)*.

colazione *sf* **1** *(del mattino)* breakfast: *far colazione,* to have breakfast; to breakfast — *colazione a base di caffè e latte,* continental breakfast. **2** *(di mezzogiorno)* lunch; *(dopo una cerimonia)* luncheon: *far colazione,* to have lunch; to lunch — *colazione alla forchetta,* buffet lunch; fork lunch — *colazione al sacco,* picnic lunch — *colazione di lavoro,* working lunch.

colbac, colbacco *sm* busby; *(delle guardie reali inglesi)* bearskin.

colecistite *sf* cholecystitis.

coledoco *sm* common bile duct.

colei *pron dimostrativo* **1** *(soggetto)* she; *(compl.)* her: *colei che,* she who. **2** *(spreg.)* that woman.

coleottero *sm (al pl.: la classe)* Coleoptera.

colera *sm* cholera.

colerico *agg* cholera *(attrib.)*; choleric: *epidemia colerica,* cholera epidemic.

colesterina *sf* cholesterin.

colesterolo *sm* cholesterol.

colibrì *sm* humming-bird.

colica *sf* colic.

colino *sm* (small) strainer; *(per il tè)* tea-strainer.

colite *sf* colitis.

colla *sf* **1** glue; *(verniciatura)* size: *colla di pesce,* isinglass: *attaccare qcsa con la colla,* to stick sth with glue. **2** *(di farina)* paste.

collaborare *vi* to collaborate *(anche spreg.)*; to co-operate; to work as an associate: *collaborare ad un giornale,* to contribute to a newspaper.

collaboratore *sm* **1** collaborator; member of a team. **2** *(di un giornale)* contributor.

collaborazione *sf* **1** cooperation; collaboration: *in collaborazione con...,* in collaboration with... **2** *(di collaborazionista)* collaboration.

collaborazionismo *sm* collaborationism.

collaborazionista *sm e f.* collaborationist; *(solo spreg.)* collaborator; quisling.

collana *sf* **1** *(di pietre preziose)* necklace; *(di perle)* string; necklace; *(di fiori)* garland. **2** *(fig.: serie)* series; collection; *(lett.: di poesie, ecc.)* garland.

collant *sm (fr.)* panty-hose; tights *(pl.)*.

collare *sm* **1** *(in ogni senso)* collar; *(moda)* neckband; *(di prete)* (clerical) collar; dog-collar *(scherz.)*: *mettersi il collare,* to enter the church — *gettare il collare,* to leave the church. **2** *(per estensione: persona insignita del collare)* knight.

collarino *sm* **1** priest's collar; dog collar *(fam.)*. **2** *(di vestito, camicia, ecc.)* collar; neck. **3** *(archit.)* collar; astragal.

collasso *sm* collapse: *collasso cardiaco,* heart failure.

collaterale *agg* **1** *(dir., anche s.)* collateral. **2** *(attrib.)* side: *effetti collaterali,* side-effects.

collateralmente *avv* collaterally.

collaudare *vt* to test; to try (out).

collaudatore *sm* **1** tester. **2** *(di officina, ecc.)* inspector. **3** *(di automezzi)* test driver. **4** *(di aeroplani)* test pilot.

collaudo *sm (mecc.)* test; testing; *(di officina)* inspection: *fare il collaudo di qcsa,* to test sth; to try sth out — *volo di collaudo,* test flight.

collazionare *vt (lett.)* to collate.

collazione *sf* **1** collation. **2** *(dir.)* transfer of legacy.

colle *sm* **1** hill. **2** *(passo montano)* col.

collega *sm e f.* colleague; associate.

collegamento *sm* **1** connection *(il collegare, collegarsi; anche la cosa collegata)*; link; junction *(mecc.)*: *stabilire il collegamento tra due avvenimenti,* to work out the connection (*o* link) between two events. **2** *(mil.)* liaison. **3** *(radio, ecc.)* link; hook-up: *collegamento via satellite,* satellite hook-up.

colleganza *sf* partnership; comradeship: *avere rapporti (un rapporto) di colleganza con qcno,* to be sb's colleague.

collegare *vt* to connect; to unite; to join; to link; to relate *(spec. fig.)*: *Le due città sono collegate da un servizio di corriere,* The two towns are linked by a coach service — *collegare due fatti,* to relate two facts (to one another).
□ **collegarsi** *v. rifl* **1** *(unirsi)* to unite; to join; *(in lega)* to associate; to confederate. **2** *(mettersi in comunicazione)* to get* through.

collegiale *agg (collettivo)* done in collaboration; joint; group *(attrib.)*; team *(attrib.)*; *(di comunità scolastica o ecclesiastica)* college *(attrib.)*; collegiate.
□ *sm e f.* **1** *(convittore)* boarder; *(USA)* collegian. **2** *(fig.: persona timida o inesperta)* school-boy (girl).

collegialità *sf* **1** jointness; joint nature (*o* character). **2** *(religione)* collegiate status.
collegialmente *avv* jointly; in collaboration.
collegiata *sf* collegiate church.
collegio *sm* **1** college; corporation; body; *(di artigiani, ecc.)* guild; corporation; *(degli insegnanti)* teaching body. **2** *(convitto)* boarding-school; college. □ *il collegio degli avvocati,* the Bar — *collegio elettorale,* constituency — *il collegio dei giudici (il collegio giudicante),* the Bench — *il collegio di difesa,* the lawyers for the defence; the defence.
collera *sf* anger; rage: *andare (montare) in collera,* to fly into a rage; to get angry — *essere in collera con qcno,* to be angry (*o* cross) with sb.
collericamente *avv* wrathfully.
collerico *agg* irascible; quick-tempered.
colletta *sf* **1** collection; whip-round *(fam.)*; *(in chiesa)* collection; offertory: *fare una colletta,* to make a collection. **2** *(orazione)* collect.
collettivamente *avv* collectively; jointly; (all) together.
collettivismo *sm* collectivism.
collettivista *sm e f. e agg* collectivist.
collettivistico *agg* collectivistic.
collettività *sf* collectivity; community: *per il bene della collettività,* for the good of the community; for the common good.
collettivo *agg* collective; joint; common; general: *società in nome collettivo,* general partnership — *biglietto collettivo,* group ticket — *nome collettivo, (gramm.)* collective noun.
□ *sm* collective.
colletto *sm* **1** collar. **2** *(di dente)* neck; *(di albero)* collar.
collettore *sm* **1** *(esattore)* collector. **2** *(mecc.)* manifold; *(di caldaia)* header; *(della dinamo)* commutator. **3** *(canale)* outfall drain; *(nelle fognature)* drain trunk line. **4** *(geologia: bacino collettore)* catchment basin.
collettoria *sf* local revenue (post, *ecc.*) office.
collezionare *vt* to collect; to be* a collector of.
collezione *sf* collection: *fare collezione di qcsa,* to collect sth — *un pezzo da collezione,* a collector's item.
collezionista *sm e f.* collector.
collidere *vi* **1** to collide. **2** *(naut.)* to foul.
collimare *vi* **1** to correspond (with); to coincide (with); *(fig.)* to correspond; to agree; to tally. **2** *(ottica)* to collimate.
collimatore *sm* collimator; *(di telemetro)* telescopic sight.
collimazione *sf* **1** coincidence. **2** *(fis.)* collimation.
collina *sf* **1** *(rilievo)* hill. **2** *(zona)* hills *(pl.)*; hill-country: *abitare in collina,* to live in the hills.
collinare *agg* hill *(attrib.)*; hilly: *una zona collinare,* a hilly district (*o* region).
collinetta *sf* hillock.
collinoso *agg* hilly.
collirio *sm* eye lotion; eye drops.
collisione *sf* **1** collision. **2** *(fig.)* conflict; clash.
[1]**collo** *sm* **1** neck *(anche fig.)*; *(d'oca)* gooseneck; *(naut.)* neck; hitch; *(del piede)* instep; *(giro di corda)* twin; hoop: *collo taurino,* bull neck — *collo di cigno,* swan neck — *il collo di una bottiglia,* the neck of a bottle — *un maglione dal collo alto,* a polo-neck sweater — *fazzoletto da collo,* cravat; neckerchief *(ant.)* — *gettare le braccia al collo di qcno,* to fling one's arms round sb's neck — *allungare il collo,* to crane one's neck — *fino al collo,* up to one's neck (one's eyes) — *essere immerso fino al collo in una faccenda,* to be in sth up to one's neck — *rompersi l'osso del collo,* to break one's neck — *correre a rotta di collo,* to run at breakneck speed — *tirare (torcere) il collo a un pollo,* to wring a chicken's neck. **2** *(per estensione: colletto)* collar; neck.
□ *un collo torto, (fig.)* a sanctimonious person — *albero a collo d'oca, (mecc.)* crankshaft — *tra capo e collo,* suddenly; unexpectedly — *portare un bambino al collo,* to carry (to hold, to have) a child in one's arms — *portare il braccio al collo,* to have one's arm in a sling — *giocarsi l'osso del collo,* to stake everything; to put one's shirt (on sth) — *bere a collo,* to drink from the bottle — *essere con la corda al collo,* to have a sword over one's head; to be in a very difficult situation — *mettere il piede sul collo a qcno,* to trample on sb; to treat sb like a slave — *piegare il collo,* to submit; to give in — *prendere qcno per il collo,* to take sb by the scruff of the neck; *(fig.)* to get sb by the short hairs; to squeeze sb.
[2]**collo** *sm* **1** *(balla)* packing-case; bale. **2** *(unità di carico)* package; item. **3** *(collo postale)* parcel; package; packet.
[3]**collo** *(= con lo)* ⇨ **con.**
collocamento *sm* **1** place; disposal; placing; placement; *(di cavi, ecc.)* laying: *il collocamento dei mobili nella stanza,* the disposal of the furniture in the room — *collocamento a riposo,* retirement; pensioning-off; superannuation — *collocamento in aspettativa,* temporary discharge (from one's duties). **2** *(impiego)* employment; appointment; *(di persona di servizio)* situation: *agenzia di collocamento,* employment agency (*o* bureau) — *ufficio di collocamento,* employment office; labour exchange. **3** *(comm.)* sale; disposal: *il collocamento dei prodotti nazionali sui mercati esteri,* the sale of home products in foreign markets.
collocare *vt* **1** to place; to put*; *(in un certo ordine)* to arrange; to set*: *Lo collocò sullo scaffale,* He put it on the shelf. **2** *(trovare un impiego per qcno)* to place; to employ; to find* a job (for sb): *Non è facile collocare un giovane che abbia appena finito le scuole,* It isn't easy to find a job for a young man just out of school. **3** *(comm.)* to place; to sell*; to dispose of; to find* a market for; *(denaro)* to invest: *L'importante adesso è collocare questi articoli sui mercati esteri,* The important thing now is to place these articles on foreign markets — *Collocò il suo denaro in titoli di Stato,* He invested his money in Government stocks. **4** *(maritare)* to marry off.
□ *collocare qcno in aspettativa,* to discharge sb (from his duties); *(in alcuni casi)* to place sb on half-pay — *collocare qcno a riposo,* to pension sb off; to superannuate sb.
□ **collocarsi** *v. rifl* **1** to take* one's seat (one's stand). **2** *(ottenere un impiego)* to find* a job.
collocazione *sf* **1** collocation; placing; *(sistemazione)* arrangement. **2** *(di libri: in una biblioteca)* press-mark.
colloquiale *agg* colloquial.
colloquio *sm* **1** *(abboccamento)* meeting; talk; conversation; *(scambio d'idee)* discussion. **2** *(udienza, ecc.)* interview. **3** *(esame)* oral examination; oral *(fam.)*.
collosità *sf* stickiness; tackiness.
colloso *agg* gluey; sticky; *(di vernice ecc., non ancora essiccata)* tacky.
collotorto *sm* **1** hypocrite; ostentatiously devout person. **2** *(uccello)* wryneck.
collottola *sf* back (*o* nape) of the neck; scruff *(anche*

di animali): prendere qcno per la collottola, to take sb by the scruff of the neck.

collusione *sf* **1** collusion; conspiracy. **2** *(accordo fra parti apparentemente estranee)* (secret) pact (*o* arrangement).

collusivo *agg (dir.)* collusive.

collutorio *sm* mouthwash; gargle; *(med.)* collutorium; liquid for painting the tonsils.

colluttare *vi,* **colluttarsi** *v. rifl (lett.)* to come* to blows.

colluttazione *sf* **1** brawl; scuffle; exchange of blows; fray *(lett.).* **2** *(disputa)* heated exchange; angry discussion.

colmare *vt* to fill to the brim; *(fig.)* to fill; to load: *colmare una tazza,* to fill a cup to the brim — *colmare una lacuna (un vuoto),* to fill in (to stop) a gap — *colmare qcno di gioia,* to fill sb with joy — *colmare qcno di onori (di gloria),* to load sb with honours (glory) — *colmare qcno di gentilezze,* to overwhelm sb with kindness — *colmare qcno di insulti,* to heap insults on sb. □ *colmare il sacco (la misura),* to overstep the mark; to go beyond the limit; to overdo it — *colmare una strada,* to camber a road.

colmata *sf* **1** *(banco di rena)* sandbank; mudbank. **2** *(riempimento di depressione)* filling; *(terreno elevato)* raised (*o* levelled) land.

colmatura *sf* filling to the brim; *(rabboccatura)* topping-up.

[1]**colmo** *sm* **1** top; summit; highest point; *(del tetto)* ridge; *(di strada)* crown: *linea di colmo,* roof-ridge; top of the roof — *colmo di marea,* high-tide. **2** *(fig.)* height; depths *(pl.);* acme; summit: *essere al colmo,* to be at one's peak (*o* height) — *il colmo della felicità (della sfacciataggine),* the height of happiness (of effrontery) — *al colmo della disperazione,* in the depths of despair — *il colmo dei suoi desideri,* the acme of his (her) desires — *al colmo della carriera,* at the apex of his (her) career — *per colmo di sfortuna,* to crown (it) all. □ *È il colmo!,* It (That) is the limit!; That caps all!; That beats everything!

[2]**colmo** *agg* full; brimful; full to the brim; *(traboccante di, anche fig.)* overflowing with: *Ha avuto una vita colma di dispiaceri,* She has had a life full of sorrows — *Adesso la misura è colma, (fig.)* The cup is running over; This is the last straw.

colomba *sf* **1** *(uccello e anche fig.: persona mite)* dove: *i falchi e le colombe, (fig.)* the hawks and the doves. **2** *(dolce)* Easter cake (in the form of a flying dove).

colombaccio *sm* wood-pigeon; ring-dove.

colombaia, colombara *sf* **1** dovecot(e); *(di colombi viaggiatori)* pigeon loft: *stare in colombaia, (fig.)* to live on the top floor; to live in a penthouse — *tirare sassi in colombaia,* to cut off one's nose to spite one's face. **2** *(sl.)* upper gallery (of a theatre); the gods *(scherz.).*

colombella *sf* stock-dove.

colombiano *agg e sm* **1** *(relativo a C. Colombo)* Columbian. **2** *(della Colombia)* Colombian.

colombiere *sm (naut.)* head (of each lower mast).

colombino *agg* **1** dove-like: *petto colombino, (med.)* pigeon breast. **2** *(sasso)* dove-grey limestone.

colombo *sm* pigeon; *(alcune specie)* dove; *(al pl.: coppia di innamorati)* lovebirds; turtledoves: *colombo viaggiatore,* homing (*o* racing) pigeon; carrier-pigeon — *colombo da pelare, (fig.)* pigeon; sucker *(sl.).* □ *pigliare due colombi con una fava,* to kill two birds with one stone.

colon *sm (anat.)* colon.

[1]**colonia** *sf* **1** *(vari sensi)* colony; *(insediamento)* colony; settlement: *colonia penale,* penal colony. **2** *(per bambini)* health resort; holiday camp. □ *colonia di foche (pinguini),* rookery.

[2]**colonia** *sf (dir.)* agricultural tenancy.

[3]**colonia** *sf (acqua di Colonia)* (eau de) Cologne.

coloniale *agg* colonial: *generi coloniali,* colonial produce *(sing.).*

□ *sm* **1** colonial. **2** *(al pl.)* colonial produce *(sing.).*

colonialismo *sm* colonialism.

colonialista *sm e f.* **1** *(fautore)* imperialist; supporter of colonialism. **2** *(studioso)* student of (expert in) colonial problems.

colonico *agg* relating to tenant-farming or share-cropping: *casa colonica,* farmhouse.

colonizzare *vt* to colonize.

colonizzatore *sm* colonizer.

colonizzazione *sf* colonization; settlement.

colonna *sf (vari sensi)* column; shaft; pillar *(anche fig.); (fig.)* prop; mainstay: *colonna dello sterzo,* steering column — *colonna vertebrale,* spinal (*o* vertebral) column; spine; backbone — *una colonna di fumo,* a column of smoke — *mettersi in colonna,* to form a column — *colonna di veicoli,* motorized column — *in colonna,* in (a) column; *(uno sotto l'altro)* in a column; one below the other — *numeri in colonna,* a column of figures — *colonna del dare (dell'avere), (comm.)* debit (credit) column — *colonna di giornale,* newspaper column — *un articolo di due colonne,* a two-column article — *le colonne d'Ercole, (anche fig.)* the pillars of Hercules — *la colonna della famiglia, (fig.)* the mainstay of the family — *le colonne dell'università, (scherz.: di goliardi)* the pillars of the University. □ *bozze in colonna,* galley-proofs — *colonna sonora,* sound-track.

colonnello *sm* colonel: *tenente colonnello,* lieutenant colonel.

colonnetta, colonnina *sf* **1** *(archit.)* cippus. **2** *(del distributore della benzina)* petrol pump. **3** *(mecc.)* stud bolt. □ *la colonnina del mercurio,* the thermometer.

colonnino *sm* post; upright; *(di balaustrata)* baluster.

colono *sm* **1** *(stor. antica)* colonist. **2** *(stor. medievale)* serf; villein. **3** tenant-farmer; share-cropper; *(per estensione)* farmer; peasant.

colorante *sm* dye; *(med.)* stain: *senza coloranti,* free of artificial colouring matter.

colorare *vt* to colour *(anche fig.): colorare un disegno,* to colour (in) a drawing.

□ **colorarsi** *v. rifl* **1** to colour *(anche fig.): colorarsi di rosso,* to turn (to grow) red. **2** *(di persona: arrossire)* to blush; to flush; to colour.

colorato *agg* coloured (*USA* colored): *matite colorate,* coloured pencils — *lenti colorate,* tinted lenses.

colorazione *sf (atto del colorare)* colouring; *(tintura)* dyeing; *(colore)* colour; hue; tint.

colore *sm* **1** colour (*USA* color) *(anche fig.); (tinta)* shade; hue *(lett.); (al pl.: per bandiera, ecc.)* colours: *colore solido,* fast colour — *colore vivace,* bright colour — *a colori,* in colour; colour; *(colorato)* coloured — *film a colori,* colour-film; film in colour — *dipingere a colori smaglianti (delicati),* to paint in bright (delicate) colours — *un paesetto pieno di colore locale,* a village full of local colour — *un giornale senza colore politico,* a newspaper with no political allegiance (no political bias, no particular politics) — *un uomo di colore,* a coloured man — *gente di colore,* coloured people — *una camicia color carne,* a flesh-coloured shirt — *abiti di colore chiaro,* light-coloured clothes — *stoffa di colore solido,* fastcoloured material — *senza colore,* colourless. **2** *(sostanza per dipingere)* paint; colour: *colori ad olio,* oil-paint(s) — *colori ad acquerello, a tempera,* water-colour; distemper; tempera — *una scatola di colori,* a paint-box; a box of paints — *tre mani di colore,* three coats of paint. **3** *(al gioco delle carte)* suit: *tre carte dello stesso colore,* three cards of the same suit. **4** *(carnagione)* complexion; colour; colouring; *(aspetto)* look; appearance: *avere un bel colore,* to look well (*o* lovely) — *avere un brutto colore,* to look ill — *cambiare colore,* to change colour — *farsi (diventare) di tutti i colori,* to blush in embarrassment.

□ *dirne di tutti i colori a qcno,* to cover sb with insults — *farne di tutti i colori,* to get up to all sorts of tricks (of mischief) — *non sapere di che colore sia una cosa,* to know absolutely nothing about sth.

colorificio *sm* dye factory.

colorire *vt* to colour *(anche fig.).*

□ **colorirsi** *v. rifl* to colour.

[1]**colorito** *agg* **1** coloured (*USA* colored); *(del viso, ecc.)* pink; rosy. **2** *(fig.)* vivid; coloured (*USA* colored).

[2]**colorito** *sm* **1** *(tinta)* colouring; colour; *(carnagione)* complexion; colour. **2** *(mus.)* colour; timbre. **3** *(arte)* colour(s); colouring. **4** *(vivacità espressiva)* liveliness; vivacity; colourfulness.

coloritura *sf* colouring; *(colore)* colour.

coloro *pron dimostrativo (m. e f. pl.)* **1** *(soggetto)* they; *(compl.)* them: *coloro che...,* *(soggetto)* they (*o* those) who...; *(compl.)* those who... **2** *(spreg.)* those people.

colossale *agg* colossal; enormous; huge; *(fam.)* tremendous.

colosso *sm* **1** *(statua)* colossus. **2** *(persona gigante)* giant; colossus; *(fig., fam.)* genius. **3** *(sl., film)* colossal; spectacular. □ *un colosso dai piedi di argilla,* an idol with feet of clay.

colpa *sf* fault; *(colpevolezza)* guilt; *(responsabilità)* blame; *(morale)* sin: *per colpa di...,* because of...; thanks to... — *È colpa mia,* It's my fault — *Non ne ho colpa,* It's not my fault; I'm not to blame — *Che colpa ne ho?,* What fault is it of mine? — *essere in colpa,* to be at fault; to be in the wrong — *confessare la propria colpa,* to confess one's guilt — *commettere (scontare) una colpa,* to commit (to expiate) a sin (a crime) — *dare la colpa a qcno,* to lay the blame on sb — *addossarsi la colpa,* to take the blame upon oneself.

colpetto *sm* gentle blow; tap; *(con il palmo della mano)* pat; *(col gomito)* nudge.

colpevole *agg* guilty; culpable: *sentirsi colpevole,* to feel guilty — *dichiararsi colpevole,* to plead guilty — *Fu dichiarato colpevole,* He was found guilty.

□ *sm e f.* culprit; offender.

colpevolezza *sf* guilt; culpability; *(dir.)* guilt; *(civile)* fault.

colpire *vt* **1** to hit*; to strike* *(anche fig.): Lo colpì alla testa,* He hit him on the head — *Sono stati duramente colpiti,* They've been hit hard — *Fu colpito da paralisi,* He was struck (down) by paralysis — *colpire nel segno,* to hit the mark — *le zone colpite dall'inondazione,* the flood-hit areas — *L'aumento del costo della vita colpisce i ceti meno abbienti,* The rise in the cost of living hits the poorer classes. **2** *(con arma da fuoco)* to shoot*: *Fu colpito in fronte,* He was shot in the forehead. **3** *(fig.: toccare)* to strike*: *Mi colpì la sua bellezza,* I was struck by her beauty. □ *colpire qcno nel vivo,* to hurt sb to the quick; to get sb on the raw — *colpire la fantasia di qcno,* to catch sb's fancy — *La sua morte ha colpito tutti,* His death came as a shock to everybody.

colpo *sm* **1** *(in generale, e anche fig.)* blow; stroke; hit; knock; *(voce onomatopeica)* bang; *(spinta)* push; blow; *(di frusta, ecc.)* stroke; lash; *(di coltello, ecc.)* stab; *(di baionetta, spada)* thrust; stab: *dare (vibrare) un colpo,* to deal (to give, to strike) a blow — *piazzare (centrare) un colpo,* to get a blow in — *il colpo di un martello,* the stroke of a hammer — *d'un sol colpo,* at one blow; at one stroke; at a single blow; at a single stroke — *un colpo alla porta,* a knock at the door — *colpo fortunato,* lucky hit — *colpo di fortuna,* stroke of luck (of fortune) — *rendere colpo per colpo,* to return (to give) blow for blow — *senza colpo ferire,* without striking a blow — *colpo maestro,* master stroke — *un colpo alla nuca, (fig.)* a stab in the back — *colpo di grazia,* death blow; coup de grâce *(fr.)* — *colpo di fulmine,* lightning stroke; *(fig.)* love at first sight; coup de foudre *(fr.)* — *La porta si chiuse con un colpo,* The door shut with a bang — *un colpo di grancassa,* a bang on the big drum.

2 *(pugilato, ecc.: pugno)* punch; blow; *(tennis: lancio)* stroke; drive; *(scherma: stoccata)* thrust: *un colpo forte (fiacco), (pugilato)* a hard (weak) punch; *(tennis)* a strong (weak) drive — *colpo basso, (anche fig.)* low blow — *colpo di rovescio, (tennis)* backhand stroke — *colpo dritto,* forehand drive — *colpo schiacciato,* smash — *colpo sbalzato,* half volley — *colpo sfalciato,* slice — *colpo tagliato,* chop — *colpo al volo,* volley — *colpo smorzato,* drop shot — *colpo passante, (tennis)* passing shot.

3 *(di arma da fuoco)* shot; *(talvolta: salve)* round; *(il rumore di un colpo)* report; shot: *sparare un colpo,* to fire a shot — *colpo a salve,* blank round — *colpo corto,* short shot — *colpo di rimbalzo,* ricochet — *colpo in aria,* shot over head — *Ci restano solo pochi colpi,* We have only a few rounds left — *sbagliare (mancare, fallire) il colpo,* to miss the target; to miss one's mark; to miss one's aim; to misfire.

4 *(malanno)* stroke: *colpo apoplettico,* apoplectic stroke; fit *(fam.)* — *colpo d'aria,* chill — *colpo di calore,* heatstroke — *colpo di sole,* sunstroke — *Mi venga un colpo!,* Blow me down! — *Ti venga un colpo!,* Drop dead!

5 *(forte emozione o impressione)* shock; blow: *La notizia della morte del fratello fu un terribile colpo per lei,* The news of her brother's death was a terrible shock to her — *La sconfitta fu un colpo per le nostre speranze,* The defeat was a blow to our hopes — *far colpo,* to impress; to shock; to make a hit; to make a sensation.

6 *(impresa decisa)* coup: *colpo di mano,* coup de main *(fr.);* sudden attack — *colpo di scena,* coup de théâtre *(fr.);* stage trick; *(fig.)* sensation — *colpo di stato,* coup d'état *(fr.)* — *colpo giornalistico,* scoop — *un colpo mancino (gobbo),* a dirty trick *(fam.);* a fast one *(sl.)* — *fare il colpo,* to make the trick — *fare un bel (buon) colpo,* to bring it off; to have a success — *tentare il colpo,* to try it on.

□ *di colpo,* all of a sudden; unexpectedly — *colpo a tradimento,* treacherous trick — *colpo di mare,* big wave; breaker — *colpo di vento,* gust; *(al mare)* squall — *colpo di timone, (naut., anche fig.)* change of course — *colpo di telefono,* ring — *Ti darò un colpo di telefono stasera,* I'll give you a ring this evening — *colpo d'occhio,* coup d'oeil *(fr.); (vista)* sight — *a colpo d'occhio,* at a glance (at first glance) — *colpo di testa,* whim; impetuous action — *a un colpo (di colpo),* suddenly; unexpectedly — *a colpo sicuro, (agg.)* surefire *(attrib.); (avv.)* with absolute certainty; without any risk — *dare un colpo di spugna a qcsa, (cancellare con un colpo di spugna qcsa)* to wipe out sth; to pass the sponge over sth — *perdere colpi, (di motore)* to miss — *dare un colpo al cerchio e un colpo alla botte,* to run with the hare and hunt with the hounds — *colpo d'ariete, (idraulica)* water hammering; water hammer.

colposo *agg* negligent; culpable: *reato colposo,* criminal negligence — *omicidio colposo,* culpable homicide.

coltellaccio *sm* **1** *(arma)* cutlass. **2** *(vela)* studding-sail. **3** *(pianta)* rush.

coltellame *sm* cutlery; set of knives.

coltellata *sf* **1** stab; thrust. **2** *(fig.: colpo)* pang; stab: *una coltellata nella schiena,* a stab in the back.

coltelliera *sf* case for (table) knives; knife box; canteen.

coltellinaio *sm* cutler.

coltellino *sm (da frutta)* fruit-knife; *(temperino)* pocket-knife.

coltello *sm* knife; *(dell'aratro)* coulter; *(di bilancia)* knife: *coltello a serramanico,* flick-knife — *coltello da tasca,* pocket-knife — *tagliarsi con un coltello,* to cut oneself with a knife — *una nebbia da tagliarsi col coltello,* fog so thick you could cut it with a knife. □ *avere il coltello per il manico,* to have the upper hand — *guerra a coltello,* war to the death — *a (o per) coltello, (di mattoni, ecc.)* on edge; edgewise.

coltivabile *agg* fit for cultivation.

coltivare *vt* to cultivate *(anche fig.);* to grow*; *(un giacimento)* to work; to exploit; *(un 'hobby', con entusiasmo)* to go* in for: *coltivare pomodori,* to grow tomatoes — *coltivare un campo a grano,* to plant a field with corn — *coltivare un'amicizia (una persona),* to cultivate a friendship (a person) — *coltivare l'ingegno,* to improve one's mind — *coltivare la pesca,* to go in for fishing.

coltivatore *sm* **1** farmer; grower: *coltivatore diretto,* owner-occupier. **2** *(macchina)* cultivator.

coltivatrice *sf* cultivator.

coltivazione *sf* **1** farming; tillage; *(di una determinata specie di pianta)* growing; raising. **2** *(luogo coltivato)* plantation; field. **3** *(al pl.: raccolto)* crops: *recare danno alle coltivazioni,* to damage the crops. **4** *(di cave)* working; exploitation.

colto *agg* cultured; well-educated.

coltre *sf* **1** blanket; *(al pl.)* bedclothes; covers. **2** *(drappo funebre)* pall. **3** *(fig., p.es. di neve)* blanket; mantle; *(di fumo, ecc.)* pall.

coltura *sf* **1** cultivation; farming; growing; *(allevamento)* culture; breeding; raising: *coltura intensiva,* intensive cultivation — *coltivazione di bachi da seta,* silk-worm breeding. **2** *(al pl.)* crops, *(in laboratorio)* culture: *coltura in vitro,* culture in glass (in vitro).

colubro *sm* (non-venomous) snake.

colui *pron dimostrativo m. sing* **1** *(soggetto)* he; *(compl.)* him: *colui che..., (soggetto)* the man who...; he who... *(lett.); (compl.)* the man who(m)... **2** *(spreg.)* that man; that person.

coma *sm* coma: *essere in coma,* to be in a coma.

comandamento *sm* commandment.

comandante *sm* **1** *(mil.: di reggimento)* commanding officer; *(di più unità combattenti)* commander; *(di fortezza, accademia)* commandant; *(di distretto, base)* officer commanding. **2** *(naut.)* captain: *comandante in seconda,* first mate — *comandante di porto,* harbour-master. **3** *(aeronautica)* captain; first pilot.

comandare *vt e i.* **1** *(essere al comando, a capo di)* to command; to be* in command (of sth); *(ordinare)* to order; to give* orders; *(raccomandare, esigere, richiedere)* to require; *(dominare: di posizione, luogo)* to command; *(dominare, governare)* to rule; to hold* sway *(lett.): comandare un reggimento (una nave),* to command (to be in command of) a regiment (a ship) — *Il capitano di una nave comanda tutti gli ufficiali,* The captain of a ship commands all the officers — *Chi comanda qui?,* Who is in command here? — *Qui comando io!,* I am the master here!; I am in charge here! — *comandare il silenzio,* to order (to call for) silence — *Comandò che si iniziasse immediatamente il lavoro,* He gave orders for the work to be (that the work should be) started at once — *l'arte di comandare,* the art of giving orders; the art of commanding — *Dio comanda e l'uomo ubbidisce,* God commands and man obeys — *L'ufficiale comandò ai suoi uomini di sparare,* The officer ordered (*o* commanded) his men to fire — *Il suo stato di salute comanda prudenza,* His state of health demands prudence — *Mi si comandò di arrivare alle otto,* I was required (They required me) to arrive at eight — *Il fortino comandava l'accesso alla vallata,* The fort commanded the entrance to the valley — *Roma comandava un vastissimo impero,* Rome ruled (held sway) over a very large empire — *comandare a bacchetta,* to rule with an iron fist (with a rod of iron). **2** *(ordinare vivande, bevande, ecc.)* to order. **3** *(mecc.)* to control; to operate; *(azionare)* to drive*; *(a mezzo di relé, in elettr.)* to relay: *Questa leva comanda tutto il meccanismo,* This lever controls the whole mechanism — *Questo meccanismo è comandato da una leva,* This mechanism is operated by a lever — *comandato a mano,* hand-driven — *comandato meccanicamente,* machine-driven; power operated — *comandato a distanza,* remote-controlled. **4** *(di legge, ecc.: prescrivere, stabilire)* to prescribe; to stipulate: *feste comandate,* feast days prescribed by the Church. **5** *(distaccare)* to second: *Fu comandato in una nuova succursale,* He was seconded to a new branch-office — *Il capitano Bianchi è stato comandato a un altro reparto,* Captain Bianchi has been seconded to another department.
□ *Comandi!,* Yes, Sir (Madam)?; You called, Sir (Madam)?; *(mil.)* Sir? — *Chi non sa ubbidire non sa comandare, (prov.)* Through obedience learn to command — *Le lacrime non si comandano, (prov.)* You cannot shed tears at will — *Al cuore non si comanda,* The heart has its reasons (which reason does not know); One cannot command one's own heart.

comandata *sf* **1** fatigue (duty). **2** *(naut.)* shore-watch.

comando *sm* **1** *(ordine, ingiunzione)* command; order: *un comando brusco (secco),* a blunt (dry) command — *un comando che non ammette discussioni,* an imperative order — *ubbidire a un comando,* to obey an order — *comando di 'attenti!',* order to stand at attention — *comando di 'riposo!',* order to stand at ease — *dare un comando,* to give (to issue) an order — *eseguire un comando,* to carry out an order. **2** *(autorità, potere di comando)* command: *avere (assumere) il comando,* to have (to take) command — *essere al comando di qcsa,* to be in command of sth — *essere sottoposto al comando di qcno,* to be under the command of sb — *Il Capo dello Stato è al comando delle forze armate,* The Head of the State is in command of the armed forces — *Le forze armate* *sono sottoposte al comando del Capo dello Stato,* The armed forces are under the command of the Head of the State — *Ha venti uomini al suo comando,* He has twenty men under his command. **3** *(mil.: organismo che esercita il comando)* command; headquarters *(pl.: abbr.* H.Q., *con il v. al pl. o al sing.): Comando Occidentale,* Western Command — *Comando di Corpo d'Armata,* Corps Headquarters — *Comando di Divisione,* Division Headquarters. **4** *(sport)* lead: *assumere il comando della corsa,* to take the lead. **5** *(mecc.)* control; *(leva)* control; lever; drive; driving-gear: *comando elettrico (meccanico, automatico),* electrical (mechanical, automatic) control — *comando a distanza (telecomando),* remote control — *comando a mano,* hand drive — *comando a pulsante,* push-button control — *comando centralizzato,* central control system — *i comandi,* the controls; *(di un aereo)* flying controls — *leva di comando, (di aereo)* control lever (*o* column); joystick *(sl.)* — *a doppio comando,* dual control — *tenere i (reggere i) comandi, (di nave, aereo, ecc.)* to be at the controls — *unità di comando, (macchine contabili)* control unit.

□ *comando giuridico,* prescript — *un comando del magistrato (del tribunale),* an injunction of the Court — *essere pronto ai comandi di qcno,* to be at sb's beck and call.

comare *sf* **1** *(madrina)* godmother. **2** *(alla cerimonia nuziale)* witness for the bride; chief bridesmaid. **3** *(vicina di casa)* neighbour; crony; *(spreg.: donna pettegola)* gossip; busybody; *(donna litigiosa)* fishwife. **4** *(animale femmina protagonista di fiaba)* Mother; *(in ingl., spesso di genere maschile)* Master; Brer *(USA, dial.): Comare Oca,* Mother Goose — *Comare Volpe,* Brer Fox.

comatoso *agg* comatose.

combaciamento *sm* fitting together; matching; mating.

combaciare *vi* to fit; to mate; to match; *(fig.)* to coincide.

combattente *sm* **1** combatant; member of the fighting forces: *ex-combattente, (reduce)* ex-serviceman; *(USA o stor.)* veteran; old soldier *(fam.).* **2** *(al pl. f.)* the fighting forces. **3** *(uccello)* ruff; *(gallo)* gamecock.

combattere *vt e i. (in generale)* to fight*; to be* at (to wage) war; *(lottare)* to struggle (against); *(contendersi)* to vie (with); to strive; to contend (with); *(opporsi a)* to oppose: *combattere per un'idea,* to fight for an idea — *combattere accanitamente,* to fight tooth and nail.

□ *essere combattuto, (fig.)* to be drawn this way and that; to be torn (between, by sth); to be in a quandary.

combattimento *sm* fight; combat; *(mil.)* battle; action: *combattimento di galli,* cock-fight — *un combattimento all'ultimo sangue,* a fight to the death — *morire in combattimento,* to be killed in action — *essere messo fuori combattimento, (pugilato)* to be knocked out; *(fig.)* to be put out of action.

combattivamente *avv* aggressively; pugnaciously.

combattività *sf* pugnacity; aggressiveness.

combattivo *agg* pugnacious; aggressive.

combinare *vt e i.* **1** *(organizzare e portare a compimento)* to arrange; to organize; to conclude; to bring* about; *(progettare)* to plan; to arrange: *combinare una riunione,* to arrange (to organize) a meeting — *combinare un accordo,* to conclude (to make) an agreement — *combinare un buon affare,* to negotiate a good bargain — *combinare un viaggio,* to plan a trip (a journey) — *combinare un matrimonio,* to arrange a marriage — *un matrimonio combinato,* an arranged marriage. **2** *(unire, mettere insieme)* to combine; to match: *combinare opinioni diverse,* to combine different opinions — *combinare bene i colori,* to match colours well — *Non si può sempre combinare il lavoro con il piacere,* We can't always combine work with pleasure. **3** *(corrispondere)* to agree (with); to go* well; to correspond; to fit in; to match: *Le nostre idee non combinano affatto,* Our opinions (Our ideas) don't agree at all — *Questa copia combina perfettamente con l'originale,* This copy corresponds perfectly to the original. **4** *(chim.)* to combine: *combinare idrogeno e ossigeno,* to combine hydrogen and oxygen — *L'idrogeno si combina con l'ossigeno,* Hydrogen combines with oxygen. **5** *(fam.: fare)* to do*; to be* doing; to be* up to; *(in alcune espressioni)* to make*: *Che cosa combina quel ragazzo?,* What is that boy doing (What is that boy up to)? — *combinare un guaio (un pasticcio),* to make a blunder (a mess) — *combinarne di tutti i colori,* to get up to all sorts of tricks — *non combinare nulla,* not to achieve anything — *L'hai combinata bella (grossa)!,* This time you've really done it!; You've done it now! — *Ne ha combinata una delle sue!,* He's done it again!; He's been at it again!

□ **combinarsi** *v. rifl* **1** to combine: *Le circostanze si combinarono contro di lui,* Circumstances combined against him. **2** *(fam.: conciarsi)* to get* oneself up: *combinarsi bene (male),* to be in a good (bad) way.

combinata *sf (sci)* combined.

combinazione *sf* **1** combination; arrangement: *strane combinazioni di colori,* strange colour combinations. **2** *(caso)* chance; coincidence: *per combinazione,* by chance — *per pura combinazione,* by sheer chance — *Ma guarda un po' che combinazione!,* What a coincidence! **3** *(chim., matematica)* combination. **4** *(biancheria)* combinations *(pl.);* combs *(fam.); (tuta da operaio)* overalls; *(da aviatore, ecc.)* suit.

combriccola *sf* **1** *(di ladri, ecc.)* gang; mob. **2** *(di politici, ecc.)* clique; faction. **3** *(di amici)* gang; crowd.

combustibile *agg* combustible.

□ *sm* fuel: *rifornire (rifornirsi) di combustibile,* to fuel; to refuel.

combustione *sf* combustion.

combutta *sf* gang; crew: *essere in combutta con qcno,* to be in league with sb; *(USA)* to be in cahoots with sb.

come **I** *avv* **1** *(simile a, allo stesso modo di, nella maniera in cui)* - **a)** *(davanti a un s. o a un pron.)* as; like; *(come per esempio)* such as: *dolce come il miele,* (as) sweet as honey — *È come un pesce fuor d'acqua,* He's like a fish out of water — *Partì come un razzo,* He was off like a shot — *La gente come lui dovrebbe pensare diversamente,* People such as him ought to think differently.

b) *(davanti ad un v.)* as: *Fai come vuoi,* Do as you like (as you please).

c) *(in proposizioni interr. spec. nel linguaggio corrente si adopera la costruzione)* What... like: *Com'è il tuo professore d'inglese?,* What is your English teacher like? — *Volevo comperare i ravioli, ma non sapevo com'erano,* I wanted to buy the ravioli, but I didn't know what they were like.

2 *(in qualità di, in quanto)* as; speaking as: *Questo consiglio te lo do come amico, non come medico,* I'm giving you this advice as your friend, not as your doctor — *Come padre, devo dire che tutti questi film violenti mi preoccupano abbastanza,* Speaking as a

father, I must say that all these violent films worry me rather.
3 *(con agg. e avv., e con certi v.: quanto)* how: *Come sei cresciuto!,* How you've grown! — *Come scia bene tuo fratello!,* How well your brother skis! — *Com'è gentile da parte loro!,* How kind of them!
4 *(interr. diretto o indiretto: in che modo)* how; how well; *(perché)* why: *Come va?,* How are you? — *Come sta sua moglie?,* How is your wife? — *Come viaggerai, in treno o in aereo?,* How are you going, by train or by air? — *Non so come me la caverei senza di te!,* I don't know how I would manage without you! — *Come mai?,* How on earth?; Why on earth?; Why ever?; *(USA)* How come? — *Come mai non sei partito?,* Why didn't you leave? — *Com'è che tu conosci il Presidente?,* How is it that *(USA* How come that*)* you know the President? — *Come scrivi a macchina?,* How well do you type?
5 *(compl. di uguaglianza: così... come)* - **a)** as... as: *Credo che non ci sia nessuno stupido come te,* I don't think there is anyone as stupid as you — *È vero che il vostro nuovo alloggio è spazioso come questo?,* Is it true that your new flat is as roomy (*o* spacious) as this one? - **b)** *(spesso, in proposizioni negative)* so... as: *Il dibattito non è stato così accanito come l'altra volta,* The debate was not so heated as last time.
6 *(correlativo)* both... and; as well as: *a scuola come a casa,* both at school and at home; at school as well as at home.
7 *(esclamativo, enfatico)* what: *Come! sei di nuovo in ritardo?,* What! are you late again? — *Come? (Come dici)?,* What?; What did you say?; I beg your pardon — *Ma come!,* What!
☐ *E come!* ⇨ **eccome** — *Com'è vero che sono vivo...,* As I live (and breathe)... — *come si sia,* however that may be; be that as it may — *come sempre,* as usual — *come da vostro desiderio,* in accordance with your wishes; *(più formale)* in compliance with your request — *come d'accordo,* as agreed — *come da campione,* as per sample — *come non detto,* as you were; forget I said it — *come non mai,* as never before — *come prima,* as before — *come regola,* as a rule — *come segue,* as follows — *come sopra,* as above — *io come io,* I for my part; I myself; as for me, I — *oggi come oggi,* the way things stand; at present (for the moment) — *T come Torino, (telecomunicazioni)* T for tango; T for Tom — *come Dio volle,* eventually; at long last — *com'è, come non è,* as it is; as things are.
II *congiunz* **1** *(nelle proposizioni incidentali)* as: *Come tu ben sai, sono già impegnato tutti i lunedì,* As you well know, I'm already engaged every Monday.
2 *(come se)* as if: *Se n'è andata come (se) niente fosse,* She went off as if nothing had happened.
3 *(temporale: non appena),* - **a)** as soon as - **b)** no sooner... than; hardly... than *(con l'inversione del verbo): Come la diga fu finita, una terribile alluvione travolse il paese,* As soon as the dam was finished, a terrible flood washed the village away — *Come chiuse la porta, si accorse di aver lasciato le chiavi dentro,* Hardly had he shut the door than (He'd hardly shut the door than) he realized he had left the keys inside.
4 *(dichiarativa: che)* that: *Tutti sanno come gli uomini politici preferiscano le parole alle azioni,* Everybody knows that politicians prefer words to action.
III *sm* means; why; way: *Vorrei regalarglielo, ma non trovo il come,* I'd like to give him it, but I can't find a way — *Non sappiamo ancora il come,* We don't yet know why — *il come e il perché (di una faccenda),* the whys and the wherefores.

cometa *sf* comet.

comica *sf* comedy; *(fig.)* farce.

comicamente *avv* funnily; comically.

comicità *sf* comic quality (*o* spirit); comicality; comicness.

comico *agg* comic; comical; funny.
☐ *sm (comicità)* **1** comic quality; funny side (*o* part): *il lato comico,* the funny side. **2** *(attore)* comic actor; comedian; comic. **3** *(scrittore)* writer of comedies.

comignolo *sm* **1** *(di tetto)* roof coping; *(trave)* ridge beam. **2** *(canna fumaria)* chimney-pot. **3** *(di una bica)* cap (of a round haystack).

cominciamento *sm (lett.)* beginning.

cominciare *vt e i.* to begin*; to start; to commence: *una parola che comincia per S,* a word beginning with S — *cominciare col dire,* to begin by saying — *Cominciò a nevicare,* It started (It began) snowing (*o* to snow) — *per cominciare,* to begin (to start) with — *cominciare dal principio,* to begin at (to start from) the beginning — *a cominciare da oggi,* from today (on); starting from today; as from today — *al cominciare del giorno,* at day-break — *Chi ben comincia è a metà dell'opera, (prov.)* Well begun is half done.

comitale *agg* of (relating to) a count (*in GB* an earl).

comitato *sm* committee: *essere in un comitato (far parte di un comitato),* to be on a committee — *comitato direttivo,* steering committee; executive committee — *comitato permanente,* standing committee — *comitato dei creditori,* committee of inspection.

comitiva *sf* party; group: *viaggiare in comitiva,* to travel in (a) group (*o* party).

comiziale *agg (med.)* epileptic: *mal comiziale,* epilepsy.

comizio *sm* meeting; reunion; assembly: *indire (tenere) un comizio,* to call (to hold) a meeting — *comizio elettorale,* election meeting (*o* assembly) — *i comizi, (stor. romana)* the comitia.

comma *sm* **1** *(dir.)* paragraph (of a section). **2** *(mus.)* comma. **3** *(ant.: virgola)* comma.

commando *sm (mil.)* commando.

commedia *sf* **1** *(opera teatrale in genere)* play; *(che desta il riso)* comedy: *commedia a tesi,* problem play. **2** *(finzione)* sham; fake: *fare (recitare) la commedia,* to sham; to put it on — *È tutta una commedia,* The whole thing's a fake. **3** *(situazione ridicola)* farce; joke; laugh. ☐ *personaggio da commedia, (fam.)* clown; figure of fun.

commediante *sm e f.* **1** comedian (*f.* comedienne); actor (*f.* actress); *(spreg.)* third-rate actor (*o* actress). **2** *(fig.)* shammer; humbug; hypocrite.

commediografo *sm* playwright.

commemorare *vt* to commemorate; to celebrate.

commemorativo *agg* commemorative.

commemorazione *sf* commemoration.

commenda *sf* **1** *(stor.)* commendam. **2** *(grado cavalleresco)* commandership. **3** *(sl.: abbr. di* **commendatore** ⇨*).*

commendatario *agg* commendatory.

commendatizia *sf (lett.)* letter of recommendation.

commendatore *sm (ordine cavalleresco)* (knight) commander; *(stor.: amministratore di un beneficio)* commendee.

commendevole *agg* commendable; praiseworthy.

commensale *sm e f.* table companion; fellow guest; *(mil.)* messmate.
commensurabile *agg* commensurable.
commensurabilità *sf* commensurability.
commensurabilmente *avv* proportionately; commensurably.
commentare *vt (un fatto)* to comment on (*o* upon); *(sfavorevolmente)* to criticize; *(un testo)* to expound; *(annotare)* to annotate.
commentario *sm* **1** *(apparato di note)* commentary. **2** *(memorie storiche, ecc.)* memoir; *(talvolta)* commentary.
commentatore *sm* **1** *(di un testo)* annotator; *(dei classici, ecc.)* glossator; commentator; editor. **2** *(chi illustra le notizie, alla radio, ecc.)* commentator.
commento *sm* **1** *(di un testo)* commentary; notes *(pl.)*; critical apparatus; *(di un passo)* comment; explanation; gloss; *(di un avvenimento, alla radio, ecc.)* commentary. **2** *(osservazione allusiva o critica)* comment; remark. **3** *(al pl.: discussione)* comments. **4** *(cinema)* commentary: *commento musicale,* background music — *commento parlato,* spoken commentary.
commerciabile *agg* marketable; saleable; sellable.
commerciabilità *sf* marketability.
commerciale *agg* commercial; trade *(attrib.)*; business *(attrib.)*: *una lettera commerciale,* a business letter. □ *direttore commerciale,* sales manager.
commercialista *sm e f.* **1** *(avvocato, notaio)* specialist *(p.es.* lawyer, graduate*)* in commercial law. **2** *(esperto contabile)* qualified accountant.
commercializzare *vt (anche spreg.)* to commercialize.
commercialmente *avv* **1** commercially. **2** *(dal punto di vista del commercio, della redditività)* from the commercial point of view; commercially speaking.
commerciante *sm e f.* trader; dealer; merchant; *(negoziante)* shopkeeper; tradesman *(pl.* -men*)*: *fare il commerciante,* to be in business (in trade) — *commerciante all'ingrosso,* wholesaler — *commerciante al minuto,* retailer.
commerciare *vi* to trade; to deal* (in).
commercio *sm* **1** *(in generale)* commerce; *(di un determinato tipo)* trade; *(attività, affari)* business; trade: *commercio e industria,* commerce and industry — *il commercio della lana (del vino),* the wool (the wine) trade — *commercio costiero,* coasting trade — *commercio internazionale,* international trade — *commercio bancario,* banking business — *commercio estero,* foreign trade — *commercio interno (nazionale),* domestic trade — *commercio all'ingrosso,* wholesale trade — *commercio al dettaglio (al minuto),* retail trade — *commercio di importazione,* import trade — *commercio di esportazione,* export trade — *commercio con il nemico,* trading with the enemy — *Camera di Commercio,* Chamber of Commerce — *Codice di Commercio, (dir.)* Commercial Code — *Ministero del Commercio, (GB)* Department of Trade and Industry; *(USA)* Department of Commerce — *agente di commercio,* business agent — *viaggiatore di commercio,* commercial traveller; travelling salesman — *darsi al commercio,* to go into business (*o* trade) — *ritirarsi dal commercio,* to retire from business (*o* trade) — *essere nel commercio, (di persona)* to be in business; to be in trade — *essere in commercio, (di prodotto)* to be on the market; to be for sale — *essere fuori commercio, (non in vendita)* to be not (not to be) for sale. **2** *(relazione, rapporto)* intercourse; dealings *(pl.)*: *avere commercio con qcno,* to have dealings with sb — *commercio carnale,* sexual intercourse — *commercio epistolare,* correspondence. □ *fare commercio del proprio corpo (del proprio onore, delle proprie idee, dei propri sentimenti),* to sell one's body (one's honour, one's ideas, one's feelings).
commessa *sf* sales-girl; shop-assistant; shop-girl; saleswoman *(pl.* -women*)*.
commesso *sm* **1** *(di negozio)* shop-assistant; salesman *(pl.* -men*)*: *commesso viaggiatore,* travelling salesman; commercial traveller. **2** *(impiegato, spec. con mansioni di fiducia)* clerk; *(fattorino)* errand-boy.
commestibile *agg* edible.
□ *sm (al pl.)* groceries; foodstuffs; edibles; eatables *(scherz.)*: *negozio di commestibili,* grocer's; grocery store.
commettere *vt e i.* **1** to commit; *(in alcune espressioni)* to do*; to make*; *(non comune)* to perpetrate: *commettere un'imprudenza,* to do something careless (*o* foolish); *(meno comune)* to commit an imprudence — *commettere un omicidio (suicidio),* to commit murder (suicide) — *commettere una cattiva azione,* to commit a bad act (a bad action) — *commettere un'ingiustizia,* to commit an injustice; to do (sb) a wrong — *commettere un errore,* to make a mistake — *commettere un errore grossolano,* to perpetrate a blunder — *commettere un delitto,* to commit (to perpetrate) a crime — *Non commettere atti impuri, (biblico)* Thou shalt not commit any impure action. **2** *(commissionare, ordinare, dare incarico)* to order; to commission: *commettere una merce,* to order goods — *commettere a un artista l'esecuzione di un'opera,* to commission a work from an artist. **3** *(lett.: affidare)* to entrust; to commit: *commettere a Dio la propria salvezza,* to entrust (to commit) one's salvation (*o* oneself) to God. **4** *(congiungere)* to join (together); to joint; *(incastrare)* to embed; to insert; *(mecc.: montare)* to assemble.
□ **commettersi** *v. rifl (affidarsi; più comune: rimettersi)* to rely (upon); to place one's trust (in); to entrust oneself (to): *Mi commetto al tuo giudizio,* I entrust myself to your judgment.
commettitura *sf* join; joining; fitting (together).
commiato *sm* **1** *(permesso)* leave; dismissal; *(partenza)* departure; farewell: *dar commiato a qcno,* to give sb leave to go; to dismiss sb — *prendere commiato da qcno,* to take leave of sb. **2** *(poesia)* envoy; envoi *(fr.)*
commilitone *sm (compagno d'armi)* comrade; fellow soldier; mate *(fam.)*; *(USA)* buddy; comrade in arms *(lett.)*.
comminare *vt (dir.)* to lay* down: *comminare una pena,* to inflict a punishment.
comminatoria *sf* mandatory injunction.
commiserare *vt* to commiserate (with sb on sth).
commiserazione *sf* commiseration.
commiserevole *agg (lett.)* pitiable.
commissariato *sm* **1** *(mil.: corpo)* Service Corps. **2** *(organo)* commission. **3** *(di polizia)* police station.
commissario *sm (funzionario)* commissioner; *(membro di commissione)* member of a board (of a commission); *(mil.)* commissary; *(politico, spec. comunista)* commissar; *(sportivo)* steward; technical delegate: *commissario di Polizia (di Pubblica Sicurezza), (GB)* Chief Constable; *(USA)* Commissioner of Police — *commissario di bordo, (mercantile)* purser; *(mil.)* paymaster.

commissionare *vt* **1** *(di merce)* to order; to place an order (for sth). **2** *(opere d'arte)* to commission.

commissionario *sm* **1** commission agent. **2** *(di borsa)* broker.

commissione *sf* **1** errand; *(al pl.: acquisti)* shopping *(sing.)*: *mandare qcno a fare una commissione,* to send sb on an errand — *fare delle commissioni,* to go shopping. **2** *(comm.)* commission; order: *fatto su commissione,* made to order. **3** *(comitato, ecc.)* commission; committee: *commissione d'esame,* board of examiners — *commissione d'inchiesta,* committee of inquiry — *commissione interna,* shop (*o* factory) committee.

commistione *sf* mixture.

commisurare *vt* **1** to measure (sth against sth else); *(paragonare)* to compare (sth with sth else). **2** *(adeguare)* to make* (sth) fit (for sth); to make* (sth) commensurate (with sth).

commisurazione *sf* commensuration; proportionment.

committente *sm e f.* **1** customer; purchaser; person giving an order. **2** *(di un'opera d'arte)* client; person giving a commission. **3** *(appaltante)* employer. **4** *(dir.)* principal.

commodoro *sm* commodore.

commosso *agg* moved; touched.

commovente *agg* moving; touching.

commozione *sf* **1** emotion; excitement: *con profonda commozione,* with deep emotion — *destare viva commozione,* to cause great excitement (*o* a stir). **2** *(med.)* concussion.

commuovere *vt* to touch; to move; to affect: *lasciarsi commuovere,* to be moved; *(impietosirsi)* to feel pity.
□ **commuoversi** *v. rifl* to be* touched; to be* moved; to be* affected (by sth): *commuoversi fino alle lacrime,* to be moved to tears.

commutare *vt* **1** to interchange; to change (sth for sth); to alter; *(dir.)* to commute. **2** *(elettr.)* to switch; to reverse.

commutatore *sm* commutator; switch.

commutatrice *sf* rotary converter; commutator rectifier.

commutazione *sf* **1** interchange; *(dir.)* commutation. **2** *(elettr.)* switching; *(telefonia)* putting through (*o* making) a connection.

comò *sm* commode; chest of drawers; *(USA)* chiffonier.

comodamente *avv* **1** comfortably; snugly; cosily. **2** *(agevolmente)* easily; with no trouble; conveniently. **3** *(senza affanno)* in a leisurely way.

comodino *sm* **1** *(da notte)* bedside table. **2** *(velario)* drop curtain. **3** *(sl.: attore)* stand-in; *(per estensione)* second-rate actor. □ *far da comodino a qcno, (fig.)* to be sb's mouthpiece.

comodità *sf* convenience; *(confort)* comfort: *(una casa) con tutte le comodità moderne (servizi),* (a house) with all modern conveniences, with all mod cons *(fam.)*; a house with all modern comforts, with every modern comfort.

[1]**comodo** *agg* **1** *(opportuno, conveniente)* convenient: *a un'ora comoda,* at a convenient time — *quando vi è comodo,* when it is convenient to you; when convenient; at your convenience — *È così comodo avere la piscina vicino!,* It's so convenient to have the swimming pool nearby! **2** *(confortevole)* comfortable; *(che non presenta difficoltà)* easy; *(pratico)* handy; *(ampio, spazioso)* large; roomy; commodious; *(di indumento)* loose-fitting: *una poltrona comoda,* a comfortable arm-chair — *un letto comodo,* a comfortable bed — *stare comodo,* to be comfortable — *un libro di formato comodo,* a book in a handy size — *una casa (una stanza) comoda,* a comfortable (*o* commodious) house (room) — *un vestito comodo,* a loose-fitting suit *(da uomo)*; a loose-fitting dress *(da donna)* — *scarpe comode,* comfortable shoes — *una strada (una scala) comoda,* an easy road (staircase) — *condurre una vita comoda,* to lead an easy (a comfortable) life. □ *Stia comoda, prego, (Non si alzi)* Please, don't get up; *(Si sieda)* Please, sit down; *(Non si disturbi)* Please, don't trouble yourself — *prendersela comoda,* to take it easy — *È un tipo comodo,* He is an easy-going chap — *essere comodo (pronto, disposto) a fare qcsa,* to be (to feel) disposed to do sth.

[2]**comodo** *sm (convenienza, vantaggio)* convenience; advantage; ease; *(comodità)* comfort: *i comodi della vita,* the comforts of life — *amare il proprio comodo,* to love (to like) one's own comfort — *con (il tuo) comodo; con tutto (il tuo) comodo,* at your own convenience; as (*o* when) convenient (to you) — *fare comodo (tornare comodo),* to be convenient; to be useful; to be a help; to come in handy — *Quel denaro gli fece (gli tornò) molto comodo,* That money was a great help to him; He found that money very useful — *fare il proprio comodo,* to take one's ease; to do as one likes; to think only of one's own convenience — *trovare in qcsa il proprio comodo (tornaconto),* to turn sth to one's own advantage. □ *a Suo comodo; come Le fa comodo,* as you prefer — *una soluzione di comodo,* an accommodation; a convenient arrangement — *comodo di cassa,* cash accommodation — *cambiale di comodo,* accommodation bill.

compaesano *sm* fellow townsman *(pl.* -men*)*; (person) from (coming from) the same district (*o* town, *ecc.*): *È un mio compaesano,* He comes from the same town (district, *ecc.*) as I do; We come from the same town (district, *ecc.*).

compagine *sf* **1** framework; complex; compages *(lett.)*; *(unione)* unity. **2** *(squadra)* team.

compagnia *sf* **1** company; *(talvolta)* companionship: *amare la compagnia,* to like (to enjoy) company — *essere di buona (cattiva) compagnia,* to be good (bad) company — *cercare la compagnia,* to look for company — *evitare la compagnia,* to avoid company — *essere (stare) in buona compagnia,* to be in good company — *fare (tenere) compagnia a qcno,* to keep sb company — *Rimase in casa per tenere compagnia alla moglie,* He stayed at home to keep his wife company — *Mi rincresce di lasciare la compagnia di una persona tanto simpatica,* I am sorry to part company with such a pleasant person — *godere la (della) compagnia di qcno,* to enjoy sb's company (*o* companionship) — *in compagnia (di),* in company (with) — *Venne in compagnia di un gruppo di amici,* He came in company with a group of friends — *Andammo in compagnia,* We went in company — *per compagnia (come compagnia),* for company — *Verrò con te per compagnia (per farti compagnia),* I'll come with you for company — *dama di compagnia,* - **a)** lady companion - **b)** *(a Corte)* lady in waiting. **2** *(gruppo, comitiva)* company *(anche mil., teatrale)*; society; party; gathering; band; *(combriccola)* set; gang: *una compagnia numerosa,* a numerous company; quite a gathering — *una bella compagnia,* a nice gathering — *Speriamo che farete parte anche voi della compagnia,* We hope that you will be of the party, too — *avere (frequentare) cattive compagnie,* to keep (to get into) bad (*o* low) company — *compagnia di ventura,* band of mercenaries — *compagnia di sbarco,* landing force; landing party — *compagnia di giro,* touring company — *compagnia stabile,* permanent company; repertory company. **3** *(comm.)* company: *compagnia di assicurazione,* insurance company — *compagnia di navigazione,* steamship company — *compagnia (aerea) di bandiera,* national airline company; *(di navigazione)* national shipping company.

□ *... e compagnia bella,* ... and Co; ... and all that; ... and so on — *Compagnia di Gesù,* Society of Jesus.

compagno *sm* **1** companion; mate; fellow *(in certi composti);* comrade *(cfr. il* **3** *sotto); (negli affari, in una partita, al ballo, ecc.)* partner: *un compagno fedele,* a faithful companion — *compagno di sventura,* companion in misfortune — *compagno di gioco (di giochi),* playmate — *compagno di stanza,* room-mate — *compagno di viaggio,* companion on a journey; travelling companion; fellow traveller — *compagno di tavola (di mensa),* mess-mate — *compagno di squadra,* team-mate — *compagno di classe,* class-mate — *compagno di scuola,* school-fellow — *compagno di studi,* fellow-student — *compagno d'armi,* companion in arms; comrade in arms; fellow soldier — *compagno di prigionia,* fellow prisoner — *Eravamo compagni di scuola (di università, d'armi, di prigionia),* We were at school (at university, in the army, in prison) together — *compagno di esilio,* comrade in exile — *Ditta Rossi & Compagni,* Messrs Rossi & Company,(Messrs) Rossi & Co. **2** *(di cose esistenti in coppia)* other; fellow; companion: *Non riesco a trovare il compagno di questo gemello,* I can't find the companion to this cuff-link. **3** *(tra i membri di un partito socialista o comunista)* comrade: *il compagno Rossi,* comrade Rossi — *compagno di strada, (non iscritto ma aderente alla linea politica)* fellow-traveller. □ *essere compagno di fede,* to have the same faith; *(in senso religioso)* to be co-religionists — *essere compagni di lavoro,* to be working together.

□ *in funzione di agg (usato solo come predicato)* alike; very similar; the same (as): *Le due stanze erano compagne,* The two rooms were alike.

compagnone *sm* good companion; sociable person.

companatico *sm* something that goes with bread: *pane senza companatico,* just bread; dry bread.

comparabile *agg* comparable.

comparabilmente *avv* comparably.

comparaggio *sm* (paid) pushing (of medical or veterinary products).

comparare *vt (lett.)* to compare.

comparativamente *avv* comparatively.

comparativo *agg* comparative.

comparato *agg* comparative.

comparatore *sm* gauge; comparator.

comparazione *sf* comparison.

compare *sm* **1** *(padrino)* godfather. **2** *(alla cerimonia nuziale)* witness for the groom; *(d'anello)* best man *(pl.* men*); (chi accompagna la sposa all'altare)* person who gives the bride away. **3** *(compagno)* crony; friend; *(titolo affettuoso)* friend; *(USA)* brother; master *(ant.).* **4** *(spalla di un comico, ecc.)* stooge; *(USA)* fall-guy; *(USA)* side-kick; *(collaboratore in imprese disoneste)* accomplice; confederate; *(chi funge da esca)* decoy; stool-pigeon. **5** *(animale maschile protagonista di fiaba)* Master; Brer *(USA, dial.): Comare Volpe,* Brer Fox.

comparire *vi* **1** *(apparire)* to appear; to show* up; to turn up: *comparire improvvisamente,* to appear suddenly — *La nave comparve all'orizzonte,* The ship appeared on the horizon — *Non comparve fino alle sei,* He didn't appear (show up, turn up) until six. **2** *(di pubblicazione)* to appear; to be* published; to come* out: *Quando comparirà il tuo nuovo romanzo?,* When will your new novel appear (be published)?; When is your new novel coming out? — *Questa rivista compare ogni due settimane (ogni quindici giorni),* This magazine appears (is published) every fortnight. **3** *(in giudizio)* to appear (before a court); to answer a summons: *Il teste si è rifiutato di comparire davanti alla corte,* The witness has refused to appear before the court. **4** *(far bella mostra, spiccare)* to show* off; to make* a display; *(raro: sembrare)* to appear: *una persona che vuole comparire,* a person wanting to make a display — *Gli piace comparire,* He likes showing off — *Lo fece per comparire generoso,* He did it to appear generous.

comparizione *sf (dir.)* appearance: *mancata comparizione,* failure to appear; non-appearance — *mandato di comparizione,* summons to appear.

comparsa *sf* **1** *(il comparire)* appearance *(anche dir.); (med.)* onset. **2** *(cinema, ecc.)* extra; walker-on; super *(sl.).* **3** *(dir.: atto scritto)* statement; pleading *(spec. al pl.).*

□ *fare la comparsa,* to walk on — *fare da comparsa, (fig.)* to be an onlooker (a bystander); to put in an appearance.

compartecipare *vi* to take* part (in sth); to have* a share (a part) in sth.

compartecipazione *sf* **1** participation; sharing: *compartecipazione agli utili,* profit-sharing — *in compartecipazione,* jointly. **2** *(quota)* share.

compartecipe *agg* participating; sharing.

compartimentale *agg* regional; area *(attrib.).*

compartimento *sm* **1** compartment: *compartimento stagno,* watertight compartment *(anche fig.).* **2** *(circoscrizione amministrativa)* region; area.

compartire *vt* to divide (to share) out; to distribute.

compartizione *sf* **1** division. **2** *(compartimento)* compartment; sub-division.

compassatamente *avv* coolly.

compassato *agg* precise; deliberate; cool; calm and collected; smug *(spreg.).*

compassionare *vt* to feel* sympathy for; to feel* sorry for.

compassione *sf* sympathy; pity *(anche con lieve disprezzo);* compassion *(lett.): per compassione,* out of pity — *avere compassione per,* to feel sympathy for; to feel sympathetic towards — *far compassione,* to arouse pity — *Era in uno stato da far compassione,* He was in a pitiful (*o* sorry) state — *muoversi a compassione,* to take pity on — *Mi fai compassione,* I pity you.

compassionevole *agg* **1** *(che sente compassione)* sympathetic; compassionate; pitying. **2** *(che desta compassione)* pitiful; pathetic.

compasso *sm* (pair of) compasses *(pl.); (per interni o spessori)* (pair of) calipers: *compasso a punte regolabili,* scribing compasses — *compasso a punte fisse,* dividers — *compasso a tre punte,* triangular compass. □ *avere il compasso negli occhi, (fig.)* to be a good judge of distances (measurements, *ecc.*); to be able to size (to weigh) up sb or sth at a glance — *fare qcsa col compasso, (fig.)* to do sth with particular care.

compatibile *agg* **1** *(conciliabile)* compatible; *(coerente)* consistent. **2** *(che si può compatire)* excusable; pardonable.

compatibilità *sf* compatibility.

compatibilmente *avv* compatibly: *compatibilmente con il tempo a disposizione,* in so far as time allows — *compatibilmente con i suoi impegni,* your engagements permitting.

compatimento *sm* pity; sympathy; *(indulgenza)* indulgence; tolerance; *(condiscendenza)* condescension.

compatire *vt* **1** to pity; to sympathize with. **2** *(giustificare)* to excuse; to pardon. **3** *(considerare con indulgenza)* to bear* (to put* up) with *(anche spreg.)*; to make* allowances for. □ *farsi compatire,* to make a fool of oneself; to be an object of pity.

compatriota *sm e f.* fellow-countryman *(pl.* -countrymen*)*; fellow-countrywoman *(pl.* -countrywomen*)*; compatriot.

compattezza *sf* **1** compactness. **2** *(fig.: di idee, ecc.)* unanimity; *(di un gruppo di persone)* closeness.

compatto *agg* **1** compact; *(solido)* solid; *(denso)* dense. **2** *(fig.)* unanimous; united: *votare compatti una mozione,* to vote a motion unanimously *(o* nem. con., *lat.)*.

compendiare *vt* **1** to epitomise; to give* the essentials (an outline, a concise account) of. **2** *(unire in sé, anche fig.)* to sum up. **3** *(fare un sunto)* to summarise; to condense; *(di un libro)* to abridge; *(esporre succintamente)* to describe in a few words.

compendio *sm* **1** compendium; epitome; outline; *(massimario)* digest. **2** *(sunto)* synopsis; précis *(fr.)*; summary; *(di libro)* abridgement.

□ *in compendio (in breve),* in short; *(in sostanza)* in substance.

compenetrare *vt* to penetrate (to permeate) thoroughly; *(fig.)* to pervade.

□ **compenetrarsi** *v. rifl* **1** *(fig.: essere conscio)* to be* fully aware (of sth); to realize (sth). **2** *(v. reciproco)* to interpenetrate.

compenetrazione *sf* deep (*o* thorough) penetration.

compensabile *agg* open to compensation; *(risarcibile)* indemnifiable.

compensare *vt* **1** *(pagare)* to pay*; to reward. **2** *(supplire a)* to make* up (for sth). **3** *(risarcire)* to indemnify; to compensate (sb for sth). **4** *(equilibrare)* to offset*; to counterbalance; *(in psichiatria)* to compensate.

compensativo *agg* compensatory.

compensato *sm* plywood.

compensatore *sm* **1** *(elettr.)* compensator; phase advancer. **2** *(aereo)* balance; trim tab. **3** *(radio)* trimmer; *(naut.)* compensator; compass adjuster.

compensazione *sf* payment; compensation; *(dir.)* set-off; *(operazione bancaria)* clearing; *(di borsa)* making up: *stanza di compensazione,* clearing-house.

compenso *sm* **1** *(risarcimento)* compensation; indemnity. **2** *(retribuzione)* pay; remuneration; *(premio)* recompense; reward. □ *fare qcsa dietro compenso,* to do sth for money — *in compenso,* by way of compensation; *(d'altro canto)* on the other hand — *in compenso della tua pazienza,* as a repayment for (in return for) your patience.

compera *sf* purchase; *(al pl.)* shopping *(sing.)*: *fare una compera,* to make a purchase — *fare compere,* to do some shopping (to go shopping).

comperare *vt* ⇨ **comprare.**

competente *agg* **1** *(esperto)* qualified; competent: *essere competente in materia,* to be qualified to judge; to speak on the subject. **2** *(dir.)* competent; having jurisdiction; being responsible.

□ *sm* qualified person; expert; *(talvolta: intenditore)* connoisseur.

competentemente *avv* competently; expertly.

competenza *sf* **1** *(anche linguistica)* competence. **2** *(dir.)* competence; jurisdiction; responsibility: *Non è di mia competenza,* This is not (within) my province; This is not in my line *(sl.)* — *di competenza di...,* pertaining to... **3** *(al pl.: onorario)* fees.

competere *vi* **1** *(gareggiare)* to compete; to vie: *Non posso competere con lui,* I can't compete with him. **2** *(dir.)* to be* (to lie*) within the jurisdiction: *Non compete a questo foro,* It is not within the jurisdiction of this court — *Ciò non mi compete,* This is not within my province. **3** *(spettare)* to be* due (to be* owing) to; *(riguardare)* to concern: *Ti darò tutto ciò che ti compete,* I'll give you all that is due to you.

competitore *sm,* **competitrice** *sf* **1** *(in una gara)* competitor. **2** *(rivale)* rival.

competizione *sf* *(atto di competere e gara)* competition.

compiacente *agg* **1** *(accomodante)* obliging; complaisant. **2** *(arrendevole)* compliant; yielding.

compiacentemente *avv* **1** obligingly. **2** compliantly.

compiacenza *sf* **1** kindness; courtesy. **2** *(soddisfazione)* satisfaction; gratification: *esprimere la propria compiacenza,* to express one's satisfaction. □ *Abbiate la compiacenza di venire prima,* Please be good enough to come earlier.

compiacere *vt e i.* to please; to gratify; *(indulgere)* to humour: *Lo farà per compiacermi,* He will do it to please me — *compiacere ai capricci di qcno,* to humour sb's fancies.

□ **compiacersi** *v. rifl* **1** to be* pleased (with sth); to take* pleasure (in sth); to delight (in sth). **2** *(complimentarsi)* to congratulate: *Mi compiaccio con te,* I congratulate you. **3** *(degnarsi)* to deign; to be* so good as to (*o* good enough to); to condescend: *Si compiacque di ascoltarmi,* He was good enough to listen to me.

compiacimento *sm* **1** pleasure; satisfaction: *esprimere il proprio compiacimento a qcno,* to express one's satisfaction with sb. **2** *(rallegramento)* joy; *(al pl.)* congratulations.

compiangere *vt* **1** to sympathize with; to be* sorry for. **2** *(anche con una sfumatura di disprezzo)* to pity; to feel* (to be*) sorry for.

compianto *agg (defunto)* late; late lamented.

□ *sm* **1** *(cordoglio)* mourning; grief; *(componimento)* lament. **2** *(poesia)* complaint.

compiegare *vt* to enclose.

compiere *vt* **1** *(fare, eseguire)* to do*; *(portare avanti)* to make*; to perform; to carry out: *compiere un lavoro,* to do a job — *compiere una buona azione,* to do a good deed — *compiere il proprio dovere,* to do one's duty — *compiere un sacrificio,* to make a sacrifice — *compiere miracoli,* to work miracles — *compiere un proposito,* to carry out an aim — *compiere una missione,* to carry out a mission. **2** *(un delitto)* to commit. **3** *(concludere, completare, adempiere)* to complete; to accomplish; to finish; to fulfil; to achieve: *compiere gli studi,* to complete one's studies — *per compiere l'opera,* to crown it all; on top of it all — *Per compiere l'opera caddi dalle scale,* To crown it all (On top of it all) I fell down the stairs — *compiere un voto,* to fulfil a vow. **4** *(l'età)* to be*: *Tom compie gli anni il tre marzo,* Tom's birthday is on the third of March — *Oggi Helen compie 21 anni,* Helen is 21 today — *Quando compi gli anni?,* When is your birthday? □ ⇨ *anche* **compiuto.**

□ **compiersi** *v. rifl* **1** *(finire, concludersi)* to end; to be* over: *La nostra azione si è compiuta,* Our work is over. **2** *(avverarsi)* to fulfil; to come* true: *Tutte le sue profezie si sono compiute,* All his prophecies have been fulfilled (have come true).

compilare *vt* **1** to compile; to draw* up. **2** *(un modulo)* to fill in.

compilazione *sf* **1** *(l'azione)* compiling; compilation; *(di modulo)* filling in. **2** *(opera)* compilation.

compimento *sm* accomplishment; conclusion; end: *condurre, portare qcsa a compimento,* to bring sth to a conclusion — *a compimento,* by way of conclusion; as a finishing touch; *(scherz.)* to crown it all.

compitamente *avv* politely.

compitare *vt* **1** to pronounce words one syllable (*o* sound) at a time; *(lettera per lettera)* to spell*. **2** *(leggere, con molti errori)* to read* disjointedly; to spell* out.

compitezza *sf* politeness; civility.

[1]**compito** *agg* polite; polished; well-mannered; well brought-up.

[2]**compito** *sm* **1** task; job; *(dovere)* duty. **2** *(scolastico)* homework *(sing. e collettivo)*; preparation *(fam. GB, anche* prep.*)*; *(in classe)* classwork: *Avete fatto i vostri compiti?,* Have you done your homework?

compiutamente *avv* fully; entirely; completely; thoroughly; wholly.

compiuto *agg* finished; completed: *a opera compiuta,* when the work is finished (*o* done). □ *un fatto compiuto,* a fait accompli *(fr.)* — *Ha diciassette anni compiuti,* He has turned seventeen.

compleanno *sm* birthday: *fare a qcno gli auguri per il suo compleanno,* to wish sb a happy birthday.

complementare *agg* **1** *(accessorio)* additional; supplementary; *(secondario)* subsidiary: *una materia complementare,* a subsidiary subject. **2** *(matematica, ecc.)* complementary: *imposta complementare; (talvolta) la complementare, (sf.)* supplementary income tax.

complemento *sm* **1** complement. **2** *(mil.)* draft: *truppe di complemento,* reserves. **3** *(gramm.)* object; complement: *complemento oggetto,* direct object; *(meno comune)* objective complement.

complessato *agg* neurotic; mixed-up *(fam.)*.

complessione *sf* constitution.

complessità *sf* complexity; complicatedness.

complessivamente *avv* **1** *(in generale)* on the whole. **2** *(in tutto)* altogether; in all: *Ho pagato complessivamente centomila lire,* I paid a total of a hundred thousand lire; All together (All in all) I paid a hundred thousand lire; I paid a hundred thousand lire in all.

complessivo *agg* **1** *(che riguarda qcsa considerato nel suo complesso)* comprehensive; overall: *un giudizio complessivo su una commedia,* a considered opinion on a play as a whole. **2** *(che riguarda più cose considerate insieme)* aggregate; total: *spesa complessiva,* total outlay — *entrata complessiva,* gross income.

complesso *agg* **1** *(composto di più parti)* complex. **2** *(difficile)* complicated: *L'uomo è una creatura complessa,* Man is a complicated animal.

□ *sm* **1** *(insieme di più elementi)* whole; complex whole; complex; *(di leggi)* body; *(organizzazione industriale)* complex. **2** *(psichiatria)* complex; obsession: *complesso di inferiorità,* inferiority complex. **3** *(di cantanti, ecc.)* group; band; ensemble. **4** *(mecc.: assieme)* unit; assembly; *(di fili)* harness; *(di cavi)* trunk; *(serie di elementi)* set; *(chim.)* complex; *(fig.)* series; number: *complesso di recezione,* hook-up — *per un complesso di motivi,* for a number of reasons. □ *in (nel) complesso, (in generale)* on the whole; all in all; *(in tutto)* in all; altogether.

completamento *sm* completion; final (*o* concluding) part.

completare *vt* **1** *(una serie)* to complete. **2** *(un'opera)* to finish; to complete; to bring* to completion: *per completare l'opera,* to top it all; to crown it all.

completezza *sf* completeness.

completo *agg* **1** complete; entire; finished: *... fornito completo di lampadina,* ... supplied complete with bulb. **2** *(pieno)* full (up): *Il battello è completo (al completo),* The boat is full up — *teatro completo,* full house. **3** *(assoluto)* absolute; total; utter: *un completo fallimento,* an absolute failure. □ *Siamo al completo?,* Are we all here?

□ *sm* **1** *(vestito)* suit; *(da donna, talvolta)* costume; *(sport)* outfit; kit. **2** *(insieme di cose)* set.

complicare *vt* to complicate; to confuse.

□ **complicarsi** *v. rifl* to become* complicated; *(di malattia)* to become* worse; *(di intreccio, di situazione, ecc.)* to thicken: *Le cose si complicano,* Things are getting complicated; *(spec. scherz.)* The plot thickens.

complicato *agg* **1** complicated; intricate. **2** *(fig.: di persona, di stile)* tortuous; involved.

complicazione *sf* **1** complication *(anche med.)*: *salvo complicazioni,* if there are no complications (no difficulties, no problems); barring complications, *ecc.* **2** *(al pl.: contrasti)* (personal) problems: *Sono sorte delle complicazioni,* A number of complications have arisen.

complice *sm* accomplice; *(dir. penale)* accessory: *essere complice in qcsa,* to be an accomplice (a party to sth).

complicità *sf* complicity.

complimentare *vt* to compliment: *complimentare qcno per qcsa,* to compliment sb on sth.

□ **complimentarsi** *v. rifl* to compliment; to congratulate (sb on sth).

complimento *sm* **1** compliment; *(al pl.: ossequi)* compliments; regards; respects; *(al pl.: congratulazioni)* congratulations: *Gli fecero tanti complimenti per il suo lavoro,* They paid him many compliments on his work — *Complimenti!,* Congratulations!; Well done! **2** *(al pl.: cerimonie)* ceremony; fuss: *far complimenti,* to stand on ceremony — *Non faccia complimenti!; Senza complimenti!,* Don't stand on ceremony!; Make yourself at home!; Help yourself! — *senza tanti complimenti,* unceremoniously; brusquely.

complimentoso *agg* **1** *(di persona)* full of compliments; *(spreg.)* fulsome; obsequious; *(cerimonioso)* courteous; urbane. **2** *(di parole, ecc.)* complimentary; *(spreg.)* obsequious.

complottare *vt* **1** to plot; to scheme. **2** *(per estensione: parlare a voce bassa)* to talk in a conspiratorial whisper.

complotto *sm* plot; conspiracy.

componente *agg* component.

□ *sm* **1** *(persona)* member. **2** *(cosa)* component; part; *(ingrediente)* ingredient.

componibile *agg* modular; sectional: *mobili componibili,* unit (*o* modular) furniture.

componimento *sm* **1** composition; *(letterario)* work;

writing; *(scolastico)* essay; composition; exercise. **2** *(di una disputa)* settlement.

comporre *vt* **1** *(creare)* to compose; to create; *(costituire)* to make* up; *(mus.)* to compose: *essere composto di...,* to be made up of...; to comprise... **2** *(ordinare)* to put* in order; to arrange. **3** *(dir., ecc.: conciliare)* to settle: *comporre una lite,* to settle a quarrel. **4** *(chim.)* to compound; *(tipografia)* to compose; to set* (type). □ *comporre un numero, (telefono)* to dial a number — *comporre un cadavere,* to lay out a corpse.
□ **comporsi** *v. rifl* to be* made up (of); to comprise; *(chim.)* to be composed (of).

comportamento *sm (di persone e cose)* behaviour; *(USA)* behavior.

comportare *vt* **1** *(implicare)* to involve. **2** *(consentire)* to allow; to permit.
□ **comportarsi** *v. rifl* to behave; to act: *comportarsi da vigliacco,* to behave like a coward — *comportarsi bene con qcno,* to behave well towards sb.

comporto *sm* **1** respite; (period of) grace: *periodo di comporto,* extension. **2** *(ferrovia)* waiting time (between trains).

composito *agg (archit., bot.)* composite.

compositoio *sm* composing stick.

compositore *sm* **1** *(autore)* composer. **2** *(tipografo)* compositor.

compositrice *sf* **1** *(autrice)* composer. **2** *(macchina)* composing machine.

composizione *sf* **1** composition *(anche mus.).* **2** *(tipografia)* setting; type-setting; composition; *(il 'piombo' stesso)* the matter: *composizione a mano,* hand composition — *sala della composizione,* composing room. **3** *(atto del mettere d'accordo)* settlement; compromise; *(accordo di tesi contrastanti)* reconciliation.

composta *sf* **1** stewed fruit; compôte *(fr.).* **2** *(fertilizzante)* compost.

compostamente *avv* calmly; composedly.

compostezza *sf* **1** composure; calm; self-possession. **2** *(modestia)* moderation; decorum. **3** *(ordine)* orderliness; neatness.

composto *agg* **1** *(costituito)* composed (of); comprising; consisting (of); made up (of). **2** *(ordinato)* tidy; neat. **3** *(dignitoso)* composed; self-possessed; calm: *Stai composto!,* Behave yourself!; Keep still!
□ *sm* mixture; compound.

compra *sf* ⇨ **compera.**

comprare *vt* **1** to buy*; to purchase; to acquire: *comprare qcsa a contanti,* to buy sth for cash — *comprare qcsa a credito,* to buy sth on credit — *comprare qcsa a rate,* to buy sth (on) hire-purchase (on instalments, on easy tenns, *o fam.* on the never-never) — *comprare di seconda mano,* to buy second-hand — *comprare all'ingrosso,* to buy wholesale — *comprare qcsa a occhi chiusi,* to buy sth without having seen it; to buy a pig in a poke *(fam.)* — *comprare in erba,* to buy a future crop. **2** *(corrompere)* to bribe; to buy*. **3** *(fam.) comprare un figlio,* to have a baby. □ *vendere qcsa come s'è comprata, (fig.)* to pass sth on word for word — *comprare guai,* to go looking for trouble.

compratore *sm,* **compratrice** *sf* purchaser; buyer; *(dir., talvolta)* vendee.

compravendita *sf (comm., dir.)* sale; contract of sale.

comprendere *vt* **1** *(contenere, includere)* to include; to comprise; to take* in; to cover: *Il programma comprende due opere di Haydn e l'opera 132 di Beethoven,* The programme comprises two works by Haydn and Beethoven's opus 132 — *La polizza comprende tutte le eventualità,* The policy includes (*o* covers) all possibilities — *Quattromila lire bevande comprese,* Four thousand lire, drinks included. **2** *(capire)* to understand*; to make* one: *rendersi conto,* to realize — *Non comprese ciò che gli dissi,* He didn't understand what I told him — *Comprendimi,* Try to understand me. □ ⇨ *anche* **compreso.**
□ **comprendersi** *v. rifl reciproco* to understand* each other (one another): *Ci siamo compresi?,* Is that understood?

comprendonio *sm (scherz.)* brains; intelligence; nous: *essere un po' duro di comprendonio,* to be a bit slow on the uptake.

comprensibile *agg* understandable; comprehensible.

comprensibilità *sf* comprehensibility; intelligibility.

comprensibilmente *avv* understandably; comprehensibly.

comprensione *sf* **1** comprehension; understanding; grasp. **2** *(riguardo)* consideration. **3** *(compassione)* sympathy.

comprensivamente *avv* comprehensively.

comprensivo *agg* **1** *(che include)* inclusive; comprehensive: *prezzo comprensivo del ritorno,* price inclusive of return journey; return fare included. **2** *(indulgente)* understanding; sympathetic: *essere comprensivo verso qcno,* to be understanding towards sb.

comprensorio sm area; district.

compreso *agg* **1** included; inclusive: *tutto compreso,* all included; all in. **2** *(consapevole)* aware; conscious: *tutto compreso dal suo lavoro,* fully conscious of his job — *compreso di meraviglia,* filled with wonder.

compressa *sf* **1** *(di garza)* compress. **2** *(pastiglia)* tablet.

compressibile *agg* compressible.

compressibilità *sf* compressibility.

compressione *sf* compression.

compresso *agg* compressed.

compressore *sm (mecc.)* compressor; blower; *(di motore a scoppio)* supercharger; *(stradale)* road roller; *(a vapore)* steam roller. □ *agg* compressing.

comprimario *sm* **1** joint head physician. **2** *(atleta)* outstanding performer. **3** *(teatro)* second lead.

comprimere *vt* **1** to press; to compress; *(mecc., anche)* to tamp down. **2** *(reprimere)* to repress; to restrain.

compromesso *sm* **1** compromise; *(al pl.: mezze misure)* half measures: *scendere a un compromesso,* to come to (to make) a compromise. **2** *(espedienti disonesti)* surrender (*o* compromise) of one's principles: *Vive di compromessi,* His life is a series of compromises. **3** *(dir.)* arbitration agreement (*o* clause); *(correntemente)* preliminary contract *(spec.* of sale*).*

compromettente *agg* compromising.

compromettere *vt* **1** *(rischiare)* to compromise; to jeopardise; to put* (sth) in jeopardy; to endanger. **2** *(coinvolgere)* to involve; to implicate; to compromise.
□ **compromettersi** *v. rifl* **1** to compromise oneself. **2** *(impegnarsi)* to commit oneself.

comproprietà *sf* joint ownership.

comproprietario *sm* joint owner; co-proprietor.

comprovabile *agg* demonstrable; capable of proof; which can be proved; provable.

comprovare *vt* to prove; to confirm.

compulsare *vt* to examine (documents); to consult (works of reference).

compuntamente *avv* **1** contritely; remorsefully. **2** *(per finzione)* demurely.

compunto *agg* **1** *(pentito, afflitto)* contrite; downcast; abashed. **2** *(per finzione)* demure.

compunzione *sf* **1** compunction; regret; *(pentimento)* repentance. **2** *(finta umiltà)* demureness.
computare *vt* **1** to count; to compute; to calculate; to reckon. **2** *(mettere in conto)* to debit.
computista *sm e f.* book-keeper.
computisteria *sf* book-keeping.
computo *sm* calculation; reckoning; counting.
comunale *agg* municipal; city, town, village *(tutti attrib.)*: *palazzo comunale,* town hall — *consiglio comunale,* Town (Borough) Council.
comunanza *sf (lett.)* community *(vari sensi).*
[1]**comune** *agg* **1** common; *(generale)* general; *(riferito ad un gruppo ristretto)* mutual: *muro comune,* common (*o* party) wall — *terreno comune,* common land — *diritti (doveri) comuni,* common rights (duties) — *vantaggio comune,* common (*o* mutual) advantage — *un amico comune,* a mutual friend — *senso comune,* common sense — *privo di senso comune,* nonsensical — *diritto comune,* common law — *lingua comune,* common language — *il bene comune,* the common welfare — *nome comune, (gramm.)* common noun — *genere comune, (gramm.)* common gender — *comune consenso,* general consent — *uso comune,* general practice — *di comune accordo,* by mutual (by common) consent — *base comune, (per una discussione)* common ground — *Iniziammo il nostro lavoro su una base comune di fiducia,* We began our work on a common ground of confidence — *il Mercato Comune (Europeo),* the (European) Common Market. **2** *(consueto, abituale)* usual; common; ordinary; everyday; current; *(medio)* average: *vita comune,* ordinary (*o* everyday) life — *intelligenza comune,* ordinary (average) intelligence — *statura comune,* common (*o* average) height — *opinione comune,* common (*o* current) opinion — *È questa una parola di uso comune?,* Is this word in common use? — *non comune,* uncommon.
3 *(ordinario, di non eccellente qualità)* ordinary; common: *vino comune,* ordinary (*o* common) wine — *gente comune,* ordinary people — *L'uomo comune (l'uomo della strada) non capisce i discorsi complicati dei politici,* The common man (The man in the street) can't understand the complicated speeches of politicians — *roba (merce) comune,* ordinary goods — *merce di fattura comune,* goods of common (of ordinary) make.
□ *(in) conto comune,* (in) joint account — *luogo comune,* commonplace — *Questi non sono argomenti, ma soltanto luoghi comuni,* These aren't arguments, they are commonplaces — *nozione comune,* common knowledge — *fare causa comune con qcno, (agire insieme, condividere le idee, ecc.)* to be hand in glove with sb — *fare vita comune,* to live together; to share the same life — *Mal comune mezzo gaudio, (prov.)* A trouble shared is a trouble halved.
□ *come sm* **1** *fuori del comune,* out of the ordinary; uncommon; exceptional — *essere più intelligente del comune,* to be brighter than average (than the average) — *avere qcsa in comune con qcno,* to share sth with sb; to have sth in common with sb — *Tra noi non c'è nulla di comune,* There is nothing in common between us; We have nothing in common.
2 *(come sf) (teatro)* main stage door; principal entrance.
[2]**comune** *sm* **1** *(città, paese, ecc.)* town; city; village: *i Comuni del Piemonte,* the towns of Piedmont. **2** *(ente amministrativo cittadino; insieme degli amministratori eletti, in Italia, Francia, ecc.)* commune; *(GB e USA)* town council; *(di città grande)* municipality; *(sede dell'amministrazione comunale)* Town Hall. **3** *(stor.)* free city; commune. □ *la Camera dei Comuni,* the House of Commons.
[3]**comune** *sf* **1** *(stor.: governo rivoluzionario parigino)* (the) Commune. **2** *(comunità, collettività economica, solitamente agricola)* commune; collective.
comunella *sf* **1** *(nell'espressione) far comunella,* to band together. **2** *(chiave)* master key.
comunemente *avv* generally; usually; normally; commonly; ordinarily; in general: *Si dice comunemente che i soldi non danno la felicità,* It is generally said that money doesn't bring happiness.
comunicabile *agg* communicable.
comunicabilità *sf* communicability.
comunicando *sm (religione)* communicant.
comunicante *agg* communicating.
□ *sm* **1** priest who administers the Sacrament. **2** *(anche sf)* communicant.
comunicare *vt* **1** to communicate; *(via radio)* to broadcast; *(via telefono)* to telephone; *(trasmettere)* to transmit. **2** *(far passare)* to communicate; to convey; to pass on. **3** *(religione)* to administer Holy Communion.
□ *vi* to communicate; to be* in communication.
□ **comunicarsi** *v. rifl* **1** to be* communicated; to be* transmitted. **2** to receive Holy Communion.
comunicativa *sf* ability to express oneself; communicativeness.
comunicativo *agg* **1** communicative; open; willing to talk. **2** *(contagioso)* contagious; infectious; *(fig.)* infectious.
comunicato *sm (mil. e diplomatico)* communiqué *(fr.)*; *(ufficiale)* statement; announcement; *(stampa)* press release; *(medico)* bulletin.
comunicazione *sf* **1** communication; *(messaggio)* message; *(annuncio)* announcement: *una comunicazione scritta,* a written communication (*o* message) — *Devo farvi una comunicazione,* I have a message for you. **2** *(collegamento: spesso al pl.)* communications: *Tutte le comunicazioni sono interrotte,* All communications are interrupted — *comunicazioni stradali,* road communications; communications by road. **3** *(conversazione telefonica)* call; phone call: *comunicazione interurbana, (GB)* trunk call; *(USA)* long distance call — *dare la comunicazione a qcno,* to put sb through — *Non riesco ad avere la comunicazione,* I can't get through — *C'è una comunicazione per te,* You are wanted on the phone — *togliere la comunicazione (a qcno),* to cut (sb) off. **4** *(relazione scientifica, ecc.)* paper; communication. □ *mettersi in comunicazione con qcno,* to get in touch with sb — *strada di grande comunicazione,* main road; trunk road — *Ministero delle Comunicazioni,* Ministry of Transport — *via (corridoio) di comunicazione,* passage; corridor — *mezzi di comunicazione di massa,* mass media.
comunione *sf* **1** *(unità spirituale)* communion; church. **2** *(il sacramento)* (Holy) Communion; *(comunicazione spirituale)* communion: *comunione con la natura,* communion with nature — *fare la comunione,* to go to Communion. **3** *(dir.)* community; ownership in common. **4** *(di interessi, sentimenti, ecc.)* community; *(di beni)* sharing.
comunismo *sm* communism.
comunista *agg, sm e f.* communist.
comunità *sf* community: *a spese della comunità (fam.),* - **a)** *(col denaro della comunità)* out of

everyone's pocket - **b)** *(ai danni della comunità)* to everyone's disadvantage.

comunque **I** *avv* anyhow; anyway; in any case; in any event; whether you (they, *ecc.*) like it or not: *Dovevi avvisarmi comunque,* You should have warned me in any case — *Devi farlo comunque,* You've got to do it, whether you like it or not.

II *congiunz* **1** however; no matter how; in whatever manner: *Comunque vada, lo farò,* However (No matter how) it turns out, I will do it — *comunque sia,* however that may be. **2** *(tuttavia)* however; but: *È sempre stato un po' tirchio; comunque poteva almeno pagare la sua parte,* He's always been a bit mean; but he could at least have paid his share.

con *prep* **1** *(compl. di compagnia, unione, proprietà)* with: *insieme con,* together with; along with — *È uscito con suo fratello,* He's gone out with his brother — *Il tè mi piace con il latte,* I like my tea with milk — *Abbiamo un balcone con la ringhiera verde,* We have a balcony with a green railing — *Sta in un vecchio castello con intorno un parco,* He lives in an old castle with a park (*o* surrounded by a park) — *Studiò a Parigi con i più famosi musicisti del suo tempo,* He studied in Paris with (*o* under) the most famous musicians of the day — *Chi è la signora con quel buffo cappello?,* Who's the lady with that funny hat?

2 *(compl. di relazione)* with; *(contro)* with; against; *(nei confronti di)* to; towards; *(compl. di paragone)* with: *È in buoni rapporti con sua suocera,* He gets on well with his mother-in-law — *Certe persone sono molto brave con i bambini,* Some people are very good with children — *tenersi in contatto con qcno,* to keep in touch with sb — *litigare con qcno,* to quarrel with sb — *Mio nonno combatté con gli Austriaci,* My grand-father fought against the Austrians — *Sii gentile con tua sorella,* Be kind to your sister — *Le persone anziane amano confrontare il presente con il passato,* Old people love to compare the present with the past.

3 *(compl. di strumento, mezzo)* with; by; by means of; *(riferito a mezzi di trasporto)* by: *scrivere con la matita,* to write with a pencil (*o* in pencil) — *Ci avvertì con un telegramma,* He let us know by telegram — *La fortezza fu presa con uno stratagemma,* The fortress was taken by a trick — *Parto con l'aereo domani,* I'm leaving by plane (by air) tomorrow — *andare con il treno (con la macchina),* to go by train (by car).

4 *(compl. di modo o maniera)* with; in: *Mi ha sempre trattato con rispetto,* He has always treated me with respect — *fare qcsa con grande cura (con cautela),* to do sth with great care (with caution) — *con tutto il cuore,* with all my heart — *Le rispose con aria di degnazione,* He answered her in a condescending manner.

5 *(riferito a uno stato, una circostanza; in espressioni temporali, ecc.)* in; with; on; *(compl. di causa)* because of: *Non mi piace guidare con questa nebbia,* I don't like driving in this fog (with all this fog about) — *Con il 1º settembre inizierò il nuovo lavoro,* On the first of September I start my new job — *Con la primavera spero di rimettermi in salute,* I am hoping to get better in the spring — *Con il ritorno dell'inverno..., (lett.)* With the return of winter... — *Dovremo alzarci con l'alba domani,* We must get up at dawn (with the dawn) tomorrow — *È a letto con la flebite,* He is in bed with phlebitis — *Con tutte queste difficoltà, preferisco rinunciare,* Because of all these difficulties, I prefer to abandon the idea.

6 *(compl. di materia)* with; from; *(talvolta)* out of: *Questa torta è fatta con panna genuina,* This cake has been made with real cream — *Il whisky è prodotto con cereali,* Whisky is made from cereals.

7 *(consecutivo)* to: *con mia grande sorpresa (gioia),* to my great surprise (delight).

8 *(concessivo: nonostante, malgrado)* (even) with; in spite of; for: *Con tutti i suoi soldi, ha sempre l'aria infelice,* In spite of all his money, he always looks miserable — *Con tutte le sue lauree, è l'uomo più piatto che io conosca,* For all his degrees, he's the dullest man I know.

9 *(nelle frasi infinitive: in inglese si usa il gerundio)* by: *Dovresti cominciare col parlargli in tono molto gentile,* You should begin by speaking to him very politely — *guadagnarsi da vivere con le traduzioni,* to earn a living by translating.

□ *con il nome di X,* by (*o* under) the name of X — *Come va con la scuola?,* How's school going? — *con tutto che...,* although... — *un quattro con, (canottaggio)* a coxed four — *E con ciò ci salutò,* And with that, he said goodbye — *leggere con gli occhiali,* to wear glasses for reading.

conato *sm* **1** (vain) attempt; effort. **2** *(med.) conati di vomito,* retching *(sing.)*; reaching *(fam.)* — *avere conati di vomito,* to retch; to reach *(fam.).*

conca *sf* **1** *(per il bucato)* (earthenware) bowl; basin; *(brocca)* jug; crock: *conca fessa, (fig.)* sick person; crock *(fam.).* **2** *(depressione)* depression; *(bacino)* basin; *(di valle)* amphiteatre; cirque *(fr.)*; head of a valley. **3** *(anat.)* conch; concha. □ *Dura più una conca fessa che una sana, (prov.)* A creaking gate hangs longest.

concatenamento *sm* concatenation.

concatenare *vt* to link together; to connect; to join.

concatenazione *sf* **1** connexion; concatenation. **2** *(chim.)* linkage.

concausa *sf* contributory cause.

concavità *sf* **1** concavity. **2** *(di terreno)* hollow.

concavo *agg* concave.

concedente *sm (dir.)* grantor; assignor.

concedere *vt* **1** *(un premio, ecc.)* to award; to bestow; *(dir., comm.)* to grant; to assign; to give*; *(permettere)* to permit; to allow: *concedere un favore a qcno,* to bestow a favour on sb — *Concedimi un po' di tempo,* Give me a little time — *concedersi qcsa,* to allow oneself sth; to grant oneself sth — *concedersi qualche giorno di ferie,* to allow (to grant) oneself a few days' holiday — *concedere uno sconto, (comm.)* to grant a discount — *Mi concedi di rimanere qui?,* Will you allow me to stay here?; May I stay here? **2** *(ammettere)* to agree; to admit; to concede; to allow.

concedibile *agg* admissible; grantable.

concentramento *sm* **1** concentration; *(di truppe)* concentration; massing; *(di artiglieria)* concentrated fire; barrage: *campo di concentramento,* concentration (*o* prisoner of war) camp. **2** *(econ.)* merger.

concentrare *vt* to concentrate: *concentrare tutti gli sforzi verso qcsa,* to concentrate all one's efforts on sth — *concentrare l'attenzione su qcsa,* to concentrate one's attention on sth.

□ **concentrarsi** *v. rifl* to concentrate: *concentrarsi in qcsa,* to concentrate on sth.

concentrato *sm* **1** concentrated food. **2** *(conserva)* concentrate.

concentratore *sm (mecc.)* concentrator.

concentrazione *sf* concentration: *capacità di concentrazione,* powers *(pl.)* of concentration — *concentrazione di capitali,* concentration of capital.
concentrico *agg* concentric.
concepibile *agg* conceivable.
concepimento *sm* conception.
concepire *vt* **1** *(generare)* to conceive; to become* pregnant: *concepire un figlio,* to conceive a child. **2** *(per estensione: cominciare a sentire, provare, nutrire)* to form; to entertain; to conceive; to feel*; to harbour: *concepire stima per qcno,* to form a high opinion of sb — *concepire la speranza che...,* to entertain the hope that... — *concepire sospetti,* to entertain suspicions — *concepire avversione,* to feel (to conceive) aversion — *concepire pensieri di vendetta,* to harbour thoughts of revenge. **3** *(capire, immaginare)* to understand*; to imagine: *Non riesco a concepire come ha potuto dir questo,* I can't understand (I can't imagine) how he could say this — *Riesci a concepire la vita senza l'elettricità e le altre comodità moderne?,* Can you imagine life without electricity and other modern conveniences? **4** *(ideare, escogitare)* to conceive; to contrive; to devise: *concepire un piano di fuga,* to conceive (to contrive) a plan of escape — *concepire un progetto,* to devise a scheme — *concepire un poema,* to conceive a poem — *un apparecchio concepito espressamente per aiutare le massaie,* a machine devised expressly to help housewives — *Ricevemmo un telegramma così concepito: 'Merce spedita scorsa settimana',* We received a wire as follows (*o* reading): 'Goods dispatched last week'.
conceria *sf* tannery.
concernente *agg* concerning; relating (to).
concernere *vt* to concern; to relate to: *Questo non ti concerne,* This is no concern of yours; This is none of your business — *per quanto concerne...,* with regard to...; as regards...
concertare *vt* **1** *(mus.)* to harmonize. **2** *(stabilire con altri)* to plan; to arrange.
□ **concertarsi** *v. rifl* to agree; to come* to an agreement.
concertatore *sm* co-ordinator.
concertista *sm e f.* concert artist (*o* performer).
concerto *sm* **1** *(esecuzione musicale)* concert; recital; performance; *(scherz.: di strida, ecc.)* chorus. **2** *(composizione musicale)* concerto. **3** *(orchestra, banda)* orchestra; ensemble; *(raro)* concert. **4** *(collaborazione)* concerted action; working in concert: *agire di concerto,* to act (to work) in concert.
concessionario *agg* concessionary: *società concessionaria,* concessionaire.
□ *sm* **1** *(venditore)* agent; distributor; *(spec. nel campo automobilistico)* concessionaire; dealer. **2** *(licenziatario, ecc.)* licensee; holder of a concession.
concessione *sf* **1** *(di un pubblico servizio, di territorio, ecc.)* concession; *(di sussidio, pensione, ecc.)* grant. **2** *(autorizzazione)* permit; authority; licence. **3** *(dir.)* grant. **4** *(permesso, ecc., dato con indulgenza)* concession. **5** *(ammissione)* admission.
concessivo *agg* concessive.
concesso *agg* (*p. pass. di* **concedere**) granted: *Dato e non concesso che...,* Assuming, for the sake of argument, that...
concetto *sm* **1** *(filosofia)* concept. **2** *(idea, pensiero)* idea; conception; *(opinione, stima)* opinion: *farsi un concetto di qcsa,* to get a rough idea of sth — *avere un buon (cattivo) concetto di qcno, qcsa,* to have a good (bad) opinion of sb, sth — *avere un alto concetto di sé,* to have a high opinion of oneself. **3** *(letteratura)* conceit. □ *lavoro di concetto,* creative work (*o* job) — *impiegato di concetto,* employee with responsibilities.
concettoso *agg* full of conceits; over-elaborate.
concettuale *agg* conceptual: *arte concettuale,* concept art.
concettualismo *sm* conceptualism.
concettualmente *avv* conceptually.
concezionale *agg* conceptional.
concezione *sf* conception; *(idea)* idea; concept: *avere una concezione errata di qcsa,* to have a wrong idea of sth.
conchiglia *sf* **1** *(zool., archit.)* shell; sea-shell; *(di mollusco, riccio, ecc.)* test. **2** *(sport)* abdominal protector. **3** *(metallurgia)* chill mould.
concia *sf* **1** tanning. **2** *(del tabacco)* curing. **3** *(conceria)* tannery.
conciare *vt* **1** *(pelli)* to tan; to dress; *(tabacco)* to cure; *(tessuti)* to dress; *(pietre da costruzione)* to shape; to hew*. **2** *(maltrattare)* to ill-treat; *(battere)* to beat*: *conciare qcno per le feste,* to tan sb's hide; to give sb a good hiding. **3** *(riparare)* to mend. **4** *(sporcare)* to soil; to dirty; to get* (sth) into a state (a mess); to mess (sth) up: *Come hai conciato il vestito!,* What a mess you've made of your dress!
□ **conciarsi** *v. rifl* **1** *(ridursi male)* to get* oneself into a state: *Guarda come ti sei conciato!,* Look what a state you're in! **2** *(vestirsi senza gusto)* to dress badly: *essersi conciato male,* to look a sight (a freak).
conciatetti *sm* tiler; slater.
conciatore *sm* **1** tanner. **2** *(di tabacco)* curer.
conciatura *sf* **1** *(di pelli)* tanning; dressing. **2** *(di tabacco)* curing.
conciliabile *agg* **1** *(compatibile)* compatible; reconcilable. **2** *(di contravvenzione)* that can be settled by immediate payment without judicial action.
conciliabilità *sf* compatibility.
conciliabolo *sm* secret meeting; *(scherz.)* pow-wow; huddle.
conciliante *agg* conciliating; conciliatory; compliant.
[1]**conciliare** *vt* **1** *(mettere d'accordo, armonizzare)* to reconcile; to conciliate. **2** *(una contravvenzione)* to settle: *Concilia?,* Do you prefer to settle the matter now, or do you wish to go to court? **3** *(favorire)* to induce; to encourage: *conciliare il sonno,* to make one sleepy; to have a soporific effect. **4** *(procurare)* to gain; to win*; to earn.
□ **conciliarsi** *v. rifl* **1** *(andare d'accordo)* to go* together; *(mettersi d'accordo)* to become* reconciled; to make* friends with. **2** *(cattivarsi)* to gain; to win*; to earn.
[2]**conciliare** *agg* of a council.
conciliativo *agg* conciliating; conciliatory.
conciliatore *sm* peacemaker; conciliator.
□ *agg* conciliatory: *giudice conciliatore,* magistrate.
conciliazione *sf* **1** reconciliation; conciliation. **2** *(dir.)* settlement; composition.
concilio *sm* **1** *(religione)* council. **2** *(riunione)* assembly; gathering; *(scherz.)* confabulation; confab.
concimaia *sf* manure-heap; dung-hill.
concimare *vt* to manure; to fertilize.
concimatrice *sf* fertilizer spreader.
concimatura, concimazione *sf* manuring; fertilization.
concime *sm* manure; muck *(fam.)*; *(letame)* dung; *(chimico)* fertilizer: *concime organico,* compost — *concimi chimici,* chemical fertilizers.
concio *agg* *(conciato)* tanned.

□ *sm (archit.)* dressed stone; ashlar: *concio d'angolo,* quoin — *concio di chiave,* keystone.

concionare *vi* to harangue; to address.

concionatore *sm* haranguer.

concione *sf (discorso)* solemn oration; harangue; *(scherz.)* pompous speech.

conciossiaché, conciossiacosaché, conciofossecosaché *congiunz (scherz.)* since; insomuch as.

concisamente *avv* concisely.

concisione *sf* conciseness; brevity.

conciso *agg* concise; brief: *per essere conciso,* to be brief.

concistoro *sm* concistory.

concitatamente *avv* excitedly.

concitato *agg* excited; agitated; worked up: *parlare con voce concitata,* to speak excitedly, in an excited voice.

concitazione *sf* excitement; agitation.

concittadino *sm* **1** person from the same town (the same city). **2** *(connazionale)* fellow-citizen; fellow-countryman *(pl.* -countrymen*).*

conclamare *vt (lett.)* **1** *(gridare insieme)* to shout in chorus. **2** *(proclamare)* to proclaim; to hail: *conclamato, (med.)* frank; evident.

conclave *sm* conclave.

concludente *agg* **1** conclusive. **2** *(di persona)* successful; efficient.

concludere *vt e i.* **1** *(finire)* to end; to finish (off); to conclude. **2** *(finire con successo)* to achieve; to get* (sth) done; to get* somewhere *(fam.): Se continueremo a bisticciare così, non concluderemo mai nulla,* If we go on bickering like this, we shall never get anywhere (get anything done). **3** *(un patto, un'alleanza, ecc.)* to conclude; to agree; to arrange; *(la pace)* to make*; *(un affare)* to strike* (a bargain); to make* (a deal). **4** *(dedurre)* to conclude; to infer; *(stabilire)* to come* to a conclusion.

□ **concludersi** *v. rifl* to end (up); to come* to an end; to conclude.

conclusione *sf* **1** *(atto)* final arrangement; conclusion. **2** *(esito)* end; conclusion; upshot; outcome. **3** *(parte finale)* conclusion; close; *(di un libro)* ending; *(dir., al pl.)* submissions. □ *in conclusione,* finally; in conclusion; *(insomma)* in short; to sum up — *senza conclusione,* inconclusively.

conclusivamente *avv* conclusively; decisively.

conclusivo *agg* conclusive; final.

concomitante *agg* concomitant; concurrent: *una serie di fattori concomitanti,* a series of attendant circumstances.

concomitanza *sf* concomitance; concurrence.

concordanza *sf* **1** *(anche gramm.)* agreement. **2** *(di opere letterarie)* concordance.

concordare *vt (decidere di comune accordo)* to agree upon; *(gramm.)* to make* (sth) agree (with sth).

□ *vi (essere d'accordo)* to agree: *La tua descrizione non concorda con la sua,* Your description does not agree with his.

concordatario *agg* **1** pertaining to a concordat. **2** *(comm.)* composition *(attrib.).*

concordato *sm* **1** *(accordo)* agreement. **2** *(convenzione)* concordat; pact. **3** *(dir., comm.)* arrangement; composition (with creditors).

concorde *agg* **1** *(che è d'accordo)* consonant; in agreement. **2** *(unanime)* unanimous. □ *essere concordi,* to see eye to eye (with sb); to be of the same mind (as sb).

concordemente *avv* with one accord; unanimously.

concordia *sf* goodwill; concord; harmony.

concorrente *agg* *(p. pres. di* **concorrere***)* **1** converging; concurring: *rette concorrenti,* converging (*o* concurring) lines. **2** *(rivale)* competing; rival: *aziende commerciali concorrenti,* rival business firms.

□ *sm* **1** *(candidato)* candidate; applicant: *I concorrenti per quell'impiego erano dieci,* The applicants for the position were ten. **2** *(comm.)* competitor. **3** *(sport)* competitor.

concorrenza *sf* **1** *(comm., ecc.)* competition; *(per estensione: i concorrenti)* competitors: *libera concorrenza,* free competition — *concorrenza leale (sleale),* fair (unfair) competition — *concorrenza forte (spietata),* keen (ruthless) competition — *essere in concorrenza con qcno,* to be in competition with sb — *entrare in concorrenza con qcno,* to enter into competition with sb — *sostenere la (far fronte alla) concorrenza,* to stand (to front, to meet) competition — *battere (vincere) la concorrenza,* to beat competition — *difendersi dalla concorrenza,* to guard against competition — *prezzi di assoluta concorrenza,* unbeatable (*o* rock-bottom) prices. **2** *(sport)* competition; rivalry: *concorrenza accanita,* keen rivalry (*o* competition). **3** *(concorso, afflusso)* concourse: *una grande concorrenza di uomini e donne,* a large concourse of men and women. **4** *(raggiungimento)* extent: *fino alla concorrenza della intera somma stabilita,* to the extent of the total amount.

concorrenziale *agg* competitive: *prezzi concorrenziali,* competitive prices.

concorrere *vi* **1** *(partecipare, cooperare, contribuire)* to concur (to *o* in); to share (in); to contribute (to *o* towards); to participate (in *o* at); to take* part (in): *concorrere al successo di una iniziativa,* to contribute to the success of an enterprise — *concorrere alla guarigione di qcno,* to contribute to sb's recovery — *concorrere alla rovina di qcno,* to contribute to sb's ruin — *concorrere alle spese,* to share in (to contribute towards) the expenses — *concorrere ad un'impresa,* to take part in (to participate in) an enterprise. **2** *(competere)* to compete (for); to apply (for): *concorrere a un premio,* to compete for a prize — *concorrere a un appalto,* to compete (to apply) for a contract — *concorrere a una cattedra di letteratura,* to apply for a chair of literature. **3** *(concordare, convenire)* to concur (in); to agree (on sth; with sb, sth); to be* in agreement on: *concorrere in un'opinione,* to concur in an opinion — *concorrere in una sentenza,* to concur (to agree with, to be in agreement on) a sentence. **4** *(affluire)* to come*; to assemble: *La folla concorreva da ogni parte verso la piazza,* The crowd was converging on the square from all sides. **5** *(matematica, ecc.: convergere)* to converge.

concorso *sm* **1** *(gara)* competition; contest; *(atletica)* race; event: *bandire un concorso,* to announce the holding of a competitive examination — *mettere a concorso una cattedra universitaria,* to announce a competition for a chair — *concorso ippico,* horse show — *concorso di bellezza,* beauty contest — *fuori concorso,* hors concours *(fr.).* **2** *(affluenza)* concourse; gathering. **3** *(concomitanza)* combination. **4** *(partecipazione)* contribution; sharing: *col concorso di...,* with the contribution (*o* aid) of... **5** *(dir.)* complicity; concurrence: *concorso di reato,* complicity in a crime — *concorso di colpa,* contributory negligence.

concretamente *avv* positively; concretely; definitely.

concretare *vt* **1** to embody; to put* into concrete form. **2** *(concludere)* to achieve; to carry out.
□ **concretarsi** *v. rifl* to take* shape; to materialize; to be* realized.

concretezza *sf* concreteness; concrete form.

concretizzare *vt* ⇨ **concretare.**

concreto *agg* **1** concrete; *(fondato)* solid; *(preciso)* positive; definite: *una proposta concreta,* a concrete proposal — *in concreto,* actually (*o* in reality) — *fatti concreti,* hard facts; brass tacks *(fam.).* **2** *(gramm.)* concrete. **3** *(di persona, fig.)* practical.
□ *sm* concrete.

concrezione *sf* concretion.

concubina *sf* **1** mistress; kept woman *(pl.* women*).* **2** *(stor., o in contesto poligamico)* concubine.

concubinato *sm* concubinage.

conculcare *vt* **1** *(lett.)* to crush; to oppress. **2** *(vilipendere)* to flout; to despise.

concupiscente *agg* lustful.

concupiscenza *sf* lust; concupiscence: *concupiscenza del potere,* lust for power.

concussione *sf (dir.)* extortion; graft *(spec. USA).*

condanna *sf* **1** *(sentenza o pena)* sentence; *(sul certificato penale)* conviction: *condanna a morte,* death sentence — *condanna all'ergastolo (a vita),* life sentence — *pronunziare una condanna,* to pass sentence — *scontare una condanna,* to serve a sentence; to serve time (*o* one's time) *(fam.).* **2** *(biasimo)* condemnation; censure.

condannabile *agg* blameworthy; reprehensible; damnable.

condannare *vt* **1** *(dir.)* to condemn; to sentence; to convict: *condannare qcno a morte,* to condemn (to sentence) sb to death — *condannare al risarcimento dei danni,* to order the payment of damages — *condannare per omicidio,* to convict of murder. **2** *(per estensione: dichiarare inguaribile)* to condemn: *essere condannato, (fam.)* to be done for; to be past praying for. **3** *(biasimare)* to censure; to blame; to damn.

condannato *sm* convict; prisoner; *(a morte)* condemned man *(pl.* men*).*

condebitore *sm (comm., dir.)* joint debtor.

condensa *sf* sludge; condensate.

condensamento *sm* condensation; condensing.

condensare *vt* to condense *(anche fig.).*
□ **condensarsi** *v. rifl* to condense.

condensato *sm* **1** *(compendio)* summary; abridgement. **2** *(fam.: mucchio)* heap; pile: *Quest'articolo è un condensato di bugie,* This article is a heap of lies.

condensatore *sm* condenser; capacitor.

condensazione *sf* condensation; condensing.

condimento *sm* **1** condiment; seasoning; flavouring; *(per l'insalata)* dressing; *(salsa)* sauce. **2** *(fig.)* spice.

condire *vt* **1** to flavour; to season; to spice; *(l'insalata)* to dress; *(con una salsa)* to add the *(oppure* a*)* sauce to; to serve with a sauce. **2** *(abbellire)* to season; to spice.

condirettore *sm,* **condirettrice** *sf* **1** joint manager: *condirettore generale,* joint general manager. **2** *(di giornale, rivista)* co-editor; joint editor.

condiscendente *agg* **1** indulgent; easy-going; *(spreg.)* condescending. **2** *(arrendevole)* compliant; yielding.

condiscendenza *sf* **1** indulgence; laxity; *(spreg.)* condescension. **2** *(arrendevolezza)* compliance.

condiscepolo *sm* **1** fellow scholar; fellow disciple. **2** *(scherz.)* classmate; fellow student.

condividere *vt* to share: *non condividere le idee di qcno,* not to be in agreement with sb.

condizionale *agg* conditional.
□ *sm (gramm.)* conditional (mood).
□ *sf (dir.)* suspended sentence: *beneficiare della condizionale,* to receive a suspended sentence; to be put on probation.

condizionamento *sm* conditioning: *un impianto di condizionamento,* an air-conditioning plant (*o* unit).

condizionare *vt* **1** *(modificare)* to condition: *lasciarsi condizionare da qcsa,* (to allow oneself) to be conditioned by sth. **2** *(subordinare)* to qualify; to make* (sth) conditional on: *Ho condizionato la mia offerta alla tua partecipazione,* I made my offer conditional on your taking part. **3** *(tecnologia)* to condition; to treat; *(comm: imballare)* to make* up; to pack.

condizionato *agg* **1** *(subordinato)* conditional: *La mia decisione è condizionata alla tua,* My decision is conditional on (*o* depends on) yours. **2** *(psicologia)* conditioned: *un riflesso condizionato,* a conditioned reflex. **3** *(riferito all'aria: ma ⇨ sotto) ad aria condizionata,* air-conditioned *(agg. attrib. e pred.)* — *C'è l'aria condizionata?,* Have you got air-conditioning?

condizionatore *sm* conditioner.

condizionatura *sf (del cotone, ecc.)* conditioning.

condizione *sf* **1** condition; *(modalità)* condition; term: *condizioni di vita,* living conditions — *condizioni di lavoro,* working conditions — *creare le condizioni di uno sviluppo razionale,* to create the conditions for rational development — *stabilire le condizioni di vendita,* to state the conditions (the terms) of sale — *a quale condizione?,* on what condition? — *alle condizioni seguenti,* on the following conditions (*o* terms) — *a condizione che...,* on condition that... — *a nessuna condizione,* on no condition; on no account — *porre una (sola) condizione,* to make a (single) condition.
2 *(spesso al pl.: stato)* condition *(quasi sempre sing.);* position; state: *La merce arrivò in buone condizioni,* The goods arrived in good condition — *essere in buone condizioni di salute,* to be in a good state of health (in good health) — *essere in cattive condizioni di salute,* to be in a bad state of health (in poor health); *(talvolta, ma meno grave)* to be out of condition — *essere in buone condizioni, (di atleta, ecc.)* to be in good condition (in form); *(di edificio, macchine, ecc.)* to be in a good state of repair — *essere in cattive condizioni,* to be out of repair — *essere in buone condizioni finanziarie,* to be prosperous; to be well-off *(fam.)* — *essere in condizioni di fare qcsa,* to be in a position to do sth — *mettere qcno in condizione di fare qcsa,* to enable sb to do sth — *Mi dispiace di non essere in condizione di aiutarvi,* I regret I am not in a position to help you.
3 *(rango, grado)* condition; position; rank: *persone di ogni condizione,* persons of every condition — *una famiglia di condizione elevata,* a family of high position — *gente di ogni classe e condizione,* people of all ranks and classes.
4 *(qualità, requisito)* qualification; requirement; quality: *le condizioni richieste per una carica,* the necessary qualifications (requirements, qualities) for an office.
5 *(al pl.: circostanze)* conditions; circumstances: *nelle esistenti condizioni,* under existing conditions — *in condizioni favorevoli,* under favourable conditions (circumstances).
6 *(dir.)* condition: *condizione risolutiva,* resolutory

condition — *condizione sospensiva,* suspensive condition — *condizione provisionale,* proviso.
□ *la condizione umana,* man's nature; human nature.

condoglianza *sf* sympathy; condolence *(spesso al pl.): fare a qcno le condoglianze per la morte di...,* to offer sb one's condolences (to express one's sympathy with sb) on (*o* upon) the death of...

condolersi *v. rifl* to condole (with sb on sth).

condominiale *agg* related to joint ownership: *spese condominiali,* shared expenses.

condominio *sm* **1** co-ownership; joint ownership; *(fra Stati)* condominium. **2** *(edificio)* block of (independently owned) flats (*USA* of condominiums). **3** *(collettivo: i condomini)* joint owners.

condomino *sm* flat-owner; *(USA)* owner of a condominium.

condonabile *agg (dir.)* remissible.

condonare *vt (dir.)* to remit; to let* off *(fam.).*

condono *sm* remission. □ *condono fiscale,* partial remission of tax liability.

condor *sm* condor.

condotta *sf* **1** *(modo di comportarsi)* behaviour; conduct; *(modo di condurre)* management; control; *(guida)* leadership: *avere un brutto voto di condotta,* to have a bad mark for conduct. **2** *(zona affidata a un medico)* district; *(assunzione)* appointment: *medico di condotta,* district health officer. **3** *(idraulica)* water pipe; *(complesso di tubi)* piping system; water mains: *condotta forzata,* penstock. **4** *(teatro)* scenery. **5** *(stor.)* band of mercenaries.

condottiero *sm* **1** *(stor.)* 'condottiere'; leader of a troop of mercenaries. **2** *(fig.)* captain; commander.

condotto *agg* district *(attrib.): ostetrica condotta,* district midwife; district nurse.
□ *sm* **1** pipe; duct; conduit; *(di caldaia)* flue; *(di fogna)* sewer; *(di aerazione, ecc.)* vent: *condotto inclinato,* chute — *condotto vulcanico,* vent; chimney. **2** *(anat.)* duct.

conducente *sm* driver.

conducibilità *sf* conductivity.

condurre *vt e i.* **1** *(accompagnare, portare, guidare)* to lead*; to take* *(generalm. indica allontanamento);* to bring* *(indica avvicinamento): condurre i bambini a scuola,* to take the children to school — *condurre a casa un amico con la propria auto,* to take a friend home in one's car — *Chi mi condurrà qui?,* Who will bring me here? — *Mi condusse per mano,* He led (He took) me by the hand — *Questa strada conduce a casa mia,* This road leads (*o* goes) to my house — *Tutte le strade conducono a Roma, (prov.)* All roads lead to Rome.
2 *(guidare, manovrare)* to drive*; to steer; to run*; *(fig.: portare, ridurre)* to drive*: *condurre l'automobile,* to drive a car — *condurre una nave in porto,* to steer a ship into harbour; *(fig.)* to bring things to a happy conclusion — *condurre qcno alla miseria (alla rovina),* to drive sb to misery (to ruin) — *condurre un lavoro (un'impresa) a buon fine,* to bring an enterprise to a successful conclusion — *condurre la nave in acque più tranquille, (fig.)* to lead the boat to calmer waters.
3 *(sport)* to lead*: *La nostra squadra conduceva per due reti a zero,* Our team was leading two nil.
4 *(fis., elettr.)* to conduct; to transmit: *Il rame e l'argento sono sostanze che conducono il calore (l'elettricità),* Copper and silver are substances which conduct heat (electricity) well; Copper and silver are good conductors.
5 *(dirigere, gestire)* to run*; to manage: *condurre un'azienda,* to run (to manage) a business — *condurre un negozio,* to run a shop — *condurre bene i propri affari,* to manage one's business well.
6 *(svolgere, realizzare, fare)* to carry out; to realize; to pursue: *condurre una politica avanzata,* to carry out (to pursue) an advanced policy.
7 *(trascorrere, passare)* to lead*; to have*: *condurre un'esistenza triste (felice),* to lead a sad (happy) existence — *condurre una doppia vita,* to lead (to have) a double life.
8 *(matematica: tracciare)* to draw*: *condurre una linea retta,* to draw a straight line.
□ **condursi** *v. rifl* **1** *(comportarsi)* to behave: *Si è condotto bene,* He behaved well.
2 *(raro: recarsi)* to go* (as far as); to betake* oneself (to) *(lett.): Si condusse alla casa del suo amico,* He went as far as his friend's house.

conduttività *sf* conductivity.

conduttivo *agg* conductive.

conduttore *sm* **1** *(conducente di veicolo)* driver: *Non parlate al conduttore,* Don't speak to the driver — *conduttore del treno,* ticket-collector; *(USA)* conductor. **2** *(fis.)* conductor. □ *filo conduttore, (fig.)* guiding thread — *motivo conduttore,* theme.

conduttura *sf* duct; main; conduit.

conduzione *sf* **1** *(il condurre)* management; guidance: *affidare la conduzione di qcsa a qcno,* to entrust sb with the management of sth. **2** *(fis.)* conduction. **3** *(dir.: di beni mobili)* hire; *(di immobili)* lease.

confabulare *vi (scherz.)* to confabulate; to confab *(fam.).*

confabulazione *sf (scherz.)* confabulation; pow-wow *(fam.).*

confacente *agg* suitable (for); becoming (to); fitting (for).

confacentemente *avv* fittingly; suitably.

confarsi *v. rifl* to suit; to agree with; to be* fitting: *Questo clima non mi si confà per niente,* This climate doesn't suit me (doesn't agree with me) a bit — *Questi modi non si confanno ad una ragazza,* This is not the way for a girl to behave.

confederale *agg* confederal.

confederarsi *v. rifl* to form a confederation; to federate.

confederato *agg e sm* confederate.

confederazione *sf* confederation.

conferenza *sf* **1** *(discorso, lezione)* lecture: *tenere una conferenza su Milton,* to give a lecture (to lecture) on Milton. **2** *(congresso)* conference. □ *conferenza stampa,* press conference.

conferenziere *sm* lecturer; speaker.

conferimento *sm* conferring; bestowal; award; grant.

conferire *vt* **1** to confer; to grant; to bestow: *conferire a qcno un'alta onorificenza,* to confer a high honour on sb. **2** *(fig.: donare)* to give*: *I lunghi capelli le conferivano dolcezza al viso,* Her long hair gave sweetness to her face.
□ *vi* **1** *(avere un colloquio)* to confer; to hold* a conference; to have* an interview. **2** *(giovare)* to benefit; *(contribuire ad un certo effetto)* to suit.

conferma *sf* confirmation; affirmation: *a conferma di...,* in confirmation of... — *aver conferma di qcsa,* to receive confirmation of sth — *aver conferma, (di notizia, ecc.)* to be confirmed — *dare conferma di qcsa,* to confirm sth.

confermare *vt* **1** to confirm; to attest; *(rafforzare)* to corroborate; to reaffirm; *(ratificare)* to ratify: *confermare una promessa,* to confirm a promise — *confermare un voto (un impegno),* to confirm a vow (an engagement) — *confermare una tesi,* to corroborate a thesis — *confermare una nomina (un contratto),* to ratify an appointment (a contract) — *Ciò conferma la mia opinione,* This confirms (This corroborates) my opinion — *essere confermato in carica,* to be confirmed in one's office — *L'eccezione conferma la regola,* The exception proves the rule. **2** *(religione: cresimare)* to confirm.

□ **confermarsi** *v. rifl* to prove oneself: *Si è confermato campione con quella prova,* He proved himself a champion in that contest.

confermazione *sf* confirmation.

confessare *vt* to confess; *(ammettere)* to admit; to own (up) *(fam.).*

□ **confessarsi** *v. rifl* to confess.

confessionale *agg e sm* confessional.

confessione *sf* **1** confession; admission. **2** *(credo)* creed; confession; *(comunità)* churh.

confesso *agg* self-confessed: *reo confesso,* criminal who pleads guilty.

confessore *sm* confessor.

confettiera *sf* sweet jar.

confetto *sm* **1** sugar-coated almond; sugared almond. **2** *(pasticca)* pill. □ *confetti di piombo, (scherz.)* bullets — *mangiare i confetti, (fig.)* to celebrate a wedding.

confettura *sf* jam; *(di agrumi)* marmalade.

confezionare *vt* **1** to prepare; to manufacture; *(abiti, ecc.)* to make*: *abito confezionato su misura,* made to measure suit — *articolo confezionato,* ready-made article. **2** *(un pacco, ecc.)* to package; to box (up); to pack (up).

confezione *sf* **1** manufacture; preparation; *(di abiti, ecc.)* tailoring; dress-making; *(di pacchi, ecc.)* packaging; boxing; wrapping: *confezione natalizia,* Christmas wrapping. **2** *(al pl.: indumenti)* clothing: *confezioni in serie,* ready-made clothing. □ *Questa è una confezione da dodici,* This is a packet of twelve.

conficcare *vt* to thrust in; to hammer in.

□ **conficcarsi** *v. rifl* to run* into; to stick* into: *Gli si conficcò una spina nel piede,* He got a thorn stuck in his foot.

confidare *vi (aver fiducia)* to confide; to trust: *Confido nelle tue capacità,* I trust in (*o* rely on) your ability.

□ *vt* to confide: *confidare un segreto a qcno,* to let sb into a secret; to trust sb with a secret.

□ **confidarsi** *v. rifl* to open one's heart (to sb); to take* (sb) into one's confidence.

confidente *agg* confiding; trusting.

□ *sm* **1** confidant; close friend. **2** *(spia)* informer.

confidenza *sf* **1** *(fiducia)* confidence; trust. **2** *(segreto)* confidence; secret: *in confidenza,* in confidence; confidentially; *(onestamente)* to be honest; quite frankly — *In confidenza, non mi sentirei di andare da solo,* To be honest with you, I don't feel like going alone — *in tutta confidenza...,* to be quite frank... — *fare una confidenza a qcno,* to impart a secret to sb. **3** *(familiarità)* familiarity; intimacy: *prendersi troppa confidenza,* to behave with too much familiarity — *dare troppa confidenza a qcno,* to be too familiar with sb — *prendersi una confidenza,* to take a liberty — *Sei in confidenza coi Rossi?,* Are you friendly with the Rossis?

confidenziale *agg* confidential: *a titolo confidenziale,* confidentially.

confidenzialmente *avv* confidentially.

configgere *vt (anche fig.)* to drive* in (*o* home); to nail.

configurazione *sf* **1** *(aspetto)* appearance; form. **2** *(geografia, matematica, ecc.)* configuration.

confinante *sm e f.* neighbour.

□ *agg* neighbouring.

confinare *vt* **1** *(relegare)* to confine; to relegate; to intern; to banish. **2** *(fig.)* to confine: *Da diversi giorni è confinata nella sua stanza,* She has been confined to her room for several days.

□ *vi* to border on *(anche fig.);* to adjoin.

□ **confinarsi** *v. rifl* to withdraw*; to seclude oneself; to retire.

confinario *agg* **1** boundary *(attrib.).* **2** *(di uno stato)* frontier *(attrib.): polizia confinaria,* frontier police.

confinato *agg* interned; confined (to a particular place).

□ *sm* internee.

confine *sm* boundary; frontier; border: *al confine con,* bordering upon — *passare il confine,* to cross the border — *passare i confini, (fig.)* to overstep the mark.

confino *sm* **1** *(condanna)* internment. **2** *(zona)* place of internment; area of compulsory residence: *mandare qcno al confino,* to intern sb.

confisca *sf* forfeiture; confiscation.

confiscabile *agg* forfeitable.

confiscare *vt* to forfeit; to confiscate.

confiteor *sm (religione)* confiteor: *recitare il confiteor, (scherz.)* to do penance; to put on sackcloth and ashes.

conflagrare *vi* **1** *(prendere fuoco)* to flare up; to blaze up; to burn* up; to conflagrate. **2** *(fig.: scoppiare)* to spread* like wild-fire.

conflagrazione *sf* **1** flare up; great (destructive) fire; conflagration *(anche fig.).* **2** *(fig.: guerra)* hot war; shooting conflict.

conflitto *sm* conflict; *(contrasto)* clash: *conflitto di giurisdizione,* concurrence of jurisdiction — *conflitto d'interessi,* conflict of interests — *conflitto mondiale,* world war — *a (o in) conflitto,* conflicting — *essere in conflitto, (di persone o idee)* to be in conflict.

confluente *agg e sm* confluent.

confluenza *sf* confluence.

confluire *vi (di strade, valli, ecc.)* to meet*; *(di fiumi)* to flow together.

confondere *vt* **1** *(mescolare)* to muddle; to mix up; to mingle: *Non confondere le due cose!,* Don't muddle (Don't mix) the two things up! — *La lettera era confusa tra le carte della mia scrivania,* The letter was buried under (*o* among) the papers on my desk. **2** *(scambiare)* to confuse; to mistake*: *Non confondere l'Austria con l'Australia,* Don't confuse Austria with (*o* and) Australia — *Lo confusi con suo fratello,* I confused him with (I mistook him for) his brother. **3** *(turbare, mettere in imbarazzo)* to confound; to confuse; to muddle; to perplex; *(di visibilità: offuscare)* to blur; *(sbalordire)* to amaze: *Il suo comportamento la confuse,* His behaviour confounded (*o* confused) her — *Lo confusero con una infinità di domande,* They confused (muddled, perplexed) him with a lot of questions — *La luce intensa mi confuse la vista,* The intense light blurred my eyes — *Fui confuso da tanta abilità,* I was amazed at such skill. **4** *(ant. e lett.: annientare)* to confound: *confondere i propri nemici,* to confound one's enemies — *Confonderò i suoi piani malvagi!,* I'll confound his wicked plans! — *Iddio confonda i superbi!,* God confound the proud!

□ **confondersi** *v. rifl* **1** *(mescolarsi)* to mingle: *confondersi tra la folla,* to mingle with the crowd. **2** *(di-*

ventare indistinto) to become* blurred (hazy, confused). **3** *(sbagliare)* to get* mixed up; *(turbarsi)* to become* (to grow*) confused.

conformabile *agg* conformable; adaptable.

conformare *vt* to conform; to adapt.
☐ **conformarsi** *v. rifl* to conform (to); to comply (with); to meet*: *conformarsi alle usanze di un luogo,* to conform to (to abide by, to fall in with) the customs of a place.

conformato *agg* shaped: *ben conformato,* well-shaped.

conformatore *sm (per cappellai)* conformator.

conformazione *sf* conformation *(anche geologia);* shape; structure.

conforme *agg (simile)* similar; *(adatto, che si accorda)* conforming; according; conformable: *conforme a...,* in conformity with... — *essere conforme all'originale,* to be similar to the original — *copia conforme,* true copy; certified copy — *essere conforme al campione, (comm.)* to be up to sample.

conformemente *avv* in conformity (with); in accordance (with); accordingly.

conformismo *sm* **1** *(religione, politica)* conformism. **2** *(convenzionalismo)* conventionality.

conformista *sm e f.* **1** *(religione, politica)* conformist. **2** *(in generale)* conventional person; stickler for (the outward forms of) propriety.

conformità *sf* conformity; accordance: *in conformità (a, di),* in conformity (with).

confortabile *agg* consolable.

confortante *agg* comforting; *(rassicurante)* reassuring: *notizie confortanti,* reassuring news *(sing.).*

confortare *vt* **1** to comfort; to console; *(incoraggiare)* to encourage. **2** *(sostenere)* to support.

confortatore *sm* comforter. ☐ *agg* comforting; reassuring.

confortevole *agg* **1** *(confortante)* comforting; cheering. **2** *(comodo)* comfortable.

confortevolmente *avv* **1** comfortingly. **2** comfortably.

conforto *sm* **1** comfort; solace; consolation; encouragement: *essere di conforto (a qcno),* to be a comfort (to sb) — *recare conforto a qcno,* to be of comfort to sb; to comfort sb — *i conforti religiosi,* the last sacraments. **2** *(sostegno)* support: *a conforto della sua tesi...,* in support of his thesis... **3** *(comodità)* comfort.

confratello *sm* brother; friar. ☐ *Era un suo degno confratello,* He was another of the same ilk.

confraternita *sf* brotherhood; fraternity.

confrontare *vt* **1** to compare; *(due testimoni)* to confront. **2** *(collazionare)* to collate.

confronto *sm* comparison; *(di testimoni)* confrontation; *(collazione)* collation: *a confronto di, in confronto a,* by comparison with; compared with — *senza confronto,* beyond comparison — *reggere al confronto di,* to bear comparison (with) — *mettere a confronto,* to compare; *(di testimoni)* to confront — *nei tuoi confronti,* towards you.

confusamente *avv* confusedly.

confusionario *agg* muddling; confusing; bungling.
☐ *sm* bungler; muddler.

confusione *sf* **1** confusion; disorder; mess; muddle; *(chiasso, baccano)* hubbub; uproar; *(ressa)* confusion; bustle: *creare confusione,* to create confusion — *fare confusione,* to make a muddle — *fare confusione di qcsa,* to muddle sth up; to get sth confused; to make a muddle (of sth) — *Che confusione!,* What a mess! **2** *(vergogna)* shame; *(imbarazzo)* embarrassment. **3** *(med.)* confusion; derangement. **4** *(dir.)* merger; merging.

confuso *agg* confused; muddled; jumbled; vague; puzzling; *(indistinto)* indistinct; *(mortificato, imbarazzato)* ashamed; embarrassed; confused: *Hai le idee un po' confuse,* Your ideas are rather muddled.

confutabile *agg* confutable; refutable.

confutare *vt* to confute; to refute; to disprove.

confutatore *sm* confuter; refuter.

confutazione *sf* confutation; refutation.

congedare *vt* to dismiss; *(licenziare)* to dismiss; to sack *(fam.);* to give* (sb) the sack *(fam.); (mil.: smobilitare)* to discharge; to demobilize; to demob *(fam.).*
☐ **congedarsi** *v. rifl* to take* one's leave; to take* leave (of sb).

congedo *sm* **1** *(commiato)* leave-taking; leave; farewell: *visita di congedo,* farewell visit — *recita di congedo,* farewell performance. **2** *(mil.)* discharge; release: *foglio di congedo,* discharge; certificate of discarge — *essere in congedo,* to be retired. **3** *(licenza)* temporary absence; leave: *ottenere un congedo,* to obtain leave — *essere in congedo,* to be on leave. **4** *(poesia)* envoy; envoi *(fr.).*

congegnare *vt* **1** to devise; to contrive; to excogitate; to plan: *uno scherzo ben congegnato,* a well-planned trick. **2** *(mettere insieme)* to assemble; to put* together.

congegno *sm* **1** device; contrivance; instrument; *(meccanismo)* mechanism; appliance; *(piccolo dispositivo)* gadget; contraption *(fam.).* **2** *(fig.)* scheme; device.

congelamento *sm* **1** *(l'atto)* freezing; *(l'effetto)* freeze *(anche fig.): il congelamento dei prezzi,* freezing of prices; price freeze. **2** *(med.)* frost-bite.

congelare *vt* to freeze *(anche fig.);* to congeal.
☐ **congelarsi** *v. rifl* to freeze; to solidify; to congeal; to set*; *(med.)* to become* frost-bitten.

congelato *agg e p. pass* **1** frozen *(anche fig.); (di carne, ecc.)* frozen; chilled. **2** *(med.)* frost-bitten.

congelatore *sm* freezer.

congeniale *agg* congenial.

congenitamente *avv* congenitally.

congenito *agg* congenital.

congerie *sf* heap; conglomeration.

congestionare *vt* to block; to obstruct.

congestionato *agg* congested *(anche di traffico, ecc.); (per estensione, del viso)* flushed.

congestione *sf* congestion.

congettura *sf* conjecture; supposition: *basarsi su congetture,* to base oneself on conjectures (*o* on guesswork).

congetturale *agg* conjectural.

congetturalmente *avv* conjecturally; theoretically; hypothetically.

congetturare *vt* to conjecture; to surmise.

congiungere *vt* to connect; to unite; to join; to link; *(le mani)* to clasp; *(travi, binari, ecc.)* to splice: *congiungere in matrimonio,* to join in matrimony; to splice *(sl.).*
☐ **congiungersi** *v. rifl* **1** to join; to unite (with); *(incontrarsi)* to meet*; *(spec. mil.)* to link up; to join forces. **2** *(come s.)* ⇨ **congiunzione.** ☐ *congiungersi carnalmente con qcno,* to have sexual intercourse with sb; *(dir.)* to have carnal knowledge of sb.

congiungimento *sm* **1** (act of) joining. **2** *(mil.)* link-up.

congiuntamente *avv* concertedly; together (with).

congiuntivite *sf* conjunctivitis.

congiuntivo *agg* **1** conjunctive; connective. **2** *(gramm.; anche come s.)* subjunctive.

congiunto *agg* joined; connected; linked.
□ *sm* relative; relation.

congiuntura *sf* **1** joint; joining; point of junction. **2** *(circostanza)* conjuncture; juncture; circumstance; occasion; situation. **3** *(econ.)* economic situation; *(tendenza)* economic trend; *(difficoltà)* predicament; difficult period: *congiuntura alta,* boom — *congiuntura bassa,* slump; depression.

congiunturale *agg* relating to the economic situation (*o* trend); conjunctural; economic.

congiunzione *sf* **1** juncture; junction; meeting. **2** *(gramm., astronomia)* conjunction. **3** *(macchina calcolatrice)* AND-function.

congiura *sf* conspiracy; plot.

congiurare *vi* to conspire; *(anche fig.)*; to plot: *congiurare a danno di qcno,* to conspire against sb.

congiurato *sm* conspirator.

conglobamento *sm* **1** *(econ.)* conglobation. **2** *(fusione)* merging.

conglobare *vt* **1** to merge; to roll into one; *(fig.)* to accumulate. **2** *(crediti, ecc.)* to combine.

conglomerato *sm* **1** conglomerate; mass; pile; conglomeration *(anche fig.)*. **2** *(geologia)* conglomerate; pudding-stone. **3** *(industria costruzioni: impasto per calcestruzzo)* mix. □ *conglomerato etnico,* conglomeration of races.

congratularsi *v. rifl* to congratulate: *congratularsi con qcno per qcsa,* to congratulate sb on sth.

congratulazione *sf* congratulation.

congrega *sf* **1** band; bunch *(fam.)*; set; gang. **2** *(religione)* brotherhood.

congregare *vt* to gather together; to call together.
□ **congregarsi** *v. rifl* to congregate; to band together.

congregazione *sf* confraternity; congregation.

congregazionista *sm* member of a congregation.

congressista *sm e f.* participant; attendee.

congresso *sm* congress; meeting; conference: *il Congresso, (USA)* the Congress — *un membro del Congresso,* a Congressman (a Congresswoman).

congressuale *agg* congressional; congress *(attrib.)*.

congrua *sf (beneficio)* benefice; *(assegno dello Stato)* stipend.

congruamente *avv* properly; adequately.

congruo *agg* proper; convenient; *(giusto)* fair; right; *(matematica)* congruent.

conguagliare *vt* to equalize; to balance; to adjust.

conguaglio *sm* adjustment; settlement; balance.

coniare *vt* to coin *(anche parole)*; to mint; to strike*.

coniatore *sm* coiner.

coniatura, coniazione *sf* coinage; mintage.

conica *sf* conic section.

conicità *sf* **1** *(geometria)* conicity. **2** *(mecc.)* taper.

conico *agg* **1** conical; cone-shaped. **2** *(matematica)* conic. **3** *(mecc.)* taper *(attrib.)*.

conifera *sf* conifer.

conifero *agg* coniferous.

conigliera *sf (gabbia)* rabbit-hutch; *(recinto)* rabbit-run.

coniglio *sm* rabbit; *(maschio)* buck; *(femmina)* doe; *(USA)* cotton-tail; cony; coney *(ant.)*; *(fig.)* coward; faint-heart; chicken: *pelliccia di coniglio,* cony; buck — *coniglietto, (nel linguaggio infantile)* bunny.

conio *sm (il coniare)* coining; coinage; *(di medaglia)* striking; stamp; mint-mark; *(punzone)* minting die: *nuovo di conio,* brand new — *fior di conio, (numismatica)* mint state; fleur-de-coin *(fr.)* — *dello stesso conio,* of the same kind (*o* stamp).

coniugale *agg* conjugal; connubial: *vincolo coniugale,* marriage tie — *vita coniugale,* married life.

coniugare *vt* to conjugate; to inflect.
□ **coniugarsi** *v. rifl* to marry; to get* married.

coniugato *agg* **1** married; joined in marriage. **2** *(matematica e bot.)* conjugate.

coniugazione *sf* conjugation; inflexion.

coniuge *sm (dir. o scherz.)* **1** spouse; *(marito)* husband; *(moglie)* wife *(pl.* wives*)*; *(scherz.: moglie)* better half. **2** *(al pl.)* husband and wife; married couple; *(davanti al cognome)* 'Mr and Mrs': *Gentili coniugi Rossi,* Mr and Mrs Rossi.

connaturale *agg* connatural.

connaturare *vt* to make* connatural.
□ **connaturarsi** *v. rifl* to become* second nature.

connaturato *agg* ingrained; inveterate.

connazionale *sm e f.* compatriot; fellow-countryman *(pl.* -men*)*; *(f.)* countrywoman *(pl.* -women*)*.

connessione *sf* connexion; connection; *(legame)* link.

connesso *agg* connected; joined; *(legato)* linked; *(pertinente)* relevant to.
□ *sm (nella locuzione) annessi e connessi,* appendages; appurtenances.

connettere *vt* to connect; to join; to link; *(associare)* to associate.
□ *vi (pensare in modo razionale)* to think* straight (*o* rationally); to think* to the purpose.

connettivo *agg* connective.

connivente *agg* conniving: *essere connivente,* to connive.

connivenza *sf (dir.)* connivance.

connotato *sm* distinguishing feature; *(al pl.)* description *(sing.)*: *cambiare i connotati a qcno,* to beat sb up *(fam.)*.

connotazione *sf* connotation.

connubio *sm* **1** marriage; match. **2** *(fig.)* alliance; partnership.

cono *sm* cone; *(di gelato, anche)* cornet: *a cono, (come agg.)* conical; cone-shaped.

conocchia *sf* distaff: *trarre la conocchia,* to spin.

conoide *sm* **1** conoid. **2** *(geologia)* cone: *conoide di deiezione,* alluvial cone (*o* fan).

conoscente *sm e f.* acquaintance: *Sono miei conoscenti,* They are acquaintances of mine.

conoscenza *sf* **1** knowledge; *(talvolta, più in generale)* culture: *una scarsa conoscenza del francese,* a poor knowledge of French — *una conoscenza discreta dei paesi orientali,* quite a good knowledge of eastern countries — *Le loro conoscenze in questo campo sono ormai superate,* Their knowledge in this field has already been superseded — *Sono venuto a conoscenza che...,* It has come to my knowledge that...; I learn that... — *essere a conoscenza di qcsa,* to be acquainted with sth; to be aware of sth; to know sth. **2** *(persona conosciuta, il conoscere qcno)* acquaintance: *una mia vecchia conoscenza,* an old acquaintance of mine — *fare la conoscenza di qcno,* to make sb's acquaintance — *Ha molte conoscenze in città,* He has many acquaintances in the town — *una vecchia conoscenza della polizia (del tribunale),* a fellow well-known to the police (to the court); a habitual offender — *'Lieto di fare la sua conoscenza',* 'Glad to make your acquaintance', 'Pleased to meet you' — *avere una conoscenza superficiale di qcno, (lo* *si saluta soltanto)* to have a bowing (a nodding) acquaintance (with sb).

3 *(facoltà sensoriale e intellettuale)* consciousness: *perdere conoscenza,* to lose consciousness — *essere privo di (senza) conoscenza,* to be unconscious — *riprendere conoscenza,* to recover (to regain) consciousness.

4 *(dir.)* cognizance: *Questi fatti non sono a conoscenza della corte,* These facts are not within the cognizance of the court.

5 *(filosofia)* cognition.

conoscere *vt* **1** *(una cosa)* to know*; *(essere a conoscenza di)* to be* aware (of); to be* acquainted (with); *(venire a conoscenza di)* to get* acquainted (with); to learn*: *conoscere una lingua straniera,* to know a foreign language — *conoscere la situazione,* to be acquainted with the situation — *conoscere lo stato delle cose,* to get acquainted with the state of affairs — *conoscere bene la gravità della situazione,* to be fully (to be well) aware of the gravity of the situation — *conoscere qcsa a fondo (per filo e per segno),* to know sth through and through (*o* inside out) — *conoscere qcsa come le proprie tasche,* to know sth like the back of one's hand; to know every inch of sth — *non conoscere il mondo (la sofferenza),* to be ignorant of the world (of suffering) — *non conoscere ragione,* not to listen to reason — *far conoscere (qcsa), (rendere noto)* to make (sth) known (well-known) — *conoscere il bene e il male,* to have experience of good and evil — *conoscere il valore delle cose,* to value things; to be able to tell the value of things.

2 *(una persona)* to know*; *(far la conoscenza di)* to meet*; to make* sb's acquaintance: *conoscere qcno di vista (personalmente),* to know sb by sight (personally) — *non conoscere affatto qcno,* not to know sb from Adam — *conoscere qcno di fama (di nome),* to know sb by reputation (by name) — *La conobbi a Firenze due anni fa,* I met her in Florence two years ago — *Mai visto né conosciuto!,* Never seen or heard of him (of her)! *Desidero tanto conoscerLa,* I was so much looking forward to meeting you (to making your acquaintance) — *far conoscere (presentare),* to introduce — *Fammi conoscere quel tuo amico,* Please, introduce me to that friend of yours; Please, introduce that friend of yours to me — *conoscere i propri polli,* to know who one is dealing with; to know what sb is like — *conoscere carnalmente qcno,* to have sexual intercourse with sb.

3 *(distinguere)* to know*; to distinguish; to be* able to tell; *(riconoscere, ammettere)* to recognize: *conoscere il bene dal male,* to know (to distinguish, to be able to tell) good from evil — *conoscere qcno dalla voce (dal modo di camminare),* to recognize sb by his voice (by his gait) — *Ora conosco il mio errore,* Now I recognize my mistake.

4 *(provare, sperimentare)* to experience; *(raggiungere)* to reach: *conoscere il piacere (il dolore, le grandi avversità),* to experience pleasure (pain, great hardships) — *La sua famiglia ha conosciuto tempi migliori,* His family has seen better days — *La sua arte non aveva mai conosciuto un momento di così grande splendore,* His art had never reached a moment of such great splendour.

□ *farsi conoscere,* to prove oneself — *Ora ti sei fatto conoscere per quello che sei realmente!,* Now we've seen you in your true colours (as you really are)! — *Ma chi ti conosce!,* What's it got to do with you?

□ **conoscersi 1** *v. rifl* to know* oneself: *Dovresti conoscerti meglio,* You should know yourself better. **2** *v. reciproco* to know* each other (*o* one another): *Ci conosciamo da parecchi anni,* We have known each other for some years.

conoscibile *agg* knowable. □ *sm* knowledge.

conoscitivo *agg* cognitive. □ *una missione conoscitiva,* a fact-finding mission.

conoscitore *sm* **1** *(esperto)* expert: *un buon conoscitore dell'animo femminile,* a good judge of the female mind. **2** *(spec. di vini e cibi)* connoisseur.

conosciuto *agg* known; well-known.

conquista *sf* **1** conquest *(anche territorio o persona conquistata); (assoggettamento)* subjugation: *fare la conquista di,* to make a conquest of; to conquer. **2** *(fig.)* conquest; achievement.

conquistare *vt* **1** to conquer; *(assoggettare)* to subdue; to subjugate; *(invadere)* to invade. **2** *(fig.)* to win*; to acquire; to achieve.

□ **conquistarsi** *v. rifl (cattivarsi)* to win*; to get*; to acquire.

conquistatore *sm* **1** conqueror. **2** *(fig.)* lady-killer; Don Juan.

conquistatrice *sf* **1** conqueress. **2** *(fig.)* heart-breaker.

consacrabile *agg* able to be consacrated.

consacrante *sm* consecrator.

consacrare *vt* **1** to consecrate; *(ordinare qcno sacerdote)* to ordain; *(consacrare un sovrano)* to anoint; *(dedicare)* to devote; to dedicate. **2** *(fig.: sancire)* to sanction; to consecrate: *un'usanza consacrata dalla legge,* a custom sanctioned (consecrated, hallowed) by law.

□ **consacrarsi** *v. rifl* to devote oneself.

consacrazione *sf* consecration; *(di sacerdote)* ordination; *(di sovrano)* anointment; *(di chiesa)* consecration; dedication; *(approvazione)* sanction; consecration; approval; *(il dedicarsi)* consecration.

consanguineità *sf (dir.)* blood relationship; consanguinity; kinship.

consanguineo *agg* consanguineous.

□ *sm* (blood-)relation.

consapevole *agg (cosciente)* conscious; *(informato)* aware: *rendere qcno consapevole di qcsa,* to inform sb of sth; to make sb aware of sth — *essere consapevole,* to be aware (of sth); to be acquainted (with sth).

consapevolezza *sf* awareness.

consapevolmente *avv* consciously.

consciamente *avv* consciously.

conscio *agg* conscious.

consecutivamente *avv* consecutively.

consecutivo *agg (di seguito)* consecutive *(anche gramm.);* on end; *(seguente, successivo)* next; following: *cinque giorni consecutivi,* five consecutive days; five days on end — *la volta consecutiva,* the next time.

consegna *sf* **1** delivery: *alla consegna,* on delivery — *pagamento alla consegna,* cash on delivery — *nolo (prezzo) pagabile alla consegna,* freight charges (price) payable on delivery — *buono (ordine) di consegna,* delivery note — *consegna a domicilio,* house (home) delivery — *consegna immediata,* prompt delivery — *consegna in deposito franco,* delivery in bond — *consegna al latore,* no-name delivery; delivery to bearer — *condizioni (termini) di consegna,* conditions (terms) of delivery — *spese di consegna,* delivery charges — *franco di consegna,* free delivery — *mancata consegna,* non-delivery — *tempo di consegna,* lead time.

2 *(partita, lotto di merce)* consignment: *Una prima consegna avverrà entro la fine del mese,* A first

consignment will be effected (will be delivered) by the end of this month.
3 *(deposito)* consignment: *merce (valori) in consegna,* goods (valuables) on consignment.
4 *(custodia)* care; trust: *avere qcsa in consegna,* to be entrusted with sth — *lasciare qcsa in consegna a qcno,* to leave sth in sb's care.
5 *(ordine)* orders *(pl.)*; instructions *(pl.)*: *avere la consegna (di fare qcsa),* to have orders (to do sth) — *osservare la consegna,* to obey orders; to obey instructions — *mancare alla consegna,* to disobey orders — *rompere la consegna,* not to carry out orders.
6 *(mil.: punizione)* confinement; arrest: *consegna in caserma,* confinement to barracks (*o* in quarters).
□ *passare le consegne,* to hand over — *Il generale che lasciava il suo ufficio passò le consegne al suo successore,* The retiring general handed over to his successor — *prendere le consegne,* to take over.

consegnare *vt* **1** *(dare, affidare)* to deliver *(anche comm.)*; to hand over; to consign *(anche comm.)*; to give*; *(distribuire)* to give* out; to hand out: *Il pacco fu consegnato ieri,* The parcel was delivered yesterday — *Da consegnare a mano,* To be delivered by hand; *(su una busta, anche semplicemente)* By hand — *Abbiamo consegnato le chiavi al portinaio,* We handed the keys over (We gave the keys) to the porter — *Hai consegnato tutti i documenti al notaio?,* Did you hand over all the documents to the notary? — *consegnare un compito,* to hand in a test paper — *I responsabili saranno consegnati alla polizia,* Those responsible will be given in charge to the police — *consegnare qcsa alla memoria, (lett.)* to commit sth to memory.
2 *(mil.: togliere la libera uscita)* to confine to barracks: *essere consegnato,* - **a)** *(per punizione)* to be confined to barracks - **b)** *(in attesa di un attacco)* to be standing by.

consegnatario *sm* consignee; *(dir.)* bailee.

consegnato *agg* (*p. pass. di* **consegnare** ⇨) **1** delivered. **2** *(mil.)* confined to barracks.

conseguente *agg* **1** consequent. **2** *(coerente)* consistent.

conseguentemente *avv* consequently; accordingly.

conseguenza *sf* consequence; *(importanza)* consequence; importance; moment; *(med.)* after-effects *(pl.)*: *subire (affrontare) le conseguenze,* to take (to face) the consequences — *in conseguenza (di conseguenza, per conseguenza),* in consequence; consequently; *(perciò)* so — *agire in conseguenza,* to act accordingly — *cose di poca conseguenza,* matters of little consequence (*o* importance) — *cose di grande conseguenza,* matters of great moment.

conseguimento *sm* attainment; achievement.

conseguire *vt* to achieve; to attain; *(raggiungere)* to reach; *(conquistare)* to win*: *conseguire la fama,* to win fame — *conseguire la laurea,* to get (to take) one's degree.
□ *vi* to follow; to ensue; to result: *Ne consegue che...,* It follows that...

consenso *sm* consent; assent; *(dir.)* meeting of the minds; *(parere favorevole)* approval.

consensuale *agg (dir.)* by mutual consent.

consensualmente *avv* consentingly; by agreement.

consentaneo *agg* in accord with; *(coerente)* consistent.

consentire *vi* **1** *(acconsentire)* to consent; to assent. **2** *(concordare)* to agree; to concur. **3** *(accondiscendere)* to grant; to allow; to fall* in with.
□ *vt (permettere)* to allow; to make* possible; to permit: *Mi si consenta di chiarire l'equivoco,* I should like, if I may, to clear up the misunderstanding.

consenziente *agg* willing. □ *sm e f. (dir.)* consenting party.

[1]**conserva** *sf* **1** preserve; conserve *(generalm. al pl.)*; *(di agrumi)* marmalade; *(di altra frutta)* jam: *conserva di pomodoro,* tomato purée. **2** *(cibo conservato in scatola)* tinned (*USA* canned) food. **3** *(luogo)* store; *(serbatoio)* tank. □ *tenere qcsa in conserva,* to preserve sth.

[2]**conserva** *sf (naut.)* convoy: *navigare, andare (ecc.) di conserva, (fig.)* to act together; to act in concert.

conservare *vt* **1** *(mantenere)* to keep*; to retain; *(tenere caro)* to cherish; to treasure: *conservare un buon ricordo di qcno,* to cherish a happy memory of sb. **2** *(cibi)* to preserve: *conservare qcsa sott'olio,* to preserve sth in oil.
□ **conservarsi** *v. rifl (di cibi)* to keep*; *(mantenersi)* to remain: *Si conserva bene,* He is well preserved — *conservarsi sano,* to keep one's health — *La frutta si è conservata bene,* The fruit has kept well.

conservatore *sm* **1** *(politica)* conservative. **2** *(funzionario)* curator; keeper. **3** *(sostanza)* preservative.
□ *agg* **1** *(politica)* conservative. **2** *(di alimenti)* preservative.

conservatorio *sm (di musica)* conservatoire *(fr.)*; conservatorium.

conservazione *sf* preservation: *istinto di conservazione,* instinct of self-preservation.

conservificio *sm* cannery.

considerabile *agg* considerable.

considerando *sm* whereas; preamble.

considerare *vt* **1** *(esaminare con attenzione)* to consider; to examine; to think* over; to ponder; to weigh; *(guardare con attenzione)* to observe; to consider; to scrutinize: *Dovresti considerare tutti i particolari,* You should consider all the details — *considerare i pro e i contro,* to consider (to weigh) the pros and cons (the arguments for and against); to debate both sides of the question — *tutto considerato,* all things considered.
2 *(tenere presente)* to consider; to bear* (to keep*) in mind: *Devi considerare che non ha più vent'anni,* You must consider (*o* bear in mind) that he is not young any more — *Bisogna considerare che...,* It must be borne in mind that... — *considerando (che),* considering (that) — *considerata la sua età,* considering his age.
3 *(contemplare)* to consider; to provide for: *La legge non considera questo caso,* The law does not provide for this case.
4 *(reputare, giudicare)* to consider; to regard; to judge; *(stimare)* to esteem; to think* (of): *Lo considero un vero amico,* I consider him (to be) a true friend — *Come poeta era poco considerato,* As a poet he was not highly esteemed (he was not much thought of) — *considerare bene (male) qcno,* to think ill (well) of sb — *considerare molto (poco) qcno,* to think highly (little) of sb.
□ **considerarsi** **1** *v. rifl* to consider oneself; to regard oneself: *Si consideravano troppo importanti,* They considered themselves too important — *Non mi considero responsabile del loro comportamento,* I don't consider (hold) myself responsible for their behaviour

— *Consideratevi agli arresti,* Consider yourselves under arrest.
2 *v. reciproco* to consider each other (*o* one another).
considerato *agg* (*p. pass. di* **considerare** ⇨) 1 (*avveduto*) considered; pondered; cautious. 2 (*stimato*) esteemed (⇨ **to consider** 2). □ *considerato che...* whereas...; bearing in mind that...; considering that... — *tutto considerato,* all things considered.
considerazione *sf* 1 consideration: *prendere in considerazione qcsa,* to take sth in (*o* into) consideration. 2 (*osservazione*) remark; comment: *fare delle considerazioni,* to make remarks. 3 (*stima*) esteem; consideration; (*riguardo*) regard; concern: *avere in considerazione qcno,* to hold sb in esteem — *in considerazione dei vostri meriti,* in consideration of (on account of) your merits — *agire senza considerazione,* to act inconsiderately.
considerevole *agg* considerable; substantial.
considerevolmente *avv* considerably; substantially.
consigliabile *agg* advisable.
consigliare *vt* to advise; to counsel; (*suggerire*) to suggest; (*raccomandare*) to recommend.
□ **consigliarsi** *v. rifl* (*chiedere consiglio a qcno*) to ask (to seek*) sb's advice; (*consultare*) to consult.
consigliere *sm* counsellor; (*USA*) counselor; adviser; (*membro di un Consiglio comunale*) councillor; (*USA*) councilor; (*anziano*) alderman (*pl.* -men); (*persona di fiducia*) mentor: *consigliere comunale,* town councillor — *consigliere d'amministrazione* (*di una società*), company director — *consigliere delegato,* managing director.
consiglio *sm* 1 advice (*solo sing.*); counsel (*raro*); (*suggerimento*) suggestion; (*parere*) counsel; opinion: *agire dietro consiglio di qcno,* to act on sb's advice — *seguire il* (*dar retta al*) *consiglio di qcno,* to take sb's advice — *chiedere il consiglio di qcno,* to get sb's opinion — *Questo è soltanto un consiglio,* This is only a suggestion. 2 (*senno*) wisdom; prudence: *ridurre qcno a miglior consiglio,* to make sb see sense — *venire a più miti consigli,* to take a more reasonable attitude. 3 (*ente*) council; board: *Consiglio comunale,* Town Council — *consiglio d'amministrazione,* board of directors; board of governors; governing body — *Consiglio di Guerra,* Council of War; (*tribunale*) court martial — *Consiglio dei Ministri,* Cabinet.
consiliare *agg* board (*attrib.*); council (*attrib.*).
consimile *agg* similar; like (*attrib.*).
consistente *agg* 1 substantial; solid; firm; (*valido*) sound; (*di dimensioni considerevoli*) sizable; considerable. 2 (*denso*) thick; dense.
consistentemente *avv* substantially; soundly; sizably.
consistenza *sf* consistency; firmness; (*densità*) density; (*resistenza*) resistance; toughness; (*sostanza*) substance: *prendere consistenza,* to become concrete — *privo di consistenza,* flimsy; lacking in solidity — *consistenza di cassa,* cash in hand — *consistenza di magazzino,* stock in hand.
consistere *vi* 1 (*essere costituito, formato da*) to consist of; to be* composed of: *Il libro consiste in due parti,* The book consists (is composed) of two parts. 2 (*risiedere*) to consist in. 3 (*stare, essere*) to lie*: *In che cosa consiste la difficoltà?,* Where does the difficulty lie?
consociabile *agg* associable.
consociare *vt* to join in partnership; to bring* together.
consociato *agg* associated. □ *sm* partner; associate. □ *sf* **consociata,** (*comm.*) associated company.
consociazione *sf* 1 (*l'associarsi*) association. 2 (*società*) club; union.
consocio *sm* fellow-member; associate; joint partner.
consolante *agg* comforting; consoling.
[1]**consolare** *vt* to console; to comfort; (*lenire*) to soothe; to relieve; (*rallegrare*) to cheer; to do* good: *Mi consola sapere che sei tornato,* I'm glad to hear you're back — *Ha una faccia da imbecille che consola!,* (*iron.*) He has the sort of idiotic look that really inspires confidence!
□ **consolarsi** *v. rifl* to console oneself (with); to derive comfort (from); (*rallegrarsi*) to cheer up; to rejoice; to be* glad; (*trovare consolazione*) to find* consolation (in); (*cercare consolazione*) to seek* consolation (in); (*riprendersi*) to get* over sth: *Si consola bevendo,* He consoles himself by drinking; He seeks consolation in drink.
[2]**consolare** *agg* consular.
consolato *sm* consulate.
consolatore *sm* comforter. □ *agg* consoling; comforting.
consolatorio *agg* consoling; comforting.
consolazione *sf* 1 consolation; comfort; (*sollievo*) solace: *Davvero una bella consolazione!,* (*anche iron.*) That's a great comfort! — *Per maggior consolazione* (*per di più*) *ho perso il posto,* (*iron.*) On top of all that I lost my job — *premio di consolazione,* consolation prize. 2 (*gioia*) joy; delight.
console *sm* consul.
consolida *sf* (*bot.*) comfrey.
consolidamento *sm* consolidation; (*rinforzamento*) strengthening.
consolidare *vt* 1 to consolidate; to strengthen; to reinforce. 2 (*econ.*) to convert from short- to long-term.
□ **consolidarsi** *v. rifl* to consolidate; to stiffen; to become* solid; (*solidificarsi*) to solidify.
consolidato *agg* consolidated.
□ *sm* (*econ.*) national debt; (*titolo*) government stock.
consolidazione *sf* consolidation.
consòlle *sf* console.
consommé *sm* clear soup; consommé.
consonante *sf* consonant.
consonanza *sf* 1 consonance. 2 (*mus.*) consonant interval; concord.
consono *agg* consistent (with); consonant (with).
consorella *sf* 1 (*di ordine religioso*) sister. 2 (*filiale*) branch; (*società*) associated (*o* affiliated) company. 3 (*in funzione di agg.*) sister.
consorte *sm e f.* 1 (*coniuge, m.*) husband; (*f.*) wife (*pl.* wives); (*dir. o scherz.*) spouse; (*scherz.: moglie*) better half; (*di sovrano*) consort (*anche come agg., posto dopo il s.*). 2 (*sm, dir.*) party.
consorteria *sf* faction; clique; (*politica*) junto.
consorziale *agg* relating to a league (an association, *ecc.*).
consorzio *sm* 1 (*accordo*) trust; cartel; (*talvolta*) consortium. 2 (*ente*) league; association; union: *consorzio agrario,* Farmers' Union (*o* Association). 3 (*per estensione*) group; company.
constare *vi* 1 (*essere costituito*) to consist of; to be* composed of; to be* made up of; to comprise. 2 (*risultare*) to appear; to be* within one's knowledge: *a quanto ci consta...,* as far as we know... — *Mi consta che il fatto si è ripetuto più volte,* It has happened several times, to my knowledge.
constatare *vt* to ascertain; to find* out; (*verificare*)

to verify; *(prendere atto)* to note; *(certificare)* to certify.

constatazione *sf* ascertainment; verification; observation.

consueto *agg* usual; ordinary; customary.
□ *sm* usual: *come di consueto,* as usual — *più del consueto,* more than usual.

consuetudinario *agg* **1** customary; habitual: *essere consuetudinario,* to be a creature of habit. **2** *(dir.)* customary.

consuetudine *sf* habit; custom; *(usanza)* usage; *(tradizione, rito)* rule: *avere la consuetudine di,* to be in the habit of — *È nostra consuetudine arrivare puntuali,* Punctuality is our rule — *come è nostra consuetudine,* in accordance with our usual practice.

consulente *agg* consulting; consultant.
□ *sm e f.* consultant; adviser; *(esperto)* expert: *consulente di parte, (dir.)* expert witness.

consulenza *sf* **1** *(consigli)* advice; consultation. **2** *(incarico)* consultancy; advisory position.

consulta *sf (consultazione)* consultation; *(consiglio)* council; *(luogo)* council chamber. □ *(stor.) la Consulta,* Italian Foreign Office — *Consulta Araldica Inglese,* Heralds' College; College of Arms.

consultabile *agg* consultable.

consultare *vt* to consult; to refer to; *(chiedere consiglio)* to seek* the advice of: *consultare una carta geografica,* to consult a map — *consultare un'enciclopedia,* to consult an encyclopaedia; to look sth up in the encyclopaedia — *L'oratore consultava spesso i propri appunti,* The speaker often referred to his notes — *Dovresti consultarlo più spesso,* You should seek his advice more often.
□ **consultarsi** *v. rifl* to consult (sb); to seek* (sb's) advice; to confer (with sb).

consultazione *sf* consultation: *opera di consultazione,* reference book.

consultivo *agg* consultative; advisory: *partecipare in veste consultiva,* to take part in an advisory capacity.

consulto *sm* consultation.

consultore *sm* consultant.

consultorio *agg* consultative. □ *sm* **1** *(med.)* consulting room. **2** *(ufficio)* advisory bureau.

consumabile *agg* consumable.

consumare *vt* **1** *(usare)* to consume; to expend; to use (up); *(logorare capi di vestiario, ecc.)* to wear* (out); *(per estensione: sprecare)* to waste: *La mia nuova macchina consuma troppa benzina,* My new car consumes (uses) too much petrol — *Perché hai consumato tutto lo shampoo?,* Why did you use up all the shampoo? — *Consumò presto il suo patrimonio,* He soon consumed (*fam.* went through) his fortune — *consumare tutte le proprie energie,* to consume (to use up) all one's energy (energies) — *una camicia consumata nel colletto,* a shirt worn at the collar — *consumare gli abiti, le scarpe,* to wear out one's clothes, one's shoes — *consumare il tempo inutilmente,* to waste one's time — *Si sta consumando la salute,* He's ruining his health. **2** *(mangiare)* to eat*; to consume *(molto formale);* to have*; to devour *(lett., fig.)*: *consumare un pasto,* to have (to take) a meal — *il tempo che tutto consuma,* all-devouring time — *consumare il pane ed il vino, (detto generalm. dal celebrante)* to take Communion. **3** *(completare)* to complete; to accomplish; to consummate; *(compiere, commettere: dir.)* to commit: *consumare il matrimonio,* to consummate a marriage — *consumare un delitto,* to commit a crime — *consumare un sacrificio,* to make a sacrifice.
□ **consumarsi** *v. rifl* **1** to consume; *(di capi di vestiario)* to wear* (out); *(di combustibile)* to burn* out: *La mia giacca nuova si è consumata ai gomiti,* My new jacket is worn (has gone through) at the elbows — *Le braci si sono consumate completamente,* The embers have burnt out. **2** *(struggersi)* to waste away; to pine; to long: *Si consumava di dolore,* She pined away with grief — *consumarsi di rabbia, di desiderio,* to be consumed with anger, with desire — *Si consumava dalla voglia di tornare a casa,* He was longing to come back home.

consumato *agg* **1** *(logoro)* worn out; used up; *(di lama)* blunt; dull. **2** *(sciupato, sprecato)* wasted; useless: *È tempo consumato,* It's just time wasted. **3** *(divorato)* consumed: *consumato dalla rabbia,* consumed with anger. **4** *(esperto, perfetto)* consummate.

consumatore *sm* consumer.

consumazione *sf* **1** *(al bar, ecc.)* refreshment *(generalm. al pl.)*; *(bevanda)* drink; *(spuntino)* snack: *È compresa la consumazione?, (p.es. in un 'night')* Is a drink included? **2** *(dir.)* completion; consummation. □ *fino alla consumazione dei secoli,* until the end of time (of the world).

consumismo *sm* consumerism.

consumo *sm (p.es. di combustibile)* consumption; *(uso)* use; *(usura)* wear: *articoli di largo consumo,* widely used goods — *beni di consumo,* consumer goods — *società dei consumi,* consumer society — *a proprio uso e consumo,* for one's own use — *ad uso e consumo di qcno,* for sb's benefit.

consuntivo *sm* **1** *(bilancio) consuntivo,* final statement. **2** *(fig.)* survey: *fare il consuntivo di un anno di lavoro,* to take stock of a year's work. □ *agg* final; definitive: *dati consuntivi di fine anno,* final year's-end figures.

consunto *agg* **1** *(di panni, ecc.)* worn; shabby. **2** *(di persona)* run down; *(smunto, dimagrito)* wasted; *(sfinito)* worn out.

consunzione *sf* **1** *(fam.: tubercolosi)* consumption. **2** *(deperimento)* wasting away.

consuocera *sf* (one's) son's (*o* daughter's) mother-in-law.

consuocero *sm* (one's) son's (*o* daughter's) father-in-law.

consustanziale *agg* consubstantial.

consustanzialmente *avv* consubstantially.

consustanziazione *sf* consubstantiation.

conta *sf (nell'espressione) fare la conta,* to count out.

contabile *agg* book-keeping; accounting. □ *macchina contabile,* calculating machine.
□ *sm e f. (impiegato)* book-keeper; *(ragioniere)* accountant.

contabilità *sf* book-keeping; accountancy; *(amministrazione)* accounting: *tenere la contabilità,* to keep the accounts — *ufficio contabilità,* account department.

contachilometri *sm* **1** distance recorder; mileometer *(in miglia)*. **2** *(tachimetro)* speedometer; speed indicator.

contadina *sf* countrywoman *(pl.* -women*)*; *(stor., o di paese non anglosassone)* peasant-woman *(pl.* -women*)*.

contadiname *sm (spreg.)* canaille *(fr.)*; rabble; peasantry.

contadinesco *agg* rustic; *(semplice)* simple; *(rozzo)* boorish; rough; *(goffo)* oafish: *ballo contadinesco,* country dance — *alla contadinesca,* rough and ready; country style.

contadino *sm (chi abita in campagna)* countryman *(pl.* -men*); (agricoltore)* farmer; *(bracciante)* farm-worker; *(fittavolo)* tenant farmer; *(stor., o di paese non anglosassone)* peasant.
□ *agg* peasant; rustic; *(rurale)* rural; country *(attrib.).*

contadinotta *sf* buxom country girl.

contado *sm* **1** country district; rural area. **2** *(la popolazione)* country folk *(collettivo);* country people *(collettivo); (stor.)* peasantry *(collettivo).*

contagiare *vt* to infect. □ *un riso che contagia,* an infectious laugh.

contagio *sm* contagion *(anche fig.);* infection; *(epidemia)* epidemic.

contagioso *agg* contagious; infectious *(anche fig.).*

contagiri *sm* rev-counter.

contagocce *sm* dropper.

contaminare *vt* to contaminate; to pollute; to defile *(anche fig.);* to taint; *(corrompere)* to corrupt.
□ **contaminarsi** *v. rifl* to become* (to be*) contaminated; to become* infected (polluted); *(corrompersi)* to become* corrupted.

contaminatore *sm* polluter; contaminator.
□ *agg* polluting; contaminating.

contaminazione *sf* **1** contamination; infection; *(dell'acqua, dell'atmosfera)* pollution. **2** *(fig.)* blending.

contante *sm* cash: *pagamento in contanti,* cash down; on the nail *(fam.)* — *prezzo in contanti,* cash price. □ *in funzione di agg* ready: *denaro contante,* ready money.

[1]**contare** *vt e i.* **1** to count (up); to number; to calculate; to enumerate; to reckon: *Contammo tutti coloro che erano presenti al matrimonio,* We counted all those who where present at the wedding — *Amici simili si possono contare sulle punta delle dita,* Friends like these can be counted on the fingers of one hand — *Non sa ancora contare,* He can't count yet — *Sai contare fino a dieci?,* Can you count up to ten? — *Saremo in dieci, senza contare i bambini,* There will be ten of us, not counting the children — *contare le pecore, (per vincere l'insonnia)* to count sheep — *contare i giorni, le ore,* to count the days, the hours (to sth); to look forward (to sth) — *contare qcsa sulle dita,* to count sth on one's fingers — *a contare da lunedì prossimo,* reckoning from next Monday — *contare alla rovescia,* to count down — *avere il denaro contato, (in quantità minima)* not to have a penny to spare; *(la somma esatta)* to have the exact amount — *I suoi giorni sono contati,* His days are numbered.
2 *(annoverare, avere)* to count; to reckon; to number: *Non lo conto più tra i miei amici,* I no longer count (*o* number) him among my friends; I no longer reckon him as one of my friends — *La mia città conta 500.000 abitanti,* My town has 500,000 inhabitants (has a population of 500,000) — *Contiamo molti medici in famiglia,* There are many doctors in our family.
3 *(considerare)* to consider; to take* into account; to count: *senza contare (il fatto) che...,* without taking into account (the fact) that...
4 *(riproporsi, prevedere)* to expect; to intend; to propose: *Conto di essere a casa per le cinque,* I expect to be at home at (*o* by) five o'clock — *Contavamo di passare le vacanze al mare,* We intended to spend our holidays at the seaside.
5 *(valere, avere importanza)* to count; to be* important (to be* of importance); to have* credit: *Non conta niente in ufficio,* He counts for nothing at the office — *Ciò non conta,* That counts for nothing — *Ogni minuto conta,* Every minute counts — *e, ciò che più conta...,* and, what is more... — *contare molto (poco),* to count for much (for little) — *un uomo che non conta nulla,* a man of no importance.
6 *(fare assegnamento su)* to count on (upon); to rely on (upon); to depend on (upon): *Contiamo sul vostro aiuto,* We are counting upon your help (on you to help) — *Fareste meglio a non contare su un aumento di stipendio,* You had better not count upon an increase in your salary — *Non dovresti contare sulla sua venuta,* You shouldn't count on his coming — *Puoi contare sul mio silenzio,* You may rely upon my silence — *Puoi contarci!,* You may depend (upon) on it! □ *Conta più la pratica che la grammatica, (prov.)* Practice is better than theory.

[2]**contare** *vt (raccontare)* to tell*: *contarne delle belle,* to exaggerate — *contarle grosse, (fam.)* to tell tall stories — *Contala agli altri!,* Tell that to the marines! — *contar balle,* to talk nonsense.

contata *sf* rough reckoning.

contatore *sm (del gas, ecc.)* meter; counter *(fis.);* recorder: *contatore a gettoni,* slot meter — *orologio contatore,* timer; stopwatch.

contattare *vt* to contact.

contatto *sm* contact *(anche elettr.);* touch; connection; *(fig.)* contact; touch: *essere a contatto (con qcsa),* to be in contact (with sth); to be touching (sth) — *essere in contatto (con qcno),* to be in contact (with sb); to be in contact (with sb) — *mantenere i contatti con,* to keep in touch with — *venire in contatto,* to be brought into contact — *perdere i contatti con qcno,* to lose contact (*o* touch) with sb — *lenti a contatto,* contact lenses.

conte *sm* **1** *(non in GB)* count. **2** *(titolo britannico)* earl; *(al vocativo)* lord; *(non seguito dal nome)* my lord; your lordship.

contea *sf* **1** *(titolo)* countship; *(britannico)* earldom. **2** *(territorio)* county; shire *(GB, anche come suffisso, p.es.* Somersetshire, Gloucestershire*).*

conteggiare *vt* to put* (sth) down on the bill; to charge (sb) for (sth).
□ *vi* **1** to calculate; to reckon. **2** *(tenere, fare i conti)* to keep* accounts.

conteggio *sm* reckoning; calculation; count: *conteggio alla rovescia,* count-down.

contegno *sm (modo di comportarsi)* behaviour; demeanour; *(atteggiamento)* attitude; *(portamento)* bearing; *(contegno dignitoso e altero)* dignity; hauteur *(fr.).* □ *darsi un contegno,* to strike an attitude.

contegnosamente *avv* with dignity; haughtily.

contegnoso *agg* staid; dignified; *(riservato)* reserved.

contemperamento *sm (adattamento)* adaptation.

contemperare *vt (adeguare)* to make* (sth) fit; to make* (sth) adequate; to adapt; *(mitigare)* to temper; to soften; to moderate.

contemplare *vt* **1** to contemplate; to behold*; *(fissare)* to gaze (at, on, upon sth *o* sb); to gaze round; *(ammirare)* to admire. **2** *(prendere in considerazione)* to consider; to contemplate. **3** *(dir.)* to stipulate; to provide for; to envisage.

contemplativo *agg* contemplative.

contemplazione *sf* contemplation.

contempo *sm (nell'espressione avverbiale) nel contempo,* meanwhile; in the meantime.

contemporaneamente *avv* simultaneously; contemporaneously.

contemporaneità *sf* contemporaneousness.

contemporaneo *agg* **1** *(che accade in uno stesso periodo)* contemporaneous; *(simultaneo)* simultaneous. **2** *(persona, ecc. che è del medesimo tempo di un'altra)* contemporary; *(che appartiene ai tempi nostri)* present-day.
□ *sm* contemporary.
contendente *agg* contending; rival.
□ *sm e f.* rival; opponent; adversary; competitor.
contendere *vt* to contend; to be* in competition; *(disputarsi)* to dispute; to argue; to debate; *(contrastare)* to contest; to quarrel.
□ *vi (gareggiare)* to compete; to contest.
□ **contendersi** *v. rifl* to contend; to compete; *(disputarsi)* to dispute; to debate.
contenere *vt* **1** *(contenere effettivamente)* to contain; *(avere la capacità necessaria)* to hold*; *(comprendere)* to include; to comprise: *La valigia contiene due vestiti,* - **a)** *(contiene effettivamente)* The suitcase contains two suits - **b)** *(può contenere)* The suitcase holds (will hold, will take) two suits. **2** *(reprimere, trattenere)* to repress; to hold* back; *(mil.)* to contain; *(controllare)* to check; to control: *Dobbiamo cercare di contenere le spese,* We must try to keep a check on expenditure.
□ **contenersi** *v. rifl* **1** *(controllarsi)* to contain oneself; to control oneself; to restrain oneself: *Non riusciva a contenersi dal ridere,* He couldn't help laughing. **2** *(comportarsi)* to behave; *(agire)* to act.
contenitore *sm* container; receptacle.
contentabile *agg* satisfiable.
contentamento *sm* satisfaction.
contentare *vt* to content; to make* (sb) content; to satisfy; to please.
□ **contentarsi** *v. rifl* to content oneself; to be* satisfied; to be* content: *contentarsi di poco,* to be content (to be satisfied) with little.
contentatura *sf (nell'espressione aggettivale) di difficile contentatura,* hard to please; difficult.
contentezza *sf* contentment; *(soddisfazione)* satisfaction; *(felicità)* happiness; joy; *(allegria)* cheerfulness.
contentino *sm* extra; *(giunta)* make-weight; *(per placare qcno)* sop.
contento *agg (allegro)* glad; cheerful; *(felice)* happy; *(soddisfatto)* contented; satisfied; content: *essere contento di qcsa (qcno),* to be content (to be satisfied) with sth (sb) — *contento come una Pasqua,* as happy as a lark; as happy as a dog with two tails — *fare contento qcno,* to make sb happy (*o* content).
contenuto *sm* **1** *(ciò che si trova dentro qcsa)* contents *(pl.)*; *(chim.)* content. **2** *(argomento, soggetto)* content; subject-matter; substance.
□ *agg* contained; held back; restrained; pent up.
contenzioso *agg* contentious. □ *sm* contentious jurisdiction.
conterraneo *agg* of the same country *(o town, ecc.)*.
□ *sm* fellow-countryman *(pl.* -countrymen*)*.
contesa *sf* **1** argument; disagreement. **2** *(sport)* contest.
contessa *sf* countess; *(GB, al vocativo)* lady; *(senza cognome)* my lady; your ladyship.
contestare *vt* **1** *(manifestare opposizione)* to contest; to oppose; to dispute; *(negare)* to object; to deny; *(mettere in dubbio)* to question; *(impugnare)* to impugn. **2** *(dir.: notificare)* to notify (sb of sth); to give* (sb) formal notice (of sth): *contestare una contravvenzione a qcno,* to charge sb with an offence; *(meno grave)* to give sb a ticket.
contestatore *sm* protester; *(politica)* dissenter.
contestazione *sf* **1** objection; opposition; contest; dispute. **2** *(dir.)* notification. **3** *(politica)* protest; dissent.
contesto *sm* context.
contestuale *agg* contextual.
contestualmente *avv* contextually.
contiguo *agg* contiguous; touching; adjoining; adjacent; *(confinante)* coterminous: *contiguo a,* next to.
continentale *agg* continental.
[1]**continente** *agg* temperate; moderate; self-controlled; *(med. anche)* competent.
[2]**continente** *sm* continent; *(in rapporto a un'isola)* mainland.
continenza *sf* continence; self-control; *(med. anche)* competence.
contingentamento *sm* establishment (*o* imposition) of a quota.
contingentare *vt (limitare)* to fix a quota.
contingente *agg* contingent; accidental.
□ *sm* **1** *(mil.)* contingent. **2** *(quota)* quota; share; allocation.
contingenza *sf* contingency; eventuality; *(circostanza)* occasion; circumstance: *(dir.) contingenza di cause,* overlapping of actions — *indennità di contingenza,* cost of living adjustment (*o* allowance).
continuabile *agg* continuable.
continuamente *avv* **1** *(molto spesso)* continually: *Mi chiede continuamente del danaro,* He's continually asking for money. **2** *(ininterrottamente)* non-stop; continuously: *Rise continuamente,* He couldn't stop laughing.
continuare *vt e i.* **1** to continue; to go* on; to keep* on; to keep* up; *(insistere)* to keep* *(seguito dal gerundio)*; to carry on: *Dovresti continuare la ricerca su Molière,* You should continue with your research on Molière — *Continua! (Non fermarti!),* Keep going!; Go on! — *Continua, (rinvio alla puntata successiva)* To be continued — *continuare a lavorare,* to continue working; to continue to work; to carry on working — *Continua così e tutto andrà bene!,* Continue like that (Carry on like that, Keep it up) and everything will go fine! — *È difficile continuare questa conversazione,* It's difficult to carry on this conversation — *Spero che non continui a piovere per tutto il giorno,* I hope it won't go on raining all day. **2** *(riprendere)* to resume; to take* up: *Il discepolo continuò l'opera del maestro,* The disciple resumed his master's work — *Paolo continuò il racconto dove Walter si era fermato,* Paolo took up the tale at the point where Walter had left off. **3** *(estendersi in lungo, in largo)* to continue; to extend; to stretch on; to go* on: *Il parco continua fino al bosco,* The park continues (extends) as far as the wood — *La strada continua per miglia e miglia,* The road extends (goes on) for miles and miles.
continuato *agg* continuous; uninterrupted: *orario continuato,* continuous working hours (with short lunch-break).
continuatore *sm* one who carries on *(p.es.* a tradition*)*.
continuazione *sf* continuation; *(di un romanzo)* sequel: *in continuazione,* continually.
continuità *sf* **1** continuity. **2** *(di discorso)* coherence: *mancare di continuità,* to lack coherence.
□ *soluzione di continuità,* interruption; break.
continuo *agg (senza interruzione)* continuous; *(solo con brevi interruzioni)* continual; *(incessante)* incessant; endless; unremitting; unceasing; *(costante)*

constant. ☐ *frazione continua,* recurring fraction — *corrente continua,* direct current — *basso continuo, (mus.)* thorough bass; *(ma anche)* 'basso continuo'.

conto *sm* **1** *(calcolo)* calculation; account; reckoning: *essere bravo nei conti,* to be good at adding up (at sums, at accounts) — *I miei conti si rivelarono sbagliati,* My calculations turned out wrong; I was out in my calculations — *fare i conti,* to do one's accounts — *fare i conti con qcno,* to bring (to call) sb to account — *Con te farò i conti più tardi,* I'll settle with you later; I'll sort you out later *(sl.)* — *fare i conti in tasca a qcno,* to pry into sb's financial affairs — *dover fare i conti con la giustizia,* to be brought to book — *regolare i conti con qcno, (anche fig.)* to settle accounts with sb — *regolamento di conti, (comm.)* settlement; *(malavita)* settling of accounts; showdown *(sl.)* — *tenere i conti,* to keep (the) accounts — *sbagliare i conti, sbagliarsi nei conti,* to be out in one's reckoning; to make a mistake in one's accounts — *far di conto,* to do sums; to reckon up — *I conti non tornano,* The accounts don't balance (*o* won't come out right) — *conto alla rovescia, (missilistica)* count-down.

2 *(comm.)* account: *conto arretrato,* outstanding (*o* unpaid) account — *conti attivi,* accounts receivable — *conti passivi,* accounts payable — *conto corrente,* current account; drawing account; *(di corrispondenza)* cheque *(USA* checking*)* account; *(postale)* post office account — *conto economico (profitti e perdite),* profit and loss account — *conto in valuta estera,* foreign currency account — *conto scoperto,* overdrawn account — *conto in partecipazione,* joint account — *conto sociale,* joint account; *(di società)* company account — *conto spese,* expense account — *conto sospeso,* suspense account — *conto vincolato,* deposit account — *estratto conto,* statement; statement of account; *(bancario)* bank statement — *avere un conto in banca,* to have a bank account — *Lo metta in conto (sul mio conto),* Put it on my account; Charge it to my account — *libro dei conti,* account book — *rivedere i conti,* to audit the accounts — *revisore dei conti,* auditor.

3 *(di ristorante, di albergo)* bill; check *(spec. USA); (fattura commerciale)* invoice; account: *saldare un conto,* to settle an account.

4 *(stima, considerazione)* esteem; regard; consideration; worth; respect; account: *cose di nessun conto,* things of no account — *una persona di poco conto,* a person of little (of small) account — *tenere qcno in qualche conto,* to treat sb with respect (with consideration) — *tenere qcno in poco conto,* to hold sb in low esteem; not to think much of sb.

5 per conto di qcno, on sb's behalf: *Scrivo per conto del direttore,* I'm writing on behalf of the manager — **per conto proprio,** on one's own account: *mettersi per conto proprio,* to set up on one's own (for oneself) — **per conto mio (tuo, suo),** - **a)** for my (your, his) part; as far as I'm (you're, he's) concerned - **b)** *(da solo)* alone; on my (your, his) own.

☐ *la Corte dei Conti,* the Audit Office — *ad ogni buon conto,* in any case — *a conti fatti,* all things considered — *in fin dei conti,* when all's said and done — *Questo è un altro conto,* That's another matter — *dar conto di sé,* to give an account of oneself — *rendersi conto di qcsa,* to account for sth — *render conto di qcsa,* to answer for sth — *sapere il proprio conto,* to know one's job; to know what one is about — *chiedere informazioni sul conto di qcno,* to ask for information about sb — *fare conto su qcno,* to rely on sb (to count on sb) — *fare conto di, (supporre)* to suppose; to imagine — *Facciamo conto di essere all'epoca delle Crociate,* Let's imagine it's the period of the Crusades — *Faccio conto di partire sabato,* I intend to leave Saturday — *fare conto che...,* to take into account that...; to bear in mind that... — *Devi far conto che io non ci sarò,* You must take into account (*o* bear in mind) that I shall not be there — *non metter conto di...,* not to be worthwhile... *(costruzione impersonale)* — *Non mette conto di affannarsi così,* It's not worthwhile worrying yourself like that — *tenere qcsa da conto,* to keep sth with care; to take great care of sth — *Conti chiari amici cari, (prov.)* Short reckonings make long friendships.

contorcere *vt* to twist.

☐ **contorcersi** *v. rifl* to twist (about); to writhe.

contornare *vt (circondare)* to surround; to go* round; to border; *(adornare)* to trim; to decorate.

☐ **contornarsi** *v. rifl (circondarsi)* to surround oneself (with).

contorno *sm* **1** edge; border; rim. **2** *(profilo)* contour; outline. **3** *(cucina)* vegetable; vegetables; *(fam.)* veg *(sing. o pl.): Che cosa desidera come contorno?,* What vegetable (*o* vegetables) would you like?

contorsione *sf* contortion *(anche fig.);* writhing; *(fig.)* involution; complication.

contorsionismo *sm* contorsionism *(anche fig.).*

contorsionista *sm e f.* contortionist *(anche fig.).*

contorto *agg* contorted; twisted *(anche fig.).*

contrabbandare *vt* to smuggle.

contrabbandiere *sm* smuggler; *(USA: di liquori)* bootlegger.

contrabbando *sm* smuggling; contraband *(spec. di guerra): di contrabbando,* - **a)** contraband: *merce di contrabbando,* contraband; smuggled goods - **b)** *(furtivamente)* furtively.

contrabbassista *sm e f.* double-bass player.

contrabbasso *sm* **1** double-bass; contrabass: *voce di contrabbasso,* deep bass voice. **2** *(registro dell'organo)* bourdon.

contraccambiare *vt* to return; to repay*: *contraccambiare i saluti,* to return sb's greeting(s) — *contraccambiare l'ospitalità di qcno,* to return sb's hospitality.

contraccambio *sm* return; recompense; *(cambio)* exchange; *(pariglia)* retaliation: *rendere il contraccambio,* to retaliate; to return like for like; to give tit for tat.

contraccettivo *sm* contraceptive.

contraccolpo *sm* **1** rebound; *(di arma da fuoco, motore, ecc.)* kick; recoil. **2** *(fig.)* repercussion; result; consequence.

contraccusa *sf* countercharge.

contrada *sf (strada)* street; main road; *(rione)* quarter; district; *(poet.: territorio)* land; neighbourhood; district.

contraddire *vt* to contradict.

☐ **contraddirsi** *v. rifl* to contradict oneself; *(a vicenda)* to contradict each other (*o* one another); *(di cose dette)* to be* contradictory.

contraddistinguere *vt* to mark; *(con le proprie iniziali)* to initial; *(con la firma)* to countersign; *(fig.)* to mark; to distinguish.

contraddittore *sm* opposer; contradictor.

contraddittoriamente *avv* contradictorily.

contraddittorio *sm* public discussion; debate: *contraddittorio di testimoni, (dir.)* cross-examination.

☐ *agg* contradictory; contradicting; inconsistent.

contraddizione *sf* contradiction; inconsistency:

spirito di contraddizione, argumentativeness — *cadere in contraddizione,* to contradict oneself — *cogliere qcno in contraddizione,* to catch sb out.

contraente *sm e f.* contracting party; party.

contraerea *sf* anti-aircraft artillery; *(sl.)* ack-ack; flak.

contraereo *agg* anti-aircraft *(attrib.).*

contraffare *vt* to counterfeit; to disguise; *(imitare)* to imitate; *(mimare)* to mimic; *(falsificare)* to falsify; to fake; *(spec. denaro e scrittura)* to forge.
□ **contraffarsi** *v. rifl* to disguise oneself.

contraffattore *sm* counterfeiter; forger.

contraffazione *sf* **1** imitation. **2** *(falsificazione)* fake; counterfeit; forgery. □ *contraffazione di brevetto,* infringement of a patent.

contraffisso *sm* strut.

contrafforte *sm* **1** buttress; counterfort. **2** *(geografia)* spur.

contraltare *sm (fig.) (di persona)* opponent; rival; *(di cosa)* rival.

contralto *sm e f.* contralto.

contrammiraglio *sm* rear-admiral.

contrappasso *sm* retaliation: *applicare il contrappasso,* to make the punishment fit the crime.

contrappello *sm* second roll-call.

contrappesare *vt* to counterbalance; to counterpoise; *(vagliare)* to weigh; to consider thoroughly; to examine thoroughly.
□ **contrappesarsi** *v. rifl* to counterbalance; to balance.

contrappeso *sm* counterweight; counterbalance; counterpoise *(anche fig.): fare da contrappeso,* to act as a counter-balance.

contrapporre *vt* to counter; to oppose; to counteract; *(confrontare)* to compare; to match.
□ **contrapporsi** *v. rifl* to contrast; to oppose; to be* opposed: *contrapporsi al volere di qcno,* to oppose sb's wishes.

contrapposizione *sf* contraposition; juxtaposition; *(confronto)* comparison.

contrapposto *agg* opposite; contrary.
□ *sm* opposite; converse; contrary.

contrappuntistico *agg* contrapuntal.

contrappunto *sm* counterpoint.

contrariamente *avv* contrarily: *contrariamente a...,* contrary to... — *contrariamente a tutte le nostre speranze,* contrary to all our hopes — *È arrivato in anticipo, contrariamente al solito,* He has arrived early, just for once.

contrariare *vt* to oppose; to disappoint; to cross; *(contraddire)* to contradict; *(infastidire)* to annoy; to distress; to trouble.

contrariato *agg* annoyed; vexed; disappointed.

contrarietà *sf* **1** *(avversione)* aversion; dislike; *(l'essere contrario)* contrariety; contrariness. **2** *(avversità)* trouble; difficulty; adversity; misfortune; disappointment; *(ostacolo)* set-back: *Il suo ritardo fu dovuto a una serie di contrarietà,* His lateness was due to a series of setbacks.

contrario *agg* **1** contrary; opposite: *pareri contrari,* contrary opinions — *in direzione contraria,* in the opposite (in the other) direction — *prova contraria,* evidence to the contrary — *contrario alle norme,* contrary to the rules. **2** *(sfavorevole)* contrary; opposite; adverse; unfavourable: *sviluppi contrari ai nostri interessi,* developments adverse to our interests — *stagione contraria,* unfavourable season — *venti contrari,* adverse winds — *La sorte mi è stata contraria,* Fate was against me. **3** *(restio, riluttante)* unwilling; reluctant; averse: *Mia moglie è contraria ad andare in montagna,* My wife is unwilling to go (*o* is against going) to the mountains — *essere contrario ad un piano, un'idea, ecc.,* to be against a plan, an idea, *ecc.* — *Sono contrario!,* I'm against it! □ *essere un bastian contrario,* to be opposed to sth just for the sake of it — *contrario alla salute,* harmful to (*o* bad for) one's health — *fino ad avviso contrario,* until further notice — *fino a prova contraria,* unless otherwise demonstrated.
□ *sm* contrary; opposite: *Fa sempre il contrario di quel che dice,* She always does the contrary (the opposite) of what she says — *Credevo proprio il contrario,* I thought quite the opposite — *È il contrario di suo padre,* He is the opposite of his father — *Verrò sabato, a meno che tu non mi scriva il contrario,* I will come on Saturday unless you write me to the contrary — *al contrario,* on the contrary — *mettersi la camicia (la giacca) al contrario,* to put one's shirt (one's jacket) on back to front — *avere (ottenere) prova del contrario,* to get proof to the contrary — *non aver nulla in contrario,* to have nothing against it (*o* sth) — *Va' pure a ballare, non ho nulla in contrario,* I have nothing against you going dancing.

contrarre *vt* **1** *(restringere)* to contract. **2** *(un'amicizia, ecc.)* to form; *(una malattia)* to get*; to contract: *contrarre un debito,* to contract (to take on) a debt — *contrarre matrimonio,* to marry.
□ **contrarsi** *v. rifl* to contract; *(in una smorfia)* to twist; *(restringersi)* to shrink*.

contrassalto *sm* counter-attack.

contrassegnare *vt* to mark; to place a distinguishing mark upon; *(con un cartellino)* to label.

[1]**contrassegno** *sm* mark; distinctive sign; *(parola d'ordine)* password; *(testimonianza)* token; symbol; *(distintivo)* badge; *(insegna, etichetta)* label.

[2]**contrassegno** *sm (nell'espressione) pagamento contrassegno (o contro assegno),* cash on delivery.

contrastabile *agg* contestable; questionable.

contrastante *agg* contrasting.

contrastare *vt* **1** *(avversare)* to oppose; *(ostacolare)* to hinder; to get* in the way (of sth); to hold* (sth) up; *(resistere)* to resist. **2** *(contestare)* to contest; to deny; to question.
□ *vi* **1** *(essere in disaccordo)* to conflict; to clash. **2** *(contendere)* to dispute; to quarrel; to contend.

contrasto *sm* **1** contrast; *(opposizione)* opposition; *(differenza di opinioni o di idee)* difference; disagreement; *(litigio)* quarrel; dispute: *senza contrasto (pacificamente),* without opposition; *(certamente)* without doubt — *venire a contrasto,* to quarrel. **2** *(calcio, ecc.)* defensive action; tackle. **3** *(fotografia, televisione, ecc.)* contrast. **4** *(mecc.)* stop.

contrattabile *agg* negotiable.

contrattaccare *vt* to counter-attack.

contrattacco *sm* counter-attack.

contrattare *vt* to bargain; to negotiate (to treat) with sb over sth; *(mercanteggiare)* to bargain; to haggle.

contrattazione *sf* negotiation; bargaining; haggling.

contrattempo *sm* hitch; contretemps *(fr.);* setback; mishap: *... per una serie di contrattempi, ...* owing to a series of hitches.

contrattile *agg* contractile.

contratto *sm (accordo e documento)* contract; agreement; *(talvolta)* covenant: *stipulare un contratto,* to make (to enter into) a contract — *impegnarsi per contratto,* to bind oneself by contract — *rottura di contratto,* breach of contract — *contratto di matrimonio,* marriage contract — *contratto di compra-*

vendita, contract of sale — *contratto di lavoro, (personale)* contract of employment; *(collettivo)* collective agreement — ... *come da contratto,* ... as per contract.

contrattuale *agg* contractual: *inadempienza contrattuale,* breach of contract; *(talvolta)* failure to perform.

contrattualismo *sm* contractualism.

contrattualmente *avv* contractually; by contract.

contravveleno *sm* antidote *(anche fig.).*

contravvenire *vt* to contravene; to infringe; to violate: *contravvenire alla legge,* to infringe the law.

contravventore *sm* offender; infringer.

contravvenzione *sf* **1** contravention; infringement; violation. **2** *(multa)* fine.

contrazione *sf* contraction; *(diminuzione)* shrinkage.

contribuente *sm e f.* contributor; *(del fisco)* taxpayer; *(di imposte comunali)* ratepayer.

contribuire *vi* to contribute; *(concorrere, giovare)* to help; *(partecipare)* to take* part in; *(alla spesa)* to pay* one's share.

contributo *sm* **1** contribution; share; quota; part. **2** *(al pl.)* dues; deductions; charge: *contributi previdenziali,* deductions for insurance.

contribuzione *sf* contribution.

contristare *vt* to sadden; to make* sad; to afflict. □ **contristarsi** *v. rifl* to become* sad; to grieve.

contrito *agg* contrite; penitent.

contrizione *sf* contrition.

contro I *prep* **1** against; *(in contrasto con)* in opposition to; contrary to; counter to: *Tutti erano contro di me,* Everybody was against me — *Combatterono a lungo contro i tedeschi,* They fought for a long time against the Germans — *La decisione fu presa contro la mia volontà,* The decision was taken against my will — *andare contro corrente, (anche fig.)* to go against the stream — *dar contro a qcno,* to be against sb; to contradict sb — *contro vento* ⇨ **controvento** — *contro luce,* against the light — *La figura si stagliava netta contro la porta,* The figure was clearly silhouetted against the door — *Ciò è contro tutti i miei principi,* That's against (contrary to) principles — *andare contro le proprie inclinazioni,* to go (to run) counter to one's inclinations — *Questa teoria è contro ragione,* This theory is contrary to reason — *contro voglia,* unwillingly — *scommettere dieci contro uno,* to bet ten to one.
2 *(per indicare movimento o azione ai danni di qcno)* at; *(per indicare l'urto contro qcno, qcsa)* into: *Il dirottatore puntò la pistola contro il pilota,* The hijacker aimed his revolver at the pilot — *Fuggendo, spararono contro i poliziotti,* As they ran away, they shot at the police — *L'ubriaco andò a sbattere contro un palo,* The drunken man bumped into a post — *L'auto si schiantò contro il muro del giardino,* The car crashed into the garden wall.
3 *(comm.: in cambio di)* on; against: *(pagamento) contro assegno,* cash on delivery — *pagamento contro documenti,* payment against documents — *contro pagamento (ricevuta),* on payment (*o* receipt).
II *avv* against: *votare contro,* to vote against — *di contro, (raro)* opposite — *per contro,* on the contrary; on the other hand.
III *sm* **1** con *(generalm. al pl., nell'espressione) il pro e il contro,* the pros and (the) cons — *Hai considerato i pro e i contro?,* Have you considered the pros and cons? **2** *(scherma) contro di terza (quarta),* contre de tierce (quart) *(fr.)*

controavviso *sm* countermand.

controbattere *vt* to counter *(anche fig.);* to answer back.

controbilanciare *vt* to counterbalance.

controbordo *sm (naut., nell'espressione avverbiale) di controbordo,* on the opposite tack.

controcampo *sm (cinema)* reverse shot.

controcassa *sf* **1** outer casing. **2** *(di orologio)* case.

controcatena *sf* straining beam.

controcorrente *sf* countercurrent. □ *avv* against the stream *(o* the tide, *anche fig.): andare controcorrente, (in un fiume)* to go upstream; *(fig.)* to swim against the tide.

controdichiarazione *sf* counter-statement; *(bridge)* counter-bid.

controfagotto *sm* double bassoon.

controffensiva *sf* counter-offensive *(anche fig.).*

controfigura *sf* stand-in. □ *fare la controfigura,* to double.

controfinestra *sf* double window.

controfirma *sf* counter-signature.

controfirmare *vt* to countersign.

controfodera *sf* interlining: *avere una controfodera,* to be interlined.

controfondo *sm* false bottom.

controfosso *sm* counter-trench.

controfuga *sf* counter-fugue.

controindicazione *sf* contra-indication.

controllabile *agg* verifiable; checkable.

controllare *vt* **1** *(dominare)* to control; *(avere il controllo)* to have* control (of *o* over sth); to dominate; to superintend. **2** *(sorvegliare)* to control; to watch: *essere controllato dalla polizia,* to be watched by the police; to be under police surveillance. **3** *(verificare)* to check; *(esaminare)* to examine; *(ispezionare)* to inspect; *(collaudare)* to test; *(i conti)* to audit: *controllare il passaporto di qcno,* to check (to examine) sb's passport. **4** *(calcio)* to mark.
□ **controllarsi** *v. rifl* to control oneself; to have* self-control; to exercise self-control: *non (riuscire a) controllarsi,* to lose one's self-control.

controllo *sm* **1** *(dominio)* control: *controllo di sé (delle proprie emozioni),* self-control. **2** *(verifica)* check; *(esame)* examination; *(ispezione)* inspection; *(visita medica)* check-up; *(prova, collaudo)* test; *(di conti)* audit: *essere sotto il controllo di qcno,* to be under sb's control — *posto di controllo,* control-point — *controllo di (della) qualità,* quality control — *controllo delle nascite,* birth control.

controllore *sm* controller; comptroller *(raro);* superintendent; supervisor; *(ispettore)* inspector; *(dei conti)* auditor; *(dei biglietti sui mezzi di trasporto pubblico)* ticket collector; inspector; *(USA, dei biglietti al teatro, cinema, ecc.)* chopper; *(ferrovia)* guard; conductor *(USA).*

controluce *sf* back lighting; silhouette.
□ *avv* against the light: *(di soggetto) in controluce,* back-lighted.

contromano *avv* in the wrong direction; against the traffic; on the wrong side of the road.

contromarca *sf* token; check.

contromarcia *sf* **1** *(mil.)* countermarch. **2** *(cinema)* reversal of sequence. **3** *(retromarcia)* reverse: *fare contromarcia,* to reverse.
□ *agg* rear-facing.

controparte *sf (dir.)* opponent: *(teatro) fare da controparte a qcno,* to act opposite sb.

contropartita *sf* **1** *(econ.)* set-off; contra. **2** *(fig.)* compensation.

contropelo *avv* against the grain; the wrong way; *(di*

tessuto) against the nap: *prendere qcno contropelo,* to rub sb up the wrong way.
□ *sm fare (radere) il contropelo,* to shave against the lie of the hair; *(col pettine)* to back-comb; *(fig.)* to criticise.
contropendenza *sf* reverse gradient.
contropiede *sm (sport) azione di contropiede,* sudden counter-attack — *cogliere qcno in contropiede,* to catch sb off balance (*o* on the wrong foot); to slip through sb's defences; *(tennis)* to wrong-foot sb.
controporta *sf* **1** second (*o* inner) door. **2** *(antiporta)* outer door.
controproducente *agg* producing the contrary (*o* the opposite) effect; of negative value.
controprogetto *sm* counter-plan.
controproposta *sf* counter-proposition; counter-proposal.
controprova *sf* **1** double-check; counter-check; *(nelle votazioni)* recount. **2** *(dir.)* rebutting evidence.
controquerela *sf* countercharge.
contrordinare *vt* to countermand.
contrordine *sm* countermand: *salvo contrordine,* unless cancelled.
controrelazione *sf* minority report.
controreplica *sf* rejoinder.
controreplicare *vt* to rejoin.
Controriforma *sf* Counter-reformation.
controrisposta *sm* counter-riposte.
controrivoluzione *sf* counter-revolution.
controscarpa *sf* counterscarp.
controscena *sf* by-play.
controsenso *sm* contradiction in terms; *(assurdità)* nonsense.
controspionaggio *sm* counter-espionage.
controstampa *sf (impressione)* off-set.
controstampato *agg* off-set.
controstomaco *sm* repugnance; distaste; disgust: *di controstomaco,* with repugnance; *(fig.)* unwillingly.
controtipo *sm (fotografia)* dupe.
controvento *sm (edilizia)* wind brace; brace.
□ *avv* upwind; against the wind: *navigare controvento,* to sail into the wind — *andare controvento, (fig.)* to swim against the tide; to go against the current.
controversia *sf* **1** controversy; difference of opinion; argument; *(sindacale, ecc.)* dispute. **2** *(retorica)* disputation.
controverso *agg* debatable; disputed.
contumace *agg (dir.)* defaulting.
□ *sm e f.* defaulter; *(durante un processo civile)* person who fails to appear (to plead).
contumacia *sf* **1** default; failure to appear (to plead): *giudizio in contumacia,* judgement by default. **2** *(med.)* quarantine.
contumelia *sf* abuse; contumely.
contundente *agg (nell'espressione) corpo contundente,* blunt instrument.
contundere *vt* to bruise.
conturbamento *sm* agitation; *(ansietà)* anxiety.
conturbante *agg* perturbing.
conturbare *vt* to perturb deeply.
□ **conturbarsi** *v. rifl* to be* deeply perturbed; to be* unsettled.
contusione *sf* bruise; contusion.
contuso *agg* bruised; contused.
□ *sm* person suffering from bruises (*o* contusions).
contuttoché *congiunz* although; though.
contuttociò *avv* nevertheless; however.

convalescente *agg* convalescent.
convalescenza *sf* convalescence: *essere in convalescenza,* to be convalescing.
convalescenziario *sm* convalescent home; rest home.
convalida *sf* validation; confirmation.
convalidare *vt* **1** to validate; to affirm; to make* valid. **2** *(per estensione: rafforzare)* to corroborate; to strengthen; to reinforce.
convegno *sm* **1** *(incontro)* meeting; *(assemblea)* assembly; *(congresso)* congress; conference; convention. **2** *(appuntamento)* appointment; *(luogo di convegno)* rendez-vous *(fr.)*; meeting-place.
convenevole *agg* suitable; proper; fit; seemly.
□ *sm* **1** suitability; fitness; seemliness. **2** *(al pl.)* conventional compliments; greetings; *(atti)* formalities: *stare sui convenevoli,* to stand on ceremony.
conveniente *agg* **1** *(adatto)* convenient; suitable; *(decoroso)* proper; decorous; seemly. **2** *(vantaggioso)* profitable; advantageous; *(di prezzo)* moderate; cheap; *(pratico)* handy; useful.
convenientemente *avv* **1** suitably; conveniently. **2** cheaply; profitably.
convenienza *sf* **1** convenience; suitability; *(decoro)* propriety; politeness: *le convenienze,* good manners; the decencies; the proprieties — *matrimonio di convenienza,* mariage de convenance *(fr.)*. **2** *(vantaggio)* advantage; profit; *(di prezzo)* cheapness: *Non c'è convenienza,* There's nothing to be gained; It's not worth-while.
convenire *vi* **1** *(impers.: è meglio che...; sarebbe meglio che...)* to be* better *(con costruzione impersonale)*; should...; ought... *(con costruzione personale)*; I (we, you, *ecc.*) had better...; *(tornare utile, vantaggioso)* to suit; *(essere conveniente, valere la pena)* to be* worth while: *Conviene lasciarla sola,* We ought to leave her alone; It would be better to leave (We had better leave) her alone — *Conviene andarsene ora,* It's better (It would be better) to go now; We'd better go now — *Ti converrebbe lasciar perdere,* You had better let it go — *Non mi conviene,* It does not suit me; It's not worth my while — *Conviene andare in treno,* We'd (You'd, *ecc.*) do better to go by train — *Non conviene andare al mare con questo tempo,* It is not worth while going to the seaside in this weather. **2** *(essere appropriato, adatto)* to suit: *Queste maniere non ti convengono,* Those manners do not suit you. **3** *(riunirsi)* to meet*; to gather; to come* (together); to convene: *I concorrenti convenivano da tutto il mondo,* The competitors came from all over the world. **4** *(concordare, consentire)* to agree: *Convenimmo di passare le vacanze insieme,* We agreed to spend our summer holidays together — *convenire sul prezzo di qcsa,* to agree upon the price of sth. **5** *(riconoscere, ammettere)* to admit; to grant; to allow; to agree: *Devi convenire che stavolta hai torto marcio,* You must admit (*o* grant) that you're utterly wrong this time — *Ne convengo,* I admit; I agree.
□ *vt* **1** *(pattuire)* to agree upon: *convenire un prezzo,* to agree upon a price. **2** *(dir.)* to summon: *convenire qcno in giudizio,* to summon sb (to appear in court); to sue sb.
conventicola *sf* **1** secret meeting; *(stor.)* conventicle. **2** *(gruppo di persone)* clique *(fr.)*.
convento *sm (di suore)* convent; nunnery; *(di frati)* monastery, *(talvolta)* convent.
conventuale *agg* convent *(attrib.)*.
convenuto *agg* fixed; agreed (upon); settled.

□ *sm* **1** accord; compact; agreement: *secondo il convenuto,* as agreed. **2** *(dir.)* defendant. **3** person present *(generalm. al pl.): i convenuti,* those present.
convenzionale *agg* conventional.
convenzionalismo *sm* conventionality.
convenzionalista *sm* conventionalist.
convenzionalmente *avv* conventionally.
convenzionare *vt* to arrange; to settle; to reach agreement (on sth); to fix.
convenzionato *agg* **1** *(come p. pass. di 'convenzionare')* fixed; settled; arranged. **2** *(riferito a cliniche, ecc.)* having an agreement with (a welfare body, an insurance fund, *ecc.*).
convenzione *sf* **1** *(dir.)* convention; agreement; pact; covenant. **2** *(intesa generale)* convention; *(regola tradizionale)* convention; custom. **3** *(assemblea)* convention; conference.
convergente *agg* converging; *(matematica, med.)* convergent.
convergenza *sf* convergence.
convergere *vi* to converge; *(fig., anche)* to draw* together.
[1]**conversa** *sf (religione)* lay sister.
[2]**conversa** *sf (edilizia)* valley.
conversare *vi* to converse; to make* polite conversation.
conversazione *sf* **1** conversation; talking; talk; *(quattro chiacchiere)* chat; *(colloquio)* interview: *amare la conversazione,* to be a lover of conversation; to love talking. **2** *(comunicazione telefonica)* call. **3** *(breve discorso)* talk.
conversione *sf* **1** conversion; converting. **2** *(svolta)* turning; turn; changing: *conversione ad U,* U turn — *Conversione a sinistra!, (mil.)* Left wheel!
converso *sm* lay brother.
convertibile *agg* convertible.
convertibilità *sf* convertibility.
convertire *vt* **1** to convert; *(far proseliti)* to proselytize. **2** *(mutare, trasformare)* to change; to turn sth into sth else; to convert; to transmute: *convertire titoli in danaro,* to convert stocks into cash.
□ **convertirsi** *v. rifl* **1** to be* (to become*) converted. **2** *(trasformarsi)* to change; to turn; to be* converted.
convertito *sm* convert.
convertitore *sm* converter.
convessità *sf* convexity.
convesso *agg* convex.
convezione *sf* convection.
convincente *agg* convincing: *argomenti poco convincenti,* feeble arguments — *una scusa poco convincente,* a lame excuse.
convincere *vt* to convince; to persuade — *Non mi convinci!,* I am not convinced!
□ **convincersi** *v. rifl.* to become* convinced; to come* to believe; *(persuadersi)* to persuade oneself.
convincibile *agg* convincible; open to conviction.
convincimento *sm* belief.
convinto *agg* convinced; persuaded.
convinzione *sf* conviction; firm belief: *fare qcsa per convinzione,* to do sth out of conviction.
convitato *sm* guest.
convito *sm* banquet.
convitto *sm* boarding-school; college; *(universitario)* hall of residence; *(talvolta, solo GB)* hostel.
convittore *sm* boarder.
convivenza *sf* living together; *(dir.)* cohabitation.
convivere *vi* to live together; *(dir.)* to cohabit.
conviviale *agg* convivial.
convivio *sm* banquet.
convocare *vt* to call together; to summon; to convene; to convoke: *convocare una riunione,* to summon (to convene, to call) a meeting — *convocare qcno in giudizio,* to subpoena sb.
convocazione *sf* **1** convocation; summons. **2** *(riunione)* meeting.
convogliare *vt* **1** *(trasportare)* to convey; to carry; to take*. **2** *(scortare)* to escort; *(di navi)* to convoy. **3** *(fare convergere)* to converge; to direct.
convogliatore *sm e agg* conveyor.
convoglio *sm* convoy; column; *(scorta)* escort; *(corteo, processione)* cortège *(fr.)*; procession; *(ferroviario)* train.
convolare *vi (nell'espressione scherzosa) convolare a giuste nozze,* to get married.
convolvolo *sm* convolvulus.
convulsione *sf* convulsion; violent fit *(anche fig.)*; *(di riso, di pianto)* burst; fit: *cadere in convulsioni,* to have convulsions; to have a fit.
convulsivo *agg* convulsive.
convulso *agg* convulsive; violent; *(a scatti)* jerky; *(febbrile)* feverish: *un pianto convulso,* uncontrollable sobbing *(o* sobs, *pl.)*. □ *tosse convulsa, (med.)* whooping cough.
cooperare *vi* to co-operate (in sth); to collaborate (in sth); to contribute (to sth).
cooperativa *sf* cooperative society; *(negozio)* cooperative store; *(GB, abbr. fam.)* co-op.
cooperativismo *sm* cooperativism.
cooperativo *agg* cooperative.
cooperatore *sm* collaborator.
cooperazione *sf* cooperation; collaboration.
cooptazione *sf* co-optation.
coordinare *vt* to coordinate; to set* in order; to arrange; *(mettere in relazione)* to correlate; to connect.
coordinata *sf* coordinate.
coordinatamente *avv* coordinatedly.
coordinato *agg* coordinate.
coordinatore *sm* coordinator. □ *agg* coordinating.
coordinazione *sf* coordination.
coorte *sf* **1** *(stor. mil.)* cohort. **2** *(schiera)* band; troop. **3** *(statistica)* cohort.
coperchio *sm* lid; *(copertura)* covering; cover; *(a tappo)* cap; *(a cappuccio)* hood.
coperta *sf* **1** blanket; coverlet; *(talvolta, al pl.)* covers; *(imbottita)* quilt; *(copriletto)* bedspread; counterpane; *(da viaggio)* rug; plaid. **2** *(copertura protettiva)* cover; covering; *(di libro)* jacket. **3** *(di nave)* deck; upper deck: *in coperta,* on deck — *sotto coperta,* below deck — *ufficiali di coperta,* deck officers — *coperta di prua,* foredeck — *ponte di coperta,* upper deck — *Tutti in coperta!,* All hands on deck! **4** *(scusa, pretesto)* cover; pretence: *sotto la coperta dell'amicizia,* under the cover (the pretence) of friendship.
copertamente *avv* secretly; covertly.
copertina *sf* cover; *(di libro rilegato)* binding; *(non rilegato)* paper cover; *(sovracoperta)* dust jacket: *ragazza da copertina,* cover girl.
coperto *agg* **1** *(riparato, protetto)* covered; sheltered; *(vestito)* clothed; *(rivestito)* clad; *(di vegetazione)* overgrown; *(sormontato da tetto, ecc.)* under cover; covered: *piscina coperta,* covered swimming-pool — *strada coperta,* sheltered road — *passaggio coperto,* covered passage — *Sei troppo coperto: togli il maglione,* You've got too many warm chothes on; take off your sweater — *coperto di zinco,* zinc-clad — *carrozza coperta,* closed carriage — *centocinquantamila metri quadri di cui centoventimila coperti,* one

hundred and fifty thousand square metres, of which one hundred and twenty thousand are under cover (are covered) — *essere coperto fino a cinque milioni, (comm.)* to be covered up to five million — *batteria coperta, (mil.)* masked battery. **2** *(del cielo)* overcast; cloudy. **3** *(per estensione: pieno)* full (of); covered (with); clad *(lett.)*: *I prati erano coperti di fiori,* The meadows were full of (covered with) flowers — *colli coperti di ulivi,* olive-clad hills.

□ *sm* **1** *(posto a tavola)* place; cover; knife and fork *(fam.)*: *Non hai messo abbastanza coperti,* You have not laid enough places (enough covers) — *una tavolata di venti coperti,* a table laid for twenty — *C'erano sei coperti,* Covers were laid for six. **2** *(prezzo del coperto)* cover charge. **3** *(luogo coperto, riparato)* cover; shelter: *al coperto,* under cover; under shelter — *mettersi al coperto,* to get under cover (under shelter); to take shelter — *Ci mettemmo al coperto per ripararci dalla pioggia,* We took shelter from the rain.

copertone *sm* **1** tarpaulin. **2** *(di pneumatico)* tyre; tire.

copertura *sf* **1** covering; cover; *(di tetto)* roofing; *(con paglia)* thatch; *(con fogli, lamine, ecc.)* sheeting; *(interna)* lining; *(di vernice, ecc.)* coat; coating; *(con materiale avvolgente)* wrapping; *(protettiva di libro)* jacket. **2** *(fig.: falsa apparenza)* cover; front *(sl.)*: *Il negozio gli serve da copertura per altre attività,* His shop is a front for his other activities. **3** *(econ., comm.)* cover; security; *(assicurazione)* cover: *dare qcsa in copertura,* to give sth as security. **4** *(giornalismo)* coverage. **5** *(mil.)* cover; covering. **6** *(sport)* defence; defensive: *fare un gioco di copertura,* to play a defensive game.

[1]**copia** *sf* copy; *(riproduzione)* reproduction; *(di opera d'arte, eseguita dall'autore)* replica; *(duplicato)* duplicate; *(il duplicare)* duplication; *(copia di testamento autenticata)* probate; *(esemplare)* copy; *(fotografia, cinematografia)* print: *brutta copia,* rough copy — *bella copia,* fair copy — *copia conforme,* true copy; certified copy — *Alleghiamo copia della lettera ricevuta in data 15 marzo, (stile comm.)* We enclose a copy of the letter received on March 15 — *in duplice copia,* in duplicate.

[2]**copia** *sf (abbondanza)* abundance; plenty; great quantity.

copialettere *sm* **1** *(registro)* letter-book. **2** *(macchina)* copying-press.

copiare *vt* to copy; *(trascrivere)* to transcribe; *(imitare)* to copy; to mimic; to imitate; *(in senso scolastico)* to crib; to cheat.

copiativo *agg* copying: *matita copiativa,* indelible pencil.

copiatore *sm* **1** imitator. **2** *(plagiatore)* plagiarist.

copiatura *sf (il copiare)* copying; *(a macchina)* (re-)typing; *(imitazione)* imitation; *(nel senso scolastico)* crib; cheating; *(trascrizione)* copying; transcription.

copiglia *sf (mecc.)* split pin.

copione *sm* **1** *(teatro)* prompt-book. **2** *(cinema, radio)* script.

copiosamente *avv* plentifully; abundantly; copiously.

copioso *agg (lett.)* copious; plentiful; abundant.

copista *sm e f.* copyist; *(dattilografo)* typist.

copisteria *sf* copying office; typing agency.

[1]**coppa** *sf (calice)* goblet; cup; *(vaso sacro)* chalice; vessel; *(trofeo e, per estensione, gara)* cup; trophy; *(oggetto di forma concava e tondeggiante)* cup; *(della bilancia)* scale; dish; *(del reggiseno)* cup. □ *coppa dell'olio,* sump — *coppa coprimozzo,* wheel hub cap.

[2]**coppa** *sf* nape.

cop(p)ale *sf* **1** *(resina)* copal; *(vernice)* varnish. **2** *(pelle lucida)* patent leather.

coppella *sf (crogiolo)* cupel: *oro di coppella,* finest gold; *(fig.)* absolute integrity.

coppellare *vt* to cupel; to assay.

coppellazione *sf* assay.

coppetta *sf* cupping-glass.

coppia *sf* **1** couple; pair; *(di sposi)* married couple; *(di selvaggina)* brace *(invariato al pl.)*; *(di animali al giogo)* yoke *(invariato al pl.)*: *una bella coppia,* a nice pair; a handsome couple *(solo di persone)* — *a coppia,* two by two — *a coppie,* in pairs. **2** *(fis.: rotazione o torsione)* torque: *coppia dinamometrica,* torque loading.

□ *fare coppia fissa con qcno, (fam.)* to go steady with sb — *due di coppia, (canottaggio)* double sculls.

coppiere *sm* cup-bearer.

coppo *sm* **1** *(orcio)* oil-jar. **2** *(tegola)* hollow tile.

copricapo *sm* cap; headgear; head-dress; *(cappello)* hat.

copricatena *sm* chain-guard.

coprifasce *sm* (newborn baby's) dress.

coprifuoco *sm* curfew.

copriletto *sm* bed(-)spread; bedcover.

coprimorsetto *sm* terminal cover.

copripiatti *sm* gauze; dish-cover.

coprire *vt* **1** to cover *(anche fig.)*; *(nascondere)* to conceal; to hide*: *La neve copriva i campi,* Snow covered the fields — *Copri la carne con un piatto,* Cover the meat with a plate, please — *Una nuvola coprì il sole,* A cloud covered (hid) the sun — *Copriremo questo divano di velluto,* We shall cover this sofa with velvet — *Copriremo questa macchia con un bel quadro,* We'll cover (We'll hide) this stain with a nice picture — *coprirsi la testa con un cappello,* to put on one's hat — *coprirsi il volto con le mani,* to hide (to bury, to cover) one's face in one's hands — *coprire una ritirata, uno sbarco,* to cover a retreat, a landing — *coprire qcno di ridicolo,* to cover sb with ridicule; to ridicule sb; to pour ridicule on sb — *Per coprire il suo disappunto, si mise a scherzare,* To cover (To conceal) his disappointment, he began to joke — *coprire le proprie intenzioni,* to conceal one's intentions — *coprire una mucca, una cavalla, (fecondare)* to cover a cow, a mare.

2 *(un suono, un rumore, ecc.)* to smother; to drown: *coprire un bambino di baci,* to smother a child with kisses.

3 *(occupare, tenere una carica, un impiego)* to fill; to hold*; to have*: *Suo marito copre un'alta carica,* Her husband holds a high office — *coprire un posto, un impiego,* to fill a position.

4 *(pagare, soddisfare)* to cover: *coprire le spese,* to cover (the) expenses — *essere coperto da assicurazione,* to be covered by insurance.

5 *(percorrere)* to cover: *coprire una distanza,* to cover a distance — *Al tramonto avevamo coperto trenta miglia,* By sunset we had covered thirty miles.

□ *coprire una casa (col tetto),* to roof a house — *coprire una casa con tegole,* to tile a house — *coprire qcno d'ingiurie (d'insulti),* to pour scorn on sb's head — *coprire qcno di regali,* to shower gifts on sb; to heap presents on sb — *coprire una pentola,* to put the lid on a pot — *Qualcuno lo copre alle spalle, (lo pro-*

tegge) There is somebody behind him (He's got someone covering him from behind).
□ **coprirsi** *v. rifl* **1** *(vestirsi)* to cover oneself up; to wrap up (well); *(con le coperte)* to draw* up the bedclothes: *Faresti meglio a coprirti bene prima di uscire,* You had better cover yourself up warmly (*o* wrap up well) before you go out — *non avere di che coprirsi,* not to have a rag to one's name.
2 *(fig.)* to cover oneself (with sb): *coprirsi di gloria (di onore, di vergogna),* to cover oneself with glory (honour, shame).
3 *(del cielo)* to become* overcast; to become* cloudy.
4 *(scherma)* to be* on one's guard.
copriruota *sm* wheel-cover.
copriteiera *sm* tea-cosy.
coprivivande *sm* dish-cover.
coproduzione *sf* co-production.
copula *sf* **1** copula; *(congiunzione)* conjunction. **2** *(accoppiamento)* copulation.
copulare *vi* to copulate (with sb).
copulativo *agg* copulative; conjunctive.
coraggio *sm* **1** courage; bravery; fortitude; *(spericolatezza)* fearlessness; nerve; mettle; *(audacia)* daring; dash; *(in guerra: nelle citazioni)* gallantry; *(mil., lett.)* valour; pluck *(fam.);* guts *(pl.); (in alcune espressioni)* heart: *Non ebbi il coraggio di rifiutare,* I hadn't the courage to refuse — *Il coraggio dei nostri soldati fu commovente,* The bravery of our soldiers was impressive — *Mi mancò il coraggio di dirle la verità,* I hadn't the nerve (the heart) to tell her the truth — *Non si tufferà: non ne ha il coraggio,* He won't dive in: he hasn't got the guts — *il coraggio della disperazione,* the courage of despair — *avere il coraggio delle proprie opinioni,* to have the courage of one's convictions — *farsi coraggio,* to take (to pluck up) courage; to screw up one's courage — *prendere il coraggio a due mani,* to take one's courage in both hands — *perdersi di coraggio,* to lose heart — *riprendere coraggio,* to regain one's nerve; to take fresh heart — *mettere alla prova il coraggio di qcno,* to test sb's mettle — *avere un coraggio da leone,* to be as brave (as bold) as a lion. **2** *(impudenza, sfacciataggine)* nerve; effrontery; sauce; impudence: *Hai un bel coraggio!,* You've got a nerve! — *Però, ci vuole un bel coraggio!,* It takes some nerve (determination)! — *Come puoi avere il coraggio di chiedere un altro prestito?,* How can you have the effrontery to ask for another loan? — *Che coraggio!,* The cheek of it!
□ *far coraggio a qcno,* to cheer up sb; to comfort sb — *Coraggio!,* Cheer up!; *(Su, avanti!)* Come on! — *armarsi di coraggio,* to put a bold front on it — *avere coraggio e sangue freddo,* to be cool and collected — *cercare di farsi coraggio,* to try to bear up.
coraggiosamente *avv* bravely; courageously; stalwartly.
coraggioso *agg* brave; courageous; fearless; plucky; *(audace)* daring; audacious; *(risoluto)* stalwart; spunky *(fam.); (audace e cavalleresco)* gallant.
corale *agg* choral. □ *sm* **1** *(canto sacro)* chorale; hymn; anthem. **2** *(antifonario)* anthem-book.
corallifero *agg* coral *(attrib.);* coralliferous.
corallina *sf* **1** *(bot.)* coralline. **2** *(pietra dura, marmo)* corallite.
corallino *agg* coral *(attrib.);* coralline.
corallo *sm* coral: *banco di corallo,* coral-reef.
corame *sm* stamped leather.
corano *sm* Koran.
corazza *sf* cuirass; *(armatura)* armour *(anche fig.);* body armour; *(guscio di animali)* carapace; *(valva, conchiglia)* shell; *(di navi, autoblindo, ecc.)* armour; armour-plate; *(scherma)* fencing jacket.
corazzare *vt* to arm; to armour; to armour-plate; *(fortificare)* to fortify; to strengthen; *(fig.)* to harden.
□ **corazzarsi** *v. rifl* to become* hardy; to harden oneself.
corazzata *sf* battleship; *(in passato)* dreadnought; ironclad.
corazzato *agg* armoured; *(fig.)* hardy; hardened.
corazzatura *sf* armour-plating.
corazziere *sm* cuirassier.
corbellatore *sm* teaser; practical joker.
corbellatura *sf* **1** teasing; joking. **2** *(scherzo)* practical joke.
corbelleria *sf (discorso sciocco)* nonsense; *(azione sciocca)* foolishness; *(sproposito)* blunder; foolish mistake; howler *(fam.); (inezia)* trifle: *dire un sacco di corbellerie,* to talk a lot of nonsense.
corbello *sm* **1** *(cesto)* basket; *(quantità)* basketful. **2** *(fig.: minchione)* stupid fellow; blockhead. **3** *(al pl., volg.)* balls *(pl.).*
corbezzoli *esclamazione* Good gracious!; Goodness (me)!
corbezzolo *sm (bot.)* strawberry-tree; arbutus.
corcontento *sm* happy-go-lucky person; carefree person.
'**corda** *sf* **1** rope; *(spago)* cord; string; *(cavo)* cable: *corda di canapa,* hempen rope — *corda di acciaio,* steel rope — *corda per alpinismo,* climbing rope — *corda di nailon,* nylon rope (*o* cord) — *corda per saltare,* skipping-rope — *corda portante, (elettr.)* messenger cable — *corda dell'arco,* bow string — *avere più d'una corda al proprio arco,* to have more than one string to one's bow — *toccare le corde del cuore di qcno, (fig.)* to play upon sb's heart-strings — *la corda del funambolo,* tightrope — *camminare, ballare sulla corda,* to walk, to dance on the tightrope.
2 *(mus.: di strumento)* string: *corde di chitarra (violino, pianoforte, ecc.),* guitar (violin, piano, *ecc.*) strings — *strumenti a corda,* string instruments; stringed instruments; the strings — *tendere le corde d'uno strumento,* to tighten the strings of an instrument; to tune an instrument — *corde pizzicate,* plucked strings — *toccare la corda giusta, (fig.)* to touch the right cord.
3 *(geometria)* chord: *corda d'un arco,* chord of an arc — *la corda d'un arco, (archit.)* the span of an arch — *corda di sospensione, (di un aereo)* suspension line.
4 *(anat.)* chord; cord; nerve; sinew: *corde vocali,* vocal chords — *corde del collo,* sinews (of the neck).
5 *(trama del tessuto)* thread: *mostrare la corda,* to be threadbare; *(fig.)* to be ropy.
□ *corda di rame, (elettr. industriale)* copper plait — *aver la corda al collo, (fig.)* to be like a rat in a hole — *dar corda a qcno,* to give sb a free hand; to give sb rope; *(per carpirgli un segreto)* to worm a secret out of sb — *essere giù di corda,* to be depressed; to feel low; to be in the blues — *mettere la corda al collo a qcno, (fig.)* to rope sb in — *saltare con la corda,* to skip — *tagliare la corda,* to slink off; to take French leave — *Non bisogna tirar troppo la corda,* You mustn't go too far — *mettere, stringere l'avversario alle corde, (sport e fig.)* to push (to put) one's adversary against the ropes — *dar la corda all'orologio,* to wind up a watch (a clock).
cordaio *sm* rope-maker.
cordame *sm* **1** ropes *(pl.);* cordage. **2** *(naut.)* rigging.
cordata *sf* roped party: *capo cordata,* leader — *in*

cordata, roped together; *(di una sola persona)* on the rope.

cordiale *agg* cordial; hearty: *cordiali saluti,* best wishes.
□ *sm (liquore)* cordial; *(caldo)* toddy.

cordialità *sf* **1** cordiality; warmth. **2** *(saluti cordiali)* best wishes.

cordialmente *avv* heartily; cordially: *(nella chiusura di una lettera)* Best wishes; *(USA)* Best regards; Cordially.

cordialone *sm (fam.)* good fellow; good mixer.

cordicella *sf* string; pack-thread; *(naut.)* lanyard.

cordiera *sf* tail-piece.

cordigliera *sf* cordillera *(voce spagnola).*

cordiglio *sm (di frate)* knotted cord; *(di prete)* girdle.

cordite *sf* cordite.

cordoglio *sm* **1** *(dolore)* sorrow; grief. **2** *(condoglianze)* condolences *(pl.).*

cordonato *agg* ribbed.

cordoncino *sm* **1** *(di seta)* silk twist. **2** *(dei marinai)* lanyard.

cordone *sm* **1** cord; string; *(di apparecchio elettrico)* cord; cable; flex; lead: *cordone ombelicale,* umbilical cord — *cordoni della borsa,* purse-strings — *reggere i cordoni,* to bear the pall. **2** *(collare, insegna)* ribbon; cordon. **3** *(di tunica, ecc.)* girdle; cord. **4** *(di marciapiede)* curb; kerb. **5** *(linea di protezione)* cordon. **6** *(archit.)* string-course. **7** *(geografia)* line. **8** *(mecc.: di saldatura)* seam; bead; weld. **9** *(industria dolciaria)* rope.

coreografia *sf* choreography.

coreografo *sm* choreographer.

coretto *sm* small room with grating (for hearing mass); private chapel.

coriaceo *agg* leathery; tough; coriaceous.

coriandolo *sm* **1** *(bot.)* coriander. **2** *(al pl.)* confetti *(con il v. al sing.).*

coricare *vt* to put* (sb) to bed; *(adagiare)* to lay* (sb, sth) down.
□ **coricarsi** *v. rifl* **1** to go* to bed; *(mettersi a giacere)* to lie* down. **2** *(tramontare)* to set*.

corifeo *sm* coryphaeus *(anche fig.); (fig.)* leader; *(capo del corpo di ballo)* leading dancer; coryphee.

corindone *sm* corundum.

corinzio, corintio *agg* Corinthian.

corista *sm* **1** member of a choir; chorister. **2** *(suono)* diapason; pitch. **3** *(strumento)* tuning fork.

cormorano *sm* cormorant; shag.

cornacchia *sf* **1** crow: *cornacchia nera,* carrion-crow. **2** *(fig.: persona importuna e di malaugurio)* croaker.

cornalina *sf* red agate; *(corniola)* cornelian.

cornamusa *sf* bagpipe(s).

cornata *sf* blow (with a horn): *ricevere una cornata,* to be gored.

cornea *sf* cornea.

corneo *agg* horny.

cornetta *sf* **1** *(mus.)* cornet; bugle. **2** *(stor.: alfiere)* cornet. **3** *(del telefono)* receiver.

cornetto *sm* **1** *(amuleto)* horn-shaped amulet. **2** *(panino)* crescent-shaped roll; croissant *(fr.).*
□ cornetto acustico, ear-trumpet.

cornice *sf* **1** frame; picture frame; *(fig.)* setting; surroundings *(pl.): mettere in cornice,* to frame — *fare da cornice a qcsa,* to frame sth; to surround sth becomingly; *(dare risalto)* to set sth off — *vedere qcsa nella giusta cornice,* to see sth in the right setting — *fare la cornice a qcsa,* to go into unnecessary detail. **2** *(archit.)* cornice; *(modanatura)* moulding. **3** *(di roccia)* ledge; cornice.

corniciaio *sm* picture-framer.

cornicione *sm (archit.)* cornice; entablature; *(modanatura)* moulding.

[1]**corniola** *sf (bot.)* cornel; cornelian cherry.

[2]**corniola** *sf (mineralogia)* cornelian; carnelian.

corniolo *sm* cornel tree.

cornista *sm e f.* horn-player.

corno *sm* **1** horn *(anche fig.); (ramificato, di cervo, ecc.)* antler: *le corna di una lumaca,* the horns of a snail — *le corna di un toro,* the horns of a bull — *le corna di un cervo,* the antlers of a stag — *prendere il toro per le corna, (fig.)* to take the bull by the horns — *ritirare le corna, (fig.)* to draw in one's horns — *corno da scarpe,* shoe-horn — *a forma di corno,* horn-shaped — *corno dell'abbondanza,* horn of plenty; cornucopia — *i corni di un dilemma,* the horns of a dilemma — *corno di un fiume,* horn of a river — *occhiali di corno,* horn-rimmed spectacles — *pettine di corno,* horn comb. **2** *(mus.)* horn: *corno francese,* French horn — *corno inglese,* 'cor anglais' *(fr.); (talvolta)* English horn — *corno da caccia,* hunting-horn; bugle-horn — *suonatore di corno,* horn player; *(da caccia)* horn-blower — *suonare il corno,* to play the horn; *(ant., da caccia)* to wind the horn. **3** *(di montagna)* peak.
□ *corno (d'una incudine)* beak; beakiron — *corno artificiale, (chim.)* galalith — *corno polare, (elettromeccanica)* pole horn; pole tip — *corno polare d'entrata (d'uscita), (elettromeccanica)* leading (trailing) pole tip — *corno dogale, (stor.)* doge's cap — *avere qcno sulle corna,* to dislike sb — *dire corna di qcno (dire peste e corna di qcno),* to paint sb in very black colours; to slander sb — *fare le corna, (per scongiuro)* to touch wood — *Facciamo le corna!,* Touch wood! — *fare le corna al marito,* to make a cuckold of one's husband; to cuckhold one's husband — *fare le corna alla moglie,* to be unfaithful to one's wife — *portare le corna, (di uomo)* to be a cuckold — *rompere le corna a qcno, (fig.)* to hit sb hard — *rompersi le corna, (fig.)* to get the worst of it — *Un corno!,* Rubbish!; Nonsense!; Not at all!; Balls! *(volg.)* — *Non me ne importa un corno,* I don't care a fig.

cornucopia *sf* cornucopia; horn of plenty.

cornuto *agg (zool.)* horned. □ *argomento cornuto,* dilemma.
□ *sm (marito tradito)* cuckold; *(come insulto generico)* bastard *(volg.).*

coro *sm* **1** *(mus.)* chorus *(anche fig.): Ci fu un coro di proteste,* There was a chorus of protest. **2** *(gruppo di cantori)* chorus; choir *(spec. di chiesa): far parte del coro,* to be a member of the chorus (of the choir). **3** *(archit.)* chancel; choir; *(insieme degli stalli)* choir-stalls. **4** *(ordine di angeli)* choir.

corografia *sf* chorography.

corografo *sm* chorographer.

corolla *sf* corolla: *a corolla,* flared.

corollario *sm* corollary.

corona *sf* **1** *(in generale)* crown; *(nobiliare, di duca, pari, ecc.)* coronet: *la corona di ferro,* the Iron Crown — *corona imperiale,* imperial crown — *i gioielli della corona,* the crown jewels — *aspirare alla corona,* to lay claim to the crown — *rinunciare alla corona,* to renounce the crown — *principe della corona,* crown-prince — *cingere la corona,* to be crowned — *il discorso della corona, (GB)* the Queen's speech — *mettere la corona ad un dente,* to crown a tooth. **2** *(di fiori, foglie, ecc.)* wreath; *(ghirlanda)* garland; *(talvolta, da portare in testa)* crown: *corona d'alloro,* laurel wreath (crown) — *corona mortuaria,* funeral wreath — *deporre una corona sulla tomba di qcno,* to lay a wreath on sb's tomb — *corona di spine,* crown of thorns. **3** *(di persone o cose)* circle; ring: *a corona,* in a ring — *far corona,* to form a circle — *La valle è circondata da una corona di monti,* The valley is ringed by mountains. **4** *(rosario)* rosary; beads *(pl.)*: *dire (recitare) la corona,* to tell (to recite) the beads. **5** *(moneta)* crown: *una mezza corona, (GB, fino al 1971)* a half-crown; half a crown. **6** *(mus., archit., astronomia)* corona *(pl.* coronas, coronae*)*: *corona solare,* solar corona. **7** *(tetto di miniera)* back. **8** *(di pallone aerostatico)* hoop; load ring. □ *corona a spirale,* scroll — *corona conica,* ring bevel gear — *corona di puleggia, di volano, ecc.,* rim — *corona dentata,* crown gear; crown wheel; ring gear — *corona dentata per avviamento,* starting ring gear — *tappo a corona,* crown cap; crown cork.

coronamento *sm* **1** *(degna conclusione)* crowning; finishing touch. **2** *(edilizia)* coping. **3** *(di nave)* taffrail.

coronare *vt* to crown *(anche fig.)*; *(concludere)* to crown; to complete; to perfect; *(premiare)* to crown; to reward; *(circondare)* to circle; to ring; to surround: *E, per coronare l'opera...,* And to top it all...

coronaria *sf* rose campion.

coronario *agg* coronary.

coronazione *sf* coronation.

corpetto *sm* waistcoat; *(da donna)* bodice.

corpino *sm* top; bodice.

corpo *sm* **1** *(in generale)* body *(pl.* bodies*)*: *il corpo umano,* the human body — *anima e corpo,* body and soul — *darsi a qcsa anima e corpo,* to throw oneself into sth body and soul — *corpi celesti,* heavenly bodies — *corpo organico (semplice, composto),* organic (simple, compound) body — *guardia del corpo,* body-guard — *corpi estranei,* foreign bodies — *corpo del delitto,* 'corpus delicti' *(lat.)* — *il corpo di Cristo,* the body of Christ — *senza corpo,* bodiless.
2 *(cadavere)* body; corpse.
3 *(pancia, ventre)* belly; stomach; tummy *(fam.)*: *dolori di corpo,* belly (stomach-, tummy-)ache — *mettere qcsa in corpo,* to eat sth — *andar di corpo,* to have a motion; to do one's needs.
4 *(raccolta di opere, di leggi, ecc.)* corpus; collection; body (of laws): *il corpo delle opere di Shakespeare,* the corpus of Shakespeare's works — *corpo di leggi,* body of laws; corpus iuris *(lat.)*.
5 *(di voce, suono)* volume; range; *(di vino)* body.
6 *(forma, consistenza)* shape; substance: *dar corpo ad un'accusa,* to give substance to an accusation — *prendere corpo,* to take shape.
7 *(parte sostanziale, principale, centrale)* main body; core; kernel; central body: *Il corpo dell'edificio era enorme,* The main body of the building was enormous — *il corpo di un discorso,* the core of a speech.
8 *(classe, organismo, collettività, anche mil.)* corps *(invariato al pl.)*; staff: *corpo diplomatico,* diplomatic corps — *il corpo insegnante,* the teaching staff; *(USA, di università)* the faculty — *corpo d'armata,* army corps — *corpo di guardia, (insieme di soldati)* guard; *(locale)* guardroom — *corpo di ballo,* 'corps de ballet' *(fr.)* — *spirito di corpo,* 'esprit de corps' *(fr.)* — *corpo di spedizione,* expeditionary force.
9 *(tipografia)* body size; point size.
10 *(di nave)* hull.
11 *(mecc.)* casing; stator; *(di pompa)* pump casing; *(di caldaia)* boiler shell; *(del filtro)* filter casing; *(della ruota d'ingranaggio)* wheel body.
□ *avere un bel corpo,* to be handsome (*o* well-shaped) — *avere un corpo robusto,* to be strongly-built — *corpo di Bacco (di mille bombe)!,* by Jove! — *a corpo morto,* whole heartedly; with all one's might and main; desperately — *avere il diavolo in corpo,* to be possessed; to be like one possessed; to be on the go all the time *(fam.)* — *combattere corpo a corpo,* to fight man to man (*o* hand to hand) — *combattimento corpo a corpo,* man-to-man (*o* hand-to-hand) fighting; *(pugilato)* clinch — *dare corpo alle ombre,* to believe imaginary things — *mortificare il corpo,* to mortify the flesh — *passare sul corpo di qcno, (fig.)* to pass over sb — *non saper tenere un segreto in corpo,* to be unable to keep a secret — *ricacciare le parole in corpo a qcno,* to make sb eat his (*o* her) words — *mente sana in corpo sano,* a sound mind in a sound body.

corporale *agg* corporal; bodily; *(dir.)* corporeal; tangible: *pene corporali,* corporal punishment *(sing.)*.

corporalità *sf* corporality.

corporativismo *sm* *(econ.)* corporative system; corporativism *(raro)*.

corporativo *agg* *(econ.)* corporative; corporate.

corporatura *sf* build; physique: *essere forte di corporatura,* to have a robust physique; to be strongly built.

corporazione *sf* corporation; *(stor.)* guild.

corporeo *agg* bodily; corporeal.

corposo *agg* full-bodied *(anche di vino)*; *(denso)* compact; dense.

corpulento *agg* corpulent; stout.

corpulenza *sf* corpulence; stoutness.

corpuscolare *agg* corpuscular.

corpuscolo *sm* corpuscle.

corredare *vt* **1** to equip; to fit out; to supply; to furnish. **2** *(accompagnare)* to accompany; *(perfezionare, completare)* to complete; to perfect: *L'opera è corredata da una serie di cartine,* The work is accompanied by a series of maps — *Il volume è corredato di note,* The book is complete with notes.

corredino *sm* layette.

corredo *sm* **1** equipment; outfit; *(di strumenti di lavoro; di soldato, marinaio, ecc.)* kit. **2** *(vestiario)* wardrobe; *(nuziale)* trousseau; *(per neonati)* layette. **3** *(fig.: patrimonio)* store; wealth; fund; complement.

correggere *vt* **1** to correct; to put* right; to rectify; to emend; *(riprendere)* to correct; to reform; to admonish; *(raddrizzare)* to right; to straighten; *(emendare)* to amend; to modify: *Correggimi se sbaglio,* Correct me if I am wrong. **2** *(punire)* to punish. **3** *(di bevanda)* to lace; to fortify (⇨ **corretto**).
□ **correggersi** *v. rifl* to correct oneself; to amend; *(migliorarsi)* to improve: *correggersi da una brutta abitudine,* to break oneself of a bad habit.

correggia *sf* leather strap.

correggibile *agg* corrigible; open to correction.

corregionale *agg* from the same district.
□ *sm* fellow-countryman *(pl.* -countrymen*)*.
□ *sf* fellow-countrywoman *(pl.* -countrywomen*)*.

correità *sf* complicity.

correlare *vt* to correlate.

correlativamente *avv* correlatively.

correlativo *agg* correlative.

correlazione *sf* **1** correlation: *essere in correlazione,* to be correlated. **2** *(gramm.)* sequence.

correligionario *agg* of the same religion; *(per estensione)* of the same persuasion.
□ *sm* co-religionist.

[1]**corrente** *agg* **1** running; flowing; *(fig.: di stile, lingua)* fluent: *acqua corrente,* running water — *titolo corrente,* running headline — *uno stile corrente,* a fluent style — *Magari sapessi parlare un inglese corrente,* I wish I could speak fluent English. **2** *(in vigore,*

in corso, attuale) current: *prezzo corrente,* current price — *conto corrente, (comm.)* current account — *moneta (denaro) corrente,* current money; currency — *prendere qcsa per moneta corrente,* to believe sth as if it were established fact; to take sth as Gospel — *il corrente anno,* the current year (⇨ *anche il* **3**). **3** *(comm.: del mese)* instant *(abbr.* inst.*): In riferimento alla Vostra lettera del 6 corrente,* With reference to your letter *(talvolta* to yours*)* of the 6th inst *(meglio* the 6th of this month*).* **4** *(ordinario, comune)* common; ordinary; everyday; current: *di uso corrente,* in common (ordinary, current) use — *parola corrente,* word in current use — *secondo l'uso corrente,* according to custom — *merce corrente, (spreg.)* goods of poor quality; cheap goods — *qualità corrente,* average (*o* middling) quality. **5 al corrente,** up(-)to(-) date; (well-)informed: *essere al corrente,* to be up to date; to be (well) informed — *mettere qcno al corrente di qcsa,* to inform sb about sth; to put sb in the picture about sth — *tenere qcno al corrente di qcsa,* to keep sb well informed (well posted) on sth — *tenersi al corrente,* to keep up to date.

²**corrente** *sf* **1** *(d'acqua e fig.)* current; stream; *(d'aria)* draught: *correnti marine,* sea currents; ocean currents — *una corrente di lava,* a stream of lava — *la Corrente del Golfo,* the Gulf Stream — *Prenderai il raffreddore se stai seduto dove c'è corrente,* You'll catch a cold if you sit in a draught — *secondo corrente,* downstream — *corrente della marea,* tideway; tidal stream — *corrente sottomarina,* undercurrent; underset — *forte corrente di mare,* rip-tide — *andare contro corrente, (anche fig.)* to go (to swim) against the stream (the tide) — *seguire la corrente, (anche fig.)* to go (to swim) with the stream (the tide). **2** *(elettr.)* current; *(per estensione)* electricity; power: *corrente alternata,* alternating current — *corrente continua,* direct current — *corrente d'avviamento,* starting current — *corrente di compensazione (di convezione),* equalizing (convection) current — *corrente parassita o vorticosa (corrente di Foucault),* eddy current — *colpo di corrente,* surge; rush of current — *presa di corrente,* current tap; socket; tap — *riduttore di corrente,* instrument current transformer — *Manca la corrente!,* The electricity (The power) has failed!; The light has gone! — *corrente ad alta (bassa) tensione,* high (low) voltage current — *togliere la corrente,* to turn off the power. **3** *(fig.: usanza, tendenza culturale, politica e simili)* current; tendency; trend; fashion; *(spec. politica)* wing; faction: *una nuova corrente letteraria,* a new literary movement — *la corrente di destra (di sinistra),* the right (left) wing.

³**corrente** *sm* **1** *(travicello)* batten. **2** *(tipografia)* running headline.

correntemente *avv* **1** *(con scioltezza)* fluently; easily: *Hans parla correntemente l'inglese,* Hans speaks English fluently; Hans speaks fluent English. **2** *(comunemente)* generally; commonly.

correntezza *sf* **1** fluency. **2** *(propensione a cedere)* easy-goingness.

correntista *sm e f.* holder of a current account.

correo *sm* accomplice.

correre *vi* **1** to run* *(anche fig.); (di veicolo)* to go* fast; to speed; *(affrettarsi)* to hurry: *Venne correndo verso di me,* She came running towards me — *correre fuori,* to rush out — *Corsi a vedere cosa stava accadendo,* I ran to see what was happening — *correre su (giù) per le scale,* to run up (down) the stairs — *Corri a prenderlo (a chiamarlo)!,* Run and catch it (call him)! — *Corri dal panettiere prima che chiudano i negozi,* Run over (*fam.* Pop over) to the baker's before the shops shut — *Il cane correva dietro il suo padrone,* The dog was running behind his master — *Un brivido di gelo mi corse giù per la schiena,* An icy shiver ran down my spine — *Il suo pensiero corse alla moglie morta,* His thoughts ran on his dead wife — *I fiumi corrono al mare,* Rivers run to the sea — *Il sentiero corre attraverso i campi,* The path runs through the fields — *Un mormorio di disappunto corse fra i soldati,* A whisper of disappointment ran through the soldiers — *correre a gambe levate,* to run as hard as one can — *correre alle armi,* to run (to fly) to arms; to take up arms — *correre dietro a qcno,* to run after sb — *correre in aiuto di qcno,* to run to sb's help — *correre come il vento (il lampo),* to run like the wind (like lightning) — *correre qua e là,* to run about.

2 *(sport, anche motociclismo, ciclismo, ecc.)* to race; to run* *(solo a piedi): Correrà nelle prossime Olimpiadi,* He will race in the next Olympic games.

3 *(di tempo: trascorrere)* to elapse; to pass; to go* by: *Il tempo corre,* Time passes — *Troppo tempo è corso da quando mi lasciasti,* Too long a time has elapsed (has gone by) since you left me.

4 *(circolare, diffondersi)* to circulate; to be* current; to run*; to be* circulated: *Correvano cattive voci sul suo conto,* Bad rumours were circulating (were being circulated) about him — *Le cattive notizie corrono in fretta,* Bad news circulates quickly — *Queste banconote non corrono più,* These banknotes are no longer in circulation (no longer current) — *correre voce,* to be rumoured — *Corre voce che...,* It is rumoured that...; There is a rumour (a story going about) that... — *far correre una voce,* to spread a rumour.

5 *(intercorrere)* to be*: *Da casa tua alla stazione corrono due chilometri,* The station is two kilometres from your house — *Fra me e te corrono troppi anni,* There is too much difference of age between us — *Ci corre!,* There's such a big difference!

□ *vt* to run*: *correre una corsa,* to run a race — *correre i cento metri,* to run the hundred metres — *correre un rischio,* to run a risk.

□ *correre come una lepre,* to run like a hare; to hare along — *Ci corse poco che perdessi la coincidenza,* I nearly missed the connection — *correre dietro alle donne,* to be always running after women; to be a skirt-chaser *(fam.)* — *correre incontro alla morte,* to face certain death — *correre ai ripari,* to take remedial measures — *correre avanti e indietro, (darsi da fare)* to turn to and do one's best — *correre un pericolo,* to be in danger — *correre il mare, (di pirati)* to rove (over) the sea — *correre il palio,* to enter the lists — *correre la giostra, (stor.)* to joust — *correre la cavallina,* to sow one's wild oats — *far correre un cavallo,* to run a horse — *lasciar correre,* to close an eye to sth — *Lascia correre!,* Let it go!

corresponsabile *agg* jointly liable.

corresponsabilità *sf* joint liability.

corresponsabilmente *avv* with equal responsibility.

corresponsione *sf* **1** *(pagamento)* payment. **2** *(di affetti)* reciprocation.

correttamente *avv* correctly; properly; politely.

correttezza *sf* **1** *(esattezza)* correctness. **2** *(nella condotta)* propriety; politeness; *(serietà)* honesty.

correttivo *agg e sm* corrective.

corretto *agg* **1** correct; right; *(esatto)* exact. **2** *(conforme alle regole)* correct; proper; seemly;

(educato) polite; *(onesto)* honest; correct. **3** *(di bevanda)* laced; flavoured; fortified: *caffè corretto con cognac,* coffee laced with brandy.

correttore *sm* **1** corrector; *(tipografia)* proof-reader. **2** *(strumento)* calibrator; *(di miscela)* control; *(di assetto)* trim-tab; *(di campo)* adapter.

correzionale *agg* correctional. □ *sm* reformatory.

correzione *sf* **1** correction; correcting; emendation; emending; *(rettifica)* rectification; *(miglioramento)* improvement: *correzione delle bozze,* proof-reading. **2** *(punizione)* punishment; reproof. **3** *(metallurgia)* inoculation. **4** *(di bevanda)* lacing.

□ *casa di correzione,* reformatory; *(GB, anche)* approved school; Borstal; house of correction *(ant.).*

corrida *sf* bull-fight.

corridoio *sm* **1** passage; passage-way; corridor; *(tra file di posti a sedere)* aisle; *(di nave)* between decks: *corridoio aereo,* air corridor (*o* lane) — *corridoio di traffico,* traffic lane. **2** *(del parlamento)* lobby: *voci di corridoio,* lobby rumours. **3** *(tennis, GB)* tramlines *(pl.).* **4** *(calcio)* opening.

corridore *agg* running *(attrib.); (sport)* racing *(attrib.).*

□ *sm (chi corre a piedi)* runner; *(altri sport)* racer; rider; *(cavallo da corsa)* race-horse: *corridore automobilista,* racing motorist.

corriera *sf* **1** mail-coach; country bus. **2** *(stor.: diligenza)* stage-coach; mail-coach.

corriere *sm* **1** messenger; courier; dispatch bearer. **2** *(trasportatore)* carrier. **3** *(posta)* post; mail: *a volta di corriere,* by return; by return of post. **4** *(tipo di uccello)* runner. □ *corriere della droga,* drug-runner.

corrigendo *sm* juvenile offender.

corrimano *sm* hand-rail; banister.

corrispettivamente *avv* correspondingly; correlatively.

corrispettivo *agg* corresponding.

□ *sm* **1** corresponding amount; equivalent. **2** *(compenso)* compensation. **3** *(dir.)* consideration; quid pro quo *(lat.).*

corrispondente *agg* corresponding.

□ *sm* **1** *(giornalistico, ecc.)* correspondent: *corrispondente di guerra,* war correspondent — *corrispondente estero,* foreign correspondent. **2** *(comm.)* agent.

corrispondentemente *avv* correspondingly.

corrispondenza *sf* **1** correspondence; *(posta)* mail: *Non c'è molta corrispondenza fra le loro opinioni e le nostre,* There is not much correspondence between their opinions and ours — *corrispondenza commerciale,* commercial correspondence — *corrispondenza d'affari,* business correspondence — *essere in corrispondenza con qcno,* to be in correspondence with sb — *Ho molta corrispondenza da sbrigare,* I have a great deal of correspondence to deal with — *scuola per corrispondenza,* correspondence school — *insegnare (imparare) per corrispondenza,* to teach (to learn) by correspondence — *sospendere la corrispondenza,* to give up correspondence to stop writing (to sb) — *firmare la corrispondenza,* to sign the mail — *corrispondenza in arrivo (in partenza),* incoming (outgoing) mail — *corrispondenza amorosa,* love letters. **2** *(articolo)* article; despatch: *una corrispondenza da Praga,* a despatch from Prague. **3** *(coincidenza fra due treni)* connection. □ *L'ama da molti anni, ma non troverà mai corrispondenza,* He has loved her for many years, but his love will never be returned — *mettersi in corrispondenza con qcno,* to get in touch with sb — *in corrispondenza con,* - **a)** *(in armonia con)* in harmony with - **b)** *(in connessione con)* connected with; in connection with.

corrispondere *vi* **1** to correspond (to *o* with sth); to agree (with sth); to coincide (with sth); to tally *(spec. di cifre); (soddisfare)* to answer; to come* up to: *Le sue azioni non corrispondono a quanto ha dichiarato l'altra volta,* His actions don't correspond to what he declared last time — *Le mie spese non corrispondono ai miei introiti,* My expenses do not correspond to my income — *Ciò non corrisponde a quanto mi avevi detto,* That does not agree with what you told me — *Le vostre versioni non corrispondono,* Your versions do not coincide (do not tally) — *Queste cifre non corrispondono,* These figures do not tally — *corrispondere alle proprie speranze, desideri, ecc.,* to answer one's hopes, wishes, ecc. **2** *(contraccambiare, spec. di sentimenti)* to return; to repay*; to reciprocate: *Non hai mai corrisposto al mio amore,* You have never returned my love. **3** *(comunicare per lettera)* to correspond (with sb). **4** *(comunicare: di porta, finestra, ecc.)* to communicate (with); to open on to (*o* onto): *Questa porta corrisponde col bagno,* This door communicates with the bathroom.

□ *vt (pagare, versare)* to pay*; to give*: *corrispondere uno stipendio,* to pay a salary — *Le corrisponde un assegno mensile di centocinquantamila lire,* He gives her a monthly allowance of a hundred and fifty thousand lire.

□ *Quanto dici non corrisponde al vero,* What you say is not true.

corrisposto *agg* **1** *(reso)* returned; requited; mutual. **2** *(di danaro)* paid.

corrivo *agg* **1** *(indulgente)* lenient; easy going. **2** *(avventato)* overhasty; rash. **3** *(superficiale)* facile.

corroboramento *sm* corroboration.

corroborante *agg* **1** strengthening. **2** *(che conferma)* corroborative.

□ *sm* corroborant.

corroborare *vt* **1** *(invigorire)* to strengthen; to invigorate; to fortify. **2** *(confermare)* to corroborate; to support; to confirm.

corroborazione *sf* **1** strengthening. **2** *(conferma)* corroboration.

corrodere *vt* to corrode; to eat* away; *(consumare)* to consume; to wear* away.

□ **corrodersi** *v. rifl* to corrode; to wear* away: *Il ferro si corrode facilmente,* Iron corrodes easily.

corrompere *vt* **1** *(guastare)* to deteriorate; to spoil; to debase; *(contaminare)* to contaminate; *(insozzare)* to defile; to pollute; *(infettare)* to taint; to infect. **2** *(depravare)* to corrupt; to deprave; to pervert. **3** *(con promesse o denaro)* to bribe; to seduce; to corrupt; to suborn *(dir.).*

□ **corrompersi** *v. rifl* **1** *(guastarsi)* to spoil; to go* bad; to go* off; to deteriorate; to decay; *(decomporsi)* to putrefy; to decompose; to rot. **2** *(depravarsi)* to become* perverted; to become* depraved; to be* corrupted.

corrosione *sf* corrosion.

corrosivamente *avv* corrosively; *(fig.)* sarcastically.

corrosivo *agg* corrosive; *(fig.)* sarcastic.

□ *sm* corrosive.

corrotto *agg* **1** *(moralmente)* corrupt; depraved. **2** *(ammorbato)* infected; tainted; polluted; foul; contaminated; *(marcio)* corrupted; rotten. **3** *(con denaro o promesse)* corrupt.

corrucciarsi *v. rifl* **1** *(adirarsi)* to be* vexed; to get* angry; to get* cross. **2** *(del viso)* to frown.

corrucciato *agg* angry; cross.

corruccio *sm* anger; indignation; wrath.

corrugare *vt* to wrinkle: *corrugare la fronte,* to knit one's brows.

□ **corrugarsi** *v. rifl* **1** to knit* one's brows; to frown; to scowl. **2** *(geologia)* to fold.

corrugato *agg* wrinkled: *fronte corrugata,* knitted brows.

corruttela *sf* corruption; depravity.

corruttibile *agg* corruptible; *(di funzionario)* bribable.

corruttore *sm* **1** one who corrupts; corrupter. **2** *(col danaro)* briber.

corruzione *sf* **1** *(morale)* corruption; depravity; *(decadimento)* debasement; decay. **2** *(decomposizione)* decomposition; deterioration; decay; *(putrefazione)* rottenness; putrefaction; corruption. **3** *(con promesse o denaro)* bribery; suborning; corruption; seduction. **4** *(di un testo)* corruption.

corsa *sf* **1** *(l'atto del correre)* running; *(una sola corsa)* run; *(precipitosa)* rush; *(rapida e breve)* dash; sprint *(spec. atletica)*: *fare molta corsa,* to do a lot of running — *andare a fare una corsa,* to go for a run — *andare di corsa,* to go at a run; to be in a hurry — *in corsa, (di veicolo)* moving — *di gran corsa,* in a great hurry; in great haste — *una corsa a Parigi,* a run to Paris — *fare una corsa in qualche luogo, (fam.)* to pop over to a place. **2** *(competizione sportiva)* race: *corsa su strada,* road race — *corsa in salita,* hill climb — *corsa campestre,* cross-country race; *(con ostacoli)* steeplechase — *corsa ad ostacoli, (atletica)* hurdles; *(ippica)* steeplechase; *(per divertimento)* obstacle-race — *corsa siepi,* steeplechase — *corsa piana,* flat race — *corsa al trotto,* trotting — *corsa al galoppo,* flat racing — *corsa di cavalli (le corse),* the races *(pl.)* — *corsa di cavalli a premi,* plate — *cavallo da corsa,* racehorse; racer — *fare una corsa,* to run a race. **3** *(politica, econ.)* race; run; rush: *la corsa agli armamenti,* the armaments race — *la corsa all'oro,* the gold rush. **4** *(viaggio di treno, ecc.)* run; journey; trip; *(regolare)* service: *la corsa delle sei e venti,* the six-twenty train (bus, coach, *ecc.*) — *C'è una corsa ogni dieci minuti,* There is a train (a bus, *ecc.*) every ten minutes — *perdere la corsa,* to miss the train (the bus, *ecc.*) — *prezzo della corsa,* fare — *fine corsa,* end of the line; terminus. **5** *(aeronautica)* run. **6** *(mecc.)* stroke; travel; *(di pendolo)* swing: *interruttore di fine corsa,* limit switch. **7** *(naut.)* attacks on merchant shipping: *guerra di corsa, (stor.)* privateering — *nave da corsa,* raider; *(stor.)* corsair; privateer.

corsaro *sm (pirata)* corsair; buccaneer; pirate; *(autorizzato a condurre la guerra di corsa)* privateer.

□ *agg* pirate: *nave corsara,* privateer; pirate ship.

corseggiare *vi* to practice piracy; to buccaneer; to freeboot.

□ *vt corseggiare i mari,* to cruise about in search of plunder; to roam the high seas.

corsetto *sm (busto)* girdle; *(ortopedico)* corset.

corsia *sf* **1** gangway; passage; *(di transito)* driveway; *(in un teatro, ecc., fra due file di poltrone)* aisle; gangway; *(nelle antiche galee)* gangway: *cannone di corsia,* bow chaser. **2** *(di ospedale)* ward; *(camerata)* dormitory. **3** *(di una strada)* lane. **4** *(sport)* track; alley; lane; *(di piscina)* lane. **5** *(passatoia)* runner; strip of carpet.

corsivo *agg* cursive; running; *(di carattere tipografico)* italic.

□ *sm* italic type; italics *(pl.)*; *(breve nota giornalistica)* short newspaper comment; article printed in italics: *stampare in corsivo,* to italicize — *corsivo inglese,* script.

corso *sm* **1** *(in generale)* course *(anche fig.)*: *il corso della vita dalla culla alla tomba,* the course of life from the cradle to the grave — *il corso degli eventi,* the course of events — *il corso di un fiume (di una stella),* the course of a river (of a star) — *corso d'acqua,* water-course; *(se navigabile)* water-way — *La malattia deve seguire il suo corso,* The disease must run its course — *La legge deve seguire il suo corso,* The law must take its course — *Che le cose seguano il loro corso!,* Let matters take (*o* run) their course! — *seguire il corso dei propri pensieri,* to pursue one's train of thought — *dare libero corso alla propria immaginazione,* to give free play to one's fancy — *un corso di conferenze,* a course of lectures — *un corso di un istituto superiore,* a high-school course — *un corso di istruzione,* a course of instruction — *un corso di filosofia,* a course in philosophy; a philosophy course — *frequentare un corso serale,* to attend evening classes; to go to night school.

nel corso di..., in the course of...; *(durante)* during...: *nel corso dei secoli,* in the course of centuries — *nel corso della discussione,* in the course of (*o* during) the discussion — **in corso di...,** in course of...: *La ferrovia è in corso di costruzione,* The railway is in course of construction (is under construction) — *essere in corso di stampa,* to be in the press; to be printing — **in corso,** current: *parole in corso,* works in current use — *il mese in corso,* this month; the current month — *affari in corso,* outstanding business *(sing.)*.

2 *(strada)* main street; avenue *(USA)*.

3 *(annata scolastica)* year: *studenti del secondo corso,* second-year students — *uno studente fuori corso,* an undergraduate who has failed to get a degree in the minimum time prescribed.

4 *(corteo)* procession: *corso mascherato (di carnevale),* carnival procession.

5 *(comm.)* circulation; currency: *valuta fuori corso,* money out of circulation; money no longer in circulation — *valuta in corso,* currency — *corso forzoso,* forced currency — *avere corso legale,* to be legal tender — *corso del cambio,* rate of exchange — *dare corso ad un'ordinazione,* to execute (to carry out) an order.

6 *(marina)* strake: *corso di cinta (di rivestimento),* sheer (skin) strake.

□ *capitano di lungo corso,* master mariner — *nave di lungo corso,* sea-going ship.

corsoio *sm* slider; *(del regolo)* cursor.

□ *agg* ⇨ **scorsoio.**

corte *sf* **1** *(cortile)* courtyard; court; yard; farm-yard; *(di castello)* bailey. **2** *(reggia, insieme dei cortigiani)* court: *abito di corte,* court dress — *dama di corte,* lady-in-waiting — *gentiluomo di corte,* gentleman-in-waiting — *tenere corte,* to hold court; to give an audience — *tenere corte bandita,* to keep open house. **3** *(seguito)* entourage *(fr.)*; retinue; train. **4** *(collegio dei giudici)* court; court of law; tribunal *(raro nei paesi di lingua inglese)*: *corte di giustizia,* court; law-court — *oltraggio alla corte,* contempt of court. □ *fare la corte a qcno,* to court sb; to pay court to sb.

corteccia *sf* **1** *(di albero)* bark; cortex *(pl.* cortices*)*. **2** *(anat.)* cortex *(pl.* cortices*)*.

corteggiamento *sm* courtship; courting.

corteggiare *vt* **1** to court; to woo. **2** *(adulare)* to flatter.

corteggiatore *sm* admirer; suitor.

corteggio *sm* retinue; suite; entourage *(fr.)*.

corteo *sm* procession; train; *(funebre)* cortège *(fr.)*; *(nuziale)* wedding party; *(seguito)* retinue; suite: *sfilare in corteo,* to go (to march) in procession.

cortese *agg* **1** courteous; *(educato)* polite; urbane; *(amabile)* gracious; pleasant; affable; *(cattivante)* obliging; engaging: *di modi cortesi,* well-mannered — *essere cortese di consigli, (lett.)* to give generously of one's counsel. **2** *(stor.)* courtly: *armi cortesi,* blunted weapons. □ *la cortese Vostra,* your kind letter.

cortesemente *avv* politely; obligingly; graciously; courteously; kindly: *Vogliate cortesemente spedirci...,* Kindly send us...

cortesia *sf* **1** kindness; gentleness; *(buone maniere)* politeness; good manners; courteousness; *(amabilità)* graciousness; courtesy. **2** *(favore)* favour; kindness: *per cortesia,* please — *Lo fece per cortesia,* He did it out of kindness — *Usatemi (Abbiate) la cortesia di uscire, prego,* Please, be so kind as to go out; Please have the decency to leave — *Mi ha sempre colmato di cortesie,* He has always been very kind to me.

cortezza *sf (fig.) cortezza di mente,* obtuseness; short-sightedness.

corticale *agg* cortical.

cortigiana *sf* courtesan.

cortigianeria *sf* **1** courtier's art and manners. **2** *(adulazione)* flattery; adulation.

cortigianesco *agg* **1** *(di cortigiano)* courtly. **2** *(spreg.)* obsequious; subservient.

cortigiano *sm* **1** courtier. **2** *(spreg.)* flatterer.

cortile *sm* courtyard; court; *(chiostro)* cloister; *(di collegio)* quadrangle; quad *(fam.)*; *(di casa colonica)* barnyard; farmyard.

cortina *sf* curtain *(anche fig.)*; *(tendaggi, anche)* hangings; *(schermo)* screen; barrage; *(nelle comunità islamiche)* purdah: *cortina di fuoco,* barrage — *cortina di nebbia,* fog screen — *cortina fumogena,* smoke screen — *oltre cortina, (cioè: oltre la 'Cortina di Ferro')* behind the Iron Curtain.

cortisone *sm* cortisone.

corto *agg* short; *(tozzo)* stumpy; *(breve, conciso)* succinct; *(limitato)* limited; poorly provided (with): *pantaloni corti,* shorts — *avere memoria corta,* to have a short memory — *corto di intelligenza,* of limited intelligence — *avere la vista corta,* to be short-sighted — *essere a corto di qcsa,* to be short of sth — *Era a corto di parole,* He was at a loss for words — *prendere la via più corta,* to take the shortest route — *andare per le corte,* to come straight to the point — *per farla corta,* to cut a long story short; in short — *tenersi corti nelle spese,* to keep a tight purse — *Le bugie hanno le gambe corte, (prov.)* Truth will out.

cortocircuito *sm* short circuit.

cortometraggio *sm* short (film).

corvé *sf (stor.)* corvée; unpaid labour; irksome task; *(fam.: sfacchinata)* sweat; *(mil.)* fatigue: *essere di corvé,* to be on fatigues.

[1]**corvetta** *sf (naut.)* corvette. □ *capitano di corvetta,* lieutenant commander.

[2]**corvetta** *sf (equitazione)* curvet.

corvino *agg* raven *(attrib.)*; raven-black.

corvo *sm* **1** crow; carrion-crow: *corvo imperiale,* raven — *corvo nero,* rook. **2** *(scherz.)* priest. **3** *(stor.)* grappling-iron; grapple.

[1]**cosa** *sf* **1** - **a)** thing *(spesso non tradotto, specie quando è accompagnato ad un agg.* ⇨ *i primi esempi sotto)*: *È una cosa molto bella,* It's very beautiful — *Sarà una cosa molto lunga,* It will take a long time — *Non è una cosa facile da spiegare,* It's not easy to explain — *È una cosa dell'altro mondo!,* It's incredible!; It's unbelievable! — *Le cose vanno molto meglio adesso,* Things are going much better now — *prendere le cose alla leggera,* to take things lightly — *Non toccare le mie cose quando io non ci sono,* Don't touch my things (my stuff) while I'm away.

b) una cosa, *(molto spesso)* something; *(nelle frasi negative)* anything: *C'è una cosa che non capisco,* There's something I don't understand — *Non ho mai sentito una cosa simile,* I've never heard anything like it (*o* heard such a thing) — *Senta una cosa,* Listen a moment.

c) qualche cosa, something: *Ho visto qualche cosa che fa per te,* I've seen something that's just right for you — **nessuna cosa,** nothing; anything — *Non c'è nessuna cosa che m'interessi in questo museo,* There's nothing that interests me in this museum — **ogni cosa,** everything — *Ogni cosa al suo posto...,* (There's) a place for everything... — **qualsiasi (qualunque) cosa,** anything; *(posto prima del v.)* whatever — *Lei farebbe qualunque cosa al mondo per salvarlo,* She would do anything in the world to save him — *Qualsiasi cosa faccia, non guardarlo, ti prego,* Whatever he does, please don't look at him — *cosa da poco,* nothing much; nothing to worry about; *(di ferita, ecc.)* 'just a scratch' — *una cosa da nulla,* nothing; nothing much; nothing at all.

2 *(interr. e relativo:* **che cosa***)* what: *Non sapeva che cosa fare,* He didn't know what to do — *(Che) cosa vuoi?,* What do you want? — *(Che) cos'hai? (Che cosa c'è?),* What's the matter with you? (What's up?) — *Cosa fai?,* What are you doing?

3 *(faccenda, affare, situazione)* matter; affair; business: *È una cosa di nessuna importanza,* It's a matter of no importance — *È tutt'altra cosa,* It's quite another matter (quite a different thing) — *stando così le cose...,* as things (as matters) stand...; that being the case... — *È una cosa molto rischiosa,* It's a very risky business — *Perché te ne preoccupi tanto? Non è cosa tua,* Why do you worry about it so much? It's not your affair — *la cosa pubblica,* the State; *(stor.)* the Common Weal.

4 *(opera d'arte)* work; piece; thing *(fam., sostituibile, a seconda del caso, con:* picture; building, *ecc)*: *Qui sono esposte alcune cose del primo Rembrandt,* Some of Rembrandt's early works (*o* paintings) are shown here.

5 *(dir.)* thing; property; 'res': *le cose assicurate,* the insured property — *le cose mobili ed immobili,* movables and immovables — *cosa giudicata,* 'res judicata' *(lat.)*.

□ *tante cose,* (so) many things; *(come augurio: 'Tante cose!')* All the best! — *a cose fatte,* when all is over; when all's said and done — *per prima cosa,* first of all — *fra una cosa e l'altra,* what with one thing and another — *È già qualche cosa!,* It's better than nothing! — *Son cose che capitano,* Such things happen; These things will happen — *È una gran bella cosa,* It's a fine thing — *(Che) cosa vuoi...?,* What do you expect...? — *per la qual cosa, (raro, ant. e dir.)* wherefore — *La cosa va da sé,* It's a matter of course — *dire una cosa per l'altra,* to make a mistake (a slip of the tongue) — *prendere le cose per il loro verso,* to take (to accept) things as they are (as they come) — *prendere le cose per il verso buono,* to put a good face upon it; to look on the bright side (of things) — *Da cosa nasce cosa, (prov.)* One thing leads to another — *Cosa fatta capo ha, (prov.)* What's done is done (and cannot be undone).

[2]**cosà** *avv* **1** *(o) così o cosà,* one way or another; somehow or other. **2** *così cosà,* so so.

cosacco *agg e sm* Cossack.

cosare *vt (fam., dial.)* to do*; to what-d'you-call-it; to you-know-what-I-mean.

coscia *sf* **1** thigh; *(di pollo, ecc.)* leg; *(di carne bovina)* round; silverside: *calzoni a coscia,* tights. **2** *(archit.)* abutment; *(mecc.)* jaws *(pl.).*

cosciale *sm* **1** *(stor.)* cuisse *(fr., generalm. al pl.* cuisses*)*; thigh armour. **2** *(sport)* thigh pad (*o* guard).

cosciente *agg* aware *(pred.);* conscious.

coscientemente *avv* knowingly; consciously.

coscienza *sf* **1** conscience: *una coscienza larga (rigida),* an accommodating (a strict) conscience — *una coscienza pulita (sporca),* a clear (a guilty) conscience — *contro coscienza,* against one's conscience — *in coscienza,* in (all) conscience — *in buona coscienza,* in one's good conscience; thinking it good — *per scrupolo di coscienza,* for conscience's sake — *per sgravio di coscienza,* as a matter of duty — *senza coscienza, (agg.)* unscrupulous; *(avv.)* unscrupulously — *un caso di coscienza,* a matter (a point) of conscience — *avere la coscienza a posto (sporca),* to have a clear (a guilty) conscience — *avere qcsa sulla coscienza,* to have sth on one's conscience — *fare un esame di coscienza,* to examine one's conscience — *mettersi una mano sulla coscienza,* to put a (*o* one's) hand on one's heart — *prendersi (qcsa) sulla coscienza,* to take on oneself the responsibility (for sth) — *togliersi un peso dalla coscienza,* to clear one's conscience. **2** *(coscienziosità)* conscientiousness: *Fa tutte le cose con coscienza,* He does everything conscientiously. **3** *(consapevolezza, conoscenza)* consciousness; awareness: *coscienza di classe,* class consciousness — *con piena coscienza delle conseguenze,* in full consciousness of the consequences; with one's eyes wide open — *Ho la coscienza di aver fatto il mio dovere,* I am conscious (*o* fully aware) of having done my duty. **4** *(conoscenza)* consciousness: *perdere (riprendere) la coscienza,* to lose (to recover) consciousness. □ *obiettore di coscienza,* conscientious objector.

coscienziosamente *avv* conscientiously.

coscienziosità *sf* conscientiousness.

coscienzioso *agg* conscientious.

coscritto *sm* **1** *(stor.) padri coscritti,* conscript fathers. **2** *(mil.)* recruit; *(USA)* enlisted man; *(di leva)* conscript; *(USA)* draftee.

coscrivere *vt* to enlist; to enrol; *(di leva)* to conscript; *(USA)* to draft.

coscrizione *sf (volontaria)* enlistment; enrolment; *(obbligatoria)* conscription; call-up; *(USA)* draft.

cosecante *sf* cosecant; cosec *(abbr.).*

coseno *sm* cosine; cos *(abbr.).*

così **I** *avv* **1** *(in tal modo)* so; thus *(lett., non molto comune); (talvolta)* this; that; *(allo stesso modo)* so: *Lo conosco da quando ero grande così,* I've known him since I was so high — *E così fu che perdemmo la battaglia,* So (Thus) it was that the battle was lost — *Così volle il destino!,* Fate would have it so! — *Ha detto così, non so dirti altro,* That's what he said, I can't tell you any more than that — *Ha detto così: 'Prendere o lasciare',* This is what he said: 'Take it or leave it' — *Le cose stanno così,* That's (This is) how matters stand — *Io amo la musica, e così tutta la mia famiglia,* I love music and so do all my family.

2 *(in questo modo)* like this; (in) this way; *(in quel modo)* like that; (in) that way; *(come segue)* as follows: *Non farlo così, ma così!,* Don't do it like that, but this way! — *Nella lista i nomi erano messi così...,* The names on the list were set out as follows... — *Mettiti per così,* Sit down (Lie down) this way (like this).

3 *(tanto, talmente)* so... *(con avv. e agg.);* such a... *(con agg. e s.): Perché sei arrivato così tardi?,* Why have you arrived so late? — *Non ho mai visto niente di così bello,* I've never seen anything so beautiful — *È una così cara ragazza!,* She's such a nice girl! — *È così affascinante che conquista tutti!,* She's so fascinating (that) she wins everybody's heart! — *Sei così stupido da credergli?,* Are you so stupid as to believe him? — *Non sono poi così stupido,* I'm not that stupid; I'm not as stupid as I seem.

4 *(correlativo di* **come***: parimenti, al pari, altrettanto, tanto... quanto)* as well as; as... as: *È stato scortese così con me come con tutti gli altri,* - **a)** *(non solo... ma anche...)* He was rude to me as well as to everybody else - **b)** *(tanto... quanto)* He was (just) as rude to me as he was to everybody else — *Le cose continuano ad andare così come sono sempre andate,* Things carry on just as they always have — *È proprio così ricco come si dice?,* Is he really as rich as they say? — *Non era così onesto come credevamo,* He wasn't as (*o* so) honest as we thought — *Dammelo così com'è,* Give it to me just as it is.

□ *così così, (anche fam.: così cosà)* so so — *così e così,* so and so — *così o cosà,* in one way or another — *e così via,* and so on; and so forth; et cetera *(abbr.* etc.*)* — *per così dire,* so to speak; so to say; as it were — *se è così...,* if so... — *Basta così!,* That will do! — *Così stanco insisté per venire lo stesso,* Tired as he was, he insisted on coming — *Non posso fare diversamente da così,* I can't do otherwise — *Adesso è tutto passato, meglio così,* Now everything is over, and a good thing too — *Meglio di così...!,* Better tnan this...! — *Più sbagliato di così!,* (It would be difficult to be) more mistaken than that!

II *(in funzione di agg.: tale, siffatto)* such a...; like... *(con un pronome): Non ho mai avuto un cane così,* I've never had another dog like him — *Ne hai ancora uno così, ma giallo?,* Have you got another one like this, but in yellow? — *Ho comperato anch'io una borsa così pochi giorni fa,* I bought a bag like that myself a few days ago — *Sei sicuro di voler rifare un viaggio così?,* Do you really want to take such a trip again?

III *congiunz* **1** *(allora)* so; then: *Così, hai deciso finalmente?,* So, you've made up your mind at last? — *Così, possiamo incominciare,* We can start, then — *E così?,* Well?; So what?

2 *(perciò)* so; therefore: *È stato malato e così ha perso un mese di scuola,* He's been ill and so he has lost a month of school.

cosicché *congiunz* so that.

cosidetto *agg* so-called.

cosiffatto *agg* such *(attrib.).*

cosmesi, cosmetica *sf* cosmetics *(pl.);* beauty treatment.

cosmetico *agg* cosmetic.

□ *sm* cosmetic: *prodotti cosmetici,* cosmetics.

cosmico *agg* cosmic.

cosmo *sm* cosmos.

cosmogonia *sf* cosmogony.

cosmografia *sf* cosmography.

cosmografico *agg* cosmographic(al).

cosmografo *sm* cosmographer.

cosmologia *sf* cosmology.

cosmologo *sm* cosmologist.
cosmonauta *sm e f.* cosmonaut.
cosmopolita *agg* cosmopolitan. □ *sm* cosmopolite.
cosmopolitico *agg (raro)* cosmopolitan; cosmopolite.
cosmopolitismo *sm* cosmopolitism; cosmopolitanism.
coso *sm (fam.: oggetto strano)* thing; object; *(oggetto di cui non si ricorda il nome)* thingummy (jig); what-d'you-call-it; what's-its-name; *(oggetto di cui non si vuol dire il vero nome)* you-know-what-I-mean; *(di persona)* what's-his-name; *(spreg.)* creature.
cospargere *vt* to strew*; to bestrew*; to spread*; *(liquidi)* to sprinkle; to spatter; *(disseminare)* to scatter: *cospargere qcsa di fiori,* to strew sth with flowers.
cospetto *sm (nell'espressione) al cospetto di...,* in the sight of...; before...; in front of...
□ *esclamazione* Good Heavens!
cospicuità *sf* largeness; extent; prominence.
cospicuo *agg* conspicuous; remarkable; outstanding; prominent; *(di somma, patrimonio, ecc.)* considerable; large.
cospirare *vi* to conspire *(anche fig.);* to plot: *Tutto sembra cospirare contro di noi,* Everything seems to be conspiring against us.
cospiratore *sm* conspirator; plotter.
cospirazione *sf* conspiracy; plot.
costa *sf* **1** coast; coast-line; seaboard; *(litorale)* shore: *una costa irregolare (frastagliata),* a rugged (*o* indented) coast-line — *una costa rocciosa (sassosa, sabbiosa),* a rocky (pebbly, sandy) shore — *la costa del Pacifico,* the Pacific seaboard — *lungo la costa,* coastwise; along the coast — *verso la costa,* coastward(s); toward the coast — *la Costa Azzurra (la Costa d'Avorio, la Costa d'Oro),* the Côte d'Azur (the Ivory Coast, the Gold Coast). **2** *(pendio)* side; slope; mountain-side; hill-side: *una costa ripida,* a steep slope — *essere a mezza costa,* to be half-way up (*o* down) the hill(-side) — *traversare a mezza costa, (alpinismo, sci, ecc.)* to traverse. **3** *(costola e fig.)* rib; *(venatura)* vein; *(di tessuto)* cord; rib; wale: *una costa rotta,* a broken rib — *costa di manzo,* prime rib of beef; *(talvolta)* side of beef; sirloin — *le coste di un'ala,* the ribs (the veins) of a wing — *le coste d'una nave,* the ribs of a ship — *costa deviata, (costruzione navale)* cant frame — *costa di dente, (mecc., anche di ingranaggi)* tooth face — *velluto a costa,* cord velvet; corduroy — *punto a costa, (nel ricamo)* cord (*o* wale) stitch. **4** *(di libro, ecc.)* spine; *(di coltello)* back.
costà *avv* there; over there; your place: *Verremo domani costà a trovarti,* We'll be coming over to your place tomorrow.
costaggiù *avv* down there.
costale *agg* costal.
costante *agg* constant; steady; unchanging; steadfast; *(fedele)* faithful; *(instancabile)* untiring; *(incessante)* ceaseless; *(perseverante)* persevering; *(del tempo)* settled; steady. □ *a temperatura costante,* at an even temperature; at a uniform temperature.
□ *sf* constant.
costantemente *avv* constantly; steadily; unchangingly.
costanza *sf* faithfulness; steadfastness; constancy.
costare *vi e t.* to cost* *(anche fig.); (costare caro)* to be* expensive: *costare un occhio (l'osso del collo, un patrimonio),* to cost the earth; to cost a mint of money — *Quanto costa?,* How much is it? — *Quanto ti è costato?,* How much did you pay for it? — *Gli è costata cara!,* He paid dearly for it! — *Costi quel che costi!,* No matter what it costs!; Cost what it may!
costassù *avv* up there.
costata *sf* chop: *costata d'agnello,* lamb chop — *costata alla fiorentina,* T-bone steak.
costatare *vt* ⇨ **constatare.**
costato *sm* chest; ribs *(pl.); (di animale)* side.
costeggiare *vt* **1** *(navigare)* to coast (to hug the shore); to sail along the coast. **2** *(procedere rasente)* to skirt; to run* along (*o* along the side of) sth.
costei *pron f.* she *(soggetto);* her *(compl.);* this (*o* that) woman *(pl.* women*).*
costellare *vt* to spangle; to stud.
costellazione *sf* constellation.
costernare *vt* to dismay; to stagger; to fill (sb) with consternation (*o* dismay).
costernazione *sf* consternation; dismay.
costì *avv* there; over there; near (*o* beside) you.
costiera *sf* stretch of coast; steep (*o* rocky) coast.
costiero *agg* coastal; coast *(attrib.): nave costiera,* coaster.
costipare *vt* **1** *(ammassare)* to condense; to squeeze in. **2** *(comprimere il terreno)* to tamp. **3** *(l'intestino)* to constipate.
□ **costiparsi** *v. rifl* **1** *(raffreddarsi)* to catch* a cold. **2** *(dell'intestino)* to become* constipated.
costipazione *sf* **1** *(raffreddore)* heavy cold. **2** *(intestinale)* constipation. **3** *(consolidamento del terreno)* tamping; compaction.
costituire *vt* **1** *(creare, fondare)* to constitute; to found; to set* up; to establish; to form; *(una società per azioni)* to incorporate; to found: *costituire un nuovo governo,* to constitute (to set up, to form) a new Government — *costituire un'associazione,* to form an association — *le autorità costituite,* the Authorities; the powers that be *(fam.).* **2** *(comporre, fare, essere)* to constitute *(piuttosto formale);* to compose; to make* up; to form; to amount to; to be*: *costituire un reato, (dir.)* to be a crime (an offence) — *essere costituito di...,* to be made up of...; to amount to... — *Il suo bagaglio personale è costituito di otto colli e di una mezza dozzina di bauli,* His personal luggage is made up of (*o* amounts to) eight packages and half a dozen trunks — *Il lavoro costituisce l'unica ragione della sua vita,* He lives for his work. **3** *(nominare)* to appoint; to make*; to constitute: *costituire qcno a difensore, (dir.)* to appoint sb counsel for the defence — *costituire qcno erede,* to make (to constitute) sb one's heir. **4** *(assegnare)* to give*; to settle: *Le fu costituita una considerevole dote,* A substantial dowry was settled on (was given to) her; She was given a substantial dowry.
□ **costituirsi** *v. rifl* **1** *(consegnarsi alla polizia, ecc.)* to give* oneself up; to deliver oneself up. **2** *(nominarsi)* to appoint oneself; to set* oneself up as...; to constitute oneself: *Non costituirti giudice della condotta altrui,* Don't set yourself up as a judge of other people's behaviour — *costituirsi parte civile, (dir.)* to join a prosecution as plaintiff — *costituirsi in giudizio,* to enter an appearance; to appear. **3** *(formarsi)* to form oneself; to become*: *Per rendere la loro azione più efficace si costituirono in comitato,* They formed themselves into a committee for greater efficiency — *L'Italia si costituì in repubblica nel 1946,* Italy became a republic in 1946.
costitutivo *agg* constitutive: *atto costitutivo, (p.es. di una società per azioni)* memorandum of association.
costituzionale *agg* constitutional.
costituzionalismo *sm* constitutionalism.

costituzionalista *sm* constitutionalist.
costituzionalità *sf* constitutionality.
costituzionalmente *avv* constitutionally.
costituzione *sf* **1** *(complesso di qualità, caratteristiche, ecc. di qcsa o qcno)* constitution; *(composizione)* composition. **2** *(fondazione)* establishment; setting up. **3** *(dir.)* appearance. **4** *(di uno Stato)* constitution.
□ *costituzione in dote,* marriage settlement.
costo *sm* cost; *(prezzo)* price; *(spesa)* charge; expense: *il costo della vita,* the cost of living — *a prezzo di costo,* at cost price — *costo di esercizio,* operating cost; running cost — *a costo di...,* at the cost of... — *a costo della vita (ecc.),* at the cost of (one's) life *(ecc.)* — *a nessun costo,* on no account — *a qualsiasi costo; a tutti i costi,* at all costs; at any price — *senza costi aggiuntivi,* (at) no extra charge.
costola *sf* **1** rib *(anche fig.); (di nave)* timber; frame; rib; *(bot.)* rib. **2** *(di lama)* blunt edge; back. **3** *(di libro)* spine; back. □ *stare alle costole di qcno,* to stay close to sb; to stick to sb's side — *avere qcno alle costole,* to be unable to get rid (*o* free) of sb — *rompere le costole a qcno,* to beat sb up — *essere della costola di Adamo, (spesso scherz.)* to have come over with the Conqueror *(solo GB).*
costoletta *sf* cutlet; chop.
costolone *sm* *(archit.)* groin rib.
costoro *pron dimostrativo pl* they *(soggetto);* them *(compl.);* these (*o* those) people.
costoso *agg* dear; expensive; *(prezioso)* costly.
costringere *vt* **1** to oblige; to force (sb to do sth); to make* (sb do sth); to compel (sb to do sth): *Mi hanno costretto ad andare,* They forced me to go; They made me go. **2** *(reprimere)* to repress; to hold* back.
costrittivo *agg* compelling; coercive; constrictive.
costrittore *agg muscolo costrittore,* constrictor.
costrizione *sf* coercion; compulsion; constraint.
costruire *vt* **1** to build*; to construct; *(erigere)* to erect. **2** *(un periodo)* to parse; to construe.
costruttivamente *avv* constructively.
costruttivo *agg* **1** building *(attrib.).* **2** *(fig.)* constructive.
costrutto *sm* **1** *(significato)* meaning; *(scopo)* aim; purpose; *(utilità)* profit: *chiacchiere senza costrutto,* idle talk. **2** *(linguistica)* construction.
costruttore *sm* builder; *(di macchine)* maker; manufacturer; *(raro)* constructor; *costruttore di navi,* ship builder — *costruttore edile,* builder.
costruzione *sf* **1** building; construction; *(opera)* structure; *(edificio)* building; edifice: *una costruzione in cemento armato,* a reinforced concrete building — *in (corso di) costruzione,* in the course of construction; *(di nave)* on the stocks — *materiale da costruzione,* building material — *impresa di costruzioni,* builders; building contractors. **2** *(di un periodo)* construction; parsing.
costui *pron dimostrativo m.* he *(soggetto);* him *(compl.);* this (*o* that) man *(pl.* men*): Chi è costui?,* Who's that?
costumanza *sf* custom; usage.
costumare *vi (impers.)* to be* customary; to be* usual; *(di moda)* to be* the fashion; *Da queste parti costuma così,* It's the custom here.
costumatamente *avv* politely; decorously; properly.
costumatezza *sf* politeness; good manners; propriety.
costumato *agg* well-behaved; well-mannered; virtuous.
costume *sm* **1** *(consuetudine, usanza collettiva)* custom; usage; use; *(abitudine personale)* habit; wont *(soltanto in alcune espressioni idiomatiche): secondo il costume,* according to use and wont — *gli usi e i costumi dell'Italia Meridionale,* the customs of Southern Italy — *È un vecchio costume di questa regione,* It is an old usage of this country (of this district) — *Non è mio costume chiedere troppi favori,* It is not my habit to ask for too many favours — *Nei paesi cattolici è costume festeggiare il carnevale,* In Catholic countries it is customary (*o* usual) to celebrate carnival. **2** *(al pl.: condotta)* morals; behaviour: *Sono persone di buoni costumi,* They are people of good morals (They are moral people) — *È una ragazza di facili costumi,* She is a girl of loose morals. **3** *(indumento)* costume; *(da carnevale, ecc.)* fancy-dress: *È un autentico costume del vecchio Piemonte,* It's a genuine old Piedmontese costume — *un ballo in costume,* fancy-dress ball; costume ball — *una prova in costume, (teatrale)* a dress rehearsal — *costume da bagno,* bathing suit; (bathing) costume.
□ *la squadra del buon costume,* the Vice Squad.
costumista *sm e f.* **1** *(bozzettista)* costume designer. **2** *(addetta ai costumi)* wardrobe mistress.
costura *sf* seam: *senza costura,* seamless.
cotale *agg (lett.)* such: *in cotal guisa,* in such a way (*o* manner); thus.
cotangente *sf* cotangent; cotan *(abbr.).*
cotanto *agg* so great a; such a big: *un cotanto uomo,* so great a man.
□ *avv* **1** so much. **2** *(così a lungo)* so long.
cote *sf* whetstone; hone.
cotenna *sf* **1** *(di maiale)* pigskin; hide; *(della pancetta)* bacon rind. **2** *(scherz.: dell'uomo)* hide; *(del capo)* scalp: *essere duro di cotenna, (fig.)* to be thick-skinned; to have the hide of a rhinoceros — *avere cara la cotenna, (fig.)* to look after one's own skin.
cotiledone *sm* cotyledon.
cotogna *sf* quince.
cotognata *sf* quince-paste.
cotogno *sm* quince(-tree).
cotoletta *sf* cutlet.
cotonato *agg* **1** cotton *(attrib.);* cottony. **2** *(di capelli)* back combed.
□ *sm* silk and cotton fabric.
cotonatura *sf* back combing.
cotone *sm* cotton; *(tessuto)* cotton material; *(filo)* cotton thread (*o* yarn): *cotone idrofilo,* cotton-wool — *cotone fulminante,* gun cotton — *olio di cotone,* cotton seed oil. □ *vivere nel cotone, (fig.)* to live in clover — *tenere qcno nel cotone, (fig.)* to keep sb wrapped in cotton-wool.
cotonerie *sf pl* cotton goods.
cotoniere *sm* **1** *(industriale)* mill owner; cotton manufacturer. **2** *(operaio)* cotton-spinner; mill-worker.
cotoniero *agg* cotton *(attrib.).*
cotonificio *sm* cotton-mill.
cotonina *sf* calico.
[1]**cotta** *sf* **1** *(manto)* cloak; *(d'arme)* surcoat; tabard; *(di sacerdote)* surplice: *in cotta,* surpliced. **2** *(di maglia)* mail; chain-mail.
[2]**cotta** *sf* **1** *(cottura e quantità)* cooking; *(al forno)* baking; *(quantità di mattoni)* kilnful: *un furbo di tre cotte, (fig.)* a thorough scoundrel. **2** *(fam.: innamoramento)* infatuation: *prendere una cotta per qcno,* to have a crush on sb. **3** *(fam.: sbornia)* (state of) drunkenness.
cottimista *sm e f.* piece-worker; jobber.
cottimo *sm (il sistema)* piecework; job-work; *(il contratto)* jobbing contract: *lavoro a cottimo,* piecework

— *lavorare a cottimo,* to do piecework — *dare a cottimo,* to job.

[1]**cotto** *agg* **1** done; cooked; *(al forno)* baked: *cotto a perfezione,* done to a turn — *poco cotto,* underdone; *(di carne: al sangue)* rare — *molto cotto,* overdone. **2** *(fam.: spossato)* exhausted; *(sbronzo)* drunk; tight; canned *(sl.).* **3** *(infatuato)* in love; infatuated. □ *farne di cotte e di crude,* to get up to all kinds of tricks (*o* mischief) — *cadere come una pera cotta,* to fall like a stone; *(fig.)* to fall for sth; to be taken in — *Chi la vuole cotta e chi la vuole cruda,* One's man meat is another man's poison.

[2]**cotto** *sm (opera)* brickwork; *(mattone)* brick; *(piastrella, tegola)* tile: *industria del cotto,* ceramics.

cottura *sf* cooking; *(al forno)* baking: *essere a mezza cottura,* to be half-baked — *essere passato di cottura,* to be overcooked (*o* overdone).

coturno *sm* buskin; cothurnus.

coutente *sm e f.* **1** co-user. **2** *(al pl.: telefono)* joint subscribers (to a party-line).

cova *sf (il covare)* brooding; sitting.

covare *vt* **1** *(di uccello)* to brood; to sit*; *(fino alla schiusa)* to hatch: *mettere una gallina a covare,* to set a hen. **2** *(fig.: desiderare)* to long (for): *covare qcno con gli occhi,* to look longingly at sb. **3** *(fig.: nutrire)* to nurse; to harbour. **4** *(una malattia)* to sicken (for sth): *covare un raffreddore,* to be sickening for a cold. □ *vi (di fuoco o fig.: nascondersi)* to smoulder; to lie* hidden: *Gatta ci cova!,* There's more to this than meets the eye.

covata *sf* **1** *(di uova)* clutch; set; *(i pulcini, scherz. anche: figliolanza)* brood. **2** *(antropologia)* couvade *(fr.).*

covile *sm* **1** hiding place; lair. **2** *(giaciglio)* hovel.

covo *sm* den *(anche fig.)*; *(tana)* lair; den; *(di coniglio)* hole; burrow; warren; *(di volpe)* earth; *(di lepre)* form; *(fig.: ritrovo)* haunt: *farsi il covo,* to make a nest for oneself.

covone *sm* sheaf; shock.

coyote *sm* coyote; prairie-wolf.

cozza *sf* mussel.

cozzare *vt e i.* **1** to clash; to bump; to collide *(spec. di autoveicoli, ecc.)*; to strike*; *(con la testa o le corna)* to butt: *Andò a cozzare contro un palo,* He bumped into a pole. **2** *(essere in contrasto)* to clash; to collide; to conflict.

cozzo *sm* **1** *(dato con le corna)* butting. **2** *(urto)* impact; collision. **3** *(fig.)* clash; conflict.

crac *sm* **1** *(interiezione)* crash! **2** *(rumore)* crash; crack. **3** *(tracollo improvviso)* crash; collapse; *(crollo fisico)* breakdown; crack-up.

crampo *sm* cramp *(generalm. al sing.).*

cranico *agg* cranial: *scatola cranica,* cranium; brain-pan.

cranio *sm* cranium; skull; *(fig.)* head.

craniometria *sf* craniometry.

craniotomia *sf* craniotomy.

craniotomo *sm* craniotome.

crapula *sf* guzzling; gorging; debauch.

crapulare *vi (lett.)* to gorge; to stuff oneself.

crapulone *sm* glutton; greedy-guts *(fam.).*

crasi *sf* **1** *(gramm.)* crasis. **2** *(med.)* composition.

crasso *agg* **1** *(grossolano)* crass; gross. **2** *(anat.) intestino crasso,* large intestine.

cratere *sm* **1** *(vaso)* mixing-bowl. **2** *(di vulcano: cavità, ecc.)* crater.

crauti *sm pl* sauerkraut *(tedesco).*

cravatta *sf* **1** tie; *(talvolta)* neck-tie; *(a farfalla)* bow-tie; *(plastron)* cravat; stock; *(a fiocco)* bow; *(per estensione o scherz.)* noose; neck-tie *(USA).* **2** *(mecc., ecc.)* tie. **3** *(lotta)* neck-hold.

cravattaio *sm (fabbricante)* tie-maker; *(venditore)* tie-dealer.

creanza *sf* politeness; (the) polite thing: *mala creanza,* bad manners — *non aver creanza,* to have no manners *(pl.).*

creare *vt* **1** to create; to make*; *(inventare)* to invent: *Dio creò il cielo e la terra,* God created the heaven and the earth — *L'attore creò egli stesso quella parte,* The actor himself created that part. **2** *(causare)* to cause; to produce; to give* rise to; to make*: *Lo sciopero delle poste ci creò qualche difficoltà,* The postal strike caused us some difficulty — *creare dei malintesi,* to give rise to misunderstanding(s) — *Il suo voltafaccia gli creò molti nemici,* His volte-face made him a lot of enemies. **3** *(nominare)* to create; to appoint; to make*; to elect: *Fu creato cavaliere della Repubblica,* He was created (made) a 'cavaliere'. **4** *(costituire)* to form; to establish; to found; to set* up: *La società fu creata da suo padre,* The company was established (was founded) by his father.

creativamente *avv* creatively.

creativo *agg* creative.

creato *agg* created. □ *sm* creation.

creatore *sm* **1** creator; maker: *andare al Creatore,* to go to one's Maker. **2** *(fresa)* hob. □ *agg* creative.

creatura *sf* **1** creature; being: *creature umane,* human beings. **2** *(bambino)* baby: *povera creatura!,* poor little thing! **3** *(persona protetta)* protégé *(fr.)*; *(spreg.)* creature.

creazione *sf* creation; *(fondazione)* establishment; setting-up. □ *le ultime creazioni della moda,* the latest creations.

credente *sm e f.* believer.

[1]**credenza** *sf (opinione)* tenet; opinion; belief; conviction; *(fede)* faith; *(fiducia)* trust; confidence; *(comm.)* credit: *È credenza popolare che...,* There is a popular belief that...

[2]**credenza** *sf* dresser; sideboard; *(di cucina)* kitchen cupboard.

credenziale *agg (nell'espressione) lettera credenziale,* credentials *(pl.).*

credenziali *sf pl* credentials.

[1]**credere** *vt e i.* **1** *(pensare, ritenere)* to believe; to think*; *(reputare)* to consider: *Credo che tu abbia ragione,* I believe (I think) you are right — *Non potevo credere ai miei occhi,* I could hardly believe my eyes — *credere bene,* to think it best — *Ho creduto bene di non rispondere,* I thought it best not to answer — *credere necessario,* to think it necessary — *Credo di sì,* I think so; I believe so — *Credo di no,* I don't think so; I believe not; I think not — *Lo credo bene!,* I should think so!; I should think so, too! — *Mi creda...,* Believe me... — *Voglio credere che non abbia agito solo per sé,* I prefer to think (I hope, I should like to think) he didn't act only on his own behalf — *Fai come credi,* Do as you like (please, wish); Do as you think best — *Non credo né a te né a tua sorella,* I believe neither you nor your sister — *dare a credere,* to make (sb) believe — *credere qcno sulla parola,* to take sb's word for it (for sth) — *Tutti lo credevano un imbecille,* Everybody considered him an idiot; Everybody thought he was an idiot.

2 *(credere nell'esistenza di qcsa)* to believe (in sth): *Credo in Dio ma non nelle streghe e negli spiriti,* I believe in God, but not in witches and ghosts.

3 *(aver fiducia in)* to trust (sb or sth); to trust in (sb or sth); to believe in; to have* faith in: *Non credo nell'efficacia di questa cura,* I don't believe (I don't trust, I don't have much faith) in this treatment — *È difficile poter credere in quello che fa,* It's difficult to believe in what he does.

□ **credersi** *v. rifl* to believe oneself (to be); to consider oneself; to think* (one is): *Si crede una persona importante ma è solo un pallone gonfiato,* He thinks he is an important person, but he is just a windbag.

[2]**credere** *sm* **1** judgement; opinion; conviction: *a mio credere,* in my opinion; to my mind. **2** *(comm.) agente del credere,* del credere agent. □ *provvigione del credere; star del credere,* del credere.

credibile *agg* credible; believable; *(verosimile)* plausible; *(degno di fiducia)* trustworthy.

credibilità *sf* credibility.

credibilmente *avv* believably; credibly; plausibly.

credito *sm* **1** *(fiducia)* credit; belief; credence. **2** *(buona reputazione)* reputation; standing: *millantato credito, (dir.)* misrepresentation of authority. **3** *(econ., comm.)* credit; *(prestito)* loan; advance: *concedere un credito,* to grant a loan — *comprare (vendere) a credito,* to buy (to sell) on credit *(fam.* on tick*)* — *segnare un importo a credito di qcno,* to credit sb with an amount — *istituto di credito,* bank.

creditore *sm* creditor: *creditore garantito,* secured creditor — *creditori diversi,* sundry creditors — *creditore ipotecario,* mortgagee.

credo *sm* **1** *(professione di fede)* creed; credo; faith. **2** *(fig.)* creed; credo *(lett.).*

credulità *sf* credulity; gullibility.

credulo *agg* credulous; gullible.

credulone *agg* credulous; gullible.

□ *sm* dupe; simpleton; sucker *(sl.).*

crema *sf* **1** *(panna)* cream; *(di latte e uova)* custard: *gelato di crema,* cream ice — *crema di pomodoro,* cream of tomato soup. **2** *(cosmetica, ecc.)* cream: *crema da barba,* shaving cream — *crema per calzature,* shoe-polish — *crema di bellezza,* beauty cream. **3** *(colore)* cream *(anche agg.).* **4** *(fig.)* flower; cream; élite.

cremagliera *sf* rack: *ferrovia a cremagliera,* rack (*o* rack-and-pinion) railway.

cremare *vt* to cremate.

crematorio *agg* crematory. □ *sm* crematorium.

cremazione *sf* cremation.

cremisi *agg e sm* crimson.

cremore *sm* cream tartar.

crepa *sf* **1** crack; cleft. **2** *(dissidio)* split; rift.

crepaccio *sm* **1** cleft. **2** *(di ghiacciaio)* crevasse.

crepacuore *sm* heartbreak; broken heart.

crepapelle *(nella locuzione avverbiale) a crepapelle,* fit to burst: *ridere a crepapelle,* to laugh fit to burst; to split one's sides with laughter.

crepare *vi* **1** *(fendersi)* to crack; to split. **2** *(fam.: scoppiare)* to burst*; *(rodersi)* to be* eaten up (with); *(morire)* to die: *crepare dal ridere,* to burst with laughter — *crepare di salute,* to be bursting with health — *crepare di rabbia,* to be eaten up with rage — *Crepi l'avarizia!,* To hell with the expense! — *Crepi l'astrologo!,* To hell with what the stars say!

crepatura *sf* crack; crevice.

crepella *sf* wool crepe.

crepitare *vi* to crackle; to sputter; to crepitate; *(debolmente)* to rustle.

crepitio *sm* crackling; rattling; rustling.

crepuscolare *agg* **1** *(del crepuscolo)* twilight *(attrib.);* crepuscolar: *luce crepuscolare,* twilight. **2** *(fig.)* dim; low-toned; evanescent.

crepuscolo *sm (dopo il tramonto)* dusk; gloaming; *(anche prima del sorgere del sole)* twilight; *(fig., anche)* decline: *il crepuscolo della vita,* the evening of life — *il crepuscolo degli dei,* the twilight of the gods.

crescendo *sm (mus., fig.)* crescendo.

crescente *agg* growing; increasing; crescent; *(della luna)* crescent; waxing; increasing.

□ *sm (falce di luna, araldica)* crescent.

□ *sf (focaccia)* croissant *(fr.).*

crescenza *sf* growth; increase: *febbri di crescenza,* growing pains — *vestito per la crescenza,* clothing that gives room for a child to grow.

crescere *vi* **1** to grow*; *(diventare adulto)* to grow* up; *(di statura)* to grow* taller: *Cresci sempre di più,* You're growing taller and taller — *far crescere,* to grow — *Nel giardino dietro casa facciamo crescere fiori e verdura di ogni tipo,* In the back garden we grow all kinds of flowers and vegetables — *farsi crescere la barba,* to grow a beard — *farsi crescere i capelli,* to let one's hair grow. **2** *(aumentare di volume, di intensità)* to rise*; to increase; *(di prezzi)* to rise*; to go* up: *Il vento cresce,* The wind is rising — *I prezzi continuano a crescere,* Prices go on rising. **3** *(aumentare di peso)* to put* on; to gain (weight): *Son cresciuto di cinque chili,* I've put on five kilos. **4** *(di luna)* to wax. **5** *(essere in più)* to have* left; to have* over *(spesso con costruzione personale);* to be* more than one needs: *Dammelo se ti cresce,* Give it to me if it's more than you need.

□ *vt* **1** *(allevare)* to bring* up; to rear: *Fu cresciuto da mia zia come se fosse suo figlio,* He was brought up by my aunt as if he were her own son. **2** *(aumentare)* to raise; to increase: *Ha cresciuto tutti i prezzi senza una ragione,* He has unjustly raised (*o* increased) all his prices.

crescione *sm (dell'acqua)* water-cress; *(agretto)* garden-cress; cress.

crescita *sf* growth; *(aumento)* increase; rise.

cresciuto *agg* **1** grown; grown-up; *(aumentato)* increased. **2** *(allevato)* brought up; reared.

cresima *sf* confirmation: *fare la cresima,* to be confirmed — *tenere a cresima qcno,* to be sb's godparent.

cresimando *sm* candidate for confirmation.

cresimare *vt* to confirm.

□ **cresimarsi** *v. rifl* to be* confirmed.

Creso *nome proprio* Croesus: *Non sono un Creso,* I'm not made of money.

crespa *sf* **1** *(di vestito)* gather; ruche *(fr.);* pucker. **2** *(ruga)* wrinkle; pucker. **3** *(onda)* ripple.

crespo *agg (dei capelli)* kinky; fuzzy; woolly; frizzy; *(di mare, lago)* rippled; *(di tessuto)* puckered.

□ *sm* crape; crêpe *(fr.);* *(da lutto)* mourning veil: *crespo di Cina,* crêpe-de-Chine *(fr.).*

cresta *sf* **1** *(di vari animali)* crest; *(spec. di polli)* comb; *(anat.)* crest; *(di casco)* crest: *alzare la cresta,* to grow insolent; to get cocky — *abbassare la cresta,* to climb down — *fare abbassare la cresta a qcno,* to humiliate sb; to take sb down a peg *(fam.)* — *a cresta bassa,* crest-fallen. **2** *(crinale)* ridge; *(sommità)* peak; crest; summit: *essere sulla cresta dell'onda, (fig.)* to be on the crest of the wave. **3** *(cuffietta)* starched cap; *(stor.)* mob-cap. □ *fare la cresta sulla spesa,* to keep a (small) proportion of the shopping money for oneself.

crestato *agg* **1** *(zool., bot.)* cristate; crested. **2** *(di elmo)* crested; plumed.

crestina *sf* maid's cap.

crestomazia *sf* anthology.
creta *sf (gesso)* chalk; *(argilla, fig.)* clay.
cretaceo *agg* **1** chalky; clay *(attrib.)*. **2** *(anche sm)* Cretaceous.
cretinamente *avv* cretinously; moronically; stupidly.
cretineria *sf* idiocy; stupidity; imbecility; *(cretinata)* imbecility; foolish action; *(discorso cretino)* nonsense.
cretinismo *sm* **1** *(med.)* cretinism. **2** *(fig.)* stupidity.
cretino *sm* **1** imbecile; fool; idiot; cretin. **2** *(med.)* cretin.
□ *agg* cretinous.
[1]**cric, cricche** *(voce onomatopeica)* crack; creak.
[2]**cric** *sm (mecc.)* jack.
cricca *sf* **1** *(combriccola)* clique; set; *(fam.)* gang; bunch. **2** *(di carte)* three of a kind.
cricchiare *vi* to crack; to crackle.
criceto *sm* hamster.
cri cri *voce onomatopeica* chirp; *(canto)* chirping: *fare cri cri,* to chirp; to chirrup.
criminale *agg e sm e f.* criminal.
criminalità *sf* criminality; *(delinquenza)* crime.
crimine *sm* crime; serious offence.
criminologia *sf* criminology.
criminologo *sm* criminologist.
criminoso *agg* criminal.
crinale *sm* crest; ridge.
crine *sm* **1** horse hair; *(capelli)* hair; locks *(pl.)*. **2** *(per imbottitura)* hair. **3** *(vegetale)* fibre. **4** *(tessuto)* haircloth.
criniera *sf* **1** *(anche scherz.)* mane. **2** *(dell'elmo)* plume. **3** *(di cometa)* tail.
crinito *agg (lett.)* with flowing locks.
crinolina *sf* crinoline; hooped petticoat.
criolite *sf* cryolite; Greenland spar.
crioterapia *sf* cryotherapy.
cripta *sf* crypt; vault.
cripto *sm* krypton.
criptocomunista *sm e f.* crypto-Communist.
criptografia *sf* cryptography; (writing in) cipher.
crisalide *sf* chrysalis; pupa; nymph.
crisantemo *sm* chrysanthemum.
criselefantino *agg* chryselephantine.
crisi *sf* **1** crisis *(pl.* crises*)*; *(med., anche)* fit; attack: *essere in crisi,* to be in a state of crisis — *mettere in crisi qcno,* to put sb in a critical position — *una crisi di governo,* a cabinet crisis. **2** *(comm., anche)* depression; slump; *(carenza, anche)* shortage: *la crisi del petrolio,* the oil crisis.
crisma *sm* **1** holy *(o* consecrated) oil; chrism. **2** *(fig.)* official blessing; seal of approval.
crisolito *sm* chrysolite.
cristalleria *sf (fabbrica)* **1** glass factory; *(negozio)* glass-ware shop. **2** *(oggetti di cristallo)* crystal-ware; glass-ware *(fam.)*.
cristalliera *sf* glass case; display case.
cristallino *agg* **1** crystalline; crystal *(attrib.)*. **2** *(fig.)* crystal-clear.
□ *sm (anat.)* crystalline lens.
cristallizzabile *agg* crystallizable.
cristallizzare *vt* to crystallize; *(zucchero)* to granulate.
□ **cristallizzarsi** *v. rifl* to crystallize *(anche fig.)*; *(fig.: fossilizzarsi)* to fossilize.
cristallizzazione *sf (mineralogia e fig.)* crystallization.
cristallo *sm* **1** *(mineralogia)* crystal. **2** *(vetro trasparente o comunque di qualità superiore)* crystal; *(a punta)* cut glass; *(lastra)* plate glass; *(di parabrezza)* glass; *(finestrino)* window: *cristallo orientabile,* quarter-light — *cristallo blindato,* armoured glass; *(USA)* bulletproof glass.
cristallografia *sf* crystallography.
cristallografo *sm* crystallographer.
cristalloide *sm* crystalloid.
cristianamente *avv* **1** *(da cristiano)* like a Christian. **2** *(caritatevolmente)* charitably.
cristianesimo *sm* Christianity.
cristiania *sm* christiania; christie *(fam.)*.
cristianità *sf* **1** Christianity. **2** *(il mondo cristiano)* Christendom.
cristianizzare *vt* to convert (sb) to Christianity.
cristiano *agg* Christian; *(per estensione)* christian; charitable.
□ *sm (f.* **cristiana**) Christian; *(fig.)* human being; soul: *da cristiano, (agg.)* proper; decent; right; *(nel senso religioso)* pious; devotional; *(avv.)* properly; decently.
Cristo *nome proprio* **1** Christ: *avanti Cristo,* B.C. (= before Christ) — *dopo Cristo,* years of the Christian era; *(nelle date)* A.D. (= anno domini). **2** *(arte)* Christ; *(immagine di Cristo crocefisso)* Crucifixion; Christ Crucified. **3** *(persona malridotta)* poor devil. **4** *(interiezione, volg.)* Christ!; *(USA anche)* Jesus!: *Non c'è Cristo; Non ci sono Cristi,* There isn't a hope in hell.
criterio *sm* **1** criterion *(pl.* criteria*)*; standard; principle: *stabilire dei criteri,* to fix criteria *(o* standards). **2** *(giudizio)* judgment; opinion; *(buonsenso)* good sense; sense; commonsense: *persona senza criterio,* a senseless person — *una persona di criterio,* a sensible person — *agire con criterio,* to act sensibly.
criterium *sm (sport)* competition *(o* race) limited to certain classes.
critica *sf* **1** criticism. **2** *(saggio)* criticism; critique *(fr.)*; *(recensione)* review. **3** *(collettivo: la critica)* the critics *(pl.)*: *Cosa dice la critica?,* What do the critics say? **4** *(giudizio negativo)* criticism; censure.
criticabile *agg* criticizable; *(biasimabile)* censurable; open to criticism; blameworthy.
criticabilmente *avv* criticizably; blameworthily.
criticare *vt* to criticize; *(biasimare)* to criticize; to censure; to find* fault with: *farsi criticare,* to expose oneself to criticism.
criticismo *sm* Criticism; Kantism.
critico *agg* **1** critical. **2** *(cruciale)* critical; crucial; decisive; ticklish *(fam.)*: *essere in una situazione critica,* to be in a critical situation — *l'età critica, (la pubertà)* puberty; *(il climaterio)* change of life; *(di donna)* menopause. **3** *(matematica, fis.)* critical.
□ *sm* critic; *(recensore)* reviewer; *(chi condanna o biasima)* critic; fault-finder.
criticone *sm* fault-finder; censorious person.
crittogama *sf* **1** cryptogam. **2** *(malattia)* mildew.
crittogamia *sf* cryptogamy.
crittogamico *agg* cryptogamic; cryptogamous.
crivellare *vt* to riddle; to sieve; to sift *(anche fig.)*: *crivellare di pallottole qcno,* to riddle sb with bullets.
crivello *sm* sieve; screen; riddle; *(da cucina)* sifter.
croccante *agg* crisp; crackling: *patatine croccanti,* crisps.
□ *sm* almond sweetmeat.
crocchetta *sf* croquette.
crocchia *sf* bun; chignon.
crocchiare *vi* **1** *(di cuoio, ecc.)* to creak; to squeak; *(di moneta)* to ring* false. **2** *(di gallina)* to cluck; *(di anatra)* to quack.
crocchio *sm* group; knot; knot of people.
croce *sf* **1** cross; rood *(ant.)*; *(tipografia)* dagger: *Croce del Sud,* Southern Cross — *croce di Malta,*

Maltese cross — *croce uncinata,* swastika — *abbracciare la croce,* to be converted to Christianity; to become a Christian — *farsi il segno della croce,* to cross oneself — *Testa o croce?,* Heads or tails? — *fare testa e croce,* to spin a coin; to toss up — *in croce,* crossed; crosswise — *stare con le braccia in croce,* to have one's arms folded; *(non fare nulla)* to sit about doing nothing — *punto a croce,* cross-stitch — *fare una croce su qcsa; farci una croce sopra,* to write sth off; to forget about sth — *a occhio e croce,* at a rough estimate; roughly; more or less. **2** *(fig.: sofferenza)* cross; trial; affliction; suffering; burden: *stare in croce,* to be in pain; to be distressed — *mettere qcno in croce (tormentarlo),* to put sb through it — *gettare la croce addosso a qcno,* to put the blame on sb.

crocerossina *sf* Red Cross nurse.

crocetta *sf* **1** *(bot.)* trefoil cockshead. **2** *(naut.)* cross-tree.

crocevia *sf (anche fig.)* cross-roads *(sing.).*

crochet *sm* **1** crochet; *(arnese)* crochet hook. **2** *(pugilato)* hook.

crociata *sf* crusade *(anche fig.)*: *bandire una crociata,* to proclaim a crusade.

crociato *sm* crusader.

crocicchio *sm* cross-roads *(sing.).*

[1]**crociera** *sf (naut.)* cruise; *(l'incrociare)* cruising; *(viaggio di diporto)* cruise; *(aereo)* long distance flight: *velocità di crociera,* cruising speed — *fare una crociera,* to go on (*o* for) a cruise.

[2]**crociera** *sf* **1** *(archit.)* crossing: *volta a crociera,* cross vault. **2** *(mecc.)* cross journal; spider.

crociere *sm* crossbill.

crocierista *sm e f.* cruise passenger.

crocifero *agg* cruciferous *(anche bot.)*; cross-bearing.
□ *sm* **1** cross-bearer; crucifer. **2** *(religione)* Crutched Friar.

crocifiggere *vt* **1** to crucify. **2** *(fig.)* to torment; to sacrifice.

crocifissione *sf* crucifixion.

crocifisso *agg* crucified.
□ *sm* crucifix: *il Crocifisso,* Christ Crucified.

crocifissore *sm* crucifier.

crociforme *agg* **1** *(bot., zool.)* cruciate. **2** cruciform; cross-shaped.

croco *sm* crocus; saffron *(poet.).*

crogiolare *vt* to bake slowly.
□ **crogiolarsi** *v. rifl* to bask; to be* snug: *crogiolarsi al sole,* to bask in the sun — *crogiolarsi a letto,* to be snug in one's bed.

crogiolo *sm* slow firing.

crogi(u)olo *sm* **1** crucible: *acciaio al crogiolo,* crucible steel. **2** *(per vetro)* pot. **3** *(fig.)* melting pot.

crollare *vi* to collapse; *(di prezzi)* to slump; *(rovinare)* to fall* in ruins; *(frantumarsi, anche fig.)* to crumble; *(cedere)* to give* way: *crollare su una sedia, (per la stanchezza, ecc.)* to sink (*fam.* to flop) into a chair.
□ *vt (scuotere il capo)* to shake*; to toss; *(le spalle)* to shrug.

crollo *sm* **1** collapse; ruin; downfall; *(econ.)* slump; *(disfatta)* defeat; overthrow: *avere un crollo,* to collapse. **2** *(scossa)* shake; heavy blow: *dare il crollo alla bilancia, (fig.)* to tip the scale.

croma *sf* quaver.

cromare *vt* to chromium-plate.

cromaticamente *avv* chromatically.

cromatico *agg* chromatic; *(di colori, anche)* colour *(attrib.).*

cromatismo *sm* chromatism.

cromato *agg* chromium-plated. □ *sm* chromate.

cromatura sf chromium-plating.

cromo *sm* chromium: *giallo cromo,* chrome (yellow).

cromosfera *sf* chromosphere.

cromosoma *sm* chromosome.

cromosomico *agg* chromosomal.

cromotipia *sf (tipografia)* chromotype.

cronaca *sf* chronicle; *(nel senso giornalistico)* news; *(descrizione particolareggiata)* account; *(di un avvenimento sportivo)* commentary: *pezzo (o articolo) di cronaca,* news item — *cronaca cittadina,* local news; local page — *cronaca nera,* crime news; crime page — *piccola cronaca,* announcements *(pl.).*

cronicamente *avv* chronically.

cronicità *sf* chronicity.

cronico *agg* chronic. □ *sm* chronic patient.

cronista *sm e f.* **1** *(stor.)* chronicler. **2** *(giornalista)* reporter: *cronista di nera,* crime reporter.

cronistoria *sf* **1** chronicle. **2** *(fig.)* account; record.

cronografo *sm* **1** *(scrittore)* chronographer. **2** *(strumento)* chronograph.

cronologia *sf* chronology.

cronologicamente *avv* chronologically.

cronologico *agg* chronological.

cronometraggio *sm* time-study.

cronometrare *vt* to time.

cronometrista *sm e f.* timekeeper; checker.

cronometro *sm* chronometer; timepiece; watch; *(a scatto)* stop-watch; *(marino)* chronometer.

cronoscopio *sm* chronoscope.

crosta *sf* **1** crust; skin; *(di ferita)* scab; *(di crostaceo)* shell. **2** *(di formaggio)* rind. **3** *(di un dipinto)* flake. **4** *(spreg.)* worthless painting; daub.

crostaceo *sm* crustacean; shellfish.
□ *agg* crustaceous.

crostare *vt* to crust.

crostata *sf* jam-tart.

crostino *sm* croûton *(fr.)*; fried bread.

crostoso *agg* crusty; scabby.

crotalo *sm* **1** *(zool.)* rattlesnake. **2** *(nacchera)* rattle.

crucciare *vt (preoccupare)* to worry; to trouble; *(addolorare)* to vex; to distress; to torment.
□ **crucciarsi** *v. rifl* to worry; to fret; to distress oneself; to torment oneself; to be* vexed.

cruccio *sm* worry; resentment: *darsi cruccio per qcno,* to worry over sb; to be worried about sb — *avere molti crucci,* to have a lot of worries.

cruciale *agg* crucial.

cruciare *vt* to torture; to torment.

crucifige *voce verbale lat Crucifige!,* Crucify him! — *gridare crucifige contro qcno,* to set everyone against sb.

cruciverba *sm* crossword; puzzle *(fam.).*

crudamente *avv* harshly; roughly; crudely.

crudele *agg* **1** cruel; *(spietato)* ruthless; merciless; pitiless; *(inumano)* inhuman; barbarous; *(malvagio)* wicked; atrocious. **2** *(doloroso)* painful; grievous; cruel; *(severo)* harsh; severe; stern.

crudelmente *avv* cruelly; ruthlessly; harshly; painfully.

crudeltà *sf* **1** cruelty; *(inclemenza)* ruthlessness; *(malvagità)* wickedness. **2** *(cosa crudele)* cruel thing.

crudezza *sf (asprezza)* harshness; severity *(anche di clima); (fig.)* crudeness *(anche di linguaggio)*; roughness.

crudo *agg* **1** raw; *(poco cotto)* underdone; *(acerbo)* unripe; *(di mattone)* sunbaked; *(di vino)* not ready; *(di acqua)* hard: *un uovo crudo,* a raw egg — *Perché non lo mangi crudo?,* Why don't you eat it raw? — *ferro* *crudo,* raw iron — *seta cruda,* raw silk. **2** *(rigido, aspro)* hard; harsh; severe; crude; cruel; *(di tempo, stagione)* severe: *conoscere la cruda realtà della vita,* to know the hard facts of life — *Diede un giudizio molto crudo sull'operato di suo figlio,* He gave a very severe (*o* harsh) judgement on his son's behaviour — *colori crudi,* harsh colours — *parlare nudo e crudo,* to speak plainly (*o* bluntly); to call a spade a spade. □ *cfr anche* **cotto.**

cruento *agg* bloody; sanguinary.

crumiro *sm* blackleg; scab.

cruna *sf* eye (of a needle).

crusca *sf* **1** bran; chaff. **2** *(lentiggini)* freckles *(pl.).*

cruscotto *sm (di automobile)* dashboard; *(di aereo, ecc.)* instrument panel.

cubare *vt* to cube.

cubatura *sf (calcolo)* cubature; *(misura)* cubage; cubic content (*o* measure); *(industria costruzioni)* cubing: *cubatura di spedizione,* shipping cubage.

cubico *agg* cubic: *radice cubica,* cube root.

cubicolo *sm* (small) bed-chamber.

cubiforme *agg* cubiform; cube-shaped.

cubilotto *sm* cupola.

cubismo *sm* cubism.

cubista *sm* cubist.

cubitale *agg* **1** *(anat.)* cubital. **2** *(per estensione: enorme) lettere cubitali,* block capitals — *titolo a lettere cubitali,* banner headline.

cubito *sm* **1** *(anat.)* ulna; *(gomito)* elbow. **2** *(misura)* cubit.

cubo *agg* cubic. □ *sm* cube; *(algebra, anche)* third power (of a number).

cuboide *agg* cuboid. □ *sm (geometria)* cuboid; *(anat.)* cuboid(-bone).

cuccagna *sf (abbondanza)* abundance; plenty; *(evento fortunato)* godsend; *(baldoria)* merry-making: *il paese di cuccagna,* the Land of Plenty; Cockaigne; *(USA)* happy valley — *l'albero della cuccagna,* the greasy pole — *È finita la cuccagna!,* The party's over! — *trovare la cuccagna,* to be (to live) on easy street — *Che cuccagna!,* What a stroke of luck!

cuccare *vt* to cheat.
□ **cuccarsi** *v. rifl* to get* (sb, sth) to oneself.

cuccetta *sf* **1** *(su un treno)* couchette *(fr.).* **2** *(naut.)* berth: *letto a cuccetta,* bunk; sleeping berth.

cucchiaia *sf (mestolo)* ladle; *(di scavatrice, ecc.)* shovel; dipper; grab; *(di turbina)* bucket; *(di muratore)* trowel; *(per calafatare)* scoop.

cucchiaiata *sf* spoonful.

cucchiaino *sm* **1** *(da tè)* tea-spoon; *(da caffè)* coffee-spoon. **2** *(nella pesca)* spoon.

cucchiaio *sm* spoon; table-spoon; *(quantità)* spoonful.

cuccia *sf* **1** dog's bed: *Cuccia!,* Down! **2** *(spreg.)* shake-down.

cucciolo *sm (anche fig.)* pup; puppy.

cucco *sm* **1** *(cuculo)* cuckoo. **2** *(fam.: sciocco)* fool: *vecchio come il cucco,* as old as Methuselah; *(di cosa)* as old as the hills.

cuccù *sm* cuckoo: *orologio a cuccù,* cuckoo clock — *far cuccù,* to play peek-a-boo.

cuccuma *sf* jug.

cucina *sf* **1** *(locale)* kitchen; *(mil.)* cook-house; *(naut.)* galley; cookroom: *cucina all'americana,* modular kitcken. **2** *(il cucinare)* cooking; cuisine *(fr.)*; cookery; *(cibo)* food: *La cucina francese è una delle migliori del mondo,* French cooking (*o* cuisine, *o* food) is one of the best in the world — *Lei è molto brava in cucina,* She is very good at cooking — *cucina casalinga,* good plain cooking; home cooking — *cucina vegetariana,* vegetarian food (*o* cooking) — *far da cucina,* to cook — *libro di cucina,* cookery book. **3** *(fornello)* cooker; *(stufa)* stove; range: *cucina economica,* stove; kitchen range — *cucina elettrica,* electric range; electric kitchen — *cucina a gas,* gas-stove; gas-range — *cucina da campo,* field kitchen.

cucinare *vt* to cook; *(fam.: preparare)* to cook up. □ *cucinare qcno per le feste,* to give sb the works.

cucinino, cucinotto *sm* kitchenette.

cucire *vt* to sew*; to stitch; *(imbastire)* to tack; *(med.)* to suture; to stitch; *(fogli di carta)* to staple; *(fig.: mettere insieme)* to join together; to string together; to tack together: *cucirsi gli abiti,* to make one's own clothes — *macchina per cucire,* sewing-machine. □ *cucire la bocca a qcno,* to shut sb's mouth; to button sb's lips — *cucirsi la bocca,* to keep one's mouth shut; *(fam.)* to clam up.

cucito *agg* **1** sewn: *cucito a mano,* hand-sewn. **2** *(naut.)* clinker-built.
□ *sm* sewing; needle-work.

cucitore *sm* sewer.

cucitrice *sf* **1** seamstress; needlewoman *(pl.* -women*).* **2** *(macchina)* sewing-machine; *(per carta)* stapler; *(per libri)* stitcher.

cucitura *sf* **1** *(in un indumento)* seam. **2** *(il cucire)* sewing; *(dei fogli di carta)* stapling; *(di fogli di libro)* stitch. **3** *(mecc.)* lacing.

cuculo *sm* cuckoo *(anche fig.).*

cucurbita *sf* **1** *(bot.)* pumpkin; gourd; cucurbit. **2** *(di alambicco)* retort.

cuffia *sf* **1** bonnet; cap; *(ant.)* coif; mob-cap: *cuffia da bagno,* bathing-cap. **2** *(involucro)* bonnet; cowling; casing; shroud; *(di protezione)* guard; *(del radiatore)* grill. **3** *(ricevitore)* headphone; headset; earphone. □ *uscire per il rotto della cuffia,* to escape by the skin of one's teeth — *essere nato con la cuffia,* to be born with a silver spoon in one's mouth; *(letteralm.)* to be born with a caul.

cugino *sm* (*f.* **cugina**) cousin; *(dir.)* collateral: *cugino primo,* first cousin; cousin german.

cui *pron relativo (casi obliqui)* **1** - **a)** *(riferito a persone)* whom; to whom *(nei casi in cui è preceduto da una preposizione viene spesso sottinteso in inglese: la preposizione va messa in fondo alla frase): La ragazza a cui stai parlando è mia sorella,* The girl to whom you are talking (The girl you are talking to) is my sister — *l'autore di cui ti parlai,* the author of whom I talked to you; the author I talked to you about - **b)** *(riferito a cose e animali)* which; to which *(spesso sottinteso): la matita con cui stai scrivendo,* the pencil with which you are writing; the pencil you are writing with — *l'operazione commerciale di cui mi parlasti ieri,* the transaction about which you told me yesterday; the transaction you told me about yesterday.

2 *(come genitivo possessivo: riferito a persone)* whose; *(riferito ad animali o cose)* of which; whose — *la signora di cui ti diedi ieri l'indirizzo,* the lady whose address I gave you yesterday — *un cavallo di cui è noto l'albero genealogico,* a horse whose pedigree is known; a horse of known pedigree.

3 in cui - **a)** *(con relazione di luogo)* where; in which: *la città in cui sono nato,* the town where I was born; the town in which I was born; the town I was born in - **b)** *(con relazione di tempo)* when; in which: *la settimana in cui terminerò le scuole,* the week when (*o* in which) I finish school.

4 per cui *(perciò, per la qual cosa),* therefore; so.

culaccio *sm* loin; rump.
culatta *sf* **1** *(di fucile, ecc.)* butt; *(di cannone)* breech. **2** *(di pantaloni)* seat. **3** *(cucina)* rump.
culinaria *sf* cookery.
culinario *agg* culinary: *lezioni culinarie,* cookery lessons — *l'arte culinaria,* cooking; cookery.
culla *sf* cradle *(anche fig., mecc., naut.).*
cullare *vt* **1** to rock; *(tra le braccia)* to cradle; *(cantando)* to lull. **2** *(illudere)* to lull; to delude.
☐ **cullarsi** *v. rifl (illudersi)* to delude oneself; to fool oneself.
culminante *agg* **1** culminating. **2** *(astronomia)* culminant.
culminare *vi (astronomia e fig.)* to culminate.
culmine *sm* **1** summit; peak. **2** *(fig.)* zenith; peak; height.
culo *sm* **1** *(volg.)* arse; bum; *(fam.)* backside; *(di animale e scherz. di persona)* rump. **2** *(fondo)* bottom: *culo di bicchiere, (scherz.)* fake jewel. **3** *(fig.: fortuna)* luck: *avere culo,* to have a charmed life — *Che culo!,* What a bit of luck!; *(riferito ad un altro)* Lucky bastard! *(volg.).* ☐ *battere il culo per terra,* to come down with a bump — *essere culo e camicia con qcno,* to be hand in glove with sb — *prendere qcno per il culo,* to pull sb's leg; to take the mickey out of sb; to take sb for a ride — *una presa per il culo,* a take-in — *avere una faccia da culo,* to be brazen — *'Vaffanculo!',* Fuck off! *(assai volg.); (meno forte)* Clear out!
culto *sm* **1** *(adorazione)* worship. **2** *(religione)* religion; cult; faith. **3** *(devozione)* cult; veneration.
cultore *sm (amante)* lover; *(studioso)* student; scholar.
cultura *sf* culture; education; *(di studioso)* learning: *possedere una buona cultura,* to be a cultured (*o* educated) person.
culturale *agg* cultural.
culturalmente *avv* culturally.
culturismo *sm* physical culture.
cumino *sm* caraway.
cumulativamente *avv* inclusively; cumulatively.
cumulativo *agg* cumulative; inclusive.
cumulo *sm* **1** *(mucchio)* heap; *(pila)* pile; *(pacchetto)* bunch; *(grande quantità)* lot; *(di incarichi)* plurality. **2** *(nuvola)* cumulus: *cumuli di bel tempo,* fair weather clouds. **3** *(dir.) cumulo delle pene,* consecutive sentences. ☐ *cumulo dei redditi,* combined (*o* joint) income-tax return.
cuneiforme *agg* cuneiform.
cuneo *sm* wedge; *(zeppa)* chock.
cunetta *sf* **1** *(canaletto di scolo)* ditch; gutter. **2** *(avvallamento del fondo stradale)* bump.
cunicolo *sm* underground passage; tunnel; *(per condutture)* trench duct; *(di miniera, ecc.)* shaft.
cuoca *sf* cook.
cuocere *vt e i.* **1** to cook; *(al forno)* to bake; *(in umido)* to stew; *(a bagnomaria)* to steam; *(ai ferri)* to grill; *(USA)* to broil; *(talvolta)* to devil: *lasciare cuocere qcno nel proprio brodo* ⇨ **brodo. 2** *(mattoni, ecc.)* to bake; to fire; to kiln. **3** *(disseccare)* to wither; *(bruciare)* to burn*; *(fig.: far male)* to hurt*; to smart.
☐ **cuocersi** *v. rifl* **1** to cook; to be* cooking. **2** *(scottarsi)* to burn* one's fingers; *(innamorarsi)* to fall* in love; to get* it badly for sb *(fam.).* **3** *(affliggersi)* to get* worked up over sth; to get* hot under the collar (to get* steamed up) over sth *(fam.).*
cuoco *sm* cook; chef.
cuoiaio *sm* **1** *(conciatore)* tanner. **2** *(venditore)* leather dealer.
cuoiame *sm* leather goods.
cuoio *sm* **1** leather; *(talvolta)* hide: *finto cuoio,* imitation leather. **2** *(fig. o scherz.)* skin; hide: *cuoio capelluto,* scalp. ☐ *distender le cuoia,* to stretch one's legs — *tirare le cuoia,* to die; to turn up one's toes *(sl.)* — *avere le cuoia dure, (fam.)* to be tough; to be as tough as nails.
cuora *sf (terreno)* swamp; flat; *(strato galleggiante)* scum.
cuore *sm* **1** *(anat.)* heart: *Il cuore del poveretto non resse allo sforzo,* The poor chap's heart couldn't stand the strain — *Ha il cuore debole (È debole di cuore),* He has a weak heart — *Il mio cuore batte forte,* My heart is thumping — *mal di cuore,* heart disease — *i battiti del cuore,* heart beats — *il battito del cuore, (collettivo)* the beating of the heart — *attacco di cuore,* heart attack — *cuore artificiale,* artificial heart — *trapianto del cuore,* heart transplant — *macchina cuore-polmoni,* heart-lung machine — *chirurgia a cuore aperto,* open heart surgery — *un oggetto a forma di cuore,* a heart-shaped object.
2 *(fig.)* heart: *Il cuore mi dice che è successo qualcosa,* I feel in my heart that something has happened — *di cuore,* heartily — *di buon cuore,* whole-heartedly; with pleasure; gladly — *di tutto cuore (con tutto il cuore),* with all one's heart — *senza cuore,* heartless — *a cuor leggero,* with a light heart (*o* light-heartedly) — *una persona di buon cuore,* a good-hearted (a kind-hearted) person — *una persona dal cuore di coniglio,* a chicken-hearted person — *una persona dal cuore di leone,* a lion-hearted person — *una persona dal cuore di pietra,* a hard-hearted (a stony-hearted) person — *avere il cuore duro,* to be hard-hearted — *avere il cuore libero,* to be unattached — *avere il cuore tenero,* to be tender hearted — *avere il cuore gonfio,* to be heavy-hearted; to be sick at heart — *avere il cuore spezzato,* to be heart-broken — *nel profondo del cuore,* in one's heart of hearts — *la pace del cuore,* peace of mind — *mettersi il cuore in pace,* to set one's heart (one's mind) at rest — *Non ho il cuore di mandarla via,* I haven't the heart to send her away — *Mi fa male al cuore,* It sickens me; It saddens me — *La cosa mi sta molto a cuore,* I have the matter very much at heart — *aprire il proprio cuore a qcno,* to open one's heart to sb — *farsi cuore,* to take heart — *far cuore a qcno,* to put heart into sb; to give sb courage — *avere il cuore sulle labbra,* to wear one's heart on one's sleeve — *avere la morte nel cuore,* to be sick at heart — *leggere nel cuore di qcno,* to see into sb's heart — *mettersi una mano sul cuore,* to put one's hand on one's heart — *parlare a cuore aperto,* to speak freely; to speak with an open heart — *toccare il cuore a qcno,* to move sb — *sentirsi allargare il cuore per qcsa,* to be overjoyed at sth — *Mi si allargò il cuore nel sentire la sua voce,* I was overjoyed at hearing her voice — *Mi si strinse il cuore nel sentire che era morto,* It wrung my heart to hear he was dead — *Mi si struggeva il cuore,* My heart bled.
3 *(centro)* centre; core; heart: *cuore di carciofo (di lattuga),* artichoke (lettuce) heart — *cuore di palmito,* palm heart (coeur de palmier) — *il cuore del tronco, (bot.)* the heart-wood — *il cuore di un frutto,* the core of a fruit.
4 *(centro, fig.)* heart: *il cuore della metropoli,* the heart of the metropolis — *nel cuore dell'inverno,* in the heart of winter; in the depth of winter — *nel cuore della notte,* at dead of night.
5 *al pl (carte)* hearts: *la dama di cuori,* the Queen of Hearts.
☐ *amico del cuore,* bosom friend — *Cuor mio!,* My

darling! — *il Sacro Cuore,* the Sacred Heart — *Riccardo Cuor di Leone,* Richard the Lion-Heart; Richard Coeur-de-Lion — *Freddo di mano, caldo di cuore, (prov.)* Cold hands, warm heart — *Lontano dagli occhi, lontano dal cuore, (prov.)* Out of sight, out of mind — *'Il cuore ha le sue ragioni e non intende ragione',* 'The heart has its reasons, which reason does not know' — *Occhio non vede, cuore non duole, (prov.)* What the eye does not see, the heart does not grieve over.

cuoriforme *agg* heart-shaped.

cupamente *avv* darkly; gloomily; sombrely; deeply; dismally.

cupezza *sf* darkness; gloom; *(malinconia)* depth; sombreness.

cupidamente *avv* covetously; graspingly.

cupidigia, cupidità *sf* cupidity.

cupido *agg* greedy; grasping; covetous.

cupo *agg* **1** *(scuro)* gloomy; dark; obscure; sombre; *(tetro)* dismal; sad; miserable. **2** *(profondo)* deep; *(di suono)* hollow; deep-toned; *(di voce)* low; deep. **3** *(imbronciato)* taciturn; surly.

cupola *sf* **1** *(archit.)* dome; cupola; *(di osservatorio)* dome; *(volta a cupola)* cupola; *(sommità convessa)* crown; *(mil.)* cupola; turret: *a cupola,* dome-shaped. **2** *(bot.)* cupule.

cupreo *agg* copper *(attrib.)*; coppery *(fam.)*: *di colore cupreo,* copper-coloured.

cura *sf* **1** care: *Chi avrà cura degli animali?,* Who will take care of the animals? — *Abbiti cura; Abbi cura della tua salute,* Take care of yourself — *Ebbi cura di fare esattamente come lui mi disse,* I was careful to do exactly as he told me — *prendersi cura di qcno,* to take care of sb. **2** *(lett.: preoccupazione, affanno)* care; trouble; worry. **3** *(amministrazione)* management: *Gli affidai la cura del mio patrimonio,* I entrusted him with the management of my estate — *la cura della casa,* house-keeping. **4** *(accuratezza)* care; accuracy; attention: *Fa sempre tutto con molta cura,* He always does everything with great care — *lavoro fatto senza cura,* work done carelessly. **5** *(ecclesiastico)* cure; care. **6** *(med.)* treatment; *(talvolta)* cure: *Mi fece fare una lunga cura,* He gave me (He prescribed me) a long treatment — *Sono in cura,* I am under treatment; I am under doctor's orders — *Sto facendo una cura,* I am following a treatment — *una cura a base di latte e verdura,* a treatment of milk and vegetables — *cura di bellezza,* beauty treatment — *cura dimagrante,* slimming cure (*o* treatment) — *cura di riposo,* rest-cure — *cura del sonno,* deep sleep treatment — *casa di cura,* nursing-home — *luogo di cura termale,* spa. □ *a cura di A. Bianchi,* edited by A. Bianchi.

curabile *agg* curable.

curante *agg (nell'espressione) medico curante,* doctor in charge (in attendance).

curare *vt* **1** *(aver cura di)* to take* care of: *Devi curare la tua salute,* You must take care of your health. **2** *(comm.)* to see* to; to attend to; to provide for: *Cureremo che tutto venga spedito al più presto,* We shall see that everything is despatched as soon as possible — *curare l'incasso di una tratta,* to attend to the collection of a bill. **3** *(preparare l'edizione di un testo)* to edit; *(sorvegliarne la stampa)* to see* (a book *ecc.*) through the press. **4** *(di medico)* to treat; to heal; to attend; *(di infermiera)* to attend; to care for: *Fui curato da uno dei migliori medici della città,* I was treated by one of the best physicians in town — *La malattia fu curata con penicillina,* The disease was treated with penicillin.

□ **curarsi** *v. rifl* **1** *(aver cura di se stesso)* to take* care of oneself (of one's health): *Devi curarti; può essere una cosa seria,* You must take care of yourself; it might be something serious. **2** *(seguire una cura)* to follow a treatment. **3** *(occuparsi di)* to take* care of; to look after; to mind: *Curati dei ragazzi,* Take care of (Look after) the boys. **4** *(badare a)* to mind; to take* notice; *(darsi la briga)* to bother; to take* the trouble (to do sth): *Curati dei fatti tuoi!,* Mind your own business! — *Non si è mai curato di capire la situazione,* He's never taken the trouble to try to understand the situation.

curaro *sm* curare.

curatela *sf* guardianship; curatorship; *(di fallimento)* receivership.

curativo *agg* curative.

curato *sm* parish priest; committee; *(protestante)* vicar; curate.

curatore *sm* **1** guardian; *(di eredità)* executor; administrator; *(di fallimento)* receiver. **2** *(chi guarisce)* healer. **3** *(di un testo)* editor.

curculione *sm* weevil.

curcuma *sf* turmeric.

curia *sf* **1** *(stor.)* curia; senate house; *(tribunale)* court of justice. **2** *(complesso dei legali)* bar. **3** diocesan administration: *Curia Romana,* Curia; the Holy See.

curiale *agg* curial; *(legale)* legal; *(della Curia Romana)* of the Curia; of the Papal Court.

curialesco *agg (spreg.)* sophistical.

curiato *agg (stor.)* curiate.

curiosamente *avv* **1** *(con curiosità)* curiously. **2** *(stranamente)* oddly; strangely.

curiosare *vi* to pry into sth; to be* inquisitive; *(ficcare il naso)* to poke one's nose into sth; *(USA, fam.)* to snoop; *(tra libri o documenti)* to browse (through).

curiosità *sf* **1** curiosity; inquisitiveness; *(stranezza)* strangeness; oddity; curiousness. **2** *(oggetto)* curiosity; curio.

curioso *agg* curious; inquisitive; nosy *(fam.)*; *(strano)* queer; odd; curious; strange. □ *in funzione di sm* **1** curious person; *(fam.)* nosy parker. **2** *(al pl.)* (curious) onlooker; bystander: *una folla di curiosi,* a crowd of onlookers.

curriculo *sm* (*anche* **curriculum**) **1** *(carriera)* career. **2** *(di studi)* curriculum vitae *(lat.)*.

cursore *sm* **1** *(di strumento)* cursor; slider. **2** *(elettr.)* wiper. **3** *(di chiusura lampo)* slide fastener; tab.

curva *sf* bend; curve; turn; *(di tubo)* elbow; bend; *(matematica)* curve: *curva stretta,* sharp bend — *curva a sinistra,* left turn — *fare una curva,* to turn — *curva di livello, (tipografia)* contour — *avere molte curve, (sl., di donna)* to be curvaceous.

curvare *vt* to bend*; to curve; *(inarcare)* to arch; *(il capo o il corpo)* to bow.

□ *vi* to turn; to corner.

□ **curvarsi** *v. rifl* to bend*; to bow; to stoop.

curvatrice *sf* bender; bending machine.

curvatura *sf* curvature; curving; bending; *(di una nave)* sheer; *(lieve convessità)* camber.

curvilineo *agg* curvilinear. □ *sm* curve.

curvimetro *sm* map measurer; opisometer.

curvo *agg* curved; *(piegato)* bent; *(storto)* crooked; *(tondeggiante)* round; rounded: *spalle curve,* round shoulders — *avere le spalle curve,* to be round-shouldered.

cuscinetto *sm* **1** small cushion; *(portaspilli)* pin-cushion. **2** *(tampone)* pad; *(ammortizzatore)* fender: *stato-cuscinetto,* buffer state. **3** *(mecc.)* bearing: *cuscinetto a sfere,* ball bearing.

cuscino *sm* cushion; *(guanciale)* pillow.

cuscuta *sf* dodder.

cuspide *sf* point; tip; cusp; *(archit.)* spire.

custode *sm e f.* caretaker; guardian; keeper; custodian; *(carceriere)* warder *(f.* wardress*); (portinaio)* porter *(m.); janitor (m.);* concièrge *(dal fr., generalm. f., talvolta m.): angelo custode,* guardian angel — *custode giudiziario,* official receiver (*o* custodian).

custodia *sf* **1** care; custody; guarding; *(sport)* marking: *avere in custodia qcsa,* to have sth in one's keeping. **2** *(astuccio, ecc.)* container; sheath; case; box; holder.

custodire *vt* **1** to keep*; to guard; to preserve; *(badare)* to look after; to take* care of; to watch over: *custodire un prigioniero,* to hold a prisoner in custody. **2** *(serbare dentro di sé)* to cherish; to keep* alive in one's heart.

cutaneo *agg* cutaneous; skin *(attrib.)*.

cute *sf* skin; *(anat.)* cutis; true skin.

cuticagna *sf* nape; scruff of the neck.

cuticola *sf* cuticle.

cutrettola *sf* wagtail.

czar *sm* czar; tsar.

D

D, d *sm e f.* D, d: *D come Domodossola, (al telefono, ecc.)* D for David.

da *prep* **1** *(compl. di agente, di causa efficiente)* **by**: *È amata da tutti,* She is loved by all — *Il soffitto fu dipinto da Michelangelo intorno al 1550,* The ceiling was painted by Michelangelo around 1550 — *L'albero fu colpito da un fulmine,* The tree was struck by lightning.

2 *(moto da luogo)* **from**; *(fuori di)* **out of**; *(giù da)* **off**; **from off**; *(per estensione, fig.: compl. di origine, provenienza)* **from**; **of**; *(per estensione, fig.: compl. di separazione, allontanamento)* **from**; *(per estensione: compl. di distanza)* **(away) from**: *Da dove venite?,* Where do you come from? — *andare da Milano a Napoli,* to go from Milan to Naples — *Prendemmo un treno che proveniva dal Nord,* We took a train coming from the North — *Dalla cima si vede il mare,* You can see the sea from the top — *L'ho sentita da Giorgio,* I heard it from Giorgio — *disegnare qcsa dal vero,* to draw sth from life — *incominciare da capo (da principio),* to begin again from the beginning; to start again from scratch — *dall'inizio alla fine,* from beginning to end; from start to finish — *dalla testa ai piedi,* from head to foot — *Deriva dall'antico tedesco,* It's derived from Old German — *dai dieci ai vent'anni,* from ten to twenty (years) — *dall'a alla zeta,* from A to Z — *dalle dieci alle dodici,* from ten (o'clock) till twelve — *uscire dalla galleria,* to come out of the tunnel — *togliere qcsa da una scatola,* to take sth out of a box — *buttare qcsa dalla finestra,* to throw sth out of the window — *cadere dalla padella nella brace,* to fall out of the frying pan into the fire — *scendere da un tram,* to get out of a tram — *cadere dal davanzale,* to fall off the window-sill — *Torino dista centocinquanta chilometri da Milano,* Turin is a hundred and fifty kilometres from Milan — *Siena è a venti chilometri da qua,* Siena is twenty kilometres away (from here) — *da lontano,* from afar — *allontanare qcno da un collegio,* to take sb away from a boarding school — *separarsi da qcno,* to part from sb; to leave sb — *salvare qcno da un pericolo,* to save sb from danger — *discendere da nobile famiglia,* to descend from (to come of) a noble family.

3 *(moto a luogo)* **to** *(spesso seguito dal genitivo di possesso): Vado dalla nonna,* I'm going to Granny's — *Passiamo prima in farmacia,* Let's call at the chemist's first — *Vieni da me stasera,* Come and see me tonight.

4 *(stato in luogo: presso)* **at** *(spesso seguito dal genitivo di possesso);* **with** *(seguito da un pronome, ecc.): Sono stato tutto il pomeriggio da Carla,* I've been at Carla's (*o* with Carla, *o fam.* at Carla's place) all afternoon — *L'ho preso dal droghiere,* I bought it at the grocer's — *qui da noi, (a casa mia)* at home; *(nel mio paese)* in my country — *Domani siamo a colazione da loro,* We shall be having lunch with them tomorrow.

5 *(moto per o attraverso luogo)* **via**; **through**; **by**: *Il sessantadue passa dalla stazione,* The sixty-two goes via the station — *Passeremo da Firenze,* We shall be passing through Florence (*o* travelling via Florence) — *Siamo riusciti ad entrare dal cancello,* We managed to get in by the gate.

6 *(compl. di tempo)* - **a)** *(riferito alla durata del periodo trascorso)* **for** *(talvolta sottinteso): Abitano lì da vent'anni,* They have been living there for twenty years — *È da un'ora che aspetto qui,* I've been waiting here (for) over an hour — *Da quanto tempo?,* How long? — *Da quanto tempo è che non la vedi?,* How long is it since last you saw her? — *Non piove da un mese,* It hasn't rained for a month — *da parecchio,* for some time — *da molto,* for a long time — *da secoli, da un sacco di tempo,* for ages.

b) *(fin da)* **since**: *È dal 1970 che non pubblica più niente,* He hasn't published anything else since 1970 — *Non la vedo da lunedì,* I haven't seen her since Monday — *da allora,* since then — *da allora in poi,* ever since — *fin dall'infanzia,* ever since he (she, *ecc.*) was a child — *Da quando?,* Since when?

c) *(riferito al futuro: a decorrere da)* **as from**; **from**: *a cominciare da domani,* as from tomorrow — *da oggi in poi,* from today onwards.

7 *(compl. di causa)* **with**; **for**; *(riferito a malattie)* **of**: *tremare dal freddo,* to tremble with (the) cold — *piangere dalla gioia,* to weep for joy.

8 *(compl. di mezzo)* **from**; **by**; *(tramite)* **through**; **by (means of)**: *Riconobbe la sua lettera dalla scrittura,* He recognized his letter from his writing — *Mandate il pacco dal corriere,* Send the parcel by the messenger service — *fare da sé,* to do sth by oneself; to do sth alone.

9 *(fine, scopo)* **as**; **for**; *(uso, destinazione)* **for** *(spesso si traduce con un sostantivo aggettivato o composto): usare una stanza da magazzino,* to use a room as a store — *macchina da scrivere,* typewriter — *spazzolino da denti,* tooth-brush — *sala da pranzo,* dining room.

10 *(riferito ad un segno distintivo, ad un attributo)* **with** *(spesso si traduce con un agg. composto): un bambino dagli occhi verdi,* a child with green eyes.

11 *(stima, prezzo, valore: spesso si traduce con un agg. composto): un'automobile da tre milioni,* a three million lire car — *un chilo di patate da 800 (lire al kg.),* a kilogramme of potatoes at eight hundred lire.

12 *(limitazione)* **in**: *essere sordo da un orecchio,* to be deaf in one ear.

13 *(modo, maniera)* **like** *(talvolta si traduce con un agg. o un avv.): agire da persona competente,* to act like someone competent — *comportamento da stupido,* foolish behaviour — *Non è da lui,* It's not like him.

14 *(età, condizione)* **when**; **as**; *(riferito a carica: in funzione di)* **as**: *Che cosa farai da grande?,* What will you do when you grow up? — *fare da guida a qcno,* to act as sb's guide.

15 *(secondo, in base a)* **according**; **from**: *Da quel che* *dice la stampa, sembra che non abbia lasciato l'Italia,* According to the press, it seems that he hasn't left Italy.

16 *(seguito dall'infinito)* - **a)** *(consecutivo)* **that; as to:** *Il rumore era tale da non permettere di sentire l'oratore,* The noise was so loud that one couldn't hear the speaker.

b) *(finale)* **to** *(seguito dall'infinito): Vuoi qualcosa da mangiare?,* Do you want anything to eat?

c) *(indica necessità, obbligo)* **to** *(seguito dall'infinito): Ci sono tanti piatti da lavare,* There are lots of dishes to wash up — *Camere da affittare,* Rooms to let.

□ *Su, da bravo!,* Be a good boy! — *farsi da parte,* to move aside.

dabbasso *avv* downstairs; down below; down here; down there.

dabbenaggine *sf* **1** credulity; gullibility; simplemindedness. **2** *(azione)* piece of stupidity.

dabbene *agg* respected; honest: *dabben uomo, (iron.)* silly ass; fool.

daccapo *avv* ⇨ **capo 2.**

dacché *congiunz* **1** *(da quando)* since: *dacché mondo è mondo,* since time began. **2** *(dal momento che, poiché)* since; as.

Dadaismo *sm* Dadaism; Dada.

dado *sm* **1** *(da gioco)* die *(generalm. al pl.* dice*): Manca un dado,* One of the dice is missing — *Il dado è tratto,* The die is cast — *gettare il dado,* to try one's luck; to chance one's luck — *giocare a dadi,* to play dice — *giocarsi qcsa ai dadi,* to stake sth on a throw of the dice — *scambiare i dadi in mano,* to put the matter differently; to shift one's ground. **2** *(archit.)* dado *(pl.* dados*)*; die *(pl.* dies*)*. **3** *(cubetto)* cube: *tagliare patate a dadi,* to cut potatoes into cubes; to dice potatoes — *dado di carne,* beef cube; stock cube — *brodo fatto con il dado,* broth made with a stock cube. **4** *(mecc.)* nut; screw nut.

daffare *sm* work; task; grind: *Ho il mio bel (gran) daffare,* I have a lot (a great deal) to do; I am very busy — *darsi daffare (un gran daffare),* to be on the go; to busy oneself (doing sth).

dafne *sf (bot.)* daphne.

daga *sf* short-sword.

dagherrotipo *sm* daguerrotype.

[1]**dagli** [= *da + gli*] ⇨ **da.**

[2]**dàgli** *interiezione* **1** *(incitamento)* Come on; Go on; Into him; After him: *Dàgli al ladro!,* Stop thief! **2** *(insistenza)* Come on. □ *E dàgli!,* Pack it in!; Turn it off!

[1]**dai** [= *da + i*] ⇨ **da.**

[2]**dài** = **dàgli.**

daino *sm* **1** *(zool.)* fallow-deer; fawn; *(il maschio)* buck; *(la femmina)* doe. **2** *(pelle)* buckskin; doeskin.

dalia *sf* dahlia.

daltonico *agg* colour-blind; daltonic *(raro)*.

daltonismo *sm* colour-blindness; daltonism *(raro)*.

d'altronde *congiunz* ⇨ **altronde.**

[1]**dama** *sf* noblewoman *(pl.* -women*)*; lady of rank; dame *(GB); (nei balli)* partner; *(ant.)* sweetheart; lady-love; *(al gioco delle carte, agli scacchi)* queen: *gran dama,* great lady; fine lady — *dama di corte, d'onore,* lady-in-waiting — *dama di compagnia,* lady companion — *dama di carità, (suora)* sister of charity — *fare la (darsi arie di) gran dama,* to put on airs; to play the fine lady.

[2]**dama** *sf* **1** *(gioco)* draughts *(col v. al sing.)*; checkers *(USA, col v. al sing.)*; *(pedina raddoppiata)* king: *giocare a dama,* to play draughts — *andare a dama, far dama,* to crown a draughtsman; to make a king. **2** *(la scacchiera)* draught(s) board.

damasco *sm* damask.

damerino *sm* **1** *(persona ricercata nel vestire)* dandy; fop. **2** *(cicisbeo)* lady's man *(pl.* men*)*.

damiera *sf,* **damiere** *sm* draught(s)-board; checker-board *(USA)*.

damigella *sf* **1** *(stor. o scherz.)* damsel; *(di una sposa)* bridesmaid: *damigella d'onore,* maid of honour. **2** *(uccello)* demoiselle crane.

damigiana *sf (per vino, ecc.)* demijohn; *(per acidi, ecc.)* carboy.

danaro *sm* = **denaro.**

danaroso *agg* well-to-do; rich; wealthy; well-off.

dancing *sm* dance hall; dance-salon *(USA)*.

danese *agg* Danish.

□ *sm* **1** Dane. **2** *(la lingua)* Danish. **3** *(il cane)* Great Dane.

dannare *vt* to damn: *far dannare (l'anima a) qcno,* to drive sb mad. □ *dannarsi l'anima per qcsa,* to want sth at any cost.

□ **dannarsi** *v. rifl* **1** to be* damned; to lose* one's soul. **2** *(affannarsi)* to work oneself to death; *(tormentarsi)* to worry oneself to death.

dannatamente *avv* terribly; damned.

dannato *agg* damned, *(più fam.)* damn; *(smisurato)* frightful; terrible: *avere una dannata paura,* to be damned frightened — *avere una dannata voglia di qcsa,* to want sth terribly.

□ *sm* **1** *(anima dannata)* damned soul; soul in torment: *i dannati,* the damned. **2** *(fig.)* one possessed: *correre come un dannato,* to run like one possessed — *lavorare come un dannato,* to work like a slave; to slave away (at sth).

dannazione *sf* **1** perdition; damnation. **2** *(la persona)* curse; trial; pest: *essere la dannazione di qualcuno,* to be the death of sb. **3** *(esclamazione)* damn!; damnation!

danneggiare *vt* to damage; to cause damage (to sth); *(sciupare)* to spoil*; to ruin; *(menomare)* to impair; to injure; *(nuocere a)* to harm; to do* harm (to sth).

□ **danneggiarsi** *v. rifl* to suffer damage; to injure oneself.

danneggiato *agg* damaged; *(sciupato)* spoiled; ruined; *(menomato)* impaired; *(da calamità naturale, p.es. un terremoto)* stricken: *la parte danneggiata, (dir.)* the injured party.

□ *(come s.) i danneggiati di guerra,* persons who have suffered war damage; victims of war damage — *i danneggiati del terremoto,* the victims of the earthquake; earthquake victims.

danno *sm* **1** damage; *(perdita)* loss: *in caso di perdita o danno, (dir., comm.)* in case of loss or damage — *causare danno,* to cause (to do) damage — *La grandine causò gravi danni,* The hail caused great *(o* heavy) damage — *essere esposto a danni,* to be liable to damage — *patire danno,* to suffer damage *(o* loss) — *risarcimento (dei) danni,* damages *(pl.)*; compensation — *avere diritto al risarcimento dei danni,* to be entitled to damages — *modulo di domanda per risarcimento dei danni,* claim form — *domanda di danni,* claim for damages — *citare qcno per danni,* to sue sb for damages — *accertare i danni,* to ascertain the damage — *ricuperare i danni,* to recover damages — *riparare i danni,* to repair (to pay for) the damage — *responsabilità per danni,* liability for damages — *responsabile dei danni,* wrongdoer — *a danno di...,* to the detriment of... — *a mio danno, (dir.)* to my prejudice; to my detriment; *(a mie spese)* to my cost; at my expense — *Se fai così, tuo danno!,* If you do so, so much the worse for you! **2** *(alle persone)* harm; injury: *Non ci fu alcun danno alle persone,* Nobody was hurt; There were no casualties; There was no harm done to life or limb — *recar danno a qcno,* to do sb harm — *prendersi il danno e le beffe,* to have insult added to injury.

dannoso *agg* **1** harmful (to); detrimental (to); noxious (to). **2** *(di eredità)* bankrupt.

danza *sf (movimento, musica)* dance; *(il danzare)* dancing: *danza classica,* ballet dancing — *Mi concede la prossima danza?,* May I have the next dance? — *danza macabra, della Morte,* Danse Macabre *(fr.);* the Dance of Death — *lezioni di danza,* dancing lessons — *scuola di danza,* school of dancing; *(classica)* dance academy — *Danze, (il locale)* Dance Hall.

danzante *agg* dancing: *tè danzante,* tea-dance; thé dansant *(fr.).*

danzare *vi e t.* to dance *(anche fig.): danzare al suono di qcsa,* to dance to the music of sth.

danzatore *sm,* **danzatrice** *sf* dancer.

dappertutto *avv* everywhere; all over the place; on all sides.

dappiù *avv (anche in funzione di agg.)* better (than sth); superior (to sth); a cut (above sth) *(fam.).*

dappocaggine *sf* worthlessness; ineptitude.

dappoco *agg* worthless; not worth much *(predicativo); (di persona, anche)* inept.

dappresso *avv* **1** *(vicino)* near; near by; close at hand. **2** *(da vicino)* closely; close (up).

dapprima *avv* at first; first of all; in the first place.

dapprincipio *avv* in the first place; at the beginning.

dardeggiare *vt* **1** to dart; to shoot* darts (*o* arrows). **2** *(fig.)* to flash; to blaze.

dardo *sm (anche fig.)* dart; arrow.

[1]**dare** *vt e i.* **1** to give*; *(consegnare)* to hand over; *(talvolta: imprestare)* to lend*; *(offrire)* to offer: *Dammi un bacio,* Give me a kiss — *Puoi darmi un momento la tua penna?,* Can you give (*o* lend) me your pen for a moment? — *dare qcsa per niente,* to give sth away; to give sth for nothing — *dare una festa,* to give a party — *dare da sedere a qcno,* to give sb a chair (a seat) — *dare da mangiare a qcno,* to give sb a meal; to give sb sth to eat — *dare buoni consigli,* to give good advice — *dare un buon (cattivo) esempio,* to give (to set) a good (a bad) example — *dare ad intendere,* to give (sb) to understand — *dare un calcio a qcno,* to give sb a kick; to kick sb — *Quando avrà depositato la cauzione, Le darò le chiavi dell'alloggio,* When you've paid deposit, I'll hand you over the keys — *Il fatto che i migliori siano fuori gara ti dà un'opportunità di vincere,* The fact that the best competitors are out of the race offers (*o* gives) you a good chance of winning — *dare la vita per qcsa,* to give (up) one's life for sth; to lay down one's life for sth.

2 *(assegnare, conferire)* to give*; to grant; to award; *(accordare)* to allow; to grant; *(elargire)* to bestow *(lett.); (donare)* to donate: *Non bisogna dare troppa importanza a queste cose,* One mustn't give (*o* attach) too much importance to these things — *Gli fu data una borsa di studio,* He was granted (awarded, given) a scholarship — *Gli fu dato il permesso di andare a casa in licenza,* He was allowed to go home on leave — *Spero che mi diano una proroga,* I hope they will grant me an extension.

3 *(pagare)* to give*; to pay*: *Quanto mi dai per i miei sci?,* How much will you give me for my skis? — *Ha dato un mucchio di denaro per il riscatto del figlio,* He had to pay a packet to get his son back (to ransom his son).

4 *(produrre)* to yield; to produce; to render; to bear*; to give* forth: *Quel melo non dà frutti,* That apple-tree doesn't produce fruit — *investimenti che danno il 12%,* investments which yield 12%.

5 dare su, to open on to (onto); to give* on to; to look on to; to overlook; to have* a view on (*o* over); to face: *una casa che dà sul mare,* a house facing the sea; *(talvolta)* a home with a sea view — *una porta che dà sulla strada,* a door opening on to the street.

6 dare del... a qcno, to call sb...: *dare del cretino a qcno,* to call sb an idiot — *dare del 'tu' a qcno,* to address sb as 'tu'; to use the intimate second form; to be on first name terms — *dare del 'Lei' a qcno,* to address sb as 'lei'; to use the formal third person form; not to be on first name terms.

□ *dare un esame,* to take (to sit for) an examination (an exam) — *Le darei trent'anni,* I'd put her age at thirty — *A nessuno dei due si darebbero sessant'anni,* Neither of them really looks sixty — *dare ragione (torto) a qcno,* to say that sb is right (wrong); *(dimostrarlo)* to prove sb right (wrong); *(dir.)* to find for (against) sb — *dare il buongiorno a qcno,* to say good morning to sb — *dare la mano a qcno,* to shake sb's hand — *dare il benvenuto a qcno,* to welcome sb — *dare fuoco a qcsa,* to set fire to sth — *dare una commedia,* to put on a play — *dare qcno per spacciato,* to give sb up for lost — *dare qcsa per buono (per scontato),* to take sth for granted — *dare atto di qcsa,* to acknowledge sth — *dare a bere qcsa a qcno,* to make sb swallow sth — *dare alla testa, (di vino, ecc.)* to go to one's head — *dare addosso a qcno,* to fall upon sb; to attack sb — *dare nell'occhio,* to strike (to catch) the eye — *dare sui nervi a qcno,* to get on sb's nerves — *dare nel segno,* to hit the mark; to guess right — *Dacci dentro!,* Put your back into it! — ⇨ *anche* **dài, dàgli,** [1]**dato.**

□ **darsi** *v. rifl* **1** to give* oneself (to sth); *(dedicarsi)* to devote oneself (to sth): *darsi per vinto,* to give up — *darsi delle arie,* to give oneself airs — *darsi al vizio,* to take to a life of vice — *darsi alla macchia,* to go into hiding — *darsi prigioniero,* to give oneself up.

2 *(incominciare)* to take* (sth) up: *darsi a correre,* to begin to run; to break into a run.

3 Può darsi, Maybe; It may be; I (He, She, They, *ecc.*) may... *(con la costruzione personale): Può darsi che venga,* Maybe he'll come; He may come.

□ *darsi ammalato,* to report sick; to make out that one is ill — *Si dà il caso che...,* It so happens that... — *Si diede il caso che...,* It happened that... — *darsi da fare per...,* to busy oneself about... — *darsi d'attorno* ⇨ **dattorno** — *darsela a gambe,* to take to one's heels.

[2]**dare** *sm (comm.)* debit; debt: *il dare e l'avere,* debit and credit — *la colonna del dare,* the debit column — *Quanto è il mio dare?,* How much do I owe you?

darsena *sf* dock; basin; dockyard.

[1]**data** *sf* date: *di lunga (antica, vecchia) data,* old; long-standing *(attrib.);* of long standing — *di data recente,* recent; of recent date — *data di scadenza,* due date; expiry date — *data di emissione,* date of issue — *data ultima,* deadline — *senza data, (p.es. di lettera)* undated — *con data in bianco,* blank dated — *in data d'oggi,* as of today's date — *data del timbro postale,* date as postmark — *in data 23 febbraio,* dated February 23 — *mettere, apporre la data,* to date; to add the date — *portare la data di...,* to be dated...

[2]**data** *sf* **1** *(al gioco delle carte)* deal: *avere la data,* to

be dealer. **2** *(facoltà di nomina)* right of appointment; patronage.

databile *agg* datable.

datare *vt* to date: *una lettera datata il 12 ottobre,* a letter dated October 12.

□ *vi* to date (from): *Il manoscritto data dal primo ottocento,* The manuscript dates from the early nineteenth century — *a datare da...,* beginning from...; dating from...; *(con decorrenza da)* with effect from...

datario *sm* date stamp.

datazione *sf* dating.

dativo *agg e sm* dative.

[1]**dato** *agg* **1** *(determinato)* given; stated; certain: *entro un dato giorno,* within a given date (day, time) — *in dati casi,* in certain (*o* some) cases. **2** *(dedito)* addicted: *dato al bere (al vizio),* addicted to drink (to vice).

□ *Dato che...,* Given that...; *(poiché)* Since...; As... — *Dato e non concesso che...,* Supposing (that)...; Even if... — *dato ciò,* therefore; consequently — *date le circostanze,* given the circumstances; in view of the circumstances.

[2]**dato** *sm* datum *(generalm. al pl.:* data*)*; premiss; information: *un dato di fatto,* a fact — *i dati di una questione,* the terms of a question — *un dato dubbio,* a doubtful item of information; a doubtful fact — *dati di stato civile,* vital data — *dati statistici,* statistics; statistical information — *dati tecnici,* specification(s) — *dati di targa,* rating — *elaborazione dati,* data processing.

datore *sm* **1** giver: *datore di lavoro,* employer. **2** *(di una cambiale)* drawer.

dattero *sm* **1** *(l'albero)* date-palm. **2** *(il frutto)* date. **3** *(di mare)* date mussel.

dattilico *agg* dactylic.

dattilo *sm* dactyl.

dattilografa *sf* typist.

dattilografare *vt* to type.

dattilografia *sf* typing.

dattiloscritto *agg* typed; typewritten: *venti cartelle dattiloscritte,* twenty typewritten pages; twenty pages of typescript.

□ *sm* typescript.

dattorno *avv* around: *Sono stanco di averli sempre dattorno,* I'm fed up of having them hanging around all the time — *togliersi (levarsi) dattorno qcno,* to get rid of sb — *Levati dattorno!,* Clear off!; Beat it! *(fam.)*; Get lost! *(fam.)*. □ *darsi dattorno,* to do all (*o* everything) one can; to leave no stone unturned.

datura *sf* datura; stramonium.

davanti I *avv* **1** before; in front: *Potei vedere solo quelli che erano davanti,* I could only see those standing in front — *Abbiamo tutto il giorno davanti,* We've the whole day before us. **2** *(dirimpetto)* opposite.

II (davanti a) *prep* **1** *(al cospetto di)* before; in the presence of: *davanti a Dio,* before God; in the presence of God — *davanti al pericolo,* in the presence of danger. **2** in front of: *il giardino davanti casa,* the garden in front of our house. **3** *(dirimpetto a)* opposite: *La mia casa si trova davanti all'Ufficio Postale,* My house is opposite the Post Office.

III *sm* front: *il davanti di una giacca,* the front of a jacket — *sul davanti della casa,* on the front of the house.

IV *agg attrib* front; fore *(di parte di animale)*: *i denti davanti,* the front teeth — *le zampe davanti,* the fore paws.

davantino *sm* jabot *(fr.)*; frill.

davanzale *sm* window-sill.

davanzo *avv* ⇨ **avanzo,** *sm.*

davvero *avv* really; indeed: *È davvero interessante,* It's really interesting — *Davvero?,* Really?; Indeed?; Is that so? — *dire davvero,* to be in earnest; to be serious; to really mean sth — *Per davvero?,* Really?; Do you really mean that? — *per davvero,* in earnest; for real *(fam.)*.

daziare *vt* to levy a toll (on sth).

daziario *agg* excise *(attrib.)*; customs *(attrib.)*.

daziere *sm* excise officer; customs officer.

dazio *sm* **1** duty; toll: *esente da dazio,* duty-free — *soggetto a dazio,* dutiable; liable to duty — *franco di dazio; dazio compreso,* duty paid — *dazio escluso,* duty unpaid — *dazio di consumo,* excise — *dazio fiscale,* inland revenue — *dazio doganale,* customs duty — *dazio d'importazione,* customs; import duty — *pagare il dazio per qcsa,* to pay (the) duty on sth. **2** *(ufficio)* customs office; *(casello)* toll-house; *(barriera)* toll-gate.

de *forma di* **di** *(usato davanti a titoli di libri, films, ecc. che incominciano con l'art. determinativo).*

dea *sf* goddess.

deambulare *vi* to walk (to stroll) about.

debellare *vt* **1** to vanquish; to conquer; to subdue. **2** *(fig.)* to overcome*; *(estirpare: p.es. una malattia)* to wipe out; to eliminate.

debilitamento *sm* weakening; debilitation.

debilitante *agg* weakening; debilitating.

□ *sm* debilitant.

debilitare *vt* to weaken; to debilitate; to pull (sb) down.

debitamente *avv* **1** duly: *Vi preghiamo di restituirci la copia debitamente firmata,* We would ask you to return the copy to us, duly signed. **2** *(in modo giusto)* properly; rightly.

[1]**debito** *sm* **1** debt: *fare debiti,* to run (to get) into debt; to run up debts: *essere pieno di debiti,* to be deeply in debt; to be up to one's ears in debt — *essere in debito verso qcno,* to be in debt to sb; *(fig.)* to be indebted to sb — *contrarre un debito,* to incur (to contract) a debt — *pagare un debito,* to pay a debt; *(più formale)* to discharge a debt — *condonare un debito,* to remit a debt — *vendere (comperare) a debito,* to sell (to buy) on credit (on account) — *segnare una somma a debito di qcno,* to debit sb with an amount — *nota di debito,* debit note — *riconoscimento di debito,* acknowledgement of a debt — *incapacità di pagare un debito,* inability to pay a debt — *un debito d'onore,* a debt of honour — *debiti di gioco,* gambling debts — *debito fluttuante,* floating debt — *debito ipotecario,* mortgage debt — *debito non garantito,* deadweight debt — *debito privilegiato,* preferential (*o* secured) debt — *debito a lunga scadenza (consolidato),* funded debt — *debito a breve scadenza,* short-term borrowing; *(talvolta)* current liability — *debito di funzionamento,* account payable — *il debito pubblico,* the National Debt — *libro (registro) del debito pubblico,* the registry of stocks. **2** *(obbligo, dovere)* duty: *farsi debito di fare qcsa,* to consider it one's duty to do sth — *È un mio debito di coscienza,* It's a matter of (my) conscience; It's my moral duty. □ *pagare il debito alla natura, (fig.)* to die.

[2]**debito** *agg (dovuto)* due; *(appropriato)* proper: *a tempo debito,* in due time; in due course — *con la debita cautela,* with due caution — *nel debito modo,* in the proper (*o* right) way — *scegliere il tempo debito per fare qcsa,* to choose the proper time to do

sth (for doing sth) — *tenere in debito conto qcsa,* to make due allowance(s) for sth.

debitore *sm* debtor: *essere debitore di qcsa a qcno, (anche fig.)* to owe sb sth; to be in sb's debt for sth — *Ti sono debitore di mille lire,* I owe you a thousand lire; I'm in your debt to the tune of a thousand lire.
□ *(come agg.; f.* **debitrice**: *p.es. di bobina)* feeder; paying out.

debole *agg* **1** weak; feeble; frail; faint: *È piuttosto debole in italiano,* He's rather weak in Italian — *Fece un debole tentativo di resistenza,* He made a feeble attempt to resist — *Ha la vista debole (la mente debole),* He is weak-sighted (weak-minded) — *Il suo polso è debole,* His pulse is feeble (*o* weak, slow) — *Il bambino ha un aspetto deboluccio,* The child looks rather frail — *Attaccarono nei punti deboli della linea nemica,* They attacked at the weak points of the enemy's line — *Le quotazioni odierne della sterlina sono deboli,* Today's rates of exchange for the pound are low — *il sesso debole,* the weaker sex — *memoria (vista, udito) debole,* weak memory (sight, hearing) — *La carne è debole, (Bibbia)* The flesh is weak. **2** *(di luce)* dim; faint; indistinct; *(di colore)* dull; *(di suono)* faint.
□ *sm* **1** *(punto debole)* weak point; weak spot: *Il suo debole è che non ha molta volontà,* His weak point is that he hasn't a strong will (that he isn't strong-willed) — *toccare qcno nel debole (nel vivo),* to touch sb on the quick (on a sensitive point). **2** *(persona di carattere debole)* weak person; *(di poca salute)* weakling: *i deboli, (in generale)* the weak. **3** *(preferenza)* weakness; partiality; foible: *Ho un debole per le caramelle,* I have a weakness for sweets; I have a sweet tooth.

debolezza *sf* weakness; feebleness; frailty; *(med.)* debility; *(fig.)* weakness; foible; weak point; *(predilezione)* weakness; partiality; *(errore, sproposito)* mistake: *fare qcsa in un momento di debolezza,* to do sth in a moment of weakness — *fare qcsa per debolezza,* to do sth out of weakness — *le debolezze della vita,* human frailty *(sing.)* — *debolezza di carattere,* weakness of character; weak character — *avere una debolezza per qcno (qcsa),* to have a weakness for sb (sth).

debolmente *avv* weakly; feebly; faintly; *(di luce, anche)* dimly.

debosciato *agg* dissolute; depraved.
□ *sm* debauchee.

debuttante *sm e f.* **1** beginner. **2** *(teatro)* débutant *(m. fr.),* débutante *(f. fr.).* **3** *(ragazza che viene presentata in società)* débutante *(fr.);* deb *(abbr. fam.).*

debuttare *vi (teatro)* to make* one's début *(fr.).*

debutto *sm* début *(fr.): fare il proprio debutto,* to make one's début; *(in società)* to come out.

dèca *sf* **1** decade. **2** *(sl.: il biglietto da diecimila lire)* ten-thousand-lira note.

decade *sf* **1** *(dieci anni)* decade; ten years. **2** *(dieci giorni)* ten days: *nella prima decade di dicembre,* in the first ten days of December; early in December.

decadente *agg e sm* decadent.

decadentismo *sm* decadence.

decadenza *sf* **1** decline; decay; *(arte, ecc.)* decadence: *essere in decadenza,* to be in decline; *(di persona fisica, ecc.)* to be past one's prime. **2** *(dir.)* loss; extinction; forfeiture; lapse.

decadere *vi* **1** to decline; to fall* into decline; to fall* off; to decay. **2** *(dir.)* to lose*; to forfeit: *decadere da un diritto,* to forfeit (to lose) a right — *decadere dalla carica,* to lose one's post.

decaduto *agg* **1** *(impoverito)* impoverished; decayed. **2** *(detronizzato)* dethroned.

decaedro *sm* decahedron.

decaffeinizzato *agg* decaffeinated; caffein-free.

decagono *sm* decagon.

decagrammo *sm* decagram(me).

decalcare *vt* to transfer.

decalcificare *vt* to decalcify.

decalcificazione *sf* decalcification.

decalcomania *sf* transfer.

decalitro *sm* decalitre, *(USA)* decaliter.

decalogo *sm* Ten Commandments; decalogue.

decametro *sm* decametre, *(USA)* decameter.

decampare *vi* **1** *(levare il campo)* to decamp. **2** *(fig.)* to climb down; to abandon; to give* up.

decano *sm* **1** *(di una cattedrale, di una facoltà universitaria)* dean. **2** *(del corpo diplomatico, ecc.)* doyen *(fr.).*

[1]**decantare** *vt* to praise; to extol.

[2]**decantare** *vt (chim., ecc.)* to decant.
□ *vi* to clear: *lasciar decantare un liquido,* to let a liquid clear; to leave a liquid to clear.

decantatore *sm* decanter; settling tank.

decapitare *vt* to behead; to cut* off (sb's) head; to decapitate.

decapitazione *sf* beheading; decapitation: *condannare qcno alla decapitazione,* to condemn sb to be beheaded.

decappottabile *agg* convertible; soft-top *(attrib.);* décapotable *(fr.): un'auto decappottabile,* a convertible.

decarburare *vt* to decarbonize; to decarburize.

decarburazione *sf* decarbonization; decarburation.

decasillabo *agg* decasyllabic. □ *sm* decasyllable.

decatlon *sm* decathlon.

decedere *vi* to die.

deceduto *agg* deceased; dead.

decelerare *vi e t.* to decelerate; to throttle down.

decelerazione *sf* deceleration.

decemvirato *sm* decemvirate.

decemviro *sm* decemvir.

decennale *agg* decennial; ten-year *(attrib.): un accordo decennale,* a ten-year agreement.
□ *sm* decennial; tenth anniversary.

decenne *agg* ten-year-old *(attrib.);* ten years old; aged ten; *(che dura da dieci anni)* ten-year.
□ *sm e f.* ten-year-old.

decennio *sm* decade; ten-year period; *(prezzo comune)* decennium: *nello scorso decennio,* during the last decade; over the last ten years.

decente *agg* decent; proper; respectable; *(accettabile)* decent; satisfactory; quite (*o* reasonably) good: *cercare un pretesto decente per squagliarsela,* to look for a decent excuse to get away — *un pasto decente,* a decent meal; quite a good meal.

decentemente *avv* **1** decently; *(in modo accettabile)* satisfactorily. **2** *(fam.: abbastanza bene)* quite (*o* fairly) well; not bad.

decentramento *sm* decentralization; *(attribuzione di potere ad autorità regionali)* devolution.

decentrare *vt* to decentralize.

decenza *sf* decency; propriety; decorum: *luogo di decenza,* toilet.

decesso *sm* death; decease: *atto di decesso,* death certificate.

decidere *vt e i.* **1** to decide; to resolve; to determine; *(una questione)* to settle; *(fissare)* to fix: *decidere di* *fare qcsa,* to decide (to resolve, to determine) to do sth (on doing sth) — *decidere di non fare qcsa,* to decide not to do sth; to decide against doing sth — *Decisi all'ultimo momento di partire,* At the last moment I decided to leave — *È necessario decidere la faccenda una buona volta,* The matter must be settled once (and) for all — *Decisero uno sciopero,* They decided on a strike; They decided (resolved) to strike — *Decidemmo insieme il modello dell'abito,* We decided on (We chose) the pattern of the dress together — *Il suo intervento decise il mio futuro,* His intervention determined (*o* settled) my future — *Dobbiamo decidere la data della prossima riunione,* We must decide on a date for the next meeting; We must fix the date of the next meeting. **2** *(dir.: emanare una sentenza)* to give (to pass) judgement.

□ **decidersi** *v. rifl* to decide; to make* up one's mind; to bring* oneself (to do sth): *Su, deciditi!,* Come on, make up your mind! — *È ora che ti decida,* It's (high) time you made up your mind — *non saper decidersi,* to be undecided; *(più in generale)* to be indecisive — *Non so decidermi a fare una cosa simile,* I can't bring myself to do such a thing — *Si decise a comperare un'automobile,* He made up his mind to buy a car.

deciduo *agg* deciduous.

decifrabile *agg* decipherable: *scrittura poco decifrabile,* difficult handwriting.

decifiramento *sm* deciphering; decipherment; decoding.

decifrare *vt* **1** to decipher; to read*; *(un messaggio cifrato)* to decode. **2** *(fig.)* to solve; to make* out; to unravel.

decifratore *sm* decipherer; decoder.

decigrammo *sm* decigram(me).

decilitro *sm* decilitre, *(USA)* deciliter.

decima *sf (stor.)* tithe.

decimale *sm* decimal. □ *agg* decimal: *numero decimale,* decimal; decimal number — *frazione decimale,* decimal fraction — *sistema metrico decimale,* metric system; *(talvolta, ma non comunemente)* decimal system.

decimare *vt* to decimate.

decimazione *sf* decimation *(anche fig.).*

decimetro *sm* decimetre, *(USA)* decimeter.

decimo *agg numerale ordinale e sm* tenth.

decimoprimo *agg numerale ordinale* eleventh.

decimosecondo *agg numerale ordinale* twelfth.

decina *sf* ten; *(circa dieci)* about ten; ten or so; *(più comune = dozzina)* (about) a dozen; a dozen or so: *a decine,* by tens; *(in gran numero)* by dozens — *la colonna delle decine,* the tens column — *L'avrò fatto una decina di volte,* I must have done it a dozen times.

decisamente *avv* **1** *(con risolutezza)* resolutely; in a determined manner. **2** *(indubbiamente)* definitely; decidedly; markedly; quite: *Questo progetto è decisamente migliore,* This plan is decidedly better — *Decisamente, hai torto,* You're quite wrong.

decisionale *agg* decision-making *(attrib.)*; decision-taking *(attrib.).*

decisione *sf* **1** decision; *(di assemblea)* resolution; *(di giudice, ecc.)* decision; ruling; *(di commissione d'inchiesta, ecc.)* finding; judgement; *(arbitrale)* award: *prendere una decisione,* to take a decision; to decide; to make up one's mind; *(di assemblea)* to pass a resolution; *(di giudice, ecc.)* to rule. **2** *(risolutezza)* decision; resolution; determination: *un individuo incapace di agire con decisione,* a weak (an irresolute) person.

decisivo *agg* decisive; conclusive; *(cruciale)* crucial; critical: *una battaglia decisiva,* a decisive battle — *un momento decisivo,* a crucial (*o* decisive) moment. □ *l'autorità decisiva, (dir.)* the power to decide — *il voto decisivo,* the casting vote.

deciso *agg* **1** *(stabilito)* fixed; decided; *(risolto)* settled: *Non vi è ancora nulla di deciso,* Nothing has been decided yet. **2** *(risoluto)* firm; resolute; decided; determined: *essere deciso a tutto,* to be determined to stick at nothing. **3** *(di taglio, ecc.: netto)* clean. **4** *(spiccato)* marked; decided.

declamare *vt e i:* to declaim; to recite; *(scherz.)* to make* a speech.

declamato *agg* declaimed. □ *sm (teatro)* recitative.

declamatore *sm* declaimer; *(ampolloso)* ranter; windbag *(fam.).*

declamatorio *agg* declamatory.

declamazione *sf* **1** *(l'arte del declamare)* recitation *(di una poesia, ecc.)*; declamation *(di un discorso, ecc.).* **2** *(discorso pronunciato con enfasi)* recitation; declamation; *(spreg.)* ranting; hot air *(fam.).*

declassamento *sm* down-grading; declassing.

declassare *vt* to down-grade; to declass.

declinabile *agg* declinable.

declinare *vt* **1** *(gramm.)* to decline; to inflect *(raro).* **2** *(rifiutare)* to decline; to refuse; to turn (sth) down: *Declino ogni mia responsabilità,* I decline *(talvolta, più formale:* I disclaim*)* all responsibility — *declinare un invito,* to decline an invitation — *declinare un'offerta,* to turn down an offer — *Il giudice declinò la sua competenza nel caso,* The judge ruled that he had no jurisdiction to hear the case. **3** *(dire)* to say*; to state: *declinare le proprie generalità,* to give one's particulars.

□ *vi* **1** *(tramontare)* to set*; *(volgere alla fine)* to decline; *(venir meno)* to wane: *La sua salute sta declinando,* His health is declining (is waning) — *La sua gloria incominciava a declinare,* His glory had begun to wane — *Certe mode declinano presto,* Some fashions disappear quite soon. **2** *(degradare)* to slope down; to sink* down: *Le colline declinavano verso il mare,* The hills sloped down towards the sea. **3** *(deviare)* to deviate: *Non declinare dal retto sentiero, dalla virtù,* Do not deviate from the right path (from the straight and narrow).

□ *sm* decline; close; wane: *sul declinar del giorno,* at the close of day; at dusk.

declinatoria *sf (dir.)* plea of no jurisdiction.

declinazione *sf* **1** *(gramm.)* declension. **2** *(astronomia, navigazione)* declination: *declinazione nord,* northing — *declinazione sud,* southing.

declino *sm* **1** *(decadimento)* decay; decline: *essere in declino,* to be in decline. **2** *(del sole, ecc.)* setting: *essere in declino,* to be setting; *(fig.)* to be on the wane.

declivio *sm* (downward) slope; declivity: *terreno in declivio,* sloping ground.

[1]**decollare** *vi (di un velivolo, e anche fig., dell'economia)* to take* off.

[2]**decollare** *vt (decapitare)* to behead; to decapitate.

decollazione *sf* beheading; decapitation.

decollo *sm* take-off: *pista di decollo,* runway.

decolorante *agg* decolo(u)rizing; decolorating; *(per i capelli, per tessuti)* bleach.

□ *sm* decolorant: *decolorante per capelli,* hair bleach.

decolorare *vt* to decolo(u)rize; to decolorate; *(capelli, tessuti)* to bleach.
decolorazione *sf* decolo(u)rization; decoloration.
decomponibile *agg* decomposable.
decomponibilità *sf* decomposability.
decomporre *vt* **1** to decompose *(anche chim.); (fig.)* to analyse; *(scomporre)* to separate; to disintegrate; to dissolve. **2** *(putrefare)* to rot; to putrefy. **3** *(mecc.)* to take* to pieces; to break* down. **4** *(matematica)* to resolve into factors; to factorize: *decomporre un numero,* to find the prime factors of a number.
□ **decomporsi** *v. rifl* to decompose *(anche chim.); (putrefarsi)* to decompose; to rot; to putrefy; to go* bad *(fam.).*
decomposizione *sf* **1** decomposition *(anche chim.); (putrefazione)* putrefaction; decay: *essere in decomposizione,* to decompose; to rot — *un cadavere in decomposizione,* a decomposing corpse — *vegetazione in decomposizione,* rotting vegetation — *processo di decomposizione,* decomposition; process of decomposition. **2** *(matematica)* factorization.
decompressione *sf* decompression: *camera di decompressione,* decompression chamber.
decomprimere *vt* to decompress.
decongelare *vt* to defrost.
decongelatore *sm* defroster.
decongestionante *sm* decongestive.
decongestionare *vt* **1** *(med., ecc.)* to decongest; to clear. **2** *(il traffico)* to get* moving; to keep* moving (*o* flowing).
decorare *vt* **1** to decorate; to adorn; *(pavesare)* to dress; to deck: *decorare con modanature, (archit.)* to mould, *(USA)* to mold — *decorare un abito con pizzi,* to trim a dress with lace. **2** *(insignire, di decorazione)* to decorate; to award a medal (to sb for sth).
decorativo *agg* decorative; ornamental: *un personaggio (soltanto) decorativo,* a figurehead.
decorato *agg* decorated. □ *sm* holder of a decoration.
decoratore *sm* decorator; *(verniciatore, ecc.)* painter; *(tappezziere)* paper-hanger.
decorazione *sf* **1** decoration; ornament. **2** *(medaglia)* decoration; medal.
decoro *sm (dignità)* decorum; dignity; formality; *(appropriatezza)* propriety; seemliness; *(onore, vanto)* honour: *con decoro di stile e di lingua,* in the proper style and language — *osservare (mantenere) il decoro,* to observe the proprieties *(pl.)* — *vestirsi con decoro,* to dress properly (*o* suitably); to dress to suit the occasion — *vivere con decoro,* to live decorously (*o* with decorum).
decorosamente *avv* decorously; properly; decently; respectably.
decoroso *agg* **1** *(dignitoso)* proper; dignified: *un contegno decoroso,* (a) dignified bearing. **2** *(rispettabile)* decent; respectable: *uno stipendio decoroso,* a decent salary.
decorrenza *sf (comm.: in espressioni del tipo) con decorrenza dal 10 giugno,* to run from June 10; as from June 10; starting (*o* commencing) from (*o* with) June 10.
decorrere *vi* to start (from); to run*: *a decorrere da domani,* starting from tomorrow; as from tomorrow.
decorso *agg* elapsed; gone by; past.
□ *sm* **1** *(il passare)* passing; running; *(periodo)* period: *nel decorso di...,* during...; *(entro)* within — *il decorso di un termine, (dir.)* the running of a term — *per decorso del termine, (dir.)* by lapse of time. **2** *(di malattia)* course.
decotto *sm* infusion; decoction: *un decotto di erbe,* a tisane *(fr.)* — *decotto di camomilla (di menta piperita),* camomile (mint) tea.
decrepitezza *sf* decrepitude.
decrepito *agg* decrepit: *essere vecchio decrepito,* to be on one's last legs *(fam.).*
decrescente *agg* decreasing; *(della luna)* waning: *essere in fase decrescente,* to be decreasing; to be on the decrease; *(di acqua alta, ecc.)* to be subsiding; *(della luna e fig.)* to be waning; to be on the wane.
decrescenza *sf* decrease; diminution: *essere in decrescenza,* to dwindle; to decrease; *(della luna)* to be on the wane.
decrescere *vi* to decrease; to diminish; to lessen; *(di prezzi)* to go* down; to fall*; to drop; *(di suono)* to fade away; *(di febbre, gonfiore, ecc.)* to subside; to go* down; *(di marea)* to ebb; *(delle acque)* to subside; to go* down; *(di vento)* to drop; to subside; *(della luna e fig.)* to wane; *(rimpicciolirsi)* to dwindle.
decretale *agg e sf* decretal.
decretare *vt* **1** to decree; to command; to ordain. **2** *(concedere)* to grant; *(un onore, ecc.)* to confer; to award; to bestow.
decreto *sm* decree; ordinance; *(di giudice)* decree; order; ruling: *emettere un decreto,* to issue a decree — *revocare un decreto,* to revoke a decree — *decreto di citazione,* summons; writ — *decreto di condanna, (civile)* judgement; *(penale)* conviction — *un decreto-legge,* a decree with the force of law.
decubito *sm* decubitus: *piaghe da decubito,* bedsores.
decumano *agg* decuman: *onda decumana,* decuman (*o* tenth) wave.
□ *sm (stor. romana)* decumanus.
decuplicare *vt* to multiply by ten; to decuple.
decuplo *agg* tenfold; decuple. □ *sm* decuple; ten times (as much).
decurione *sm (stor. romana)* decurion.
decurtare *vt* to reduce; to cut*; *(detrarre)* to dock; to knock (sth) off: *Gli è stato decurtato lo stipendio,* His salary has been docked.
decurtazione *sf* reduction.
dedalo *sm* labyrinth; maze.
dedica *sf* dedication.
dedicare *vt* **1** to dedicate; *(un libro, ecc., anche)* to inscribe. **2** *(consacrare)* to consecrate; to dedicate: *dedicare una cappella alla Madonna,* to dedicate a chapel to the Virgin Mary. **3** *(destinare)* to devote; to give*; *(riservare)* to set* (sth) apart: *dedicare il tempo libero a qcsa,* to devote one's free time for sth — *Le prime cento pagine sono dedicate alla storia della famiglia,* The first hundred pages are given up to the history of the family.
□ **dedicarsi** *v. rifl* to devote oneself; to give* oneself up (to sb, to sth).
dedicatorio *agg* dedicatory.
dedito *agg* **1** given (to); given over (to); devoted (to); *(assorto)* engrossed (in); absorbed (in); wholly taken up (with): *essere dedito allo studio,* to be engrossed in (absorbed in) one's studies; *(più in generale)* to be devoted to one's studies. **2** *(riferito a vizi)* addicted to: *essere dedito al bere (al gioco),* to be addicted to drink (to gambling) — *essere dedito alla droga,* to be a drug addict.
dedizione *sf* devotion; dedication; *(sottomissione)* submission; surrender; *(abnegazione)* sacrifice: *con dedizione,* devotedly; with devotion.
deducibile *agg* deducible.
dedurre *vt* **1** *(desumere)* to deduce; to infer; to argue; *(trarre)* to draw*: *Da ciò si deduce che...,* It may thus be inferred that... **2** *(sottrarre)* to deduct; to subtract:...

dedotto uno sconto del 5%, ... less 5% discount. **3** *(dir.)* to make* (sth) known; to set* forth: *dedurre le proprie ragioni in giudizio,* to state one's case — *dedurre qcsa a verbale,* to enter sth in the record.
deduttivamente *avv* deductively; by inference.
deduttivo *agg* deductive.
deduttore *agg (anat.)* abductor.
deduzione *sf* **1** deduction; inference. **2** *(detrazione)* deduction.
defalcare *vt* to deduct; to subtract.
defalcazione *sf* deduction; cut.
defecare *vt (chim.)* to refine; to clear; to defecate. □ *vi (med.)* to evacuate (the bowels); to defecate.
defecazione *sf* **1** clarification. **2** *(med.)* evacuation; defecation.
defenestrare *vt* **1** to throw* (sb) out of the window. **2** *(fig.)* to dismiss; *(fam.)* to kick (sb) out of office.
defenestrazione *sf* **1** defenestration. **2** *(fig.)* dismissal.
deferente *agg* **1** *(ossequioso)* deferential; respectful; deferent *(raro); (obbediente)* compliant; obedient: *mostrarsi deferente verso i superiori,* to be deferent to one's superiors; to show deference towards one's superiors. **2** *(anat.)* deferent.
deferentemente *avv* deferentially; compliantly.
deferenza *sf* deference.
deferimento *sm* referring; submitting.
deferire *vt* **1** *(dir.)* to remit; to refer. **2** *(consegnare)* to send*; to deliver: *deferire una persona alla giustizia,* to hand sb over (to give sb up) to justice. □ *vi (conformarsi)* to defer; to bow (to sth).
defezionare *vi* to desert; to defect.
defezione *sf* desertion; defection.
deficiente *agg* **1** *(mancante)* deficient (in sth); defective; insufficient. **2** *(sciocco)* half-witted; simple-minded; dim: *un po' deficiente,* a bit wanting (*o* lacking). □ *sm* mental defective; *(spreg.)* half-wit; idiot; cretin; moron; imbecile: *Non fare il deficiente!,* Don't be an idiot!
deficienza *sf* **1** *(mancanza)* deficiency; insufficiency; want; lack; *(lacuna)* deficiency; gap; *(scarsità)* shortage: *per deficienza di denaro,* for lack (for want) of money. **2** *(oligofrenia)* mental deficiency.
deficit *sm* deficit; deficiency: *essere in deficit,* to have (to show) a deficit; *(fam.)* to be in the red — *colmare il deficit,* to make good the deficit.
deficitario *agg* debit *(attrib.);* showing a loss; in the red *(fam.): un bilancio deficitario,* an adverse (*o* debit) balance; a budget deficit.
defilare *vt (mil.)* to defile; to defilade. □ *vi (naut.)* to pass astern.
defilé *sm* mannequin parade.
definibile *agg* definable.
definire *vt* **1** to define; to describe: *definire un vocabolo,* to define a word. **2** *(determinare)* to determine; to fix; to establish. **3** *(risolvere)* to determine; to settle; to resolve: *definire una questione,* to settle a matter.
definitiva *(nell'espressione avverbiale* in definitiva*)* after all; when all's said and done; in the last analysis: *In definitiva, che cos'hai deciso?,* Well, what have you decided, then?
definitivamente *avv* **1** permanently; definitely. **2** *(per sempre)* for good.
definitivo *agg* **1** *(decisivo)* decisive; definite; final: *una risposta definitiva,* a definite (*o* final) answer. **2** *(dir.)* final; absolute; definitive: *pronunciare la sentenza definitiva,* to pronounce final judgement. **3** *(di francobollo)* definitive *(anche s.).* **4** *(di edizione)* standard; definitive.
definito *agg* **1** definite; determinate. **2** *(netto)* sharp; clear-cut; well-defined.
definizione *sf* **1** definition. **2** *(risoluzione)* settlement. **3** *(di un'immagine)* definition: *definizione dell'immagine,* image definition.
deflagrare *vi* to deflagrate; to flare up.
deflagrazione *sf* deflagration.
deflazionare *vt* to deflate.
deflazione *sf* deflation.
deflessione *sf* deflection.
deflettere *vi* **1** to deflect; *(deviare)* to deviate; to bend*. **2** *(fig.)* to yield; to give* in; to give* way.
deflettore *sm* **1** *(mecc.)* baffle; deflector. **2** *(di aereo)* flap, **3** *(di automobile)* quarter light.
deflorare *vt* to deflower.
deflorazione *sf* deflowering.
defluente *agg* defluent.
defluire *vi* to flow (down *o* out).
deflusso *sm* **1** downflow; flow. **2** *(del mare)* ebb. **3** *(tecnologia)* flow.
defogliante *sm* defoliant.
deformabile *agg* deformable.
deformante *agg* deforming; disfiguring. □ *specchio deformante,* distorting mirror.
deformare *vt* **1** to deform; to misshape; to disfigure; *(legno)* to warp; *(metallo)* to buckle: *un corpo deformato dalla malattia,* a body deformed by (*o* through) illness — *La superficie era stata deformata dal calore,* The surface had been warped (*o* buckled) by heat. **2** *(fig.)* to warp; to distort: *Non deformare i fatti!,* Don't distort the facts!
□ **deformarsi** *v. rifl* to become* (to get*) deformed; to lose* its shape; *(di legno, ecc.)* to warp; *(di metallo)* to buckle: *Non si deforma, (sulle etichette, ecc.)* Will not warp (*o* buckle) — *Quel cappello si è ormai deformato,* That hat has lost its shape.
deformazione *sf* deformation; disfigurement; distortion; *(med.)* deformity; *(del legno)* warping; *(mecc., ecc., spec. di metallo)* buckling; warping; *(elastica, nell'edilizia)* elastic strain. □ *deformazione permanente,* permanent set.
deforme *agg* deformed; disfigured; misshapen; *(per estensione: bruttissimo)* ugly; hideous.
□ *sm avere il gusto del deforme,* to have a penchant for the ugly (for ugly things).
deformità *sf* deformity; disfigurement; *(congenita)* malformation; *(bruttezza)* ugliness; hideousness.
defraudare *vt* to cheat; to defraud; to swindle; *(ingannare)* to deceive; to trick.
defraudatore *sm* cheat; swindler; trickster.
defraudazione *sf* cheating; defrauding; swindling.
defunto *agg* **1** deceased; late *(attrib.): il defunto presidente,* the late president. **2** *(fig.)* defunct.
□ *sm* deceased; *(al pl.)* the dead.
degalvanizzare *vt* to strip.
degenerare *vi* **1** to degenerate; to deteriorate: *La divergenza di vedute degenerò in lite,* The difference of opinion degenerated into a quarrel. **2** *(moralmente)* to become* depraved. **3** *(di una malattia)* to grow* worse.
degenerato *agg* degenerate; depraved.
□ *sm* degenerate: *una banda di degenerati,* a gang of degenerates.
degenerazione *sf* degeneration; *(fig., anche)* decline.
degenere *agg* degenerate.

degente *agg* (ill) in bed; *(cronico)* bedridden: *essere degente all'ospedale,* to be in hospital.
□ *sm e f.* patient; *(ricoverato)* in-patient.

degenza *sf* (duration of) confinement to bed; *(in ospedale)* stay in hospital; (period of) hospitalization.

deglutire *vt* to swallow.

deglutizione *sf* swallowing; *(med.)* deglutition.

degnamente *avv* worthily.

degnare *vt e i.* to deign; to condescend: *Non mi han mai degnato di una loro visita,* They have never deigned to visit me.
□ **degnarsi** *v. rifl* to deign (to do sth); to be* kind enough (to do sth); to be* so kind (as to do sth): *Non si sono mai degnati di rispondere,* They never even deigned to reply.

degnazione *sf* condescension; kindness; graciousness; consideration: *Quanta degnazione!,* How very kind of you! (of him, *ecc.*) — *avere la degnazione di fare qcsa,* to be so kind as to do sth — *avere un'aria di degnazione,* to have a condescending air — *fare qcsa per degnazione verso qcno,* to do sth out of kindness (out of consideration) for sb.

degno *agg* worthy; deserving: *Ciò non è degno di te,* That is not worthy of you — *È una degna persona,* He is a worthy man; He is a deserving person — *degno di essere...,* worth... *(seguito dal gerundio)* — *degno di essere visto,* worth seeing — *È un libro degno di essere letto,* It's a book (that's) worth reading — *Sono azioni degne di essere ricordate,* They are deeds that deserve to be remembered (that are worthy of remembrance). □ *degno di biasimo,* blameworthy; blameable — *degno di fiducia,* trustworthy — *degno di invidia,* enviable — *degno di lode,* praiseworthy — *degno di nota,* noteworthy.

degradante *agg* degrading.

degradare *vt* **1** *(mil.)* to degrade; *(naut.)* to disrate; to demote *(USA);* to reduce in rank; to bust *(sl.).* **2** *(abbassare)* to degrade; to lower; *(spec. fig.)* to debase; *(classificare più in basso)* to down-grade. **3** *(fis., chim., geologia)* to degrade.
□ *vi (declinare)* to slope down; to decline.
□ **degradarsi** *v. rifl* to lower oneself; to degrade oneself; to demean oneself; to disgrace oneself.

degradazione *sf* **1** degradation; demotion *(USA).* **2** *(abiezione morale)* degradation; degeneration. **3** *(fis., chim., geologia)* degradation.

degustare *vt* to taste; to sample.

degustazione *sf* tasting; sampling; *(del vino)* wine-tasting.

deh *interiezione (poet.)* ah; oh.

deicida *sm e f.* deicide.

deicidio *sm* deicide.

deidratare *vt* **1** to dehydrate. **2** *(industria)* to dewater.

deidratazione *sf* **1** dehydration. **2** *(industria)* dewatering.

deiezione *sf* **1** *(med.)* defecation; *(al pl.)* faeces. **2** *(geologia)* alluvial deposit; detritus: *cono di deiezione,* alluvial fan.

deificare *vt* to deify.

deificazione *sf* deification.

deiforme *agg* god-like; divine.

deismo *sm* deism.

deista *sm e f.* deist.

deità *sf* **1** deity; Godhead. **2** *(Dio)* Deity; God.

delatore *sm* informer; police spy; nark *(sl.).*

delazione *sf* **1** secret accusation; *(soffiata)* tip; tip-off *(fam.).* **2** *(dir.: di un giuramento)* administration; *(di un atto)* notification.

delebile *agg* delible.

delega *sf* **1** *(il delegare)* delegation: *delega dei poteri,* delegation of (one's) powers. **2** *(procura)* power of attorney; proxy: *atto di delega,* proxy — *dare la delega a qcno,* to give sb a proxy.

delegare *vt* to delegate.

delegato *agg* delegated; deputed: *ammministratore (consigliere) delegato, (comm.)* managing director — *giudice delegato, (dir.)* official receiver.
□ *sm* delegate; representative; *(dir.)* deputy; proxy; delegate.

delegazione *sf* **1** delegation. **2** *(deputazione)* deputation; *(commissione)* committee.

deleterio *agg (nocivo)* harmful; deleterious; *(fig.)* ruinous; pernicious.

delfino *sm* **1** *(zool.)* dolphin; porpoise. **2** *(astronomia)* Delphinus. **3** *(stor.)* dauphin; *(fig.)* probable successor; heir apparent. **4** *(stile di nuoto)* butterfly stroke.

delibare *vt* **1** to taste; to savour; to sample; *(centellinare)* to sip. **2** *(lett.: esaminare superficialmente)* to touch (on *o* upon sth). **3** *(dir.: riconoscere l'efficacia giuridica)* to recognize; to enforce.

delibazione *sf* **1** tasting; savouring; *(di vini, ecc.)* sipping. **2** *(dir.: esame superficiale)* provisional examination. **3** *(riconoscimento)* enforcement; recognition: *giudizio di delibazione,* enforcement (*o* recognition) proceedings.

delibera *sf* **1** deliberation; *(di un'assemblea)* resolution. **2** *(nelle aste)* knocking down. **3** *(nell'industria)* clearance; approval.

deliberare *vt* **1** to deliberate; *(considerare)* to consider. **2** *(risolvere)* to decide; to resolve. **3** *(aggiudicare)* to assign; to adjudge; *(alle aste)* to knock down: *Si delibera!,* Going!; Gone! — *deliberare qcsa al miglior offerente,* to knock down sth to the highest bidder.
□ *vi (disporre, provvedere)* to deliberate; to take* counsel; *(tener seduta)* to be* in consultation; to be* in session: *in sede deliberante, (di questione)* at the committee stage; *(di commissione)* in session.

deliberatamente *avv* deliberately; on purpose.

deliberativo *agg* deliberative.

deliberato *agg* decided; firm; resolved.
□ *sm* deliberation.

deliberazione *sf* deliberation; *(di assemblea)* resolution.

delicatamente *avv* delicately; tenderly; gently.

delicatezza *sf* **1** delicacy; *(di colori, suoni, ecc.)* softness; gentleness; *(raffinatezza)* refinement; exquisiteness; *(ricercatezza)* daintiness; refinement; *(tatto)* tact; discretion; *(sensibilità)* sensitiveness; sensitivity; *(sensibilità eccessiva)* sensibility; *(fragilità)* frailty: *la delicatezza della sua voce,* the softness of her voice — *È una questione da trattare con una certa delicatezza,* It's a matter to be treated with some delicacy (*o* tact) — *vivere in mezzo alle delicatezze,* to live in the lap of luxury. **2** *(cibo delicato)* delicacy.

delicato *agg* delicate; *(di suono, colore, ecc.)* soft; gentle; tender; subdued; *(squisito)* dainty; refined; *(discreto)* discreet; tactful; *(sottile)* subtle; *(di coscienza)* scrupulous; *(di salute)* weak; not very strong: *una pelle delicata,* (a) delicate (a sensitive) skin — *uno stomaco delicato,* a delicate (a weak) stomach — *un bambino delicato,* a delicate (a weak) child — *una questione delicata,* a delicate (a ticklish) question — *un animo delicato,* a sensitive soul — *una tinta delicata,* a soft hue — *un umorismo molto delicato,* a very subtle sense of humour — *Ho dovuto essere* *molto delicato nel riferirgli quant'era successo,* I had to be very tactful in telling him what had happened.

delimitare *vt* **1** to delimit. **2** *(definire)* to define.

delimitazione *sf* **1** delimitation. **2** *(limite)* limits *(pl.)*; *(confine)* boundary.

delineabile *agg* delineable.

delineamento *sm* outline; delineation.

delineare *vt* to outline *(anche fig.)*; to portray; to trace; to sketch sth out; to delineate *(raro)*: *ben delineato,* well defined; distinct.

□ **delinearsi** *v. rifl* **1** to be* outlined. **2** *(fig.)* to take* shape; to come* forward; to emerge; to arise*.

delinquente *sm e f.* **1** criminal; delinquent. **2** *(per estensione, spec. come appellativo)* scoundrel; rogue; wretch: *È un piccolo delinquente,* He's a little wretch.

delinquenza *sf* criminality; delinquency *(spec. minorile)*; crime: *un aumento della delinquenza,* an increase in the crime rate — *La delinquenza è in aumento,* Crime is on the increase.

delinquere *vi* to commit a crime: *associazione a delinquere,* criminal association — *istigazione a delinquere,* instigation to commit a crime.

deliquio *sm* swoon; fainting fit; black-out *(fam.)*: *cadere in deliquio,* to swoon; to faint.

delirante *agg* **1** delirious; raving. **2** *(fig.)* wild; frenzied.

delirare *vi* to be* delirious; to rave *(anche fig.)*.

delirio *sm (med.)* delirium; *(più comune)* frenzy; *(discorso insensato)* raving; *(fig.)* frenzy; fever; obsession; infatuation: *un delirio d'applausi,* delirious (*o* frenzied) applause *(collettivo)* — *andare (essere) in delirio,* to become delirious — *mandare in delirio la folla,* to send the crowd wild.

delitto *sm* crime *(anche fig.)*; misdemeanour; *(talvolta, nel linguaggio giuridico)* felony; delict; *(reato, in genere)* offence: *delitto colposo,* crime committed without malicious intent — *delitto preterintenzionale,* crime without malice aforethought — *delitto doloso,* wilful and malicious crime — *un delitto contro l'ordine pubblico,* a breach of the peace — *il corpo del delitto, (dir.)* corpus delicti *(lat.)* — *incriminare qcno di un delitto,* to charge sb with a crime — *Sarebbe un delitto non assaggiare quel vino!,* It'd be a crime not to sample that mine!

delittuosamente *avv* criminally.

delittuoso *agg* criminal: *proposito delittuoso,* criminal intent — *un'azione delittuosa,* a crime — *Negli ultimi tempi i fatti delittuosi sono aumentati,* There has been an increase in crime lately.

delizia *sf* delight; pleasure: *con mia (sua) grande delizia,* to my (his) great delight — *una delizia per gli occhi,* a pleasure to the eye — *le delizie della mensa,* the pleasures of the table — *un luogo di delizia,* a delightful place — *Parla inglese che è una delizia,* He speaks English delightfully — *È una vera delizia dover uscire proprio adesso!, (iron.)* It's a real pleasure to have to go out right now! — *Nevica che è una delizia,* It is snowing very heavily.

deliziare *vt* to delight.

□ **deliziarsi** *v. rifl* to delight (in sth); to relish.

deliziosamente *avv* delightfully; deliciously.

delizioso *agg* delightful; *(di sapore, ecc.)* delicious.

delta *sm* **1** *(lettera)* delta: *ala a delta,* delta wing. **2** *(di un fiume)* delta.

deltaplano *sm* hang glider.

deltazione *sf* deltafication.

deltizio *agg* deltaic.

[1]**delucidare** *vt* to elucidate *(piuttosto formale)*; to explain; to clarify.

[2]**delucidare** *vt (togliere il lucido)* to decatize.

[1]**delucidazione** *sf* elucidation *(piuttosto formale)*; explanation.

[2]**delucidazione** *sf (atto o processo del togliere il lucido)* decatizing.

deludere *vt* to disappoint; *(mandare a vuoto)* to frustrate: *rimanere deluso,* to be disappointed — *Le mie speranze andarono deluse,* My hopes were disappointed (*o* deceived) — *La sua ambizione andò delusa,* His ambition was frustrated.

delusione *sf* disappointment: *Che delusione!,* What a disappointment! — *subire una delusione,* to be disappointed.

delusorio *agg* deceptive.

demagogia *sf* demagogy.

demagogicamente *avv* demagogically.

demagogico *agg* demagogic(al).

demagogo *sm* demagogue.

demandare *vt* to entrust: *demandare qcsa a qcno,* to entrust sth to sb; to entrust sb with sth.

demaniale *agg* pertaining to the property of the State; State *(attrib.)*: *terreno demaniale,* State land.

demanio *sm* State property; Crown property *(GB)*; crown lands *(GB, pl.: riferito a terreni)*; demesne *(stor.)*; federal property *(USA)*.

demarcare *vt* to demarcate.

demarcazione *sf* demarcation: *linea di demarcazione,* boundary line; *(talvolta, anche fig.)* line of demarcation.

demente *agg* insane; mad; demented.

□ *sm e f.* lunatic; madman *(pl.* -men*)*; *(f.)* madwoman *(pl.* -women*)*.

demenza *sf* **1** insanity; madness. **2** *(med.)* dementia *(lat.)*.

demeritare *vt (non meritare più)* to forfeit; to lose*; to fail to deserve: *demeritare la stima di qcno,* to lose sb's respect.

□ *vi (meritare biasimo)* to deserve censure; *(agire male)* to act unbecomingly; to do* (sb) a disservice: *demeritare con qcno,* to deserve ill of sb; to be unworthy of sb.

demerito *sm* **1** blameworthy action; *(biasimo)* discredit; black mark *(GB)*: *Ciò torna a vostro demerito,* This reflects badly on you. **2** *(voto)* demerit *(USA)*.

demilitarizzare *vt* to demilitarize.

demilitarizzazione *sf* demilitarization.

demiurgo *sm* demiurge.

democraticamente *avv* democratically.

democraticità *sf* democracy.

democratico *agg* **1** democratic. **2** *(per estensione, di persona)* friendly; natural; open.

□ *sm* democrat.

democratizzare *vt* to democratize.

democrazia *sf* democracy: *la Democrazia Cristiana,* the Christian Democrat Party; the Christian Democrats *(pl.)*.

democristiano *agg e sm* Christian Democrat.

demografia *sf* demography.

demografico *agg* population *(attrib.)*; demographic(al): *un'inchiesta demografica,* a population survey.

demolire *vt* **1** to demolish; to pull (sth) down: *demolire un edificio,* to demolish (to pull down) a building. **2** *(fig.)* to destroy.

demolitore *sm* demolisher; destroyer.

□ *agg* destroying.

demolizione *sf* demolition *(anche fig.).*
demologia *sf* demology.
demone *sm* **1** *(genio)* genius; daemon *(lett.).* **2** *(fig.: diavolo)* demon; fiend. **3** *(passione)* demon: *il demone della gelosia,* the demon of jealousy.
demoniaco *agg* demoniacal; demon *(attrib.);* fiendish.
demonico *agg* demonic; fiendish.
demonio *sm* **1** devil; demon; evil spirit; fiend; *(bambino molto vivace)* little devil; imp: *un demonio di donna,* a virago — *un demonio di bruttezza,* ugliness personified — *brutto come il demonio,* (as) ugly as sin — *avere il demonio in corpo,* to be possessed; *(fig.)* to be worked up — *diventare un demonio,* to become (to get) furious — *fare il demonio (a quattro), (fam.)* to kick up all hell. **2** *(fig., nel lavoro, ecc.)* demon; tireless worker; *(mago, genio)* wizard; genius.
demonologia *sf* demonology.
demoralizzare *vt* to demoralize.
□ **demoralizzarsi** *v. rifl* to become* demoralized; to lose* heart; to go* to pieces: *Non demoralizzarti per così poco,* Don't lose heart over such a trifle.
demoralizzazione *sf* demoralization.
denaro *sm* **1** money: *far denaro,* to make money — *far denaro a palate,* to make loads of money; to be coining money — *Il tempo è denaro,* Time is money — *denaro per i minuti piaceri,* pocket-money — *denaro a corso legale,* legal tender — *denaro contante,* cash; ready money — *denaro caro, (comm.)* dear money; tight money — *denaro facile,* cheap money; easy money — *denaro liquido,* currency; coins and currency — *denaro spicciolo,* change — *avere il denaro contato,* to have just the right money — *buttare il denaro,* to squander (to throw away) one's money — *bussare a denari,* to ask for money — *essere a corto di denaro,* to be short of money — *essere senza denaro,* to be hard up; to be on the rocks *(fam.);* to be (stony) broke *(fam.)* — *sciupare tempo e denaro,* to waste (both) time and money. **2** *(GB)* penny *(pl.* pennies *o* pence*); (stor. romana)* denarius *(lat., pl.* denarii*); (Vangelo)* piece of silver: *Cristo fu venduto per trenta denari,* Christ was sold for thirty pieces of silver. **3** *(misura di peso per la titolazione della seta, del rayon, ecc.)* denier. **4** *(al pl.: seme, nelle carte)* diamonds.
denatalità *sf* fall in the birth-rate.
denaturare *vt* to denaturate.
denaturato *agg* denatured: *alcool denaturato,* methylated spirits; meths *(abbr. fam.).*
denaturazione *sf* denaturation.
denazificare *vt* to denazify.
denicotinizzare *vt* to denicotine.
denigrare *vt* to denigrate; to disparage; to run* (sb) down.
denigratore *sm* disparager; defamer.
denigratorio *agg* disparaging; defamatory.
denigrazione *sf* denigration; disparagement; defamation.
denominare *vt* to name; to call.
□ **denominarsi** *v. rifl* to be* named (*o* called) (after sth); to take* the name (of sth).
denominativo *agg* denominative.
denominatore *sm* denominator.
denominazione *sf* name; denomination *(piuttosto formale): denominazione sociale, (dir.)* company name.
denotare *vt* to denote; to signify; to be* indicative of.
denotazione *sf* denotation.
densamente *avv* densely; thickly.
densimetro *sm* densimeter; hydrometer; *(per acqua marina e soluzioni saline)* salinometer.
densità *sf* density *(fis., chim., ecc., anche fig.): densità della popolazione,* population density.
denso *agg* **1** thick; dense: *dense nuvole,* heavy clouds — *un liquido denso,* a dense liquid — *Questa salsa è troppo densa,* This sauce is too thick — *buio denso; dense tenebre,* pitch dark — *a notte densa,* in the thick of night. **2** *(fig.: pieno)* full (of sth); packed (with sth); teeming (with sth); charged (with sth).
dentale *agg* dental. □ *sf (consonante)* dental.
dentario *agg* dental: *protesi dentaria,* denture; dental prothesis.
dentata *sf* **1** bite. **2** *(segno dei denti)* tooth-mark.
dentato *agg* **1** toothed; toothy *(fam.); (bot. e zool.)* dentate. **2** *(mecc.)* toothed; serrated; cogged: *ruota dentata,* cog wheel.
dentatrice *sf* gear cutter; *(stozzatrice)* gear shaper; slotting machine; *(a coltello lineare)* gear planer; *(a creatore)* gear hobber; *(per sgrossatura)* gear rougher.
dentatura *sf* **1** set of teeth; teeth; *(anat.)* denture; dentition; *(protesi)* denture *(spesso al pl.): avere una dentatura sana,* to have a healthy set of teeth; to have good teeth. **2** *(mecc.: complesso dei denti)* toothing; *(a sega)* serration. **3** *(operazione di taglio)* gear-cutting.
dente *sm* **1** *(di uomo, animale, ecc.)* tooth *(pl.* teeth*); (di animale feroce)* fang; *(di elefante, cinghiale o tricheco)* tusk: *Mi battevano i denti,* My teeth were chattering — *digrignare i denti,* to grind (to gnash) one's teeth — *mostrare i denti,* to show one's teeth — *stringere i denti,* to grit (to set) one's teeth — *mettere i denti,* to cut one's teeth; to be teething — *estrarre (cavare) un dente,* to extract (to draw, to take out) a tooth — *farsi cavare un dente,* to have a tooth taken out — *farsi otturare un dente,* to have a tooth filled — *Occhio per occhio, dente per dente,* An eye for an eye and a tooth for a tooth — *essere armato fino ai denti,* to be armed to the teeth — *Quei limoni sono così aspri che mi allegano i denti,* Those lemons are so sour that they set my teeth on edge — *denti artificiali,* false teeth — *dente canino,* canine; eye tooth — *dente del giudizio,* wisdom tooth — *dente di latte,* milk tooth — *dente incisivo,* incisor — *dente molare,* molar; back tooth — *denti sporgenti,* buck teeth; protruding teeth — *denti anteriori (posteriori),* front (back) teeth — *mal di denti,* toothache — *senza denti,* toothless — *parlare fra i denti,* to mutter; to mumble between one's teeth — *parlare fuori dei denti,* to speak bluntly; to be outspoken; to speak out. **2** *(di oggetti, utensili, attrezzi, ingranaggi, di pettine, sega, ecc.)* tooth; *(di forchetta, forcone, rastrello, ecc.)* prong: *dente di ruota dentata,* tooth; cog; pawl — *dente di cremagliera,* rack tooth — *a denti di sega,* saw-toothed. **3** *(di montagna)* jag; jagged peak.
□ *dente di leone, (bot.)* dandelion — *denti di cane, (zool.)* barnacles — *al dente, (cucina)* not over-cooked; underdone; with a bite to it (to them); chewy *(fam.)* — *il dente dell'invidia,* the sting of envy — *sorriso a denti stretti,* tight-lipped smile — *Non è pane per i miei denti, (fig.)* It's not my cup of tea — *Non è pane per i tuoi denti, (fig.: È irraggiungibile)* It's beyond you; It's out of your reach; It's not for you — *mettere qcsa sotto i denti, (fam.)* to have sth to eat; to have a bite (to eat) — *rimanere a denti asciutti,* not to have a bite to eat; to go hungry; *(fig.: deluso)* to be

disappointed — *Togliamoci il dente (e non pensiamoci più),* Let's get it over with — *avere il dente avvelenato contro qcno,* to have a grudge against sb; to bear sb a grudge — *avere i denti lunghi,* to be greedy — *lottare con le unghie e con i denti,* to fight tooth and nail; to fight hammer and tongs — *reggere l'anima con i denti,* to hang on to life — *difendere qcsa con i denti,* to defend sth tooth and nail — *tirato con i denti, (fig.: poco convincente)* far-fetched; unconvincing — *La lingua batte dove il dente duole, (prov.)* The tongue ever turns to the aching tooth.

dentellare *vt* to indent; to notch; *(francobolli)* to perforate; *(archit.)* to make* dentils.

dentellato *agg* indented; notched; serrated; *(archit.)* denticular; denticulate; *(bot. e zool.)* dentate; crenate(d); serrate(d); *(di francobollo)* perforated; perf *(abbr. fam.).*

dentellatura *sf* indentation; notching; *(a denti di sega)* serration; *(archit.)* denticulation: *dentellatura di un francobollo (ecc.),* perforations *(pl.).*

dentello *sm* **1** *(archit.)* dentil. **2** *(mecc.)* tooth.

dentice *sm* sea-bream.

dentiera *sf* **1** denture *(spesso al pl.);* dental plate. **2** *(mecc.)* rack.

dentifricio *agg* tooth *(attrib.): pasta dentifricia,* toothpaste.

□ *sm* dentifrice; *(in polvere)* tooth-powder; *(in crema)* tooth-paste.

dentista *sm e f.* dentist: *meccanico dentista,* dental mechanic — *medico dentista,* dental surgeon; dentist.

dentistico *agg* dental: *gabinetto dentistico,* dentist's surgery.

dentizione *sf* dentition; teething: *prima dentizione,* teething; cutting of milk teeth.

dentro I *avv* **1** *(all'interno)* in; inside; *(raro, ant., e in certe espressioni)* within; *(in casa)* indoors: *Entrò dentro urlando,* He came in shouting — *Dentro ogni cosa era sottosopra,* Inside everything was topsy-turvy — *un uovo di Pasqua con dentro dei cioccolatini,* an Easter egg with chocolates in (*o* inside) it — *Com'è dentro?,* What is it like inside? — *Vieni dentro!,* Come in! — *cader dentro,* to fall in — *O dentro o fuori!,* In or out!; Either come in or go out!; In or out, which is it to be? — *Nel giardino fa freddo: si sta meglio dentro,* It's cold in the garden: it's warmer indoors — *da dentro,* from within — *girato (piegato) in dentro,* turned in; folded back — *qui dentro,* in here — *là dentro,* in there — *avere male dentro,* to have internal pains — *darci dentro,* to work hard; to slog away; to put one's back into it — *Dacci dentro!,* Put your back into it! — *Dagli dentro!, (Picchia sodo!)* Get at him!; Get into him!; Go at him! — *Ci sono dentro fino al collo,* I'm in it up to my neck.

2 *(fam.: in carcere)* in prison; inside *(fam.); (moto a luogo)* to prison: *essere dentro,* to be in prison; to be inside — *metter dentro qcno,* to send sb to prison; to put sb away *(fam.)* — *andare (finire) dentro,* to go to (to end up in) prison.

3 *(nell'intimo)* inwardly; in one's mind: *Non serve a niente rodersi dentro,* It doesn't help to worry; It's no use worrying — *fremere (tremare) dentro,* to quiver (to tremble) inwardly — *Vorrei sapere che cosa gli frulla dentro,* I'd like to know what's going on in his mind (what he is thinking) — *tenere tutto dentro,* to keep everything bottled up inside one.

II *prep* **1** *(nella parte interna di; entro)* in; inside; within *(raro): L'ho messo dentro il cassetto,* I put it in the drawer — *Si rifugiarono tutti dentro la capanna,* They all took shelter inside the hut — *dentro le mura (i confini),* within the walls (the boundaries).

2 *(di tempo: entro, per la fine di)* within; by: *dentro una settimana (un mese, un anno),* within a week (a month, a year) — *dentro domani,* by tomorrow — *dentro oggi,* some time today; before the day is over.

3 (*locuzioni prepositionali:* **dentro di, dentro a**): *Dentro di me pensai che...,* I thought to myself that... — *essere dentro a qcsa, (farne parte)* to be in on sth — *esser dentro le segrete cose, (essere a conoscenza di)* to be in the know — *Una voce dentro di me diceva...,* A voice within me said... — *essere dentro nella parte,* to live the part; to get inside one's rôle.

III *sm (la parte interna, l'intimo)* the inside; the inner part: *Non puoi aprirlo dal (di) dentro,* You can't open it from the inside — *nel (di) dentro,* on the inside; *(nell'intimo)* deep down.

denudare *vt* to bare; to lay* bare; to strip; to denude *(anche fig.).*

□ **denudarsi** *v. rifl* to strip; to undress.

denuncia, denunzia *sf* **1** *(dichiarazione)* declaration; statement; report; *(di matrimonio)* banns *(pl.); (dei redditi)* (income-tax) return. **2** *(notizia di reato)* complaint.

denunciare, denunziare *vt* **1** *(dichiarare alle competenti autorità)* to declare; to report; to notify; to make* (a statement): *denunciare un furto,* to report a theft. **2** *(rivelare)* to reveal; to denounce; to make* known; *(smascherare pubblicamente)* to expose.

denutrito *agg* half-starving; half-starved; underfed.

denutrizione *sf* underfeeding; *(med.)* malnutrition.

deodorante *agg e sm* deodorant.

deodorare *vt* to deodorize.

deossidare *vt* to deoxidize; to reduce.

depauperamento *sm* impoverishment.

depauperare *vt* to impoverish.

depennare *vt* to cross (sth out *o* off); to strike* (sth out *o* off); to eliminate.

deperibile *agg* perishable: *merce deperibile,* perishables *(pl.).*

deperimento *sm* **1** *(di salute)* wasting away. **2** *(di cose)* deterioration.

deperire *vi* **1** *(perdere in salute)* to waste away; to decline; to lose* strength; *(per il dolore)* to pine away: *L'ho trovato un po' deperito,* I thought he looked rather run down. **2** *(di piante, ecc.)* to wither; *(di cose)* to decay; to deteriorate; to go* bad *(fam.).*

depilare *vt* to depilate; to pluck: *depilarsi le gambe,* to depilate one's legs — *depilarsi le sopracciglia,* to pluck one's eyebrows.

depilatore *sm* depilator.

depilatorio *agg* depilatory; hair-removing: *crema depilatoria,* hair-removing (*o* depilatory) cream.

□ *sm* depilatory; hair-remover.

depilazione *sf* depilation.

depliant *sm (fr.)* leaflet; hand-out; brochure *(fr.).*

deplorare *vt* **1** *(biasimare)* to blame; to reprove; to censure. **2** *(lagnarsi di)* to complain (of sth); to deplore: *deplorare la condotta di qcno,* to deplore (to complain of) sb's behaviour. **3** *(dolersi di)* to lament; to grieve (over sth): *Non si deplorò alcuna vittima,* No one was killed.

deplorazione *sf* disapproval; censure.

deplorevole *agg* **1** deplorable; lamentable; regrettable. **2** *(biasimevole)* blameful.

deplorevolmente *avv* deplorably; lamentably.

depolarizzare *vt* to depolarize.

deponente *agg (gramm.)* deponent.

☐ *sm* **1** *(dir.)* deponent; *(testimone)* witness. **2** *(gramm.)* deponent verb.

deporre *vt e i.* **1** to put*; to place; *(piano, con cura)* to lay*; *(con un certo ordine)* to set*: *Depose la biancheria nell'armadio,* She put the linen in the cupboard — *deporre giù,* to put down; to lay down — *deporre le armi,* to lay down (one's) arms; to cease fighting. **2** *(le uova)* to lay*; *(di rane, pesci, ecc.)* to spawn. **3** *(depositare)* to leave*; to place; to deposit; *(documenti)* to file; to deposit: *Depose il soprabito al guardaroba ed entrò,* He left his overcoat in the cloak-room and went in — *deporre il bilancio, (presso il Tribunale)* to file a statement of one's affairs. **4** *(togliersi di dosso)* to take* (sth) off: *Deponete i caschi,* Take off your helmets — *deporre l'abito talare, (fig.)* to give up the priesthood. **5** *(rinunciare, abbandonare)* to resign; to renounce; to give* (sth) up: *deporre una carica,* to resign from office — *Depose ogni velleità letteraria,* He gave up all his literary aspirations — *deporre la corona,* to give up the crown; to abdicate. **6** *(togliere da una carica)* to depose; to remove: *deporre un re,* to depose a king — *deporre qcno dalla carica,* to remove sb from office. **7** *(testimoniare)* to depose; to testify; to give* evidence; to bear* witness: *deporre a favore di qcno,* to testify (to give evidence) in sb's favour (on sb's behalf) — *deporre contro qcno,* to testify (to give evidence) against sb — *deporre il falso,* to give false evidence (*o* testimony) — *Tutto ciò non depone a suo favore,* All this is not to his credit. **8** *(sedimentare)* to deposit; *(ostruendo)* to silt up.

deportare *vt* to deport; *(stor.)* to transport.

deportato *agg* deported; *(stor.)* transported.
☐ *sm (di criminale regolarmente processato e condannato)* deported convict; *(in altri casi, spec. riferito a perseguitati politici)* deportee.

deportazione *sf* deportation: *essere condannato alla deportazione,* to be sentenced to deportation.

depositante *agg* depositing.
☐ *sm e f.* depositor; *(a garanzia)* bailor.

depositare *vt* **1** *(in banca)* to deposit; to bank; to lodge. **2** *(posar giù)* to place; to put* (sth) down; to lay* (sth) down. **3** *(affidare qcsa in custodia)* to entrust (sb with sth); to leave* (sth with sb). **4** *(porre in magazzino)* to store. **5** *(diritto brevettuale)* to file; *(un marchio)* to register: *marchio depositato,* registered trade-mark.
☐ *vi (di liquidi)* to make* a sediment.

depositario *sm* **1** depositary; consignee; bailee *(dir.)*. **2** *(fig., di segreti, ecc.)* repository.

deposito *sm* **1** *(il depositare)* depositing; *(in magazzino)* storing; storage; *(chim., fis.)* deposition: *Il deposito della merce vi verrà addebitato con nostra prossima fattura,* Storage of the goods will be debited to you with invoice to follow. **2** *(cosa depositata)* deposit: *lasciare un deposito,* to pay a deposit — *dare qcsa in deposito a qcno,* to commit sth to sb's trust; to entrust (to leave) sb with sth — *deposito in cassa,* assets — *deposito cauzionale, (comm.)* security; *(dir.)* bail; bailment — *deposito vincolato,* deposit account — *cassa depositi e prestiti,* deposit and consignment office — *denaro in deposito,* money on deposit — ... *in conto deposito,* ... on consignment — *ricevuta di deposito,* deposit receipt. **3** *(luogo in cui depositare merci, ecc.)* storehouse; warehouse; depository; storage shed; *(per locomotive)* (engine-)shed; *(per autobus)* (bus-)depot; garage; *(mil.)* depot: *deposito bagagli,* left-luggage room (*o* office) — *deposito franco,* bonded warehouse — *deposito materiali,* stockyard; storage yard; *(di legname)* timber yard; *(di carbone)* coal yard — *deposito provviste di bordo, (naut.)* chandlery — *camera di deposito (per preziosi),* strong-room (for valuables) — *certificato di deposito,* warehouse receipt. **4** *(sedimento)* deposit; sediment; *(di vino)* dregs: *deposito alluvionale,* drift; warp.

deposizione *sf* **1** *(il deporre)* putting (setting, laying) down; *(di uova)* laying; *(geologia)* deposition; *(chim.)* deposition. **2** *(in arte, ecc.)* deposition. **3** *(rimozione da una carica, ecc.)* removal; dismissal; *(dal trono)* deposition; dethroning. **4** *(dir.)* deposition; testimony: *raccogliere una deposizione,* to take sb's testimony.

depravare *vt* to deprave; to pervert; to corrupt.

depravato *agg* depraved; perverted; corrupt.

depravazione *sf* depravity.

deprecabile *agg* deprecable.

deprecabilmente *avv* deprecably.

deprecare *vt* to deprecate.

deprecativo *agg* deprecating; deprecatory.

deprecatorio *agg* deprecatory.

deprecazione *sf* deprecation.

depredare *vt* to plunder *(spec. stor.);* to pillage *(spec. stor.);* to rob: *depredare qcno di qcsa,* to rob sb of sth.

depredatore *sm* plunderer; pillager; spoiler.
☐ *agg* plundering.

depressione *sf* **1** *(vari sensi)* depression; *(abbassamento)* lowering; *(del terreno)* hollow: *la Grande Depressione,* the Depression; the Slump — *depressione d'animo,* dejection; depression — *essere in uno stato di depressione,* to be in a depressed state (a state of depression) — *depressione meteorologica,* depression; low pressure system; low. **2** *(vuoto)* vacuum: *a depressione, (mecc.)* vacuum-operated; vacuum *(attrib.)*.

depressivo *agg* depressive: *uno stato depressivo,* a depressed state; a state of depression.

depresso *agg* **1** depressed; *(di terreni, ecc.)* sunk; low-lying; low: *aree, zone depresse,* depressed areas. **2** *(abbattuto)* depressed; dispirited; downcast; down in the mouth *(fam.);* down in the dumps *(fam.)*.

depressore *agg* depressor.
☐ *sm* **1** depressor (muscle, nerve). **2** *(mecc.)* vacuum (*o* suction) pump.

deprezzamento *sm* depreciation: *deprezzamento del denaro,* fall (*o* drop) in the value of money.

deprezzare *vt* to depreciate.

deprimente **1** depressing: *Fu uno spettacolo alquanto deprimente,* It was a somewhat depressing sight. **2** *(di medicamento)* depressant; *(talvolta)* sedative.
☐ *sm* depressant.

deprimere *vt* to depress; to dishearten; to discourage: *Questo brutto tempo mi deprime,* I find this bad weather depressing.
☐ **deprimersi** *v. rifl* to become* depressed.

depurare *vt* to purify; to clean; *(metalli)* to refine.
☐ **depurarsi** *v. rifl* to be* purified; to be* cleaned.

depurativo *agg* depurative. ☐ *sm* depurative; depurator.

depuratore *sm* **1** depurator; purifier: *depuratore d'acqua,* water conditioner (*o* softener). **2** *(mecc.)* cleaner; *(ad acqua)* washer; *(per gas)* scrubber.
☐ *agg* depurant; purifying.

depurazione *sf* purification; cleansing; depuration; *(di liquidi)* filtering; *(lavaggio)* washing; scrubbing; *(di metalli)* refining: *impianto di depurazione,* purification plant.

deputare *vt* **1** to depute; to delegate: *deputare qcno a* *fare qcsa,* to delegate sb to do sth. **2** *(assegnare)* to appoint.

deputata, deputatessa *sf* lady (*o* woman) deputy; *(in GB)* lady (*o* woman) Member of Parliament.

deputato *sm* **1** deputy; *(in GB)* Member of Parliament: *Camera dei Deputati,* Chamber of Deputies; *(in GB)* House of Commons. **2** *(delegato)* delegate; representative.

deputazione *sf* **1** deputation. **2** *(delegazione)* delegation.

deragliamento *sm* derailment.

deragliare *vi* to go* off the lines (off the rails): *far deragliare un treno,* to derail a train.

derapaggio *sm* **1** skid. **2** *(nello sci)* dérapage *(fr.).*

derapare *vi* to skid; to swing*; to slew.

derapata *sf* skid; swing.

derattizzare *vt* to de-rat.

derattizzazione *sf* de-ratting.

derelitto *agg* derelict; neglected; forsaken; abandoned.

□ *sm* outcast; vagabond; derelict; *(bambino abbandonato)* waif; *(trovatello)* foundling.

deretano *sm* behind; backside; bottom; buttocks *(pl.).*

deridere *vt* to deride; to mock; to laugh (at sb); to jeer (at sb).

derisione *sf* derision; mockery; jeering; *(beffarda)* scoffing: *essere oggetto di derisione,* to be an object of derision (*o* a laughing-stock) — *guardare qcno con aria di derisione,* to give sb a mocking look.

derisoriamente *avv* derisively; mockingly.

derisorio *agg* derisive; mocking; scoffing.

deriva *sf* **1** drift; *(di proiettile)* windage: *angolo di deriva, (naut. e di aereo)* drift angle; *(di aereo, anche)* leeway — *la deriva dei continenti,* continental drift — *andare (essere) alla deriva,* to drift; to go (to be) adrift; *(fig.)* to go adrift; to go downhill; to go off the rails. **2** *(piano stabilizzatore)* fin: *deriva mobile,* sliding keel; centre-board.

derivabile *agg* derivable.

derivare *vi* **1** *(originarsi)* to spring*; to rise*; to stem *(tutti seguiti da* from*);* to be* due (to). **2** *(provenire)* to derive; to come*; to be* derived *(anche in senso etimologico); (per nascita)* to descend; to be* descended *(tutti seguiti da* from*).* **3** *(risultare)* to result; to ensue; to follow: *Da ciò deriva che...,* It follows that... — *Ne deriva che...,* Hence... **4** *(di aereo: deviare)* to drift.

□ *vt* **1** to derive; to draw*; *(dedurre)* to conclude. **2** *(un canale)* to deviate; to deflect; to divert. **3** *(corrente elettrica, ecc.)* to shunt.

derivata *sf* derivative.

derivativo *agg* derivative.

derivato *agg* **1** derivative; derived: *una versione derivata, (p.es. di un autoveicolo)* a derived version. **2** *(di canale, ecc.)* deflected; diverted. **3** *(elettr.)* shunted.

□ *sm* **1** *(gramm., chim.)* derivative; *(sottoprodotto)* by-product. **2** *(autoveicolo)* derivative; derived version.

derivazione *sf* **1** origin; derivation *(anche matematica): danaro di dubbia derivazione,* money of doubtfull origin. **2** *(ferrovia)* shunt; branching off; *(di canale, ecc.)* offtake; deviation. **3** *(elettr., ecc.)* shunt; branch. **4** *(elettrocardiografia)* lead.

derma *sm* derm; derma.

dermatite *sf* dermatitis.

dermatologia *sf* dermatology.

dermatologo *sm* dermatologist; skin specialist.

dermatosi *sf* dermatosis.

dermico *agg* dermic.

deroga *sf* exception (to sth); departure (from sth): *in deroga a (di)...,* by way of exception to...; notwithstanding...

derogabile *agg (dir.)* that can be (able to be) excluded (*o* departed from).

derogare *vi e t.* to deviate (from sth); to depart (from sth); *(contravvenire, eludere)* to contravene; to break*; to fail to conform (to sth).

derrata *sf* merchandise; goods *(pl.): derrate alimentari,* foodstuffs.

derubare *vt* to steal* (sth from sb); to rob (sb of sth); *(privare di)* to deprive (sb of sth).

derubato *sm* victim (of a robbery).

deschetto *sm* **1** little table. **2** *(di calzolaio)* shoemaker's (*o* cobbler's) bench.

desco *sm (lett.)* dinner-table; dining table; board.

descrittivamente *avv* descriptively.

descrittivo *agg* descriptive.

descrittore *sm* describer.

descrivere *vt* **1** to describe; to give* an account (of sth); to relate. **2** *(tracciare)* to describe; to trace; to draw*: *descrivere un cerchio,* to describe (to draw) a circle.

descrivibile *agg* describable.

descrizione *sf* description: *essere al di là di ogni descrizione,* to be beyond description.

desertico *agg* desert *(attrib.).*

deserto *agg (non abitato)* uninhabited; *(talvolta)* desert *(attrib.); (vuoto)* empty; *(abbandonato)* deserted; (God-)forsaken; desolate: *La sala era quasi deserta,* The room was almost empty. □ *asta deserta, (comm.)* auction sale with no bidders — *causa deserta, (dir.)* abandoned case.

□ *sm* desert; wilderness: *parlare (predicare) al deserto, (fig.)* to talk to the wall; to preach to the winds; to be a voice in the wilderness.

desiderabile *agg* desirable.

desiderabilmente *avv* desirably.

desiderare *vt* **1** to wish *(seguito da* to *con l'infinito o da* for *con un sostantivo);* to want (sth; to do sth); to like (sth; to do sth) *(spesso al condiz.:* I'd like sth; I'd like to do sth*); (formale)* to desire: *Desidero andarmene a casa,* I wish to go home; I'd like to go home; I want to go home — *Che cosa desidera?,* What do you want? — *È desiderato al telefono, signore,* You're wanted on the telephone, sir — *Desidera?, (in un negozio)* Can I help you? — *Desidererei che egli venisse domani,* I should like him to come tomorrow — *Desidero che questo sia fatto entro stasera,* I wish (I want) this done by this evening — *Sua Maestà desidera che Le esprima tutta la sua gratitudine...,* His (Her) Majesty desires (*o* wishes) me to convey his (her) gratitude... — *lasciare a desiderare, (deludere)* not to come up to (to fall short of) (one's) expectations; to leave much to be desired; *(non soddisfare)* to be unsatisfactory.

2 *(bramare)* to long (for sth); to long to *(con l'inf.);* to crave (for sth); to be* eager (for sth); to yearn (for sth); to hanker (after sth) *(fam.); (concupire)* to covet: *Desidero ardentemente di rivederti,* I'm longing to see you again — *Non desidera che lodi,* He's just hankering after praise — *Non desiderare la donna d'altri, (Bibbia)* Thou shall not covet thy neighbour's wife.

□ *farsi desiderare, (essere in ritardo)* to be late; *(far aspettare qcno)* to keep sb waiting; *(fare il prezioso)* to play hard to get.

desiderata *sm pl* wants; desiderata *(pl., piuttosto formale).*

desiderio *sm* wish; desire; *(ardente)* longing;

yearning; craving; *(rimpianto)* regret: *un pio desiderio,* a pious hope; wishful thinking — *appagare il desiderio di qcno,* to grant (to satisfy) sb's wishes — *lasciare grande desiderio di sé,* to be (greatly) missed.

desideroso *agg* desirous (of sth); anxious (for sth); *(bramoso)* longing (for sth); craving (for sth); yearning (for *o* after sth): *essere desideroso d'affetto,* to long for affection.

designare *vt* **1** *(fissare)* to fix: *designare la data dell'incontro,* to fix a date for the meeting; to fix the date of the meeting. **2** *(nominare)* to designate; to nominate; to appoint: *Lo designò suo erede,* He appointed him his heir.

designato *agg* **1** *(fissato, stabilito)* fixed; set; appointed: *nel luogo designato,* in the appointed place; in the place appointed. **2** *(nominato)* designate *(posto dopo il sostantivo): il presidente designato,* the President designate.

designazione *sf* designation; nomination; appointment.

[1]**desinare** *sm* dinner.

[2]**desinare** *vi* to dine.

desinenza *sf* ending.

desio *sm (lett.)* desire; passion.

desistere *vi* to desist; to leave* off; to forbear* *(lett.): desistere dal fare qcsa,* to desist from doing sth; to leave off doing sth.

desolante *agg* distressing; disheartening; *(pietoso)* pitiful.

desolare *vt* **1** *(devastare)* to lay* waste. **2** *(affliggere)* to afflict; to sadden; to dishearten.

desolato *agg* **1** desolate; deserted: *un paesaggio desolato,* a desolate landscape. **2** *(sconsolato)* desolate; disconsolate. **3** *(spiacente)* (very, extremely) sorry: *Sono desolato, non posso aiutarLa,* I'm extremely sorry, but I can't help you.

desolazione *sf* **1** desolation; utter loneliness. **2** *(dolore, ecc.)* grief; distress: *uno sguardo di desolazione,* a disconsolate look — *È una desolazione vederlo in quello stato,* How awful (*o* distressing) it is to see him in such a state.

despota *sm* despot.

desquamazione *sf* **1** *(med.)* desquamation; peeling. **2** *(bot.)* peeling; exfoliation.

dessert *sm* dessert: *vino da dessert,* dessert wine.

desso *pron (spesso scherz.)* he: *È desso,* It's him; It's he *(scherz.).*

destare *vt* **1** to awake*; to awaken; to wake* (up): *Destami alle cinque in punto,* Wake me up at five sharp. **2** *(scuotere)* to stir (up); *(suscitare)* to rouse; to arouse; to cause: *destare meraviglia,* to cause amazement — *Cercai di destare la curiosità dei miei allievi,* I tried to arouse my pupils' curiosity — *La notizia destò un interesse immenso,* The news stirred up (*o* aroused) a lot of interest — *... per non destare sospetti,* ... so as not to amaze suspicion — *Non destare il cane che dorme, (prov.)* Let sleeping dogs lie.

☐ **destarsi** *v. rifl (anche fig.)* to wake* up; to awake*: *Si desta sempre alla stessa ora,* He always wakes up at the same time — *Fu come il destarsi da un'illusione,* It was like waking up from an illusion.

destinare *vt e i.* **1** to destine; to ordain: *essere destinato,* to be destined; *(a qcsa di brutto)* to be fated (*o* doomed) — *Era destinato a diventare un chirurgo,* He was destined to become a surgeon — *Siamo tutti destinati a morire,* We are all doomed to die — *Il piano è destinato a fallire,* The plan is doomed (is bound) to fail. **2** *(nominare)* to appoint; to nominate; to assign; *(fissare)* to fix; to appoint: *Fu destinato alla filiale di Milano,* He was appointed (*o* assigned) to the Milan branch — *nell'ora e nel luogo destinati,* at the place and time appointed. **3** *(riservare)* to intend; to design; to mean*; *(dedicare)* to devote; *(assegnare denaro, ecc.)* to assign; to allot; to set* aside: *Queste poche ore sono destinate al riposo,* These few hours are intended for rest — *Il premio era destinato ad incoraggiare le iniziative locali,* The prize was designed to encourage local ventures — *Una parte del denaro fu destinata alla beneficienza,* Part of the money was set aside for charity. **4** *(indirizzare)* to address: *La lettera era destinata alla mia fidanzata e non a suo padre!,* The letter was addressed to my fiancée and not to her father!

destinatario *sm (di lettera, ecc.)* addressee; *(di merce)* consignee: *tassa a carico del destinatario,* postage to be paid by consignee.

destinazione *sf* **1** *(meta: luogo di recapito)* destination: *con destinazione..., (di navi, ecc.)* bound for — *giungere a destinazione,* to reach one's destination. **2** *(di funzionari)* posting; seconding. **3** *(fig.)* destination; aim; intended purpose.

destino *sm* **1** destiny; fate; *(avverso)* doom; *(sorte)* lot: *Era destino che... (Il destino volle che...),* It was fated that... — *leggere, predire il destino,* to foretell the future — *prendersela col destino,* to quarrel with fate — *abbandonare qcno al proprio destino,* to abandon sb to his fate. **2** *(comm., ecc.)* destination.

destituire *vt* to dismiss; to discharge; to remove; *(mil.)* to relieve (sb) of his command.

destituito *agg* devoid (of sth); destitute (of sth): *destituito di ogni fondamento,* groundless.

destituzione *sf* **1** dismissal; discharge. **2** *(mil.)* demotion.

desto *agg* **1** awake; wide-awake *(anche fig.): rimanere desto,* to stay alert. **2** *(fig.)* alert: *tenere desta l'attenzione di qcno,* to keep sb's attention from wandering.

destra *sf* **1** *(mano)* right hand; *(lato destro)* right side; right-hand side; right; *(in politica)* right; right-wing: *a destra,* on the right — *alla mia destra,* on my right — *sulla destra del fiume,* on the right bank of the river — *Attenti a destra!, (mil.)* Eyes right! — *voltare a destra,* to turn right — *prendere a destra,* to turn right; to take the right fork (the right-hand) turning — *tenere la destra,* to keep (to the) right — *dare (cedere) la destra,* to walk on the left — *l'estrema destra, (politica)* the extreme right — *un partito di destra,* a right-wing party. **2** *(naut.)* starboard.

destramente *avv* adroitly; deftly; dexterously.

destreggiamento *sm* manoeuvring; juggling.

destreggiare *vi,* **destreggiarsi** *v. rifl* to manage cleverly (*o* well); to steer a course; to manoeuvre: *sapersi destreggiare,* to know how to get by.

destrezza *sf* **1** dexterity; skill: *fare qcsa con destrezza,* to do sth with skill (*o* skilfully). **2** *(agilità)* agility: *gioco di destrezza,* sleight of hand; legerdemain *(fr.).*

destriere, destriero *sm* steed *(stor., poet.); (da battaglia)* war-horse; charger.

destrismo *sm* **1** *(anat.)* right-handedness. **2** *(politica)* right-wing tendencies *(pl.).*

destro *agg* **1** right; right-hand: *sul lato destro,* on the right-hand side — *essere il braccio destro di qcno,* to be sb's right-hand man. **2** *(abile)* clever (at sth); able; *(di mano)* dexterous (in sth); deft; skilful (at sth); adroit (in sth). **3** *(araldica)* dexter.

☐ *sm* **1** chance; opportunity: *avere (offrire a qcno) il* *destro di fare qcsa,* to have (to offer sb) the chance to do sth. **2** *(pugilato)* right.

destrogiro *agg* dextrorotatory; positive.

destroide *agg* right-wing. □ *sm* rightist; right-winger.

destrorso *agg* **1** clockwise; right-hand; right-handed. **2** *(scherz., politica)* right-wing; rightist.
□ *avv* clockwise.

destrosio *sm* dextrose; glucose.

desueto *agg* **1** *(che non si usa più)* obsolete; *(antiquato)* out-of-date. **2** *(insolito)* unusual.

desuetudine *sf* desuetude; *(più comune)* disuse: *cadere in desuetudine,* to become obsolete; to fall into disuse.

desumere *vt (dedurre)* to deduce; to gather; to infer; *(congetturare)* to conjecture; to guess; *(trarre)* to draw*; to extract; to get* (sth from sth); *(ricavare)* to gather; to glean: *Da ciò desumo che hai torto,* I infer from this that you are wrong.

desumibile *agg* inferable; deducible.

desunto *agg* inferred; deduced.

detenere *vt* **1** to hold*; *(possedere)* to possess: *detenere un primato,* to hold (to be the holder of) a record; to be a record-holder — *detenere un immobile, (dir.)* to possess an immovable: *detenere armi da fuoco,* to possess (to be in possession of) firearms. **2** *(tenere prigioniero)* to detain; to hold* (sb) in custody.

detentivo *agg* detentive: *pena detentiva,* sentence of imprisonment; prison sentence.

detentore *sm* holder.

detenuto *sm* prisoner; *(talvolta: prigioniero politico)* detainee.

detenzione *sf* **1** *(ritenzione)* detention; possession: *detenzione di armi,* illegal possession of firearms. **2** *(pena)* imprisonment; custody; detention.

detergente *agg* detergent; cleansing: *latte detergente,* cleansing milk.
□ *sm* detergent; cleansing.

detergere *vt* to clean; to cleanse; *(con acqua)* to wash (sth off, away); *(con una spugna, ecc.)* to wipe (sth off, away).

deteriorabile *agg* subject to deterioration; liable to deteriorate; *(spec. di cibi)* perishable: *merci deteriorabili,* perishable goods.

deterioramento *sm* deterioration; wear and tear: *merce soggetta a deterioramento,* perishable goods.

deteriorare *vt* to deteriorate; to impair; to damage.
□ **deteriorarsi** *v. rifl* to deteriorate; to go* to rack and ruin.

deteriore *agg* inferior; second-rate *(attrib.)*; shoddy; low-grade *(attrib.)*.

determinabile *agg* determinable; definable.

determinante *agg* **1** *(decisivo)* decisive; conclusive: *un fattore determinante,* a decisive factor. **2** *(spec. matematica)* determinant.
□ *sm* decisive factor; principal (*o* determining) motive; *(spec. matematica)* determinant.

determinare *vt* **1** to determine; *(fissare)* to fix; to establish; *(definire)* to define; *(nelle assicurazioni, ecc.)* to assess; to ascertain. **2** *(causare)* to cause; to produce; to bring* (sth) about; to give* rise to (sth); to produce; to lead* to (sth).
□ **determinarsi** *v. rifl* **1** to resolve; to make* up one's mind; to determine; to decide: *Si determinò ad accettare l'offerta,* He resolved (He made up his mind) to accept the offer. **2** *(verificarsi)* to come* about; to arise*.

determinatezza *sf* precision; exactitude.

determinativo *agg* determining; determinative. □ *l'articolo determinativo, (gramm.)* the definite article.

determinato *agg* **1** certain: *in determinati casi,* in certain cases (*o* circumstances). **2** *(risoluto)* determined; resolute.

determinatore *sm* determining factor.
□ *agg* determinant.

determinazione *sf* **1** determination; *(il fissare)* fixing; establishment; *(il definire)* definition: *determinazione del prezzo (dei costi, dei tempi),* pricing (costing, timing) — *determinazione della posizione, (naut., ecc.)* reckoning — *determinazione di limiti territoriali,* determination (*o* establishment) of territorial limits — *determinazione di un concetto,* definition of a concept. **2** *(decisione)* decision: *prendere una determinazione,* to make (to come to) a decision — *arrivare ad una determinazione,* to make up one's mind. **3** *(risolutezza)* resolution; determination: *fare qcsa con determinazione,* to do sth with determination (*o* in a determined manner).

determinismo *sm* determinism.

determinista *agg e sm e f.* determinist.

deterministico *agg* deterministic.

deterrente *agg* deterrent. □ *sm* deterrent: *deterrente atomico (nucleare),* nuclear deterrent.

detersivo *agg* detergent; detersive; cleansing.
□ *sm* detergent.

detestabile *agg* **1** detestable; hateful: *un individuo detestabile,* a hateful individual. **2** *(per estensione: pessimo)* awful; dreadful.

detestabilmente *avv* detestably; hatefully.

detestare *vt* **1** to detest; to dislike intensely; *(odiare)* to hate: *Detesto la carne,* I detest (*più fam.* I can't stand) meat. **2** *(avere in orrore)* to loathe.

detonante *agg* detonating; explosive: *capsula detonante,* percussion cap.
□ *sm* detonator.

detonare *vi* to detonate: *far detonare,* to detonate.

detonatore *sm* detonator: *detonatore secondario,* booster charge.

detonazione *sf* **1** blast; detonation. **2** *(riferito ad un motore)* pinking; knocking *(USA)*.

detrarre *vt (sottrarre)* to deduct; to subtract; to take* sth away (*o* off).

detrattore *sm* detractor.

detrazione *sf* deduction; detraction: *una detrazione del cinque per cento,* a five per cent deduction.

detrimento *sm* detriment; harm; damage: *a detrimento di qcsa,* to the detriment of sth — *andare a detrimento di, essere di detrimento a qcsa (qcno),* to be detrimental (damaging, harmful) to sth (sb); to damage sth (sb).

detrito *sm* **1** débris; rubbish *(solo al sing.)*. **2** *(al pl., geologia)* detritus *(solo al sing.)*; rubble *(solo al sing.)*; *(portati dall'acqua)* alluvium; silt *(solo al sing.)*. **3** *(al pl.: calcinacci, ecc.)* rubble: *un mucchio di detriti,* a heap of rubble.

detronizzare *vt* to dethrone; *(spodestare)* to depose; to topple *(fam.)*; *(rovesciare)* to overthrow*.

detronizzazione *sf* dethronement.

detta *(nell'espressione) a detta di...,* according to...

dettagliante *sm e f.* retailer; retail trader.

dettagliare *vt* **1** to tell* (sth) in detail; to go* into details about; to give* a detailed account (of sth); *(specificare)* to specify. **2** *(vendere al minuto)* to retail; to sell* by retail.

dettagliatamente *avv* in detail; in every particular.

dettaglio *sm* **1** detail: *entrare nei dettagli,* to go into details. **2** *(di un quadro)* detail; *(cinema)* close-up. **3** *(comm.) al dettaglio,* retail: *prezzo al dettaglio,* retail price.

dettame *sm* precept; dictate.

dettare *vt* **1** *(parola per parola)* to dictate. **2** *(suggerire)* to tell*; to suggest; to counsel; to dictate: ... *come ti detta la coscienza,* ... as your conscience tells you. **3** *(imporre)* to dictate; to impose; to prescribe: *dettare legge, (anche fig.)* to lay down the law.

dettato *sm* dictation.

dettatura *sf* dictation: *scrivere sotto dettatura,* to take down (from dictation).

detto *agg* *(p. pass. di* **dire** ⇨) **1** said; *(tale, sopraddetto)* the said; the above-mentioned; *(dir.)* the aforesaid: *Detto fatto,* No sooner said than done — *È presto detto!,* It's easier said than done! — *Come non detto!, (fam.)* As you were!; I take it all back! **2** *(chiamato)* called; named; *(soprannominato)* known as; nicknamed: *propriamente detto...,* better called...; more properly known as...

□ *sm (parola)* word; *(motto)* saying; bon mot *(fr.); (arguzia)* joke; jest; *(comando)* command; order: *un detto famoso,* a famous saying — *Stando ai suoi detti,* According to what he says (he said).

deturpamento *sm* disfigurement; *(anche morale)* sullying; disgracing.

deturpare *vt* **1** to disfigure; to deform; to spoil: *una costruzione che deturpa il paesaggio,* a building which is a blot on the landscape. **2** *(anche morale)* to sully.

deturpazione *sf* disfigurement; spoiling.

devalutazione *sf* = **svalutazione.**

devastare *vt* to devastate; to lay* (sth) waste; to ravage *(anche fig.);* to ruin; *(bot. o fig.)* to blight: *devastare un'intera regione, (di truppe, ecc.)* to lay waste an entire region — *un viso devastato dal vaiolo,* a face ravaged by smallpox — *campi di grano devastati dalla grandine,* fields of corn mined by hail.

devastatore *agg* *(f.* **devastatrice**) ravaging; devastating.

□ *sm* ravager.

devastazione *sf* devastation; destruction; ravages *(pl.); (fig.)* desolation.

deviamento *sm* **1** deflection; deviation. **2** *(ferrovia)* shunting. **3** *(scherma)* parrying.

deviante *agg* deviant.

deviare *vt* **1** to deviate; to swerve; to diverge; to depart; to make* a detour; *(dalla propria strada)* to go* out of one's way; to turn aside; *(fig.: 'deviare dalla retta via')* to go* astray: *Arrivati in fondo al sentiero deviammo verso ovest,* On reaching the end of the track we made a detour (we turned) westwards — *Non deviare!, (nella conversazione)* Stick to the point! **2** *(talvolta: deragliare)* to leave* the line; to go* off the rails; *(naut.)* to yaw; to fall* off; to sheer.

□ *vt* **1** to divert; to turn aside; to deflect; to change; to switch: *deviare il traffico,* to divert the traffic — *E poi per deviare il discorso su argomenti un po' più allegri...,* And then, so as to turn (to change, to switch) the conversation to more cheerful subjects... **2** *(un treno)* to shunt; *(un fiume)* to divert: *La carrozza danneggiata fu deviata su un binario laterale,* The damaged carriage was shunted onto a siding.

deviato *sm* deviant; deviate; *(talvolta, spreg., solo in senso sessuale)* pervert.

deviatore *sm* **1** pointsman *(pl.* -men*);* shunter. **2** *(fis.)* switch.

deviazione *sf* **1** deviation; *(med.)* curvature; *(fis., mecc.)* deviation; deflexion; *(del pendolo)* swing; *(stradale)* diversion; detour; *(scorciatoia)* by-pass; *(naut.)* sheer; *(di aereo)* fishtailing; *(astronomia)* excursion; *(ferrovia: mediante scambio)* shunting; switching: *fare una deviazione,* to make a detour. **2** *(sessuale)* perversion.

deviazionismo *sm* deviationism.

deviazionista *sm e f.* deviationist.

deviscerare *vt* to disembowel; to gut.

devitalizzare *vt* to devitalize.

devitalizzazione *sf* devitalization.

devolutivo *agg* devolutionary.

devoluto *agg* devolved; assigned.

devoluzione *sf* devolution; assignment.

devolvere *vt* **1** to devolve; to transmit; *(dir., ecc.)* to transfer; to assign: *devolvere una somma a scopi di beneficienza,* to assign a sum of money to charity. **2** *(lett.: travolgere, rovesciare)* to roll down.

□ *vi (raro: riversarsi)* to flow.

devotamente *avv* devoutly.

devoto *agg* **1** devout; pious; *(dedito)* devoted: *libro devoto,* prayer book. **2** *(affezionato)* devoted; affectionate; sincere.

□ *sm* votary; devotee *(anche fig.);* devout person; churchgoer.

devozione *sf* **1** devotion; devoutness; piety; *(lealtà)* loyalty; *(dedizione)* devotion; attachment; *(affetto)* affection: *con devozione,* with devotion; piously; *(affettuosamente)* affectionately. **2** *(al pl.: preghiere)* devotions; prayers: *dire le devozioni,* to say one's prayers.

¹di *prep* **1** - **a)** *(compl. di denominazione e specificazione, anche in costruzioni appositive)* **of**: *una bottiglia di vino,* a bottle of wine — *il sindaco di Firenze,* the mayor of Florence — *la città di Roma,* the city of Rome — *il mese di luglio,* the month of July — *un professore di inglese,* a teacher of English — *la vita della nazione,* the life of the nation — *esser accusato di spionaggio,* to be accused of spying.

b) *(specificazione con l'idea di possesso: riferito a persone, si usa quasi sempre il genitivo di possesso)* **'s**; **'** *(al pl.): Quel libro è di Lella,* That's Lella's book — *la macchina del mio amico,* my friend's car — *la macchina dei miei amici,* my friends' car — *l'ombrello dell'amica di mia madre,* my mother's friend's umbrella.

c) *(specificazione con l'idea di possesso: riferito a cose)* **of**; *(spesso si rende con un sostantivo aggettivato, sempre al sing.): la gamba del tavolo,* the leg of the table — *il tavolo della cucina,* the kitchen table — *un dirigente d'azienda,* a company executive.

2 *(ellittico: composto, scritto da)* **by**: *una commedia di Shakespeare,* a play by Shakespeare — *concerto brandeburghese n. 4 di J. S. Bach,* Brandenburg Concerto no. 4, by J. S. Bach.

3 *(partitivo)* - **a) of**: *un chilo di biscotti,* a kilogramme of biscuits — *un litro di acqua minerale,* a litre of mineral water — *molti di voi (di noi),* many of you (of us).

b) *(talvolta non si traduce, spec. dopo certe espressioni numeriche e dopo i pronomi indefiniti): una dozzina di uova,* a dozen eggs — *un migliaio di persone,* a thousand people — *un milione di lire,* a million lire — *qualcosa di buono,* something good — *niente di nuovo,* nothing new.

c) *(un po' di, alcuni)* **some** *(in proposizioni affermative e interrogative);* **any** *(in proposizioni negative e interrogative);* **a little**; **a few** *(pl.): un po' di ciliegie,* some cherries — *Ho comperato delle cartoline,* I've bought some postcards — *Vuoi del latte?,* Do you want some

milk? — *Hai dei fiammiferi?,* Have you any matches? — *C'è del buono in lui,* There's some good in him.
4 *(paragone)* - **a)** *(con i comparativi)* **than**: *Sono più bravi di noi,* They're better than we are — *Sei più vecchio di lui,* You're older than him.
b) *(con i superlativi)* **of**: *il più bello dei suoi quadri,* the most beautiful of his paintings.
c) *(riferito a un luogo)* **in**: *il miglior ristorante della città,* the best restaurant in town.
d) *per 'al pari di'* ⇨ **pari.**
5 *(moto da luogo, provenienza)* **from**: *Viene di lontano,* He comes from a long way away — *lontano di qua,* far from here — *Sono di Torino,* I'm from Turin — *cadere di mano,* to fall from (*o* out of) sb's hand.
6 *(compl. di materia)* **of** *(ma in generale si traduce con un sostantivo aggettivato): un sacchetto di plastica,* a plastic bag — *una casa di mattoni,* a brick house — *un anello d'oro,* a gold ring.
7 *(compl. di mezzo)* **with**: *ungere d'olio un meccanismo,* to lubricate a mechanism with oil.
8 *(uso, scopo, fine)* **for** *(generalm. si traduce con un sostantivo aggettivato): sala di lettura,* reading-room — *tenuta di fatica,* fatigues; work clothes — *generi di consumo,* consumer goods.
9 *(argomento)* **about; of; on; concerning**: *parlare del più e del meno,* to talk of one thing and another — *parlare di politica,* to talk of (*o* about) politics; to talk politics.
10 *(compl. di misura, prezzo, età)* **of** *(generalm. si traduce con il genitivo di possesso, o con un sostantivo aggettivato): una trota di due chili,* a two-kilogramme trout — *un quadro di gran valore,* an extremely valuable painting — *una bambina di sei anni,* a six-year-old girl.
11 *(compl. di causa)* **of; from; with**: *morire di crepacuore,* to die of a broken heart — *gridare di dolore,* to cry out with pain.
12 *(abbondanza o privazione)* **of; in**: *un fiume ricco di pesci,* a river rich in fish.
13 *(limitazione)* **of; in**: *essere debole di gambe,* to be weak in the legs.
14 *(compl. di modo o maniera)* **in; with;** *(spesso si traduce con un avverbio): camminare di fretta,* to walk in haste — *di gran carriera,* at full speed.
15 - **a)** *(compl. di tempo)* **in; on; at; by; during;** *(in certe espressioni si usa il genitivo di possesso): d'estate,* in summer — *di sabato,* on Saturdays — *di giorno,* during the day; in the daytime — *di mattino,* in the morning — *di sera,* in the evening — *di notte,* at night — *Parigi di notte,* Paris by night — *il giornale di ieri,* yesterday's paper.
d) *(compl. di durata: si usa il genitivo di possesso): una passeggiata di due ore,* a two hours' walk.
16 *(distanza: si traduce di solito con il genitivo di possesso o con un aggettivo): una camminata di dieci miglia,* a ten-mile walk.
□ *dire di sì (di no),* to say yes (no) — *Credo di sì,* I think so — *Credo di no,* I don't think so; I think not — *di qua e di là,* here and there — *di tanto in tanto, di gran lunga,* by far — *dare del tu (del Lei)* ⇨ **'dare** *vt e i.* **6.**
²dì *sm (lett.)* day: *Buon dì!,* Good morning!; Hullo! — *A dì (Addì) 2 di luglio 1976,* July 2, 1976; July 2nd 1976; 2nd July 1976.
diabete *sm* diabetes.
diabetico *agg e sm* diabetic.
diabolicamente *avv* diabolically; fiendishly.
diabolico *agg* diabolic(al); fiendish: *persona diabolica,* a diabolical individual — *piano diabolico,* a diabolical plan.
diacono *sm* deacon.
diacritico *agg* diacritic.
diadema *sm (di sovrano)* diadem; crown; *(di donna)* tiara.
diafaneità, diafanità *sf* diaphanousness.
diafano *agg* diaphanous; *(fig.: delicato)* transparent: *mani diafane,* transparent hands.
diafisi *sf* diaphysis.
diafonia *sf* **1** *(stor. mus.)* diaphony. **2** *(telefonia)* cross-talk.
diaframma *sm* **1** diaphragm *(anche anat.).* **2** *(tramezzo)* screen; *(ostacolo)* barrier; *(mecc.)* baffle-plate; baffle. **3** *(naut., aeronautica)* bulkhead. **4** *(di obiettivo fotografico)* stop; *(di microfono)* diaphragm: *diaframma fonorivelatore,* pickup.
diaframmare *vt* to stop (down).
diaframmatico *agg* diaphragmatic.
diaframmatura *sf* diaphragm opening.
diagnosi *sf* diagnosis: *fare la diagnosi,* to diagnose.
diagnostica *sf* diagnostics *(col v. al sing.).*
diagnosticare *vt* to diagnose.
diagnostico *agg* diagnostic: *un esame diagnostico,* a diagnostic examination. □ *sm* diagnostician.
diagonale *agg e sf* diagonal. □ *in diagonale,* diagonally; *(riferito ad un tessuto)* on the bias. □ *sm* **1** *(tessuto)* twill. **2** *(al pl.: tiranti)* wires; braces. **3** *(sport: tiro diagonale)* cross. □ *tagliato in diagonale,* cut on the bias.
diagonalmente *avv* diagonally; crosswise; crossways; *(riferito ad un tessuto)* on the bias.
diagramma *sm* diagram; graph; curve; *(diagramma grafico)* chart.
dialettale *agg* dialect *(attrib.); (di scritto, poesia, ecc.)* in dialect.
dialettica *sf* dialectic; dialectics *(con il v. al sing.).*
dialettico *agg* dialectic(al). □ *sm* dialectician.
dialetto *sm* dialect; regional (*o* local) speech; *(talvolta)* patois *(fr.): parlare in dialetto,* to speak (in) dialect.
dialettologia *sf* dialectology; dialect studies *(pl.).*
dialettologo *sm* dialectologist.
dialisi *sf* dialysis.
dializzare *vt* to dialyze.
dializzatore *sm* dialyzer.
dialogare *vi* to talk; to converse; to hold* a dialogue. □ *vt (teatro) dialogare una scena,* to write the dialogue for a scene.
dialogico *agg* dialogue *(attrib.).*
dialogista *sm e f.* dialogist.
dialogizzare *vi* = **dialogare.**
dialogo *sm* **1** dialogue. **2** conversation; *(per estensione)* exchange of views; *(in politica internazionale, anche)* negotiations *(pl.);* talks *(pl.).*
diamante *sm* **1** diamond; *(industriale)* bort; *(artificiale) (tagliavetro)* glass-cutter; glazier's diamond; diamante: *duro come il diamante,* diamond-hard — *una collana di diamanti, a* diamond necklace — *nozze di diamante,* diamond wedding *(sing.).* **2** *(naut.: di ancora)* crown. **3** *(tipografia)* diamond. **4** *(baseball)* diamond.
diamantifero *agg* diamantiferous; diamond-producing.
diametrale *agg* diametrical.
diametralmente *avv* diametrically: *diametralmente opposto,* diametrically opposed.
diametro *sm* diameter.
diamine *interiezione* **1** *(diavolo, ecc.)* the devil...; the

hell...; the deuce...; the dickens...: *Che diamine!,* What the devil!; I should think so!; Good heavens, yes!; Dash it all! — *Che diamine...?,* What the devil...?; What the hell...? — *Chi diamine stai cercando?,* Who on earth are you looking for? **2** *(sì, certo)* of course; certainly: *'Pensi che vinceranno?' - 'Diamine!',* 'D'you think they'll win?' - 'Of course they will!'.

diana *sf* **1** *(mil.)* reveille. **2** *(naut.)* morning-watch. **3** *(astronomia)* morning star; Lucifer *(lett.)*.

dianzi *avv (or ora)* just now; *(poco fa)* a little time ago; a short while ago.

diapason *sm* **1** *(lo strumento)* tuning-fork. **2** *(intonazione)* pitch *(anche fig.)*; diapason; *(estensione di suono)* reach; compass; range; diapason: *raggiungere il diapason, (fig.)* to reach the highest pitch.

diapositiva *sf* transparency; slide.

diarchia *sf* diarchy; dyarchy.

diaria *sf* daily (*o* subsistence) allowance.

diario *sm* **1** *(quaderno, registro, ecc.)* diary; journal; *(talvolta)* daybook: *tenere un diario,* to keep a diary. **2** *(orario)* timetable: *diario degli esami,* examination timetable.

diarista *sm e f.* diarist.

diarrea *sf* diarrhoea.

diascopio *sm* slide projector.

diaspora *sf (Bibbia)* Diaspora; Dispersion.

diaspro *sm* jasper.

diastasi *sf* diastase.

diastole *sf* diastole.

diatriba *sf* diatribe; invective.

diavola *sf* she-devil; fiend; *(fig.)* ugly woman *(pl. women)*: *una buona diavola, (fam.)* a kind soul; a good woman — *una povera diavola,* a poor wretch. □ **alla diavola,** - **a)** anyhow; in a rough and ready manner; carelessly; any old how *(fam.)* - **b)** *(di cibi)* grilled; devilled: *pollo alla diavola,* grilled chicken — *cucinare alla diavola,* to devil.

diavoleria *sf (azione diabolica)* devilry; devilment; *(stregoneria)* witchcraft; mischief; trick; *(birichinata)* devilry; mischief: *Che razza di diavoleria state combinando?,* What sort of mischief are you getting up to?

diavolesco *agg* devilish; diabolical; *(soprannaturale)* weird; *(stregato)* bewitched.

diavolessa *sf* she-devil; fiend.

diavoletto *sm* **1** little devil; *(fig., anche)* imp. **2** *(bigodino)* curler.

diavolio *sm* **1** *(confusione)* rumpus; uproar; hubbub. **2** *(fam.: un gran numero)* a devil of a lot.

diavolo *sm* devil; demon; fiend *(anche fig.: persona malvagia)*: *il diavolo (diavolino) di Cartesio,* Cartesian devil (diver, imp); bottle imp — *l'avvocato del diavolo,* the Devil's Advocate — *il Diavolo,* the Devil; Old Nick *(fam.)* — *Povero diavolo!,* Poor devil! — *È un buon diavolo,* He's a good-natured chap — *È brutto come il diavolo,* He's as ugly as the devil (as sin) — *C'era un fango del diavolo,* There was a hell (a devil, a dickens) of a lot of mud — *È un diavolo di uomo,* He is a devil of a man; He is a fiend — *Quel ragazzo è un diavolo scatenato,* That boy is a little devil — *Che il diavolo ti porti!,* The devil take you! — *Diavolo!,* Hell!; The devil!; The deuce!; Heck! *(spec. USA)* — *Che diavolo fai qua?,* What the devil (the deuce, the hell, the heck) are you doing here? — *Va' al diavolo!,* Go to the devil! (to hell!) — *Mandalo al diavolo!,* Tell him to go to hell!
□ *abitare a casa del diavolo, (in un luogo scomodo)* to live off the beaten track; to live at the end of nowhere (at the back of beyond); *(nel baccano, nel frastuono)* to live in a madhouse (in a shindy) — *avere il diavolo in corpo,* to be full of mischief — *avere un diavolo per capello,* to be furious; to be in a very bad temper — *Ho una fame del diavolo,* I'm starving; I'm as hungry as a hunter — *Ho una paura del diavolo,* I'm in a blue funk; I'm scared to death — *Fa un caldo del diavolo,* It's boiling — *È un diavolo di problema,* It's the deuce of a problem — *essere come il diavolo e l'acqua santa,* to be like oil and water; not to mix — *fare il diavolo a quattro,* to play the devil; to kick up a shindy; to make a rumpus — *venire a patti col diavolo,* to come to every kind of compromise — *Il diavolo ci ha messo la coda,* Something has gone wrong — *Il diavolo è scaltro perché è vecchio, (prov.)* The devil is wicked because he's old — *Un diavolo caccia l'altro, (prov.)* One devil drives out another — *Il diavolo non è così brutto come lo si dipinge, (prov.)* The devil is not as black as he is painted.

dibattere *vt* **1** *(una questione)* to debate; to discuss; to consider: *dibattere a lungo una proposta,* to debate (to discuss) a proposal at length — *un problema molto dibattuto,* a much-discussed question; a vexed question. **2** *(agitare)* to beat*; *(ali)* to flap; to beat*.
□ **dibattersi** *v. rifl* **1** to struggle; to writhe. **2** *(fig.: nel dubbio, ecc.)* to be* torn; to grapple (with sth): *dibattersi tra mille difficoltà,* to grapple with a host of problems.

dibattimento *sm* **1** debate; discussion. **2** *(dir.)* hearing; trial.

dibattito *sm* **1** debate; *(meno formale)* discussion: *aprire un dibattito,* to open a debate (a discussion) — *in sede di dibattito,* during the debate. **2** *(disputa)* controversy.

dicastero *sm* office; ministry; department *(USA)*.

dicembre *sm* December.

diceria *sf* rumour; gossip *(solo al sing.)*; idle chatter *(solo al sing.)*; hearsay *(solo al sing.)*: *Sono le solite dicerie,* It's just the usual gossip.

dichiarabile *agg* declarable.

dichiarare *vt* **1** to declare; to avow; to state; *(annunciare)* to announce; to proclaim; *(attestare)* to certify; *(proclamare)* to declare; to proclaim; to make*; *(talvolta, spec. dir.)* to find*: *Avete qualcosa da dichiarare?, (alla dogana)* Have you anything to declare? — *Dichiarò di non aver visto niente,* He declared (He stated) that he had seen nothing — *dichiarare il proprio reddito,* to declare (to state) one's income — *'Si dichiara che...',* 'It is hereby certified that...' — *Lo dichiarò suo unico erede,* He (She) made him his (her) only heir — *dichiarare qcno innocente (colpevole),* to find sb guilty (not guilty) — *L'atto fu dichiarato nullo, (dir.)* The deed was declared null and void — *dichiarare guerra,* to declare war — *Vi dichiaro in arresto,* I declare you under arrest — *Vi dichiaro marito e moglie,* I pronounce you man and wife — *dichiarare aperta una seduta,* to declare a session open; to open a session. **2** *(nei giochi di carte)* to bid*.
□ **dichiararsi** *v. rifl* **1** to declare oneself; to avow oneself (to be): *Si dichiarò pronto a dare una mano,* He declared himself ready to lend a hand. **2** *(farsi conoscere, svelarsi)* to come* out into the open. **3** *(fare una dichiarazione d'amore)* to declare one's love (for sb); to propose (to sb). **4** *(dir., nell'espressione) dichiararsi colpevole (innocente),* to plead guilty (not guilty).

dichiarativo *agg* declaratory.

dichiarato *agg* declared; avowed: *un nemico dichiarato,* an avowed (*o* sworn) enemy.

dichiaratorio *agg* declaratory.

dichiarazione *sf* **1** declaration; announcement; *(af-*

fermazione) statement; *(d'amore)* protestation *(anche scherz.); (osservazione)* remark; *(dei redditi, ecc.)* statement; return: *dichiarazione consolare, (comm.)* consular declaration — *dichiarazione d'avaria, (naut.)* ship's protest — *dichiarazione del capitano,* captain's entry — *dichiarazione d'entrata, (naut., ecc.)* entry — *dichiarazione doganale, (da esibirsi alla dogana)* bill of entry; *(di pacco postale)* customs declaration — *dichiarazione dei redditi,* income-tax return. **2** *(chiarificazione)* explanation. **3** *(al bridge)* bid.

diciannove *agg numerale cardinale e sm* nineteen: *alle ore diciannove,* at seven p.m.; *(mil.)* at nineteen hundred hours.

diciannovenne *agg e sm e f.* nineteen-year-old.

diciannovesimo *agg numerale ordinale e sm* nineteenth.

diciassette *agg numerale cardinale e sm* seventeen: *alle diciassette e trenta,* at five thirty (p.m.); *(mil.)* at seventeen thirty hours.

diciassettenne *agg e sm e f.* seventeen-year-old.

diciassettesimo *agg numerale ordinale e sm* seventeenth.

diciottenne *agg e sm e f.* eighteen-year-old.

diciottesimo *agg numerale ordinale e sm* eighteenth.

diciotto *agg numerale cardinale e sm* eighteen: *alle ore diciotto,* at six p.m.; *(mil.)* at eighteen hundred hours.

dicitore *sm* speaker; *(narratore)* teller; *(bravo nel recitare)* reciter: *un dicitore in rima,* a versifier.

dicitura *sf* wording; *(frase, breve scritta)* phrase; words *(pl.)*.

dicotiledone *agg* dicotyledonous. □ *sf* dicotyledon.

dicotomia *sf* dichotomy.

didascalia *sf* **1** explanation; *(di illustrazioni)* caption; legend. **2** *(teatro)* stage direction; *(cinema)* sub-title.

didattica *sf* didactics *(col v. al sing.): la didattica delle lingue,* language teaching.

didatticamente *avv* didactically.

didattico *agg* teaching *(attrib.)*; educational; didactic: *un film didattico,* an educational film — *programma didattico,* syllabus; curriculum — *direttore didattico,* headmaster; *(in certi istituti)* director of studies.

didentro *avv* inside; within: *una voce dal didentro,* a voice from within.
□ *sm* inside.

didietro *sm* **1** *(di cosa)* back; rear. **2** *(di animale)* rump. **3** *(di persona)* behind; backside; sit-upon; bottom: *dare a qcno un calcio nel didietro,* to give sb a kick in the backside (the behind); *(o comunemente, anche se volg.)* to kick sb up the arse.

didimo *agg* paired; twin.

dieci *agg numerale cardinale e sm* ten: *una moneta da dieci lire,* a ten-lira piece — *Sono le dieci e trenta,* It's ten thirty — *Ha dieci anni,* He's ten (*oppure* ten years old) — *il dieci marzo,* the tenth of March; March (the) tenth.

diecimila *agg numerale cardinale e sm* ten thousand: *un biglietto da diecimila,* a ten-thousand-lira note.

diedro *agg* dihedral. □ *sm* **1** dihedron. **2** *(alpinismo)* groove; dièdre *(fr.)*.

dieresi *sf* di(a)eresis.

Dies irae *sm (lat.)* the day of wrath; *(fig.)* the day of reckoning: *cantare il dies irae a qcno, (fig.)* to give sb up for lost.

diesis *agg e sm* sharp: *fa diesis minore,* F sharp minor.

dieta *sf* **1** *(assemblea)* Diet. **2** *(regime)* diet; *(astinenza)* fasting; dieting: *dieta assoluta,* starvation diet — *essere a dieta,* to be on a diet — *mettere (tenere) qcno a dieta,* to put (to keep) sb on a diet; *(scherz.)* to half-starve sb.

dietetica *sf* dietetics *(col v. al sing.)*.

dietetico *agg* dietetic; *(dimagrante)* slimming *(attrib.): alimenti dietetici,* dietetic foodstaffs.

dietista, dietologo *sm* dietician.

dietro I *avv* behind; *(in fondo)* at (*o* in) the back: *Non si voltò mai a guardare dietro,* He never turned to look back — *passare dietro,* to pass by at the back; to pass behind — *'Dov'è?' - 'È là dietro!',* 'Where is he?' - 'There, behind us!'; *(se è in fondo)* 'There, at the back' — *Si mise a correre, e Piero dietro,* He started to run with Piero behind him (*o* and Piero followed) — *Da dietro non t'avevo riconosciuto,* I hadn't recognized you from behind — *lì dietro,* behind (*o* back) there — *in dietro* ⇨ **indietro.**

II *prep* **1** behind; after; at the back of: *Il giardino è dietro la casa,* The garden is behind the house (is at the back of the house) — *Avanzarono uno dietro l'altro,* They went forward one after the other (one behind the other) — *dietro le quinte,* behind the scenes; in the wings — *Si tiene sempre dietro le quinte, (fig.)* He prefers to keep behind the scenes; He prefers to avoid the limelight — *Ho visto tutto da dietro i vetri,* I saw everything from behind the windows — *lasciarsi dietro qcsa,* to leave sth behind one; *(sorpassare)* to go ahead of sth — *sparlare (ridere) dietro a qcno,* to talk about (to laugh at) a person behind his back — *correre dietro a qcno,* to run after sb — *correre dietro a qcsa,* to strive for (*o* after) sth — *andare dietro (venire dietro) a qcno,* to follow sb — *Perché non vieni dietro a me?,* Why don't you follow me? — *stare dietro a qcno,* to be always hanging round sb; to be (to go after) sb — *portarsi dietro qcno (qcsa),* to bring (to take) sb (sth) along; to bring (to take) sb (sth) with one — *tener dietro a qcno,* to keep up with sb; to keep a close watch on sb. **2** *(comm.: in seguito a, dopo)* on; upon; against: *dietro pagamento (versamento),* on payment — *dietro richiesta, (orale)* upon request; on demand; *(scritta)* on application — *dietro proposta di...,* on the motion of... — *dietro ricevuta,* against receipt.

III *agg* hind *(attrib.)*; back *(attrib.)*; *(talvolta, riferito ad un'automobile, ecc.)* rear *(attrib.)*: *le zampe di dietro,* the hind legs; the back paws — *Le stanze di dietro sono meno soleggiate,* The back rooms get less sun (are less sunny).

IV *sm* back; rear; *(di nave)* stern: *L'ho appeso sul dietro della porta,* I've hung it on the back of the door — *I carri armati attaccarono il nemico dal dietro,* The tanks attacked the enemy in (*o* from) the rear.

dietrofront *sm* **1** *(mil.)* about turn. **2** *(fig.)* volte-face *(fr.)*: *fare dietrofront,* to about-turn; *(fig.)* to make a volte-face; to change sides.

difatti, difatto *avv* in fact; as a matter of fact.

difendere *vt* **1** to defend; *(proteggere)* to protect; to guard; to shield; *(riparare)* to shelter; *(sostenere)* to maintain; to uphold*; *(prendere le parti di)* to support; to keep* up: *difendere i propri interessi,* to defend one's (own) interests. **2** *(dir.)* to represent; to appear (for sb); *(in una causa penale)* to defend.
□ **difendersi** *v. rifl* **1** to defend oneself (against sb or sth; from sb or sth): *sapersi difendere,* to know how to look after oneself — *difendersi fino all'ultimo,* to die hard. **2** *(fam.: cavarsela)* to manage; to put* up a fair show; to get* by; to make* a fair showing: *Non sono bravissimo, ma mi difendo,* I'm not very good, but I get by (I manage) — *Sa difendersi,* He knows

how to look after (to take care of, to stand up for) himself.

difendibile *agg* defensible; *(spec. riferito ad una tesi)* tenable.

difensiva *sf (nell'espressione) stare sulla difensiva,* to be on the defensive *(anche fig.).*

difensivo *agg* defensive.

difensore *agg* defending; *(sostenitore)* supporting; upholding: *avvocato difensore,* defending counsel; counsel for the defence.

□ *sm* defender; *(sostenitore)* advocate; supporter; upholder: *difensore d'ufficio, (dir.)* counsel for the defence appointed by the court.

difesa *sf* **1** defence, *(USA)* defense: *il Ministero della Difesa,* the Ministry of Defence; the Defence Ministry — *la difesa e l'accusa, (dir.)* the defence and the prosecution — *l'attacco e la difesa, (calcio)* the attack and the defence — *a difesa di; in difesa di,* in defence of — *senza difesa,* defenceless — *mettersi in posizione di difesa,* to take up a defensive position; to stand on one's guard — *prendere le difese di qcno,* to take sb's part — *per legittima difesa,* in self-defence. **2** *(al pl., mil.: opere di difesa)* defences; defensive works; fortifications. **3** *(al pl., zool.: zanne)* tusks.

difettare *vi* **1** *(non essere soddisfacente, sufficiente)* to be* defective; to be* lacking (*o* wanting). **2** *(mancare)* to lack; to be* lacking (in sth): *Difetta di tatto,* He's lacking in tact.

difettivo *agg* defective: *verbi difettivi,* defective verbs.

difetto *sm* **1** *(fisico, imperfezione)* defect; imperfection; blemish; flaw; *(generalm. morale)* fault; failing; shortcoming; *(abitudine)* bad habit: *difetti fisici,* bodily (*o* physical) defects — *senza difetti,* without blemish; flawless — *un difetto dell'udito,* a hearing defect — *un difetto di pronuncia,* a pronunciation defect — *Aveva molti difetti ma non era un bugiardo,* He had many faults, but he was not a liar — *Il difetto è nel disegno originale,* The defect is in (The fault lies with) the original design — *Ci deve essere un difetto nel carburatore,* There must be something wrong with the carburettor — *Ha un solo difetto,* There is only one thing wrong with it (him, her) — *fare difetto,* to be defective. **2** *(mancanza, scarsità)* shortage; dearth; lack; want: *Attualmente c'è difetto di manodopera,* At present there is a labour shortage — *Il piano non si attuò per difetto di fondi,* The plan was not carried out for lack of funds — *fare difetto,* to be lacking.

□ **in difetto di...**, failing...: *In difetto di grano ci riforniremo di mais,* Failing corn, we shall get in supplies of maize.

difettosamente *avv* defectively; faultily; imperfectly.

difettoso *agg* defective; faulty; imperfect.

diffamare *vt* to defame; *(dir.)* to slander; *(per iscritto)* to libel.

diffamatore *sm* slanderer; *(per iscritto)* libeller.

diffamatorio *agg* slanderous; defamatory; libellous.

diffamazione *sf (anche dir.)* slander; defamation; *(per iscritto)* libel: *una querela per diffamazione,* a libel suit; action for libel.

differente *agg* different (from, to sth); *(meno comune)* differing (from sth); *(dissimile)* unlike; dissimilar: *La sua interpretazione è differente dalla nostra,* His interpretation is different from ours (differs from ours).

differentemente *avv* differently; in a different way: *Questa volta l'ha fatto differentemente,* This time he did it differently — *Differentemente da quanto stabilito...,* Contrary to what had been decided...

differenza *sf* **1** difference *(quasi in ogni senso): una differenza di qualità,* a difference in quality — *una differenza d'idee,* a difference of opinion — *differenza d'età,* age difference — *differenze di classe,* class differences — *con la differenza che...,* with the difference that... — *Non fa nessuna differenza!,* It makes no difference!; It's all the same! — *C'è una bella differenza!,* That makes a (lot of) difference! — *dividere in due la differenza,* to split the difference. **2** *(comm.)* difference; balance: *differenza in meno,* deficiency; shortfall — *differenza in più,* excess — *saldare una differenza (un conto scoperto),* to settle a balance; to balance an account — *La differenza tornò a nostro favore,* The balance was in our favour. **3** *(fis., elettr.) differenza di fase, (sfasatura)* phase displacement — *differenza di potenziale, (elettr.)* potential difference — *differenza fra diametro esterno e diametro primitivo, (di ingranaggi conici)* diameter increment.

□ **a differenza di**, unlike: *A differenza di suo padre...,* Unlike his father...

differenziale *agg* differential: *calcolo differenziale,* differential calculus — *classi differenziali,* segregated classes; classes for sub-normal children.

□ *sm* differential; diff *(abbr. fam.).*

differenziamento *sm* differentiation.

differenziare *vt* to differentiate; to distinguish.

□ **differenziarsi** *v. rifl* to be* different; to differ; *(diventar diverso)* to become* (to grow*) different; *(apparire diverso)* to look different: *differenziarsi da qcno,* to differ from sb.

differenziazione *sf* differentiation.

differibile *agg* postponable; that can be deferred *(o più fam.,* put off*);* deferrable *(raro): L'incontro non è differibile,* The meeting cannot be put off.

differimento *sm* postponement; deferment.

differire *vi* **1** *(essere differente)* to differ (from sb, sth); to be* different (from sb, sth); to be* unlike (sb, sth): *Le nostre idee differiscono alquanto,* Our ideas are rather different — *Differisce molto da suo padre,* He's very unlike his father. **2** *(procrastinare)* to procrastinate.

□ *vt (rimandare)* to postpone; to defer; to delay; to put* (sth) off; *(una seduta)* to adjourn: *Differiva di giorno in giorno la data delle nozze,* He went on postponing (He kept putting off) the date of the wedding — *differire uno sciopero,* to put off (to postpone) a strike — *differire una seduta,* to adjourn a meeting — *differire il pagamento di un debito,* to delay the payment of a debt — *differire la scadenza di una cambiale,* to extend the maturity of a bill; to let a bill lie over.

difficile *agg* **1** *(duro)* difficult; hard; tough; exacting; tricky; stiff *(fam., di esame, ecc.): È difficile andar d'accordo con lui,* He's difficult to get on with — *rendere la vita difficile a qcno,* to make life difficult (to make things tough) for sb — *Trovo difficile fare come dici tu,* I find it difficult to do as you say — *Questi sono tempi difficili,* These are hard times — *una questione difficile,* a difficult (a knotty, a tough) question — *un libro di difficile lettura,* a difficult book (to read) — *avere la digestione difficile,* to have a poor digestion. **2** *(di persona: esigente)* difficult; difficult to please; exacting; particular; *(scontroso)* hard to get on with: *un pubblico difficile,* an exacting audience. **3** *(improbabile)* unlikely; improbable: *È dif-*

ficile che arrivi domani, He is unlikely to arrive tomorrow; It's unlikely that he'll arrive tomorrow.
□ *sm* **1** *(persona difficile, esigente)* difficult (*o* exacting) person: *Non fare il difficile!,* Don't be difficult! **2** *(cosa difficile)* difficulty: *Qui sta il difficile!,* This (That) is where the difficulty lies!; There's the rub!

difficilmente *avv* **1** *(con scarse probabilità)* unlikely *(uso aggettivale): Difficilmente vincerà domani,* He's unlikely to win tomorrow; He'll have a difficult (a hard, a tough) job to win tomorrow; There's not much chance of him (*o* of his) winning tomorrow. **2** *(faticosamente)* with difficulty.

difficoltà *sf* difficulty; *(ostacolo)* snag *(fam.); hitch; (obiezione)* objection: *con difficoltà,* with difficulty — *senza difficoltà,* without a hitch — *Non ho difficoltà a credere che...,* I have no difficulty in believing that... — *essere in difficoltà finanziarie,* to be in financial straits; to be hard up — *trovarsi in difficoltà,* to be in trouble; to be up against it *(fam.)* — *far sorgere (sollevare) difficoltà,* to raise (to make) objections.

difficoltoso *agg* **1** difficult; tricky; tough. **2** *(scontroso)* irritable; peevish; bad-tempered; *(incontentabile)* hard to please.

diffida *sf* warning; notice; intimation: *notificare una diffida a qcno,* to serve a notice on sb.

diffidare *vi* **1** to distrust; to mistrust; to have* no faith (in sb); to be* suspicious (of sb); to be distrustful (of sb). **2** *(guardarsi da)* to beware of (sb or sth).
□ *vt (ammonire)* to warn.

diffidente *agg* mistrustful; distrustful; suspicious *(tutti seguiti da* of*)*.

diffidenza *sf* mistrust; distrust; suspicion; diffidence *(non comune)*.

diffondere *vt* **1** to spread*; to propagate; to put* about; *(spargere)* to scatter; to shed*; *(luce e fig.)* to radiate; to shed; to give* (sth) out. **2** *(divulgare)* to divulge; to advertise; to publicize; *(per radio)* to broadcast*; *(per televisione)* to telecast*. **3** *(distribuire)* to distribute. **4** *(incrementare, promuovere)* to promote.
□ **diffondersi** *v. rifl* **1** *(anche fig.)* to spread*; to spread* (sth) about; to propagate. **2** *(dilungarsi su)* to expatiate (on sth); to dwell (upon sth).

difforme *agg* unlike; different (from, to sth); dissimilar (to sth).

difformità *sf* unlikeness; dissimilarity; difference.

diffrazione *sf* diffraction.

diffusamente *avv* fully; at length; *(prolissamente)* diffusely; long-windedly.

diffusibilità *sf* diffusibility.

diffusione *sf* **1** diffusion; *(propagazione)* propagation; spreading; *(alla radio)* broadcast; *(talvolta, di notiziario televisivo)* telecast; *(dispersione)* scattering; *(circolazione di giornale, ecc.)* circulation: *avere grande diffusione,* to have a wide circulation. **2** *(prolissità)* prolixity; longwindedness.

diffusivo *agg* diffusive.

diffuso *agg* **1** diffuse(d); spread: *luce diffusa,* diffused (*o* indirect) light. **2** *(su vasta scala)* widespread; *(di giornali, ecc.)* widely circulated. **3** *(prolisso)* prolix; long-winded.

diffusore *sm* **1** *(persona)* diffuser; diffusor; spreader. **2** *(di luce)* diffuser; disseminator; *(a globo)* light globe; *(atomico)* scatterer; *(radio, ecc.)* loudspeaker; speaker; *(di carburatore)* choke tube.

difilato *avv* **1** *(direttamente)* straight: *Se ne andò difilato a casa,* He went straight home. **2** *(subito)* straightaway.

difterico *agg* diphtherial; diphtheritic.

difterite *sf* diphtheria.

diga *sf* **1** dam; *(argine)* dike; dyke; *(frangiflutto)* breakwater; *(terrapieno)* embankment. **2** *(strada sopraelevata)* causeway. **3** *(fig.)* barrier; defence; obstacle; check: *opporre una diga a qcsa, (fig.)* to set a defence (a check) against sth — *rompere tutte le dighe, (fig.)* to burst out; to break all bounds.

digerente *agg* digestive: *apparato digerente,* digestive tract.

digeribile *agg* digestible: *cibi digeribili,* digestible foods.

digeribilità *sf* digestibility.

digerire *vt* **1** to digest: *digerire bene (male),* to have a good (a bad) digestion. **2** *(fig.)* to digest; to assimilate; to master; *(per estensione: tollerare)* to stomach; to tolerate; to endure; to bear*; to stand*; to put* up with (sb): *digerire la bile, (fig.)* to cool off; to swallow one's anger — *Non riesco a digerire quella persona,* I can't stand that individual. **3** *(fig.: credere)* to believe; to swallow.

digestione *sf* digestion. □ *guastarsi la digestione, (fig.)* to worry oneself sick; to make oneself miserable.

digestivo *agg* digestive. □ *sm* digestive; *(liquore)* liqueur.

[1]**digitale** *agg* **1** finger *(attrib.): impronte digitali,* fingerprints. **2** *(med.)* digital. **3** *(numerico)* digital.

[2]**digitale** *sf (il fiore)* foxglove; *(bot., med.)* digitalis.

digiunare *vi* to fast; to go* without food; *(rifiutare il cibo)* to starve oneself; *(essere a dieta stretta)* to be* on a (strict.) diet.

[1]**digiuno** *agg* **1** fasting: *essere digiuno,* to have an empty stomach; to go without food. **2** *(fig.: privo)* lacking (in sth); devoid (of sth): *essere totalmente digiuno di qcsa,* to be utterly devoid of (utterly lacking in) sth; *(non conoscere affatto)* to know nothing at all about sth.

[2]**digiuno** *sm* **1** fast; *(fig.: mancanza)* want; lack: *a digiuno,* on an empty stomach — *prendere una medicina a digiuno,* to take a medicine before meal — *osservare (rompere) il digiuno,* to keep (to break) a (*o* one's) fast. **2** *(anat.)* jejunum.

dignità *sf* **1** dignity; self-respect: *con dignità,* with dignity; in a dignified manner — *senza dignità, (agg.)* undignified; *(avv.)* in an undignified manner. **2** *(carica)* high office; honour; *(posizione di prestigio)* rank; dignity. **3** *(dignitario)* dignitary.

dignitario *sm* dignitary; worthy *(generalm. scherz.)*.

dignitosamente *avv* decently; decorously; in a dignified manner.

dignitoso *agg* dignified; decorous; *(di aspetto)* decent.

digradante *agg* **1** sloping. **2** *(di colori, di luce)* shading off.

digradare *vi* **1** to descend gradually; to slope down. **2** *(di colori, di luce)* to shade off.

digradazione *sf* **1** slope; sloping down. **2** *(di colori, di luce)* shading off.

digramma *sm* digraph.

digrassare *vt* to remove fat *o* grease (from sth); *(un taglio di carne)* to cut* off the fat (from a cut of meat); *(schiumare)* to skim; *(smacchiare)* to remove grease spots (from sth).

digressione *sf* **1** *(del cammino)* detour. **2** *(da un argomento)* digression: *fare una digressione,* to make a digression; to digress.

digressivo *agg* digressive; wandering from the point.

digrignamento *sm* grinding; gnashing.
digrignare *vi* to bare (one's teeth); *(far stridere i denti)* to grind* (to gnash) (one's teeth).
digrossare *vt* **1** to reduce; to thin (sth) (down); to whittle (sth) down (*o* away). **2** *(sbozzare)* to rough (sth) out; to rough-hew. **3** *(fig.: dare forma)* to knock (sth) into shape; *(togliere i fronzoli)* to rub the corners (off sth); *(erudire)* to teach* (sb) the rudiments (of sth).
diguazzamento *sm (nell'acqua)* splashing about; *(nel fango)* squelching.
diguazzare *vi (nell'acqua)* to splash about; *(nel fango)* to squelch.
dilagante *agg* rampant.
dilagare *vi* **1** to flood. **2** *(fig.)* to spread*; to be* rampant.
☐ **dilagarsi** *v. rifl* to form a lake; to flood.
dilaniare *vt* **1** to tear* (sth) to pieces (to shreds, to bits); to lacerate; *(maciullare)* to mangle. **2** *(fig.: rovinare)* to tear* (sth) to pieces; to rend*. **3** *(fig.: tormentare)* to rend*; to tear*: *essere dilaniato dal rimorso,* to be torn with remorse.
☐ **dilaniarsi** *v. reciproco* to tear* *(fig. anche* to pull*)* one another to pieces.
dilapidare *vt* to squander; to dissipate.
dilapidatore *sm* squanderer.
☐ *agg* squandering.
dilapidazione *sf* squandering.
dilatabile *agg* expansible; expanding; dilatable.
dilatabilità *sf* expansibility; dilatability.
dilatamento *sm* expansion; dilatation; dilating.
dilatare *vt* to dilate; to extend *(anche fig.)*; to expand; to widen; to broaden: *Le bibite gassate dilatano lo stomaco,* Fizzy drinks dilate the stomach — *dilatare le narici,* to flare one's nostrils.
☐ **dilatarsi** *v. rifl* **1** to dilate; to widen; to expand; *(allargarsi)* to widen out; *(gonfiarsi)* to swell*. **2** *(fig.: aumentare)* to grow*; to increase; *(fig.: diffondersi)* to spread*.
dilatatore *sm* **1** *(mecc.)* expansion bend (*o* joint). **2** *(med.)* dilator.
dilatatorio *agg (anat.)* dilator *(attrib.)*.
dilatazione *sf* **1** dilatation; dilation; dilating; expansion; *(med.)* dilation; dilatation: *giunto di dilatazione,* expansion joint. **2** *(fig.: aumento)* increase.
dilatorio *agg* dilatory.
dilavamento *sm* washing away (*o* out).
dilavare *vt* to wash (sth) away (*o* out).
dilazionare *vt* to delay; to defer; to postpone: *pagamento dilazionato,* deferred payment *(o* terms, *pl.)*.
dilazione *sf* delay; extension; respite; *(rinvio)* postponement: *chiedere una dilazione,* to ask for an extension.
dileggiare *vt* to mock; to deride; to scoff (at sb, sth).
dileggiatore *sm* mocker; scoffer.
☐ *agg* mocking; scoffing.
dileggio *sm* mockery; derision; scoffing: *fare qcsa per dileggio,* to do sth in derision.
dileguare *vt (far scomparire)* to disperse; to dispel; to dissipate; to dissolve.
☐ *vi (scomparire)* to disappear; to vanish; *(di ombre, ecc.)* to fade away; *(della neve, ecc.)* to melt away.
☐ **dileguarsi** *v. rifl* to disappear; to vanish; to fade (away); to melt away: *Le speranze si dileguarono,* Their hopes faded.
dilemma *sm* dilemma: *le corna di un dilemma,* the horns of a dilemma.
dilettante *sm e f.* amateur *(spec. sport)*; dilettante *(vocabolo italiano)*; *(teatro)* amateur player.
dilettantesco *agg* amateurish.
dilettantismo *sm* **1** dilettantism; *(più comune, generalm. spreg.)* amateurishness. **2** *(sport)* amateur status.
dilettantisticamente *avv* amateurishly.
dilettantistico *agg* dilettantish; amateur *(attrib.)*.
dilettare *vt* to delight; to please; to give* (sb) pleasure.
☐ **dilettarsi** *v. rifl* **1** *(provar piacere)* to delight (in sth); to enjoy (sth). **2** *(occuparsi con diletto di qcsa)* to go* in for sth; to love doing sth; to take* delight (*o* pleasure) in sth (in doing sth): *dilettarsi di pittura,* to take pleasure in painting.
dilettevole *agg* delightful; pleasurable.
dilettevolmente *avv* delightfully; pleasurably.
diletto *agg* dear; loved; beloved; dearly loved.
☐ *sm* **1** *(persona diletta)* darling; beloved; loved one: *mio diletto!, (fam.)* darling!; my darling!; honey! *(fam., USA)*. **2** *(piacere)* delight; pleasure: *con nostro grande diletto,* to our (great) delight — *trovar diletto nel far qcsa (trarre diletto da qcsa),* to find pleasure (to take delight) in (doing) sth — *a bel diletto, (apposta)* on purpose; wilfully; intentionally — *per diletto,* for pleasure.
diligente *agg* **1** diligent; industrious; hard-working; painstaking. **2** *(fatto con diligenza)* accurate; careful.
diligentemente *avv* diligently; industriously; carefully.
[1]**diligenza** *sf* diligence *(anche dir.)*; *(accuratezza)* attention; *(premura)* eagerness; solicitude: *fare qcsa con diligenza,* to do sth diligently.
[2]**diligenza** *sf (carrozza)* stage-coach; diligence *(ant.)*; *(postale)* mail-coach.
diluente *sm* diluent; *(per vernici)* thinner.
☐ *agg* diluent; diluting.
diluire *vt* to dilute; *(con acqua)* to water (sth) down *(anche fig.)*; to thin: *'Diluire un cucchiaio di fertilizzante in tre litri di acqua',* 'Dilute one spoonful of fertilizer in three litres of water'.
diluizione *sf* dilution; *(di vernice)* thinning.
dilungare *vt (protrarre)* to protract; to prolong; *(allungare)* to lengthen.
☐ **dilungarsi** *v. rifl* **1** *(crescere in lunghezza)* to lengthen. **2** *(soffermarsi a lungo)* to expatiate; to dwell* (on *o* upon sth). **3** *(trattenersi)* to linger; to tarry.
diluviale *agg* torrential.
diluviare *vi (piovere a dirotto)* to pour (down); to rain cats and dogs; to come* down in torrents; to be* raining stair-rods *(fam.)*; *(riversare, riversarsi)* to pour forth; to flood: *Diluvia!,* It's simply pouring down!
diluvio *sm* deluge; downpour; *(fig.)* deluge; flood; torrent; stream; *(grande numero)* a (great) lot (of sth); plenty (of sth): *il diluvio universale, (Bibbia)* the Deluge; the Flood — *un diluvio di lacrime,* a flood of tears — *un diluvio d'insulti,* a torrent of abuse — *un diluvio di parole,* a stream of words.
diluzione *sf* dilution.
dimagramento *sm* thinning; slimming.
dimagrare, dimagrire *vi* to become* thin; to slim; to lose* weight.
☐ *vt* to make* thin.
dimenamento *sm* **1** *(il dimenare)* wagging; waggling. **2** *(il dimenarsi)* tossing (about); tossing and turning.
dimenare *vt (la coda, ecc.)* to wag; to waggle; *(le gambe, le braccia, ecc.)* to toss; to sway; *(agitare)* to move; to shake*; *(far ondeggiare)* to swing*; to wave: *dimenare un problema, (discuterlo a fondo)* to thrash out a question.
☐ **dimenarsi** *v. rifl* **1** *(agitarsi)* to be* agitated; to move

about restlessly; *(nervosamente)* to fidget; to fuss; *(nel letto, ecc.)* to toss about; to toss and turn; *(camminando)* to sway; *(contorcersi, divincolarsi)* to wriggle (about); *(lottando)* to struggle. **2** *(darsi d'attorno, da fare)* to try hard.

dimensionale *agg* dimensional.

dimensione *sf* dimension; *(grandezza, misura)* size: *a tre dimensioni,* three-dimension *(attrib.);* tridimensional (*abbr.* 3D) — *dimensioni d'ingombro,* overall size — *dimensione limite,* clearance size.

dimenticanza *sf* **1** *(facilità a dimenticare)* forgetfulness. **2** *(omissione)* omission; *(svista)* oversight; *(inavvertenza)* inadvertence; *(negligenza)* carelessness: *per dimenticanza,* inadvertently; due to an oversight, through carelessness — *È stata una mia dimenticanza,* It was an oversight (an omission) on my part. **3** *(oblio)* oblivion: *cadere in dimenticanza,* to fall (to sink) into oblivion.

dimenticare *vt,* **dimenticarsi** *v. rifl* to forget*; *(perdonare)* to overlook; to forgive*; *(trascurare)* to neglect; to be* unmindful (of sth); *(lasciare per distrazione)* to leave* (sth) behind: *Ho dimenticato la valigia in macchina,* I've left my suitcase behind in the car — *dimenticare il passato,* to forget the past; to let bygones be bygones — *Si è dimenticato di telefonarmi,* He forgot to 'phone me — *Me ne sono completamente dimenticato,* I quite forgot (it) — *far dimenticare uno scandalo,* to live down a scandal; to let a scandal blow over.

dimenticatoio *sm (nelle espressioni) mettere qcsa nel dimenticatoio,* to forget all about sth — *cadere nel dimenticatoio,* to fall into oblivion.

dimentico *agg* **1** forgetful (of sth); unmindful (of sth): *dimentico di sé,* unmindful of self. **2** *(non curante)* oblivious (to sth); unaware (of sth).

dimessamente *avv (umilmente)* humbly; *(vestito in modo trasandato)* shabbily; *(modesto)* plainly.

dimesso *agg (umile)* humble; modest; *(che non dà nell'occhio)* unobtrusive; *(trasandato)* poor; shabby; mousy; *(abbassato)* lowered; *(della voce, ecc.)* low; soft: *in abito dimesso,* poorly (*o* shabbily) dressed — *con sguardo dimesso,* with lowered eyes — *con voce dimessa,* in a low (*o* soft) voice.

dimestichezza *sf* familiarity; intimacy: *con dimestichezza,* informally; *(correntemente)* fluently — *aver dimestichezza con qcno o qcsa,* to be at home with sb or sth; to feel at home with sb or sth; to be well acquainted with sb or sth; to be familiar with sb or sth; *(solo di persona)* to be on familiar terms with sb — *prendere dimestichezza con qcsa, (impratichirsi)* to become familiar with sth; to get the hang of sth *(fam.).*

dimettere *vt* **1** *(far uscire)* to discharge; to release: *dimettere qcno dall'ospedale,* to discharge sb from hospital. **2** *(destituire)* to dismiss; to remove from office; to discharge.

☐ **dimettersi** *v. rifl* to resign; to hand in one's resignation: *Il ministro si è dimesso,* The minister has resigned.

dimezzare *vt (tagliare a metà)* to halve; to cut* (sth) into halves (in two); *(ridurre alla metà)* to halve; to reduce to half; to cut* down by half; *(ridurre fortemente)* to cut* down substantially.

dimezzato *agg* halved.

diminuendo *sm* **1** *(matematica)* diminuend. **2** *(mus.)* diminuendo.

diminuibile *agg* diminishable.

diminuire *vt* **1** *(ridurre)* to diminish; to reduce; to lessen; *(abbassare)* to lower: *diminuire la produttività,* to reduce productivity — *diminuire il volume della radio,* to turn down the radio. **2** *(decurtare)* to cut*; to cut* (sth) down; to curtail; to make* a cut (in sth). **3** *(nei lavori a maglia)* to narrow; to cast* off.

☐ *vi (ridursi, calare)* to diminish; to decrease; to dwindle; to lessen; *(di volume)* to grow* less; *(di peso)* to lose* weight; *(di suono)* to soften; to fade out; *(del vento, ecc.)* to abate; to drop; to fall*; *(di velocità)* to slow down; *(di marea)* to ebb; *(di luna)* to wane; *(comm.: di prezzi, ecc.)* to fall*; to drop: *Il costo della vita non accenna a diminuire,* The cost of living shows no sign of falling.

diminutivo *agg e sm (gramm.)* diminutive; familiar form.

diminuzione *sf* diminution *(non comune);* decrease; lowering; lessening; *(di vento, ecc.)* drop; fall; *(comm.: di prezzi)* cut; fall; fall off; *(comm.: abbuono)* reduction; abatement: *essere in diminuzione,* to be on the decrease — *subire una forte diminuzione,* to fall sharply — *diminuzione di peso,* loss of weight — *diminuzione delle esportazioni,* drop (*o* falling-off) in exports — *diminuzione della temperatura,* drop in temperature; temperature drop.

dimissionare *vt* to dismiss.

dimissionario *agg* resigning; retiring; outgoing *(attrib.): essere dimissionario,* to have resigned.

dimissioni *sf pl* resignation *(sing.): dare (rassegnare) le dimissioni,* to tender (to hand in) one's resignation — *dare le dimissioni dal proprio posto di lavoro,* to resign one's post — *dare le dimissioni da presidente,* to resign as president (as chairman); to resign the presidency (the chairmanship).

dimora *sf* **1** *(abitazione)* residence; dwelling; home; abode: *senza fissa dimora,* of no fixed abode — *l'estrema dimora,* the last resting-place — *stabilire la propria dimora,* to take up one's abode; to make one's home; to settle — *stare a dimora (far dimora) presso qcno,* to stay (to live) at somebody's (house) — *mettere, porre a dimora, (bot.)* to plant out; to transplant; *(pianticelle annuali)* to bed out. **2** *(permanenza)* stay; residence; sojourn.

dimorare *vi* to reside; to live.

dimostrabile *agg* demonstrable.

dimostrabilità *sf* demonstrability.

dimostrante *sm e f.* demonstrator.

dimostrare *vt e i.* **1** *(una verità, ecc.)* to prove; to establish; *(scientificamente)* to demonstrate; *(confermare)* to confirm: *come volevasi dimostrare, (matematica o scherz.)* q.e.d. (*lat.* = quod erat demonstrandum). **2** *(spiegare)* to explain; to teach*; to show*. **3** *(mostrare, far apparire)* to show*; *(far mostra di)* to appear; *(avere l'aspetto)* to look; *(dar segni di)* to give* signs (of sth); *(mettere in evidenza)* to display; to make* manifest: *Non dimostri affatto vent'anni,* You don't look twenty at all. **4** *(prendere parte a una dimostrazione)* to demonstrate.

☐ **dimostrarsi** *v. rifl* to show* oneself; to prove (to be): *dimostrarsi utile,* to prove useful.

dimostrativamente *avv* demonstratively.

dimostrativo *agg* demonstrative: *azione dimostrativa, (mil.)* demonstration.

dimostratore *sm* demonstrator.

dimostrazione *sf* **1** demonstration; *(esibizione)* show; display; exhibition: *dimostrazione di forza,* show of force. **2** *(segno)* sign; *(segno tangibile)* mark; *(pegno)* token; *(prova)* proof; evidence: *a dimostrazione di...,* as evidence of...; as a sign (a mark, a token) of... **3** *(ma-*

nifestazione di protesta, ecc.) demonstration; demo *(abbr. fam.)*.

dinamica *sf* **1** *(fis.)* dynamics *(col v. al sing.)*. **2** *(per estensione)* moving forces *(pl.)*; dynamics *(pl.)*: *la dinamica dell'incidente,* the dynamics (*o* the mechanism) of the accident; *(meno formale)* the way the accident happened.

dinamicamente *avv* dynamically.

dinamico *agg* dynamic; *(fig.: attivo)* dynamic; energetic; active; always on the go *(fam., pred.)*; go-ahead *(attrib.)*: *una persona dinamica, (fam.)* a live wire.

dinamismo *sm* dynamism; *(di persona)* energy; drive; go *(fam.)*: *essere pieno di dinamismo,* to be very dynamic; to be full of energy (*o* drive).

dinamitardo *sm* dynamiter.

dinamite *sf* dynamite: *far saltare un ponte con la dinamite,* to dynamite a bridge; to blow up a bridge with dynamite.

dinamo *sf* dynamo; generator.

dinanzi **I** *avv* before; ahead; in front; forward: *Io camminavo dinanzi e gli altri venivano dietro,* I went on in front (I went ahead) and the others followed — *Levati dinanzi!,* Get out of my way!

II dinanzi a *prep* **1** *(davanti a)* in front of: *Era dinanzi a noi,* He was in front of us. **2** *(di fronte a)* opposite: *Casa mia è dinanzi all'Ufficio Postale,* My house is opposite the Post Office. **3** *(a cospetto di)* before; in the presence of: *dinanzi a Dio e agli uomini,* before God and man — *comparire dinanzi al giudice,* to appear before the judge — *Dinanzi alla morte siamo tutti eguali,* We are all alike in the presence of death. **4** *(raro: a confronto di)* in (*o* by) comparison with: *Dinanzi a lui sembravo un leone, ma me le suonò lo stesso,* In comparison with him I looked like a lion, but he beat me all the same.

III *sm (non comune)* front; fore-part.

IV *agg* preceding; previous; before *(solo pred.)*: *Il mese dinanzi era morto suo fratello,* In the preceding month (The month before) his brother had died.

dinasta *sm* dynast.

dinastia *sf* dynasty.

dinastico *agg* dynastic.

dindin, din din *voce onomatopeica* ding-ding; ting-a-ling-a-ling.

dindon, din don *voce onomatopeica* ding-dong.

diniego *sm* denial; refusal: *fare un cenno di diniego,* to shake one's head. □ *diniego di giustizia,* miscarriage of justice.

dinoccolato *agg* lanky; slouching; drooping; *(dalle giunture molto sciolte)* slack-limbed; loose-jointed; *(dislogato)* dislocated.

dinosauro *sm* dinosaur.

dintorno, d'intorno *avv* around; round about; all round: *guardarsi dintorno,* to look around.

□ *prep (dintorno a)* round; around; about.

□ *sm (al pl.: vicinanze)* neighbourhood; district; environs; *(suburbani)* suburbs; outskirts: *nei dintorni di Lodi,* around Lodi; in the Lodi district; in the environs of Lodi; around Lodi — *nei dintorni,* not very far away; nearby; in the neighbourhood.

dio *sm* **1** *(entità soprannaturale)* god: *il dio della guerra (dell'amore),* the god of war (of love) — *Canta come un dio,* He sings like an angel — *Crede di essere un dio,* He thinks he is a little tin god; He thinks he's God Almighty. **2** *(il dio unico delle religioni monoteistiche)* God; *(più raro, lett. o teologico)* the Deity; the Godhead; *(in molte espressioni fam.)* (The) Lord; goodness: *Prega Dio che tutto vada bene,* Pray (to) God that everything goes all right — *un uomo timorato di Dio,* a God-fearing man — *un servo di Dio,* a God-fearing man; a servant of God (of the Lord); *(ecclesiastico)* a clergyman — *Buon Dio!,* Good Lord!; Goodness gracious!; Good heavens!; Gosh! *(fam.)* — *Dio mio! (Mio Dio!),* My God!; Oh my God!; Goodness gracious (me)!; My goodness! — *Grazie a Dio!,* Thank goodness!; Thank heavens! — *Dio Onnipotente!,* God Almighty! — *Dio sa (che...),* God knows (that...) — *Dio ce la mandi buona (ci assista)!,* God help us! — *Dio sia lodato!,* Praise be (to God)! — *Dio lo voglia!,* God grant it! — *Dio non voglia!,* God forbid! — *Santo Dio!,* For God's sake!; For heaven's sake! — *Per l'amor di Dio!,* For God's (For heaven's) sake! — *in nome di Dio,* in the name of God; in God's name — *In nome di Dio, cos'hai combinato?,* What in God's name have you done? — *Per amor di Dio smettila!,* For God's sake, stop it! — *Se Dio vuole ha smesso di piovere,* Thank God, it has stopped raining — *Come Dio volle arrivai all'ospedale,* Somehow or other I got to hospital.

□ *Dio! (per esprimere sorpresa, rabbia, contrarietà, ecc.)* Bother!; Botheration!; Drat it!; Dash!; Dash it!; Damn! — *È costato l'ira di dio,* It cost a dickens of a lot of money; It cost the earth — *Successe l'ira di Dio,* Something frightful happened — *andarsene con Dio, (fig.)* to go away; to go about one's own business; *(morire in pace)* to die peacefully.

diocesi *sf* diocese; see.

diodo *sm* diode.

dionisiaco *agg* Dionysian; Dionysiac; *(talvolta)* Bacchic.

diorite *sf* diorite; greenstone.

diottria *sf* diopter.

diottrica *sf* refraction; dioptrics *(col v. al sing.)*.

dipanare *vt* **1** *(raccogliere in un gomitolo)* to wind* sth up (into a ball). **2** *(una matassa)* to unwind*; to reel (sth) off; *(districare, anche fig.)* to unravel; to disentangle; to untangle.

dipanatura *sf* winding (up).

dipartimento *sm* **1** *(provincia)* district; province; *(riferito alla Francia, anche)* department. **2** *(naut.)* naval district. **3** *(ministero)* department: *il Dipartimento di Stato, (USA)* the State Department.

dipartirsi *v. rifl* **1** to depart; to go* away; *(morire)* to pass away. **2** *(deviare)* to stray *(spec. fig.)*. **3** *(diramarsi)* to branch off.

dipartita *sf (morte)* death; departure.

dipendente *agg* **1** depending; dependent. **2** *(gramm.)* subordinate; dependent.

□ *sm* **1** *(impiegato)* employee; member of the staff: *dipendenti statali,* state employees; civil servants *(GB)*. **2** *(al pl.: tutto il personale)* staff *(sing. collettivo)*.

dipendenza *sf* **1** *(il dipendere)* dependence; *(subordinazione)* subordination; dependent position; *(correlazione)* connexion: *in dipendenza di ciò,* as a result (of this); *(a questo riguardo)* in connection with this — *essere alle dipendenze di qcno,* to be employed by sb; to be in the service of sb. **2** *(edificio minore annesso)* annexe.

dipendere *vi* **1** *(essere subordinato a, anche gramm.)* to depend (on sb, sth): *Dipende!,* It depends!; It all depends! — *Dipende interamente da te!,* It (That) depends entirely on you!; It's up to you! — *Dipenderà dalla pioggia se partiremo o no,* It will depend on the rain whether we leave or not — *Se dipendesse da me...,* If it were up to me... **2** *(derivare)* to proceed (from sth); to derive (from sth); to be* due (to sth); to come* (from sth); to be* because (of sth): *La tua* *ignoranza dipende dalla tua pigrizia,* Your ignorance proceeds from (is due to) your laziness. **3** *(essere sottoposto all'autorità; essere alle dipendenze, ecc.)* to be* under the authority (power, control, direction) (of sb); *(di capitali)* to be* controlled (by sb); to be* owned (by sb): *Tutto il personale dipendeva da lui,* The whole staff was under his direction; He was the head of the entire staff — *La società dipende da un gruppo finanziario americano,* The firm is controlled (is owned) by an American holding company — *non dipendere da nessuno,* to be one's own master. **4** *(vivere a carico di)* to depend up(on) (sb); to be* dependent on (sb): *Dipende ancora da suo padre,* He still depends upon his father.

dipingere *vt* **1** *(molti sensi)* to paint; *(ritrarre)* to portray; to depict: *La porta era dipinta di rosso,* The door was painted red — *dipingere ad acquerello,* to paint in water-colours — *dipingere a fresco,* to paint in fresco — *dipingere ad olio,* to paint in oils — *dipingere su tela,* to paint on canvas — *dipingere dal vero,* to paint from life (from nature) — *L'entusiasmo le era dipinto in volto,* Her enthusiasm was clear for all to see. **2** *(descrivere)* to describe; to portray: *Me lo dipinse come un violento,* She described him to me as a brute; The way she described him, he was a brute.

□ **dipingersi** *v. rifl* **1** *(truccarsi)* to use make-up: *Una ragazza per bene non si dipinge mai troppo,* A well-brought-up girl never uses too much make-up. **2** *(tingersi di)* to turn; to become*: *Il tramonto si stava dipingendo di rosso,* The sunset was turning red.

dipinto *agg* painted; depicted. □ *Non voglio vederlo neanche dipinto,* I can't stand the sight of him — *Non vorrei starci neanche dipinto!,* I would not stay there for worlds!

□ *sm* painting: *un dipinto a olio,* an oil painting.

diploma *sm* diploma; certificate: *diploma di maturità,* school leaving certificate; *(solo in GB)* General Certificate of Education *(abbr.* GCE*)*.

diplomare *vt* to give* (sb) a diploma.

□ **diplomarsi** *v. rifl* to get* *(più formale* to obtain*)* a diploma; to qualify; *(USA)* to graduate.

diplomatica *sf* diplomatics *(col v. al sing.)*.

diplomaticamente *avv* diplomatically; tactfully.

diplomatico *agg* **1** *(che si riferisce alla diplomazia)* diplomatic; diplomatical: *rompere le relazioni diplomatiche con un paese,* to break off diplomatic relations with a country. **2** *(fig.: abile, accorto)* diplomatic; tactful. **3** *(che si riferisce agli antichi documenti)* palaeographic; textual.

□ *sm* diplomat *(anche fig.)*; diplomatist: *diplomatico di carriera,* career diplomat.

diplomato *agg* trained; professional.

□ *sm* holder of a diploma; graduate *(USA)*.

diplomazia *sf* **1** diplomacy *(anche fig.)*: *agire con diplomazia,* to act with diplomacy. **2** *(il corpo)* diplomatic corps; *(la professione)* diplomatic service.

diporto *sm* recreation; pastime; hobby: *fare qcsa per diporto,* to do sth as a pastime (*o* for pleasure) — *imbarcazione da diporto,* pleasure craft.

dipresso *(nella locuzione avverbiale) a un dipresso,* approximately.

diradamento *sm* **1** thinning out. **2** *(di nebbia, gas)* rarefaction.

diradare *vt* **1** *(rendere meno fitto)* to thin out; *(nebbia, ecc.)* to dissipate; to clear (up). **2** *(rendere meno frequente: le visite)* to call less frequently.

□ *vi e rifl* **1** *(diradarsi)* to thin out; *(di nebbia, ecc.)* to clear (away); to disperse. **2** *(diventare meno frequente)* to become* less frequent; to grow* few and far between.

diradato *agg* **1** less frequent. **2** *(di nebbia, gas)* rarefied.

diramare *vt* **1** *(diffondere un ordine, ecc.)* to issue; to send* (sth) out; to circulate: *diramare per radio,* to broadcast. **2** *(bot.)* to lop; to prune.

□ *vi e* **diramarsi** *v. rifl (di albero)* to branch out; to ramify; *(di sentiero, ecc.)* to branch off; *(di notizie: diffondersi)* to spread.

diramazione *sf* **1** branch; ramification. **2** *(ferrovia)* branch-line. **3** *(diffusione)* sending out; circulation; *(per radio)* broadcasting. **4** *(bot.)* lopping; pruning.

[1]**dire** *vt e i.* **1** - **a)** *(quando significa 'dichiarare, enunciare, affermare, recitare', ecc., o introduce un discorso diretto)* **to say***: *Ho qualcosa da dire,* I've something to say — *Disse che era troppo tardi,* He said it was too late — *Hai detto qualcosa?,* Did you say something? — *L'insegnante disse agli allievi: 'Seduti!',* The teacher said to his pupils: 'Sit down!' — *Non so cosa dire,* I don't know what to say — *Si dice (Dicono) che...,* It is said that... (People say that...; There's a rumour that...) — *Si dice che litighino spesso,* They are said to quarrel very often — *Si direbbe che...,* One would say that... — *Si sarebbe detto che...,* One would have said that... — *Come si suol dire,* As they say — *Che diranno (Che dirà la gente)?,* What will people say? — *dire addio,* to say farewell — *dire le preghiere,* to say one's prayers — *dire la messa,* to say Mass — *dire di sì,* to say yes; to accept — *dire di no,* to say no; to refuse — *Di' un po'!,* I say! — *Inutile dire che...,* It's hardly worth saying that...; I need hardly say that...; Needless to say...; It's obvious that... — *... per così dire, ...* so to say; ... so to speak — *Oserei dire,* I dare say; I daresay — *sarebbe a dire (vale a dire),* that is to say; in other words — *Sarebbe a dire...?,* What do you mean by that?; What are you getting at? — *Direi quasi (Sto per dire),* I might almost say — *Lo puoi ben dire! (Puoi ben dirlo!),* You may well say so! — *Questo lo dici tu!,* That's what you say! — *'Faceva freddo, che dico? (diciamo meglio), si gelava!',* 'It was cold - what am I saying? (*o* or rather) it was freezing!' — *Come si dice 'macchina' in inglese?,* How do you say 'macchina' in English?; What's the English for 'macchina'? — *dire qcsa fra sé,* to say sth to oneself — *dire qcsa per ridere,* to say sth as a joke (*o* in fun). **b)** *(quando significa 'raccontare, informare, riferire', ecc. o è seguito dalla persona cui si parla)* **to tell***: *Il capitano disse agli uomini di correre,* The captain told his men to run — *Dillo a me!,* Tell me! — *Mi disse tutto,* He told me everything — *Dimmi il tuo parere,* Tell me your opinion — *Mi si dice (Mi dicono) che...,* I am told that...; I hear that... — *Te lo dico io,* I can tell you — *dire bugie,* to tell lies — *dire la verità,* to tell the truth.

2 *(come vi: parlare)* to speak*; to talk: *dir bene (male) di qcno,* to speak highly (ill) of sb — *Dico a te, sai?,* I'm talking to you!; I mean you! — *Non preoccuparti, lasciala dire!,* Don't worry, let her talk! — *Hai un bel dire, non ti ascolterò,* It's no use your talking (Talk as much as you like), I won't listen to you — *Si dice per dire,* It's only a manner of speaking.

3 *(significare)* to mean*; to signify; *(dimostrare)* to show*: *Dico sul serio (davvero),* I really mean that — *Questo ti dice quanto sia inesperta,* This shows you how inexperienced she is — *per 'voler dire'* ⇨ **volere**.

4 *(pensare)* to think* (of sth); to say* (to sth): *Che ne dici di questo quadro?,* What do you think of this painting? — *E dire che non volevo sposarla!,* And to think I didn't want to marry her! — *Che ne diresti se andassimo al cinema?,* What about going to the cinema? — *Che ne dici (diresti) di un gelato?,* What would you say to an ice-cream?; What about an ice-cream?

□ *È matto, a dire poco,* He is mad, to put it mildly — *Se lo dico io!,* Of course it's true!; My word is good enough, isn't it? — *Andrete a finir male, ve lo dico io!,* You'll come to a bad end, mark my words! — *Il cuore mi dice che la rivedrò,* I know in my heart I'll see her again — *Non c'è che dire,* There's no denying that — *Questo disegno è ben fatto, non c'è che dire,* This drawing is well done, no doubt about it — *aver da dire con qcno,* to have a bone to pick with sb — *Fra noi non c'è mai stato niente da dire,* We've never had a cross word — *dire qcsa fra i denti,* to mutter sth under one's breath — *dire stupidaggini,* to talk nonsense — *Chi mi (ti, ecc.) dice che...,* How can I (you, *ecc.*) tell that...?; How do I (you, *ecc.*) know that...?; Who's to say that...? — *E lo vieni a dire a me?,* Don't I know it? — *così dicendo...,* with these words... — *L'hai detto!,* Quite so!; Right you are! — *Non me lo feci dire due volte,* I didn't wait to be told twice — *Hai visto cosa vuol dire non avermi ascoltato?,* Did you see what comes of not listening to me? — *Vuol dire che la prossima volta mi comporterò diversamente,* Well, next time I'll act differently; *(se si è trattato di un errore vero e proprio)* Well, I shan't make the same mistake again — *Non dico di no,* I don't deny that — *Non ti dico quanto era bella,* You can't imagine how beautiful she was — *occhi che non dicono nulla,* soulless eyes — *Questo quadro non mi dice nulla,* This picture doesn't mean a thing to me; This picture leaves me cold — *dire sempre l'ultima,* to (always) have the last word — *dirle grosse,* to talk big; to draw the long bow — *È tutto dire!,* I need say no more! — *Non faccio per dire,* I don't want to boast — *vale a dire...,* that is to say... — *Ho detto quel che dovevo,* I had my say — *oltre ogni dire,* beyond all description — *Detto fatto,* No sooner said than done — *dire pane al pane e vino al vino,* to call a spade a spade — *Dal dire al fare c'è di mezzo il mare, (prov.)* It's easier said than done.

□ **dirsi** *v. rifl (considerarsi)* to think* oneself; to consider oneself; *(definirsi)* to style oneself; *(professarsi)* to profess to be; *(spacciarsi)* to claim to be: *Si diceva nostro amico,* He professed to be our friend. □ *dirsela con qcno,* to be on good terms with sb; to get on well with sb — *dirsela, (far parole)* to have a row with sb.

[2]**dire** *sm* talk; talking; *(discorso)* speech; talk; *(parole)* words. □ *a dire di tutti,* by general consent — ⇨ *anche la fraseologia di* **dire** *vt.*

direttamente *avv* **1** *(per via diretta)* straight: *Vado direttamente alla spiaggia,* I'm going straight to the beach. **2** *(senza intermediari)* directly.

direttissima *sf* **1** *(dir., nell'espressione) per direttissima,* summarily. **2** *(alpinismo)* shortest route; most direct route. **3** *(linea ferroviaria)* 'direttissima'; high-speed line.

direttissimo *sm (fino al 1975)* fast train; express (train).

direttiva *sf* directive; direction; instruction: *seguire le direttive,* to follow instructions. □ *le direttive politiche di un partito,* the party line.

direttivo *agg (che dirige)* governing; leading; managing; managerial; *(direzionale)* directional; steering: *consiglio (comitato) direttivo,* steering committee; executive committee; *(consiglio d'amministrazione)* board of directors; *(di istituzione culturale, ecc.)* board of governors — *organo direttivo,* governing body.

□ *sm (organo)* board of directors (of governors); governing body; *(di partito politico, ecc.)* leaders *(pl.).*

diretto *agg* **1** direct; straight; *(immediato)* direct; immediate. **2** *(indirizzato a)* directed to; addressed to; *(inteso a)* intended to; aimed at; designed to; *(di mezzo di trasporto: con destinazione)* going to; bound for; *(di persona)* on one's (my, his, *ecc.*) way to; going to; bound for: *diretto verso nord (verso sud),* northbound; southbound — *diretto in su,* upward — *diretto verso casa (verso un porto estero), (di passeggero, battello, ecc.)* homeward bound (outward bound). □ *un treno diretto,* a through train — *una trasmissione in diretta,* a live broadcast.

□ *avv (direttamente)* straight; direct: *andarsene diretto a casa,* to go straight home.

□ *sm* **1** *(pugno diretto)* straight punch; *(sinistro)* straight left; *(destro)* straight right. **2** *(treno diretto)* through train.

direttore *sm* **1** manager; *(talvolta)* director: *direttore generale,* general manager; chief executive *(USA)* — *direttore commerciale,* sales manager — *direttore del personale,* personnel manager — *direttore di produzione,* production manager — *direttore di fabbrica (di stabilimento),* works manager. **2** *(di orchestra)* conductor; *(di scena)* stage manager; *(di produzione)* producer. **3** *(di giornale, ecc.)* editor. **4** *(di scuola)* headmaster; head; principal; *(di 'college' universitario, ecc.)* principal; warden; *(di istituto universitario)* head. **5** *(di prigione)* governor; warden *(USA).* **6** *(delle poste)* postmaster. **7** *(spirituale)* confessor. **8** *(tecnico, sportivo)* team-manager; *(di gara)* director. **9** *(mil.: di lancio di paracadutisti)* despatcher; *(aeronautica: di pista)* runway controller; *(naut.: di macchina)* chief engineer; *(naut.: di arsenale)* dock-master.

direttoriale *agg* directorial.

direttorio *sm* **1** directorate; body of directors. **2** *(stor. francese)* Directoire *(fr.);* Directory: *alla direttorio,* Directoire *(fr., attrib.).*

direttrice *sf* **1** manager; *(talvolta)* director; *(di negozio, ristorante, boutique, ecc.)* manageress; directress *(raro).* **2** *(di una rivista, ecc.)* editor. **3** *(di scuola)* headmistress; *(di un 'college')* (lady) principal. **4** *(del personale infermieristico)* matron. **5** *(matematica)* directrix *(pl.* directrices*).* **6** *(direzione principale)* main line; guiding line; main route; general plan; *(insieme di norme)* guiding principle; guiding rule; guideline: *direttrice d'attacco, (mil.)* centre line.

□ *agg (che indica direzione)* directional; guiding; *(che fornisce direttiva)* guiding; main; principal.

direzionale *agg* directional: *centro direzionale,* office district.

direzione *sf* **1** *(senso del movimento)* direction; *(talvolta, p.es. di un fiume e fig. di idee, avvenimenti)* course *(anche fig.): andare nella stessa direzione (in una certa direzione),* to go in the same direction (in a certain direction) — *prendere la direzione giusta (sbagliata),* to take the right (wrong) direction — *seguire la direzione del vento,* to follow the direction of the wind — *in tutte le direzioni; in ogni direzione,* in all directions — *una carta che mostra la direzione di un fiume,* a map showing the course of a river — *la direzione della corrente (marina),* the drift of the current — *la direzione della marea,* the set of the tide — *la direzione di un filone, (di rocce)* the bearing (the strike) of a vein — *angolo di direzione, (topografia,* *balistica)* bearing — *dare una nuova direzione alle proprie idee,* to give a new course (a new direction) to one's ideas — *Gli avvenimenti presero una brutta direzione,* Events took a bad course (*o* turn) — *in direzione di,* towards; in the direction of — *Si allontanò in direzione di casa,* He went off towards home — *in direzione nord (sud, est, ovest),* northwards (southwards, eastwards, westwards) — *mutare direzione, (anche fig.)* to change one's direction; to veer — *La nave cambiò improvvisamente direzione,* The ship veered suddenly.

2 *(il dirigere)* direction; control; management; running; *(di partito)* leadership; guidance; *(di giornale)* editorship; *(di scuola)* headmastership: *prendere (assumere) la direzione di un'azienda,* to take on the direction (the management) of a business — *avere la direzione delle indagini,* to be in charge of inquiries — *fare un lavoro sotto la direzione di qcno,* to do a job under sb's guidance — *direzione commerciale,* sales management — *direzione del personale,* personnel management — *direzione dei lavori, (edilizia)* supervision of construction — *avere la direzione di tutto,* to be in sole charge — *partecipare alla direzione,* to share in the management — *ritirarsi dalla direzione,* to retire from the management.

3 *(per estensione: ufficio del direttore)* manager's office; *(più in generale: Amministrazione)* administrative offices; administrative department; front office *(USA)*: *andare in direzione, (dal direttore)* to go to the manager's office; *(in Amministrazione)* to go to the administrative offices — *chiamare qcno in direzione,* to summon sb to the manager's office — *La direzione è al terzo piano,* The manager's office is (The administrative offices are) on the third floor — *seguire gli ordini della direzione,* to comply with the orders of the management.

dirigente *agg* leading; ruling: *la classe dirigente,* the ruling class.

□ *sm* **1** manager; executive: *dirigenti e impiegati,* managers and clerical workers — *dirigente d'azienda,* company executive. **2** *(politica)* leader.

dirigenza *sf* **1** *(direzione, insieme dei dirigenti)* management. **2** *(carica)* managerial status.

dirigenziale *agg (riferito ai dirigenti)* managerial; *(riferito alla direzione)* management.

dirigere *vt* **1** *(volgere)* to direct; to turn; *(contro un bersaglio, anche fig.)* to aim (at sth); to point (at, to sth); to level (at sth); *(indirizzare)* to address (sth to sb); *(un veicolo, anche natante)* to steer: *dirigere i propri passi verso casa,* to direct (to turn) one's steps towards home — *dirigere una persona all'ufficio postale,* to direct a person to the post office — *dirigere lo sguardo verso qcsa,* to turn one's eyes towards sth — *dirigere l'attenzione verso qcsa,* to turn (to direct) one's attention towards sth — *dirigere un'osservazione a qcno,* to direct a remark to sb; to aim a remark at sb — *dirigire un colpo contro qcno,* to aim a blow at sb — *dirigere un cannone verso il nemico,* to point a gun at the enemy — *dirigere un'accusa contro qcno,* to level an accusation at sb — *dirigere una lettera a qcno,* to address a letter to sb — *dirigere la parola a qcno,* to address sb; to speak to sb — *dirigere una petizione,* to direct (to address) a petition — *dirigere una nave in porto,* to steer a ship into harbour. **2** *(guidare, condurre)* to direct; to manage; to lead*; to control; to run*; to conduct *(spec. un'orchestra)*; to edit *(un giornale, una rivista)*; *(sovrintendere)* to superintend; to supervise; to oversee*; *(essere a capo di)* to be* at the head (of sth): *dirigere le operazioni,* to direct (to lead, to control) operations — *dirigere un'azienda,* to manage (*o* to run) a business — *dirigere il traffico,* to direct (*o* to control) the traffic — *dirigere un locale notturno,* to run a night club — *dirigere una scuola,* to be the headmaster of a school; to run a school.

□ **dirigersi** *v. rifl* **1** to direct one's steps; to make* for; *(di veicolo, anche natante)* to steer: *dirigersi verso casa,* to direct one's steps towards home; to make for home — *La nave si diresse a nord,* The ship steered north. **2** *(rivolgersi)* to turn to: *dirigersi a qcno per un consiglio,* to turn to sb for advice.

dirigibile *agg* dirigible. □ *sm* dirigible; airship.

dirigismo *sm* government control; dirigisme *(fr.)*: *dirigismo economico,* economic planning.

dirigista *sm* believer in planning.

dirimere *vt* to settle; to resolve; to put* an end (to sth).

dirimpettaio *sm* person living opposite (*o* across the road); *(più in generale, spesso scherz.)* person opposite.

dirimpetto *avv* opposite; face to face.

□ *dirimpetto a, (prep.)* opposite (to); in front of: *La sua casa è dirimpetto al municipio,* His home is opposite the Town Hall.

[1]**diritto, dritto I** *agg* **1** straight; *(verticale)* erect; upright: *una linea diritta,* a straight line — *capelli diritti,* straight hair — *un palo diritto,* an upright post — *stare diritto,* to stand erect — *Per tenersi diritto si appoggiava ad un bastone,* To hold himself erect he leant on a stick — *Alla sua età è ancora diritto come un giovanotto,* In spite of his age he is still as straight as a young man — *diritto come un fuso,* as straight as a poker; as straight as a ramrod — *star seduto diritto come un palo,* to sit bolt upright — *muro diritto,* plumb wall. **2** *(destro)* right: *lato diritto,* right side — *mano diritta (braccio, piede diritto),* right hand (arm, foot). **3** *(fig.: retto, onesto, ecc.)* straight; right; upright; honest; straightforward: *una coscienza diritta,* an honest conscience — *la diritta via,* the right path.

II *avv* straight; direct; directly: *andare diritto a casa,* to go straight home — *venire diritto al punto,* to come straight to the point — *guardare diritto davanti a sé,* to look straight ahead — *andare diritto allo scopo,* to make straight for one's objective — *andare sempre diritto,* to go (to keep) straight on — *Vada sempre diritto per duecento metri, poi giri a sinistra,* Keep (Go) straight on for two hundred metres, then turn left. □ *andare (venire) diritto diritto addosso a qcno,* to go (to come) right against sb — *rigare diritto,* to behave properly; to keep to the straight and narrow path; to toe the line; *(di un ex criminale)* to be going straight — *far filare (rigare) diritto qcno,* to make sb toe the line — *tirare diritto per la propria strada,* to go one's way.

III *sm (la parte diritta)* the right side.

[2]**diritto** *sm* **1** *(facoltà derivante da legge o sancita da costume)* right; title; claim; power: *Che diritto avete di esigere questo?,* What right have you to demand this?; By what right do you demand this? — *Ho il diritto di saperlo,* I have a right to know — *essere nel proprio diritto,* to be within one's rights — *avere diritto a qcsa,* to be entitled to sth — *la persona avente diritto,* the person entitled — *esercitare un diritto,* to assert (to enforce) a right — *diritti politici,* political rights — *diritti civili,* civil rights — *i diritti dell'uomo,* human rights; the rights of man — *diritto d'autore, (proprietà letteraria e artistica)* copyright

(cfr. anche il **3**, *sotto) — i diritti di riproduzione cinematografica,* film rights — *il diritto allo studio,* the right to education — *il diritto di sciopero,* the right to strike — *il diritto di voto,* the right to vote — *il diritto di appello,* the right to appeal (of appeal) — *diritto di passaggio, (precedenza)* right of way — *il diritto del più forte,* 'might is right'; the rule of the strong arm — *diritto di opzione,* (right of) option — *diritto di brevetto,* patent; patent right — *il diritto divino,* divine right (of kings) — *diritto personale,* personal right — *diritto di perquisizione,* right of search — *tutti i diritti riservati,* all rights reserved — *diritto di vita e di morte,* power of life and death — *diritti e doveri,* rights and duties — *la parte avente diritto,* the successful party — *far valere i propri diritti,* to vindicate one's rights — *vantare un diritto su qcsa,* to have a claim on sth — *a buon diritto,* rightfully; by rights; rightly — *di diritto,* by right — *a maggior diritto,* with all the more reason; a fortiori *(lat.)*.

2 *(giurisprudenza)* law; jurisprudence: *una cattedra di diritto,* a chair of law (of jurisprudence) — *diritto amministrativo,* administrative law — *diritto canonico (civile),* canon (civil) law — *diritto commerciale,* commercial (*o* mercantile) law — *diritto di famiglia,* family law — *diritto delle genti,* the law of nations — *diritto marittimo,* maritime (*o* shipping) law — *diritto naturale,* natural law; law of nature — *diritto penale,* criminal law — *diritto privato (pubblico),* private (public) law.

3 *(tassa)* charge *(spesso al pl.)*; duty; fee; dues *(pl.)*; toll: *diritti d'autore,* royalties — *diritti di bacino,* dockage; dock charges — *diritti di banchina,* wharfage — *diritto di bollo,* stamp duty — *diritti consolari,* consular fees — *diritti doganali,* customs duties — *diritti d'ormeggio,* moorage (*o* anchorage) dues — *diritti portuali,* harbour dues.

dirittura *sf* **1** *(linea retta)* straight line; straight stretch: *dirittura d'arrivo, (atletica, ecc.)* straight; finishing straight. **2** *(rettitudine)* rectitude; uprightness.

diroccamento *sm* demolition; dismantlement.

diroccare *vt* to demolish; to dismantle.

diroccato *agg* tumbledown; crumbling; dilapidated; in ruins *(pred.)*; ruined: *una casa diroccata,* a tumbledown house.

dirompente *agg* disruptive; *(esplosivo)* explosive: *una bomba dirompente,* a fragmentation (*o* anti-personnel) bomb.

dirompere *vt (rompere)* to break*; *(lino, ecc.)* to scutch.

dirompimento *sm* breaking; *(di lino, ecc.)* scutching.

dirottamente *avv (nelle espressioni) piangere dirottamente,* to cry one's heart out — *piovere dirottamente,* to come down in torrents; to rain cats and dogs *(fam.)*.

dirottamento *sm* **1** deviation; changing of course: *La frana provocò il dirottamento del traffico,* The landslide caused traffic to be diverted. **2** *(abusivo, spec. riferito ad un aereo)* hijacking.

dirottare *vt* **1** to alter the course of; to direct: *Il traffico fu dirottato su una strada secondaria,* Traffic was diverted onto a B road. **2** *(abusivamente, spec. riferito ad un aereo)* to hijack. **3** *(mil.)* to re-route. **4** *(il corso di un fiume)* to divert.

□ *vi* to alter (to change) course.

dirottatore *sm* hijacker.

dirotto *agg (nelle espressioni) pioggia dirotta,* pouring rain — *un pianto dirotto,* an uncontrollable fit of weeping.

dirozzamento *sm* **1** rough-hewing. **2** *(fig.)* refinement; polishing up; *(educazione)* education.

dirozzare *vt* **1** *(sbozzare)* to rough-hew*. **2** *(fig.)* to refine; to polish (up); *(educare)* to educate.

□ **dirozzarsi** *v. rifl (fig.)* to become* more sophisticated (refined, civilized).

dirupamento *sm (luogo dirupato)* steep slope.

dirupato *agg* precipitous; steep.

dirupo *sm* **1** steep place; precipice. **2** *(scoglio)* cliff.

disabbellire *vt* to spoil the beauty (of sth).

□ **disabbellirsi** *v. rifl* to lose* one's beauty (one's charm).

disabitato *agg* uninhabited; *(di luogo: abbandonato)* deserted; *(di casa)* empty.

disabituare *vt* to get* (sb) out of (a habit); to make* (sb) stop (doing sth); to get* (sb) off sth.

□ **disabituarsi** *v. rifl* to lose* the habit (of doing sth); to get* out of the way (of doing sth); *(rinunciare a un'abitudine)* to give* up (doing sth); *(liberarsi di un'abitudine)* to get* free (of sth); to succeed in giving up (sth): *Si è finalmente disabituato al fumo,* He's finally got rid of the smoking habit.

disaccoppiamento *sm* decoupling; uncoupling.

disaccordarsi *v. rifl (mus.)* to get* out of tune.

disaccordo *sm* **1** disagreement: *essere in disaccordo con qcno su qcsa,* to be in disagreement with sb over sth. **2** *(mus. e fig.: mancanza di armonia)* disharmony.

disadatto *agg* unsuitable; ill-suited: *una giacca disadatta per l'occasione,* an unsuitable coat — *È disadatto per quella posizione,* He is ill-suited to that post (*o* unsuitable for that post).

disadorno *agg* unadorned; simple; *(fig., anche)* plain; base; unvarnished.

disaffezionare *vt* to alienate sb's affections; to estrange.

□ **disaffezionarsi** *v. rifl* to lose* one's affection (for sb); to cease to be fond (of sb).

disaffezionato *agg* estranged.

disaffezione *sf* waning of affection; estrangement; disaffection *(raro)*; lack of interest (of inclination).

disagevole *agg* uncomfortable; *(difficile)* difficult; hard.

disagevolmente *avv* uncomfortably; with difficulty.

disaggio *sm (sconto)* discount.

disaggregare *vt* to disaggregate.

disagiatamente *avv* **1** *(scomodamente)* uncomfortably. **2** *(poveramente)* poorly.

disagiato *agg* **1** uncomfortable; inconvenient. **2** *(povero)* poor; needy: *vivere in condizioni disagiate,* to live in poverty.

disagio *sm (incomodo)* discomfort; uncomfortableness; *(disturbo, difficoltà)* inconvenience; trouble; *(imbarazzo)* embarrassment; awkward situation; *(inquietudine)* apprehension; uneasiness; *(al pl.: privazioni, povertà)* hardship(s); privation; poverty; want *(tutti al sing.)*: *trovarsi, essere, sentirsi a disagio,* to feel uncomfortable; to be ill at ease; *(sentirsi imbarazzato)* to feel embarrassed; *(sentirsi fuori posto)* to feel like a round peg in a square hole — *vivere tra i disagi,* to live uncomfortably (*o* in poverty).

disalberare *vt* to dismast.

disamina *sf* analysis *(pl.* analyses*)*; examination: *sottoporre qcsa a disamina,* to analyze (to examine) sth; to submit sth to analysis (to examination).

disaminare *vt* to analyse; to examine carefully.

disamorare *vt* to estrange; to alienate (sb) from (sth); to put* (sb) off (sth).
□ **disamorarsi** *v. rifl* to cease to love; to fall* out of love (with sb); *(estraniarsi da)* to become* estranged (from sb); *(perdere il gusto per, ecc.)* to cease to care (for sth); to lose* (one's) interest (in sth).

disamoratamente *avv* without caring; without enthusiasm; listlessly.

disamorato *agg* loveless; cold-blooded; *(apatico)* listless.

disamore *sm* dislike (of); indifference (to).

disancorare *vt* to disanchor.
□ **disancorarsi** *v. rifl* **1** *(naut.)* to weigh anchor. **2** *(fig.)* to break* loose: *disancorarsi dai genitori,* to break loose from one's parents.

disancorato *agg* unanchored.

disanimare *vt* to discourage; to dishearten.
□ **disanimarsi** *v. rifl* to lose* heart.

disappetenza *sf* lack of appetite; poor appetite: *aver disappetenza,* to suffer from loss of appetite; *(più fam.)* to be off one's food.

disapprendere *vt* to forget*.

disapprovare *vt* to disapprove (of sth, sb); to censure: *Disapprovo il tuo comportamento,* I disapprove of your behaviour.

disapprovazione *sf* disapproval: *esprimere la propria disapprovazione,* to express one's disapproval — *uno sguardo di disapprovazione,* a disapproving look.

disappunto *sm (irritazione)* annoyance; vexation; *(delusione)* disappointment: *Non riuscì a nascondere il proprio disappunto,* He couldn't hide his disappointment.

disarcionare *vt* to unseat; to unsaddle.

disarmamento *sm* disarmament.

disarmante *agg* disarming.

disarmare *vt e i.* to disarm *(anche fig.)*; *(mil.)* to dismantle; *(un veliero, ecc.)* to unrig; *(una nave, temporaneamente)* to lay* up; to put* into reserve; to pay* off; *(definitivamente)* to put* out of commission; *(i remi)* to ship (one's) oars; *(le impalcature)* to take* down. □ *È un tipo che non disarma facilmente, (fig.)* He's the type that doesn't give up easily.

disarmato *agg (che è stato disarmato)* disarmed *(anche fig.)*; *(non armato)* unarmed; *(di fortezza)* dismantled; *(di nave)* laid up; in reserve; out of commission.

disarmo *sm* disarmament; *(di una fortezza)* dismantling; *(di veliero, ecc.)* unrigging; *(di nave)* laying up; putting into reserve; paying off: *un accordo sul disarmo,* a disarmament agreement.

disarmonia *sf* **1** disharmony. **2** *(disaccordo)* discordance.

disarmonicamente *avv* disharmoniously; discordantly.

disarmonico *agg* **1** disharmonious; discordant. **2** *(di sala, ecc.)* with poor acoustics.

disarmonizzare *vt* to disharmonize.
□ *vi* to disagree.

disarticolare *vt* **1** to put* (sth) out of joint; to dislocate. **2** *(med.)* to amputate (sth) at the joint; to disarticulate.
□ **disarticolarsi** *v. rifl* to come* out of joint.

disarticolato *agg* inarticulate: *esprimersi in modo disarticolato,* to express oneself in an inarticulate manner.

disarticolazione *sf* disarticulation.

disassociarsi *v. rifl* to cease to be a member (of sth); *(disdire un abbonamento)* to stop subscribing (to sth).

disastrato *agg* devasted; stricken; mined.
□ *sm* victim: *i disastrati dell'alluvione,* the flood victims.

disastro *sm* **1** disaster; calamity; *(incidente, ecc.)* accident; wreck; crash: *un disastro ferroviario,* a railway accident — *un disastro aereo,* an air-crash. **2** *(fam., scherz.: persona incapace)* failure; flop *(fam.)*; *(bambino vivace)* little devil: *quel disastro di suo figlio,* that little devil of a son of his. **3** *(fam., scherz.: di avvenimento, ecc.)* fiasco; flop; wash-out.

disastrosamente *avv* disastrously.

disastroso *agg* disastrous; calamitous.

disattentamente *avv* carelessly; inattentively.

disattento *agg* inattentive; absent-minded; careless.

disattenzione *sf* inattention; carelessness; *(svista)* oversight: *un errore di disattenzione, (scrivendo)* a slip of the pen; *(parlando)* a slip of the tongue.

disattivare *vt (mil.)* to defuse; *(meno comune)* to disarm.

disattrezzare *vt* to strip; to unrig.

disavanzo *sm* deficit: *disavanzo di bilancio,* budget deficit — *disavanzo della bilancia commerciale,* deficit in the balance of trade; negative trade balance; trade gap — *essere in disavanzo,* to be in the red *(fam.)*.

disavvedutamente *avv* heedlessly; thoughtlessly.

disavveduto *agg* heedless; thoughtless.

disavventura *sf* misfortune; misadventure; mishap: *per disavventura,* by misfortune; through a mishap.

disavvezzare *vt* to disaccustom; to make* (sb) lose a habit; to get* (sb) out of a habit.
□ **disavvezzarsi** *v. rifl* to give* up.

disavvezzo *agg* disaccustomed.

disboscamento *sm* deforestation.

disboscare *vt* to clear; to deforest.

disbrigare *vt* to settle; to finish (sth) off: *disbrigare una pratica,* to deal with a file.
□ **disbrigarsi** *v. rifl* to extricate oneself.

disbrigo *sm* dispatch; prompt settlement.

disbrogliare *vt* to disentangle.

discapito *sm* detriment; damage: *a discapito di qcno,* to sb's detriment — *a discapito di qcsa,* to the detriment of sth.

discarica *sf* dump.

discaricare *vt (fig.)* to clear; to relieve.

discarico *sm* **1** discharge; unloading. **2** *(fig.: discolpa)* excuse; defence; justification: *a mio discarico,* to clear myself; in my defence — *a discarico di coscienza,* to ease one's conscience — *A discarico di ogni nostra responsabilità in futuro,* We disclaim all further liability — *testimoni (prove) a discarico, (dir.)* witnesses (evidence) for the defence.

discendente *agg* descending. □ *sm e f.* descendant.

discendenza *sf* **1** descent. **2** *(i discendenti)* descendants *(pl.)*; offspring *(collettivo, solo sing.)*; progeny *(collettivo, solo sing.)*: *Adamo e la sua discendenza,* Adam and his descendants.

discendere *vi e t.* **1** to descend; to go* (to come*) down: *discendere dai monti,* to descend (to come down) from the mountains — *discendere a valle,* to go (to come) down to the valley (to the plain) — *discendere in un pozzo,* to go down a well — *Orfeo discese all'inferno,* Orpheus descended into (went down into) the underworld — *discendere le scale,* to descend (to go down, to come down) the stairs. **2** *(da un veicolo)* to get* out; *(dal treno)* to get* off; to get* out (*o* of); *(da un cavallo, ecc.)* to dismount; *(da* *un'imbarcazione: sbarcare)* to land; to go* ashore. **3** *(digradare)* to descend; to go* down; to slope down: *La strada discendeva ripida dopo la curva,* The road descended steeply after the bend — *La collina discende dolcemente sino al fiume,* The hill slopes down as far as the river. **4** *(di astri)* to sink*; to set*: *La luna discese dietro la collina,* The moon sank (*o* set) behind the hill. **5** *(abbassarsi)* to fall*; to drop: *La temperatura è discesa improvvisamente,* The temperature fell suddenly — *discendere in basso,* to fall low. **6** *(trarre origine, derivare)* to descend; to be* descended from: *discendere da una famiglia illustre (povera, nobile, ecc.),* to descend from (to be descended from) an illustrious (poor, noble, *ecc.*) family. **7** *(seguire)* to follow: *Da queste premesse discende una sola conclusione,* Only one conclusion can be drawn from such premisses — *Da ciò che dite discende che...,* It follows from what you say that...

discente *sm e f.* pupil; learner; disciple; *(seguace)* follower; adherent.

discentramento *sm* = **decentramento.**

discentrarsi *v. rifl* **1** to get* out of the centre. **2** *(amministrazione)* to be* decentralized.

discepolo *sm* disciple; *(scolaro)* pupil; *(seguace di un maestro)* follower.

discernere *vt (anche fig.)* to discern; to perceive; to distinguish: *Non sa discernere il bello dal brutto,* He can't tell the difference between beauty and ugliness.

discernibile *agg* discernible; perceptible.

discernimento *sm* discernment; perception; insight: *essere privo di discernimento,* to be lacking in discernment; to be imperceptive.

discesa *sf* **1** *(il discendere)* descent; *(per estensione: invasione, incursione)* invasion; descent: *la discesa di un monte,* the descent of a mountain — *durante la discesa,* during the descent; on the way down — *la discesa dei barbari,* the barbarian invasion — *discesa libera, (nello sci)* downhill (race) — *discesa obbligata, (nello sci)* slalom — *discesa in picchiata, (di aereo)* dive; nose-dive. **2** *(declivio, pendenza)* declivity; (downward) slope; descent: *una discesa ripida,* a steep slope — *una lunga discesa,* a long slope — *in discesa, (avv.)* sloping down; *(agg.)* downhill — *una strada in discesa,* a downhill road. **3** *(abbassamento)* fall; drop: *una discesa dei prezzi,* a fall in prices; a price fall. **4** *(sport: azione rapida, nel calcio, rugby, ecc.)* attack: *una bella discesa contro la porta avversaria,* a fine attack against the opponents' goal. □ *corsa di discesa, (di stantuffo)* down stroke — *discesa di antenna, (elettr.)* lead-in; down-lead.

discesismo *sm (sci)* downhill racing.

discesista *sm e f. (sci)* downhill skier.

dischiodare *vt* ⇨ **schiodare.**

dischiudere *vt* **1** to open. **2** *(manifestare)* to disclose; to reveal.

dischiuso *agg* open; *(appena)* ajar.

discintamente *avv* shabbily; untidily.

discinto *agg* untied; ungirt; *(poco vestito)* half-undressed; scantily clad; *(trasandato)* untidy; shabby.

disciogliere *vt* **1** *(slegare)* to unbind*; to untie; to loosen; to unfasten; *(liberare)* to free; to let* (sth) free. **2** *(fondere)* to melt*; to dilute; to dissolve; *(la neve)* to thaw. **3** *(sciogliere)* to dissolve: *Disciogliere la compressa in mezzo bicchiere d'acqua,* Dissolve the tablet in half a glassful of water. **4** *(fig.: districare)* to untangle; to unravel.

□ **disciogliersi** *v. rifl* **1** *(slegarsi)* to loosen; to get* (to work) loose; *(liberarsi)* to free oneself. **2** *(fondersi)* to dissolve; to melt*; *(di neve)* to thaw. **3** *(fig.: districarsi)* to get* out of; to work one's way out of; to extricate oneself from.

disciolto *agg (nell'espressione) il disciolto partito fascista,* the disbanded Fascist Party.

disciplina *sf* **1** discipline; *(insieme di regole)* regulations *(pl.)*; rules *(pl.)*: *disciplina ferrea,* iron discipline — *disciplina di partito,* party discipline — *mantenere (tenere) la disciplina,* to maintain discipline; to keep order — *imporre la disciplina,* to enforce discipline — *consiglio di disciplina,* disciplinary council — *la disciplina delle importazioni (delle esportazioni),* import (export) regulations. **2** *(insegnamento)* teaching; training: *affidare un ragazzo alla disciplina di qcno,* to commit a boy to sb's teaching (training). **3** *(materia di studio)* discipline; branch of knowledge; subject: *un uomo dotto in molte discipline,* a man learned in many branches of knowledge (in many subjects). **4** *(religione)* order; discipline: *la disciplina dei Templari,* the order of Templars. **5** *(tipo di frusta)* scourge; *(per estensione: punizione)* chastisement; correction; punishment; discipline. □ *sala di disciplina, (mil.)* guard-room.

[1]**disciplinare** *agg* disciplinary: *provvedimenti disciplinari,* disciplinary measures.

[2]**disciplinare** *vt* **1** to discipline. **2** *(regolare)* to regulate; to control.

□ **disciplinarsi** *v. rifl* to become* disciplined.

disciplinatamente *avv* in an orderly manner; obediently.

disciplinato *agg* **1** disciplined; orderly. **2** *(mil.: in manovre, ecc.)* well-drilled. **3** *(che si domina)* self-controlled.

disco *sm* **1** disk *(in GB spesso disc)*; *(mecc.)* disk; plate; wheel; guard; *(segnale ferroviario)* disk signal; *(del telefono)* dial: *disco volante,* flying saucer — *ernia del disco,* slipped disk — *freni a disco,* disk brakes. **2** *(mus.)* record; disc: *È su disco,* It's been recorded — *cambiare disco, (fig.)* to change the subject. **3** *(atletica)* discus *(pl.* discuses*)*: *il lancio del disco,* the discus. **4** *(per hockey su ghiaccio)* puck.

discobolo *sm (nell'antichità)* discobolus; *(moderno)* discus thrower.

discografia *sf* discography.

discografico *agg* gramophone *(attrib.)*; record *(attrib.)*: *casa discografica,* record company — *industria discografica,* the recording industry.

discoide *agg* disk-shaped.

□ *sm* **1** discoid. **2** *(med.)* tablet.

discolo *agg (insofferente della disciplina)* undisciplined; unruly; wild.

□ *sm (monello)* urchin; scamp; mischievous boy; little rogue; *(giovane corrotto)* dissipated (*o* dissolute) young man *(pl.* men*)*; *(scioperato)* layabout; idler; good-for-nothing.

discolpa *sf* justification; excuse; defence: *a mia discolpa,* in my defence; to clear myself; *(come scusa)* by way of excuse — *testimonianze a discolpa, (dir.)* evidence for the defence.

discolpare *vt (anche fig.)* to clear; to excuse; to justify; to defend.

□ **discolparsi** *v. rifl* to clear oneself; to justify oneself; to prove one's innocence; *(chiedere scusa)* to apologize.

discomporre *vt (smontare)* to take* (sth) to pieces.

disconoscente *agg* ungrateful.

disconoscenza *sf* ungratefulness.

disconoscere *vt* to refuse to recognize; to refuse to acknowledge; *(far finta di non conoscere)* to fail to appreciate; to ignore; to disregard; *(dir.)* to disclaim;

to disown; to repudiate: *disconoscere un figlio,* to disown a son.

discontinuità *sf* discontinuity; break in continuity; gap.

discontinuo *agg* discontinuous; intermittent.

discordante *agg* **1** discordant; clashing; jarring (⇨ **discordare**): *opinioni discordanti,* discordant opinions — *testimonianza discordante, (dir.)* conflicting evidence. **2** *(di suono)* discordant; dissonant. **3** *(geologia)* discordant; unconformable: *strati discordanti,* discordant (*o* unconformable) layers.

discordanza *sf* **1** discordance; dissonance; discord; *(disaccordo)* disagreement; variance (⇨ **discordare**). **2** *(mus.)* discord. **3** *(geologia)* discordance.

discordare *vt* **1** *(essere di opinione diversa)* to disagree (with sb, sth); to dissent (from sth); to differ (from, with sb, sth); to be* at variance (with sb, sth); to clash with (sth): *Le notizie provenienti da Roma discordano con quelle provenienti da Milano,* The reports from Rome disagree with those from Milan — *Mi dispiace di discordare con te su questo punto,* I'm sorry I must differ with you upon this point — *Le due versioni del fatto discordano,* The two versions of the event disagree — *Le sue opinioni e le mie discordano,* His opinions clash with mine. **2** *(di suoni)* to discord, to clash (with sth); to jar (with sth); *(di colori)* to clash with sth: *Il colore delle tende discordava con il colore del tappeto,* The colour of the curtains clashed with (that of) the carpet — *Cerca di evitare colori che discordano quando scegli camicie e cravatte,* Try to avoid colours that clash when choosing shirts and ties.

discorde *agg* discordant; contradictory; clashing; *(in disaccordo)* disagreeing; at variance: *esser discordi,* to differ; to disagree; to be at variance — *essere di parere discorde,* to be of different opinions.

discordemente *avv* discordantly.

discordia *sf* discord; dissension; *(disaccordo)* disagreement; discrepancy: *il pomo della discordia,* the apple of discord; the bone of contention — *essere in discordia,* to be at variance — *seminare la discordia,* to stir up trouble; to sow the seed of discord.

discorrere *vi* **1** to talk; *(chiacchierare)* to chat; to chatter; *(discutere di)* to talk (about sth); to discuss (sth); *(fare un discorso su)* to talk; to speak*; to give* a talk (on sth): *discorrere alla buona,* to chat informally — *Discorri bene, ma...,* It is all very well for you to talk, but... — *e via discorrendo,* and so on. **2** *(fam.: essere fidanzati)* to be* courting; to go* out together *(fam.)*.

□ **discorrersi** *v. rifl* **1** *(parlarsi)* to converse; *(intendersela)* to have* an understanding with. **2** *(fam.: essere fidanzati)* to be* courting.

discorrere *sm* talk: *un gran discorrere,* a lot of talk.

discorsivo *agg* **1** *(loquace)* talkative. **2** *(di stile)* conversational; colloquial.

discorso *sm* speech *(anche gramm.)*; *(conversazione)* talk; conversation; *(solenne)* address; discourse; oration; *(a quattr'occhi)* tête-à-tête *(fr.)*; *(intimo)* private conversation; *(ozioso)* idle talk; *(frivolo)* small talk; *(sciocco)* nonsense; *(osservazioni)* remarks; words: *il discorso della Corona, (GB)* the speech from the Throne — *discorso inaugurale,* inaugural address; *(talvolta, spec. GB, di un neo-deputato alla Camera dei Comuni)* maiden speech — *un discorso preparato (improvvisato),* a set (an impromptu) speech — *Che discorsi!,* (What) nonsense!; You're talking nonsense! — *Pochi discorsi, (fam.)* Cut the cackle! — *Il discorso cadde su...,* The talk turned to... — *senza tanti discorsi,* openly; frankly; bluntly — *attaccar discorso con qcno,* to strike up a conversation with sb; to engage sb in conversation — *cambiar discorso,* to change the subject — *entrare in discorso (introdurre l'argomento),* to introduce the subject; *(venire a parlare)* to come to speak (about sth) — *fare un discorso,* to make a speech; to give a talk — *perdere il filo del discorso,* to lose the thread — *discorso diretto,* direct speech — *Non capisco il suo discorso,* I don't understand what he's on about *(fam.)*.

discostare *vt* to move (sth) away.

□ **discostarsi** *v. rifl* to draw* (to move) away (from sth).

discosto *agg* **1** *(lontano)* removed; distant; remote; *(separato)* apart; *(appartato)* secluded. **2** *(fig.: alieno)* alien; averse; opposed (to sth).

□ *avv* far; at some distance; some way off: *stare discosto,* to stand apart.

discoteca *sf* **1** record library. **2** *(sala da ballo)* discotheque; disco *(abbr. fam.)*.

discredito *sm* disrepute; discredit; bad name *(in talune espressioni): cadere in discredito,* to fall into disrepute; to get a bad name — *mettere qcno o qcsa in discredito,* to give sb or sth a bad name — *tornare a discredito di qcno,* to bring discredit on sb — *trovarsi in discredito presso qcno,* to be discredited in sb's eyes.

discrepante *agg* contradictory.

discrepanza *sf* discrepancy; contradiction; disagreement; variance: *una discrepanza di opinioni,* a divergence of opinion.

discretamente *avv* **1** *(con tatto, con discrezione)* discreetly. **2** *(benino)* fairly well; reasonably; quite nicely; not too bad: *Parla discretamente l'inglese,* He speaks English quite well. **3** *(abbastanza)* quite; fairly; reasonably.

discretezza *sf* discretion.

discreto *agg* **1** *(prudente, dotato di tatto e riserbo)* discreet: *un uomo accorto e discreto,* a wise and discreet man — *un ospite discreto,* a discreet guest — *osservare (serbare, mantenere) un silenzio discreto,* to maintain a discreet silence — *Con lui si può parlare, è molto discreto,* We can speak to him, he is very discreet. **2** *(moderato)* moderate; *(abbastanza soddisfacente, piuttosto buono)* reasonable; fair; fairly good; quite good; decent: *avere un discreto appetito,* to have a moderate appetite — *essere discreto nelle proprie esigenze,* to be moderate in one's demands — *un prezzo discreto (un'offerta discreta),* a reasonable price (a reasonable offer) — *un discreto stipendio,* a fair (a fairly good) salary — *un discreto profitto,* a fair profit — *una discreta probabilità di successo,* a fair (a reasonable) chance of success — *È un discreto pittore,* He is a fairly good painter (quite a good painter; a reasonable painter) — *Ha una discreta conoscenza dell'inglese,* He has a fair knowledge of English; He knows English reasonably well — *La merce giunse in discrete condizioni,* The goods arrived in fair condition — *fare una discreta figura,* to cut a fair figure. **3** *(matematica, ecc.)* discrete.

discrezionale *agg* discretionary: *potere discrezionale,* discretionary power(s).

discrezione *sf* discretion; *(giudizio)* judgement; *(moderazione)* moderation; *(riservatezza)* discreetness: *una resa a discrezione,* unconditional surrender — *a discrezione, (a volontà)* as one likes; ad lib *(lat.)* — *aprire con discrezione,* to act in a discreet manner — *essere alla discrezione di qcno,* to be at sb's discretion

— *senza discrezione, (come agg.: scervellato)* brainless; *(smoderato)* immoderate; *(senza tatto)* indiscreet; *(come avv.)* immoderately; excessively.

discriminante *sf* discriminant.

discriminare *vt* to discriminate; to distinguish.

discriminatura *sf* parting.

discriminazione *sf* discrimination: *discriminazione razziale,* racial discrimination.

discussione *sf* **1** *(dibattito)* discussion; debate; *(dir.)* hearing; trial; *(controversia)* controversy: *essere in discussione,* to be under discussion (in debate) — *mettere qcsa in discussione, (criticare)* to censure; to blame sth; *(sottoporre a dibattito)* to put sth up for discussion — *essere fuori discussione,* to be beyond dispute; to be indisputable. **2** *(alterco)* dispute; argument.

discusso *agg* discussed; debated: *È una personalità molto discussa,* He's a much talked about personality.

discutere *vt e i.* **1** to discuss; to debate; to talk (sth) over; *(contestare)* to dispute; to question: *Discussero a lungo sulla decisione da prendere,* They had a lengthy discussion as to what decision to take — *discutere di politica,* to discuss (to talk) politics — *Su questo non si discute,* There is no question about it — *discutere sul prezzo, (comm.)* to bargain. **2** *(litigare)* to argue: *Smettila di discutere!,* Stop arguing!

discutibile *agg* **1** disputable; debatable; open to discussion: *una questione discutibile,* a moot question; a moot point. **2** *(dubbio)* questionable; doubtful.

discutibilmente *avv* **1** debatably; questionably. **2** doubtfully.

disdegnare *vt* to disdain; to despise; to scorn; to spurn: *Non disdegna le mance,* He is not above receiving tips.

disdegno *sm* disdain; scorn: *avere a disdegno qcno,* to scorn sb.

disdegnosamente *avv* disdainfully; scornfully.

disdegnoso *agg* disdainful; scornful.

disdetta *sf* **1** *(dir.)* notice: *dare la disdetta,* to give notice. **2** *(comm.)* cancellation. **3** *(sfortuna)* bad luck: *Che disdetta!,* What bad luck!

disdetto *agg* cancelled.

disdicevole *agg* unbecoming; unsuitable; unseemly.

[1]**disdire** *vt e i.* **1** *(smentire, negare)* to deny; *(ritrattare, ritirare)* to retract; to take* (sth) back; to withdraw*; *(sconfessare, disconoscere)* to deny; to disavow: *Disdisse le parole che gli erano state attribuite,* He denied the words attributed to him — *disdire un'accusa (una testimonianza),* to retract an accusation (one's evidence) — *disdire le proprie parole,* to take back (to retract) one's words — *Si disdice continuamente,* He's continually contradicting himself. **2** *(annullare, sciogliere)* to cancel; to revoke; *(un ordine)* to countermand; to revoke: *disdire un contratto (un impegno),* to cancel a contract (an engagement) — *disdire un ordine,* to revoke (to countermand) an order — *disdire la casa,* to surrender (to give up) a lease — *disdire un abbonamento,* to discontinue (to cancel) a subscription. □ *disdire la tregua,* to resume hostilities — *dire e disdire,* to go back on what one has said; *(cambiare programma)* to change one's plans.

[2]**disdire** *vi (essere disadatto, sconveniente, usato solo nella 3ª persona sing. e pl.)* not to become*; to be* unbecoming: *Quelle parole si disdicono a un uomo come lui,* Those words are unbecoming for a man like him (do not become a man like him).

disdoro *sm* **1** disrepute; discredit; dishonour: *a tuo grave disdoro,* to your shame (*o* discredit). **2** *(persona)* disgrace; black sheep.

diseducare *vt* to bring* (sb) up badly; to miseducate *(raro).*

disegnare *vt* **1** to draw*; *(a contorno)* to outline; *(su trasparente)* to trace; *(abbozzare)* to sketch: *disegnare qcsa in bianco e nero,* to draw sth in black and white; to make a black-and-white drawing of sth — *disegnare dal vero,* to draw from life — *disegnare in scala,* to draw to scale. **2** *(fig.: descrivere)* to describe; *(a grandi linee)* to outline. **3** *(progettare)* to design.

disegnatore *sm* draftsman *(pl.* -men*); (progettista)* designer.

disegno *sm* **1** drawing; *(preliminare, per un arazzo, un affresco, ecc.)* cartoon; *(progetto)* design; *(archit.)* plan; *(motivo decorativo)* pattern: *disegno a matita,* pencil drawing — *disegno a tempera,* wash drawing — *disegno a inchiostro,* pen and ink drawing — *disegno a mano libera,* free(-)hand drawing — *disegno in scala,* scale drawing — *professore di disegno, (un tempo)* drawing master; *(oggi, in una scuola, ecc.)* art teacher — *puntina da disegno,* drawing pin; thumbtack — *tavolo da disegno,* drawing board — *un bel disegno a fiori,* an attractive floral pattern. **2** *(fig.: traccia, abbozzo, schema)* sketch; plan: *il disegno iniziale di un romanzo,* the first sketch of a novel. **3** *(intenzione, progetto)* intention; plan; design: *Il suo disegno era di partire,* It was his intention to leave — *un disegno audace,* a daring plan — *fare disegni su qcno (su qcsa),* to have designs on sb (on sth). □ *disegno di legge,* bill *(spesso con la maiuscola)* — *presentare un disegno di legge in Parlamento,* to bring a Bill before Parliament.

diseredare *vt* to disinherit; to cut* (sb) out of one's will.

diseredato *agg* **1** disinherited. **2** *(fig.)* poor; unfortunate: *i diseredati,* the under-priviledged.

diseredazione *sf* disinheritance.

disertare *vt* **1** *(abbandonare)* to leave*; to desert. **2** *(non andare)* not to go* (to sth); not to turn up (to sth): *disertare la scuola,* to stay away from school — *disertare una riunione,* to walk out of a meeting. □ *vi (mil.)* to desert.

disertore *sm* deserter *(anche fig.).*

diserzione *sf* desertion.

disfacimento *sm (sfaldamento)* break-up; *(putrefazione, decadimento)* decay; *(fig.: sfacelo)* ruin; destruction; undoing; break-up: *essere in disfacimento,* to be in decay — *cadere in disfacimento,* to fall into decay.

disfare *vt* **1** to undo*; to untie; *(un lavoro a maglia, ecc.)* to unravel; *(togliere i punti)* to unstitch; *(violentemente, strappando)* to rip open: *disfare nodi,* to undo* (to untie) knots — *Ha disfatto l'opera del suo predecessore,* He has undone the good work of his predecessor — *Ciò che è fatto non può essere disfatto,* What is done cannot be undone — *Il bambino disfece il lavoro a maglia che la madre aveva lasciato sulla sedia,* The baby unravelled the knitting his mother had left on the chair — *Il sarto disfece le cuciture del soprabito,* The tailor ripped open the seams of the overcoat — *disfare il letto,* to strip the bed — *disfare le valigie,* to unpack (one's bags) — *disfare la casa,* to give up (to shut up, to sell off) one's house. **2** *(smantellare, demolire)* to take* (sth) down: *Questo muro deve essere disfatto: doveva essere un metro più basso,* This wall must be taken down: it should have been one metre lower — *Gli operai disfecero l'impal-*

catura intorno all'edificio, The workmen took down the scaffolding round the building.
3 *(sgominare, annientare)* to defeat; to rout; to break*: *L'esercito nemico fu ben presto disfatto,* The enemy was defeated (was broken) in a very short time.
□ **disfarsi** *v. rifl* **1** *(ridursi in pezzi)* to fall* to pieces; to fall* apart.
2 *(fondere, sciogliersi)* to melt: *La neve si disfa al primo tepore primaverile,* Snow melts at the first touch of spring.
3 *(fig.: consumarsi)* to be* consumed; to pine: *disfarsi dal dolore,* to be consumed with grief (to pine away from grief).
4 *(di laccio, cravatta)* to come* undone.
5 disfarsi di qcno, qcsa, to get* rid of sb, sth: *disfarsi di un visitatore inopportuno,* to get rid of an unwelcome visitor.
disfatta *sf* (total) defeat; overthrow; rout *(spec. mil.).*
disfattismo *sm* defeatism.
disfattista *sm e f.* defeatist.
□ *agg* defeatist: *discorso disfattista,* defeatist talk.
disfatto *agg* **1** *(scomposto)* undone; *(di un letto)* stripped; *(di una macchina)* disassembled. **2** *(sciolto)* melted. **3** *(fig.: stanco)* worn-out; all in.
disfavore *sm* disfavour: *a tuo (vostro) disfavore,* against you.
disfida *sf* challenge.
disfunzione *sf* trouble; disorder: *disfunzione cardiaca,* heart trouble.
disgelare *vt* to thaw (sth) out *(una cosa gelata);* to defrost *(un frigorifero, ecc.).*
□ *vi* to thaw.
disgelo *sm* thaw *(anche fig.).*
disgiungere *vt* to disconnect; to divide; to separate; to sever.
disgiuntamente *avv* separately.
disgiuntivo *agg* disjunctive.
disgiunzione *sf* disjunction; *(di fili telefonici, ecc.)* disconnection.
disgrazia *sf* **1** *(sventura)* misfortune; bad luck: *per disgrazia,* unluckily; unfortunately: *Disgrazia volle...,* As luck would have it... **2** *(incidente)* accident: *È morto in seguito ad una disgrazia,* He died as the result of an accident. **3** *(sfavore)* disgrace; disfavour: *cadere in disgrazia con qcno,* to fall into disgrace with sb; to fall out of sb's favour — *Le disgrazie non vengono mai sole, (prov.)* It never rains but it pours.
disgraziatamente *avv* unfortunately; unhappily; unluckily.
disgraziato *agg* **1** *(sfortunato)* unfortunate; unlucky; *(miserabile)* miserable; wretched. **2** *(deforme)* misshapen.
□ *sm* **1** unlucky person; wretch. **2** *(farabutto)* wretch; scoundrel; rascal; swine: *Disgraziato!,* You wretch!; *(più forte)* You swine!
disgregamento *sm* **1** breaking up; disintegration; break-up. **2** *(fis., chim.)* disgregation.
disgregare *vt* to break* (sth) up; to separate; to scatter; *(moralmente)* to disunite; to break* (sb, sth) up.
□ **disgregarsi** *v. rifl* to disintegrate; *(moralmente)* to disunite; to break* up.
disgregazione *sf* break-up; *(di materiale solido)* disintegration.
disguido *sm* mistake in despatch (in delivery); miscarriage; *(per estensione)* hitch; contretemps *(fr.): La lettera non ci è mai pervenuta: ci dev'essere stato un disguido,* The letter never reached us: it must have gone astray (it must have got lost in the post).
disgustare *vt* to disgust; to make* (sb) sick; to sicken: *Sono disgustato,* I'm disgusted.
□ **disgustarsi** *v. rifl* to become* disgusted; to become* sickened: *disgustarsi di qcsa,* to get tired (*o* sick) of sth — *disgustarsi con qcno,* to fall out with sb; to get fed up with sb; to go off sb *(fam.).*
disgusto *sm* disgust; repugnance; dislike: *provare (sentire) disgusto per qcsa,* to feel disgust at sth — *Si scostò con disgusto,* He turned away in disgust.
disgustosamente *avv* disgustingly; repugnantly; sickeningly.
disgustoso *agg* disgusting; repugnant; sickening: *un odore disgustoso,* a disgusting smell — *È disgustoso!,* It's disgusting — *un contegno disgustoso,* disgusting conduct.
disidratante *agg* dehydrating. □ *sm* dehydrator.
disidratare *vt* to dehydrate.
□ *pelle disidratata,* dry skin.
disidratazione *sf* dehydration.
disilludere *vt* to undeceive; to disenchant: *una persona disillusa,* a disenchanted (*o* disillusioned) person.
□ **disilludersi** *v. rifl* to be* disenchanted.
disillusione *sf* disillusion; disenchantment.
disimballaggio *sm* unpacking.
disimballare *vt* to unpack.
disimpacciare *vt* to free (sb) from embarrassment.
disimparare *vt* **1** *(dimenticare)* to forget* to unlearn*: *In tre anni ha disimparato il tedesco,* In three years he's forgotten his German. **2** *(perdere l'abitudine)* to learn* not to... *(con l'inf.);* to get* out of the habit of... *(col gerundio): Devi disimparare ad interrompere gli altri mentre parlano,* You must learn not to interrupt other people while they're speaking.
disimpegnare *vt* **1** *(liberare qcno da un impegno)* to disengage; to release; *(qcsa)* to free; to get* (sth) out; *(naut.)* to disentangle; to clear: *disimpegnare qcno da una promessa,* to disengage (to release) sb from a promise — *disimpegnare l'automobile dal fango,* to get the car out of the mud — *disimpegnare una gomena (l'ancora),* to clear a rope (the anchor). **2** *(togliere dal monte di pietà)* to redeem; to get* (sth) out of pawn: *disimpegnare un orologio (impegnato),* to redeem a pawned watch; to get a watch out of pawn. **3** *(rendere indipendente)* to make* independent: *disimpegnare le stanze con un corridoio,* to make the rooms independent by means of a passage; to provide the rooms with an access corridor. **4** *(assolvere, eseguire)* to fulfil; to carry out: *disimpegnare un incarico (una funzione),* to fulfil (to carry out) a task (an office) — *'Disimpegna solo servizio di prima classe',* 'First class only'.
□ **disimpegnarsi** *v. rifl* **1** to disengage oneself (from sth); to free oneself (of sth): *Mi sono disimpegnato da ogni obbligo nei suoi confronti,* I disengaged myself from every obligation to him. **2** *(cavarsela)* to manage: *disimpegnarsi bene in una situazione difficile,* to manage a difficult situation well. **3** *(mil.: sottrarsi all'azione nemica)* to get* away; to disengage: *La pattuglia si disimpegnò abilmente,* The patrol got away skilfully.
disimpegno *sm* **1** disengagement *(anche in politica);* release. **2** *(adempimento)* fulfilment: *fare qcsa per disimpegno,* to do sth out of a sense of duty. □ *stanza di disimpegno,* boxroom.

disincagliare *vt* **1** to refloat. **2** *(fig.: far avanzare)* to get* (sth) going (*o* moving) again.
□ **disincagliarsi** *v. rifl* to get* afloat again; to get* off; *(fig.)* to get* clear.
disincantare *vt* **1** *(letteralm.: sciogliere da un incantesimo)* to free from a spell. **2** *(fig.: disilludere)* to disenchant; *(talvolta)* to bring* (sb) back to earth — *una persona disincantata,* a disenchanted (*o* disillusioned) person.
disincanto *sm* disenchantment.
disincarnare *vt* to disembody.
disincrostante *sm* scale remover.
disincrostare *vt* to remove scale (from sth); to scale; to de-scale.
disincrostazione *sf* scaling.
disinfestante *agg* disinfesting.
□ *sm* disinfestant; insecticide.
disinfestare *vt* to disinfest.
disinfestazione *sf* disinfestation.
disinfettante *agg e sm* disinfectant.
disinfettare *vt* to disinfect.
disinfezione *sf* disinfection.
disingannare *vt* to undeceive; to disenchant.
□ **disingannarsi** *v. rifl* to become* disillusioned; to lose* one's illusions: *disingannarsi su qcno,* to lose one's illusions about sb.
disinganno *sm* **1** undeceiving; disenchantment. **2** *(delusione)* disappointment.
disingranare *vt* to throw* (sth) out of gear; to disengage.
disinnescare *vt* to defuse.
disinnestare *vt* to disconnect; to disengage: *disinnestare la frizione,* to let out the clutch; to declutch.
□ **disinnestarsi** *v. rifl* to disengage; to slip out of gear.
disinnesto *sm* disengagement; release; knock-off; *(a scatto)* trip: *doppio disinnesto,* double declutch.
disinserire *vt* to disconnect; to switch (sth) off; to cut* (sth) out (*o* off); *(mecc.)* to disconnect.
disinserito *agg* off; out.
disintegrare *vt,* **disintegrarsi** *v. rifl* to disintegrate; to break* up.
disintegrazione *sf* disintegration; breaking-up; *(atomica)* decay: *disintegrazione dell'atomo,* splitting of the atom.
disinteressare *vt* to cause (sb) to lose interest (in sth); to disinterest (sb in sth); *(comm.)* to buy* (a partner, a shareholder) out.
□ **disinteressarsi** *v. rifl* to show no interest (in sth); not to bother (about sth); to lose* interest (in sth); to wash one's hands (of sth): *Si è sempre disinteressato dei figli,* He's never shown any interest in his children.
disinteressatamente *avv* disinterestedly; without any thought of self; unselfishly; selflessly; without any ulterior motive.
disinteressato *agg* **1** disinterested. **2** *(altruistico)* unselfish; selfless. **3** *(imparziale)* fair; impartial; unbiased.
disinteresse *sm* **1** lack of interest; *(indifferenza)* indifference: *mostrare disinteresse per qcsa,* to show no interest in sth. **2** *(altruismo)* disinterestedness; unselfishness.
disintossicante *agg* purifying.
disintossicare *vt* to disintoxicate.
□ **disintossicarsi** *v. rifl* to get* (poison, *ecc.*) out of one's system; *(più in generale)* to clear one's system.
disintossicazione *sf* disintoxication.
disinvoltamente *avv* confidently; casually; nonchalantly; *(in modo sfrontato)* impudently.
disinvolto *agg* **1** confident; casual; unembarrassed; nonchalant; free and easy; natural. **2** *(sfrontato)* impertinent; cheeky; impudent.
disinvoltura *sf* **1** confidence; ease; coolness; offhand manner: *con disinvoltura,* nonchalantly. **2** *(sfrontatezza)* impertinence; impudence; *(leggerezza)* frivolity; levity.
disistima *sf* lack of respect (of esteem); *(più forte)* contempt: *cadere in disistima presso qcno,* to forfeit sb's respect.
disistimare *vt* to despise.
dislivello *sm* difference in height; *(fig.)* inequality: *dislivello in aumento, (di acque)* rise — *un dislivello di cento metri,* a hundred-metre rise *(o* fall, *secondo i casi).*
dislocamento *sm* **1** *(mil.)* posting; stationing. **2** *(naut.)* displacement.
dislocare *vt* **1** *(mil.)* to post; to station. **2** *(naut.)* to displace.
dislocazione *sf* **1** transfer; dislocation. **2** *(geologia)* dislocation.
dismisura *sf* excess: *a dismisura,* immoderately; excessively; to excess; out of all proportion.
disobbligare *vt* to free; to release (from an obligation).
□ **disobbligarsi** *v. rifl* to free oneself from an obligation; to disengage oneself.
disoccupare *vt* to leave* free.
disoccupato *agg* unemployed; out of work; jobless: *essere disoccupato,* to be out of work; to be on the dole *(fam.).*
□ *sm* unemployed person: *i disoccupati,* the unemployed; the jobless.
disoccupazione *sf* unemployment; lack of work: *sussidio di disoccupazione,* unemployment benefit; dole *(fam.)* — *livello di disoccupazione,* unemployment figure(s).
disonestà *sf* dishonesty; *(azione disonesta)* dishonest act.
disonestamente *avv* dishonestly; deceitfully.
disonesto *agg* dishonest; deceitful.
disonorante *agg* discreditable; dishonourable; shameful; humiliating.
disonorare *vt* **1** to dishonour; to disgrace. **2** *(sedurre)* to seduce.
disonore *sm* dishonour; shame; disgrace: *essere il disonore della famiglia,* to be the black sheep of the family.
disonorevole *agg* dishonourable; shameful; disgraceful.
disonorevolmente *avv* dishonourably; shamefully; disgracefully.
disopra I *avv (di sopra, al di sopra)* ⇨ **sopra.**
II *agg attrib* next; upper; top; above *(solo dopo il s.): Abito al piano disopra,* I live on the next floor up — *Mi dai per favore il libro disopra?,* Can you give me the book on the top, please? — *i denti di sopra,* the top teeth — *Apri il cassetto di sopra,* Open the top drawer — *L'appartamento disopra ha una vista più bella,* The flat upstairs (The upstairs flat) has got a nicer view.
III *sm (la parte superiore)* top; upper part: *il disopra di una cassa,* the top of a case — *Perché non l'afferri dal disopra?,* Why don't you get hold of it by the top?
disordinare *vt* **1** to disarrange; to upset*; to confuse; to untidy. **2** *(mil.)* to throw* into disorder.
□ *vi* to be* immoderate.
disordinatamente *avv* untidily; confusedly; in a

disorderly way; *(capricciosamente)* in a wayward fashion; *(alla rinfusa)* pell-mell.

disordinato *agg* **1** untidy; disordered; *(confuso)* confused; *(trasandato)* tatty *(fam.)*: *essere disordinato nello studio,* to study in a disorganized fashion. **2** *(sregolato)* immoderate; intemperate; excessive: *essere disordinato nel bere,* to drink to excess.

disordine *sm* **1** disorder; untidiness; confusion; mess *(fam.)*: *essere in disordine,* to be untidy; to be in a mess — *Che disordine!,* What a mess! **2** *(sregolatezza)* debauchery; excess. **3** *(spec. al pl.: agitazione)* disorder; tumult; riot. □ *mettere qcsa in disordine,* to turn sth upside down; to mess sth up.

disorganicamente *avv* incoherently; inorganically.

disorganico *agg* incoherent; inorganic.

disorganizzare *vt* to disorganize.

disorganizzazione *sf* disorganization.

disorientare *vt* to disorientate; *(fig.)* to bewilder; to confuse; to puzzle; to disconcert.

□ **disorientarsi** *v. rifl* to lose* one's bearings.

disormeggiare *vt* to unmoor; *(vi)* to cast* off.

disossare *vt* to bone.

disossidante *agg* deoxidizing. □ *sm* deoxidizer.

disossidare *vt* to deoxidize; to deoxidate.

disossidazione *sf* deoxidation.

disotto I *avv (di sotto, al di sotto)* ⇨ **sotto.**

II *agg (inferiore)* below *(posto dopo il s.)*; *(tra due)* lower; bottom: *Il mio avvocato sta al piano disotto,* My solicitor lives on the floor below — *Hai fatto il letto senza il lenzuolo disotto!,* You've made the bed without the bottom sheet! — *i denti disotto,* the lower (bottom) teeth.

III *sm (la parte inferiore)* underside; lower part; underneath: *Il disotto del foglio era tutto sporco,* The underside of the sheet was completely dirty.

dispaccio *sm* dispatch; despatch; *(lettera privata)* letter.

disparato *agg* disparate; completely different; diverse: *la gente più disparata,* all kinds of people.

disparere *sm* difference of opinion.

dispari *agg* odd: *numeri dispari,* odd numbers.

disparità *sf* disparity; inequality; difference: *disparità di idee,* divergency of opinion (of views).

disparte *(nella locuzione avverbiale) in disparte,* apart; aside: *mettere qcsa in disparte, (in serbo)* to set sth aside; *(per non servirsene più)* to leave sth aside — *starsene in disparte,* to stand aside; *(fig.)* to keep aloof.

dispendio *sm* wastefulness; spending; expenditure *(anche fig.)*; waste *(anche fig.)*: *con grande dispendio di mezzi,* at great expense.

dispendiosamente *avv* extravagantly.

dispendioso *agg* expensive; extravagant: *un tenore di vita dispendioso,* an extravagant life-style.

dispensa *sf* **1** *(armadio)* pantry; sideboard; larder. **2** *(elargizione)* dispensing; distribution. **3** *(pubblicazione periodica)* instalment; number; part: *a dispense,* serially; in instalments; as a serial — *romanzo a dispense,* serial — *dispense universitarie,* set of (duplicated) university lecture notes. **4** *(religione)* dispensation. **5** *(dir.: esenzione)* exemption.

dispensabile *agg* dispensable.

dispensare *vt* **1** to dispense; to distribute; to administer; to give* (sth) out; *(p.es. punizioni)* to mete out; to deal* out: *dispensare favori (elemosine),* to dispense favours (alms) — *dispensare sorrisi (gentilezze),* to dispense smiles (courtesies) — *dispensare la giustizia,* to dispense (to administer) justice. **2** *(esentare)* to exempt (sb from sth); to grant (sb) a dispensation (from sth); to let* (sb) off (sth): *dispensare qcno dalle tasse,* to exempt sb from taxes — *dispensare qcno dal servizio militare,* to exempt sb from military service — *dispensare dal digiuno (dall'obbligo del digiuno),* to grant dispensation from fasting — *dispensare qcno dal servizio, (licenziare)* to dispense with sb's services — *dispensare qcno dal lavoro,* to relieve sb from working; to let sb off work — *farsi dispensare (ottenere una dispensa),* to be granted (to get) a dispensation.

□ **dispensarsi** *v. rifl* to avoid; to get* out (of sth); to escape (from sth): *Non posso dispensarmi dal dirvi che avete torto,* I can't avoid telling you you are wrong — *Vorrei poter dispensarmi dall'andare a quel matrimonio,* I wish I could get out of going to that wedding.

dispensario *sm* dispensary; clinic.

dispensatore *sm* distributor; dispenser.

dispensiere *sm* **1** distributor; bestower. **2** *(chi sovraintende alla dispensa)* steward; *(servitore)* pantry-man *(pl.* -men*)*.

dispepsia *sf* dyspepsia.

dispeptico *sm* dyspeptic.

disperare *vi* to despair; to give* up hope (of); to lose* (all) hope: *Disperava di riuscire a finire in tempo,* He despaired of ever finishing in time — *far disperare qcno,* to drive sb mad; to drive sb to despair — *Non bisogna mai disperare, (fam.)* Never say die.

□ **disperarsi** *v. rifl* to give* oneself up to despair; *(essere disperato)* to be* in despair.

disperata, *(nella locuzione avverbiale) alla disperata,* recklessly.

disperatamente *avv* **1** desperately: *piangere disperatamente,* to weep bitterly. **2** *(con grande urgenza, anche)* with desperate speed; against time; like mad *(fam.)*.

disperato *agg* **1** desperate; hopeless; *(che sente o esprime disperazione)* despairing: *un caso disperato,* a desperate (a hopeless) case — *un dolore disperato,* desperate grief — *uno sguardo disperato,* a despairing look — *rimedi disperati,* desperate remedies — *essere disperato,* to be in despair — *essere in condizioni disperate,* to be in a desperate state; to be beyond hope — *un'anima disperata,* a damned soul. **2** *(povero, miserabile)* miserable; destitute; wretched; *(senza un soldo)* penniless; without a cent *(USA)*.

□ *sm (spiantato, miserabile)* destitute (wretched, penniless) fellow; *(forsennato)* madman *(pl.* -men*)*; reckless fellow: *correre come un disperato,* to run like mad — *lavorare come un disperato,* to work like mad; to work oneself to death; to slave away — *I medici lo danno per disperato,* The doctors say he is at death's door.

disperazione *sf* despair; desperation: *abbandonarsi alla disperazione,* to give oneself up to despair — *essere preso dalla disperazione,* to be overcome by despair — *per disperazione,* in desperation; in despair — *per la (dalla) disperazione,* in a fit of desperation; out of despair — *È la mia disperazione,* He drives me to despair; He'll be the death of me *(fam.)* — *ridurre qcno alla disperazione,* to drive sb to despair.

disperdere *vt* **1** to scatter; to disperse; to dispel. **2** *(sprecare)* to waste; to fritter away.

□ **disperdersi** *v. rifl* **1** to scatter; to disperse: *In poco tempo la folla si disperse,* The crowd soon dispersed. **2** *(di calore)* to be* lost; *(di gas)* to disperse. **3** *(fig.)* to waste one's time (one's energy).

dispersione *sf* **1** *(allontanamento)* dispersion; *(disse-*

minazione) scattering; dispersal. **2** *(spreco)* waste. **3** *(fis.)* dispersion; scattering; *(elettr.)* leak; leakage; *(di calore)* loss; *(statistica)* scatter. **4** *(di truppe o mezzi)* dispersal; *(del tiro)* dispersion.

dispersivamente *avv* dispersively.

dispersivo *agg* **1** *(fis., ecc.)* dispersive. **2** *(fig.)* time-wasting.

disperso *agg* scattered; dispersed; *(smarrito)* lost; missing; *(mil.)* posted as missing: *voti dispersi,* wasted votes — *essere dato per disperso,* to be given up for lost.

□ *sm* missing soldier: *i dispersi,* the missing.

dispetto *sm* spite; *(irritazione)* vexation; annoyance; resentment: *fare qcsa per dispetto,* to do sth from (*o* out of) spite; *(meno forte)* to do sth on purpose — *fare un dispetto a qcno,* to spite sb — *a dispetto di...,* in spite of... — *con mio (suo) grande dispetto,* much to my (his) annoyance — *avere qcno (qcsa) in dispetto,* to despise sb (sth) — *far dispetti a qcno,* to tease sb — *stare in paradiso a dispetto dei santi,* to insist on staying where one is not wanted; to be as welcome as a dog at a wedding *(fam.)*.

dispettosamente *avv* mischievously; spitefully; *(più bonario)* teasingly.

dispettoso *agg* spiteful; *(più bonario)* teasing; mischievous.

dispiacente *agg* **1** displeasing. **2** *(dolente)* sorry: *Ne sono dispiacente,* I'm sorry (about it).

[1]**dispiacere** *sm* **1** *(seccatura, fastidio)* annoyance; upset; *(preoccupazione)* worry; *(guaio)* trouble: *Tutti questi piccoli dispiaceri non hanno guastato la dolcezza del suo carattere,* All these little upsets did not spoil her sweet temper — *Ha un mucchio di dispiaceri domestici,* She has a lot of domestic troubles — *I dispiaceri economici lo hanno invecchiato,* Money worries (*o* troubles) have aged him — *dare (recare) dispiacere a qcno,* to worry (to trouble) sb.

2 *(rammarico, rincrescimento)* regret; sorrow; sadness; *(dolore)* grief: *Fui costretto a rifiutare con molto dispiacere,* I was obliged to refuse with much regret — *con mio (nostro) grande dispiacere,* much to my (our) regret — *provare (sentire) dispiacere,* to be sorry; to feel sorrow — *Il dispiacere gli ha fatto venire i capelli bianchi,* His sorrow has turned his hair white — *Divenne quasi pazzo dal dispiacere,* He was driven almost insane by grief — *morire di dispiacere,* to die of grief.

3 *(disapprovazione, disappunto)* displeasure; *(delusione)* disappointment: *Non ti nascondo il mio dispiacere per il tuo comportamento,* I can't conceal my disappointment at (my displeasure at, my disapproval of) your behaviour — *Fu per lui un gran dispiacere quando suo figlio non vinse il premio,* It was a great disappointment to him when his son failed to win the prize.

[2]**dispiacere** *vi e t.* **1** *(non piacere)* to dislike *(sempre con costruzione personale)*; *(essere sgradito)* to displease; to be* displeasing; *(recare dispiacere)* to annoy; to upset*; to vex; to distress: *Mi dispiace alzarmi presto (uscire quando fa freddo),* I dislike getting up early (going out in cold weather) — *Dispiacerebbe a mia moglie,* It would upset my wife — *Il suo comportamento dispiacque a tutti,* His behaviour displeased (annoyed) everybody — *Il suo insulso cicaleccio dispiacerebbe anche a un santo,* His silly chatter would vex a saint — *La notizia della sua partenza dispiacque ai suoi amici,* The news of his leaving distressed his friends.

2 *(essere spiacente)* to regret; to be* displeased; to be* sorry *(tutti con costruzione personale)*: *Ci dispiace di doverVi informare che...,* We regret to have to inform you that... — *Mi dispiace che tu dica questo,* I am sorry you should say that — *Mi dispiace di non poterti aiutare,* I am sorry not to be able to help you — *Mi dispiace molto di ciò che è accaduto,* I deeply regret what has happened; I am (I feel) very sorry for what has happened — *Mi dispiacerebbe non vederlo,* I should be sorry not to see him; I should be sorry to miss him.

3 *(nelle espressioni di cortesia, spec. nelle richieste)* to mind *(con costruzione personale)*: *Ti dispiace se fumo (che io fumi)?,* Do you mind if I smoke; Do you mind my smoking? — *Vi dispiacerebbe aprire la finestra?,* Would you mind opening the window? — *... se non ti dispiace, ...* if you don't mind.

dispiacimento *sm* regret: *con mio dispiacimento,* to my regret.

dispiaciuto *agg* **1** *(dolente)* sorry. **2** *(contrariato)* annoyed; upset; vexed.

dispiegare *vt* **1** *(naut.)* to unfurl. **2** *(fig.)* to disclose.

displuvio *sm* **1** *(spartiacque)* watershed. **2** *(falda)* slope; mountain-side; hill-side. **3** *(di tetto)* ridge. **4** *(archit.)* hip.

disponibile *agg* **1** *(di cosa)* available; disposable; at one's disposal; *(libero)* vacant; free: *Ci sono ancora posti disponibili,* There are still some seats available (*o* free) — *patrimonio disponibile, (dir.)* disposable portion (of an estate). **2** *(di persona: libero)* free. **3** *(di persona: aperto)* open; open-minded.

□ *Hai danaro disponibile?,* Have you got any money handy? — *posto disponibile, (impiego)* vacancy; *(posto a sedere)* vacant seat.

disponibilità *sf* **1** availability. **2** *(al pl.: comm., econ.)* current assets: *disponibilità di liquido,* available funds; ready cash. □ *essere in disponibilità, (mil., ecc.)* to be unattached; to be on the reserve list — *una nave in disponibilità,* a ship in dry dock.

disporre *vt e i.* **1** *(collocare)* to place; to put*; *(sistemare)* to arrange; to dispose: *disporre le cose nel giusto ordine,* to place (to put) things in the right order — *disporre fiori in un vaso,* to arrange flowers in a vase — *disporre libri su uno scaffale,* to arrange books on a shelf — *Il contadino dispose la frutta e la verdura sul banco del mercato,* The peasant set out his fruit and vegetables on the stall.

2 *(preparare)* to prepare; to arrange; to make* ready: *disporre ogni cosa per la partenza,* to prepare (to arrange) everything for one's departure.

3 *(stabilire, ordinare, prescrivere)* to provide; to order; to enjoin *(raro)*; to dispose *(raro)*: *La legge dispone che...,* The law provides that... — *Il giudice dispose che il prigioniero venisse liberato,* The judge ordered the prisoner to be released — *Il direttore dispose che il lavoro venisse fatto immediatamente,* The manager ordered the work to be done at once — *L'uomo propone e Dio dispone, (prov.)* Man proposes, God disposes.

4 disporre di... *(avere a disposizione)* to have*; to have* (sth) at one's disposal; to have* (sth) available: *disporre di una forte somma,* to have a large amount — *Dispone di una grande biblioteca,* He has a large library at his disposal — *L'albergo dispone di ottanta camere da letto,* The hotel has eighty bedrooms — *usare tutti i mezzi di cui si dispone,* to use all available means — *Potete disporre di me come volete,* I am entirely at your service.

□ *disporre dei propri beni,* to dispose of one's property — *disporre l'animo (a far qcsa),* to put oneself in the mood (to do sth); to prepare oneself (to do sth) — *disporre l'animo a qcsa,* to put oneself in the mood for sth; to prepare oneself for sth; to be keyed up to expect sth — *disporre qcno alla benevolenza,* to get sb on one's side — *disporre della stampa,* to command the press.

□ **disporsi** *v. rifl* **1** *(in fila)* to line up; to draw* up; *(in gruppo)* to form up; to form a group (groups). **2** *(prepararsi)* to prepare (oneself): *disporsi all'attacco,* to prepare for an attack.

dispositivo *sm* **1** device; appliance; gadget *(fam.);* apparatus *(pl.* pieces of apparatus*): dispositivo di comando,* control device — *dispositivo di sicurezza,* safety device; *(di arma da fuoco)* safety catch; safety. **2** *(dir.)* decision. **3** *(mil.)* order.

disposizione *sf* **1** *(effetto del disporre)* disposition; placing; arrangement; *(p.es. dei membri di una squadra)* positioning. **2** *(facoltà di disporre)* disposal: *essere a disposizione di qcno,* to be at sb's disposal — *avere qcsa a disposizione,* to have sth at one's disposal; to have sth available — *essere a disposizione, (p.es. di un funzionario)* to be on the reserve; to be unattached. **3** *(ordine)* order; *(dir.)* provision: *dare le disposizioni,* to give orders — *per disposizioni di legge,* by law; *(talvolta)* by order — *fino a nuove disposizioni,* until further orders — *disposizione testamentaria,* testamentary provision. **4** *(predisposizione)* disposition; natural bent; turn; tendency; *(stato d'animo)* mood; frame of mind.

disposto *agg* (⇨ *anche* **disporre**) disposed; inclined; willing; ready; prepared: *Non sono disposto ad aiutarli,* I'm not inclined (prepared) to help them — *Sono dispostissimo,* I'm only too willing — *disposto a tutto,* ready for anything. □ *essere ben disposto verso qcno,* to regard sb favourably — *essere mal disposto verso qcno,* to be prejudiced towards (*o* against) sb.

□ *sm (dir.)* provision.

dispoticamente *avv* despotically; overbearingly.

dispotico *agg* despotic; overbearing.

dispotismo *sm* despotism.

dispregiativo *agg* **1** disparaging; depreciatory: ... *con tono dispregiativo,* ... in a disparaging tone. **2** *(gramm.)* pejorative.

□ *sm (gramm.)* pejorative.

dispregio *sm* disparagement; depreciation: *tenere qcsa in dispregio,* to belittle sth; to regard sth with contempt.

disprezzabile *agg* despicable; contemptible: *non disprezzabile,* considerable; not to be sneezed at *(fam.).*

disprezzare *vt* to despise; to scorn; *(disdegnare)* to disdain; *(avere in poco conto)* to disparage.

disprezzo *sm* contempt; scorn: *disprezzo del pericolo,* contempt for danger — *in disprezzo a qcsa,* in contempt of sth — *trattare qcno con disprezzo,* to treat sb with contempt; to treat sb contemptuously — *guardare qcno con disprezzo,* to look at (*o* upon) sb with contempt (*o* contemptuously).

disputa *sf* **1** dispute; argument; difference of opinion. **2** *(lite)* quarrel; squabble; tiff *(tra amanti, coniugi).* **3** *(filosofia, teologia)* disputation.

disputabile *agg* disputable.

disputare *vi* **1** to dispute (about sth); to argue (about, over sth); *(litigare)* to quarrel (about, over sth); to wrangle (over sth): *disputare di (su) qcsa,* to argue (over, about) sth. **2** *(gareggiare)* to compete.

□ *vt* **1** *(esaminare, discutere)* to discuss. **2** *(contrastare)* to oppose; *(contendere)* to dispute: *disputare il passo a qcno,* to dispute sb's right of way. **3** *(sport: una gara)* to play; to hold*; to take* part (in sth).

□ **disputarsi** *v. rifl reciproco* to contend (for sth); to compete (for sth); *(gara di velocità: corsa, sci, ecc.)* to race (for sth).

disquisizione *sf* disquisition *(non comune);* treatise: *perdersi in disquisizioni inutili,* to wander hopelessly off the point.

dissaldare *vt* to unsolder.

dissanguamento *sm* **1** loss of blood; *(med.: trattamento)* blood-letting: *morire per dissanguamento,* to bleed to death; to die from loss of blood. **2** *(fig.)* exhaustion.

dissanguare *vt* to bleed* *(anche fig.); (fig.)* to impoverish.

□ **dissanguarsi** *v. rifl* to bleed*; to lose* blood; *(fig.)* to impoverish oneself; to bleed* oneself white.

dissanguato *agg* **1** bloodless: *morire dissanguato,* to bleed to death. **2** *(fig.)* exhausted; bled white.

dissapore *sm* misunderstanding; *(per estensione)* unpleasantness: *Vi furono dei dissapori tra i due,* There was some unpleasantness between them.

dissecare *vt* to dissect.

disseccante *sm* desiccant.

disseccare *vt* to dry (sth) up; to parch; to desiccate.

□ **disseccarsi** *v. rifl* to dry up.

disseccativo *agg* desiccative.

disselciare *vt (una strada)* to take* up the (stone) paving of a street.

disseminare *vt* to disseminate; to spread* (abroad); to strew*; to sow* (the seeds of sth); *(notizie)* to spread*; to broadcast*: *disseminare il malcontento,* to sow the seeds of discontent.

disseminato *agg* strewn (with sth): *disseminato di stelle,* star-spangled.

disseminatore *sm* disseminator; spreader.

disseminazione *sf* **1** dissemination; sowing; spreading. **2** *(bot., med.)* semination.

dissennatamente *avv* insanely; crazily; rashly.

dissennatezza *sf* foolishness; senselessness.

dissennato *agg* foolish; senseless.

dissenso *sm* **1** dissent; disagreement: *manifestare il proprio dissenso,* to give voice to one's dissent — *scrittori del dissenso,* dissenting writers; dissident writers *(spec. riferito ai paesi socialisti dell'Est europeo).* **2** *(disaccordo)* dissention; disagreement; discord: *motivi di dissenso,* cause *(sing.)* for disagreement.

dissenteria *sf* dysentery.

dissenterico *agg* dysenteric. □ *sm* dysenteric patient.

dissentire *vi* to disagree (with sb); to dissent (from sb); to differ (from sb): *dissentire su alcuni punti,* to disagree on a number of points.

dissenziente *agg* disagreeing *(attrib.);* dissentient: *essere dissenzienti,* to differ; to disagree; to have a difference of opinion.

□ *sm* **1** dissentient. **2** *(religione)* dissenter.

disseppellimento *sm* exhumation; disinterment; unearthing *(anche fig.).*

disseppellire *vt (un cadavere)* to exhume; to disinter; *(reperti archeologici, ecc.)* to dig* (sth) up; to unearth *(anche fig.).*

disserrare *vt* **1** to unlock. **2** *(fig.)* to disclose; to reveal.

dissertare *vi* to discourse (on sth); to hold* forth (about sth).

dissertazione *sf* dissertation; treatise; paper: *dissertazione di laurea,* degree thesis.

disservizio *sm* poor service; *(disorganizzazione)* inefficiency; disorganisation.

dissestare *vt* **1** to upset; to disturb; to disarrange; to throw* (sth) out of order (out of balance). **2** *(fig., spec. riferito a finanze)* to ruin.

dissestato *agg* **1** upset; disturbed; disarranged; out of order; off balance: *strada dissestata,* road surface damaged; *(per lavori in corso)* road up. **2** ruined; in financial difficulties; in a bad way; encumbered with debts; heavily in the red *(fam.)*: *finanze dissestate,* shaky finances.

dissesto *sm* **1** ruin; failure: *essere in dissesto,* to be in disorder. **2** *(fallimento)* bankruptcy.

dissetante *agg* refreshing; thirst-quenching: *una bibita dissetante,* a refreshing drink.

dissetare *vt* **1** to quench (to slake) sb's thirst; *(essere dissetante)* to be* thirst- quenching. **2** *(animali)* to water.
☐ **dissetarsi** *v. rifl* **1** to quench (to slake) one's thirst. **2** *(di animali)* to water.

dissezione *sf* dissection.

dissidente *agg* dissident; dissentient; *(religione)* dissenting; nonconformist.
☐ *sm* dissident; dissentient; *(religione)* dissenter; nonconformist.

dissidio *sm* dissension; disagreement; difference of opinion; *(litigio)* quarrel: *comporre un dissidio,* to settle a quarrel.

dissigillare *vt* to unseal; to break* the seal (of sth); to remove the seal (from sth).

dissimilazione *sf* dissimilation.

dissimile *agg* unlike; dissimilar; different: *essere dissimile da qcsa (qcno),* to be unlike sth (sb); to be different to (*o* from) sth (sb).

dissimulare *vt* to mask; to conceal; *(fingere)* to dissemble; to feign.
☐ *vi* to dissemble; to dissimulate; to pretend: *saper dissimulare,* to be good at dissembling.

dissimulatore *sm* dissimulator.

dissimulazione *sf* dissimulation; dissembling.

dissipare *vt* **1** *(disperdere)* to dissipate; to disperse; to dispel: *dissipare un dubbio,* to dispel a doubt. **2** *(sperperare)* to waste; to squander; to blow* *(fam.)*; to fritter away *(fam.)*; to dissipate *(non molto comune, generalm. riferito alle energie)*: *Ha dissipato tutte le sue sostanze,* He has frittered away all his wealth.
☐ **dissiparsi** *v. rifl* to disperse; to clear; *(solo della nebbia)* to lift.

dissipatamente *avv* frivolously.

dissipato *agg* dissipated; frivolous.

dissipatore *sm* spendthrift; squanderer.

dissipazione *sf* dissipation; *(delle proprie sostanze, anche)* squandering; frittering away *(fam.)*.

dissociabile *agg* dissociable.

dissociare *vt* to dissociate; to separate: *idee dissociate,* unrelated ideas.
☐ **dissociarsi** *v. rifl* to dissociate: *Mi dissocio da quanto ha detto il collega,* I wish to dissociate myself from what my colleague has said.

dissociativo *agg* dissociative.

dissociazione *sf* dissociation.

dissodamento *sm* ploughing; breaking up; tillage.

dissodare *vt* to break* (sth) up; to till; *(con arnese a mano)* to hoe: *dissodare il terreno, (fig.)* to pave the way; to break new ground.

dissolubile *agg* dissoluble; dissolvable.

dissolubilità *sf* dissolubility; dissolvability.

dissolutamente *avv* dissolutely; licentiously.

dissolutezza *sf* dissoluteness; licentiousness; dissipation.

dissoluto *agg* dissolute; licentious; dissipated; loose.

dissolutore *sm* **1** dissolver. **2** dissolvent.

dissoluzione *sf* **1** dissolution; disintegration; *(talvolta: decomposizione)* decomposition; decay. **2** *(scioglimento)* dissolution; break-up: *la dissoluzione dello Stato,* the break-up of the state. **3** *(fig.: dissolutezza)* dissoluteness.

dissolvente *agg e sm* dissolvent.

dissolvenza *sf* fading: *dissolvenza in apertura, (televisione, ecc.)* fade-in — *dissolvenza in chiusura,* fade-out.

dissolvere *vt* to dissolve; to separate; to disunite; to break* (sth) up; *(dissipare)* to dissipate; to dispel; to disperse.
☐ **dissolversi** *v. rifl* to dissolve *(anche fig.)*; to break* up.

dissolvimento *sm* dissolution; dispersion.

dissonante *agg* dissonant.

dissonanza *sf* **1** *(mus., ecc.)* dissonance. **2** *(fig.)* disagreement; disharmony.

dissonare *vi* to jar; to clash.

dissotterramento *sm* exhumation; disinterment.

dissotterrare *vt (un cadavere)* to exhume; to disinter; *(reperti archeologici, ecc.)* to dig* up; to unearth *(anche fig.)*.

dissuadente *agg* dissuasive.

dissuadere *vt* to dissuade; to deter: *dissuadere qcno dal fare qcsa,* to dissuade (to deter) sb from doing sth; to put sb off doing sth.

dissuasione *sf* dissuasion.

dissuasivo *agg* dissuasive.

dissueto *agg* **1** *(disavvezzo)* unaccustomed; unwont; not used to. **2** *(desueto)* disused; obsolete.

dissuetudine *sf* desuetude; disuse: *cadere in dissuetudine,* to fall into disuse.

distaccabile *agg* detachable.

distaccamento *sm* **1** detachment; detaching. **2** *(mil.)* detachment; *(avamposto)* outpost.

distaccare *vt* **1** to separate; *(rimuovere)* to remove; to detach; to take* (sth) off (*o* down, away); *(strappando)* to pull (sth) off (*o* away); *(mecc.)* to disconnect: *distaccare l'etichetta da una bottiglia,* to detach (to remove) the label from a bottle — *distaccare un bambino dalla madre,* to remove (to take away) a child from its mother — *distaccare un fiore,* to pluck a flower. **2** *(sport)* to leave* behind; to get* ahead (of sb); to outdistance. **3** *(un ufficio)* to set* (sth) up; *(un impiegato)* to second; to transfer; *(mil.)* to detail; to detach.
☐ **distaccarsi** *v. rifl* **1** to be* detached; to come* off (away): *Si è distaccata la copertina,* The cover's come off. **2** *(risaltare)* to stand* out. ☐ *distaccarsi dagli amici,* to lose one's affection for one's friends; to lose touch with one's friends.

distaccato *agg* **1** separate; detached: *un ufficio distaccato,* a branch office. **2** *(fig.: indifferente)* detached: *con tono distaccato,* in a detached tone of voice.

distacco *sm* **1** detaching; *(mecc., fis.)* disjunction; disengagement. **2** *(separazione)* separation; parting; leaving: *il distacco dai genitori,* parting from one's parents — *È giunta l'ora del distacco,* The time has come to part (to say goodbye). **3** *(indifferenza)* detachment; indifference: *con un'aria di distacco,* with an air of detachment. **4** *(sport)* lead: *vincere con due minuti di distacco,* to win by two minutes.

distante **I** *agg* **1** far (from sth); far-off; away *(solo* *predicativo);* far-away; distant; remote: *un paese distante,* a far (*oppure* distant) country — *posti distanti,* far-away (*o* remote) places — *La scuola è distante trecento metri dalla stazione,* The school is three hundred metres (distant) from the station — *in tempi assai distanti...,* in remote times... — *essere molto distante,* to be a long way away (a long way off, far off).

2 *(fig.: di persona, ecc.)* distant; stand-offish; reserved: *con un tono (con una espressione) distante,* in a distant tone (*o* expression) — *comportamento distante,* stand-offish behaviour.

3 *(diverso)* different: *Le nostre opinioni sono molto distanti,* Our opinions are very different (are worlds apart).

II *avv* far; far away; far off; a long way (away): *venire da molto distante,* to come from far away — *abitare distante,* to live far away; to live a long way away — *andare distante,* to go far; to go a long way.

distanza *sf* **1** distance *(anche sport); (distanza operativa, di strumento, cannone, ecc.)* range: *la distanza tra Torino e Milano,* the distance between Turin and Milan — *In Inghilterra la distanza si misura in miglia non in chilometri,* In England distance is measured in miles, not in kilometres — *essere a poca distanza, (a due passi)* to be within easy walking distance; to be just around the corner — *a distanza (in distanza),* in the distance — *Vedemmo comparire una nave a distanza,* We saw a ship appearing in the distance — *Sentimmo degli spari a distanza,* We heard gunfire in the distance — *distanza di sicurezza,* safe distance — *essere a distanza di tiro,* to be within range — *stare a rispettosa (debita) distanza da qcno,* to keep at a safe distance from sb; to give sb a wide berth — *una gara su media (lunga) distanza,* a middle- (long-) distance race — *coprire la distanza in pochi secondi,* to cover the distance in a few seconds — *mantenere le distanze, (non dare troppa confidenza)* to keep one's distance; *(non lasciare che altri prendano confidenza)* to keep sb at a distance — *a poca distanza (da qcsa),* just off (sth).

2 *(di tempo)* space; period: *una distanza di venti anni,* a period (a space) of twenty years — *Ritornò a distanza di un anno,* He came back after one year (a year later).

3 *(diversità, differenza)* difference: *Tra voi esiste una distanza incolmabile,* There is a great difference between you.

□ **alla distanza,** *(fig.)* in the long run — *vincere (riuscire) alla distanza,* to win (to succeed) in the long run.

distanziamento *sm* separation.

distanziare *vt* **1** *(sport)* to get* ahead (of sb); to leave* (sb) behind; to outdistance: *In poco tempo distanziò gli inseguitori,* He soon shook off his pursuers. **2** *(porre varie cose alla debita distanza)* to space out.

distanziatore *sm* spacer; shim.

distare *vi* to be* distant (far, far away): *Il castello dista due miglia dalla città,* The castle is two miles (away) from the city — *Quanto dista?,* How far away is it? — *Non dista molto,* It's not far (not a long way).

distendere *vt* **1** *(allungare una parte del corpo)* to stretch: *distendere le braccia (le gambe),* to stretch out one's arms (one's legs). **2** *(allungare)* to extend; *(spiegare, ricoprire, spalmare)* to spread*: *distendere un cavo tra due piloni,* to extend a cable between two pylons — *distendere una tovaglia sul tavolo,* to spread a cloth on the table — *distendere una cartina (geografica, stradale, ecc.),* to spread (out) a map — *distendere il bucato,* to hang out the washing — *distendere la vernice su una parete,* to spread paint on a wall — *L'aquila distese le ali,* The eagle spread its wings. **3** *(deporre)* to lay*: *Distesero il ferito sulla barella,* They laid the wounded man on a stretcher. **4** *(fig.: allentare la tensione)* to relax: *distendere l'arco,* to relax the bow — *distendere i (propri) muscoli,* to relax one's muscles — *distendere i nervi,* to relax. **5** *(compilare)* to draw* (sth) up; to write* (sth) out: *distendere un documento,* to draw up (to write out) a document.

□ *distendere la mano per aiutare qcno,* to lend sb a helping hand — *distendere (spianare) la pasta,* to roll out dough — *distendere qcno, (fig.: sconfiggere)* to knock sb down; to floor sb — *Quella risposta lo distese,* The reply bowled him over (*o* knocked him down).

□ **distendersi** *v. rifl* **1** *(estendersi)* to extend; to stretch; to spread* (out): *La strada si distende lungo la costa,* The road extends (*o* stretches) all along the coast — *Ci sono delle foreste che si distendono per centinaia di chilometri,* There are forests stretching (*o* spreading) for hundreds of kilometres. **2** *(di persona: mettersi sdraiato)* to stretch (oneself) out; to lie*: *distendersi sulla sabbia,* to stretch (oneself) out on the sand — *distendersi sul dorso,* to lie (flat) on one's back. **3** *(di persona: rilassarsi)* to relax: *Il suo volto si distese in un sorriso,* His face relaxed in a smile; A smile spread over his face. **4** *(fig., raro: dilungarsi)* to dwell* (on, upon sth).

distensione *sf* **1** extension; stretching; straining. **2** *(rilassamento)* relaxation; relaxing; rest: *aver bisogno di un periodo di distensione,* to be in need of a good rest. **3** *(politica)* détente *(fr.)*.

distensivo *agg* **1** relaxing; soothing. **2** *(in politica, ecc.)* conciliatory.

distesa *sf* expanse; tract: *una distesa di neve,* an expanse of snow. □ *suonare a distesa, (di campane)* to ring full peal; to peal out.

distesamente *avv* **1** diffusely; extensively; at (full) length; in detail; in full. **2** calmly; in a relaxed manner.

disteso *agg* **1** extended; stretched; outstretched; laid out; *(di vela)* taut; *(di vento)* steady; *(di capelli)* straight; flowing. **2** *(rilassato)* relaxed; calm. □ *essere lungo disteso,* to be lying full length (*o* flat out) — *cadere lungo disteso,* to fall flat — *a distesa,* continuously — *per disteso,* in full; in detail; at length.

distillare *vt e i.* to distil: *acqua distillata* distilled water.

distillato *sm* distillate.

distillazione *sf* distillation.

distilleria *sf* distillery.

distinguere *vt e i.* **1** to distinguish; to tell* one thing (one person) from another; to tell* (to hear*, to see*, *ecc.*) the difference: *I due gemelli si assomigliavano tanto che era impossibile distinguerli,* The twins were so much alike that it was impossible to distinguish (to tell) one from the other (impossible to tell them apart) — *Non è facile distinguere le perle coltivate da quelle vere,* It is not easy to distinguish (to tell) cultured pearls from genuine ones. **2** *(discernere, vedere, sentire bene)* to distinguish; to make* (sth) out *(più comune)*: *distinguere oggetti lontani,* to distinguish distant objects — *Distinguemmo una figura nell'oscurità,* We made out a figure in the darkness — *Non fu facile distinguere l'iscrizione sulla lapide,* It was not easy to make out the inscription on the gravestone. **3** *(contrassegnare)* to mark; *(caratterizzare)* to characterize; *(differenziare)* to distinguish; to differentiate: *di-*

stinguere le casse con dei numeri, to mark the cases with numbers — *La parola distingue l'uomo dagli animali,* Speech distinguishes (*o* differentiates) man from the animals — *Il suo coraggio lo distingue,* His courage marks him out; He is distinguished by his courage. **4** *(dividere, separare)* to divide; to separate: *distinguere un'opera in due parti,* to divide a work into two parts — *Le due attività vanno distinte,* The two activities should be separated *(tenute distinte,* kept separated*).*

□ **distinguersi** *v. rifl* **1** *(spiccare, emergere)* to distinguish oneself; to stand* out: *distinguersi in un esame,* to distinguish oneself in an examination — *Si distinse per la sua cultura,* He distinguished himself by his knowledge — *Non si distingue mai per spirito,* He never shines by his wit. **2** *(differenziarsi)* to differ: *Le due automobili si distinguevano solo per il colore diverso,* The two cars differed in colour only.

distinguibile *agg* distinguishable; visible: *La nostra casa è facilmente distinguibile,* You can easily tell our house.

distinta *sf (comm.)* list; note; bill; schedule: *distinta della merce,* packing list — *distinta base (dei materiali),* bill of materials — *distinta di sconto,* discount note — *distinta di versamento,* paying-in slip.

distintamente *avv* **1** *(in modo chiaro)* distinctly; clearly. **2** *(in modo signorile)* in a distinguished manner. **3** *(separatamente)* distinctly; separately. **4** *(in chiusura di lettera)* Yours faithfully; Yours truly *(spec. USA)*: *Vi salutiamo distintamente,* Yours faithfully.

distintivo *agg* distinctive; distinguishing.

□ *sm (anche fig.)* badge: *portare un distintivo,* to wear a badge.

distinto *agg (p. pass. di* **distinguere** ⇨) **1** *(diverso)* distinct; separate: *Sono due concetti ben distinti,* They are two quite distinct ideas. **2** *(chiaro, netto, distinguibile)* distinct; clear: *una pronuncia distinta,* a distinct pronunciation — *L'ombra dell'uomo sul muro era ben distinta,* The man's shadow on the wall was quite distinct — *un suono distinto,* a clear sound. **3** *(elegante, dignitoso)* refined; distinguished: *maniere distinte,* refined manners — *una persona molto distinta,* a very distinguished person — *avere un'aria distinta,* to look distinguished — *gente distinta,* people of distinction — *Distinti saluti, (nella chiusura d'una lettera)* Yours faithfully; Yours truly *(spec. USA)* — *Distinto signore, (talvolta, nell'intestazione d'una lettera)* Dear Sir.

distinzione *sf* **1** distinction; *(discriminazione)* discrimination: *senza fare distinzioni,* without making (*o* drawing) any distinctions; without discrimination — *senza distinzione di classe (di grado, di età, di razza),* without distinction of class (of rank, of age, of race) — *senza distinzioni di sorta,* without any distinctions whatever — *distinzione di razza,* racial discrimination — *distinzione di religione,* religious discrimination — *senza distinzione,* indiscriminately; regardless; impartially; equally. **2** *(signorilità, eleganza)* distinction; refinement: *Ha una innata distinzione di modi,* He has a natural air of distinction. **3** *(onorificenza)* honour; distinction; *(preferenza, riguardo)* consideration; regard: *conferire una distinzione a qcno,* to confer an honour (a distinction) upon sb — *ottenere una distinzione per un atto di coraggio,* to win a distinction for bravery — *la massima distinzione,* the highest distinction — *Meritava proprio quella distinzione?,* Did he really deserve such consideration?

distogliere *vt (allontanare)* to remove; *(dissuadere)* to dissuade; to deter; *(distrarre)* to distract; to divert: *distogliere lo sguardo da qcsa,* to remove one's gaze from sth — *distogliere qcno da un proposito,* to dissuade sb from doing sth.

distorcere *vt (anche fig.)* to distort; to twist; to wrench: *distorcere i fatti,* to twist the facts; to distort the truth — *una caviglia distorta,* a sprained ankle.

□ **distorcersi** *v. rifl* to sprain: *distorcersi la caviglia,* to sprain one's ankle.

distorsione *sf* **1** *(l'effetto)* distortion *(anche fig.)*; *(l'atto)* twisting. **2** *(med.)* sprain; distortion.

distrarre *vt* **1** *(distogliere, sviare)* to distract; to divert: *I rumori della strada mi distraggono dalla lettura,* The noise from the street distracts me from my reading — *Non distrarlo, deve studiare,* Don't distract him when he should be studying — *Come possiamo distrarla da questi tristi pensieri?,* How can we get her mind off these sad thoughts? — *distrarre la mente di qcno (l'attenzione) da qcsa,* to distract sb's mind (sb's attention) from sth; to take sb's mind (attention) off sth. **2** *(divertire)* to entertain; to amuse: *Dobbiamo distrarla in qualche modo,* We must entertain her somehow. **3** *(sottrarre e destinare ad uso diverso)* to divert; *(indebitamente)* to misappropriate: *distrarre una somma dalla cassa di un istituto di beneficenza,* to misappropriate a sum from the funds of a charitable institution. **4** *(med.)* to strain.

□ **distrarsi** *v. rifl* **1** *(della mente)* to wander; to divert one's mind (off sth): *Si distrae sempre durante le lezioni di filosofia,* His mind always wanders during philosophy classes — *Non distraetevi!,* Pay attention! **2** *(svagarsi, divertirsi)* to amuse oneself: *I ragazzi si distraevano disegnando automobili,* The boys amused themselves drawing cars — *Devi distrarti un po',* You need some relaxation.

distrattamente *avv* absent-mindedly; without paying attention; heedlessly.

distratto *agg* absent-minded; *(disattento)* inattentive; *(sbadato)* careless; heedless.

distrazione *sf* **1** absent-mindedness; *(disattenzione)* inattention; carelessness; lack of attention: *A causa della sua distrazione perse l'impiego,* Owing to his absent-mindedness, he lost his job — *Scusa la mia distrazione!,* Sorry, my thoughts were elsewhere! — *Ho sovente dei momenti di distrazione,* I often have fits of absent-mindedness — *un errore di distrazione,* a slip. **2** *(svago, divertimento)* amusement; recreation; relaxation; entertainment; distraction: *Non ci sono distrazioni in questa città,* There are no amusements in this town — *Hai bisogno di un po' di distrazione,* You need some relaxation — *cercar distrazioni,* to seek relaxation *(sing.)*. **3** *(cosa sottratta e destinata ad uso diverso)* diversion; misappropriation. **4** *(med.)* strain; distorsion.

distretto *sm* district: *distretto postale,* postal district — *distretto militare,* recruiting centre.

distrettuale *agg* district *(attrib.)*.

distribuibile *agg* distributable.

distribuire *vt* **1** to distribute; *(a mano)* to hand (sth) out: *Lasciò del denaro da distribuire alla servitù,* He left some money to be distributed among the servants — *distribuire l'elemosina,* to distribute (to deal out) alms — *L'insegnante distribuì i quaderni agli allievi,* The teacher distributed (handed out) the exercise books to his pupils — *distribuire le paghe,* to hand out wages — *distribuire le provviste,* to hand out (to issue, to dole out) provisions — *distribuire volantini, avvisi,* to give out hand-bills — *distribuire le carte (da gioco),* to deal the cards — *distribuire la posta,* to deliver the mail — *distribuire colpi a destra e a sinistra,* to deal out blows right and left. **2** *(assegnare)* to assign; to allot; to allocate; to give*: *distribuire i compiti (le mansioni, i doveri),* to allot duties — *distribuire gli utili, (comm.)* to distribute the profits — *distribuire i posti a tavola,* to assign seats at table — *distribuire agli attori le parti di una commedia,* to give the actors their parts in a play — *distribuire le parti di una commedia,* to cast the parts in a play; to cast a play. **3** *(disporre)* to arrange; to place; to put*; to station *(spec. mil.)*: *Ho distribuito i libri negli scaffali,* I have arranged the books on the shelves — *distribuire i bicchieri sul tavolo,* to put (to set) the glasses on the table — *distribuire agenti lungo il percorso,* to station police along the route.

□ **distribuirsi** *v. rifl* to place oneself; *(schierarsi)* to line up.

distributivo *agg* distributive.

distributore *sm* distributor; dispenser: *distributore di benzina,* petrol pump *(GB)*; gasoline pump *(USA)* — *distributore automatico,* slot machine; automatic vendor *(spec. USA)*.

distribuzione *sf* **1** *(anche comm.)* distribution; supply: *rete di distribuzione,* supply network. **2** *(recapito, p.es. della posta)* delivery. **3** *(di ambienti)* arrangement. **4** *(teatro: attribuzione delle parti)* casting. **5** *(di un motore)* timing: *albero della distribuzione,* camshaft — *catena della distribuzione,* timing chain.

districabile *agg* extricable.

districare *vt* to disentangle; to sort (sth) out; to unravel; *(un nodo)* to untie.

□ **districarsi** *v. rifl* to extricate oneself; *(cavarsela)* to manage; to wriggle (to get*) out (of sth): *Sa districarsi bene anche nelle situazioni difficili,* He is good at getting out of difficult situations.

distrofia *sf* dystrophy.

distruggere *vt (anche fig.)* to destroy; to wipe out; *(illusioni, speranze, ecc.)* to shatter.

distruttibile *agg* destructible; destroyable.

distruttivamente *avv* destructively.

distruttivo *agg* destructive.

distruttore *sm* destroyer. □ *agg* destroying; destructive.

distruzione *sf* destruction; destroying.

disturbare *vt* **1** to disturb; *(importunare)* to bother; *(incomodare)* to trouble; to be* a nuisance *(talvolta: seccare)* to vex; to annoy: *Smettila di disturbare tuo padre,* Stop bothering your father — *Scusami se ti disturbo,* Sorry to disturb you — *Posso disturbarti?,* May I bother you? — *Disturbo? (Disturbiamo?),* Am I (Are we) bothering you? — *Se ciò non vi disturba...,* If it's no trouble...; As long as it's no bother... — *Non vorrei disturbare,* I wouldn't like to be a nuisance — *Si prega di non disturbare,* Please do not disturb — *Non mi disturba affatto!,* (It's) no trouble at all! **2** *(turbare, indisporre)* to upset*: *disturbare i piani del nemico,* to upset the enemy's plans — *La vista del sangue la disturba,* The sight of blood upsets her. **3** *(una trasmissione radio)* to interfere (with a radio programme); *(intenzionalmente)* to jam.

□ **disturbarsi** *v. rifl* to bother; to trouble: *Non disturbarti ad accompagnarmi a casa,* Don't bother to take (to see) me home — *Non disturbarti a venirmi ad aspettare alla stazione,* Don't trouble to meet me at the station — *Oh, non si disturbi, grazie,* Oh, don't trouble, thanks; Please don't bother — *Non doveva disturbarsi!,* You really shouldn't have bothered!; You shouldn't have gone to all that trouble!

disturbatore *sm* disturber.

disturbo *sm* **1** trouble; bother; inconvenience: *Non voglio esserti di disturbo,* I don't want to be any trouble to you; I don't want to be a bother; I don't want to cause you trouble — *Non mi sarà di nessun disturbo,* It will be no trouble — *prendersi il disturbo di fare qcsa,* to take the trouble to do sth — *senza il minimo disturbo,* without the slightest inconvenience — *Mi dispiace causarLe tanto disturbo,* I'm sorry to cause you so much inconvenience; I'm sorry to put you to so much trouble — *Togliamo il disturbo!,* We must be going!; It's time we were on our way! — *disturbo della quiete pubblica,* disturbance (of the peace). **2** *(disturbo organico)* indisposition; illness; trouble; ailment: *un leggero disturbo,* a slight illness; an indisposition — *Ho qualche disturbo al fegato,* I suffer from liver trouble — *disturbo mentale,* mental trouble — *disturbi di cuore,* heart-disease *(sing.)* — *i disturbi dei bambini,* children's troubles. **3** *(radio)* interference; *(di ricezione)* noise; *(atmosferico)* atmospherics *(pl.)*; *(al pl.: disturbi locali)* static *(sing.)*; static strays; *(intenzionale)* jamming: *ricezione senza disturbi,* noise-free reception.

disubbidiente *agg* disobedient.

disubbidienza *sf* disobedience.

disubbidire *vi* to be* disobedient; to disobey: *disubbidire alla legge,* to break the law.

disuguaglianza *sf* inequality *(anche matematica)*; difference; disparity; unevenness.

disuguagliare *vt* to make* (sth) unequal (*o* different).

disuguale *agg* unequal *(anche matematica)*; different; uneven; *(irregolare)* irregular; uneven; *(non uniforme)* fragmentary.

disumanità *sf* inhumanity; brutality.

disumano *agg* **1** *(che non sembra umano)* inhuman; terrible; awful: *un urlo disumano,* a terrible cry. **2** *(brutale)* inhuman; brutal.

disunione *sf* disunion; *(di opinioni)* dissension.

disunire *vt* to disunite. □ **disunirsi** *v. rifl* to become* disunited; to divide.

disunito *agg* **1** disunited. **2** *(irregolare)* uneven; unequal.

disusato *agg* old-fashioned; obsolete.

disuso *sm* disuse: *cadere in disuso,* to fall into disuse (out of use); to become obsolete.

disutile *agg* **1** useless. **2** *(di persona)* unhelpful; useless.

disutilità *sf* uselessness; inutility; *(econ.)* disutility.

disvio *sm (disguido)* miscarriage.

disvolere *vt (lett.)* to cease to want (sth); to want (sth) no longer; to change one's mind; to go* off (sth) *(fam.)*: *volere e disvolere,* to blow hot and cold (over sth).

ditale *sm* thimble; *(per un dito malato)* finger-stall.

ditata *sf* **1** *(colpo)* tap with a finger (with the fingers): *Mi ha dato una ditata in un occhio,* He poked his finger in my eye. **2** *(impronta)* finger-print; finger-mark.

dito *sm* **1** *(della mano, di un guanto)* finger; *(del piede)* toe; *(anat., della mano o del piede)* digit: *dito anulare,* ring finger — *dito indice,* forefinger; index finger — *dito medio,* middle finger — *dito mignolo,* little finger — *dito di gomma,* finger-stall — *Ti proibisco di alzare un dito sul bambino,* I forbid you to lay a finger on the child — *sapere (avere) qcsa sulla punta delle dita,* to have sth at one's finger-tips — *mettere il* *dito sulla piaga,* to put one's finger on the weak (*o* sore) spot — *non avere la forza di alzare un dito,* not to have the strength to lift a finger — *... che si può (poteva) contare sulle dita,* ... which can (could) be counted on the fingers of one hand — *non muovere (non alzare) un dito per qcno,* not to lift (not to move) a finger to help sb. **2** *(misura)* inch *(= pollice): accorciare la gonna di un paio di dita,* to shorten a skirt a couple of inches — *Dagli un dito e si prenderà la mano,* Give him an inch and he'll take a mile. **3** *(talvolta di vino, liquore, ecc.)* drop: *un dito di vino,* a drop of wine.

□ *il dito di Dio,* the hand of God — *È roba da leccarsi le dita!,* This'll make you smack your lips! — *non muovere un dito tutto il santo giorno,* not to do a stroke of work all day long; not to lift a finger all day long — *legarsela al dito,* not to forget (an offence, an insult, *ecc.*); to bear a grudge — *mettersi le dita nel naso,* to pick one's nose — *mordersi le dita, (dalla rabbia)* to be fuming with rage; *(dal pentimento)* to be bitterly sorry — *mostrare qcno a dito,* to point at sb — *toccare il cielo con un dito,* to be beside oneself with joy — *Tra moglie e marito non mettere il dito, (prov.)* When man and wife squabble 'tis wise not to meddle.

ditta *sf* firm; business; concern; *(dir.)* firm name; *(teatro)* company: *Spett. Ditta, (negli indirizzi)* Messrs *(abbr. di* Messieurs, *fr.); (introduzione di lettera)* Dear Sirs; Gentlemen *(USA)* — *ditta fornitrice,* supplier — *ditta esportatrice (importatrice),* exporter; importer.

dittafono *sm* dictaphone.

dittamo *sm* dittany.

dittatore *sm* dictator: *essere un dittatore, (fam.)* to be bossy; to be a little Hitler.

dittatoriale *agg* dictatorial: *un regime dittatoriale,* a dictatorship.

dittatorialmente *avv* dictatorially; despotically.

dittatura *sf* dictatorship: *dittatura del proletariato,* dictatorship of the proletariat.

dittico *sm* diptych.

dittongo *sm* diphthong.

diuresi *sf* diuresis.

diuretico *agg e sm* diuretic.

diurna *sf* matinée *(fr.);* afternoon performance.

diurnista *sm e f.* day-labourer.

diurno *agg* daytime; *(in astronomia, ecc.)* diurnal: *spettacolo diurno,* matinée *(fr.);* afternoon performance — *albergo diurno,* rest room; 'day hotel'; wash-and-brush-up — *ore diurne,* daytime.

diva *sf (cinema, ecc.)* star; *(cantante lirica e fig.)* prima donna *(pl. generalm.* prima donnas*): Non fare la diva per favore,* Don't act the prima donna, please.

divagare *vt (raro)* to distract; to divert.

□ *vi* to wander; to digress; to stray: *Non divagare!,* Don't wander off the point!

□ **divagarsi** *v. rifl (raro)* to amuse oneself.

divagazione *sf* digression; wandering.

divampare *vi* to burst* into flames; to flare up; *(scatenarsi)* to break* out: *divampare di sdegno,* to blaze with rage.

divano *sm* divan; settee; sofa: *divano letto,* bed-settee; day-bed.

divaricamento *sm* straddle; opening (out).

divaricare *vt* to open (out); *(le gambe)* to straddle; to stretch.

divaricato *agg* **1** wide apart: *a gambe divaricate,* with one's legs wide apart. **2** *(bot., zool.)* divaricate.

divario *sm* discrepancy; diversity; gap: *divario tecnologico,* technological gap.

divedere *vt (nell'espressione) dare a divedere,* to give* the impression; *(mostrare)* to show*; *(dare a intendere)* to give* (sb) to understand (sth); to lead* (sb) to believe (sth).

divellere *vt* to uproot; to eradicate *(anche fig.);* to pull up.

[1]**divenire** *(in funzione di sm)* becoming: *l'essere e il divenire,* being and becoming.

[2]**divenire** *vi* ⇨ **diventare.**

diventare, divenire *vi* to become*; *(lentamente, gradualmente)* to grow* *(con un agg.); (rapidamente)* to turn; to go* *(generalm. con un agg.);* to turn to *(se si tratta di cose astratte); (talvolta)* to turn into *(se si tratta di cose concrete);* to get* *(fam., con un agg.): Diventò dottore (architetto, ecc.),* He became a doctor (an architect, *ecc.*) — *Suo marito è diventato un uomo famoso,* Her husband has become a famous man — *diventare amici,* to become friends — *Ero ricco e son diventato povero,* I was rich and I have become poor — *Come sei diventato alto!,* How tall you have grown (you've got)! — *Tua sorella è diventata una bella ragazza,* Your sister has grown into a fine girl — *Mio figlio è diventato uomo,* My son has grown (up) into a man — *La carne è diventata cattiva,* The meat has turned (has gone) bad — *Il vino è diventato acido,* The wine has turned (has gone) sour — *Il ghiaccio è diventato acqua,* The ice has turned into water — *La fata fece diventare la rondine una fanciulla,* The fairy turned the swallow into a girl — *Diventò un traditore,* He turned traitor — *La sua ansia diventò angoscia,* Her anxiety turned to (*o* into) anguish — *È diventato cattolico,* He has turned Catholic — *Diventò rossa per la vergogna,* She turned red with shame — *diventare gialle (rosse), (di foglie autunnali)* to turn yellow (red) — *Paolo diventa sempre più grasso,* Paolo is getting (is becoming) fatter and fatter — *Sto diventando vecchio, i miei capelli diventano grigi,* I am getting (I am growing) old, my hair is getting (turning) grey — *Bevi il caffè, non farlo diventare freddo,* Drink your coffee, don't let it get cold.

□ *diventare di mille colori,* to flush to the roots of one's hair; to blush; to change colour — *Diventerà un bravo scrittore (attore, ecc.),* He will make a good writer (actor, *ecc.*) — *Quella donna ti farà diventare matto,* That woman will drive you mad — *C'è da diventare matti!,* It's enough to drive one mad! — *diventare di sasso,* to be petrified; to be stunned; to stand aghast.

diverbio *sm* squabble; tiff *(spec. tra innamorati); (rabbioso)* altercation: *avere (venire a) un diverbio con qcno,* to have words (*o* a quarrel) with sb.

divergente *agg* **1** divergent. **2** *(bot., zool.)* divaricate. **3** *(matematica)* diverging; divergent.

□ *sm (al pl.: della rete a strascico)* otter boards; *(per dragaggio)* kites.

divergenza *sf* divergence *(anche in matematica);* divergency: *divergenza d'opinioni,* difference of opinion.

divergere *vi* to diverge (from sth); to be* divergent.

diversamente *avv* **1** *(in modo diverso)* differently; otherwise: *Diversamente da quanto stabilito...,* Contrary to what had been decided... **2** *(altrimenti)* otherwise; if not; or else: *Se vieni anche tu, va bene: diversamente andrò da solo,* If you come too, fine: otherwise, I'll go alone.

diversificare *vt* **1** *(rendere vario)* to diversify *(anche comm.)*; to vary. **2** *(rendere differente)* to differentiate. □ **diversificarsi** *v. rifl* to differ: *Le due edizioni si diversificano per alcuni particolari,* The two editions differ in a number of details.

diversificazione *sf* diversification *(anche comm.)*; differentiation.

diversione *sf (di acque)* diversion; *(mil.)* feint; diversion.

diversità *sf* diversity; difference.

diversivo *agg* deviating; diverging.
□ *sm* **1** diversion; distraction. **2** *(idraulica)* diversion channel.

diverso *agg* **1** different; unlike *(meno comune; seguito generalm. da un compl.)*: *Il tuo metodo è diverso dal mio,* Your method is different from mine — *I nostri gusti sono diversi,* Our tastes are different — *Sono fatti in colori diversi,* They are made in different colours — *È del tutto diversa da sua sorella,* She is completely unlike her sister. **2** *(al pl.: parecchi, svariati)* several; various; some; a number of; sundry *(comm.)*; miscellaneous: *Ho letto quel libro diverse volte,* I've read that book several times — *Non posso venire per diverse ragioni,* I can't come for various reasons (for a number of reasons) — *diversi mesi fa,* some months ago — *creditori (debitori) diversi,* sundry creditors (debtors) — *spese diverse,* sundry expenses — *articoli (generi) diversi,* sundries.
□ *pron (solo pl.)* several (people); a number of people; not a few (people).

divertente *agg* amusing; entertaining; *(che fa ridere)* funny: *È stato divertente?,* Was it amusing?

divertimento *sm* **1** amusement; fun; diversion: *Buon divertimento!,* Have a good time!; Enjoy yourself! — *Bel divertimento!, (iron.)* What fun!; How lovely! — *fare qcsa per divertimento,* to do sth for fun — *con mio grande divertimento,* to my great amusement. **2** *(passatempo)* hobby; pastime. **3** *(mus.)* divertimento *(pl.* divertimenti*)*; divertissement *(fr.)*.

divertire *vt* **1** to amuse; to entertain. **2** *(deviare)* to divert.
□ **divertirsi** *v. rifl* to amuse oneself; to have* a good time; to have* fun; to enjoy oneself: *Divertitevi!,* Have a good time!; Enjoy yourselves! — *divertirsi un mondo,* to have a whale of a time *(fam.)* — *divertirsi alle spalle di qcno,* to laugh at sb else's expense.

divezzamento *sm* weaning.

divezzare *vt* to wean *(anche fig.)*.
□ **divezzarsi** *v. rifl* to wean oneself (of sth); to get* rid (of a habit); to get* oneself off (sth).

dividendo *sm* dividend: *senza dividendo,* ex dividend — *acconto (sul) dividendo,* interim dividend.

dividere *vt* **1** to divide (up); to share (out); *(talvolta)* to split*: *Dividemmo il denaro in tre parti uguali,* We divided the money into three equal shares; We split the money three ways — *Divideremo la torta fra noi tre,* We'll divide (We'll share) the cake between the three of us — *Divisero il bottino fra di loro,* They divided (They shared out) the booty between (*o* among) themselves — *Divide il suo tempo fra il lavoro e la scuola,* He divides his time between work and study — *dividere 12 per 6,* to divide 12 by (*o* into) 6 — *n diviso x,* n divided by x; n over x — *Dovremo dividere il lavoro,* We shall have to divide *(talvolta* to split*)* the work up — *Dividi la mela in due parti,* Split the apple into two halves — *dividere l'atomo,* to split (to smash) the atom.
2 *(condividere)* to share: *dividere i dolori con qcno,* to share (in) sb's sorrows — *Divide le mie gioie e i miei dolori,* She shares (in) my joys as well as (in) my sorrows — *Dividerò le spese con te,* I will share (in) the expenses with you. **3** *(separare, anche fig.)* to separate; to divide; *(fig.: lacerare)* to tear*; *(scindere)* to split*: *Dividi le mele buone dalle cattive,* Separate the good apples from the bad ones — *L'Inghilterra è divisa dalla Francia dalla Manica,* England is separated from France by the Channel — *dividere due persone,* to separate (to part) two people — *L'amore per la stessa ragazza li divise,* Love for the same girl divided them — *dividere una famiglia,* to divide a family — *La guerra civile divideva il paese,* The country was torn by civil war. □ *I miei genitori vivono divisi,* My parents live apart — *Non ho nulla da dividere con te,* I have nothing in common with you.
□ **dividersi** *v. rifl e reciproco* **1** to divide; to split* up: *Il Nilo si divide vicino alla foce,* The Nile divides near its mouth — *Si divisero in due gruppi,* They split (up) into two groups — *La folla si divise e ci lasciò passare,* The crowd parted and let us through. **2** *(separarsi)* to part; to separate: *I suoi genitori si sono divisi l'anno scorso,* His parents separated last year — *Parlammo fino a tarda notte e poi ci dividemmo,* We talked far into the night and then parted — *Si è diviso dalla famiglia,* He has parted from his family. **3** *(raro: fendersi)* to break* (up); to split*: *Il ghiaccio si divise in più parti,* The ice broke into several parts. □ *Le nostre strade si dividono,* We must go our separate ways.

divieto *sm* prohibition: *Divieto di sosta,* No parking — *Divieto di transito,* No thoroughfare — *Divieto d'affissione,* Stick no bills — *Divieto di fumare,* No smoking — *far divieto,* to prohibit.

divinamente *avv* **1** *(in modo divino)* divinely. **2** *(fam.: estremamente)* very; extremely.

divinare *vt* to divine; *(predire)* to foretell*.

divinatore *sm* diviner.

divinatorio *agg* prophetic: *l'arte divinatoria,* the art of divination.

divinazione *sf* **1** divination; divining. **2** *(fig.)* intuition; prescience.

divincolamento *sm* wriggling.

divincolare *vt* to wriggle.
□ **divincolarsi** *v. rifl* to wriggle; to struggle to free oneself.

divinità *sf* **1** divinity; godhead. **2** *(nume)* god; *(dea)* goddess. **3** *(qualità divina)* divine quality. **4** *(scienza)* divinity.

divinizzare *vt* to deify.

divinizzazione *sf* deification.

divino *agg* **1** divine; godlike; godly. **2** *(fig., fam.)* divine; heavenly.

divisa *sf* **1** uniform; regulation dress; *(livrea)* livery: *divisa ordinaria,* service dress — *divisa di gala,* full dress; *(mil., anche)* patrols *(pl.)* — *essere in divisa,* to be in uniform. **2** *(araldica)* motto; device. **3** *(econ.)* currency: *divisa estera,* foreign currency.

divisibile *agg* divisible: *Nove è divisibile per tre,* Nine is divisible (*o* can be divided) by three.

divisibilità *sf* divisibility.

divisionale *agg* divisional.

divisione *sf* **1** *(vari sensi: mat., mil., calcio, ecc.)* division; *(aeronautica)* group; *(amministrazione)* department; *(reparto)* ward; *(parete divisoria)* partition: *generale di divisione,* major-general — *capo divisione,* head of a department — *muro di divisione,* party wall. **2** *(mecc.)* indexing. **3** *(dir., comm.)* distribution; partition; apportionment; allotment; *(più* *fam.)* sharing-out: *divisione dell'eredità,* distribution of the estate — *divisione del lavoro,* division of labour — *divisione degli utili,* profit-sharing. **4** *(discordia)* discord; deep disagreement.

divisionismo *sm* pointillism.

divisionista *sm e f.* pointillist.

divismo *sm* **1** *(fanatismo)* star worship. **2** *(esibizionismo)* showing off; playing to the crowd.

divisore *sm* **1** *(matematica)* divisor: *massimo comun divisore,* highest common factor *(generalm. abbr.* H.C.F.*)*. **2** *(mecc.)* dividing head; index head: *divisore di tensione,* voltage divider.

divisorio *agg* dividing; partition *(attrib.)*: *parete divisoria,* partition wall; partition.
□ *sm* partition.

divo *agg* divine; god-like.
□ *sm (attore, ecc.)* star: *divo del cinema,* film star.

divorare *vt* to devour *(anche fig.)*; to wolf down *(fam.)*; to eat* (sth) up; *(dilapidare)* to waste; to squander: *divorare un panino,* to wolf down a sandwich — *divorare un romanzo,* to devour a novel — *divorare la strada,* to eat up the miles — *essere divorato dalla curiosità,* to be eaten up with curiosity — *divorare qcsa con gli occhi,* to eye sth greedily.
□ **divorarsi** *v. rifl* to be* consumed; to consume oneself: *divorarsi dal desiderio,* to be consumed with desire.

divoratore *sm* devourer: *È un divoratore di dolci (di film western),* He simply loves sweet things (westerns).
□ *agg* devouring.

divorziare *vi* to divorce: *divorziare da qcno,* to divorce sb.

divorziata *sf,* **divorziato** *sm* divorcee.

divorzio *sm* divorce *(anche fig.)*: *chiedere il divorzio,* to apply for a divorce — *fare divorzio,* to divorce — *ottenere il divorzio,* to get a divorce.

divorzista *sm e f.* **1** *(avvocato)* divorce lawyer. **2** *(fautore della liberalizzazione della legge sul divorzio)* supporter of divorce; member of the pro-divorce party.

divulgare *vt* **1** *(rendere noto)* to make* known *(spec. un segreto)*; to divulge (to reveal); to spread*; to publish; *(per radio)* to telecast*; *(per televisione)* to telecast*. **2** *(rendere popolare)* to popularize.
□ **divulgarsi** *v. rifl* to spread*; *(entrare nell'uso corrente)* to catch* on.

divulgativo *agg* popular: *scritti divulgativi,* popular writings.

divulgatore *sm* divulger; *(di opera difficile)* populariser.

divulgazione *sf (di notizie, ecc.)* divulgation; spreading; *(di un segreto)* revealing; disclosure; divulging; *(di opera difficile)* popularization: *un'opera di divulgazione,* a popular work.

dizionario *sm* dictionary: *dizionario geografico,* gazetteer — *un dizionario vivente, (fig.)* a walking encyclopaedia — *cercare una parola sul dizionario,* to look for (to look up) a word in the dictionary.

dizionarista *sm* author (*o* compiler) of a dictionary; lexicographer *(anche scherz.)*.

dizione *sf* **1** diction; elocution. **2** *(recitazione)* recitation. **3** *(pronunzia)* pronunciation.

do *sm (mus.)* C: *do minore,* C minor.

doccia *sf* **1** shower; douche *(dal fr.: spec. med.)*: *fare la doccia,* to have (to take) a shower — *una doccia fredda,* a cold shower; *(fig.)* cold water; a wet blanket; a check to enthusiasm; *(più forte)* a slap in the face. **2** *(grondaia)* gutter; gulley; *(condotto)* water-pipe; *(di colata)* spout: *scalpello a doccia,* gouge. **3** *(anat.)* furrow; sulcus.

docente *agg* teaching: *il personale docente,* the teaching staff; the Faculty *(USA, all'università)*.
□ *sm* teacher: *libero docente,* teacher recognised by a university; privat-dozent *(vocabolo tedesco)*.

docenza *sf* teaching qualification: *libera docenza,* university teacher's qualification — *ottenere la libera docenza,* to qualify for university teaching.

docile *agg* **1** *(arrendevole)* obedient; meek; submissive; *(mansueto)* docile. **2** *(di sostanze)* easy to work; malleable; *(di strumento, macchina, ecc.)* easy to handle (to manage): *una nave docile ai comandi,* a ship that answers the helm well.

docilità *sf* **1** docility; meekness. **2** *(di materiali)* softness.

docilmente *avv* meekly; obediently; docilely.

documentabile *agg* able to be proved in writing.

documentare *vt* to furnish (to supply) documentary evidence (for sth); to document.
□ **documentarsi** *v. rifl* to gather (to collect) information about (sth): *documentarsi su un argomento,* to read up a subject.

documentario *agg* documentary.
□ *sm* **1** documentary (film). **2** *(notiziario di attualità)* news-reel.

documentaristico *agg* documentary.

documentato *agg* well-documented.

documentazione *sf* **1** documentation; *(talvolta)* documentary evidence. **2** *(documenti)* documents *(pl.)*; record; *(per estensione)* collection of illustrative (*o* technical, *ecc.*) literature.

documento *sm* **1** certificate; paper; document; record: *documenti personali,* identification papers — *documenti di bordo,* ship's papers — *Documenti prego!,* Your papers, please! — *pagamento contro documenti,* payment against documents. **2** *(testimonianza)* document; proof; evidence.

dodecafonia *sf* dodecaphony; twelve-note system.

dodecafonico *agg* dodecaphonic; twelve-note *(attrib.)*.

dodecasillabo *agg* twelve-syllable *(attrib.)*; dodecasyllabic.
□ *sm* twelve-syllable line; dodecasyllable.

dodicenne *agg* twelve years old *(predicativo)*: twelve-year-old *(attrib.)*.
□ *sm* twelve-year-old boy; *sf* twelve-year-old girl.

dodicesimo *agg numerale cardinale e sm* twelfth: *in dodicesimo,* in duodecimo *(abbr.* 12mo*)*.

dodici *agg numerale cardinale; sm e f.* twelve: *(nelle date) il dodici del mese,* the twelfth of the month — *le dodici, (dell'orologio)* twelve; twelve o'clock; *(mezzogiorno, anche)* midday; noon; *(mezzanotte, anche)* midnight — *un dodici, (al totocalcio)* a line with twelve correct results.

dodicimila *agg numerale cardinale e sm e f.* twelve thousand.

doga *sf* **1** *(di botte, ecc.)* stave. **2** *(araldica)* pale.

dogale *agg (stor.)* dogal; of a doge.

dogana *sf* customs *(pl.)*; *(l'edificio)* customs-shed; *(magazzino)* bonded warehouse; *(dazio)* duty: *passare la dogana,* to go through the customs — *svincolare merci in dogana,* to clear goods through customs — *dichiarazione per la dogana,* customs declaration — *merce bloccata in dogana,* goods held up in the customs — *ufficiale di dogana,* customs officer — *franco (esente) da dogana,* duty free.

doganale *agg* customs *(attrib.)*: *visita doganale,*

customs inspection — *dichiarazione doganale,* bill of entry — *magazzino doganale,* bonded warehouse.

doganiere *sm* customs officer.

dogare *vt* to stave.

dogaressa *sf* doge's wife.

doge *sm* doge.

doglie *sf pl* pains: *le doglie del parto,* labour pains — *avere le doglie,* to be in labour.

dogma *sm* dogma.

dogmatica *sf* dogmatics *(col v. al sing.).*

dogmaticamente *avv* dogmatically.

dogmatico *agg* dogmatic.

dogmatismo *sm* dogmatism.

dogmatizzare *vi* to dogmatize.

dolce *agg* **1** sweet *(anche fig.): un'arancia dolce,* a sweet orange — *vino dolce,* sweet wine — *formaggio dolce,* mild cheese — *Ti piace dolce il caffè?,* Do you like your coffee sweet? — *una voce (un viso, un carattere) dolce,* a sweet voice (face, temper). **2** *(mite, lieve, temperato)* mild; gentle: *un clima dolce,* a mild climate — *la dolce stagione,* the mild season — *una dolce brezza,* a gentle breeze — *un dolce pendio,* a gentle slope. **3** *(chim., metallurgia, ecc.)* soft; mild: *ferro (legno, pietra) dolce,* soft iron (wood, stone) — *rendere dolce,* to soften — *saldato a dolce,* soft-soldered — *saldatura a dolce,* soft-soldering — *carbone dolce,* charcoal — *piedi dolci,* soft (*o* delicate) feet. **4** *(fonetica)* soft: *La 'g' è dolce in 'gentle' e dura in 'gold',* The letter 'g' is soft in 'gentle' and hard in 'gold'. **5** *(di acqua)* fresh: *pesci d'acqua dolce,* fresh-water fish — *marinaio d'acqua dolce,* a fresh-water sailor. ☐ *il dolce far niente,* pleasant idleness; sweet do nothing; 'dolce far niente' *(generalm. riferito all'Italia)* — *paroline dolci,* soft soap *(fam.)* — *la dolce vita,* the good life; a soft life — ⇨ *anche* **dolcevita**.

☐ *sm* **1** *(cose dolci in generale)* sweet things *(pl.)*; sweet stuff *(fam.)*; *(dolciumi)* sweets *(pl.): Mi piacciono i dolci,* I have a sweet tooth. **2** *(piatto dolce, portata dolce)* sweet; pudding *(GB, talvolta)*; afters *(fam.): Preferisco il dolce dopo la frutta,* I prefer the sweet after the fruit. **3** *(torta e pasticceria in generale)* cake; pastry *(pl.* pastries*)*; sweetmeat *(lett.).*

☐ *Dopo il dolce vien l'amaro, (prov.)* After the sweet comes the sour.

dolceamaro *agg* bitter-sweet.

dolcemente *avv* **1** sweetly; gently; softly. **2** *(attentamente)* gently; carefully.

dolcevita *sf* light roll- (*o* turtle-) neck pullover.

dolcezza *sf* **1** sweetness *(anche fig.)*; *(gentilezza)* kindness; *(grazia)* charm; gracefulness; *(tenerezza)* tenderness. **2** *(di clima)* mildness; *(di suono, colore)* softness; *(di profumo)* fragrance. **3** *(persona amata)* sweet; darling. **4** *(al pl.: gioie)* joys: *le dolcezze della vita,* the joys of life.

dolciario *agg* confectionery; sweet *(attrib.): industria dolciaria,* the confectionary industry.

dolciastro *agg* **1** sweetish; *(stucchevole)* sickly. **2** *(fig.)* ingratiating; cloying.

dolcificante *agg* sweetening. ☐ *sm* sweetener.

dolcificare *vt* to sweeten.

dolciume *sm* sweet; sweets *(pl.)*; candy *(USA)*; *(comm.)* confectionery; *(sapore stucchevole)* sickly sweetness; excessive sweetness: *negozio di dolciumi,* confectioner's (shop).

dolente *agg* **1** *(nel significato del v.)* painful. **2** sorrowful; plaintive; doleful: *la Città dolente,* Hell. **3** *(spiacente)* sorry: *essere dolente (per qcsa),* to be sorry about sth.

dolere *vi* **1** to ache; to hurt*: *Mi duole il capo,* My head aches; I have a headache — *Mi duole la gola,* My throat aches; I have a sore throat. **2** *(dispiacere, rincrescere)* to regret; to be* sorry (about, for) *(con costruzione personale): Mi duole non poterti aiutare,* I regret being unable to help you; I'm sorry that I cannot help you — *Mi duole dire che vi devo lasciare,* I regret to say that I must leave you — *Ci duole di essere in ritardo alla cerimonia,* We are sorry to be late for the ceremony.

☐ **dolersi** *v. rifl* **1** *(dispiacersi)* to regret; to be* sorry (for, about sth): *Mi dolgo per la mia cattiva azione,* I regret my evil deed — *dolersi dei propri peccati,* to repent (of) one's sins. **2** *(lamentarsi)* to complain: *Ho buoni motivi (Non ho motivi) per dolermi di voi,* I have good grounds (I have no reason) for complaining about you — *Se ne dolsero con l'Ambasciata,* They complained to the Embassy.

dolina *sf (geologia)* dolina; sink.

dollaro *sm* dollar; buck *(USA, sl.).*

dolman *sm* dolman.

dolmen *sm* dolmen.

dolo *sm* **1** *(dir.)* malice. **2** *(truffa)* fraud; deceit; fraudulent misrepresentation.

dolomia, dolomite *sf* dolomite.

dolomitico *agg* dolomitic; *(geografia)* Dolomitic.

dolorante *agg* aching; sore: *la parte dolorante,* the sore part — *essere tutto dolorante,* to be aching all over.

dolore *sm* **1** *(fisico)* pain; *(continuo)* ache: *un sordo dolore,* a dull ache — *dolore di stomaco,* stomach-ache — *Sono tutto un dolore,* I am aching all over; I'm just one big ache *(fam.)* — *... per il dolore,* ... in pain. **2** *(morale)* grief; sorrow; *(talvolta)* regret: *abbandonarsi al dolore,* to give way to grief — *impazzire di dolore,* to go mad with grief — *Con mio grande dolore...,* Much to my regret... — *Di dolore non si muore,* Sorrow won't kill you.

dolorosamente *avv* painfully; sorrowfully.

doloroso *agg* **1** painful. **2** *(fig.: pieno di dolore)* sorrowful; sad: *doloroso a dirsi,* sad to relate.

dolosamente *avv* maliciously; fraudulently.

doloso *agg (dir.)* fraudulent; malicious: *incendio doloso,* arson.

domabile *agg* **1** tamable. **2** *(di cavallo, ecc.)* able to be broken in; that can be broken in. **3** *(di materia)* malleable; pliable.

domanda *sf* **1** question: *una domanda facile,* an easy question — *Ma che domanda stupida!,* What a (silly) question! — *fare una domanda (a qcno),* to ask (sb) a question — *rispondere ad una domanda,* to answer a question — *una serie di domande,* a set of questions. **2** *(richiesta scritta)* application; *(richiesta in genere)* request; *(dir.)* petition; claim; application: *compilare una domanda,* to fill in an application — *domanda d'ammissione (ad una scuola, ecc.),* application for admission (to a school, *ecc.*) — *domanda d'impiego,* application for a situation (for a job) — *domande d'impiego, (p.es. sul giornale)* situations wanted — *fare domanda d'impiego,* to apply for a situation (for a job) — *presentare (fare) una domanda,* to send in an application — *respingere una domanda,* to dismiss (to refuse) an application — *fare una domanda,* to make a request — *La mia domanda è stata accolta,* My request was accepted (was granted) — *Chi appoggiò la tua domanda?,* Who seconded your request? — *domanda di divorzio,* divorce petition — *domanda* *d'informazioni,* letter of inquiry — *domanda di pensione,* pension claim — *domanda di brevetto,* patent application — *domanda di rappresentanza,* application for an agency — *domanda di matrimonio,* proposal. **3** *(econ.)* demand: *domanda e offerta,* supply and demand — *soddisfare la domanda,* to meet (the) demand.

domandare *vt* **1** to ask; to inquire; *(anche)* to enquire; to request: *domandare a qcno qcsa,* to ask sb sth — *domandare qcsa a qcno, (per ottenere)* to ask sb for sth; to ask sth of (*o* from) sb — *Gliel'hai domandato?,* Did you ask him? — *Domanda a tuo padre cosa devi fare,* Ask your father what you should do — *Domanda al vigile la strada,* Ask the policeman which way to go — *Mi domandò del danaro (un favore, aiuto, ecc.),* He asked me for money (for a favour, for help, *ecc.*) — *domandare l'ora,* to ask the time — *domandare informazioni su qcsa,* to ask about sth; to request information about sth — *domandare notizie sulla salute di qcno,* to ask (to inquire) after sb — *domandare un consiglio a qcno,* to ask (to request) sb's advice — *domandare un permesso,* to ask permission — *domandare la parola,* to ask leave to speak — *domandare campioni, cataloghi, merce, ecc.,* to request samples, catalogues, goods, *ecc.* — *domandare udienza a qcno,* to ask (to request) an audience of sb — *Domando scusa,* I beg your pardon; I'm sorry — *Domando e dico!,* I ask you! — *Domando e dico se questo è il modo di comportarsi!,* I ask you, is this the way to behave? — *domandare l'elemosina,* to beg (for alms). **2** *(lett.: esigere)* to demand.

☐ *vi* **domandare di qcno,** - **a)** *(chiedere se c'è qcno)* to ask for sb: *C'è qui una signora che chiede di Lei,* There is a lady asking for you - **b** *(chiedere come sta qcno)* to ask after sb.

☐ **domandarsi** *v. rifl* to wonder; *(talvolta)* to ask oneself: *Mi domando perché non sia venuto,* I wonder why he hasn't come — *Mi domando se essi abbiano già finito il lavoro,* I wonder whether they have finished the work yet — *Mi domando: perché viviamo?,* I ask myself: what are we alive for?

domani *avv* tomorrow *(anche in senso indeterminato): dopo domani,* the day after tomorrow — *domani mattina (sera),* tomorrow morning (evening) — *domani a otto,* tomorrow week; a week tomorrow — *domani a quindici,* two weeks (a fortnight) tomorrow; tomorrow fortnight — *Arrivederci a domani,* See you tomorrow — *A domani, allora!,* Till tomorrow, then! ☐ *oggi o domani, (prima o poi)* sooner or later; before long; one of these days — *Domani!, (iron.)* Never!; You'll be lucky! *(fam.)* — *dall'oggi al domani, (in fretta)* overnight — *dàgli oggi e dàgli domani,* in the long run — *oggi qui, domani là,* here today, gone tomorrow — *oggi a me, domani a te,* my turn today; yours tomorrow.

☐ *sm* tomorrow; the next day; the morrow *(poet.); (futuro)* future: *L'indomani era già al mare,* The next day he was already at the seaside — *pensare al domani,* to think of the future — *in un prossimo domani,* in the near future — *rimandare dall'oggi al domani,* to put off from one day to the next.

domare *vt* to tame; *(cavalli)* to break* in; *(fig.: un popolo)* to subdue; to subjugate; *(scarpe)* to wear* in: *domare una belva,* to tame a wild beast — *domare una rivolta,* to subdue a revolt — *domare i propri istinti,* to subdue one's instincts — *domare un incendio,* to put out a fire.

domatore *sm* tamer: *domatore di cavalli,* horse-breaker.

domattina *sf* tomorrow morning.

domatura *sf* taming; *(di cavalli, muli, ecc.)* breaking-in.

domenica *sf* Sunday; *(religione, anche)* Sabbath; Lord's day: *la domenica delle Palme,* Palm Sunday — *la domenica di Pasqua,* Easter Sunday — *Domenica andremo in campagna,* We will go to the country on (*o* next) Sunday — *Alla domenica mi alzo sempre tardi,* I always get up late on Sundays — *mettersi il vestito della domenica,* to put on one's Sunday best — *osservare la domenica,* to keep the Sabbath — *non osservare (rompere) la domenica,* to break the Sabbath.

domenicale *agg* Sunday *(attrib.).* ☐ *l'orazione domenicale,* the Lord's prayer.

domenicano *sm e agg* Dominican.

domestica *sf* maid; *(a ore)* daily help; daily *(fam.).*

domestico *agg* domestic; *(della casa)* household; *(della famiglia)* family *(attrib.): animali domestici,* domestic animals — *lavoro domestico,* domestic service — *lavori domestici,* housework — *azienda domestica,* family business — *archivio domestico,* family archives — *lari domestici,* household gods — *terreno domestico,* cultivated soil.

☐ *sm* servant; manservant: *i domestici,* the household staff; the servants.

domiciliare *vt (comm.)* to domicile.

☐ **domiciliarsi** *v. rifl* to settle; to take* up residence; to establish oneself.

domiciliare *agg* domiciliary: *perquisizione domiciliare, (dir.)* search.

domicilio *sm* **1** *(dir.)* abode; (place of) residence; *(talvolta, dir.)* domicile: *avere il proprio domicilio a Torino,* to be resident in Turin — *elezione di domicilio speciale,* choice of residence for the purpose of jurisdiction — *domicilio di elezione,* domicile of choice — *domicilio coatto,* forced residence; house arrest. **2** *(per estensione)* house; home: *violazione di domicilio,* house-breaking — *consegna a domicilio,* delivery at the customer's house; home delivery — *vendita a domicilio,* house to house (door to door) selling — *franco a domicilio,* carriage free. **3** *(astrologia)* house.

dominante *agg* **1** dominant; predominating; outstanding: *fondo dominante, (dir.)* dominant tenement — *il carattere dominante,* the outstanding (the main) feature — *vento dominante,* prevailing wind — *la classe dominante,* the ruling class — *in posizione dominante,* in a commanding position — *il fattore dominante,* the leading or. **2** *(mus.)* dominant.

☐ *sf (mus.)* dominant.

dominare *vt e i.* **1** *(signoreggiare, governare)* to dominate; to rule; to hold sway *(lett.): Dominava completamente suo marito,* She dominated (She ruled) her husband completely — *dominare la mente (le passioni, i sentimenti),* to dominate (to rule) one's (sb's) mind (passions, feelings) — *Non lasciarti dominare dalla gelosia,* Don't be ruled by jealousy; Don't let jealousy get the better of you — *dominare un impero,* to rule over an empire — *dominare il pubblico,* to hold the audience — *dominare i mari,* to rule (*lett.* to hold sway over) the seas — *un marito dominato dalla moglie,* a henpecked husband. **2** *(sovrastare)* to dominate; to overlook: *Il paese è dominato dal vecchio castello,* The village is dominated by the old castle — *Dalla mia finestra domino l'intera vallata,* From my window I overlook the whole valley. **3**

(vincere, battere) to get* the better (of sb); to prevail (over sb); to subdue: *dominare i guerriglieri,* to get the better of (to subdue) the rebels. **4** *(imparare bene)* to master: *dominare una lingua straniera,* to master a foreign language — *dominare una situazione,* to be the master of a situation; to have the ball at one's feet *(fam.).*

□ **dominarsi** *v. rifl* to control oneself; to master oneself: *Dovresti cercare di dominarti,* You should try to control yourself — *non sapersi dominare,* to have no self-control — *A volte non so dominarmi,* Sometimes I lose my self-control.

dominatore *sm* dominator *(poco comune);* ruler.

dominazione *sf* domination; rule; ascendancy; sway *(lett.): sotto la dominazione straniera,* under foreign domination (*o* rule).

Domineddio *sm* (the good) Lord.

dominio *sm* **1** dominion; rule; sway *(lett.);* control; domination; *(dir.)* dominion; right of possession: *essere sotto il dominio francese,* to be under French rule — *avere il dominio dei mari,* to rule over the seas — *dominio di se stesso,* self-control — *essere di dominio pubblico,* to be public property; to be part of the public domain *(USA); (fig.: noto a tutti)* to be public knowledge; not to be a secret; to be no secret. **2** *(territorio)* dominion; domain. **3** *(settore, campo)* domain; field: *nel dominio della scienza,* in the domain of science.

[1]**domino** *sm (mantello)* domino.

[2]**domino** *sm (il gioco)* dominoes *(col v. al sing.); (la pedina)* domino.

domo *agg (lett.)* tamed; tame.

[1]**don** *sm (titolo nobiliare spagnolo o italiano)* Don; *(riferito a sacerdoti inglesi)* Father. □ *Don Giovanni,* Don Juan — *essere un Don Giovanni,* to be a Don Juan (a philanderer).

[2]**don** *voce onomatopeica (suono)* dong: *din don,* ding(-)dong.

donante *sm* donor.

donare *vt* to present; to donate; to give*: *donare qcsa a qcno,* to present sb with sth; to make sb a present (a gift) of sth — *donare il sangue,* to give blood — *donare tutto se stesso a qcno,* to give sb all one's love. □ *vi (giovare esteticamente)* to suit; to be* becoming; to become*: *La tua nuova acconciatura ti dona,* Your new hair-style suits you (becomes you) — *Il verde le dona,* She looks well in green; Green does something for her *(fam.).*

donatario *sm* donee.

donativo *sm* gift; present.

donatore *sm* donor: *donatore di sangue,* blood donor.

donazione *sf* gift; donation: *atto di donazione,* deed of gift.

donchisciottesco *agg* quixotic.

donchisciottismo *sm* quixotic behaviour.

donde *avv (lett.)* **1** *(da dove)* whence; from where. **2** *(dal che, dalla qual cosa)* from which; whence: *donde deriva che...,* whence it follows that... **3** *(di che, di cui)* the means with which; the wherewithal: *non avere donde vivere,* not to have the wherewithal to live. □ *averne ben donde,* to have good reason.

dondolamento *sm* rocking; swaying.

dondolare *vt* to swing*; to sway; *(cullare)* to rock. □ *vi* to swing*; to rock; to sway: *dondolare avanti e indietro,* to swing backwards and forwards — *Il lampadario dondola,* The chandelier is swinging.

□ **dondolarsi** *v. rifl* **1** to swing*; to rock (oneself); to sway: *Si dondolava sulle gambe,* He was rocking on his legs — *dondolarsi su uno sgabello,* to rock oneself on one's stool. **2** *(bighellonare)* to idle (to hang*, to loaf) about.

dondolio *sm* (slow, gentle) rocking.

dondolo *sm* swing: *cavallo a dondolo,* rocking-horse — *sedia (poltrona) a dondolo,* rocking-chair.

dongiovanni *sm* ⇨ [1]**don.**

donna *sf* **1** woman *(pl.* women*): C'erano soltanto donne e bambini,* There were only women and children — *La donna è mobile,* Woman is fickle — *una donna di mondo,* a woman of the world; *(eufemistico, per prostituta)* demi-mondaine *(fr.)* — *Chi siete, buona donna?,* Who are you, my good woman? — *Cara la mia donna, così va il mondo!,* My good woman, it's the way of the world! — *Sua moglie è una bella donna,* His wife is a beautiful woman *(o* girl, *se giovane)* — *donna di casa,* housewife — *donna nubile,* single woman; *(dir. o spreg.)* spinster — *i diritti della donna (delle donne),* women's rights — *l'emancipazione della donna,* the emancipation of women — *La donna che era in lei si ribellò,* All the woman in her rebelled — *nemico delle donne,* woman-hater; misogynist — *Non far come le donne!,* Don't play the woman! **2** *(di servizio)* woman *(pl.* women*)* servant; maid; housemaid: *donna delle pulizie,* cleaning woman; help; charwoman — *donna a ore,* part-time help — *donna a giornata,* daily help; daily *(fam.)* — *lasciar detto alla donna,* to leave a message with the maid — *Non abbiamo ancora trovato una donna,* We haven't found any help yet. **3** *(titolo riservato alle nobildonne)* Lady; *(titolo italiano)* 'Donna'. **4** *(sposa)* wife; spouse: *la mia donna,* my wife — *le mie donne (moglie, figlie, sorelle, ecc.),* my womenfolk. **5** *(figura delle carte da gioco)* queen: *la donna di fiori,* the queen of clubs.

□ *donna di strada,* street-walker; whore; tart *(volg.)* — *figlio di buona donna,* son of a bitch *(volg.);* bastard *(volg.)* — *da donna,* womanish — *abito da donna,* dress — *sarto da donna,* dressmaker — *lavori da donna,* needle-work — *prima donna, (teatro e fig.)* 'prima donna' — *Donne e buoi dei paesi tuoi, (prov.)* Wives and oxen are best chosen near home.

donnaccia *sf* slut; hussy; hag.

donnaiolo, donnaiuolo *sm* philanderer; lady-killer; 'Don Juan'.

donnesco *agg* womanlike; feminine; *(effeminato)* womanish: *lavori donneschi, (faccende domestiche)* housework; *(cucito)* needlework.

donnicciuola *sf* silly woman *(pl.* women*).*

donnina *sf* (pretty) little woman *(pl.* women*).*

donnola *sf* weasel.

dono *sm* gift; present: *far dono di qcsa a qcno,* to make sb a present of sth — *avere qcsa in dono,* to get sth as a gift — *il dono della parola,* eloquence; the gift of the gab *(fam.)* — *avere il dono della recitazione,* to have a gift (to be gifted) for acting — *i doni della terra,* the fruits of the earth. □ *pacco dono,* gift package (*o* parcel).

donzella *sf (lett.)* **1** damsel *(ant., lett., scherz.);* maiden *(lett.).* **2** *(ancella)* maid in waiting.

dopo **I** *prep* **1** *(di tempo)* after: *Verremo dopo cena,* We'll come after dinner — *Tornai dopo il tramonto,* I came back after sunset — *Uno dopo l'altro vennero tutti a lamentarsi,* One after the other they all came to complain — *Possiamo rimandare tutto a dopo Natale?,* Can we put everything off until after Christmas? — *Continuammo a chiacchierare fin dopo mezzanotte,* We went on chatting till past midnight — *Mia sorella è nata dopo di me,* My sister was born after me — *dopo tutto,* after all — *Dopo morto il suo* *genio fu riconosciuto universalmente,* After his death his genius was universally recognized — *Telefonami dopo mangiato,* Ring me up when you've eaten (*o* after lunch, dinner, *ecc.*) — *Dopo avere insultato tutti, si vergognò,* After insulting everybody, he was ashamed of himself.

2 *(talvolta: a partire da)* since: *Non li ho più visti dopo il matrimonio,* I haven't seen them since their wedding (since they got married).

3 *(di spazio)* after; *(oltre)* past; beyond; *(dietro)* behind; at the back of; next to: *Devi scendere alla prima fermata dopo la stazione,* You must get off at the first stop after (*o* past) the station — *Il mio posto è nella fila dopo la tua,* My seat is in the row behind yours — *Dopo il nostro giardino c'è una quercia gigantesca,* Next to (Beyond) our garden there is a gigantic oak.

II *avv* **1** *(tempo)* after; afterwards; *(poi)* then; *(più tardi)* later; *(in seguito)* later on: *Ci pensarono su solo molto tempo dopo,* They thought it over only long after (a long time afterwards) — *il giorno dopo,* the day after; the following day — *né prima né dopo,* neither before nor after — *subito dopo,* immediately afterwards — *Poco tempo dopo, tutte le sue speranze crollarono,* Shortly afterwards, all her hopes crumbled — *Adesso studio e dopo vado al cinema,* I'll study now and then go to the cinema (and go to the cinema afterwards) — *Ti racconterò tutto dopo,* I'll tell you everything later — *Un'ora dopo sarebbe stato troppo tardi,* An hour later, and it would have been too late — *Non ho premura, lo farò dopo,* I'm not in a hurry, I'll do it later on — *A dopo!,* See you later! — *E dopo?,* - **a)** What next? - **b)** What happened next (*o* then)? — *per dopo,* for later; until later; till later — *Perché non lo conservi per dopo?,* Why don't you keep it till later?

2 *(spazio)* after; next *(agg. attrib.)*; *(dietro)* behind: *Che cosa c'è dopo?,* What comes after (*o* next)? — *Non è questo il negozio, è quello dopo,* The shop is not this one, it's the next one (the one after) — *Entrammo insieme, ma lui davanti ed io dopo,* We went in together, but he was in front and I behind.

III *sm* (what comes) afterwards; (the) future.

dopobarba *sm* after-shave (lotion).

dopoché *congiunz* after; when; *(da quando)* since: *Arrivai dopoché tu eri già partito,* I arrived when you had already left — *Non l'ho più vista dopoché morirono i suoi genitori,* I haven't seen her since her parents died.

dopodiché *congiunz* after which.

dopodomani *avv* the day after tomorrow.

dopoguerra *sm* post-war period; post-war *(attrib.)*: *la generazione del dopoguerra,* the post-war generation — *il primo dopoguerra,* the period between the first and second world wars.

dopolavoro *sm* recreational club; workmen's club.

dopopranzo *sm* after lunch (*o* dinner); *(nel pomeriggio)* afternoon.

doposcì *sm e attrib* après-ski *(fr.)*: *scarpe doposci,* after-ski shoes.

doposcuola *sm* after-school activities *(pl.)*.

dopotutto *avv* after all.

doppia *sf* **1** *(stor.: moneta)* doubloon. **2** *(al 'poker') una doppia,* two pairs. **3** *(fam.: paga doppia)* double pay; double time. **4** *(doppia lettera)* double letter.

doppiaggio *sm* dubbing.

doppiamente *avv* **1** doubly: *Devi fare doppiamente attenzione,* You must be doubly careful. **2** *(falsamente)* deceitfully.

[1]**doppiare** *vt* **1** to increase; *(raro)* to double. **2** *(naut.)* to double; to round; *(a sopravvento)* to weather. **3** *(industria tessile)* to wind* together. **4** *(sport)* to lap; *(pugilato)* to strike* with a one-two.

[2]**doppiare** *vt (cinema)* to dub.

doppiato *sm* dubbing; dubbed version: *un film doppiato,* a dubbed film.

doppiatore *sm* dubber.

doppiatura *sf* **1** doubling. **2** *(cinema)* dubbing.

doppiere *sm* two-branched candlestick (*o* chandelier).

doppietta *sf* **1** *(fucile)* double-barrelled shot-gun; *(doppio colpo)* shot from both barrels: *doppietta sovrapposta,* over and under shot gun. **2** *(calcio)* double. **3** *(pugilato)* one-two. **4** = **doppietto 2**.

doppietto *sm* **1** *(riga spettrale)* doublet. **2** *(cambio marcia)* double declutch.

doppiezza *sf* **1** doubleness. **2** *(fig.)* duplicity; double-dealing.

doppio I *agg* **1** double: *Questa stoffa è a doppia altezza?,* Is this material double width? — *doppia b (c, d),* double b (c, d) — *un doppio whisky,* a double whisky — *una donna col doppio mento,* a woman with a double chin — *un baule a doppio fondo,* a trunk with a double bottom — *doppia porta (finestra, paga, ecc.),* double door (window, pay, *ecc.*) — *filo doppio,* double thread — *un fucile a doppia canna,* a gun with a double barrel; double-barrelled gun — *binario doppio,* double track — *punto a croce doppio,* double cross-stitch — *partita doppia, (comm.)* double entry — *chiudere a doppio giro di chiave (a doppia mandata),* to double-lock — *giacca a doppio petto,* double-breasted jacket — *arma a doppio taglio, (anche fig.)* two-edged weapon — *doppio comando, (di un aereo)* dual control — *pompa a doppio effetto,* double-acting pump — *in doppia copia,* in duplicate — *cittadinanza doppia,* dual citizenship. **2** *(fig.: falso, ipocrita)* deceitful; shady; double-faced; double-dealing: *È un uomo doppio,* He is a shady character (a deceitful individual); He's deceitful (*o* double-faced) — *doppio gioco,* double-cross — *persona che fa il doppio gioco,* double-crosser — *fare il doppio gioco con qcno,* to double-cross sb — *doppio senso,* 'double entendre' *(fr.)* — *avere una doppia vita,* to lead a double life — *essere doppio,* to wear a double face.

II *avv* **1** double: *vedere doppio,* to see double. **2** ambiguously; deceitfully: *parlare (agire) doppio,* to speak (to act) ambiguously.

III *sm* **1** double *(riferito a un numero)*; twice the quantity (*o* amount); twice as much *(sing.)*; twice as many *(pl.)*: *Ne voglio il doppio,* I want twice the quantity; I want twice as much — *Tu hai molti dischi, ma io ne ho il doppio,* You have got many records, but I have got twice as many — *Io dormirò molto, ma tu dormi il doppio,* I may sleep a lot, but you sleep twice as much — *Lo hai pagato più del doppio,* You have paid more than twice as much for it — *Peso il doppio di te,* My weight is twice yours — *Ho il doppio della tua età,* I am twice your age — *suonare a doppio le campane,* to ring a full peal — *cucire a tre doppi per volta,* to sew up in three folds at a time. **2** *(tennis)* doubles *(pl.)*: *doppio maschile (femminile, misto),* men's (women's, mixed) doubles.

doppione *sm* **1** duplicate. **2** *(di parola)* doublet. **3** *(tipografia)* double; doublet.

doppiopetto *agg* double-breasted: *abito (giacca) doppiopetto,* double-breasted suit (jacket).

dorare *vt* **1** to gild: *dorare la pillola,* to gild the pill. **2**

(cucina) to brown: *'Lasciar dorare in forno per dieci minuti',* 'Leave to brown in the oven for ten minutes' — *dorare con uovo sbattuto,* to glaze.

dorato *agg* gilt; *(fig.)* gilded; *(color oro)* golden; *(cucina)* browned; glazed; golden brown: *argento dorato,* gilt silver — *una gabbia dorata,* a gilded cage — *gioventù dorata,* gilded youth; jeunesse dorée *(fr.).*

doratore *sm* gilder.

doratura *sf* gilding; gilt; *(su argento)* golden-plating.

dorico *agg e sm* Doric.

dormicchiare *vi* to doze; to drowse; to snooze *(fam.).*

dormiente *agg* sleeping.

□ *sm* **1** sleeper. **2** *(industria costruzioni)* sleeper; ground-beam; shelf.

dormiglione *sm* sleepy-head.

dormire *vi* **1** to sleep*; to be* asleep *(anche fig.): Hai dormito bene?,* Did you sleep well? — *dormire sodo,* to sleep soundly; to sleep like a top; to be sound asleep — *dormire bene (male), (non soffrire, soffrire d'insonnia)* to be a good (bad) sleeper — *Dormi?,* Are you asleep? — *I bambini continuano a dormire,* The children are still sleeping — *dormire profondamente, della grossa,* to sleep soundly; to be fast asleep — *Domenica ho dormito tutto il giorno,* Last Sunday I slept the whole day long — *Come vorrei poter dormire per ventiquattro ore filate!,* I wish I could sleep the clock right round! — *dormire tutto d'un sonno,* to sleep the whole night through — *Questa pillola ti farà dormire,* This pill will put you to sleep — *dormire come un ghiro, come un masso,* to sleep like a log (like a top) — *dormirci sopra,* to sleep on it — *dormire con gli occhi aperti,* to sleep with one eye open. **2** *(fig.)* to be* dormant; to lie* (dormant); *(di una pratica)* to be* shelved: *D'inverno le piante dormono,* Plants are dormant during the winter — *La pratica dormiva da due anni,* The case had been shelved for two years — *È un pezzo che dorme la mia domanda di pensione,* My application for a pension has been shelved (has been neglected, has been lying buried in some office) for a long time.

□ *vt* to sleep*: *dormire il sonno dei giusti,* to sleep the sleep of the just — *dormire il sonno eterno,* to sleep one's last sleep — *dormire sonni tranquilli,* to sleep peacefully.

□ *Mia moglie parla spesso dormendo,* My wife often talks in her sleep — *Potete darci da mangiare e da dormire?,* Can you give us a meal and a bed? — *Questo albergo dà da dormire a trecento persone,* This hotel sleeps three hundred guests — *andare a dormire,* to go to bed — *farsi passare il mal di capo dormendo,* to sleep a headache off — *non trovare da dormire,* to find no sleeping accommodation; not to find anywhere to sleep (*o* to spend the night) — *un racconto che fa dormire,* a boring tale — *dormire a occhi aperti (dormire in piedi),* to be dropping with sleep — *dormire fra due guanciali* ⇨ **guanciale** — *Chi dorme non piglia pesci, (prov.)* The early bird catches the worm.

dormita *sf* **1** sleep: *fare una bella dormita,* to have a good sleep. **2** *(di baco da seta)* lethargy.

dormitina *sf* nap; forty winks *(pl., fam.).*

dormitorio *sm (stanza, quartiere periferico)* dormitory: *dormitorio pubblico,* shelter; doss-house *(GB, sl.).*

dormiveglia *sm* drowsiness: *stare in dormiveglia,* to be half-asleep (only half-awake).

dorsale *agg* dorsal: *spina dorsale,* backbone; spine.

□ *sf (di monte)* ridge.

dorsista *sm e f.* back-stroke swimmer (*o* specialist).

dorso *sm* **1** back: *a dorso di cavallo,* on horseback — *sul dorso,* on one's back. **2** *(di libro)* spine. **3** *(di monte)* ridge. **4** *(nuoto)* back-stroke.

dosabile *agg* measurable.

dosaggio *sm* **1** dosing; dosage; measurement. **2** *(mecc.)* metering; batching.

dosare *vt* **1** to dose; to measure out *(anche in cucina);* to proportion: *dosare gli ingredienti,* to measure out the ingredients. **2** *(fig.: usare con oculatezza)* to dole out; to husband: *dosare le forze,* to husband one's forces — *dosare le parole,* to weigh one's words. **3** *(in varie tecnologie)* to meter; to batch.

dose *sf* dose; quantity; amount: *a piccole dosi,* in small doses — *una dose eccessiva,* an overdose. □ *rincarare la dose, (fig.)* to exaggerate; to lay it on thick — *in buona dose, (fig.)* in good measure; plentifully — *avere una buona dose di malizia,* to be very mischievous — *avere una buona dose di fortuna,* to have a good deal of luck.

dosso *sm* **1** *(dorso)* back. **2** *(prominenza)* prominence; *(di fondo stradale)* rise; hump; cat's back; *(cima)* top; summit. □ *levarsi di dosso qcsa,* to take sth off — *mettersi in dosso i vestiti,* to put one's clothes on — *togliere un peso di dosso a qcno, (fig.)* to take a weight off sb's mind — *Mi sono tolto un peso di dosso!,* That's a weight off my mind!

dossologia *sf* doxology.

dotale *agg* dotal.

dotare *vt* **1** *(una sposa)* to give* a dowry (to a bride); to dower *(raro).* **2** *(fornire, provvedere)* to endow; to provide; to furnish; to supply; *(di accessori)* to equip; to provide: *dotare la città di un nuovo ospedale,* to provide the town with a new hospital — *Lo stabilimento è dotato di un modernissimo impianto di verniciatura,* The works is equipped with an up-to-date painting facility.

dotato *agg* **1** *(di persona, in senso assoluto)* gifted; talented: *essere dotato,* to be gifted (*o* talented). **2** *(di persona)* endowed (with sth); blessed (with sth): *essere dotato d'una memoria di ferro,* to be blessed with an excellent memory. **3** *(di cosa: munito)* equipped (with sth): *Ogni apparecchio è dotato di un dispositivo di sicurezza,* Each piece of apparatus is equipped with a safety device.

dotazione *sf* set of equipment; outfit; *(mil.)* equipment; outfit; issue; *(naut.)* complement: *dotazione di base,* standard equipment — *avere in dotazione qcsa,* to be equipped with sth — *dare in dotazione,* to issue — *essere in dotazione,* to be supplied. □ *dotazione della corona,* civil list — *fondo di dotazione,* endowment fund.

dote *sf* **1** *(di sposa)* dowry; dower *(raro); (donazione)* endowment; donation: *dare in dote,* to give as a dowry — *portare qcsa in dote,* to bring sth as a dower — *cacciatore di dote,* fortune hunter — *sposare la dote,* to marry money. **2** *(qualità)* gift; quality; talent; endowment.

dottamente *avv* eruditely; in a learned way.

[1]**dotto** *agg* learned; erudite; *(filologico)* scholarly; *(esperto)* skilled: *lingue dotte,* ancient languages — *parola dotta,* learnèd word.

□ *sm* scholar; savant *(fr.).*

[2]**dotto** *sm (anat.)* duct.

dottoraggine *sf (scherz.)* donnishness.

dottorale *agg* doctoral: *aspetto dottorale, (anche scherz.)* learned look — *laurea dottorale,* doctor's degree.

dottorato *sm* doctorate; doctor's degree.

dottore *sm* **1** *(medico)* doctor (*abbr.* Dr., *ma* ⇨ **Mister**

1); physician. **2** *(laureato)* graduate: *un dottore in economia,* an economics graduate — *un dottore in lettere,* a man with an arts degree; an arts graduate; a B.A. **3** *(erudito)* learned person.

□ *dottore in teologia,* Doctor of Divinity — *saperne più d'un dottore,* to know more (about it) than any great doctor — *Meglio un asino vivo che un dottore morto, (prov.)* A living dog is better than a dead lion.

dottoreggiare *vi (scherz., spreg.)* to put* on learned airs; to show* off (to make* a display of) one's learning; to pontificate.

dottoressa *sf* **1** *(medico)* doctor; *(abbr.* Dr.*); (talvolta, per maggior precisione)* lady-doctor. **2** *(laureata)* graduate: *dottoressa in lettere,* a woman with an arts degree; an arts graduate; a B.A.

dottrina *sf* doctrine; *(erudizione)* learning; erudition; *(catechismo)* catechism; *(dir.)* opinions *(pl.)* of textbook writers: *andare alla dottrina,* to go to Sunday-school.

dottrinale *agg* doctrinal.

dottrinario *agg e sm* doctrinaire; doctrinarian.

dottrinarismo *sm* doctrinairism; doctrinarianism.

dove I *avv* where: *Dove abiti?,* Where do you live? — *Vorrei sapere dove abita,* I wonder where he lives — *Dove vai?,* Where are you going (to)? — *Di dove sei?,* Where do you come from? — *Non so proprio dove sia andato,* I have no idea (I haven't the faintest idea) where he has gone — *Dove siamo arrivati?, (a che punto, d'una lezione, ecc.)* Where did we get up to? — *Questa è la casa dove abitarono i miei genitori,* This is the house where my parents lived — *Non saprei da dove cominciare,* I wouldn't (I shouldn't) know where to begin — *Questo è il luogo dove accadde l'incidente,* This is the place where the accident occurred — *Ecco dove ti sbagli,* That's where you are mistaken — *Dove andremo a finire di questo passo?,* At this rate, where will we end up? — *Da dove è passato lo scassinatore?,* Where did the burglar get through (*o* in)? — *Mettilo dove ti pare!,* Put it anywhere! — *Dove mai si sarà cacciato?,* I wonder where he (*o* it) has got to — **per dove?,** which way? — *Per dove siete passati?,* Which way did you go? — **fin dove,** *(interr.)* how far?; *(relativo)* as far (as)... — *Fin dove lo seguisti?,* How far did you follow him? — *Ti aiuterò fin dove posso,* I will help you as far as I can — *dove che, (lett.)* wherever — *per ogni dove,* everywhere — *da ogni dove,* from everywhere; from all sides.

II *congiunz (lett.)* **1** *(se, nel caso)* if; in the case that. **2** *(mentre, laddove)* while; whilst; whereas.

III *sm* place; where; whereabouts: *il dove e il quando,* the where and when.

[1]**dovere** *vi* **1** *(obbligo, necessità)* - **a)** *(in proposizioni affermative, negative e interrogative-positive)* **to have* to; must*** *(difettivo);* **to be* to;** *(al passato e nelle altre forme mancanti di 'must')* **to be* obliged to; to be* compelled to:** *Devo andare ora,* I must go now — *Deve partire entro le cinque,* He has to (He must) leave by five o'clock — *Devo andare a Milano domani,* I have to (*spesso* I've got to) go to Milan tomorrow — *Dovete sapere che...,* I must (I have to) tell you that... — *Ho dovuto pagare io per tutti,* I had to pay for everybody — *Dovette dimettersi subito,* He was obliged to (He had to) resign at once.

b) *(in proposizioni negative e interrogative, con il senso di 'essere necessario')* **need* not** *(difettivo);* **not to have* to;** *(con il senso* di *'essere obbligato')* **must* not; not to have* to:** *Non devi farlo se non ne hai voglia,* You needn't do it (You don't have to do it) if you don't want to — *Non dovevi stare lì ad aspettarlo due ore,* You needn't have stayed there (for) two hours waiting for him — *Non devi più vederlo,* You mustn't see him ever again.

2 *(forte probabilità, certezza)* **must*:** *Dev'essere successo qualcosa,* Something must have happened — *Dev'essere pazzo!,* He must be crazy! — *Tutti devono morire,* All men must die.

3 *(nelle proposizioni interrogative)* - **a)** *(forma di cortesia: equivale a 'Volete che io...?')* **shall*** *(difettivo): Devo chiudere la porta?,* Shall I shut the door?

b) *(indica perplessità)* **to be* to; can*** *(difettivo): Cosa devo fare?,* What am I to do? — *Cosa devo dirti?,* What can I say?

4 - **a)** *(previsione, destino)* **to be* to:** *Devono sposarsi a settembre,* They are to be married in September — *Non doveva più vederli,* He was never to see them again.

b) *(riferito a un programma stabilito, ad accordi intercorsi):* **to be* (due) to:** *Devono telefonarci alle cinque,* They are ringing us at five; They are due to ring us at five — *Il treno doveva arrivare alle tre,* The train was due in at three o'clock.

c) *(essere inevitabile)* **to be* bound to:** *Prima o poi doveva succedere,* It was bound to (It had to) happen, sooner or later.

5 - **a)** *(al condizionale presente: dovrei, dovresti, ecc.)* **should*** *(difettivo);* **ought* to** *(difettivo): Dovresti venire al più presto,* You should come (You ought to come) at once — *Non dovremmo essere arrivati, ormai?,* Oughtn't we to be there by now?

b) *(al condizionale passato: avrei dovuto, avresti dovuto, ecc.)* **should* have; ought* to have:** *Non avresti dovuto dirglielo,* You shouldn't have told him; You oughtn't to have told him — *Avremmo dovuto essere più franchi con loro,* We should have been more frank with them.

c) *(all'imperfetto indicativo indica un dovere morale: equivale a* **b** *sopra)* **should* have; ought* to have:** *Non dovevi farmi questo scherzo,* You shouldn't have played this trick on me.

6 *(all'imperfetto del congiuntivo, in condizioni ipotetiche: se dovessi, se dovesse, ecc.)* **if I, you, he,** *ecc.* **were to...; if it should; were I (you, he,** *ecc.***) to...:** *Se dovesse piovere...,* If it should rain... — *Se non dovessi arrivare...,* If I should fail to turn up... — *Dovesse venire presto...* Were he to come early...; If he should come early...

□ *vt* **to owe** *(anche fig.): Ti devo diecimila,* I owe you ten thousand lire — *Mi deve una spiegazione,* He owes me an explanation — *Ti devo la vita,* I owe my life to you; I owe you my life.

□ *come si deve, (avv.)* properly; well; *(agg.)* decent — *una persona come si deve,* a decent sort of person.

[2]**dovere** *sm* **1** *(in generale)* duty: *Faccio questo per dovere verso i miei figli,* I'm doing this as part of my duty to my children — *Fai il tuo dovere,* Do your duty — *Non mancare al tuo dovere,* Don't fail in your duty — *Non ha alcun senso del dovere,* He has no sense of duty — *Sento il dovere di dirti che...,* I must (I feel bound to, I think it's my duty to) tell you that... — *com'è (era) mio (tuo, ecc.) dovere,* as in duty bound — *per dovere,* out of duty — *per senso del dovere,* out of duty; from a sense of duty — *una visita di dovere,* a duty call — *una vittima del dovere,* a victim to duty; a slave to duty — *doveri sociali,* social duties.

2 *(compito)* task: *Fu chiamato a Roma per più alti doveri,* He was called to Rome for more important tasks. **3** *(ant., al pl.: saluti, ossequi)* respects; (kind)

regards; compliments: *porgere i propri doveri a qcno,* to pay one's respects (one's regards) to sb.
□ *chi di dovere,* the person responsible — *più del dovere,* more than necessary — *stare a dovere, (comportarsi bene)* to behave properly (*o* correctly); *(di vestito, ecc.)* to suit (to fit) well — *fare le cose a dovere,* to do things properly (thoroughly, well) — *mettere qcno a dovere,* to make sb behave properly; to make sb do his duty; to keep sb up to his duties — *Prima il dovere poi il piacere, (prov.)* Work (Business) before pleasure.

doverosamente *avv* dutifully; properly.

doveroso *agg* right (and proper); dutiful; right; fair: *È doveroso riconoscere che...,* It must be admitted that...; It is only fair to admit that...

dovizia *sf (lett.)* abundance; copiousness; plenty: *dovizia di particolari,* a wealth of detail — *a dovizia,* in plenty.

doviziosamente *avv* abundantly; copiously; plentifully.

dovizioso *agg (lett.)* abundant; plentiful; copious.

dovunque *avv (dappertutto)* everywhere; *(in qualsiasi luogo)* anywhere: *un po' dovunque,* all over the place; *(più forte)* here, there, and everywhere.
□ *congiunz* wherever.

dovutamente *avv* duly.

dovuto *agg* due; *(debito)* proper; necessary: *l'importo dovuto,* the amount due — *nel modo dovuto,* in the proper way — *prendere le dovute precauzioni,* to take the necessary precautions.
□ *sm* amount due; due: *Gli hai dato più del dovuto,* You have given him more than his due.

dozzina *sf* **1** dozen; twelve; *(spesso: meno preciso)* about a dozen: *due dozzine di uova,* two dozen eggs — *dozzine di volte,* dozens of times — *una mezza dozzina,* half a dozen — *Saranno stati una dozzina,* There must have been about a dozen of them — *circa una dozzina,* about a dozen; a dozen or so — *a dozzine,* by dozens; *(fig.)* in crowds. **2** *(pensione)* board and lodging: *stare a dozzina,* to be a boarder. □ *di (da) dozzina,* cheap; common; second- (*o* third-) rate.

dozzinale *agg* cheap; second- (*o* third-) rate; shoddy; commonplace: *una persona dozzinale,* a commonplace sort of person.

dozzinante *sm* lodger; paying guest.

dracma *sf* **1** *(misura)* dram; drachm. **2** *(moneta greca)* drachma.

draconiano *agg (stor., fig.)* Draconian; Draconic.

draga *sf* dredge; dredger; *(rete)* trawl.

dragaggio *sm* **1** *(con draga)* dredging. **2** *(con dragamine)* mine-sweeping.

dragamine *sm* mine-sweeper.

dragare *vt* **1** to dredge. **2** *(mine)* to sweep*.

drago *sm* **1** *(bestia favolosa)* dragon. **2** *(sl.)* sharp one. □ *pallone drago,* observation balloon.

dragone *sm* **1** *(drago)* dragon. **2** *(mil.)* dragoon.

dramma *sm* **1** play; drama *(spec. come s. collettivo): un dramma di Shakespeare,* a play by Shakespeare. **2** *(fig.)* drama; tragedy: *Ogni volta che devi andare dal dentista è un dramma,* Every time you have to go to the dentist it's the end of the world (it's a major disaster).

drammatica *sf* dramatics *(pl.).*

drammaticamente *avv* dramatically.

drammaticità *sf* **1** *(di un'opera letteraria, ecc.)* dramatic force. **2** *(di una situazione)* drama.

drammatico *agg* dramatic *(anche fig.): compagnia drammatica,* theatrical (*o* dramatic) company — *scrittore drammatico,* dramatist; playwright — *una situazione drammatica,* a dramatic situation.

drammatizzare *vt* to dramatize: *Non drammatizziamo,* We mustn't lose our heads; Let's keep our heads; Don't let's be melodramatic; Let's not make a big thing (a great fuss) about it *(fam.).*

drammaturgia *sf* drama.

drammaturgo *sm* playwright; dramatist; dramaturge *(raro).*

drappeggiamento *sm* draping.

drappeggiare *vt* to drape.

drappeggio *sm* drapery.

drappello *sm* **1** *(mil.)* squad; platoon. **2** *(per estensione: gruppo)* group; band.

drapperia *sf* **1** drapery; draper's stock. **2** *(negozio)* draper's (shop).

drappo *sm* cloth; drape; *(palio)* banner. □ *drappo d'Inghilterra,* court-plaster.

drasticamente *avv* drastically.

drastico *agg (med. e fig.)* drastic.

drenaggio *sm* drain; drainage.

drenare *vt* to drain.

dritta *sf* **1** *(mano destra)* right hand. **2** *(lato destro)* right-hand side: *a dritta e a manca,* (to) left and right; right and left; on both sides. **3** *(naut.)* starboard.

dritto *agg* (⇨ *anche* **diritto**) **1** *(in linea retta)* straight. **2** *(fam.: astuto)* sharp; astute; *(sbrigativo)* downright; *(disinvolto)* smooth.
□ *avv* straight: *andare dritto a casa,* to go straight home — *filar dritto,* to keep straight on.
□ *sm* **1** *(di moneta, ecc.)* obverse. **2** *(naut.)* post: *(per indicare una direzione) dritto di prua (di poppa),* straight ahead (astern). **3** *(fam.)* downright person; person who stands no nonsense. **4** *(lato destro)* right side. □ *il diritto e il rovescio,* the right and the wrong side.

drittofilo *sm (segno)* guide line (marked with needle); grain: *tagliare in drittofilo,* to cut along (*o* on) the grain.

drizza *sf (naut.)* halyard; halliard.

drizzare *vt* **1** *(raddrizzare)* to straighten. **2** *(rizzare)* to prick (sth) up: *drizzare le orecchie,* to prick up one's ears.
□ **drizzarsi** *v. rifl* to straighten; *(alzarsi)* to raise; to stand* up.

droga *sf* **1** *(spezie)* spice. **2** *(sostanza stupefacente)* drug. **3** *(stupefacenti)* drugs *(pl.);* dope: *essere dedito alla droga,* to be a drug addict — *prendere la droga,* to take drugs.

drogare *vt* **1** to season; to spice. **2** *(dare un narcotico)* to drug; to dope.
□ **drogarsi** *v. rifl* to take* drugs; *(abitualmente)* to be* a drug addict.

drogato *sm* drug addict.

drogheria *sf* grocer's (shop); grocery: *generi di drogheria,* groceries.

droghiere *sm* grocer.

dromedario *sm* dromedary.

druidico *agg* Druidic(al); Druid *(attrib.).*

druido *sm* Druid.

drupa *sf* drupe; stone-fruit.

duale *agg e sm* dual *(anche gramm.).*

dualismo *sm* **1** dualism. **2** *(antagonismo)* rivalry; antagonism.

dualità *sf* duality.

dubbiezza *sf* doubtfulness; uncertainty.

[1]**dubbio** *sm* **1** doubt; *(più in generale)* uncertainty; *(sospetto)* suspicion: *Non ho alcun dubbio sulle sue facoltà mentali,* I have no doubt about (*o* as to) his

mental faculties — *senza dubbio,* without doubt; no doubt; *(un po' meno categorico)* doubtless; indubitably *(molto formale)* — *Non c'è dubbio: ha ragione lui,* He is undoubtedly right — *essere in dubbio,* to be in doubt — *avere molti dubbi, (essere incerto)* to be very doubtful; *(essere perplesso)* to be puzzled — *dissipare (togliere) un dubbio,* to remove (to dispel) a doubt — *mettere in dubbio qcsa,* to question sth; to call sth in question; to doubt sth; to challenge sth — *Nel dubbio, non fare nulla,* If (When) in doubt, do nothing. **2** *(dilemma, problema)* dilemma; problem; question; doubt: *un dubbio amletico,* an insoluble question (*o* dilemma) — *Mi fa venire il dubbio che...,* It makes me wonder whether... **3** *(punto ambiguo o controverso)* doubtful point: *chiarire un dubbio,* to explain a doubtful point.

[2]**dubbio** *agg* **1** *(incerto)* doubtful; dubious; uncertain: *Il tempo era dubbio,* The weather was uncertain — *L'esito è ancora dubbio,* The result is still doubtful (in doubt). **2** *(ambiguo)* dubious; questionable: *È un individuo di dubbia fama,* He is a man of dubious (*o* doubtful) reputation — *uno scherzo di dubbio gusto,* a joke (a trick) in dubious taste.

dubbiosamente *avv* dubiously; suspiciously; uncertainly; doubtfully.

dubbioso *agg* **1** *(che dubita)* doubting; dubious; *(sospettoso)* suspicious. **2** *(che manifesta dubbio, ecc.)* doubtful; uncertain; hesitant: *essere dubbioso se far qcsa o no,* to be in doubt (as to) whether to do sth or not. **3** *(che fa sorgere dubbi, ecc.)* dubious; doubtful.

dubitare *vi* to doubt; *(temere)* to be* afraid; to suspect; *(diffidare)* to mistrust: *Dubito che sia vero,* I doubt whether it is true — *Dubito che sia troppo presto,* I'm afraid it's too early — *dubitare delle proprie forze,* not to trust one's strength. □ *Non ti lascerò, non dubitare!,* I won't leave you, never fear! — *Mi vendicherò, non dubitare!,* I'll get my revenge, you can be sure of that! — *Ne dubito,* I have my doubts; I doubt it.

dubitativo *agg* dubitative; expressing doubt.

duca *sm* duke.

ducale *agg* ducal; *(dogale)* dogal.

ducato *sm* **1** *(titolo)* dukedom. **2** *(territorio)* dukedom; duchy. **3** *(moneta)* ducat.

duce *sm* **1** captain; leader. **2** *(del fascismo)* 'Duce'.

duchessa *sf* duchess.

due *agg e sm* **1** two: *Ho solo due libri con me,* I have only two books with me — *Piegò il foglio in due,* He folded the paper in two (in half) — *a due a due,* two by two; by twos; in twos — *camminare a due a due (per due),* to walk in twos; to march two abreast — *moltiplicare (dividere) per due,* to multiply (to divide) by two — *alle due,* at two o'clock — *Sono le due e dieci,* It's ten past two — *due volte,* twice — *Il due nel quattro ci sta due volte,* Two into four goes twice — *due volte tanto,* twice as much; twice as many — *Guadagna due volte tanto,* He earns twice as much — *Erano due volte tanto,* They were twice as many — *due su cinquanta,* two out of fifty — *tutti e due,* both — *Vennero tutti e due,* They both came; Both of them came — *uno dei (una delle) due,* either — *Uno dei due va benissimo,* Either will do very well — *Una delle due: o stai qui o vai a casa subito!,* Either you stay here, or you go home immediately! — *ogni due giorni,* every other day. **2** *(qualche, alcuni, pochi)* one or two; a couple of; a few; some: *Scrivimi (Mandami) due righe,* Drop me a line; Let me know something — *Abita qui a due passi,* He lives next door to us; He lives just round the corner (very near) — *dire due parole a qcno, (anche iron.)* to have a word (a chat) with sb — *fare due passi,* to go for a little walk; to stroll a little; to take a stroll. **3** *(canottaggio)* pair: *un due di coppia,* double sculls — *un due di punta,* a pair oar — *un due con (timoniere),* a coxed pair — *un due senza (timoniere),* a coxless pair. **4** *(nelle date)* second *(abbr.* 2nd*)*: *Arrivò il due di febbraio,* He arrived on the second of February (on February 2nd).
□ *farsi in due (per qcno, per fare qcsa),* to do one's best (for sb, to do sth) — *lavorare per due,* to work hard — *un (cavallo di) due anni,* a two-year-old — *un bambino di due anni,* a two-year-old child — *un carro a due ruote,* a two-wheeled cart; a two-wheeler — *un tiro a due, (carrozza)* a two-horse carriage; a two-in-hand — *un due alberi, (naut.)* a two-master — *un due posti, (automobilismo)* a two-seater — *un due pezzi,* a two-piece — *tenere il piede in due staffe,* to have a foot in both camps — *usare due pesi e misure,* to be unfair — *Due nocchieri affondano il bastimento, (prov.)* Too many cooks spoil the broth — *Non c'è il due senza il tre, (prov.)* It never rains but it pours.

duecentesco *agg* thirteenth-century *(attrib.)*.

duecentesimo *agg numerale ordinale e sm* two-hundredth.

duecentista *sm* **1** thirteenth-century writer *(o* artist, *ecc.)*. **2** *(atletica)* two hundred metre sprinter; *(nuoto)* two hundred metre swimmer.

duecento *agg numerale cardinale e sm* two hundred: *il Duecento,* the thirteenth century; *(arte, ecc.)* the Duecento.

duellante *sm* duellist.

duellare *vi* **1** to duel; to fight* a duel. **2** *(fig.)* to fence.

duellista *sm* (expert) duellist.

duello *sm* duel *(anche fig. o sport)*: *un duello all'ultimo sangue,* a duel to the death — *battersi in duello,* to fight a duel — *sfidare qcno a duello,* to challenge sb to a duel — *duello alla pistola,* duel with pistols — *duello letterario,* literary contest.

duemila *agg numerale cardinale e sm* two thousand.

duetto *sm* duet.

duglia *sf* coil.

[1]**dulcamara** *sm (scherz.)* quack; charlatan.

[2]**dulcamara** *sf (bot.)* woody nightshade; bitter-sweet.

dulcinea *sf (scherz.)* sweetheart; mistress.

duna *sf* dune.

dunque *congiunz* **1** *(quindi, pertanto)* therefore; so: *Le vuoi bene, dunque sposala,* You love her, so marry her. **2** *(allora)* well; now then: *Dunque, come dicevo,* Well (Now then), as I was saying — *Che volete dunque?,* What do you want then? — *Dunque, siamo tutti d'accordo,* That settles it, then — *Dunque, per farla breve,* Well, to cut a long story short.
□ *sm* (the) heart of the matter: *venire al dunque,* to come to the point; to get down to brass tacks *(fam.)*.

duo *sm* duet.

duodenale *agg* duodenal.

duodeno *sm* duodenum.

duolo *sm (lett.)* grief; sorrow; dolour *(poet.)*.

duomo *sm* **1** cathedral; *(talvolta)* cathedral church: *il duomo di Pisa,* Pisa cathedral. **2** *(di locomotiva a vapore)* dome; steam dome. **3** *(geologia)* dome.

duplex *sm* party line; shared line.

duplicare *vt* to duplicate.

duplicato *sm* duplicate.

duplicatore *sm* **1** *(ciclostile, ecc.)* duplicator; duplicating machine. **2** *(radio)* doubler.

duplicazione *sf* duplication.

duplice *agg* double; twofold; *(fra due parti)* dual: *in*

duplice copia, in two copies — *un duplice controllo,* a double check.
□ *sf (ippica)* double.

duplicità *sf* doubleness; duplicity.

durabilità *sf* durability.

duracino *agg* clingstone.

duramente *avv* **1** *(aspramente)* harshly. **2** *(anche fig.)* hard: *lavorare duramente,* to work hard — *essere duramente colpito,* to be hard hit.

durante *prep* **1** during; in the course of. **2** *(per tutta la durata di)* throughout; all through: *È nevicato durante tutta la notte,* It snowed the whole night — *durante tutto l'anno,* throughout the year; the whole year through — *vita natural durante,* for life; for the rest of one's life.

durare *vi* to last; *(rimanere)* to remain; *(conservarsi, anche di cibo)* to keep*; *(di stoffe, ecc.)* to wear*; *(perseverare)* to persist; to persevere; *(resistere)* to hold* out; *(protrarsi)* to go* on: *Questo acquazzone non durerà molto,* This shower won't last long — *Durò in carica per soli quindici giorni,* He remained in office for only a fortnight — *Questi fiori durano molto,* These flowers last a long time — *È una stoffa che dura per anni,* It's a material that will last for years — *La febbre durò per delle settimane,* His (Her) fever persisted for some weeks — *Durò per tre settimane senza cibo,* He held out for three weeks without food — *durare fino alla fine,* to hold out (to last out) to the end — *La questione dura ormai da vari anni,* The matter has already been going on for several years — *Così non puo durare!,* It can't go on like this!
□ *vt (sopportare)* to bear*; to stand*; to endure: *Duro fatica a credere a tutto ciò,* I have difficulty in believing (I find it difficult to believe) all that.
□ *Purché la duri!,* Long may it last! — *Chi la dura la vince, (prov.)* Slow and steady wins the race — *Un bel giuoco dura poco, (prov.)* No joke is funny if it goes on too long.

durata *sf* **1** length; duration; *(periodo)* period; term: *per la durata della guerra,* for the duration of the war; all through the war — *una vacanza di una certa durata,* a holiday of some length; *(meglio)* quite a long holiday — *per una durata di venti giorni,* for a period of twenty days — *durata di una carica,* tenure (*o* term) of an office. **2** *(di un oggetto)* life; endurance; *(di stoffe, ecc.)* wear: *Queste scarpe hanno lunga durata,* These shoes wear (very) well; There's a lot of wear in these shoes — *Questa batteria ha una durata lunga,* This battery has a long life — *prova di durata, (di motori, ecc.)* endurance test.

duraturo *agg* **1** lasting; enduring; durable. **2** *(di tinta)* fast.

durevole *agg* lasting; enduring; durable: *beni durevoli,* durable goods; durables.

durevolmente *avv* enduringly; durably.

durezza *sf* hardness *(anche fig.);* toughness; *(asprezza)* harshness; severity; *(rigidità)* stiffness; rigidity. □ *trattare qcno con durezza,* to treat sb harshly; to be very hard on sb — *Dimostra grande durezza di cuore,* He is hard-hearted.

duro I *agg* **1** hard *(anche fig.); (resistente)* tough: *duro come l'acciaio,* as hard (as tough) as nails — *una dura prova,* a hard (tough, stiff) test — *duro d'orecchi,* hard of hearing — *carne dura,* tough meat — *una barba dura,* a tough beard — *una consonante dura,* a hard consonant — *un osso duro, (fig.)* a hard nut to crack. **2** *(difficile)* hard; difficult; *(talvolta)* stiff; tough: *un duro compito,* a tough job — *un percorso molto duro,* a very punishing (*o* gruelling) course (*o* route). **3** *(rigido)* stiff: *uno sterzo molto duro,* a very stiff steering-wheel. **4** *(di voce)* harsh: *con voce dura,* with (*o* in) a harsh voice. **5** *(ostinato)* pig-headed. **6** *(crudele)* hard; cruel; *(triste)* sad: *un duro destino,* a sad destiny. □ *una testa dura,* a blockhead; a stupid person — *essere duro di comprendonio,* to be dense; to be thick *(fam.)* — *avere il sonno duro,* to sleep like a log — *avere la (essere di) pelle dura, (fig.)* to be tough; to be thick-skinned — *mangiare del pane duro,* to eat stale bread — *rendere la vita dura a qcno,* to make sb's life a misery — *tener duro,* not to give in (*o* up); to hold out; to keep a stiff upper lip — *essere duro a morire,* to be a diehard.
II *sm* **1** *(cosa dura)* something hard; the hard part (of sth): *dormire sul duro,* to sleep on a hard bed — *Duro con duro non fa buon muro, (prov.)* Hard with hard makes not the stone wall. **2** *(fig.: difficoltà)* hardship; difficulty; tough (*o* difficult) part: *Adesso viene il duro,* Now comes the difficult (*o* tough) part. **3** tough person; tough guy *(USA); (ultimo a cedere, estremista)* diehard: *fare il duro,* to play tough — *fare il duro con qcno,* to bully sb — *È un duro, non cederà mai!,* He's a diehard, he'll never give in!

durone *sm* **1** *(callo)* callosity; callus. **2** *(ciliegia)* clingstone cherry. **3** *(al pl.: di pollo)* gizzard *(sing.).*

duttile *agg* **1** ductile. **2** *(fig.)* pliant; adaptable.

duttilità *sf* **1** ductility. **2** *(fig.)* pliancy; adaptability.

E

[1]**E, e** *sf e m.* E, e: *E come Empoli, (al telefono, ecc.)* E for Edward.

[2]**e** *congiunz* **1** and: *SS. Pietro e Paolo,* Saints Peter and Paul — *pane e vino,* bread and wine — *e commerciale, (&)* shortand; ampersand *(desueto)* — *E il divano? Dove lo metteremo?,* And what about the divan? Where shall we put it? **2** *(rafforzativo) tutti e due,* both; both of them — *tutti e tre (quattro, ecc.),* all three (four, *ecc.*) — *e... e,* both... and. **3** *(avversativo)* but; *(eppure)* and yet: *Ha detto che scriveva, e non ha scritto,* He said he'd write, but he hasn't. **4** *(ebbene)* well; well then: *E allora?,* Well?; Well, then? □ *È bell'e fatto,* It's already done.

ebanista *sm (stipettaio)* cabinet-maker.

ebanisteria *sf* **1** *(negozio)* cabinet-maker's (shop). **2** *(arte)* cabinet-making.

ebanite *sf* vulcanite.

ebano *sm* ebony.

ebbene *congiunz* **1** *(concessivo)* well; well then; *(conclusivo)* well; and so: *Ebbene, fai come vuoi!,* Well, do as you like! **2** *(interr.)* Well?; What about it?; What (And what) then?; So what?

ebbrezza *sf* **1** intoxication; drunkenness; inebriation: *in stato di ebbrezza,* drunk. **2** *(fig.)* exultation; exhilaration; rapture.

ebbro *agg* **1** intoxicated; drunk; inebriated. **2** *(fig.)* exhilarated; enraptured: *essere ebbro di gioia,* to be beside oneself with joy.

ebdomadario *agg e sm* weekly.

ebete *agg* half-witted; dull-witted; stupid; foolish; dim *(fam.)*.
□ *sm* idiot; blockhead; dimwit.

ebetismo *sm* dullness; stupidity.

ebollizione *sf* **1** boiling; ebullition: *portare qcsa a ebollizione,* to bring sth to the boil (to boiling point). **2** *(fig.)* agitation; anxiety.

ebraico *agg* Hebrew; Jewish; Hebraic. □ *sm (la lingua)* Hebrew.

ebraismo *sm* Hebraism.

ebrea *sf* Hebrew; Jewess.

ebreo *agg* Hebrew; Jewish. □ *sm* Hebrew; Jew: *ebreo errante,* wandering Jew.

eburneo *agg* ivory-like; ivory *(attrib.)*.

ecatombe *sf* **1** *(stor.)* hecatomb. **2** *(fig.)* massacre.

eccedente *agg* excess; surplus: *peso eccedente; eccedente il peso,* overweight.
□ *sm* **1** excess; surplus. **2** *(mus.)* augmented interval.

eccedenza *sf* **1** excess: *bagaglio in eccedenza (eccedenza di bagaglio),* excess baggage. **2** *(d'avanzo)* surplus. **3** *(di peso)* overweight.

eccedere *vt* to exceed; to surpass.
□ *vi* to go* too far: *eccedere nel bere,* to drink too much — *eccedere nel mangiare,* to overeat; to eat too much — *eccedere negli elogi di qcno,* to overpraise sb.

eccellente *agg* excellent; splendid; first-rate; first-class; superlative.

eccellentemente *avv* excellently; splendidly.

eccellenza *sf* **1** excellence; pre-eminence: *per eccellenza,* pre-eminently; *(per antonomasia)* par excellence *(fr.)*. **2** *(titolo)* Excellency: *Sua Eccellenza,* His (Her) Excellency *(abbr.,* H.E.*)* — *Grazie, Eccellenza,* Thank you, Your Excellency.

eccellere *vi* to excel; to stand* out: *eccellere in qcsa,* to excel at sth.

eccelso *agg* **1** *(alto)* high; lofty. **2** *(fig.)* sublime; lofty; *(straordinario)* exceptional.
□ *sm l'Eccelso,* the Almighty.

eccentricità *sf* **1** *(stravaganza)* eccentricity; oddity; eccentric behaviour. **2** *(geometria)* eccentricity. **3** *(mecc.)* eccentricity; throw.

eccentrico *agg* **1** *(di persona)* eccentric; odd; peculiar. **2** *(geometria)* eccentric.
□ *sm* **1** *(persona)* eccentric. **2** *(mecc.)* cam.

eccepibile *agg (dir.)* open to objection; questionable; *(riprovevole)* reprehensible.

eccepire *vt e i.* **1** to object: *Non ho nulla da eccepire,* I have no objection. **2** *(dir.)* to raise an objection; to demur.

eccessivamente *avv* excessively; exceedingly; exaggeratedly; too *(con agg. e avv.)*; too much *(con verbi e sostantivi)*; over-: *essere eccessivamente alto,* to be excessively (*o* exceedingly) high — *essere eccessivamente critico,* to be too critical (*o* over-critical) — *mangiare eccessivamente,* to eat too much; to over-eat — *non eccessivamente,* not overmuch.

eccessività *sf* excessiveness; excess.

eccessivo *agg* excessive; exaggerated; *(di prezzo)* exorbitant.

eccesso *sm* **1** excess; *(comm.)* surplus: *arrotondare una cifra per eccesso,* to round off (*o* up) a figure — *una cifra arrotondata per eccesso,* a figure rounded upwards. **2** *(esagerazione)* excess; immoderacy; *(estremo)* extreme: *all'eccesso, (avv.)* excessively — *essere multato per eccesso di velocità,* to be fined for speeding — *essere generoso fino all'eccesso,* to be generous to a fault; to be excessively generous — *andare agli eccessi,* to go to extremes — *dare in eccessi,* to fly into a temper; to fly off the handle — *peccare per eccesso,* to go too far; to exaggerate. **3** *(dir.)* excess; misuse: *eccesso colposo,* culpable excess — *eccesso di potere,* excess of jurisdiction; overstepping of authority — *eccesso di mandato,* misuse of one's powers; ultra vires *(lat.: agg. o avv.)*.

eccetera *locuzione lat* et cetera *(abbr.* etc.*)*; and so on; and so forth.

eccetto *prep* **1** except (for); but; save: *tutti, eccetto te,* everybody but you — *in qualsiasi momento, eccetto all'ora di pranzo,* any time except lunch-time — *Non fa niente eccetto che fumare,* He does nothing but smoke. **2** *eccetto che...; eccetto se...,* unless...

eccettuare *vt* to except: *Se si eccettua un caso o due...,* If you except (*o* overlook) one or two cases...

eccettuato *agg* excepted: *eccettuati i presenti,* present company excepted.

eccezionale *agg* exceptional; *(singolare)* singular; extraordinary: *in via eccezionale,* as an exception;

exceptionally — *È del tutto eccezionale,* It's quite exceptional.

eccezionalità *sf* exceptionality.

eccezionalmente *avv* exceptionally; *(straordinariamente)* extraordinarily: *essere eccezionalmente dotato,* to be exceptionally (*o* extraordinarily) gifted.

eccezione *sf* **1** exception: *a eccezione di...,* with the exception of...; except... — *senza eccezione,* without exception — *in via d'eccezione,* as an exception; exceptionally — *salvo eccezioni,* barring exceptions — *superiore ad ogni eccezione,* faultless; flawless; matchless — *un artista d'eccezione,* an exceptional artist — *fare eccezione, (essere anomalo)* to be an exception — *L'eccezione conferma la regola, (prov.)* The exception proves the rule — *fare un'eccezione,* to make an exception. **2** *(dir.)* objection; defence; plea: *fare (sollevare) un'eccezione,* to object; to raise an objection.

ecchimosi *sf* bruise; *(med.)* ecchymosis *(pl.* ecchymoses*).*

eccidio *sm* slaughter; massacre.

eccipiente *agg e sm* excipient.

eccitabile *agg* excitable; easily aroused.

eccitabilità *sf* excitability.

eccitamento *sm* **1** excitement. **2** *(incitamento)* incitement; instigation. **3** *(med.)* stimulation.

eccitante *agg* exciting; stimulating. □ *sm* stimulant.

eccitare *vt* **1** to excite; to stimulate; *(risvegliare, suscitare)* to excite; to awaken; to (a)rouse; *(provocare)* to provoke; to cause; *(istigare)* to incite; to urge: *eccitare la fantasia di qcno,* to stir sb's imagination — *eccitare il riso,* to cause laughter; to make people laugh — *Non eccitarlo!,* Don't get him worked up! **2** *(elettr.)* to excite; to energise.

□ **eccitarsi** *v. rifl* to get* excited; *(adirarsi)* to get* angry; to lose* one's temper.

eccitazione *sf* **1** excitement: *essere in uno stato di grande eccitazione,* to be all worked up; to be in a flap *(sl.).* **2** *(elettr.)* excitation.

ecclesiastico *agg* ecclesiastical; *(del clero)* clerical. □ *sm* priest; clergyman *(pl.* -men*);* ecclesiastic.

ecco *avv* **1** here *(per indicare una cosa vicina);* there *(per indicare una cosa lontana): Ecco (qui) il tuo libro,* Here's your book — *Ecco i risultati!,* Here are the results! — *Ecco (lì) il tuo posto,* There's your place — *Eccomi (eccoti, eccoli, ecc.),* Here I am (here you are, here they are, *ecc.*). **2** *(nel senso di 'questo', 'quello', 'così', ecc.)* this; *(pl.* these*);* that *(pl.* those*): Ecco il punto!,* This (That) is the point! — *Ecco fatto!,* That's done!; There! — *Ecco tutto,* That's all; That's the lot — *ecco come,* that's how — *ecco perché,* that's why — *ed ecco che...,* and so...; and then... **3** *(come interiezione)* - **a)** well; there *(ma generalm. omesso in inglese): Ecco, se fai così, me ne vado!,* Well, if that's your game, I'm off! — *Ecco, ti sta bene!,* There, it serves you right! - **b)** *(precisamente; proprio così)* Exactly!; Just so!; That's it!

eccome *avv* indeed; rather; and how *(USA, fam.);* sure: *'Ti piace?' - 'Eccome!',* 'Do you like it?' - 'Rather!' ('And how!'; 'Sure I do!') — *Ci vado, eccome!,* Sure I'm going! — *'Ne sei convinto?' - 'Eccome no?',* 'Are you sure?' - 'Of course I am'.

echeggiare *vi* **1** *(di luogo)* to resound (to ring*) with sth. **2** *(di suono)* to echo; to resound.

eclettico *agg* eclectic; *(versatile)* versatile.

□ *sm* eclectic; versatile person.

eclettismo *sm* eclecticism.

eclissare *vt* **1** to eclipse. **2** *(fig.)* to eclipse; to outshine*; to put* (sb or sth) in the shade.

□ **eclissarsi** *v. rifl* **1** to be* eclipsed. **2** *(fig.)* to disappear; to vanish; *(farsi vedere di rado)* to make* oneself scarce.

eclissi *sf* eclipse: *un'eclissi solare,* an eclipse of the sun — *un'eclissi parziale (totale),* a partial (total) eclipse.

eclittica *sf* ecliptic.

eclittico *agg* ecliptic.

eco *sm o f.* **1** echo: *fare eco a qcno,* to echo sb's words — *farsi eco di qcno,* to repeat sb's views (*o* opinions) — *farsi eco di qcsa,* to pass sth on; to repeat sth. **2** *(fig.: dicerie, ecc.)* comment: *un eco di cronaca,* a news item — *sollevare molta eco,* to cause a stir; to arouse great interest.

ecologia *sf* **1** ecology. **2** *(erroneamente: ambiente)* environment.

ecologico *agg* **1** ecological. **2** *(erroneamente, riferito all'ambiente)* environmental.

ecologo *sm* ecologist.

economato *sm* **1** *(carica)* stewardship; treasurership; bursarship *(spec. di collegio).* **2** *(ufficio)* steward's (treasurer's, bursar's) office.

economia *sf* **1** *(la scienza)* economics *(col v. al sing.): economia politica,* economics; political economy — *economia domestica,* domestic science. **2** *(sistema economico; congiuntura)* economy: *lo stato dell'economia italiana,* the state of the Italian economy. **3** *(risparmio)* economy; saving; thrift: *con economia,* economically — *fare economia,* to economize; to cut down (on) expenses — *senza economia, (generosamente)* generously; *(abbondantemente)* abundantly; plentifully; *(prodigalmente)* prodigally; thriftlessly.

economicamente *avv* **1** cheaply; economically; thriftily. **2** *(dal punto di vista del risparmio)* economy-wise; from the economic standpoint; *(dal punto di vista dell'economia nazionale)* from the point of view of the economy.

economico *agg* **1** *(che costa poco)* cheap; economical: *un piatto economico,* a cheap dish. **2** *(relativo all'economia)* economic; *(talvolta, riferito alla finanza o, scherz., alla propria situazione finanziaria)* financial: *politica economica,* economic policy — *difficoltà economiche,* financial difficulties.

economista *sm* economist.

economizzare *vt e i. (risparmiare)* to save; *(fare economia)* to economize; to cut* down on spending.

economo *agg* economical; thrifty.

□ *sm* steward; treasurer; *(di un collegio)* bursar; *(di amministrazione pubblica)* accountant; financial officer.

ectoplasma *sm* ectoplasm.

ecumenico *agg* (o)ecumenical.

eczema *sm* eczema.

edema *sm* oedema; edema *(USA).*

edera *sf* ivy: *edera del Canadà,* poison ivy — *un muro coperto di edera,* an ivy-covered wall.

edicola *sf* **1** (newspaper) kiosk; news-stand; bookstall; *(talvolta)* newsagent's: *Oggi in edicola, (frase pubblicitaria)* Out today; At your newsagent's now. **2** *(tempietto)* small chapel; *(nicchia)* niche; *(tabernacolo)* shrine.

edificabile *agg* building *(attrib.);* suitable for building: *terreno edificabile,* building land.

edificante *agg* edifying: *uno spettacolo poco edificante,* not a very edifying spectacle — *letteratura edificante,* improving literature.

edificare *vt* **1** *(costruire)* to build* *(anche fig.);* to erect; to set* up. **2** *(indurre al bene)* to edify.
□ **edificarsi** *v. rifl* to be* edified.
edificazione *sf* **1** *(costruzione)* building. **2** *(buon esempio)* edification.
edificio *sm* building; structure *(anche fig.); (spec. se grande)* edifice *(anche fig.): un edificio pubblico (scolastico),* a public (school) building — *l'edificio sociale,* the structure (the framework) of society. □ *l'edificio dell'accusa,* the case for the prosecution.
edile *agg* building *(attrib.): un'impresa edile,* a builder's — *un perito edile,* a master builder.
□ *sm* **1** *(stor.)* aedile. **2** *(operaio)* building worker; builder.
edilizia *sf* building (trade): *materiale per l'edilizia,* building material — *edilizia popolare,* council-house building; housing — *il problema dell'edilizia,* the housing problem.
edilizio *agg* building *(attrib.): regolamento edilizio,* building regulations.
edito *agg* published.
editore *sm* publisher.
editoria *sf* publishing; *(l'industria)* publishing business (*o* trade): *lavorare nel campo dell'editoria,* to work in publishing.
editoriale *agg* publishing. □ *sm (articolo di fondo)* leading article; editorial.
editrice *agg (nell'espressione) casa editrice,* publisher; publishers *(pl.);* publishing house.
editto *sm* edict: *emanare un editto,* to issue an edict.
edizione *sf* **1** edition: *edizione integrale,* unabridged edition — *edizione critica,* critical edition — *edizione contraffatta,* pirated edition — *edizione fuori commercio,* private edition; *(talvolta)* limited edition — *edizione straordinaria, (di un giornale)* extra — *ultima edizione della sera,* late night final; final. **2** *(esecuzione di spettacolo)* performance *(spesso non si traduce): il Salone dell'Automobile, ultima edizione,* the last Motor Show; last year's Motor Show.
edonismo *sm* hedonism.
edonista *sm* hedonist.
edonisticamente *avv* hedonistically.
edonistico *agg* hedonistic.
edotto *agg* informed: *rendere edotto qcno,* to inform sb (about sth).
educanda *sf* boarder.
educandato *sm* girls' boarding school; *(di suore)* convent boarding school; convent school.
educare *vt* **1** to educate; *(allevare)* to bring* (sb) up: *educare qcno al rispetto degli altri,* to bring sb up to respect others. **2** *(addestrare)* to train.
□ **educarsi** *v. rifl* to refine oneself; to improve oneself.
educatamente *avv* politely; courteously: *chiedere educatamente qcsa,* to ask politely for sth.
educativo *agg* **1** *(che concerne l'educazione)* educational: *nuovi metodi educativi,* new educational (*o* teaching) methods. **2** *(istruttivo)* instructive.
educato *agg* well brought-up; polite; well-mannered: *poco educato,* not very polite — *male educato,* bad-mannered.
educatore *sm* educator; *(pedagogista)* educationalist.
educazione *sf* **1** *(l'educare)* education; *(l'allevare)* upbringing; *(addestramento)* training: *educazione fisica,* physical training *(abbr.* PT*);* physical education *(abbr.* PE*);* gymnastics; gym *(abbr. fam. e studentesca).* **2** *(belle maniere)* (good) manners; politeness: *senza educazione,* ill-bred; ill-mannered — *T'insegno io l'educazione!,* I'll teach you better manners!; I'll teach you how to behave!
edulcorare *vt* to sweeten *(anche fig.).*
efebo *sm* **1** *(stor.)* ephebe. **2** *(adolescente)* lad; youth. **3** *(spreg.)* effeminate youth (*o* young man); pretty boy *(fam.).*
efelide *sf* freckle; *(med.)* lentigo: *un volto ricoperto di efelidi,* a freckled face.
effemeride *sf* **1** *(astronomia)* ephemeris *(pl.* ephemerides*);* almanac; table; *(naut., al pl.)* nautical almanac. **2** *(stor.: libro)* chronicle; journal; *(per estensione: rassegna periodica)* periodical; journal.
effeminare *vt* to make* (sb) effeminate; to make* a sissy *(fam.)* (of sb); *(rammollire)* to make* (sb) soft.
effeminatezza *sf* effeminacy.
effeminato *agg* effeminate; sissy *(fam.).*
efferatamente *avv* savagely; brutally.
efferatezza *sf* atrocity; brutality; savagery.
efferato *agg* savage; brutal: *un delitto efferato,* a brutal crime.
effervescente *agg* effervescent *(anche fig.);* sparkling; fizzy *(fam.): una bibita effervescente,* a fizzy drink.
effervescenza *sf* **1** effervescence; fizz *(fam.).* **2** *(fig.)* effervescence; agitation; excitement.
effettivamente *avv* **1** *(realmente, davvero)* really; actually: *È effettivamente molto malato,* He really is very ill. **2** *(in effetti)* in fact; in effect: *Effettivamente, hai ragione,* You're right, in fact.
effettività *sf* **1** actuality; reality. **2** *(dir.)* effective exercise of sovereignty.
effettivo *agg* **1** *(reale)* real; actual; effective: *tempo effettivo, (sport)* played time; *(in computeristica)* real time — *lavoro effettivo,* worked time. **2** *(che ricopre una carica)* regular; permanent: *ufficiale effettivo,* regular (*o* career) officer — *personale effettivo,* permanent staff — *socio effettivo,* active partner (*o* member).
□ *sm* **1** permanent member. **2** *(mil.: complesso)* effectives *(pl.);* effective strength. **3** *(atleta, ecc.)* regular player; member of a team. □ *effettivo di cassa,* cash on hand — *l'effettivo del patrimonio,* the real value of the estate.
effetto *sm* **1** *(in generale)* effect; result; consequence; *(attuazione)* action; *(impressione)* impression; sensation: *causa ed effetto,* cause and effect — *Non c'è effetto senza causa,* There is no effect without a cause — *mettere ad effetto (un piano, ecc.),* to put (a plan, *ecc.*) into effect (into action) — *prendere effetto, (dir.)* to take effect; to become operative — *senza effetto,* of no effect; ineffectual; useless — *effetti di suono e di luci,* sound and lighting effects — *effetto rotatorio e frenante,* rotatory and braking effect — *un apparecchio a singolo (doppio) effetto,* a single-acting (double-acting) apparatus — *frasi ad effetto,* words meant for effect; claptrap — *avere effetto,* to have effect; to be effective — *fare effetto,* to impress; to strike; *(di medicina, ecc.)* to take effect — *fare grande effetto,* to make an impression; *(fare colpo)* to make a hit — *fare l'effetto di...,* to give the impression of...; to seem...; to look like...
2 *(comm.)* bill; note of hand; *(pagherò)* promissory note: *effetti attivi (passivi),* bills receivable (payable) — *effetti cambiari,* bills of exchange — *effetti all'incasso,* notes receivable in collection — *effetti negoziabili,* negotiable instruments — *effetti sconto,* discounts — *effetto a lunga scadenza,* long-dated bill (*o* paper) — *effetto a vista,* sight bill; bill on demand

— *effetto di buona firma,* first-class paper; fine (*o* trade) bill.
3 *(oggetto personale)* effect; belonging: *effetti personali,* personal effects (*o* belongings).
4 *(al biliardo, ecc.)* side; *(talvolta)* spin: *dare l'effetto a una palla, (al biliardo)* to put a screw (a spin) on a ball.
□ *in effetti,* in fact; in effect; actually; as a matter of fact — *per effetto di...,* because of...; owing to...; in consequence of... — *a tutti gli effetti,* in every respect; in all respects — *ad ogni effetto di legge,* for all legal purposes.
effettuabile *agg* practicable; feasible.
effettuabilità *sf* practical possibilities *(pl.);* practicability; feasibility.
effettuale *agg* actual.
effettuare *vt* to effect; to put* into practice; to carry out: *effettuare un versamento,* to make a payment.
□ **effettuarsi** *v. rifl* to take* place; to be* carried out.
effettuazione *sf* execution; actuation.
efficace *agg* effective; efficacious; *(di parole, stile, ecc.)* telling.
efficacemente *avv* effectively; efficaciously.
efficacia *sf* **1** effectiveness; efficacy; *(dir.)* effect. **2** *(fig.: forza, intensità)* effectiveness; intensity: *l'efficacia di uno scritto (di un dipinto),* the effectiveness of a piece of writing (of a picture).
efficiente *agg* efficient; serviceable; *(di macchinario, anche)* in working order: *una segretaria efficiente,* an efficient (a capable) secretary — *Il motore è ancora efficiente,* The engine is still in working order.
efficientemente *avv* efficiently.
efficienza *sf* efficiency: *essere in piena efficienza,* to be completely efficient; to be at the height of one's efficiency.
effigiare *vt* to represent (by an effigy); *(ritrarre)* to portray.
effigie *sf* effigy; image; *(ritratto)* portrait: *ardere qcno in effigie,* to burn sb in effigy.
effimera *sf* mayfly; ephemera *(pl.* ephemeras*);* ephemeron *(pl.* ephemera*).*
effimero *agg* **1** ephemeral. **2** *(fig.)* short-lived; fleeting: *un successo effimero,* a flash in the pan *(fam.).*
efflorescente *agg* efflorescent.
efflorescenza *sf* efflorescence.
effluente *agg* effluent.
efflusso *sm* efflux; effluence; outflow: *efflusso di sangue,* flow of blood; haemorrhage.
effluvio *sm* **1** *(gradevole)* scent; *(sgradevole)* smell; stink; *(lett.)* exhalation; effluvium *(pl.* effluvia*).* **2** *(emanazione)* glow discharge. **3** *(cinema, al pl.)* statics.
effondere *vt* **1** to emit; to exude; to give* off (sth); *(luce)* to give* out (sth). **2** *(fig.)* to give* vent to (sth).
□ **effondersi** *v. rifl* to spread*.
effrazione *sf (dir.)* burglary; housebreaking.
effusione *sf* effusion *(anche fig.): effusione di sangue,* shedding of blood — *effusioni amorose,* show *(sing.)* of affection; gushing *(fam., sing.).*
effusivo *agg* effusive: *roccia effusiva,* effusive rock.
egemone *sm* leader. □ *agg* hegemonic.
egemonia *sf* hegemony.
egemonico *agg* hegemonic(al).
egeo *agg* Aegean: *il mare Egeo,* the Aegean (Sea).
egida *sf* **1** aegis. **2** *(fig.)* aegis; protection: *sotto l'egida di...,* under the aegis of...
egira *sf* hegira.
egittologia *sf* Egyptology.
egittologo *sm* Egyptologist.
egiziano *agg e sm* Egyptian.
egizio *agg e sm (stor.)* (ancient) Egyptian.
egli *pron personale 3ª persona sing m.* he: *Egli stesso me l'ha detto,* He told me so himself; He himself told me.
egloga *sf* eclogue.
egocentricità *sf* egocentricity; self-centredness.
egocentrico *agg* egocentric; self-centred.
□ *sm* egocentric (*o* self-centred) person.
egoismo *sm* egoism; selfishness.
egoista *agg* selfish. □ *sm e f.* egoist; selfish person.
egoisticamente *avv* selfishly.
egoistico *agg* selfish; self-centred.
egotismo *sm* egotism.
egotista *sm e f.* egotist.
egregiamente *avv* excellently; very (*o* extremely) well: *Il libro è tradotto egregiamente,* The book is extremely well translated.
egregio *agg* **1** excellent; outstanding; distinguished. **2** *(all'inizio di una lettera): Egregio Signore,* Dear Sir *(negli indirizzi non si traduce).*
eguale *agg* = **uguale.**
egualità *sf* equality.
egualitario *agg e sm* equalitarian.
egualizzare *vt* **1** to equalize. **2** *(conceria)* to even.
egualmente *avv* = **ugualmente.**
eh *interiezione (per esprimere meraviglia)* eh!; what!; *(disapprovazione)* hey!; I say!; *(rimprovero)* ah!; eh, eh!; *(avvertimento)* now, now!; *(fam., per 'eccomi', rispondendo a una chiamata)* yes?: *Eh, caro mio!,* Well, my dear fellow! — *È stata una bella festa, eh?,* (It was a) good party, don't you think? *(o raro,* what?*).*
ehi *esclamazione* hey! you there!; *(naut.)* ahoy: *ehi, di bordo!,* ship ahoy! — *ehi dico!,* I say!
ehm *esclamazione* ahem!; hum!
eiaculare *vi* to ejaculate.
eiaculazione *sf* ejaculation.
eiettore *sm* ejector; ejector device.
elaborare *vt* **1** to work out; *(un piano)* to draw* up; to elaborate. **2** *(biologia)* to synthesize; to secrete. **3** *(dati)* to process.
elaboratezza *sf* elaborateness.
elaborato *agg* **1** elaborate; (excessively) studied; over-refined. **2** *(di motore)* worked up; hotted-up *(sl.);* souped-up *(USA).*
□ *sm (compito)* paper.
elaborazione *sf* **1** elaboration. **2** *(di un progetto)* formulation. **3** *(di dati)* processing: *centro elaborazione dati,* data processing centre.
elargire *vt* to give* (sth) liberally; to lavish; to hand out: *elargire favori,* to distribute (*fam.* to dole out) favours.
elargizione *sf* generous contribution; largesse *(fr., generalm. scherz.).*
elasticamente *avv* elastically; nimbly; resiliently; flexibly.
elasticità *sf* **1** elasticity; resilience *(anche fig.); (di molle)* springiness; *(agilità)* nimbleness; agility: *elasticità di mente,* elasticity of mind; *(presenza di spirito)* presence of mind; *(apertura mentale)* broad-mindedness. **2** *(comm.: della domanda o dell'offerta)* elasticity.
elasticizzare *vt* to elasticize: *tessuto elasticizzato,* elasticized fabric.
elastico *agg* elastic; resilient *(anche fig.);* flexible; *(di molle)* springy; *(agile, pronto)* agile; nimble; *(accomodante)* accommodating; *(di coscienza)* elastic; fickle; inconstant: *passo elastico,* springy step — *tassello elastico,* rubber block — *anello elastico,* snap ring;

circlip — *È una norma molto elastica,* It's a very flexible rule.
□ *sm (filo)* elastic; *(fascia)* rubber band; elastic band; *(tessuto elastico)* elastic (fabric): *elastici delle calze, (da uomo)* sock-suspenders; *(da donna)* garters.

eldorado *sm* El Dorado; Eden; dream-land.

elefante *sm* elephant: *elefante marino,* sea-elephant — *elefante solitario,* rogue-elephant. □ *fare di una mosca un elefante,* to make a mountain out of a molehill.

elefantesco *agg* elephantine.

elefantessa *sf* female elephant; cow elephant.

elefantiasi *sf* **1** *(med.)* elephantiasis. **2** *(fig.)* mammoth growth.

elegante *agg* **1** *(di persona, spec. nel vestire)* smart; elegant; well-dressed; smartly-dressed; *(di abito, ecc.)* stylish; smart; *(alla moda)* fashionable. **2** *(di buon gusto)* tasteful; *(aggraziato)* graceful; *(raffinato)* refined; polished; *(ingegnoso)* subtle; *(di frasi, ecc.: ben tornito)* well-turned; stylish; *(di stile, ecc.)* elegant; neat; easy; effortless: *una risposta elegante,* a neat answer (*o* reply) — *un'elegante questione giuridica,* a subtle point of law — *cavarsela in modo elegante,* to get out of sth gracefully.

elegantemente *avv* **1** elegantly; smartly. **2** *(fig.: con garbo)* gracefully.

eleganza *sf* **1** elegance; smartness. **2** *(fig.: garbo)* grace.

eleggere *vt* **1** to elect: *dichiarare eletto qcno,* to declare sb elected. **2** *(nominare)* to appoint. **3** *(linguaggio burocratico: fissare)* to fix.

eleggibile *agg* eligible.

eleggibilità *sf* eligibility.

elegia *sf* elegy.

elegiaco *agg* elegiac.

elementare *agg* elementary; *(facile)* simple. □ *scuola elementare,* primary (*talvolta* elementary) school.

elemento *sm* **1** *(in generale)* element *(anche chim.)*: *la furia degli elementi,* the fury of the elements — *essere (non essere) nel proprio elemento,* to be in (to be out of) one's element. **2** *(componente, ingrediente)* component *(anche mecc.)*; factor; item; ingredient; part: *gli elementi costitutivi della personalità,* the components of the (of sb's) personality — *gli elementi di una tavola statistica,* the items of a statistical table. **3** *(al pl.: dati, fatti)* data; facts; *(rudimenti)* elements; rudiments; first principles: *Non ho elementi sufficienti per un giudizio,* I have not enough data (*o* facts) to be able to form an opinion — *i primi elementi di algebra,* the rudiments of algebra. **4** *(persona, individuo)* person; individual; member; operative; worker; *(talvolta)* element: *il peggiore elemento del nostro ufficio,* the worst worker in our office — *Che elemento!, (iron.)* What a fine chap!; What an odd chap!; What a queer person!

elemosina *sf* alms *(sing. o pl.)*; *(carità)* charity: *cassetta per l'elemosina,* alms-box — *campare di elemosina,* to live on charity — *chiedere l'elemosina,* to beg (for alms) — *dare qcsa in elemosina,* to give sth to charity — *fare l'elemosina a qcno,* to give alms to sb — *ridursi all'elemosina,* to be reduced to begging.

elemosinare *vt e i.* to beg (for alms).

elemosiniere *sm* almoner.

elencare *vt* to list; to catalogue; *(USA)* to catalog.

elenco *sm* list; catalogue; *(USA)* catalog: *elenco telefonico,* telephone directory — *elenco degli iscritti, (p.es. ad un'associazione)* roll — *fare un elenco,* to make a list — *mettere qcno in elenco,* to put sb on a list; to add sb's name to a list.

elettivamente *avv* electively.

elettivo *agg* elective *(anche fig.)*; *(che deriva da libera scelta)* of choice *(predicato)*: *domicilio elettivo,* residence (*talvolta* domicile) of choice; *(per le comunicazioni giudiziarie, ecc.)* address for service: *una monarchia elettiva,* an elective monarchy.

eletto *agg* (*p. pass. di* **eleggere**) *(prescelto)* chosen; elect; *(distinto, nobile)* noble; select: *il popolo eletto,* the chosen people — *uno spirito eletto,* a noble mind — *un pubblico eletto,* a select audience.
□ *sm (vincitore di elezioni)* elected member. □ *gli eletti,* the elected; the chosen; *(scherz.)* the chosen few.

elettorale *agg* electoral; election *(attrib.)*: *manifesto elettorale,* election poster — *cabina elettorale,* polling-booth — *scheda elettorale,* ballot-paper.

elettorato *sm* **1** *(gli elettori)* electorate. **2** *(diritto elettorale)* franchise. **3** *(stor.)* Electorate.

elettore *sm* **1** elector; voter: *lista degli elettori,* electoral roll. **2** *(stor.)* Elector: *l'Elettore Palatino,* the Elector Palatine.

elettrauto *sm* **1** *(operaio)* car electrician. **2** *(officina)* electrical repair shop.

elettrice *sf* **1** (female) elector (*o* voter). **2** *(stor.)* Electress.

elettricista *sm* electrician.

elettricità *sf* electricity.

elettrico *agg* **1** *(che agisce elettricamente)* electric; *(che ha a che fare con l'elettricità)* electrical: *luce (scossa, sedia) elettrica,* electric light (shock, chair) — *una cucina elettrica,* an electric cooker — *impianto elettrico,* electrical installation — *centrale elettrica,* electric power station — *blu elettrico,* electric (*o* steely) blue. **2** *(fam.: irrequieto, nervoso)* restless; uneasy; fretful: *di umore elettrico,* of a restless disposition.
□ *sm (operaio)* electricity worker.

elettrificabile *agg* electrifiable.

elettrificare *vt* to electrify *(anche fig.)*: *una ferrovia elettrificata,* an electrified railway line; an electric railway.

elettrificazione *sf* electrification.

elettrizzare *vt* **1** to electrify. **2** *(fig.)* to electrify; to thrill.
□ **elettrizzarsi** *v. rifl* **1** to become* electrified. **2** *(fig.)* to be* thrilled.

elettrizzazione *sf* electrification.

elettrocalamita *sf* electro-magnet.

elettrocardiografia *sf* electrocardiography.

elettrocardiografo *sm* electrocardiograph.

elettrocardiogramma *sm* electrocardiogram.

elettrochimica *sf* electrochemistry.

elettrochimico *agg* electrochemic(al).
□ *sm* electrochemist.

elettrodinamica *sf* electrodynamics *(col v. al sing.)*.

elettrodinamico *agg* electrodynamic(al).

elettrodo *sm* electrode.

elettrodomestico *sm* (electrical) household appliance.

elettrodotto *sm* power line.

elettrogeno *agg (nell'espressione) gruppo elettrogeno,* generator.

elettrolisi *sf* electrolysis.

elettrolitico *agg* electrolytic(al).

elettrolito *sm* electrolyte.

elettromagnete *sm* electro-magnet; magnet.

elettromagnetico *agg* electro-magnetic(al).

elettromagnetismo *sm* electro-magnetism.

elettromeccanica *sf* electromechanics *(col v. al sing.)*.
elettromeccanico *agg* electromechanic(al).
elettrometro *sm* electrometer.
elettromotore *agg* electromotive. □ *sm (motore)* electric motor.
elettromotrice *sf* electric rail-car; electric train.
elettrone *sm* electron: *elettrone negativo,* negatron — *elettrone positivo,* positron.
elettronica *sf* electronics *(col v. al sing.)*.
elettronico *agg* electronic.
elettropompa *sf* electric pump.
elettroscopio *sm* electroscope.
elettrostatica *sf* electrostatics *(col v. al sing.)*.
elettrostatico *agg* electrostatic.
elettrotecnica *sf* electrical technology.
elettrotecnico *agg* electrotechnical.
□ *sm* electrotechnician.
elettroterapia *sf (med.)* electrotherapeutics *(pl.)*; electrotherapy.
elettrotreno *sm* electric train; electric multiple unit.
elevabile *agg* raisable.
elevamento *sm* raising; elevation.
elevare *vt* **1** to raise; to elevate *(anche fig.)*; *(sollevare)* to lift up; *(rendere più alto)* to heighten; *(erigere)* to erect: *Il sacerdote elevò l'Ostia,* The priest elevated the Host — *elevare al trono,* to raise to the throne — *elevare la voce,* to raise one's voice — *elevare gli occhi,* to raise (to lift up) one's eyes — *elevare un edificio di un piano,* to heighten a building by one storey; to add a floor to a building — *elevare un monumento,* to erect a monument. **2** *(aumentare: prezzi, ecc.)* to raise; to increase; to put* up: *elevare i prezzi,* to raise (to increase, to put up) prices — *elevare un numero ad una potenza,* to raise a number to a power. **3** *(promuovere)* to promote: *elevare qcno a direttore,* to promote sb manager. **4** *(talvolta: migliorare)* to improve. □ *elevare una contravvenzione,* to impose a fine (on sb); to fine (sb); to give (sb) a ticket *(USA)*.
□ **elevarsi** *v. rifl* **1** to rise*; to raise oneself: *La temperatura si è ulteriormente elevata,* The temperature has risen still more — *Il tenore di vita si è elevato notevolmente,* The standard of living has risen considerably. **2** *(di edificio, ecc.)* to stand*: *Il monumento si eleva nel punto più bello della città,* The monument stands in the nicest part of the town.
elevatamente *avv* loftily; high-mindedly.
elevatezza *sf* loftiness.
elevato *agg* **1** elevated; high. **2** *(fig.)* lofty; *(nobile)* high-minded.
elevatore *sm* **1** elevator; hoist; *(montacarichi)* service-lift; *(per carbone)* heaver; *(per munizioni)* hoist. **2** *(di pressione, ecc.)* booster: *elevatore di tensione, (elettr.)* step-up transformer. □ *muscolo elevatore,* levator.
elevazione *sf* **1** *(l'atto di elevare)* elevation; raising; lifting *(anche fig.)*: *elevazione al trono,* raising to the throne — *elevazione a una potenza, (matematica)* raising to a power; involution — *elevazione del polso, (med.)* increased pulse rate. **2** *(astronomia)* elevation; altitude; *(rialzo di terreno)* elevation; height; eminence; rise: *angolo di elevazione, (mil.)* angle of elevation. **3** *(fig.: ascesi spirituale)* elevation; nobility.
elezione *sf* **1** election: *elezioni politiche,* general election *(sing.)* — *elezioni suppletive,* by-election *(sing.)* — *indire le elezioni,* to hold an election — *presentarsi a un'elezione,* to stand for election; to fight an election. **2** *(scelta)* choice: *farmaco di elezione, (med.)* drug of choice — *patria d'elezione,* the country of one's choice — *di mia libera elezione,* of my own free will.
elica *sf* **1** *(naut.)* propeller; screw; *(aeronautica)* propeller; prop *(fam.)*; *(GB, anche)* airscrew; *(di elicottero)* rotor: *piroscafo a due eliche,* twin-screw steamer. **2** *(geometria)* helix *(pl.* helices*)*; spiral. **3** *(di un fucile)* rifling.
elice *sf* helix *(pl.* helices*)*.
elicoidale *agg* **1** *(geometria)* helicoidal. **2** *(mecc.)* helical.
elicoide *sm* helicoid.
elicottero *sm* helicopter; 'copter *(fam.)*; chopper *(sl.)*.
elidere *vt* **1** to annul. **2** *(gramm.)* to elide.
□ **elidersi** *v. reciproco* to destroy each other.
eliminabile *agg* able to be eliminated; eliminable.
eliminare *vt* to remove; *(med.)* to excrete; to eliminate; *(matematica)* to eliminate; *(liberarsi, disfarsi di)* to do* away with (sth); to get* rid of (sth); *(candidati, ecc.)* to weed out; *(sport)* to eliminate; *(nel pugilato)* to knock out; *(ammazzare)* to liquidate; to do* in *(fam.)*; to rub out *(USA)*.
eliminatoria *sf (sport: nell'espressione) gara eliminatoria,* preliminary heat.
eliminazione *sf* elimination; *(rimozione)* removal; *(esclusione)* exclusion: *fare qcsa per eliminazione,* to do sth by process of elimination.
eliocentrico *agg* heliocentric.
elioterapia *sf* heliotherapy.
elioterapico *agg* heliotherapic.
eliotropio *sm* **1** *(pianta)* heliotrope. **2** *(pietra)* bloodstone; heliotrope.
eliporto *sm* heliport.
elisabettiano *agg e sm (stor.)* Elizabethan.
elisio *agg* Elysian: *i campi Elisi,* the Elysian Fields.
elisione *sf* elision.
elisir, elisire *sm* elixir: *elisir di lunga vita,* elixir of life.
ella *pron personale 3ª persona sing f.* **1** she: *Ella rispose che non desiderava affatto sposarlo,* She replied that she had no desire whatsoever to marry him. **2** *(forma di cortesia)* you: *Speriamo che Ella acconsentirà a questa nostra proposta,* We trust that you will agree to this proposal.
elle *sf e m. (la lettera)* L: *a forma di elle,* L-shaped.
elleboro *sm* hellebore: *elleboro puzzolente,* setterwort; stinking hellebore.
ellenico *agg* Hellenic.
ellenismo *sm* Hellenism.
ellenista *sm e f.* Hellenist; Greek scholar.
ellenistico *agg* Hellenistic.
ellisse *sf* ellipse.
ellissi *sf* ellipsis.
ellissoidale *agg* ellipsoidal.
ellissoide *sf* ellipsoid.
ellitticamente *avv (in tutti i sensi)* elliptically.
ellittico *agg (in tutti i sensi)* elliptic(al).
elmetto *sm* helmet.
elmo *sm* helmet.
elocuzione *sf* elocution.
elogiabile *agg* praiseworthy.
elogiare *vt* to praise; *(lett. o scherz.)* to sing* (sb's) praises.
elogiativo *agg* laudatory; of praise: *parole elogiative,* words of praise.
elogiatore *sm* praiser; *(spreg.)* flatterer.
elogio *sm (discorso o scritto)* eulogy; panegyric; oration; *(lode)* praise; commendation *(solo al sing.)*; *(al pl.: congratulazioni)* congratulations: *superiore ad*

ogni elogio, beyond all praise — *fare gli elogi di qcno,* to praise sb; to sing sb's praises — *fare a qcno i propri elogi (per qcsa),* to congratulate sb (on sth) — *pronunciare l'elogio di qcno,* to pronounce a eulogy on sb — *elogio funebre,* funeral oration.

eloquente *agg* **1** eloquent; persuasive. **2** *(significativo)* meaningful.

eloquentemente *avv* eloquently; persuasively.

eloquenza *sf* eloquence; *(fam.: parlantina)* talkativeness; gift of the gab: *un maestro d'eloquenza,* a master of good speech — *un fiume d'eloquenza,* a torrent of speech; *(fam.: di persona)* a glib talker — *l'eloquenza del denaro,* the power (the persuasiveness) of money.

eloquio *sm* speech; language.

elsa *sf* hilt.

elucubrare *vt e i.* to lucubrate; to ponder (over sth); to set* one's brains to work (on sth); *(macchinosamente)* to think* up; to concoct.

elucubrazione *sf* lucubration.

eludere *vt* to elude; to escape; to dodge *(fam.)*: *eludere una domanda difficile,* to dodge a tricky question — *eludere la legge,* to evade the law.

elusione *sf* elusion; evasion.

elusivamente *avv* elusively.

elusivo *agg* elusive.

elvetico *agg* Swiss; *(stor.)* Helvetic; Helvetian.
□ *sm* Swiss; *(stor.)* Helvetian.

elzeviro *agg* Elzevir(ian).
□ *sm* **1** *(edizione)* Elzevir edition; *(carattere tipografico)* Elzevir (type); old style; old face. **2** *(giornalismo italiano)* leading article on the third page.

emaciare *vt* to emaciate.
□ **emaciarsi** *v. rifl* to become* emaciated.

emaciato *agg* emaciated; skinny.

emanare *vt* **1** *(mandar fuori)* to give* off; to emit. **2** *(emettere)* to issue; *(una legge)* to pass; to enact; *(una sentenza)* to deliver; to hand down *(USA).*
□ *vi* to emanate; to issue; to proceed.

emanazione *sf* **1** giving off; emission. **2** *(di legge)* enactment; *(di decreto)* issuing; promulgation. **3** *(chim.)* emanation; *(del radio)* radon. **4** *(religione)* emanation.

emancipare *vt* to emancipate; to enfranchise; to free *(anche fig.)*; *(stor.)* to emancipate; to manumit.
□ **emanciparsi** *v. rifl* to free oneself (of *o* from sth); to become* (to get*) emancipated (from sth).

emancipato *agg* **1** emancipated. **2** *(libero da pregiudizi)* unprejudiced; open-minded.

emancipatore *sm* emancipator.

emancipazione *sf* emancipation: *l'emancipazione della donna,* the emancipation of women.

ematologia *sf* haematology.

ematoma *sm* haematoma.

ematosi *sf* haematosis.

ematuria *sf* haematuria.

embargo *sm (naut.)* embargo.

emblema *sm* emblem; symbol; badge.

emblematicamente *avv* emblematically.

emblematico *agg* emblematic(al); symbolic.

embolia *sf* embolism.

embolo *sm* embolus *(pl.* emboli*)*; *(coagulo)* clot.

embricato *agg* **1** tiled. **2** *(bot., zool.)* imbricate(d).

embrice *sm* **1** flat roof tile with raised edges: *scoprire un embrice, (fig.)* to reveal a secret. **2** *(naut.)* cradle lashing.

embriologia *sf* embryology.

embriologo *sm* embryologist.

embrionale *agg* embryonic *(anche fig.)*; *(anat.)* embryonal: *allo stato embrionale,* in embryo.

embrione *sm* embryo *(pl.* embryos*)*: *ancora in embrione,* still in embryo; in a rudimentary stage.

emendamento *sm (di una legge)* amendment; *(di un testo)* emendation: *una proposta di emendamento,* a proposal.

emendare *vt* to amend *(spec. una legge)*; to correct; to emend *(un testo)*; to polish *(uno scritto).*
□ **emendarsi** *v. rifl (correggere i propri difetti)* to mend one's ways.

emendativo *agg* emendatory.

emergente *agg* **1** emergent. **2** *(derivante)* consequential: *danno emergente, (dir.)* direct damage.

emergenza *sf* emergency: *in caso di emergenza,* in an emergency — *misure di emergenza,* emergency measures — *uno stato di emergenza,* a state of emergency.

emergere *vi* **1** to emerge; to come* out; to come* to the surface; *(di sottomarino)* to surface. **2** *(fig.: distinguersi)* to stand* out; to distinguish oneself. **3** *(fig.: risultare)* to emerge; to come* out; to transpire: *Emerse che...,* It emerged (It transpired) that...

emerito *agg* **1** emeritus: *un professore emerito,* an emeritus professor. **2** *(insigne)* distinguished; *(scherz.)* egregious; regular; prize: *un emerito bugiardo,* a regular (a prize) liar.

emersione *sf* emersion; emergence: *in emersione, (di sottomarino)* on the surface.

emetico *sm* emetic.
□ *agg* emetic(al).

emettere *vt* **1** *(voce)* to utter; *(p.es. un grido)* to let* out (sth); *(suoni)* to give* out (sth); *(luce, calore, odori)* to emit; to give* out (sth); to send* forth; *(sudore, umidità)* to exude; *(vomitare)* to vomit. **2** *(un'opinione)* to express; *(un giudizio o un verdetto)* to deliver; *(una sentenza)* to pass; *(un decreto)* to issue. **3** *(mettere in circolazione)* to emit; to put* into circulation; to utter *(raro)*; to issue *(banconote, obbligazioni, ecc.)*; *(una polizza)* to issue; to write*; *(un prestito)* to raise; to float: *emettere una tratta su qcno,* to draw a bill on sb.

emettitore *sm* emitter; sender.

emiciclo *sm* hemicycle; *(della Camera dei Deputati)* floor.

emicrania *sf* migraine; headache; *(med.)* hemicrania.

emigrante *agg e sm* emigrant.

emigrare *vi* to emigrate; *(di animali)* to migrate.

emigrato *sm* **1** emigrant. **2** *(stor.)* 'émigré' *(fr.)*: *un emigrato politico,* a political exile.

emigrazione *sf* emigration; *(di animali)* migration; *(di capitali)* flight; drain.

eminente *agg* eminent; distinguished.

eminentemente *avv* eminently; above all; par excellence *(fr.).*

eminenza *sf* eminence *(anche fig.).*

emiro *sm* emir.

emisferico *agg* hemispheric(al).

emisfero *sm* hemisphere: *l'emisfero Nord (Sud),* the northern (southern) hemisphere.

emissario *sm* **1** *(geografia)* effluent. **2** *(anat.)* emissary. **3** *(idraulica)* drain; outlet. **4** *(stallone)* stud-horse. **5** *(mandatario)* emissary; secret agent.

emissione *sf* **1** *(di titoli di credito)* issue; new issue; issuing; *(di francobolli)* issue: *emissione eccessiva,* overissue. **2** *(fis.)* emission; sending forth; giving out; *(termica)* radiation; *(trasmissione)* broadcast; broadcasting; *(televisione)* television broadcast;

telecast; telecasting: *stazione d'emissione,* transmitting station.

emittente *agg* **1** *(econ.)* issuing. **2** *(trasmittente)* broadcasting; transmitting. **3** *(calore, ecc.)* sending forth; giving out.
□ *sm (traente di cambiale)* drawer.
□ *sf* transmitter; transmitting (*o* broadcasting) station: *un'emittente clandestina,* a clandestine radio.

emofilia *sf* haemophilia; *(USA)* hemophilia.

emolliente *agg e sm* emollient.

emolumento *sm* **1** emolument; fee. **2** *(talvolta: compenso incerto, aggiuntivo, anche in natura)* perquisite.

emorragia *sf* haemorrhage.

emorroidi *sf pl* haemorrhoids; piles *(fam.).*

emostatico *agg* haemostatic: *matita emostatica,* styptic pencil — *cotone emostatico,* styptic cotton.

emoteca *sf* blood bank.

emotivamente *avv* emotionally; emotively.

emotività *sf* emotionality; sensitiveness.

emotivo *agg* emotional; sensitive; emotive.
□ *sm* emotional person.

emozionabile *agg* emotional; excitable.

emozionante *agg* exciting; thrilling; *(commovente)* moving.

emozionare *vt* to excite; *(commuovere)* to move.
□ **emozionarsi** *v. rifl* to become* excited; *(commuoversi)* to be* moved: *emozionarsi facilmente,* - **a)** to be excitable; to get excited very easily - **b)** to be easily moved.

emozionato *agg* excited; *(commosso)* moved.

emozione *sf* emotion; excitement.

empietà *sf* impiety; irreverence; irreligiousness; *(crudeltà)* cruelty; ruthlessness.

empio *agg* impious; irreverent; irreligious; *(per estensione: spietato)* pitiless; cruel; *(malvagio)* wicked.

empire *vt* **1** to fill; to fill up. **2** *(affollare)* to crowd; to throng. **3** *(stipare)* to cram; *(imbottire, infarcire)* to stuff; to stuff up.
□ **empirsi** *v. rifl* to fill up; to become* full; *(di gente)* to fill with people; to become* crowded: *empirsi di qcsa,* to stuff (to cram) oneself with sth.

empireo *agg* empyreal; empyrean. □ *sm* empyrean.

empiricamente *avv* empirically.

empirico *agg* empiric(al). □ *sm* empiric.

empirismo *sm* empiricism.

empirista *sm* empiricist.

emporio *sm* **1** *(centro)* emporium; mart. **2** *(negozio)* general store; emporium. **3** *(fig.)* store-house.

emù *sm* emu.

emulare *vt* to emulate; to copy.

emulatore *sm* emulator.

emulazione *sf* emulation.

emulo *agg* emulous. □ *sm* emulator.

emulsionabile *agg* emulsifiable; emulsible.

emulsionante *sm* emulsifier; emulsifying agent.

emulsionare *vt* to emulsify.

emulsione *sf* emulsion.

encefalico *agg* encephalic.

encefalite *sf* encephalitis: *encefalite letargica,* sleeping sickness.

encefalo *sm* encephalon *(pl.* encephala*).*

enciclica *sf* encyclical.

enciclopedia *sf* encyclopaedia: *un'enciclopedia ambulante, (scherz.)* a walking encyclopaedia.

enciclopedico *agg* encyclopaedic: *una mente enciclopedica,* an encyclopaedic brain.

enciclopedista *sm* encyclopaedist.

enclitica *sf* enclitic.

enclitico *agg* enclitic.

encomiabile *agg* commendable; praiseworthy.

encomiare *vt* to commend; to praise.

encomiasticamente *avv* encomiastically.

encomiastico *agg* encomiastic; panegyrical; laudatory; of praise: *parole encomiastiche,* words of praise.

encomio *sm* commendation *(solo al sing.);* encomium *(pl.* encomiums *o* encomia*);* panegyric: *encomio semplice, (mil.)* commendation — *encomio solenne, (mil.)* mention in dispatches — *degno di encomio,* worthy of praise.

endecasillabo *agg* hendecasyllabic.
□ *sm* hendecasyllable.

endemia *sf* endemic disease.

endemico *agg* endemic.

endiadi *sf* hendiadys.

endocrino *agg* endocrine.

endocrinologia *sf* endocrinology.

endocrinologo *sm* endocrinologist.

endogamia *sf* endogamy.

endogeno *agg* endogenous; *(geol. anche)* endogenetic.

endotermico *agg* endothermic.

endovenosa *sf* intravenous injection.

endovenoso *agg* intravenous.

energetica *sf* energetics *(col v. al sing.).*

energetico *agg* **1** energy(-); of energy: *la crisi energetica,* the energy crisis. **2** *(che dà energia)* energy-giving.
□ *sm* tonic.

energia *sf* **1** energy; power; vigour. **2** *(fis.)* energy; power: *nuove fonti di energia,* new sources of energy. **3** *(ellitticamente, per energia elettrica)* power; electricity. □ *agire con energia, (di medicina)* to be very strong.

energicamente *avv* energetically; strongly; powerfully.

energico *agg* **1** energetic; vigorous; forcible; *(potente, efficace)* strong; powerful: *una persona energica,* an energetic person — *un rimedio energico,* a strong remedy. **2** *(mus.)* 'energico'.

energumeno *sm (raro: chi è posseduto dal demonio)* demoniac; energumen; *(fig.: chi si lascia dominare dall'ira)* enraged person; *(pazzo)* madman *(pl.* -men*); (riferito a donna)* fury; virago; spitfire: *Gridava e si dibatteva come un energumeno,* He was yelling and thrashing about like one possessed.

enfasi *sf* emphasis *(pl.* emphases*);* stress: *con enfasi,* emphatically; *(iron.)* pompously.

enfaticamente *avv* emphatically.

enfatico *agg* emphatic; *(spreg.)* exaggerated.

enfiare *vt,* **enfiarsi** *v. rifl* to swell*.

enfiato *agg* swollen; blown up.

enfisema *sm* emphysema.

enfiteusi *sf* emphyteusis; perpetual lease.

enigma *sm* enigma; puzzle; mystery; *(indovinello)* riddle; conundrum: *essere un enigma, (di persona)* to be inscrutable; *(di cosa)* to be inexplicable; to be a puzzle; to be a mystery — *parlare per enigmi,* to speak in riddles — *sciogliere un enigma,* to solve a mystery (a riddle).

enigmaticamente *avv* enigmatically; mysteriously.

enigmatico *agg* enigmatic; mysterious.

enigmista *sm e f.* enigmatist.

enigmistica *sf* puzzles *(pl.);* art of inventing (of solving) puzzles: *un appassionato di enigmistica,* a lover of puzzles.

enigmistico *agg* puzzle *(attrib.).*

enne *sf e m. (la lettera)* N; n.
ennesimo *agg* **1** *(matematica)* nth: *elevare all'ennesima potenza,* to raise to the nth degree. **2** *(fam.)* umpteenth: *Te lo ripeto per l'ennesima volta,* I'm telling you for the umpteenth time.
enofilo *agg* wine *(attrib.);* fond of wine: *circolo enofilo,* wine club; wine-lovers' association.
enologia *sf* wine industry.
enologico *agg* relating to wine making.
enologo *sm* oenologist.
enometro *sm* oenometer.
enorme *agg* enormous; huge; *(fig.)* tremendous; *(mostruoso)* monstrous; shocking: *uno sbaglio enorme,* a tremendous mistake; a clanger *(fam.).*
enormemente *avv* enormously; hugely; tremendously; terribly *(fam.).*
enormità *sf* **1** enormousness; hugeness. **2** *(assurdità)* absurdity. **3** *(scelleratezza)* enormity; wickedness. **4** *(fam.: stupidaggine)* blunder; *(strafalcione)* howler: *Non dire enormità,* Don't talk nonsense.
enoteca *sf* wine library.
ente *sm* **1** *(filosofia)* being. **2** *(persona giuridica, spec. pubblica)* board; commission; corporation; *(USA, anche)* agency; authority; *(privata)* body; institution; *(azienda, società per azioni)* company: *ente morale,* non-profit-making body.
enterico *agg* enteric; intestinal.
enterite *sf* enteritis.
enteroclisma *sm* enema.
enterocolite *sf* enterocolitis.
entità *sf* **1** *(filosofia)* entity. **2** *(fig.)* importance; *(valore)* value; *(gravità)* seriousness; gravity; *(dimensione)* size; extent: *una cosa di poca entità,* a matter of little importance — *un patrimonio di notevole entità,* a substantial (a considerable) property — *l'entità dei danni,* the extent of the damage — *un danno di lieve entità,* slight damage.
entomologia *sf* entomology.
entomologico *agg* entomologic(al).
entomologo *sm* entomologist.
entrambi *agg pl* (*f.* **entrambe**) both: *Ho letto entrambi i libri,* I've read both books (both the books; both of the books).
☐ *pron* - **a)** *(soggetto)* both; both of them; they both - **b)** *(compl.)* them both; both of them: *Entrambi mi dissero di non andare,* Both of them (They both) told me not to go — *Li ho visti entrambi,* I saw them both (both of them).
entrante *agg* next; coming: *la settimana entrante,* next week; the coming week.
entrare *vi* **1** *(introdursi, immettersi, penetrare)* to go* in (*o* into); to come* in (*o* into); to get* in; to enter: *entrare in una casa (un negozio, un giardino),* to go into a house (a shop, a garden) — *È entrato all'ENI appena laureato,* He entered E.N.I. as soon as he got his degree — *entrare in porto,* to put into port (into harbour) — *Entrate pure!* - **a)** *(Venite dentro!),* Come in!; Do come in!; Please come in!; (Step) this way, please! - **b)** *(Andate dentro!),* Go in!; Carry on in! *(fam.);* Go on in!; Go along in! — *Mi è entrato qualcosa nell'occhio,* I've got something in my eye; Something has got in my eye — *lasciar (far) entrare una persona,* to let somebody in; *(indicandogli l'entrata)* to show somebody in — *Non devi lasciar entrare l'aria,* You mustn't let the air get in (let the air in) — *entrare (camminando),* to walk in; to step in — *entrare di corsa,* to run in — *entrare a cavallo (in automobile, in barca),* to ride in (to drive in, to sail in) — *entrare precipitosamente,* to rush in; to dash in — *entrare con un salto,* to jump in; to leap in — *entrare di soppiatto,* to steal in; to creep in — *Vietato entrare,* No entry; No admittance — *entrare nel cuore di qcno,* to find the way into sb's heart; to come to mean a lot to sb — *entrare nel vivo della questione,* to enter into the heart of the matter — *entrare in particolari (nei particolari),* to go into details — *entrare in campo (in gioco, in ballo),* to come into play — *entrare in guerra,* - **a)** *(se si inizia)* to go to war - **b)** *(se è già in corso)* to come into the war — *entrare nel personaggio,* to get inside a part (one's rôle) — *Entra Otello, (teatro)* Enter Othello — *Entrano Polonio e Laerte,* Enter Polonius and Laertes — *entrare in possesso di qcsa,* to enter into possession of sth — *fare entrare qcsa in testa a qcno,* to get sth into sb's head.
2 *(avviare, dare inizio, cominciare)* to begin*; to start; to come* into; to enter upon: *entrare in ebollizione,* to begin to boil — *entrare in corrispondenza (conversazione, società),* to enter into correspondence (conversation, partnership) — *entrare in contatto con qcno,* to get in touch with sb — *entrare in possesso di qcsa,* to enter (to come) into possession of sth — *entrare nel ventitreesimo anno di età,* to enter upon one's twenty-third year — *entrare in una nuova fase,* to enter upon a new phase — *entrare in vigore,* to come into effect (into force, into operation) — *entrare in funzione, (di cosa)* to begin working; *(di persona)* to begin one's duties — *entrare in carica,* to take office — *entrare in argomento,* to get on to the subject — *entrare in collisione,* to collide — *entrare in ballo, (fig.)* to come into it (*o* into play).
3 *(arruolarsi, unirsi a)* to enter; to join; to go* (into sth): *entrare nell'esercito,* to enter (to join) the army — *entrare nel cinema,* to go into films — *entrare in società (debuttare),* to enter society; to make one's début — *È entrato nella chiesa,* He went into the Church.
4 *(combaciare, stare bene, starci, essere adatto)* to fit; to go* (into sth): *Questi libri d'arte sono troppo alti per entrare nella libreria,* These art books are too tall to fit into (too tall for) the bookshelves — *Questi pantaloni non mi entrano più,* These trousers don't fit me any more — *Questa chiave non entra,* This key won't go in — *Il due entra cinque volte nel dieci,* Two goes into ten five times.
5 entrarci - **a)** *(starci)* to go* in; to fit* in: *Non c'entriamo tutti in questa macchina,* We can't all get into this car - **b)** *(avere a che fare con qcno, qcsa)* to have* to do with sb, sth: *Che c'entra?,* What's that got to do with it? — *Io in questo pasticcio non c'entro,* I've got nothing to do with this mess — *Tu che c'entri?,* What has it got to do with you?; What business is it of yours? — *entrare negli affari altrui,* to interfere (to meddle) in other people's business — *entrarci come i cavoli a merenda,* to be off the point; to be quite inappropriate; to have nothing to do with sth.
entrata *sf* **1** *(ingresso)* entrance; entry; gateway; lobby: *entrata di servizio,* tradesmen's entrance; *(di teatro, per gli attori)* stage door. **2** *(l'entrare)* entrance; entry *(spec. dir. o fig.);* coming (*o* going) in; *(col permesso)* admission: *entrata in scena,* entrance; *(fig.)* entry — *entrata libera,* admission free. **3** *(fig.: inizio)* entry; *(mus.)* introduction: *entrata in carica,* entry into office — *entrata in vigore,* coming into effect (into force) — *entrata in possesso,* taking possession. **4** *(cenno ad un esecutore)* lead; cue. **5** *(calcio)* tackle; intervention. **6** *(econ., comm.: incasso: spesso al pl.)* receipts *(pl.);* takings *(pl.); (reddito)* income; return;

revenue: *entrate accessorie,* supplementary income — *entrate e uscite,* income and expenditure. **7** *(elaborazione dati)* input.

entratura *sf* entry; entrance: *tassa d'entratura,* entry fee.

□ *avere entratura con qcno,* to be on familiar terms with sb — *avere entratura in una famiglia,* to have the entrée into a family.

entro *prep* **1** *(lett.: di luogo)* into; inside; within. **2** *(di tempo)* within *(un periodo);* in *(un periodo);* by the end of; *(non oltre)* not later than; by: *Entro cinque minuti tornerò,* I'll be back in (*o* within) five minutes — *Entro febbraio dovremo lasciare libera la casa,* We have to be out of the house by the end of February — *entro e non oltre...,* not later than... — *Per favore, fateci avere la Vs risposta entro il 31 ottobre,* Please let us have your answer by October 31st (not later than October 31st).

entrobordo *sm* inboard motor.

entropia *sf* entropy.

entroterra *sf* hinterland.

entusiasmante *agg* exciting.

entusiasmare *vt* to arouse (to raise) enthusiasm (in sb for sth); *(fig.: infiammare)* to fire; to excite; to carry away; *(estasiare)* to enrapture; to enthral(l).

□ **entusiasmarsi** *v. rifl* to be* enthusiastic (about sth); *(eccitarsi)* to get* worked up (about sth); to enthuse *(fam.);* to gush (over) *(detto spec. di donna).*

entusiasmo *sm* enthusiasm; excitement; eagerness: *con entusiasmo,* enthusiastically — *pieno di entusiasmo,* full of enthusiasm; enthusiastic.

entusiasta *sm e f.* enthusiast.

□ *agg* **1** enthusiastic. **2** *(assai soddisfatto)* delighted (at, with); highly (*o* very) satisfied (with); impressed (by); keen (on).

entusiasticamente *avv* enthusiastically; eagerly.

entusiastico *agg* enthusiastic; eager.

enucleare *vt* to enucleate.

enucleazione *sf* enucleation.

enumerare *vt* to list; to catalogue; to catalog *(USA);* to enumerate.

enumerazione *sf* enumeration; *(elenco)* list; catalogue; catalog *(USA).*

enunciare *vt (una teoria)* to enunciate.

enunciativo *agg* enunciative.

enunciato *sm* proposition; *(di un problema)* statement; *(di una proposizione, di un teorema)* enunciation.

enunciazione *sf* enunciation; formulation.

enuresi *sf* enuresis.

enzima *sm* enzyme.

eocene *sm* Eocene.

eolico, eolio *agg* Aeolian. □ *sm (dialetto greco)* Aeolic.

epa *sf* paunch; belly.

epatico *agg* liver *(attrib.); (med.)* hepatic: *colica epatica,* liver attack.

epatite *sf* hepatitis.

epatta *sf* epact.

epesegesi *sf* epexegesis.

epesegetico *agg* epexegetic(al).

epica *sf* epic; epic poetry.

epicamente *avv* epically.

epicardio *sm* epicardium.

epicentro *sm* epicentre.

epiciclo *sm* epicycle.

epico *agg* epic *(anche fig.).*

epicureismo *sm* **1** Epicureanism. **2** *(fig.)* epicurism.

epicureo *agg* Epicurean. □ *sm* **1** *(filosofia)* Epicurean. **2** *(fig.)* epicure.

epidemia *sf* epidemic *(anche fig.): un'epidemia di colera,* a cholera epidemic.

epidemico *agg* epidemic(al) *(anche fig.).*

epidermicamente *avv* **1** epidermically. **2** *(fig.)* superficially.

epidermico *agg* **1** epidermic. **2** *(fig.)* superficial; skin-deep: *impressioni epidermiche,* superficial impressions.

epidermide *sf* epidermis.

epidiascopio *sm* epidiascope.

Epifania *sf* Epiphany; Twelfth Night.

epigastrico *agg* epigastric.

epigastrio, epigastro *sm* epigastrium.

epiglottide *sf* epiglottis.

epigono *sm* imitator; *(seguace)* follower.

epigrafe *sf* epigraph.

epigrafia *sf* epigraphy.

epigrafico *agg* **1** epigraphic. **2** *(conciso)* lapidary: *uno stile epigrafico,* a concise style.

epigrafista *sm* epigrapher; epigraphist.

epigramma *sm* epigram.

epigrammatico *agg* epigrammatic(al).

epigrammista *sm e f.* epigrammatist.

epilessia *sf* epilepsy: *una persona affetta da epilessia,* an epileptic.

epilettico *agg e sm* epileptic.

epilogo *sm* epilogue; *(USA)* epilog; *(conclusione)* conclusion; end.

episcopale *agg* episcopal: *sedia episcopale,* bishop's throne.

episcopato *sm* **1** *(complesso dei vescovi)* episcopacy; episcopate. **2** *(carica)* episcopate.

[1]**episcopio** *sm (residenza)* bishop's palace.

[2]**episcopio** *sm (fis.)* episcope.

episodicamente *avv* episodically.

episodico *agg* episodic(al); *(frammentario)* fragmentary.

episodio *sm* **1** episode; event. **2** *(di opera letteraria)* episode.

epistassi *sf* nose-bleed; *(med.)* epistaxis.

epistemologia *sf* epistemology.

epistola *sf* epistle.

epistolare *agg* epistolary: *corrispondenza epistolare,* correspondence (by letter).

epistolario *sm* letters *(pl.);* exchange of letters; (collected) correspondence.

epitaffio *sm* epitaph.

epiteliale *agg* epithelial.

epitelio *sm* epithelium.

epitesi *sf* epithesis.

epiteto *sm* epithet.

epitome *sf* epitome; abridgement; compendium.

epoca *sf* **1** age; era; epoch: *l'epoca glaciale,* the Ice Age — *l'epoca attuale,* the age we live in; the present age; this day and age — *le sette epoche della vita umana,* the seven ages of man — *la bella epoca,* la belle époque *(fr.)* — *fare epoca,* to be noteworthy; to mark a new epoch; to be a landmark; *(fare colpo)* to cause a stir — *un avvenimento che fa epoca,* an epoch-making event. **2** *(periodo)* period; time: *più o meno a quest'epoca,* around (*o* about) this time of the year — *a quell'epoca,* in those days; at that time.

epodo *sm* epode.

eponimo *agg* eponymous. □ *sm* eponym.

epopea *sf* **1** *(poema)* epic (poem). **2** *(genere)* epos; epopee. **3** *(per estensione: gesta)* epic deeds *(pl.).*

epos *sm* epos; epic (poem).

eppure *congiunz* **1** yet; and yet; and still: *Non c'era, eppure aveva promesso che sarebbe venuto,* He wasn't there, and yet he'd promised he'd come. **2** *(tuttavia)* nevertheless; however; all the same.
epulone *sm* **1** *(nel Vangelo)* rich man *(pl.* men*).* **2** *(fig.)* glutton.
epurare *vt* to weed out; to expel; *(politica)* to purge.
epurazione *sf* expulsion; *(politica)* purge.
equabile *agg* equable; fair; just.
equamente *avv* fairly; justly; equably.
equanime *agg* *(equilibrato)* level-headed; even-tempered; *(imparziale)* fair; fair-minded.
equanimità *sf* *(equilibrio)* equanimity; composure; *(imparzialità)* fairmindedness.
equatore *sm* equator.
equatoriale *agg* equatorial: *regione delle calme equatoriali,* the doldrums *(pl.).*
equazione *sf* equation: *equazione di primo (di secondo) grado,* simple (quadratic) equation.
equestre *agg* equestrian: *circo equestre,* circus — *ordine equestre, (stor. romana)* equites; knights *(pl.).*
equiangolo *agg* equiangular.
equicorrente *agg* concurrent.
equidistante *agg* equidistant: *essere equidistanti da x,* to be the same distance from x.
equidistanza *sf* equidistance.
equidistare *vi* to be* equidistant.
equilatero *agg* equilateral.
equilibrare *vt* to balance *(anche comm.); (talvolta)* to counterbalance; *(fis.)* to equalize.
□ **equilibrarsi** *v. rifl e reciproco* to balance; to equalize.
equilibratamente *avv* level-headedly; sensibly.
equilibrato *agg* **1** *(di persona)* well-balanced; level-headed; *(giusto, equanime)* fair; fair-minded. **2** *(fis., mecc.)* balanced.
equilibratore *sm* **1** equalizer. **2** *(aeronautica)* elevator.
equilibratrice *sf* balancing-machine.
equilibratura *sf* balancing.
equilibrio *sm* **1** balance *(anche fig.); (fis.)* equilibrium; equipoise *(spesso fig.); (aeronautica)* equilibrium; stability: *equilibrio politico,* balance of power — *mantenere (tenere) in equilibrio,* to balance — *mantenersi (tenersi) in equilibrio,* to keep one's balance — *far perdere l'equilibrio a qcno,* to throw sb off his balance — *perdere l'equilibrio,* to lose one's balance — *rompere l'equilibrio,* to upset the equilibrium. **2** *(fig.)* common sense; even-mindedness: *un individuo di molto equilibrio,* a man of great common sense; an even-minded man.
equilibrismo *sm (anche fig.)* acrobatics *(pl.).*
equilibrista *sm e f.* tightrope-walker; equilibrist.
equino *agg* horse *(attrib.): carne equina,* horse-meat — *una razza equina,* a breed of horses. □ *piede equino, (med.)* club-foot.
□ *come sm pl* equines.
equinoziale *agg* equinoctial.
equinozio *sm* equinox. □ *prendere un equinozio, (fig.)* to make a blunder; to get hold of the wrong end of the stick.
equipaggiamento *sm* equipment; outfit; kit; gear: *equipaggiamento di prova,* test set-up — *equipaggiamento da sci,* skiing equipment (*o* gear).
equipaggiare *vt* **1** *(di equipaggiamento)* to equip; to fit out; to rig: *ben equipaggiato,* well-equipped. **2** *(di equipaggio)* to man.
equipaggio *sm* crew; *(naut., anche)* ship's company; *(mil.: carriaggi)* train; supplies; *(carrozza con cavalli)* equipage; coach and horses; *(scherz.: abbigliamento)* kit: *equipaggio di corte,* state coach — *arrivare in grande equipaggio,* to arrive in state — *Tutto l'equipaggio sul ponte!,* All hands on deck! — *con equipaggio,* manned *(attrib.)* — *senza equipaggio,* unmanned *(attrib.).*
equiparabile *agg* comparable.
equiparare *vt* **1** *(paragonare)* to compare. **2** *(uguagliare)* to equalize; to even up; to level *(p.es. gli stipendi, all'interno di un'azienda).*
equiparazione *sf* **1** *(paragone)* comparison. **2** *(uguagliamento)* equalization.
équipe *sf (fr.)* team: *lavoro d'équipe,* teamwork.
equipollente *agg* equally valid; equivalent; equipollent *(raro).*
equipollenza *sf* equivalence; equipollence *(raro).*
equità *sf* fairness; impartiality; equity; *(dir.)* natural justice: *decidere con equità,* to reach (to arrive at) a fair decision.
equitazione *sf* riding; equitation; *(nelle Olimpiadi)* equestrian sports *(pl.): una scuola d'equitazione,* a riding-school.
equivalente *agg* equivalent: *Il suo silenzio è equivalente a un no,* His silence is equivalent to (*o* amounts to) a 'no'.
□ *sm* equivalent.
equivalenza *sf* equivalence.
equivalere *vi* to be* equivalent (to); to be* tantamount (to); to be* the same (as); *(significare)* to mean*; to amount (to); *(avere il valore di)* to amount to.
□ **equivalersi** *v. rifl* to be* equivalent (to); to come* to the same thing (as); to have* the same value (as); to be* equally good.
equivocamente *avv* equivocally; ambiguously; in an equivocal (*o* ambiguous) way (fashion, manner).
equivocare *vi (fraintendere)* to misunderstand*; to get* hold of the wrong end of the stick *(fam.); (sbagliarsi)* to be* mistaken.
equivoco *agg* **1** equivocal; ambiguous: *una domanda equivoca,* an ambiguous question. **2** dubious; *(sospetto)* suspicious; *(discutibile)* questionable; *(spec. di persona e di progetto)* shady, fishy *(fam.): un individuo di fama equivoca,* a man of dubious (of questionable) reputation — *una persona equivoca,* a shady (a fishy) person. □ *rima equivoca, (prosodia)* perfect rhyme.
□ *sm* *(ambiguità)* equivocation; *(malinteso)* misunderstanding; *(errore)* mistake: *Non ci fu alcun equivoco sul significato delle sue parole,* There was no mistaking the meaning of his words — *dar luogo a un equivoco,* to give rise to a misunderstanding — *chiarire un equivoco,* to explain a misunderstanding — *giocare sull'equivoco,* to equivocate — *parlare senza equivoci,* to speak plainly — *a scanso di equivoci,* to avoid any misunderstanding.
equo *agg* equitable; fair; right; just: *un equo compenso,* an adequate payment (*o* fee); a fair reward.
era *sf* era; period; age: *era geologica,* geological era — *era spaziale,* space age.
erariale *agg* revenue *(attrib.);* fiscal.
erario *sm* treasury; public finance: *erario (pubblico),* national revenue.
erba *sf* **1** grass: *un filo d'erba,* a blade of grass — *tagliare l'erba,* to cut (to mow) the grass — *Vietato calpestare l'erba,* (Please) keep off the grass — *un sentiero coperto d'erba,* a grassy path — *un campo d'erba, (tennis)* a grass court. **2** *(erba aromatica, medicinale)* herb: *infuso d'erbe,* herb-tea; tisane *(fr.)* — *erba medica, (bot.)* lucerne; purple medic. **3** *(erbaccia)*

weed: *togliere l'erba dal giardino,* to weed the garden. **4** *(fam.: marijuana)* grass; pot *(sl.).*
☐ *una merenda sull'erba,* a picnic — *un campione in erba,* a budding champion; a champion in the bud — *grano in erba,* green corn — *punto erba, (ricamo)* satin stitch — *fare d'ogni erba un fascio,* to sow the tares with the wheat — *La mala erba cresce presto,* Weeds grow fast — *Questa non è erba del tuo orto, (fig.)* This isn't your work — *L'erba 'voglio' non nasce neanche nel giardino del re, (prov.)* 'I want' never gets — *Campa cavallo che l'erba cresce, (prov.)* It will be all right, when it is too late.

erbaccia *sf* weed.

erbaceo *agg* herbaceous.

erbaggi *sm pl* vegetables; greens *(fam.).*

erbivendolo *sm* greengrocer; *(ambulante)* costermonger *(GB).*

erbivoro *agg* herbivorous. ☐ *sm* herbivore.

erborista *sm* herbalist.

erboso *agg* grassy; grass *(attrib.): campo erboso, (tennis)* grass court — *tappeto erboso, (prato)* lawn.

erculeo *agg* Herculean: *forza erculea,* Herculean strength.

erede *sm* **1** *(dir.)* heir *(f.* heiress); person called to the succession; person succeeding to (all or a part of) the entire estate: *erede legittimo,* next-of-kin — *erede necessario,* person entitled to a share under a will. **2** *(nella disciplina del* Common Law: *termini approssimativi)* general legatee; residuary legatee. **3** *(al trono, titolo di nobiltà)* heir *(f.* heiress*): erede di diritto,* heir apparent — *erede presunto,* heir presumptive. **4** *(uso corrente)* heir *(f.* heiress) *(spec. se eredita grandi ricchezze).* **5** *(fig.)* heir; successor: *Ecco il mio erede!, (scherz.)* Here's my son and heir! — *senza eredi,* heirless.

eredità *sf* **1** *(dir.)* inheritance; (deceased's) estate; *(patrimonio ereditario)* patrimony: *lasciare in eredità,* to bequeath; *(beni immobili)* to devise — *ricevere qcsa in eredità,* to inherit — *adire un'eredità,* to take possession of, to come into *(fam.)* an inheritance. **2** *(biologia)* inheritance. **3** *(fig.: retaggio)* heritage; patrimony.

ereditare *vt* to inherit.

ereditariamente *avv* hereditarily.

ereditarietà *sf* heredity.

ereditario *agg* hereditary: *asse ereditario,* estate of a deceased person — *principe ereditario,* heir to the throne.

ereditiera *sf* heiress.

eremita *sm* hermit *(anche fig.); (stor.)* eremite.

eremitaggio *sm* hermitage.

eremitico *agg* hermitical: *una vita eremitica,* a hermit's life — *luogo eremitico,* solitary (*o* lonely) place.

eremo *sm* **1** *(anche fig.)* hermitage. **2** *(convento)* monastery.

eresia *sf* **1** heresy. **2** *(fam.: sproposito)* heresy *(fam.)*; nonsense: *Non dire eresie!,* Don't talk nonsense!

eresiarca *sm* heresiarch.

ereticale *agg* heretical.

ereticamente *avv* heretically.

eretico *agg* heretical. ☐ *sm* heretic.

erettile *agg* erectile.

eretto *agg* **1** *(diritto)* erect; upright: *tenere il capo eretto,* to hold one's head erect. **2** *(innalzato, costruito)* erected; built; *(fig.: fondato)* established; founded; based.

erezione *sf* **1** erection *(vari sensi).* **2** *(costruzione)* building; *(fondazione)* establishment; foundation.

ergastolano *sm* convict serving a life sentence; lifer *(fam.).*

ergastolo *sm* **1** *(pena)* life sentence; life imprisonment; penal servitude for life *(stor.).* **2** *(luogo)* convict prison.

ergere *vt (lett.)* to raise; to erect.
☐ **ergersi** *v. rifl* to rise*; to stand*.

ergo *avv* 'ergo'; therefore.

erica *sf* heather; *(talvolta)* ling.

erigendo *agg (da erigersi)* to be built; *(da istituirsi)* to be founded.

erigere *vt (innalzare)* to erect; to raise; *(costruire)* to build*; to construct; *(fig.: fondare)* to found; to institute; to set* up: *erigere qcsa a principio,* to raise sth to the status of a principle.
☐ **erigersi** *v. rifl (costituirsi)* to set* oneself up: *erigersi a giudice del comportamento altrui,* to set oneself up as a judge of other people's behaviour.

eritema *sm* inflammation; rash; *(med.)* erythema: *eritema solare,* solar erythema; sunburn *(fam.).*

eritreo *agg e sm* Eritrean.

ermafroditismo *sm* hermaphroditism.

ermafrodito *agg* hermaphrodite; hermaphroditic(al); *(bot., anche)* androgynous.
☐ *sm* hermaphrodite.

ermellino *sm* **1** ermine; stoat; *(pelliccia)* ermine. **2** *(araldica)* ermine.

ermeticamente *avv* hermetically: *chiuso ermeticamente,* hermetically sealed.

ermetico *agg* **1** *(di Ermete Trismegisto)* Hermetic; *(per estensione: oscuro)* abstruse; obscure; cryptic; *(di volto, ecc.)* inscrutable. **2** *(perfettamente chiuso)* hermetic; vacuum-sealed; *(a tenuta d'aria)* air-tight; *(a tenuta di gas)* gasproof; *(a tenuta d'acqua)* watertight.
☐ *sm (mecc.)* sealing compound.

ermetismo *sm (filosofia)* Hermetic philosophy; hermeticism; *(per estensione)* obscurity.

ernia *sf* **1** hernia; rupture. **2** *(bot.)* club-root.

erodere *vi* to erode; to wear* away.

eroe *sm* hero: *morire da eroe,* to die like a hero — *il culto degli eroi,* hero-worship.

erogabile *agg* **1** distributable. **2** *(fis., idraulica)* deliverable.

erogare *vt* **1** *(dare, distribuire)* to bestow (on, upon). **2** *(fornire)* to supply; *(di impianti idraulici, ecc.)* to deliver; *(emettere)* to dispense. **3** *(versare)* to pay.

erogazione *sf* **1** *(di gas, luce, acqua)* delivery; *(rendimento, produzione)* yield; output; supply: *sospendere l'erogazione della corrente elettrica,* to cut off the electricity supply. **2** *(versamento)* payment.

eroicamente *avv* heroically.

eroicizzare *vt* to hero-worship (sb); to treat (sth) in a heroic vein.

eroico *agg* **1** *(lett.)* heroic: *verso eroico,* heroic verse; *(spec.)* hexameter. **2** *(da eroe)* heroic(al): *rimedio eroico, (fig.)* drastic remedy.

eroicomico *agg* mock-heroic.

[1]**eroina** *sf (persona)* heroine.

[2]**eroina** *sf (il farmaco)* heroin.

eroismo *sm* heroism: *atto d'eroismo,* heroic deed.

erompere *vi* **1** to break* through (*o* out); to burst* out. **2** *(di vulcani, e in senso med.)* to erupt.

erosione *sf* erosion.

erosivo *agg* erosive.

eroticamente *avv* erotically.

erotico *agg* erotic.

erotismo *sm* eroticism.

erotizzare *vt* to eroticize.
erotomane *sm* erotomaniac.
erpete *sm* herpes: *erpete zoster,* shingles *(pl.).*
erpice *sm* harrow.
errabondo *agg* wandering.
errante *agg* wandering; roving: *cavaliere errante,* knight errant.
errare *vi* **1** *(vagare)* to wander (about, around, *ecc.*); to roam *(lett.);* to rove *(lett.);* to ramble: *Stava errando per i campi,* He was wandering through the fields — *Errava per il mondo in cerca di fortuna,* He was wandering (over) the world seeking his fortune — *errare per i boschi,* to roam the woods — *errare per terra e per mare,* to rove over land and sea — *errare con il pensiero,* to let one's thoughts wander. **2** *(sbagliare)* to err; to make* a mistake (mistakes); to be* mistaken; to be* wrong; to be* incorrect: *Errare è umano,* To err is human — *Correggimi se erro,* Correct me if I am mistaken (I am wrong).
errata corrige *sm* errata; corrigenda.
erratico *agg* erratic.
errato *agg* wrong; incorrect; erroneous: *Se non vado errato...,* If I am not mistaken...
erroneamente *avv* wrongly; incorrectly; erroneously; by mistake.
erroneo *agg* wrong; incorrect; erroneous.
errore *sm* **1** mistake; error; *(banale)* blunder; *(strafalcione)* howler; *(di disattenzione)* slip; lapse; *(di ortografia)* mis-spelling; spelling mistake; *(di trascrizione)* slip of the pen; clerical error; *(di calcolo)* miscalculation; *(di stampa)* misprint; printer's error: *per errore,* by mistake — *salvo errore,* errors excepted; *(in conversazione)* if I am not mistaken — *salvo errori e omissioni, (comm.)* errors and omissions excepted *(abbr.* E. & O. E.*)* — *commettere (fare) un errore,* to make a mistake — *essere in errore,* to be wrong — *indurre qcno in errore,* to lead sb into error. **2** *(fig.: peccato, follia)* error; sin; folly; *(colpa)* fault.
erta *sf* steep ascent; steep path: *all'erta,* upright. □ *All'erta!,* Look out!; Keep your eyes peeled! — *stare all'erta,* to be on the alert; to be on the qui vive *(fr.).*
erto *agg* steep.
erudire *vt* to teach*; *(scherz.)* to impart instruction (to sb).
□ **erudirsi** *v. rifl* to get* educated; to acquire knowledge.
erudito *agg* learned; erudite; scholarly. □ *sm* scholar.
erudizione *sf* learning; erudition; scholarship.
eruttare *vt (di vulcano)* to throw* out; to belch.
□ *vi* to belch.
eruttazione *sf* belch.
eruttivo *agg* eruptive.
eruzione *sf* **1** eruption. **2** *(med.)* eruption; rash.
esacerbare *vt* to exacerbate; to embitter.
esagemellare *agg* sextuplet.
esagerare *vt* to exaggerate; to overstate.
□ *vi (strafare)* to exaggerate; to exceed; to go* too far; *(nel parlare)* to lay* it on thick *(fam.);* to pile it on *(fam.)*: *Non esagerare!,* Steady on! — *esagerare nel bere,* to drink too much — *L'avrò ripetuto venti volte, non esagero,* I'm not exaggerating, I must have repeated it twenty times.
esageratamente *avv* exaggeratedly; excessively.
esagerato *agg* exaggerated; far-fetched; *(smodato)* immoderate; *(eccessivo)* excessive; exorbitant: *Esagerato!,* That's overdoing it!; Come off it!
esagerazione *sf* exaggeration: *costare un'esagerazione,* to cost the earth.
esagitare *vt* to harass; to torment.
esagonale *agg* hexagonal.
esagono *sm* hexagon.
esalare *vt (mandar fuori)* to exhale; to give* out: *esalare lo spirito (l'ultimo respiro),* to breathe one's last; to give up the ghost.
□ *vi (uscire, provenire)* to exhale; to come* out; *(emanare odori)* to reek.
esalazione *sf* exhalation; fumes *(pl.);* vapour.
esaltante *agg* exciting; stimulating.
esaltare *vt* **1** to exalt; to extol; *(magnificare, anche)* to praise. **2** *(riempire di fervore)* to elate; to excite; to thrill. **3** *(mettere in risalto)* to show* off (*o* up); to bring* out.
□ **esaltarsi** *v. rifl (gloriarsi, vantarsi)* to exalt oneself; to boast; to pride oneself; *(infiammarsi)* to become* excited (elated, thrilled, enthusiastic); to get* worked up (over sth) *(fam.).*
esaltato *agg (innalzato, lodato)* exalted; raised; *(infervorato)* enthusiastic; elated; excited; thrilled; *(fanatico)* hot-headed; fanatical.
□ *sm (persona fanatica)* fanatic; hot-head.
esaltatore *sm* extoller.
esaltazione *sf* **1** exaltation. **2** *(infervoramento)* excitement.
esame *sm* examination *(spesso abbr. in* exam*);* test; *(penale)* questioning; interrogation; *(analisi minuziosa)* scrutiny; *(inchiesta)* investigation; *(ispezione)* inspection; *(controllo, verifica)* check(ing); *(med.: prova, ecc.)* test: *esame scritto,* written exam — *esame orale,* oral exam; oral test; oral *(fam.);* viva voce; viva *(fam., pronuncia:* 'vaivə*)* — *esame di ammissione,* entrance examination — *esame di laurea,* finals *(pl.);* schools *(a Oxford e Cambridge)* — *esame di guida,* driving test — *esame del sangue,* blood test — *esame dei conti, (comm.)* inspection (*o* scrutiny) of accounts; audit — *esame di coscienza,* search of one's conscience — *in esame,* on approval; on appro *(abbr.)* — *dare, sostenere un esame,* to take (to sit for) an exam — *essere respinto a un esame,* to fail an exam; to be ploughed *(GB, fam.)* — *superare un esame,* to pass an exam; to get through *(fam.)* — *essere all'esame, (di questione, ecc.)* to be under examination — *prendere in esame,* to consider; to take into consideration — *dare (spedire) qcsa in esame,* to send sth on approval.
esametro *sm* hexameter.
esaminando *sm* candidate; examinee.
esaminante *agg (nell'espressione) giudice esaminante,* investigating magistrate.
esaminare *vt* to examine *(anche a scuola); (interrogare)* to question; to interrogate; to examine; *(considerare)* to consider; to value; *(osservare attentamente)* to observe; to scrutinize; to look into; *(ispezionare)* to inspect; *(controllare, verificare)* to check; *(analizzare, collaudare)* to test: *esaminare la corrispondenza,* to look through one's mail — *esaminare i conti,* to inspect the accounts — *esaminare una proposta d'affari,* to examine (to consider) a business proposition.
□ **esaminarsi** *v. rifl* to examine (to search) one's own conscience; *(guardarsi)* to look at oneself.
esaminatore *sm* examiner. □ *agg* examining: *commissione esaminatrice,* board of examiners.
esangue *agg* **1** bloodless; *(pallidissimo)* deathly pale; as white as a sheet. **2** *(di stile, ecc.)* colourless; nerveless.
esanimare *vt* to discourage; to dishearten.
esanime *agg* lifeless; dead.
esarca *sm* exarch.

esasperante *agg* exasperating; irritating; annoying; infuriating.

esasperare *vt* to exasperate; to push to extremes; to provoke beyond measure; *(irritare)* to irritate; to infuriate; *(esacerbare)* to embitter; *(rendere aspro, intenso)* to aggravate; to exacerbate.
□ **esasperarsi** *v. rifl* to get* (to become*) exasperated; to get* worked up *(fam.).*

esasperato *agg* exasperated; *(irritato)* fuming *(fam.): gridare esasperato,* to cry in exasperation.

esasperazione *sf* **1** exasperation: *essere al colmo dell'esasperazione,* to be at the end of one's tether. **2** *(l'esacerbazione)* heightening; sharpening; aggravation.

esattamente *avv* exactly; correctly; precisely; *(come risposta, anche)* just so.

esattezza *sf* **1** exactness. **2** *(precisione)* precision; accuracy: *Non ricordo con esattezza l'ora,* I can't remember the exact time. **3** *(puntualità)* punctuality.

esatto *agg* **1** exact; correct; right; *(vero)* true; *(preciso)* precise; accurate; careful; *(puntuale)* punctual: *(È) esatto!,* That's right!; Quite so!; Exactly!; Precisely!; Just so! — *Dimmi l'ora esatta,* Tell me the exact time — *È esatto il tuo orologio?,* Is your watch right? **2** *(di ore: in punto)* sharp; on the dot *(fam.): alle tre esatte,* at three sharp; *(in un racconto)* on the stroke of three.

esattore *sm* collector: *esattore delle tasse,* tax-collector — *esattore del gas,* gasman.

esattoria *sf* tax office; *(comunale)* rates officc.

esaudibile *agg* able to be granted (*o* satisfied).

esaudimento *sm* granting; fulfilment.

esaudire *vt* to grant; to fulfil: *Il mio desiderio fu esaudito,* My wish was granted.

esauribile *agg* exhaustible.

esauribilità *sf* exhaustibility.

esauriente *agg* exhaustive.

esaurientemente *avv* exhaustively.

esaurimento *sm* exhaustion; depletion *(anche med.); (di scorte)* running out (of stock); *(di miniere)* working out; *(prosciugamento)* drainage; pumping out: *esaurimento nervoso,* nervous breakdown — *esaurimento fisico,* exhaustion — *(vendita) sino ad esaurimento dell'articolo,* (sale) as long as stocks last; clearance sale.

esaurire *vt* to exhaust; *(fig.)* to wear* out; to run* out (of); *(consumare)* to consume; to use up; *(spossare)* to tire out: *Hai esaurito tutta la mia pazienza,* You have exhausted (have worn out) my patience — *Abbiamo esaurito la benzina,* We have used all the petrol; We have run out of petrol — *essere esaurito, (di un articolo qualsiasi)* to be sold out; to be used up; *(di libri)* to be out of print; *(di persone)* to be run down.
□ **esaurirsi** *v. rifl* **1** to exhaust oneself; to get* (to become*) exhausted; *(fig.)* to wear* oneself out; to work oneself out; *(di sorgenti, ecc.)* to run* dry; to dry up: *Si esaurì in un lavoro impossibile,* He exhausted himself (He wore himself out) in a hopeless task. **2** *(di denaro, merci, ecc.)* to run* short; to run* out; *(di libri)* to go* out of print: *Le nostre provviste si stanno esaurendo,* Our supplies are running short — *Questa edizione si esaurirà presto,* This edition will soon be sold out (will soon be out of print).

esaurito *agg* **1** *(finito)* finished; *(consumato)* consumed; *(sfruttato)* worn out *(predicativo);* worn-out *(attrib.); (di miniera)* worked out; *(di pozzo, ecc.)* dried up; pumped out; *(di articolo in vendita)* sold out; out of stock; *(di libro)* out of print; *(di piatto)* off the menu; off: *(di teatro, ecc.) Tutto esaurito,* Full house. **2** *(di persona)* exhausted; worn out; run down.

esaustivo *agg (lett.)* exhaustive.

esausto *agg* **1** exhausted *(anche fig.); (stremato)* tired out; done in; all in; dead beat. **2** *(vuoto)* empty; down to zero.

esautorare *vt* to deprive (sb) of authority.

esautorazione *sf* deprivation of authority.

esazione *sf* collection (of taxes): *esazione fiscale,* tax collection.

esborso *sm* expense; outlay; expenditure.

esca *sf (per l'amo, ecc.)* bait; lure; *(per fuoco)* tinder; touchwood; *(di esplosivo)* fuse; *(fig.)* bait; enticement; temptation: *mettere l'esca all'amo,* to bait the hook — *dare esca,* to rouse; to stir up — *dare esca al fuoco, (fig.)* to add fuel to the flames.

escandescenza *sf* outburst: *dare in escandescenze, (fig.)* to lose one's temper; to fly off the handle *(fam.);* to go off the deep end *(fam.).*

escavatore *sm,* **escavatrice** *sf* excavator; digger.

escavazione *sf* excavation; *(mineralogia)* mining.

eschimese *agg e sm e f.* Eskimo.

esclamare *vt* to exclaim; to cry out.

esclamativo *agg* exclamatory; exclamation *(attrib.): punto esclamativo,* exclamation mark.

esclamazione *sf* **1** exclamation. **2** *(gramm.)* interjection.

escludere *vt* **1** *(chiudere fuori, p.es. da una sala)* to shut* out (of); to deny entry (to); to exclude. **2** *(lasciare fuori; non ammettere)* to leave* out; to exclude: *Fu escluso dall'elenco,* He was left off (*o* out of) the list. **3** *(negare)* to refuse to believe; to rule out (the possibility that...): *Che si sia dimenticata di spegnere il gas, lo escludo,* I refuse to believe she forgot to turn off the gas — *La polizia esclude il suicidio,* The Police rule out suicide. **4** *(tecnologia)* to cut* out; to switch off.

esclusione *sf* **1** exclusion; *(espulsione)* exclusion; expulsion; *(eccezione)* exception: *ad esclusione di,* except; with the exception of — *noi tutti senza esclusione,* all of us without exception — *senza esclusione di colpi,* (with) no holds barred — *procedere per esclusione,* to proceed by elimination. **2** *(tecnologia)* cutting out; switching off.

esclusiva *sf (comm.)* exclusive right; sole right; *(comm.: di vendita)* sole selling right; *(di rappresentanza comm.)* sole agency; *(brevetto)* patent; *(licenza di fabbricazione)* exclusive licence: *una intervista in esclusiva,* an exclusive interview — *una notizia (un colpo) in esclusiva,* a scoop *(fam.)* — *avere l'esclusiva (di un prodotto),* to be the sole agent (for sth); *(di fabbricazione)* to own a patent (on sth).

esclusivamente *avv* exclusively; solely; only: *pensare esclusivamente a se stesso,* to think only of oneself.

esclusivista *sm e f.* **1** *(comm.)* sole agent. **2** *(intollerante)* intolerant person.

esclusività *sf* exclusiveness.

esclusivo *agg* **1** exclusive. **2** *(comm.)* exclusive; sole: *vendita esclusiva,* exclusive sale.

escluso *agg* **1** excluded; excepted: *Lire 3500, bevande escluse,* 3,500 lire, exclusive of beverage — *esclusi i presenti,* present company excepted — *Aperto tutti i giorni, sabato escluso,* Open daily except Saturday. **2** *(di persona: tagliato fuori)* left out; shut out. **3** *(impossibile)* out of the question: *È escluso che venga,* He can't possibly come.

escogitare *vt* to contrive; to devise; to think* up; to work out: *escogitare un piano,* to devise a plan.
escogitazione *sf* **1** *(l'escogitare)* excogitation. **2** *(pensiero)* contrivance; plan.
escoriare *vt* to graze; *(med.)* to excoriate: *escoriarsi un braccio,* to graze one's arm.
escoriazione *sf* abrasion; graze; *(med.)* excoriation.
escremento *sm* excrement; faeces *(pl.)*; *(di animale)* dung; droppings *(pl.)*.
escrescenza *sf* **1** *(med.)* excrescence. **2** *(bot., zool.)* outgrowth.
escrezione *sf* excretion.
escursione *sf* **1** excursion; trip; outing; *(a piedi)* hike; walking tour. **2** *(scorreria)* raid; sally; sortie. **3** *(meteorologia)* range; drift. **4** *(mecc.)* maximum travel.
escursionismo *sm* touring; *(a piedi)* hiking.
escursionista *sm e f.* walker; hiker.
escussione *sf (dir.)* examination; formal inquiry.
esecrabile *agg* abominable; execrable; rotten *(fam.)*.
esecrabilità *sf* abominableness; execrableness.
esecrando *agg* abominable; detestable; execrable; *(raccapricciante)* revolting.
esecrare *vt* to abhor; to loathe; to execrate.
esecrazione *sf* execration; abhorrence.
esecutivamente *avv* executively.
esecutivo *agg* executive; *(dir.)* executory; enforceable: *processo esecutivo (atti esecutivi),* execution.
□ *sm* **1** executive. **2** *(tipografia: definitivo)* comprehensive.
esecutore *sm* (*f.* **esecutrice**) **1** executor *(anche testamentario)*; *(f.)* executrix. **2** *(mus.)* performer; executant.
esecutorietà *sf* enforceability.
esecutorio *agg* executory; enforceable.
esecuzione *sf* **1** execution; performance; carrying out; *(dir.)* execution; enforcement; *(di sentenza capitale)* execution: *ordine di esecuzione (di morte),* death-warrant — *plotone d'esecuzione,* firing party — *andare in esecuzione,* to come into force — *avere esecuzione,* to be realized; to be fulfilled; to come true; to come off — *dare esecuzione (mettere in esecuzione) qcsa,* to carry out sth; *(una legge, ecc.)* to enforce. **2** *(mus.)* performance; *(talvolta)* execution.
eseguibile *agg* feasible; practicable; possible: *un lavoro eseguibile in tre giorni,* a job which can be done in three days.
eseguire *vt* **1** *(realizzare)* to carry out; to execute; to effect; *(adempiere)* to perform; to accomplish; to fulfil; *(dir.)* to execute; to enforce: *eseguire (far eseguire) un ordine,* to carry out (to enforce) an order. **2** *(mus., teatro)* to perform; to execute. **3** *(un quadro)* to paint; *(un disegno)* to draw*.
esempio *sm* **1** example; instance; *(modello)* model; pattern; paragon; *(esemplare)* specimen: *Potrei citare molti altri esempi,* I could quote many other examples (*o* instances) — *dare buon (cattivo) esempio,* to give (to set) a good (a bad) example — *dare l'esempio a qcno (essere di esempio a qcno),* to set sb an example — *seguire l'esempio di qcno,* to follow sb's example; to imitate sb — *È un esempio vivente di virtù,* He is the pattern (the paragon, a model) of virtue — *a titolo di esempio, (come esempio)* as an example; as an illustration — *per esempio,* for instance; for example — *Per esempio?, (invitando una persona a fornire un esempio)* Such as? — *senza esempio, (straordinario)* extraordinary; unparalleled; unique. **2** *(ammonimento)* example; warning: *Questa punizione serva a tutti di esempio,* Let this punishment be a warning to everyone.
esemplare *agg* exemplary; model *(attrib.)*: *dare a qcno una punizione esemplare,* to make an example of sb — *un'azienda agricola esemplare,* a model farm.
□ *sm* specimen *(spec. di fiore, di animale, ecc.)*; *(prototipo)* exemplar; *(modello)* pattern; *(campione)* sample; *(di libro)* copy.
esemplarmente *avv* in an exemplary manner (fashion, way).
esemplificare *vt* to exemplify; to illustrate (by examples).
esemplificativo *agg* illustrative: *a titolo esemplificativo,* by way of example.
esemplificazione *sf* exemplification.
esentare *vt* to exempt; to free; to relieve (sb of sth); to excuse (sb from sth); to let* (sb off sth): *esentare qcno dalle tasse,* to exempt sb from paying taxes — *esentare qcno da un incarico,* to relieve sb of a job.
□ **esentarsi** *v. rifl* to free oneself (from sth).
esente *agg* exempt; free (from); exempted; *(immune)* immune: *esente da imposte (da tasse),* duty-free (tax-free) — *esente da difetti,* faultless — *esente da preoccupazioni,* carefree.
esenzione *sf* exemption; release: *godere dell'esenzione di dogana,* to be duty-free; to be non-dutiable.
esequie *sf pl (rito funebre)* funeral rites; obsequies; exequies *(raro)*; *(culto)* funeral service: *cantare le esequie,* to perform the last rites — *Quello mi canta le esequie!,* That chap will dance on my grave!
esercente *sm e f.* shopkeeper; retailer; proprietor; *(di un'impresa)* person carrying on a business: *gli esercenti,* the trade.
esercire *vt* to run*; to operate; *(un negozio)* to keep*; *(un'industria, un'impresa)* to carry on; *(una professione)* to practise.
esercitare *vt* **1** *(tenere in esercizio o in attività)* to exercise; *(addestrare)* to train; to drill: *Devi esercitare la tua memoria,* You must exercise your memory — *esercitare il corpo alle fatiche,* to train the body to hardship — *esercitare le nuove reclute,* to drill (to train) the new recruits. **2** *(adoperare, usare)* to exercise; to exert; *(un diritto)* to assert; *(spec. riferito al potere)* to wield: *esercitare un'influenza su qcno,* to exert (to wield) an influence over sb — *Esercitò la propria autorità con discrezione,* He exercised (*o* wielded) his authority with moderation — *esercitare un diritto,* to exercise (to assert) a right. **3** *(una professione, ecc.)* to practise; to carry on: *Esercita un commercio molto redditizio,* He carries on (He runs) a very profitable business — *Faceva il medico, ma non esercita più,* He was a doctor, but he has given up his practice — *esercitare l'avvocatura,* to practise law. **4** *(mettere alla prova)* to try: *Sta esercitando la pazienza di tutti,* He's trying everybody's patience.
□ **esercitarsi** *v. rifl* to practise; to train (oneself); *(far pratica)* to get* some practice; *(applicando le teorie imparate)* to do* field work; to train in the field: *Si esercitava al pianoforte per ore,* He used to practise the piano for hours — *Prima di prendere il diploma di infermiera si esercitò in un ospedale per alcuni mesi,* Before getting her nursing certificate she trained in a hospital for some months.
esercitazione *sf* exercise; *(intellettuale, anche)* exercitation *(raro)*; practice *(generalm. solo al sing.)*; *(mil.)* drill *(generalm. solo al sing.)*; *(mil., in campagna)* manoeuvres *(pl.)*: *esercitazioni ginniche,* physical exercises; physical jerks *(fam.)* — *esercitazioni di tiro*

al bersaglio, target practice *(sing.)* — *esercitazioni col fucile,* rifle drill *(sing.)* — *far fare esercitazioni a qcno,* to drill sb; *(scherz.)* to put (sb) through his paces.

esercito *sm* **1** army; *(di un paese)* armed forces *(pl.)*: *l'Esercito della Salvezza,* the Salvation Army — *l'esercito di Cristo,* the Church Militant — *esercito permanente,* standing army — *arruolarsi nell'esercito,* to join the army; to join up *(fam.)*. **2** *(fig.: moltitudine)* host.

esercizio *sm* **1** *(ripetizione di atti)* exercise; practice; drill: *esercizi di italiano,* Italian exercises — *esercizi di composizione inglese,* exercises in English composition — *esercizi ginnici,* gymnastic exercises; physical training; physical jerks *(fam.)* — *esercizi spirituali,* spiritual exercises — *esercizi di salvataggio, (naut.)* boat-drill *(sing.)* — *esercizi ai pezzi, (mil.)* gun drill *(sing.)* — *fare dell'esercizio (del moto, ecc.),* to take some exercise — *mantenersi in esercizio,* to keep in practice (in training) — *essere fuori esercizio,* to be out of practice; *(sport)* to be out of training.
2 *(pratica)* use; practice; exertion; exercise; assertion; fulfilment: *l'esercizio di una professione,* the practice of a profession — *l'esercizio di un diritto,* the assertion (the exercise) of a right — *nell'esercizio delle sue funzioni,* in the fulfilment of his functions; in the exercise of his duties — *l'esercizio di un culto religioso,* religious practices; practice of religious rites.
3 *(attività)* operation; service; running: *essere in esercizio,* to be operating — *essere fuori esercizio,* not to be operating — *L'ascensore è fuori esercizio,* The lift is out of order — *entrare in esercizio,* to go (to be put) into operation; to begin operating — *porre in esercizio,* to put into service — *L'esercizio della ferrovia fu affidato a una società privata,* The running of the railway was entrusted to a private firm — *L'esercizio dell'azienda non è redditizio,* The (running of the) business is not profitable — *costi di esercizio, (comm.)* operating expenses.
4 *(per estenzione: bottega, ecc.)* shop; inn; pub: *L'esercizio fu chiuso per ordine della polizia,* The pub was closed (was shut down) by order of the police.
5 *(comm.: anno di gestione)* financial year; fiscal year; operating year.
6 *(bilancio annuale)* annual budget: *l'esercizio provvisorio per il 1978,* the provisional (*o* interim) budget for 1978.

esibire *vt (dir.)* to produce; to exhibit; to submit; *(mettere in mostra)* to display; to show*: *Esibisca i documenti,* May I see your papers, please?
□ **esibirsi** *v. rifl* **1** *(mettersi in mostra)* to exhibit oneself; to show* oneself off; to show* off; *(offrirsi)* to offer oneself; to offer one's services. **2** *(teatro)* to perform; to be* on.

esibizione *sf* **1** *(mostra)* exhibition; *(spettacolo)* performance; show; *(sport)* exhibition game (*o* match). **2** *(sfoggio)* exhibition; display; *(spreg.)* showing off: *dare esibizione di sé,* to make a spectacle of oneself. **3** *(dir.: di documenti)* production; presentation.

esibizionismo *sm* exhibitionism.

esibizionista *sm e f.* exhibitionist; show-off *(fam.)*.

esigente *agg* exacting; demanding; *(pignolo)* fastidious; hard to please; fussy *(fam.)*; exigent *(raro)*.

esigenza *sf (richiesta)* demand; requirement; *(bisogno)* need; necessity; exigency; *(pretesa)* pretension: *essere pieno di esigenze,* to be very demanding (*o fam.* fussy) — *secondo le esigenze del caso,* as the occasion may require — *soddisfare le esigenze di qcno,* to meet sb's requirements.

esigere *vt* **1** to demand; to require; to call for: *Esigo una risposta immediata,* I demand (I require) an immediate reply — *esigere soddisfazione,* to demand satisfaction — *Questo lavoro esige molta costanza,* This job calls for much steady work — *Esigeva che mi presentassi alle tre di mattina,* He required (He demanded) me to come at three o'clock in the morning — *esigere un pagamento,* to request payment — *Esigeva obbedienza cieca,* He demanded complete obedience. **2** *(riscuotere)* to collect: *esigere le imposte,* to collect taxes — *esigere un credito,* to collect a credit.

esigibile *agg* due; payable.

esiguità *sf* smallness; exiguousness; slightness; *(scarsità)* scantiness.

esiguo *agg* small; meagre; exiguous *(raro)*; *(scarso)* scanty: *un numero esiguo,* a small number (*o* quantity) — *un esiguo compenso,* a meagre reward.

esilarante *agg* exhilarating; cheering: *gas esilarante,* laughing gas; nitrous oxide.

esilarare *vt* to exhilarate; *(rallegrare)* to cheer (up).

esile *agg* slender; slight; thin; *(di suono)* thin; weak; feeble: *un'esile speranza,* a ray of hope; a faint chance — *con voce esile,* in a thin (a feeble) voice.

esiliare *vt* to exile; to banish.
□ **esiliarsi** *v. rifl* to go* into exile.

esiliato *agg* exiled; banished. □ *sm* exile.

esilio *sm* exile: *morire in esilio,* to die in exile.

esilità *sf* slightness; slenderness; *(di suono)* thinness; weakness; feebleness.

esimere *vt* to release; to free; to exempt: *esimere qcno dal fare qcsa,* to release sb from the obligation of doing sth.
□ **esimersi** *v. rifl (sottrarsi)* to get* out of (doing sth); to shrink* from (doing sth).

esimio *agg* **1** distinguished; eminent. **2** *(iron.)* prize; regular: *un esimio birbante,* a prize rogue; a regular scoundrel.

esistente *agg* **1** existing; existent; *(attuale)* current; *(vivente)* living. **2** *(spec. di documenti)* extant; in force; standing.

esistenza *sf* **1** existence; *(vita)* life; *(il vivere)* living; *(presenza)* existence; presence: *il diritto all'esistenza,* the right to existence (to life) — *la lotta per l'esistenza,* the struggle for life — *l'esistenza di gravi ostacoli,* the presence of serious obstacles. **2** *(comm.) esistenza di cassa,* cash in hand — *esistenza di magazzino,* stock in hand.

esistenziale *agg* existential; *(filosofia)* existentialist.

esistenzialismo *sm* existentialism.

esistenzialista *agg, sm e f.* existentialist.

esistere *vi* to exist; to be*; *(vivere)* to live: *Dio esiste,* God exists; There is a God — *Non esiste alcuna difficoltà,* There is no difficulty (at all) — *Sono cose che esistono da che mondo è mondo,* Such things have existed since the world began — *Non esiste persona al mondo che lo possa salvare,* There is no person living who can save him.

esitante *agg* hesitating; doubtful; *(di voce)* faltering.

[1]**esitare** *vi* to hesitate; *(tentennare)* to shilly-shally; *(titubare)* to waver; *(di voce)* to falter: *esitare a credere qcsa,* to find sth hard to believe; to find it hard to believe sth — *Non esito a pensare che sia stata colpa sua,* I don't find it at all hard to believe that it was his fault.

[2]**esitare** *vt (vendere)* to sell*.

[3]**esitare** *vi (med.)* to clear up; to resolve.

esitazione *sf* hesitation; wavering; *(irresolutezza)* shilly-shallying *(fam.)*: *senza esitazione,* without hesitation; unhesitatingly.
esito *sm* **1** *(risultato, effetto)* result; outcome; issue: *l'esito degli esami,* the examination results — *a giudicar dall'esito,* to judge by (*o* from) the results; judging by the results — *dar esito ad una pratica,* to bring a matter to a conclusion; to finalize a matter — *dar esito ad una lettera,* to reply to (to answer) a letter — *dare esito a qcsa, (far uscire)* to let sth out. **2** *(fuoriuscita)* going out; coming out; letting out; *(via d'uscita)* exit; way out; *(per liquidi)* outlet. **3** *(vendita)* sale; *(spesa o spese d'esercizio)* expense; operating expenses *(pl.)*; outgoings *(pl.)*.
esiziale *agg* ruinous; fatal.
esodo *sm* **1** exodus. **2** *(di capitali)* flight; drain.
esofago *sm (GB)* oesophagus; *(USA)* esophagus; gullet *(fam.)*.
esonerare *vt (da un servizio, ecc.)* to exempt; to excuse; to release (sb from sth); *(da un onere)* to relieve (sb of sth); to let* (sb out of sth).
esonero *sm* exemption; exoneration; relief: *esonero dalle tasse (dall'obbligo di leva),* exemption from taxation (from military service) — *chiedere l'esonero,* to apply for exemption.
esorbitante *agg* exorbitant; excessive; *(di prezzi, anche)* sky-high *(fam.)*.
esorbitanza *sf* exorbitance; excessiveness.
esorbitare *vi* to exceed; to go* beyond; to lie* (to be*) outside (*o* beyond): *Esorbita dai miei poteri,* It lies outside my power — *esorbitare dall'argomento,* to be off the point.
esorcismo *sm* exorcism.
esorcista *sm e f.* exorcist.
esorcizzare *vt* to exorcize; to drive* out (evil spirits).
esorcizzatore *sm* exorcist.
esorcizzazione *sf* exorcization.
esordiente *sm e f.* beginner.
□ *agg* making one's début; appearing for the first time: *un attore esordiente,* a débutant (*f.* débutante).
esordio *sm* **1** preamble; introduction; exordium; *(inizio)* beginning. **2** *(debutto in società)* début *(fr.)*; coming out. **3** *(teatro, e per estensione)* début *(fr.)*; first appearance. □ *esordio clinico,* clinical overture.
esordire *vi* **1** *(incominciare)* to begin*; to commence; to start (off); *(di conferenziere)* to open; *(in una professione)* to begin* one's career. **2** *(di ragazza in società)* to come* out. **3** *(teatro, e per estensione)* to make* one's début (one's first appearance): *Esordì giovanissimo,* He made his début while still very young.
esortare *vt* to exhort *(non molto comune)*; *(pregare)* to beg; *(incitare)* to urge: *Lo esortai a non andarci,* I begged him not to go — *La esortai a farlo subito,* I urged her to do it at once.
esortativo *agg* exhortative; exhortatory.
esortatore *sm* exhorter.
esortazione *sf* exhortation.
esosità *sf* **1** *(odiosità)* odiousness; hatefulness. **2** *(avidità)* greediness; *(avarizia)* meanness; stinginess. **3** *(di prezzi)* exhorbitance.
esoso *agg* **1** *(odioso)* odious; detestable; hateful. **2** *(avido)* greedy; *(avaro)* mean; stingy. **3** *(di prezzi)* exorbitant.
esoterico *agg* esoteric.
esotico *agg* exotic.
□ *sm* (the) exotic: *amare l'esotico,* to have a liking for the exotic.
esotismo *sm* exotic quality (*o* appearance).
espandere *vt* **1** *(ingrandire)* to expand; to extend; to enlarge. **2** *(diffondere, spandere)* to spread* (out).
□ **espandersi** *v. rifl (aumentare di volume, anche fig.)* to expand; *(diffondersi)* to extend; to spread* (out).
espansibile *agg* expansible; expanding.
espansione *sf* **1** expansion; *(aumento)* increase; spread; growth: *espansione territoriale,* territorial expansion — *essere in espansione,* to be growing — *fase di espansione, (di un motore)* explosion stroke — *chiodo ad espansione, (alpinismo)* screw piton. **2** *(effusione)* expansiveness; effusion; warmth.
espansionismo *sm* expansionist policy (*o* trend).
espansionista *agg e sm e f.* expansionist.
espansività *sf* expansiveness; effusiveness.
espansivo *agg* expansive; effusive; cordial; warm-hearted.
espanso *agg* expanded *(anche riferito a materiale plastico)*. □ *sm* expanded resin.
espatriare *vi* to go* abroad; to leave* the country; *(emigrare)* to emigrate.
espatrio *sm* expatriation; *(emigrazione)* emigration.
espediente *sm (trovata)* expedient; contrivance; device; resource; *(astuzia)* trick; dodge: *ricorrere a un espediente,* to resort to an expedient — *vivere di espedienti,* to live by one's wits — *mille espedienti,* a thousand shifts and devices — *cavarsela con un espediente,* to find a way out.
espellere *vt* to eject; to expel; to turn out; to throw* out: *espellere qcno dal partito,* to expel sb (to throw sb out) of the Party.
esperantista *sm e f.* Esperantist.
esperanto *sm* Esperanto.
esperienza *sf* **1** *(in generale)* experience; *(conoscenza pratica)* experience; familiarity; practical knowledge: *un uomo di (di poca) esperienza,* an experienced (an inexperienced) man — *Secondo la mia esperienza...,* In my experience...; My experience is that... — *imparare qcsa per esperienza personale,* to learn sth by experience; *(talvolta, fam.)* to learn sth the hard way — *sapere per esperienza,* to know by experience — *parlare per esperienza,* to speak from experience — *avere esperienza di qcsa,* to be experienced in sth — *fare esperienza (di qcsa),* to get experience in sth. **2** *(prova, esperimento)* trial; test; experiment.
esperimentatore *sm* experimenter.
esperimento *sm* experiment; *(esame)* test; *(tentativo)* trial: *per esperimento (in via di esperimento),* as an experiment.
esperto *agg (abile)* expert; skilled; skilful; *(che ha esperienza)* experienced; practised; *(delle cose del mondo)* worldly-wise: *È esperto di elettronica,* He's very skilled at electronics.
□ *sm* expert: *È un esperto in economia,* He's an expert on economics; He's an economics expert.
espettorare *vt* to expectorate; to spit*.
espettorazione *sf* expectoration.
espiabile *agg* expiable.
espiare *vt* to pay* (for sth); to expiate; *(religione)* to expiate; to atone (for sth); *(una pena detentiva)* to serve one's sentence.
espiatorio *agg* expiatory: *capro espiatorio,* scapegoat *(letteralm. e fig.)*.
espiazione *sf (in generale)* expiation; *(religione, anche)* atonement.
espirare *vt* to exhale; to breathe out.
espirazione *sf* exhalation.
espletamento *sm (burocrazia)* fulfilment; carrying out.
espletare *vt* to dispatch; to finish; to complete; to

see* (sth) through: *espletare lo sdoganamento della merce,* to see goods through the Customs.

espletivo *agg* expletive.

esplicare *vt (svolgere)* to carry on *(talvolta* out*).*

esplicativo *agg* explanatory; explicative *(raro);* explicatory *(raro).*

esplicazione *sf* **1** explanation; interpretation. **2** *(svolgimento)* carrying out.

esplicitamente *avv* explicitly; outspokenly; clearly.

esplicito *agg* **1** explicit; express; definite; unequivocal; precise; *(franco)* outspoken; clear. **2** *(gramm.)* finite.

esplodere *vi* **1** to explode; to burst*; to blow* up; *(di arma da fuoco)* to go* off: *far esplodere qcsa,* to set sth off; *(meno comune)* to fire sth. **2** *(fig., di persona, ecc.)* to explode; to blow* up.

□ *vt* to fire.

esploditore *sm* electric cap.

esplorare *vt* to explore; *(cercare di conoscere)* to investigate; to inquire into; to search; *(mil.)* to reconnoitre; to recce *(sl. mil.);* to scout; *(med.)* to explore; to sound; to probe; *(televisione, ecc.)* to scan: *esplorare sistematicamente, (naut., astronomia)* to sweep — *esplorare tutte le possibilità,* to investigate all the possibilities; to leave no stone unturned.

esploratore *sm* **1** explorer. **2** *(mil., naut.)* scout: *giovane esploratore,* boy scout.

esploratorio *agg* exploratory.

esplorazione *sf* **1** exploration. **2** *(mil.)* exploration; reconnaissance; recce *(sl.).* **3** *(naut.)* scouting; sounding. **4** *(med.)* exploration; sounding; probing. **5** *(televisione)* scanning.

esplosione *sf* **1** explosion; *(scoppio)* burst; *(detonazione)* report. **2** *(fig.)* burst; outburst; flare-up; *(med.)* outbreak: *un'esplosione di giubilo,* a burst of joy — *un'esplosione d'ira,* an outburst of anger.

esplosivo *agg* explosive *(anche fig.): una situazione esplosiva,* an explosive situation — *materiale esplosivo,* explosive.

□ *sm* explosive.

esponente *sm* **1** *(di un partito, ecc.)* exponent; representative; member; *(portavoce)* spokesman *(pl.* -men*).* **2** *(chi espone lagnanze o richieste)* applicant; petitioner. **3** *(matematica)* exponent; index *(pl.* indices*).* **4** *(in un dizionario: lemma)* headword.

esporre *vt* **1** to expose *(anche fotografia): esporre qcsa troppo a lungo,* to over-expose sth — *Espose troppo a lungo il corpo al sole,* He exposed his body to the sunlight too long — *essere continuamente esposto al pericolo,* to be continuously exposed to danger — *esporre il Santissimo,* to expose the Blessed Sacrament — *esporre un neonato,* to abandon *(stor.* to expose*)* a newborn baby — *esporre la propria vita,* to risk one's life. **2** *(merci, in vetrina, ecc.)* to display; to show*; to expose; *(in una mostra d'arte)* to exhibit; to show*; *(una bandiera)* to put* up; to raise; to hoist; *(un avviso)* to post; to stick* up. **3** *(spiegare)* to expound; to explain; *(riferire)* to state; to tell*: *Espose la sua teoria in termini molto chiari,* He expounded (He explained) his theory very clearly — *Esporrò ogni cosa alle autorità competenti,* I'll explain everything to the proper authorities — *Vi spediremo la merce alle condizioni esposte,* We will send you the goods on the terms stated — *esporre i fatti senza interpretarli,* to set out the facts without any gloss.

□ **esporsi** *v. rifl* **1** to expose oneself *(anche fig.); (fig.)* to lay* oneself open (to sth) *(critiche, ecc.).* **2** *(fig.: compromettersi)* to compromise oneself.

esportare *vt* to export.

esportatore *sm* exporter. □ *agg* exporting.

esportazione *sf* export: *merci d'esportazione,* exports — *il dipartimento esportazioni, (di una ditta)* the export department.

esposimetro *sm* exposure meter.

espositivo *agg* expository; expositive.

espositore *sm* **1** exhibitor. **2** *(commentatore)* commentator.

esposizione *sf* **1** *(l'esporre)* exposure; *(del bucato)* putting (*o* hanging) out; *(dei neonati)* abandoning; *(stor.)* exposure. **2** *(esibizione)* display; *(mostra pubblica)* show; exhibition: *sala d'esposizione,* show-room — *materiale da esposizione,* exhibits *(pl.).* **3** *(mus.)* exposition. **4** *(spiegazione, ecc.)* description; interpretation; *(rendiconto)* statement: *esposizione della situazione finanziaria,* budget speech. **5** *(posizione)* exposure; position; aspect: *una casa con esposizione a mezzogiorno,* a house facing south; a house with a southern exposure (*o* aspect). **6** *(fotografia)* exposure.

esposto *sm* **1** *(trovatello)* abandoned child; foundling; waif. **2** *(dir., ecc.)* statement; exposition.

espressamente *avv* **1** *(in modo esplicito)* expressly. **2** *(di proposito)* on purpose; purposely.

espressione *sf* **1** *(l'esprimere)* expression; expressing. **2** *(del volto, ecc.)* expression; look: *recitare senza espressione,* to recite expressionlessly — *occhi dall'espressione triste,* sad eyes; *(talvolta)* a sad expression. **3** *(frase)* expression; words *(pl.);* remarks *(pl.).* **4** *(mat.)* expression.

espressionismo *sm* expressionism.

espressionista *sm e f.* expressionist.

espressionistico *agg* expressionistic.

espressivamente *avv* expressively.

espressività *sf* expressiveness.

espressivo *agg* expressive; full of expression; meaningful; eloquent.

espresso *agg* **1** *(esplicito)* explicit; express; precise. **2** *(rapido)* express; fast.

□ *sm* **1** *(lettera)* express letter; special delivery letter *(GB);* fast letter *(USA): spedire qcsa per espresso,* to send sth express; to express sth — *spedire una lettera per espresso,* to express a letter. **2** *(treno)* express train. **3** *(corriere)* special messenger. **4** *(caffè)* express(o) coffee.

esprimere *vt* **1** to express; to state; *(essere portavoce)* to voice. **2** *(significare)* to mean*. **3** *(di artista, ecc.)* to express; to render; to portray.

□ **esprimersi** *v. rifl* to express oneself; to say* what one means: *Che strano modo di esprimersi!,* What a funny way of putting it!

esprimibile *agg* expressible.

espropriare *vt* to expropriate; to dispossess.

espropriazione *sf* expropriation; dispossession.

esproprio *sm* expropriation.

espugnabile *agg* able to be taken by force; conquerable.

espugnare *vt* to take* by force; *(assaltare e prendere)* to take* by storm; to storm.

espugnazione *sf* taking by storm; storming.

espulsione *sf* expulsion.

espulsivo *agg* expulsive.

espulso *agg* ejected; turned out; *(da una scuola, ecc.)* expelled.

espulsore *sm (di arma da fuoco)* ejector; *(mecc.)* ejector; expeller; knockout.
espungere *vt* to delete; to erase; to blot out; to strike* out.
espunzione *sf* erasure.
espurgare *vt* to expurgate; to bowdlerize: *un'edizione espurgata,* an expurgated edition.
espurgazione *sf* expurgation.
esquimese *agg e sm e f.* = **eschimese.**
essa *pron personale 3ªpersona sing f.* **1** *(riferito a persone, e talvolta ad animali)* she *(soggetto);* her *(compl.): (Essa) non verrà,* She won't be coming. **2** *(riferito a cose e ad animali)* it *(come soggetto e compl.).* ☐ *per il pl* ⇨ **essi, esse.**
esse *pron personale pl* ⇨ **essi, esse.**
essenza *sf* essence: *essenza di rose,* essence (*o* attar) of roses. ☐ *badare all'essenza,* to keep one's mind (one's eye) on the main point.
essenziale *agg* essential *(anche chim.): requisiti essenziali,* requisites; essentials — *olio essenziale,* essential oil.
☐ *sm* main thing; (main) point; important thing: *L'essenziale è capire,* The important thing is to understand.
essenzialità *sf* essentiality.
essenzialmente *avv* essentially; *(fondamentalmente)* fundamentally.
[1]**essere I** *vi* **1** to be* - **a)** *(copula) Sono stanco,* I'm tired — *Sei inglese?,* Are you English? — *Questa è mia moglie,* This is my wife — *Lasciamo le cose come sono,* Let's leave things as they are — *Se non fosse stato per lui...,* If it hadn't been for him...
b) *(come ausiliare alla forma passiva) Questa teoria è accettata da tutti,* This theory is accepted by everybody (*o* is universally accepted) — *È stato detto che...,* It has been said that... — *Sono stato derubato,* I've been robbed.
c) *(NB: con i sostantivi indicanti una professione o un mestiere è sempre seguito dall'articolo indeterminativo): Suo padre è ferroviere,* His father is a railwayman — *Mio padre era ingegnere,* My father was an engineer.
d) *(nelle domande tipo 'Chi è?' e relative risposte si usa sempre la forma impersonale): 'Chi è?' - 'Sono io',* 'Who is it?' - 'It's me' — *'Chi è stato?' - 'Sono stati loro',* 'Who was it?' - 'It was them' — *'Siamo noi!',* 'It's us!' — *Che sia di nuovo Giovanni?,* Could it be Giovanni again?
e) *(essere di numero) Eravamo in due,* There were two of us — *Saranno almeno cinque,* There'll be at least five of them — *Quanti siete?,* How many of you are there?; *(talvolta, riferito al futuro)* How many of you will there be? — *In quanti sarete?,* How many of you will there be?
f) *(per chiedere l'ora) 'Che ora è?' ('Che ore sono?') - 'Sono le tre',* 'What time is it?' - 'It's three o'clock'.
g) **esserci,** *c'è,* there is — *ci sono,* there are — *C'è un gatto sotto il tavolo,* There's a cat under the table — *C'erano solo due persone presenti,* There were only two people present — *Ci sei?, (Sei qui?)* Are you there?; *(fig., fam.: Hai capito?)* Have you got it? — *Ci siamo!, (Siamo arrivati!)* Here we are!; *(Siamo alle solite!)* Here we go again! — *Che (cosa) c'è?,* What's up?; What's the matter? — *C'è altro?,* (Is there) anything else? — *Non c'è altro,* That's all — *Il signor Bianchi non c'è,* Mr. Bianchi isn't in; Mr. Bianchi isn't at home — *C'era una volta una strega cattiva...,* Once upon a time there was a wicked witch... — *Non c'è da spaventarsi,* There's nothing to be afraid of — *C'è da impazzire,* It's enough to drive you mad — *Quanto c'è da Milano a Brescia?,* How far is it from Milan to Brescia? — *C'è un chilometro da qui alla stazione,* The station is one kilometre (far) from here.
h) *(in alcune locuzioni di tempo che indicano durata: il verbo 'essere' non si traduce, ma si usa il passato prossimo dell'altro verbo:* ⇨ *gli esempi): È da un anno che non lo vedo,* I haven't seen him for a year — *Sono anni che non mi scrive,* He hasn't written to me for years — *È un pezzo che lo conosce,* He has known him for some time.
i) *(in varie espressioni idiomatiche)* to be*: *essere a balia,* to be out to nurse — *essere in condizione di fare qcsa,* to be in a position to do sth — *essere di grande effetto,* to be very effective — *essere in errore,* to be (to stand) in error — *essere in forse,* to be in doubt; to be uncertain — *essere fuori di sé,* to be beside oneself — *essere fuso,* to be worn out — *essere un po' giù,* to be a bit low — *essere in grado di fare qcsa,* to be capable of doing sth — *essere di buon gusto,* to be in good taste — *essere nei panni di qcno,* to be in sb's shoes — *essere di partenza,* to be about to leave — *essere in piedi, (stare in piedi)* to be standing; *(essere alzato)* to be up; to be out of bed — *essere di nuovo in piedi,* to be up and about again — *essere per (a favore di) qcno, qcsa,* to be on the side of sb, sth; to be all for sb, sth — *essere in rialzo,* to be on the up-turn — *essere in ribasso,* to be on the down-grade — *essere di ritorno,* to be back; to have just come back — *essere in sé,* to be in full possess of one's faculties — *essere fuori di sé per la gioia,* to be beside oneself with joy — *essere a spasso,* to be out of work — *essere seduto,* to be sitting; to sit — *essere su, (alzato)* to be up; *(di morale)* to be in good spirits — *essere sul punto di fare qcsa,* to be about to do sth — *essere al sicuro,* to be in a safe place; to be out of danger — *essere di sentinella,* to be on sentry-duty — *essere di servizio,* to be on duty — *essere di turno,* to be (to come) on duty — *essere al verde,* to be broke.
2 *(come sinonimo di vari verbi)* - **a)** *(consistere)* to consist; to lie*: *La sua unica soddisfazione è spendere molto,* His only satisfaction lies in spending heavily.
b) *(diventare)* to be*; to become*; to grow*; *(accadere)* to become*: *Te lo darò quando sarai grande,* I'll give it to you when you're grown up — *Che sarà di lui?,* What will become of him?
c) *(costare)* to be*; to cost*; *(valere)* to be* worth; *(pesare)* to weigh; *(essere lungo)* to be* long: *Quant'è?,* How much is it? — *Quant'è questo mobile?,* How much does this piece of furniture cost? — *Quanto sarà?, (di peso)* How much will it be? — *Questo lato è un metro,* This side is one metre long.
d) *(andare)* to be*; *(arrivare)* to get*: *Siamo stati a trovarli ieri,* We've been to see them yesterday — *Siamo quasi a casa,* We're nearly at home; We've almost got home.
3 essere da - **a)** *(convenire)* to be* worthy of; to be* like: *Non è da te comportarti così,* It's not like you to behave so.
b) *(essere idoneo a)* to be* suitable for: *Quelle scarpe non sono da pioggia,* Those shoes are not suitable for rain.
4 essere di - **a)** *(provenire da)* to be* from; to come* from: *Mario è di Bologna,* Mario is from Bologna; Mario comes from Bologna.
b) *essere fatto di)* to be* made of (*o* from): *Questo formaggio è di capra,* This cheese is made from goat's milk.
c) *(essere fatto da)* to be* by: *Di chi è questo libro?,*

Who is this book by? — *È di un romanziere australiano,* It's by an Australian novelist.
d) *(appartenere)* to be*; to belong to: *Di chi è questa macchina?,* Whose car is this?; Whose is this car? — *È di mio padre,* It's my father's — *Di chi è quel palazzo?,* Who(m) does that building belong to?
II *verbo ausiliare (per i tempi composti dei verbi impersonali, riflessivi, di moto, ecc.)* to have*: *È nevicato al di sopra dei 2000 metri,* It has snowed above 2,000 metres — *Si è appena svegliato,* He's just woken up — *Era già partito,* He had already left — *Sarebbero dovuti venire prima,* They should have come before.
□ *fu, (uso aggettivale: il defunto)* the late — *il fu Mattia Pascal,* the late Mattia Pascal — *Sarà!, (dubbioso)* Maybe!; That may be!; Maybe you're right! — *Ma sarà vero?,* But can that be so?; Do you suppose it's true? — *Com'è che...?,* Why?; How is it that...? — *È che, (causale)* It is because; The fact is that — *È che non lo vuole incontrare,* The fact is that he doesn't want to meet him — *È per questo che voglio partire subito,* That's why I want to leave at once — *Siamo qui per questo!,* That's what we are here for! — *come se nulla fosse,* as if nothing had happened — *Così sia,* So be it; *(nelle preghiere)* Amen — *nei tempi che furono,* in the past; in time past — *venti anni or sono,* twenty years ago — *Come sarebbe a dire?,* What do you mean? — *Se fossi in te,* If I were you — *Per essere un inglese, non parla male!,* Considering that he is English, he doesn't speak badly!; Not bad for an Englishman! — *Quello che è stato è stato,* Let bygones be bygones — *sia... sia; sia... che, (entrambi)* both... and — *Sia tu che tuo padre avete gli occhi azzurri,* Both you and your father have blue eyes — *sia che... sia che, (in un caso o nell'altro)* whether... or — *Lo farai, sia che ti piaccia, sia che non ti piaccia,* You'll have to do it, whether you like it or not.

[2]**essere** *sm* being; living creature; human being; fellow human; individual; fellow: *l'Essere Supremo,* the Supreme Being — *un essere ammirevole (spregevole),* an admirable (a despicable) fellow — *un povero essere,* a poor wretch.

esserino *sm* little creature.

essi, esse *pron personale 3ª persona pl m. e f.* they *(soggetto);* them *(compl.): Essi (Esse) verranno al più presto,* They will come as soon as possible — *Spererei di avere almeno uno di essi (esse),* I would hope to have at least one of them.

essiccamento *sm* drying; desiccation.

essiccante *agg* drying; desiccative; desiccatory; *(med. anche)* exsiccant.

essiccare *vt* to dry (up); *(industria alimentare, ecc.)* to desiccate: *essiccare al forno,* to kiln-dry — *essiccato all'aria (al sole),* air-dried (sun-dried).
□ **essiccarsi** *v. rifl* to dry up (*o* out); to become* dry.

essiccativo *agg* desiccative; desiccatory; drying.
□ *sm* desiccative; desiccant; *(per pittura ad olio)* siccative.

essiccatoio *sm* drier; drying apparatus; *(chim.)* desiccator; *(reparto di essiccazione)* drying-house; drying-room; *(per materiale tessile)* drying-chamber; *(per legname)* dry kiln; *(per ceramiche)* kiln.

essiccatore *sm* drier; desiccator.

essiccazione *sf* desiccation; drying(-process).

esso *pron personale 3ªpersona sing m.* **1** *(riferito a persone e talvolta ad animali)* he *(soggetto);* him *(compl.): la firma del titolare o chi per esso, (linguaggio burocratico)* the signature of the owner or some other person empowered to sign on his behalf. **2** *(riferito a cose e ad animali)* it *(soggetto e compl.): Ho esaminato bene il vostro piano: esso è assai interessante,* I have looked into your plan: it is most interesting.
□ *per il pl* ⇨ **essi, esse.**

est *sm* east: *un vento di sud est,* a south-east wind — *andare verso est,* to go eastward(s); to go east.

estasi *sf* ecstasy; rapture: *andare in estasi per qcsa,* to go into ecstasies (*o* raptures) over sth — *essere (rapito) in estasi,* to be in an ecstasy; to be enraptured; to be in one's seventh heaven; *(fam.: essere distratto)* to be lost to the world — *mandare qcno in estasi,* to send sb into raptures.

estasiare *vt* to enrapture; to send* into raptures; to send* *(sl.);* to turn (sb) on *(sl.).*
□ **estasiarsi** *v. rifl* to go* into ecstasies; to be* enraptured.

estasiato *agg* enraptured; in raptures; extremely delighted.

estate *sf* summer: *in estate,* in summertime — *l'estate di San Martino,* Indian summer.

estaticamente *avv* ecstatically.

estatico *agg (di estasi)* ecstatic; rapturous; *(rapito in estasi)* enraptured; in one's seventh heaven: *rimanere estatico,* to be enraptured *(anche fig.).*

estemporaneità *sf* extemporaneousness; extemporaneous quality; spontaneity.

estemporaneo *agg* impromptu; extempore; extemporary: *sonare un pezzo estemporaneo,* to play an impromptu piece — *un discorso estemporaneo,* an extempore speech; an off-the-cuff speech *(fam.).*

estendere *vt (una superficie)* to extend; to enlarge; to spread* out; *(in lungo)* to lengthen; to prolong; *(fig.)* to extend: *estendere la propria attività ad altri campi,* to extend one's activity to other fields; to spread out into other fields — *estendere il diritto di voto ai giovani,* to extend the right to vote to young people.
□ **estendersi** *v. rifl* **1** *(distendersi, allungarsi)* to extend; to stretch; to spread*. **2** *(di notizie, epidemie)* to spread*; *(comm.: espandersi)* to expand; to increase.

estensibile *agg* extensible; which can be extended.

estensione *sf* **1** *(l'estendersi)* extension: *l'estensione delle braccia,* extension of the arms — *l'estensione del sapere,* the extension of learning — *l'estensione di un diritto,* the extension of a right — *per estensione,* by extension. **2** *(distesa, ampiezza)* expanse; extent: *l'estensione del suo sapere,* the extent of his knowledge — *in tutta l'estensione del termine,* in the full meaning of the word. **3** *(mus.)* range; compass; register; *(talvolta)* gamut: *l'estensione della voce umana,* the range (the compass) of the human voice.

estensivamente *avv* extensively.

estensivo *agg* extensive.

[1]**estensore** *agg (di muscolo)* extensor.

[2]**estensore** *sm* **1** *(scrivente, redattore)* writer; compiler; *(dir.)* draftsman *(pl.* -men*).* **2** *(muscolo)* extensor (muscle). **3** *(attrezzo ginnico)* chest-expander.

estenuante *agg* tiring; exhausting; wearying.

estenuare *vt* to wear* out; to tire out; to exhaust.
□ **estenuarsi** *v. rifl* to tire (to wear*) oneself out.

estenuativo *agg* exhausting.

estenuato *agg* worn out; tired out; exhausted.

estenuazione *sf* exhaustion; *(debolezza)* weakness; debility.

esteriore *agg* exterior; external; *(solo attrib.)* outer; outward; outside; *(superficiale, fig.)* superficial; surface *(attrib.);* face *(attrib.): doti esteriori,* physical

gifts (*o* beauty) — *il mondo esteriore,* the outside world; the world about us.
□ *sm (parte esterna)* exterior; outside; *(aspetto esteriore)* outward appearance: *dall'esteriore, (fig.)* by appearances.

esteriorità *sf* **1** outward appearance. **2** *(superficialità)* superficiality.

esteriormente *avv* outwardly; on (*o* from) the outside; on the surface.

esternamente *avv* outwardly; externally.

esternare *vt* to express; to show*; *(mettere in mostra)* to display; *(rivelare)* to reveal.

esterno *agg* **1** external; exterior *(anche geometria); (solo attrib.)* outward; outside; outer; *(all'aperto)* outdoor; *(di medici d'ospedale, ecc.)* non-resident: *aspetto esterno,* outward appearance — *per uso esterno, (di medicina)* for external use only; *(sull'etichetta, anche)* 'Not to be taken'. **2** *(fig.)* external; superficial: *qualità esterne,* superficial qualities. □ *un alunno esterno,* a day-boy; a day-pupil.
□ *sm* **1** *(allievo)* day-boy; day-pupil; day-girl *(f.); (medico d'ospedale)* non-resident doctor. **2** *(archit., ecc.)* exterior; outside *(fam.); (cinema)* outdoor (exterior, location) shot: *all'esterno,* outside; on the outside — *dall'esterno,* from the outside — *girare gli esterni in Sicilia,* to shoot on location in Sicily. **3** *(baseball)* outfielder.

estero *agg* foreign: *il Ministro degli (Affari) Esteri,* the Minister for Foreign Affairs; the Foreign Secretary *(GB);* the Secretary of State *(USA)* — *corrispondente in lingue estere,* foreign correspondent.
□ *sm* abroad; foreign countries: *all'estero,* abroad — *andare all'estero,* to go abroad; to visit foreign parts — *dall'estero,* from abroad — *la nostra bilancia con l'estero,* our foreign trade balance.

esterofilia *sf* mania for foreign things; xenomania.

esterrefatto *agg* **1** *(atterrito)* horrified; appalled. **2** *(sbigottito)* dismayed; nonplussed.

estesamente *avv* extensively; widely; amply.

esteso *agg* **1** wide; ample; extended; extensive; *(diffuso)* widespread: *un'estesa pianura,* a wide (*o* vast) plain. **2** *(fig.: lato)* figurative; metaphoric(al); wider: *per esteso (dettagliatamente),* in detail; *(in tutte lettere)* in full.

esteta *sm* aesthete.

estetica *sf* **1** aesthetics. **2** *(per estensione: bellezza)* beauty.

esteticamente *avv* aesthetically.

estetico *agg* aesthetic(al); *(talvolta, per estensione: bello)* beautiful.

estetismo *sm* aestheticism.

estetista *sm e f.* beauty specialist; beautician *(USA).*

estimatore *sm* judge.

estimo *sm* **1** *(stima)* estimate; assessment. **2** *(rendita imponibile)* assessed valuation.

estinguere *vt* **1** to extinguish; *(un incendio, anche)* to put* out; *(la sete)* to quench; to slake; *(chim.: la calce, ecc.)* to slake. **2** *(comm.: un debito)* to pay* off; *(un'obbligazione, ecc.)* to discharge; to meet*; to honour; *(un'ipoteca)* to redeem.
□ **estinguersi** *v. rifl* **1** to die out; to become* extinct; *(fig.: finire)* to come* to an end; *(svanire)* to die away; to fade away: *L'incendio si estinse da sé,* The fire burnt itself out. **2** *(dir.: di persona giuridica)* to be* dissolved.

estinguibile *agg* **1** extinguishable. **2** *(di debito)* which can be paid off: *un debito estinguibile in pochi mesi,* a debt which can be paid off in a few months.

estinto *sm* (the) deceased.

estintore *sm* (fire-)extinguisher: *estintore schiumogeno,* foam extinguisher.

estinzione *sf* **1** extinction; *(di specie, razza)* extinction; dying out; *(di incendio)* extinguishing; quenching; putting out; *(di sete)* quenching; *(di calce)* slaking. **2** *(dir., comm.: pagamento)* payment; paying-off. **3** *(dir.: cessazione)* extinction.

estirpare *vt* **1** to uproot; to root up; to eradicate; to extirpate *(raro).* **2** *(med.)* to extirpate; *(un dente)* to extract; to pull out.

estirpazione *sf* **1** eradication; extirpation *(raro).* **2** *(med.)* extirpation; *(di un dente)* extraction.

estivo *agg* summer *(attrib.); (talvolta, spec. riferito all'aspetto delle cose)* summery: *un abito estivo,* a summer dress; *(da uomo)* a summer suit — *Il giardino aveva un aspetto quasi estivo,* The garden had an almost summery look about it.

estone *agg e sm e f.* Estonian.

estorcere *vt* to extort.

estorsione *sf* extortion.

estradare *vt* to extradite.

estradizione *sf* extradition.

estraneità *sf* extraneousness: *provare la propria estraneità a qcsa,* to demonstrate that one has nothing to do with sth.

estraneo *agg* **1** extraneous; *(privo di relazione con)* alien (to); not related (to); non connected (with): *rimuovere delle sostanze estranee,* to remove extraneous matter — *un corpo estraneo,* a foreign body — *Sono completamente estraneo ai fatti,* I have absolutely nothing to do with the matter. **2** *(alieno)* alien: *La maldicenza mi è del tutto estranea,* I am quite alien to slander. **3** *(straniero)* foreign; alien.
□ *sm* **1** stranger: *Mi sentivo un estraneo,* I felt like a stranger — *Ripeté la stessa cosa anche davanti ad estranei,* She repeated the same thing in front of strangers. **2** *(non membro, non appartenente)* outsider: *Lui è semplicemente un estraneo,* He's just an outsider. **3** *(straniero)* foreigner. □ *Vietato l'ingresso agli estranei,* No admittance (except on business); Unauthorised persons not admitted; *(in un circolo, ecc.)* Members only.

estraniare *vt* to estrange.
□ **estraniarsi** *v. rifl* to become* estranged.

estrapolare *vt* to extrapolate.

estrapolazione *sf* extrapolation.

estrarre *vt* **1** to extract *(anche matematica);* to take* out; to pull out; to draw* out; *(da una miniera)* to mine; to dig out; to win*; *(da una cava)* to quarry; *(per distillazione, ecc.)* to extract; to draw*: *estrarre un dente,* to pull out (*med.* to extract) a tooth — *farsi estrarre un dente,* to have a tooth out. **2** *(tirare a sorte)* to draw* lots; to draw* by lot; to draw*.

estratto *sm* **1** *(chim.)* extract; essence; *(profumo)* essence; *(di rose)* attar: *estratto di carne,* meat extract. **2** *(riassunto)* abstract; summary; resumé; *(articolo o saggio stampato a parte)* offprint; excerpt. **3** *(in una lotteria)* draw. **4** *(dir., comm.)* abstract; certificate; summary; docket: *estratto conto,* statement of account; statement — *estratto catastale,* land register certificate — *estratto dell'atto di nascita,* short birth certificate.

estrattore *sm* extractor; puller; stripper; *(di dentista)* elevator; *(di arma da fuoco)* extractor; ejector; *(chim.)* extractor; stripper; *(in fonderia)* knock-out; ejector; expeller; *(nelle presse)* knock-up; kicker; *(per mozzi, ruote)* puller; *(per chiodi)* ripper.

estrazione *sf* **1** extraction; pulling out; *(da miniera)* mining; digging out; *(da cava)* quarrying; *(di liquidi)* drawing: *estrazione di una radice, (matematica)* extraction of a root; evolution. **2** *(a sorte)* draw; drawing; drawing lots. **3** *(origine)* origin; birth; family: *una persona di bassa estrazione,* a person of humble origin.

estremamente *avv* extremely; *(talvolta)* highly: *È estremamente depresso,* He is extremely depressed.

estremismo *sm* extremism.

estremista *sm e f.* extremist: *estremista di destra (di sinistra),* left- (right-) wing extremist; extreme right- (left-) winger.

estremità *sf* **1** *(parte estrema)* end; extremity; *(di oggetto a punta)* tip; point; *(bordo)* edge; *(orlo)* hem; edging; trimming; *(punto più alto, apice)* height; peak; acme; *(punto più basso)* depths *(pl.).* **2** *(anat.: arti)* extremities; limbs.

estremo *agg* **1** extreme *(vari sensi);* utmost; uttermost *(lett.); (il più lontano)* furthermost: *ai limiti estremi della terra,* to the uttermost (*o* furthermost) ends of the earth — *con estrema cortesia,* with extreme (with great) kindness — *la sua estrema indigenza,* his extreme (his excessive) poverty — *l'Estrema Sinistra (Destra),* the Extreme Left (Right) — *dare (ricevere) l'Estrema Unzione,* to give (to receive) Extreme Unction — *valori estremi, (statistica)* fringe values. **2** *(eccessivo)* intense; excessive. **3** *(drastico)* severe; drastic: *misure estreme,* drastic measures. □ *l'Estremo Oriente,* the Far East — *giungere all'ora estrema,* to be at death's door — *rendere gli estremi onori,* to pay funeral honours (one's last respects); to pay a final tribute — *A mali estremi, estremi rimedi, (prov.)* Desperate ills call for desperate remedies.

□ *sm* **1** extreme; extremity; extreme point; depth *(punto più basso);* height *(punto più alto): Non andare agli estremi,* Don't go (Don't run) to extremes — *È preciso all'estremo,* He is fastidious in the extreme — *Gli estremi si toccano, (prov.)* Extremes meet — *Lottò fino all'estremo,* He fought to the bitter end — *all'estremo della disperazione,* in the depths of despair — *all'estremo della contentezza,* as happy as can be — *essere agli estremi, (non poterne più)* to be at the end of one's tether; to be all in; not to be able to stand it any longer; *(essere morente)* to be dying; to be at one's last gasp. **2** *(al pl., dir., ecc.)* particulars: *gli estremi di un reato,* the essential elements of an offence. **3** *(al rugby) l'estremo di difesa,* full back.

estrinsecare *vt* to show*; to express; to manifest; to evince *(raro).*

□ **estrinsecarsi** *v. rifl* to be* expressed.

estrinsecazione *sf* expression.

estrinseco *agg* extrinsic(al).

estro *sm* **1** *(talento, inclinazione naturale)* inspiration; gift; bent; talent; *(per estensione: ghiribizzo)* fancy; caprice; whim; *(fig.: ardore, incitamento)* ardour; fire; incitement; impulse: *uno scrittore senza estro,* an uninspired writer — *a estro; secondo l'estro,* according to one's whims; according to impulse; on impulse; according to the whim of the moment — *quando gli salta l'estro,* when the fit (the mood) is on him — *Gli venne l'estro di...,* He took it into his head to... — *avere l'estro per qcsa,* to have a gift (a bent) for sth. **2** *(fisiologia)* heat *(generalm. degli animali);* oestrus (*o* -um); *(USA)* estrus (*o* -um). **3** *(zool.)* gadfly; bot-fly; warble fly; breeze; oestrus.

estrogeno *agg* oestrogenic; *(USA)* estrogenic.

□ *sm* oestrogen; *(USA)* estrogen.

estromettere *vt* to expel (from); to turn out of; to oust: *estromettere qcno da una società,* to turn sb out of an association.

estromissione *sf* expulsion; turning out; ousting.

estrosamente *avv* imaginatively; whimsically; fancifully.

estroso *agg* fanciful; imaginative; gifted; *(capriccioso)* unpredictable; *(lunatico)* moody; wayward.

estroversione *sf* extroversion.

estroverso *agg* extroverted: *avere un carattere estroverso,* to be an extrovert. □ *sm* extrovert.

estruso *agg (di materiale plastico)* extruded.

estuario *sm* estuary.

esuberante *agg* exuberant; excess *(attrib.); (superfluo)* superfluous; overflowing.

esuberanza *sf* **1** *(vivacità)* exuberance. **2** *(grande quantità)* exuberance; plenty; *(sovrabbondanza)* overabundance; redundancy; excess: *in esuberanza,* in great quantity; plentifully; *(più che sufficiente)* more than enough; *(in quantità eccessiva)* in excess.

esulare *vi* **1** *(raro)* to go* into voluntary exile. **2** *(fig.)* to lie* outside: *Ciò esula dai miei compiti,* This lies outside my province.

esulcerare *vt* **1** *(med.)* to ulcerate. **2** *(fig.)* to embitter: *con animo esulcerato,* embitteredly; in an embittered manner.

esulcerazione *sf* **1** *(med.)* ulceration. **2** *(fig.)* embitterment.

esule *agg* exiled. □ *sm e f.* exile: *morire esule,* to die in exile.

esultante *agg* exultant; rejoicing.

esultanza *sf* exultation.

esultare *vi* to exult; to rejoice.

esumare *vt* **1** *(trarre dalla tomba)* to exhume; to disinter. **2** *(fig.)* to bring* (sth) to light; to dig* (sth) up; to unearth.

esumazione *sf* exhumation.

età *sf* **1** age: *Qual è la sua età,* What age is he?; How old is he? — *È alto per la sua età,* He's tall for his age — *Non dimostra l'età che ha,* He doesn't look his age — *l'età della ragione,* the age of discretion — *un'età da marito,* a marriageable age — *un uomo di una certa età,* an elderly man — *una persona di mezz'età,* a middle-aged person — *Ha tre bambini in tenera età,* She has three children of tender age (three very small children) — *essere ancora in età minore,* to be (still) under age — *raggiungere la maggiore età,* to come of age — *limite d'età,* age limit — *raggiungere i limiti d'età,* to reach the retiring age (the age limit for retirement) — *morire alla bella età di 80 anni,* to die at the ripe old age of eighty. **2** *(epoca)* age; period: *l'Età dell'Oro,* the Golden Age — *l'Età della Pietra,* the Stone Age.

etano *sm* ethane.

etera *sf* **1** *(stor.)* hetaera; hetaira. **2** *(cortigiana)* courtesan.

etere *sm* **1** ether; sky; (the) heavens *(pl.).* **2** *(chim.)* ether.

etereo *agg* ethereal *(anche fig.).*

eternamente *avv* eternally; for ever.

eternare *vt* to immortalize; to perpetuate; to make* (sth) last for ever.

□ **eternarsi** *v. rifl* to become* eternal; to win* immortal fame; to last for ever.

eternità *sf* eternity; *(fam.: moltissimo tempo)* ages; a very long time: *per l'eternità,* for ever; for all eternity — *metterci un'eternità,* to take ages; to take a very long time — *lavorare per l'eternità, (anche scherz.)* to work for posterity; *(per salvarsi l'anima)* to work for one's salvation — *l'eternità della materia,* the indestructibility of matter.

eterno *agg* eternal; *(senza fine)* eternal; everlasting; *(interminabile)* endless; never-ending: *È un eterno scontento,* He's never content.
□ *sm (eternità)* eternity; *(l'Eterno: Dio)* the Eternal: *in eterno,* for ever; for ever and ever; for all eternity.

eterodossia *sf* heterodoxy.

eterodosso *agg* heterodox; unorthodox.

eterogeneamente *avv* heterogenously.

eterogeneità *sf* heterogeneity.

eterogeneo *agg* heterogeneous.

etica *sf* ethics *(col v. al sing.).*

eticamente *avv* ethically.

etichetta *sf* **1** *(cartellino)* label; *(con il prezzo)* price-tag; *(talvolta)* docket: *etichetta da incollare,* stick-on label — *etichetta da legare,* tie-on label; tag — *mettere l'etichetta a qcsa,* to label, to docket sth. **2** *(cerimoniale)* etiquette *(fr.);* formality; ceremony: *senza etichetta,* informal *(agg.);* informally *(avv.).*

etichettare *vt* to label.

eticità *sf* ethics *(col v. al sing.);* morality.

etico *agg* ethical; moral.

etile *sm* ethyl.

etilene *sm* ethylene.

etilico *agg* ethylic.

etilismo *sm* alcoholism: *essere affetto da etilismo,* to be an alcoholic.

etimologia *sf* etymology.

etimologico *agg* etymologic(al).

etimologista *sm e f.* etymologist.

etimologizzare *vi* to etymologize.

etimologo *sm* etymologist.

etiope *sm e f.* Ethiopian.

etiopico *agg* Ethiopian. □ *sm* **1** Ethiopian. **2** *(la lingua)* Ethiopic.

etisia *sf* consumption; tuberculosis.

etnico *agg* ethnic.

etnografia *sf* ethnography.

etnografico *agg* ethnographic(al).

etnografo *sm* ethnographer.

etnologia *sf* ethnology.

etnologico *agg* ethnologic(al).

etnologo *sm* ethnologist.

etrusco *agg e sm* Etruscan.

ettaro *sm* hectare.

etto, ettogrammo *sm* hectogram(me).

ettolitro *sm* hectolitre; *(USA)* hectoliter.

eucalipto *sm* eucalyptus *(pl.* -ti *o* -tuses*);* eucalypt; gum tree; gum.

eucaristia *sf* Eucharist; Holy Communion.

eucaristico *agg* Eucharistic(al).

eufemismo *sm* euphemism.

eufemistico *agg* euphemistic: *un'espressione eufemistica,* a euphemism.

euforia *sf* **1** elation; exuberant gaiety: *in stato di euforia,* in a state of elation. **2** *(med.)* euphoria; well-being.

euforicamente *avv* light-heartedly; in high spirits; euphorically.

euforico *agg* **1** elated; buoyant; in high spirits: *sentirsi euforico,* to feel elated; to be in high spirits. **2** *(med.)* euphoric.

eugenetica *sf* eugenics *(col v. al sing.).*

eugenetico *agg* eugenic(al).

eunuco *sm* eunuch.

eurasiatico *agg* Eurasian.

euritmia *sf* harmony; harmonious proportion; rhythmic quality.

eurodollaro *sm* Eurodollar.

europeismo *sm* Europeanism.

europeista *sm* supporter of European unity.

europeizzare *vt* to Europeanize.

europeo *agg e sm* European.

eurovisione *sf* Eurovision.

eutanasia *sf* euthanasia; mercy-killing.

Eva *nome proprio (nelle espressioni) le figliole d'Eva,* the daughters of Eve — *i figli d'Eva,* mankind *(sing.).*

evacuamento *sm* evacuation.

evacuante *sm (med.)* evacuant.

evacuare *vt* to evacuate; to clear out; to drain (away); *(gas)* to remove: *evacuare gli intestini,* to clear the bowels.
□ *vi* to evacuate; to withdraw*: *I terremotati furono costretti ad evacuare,* The earthquake victims had to be evacuated.

evacuazione *sf* **1** evacuation. **2** *(mecc.)* scavenging.

evadere *vt* **1** *(spec. riferito alle imposte)* to evade; to dodge *(fam.): evadere le tasse,* to dodge paying one's taxes. **2** *(sbrigare una pratica, ecc.)* to deal* with; to dispatch; to complete: *evadere la corrispondenza,* to deal with one's mail. **3** *(eseguire un ordine)* to fill; to carry out.
□ *vi* **1** *(fuggire)* to escape (from); to run* away (from); to get* away (from); to break* out (of): *evadere dalla prigione,* to escape from prison; to break out of prison — *evadere dalle proprie responsabilità,* to get out of (to run away from) one's responsibilities. **2** *(sfuggire agli oneri fiscali)* to get* out of paying one's taxes.

evanescente *agg* fading; fleeting; evanescent; *(debole)* faint; *(sfuggente)* elusive.

evanescenza *sf* **1** evanescence; elusiveness. **2** *(radio)* fading.

evangelico *agg (del Vangelo)* evangelic; *(per estensione)* Christian; Gospel *(attrib.);* according to the Gospel; *(protestante)* Christian; evangelical; protestant; *(non appartenente alla Chiesa Anglicana)* nonconformist: *il testo evangelico,* the Gospel — *con molto spirito evangelico,* with great Christian spirit (*o* devotion).
□ *sm (membro di chiesa evangelica)* Evangelical.

evangelista *sm* Evangelist.

evangelizzare *vt* **1** to evangelize. **2** *(fig.: cercar di convincere)* to try to win over.

evangelizzazione *sf* evangelization.

evangelo *sm* gospel: *l'evangelo secondo Matteo,* the gospel according to St. Matthew.

evaporabile *agg* evaporable.

evaporante *agg* evaporating.

evaporare *vt e i.* to evaporate *(anche fig.).*

evaporatore *sm* evaporator.

evaporazione *sf* evaporation; vaporisation.

evasione *sf* **1** escape; flight; break-out *(fam.): Il prigioniero preparò la sua evasione nei minimi particolari,* The prisoner planned his escape down to the very last detail. **2** *(riferito alle imposte)* evasion: *Fu processato per evasione fiscale,* He was prosecuted for tax evasion. **3** *(fig.)* escapism: *letteratura d'evasione,* escapist literature. **4** *(esecuzione)* execution; carrying out; dispatch: *dare evasione a un'ordinazione, (comm.)* to carry out (to execute, to fill) an order — *dare evasione a una pratica (alla corrispondenza),* to dispatch some business (some mail).

evasivamente *avv* evasively; in an evasive way.

evasivo *agg* evasive.

evaso *sm* fugitive; runaway; *(carcerato)* escaped convict; escapee.
evasore *sm* evader: *evasore fiscale,* tax-evader; tax-dodger *(fam.).*
evenienza *sf* event; occurrence; eventuality: *in (per) ogni evenienza,* in any case; at all events — *essere pronto ad ogni evenienza,* to be ready for anything (for any eventuality).
evento *sm* event; *(risultato)* result; outcome; issue: *lieto evento, (fam.: nascita)* happy event — *in ogni evento,* in any case; at all events — *un anno pieno di eventi,* an eventful year.
eventuale *agg* possible; incidental; casual: *Un eventuale cambiamento di programma a causa del cattivo tempo verrà comunicato,* Notice will be given of any changes in the programme owing to bad weather — *spese eventuali, (comm.)* incidental charges; contingent expenses.
eventualità *sf* eventuality; possibility; contingency: *in ogni eventualità,* in any event — *nell'eventualità di...,* in the occurrence (in the event) of... — *tenersi pronti per ogni eventualità,* to be ready for all events (for all contingencies).
eventualmente *avv* perhaps; if necessary; if need be.
eversione *sf* **1** subversion; destruction. **2** *(med.)* eversion.
eversivo *agg e sm* revolutionary; subversive: *un piano eversivo,* a subversive plot.
evidente *agg* evident; obvious; self-explanatory; plain: *È evidente che...,* It's obvious that... — *risultare evidente,* to be obvious.
evidentemente *avv* evidently; obviously; plainly.
evidenza *sf* evidence; obviousness; *(risalto)* conspicuousness: *l'evidenza dei fatti,* the evidence of the facts — *arrendersi all'evidenza,* to bow to the evidence — *provare qcsa all'evidenza,* to give incontrovertible proof of sth — *mettere (porre) in evidenza,* to point out; to emphasize; to show; to exhibit — *mettersi in evidenza,* to make oneself conspicuous; to put oneself forward.
evirare *vt* to castrate *(anche fig.).*
evirazione *sf* castration.
evitabile *agg* avoidable.
evitare *vt* **1** to avoid; *(eludere, schivare)* to dodge; to elude; to evade; to shun; to steer clear (of); *(sfuggire a)* to escape: *Evitammo a mala pena un incidente,* We only just avoided an accident — *evitare un pericolo,* to avoid a danger — *evitare di correre un rischio,* to avoid running a risk — *Preferirei evitare di incontrarla di nuovo,* I'd rather avoid meeting her again — *evitare un colpo,* to avoid (to dodge, to evade) a blow — *evitare una domanda,* to evade (to dodge, to elude) a question — *evitare un ostacolo,* to dodge an obstacle — *evitare le conseguenze,* to dodge the consequences — *evitare il traffico,* to dodge the traffic — *evitare pubblicità,* to shun publicity — *evitare una punizione,* to escape a punishment; to escape being punished — *Dove possiamo andare per evitare la folla? (di essere visti?),* Where can we go to escape the crowds (to avoid being seen)? — *evitare uno scoglio (un banco di sabbia), (naut.)* to steer clear of a reef (of a sandbank) — *Quando ha la luna, cerco di evitarla, (fig.)* When she is in a bad mood, I try to steer clear of her — *Evita di spendere troppo,* Try not to spend too much money. **2** *(risparmiare)* to spare: *evitare una spesa (un disturbo) a qcno,* to spare sb an expense (trouble).
evitico *agg (scherz., nell'espressione) in costume evitico,* nude; stark naked; starkers *(fam.);* in her birthday suit *(fam.).*
evo *sm* ages *(pl.);* times *(pl.): il Medio Evo,* the Middle Ages *(pl.)* — *evo antico (moderno),* ancient (modern) times *(pl.).*
evocare *vt* **1** *(gli spiriti)* to evoke; to conjure up; to summon. **2** *(rievocare)* to recall; to conjure up; to evoke; to bring* to mind.
evocativo *agg* evocative.
evocatore *sm* evocator. □ *agg* evocatory; evocative.
evocazione *sf* evocation.
evolutivo *agg* developing; evolutionary.
evoluto *agg* evolved; *(di paese)* fully developed; *(moderno)* modern; progressive: *una persona evoluta,* a person of broad (of wide) views.
evoluzione *sf* **1** evolution; progress. **2** *(mil., ecc.)* manoeuvre; evolution *(anche in ginnastica).*
evoluzionismo *sm* theory of evolution.
evoluzionista *sm* evolutionist.
evoluzionistico *agg* evolutionistic.
evolvere *vt,* **evolversi** *v. rifl* to develop; to evolve.
evviva *interiezione* hurray!; hurrah!; hooray!; *(USA, anche)* rah!; *(nei brindisi)* cheers!; *(davanti ad un s.)* hurray (hurrah, *ecc.*) for...; up with...: *Evviva me!, (fam.)* Up with me! — *gridare evviva,* to cheer.
ex *prefisso* former; old; ex-: *la mia ex casa,* my former house; *(con più affetto)* my old home — *la sua ex moglie,* his ex-wife; his former wife — *gli ex allievi,* former pupils (*o* students); old boys (*f.* old girls) *(GB); (USA, talvolta)* alunni — *ex combattente,* ex-serviceman; old soldier *(fam.);* veteran *(USA).*
□ *(come s., fam.) il suo (la sua) ex,* her ex-boyfriend (his ex-girlfriend).
ex cathedra *locuzione avverbiale* **1** *(religione)* ex cathedra. **2** *(fig.)* dogmatically: *sentenziare ex cathedra,* to lay down the law.
extra *agg* **1** *(in più)* extra; additional. **2** *(speciale)* special.
□ *sm* extra: *senza contare gli extra,* without counting the extras.
extraconiugale *agg* extramarital.
extragiudiziario *agg* extrajudicial.
extraparlamentare *agg* extraparliamentary.
extraterritoriale *agg* extra-territorial.
extraterritorialità *sf* extra-territoriality.
extremis *(nella locuzione avverbiale* in extremis*)* **1** in extremis; at the point of death: *essere in extremis,* to be at death's door; to be at one's last gasp. **2** *(all'ultimo momento)* at the eleventh hour; last-minute *(attrib.): un salvataggio in extremis,* a last-minute rescue.
ex voto *sm* votive offering; ex-voto.
eziologia *sf* aetiology; *(USA)* etiology.

F

F, f *sf* F, f: *F come Firenze, (al telefono, ecc.)* F for Freddie.

[1]**fa** *sm (mus.)* F: *fa diesis minore,* F sharp minor.

[2]**fa** *avv* ago: *dieci anni fa,* ten years ago.

fabbisogno *sm* **1** needs *(pl.)*; consumption; the necessary *(fam.)*: *provvedere al fabbisogno di un paese,* to provide for a country's needs. **2** *(comm.)* requirements *(pl.)*; requisite(s): *fabbisogno di denaro (di cassa),* financial (cash) requirements.

fabbrica *sf* **1** factory; works *(generalm. sing.)*; *(impianto)* plant; *(officina)* workshop; works *(generalm. sing.)*; *(opificio)* mill: *fabbrica d'auto,* motor works; automobile plant *(USA)* — *fabbrica di mattoni,* brickworks; brickyard; brickfield — *capo fabbrica,* works manager — *marchio di fabbrica,* trademark — *modello di fabbrica,* registered pattern (*o* design) — *nuovo di fabbrica,* brand new — *a prezzo di fabbrica,* at cost price. **2** *(fabbricazione)* manufacturing; manufacture; *(costruzione)* construction; building. ☐ *la fabbrica di San Pietro, (fig.)* a never-ending job — *una fabbrica di menzogne,* a tissue of lies.

fabbricabile *agg* that can be built; manufacturable: *area fabbricabile,* building site; *(zona designata per la costruzione di parecchie case)* housing development area.

fabbricante *sm* **1** *(produttore)* manufacturer; maker. **2** *(costruttore)* builder.

fabbricare *vt* **1** to manufacture; to produce; *(fare)* to make*; *(metallurgia)* to fabricate; *(costruire)* to build*; to construct; to put* up. **2** *(fig.: inventare)* to invent; to coin; to make* up; to forge; to fabricate; to trump up *(fam.)*. ☐ *fabbricare un vocabolo nuovo,* to think up (to coin) a new word — *fabbricare il vino, (sofisticarlo)* to adulterate wine — *fabbricare castelli in aria, (fig.)* to build castles in the air — *fabbricarsi un alibi,* to build oneself an alibi; to fabricate an alibi for oneself.

fabbricato *sm* *(edificio)* building; edifice; *(grande isolato)* block of flats; *(industriale)* factory building; *(officina)* workshop building: *fabbricato annesso,* outbuilding.

fabbricatore *sm* manufacturer; maker; *(costruttore)* builder; *(fig.)* fabricator: *un fabbricatore di scandali,* a scandal-monger.

fabbricazione *sf* **1** manufacturing; manufacture; *(metallurgia)* fabrication; *(costruzione)* building: *fabbricazione all'ingrosso,* wholesale manufacture — *fabbricazione a mano,* hand manufacture; *(fabbricato a mano)* hand made — *difetto di fabbricazione,* manufacturing defect — *fabbricazione in eccedenza,* overplus; overmake; surplus — *fabbricazione insufficiente,* underrun — *fabbricazione nazionale,* home manufacture — *di fabbricazione italiana,* of Italian make; made in Italy; manufactured in Italy — *di nostra fabbricazione,* manufactured by us; of our own make — *licenza di fabbricazione,* manufacturing licence. **2** *(fig.: invenzione)* invention; *(fig.: falsificazione)* forgery.

fabbro *sm* **1** smith; *(maniscalco)* blacksmith. **2** *(fig., lett.)* craftsman *(pl.* -men*)*; inventor; contriver; maker.

faccenda *sf* **1** thing; *(affare, questione)* matter; business; affair: *Devo sbrigare alcune faccende,* I've got a few things to do (to see to) — *Hai sistemato quella faccenda?,* Did you settle that matter (*o* business)? — *È una brutta faccenda,* It's a bad business — *È tutt'altra faccenda,* It's quite a different thing; That's another matter entirely — *essere in faccende,* to be busy. **2** *(al pl.: lavori domestici quotidiani)* housework *(sing.)*; household chores (*o* duties) — *sbrigare le faccende domestiche,* to do the housework.

faccettatura *sf* faceting.

facchinaggio *sm* porterage.

facchinata *sf* **1** *(linguaggio grossolano)* bad (*o* coarse) language. **2** *(azioni grossolane)* coarse behaviour. **3** = **sfacchinata.**

facchino *sm* porter. ☐ *una vita da facchino, (fig.)* a dog's life — *un lavoro da facchino,* drudgery — *un comportamento (modi) da facchino,* coarse manners *(pl.)* — *fare il facchino,* to be a porter; *(fig.)* to drudge; to slave away — *parlare come un facchino,* to use bad (*o* coarse) language; to swear like a trooper.

faccia *sf* **1** *(viso, volto)* face: *lavarsi la faccia,* to wash one's face — *Il sasso lo colpì in faccia,* The stone hit him in the face — *La sua faccia è la sua fortuna,* Her face is her fortune — *Perché non glielo dici in faccia?,* Why don't you tell him so to his face? — *Mi rise in faccia,* He laughed in my face — *guardare qcno in faccia,* to look sb in the face — *non poter guardare qcno in faccia, (fig.)* to be unable to look sb in the face — *Come puoi mostrare ancora la faccia in questa casa?,* How can you show your face again in this house? — *perdere (salvare) la faccia, (fig.)* to lose (to save) one's face — *avere la faccia di fare qcsa,* to have the face (the cheek) to do sth — *Non ho la faccia di chiedergli altro denaro,* I haven't the face to ask him for some more money — *incontrare qcno faccia a faccia,* to meet sb face to face — *venire faccia a faccia con qcno,* to come face to face with sb — *mettere due persone (due partiti) faccia a faccia,* to bring two persons (two parties) face to face — *fare la faccia lunga,* to pull a long face.

2 *(superficie, lato)* face; side *(anche di un foglio)*: *sulla faccia della terra,* on the face of the earth — *Scomparvero dalla faccia della terra,* They disappeared from (*o* off) the face of the earth — *le facce di un parallelepipedo,* the sides (the faces) of a parallelepiped — *l'altra faccia della luna,* the other side of the moon — *la faccia di una moneta,* the face (the head side, the obverse) of a coin — *la faccia di un dado, (mecc.)* the pane of a nut — *faccia polare, (elettromeccanica)* pole face.

3 *(per estensione: espressione, aspetto)* look;

expression: *Aveva una faccia triste,* She had a sorrowful expression (on her face) — *avere una bella faccia,* to look well — *avere una brutta faccia,* - **a)** *(l'aria malaticcia)* not to look fit (*o* well) - **b)** *(l'aria triste)* to look sad — *fare la faccia feroce,* to look daggers (at sb); to cast a threatening (a grim) glance (at sb) — *Ha una faccia da delinquente (da stupido),* He looks like a delinquent (a fool) — *cambiar faccia,* to change colour — *fare una faccia da ebete,* to put on a vacant look — *Te lo si legge in faccia!,* It's written all over you!; Anyone can see that!; You look it!

□ *Che faccia tosta (di bronzo)!,* What a face!; What a nerve!; What cheek!; What impudence! — *Ha una bella faccia tosta quel tuo amico!,* That friend of yours has got a nerve! — *fare qcsa alla faccia di qcno,* to do sth in sb's teeth — *di faccia,* opposite — *in faccia al,* in front of — *la chiesa in faccia al municipio,* the church in front of (opposite) the town hall — *La mia casa è in faccia alla scuola,* My house is opposite the school — *essere in faccia a qcno (qcsa),* to be facing sb (sth) — *Mi sedetti in faccia a lei,* I sat down facing her — *visto di faccia,* seen from the front.

facciale *agg* facial: *un nervo facciale,* a facial nerve. □ *valore facciale, (comm.)* face value.

facciata *sf* **1** *(archit.)* front; façade; face. **2** *(pagina)* page: *un documento di dieci facciate,* a ten-page document. □ *Non giudicare dalla facciata!,* Don't judge by appearances! — *Non restare alla facciata!,* Don't stay on the surface!; Try to go more deeply into it!

faceto *agg* humorous; jocular; facetious; waggish: *un detto faceto,* a witticism.

facezia *sf* witty remark; joke; pleasantry.

fachiro *sm* fakir.

facile *agg* **1** easy; simple: *un lavoro facile,* an easy job (piece of work) — *un luogo di facile accesso,* a place of easy access — *scritto in un facile inglese,* written in simple English — *È più facile dirlo che farlo,* It's easier said than done. **2** *(pronto)* ready; *(incline, propenso)* prone; inclined: *Mia moglie è facile a credere a tutto quello che le dicono,* My wife is ready to believe everything she is told — *Non è facile alla collera,* He is not prone to anger; He is not quick-tempered — *essere facile alla commozione,* to be easily moved — *essere facile al pianto (al riso),* to cry (to laugh) easily — *avere la pistola (il grilletto) facile,* to be trigger-happy — *essere di (avere un) carattere facile,* to be easy-going — *donna di facili costumi,* woman of light (of easy) virtue. **3** *(probabile)* likely; probable: *È facile che nevichi,* It's likely to snow — *È facile che accada,* That is likely to happen.

□ *sm* easy: *il facile e il difficile,* the easy and the difficult.

facilità *sf* **1** ease; facility: *pilotare un aereo con la massima facilità,* to pilot a plane with the greatest of ease — *facilità nello scrivere,* facility in writing. **2** *(agevolezza)* easiness: *la facilità di una impresa,* the easiness of a task. **3** *(predisposizione)* aptitude; facility; *(di parola)* fluency: *Possiede una naturale facilità per le lingue,* He has a natural aptitude for languages — *parlare una lingua con facilità,* to speak a language fluently — *avere una grande facilità di parola,* to have a ready tongue; to have the gift of the gab *(fam.);* to be a fluent talker (*o* speaker).

facilitare *vt* to facilitate; to make* easy; to make* easier; *(aiutare)* to help.

facilitazione *sf* facilitation; *(agevolazione)* facility; *(al pl.: condizioni particolari)* special terms; easy terms: *facilitazioni creditizie,* credit facilities.

facilmente *avv* **1** *(senza difficoltà)* easily. **2** *(probabilmente)* probably.

facilone *sm* careless (slapdash, happy-go-lucky) person.

faciloneria *sf* carelessness; superficiality; unwarranted optimism.

facinoroso *agg* violent; seditious; factious; wicked.

facocero *sm* wart-hog.

facoltà *sf* **1** *(autorità, potere)* power; authority; right *(anche dir.);* *(autorizzazione)* leave; licence; permission: *Questo non rientra nelle mie facoltà,* This is not within my power — *Non ho la facoltà d'impedirgli di andare,* I have no power to stop him going — *È facoltà del Comitato...,* The Committee may... — *facoltà di scelta,* option — *Non avete la facoltà di rifiutare,* You haven't got the right to refuse — *Gli fu concessa la facoltà di ritirarsi,* He was given permission (He was permitted) to withdraw — *Questo medicamento ha la facoltà di calmare il dolore,* This medicine has the power of soothing pain. **2** *(capacità mentale)* faculty: *L'imputato non era in possesso di tutte le sue facoltà,* The accused was not in possession of all his faculties (was not in full possession of his faculties) — *facoltà mentali,* mental faculties (*o* powers). **3** *(indirizzo di studi universitari; la sede)* faculty; school; department; *(per estensione: università)* university: *la Facoltà di Lettere,* the Faculty of Letters — *la Facoltà di Giurisprudenza,* the Faculty of Jurisprudence; the Law Faculty — *il Consiglio di Facoltà,* the Faculty Council (*o* Board); the Board of the Faculty — *Ci vediamo domani in Facoltà,* See you tomorrow at the Faculty (at the University). **4** *(raro: patrimonio, averi)* property; wealth; riches *(pl.).*

facoltativamente *avv* optionally.

facoltativo *agg* optional. □ *fermata facoltativa,* request stop.

facoltoso *agg* wealthy; well-off *(fam.);* well-to-do; prosperous; of ample means *(predicato).*

facondia *sf* eloquence; fluency; gift of the gab *(fam.).*

facondo *agg* eloquent; fluent.

facsimile *sm* facsimile.

factotum *sm* factotum; jack-of-all-trades *(fam.).*

faggio *sm* beech.

fagiano *sm* pheasant: *fagiano alpestre,* capercaillie; wood grouse — *fagiano di monte,* blackcock — *fagiano dorato,* golden pheasant.

fagiolino *sm* French (*o* green) bean; string-bean.

fagiolo *sm* **1** bean: *a forma di fagiolo,* kidney-shaped. **2** *(scherz.: studente universitario del secondo anno)* sophomore *(USA, abbr.* soph); second-year student.

□ *andare a fagiolo,* to be to sb's taste; to fit the bill *(fam.);* to be just what the doctor ordered *(fam.);* to be just the job *(sl.)* — *capitare a fagiolo,* to turn up at the right moment (in the nick of time).

faglia *sf (geologia, mineralogia)* fault: *faglia longitudinale,* strike fault.

fagocita, fagocito *sm* phagocyte.

fagocitare *vt* **1** *(biologia)* to phagocyte; to phagocytize. **2** *(fig.)* to absorb; to swallow up.

fagottista *sm* bassoonist.

fagotto *sm* **1** bundle. **2** *(persona vestita in modo impacciato)* bundle of rags; rag-bag. **3** *(strumento musicale)* bassoon.

□ *far fagotto,* to pack up and leave; *(per estensione: morire)* to die.

faida *sf (stor., dir.)* feud.

faina *sf* beech-marten.
falange *sf* **1** *(stor., anat.)* phalanx. **2** *(politica)* Falange.
falangetta *sf* terminal phalanx.
falangina *sf* middle (*o* second) phalanx.
falangismo *sm* Falangism.
falcare *vi* to curvet.
falcata *sf* **1** *(di cavallo: salto)* leap; *(corvetta)* curvet; *(ampiezza del passo)* stride. **2** *(di marciatore)* stride. **3** *(di falco)* swoop.
falcato *agg* hooked; falcate; sickle-shaped; *(della luna, anche)* falcated.
falcatura *sf (geografia)* scythe-like inlet.
falce *sf* **1** *(fienaia)* scythe; *(con lama ricurva)* sickle: *falce e martello,* hammer and sickle. **2** *(della luna)* crescent: *falce di luna,* crescent moon.
falcetto *sm* sickle.
falciare *vt* **1** to scythe; to reap; to cut* (down); *(con falciatrice meccanica)* to mow. **2** *(calcio)* to bring* down. **3** *(fig.: uccidere)* to mow down; to cut* down.
falciata *sf (colpo di falce)* stroke (*o* sweep) of the scythe; *(quantità falciata)* swath. □ *dare una falciata all'erba,* to mow the grass (the lawn).
falciatore *sm* scytheman *(pl.* -men*)*; mower.
falciatrice *sf* **1** mower. **2** *(macchina)* mower; mowing-machine; *(da giardino)* lawn-mower; *(a forbice)* motor-scythe.
falcidia *sf (riduzione, detrazione)* reduction; cut; *(fig.: strage)* slaughter; massacre: *subire una vera falcidia,* to be drastically reduced — *operare una falcidia sulle sostanze di qcno,* to make a big inroad on sb's possessions.
falco *sm* hawk: *falco pescatore,* osprey — *con occhi di falco,* hawk-eyed; with eyes like a hawk — *i falchi e le colombe, (politica)* the hawks and the doves.
falconare *vi* to go* hawking; to hawk.
falcone *sm* **1** falcon; hawk; *(il maschio, anche)* tercel (*o* tiercel). **2** *(antenna)* derrick.
falconeria *sf* falconry; hawking.
falconiere *sm* falconer.
falda *sf* **1** *(geologia)* stratum *(pl.* strata, stratums*)*: *falda impermeabile,* impermeable stratum — *falda freatica,* water-bearing stratum; aquifer; *(più in generale)* water-table — *falda acquea,* water bed. **2** *(di neve)* flake. **3** *(di cappello)* brim; *(d'abito)* tail — *un cappello a falda,* a hat with a brim. **4** *(di tetto)* pitch. **5** *(di monte)* slope. **6** *(di armatura)* cuisse; tasse. **7** *(macelleria)* loin (of meat).
faldato *agg (geologia)* stratified; layered.
falegname *sm* carpenter.
falegnameria *sf* **1** carpentry; joinery. **2** *(bottega)* carpenter's (*o* joiner's) shop.
falena *sf* **1** *(zool.)* moth. **2** *(fig.)* flighty person; *(puttana)* prostitute.
falla *sf* hole; leak: *chiudere una falla,* to stop a leak.
fallace *agg* deceptive; misleading; fallacious; *(falso)* false; vain; *(deludente)* disappointing.
fallacia *sf* falseness; fallaciousness.
fallare *vi* **1** to be* mistaken; to be* at fault; to err: *Se la memoria non mi falla...,* If I am not mistaken... — *Chi non fa non falla, (prov.)* He who makes no mistakes, makes nothing. **2** *(non germinare)* to fail to sprout.
fallibile *agg* fallible; liable to be mistaken.
fallibilità *sf* fallibility.
fallico *agg* phallic.
fallimentare *agg (dir.)* bankruptcy *(attrib.)*: *vendita fallimentare,* bankruptcy sale — *curatore fallimentare,* trustee in bankruptcy.
fallimento *sm* **1** *(dir.)* insolvency; bankruptcy *(anche fig.)*: *il fallimento della politica del governo,* the bankruptcy of the government's policy — *fare fallimento,* to go bankrupt; to become insolvent; to fail — *chiedere il fallimento; presentare istanza di fallimento,* to file a petition in bankruptcy. **2** *(fig.)* failure; flop; *(teatro)* fiasco.
fallire *vi* **1** *(comm.)* to go* bankrupt; to become* insolvent; to fail. **2** *(fig.)* to fail; to be* unsuccessful; *(fig.: venir meno)* to fail: *Mi fallì il coraggio,* My courage failed me.
□ *vt* to miss: *fallire il colpo, (anche fig.)* to miss the mark.
fallito *agg (comm.)* bankrupt; insolvent; *(fig.)* unsuccessful.
□ *sm* **1** *(comm.)* bankrupt: *fallito riabilitato,* discharged bankrupt; *(USA)* rehabilitated debtor. **2** *(fig.)* failure: *essere un fallito,* to be a failure.
[1]**fallo** *sm* **1** fault; error; offence; *(errore)* mistake; *(imperfezione)* flaw: *commettere un fallo,* to make a misdemeanour; *(fig.)* to make a slip — *cogliere qcno in fallo,* to catch sb out; to catch sb at fault — *essere in fallo,* to be at fault — *mettere un piede in fallo,* to slip; *(fig.)* to take (to make) a false step. **2** *(sport)* fault; *(comportamento scorretto)* foul: *doppio fallo, (tennis)* double fault — *Fallo di mano!, (calcio)* Hand ball! **3** *(mancanza: in alcune locuzioni fisse)* fail: *senza fallo,* without fail — *far fallo,* to fail.
[2]**fallo** *sm (membro virile)* phallus.
fallocrate *sm* male chauvinist.
falloso *agg* faulty; defective.
falò *sm* **1** bonfire. **2** *(segnale)* beacon.
faloppa *sf* **1** defective cocoon. **2** *(fig., fam.)* boaster.
falpalà *sm* valance; valence.
falsamente *avv* falsely; untruthfully.
falsare *vt* **1** *(alterare)* to alter; to misrepresent. **2** *(falsificare)* to falsify; *(spec. riferito a monete)* to counterfeit.
falsariga *sf* **1** feint paper; ruled guide paper. **2** *(fig.)* model; pattern: *sulla falsariga di...,* along the lines *(pl.)* of...
falsario *sm* **1** *(di documenti)* counterfeiter; forger. **2** *(di monete di metallo)* coiner.
falsatura *sf* insertion; 'entre-deux' *(fr.)*.
falsetto *sm* falsetto.
falsificare *vt* to falsify; to fake; *(contraffare)* to forge; to counterfeit; *(adulterare)* to adulterate; to doctor *(fam.)*: *falsificare una notizia,* to falsify a piece of news — *falsificare un racconto,* to give a false turn to a story; *(esagerare)* to embroider a story — *falsificare un quadro,* to fake a picture — *falsificare una firma,* to forge a signature — *falsificare i conti,* to falsify the accounts; to cook the books *(fam.)*.
falsificazione *sf* falsification; forgery.
falsità *sf* **1** *(di un'affermazione, ecc.)* falseness. **2** *(di persona, di comportamento)* deceitfulness; duplicity. **3** *(menzogna)* lie; falsehood; untruth: *falsità d'animo,* hypocrisy — *falsità di comportamento,* double-dealing — *dire una falsità,* to tell a lie.
falso *agg* **1** *(vari significati)* false; *(sbagliato)* wrong; *(infondato)* unfounded; *(bugiardo)* lying; deceitful; *(traditore)* treacherous: *una falsa impressione,* a false impression — *un falso allarme,* a false alarm — *un amico falso,* a false friend — *una nota falsa,* a false note — *falso orgoglio,* false pride — *fare un passo falso,* to take a false step — *una partenza falsa,* a false start — *rendere una falsa testimonianza,* to give false evidence — *essere in una posizione falsa,* to be in a false position — *sotto falsa luce,* in a false (in a misleading) light — *mettere qcno sotto falsa luce,* to

present sb in a false light; to misrepresent sb — *Le sue parole suonano false,* His words do not ring true — *falsa modestia,* false modesty. **2** *(falsificato: di opera d'arte, ecc.)* fake; *(di gioielleria)* imitation *(usati anche come s.): Quel letto rinascimentale è falso,* That Renaissance bed is fake (*più comune* is a fake) — *un falso Raffaello,* a fake Raphael — *moneta falsa,* fake coin; counterfeit money — *un gioiello falso,* an imitation jewel — *una firma falsa,* a forged signature (a forgery) — *un documento falso,* a forgery — *Quella collana di smeraldi è falsa,* That emerald necklace is an imitation. □ *essere un falso magro,* to be not so thin as one looks — *fare carte false,* to go to any lengths (to do sth).

□ sm **1** *(cosa falsa)* falsehood: *Non sa distinguere il vero dal falso,* He can't tell (He can't distinguish) truth from falsehood. **2** *(opera d'arte contraffatta)* imitation; fake. **3** *(dir.)* forgery: *Quel documento è un falso,* That document is a forgery — *commettere un falso,* to commit a forgery — *testimoniare il falso,* to be a false witness — *giurare il falso,* to commit perjury — *essere reo di falso in atto pubblico,* to be guilty of forging a public document.

fama *sf* **1** *(notorietà, rinomanza)* fame; renown: *acquistare gran fama,* to win fame — *Quello scrittore gode di fama mondiale,* That writer enjoys world-wide renown (is world-famous). **2** *(stima, nomea)* reputation; repute; name: *Ha buona fama di medico,* He has a good reputation as a doctor — *una persona di dubbia fama,* a person of dubious reputation — *un albergo di cattiva fama,* a hotel of ill repute — *Ha fama di essere un bravo insegnante,* He has the reputation of being a good teacher — *conoscere qcno per fama,* to know sb by repute. □ *Corre fama che...,* Everybody is saying that...

fame *sf* **1** hunger *(anche fig.);* starvation: *i morsi (gli stimoli) della fame,* the pangs of hunger — *cavarsi la fame,* to satisfy one's hunger — *soffrire la fame,* to suffer hunger — *aver fame,* to be hungry (*cfr.* **avere 2**) — *avere una fame da lupi,* to be ravenous — *morire di fame,* to die of hunger (of starvation) — *I prigionieri fecero lo sciopero della fame,* The prisoners went on (a) hunger strike — *fame di giustizia (d'avventura, di gloria),* a hunger for justice (adventure, glory) — *prendere una città per fame,* to starve a town into surrender; to starve a town out. **2** *(carestia)* famine. □ *brutto come la fame,* as ugly as sin — *lavorare per non morire di fame,* to work to keep body and soul together — *un morto di fame,* a poor devil.

famelico *agg (affamato)* ravenous; *(vorace)* voracious.

famigerato *agg* notorious; infamous.

famiglia *sf* **1** family *(spesso attrib.); (talvolta)* house: *La mia famiglia è molto numerosa,* My family is very large — *Ha famiglia?,* Has he any family? — *È già padre (madre) di famiglia,* He (She) is already the father (mother) of a family — *essere di buona (ricca, povera) famiglia,* to come of a good (rich, poor) family — *farsi una famiglia,* to marry and set up house; to start a family — *avere famiglia,* to have a family — *avere una famiglia a carico,* to have a family to support — *essere di famiglia con qcno,* to be on familiar (intimate) terms with sb — *provare le gioie della famiglia,* to feel the joys of a father (of a mother) — *affari di famiglia,* family affairs — *aria di famiglia,* family likeness — *legami di famiglia,* family ties — *il capo famiglia,* the head of the family — *la Sacra Famiglia,* the Holy Family — *la famiglia reale,* the Royal Family — *in seno alla famiglia,* in the bosom of the family — *una festa di famiglia,* a family party — *un lutto di famiglia,* a death in the family — *trattare qcsa in famiglia,* to keep sth in the family — *tornare in famiglia,* to go back home — *essere la pecora nera (la rovina) della famiglia,* to be the black sheep of the family — *sentirsi come in famiglia, (a casa di qcno)* to feel like one of the family; to feel quite at home (in sb's house) — *essere il sostegno della famiglia,* to be the breadwinner — *un segreto (poco onorevole) di famiglia,* a skeleton in the cupboard — *È un uomo tutto famiglia,* He is very much the family man — *Capita anche nelle migliori famiglie,* It happens even in the best families. **2** *(l'insieme dei familiari e domestici; corte)* household: *la famiglia pontificia,* the Pope's Household — *la famiglia della regina,* the Queen's Household — *far parte della famiglia,* to be a member of the household. **3** *(gruppo di animali o cose aventi caratteristiche comuni)* family: *la famiglia dei felini,* the cat family — *la famiglia dei violini,* the violin family — *una famiglia linguistica (di lingue),* a family of languages.

famiglio *sm (domestico)* footman *(pl.* -men*); (messo)* attendant.

familiare *agg* **1** family *(attrib.);* domestic; *(intimo)* homely; *(med.: di malattia)* familial: *preoccupazioni familiari,* family (*o* domestic) worries — *assegni familiari,* family allowances — *un'atmosfera familiare,* a homely atmosphere. **2** *(consueto, confidenziale, intimo)* familiar: *un panorama familiare,* a familiar view — *Quella materia mi è familiare,* I am familiar with that subject — *Sono in rapporti familiari con loro,* I am on familiar terms with them. **3** *(semplice, senza cerimonie)* informal: *una cerimonia familiare,* an informal ceremony — *linguaggio familiare,* informal (*o* everyday, ordinary) language.

□ *sm* **1** *(parente)* relative; relation. **2** *(raro: servo)* man-servant *(pl.* men-servants*).*

familiarità *sf* **1** familiarity. **2** *(naturalezza)* naturalness; informality.

familiarizzare *vi,* **familiarizzarsi** *v. rifl* to fraternize; to become* friendly (with sb); to become* familiar (with sb *o* with sth); to familiarise oneself (with sth).

famoso *agg* **1** famous; celebrated; renowned. **2** *(famigerato)* notorious; infamous.

fanale *sm* lamp; lantern; *(di auto, ecc.)* light: *fanali anteriori,* headlights — *fanali posteriori,* tail- (*o* rear-) lights — *fanali di posizione,* parking (*o* side) lights — *fanali di retromarcia,* reversing (*o* reverse) lights — *fanali di via, di navigazione,* navigation lights — *a fanali spenti,* with the lights off.

fanalino *sm (di coda)* tail-light: *essere il fanalino di coda, (fig.)* to bring up the rear; to be last.

fanatico *agg* fanatic; fanatical: *essere fanatico di qcsa (per qcsa),* to be dead (*o* mad) keen on sth *(sl.).*

□ *sm* fanatic; zealot; *(sportivo, ecc.)* fan *(fam.).*

fanatismo *sm* fanaticism.

fanatizzare *vt* to arouse fanaticism (in sb).

fanciulla *sf* young girl.

fanciullaccia *sf* love-in-a-mist.

fanciullaggine *sf* childishness; puerility.

fanciullescamente *avv* **1** *(infantilmente)* childishly. **2** *(con fanciullesca spontaneità)* in a childlike way.

fanciullesco *agg* child-like; children's *(attrib.); (spreg.)* puerile; childish.

fanciullezza *sf* childhood.

fanciullo *sm* young boy; child: *da fanciullo,* child-like; child's *(attrib.).*

fandonia *sf* idle story; wild tale; *(bugia)* lie; *(stupi-*

daggine) nonsense: *Fandonie!,* Nonsense! — *dir fandonie,* to tell lies; to talk nonsense.

fanfaluca *sf* (piece of) nonsense; tale; *(bugia)* fib.

fanfara *sf* **1** *(composizione o suono)* fanfare; flourish of trumpets. **2** *(complesso)* brass-band.

fanfaronata *sf* bragging; showing-off *(fam.)*; *(parole)* boastful talk.

fanfarone *sm* braggart; boaster; show-off *(fam.)*: *fare il fanfarone,* to brag; to boast; to show off.

fanghiglia *sf* **1** slush. **2** *(di fiume, ecc.)* slime; ooze.

fango *sm* **1** mud; *(di palude)* mire; *(viscido)* slime; *(di fogna, ecc.)* sludge; *(misto a neve)* slush: *cura dei fanghi,* mud-bath treatment — *cadere nel fango, (fig.)* to fall very low — *gettare fango addosso a qcno, (anche fig.)* to throw (to sling) mud at sb — *guazzare, rotolarsi nel fango, (anche fig.)* to wallow in the mire. **2** *(fig.)* degradation; corruption; vice: *raccogliere qcno dal fango, (fig.)* to raise sb from the gutter — *vivere nel fango,* to live a life of vice; to live a depraved life.

fangosità *sf* muddiness.

fangoso *agg* muddy; miry; slimy.

fannullone *sm* *(di carattere)* idler; *(bighellone)* layabout; loafer; *(pigrone)* lazy-bones *(fam.)*.

fanone *sm* whalebone; *(comm.)* whalefin.

fantaccino *sm* foot soldier; infantryman *(pl.* -men*)*; foot-slogger *(fam.)*.

fantascienza *sf* science-fiction.

fantasia *sf* **1** *(facoltà di immaginare, inventiva)* imagination; *(talvolta)* fantasy; *(meno comune)* fancy: *Quello scrittore non ha molta fantasia,* That novelist hasn't much imagination — *fantasia sbrigliata (originale, accesa, morbosa, ricca, ecc.)* untrammelled (original, vivid, morbid, rich, *ecc.*) imagination — *Mio figlio ha una fantasia vivace,* My son has a lively imagination — *Con la potenza della fantasia possiamo creare un mondo irreale,* By the power of fancy (of imagination) we can create an unreal world. **2** *(capriccio, desiderio, bizzarria)* fancy; whim; desire: *Non far caso alle sue fantasie,* Don't pay attention to her fancies (whims) — *Non capisco proprio le fantasie improvvise di mia moglie,* I just don't understand my wife's sudden whims. **3** *(di tessuti e simili)* fancy design (pattern, print): *Vi piacciono queste fantasie?,* Do you like these patterns (*o* designs)? — *articoli di fantasia,* fancy goods — *Indossava una fantasia a fiori,* She was wearing a flowery print dress (skirt, *ecc.*) — *gioielli fantasia,* imitation jewellery *(sing.)*. **4** *(mus.)* fantasia.

fantasiosamente *avv* fancifully; imaginatively; quaintly.

fantasioso *agg* fanciful; imaginative; *(irreale)* imaginary; *(grottesco)* quaint; bizarre.

fantasista *sm e f.* entertainer; cabaret artiste.

fantasma *sm* *(spettro)* ghost; phantom; spectre; apparition; *(immagine illusoria)* phantasm; illusion; delusion: *bianco come un fantasma,* as pale as a ghost. □ *fantasma poetico,* poetic fancy; figment of the imagination.

fantasmagoria *sf* phantasmagoria; *(al pl.: illusioni della mente)* fancies.

fantasmagorico *agg* phantasmagoric(al).

fantasticamente *avv* fantastically; fancifully; queerly; oddly; strangely.

fantasticare *vi e t.* to daydream; to dream*; to indulge in fancies; to build* castles in the air.

fantasticheria *sf* day-dream; idle thought; reverie.

fantastico *agg* **1** *(della fantasia)* fantastic; fanciful. **2** *(talvolta: strano)* eccentric; queer; odd; strange. **3** *(fam.: straordinario)* fabulous; fantastic; marvellous; terrific; *(esclamativo, anche)* great.

fante *sm* **1** infantryman *(pl.* -men*)*; foot-soldier. **2** *(nel giuoco delle carte)* knave; jack. □ *Scherza coi fanti e lascia stare i santi, (prov.)* Don't mix the sacred with the profane.

fanteria *sf* infantry *(anche attrib.)*; foot *(meno comune, col v. al pl.)*; foot-sloggers *(pl., GB, sl.)*.

fantesca *sf* maid; servant; wench *(ant.)*.

fantino *sm* jockey.

fantoccio *sm* **1** puppet *(anche fig.)*; *(marionetta)* marionette; *(di cenci)* rag-doll; *(manichino)* dummy: *un governo fantoccio,* a puppet government. **2** *(persona debole, manovrabile)* puppet; cat's-paw, *(anche)* catspaw; stooge *(USA)*; yes-man *(pl.* -men*)*.

fantolino *sm (lett.)* child.

fantomatico *agg* **1** spectral; ghostly. **2** *(misterioso)* mysterious; *(che sfugge)* elusive; chimerical; shadowy.

farabutto *sm* rogue; *(criminale)* crook; *(imbroglione)* swindler.

faraglione *sm* needle; sharp rock.

faraona *sf* guinea-fowl; guinea-hen *(spec. la femmina)*.

faraone *sm* **1** *(stor.)* Pharaoh; *(fig.)* haughty person. **2** *(gioco)* faro.

faraonico *agg* Pharaonic.

farcire *vt* to stuff.

fardello *sm* bundle; burden *(anche fig.)*: *far fardello,* to pack up and leave.

[1]**fare** *vt e i.* **1** *(in senso astratto, generale, e nel senso di agire, eseguire, compiere, operare)* to do*: *avere molto da fare,* to have a lot to do — *avere altro da fare,* to have better things to do — *non fare altro che...,* to do nothing but... — *Che fare?,* What's to be done? — *Che cosa vuoi fare?,* What do you want to do? — *Fa' come credi,* Do as you like; Do as you think best — *È quello che faccio sempre,* That's what I always do — *dare da fare a qcno,* to keep sb busy — *darsi da fare,* to busy oneself — *fare ginnastica,* to do gymnastics; *(più comunemente)* to do some exercises — *Ho fatto già dieci chilometri,* I've already done ten kilometres — *fare il proprio dovere,* to do one's duty — *fare un piacere a qcno,* to do sb a favour — *Fa' come se fossi a casa tua,* Do as if you were in your own house; *(spesso)* Make yourself at home — *'Posso?' - 'Fai (Faccia) pure',* 'May I?' - 'Please do (By all means; Go ahead)' — *Queste pillole ti faranno bene,* These pills will do you good — *Il latte fa bene,* Milk does you good; Milk is good for you — *Faresti meglio a parlargliene subito,* You would do better to speak to him about it at once — *fare del proprio meglio,* to do one's best — *fare di tutto, fare tutto il possibile,* to do everything in one's power; to leave no stone unturned — *Non sono cose da farsi,* You shouldn't do this sort of things — *Fatelo da voi,* Do it yourself — *Chi fa da sé fa per tre, (prov.)* If you want something done, do it yourself.

2 *(creare, fabbricare, produrre, confezionare, cucinare, ecc.)* to make*; *(costruire)* to build*: *fare una grande impressione,* to make a great impression — *Fate l'amore non la guerra,* Make love not war — *Dio fece il mondo,* God made (*o* created) the world — *fare testamento,* to make a (*o* one's) will — *fare un paio di pantaloni,* to make a pair of trousers — *far fieno,* to make hay — *fare una frittata,* to make (to cook) an omelette — *pane fatto in casa,* home-made bread — *fare i letti,* to make the beds — *fare un discorso,* to make a speech — *fare un errore,* to make a mistake.

3 *(scrivere)* to write*; *(dipingere)* to paint: *Ha fatto un bel quadro,* He has painted a very good picture.
4 *(procreare, dare alla luce)* to have*; *(talvolta)* to bear*: *La gatta ha di nuovo fatto i piccoli,* The cat has had kittens again.
5 *(eleggere, nominare)* to make*; to elect; to appoint: *Lo fecero Primo Ministro,* They made (*o* elected) him Prime Minister.
6 *(seguito da un agg.: rendere)* to make*: *fare felice qcno,* to make sb happy.
7 *(credere, ritenere)* to think*; to repute; to deem: *Lo facevo più intelligente,* I thought he was cleverer — *Non lo facevo così permaloso,* I didn't think he was so touchy.
8 *(praticare)* to go* in for: *fare dello sport (della politica),* to go in for sport (for politics).
9 *(esercitare una data professione)* to be* *(seguito dall'articolo indeterminativo)*: *fare il medico,* to be a doctor — *Vuole fare l'avvocato,* He wants to be a lawyer.
10 *(fare la parte di...: anche fig.)* to play; to act; *(per estensione: fingere di essere)* to act; to pretend to be; to feign: *Farà Enrico IV nella commedia di Pirandello,* He'll be playing Henry the Fourth in the play by Pirandello — *Chissà perché fa così!,* I wonder why he's acting like this! — *Non fare lo sciocco!,* Don't act the fool! — *fare lo stupido,* to pretend to be silly — *fare il sordo,* to pretend to be deaf; to feign deafness.
11 - **a)** *(riferito all'ora)* to be* *(con costruzione impersonale)*; to make* it *(con costruzione personale)*: *Che ora fa il tuo orologio?,* What time is it by your watch? — *Che ora fai?,* What time do you make it? - **b)** *(riferito al momento in cui si compiono gli anni)* to be*: *Quando fai il compleanno?,* When is your birthday? — *Domani Roberto farà vent'anni,* Tomorrow Roberto will be twenty - **c)** *(riferito al tempo)* to be*: *Fa brutto,* The weather is bad — *Che tempo fa?,* What's the weather like? — *Fa già buio,* It's already dark.
12 *(passare, trascorrere)* to spend*: *Ho fatto due mesi di mare,* I've spent two months at the seaside.
13 *(rifornirsi di)* to take* on; *(raccogliere)* to collect; to gather: *fare acqua, (di nave)* to take on water — *fare legna,* to get (to gather) wood — *fare benzina,* to fill up (with petrol).
14 *(procurarsi)* to get*; to make*; *(comperarsi)* to buy*: *farsi tanti amici,* to make lots of friends — *Si è fatto un sacco di soldi con la guerra,* He has made a lot of money out of the war.
15 *(costare)* to cost*; to be*; *(far pagare)* to charge; *(ammontare)* to come* to; to make*; *(avere)* to have*: *Quanto fa?,* How much is it?; How much is that? — *Quanto fa in tutto?,* How much does it all come to?; How much do you charge for it all? — *Tre più tre fa sei,* Three and three make six (*o* are six) — *Bologna fa circa mezzo milione di abitanti,* Bologna has half a million inhabitants.
16 *(dire)* to say* *(per introdurre un discorso diretto)*: *'Io me ne vado a letto', fece alzandosi,* 'I'm off to bed', he said, getting up — *E poi mi fa: 'Perché non prende anche l'altro paio?',* And then, he said, 'Why don't you take the other pair, too?'
17 fare da - **a)** *(di persona)* to act as; to be*: *fare da testimone,* to act as (to be) a witness — *fare da segretaria,* to act as secretary — *facente funzione di...,* acting as... — *Gli ha fatto da padre,* He was like a father to him.
b) *(di cosa)* to serve as (*o* for): *Le mani gli fecero da coppa,* His hands served him as a cup.
18 fare per - **a)** *(accingersi a)* to be* about to; to be* on the point of; to start; to make* as if to: *Fece per parlare, quando lo interruppero,* He was about to speak (He was on the point of speaking) when they interrupted him — *Fece per uscire, ma il telefono squillò di nuovo,* He was on the point of going out (He started to go out, *o* He made as if to go out), but the telephone rang again.
b) *(essere adatto a)* to suit: *Questo genere di vita non fa per me,* This kind of life doesn't suit me.
19 fare in modo di... (che...), to try and...; to take* care to... *(spesso in proposizioni negative)*: *Fa' in modo di arrivare al più presto,* Try and come as soon as you can — *Fate in modo che non scappi,* Take care it doesn't escape.
20 fare che..., *(seguito da congiuntivo)* to see* to it that...; to see* that...; to make* sure that...; to take* care that...: *Fai che la mamma trovi tutto a posto tornando,* See to it that (See that) mum finds everything in its place when she comes back — *Fate che non si sappia,* Make sure that nobody hears of it — **fare sì che,** *(causare)* to cause; *(fare in modo che)* to arrange; to see that — *Lo sciopero fece sì che partissimo con tre ore di ritardo,* The strike caused us to leave three hours late.
21 far fare qcsa a qcno - **a)** *(causativo, con valore attivo: costringere)* to make* sb do sth; to get* sb to do sth; to have* sb do sth *(spec. USA)*; *(permettere)* to let* sb do sth: *fare aspettare qcno,* to make sb wait — *far avere qcsa a qcno,* to let sb have sth — *fare entrare qcno,* to let sb in; *(accompagnandolo)* to show sb in — *far passare qcno,* to let sb through — *far piangere qcno, (letteralm.)* to make sb cry; *(fig.)* to make sb weep — *far sapere qcsa a qcno,* to let sb know sth — *Fammelo sapere,* Let me know — *Fammi sapere quando arriverai,* Let me know when you'll arrive — *Non farmi ridere!,* Don't make me laugh! — *far tacere qcno,* to make sb keep quiet — *far venire qcno,* to get sb come; *(permettere)* to let sb come — *Facciamo venire la baby-sitter stasera,* Let's get the baby-sitter to come this evening — *Ci ha fatto fare quaranta minuti di corsa,* He made us run for forty minutes.
b) *(in alcuni casi si traduce con un solo verbo o con espressioni diverse di volta in volta)*: *far bere, (animali)* to water — *far capire,* to give to understand — *far disperare qcno,* to drive sb to despair — *far avere, (spedire)* to send — *far funzionare qcsa,* to start sth; to make sth work — *far nascere, (provocare)* to cause; to bring about; *(far sorgere)* to arouse; to give rise to — *far notare, (osservare)* to point out — *far pagare,* to charge — *far pagare troppo,* to overcharge — *far vedere,* to show — *Vatti a far friggere!,* Get lost!
c) *(con valore passivo)* to have* sth done; to get* sth done: *Ho fatto fare le tende dal miglior tappezziere della città,* I had these curtains made by the best upholsterer in town — *Fatti tagliare i capelli!,* Get your hair cut!
22 farla - **a)** *(a qcno)* to take* (sb) in; to beat* (sb); to do* (sb) *(fam.)*: *Me l'ha di nuovo fatta,* He's done me again.
b) *(seguito da agg.) farla finita con qcsa,* to have done with sth; to put an end to sth — *Falla finita!,* Stop it! — *farla franca,* to get away with sth — *farla lunga,*

to draw (to spin) things out — *per farla breve,* to cut a long story short.

23 farcela *(riuscire)* to be* able to do it; to manage; to succeed; *(fam.)* to make* it: *Ce la fai?,* Can you manage? — *Grazie, ma ce la faccio da solo,* Thanks, but I can manage by myself — *Ce l'abbiamo fatta!,* We've made it! — *Puoi farcela per stasera?,* Can you make it for tonight?

☐ **farsi** *v. rifl* **1** *(diventare)* to get*; to become*; to grow*; *(improvvisamente)* to turn; to go*: *farsi ricco,* to get rich — *Ti sei fatto molto grande,* You have grown (*o* become) very tall — *Si fece bianco, poi crollò sul pavimento,* He turned white, then fell down on the floor.

2 *(riferito al tempo)* to get*; to grow*: *farsi tardi,* to get late — *Andiamo, si sta facendo buio,* Let's go, it's getting dark.

3 *(in varie espressioni di moto): farsi avanti,* to step (to go) forward — *farsi in disparte,* to stand aside — *farsi in là,* to step to one's side; *(togliersi d'impiccio)* to get out of one's way.

☐ **a)** *(seguito da un sostantivo: si traduce in modi diversi) fare attenzione,* to pay attention; to be careful — *farsi coraggio,* to take heart — *farsi un dovere di fare qcsa,* to consider it one's duty to do sth; to take it upon oneself to do sth — *fare male, (essere dannoso)* to be bad (for); *(causare dolore)* to hurt; to ache; *(agire male)* to be (to do) wrong — *Ha fatto male a non seguire i tuoi consigli,* He did wrong not to follow your advice — *fare la volontà, il desiderio di qcno,* to comply to sb's will (wish) — *farsi i fatti propri,* to mind one's own business — *fare bella figura,* to cut a dash; to make a splash — *fare brutta figura,* to cut a poor figure — *fare finta di (non),* to pretend (not) to — *fare un complimento,* to pay a compliment — *fare fronte alle richieste, (comm.)* to meet a demand — *fare furore,* to be all the rage — *farci un pensierino sopra,* to think it over — *farsi strada,* to make one's way in the world — *farsi la barba,* to shave — *fare (farsi) un bagno,* to have a bath; *(nel mare)* to bathe — *fare colazione,* to have breakfast — *fare da mangiare,* to cook a meal — *farsi da mangiare,* to do one's own cooking — *fare un brindisi,* to drink a toast — *fare i piatti,* to wash up; to do the washing-up — *fare una stanza,* to clean (to do) a room — *fare quattro passi,* to go for a walk; to take a walk — *fare una gonna da un vestito,* to turn a dress into a skirt — *fare le valigie (fagotto),* to pack up — *fare un viaggio,* to make (to take) a journey — *fare lezione,* to give a lesson — *fare scuola,* to teach — *fare le carte,* to shuffle; *(di chiromante)* to read the cards — *fare il callo,* to get accustomed to sth.

b) *(espressioni idiomatiche) fare a chi finisce prima,* to see who ends up first — *fare qcsa alla meglio,* to do sth carelessly — *farsela addosso, (fam.)* to wet oneself; to do it in one's pants; *(fig.: avere paura)* to be a blue funk — *avere a che fare con qcno (qcsa)* ⇨ [1]**avere** *vt* **1** — *Non mi fa né caldo, né freddo,* It's all the same to me — *Come faccio a..., Come facevo a...,* How can (could) I... — *detto fatto,* no sooner said than done — *Ecco fatto,* That's done; Here you are — *lasciare fare,* not to bother about sth — *Lascia fare a me,* Leave it to me — *Non c'è niente da fare,* It's no good (no use) — *Non posso farci nulla,* I can't help it — *Non fa nulla, (non importa)* It doesn't matter; *(non lavora)* He's idling about — *fare fuori qcno, (fam.)* to bump sb off — *saperci fare,* to be a clever person — *fare senza di qcsa,* to do (to manage) without sth — *strada facendo,* on the way — *Tutto fa brodo,* Everything comes in useful.

[2]**fare** *sm* **1** *(l'operare, l'agire)* doing; making; *(lavoro)* work: *Ho il mio bel da fare adesso,* I've got a lot on my hands just now. **2** *(modo di fare, maniere)* manners *(pl.)*; *(tono, portamento)* manner; way; *(comportamento)* behaviour. **3** *(momento iniziale)* beginning; threshold: *sul far dell'alba,* at dawn — *al far del giorno,* at daybreak — *al far della sera,* at evening-time — *al far della notte,* at nightfall.

faretra *sf* quiver.

farfalla *sf* **1** *(diurna)* butterfly; *(falena)* moth. **2** *(fig.: donna volubile)* butterfly; scatterbrain; *(uomo volubile)* trifler. ☐ *(cravatta a) farfalla,* bow-tie — *(nuoto a) farfalla,* butterfly (stroke) — *valvola a farfalla,* butterfly-valve; *(di carburatore)* throttle — *dado a farfalla,* wing nut.

farfallamento *sm* **1** *(di valvole)* dancing; flutter. **2** *(di ruote)* wobble.

farfallone *sm* **1** *(vagheggino)* philanderer. **2** *(errore)* mistake; blunder.

farfugliare *vi* to mumble.

farfuglione *sm* mumbler.

farina *sf* meal; *(fior di farina)* flour: *farina gialla,* cornflour — *farina d'avena,* oatmeal — *farina di ossa,* bone-meal — *farina di frumento,* wheat meal — *farina di riso,* ground rice — *farina integrale,* wholemeal — *farina lattea,* milk powder; powdered milk. ☐ *Non è farina del tuo sacco, (fig.)* This is not your own work — *La farina del diavolo va tutta in crusca, (prov.)* The wicked never prosper — *Le chiacchiere non fan farina, (prov.)* Talking gets you nowhere.

farinaccio *sm* **1** *(scarti di farina)* flour sweepings *(pl.)*. **2** *(fungo)* agaric.

farinaceo *agg* farinaceous; starchy.

faringe *sf* pharynx.

faringite *sf* pharyngitis.

farinoso *agg* floury: *neve farinosa,* powdery snow.

farisaico *agg* **1** Pharisaic(al). **2** *(fig.)* hypocritical; self-righteous.

fariseismo *sm* hypocrisy; self-righteousness.

fariseo *sm* **1** Pharisee *(anche fig.)*. **2** *(fig.)* hypocrite; whited sepulchre *(lett.)*.

farmaceutica *sf* pharmaceutics *(col v. al sing.)*.

farmaceutico *agg* pharmaceutical: *armadio farmaceutico,* medicine cupboard (*o* cabinet).

farmacia *sf (scienza; facoltà universitaria; laboratorio di preparazione di medicinali)* pharmacy; *(negozio)* chemist's (shop); dispensary; *(USA)* pharmacy; drugstore (*ma è molto di più di una semplice farmacia:* ⇨ **drugstore**): *farmacia di turno,* chemist's open outside the normal hours.

farmacista *sm e f.* **1** chemist; druggist. **2** *(sl., tennis)* player who slices the ball.

farmaco *sm* drug; medicine.

farmacologia *sf* pharmacology.

farmacopea *sf* pharmacopoeia.

farneticamento *sm* raving; delirium.

farneticare *vi* **1** to rave; to be* delirious. **2** *(fig.)* to talk nonsense.

farnetico *agg* frenzied; raving; delirious.
☐ *sm* delirium; *(smania)* frenzy; mad desire.

faro *sm* **1** *(naut.)* lighthouse; light; *(proiettore)* beam; *(radio, aeronautica)* beacon; *(fig.: luce, guida)* beacon: *guardiano del faro,* lighthouse keeper — *faro di atterraggio,* landing beacon; landing light — *faro di rotta,* airway beacon. **2** *(di automobile, ecc.)* headlight; headlamp: *fari abbaglianti,* main headlights — *fari* *anabbaglianti,* lower beams — *fari antinebbia,* fog-lights.

farragine *sf* hotch-potch; jumble; medley; farrago.

farraginoso *agg* confused; muddled; woolly; *(eterogeneo)* ill-assorted.

farro *sm* spelt.

farsa *sf* **1** *(teatro)* farce. **2** *(fig.)* farce; mockery.

farsesco *agg* farcical; ludicrous.

farsetto *sm (stor.)* doublet. □ *farsetto a maglia,* sweater — *in farsetto,* in one's shirt-sleeves.

fascetta *sf* **1** *(da donna)* corset; girdle. **2** *(di medaglia)* ribbon. **3** *(di giornale, di libro)* wrapper. **4** *(mecc.)* clamp; clip.

fascia *sf* **1** band; *(alla vita)* cummerbund; *(a tracolla o alla vita)* sash; *(benda)* bandage: *fascia elastica, (med.)* elastic bandage; *(ventriera)* girdle; roll-on. **2** *(al pl.: per i neonati)* swaddling bands (*o* clothes): *un bambino in fasce,* a small baby (a baby in arms; an infant) — *essere in fasce, (anche fig.)* to be in one's infancy — *morire in fasce,* to die in infancy. **3** *(spec. al pl., mil.: mollettiere)* puttees. **4** *(anat.)* fascia *(pl.* fasciae*)*. **5** *(archit.)* fillet; fascia *(pl.* fascias*)*. **6** *(mecc.)* band; *(elastica: d'automobile)* piston ring: *fascia mobile d'ispezione,* inspection cover band. **7** *(astronomia)* band; belt; fascia *(pl.* fasciae*)*. **8** *(araldica)* fesse. **9** *(parte di territorio)* zone; belt.

fasciame *sm (naut.: di legno)* planking; *(di metallo)* plating: *fasciame esterno,* shell-plating — *fasciame interno,* backing.

fasciare *vt* to bandage; to bind* up; to tie up; to dress; *(avvolgere)* to wrap; *(un neonato)* to swaddle; *(con legno)* to plank; *(con metallo)* to plate; *(con nastro isolante)* to tape.
□ **fasciarsi** *v. rifl* to bandage oneself; to bind* oneself up; *(avvolgersi)* to wrap oneself up.

fasciatura *sf* **1** *(med.)* bandaging; dressing; *(insieme di fasce)* bandages *(pl.)*; dressings *(pl.)*. **2** *(mecc.)* binding; *(di cavo elettrico)* lapping; *(naut.: di una fune)* serving.

fascicolo *sm* **1** *(insieme di documenti)* file; dossier. **2** *(di rivista)* number; issue; *(di pubblicazione a dispense)* part; fascicle; *(libretto)* booklet; pamphlet. **3** *(anat., bot.)* fascicle; fascicule.

fascina *sf* faggot; *(per riparo)* fascine.

fascino *sm* fascination; charm; glamour: *avere fascino,* to be fascinating (glamorous).

fascinosamente *avv* fascinatingly; charmingly; glamorously.

fascinoso *agg* fascinating; charming; glamorous.

fascio *sm* **1** sheaf; bunch; *(anat.)* bundle: *un fascio d'incartamenti,* a sheaf of papers — *un fascio di fieno,* a sheaf of hay — *un fascio di fiori,* a bunch of flowers. **2** *(geometria)* sheaf. **3** *(di luce)* beam; pencil. **4** *(stor. romana e simbolo del Fascismo)* fasces *(pl.)*. □ *andare in un fascio,* to go to pieces — *mettere in un sol fascio,* to bundle together.

fascismo *sm* Fascism.

fascista *agg e sm e f.* Fascist.

fase *sf* **1** stage; phase; period: *durante le prime fasi,* during the early stages; during the first phase. **2** *(mecc.)* stroke: *fase di aspirazione,* inlet (*o* introduction) stroke — *fase di compressione,* compression stroke — *fase di espansione,* expansion (*o* explosion) stroke — *fase di scarico,* exhaust stroke — *fuori fase, (di accensione)* faultily timed — *mettere in fase (un motore),* to time — *messa in fase del motore,* engine timing — *rimettere in fase,* to retime *(USA)*. **3** *(elettr., radio)* phase: *concordanza di fase,* phase coincidence — *discordanza di fase,* phase difference — *fuori fase,* out-of-phase — *scambiare le fasi,* to exchange the phases — *costante di fase,* phase-change coefficient — *modulazione di fase,* phase modulation. **4** *(astronomia)* phase. **5** *(di un campionato, ecc.)* round.

fastello *sm* faggot; bundle.

fasti *sm pl (stor.)* fasti; *(fig.)* memorable events.

fastidio *sm* **1** *(molestia, disturbo, seccatura)* nuisance; bother; trouble: *Non voglio esserti di fastidio,* I don't want to be a nuisance (to you) — *Per me è un gran fastidio alzarsi alle cinque del mattino,* I find it a great nuisance to get up at five in the morning — *Che fastidio!,* What a nuisance!; What a bother! — *È un bel fastidio!,* What a bother! — *dare fastidio a qcno,* to bother sb — *Le dà fastidio se fumo?,* Do you mind if I smoke? — *Quel pesce fritto mi ha dato fastidio,* That fried fish has upset my stomach — *Quel rumore mi dà fastidio,* That noise bothers me (gets on my nerves) — *Il fumo mi dà fastidio,* Tobacco smoke makes me sick; I can't stand the smell of tobacco smoke. **2** *(di solito al pl.: preoccupazioni, affanni, ansietà)* trouble *(generalm. al sing.)*; anxiety; worry: *Malgrado la sua giovane età, ha già avuto molti fastidi,* In spite of his youth (Although he is still young) he has already had many worries — *La mia vita è piena di fastidi,* My life is full of worries — *Perché vai a cercarti dei fastidi?,* Why do you go looking for trouble?; Why do you do your best to get into trouble?; Why do you want to get into hot water?

fastidiosamente *avv* annoyingly; tiresomely; boringly.

fastidioso *agg* tiresome; irksome; annoying; *(noioso)* boring.

fastigio *sm* **1** *(archit.)* pediment; gable. **2** *(fig.: apogeo)* height; peak; summit.

[1]**fasto** *agg* propitious; favourable.

[2]**fasto** *sm* pomp; magnificence; splendour; *(sfoggio)* display; ostentation.

fastosamente *avv* sumptuously; magnificently; pompously; ostentatiously.

fastosità *sf* pomp; pageantry; *(vesti)* gorgeous clothes *(pl.)*.

fastoso *agg* gorgeous; magnificent; sumptuous; *(solenne e ricco)* pompous; *(appariscente)* ostentatious.

fasullo *agg* **1** *(non autentico)* bogus; fake(d); sham. **2** *(di persona)* inept.

fata *sf* fairy; fay *(poet.)*: *il paese delle fate,* fairy-land — *i racconti delle fate,* fairy-tales — *la Fata Morgana,* Morgan le Fay; *(il miraggio)* 'fata morgana'; mirage. □ *avere mani di fata,* to have beautiful *(nei lavori femminili:* nimble*)* fingers.

fatale *agg* **1** fatal: *Il freddo gli fu fatale,* The cold was fatal to him. **2** *(inevitabile)* fated; destined. **3** *(fatidico)* fatal.

fatalismo *sm* fatalism.

fatalista *sm e f.* fatalist.

fatalistico *agg* fatalistic.

fatalità *sf (destino)* fate; destiny; *(avvenimento inevitabile)* fatality; inevitability; *(caso sfortunato)* misfortune; mishap; misadventure; unfortunate circumstance: *Fatalità volle che...,* As fate would have it...; Fate willed that... *(lett.)*.

fatalmente *avv* fatally.

fatalone *sm* lady-killer.

fatare *vt* **1** *(fornire di potenza magica)* to endow (sb) with magic powers. **2** *(render preda di un incantesimo)* to bewitch; to cast a spell (on sb): *mani fatate,* magic fingers.

fatica *sf* **1** *(sforzo)* effort; *(duro lavoro)* toil; hard work; labour; fag *(fam.)*: *senza fatica,* without effort;

effortlessly; with ease — *Non occorre molta fatica,* It doesn't need much effort — *fatica sprecata,* wasted effort — *le fatiche di Ercole,* the labours of Hercules — *Che fatica!,* What hard work!; What a fag! *(fam.)* — *fatica ingrata,* drudgery — *abito da fatica,* working clothes — *animale da fatica,* beast of burden — *uomo di fatica,* man employed for heavy work — *risparmiarsi la fatica di fare qcsa,* to save oneself the trouble of doing sth — *resistenza alla fatica,* endurance; staying power — *non resistere alla fatica,* to have no endurance. **2** *(difficoltà)* difficulty: *con fatica,* with difficulty — *camminare con fatica,* to walk with difficulty — *respirare a fatica,* to breathe with difficulty; to have difficulty (in) breathing — *procedere a fatica,* to toil along — *durare fatica a fare qcsa,* to find it difficult to do sth. **3** *(mecc.)* fatigue: *limite di fatica,* fatigue limit. **4** *(opera)* work: *Fu la sua più grande fatica,* It was his greatest work (the greatest thing he ever did).

faticare *vi* to work hard; to toil; to labour; to slog away; *(lottare)* to strive*; *(stentare)* to find* it difficult; to have* a job: *Faticai molto a persuaderlo,* I had a hard job to persuade him (persuading him); I found it difficult to persuade him.

faticata *sf* exertion; effort; *(lavoro ingrato e faticoso)* drudgery; *(sfacchinata)* grind; sweat: *Che faticata!,* What a grind!

faticosamente *avv* with difficulty; laboriously.

faticoso *agg* tiring; exhausting; *(difficile)* laborious; difficult; hard.

fatidico *agg* **1** prophetic. **2** *(fatale)* fatal.

fato *sm* fate; destiny; *(sorte)* lot.

fatta *sf* **1** kind; sort; type: *gente di questa fatta,* people of this sort. **2** *male fatte,* misdeeds; *(di bambini, ecc.)* mischief *(sing.).* **3** *(escrementi)* droppings *(pl.): essere sulla fatta, (fig.)* to be on sb's track.

fattaccio *sm* foul deed; *(delitto)* crime.

fatterello *sm* trifling matter.

fattezza *sf* feature.

fattibile *agg* feasible; practicable. □ *sm* (the) possible; *(più comune)* what can be done.

fattispecie *sf (nell'espressione) nella fattispecie,* in the case in point; in this particular instance; *(dir.)* on the facts.

fattivamente *avv* positively; actively.

fattivo *agg* **1** effective; positive. **2** *(attivo)* active; busy.

[1]**fatto** *agg* (*p. pass. di* **fare** ⇨) **1** done; made; *(finito)* finished: *Fatto?,* Done? — *Ben fatto!,* Well done!; *(Ben ti sta!)* It serves you right! — *È già fatto,* It is already done (*o* made, finished) — *Ciò che è fatto è fatto (Cosa fatta capo ha),* What's done is done — *a conti fatti,* When all's said and done — *È bell'e fatto,* It's already done — *fatto a macchina,* machine-made — *fatto a mano,* hand-made — *fatto in casa,* home-made — *fatti su misura,* made-to-measure — *abiti fatti,* ready-made (*o* off-the-peg) clothes — *ben fatto, (di cosa)* well-made; *(di persona)* well-shaped; handsome; shapely — *mal fatto, (di cosa)* ill-done; *(di persona)* misshapen; ill-proportioned; ugly — *Lei è fatta così,* She is like that — *Com'è fatto?,* What is he (*o* it) like? **2** *(maturo)* ripe: *frutti fatti,* ripe fruit — *un uomo fatto,* a full-grown man — *Era giorno fatto quando arrivammo,* It was broad daylight when we arrived — *a notte fatta,* far into the night. **3** *(adatto)* fit: *Non sono fatto per questo impiego,* I am not fit for this job.

□ *Non so neanche come sia fatto,* I have never even seen him (*o* it); I haven't the faintest idea what he's (*o* it's) like — *Ecco fatto!,* Here you are!; That's done! — *È fatta!; Ormai è fatta!,* There is no remedy to it!; Well, it's done now, you can't help it! — *frase fatta* ⇨ **frase 2.**

[2]**fatto** *sm* **1** *(atto concreto)* fact: *Non puoi negare il fatto che egli ti abbia aiutato,* You can't deny the fact that he's helped you — *Il fatto che si sia dimesso cambia la situazione,* The fact that he has resigned alters the situation — *È importante distinguere i fatti dalle fantasie,* It is important to distinguish fact from fiction — *I fatti parlano chiaro,* The facts are perfectly clear — *(Il) fatto è che...; Sta di fatto che...,* The fact is that... — *in linea di fatto,* as a matter of fact; in point of fact — *andare diritti al fatto,* to go (to come) to the point — *in fatti* ⇨ **infatti.**

2 *(azione)* action; deed; *(talvolta)* act: *I fatti contano più delle parole,* Actions count more than words — *fatto compiuto,* 'fait accompli' *(fr.)* — *fatto d'arme,* military action; skirmish — *fatto di sangue,* murder; bloodshed — *passare dalle parole ai fatti,* to pass from words to deeds (from talk to action) — *Ci vogliono fatti non parole,* What's needed is action, not words *(o fam.* not hot air*)* — *venire alle vie di fatto,* to come to blows — *cogliere qcno sul fatto,* to catch sb in the act; to catch sb red-handed.

3 *(avvenimento)* event; occurrence: *Fu il fatto più importante dell'anno,* It was the chief event of the year — *È un fatto di tutti i giorni,* It's an everyday occurrence.

4 *(intreccio, vicenda d'un romanzo, ecc.)* action: *Il fatto si svolge in un vecchio castello,* The action takes place in an old castle.

5 *(affare)* affair; business *(solo al sing.);* matter: *Bada ai fatti tuoi,* Mind your own business; That's none of your business — *andarsene per i fatti propri,* to go about one's business — *È tutt'altro fatto, ti sbagli,* You are wrong, it's quite a different matter — *un fatto personale,* a personal matter — *Gli ho detto il fatto suo,* I gave it to him straight; I gave him a piece of my mind; I told him where he got off *(fam.)* — *sapere il fatto proprio,* to know one's job (one's own business); to know what one is about.

□ *fatto illecito, (dir.)* tort — *fatto di cronaca,* piece of news; *(in un giornale)* news item — *in fatto di pittura...,* as regards (*o* as for) painting...

fattore *sm* **1** *(matematica, fis.)* factor; *(elemento costitutivo, causa)* factor; element; condition: *un fattore determinante,* a decisive factor. **2** *(creatore)* maker; creator. **3** *(di un'impresa agricola)* land-agent; bailiff; steward; factor *(Scozia);* country-manager *(USA).*

fattoria *sf* **1** *(tenuta)* farm; holding; property *(spec. in Australia);* ranch *(spec. in USA).* **2** *(insieme di fabbricati)* farm buildings *(pl.); (USA, anche)* homestead. **3** *(casa del fattore)* land-agent's (*ecc.* ⇨ **fattore**) house.

fattorino *sm* messenger; *(spec. se giovane)* messenger-boy; errand-boy; *(per recapito telegrammi)* telegraph-boy; telegraph-messenger; *(per recapito lettere o pacchi espresso)* special messenger; *(di ufficio)* messenger; office-boy; *(di albergo)* page; buttons *(fam.);* bell-hop *(USA).*

fattrice *sf (cavalla)* dam; mare.

fattucchiera *sf* sorceress; *(strega)* witch.

fattucchiere *sm* wizard; magician; sorcerer.

fattura *sf* **1** *(confezione)* making; making-up; *(stile)* cut; *(fabbricazione)* manufacture; make; *(lavorazione)* workmanship: *la fattura di un abito,* the making-up of a suit (of a dress) — *Ti piace questa fattura?,* Do you like this cut (*o* model, design)? — *una cornice di squisita fattura,* a frame of exquisite workmanship. **2** *(comm.)* invoice; *(conto)* bill: *spedire una fattura di* *qcsa,* to send an invoice for sth — *fattura proforma,* pro-forma invoice — *una fattura regolarmente quietanzata,* a duly receipted invoice — *una fattura non quietanzata,* an unreceipted invoice. **3** *(stregoneria)* witchcraft; sorcery: *fare la fattura a qcno,* to bewitch sb.

fatturare *vt* **1** *(annotare)* to make* out a bill; to charge; *(redigere una fattura)* to invoice; to bill *(USA).* **2** *(adulterare)* to adulterate; to sophisticate; to doctor *(fam.); (con acqua)* to water down. **3** *(raro: stregare)* to cast* a spell (on sb).

fatturato *sm (comm.)* turnover; proceeds *(pl.)* of sales; sales *(pl.).*

fatturazione *sf (comm.)* invoicing; charging; billing *(USA).*

fatuità *sf* fatuousness.

fatuo *agg* fatuous; vain; silly: *fuoco fatuo, (letteralm. e fig.)* will-o'-the-wisp; ignis fatuus *(lat.).*

fauci *sf pl* **1** *(anat.)* fauces *(pl. lat.);* gullet *(sing.): cadere nelle fauci di qcno,* to fall into sb's clutches. **2** *(apertura, sbocco)* mouth; throat.

fauna *sf* fauna. □ *C'era una strana fauna a quella riunione, (fig., scherz.)* There were some pretty odd types at that meeting.

faunesco *agg* faun-like.

fauno *sm* faun.

fausto *agg* fortunate; happy.

fautore *sm* advocate; partisan; *(di un partito, ecc.)* supporter.

fava *sf* broad bean; bean.

favella *sf* speech; *(lingua)* language: *perdere la favella,* to lose the power of speech.

favellare *vi* to speak*; to talk.

favilla *sf* spark *(anche fig.).*

favo *sm* **1** honeycomb. **2** *(med.)* honeycomb ringworm; favus.

favola *sf* fable; *(fiaba)* story; tale; fairy-tale; *(frottola)* tall story; fanciful (*o* fantastic) story; *(bugia)* falsehood; lie; *(oggetto di pettegolezzi)* laughing-stock; talk: *la favola del paese,* the talk (the laughing-stock) of the town.

favolatore *sm* story teller.

favoleggiare *vi* to tell* tales (*o* stories); to spin* yarns.

favolista *sm* writer of fables.

favolosamente *avv* fabulously.

favoloso *agg* **1** fabulous; fabled; legendary. **2** *(fam.: straordinario)* fabulous; fab *(sl.);* fantastic; marvellous; terrific; great.

favonio *sm (lett.)* west wind.

favore *sm (in ogni senso)* favour; *(gentilezza)* kindness: *Posso chiederti un favore?,* May I ask a favour of you?; May I ask you a favour? — *fare un favore a qcno,* to do sb a favour (a kindness) — *Fammi il favore di stare zitto,* Do me a favour and shut up; Do you mind shutting up? — *godere il favore di qcno,* to find favour in sb's eyes (to stand high in sb's favour) — *parlare (deporre) in favore di qcno,* to speak in sb's favour — *contraccambiare un favore,* to return a favour — *essere a favore di qcsa,* to be in favour of sth — *È a tuo favore,* It is in your favour — *col favore delle tenebre,* under the cover of night (of darkness) — *riempire qcno di favori,* to load (to heap) sb with favours — *incontrare il favore del pubblico, (detto di articoli, prodotti)* to catch the public's fancy; to find favour with the consumer; *(di commedia, ecc.)* to be popular; to be a success; to be successful — *emettere (girare) un assegno a favore di qcno,* to write out (to endorse) a cheque in favour of sb (in sb's favour) — *una sottoscrizione a favore dei senzatetto,* a fund in aid of the homeless — *un assegno a Vostro favore,* a cheque to your credit. □ *biglietto di favore,* complimentary ticket — *cambiale di favore,* accommodation bill — *prezzo di favore,* special price — *condizioni di favore,* preferential terms — *firma di favore,* proforma signature — *per favore,* please — *Mi chiuda la porta, per favore,* Please shut the door; Shut the door, please.

favoreggiamento *sm (dir.)* aiding and abetting; complicity: *favoreggiamento personale,* harbouring.

favoreggiare *vt* **1** to aid; to support; to favour. **2** *(dir.)* to aid and abet.

favoreggiatore *sm (dir.)* abettor.

favorevole *agg* favourable; propitious; *(di un voto, ecc.)* for: *circostanze favorevoli,* favourable circumstances — *essere favorevole ad una proposta,* to be in favour of a proposal; to be for a proposal.

favorevolmente *avv* favourably: *Fu favorevolmente impressionato,* He was favourably impressed.

favorire *vt* **1** to favour; to make* a favourite of (sb): *Il tempo favorì il nostro viaggio,* The weather favoured our voyage — *Non dovresti favorire sempre il primogenito,* You shouldn't always favour your eldest son. **2** *(promuovere, facilitare)* to promote; to foster; to encourage; to support: *favorire l'industria (il commercio, le arti),* to promote industry (trade, the arts) — *favorire la produzione,* to encourage production — *favorire un partito politico,* to support a political party. **3** *(concedere)* to favour (sb with sth): *Vuole favorirmi un colloquio?,* Will you favour me with an interview?
□ *Favorite una tazza di tè?,* Will you help yourself to a cup of tea? — *Favorite venire da questa parte,* Please come this way — *Favorite i biglietti!,* Tickets, please! — *Mi favorisca il passaporto,* May I see your passport, please? — *Volete favorire (entrare)?,* Will you come in?; *(servirvi)* Please help yourself!

favorita *sf* favourite; mistress.

favoriti *sm pl* ⇨ **fedine.**

favoritismo *sm* favouritism.

favorito *agg* favourite; fancied; preferred; pet *(fam., solo attrib.).*
□ *sm (concorso, sport)* favourite; *(di una squadra, anche)* favourites *(pl.); (persona prediletta)* favourite; pet.

fazione *sf* faction.

faziosamente *avv* factiously.

faziosità *sf* factiousness; party-spirit; faction.

fazioso *agg* factious; seditious.

fazzoletto *sm* handkerchief; hanky *(fam.); (da testa)* head-square; head-scarf; kerchief; *(da collo)* scarf; cravat; neckerchief *(ant.): un fazzoletto di carta,* a paper handkerchief; a cleansing-tissue — *farsi un nodo al fazzoletto,* to make (to tie) a knot in one's handkerchief. □ *un fazzoletto di terra,* a little patch of land.

febbraio *sm* February.

febbre *sf (malattia)* fever; *(temperatura alta)* (high) temperature; fever; *(fam.: erpete sulle labbra)* cold sore; fever blister; *(fig.)* fever; excitement; heat: *un accesso di febbre,* a bout of fever — *febbre da cavallo,* high fever; high temperature — *febbre da fieno,* hay-fever — *febbre gialla,* yellow fever; yellow jack — *le febbri,* marsh-fever *(sing.);* malaria — *la febbre dell'oro,* gold-rush; gold-fever — *avere la febbre,* to have (to be running) a temperature; to be feverish — *misurare la febbre a qcno,* to take sb's temperature — *misurarsi la febbre,* to take one's temperature.

febbricitante *agg* feverish; with (*o* having) a temperature; *(tormentato da febbre)* shaking with fever: *Era ancora febbricitante,* He still had a temperature.

febbricola *sf* slight fever.

febbrile *agg* feverish *(anche fig.)*; restless.

febbrilmente *avv* feverishly; restlessly.

fecale *agg* faecal, *(USA)* fecal.

feccia *sf* dregs *(pl.)*; lees *(pl.: raro)*: *la feccia della società,* the dregs of society — *bere qcsa fino alla feccia,* to drink sth to the dregs; to drain sth.

feci *sf pl* faeces, *(USA)* feces; *(med., anche)* stool *(sing.)*.

fecola *sf* corn-flour: *fecola di patate,* potato flour.

fecondare *vt* to fecundate; *(bovini, ecc.)* to inseminate; *(fig.: fertilizzare)* to fertilize; to make* fruitful; to make* productive; *(fig.: arricchire, ecc.)* to enrich; to stimulate; to impregnate.

fecondatore *sm* fertilizer. □ *agg* fertilizing.

fecondazione *sf* fecundation; insemination; *(bot.)* pollination; *(fig.)* fertilization; enrichment: *fecondazione artificiale,* artificial insemination.

fecondità *sf (anche fig.)* fertility; fruitfulness; *(fig.: abbondanza)* richness; wealth: *riti della fecondità,* fertility rites — *fecondità d'ingegno,* fertility (*o* richness) of mind.

fecondo *agg (anche fig.)* fecund *(non molto comune)*; prolific; *(creativo)* creative; *(fertile)* fertile; rich; fruitful; *(benefico)* bountiful: *un'immaginazione feconda,* a fertile imagination — *uno scrittore fecondo,* a prolific writer — *un genio fecondo,* a creative genius — *un'idea feconda,* a fruitful idea — *pioggia feconda,* bountiful rain.

fede *sf* **1** *(vari sensi)* faith; belief *(spesso al pl.)*; trust; loyalty: *avere fede in Dio,* to have faith in God — *perdere la fede in Dio,* to lose one's faith (*o* belief) in God — *la fede cristiana (ebraica, musulmana, ecc.),* the Christian (Jewish, Muslim, *ecc.*) faith — *un articolo di fede,* an article of faith — *un atto di fede,* an act of faith — *rinnegare la propria fede,* to deny one's faith — *mantenere fede,* to keep faith — *non mantenere fede,* to break faith (with sb) — *serbare fede a qcno,* to keep faith with sb — *giurare fede a qcno,* to give (to pledge) one's faith to sb; to pledge one's loyalty to sb — *riporre la propria fede in qcsa,* to pin one's faith on sth; to put one's trust in sth — *In fede mia!,* Upon my word!; Honestly! — *in buona (mala) fede,* in good (bad) faith — *sorprendere la buona fede di qcno,* to cheat sb — *Non prestar fede a quella diceria,* Don't give credit to (Don't believe) that rumour — *Non ho molta fede in quel che dice,* I haven't much faith in what he says — *Ho fede nelle sue promesse,* I trust his promises — *tener fede alla parola data,* to keep one's word — *degno di fede,* trustworthy; reliable — *in fede, (dir.)* in witness — *far fede di qcsa (testimoniare, attestare),* to bear witness to sth; to certify sth. **2** *(anello matrimoniale)* wedding-ring. **3** *(certificato, attestato)* certificate: *fede di nascita (morte),* birth (death) certificate — *fede di credito,* deposit receipt — *fede di deposito,* warehouse receipt.

fedele *agg* **1** faithful; loyal; true: *un amico (un servitore, ecc.) fedele,* a faithful friend (servant, *ecc.*) — *un suddito fedele,* a loyal subject — *essere fedele alla corona,* to be loyal to the Crown — *mantenersi fedele a qcsa,* to be faithful to sth — *rimanere fedele alla propria parola,* to keep (to be true to) one's word — *rimanere fedele ad una promessa,* to keep a promise — *restare fedele alle proprie opinioni,* to hold fast to (to stand by) one's opinions. **2** *(preciso)* faithful; accurate; exact: *una traduzione fedele,* an accurate translation; a faithful rendering — *copia fedele,* a true (an exact) copy.

□ *sm* **1** *(credente)* believer: *i fedeli, (in generale)* the believers; the faithful — *i fedeli, (di una parrocchia)* the congregation *(sing.)*. **2** *(seguace)* follower.

fedelmente *avv* faithfully; loyally.

fedeltà *sf* **1** faithfulness; fidelity; *(fidatezza)* trustworthiness; *(alla patria, ecc.)* allegiance; loyalty: *giurare fedeltà, (a una persona)* to swear to be faithful; *(alla patria)* to take the oath of allegiance; *(a un partito)* to swear fidelity. **2** *(precisione)* accuracy; fidelity; exactness; closeness: *alta fedeltà,* high-fidelity; *(spesso)* hi-fi.

federa *sf* pillow-case; pillow-slip.

federale *agg* federal.

federalismo *sm* federalism.

federalista *agg e sm e f.* federalist.

federare *vt,* **federarsi** *v. rifl* to federate.

federato *agg* federate; confederate.

federazione *sf* **1** federation; confederation. **2** *(sede locale di un partito)* (local) party headquarters. **3** *(calcistica)* league.

fedifrago *agg (infedele)* faithless; unfaithful; *(infido)* untrustworthy; treacherous; perfidious.

□ *sm* untrustworthy person; *(traditore)* traitor: *essere fedifrago,* to break faith.

fedina *sf* criminal record; police record: *avere la fedina penale pulita (sporca),* to have a clean (a bad) record.

fedine *sf pl* side-boards *(GB)*; side-burns *(USA)*; *(più lunghe: favoriti)* mutton-chop whiskers; mutton-chops.

fegatino *sm (di pollo)* chicken liver.

fegato *sm* **1** *(anat. e cucina)* liver: *avere mal di fegato,* to have a liver complaint; to suffer from liver trouble — *olio di fegato di merluzzo,* cod-liver oil. **2** *(fig.: coraggio)* courage; pluck; guts *(fam., pl.)*; stomach *(lett.)*: *un uomo di fegato,* a courageous (a bold, a plucky) man; a person with guts *(fam.* — *avere del fegato,* to have (plenty of) guts *(fam.)* — *farsi venire il mal di fegato, (fig.: prendersela troppo)* to take sth *(più in generale* to take things*)* too much to heart — *mangiarsi (rodersi) il fegato dalla rabbia,* to be consumed with rage.

fegatoso *agg (fig.)* liverish; bad-tempered; peevish.

felce *sf* fern *(anche collettivo)*: *felce comune,* bracken; *(talvolta)* brake.

feldmaresciallo *sm* field-marshal.

feldspato *sm* feldspar.

felice *agg* **1** happy; *(contento)* pleased; glad; delighted: *far felice qcno,* to make sb happy — *E vissero felici e contenti,* And they lived happily ever after — *Felice di conoscerla,* How do you do?; Glad (Pleased) to meet you *(fam.)*. **2** *(piacevole)* pleasant; *(delizioso)* blissful; *(fortunato)* lucky; fortunate; *(ben riuscito)* successful; happy: *una scelta felice,* a lucky choice — *una descrizione felice,* a happy description — *avere un felice esito,* to be crowned with success.

felicemente *avv* happily; successfully; pleasantly.

felicità *sf* **1** happiness; *(contentezza)* gladness; delight; *(beatitudine)* bliss; blissfulness: *Vi auguro ogni felicità,* I wish you every happiness; *(più fam.)* I wish you all the best. **2** *(abilità, perfezione di stile, ecc.)* felicity.

felicitarsi *v. rifl* to congratulate: *felicitarsi con qcno per qcsa,* to congratulate sb on sth.
felicitazione *sf* congratulation *(generalm. al pl.)*: *presentare le proprie felicitazioni,* to offer one's congratulations.
felino *agg* **1** *(zool.)* feline. **2** *(fig.)* catlike; feline; stealthy.
□ *sm* feline: *i felini,* the cat family.
fellone *sm (scherz.)* villain.
fellonia *sf* treachery.
felpa *sf* plush.
felpato *agg* **1** plushy; *(rivestito di felpa)* plush-covered; *(foderato)* plush-lined. **2** *(fig.)* soft; velvety; padded: *a passi felpati,* stealthily.
feltro *sm* felt: *un cappello di feltro,* a felt hat.
feluca *sf* **1** *(naut.)* felucca. **2** *(cappello)* cocked hat; fore-and-aft cap.
femmina *sf* **1** *(di esseri umani)* female; *(donna)* woman *(pl.* women*)*; *(bambina, ragazza)* girl: *È una femmina?,* Is it a girl? — *La curiosità è femmina, (prov.)* Curiosity, thy name is woman! **2** *(di animali)* female; she *(come prefisso)*; *(di volatili)* hen *(generalm. come prefisso)*; *(di cane, lupo)* bitch; *(di volpe)* vixen; she-fox; bitch fox; *(di bovini, di balena, foca, ecc.)* cow *(anche come prefisso)*: *un elefante femmina,* a cow-elephant — *un gatto femmina,* a female cat; a she-cat — *un passero femmina,* a hen-sparrow — *un pavone femmina,* a peahen — *una tigre femmina,* a tigress; a female tiger. **3** *(fig.: uomo timido o debole)* milk-sop; sissy. **4** *(mecc.)* female: *vite femmina,* female screw.
femmineo *agg* feminine; womanly; *(spreg.: effeminato)* effeminate; womanish: *in femminee vesti,* in women's clothes.
femminile *agg* **1** female; woman's *(attrib.)*; girl's *(attrib.)*; *(proprio o tipico delle donne)* feminine; womanly: *linea femminile, (discendenza)* female line; distaff side — *personale femminile,* female staff; female operative *(pl.)* — *scuola femminile,* girls' school — *l'orgoglio femminile,* feminine pride. **2** *(gramm.)* feminine.
□ *sm* feminine; feminine form.
femminilità *sf* femininity; womanliness.
femminilmente *avv* in a womanly way; femininely.
femminino *agg e sm l'eterno femminino,* the eternal feminine.
femminismo *sm* feminism.
femminista *sm e f.* feminist.
femminuccia *sf* **1** (little) girl. **2** *(di maschio)* sissy.
femore *sm* femur; thigh-bone.
fendente *sm* **1** *(scherma)* cutting blow; cut. **2** *(calcio)* hard drive (*o* shot) at goal.
fendere *vt (anche fig.)* to split*; to break* (up); to cleave*; to cut* in two: *fendere una pietra,* to split a stone — *fendere la terra con l'aratro,* to break up the ground with the plough — *fendere l'aria,* to cleave the air — *fendere le onde (i flutti),* to cleave the waves — *fendere la folla,* to squeeze through the crowd — *fendere la nebbia, (di fari)* to pierce the fog.
□ **fendersi** *v. rifl* to crack; to split*: *Alcuni tipi di legno si fendono con facilità,* Some kinds of wood split easily.
fendinebbia *sm* fog-light; fog-lamp.
fenditura *sf* **1** crack; *(spacco)* split. **2** *(fis.)* slit.
fenico *agg* phenic: *acido fenico,* carbolic acid; phenol.
fenicottero *sm* flamingo.
fenile *sm* phenyl.
fenolo *sm* phenol; carbolic acid.
fenomenale *agg* **1** phenomenal. **2** *(eccezionale)* phenomenal; extraordinary.
fenomeno *sm* **1** phenomenon *(pl.* phenomena*)*; fact. **2** *(cosa o persona singolare)* wonder; marvel; *(al circo, anche)* freak: *Sei un fenomeno!,* You're a marvel!
fenomenologia *sf* phenomenology.
ferace *agg* fertile.
feretro *sm* coffin.
feria *sf* **1** *(ecclesiastico)* ferial day. **2** *(al pl.: di studenti, di operai, ecc.)* holidays; vacation *(sing., USA)*; *(di universitari, di magistrati)* vacation *(sing.)*; *(del Parlamento)* recess *(sing.)*: *ferie retribuite,* holidays with pay; paid holidays — *essere in ferie,* to be on holiday; to be on vacation *(USA)* — *prendersi le ferie,* to take one's holidays.
feriale *agg* **1** *(ecclesiastico)* ferial. **2** weekday; working *(attrib.)*: *un servizio feriale,* a weekday service — *giorni feriali,* weekdays; working days. **3** *(raro: relativo alle ferie)* holiday *(solo attrib.)*: *lavoro feriale,* work done during a holiday period.
ferimento *sm* wounding.
ferino *agg (selvaggio)* wild; savage.
ferire *vt* **1** to wound *(spec. in guerra o comunque con un'arma)*; to injure; to hurt*: *ferire qcno a morte,* to strike sb a mortal blow; to wound sb fatally — *ferire qcno gravemente,* to injure sb seriously — *senza colpo ferire,* without striking a blow. **2** *(fig.: offendere)* to offend; to wound; to hurt*: *ferire qcno nell'onore,* to wound sb's honour — *ferire i sentimenti di qcno,* to hurt sb's feelings — *ferire la vista,* to offend the eyes — *ferire la fantasia di qcno,* to strike sb's fancy.
□ **ferirsi** *v. rifl* to wound oneself; to injure oneself; to hurt* oneself: *Si ferì alla testa,* He hurt his head.
ferita *sf* wound; injury; hurt; *(fig.)* wound; scar: *vecchie ferite, (fig.)* old scars — *curare una ferita,* to treat (to doctor) a wound — *medicare una ferita,* to dress a wound — *leccarsi le ferite,* to lick one's wounds — *inasprire (riaprire) una ferita, (fig.)* to rub salt into a wound — *riportare ferite gravi,* to be seriously injured.
ferito *agg* wounded *(spec. in guerra)*; injured; hurt.
□ *sm* wounded (*o* injured) man; casualty.
feritoia *sf* **1** *(mil.)* loophole; *(fra due merli)* crenel. **2** *(mecc., ecc.)* slit; louver *(spec. se di persiana, per scopi di aerazione)*.
feritore *sm* person who wounds; wounder *(raro)*.
ferma *sf (mil.)* service; period of service: *una ferma di due anni,* two years' service — *ferma di leva,* (compulsory period of) military service; conscription.
fermacarte *sm* paper-weight.
fermacravatta *sm* tie-pin; tie-clip.
fermaglio *sm* clasp; *(per documenti)* clip; *(punto metallico per carte, ecc.)* staple; *(fibbia)* buckle; *(spilla)* brooch: *fermaglio di sicurezza, (per collane, ecc.)* safety-catch — *orecchini a fermaglio,* clip-on earrings.
fermamente *avv* **1** firmly: *credere fermamente,* to firmly believe. **2** *(in modo saldo)* steadily.
fermaporta *sm* door-stop.
fermare *vt* **1** to stop; to halt; *(talvolta)* to arrest: *fermare il treno,* to stop the train — *fermare un cavallo in corsa,* to stop a runaway horse — *Perché hai fermato l'orologio?,* Why did you stop the clock? *fermare la circolazione del sangue,* to stop the circulation of the blood — *fermare un'emorragia,* to stop (to check) a haemorrhage — *fermare un assegno,* to stop a cheque — *fermare la crescita di qcsa,* to arrest the growth of sth.
2 *(fissare)* to fix; to make* firm; to fasten: *fermare*

una cravatta con uno spillo, to fix a tie with a tie-pin — *fermare una porta (una finestra),* to fasten (to secure) a door (a window) — *fermare un punto,* to fasten a stitch — *fermare la mente su qcsa,* to fix one's thoughts on sth; to set one's mind on sth — *fermare l'attenzione su qcsa,* to stop to consider sth; to focus (one's *o* sb's) attention on sth — *fermare i momenti più belli, (fig.)* to catch the loveliest moments.
3 *(dir.)* to detain; to hold*; *(talvolta)* to arrest: *fermare un individuo sospetto,* to detain a suspected person.
□ *fermare le carni,* to partly cook meat; to parboil meat — *fermare i punti, (lavoro a maglia)* to cast off.
□ *vi* **1** to stop: *L'autobus qui non ferma,* The bus does not stop here.
2 *(di cane da ferma)* to point.
□ **fermarsi** *v. rifl* **1** to stop; to halt *(a lungo);* to stay (on); *(durante un viaggio lungo)* to stop off (somewhere); to call (at a place): *Il treno si fermò solo un paio di volte,* The train stopped only a couple of times — *Fermati!; Fermatevi!,* Stop! — *fermarsi a parlare con qcno,* to stop and talk (to stop to talk) to sb — *fermarsi in una città,* to stay on in a town (to spend some time in a town) — *fermarsi di colpo,* to stop short; to stop in one's tracks — *fermarsi lungo la via,* to stop on one's way — *fermarsi su un argomento,* to dwell on a subject — *La nave si ferma a Patrasso,* The ship calls at Patras.
2 *(mecc.)* to stop working; to stall: *Il mio orologio si è fermato,* My watch has stopped — *Il motore si ferma troppo spesso,* The engine stops working (*o* stalls) too often.
3 *(fare una pausa)* to pause; to make* a pause.

fermata *sf* **1** stop; halt; *(in una marcia o viaggio)* halt: *senza fermate intermedie,* non-stop — *fare una brusca fermata,* to come to an abrupt halt. **2** *(luogo)* stop; stopping-place: *fermata dell'autobus,* bus-stop — *fermata facoltativa (obbligatoria),* request (regular) stop.

fermentabile *agg* fermentable.

fermentare *vi* to ferment *(anche fig.); (di pasta, ecc.)* to rise*: *far fermentare qcsa,* to ferment (to leaven) sth.

fermentativo *agg* fermentative.

fermentazione *sf* fermentation; *(di pasta, ecc.)* rising; working.

fermento *sm* **1** *(chim.)* enzyme; ferment; *(lievito)* leaven; yeast. **2** *(fig.)* ferment; agitation; unrest; turmoil: *essere in fermento,* to be in ferment (in a state of agitation).

fermezza *sf* **1** firmness; steadiness. **2** *(costanza)* steadiness; steadfastness; *(risolutezza)* firmness; resoluteness: *agire con fermezza,* to act firmly — *fermezza d'animo,* strength of mind; strong-mindedness.

[1]**fermo** *agg* **1** still; motionless; *(di veicolo)* stationary: *star fermo,* to stand (to keep) still — *L'acqua del lago era ferma,* The water of the lake was still (was motionless) — *acqua ferma,* stagnant water — *terra ferma* ⇨ **terraferma** — *Si scontrò con un autocarro fermo,* He collided with a stationary truck — *aspettare a piè fermo,* to wait motionless — *Il commercio è fermo,* Business is at a standstill. **2** *(stabile, costante)* firm; steady; stable; *(fig.)* steadfast: *camminare con passi fermi,* to walk with firm steps — *Parlò con voce ferma,* He spoke in a firm (in a steady) voice — *Tienilo fermo!, (riferito a persona)* Keep him still!; Hold him tight!; *(riferito a cosa)* Hold it steady! — *fermo come una roccia (una torre),* (as) steady as a rock — *fermo sulle gambe,* steady on one's legs — *avere la mano ferma,* to have a steady hand — *una fede ferma,* a steady (a steadfast) faith — *un proposito fermo,* a steady (a steadfast) purpose — *tenere per fermo qcsa,* to believe sth with certainty; to be convinced of sth.
□ *salute mal ferma,* poor health — *fermo posta,* 'poste restante' *(fr.); (talvolta, sulla busta)* to be called for; call mail *(USA): una lettera in fermo posta,* a letter to be called for — *punto fermo,* full stop; period *(USA)* — *canto fermo,* plain-chant; Gregorian chant; 'cantus firmus' *(lat.)* — *Fermo restando che...,* It being understood that... — *non avere il terreno fermo,* to move about constantly.

[2]**fermo** *sm* **1** *(dir.)* detention; arrest; *(talvolta: confisca)* seizure; distraint; sequestration: *fermo di un indiziato di reato,* arrest of a suspect — *mettere un fermo sul traffico della droga,* to clamp down on drug traffic — *procedere al fermo di qcno,* to hold sb; to detain sb. **2** *(mecc.)* catch; stop; lock; retainer; clamp: *fermo automatico,* automatic stop; *(di giradischi)* self-stopping device — *dispositivo di fermo del finestrino, (ferrovia, ecc.)* sash lock (*o* fastener, holder). □ *mettere il fermo su un assegno,* to stop a cheque — *dare un fermo alle carni,* to partly cook meat; to parboil meat.

feroce *agg* fierce; ferocious.

ferocemente *avv* fiercely; ferociously.

ferocia *sf* ferocity; fierceness; cruelty.

ferocità *sf* ferocity; brutality; *(atto di crudeltà)* cruelty; cruel act.

ferodo *sm (nell'espressione) ferodo per freni,* brake lining.

ferraglia *sf* **1** scrap iron. **2** *(mil.)* grape-shot.

ferragosto *sm (il 15 agosto)* Assumption Day; mid-August bank holiday; *(per estensione: il periodo di ferie)* the August holiday period.

ferraio *sm* blacksmith.

ferraiolo *sm* short cape.

ferramenta *sf pl* hardware *(sing.);* ironmongery *(sing., GB): negozio di ferramenta,* ironmonger's (*o* hardware) shop; hardware store *(USA).*

ferrare *vt* **1** to fit with iron. **2** *(cavalli)* to shoe.

ferrato *agg* **1** fitted (*o* clad) with iron; *(di cavallo)* shod; *(di scarpe)* hobnailed: *un bastone ferrato,* an iron-shod stick. **2** *(fig.: edotto)* well-informed; well-read; well up; well-versed. □ *strada ferrata,* railway; railroad *(USA).*

ferravecchio *sm* scrap-metal dealer. □ *bottega del ferravecchio, (fig.)* junk-shop.

ferreo *agg* **1** iron *(attrib.).* **2** *(fig.)* iron *(attrib.);* inflexible; unbending; unyielding: *disciplina ferrea,* iron (*o* strict) discipline — *volontà ferrea,* iron (*o* inflexible) will — *una salute ferrea,* an iron constitution.

ferrico *agg* ferric.

ferriera *sf* **1** ironworks; iron-foundry. **2** *(borsa)* tool-bag.

ferrigno *agg* **1** iron-like. **2** *(duro)* steely; *(robusto)* tough.

ferro *sm* **1** iron *(anche fig.): l'Età del Ferro,* the Iron Age — *ferro battuto,* wrought iron — *ferro dolce,* soft (*o* ductile) iron — *ferro fuso,* ingot iron — *ferro in barre (laminato, profilato, trafilato)* bar (rolled, section, drawn) iron — *ferro zincato,* galvanized iron — *articoli di ferro,* ironware *(sing.);* iron *(sing.)* — *lamiera di ferro,* iron sheet (*o* plate) — *lavoro in ferro,* ironwork — *minerale di ferro,* iron ore — *rivestito di ferro,* iron-clad *(attrib.)* — *rottami di ferro,* scrap iron *(sing.)* — *filo di ferro,* (steel) wire — *grigio* *ferro,* iron grey. **2** *(attrezzo di ferro)* tool; iron: *i ferri del mestiere,* the tools of the trade — *ferri da calza,* knitting needles — *ferro da stiro,* (flat) iron — *ferro elettrico,* electric iron — *ferro da parrucchiere,* curling-iron; tongs — *i ferri del chirurgo,* surgical instruments — *essere sotto i ferri,* to be on the operating table; *(dal dentista)* to be in the dentist's chair; *(gergo studentesco)* to be taking an examination — *ferro da cavallo,* horseshoe — *perdere un ferro,* to cast a shoe — *a ferro di cavallo,* shaped like a horseshoe — *arco a ferro di cavallo, (archit.)* horseshoe arch. **3** *(al pl.: ceppi)* irons; fetters; chains: *mettere qcno ai ferri,* to put sb in irons — *essere ai ferri,* to be in fetters. **4** *(spada)* sword: *ferro e fuoco,* fire and sword — *mettere una città a ferro e fuoco,* to put a town to fire and the sword; to sack a town — *incrociare i ferri,* to cross swords — *essere ai ferri corti, (fig.)* to be at daggers drawn — *essere ai ferri corti con qcno,* to be at loggerheads with sb — *venire ai ferri, (fig.)* to reach a conclusion.

□ *una salute di ferro,* an iron constitution — *avere una salute di ferro,* to be as strong as a horse — *avere uno stomaco di ferro,* to have a hearty digestion; to be able to digest anything — *un alibi di ferro,* a cast-iron alibi — *avere la memoria di ferro,* to have an excellent memory — *essere in una botte di ferro,* to be in an impregnable position — *governare con mano di ferro,* to rule with an iron rod — *Tocca ferro!,* Touch wood! — *battere il ferro finché è caldo,* to strike while the iron is hot — *una bistecca ai ferri,* a grilled steak — *cuocere la carne ai ferri,* to grill meat — *la Cortina di Ferro,* the Iron Curtain — *braccio di ferro* ⇨ **braccio.**

ferroso *agg* ferrous.

ferrovia *sf* railway; railroad *(USA): ferrovia a un binario,* single-line (*o* single-track) railway — *ferrovia a doppio binario,* double-line (*o* double-track) railway — *ferrovia a scartamento normale,* standard-gauge railway — *ferrovia a scartamento ridotto,* light railway; narrow-gauge railway *(USA)* — *ferrovia a trazione elettrica,* electric (*o* electrified) railway — *ferrovia a cremagliera,* rack (*o* rack-and-pinion) railway — *ferrovia a monorotaia,* monorail — *ferrovia elevata,* overhead railway — *ferrovia sopraelevata,* elevated railway — *ferrovia sotterranea (metropolitana),* underground railway; underground; subway *(USA);* tube *(GB, fam.); (in altri paesi, spesso)* metro.

ferroviario *agg* railway *(attrib.): orario ferroviario,* railway time-table — *casello ferroviario,* level-crossing keeper's house — *materiale ferroviario,* rolling-stock.

ferroviere *sm* railwayman *(pl.* -men*);* trainman *(pl.* -men*) (USA, spec. di personale viaggiante).*

ferruginoso *agg* ferruginous.

fertile *agg* fertile *(anche fig.);* fruitful.

fertilità *sf* fertility; fruitfulness.

fertilizzante *agg* fertilizing. □ *sm* fertilizer.

fertilizzare *vt* to fertilize; to enrich.

fertilizzazione *sf* fertilization; enrichment.

ferula *sf* **1** *(bacchetta)* rod; cane; ferule; *(di dignitario)* rod; *(di vescovo)* staff. **2** *(in chirurgia)* splint. **3** *(bot.)* giant fennel; ferula.

fervente *agg* blazing; *(fig.)* fervent.

ferventemente *avv* fervently.

fervere *vi* **1** *(lett.: essere cocente)* to blaze; to be* hot; to be* burning. **2** *(ribollire)* to boil; *(del mare)* to be* rough; *(di lavoro, ecc.)* to be* intense; to proceed fast and furiously; to be* at its height.

fervidamente *avv* fervidly; fervently; burningly.

fervido *agg* **1** fervent; fervid; ardent: *con i miei più fervidi auguri,* with (all) my best wishes. **2** *(lett.: cocente)* hot; burning.

fervore *sm* excitement; heat; fervour: *nel fervore della discussione,* in the heat of the debate — *con fervore,* fervently — *in pieno fervore,* in full swing.

fervorino *sm* **1** *(religioso)* exhortation. **2** *(discorsetto di esortazione)* pep-talk *(fam.); (di ammonimento)* talking-to; dressing-down.

fervoroso *agg* fervent; ardent.

fessacchiotto *sm* silly fool; chump; clown *(fam.).*

fesseria *sf* **1** foolishness; craziness; nonsense: *dire fesserie,* to talk nonsense *(sing.)* — *fare una fesseria,* to do sth foolish. **2** *(inezia)* trifle.

fesso *agg* **1** *(incrinato)* cracked; *(spaccato in due)* cloven; cleft: *una campana fessa,* a cracked bell — *con voce fessa,* in a cracked voice — *un quadrupede dall'unghia fessa,* a cloven-footed quadruped. **2** *(sciocco)* silly; crazy; foolish.

□ *sm (persona balorda)* fool; idiot; clot: *il più gran fesso di questo mondo,* the biggest fool on earth; the world's prize idiot — *far fesso qcno,* to make a fool of sb.

fessura *sf* **1** creak; *(spacco)* cleft; fissure. **2** *(per gettone o moneta)* slot.

festa *sf* **1** *(solennità)* feast; feast-day; *(talvolta)* festival: *la festa della Natività,* the feast of the Nativity; Christmas — *festa mobile,* movable feast — *festa di precetto,* day (*o* holiday) of obligation — *la festa del Corpus Domini,* Corpus Christi (Day) — *la festa dell'Ascensione,* Ascension Day — *la festa del paese (del villaggio),* the village festival *(talvolta* fête*)* — *festa di primavera,* spring festival — *Non tutti i giorni è festa,* Christmas comes but once a year. **2** *(giorno festivo)* holiday: *Oggi è festa,* Today is a holiday — *festa civile,* legal (*o* public, bank) holiday — *mezza festa,* half-holiday — *abiti da festa,* Sunday clothes — *vestirsi da festa,* to wear one's Sunday best — *essere vestito da festa,* to be dressed in one's Sunday best — *far festa, (non lavorare)* to have a holiday; *(stare allegri)* to make merry — *festa da ballo,* ball. **3** *(al pl.: feste di Natale o Pasqua, ecc.)* Christmas (holidays); Easter (holidays), *ecc.: Dove vai per le feste?,* Where are you going for Christmas (Easter)? — *Passerò le feste in famiglia (coi miei),* I'll spend Christmas (Easter) at home — *augurare buone feste a qcno,* to wish sb a Happy Christmas (Easter, New Year, *ecc.*) — *essere sotto le feste,* to be nearing a holiday period — *Siamo sotto le feste,* Christmas (Easter) is upon us. **4** *(fig.: allegria, gioia)* joy; delight: *La sua laurea sarà una festa per tutti,* His degree will be a joy for everybody — *È una festa per me rivederti,* It is a joy to see you again. **5** *(ricevimento)* party: *Ti sei divertito alla festa?,* Did you enjoy yourself at the party? — *dare una festa,* to give a party — *guastare la festa,* to spoil the party (the fun). **6** *(onomastico)* name-day; *(compleanno)* birthday.

□ *una festa di colori,* a riot of colour — *fare festa a qcno,* to welcome sb — *Mi hanno fatto un sacco di feste,* They made a great fuss of me — *fare festa a una torta, ecc.,* to eat up the whole cake, *ecc.* — *fare le feste, (di un cane)* to jump up on sb; to greet sb with great joy and tail-wagging — *fare la festa a qcno,* to execute sb; to kill sb — *fare la festa al proprio patrimonio (eredità),* to squander one's inheritance — *conciare qcno per le feste,* to give sb a drubbing (a hiding, a thrashing) — *Passata la festa, gabbato lo santo, (prov.)* Once on shore, we pray no more.

festaiolo *agg* festive; gay; jolly. □ *sm* reveller; party-goer.

festante *agg* **1** *(in festa)* festive. **2** *(contento, gioioso)* joyful.

festeggiamento *sm* **1** *(il festeggiare)* celebration. **2** *(manifestazione)* festival; festivity.

festeggiare *vt* **1** to celebrate. **2** *(accogliere festosamente)* to welcome heartily; to give* (sb) a hearty welcome; to fête.

festeggiato *sm* guest of honour.

festevole *agg* light-hearted; gay.

festevolmente *avv* gaily; light-heartedly.

festicciola *sf* family party; private party.

festino *sm* party; *(ballo)* ball; dance; fête.

festività *sf* festivity; *(religione)* feast: *una festività civile (religiosa),* a public (a church) holiday.

festivo *agg* **1** holiday *(attrib.)*: *un giorno festivo,* a holiday — *giorni festivi,* Sundays and public holidays; official holidays — *lavoro festivo,* work done during a holiday period — *un biglietto festivo,* a public holiday ticket; *(riferito al fine settimana)* a week-end ticket — *abiti festivi,* Sunday clothes; Sunday best *(fam.).* **2** *(lieto, gaio)* festive; gay; cheerful: *un aspetto festivo,* a cheerful appearance.

festonato *agg* festooned.

festone *sm* festoon; garland.

festosamente *avv* festively; merrily; gaily.

festosità *sf* joyfulness; gaiety.

festoso *agg* merry; gay.

festuca *sf* **1** *(pianta)* fescue. **2** *(fuscello)* straw: *vedere la festuca nell'occhio altrui,* to see the mote in another's eye.

fetente *agg* **1** stinking. **2** *(fig.)* revolting; disgusting. □ *sm* stinker: *Non fare il fetente!,* Don't be a stinker!

feticcio *sm (anche fig.)* fetish: *fare un feticcio di qcsa,* to make a fetish of sth.

feticismo *sm* fetishism; idolatry.

feticista *sm e f.* fetishist.

fetido *agg* foetid; stinking.

fetidume *sm* stench; stink.

feto *sm* foetus, *(USA)* fetus.

fetore *sm* stench; stink.

fetta *sf* slice; *(di limone, ecc.)* slice; round; *(grosso pezzo)* chunk; *(piccolo pezzo)* piece; bit; *(di terra)* strip; *(parte, porzione, anche fig.)* share: *una fetta di pane,* a slice of bread — *una fetta di terra lungo il fiume,* a strip of land beside the river — *fare a fette qcsa,* to slice sth; to cut sth into slices — *pane tagliato a fette,* sliced bread — *fare qcno a fette (ammazzarlo),* to make mincemeat of sb.

fettuccia *sf* **1** tape; *(nastro graduato)* tape measure: *la fettuccia d'arrivo, (atletica leggera)* the finishing tape. **2** *(rettilineo stradale)* straight stretch.

feudale *agg* feudal.

feudalesimo, feudalismo *sm* feudalism; (the) feudal system.

feudatario *agg* feudal.
□ *sm* feudal lord; *(per estensione)* absentee landlord.

feudo *sm* **1** *(stor.)* fief; feud; fee. **2** *(fig.: dominio, ecc.)* domain; estate.

fez *sm* fez; tarboosh.

fiaba *sf* **1** fairy-tale; fairy-story. **2** *(falsità)* story; nonsense; fairy-tale.

fiabesco *agg* **1** fairy-tale *(attrib.)*; *(irreale)* incredible. **2** *(favoloso)* fabulous; fantastic.

fiacca *sf (debolezza)* weakness; *(stanchezza)* tiredness; *(spossatezza)* weariness; *(indolenza)* laziness; slackness: *avere, battere la fiacca,* to be sluggish; to be idle.

fiaccare *vt* **1** *(indebolire)* to weaken; *(stancare)* to tire; *(spossare)* to tire out; to exhaust: *fiaccare la resistenza di qcno,* to wear sb down. **2** *(spezzare)* to break*: *fiaccare le ossa a qcno, (fig.)* to tan the hide of sb — *fiaccare le corna a qcno, (fig.)* to take sb down a peg *fiaccarsi il collo,* to break one's neck — *C'è da fiaccarsi la schiena!,* It's backbreaking work!

fiacco *agg* **1** *(debole)* weak; feeble; *(stanco)* tired; *(spossato)* tired out; worn out; exhausted. **2** *(indolente)* slack; lazy; idle. **3** *(fig.: di stile, discorso, ecc.)* weak; dull; poor. □ *un mercato fiacco, (comm.)* a dull (a sluggish) market.

fiaccola *sf* torch *(anche fig.)*; *(per saldatura)* blowlamp; blowtorch.

fiaccolata *sf* torch-light procession.

fiala *sf* phial; vial; *(tubetto di vetro)* glass tube; *(per iniezione)* ampoule.

fiamma *sf* **1** flame; *(molto viva)* blaze: *fiamma libera,* naked flame; naked light — *in fiamme,* ablaze; on fire; aflame — *color fiamma,* bright red — *ritorno di fiamma,* backfire — *tagliare con la fiamma ossidrica,* to flame-cut — *dare alle fiamme,* to burn; to commit to the flames — *andare in fiamme,* to burst into flame; to catch fire; to go up in flames — *far fuoco e fiamme, (far di tutto)* to do one's utmost — *le fiamme dell'inferno,* Hell-fire. **2** *(fig.: ardore, ecc.)* flame; ardour; passion. **3** *(rossore, per l'ira)* flush; blaze; *(per timidezza o vergogna)* blush: *lanciare fiamme, (di sguardo)* to look daggers — *farsi (divenire) di fiamma,* to flush; to blush. **4** *(innamorato, innamorata)* love; flame; sweetheart: *una vecchia fiamma,* an old flame. **5** *(naut.)* long pennon (*o* pennant); streamer. **6** *(mil.: mostrina)* flash. □ *le Fiamme Gialle,* the (Italian) Customs and Inland Revenue Service.

fiammante *agg* flaming; blazing; flaring; fiery: *rosso fiammante,* bright red — *nuovo fiammante,* brand-new.

fiammata *sf* **1** blaze; flash. **2** *(fig.)* flash in the pan.

fiammeggiante *agg* **1** flaming; blazing; flaring; fiery. **2** *(araldica)* wavy. **3** *(archit.)* flamboyant.

fiammeggiare *vi* to be* aflame; to blaze; *(del cielo)* to redden.
□ *vt* to singe; to pass a flame (over sth).

fiammiferaio *sm* **1** *(fabbricante)* match-maker. **2** *(venditore)* match-seller.

fiammifero *sm* match; *(di sicurezza, svedese)* safety-match; *(minerva)* book-match *(generalm. al pl.)*; *(di cera)* wax-match; vesta: *fiammiferi da cucina,* household (*o* kitchen) matches — *fiammifero antivento,* fusee — *scatola di fiammiferi,* match-box; box of matches — *accendere un fiammifero,* to strike a match — *pigliar fuoco come un fiammifero, (fig., di persona)* to be quick-tempered; to flare up easily.

fiammingo *agg* Flemish.
□ *sm* **1** Fleming. **2** *(la lingua)* Flemish.

fiancata *sf* **1** *(di nave, ecc.)* side; *(mecc.)* side panel; apron: *fiancata protettiva,* safety panel (*o* apron). **2** *(colpo dato col fianco)* blow with the side; *(con lo sperone)* prick with a spur; *(bordata)* broadside; salvo. **3** *(frase mordace)* cutting remark.

fiancheggiamento *sm* support; *(mil.)* flanking support; flank coverage.

fiancheggiare *vt* **1** to flank; to line; to border. **2** *(ap-*

poggiare, assecondare) to flank; to support; to help; *(mil.)* to give* flanking support.

fiancheggiatore *sm* flanker; *(sostenitore)* supporter.

fianco *sm* **1** hip *(solo dell'uomo); (di animale)* flank; *(in molti sensi, fig., naut., ecc.)* side: *stare con le mani sui fianchi,* to stand with one's hands on one's hips (with one's arms akimbo) — *il fianco di un cavallo,* the flank of a horse — *Si teneva i fianchi dal ridere,* He held his sides (He nearly split his sides) with laughter — *avere un dolore (una fitta) al fianco,* to have a pain (a stitch) in one's side — *a fianco a fianco,* side by side — *al mio fianco,* by (*o* at) my side; beside me; next to me — *stare a fianco di qcno, (letteralm.)* to be at sb's side; *(aiutare qcno)* to stand by sb's side; to be a support to sb — *mettersi al fianco di qcno,* to side with sb — *di fianco,* sideways; on the side — *il fianco di una casa (d'una montagna),* the side of a house (of a mountain) — *fianco destro (di nave),* starboard side — *fianco sinistro (di nave),* port side — *prestare il fianco alle critiche,* to lay oneself open to criticism. **2** *(mil.)* wing; flank; side column: *attaccare sul fianco,* to assault a wing (a flank) — *Fianco destro, destr'!,* Right turn! — *Fianco sinistro, sinistr'!,* Left turn!

fiasca *sf* flask.

fiaschetta *sf (da tasca)* hip-flask; bottle.

fiaschetteria *sf* wine-shop.

fiasco *sm* **1** flask; glass bottle: *asciugare il fiasco,* to drink the lot; to polish off *(fam.)* the bottle. **2** *(fig.)* fiasco; failure; flop: *fare fiasco,* to be a failure (a fiasco, a flop); to fall flat; to fail utterly. □ *prender fischi per fiaschi* ⇨ **fischio.**

fiatare *vi* **1** *(respirare)* to breathe; *(per estensione)* to be* alive. **2** *(parlare)* to breathe a word; to speak*: *Non fiatare con nessuno!,* Not a word to anyone!; Mum's the word! *(fam.)* — *senza fiatare,* without a word.

fiato *sm* **1** breath; wind: *fiato che puzza,* bad breath; *(med.)* foul breath; halitosis — *È solo fiato sprecato,* It's just a waste of breath — *avere il fiato corto,* to be short of breath — *avere il fiato grosso,* to be out of breath; to pant — *essere all'ultimo fiato,* to be at one's last gasp — *sentirsi mancare il fiato,* to feel suffocated; to suffocate — *tirare il fiato,* to draw breath; to breathe — *trattenere il fiato,* to hold (to catch) one's breath — *far restare qcno senza fiato; mozzare il fiato a qcno,* to take sb's breath away *(anche per lo stupore, ecc.)* — *rimanere senza fiato,* to have no breath left; to be winded; *(per lo stupore, ecc.)* to be stunned; to be thunderstruck; to be speechless — *ripigliare fiato,* to get one's breath (*o* wind) back; to pause for breath — *con tutto il fiato in gola,* at the top of one's voice. **2** *(capacità di resistenza, vigore)* stamina; staying power. **3** *(al pl.)* wind *(sing.)*: *strumenti a fiato,* wind instruments.

□ *finché avrò fiato (in corpo),* as long as I have breath in my body; *(la forza)* as long as I have the strength — *fino all'ultimo fiato,* till one's last gasp — *bere qcsa in un fiato,* to drink sth at one gulp (at one draught, all in one go) — *tutto d'un fiato, (di discorso)* all in one breath; without a pause; without stopping — *È tutto fiato sprecato,* It's all a waste of breath — *dar fiato (suonare),* to sound; to blow; *(divulgare una notizia)* to spread; to noise abroad — *Finché c'è fiato c'è speranza, (prov.)* While there's life, there's hope.

fibbia *sf* buckle.

fibra *sf* **1** fibre, *(USA)* fiber; *(industria tessile, anche)* staple: *fibra muscolare (nervosa),* muscle (nerve) fibre — *fibra di cocco,* coir — *fibra di vetro,* glass fibre; fibreglass — *cartone di fibra,* fibreboard — *fibre sintetiche,* synthetic fibres. **2** *(fig.: costituzione)* constitution; *(carattere)* fibre; character: *essere di fibra robusta,* to have a strong constitution.

fibroso *agg* fibrous.

fica *sf (volg.)* cunt.

ficcanaso *sm* meddler; busybody; nosey-parker *(GB);* Paul Pry.

ficcare *vt* **1** to thrust*; to drive* *(spec. con un martello);* to poke; to stick*; to push; to plant: *Gli ficcò un dito in un occhio,* He thrust a finger into his eye — *ficcare un palo in terra,* to drive a stake into the ground — *ficcare un chiodo nella parete,* to drive a nail into the wall — *ficcare il naso negli affari altrui (dappertutto),* to poke (to stick) one's nose into other people's business (into everything) — *ficcare gli occhi addosso a qcno,* to fix one's eyes on sb (to stare hard at sb) — *ficcare qcsa in testa a qcno,* to get (to hammer) sth into sb's head. **2** *(fam.: mettere)* to put*; to stuff; to stick* *(fam.)*: *Ficca questi libri nella cartella,* Put (Stick) these books in your satchel — *ficcarsi in capo qcsa,* to get sth into one's head — *ficcarsi le dita nel naso,* to pick one's nose — *Se l'è ficcato in tasca,* He has stuck it in his pocket.

□ **ficcarsi** *v. rifl* to thrust* oneself; to intrude; to get* (into sth); to hide* (oneself): *ficcarsi in un imbroglio,* to get into a scrape — *Dove diavolo si è ficcato?,* Where the devil is he hiding? — *ficcarsi sotto le lenzuola,* to snuggle down under the bedclothes — *Dove si sarà ficcato l'accendino?,* Where can my lighter be?; Where has my lighter got to?

fico *sm* **1** *(l'albero)* fig-tree; *(il frutto)* fig: *foglia di fico,* fig-leaf. **2** *(fig.: anche fico secco o ficosecco)* nothing: *Non vale un fico,* It's not worth a thing (a bean) — *Non me ne importa un fico,* I couldn't give a damn; I couldn't care less. **3** *(fam.)* Adam's apple.

□ *fico d'India,* cactus; *(talvolta)* sycamore fig — *fico d'Adamo, (bot.)* plantain.

fidanzamento *sm* engagement; betrothal *(lett.)*.

fidanzare *vt* to promise in marriage; to engage; to affiance *(generalm. al p. pass.)*: *essere fidanzato a qcno,* to be engaged to sb.

□ **fidanzarsi** *v. rifl* to become* (to get*) engaged; to plight one's troth *(scherz. o ant.)*.

fidanzata *sf* fiancée *(fr.)*.

fidanzato *sm* fiancé *(fr.); (al pl.: una coppia)* plighted lovers *(scherz. o ant.)*; engaged couple *(sing.)*.

fidare *vi (aver fiducia in)* to trust; to put* one's trust (in sb); *(fare affidamento)* to rely (on sth).

□ **fidarsi** *v. rifl* **1** to trust; to put* one's trust (in sb); *(fare affidamento)* to rely (on sth): *Non fidarti di nessuno,* Don't trust anybody — *È un tipo che non si fida,* He won't trust anybody; He's a diffident sort — *Mi fido della tua parola,* I rely on your word. **2** *(fam.: sentirsi capace)* to feel* safe (*o* certain); to trust oneself: *Non mi fido ancora di camminare solo,* I don't feel safe walking alone yet. □ *Fidarsi è bene, non fidarsi è meglio, (prov.)* To trust is good, to distrust is better.

fidato *agg (degno di fiducia)* trustworthy; reliable; *(sicuro)* trusted; *(fedele)* faithful; devoted; true: *non fidato,* untrustworthy; unreliable.

fideiussione *sf* guarantee; surety: *dare fideiussione,* to guarantee; to stand surety (for).

fideiussore *sm* guarantor; surety.

[1]**fido** *agg (leale)* loyal; trusty.

□ *sm* faithful attendant; devoted follower.

[2]**fido** *sm* credit; *(di un'azienda)* credit line: *far fido,* to

give (to allow) credit — *vendere qcsa a fido,* to sell sth on credit.

fiducia *sf* confidence; trust; reliance: *mancanza di fiducia,* lack of confidence — *fiducia in se stessi,* self-confidence; self-assurance; self-reliance — *non avere fiducia in sé stessi,* to lack confidence — *perdere (acquistare) la fiducia in sé,* to lose (to gain) confidence — *una mozione (un voto) di fiducia,* a motion (a vote) of confidence — *avere fiducia nelle proprie forze,* to have confidence in one's own strength (*o* powers) — *guardare all'avvenire con fiducia,* to look to the future with confidence — *perdere (conquistarsi) la fiducia di qcno,* to lose (to gain) sb's confidence — *godere della fiducia di qcno,* to enjoy sb's confidence (sb's trust) — *meritare la fiducia di qcno,* to deserve sb's confidence — *ispirare fiducia,* to inspire confidence (*o* trust) — *tradire la fiducia di qcno,* to betray sb's trust.
□ *degno di fiducia,* reliable; trustworthy — *essere di assoluta illimitata fiducia,* to be absolutely reliable — *impiegato di fiducia,* confidential clerk — *avere fiducia che...,* to be confident (that)... — *Ho fiducia che riuscirai,* I am confident (that) you will succeed — *aver fiducia in qcno,* to trust sb — *aver fiducia nell'avvenire,* to trust to the future.

fiduciario *agg* fiduciary; trust *(attrib.)*: *erede fiduciario,* fiduciary heir — *società fiduciaria,* trust company — *proprietà fiduciaria,* property on trust — *circolazione fiduciaria,* fiduciary currency.
□ *sm* fiduciary.

fiduciosamente *avv* confidently; trustingly.

fiducioso *agg* confident; trustful; trusting.

fiele *sm* **1** bile; gall: *amaro come il fiele,* as bitter as gall. **2** *(fig.)* gall; *(odio)* hatred; rancour; *(amarezza)* bitterness; *(risentimento)* resentfulness: *intingere la penna nel fiele,* to dip one's pen in gall.

fienagione *sf* haymaking; *(l'epoca)* haymaking time.

fienile *sm* barn; *(sopra la stalla, ecc.)* hay-loft.

fieno *sm* hay: *fieno greco,* fenugreek — *fieno santo,* sainfoin — *cumulo (pagliaio) di fieno,* haystack; hayrick; hay mow — *mucchio (cono) di fieno,* haycock — *fascio di fieno, (dei montanari)* bundle of hay — *febbre (raffreddore) da fieno,* hay-fever — *fare il fieno,* to make hay.

[1]**fiera** *sf* fair; *(grande mercato nazionale)* fair; show; exhibition; *(di beneficienza)* charity-bazaar; fête *(fr.)*: *fiera del bestiame,* cattle-fair — *fiera campionaria,* trade-fair — *fiera del libro,* book(-)fair.

[2]**fiera** *sf* wild beast.

fieramente *avv (orgogliosamente)* proudly; *(audacemente)* boldly; *(coraggiosamente)* valiantly; dauntlessly; *(rabbiosamente)* fiercely.

fierezza *sf* **1** *(orgoglio)* pride. **2** *(ferocia)* fierceness; *(crudeltà)* cruelty. **3** *(audacia)* daring; boldness.

fiero *agg* **1** *(audace)* daring; bold; *(coraggioso)* courageous; intrepid; *(feroce)* fierce; cruel; savage; wild; *(severo, minaccioso)* stern; threatening; menacing; war-like. **2** *(orgoglioso)* proud; *(altezzoso)* haughty: *Sono fiero di te,* I am proud of you.

fievole *agg* faint; feeble; weak; *(di luce, ecc.)* dim: *con voce fievole,* in a weak voice.

fievolmente *avv* faintly; feebly; weakly; dimly.

[1]**fifa** *sf (fam.)* funk: *aver fifa,* to be in a funk; to have cold feet; to get the wind up.

[2]**fifa** *sf (zool.)* lapwing; plover; peewit.

fifone *sm (fam.)* funk; coward.

figgere *vt (conficcare)* to drive* (into sth); to hammer (into sth); to fasten; *(trafiggere)* to transfix; *(fig.: fissare)* to fix: *figgere gli occhi su qcno,* to fix one's eyes upon sb; to stare at sb — *figgersi in mente qcsa,* to get (to take) sth into one's head — *figgere la mente,* to apply oneself.

figlia *sf* **1** daughter: *figlia nubile,* unmarried daughter. **2** *(di blocchetto)* counterfoil.

figliare *vt* to give* birth (to sth); to bring* forth; to litter; to whelp; *(di cagna)* to pup; to whelp; *(di gatta)* to kitten; *(di scrofa)* to farrow; to pig; *(di mucca)* to calve; *(di cavalla)* to foal; *(di volpe)* to cub.

figliastra *sf* step-daughter.

figliastro *sm* step-son.

figliata *sf* litter.

figlio *sm (generico e fig.)* child *(pl.* children*)*; *(maschio)* son; boy: *cinque figli: tre maschi e due femmine,* five children: three boys and two girls — *il figlio maggiore (minore), (di due)* the elder (younger) son; *(di più di due)* the eldest (youngest) son — *figlio unico,* only child — *figlio di papà,* spoilt boy (young man) — *figlio di mamma, (fam.)* mummy's boy; mother's darling — *figlio di nessuno,* foundling — *figlio d'un cane,* son of a bitch, *(USA, anche)* sonofabitch — *È proprio figlio di suo padre,* He's exactly like his father; He's his father's son all right *(fam.)* — *Tal padre, tal figlio, (prov.)* Like father, like son.

figlioccia *sf* god-daughter.

figlioccio *sm* godson.

figliola *sf* (little) girl; *(GB)* lass; lassie; kid *(spec. USA)*; *(figlia)* daughter; *(fam. e fig.)* child *(pl.* children*)*.

figliolanza *sf* offspring; children *(pl.)*.

figliolo *sm* (little) boy; lad; kid *(spec. USA)*; *(figlio)* son; *(fam. e fig.)* child *(pl.* children*)*.

figura *sf* **1** *(vari sensi)* figure; *(persona, anche)* personage; personality; character: *una figura slanciata,* a slim figure — *una figura geometrica (piana, solida),* a geometrical (plane, solid) figure — *una figura retorica,* a figure of speech — *una figura allegorica,* an allegorical figure — *una figura di secondo piano,* a secondary character — *È una delle figure più interessanti del Romanticismo inglese,* He is one of the most interesting figures *(o* personages, *ecc.)* in the English romantic movement — *Mi piace la figura centrale del quadro,* I like the central figure of the painting — *fare una bella (brutta) figura, (fig.)* to cut a fine (poor) figure. **2** *(aspetto esteriore)* shape; guise *(lett.)*: *Quell'edificio ha la figura di un castello,* That building is in the shape of a castle — *in figura umana,* in human form — *È un demonio in figura d'angelo,* She is a devil in the guise of an angel. **3** *(illustrazione, vignetta)* picture; illustration; figure: *un libro con molte figure,* a book with plenty of pictures (of illustrations) — *una figura a colori,* a coloured picture. **4** *(mus.)* (written) note. **5** *(nelle carte da gioco)* court-card; *(negli scacchi)* piece. **6** *(naut.: polena)* figurehead. **7** *(danza, pattinaggio, ecc.)* figure. **8** *(cinematografia, televisione) figura intera,* full shot — *mezza figura,* medium shot; waist upwards.
□ *oggetti esposti per figura,* items displayed for show only — *una pelliccia che fa figura,* a showy fur — *disegno di figura,* figure drawing; drawing from life — *scuola di figura,* life class; life school — *ritratto a mezza figura,* half-length portrait — *far figura,* to look (very) smart — *non far figura,* not to show up — *fare la figura dello stupido,* to look a fool — *Che figura!,* What a disgrace!; What a disgraceful (*o* shameful) sight (*o* exhibition)!; What a shame!

figuraccia *sf* bad figure: *fare una figuraccia,* to cut a poor figure.

figurare *vt* **1** *(raffigurare)* to represent: *La scena figura una reggia,* The scene represents a royal palace. **2** *(simboleggiare, significare)* to symbolize; to stand* (for sth): *La volpe figura l'astuzia,* The fox symbolizes (stands for) astuteness. **3** *(immaginare)* to imagine (oneself); to fancy; to picture to oneself; *(pensare)* to think*: *Questa città non è interessante come me l'ero figurata,* This town is not so interesting as I had imagined — *Te la saresti mai figurata così?,* Would you ever have imagined her like this? — *Figurati la madre: era straziata!,* You can imagine how cut up his mother was! — *Mi figuravo che mi avresti perdonato,* I thought you would forgive me.

□ *vi* **1** *(far figura)* to cut* a fine figure; to show* up well; *(spec. nel vestire)* to look smart: *Mia moglie pensa solo a figurare,* My wife's only concern is to look smart; My wife thinks of nothing but looking elegant — *figurare bene,* to look very smart; to cut a fine figure. **2** *(comparire, trovarsi, risultare)* to appear; to be*; to figure: *Il mio nome non figura nell'elenco,* My name does not appear (doesn't figure, is not) on the list. **3** *(far finta)* to pretend: *Perché figuri di non conoscermi?,* Why do you pretend not to know me?

□ **Figurarsi!**; **Figurati**; **Figuriamoci**, *ecc.: Figurati un po' che non lo riconobbi,* Just think (Just imagine)! I did not recognize him — *Figurarsi!,* Just fancy! — *Ma si figuri!,* Say no more! — *'Disturbiamo?' - 'Ma figuratevi!',* 'Are we disturbing you?' - 'Not at all! (Of course not!)'.

figurativo *agg* figurative.

figurato *agg* **1** figured; figure *(attrib.).* **2** *(linguaggio)* figurative. **3** *(illustrato)* illustrated.

figurazione *sf* figuration.

figurina *sf* **1** *(statuetta)* figurine. **2** *(cartoncino)* picture-card.

figurinista *sm e f.* painter of figures; dress designer.

figurino *sm* **1** *(disegno)* fashion sketch (*o* plate): *Sembra un figurino,* He looks like something out of a fashion magazine. **2** *(rivista)* fashion magazine.

figuro *sm* doubtful *(o* shady, *fam.)* character.

figurone *sm fare un figurone,* to cut a fine figure; to cut a dash.

fila *sf* **1** line; *(serie)* series: *la fila dei prigionieri,* the line of prisoners — *una fila di sciagure,* a series of disasters — *di fila, (uno dopo l'altro)* in succession; running; on end; *(ininterrottamente)* continuously; uninterruptedly — *cinque giorni di fila,* five days running — *fuoco di fila, (anche fig.)* quick fire — *mettere in fila,* to line up. **2** *(di persone o cose disposte in senso longitudinale)* file; *(coda)* queue; *(colonna sulla scacchiera)* file: *in fila indiana,* in single (in Indian) file — *fare la fila,* to queue up — *mettersi in fila,* to join the queue. **3** *(di persone o cose disposte in senso orizzontale)* row; *(successione di stanze)* suite: *Il Suo posto è nella quinta fila,* Your seat is in the fifth row — *una fila dietro l'altra,* row upon row — *una fila di case,* a row of houses — *molte stanze in fila,* a suite of many rooms. **4** *(mil.)* rank; file: *in prima fila,* in the front rank *(anche fig.)* — *Rompete le file!,* Dismiss!; Fall out! — *Per fila destr' (sinistr')!,* Right (Left) wheel! — *mettersi in fila,* to form up; to fall in — *stare in fila,* to keep ranks — *serrare le file,* to close the ranks — *disertare le file,* to desert.

filaccia *sf* bast; *(di lino)* lint.

filamento *sm* filament.

filamentoso *agg* filamentous; threadlike.

filanca *sf* stretch material.

filanda *sf* spinning-mill; *(della seta)* silk mill.

filandra *sf* waste.

filante *agg (di pista da sci)* fast. □ *stelle filanti,* shooting stars; *(strisce di carta)* streamers.

filantropia *sf* philanthropy.

filantropico *agg* philanthropic.

filantropo *sm* philanthropist.

[1]**filare** *vi* **1** *(andarsene, correre via)* to run* (away); to make* off; to clear out: *Appena mi vide filò via,* As soon as he saw me, he ran away — *Fila!,* Be off with you!; Clear off! *(fam.);* Buzz off! *(fam.); (più forte)* Get out! — *Fila subito a letto!,* Go straight to bed! — *filarsela all'inglese,* to take French leave. **2** *(procedere)* to go*: *La mia macchina nuova filava che era un piacere,* My new car purred along beautifully. **3** *(fig.: scorrere)* to follow (on); to tally; to hang* together. **4** *(filar dritto)* to behave: *Ricordati di filar dritto,* Remember to behave well (to toe the line) — *far filare qcno,* to make sb behave properly; to keep sb up to the mark. **5** *(di liquido)* to trickle; *(talvolta, di liquido viscoso)* to rope. **6** *(fam.: amoreggiare)* to go* out (with sb); *(da molto tempo)* to go* steady: *Fila con mia sorella,* He is going out (He goes out) with my sister; He's my sister's boy friend.

□ *vt* **1** *(lana, cotone, ecc.)* to spin*; *(metalli)* to draw*: *La nonna filava la lana,* My grandmother used to spin wool — *filare l'oro,* to draw gold into wire (into fine thread). **2** *(naut.)* to ease off (*o* away); to pay* out: *filare una gomena,* to ease off a cable. □ *Erano i tempi in cui Berta filava,* Those were the days!

[2]**filare** *sm* row.

filarmonica *sf* philharmonic (*o* music) society.

filarmonico *agg e sm* philharmonic.

filastrocca *sf* **1** rigmarole; (endless) list; (whole) series. **2** *(per bambini)* nursery-rhyme.

filatelia *sf* philately; *(più comune)* stamp-collecting.

filatelico *agg* philatelic.

□ *sm* philatelist; *(collezionista, anche)* stamp-collector; *(venditore)* stamp-dealer.

filato *agg* **1** spun: *filato a secco,* dry-spun — *oro filato,* spun gold — *zucchero filato,* candy floss. **2** *(fig.: coerente)* consistent; well-arranged: *ragionamento filato,* coherent reasoning. **3** *(fig.: ininterrotto)* running; on end: *per cinque ore filate,* for five hours running; for five hours on end.

□ *sm* yarn: *filato pettinato (ritorto),* worsted (twisted) yarn — *filato di lana,* woollen yarn — *filato di lino,* flax yarn; line — *filato di raion,* staple fibre — *filato metallico,* lamé *(fr.)* — *filato per calze,* fingering — *filato cucirino,* sewing thread.

filatoio *sm* **1** *(mecc.)* spinning-machine; spinner; spinning frame; *(arcolaio)* spinning-wheel. **2** *(filanda)* spinning-mill.

filatore *sm* spinner.

filatrice *sf* **1** spinner. **2** *(aspatrice)* automatic reeling apparatus.

filatura *sf* **1** spinning. **2** *(filanda)* spinning-mill.

filellenico *agg* philhellenic.

filellenismo *sm* philhellenism.

filelleno *sm* philhellene; philhellenist.

filettaggio *sm* screw-cutting.

filettare *vt* **1** *(ornare di filetto)* to border; to ornament. **2** *(mecc.)* to thread.

filettatrice *sf* *(mecc.)* threader; thread-cutting machine.

filettatura *sf* **1** *(di capi di vestiario)* trimming. **2** *(mecc.: di viti, ecc.)* threading; *(filetto)* thread: *filettatura multipla,* multiple screw thread — *fare una filettatura,* to cut a thread; *(al tornio)* to chase. **3** *(tipografia)* ruling.

filetto *sm* **1** *(ornamento, bordo)* fillet; border; line;

(mil.) braid; *(d'oro)* gold braid; scrambled egg *(sl.)*; *(gallone)* stripe. **2** *(cucina)* fillet: *filetti di sogliola,* fillets of sole — *un filetto di manzo,* a fillet steak. **3** *(mecc.)* thread; screw thread. **4** *(trattino di penna)* serif. **5** *(tipografia)* rule. **6** *(morso di cavallo)* bit; curb. **7** *(anat.)* frenum.

[1]**filiale** *agg* filial.

[2]**filiale** *sf* branch; branch office.

filiazione *sf* filiation.

filibustiere *sm (corsaro)* freebooter; buccaneer; filibuster; *(fig.)* adventurer; *(imbroglione)* swindler; *(mascalzone)* rogue; scoundrel.

filiera *sf* **1** *(mecc.: per filettare viti)* die; threading die; screw-cutting die; *(per tubi)* pipe die; *(per filettare a mano)* adjustable circular die. **2** *(trafila per metalli o plastica)* die; die-plate; drawplate; drawing-machine. **3** *(industria tessile)* nozzle; spinneret(te). **4** *(di ragno)* spinneret.

filiforme *agg* thread-like; filiform.

filigrana *sf* **1** *(gioielleria)* filigree. **2** *(della carta)* watermark.

filigranato *agg (di carta)* watermarked.

filippica *sf* philippic.

filippino *agg* Philippine. □ *sm* Filipino; native of the Philippines; *(la lingua)* Filipino.

filisteismo *sm* philistinism.

filisteo *sm (Bibbia)* Philistine; *(fig.)* philistine.

fillossera *sf* phylloxera.

film *sm* film; (motion-)picture; movie *(USA)*; flick *(GB, un po' desueto)*: *film muto,* silent film — *film di attualità,* news-reel; *(cartoni animati)* cartoon — *film dell'orrore,* horror film — *film western,* Western — *film giallo,* detective film; *(talvolta, impropriamente)* thriller — *film a lungo metraggio,* feature film — *film a puntate,* serial — *girare un film,* to shoot a film.

filmare *vt* to film; to shoot*: *filmare una scena,* to shoot a scene.

filmato *sm (televisione, ecc.)* filmed sequence.

filmina *sf* film strip; *(al pl., anche)* home movies *(fam.)*.

filo *sm* **1** thread *(anche fig.)*; *(spec. nell'industria tessile)* yarn; cotton; *(talvolta)* string: *un rocchetto di filo di seta,* a reel of silk thread — *ago e filo,* needle and thread — *filo dorato,* gold thread — *filo di Scozia,* lisle thread — *calze di filo,* cotton socks — *filo per cucire,* sewing thread — *filo semplice,* single thread — *un filo di luce (di fumo),* a thread of light (of smoke) — *il filo della vita,* the thread of life — *essere appeso a un filo, (fig.)* to hang by a thread — *perdere il filo (del discorso),* to lose the thread (of what one is saying) — *seguire il filo del discorso,* to get the gist of what sb is saying — *riprendere il filo (del discorso),* to pick up (to resume) the thread — *un filo di perle,* a string of pearls — *i fili dei burattini,* the puppet strings — *filo di ordito,* warp yarn — *filo di cascame,* waste yarn — *filo di trama,* weft thread — *filo forte,* firm yarn — *filo peloso,* fluffy yarn — *filo ritorto,* twisted yarn.

2 *(metallico)* wire; *(cavo)* cable; *(per altri usi)* line: *filo del telefono,* telephone wire — *filo elettrico,* electric wire — *filo adduttore,* lead-in wire — *filo armonico,* piano (*o* music) wire — *tagliare i fili,* to cut the wires — *filo di ferro (di platino),* steel (platinum) wire — *filo di bloccaggio,* locking wire — *filo di terra,* ground (*o* earth) wire — *filo portante,* carrying wire — *filo rivestito di gomma (piombo, ecc.),* rubber (lead, ecc.) covered wire — *filo ramato (stagnato),* coppered (tinned) wire — *filo sotto tensione,* hot wire — *filo spinato,* barbed wire — *a due fili,* twin-wire — *filo ad alta tensione,* high-tension cable — *filo a piombo,* plumb-line — *filo da stendere,* washing-line; line — *montare un fil di ferro,* to wire.

3 *(taglio di lama)* edge: *camminare sul filo del rasoio, (fig.)* to walk on the razor's edge — *passare qcno a filo di spada,* to put sb to the sword.

4 *(venatura)* grain: *tagliare il legno secondo (contro) il filo,* to cut wood with (against) the grain — *tagliare la carne secondo il filo,* to carve meat with the grain.

5 (*al pl.:* **fila**) threads; strings; strands; reins: *sbrogliare le fila di un intreccio,* to unravel the threads of a plot — *fare le fila, (di formaggio, ecc.)* to rope; to go into threads — *Chi tiene le fila in questa scuola?,* Who holds the reins in this school? — *imbrogliare le fila,* to muddle things up; to make a mess — *tirare la fila, (fig.)* to end up; to conclude.

6 un filo di..., *(varie traduzioni ⇨ sotto)*: *Non ha un filo di buon senso,* He hasn't an ounce of common sense — *un filo d'acqua,* a trickle (a fine stream) of water — *il filo dell'acqua,* the flow of the current — *un filo d'aria,* a breath of air — *un filo d'erba,* a blade of grass — *un filo di speranza,* a ray of hope — *con un filo di voce,* in a small (*o* weak, thin) voice.

□ *dar del filo da torcere (a qcno),* to lead (sb) a dance; to cause (sb) a lot of trouble; to be a hard nut to crack (for sb) — *fare il filo a qcno,* to court sb — *per filo e per segno,* in detail; leaving out nothing; from A to Z — **di filo,** continuously; one after the other.

filobus *sm* trolley(-)bus.

filocomunista *agg* pro-communist.

□ *sm e f.* fellow-traveller; communist sympathizer; pro-Communist.

filodiffusione *sf* rediffusion; wire broadcasting; line radio.

filodrammatica *sf* amateur dramatic society.

filodrammatico *agg* theatrical: *compagnia filodrammatica,* company of amateur actors; amateur dramatic society — *rappresentazioni filodrammatiche,* theatricals.

□ *sm* amateur actor.

filologia *sf* **1** philology: *filologia comparata,* comparative philology. **2** *(= linguistica)* linguistics *(col v. al sing.)*.

filologico *agg* **1** *(riferito alla filologia)* philologist. **2** *(preciso, accurato e erudito)* scholarly.

filologo *sm* philologist *(non molto comune)*; *(studioso di linguistica)* student of linguistics; linguistic scholar; *(talvolta)* linguist.

filone *sm* **1** *(metallifero)* vein; lode; *(carbonifero)* seam; *(strato)* sill: *filone principale,* mother lode. **2** *(corrente)* race. **3** *(fig.: tradizione letteraria)* trend; current. **4** *(di pane)* French loaf. **5** *(fam.: furbacchione)* smart guy *(USA)*; smart Alec *(GB)*.

filoso *agg* stringy.

filosofare *vi* to philosophize.

filosofia *sf* **1** philosophy: *filosofia del diritto,* philosophy of law — *prendere (accettare) qcsa con filosofia,* to take sth philosophically. **2** *(per estensione: Facoltà, corso di studi)* philosophy: *È iscritto a filosofia,* He's reading philosophy. □ *filosofia spicciola,* common sense.

filosofico *agg* philosophical.

filosofo *sm* philosopher.

filovia *sf (il mezzo)* trolley-bus; *(la linea)* trolley-bus line; *(linea aerea)* trolley-bus wires *(pl.)*.

filtraggio *sm* filtering; filtration.

filtrare *vt* to filter; *(cucina)* to strain; *(caffè)* to percolate.

□ *vi (di luce, ecc.)* to filter; *(di liquidi)* to seep; to percolate; *(di notizia)* to leak out: *filtrare tra le maglie della difesa, (calcio)* to slip through the defence.

filtrato *sm* filtrate.

filtrazione *sf* filtering; filtration.

filtro *sm* **1** filter; *(da caffè)* percolator; *(da brodo, da tè)* strainer: *filtro giallo, (in fotografia)* yellow filter — *filtro dell'olio, (automobile)* oil filter — *sigarette con filtro,* filter-tip cigarettes. **2** *(pozione magica)* philtre; love potion.

filugello *sm* silkworm.

filza *sf* string *(anche fig.); (di documenti, ecc.)* file: *una filza di cifre,* a string of figures — *una filza di bugie,* a string of lies — *punto a filza, (cucito)* running stitch.

finale *agg* **1** final; conclusive; last: *il Giudizio finale,* the Last Judgement. **2** *(gramm.)* final: *proposizione finale,* final clause.

□ *sm* end; ending; *(mus.)* 'finale': *gran finale,* grand finale *(anche fig.).*

□ *sf* final; *(spesso, sport, al pl.)* finals: *entrare in finale,* to reach the final(s).

finalissima *sf* final.

finalista *sm e f.* finalist.

finalità *sf* **1** *(filosofia)* finality. **2** *(scopo)* aim; end.

finalmente *avv* **1** at last; at long last; finally: *Finalmente!,* At last! **2** *(da ultimo)* lastly; in the end.

finanza *sf* **1** finance: *il mondo dell'alta finanza,* the world of high finance — *scienza delle finanze,* finance. **2** *(al pl.: entrate dello Stato)* finances; national revenue *(sing.): il ministro delle Finanze,* the Minister of Finance; *(GB)* the Chancellor of the Exchequer — *Guardia di Finanza, (anche: la Finanza)* Customs and Inland Revenue Service — *Intendenza di Finanza,* Inland Revenue Office. **3** *(al pl., scherz.)* finances.

finanziamento *sm* **1** financing; funding; *(d'uno spettacolo)* backing. **2** *(spesso al pl.: i fondi stessi)* funds *(pl.);* finance.

finanziare *vt* to finance; to fund; *(uno spettacolo)* to back.

finanziaria *sf* holding company; *(società di collocamento)* investment trust.

finanziario *agg* financial: *dal punto di vista finanziario,* from the financial point of view; financially speaking — *anno finanziario,* financial (*o* fiscal) year.

finanziatore *sm* financer; *(di uno spettacolo)* backer; angel *(fam.).*

finanziera *sf* **1** *(tipo di giacca)* frock-coat. **2** *(cucina)* financière *(fr.).*

finanziere *sm* **1** financier; *(esperto)* financial expert. **2** *(guardia di finanza)* frontier guard.

finché *congiunz* **1** *(fino a quando)* until; till: *Gridò finché lo sentirono,* He shouted till they heard him. **2** *(per tutto il tempo che)* as long as; *(mentre)* while: *Vai avanti finché puoi,* Go on as long as you can; *(riferito a spazio)* Go on as far as you can — *Finché c'è vita c'è speranza, (prov.)* While there is life there is hope — *Finché tu scrivi, io leggo,* I'll read while you're writing.

[1]**fine** *sf* **1** end; close; conclusion: *alla fine, (riferito allo spazio)* at the end; *(tempo)* in the end — *la fine del mondo,* the end of the world; *(fig.)* something exceptional; *(un successone)* a big hit — *il principio della fine,* the beginning of the end — *alla fine della giornata,* at the end (the close) of the day — *a fine mese,* at the end of the month — *a fine anno,* at the end of the year — *cifre di fine anno,* year's-end figures — *verso la fine di ottobre,* in late October; towards the end of October — *fine settimana,* week-end — *senza fine,* without end; endless *(agg.);* endlessly *(avv.)* — *mettere, porre fine a qcsa,* to put an end to sth — *volgere alla fine,* to draw to an end — *giungere alla fine (aver fine),* to come to an end — *alla fin fine; in fin dei conti,* after all — *alla fine (finalmente),* at last; *(dopo un certo tempo)* in the end — *in fine (in conclusione),* lastly; finally. **2** *(morte: anche fig.)* end; death: *fare una buona (cattiva) fine,* to come to a good (bad) end — *fare una brutta fine,* to come to a sticky end.

□ *essere in fin di vita,* to be dying; to be at death's door; to be at one's (at the) last gasp — *fine corsa, (di autobus, ecc.)* terminus; *(talvolta)* terminal; *(mecc.: di pistoni)* end of stroke; *(arresto)* endstop; *(interruttore)* limit switch — *Che fine ha fatto?,* What has become of it (of him, *ecc.*)? — *Buona fine e buon principio!,* (A) Happy New Year!

[2]**fine** *sm* **1** object; aim; purpose; end *(spec. filosofia): È fine a se stesso,* It's an end in itself — *secondo fine,* ulterior motive; hidden purpose — *A che fine?,* What for?; To what purpose *(o* end, *lett.)?* — *a fin di bene,* to a good end; *(più comune)* with good intentions. **2** *(esito)* conclusion; ending: *condurre qcsa a buon fine,* to bring sth to a satisfactory conclusion.

□ *salvo buon fine, (comm.)* subject to collection.

[3]**fine** *agg* **1** fine; *(sottile)* thin; *(delicato)* delicate. **2** *(fig.: acuto)* subtle; keen. **3** *(fig.: raffinato)* refined; fine.

□ *avere l'udito fine,* to have a keen ear — *far fine, (fam.)* to be refined.

finemente *avv* **1** *(a pezzi sottili, a fette)* finely; thinly. **2** *(con delicatezza)* finely; well. **3** *(con acume)* shrewdly; subtly.

finestra *sf* **1** window; *(talvolta)* light: *finestra a battenti,* (casement) window — *finestra a ghigliottina,* sash-window — *finestra a lunetta, (sopra la porta)* fanlight — *finestra sopra tetto,* skylight — *finestra ad abbaino,* dormer window — *finestra a vetri colorati,* stained-glass window. **2** *(anat.)* fenestra *(pl.* fenestrae*).* **3** *(alpinismo: bocchetta, avvallamento)* depression (in a crest); small opening.

□ *affacciarsi alla finestra,* to appear at the window — *buttare i soldi dalla finestra, (fig.)* to squander one's money; to throw money down the drain — *rientrare dalla finestra, (fig.)* to get in by the back-door — *Cacciato dall'uscio, rientra dalla finestra,* There's no way of getting rid of him (of it).

finestrino *sm* **1** window. **2** *(oblò)* porthole.

finezza *sf* **1** fineness; thinness. **2** *(sottigliezza)* subtlety; *(di linguaggio, ecc.)* nicety. **3** *(raffinatezza)* refinement; delicacy. □ *finezza d'udito,* sharpness (*o* keenness) of hearing.

fingere *vt e i.* **1** to pretend; to simulate; to sham; to feign: *Finge soltanto!,* He's only pretending! — *fingere di dormire,* to pretend to be asleep — *fingere di non sentire,* to pretend not to hear — *Sa fingere molto bene,* He's very good at hiding what he thinks. **2** *(supporre)* to suppose; to imagine.

□ **fingersi** *v. rifl* to pretend; to feign: *fingersi morto,* to pretend to be dead; to sham dead; *(di animale)* to play possum — *fingersi ignorante,* to feign ignorance — *fingersi malato,* to pretend to be ill; to feign illness; *(di soldato, ecc.)* to malinger; to swing the lead *(sl.).*

finimento *sm* **1** *(rifinitura)* finishing; completion. **2** *(al pl.: bardatura di cavallo)* harness *(sing.);* trappings *(pl.): mettere i finimenti a un cavallo,* to harness a horse.

finimondo *sm* **1** end of the world. **2** *(fig.)* turmoil; rumpus; pandemonium.

[1]**finire** *vi* **1** *(giungere al termine)* to finish; to end; to come* to an end; *(smettere)* to stop; to cease: *Il film finirà alle dieci,* The film will finish at ten — *Nacque prima che la guerra fosse finita,* He was born before the war ended — *L'impero romano finì nel 476,* The Roman Empire came to an end in 476 — **finire di...** *(con l'infinito)* to stop... *(con il gerundio)* — *Quando finirai di seccarmi?,* When will you stop pestering me? — *Possiamo uscire, è finito di nevicare,* We can go out, it's stopped snowing — *Ha finito di soffrire,* His sufferings are ended (are over) — ⇨ *anche* **finito,** *agg.*
2 finire con (per)... *(con l'infinito)* to end up by... *(con il gerundio): Finì per accettare,* He ended up by accepting.
3 *(con un agg.: diventare)* to end up: *Nonostante le continue cure, il poveretto finì pazzo,* In spite of continuous treatment, the poor chap ended up insane.
4 *(concludersi)* to end (up); to finish up: *finire in bellezza,* to finish up on the right note — *Com'è finito tuo cugino?,* What has become of your cousin? — *La cosa non finisce qui,* Don't think you've heard the last of the matter (*o* the end of it) — *Tutto è bene quel che finisce bene, (prov.)* All's well that ends well — **andare a finire,** to end up — *Dov'è andato a finire?,* Where did he end up?; Where did he get to? — *Dove vuoi andare a finire?,* What are you driving at?
5 *(consumarsi, di abiti, ecc.)* to be* worn out; *(di provviste)* to run* out; *(in un negozio, ecc.)* to be* sold out: *Questi pantaloni sono finiti, li devo buttar via,* These trousers are worn out, I must throw them away — *Mi spiace, ma il pane è finito per oggi,* Sorry, but the bread is sold out (for today); Sorry, we've no more bread until tomorrow — *Oh, l'olio è finito!,* Oh, the oil has run out!; Oh, we've run out of oil!
6 *(morire)* to die: *Finì in miseria,* He died in poverty; He died a poor man.
7 *(di fiume)* to flow into: *Il Sangone finisce nel Po sopra Torino,* The Sangone flows into the Po above Turin.
□ *vt* **1** *(portare a termine)* to finish; to end; to bring* (sth) to an end; to conclude; to complete; to put* an end (to sth); to terminate: *Devo finire i compiti prima di uscire,* I must finish my homework before going out — *Vorrei finire i miei giorni in Tahiti,* I'd like to end my days in Tahiti — *Vorrebbe che si finisse la controversia,* He'd like us to put an end to our dispute — *Ha finito i suoi studi l'anno scorso,* He completed his studies last year.
2 *(esaurire, dare fondo a)* to finish up; to polish off *(fam.)*; *(di bevande, anche)* to knock back *(fam.)*: *Potresti finire il formaggio?,* Could you finish up the cheese? — *Abbiamo finito tutti i nostri risparmi!,* We've finished up (got through) all our savings! — *Aveva già finito un bicchiere, prima ancora che ci fossimo tolti il cappotto,* He'd polished off (He'd knocked back) a glass before we'd even got our coats off.
3 *(smettere, sospendere)* to stop; to leave* off; to have* done (with sb): *Non finiva più le sue lamentele!,* He just couldn't stop complaining! — *Finiscila!,* Stop it!; Pack it in! *(sl.)*; Knock it off! *(sl.)* — *La finisci di piangere?, (fam.)* Will you stop crying, for heaven's sake? — *Restituirò tutto, pur di finirla!,* I'll send it all back, just to have done with it! — *È ora di finirla!,* It's high time to stop! (It's high time you stopped, we stopped, *ecc.*) — *Non vedo l'ora di finirla con quel farabutto del mio socio,* I can't wait to have done with that thieving partner of mine.
4 *(uccidere)* to kill; to finish off *(fam.)*; *(dare il colpo di grazia)* to dispatch *(lett.)*; *(stor. e fig.)* to give* the coup de grace *(fr.)*: *L'ho dovuto finire per non vederlo soffrire,* I had to finish him off because I couldn't bear to see him suffer — *La morte del figlio lo finì,* The death of his son finished him off.

[2]**finire** *come sm* end: *sul finire del giorno,* at the end of the day; towards evening.

finitezza *sf* **1** *(compiutezza)* perfection; perfect finish. **2** *(opposto di infinità)* finiteness.

[1]**finito** *agg* **1** finished; ended; *(in certe espressioni di tempo)* over *(avv.)*; up *(avv.)*: *un mobile ben finito,* a beautifully finished piece of furniture — *La giornata (la lezione, la commedia) è finita,* The day (the lesson, the play) is over — *Il tempo (a sua disposizione, ecc.) è finito,* Your (his, *ecc.*) time is up — *È tutto finito!; È finita!,* It's all over! — *Falla finita!,* Have done with it!; Stop it! — *L'ho finita con Maria,* I am through with Maria — *farla finita con qcsa,* to put an end (a stop) to sth. **2** *(bravo, abile)* accomplished; perfect: *È un artista finito,* He is an accomplished artist. **3** *(spacciato)* done for; *(rovinato)* broken; washed-up *(fam.)*: *È finito come artista, (non ha più nulla da dare o da dire)* He is finished as an artist — *È un uomo finito, (rovinato)* He's done for; *(malandato)* He is a broken man. **4** *(gramm., ecc.)* finite.

[2]**finito** *sm (gramm., filosofia, ecc.)* finite: *Il finito e l'infinito sono due opposti,* The finite and the infinite are two opposites.

finitrice *sf* finishing-machine.

finitura *sf* **1** finish; *(di un capo di vestiario)* trimmings *(pl.)*: *finitura a tampone,* french-polishing — *finitura speculare,* mirror finish. **2** *(industria tessile)* dressing.

finlandese *agg* Finnish. □ *sm* **1** Finn. **2** *(la lingua)* Finnish.

[1]**fino** *avv (persino)* even. □ *fin troppo,* (if anything) too much.

[2]**fino** *prep* **1 fino a, - a)** *(tempo)* till; until; up to: *fino ad oggi; fino ad ora,* till (*o* until) now; so far; hitherto *(lett.)* — *fino a domani,* till tomorrow — *fino al 23 febbraio,* up to (*o* until) February 23rd — *fino alla prossima volta,* till (*o* until) next time — *fino a quel momento,* up to that time; till that moment — *resistere fino all'ultimo,* to hold out to the end — *Non mangerai fino a quando (a che) non avrai finito,* You'll get nothing to eat until you have finished — *fino a quando?,* till when?; *(per quanto tempo)* how long?
b) *(distanza, limite)* as far as; to: *Andammo insieme fino al parco,* We went together as far as the park — *Verrò con te fino alla stazione,* I shall come with you to (*o* as far as) the station — *Il giardino si estende fino al ruscello,* The garden reaches to the brook — *Spese fino all'ultimo centesimo,* He squandered his money to the last penny — *Combatté fino all'ultimo,* He fought to the last (to the end) — *fin dove? (fino a che punto?),* how far?
c) *(seguito dall'inf.)* so (much) that: *Studiò fino ad impazzire,* He studied so much that he went mad — *Mia suocera gridò fino a restare senza voce,* My mother-in-law yelled so much that she lost her voice.
2 fin da, - a) *(fin da oggi, domani)* from; *(fin da ieri, da un tempo passato)* since: *È stato allevato dalla zia fin dall'infanzia,* He has been brought up by his aunt since he was a child — *fin d'ora,* from now on; *(subito)* right now; straight away; starting from now

— *Dovrai rigare diritto, e fin d'ora!,* You'll have to go straight (to behave well), starting from now!
b) *(distanza, ecc.)* from as far as; from: *Ti avevo visto fin dalla cima della collina,* I had seen you from (as far as) the top of the hill.

finocchio *sm* **1** *(bot.)* fennel; *(cucina)* sweet fennel. **2** *(volg.: omosessuale)* queer; pansy; fairy *(USA)*; gay person *(pl.* gay people*)*; poof *(pl.* poofs *o* pooves *GB, sl.)*.

finora *avv* so far; till now; until now; up till (up to) now; up to the present; *(ancora)* yet *(soltanto in frasi negative)*: *Finora ha sempre fatto i comodacci propri,* So far he's always done just as he pleased — *Finora non ho avuto alcuna sua notizia,* I've not yet heard from him; *(più fam.)* I haven't had a word from him yet (*o* as yet).

finta *sf* **1** feint; pretence; *(nel calcio)* feint; *(nella scherma, mil.)* feint: *fare una finta,* to make a feint; *(calcio)* to sell the dummy — *far finta di...,* to pretend to... — *fare finta di niente,* to act as though nothing had happened. **2** *(sartoria)* flap; false front; *(dei pantaloni)* fly *(generalm. al pl.* flies*)*.

fintaggine *sf* duplicity; feint; pretence.

fintanto *avv* until: *fintantoché (fintanto che),* until.

[1]**finto** *agg (falso, posticcio)* false; *(artificiale)* artificial; *(simulato)* simulated; feigned; sham; *(non reale)* mock; dummy: *amici finti,* false friends — *fiori finti,* artificial flowers — *finta pazzia,* simulated madness — *una finta battaglia,* a mock (a sham) battle — *finto missile,* a dummy missile — *righi finti, (mus.)* leger lines — *una borsa in finta pelle,* an imitation leather bag.

[2]**finto** *sm* **1** *(anche fintone)* hypocrite; dissembler; humbug. **2** *(finzione)* false: *il vero e il finto,* the true and the false.

finzione *sf* pretence; sham; make-believe; *(impostura)* falsehood; *(cosa immaginata)* fiction; invention: *senza finzione,* frank; sincere; straight — *parlare senza finzione,* to speak openly; to be frank — *finzione poetica,* poetic fiction.

fio *sm* penalty: *pagare il fio di qcsa,* to pay the penalty (to be punished) for sth.

fioccare *vi* **1** to fall* in flakes; to fall* thickly; to drift down in flakes. **2** *(fig.)* to shower; to fall* thick and fast: *Le proteste fioccarono,* Protests rolled in; We were showered (*o* snowed under) with protests.

fiocco *sm* **1** *(di nastro, ecc.)* bow; knot; *(nappa)* tassel; *(ciuffo)* tuft: *fare un fiocco,* to make a bow — *legare con un fiocco,* to tie in a bow. **2** *(di neve, ecc.)* flake: *fiocchi d'avena,* corn-flakes. **3** *(bioccolo di lana o cotone)* flock; tuft; *(di fibra artificiale)* staple. **4** *(naut.)* jib; staysail; Genoa. □ *coi fiocchi, (fig.)* excellent; exceptional; really good; first-rate; *(di un pasto)* slap-up *(fam.)* — *mettersi in fiocchi (fig.: mettersi l'abito di gala),* to dress up; to put on one's glad rags *(fam.)* — *fare un fiocco, (sl.)* to steal.

fiocina *sf* harpoon; fish-spear; gig.

fiocinare *vt* to harpoon.

fiociniere *sm* harpooner.

fioco *agg* weak; feeble; *(di suono)* faint; *(di luce)* dim.

fionda *sf* **1** *(arma da getto)* sling. **2** *(giocattolo)* catapult; slingshot.

fioraia *sf* florist; *(ambulante)* flower-girl; flower-seller.

fioraio *sm* florist; *(ambulante)* flower-seller: *andare dal fioraio,* to go to the florist's.

fiorame *sm* flower (*o* floral) pattern: *a fiorami,* flowered.

fiorato *agg* flowered; floral.

fiordaliso *sm* **1** *(bot.)* cornflower. **2** *(araldica)* lily; fleur-de-lis (lys); flower-de-luce *(USA)*.

fiordo *sm* fiord; fjord.

fiore *sm* **1** flower *(anche fig.)*; *(spec. di albero da frutta)* blossom: *La bellezza è un fiore caduco,* Beauty is a short-lived flower — *un mazzo di fiori,* a bunch of flowers — *un vaso da fiori, (per fiori recisi)* a (flower-)vase; a (flower-)bowl; *(per piante, con terra)* a flower-pot — *un fiore all'occhiello,* a flower in one's button-hole; a button-hole — *fior di prato, (pratolina)* daisy — *fiori di antimonio,* flowers of antimony — *La vita non è sempre rose e fiori, (prov.)* Life is not an endless honeymoon; Life isn't all beer and skittles — **... a fiori,** flowered — *un abito a fiori,* a dress with a flowered pattern. **2** *(fioritura)* bloom *(anche fig.)*; *(di albero da frutta)* blossom; *(in certe espressioni)* flower: *essere in fiore,* to be in flower (in bloom, in blossom) — *nel fiore della vita,* in the flower (in the bloom, in the prime) of life — *Morì nel fiore degli anni,* He died in his prime. **3** *fiori, (al gioco delle carte)* clubs: *il re di fiori,* the king of clubs. **4** *(parte scelta)* pick; cream; best part: *il fior fiore della società,* the cream of society — *fior di farina,* best quality flour — *fior di latte,* cream; *(se prelevato da una bottiglia di latte non omogeneizzato)* top of the milk — *un fior di ragazza,* a really beautiful (*o* lovely) girl — *un fior di birbante,* a real (a notorious) blackguard. **5 fior di...,** *(grande quantità)* a lot of...; a great deal of...: *Ho pagato fior di quattrini per questa casa,* I paid a lot of money for this house. **6 a fior di...,** on the surface of... *(ma ⇨ i seguenti esempi)*: *Ho i nervi a fior di pelle,* My nerves are (all) on edge — *Il dolore è solo a fior di pelle,* It's just a superficial pain — *a fior di labbra,* in a whisper — *pregare a fior di labbra,* to whisper one's prayers — *volare a fior d'acqua,* to fly at water level (over the surface of the water); *(toccando l'acqua)* to skim the water.

fiorellino *sm* floweret; floret.

fiorente *agg* **1** flowering; blooming. **2** *(fig.)* flourishing; thriving.

fiorentino *agg e sm* Florentine: *alla fiorentina,* in the Florentine manner; *(in cucina)* Florentine style.

fiorettare *vt* **1** to embellish; to ornate. **2** *(spreg.)* to lard.

fiorettatura *sf* **1** embellishment; flowery phrase: *un discorso pieno di fiorettature,* a speech larded with florid expressions. **2** *(mus.)* fioritura.

fiorettista *sm* foilsman *(pl.* -men*)*; fencer (who uses a foil).

fioretto *sm* **1** *(mus., ecc.)* ornament; embellishment; grace. **2** *(buona azione)* good action; *(piccolo sacrificio)* act of mortification; small act of sacrifice. **3** *(al pl.: scelta, selezione)* flowers; selected passages; selection *(sing.)*. **4** *(industria tessile, cascame)* waste. **5** *(scherma)* foil. **6** *(mecc.: bastone isolato)* insulating-rod. **7** *(mecc.) (punta di perforatrice) (GB)* stell; *(USA)* drilling-bit.

fioriera *sf* flower vase (with perforated top).

fiorile *sm (stor. fr.)* Floreal.

fiorino *sm* florin.

fiorire *vi* **1** to flower; to bloom; to come* into flower; *(di alberi da frutta)* to blossom; *(di giardini, ecc.)* to be* in bloom: *Il pesco sta fiorendo,* The peach-tree is blossoming — *Le valli sono tutte fiorite,* The valleys are all in bloom. **2** *(fig.)* to flourish; *(prosperare)* to prosper; to thrive: *Firenze fioriva di giovani artisti,* Florence was full of (was bursting with, was overflowing with) young artists — *Qui una volta fiorivano le industrie cotoniere,* Once cotton factories (the cotton industry) thrived (used to flourish) here. **3** *(ammuffire)* to mildew: *Il soffitto fiorisce,* The ceiling is mildewing. **4** *(di vino: fare la fioretta)* to grow* mould. □ *Se son rose fioriranno, (prov.)* The proof of the pudding is in the eating.

□ *vt* **1** *(far fiorire)* to flower; to make* (to) flower; to bring* into bloom: *La primavera fiorisce i prati,* Spring brings the meadows into flower. **2** *(ornare di fiori, ecc.)* to flourish; to embellish: *un discorso fiorito di strafalcioni,* a speech full of howlers.

fiorista *sm e f.* **1** *(fioraio)* florist. **2** *(pittore)* flower painter. **3** *(chi fa fiori artificiali)* maker of artificial flowers.

fiorita *sf* carpet (of flowers): *una fiorita di narcisi,* a carpet of narcissi.

fiorito *agg* **1** flowery; full of flowers; *(in fiore)* in flower; in bloom; *(spec. di alberi da frutta)* in blossom; blossoming. **2** *(fig.: ornato)* florid; ornate; flowery; *(elegante)* elegant: *stile fiorito,* florid (*o* ornate) style.

fioritura *sf* **1** flowering; blooming; *(spec. di alberi da frutta)* blossoming; *(insieme di fiori)* flowers *(pl.)*; crop of flowers: *in piena fioritura,* in full blossom — *il periodo della fioritura,* time of flowering; blossom time. **2** *(mus.)* embellishment; 'fioritura'.

fiosso *sm* **1** *(arco del piede)* arch; instep. **2** *(parte della scarpa)* shank; waist.

fiottare *vi* **1** to gush (to stream) out. **2** *(piagnucolare)* to moan; to whimper.

fiotto *sm* flow; stream; gush; spurt; flood: *a fiotti,* in torrents — *sgorgare a fiotti,* to gush.

firma *sf* **1** *(il firmare)* signing; signature: *passare qcsa alla firma,* to submit sth for signing (for signature). **2** signature: *una firma falsa,* a forged signature — *firma depositata,* specimen signature — *apporre la propria firma,* to sign one's name; to put one's signature (on, to sth) — *apporre una firma in bianco a un assegno,* to sign a blank cheque — *autenticare una firma, (dir.)* to certify a signature — *registro delle firme,* visitors' book. **3** *(fig.: nome)* name: *È una grande firma,* He's a big name. **4** *(comm.: diritto di firmare)* power to sign. □ *Ci farei la firma!,* I should accept like a shot!

firmaiolo *sm (sl. mil.)* conscript who signs on for a further period of service.

firmamento *sm* firmament.

firmare *vt* to sign; to put* one's signature (on, to sth); *(sottoscrivere)* to subscribe (to sth): *firmare la propria condanna, (fig.)* to sign one's own death warrant — *firmare in bianco,* to sign a blank cheque — *un quadro firmato,* a signed painting; a painting signed by the artist.

firmatario *sm* signatory; *(sottoscrittore)* subscriber.

fisarmonica *sf* accordion.

fisarmonicista *sm e f.* accordionist.

fiscale *agg* **1** fiscal; revenue *(attrib.)*: *anno fiscale,* year fiscal — *leggi fiscali,* fiscal (*o* tax) laws — *evasore fiscale,* tax dodger. **2** *(fig.)* stern; uncompromising; inquisitorial; *(pignolo)* pernickety; fastidious. □ *medico fiscale,* doctor who checks up on employees on sick leave.

fiscalismo *sm* **1** severe tax-system. **2** *(fig.)* inquisitorial methods *(pl.)*.

fischiare *vi* **1** *(di persona, vento, locomotiva, ecc.)* to whistle; *(di pallottola, ecc.)* to whiz(z); to whine; to sing*; *(di serpente)* to hiss; *(di merlo)* to sing*. **2** *(di orecchi)* to sing*: *Mi fischiano le orecchie,* My ears are singing; *(fig.)* Somebody's talking about me; My ears are burning. □ *far fischiare la frusta,* to crack the whip.

□ *vt* **1** to whistle; *(naut.)* to pipe: *fischiare una canzonetta,* to whistle a tune — *fischiare un rigore, (calcio)* to blow one's whistle for a penalty. **2** *(in segno di disapprovazione)* to hiss; to boo: *L'oratore fu fischiato e costretto a lasciare il podio,* The speaker was hissed off the platform.

fischiata *sf* **1** whistling. **2** *(per disapprovazione)* hissing; booing; catcall.

fischiatore *sm* whistler.

fischiettare *vi e t.* to whistle (softly).

fischiettio *sm* (continual) whistling.

fischietto *sm* **1** *(strumento)* whistle; *(naut.)* pipe. **2** *(arbitro)* referee.

fischio *sm* **1** *(suono)* whistle; whistling; *(di serpente)* hissing; *(nelle orecchie)* singing; buzzing; *(di disapprovazione)* hoot; hiss: *Fece un fischio al cane,* He whistled to the dog — *accogliere qcno con fischi,* to hiss (to hoot) sb. **2** *(strumento)* whistle. □ *prendere fischi per fiaschi,* to get the wrong end of the stick.

fisco *sm* **1** *(erario pubblico)* (public) treasury; Treasury; Exchequer *(GB)*. **2** *(entrate dello Stato)* public revenue; inland revenue *(GB)*; *(tasse)* taxation; *(ufficio del fisco)* inland revenue office; *(funzionari del fisco)* revenue authorities; treasury officers: *essere oppresso dal fisco,* to be oppressed by heavy taxation.

fisica *sf* physics *(col v. al sing.)*: *laboratorio di fisica,* a physics laboratory — *dottore in fisica,* physicist; physics graduate.

fisicamente *avv* **1** physically: *È molto giù fisicamente,* He's in very poor condition physically. **2** *(dal punto di vista fisico)* from the physical point of view.

fisico *agg* physical; *(del corpo)* physical; bodily: *le leggi fisiche,* the laws of nature — *educazione fisica,* physical training (*o* education).

□ *sm* **1** *(scienziato)* physicist. **2** *(complessione)* physique; constitution; *(figura)* figure.

fisima *sf* whim; fancy; bee in one's bonnet.

fisiocratico *agg* physiocratic. □ *sm* physiocrat.

fisiocrazia *sf* physiocracy.

fisiologia *sf* physiology.

fisiologico *agg* physiologic(al).

fisiologo *sm* physiologist.

fisionomia *sf* **1** physiognomy; *(volto)* face; *(lineamenti)* features *(pl.)*; *(espressione)* expression; *(fig.: aspetto)* appearance; character: *la fisionomia del luogo,* the aspect of the place. **2** *(comm., ecc.: struttura)* make-up: *la fisionomia del bilancio preventivo,* the make-up of the budget.

fisionomista *sm e f.* **1** physiognomist. **2** *(fam.)* person who is good at remembering faces: *È un pessimo fisionomista,* He's very bad at remembering faces.

fisioterapia *sf* physiotherapy.

fissaggio *sm* **1** fixing; fastening; clamping: *fissaggio mediante cuneo,* wedging: *dispositivo di fissaggio,* clamp; fastener. **2** *(fotografia, ecc.)* fixing: *bagno di fissaggio,* fixing bath.

fissamente *avv* fixedly: *guardare qcno fissamente,* to stare (hard) at sb.

fissare *vt* **1** *(rendere fisso)* to fix; *(con un dispositivo di sicurezza)* to fasten; to secure; *(con uno spillo)* to pin; *(con chiodi)* to nail (up, down); *(con un paletto)* to stake; to peg; *(con un chiavistello)* to bolt; *(con una cinghia)* to strap; *(con grani, perni o gorge)* to dowel; to joggle; *(in posizione, mecc.)* to secure in position; *(l'albero nella scassa, naut.)* to step: *fissare una lastra fotografica,* to fix a negative — *fissare i colori,* to fix colours — *fissare qcsa nella mente,* to fix sth in one's memory — *C'è vento: fissa le imposte,* It's windy: fasten (*o* secure) the shutters. **2** *(guardare fissamente)* to stare (at sb, sth); to gaze (at sb, sth); to fix one's eyes (on sb, sth); to look* hard (*o* fixedly) (at sb, sth): *Non fissare così la gente!,* Don't stare at people like that! — *fissare in volto qcno,* to stare sb in the face. **3** *(determinare)* to fix; to set*; to establish; to determine; to appoint: *fissare il giorno,* to fix (to set) the date — *fissare un appuntamento,* to fix (to arrange) an appointment; to fix a date *(fam.)* — *Giunse puntualmente all'ora fissata,* He came punctually at the appointed time — *La riunione è fissata per sabato pomeriggio,* The meeting is to be on Saturday afternoon — *È tutto fissato!,* It's all fixed (*o* arranged)! — *fissare il prezzo,* to fix the price — *fissare il premio (assicurativo),* to rate. **4** *(impegnare, prenotare)* to reserve; to engage; to book: *Fissò una stanza in un albergo di prima categoria,* He booked a room in a first class hotel — *Fissò un taxi per la mattina dopo alle cinque,* He arranged for a taxi for the following morning at five o'clock — *Fissò una casa al mare per quindici giorni,* He took a house at the seaside for a fortnight.

□ **fissarsi** *v. rifl* **1** *(stabilirsi)* to settle (down); to take* up one's residence: *Dopo mille peregrinazioni si è fissato dalla suocera,* After many wanderings he settled down in his mother-in-law's house. **2** *(mettersi in testa)* to set* one's heart (on sth); to fix one's mind (on sth); to dig* one's feet in *(fam.)*; *(ostinarsi)* to insist (on sth); to persist (in sth): *Si è fissato (in testa) che vuole fare il pilota di linea,* He has set his heart on becoming an airline pilot — *Si è fissato che vuol parlare al Presidente,* He insists on talking to the President — *Mio caro, tu ti sei fissato!,* My dear chap, you've got a bee in your bonnet! (you're obsessed with the idea!; it's become an obsession with you!).

fissativo *agg e sm* fixative.

fissato *agg* (*p. pass. di* **fissare** ⇨) *essere un po' fissato, (fig.)* to have a bee in one's bonnet; to have a fixation (an idée fixe) *(fr.)*.

□ *sm* person with an obsession; maniac; fiend; fanatic: *È un fissato dello sport,* He's a sport fanatic.

fissatore *sm* **1** *(chim.)* fixer; fixing-agent: *fissatore per capelli, (lozione)* setting-lotion; *(lacca)* hair-lacquer; hair-spray. **2** *(fotografia, bagno)* fixing-bath.

fissazione *sf* **1** *(ossessione)* obsession; fixation; *(idea fissa)* fixed idea; idée fixe *(fr.)*; bee in one's bonnet *(fam.)*; mania. **2** *(med.)* monomania. **3** *(chim.: il fissare)* fixing; fixation.

fissione *sf* fission: *suscettibile di fissione,* fissionable.

fissità *sf* fixity.

[1]**fisso** *agg* fixed; attached; *(stabilito)* fixed; settled; *(regolare)* regular; *(immobile)* stationary; fixed: *uno sguardo fisso,* a fixed stare — *un lavoro fisso,* a regular job — *senza fissa dimora,* of no fixed abode — *idea fissa,* fixation; idée fixe *(fr.)*. □ *Fissi!, (mil.)* Eyes front!

□ *avv* fixedly: *guardare fisso,* to stare (at sb, sth); to gaze (at sb, sth).

[2]**fisso** *sm (stipendio)* salary; fixed salary; *(assegno)* fixed allowance.

fistola *sf* **1** *(mus.)* Pan-pipes *(pl.)*; syrinx. **2** *(med.)* fistula.

fitopatologia *sf* plant pathology.

fitta *sf* **1** *(dolore acuto)* stitch; pang; twinge; sharp pain: *una fitta al fianco,* a stitch (a sharp pain) in one's side — *una fitta al cuore,* a sharp pain in one's (*o* in the) heart; *(fig.)* a pang of grief. **2** *(calca)* crowd; crush; *(gran numero)* a lot; a great quantity: *una fitta di gente,* a crowd of people — *una fitta di errori,* a lot of mistakes. **3** *(ammaccatura)* dent.

fittavolo *sm* tenant.

fittile *agg* fictile; clay *(attrib.)*.

fittizio *agg* fictitious; imaginary.

[1]**fitto** *sm (parte più densa)* thick; depth: *nel fitto della foresta,* in the thick (in the depths) of the forest — *nel fitto della notte,* in the dead of night.

□ *agg* **1** *(ficcato)* stuck in; thrust in; planted. **2** *(denso, spesso)* thick; dense; close: *una foresta molto fitta,* a very thick forest — *un tessuto a trama fitta,* a closely-woven fabric — *a capo fitto,* headlong; head first; head foremost — *un pettine fitto,* a fine comb — *buio fitto,* pitch dark. □ **fitto di...,** full of...; thick with...; crammed with...: *un bosco fitto di alberi,* a dense wood — *un compito fitto di errori,* a piece of homework simply crammed with mistakes.

□ *avv* thickly: *nevicare fitto,* to snow hard.

[2]**fitto** *sm (corrispettivo dell'affitto)* rent: *dare a fitto,* to let — *prendere a fitto,* to rent; *(noleggiare)* to hire — *fitti bloccati,* restricted rents.

fittone *sm* taproot.

fiumana *sf* **1** *(fiume gonfio)* swollen river; broad river; torrent; *(inondazione)* flood. **2** *(fig.: gran numero)* stream; crowd; mass; flood: *una fiumana di gente,* a flood (a mass) of people.

fiume *sm* **1** river; *(alveo)* bed; river-bed: *il fiume Po,* the river Po; the Po. **2** *(fig.)* torrent; stream; flow; flood: *un fiume di parole,* a stream of words — *un fiume di eloquenza,* a flow of eloquence — *in un fiume di lacrime,* in a flood of tears — *romanzo fiume,* long novel — *a fiumi,* in great quantity — *versare fiumi d'inchiostro, (fig.)* to spill oceans of ink.

fiutare *vt* to smell*; to sniff; *(la selvaggina e fig.)* to scent; to get* wind of: *fiutare tabacco,* to take snuff — *fiutare qcsa di losco,* to smell a rat.

fiuto *sm* **1** *(l'atto)* smelling; *(di animale)* scenting: *tabacco da fiuto,* snuff. **2** *(odorato)* sense of smell; *(di animale)* scent: *conoscere (qcsa) al fiuto,* to recognize (sth) by the smell; *(fig.)* to tell (sth) at a glance. **3** *(fig.)* nose; flair.

flaccidezza *sf* flabbiness; limpness; flaccidity.

flaccido *agg* flabby; limp; flaccid.

flacone *sm* bottle; phial.

flagellare *vt* **1** to scourge; to lash; to whip. **2** *(fig.)* to scourge; to castigate.

flagellatore *sm* flagellator; scourger.

flagellazione *sf* flagellation; scourging.

flagello *sm* **1** *(sferza)* scourge *(anche fig.)*; *(supplizio)* scourging: *Attila, il flagello di Dio,* Attila, the scourge of God. **2** *(calamità)* torment. **3** *(chi critica aspramente)* scourge. **4** *(fam.: grande quantità)* abundance: *un flagello di disgrazie,* a crop of accidents. **5** *(zool.)* flagellum *(pl.* flagella*)*. □ *Tua figlia è un vero flagello,* Your daughter is a real pest (*o* trial).

flagrante *agg* flagrant; glaring; *(evidente)* evident; manifest: *in flagrante,* in the act — *cogliere qcno in flagrante,* to catch sb red-handed (in the act).

flan, flano *sm* **1** *(cucina)* flan. **2** *(tipografia)* flong; matrix.

flanella *sf* flannel: *pantaloni di flanella,* flannels.

flangia *sf (mecc., ecc.)* flange: *accoppiamento a flange,* flange coupling.

flato *sm* flatus.

flatulento *agg* flatulent.

flatulenza *sf* flatulence.

flautato *agg* flute-like; *(scherz.)* fluted.

flautista *sm e f.* flautist; flutist; flute-player; flute.

flauto *sm* flute: *un concerto per flauto,* a flute concerto — *flauto dolce,* recorder — *flauto di Pan,* Pan-pipes *(pl.);* syrinx.
flebile *agg* **1** *(fievole)* weak; feeble; faint. **2** *(lamentoso)* tearful; mournful.
flebite *sf* phlebitis.
fleboclisi *sf* (slow) venous drip; phleboclysis.
flebotomia *sf* phlebotomy.
flebotomo *sm* **1** *(med.)* phlebotomist. **2** *(zool.)* sandfly.
flemma *sf* **1** calm; coolness; *(fig.)* imperturbability; self-control; phlegm. **2** *(med.)* phlegm.
flemmatico *agg* phlegmatic.
flessibile *agg* flexible; pliable; pliant; resilient *(anche fig.): un bastone flessibile,* a flexible (*o* pliable stick) — *una mentalità flessibile,* a versatile mind — *orario flessibile,* flextime.
flessibilità *sf* flexibility; pliability.
flessibilmente *avv* flexibly; pliantly; pliably; resiliently *(anche fig.).*
flessione *sf* **1** flexion; flexure; bend; bending: *sollecitazione di flessione, (mecc.)* bending stress. **2** *(esercizio ginnico)* press-up *(pl.* press-ups*): fare una flessione,* to bend (down) — *flessione del busto,* trunk bending. **3** *(gramm.)* inflexion; inflection. **4** *(comm.: calo)* fall; downturn; downward trend: *una flessione dei prezzi al dettaglio,* a fall in retail prices — *una flessione economica preoccupante,* a disturbing downturn in the economy.
flessivo *agg* inflected.
flesso *sm (matematica)* inflection; flex point.
flessore *sm* flexor (muscle).
flessuosamente *avv* supply; pliantly.
flessuosità *sf* suppleness.
flessuoso *agg* supple; pliant.
flettere *vt* **1** to bend*; to flex: *flettere le ginocchia,* to bend the knees. **2** *(gramm.)* to inflect.
flipper *sm* pinball machine.
flirtare *vi* to flirt.
flogistico *agg* inflammatory.
flogosi *sf* inflammation.
flora *sf* flora.
floreale *sm (stor. fr.)* Floreal.
□ *agg* floral: *stile floreale,* - **a)** *(pittura, archit.)* pre-Raphaelite style; fin-de-siècle *(fr.)* style; art nouveau *(fr.)* - **b)** *(arredamento)* flowered style; Liberty style.
florescenza *sf* florescence.
floricoltore *sm* floriculturist; horticulturist.
floricultura *sf* floriculture; horticulture.
floridezza *sf* **1** glowing health. **2** *(fig.)* flourishing state; prosperity.
florido *agg* **1** *(in fiore)* flowering; blooming. **2** *(fig., di persona)* healthy; flourishing; glowing with health. **3** *(fig., di commercio, ecc.)* flourishing; prosperous.
florilegio *sm* anthology.
floscio *agg* limp; floppy; *(flaccido)* flabby; flaccid; *(fig.)* spineless; soft.
flotta *sf* fleet.
flottaggio, flottamento *sm (aeronautica)* taxiing.
flottare *vi (aeronautica)* to taxi.
flottazione *sf* **1** *(chim.)* flotation. **2** *linea di flottazione,* water-line.
flottiglia *sf* flotilla; squadron: *flottiglia di pescherecci,* fishing-fleet.
fluente *agg* **1** flowing. **2** *(fig.)* fluent; flowing.
fluidità *sf* **1** fluidity. **2** *(fig.: scorrevolezza)* fluency. **3** *(fig.: di situazioni)* instability.
fluido *agg* **1** fluid; flowing. **2** *(fig.: scorrevole)* fluent; flowing. **3** *(fig.: di situazioni)* unstable; unsettled.
□ *sm* fluid.
fluire *vi* to flow; *(rapidamente)* to gush; to stream.
fluitare *vi* to float (down a river).
fluorescente *agg* fluorescent.
fluorescenza *sf* fluorescence.
fluoridrico *agg* hydrofluoric.
fluoro *sm* fluorine.
fluoruro *sm* fluoride.
flussione *sf (med.)* inflammation; congestion.
flusso *sm* **1** *(in generale)* flow; *(del mare)* flood tide: *flusso e riflusso,* ebb and flow *(anche fig.).* **2** *(fis.)* flux; stream. **3** *(med.)* flow; flux.
flussometro *sm* **1** *(per fluidi)* flowmeter. **2** *(per il flusso magnetico)* fluxmeter.
flutto *sm* billow; wave.
fluttuante *agg* floating; fluctuating *(anche fig.); (instabile)* wavering; unstable; unsettled; *(incerto)* doubtful; uncertain: *debito fluttuante,* floating debt — *prezzi fluttuanti,* fluctuating prices.
fluttuare *vi* **1** to rise* and fall*; *(di onde)* to heave; to surge. **2** *(fig.)* to fluctuate; to waver; to vacillate.
fluttuazione *sf* fluctuation *(anche econ.).*
fluviale *agg* river *(attrib.);* fluvial: *pesca fluviale,* fresh-water fishing — *via fluviale,* waterway.
fobia *sf* aversion; fear; *(med.)* phobia.
foca *sf* **1** seal: *pelle di foca,* sealskin. **2** *(scherz.: persona pingue)* slowcoach.
focaccia *sf (cucina)* flat cake; bun. □ *rendere pan per focaccia,* to give tit for tat; to give as good as one gets.
focaia *agg (nell'espressione) pietra focaia,* flint.
focale *agg* focal.
focalizzare *vt* to focus.
focalizzazione *sf* focusing.
foce *sf* mouth; outlet; outfall: *foce a delta,* delta — *foce a estuario,* estuary.
focheggiamento *sm* focussing.
focheggiare *vt* to focus.
fochista *sm* stoker; *(di locomotiva)* stoker; fireman *(pl.* -men*).*
focolaio *sm* **1** *(med.)* focus; centre of infection. **2** *(fig.)* centre; source; breeding-ground; hotbed.
focolare *sm* **1** hearth; *(caminetto)* fireplace; fireside: *pietra del focolare,* hearth-stone — *accanto, presso il focolare,* by the fireside. **2** *(fig.: casa, famiglia)* home: *le gioie del focolare domestico,* the pleasures of home (of family) life.
focomelia *sf* phocomelia.
focomelico *agg* phocomelic; phocomelous. □ *sm*
□ *sm* phocomelus.
focometro *sm* focimeter; focometer.
focoso *agg* **1** fiery. **2** *(fig.)* fiery; passionate; ardent.
fodera *sf* **1** *(di vestito, ecc.)* lining. **2** *(di libro)* dust-jacket. **3** *(di mobile)* loose-cover. **4** *(mecc.: anima)* bore.
foderare *vt* **1** to line. **2** *(ricoprire)* to cover.
foderato *agg* lined (with sth); *(ricoperto)* covered (with sth). □ *foderato di soldi,* loaded with money — *avere gli occhi foderati,* to turn a blind eye (to sth); not to see (sth).
fodero *sm* sheath; scabbard: *trarre la spada dal fodero,* to unsheathe (to draw) one's sword.
foga *sf* impetuosity; keenness; ardour; passion: *con foga,* impetuously; heatedly; passionately — *mettersi con foga a fare qcsa,* to go at it (at sth) in a rush — *nella foga della discussione,* in the heat of the argument.
foggia *sf* **1** *(moda)* fashion; *(maniera)* manner; style; way; *(modello)* pattern: *un abito di foggia moderna,* a

modern(-style) dress. **2** *(forma)* shape: *a foggia di...,* in the shape (*o* form) of...; shaped like...; ... -shaped.

foggiare *vt* to mould; *(fig.)* to mould; to form; to shape; to fashion. □ *Come ti sei foggiato?,* What are you trying to look like?

foglia *sf* **1** *(anche mecc.)* leaf *(pl.* leaves*)*: *Gli alberi stanno mettendo le foglie,* The trees are coming into leaf — *foglie di tè,* tea-leaves — *un albero senza foglie,* a leafless (a bare) tree — *tremare come una foglia,* to tremble (to shake) like a leaf — *una foglia di molla a balestra,* a leaf; a spring-leaf — *balestra a foglia unica,* single-leaf spring — *Non si muoveva una foglia,* Not a leaf was stirring — *Non muove foglia che Dio non voglia, (prov.)* Not a leaf stirs unless God wills. **2** *(di metallo, ornamentale)* foil: *foglia di stagno,* tinfoil — *foglia d'oro,* gold-foil; *(se sottilissima)* gold-leaf. □ *al cadere delle foglie,* in the autumn; *(USA)* in the fall — *mangiare la foglia, (fig.)* to smell a rat.

fogliame *sm* foliage; leaves *(pl.)*.

foglietto *sm* **1** *(pezzetto di carta)* slip (of paper); *(volantino)* leaflet. **2** *(anat.)* pleural layer.

foglio *sm* **1** sheet; *(pagina di un libro)* leaf *(pl.* leaves*)*; *(modulo)* form: *un foglio di carta (bollata),* a sheet of (stamped) paper — *un foglio da disegno,* a drawing sheet — *un foglio volante, (volantino)* a leaflet — *foglio istruzioni (per il funzionamento di una macchina),* operation sheet — *foglio rosa,* provisional driving licence — *foglio di via obbligatorio,* expulsion order — *foglio verde, (assicurazione auto per paesi stranieri)* green card — *dar foglio bianco a qcno, (fig.)* to give (to allow) sb a free hand (*o* carte blanche, *fr.*) — *voltar foglio, (fig.)* to change the subject. **2** *(di metallo, ecc.)* sheet: *un foglio di lamiera di ferro,* an iron sheet — *un foglio di lamiera ondulata,* a sheet of corrugated iron — *un foglio di latta,* a tin sheet. **3** *(banconota)* banknote; note: *un foglio da dieci sterline,* a ten pound note. **4** *(giornale)* newspaper; paper: *un foglio della sera,* an evening paper. **5** *(tipografia) un'edizione in foglio,* a folio; an in-folio — *foglio antiscartino,* offset (*o* set-off, slip) sheet; set-off page — *fogli mancanti,* shorts — *rilegatura a fogli mobili,* spiral binding — *foglio di maestra,* tympan. **6** *(falegnameria, ecc.) foglio per impiallacciatura,* scaleboard.

fogliolina *sf* leaflet.

fogna *sf* **1** *(bianca)* drain; sewer; *(nera)* drain; cesspit; cesspool *(anche fig.)*; *(stradale)* culvert; drain. **2** *(luogo sporco)* pigsty; *(fig.: corrotto, ecc.)* sink. **3** *(persona)* glutton.

fognatura *sf* **1** sewerage; drainage. **2** *(l'insieme delle fogne)* sewers *(pl.)*.

foia *sf* sexual urge; heat; *(fig.)* lust.

fola *sf* **1** *(favola)* fairy-tale. **2** *(ciancia)* idle story.

folaga *sf* coot.

folata *sf* gust: *a folate,* in gusts.

folclore *sm* folklore.

folcloristico *agg (popolare)* folk *(attrib.)*; *(che riguarda il folclore)* folklore *(attrib.)*: *canzone folcloristica,* folk-song.

folgorante *agg* dazzling *(anche fig.)*; glaring.

folgorare *vi* **1** *(lampeggiare)* to flash; to lighten. **2** *(fig.: balenare)* to flash (through one's mind).
□ *vt* **1** *(colpire con un fulmine)* to strike* (with lightning); to fulminate; to burn*; *(con una scarica elettrica)* to electrocute. **2** *(fig.: con lo sguardo, ecc.)* to crush. **3** *(abbagliare)* to dazzle.

folgorazione *sf* electrocution.

folgore *sf* thunderbolt; (flash of) lightning.

folio *sm (nell'espressione) in folio,* folio.

folla *sf* **1** *(di persone)* crowd; throng; multitude *(anche fig.)*; host *(anche fig.)*; mass; *(spreg.)* mob: *piacere alla folla,* to appeal to the mob. **2** *(di cose)* multitude; heap; host: *una folla di idee,* a multitude (*o* heaps) of ideas — *una folla di ricordi,* a host of memories.

folle *agg (pazzo)* mad; insane; crazy; *(sciocco)* foolish.
□ *sm* **1** madman *(pl.* -men*)*; lunatic. **2** *(mecc.)* idle: *girare in folle,* to idle. **3** *(automobile)* neutral: *essere in folle,* to be in neutral.

folleggiamento *sm* merry-making; frolicking.

folleggiare *vi* **1** to act like a madman; to play the fool. **2** *(divertirsi)* to frolic; to be* gay.

follemente *avv* madly; crazily; insanely: *amare follemente qcno,* to be madly in love with sb — *amare follemente qcsa,* to be mad (*o* crazy) about sth.

folletto *sm* elf; sprite.
□ *agg* elf *(attrib.)*; elfish; elfin.

follia *sf* madness; insanity; lunacy; craziness; *(azione folle)* foolish act; *(idea folle)* foolish (*o* crazy) idea; *(sventatezza)* folly; *(sconsideratezza)* extravagance: *far follie per qcsa,* to be mad (*o* crazy) about sth — *amare qcno alla follia,* to be madly in love with sb; to love sb to distraction — *Sarebbe una follia!,* That would be madness! — *Che follia!,* What a crazy idea!; What madness!; What folly!

follicolare *agg* follicular.

follicolite *sf* folliculitis.

follicolo *sm* follicle.

foltezza *sf* thickness.

folto *agg* thick; dense; *(affollato)* crowded.
□ *sm (parte più densa)* thick: *nel folto della foresta,* in the thick of the forest.

fomentare *vt* to instigate; to stir up; to foment.

fomentatore *sm* instigator; agitator.

fomentazione *sf* **1** *(med.)* fomentation. **2** *(fig.)* instigation; stirring up.

fomento *sm* **1** *(med.)* fomentation; poultice. **2** *(fig.)* instigation; incitement: *dare fomento alla fiamma,* to add fuel to the flames.

fomite *sm* **1** tinder. **2** *(fig.)* incitement; stimulus.

[1]**fon** *sm (fis.)* phon.

[2]**fon** *sm (fam.: asciugacapelli)* hair-dryer (*o* -drier).

fonda *sf* **1** *(naut.)* anchorage: *stare alla fonda,* to ride at anchor. **2** *(per pistola)* holster.

fondaco *sm* **1** *(magazzino)* warehouse; store. **2** *(negozio)* draper's shop; draper's.

fondale *sm* **1** back-drop; background. **2** *(naut.)* sounding; depth: *navigare su bassi fondali,* to sail in shallow water.

fondamentale *agg* fundamental; basic: *cose fondamentali,* fundamentals; basics.

fondamentalmente *avv* fundamentally; basically.

fondamento *sm* **1** *(in senso concreto: pl.* fondamenta, *f.)* foundation. **2** *(fig.: pl.* fondamenti *m.)* foundation; basis; ground; grounding: *un sospetto senza fondamento,* a groundless (an unfounded) suspicion — *scarsi fondamenti in tutte le materie,* a poor grounding *(sing.)* in all subjects — *i fondamenti della matematica,* the fundamentals of mathematics.

fondant *sm* fondant.

fondare *vt* **1** to found; *(costruire)* to build*; *(fig.: basare)* to found; to base; to ground: *un sospetto ben fondato,* a well-founded suspicion — *notizie fondate,* reliable information. **2** *(istituire, dar vita a)* to found; to establish; to set* up: *fondare una ditta,* to establish a commercial house (a firm) — *fondare una società,* to set up a partnership (a company).

□ **fondarsi** *v. rifl* to be* founded; *(basarsi)* to base oneself; *(far affidamento su)* to rely on.
fondatamente *avv* with good reason; on good grounds; justly; rightly.
fondatezza *sf* soundness: *con fondatezza,* on good grounds — *senza fondatezza,* without foundation.
fondatore *sm* founder.
fondazione *sf* **1** *(l'atto del fondare)* foundation; *(comm.)* establishment. **2** *(istituzione)* institution; foundation: *una pia fondazione,* a charitable institution — *la Fondazione Ford,* the Ford Foundation.
fondello *sm* seat (of the trousers). □ *prendere qcno per i fondelli, (fam., fig.)* to take sb for a ride.
fondente *sm* **1** flux. **2** *(dolcetto)* fondant.
□ *agg* melting: *cioccolato fondente,* plain chocolate.
fondere *vt e i.* **1** *(liquefare, liquefarsi)* to melt; *(metalli)* to fuse; *(per estrazione)* to smelt; *(gettare nella forma)* to cast*; to mould. **2** *(colori e fig.: mescolare)* to blend; to merge.
□ **fondersi** *v. rifl* **1** to melt. **2** *(comm.)* to merge; to amalgamate.
fonderia *sf* foundry.
fondiario *agg* land *(attrib.)*: *credito fondiario,* mortgage loan — *proprietà fondiaria,* real property — *rendita fondiaria,* rent — *tassa fondiaria, (o sf fondiaria)* land-tax.
fondina *sf* **1** *(per pistola)* holster. **2** *(piatto)* soup-plate.
fondista *sm* **1** (long-)distance runner; distance man *(pl.* men*)*; *(sciatore)* langlaufer *(tedesco)*; cross-country skier. **2** *(sl. giornalistico)* leader-writer.
fonditore *sm* founder; smelter; foundryman *(pl.* -men*)*.
fonditrice *sf* caster; casting-machine.
[1]**fondo** *sm* **1** *(parte inferiore)* bottom: *il fondo del bicchiere,* the bottom of the glass — *fondo di bicchiere, (fig., scherz.)* imitation diamond — *il fondo marino,* the sea-bottom; the sea-bed — *in fondo alla pagina,* at the bottom of the page — *a fondo piatto (curvo),* flat-bottomed (curved-bottomed) — *il fondo dei calzoni,* the seat of the trousers — *baule a doppio fondo,* double-bottomed (*o* false-bottomed) trunk — *dal fondo del mio cuore,* from the bottom of my heart — *colpire nel fondo dell'anima,* to hurt to the quick — *senza fondo,* bottomless; endless — *da cima a fondo,* from beginning to end; from top to bottom *(ma cfr. il* **2**, *sotto)* — *andare a fondo, (anche fig.)* to go down; *(di nave)* to go to the bottom; to sink — *andare a fondo di una faccenda,* to get to the bottom of a matter — *mandare a fondo, (una nave, ecc.)* to sink — *dar fondo, (naut.)* to cast (to drop) anchor — *mettere il fondo,* to bottom — *toccare il fondo, (anche fig.)* to touch the bottom; to ground — *Il transatlantico s'incagliò nel fondo,* The liner ran aground.
2 *(fine, estremità)* end: *da cima a fondo, (da un capo all'altro)* from end to end — *in fondo al corridoio,* at the end of the passage — *in fondo alla scena, (teatro)* up-stage; back-stage — *le carrozze di fondo, (ferrovia)* the rear carriages — *La palla superò la linea di fondo,* The ball went over the goal line — *Sono al fondo delle mie forze (delle mie risorse),* I am at the end of my tether.
3 *(sfondo)* ground *(anche in araldica)*; background.
4 *(strato)* coat; bed: *un fondo sabbioso di pochi centimetri,* a sandy bed only a few inches deep — *il fondo stradale,* the road-bed — *una mano di fondo (di vernice),* a priming (coat); a primer; *(in falegnameria)* a tiller — *fondo tinta, (cosmesi)* foundation.
5 *(feccia)* dregs *(pl.)*.
6 *(deposito solido)* deposit; *(di certi vini)* crust; *(del caffè)* grounds *(pl.)*.
7 *(cose invendute)* remnants *(pl.)*; odds and ends *(pl.)*: *fondi di magazzino,* stock in hand.
8 *(giornalismo) un articolo di fondo,* a leader; an editorial; a leading article.
9 *(sport) corsa di fondo (mezzo fondo),* long-distance (middle-distance) race; *(sci)* cross-country race — *un corridore (un cavallo) di fondo,* a stayer — *possedere (essere dotato di) fondo, (di atleta)* to have good staying power.
□ *fare un a fondo, (scherma)* to lunge; to make a full lunge — *in fondo in fondo,* after all; *(tutto sommato)* on the whole — *fino in fondo (fino alla fine),* to the end; *(in modo esauriente)* thoroughly — *conoscere qcsa a fondo,* to have a thorough knowledge of sth; to know sth like the back of one's hand — *studiare una questione a fondo,* to study a matter thoroughly — *impegnarsi a fondo in qcsa,* to throw oneself into sth heart and soul — *dar fondo,* to consume; to use up — *dar fondo ai denari,* to spend one's last penny — *È un ragazzo dal fondo buono,* He is a good-natured boy.
[2]**fondo** *sm* **1** *(possedimento)* estate; country-estate; *(podere)* farm; *(solo il terreno)* farm-land: *fondo rustico,* land; landed property — *fondo urbano,* town property; (town) house. **2** *(negozio)* shop.
[3]**fondo** *sm* **1** *(capitale, denaro: spesso al pl.)* fund(s); capital: *per mancanza di fondi,* for lack of funds — *fondi pubblici,* (public) funds — *fondi residui,* surplus funds — *fondi liquidi,* ready money; cover — *capitale a fondo perduto,* sunk capital — *investire denaro a fondo perduto,* to sink capital — *fondo (di) cassa,* cash in hand; *(per spese minute)* petty cash. **2** *(riserva, ecc.) fondo a render conto,* lump-sum appropriation — *fondo di ammortamento,* sinking (*o* depreciation) fund — *fondo di dotazione,* endowment fund — *fondo di garanzia,* trust (*o* guarantee) fund — *fondo di previdenza,* social insurance fund; contingency fund — *fondo di riserva,* reserve fund — *fondi indennità licenziamento,* personnel (*o* staff) severance fund — *fondo per i profughi,* refugee fund — *fondo pensioni per la vecchiaia,* old age pension fund — *fondi per l'assistenza ai disoccupati,* unemployment fund — *fondo svalutazione crediti,* provision for bad debts — *fondo tasse,* accrued taxes fund — *fondo vincolato,* time fund. **3** *(per l'investimento)* trust: *fondo comune d'investimento,* investment trust. □ *Fondo Monetario Internazionale,* International Monetary Fund.
[4]**fondo** *agg (profondo)* deep: *piatto fondo,* soup dish; *(scodella)* bowl: *a notte fonda,* at dead of night.
fondovalle *sm* valley bottom.
fonema *sm* phoneme.
fonetica *sf* phonetics *(col v. al sing.)*.
fonetico *agg* phonetic.
fonico *agg* phonic. □ *sm (cinema)* sound-mixer.
fonografico *agg* phonographic.
fonografo *sm* phonograph.
fonogramma *sm* **1** phonogram. **2** *(cinema)* sound record.
fonologia *sf* phonology.
fonologico *agg* phonological.
fonoregistratore *sm* tape-recorder.
fontana *sf* **1** *(costruzione)* fountain; fount; waterworks *(pl.)*. **2** *(sorgente, anche fig.)* source; spring. **3** *(naut.)* signal rocket. **4** *(cucina)* depression in a heap of flour.
fontanella *sf* **1** drinking-fountain. **2** *(anat.)* fontanelle.
fontanile *sm* spring.

[1]**fonte** *sf* **1** *(sorgente)* spring; *(fontana)* fountain: *acqua di fonte,* fresh water; plain water. **2** *(fig.)* source; *(fig.: causa)* cause; origin: *fonti di energia,* sources of energy — *la fonte di tutti i mali,* the origin (the root) of all evil — *sapere qcsa da fonte sicura (attendibile),* to learn sth from a reliable source.

[2]**fonte** *sm* font.

foracchiare *vt* to riddle (with holes); *(con uno spillo)* to prick.

foracchiatura *sf* **1** *(l'atto)* pricking; piercing. **2** *(l'effetto)* perforation.

foraggiamento *sm* foraging.

foraggiare *vt* to forage.

foraggio *sm* forage.

foraneo *agg (nelle espressioni)* **1** *vicario foraneo,* rural dean. **2** *(naut.) molo foraneo,* outer jetty.

forare *vt* to pierce; to drill; to perforate; *(biglietti)* to punch; *(una gomma)* to puncture; *(attraverso un grosso spessore)* to bore; *(trapanare)* to drill.
□ *vi* to puncture; to have* a puncture: *Ha forato parecchie volte,* He had a number of punctures.

foratoio *sm* **1** punch. **2** *(trapano)* drill.

foratura *sf* **1** perforation; piercing. **2** *(in profondità)* boring. **3** *(con trapano)* drilling. **4** *(di una gomma)* puncturing; puncture.

forbici *sf pl* **1** scissors; *(cesoie)* shears; *(chirurgia)* forceps *(sing. e pl.)*; *(fig.: del censore)* blue pencil *(sing.)*. **2** *(sport)* scissors. **3** *(chele)* pincers; claws.

forbiciata *sf* **1** slash. **2** *(sport: sforbiciata)* scissors-kick.

forbire *vt* to clean; to furbish; *(fig.)* to polish.

forbitamente *avv* elegantly; smartly; in a refined way (*o* manner).

forbitezza *sf* elegance; smartness.

forbito *agg* polished; refined; elegant; exquisite.
□ *in funzione di avv* in a refined way (*o* manner).

forca *sf* **1** fork; *(da fieno, ecc.)* pitchfork; hay-fork; *(bastone)* forked (*o* cleft) stick; *(per tenere la corda del bucato)* clothes-prop. **2** *(oggetto biforcuto)* fork; crutch. **3** *(valico)* fork; saddle. **4** *(patibolo)* gallows *(pl.)*; gibbet: *un pendaglio da forca; un avanzo di forca,* a gallows-bird — *condannare alla forca,* to condemn to the gallows. □ *fare la forca, (di scolaro)* to play truant; to cut school — *fare la forca a qcno, (fig.)* to take sb in — *le Forche Caudine, (anche fig.)* the Caudine Forks.

forcaiolo *sm (politica)* reactionary.

forcella *sf* **1** fork *(anche mecc.)*; *(di rami d'albero, ecc.)* crutch; fork. **2** *(forcina per capelli)* (large) hairpin. **3** *(del telefono)* cradle. **4** *(anat.)* base of the breast-bone; *(di pollo)* wishbone. **5** *(valico)* fork; saddle. **6** *(artiglieria)* bracket; ladder *(USA)*: *fare forcella,* to bracket; to straddle.

forchetta *sf* fork: *colazione alla forchetta,* fork luncheon — *una buona forchetta, (fig.)* a big eater; a good trencherman. □ *parlare in punta di forchetta,* to talk mincingly (*o* in an affected manner).

forchettata *sf* **1** forkful. **2** *(colpo di forchetta)* fork-thrust.

forchettone *sm* carving-fork.

forcina *sf* hairpin.

forcipe *sm* forceps *(sing e pl.)*.

forcone *sm* pitchfork.

forcuto *agg* forked.

forense *agg (dir.)* forensic: *eloquenza forense,* forensic eloquence.

foresta *sf* forest *(anche fig.)*; *(giungla)* jungle; *(bosco)* wood: *la legge della foresta,* the law of the jungle. □ *una foresta di capelli,* a mop of hair.

forestale *agg* forest *(attrib.)*; forestry *(attrib.)*: *guardia forestale,* forester — *leggi forestali,* forest laws.

foresteria *sf* guest-quarters *(pl.)*.

forestierismo *sm (locuzione straniera)* foreign idiom; *(moda straniera)* foreign fashion.

forestiero *agg* foreign; *(nel linguaggio burocratico)* alien; *(estraneo)* strange.
□ *sm* foreigner; *(nel linguaggio burocratico)* alien; *(persona estranea)* stranger; *(ospite)* guest; visitor: *stanza per i forestieri,* guest-room.

[1]**forfait** *sm (contratto)* all-in contract (*o* agreement); *(pagamento)* lump sum: *a forfait,* on a lump sum basis; at a flat rate — *prezzo a forfait,* flat rate; all-in terms — *viaggio a forfait,* all-inclusive trip.

[2]**forfait** *sm (sport)* withdrawal; retirement: *fare forfait,* to withdraw — *vincere per forfait,* to win by a walk-over.

forfora *sf* dandruff; scurf: *capelli pieni di forfora,* dandruffy hair.

forforoso *agg* scurfy.

forgia *sf* forge; smithy.

forgiare *vt* to forge; to fashion; to mould *(anche fig.)*: *forgiare il carattere di qcno,* to mould sb's character.

forgiatura *sf* forging: *forgiatura per resistenza,* electro-forging.

foriero *agg* presaging; foreboding; portending: *nubi foriere di temporale,* clouds preceding a storm — *essere foriero di qcsa,* to herald (to presage) sth.
□ *sm* forerunner; precursor: *i forieri di alloggiamento, (mil.)* billeting officers.

forma *sf* **1** *(vari sensi, anche gramm. e filosofia)* form; *(aspetto esteriore, apparenza)* form; shape; *(riferito alle parti singole del corpo)* shape; *(al corpo intero, spec. al pl.)* figure *(sing.)*: *una nuova forma di governo,* a new form of government — *forma nominale, (gramm.)* noun form — *le forme del verbo,* the forms of the verb; verb (*o* verbal) forms — *la forma del suo naso (della sua bocca),* the shape of her nose (of her mouth) — *avere forme delicate,* to have a fine figure — *una forma morbosa (benigna), (med.)* a morbid (benign) form — *forma mentis,* cast of mind — *Si vedeva una forma muoversi nel buio,* We could see a shape (a form) moving in the darkness — *un angelo in forma di pellegrino,* an angel in the form (*o* guise) of a pilgrim — *assumere forme umane,* to take on humane form — *senza forma,* shapeless — *prendere forma,* to take shape — *prendere la forma di qcsa,* to take the form of sth — *mutar forma,* to change shape — *a forma di,* in the shape (*o* form) of — *a forma d'uovo,* in the shape (*o* form) of an egg; egg-shaped; shaped like an egg.

2 *(modo di esprimersi, stile)* style; *(comportamento formale)* form; appearances *(pl.)*; *(dir.: procedura)* form; procedure: *la debita forma,* the correct form; good form — *le dovute forme,* the proper behaviour *(sing.)* — *rispettare le forme,* to comply with convention; to do the right thing *(fam.)* — *per salvare la forma,* for appearances' sake — *un vizio di forma,* a formal (a procedural) flaw — *nella forma prescritta dalla legge,* in the correct legal form — *in forma ufficiale,* officially — *in forma privata,* in a private capacity — *pro forma, (comm.)* pro-forma; *(fig.)* for form's sake.

3 *(sport, e per estensione)* form; shape: *essere in forma,* to be in form; to be in good shape — *essere*

fuori (giù di) forma, to be out of form (out of shape); to be in poor shape.
4 *(stampo, anche da cucina)* mould; (*USA* mold); matrix; *(modello)* shape; pattern: *forma per dolci,* (cake) mould — *forma del cappellaio,* hat block; hat shape — *forma del calzolaio,* last — *forma per calzature,* shoe-tree — *una forma di formaggio,* a cheese mould; *(per estensione: il formaggio intero)* a whole cheese.
5 *(in tipografia: cavità)* casting box; *(complesso di caratteri)* form; forme.

formaggiaio *sm* cheesemonger.

formaggiera *sf* cheese-dish.

formaggino *sm* (wrapped portion of) processed cheese.

formaggio *sm* cheese: *formaggio dolce,* soft cheese — *formaggio da spalmare,* cheese-spread — *crosta di formaggio,* cheese-rind — *formaggio grattugiato,* grated cheese — *torta al formaggio,* cheese pie; quiche *(fr.).*

formaldeide *sf* formaldehyde.

formale *agg* formal.

formalina *sf* formalin.

formalismo *sm* formalism.

formalista *sm e f.* formalist.

formalità *sf* formality: *senza tante formalità,* informally.

formalizzare *vt (dir.)* to put* (sth) into legal form; to draw* (sth) up in legal form.
☐ **formalizzarsi** *v. rifl* **1** *(osservare certe forme o convenienze)* to be* (too) formal; to stand* on ceremony. **2** *(adombrarsi, offendersi)* to take* offence; to be* shocked.

formalmente *avv* formally.

formare *vt* **1** to form; to make*; to create; to produce: *Formavano una bella coppia,* They formed (They were, They made) a fine couple — *formare una famiglia,* to produce a family — *formare un partito,* to form (to create) a political party — *formare una società,* to form (to create, to set up) a partnership — *formare un numero (telefonico),* to dial a number. **2** *(modellare)* to form; to shape; to frame; *(forgiare)* to mould; *(gettare)* to cast*: *Formò una statua con della creta,* He shaped a statue with (*o* out of) clay. **3** *(addestrare, educare)* to train; to school; to form; to build*: *formare il carattere,* to form (to build up) the character. **4** *(essere, costituire)* to be*; to make*: *Formi il disonore della famiglia,* You are the black sheep of the family.
☐ **formarsi** *v. rifl* **1** to form; *(più astratto)* to take* shape: *La grandine si forma sotto determinate condizioni meteorologiche,* Hail forms under certain atmospheric conditions — *Quest'idea si formò nella mia mente nel modo più naturale,* This idea took shape in my mind quite naturally. **2** *(crescere, svilupparsi)* to grow*; to develop: *Il bambino si forma nel seno materno,* A baby grows in its mother's womb. **3** *(istruirsi)* to be* trained; to be* schooled; to learn*; to be* educated; *(se si tratta di università o simile)* to get* one's degree; to graduate: *Si formò al Politecnico di Torino,* He was educated (He graduated) at the Turin Polytechnic — *Si formò alla scuola della sofferenza,* Hardship moulded his character.

formativo *agg* formative.

formato *sm* size; *(di un libro)* format: *una fotografia formato cartolina (tessera),* a postcard- (passport-) size photograph — *formato nuovo,* new format — *edizione a formato ridotto,* pocket edition.

formatore *sm* **1** moulder; maker. **2** *(educatore)* educator.

formatrice *sf* **1** *(mecc.)* moulding machine; moulder: *formatrice e sformatrice,* pattern-draw moulding machine. **2** *(educatrice)* educator.

formatura *sf* moulding; forming.

formazione *sf* **1** *(il formare)* formation; forming; making; *(di un convoglio ferroviario)* making-up; *(educazione)* education; *(addestramento)* training: *la formazione di ghiaccio,* icing — *la formazione del carattere di una persona,* the forming (the shaping, the moulding) of a person's character. **2** *(naut., aeronautica)* formation; order; *(stormo)* flight: *in formazione di volo,* in formation — *formazione in linea di rilevamento,* echelon *(fr.)* — *in formazione aperta (sparsa, serrata, di battaglia),* in open (scattered, close, battle) formation — *volare in formazione,* to fly in formation — *volo in formazione,* formation flying. **3** *(sport)* line-up.

formella *sf* **1** *(riquadro decorato)* panel; coffer; *(mattonella)* tile; *(per uso combustibile)* briquette. **2** *(buco nel terreno)* hole. **3** *(stampo per formaggio)* mould; *(il formaggio stesso)* cheese. **4** *(veterinaria)* ringbone.

formica *sf* **1** ant: *formica bianca,* termite; white ant — *il cervello di una formica, (fig.)* the brains of a fly (of a gnat) — *a passo di formica, (fig.)* at a snail's pace. **2** *(al pl., naut.)* low, flat reefs.

formicaio *sm* ants'-nest; *(il cumulo di terra che lo ricopre)* ant-hill; *(l'insieme delle formiche)* swarm; *(fig.)* swarm; crowd; mass: *stuzzicare un formicaio, (fig.)* to stir up a hornets' nest.

formichiere *sm* ant-eater.

fórmico *agg* formic.

formicolare *vi* **1** to swarm; to teem; *(fig.: essere pieno di)* to be* swarming with; to be* crowded with. **2** *(di membra: essere intorpidito)* to tingle; to be* tingling; to be* all pins and needles *(fam.).*

formicolio *sm* **1** swarming; teeming. **2** *(alle membra)* pins and needles *(fam.)*; tingling; *(med.)* formication.

formidabile *agg* formidable; impressive; awe-inspiring; *(tremendo)* tremendous.

formosità *sf (spec. di bambino)* plumpness; *(spec. di donna)* shapeliness; buxomness.

formoso *agg (spec. di bambino)* plump; *(ben fatto)* handsome; shapely; *(di donna, anche)* buxom.

formula *sf* **1** *(vari sensi: mat., chim., ecc.)* formula *(pl.* formulae*).* **2** *(sistema, matrice)* system; lines *(pl.)*; way.

formulare *vt* **1** to formulate. **2** *(esprimere)* to express.

formulario *sm* formulary; *(modulo)* form.

formulazione *sf* formulation; *(espressione)* expression; expressing.

fornace *sf* furnace; *(per laterizi)* kiln; *(fabbrica)* brickyard; brick factory: *fornace per mattoni,* brick-kiln — *fornace per la calce,* lime-kiln. ☐ *Questa stanza è una fornace,* This room is like a furnace.

fornaciaio *sm* **1** kilnman *(pl.* -men*).* **2** *(padrone)* furnace (*o* kiln) owner.

fornaio *sm* **1** baker. **2** *(il negozio)* baker's shop. **3** *(zool.)* oven-bird.

fornello *sm* **1** stove; cooking-range; *(elettrico)* hot plate; *(a gas)* gas-range; *(a petrolio)* primus stove; *(a spirito)* spirit-stove; *(da campeggio, ecc.)* camp stove. **2** *(mineralogia)* raise; rise; riser; *(di gettito)* chute; pass; shoot. **3** *(di pipa)* bowl.

fornicare *vi* to fornicate.

fornicatore *sm* fornicator.

fornicatrice *sf* fornicator.

fornicazione *sf* fornication.

fornire *vt* to supply; to provide; to furnish (sb with

sth; sth to sb; sth for sb); *(equipaggiare)* to fit up; to equip: *fornire qcno di denaro,* to supply (to provide) sb with money — *un negozio ben fornito,* a well-stocked shop.

□ **fornirsi** *v. rifl* to obtain; to get*; to provide oneself (with sth).

fornitore *sm* supplier; distributor; *(di caserme, ecc.)* purveyor; contractor; *(navale)* ship-chandler: *fornitore abituale,* usual supplier.

fornitura *sf* **1** *(il fornire)* supplying; supply: *fornitura d'energia elettrica,* power supply. **2** *(merci fornite)* supply; consignment: *forniture militari,* military supplies — *forniture belliche,* munitions. **3** *(equipaggiamento)* equipment; fittings *(pl.)*: *forniture per ufficio,* office supplies.

forno *sm* **1** *(domestico, ecc.)* oven *(anche fig.)*; *(nell'industria)* furnace; *(per mattoni, calce, ecc.)* kiln; *(per ceramiche)* stove: *cuocere al forno (dolci, pane, patate, ecc.)* to bake; *(arrostire)* to roast. **2** *(negozio di fornaio)* bakery; bakehouse. **3** *(scherz.: bocca)* gaping mouth. **4** *(sl. teatrale)* empty house.

[1]**foro** *sm* hole: *foro da proiettile,* bullet-hole.

[2]**foro** *sm* **1** *(stor. romana e fig.)* forum. **2** *(dir.: tribunale)* court; *(avvocati e giudici)* the Bar; *(autorità competente)* forum.

forra *sf* gorge; ravine; glen.

forse *avv* **1** *(in generale)* perhaps; maybe; possibly; *(talvolta: probabilmente)* probably: *Forse hai ragione,* Perhaps (Maybe) you're right; You may be right — *forse che sì, forse che no,* perhaps so, perhaps not — *forse forse,* just possibly.

2 *(circa, quasi)* about; perhaps; nearly: *Erano forse le cinque,* It was about five o'clock — *Erano forse trecento,* There were nearly three hundred of them.

3 *(con valore enfatico, nelle interrogative retoriche: talvolta non si traduce)* by any chance; perhaps: *Forse che non ho ragione a dire questo?,* Am I not right to say so? — *Avresti forse paura di lui?,* You're not afraid of him, by any chance?

□ *(come sm)* doubt; uncertainty: *senza forse,* certainly; without fail — *essere, stare in forse,* to hesitate — *mettere in forse (qcsa),* to doubt (sth); to cast doubt on (sth) — *mettere in forse la propria vita,* to risk one's life — *lasciare le cose in forse,* to leave matters up in the air.

forsennata *sf* mad woman *(pl.* women*)*.

forsennatamente *avv* madly; crazily; frantically.

forsennato *agg* mad; crazy; frantic; out of one's mind *(pred.)*.

□ *sm* madman *(pl.* -men*)*; lunatic; maniac.

[1]**forte** **I** *agg* **1** strong *(vari sensi, anche gramm.)*; *(di luce)* strong; bright; dazzling; *(di colori)* bright; *(di odori)* strong; *(di suono)* loud; *(intenso)* intense; *(pesante)* heavy: *un uomo forte,* a strong man — *un carattere forte,* a strong character — *un vento forte,* a strong wind — *una bevanda forte,* a strong (a stiff) drink — *parole forti,* strong language *(sing.)*; harsh words — *È un forte bevitore,* He's a heavy drinker — *È un forte mangiatore,* He's a big eater — *essere forte a cuori, (bridge, ecc.)* to be strong in hearts — *il sesso forte,* the male sex — *un verbo forte, (gramm.)* a strong verb — *pezzo forte,* pièce de résistance *(fr.)* — *un forte rimedio,* a drastic remedy — *un forte acquazzone,* a heavy shower — *un forte schiaffo,* a hard slap — *ricorrere alla maniera forte,* to get tough; to use strong-arm methods; to use a heavy hand — *dar man forte a qcno,* to back sb up — *È più forte di me,* I can't help it.

2 *(bravo)* good; *(per estensione, fam.)* fine; splendid; excellent; fantastic: *essere forte in latino,* to be very good at Latin — *'Ti piace la mia moto?' - Che forte!',* 'Do you like my motor-bike?' - 'It's fantastic!'.

3 *(grande, notevole)* large; considerable; *(grosso)* large; big: *una forte spesa,* a considerable outlay — *forti spese,* heavy costs; heavy expenditure *(sing.)* — *una forte differenza,* a considerable difference — *fianchi forti,* broad hips — *essere forte di petto,* to have a big chest; *(di donna)* to have a large bust; to be big-bosomed — *taglie forti,* large sizes.

4 *(intenso: di dolore)* severe; *(di sentimenti)* intense; strong; hearty: *un forte mal di testa,* a severe (*o* splitting) headache — *nutrire una forte antipatia per qcno,* to have a hearty (an intense) dislike of sb.

5 *(resistente all'usura)* tough; hard-wearing; durable; *(di tinta)* fast.

6 *(valido)* sound: *Ho forti motivi per sospettare di lui,* I have sound reasons for suspecting him — *a più forte ragione,* all the more so.

II *avv* **1** *(con forza)* hard; *(con violenza)* hard; heavily: *picchiare forte,* to hit hard — *Sta piovendo forte,* It's raining hard (*o* heavily) — *Tienti forte,* Hold (on) tight — *Il vento soffia forte,* The wind is blowing hard.

2 *(molto, assai)* very much; a lot: *Temo forte che non vengano,* I am very much afraid they won't come — *mangiare forte,* to eat a lot — *dormire forte,* to sleep a lot (*o* deeply) — *giocare forte,* to play for high stakes; to gamble heavily.

3 *(ad alta voce)* loudly; *(mus.)* forte: *Parla più forte, per piacere,* Speak up, please — *dire qcsa forte, (fig.)* to make sth quite clear; to state sth in no uncertain fashion.

4 *(velocemente)* fast: *andare forte,* to go (to drive, to run, *ecc.*) fast; *(fig., fam.: procedere bene)* to do very well — *Andava forte quando gli si staccò uno sci,* He was going fast (He was doing very well) when one of his skis came off — *Quel negozio va molto forte,* That shop's doing very well (is doing a lot of business) — *È il tipo di ragazzo che va forte,* He's a very go-ahead young man; He's the sort of boy to make great strides.

III *in funzione di sm* *(punto forte)* strong point.

[2]**forte** *sm (opera fortificata)* fort.

fortemente *avv* **1** *(con forza)* strongly; tight(ly). **2** *(moltissimo)* greatly; *(riferito ad un desiderio)* badly.

fortezza *sf* **1** *(forza d'animo)* fortitude; strength. **2** *(mil.)* fortress; fort; stronghold: *fortezza volante,* flying fortress.

fortificabile *agg* fortifiable; that can be fortified.

fortificante *agg* strengthening; fortifying; invigorating.

□ *sm (med.)* tonic; stimulant.

fortificare *vt* to fortify *(anche mil. e fig.)*; to invigorate; to brace.

□ **fortificarsi** *v. rifl (irrobustirsi)* to grow* strong; to be* strengthened *(mil., ecc.)*; to strengthen; *(trincerarsi)* to entrench oneself; to dig* oneself in.

fortificazione *sf* fortification *(spesso al pl.)*; earthwork(s).

fortilizio *sm* fort; fortress.

fortino *sm* blockhouse; outpost; small outlying fort.

fortuitamente *avv* by chance; fortuitously.

fortuito *agg* fortuitous; accidental; casual; chance *(attrib.)*: *un incontro fortuito,* a chance encounter — *un caso fortuito,* a fortuitous event — *per un caso fortuito,* by chance; by mere chance — *atto fortuito,* *(dir.)* act of God — *casi fortuiti, (dir., comm.)* exceptional circumstances.

fortuna *sf* **1** *(sorte)* fortune *(anche personificata)*; luck; *(successo)* success: *Che fortuna!*, What luck! — *Buona fortuna!*, Good luck! — *per fortuna*, luckily; fortunately; how lucky that...; how fortunate that... — *Fortuna che eri a casa tu*, Fortunately you were at home; How fortunate that you were in — *come fortuna volle*, as fortune (as luck) would have it — *un colpo di fortuna*, a stroke of luck (of good fortune) — *la ruota della Fortuna*, the wheel of Fortune; *(talvolta)* Fortune's wheel — *la fortuna delle armi*, the fortune(s) of war — *un porta fortuna*, a good-luck charm — *affidarsi alla fortuna*, to trust to fortune; *(rischiare)* to take one's chance — *aver fortuna, (essere fortunato)* to be lucky; to be in luck; *(aver successo)* to prosper; to be successful; to turn out a success; *(farsi ricco)* to become rich — *avere la fortuna dalla propria parte*, to have fortune on one's side — *non aver fortuna*, to be unlucky; to be out of luck; to have no luck; to have bad luck — *far fortuna (far quattrini)*, to make a (*o* one's) fortune; *(far carriera)* to get on in the world — *fare il callo ad ogni fortuna*, to take things as they come; to take the good with the bad — *portar fortuna*, to bring good luck — *prendere la fortuna per il ceffo (per il ciuffo)*, to seize fortune by the short hairs — *tentare la fortuna*, to try one's luck — *essere la fortuna (di qcno)*, to be lucky (for sb) — *Ciò fu la mia fortuna*, That was the beginning (the making) of my fortune — *Ebbi tutta la fortuna*, My luck was in — *La fortuna aiuta gli audaci*, Fortune favours the brave — *Giri la fortuna la sua ruota*, Let Fortune bring what it may — *La fortuna vien dormendo, (prov.)* Fortune comes unexpectedly. **2** *(ricchezza, patrimonio)* fortune; patrimony; riches *(pl.)*: *Scialacquò una fortuna*, He squandered a fortune — *beni di fortuna*, riches; wealth *(sing.)*. **3** *(emergenza: varie traduzioni ⇨ gli esempi) atterraggio di fortuna*, forced landing; *(urtando)* crash-landing — *campo di fortuna*, emergency landing-ground — *fortuna di mare, (assicurazioni marittime)* sea risks *(pl.)* — *albero (pennone, timone) di fortuna, (naut.)* jury mast (yard, rudder) — *vela di fortuna*, storm sail — *mezzo di fortuna*, makeshift; stop-gap — *letto di fortuna*, makeshift bed; shakedown — *pranzo di fortuna*, scratch meal — *riparazioni di fortuna*, makeshift (*o* breakdown, roadside) repairs.

fortunale *sm* storm; gale.

fortunatamente *avv* luckily; fortunately; happily; successfully.

fortunato *agg* **1** lucky; fortunate; *(felice)* happy: *Fortunato lui!*, Lucky him! **2** *(coronato da successo)* successful. □ *Fortunatissimo di fare la Sua conoscenza*, I am very glad to meet you; Happy to know you *(USA)* — *Fortunatissimo, (nelle presentazioni)* How do you do?

fortunosamente *avv* adventurously.

fortunoso *agg* eventful; chancy *(fam.)*.

foruncolo *sm* boil; pimple; *(med.)* furuncle: *un viso pieno di foruncoli*, a pimply face.

foruncolosi *sf* furuncolosis.

forviare *vi* to go* off the tracks (off the rails). □ *vt* to lead* astray; to mislead*.

forza *sf* strength; force; *(vigore)* vigour (*USA* vigor); *(potenza)* power *(anche elettr.)*; might *(anche fig.)*: *forza muscolare*, muscular strength — *forza bruta*, brute force (*o* strength) — *forza di carattere*, force of character — *forza di volontà*, will-power — *forza maggiore*, force majeure *(fr.)*; *(comm.)* circumstances beyond our control; *(dir.)* vis major *(lat.)*; *(dir. assicurativo)* Act of God — *un mare (un vento) di forza otto*, a force eight sea (wind); a sea (a wind) of force eight — *una camicia di forza*, a strait-jacket — *le forze che operano nelle vicende umane*, the forces (that are) at work in human affairs — *È al di sopra delle mie forze*, It's beyond my strength — *una prova di forza*, a trial of strength; a show-down *(fam.)* — *a viva forza*, by sheer force (*o* strength) — *Bella forza!*, *(iron.)* How very clever (of you, of him, *ecc.*)! — *forza di gravità*, force of gravity — *forza motrice*, motive power — *forza frenante*, braking power — *forza ascensionale*, lift — *Avanti a tutta (a mezza) forza!*, Full (Half) speed ahead! — *con tutte le forze*, with all one's strength — *fare forza a qcno*, to force (to coerce) sb — *fare forza ad un testo*, to give a forced interpretation of a text — *ricorrere alla forza*, to resort to force — *farsi forza, (farsi animo)* to pluck up one's courage; *(farsi violenza)* to inflict an injury on oneself — *Contro forza ragion non vale, (prov.)* Might is right.

a forza, by force: *far entrare qcsa a forza*, to force sth in.

a forza di, by; by dint of; by force of: *a forza di braccia*, by dint of sheer hard work; by sheer force — *a forza di insistere*, by sheer persistence.

con forza, hard; heavily.

di forza, by force.

in forza di..., by virtue of...; in accordance with...

per forza, *(contro volontà)* against one's will; *(naturalmente)* of course: *per amore o per forza*, by hook or by crook; willy-nilly — *per forza di abitudine*, by force of habit.

2 *(vigoria fisica, in generale: spesso al pl.)* strength *(sempre al sing.)*; good health: *essere (sentirsi) in forza*, to be (to feel) in good health — *perdere le forze*, to lose one's strength — *Le forze gli stanno scemando*, His strength is waning.

3 *(fig.: validità)* validity; *(obbligatorietà)* (binding) force: *la forza della legge*, the force of law.

4 *(schiera, contingente di persone: spesso al pl.)* force: *le forze armate*, the armed forces; the (fighting) services — *forza navale*, task force — *forza d'urto*, striking force — *la bassa forza*, the rank and file; *(nella marina mil.)* the ordinary seamen — *la forza pubblica, le forze dell'ordine*, the police — *forza (di) lavoro*, work force; working force — *Il nemico attaccò in forze*, The enemy attacked in force *(sing.)*. □ *Forza!*, *(interiezione)* Come on!; Get a move on!; *(Sbrigati!)* Hurry up!

forzamento *sm (mecc.)* shrinking; shrinkage.

forzare *vt e i.* to force; *(obbligare)* to compel; to constrain; to oblige; *(aprire con forza)* to force open; to force; *(scassare)* to break* open; *(essere troppo stretto)* to be* too tight; *(sforzare, anche fig.)* to force; to strain: *forzare una serratura*, to pick a lock — *forzare l'andatura*, to force the pace — *forzare la legge*, to strain the law — *forzare una pianta*, to force a plant — *forzare il blocco, (mil.)* to run the blockade — *forzare la volontà di qcno*, to bend sb's will; to make sb want to do sth — *forzare il significato di una parola*, to twist the meaning of a word.

forzatamente *avv* **1** *(inevitabilmente)* inevitably; necessarily. **2** *(con sforzo)* forcedly: *ridere forzatamente*, to give a forced laugh.

forzato *agg* forced; *(obbligatorio)* compulsory; *(arbitrario)* strained: *marcia forzata*, forced march — *espropriazione forzata, (dir., comm.)* compulsory

expropriation — *esecuzione forzata, (dir.)* execution of judgment — *lavori forzati,* hard labour — *fare un sorriso forzato,* to force a smile — *condotta forzata,* penstock.
□ *sm* convict.
forzatura *sf* forcing; strain.
forziere *sm* coffer; strong-box; treasure-chest.
forzosamente *avv* of necessity.
forzoso *agg* compulsory; forced; imposed.
forzuto *agg* brawny; tough.
foschia *sf* haze; heat haze: *C'è foschia oggi,* It's hazy today.
fosco *agg* dark; gloomy; dim; murky: *un cielo fosco,* a dark (*o* murky) sky — *una luce fosca,* a dim light — *uno sguardo fosco,* a dark (*o* sullen) look — *dipingere qcsa a fosche tinte,* to paint sth in murky colours; *(fig.)* to put sth in a bad light; to paint a gloomy picture of sth.
fosfato *sm* phosphate.
fosfito *sm* phosphite.
fosforato *agg* phosphorated.
fosforescente *agg* phosphorescent; *(di occhi, ecc.)* glowing.
fosforescenza *sf* phosphorescence.
fosforo *sm* phosphorus.
fosforoso *agg* phosphorous.
fossa *sf* **1** *(buca)* pit; hole; *(cavità)* hollow; cavity; *(mil.)* trench; pit; ditch; fosse; *(oceanografia)* trench; deep; *(teatro)* pit: *fossa di autorimessa,* repair (*o* inspection) pit — *fossa di colata,* casting-pit — *fossa biologica,* cesspool — *fossa settica,* septic tank — *fossa dei serpenti,* snake-pit; *(fig.)* madhouse; bedlam — *Daniele nella fossa dei leoni, (anche fig.)* Daniel in the lions' den. **2** *(tomba)* grave: *avere un piede nella fossa, (fig.)* to have one foot in the grave — *scavarsi la fossa con le proprie mani (o sotto i piedi), (fig.)* to bring about one's own ruin; to dig one's own grave — *Del senno di poi son piene le fosse, (prov.)* It's easy enough to be wise after the event. **3** *(anat.)* fossa *(pl.* fossae*).*
fossato *sm* **1** small stream. **2** *(di fortificazione)* moat; ditch.
fossetta *sf* dimple: *avere le fossette alle guance,* to have dimples in one's cheeks.
fossile *agg* fossil: *carbon fossile,* (pit) coal.
□ *sm* **1** fossil. **2** *(fig.)* old fossil; old-fashioned person; old fogey.
fossilizzare *vt (anche fig.)* to fossilize.
□ **fossilizzarsi** *v. rifl* to fossilize; *(fig.)* to become* antiquated; to get* stuck in a rut.
fossilizzazione *sf (anche fig.)* fossilization.
fosso *sm* ditch; *(mil.)* ditch; trench; fosse; *(stor.: con acqua, attorno ad una opera fortificata)* moat; *(di scolo)* drain; drainage; ditch; *(collettore)* catchwater drain; feeding-drain; *(d'irrigazione)* irrigation trench (*o* channel). □ *saltare il fosso, (fig.)* to take the plunge.
foto *sf (fam.)* photo; snapshot; snap: *fare delle foto,* to take some snaps — *farsi fare una foto,* to have one's photo taken.
fotocellula *sf* photoelectric cell; magic eye *(fam.).*
fotocolor *sm* colour photo.
fotocomposizione *sf* photo-typesetting; photo-composition.
fotocopia *sf* photocopy; photostat; photostat copy.
fotocopiare *vt* to photocopy.
fotocopiatrice *sf* photocopier; photocopying machine.
fotocronaca *sf* photo-news.
fotocronista *sm* press-photographer.
fotoelettrico *agg* photoelectric.
fotogenico *agg* photogenic.
fotografare *vt* to photograph; to take* a photograph (of sb, sth); to snap *(fam.: da dilettante): fotografare qcsa in bianco e nero,* to take a black-and-white photograph of sth; to photograph sth in black and white.
fotografia *sf* **1** *(l'arte)* photography: *fotografia a colori,* colour photography — *fotografia truccata,* trick photography. **2** *(l'immagine)* photograph; picture; photo *(istantanea)* snapshot; snap *(fam.): fotografia a colori,* colour-photograph — *fotografia pubblicitaria, (cinema)* still — *fotografia formato tessera,* passport-size photograph — *farsi fare la fotografia,* to have one's photograph taken.
fotografico *agg* photographic: *macchina fotografica,* camera — *servizio fotografico, (su un giornale, ecc.)* illustrated feature — *studio fotografico,* photographer's studio.
fotografo *sm* photographer.
fotogramma *sm* **1** *(cinema)* frame; still. **2** *(fotografia)* photogram.
fotomodella *sf* model.
fotoreporter *sm* press-photographer.
fotoromanzo *sm* picture-story.
fotosintesi *sf* photosynthesis.
fottere *vt (volg.)* **1** to fuck *(volg.).* **2** *(fig.)* to take (sb) for a ride.
□ **fottersene** *(fam.) Me ne fotto,* I couldn't care (fucking-well) less; I don't give a damn — *Chi se ne fotte?,* Who cares? — *Va' a farti fottere!,* Fuck off! *(volg.).*
fottio *sm (volg.)* heap *(fam.);* dickens of a lot *(fam.);* pile *(fam.);* hell of a lot *(fam.), (USA)* helluva lot: *Mi ha fregato un fottio di soldi,* He's pinched a heap of money from me — *un fottio di gente,* a hell of a lot of people; a dickens of a crowd.
fottuto *agg (p. pass. di* **fottere**, *volg.)* damned; fucking; bloody: *Siamo fottuti,* We're buggered.
□ *sm* bloody fool; bastard.
foulard *sm* **1** head-square; head-scarf. **2** *(sciarpa)* scarf.
[1]**fra** *prep* **1** *(posizione, rapporto, ecc.)* between *(generalm. solo tra due cose o persone, ma ⇨ gli esempi);* among; amongst; amid *(lett.) (tra più persone o cose); (in mezzo di)* in the midst of: *un giardino fra due case,* a garden between two houses — *un giardino fra gli alberi,* a garden among the trees — *una strada fra due file di alberi,* a road between two rows of trees — *fra le due e le tre,* between two and three (o' clock) — *fra i dieci e i quindici anni,* between ten and fifteen years — *un volo fra Roma e New York,* a flight between Rome and New York — *La Svizzera si trova fra la Francia, l'Italia, l'Austria e la Germania,* Switzerland lies between France, Italy, Austria and Germany — *un incrocio fra un pastore tedesco, un danese e un setter,* a cross between an Alsatian, a Great Dane and a setter — *un piccolo paese fra le colline,* a little village among (amid) the hills — *Era nascosto fra i cespugli,* He was hidden among the bushes — *Fra i presenti c'era anche il colonnello Rossi,* Colonel Rossi was also among those present — *la pace fra le nazioni,* peace among (*o* between) the nations — *Le morì fra le braccia,* He died in her arms — *fra di noi,* between you and me; between ourselves; inter nos *(lat., lett.)* — *essere fra due fuochi (fra l'incudine e il martello), (fig.)* to be between the devil and the deep blue sea.
2 *(moto attraverso luogo, anche fig.)* through: *un*

sentiero fra i campi, a path through the fields — *passarsi le dita fra i capelli,* to run one's fingers through one's hair — *passare fra sventure,* to go through hardships.
3 *(riferito al tempo o alla distanza)* in; within: *fra poco, fra breve, fra non molto,* in a short time; in a little while; soon — *fra qualche giorno,* in a few days' time — *fra due giorni,* in a couple of days — *fra oggi e domani,* by tomorrow; no later than tomorrow — *Fra cinquecento metri c'è un ponte,* There is a bridge five hundred metres from here *(meno preciso:* in the next five hundred metres*)* — *Non ci sarà un albergo che fra cinquanta chilometri,* There won't be a hotel for another fifty kilometres.
4 *(partitivo)* among; of: *il migliore fra i miei amici,* the best of (*o* among) my friends — *Alcuni fra loro uscirono,* Some of them went out.
□ *essere sempre fra i piedi,* to be always in the way — *mettere il bastone fra le ruote,* to put a spoke in sb's wheel; to throw a spanner into the works — *parlare fra i denti,* to mumble; to mutter — *fra il riso e il pianto,* half laughing and half crying — *fra una cosa e l'altra,* what with one thing and another — *fra l'altro,* moreover; furthermore — *fra gli altri, (persone)* amongst others; *(cose)* amongst other things; inter alia *(lat., lett.)* — *fra tutto,* in all; altogether — *Fra tutto costerà sulle ventimila lire,* It'll cost about twenty thousand lire altogether — *pensare fra sé e sé,* to think to oneself.

[2]**fra** *sm (frate)* Brother.

frac *sm* evening-dress; tail-coat; tails *(pl.)*.

fracassare *vt* to smash; to shatter; to break* up; *(un veicolo)* to crash.
□ **fracassarsi** *v. rifl* to smash oneself up; *(di veicolo, ecc.)* to crash.

fracasso *sm* din; noise; hubbub; *(di cose che vanno in frantumi)* crash; *(di oggetti metallici)* clang; clanging; *(trambusto)* fuss; bustle; ado; uproar: *fare fracasso,* to make a noise; *(fig.)* to make a stir — *far fracasso per un nonnulla,* to make a fuss about nothing — *Le teste di legno fan sempre fracasso, (prov.)* Empty cans make the most noise.

fracassone *sm (fam.)* destructive (*o* clumsy) person.

fracco *sm (dial.: solo al sing.)* heaps *(pl.)*; lots *(pl.)*: *un fracco di gente,* heaps (*o* lots) of people — *un fracco di botte,* a hail of blows.

fradicio *agg* **1** *(bagnato)* sodden; soaked; wet through; soaking wet: *terreno fradicio,* sodden soil — *bagnato fradicio,* wet through; wet to the skin — *ubriaco fradicio,* dead (*o* blind) drunk; as drunk as a lord; sozzled; stoned *(sl.)* — *essere fradicio di sudore,* to be bathed (*o* dripping) in sweat. **2** *(andato a male)* gone bad; rotten; decayed; putrid.

fradiciume *sm* **1** mass of wet (*o* rotten) material: *Questa verdura è un vero fradiciume,* These vegetables are just a soggy mess. **2** *(umidità)* wetness; dampness. **3** *(fig.)* corruption; rottenness.

fragile *agg* **1** *(che si rompe facilmente)* fragile; breakable; brittle: *Fragile!, (sugli imballaggi)* Handle with care! **2** *(fig.: debole, delicato)* fragile; frail; weak; delicate. **3** *(inconsistente)* weak; feeble.

fragilità *sf* fragility; brittleness; *(fig.)* frailty.

fragola *sf* strawberry: *marmellata di fragole,* strawberry jam — *gelato alla fragola,* strawberry ice-cream.

fragore *sm (fracasso)* din; noise; uproar; hubbub; *(di cose rotte)* clatter; *(suono metallico)* clang; *(del tuono)* rumble; rumbling; *(di treno, folla, onde)* roar; roaring.

fragorosamente *avv* noisily; loudly; resoundingly; uproariously; riotously.

fragoroso *agg* noisy; loud; resounding; roaring; *(di risata)* uproarious; riotous; *(di suono metallico)* clanging; *(di tuono, ecc.)* rumbling: *il suono fragoroso del mare,* the roaring of the sea — *una risata fragorosa,* uproarious (riotous) laughter; a roar of laughter — *un applauso fragoroso,* loud applause; a burst of applause.

fragrante *agg* sweet-smelling; fragrant.

fragranza *sf* fragrance.

fraintendere *vt* to misunderstand*; to get* (sth) wrong: *fraintendere qcsa,* to misunderstand sth — *Non fraintendermi!,* Don't get me wrong!

frale *agg (lett.)* frail.

frammassone *sm* freemason.

frammassoneria *sf* freemasonry.

frammentariamente *avv* fragmentarily; scrappily.

frammentarietà *sf* fragmentariness; fragmentary quality (*o* nature).

frammentario *agg* fragmentary; incomplete; scrappy.

frammento *sm* **1** fragment; *(scheggia)* splinter. **2** *(coccio)* potsherd.

frammettere *vt* to insert; to interpose.
□ **frammettersi** *v. rifl* **1** *(intromettersi)* to interfere; to intrude. **2** *(frapporsi)* to interpose; to intervene.

frammezzare *vt* to intersperse.

frammezzo *avv* in the midst.
□ **frammezzo a,** *prep* between *(fra due)*; among *(fra più di due)*; in the midst of.

frammischiare *vt* **1** to mix; to intermingle. **2** *(confondere)* to muddle (up).

frana *sf* landslide; landslip: *una frana elettorale,* a landslide. □ *Quel ragazzo è veramente una frana!, (fam.)* That chap really is a disaster!

franamento *sm* **1** *(il franare)* sliding down. **2** *(frana)* landslide; landslip; *(di argine)* slip; *(di scavo)* cave-in.

franare *vi (di terreno)* to slide down; to slip; *(di scavo, di miniera, di fabbricati)* to cave in; to fall* in; to collapse; *(cedere)* to give* way.

francamente *avv* **1** *(in modo franco)* frankly; openly; sincerely: *parlare francamente,* to speak one's mind; to speak out. **2** *(ad essere sincero)* honestly: *Francamente, non so cosa pensare di lei,* To be quite frank, I don't know what to make of her.

francatura *sf* ⇨ **affrancatura.**

francese *agg* French: *cucinare alla francese,* to cook French-style (*o* in the French way).
□ *sm* Frenchman *(pl.* -men*)*; *(la lingua)* French.
□ *sf* Frenchwoman *(pl.* -women*)*.

francesismo *sm* Gallicism.

franchezza *sf* frankness; openness; candour; *(nel parlare)* outspokenness; plain speaking: *parlare con franchezza,* to speak frankly.

franchigia *sf* **1** immunity; privilege; *(al pl., stor.)* franchise *(sing.)*; *(al pl.: in diplomazia)* safeguards. **2** *(comm.)* exemption; *(nel contratto di assicurazione)* exclusion; *(marittima)* franchise; *(telefonia)* free calls (comprised in rental): *in franchigia,* free — *in franchigia doganale,* duty-free — *franchigia bagaglio, (su un aereo di linea)* free baggage allowance. **3** *(in marina)* shore leave.

[1]**franco** *agg* **1** *(schietto)* frank; open; straightforward: *Voglio essere franco con te,* I want to be quite frank with you — *parlare franco,* to speak openly. **2** *(esente da determinate imposizioni)* free: *farla franca,* to get away with sth (with it); to get off scot-free — *porto franco,* free port — *zona franca,* free trade area — *deposito franco, (comm.)* bonded warehouse — *franco*

di spese postali, post(age) free — *franco a richiesta,* free on application — *franco di dazio,* duty-free; duty paid — *franco a domicilio, di porto,* delivered free; carriage free; carriage paid *(abbr.* C.P.*)* — *franco fabbrica,* ex works — *franco magazzino,* ex warehouse — *franco lungo bordo,* free alongside ship *(abbr.* F.A.S.*)* — *franco a bordo,* free on board *(abbr.* F.O.B.*)* — *franco vagone,* free on rail *(abbr.* F.O.R.*)*. □ franco muratore, freemason — *franco tiratore* ⇨ **francotiratore** — *lingua franca,* 'lingua franca'.

[2]**franco** *sm (moneta)* franc.

[3]**franco** *(stor.)* agg Frankish. □ *sm* Frank.

[4]**franco-** *prefisso* Franco-: *franco-prussiano,* Franco-Prussian.

francobollo *sm* stamp; postage stamp.

francofilo *agg e sm* Francophil(e).

francofobo *agg e sm* Francophobe.

francotiratore *sm* **1** *(mil.)* franc-tireur *(fr.)*; sniper. **2** *(politica)* rebel.

frangente *sm* **1** *(onda che si frange)* breaker; roller. **2** *(secca)* shoal; *(scoglio)* reef. **3** *(fig.: momento difficile)* difficult situation; emergency; difficulty: *in simili frangenti,* in similar circumstances.

frangere *vt* **1** to break*. **2** *(schiacciare)* to press; to crush.

□ **frangersi** *v. rifl* to break*.

frangia *sf* **1** fringe *(vari sensi)*; *(anat.)* fimbria; fringe; *(biologia)* brush border: *frangia folle,* idiot fringe. **2** *(fig.)* embellishment.

frangiare *vt* to fringe.

frangiato *agg* fringed; *(bot. e zool.)* fimbriate(d).

frangiatura *sf* **1** *(il frangiare)* fringing. **2** *(frange)* fringes *(pl.)*.

frangibile *agg* breakable.

frangiflutti *sm* **1** breakwater. **2** *(nel trasporto di liquidi)* antisloshing baffle.

frangitura *sf* pressing; crushing.

frangizolle *sm* clod-smasher.

franoso *agg* crumbling; subsidence-prone: *terreno franoso,* land subject to landslides.

frantoio *sm* **1** *(per olive)* mill. **2** *(per pietre)* crusher. **3** *(industria tessile)* softening-machine.

frantumare *vt* to shatter; to shiver (to pieces); *(ridurre in briciole)* to crumble; *(schiacciare)* to crush.

□ **frantumarsi** *v. rifl* to shatter; to break* into small pieces.

frantumatore *sm* breaker; crusher.

frantumazione *sf* crushing; smashing; shattering.

frantumi *sm pl* splinters; fragments; broken pieces: *andare in frantumi,* to shatter; to be smashed to smithereens; to break into a thousand pieces.

frappé *agg* chilled.

□ *sm* shake; milk-shake.

frapporre *vt* to interpose; to put* in the way: *frapporre indugi,* to delay; to retard — *frapporre ostacoli o difficoltà a qcno,* to put obstacles in sb's way; to hinder sb.

□ **frapporsi** *v. rifl* to intervene; to interfere; to intrude.

frapposizione *sf* intervention; interference; intrusion.

frasario *sm* **1** vocabulary; language; *(settoriale)* jargon. **2** *(raccolta)* collection of phrases: *frasario per turisti,* tourist's phrase-book.

frasca *sf* **1** (leafy) branch; (leafy) bough; *(insegna di osteria)* bush. **2** *(persona leggera e volubile)* scatter-brained person; *(ragazza leggera)* flirt; coquette; frivolous girl. **3** *(al pl.: capricci)* frills. □ *saltare di palo in frasca, (fig.)* to jump from one thing to another — *A buon vino non occorre frasca, (prov.)* Good wine needs no bush.

fraschetta *sf (fig.)* frivolous woman *(pl.* women*)*.

frase *sf* **1** *(unità del discorso)* sentence. **2** *(espressione)* phrase; expression: *frase fatta, (espressione idiomatica)* idiom; common expression; stereotyped expression; *(spreg.)* hackneyed phrase; platitude; cliché *(fr.)* — *frasi di cerimonia,* conventional expressions — *Sono soltanto frasi,* These are mere words. **3** *(mus.)* phrase.

fraseggiare *vi* to phrase *(anche mus.)*.

fraseggio *sm (mus.)* phrasing.

fraseologia *sf* phraseology.

fraseologico *agg* phraseologic(al).

frassino *sm* ash *(l'albero e il legno)*.

frastagliamento *sm* indentation.

frastagliare *vt* to indent; to notch.

frastagliato *agg* indented; jagged; fretted.

frastaglio *sm* indentation; fret-work.

frastornamento *sm* **1** *(l'atto)* distraction; interruption. **2** *(l'effetto)* bewilderment.

frastornare *vt* **1** to distract; to disturb; to bewilder. **2** *(impedire)* to impede; to prevent.

frastuono *sm* racket; din.

[1]**frate** *sm* friar; *(monaco)* monk; *(spec. come appellativo)* brother *(pl.* brethren*)*: *i frati predicatori,* the Black Friars — *i frati minori,* the Grey Friars — *fra Galdino,* Brother (Friar) Galdino — *un frate laico,* a lay brother — *un convento di frati,* a friary — *farsi frate,* to become a friar (a monk). □ *Sto coi frati e zappo l'orto,* I'm only here to obey orders — *Frati e guai non van mai soli, (prov.)* Troubles never come singly.

[2]**frate** *sm (bot.)* dandelion.

[3]**frate** *sm (embrice)* hood-like (*o* tile) skylight.

fratellanza *sf* **1** brotherhood; fraternal tie; *(per estensione)* community of feeling. **2** *(società)* friendly society; brotherhood. **3** *(med.)* sibship.

fratellastro *sm* half-brother.

fratello *sm* **1** brother: *fratello germano,* brother german — *fratello uterino,* brother uterine — *fratello consanguineo,* half brother — *fratello di latte,* foster brother — *fratelli siamesi,* siamese twins. **2** *(al pl.: figli)* brothers and sisters; *(med.)* siblings; *(spesso)* sibs: *Hai fratelli?,* Have you any brothers or sisters? **3** *(compagno)* brother *(pl. anche* brethren*)*; comrade: *fratello d'armi,* brother-in-arms; companion-in-arms — *i fratelli massoni,* the masonic brethren — *miei cari fratelli, (nelle prediche)* dearly beloved brethren. **4** *(frate)* brother *(pl.* brethren*)*.

fraternamente *avv* fraternally; like a brother (a sister).

fraternità *sf* fraternity; brotherhood.

fraternizzare *vi* to fraternize.

fraternizzazione *sf* fraternization.

fraterno *agg* brotherly; fraternal: *un amico fraterno,* a bosom friend.

fratesco *agg* monkish; monk-like.

fratina *sf* refectory table.

fratino *sm* **1** young friar. **2** *(zool.)* Kentish plover.

fratricida *agg* fratricidal. □ *guerra fratricida,* civil war.

□ *sm e f.* fratricide.

fratricidio *sm* fratricide.

fratta *sf* thicket; brake.

frattaglie *sf pl* chitterlings; pluck *(sing.)*; *(di pollo, ecc.)* giblets.

frattanto *avv* in the meantime; meanwhile.

frattempo *sm (nelle espressioni) nel frattempo; in*

questo (in quel) frattempo, in the meantime; meanwhile.

fratto *agg* **1** fractional. **2** divided by: *Otto fratto quattro fa due,* Eight divided by four equals two.

frattura *sf* break; fracture *(spec. med., metallurgia); (fig.)* breach; interruption: *frattura composta,* compound fracture.

fratturare *vt,* **fratturarsi** *v. rifl* to break*; *(med.)* to fracture: *fratturarsi una gamba,* to break (to fracture) one's leg.

fraudolento *agg* fraudulent.

fraudolenza *sf* **1** fraudulence. **2** *(truffa)* fraud.

frazionamento *sm* **1** splitting up; breaking up. **2** *(matematica)* fractionization.

frazionare *vt* **1** to split* up; to break* up. **2** *(matematica)* to fractionize. **3** *(chim.)* to fractionate.

frazionario *agg (matematica)* fractional; fractionary.

frazione *sf* **1** fraction; part; portion; fragment: *frazione comune, (matematica)* vulgar fraction — *una frazione di secondo,* a split second — *una frazione periodica,* a recurring decimal. **2** *(borgata)* hamlet; village; group of houses. □ *una staffetta di quattro frazioni, (sport)* a four-man relay.

freatico *agg* water-bearing: *falda freatica,* aquifer — *livello freatico,* water-table.

freccia *sf* **1** *(arma)* arrow; shaft; *(dardo)* bolt: *correre come una freccia,* to run like an arrow — *le frecce di Cupido,* Cupid's darts — *freccia del Parto,* Parthian shaft; *(erroneamente)* parting shot — *avere molte frecce al proprio arco, (fig.)* to have many strings to one's bow. **2** *(indicatore, di bussola, ecc.)* needle; pointer; *(segnaletica)* arrow; *(di direzione: automobile)* trafficator; direction indicator; blinker. **3** *(archit.)* height; rise *(di un arco o ponte).* **4** *(guglia)* spire; pinnacle. **5** *(geometria)* camber. **6** *(di una linea elettrica)* sag; dip; *(di una molla)* set. **7** *(delle ali di un aeroplano) freccia positiva,* sweepback — *freccia negativa,* sweepforward — *a freccia,* swept. **8** *(vela)* gaff topsail.

frecciare *vt* **1** to shoot* arrows (at sb). **2** *(fam.)* to touch (sb) for money.

frecciata *sf* **1** arrow-shot. **2** *(fig.: osservazione pungente)* gibe; cutting remark: *lanciare una frecciata contro qcno,* to make a cutting remark about sb.

frecciatina *sf* pungent remark; gibe.

freddamente *avv* **1** *(con freddezza)* coldly *(anche fig.);* coolly *(anche fig.);* indifferently. **2** *(a sangue freddo)* coolly; calmly.

freddare *vt* **1** to cool (down); to chill. **2** *(ammazzare)* to shoot* (sb) dead; to drop.

□ **freddarsi** *v. rifl* to cool down; to become* (to get*) cold.

freddezza *sf* **1** coldness; chilliness; chill. **2** *(fig.: dichiarata indifferenza)* coldness; coolness; indifference: *con freddezza,* coldly. **3** *(fig.: autocontrollo)* coolness; self-control.

freddino *agg* chilly; rather cold: *Fa un po' freddino oggi,* It's a little on the cold side today.

freddo I *agg* cold *(anche fig.);* chill; chilly; cool: *tempo freddo,* cold weather — *una giornata fredda,* a cold day — *freddo come ghiaccio (come il marmo),* as cold as ice (as marble) — *un piatto freddo,* a cold dish — *un temperamento freddo,* a cold temperament — *un freddo saluto,* a cold (cool) greeting — *un'accoglienza fredda,* a cold (chill, cool) welcome — *guerra fredda,* cold war — *sangue freddo,* cold blood *(anche fig.)* — *animali a sangue freddo,* cold-blooded animals — *a sangue freddo,* in cold blood — *serbare (mantenere) il proprio sangue freddo,* to keep cool — *gettare dell'acqua fredda su qcsa, (fig.)* to throw cold water on sth — *lasciare freddo qcno, (fig.)* to leave sb cold — *Il suo discorso mi lasciò freddo,* His speech left me cold — *sudore freddo,* cold sweat — *una doccia fredda,* a cold shower (⇨ *anche* **doccia**).

II *sm* cold; cold weather; coldness; chilliness: *Fa (molto) freddo,* It's (very) cold — *Fa un freddo cane,* It's piercingly (*o* bitterly, devilish) cold — *freddo asciutto,* dry cold; dry weather — *freddo umido,* damp cold; damp weather — *i primi freddi,* the first cold spell *(sing.)* — *avere (sentire) freddo,* to be (to feel) cold — *patire (soffrire) il freddo,* to feel the cold; to suffer from the cold — *prendere freddo,* to catch cold — *tremare di freddo,* to shiver with cold — *riparare qcno dal freddo,* to protect sb from the cold — *ripararsi dal freddo,* to take shelter from the cold — *stare al freddo,* to stay in the cold — *danni provocati dal freddo,* damage caused by cold weather — *malattia da freddo,* cryopathy. □ *a freddo,* in cold blood — *fare qcsa a freddo,* to do sth in cold blood (to do sth deliberately) — *lavorazione a freddo,* cold-working — *lavorare il ferro a freddo,* to cold-work iron; to work iron when it is cold — *l'industria del freddo,* the refrigeration industry — *Non mi fa né caldo né freddo,* It leaves me cold (It makes no difference to me) — *fare venire freddo,* to give (one) the creeps; to make one's flesh creep; to send cold shivers down one's spine — *Mi viene freddo a pensarci,* I shudder at the thought — *Dio manda il freddo secondo i panni, (prov.)* God tempers the wind to the shorn lamb.

freddoloso *agg* (very) susceptible to (the) cold; chilly *(fam.): un tipo freddoloso,* a chilly mortal *(fam.).*

freddura *sf (gioco di parole)* pun; *(doppio senso)* double entendre *(fr.); (facezia)* witticism; wisecrack *(USA).*

fregagione *sf (fam.)* friction; massage.

fregare *vt* **1** to rub; *(per pulire, p.es. il pavimento)* to scrub. **2** *(fam.: truffare)* to do* (sb out of sth); to cheat; to swindle; *(fare fesso)* to fool; to trick; to take* (sb) in; to diddle *(fam.): rimanere fregato,* to have been taken in. **3** *(fam.: rubare)* to swipe *(fam.);* to pinch *(fam.);* to whip *(fam.);* to knock *(fam.): Chi mi ha fregato la penna stilografica?,* Who's pinched my fountain pen?

□ **fregarsene,** *(fam.)* not to give* (to care) a damn; not to care less: *Me ne frego!,* I don't give a damn!; I couldn't care less! — *Chi se ne frega?,* Who cares?

[1]**fregata** *sf* **1** rubbing. **2** = **fregatura 1.**

[2]**fregata** *sf (naut.)* frigate: *capitano di fregata,* commander.

[3]**fregata** *sf (zool.)* frigate-bird.

fregatura *sf* **1** *(truffa)* swindle; take-in. **2** *(delusione)* disappointment. **3** *(segno)* scratch-mark; scuff-mark.

fregiare *vt* to decorate; to ornament; to adorn; to embellish.

□ **fregiarsi** *v. rifl (di titoli, ecc.)* to style oneself; *(di distintivi, ecc.)* to wear* (sth) as a badge; to be* decorated (with sth); *(per estensione)* to be* proud (of sth).

fregio *sm* **1** *(archit.)* frieze: *fregio a foglie di alloro,* laurel. **2** *(tipografia)* flourish; *(decorazione sul margine di un foglio)* border. **3** *(ornamento)* decoration; embellishment; *(segno distintivo)* badge; *(mil.)* badge of rank; *(sulla carrozzeria di un'automobile)* moulding; badge.

frego *sm* mark; stroke; *(scarabocchio)* scrawl: *dar di* *frego a qcsa,* to cross out (to cancel, to put a line through) sth.

fregola *sf* **1** heat; *(di pesci)* spawning; *(di cervi)* rut. **2** *(fig.)* urge; *(mania)* mania; craze; itch.

fremente *agg (lett., anche* fremebondo*)* quivering; shivering; *(tremante)* trembling; *(palpitante)* throbbing; *(fig.: d'ira)* quivering; burning; *(d'orrore)* shuddering.

fremere *vi* **1** to quiver; to shiver; *(molto forte)* to shudder; to quake; *(tremare)* to tremble; *(palpitare)* to throb; *(di gioia)* to thrill; *(dentro di sé)* to be* filled with anger (with joy, *ecc.*): *fremere di rabbia,* to tremble with rage. **2** *(lett.) (di fronde)* to rustle; to murmur; *(di folla, di mare)* to rumble; to roar.

fremito *sm* **1** quiver; shiver; *(brivido)* shudder; *(palpito)* throb; *(di gioia)* thrill: *Un fremito corse per la sala,* A shudder ran through the hall. **2** *(di fronde)* rustle; rustling; *(di folla, di onde)* roar; roaring. **3** *(med.)* fremitus; thrill.

frenaggio *sm* **1** *(mecc.)* locking: *filo di frenaggio,* locking wire. **2** *(di veicolo)* braking.

frenare *vt* **1** to brake; to apply the brakes (to sth); *(un cavallo, ecc.)* to curb; to rein in. **2** *(fig.)* to curb; to check; to control; to repress; to restrain; to put* a brake (on sth): *frenare le lacrime,* to restrain one's tears — *frenare la lingua,* to check one's tongue.

☐ *vi* to put* on the brakes; to brake; *(violentemente)* to jam on the brakes.

☐ **frenarsi** *v. rifl* to check oneself; to restrain oneself.

frenata *sf* braking; application of the brakes: *il segno della frenata,* tyre-mark — *Ha fatto una brusca frenata,* He slammed the brakes on.

frenatore *sm* brakesman *(pl.* -men*)*; *(USA)* brakeman *(pl.* -men*)*.

frenatura *sf* **1** *(mecc.)* locking. **2** *(di veicolo)* braking.

frenesia *sf* **1** *(follia)* frenzy; fit. **2** *(desiderio smodato)* craze; mania: *Lo prese la frenesia del gioco,* He was bitten by the gambling bug.

freneticamente *avv* frantically; frenziedly.

frenetico *agg* frantic; frenzied; phrenetic: *un urlo frenetico,* a frantic yell — *applausi frenetici,* frenzied applause.

frenico *agg* phrenic.

freno *sm* **1** brake: *freno a disco,* disc (*o* disk) brake — *freno a mano, (di stazionamento)* hand brake; parking brake — *freno a tamburo,* drum brake — *freno a pedale,* foot (*o* service) brake — *freno idraulico,* hydraulic brake — *freno ad aria,* air brake — *freno a ceppi,* shoe brake — *freno di sparo, (di un cannone)* shock absorber — *leva del freno,* brake lever — *dare un colpo di freno,* to brake — *bloccare i freni,* to jam (to slam) on the brakes — *togliere il freno,* to release the brake — *usare il freno,* to apply the brake. **2** *(di un cavallo)* bit; curb. **3** *(fig.)* check; curb; restraint: *il freno della legge,* the restraint of law — *il freno della propria coscienza,* the restraint of one's conscience — *senza freno,* without restraint — *non avere alcun freno (rompere ogni freno),* to break loose from all restraint — *tenere in (a) freno le proprie passioni; porre un freno alle proprie passioni,* to keep (to put) a curb on (to curb) one's passions — *mordere (rodere) il freno,* to be champing at the bit; to be restless under restraint — *allentare il freno, (fig.)* to give more leeway; to give a free hand — *stringere il freno, (fig.)* to tighten the reins — *tenere a freno la lingua,* to hold one's tongue.

frenologia *sf* phrenology.

frenologico *agg* phrenologic(al).

frenologo *sm* phrenologist.

frequentare *vt* **1** to frequent; to visit often; *(di fantasmi, ecc.)* to haunt; *(un certo tipo di persone)* to associate (with sb); to go* about (with sb): *frequentare il bel mondo,* to mix with the smart set — *frequentare il teatro,* to go to the theatre often; to be a regular theatre-goer. **2** *(scuola, ecc.)* to go* to; to attend.

frequentato *agg* popular; *(di strada)* busy; frequented.

frequentatore *sm* frequenter; haunter; *(cliente assiduo)* regular customer; regular *(fam.)*; patron; habitué *(fr.)*; *(visitatore assiduo)* frequent caller: *frequentatore di cinema,* cinema-goer; *(di teatro)* theatre-goer; *(di concerti)* concert-goer.

frequente *agg* **1** frequent. **2** *(del polso)* rapid.

☐ **di frequente,** *(avv.)* frequently; often.

frequentemente *avv* frequently; often.

frequenza *sf* **1** frequency; *(in taluni casi)* rate: *la frequenza degli incidenti stradali,* the frequency of road accidents — *la frequenza dei terremoti in Giappone,* the frequency of earthquakes in Japan — *la frequenza del polso,* pulse rate — *la frequenza dei delitti,* the crime rate — *con una certa frequenza,* rather frequently — *con troppa frequenza,* too frequently; too often. **2** *(l'atto del frequentare, presenza)* attendance: *frequenza obbligatoria,* compulsory attendance — *certificato di frequenza,* attendance certificate; certificate of attendance — *una grande frequenza di pubblico,* a large attendance — *La frequenza dei turisti è aumentata,* The number of tourists has increased. **3** *(radio, ecc.)* frequency: *frequenza di beccheggio, (naut.)* pitching frequency — *alta (media, bassa) frequenza,* high (medium, low) frequency — *altissima frequenza,* very high frequency *(abbr.* V.H.F.*)* — *modulatore di frequenza,* frequency modulator — *modulazione di frequenza,* frequency modulation *(abbr.* F.M.*)*.

fresa *sf* milling cutter; miller; mill; *(macchina)* milling machine: *fresa a creatore,* hob; hobbing cutter — *fresa ad angolo,* angle (*o* angular) cutter — *fresa sagomata,* form (*o* profile) cutter — *fresa per smussi,* countersink.

fresare *vt* to mill.

fresatore *sm* milling-machine operator.

fresatrice *sf (mecc.)* milling machine; miller; *(in legatoria)* routing machine: *fresatrice agricola (erpice a dischi), (GB)* disk harrow; *(USA)* soil pulverizer.

fresatura *sf* milling: *fresatura a creatore,* hobbing — *fresatura a profilo,* profiling.

freschezza *sf* freshness; *(di temperatura)* coolness.

fresco **I** *agg* **1** fresh *(quasi in ogni senso)*; new; newly-made; recent; *(di uovo appena deposto)* new-laid; *(di temperatura, anche)* cool: *fiori freschi,* fresh flowers — *latte (burro) fresco,* fresh milk (butter) — *pesce fresco (appena pescato),* fresh (*o* newly caught) fish — *frutta fresca,* fresh fruit — *pane fresco,* new (*o* fresh) bread — *vernice fresca,* fresh (*o* wet) paint — *un ragazzo fresco di scuola,* a boy fresh from school — *notizie fresche,* fresh (*o* recent) news — *un venticello fresco,* a fresh (a cool) breeze — *prendere un po' d'aria fresca,* to be in the fresh air — *un ricordo troppo fresco,* too fresh a memory — *freschi sposi,* a newly married couple *(sing.)*; newly-weds *(fam.)* — *a mente fresca,* with a fresh mind — *sentirsi freschi e riposati,* to feel fresh and rested — *essere fresco come una rosa,* to be as fresh as a daisy. **2** **stare fresco (freschi),** *(essere nei pasticci)* to be in a nice mess; *(andare incontro a guai)* to be in for it — *Starai fresco!,* You're for it!; You'll catch it! — *Stai fresco!,* You've got a hope!; Not on your life! **3 di fresco,** *(avv.)* newly; recently.

II *sm* coolness; freshness: *il fresco della sera,* the cool of the evening — *di fresco, (da poco tempo)* freshly; newly; recently; just — *col fresco,* in the cool of the morning (of the evening) — *far fresco,* to be cool; to be chilly — *mettere qcno al fresco, (fig.: in prigione)* to put sb inside (*o* away) *(GB);* to put sb in the cooler *(USA)* — *mettere qcsa in fresco,* to put sth in a cool place — *prendere il fresco,* to take the air — *tenere qcsa in fresco,* to keep sth cool.

frescura *sf* coolness: *la frescura della sera,* the cool of the evening.

fresia *sf* freesia.

fretta *sf* hurry; haste: *avere fretta,* to be in a hurry — *in fretta,* in a hurry; quickly — *in gran fretta,* in great haste; in a great hurry — *parlare (camminare, leggere) in fretta,* to speak (to walk, to read) in a hurry (*o* quickly, hurriedly) — *Non c'è fretta!,* There's no hurry! — *fare fretta a qcno,* to hurry sb — *Perché tanta fretta?,* Why all this haste (this hurry)? — *un lavoro fatto in fretta,* a rough (*o* rough-and-ready) piece of work — *Fai in fretta!,* Hurry up! — *troppo in fretta,* too fast — *in fretta e furia,* helter-skelter — *partire in fretta e furia,* to leave in a great hurry — *dimenticare qcsa per la fretta,* to forget sth in one's haste — *ritornare in tutta fretta,* to hurry back — *in tutta fretta,* with all possible speed.

frettolosamente *avv* hurriedly; hastily; quickly; in a hurry (in a rush).

frettoloso *agg* **1** hasty; hurried. **2** *(superficiale)* superficial.

friabile *agg* friable; crumbly.

friabilità *sf* friability.

fricassea *sf* fricassée *(fr.).*

fricativo *agg* fricative.

friggere *vt e i.* to fry; *(sfrigolare)* to sizzle; to frizzle; *(di ferro rovente in acqua)* to hiss; *(fig.)* to seethe; to foam; to boil: *friggere di rabbia,* to fret and fume; to seethe with rage. □ *Vai a farti friggere!,* Go to the devil! — *mandare qcno a farsi friggere,* to send sb to the devil.

friggio *sm (radio)* hissing; mush.

friggitoria *sf* fried-food shop; *(se in GB)* fish-and-chip shop.

frigidità *sf* frigidity.

frigido *agg* frigid.

frigio *agg* Phrygian: *berretto frigio,* Phrygian cap; cap of liberty.

frignare *vi* to whimper.

frignone *sm* whimperer; cry-baby *(fam.).*

frigorifero *agg* refrigerating; refrigerator; refrigerant; freezing: *cella frigorifera,* refrigerator; freezer; *(vano)* cold storage room (*o* chamber) — *vagone frigorifero,* refrigerator car; freezer.

□ *sm* refrigerator; fridge *(fam.): frigorifero per surgelamento,* deep freeze; freezer.

fringuello *sm* chaffinch.

frinire *vi* to chirp.

frisare *vt* to graze; to skim.

friso *sm* grazing shot: *colpire di friso,* to graze.

frisone *agg e sm* Frisian.

frittata *sf* omelette; omelet. □ *fare una (la) frittata, (fig.)* to make a mess (of sth) — *girare la frittata, (fig.)* to change the meaning of sth maliciously.

frittella *sf* fritter; *(di carne, riso, ecc.)* croquette; *(fam.: macchia di unto)* grease-stain.

fritto *agg* **1** fried. **2** *(fig.: rovinato)* done for; ruined. □ *fritto e rifritto,* rehashed; done to death — *una barzelletta fritta e rifritta,* a stale joke.

□ *sm* fried food; fry *(GB); (fam.)* fry-up: *fritto misto,* mixed fry.

frittura *sf* **1** *(il friggere)* frying. **2** *(pietanza)* fried dish: *frittura di pesce,* fried fish. **3** *(pesce da friggere)* small fry *(solo al sing.).* **4** *frittura bianca,* - **a)** *(cervella)* brains *(pl.)* - **b)** *(animelle)* sweetbreads *(pl.).*

frivolezza *sf* **1** *(l'essere frivolo)* frivolity. **2** *(cosa)* frivolous word (*o* act, *ecc.);* trifle: *perdersi in frivolezze,* to lose oneself in trifles.

frivolmente *avv* frivolously.

frivolo *agg* frivolous; trifling.

frizionare *vt* **1** to rub; to massage. **2** *(usare la frizione)* to use the clutch; to declutch.

frizione *sf* **1** rubbing; chafing; *(med.)* friction: *una frizione ai capelli,* a friction; a scalp massage. **2** *(mecc.)* clutch; friction clutch: *trasmissione a frizione,* friction gear (*o* drive) — *innestare (disinnestare) la frizione,* to let in (to disengage) the clutch. **3** *(fig.: contrasto, dissenso)* disagreement; quarrel; conflict; strife: *gravi motivi di frizione,* serious reasons for disagreement.

frizzante *agg* effervescent; fizzy; *(di vino)* sparkling; *(di aria fresca)* bracing; biting; *(fig.: di stile, ecc.)* witty; biting; pointed.

frizzare *vi* **1** to effervesce; to fizz; *(di vino)* to sparkle. **2** *(fig.)* to sting*; to smart.

frizzo *sm* cutting (*o* caustic) remark: *lanciare frizzi contro qcno,* to make cutting remarks about sb.

frodare *vt* to defraud; to cheat; to swindle.

frode *sf (dir.)* fraud; deceit: *in frode ai creditori,* in fraud of creditors — *frode fiscale,* tax-evasion — *bella frode,* pious fraud.

frodo *sm (solo al sing.)* evasion (of duty, tax, *ecc.*): *merce di frodo,* smuggled goods; contraband — *cacciatore (pescatore) di frodo,* poacher; hunter (fisherman) without a licence — *caccia (pesca) di frodo,* poaching; hunting (fishing) in a prohibited place.

frogia *sf* (horse's) nostril; *(scherz. di persona)* (dilated *o* flaring) nostril.

frollare *vt* to let* (to make*) (sth) become tender (*o* soft); *(cucina, anche)* to tenderise; *(selvaggina)* to hang*. □ *mettere qcno a frollare,* to soften sb up with a period in prison; to let sb cool his heels in jail.

□ *vi* to become* tender; *(di selvaggina)* to become* high.

frollatura *sf* **1** *(il frollare)* making soft (*o* tender, high: *cfr.* **frollo**). **2** *(il frollarsi)* process of becoming soft.

frollo *agg* **1** tender; *(di selvaggina)* high. **2** *(fig.)* spineless; nerveless; feeble; weak-minded; wet *(fam.).* □ *pasta frolla,* short pastry — *un individuo di pasta frolla,* a spineless man; a namby-pamby *(fam.).*

frombola *sf* sling.

fromboliere *sm* **1** *(stor.)* slinger. **2** *(al calcio)* goal-getter.

[1]**fronda** *sf* (leafy) branch; *(al pl.)* foliage *(sing.); (di felce, palma, alga)* frond.

[2]**Fronda** *sf (stor. fr.)* Fronde; *(fig.)* rebellion; revolt; opposition: *un'aria (un vento) di fronda,* rebellion in the air; current of revolt.

frondeggiante *agg* leafy; verdant *(poet.).*

frondeggiare *vi* to come* into leaf; to leaf; to put* forth leaves.

frondista *sm* **1** *(stor.)* Frondeur. **2** agitator; malcontent.

frondosità *sf* **1** leafiness. **2** *(fig.)* over-ornateness.

frondoso *agg* **1** leafy. **2** *(fig.)* ornate; over-decorated.

frontale I *agg* frontal: *l'osso frontale,* the frontal bone — *un attacco frontale,* a frontal attack — *uno scontro frontale,* a head-on collision.
II *sm* **1** *(ornamento)* frontlet; *(di elmetto)* leather headpiece; *(di finimenti di cavallo)* brow band; frontlet; *(di armatura di cavallo)* headpiece. **2** *(archit.)* frontal; façade; *(di caminetto)* mantelpiece; mantelshelf; *(di altare)* frontal; frontlet.

frontalmente *avv* **1** frontally; from the front. **2** *(di scontro, ecc.)* head-on.

fronte *sf (talvolta m.)* **1** forehead; brow; front *(poet.); (faccia)* face; *(capo, testa)* head: *una fronte ampia,* a broad forehead — *una fronte alta (bassa),* a high (low) forehead — *abbassare la fronte,* to lower one's head — *scrollare la fronte,* to shake one's head — *guadagnarsi la vita con il sudore della fronte,* to earn one's living by the sweat of one's brow — *cingere di lauro la fronte di un poeta,* to crown a poet with a laurel wreath — *Gli si legge l'arroganza in fronte,* Arrogance is written all over his face — *con (a) fronte bassa,* shamefully *(avv.)* — *a fronte alta,* proudly *(avv.)* — *corrugare la fronte,* to frown.
2 *(parte frontale, parte anteriore)* front; façade; frontage: *la fronte di un edificio,* the front (the façade) of a building — *la fronte di un ghiacciaio,* the front of a glacier — *fronte caldo (freddo), (meteorologia)* warm (cold) front.
3 *(linea di combattimento; anche fig.)* front: *fronte occidentale (orientale),* western (eastern) front — *andare al fronte,* to go to the front — *essere mandato al fronte,* to be sent to the front — *un cambiamento di fronte,* a change of front — *aprire un secondo fronte,* to open a second front — *fare fronte comune contro qcsa,* to make a common front against sth.
4 *(alleanza, coalizione)* front: *fronte popolare,* popular front — *fronte di liberazione nazionale,* national liberation front.
5 *(di miniera)* breast.
6 di fronte a, *(prep.: dirimpetto a)* in front of; *(rispetto a)* in comparison with; compared to: *C'era una bella fontana di marmo di fronte alla casa,* There was a beautiful marble fountain in front of the house — *Questo è niente di fronte a quello che ti dirò fra un momento,* That is nothing in comparison with what I'm going to tell you in a moment.
7 di fronte, *(avv.)* opposite *(solo dopo un sostantivo): la casa di fronte,* the house opposite.
8 a fronte, *(avv.)* opposite; facing: *un testo con traduzione a fronte,* a text with a translation on the opposite page (with a translation opposite) — *Nessuno può stargli a fronte,* Nobody can be compared to him; Nobody can compare with him.
9 far fronte a qcsa - **a)** *(un pericolo, ecc.)* to face (sth *o* up to sth) - **b)** *(una situazione)* to cope (with sth) - **c)** *(una spesa, un impegno, ecc.)* to be* able to meet; to manage to meet; to meet*; to cope (with sth).
□ *volgere la fronte (fuggire),* to run away; to flee — *mettere di fronte due avversari (due testimoni),* to confront two enemies (two witnesses) — *Fronte a destra (a sinistra)!,* Right (Left) turn! — *Dietro front!,* About turn!

fronteggiare *vt* **1** *(opporsi a)* to face; to confront; *(provvedere a)* to withstand*; to stand* (up to sth); to tackle; to cope (with sth). **2** *(guardare verso)* to face; to front; to be* opposite (to sth).

frontespizio *sm* **1** *(archit.)* frontispiece; cornice. **2** *(di libro)* title-page: *avere un'erudizione da frontespizio, (fam.)* to spout the titles of books one has never read. **3** *(scherz.)* face; appearance.

frontiera *sf* **1** *(linea di confine)* border; frontier; line; *(il tracciato, anche)* boundary: *passare la frontiera,* to cross the frontier. **2** *(fig.)* frontier.

frontino *sm* **1** fringe; false front. **2** *(rugby)* hand-off. **3** *(frontale)* brow band; frontlet.

frontone *sm* pediment; fronton.

fronzolo *sm* frill; trinket; *(al pl., fig.)* frills; finery *(sing.);* frippery *(sing.): senza fronzoli,* with no frills; simply; plainly.

fronzuto *agg* leafy; bushy.

frosone *sm* hawfinch.

frotta *sf* swarm; crowd; group; *(di animali)* flock: *a frotte,* in flocks; in droves — *uscire in frotte,* to flock out; to swarm out.

frottola *sf* idle tale; tall story; *(bugia, falsità)* fib; lie; falsehood; *(al pl.: stupidaggini)* nonsense *(sing.);* humbug *(sing.): un sacco di frottole,* a pack of lies — *Non contar frottole!,* Don't talk nonsense!

frugale *agg* **1** frugal; *(riferito al cibo, anche)* meagre; scanty. **2** *(riferito a chi spende con parsimonia)* thrifty.

frugalità *sf* frugality.

frugalmente *avv* frugally; thriftily.

frugare *vt e i.* to search; to rummage; *(a fondo)* to ransack; *(furtivamente)* to pry: *frugarsi le tasche,* to search one's pockets.

frugata *sf* rummage.

frugolo *sm* fidget; lively child.

fruire *vi* to have* the use (of sth); to enjoy.

frullare *vt (uova, ecc.)* to whisk; to whip; to beat* up. □ *vi* **1** *(di ali)* to whir(r); to flutter; to drum *(spec. del frullino); (di vele, corde)* to flutter. **2** *(girare rapidamente)* to whirl; to spin. □ *Ma che ti frulla?,* What's going on in that head of yours?

frullato *sm* shake: *un frullato di latte,* a milk-shake.

frullatore *sm* mixer; blender.

frullino *sm* **1** *(cucina)* whisk; beater. **2** *(zool.)* Jack-snipe *(sing. e pl.).*

frullio *sm* fluttering; whirring; whirr.

frullo *sm* **1** whirr; flutter. **2** *(industria tessile)* twirling-stick. **3** *(acrobazia aerea)* roll.

frumentario *agg (attrib.)* grain; corn; cereal: *nave frumentaria, (stor.)* grain ship.

frumento *sm* **1** *(bot.)* wheat; grain. **2** *(al pl.)* cereals.

frumentone *sm* maize; Indian corn; corn *(USA).*

frusciare *vi* to rustle.

fruscio *sm* **1** rustle; rustling. **2** *(radio, giradischi, ecc.)* ground noise: *fruscio della punta,* needle noise.

frusta *sf* **1** whip; lash: *far schioccare la frusta,* to crack the whip — *venti colpi di frusta,* twenty strokes of the whip; twenty lashes. **2** *(frullino)* whisk.

frustare *vt* **1** to whip; to flog; to lash *(anche fig.): frustare qcno a sangue,* to whip sb till he bleeds (till the blood flows). **2** *(logorare)* to wear* out.

frustata *sf* lash *(anche fig.).* □ *dare una frustata a qcno, (fig.)* to jolt sb.

frustino *sm* hunting-crop; *(mil.)* swagger stick.

frusto *agg* shabby; worn-out; threadbare; *(fig.: di storiella, ecc.)* stale.

frustrare *vt* to frustrate; to baffle.

frustrato *sm* frustrated person.

frustrazione *sf* frustration.

frutta *sf* fruit; *(talvolta: dessert)* dessert: *frutta cotta,* stewed fruit; compote — *frutta fresca,* fresh fruit — *frutta secca,* dried fruit (and nuts) — *frutta di sta-*

gione, fruit in season — *essere alla frutta,* to be at dessert. □ *giungere alla frutta, (fig.)* to come too late.

fruttare *vt* to yield; to bear* *(anche fig.); (di un capitale)* to yield; to give* an income (of *p.es.* 10%); *(procurare)* to bring*; to gain: *Il suo comportamento non gli ha fruttato che odio,* His behaviour has brought (has gained) him nothing but hatred.
□ *vi* to yield fruit; to bear* fruit: *far fruttare un capitale,* to invest capital; to put capital to work.

fruttato *sm* **1** yield. **2** *(finanza)* revenue.

frutteto *sm* orchard.

frutticoltura *sf* fruit-growing.

frutticultore *sm* fruit-grower; fruit-farmer.

fruttiera *sf* fruit-dish.

fruttifero *agg* **1** fruit-bearing; *(fertile)* fruitful: *alberi fruttiferi,* fruit trees. **2** *(econ.)* interest-bearing: *buoni fruttiferi,* interest-bearing securities.

fruttificare *vi* to bear* fruit.

fruttivendolo *sm* greengrocer; fruiterer; *(ambulante)* costermonger.

frutto *sm* **1** fruit (*anche fig., ma* ⇨ *il* **2**): *un frutto maturo,* a ripe fruit — *un frutto carnoso,* a fleshy (a pulpy) fruit — *un frutto succoso,* a juicy fruit — *la polpa di un frutto,* the pulp of a fruit — *albero da frutto,* fruit-tree — *i frutti della terra,* the fruits of the earth — *frutto fuori stagione,* fruit out of season. **2** *(fig.)* profit; advantage; result; fruit: *i frutti del proprio lavoro,* the fruits of one's labours — *i frutti dell'industria (della pesca, ecc.),* the fruits of industry (of fishing, *ecc.*) — *studiare con scarso frutto,* to study with poor results — *Questo è il frutto della tua ingratitudine,* This is the result (These are the results) of your ingratitude — *senza (alcun) frutto,* fruitless; without any result — *con poco frutto,* scarcely; with poor results — *A che frutto?,* What for? — *dare frutto,* to bear fruit — *dare poco frutto,* to yield very little — *trarre poco frutto dalle proprie fatiche,* to have little to show for one's pains. **3** *(reddito)* interest; income; *(più in generale)* profit: *mettere a frutto,* to put to interest — *titoli che dànno un frutto del 7%,* stocks giving an interest of 7% — *un'attività che dà buoni frutti,* a profitable business. □ *frutti di mare,* shellfish *(pl.)*; seafood *(sing.)*

fruttuosamente *avv* advantageously; fruitfully; profitably.

fruttuoso *agg* **1** fruitful. **2** *(fig.)* advantageous; profitable.

fu *agg (defunto)* late; deceased: *il fu signor Bianchi,* the late Mr Bianchi — *figlio del fu signor Bianchi,* son of the late Mr Bianchi; *(linguaggio burocratico e giuridico)* son of Mr Bianchi, deceased.

fucilare *vt* to shoot*: *essere fucilato all'alba,* to be shot at dawn.

fucilata *sf* shot; gun-shot; *(colpo di carabina)* rifle-shot: *scambiarsi fucilate,* to shoot at each other; to fire at each other — *sparare una fucilata,* to fire a shot.

fucilazione *sf* (execution by) shooting: *condannare qcno alla fucilazione,* to sentence sb to be shot — *fucilazione in massa,* mass shooting.

fucile *sm* **1** gun; *(carabina)* rifle; *(a ripetizione)* repeater — *(da caccia)* shot-gun; fowling-piece *(ant.)*; sporting gun; *(ad aria compressa)* air-gun; *(subacqueo)* spear gun; *(a retrocarica)* breech-loader; *(ad avancarica)* muzzle-loader; *(mitragliatore)* submachine gun; tommy-gun; light machine gun; *(a canne mozze)* sawn-off shot-gun: *a tiro di fucile,* within gunshot. **2** *(tiratore)* shot.

fucileria *sf* **1** *(scarica di molti fucili)* fusillade. **2** *(complesso di fucili)* musketry.

fuciliere *sm (mil., stor.)* fusilier; rifleman *(pl.* -men*)*.

fucina *sf* **1** forge; *(di fabbro ferraio)* smithy; *(di stabilimento)* forge shop. **2** *(fig.)* mine; source; *(di congiure, ecc.)* hotbed.

fucinare *vt* **1** to forge. **2** *(fig.: formare)* to forge; to shape; to form. **3** *(fig.: ordire, macchinare)* to plot; to concoct.

fucinato *agg* forged. □ *sm* forging.

[1]**fuco** *sm (zool.)* drone.

[2]**fuco** *sm (bot.)* wrack; kelp; tang.

fucsia *sf* fuchsia.

fucsina *sf* fuchsin.

fuga *sf* **1** escape; flight; getaway; *(d'innamorati)* elopement: *di fuga, (di sfuggita, in gran fretta)* hastily; in a great hurry — *darsi alla fuga,* to take to flight; to make one's escape; to run away; to escape — *mettere qcno in fuga,* to put sb to flight. **2** *(perdita)* leak; leakage; escape: *una fuga di gas,* a gas-leak — *una fuga di notizie,* a news leak — *velocità di fuga,* escape velocity — *la fuga dei cervelli, (fam.)* the brain drain — *fuga di capitali,* flight of capital. **3** *(successione)* suite; flight; *(prospettiva: di alberi, colonne)* retreating line: *una fuga di stanze,* a suite of rooms — *una fuga di gradini,* a flight of steps. **4** *(mus.)* fugue. **5** *(imballata di un motore)* racing. **6** *(ciclismo)* sprint; spurt. **7** *(med.)* fugue.

fugace *agg* fleeting; brief; short-lived; ephemeral: *l'attimo fugace,* the fleeting moment — *gioia fugace,* short-lived joy.

fugacità *sf* fleetingness; transiency.

fugare *vt* **1** to put* (sb) to flight; to rout; to disperse *(spec. nubi e simili)*. **2** *(fig.: scacciare)* to dispel; to drive* away.

fuggevole *agg* fleeting; short-lived; brief.

fuggiasco *agg e sm* runaway; fugitive.

fuggifuggi *sm* stampede; mad rush.

fuggire *vi e t.* to flee*; to fly*; to escape; to run* away; to get* away; *(di innamorati)* to elope; *(evitare, schivare)* to shun; to avoid; to eschew *(lett.)*; *(sottrarsi a)* to shirk: *fuggire dalla prigione,* to escape from prison; to break out of jail — *Il tempo fugge,* Time flies; Tempus fugit *(lat.)* — *fare a scappa e fuggi,* to take to flight — *fuggire dinnanzi alla tempesta,* to run before the storm — *fuggire in se stesso,* to withdraw into one's shell.

fuggitivo *agg e sm* fugitive; runaway.

fulcro *sm* **1** *(mecc., bot.)* fulcrum *(pl.* fulcra*)*. **2** *(fig.)* cardinal (*o* crucial) point; pivot.

fulgente *agg* shining; resplendent.

fulgere *vi (poet.)* to shine*; to glitter.

fulgidamente *avv* brightly; glitteringly; brilliantly.

fulgido *agg* bright; glittering; *(d'ingegno)* brilliant.

fulgore *sm* splendour; glitter; radiance.

fuliggine *sf* soot; *(una particella)* smut; *(più particelle)* smuts *(pl.)*.

fuligginoso *agg* sooty.

fulminante *agg* **1** explosive. **2** *(med.)* fulminating; fulminans *(lat.)*.
□ *sm (innesco)* primer; percussion cap.

fulminare *vt* **1** to strike* by lightning. **2** *(fig.: colpire)* to strike* down; to hit*; to fulminate; *(con arma da fuoco)* to shoot* dead; to drop; *(con lo sguardo)* to wither. **3** *(di corrente elettrica)* to electrocute. □ *fulminare in rete, (calcio)* to smash the ball into the net.
□ *vi* to lighten.
□ **fulminarsi** *v. rifl (fondersi)* to burn* out: *La lam-*

padina si è fulminata, The lamp has burnt out (has gone, has blown).

fulminato *sm* fulminate.

fulminazione *sf* fulmination.

fulmine *sm* **1** lightning; thunderbolt: *fulmine ramificato,* forked lightning — *veloce come il fulmine,* (as) quick as lightning — *un fulmine a ciel sereno, (fig.)* a bolt from the blue — *un colpo di fulmine, (fig.)* love at first sight — *Scappò come un fulmine,* He shot off like a streak of lightning. **2** *(fig.: scomunica, condanna)* fulmination; thunder. **3** *(persona rapida e impetuosa)* tornado; whirlwind; live-wire.

fulmineamente *avv* rapidly; in a flash; like lightning.

fulmineo *agg* **1** rapid; *(med.)* fulminating. **2** *(fig.: di sguardo)* threatening; fiery.

fulvo *agg* tawny; fulvous *(raro).*

fumaiolo *sm* **1** chimney; factory chimney. **2** *(di bastimento, di locomotiva)* funnel; smoke-stack.

fumante *agg* smoking; steaming *(specialm. di vivanda, ecc.).*

fumare *vt e i.* to smoke; *(emettere vapore)* to fume; *(di liquido in ebollizione)* to steam: *fumare come un turco,* to smoke like a chimney — *fumare una sigaretta dopo l'altra,* to chain-smoke; *(abitualmente)* to be a chain-smoker — *Le dispiace se fumo?,* Do you mind if I smoke? — *Vietato fumare,* No smoking.

fumaria *sf (bot.)* fumitory. □ *prender l'erba fumaria, (fig.)* to make oneself scarce.

fumario *agg* relating to smoke: *canna fumaria,* flue.

fumarola *sf* fumarole; smoke-hole.

fumata *sf* **1** smoke: *farsi una fumata,* to have a smoke. **2** *(segnalazione)* smoke signal: *fumata bianca (nera), (per elezione avvenuta o non, in Vaticano e fig.)* white (black) smoke signal; indication that a candidate has (has not) been elected.

fumatore *sm* smoker: *scompartimento per fumatori,* smoker — *scompartimento per non-fumatori,* non-smoking compartment; non-smoker — *fumatore accanito,* chain-smoker.

fumettistico *agg* stereotyped.

fumetto *sm* **1** *(nuvoletta con parole iscritte)* balloon; bubble. **2** *(generalm. al pl.)* strip cartoon *(sing.);* comic-strip *(sing.); (fig.: opera di poco conto)* cheap work; worthless book *(o* film, *ecc.): libro di fumetti,* comic; comic-book — *un eroe da fumetti,* a comic-strip hero *(o* character) — *fumetto d'avventure, (per ragazzi)* adventure (children's) comics.

fumigare *vi* to steam; to smoke.

fumigazione *sf* fumigation.

fumista *sm* **1** stove-repairer; stove-setter; *(addetto a caldaie)* boilerman *(pl.* -men). **2** *(fig.)* practical joker; *(spreg.)* swindler; hot-air merchant *(fam.).*

fumo *sm* **1** *(prodotto di combustibile)* smoke *(anche attrib.); (del tabacco)* tobacco smoke; *(il fumare tabacco)* smoking: *far fumo,* to smoke; to give off smoke — *sapere di fumo,* to taste burnt — *senza fumo,* smokeless — *avere il vizio del fumo,* to smoke; to be a smoker. **2** *(esalazione)* vapour; fume *(generalm. al pl.); (vapore acqueo)* steam *(se caldo);* vapour; mist *(se freddo): i fumi dell'alcool,* the fumes of alcohol. **3** *(fig.: vana apparenza)* hot air; *(boria)* pride; haughtiness: *vendere fumo,* to deceive — *venditore di fumo,* swindler.

□ *andare in fumo,* to vanish; to go up in smoke; to come to nothing — *mandare in fumo, (progetti, speranze)* to destroy; to bring to nothing; to dash; *(patrimonio, ecc.)* to squander — *considerare qcno come il fumo negli occhi,* to consider sb a pet aversion (a 'bête noire', *fr., oppure* a pain in the neck, *fam.)* — *vedere qcno come il fumo negli occhi,* to detest sb — *Dove c'è fumo c'è fuoco, (prov.)* There's no smoke without fire — *È più fumo che arrosto,* It's more apparent than real.

fumogeno *agg* smoke *(attrib.): bomba fumogena,* smoke-bomb — *cortina fumogena,* smoke-screen.

fumosità *sf* **1** smokiness. **2** *(fig.)* obscurity; vagueness.

fumoso *agg* **1** smoky. **2** *(fig.: oscuro)* obscure; contorted; *(incerto)* vague. **3** *(superbo)* haughty.

funambolismo *sm* **1** rope-walking; rope-dancing. **2** *(fig.)* vacillation; *(politica)* sitting on the fence.

funambolo *sm* **1** rope-walker; rope-dancer; funambulist *(generalm. fig.).* **2** *(fig.: opportunista)* opportunist; time-server; one who sits on the fence.

fune *sf* rope; *(metallica)* hawser; *(in opera)* line; *(cavo)* cable: *fune da traino, di rimorchio,* tow-rope — *legare qcsa con una fune,* to rope sth; to fasten sth with a rope — *dare della fune (a qcno), (fig.)* to give (sb) rope — *allungare la fune, (fig.)* to grant (sb) time — *tiro alla fune, (sport)* tug-of-war.

funebre *agg* **1** funeral; burial *(attrib.): canto funebre,* dirge — *marcia funebre,* dead *(o* funeral) march — *discorso funebre,* funeral oration — *imprenditore di pompe funebri,* undertaker; mortician *(solo USA)* — *spese funebri,* burial expenses. **2** *(funereo)* mournful; gloomy; funereal.

funerale *sm* funeral; *(al pl.: cerimonie funebri)* funeral service *(sing.);* funeral ceremony *(sing.).* □ *faccia da funerale,* long face — *Sembra un funerale,* He looks the picture of misery — *La festa fu un funerale,* The party was as dull as ditchwater.

funerario *agg* funeral; funerary: *un'urna funeraria,* a funeral urn — *iscrizione funeraria,* inscription on a tombstone; epitaph.

funereo *agg* funereal; mournful; gloomy.

funestare *vt* **1** *(affliggere)* to distress; to afflict; to sadden. **2** *(causare danni)* to devastate.

funesto *agg* **1** *(che reca lutto o morte)* fatal; deadly. **2** *(disastroso)* disastrous; ruinous.

fungere *vi* to act: *fungere da direttore,* to act as director.

fungo *sm* **1** *(bot. e med.)* fungus *(pl.* fungi); *(mangereccio)* mushroom; edible fungus; *(velenoso)* poisonous fungus; toadstool: *andare a funghi,* to go mushrooming — *crescere come i funghi, (fig.)* to sprout up like mushrooms — *a forma di fungo,* mushroom-shaped. **2** *(muffa)* mould; mildew; fungus. **3** *(di valvola, trave, rotaia)* head. **4** *(di innaffiatoio)* rose. □ *pulsante a fungo,* palm button.

fungosità *sf (med.)* fungosity; fungous growth.

fungoso *agg* **1** mushroom-like. **2** *(med.)* fungous. **3** *(ammuffito)* mouldy.

funicella *sf* cord; string: *funicella di rottura, (di paracadute)* weak tie.

funicolare *sf* funicular (railway).

funivia *sf* cableway; aerial ropeway: *cabina di funivia,* cable car.

funzionale *agg* functional; practical; efficient; *(di aggeggio casalingo, ecc.)* handy *(fam.).*

funzionalità *sf* functional character; functionality.

funzionamento *sm* operation; running; working: *funzionamento dolce,* smooth running — *funzionamento irregolare (non uniforme),* galloping; hunting — *funzionamento al minimo (a vuoto),* idling — *funzionamento discontinuo,* start-stop operation — *tensione di funzionamento,* operating voltage — *istruzioni sul funzionamento,* operating instructions.

funzionante *agg* working; operating; *(in condizioni di poter funzionare)* in working (in running) order.

funzionare *vi* **1** to work *(anche fig.)*; to function; to operate; *(di motori, ecc.)* to run*: *L'ascensore non funziona,* The lift is out of order — *Non funziona, (su un cartello)* Out of order — *far funzionare qcsa,* to operate (to work) sth; to make (sth) work. **2** *(fig.)* to go* right; to work well. **3** *(fungere da)* to act as.

funzionario *sm (p.es. di un'azienda)* officer; *(statale)* public servant; *(GB, anche)* civil servant; official; *(spreg.)* functionary.

funzione *sf* **1** function; rôle *(dal fr.: talvolta senza l'accento)*: *la funzione di un muscolo (del cuore, del cervello),* the function of a muscle (of the heart; of the brain) — *le funzioni dei nervi,* the functions of the nerves — *la funzione della istruzione,* the function (the rôle) of education — *funzioni vitali,* vital functions — *la funzione di un motore (di una leva, ecc.),* the function of an engine (of a lever, *ecc.*) — *Tutti hanno una propria funzione nella società,* Everybody has his own rôle in society — *Sono attività che hanno una precisa funzione sociale,* They are activities having (*o* with) a definite social function. **2** *(ufficio, carica)* office; role; post; duties *(pl.)*: *entrare in funzione,* to take up office; to enter upon office — *la funzione di presidente,* the office of chairman — *fare la funzione di qcno,* to act for sb — *Il Direttore facente funzione, Signor Rossi, firmò il contratto,* The acting Manager, Mr Rossi, signed the contract — *nell'esercizio (nell'espletamento) delle proprie funzioni,* while carrying out one's duties; in the excercise of one's duties — *mettere in funzione qcsa,* to call (to bring) sth into action. **3** *(rito religioso)* service; ceremony: *le funzioni natalizie,* the Christmas services — *la funzione domenicale,* Sunday service; Sunday function. **4** *(matematica, fis., linguistica)* function.

fuochista *sm (di nave o locomotiva)* fireman *(pl.* -men*)*; stoker: *macchinista fuochista,* footplate man.

fuoco *sm* **1** fire: *un fuoco di legna (di carbone),* a wood (coal) fire — *preparare il fuoco,* to lay the fire — *accendere il fuoco,* to light the fire — *attizzare il fuoco,* to stoke up the fire — *smorzare il fuoco (spegnere il fuoco),* to put out the fire — *prendere fuoco,* to take (to catch) fire; *(fig.: arrabbiarsi)* to flare up — *La carta prende fuoco facilmente,* Paper catches fire easily — *È così nervoso che prende fuoco per un nonnulla,* He is so nervous that he flares up over nothing — *dar fuoco (appiccare il fuoco) a qcsa,* to set fire to sth; to set sth on fire — *scherzare col fuoco,* to play with fire — *far cuocere qcsa a fuoco lento,* to cook sth on (*o* over) a slow fire (flame, gas, heat) — *Un fuoco immane distrusse la città,* A huge fire destroyed the town — *Al fuoco, al fuoco!,* Fire!, Fire! — *a prova di fuoco, (antincendio)* fire-proof — *Gli eretici furono condannati al fuoco,* The heretics were condemned to the stake (to be burned to death) — *sedere accanto al fuoco,* to be sitting by the fire — *ferri da fuoco,* fire-irons — *angolo (cantuccio) del fuoco,* chimney corner; ingle-nook — *il fuoco della carità,* the fire (the ardour) of charity — *il sacro fuoco,* the sacred fire — *uccello di fuoco,* firebird. **2** *(sparo)* fire: *aprire il fuoco,* to open fire; to begin firing — *cessare il fuoco,* to cease fire — *far fuoco,* to fire — *essere sotto il fuoco,* to be under fire — *tra due fuochi,* between two fires — *battesimo di fuoco,* baptism of fire — *Fuoco!,* Fire! — *un nutrito fuoco di fucileria,* heavy rifle fire — *fuoco incrociato,* cross fire — *arma da fuoco,* fire-arm — *bocca da fuoco,* gun — *fuoco di fila, (anche fig.)* running fire — *un fuoco di fila di domande insidiose,* a barrage (a running fire) of insidious questions. **3** *(matematica, ottica)* focus *(pl.* focuses *o* foci*)*: *il fuoco di una parabola,* the focus of a parabola — *mettere a fuoco,* to bring into focus; to focus.

□ *fuochi artificiali,* fireworks — *fuoco di paglia, (fig.)* flare-up; flash-in-the-pan — *vigile del fuoco,* fireman *(pl.* firemen*)* — *vigili del fuoco, (corpo)* fire-brigade — *verniciare a fuoco,* to glaze — *occhi di fuoco,* fierce eyes — *buttarsi nel fuoco per qcno,* to go through fire and water for sb — *mettere la mano sul fuoco,* to stake one's life — *fare fuoco e fiamme,* to leave no stone unturned; to go to any lengths — *essere come l'acqua e il fuoco,* to be like cat and dog — *dar fuoco alle polveri,* to set fire to gunpowder — *soffiare nel fuoco,* to fan the flame — *mettere altra legna al fuoco, (letteralm.)* to throw more wood on (*o* on to) the fire; *(fig.)* to throw fat into the fire — *versare acqua sul fuoco,* to pour oil on troubled waters — *mettere (avere) troppa carne al fuoco,* to have too many irons in the fire — *mettere a ferro e a fuoco,* to put to fire and the sword — *togliere le castagne dal fuoco per qcno,* to get sb out of trouble — *fuoco di Sant'Antonio,* St Anthony's fire; erysipelas; shingles — *fuoco di Sant'Elmo,* St Elmo's fire; corposant — *fuoco fatuo* ⇨ **fatuo.**

fuorché *prep* but; except; save; apart from: *Nessuno obiettò fuorché lui,* No one but he *(fam.* him*)* objected — *Farò di tutto fuorché pagare,* I'll do anything except pay.

fuori **I** *avv* **1** *(all'esterno, verso l'esterno)* out; outside: *Va' fuori un momento, per favore!,* Go outside for a moment, please! — *Sbrigati, è là fuori che aspetta,* Hurry up, he's out there (he's outside) waiting — *Sta sempre a guardare fuori,* She's always looking outside — *Dentro o fuori!,* In or out!; *(fig.: Deciditi!)* Make up your mind!

2 *(fuori casa)* out: *Ceniamo fuori stasera?,* Shall we go out for dinner this evening? — *Il dottore è ancora fuori,* The doctor is still out.

3 *(all'aria aperta)* outdoors; out of doors: *In campagna i bambini possono fare molti giochi fuori,* In the country, children can play a lot of games out of doors.

4 *(all'estero)* abroad: *Preferisci stare in Italia o fuori?,* Do you prefer to be in Italy or abroad?

□ *uscir fuori (traboccare),* to overflow — *Di fuori non mostrava di essere agitata,* Outwardly she didn't seem to be troubled — *denti in fuori,* buck-teeth — *essere in fuori, (sporgere)* to stick out — *lasciar fuori,* to leave out; to exclude; to omit — *metter fuori, (porre in mostra)* to display — *tagliar fuori,* to cut off — *venir fuori, (essere pubblicato)* to come out; to appear; to be published — *venir (uscir) fuori con una battuta infelice,* to come out with (to make) an unfortunate remark — *Fuori di qui!,* Get out!; Get out of here! — *far fuori qcno,* to kill sb; *(sport)* to knock sb out — *far fuori qcsa,* to destroy — *È gente di fuori,* They are foreigners (*o* strangers) — *Fuori i soldi!,* Out with your money! — *Fuori uno!, Fuori due!, (naut., mil.)* Fire one!, Fire two!; *(per estensione)* That's one down!... Two!

II fuori (di) *prep* **1** out of; outside: *Starò fuori città per alcuni giorni,* I'll be out of town for several days — *Quando sono fuori Torino...,* When I'm out of (*o* away from) Turin... — *fuori ufficio,* out of (*o* away from) the office — *fuori d'Italia,* outside Italy; abroad —

Hai lasciato fuori dalla porta il latte per il gatto?, Have you left the milk for the cat outside the door? **2** *(all'infuori di, a parte, eccetto)* apart from; except; but: *Non so niente fuori di questo,* I know nothing apart from this — *Nessuno fuori di te poteva riuscirci,* Nobody but (*o* except) you could succeed in doing it.

□ *fuori commercio,* not for sale; *(di pubblicazioni)* for private circulation only — *edizione fuori commercio,* private edition — *fuori corso,* no longer current — *fuori concorso,* hors (de) concours *(fr.)* — *fuori luogo (posto), (anche fig.)* out of place; uncalled for — *fuori mano,* out of the way; remote — *fuori misura,* offsize; outsize; *(fig.)* excessive — *fuori moda,* old fashioned — *fuori pasto,* between meals — *fuori orario,* out of hours — *fuori pericolo,* out of danger — *fuori porta,* outside the town — *fuori portata (tiro),* out of range — *fuori quadro,* out-of-frame — *La sua lealtà è fuori discussione,* His loyalty is not in doubt — *fuori questione,* beyond all dispute; out of the question — *fuori servizio, (di persona)* off duty; *(di cosa)* out of order — *fuori stagione,* out of season — *fuori strada,* out of one's way; *(fig.)* off the beaten track — *fuori del seminato,* beside the point; off the subject — *fuori tempo,* untimely — *essere fuori tempo, (mus.)* to have got the time (*o* tempo) wrong — *(tavola) fuori testo,* plate — *fuori tutto, (naut., ecc.)* overall — *fuori vista,* out of sight — *Fuori dai piedi!,* Get out!; Out of here! — *essere fuori di sé,* to be beside oneself; to rave — *essere fuori dalla grazia di Dio,* to be in a very bad temper — *andar fuori dai gangheri,* to lose one's temper — *Per allora spero di essere fuori,* By then I hope to be out of it — *venirne (cavarsi) fuori,* to get out of sth — *con gli occhi fuori della testa,* with one's eyes popping out — *Sembri un pesce fuor d'acqua,* You're like a fish out of water — *Siamo ormai fuori dall'inverno,* Winter is over now — *essere fuori programma,* not to be in the programme — *parole fuori uso,* obsolete words — *fuori bordo* ⇨ **fuoribordo** — *fuori classe* ⇨ **fuoriclasse** — *fuori gioco* ⇨ **fuorigioco** — *fuori serie* ⇨ **fuoriserie.**

III *sm* **outside**: *Passammo dal di fuori,* We passed from the outside — *vedere le cose dal di fuori,* to see things from the outside.

IV *agg attrib (esterno)* external; outer: *La parte (di) fuori sembrava ben conservata,* The outside seemed in good condition.

fuoribordo *sm* **1** *(superficie esterna emersa dallo scafo)* (ship's) side; exterior above water. **2** *(imbarcazione)* outboard. **3** *(motore, anche attrib.)* outboard motor.

fuoriclasse *sm e f.* champion; ace. □ *agg* ace; crack *(solo attrib.)*; champion *(solo attrib.)*.

fuorigioco *agg e avv (sport)* off-side.

fuorilegge *sm* outlaw.

fuoriserie *agg* specially built.
□ *sf* custom-built model.

fuoruscito *sm* political exile.

furbacchione *sm (fam.)* sly (*o* wily) old fox.
□ *agg* sly; wily; cunning.

furbamente *avv* cunningly; astutely; shrewdly.

furberia *sf* **1** wiliness; astuteness; *(spreg.)* cunning; slyness. **2** *(azione)* cunning trick; ruse.

furbescamente *avv* artfully; archly.

furbesco *agg* sly: *parlata furbesca,* thieves' lingo (*o* cant); underworld slang — *sguardi furbeschi,* artful looks.

furbizia *sf* craftiness; cunning.

furbo *agg (astuto)* astute; cunning; smart; artful; *(intelligente)* clever: *un tipo poco furbo,* a simpleton — *Ma fatti furbo!,* Wake up a bit!; Show a bit of sense!; Don't be daft!; Get wise to yourself! *(USA).*
□ *sm (persona astuta)* astute (smart, *ecc.*) fellow; *(birbante)* rogue: *un furbo matricolato, di tre cotte, (fam.)* a tricky customer; a person who knows all the answers — *il solito furbo,* the usual smart Alec (*o* clever Dick) — *una trovata da furbo,* a sharp (an astute) observation — *fare il furbo,* to try to be clever (*o* smart).

furente *agg* furious; raging; mad; wild: *furente d'ira,* mad with rage; furious — *Era furente per aver perso il portafogli,* He was mad at (*o* over) losing his wallet.

fureria *sf* company commander's office.

furetto *sm* ferret.

furfante *sm* scoundrel; rogue; rascal.

furfanteggiare *vi* to be* a rascal; to behave like a scoundrel.

furfanteria *sf* **1** trickery. **2** *(azione)* dishonest action.

furfantesco *agg* rascally; knavish.

furgoncino *sm* light (pickup) van.

furgone *sm* van; delivery van; *(per traslochi)* removal van; furniture-van; pantechnicon *(GB)*: *furgone cellulare, (GB)* Black Maria; *(USA)* patrol (*o sl.,* paddy) wagon.

furia *sf* **1** fury; rage; temper: *montare in furia,* to fly into a rage — *andare su tutte le furie,* to lose one's temper; to go off the deep end. **2** *(mitologia)* Fury; *(per estensione)* fury; *(di donna, anche)* harpy: *Quella ragazza è una furia,* That girl is a demon. **3** *(impeto violento)* fury; frenzy; heat: *la furia del vento,* the fury of the wind — *la furia della disperazione,* the frenzy of despair — *a furia di popolo,* as a result of popular agitation — *la furia della battaglia (della discussione),* the heat of battle (of the discussion). **4** *(grande fretta)* haste; great hurry: *in fretta e furia,* in a great haste — *Aveva furia di finire,* He was in a great hurry to finish. **5 a furia di,** by; by dint of: *a furia di chiedere,* by dint of asking over and over again; by going on asking — *a furia di studiare,* by studying really hard — *a furia di scrivere lettere,* by writing one letter after another — *a furia di parole,* by saying the same thing over and over again — *a furia di spintoni,* by pushing and shoving.

furibondo *agg* furious; enraged; incensed; irate.

furiere *sm* **1** *(mil.)* storekeeper; quartermaster. **2** *(naut.)* paymaster.

furiosamente *avv* **1** furiously; ragingly. **2** *(in modo agitato)* furiously; violently; like a fury: *lavorare furiosamente,* to work like fury.

furioso *agg (arrabbiato)* furious; wild; mad *(USA)*; *(violento)* furious; violent; wild: *È furiosa contro di me,* She's furious with me; She's mad at me *(USA).*

furore *sm* **1** fury; rage. **2** *(entusiasmo creativo, veemenza)* frenzy; vehemence; impetus: *furore poetico,* poetic frenzy. □ *a furor di popolo,* by public acclaim — *far furore,* to be (all) the rage; to be a great success (a hit, *fam.*) — *lavorare con furore,* to work fervently.

furoreggiare *vi* to be* a great success; to be* a hit; to be* all the rage.

furtarello *sm* pilfering; petty theft.

furtivamente *avv* furtively; stealthily; surreptitiously.

furtivo *agg* **1** furtive; stealthy; surreptitious. **2** *(dir.)* stolen: *merce di provenienza furtiva,* stolen goods *(fig.).*

furto *sm* theft; stealing; *(dir.)* larceny; *(con scasso)* burglary; housebreaking: *un furto di grande valore,* stolen goods *(pl.)* of great value — *commettere un furto,* to steal — *furto letterario,* plagiarism — *Mille* *lire un caffè! È un furto!,* A thousand lire for a cup of coffee-it's daylight robbery!

fusa *sf pl (nell'espressione) fare le fusa,* to purr.

fuscello *sm (di legno)* twig; *(di paglia)* straw: *magro come un fuscello,* as thin as a lath. □ *il fuscello nell'occhio altrui, (Bibbia)* the mote that is in thy brother's eye.

fusciacca *sf* sash.

fusello *sm* **1** *(di ricamatrice)* bobbin. **2** *(mecc.)* spindle; stub axle. **3** *(tipografia)* spindle-shaped rule.

fusibile *agg* meltable; *(di metallo, anche)* fusible. □ *sm* fuse.

fusiforme *agg* spindle-shaped; fusiform.

fusione *sf* **1** fusion *(anche fig.)*; founding; *(pezzo ottenuto)* casting; *(per estrarre metallo)* smelting; *(di materiale non metallico)* melting; *(elettr.)* blowout. **2** *(dir., comm.: fusione di una società)* merger; amalgamation.

[1]**fuso** *agg* melted; molten; smelted; fused; *(di cuscinetto)* burnt-out: *pezzo fuso,* casting.

[2]**fuso** *sm (filatura)* spindle (⇨ *anche* **fusa**); *(geometria)* lune; *(di colonna)* shaft; *(di ancora)* shank; *(di orologio)* fusee; *(di paracadute, ecc.)* panel; *(araldica)* fusil; *(anat., med.)* spindle: *a fuso,* spindle-shaped; *(zool., anat.)* fusiform — *fuso orario,* time zone — *fuso a snodo, (automobile)* stub axle *(GB)*; steering knuckle *(USA)*. □ *dritto come un fuso,* as straight as a ramrod — *andarsene dritto come un fuso, (senza deviare)* to go off like a shot.

[3]**fuso** *agg (sl.)* worn (*o* fagged) out; all-in: *Mi sento fuso!,* I feel worn out!; I'm fagged out! — *Sembrava proprio fuso,* He looked all-in.

fusoliera *sf* fuselage.

fustagno *sm* fustian.

fustella *sf* **1** hollow punch. **2** *(talloncino)* coupon.

fustigare *vt* **1** to beat*; to thrash; to flog; *(con frusta, anche)* to whip; *(con flagello, anche)* to scourge; *(con verga, anche)* to cane; to birch; *(con bastone, anche)* to cudgel; to fustigate *(scherz.)*. **2** *(fig.)* to castigate.

fustigazione *sf* flogging; beating; thrashing; *(flagellazione)* scourging; *(con verga)* caning; birching.

fusto *sm* **1** *(in genere)* stem; *(gambo)* stalk; *(di chiave)* shank; *(di ancora)* beam; *(di remo)* loom. **2** *(tronco)* trunk; *(archit.: di colonna)* shaft; *(ossatura)* frame; *(busto o torso umano)* trunk; torso: *alberi di alto fusto,* long-trunked trees. **3** *(fam.: persona muscolosa)* muscle-man *(pl.* -men*)*; beefcake *(USA, sl.)*. **4** *(recipiente di lamiera)* drum; *(di legno)* barrel; cask; keg.

futile *agg* futile; *(frivolo)* frivolous; *(meschino)* paltry; petty.

futilità *sf* futility; *(bagatella)* trifle.

futuribile *agg* likely to occur (capable of occurring) in the future. □ *sm* futurable.

futurismo *sm* futurism.

futurista *sm e f.* futurist.

futuristico *agg* futuristic.

futuro *agg* future; *(prossimo)* coming *(solo attrib.)*; to come *(solo pred.)*: *la vita futura,* the future life; the life to come — *la futura sposa,* the bride-to-be — *in un tempo futuro,* some time in the future; at a later date.
□ *sm* **1** future; *(gramm.)* future (tense): *in futuro,* in (the) future — *futuro anteriore,* future perfect — *predire il futuro,* to foretell the future — *Il futuro è sulle ginocchia di Giove,* The future lies in the lap of the gods. **2** *(al pl.: i posteri)* our descendants; those who come after us; future generations.

futurologia *sf* futurology.

futurologo *sm* futurologist.

G

G, g *sm e f.* G, g: *G come Genova, (al telefono, ecc.)* G for George.

gabardine *sf* gabardine.

gabbana *sf (nell'espressione) voltar gabbana,* to be a weathercock (a turncoat); to change sides.

gabbano *sm* **1** *(soprabito)* loose overcoat. **2** *(vestaglia)* dressing-gown.

gabbare *vt* **1** to hoodwink; to cheat; to deceive; to swindle; to dupe; to take* (sb) in. **2** *(beffare)* to make* a fool (of sb).
□ **gabbarsi 1** *(farsi beffe, prendersi gioco)* to make* fun (of sb); to laugh (at sb).

gabbia *sf* **1** cage *(anche anat., mecc. e fig.); (per polli)* coop; *(per conigli)* hutch; *(da imballaggio)* crate: *gabbia toracica,* rib cage — *in gabbia,* caged. **2** *(naut.: coffa)* crow's nest; top; *(vela)* topsail; *(dell'albero maestro)* main topsail. **3** *(di ascensore)* cage; *(in miniera)* skip elevator. **4** *(fig.: carcere)* prison; gaol; jail: *tenere in gabbia qcno,* to keep sb in prison. □ *la gabbia degli imputati,* the dock — *una gabbia di matti,* a mad-house; bedlam.

gabbiano *sm* (sea-)gull: *gabbiano tridattilo,* kittiwake.

gabbiere *sm (naut.)* topman *(pl.* -men*)*; *(vedetta)* look-out.

gabbione *sm* **1** big cage. **2** *(per accusati)* large dock.

gabbo *sm* mockery: *farsi gabbo di qcno (qcsa),* to make fun of sb (sth); to mock sb (sth) — *prendere a gabbo qcsa,* to take sth lightly.

gabella *sf* excise; local duty; toll.

gabellare *vt* **1** *(ant.)* to levy excise (on sth). **2** *(approvare)* to accept; *(credere)* to believe. **3** *(far passare per vero)* to pass (sth) off: *gabellare argento per platino,* to pass off silver as platinum.

gabelliere *sm* **1** *(stor.)* toll collector; excise man *(pl.* men*)*. **2** *(scherz.)* customs officer.

gabinetto *sm* **1** *(stanzetta appartata)* private room; *(studio)* study: *gabinetto di lettura,* reading room. **2** *(di dentista, medico, ecc.)* surgery. **3** *(laboratorio)* laboratory; lab *(fam.); (fotografico)* studio. **4** *(servizi igienici)* lavatory; toilet; washroom *(USA);* john *(fam., USA);* loo *(fam.);* lav *(fam.);* bog *(sl.); (per uomini)* mens *(sing.);* gents *(sing.) (per donne)* ladies *(sing.);* powder-room *(USA)*. **5** *(gruppo ristretto di ministri)* cabinet; *(l'insieme dei ministri)* government; ministry: *formare un nuovo gabinetto,* to form a new government — *il gabinetto ombra, (GB, l'opposizione)* the shadow cabinet — *capo di gabinetto, (di un ministro)* principal private secretary.

gaelico *agg* Gaelic. □ *sm* **1** Gael. **2** *(la lingua)* Gaelic.

gaffe *sf* 'faux pas' *(fr.);* 'gaffe' *(fr.);* solecism: *fare una gaffe,* to commit a 'faux pas'; to drop a brick *(fam.)*.

gaggia *sf* acacia.

gagliarda *sf (ballo)* galliard.

gagliardetto *sm* pennon; pennant.

gagliardezza, gagliardia *sf* vigour; energy.

gagliardo *agg* sturdy; robust; vigorous; strong; stalwart: *un vino gagliardo,* a robust wine — *un vento gagliardo,* a strong wind.

gaglioffo *agg* loutish; boorish.
□ *sm* lout; boor; *(buono a nulla)* loafer; layabout.

gagnolare *vi* to whine; to yelp.

gaiamente *avv* gaily; cheerfully; merrily.

gaiezza *sf* **1** gaiety; cheerfulness; merriment. **2** *(di colori)* brightness.

gaio *agg* gay; cheerful; light-hearted; merry; bright *(anche di colori)*.

gala *sf* **1** *(ornamento)* frill; flounce. **2** *(festa)* gala: *mettersi in gala,* to dress up; to put on one's glad rags *(fam.)* — *pranzo di gala,* gala dinner; banquet — *abito di gala,* formal dress.

galante *agg* gallant; *(garbato)* polite; *(cortese)* courteous; *(amoroso)* love *(attrib.): lettera galante,* love letter — *incontro galante,* assignation.
□ *sm* gallant; beau: *fare il galante,* to play the gallant.

galantemente *avv* gallantly; courteously.

galanteria *sf* **1** gallantry; politeness. **2** *(complimento)* compliment.

galantina *sf* galantine: *galantina di pollo,* chicken galantine.

galantuomo *sm* gentleman *(pl.* -men*)*; man *(pl.* men*)* of honour: *È un vero galantuomo,* He's every inch a gentleman; He's a real gentleman — *Parola di galantuomo,* Word of honour; You can count on me.
□ *agg* honest; upright; good.

galassia *sf* galaxy *(anche fig.): la Galassia,* the Galaxy; the Milky Way.

galateo *sm* **1** book of etiquette. **2** *(buona educazione)* etiquette; good manners: *non sapere il galateo,* to have no manners — *agire contro il galateo,* to commit a breach of etiquette.

galattico *agg* galactic.

galea *sf (naut.)* galley.

galena *sf* galena. □ *un apparecchio a galena,* a crystal set.

galeone *sm* galleon.

galeotta *sf* galliot.

[1]**galeotto** *sm (schiavo di galea)* galley slave; *(per estensione: carcerato)* convict; prisoner; *(tipo da galera)* jailbird; scoundrel. □ *essere da galeotto a marinaio,* to be (as) thick as thieves.

[2]**galeotto** *sm (mezzano)* pander; go-between.

galera *sf* **1** *(galea)* galley. **2** *(prigione)* prison *(anche fig.);* jail; gaol; *(carcerazione)* imprisonment: *condannare qcno a venti anni di galera,* to sentence sb to twenty years' imprisonment — *pezzo da galera,* crook — *avanzo di galera, (sl.)* jailbird; old lag — *una faccia da galera,* a dishonest face — *fare una vita da galera, (fig.)* to drudge and slave; to slave away. **3** *(spazzolone)* floor-polisher.

galero *sm* cardinal's hat.

galla *sf* **1** *(bot.)* gall; oak apple. **2** *(pustola)* blister;

painful swelling; *(di cavallo)* gall. **3** *(fig.: oggetto leggerissimo)* very light thing.
□ **a galla,** *(avv.)* afloat; *(come agg.)* floating: *stare a galla,* to keep (to stay) afloat — *tornare a galla,* to come up again *(anche fig.)* — *venire a galla,* to surface; to come to the surface; *(fig.)* to come to light — *tenersi a galla,* to keep one's head above water *(anche fig.); (fig.)* to keep up with things.

galleggiabile *agg* buoyant.

galleggiamento *sm* floating; floatage; flo(a)tation: *linea di galleggiamento,* waterline — *spinta di galleggiamento,* buoyancy.

galleggiante *agg* floating; afloat *(pred.).*
□ *sm* **1** *(imbarcazione)* craft; *(pontone)* pontoon; barge. **2** *(boa)* buoy; float; *(accessorio per la pesca)* float; *(di idrovolante, ecc.)* float. **3** *(di carburatore)* float; *(regolatore idraulico)* float; ball.

galleggiare *vi* to float; to keep* (to stay) afloat.

gallego *agg e sm* Galician.

galleria *sf* **1** *(traforo)* tunnel; *(sottopassaggio)* subway; *(sottopassaggio di servizio, in uno stabilimento)* underground passage: *la Galleria del Sempione,* the Simplon Tunnel — *lo sbocco di una galleria,* the mouth of a tunnel — *galleria del vento,* wind tunnel — *galleria idrodinamica,* water tunnel — *scavare una galleria sotto un monte,* to tunnel a mountain. **2** *(nelle miniere)* drift; gangway. **3** *(mil.)* gallery. **4** *(galleria d'arte)* gallery: *una galleria di quadri,* a picture-gallery — *una galleria d'arte,* an art gallery — *Galleria di Arte Moderna,* Modern Art Gallery. **5** *(passaggio ricoperto con negozi)* arcade. **6** *(a teatro)* circle; *(al cinema)* balcony; *(loggione)* gallery: *prima galleria,* dress-circle — *seconda galleria,* upper circle.

gallese *agg* Welsh. □ *sm (la lingua)* Welsh; *(cittadino)* Welshman *(pl.* -men*); (sf.)* Welshwoman *(pl.* -women*).*

galletta *sf* biscuit; *(stor., per marinai)* ship's biscuit; hard-tack.

galletto *sm* **1** cockerel *(anche fig.);* young cock; bantam: *galletto di bosco,* waxwing — *galletto di marzo,* hoopoe. **2** *(dado)* wing-nut. □ *rivoltarsi come un galletto,* to be cocky — *fare il galletto, (essere impertinente)* to be cocky; *(fare il galante)* to play the gallant; to be excessively attentive to women.

gallicismo *sm* Gallicism; French idiom.

gallico *agg* **1** *(stor.)* Gallic. **2** *(chim.)* gallic.

gallina *sf* hen; *(la carne)* chicken: *gallina faraona,* guinea-hen — *avere il cervello di una gallina,* to be hen-brained. □ *latte di gallina,* - **a)** egg-flip; *(fig.)* rare delicacy - **b)** *(bot.)* star of Bethlehem — *zampe di gallina,* - **a)** *(rughe intorno agli occhi)* crow's feet - **b)** *(scrittura illeggibile)* scrawl — *andare a letto con le galline,* to go to bed very early (*USA* at sundown) — *Gallina vecchia fa buon brodo, (prov.)* Old hens make good soup; Young girls don't always make the best wives — *Meglio l'uovo oggi che la gallina domani, (prov.)* A bird in the hand is worth two in the bush.

gallinaccio *sm* **1** *(tacchino)* turkey-cock. **2** *(bot.)* chanterelle.

gallinaceo *agg* gallinaceous. □ *sm* gallinacean.

gallinella *sf* **1** *(zool.)* moor-hen. **2** *(pollastra)* pullet. **3** *(al pl., astronomia)* the Pleiades.

gallismo *sm* 'machismo' *(termine spagnolo): essere un campione di gallismo,* to play the latin lover.

[1]**gallo** *sm* cock; rooster: *gallo cedrone,* capercaillie, capercailzie; cock of the woods — *gallo d'India,* turkey — *gallo da combattimento,* fighting cock — *combattimento di galli,* cock-fight — *al canto del gallo,* at cock-crow; at dawn; at daybreak. □ *peso-gallo, (pugilato)* bantam-weight — *vispo come un gallo,* as lively as a cricket — *fare il gallo (insuperbirsi),* to swagger; to be cocky; *(fare il galante)* to be gallant — *essere come il gallo della Checca,* to be the only man among a crowd of women — *gallo del campanile,* weathercock; weather-vane.

[2]**gallo** *agg* Gallic; Gaulish. □ *sm* Gaul.

gallonare *vt* to trim (sth) with braid; to braid; to decorate (sth) with stripes.

gallonato *agg* braided; decorated.

[1]**gallone** *sm* **1** braid. **2** *(mil., generalm. al pl.)* stripe; chevron; badge of rank.

[2]**gallone** *sm (misura)* gallon.

gallozza, gallozzola *sf* blister.

galoppante *agg (fig.: med. e econ.)* galloping.

galoppare *vi* **1** to gallop: *galoppare con la fantasia, (fig.)* to let one's imagination run away with one. **2** *(fig.: non fermarsi mai)* to be* always on the go.

galoppata *sf* **1** gallop. **2** *(fig.: sfacchinata)* hard work.

galoppatoio *sm* riding-track.

galoppatore *sm* galloper.

galoppino *sm* **1** *(chi sbriga commissioni)* errand-boy; office-boy. **2** *(tirapiedi)* drudge. **3** *(elettorale)* canvasser. **4** *(mecc.)* guide (*o* jockey) pulley.

galoppo *sm* **1** gallop: *piccolo galoppo,* easy gallop; canter — *gran galoppo,* full gallop — *al galoppo,* at a gallop — *andare di galoppo (al gran galoppo, anche fig.),* to gallop; to ride at full gallop; *(fig., scherz.)* to go at full tilt; to go flat out. **2** *(tipo di danza)* galop. **3** *(mecc.: funzionamento irregolare di un motore)* galloping.

galvanico *agg* galvanic.

galvanismo *sm* galvanism.

galvanizzare *vt* **1** *(med. e fig.)* to galvanize. **2** *(rivestire di uno strato di metallo)* to galvanize; *(mediante elettrolisi)* to electroplate.

galvanizzazione *sf* galvanization.

gamba *sf* **1** *(anat., di mobile, ecc.)* leg: *L'asino gli diede un calcio nella gamba,* The donkey kicked him on the leg (on the shin) — *le gambe anteriori e posteriori di un animale,* the fore and hind legs of an animal — *Questi pantaloni sono lunghi di gamba,* These trousers are long in the leg — *un tale con una gamba di legno,* a chap with a wooden leg — *darsela a gambe,* to take to one's heels — *raccomandarsi alle gambe,* to take to one's heels; to trust to one's legs — *essere tutto gambe,* to be all legs — *Gli tremavano le gambe,* His legs were shaking; His knees were knocking — *reggersi su una gamba sola,* to stand on one leg — *non reggersi sulle gambe,* to be hardly able to stand; to feel shaky; not to be steady on one's pins *(fam.)* — *un ragazzo con le gambe lunghe,* a long-legged boy — *una ragazza con le gambe storte,* a bow-legged (a bandy-legged) girl — *un bambino con le gambe a X (o all'indietro),* a knock-kneed child — *un uomo con una gamba sola,* a one-legged man — *un tavolo a tre gambe,* a three-legged table — *una gonna a mezza gamba,* a skirt (reaching) half-way down the leg; *(talvolta)* a 'midi' — *giuoco di gambe, (sport)* foot-work. **2** *(di lettera; di nota)* stem. **3** *(mecc.)* leg; strut; *(puntello)* strut: *gamba ammortizzatrice,* shock leg — *gamba del carrello (di atterraggio),* undercarriage leg (*o* strut). **4** *gamba sottovento, (aeronautica)* reciprocal leg. **5** (*nell'espressione* **in gamba**) *essere in gamba, (essere forte)* to be strong; *(di persona anziana)* to be sprightly; *(intelligente, capace)* to be smart; to be clever; to be efficient; to be on the ball *(fam.)* — *essere (sentirsi) male in gamba,* to feel in danger; to feel unsafe — *sentirsi in gamba,* to feel well; *(in piena forma)* to feel fit; *(dopo una malattia)* to be fully recovered — *In gamba!,* Keep well!; Be good! — *un giovanotto in gamba,* a smart (a clever) young man.

□ *fare il passo secondo la gamba, (fig.)* to cut one's coat according to one's cloth — *fare il passo più lungo della gamba, (fig.)* to bite off more than one can chew — *fare qcsa sotto gamba,* to do sth carelessly (in a slapdash way) — *prendere qcno sotto gamba,* to be off-hand with sb — *mettere la via tra le gambe,* to walk away briskly — *raddrizzar le gambe ai cani, (fig.)* to attempt the impossible — *andare (correre, mandare qcno) a gambe levate,* to fall headlong (to run at full speed, to trip sb up) — *andarsene con la coda tra le gambe,* to slink off with one's tail between one's legs — *andarsene con le proprie gambe,* to go on shank's mare (on shank's pony) — *avere buona gamba,* to be a good walker — *non avere (non sentirsi) più le gambe,* to be tired out — *camminare a quattro gambe,* to walk on all fours; to crawl — *viola da gamba,* viola da (di) gamba; bass viol — *Le bugie hanno le gambe corte, (prov.)* Lies have short legs; Lies don't travel far — *Chi non ha testa abbia gambe, (prov.)* A forgetful head makes a weary pair of heels.

gambale *sm* **1** legging. **2** *(di uno stivale)* boot-leg. **3** *(di armatura)* greave. **4** *(protesi)* artificial leg.

gamberetto *sm* shrimp *(spesso con pl. invariato); (piccolo gambero)* prawn.

gambero *sm* **1** *(di mare)* prawn. **2** *(di fiume)* crayfish; crawfish *(USA).* **3** *(errore, granchio)* bloomer; howler. □ *andar avanti come i gamberi,* to go backwards — *rosso come un gambero,* as red as a lobster (a beetroot); scarlet — *il salto del gambero, (atletica)* the Fosbury flop.

gambetto *sm (scacchi)* gambit. □ *dare il gambetto a qcno,* to trip sb up *(anche fig.).*

gambiera *sf* **1** legging. **2** *(di armatura)* greave. **3** *(sport)* shin-pad.

gambo *sm* **1** shank; stem. **2** *(bot.)* stalk; stem.

[1]**gamma** *sm* **1** *(lettera dell'alfabeto greco)* gamma: *raggi gamma,* gamma rays. **2** *(unità di misura)* microgram.

[2]**gamma** *sf* **1** range: *una vasta gamma di modelli,* a wide range of models. **2** *(mus. e fig.)* gamut; *(scala)* scale. **3** *(radio)* band: *gamma di sintonia,* tuning band.

ganascia *sf* **1** *(anat.)* jaw; jowl; *(spec. di animale, al pl.)* chaps; chops; jowls: *spalancare le ganasce,* to open one's jaws wide — *mangiare a quattro ganasce,* to eat heartily (like a horse); *(fare grossi guadagni)* to make large profits; to rake it in *(fam.).* **2** *(mecc.)* jaw; cheek; *(morsa)* shoe; *(di rotaia)* fish-plate; *(di freno)* brake-shoe.

ganascino *sm (nell'espressione) prendere qcno per il ganascino,* to pinch sb's cheek.

gancio *sm* **1** hook: *appendere qcsa a un gancio,* to hang sth on (*o* from) a hook. **2** *(pugilato)* hook. **3** *(ferrovia)* coupler.

[1]**ganga** *sf (mineraria)* gangue; matrix *(pl.* matrixes *o* matrices*).*

[2]**ganga** *sf (zool.)* sand-grouse.

[3]**ganga** *sf (neologismo; dall'inglese)* gang *(anche scherz.).*

ganghero *sm* hinge: *essere fuori dai gangheri, (di porta, sportello, ecc.)* to be off its hinges; *(fig., di persona)* to be beside oneself with rage — *uscir dai gangheri, (fig.)* to get into a rage; to go off the deep end *(fam.);* to blow one's top *(fam.).*

ganglio *sm* **1** *(anat.)* ganglion *(pl.* ganglia *o* ganglions*).* **2** *(fig.)* nerve-centre.

gangrena *sf* gangrene *(anche fig.).*

ganimede *sm* dandy; beau: *fare il ganimede,* to play the dandy.

ganzo *sm* **1** *(spreg.)* lover. **2** *(fam.: tipo molto astuto, scaltro)* smart fellow.

gara *sf* **1** *(in generale, ma raramente riferito allo sport)* competition; *(spec. sportiva)* contest; event; *(di velocità: corsa, sci, vela, canottaggio, ciclismo, ecc.)* race; *(se tra due contendenti o squadre)* match; game: *una gara di canto,* a singing competition — *entrare in gara con qcno per qcsa,* to enter into competition with sb for sth — *iscriversi a una gara,* to enter (to join) a competition; *(riferito ad una corsa, una gara di velocità)* to enter for a race — *fare a gara,* to vie (with each other); to compete — *vincere una gara,* to win a competition (a contest, a race); to carry off the prize — *una gara eliminatoria,* a heat — *le gare finali,* the finals — *una gara di velocità,* a speed contest; a race — *una gara di fondo,* a long-distance race — — *una gara libera,* an open event — *una gara di campionato,* a cup match; *(di cricket, tra squadre nazionali)* a test match — *una gara di cavalli,* a horse race — *una gara di canottaggio,* a boat-race. **2** *(comm.: gara d'appalto)* tender (for contract); competition; bidding.

garage *sm* garage.

garagista *sm (operaio)* garage hand; mechanic; *(padrone)* garage-owner.

garante *sm e f.* guarantor; surety: *farsi (rendersi) garante di qcno,* to vouch for sb; to answer for sb; *(dir.)* to stand surety for sb; *(offrire una cauzione)* to go bail for sb.

garantire *vt* **1** to guarantee; to warrant *(ant. e USA): orologio garantito di puro oro,* watch guaranteed (*o* warranted) pure gold — *garantire qcsa per un anno,* to guarantee sth for one year. **2** *(seguito da* di: *rendersi garante per)* to vouch for; to answer for: *Garantisco io della sua onestà e capacità,* I will vouch for his honesty and ability. **3** *(dir.: offrire una cauzione)* to stand surety (for sb); to act as surety (for sb); *(in favore di un imputato)* to go* bail (for sb). **4** *(assicurare)* to assure; to guarantee: *Mi garantì che sarebbe arrivato col primo treno,* He assured me that he would come by the first train — *Vi garantiamo l'arrivo della merce entro la prossima settimana,* We guarantee that you will receive the goods by the end of next week — *Garantito! Gli tiro il collo se l'incontro!,* You can depend on it! I'll wring his neck if I run into him! — *Te lo garantisco io!, (fam.)* I can tell you!; Make no mistake about it!

garanzia *sf* guarantee *(anche fig.);* warranty *(USA e dir.): una garanzia di sei mesi,* a six-months' guarantee.

garbare *vi (soddisfare)* to please; to suit; *(piacere)* to like *(con costruzione personale): È una soluzione che mi garba poco,* I don't like this solution very much.

garbatamente *avv* **1** politely; courteously. **2** *(per estensione: delicatamente)* gently.

garbatezza *sf* politeness; polite manners *(pl.);* courtesy.

garbato *agg* **1** *(cortese)* polite; pleasant-mannered; courteous; *(gentile)* kind; nice. **2** *(ben fatto, aggraziato)* shapely; well made.

garbo *sm* **1** *(grazia)* grace; graciousness; *(gentilezza)* kindness; courtesy; *(educazione)* politeness; good

manners *(pl.)*; *(delicatezza)* tact: *con garbo,* graciously; politely. **2** *(mecc.: sagoma)* template; mock-up.
garbuglio *sm* entanglement; *(fig.)* confusion; muddle.
gardenia *sf* gardenia.
gareggiare *vi (fare a gara)* to compete (with sb, for sth); to vie; to contend; *(prendere parte a una gara)* to take* part (in a race, *ecc.*): *gareggiare con qcno per il primo posto,* to compete with sb for the first place — *Chi gareggia oggi?,* Who is taking part (Who's racing, Who's playing) today? — *Non gareggia più da molti anni,* It's years since he last raced (since he took part in a race).
gareggiatore *sm* competitor.
garganella *sf (nell'espressione) bere qcsa a garganella,* to pour sth down one's throat.
gargarismo *sm* gargle: *fare i gargarismi,* to gargle.
gargarizzare *vt* to gargle.
gargotta *sf* tavern.
garibaldino *agg* **1** *(stor.)* pertaining to Garibaldi; Garibaldian. **2** *(fig.)* dashing; bold: *alla garibaldina,* dashingly; boldly; daringly; impetuously; recklessly. □ *sm* one of Garibaldi's soldiers; *(al pl.)* Garibaldi's troops: *vecchio garibaldino,* veteran of Garibaldi's campaigns.
garitta *sf* **1** *(mil.)* sentry-box. **2** *(ferrovia)* brakesman's cabin.
garofano *sm* carnation; pink; gillyflower *(raro)*: *garofano a mazzetti,* sweet-william: *chiodi di garofano,* cloves.
garrese *sm* withers *(pl.)*.
garretto *sm* **1** *(di cavallo)* fetlock; hock. **2** *(di persona)* back of the heel; *(fam.: di atleta)* (strength of) calf (*o* leg).
garrire *vi* **1** to chirp; to twitter; *(più stridulo)* to screech; to shriek; *(litigare con voce petulante)* to squabble: *il garrire delle rondini,* the twittering of the swallows. **2** *(di drappo)* to wave; to flap; to flutter.
garrito *sm* twittering; chirping.
garrulità *sf* garrulousness.
garrulo *agg* talkative; garrulous.
garza *sf* gauze.
garzone *sm* boy *(spec. nei composti)*; lad; *(di contadino)* farm-hand: *garzone di stalla,* stable-boy — *garzone del macellaio (del panettiere),* butcher's (baker's) boy.
gas *sm* **1** gas: *gas nobili (inerti),* noble (inert) gases — *accendere (spegnere) il gas,* to turn on (off) the gas — *alzare (abbassare) il gas,* to turn up (down) the gas — *lanciare gas sul nemico,* to gas the enemy — *gas asfissiante (tossico),* poison gas — *maschera antigas,* gas-mask — *gas lacrimogeno,* tear-gas — *gas delle miniere, (grisou)* fire-damp — *gas delle paludi,* methane; marsh-gas; natural gas — *illuminazione (riscaldamento) a gas,* gas-lighting (-heating) — *lampione a gas,* gas-lamp — *officina del gas,* gas works — *serbatoio del gas,* gas-holder; *(spesso, ma erroneamente)* gasometer — *conduttura del gas,* gas-pipe — *contatore del gas,* gas-meter — *esattore del gas,* gas-man — *bombola a gas,* gas bottle; gas cylinder — *perdita (fuga) di gas,* gas-leak — *apparecchiature a gas,* gas-fittings — *cucina a gas,* gas-stove; gas-range — *forno a gas,* gas-oven — *fornello a gas,* gas-ring — *camera a gas,* gas chamber — *becco a gas,* gas-burner; gas-jet — *stufa a gas,* gas-fire. **2** *(benzina)* gas *(solo USA e in certe locuzioni)*: *gas liquido per auto,* liquid petroleum gas — *dare gas,* to step on the gas; to accelerate — *andare a tutto gas,* to run at full speed; to go full out. **3** *(med.)* flatus.
gasolina *sf* petrol *(GB)*; gasolene *(USA)*.
gasolio *sm* diesel oil; fuel oil; gas oil.
gassare *vt* **1** *(uccidere col gas)* to gas. **2** *(un liquido)* to aerate a liquid.
gassato *agg* **1** gassed. **2** *(di acqua minerale, ecc.)* gassy; aerated; sparkling.
gassista *sm* gas-fitter; gas-man *(pl.* -men*)*.
gassogeno *sm* gas-generator; gas-producer.
gassometro *sm* gas-holder.
gassosa *sf* fizzy lemonade.
gassoso *agg* **1** gaseous. **2** *(di bevanda)* fizzy.
gastaldo *sm (stor.)* chamberlain; steward.
gasteropodo *agg* gasteropodous. □ *sm* gast(e)ropod.
gastrico *agg* gastric.
gastrite *sf* gastritis.
gastroenterite *sf* gastroenteritis.
gastronomia *sf* **1** *(l'arte)* gastronomy. **2** *(negozio)* delicatessen *(dal tedesco)*; *(talvolta)* charcuterie *(fr.)*.
gastronomico *agg* gastronomic(al).
gastronomo *sm* gastronome; gastronomer; gastronomist.
gatta *sf* cat; she-cat; female cat; *(piccola)* kitten; pussy cat *(fam.)*; pussy *(fam.)*: *gatta soriana,* tabby-cat; tabby — *Quando la gatta non c'è i sorci ballano, (prov.)* When the cat's away the mice will play. □ *fare la gatta morta,* to play up to sb — *avere altre gatte da pelare,* to have other fish to fry — *È una bella gatta da pelare,* It's a pretty kettle of fish — *prendersi una bella gatta da pelare,* to take on a difficult job — *comprare la gatta nel sacco,* to buy a pig in a poke — *Gatta ci cova!,* There's something fishy going on!; I smell a rat! — *avere un occhio alla gatta e uno alla padella, (prov.)* to keep watch on both sides — *La gatta frettolosa fa i gattini ciechi, (prov.)* More haste less speed — *Tanto va la gatta al lardo che ci lascia lo zampino, (prov.)* The pitcher went to the well once too often.
gattabuia *sf* jail; gaol; clink *(sl.)*; quod *(sl.)*: *in gattabuia,* inside; in quod; in the clink; in jug.
gattesco *agg* cat-like; feline.
gattice *sm* (white) poplar.
gattina *sf* kitten; *(nel linguaggio infantile)* pussy; pussy cat: *fare la gattina,* to play the kitten.
gattino *sm* **1** kitten. **2** *(bot.)* catkin.
gatto *sm* cat; he-cat; male cat; tom-cat; pussy-cat *(fam.)*; pussy *(fam.)*: *far ridere i gatti,* to make a cat laugh — *il Gatto con gli stivali,* Puss-in-boots — *un gatto fulvo,* a marmalade cat — *gatto selvatico,* wild cat — *gatto soriano,* tabby (cat) — *occhio di gatto, (mineralogia)* cat's-eye — *essere come cane e gatto,* to be like cat and dog — *gatto delle nevi, (veicolo)* snow-cat — *sciopero a 'gatto selvaggio',* wild-cat strike — *un gatto a nove code, (frusta)* a cat-o'-nine-tails.
□ *gatto di mare,* dogfish — *gatto mammone,* bogey — *buco di gatto, (naut.)* lubber's hole — *musica da gatti,* awful (*o* appalling) music — *essere quattro gatti,* to be very few — *Non c'era un gatto,* There wasn't a soul there — *Di notte tutti i gatti sono grigi, (prov.)* When candles are away, all cats are grey.
gattoni *avv (nell'espressione) andare gatton gattoni,* to go on all fours; to crawl.
gattopardo *sm* tiger-cat; serval; *(americano)* ocelot; *(erroneamente, ma comunemente)* leopard.
gaudente *agg* pleasure-loving; pleasure-seeking. □ *sm* playboy; gay spark.
gaudio *sm* joy: *(generalm. nell'espressione) Mal comune, mezzo gaudio,* A trouble shared is a trouble halved.
gaudioso *agg (lett.)* joyful.

gavetta *sf (mil.)* mess-tin. □ *venire dalla gavetta, (spec. riferito ad ufficiali)* to have come up from the ranks; *(fig.)* to be a self-made man.
gavitello *sm* buoy.
gavotta *sf* gavotte.
gazosa *sf* = **gassosa**.
gazza *sf* magpie: *gazza marina,* razorbill; *(piccola)* little auk.
gazzarra *sf* hubbub; row; din: *fare gazzarra,* to make a hullabaloo; to make a dickens of a row.
gazzella *sf* **1** gazelle. **2** *(sl.)* (police) patrol car.
gazzetta *sf* gazette: *la Gazzetta Ufficiale,* the Official Gazette.
gazzettino *sm* **1** *(sul giornale)* announcements section (*o* column): *gazzettino rosa,* gossip column. **2** *(piccola gazzetta)* news-sheet. **3** *(alla radio: notiziario locale)* local (*o* regional) news round-up. **4** *(persona pettegola)* gossip.
geco *sm* gecko.
gelare *vt* to freeze*; to chill: *Il freddo gli gelò le ossa,* He was chilled to the bone — *fare gelare il sangue,* to make sb's blood freeze — *Non gelare il suo entusiasmo,* Don't dampen his enthusiasm.
□ *vi* **1** to freeze*; to become* ice; to feel* very cold: *Qui si gela!,* It's freezing cold here! **2** *(di piante)* to catch* the frost; to be* killed by frost.
gelata *sf* frost.
gelataio *sm* ice-cream seller.
gelateria *sf* ice-cream parlour.
gelatina *sf* **1** *(cucina)* jelly: *pollo in gelatina,* chicken in jelly; jellied chicken; chicken in aspic — *gelatina di lamponi,* raspberry jelly — *gelatine di frutta,* fruit jellies. **2** *(chim.)* gelatine: *gelatina cristallizzata,* frosted gelatine. **3** *(colla di pesce)* isinglass. **4** *(med.)* gel.
gelatinoso *agg* jelly-like; gelatinous.
gelato *agg* icy; frozen *(anche fig.): Ho i piedi gelati!,* My feet are frozen!
□ *sm* ice-cream; ice *(spec. sui menù); (sorbetto)* water-ice: *gelato da passeggio,* ice-cream on a stick — *cono gelato,* ice-cream cornet.
gelidamente *avv* icily *(anche fig.);* coldly *(anche fig.).*
gelido *agg* **1** icy; frozen; gelid. **2** *(fig.)* icy; cold; chilly: *essere gelido con qcno,* to behave coldly towards sb.
gelo *sm (gelata)* frost; *(periodo di freddo intenso)* freeze; *(fig.: sensazione di sgomento; freddezza)* chill: *i morsi del gelo,* frost-bite *(sing.)* — *farsi (mostrarsi) di gelo,* to behave in an icy manner — *essere di gelo,* to be cold.
gelone *sm* chilblain.
gelosamente *avv* jealously; *(con invidia)* enviously: *custodire gelosamente un segreto,* to keep a secret jealously.
gelosia *sf* **1** jealousy; *(invidia)* envy: *morire di gelosia; rodersi di gelosia,* to be consumed with jealousy — *i furori della gelosia,* the pangs of jealousy. **2** *(grande cura)* great care; solicitude. **3** *(persiana)* shutter; *(sportellino)* peep-hole.
geloso *agg* **1** jealous; *(invidioso)* envious: *essere geloso di qcno,* to be jealous (*o* envious) of sb. **2** *(pieno di cure)* jealous; solicitous; careful; *(attaccato)* particular; scrupulous.
gelsicoltura *sf* mulberry-growing.
gelso *sm* mulberry(-tree).
gelsomino *sm* jasmin(e).
gemebondo *agg* moaning; groaning.
gemellaggio *sm* twinning.
[1]**gemellare** *vt* to twin.
[2]**gemellare** *agg* twin *(attrib.): parto gemellare,* twin birth.
gemello *sm* **1** *(uno di una coppia)* twin: *gemelli monocoriali (uniovulari),* identical twins — *gemelli bicoriali,* fraternal twins — *tre gemelli,* triplets — *quattro gemelli,* quadruplets; quads *(fam.)* — *cinque gemelli,* quintuplets; quins *(fam.)* — *i Gemelli (la costellazione),* the Twins; Gemini. **2** *(di polsino)* cuff-link.
□ *come agg* twin *(attrib.): fratelli gemelli,* twin brothers — *letti gemelli,* twin beds.
gemere *vi e t.* **1** to moan; to groan *(anche fig.);* to whimper: *Il ferito gemeva debolmente,* The injured man was moaning feebly — *gemere di dolore,* to groan in (*o* with) pain — *Il vento gemeva tra le fronde,* The wind was moaning through the branches — *La popolazione gemeva sotto il giogo della tirannia,* The people groaned under the yoke of tyranny. **2** *(di uccelli: tubare)* to coo. **3** *(poet. e lett.: lamentarsi di qcsa)* to lament (for *o* over sth); to bemoan (sth): *Gemeva la perdita del suo bambino,* She lamented for her child's death. □ *far gemere i torchi, (fig.)* to keep the press going.
geminare *vt* to geminate; to arrange in pairs.
geminato *agg* geminate; (combined) in pairs.
gemino *agg* twin *(attrib.).*
gemito *sm* moan; groan.
gemma *sf* **1** *(gioiello)* gem *(anche fig.).* **2** *(bot.)* bud; gemma *(pl.* gemmae*);* button: *mettere le gemme,* to bud. **3** *(zool.)* gemma.
gemmare *vi (bot.)* to gemmate; *(più comune)* to bud.
gemmato *agg* **1** *(bot.)* gemmate. **2** *(ingioiellato)* jewelled.
gemmazione *sf* gemmation.
gendarme *sm* **1** *(riferito all'Italia, stor.)* carabiniere; *(riferito alla Francia)* gendarme *(fr.): (altrove)* policeman *(pl.* -men*): stato gendarme,* police state. **2** *(donna energica)* battle-axe; virago. **3** *(torrione roccioso)* aiguille *(fr.);* tower; pinnacle; jag.
gendarmeria *sf* **1** gendarmerie *(fr.).* **2** *(caserma)* police-station.
gene *sm* gene.
genealogia *sf* genealogy: *fare la genealogia di qcno,* to work out (to trace) sb's genealogical tree (sb's family tree).
genealogico *agg* genealogical: *albero genealogico,* genealogical tree; family tree.
[1]**generale** *agg* **1** *(comune alla maggioranza)* general; common; widespread: *Secondo l'opinione generale...,* The general opinion is (that)... — *in generale,* as a rule; in general; generally speaking — *a generale richiesta,* by popular request — *smentita generale,* general denial — *direttore generale,* general manager — *direzione generale,* head office — *ufficiali generali,* general officers — *spese generali,* overheads — *quartier generale,* general headquarters *(spesso abbr. in* G.H.Q.*).* **2** *(vago)* general; generic.
□ *sm* general point; general statement. □ *attenersi al generale,* to stick to generalities.
[2]**generale** *sm (mil. e per estensione)* general: *generale di brigata,* brigadier *(GB);* brigadier-general *(USA); (aeronautica)* air commodore *(solo GB)* — *generale di divisione,* (major-)general; *(aeronautica)* air vice-marshal *(solo GB)* — *generale di corpo d'armata,* general *(GB);* general of the army *(USA); (aeronautica)* air marshal *(solo GB)* — *generale di armata,* air chief marshal; general of the air force *(USA)* — *generale in capo,* commander-in-chief; supreme commander; supremo *(GB, sl.).*
generalessa *sf* **1** general's wife. **2** *(scherz.: donna au-*

toritaria) bossy woman *(pl.* women*)* *(fam.)*; battle-axe *(fam.)*.
generalità *sf* **1** *(al sing.)* generality. **2** *(al sing: maggioranza)* majority; generality: *nella generalità dei casi,* in general; in the general run of things. **3** *(genericità)* vagueness. **4** *(al pl.: osservazioni generali)* general remarks; generalities. **5** *(al pl.: dati anagrafici)* name and address (and other personal particulars): *dare (fornire) false generalità,* to give a false name and address.
generalizzare *vi e t.* to generalize.
generalizzazione *sf* generalization.
generalmente *avv* **1** generally: *generalmente parlando,* generally speaking — *Viene generalmente interpretato come...,* It is generally interpreted as... **2** *(in generale)* in general; as a (general) rule. **3** *(di solito)* usually; generally; as a rule.
generare *vt* **1** to give* birth (to sb); to generate; to beget* *(ant.)*; to procreate; *(di animali)* to breed*: *generare un figlio,* to give birth to a child (to a son) — *Isacco generò Giacobbe,* Isaac begot Jacob. **2** *(fig.: causare)* to breed*; to beget*; to cause; to arouse; to give* rise (to sth): *La povertà genera molte volte il delitto,* Poverty often breeds (*o* begets) crime — *Il suo atteggiamento generò in me un sospetto,* His attitude aroused my suspicions. **3** *(scient., industria, ecc.)* to generate; to produce.
□ **generarsi** *v. rifl* to be* born; *(fig.)* to arise*; to come* about.
generativo *agg* generative.
generatore *sm* **1** producer; begetter. **2** *(elettr.)* generator; *(a corrente continua)* dynamo; *(di radiofrequenza)* oscillator.
generatrice *sf* generatrix.
generazione *sf* generation.
genere *sm* **1** *(tipo, qualità, stile)* kind; sort; type; way; line: *Che genere di musica ti piace?,* What kind (What sort) of music do you like? — *È un libro di genere nuovo,* It's a new kind (a new sort; a new type) of book — *C'erano delle persone di ogni genere,* There were all sorts of people — *qualcosa del genere,* something of the sort (of the kind) — *Questo non è il mio genere,* This is not in my line; *(di mio gusto)* This is not to my taste; This is not for me — *Nel suo genere è un artista anche lui,* He, too, is an artist in his own way — *un articolo di ottimo genere,* an article of very good quality — *in genere,* generally; as a rule. **2** *(biologia)* genus *(pl.* genera*)*: *animali appartenenti allo stesso genere,* animals belonging to the same genus. **3** *(gramm.)* gender: *parole di genere neutro,* neuter words; words of neuter gender. **4** family; race: *il genere umano,* the human race; mankind. **5** *(lett., arte)* genre *(fr.)*: *pittura di genere,* genre painting — *un genere poetico un po' insolito,* a rather unusual poetic form (*o* genre) — *il genere comico e tragico,* comedy and tragedy. **6** *(prodotto)* product; goods *(pl.)*: *In che genere commerci?,* What is your line (of commerce)? — *generi alimentari,* provisions; foodstuffs — *generi di prima necessità,* commodities — *generi d'importazione ed esportazione,* import and export goods; imports and exports.
genericamente *avv* generically.
genericità *sf* vagueness; lack of precision.
generico *agg* **1** general; generic: *medico generico,* general practitioner. **2** *(vago)* vague; indefinite.
□ *sm* **1** *(il generico)* generalities *(pl.)*: *restare nel generico,* to stick to generalities. **2** *(teatro)* utility man *(pl.* men*)*; utility; bit player *(sl.)*.
genero *sm* son-in-law *(pl.* sons-in-law*)*.
generosamente *avv* generously; lavishly; plentifully.
generosità *sf* generosity; liberality.
generoso *agg* **1** generous; *(munifico)* munificent; lavish; bounteous; *(liberale)* liberal; magnanimous; *(nobile)* noble: *una porzione generosa,* a generous helping — *fare il generoso,* to be liberal (*o* lavish). **2** *(ricco, abbondante)* rich; profuse; bumper; plentiful; *(fertile)* fertile. **3** *(di vino)* full-bodied; generous.
genesi *sf* **1** genesis; origin. **2** *(Bibbia)* Genesis.
genetica *sf* genetics *(col v. al sing.)*.
genetico *agg* genetic.
genetista *sm e f.* geneticist.
genetliaco *agg* birthday *(attrib.)*. □ *sm* birthday.
gengiva *sf* gum.
gengivale *agg* gingival; gum *(attrib.)*: *ascesso gengivale,* gum-boil.
genia *sf (spreg.)* brood; tribe; gang.
geniale *agg* **1** *(brillante)* ingenious; clever; brilliant: *un'idea geniale,* a bright (*o* brilliant) idea. **2** *(congeniale)* congenial. □ *letto geniale, (lett.)* nuptial (*raro* genial) couch.
genialità *sf* ingeniousness; originality; brilliance.
genialmente *avv* ingeniously; brilliantly.
genialoide *agg* gifted but eccentric. □ *sm* eccentric genius.
geniere *sm* engineer; sapper *(GB, sl.)*.
[1]**genio** *sm* **1** *(persona geniale)* genius *(pl.* geniuses*)*: *Sei un genio!,* You're a genius! — *È un genio incompreso,* He is a misunderstood genius — *I grandi genii s'incontrano sempre, (prov. o scherz.)* Great minds think alike. **2** *(inclinazione, talento)* genius; talent; disposition; gift; (natural) bent; flair: *un lampo di genio,* a stroke of genius; *(talvolta)* a brainwave *(fam.)* — *È un uomo di genio,* He is a man of genius (of great talent) — *Ha il genio per gli affari,* He has a gift (a flair) for business — *andare a genio,* to be to one's liking (to one's taste) — *Non mi va a genio ripetere sempre le stesse cose!,* I don't like having to repeat the same things all the time! — *Fece ogni cosa di buon genio,* He did everything quite willingly (*o* with pleasure). **3** *(divinità tutelare)* genius *(pl.* genii*)*; *(spirito, folletto, spec. nella mitologia orientale)* genie *(pl.* genii *o* genies*)*; djinn: *il mio buon (cattivo) genio,* my good (evil) genius — *il mio genio tutelare,* my guardian angel — *il genio del male,* the genius of evil — *i genii tutelari della famiglia,* (the) genii familiae *(lat.)*; *(fig.)* the guardian angels.
[2]**genio** *sm (mil.)* Corps of Engineers; the Royal Engineers *(solo GB)*: *il genio civile (navale),* the civil (naval) engineers *(pl.)* — *il genio zappatori,* the sappers *(pl.)*.
genitale *agg* genital: *organi genitali,* genitals. □ *sm (al pl.)* genitals.
genitivo *agg (gramm.)* genitive. □ *sm* genitive; genitive case: *genitivo sassone,* possessive; possessive case.
genitore *sm* father; *(al pl.)* parents.
genitrice *sf* mother.
gennaio *sm* January: *il primo gennaio,* the first of January; January the first: *a (in) gennaio,* in January. □ *pulcini di gennaio,* children of one's old age.
genocidio *sm* genocide.
gentaglia *sf* rabble; scum.
gente *sf* **1** *(persone in genere)* persons *(pl.)*; people *(collettivo, col v. al pl.)*; folk *(collettivo, col v. al pl.)*: *Cosa dirà la gente?,* I wonder what people will say — *C'era molta gente,* There were many people; There were a lot of people — *Quanta gente!,* What a crowd! — *Sono brava gente,* They are nice people (*o* folk) —

Povera gente!, Poor people!; Poor things!; Poor souls! — *È gente cattiva,* They are wicked people — *Stasera avremo gente a casa,* We're having visitors at home this evening; We're having people in this evening — *Tutta la gente lo sa,* Everybody knows that — *gente di campagna,* country people; country folk — *gente di città,* town people; townspeople; townsfolk; city folk; city-dwellers — *gente del cinema (di teatro),* film-actors (stage-folk) — *gente di chiesa, (fedeli)* church-going people; *(ecclesiastici)* clergymen; clergy — *gente di mare,* seamen; sailors; seafaring folk — *Gente in coperta (ai posti di manovra)!, (naut.)* All hands on deck!; All hands to their stations! **2** *(popolo, nazione)* people; nation: *le genti della terra,* the nations of the world — *le antiche genti italiche,* the old Italian peoples — *il diritto delle genti,* the law of nations. **3** *(famiglia)* people; *(tribù, clan)* clan; tribe; *(stor. romana)* gens *(lat.): La mia gente è al mare,* My people (*più fam.* My folks) are at the seaside — *Appartengono tutti alla stessa gente,* They all belong to the same tribe (*o* clan) — *la gente Giulia,* the gens Julia.

gentildonna *sf* lady; gentlewoman *(pl.* -women*)*.

gentile *agg* **1** kind; kindly; friendly; *(cortese)* polite; courteous; *(dotato di grazia)* graceful; *(di sentimenti elevati)* noble: *lineamenti gentili,* graceful features — *parole gentili,* kind words — *di animo gentile,* noble-minded — *un sorriso gentile,* a friendly smile — *il gentil sesso,* the gentle sex — *Gentile Signore (Signora)...,* Dear Sir (Madam)... — *Abbiamo ricevuto la Vostra gentile lettera del 15 marzo,* Thank you for your kind letter of March 15. **2** *(di terreno, legno)* easily-worked; *(di pianta)* cultivated; *(di colore, aroma)* delicate.

gentilezza *sf* **1** kindness; kindliness; *(cortesia)* politeness; courtesy; *(dolcezza)* suavity; *(favore)* favour; *(grazia)* grace: *per gentilezza (per piacere),* please — *usare gentilezza a qcno,* to be kind to sb — *Fammi la gentilezza di chiudere il becco!,* Do me a favour and shut up! **2** *(espressione gentile)* kind remark; *(azione gentile)* kindness.

gentili *sm pl* **1** *(i non Ebrei)* Gentiles. **2** *(i pagani)* heathens; pagans.

gentilizio *agg* noble; patrician; aristocratic: *stemma gentilizio,* coat-of-arms.

gentilmente *avv* politely; kindly.

gentiluomo *sm* gentleman *(pl.* -men*)*.

genuflessione *sf* genuflexion; genuflection: *fare una genuflessione,* to genuflect.

genuflettersi *v. rifl* to genuflect; to kneel* (down).

genuinamente *avv* **1** genuinely: *È genuinamente interassato al problema,* He's genuinely interested in the question. **2** *(in modo genuino, naturale)* naturally; in the natural way.

genuinità *sf* **1** genuineness; *(di un documento, ecc.)* authenticity. **2** *(spontaneità)* spontaneity; naturalness.

genuino *agg* **1** genuine. **2** *(di prodotto, ecc.: naturale)* genuine; unadulterated; natural. **3** *(di persona)* genuine; natural; sincere.

genziana *sf* gentian.

genzianella *sf* gentian.

geocentrico *agg* geocentric.

geochimica *sf* geochemistry.

geodinamica *sf* geodynamics *(col v. al sing.)*.

geodinamico *agg* geodynamic(al).

geofisica *sf* geophysics *(col v. al sing.)*.

geofisico *agg* geophysical.

geogonia *sf* geogony.

geografia *sf* geography.

geograficamente *avv* from the geographical point of view; geographically.

geografico *agg* geographic(al). □ *carta geografica,* map.

geografo *sm* geographer.

geoide *sm* geoid.

geologia *sf* geology.

geologico *agg* geologic(al).

geologo *sm* geologist.

geometra *sm* surveyor.

geometria *sf* geometry.

geometrico *agg* geometric(al).

geopolitica *sf* geopolitics *(col v. al sing.)*.

geopolitico *agg* geopolitical.

georgiano *agg e sm* Georgian.

georgica *sf (lett.)* georgic: *le Georgiche,* the Georgics.

georgico *agg* georgic.

geranio *sm* geranium; *(talvolta)* pelargonium: *geranio dei boschi,* crane's-bill.

gerarca *sm* **1** *(religione)* hierarch. **2** *(capo)* leader; big shot *(fam., scherz.)*; big-wig *(fam., scherz.)*; high-up *(fam.)*. **3** *(riferito al periodo fascista)* Fascist boss.

gerarchia *sf* hierarchy.

gerarchicamente *avv* hierarchically.

gerarchico *agg* hierarchic(al). □ *per via gerarchica,* through (the) official channels.

geremia *sm (persona lamentosa)* Jeremiah; grumbler.

geremiade *sf* jeremiad.

gerente *sm* **1** manager. **2** *(di giornale)* editor.

gerenza *sf* **1** management. **2** *(di giornale)* editorship.

gergale *agg* slang *(attrib.)*; cant *(attrib.)*; slangy: *linguaggio gergale,* slangy language; slang.

gergo *sm (in generale)* slang; *(di un mestiere)* jargon; *(linguaggio oscuro)* cant; argot *(fr.)*; lingo *(spreg.)*: *parlare in gergo,* to speak slang — *gergo giornalistico,* newspaper jargon; journalese *(spreg.)* — *gergo burocratico,* officialese; goobledygook *(spreg.)*.

gerla *sf* funnel-shaped basket.

germanesimo *sm* Germanism.

germanico *agg* **1** Teutonic; Germanic. **2** *(tedesco)* German.

germanista *sm e f.* Germanist.

germanizzare *vt* to Germanize.

[1]**germano** *agg* Teuton; Teutonic. □ *sm* Teuton.

[2]**germano** *agg (dir.)* german: *fratello germano,* brother-german.

[3]**germano** *sm (zool.)* mallard; wild duck.

germe *sm* **1** germ; *(embrione)* embryo: *in germe,* in embryo. **2** *(fig.)* germ; seed; first cause.

germicida *agg* germicidal. □ *sm* germicide.

germinale *agg* germinal; embryonic.
□ *sm (stor., fr.)* Germinal.

germinare *vi* to germinate; to sprout; *(fig.)* to take* (one's, its) origin.
□ *vt* to germinate.

germinativo *agg* germinative.

germinazione *sf* germination.

germogliare *vi* to bud; to sprout; to shoot*; to germinate; to spring* up.
□ *vt* to sprout.

germoglio *sm* bud; sprout; shoot.

geroglifico *agg* hieroglyphic.
□ *sm* **1** hieroglyph. **2** *(fig.)* illegible scrawl.

gerontologia *sf* gerontology.

gerundio *sm* gerund.

gerundivo *sm* gerundive.

gessare *vt* **1** *(il terreno)* to gypsum. **2** *(il vino)* to plaster.

gessetto *sm (duro)* (piece of) chalk; *(morbido)* crayon.
gesso *sm* **1** chalk; *(il minerale)* gypsum. **2** *(med.)* plaster; plaster cast. **3** *(per modellare)* plaster of Paris. **4** *(figura in gesso)* plaster figure.
gessoso *agg* chalky.
gesta *sf pl (lett.)* deeds; achievements.
gestante *sf* pregnant woman *(pl.* women*)*; expectant mother.
gestatorio *agg (nell'espressione) sedia gestatoria,* gestatorial chair.
gestazione *sf* pregnancy; gestation *(anche fig.).* □ *essere in (fase di) gestazione,* to be in the planning stage; to be on the stocks.
gesticolamento *sm* gesticulation.
gestione *sf* management; direction; running: *consiglio di gestione, (di una fabbrica)* management council — *gestione d'affari, (dir.)* unauthorised agency.
[1]**gestire** *vi (gesticolare)* to gesticulate.
[2]**gestire** *vt (amministrare)* to run*; to manage *(spec. comm.);* to direct: *gestire un negozio,* to manage a shop.
gesto *sm* **1** *(movimento)* gesture; *(cenno)* sign: *fare un gesto col capo, (positivo)* to nod; *(negativo)* to shake one's head — *un gesto teatrale,* a theatrical gesture. **2** *(azione)* deed; action; gesture: *un bel gesto,* a noble action; a fine gesture.
gestore *sm* manager.
Gesù *nome proprio* Jesus: *Gesù Bambino,* the Holy Child.
□ *interiezione Gesù!,* Goodness me!; Jesus! *(USA);* gee! *(USA, fam.).*
gesuita *sm* Jesuit.
gesuitico *agg* Jesuitical.
gettare *vt* **1** *(buttare, anche fig.)* to throw*; to cast*; to chuck *(fam.);* to pitch *(spec. in certi giochi); (scagliare)* to fling*; to hurl; *(tirare per aria)* to toss; *(talvolta: lasciar cadere)* to drop: *Gettami la palla!,* Throw (Chuck) me the ball! — *Getta via quello che non ti serve,* Throw away what you don't need — *Mi gettò un bacio dal finestrino,* She threw me a kiss from the window — *Getta il denaro come se fosse miliardario,* He throws his money about like a millionaire — *gettare i dadi,* to cast dice — *Quell'episodio gettò un'ombra su di lui,* That affair cast a shadow on his reputation — *gettare acqua in faccia a qcno,* to dash (to throw) water in sb's face — *gettare a terra qcno,* to knock sb down — *gettare giù un muro,* to knock a wall down — *gettare giù la maschera,* to throw off the mask — *gettare il seme della discordia,* to sow the seed of discord — *gettare bombe,* to drop bombs — *gettare le armi,* to throw down one's arms (one's weapons) — *gettare a mare qcno, (fig.)* to drop sb — *gettare l'ancora,* to let go (to cast, to drop) the anchor; *(in un porto)* to harbour — *Gettò il libro per terra e scoppiò in lacrime,* He flung (He hurled) down the book and burst into tears — *gettare qcsa in mare,* to throw sth overboard — *Gettò una moneta nel cappello del mendicante,* He tossed a coin into the beggar's hat. **2** *(naut.: per alleggerire una nave in pericolo)* to jettison. **3** *(mandar fuori un liquido)* to spout; *(un grido)* to utter; *(di piante: mettere radici, anche fig.)* to put* down roots: *La sorgente tornerà a gettare acqua con il disgelo,* The spring will start to spout water again when it thaws — *Gettò un grido di sorpresa,* She uttered a cry of amazement. **4** *(versare un metallo in uno stampo)* to cast*; *(riempire di calcestruzzo uno scavo)* to lay*: *gettare le fondamenta, (anche fig.)* to lay the foundations. **5** *(fruttare)* to yield; to bring* (in): *L'imposta sulla benzina getta una gran quantità di denaro,* The petrol tax yields a lot of money.
□ *vi* **1** *(sgorgare)* to play. **2** *(germogliare)* to sprout; to bud.
□ *gettare un ponte,* to build a bridge — *gettare sangue,* to bleed — *gettare via il proprio tempo,* to waste one's time — *gettare via il proprio denaro,* to squander one's money — *gettare all'aria,* to turn upside-down (*o* topsy-turvy) — *gettare qcno nella disperazione,* to drive sb to despair.
□ **gettarsi** *v. rifl* **1** *(buttarsi)* to throw* oneself; to cast* oneself; to chuck oneself *(fam.); (avventarsi con violenza)* to fling* oneself; to hurl oneself: *Si gettò dalla finestra in una crisi di scoraggiamento,* She threw herself out of the window in a fit of despair — *gettarsi in ginocchio,* to fall on one's knees — *gettarsi al collo di qcno,* to fall on sb's neck — *gettarsi giù, (a riposare)* to lie down — *gettarsi sul nemico,* to fall on the enemy. **2** *(di fiume: sfociare)* to flow; to empty: *Certi fiumi si gettano nel mare con una foce a delta,* Some rivers form a delta when they flow (they empty) into the sea.
gettata *sf* **1** *(lancio)* throw; *(il lanciare)* throwing; casting. **2** *(colata)* casting. **3** *(diga foranea)* jetty. **4** *(germoglio)* shoot. **5** *(nel lavoro a maglia)* loop. □ *gettata cardiaca,* heart stroke volume.
gettito *sm* **1** *(comm., econ.: introito)* yield; revenue; total income; *(quantità prodotta)* output. **2** *(naut.)* jetsam.
getto *sm* **1** *(lancio)* throw; cast; *(con violenza)* hurl; shy *(fam.);* chuck *(fam.); (il lanciare)* throwing: *getto del peso, (atletica)* putting the weight. **2** *(di liquido)* outflow; gush; spurt; *(continuo ed intenso)* jet; spout: *a getto continuo,* in a continuous stream; *(fig., p.es. riferito al modo di parlare)* non-stop. **3** *(fonderia)* casting; *(in uno stampo)* moulding. **4** *(germoglio)* shoot; sprout. **5** *(edilizia)* casting. **6** *(abbozzo)* draft: *primo getto,* first draft. **7** *(di carburatore)* jet. **8** *(di motore a reazione)* jet.
□ **di getto**, straight off; without a pause — *opera (lavoro) di getto,* composition (work) produced *(o* written, *ecc.)* without a pause.
gettonare *vt (sl.)* **1** *(al telefono)* to ring* (sb) up. **2** *(un disco)* to select (a record) on a juke-box.
gettone *sm* counter; jetton; chip; *(del telefono)* telephone token; slug *(USA); (contromarca)* check: *macchina a gettone,* slot machine. □ *gettone di presenza,* attendance-check.
ghepardo *sm* cheetah.
gheriglio *sm* kernel.
gherminella *sf* trick.
ghermire *vt* to seize; to snatch; to grab; to clutch.
ghette *sf pl* gaiters; *(basse)* spats.
ghetto *sm* **1** *(stor.)* ghetto; *(oggi)* Jewish *(o* Negro, Chinese, *ecc.)* quarter. **2** *(casa sordida)* slum.
ghiacciaia *sf* **1** *(serbatoio di ghiaccio)* ice-house. **2** *(frigorifero)* refrigerator; fridge *(fam., GB);* ice-box *(USA): Questa camera è una ghiacciaia,* This room is like an ice-box.
ghiacciaio *sm* glacier: *ghiacciaio pensile,* hanging glacier.
ghiacciare *vi* to freeze* *(spesso seguito da* over *o* up*)*; to turn to ice; *(industria)* to ice; *(congelare)* to freeze* solid; *(aeronautica)* to ice up: *Il lago ghiacciò la notte scorsa,* The lake froze (over) last night.

□ *vt* to freeze*; *(i vetri)* to frost: *Il freddo ghiacciò il fiume,* The cold froze the river.

□ **ghiacciarsi** *v. rifl* to freeze*; to turn to ice; to ice *(spesso seguito da* over *o* up*)*.

ghiacciata *sf* iced drink.

ghiacciato *agg* **1** *(gelato)* frozen; *(riferito alla superficie di una strada, ecc.)* icy. **2** *(freddissimo)* icy: *una bevanda ghiacciata,* an ice-cold drink. **3** *(glassato)* glacé *(fr.)*: *frutta ghiacciata,* glacé fruit *(o* fruits, *pl.)*.

ghiaccio *sm* ice: *ghiaccio secco,* dry ice — *ghiaccio bianco,* rime — *ghiaccio nero,* black ice — *ghiaccio vitreo,* rain ice — *ghiaccio vivo,* glacier ice — *campo di ghiaccio,* ice-field — *banco di ghiaccio,* pack-ice — *borsa del ghiaccio,* ice-pack — *essere di ghiaccio, (fig.)* to be very cold *(o* icy) — *rimanere di ghiaccio,* to be completely unmoved — *rompere il ghiaccio, (fig.)* to break the ice.

□ *agg* icy; *(fam.: di persona)* frigid: *mani ghiacce,* icy hands.

ghiacciolo *sm* **1** icicle. **2** *(gelato)* ice-lolly *(fam.)*. **3** *(in una pietra preziosa)* flaw.

ghiaia *sf* gravel; pebbles *(pl.)*; *(su spiaggia marina)* shingle.

ghiaietta *sf* (fine) gravel; grit.

ghiaione *sm* scree.

ghiaioso *agg* gravelly.

ghianda *sf* acorn.

ghiandaia *sf* jay; *(marina)* roller.

ghiandola *sf* gland.

ghiandolare *agg* glandular.

ghibellino *agg e sm (stor.)* Ghibelline.

ghibli *sm* gibleh; dry south wind.

ghiera *sf* **1** ferrule; metal ring. **2** *(mecc.)* ring nut. **3** *(archit.)* arched lintel.

ghigliottina *sf* guillotine. □ *finestra a ghigliottina,* sash-window.

ghigliottinare *vt* to guillotine.

ghignare *vi (ridere con malizia)* to laugh mockingly; *(in modo beffardo)* to sneer.

ghignata *sf* mocking *(o* malicious) laugh; *(meno forte)* derisive laugh: *Quante ghignate ci siamo fatte quando Luigi è caduto nel fiume!,* What a lot of laughs we had (How we laughed) when Luigi fell in the river!

ghigno *sm* mocking laugh; *(beffardo)* sneer; leer; sardonic smile.

ghinea *sf* guinea.

ghingheri *(nella locuzione avverbiale) in ghingheri,* dressed up; smartly dressed; in one's Sunday best; in one's glad rags *(fam.)*.

ghiottamente *avv* gluttonously; greedily; *(spec. fig.)* avidly.

ghiotto *agg* **1** *(goloso)* gluttonous; greedy; *(avido)* greedy; eager; *(appetitoso)* delicious; appetizing; dainty; *(appassionato)* fond: *essere ghiotto di qcsa,* to have a weakness for sth. **2** *(interessante, eccitante)* interesting; exciting; *(riferito a notizie)* juicy.

ghiottone *sm* **1** glutton; *(buongustaio)* gourmet. **2** *(zool.)* glutton; wolverene; wolverine.

ghiottoneria *sf* **1** greediness; gluttony. **2** *(cibo)* delicious dish; *(boccone)* titbit; tasty morsel. **3** *(fig.: cosa ricercata)* feast; choice item.

ghirba *sf* water bag. □ *salvare (riportare a casa) la ghirba, (sl.)* to save one's skin.

ghiribizzo *sm* whim: *Le saltò il ghiribizzo di dipingere la cucina,* She took it into her head to paint the kitchen.

ghirigoro *sm* scribble; doodle; *(arabesco)* flourish: *fare ghirigori su un pezzo di carta,* to doodle on a bit of paper.

ghirlanda *sf* wreath; garland; *(fig.)* ring; circle.

ghiro *sm* dormouse. □ *dormire come un ghiro, (fig.)* to sleep like a top (like a log).

ghisa *sf* cast iron: *ghisa temprata,* chilled iron — *ghisa di altoforno,* pig iron.

già *avv* **1** *(generalm.)* already; *(talvolta, nelle interrogative dubitative)* yet: *È già ora di partire,* It's already time to leave — *Se ne sono già andati,* They have already left — *Gianni è già qui che ti aspetta,* Gianni's already here waiting for you — *Già qui?,* What, already here? — *Già fatto!,* I've already done it! — *abiti già fatti,* ready-made suits — *Di già?,* What, already? — *non già che...,* not that... — *Hai già visitato Parigi?,* Have you been to Paris yet? — *il già citato signor Pascal,* the above-mentioned *(stile lett. anche* aforementioned*)* Mr Pascal — *il già descritto episodio,* the previously described episode.

2 *(un tempo, una volta)* once; formerly *(avv.)*; former *(agg.)*: *Questa città, già capoluogo di provincia...,* This town, once *(o* formerly) the provincial capital... — *il signor Black, già direttore dell'azienda,* Mr Black, the former manager of the firm.

3 *(fin da)* since: *Faceva così già da ragazzo,* He used to do it when he was a boy; He has done it (He's been doing it) ever since he was a boy.

4 *(anche)* also; as well; too: *Già suo padre faceva così,* His father used to do so, too.

5 *(esclamazione)* Yes!; Of course!; Indeed!; Yeah! *(USA, fam.)*; Sure! *(USA, ma ora anche GB)*: *Già! E se non paga?,* Yes (Of course)! And what if he doesn't pay? — *Già! E pensare che lo sapevo!,* Of course! (What a fool I am!) And to think I knew it all along!

giacca *sf* coat; jacket; *(sportiva)* sports jacket: *giacca a un petto,* single-breasted jacket — *giacca a doppio petto,* double-breasted jacket — *giacca a vento,* wind-cheater; *(se molto lunga)* anorak — *giacca di pelle,* leather jacket.

giacché *congiunz* since; as: *Giacché è partito, non potremo vederlo,* Since (As) he has already left, we shan't be able to see him — *Giacché sei qui, mangia qualcosa con noi,* Since *(o* Now that, Seeing as) you are here, have something to eat with us.

giaccone *sm* jacket; *(da operaio)* donkey jacket.

giacente *agg* **1** *(in magazzino)* in stock; *(invenduto)* unsold; *(di lettera, plico, ecc.)* undelivered; *(non ritirato)* unclaimed; *(di capitali)* uninvested; idle; *(sospeso)* pending; outstanding. **2** *(araldica)* couchant.

giacenza *sf (merce)* stock (in hand); inventory *(USA)*; *(merce invenduta)* unsold goods; *(denaro)* cash (money) in hand: *smaltire le giacenze,* to work off a backlog of stock — *giorni di giacenza (controstallie), (comm.)* demurrage — *merce in giacenza (non consegnata),* undelivered goods; goods to be delivered; *(non ritirata)* unclaimed goods — *tempo di giacenza,* age.

giacere *vi* **1** to lie*: *Giaceva immobile a terra,* He lay motionless on the ground — *Qui giace...,* Here lies... — *Quella regione giace a nord del 40° parallelo,* That region lies *(o* is situated) north of the 40th parallel — *giacere ammalato (a letto, addormentato, in prigione),* to lie ill (in bed, asleep, in prison) — *mettersi a giacere,* to lie down — *giacere con qcno, (biblico)* to lie with sb *(ant.)*.

2 *(fig.: rimanere fermo)* to lie*; to remain; to stay: *Il capitale giaceva inutilizzato,* The money had not been invested — *La mia pratica giaceva negli uffici da anni,* My file had been buried in the offices for years — *Mise a giacere la cosa corrompendo uno dei fun-*

zionari, He hushed up (He put an end to) the matter by bribing one of the officials. □ *giacere nella miseria,* to be badly off; to be destitute — *Chi muore giace e chi vive si dà pace, (prov.)* Let the dead bury the dead.

giaciglio *sm* pallet.

giacimento *sm* bed; deposit: *giacimento di carbone,* coal seam — *giacimento di petrolio,* oil-field — *giacimento di sale,* salt-mine.

giacinto *sm* **1** *(bot.)* hyacinth; bluebell. **2** *(gemma)* hyacinth.

giacitura *sf* **1** position. **2** *(geologia)* attitude.

giacobino *sm (stor.)* Jacobin.
□ *agg* Jacobin; Jacobinic(al).

giacomo *(fam., solo nella locuzione) fare giacomo giacomo,* to tremble; to be shaky; to be unsteady.

giaculatoria *sf* **1** *(breve preghiera)* short prayer. **2** *(bestemmia)* bad language; oaths *(pl.);* abuse: *una sfilza di giaculatorie,* a stream of abuse. **3** *(ripetizione monotona)* rigmarole.

giada *sf* jade.

giaggiolo *sm* iris.

giaguaro *sm* jaguar.

giallo *agg* yellow; *(di carnagione)* sallow; *(d'ira, ecc.)* livid: *Il colore giallo ti sta molto bene,* Yellow suits you — *Era giallo dalla bile,* He was livid — *la stampa gialla,* the yellow press. □ *terra gialla,* ochre — *farina gialla,* maize meal — *un libro giallo,* a thriller; a detective story — *febbre gialla,* yellow fever — *un film giallo,* a thriller — *un libro (film) giallo-rosa,* a detective and love story (film); a comedy-crime story (film) — *avere i piedi gialli, (di vino rosso)* to begin to turn sour; *(di ammalato)* to be suffering from jaundice.
□ *sm* **1** yellow: *giallo pallido (dorato, ambrato, paglierino),* pale (golden, amber, straw) yellow — *giallo cromo (di cadmio),* chrome (cadmium) yellow. **2** *(di uovo)* yolk. **3** *(libro, film, ecc.)* thriller; detective story (*o* film): *Sta leggendo un giallo,* He's reading a detective (a crime, a murder) story. **4** *(per estensione: caso di difficile soluzione)* case; affair: *il giallo Feltrinelli,* the Feltrinelli case (*o* affair).

giallognolo *agg* yellowish; rather yellow.

giallore *sm* yellowishness; yellowness; *(riferito alla carnagione)* sallowness; sallow (*o* yellow) complexion.

giambo *sm* **1** iambus *(pl.* iambs *o* iambuses*).* **2** *(componimento)* iambic.

giammai *avv* never.

giannizzero *sm* janissary; janizary.

giansenista *sm e f. (stor.)* Jansenist.

giapponese *agg e sm e f.* Japanese.

giara *sf* jar; *(vaso)* two-handled vase.

giardinaggio *sm* gardening.

giardinetta *sf* estate car; station wagon *(spec. USA);* utility.

giardiniera *sf* **1** *(donna)* (woman) gardener; *(moglie del giardiniere)* gardener's wife. **2** *(mobile)* flower-holder; jardinière *(fr.); (cestello)* wicker-basket. **3** *(carrozza)* wagonette; brake; sociable; *(automobile)* estate car; station wagon *(spec. USA);* utility. **4** *(minestra)* vegetable soup; *(sottaceti)* pickles *(pl.).* □ *maestra giardiniera,* kindergarten mistress; nursery school teacher.

giardiniere *sm* gardener.

giardino *sm* garden: *giardino zoologico,* zoological gardens *(pl.);* zoo — *città giardino,* garden city — *giardino pensile,* roof-garden — *giardini pubblici,* public gardens; park — *giardino d'infanzia,* kindergarten.

giarrettiera *sf (da uomo e da donna)* garter; *(pendente dalla guaina)* suspender; *(pendente, da uomo)* (sock-)suspender. □ *l'Ordine della Giarrettiera,* the Order of the Garter.

giavellotto *sm* javelin: *il lancio del giavellotto, (atletica)* javelin (throwing).

gibbone *sm* gibbon.

gibbosità *sf* gibbosity.

gibboso *agg (di animale)* humped; *(di persona)* hump-backed; hunch-backed; gibbous *(raro).*

giberna *sf* cartridge-box.

giga *sf* **1** *(strumento)* rebec; small fiddle. **2** *(danza)* jig. **3** *(brano musicale)* gigue.

gigante *sm* giant: *fare passi da gigante, (fig.)* to take great strides; to make enormous progress.
□ *in funzione di agg* huge; gigantic; colossal; *(riferito al formato di confezioni di detersivo, ecc.)* jumbo *(attrib.).*

giganteggiare *vi* to tower (over).

gigantesco *agg* gigantic; giant *(attrib.).*

gigantessa *sf* giantess.

gigantismo *sm* giantism.

gigantografia *sf* blow-up *(pl.* blow-ups*).*

gigione *sm* ham; ham actor.

gigioneggiare *vt (sl.)* to ham.

gigionismo *sm (sl.)* hamming.

gigliato *agg* marked (*o* decorated) with a fleur-de-lis (-lys); lilied: *croce gigliata,* cross fleury.

giglio *sm* **1** lily: *giglio bianco,* Madonna (*o* white) lily — *giglio cinese,* tiger-lily. **2** *(araldica)* lily: *giglio di Francia,* fleur-de-lis.

gilè *sm* waistcoat *(GB);* vest *(USA).*

gin *sm* gin.

gincana *sf* gymkhana.

gineceo *sm* gynaeceum *(anche bot.).*

ginecologia *sf* gynaecology.

ginecologico *agg* gynaecological.

ginecologo *sm* gynaecologist.

ginepraio *sm* **1** juniper thicket. **2** *(fig.)* difficult situation; dilemma; fix: *essere, cacciarsi in un ginepraio,* to be in (to get oneself into) a fix.

ginepro *sm* juniper.

ginestra *sf* broom.

gingillare *vt (prendere in giro)* to make* a fool of sb.
□ **gingillarsi** *v. rifl (giocherellare)* to fiddle; to twiddle; *(oziare)* to idle; *(perdere tempo)* to potter; to waste time; to idle away one's time: *gingillarsi con la penna,* to fiddle with one's pen.

gingillo *sm (balocco)* toy; plaything; *(ninnolo)* knick-knack; kickshaw; *(inezia)* trifle: *perdersi in gingilli,* to waste time over trifles.

ginnasio *sm* **1** *(stor.)* gymnasium *(pl.* gymnasiums *o* gymnasia*).* **2** *(scuola)* grammar school; high school; junior high school *(USA).*

ginnasta *sm e f.* gymnast.

ginnastica *sf* physical training *(abbr. fam.* P.T.*);* gymnastics *(pl.: spesso abbr. in* gym*); (da camera)* exercises *(pl.);* physical jerks *(pl., fam.): ginnastica ritmica,* callisthenics — *ginnastica svedese,* Swedish drill — *maestro di ginnastica,* physical training (P.T., *o* gym) instructor — *Un po' di ginnastica ti farebbe bene,* A bit of exercise would do you good — *ginnastica della mente,* mental exercise.

ginnastico *agg* gymnastic; gym *(attrib.).*

ginnico *agg* gymnastic: *esercizi ginnici,* gymnastics; exercises; physical jerks *(fam.).*

ginocchiello *sm* **1** knee-pad; *(dell'armatura)* genouillère *(fr.);* knee-piece. **2** *(cucina)* leg of pork. **3** *(dei pantaloni: borsa)* baggy knee.

ginocchiera *sf* **1** knee-band; knee-guard. **2** *(mecc.)* toggle.

ginocchio *sm* **1** knee: *stare in ginocchio,* to be on one's knees; to be kneeling — *In ginocchio!,* Kneel down!; Down on your knees!; *(mil.)* On the knee! — *con la gonna al ginocchio,* with a knee-length skirt — *con la neve (il fango) al ginocchio,* knee-deep in the snow (in the mud) — *Stava col bambino sulle ginocchia,* She was holding the child on her knees — *cadere (buttarsi) in ginocchio,* to fall on (*o* to) one's knees — *gettarsi alle ginocchia di qcno,* to throw oneself at sb's feet — *piegare il ginocchio davanti a qcno,* to bend one's knees; to bow the knee; *(umiliarsi)* to eat humble pie; *(cedere)* to give in; to yield — *far piegare il ginocchio a qcno,* to bring sb to his (to her) knees — *avere il ginocchio valgo,* to be knock-kneed — *avere il ginocchio varo,* to be bow-legged; to be bandy-legged. **2** *(mecc.)* bend; kink.

□ *far venire il latte alle ginocchia,* to bore (sb) to death (to tears).

ginocchioni *avv* on one's knees; kneeling.

giocare *vi e t.* **1** to play; *(giocherellare)* to toy (with sth); to fiddle (with sth): *Stanno giocando nel giardino,* They're playing in the garden — *Giocava con la penna,* He was toying (He was fiddling) with his pen — *A chi tocca giocare?,* Whose turn is it to play? — *A che gioco giochiamo?, (fig.)* What is your little game?; What are you up to?; What are you playing at? — *In situazioni del genere gioca molto la fortuna,* In such cases chance plays a great part; In such cases much is due to chance — *giocare a carte (a scacchi, ai dadi, a tennis),* to play cards (chess, dice, tennis) — *giocare a carte scoperte, (fig.)* to act openly (*o* frankly) — *La Juventus gioca contro il Torino domani,* Juventus is playing Torino tomorrow — *giocare in Nazionale,* to play for Italy (for England, *ecc.*) — *giocare alla palla,* to play ball — *giocare a rimpiattino, (anche fig.)* to play hide-and-seek — *giocare ai soldatini,* to play at soldiers — *giocare sul sicuro,* to play for safety — *giocare correttamente (scorrettamente), (anche fig.)* to play fair (unfair *o* foul) — *giocare sulla bonomia di qcno,* to play on sb's good nature — *giocare un (brutto) tiro a qcno,* to play a (dirty) trick on sb — *giocare di gomiti per uscire (per passare),* to elbow one's way out (*o* through).

2 *(d'azzardo)* to gamble; *(scommettere)* to bet*; *(puntare)* to stake; to put* on: *Se continui a giocare ti rovini,* If you go on gambling, you'll be ruined — *Quanto giochi?,* How much are you putting on? — *giocare alle corse (dei cavalli),* to bet on horses — *giocare al totocalcio,* to do the pools *(fam.)* — *giocare forte,* to play high (for high stakes); to stake a big sum; *(rischiare molto)* to stake (to risk) a lot — *giocarsi la camicia, (fig.)* to bet one's shirt (on sth); to bet anything — *giocarsi l'osso del collo,* to risk one's life — *Col suo modo di fare s'è giocato il posto (la sua carriera),* His behaviour has lost (*o* cost) him his job (has ruined his career).

3 *(comm.)* to speculate; to operate: *giocare in Borsa,* to speculate (to gamble) on the Stock Exchange — *giocare al rialzo,* to speculate (to operate) for a rise; to bull the market — *giocare al ribasso,* to speculate (to operate) for a fall; to bear the market.

4 *(ingannare, prendere in giro)* to take* (sb) in; to outwit; to fool (sb): *M'hai giocato!,* You've fooled me!

5 *giocare di mano (rubare),* to steal*; to pilfer; to be* light-fingered.

6 *(mecc.: funzionare)* to work: *È un ingranaggio che gioca bene,* This gear works well.

giocata *sf* **1** *(partita)* game; play. **2** *(puntata)* stake; *(scommessa)* bet; *(al lotto: combinazione di numeri)* set of numbers; *(al lotto: polizza)* lottery ticket; *(alle carte: turno, giro)* deal.

giocatore *sm* player; *(d'azzardo)* gambler: *giocatore di bocce,* bowls player — *giocatore di calcio,* footballer; football (*o* soccer) player — *giocatore di cricket,* cricketer — *giocatore di bussolotti, (fig.)* trickster; juggler — *giocatore professionista,* professional player *(abbr. fam.* pro*)*.

giocattolo *sm* **1** toy: *un negozio di giocattoli,* a toy-shop. **2** *(fig., di persona)* plaything; puppet.

giocherellare *vi* to play (with sth); to toy (with sth); *(nervosamente)* to fiddle (with sth).

giochetto *sm* **1** *(tranello)* trick; joke. **2** *(cosa molto facile)* child's play.

gioco *sm* **1** *(sport ecc.; anche fig. e spreg.)* game; *(di bambini e in certe espressioni fisse)* play: *il gioco degli scacchi (del calcio),* (the game of) chess (football) — *giochi di società,* party games; parlour games — *i Giochi Olimpici,* the Olympic Games — *il gioco del Lotto,* the State Lottery — *un gioco d'azzardo,* a game of chance — *un gioco di destrezza,* a game of skill — *fare il gioco di qcno, (fig.)* to play sb's game — *fare un gioco pericoloso, (generalm. fig.)* to play a dangerous game — *Abbiamo scoperto il vostro gioco,* The game is up; We've found you out — *un doppio gioco,* a double-cross; a double game — *celare il proprio gioco,* to play a deep game (a close hand); to give nothing away — *mostrare (svelare) il proprio gioco,* to lay one's cards on the table — *tempo per il gioco,* time for play; play-time — *campo di gioco,* playing field — *carta da gioco,* playing card — *gioco di parole, (in generale)* punning; word-play; *(in particolare)* play on words — *compagno di gioco,* playmate — *un gioco da ragazzi, (fig.)* child's play — *giochi d'acqua, (di fontana)* play of water — *gioco di luci,* play of light (of lights).

2 *(il modo di giocare)* play: *gioco sporco,* dirty (*o* foul) play — *gioco leale (sleale),* fair (foul) play — *gioco pesante,* rough play — *gioco aperto, (calcio)* open play.

3 *(il gioco d'azzardo)* gambling; gaming *(generalm. dir. o ant.)*: *casa da gioco,* gaming house; *(illecito)* gambling den — *tavolo da gioco,* gambling (*o* gaming) table — *debiti di gioco,* gambling (*o* gaming) debts — *leggi (ordinanze) sul gioco d'azzardo,* Gaming Laws (Gaming Acts) — *Vinse una fortuna al gioco,* He won a fortune at gambling — *perdere una fortuna al gioco,* to gamble away a fortune.

4 *(scherzo)* joke; fun: *L'ho detto per gioco,* I said it for fun (*o* as a joke) — *per un gioco della fortuna,* by a freak (by a twist) of chance (of fate) — *Non fu un gioco,* It was no joke — *prendersi gioco di qcno,* to make fun of sb; to pull sb's leg.

5 *(insieme di carte o di pezzi)* pack; set: *un gioco completo di carte,* a complete pack of cards — *un gioco di dama (scacchi),* a draughts (chess) set.

6 *(mecc.: spazio libero tra due componenti)* clearance; play; gap; backlash; float: *gioco parallelo,* uniform clearance — *gioco assiale,* end play — *gioco laterale,* side clearance; side play — *ridurre il gioco,* to take up the slack (*o* play) — *lasciare gioco,* to allow a space (a gap).

7 *(il giocare in Borsa)* stock-jobbing.

□ *fuori gioco, (calcio, ecc.)* off-side — *avere buon gioco,* to have a good hand — *barare al gioco,* to cheat — *entrare in gioco,* to come into play — *fare entrare qcno in gioco,* to invite sb to play (*o* to join in) — *essere in gioco,* to be involved; to be at stake — *mettere in gioco,* to stake; to put at stake — *La sua reputazione è in gioco,* His reputation is at stake — *Ha messo tutto in gioco,* He's staked everything — *stare al gioco,* to play; to play ball *(USA); (fig.)* to go along (with sth) — *gioco di mano (di prestigio),* conjuring trick (sleight-of-hand) — *Chi sa il gioco, non l'insegni, (prov.)* Those who know the game keep quiet; Good players keep their secrets to themselves — *Gioco di mano, gioco di villano, (prov.)* It is not nice to use one's fists — *Un bel gioco dura poco, (prov.)* No joke is funny if it goes on too long.

giocoforza *sm (nell'espressione) essere giocoforza,* to be necessary; to be unavoidable.

giocoliere *sm* juggler.

giocondamente *avv* joyously; cheerfully.

giocondità *sf* joyousness; cheerfulness.

giocondo *agg* joyous; cheerful. □ *la Gioconda,* the Mona Lisa.

giocosamente *avv* playfully; gaily.

giocosità *sf* playfulness.

giocoso *agg* playful; merry; gay: *un'opera giocosa, (mus.)* a light (a comic) opera.

[1]**giogaia** *sf (di bovini)* dewlap.

[2]**giogaia** *sf (geografia)* range (of mountains).

giogo *sm* **1** yoke *(anche fig.): passare sotto il giogo, (stor. e fig.)* to pass under the yoke — *scrollarsi (liberarsi) del giogo,* to throw off the yoke — *gemere sotto il giogo,* to groan under the yoke. **2** *(asta della bilancia)* beam. **3** *(nelle antiche galee)* thwartship beam. **4** *(cresta montuosa)* (mountain) ridge; *(valico)* col; (mountain) pass.

[1]**gioia** *sf* joy; glee; mirth; *(gaiezza)* cheerfulness; sprightliness: *non stare in sé dalla gioia,* to be beside oneself with joy (with glee) — *saltare dalla gioia,* to jump for joy — *con mia grande gioia,* to my great joy (*o* satisfaction) — *lacrime di gioia,* tears of joy — *darsi alla pazza gioia,* to have a really gay time — *gioia di vivere,* joie de vivre *(fr.).* □ *gioia mia!,* my darling! — *Che gioia!, (iron.)* What fun!-I don't think!

[2]**gioia** *sf (gioiello)* gem; jewel; precious stone.

gioielleria *sf* **1** *(l'arte)* jeweller's craft. **2** *(bottega)* jeweller's (shop).

gioielliere *sm* jeweller.

gioiello *sm* jewel; piece of jewellery; *(fig.)* treasure; jewel.

gioiosamente *avv* joyously; gaily.

gioioso *agg* joyous; gay.

gioire *vi* to rejoice (at sth); to delight (in sth).

giornalaio *sm* news-agent; *(strillone)* news-vendor.

giornale *sm* **1** newspaper; paper: *Dev'essere vero: l'ho letto sul giornale,* It must be true: I read it in the paper — *un giornale quotidiano (settimanale, della domenica),* a daily (weekly, Sunday) newspaper — *un giornale della sera,* an evening paper — *un giornale di piccolo formato (con molte foto),* a tabloid (newspaper) — *i giornali, (la stampa)* the Press — *un giornale murale,* a wall newspaper; *(in Cina)* a 'ta tse bao' — *un giornale di moda,* a fashion magazine — *un giornale scandalistico,* a gutter newspaper; a scandal sheet — *gergo di giornale,* journalese — *ritagli di giornale,* press (*o* newspaper) cuttings (*o* clippings) — *testata di giornale,* newspaper heading — *abbonarsi a un giornale,* to take a newspaper — *apprendere qcsa dai giornali,* to learn (to pick up) sth from the papers — *pubblicare un annuncio sui giornali,* to advertise; to put an advertisement in the papers. **2** *(registro)* journal; day-book; record: *giornale a partita semplice (doppia),* single- (double-) entry journal — *registrare a giornale,* to journalize; to enter in the journal — *giornale di bordo,* log(-book); ship's journal; *(aeronautica)* air log; *(relativo a motori)* engine log; *(di stazione radio)* station log — *giornale di chiesuola, (naut., ecc.)* deck book; daily newspaper. **3** *(diario)* diary; *(spec. di interesse tecnico o scientifico)* record: *tenere un giornale,* to keep a diary (a record). □ *cine-giornale,* news-reel — *giornale radio,* news bulletin.

giornaliero *agg* daily; everyday *(attrib.).* □ *sm* day-labourer.

giornalino *sm (fam.)* comic.

giornalismo *sm* **1** journalism. **2** *(la stampa)* press.

giornalista *sm e f.* journalist; reporter; news-hound *(spreg. o scherz.): giornalista novellino,* cub-reporter.

giornalistico *agg* journalistic: *linguaggio, stile giornalistico,* journalese — *un servizio giornalistico,* a feature.

giornata *sf* **1** *(giorno)* day; *(di lavoro)* day's work; *(di paga)* day's pay; *(di viaggio, di marcia)* day's journey; day's march: *È una splendida giornata,* It's a glorious day — *l'intera giornata,* the whole day — *tutta la (santa) giornata,* all day (long) — *una giornata di vacanza,* a holiday; a (whole) day's holiday — *Devi farlo in giornata,* You must do it today (before the day is over, before evening, by the end of the day) — *guadagnarsi la giornata,* to do a good day's work — *una giornata magra (grassa),* a good (bad) day (for business) — *l'ultima giornata del campionato,* the last day of the Championship — *'la giornata parlamentare', (alla radio, ecc.)* today in Parliament — *paga (salario) a giornata,* day's pay; day's wages *(pl.)* — *retribuzione a giornata, (sindacalismo)* day rate — *lavorare a giornata,* to work by the day. **2** *(misura fondiaria)* 'giornata'.
□ *avanzare a grandi giornate,* to advance by forced marches; to advance rapidly — *vivere alla giornata,* to live from hand to mouth — *uova di giornata,* new-laid eggs — *sergente di giornata,* duty sergeant; sergeant on duty — *venire a giornata, (lett.)* to clash; to fight a battle — *fare giornata, (lett.)* to give battle.

giorno *sm* day; *(periodo durante il quale il sole resta al di sopra dell'orizzonte, anche)* daytime: *Marzo ha trentun giorni,* March has thirty-one days; There are thirty-one days in March — *Che giorno è oggi?, (della settimana)* Which day of the week is today?; *(del mese)* What's the date today?; *(in generale)* What day is it today? — *I giorni si accorciano,* The days are getting shorter — *il giorno di Natale,* Christmas day — *il giorno del Signore,* the Lord's day — *giorno festivo,* holiday — *giorno feriale,* working day — *giorno libero,* day off — *Ho preso un giorno di ferie,* I've taken a day's holiday (a day off) — *otto giorni,* a week — *quindici giorni,* a fortnight — *una permanenza di otto (di quindici) giorni,* a week's (a fortnight's) stay — *dare (a qcno) gli otto giorni,* to give (sb) a week's notice — *Buon giorno!,* Good day! *(non molto comune); (di mattino)* Good morning!; *(di pomeriggio)* Good afternoon! — *un giorno, (nel passato)* one day; *(nel futuro)* one of these days; some day — *Un giorno ti dirò tutto,* One of these days I'll tell you everything — *un giorno sì, un giorno no,* every other day — *l'altro giorno,* the other day; a few days ago — *uno di questi giorni; un giorno o l'altro,* one of these days — *a giorni, (in qualunque momento)* any day now; *(tra poco)* in a few days — *da un giorno all'altro, (improvvisamente)* all of a sudden;

overnight; *(in qualunque momento)* at any moment; any day now — *al giorno d'oggi, (oggigiorno)* nowadays; *(molto più formale)* in this day and age — *di giorno,* by day; in the daytime — *Lavora di giorno,* He works during the day (*o* daytime) — *giorno e notte,* day and night; night and day — *una volta al giorno,* once a day — *Quante volte al giorno...?,* How many times a day...? — *un bel giorno,* one fine day — *sul far del giorno,* at daybreak — *in pieno giorno,* in full daylight — *al cader del giorno,* at sunset — *l'argomento del giorno,* the topic of the day — *Sono giorni che non lo vedo,* I haven't seen him for days — *È una questione di giorni ormai,* It's only a question of days now — *Ci sono dei giorni quando...,* There are times when... — *Giorno verrà che...,* The day will come when... — *Cento di questi giorni!,* Many happy returns (of the day)! — *finire i propri giorni,* to end one's days.
□ *la moda del giorno,* the current fashion — *essere all'ordine del giorno,* to be on the agenda — *fare di notte giorno,* to burn the candle at both ends — *essere a giorno di qcsa,* to be fully acquainted with sth — *illuminato a giorno,* floodlit — *un orlo a giorno,* a hemstitched hem — *lavoro a giorno, (ricamo)* open work; *(oreficeria, archit.)* à jour *(fr.)* work.

giostra *sf* **1** *(torneo)* tournament; joust. **2** *(in un parco divertimenti)* merry-go-round; roundabout; carousel *(USA).* **3** *(mecc.)* indexing-fixture; trunnion. □ *Gli spasimanti le facevano sempre la giostra,* The men were always swarming round her.

giostrare *vi* **1** *(stor.)* to joust *(anche fig.);* to tilt. **2** *(fig.: destreggiarsi)* to manage.

giovamento *sm* benefit; relief; help; *(vantaggio)* advantage: *essere di giovamento,* to be a help (to sb); *(spec. di medicinali, ecc.)* to give (sb) relief — *trarre giovamento da qcsa,* to gain benefit from sth.

giovane **I** *agg* **1** *(di persone, animali, piante, ecc.)* young; *(giovanile, anche)* youthful; *(più giovane di due)* younger *(ma ⇨ gli esempi, sotto): Sei ancora molto giovane,* You're still very young — *un puledro giovane,* a young colt — *una pianta giovane,* a young plant — *un aspetto giovane,* a youthful appearance — *l'età giovane,* youth — *Plinio il Giovane,* Pliny the Younger — *il giovane Bianchi,* the younger Bianchi; Bianchi junior; Bianchi minor; Bianchi II *(USA, ma deve essere preceduto dal nome di battesimo)* — *È il mio fratello più giovane, (tra due)* He's my younger brother; *(tra più di due)* He's my youngest brother — *È sempre giovane di spirito,* He's always young at heart — *la stagione giovane,* spring. **2** *(inesperto, immaturo)* immature; inexperienced; green *(fam.); (di vino)* new.
II *s.* **1** *(m.)* youth; young man *(pl.* men*);* boy; *(f.)* young woman *(pl.* women*);* girl; *(al pl.: collettivo)* young people; youth: *Conosco quel giovane,* I know that young man — *i giovani d'oggi,* the youth of today; today's young people — *vestiti per i giovani,* clothes for the young — *una giovane di venticinque anni,* a young woman of twenty-five — *È ancora un bel giovane,* He's still a handsome young man — *da giovane,* in one's youth; when a young man (woman, *ecc.*); when he (she) was young — *Da giovane non lavorò mai,* He never did a stroke of work when he was young. **2** *(aiutante)* assistant; apprentice; boy *(sm); (allievo)* youngster *(generalm. sm): un giovane di bottega,* a shop boy — *una giovane d'ufficio,* a junior clerk; *(sl. pubblicitario, anche)* clerkess.

giovanetta *sf* girl.

giovanetto *sm* boy; lad.

giovanile *agg* juvenile; *(da giovane)* youthful; young: *opere giovanili,* juvenile works — *un volto giovanile,* a youthful (*o* young) face — *avere un aspetto giovanile,* to look young; to be young- (*o* youthful-) looking.

giovanneo *agg* **1** (of the gospel of) St John. **2** concerning Pope John XXIII.

giovanotto *sm* **1** young man *(pl.* men*): Ehi, giovanotto!,* Hey there, young man! **2** *(scapolo)* bachelor.

giovare *vi* **1** *(essere utile, vantaggioso)* to be* useful; to be* of use; to help; to be* of help; to avail *(lett.): Giova sapere che...,* It is useful to know that... — *Giova notare che...,* It should be noted (*o* remembered, pointed out) that...; It is worth noting that... — *A che giova fare tutto ciò?,* What is the use of doing all this (all that)? — *Tutto ciò non gioverà a niente,* All this will be of no use *(più lett.* of no avail*)* — *Non gli giovò affatto mentire,* Lying didn't help him at all; Lying certainly did him no good. **2** *(far bene)* to be* good; to do* good; to be* beneficial *(più formale): giovare a qcno,* to do sb good; to be good for sb — *Ti gioverà molto una buona vacanza lontano da tua moglie,* A long holiday away from your wife will do you a lot of good (will be very beneficial to you) — *Sono sicuro che questa cura ti gioverà molto,* I'm sure that this treatment will be very good for you (that you will benefit very much from this treatment).
□ **giovarsi** *v. rifl* to avail oneself (of sth); to benefit (by sth); to profit (by sth); to make* use (of sth); to take* advantage (of sth): *Ci giovammo della sua consulenza tecnica,* We availed ourselves of his technical advice — *giovarsi a vicenda, reciprocamente,* to help each other *(tra due);* to help one another *(tra più di due).*

giovedì *sm* Thursday: *di giovedì; ogni giovedì,* on Thursdays; every Thursday — *Giovedì Santo,* Maundy Thursday — *giovedì grasso,* the Thursday before Lent.

giovenca *sf* heifer.

giovenco *sm* steer.

gioventù *sf* **1** *(giovinezza)* youth: *in gioventù,* in my (his, *ecc.*) youth; when I (he, *ecc.*) was young. **2** *(i giovani)* young people; the young; *(meno comune)* youth: *libri per la gioventù,* books for young people (for the young) — *La gioventù è piena di entusiasmo,* Young people are full of enthusiasm — *la gioventù bruciata,* the beat generation — *ostello della gioventù,* youth hostel.

giovevole *agg* beneficial; useful; advantageous.

gioviale *agg* jovial; good-humoured.

giovialità *sf* joviality; good humour.

giovialmente *avv* jovially; good-humouredly.

giovialone *sm* jolly (*o* cheery) fellow.

giovinastro *sm* hooligan; hoodlum *(USA).*

giovincello *sm (scherz.)* lad; stripling.

giovinezza *sf* youth: *durante la sua giovinezza,* during his youth.

gippone *sm* (large) jeep.

girabile *agg (comm.)* negotiable.

giradischi *sm* record-player.

giraffa *sf* **1** *(zool.)* giraffe; cameleopard *(ant.).* **2** *(fig.: persona alta)* lamp-post. **3** *(tipo di microfono)* boom.

giramento *sm* **1** turning. **2** *(di capo)* giddiness; dizziness; *(med.)* vertigo: *avere un giramento di capo,* to feel dizzy.

giramondo *sm* **1** *(vagabondo)* tramp; vagrant; hobo *(USA);* bum *(USA).* **2** globe-trotter.

girandola *sf* **1** *(fuoco d'artificio)* Catherine-wheel;

girandole. 2 *(giocattolo)* toy windmill. 3 *(banderuola)* weathercock. 4 *(fig.)* fickle (*o* inconstant) person. ☐ *dar fuoco alla girandola,* - **a)** *(dire tutto)* to speak out; to spill the beans *(fam.)* - **b)** *(metter in atto un piano)* to set the ball rolling.

girandolare *vi* to stroll about; to saunter; to mooch *(sl.)*.

girandolone *sm* gadabout.

girandoloni *avv (nell'espressione) andare girandoloni,* to go strolling about; to mooch around *(sl.)*.

girante *sm* **1** *(comm.)* endorser. **2** *(mecc.)* rotor; disk wheel; impeller.

girare I *vt* **1** to turn: *Girò la chiave nella toppa,* He turned the key in the lock — *girare gli occhi,* to turn one's eyes — *girare l'interruttore, (della luce, ecc.: accendere)* to switch on (the light, *ecc.*); *(spegnere)* to switch off (the light, *ecc.*) — *girare il rubinetto, (aprire)* to turn on the tap; *(chiudere)* to turn off the tap — *girare l'angolo,* to turn the corner — *girare una posizione, (mil.)* to turn a position — *girare una domanda (la pratica) a qcno,* to pass on the question (the file) to sb — *girare bene un periodo,* to give a neat turn to a sentence — *Il vino gli fa girare subito la testa,* Wine goes to his head at once — *È una persona che fa girare l'anima,* He's a very annoying person — *Gira sempre le cose, (fig.: per avere sempre ragione)* He always twists things (round) — *Girala come vuoi, è sempre un farabutto,* Whichever way you look at it, he's still a rascal.

2 *(andare intorno a qcsa)* to go* round; to round: *Una siepe gira tutto intorno al prato,* A hedge goes all round the meadow — *La strada gira intorno al lago,* The road runs round the lake — *girare un promontorio (un'isola), (naut.)* to round a promontory (an island).

3 *(evitare)* to avoid; to get* round: *girare una difficoltà,* to avoid (to get round) a difficulty — *girare una domanda insidiosa,* to evade a tricky question — *girare un ostacolo,* to get round (*o* over) an obstacle — *girare il discorso,* to change the subject.

4 *(visitare viaggiando)* to tour; to travel (round); *(andare da un posto all'altro)* to go* round: *girare il mondo,* to travel round the world — *girare il Veneto in una settimana,* to tour the Veneto in one week — *Girò tutti i negozi,* He went round all the shops — *Ho girato tutta la città per trovarlo,* I've been looking for him all over the town.

5 *(comm.)* to endorse; *(investire)* to invest; *(stornare)* to transfer; to reverse: *girare una cambiale,* to endorse a bill — *girare il danaro,* to invest the money — *girare un conto,* to transfer an account.

6 *(cinematografia: di operatore di macchina)* to film; to shoot*; *(di regista)* to make*; *(di attori)* to act (in sth): *girare un esterno,* to shoot (to film) an outdoor scene — *un film girato in Africa,* a film made (*o* shot) in Africa — *Si gira!,* Action!

II *vi* **1** *(attorno al proprio asse, anche fig.)* to turn; to revolve; *(velocemente)* to spin*; *(turbinare)* to whirl; *(su un cardine)* to swing*: *girare in tondo,* to turn round and round — *Mi gira la testa,* I feel dizzy; My head is swimming — *Che ti gira?, (fig., fam.)* What's the matter with you?; What's got into you?; What's wrong with you? — *Se mi gira..., (fig., fam.)* If I feel like it... — *girare a vuoto, in folle, al minimo, (mecc.)* to idle — *girare centrato (scentrato), (di rotore, ecc.)* to turn true (untrue).

2 *(muoversi in cerchio: di uccelli)* to circle; to wheel; *(di aerei)* to circle.

3 *(voltare)* to turn; *(serpeggiare)* to wind*: *Prima gira a destra e poi a sinistra,* First turn to the right and then left — *Il sentiero gira tutt'intorno alla collina,* The path winds right round the hill.

4 *(passeggiare)* to walk; to stroll; to saunter; *(essere sempre in movimento)* to be* on the go; *(vagare)* to wander; to ramble; to roam; *(cercare a lungo)* to go* all over; to search: *Gira sempre,* He's always on the go — *Girammo dappertutto, ma non trovammo niente,* We went all over the place but we didn't find anything — *Gira e rigira, (dopo molto tempo)* After a long time; *(Prova e riprova)* Try as you may; *(Mettila come vuoi)* Whichever way you look at it; Turn it as you will — *Gira al largo!, (naut.)* Sheer off! — *girare al largo, (fig.)* to keep one's distance; to be cautious; to give (sb, sth) a wide berth.

5 *(essere in circolazione: anche fig.)* to circulate; to go* round: *Girano troppe macchine oggigiorno,* There are too many cars around today — *Giravano voci poco simpatiche sul suo conto,* There were a number of nasty rumours going around about him — *Gira troppa moneta falsa,* There's too much counterfeit money around.

6 *(naut.: di vento)* to veer; *(della vela di taglio, dell'asta di fiocco)* to jibe; to gibe; *(di nave intorno all'ancora)* to swing.

☐ **girarsi** *v. rifl* to turn; *(completamente)* to turn (a)round; *(per cambiare posizione)* to turn over; *(agitarsi)* to toss and turn: *Si girò verso il pubblico,* He turned to the audience — *girarsi di scatto,* to turn round abruptly — *non sapere da che parte girarsi, (fig.)* not to know which way to turn; to be at one's wits' end.

girarrosto *sm* spit.

girasole *sm* sunflower: *olio di girasole,* sunflower seed oil.

girata *sf* **1** turn; turning. **2** *(comm.)* endorsement: *girata in bianco,* blank endorsement — *girata piena (in pieno),* full endorsement. **3** *(passeggiata)* trip; *(in bicicletta, in macchina, ecc.)* ride; *(a piedi)* stroll; walk. **4** *(al gioco delle carte)* deal.

giratario *sm* endorsee.

giravolta *sf* **1** spin; twirl; turn round. **2** *(tortuosità)* winding; *(curva)* sharp bend. **3** *(cambiamento repentino di opinione)* shift; change of front.

[1]**girella** *sf* **1** *(carrucola)* pulley. **2** *(giocattolo)* toy runalong wheel. **3** *(di sperone)* rowel. **4** *(fig.)* whim; foible.

[2]**girella** *sm* inconstant person.

girellare *vi* to stroll about; to saunter about.

girello *sm* **1** little circle; little ring. **2** *(per bambino che impara a camminare)* go-cart; baby-walker. **3** *(di carciofo)* heart; *(di cipolla)* base. **4** *(taglio di carne)* round; topside. **5** *(di stecca da biliardo)* cue tip.

giretto *sm* short walk; stroll: *fare un giretto,* to go for a stroll.

girevole *agg* turning; rotating; *(di porta)* revolving; *(di gru)* slewing: *poltrona girevole,* swivel chair — *ponte girevole,* swing bridge.

girigogolo *sm* **1** *(svolazzo)* (meaningless) flourish. **2** *(fig.)* meaningless talk; nonsense; hot air.

[1]**girino** *sm (zool.)* tadpole.

[2]**girino** *sm (fam.)* racing cyclist.

giro *sm* **1** *(movimento rotatorio)* turn; *(mecc.)* revolution; rev *(abbr. fam., molto comune)*: *tre giri di chiave,* three turns of the key — *un giro di vite, (anche fig.)* a turn of the screw — *il giro di una frase,* the turn of a sentence — *un giro di boa, (fig.)* an important turn (*o* change) — *2000 giri al minuto,* 2000 revolutions (*o* revs) per minute *(abbr.* rpm) —

essere su di giri, (di motore) to be revved up; *(di persona)* to be in high spirits; *(essere brillo)* to be tanked (*o* stoked) up *(fam.).*

2 *(circolo, circuito)* circle; ring; circuit; *(deviazione)* detour; *(percorso)* round; *(di pista)* lap: *il giro delle mura della città,* (the circuit of) the town walls — *una camicia dal giro stretto,* a tight shirt — *giro della manica,* arm-hole — *un maglione girocollo,* a polo neck sweater — *un giro vizioso,* a vicious circle — *un giro di parole,* a circumlocution; a roundabout expression — *fare il giro, (di postino, ecc.)* to go (to make) one's rounds; *(di poliziotto)* to be on one's beat — *Per arrivarci dovemmo fare un lungo giro,* In order to get there we had to make a long detour — *fare un giro di valzer,* to have a waltz — *un giro d'orizzonte, (fig.)* a survey — *il giro più veloce della pista,* the fastest lap — *il giro d'Italia,* the tour of Italy.

3 *(viaggio)* tour: *fare il giro del mondo,* to go on a world tour; to travel round the world; to tour all over the world.

4 *(passeggiata)* short walk; stroll; *(in bicicletta)* cycle-ride; *(in automobile)* drive; spin; ride: *Facemmo un giro per il parco,* We went for a walk in the park — *Andammo in giro per la città per tutta la giornata,* We went round the town all day — *fare il giro notturno di Roma,* to do Rome by night — *portare qcno in giro,* to show sb round — *essere sempre in giro,* to be always on the move.

5 *(ambiente)* circuit; gang; ring: *essere nel giro degli stupefacenti (del contrabbando),* to be in (*o* on) the drug (the smuggling) circuit — *essere del giro,* to be one of the gang *(fam.);* to be in the swim.

6 *(circolazione)* circulation: *Queste monetine non si vedono più in giro,* These coins seem to have gone out of circulation — *mettere in giro (del denaro, ecc.),* to put (money, *ecc.*) into circulation — *mettere in giro una diceria,* to spread (to put about, to start) a rumour.

7 *(comm.: girata)* endorsement; indorsement: *giro di fondi,* cash transfer — *giro di partita,* clearing — *debiti in giro,* outstanding debts.

8 *(di lavoro a maglia)* row.

□ *giro d'affari, (comm.)* turnover — *nel giro di un anno,* in a year; in a year's time; *(riferito al passato)* within a year — *nel giro di poco tempo,* in a very short time — *una presa in giro, (amichevole)* a leg-pull; *(una 'fregatura')* a take-in *(fam.);* a swindle *(più forte)* — *prendere in giro qcno,* to take sb for a ride — *Ti hanno preso in giro, caro mio,* You've been taken for a ride, old chap.

girocollo *agg* ⇨ **giro** *sm* **2**.

girone *sm* **1** *(dantesco)* circle; ring. **2** *(sport)* heat; round; *(calcio)* series of games: *girone di andata (ritorno),* first (second) half of the season — *girone all'italiana,* American tournament.

gironzolare *vi (andare in giro)* to stroll about; to stroll around; *(girare intorno a qcno o qcsa)* to hang* around.

giroscopico *agg* gyroscopic.

giroscopio *sm* gyroscope.

girotondo *sm* ring-a-ring-o' roses.

girovagare *vi* to wander about (*o* around).

girovago *agg* vagrant; wandering; vagabond; itinerant: *mercante girovago,* itinerant vendor — *suonatore girovago,* vagrant (*o* itinerant) musician.

□ *sm* vagrant; wanderer; vagabond; tramp; hobo *(USA);* bum *(USA); (ambulante)* pedlar; peddler; hawker.

gita *sf* trip; excursion; jaunt; outing: *andare in gita,* to go on a trip.

gitante *sm e f.* tripper *(spesso spreg.).*

gittata *sf* **1** *(di un cannone)* range; throw. **2** *(med.)* heart stroke volume.

giù *avv* **1** *(verso il basso; in basso)* down; *(sotto)* below; *(al piano di sotto)* downstairs: *qua giù,* down here — *là giù,* down there; down below — *su e giù,* up and down — *più in giù,* further down — *Venne correndo giù per la discesa,* She ran (She came running) down the slope — *Fai scendere il gatto giù dall'armadio,* Get the cat down from the cupboard — *Vieni giù per cena?,* Will you come down for dinner? — *Da giù non potevamo vedere le cime delle montagne,* From below we couldn't see the tops of the mountains — *buttar giù qcno, qcsa* ⇨ **buttare** — *Non sentivo perché ero giù,* I couldn't hear because I was downstairs — *Non puoi scendere giù solo per un minuto?,* Can't you come downstairs just for a moment?

2 in giù, under: *La festa era riservata ai bambini dai dieci anni in giù,* The party was intended for children aged ten and under (for children under eleven) — *Dal numero trenta in giù furono chiamati tutti,* - **a)** *(fino a trenta)* Everybody up to number thirty was called; Everybody from one to thirty was called - **b)** *(da trenta in poi)* Everybody from thirty on was called.

□ *Giù le mani!,* Hands off! — *Giù la maschera!,* Come clean! — *giù di lì (su per giù),* more or less; about; roughly; approximately; thereabouts — *essere giù,* - **a)** *(di morale)* to be depressed; to be in low spirits; to feel blue *(fam.)* - **b)** *(di salute)* to be run down — *andare giù, (di azioni, ecc.)* to go down; to lose value; *(di salute)* to get weaker — *cadere a testa in giù,* to fall headlong — *Questa non riesco a mandarla giù,* I can't take this — *tirare giù, (fare malamente)* to do slap-dash work — *tirar giù parolacce,* to swear.

giubba *sf* (long) jacket; *(mil.)* tunic; *(con le falde)* tail coat. □ *rivoltare la giubba,* to change sides; to be a turncoat.

giubbotto *sm* jerkin; *(talvolta)* jacket; blouse; windcheater; *(naut.)* reefer jacket: *giubbotto di salvataggio,* life jacket.

giubilante *agg* jubilant; exultant.

giubilare *vi* to exult; to rejoice; to be* jubilant.

□ *vt* to pension (sb) off; to put* (sb) out to grass *(fam.); (togliere influenza a qcno)* to promote (sb) sideways; to kick (sb) upstairs *(fam.); (dimettere qcno)* to sack; to fire: *marito giubilato, (scherz.)* grass widower.

giubilazione *sf* pension.

giubileo *sm* jubilee.

giubilo *sm* exultation; rejoicing; jubilation: *con giubilo,* with jubilation; joyfully — *grida di giubilo,* shouts of joy (of exultation).

giuda *sm (fig.)* Judas: *bacio di Giuda,* Judas-kiss.

giudaico *agg* Judaic.

giudaismo *sm* Judaism.

giudeo *agg (della Giudea)* Judaic; *(ebreo)* Jewish.

□ *sm (abitante della Giudea)* Israelite; *(ebreo)* Jew.

giudicabile *agg (dir.)* triable. □ *sm (dir.)* accused.

giudicante *agg (dir.)* judging. □ *sm (dir.)* judge.

giudicare *vt e i.* **1** *(in generale)* to judge; *(ritenere)* to think*; to consider: *Un giorno Dio giudicherà tutti,* God will judge all men one day — *Non giudicare un uomo dalle apparenze,* Don't judge a man by his looks — *A giudicare da quello che dici, dovresti essere felice,* Judging from what you say, you ought to be happy — *Tocca al consiglio d'amministrazione* *giudicare del suo operato,* It's up to the Board to judge his work — *La sposerò anche se tutti mi giudicano pazzo,* I will marry her even if everybody thinks (considers) I am mad — *giudicare le cose obiettivamente,* to judge things from an objective standpoint — *giudicare qcno bene (male),* to think well (ill) of sb. **2** *(dir.)* to try; to judge: *Fu giudicato e trovato colpevole,* He was tried and found guilty — *Sarà giudicato per rapina a mano armata,* He will be tried for armed robbery — *giudicare qcno per direttissima,* to try sb summarily — *Lo giudicarono colpevole (innocente),* He was found guilty (not guilty) — *Non giudicare se non vuoi essere giudicato,* Judge not, lest ye be judged *(stile biblico).*

giudicato *sm* sentence; final judgement; res judicata *(lat.): passare in giudicato,* to become final (*o* absolute).

giudicatura *sf* **1** judicature. **2** *(giurisdizione)* jurisdiction. **3** *(magistratura)* judiciary.

giudice *sm* judge; *(linguaggio formale dir. e in alcune espressioni fisse: ⇨ sotto);* justice; *(talvolta)* magistrate: *il giudice, (il tribunale)* the Court; the Bench; *(in un concorso)* the Judge — *giudice conciliatore,* justice of the peace — *giudice unico,* judge sitting alone — *giudice di prima istanza,* court of first instance — *giudice d'appello,* justice of appeal — *giudice istruttore,* examining magistrate — *giudice popolare, (Corte di Assise)* lay assessor; *(giurato)* juryman — *giudice delegato,* official receiver — *ergersi a giudice,* to set oneself up as a judge — *essere buon giudice (in fatto di qcsa),* to be a good judge (of sth).

giudiziale *agg* judicial; legal.

giudiziario *agg* judicial; legal: *procedimento giudiziario,* judicial (*o* legal) proceedings — *carceri giudiziarie,* jail; gaol; prison — *ufficiale giudiziario,* bailiff; usher — *asta giudiziaria,* auction by court order — *polizia giudiziaria,* criminal investigation service.

giudizio *sm* **1** *(saggezza, senno)* wisdom; good sense; common sense; reason: *denti del giudizio,* wisdom teeth — *mettere giudizio,* to cut one's wisdom teeth — *l'età del giudizio,* the age of reason — *avere giudizio,* to be sensible; to be prudent — *Abbi giudizio!,* Take care!; Don't be hasty! — *Ci vuol giudizio,* You (*o* One) must be careful (*o* prudent); You (*o* One) must look ahead; It's a matter of common sense. **2** *(opinione, parere)* opinion; judg(e)ment: *a mio giudizio,* in my opinion — *a giudizio di tutti,* in everybody's opinion — *stare al giudizio di qcno,* to abide by sb's judgement — *un giudizio temerario,* a rash judgement — *dare un giudizio su qcsa,* to pass judgement (to give one's opinion) on sth. **3** *(dir.: processo)* trial; proceedings; suit: *giudizio di primo grado,* trial at first instance — *giudizio sommario,* summary proceedings; *(fig.)* hasty judgement — *giudizio per direttissima,* summary trial without preliminary investigation *(NB: non esiste una procedura equivalente in GB o negli USA)* — *rinviare a giudizio,* to commit for trial — *rinviare un giudizio,* to adjourn a suit — *riassunzione di giudizio,* resumption of proceedings (of trial) — *essere chiamato in giudizio,* to be sued; to be summoned — *citare in giudizio,* to cite; to summon — *rappresentare qcno in giudizio,* to act for sb; to appear for sb; to represent sb legally — *comparire in giudizio,* to appear in court — *comparizione in giudizio,* appearance before a court — *spese di giudizio,* legal costs — *deporre in giudizio,* to give evidence; to appear as a witness — *giudizio nullo,* mistrial — *il Giudizio Universale,* the Last Judgement — *il Giorno del Giudizio,* Judgement Day; the Day of Judgement; Doomsday — *giudizio di Dio,* judgement of God; *(stor., medioevale)* ordeal. **4** *(sentenza)* sentence; judg(e)ment; decree; verdict: *giudizio decisivo,* final judgement — *giudizio esecutivo,* executive (*o* executory) judgement — *giudizio contumaciale,* judgement by default — *giudizio di ultima istanza,* judgement of last resort.

giudiziosamente *avv* judiciously; sensibly.

giudizioso *agg* judicious *(linguaggio piuttosto formale);* sensible.

giuggiola *sf* jujube. □ *andare in brodo di giuggiole,* to go into raptures; to gush *(fam.).*

giuggiolone *sm* stupid person; ass.

giugno *sm* June: *il due giugno,* the second of June; June the second.

giugulare *agg* jugular.

giulebbare *vt* **1** to cook (sth) in syrup; to candy. **2** *(fig.)* to keep* (sth) in cotton wool.

giulebbe *sm* julep; aromatic syrup.

giuliano *agg* Julian.

giulivo *agg* merry; cheerful; blithe.

giullare *sm* minstrel; *(buffone)* jester.

giullaresco *agg* minstrel *(attrib.).*

giumenta *sf (cavalla)* mare; *(da soma)* female pack-horse.

giumento *sm* beast of burden; pack-animal; *(mulo)* mule; *(asino)* donkey; *(cavallo)* pack-horse.

giunca *sf (naut.)* junk.

giuncaia *sf* bed of rushes (of reeds).

giunchiglia *sf* jonquil.

giunco *sm* reed; rush: *giunco di palude,* bulrush — *giunco odoroso,* galingale.

giungere *vi* **1** to arrive; to get* (to sth); to reach; to come* (to sth); *(arrivare fino a)* to get* as for as: *giungere ad una conclusione,* to arrive at (to reach, to come to) a conclusion — *giungere sano e salvo,* to arrive safe and sound — *giungere alla meta,* to reach one's goal — *Sono giunto a pagina tre,* I've got as far as page three — *fin dove giunge lo sguardo,* as far as the eye can reach (can see) — *La tenuta giunge fino al fiume,* The estate reaches as far as the river — *Mi è giunto all'orecchio che...,* It has come to my ear (to my knowledge) that...; I hear that... — *giungere a vie di fatto,* to come to blows — *Mi giunge nuovo,* It's new to me; That's new to me. **2 giungere a dire (a fare) qcsa,** to go* as far as to say (to do) sth — *Giunse persino a criticare il suo insegnante,* He even went as far as to criticise his teacher. **3** *(riuscire)* to succeed (in doing sth); to manage (to do sth): *Speriamo che il povero ragazzo non giunga mai a scoprire la verità,* We hope the poor boy will never succeed in discovering the truth.

□ *vt* **1** *(unire, congiungere)* to join; to clasp; to unite: *giungere le mani in preghiera,* to join (to clasp) one's hands in prayer. **2** *(aggiungere)* to add.

giungla *sf* jungle.

giunonico *agg* Junoesque; majestic.

[1]**giunta** *sf* **1** *(aggiunta)* addition; *(per arrivare al peso)* makeweight; *(di stoffa, ecc.)* extra piece. **2** *(giuntura)* juncture; splice.

□ **per giunta,** in addition; into the bargain.

[2]**giunta** *sf* **1** *(comitato)* committee; council; board: *giunta esaminatrice,* examination board — *giunta comunale,* municipal council. **2** *(militare)* junta.

giuntaggio *sm* splicing.

giuntare *vt* **1** to join; *(cucendo)* to sew* together. **2** *(cinema)* to splice.

giunto *sm* joint; coupling: *giunto cardanico,* universal joint — *giunto di accoppiamento,* coupling — *giunto sferico,* ball joint; ball-and-socket joint — *giunto elastico,* flexible joint — *giunto ad angolo (a quartabono),* mitre; mitre-joint.

giuntura *sf* **1** joint; join. **2** *(anat.)* joint; articulation: *le giunture delle dita della mano,* the knuckles.

giunzione *sf* jointing; connection; *(elettr., anche)* junction; *(mecc.)* joint: *scatola di giunzione,* junction box — *giunzione a maschio e femmina,* tongue and groove joint — *fare una giunzione,* to joint — *linea di giunzione,* seam — *senza giunzione,* seamless.

giuocare, giuoco ⇨ **giocare, gioco.**

giuramento *sm* oath: *giuramento solenne,* solemn oath — *prestare giuramento,* to take (to swear) the oath; to be sworn in — *sotto giuramento; dietro giuramento,* on (one's) oath — *affermare (dichiarare) sotto giuramento,* to state on oath — *giuramento di marinaio,* dicer's oath.

giurare *vt* **1** to swear*: *giurare di dire la verità,* to swear to tell the truth — *giurare davanti a Dio,* to swear before God — *giurare il falso,* to commit perjury. **2** *(assicurare)* to assure: *Ti giuro che non vi è alcun pericolo,* I assure you there's no danger.

□ *vi (prestare giuramento)* to swear*; to take* the oath. □ *giurare e spergiurare,* to swear blind *(fam.);* to swear by all that's holy (by everything under the sun); to swear blind — *Giurò e spergiurò che non l'aveva mai visto prima,* He swore he had never seen him before — *Puoi giurarci che non verrà,* You can be sure he won't come.

giurato *agg* sworn: *un nemico giurato,* a (*o* one's) sworn enemy.

□ *sm (dir.)* juryman *(pl.* -men*);* juror: *i giurati,* the jury — *lista dei giurati,* panel.

giureconsulto *sm* jurist.

giurì *sm* jury; *(di un concorso, anche)* panel.

giuria *sf* jury; *(di un concorso, anche)* judges *(pl.).*

giuridicità *sf* lawfulness; legality.

giuridico *agg* legal; law *(attrib.): una questione giuridica,* a legal matter; a question of law.

giurisdizionale *agg* jurisdictional.

giurisdizione *sf* **1** *(dir.)* jurisdiction: *volontaria giurisdizione,* non-contentious jurisdiction — *difetto di giurisdizione,* lack of jurisdiction. **2** *(più in generale)* jurisdiction; powers *(pl.): Mi dispiace, ma ciò è al di fuori della mia giurisdizione,* I'm sorry, but that's beyond my powers.

giurisprudenza *sf* law; jurisprudence; *(complesso di decisioni)* case law.

giurista *sm* jurist.

giusnaturalismo *sm* natural law doctrine.

giustacuore *sm (stor.)* jerkin; doublet.

giustamente *avv (correttamente)* correctly; fairly; justly; *(opportunamente)* opportunely; properly; *(con giustizia)* rightly; rightfully: *Come Lei rileva giustamente...,* As you so rightly point out... — *Era giustamente adirato,* He had every reason to be angry.

giustapporre *vt* to juxtapose.

giustapposizione *sf* juxtaposition.

giustezza *sf* **1** correctness; exactness. **2** *(tipografia)* measure.

giustificabile *agg* justifiable.

giustificare *vt* **1** to justify; to give* an explanation for sth. **2** *(scusare, discolpare)* to excuse. **3** *(tipografia)* to justify.

□ **giustificarsi** *v. rifl* **1** to justify oneself: *Deve sempre giustificarsi agli occhi di tutti,* He's always justifying himself. **2** *(scusarsi)* to excuse oneself.

giustificativo *agg* justifying; supporting.

□ *sm* **1** *(comm.)* voucher; receipt; supporting document. **2** *(di pubblicità)* cutting; voucher copy.

giustificato *agg* justified: *un'assenza giustificata, (a scuola)* a justified absence.

giustificazione *sf* justification; *(difesa)* vindication.

giustizia *sf* **1** justice; *(equità)* fairness; equity: *giustizia sociale,* social justice — *trattare tutti con giustizia,* to treat all men with justice — *fare (rendere) giustizia a qcno,* to do sb justice — *per amore di giustizia,* in all fairness — *Ministro di Grazia e Giustizia,* Attorney-General *(USA);* Home Secretary *(GB).* **2** *(legge)* law: *ricorrere alla giustizia,* to go to law — *assicurare qcno alla giustizia,* to hand sb over to justice — *La giustizia deve fare il suo corso,* The law must run its course.

giustiziare *vt* to execute; to put* to death.

giustiziere *sm* executioner; *(nelle impiccagioni)* hangman *(pl.* -men*).*

giusto *agg* **1** *(equo)* just; fair; right: *un uomo giusto,* a just man — *una giusta causa (sentenza, ecc.),* a just cause (decision, *ecc.*) — *un prezzo giusto,* a fair price — *essere giusto con qcno,* to be just to sb — *Quel che è giusto è giusto,* Fair's fair — *Non è giusto!,* It's not fair! — *È più che giusto,* It's only fair; Right you are — *Siamo giusti!,* Let's be fair! — *fare le cose giuste,* to be fair — *tenersi al giusto mezzo,* to stick to a happy mean (*o* medium) — *il giusto erede,* the rightful heir — *ad una velocità giusta,* at a moderate speed. **2** *(esatto, adatto)* right; exact; correct: *la risposta giusta,* the right answer — *Non conosco il significato giusto di questo modo di dire,* I do not know the exact (the right) meaning of this idiom — *Hai l'ora giusta?,* Have you got the right time, please? — *l'uomo giusto al posto giusto,* the right man in the right place — *il momento giusto,* the right moment — *La tua traduzione è giusta,* Your translation is correct — *peso giusto,* correct weight — *giusto di sale (zucchero),* with just the right amount of salt (sugar) — *arrivare all'ora giusta,* to arrive on the dot; to arrive on the stroke (of one, two, ten, *ecc.*). □ *È un po' giusto!, (di vestito, ecc.)* It's a bit tight!

□ *sm* **1** *(persona retta)* just man *(pl.* just men; *o più in generale* the just*);* upright man *(pl.* men*): dormire il sonno dei giusti,* to sleep the sleep of the just. **2** *(cosa giusta)* the right; *(cosa dovuta)* one's due: *il giusto e l'ingiusto,* (the) right and (the) wrong — *essere nel giusto,* to be in the right; to be right — *chiedere (dare) il giusto,* to ask (to give) what is due.

□ *avv* **1** *(in modo corretto, preciso)* exactly; correctly: *rispondere giusto,* to answer exactly; to give the right (the correct) answer — *colpire giusto, (fig.)* to strike home; to make a lucky guess — *veder giusto,* to see things in their proper light. **2** *(proprio, per l'appunto)* just: *giusto ora (allora),* just now (then) — *È partito giusto ora,* He has just left — *Parlavamo giusto di te,* We were just talking about you; You're just the one we were talking about — *Stavo giusto pensando...,* I was just thinking... — *Giusto te volevo incontrare!,* You're the very man I wanted to meet! — *Ho preso l'ultimo treno giusto giusto,* I caught the last train, but it was a very near thing (but only just); I managed to catch the last train just before it left — *Ti sta giusto giusto,* It only just fits you. **3** *(usato come interiezione)* Right!; Correct!; That's it!; Exactly!; You've got it!; Just so! *(un po' desueto).*

glabro *agg* hairless; smooth(-skinned).

glacé *agg* **1** glacé. **2** *(cucina)* iced; sugared; glacé.

glaciale *agg* **1** *(geologia)* glacial; ice *(attrib.): epoca*

glaciale, ice age. **2** *(molto freddo)* icy; frigid *(anche fig.)*; cold *(anche fig.)*.
glaciazione *sf* glaciation.
gladiatore *sm* gladiator.
gladiatorio *agg* gladiatorial.
gladiolo *sm* gladiolus *(pl.* gladioli *o* gladioluses*)*.
glassa *sf (cucina)* icing; frosting; *(talvolta: di gelatina)* glazing.
glassare *vt (cucina)* to ice; to frost; *(talvolta: con gelatina)* to glaze.
glauco *agg (lett.)* blue-green; sea-green.
gleba *sf* glebe: *servo della gleba,* serf.
[1]**gli** *art determinativo m. pl* ⇨ **il, lo.**
[2]**gli I** *pron (compl. indiretto) sing* **1** *(pron. personale: a lui)* to him *(NB: con taluni verbi - specie* to give, to send, to show, to tell *- il 'to' si omette se il pronome segue direttamente il verbo): Gli dissi che l'avevo incontrata alla festa,* I told him I had met her at the party — *Gli ho dato il libro,* I gave the book to him; *(più comune)* I gave him the book — *Dagli tutto quello che hai,* Give him everything you've got — *Dagliele,* Give them to him; Give him them — *Vorrei parlargliene,* I should like to speak to him about it. **2** *(riferito a cose e ad animali)* to it.
II *pron (compl. indiretto) pl (dial. = loro, a loro)* to them: *Non gli ho ancora dato il permesso di farlo,* I still haven't given them permission to do it.
glicerina *sf* glycerine.
glicine *sm* wistaria.
glielo (gliela, glieli, gliele, gliene) *pron composto* **1** *(= lo, la, ecc. a lui)* ⇨ [2]**gli I. 2** *(= lo, la, ecc. a loro)* ⇨ [2]**gli II. 3** *(= lo, la, ecc. a lei)* ⇨[2]**le I** *e* **II. 4 Glielo,** *ecc. (= lo, la, ecc. a Lei: forma di cortesia)* ⇨ [4]**Le.**
globale *agg* **1** *(riferito al globo)* global; world-wide. **2** *(fig.)* global; overall; total; comprehensive: *prezzo globale,* all-in price — *importo globale,* total; total sum — *metodo globale,* global method.
globo *sm* globe; sphere; ball; *(la terra)* globe; *(simbolo di potere)* orb: *globo oculare,* eyeball — *in globo,* en masse *(fr.)* — *fare il giro del globo,* to travel round the world; to go on a world tour.
globulina *sf* globulin.
globulo *sm* **1** globule. **2** *(med.)* corpuscle; blood cell.
glò glò *voce onomatopeica* **1** *(di un liquido)* gurgle: *fare glò glò,* to gurgle. **2** *(del tacchino)* gobble gobble: *fare glò glò,* to gobble.
[1]**gloria** *sf* **1** glory; honour; renown; *(talvolta)* fame: *Si coprì di gloria nella battaglia decisiva,* He covered himself with glory in the decisive battle — *gloria eterna,* eternal glory — *gloria mondana,* worldly fame (*o* renown) — *'Gloria a Dio nel più alto dei cieli...',* 'Glory (Glory be) to God in the highest...' — *... per la maggior gloria di Dio,* ... to the greater glory of God. **2** *(vanto, orgoglio)* pride; glory: *Dante è la nostra gloria maggiore,* Dante is our greatest pride (*o* glory). □ *lavorare per la gloria,* to be paid little or nothing for one's work — *suonare a gloria,* to ring a full peal — *farsi gloria di qcsa,* to glory in sth; to exult in sth — *rendere gloria a Dio,* to glorify God — *aureola di gloria,* halo; glory — *Dio l'abbia in gloria!, (sincero)* God rest his soul!; God bless him!; *(iron.)* Confound him!
[2]**gloria** *sm (liturgia)* gloria. □ *Tutti i salmi finiscono in gloria, (prov.)* It's always the same story; It's the same old story — *Alla fine del salmo si canta il gloria, (prov.)* Judge not the play before the play is done.
gloriarsi *v. rifl* to glory; to be* proud (of sth); to pride oneself (on sth).
glorificare *vt* to glorify; to honour.
glorificazione *sf* glorification.
gloriosamente *avv* gloriously; *(vittoriosamente)* triumphantly; victoriously.
glorioso *agg* glorious; illustrious; celebrated; *(teologia)* glorified: *essere (andar) glorioso di qcsa,* to be proud of sth.
glossa *sf* gloss; annotation; *(a piè di pagina)* footnote; *(a margine)* marginal note.
glossare *vt* to annotate.
glossario *sm* glossary.
glossatore *sm* annotator; *(stor.)* glossator.
glottide *sf* glottis.
glottologia *sf* comparative philology; glottology *(raro)*.
glottologico *agg* philological.
glottologo *sm* (comparative) philologist.
glucosio *sm* glucose.
glu glu *voce onomatopeica* **1** glug glug. **2** *(del tacchino)* gobble gobble.
glutammico *agg* glutamic.
gluteo *agg* gluteal.
□ *sm (anat.)* gluteus *(pl.* glutei*)*; *(più comune)* buttocks *(pl.)*.
glutinato *agg* gluten *(attrib.)*.
glutine *sm* **1** gluten. **2** *(colla)* glue. **3** *(cemento)* cement.
gnao, gnau *voce onomatopeica* miaow: *fare gnao gnao,* to miaow.
gnocco *sm* **1** *(al pl., cucina)* 'gnocchi'. **2** *(grumo)* lump. **3** *(sciocco)* dullard; twit *(fam.)*: *Non fare lo gnocco!,* Don't be a twit!
gnomico *agg (lett.)* gnomic.
gnomo *sm* gnome.
gnorri *sm (nell'espressione) fare lo gnorri,* to pretend not to understand; to feign ignorance.
gnosticismo *sm* gnosticism.
gnu *sm* gnu; wildebeest.
gobba *sf* **1** hump. **2** *(fig.: rigonfiamento)* bulge; *(del terreno)* mound. □ *fare (farsi) la gobba, (fig.: lavorare sodo)* to put one's nose to the grindstone.
gobbo *agg* humpbacked; hunchbacked; *(curvo)* bent; curved; stooped. □ *un colpo gobbo, (scherz.)* a smart move; *(al gioco d'azzardo)* a lucky hand.
□ *sm* **1** hunchback; humpback. **2** *(fig.: protuberanza)* swelling; bulge. □ *avere qcno sul gobbo, (fig.)* to be unable to stand sb — *togliersi qcno dal gobbo,* to get free of sb; to get sb off one's back *(fam.)*.
□ *in funzione di avv (nell'espressione) camminare gobbo,* to walk with a stoop.
goccia *sf* drop; *(riferito a gocciolio)* drip; *(di liquido vischioso)* blob; *(di sudore)* bead; *(al pl.: archit.)* drops; guttae: *goccia a goccia,* in drops; drop by drop; slowly; one drop at a time — *fino all'ultima goccia,* to the last drop — *solo una goccia nel mare, (una quantità trascurabile)* only a drop in the bucket (in the ocean) — *orecchini a goccia,* ear-drops; drop earrings — *gocce di vernice,* blobs (*o* drops) of paint — *gocce sparse,* spatters — *goccia di rugiada,* dew-drop — *una goccia (un goccio) di troppo, (fig.)* a drop too much — *(simili) come due gocce d'acqua,* as like as two peas — *la goccia che fa traboccare il vaso,* the last straw — *La goccia scava la pietra, (prov.)* Constant dripping will wear away a stone.
gocciolare *vi* to drip; to drop *(in modo continuo)* to trickle: *Aveva il naso che gocciolava,* His nose was running (*o* dripping).

gocciolatoio *sm* **1** *(archit.)* dripstone; drip-moulding. **2** *(di carrozzeria)* drip.

gocciolio *sm* dripping; trickle.

gocciolo *sm* drop.

godere *vt e i.* **1** to enjoy; to have* pleasure (in sth); to delight (in sth): *godere la vita,* to enjoy life. **2** *(possedere)* to enjoy; to have*: *godere ottima salute,* to enjoy very good health — *godere della fiducia di qcno,* to enjoy sb's confidence — *godere una cospicua rendita (una pensione, ecc.),* to enjoy a considerable income (a pension, *ecc.*). **3 godersela,** - **a)** to enjoy oneself; to enjoy life; to have* a good time: *Ti è piaciuta? Goditela!,* You have made your bed; now lie in it! - **b)** *(iron.: sopportare)* to put* up with: *Dovetti godermi la suocera per due settimane, (iron.)* I had to put up with my mother-in-law for two weeks. **4** *(in senso assoluto)* to be* happy; to enjoy oneself: *Chi si contenta gode, (prov.)* It's easy to be happy if one is easily pleased.

godereccio *agg (che dà piacere)* gay; enjoyable; *(di persona)* pleasure-loving: *fare una vita godereccia,* to lead a gay life.

godet *sm (di gonna)* flare.

godimento *sm* **1** *(divertimento)* enjoyment; pleasure; delight: *trarre godimento da qcsa,* to get enjoyment (*o* pleasure) out of sth. **2** *(dir.)* enjoyment; possession.

goduria *sf (fam., scherz.)* enjoyment; delight.

goffaggine *sf* **1** awkwardness; clumsiness: *muoversi con goffaggine,* to move clumsily (*o* awkwardly). **2** *(azione, ecc.)* blunder; awkward remark *(o* movement, *ecc.);* gaffe.

goffamente *avv* awkwardly; clumsily.

goffo *agg* awkward; clumsy; gauche *(fr.).*

gogna *sf* pillory *(anche fig.): mettere qcno alla gogna,* to pillory sb.

gola *sf* **1** *(anat.)* throat: *avere mal di gola,* to have a sore throat — *un nodo alla gola,* a lump in one's throat — *afferrare (prendere) qcno per la gola,* to grab (to take) sb by the throat — *schiarirsi la gola,* to clear one's throat. **2** *(ingordigia)* gluttony; greed: *peccato di gola,* sin of gluttony — *mettersi tutto in gola, (fig.)* to spend all one's money on food and eating — *prendere qcno per la gola, (fig.)* to force sb to do sth by playing on his gluttony — *Ne ammazza più la gola che la spada, (prov.)* More men perish through over-eating than by the sword — *mortificare la gola,* to fast — *fare gola a qcno,* to tempt sb; to be a temptation to sb — *Non ti fa gola?,* Doesn't it tempt you? **3** *(tra monti)* gorge; narrow valley: *C'era una stretta gola tra le due montagne,* There was a narrow gorge between the two mountains. **4** *(mecc., ecc.)* groove; *(scarico)* relief; *(di puleggia)* race; *(di vite)* undercut; *(di arma da fuoco)* neck; *(di vaso)* neck; *(di tiraggio)* flue; *(di camino)* stack. **5** *(di nave)* throat: *gola di poppa,* crutch — *gola di prua,* breasthook. **6** *(archit.)* cyma *(lat.);* ogee: *gola diritta,* cyma recta — *gola rovescia,* cyma reversa.
□ *avere un osso in gola, (fig.)* to have to overcome a great obstacle — *avere l'acqua alla gola,* to be in water up to one's neck; *(fig.)* to be in dire straits — *essere indebitato fino alla gola,* to be up to one's eyes in debt — *col boccone in gola,* having only just eaten — *a piena gola,* vociferously; full-throated — *parlare in gola,* to speak indistinctly — *cantare a gola spiegata,* to sing at the top of one's voice — *gridare con quanto fiato si ha in gola,* to shout at the top of one's voice — *ricacciare le parole in gola a qcno,* to make sb eat his words — *ricacciare il pianto in gola,* to swallow one's tears — *ridere a gola spiegata,* to roar with laughter — *voce di gola,* throaty voice — *col cuore in gola,* puffing; panting — *mettere il capestro intorno alla gola di qcno,* to put a noose around sb's neck.

[1]**goletta** *sf (naut.)* schooner: *nave goletta,* barquentine.

[2]**goletta** *sf (colletto)* (embroidered) collar.

golf *sm* **1** jersey; jumper. **2** *(sport)* golf.

golfo *sm* gulf: *la Corrente del Golfo,* the Gulf Stream.

goliardia *sf* **1** university spirit. **2** *(l'insieme dei goliardi)* student body.

goliardico *agg* student *(attrib.);* undergraduate *(attrib.).*

goliardo *sm* **1** university student; undergraduate. **2** *(stor.)* wandering scholar.

golosamente *avv* greedily.

golosità *sf* **1** greediness. **2** *(boccone)* titbit.

goloso *agg* greedy; gluttonous: *essere goloso di qcsa,* to have a weakness for sth; *(fam.)* to love sth — *È molto goloso di miele,* He just loves honey.
□ *sm* glutton.

gomena *sf (naut.)* hawser; line; rope; *(da rimorchio)* tow-rope.

gomitata *sf* nudge with the elbow; *(forte)* blow (*o* shove) with the elbow: *farsi avanti a gomitate, (fig.)* to elbow one's way forward; to force one's way ahead; to be ruthless — *dare una gomitata,* to nudge; to push with one's elbow; to touch with one's elbow.

gomito *sm* **1** *(anat.)* elbow: *gomito a gomito,* at one's elbow; close to; side by side — *olio di gomito, (fam.)* elbow-grease. **2** *(mecc.)* crank; throw; *(di un tubo)* elbow: *a gomito,* bent; U-shaped; L-shaped — *una curva a gomito,* a sharp (*o* L-shaped) curve — *albero a gomito, (mecc.)* crankshaft. □ *alzare il gomito, (bere troppo)* to tipple.

gomitolo *sm* skein; ball: *rannicchiarsi come un gomitolo,* to curl (oneself) up.

gomma *sf* **1** rubber; India rubber; *(talvolta)* Indiarubber; caoutchouc *(fr.: solo allo stato naturale): le piantagioni di gomma della Malesia,* the rubber plantations of Malaya — *albero della gomma,* rubber tree — *scarpe (stivali) di gomma,* rubber shoes (boots) — *gomma elastica (sintetica, vulcanizzata),* soft (synthetic, vulcanized) rubber — *gomma rigenerata,* reclaimed rubber. **2** *(per cancellare)* eraser; rubber; indiarubber: *gomma da inchiostro (da matita),* ink (pencil) eraser. **3** *(resina vegetale)* gum: *gomma arabica,* gum arabic — *gomma adragante,* gum tragacanth — *gomma resina,* gum resin — *gomma gutta,* gamboge — *gomma lacca,* shellac — *gomma da masticare,* chewing-gum. **4** *(pneumatico)* tyre; tire *(spec. USA): gomma piena (ricostruita),* solid (retreaded) tyre — *avere una gomma a terra,* to have a flat tyre — *forare una gomma,* to puncture a tyre; to get (to have) a puncture. **5** *(med.)* gumma; syphilitic sore.

gommapiuma *sf* foam-rubber.

gommare *vt* to rubberize.

gommato *agg (coperto di gomma)* rubberized: *tessuto gommato,* rubberized fabric.

gommone *sm* rubber dinghy (with outboard motor).

gommosità *sf* gumminess.

gommoso *agg* gummy; sticky.

gondola *sf* **1** *(barca)* gondola. **2** *(membratura di aereo)* nacelle.

gondoliere *sm* gondolier.

gonfalone *sm* banner; *(stor.)* gonfalon.

gonfaloniere *sm* **1** standard-bearer. **2** *(magistrato)* gonfalonier.

gonfiamento *sm* swelling; *(fig.)* exaggeration; puffing up.

gonfiare *vi* to swell*; to blow* up.

□ *vt* **1** to blow* (up *o* out); to inflate *(anche fig.: prezzi, ecc.)*; to pump up; to fill (with air); to swell*: *gonfiare un pallone,* to blow up *(talvolta* to inflate*)* a balloon — *gonfiare le gomme d'una bicicletta,* to pump up the tyres of a bicycle — *gonfiare le gote,* to blow out one's cheeks — *Le pioggie hanno gonfiato il fiume,* The rains have swollen the river — *Il vento gonfiò le vele,* The wind swelled the sails — *un pallone gonfiato, (di persona)* a bag of wind; a windbag. **2** *(dilatare)* to make* (sth) bulge; to make* (sth) swell. **3** *(fig.: esagerare)* to puff up; to exaggerate; to magnify: *gonfiare una notizia,* to exaggerate a piece of news.

□ **gonfiarsi** *v. rifl* to swell*; to increase; *(spec. delle acque)* to rise*: *Il suo viso cominciò a gonfiarsi,* His face began to swell — *Si gonfiava di orgoglio,* He was swelling with pride — *Le vele si gonfiarono al vento,* The sails swelled out in the wind — *Gli occhi del bambino si gonfiarono di lacrime,* The child's eyes were swollen with tears.

gonfiatura *sf* **1** swelling; blowing up; pumping up. **2** *(fig.)* puffing up; *(esagerazione)* exaggeration.

gonfiezza *sf* **1** swelling. **2** *(di stile)* pompousness.

[1]**gonfio** *agg* **1** swollen; inflated; *(della faccia)* puffy; *(riempito d'aria)* blown up; inflated. **2** *(di portafoglio)* well-filled; bulging. **3** *(di stile)* bombastic; turgid. **4** *(di persona)* conceited; swollen-headed. □ *a gonfie vele, (fig.)* swimmingly; like a house on fire.

[2]**gonfio, gonfiore** *sm* swelling.

gongolante *agg* delighted (at sth); overjoyed (at sth).

gongolare *vi* to be* delighted (at sth); to be* overjoyed (at sth).

goniometria *sf* goniometry.

goniometro *sm* protractor; goniometer: *radio goniometro,* direction-finder.

gonna *sf* skirt: *gonna pantalone,* bloomers *(pl.)* — *gonna a pieghe (svasata),* pleated (*o* flared) skirt.

gonnella *sf* **1** skirt; *(sottana)* petticoat; slip: *stare attaccato alla gonnella della madre,* to be tied to one's mother's apron strings. **2** *(fig.: donna)* woman *(pl.* women*)*; skirt: *correre dietro alle gonnelle, (fam.)* to be always after some woman (*fam.* some bit of skirt).

gonnellino *sm* (short) skirt: *gonnellino scozzese,* kilt.

gonorrea *sf* gonorrhoea.

gonzo *sm* simpleton; greenhorn.

gora *sf* **1** canal; *(di mulino)* mill-race. **2** *(stagno)* pond.

gordiano *agg* Gordian: *il nodo gordiano,* the Gordian knot *(anche fig.)*.

gorgheggiare *vi (di uccello)* to warble; to trill *(anche di cantante, scherz.)*.

gorgheggio *sm (di uccello)* warble; trill; *(di cantante)* trill; warble *(scherz.)*.

gorgiera *sf* **1** *(collare)* collar; *(pieghettato)* ruff. **2** *(di armatura)* gorget.

gorgo *sm (mulinello)* eddy; *(vortice)* whirlpool.

gorgogliare *vi* to gurgle; to bubble; *(di ruscello)* to babble.

gorgoglio *sm* gurgle; gurgling; bubbling.

gorilla *sm* **1** *(zool.)* gorilla. **2** *(sl.)* bodyguard; henchman *(pl.* -men*)*.

gota *sf* cheek.

gotico *agg* Gothic.

goto *sm* Goth.

gotta *sf* gout.

gotto *sm* mug; *(d'argento o di peltro)* tankard.

gottoso *agg* gouty.

governante *sm* ruler; governor: *i governanti,* the men in power.

□ *sf (chi si occupa dei bambini)* governess; *(chi regge la casa)* housekeeper.

governare *vt* **1** *(anche fig.)* to govern; to rule (over); to control: *governare uno Stato (un paese),* to govern (to rule) a State (a country) — *In Inghilterra il sovrano regna ma non governa,* In England the Sovereign reigns but does not rule — *Il Papa governa la Chiesa,* The Pope rules over the Church — *governare le proprie passioni,* to rule (to control) one's passions. **2** *(amministrare, dirigere)* to run*; to manage; to direct: *governare una scuola,* to run a school — *governare una azienda,* to manage (to run) a business — *governare una barca (una nave),* to steer (to handle) a boat (a ship). **3** *(curare)* to look after; to tend; *(nutrire)* to feed*: *governare il bestiame,* to look after cattle — *governare un cavallo,* to groom a horse — *governare una famiglia,* to provide for a family — *governare i bambini,* to look after children. □ *governare il vino,* to reinforce wine with must; to treat wine — *governare i forni,* to stoke up the boilers — *governare il terreno,* to manage the ground.

□ **governarsi** *v. rifl* to behave (oneself); to rule oneself: *governarsi bene,* to look after oneself; to take good care of oneself.

governativo *agg* government *(attrib.)*; state *(attrib.)*.

governatorato *sm* governorship.

governatore *sm* **1** governor: *governatore generale,* governor-general. **2** *(precettore)* tutor.

governo *sm* **1** *(l'organo di governo)* government; *(dominio)* rule; *(erroneamente: Gabinetto)* Cabinet: *Il paese ha bisogno di un governo forte,* The country needs a strong government — *formare un nuovo governo,* to form a new government — *un governo fantoccio,* a puppet government — *uomo di governo,* statesman — *Il Governo si riunì immediatamente,* A cabinet meeting was held immediately — *governo ombra,* shadow cabinet. **2** *(amministrazione, direzione)* direction; *(comm.)* management; running; administration: *il governo d'una azienda,* the management of a business — *il governo della famiglia,* the running of the family — *governo della casa,* housekeeping — *buon (mal) governo,* good (bad) administration. **3** *(di animali: cura)* feeding.

□ *essere al governo della barca,* to be at the helm.

gozzo *sm* **1** goitre. **2** *(zool.)* crop. **3** *(volg.: gola)* throat; gullet.

gozzoviglia *sf* debauch; orgy.

gozzovigliare *vi* to go* on a spree; to carouse; to revel.

gracchiamento *sm* croak; croaking *(anche fig.)*.

gracchiare *vi* **1** to croak. **2** *(fig.)* to grumble.

gracchiatore *sm* **1** croaker. **2** *(fig.)* grumbler.

gracchio *sm* chough.

gracidare *vi (delle rane)* to croak *(anche fig.)*.

gracidio *sm (delle rane)* croaking.

gracile *agg* delicate; frail; *(fig.: inconsistente)* puny; feeble.

gracilità *sf* delicacy; frailness; *(fig.: inconsistenza)* feebleness.

gradasso *sm* braggart; boaster; show-off *(fam.)*: *fare il gradasso,* to show off; to boast.

gradatamente *avv* gradually; step by step; by degrees.

gradazione *sf* **1** gradation; scale. **2** *(di colori e fig.)* shade.

□ *gradazione alcoolica,* alcohol(ic) content.

gradevole *agg* agreeable; pleasing; pleasant.

gradevolezza *sf* agreeableness.
gradevolmente *avv* pleasantly; agreeably.
gradiente *sm* gradient; slope; *(atsmosferico)* lapse: *gradiente termico,* lapse rate; thermal gradient *(USA)* — *gradiente trasversale del vento,* wind shear.
gradimento *sm* liking; *(soddisfazione)* satisfaction; *(piacere)* pleasure; *(approvazione)* approval; *(accettazione)* acceptance; consent; agreement: *a vostro gradimento,* to your liking — *indice di gradimento, (radio, televisione)* popularity rating.
gradinata *sf (scalinata)* flight of steps; *(al teatro)* gallery; balcony; *(allo stadio)* terrace; bleachers *(USA).*
gradino *sm* **1** step; *(fig.)* step; peg; rung: *Attento al gradino!,* Mind the step! — *scendere di un gradino, (fig.)* to go down a peg — *arrivare all'ultimo gradino, (fig.)* to reach the last rung of the ladder. **2** *(di un idroplano)* step.
gradire *vt* to like; to appreciate; to enjoy; *(accettare)* to accept: *Gradiremmo che rimaneste con noi a cena,* We should like you to stay to dinner with us — *Gradirei una tazza di tè,* I should like a cup of tea — *Non gradì il nostro regalo,* He did not appreciate our present — *Abbiamo gradito molto la vostra visita,* We have greatly enjoyed your visit — *Vogliate gradire questo dono con i nostri migliori auguri,* Please accept this gift with our best wishes — *Vuol gradire?, (a un pranzo)* Will you join us? — *... tanto per gradire,* ... only to oblige.
gradito *agg (p. pass. di* **gradire** ⇨) **1** *(ricevuto con piacere)* welcome. **2** *(piacevole)* pleasant; pleasing. □ *Ho ricevuto la Vostra gradita lettera,* Thank you for your (kind) letter — *far a qcno cosa gradita,* to bring pleasure to sb; to please sb.
[1]**grado** *sm* **1** *(di una scala)* degree; *(livello)* level: *un angolo di 90 gradi,* an angle of 90 degrees; a right angle — *inclinato di 45 gradi,* leaning at an angle of 45 degrees — *zero gradi, (temperatura)* zero degrees centigrade — *10 gradi sotto zero,* 10 (degrees) below zero centigrade; *(anche)* 10 below — *un grado di latitudine,* one degree of latitude — *grado di umidità,* degree of humidity; humidity ratio — *vari gradi di intelligenza,* various degrees (*o* levels) of intelligence — *al sommo grado (al massimo grado),* to the highest degree — *a gradi (a grado a grado),* by degrees; gradually; step by step — *grado di parentela,* degree of relationship (of consanguinity) — *grado di pena,* degree of punishment — *grado comparativo (superlativo),* comparative (superlative) degree — *omicidio di primo (secondo) grado,* first (second) degree murder — *(interrogatorio di) terzo grado,* third degree (questioning) — *equazione di secondo grado,* second degree equation. **2** *(rango)* rank *(anche mil.)*; degree: *C'era gente di ogni grado,* There were people of all ranks (of every degree) — *raggiungere (avere) il grado di colonnello,* to attain (to hold) the rank of colonel — *essere promosso al grado di maggiore,* to be promoted to (the rank of) major — *privare qcno del grado,* to demote sb; *(completamente)* to reduce sb to the ranks — *Mi è superiore di grado,* He is above me in rank.
□ *cugino di primo (secondo) grado,* first (second) cousin — *grado di infiammabilità,* flash-point — *tenere al proprio grado,* to stand on one's dignity — *giudice di primo grado,* court of first instance — **essere in grado di fare qcsa,** to be in a position (to be able) to do sth — *mettere qcno in grado di fare qcsa,* to enable sb to do sth.
[2]**grado** *sm* pleasure; liking: *a suo (mio) grado,* to his (my) liking — *di buon grado,* willingly; with pleasure — *di proprio grado,* of one's own free will — *Non mi va a grado,* I do not like it at all.
graduale *agg* gradual; *(graduato)* graded.
□ *sm* gradual.
gradualità *sf* gradualness.
gradualmente *avv* gradually.
graduare *vt* **1** *(mecc.)* to graduate; to index; to scale. **2** *(ordinare per gradi)* to grade.
graduato *agg* **1** graded: *esercizi graduati,* graded exercises. **2** *(provvisto di scala graduata)* graduated.
□ *sm (mil.)* non-commissioned officer: *graduati e truppa,* rank and file.
graduatoria *sf* list; order of merit: *essere il primo della graduatoria,* to be the first on the list; to be top of the list.
graduazione *sf* graduation; scale.
graffa *sf* **1** staple; clamp. **2** *(segno grafico)* brace.
graffetta *sf* staple; clip
graffiamento *sm* scratching.
graffiare *vt* to scratch.
graffiatura *sf* scratch: *cavarsela con qualche graffiatura,* to come out (of it) with only a few scratches.
[1]**graffio** *sm (ferita)* scratch.
[2]**graffio** *sm* **1** *(di martello)* claw. **2** *(uncino)* grappling-iron.
graffito *sm* graffito *(pl.* graffiti*).*
grafia *sf* **1** *(scrittura)* (hand-)writing: *grafia pessima,* awful handwriting. **2** *(ortografia)* spelling.
grafica *sf* **1** *(la tecnica)* graphic art; graphics. **2** *(produzione grafica)* graphics.
graficamente *avv* **1** *(per mezzo di un grafo, un diagramma)* graphically; by means of a graph (*o* graphs); diagramatically. **2** *(nella grafia)* in the written (graphic, printed) form.
grafico *agg* **1** *(riferito alla grafia)* graphic; orthographical: *varianti grafiche,* orthographical differences. **2** *(riferito all'arte)* graphic; art *(attrib.)*: *arti grafiche,* graphic arts — *mostra grafica,* art exhibition.
□ *sm* **1** *(rappresentazione grafica)* graph; diagram; *(matematica)* curve. **2** *(disegnatore)* designer.
grafite *sf* graphite; plumbago; black lead.
grafologia *sf* graphology.
grafologo *sm* handwriting expert; graphologist.
grafomane *sm e f.* incurable scribbler.
grafomania *sf* insatiable urge to write; *(med.)* morbid desire to write.
gragnola *sf* **1** hail. **2** *(fig.)* shower; hail.
gramaglia *sf (al pl.)* funeral hangings; *(abito da lutto)* mourning *(sing.)*; *(di una vedova)* widow's weeds.
gramigna *sf* dog's-tooth; couch-grass; *(per estensione: erbaccia)* weed. □ *crescere come la gramigna, (fig.)* to spread like wildfire.
graminaceo *agg* graminaceous. □ *sf, al pl* graminaceous plants.
grammatica *sf* grammar: *una grammatica di latino,* a Latin grammar — *grammatica comparata,* comparative grammar — *errori di grammatica,* grammatical mistakes.
grammaticale *agg* grammar *(attrib.)*; grammatical: *regola grammaticale,* grammar rule — *errore grammaticale,* grammatical error.
grammaticalmente *avv* grammatically.
grammatico *sm* grammarian.
grammo *sm* gram; gramme. □ *Non ha un grammo di buon senso,* He hasn't got so much as an ounce (*o* a ha'porth) of common sense in his head.
grammofono *sm* gramophone.

gramo *agg* wretched; poor; sorry; *(per estensione)* sad: *vita grama,* a sorry existence; a sad life.

gran *agg* ⇨ **grande.**

grana *sf* **1** *(struttura interna)* grain: *grana grossa (minuta),* coarse (fine) grain. **2** *(formaggio)* parmesan cheese. **3** *(fam.: guaio)* trouble *(solo al sing.);* nuisance *(solo al sing.);* bore *(solo al sing.): piantare grane,* to be a nuisance — *cercare grane,* to go looking for touble — *Non voglio grane!,* I don't want any trouble! — *È una bella grana!,* What a damned nuisance! **4** *(sl.: denaro)* lolly; dough: *essere pieno di grana,* to be rolling (in money) — *scucire (un mucchio di) grana,* to cough up a lot of dough.

granaglie *sf pl* **1** corn *(sing.);* cereals. **2** *(mineraria)* middlings.

granaio *sm* **1** barn; granary. **2** *(solaio)* loft; box-room.

granario *agg* wheat *(attrib.).*

[1]**granata** *sf (scopa)* broom. □ *pigliare la granata, (fig.)* to make a clean sweep.

[2]**granata** *sf (mil.)* grenade.

[3]**granata** *sf (frutto)* pomegranate. □ *agg* pomegranate red; grenadine.

granatiere *sm* **1** *(mil.)* grenadier. **2** *(fig.)* tall strong man *(pl.* men) *(o scherz.)* woman *(pl.* women).

granatina *sf* pomegranate syrup; grenadine.

granato *sm (pietra preziosa)* garnet. □ *melo granato,* pomegranate.

grancassa *sf (mus.)* big drum; bass drum. □ *battere la grancassa, (fig.)* to make a splash.

grancevola *sf* spider-crab.

granchio *sm* **1** *(zool.)* crab. **2** *(errore)* blunder: *un granchio grossolano,* a stupid blunder — *prendere un granchio,* to make a fool of oneself. **3** *(del martello)* claw.

grandangolare *agg* wide-angle *(attrib.).* □ *sm* wide-angle lens.

grande I *agg* **1** *(superiore alla media)* big; large; *(per durata)* long; *(per ampiezza)* broad; wide: *un grande tavolo,* a big table — *una grande famiglia,* a large family — *un grande viaggio,* a long trip — *Amo fare grandi passeggiate in campagna,* I like going for long walks in the country — *un grande viale,* a wide avenue — *Fece una gran risata,* He gave a big laugh — *Questa taglia è troppo grande per me,* This size is too large (too big) for me — *Illustrò a grandi linee la politica del suo partito,* He explained the broad lines of the policy of his party — *grande e grosso,* big and strong; great big *(solo attrib.);* strapping.

2 *(riferito a qualità morali, ecc.; anche fig.)* great; fine: *Fu un grande chirurgo,* He was a great surgeon — *Molti grandi intelletti fiorirono in Italia nel 1400,* Many great minds were at work in Italy during the fifteenth century — *Michelangelo fu grande come scultore e come pittore,* Michelangelo was both a great sculptor and a great painter — *Si è comportato da gran signore,* He behaved like a fine gentleman — *Pietro il Grande (di Russia),* Peter the Great (of Russia).

3 *(adulto)* big; grown-up; *(alto)* high; *(di statura e di cose alte ma non molto larghe)* tall: *Quando i bambini saranno grandi, potrò viaggiare di più,* When the children are grown-up, I'll have more time to travel — *Devi mangiare la minestra, se vuoi diventare grande!,* You must eat up your soup, if you want to be a big boy! — *alle grandi altitudini (quote),* at high altitudes — *Sei diventato veramente grande!,* How tall you've got! — *I più grandi grattacieli del mondo si trovano a New York,* The world's tallest skyscrapers are in New York — *avere una grande opinione di qcno,* to have a high opinion of sb; to think highly of sb.

4 *(grandioso, solenne)* grand; *(anche riferito a dignità cavalleresche); (talvolta in forma francese)* grand, grande: *Vollero fare tutto in grande stile,* They wanted to do everything in grand style — *gran signore, (spesso scherz.)* grand seigneur *(fr.)* — *Gran Premio,* Grand Prix *(fr.)* — *Gran Maestro,* Grand Master.

5 *(idiomatico rafforzativo, seguito da agg. o s.)* very *(seguito da un agg.); (molti, numerosi)* much; many; a lot of *(seguito da un s.): Abbiamo passato una gran bella giornata,* We've had a very lovely day — *È ancora un gran bell'uomo,* He's still a very handsome man — *Oggi fa un gran freddo,* It's very cold today — *Fecero grandi commenti sul mio lavoro,* They made a lot of remarks (*o* extensive comments) on my work — *Ho grandi dubbi sulla sua abilità,* I've a lot of doubts (*o* serious doubts) about his ability — *una gran brutta cosa,* a really horrible thing — *Se ne fa un gran parlare,* There's a good deal of talk about it — *È già gran cosa che abbiamo ottenuto il permesso dal Comune,* The very fact that we've got permission from the Council is a big step forward.

6 gran che - **a)** *(in funzione di sostantivo)* something important; much: *Non è un gran che,* It's nothing much; It's not up to much — *Tutto ciò non spiega un gran che,* This doesn't add up to much - **b)** *(in funzione di avv.)* very: *Non è gran che bello,* It's not much to look at.

□ *a gran voce,* in a loud voice — *un gran bevitore,* a hard drinker — *un gran fumatore,* a heavy smoker — *a lettere grandi, (fam.)* in capitals — *con mio grande stupore,* much to my astonishment; to my great astonishment — *per mia grande fortuna,* luckily for me — *il gran mondo,* high society — *il gran pubblico,* the general public — *in gran parte,* to a great extent — *di gran lunga,* by far; far and away.

II *sm* **1** *(persona adulta)* grown-up: *Vai a letto! Questo programma è solo per i grandi,* Time for bed! This programme is for grown-ups only.

2 *(persona che eccelle in qcsa, uomo eminente)* great man *(pl.* men): *i grandi della Storia,* history's great men — *È un grande dell'industria automobilistica,* He's a leading figure (*fam.* He's one of the big men) in the automobile industry — *i Quattro Grandi,* the Big Four.

3 *(grandezza)* greatness: *C'è del grande nella sua opera,* There's greatness in his work — *È stato rifatto in grande,* It has been redone (*o* rebuilt) on a big scale.

4 *(rappresentante della grande aristocrazia spagnola)* grandee: *Ha per antenato perfino un Grande di Spagna,* One of his ancestors was even a Spanish grandee.

grandeggiare *vi* **1** *(emergere per grandezza)* to tower; to dominate; to stand* out; *(eccellere)* to excel. **2** *(darsi delle arie)* to show* off; to put* on airs; *(esagerare)* to exaggerate; to boast; to overdo* things.

grandemente *avv* **1** greatly; highly; very much. **2** *(altamente)* highly; to a high degree; extremely. **3** *(profondamente)* deeply.

grandezza *sf* **1** *(in senso morale e fig.)* greatness; *(talvolta)* loftiness: *la grandezza di uno scrittore (di un'impresa, ecc.),* the greatness of a writer (of an enterprise, *ecc.*) — *la sua grandezza d'animo,* the loftiness of his mind. **2** *(in senso materiale)* bigness; largeness; bulk; *(larghezza)* breadth; width; *(altezza)* height; *(di persona)* tallness: *la grandezza d'un* *edificio (d'una nave, ecc.),* the bigness (the bulk) of a building (a ship, *ecc.*). **3** *(taglia, misura)* size: *grandezza media,* average size — *un ritratto a grandezza naturale,* a life-size (a full size, an actual size) portrait — *C'erano cappelli di tutte le grandezze,* There were hats of all sizes — *a grandezza maggiore (minore) del vero,* bigger (smaller) than life size. **4** *(matematica e fis.)* quantity: *grandezza scalare,* scalar quantity — *grandezza vettoriale (sinusoidale),* vector (sinusoidal) quantity. **5** *(astronomia)* magnitude: *una stella di prima grandezza,* a star of the first magnitude; *(fig.)* a top star. **6** *(fig.: fasto, pompa)* grandeur. **7** *(fig.: liberalità)* liberality; *(prodigalità)* lavishness.

grandiloquenza *sf* grandiloquence.

grandinare *vi e t.* to hail; *(fig.)* to hail; to shower.

grandinata *sf* hail *(anche fig.);* hailstorm. □ *una grandinata di improperi,* a hail (a torrent) of abuse.

grandine *sf* hail *(anche fig.): chicco di grandine,* hailstone.

grandiosamente *avv* grandly; majestically; grandiosely.

grandiosità *sf* grandeur; magnificence.

grandioso *agg* **1** grand; majestic; splendid; magnificent: *uno spettacolo grandioso,* a magnificent spectacle (*o* sight). **2** *(che ostenta magnificenza)* grandiose. □ *fare il grandioso,* to act big *(fam.).*

granduca *sm* **1** *(nobile)* grand duke. **2** *(gufo)* eagle owl.

granducale *agg* grand-ducal.

granducato *sm* **1** *(territorio)* grand-duchy. **2** *(titolo)* grand dukedom. **3** *(periodo di governo)* the reign of a grand duke.

granduchessa *sf* grand duchess.

granduſficiale *sm* grand officer.

granello *sm* **1** *(chicco)* grain; *(d'uva)* pip; *(seme)* seed; pip. **2** *(di sabbia)* grain; *(di polvere)* particle; *(granellino)* mote; speck. **3** *(quantità minima)* grain. **4** *(al pl.: cucina)* testicles.

graniglia *sf* grit.

granita *sf (di tè, caffè)* granita; (tea, coffee, served on) grated ice.

granitico *agg* **1** granitic. **2** *(fig.)* rock-like; unflinching; unyielding.

granito *sm* granite.

grano *sm* **1** *(la pianta)* wheat; corn; *(il cereale)* corn; grain; *(fig.)* grist: *grano saraceno,* buckwheat — *un campo di grano,* a field of wheat (of corn) — *il commercio del grano,* the corn trade. **2** *(chicco)* grain; *(fig.)* particle; grain; speck; *(di un frutto)* seed; pip: *pochi grani di riso,* a few grains of rice — *senza un grano di giudizio,* without a grain of sense. **3** *(di collana)* bead. **4** *(unità di peso)* grain. **5** *(mecc.)* dowel.

granturco *sm* Indian corn; maize; corn *(USA).*

[1]**granulare** *agg* granular.

[2]**granulare** *vt* to granulate.

granulo *sm* granule.

granuloso *agg* granular. □ *tessuto granuloso,* granulation tissue.

[1]**grappa** *sf* cramp; *(per cinghie)* belt fastener.

[2]**grappa** *sf* 'grappa' *(solo riferita ai distillati italiani);* 'eau-de-vie' *(fr.); (talvolta, spec. se di pere, prugne, ecc.)* brandy: *grappa di prugne,* plum brandy; slivovitz.

grappolo *sm* cluster; bunch *(anche fig.): un grappolo d'uva,* a bunch of grapes — *a grappoli,* in bunches.

grassaggio *sm* greasing.

grassatore *sm* bandit; *(stor.)* highwayman *(pl.* -men*).*

grassazione *sf* robbery.

grassello *sm* **1** *(calce spenta)* lime putty. **2** *(pezzetto di grasso)* piece of fat.

grassetto *sm (tipografia)* heavy (*o* boldface) type.

grassezza *sf* fatness; stoutness; *(di terreno)* fertility; fatness; *(untuosità)* greasiness.

grasso *agg* **1** fat; stout *(solo di persona); (di cibi)* rich; *(unto, oleoso)* greasy; oily: *Questo maiale è bello grasso,* This pig is good and fat — *carne grassa,* fat meat — *formaggio grasso,* rich cheese — *Non mi piace la cucina grassa,* I don't like rich (*o* greasy) cooking — *corpi grassi, (chim.)* fats — *acidi grassi,* fatty acids. **2** *(ricco, abbondante, prospero)* rich; abundant; prosperous: *terreno grasso,* rich (*o* fertile, manured) soil — *un'annata grassa,* a prosperous year. **3** *(licenzioso, grossolano)* licentious; coarse; lewd: *linguaggio grasso,* coarse language — *grasse risate,* lewd laughter — *fare grasse risate,* to laugh heartily. □ *Giovedì grasso,* the Thursday before Lent — *Martedì grasso,* Shrove Tuesday — *mangiare di grasso,* not to fast; to eat meat — *caratteri grassi, (tipografia)* heavy type.

□ *sm* **1** *(adipe)* fat; flat *(fam.).* **2** fat; *(unto)* grease: *grasso di maiale,* pork fat — *I grassi mi fanno male,* Fats upset me — *macchia di grasso,* grease stain — *grassi vegetali,* vegetable fats (*o* oils).

grassoccio *agg* plump; fattish.

grassona *sf* fat woman *(pl.* women*);* fatty *(fam.).*

grassone *sm* fat man *(pl.* men*);* fatty *(fam.).*

grata *sf* grill; grating; lattice.

gratella *sf* gridiron; grill.

graticciata *sf (recinto)* fence; *(per i rampicanti)* trellis-work.

graticcio *sm* **1** hurdle. **2** *(stuoia)* rush matting.

graticola *sf* **1** *(cucina)* gridiron; grill: *cucinare qcsa sulla graticola,* to cook sth on the grill; to grill sth. **2** *(inferriata)* grating.

graticolato *sm* **1** *(rete)* wire net. **2** *(per piante, ecc.)* trellis-work.

gratifica *sf* bonus: *gratifica natalizia,* Christmas bonus.

gratificare *vt* **1** to give* (sb) a bonus. **2** *(essere gratificante)* to be* rewarding. □ *gratificare qcno di legnate,* to give sb a sound thrashing.

gratificazione *sf* **1** = **gratifica**. **2** *(soddisfazione)* satisfaction.

gratinare *vt* to cook (sth) 'au gratin': *pomodori gratinati,* tomatoes au gratin.

gratis *avv* free; gratis; for nothing: *viaggiare gratis,* to travel free — *lavorare gratis,* to work for nothing — *ingresso gratis,* admission free.

gratitudine *sf* gratitude: *provare gratitudine,* to feel grateful.

grato *agg* **1** grateful; thankful: *Le sono molto grato,* I'm very grateful to you — *Grati di un vostro cenno di risposta,* We shall be grateful for an early reply. **2** *(gradito)* pleasant; pleasing; welcome; *(gradevole)* agreeable; comforting; nice.

grattacapo *sm* trouble; problem; nuisance.

grattacielo *sm* skyscraper.

grattare *vt* **1** to scratch; *(raschiare)* to scrape; *(sfregare)* to erase; to rub; to rub out: *grattarsi la schiena,* to scratch one's back — *grattarsi la pancia, (fig.)* to twiddle one's thumbs. **2** *(grattugiare)* to grate. **3** *(fig.: suonare male)* to play badly; to scrape. **4** *(fig., fam.: rubare)* to steal*; to pinch; to swipe. □ *grattare la rogna, (fig.)* to touch a sore point.

□ *vi (nel cambiare le marce)* to grate; to clash.

□ **grattarsi** *v. rifl* to scratch oneself.

grattata *sf* scratch.

grattatura *sf* scratch; scratching.
grattugia *sf* grater.
grattugiare *vt* to grate: *formaggio grattugiato,* grated cheese — *pane grattugiato,* breadcrumbs *(pl.).*
gratuità *sf* gratuitousness.
gratuitamente *avv* **1** *(senza spesa)* free; gratis; for nothing. **2** *(senza ragione)* gratuitously.
gratuito *agg* **1** gratis; free (of charge): *campione gratuito,* free sample — *ingresso gratuito,* admission free. **2** *(ingiustificato)* gratuitous; uncalled for; unjustified.
gravabile *agg* liable; *(di imposta doganale)* dutiable; *(di tassa)* taxable: *non gravabile,* duty-free; tax-free.
gravame *sm* **1** encumbrance; burden. **2** *(tassa)* tax. **3** *(dir.)* appeal; ground of appeal.
gravare *vt* to load; to burden: *gravare di tasse,* to overtax; to burden (to oppress) with taxes — *gravare qcno di responsabilità,* to burden sb with responsibilities — *Hai gravato troppo la mano su di lui,* You've been too hard on him — *essere gravato di ipoteca,* to be mortgaged.
□ *vi* **1** *(essere pesante)* to lie* heavy; to weigh heavy. **2** *(essere sulle spalle di)* to weigh down (on sb).
grave *agg* **1** *(pesante, faticoso)* heavy: *un carico (un fardello) grave,* a heavy load (burden) — *palpebre gravi di sonno,* eyelids heavy with sleep. **2** *(difficile)* difficult; hard: *un compito grave,* a hard task. **3** *(serio, importante)* grave; serious; *(grande)* great; momentous; *(profondo)* deep; *(pericoloso)* dangerous: *gravi notizie,* grave news — *La situazione è molto più grave ora,* The situation is much more grave (*o* serious) now — *gravi decisioni,* momentous decisions — *gravi disgrazie (preoccupazioni),* great misfortunes (worries) — *un grave dolore,* a deep sorrow — *un grave errore,* a serious (a big) mistake — *una malattia grave,* a serious (a dangerous) illness — *una grave accusa,* a very serious accusation — *essere grave (gravemente ammalato),* to be seriously ill. **4** *(severo)* stern; severe: *uno sguardo grave,* a stern look. **5** *(di suono, voce)* low; deep: *accento grave,* grave *(fr.)* (accent) — *nota grave,* low note — *Parlò con voce grave,* He spoke in a low (in a deep) voice. □ *grave d'anni,* weighed down with years; of a great age — *Non ti sia grave,* Don't let it irk you.
□ *sm* **1** *(fis.)* (heavy) body: *la caduta dei gravi,* the fall of bodies. **2** *(contegno grave)* serious attitude; seriousness; solemnity: *passare dal grave al gaio,* to pass from solemnity to gaiety.
gravemente *avv* seriously; gravely; deeply.
graveolente *agg* foul-smelling; offensive.
gravezza *sf* heaviness *(anche fig.).*
gravida *sf (med.)* gravid.
gravidanza *sf* pregnancy: *essere al sesto mese di gravidanza,* to be six months pregnant.
gravido *agg* pregnant *(anche fig.);* with child; *(med.)* gravid: *essere gravida,* to be pregnant; to be in the family way *(fam.)* — *parole gravide di significato,* words pregnant with meaning.
gravità *sf* **1** gravity; seriousness; *(importanza)* momentousness; solemnness; solemnity: *la gravità di una malattia,* the gravity (the seriousness) of an illness. **2** *(severità)* severity; sternness; seriousness. **3** *(fis.)* gravity: *la forza di gravità,* the force of gravity — *privo di gravità,* gravity-free.
gravitare *vi* **1** to gravitate (on, toward sth). **2** *(fig.: pesare)* to weigh (on sth).
gravitazione *sf* gravitation.
gravosità *sf* heaviness; oppressiveness.
gravoso *agg* onerous; burdensome; hard; *(opprimente)* oppressive; *(sfibrante)* overpowering; exhausting; *(arduo)* exacting; *(di prezzo)* heavy; high.
grazia *sf* **1** grace: *Si muoveva con grazia,* She moved with grace; She moved gracefully — *Lo fece con (di) buona (mala) grazia,* He did it with a good (a bad, an ill) grace — *senza grazia,* graceless — *Vostra Grazia,* Your Grace. **2** *(benevolenza, favore)* favour; grace; boon *(lett.): entrare nelle grazie di qcno,* to ingratiate oneself with sb — *essere nelle grazie di qcno,* to enjoy sb's favour; to be in sb's good books; to be in sb's good graces — *cadere dalle grazie di qcno,* to fall out of sb's favour — *chiedere una grazia a qcno,* to ask sb a favour; to ask a favour of sb — *fare una grazia (a qcno),* to grant (sb) a favour — *Re per grazia di Dio,* By the grace of God, king. **3** *(teologia)* grace: *anno di grazia,* year of grace; year of our Lord — *Madonna delle Grazie,* Our Lady of Graces — *grazia santificante,* sanctifying grace — *essere in stato di grazia,* to be in a state of grace. **4** *(dir.)* mercy; pardon: *domanda di grazia,* petition for mercy (for pardon) — *concedere la grazia,* to grant pardon — *domandare la grazia,* to beg for mercy — *grazia condizionata,* conditional pardon — *Ministero di Grazia e Giustizia,* Ministry of Justice; Justice Ministry. **5** *(al pl.: ringraziamenti)* thanks: *rendere grazie a Dio,* to give thanks to God — *grazie a lui,* thanks to him — *grazie al cielo,* thank heavens; luckily — ⇨ *anche* **grazie. 6** *(tipografia)* serif.
□ *di grazia,* pray; if you please — *in grazia di...,* on account of...; in consideration of...; thanks to... — *tutta quella grazia di Dio,* all that bounty — *Non devi sciupare questa grazia di Dio,* You mustn't waste this good food — *tenore di grazia,* light tenor — *colpo di grazia,* 'coup de grâce' *(fr.); (fig.)* finishing stroke — *per somma grazia,* as a great concession — *Vuoi farmi la grazia di lasciarmi stare?,* Will you do me a favour and me alone? — *Troppa grazia, sant'Antonio,* This is too much of a good thing; It never rains but it pours — *Avuta la grazia, gabbato lo santo, (prov.)* Ask a boon for the vow you make, and diddle the saint with the vow you break.
graziare *vt* **1** *(dir.)* to pardon. **2** *(concedere)* to favour; to grace: *Lo graziò di un sorriso,* She favoured him with a smile.
grazie *sf pl* **1** *(interiezione)* Thanks!; Thank you!: *Tante grazie! (Grazie mille!; Grazie infinite!),* Many thanks!; Thanks a lot!; Thanks very much!; Thanks a million! *(USA)* — *Grazie sì o grazie no?,* Do you mean 'Yes, please' or 'No, thank you'? — *grazie a loro (a lui...),* thanks to them (to him)... **2** *(con tono ironico)* So it should be!; *(più fam.)* And so it jolly well ought to be!; *(meno forte)* It's not surprising!: *'Quella di Stefano è la pronuncia inglese più bella' - 'Grazie! Ha la madre londinese',* 'Stefano's English accent (pronunciation of English) is the best' - 'So it should be! His mother comes from London' — *grazie al cavolo!, (fam.)* thanks for nothing!
□ *(come sm sing.)* 'thank you'; word of thanks.
graziosamente *avv* **1** *(con movimenti graziosi)* gracefully. **2** *(in modo piacente)* charmingly; attractively; delightfully. **3** *(con benevola condiscendenza)* graciously.
graziosità *sf* gracefulness; *(condiscendenza)* graciousness.
grazioso *agg* **1** pleasing; charming; delightful: *un complimento grazioso,* a charming compliment — *una ballerina graziosa,* a graceful dancer. **2** *(carino)* pretty. **3** *(amabile)* gracious.
greca *sf* (Greek) fret.

grecale *agg* north-east *(attrib.).*
□ *sm (vento)* north-east wind.
grecismo *sm* Gr(a)ecism; Hellenism.
grecista *sm e f.* Greek scholar; Hellenist.
grecità *sf* **1** *(l'essere greco)* Gr(a)ecism. **2** *(civiltà greca)* Greece; the Greeks.
greco *agg* Greek; Grecian *(spec. di lineamenti, monumenti e riferito all'antichità): profilo greco,* Grecian profile. □ *pece greca,* resin; colophony — *rimandare alle calende greche,* to put (sth) off indefinitely.
□ *sm* **1** Greek: *È greco per me,* It's all Greek to me. **2** *(grecale)* north-east wind.
greco-romano *agg* Gr(a)eco-Roman.
gregario *agg* gregarious; social.
□ *sm* **1** *(mil.)* private (soldier). **2** *(fig.)* follower. **3** *(ciclismo)* supporting rider.
gregarismo *sm* **1** gregariousness. **2** *(fig.)* sheep-like attitude.
gregge *sm (di ovini e fig.)* flock; *(di bovini e fig.)* herd; *(spreg.)* common herd: *Lo seguono come un gregge,* They follow him like sheep.
greggio *agg (allo stato naturale)* raw; *(non lavorato)* unworked; unprocessed; *(di pezzo metallico)* blank; *(di petrolio)* crude; *(di tela)* unbleached; *(di lavoro)* rough.
□ *sm* **1** *(petrolio)* crude. **2** *(pezzo da lavorare)* blank.
gregoriano *agg* Gregorian.
grembiale, grembiule *sm* **1** apron; *(da bambino)* smock. **2** *(mecc.)* apron.
grembo *sm* **1** lap. **2** *(utero)* womb *(anche fig.);* bosom *(fig.): in grembo alla famiglia,* in the bosom of one's family. **3** *(di una vela)* belly. □ *Il monte fa grembo,* The mountain forms a valley.
gremire *vt* to fill (up); *(stipare)* to pack; to cram; *(affollare)* to crowd: *un cassetto gremito di carte,* a drawer crammed with papers — *un'aula gremita di studenti,* a classroom full of (*o* crowded with, packed with) students.
□ **gremirsi** *v. rifl* to fill up (with sth); to become* crowed (with sth).
greppia *sf* crib.
gres *sm* stoneware.
greto *sm* river-bed; *(marino)* shingle.
grettamente *avv* **1** meanly; *(da avaro)* stingily. **2** *(in modo meschino, chiuso)* pettily; narrow-mindedly.
grettezza *sf* **1** *(meschinità)* meanness; *(spilorceria)* stinginess; miserliness; tight-fistedness. **2** *(ristrettezza di vedute)* narrow-mindedness.
gretto *agg* **1** *(meschino)* mean; *(spilorcio)* stingy; miserly. **2** *(di vedute ristrette)* petty; narrow-minded.
greve *agg* heavy.
grida *sf (stor.)* proclamation.
gridare *vi* to shout; to cry (out); to yell (out); *(strillare)* to scream (out); to bawl: *Gridò per attirare l'attenzione,* He shouted to attract attention — *'Aiuto! Aiuto!', gridò,* 'Help!', he cried (he shouted) — *Il bambino grida da un'ora,* The baby has been screaming for an hour — *Gridò che c'era un ladro nella stanza,* She screamed out that there was a burglar in the room — *gridare di dolore,* to shout (to cry) with pain — *gridare di rabbia,* to scream in anger — *gridare per niente,* to cry about nothing — *gridare con quanto fiato uno ha in gola (a più non posso, a squarciagola),* to shout with all one's might; to yell at the top of one's voice — *gridare allo scandalo,* to cry scandal.
□ *vt* to shout (for sth); to cry (for sth); to call (for sth); to yell: *gridare aiuto,* to shout (to cry, to call) for help — *gridare un ordine,* to yell an order — *gridare vendetta,* to cry out for vengeance.
gridio *sm* shouting; yelling.
grido *sm* cry; *(urlo)* shout; outcry; yell; *(strillo)* scream; screech; *(di animale)* cry; screech: *un grido di aiuto,* a cry for help — *un grido di guerra,* a war-cry — *emettere un grido,* to shout (out) — *cacciare un grido (grida),* to yell out. □ *uno scrittore di grido,* a celebrated (*o* fashionable) writer — *l'ultimo grido in fatto di...,* the latest fashion in... — *a grido di popolo,* by popular acclamation.
grifagno *agg* **1** rapacious; predatory. **2** *(fig.)* fierce; hawk-like.
griffa *sf (mecc.)* claw; *(innesto a denti)* dog (*o* jaw, claw) clutch.
grifo *sm (del porco e spreg.)* snout: *torcere il grifo, (fig.)* to turn up one's nose.
grifone *sm* **1** *(mitologia, araldica)* griffin; gryphon. **2** *(zool.)* griffon-vulture.
grigiastro *agg* greyish.
grigio *agg* **1** grey; gray *(poet. e USA); (di capelli, anche)* hoary: *materia grigia, (anat., anche scherz.)* grey matter — *I suoi capelli diventano grigi,* His hair is turning (is beginning to go) grey. **2** *(fig.)* dull; drab; gloomy; dark: *condurre un'esistenza grigia,* to lead a drab existence.
□ *sm* grey; gray *(poet. e USA).*
grigiore *sm* **1** greyness. **2** *(fig.)* dullness; drabness.
grigioverde *agg* grey-green.
□ *sm (mil.)* (grey-green) uniform: *indossare il grigioverde, (essere soldato)* to be in the army; *(diventare soldato)* to join the army.
griglia *sf* **1** *(grata)* grill; grille: *griglia del radiatore, (di veicolo)* radiator grille. **2** *(graticola)* grill; gridiron: *cuocere alla griglia,* to grill. **3** *(fis., radio, linguistica, ecc.)* grid: *polarizzazione di griglia,* grid bias — *resistenza di griglia,* grid leak.
grilletto *sm* trigger: *premere il grilletto,* to press the trigger.
grillo *sm* **1** cricket; grasshopper *(fam.): grillo dei campi,* field cricket — *grillo del focolare,* hearth cricket. **2** *(capriccio irragionevole)* caprice; whim; fancy: *È solo un grillo passeggero,* It's only a passing whim — *aver dei grilli per il capo,* to be full of strange ideas — *aver qualche grillo per la testa,* to have a bee in one's bonnet — *Le saltò il grillo,* She took a fancy; She took it into her head. **3** *(alle bocce)* jack; *(al bigliardo)* small ball. **4** *(tipo di impalcatura)* flying-bridge. **5** *(apparecchio telefonico)* small hand-telephone. □ *il grillo parlante,* the voice of conscience — *cuore di grillo,* chicken-hearted person.
grillotalpa *sm* mole-cricket.
grimaldello *sm* picklock; *(dei ladri)* jemmy.
grinfia *sf* clutch *(anche fig.): cadere nelle grinfie di qcno,* to fall into sb's clutches.
grinta *sf* **1** *(faccia truce)* grim face. **2** *(carica d'aggressività)* guts *(pl., fam.);* grit; pluck.
grinza *sf* pucker; wrinkle; *(spec. di stoffa)* ruck; crease. □ *non fare una grinza, (di indumento)* to be a perfect fit; *(fig.: di ragionamento)* to be irrefutable; to be watertight.
grinzoso *agg* wrinkled; wrinkly.
grippaggio *sm* seizing.
grippare *vi,* **gripparsi** *v. rifl (mecc.)* to seize; to bind*.
grissino *sm* bread-stick.
grisù *sm* fire-damp.

gromma *sf (del vino)* argol; *(nelle tubazioni)* incrustation.

gronda *sf* eaves *(pl.); (talvolta)* eave: *a gronda,* sloping — *cappello a gronda, (naut.)* sou'-wester.

grondaia *sf* gutter; *(verticale)* drain-pipe.

grondante *agg* dripping: *grondante sudore,* dripping with sweat.

grondare *vi* **1** to drip; *(più forte)* to pour. **2** *(essere bagnato fradicio)* to be* dripping wet.
□ *vt* to drip; to pour; to be* dripping (pouring, streaming) (with sth): *Grondava sudore,* He was dripping with sweat; The sweat was pouring (*o* poured) off him — *grondare sangue,* to be streaming with blood.

groppa *sf* back *(di animale e scherz. di persona); (di animale)* crupper; hindquarters; rump; *(di montagna)* rounded top: *essere in groppa, (a un cavallo)* to be on horseback — *saltare in groppa, (a un cavallo)* to jump on horseback. □ *avere un bel po' di anni sulla groppa,* to be getting on (in years).

groppo *sm* **1** knot; *(viluppo, groviglio)* tangle: *far groppo,* to get into a tangle. **2** *(meteorologia)* squall.
□ *avere un groppo alla gola,* to have a lump in one's throat.

groppone *sm (scherz.)* back: *avere tanti anni sul groppone,* to be getting on (in years) — *piegare il groppone, (fig.)* to give in.

[1]**grossa** *sf (comm.)* gross *(invariato al pl.).*

[2]**grossa** *sf (dei bachi)* third sleep. □ *dormire della grossa,* to be fast asleep; to sleep like a top.

grossezza *sf* **1** *(dimensione)* size; bulk; volume. **2** *(rigonfiamento)* bulge; swelling. **3** *(grossolanità)* roughness; coarseness; crudity.

grossista *sm* wholesaler.

grosso **I** *agg* **1** big; large; great *(spec. astratto);* important; *(notevole)* sizeable; substantial; considerable: *Il bambino prese la mela più grossa,* The child took the biggest (the largest) apple — *Il tuo cane è grosso come un vitellino,* Your dog is as big as a calf — *una grossa città,* a big (a large) town — *un grosso affare,* a big deal; *(affarone)* a bargain — *un grosso dirigente d'azienda,* a big businessman — *un pezzo grosso, (fam.)* a big hat; a big bug; a bigwig — *i pezzi grossi dell'esercito,* the big brass *(USA)* — *caccia grossa,* big-game (hunt) — *pesce grosso, (fig.)* important person; big fish — *avere grosse idee,* to have big ideas — *grossi guadagni,* large profits — *un grosso stipendio,* a high salary — *un grosso patrimonio,* a substantial fortune — *Fu una grossa sfortuna e un grosso dispiacere,* It was a great misfortune and a great disappointment — *dalla testa grossa,* big-headed — *grande e grosso* ⇨ **grande,** *agg* **1.** **2** *(di notevole spessore)* thick: *una grossa fetta di pane,* a thick slice of bread — *labbra grosse,* thick lips — *panno grosso,* thick cloth. **3** *(rozzo, grossolano)* coarse; *(talvolta)* dirty: *gente grossa,* coarse people — *sale grosso,* coarse salt — *acqua grossa,* muddy water — *aria grossa,* filthy air.
□ *dito grosso, (pollice)* thumb; *(alluce)* big toe — *un fiume grosso,* a swollen river — *(un) mare grosso,* a rough (*o* heavy) sea — *parole grosse,* harsh words; offensive words — *(un) vino grosso,* a heavy (*o* very full-bodied) wine — *grosso modo,* broadly (*o* roughly, approximately) speaking — *dirle (raccontarle, sparle) grosse,* to tell tall stories; to lie; to exaggerate — *avere il fiato grosso,* to pant; to be out of breath — *fare la voce grossa,* to raise one's voice in anger; to get angry; to scold — *sbagliare di grosso,* to make a big mistake; to be quite mistaken — *Questa è grossa!,* This is too much!; That's a good'un! *(fam.)* — *L'hai fatta grossa!,* Now you've done it!; That's torn it! *(fam.).*
II *sm* big part; greater part; main part; bulk; main body: *Il grosso del pubblico non è ancora arrivato,* The greater part of the public has not arrived yet — *il grosso del carico, (d'una nave)* the bulk of the cargo — *il grosso dell'esercito,* the main body of the army.

grossolanamente *avv* coarsely; roughly; grossly.

grossolanità *sf* **1** coarseness; roughness. **2** *(modi rozzi)* coarseness; grossness. **3** *(detto volgare)* something coarse; *(azione)* coarse (*o* gross) action.

grossolano *agg* **1** coarse; rough; *(spreg.)* shoddy: *un ricamo grossolano,* a rough (*o* shoddy) piece of embroidery. **2** *(fig.)* crude; coarse; gross; loutish; uncouth: *una persona dai modi grossolani,* a coarse individual — *uno sbaglio (un errore) grossolano,* a gross mistake; a blunder.

grotta *sf* cave; cavern; grotto *(spec. se pittoresca); (cantina)* cellar.

grottesco *agg e sm* grotesque.

groviera *sf* gruyère *(fr.).*

groviglio *sm* **1** knot; tangle. **2** *(fig.)* confusion; muddle; mess.

gru *sf* **1** *(zool.)* crane. **2** *(mecc.)* crane; *(naut.)* davit; crane: *gru di caricamento,* loading crane — *gru a carroponte,* travelling crane — *gru galleggiante,* floating crane; barge crane — *carro gru,* wrecker; tractor crane.

gruccia *sf* **1** *(stampella)* crutch: *camminare con le grucce,* to walk on crutches. **2** *(per vestito)* hanger.
□ *Questi sono argomenti che si reggono sulle grucce,* These are arguments that can hardly stand on their own feet.

grufolare *vi* **1** *(di porci)* to root; *(fig.)* to nose about. **2** *(frugare)* to rummage. **3** *(mangiare in modo rumoroso)* to eat* like a pig.

grugnire *vi* to grunt *(anche fig.).*

grugnito *sm* grunt.

grugno *sm* snout *(anche spreg., fig.): fare il grugno, (fare il broncio)* to pout — *tenere il grugno,* to sulk.

grullaggine *sf* silliness; foolishness.

grulleria *sf* silly (*o* foolish) action.

grullo *agg* silly; foolish; *(intontito)* stunned.
□ *sm* fool; fathead: *fare il grullo,* to play the fool.

grumo *sm (di liquido solidificato)* clot; *(di sostanza solida, in un liquido)* lump: *fare grumo,* to clot; to go lumpy (to form lumps).

grumoso *agg* **1** clotted; lumpy. **2** *(incrostato)* coated; encrusted.

gruppetto *sm (mus.)* appoggiatura.

gruppo *sm* **1** group; cluster; clump: *un gruppo di case su un pendio,* a cluster of houses on a slope — *un fitto gruppo di betulle,* a clump of birches — *a gruppi,* in groups. **2** *(comitiva)* group; set; company; party; *(squadra)* squad: *lavoro di gruppo,* group work; team-work — *gruppo di studio,* study group — *gruppo di lavoro,* working party (*o* group) — *gruppo d'assalto,* spearhead. **3** *(insieme di aziende)* group. **4** *(tecnologia)* unit; set; *(di parti meccaniche)* assembly: *gruppo elettrogeno,* generating set; power unit — *gruppo autonomo,* package.

gruzzolo *sm* hoard; *(risparmi)* savings; nest-egg.

guadabile *agg* fordable.

guadagnare *vt* **1** *(con il lavoro, riuscire a ottenere, fig.)* to earn: *guadagnare mille sterline all'anno,* to earn a thousand pounds a year — *guadagnarsi da vivere,* to earn one's living (one's livelihood) — *Si guadagna da vivere con le lezioni private,* He earns his living by giving private lessons — *guadagnarsi il pane,* to earn one's daily bread — *guadagnare bene,* to make a decent living — *non pensare ad altro che a guadagnare,* to think of nothing but making money — *Le sue imprese gli guadagnarono rispetto e ammirazione,* His achievements earned him respect and admiration — *guadagnare fama,* to earn renown; to win fame. **2** *(in molte espressioni)* to gain: *guadagnare tempo (forza),* to gain time (strength) — *guadagnare velocità (quota),* to gain speed (altitude) — *guadagnare terreno,* to gain ground — *guadagnare vantaggio su un concorrente,* to gain an advantage over a competitor — *guadagnare il sopravvento,* to gain the upper hand — *aver tutto da guadagnare (facendo qcsa),* to have everything to gain (by doing sth) — *Non c'è nulla da guadagnare,* There's nothing to be gained (by it). **3** *(raggiungere con sforzo)* to gain; to reach: *I nuotatori guadagnarono la spiaggia,* The swimmers gained (*o* reached) the shore — *guadagnare la cima di una montagna,* to reach the top of a mountain. **4** *(vincere)* to win*: *guadagnare una scommessa (un premio, ecc.),* to win a bet (a prize, ecc.) — *guadagnare al gioco,* to win.

□ *vi* to look better: *La tua macchina ci guadagna, vista di dietro,* Your car looks much better (if you look at it) from the back — *Vestita di bianco ci guadagna,* She looks better in white.

□ *Tanto di guadagnato!,* So much the better! — *Ebbene, cosa ci hai guadagnato?,* Well, what have you got out of it? — *guadagnarsi un raffreddore,* to catch a cold.

guadagno *sm* **1** gain *(anche fig.)*; *(il profitto)* profit; *(entrate)* earnings *(pl.)*; income; *(vantaggio)* gain; advantage; *(vincita)* winnings: *margine di guadagno,* profit margin — *guadagno lordo (netto),* gross (net) profit. **2** *(acustica, radio)* gain.

guadare *vt* to ford; *(immergendosi nell'acqua)* to wade across.

guado *sm* ford: *passare a guado,* to ford.

guai *sm pl (usato come esclamazione)* woe betide *(ant. ma spesso scherz.)*: *Guai a te se torni dopo le undici!,* Woe betide you if you get back any later than eleven! — *Guai ai vinti!,* Vae victis! *(lat.)*; Woe to the conquered! — *Se non finisco questo lavoro stasera, guai!,* If I don't finish this job by this evening, there'll be trouble! (*o* I'll be for it!) — *Guai se non fosse possibile evitare di andarci ogni tanto!,* What hell it would be if one couldn't get out of going once in a while!

guaina *sf* **1** *(per armi)* scabbard; sheath. **2** *(bot.)* sheath. **3** *(anat.)* sheath. **4** *(mecc.)* sheathing. **5** *(busto)* girdle; roll-on.

guaio *sm* trouble; problem; difficulty; fix *(fam.)*; mess *(fam.)*; spot *(fam.)*; *(preoccupazione)* worry; *(seccatura)* bore; nuisance: *passare un bel guaio,* to have a serious problem — *andare in cerca di guai,* to go looking for trouble — *essere nei guai (in un mare di guai),* to be in a fix; to have a spot of bother; to be up to one's neck in problems.

□ ⇨ *anche* **guai** *s. pl.*

guaiolare, guaire *vi* **1** *(di cane)* to yelp; to howl. **2** *(lamentarsi)* to whine.

guaito *sm* **1** *(di cane)* yelp; yelping; howling. **2** *(lamento)* whine; whining.

gualdrappa *sf (stor.)* caparison; *(coperta da sella)* saddle-cloth.

guancia *sf* cheek: *guancia a guancia,* cheek to cheek — *porgere l'altra guancia,* to turn the other cheek.

guanciale *sm* pillow. □ *dormire fra due guanciali, (fig.)* to have no worries.

guano *sm* guano.

guantaio *sm* glover; *(negozio)* glove-shop.

guantiera *sf* **1** *(scatola per guanti)* glove-box. **2** *(vassoio)* sweet-dish.

guanto *sm* glove; *(protettivo e delle uniformi militari del medio evo)* gauntlet; *(da baseball, ecc.)* mitt *(fam.)*: *guanti di pelle (di lana),* leather (woollen) gloves — *mezzo guanto,* mitt — *calzare come un guanto,* to fit like a glove — *gettare il guanto (di sfida),* to throw down the gauntlet — *raccogliere il guanto (di sfida),* to pick up (to take up) the gauntlet — *trattare qcno con i guanti,* to treat sb with kid gloves — *un ladro in guanti gialli,* a gentleman thief.

guantone *sm* **1** *(per la scherma)* gauntlet. **2** *(per il pugilato)* boxing-glove; glove.

guardaboschi *sm* forester.

guardacaccia *sm* gamekeeper.

guardacoste *sm* **1** coastguard. **2** *(nave)* coastal defence vessel.

guardalinee *sm* **1** *(sport)* linesman *(pl.* -men*)*. **2** *(ferrovia)* track-walker; trackman *(pl.* -men*)*.

guardaportone *sm* door-keeper.

guardare *vt* **1** to look (at sb, sth); *(dare un'occhiata)* to have* (to take*) a look (at sth, sb); *(controllare)* to look over; to look into; to examine; *(fig.: considerare, p.es., un problema)* to consider: *Guarda!,* Look! — *Guarda chi si vede!,* Look who's here! — *Guardate quell'automobile!,* Look at that car! — *Perché mi guardi così?,* Why are you looking at me like that? — *guardare a destra (a sinistra),* to look to the right (to the left); to look right (left) — *guardare da un'altra parte,* to look the other way; to look away — *guardare la morte in faccia,* to look death in the face — *guardare qcno dall'alto in basso, (fig.)* to look down on sb — *guardare indietro,* to look back — *guardare qcsa al microscopio (telescopio),* to look at sth through a microscope (telescope) — *guardare qcno ostentatamente,* to stare at sb — *guardare qcno fissamente,* to gaze at sb — *guardare qcno bramosamente,* to ogle sb — *guardare qcno di sfuggita,* to glance at sb — *guardare qcno con sospetto,* to eye sb — *Guarda l'ora!,* Look at the time! — *Guarda un po' questo!,* Just have (Just take) a look at this! — *Non ho ancora guardato i vostri compiti,* I haven't yet looked over your homework — *Ha guardato il tavolo da ogni parte prima di acquistarlo,* He examined the table thoroughly before buying it — *Bisogna guardare questo problema sotto tutti gli aspetti,* We must consider this question from all angles. **2** *(osservare, contemplare, spec. cose in movimento)* to watch: *guardare la televisione,* to watch television — *Guardavamo i ragazzi che giocavano,* We were watching the children playing — *Guarda come lo faccio io!,* Watch how I do it! **3** *(aver cura di, badare a)* to look (after sb); to keep* an eye (on sth); *(tutelare)* to watch (over sth): *Ti guarderò io i bambini,* I'll look after the children for you — *Guarda l'arrosto mentre apparecchio la tavola,* Keep an eye on the roast while I lay the table — *Lasciava che suo fratello guardasse anche i suoi interessi,* He let his brother watch over his interests, too. **4** *(difendere)* to defend; to guard; to cover: *La cavalleria guardava le spalle al battaglione in ritirata,* The cavalry defended (*o* covered) the rear of the retreating battalion.

□ *vi* **1** *(affacciarsi su)* to look (onto, on to *o* over sth); to overlook; *(essere orientato verso)* to face: *La terrazza guardava sul parco,* The terrace looked over (*o* overlooked) the park — *Questa stanza è sempre buia perché guarda a mezzanotte,* This room is always dark because it faces North. **2** *(badare: spesso introduce una proposizione dipendente)* to mind (that); to take* care (that); to be* careful; to look to it (that): *Guarda di non sbagliare,* Mind you don't make a mistake; Be careful not to make a mistake — *Guarda che questo non capiti più,* See that it doesn't happen again. **3** *(cercare di)* to try* to; to make* sure (that): *Guarda di tornare entro mezzanotte,* Try to be back by midnight; Make sure you're back by midnight.

□ *Guarda un po'!,* That's odd!; That's funny! — *a guardare bene,* when all's said and done; as a matter of fact — *A guardarlo, sembra una brava persona,* To look at him, he seems a decent sort of person — *guardare qcno a vista,* not to let sb out of one's sight — *essere guardato a vista,* to be closely watched — *stare a guardare,* to stand looking on — *Non stare lì a guardare!,* Don't stand there staring! — *farsi guardare,* to attract attention; to make oneself conspicuous — *guarda caso,* as luck would have it — *Dio ne guardi!,* God forbid! — *senza guardare in faccia a nessuno,* without respect for persons — *senza guardare a spese,* regardless of expense — *Dagli amici mi guardi Iddio che dai nemici mi guardo io,* God save me from my friends and I'll take care of my enemies — *Guardare e non toccare è una cosa da imparare, (prov.)* Children must learn to look and not to touch.

□ **guardarsi** *v. rifl* **1** to look at oneself: *guardarsi allo specchio,* to look at oneself in the mirror — *guardarsi intorno,* to look about oneself; to look around. **2** **guardarsi da qcno (qcsa),** to beware on sb (sth); to be careful of sb (sth): *Guardati dagli amici falsi,* Beware of false friends — *guardarsi dal fare qcsa,* to be careful not to do sth; to take care (to mind) not to do sth — *Mi guarderò bene dal ripeterlo,* I'll be very careful (I'll take care) not to repeat it — *Me ne guardo bene!,* Heaven forbid! — *Guardati bene dal dirglielo,* Mind you don't tell him — *Guardati dal freddo,* Mind you don't get cold; Mind you keep warm — *guardarsi le spalle,* to guard against attack (a surprise attack). **3** *(v. reciproco)* to look at one another (*se tra due:* at each other): *guardarsi negli occhi,* to look into each other's eyes.

guardaroba *sf* **1** *(armadio)* wardrobe; *(per biancheria)* linen-cupboard. **2** *(stanza)* linen-room; *(di locale pubblico)* cloak-room.

guardarobiera *sf* **1** *(d'albergo)* linen maid. **2** *(di locale pubblico)* cloak-room attendant. **3** *(di teatro, per gli attori)* wardrobe mistress.

guardarobiere *sm* cloak-room attendant.

guardasala *sm e f.* attendant in charge of waiting-rooms.

guardasigilli *sm* **1** *(stor.)* keeper of the seals. **2** *(Ministro della Giustizia)* Minister of Justice. **3** *(in Inghilterra)* the Lord Privy Seal.

guardavia *sm* guard-rail.

guardia *sf* **1** guard; *(spec. naut.)* watch: *essere di guardia,* to be on guard; *(di medico)* to be on duty; *(naut.)* to be on watch; to keep watch — *montare la guardia,* to mount guard — *dare il cambio alla guardia,* to relieve the guard — *stare in guardia, (di sentinella)* to stand guard; *(fig.)* to be on one's guard (against sth) — *mettere in guardia qcno,* to put sb on his guard (against sth) — *fare buona guardia,* to keep a good watch — *fare la guardia a qcno,* to keep guard (*o* watch) over sb; to guard sb; to watch over sb — *corpo di guardia,* guard-room; guard-house — *la vecchia guardia,* the Old Guard *(anche fig.)* — *guardia del corpo,* body(-)guard — *il cambio della guardia,* the changing of the guard — *posto di guardia,* guard post — *guardia carceraria,* prison guard — *cane da guardia,* watch-dog — *ufficiale di guardia, (all'esercito)* duty officer; *(naut.)* officer of the watch. **2** *(sentinella)* sentry; sentinel; *(poliziotto)* policeman *(pl.* -men*)*: *guardia municipale,* town policeman. **3** *(sport)* guard: *In guardia!,* On guard!; 'En garde'! *(fr.)*. **4** *(di spada)* (hilt-)guard. **5** *(di libro)* flyleaf. **6** *(di fiume)* safety mark.

□ *guardia medica,* first-aid station — *guardia doganale (o di finanza),* Customs officer; coastguard — *guardia forestale,* State forester — *guardia notturna,* night-watchman — *guardie e ladri, (gioco)* cops and robbers *(fam.)* — *Stai in guardia dai falsi amici,* Beware of false friends.

guardiamarina *sm* sub-lieutenant *(GB);* ensign *(USA)*.

guardiano *sm* **1** *(di edifici)* caretaker; custodian: *guardiano notturno,* night-watchman. **2** *(di armenti)* herdsman *(pl.* -men*)*.

guardina *sf* **1** cell. **2** *(mil.)* guard-room.

guardinfante *sm* crinoline.

guardingo *agg* careful; cautious; wary.

guardiola *sf* gatekeeper's lodge.

guarentigia *sf* guarantee.

guaribile *agg* curable; *(di ferita)* healable; *(di persona)* expected to recover.

guarigione *sf* recovery; cure; curing: *una guarigione miracolosa,* a miraculous recovery — *augurare a qcno una pronta guarigione,* to wish sb a speedy recovery — *Auguri di pronta guarigione!,* Get well soon! — *essere in via di guarigione,* to be on the way to recovery.

guarire *vt* to cure *(anche fig.)*; to heal; to restore to health: *guarire qcno dalla pigrizia,* to cure sb of laziness; to get sb out of his (of her) laziness — *Il tempo guarisce, (prov.)* Time is a great healer.

□ *vi* **1** to recover; to get* better; to be* cured. **2** *(di ferita, ecc.)* to heal (up). □ *È guarito dal vizio del fumo,* He has given up smoking; He has got himself out of the habit of smoking.

guaritore *sm* healer; *(chi non usa metodi scientifici)* faith-healer.

guarnigione *sf* garrison: *essere di guarnigione,* to be on garrison duty.

guarnire *vt* **1** *(ornare)* to trim. **2** *(cucina)* to garnish. **3** *(fornire)* to supply; to equip. **4** *(fortificare)* to fortify. **5** *(naut.)* to rig. **6** *(mecc.)* to pack.

□ *essere ben guarnito, (fig.)* to be well-off.

guarnizione *sf* **1** *(ornamento)* trimming: *guarnizioni di seta,* silk trimmings. **2** *(cucina)* garnish(ing). **3** *(mecc.)* washer; gasket.

guascone *sm e f.* **1** Gascon. **2** *(fig.)* braggart.

guastafeste *sm e f.* spoil-sport; misery; scrooge; killjoy; wet blanket.

guastare *vt* **1** to spoil*; *(rovinare)* to ruin; to damage; to wreck; to mar; *(far male)* to harm; to do* harm (to sth); *(sconvolgere)* to upset*: *La frutta fu guastata dagli insetti,* The fruit was spoiled by insects — *Il loro arrivo guastò la festa,* Their arrival spoiled (*o* ruined) the party — *La nostra gita fu guastata dal cattivo tempo,* Our trip was spoilt (was ruined, was marred) by bad weather — *I dolci prima di pranzo ti guastano l'appetito,* Sweets just before dinner spoil your appetite — *La grandine guastò il raccolto,* The hail ruined the crops — *Un po' di romanticismo non* *guasta,* A little romanticism will do no harm — *Un'altra bottiglia non guasterebbe,* Another bottle wouldn't do any harm (would be a good idea) — *guastare le uova nel paniere a qcno, (fig.)* to upset sb's apple-cart (sb's plans) — *guastare la testa a qcno,* to turn sb's head — *... il che non guasta, ...* which is a further advantage. **2** *(raro, mil.)* to lay* waste; to demolish. **3** *(un meccanismo)* to break*; to wreck.

☐ **guastarsi** *v. rifl* **1** to spoil; to get* spoiled; *(andare a male)* to go* bad: *Certi alimenti si guastano facilmente,* Some kinds of food go bad easily — *guastarsi l'appetito,* to spoil one's appetite — *guastarsi il sangue,* to be upset; to worry — *guastarsi lo stomaco,* to ruin (to upset) one's stomach (one's digestion). **2** *(del tempo)* to change for the worse; to cloud over: *Il tempo si è guastato,* The weather has changed for the worse (has clouded over). **3** *(mecc.)* to break* down; to go* wrong; to fail: *Il motore si è guastato,* The engine has failed. ☐ *guastarsi la reputazione,* to forfeit one's good name — *I miei due vecchi amici si sono guastati,* My two old friends have quarelled.

guastatore *sm* **1** *(mil.)* sapper. **2** *(operaio)* wrecker.

guasto *agg* **1** *(di meccanismo)* out of order; damaged; broken *(fam.); (da riparare)* repairable: *Guasto, (su un cartello)* Out of order. **2** *(andato a male)* bad; rotten; *(sciupato)* spoiled; *(rovinato)* ruined. **3** *(malato, rovinato)* decayed; unsound; out of order: *un dente guasto,* a decayed tooth; a bad tooth *(fam.).* ☐ *avere (farsi) il sangue guasto con qcno,* to be (to get) angry with sb.

☐ *sm* **1** *(di meccanismo)* breakdown; failure; what is (*o* was) wrong; something wrong; trouble; *(danno)* damage: *localizzare un guasto,* to trace a breakdown — *Ci dev'essere un guasto,* There must be something wrong. **2** *(fig.: corruzione)* corruption; decay; *(fig.: disaccordo)* disagreement: *C'era del guasto tra loro,* There was bad blood between them.

guazza *sf* heavy dew.

guazzabuglio *sm* hotch-potch; medley.

guazzare *vi* **1** *(nel fango)* to wallow. **2** *(in un liquido)* to slosh. **3** *(fig.: in un vestito)* to swim. ☐ *guazzare nell'oro, (fig.)* to be rolling in money.

guazzatoio *sm* watering-place.

guazzo *sm* **1** pool; puddle. **2** *(pittura)* gouache *(fr.).*

guelfo *agg e sm (stor.)* Guelph.

guercio *agg* squint-eyed; cross-eyed: *essere guercio,* to be cross-eyed — *essere guercio da un occhio,* to have a squint in one eye.

☐ *sm* squinter; cross-eyed person.

guerra *sf* **1** war: *guerra mondiale,* world war — *la Seconda Guerra Mondiale,* the Second World War — *guerra fredda,* cold war — *guerra intestina,* internecine war — *una guerra senza quartiere,* a war without quarter — *guerra di indipendenza (di successione, di logoramento, ecc.),* war of independence (of succession, of attrition, *ecc.*) — *essere in guerra con qcno,* to be at war with sb — *dichiarare guerra,* to declare war — *muovere guerra a qcno,* to go to war with sb — *essere sul piede di guerra,* to be on a war footing — *essere in stato di guerra,* to be in a state of war — *essere sul sentiero di guerra,* to be on the war-path — *andare alla guerra,* to go to war — *fare la guerra,* to make war — *dichiarazione di guerra,* declaration of war — *teatro di guerra,* theatre of war — *zona di guerra,* war-zone — *consiglio di guerra,* council of war — *Ministero della Guerra,* the War Office *(stor., GB)* — *bottino di guerra,* war booty — *danni di guerra,* war damage *(sing.)* — *di guerra,* war-cry — *nave da guerra,* man-of-war; warship — *prigioniero di guerra,* prisoner of war *(spesso abbr.* P.O.W*)* — *rischio di guerra, (nelle assicurazioni)* war-risk — *vedova di guerra,* war-widow — *la Guerra delle Due Rose,* the Wars of the Roses — *la Guerra dei Cento Anni,* the Hundred Years' War — *la Grande Guerra,* the Great War — *la Guerra Santa,* the Holy War. **2** *(tecnica bellica)* warfare: *guerra chimica (batteriologica),* chemical (germ) warfare — *guerra manovrata,* open warfare — *guerra di posizione (o di trincea),* trench warfare.

☐ *guerra lampo,* 'blitzkrieg' *(vocabolo tedesco)* — *una guerra a colpi di spillo,* a scratching match — *guerra d'interessi,* clash of interest — *in assetto di guerra, (naut. e fig.)* with the decks cleared for action — *una guerra all'ultimo sangue fra due partiti, (fig.)* a deadly feud between two (political) parties.

guerrafondaio, guerraiolo *sm* warmonger.

guerreggiare *vi* to wage war; to fight*.

guerresco *agg* **1** *(di guerra)* war *(attrib.).* **2** *(bellicoso)* war-like.

guerriero *sm* warrior. ☐ *agg* warlike.

guerriglia *sf* guer(r)illa warfare.

guerrigliero *sm* partisan; guer(r)illa.

gufo *sm* **1** owl: *gufo reale,* eagle-owl. **2** *(fig.)* misanthrope.

guglia *sf* **1** spire; *(di campanile)* steeple. **2** *(formazione rocciosa)* needle.

gugliata *sf* needleful.

guida *sf* **1** *(direzione)* direction; guidance; *(comando)* leadership: *sotto la guida del grande artista,* under the great artist's direction — *sotto la guida di Napoleone,* under Napoleon's leadership. **2** *(persona)* leader; guide *(anche spirituale): la guida d'una spedizione,* the leader of an expedition — *L'amore non è sempre una buona guida,* Love is not always a good guide — *Chi ci farà da guida?,* Who will act as (Who will be) our guide? — *Vi farò da guida, (nel senso di indicare la strada)* I shall show you the way. **3** *(libretto turistico)* guide; guide-book; *(manuale)* manual: *una guida al British Museum,* a Guide to the British Museum — *una guida al giardinaggio,* a Guide to Gardening; a Gardening Manual — *guida telefonica,* telephone directory. **4** *(automobilistico: il guidare)* driving; *(lo sterzo)* steering: *lezioni di guida,* driving lessons — *esame di guida,* driving test — *patente di guida,* driving licence — *guida a sinistra (a destra),* left (right)-hand steering (*o* drive) — *volante di guida,* steering wheel. **5** *(mecc.)* guide; slide; runner: *guida del carrello,* carriage (*o* saddle) guide — *guida della valvola,* valve guide — *guida di rinculo, (artiglieria)* gun slide — *guida di scorrimento,* slide-way — *guida d'onda; guida cava, (radio)* wave guide. **6** *(mil.)* scout. **7** *(scoutismo)* Girl Guide. **8** *(al pl.: redini)* reins. **9** *(tappeto)* carpet; runner: *guida delle scale,* stair-carpet.

guidare *vt* **1** *(condurre)* to guide *(anche fig.);* to lead* *(anche capeggiare): guidare qcno in un posto,* to guide sb to a place — *Non devi lasciarti guidare dall'istinto,* You mustn't be guided by instinct — *Il maggiordomo guidò gli ospiti all'uscita,* The butler showed the guests out — *guidare un esercito (una spedizione, ecc.),* to lead an army (an expedition, *ecc.*) — *sapersi guidare da sé,* to know how to conduct oneself. **2** *(veicoli)* to drive*; *(un cavallo)* to ride*; *(una nave, ecc.)* to steer: *guidare una macchina,* to drive a car — *Sai guidare?,* Can you drive? — *guidare una motocicletta,* to ride a motor-cycle — *guidare un cavallo,* to ride a horse — *guidare una barca,* to manage a boat

— *guidare una nave,* to steer a ship. **3** *(mus.)* to conduct.

guidatore *sm* driver.

guinzaglio *sm* lead; leash: *tenere un cane al guinzaglio,* to keep a dog on the lead.

guisa *sf* manner; way: *alla guisa francese,* in the French manner — *in guisa di,* in the guise of — *a guisa di,* like — *di guisa che...,* so that... — *in tal guisa,* in such a way; in this (*o* that) way.

guitto *sm* bad (ham, third-rate) actor.

guizzare *vi* **1** *(muoversi rapidamente)* to dart; to flash; *(di luce)* to flash; to flicker; *(sgusciare)* to slither; to slip; *(torcersi)* to wriggle; *(balzare di scatto)* to spring*; to jump: *guizzare in piedi,* to leap to one's feet. **2** *(oscillare)* to vibrate; to quiver. **3** *(naut.: guinare)* to yaw; to sheer.

☐ *vt (brattare)* to scull (from the stern).

guizzo *sm (tremito)* quiver; *(movimento rapido)* darting; *(di luce)* flash; *(di fiamma)* flicker; quiver: *dare un guizzo, (di fiamma)* to flicker; to quiver; *(di pesce)* to dart.

guscio *sm* **1** shell; *(di cereali)* husk; *(di legumi)* pod: *guscio di noce,* nutshell — *guscio di uovo,* egg-shell *(anche di porcellana)* — *stare rintanato nel proprio guscio,* to retire into one's shell — *venir fuori dal proprio guscio,* to come out of one's shell — *togliere il guscio a qcsa,* to shell sth. **2** *(mecc.)* shell. ☐ *avere il guscio in capo,* to be still wet behind the ears.

gustare *vt (assaggiare)* to taste; to try; to have* a taste (of sth); *(godere, assaporare)* to enjoy; to get* pleasure (out of sth); to relish; to appreciate: *gustare il silenzio della notte,* to enjoy the silence of the night — *gustare un romanzo,* to enjoy (to appreciate) a novel.

☐ *vi (piacere)* to like; *(approvare)* to approve *(entrambi con la costruzione personale): Le gusterebbe un'aranciata?,* Would you like (to have) an orangeade? — *Non sempre mi gusta quello che fai,* I don't always approve of what you do.

gustativo *agg* gustative; gustatory: *papille gustative,* taste-buds.

gustatore *sm* taster.

gusto *sm* **1** *(il senso del gusto; anche estetico)* taste: *L'arte astratta non è di mio gusto,* Abstract art is not to my taste (to my liking) — *buon gusto,* (good) taste — *cattivo gusto,* bad taste — *Sarebbe di cattivo gusto rifiutare il suo invito,* It would be bad taste to refuse his invitation — *Il tuo comportamento è stato di cattivo gusto,* Your behaviour was in bad taste — *Ha un ottimo gusto nel vestire,* She has excellent taste in clothes — *con gusto,* with taste; in good taste; tastefully — *Hai certi gusti!, (iron.)* What taste! — *I tuoi gusti sono troppo cari,* Your tastes are too expensive — *È questione di gusti,* It's a matter of taste — *Tutti i gusti son gusti, (prov.)* There's no accounting for tastes; One man's meat is another man's poison. **2** *(sapore)* taste; *(aroma)* flavour: *Non mi piace il gusto di queste caramelle,* I don't like the taste of these sweets — *Questa minestra ha un gusto strano,* This soup has a queer taste — *senza gusto,* tasteless — *Che gusto vuoi?,* What flavour would you like? — *sentire il gusto di qcsa,* to taste sth — *avere un gusto buono (dolce, amaro, ecc.),* to taste good (sweet, bitter, *ecc.*). **3** *(voglia, capriccio)* fancy; whim: *È abituata a levarsi ogni gusto,* She's accustomed to satisfying her every whim. **4** *(piacere, soddisfazione)* zest; gusto; enjoyment; relish: *Il mio bambino mangia di gusto,* My child eats with relish; My child has a hearty appetite — *prendere gusto a fare qcsa,* to get to enjoy doing sth — *prenderci gusto,* to come (to get) to like sth — *ridere di gusto,* to laugh heartily — *un abito (un alloggio, ecc.) di gusto,* a tasteful dress (lodging, *ecc.*) — *Ma che gusto c'è a fare ciò?,* What's the point of doing that? — *Bel gusto rovinarsi un'amicizia per così poco,* There's no point in spoiling a friendship over such a little thing — *Prova un gusto matto a tormentarmi,* She adores (She takes a great delight in) tormenting me — *cavarsi il gusto di fare qcsa,* to give oneself the satisfaction (the pleasure) of doing sth.

gustosamente *avv* tastily.

gustosità *sf* **1** tastiness. **2** *(fig.)* delightfulness.

gustoso *agg* **1** *(saporito)* tasty; *(piccante)* savoury. **2** *(fig.)* delightful; amusing.

guttaperca *sf* gutta-percha.

gutturale *agg* guttural.

gutturalismo *sm* gutturalism.

H

H, h *sm e f.* H, h: *(al telefono, ecc.) H come hotel,* H for Harry — *bomba H,* H-bomb.
habitat *sm* habitat; range.
habitué *sm* habitué; regular.
habitus *sm* habit.
handicappare *vt* to handicap.
harem *sm* harem; seraglio.
harmonium *sm* harmonium.
hascisc *sm* hashish; marijuana: *sigaretta allo hascisc,* reefer *(fam.).*
henné *sm* henna.
hobby *sm* hobby: *fare qcsa per hobby,* to do sth for a hobby.
hockeista *sm* hockey player.
hockey *sm* hockey: *hockey su prato,* (field) hockey — *hockey su ghiaccio,* ice hockey.
hostess *sf* air-hostess; stewardess.
hotel *sm* hotel.
humus *sm* humus; vegetable mould.
hurrà *sm* hurray; hurrah.

I

[1]**I, i** *sm e f.* I, i: *mettere i puntini sugli i,* to dot one's i's — *I come Imola, (al telefono, ecc.)* I for Isaac.

[2]**i** *art determinativo m. pl* ⇨ **il, lo.**

iarda *sf* yard.

iato *sm* hiatus.

iattanza *sf* haughtiness; boasting; conceitedness.

iattura *sf* misfortune; bad luck.

ibernante *agg* hibernating: *essere ibernante,* to hibernate.

ibernare *vi* to hibernate.

ibernazione *sf* hibernation.

ibis *sm* ibis *(pl.* ibis *o* ibises*).*

ibisco *sm* hibiscus.

ibridismo *sm* hybridism.

ibrido *agg e sm* hybrid *(anche fig.).*

icneumone *sm* mongoose; ichneumon *(raro).*

icona *sf* icon.

iconoclasta *sm e f.* iconoclast.

iconoclastico *agg* iconoclastic.

iconografia *sf* **1** iconography. **2** *(per estensione)* series of illustrations (pictures, photographs, *ecc.*).

Iddio *sm* God: *Iddio non voglia!,* God forbid!

idea *sf* **1** idea *(anche in filosofia); (nozione)* notion; *(piano)* scheme; *(suggerimento)* suggestion: *l'idea del bene e del male,* the idea of good and evil — *un'idea platonica,* a Platonic idea — *associazione di idee,* association of ideas — *È un uomo pieno di idee,* He's (a man) full of ideas — *una bella idea,* a fine (a bright, a brilliant) idea — *Che idea!,* What an idea! — *La sua idea di stare a casa in quel giorno fu la sua salvezza,* His idea of staying at home that day was his salvation — *Non ho la più pallida idea,* I haven't the faintest (the least, the slightest) idea; I haven't the faintest *(fam.)* — *Non ho la minima idea di che cosa stia parlando,* I haven't the slightest (the least) idea what he's talking about; I have no idea at all what he's talking about — *È difficile farsene un'idea,* It's difficult to imagine it — *La mia idea poteva anche funzionare,* My plan might have worked — *La mia idea era di affrontare il problema in modo differente,* My suggestion was to tackle the problem differently. **2** *(pensiero, opinione)* idea; mind; opinion; feeling; view; *(intenzione)* mind; intention: *un'idea fissa,* a fixed idea; an idée fixe *(fr.)* — *La mia idea è che non si deve contrarre debiti,* My opinion (My feeling) is that it is better not to run into debt — *Su questo argomento ho le mie idee precise,* I have my own views (my own very definite ideas) on this subject — *secondo la mia (sua) idea,* to my (his, her) mind; in my (his, her) opinion — *un uomo dalle idee larghe (strette),* a broad-minded (a narrow-minded) man — *essere della stessa idea,* to be of the same mind — *cambiare idea,* to change one's mind. **3** *(ideale)* ideal: *l'idea rinascimentale del bello,* the Renaissance ideal of beauty — *morire per un'idea,* to die for an ideal. **4** *(fig.: un poco)* touch; hint; *(sentore)* whiff: *una bella cravatta con un'idea di rosso e blu,* a fine tie with just a touch of red and blue — *un po' di prezzemolo con un'idea di aglio,* a little parsley with a hint (a whiff, a soupçon, *fr.*) of garlic. □ *Nemmeno (Neanche) per idea!,* Not on your life!; Not at any price!; You'll be lucky! *(fam.).*

ideale *agg* ideal; perfect; *(che esiste soltanto nella fantasia)* imaginary; ideal.
□ *sm* ideal: *realizzare i propri ideali,* to achieve one's ideals — *Non si è sposata perché non ha ancora trovato il suo ideale,* She has not got married because she has not found her ideal man yet.

idealismo *sm* idealism.

idealista *sm e f.* idealist.

idealistico *agg* idealistic.

idealità *sf* **1** idealism. **2** *(sentimenti)* ideals *(pl.).*

idealizzare *vt* to idealize.

idealizzazione *sf* idealization.

idealmente *avv* ideally.

ideare *vt* **1** to imagine; to conceive; to ideate *(raro);* to think* (sth) up: *Chi ha ideato questo?,* Who thought this up? **2** *(progettare)* to plan.

ideatore *sm* author; inventor; conceiver.

idem *avv lat* the same; idem; ditto: *Lui è tremendo e la moglie idem,* He's terrible, and so is his wife (and the same goes for his wife).

identico *agg* identical; the same: *È la stessa identica cosa,* It's exactly the same thing — *la stessa identica persona,* the very same person — *identico al campione,* identical with the sample; *(comm.)* as per sample.

identificare *vt* to identify.
□ **identificarsi** *v. rifl* to identify oneself.
□ *v. reciproco* to be* identical.

identificazione *sf* identification.

identità *sf* **1** identity; oneness: *identità di vedute,* identity of views; identical views — *carta d'identità,* identity card. **2** *(riferito ad una persona: linguaggio burocratico)* identity.

ideografia *sf* ideography.

ideografico *agg* ideographic(al): *segni ideografici,* ideograms.

ideogramma *sm* ideogram.

ideologia *sf* ideology.

ideologico *agg* ideologic(al).

ideologo *sm* ideologist.

idi *sm e f. pl (stor.)* Ides.

idilliaco, idillico *agg* idyllic.

idillio *sm* **1** *(lett., fig.)* idyll. **2** *(amore)* romance; idyll *(lett.);* love-story; *(passeggero)* flirtation.

idioma *sm* idiom; *(lingua)* language; tongue: *idioma materno,* mother tongue.

idiomatico *agg* idiomatic.

idiosincrasia *sf* **1** idiosyncrasy. **2** *(avversione)* aversion (for sth).

idiota *agg* idiotic.
□ *sm e f.* idiot *(anche med.): È un perfetto idiota,* He's an utter (a complete, an absolute) idiot — ... *da idiota,*

(come agg.) idiotic; stupid — *un comportamento da idiota,* stupid behaviour.
idiotismo *sm* **1** *(filologia)* idiom. **2** *(med.)* idiocy.
idiozia *sf* **1** *(med.)* idiocy. **2** *(imbecillità, azione stupida)* stupidity; piece of nonsense; idiocy: *No dire idiozie!,* Don't talk nonsense!
idolatra *agg* idolatrous. □ *sm* idolater. □ *sf* idolatress.
idolatrare *vt* to idolize; to make* an idol (of sb); to worship.
idolatria *sf* idolatry.
idolatrico *agg* idolatrous.
idoleggiare *vt* to idolize; to make* an idol (of sb).
idolo *sm* idol *(anche fig.).*
idoneità *sf* suitability; fitness; aptitude: *esame di idoneità,* qualifying examination — *certificato d'idoneità,* certificate of eligibility; *(di una nave)* certificate of seaworthiness; *(di un aereo)* certificate of airworthiness.
idoneo *agg* suitable (for sth); fit (for sth); *(di scolaro)* eligible for promotion: *idoneo al servizio militare,* fit for military service — *idoneo alla navigazione,* seaworthy — *non idoneo,* unsuitable; unfit; unserviceable; *(alla navigazione)* unseaworthy — *idoneo all'insegnamento,* qualified to teach.
idra *sf* **1** *(zool. e fig.)* hydra *(pl.* hydrae*).* **2** *(mitologia, astronomia)* Hydra.
idrante *sm* hydrant.
idratare *vt* **1** to hydrate. **2** *(cosmetica)* to moisturise: *crema idratante,* moisturising cream.
idratazione *sf* hydration.
idraulica *sf* hydraulics *(con il v. al sing.).*
idraulico *agg* hydraulic: *impianto idraulico, (mecc.)* hydraulic system; *(di un edificio)* plumbing.
□ *sm* plumber; *(tubista)* pipe fitter.
idrico *agg* water *(attrib.): impianto idrico,* waterworks.
idrocarburo *sm* hydrocarbon.
idrodinamica *sf* hydrodynamics *(col v. al sing.).*
idrodinamico *agg* hydrodynamic(al).
idroelettrico *agg* hydroelectric: *centrale idroelettrica,* hydroelectric power station.
idrofilo *agg* **1** *(chim., fis.)* hydrophile. **2** *(bot.)* hydrophilous. □ *cotone idrofilo,* cotton-wool.
□ *sm (zool.)* water-beetle.
idrofobia *sf* hydrophobia *(med.);* rabies.
idrofobo *agg* **1** hydrophobic *(med.);* rabid; mad: *un cane idrofobo,* a mad dog. **2** *(fig.)* furious; raving. **3** *(non bagnabile)* hydrophobe.
idrofugo *agg* waterproof.
idrogenare *vt* to hydrogenate.
idrogenazione *sf* hydrogenation.
idrogeno *sm* hydrogen: *bomba all'idrogeno,* hydrogen bomb.
idrografia *sf* hydrography.
idrografico *agg* hydrographic(al): *bacino idrografico,* catchment basin.
idrografo *sm* hydrographer.
idrolisi *sf* hydrolysis.
idrolitico *agg* hydrolytic.
idrometro *sm* water-gauge; depth-gauge.
idropico *agg* hydropic; dropsical.
□ *sm* person suffering from dropsy.
idropisia *sf* dropsy.
idroplano *sm* hydroplane.
idroscalo *sm* seaplane basin.
idroscì *sm* **1** *(lo sport)* water skiing. **2** *(l'attrezzo)* water ski.
idroscopio *sm* hydroscope.
idrosolubile *agg* water-soluble; soluble in water.
idrossido *sm* hydroxide.
idrostatica *sf* hydrostatics *(col v. al sing.).*
idrostatico *agg* hydrostatic.
idrostato *sm* hydrostat.
idroterapia *sf* hydrotherapy.
idrovolante *sm* seaplane; *(con fusoliera a scafo)* flying boat; clipper.
idrovora *sf* water-scooping machine.
iella *sf* evil eye; jinx; hoodoo; hex *(USA): portare iella a qcno,* to bring bad luck to sb.
iena *sf* hy(a)ena.
ieraticamente *avv* **1** hieratically. **2** *(per estensione: in modo solenne)* gravely; solemnly.
ieratico *agg* **1** hieratic(al); priestly. **2** *(solenne)* grave; solemn.
ieri *avv* yesterday: *l'altro ieri; ieri l'altro,* the day before yesterday — *ieri sera,* yesterday evening — *ieri notte,* last night — *da ieri a oggi,* in the last twenty-four hours; *(fig.: in pochissimo tempo)* in no time at all; overnight — *Non sono nato ieri,* I wasn't born yesterday; I am nobody's fool.
□ *sm* yesterday; *(talvolta, nel senso di 'l'anno scorso, alcuni anni fa')* yesteryear: *il giornale di ieri,* yesterday's paper — *l'oggi, l'ieri e il domani,* today, yesterday, and tomorrow — *i campioni di ieri,* yesterday's champions; the champions of yesteryear.
iettare *vt* to cast* the evil eye (on sb); to hex *(USA).*
iettato *agg* **1** *(stregato)* bewitched. **2** *(sfortunato)* unlucky; hexed *(USA).*
iettatore *sm* **1** jinx; Jonah. **2** *(chi dà il malocchio)* one who casts the evil eye.
iettatura *sf* **1** evil eye; jinx. **2** *(sfortuna)* bad (*o* ill) luck: *dare la iettatura,* to bring bad luck.
igiene *sf* **1** hygiene; public health: *igiene del corpo,* personal hygiene — *norme d'igiene,* sanitary regulations — *ufficio d'igiene,* sanitary inspector's office; public health office. **2** *(la scienza)* hygienics *(col v. al sing.).*
igienicamente *avv* **1** *(in modo igienico)* hygienically; healthily. **2** *(dal punto di vista igienico)* from the health point of view (*o* standpoint); health-wise *(spec. USA).*
igienico *agg* **1** hygienic(al); sanitary; *(salubre)* healthy: *misure igieniche,* sanitary measures — *assorbenti igienici,* sanitary towels — *carta igienica,* toilet paper — *cibi igienici,* health-giving foods. **2** *(fig., fam.: opportuno)* timely; advisable: *Sarebbe igienico non parlarle,* It would be advisable not to talk to her.
igienista *sm e f.* **1** hygienist. **2** *(scherz.)* health fiend.
ignaro *agg* unaware (of sth); unacquainted (with sth): *È ignaro di tutto,* He knows nothing.
ignavia *sf* sloth; sluggishness.
ignavo *agg* slothful; sluggish.
igneo *agg* igneous.
ignobile *agg* ignoble; base; mean.
ignobilità, ignobiltà *sf* baseness; meanness.
ignobilmente *avv* ignobly; vulgarly; basely.
ignominia *sf* **1** disgrace; ignominy. **2** *(azione)* disgraceful action.
ignominiosamente *avv* ignominiously; disgracefully.
ignominioso *agg* ignominious; disgraceful.
ignorantaggine *sf* crass ignorance.
ignorante *agg* **1** *(che non conosce)* unaware (of); ignorant (of); knowing nothing (about). **2** *(incolto)* ignorant; uneducated; illiterate. **3** *(villano)* ill-mannered; rude.
□ *sm e f.* ignoramus; *(villano)* boor; rude person.
ignoranza *sf* **1** ignorance: *per ignoranza,* out of

ignorance — *L'ignoranza della legge non scusa,* Ignorance (of the law) is no excuse. **2** *(villania)* boorishness.

ignorare *vt* **1** *(non conoscere)* to have* no knowledge (of sth); to know* nothing (about sth); *(fig.)* to be* a stranger (to sth); to know* nothing (of sth): *Ignoro la storia romana,* I know nothing about Roman history; I know no Roman history — *Ignorava le gioie della vita,* He was a stranger to the joys of life — *Non ignoro affatto che...,* I am well aware that... **2** *(non sapere)* to be* unaware; not to know*: *Ignoravo che voi foste qui,* I did not know you were here; I was unaware you were here. **3** *(fingere di non sentire, vedere, conoscere, ecc.)* to ignore: *È tutta la sera che la ignori,* You've been ignoring her all evening — *Ignorò le sue ferite,* He ignored his wounds; He paid no heed to his wounds.

ignoto *agg* unknown: *il Milite Ignoto,* the Unknown Soldier — *romanzo di scrittore ignoto,* anonymous novel.

□ *sm* **1** *(persona)* unknown person; *(dir.)* person unknown: *quadro di ignoto,* painting by an unknown artist — *figlio di ignoti,* child of unknown parents — *i soliti ignoti,* the usual person or persons unknown. **2** *(l'ignoto)* the unknown: *andare verso l'ignoto,* to set off towards the unknown.

igrometro *sm* hygrometer.

iguana *sf* iguana.

ih *esclamazione (di disgusto)* ugh!; *(di sorpresa)* oh!

il, lo *art determinativo sing m.* (*pl.* **i, gli**; *f.* **la**, *pl.* **le**) **1** - **a) the**: *il mondo,* the world — *la terra,* the earth — *il Po,* the Po — *le Alpi,* the Alps — *il Regno Unito,* the United Kingdom — *Federico il Grande,* Frederick the Great — *il più bel giorno della mia vita,* the best day in my life — *i libri che ho comperato ieri,* the books I bought yesterday — *I Rossi non abitano più qui,* The Rossis don't live here any longer — *le sorelle Piovano,* the Piovano sisters.

b) *(spesso non tradotto: spec. con i titoli; in molti nomi geografici; con certi aggettivi - p.es. 'last', 'next'; quando si usa il cosidetto genitivo sassone, ecc.) il Manzoni,* Manzoni — *il dottor Black,* doctor Black; Dr. Black — *il Presidente Truman,* President Truman — *la Francia e l'Italia,* France and Italy — *il re Filippo di Spagna,* King Philip of Spain — *il monte Everest,* Mount Everest — *il Capo Horn,* Cape Horn — *l'anno scorso,* last year — *la prossima settimana,* next week — *le calze di Giovanni,* Giovanni's socks — *Il pranzo è servito,* Dinner is ready — *L'oro e l'argento sono metalli preziosi,* Gold and silver are precious metals — *Mi piace il cinese,* I like Chinese — *Non mi piace il tè,* I don't like tea — *Detesto il rumore,* I hate noise.

2 *(tradotto con l'articolo indeterminativo)* **a**; **an**: *Ha il viso lungo,* He has a long face — *Ha il raffreddore,* He has a cold — *Viene qui tre volte la settimana,* He comes here three times a week — *Costano mille lire la dozzina,* They cost one thousand lire a dozen.

3 *(tradotto con l'aggettivo possessivo)* **my**; **your**; **his (her, its)**; **our**; **their**: *Porta qui la penna,* Bring here your pen — *Mettiti i guanti,* Put your gloves on — *Si ruppe le gambe,* He broke his legs — *Il padre arrivò prima del previsto,* His father arrived sooner than he was expected — *Adesso voglio fare il bagno,* I want to have my bath now — *Bevo il caffè senza zucchero,* I drink my coffee without sugar — *Quel mattino persi il treno,* That morning I missed my train.

4 *(tradotto con il partitivo)* **some**; **any**: *Hai messo il sale?,* Did you put any salt? — *Se vai in paese compera lo zucchero,* If you go to the village, please buy some sugar — *Non c'è il sale in questa minestra!,* There's no salt in this soup! — *Compera le arance e il pane quando esci,* When you go out, buy some oranges and some bread.

ila *sf* tree-frog.

ilare *agg* merry; cheerful.

ilarità *sf* hilarity; good humour; mirth; *(riso)* laughter: *destare l'ilarità generale,* to make everybody laugh.

ileo *sm* **1** *(osso)* ilium *(pl.* ilia*)*; hip-bone. **2** *(tratto dell'intestino)* ileum *(pl.* ilea*)*. **3** *(stato patologico)* ileus.

[1]**iliaco** *agg* iliac.

[2]**iliaco** *agg (stor.)* Trojan.

ilio *sm* ilium *(pl.* ilia*)*; hip-bone.

illanguidimento *sm* weakening.

illanguidire *vt* to weaken; to make* languid.

□ *vi* to languish; to droop *(spec. di fiori)*; to grow* feeble.

illazione *sf* inference; deduction.

illecitamente *avv* illicitly.

illecito *agg* illicit; *(proibito)* forbidden.

□ *(come sm) illecito civile, (dir.)* tort — *illecito penale,* crime.

illegale *agg* illegal; unlawful.

illegalità *sf* **1** illegality; unlawfulness. **2** *(azione)* illegal act.

illegalmente *avv* illegally; unlawfully.

illeggiadrire *vt* to beautify; *(ornare)* to embellish.

□ *vi* to become* beautiful.

illeggibile *agg* **1** *(di grafia, ecc.)* illegible; undecipherable. **2** *(di autore, ecc.)* unreadable.

illegittimità *sf* illegitimacy; *(di un atto, ecc., anche)* unlawfulness.

illegittimo *agg* illegitimate; *(di un atto, ecc., anche)* unlawful.

illeso *agg* unhurt; uninjured; safe and sound; *(di cose)* undamaged.

illetterato *agg e sm* illiterate.

illibatezza *sf* **1** *(castità)* purity; chastity. **2** *(integrità)* integrity.

illibato *agg* **1** *(casto)* pure; chaste. **2** *(integro)* blameless; upright; spotless.

illiberale *agg* illiberal.

illiberalità *sf* illiberality.

illiceità *sf* unlawfulness.

illimitatamente *avv* boundlessly; unlimitedly; without limit; limitlessly.

illimitatezza *sf* boundlessness.

illimitato *agg* boundless; unlimited; limitless: *fiducia illimitata (in qcno),* boundless faith (in sb) — *responsabilità illimitata, (dir.)* unlimited liability — *congedo illimitato, (dir.)* indefinite leave.

illividimento *sm* turning livid.

illividire *vt (per percosse)* to bruise.

□ *vi (del cielo)* to grow* leaden; *(fig.: per rabbia, paura, ecc.)* to turn livid.

illogicamente *avv* illogically; irrationally.

illogicità *sf* illogicality.

illogico *agg* illogical; irrational; *(incoerente)* inconsistent.

illudere *vt* to deceive; to fool; to beguile: *Mi illuse con promesse che sapeva di non poter mantenere,* He deceived me with promises he knew he couldn't keep.

□ **illudersi** *v. rifl* to fool *(fam.,* to kid) oneself; to deceive oneself; to flatter oneself; *(sperare vanamente)* to hope against hope: *Non c'è da illudersi,* There's no point in trying to fool oneself *(o* ourselves, *pl.)* — *Si* *illudeva di saper parlare bene l'inglese,* He flattered himself he could speak English well.

illuminante *agg* **1** illuminating. **2** *(fig.)* enlightening.

illuminare *vt* **1** to light*; to light* (sb) up; to illuminate: *Un sorriso le illuminò il viso,* A smile lit up her face — *La piazza era illuminata a giorno,* It was as bright as day in the square. **2** *(fig.)* to enlighten; to illuminate: *Può illuminarmi su questo argomento?,* Can you enlighten me on this subject?
□ **illuminarsi** *v. rifl (diventare raggiante)* to light* up; to brighten; to become* radiant: *Le si illuminarono gli occhi di gioia,* Her eyes lit up with joy.

illuminato *agg* **1** illuminated; lit: *stanze scarsamente illuminate,* poorly lit rooms. **2** *(fig.)* enlightened: *una persona illuminata,* an enlightened person.

illuminazione *sf* **1** lighting; *(luminaria)* illumination: *illuminazione a gas,* gas lighting — *illuminazione per proiezione,* floodlighting — *illuminazione ridotta, (di strade)* brown-out *(USA).* **2** *(fig.)* enlightenment; illumination.

illuminismo *sm (stor.)* Enlightenment.

illuminista *sm* **1** *(stor.)* man of the Enlightenment. **2** *(oggi)* rationalist.

illuministico *agg* **1** *(stor.)* Eighteenth-century. **2** *(oggi)* rationalist(ic).

illusione *sf* illusion: *farsi illusioni,* to delude *(fam.,* to kid) oneself; to cherish an illusion — *aver perso ogni illusione,* to be thoroughly disillusioned; to have no illusions left.

illusionismo *sm* conjuring; magic.

illusionista *sm e f.* conjuror; illusionist.

illuso *agg* deluded; deceived.
□ *sm* dreamer; dupe.

illusoriamente *avv* illusively; deceptively.

illusorio *agg* illusory; deceptive.

illustrare *vt* **1** *(corredare di disegni, ecc.)* to illustrate: *cartolina illustrata,* picture-postcard — *giornale illustrato,* illustraded paper. **2** *(spiegare)* to illustrate; to explain; to expound.

illustrativo *agg* illustrative; *(esplicativo)* explanatory.
□ *apparato illustrativo, (di un libro)* illustrations *(pl.).*

illustratore *sm* illustrator.

illustrazione *sf* **1** illustration; picture; *(figura)* figure; *(fuori testo)* plate. **2** *(spiegazione)* explanation; illustration.

illustre *agg* distinguished; renowned; illustrious *(spesso scherz.): un illustre ignoto, (scherz.)* a poor nobody.

illustrissimo *agg superl* **1** most illustrious *(negli indirizzi non si traduce).* **2** *(scherz.)* Your Lordship: *Illustrissimo, sei pronto?,* Is Your Lordship ready?

ilo *sm* hilum *(pl.* hila).

ilota *sm* **1** *(stor.)* Helot. **2** *(fig.)* serf.

imbacuccare *vt* to wrap (sb) up; to muffle (sb) up.
□ **imbacuccarsi** *v. rifl* to wrap (to muffle) oneself up.

imbaldanzire *vt* to embolden.
□ **imbaldanzirsi** *v. rifl* to grow* bold.

imballaggio *sm* **1** packing; packaging; wrapping; *(in balle)* baling: *carta da imballaggio,* wrapping paper. **2** *(spese d'imballaggio)* cost of packing; packing cost: *franco d'imballaggio,* packing free.

[1]**imballare** *vt* to pack; *(in casse)* to crate; *(in balle)* to bale.

[2]**imballare** *vt* to race: *imballare il motore,* to race the engine.

[1]**imballato** *agg* packed; wrapped; *(in casse)* crated; *(in balle)* baled.

[2]**imballato** *agg* **1** *(di motore)* raced. **2** *(stordito)* punch-drunk.

imballatore *sm* packer.

imballatrice *sf* packing machine; *(di balle)* baling-machine.

imbalsamare *vt* to embalm; *(impagliare)* to stuff.

imbalsamatore *sm* embalmer; *(impagliatore)* taxidermist.

imbalsamatura, imbalsamazione *sf* embalming; *(di animali)* stuffing; taxidermy.

imbambolato *agg* dull; unblinking; *(intontito)* stunned; dazed; *(addormentato)* drowsy; *(meravigliato)* bewildered: *un'aria imbambolata,* a drowsy appearance — *uno sguardo imbambolato,* a blank look — *Non stare lì imbambolato!,* Don't stand there half asleep!

imbandierare *vt* to deck (sth) with flags; to deck (sth) out; *(naut.)* to dress.

imbandigione *sf* **1** preparations for a banquet. **2** *(banchetto)* banquet.

imbandire *vt* to lay* (to set*) the table for a banquet.

imbandito *agg* set for a feast *(predicativo);* sumptuously laid.

imbarazzante *agg* embarrassing; awkward; *(sconcertante)* puzzling: *domande imbarazzanti,* embarrassing questions.

imbarazzare *vt* **1** to embarrass. **2** *(rendere perplesso)* to bewilder; to puzzle; to perplex: *Il suo comportamento mi imbarazza,* His behaviour bewilders me. **3** *(ostacolare)* to encumber; to hinder: *Il cappotto lungo mi imbarazza nel guidare,* My long overcoat gets in the way when I'm driving — *Troppi mobili imbarazzano la stanza,* Too much furniture clutters up the room — *imbarazzare lo stomaco,* to lie heavy on the stomach.
□ **imbarazzarsi** *v. rifl* to get* embarrassed.

imbarazzo *sm* embarrassment; difficulty; *(ostacolo)* hindrance: *con suo (mio, ecc.) grande imbarazzo,* to his (my, *ecc.*) great embarrassment — *essere (trovarsi) in imbarazzo,* to be embarrassed; to be puzzled — *essere di imbarazzo,* to be in the way — *trarre qcno d'imbarazzo,* to help sb out of a difficulty — *mettere qcno in imbarazzo,* to cause embarrassment to sb; to put sb in an embarrassing position. □ *l'imbarazzo della scelta, (lett.)* embarras de choix *(fr.)* — *Non hai che l'imbarazzo della scelta,* You have only to take your pick — *imbarazzo di stomaco,* indigestion.

imbarbarimento *sm* barbarization.

imbarbarire *vt* to barbarize; to corrupt *(anche una lingua).*
□ *vi* to revert to a barbarous state; to become* barbarous; *(di una lingua)* to become* contaminated *(o* corrupt).

imbarcadero *sm* landing-stage.

imbarcare *vt* **1** *(caricare)* to put* (sb, sth) on board; to embark; *(prendere a bordo)* to take* (sb, sth) on board. **2** *(scherz.: far salire su un veicolo)* to pack (sb) in. □ *imbarcare un colpo di mare,* to ship water.
□ **imbarcarsi** *v. rifl (salire a bordo)* to go* on board; to embark; *(partire)* to sail; to start: *Si imbarcò per l'Africa,* He sailed for Africa — *M'imbarcherò fra un'ora,* I shall be going on board in an hour — *imbarcarsi in una nuova impresa,* to embark on a new undertaking. □ *imbarcarsi di qcno, (fig.)* to fall in love with sb — *imbarcarsi su un'auto, (scherz.)* to board a car.

imbarcazione *sf* boat; craft: *imbarcazione di salvataggio,* life boat — *imbarcazione da diporto,* pleasure boat — *imbarcazione da cabotaggio,* coaster — *imbarcazione leggera,* gig.

imbarco *sm* **1** embarkation; sailing: *tassa d'imbarco, (negli aeroporti)* airport tax; embarkation fee. **2** *(imbarcadero)* landing-stage. □ *spese d'imbarco,* loading expenses.

[1]**imbardare** *vt* to arm a horse.

[2]**imbardare** *vi (di aereo)* to yaw.

imbastardimento *sm* degeneration; *(fig.)* corruption.

imbastardire *vi,* **imbastardirsi** *v. rifl* to degenerate. □ *vt* to debase; to bastardize.

imbastire *vt* **1** to tack; to baste. **2** *(fig.)* to sketch; to outline; to draft.

imbastitura *sf* **1** basting. **2** *(schizzo, schema)* sketch; outline. **3** *(sport)* prostration; exhaustion.

imbattersi *v. rifl* to run* (into sb); to meet* (with sb); to come* across (sb); to fall* in (with sb); to bump into (sth). □ *Ti sei imbattuto bene (male),* You have been lucky (unlucky).

imbattibile *agg* unbeatable; invincible.

imbattibilità *sf* invincibility.

imbavagliare *vt* to gag *(anche fig.).*

imbeccare *vt* **1** to feed*. **2** *(fig.)* to prompt; to spoon-feed*.

imbeccata *sf* **1** beakful. **2** *(fig.)* prompting; *(teatro)* prompt: *dare l'imbeccata a qcno,* to prompt sb.

imbecille *agg* stupid; idiotic; foolish; cretinous; moronic.
□ *sm* **1** *(med.)* imbecile. **2** fool; idiot; imbecile; cretin; moron.

imbecillità *sf* stupidity; idiocy; imbecility.

imbelle *agg* **1** unwarlike. **2** *(per estensione: vile)* cowardly.

imbellettare *vt* **1** to make* (sth) up: *imbellettare le guance,* to make up (to put make-up on) one's cheeks; *(col rossetto, anche)* to rouge one's cheeks. **2** *(fig.)* to titivate.
□ **imbellettarsi** *v. rifl* to make* oneself up.

imbellire *vt* to embellish; to adorn.
□ *vi* to grow* beautiful; to become* prettier; to improve in looks.

imberbe *agg* **1** beardless; smooth-faced. **2** *(fig.)* inexperienced; callow: *un giovinetto imberbe,* a callow youth.

imberrettare *vt (raro)* to put* a cap (on sb).
□ **imberrettarsi** *v. rifl* to put* on one's cap; to put* one's cap on.

imbestialire *vi,* **imbestialirsi** *v. rifl* **1** to become* like an animal. **2** *(adirarsi)* to fly* into a rage; to get* furious: *Mi fa imbestialire,* It makes me mad; It drives me wild.

imbevere *vt* to imbue (with sth); to soak (in sth); to steep (in sth).
□ **imbeversi** *v. rifl* **1** to absorb; to be* imbued (with sth); to mop (sth) up. **2** *(fig.)* to imbibe (sth).

imbiaccare *vt* to coat with white lead; *(imbellettare)* to put* on ceruse.
□ **imbiaccarsi** *v. rifl (truccarsi)* to put* on heavy make-up.

imbiancamento *sm* whitening; *(di pareti)* whitewashing; *(di tessuti)* bleaching; *(dei capelli)* greying.

imbiancare *vt* to whiten; *(pareti)* to whitewash; *(tessuti)* to bleach.
□ *vi e rifl* to whiten; *(incanutire)* to grow* grey; *(del cielo)* to dawn.

imbiancatura *sf* whitening; *(di pareti)* whitewashing; *(di tessuti)* bleaching.

imbianchimento *sm* = **imbiancamento.**

imbianchino *sm* house-painter; whitewasher; *(spreg.)* dauber; rotten painter.

imbiondire *vt* to turn fair; to turn golden; *(i capelli)* to turn blond; *(con l'acqua ossigenata)* to bleach.
□ *vi* **1** to go* blond (*o* fair). **2** *(del grano)* to turn to gold; to ripen.

imbizzarrire *vi,* **imbizzarrirsi** *v. rifl* **1** *(di cavallo)* to become* restive (*o* frisky). **2** *(di persona)* to become* restless; *(incollerirsi)* to get* upset (*o* angry).

imbizzire *vi* = **imbizzarrire 1.**

imboccare *vt* **1** to feed*. **2** *(fig.: suggerire)* to prompt; to put* (sb) up to (sth). **3** *(entrare)* to enter: *imboccare una strada,* to take a road; to turn down a street — *imboccare un porto,* to enter (to sail into) a port. **4** *(portare alle labbra)* to put* to one's mouth: *imboccare uno strumento a fiato,* to put a wind instrument to one's mouth.

imboccatura *sf (in genere)* mouth; opening; *(ingresso)* entrance; way in; *(di strumento a fiato)* mouthpiece; *(del morso)* mouthpiece.

imbocco *sm* mouth; entrance: *l'imbocco di una galleria,* the mouth of a tunnel — *all'imbocco dell'autostrada,* at the entrance to the motorway.

imbolsire *vi* **1** *(di cavallo)* to become* broken-winded. **2** *(ingrassare troppo)* to become* bloated.

imbonimento *sm* **1** *(di venditore)* sales-talk. **2** *(di presentatore di spettacolo)* patter; spiel.

imbonire *vt* to persuade (the public) to buy; to cry one's wares *(quasi arcaico);* to advertise.

imbonitore *sm* **1** *(di fiera, ecc.)* barker; huckster. **2** *(di spettacoli)* showman *(pl.* -men*).*

imborghesimento *sm* tendency to become middle-class; getting into middle-class ways.

imborghesire *vi* to become* middle-class.

imboscamento *sm* **1** hiding in a wood. **2** *(fig., per estensione)* shirking. **3** *(l'accaparrare)* illegal stockpiling.

imboscare *vt* **1** to hide* (sth, sb) in a wood. **2** *(sottrarre al servizio militare)* to help (sb) to evade military service.
□ **imboscarsi** *v. rifl* **1** to enter a wood. **2** *(per un agguato)* to lie* in ambush. **3** *(sottrarsi al servizio militare)* to shirk; to skulk: *imboscarsi in un ufficio, (scherz.)* to get a cushy job (*o sl.* a safe billet) in an office.

imboscata *sf* ambush: *cadere in un'imboscata,* to fall into an ambush — *tendere un'imboscata,* to lay an ambush.

imboscato *sm* shirker (of military service); draft dodger *(USA).*

imboschimento *sm* afforestation.

imboschire *vt* to afforest.
□ *vi e* **imboschirsi** *v. rifl* to become* wooded.

imbottigliamento *sm* **1** bottling. **2** *(fig.: di traffico)* traffic jam; *(mil.)* blockade.

imbottigliare *vt* **1** to bottle. **2** *(mil.)* to blockade.
□ **imbottigliarsi** *v. rifl (nel traffico)* to get* caught in a traffic jam.

imbottigliatrice *sf* bottler; bottling device (*o* machine).

imbottire *vt* to stuff *(anche fig.); (una giacca)* to pad; *(un divano, una poltrona)* to upholster; *(un panino)* to fill*: *imbottirsi di cibo,* to stuff oneself with food — *Non imbottirgli la testa di nozioni inutili,* Don't stuff his head with useless knowledge.

imbottita *sf* quilt; eiderdown; counterpane.

imbottito *agg* **1** stuffed; filled; padded: *panino im-*

bottito, ham (cheese, *ecc.*) roll. **2** *(vestito pesantemente)* (all) muffled up; well wrapped up.
imbottitura *sf* stuffing; padding; filling.
imbracare *vt (un carico)* to place (sth) in a sling; to sling*.
imbracatura *sf* **1** slinging. **2** *(cinghia)* sling. **3** *(di paracadute)* harness.
imbracciare *vt* to put* (sth) on one's arm; *(il fucile)* to shoulder.
imbrancare *vt (anche fig.)* to herd together; to gather in a flock.
□ **imbrancarsi** *v. rifl* to join the herd.
imbrattacarte *sm e f.* scribbler.
imbrattamento *sm* dirtying; soiling; smearing.
imbrattamuri *sm* dauber.
imbrattare *vt* to dirty; to soil; to smear; to daub.
□ **imbrattarsi** *v. rifl* **1** to dirty oneself. **2** *(delle candele di un motore)* to be* fouled. □ *imbrattarsi le mani, (fig.)* to be mixed up in a dirty business.
imbrattatele *sm (spreg.)* dauber.
imbrattatore *sm* soiler.
imbrecciare *vt* to cover with gravel; to gravel; to metal.
imbrecciata *sf* layer of gravel (*o* metal).
imbrifero *agg* drainage *(attrib.)*; irrigation *(attrib.)*: *bacino imbrifero,* catchment basin.
imbrigliamento *sm* bridling; harnessing.
imbrigliare *vt* **1** *(un cavallo)* to bridle: *imbrigliare l'asino per la coda,* to put the cart before the horse. **2** *(fig.: tenere a freno)* to check; to hold* in check; *(le passioni)* to curb; to bridle; *(un corso d'acqua)* to dam. **3** *(rinforzare)* to support (with stays); to stay (up); *(terreno)* to shore up.
□ **imbrigliarsi** *v. rifl (frenarsi)* to hold* oneself back.
imbroccare *vt* to hit*; *(per estensione: indovinare)* to get* (sth) right: *Non ne ha imbroccata una,* He didn't even get one right — *imbroccarla giusta,* to score a bull's eye; to hit the nail on the head.
imbrodare *vt,* **imbrodarsi** *v. rifl* to soil; to stain. □ *Chi si loda s'imbroda, (prov.)* Those who praise themselves become ridiculous.
imbrogliare *vt* **1** *(ingarbugliare)* to muddle; to confuse; to confound; to mix (sth) up; to tangle; to entangle: *È una matassa così imbrogliata!,* It is such a tangled web! — *imbrogliare la matassa, (fig.)* to mix things up; to confuse things (*o* matters). **2** *(ingombrare)* to encumber; to hamper; to obstruct: *imbrogliare il passaggio,* to obstruct the way. **3** *(naut.: le vele)* to clew (up); to bail (up). **4** *(per estensione: raggirare)* to cheat; to swindle; to take* (sb) in; to dupe: *È facile imbrogliarlo perché si crede furbo,* It's easy to take him in because he thinks he's clever.
□ **imbrogliarsi** *v. rifl* **1** *(intricarsi)* to get* tangled; to get* entangled: *La faccenda si è molto imbrogliata,* The matter has become complicated. **2** *(confondersi)* to get* confused; *(esitare)* to hesitate; *(balbettare)* to stammer: *S'imbrogliò per la molta paura,* He got confused (He stammered) because he was so scared.
imbroglio *sm* **1** *(groviglio)* tangle; *(confusione)* confusion; *(pasticcio)* mess: *Che imbroglio!,* What a mess! **2** *(situazione difficile)* fix; scrape; mess; awkward situation: *cacciarsi in un imbroglio,* to get into a fix — *togliere qcno da un imbroglio,* to get sb out of a fix. **3** *(naut.)* brail. **4** *(inganno)* cheat; *(truffa)* fraud; trick; sell *(fam.)*: *Non fare imbrogli!,* Don't cheat!
imbroglione *sm* swindler; cheat; trickster.
imbronciare *vi,* **imbronciarsi** *v. rifl* **1** to sulk; to frown. **2** *(del cielo)* to grow* dark.
imbronciato *agg* **1** sulky; grumpy; frowning. **2** *(del cielo)* overcast.
imbrunire *vi* **1** to brown. **2** *(del cielo)* to darken; to get* dark.
□ *(in funzione di sm, nell'espressione) all'imbrunire,* at dusk; at nightfall.
imbruttire *vt* to make* ugly; to uglify. □ *vi* to grow* ugly.
imbucare *vt* **1** *(impostare)* to post; to mail *(USA)*. **2** *(mettere in un buco)* to put* into a hole.
□ **imbucarsi** *v. rifl (nascondersi)* to hide*.
imbullonare *vt* to rivet.
imburrare *vt* to butter.
imbussolare *vt* to put* into a ballot-box.
imbutire *vt* to draw*.
imbuto *sm* funnel: *a imbuto,* funnel-shaped.
imene *sm* hymen.
imeneo *sm* **1** *(inno)* epithalamium; wedding-hymn. **2** *(al pl.: nozze)* nuptials.
imenottero *agg* hymenopterous; hymenopteral.
□ *sm* hymenopteron *(pl.* hymenoptera *o* hymenopterons*)*.
imitare *vt* **1** to imitate; to copy; *(scimmiottare)* to ape. **2** *(fare il verso)* to mimic; to take* off. **3** *(falsificare)* to counterfeit. **4** *(assomigliare)* to be* (to look) like; to be* similar to: *Questa collana imita bene il corallo,* This necklace really looks like coral.
imitativo *agg* imitative.
imitatore *sm* imitator.
imitazione *sf* **1** imitation; copy: *a imitazione di qcsa,* in imitation of sth — *un'imitazione scadente,* a poor copy; a bad imitation — *imitazione di firma, (dir.)* forged signature. **2** *(opera non genuina)* fake.
immacolato *agg* spotless; immaculate. □ *l'Immacolata,* the Virgin.
immagazzinaggio, immagazzinamento *sm* storage.
immagazzinare *vt* to store; to warehouse.
immaginabile *agg* imaginable: *fare tutti i tentativi possibili e immaginabili,* to leave no stone unturned; to try all possible means; to do one's utmost.
immaginare *vt* **1** to imagine; to fancy: *Come si poteva immaginare una cosa simile?,* How could one imagine such a thing? — *Provate ad immaginare la nostra gioia!,* Just try and imagine our delight! — *È difficile immaginarsi cosa sia successo,* It is difficult to imagine (to picture to oneself) what has happened — *Immaginati se non ne fui contento!,* Of course I was satisfied with it! — *Me lo immagino!,* It doesn't surprise me!; I can well believe it! — *Me lo immaginavo!,* I thought as much. **2** *(supporre)* to suppose; to presume; *(prevedere)* to guess: *Immagino che tu abbia molto da fare adesso,* I suppose you must be very busy now.
□ *S'immagini!; Immaginati!, (detto come risposta ad un ringraziamento)* Don't mention it!; No trouble at all!; You're welcome! *(spec. USA)*; Not at all!
immaginario *agg* imaginary; fictitious: *malato immaginario,* hypochondriac.
immaginativo *agg* imaginative.
immaginazione *sf* **1** *(la facoltà)* imagination; fancy: *avere una fervida immaginazione,* to have a lively imagination. **2** *(cosa immaginata)* figment of the (of sb's) imagination.
immagine *sf* **1** image *(anche scient.)*; picture; *(rappresentazione, idea)* picture; representation; description; idea: *un'immagine sacra,* a sacred image — *l'im-*

magine della salute, the picture of health — '*... creato ad immagine e somiglianza di Dio*', '... created in the likeness of God' — *immagine virtuale, (ottica)* virtual image — *immagine spuria, (televisione)* ghost — *ingrandire un'immagine, (fotografia)* to enlarge (*fam.* to blow up) a picture — *rimpicciolire un'immagine,* to reduce an image (a picture) — *farsi un'immagine di qcsa,* to get an idea of sth. **2** *(lett.)* image; metaphor; simile; imagery *(collettivo)*: *Nelle sue poesie ci sono molte immagini ardite,* There is a lot of daring imagery in his poems. **3** *(entomologia)* imago.

immaginifico *agg* figurative; imaginative.

immaginismo *sm* imaginism.

immaginosamente *avv* imaginatively; picturesquely; vividly.

immaginoso *agg* **1** *(dotato di immaginazione)* imaginative. **2** *(ricco di immagini)* picturesque; vivid.

immalinconire *vt* to make* (sb) melancholy (*o* sad). ☐ *vi* to pine away.

immancabile *agg* inevitable; unfailing.

immancabilmente *avv* inevitably; unfailingly; without fail.

immane *agg* **1** *(smisurato)* huge; enormous. **2** *(per estensione: terribile)* tremendous; terrible; appalling.

immanente *agg* immanent.

immanenza *sf* immanence.

immangiabile *agg* uneatable.

immateriale *agg* incorporeal; abstract: *beni immateriali, (dir.)* incorporeal property *(sing.)*.

immaterialità *sf* immateriality; incorporeality.

immatricolare *vt* **1** *(un veicolo, ecc.)* to register. **2** *(uno studente)* to admit (to a university); to matriculate.

☐ **immatricolarsi** *v. rifl* to matriculate; to enrol.

immatricolazione *sf* **1** *(di un veicolo, ecc.)* registration. **2** *(di uno studente)* admission; matriculation *(generalm. solo all'università)*.

immaturamente *avv* prematurely; immaturely.

immaturità *sf* unripeness; immaturity.

immaturo *agg* unripe; *(fig.)* immature; *(prematuro)* premature; untimely.

immedesimare *vt* to unify; to make* into one.

☐ **immedesimarsi** *v. rifl* to identify oneself (with): *immedesimarsi in una parte, (di un attore)* to live a part.

immediatamente *avv* immediately; at once; directly: *immediatamente dopo,* immediately after(wards); straightaway; straight after.

immediatezza *sf* immediacy; immediateness.

immediato *agg* **1** immediate: *azione immediata,* immediate action — *pagamento immediato,* payment on the nail. **2** *(diretto, in stretto contatto)* direct; immediate: *contatto immediato,* direct contact — *immediato superiore,* immediate superior.

immemorabile *agg* immemorial: *da tempo immemorabile,* from time immemorial; from time out of mind.

immemore *agg* oblivious; forgetful; unremembering.

immensamente *avv* immensely; hugely; enormously; extremely; vastly; boundlessly: *essere immensamente grato a qcno,* to be extremely grateful to sb.

immensità *sf* **1** immensity; vastness. **2** *(grande quantità)* immense quantity.

immenso *agg* **1** *(riferito a spazio)* immense; vast; *(senza limiti)* boundless. **2** *(enorme)* immense; vast; huge: *una folla immensa,* a huge crowd — *un odio immenso,* deep hatred.

immensurabile *agg* immeasurable.

immensurabilità *sf* immeasurableness.

immergere *vt* to dip; to immerse; to plunge; *(panni)* to soak.

☐ **immergersi** *v. rifl* **1** to plunge *(anche fig.)*; *(di sommergibile)* to dive; to submerge. **2** *(fig.)* to immerse oneself; to plunge: *immergersi nelle tenebre,* to merge into the shadows — *essere immerso nello studio,* to be immersed (*o* absorbed) in one's studies — *essere immerso nella luce,* to be bathed in light.

immeritatamente *avv* **1** *(senza merito)* undeservedly. **2** *(senza colpa)* unjustly.

immeritato *agg* **1** *(non meritato)* undeserved. **2** *(ingiusto)* unjust.

immeritevole *agg* undeserving; unworthy.

immersione *sf* **1** immersion; *(astronomia e fig.)* dipping. **2** *(di sommergibile)* dive: *immersione rapida,* crash dive. **3** *(naut.: pescaggio)* draught: *linea d'immersione,* water-line.

immettere *vt* **1** to put* (sth) in (*o* on); to take* (sth) in; to let* (sb, sth) in; to infuse: *immettere ossigeno nei polmoni,* to take oxygen into the lungs — *immettere un nuovo prodotto sul mercato,* to put a new product on the market; to bring out a new product — *immettere qcno nel possesso di un bene, (dir.)* to put sb in possession of a property. **2** *(elettr.)* to put* (to switch) (sth) on.

☐ **immettersi** *v. rifl* to get* into; to insinuate oneself.

immigrante *agg e sm e f.* immigrant.

immigrare *vi* to immigrate.

immigrazione *sf* **1** immigration. **2** *(per estensione: gli immigranti)* immigrants *(pl.)*.

imminente *agg* **1** imminent; *(minaccioso)* impending. **2** *(che sovrasta)* overhanging.

imminenza *sf* imminence: *l'imminenza del pericolo (della guerra),* the imminence (the threat) of danger (of war) — *nell'imminenza delle feste natalizie,* with the approach of Christmas.

immischiare *vt* to involve; to implicate.

☐ **immischiarsi** *v. rifl* to meddle; to interfere; to get* involved (in sth): *Non t'immischiare!,* Mind your own business!; Keep out of it!

immiserimento *sm* impoverishment; decay.

immiserire *vt* to reduce to poverty.

☐ *vi e* **immiserirsi** *v. rifl* **1** to become* poor. **2** *(rinsecchire)* to wither.

immissario *sm* tributary.

immissione *sf* **1** insertion; introduction. **2** *(mecc.)* inlet; intake.

immobile *agg (che non si muove)* motionless; still; stationary; *(che non si può muovere)* immovable; immobile: *rimanere immobile,* to keep still. ☐ *beni immobili, (dir.)* immovables; *(diritto angloamericano)* real property *(sing., collettivo)*.

☐ *sm* immovable; building; *(al pl.)* premises.

immobiliare *agg* immovable; *(diritto angloamericano)* real: *società immobiliare,* building society — *credito immobiliare,* loan on security of real property.

immobilismo *sm* wait-and-see policy; ultra-conservatism.

immobilità *sf* immobility; stillness.

immobilizzare *vt* **1** to immobilize; to put* (sth) out of action. **2** *(comm.)* to tie (sth) up.

immobilizzazione *sf* **1** immobilization. **2** *(comm.)* tying up.

immoderatamente *avv* immoderately; excessively; unrestrainedly.

immoderato *agg* immoderate; unrestrained.

immodestamente *avv* immodestly; vainly; conceitedly; improperly.

immodestia *sf* immodesty; impropriety.

immodesto *agg* immodest; vain; conceited; *(non pudico)* improper.
immolare *vt* to sacrifice; *(stor.)* to immolate.
□ **immolarsi** *v. rifl* to sacrifice oneself.
immolazione *sf* sacrifice.
immondamente *avv* **1** filthily; foully. **2** *(fig.: molto)* filthy: *È immondamente bugiardo,* He's a filthy liar.
immondezza *sf* **1** uncleanliness; filthiness. **2** *(spazzatura)* garbage; rubbish; trash *(USA).*
immondezzaio *sm* **1** rubbish dump. **2** *(fig.)* gutter.
immondizia *sf* **1** filth; dirt; *(spazzatura)* garbage; refuse; rubbish; trash *(USA): bidone delle immondizie,* dust-bin; trash-can *(USA)* — *Vietato scaricare immondizie,* Rubbish may not be tipped here; No tipping; No dumping. **2** *(fig.)* filthiness; obscenity. **3** *(Bibbia)* uncleanness.
immondo *agg* filthy; dirty; *(fig.)* disgusting; *(religione)* unclean: *linguaggio immondo,* foul language.
immorale *agg* immoral.
immoralità *sf* immorality.
immortalare *vt* to immortalize.
□ **immortalarsi** *v. rifl* to become* immortal.
immortale *agg* immortal; imperishable; *(perenne)* undying.
immortalità *sf* immortality.
immoto *agg* motionless; still.
immune *agg* **1** *(esente)* exempt (from sth). **2** *(med.)* immune (from sth). **3** *(libero)* free (of, from sth).
immunità *sf (med. e fig.)* immunity.
immunizzare *vt* to immunize; *(vaccinare)* to vaccinate.
immunizzazione *sf* immunization.
immunologia *sf* immunology.
immunologico *agg* immunologic(al).
immusonirsi *v. rifl* to sulk; to pull a long face.
immusonito *agg* sulky; sullen.
immutabile *agg* unchangeable; immutable: *La mia decisione è immutabile,* My decision is final.
immutabilità *sf* immutability.
immutabilmente *avv* unchangeably; immutably.
immutato *agg* unchanging; unswerving. □ *Il paese è rimasto immutato,* The village has stayed as it was.
imo *sm (lett.)* bottom.
impaccamento *sm (computeristica)* density.
impaccare, impacchettare *vt* to parcel (sth) up; to wrap (sth) up; to package.
impacciare *vt* **1** to hamper; to encumber; to hinder; to impede; to embarrass; to make* (sb) awkward (*o* clumsy): *La veste lunga le impacciava il passo,* Her long gown hampered her movements (*o* got in her way) — *Il tavolo era impacciato dai libri,* The table was encumbered with books — *un'andatura impacciata,* an awkward gait (*o* carriage). **2** *(disturbare)* to inconvenience; to trouble; to be* in the (*o* sb's) way.
□ **impacciarsi** *v. rifl (immischiarsi)* to interfere; to meddle: *impacciarsi nelle cose degli altri,* to meddle (to interfere) in other people's business — *Non t'impacciare nelle mie faccende!,* Mind your own business!
impacciato *agg* **1** *(goffo)* awkward; clumsy. **2** *(imbarazzato)* embarrassed.
impaccio *sm* **1** *(imbarazzo)* embarrassment; *(ostacolo, impedimento)* hindrance; encumbrance; obstacle: *essere d'impaccio a qcno,* to encumber sb; to be in sb's way. **2** *(situazione imbarazzante)* awkward situation; scrape; fix: *trarsi d'impaccio,* to get out of an awkward situation (out of a fix)
impacco *sm* compress; poultice.
impadronirsi *v. rifl* **1** to take* possession (of sth); to seize; to get* hold (of sth). **2** *(fig.)* to master; to get* the hang (of sth) *(fam.): impadronirsi di una lingua,* to master a language. **3** *(appropriarsi indebitamente)* to misappropriate; to embezzle.
impagabile *agg* priceless; invaluable.
impaginare *vt* to page (up).
impaginatore *sm* maker-up.
impaginatura, impaginazione *sf* paging; *(l'impaginare)* making-up; layout.
impagliare *vt (rivestire)* to cover with straw; *(imbottire)* to stuff; *(imballare)* to pack in straw: *una seggiola impagliata,* a straw-bottomed chair.
impagliatore *sm* **1** *(di seggiole)* chair-mender. **2** *(di animali)* taxidermist.
impagliatura *sf* **1** *(di seggiole)* chair-mending; *(il rivestimento stesso)* straw covering. **2** *(di animali)* stuffing; taxidermy.
impalare *vt* **1** *(suppliziare)* to impale. **2** *(agricoltura)* to prop (sth) up; to stake.
□ **impalarsi** *v. rifl* to stand* stock still; *(di cavallo)* to refuse to budge.
impalato *agg* as stiff as a ramrod (as a poker); rooted to the spot; stock still: *Non stare lì impalato!,* Don't just stand there: do something!
impalcatura *sf* **1** *(di edificio)* scaffolding. **2** *(di cervo)* antlers *(pl.).* **3** *(di albero)* ramification. **4** *(per la caccia)* hide. **5** *(fig.)* structure; frame.
impallidire *vi* **1** to turn pale. **2** *(di colori e fig.)* to fade. **3** *(offuscarsi)* to grow* dim.
impallinare *vt* to riddle (to pepper) with shot.
impalmare *vt (lett., scherz.)* to marry.
impalpabile *agg* impalpable; *(appena percettibile)* barely perceptible.
impalpabilità *sf* impalpability.
impalpabilmente *avv* impalpably.
impaludare *vt* to turn into a swamp.
□ **impaludarsi** *v. rifl* to become* swampy; to revert to marshland.
[1]**impanare** *vt (cucina)* to crumb; to roll in breadcrumbs; to bread *(USA): cotolette impanate,* breaded (*o* crumbed) cutlets; cutlets done in breadcrumbs.
[2]**impanare** *vt (mecc.)* to thread.
□ **impanarsi** *v. rifl (di una mola)* to clog; to glaze.
impanato *agg (cucina)* ⇨ [1]**impanare.**
impanatura *sf (cucina)* dipping in (*o* covering with) bread-crumbs.
impaniare *vt* **1** to lime; to smear with bird-lime. **2** *(fig.)* to entangle; to cheat.
□ **impaniarsi** *v. rifl (fig.)* to be* ensnared (by sb); to be* caught up (in sth).
impantanare *vt* to turn (sth) into a bog.
□ **impantanarsi** *v. rifl* **1** to turn into a bog. **2** *(affondare nel fango)* to sink* in the mud. **3** *(fig.)* to get* bogged down.
impaperarsi *v. rifl* to make* a slip; to stumble (over a word).
impappinarsi *v. rifl* to falter; to stumble; *(di attore, oratore, ecc.)* to dry up.
imparare *vt e i.* **1** to learn*: *imparare a memoria,* to learn by heart — *imparare a proprie spese,* to learn to one's cost — *imparare a fare qcsa,* to learn how to do sth — *Sbagliando s'impara,* We learn by our mistakes — *Non si finisce mai d'imparare,* One lives and learns — *Imparate a vivere!,* Learn some manners! — *Così impari!,* That'll teach you! — *Non è mai troppo tardi per imparare,* It's never too late to learn — *Ho imparato a volerle bene,* I have come to

love her. **2** *(venire a sapere)* to come* to hear; to hear*; to learn*.
imparaticcio *sm* **1** botch. **2** *(lavoro da principiante)* work of a beginner.
impareggiabile *agg* incomparable; peerless; unique.
imparentarsi *v. rifl* to marry (into a family); to become* related (to sb).
impari *agg* **1** unequal; uneven: *impari al compito,* unequal to the task — *una lotta impari,* an uneven struggle. **2** *(dispari)* odd.
imparisillabo *agg* imparisyllabic.
imparità *sf* disparity; inequality.
imparruccare *vt* to put* a wig (on sb).
□ **imparruccarsi** *v. rifl* to put* on one's wig.
imparruccato *agg* bewigged.
impartire *vt* to give*; to impart; *(concedere)* to grant; to bestow: *impartire un ordine,* to give an order — *impartire la benedizione,* to give the blessing.
imparziale *agg* impartial; unprejudiced; *(giusto)* fair.
imparzialità *sf* impartiality; fairness.
imparzialmente *avv* impartially; fairly.
impassibile *agg* impassive.
impassibilità *sf* impassivity.
impassibilmente *avv* impassively.
impastare *vt (cucina)* to knead; *(colori)* to blend; to mix; *(creta, argilla, ecc.)* to pug; to make* (sth) into a paste; *(malta)* to puddle.
□ **impastarsi** *v. rifl (di una mola)* to clog; to glaze.
impastato *agg* **1** kneaded. **2** *(fig.)* full: *impastato di pregiudizi,* full of prejudices — *impastato di sonno,* drowsy — *avere la lingua impastata,* to have a furred tongue.
impastatore *sm* kneader.
impastatrice *sf (mecc.)* kneading-machine; mixer; *(per cemento)* cement mixer.
impastatura *sf* kneading.
impasticciare *vt* to make* a mess (a muddle) (of sth).
impasto *sm (cucina)* dough; *(di colori)* 'impasto'; *(di argilla, ecc.)* slurry; malm; *(miscuglio)* mixture; medley.
impastocchiare *vt* to cheat.
impastoiare *vt* **1** to hobble; to shackle. **2** *(fig.)* to hamstring*; to thwart.
impataccare *vt (fam.)* to splash; to spot.
impatto *sm* impact.
impaurire *vt* to frighten; to terrify.
□ **impaurirsi** *v. rifl* to be* terrified.
impavidamente *avv* boldly; fearlessly; undauntedly.
impavido *agg* fearless; undaunted; bold.
[1]**impaziente** *agg* impatient; eager: *essere impaziente di incominciare,* to be impatient (*o* eager) to start.
[2]**impaziente** *sf (bot.)* touch-me-not.
impazientemente *avv* impatiently.
impazientirsi *v. rifl* to lose* patience; to become* impatient.
impazienza *sf* impatience; eagerness; *(apprensione)* anxiety: *con impazienza,* impatiently — *dare segni di impazienza,* to show signs of impatience.
impazzare *vi (cucina)* to go* lumpy; to clot.
impazzata *sf (nell'espressione) all'impazzata,* madly; *(a velocità pazzesca)* at breakneck speed.
impazzimento *sm* **1** trouble; fuss and bother. **2** = **pazzia.**
impazzire *vi* **1** to go* mad (crazy, insane); to become* insane; to lose* one's head; to go* off one's head *(fam.)*; to go* round the bend *(fam.)*: *impazzire dal dolore,* to go mad with pain — *Ma sei impazzito?,* Are you crazy? — *impazzire per (dietro) qcno,* to be mad (*o* crazy) about sb — *fare impazzire qcno,* to drive sb mad (*sl.* up the wall; round the bend) — *impazzire dalla voglia di qcsa (di fare qcsa),* to be dying for sth (to do sth). **2** *(della bussola e, per estensione, di altri strumenti)* to go* wild.
impeccabile *agg* faultless; impeccable: *Veste in modo impeccabile,* He dresses impeccably.
impeccabilità *sf* faultlessness; impeccability.
impeccabilmente *avv* faultlessly; impeccably.
impeciare *vt* to tar; to pitch. □ *impeciarsi le orecchie,* to stop one's ears; to turn a deaf ear (to sth).
impedenza *sf* impedance.
impedimento *sm* hindrance; obstacle; encumbrance; *(dir.)* impediment; *(procedurale)* bar: *superare un impedimento,* to overcome an obstacle — *essere d'impedimento a qcno,* to encumber sb; to be in sb's way; to be a hindrance to sb.
impedire *vt e i.* **1** to prevent (to keep*, to stop) (sb doing sth, sb from doing sth): *Cosa t'impedisce di farlo?,* What prevents you (from) doing it? — *Un urgente impegno di lavoro m'impedisce di incontrarvi stasera,* An urgent business engagement prevents me from seeing you tonight. **2** *(ostruire)* to obstruct; to bar; to stop: *I nuovi fabbricati impediscono la vista del mare,* The new buildings obstruct the view of the sea. **3** *(impacciare)* to hamper; to hinder; to encumber: *Era impedito da due pesanti valige,* He was hampered by two heavy suitcases. **4** *(raro: debilitare)* to debilitate; to enfeeble; to weaken; to pull down *(fam.)*: *La lunga malattia gli ha impedito le gambe,* His long illness has weakened his legs. **5** *(proibire)* to forbid*; not to allow: *Ti impedisco di parlarmi così!,* I forbid you (I won't allow you) to talk to me like that!
impegnare *vt* **1** *(dare in pegno; anche fig.)* to pawn; to pledge: *impegnare l'orologio,* to pawn (to pledge) one's watch — *impegnare la propria parola,* to pledge (*anche* to plight, *raro*) one's word. **2** *(vincolare)* to bind*: *Questo documento non mi impegna,* This document doesn't bind me (is not binding on me) — *una risposta che impegna,* a binding answer — *impegnare una ragazza,* to become engaged to a girl. **3** *(prenotare, ingaggiare)* to engage; to hire; to book; *(riservare)* to reserve: *impegnare una stanza per una settimana,* to engage a room for a week — *impegnare un posto a teatro,* to book a seat at a theatre — *impegnare un tavolo (ad un ristorante) per telefono,* to reserve a table (at a restaurant) by telephone; to 'phone for a table. **4** *(assorbire)* to take* up: *Quel compito impegnò tutto il suo tempo per delle settimane,* That task took up all his time for weeks. **5** *(intraprendere)* to start; to begin*; to engage: *impegnare una lunga discussione con qcno,* to start a long discussion with sb; to engage sb in a controversy. **6** *(mil.)* to engage; to attack: *impegnare le forze nemiche,* to engage the enemy — *impegnare battaglia,* to start fighting; to attack; to join battle.
□ **impegnarsi** *v. rifl* **1** to engage (oneself); to undertake*; *(dedicarsi)* to devote oneself; *(in modo formale)* to pledge oneself; to commit oneself; to bind* oneself: *Si impegna poco, (di studente, ecc.)* He doesn't put much enthusiasm into his work. **2** *(essere o rimanere coinvolto)* to be* (to get*) involved; to be* (to get*) entangled; to let* oneself in (for sth): *impegnarsi a fondo in qcsa,* to involve oneself deeply in sth — *Non impegnarti in una faccenda così dubbia,* Don't get involved (*o* entangled, mixed up) in such a fishy business. **3** *(dir.: farsi garante)* to go* bail (for sb); to stand* surety (for sb).

impegnativo *agg* **1** *(vincolante)* binding; firm. **2** *(che richiede impegno)* exacting; demanding.

impegnato *agg* (*p. pass. di* **impegnare** ⇨) **1** engaged; *(occupato)* busy; *(di artista, scrittore, ecc.)* committed: *Il mio tempo è tutto impegnato,* My time is all taken up — *Sono già impegnato,* I have a previous engagement — *Sarò impegnato tutto giovedì,* I shall be busy all day Thursday — *un artista impegnato,* a committed artist. **2** *(dato in pegno)* pawned; pledged.

impegno *sm* **1** engagement; commitment; responsibility; *(promessa, parola data)* promise; pledge: *un impegno di lavoro,* a business engagement (*talvolta* commitment) — *prendersi un impegno,* to take on an engagement — *un impegno precedente,* a previous engagement — *mantenere (adempiere) un impegno,* to keep (to meet, to fulfil) an engagement — *mancare ad un impegno,* to break an engagement — *assumersi un grande impegno,* to undertake a great responsibility — *i nostri impegni con le nazioni alleate,* our commitments to (*o* towards) our allies. **2** *(comm.)* commitment; obligation: *far fronte ai propri impegni,* to meet one's obligations — *senza impegno, (comm.)* without obligation; without engagement — *con l'impegno di pagare entro un mese,* with the obligation to pay within one month — *impegno di capitale, (comm.)* capital appropriation. **3** *(cura, zelo)* care; diligence; zeal: *lavorare con molto impegno,* to work with a will — *studiare senza impegno,* to study half-heartedly. **4** *(sociale, politico)* commitment; engagement.

impegolare *vt* = **impeciare.**

□ **impegolarsi** *v. rifl (fig.)* to get* involved; to get* mixed up.

impelagarsi *v. rifl* to get* involved; to get* mixed up: *Si è impelagato nei debiti,* He's up to his ears in debt.

impellente *agg* pressing; driving; urgent; impelling.

impellicciare *vt* to cover with fur.

impenetrabile *agg* impenetrable *(anche fig.).*

impenetrabilità *sf* impenetrability.

impenitente *agg* unrepentant; obdurate.

impenitenza *sf* obduracy.

impennare *vt* to feather; to cover with feathers.

□ **impennarsi** *v. rifl* **1** *(di cavallo)* to rear; *(di aereo)* to climb steeply; to zoom upwards. **2** *(fig.: inalberarsi)* to lose* one's temper; to bristle; to become* ruffled.

impennata *sf* **1** *(di cavallo)* rearing. **2** *(scatto d'ira)* burst of anger: *avere un'impennata,* to rear suddenly.

impensabile *agg* **1** unthinkable. **2** *(impossibile)* impossible.

impensato *agg* **1** *(non pensato)* unthought-of. **2** *(inaspettato)* unexpected.

impensierire *vt* to worry; to make* anxious.

□ **impensierirsi** *v. rifl* to become* anxious; to worry (about): *impensierirsi per il ritardo di qcno,* to begin to wonder where sb has got to.

imperante *agg (regnante)* reigning; *(dominante)* ruling; prevailing; dominant.

imperare *vi* to reign *(anche fig.);* to rule *(anche fig.): imperare su un paese,* to reign over a country — *Il silenzio imperava ovunque,* Silence reigned everywhere.

imperativamente *avv* imperatively; commandingly.

imperativo *agg* commanding; imperative *(anche gramm.): con tono imperativo,* in a commanding tone.

□ *sm (gramm., filosofia)* imperative.

imperatore *sm* emperor.

imperatorio *agg* imperial; imperatorial *(lett.).*

imperatrice *sf* empress.

impercettibile *agg* imperceptible.

impercettibilmente *avv* imperceptibly.

imperdonabile *agg* unforgivable; unpardonable.

imperfetto *agg* **1** imperfect; *(difettoso)* faulty; defective; *(incompleto)* unfinished. **2** *(gramm.)* imperfect.

□ *sm (gramm.)* imperfect.

imperfezione *sf* imperfection; blemish; flaw.

[1]**imperiale** *agg* imperial.

[2]**imperiale** *sm (di un autobus)* top deck.

imperialismo *sm* imperialism.

imperialista *sm e f.* imperialist.

imperialistico *agg* imperialistic.

imperiosamente *avv* imperiously; irresistibly; urgently.

imperiosità *sf* imperiousness; *(impellenza)* urgency.

imperioso *agg* **1** imperious. **2** *(irresistibile)* irresistible; *(impellente)* pressing; urgent.

imperizia *sf (poca abilità)* inexpertness; lack of skill (of expertise).

imperlare *vt* to adorn with pearls; *(fig.)* to pearl; to bead: *Il sudore gli imperlava la fronte,* Beads of sweat stood out on his forehead — *La rugiada imperla le foglie,* The leaves are pearly with dew-drops.

□ **imperlarsi** *v. rifl* to adorn oneself with pearls; *(fig.)* to bead.

impermalire *vt* to put* (sb) out; to offend; to irritate.

□ **impermalirsi** *v. rifl* to take* offence (at sth); to take* umbrage (at sth).

impermeabile *agg (all'acqua)* impermeable; waterproof; *(di un tessuto, anche)* rainproof; weatherproof; *(ai gas)* gasproof; *(all'aria)* air tight; *(riferito al suolo)* impervious.

□ *sm* raincoat; mackintosh; mac *(fam.);* waterproof; *(mil., o comunque foderato)* trenchcoat.

impermeabilità *sf* impermeability.

impermeabilizzante *agg* waterproofing.

□ *sm* waterproofing agent.

impermeabilizzare *vt* to impermeabilize; *(un tessuto)* to waterproof.

impermeabilizzazione *sf* impermeabilization; *(di un tessuto)* waterproofing.

imperniare *vt* **1** to pivot (on, upon sth); to hinge (upon sth). **2** *essere imperniato su qcsa, (fig.)* to be* based (*o* founded) on sth.

□ **imperniarsi** *v. rifl* to hinge (upon sth).

imperniatura *sf* **1** hinging; pivoting. **2** *(cardine)* hinge; *(pernio)* pivot.

impero *sm* empire; *(potere, dominio)* rule; control: *l'Impero Romano,* the Roman Empire — *l'impero della ragione,* the rule of reason. □ *mobili stile impero,* Empire furniture.

imperscrutabile *agg* inscrutable.

impersonale *agg* impersonal *(anche gramm.).*

impersonalità *sf* impersonality.

impersonare *vt* **1** to personify; to impersonate. **2** *(interpretare)* to act (the part of).

□ **impersonarsi** *v. rifl* **1** to personify; to be* the personification of. **2** *(di attore: immedesimarsi)* to live (a part).

imperterrito *agg* undaunted; resolute; fearless; *(imperturbabile)* imperturbable; impassive.

impertinente *agg* impertinent; cheeky.

□ *sm e f.* cheeky individual (boy, girl, *ecc.*): *Non fare l'impertinente!,* Don't be cheeky!

impertinentemente *avv* impertinently; cheekily; impudently.

impertinenza *sf* **1** impertinence; impudence; cheek. **2**

(detto impertinente) cheeky (*o* impudent) remark; impertinence.

imperturbabile *agg* imperturbable.

imperturbabilità *sf* imperturbability.

imperturbabilmente *avv* imperturbably; impassively.

imperturbato *agg* unperturbed; unruffled; calm.

imperversare *vi* **1** to rage; *(lett.)* to inveigh. **2** *(di malattia, tempesta, ecc.)* to rage; *(scherz.)* to be* (all) the rage: *Imperversano le gonne corte,* Short skirts are all the rage.

impervio *agg* inaccessible; *(di sentiero, ecc.: impraticabile)* impassable.

impetigine *sf* impetigo.

impeto *sm* impetuosity; vehemence; *(impulso)* impulse; *(accesso)* fit; *(pressione)* impetus; surge; *(assalto)* impetus; shock: *agire d'impeto,* to act on impulse — *essere pieno d'impeto,* to be full of go *(fam.)* — *in un impeto d'ira,* in a fit of anger — *in un impeto di gioia,* in a transport of joy — *nell'impeto del momento,* on the spur of the moment.

impetrare *vt* **1** *(ottenere)* to be* granted (sth). **2** *(domandare)* to implore; to beg.

impettito *agg* stiff; straight: *essere tutto impettito,* to be as stiff as a ramrod.

impetuosamente *avv* impetuously; impulsively.

impetuosità *sf* impetuousness; impetuosity.

impetuoso *agg* impetuous; *(del vento, anche)* blustering.

impiallacciare *vt* to veneer.

impiallacciatore *sm* veneerer.

impiallacciatura *sf* **1** veneering. **2** *(materiale usato)* veneer.

impiantare *vt* to set* (sb) up; to start; *(fondare)* to found.

impiantito *sm* floor; flooring: *un impiantito di legno,* a wooden (a parquet) floor.

impianto *sm* **1** plant; system; installation; facility: *impianto di riscaldamento,* heating system — *impianto frigorifero,* cooling plant — *impianto di aria condizionata,* air conditioning plant — *impianto radio,* radio equipment — *impianti fissi,* plant *(sing.)*; fixtures and fittings. **2** *(l'impiantare)* establishment; installation: *spese d'impianto,* installation charges.

impiastrare, impiastricciare *vt* to plaster; to soil; to smear; *(imbrattare una tela)* to daub: *impiastricciarsi i capelli di brillantina,* to plaster one's hair with brilliantine — *impiastricciarsi il viso,* to paint one's face.

☐ **impiastrarsi, impiastricciarsi** *v. rifl* to plaster oneself (with sth); to soil oneself (with sth).

impiastro *sm* **1** *(med.)* poultice; plaster. **2** *(persona seccante)* bore; nuisance; pest. **3** *(persona malaticcia)* sickly person.

impiccagione *sf* hanging.

impiccare *vt* to hang; to string* (sb) up *(fam.)*: *impiccare qcno per la gola,* to hang sb by the neck.

☐ **impiccarsi** *v. rifl* to hang oneself: *Vada a impiccarsi!,* Hang the man!; Let him (He can) go hang! *(USA).*

impiccato *agg* hanged. ☐ *sm* hanged man *(pl.* men*)*; man who has been hanged.

impicciare *vt* to encumber; to get* in (sb's) way; to hinder.

☐ **impicciarsi** *v. rifl* to interfere; to meddle: *impicciarsi negli affari altrui,* to meddle in other people's business — *Impicciati degli affari tuoi!,* Mind your own business!

impiccio *sm* = **impaccio.**

impiccione *sm* meddler; busybody.

impiccolire *vt* to make* (sth) smaller.

☐ *vi e* **impiccolirsi** *v. rifl* to get* (to grow*) smaller; *(di cose, anche)* to diminish; to decrease.

impiegabile *agg* employable; usable; *(di capitale)* that can be invested: *non impiegabile,* unemployable.

impiegare *vt* **1** *(dare impiego a)* to employ; to engage; to take* (sb) on: *Impiegò due giardinieri per un mese,* He employed (He engaged, He took on) two gardeners for a month — *Fu impiegato in una banca,* He got a job in a bank. **2** *(usare)* to employ; to use; to make* use (of sth): *Devi impiegare una buona colla,* You must use good quality glue. **3** *(spendere, passare)* to spend*: *impiegare male tempo e denaro,* to waste one's time and money. **4** *(riferito al tempo: metterci)* to take*: *Impiego quattro ore per andare in macchina da Torino a Venezia,* It takes me four hours to drive from Turin to Venice — *Impiegai parecchi giorni per finire,* It took me several days to finish. **5** *(comm.: investire)* to invest: *impiegare del denaro in titoli di Stato,* to invest some money in government securities.

☐ **impiegarsi** *v. rifl* to get* (oneself) a job.

impiegatizio *agg* clerical; white-collar *(attrib.)*: *il ceto impiegatizio,* white-collar (*o* clerical) workers *(pl.)*.

impiegato *sm* clerk (*f. talvolta* clerkess); employee; office worker; clerical worker; white-collar worker: *impiegato di banca,* bank-clerk — *impiegato statale,* government employee; civil servant *(GB)* — *impiegato di concetto,* staff employee — *impiegato d'ordine,* line employee.

impiego *sm* **1** *(posto di lavoro, occupazione)* employment; occupation, situation; position; appointment; post; job: *essere senza (essere in cerca di un) impiego,* to be looking for a post (for a job) — *fare una domanda d'impiego,* to apply for a post (for a position) — *ottenere un impiego come vicedirettore,* to get a situation as deputy manager — *perdere l'impiego,* to lose one's position (one's job) — *avere un impiego statale,* to be in the Civil Service; to be a civil servant. **2** *(uso)* employment; use: *l'impiego del metano per il riscaldamento domestico,* the use of methane gas for domestic heating — *l'impiego della forza,* the use of force. **3** *(di denaro)* investment; use: *un impiego redditizio del denaro,* a profitable investment (of one's money) — *l'impiego del denaro in opere caritative,* the use of money for charities.

impietosire *vt* to move (sb) to pity.

☐ **impietosirsi** *v. rifl* to take* pity (on sb); to be* sorry (for sb).

impietrire *vt,* **impietrirsi** *v. rifl* to petrify *(anche fig.)*.

impietrito *agg* turned to stone *(predicativo)*; petrified.

impigliare *vt* **1** to ensnare; to entangle. **2** *(fig.)* to involve.

☐ **impigliarsi** *v. rifl* to get* entangled (in sth).

impigrire *vt* to make* (sb) lazy.

☐ **impigrirsi** *v. rifl* to become* lazy.

impillaccherare *vt* to splash with mud.

impinguamento *sm* fattening.

impinguare, impinguire *vt* to fatten; *(arricchire)* to enrich.

☐ **impinguarsi** *v. rifl* to grow* fat; *(arricchirsi)* to get* rich.

impiombare *vt* **1** *(sigillare)* to seal (sth with lead); *(coprire di piombo)* to cover (sth) with lead; to lead. **2** *(otturare un dente)* to fill; to stop: *farsi impiombare*

un dente, to have a tooth filled (*o* stopped). **3** *(naut.)* to splice.
impiombatura *sf* **1** *(il sigillare)* sealing (with lead). **2** *(copertura di piombo)* leading. **3** *(otturazione)* stopping; filling. **4** *(naut.)* splice.
impiparsi *v. rifl (volg.)* not to give* a damn (for sth); not to care: *Me ne impipo,* I couldn't care less; I don't give a damn.
impiumare *vt* to feather; to adorn (sth) with feathers.
□ **impiumarsi** *v. rifl* **1** *(mettere le penne)* to become* fledged. **2** *(adornarsi)* to adorn oneself with plumes.
implacabile *agg* implacable; relentless.
implacabilità *sf* implacability.
implacabilmente *avv* implacably; relentlessly.
implicare *vt* **1** *(coinvolgere)* to implicate; to involve: *implicare qcno in uno scandalo,* to implicate sb in a scandal — *Lo hanno implicato in una faccenda tutt'altro che pulita,* They involved him in a very shady affair. **2** *(comportare)* to entail; *(sottintendere)* to imply; *(significare)* to mean*: *Ciò implica uno spreco enorme di manodopera,* That entails (implies, means) an awful waste of manpower.
□ **implicarsi** *v. rifl* to become* involved (in sth); to get* mixed up (in sth).
implicazione *sf* implication.
implicitamente *avv* implicitly.
implicito *agg* implicit; implied.
implorante *agg* imploring; beseeching: *con fare implorante,* imploringly.
implorare *vt* to implore; to beg; to beseech; to entreat.
implorazione *sf* entreaty.
implume *agg* unfledged.
impluvio *sm* **1** *(stor., di una casa romana)* impluvium *(pl.* impluvia*).* **2** *(di un tetto)* valley. □ *linea di impluvio, (in una valle)* fall line.
impolitico *agg* inexpedient; impolitic; unwise; unadvisable: *un provvedimento impolitico,* an unwise measure.
impollinare *vt* to pollinate.
impollinazione *sf* pollination.
impolpare *vt* **1** to fatten. **2** *(fig.)* to stuff; to pad.
□ **impolparsi** *v. rifl* to put* on weight.
impoltronire *vt* to make* (sb) lazy.
□ **impoltronirsi** *v. rifl* to become* lazy.
impolverare *vt* to cover (sth) with dust.
□ **impolverarsi** *v. rifl* to get* covered with dust.
impolverato *agg* dusty.
impomatare *vt* to put* ointment (*o* cream) (on sth); *(talvolta)* to pomade; *(scherz.)* to plaster (one's hair) with brilliantine: *È sempre tutto impomatato,* His hair is always plastered down with brilliantine.
□ **impomatarsi** *v. rifl* to pomade one's hair.
imponderabile *agg* imponderable; *(fig., anche)* unfathomable.
□ *sm* the unforeseeable: *L'imponderabile nella vita è assai importante,* The unforeseeable is very important in life.
imponderabilità *sf* imponderability; *(mancanza di peso)* weightlessness.
imponente *agg* imposing; impressive: *una persona dall'aspetto imponente,* an imposing-looking person.
imponenza *sf* impressiveness.
imponibile *agg* taxable; *(riferito ad imposte locali)* rateable. □ *sm* taxable income.
imponibilità *sf* taxability.
impopolare *agg* unpopular.
impopolarità *sf* unpopularity.
imporporare *vt* to purple; to dye (sth) purple; to redden; to empurple *(raro).*
□ **imporporarsi** *v. rifl* to turn red; to blush.
imporre *vt* **1** to impose *(anche fig.)*: *imporre un compito a qcno,* to impose (to set) sb a task — *imporre una tassa,* to impose (to levy, to lay) a tax — *imporre un nome a qcno,* to give sb a name — *imporre le mani, (ecclesiastico: consacrare, benedire)* to lay on (one's) hands. **2** *(ordinare)* to order; to command; to bid*; *(obbligare)* to force; to make*; to oblige; to compel (sb to do sth): *Gli fu imposto di partire immediatamente,* He was ordered to leave at once — *imporre il silenzio,* to command silence. **3** *(ispirare)* to command; to inspire: *Una condotta simile impone rispetto a tutti,* Such behaviour commands everybody's respect.
□ **imporsi** *v. rifl* **1** to impose oneself (on sb, on sth); to dominate; to assert oneself; to assert one's authority; to make* oneself respected; *(fare il prepotente)* to domineer: *Quell'insegnante a scuola non sa imporsi,* That teacher is unable to assert his authority (to make himself respected). **2** *(aver successo)* to be* (to become*) successful; to be* (to become*) a success; to succeed; to become* popular; to make* a name for oneself: *È un motivetto che finirà per imporsi,* It is a nice tune which will become very popular — *S'impose come il miglior atleta dell'anno,* He became the best athlete (*o* sportsman) of the year. **3** *(sport: vincere)* to win*: *imporsi agli avversari,* to beat one's opponents. **4** *(prefiggersi)* to set* oneself the task (of doing sth): *S'impose di finire il libro entro l'anno,* He set himself the task of completing the book by the end of the year. **5** *(essere necessario o indispensabile)* to become* (to be*) necessary (inevitable, imperative): *S'impone ormai una nuova politica economica,* A new economic policy is now necessary (*o* imperative).
importabile *agg* importable.
importante *agg* important; weighty: *molto importante,* very important; momentous — *poco importante,* unimportant; of little consequence.
□ *sm* important thing; essential thing; main point: *Per me l'importante è agire con calma,* In my opinion the important thing (the essential thing) is to behave calmly.
importanza *sf* importance; weight: *dare importanza a qcsa,* to attach importance to sth; to pay attention to sth — *avere grande importanza,* to be very important — *darsi importanza,* to give oneself airs — *senza importanza,* without importance; unimportant — *particolari di scarsa importanza,* details of little importance; minor details.
importare *vt* **1** *(comm.)* to import; *(talvolta)* to introduce: *Importiamo gamberetti dalla Cina,* We import shrimps from China — *Queste mode sono importate dall'America,* These fashions are imported from America.
2 *(comportare)* to cause; to involve; to entail; to imply; *(significare)* to mean*: *Ciò importa un danno notevole per lui,* This will involve him in a big loss; This will mean a considerable loss for him — *La vera felicità importa qualche volta anche autentiche rinunce,* Sometimes true happiness means real sacrifices.
□ *vi e impers* **1** *(valere, avere peso)* to matter; to be* of importance; to be* of consequence; to count (for sth): *Son tutte ragioni che importan poco,* None of these reasons matters very much (is of much importance); They are all reasons that count for very little — *Non gli importa molto della sua famiglia,* He

doesn't care very much for his family; His family matters very little to him — *Non importa!,* It doesn't matter!; Never mind! — *Non m'importa (un bel niente)!,* I don't care (a fig)!; I couldn't care less! **2** *(essere neccessario)* to be* necessary (*o* essential); to matter: *Importa molto che tu arrivi puntuale,* It matters very much (It is essential) that you be punctual (that you arrive on time) — *Non importa che tu lo faccia subito,* It isn't essential that you do it at once; You needn't do it at once.

importatore *sm* importer.

importazione *sf* **1** *(l'importare)* importing; import; importation: *una ditta di importazioni ed esportazioni,* an import-export firm. **2** *(merce importata)* import: *L'importazione della carne è aumentata,* Imports of meat have increased — *una tassa sugli articoli d'importazione,* a tax on imports (on foreign goods).

importo *sm* amount; (total) sum charged; total.

importunamente *avv* importunately; annoyingly; tiresomely.

importunare *vt (molestare)* to pester; to annoy; to nag *(fam.).*

importunità *sf* importunity.

importuno *agg* **1** troublesome; annoying; tiresome. **2** *(inopportuno)* untimely; unwelcome.

imposizione *sf* **1** *(l'atto)* imposition. **2** *(ordine)* order; command. **3** *(imposta)* duty; tax; imposition. □ *l'imposizione delle mani,* the laying on (the imposition) of hands — *l'imposizione del nome,* christening.

impossessarsi *v. rifl* = **impadronirsi.**

impossibile *agg* **1** impossible: *Gli è impossibile venire con te,* It's impossible for him to come with you; He can't come with you — *Pare impossibile!,* It doesn't seem true! — *Non è impossibile,* It's by no means impossible; Could be *(fam.).* **2** *(per estensione: insopportabile)* unbearable; insufferable; impossible *(fam.): È una donna impossibile!,* She's an impossible woman!

□ *sm* impossible: *fare (tentare) l'impossibile,* to do all one can; to do all in one's power; *(più forte)* to leave no stone unturned; to move heaven and earth — *Farei l'impossibile per rivederla,* I would do anything to see her again.

impossibilità *sf* impossibility; *(per estensione: incapacità)* inability: *Mi trovo nell'impossibilità di aiutarti,* It's impossible for me to help you; I really can't help you.

impossibilitato *agg* prevented (from doing sth).

[1]**imposta** *sf* **1** *(di finestra)* shutter. **2** *(archit.)* springer; skewback.

[2]**imposta** *sf* tax; duty: *imposta sulla ricchezza mobile,* tax on earned income — *imposta patrimoniale,* capital levy; capital gains tax — *imposta complementare,* income-tax — *imposta di successione,* estate duty; *(spesso)* death duty — *imposta sul valore aggiunto (IVA),* value added tax *(abbr.* VAT*)* — *imposta sulle donazioni,* gift (*o* voluntary disposition) duty — *soggetto a imposta,* subject to tax — *esente da imposta,* tax-free; duty-free — *Ufficio delle Imposte,* Inland Revenue Office.

[1]**impostare** *vt* **1** *(progettare)* to plan; *(talvolta, per estensione)* to start; to set* (sth) up; to organize; to arrange: *impostare un lavoro,* to plan a piece of work — *impostare il lavoro della settimana,* to plan the week's work — *impostare un giornale,* to plan a newspaper; *(riferito solo all'impaginazione)* to plan the lay-out of a newspaper — *impostare una campagna elettorale,* to plan (to organize) an election campaign — *impostare una organizzazione commerciale,* to set up a sales network. **2** *(naut.)* to lay* down; *(edilizia)* to build*: *impostare una petroliera,* to lay down (the keel of) a tanker — *impostare un arco,* to build (to place, to support) an arch. **3** *(una questione, ecc.)* to state; to set* out; to formulate; to define (the terms of): *impostare un problema,* to state the terms of a problem; to formulate a problem. **4** *(basare)* to base; to found; to place; to support: *un argomento impostato su premesse false,* an argument based (*o* founded) on false premisses. **5** *(mus.)* to pitch: *impostare la voce,* to pitch one's voice.

[2]**impostare** *vt (spedire per posta)* to post; to mail *(spec. USA): impostare una lettera (un pacchetto),* to post a letter (a small parcel) — *Vai a impostare questa lettera,* Go and post this letter.

[1]**impostazione** *sf* statement; formulation. □ *l'impostazione della voce,* the pitch of the voice.

[2]**impostazione** *sf* posting; mailing *(spec. USA).*

impostore *sm* impostor; fraud *(fam.).*

impostura *sf* imposture; fraud.

impotente *agg* **1** powerless; helpless; incapable: *essere impotente di fronte ad una crisi,* to be powerless in the face of a crisis. **2** *(med.)* impotent. **3** *(fig.)* helpless.

impotenza *sf* **1** powerlessness; inability. **2** *(med.)* impotence.

impoverimento *sm* impoverishment *(anche del suolo, delle risorse naturali, ecc.).*

impoverire *vt* to impoverish.

□ **impoverirsi** *v. rifl* to become* poor; to be* reduced to poverty.

impraticabile *agg* impassable; impracticable.

impraticabilità *sf* impracticability.

impratichire *vt* to train; to make* (sb) expert (in, at sth).

□ **impratichirsi** *v. rifl* to get* practice (*o* experience) in; to become* skilled (*o* expert) in: *impratichirsi a tradurre,* to become skilled in translating; to become a skilled translator.

imprecare *vi* to curse.

imprecativo, imprecatorio *agg* maledictory: *formula imprecativa,* curse.

imprecazione *sf* curse; imprecation: *lanciare imprecazioni,* to hurl curses (at sb).

imprecisabile *agg* indeterminable.

imprecisione *sf* inaccuracy; inexactness.

impreciso *agg* inaccurate; inexact; imprecise; *(approssimativo)* approximate.

impregnare *vt* **1** *(imbevere)* to soak; to impregnate. **2** *(ingravidare)* to make* (sb) pregnant. **3** *(fig.)* to imbue: *essere impregnato di pregiudizi,* to be imbued with prejudices.

□ **impregnarsi** *v. rifl* **1** to become* impregnated. **2** *(diventare gravida)* to become* pregnant. **3** *(fig.)* to become* imbued (with sth).

imprendibile *agg* **1** *(letteralm., mil., ecc.)* impregnable; invincible. **2** *(fig: sfuggente)* elusive.

imprenditore *sm* **1** entrepreneur *(fr.): piccolo imprenditore,* owner of a small business — *imprenditore agricolo,* farmer. **2** *(appaltatore)* contractor.

impreparato *agg* unprepared.

impreparazione *sf* unpreparedness.

impresa *sf* **1** *(iniziativa)* undertaking; enterprise; venture: *un'impresa rischiosa,* a risky undertaking (*o* venture) — *un'impresa pubblica,* a public enterprise — *un'impresa coronata da successo,* a successful undertaking (*o* venture) — *un'impresa comune, (comm.)* a joint venture; a joint enterprise — *ac-*

cingersi a (riuscire in, abbandonare) un'impresa, to embark on (to succeed in, to abandon) an enterprise — *mettersi in un'impresa,* to undertake (to do) sth — *È più la spesa che l'impresa,* It doesn't pay; It is more trouble than it's worth; It's not worth the candle. **2** *(gesta)* exploit; deed: *le imprese degli antichi cavalieri,* the exploits of the old knights. **3** *(ditta, azienda)* concern; firm; business; undertaking: *un'impresa commerciale,* a commercial concern (*o* undertaking) — *un'impresa di costruzioni edili,* a firm of building contractors (*o* builders; a building firm). **4** *(appalto)* contract: *Ha un'impresa per la costruzione del nuovo stadio,* He has a contract for the building of the new stadium. **5** *(araldica)* device; *(frase)* motto.

impresario *sm* manager of a concert (of an opera) company; impresario; producer *(USA); (appaltatore)* contractor.

imprescindibile *agg* inescapable; essential; necessary; unavoidable.

imprescrittibile *agg* imprescriptible.

impressionabile *agg* impressionable; apprehensive.

impressionante *agg* impressive; striking; *(formidabile)* appalling; *(sconcertante)* disconcerting.

impressionare *vt* **1** to impress; to make* an impression (on sb, upon sb); to strike*; to affect; *(commuovere)* to move; to touch; *(spaventare)* to frighten; to scare; *(scuotere)* to shake*: *Naturalmente queste brutte notizie impressionarono l'opinione pubblica,* Naturally, this bad news affected (made an impression) upon the public — *essere favorevolmente impressionato,* to have (to receive) a favourable impression. **2** *(fotografia)* to expose.

□ **impressionarsi** *v. rifl (spaventarsi)* to be* frightened; to scare *(fam.);* to be* scared (*o* shaken); *(turbarsi)* to be* affected; to be* apprehensive: *S'impressiona molto facilmente,* He scares easily; He is easily frightened.

impressione *sf* **1** impression; feeling: *Ho l'impressione che ne passeremo di belle,* I have a feeling that we are going to have a rough time — *Avevo l'impressione che...,* I was under the impression that... — *fare buona (cattiva) impressione su qcno,* to impress (to strike) sb favourably (badly); to make a good (a bad) impression on sb — *fare impressione,* to impress; *(spaventare)* to be frightening — *Fa impressione pensare che si può arrivare a New York in tre ore e mezzo,* It's a sobering thought that one can get to New York in three and half hours — *Che impressione ti ha fatto?,* How did it strike you? — *Mi ha fatto una grande impressione,* I was greatly impressed (by it). **2** *(sensazione fisica)* sensation; feeling: *un'impressione di caldo,* a sensation of warmth — *un'impressione di soffocamento,* a feeling of suffocation. **3** *(segno, impronta)* mark; impression; imprint. **4** *(tipografia)* edition; *(ristampa)* impression; printing.

impressionismo *sm* impressionism.

impressionista *sm e f.* impressionist.

impressionistico *agg* impressionistic.

impresso *agg* (*p. pass. di* **imprimere**) printed; impressed; imprinted; *(ma generalm. nell'espressione) rimanere impresso nella mente,* to live on in sb's memory — *M'è rimasta impressa la cortesia del grand'uomo,* I can still recall (*o* remember) the great man's courtesy; I can still remember how courteous the great man was.

imprestare *vt* to lend*; to loan *(spec. USA): imprestare del denaro a qcno,* to lend sb some money.

imprevedibile *agg* unforeseeable; unpredictable; unexpected.

imprevedibilmente *avv* unpredictably; unexpectedly; unforeseeably.

imprevidente *agg* improvident.

imprevidentemente *avv* improvidently.

imprevidenza *sf* improvidence.

imprevisto *agg* unforeseen; unexpected.

□ *sm* unforeseen event; *(al pl., anche)* unforeseen circumstances; *(comm.)* contingencies: *salvo imprevisti,* all being well; if all goes well; unless anything unexpected happens; barring accidents; D. V. *(raro* = 'Deo volente'*).*

impreziosire *vt* to make* (sth) precious; *(fig.)* to embellish.

imprigionamento *sm* imprisonment.

imprigionare *vt* **1** to put* (sb) in prison; to imprison *(generalm. fig.);* to gaol; to jail. **2** *(rinchiudere)* to lock (sb) up *(fam.);* to shut* (sb) in; to confine.

imprimere *vt* **1** *(anche fig.)* to print; to impress; to imprint: *imprimere il ricordo di qcsa nella mente di qcno,* to stamp the memory of sth on sb's mind — *imprimersi qcsa nella mente,* to fix sth in one's mind; to get sth firmly into one's head. **2** *(trasmettere)* to impart; to transmit: *imprimere il movimento a qcsa,* to set sth in motion.

improbabile *agg* unlikely; improbable: *una storia improbabile,* an unlikely (an improbable) tale — *È improbabile che venga oggi,* He's unlikely to come today.

improbabilità *sf* improbability.

improbità *sf (lett.)* improbity.

improbo *agg* **1** dishonest. **2** *(faticoso)* laborious; hard.

improduttività *sf* unproductiveness.

improduttivo *agg* unproductive; *(di terreno)* unfruitful: *capitale improduttivo,* idle money — *mano d'opera improduttiva,* non-productive labour.

impronta *sf* impression; mark; print; imprint; *(fig.)* mark; stamp: *impronta a secco,* embossing — *impronta del piede,* footprint — *impronte digitali,* fingermarks; *(indizi)* fingerprints — *l'impronta del genio,* the mark of genius — *l'impronta della miseria,* the signs of poverty — *cancellare ogni impronta,* to wipe out every trace.

improntare *vt* **1** to impress; to imprint. **2** *(fig.)* to leave* one's mark (on sth).

□ **improntarsi** *v. rifl (fig.)* to become* marked with; to take* on a look of.

improntato *agg (fig.)* characterized (by sth); full (of sth).

improntitudine *sf* impertinence; *(sfacciataggine)* effrontery.

impronunciabile *agg* unpronounceable.

improperio *sm* **1** insult. **2** *(al pl.)* abuse *(sing.): coprire qcno d'improperi,* to heap abuse on sb — *una sfilza d'improperi,* a stream of abuse.

impropriamente *avv* improperly; unsuitably; *(in modo sbagliato)* wrongly; incorrectly.

improprietà *sf* impropriety; inappropriateness.

improprio *agg* improper *(anche matematica); (inadatto)* inappropriate; unsuitable; *(sbagliato)* wrong; incorrect.

improrogabile *agg (di termine)* unable to be extended *(predicativo).*

improrogabilmente *avv* definitively; finally; without any possibility of postponement (of extension).

improvvisamente *avv* unexpectedly; suddenly; all of a sudden; out of the blue *(fam.)*.
improvvisare *vt e i.* **1** to improvise; to knock (sth) up *(sl.)*; to knock (sth) together. **2** *(mus.)* to improvise.
☐ **improvvisarsi** *v. rifl* to act as (sth); to turn oneself into (a sth).
improvvisata *sf* surprise: *fare un'improvvisata a qcno,* to give sb a surprise.
improvvisatore *sm* improviser; *(mus.)* improvisator.
improvvisazione *sf* improvisation.
improvviso *agg* sudden; *(inatteso)* unexpected; *(imprevisto)* unforeseen: *all'improvviso,* suddenly.
☐ *sm (mus.)* impromptu.
imprudente *agg* imprudent; incautious; *(temerario)* rash; *(incauto)* unwary.
imprudentemente *avv* rashly; imprudently; incautiously.
imprudenza *sf* imprudence; incautiousness; *(temerarietà)* rashness; *(leggerezza)* thoughtlessness: *Non commettere imprudenze,* Don't do anything rash.
impudente *agg* insolent; impudent; cheeky.
impudentemente *avv* impudently; cheekily; insolently.
impudenza *sf* impudence; cheek; effrontery: *Che impudenza!,* What cheek! — *avere l'impudenza di fare qcsa,* to have the nerve to do sth.
impudicamente *avv* indecently; shockingly; immodestly.
impudicizia *sf* immodesty.
impudico *agg* **1** *(riferito a persona)* immodest; indecent; wanton; shocking. **2** *(riferito a cosa)* immodest; indecent; improper.
impugnabile *agg* subject to appeal *(predicativo)*; impugnable.
[1]**impugnare** *vt (stringere in pugno)* to grasp; to grip; to seize.
[2]**impugnare** *vt (contestare)* to dispute; *(dir.)* to impugn; to contest.
impugnatura *sf* **1** *(manico)* handle; *(di spada, ecc.)* hilt; *(di arma da fuoco)* small of the butt; *(di coltello)* handle; haft; *(mecc.)* handgrip. **2** *(modo d'impugnare)* grip.
impulsivamente *avv* impulsively; impetuously.
impulsività *sf* impulsiveness.
impulsivo *agg* **1** impulsive; *(impetuoso)* impetuous. **2** *(mecc.)* impelling; propulsive.
impulso *sm* **1** impulse; impetus; *(spinta)* push; shove *(sl.)*; *(fig.)* boost; drive: *dare impulso alle vendite,* to boost sales. **2** *(moto istintivo)* urge; impulse: *agire d'impulso,* to act on impulse — *sentire un impulso a fare qcsa,* to be seized with an urge to do sth. **3** *(elettr., ecc.)* pulse; impulse.
impunemente *avv* with impunity: *fare qcsa impunemente,* to get away with sth.
impunibile *agg* unpunishable.
impunità *sf* impunity.
impunito *agg* unpunished: *restare impunito,* to go unpunished.
impuntare *vi (incespicare)* to stumble; *(balbettare)* to stammer; to falter (out).
☐ **impuntarsi** *v. rifl* to jib; *(ostinarsi)* to be* obstinate; to dig* one's toes in: *Il cavallo s'impuntò,* The horse jibbed — *impuntarsi a fare qcsa,* to take it into one's head to do sth — *impuntarsi a dir di no,* to refuse obstinately.
impuntura *sf* stitching.
impurità *sf* impurity: *un liquido pieno di impurità,* a very impure liquid; a liquid full of impurities.
impuro *agg* **1** impure. **2** *(che offende la castità)* unclean; defiled; impure. **3** *(di lingua)* debased; incorrect; corrupt.
imputabile *agg* **1** due; attributable: *Il guasto è imputabile a distrazione,* The breakdown is due to absent-mindedness; Absent-mindedness is to blame for the breakdown. **2** *(accusabile)* chargeable.
imputabilità *sf* imputability.
imputare *vt* to impute; to attribute; to ascribe; to blame; *(accusare)* to charge (sb with sth); to accuse (sb of sth); *(dir.)* to indict: *Imputarono l'incidente alla sua imprudenza,* They imputed the accident to his rashness — *Questo non gli si può imputare a colpa,* This can't be blamed on him.
imputato *sm* accused; defendant.
imputazione *sf* charge. ☐ *capo d'imputazione,* count (of indictment).
imputridimento *sm* putrefaction; rotting.
imputridire *vi* to rot; to putrefy; to go* bad.
impuzzire *vt* to make* (sth) stink.
impuzzolire *vi* to stink*.
in *prep* **1** *(compl. di stato in luogo, anche fig.; compl. di limitazione, di modo, maniera)* **in**; **at**; *(su, sopra)* **on**; *(dentro)* **inside**; **within** *(piuttosto lett.)*: *È stato in prigione,* He has been in prison; He's been inside *(fam.)* — *Vive in una villa isolata,* He lives in an isolated villa — *Sarò in casa tutto il pomeriggio,* I'll be at home all afternoon — *Si è chiuso in casa,* He shut himself up at home (*o* in the house) — *Non è in casa,* He's not at home — *Il formaggio è già in tavola,* The cheese is already on the table — *L'ho visto in bicicletta,* I saw him on his bicycle — *Custodisce in sé il segreto,* He is keeping the secret to himself — *Era un asso in greco,* He was brilliant at (*o* in) Greek — *Non riesco molto bene negli sport,* I'm not much good at sport — *un dottore in legge,* a law graduate — *parlare in inglese,* to speak in English; to speak English — *dire qcsa in segreto,* to say sth in secret — *fare qcsa in fretta,* to do sth in a hurry — *vestire in rosso,* to dress in red.
2 *(compl. di moto a luogo, anche fig.)* **to**; *(con idea di penetrazione)* **into**; **in**; *(contro)* **against**: *Quest'estate andremo in Grecia,* We'll be going to Greece this summer — *andare in rovina,* to go to ruin — *Rimetti la pistola nel cassetto!,* Put the gun back in (*o* into) the drawer! — *cadere nell'acqua,* to fall in (*o* into) the water — *Andò a sbattere nella porta,* She bumped against the door — *Dobbiamo cambiare le nostre lire in dollari,* We must change our lire into dollars — *È stato tradotto in francese?,* Has it been translated into French?
3 *(compl. di moto per luogo, anche fig.)* **in**; **round**; *(dappertutto)* **throughout**; **all over**: *Stanno viaggiando in Scandinavia,* They are travelling in (*o* around) Scandinavia — *Questo giornale è diffuso in tutta l'Europa,* This paper is read throughout (*o* all over) Europe.
4 *(compl. di tempo determinato e continuato)* **in**; **on**; **at**; **during**: *In luglio traslocheremo,* We'll be moving house in July — *Oh! arrivi proprio in tempo!,* Ah! You're just in time! — *in un giorno d'autunno,* one (*o* on an) autumn day — *in questo momento,* at this moment — *nello stesso tempo,* at the same time — *Arriverò in giornata,* I'll be arriving some time during the day — *Lo farò in un giorno,* I'll do it in a day.
5 *(compl. di mezzo)* **by**; **in**: *Decisi di andare in treno,* I decided to go by train — *Viaggio volentieri in aereo,* I like travelling by air (by plane) — *pagare in contanti,* to pay cash (*o* in cash).
6 *(compl. di materia)* **in** *(NB: spesso si usa attributi-*

vamente il sostantivo che indica la materia): Il piano del tavolo è in noce, The table top is in walnut — *un libro rilegato in cuoio,* a book bound in leather; a leather-bound book — *un bagno in marmo,* a marble bath.

□ *L'ebbi in dono a Natale,* I had it as a Christmas present (*o* for Christmas) — *Traffica in preziosi,* He deals in precious stones — *Può darmi il volume in visione?,* Can you give me the book to look at? — *di giorno in giorno,* from day to day; day by day — *in alto,* up; up there — *in basso,* down; down there — *essere in attesa di qcsa,* to be waiting for sth — *essere in forse,* to be uncertain — *alzarsi in piedi,* to stand up; to get to one's feet — *Se fossi in te...,* If I were you... — *Siamo in quindici,* There are fifteen of us — *Sono in dieci,* There are ten of them — *in verità, (in affermazioni o suppliche)* in truth — *in nome di Dio,* in the name of God — *nell'aprire la porta...,* in opening the door... — *Anna Rossi in Bianchi,* Mrs Anna Bianchi, née Rossi — *in seguito a* ⇨ **seguito** — *in su* ⇨ **su** — *in giù* ⇨ **giù** — *in quanto che* ⇨ **quanto.**

inabile *agg* incapable; *(fisicamente)* unfit; *(per infortunio)* disabled: *essere inabile al servizio militare,* to be unfit for military service.

inabilità *sf* incapacity; *(fisica)* unfitness; *(per infortunio, malattia)* disability.

inabilitare *vt* **1** to disable; to make* (sb) unfit (for sth); to incapacitate (for sth). **2** *(dir.)* to disqualify.

inabilitato *sm* disqualified person.

inabilitazione *sf* **1** unfitness; disability. **2** *(dir.)* disqualification.

inabissamento *sm* sinking.

inabissare *vt* to sink*.

□ **inabissarsi** *v. rifl* to sink*; to be* engulfed.

inabitabile *agg* uninhabitable.

inabitato *agg* uninhabited; *(di casa, anche)* empty.

inabolibile *agg* unable to be abolished *(predicativo).*

inaccessibile *agg (di cosa, luogo)* inaccessible; *(di persona)* unapproachable.

inaccettabile *agg* unacceptable.

inaccordabile *agg* unallowable; ungrantable.

inacerbire *vt* to embitter; *(fig., anche)* to exacerbate.

□ **inacerbirsi** *v. rifl* to grow* bitter.

inacidimento *sm* acidification.

inacidire *vt* to turn sour; to sour *(anche fig.);* to embitter *(fig.).*

□ *vi* to become* acid (*o* sour); to go* sour.

inacutire *vt* to sharpen; to heighten *(p.es. dolore).*

□ **inacutirsi** *v. rifl* to become* more acute.

inadattabile *agg* unadaptable.

inadattabilità *sf* unadaptability.

inadatto *agg* unsuitable (for sth); unfit (for sth): *Quel lavoro è inadatto per lui,* That job is unsuitable for him.

inadeguatamente *avv* inadequately; insufficiently.

inadeguatezza *sf* inadequacy; insufficiency.

inadeguato *agg* inadequate; insufficient.

inadempiente *agg* defaulting.

□ *sm e f. (dir.)* defaulting party; defaulter.

inadempienza *sf,* **inadempimento** *sm* nonfulfilment; default: *inadempienza contrattuale,* breach of contract.

inadempito, inadempiuto *agg* unfulfilled; *(di voto, ecc.)* broken.

inadoperabile *agg* unusable.

inafferrabile *agg* **1** elusive. **2** *(fig.)* elusive; slippery.

inalare *vt* to inhale.

inalatore *sm* inhaler.

inalazione *sf* inhalation.

inalberare *vt* to hoist; to raise; *(insegne)* to display; *(naut., anche)* to run* up: *inalberare la bandiera della sommossa, (fig.)* to raise the flag of revolt.

□ **inalberarsi** *v. rifl* **1** *(di cavalli)* to rear (up). **2** *(adirarsi)* to fly* off the handle *(fam.): Si inalbera facilmente,* It takes very little to send him flying off the handle.

inalienabile *agg* inalienable; indefeasible.

inalienabilità *sf* inalienability.

inalterabile *agg* **1** immutable *(non comune);* lasting; *(di colore, tinta)* fast; *(di metallo)* non-tarnish *(attrib.).* **2** *(del carattere)* even-tempered.

inalterato *agg* unchanged; *(p.es. di paesaggio: non rovinato)* unsploilt.

inamidare *vt* to starch.

inamidato *agg* **1** starched. **2** *(fig.: di persona)* starchy; stiff *(solo predicativo).*

inamidatura *sf* starching.

inammissibile *agg* inadmissible; intolerable.

inammissibilità *sf* inadmissibility.

inamovibile *agg* irremovable.

inamovibilità *sf* irremovability.

inane *agg (lett.)* vain; useless.

inanellare *vt* **1** *(arricciare)* to curl. **2** *(munire d'anello)* to put* a ring (on sth); *(un uccello)* to ring*.

inanellato *agg* **1** *(arricciato)* curly. **2** *(ornato di anelli)* ringed.

inanimato *agg* **1** inanimate *(anche fig.).* **2** *(morto)* dead; lifeless.

inanità *sf* uselessness; emptiness; inaneness.

inappagabile *agg* unsatisfiable; insatiable; that (*o* which) cannot be satisfied.

inappagato *agg* unsatisfied; unappeased.

inappellabile *agg* final; irrevocable: *giudizio inappellabile,* final judgment.

inappellabilmente *avv* without any possibility of appeal.

inappetente *agg* without much appetite *(predicativo);* not hungry *(predicativo).*

inappetenza *sf* lack of appetite; inappetence.

inapplicabile *agg* inapplicable.

inapplicabilità *sf* inapplicability.

inapprendibile, inapprensibile *agg* impossible to learn.

inapprezzabile *agg* **1** *(inestimabile)* inestimable; priceless. **2** *(insignificante)* negligible.

inappuntabile *agg* faultless; impeccable; *(spec. di condotta)* unexceptionable; irreproachable.

inappurabile *agg* unascertainable.

inarcamento *sm* **1** arching. **2** *(tec.)* sheer; camber.

inarcare *vt* to arch; to bend*. □ *inarcare le sopracciglia,* to raise one's eyebrows.

□ **inarcarsi** *v. rifl* to arch; to bend*.

inarcatura *sf* **1** arch; bend. **2** *(tec.)* camber.

inargentare *vt* **1** to coat (sth) with silver; to silver-plate. **2** *(lett., fig.)* to turn (sth) to silver.

inaridimento *sm* drying up.

inaridire *vt* to parch; to wither.

□ *vi e* **inaridirsi** *v. rifl* to dry up; to wither.

inarrendevole *agg* unyielding.

inarrestabile *agg* unable to be stopped *(predicativo);* headlong *(attrib.);* relentless: *l'inarrestabile corsa del tempo,* the relentless march of time.

inarrivabile *agg* **1** unreachable; out of reach; beyond reach. **2** *(fig.)* unparalleled.

inarticolato *agg* inarticulate.

inascoltato *agg* **1** *(letteralm.)* unheard. **2** *(fig.)* unheeded.

inaspettatamente *avv* unexpectedly; suddenly; without warning.
inaspettato *agg* **1** unexpected; sudden. **2** *(imprevisto)* unforeseen.
inasprimento *sm* embitterment; *(fig.)* heightening of tension: *Vi fu un inasprimento nei loro rapporti,* Their relations worsened.
inasprire *vt* to embitter (sb); to make* (sb) harsher.
□ **inasprirsi** *v. rifl* to become* embittered; to become* more bitter; to become* harsher; *(aggravarsi)* to grow* worse.
inastare *vt* **1** *(una bandiera, ecc.)* to hoist. **2** *(la baionetta)* to fix.
inattaccabile *agg* **1** unassailable; impregnable. **2** *(irreprensibile)* improachable; irreprehensible. **3** *(resistente)* -proof: *sostanza inattaccabile dagli acidi,* acid-proof substance.
inattendibile *agg* unreliable; unfounded; *(di testimone, ecc., anche)* untrustworthy.
inattendibilità *sf* unreliability.
inatteso *agg* unexpected.
inattività *sf* inactivity.
inattivo *agg* **1** inactive; idle: *starsene inattivo,* to lie idle — *capitale inattivo,* unemployed capital. **2** *(mecc.)* standing.
inattuabile *agg* impracticable; unfeasible.
inattuabilità *sf* impracticability.
inaudibile *agg* inaudible.
inaudito *agg* unheard-of.
inaugurale *agg* inaugural: *cerimonia inaugurale,* opening ceremony — *viaggio inaugurale, (di una nave)* maiden voyage.
inaugurare *vt* to inaugurate; *(una mostra, ecc.)* to open; *(un monumento, una statua, ecc.)* to unveil; *(scherz.)* to christen.
inaugurazione *sf* inauguration; opening; *(di un monumento, una statua, ecc.)* unveiling.
inauspicato *agg* **1** inauspicious; ill-omened. **2** *(non desiderato)* unwelcome.
inavvedutezza *sf* **1** oversight. **2** *(sbadataggine)* carelessness; inattention.
inavveduto *agg* inadvertent; *(sbadato)* careless; inattentive.
inavvertenza *sf* inadvertence; carelessness: *commettere un'inavvertenza,* to be careless.
inavvertitamente *avv* inadvertently; carelessly.
inavvertito *agg* **1** unnoticed; overlooked: *passare inavvertito,* to go unnoticed. **2** *(sbadato)* careless.
inazione *sf* inaction.
incagliamento *sm* **1** *(naut.)* running aground: *incagliamento di costa,* stranding. **2** *(fig.)* obstacle; hindrance.
incagliare *vi (naut.)* to ground. □ *vt (ostacolare)* to hinder; to encumber.
□ **incagliarsi** *v. rifl* **1** *(naut.)* to run* aground; to strand. **2** *(fig.)* to jam; to stick*; to come* to a standstill; *(di trattative)* to become* bogged down. **3** *(balbettare)* to stammer.
incagliato *agg (naut.)* aground.
incaglio *sm* **1** *(naut.)* running aground. **2** *(fig.)* obstacle; hold-up.
incalcinare *vt (coprire con calcina)* to plaster (to cover) with lime.
incalcolabile *agg* incalculable.
incalcolabilmente *avv* incalculably.
incallimento *sm* **1** hardening; callousness. **2** *(med.)* callosity.
incallire *vt* to make* (sb) callous.
□ *vi e* **incallirsi** *v. rifl* to grow* callous: *incallirsi nel vizio,* to become a hardened sinner.
incallito *agg* hard; callous *(spec. fig.)*; hardened *(fig.)*; inveterate *(fig.)*: *mani incallite,* horny hands — *un fumatore incallito,* an inveterate smoker.
incalorire *vt* to warm up; to inflame.
□ **incalorirsi** *v. rifl (infervorarsi)* to get* excited.
incalzante *agg (imminente)* imminent; *(insistente)* pressing; insistent.
incalzare *vt* to pursue; to press: *Il tempo incalza,* Time presses; Time is pressing.
incamerabile *agg* able to be expropriated.
incameramento *sm* appropriation; expropriation; confiscation.
incamerare *vt* to appropriate; to confiscate.
incamminare *vt* to get* (sth) going (*o* under way); to get* (sth) off the ground *(sl.)*; *(istradare)* to start (sb) off: *incamminare qcno sulla retta via,* to put sb on the right path.
□ **incamminarsi** *v. rifl* to set* out (*o* off); to start: *Sarebbe ora che ci incamminassimo,* It's about time we got started (we got going).
incanalamento *sm* **1** canalization. **2** *(radio)* ducting. **3** *(fig.)* starting; directing.
incanalare *vt* **1** to canalize; *(radio)* to duct. **2** *(fig.)* to start; to direct: *incanalare la folla verso l'uscita,* to start the crowd moving towards the exit.
incanalatura *sf* canal-bed.
incancellabile *agg* indelible; *(indimenticabile)* unforgettable.
incancrenire *vi,* **incancrenirsi** *v. rifl* to become* gangrenous.
incandescente *agg* **1** incandescent; white-hot. **2** *(fig.)* heated.
incandescenza *sf* incandescence; white-heat.
incantabile *agg* unsingable.
incantamento *sm* enchantment; spell; charm.
incantare *vt* to enchant; *(sedurre)* to bewitch; to enrapture; *(un serpente)* to charm; *(fig.: il dolore, la fame, ecc.)* to ease; to palliate: *La sua voce incantò tutti,* Her voice held everybody spellbound.
□ **incantarsi** *v. rifl* **1** to stand* spellbound; to be* enchanted; to go* into raptures: *incantarsi a guardare qcno,* to stop and stare at sb. **2** *(mecc.: incepparsi)* to jam; to stick*.
incantato *agg* enchanted; bewitched; *(inceppato)* stuck *(fam.)*.
incantatore *sm* enchanter; *(mago)* magician; wizard; sorcerer: *incantatore di serpenti,* snake-charmer.
□ *agg* enchanting; bewitching.
incantatrice *sf* enchantress; *(maga)* witch; fairy.
incantesimo *sm* spell; incantation: *rompere l'incantesimo,* to break the spell.
incantevole *agg* enchanting; delightful; charming.
[1]**incanto** *sm* **1** spell; enchantment; charm: *rompere l'incanto,* to break the spell *(anche fig.)* — *come per incanto,* as if by magic. **2** *(fig.)* delight; *(fascino)* magic: *Il loro giardino è un incanto,* Their garden is a delight (*fam.* is out of this world).
[2]**incanto** *sm (asta)* auction: *mettere qcsa all'incanto,* to put sth up for auction — *vendere qcsa all'incanto,* to sell sth by auction; to auction sth.
incantucciarsi *v. rifl* to hide* in a corner.
incanutire *vi* to turn white.
incanutito *agg (di capelli)* white; hoary; *(di persona)* white-haired.
incapace *agg* incapable; hopeless *(fam.)*; disqualified *(dir.)*: *È un incapace!,* He's hopeless!; *(più fam.)* He's a

dead loss! — *essere incapace di fare qcsa,* to be incapable of doing sth.

incapacità *sf* **1** inability (to do sth); incapability. **2** *(dir.)* incapacity: *incapacità d'intendere e di volere,* incapability.

incaparbire *vi,* **incaparbirsi** *v. rifl* to be* obstinate; to take* a stand (on sth).

incaparbito *agg* obstinate.

incapestrare *vt* to put* a halter round (an animal's neck).

incaponirsi *v. rifl* to be* pig-headed (about sth).

incappare *vi (imbattersi, anche fig.)* to run* (into sth); to run* up (against sth): *Sono incappato in un mare di guai,* I've run into trouble; I've got myself into a mess.

incappellare *vt (naut.)* to rig (a mast).

□ **incappellarsi** *v. rifl (fig.)* to take* offence; to take* umbrage.

incappiare *vt* to tie with a slip-knot.

incappottare *vt* to wrap (sb) up in an overcoat: *essere bene incappottato,* to be well wrapped-up.

□ **incappottarsi** *v. rifl* to wrap oneself up in an overcoat.

incappucciare *vt* **1** to put* a hood (on sth); *(fig.)* to mantle. **2** *(di cavallo)* to throw* the head back.

□ **incappucciarsi** *v. rifl* to put* on a hood; *(avvolgersi)* to wrap up.

incappucciato *agg* hooded.

incapricciarsi *v. rifl* to take* a fancy (to sb); to fall* in love (with sb); to have* a crush (on sb) *(sl.);* to go* crazy (over sb).

incarcerare *vt* to imprison; to jail; to put* (sb) into prison; to confine.

incarcerazione *sf* imprisoning; imprisonment.

incardinare *vt,* **incardinarsi** *v. rifl* to hinge.

incardinazione *sf* hinging.

incaricare *vt* to charge (to entrust) (sb with sth); to tell* (sb to do sth); *(ordinare)* to tell* (sb to do sth): *incaricare qcno di un compito,* to entrust sb with a task — *Mi incaricò di telefonare al direttore,* He told me to telephone the manager.

□ **incaricarsi** *v. rifl* to take* (sth) upon oneself; to assume responsibility (for sth); to take* care (of sth): *Me ne incarico io,* I will see to it — *Non voglio proprio incaricarmene,* I don't want to have anything to do with it.

incaricato *agg* entrusted (with sb); charged (with sb); responsible (for sb): *professore incaricato,* (university) teacher with a renewable appointment; assistant professor; lecturer.

□ *sm* appointee; delegate: *incaricato d'affari, (diplomazia)* chargé d'affaires *(fr.).*

incarico *sm* charge; task; commission; *(posto d'insegnante)* renewable appointment: *affidare un incarico a qcno,* to entrust sb with a task — *avere l'incarico di fare qcsa,* to be appointed to do sth — *per incarico di qcno,* on behalf of sb.

incarnare *vt* to embody; *(religione)* to incarnate.

□ **incarnarsi** *v. rifl* to become* incarnate.

[1]**incarnato** *agg* incarnate.

[2]**incarnato** *agg* rosy; flesh pink. □ *sm* rosiness.

incarnazione *sf* incarnation; *(fig.)* embodiment.

incarnire *vi,* **incarnirsi** *v. rifl* to grow* into the flesh: *unghia incarnita,* ingrowing toe-nail.

incarognire *vi,* **incarognirsi** *v. rifl* to sink* into uselessness.

incartamento *sm* papers *(pl.);* documents *(pl.).*

incartapecorire *vi,* **incartapecorirsi** *v. rifl* to shrivel (up).

incartapecorito *agg* wizened; shrivelled.

incartare *vt* to wrap (sth) (up) in paper.

incartocciare *vt* to put* (sth) into a paper bag.

□ **incartocciarsi** *v. rifl* to curl up.

incasellare *vt* **1** *(numeri)* to put* (sth) into squares. **2** *(fig.)* to pigeon-hole.

incassamento *sm* embedding.

incassare *vt* **1** *(mettere in casse)* to pack (in a case); to box; to case; to crate. **2** *(mecc., ecc.)* to embed; to build* (sth) in; to enclose; *(incastonare)* to set*. **3** *(riscuotere)* to cash; to collect. **4** *(per estensione: pugilato, ecc.)* to take* punches (*o* punishment). **5** *(calcio)* to let* through.

□ **incassarsi** *v. rifl (di fiume)* to be* deeply embanked; *(di sentiero, via, ecc.)* to be* enclosed (*o* sunken).

incassato *agg* **1** enclosed; sunken. **2** *(infossato)* deep-set; (deep-)sunken: *occhi incassati,* hollow eyes.

incassatore *sm (pugilato)* punchbag.

incassatura *sf* **1** hollow; cavity. **2** *(di gioiello)* setting. **3** *(mecc.)* embedding.

incasso *sm* **1** *(l'incassare)* collection. **2** *(somma incassata)* takings *(pl.); (ad un incontro sportivo)* take; *(di una vendita)* proceeds *(pl.).*

incastellamento *sm* battlements *(pl.).*

incastellare *vt* to fortify (with battlements).

incastellato *agg* fortified; castellated.

incastellatura *sf* frame; *(ponteggio)* scaffolding; *(carcassa)* casing.

incastonare *vt* to set*.

incastonatore *sm* setter.

incastonatura *sf* setting.

incastrare *vt* **1** to fit in; to fix in; *(oreficeria)* to set*; *(carpenteria)* to mortise; *(a linguetta)* to tongue. **2** *(tenere bloccato)* to catch* to trap: *rimanere incastrato in un ingranaggio,* to get caught in a piece of machinery. **3** *(fam.)* to put* (sb) in a spot; to catch*; to get* (sb) into a corner.

□ **incastrarsi** *v. rifl* to fit; *(di veicoli)* to telescope.

incastratura *sf* **1** fitting; *(carpenteria)* mortising. **2** *(incastro)* joint.

incastro *sm* joint; fixed joint; *(mecc.)* slot; *(falegnameria)* gain: *scaffali ad incastro,* interlocking shelves — *incastro a coda di rondine,* dovetail (joint) — *incastro a dente,* cogging — *incastro a maschio e femmina,* groove-and-tongue joint.

incatenamento *sm* chaining.

incatenare *vt* to chain; to put* (sb) in chains; *(ai piedi)* to fetter; *(fig.)* to captivate.

□ **incatenarsi** *v. rifl e reciproco* to be* linked (to be* chained) together; to be* closely associated.

incatramare *vt* to tar.

incattivire *vt* to make* bad (*o* wicked).

□ *vi* to become* bad (*o* wicked); *(di alimento)* to go* bad.

□ **incattivirsi** *v. rifl (di persona)* to become* wicked; *(arrabbiarsi)* to get* cross.

incautamente *avv* incautiously; imprudently; rashly.

incauto *agg* imprudent; rash; incautious.

incavalcare *vt (dell'artiglieria)* to mount.

incavallatura *sf* truss.

incavare *vt* to hollow (sth) out; to scoop (sth) out; to make* a groove (in sth).

incavato *agg* hollow; sunken: *guance incavate,* sunken cheeks — *un uomo dagli occhi incavati,* a hollow-eyed man; *(più positivo)* a man with deep-set eyes.

incavatura *sf* **1** hollow; notch. **2** *(archit.)* recess;

alcove. **3** *(solco)* groove. **4** *(insenatura)* inlet: *incavatura della vita,* waist-line.

incavo *sm* **1** hollow. **2** *(scanalatura)* groove. **3** *(mecc.)* notch.

incavolarsi *v. rifl (eufemistico)* = **incazzarsi.**

incavolato *agg (eufemistico)* = **incazzato.**

incazzarsi *v. rifl (volg.)* to get* angry (*o* annoyed, *ecc.* ⇨ **incazzato**).

incazzato *agg (volg.)* angry; annoyed; steamed-up *(fam.)*; hopping mad *(fam.)*; hot under the collar *(fam.)*.

incedere *vi (camminare solennemente)* to move forward majestically (*o* solemnly).

☐ *come sm* majestic (*o* solemn) gait.

incendiare *vt* to set* (sth) on fire; to set* fire (to sth).

☐ **incendiarsi** *v. rifl* to catch* fire.

incendiario *agg* incendiary; *(fig.)* inflammatory.

☐ *sm* **1** incendiary; arsonist. **2** *(fig.)* fire-brand.

incendio *sm* fire *(anche fig.)*: *assicurazione contro l'incendio,* fire insurance — *incendio doloso, (dir.)* arson.

incenerare *vt* to sprinkle (sth) with ashes.

incenerimento *sm* **1** incineration. **2** *(cremazione)* cremation.

incenerire *vt* **1** to burn* (to reduce) (sth) to ashes; to incinerate. **2** *(cremare)* to cremate. **3** *(fig.: annientare)* to crush; to wither: *incenerire qcno con lo sguardo,* to crush sb (with a glance, a look, *ecc.*); to give sb a withering look.

inceneritore *sm* incinerator.

incensamento *sm* adulation; flattery.

incensare *vt* **1** to burn* incense (to sb). **2** *(fig.)* to flatter; to sing* the praises (of sb).

incensatore *sm (adulatore)* flatterer.

incensiere *sm* censer; thurible.

incenso *sm* **1** incense. **2** *(fig.)* adulation; flattery.

incensurabile *agg* irreproachable; above criticism *(predicativo)*: *condotta incensurabile,* irreproachable conduct.

incensurato *agg* blameless: *essere incensurato, (dir.)* to have a clean record.

incentivare *vt* to push; to boost: *incentivare le vendite con premi,* to boost sales by means of bonuses.

incentivo *sm* incentive.

incentrare *vt* to place (sth) in the centre; to centralize.

☐ **incentrarsi** *v. rifl* to centre.

inceppamento *sm (mecc.)* jamming; jam; *(naut.)* fouling.

inceppare *vt* **1** *(bloccare)* to clog (sth up); to block (sth up); *(fig.)* to hamper; to obstruct; to hinder. **2** *(naut.)* to foul.

☐ **incepparsi** *v. rifl* **1** to jam; to stick*. **2** *(naut.)* to foul.

incerare *vt* to wax; to polish.

incerata *sf* oil-cloth; tarpaulin.

incerchiare *vt (cerchiare)* to hoop.

incertezza *sf* uncertainty; doubt; *(esitazione)* hesitancy: *dissipare ogni incertezza,* to remove all doubts — *essere nell'incertezza,* to be in a state of uncertainty — *tenere qcno nell'incertezza,* to keep sb in suspense — *rispondere con incertezza,* to answer hesitatingly — *incertezza del tempo,* unsettled state of the weather.

incerto *agg* uncertain; doubtful; dubious; *(indeciso)* undecided; uncertain: *L'esito è ancora incerto,* The outcome is still uncertain (*o* doubtful) — *di data incerta,* of uncertain date — *Sono incerto sul da farsi,* I am uncertain (*o* doubtful) what to do — *Sono incerto se verrà o no,* I'm uncertain (I'm not sure) whether he's coming or not — *una luce incerta,* a feeble (a dim) light — *Il tempo è ancora incerto,* The weather is still unsettled (*o* changeable) — *colori incerti,* indefinite colours — *un fondamento incerto,* a shaky foundation *(anche fig.)* — *camminare con passo incerto,* to walk unsteadily; to walk with halting (*o* faltering) steps; to be unsteady (*o* shaky) on one's legs.

☐ *in funzione di sm* **1** *(come concetto generale)* uncertainty; the uncertain; *(cosa incerta, cose incerte)* what is uncertain: *lasciare il certo per l'incerto,* to give up what is certain for what is uncertain; to plunge into the unknown; to take a leap into the dark; to tread on uncertain ground — *rimanere nell'incerto,* to remain in the dark. **2** *(al pl.: pericoli, ecc.)* uncertainties; risks; hazards; little extras; perquisites; perks *(abbr. fam.)*: *gli incerti del mestiere,* the risks of the profession. **3** *(al pl.: guadagni 'extra')* (little) extras; perquisites *(abbr. fam.* perks*)*.

incespicare *vi* to stumble *(anche fig.)*; to trip up: *incespicare nel parlare,* to stumble over one's words.

incessabile *agg* ceaseless.

incessante *agg* incessant; unceasing.

incessantemente *avv* incessantly; unceasingly; without stopping.

incesto *sm* incest.

incestuosamente *avv* incestuously.

incestuoso *agg* incestuous.

incetta *sf* buying up; hoarding; cornering: *fare incetta di qcsa,* to buy up sth; to corner sth.

incettatore *sm* speculator; hoarder.

inchiesta *sf* investigation; inquiry; *(giornalistica)* report: *fare un'inchiesta,* to conduct (to hold) an inquiry — *una commissione d'inchiesta,* a commission (a board) of inquiry.

inchinare *vt* to bow; to bend*.

☐ **inchinarsi** *v. rifl* **1** to bow; to stoop; *(di donna, in segno di riverenza)* to curtsey: *inchinarsi davanti a qcno,* to bow to sb — *inchinarsi per raccogliere qcsa,* to stoop to pick up sth. **2** *(fig.: acconsentire, cedere)* to agree; to give* in.

inchino *sm* bow; *(di donna)* curtsey: *un leggero (profondo) inchino,* a slight (low, deep) bow — *fare un inchino,* to bow; *(di donna)* to make a curtsey; to curtsey — *fare grandi inchini,* to bow right and left.

inchiodare *vt* **1** to nail *(anche fig.)*; to nail (sth) up (down); to rivet: *inchiodare un quadro alla parete,* to nail a picture to the wall — *inchiodare una cassa,* to nail down a case — *inchiodare l'automobile,* to stop dead — *inchiodare l'attenzione di qcno,* to grip (to rivet) sb's attention — *inchiodare qualcuno alle sue responsabilità,* to pin sb down — *essere inchiodato a letto,* to be confined to one's bed — *Stette lì inchiodato sul posto,* He stood there rooted to the spot. **2** *(artiglieria)* to spike.

☐ **inchiodarsi** *v. rifl* **1** *(fermarsi di colpo)* to stop dead. **2** *(bloccarsi)* to jam; to stick*.

inchiodatrice *sf* box-nailing machine.

inchiodatura *sf* nailing.

inchiostrare *vt* to ink.

☐ **inchiostrarsi** *v. rifl* to become* blotted: *inchiostrarsi le dita,* to get ink on one's fingers; to ink one's fingers.

inchiostratore *sm* inker; inking-roller.

inchiostro *sm* ink: *inchiostro di china,* Indian ink — *inchiostro simpatico,* invisible ink — *nero come l'inchiostro,* (as) black as ink (*o* pitch) — *una macchia d'inchiostro,* a blot — *sporco d'inchiostro,* ink-stained;

inky — *mani sporche d'inchiostro,* inky hands — *versare fiumi d'inchiostro,* to spill rivers of ink.

inciampare, inciampicare *vi* to stumble *(anche fig.);* to trip; *(imbattersi)* to run* into: *inciampare in un arbusto,* to stumble over a shrub — *inciampare in qcno,* to run into sb — *inciampare nel codice,* to fall (to run) foul of the law — *fare inciampare qcno,* to trip sb (up).

inciampo *sm* hindrance; obstacle; impediment: *essere d'inciampo a qcno,* to hinder sb; to be in sb's way.

incidentale *agg* **1** incidental; casual; occasional. **2** *(dir.)* interlocutory. **3** *(gramm.)* parenthetic(al).

incidentalmente *avv* accidentally; by chance; *(di passaggio)* incidentally.

[1]**incidente** *agg* **1** *(fis., ecc.)* incident: *un raggio incidente,* an incident ray. **2** *(gramm.)* parenthetic(al): *una proposizione incidente,* a parenthetical sentence.

[2]**incidente** *sm* **1** *(episodio, fatto)* incident; fact; event; occurrence: *incidenti di frontiera,* frontier incidents — *un incidente diplomatico,* a diplomatic incident. **2** *(infortunio, disgrazia)* accident: *un incidente stradale,* a road accident — *un incidente ferroviario,* a railway accident; a rail crash — *un incidente mortale,* a fatal accident — *un incidente aereo,* a plane crash. □ *sollevare un incidente, (dir.)* to raise an objection (a question); to object — *un individuo sempre a caccia di incidenti,* a trouble-maker.

incidenza *sf* **1** incidence *(anche matematica, ottica): angolo d'incidenza, (di un'ala)* angle of attack; *(delle ruote anteriori di un'automobile)* caster angle. **2** *(mecc.)* clearance. **3** *(effetto)* effect; influence. □ *per incidenza,* incidentally; by the way.

[1]**incidere** *vt* **1** to cut*; to cut* into (sth); to carve; to engrave *(anche fig.); (ad acquaforte)* to etch: *incidere qcsa nella memoria,* to engrave sth upon one's memory. **2** *(med.)* to incise; to lance. **3** *(registrare)* to record.

[2]**incidere** *vi* **1** to weigh (upon sth). **2** *(influire)* to affect.

incinerare *vt* **1** to incinerate. **2** *(cremare)* to cremate.

incinerazione *sf* **1** *(riduzione in cenere)* incineration. **2** *(cremazione)* cremation.

incinta *agg* pregnant; in the family way *(fam.): mettere incinta una ragazza,* to get a girl pregnant; to get a girl into trouble *(sl.)* — *rimanere incinta,* to become pregnant — *una donna incinta,* an expectant mother.

incipiente *agg* incipient; *(di malattia)* in its early stages *(solo predicativo).*

incipriare *vt* to powder.

□ **incipriarsi** *v. rifl* to powder (oneself).

incirca *(nella locuzione avverbiale) all'incirca,* about; more or less; roughly.

incisione *sf* **1** *(taglio)* cut; incision; *(su un tronco d'albero)* notch; tapping: *praticare un'incisione,* to make a cut. **2** *(arte)* engraving; *(acquaforte)* etching: *incisione su legno,* wood engraving; woodcut — *incisione su rame,* copper-plate engraving. **3** *(registrazione, anche su nastro)* recording; *(per estensione: disco)* record.

incisivamente *avv* incisively.

incisività *sf* incisiveness.

incisivo *agg (anche fig.)* incisive; *(di stile, anche)* trenchant.

□ *sm (dente)* incisor.

inciso *sm (gramm.)* parenthesis *(pl.* parentheses*).* □ *per inciso,* incidentally.

incisore *sm* engraver; *(di acqueforti)* etcher.

incitamento *sm* incitement; instigation; egging on *(fam.): incitamento a delinquere, (dir.)* instigation to commit a crime.

incitare *vt* to incite; to spur (sb on); to egg (sb on) *(fam.).*

incitazione *sf* incitement.

incitrullire *vi* to become* silly.

incivile *agg* **1** *(barbaro)* uncivilized; *(per estensione)* barbarous; barbaric. **2** *(maleducato)* impolite; boorish.

incivilimento *sm* civilizing; civilization.

incivilire *vt* to civilize.

□ **incivilirsi** *v. rifl* to become* civilized.

inciviltà *sf* **1** barbarism. **2** *(maleducazione)* rough manners *(pl.);* boorishness.

inclemente *agg* **1** *(del clima, ecc.)* harsh; inclement. **2** *(crudele, spietato)* harsh; cruel; merciless.

inclemenza *sf* **1** *(del clima, ecc.)* harshness; inclemency. **2** *(crudeltà)* harshness; cruelty.

inclinare *vt* to incline *(anche fig.);* to tip; to tilt; to bend*; *(fig.: indirizzare, indurre)* to induce; to dispose; to influence.

□ *vi* to be* inclined; to incline: *Inclino a credere che...,* I'm inclined to think that...; *(più formale)* I incline to the view that...

□ **inclinarsi** *v. rifl* **1** to incline; to tilt; to lean*; to slant; to tip; to slope; *(piegarsi)* to bend*: *inclinarsi al vento,* to bend to the wind. **2** *(di ago magnetico)* to dip. **3** *(naut.)* to list; to heel; *(aereo)* to tip: *inclinarsi in curva, (di aereo)* to bank.

inclinato *agg* **1** sloping; slanting; *(chinato)* bowed: *inclinato su un fianco,* copsided — *piano inclinato,* inclined plane. **2** *(mecc.)* raking.

inclinazione *sf* **1** inclination; slant; slope: *inclinazione magnetica,* magnetic inclination (*o* dip). **2** *(fig.)* inclination; bent; liking: *seguire le proprie inclinazioni,* to follow one's own inclinations — *avere inclinazione per le lingue (per il disegno),* to have a bent for languages (for drawing) — *avere un'inclinazione per qcno,* to have a liking for sb. **3** *(mecc., archit.)* camber. **4** *(naut.: dell'albero)* rake. **5** *(aereo: di virata)* bank.

incline *agg* inclined: *Sono incline a credere che...,* I'm inclined to think that... — *essere incline all'ira,* to be prone to anger.

inclito *agg (lett.)* illustrious; glorious; famous.

includere *vt* **1** to include; *(allegare)* to enclose; to attach: *Non è stato incluso nell'elenco,* He hasn't been included in the list. **2** *(implicare)* to imply. □ ⇨ *anche* **incluso,** *agg.*

inclusione *sf* inclusion.

inclusivo *agg* inclusive.

incluso *agg* **1** *(compreso)* included; inclusive: *spese incluse,* inclusive of expenses — *fino a sabato incluso,* until Saturday inclusive. **2** *(allegato)* enclosed; attached.

incoativo *agg* inchoative.

incoccare *vt* to notch; to nock.

incoercibile *agg* irrepressible.

incoercibilmente *avv* irrepressibly.

incoerente *agg* **1** *(contraddittorio)* inconsistent; *(talvolta)* incoherent: *una persona incoerente,* an inconsistent person. **2** *(di terreno)* loose.

incoerentemente *avv* inconsistently; incoherently.

incoerenza *sf (contraddizione)* inconsistency; *(talvolta)* incoherency.

incogliere *vi* to befall*; to happen: *Mal gliene incolse,* No good came of it.

incognita *sf (matematica e fig.)* unknown quantity;

uncertainty: *La vita è piena di incognite,* Life is full of uncertainties.
incognito *agg* unknown.
□ *sm* **1** *(nell'espressione) viaggiare in incognito,* to travel incognito. **2** *(l'ignoto)* the unknown.
incollamento *sm* sticking.
incollare *vt* to stick*; to glue *(spec. legno, porcellana);* to paste *(carta, ecc.): incollare un francobollo a una lettera,* to stick a stamp on a letter — *incollare manifesti,* to stick bills — *incollare una busta,* to stick down an envelope. □ *Sta sempre incollato a sua madre,* He is always glued to his mother.
□ **incollarsi** *v. rifl* to stick* *(anche fig.);* to get* stuck; *(tenersi vicino a qcno)* to be* glued (to sb); to stick* close (to sb).
incollatore *sm* bill-sticker; poster.
incollatrice *sf* **1** sizing-machine. **2** *(per pellicole cinematografiche)* splicer.
[1]**incollatura** *sf* sticking; *(di legno)* glueing; *(di carta)* pasting; sizing; *(di pellicole cinematografiche)* splicing.
[2]**incollatura** *sf (ippica)* neck: *vincere di un'incollatura,* to win by a neck.
incollerirsi *v. rifl* to lose* one's temper; to get* angry *(fam.* mad*);* to go* off the deep end *(fam.).*
incollerito *agg* enraged; angry.
incolonnamento *sm* **1** *(p.es. di truppe)* formation of columns; forming into columns. **2** *(di cifre, ecc.)* tabulation; setting out in columns.
incolonnare *vt* **1** *(con la macchina per scrivere)* to tabulate; *(tipografia, ecc.)* to set* up in columns. **2** *(mil.)* to form into columns.
□ **incolonnarsi** *v. rifl* to file; to queue up.
incolonnatore *sm* tabulator.
incolore, incoloro *agg* colourless; *(fig.)* duel.
incolpabile *agg* chargeable; culpable.
incolpare *vt* to blame (sb for sth); to accuse (sb of sth); to charge (sb with sth).
□ **incolparsi** *v. rifl* to accuse oneself.
□ *v. reciproco* to accuse each other (*o* one another).
incolto *agg* **1** *(di terreno)* uncultivated. **2** *(fig.: non curato)* untidy; unkempt. **3** *(non istruito)* uneducated; uncultured.
incolume *agg* unhurt; *(dopo un incidente)* uninjured; safe and sound; unscathed.
incolumità *sf* safety. □ *attentare all'incolumità di qcno,* to make an attempt on sb's life.
incombente *agg* hanging over one's head; looming (over); *(fig.)* imminent: *un pericolo incombente,* imminent danger.
incombenza *sf* duty; task: *dare un'incombenza a qcno,* to set sb a task.
incombere *vi* **1** to hang* (over sb). **2** *(spettare)* to be* incumbent (on sb); *(meno formale)* to lie* (with sb); to be* up (to sb): *La responsabilità dell'impresa incombe su di voi,* The responsibility for this undertaking lies with you.
incombustibile *agg* non-flammable: *materiale incombustibile,* fireproofing material.
incombusto *agg* unburnt.
incominciare *vt* to begin*; to start; to commence *(formale in GB, comune USA): incominciare un nuovo capitolo,* to begin a new chapter.
□ *vi* **1** *(dare inizio)* to begin* (to do sth, doing sth); to start (to do sth, doing sth); to commence (doing sth): *incominciare a lavorare,* to begin working; to start work — *Incominciò ad annuvolarsi,* It began to cloud over — *tanto per incominciare...,* to begin with...; for a start... **2** *(avere inizio, con l'ausiliare essere)* to begin*; to start: *Lo spettacolo è già incominciato,* The show has already begun — *Non incominciare!,* Now don't *you* start!
incommensurabile *agg* **1** *(matematica)* incommensurable. **2** measureless; immeasurable.
incommensurabilmente *avv* immeasurably; measurelessly.
incommerciabile *agg* not a commercial proposition; unable to be bought and sold; unmarketable.
incommutabile *agg* incommutable.
incomodare *vt* to cause (sb) inconvenience; to disturb; to trouble: *Mi rincresce incomodarLa,* Forgive me for troubling you; Please forgive my troubling you.
□ **incomodarsi** *v. rifl* to trouble; to bother: *Non s'incomodi,* Please don't trouble (yourself).
incomodato *agg (indisposto)* indisposed.
incomodo *agg* uncomfortable; *(inopportuno)* inconvenient.
□ *sm* **1** trouble; inconvenience; annoyance: *recare incomodo a qcno,* to cause sb inconvenience — *togliere l'incomodo,* to take one's leave — *essere d'incomodo a qcno,* to be in sb's way — *fare il terzo incomodo,* to play the odd man out; to play gooseberry *(fam.)* — *Scusate l'incomodo!,* Sorry to trouble you! — *Quant'è il vostro incomodo?,* How much do you want for your trouble? **2** *(indisposizione)* ailment; infirmity.
incomparabile *agg* incomparable; peerless; matchless.
incomparabilità *sf* incomparableness; peerlessness.
incomparabilmente *avv* incomparably; beyond all comparison; superlatively.
incompatibile *agg* **1** incompatible: *cariche incompatibili,* incompatible offices; offices which may not be held together. **2** *(inammissibile)* unacceptable; inadmissible.
incompatibilità *sf* incompatibility: *incompatibilità di carattere,* incompatibility (of character).
incompetente *agg* incompetent *(anche dir.).*
□ *come sm e f.* incompetent person.
incompetentemente *avv* incompetently.
incompetenza *sf* incompetence; *(di un tribunale)* lack of jurisdiction.
incompiutezza *sf* unfinished state; incompleteness.
incompiuto *agg* unfinished; incomplete: *L'opera rimase incompiuta,* The work was left unfinished.
incompletezza *sf* incompleteness.
incompleto *agg* incomplete.
incompostezza *sf* **1** *(disordine)* untidiness; disorder. **2** *(sconvenienza)* unseemliness.
incomposto *agg* **1** *(disordinato)* disorderly; dishevelled. **2** *(sconveniente)* unbecoming.
incomprensibile *agg* incomprehensible.
incomprensibilità *sf* incomprehensibility.
incomprensibilmente *avv* incomprehensibly.
incomprensione *sf* lack of understanding; incomprehension.
incompreso *agg (mal compreso)* misunderstood; *(non apprezzato)* unappreciated.
incomputabile *agg* incalculable.
incomunicabile *agg* incommunicable; *(inesprimibile)* inexpressible.
incomunicabilità *sf* incommunicability.
inconcepibile *agg* **1** inconceivable; unthinkable: *È assolutamente inconcepibile!,* It's quite unthinkable! **2** *(incredibile)* incredible.
inconcepibilità *sf* inconceivability.
inconciliabile *agg* irreconcilable; incompatible.
inconciliabilità *sf* irreconcilability; incompatibility.

inconcludente *agg* **1** inconclusive; *(per estensione: vano)* unsuccessful: *uno sforzo inconcludente,* an unsuccessful effort. **2** *(discorso, ecc.)* desultory; disconnected. **3** *(persona)* ineffectual; drifting; aimless. □ *sm e f.* ineffectual person.

incondizionatamente *avv* unconditionally.

incondizionato *agg* **1** *(senza condizioni)* unconditional: *resa incondizionata, (mil.)* unconditional surrender — *riflesso incondizionato, (med.)* unconditioned reflex. **2** *(senza riserve, pieno)* complete; unreserved; absolute.

inconfessabile *agg* unmentionable; secret.

inconfessato *agg* unconfessed; unavowed; secret: *un desiderio inconfessato,* an unavowed desire.

inconfondibile *agg* unmistakable; unique.

inconfondibilmente *avv* unmistakably.

inconfortabile *agg* inconsolable.

inconfutabile *agg* irrefutable; unanswerable.

inconfutabilmente *avv* irrefutably; unanswerably.

inconfutato *agg* indisputable.

incongruente *agg* inconsistent; incongruous.

incongruentemente *avv* incongruously; inconsistently.

incongruenza *sf* inconsistency; incongruity.

incongruo *agg* inadequate; insufficient.

inconoscibile *agg* unknowable.

inconsapevole *agg* **1** *(ignaro)* unaware *(predicativo);* ignorant (of sth). **2** *(inconscio)* unconscious.

inconsapevolezza *sf* **1** *(ignoranza)* ignorance; unawareness. **2** *(l'essere inconscio)* unconsciousness.

inconsapevolmente *avv* unconsciously; unwittingly; unawares.

inconsciamente *avv* unconsciously; unwittingly.

inconscio *agg e sm* unconscious.

inconseguente *agg* inconsequent.

inconseguenza *sf* inconsequence.

inconsiderabile *agg* negligible; inconsiderable; trifling; not worth bothering about.

inconsideratezza *sf* **1** inconsiderateness; thoughtlessness. **2** *(azione)* inconsiderate (*o* thoughtless) act.

inconsiderato *agg* inconsiderate; thoughtless; *(avventato)* rash; incautious.

inconsistente *agg* **1** insubstantial; flimsy; tenuous. **2** *(di notizia, ecc.)* unfounded; groundless.

inconsistentemente *avv* insubstantially.

inconsistenza *sf* **1** insubstantiality; flimsiness. **2** *(di notizia, ecc.)* groundlessness.

inconsolabile *agg* inconsolable.

inconsolabilmente *avv* inconsolably.

inconsueto *agg* unusual.

inconsultamente *avv* rashly; heedlessly.

inconsulto *agg* rash; heedless; *(improvviso)* sudden.

incontaminatezza *sf* purity.

incontaminato *agg* pure; uncontaminated.

incontenibile *agg* irrepressible.

incontentabile *agg* **1** insatiable. **2** *(esigente)* hard to please; exigent: *sempre incontentabile,* never satisfied.

incontentabilità *sf* insatiability.

incontestabile *agg* indisputable; incontrovertible.

incontinente *agg* incontinent; unrestrained.

incontinenza *sf* incontinence *(anche med.).*

incontrare *vt* **1** to meet*; *(imbattersi in)* to come* across; to run* into: *incontrare qcno per caso,* to meet sb by chance; to come across sb; to run into sb — *Saremo lieti di incontrarvi a Torino, (comm.)* We shall be glad to meet you (*USA* to meet with you) in Turin. **2** *(seguito da cosa astratta)* to meet* with; to come* up against *(solo cose sgradevoli, difficili): incontrare difficoltà insormontabili,* to meet with (to come up against) insuperable difficulties — *incontrare il favore dei giovani,* to find favour with young people. **3** *(sport: giocare con)* to play; *(pugilato)* to fight*: *Domani il Napoli incontrerà il Milan,* Naples are playing Milan tomorrow.
□ *vi (come verbo 'assoluto': avere successo)* to be* successful; to be* a success; to find* favour; to be* popular: *È una canzone che incontra,* It is a tune that is (that has become) popular — *Come maestro non incontra,* He is not a success (He is not very popular) as a teacher.
□ **incontrarsi** *v. rifl e reciproco* **1** to meet*: *C'incontriamo tutte le mattine,* We meet every morning — *S'incontrarono (fecero conoscenza) durante una crociera nel Mediterraneo,* They met on a Mediterranean cruise. **2** *(accordarsi)* to agree: *Sono tipi che non si incontrano,* People like that don't agree. **3** *(coincidere)* to coincide: *Le tue conclusioni non s'incontrano con le mie,* Your conclusions don't coincide with mine. **4** *(sport)* to play; to encounter; *(pugilato, ecc.)* to fight*: *Il Torino s'incontrò in casa con l'Inter,* Torino played Inter at home.

incontrastabile *agg* incontrovertible; indisputable.

incontrastato *agg* uncontested; unopposed.

[1]**incontro** *sm* **1** meeting; encounter; *(sport)* match; game; *(pugilato)* fight; *(occasione)* occasion: *incontro al vertice,* summit meeting — *incontro di calcio,* football match *(o* game, *spec. USA).* **2** *(in matematica, ecc.)* point of intersection; *(riferito a strade, ecc.)* junction. □ *Che bell'incontro!, (come saluto)* How lovely to see you!

[2]**incontro** *prep* toward(s); *(contro)* against: *Gli andai incontro,* I went toward(s) him — *andare incontro al nemico,* to advance against the enemy — *andare (correre) incontro a qcno (ad incontrare qcno),* to go (to run) to meet sb — *andare incontro ai desideri di qcno,* to meet sb's wishes — *venire incontro a qcno, (fig.)* to meet sb half-way — *andare incontro ai guai,* to be heading for trouble — *andare incontro alla morte,* to go to one's death — *andare incontro a spese,* to incur expenses.

incontrollabile *agg* **1** uncontrollable; which cannot be checked: *voci incontrollabili,* rumours which cannot be checked. **2** *(di impulso, ecc.: irreprimibile)* uncontrollable; unrestrainable.

incontrollato *agg* uncontrolled.

incontroverso *agg* undisputed.

incontrovertibile *agg* incontrovertible.

inconturbabile *agg* imperturbable.

inconveniente *agg* unsuitable; unseemly.
□ *sm* **1** *(svantaggio)* drawback; disadvantage. **2** *(incidente)* mishap; setback; obstacle.

inconvenienza *sf* unsuitability; unseemliness.

inconvertibile *agg* inconvertible.

inconvertibilità *sf* inconvertibility.

incoraggiamento *sm* encouragement.

incoraggiante *agg* encouraging.

incoraggiare *vt* **1** to encourage. **2** *(promuovere)* to promote; to boost: *incoraggiare le vendite,* to boost sales.

incordare *vt* **1** *(mus.)* to string*. **2** *(naut.)* to rope.
□ **incordarsi** *v. rifl* to stiffen.

incordatura *sf* **1** *(mus.)* stringing. **2** *(naut.)* roping. **3** *(med.)* stiffness.

incornare *vt* **1** *(ferire)* to horn. **2** *(fam.)* to be* unfaithful (to sb).
□ **incornarsi** *v. rifl* to get* (sth) into one's head.

incorniciare *vt* to frame.

incorniciatura *sf* framing; frame.
incoronare *vt* to crown *(anche fig.)*.
incoronazione *sf* coronation.
incorporare *vt* **1** *(includere)* to incorporate; to include. **2** *(mescolare)* to blend. **3** *(un territorio)* to annex; to incorporate. **4** *(riferito ad una società per azioni)* to incorporate; to take* over.
□ **incorporarsi** *v. rifl* **1** *(di sostanze)* to blend. **2** *(di territori)* to merge.
incorporazione *sf* incorporation; merger.
incorporeità *sf* incorporeity.
incorporeo *agg* incorporeal.
incorreggibile *agg* incorrigible; *(riferito a chi è dedito ad un vizio)* hardened; inveterate.
incorreggibilmente *avv* incorrigibly.
incorrere *vi* to run* (into sth); to incur: *incorrere nel pericolo,* to run into danger — *incorrere nello sdegno,* to incur displeasure.
incorrettezza *sf* irregularity.
incorrotto *agg* incorrupted; untainted *(anche fig.)*.
incorruttibile *agg* incorruptible; *(di cosa materiale)* imperishable.
incorruttibilità *sf* incorruptibility.
incosciente *agg* **1** unconscious. **2** *(irresponsabile)* foolhardy; reckless.
□ *sm* irresponsible (*o* reckless) person; fool: *Incosciente!,* You fool!; Thoughtless idiot!
incoscientemente *avv* irresponsibly.
incoscienza *sf* **1** unconsciousness. **2** *(irresponsabilità)* foolhardiness.
incostante *agg* changeable; variable; *(di persona, fig.)* inconstant; fickle.
incostanza *sf* changeableness; variability; *(di persona, fig.)* inconstancy; fickleness.
incostituzionale *agg* unconstitutional.
incostituzionalità *sf* unconstitutionality.
incravattato *agg (scherz.)* dressed up to the nines *(fam.)*: *essere lustro e incravattato,* to be (all) done up like a dog's dinner *(fam.)*.
incredibile *agg* incredible; unbelievable.
incredibilità *sf* incredibility.
incredibilmente *avv* incredibly; unbelievably: *È incredibilmente ingenuo,* He's unbelievably naïve.
incredulità *sf* incredulity.
incredulo *agg* **1** incredulous. **2** *(miscredente)* unbelieving. □ *sm* unbeliever.
incrementare *vt* to increase; *(intensificare)* to step up; *(favorire)* to promote; to prosper: *incrementare la produzione,* to step up production.
incremento *sm* increase; increment *(non comune)*: *dare incremento a qcsa,* to increase (to step up) sth.
increscioso *agg* regrettable; unpleasant.
increspamento *sm* **1** *(di acque)* rippling. **2** *(della pelle, della fronte)* wrinkling. **3** *(dei capelli)* curling. **4** *(di stoffa)* gathering.
increspare *vt,* **incresparsi** *v. rifl* **1** *(di acque)* to ripple. **2** *(di pelle, fronte)* to wrinkle. **3** *(dei capelli)* to curl. **4** *(di stoffa)* to gather.
increspatura *sf* **1** *(di acque)* ripple. **2** *(di pelle, fronte)* wrinkle. **3** *(dei capelli)* curl. **4** *(di stoffa)* gather.
incretinire *vt* to make* (sb) stupid.
□ *vi* to become* stupid.
incriminabile *agg* chargeable.
incriminare *vt* to charge (sb with sth); to incriminate; to indict *(solo dir.)*.
incriminazione *sf* **1** incrimination; charge; accusation. **2** *(atto d'accusa)* indictment; charge.
incrinare *vt,* **incrinarsi** *v. rifl* to crack; *(rompersi)* to break* up; *(deteriorare)* to deteriorate: *I nostri rapporti si stanno incrinando,* Our relationship is beginning to deteriorate.
incrinatura *sf* **1** crack. **2** *(fig.)* rift.
incrociare *vt* **1** to cross: *incrociare le braccia,* to cross (to fold) one's arms; *(fig.: scioperare)* to down tools; to refuse to work; to go on strike — *incrociare le dita, (a modo di scongiuro)* to cross one's fingers — *incrociare le gambe,* to cross one's legs — *incrociare le armi,* to start fighting — *incrociare il fuoco, (mil.)* to cross fire — *incrociare le spade,* to cross swords; to fight a duel. **2** *(accoppiare animali)* to cross; *(se sono di razze diverse)* to crossbreed; to intercross; *(piante)* to cross-fertilize. **3** *(incontrare un veicolo)* to meet*.
□ *vi (navigare su e giù)* to cruise (up and down).
□ **incrociarsi** *v. rifl e reciproco* **1** to cross; to intercross; *(intersecarsi)* to intersect; *(incontrarsi)* to meet*: *I due sentieri s'incrociano vicino alla cima,* The two paths cross (*o* intersect, meet) near the top — *Le nostre lettere si sono incrociate,* Our letters have crossed; My letter has crossed with yours — *I loro sguardi s'incrociarono,* Their eyes met. **2** *(di animali: accoppiarsi)* to breed*; to cross; to interbreed*; *(di piante)* to cross-fertilize: *Queste due razze non si incrociano,* These two races won't interbreed.
incrociato *agg* crossed; cross: *tiro incrociato,* cross-fire — *parole incrociate,* crossword puzzle; crossword.
incrociatore *sm* cruiser.
incrociatura *sf* **1** *(l'incrociare)* crossing. **2** *(punto d'incrocio)* crossing; intersection.
incrocio *sm* **1** *(l'incrociare)* crossing. **2** *(di razze o specie diverse)* cross. **3** *(di strade)* crossing; crossroads.
incrollabile *agg* indestructible; firm *(anche fig.)*: *essere incrollabile,* to stand firm.
incrollabilmente *avv* indestructibly; firmly.
incrostare *vt* to encrust.
□ **incrostarsi** *v. rifl* **1** *(naut.)* to foul. **2** *(di caldaia)* to scale.
incrostatura, incrostazione *sf* **1** crust; deposit. **2** *(di tartaro)* scale; *(delle caldaie, anche)* fur. **3** *(naut.)* fouling.
incrudelire *vi* **1** to become* cruel. **2** *(infierire con crudeltà)* to be* cruel (to sb); to act cruelly (towards sb).
incrudire *vi* **1** to grow* harsh. **2** *(metallurgia)* to harden.
incruento *agg* bloodless; without bloodshed.
incubatrice *sf* incubator.
incubazione *sf* incubation.
incubo *sm* nightmare; *(fig., anche)* obsession; constant worry.
incudine *sf* anvil; *(anat., anche)* incus. □ *essere fra l'incudine e il martello,* to be between the devil and the deep blue sea.
inculare *vt (volg.)* to bugger.
inculcare *vt* to inculcate; to impress.
incunabolo *sm* incunabulum *(pl.* incunabula*)*.
incuneare *vt* to wedge.
□ **incunearsi** *v. rifl* to wedge oneself in.
incupire *vi,* **incupirsi** *v. rifl* **1** *(di tempo)* to grow* dark; to darken. **2** *(di persona)* to become* gloomy; to frown; to scowl.
incurabile *agg e sm* incurable.
incurabilità *sf* incurability.
incurabilmente *avv* incurably.
incurante *agg* **1** heedless; careless: *essere incurante*

della propria salute, to neglect one's health. **2** *(indifferente)* indifferent.

incuria *sf* **1** heedlessness; carelessness; negligence. **2** *(indifferenza)* indifference.

incuriosire *vt* to arouse (sb's) curiosity; *(rendere perplesso)* to puzzle.
□ **incuriosirsi** *v. rifl* to become* curious.

incursione *sf* raid; foray: *un'incursione aerea,* an air-raid; a strike.

incurvamento *sm* bending; curving; *(curva)* bend; curve; *(di lamiera)* bulge.

incurvare *vt* to bend*; to curve.
□ **incurvarsi** *v. rifl* to bend*; to curve; to become* bent; *(di lamiera)* to bulge: *Con l'età si è incurvato,* With age he has begun to stoop (he has developed a stoop).

incurvatura *sf* bending; curving; *(curva)* bend; curve; *(di lamiera)* bulge; *(di spina dorsale)* curvature.

incustodito *agg* unguarded; unattended: *passaggio a livello incustodito,* unattended level crossing.

incutere *vt* to arouse; to instil: *incutere spavento a qcno,* to strike fear into sb's heart.

indaco *sm* indigo.

indaffarato *agg* busy.

indagare *vt* to investigate; to look into.

indagatore *agg* investigating; inquiring; searching.
□ *sm* investigator.

indagine *sf* **1** investigation; inquiry: *svolgere un'indagine,* to carry out an inquiry. **2** *(ricerca)* research; study.

indebitamente *avv* unduly; undeservedly; *(erroneamente)* wrongfully.

indebitare *vt* to get* (sb) into debt.
□ **indebitarsi** *v. rifl* to get* into debt; to run* up debts.

indebitato *agg* in debt: *essere indebitato fin sopra i capelli,* to be up to one's eyes in debt.

indebito *agg* not due; *(immeritato, ingiusto)* undue; undeserved. □ *appropriazione indebita,* embezzlement.

indebolimento *sm* **1** weakening; enfeeblement. **2** *(debolezza)* weakness; feebleness.

indebolire *vt* **1** to weaken; to enfeeble. **2** *(fotografia)* to reduce.
□ **indebolirsi** *v. rifl* **1** to lose* (one's) strength; to grow* weak (*o* weaker). **2** *(di suoni, di colori)* to fade.

indecente *agg* **1** *(contrario alla decenza)* indecent. **2** *(riprovevole)* disgraceful.

indecentemente *avv* indecently; disgracefully.

indecenza *sf* indecency; *(vergogna)* disgrace: *È un'indecenza!,* It's a disgrace!

indecifrabile *agg* **1** indecipherable; illegible. **2** *(incomprensibile)* unintelligible.

indecisione *sf* indecision.

indeciso *agg* **1** undecided; uncertain: *tempo indeciso,* uncertain weather. **2** *(irresoluto)* irresolute.

indeclinabile *agg* indeclinable.

indecomponibile *agg* indecomposable.

indecorosamente *avv* indecorously; in an unseemly manner.

indecoroso *agg* indecorous; undignified.

indefessamente *avv* tirelessly; indefatigably.

indefesso *agg* tireless; indefatigable.

indefinibile *agg* undefinable; obscure; difficult (*o* impossible) to describe.

indefinitamente *avv* indefinitely.

indefinitezza *sf* indefiniteness.

indefinito *agg* **1** indefinite; indeterminate: *l'articolo indefinito,* the indefinite article. **2** *(non risolto)* undecided.

indeformabile *agg* shape-retaining *(attrib.); crushproof; *(irrestringibile)* unshrinkable.

indegnamente *avv* unworthily; worthlessly.

indegnità *sf* **1** unworthiness. **2** *(atto indegno)* indignity.

indegno *agg* unworthy; undeserving; *(spregevole)* worthless; mean; base; miserable; wretched: *È indegno di te,* It's unworthy of you — *un essere indegno,* a mean fellow; a wretched individual — *È indegno!,* What a shame!

indelebile *agg* indelible; *(fig., anche)* unforgettable.

indelebilmente *avv* indelibly; *(fig., anche)* unforgettably.

indelicatamente *avv* indelicately; coarsely; indiscreetly.

indelicatezza *sf* **1** indelicacy; coarseness; tactlessness. **2** *(azione)* tactless act: *commettere un'indelicatezza,* to act tactlessly; to be tactless.

indelicato *agg* indiscreet; *(grossolano)* indelicate; coarse.

indemagliabile *agg* non-run; *(di calza da donna)* ladder-proof *(GB).*

indemoniare *vi,* **indemoniarsi** *v. rifl* to get* into a rage; to be* like one possessed.

indemoniato *agg* **1** possessed; demoniacal. **2** *(fig.)* frenzied; furious. **3** *(molto vivace)* lively.
□ *sm* demoniac; *(fam.)* maniac.

indenne *agg* undamaged; unharmed; safe and sound; unscathed.

indennità *sf* **1** indemnity; allowance: *indennità di trasferta,* travelling (*o* away-from-home) allowance — *indennità di licenziamento,* severance payment. **2** *(risarcimento)* compensation.

indennizzare *vt* to indemnify; to compensate.

indennizzo *sm* indemnity: *domanda d'indennizzo,* claim for damages.

indentro *avv* in; within: *all'indentro,* inwards — *aprire all'indentro,* to open inwards — *camminare con i piedi all'indentro,* to walk with one's toes turned in.

inderogabile *agg* compulsory; mandatory: *termine inderogabile,* final date (*o* term).

inderogabilmente *avv* without fail; absolutely.

indescrivibile *agg* indescribable.

indesiderabile *agg* undesirable.

indesiderato *agg* unwanted; unwelcome.

indeterminabile *agg* indeterminable.

indeterminatezza *sf* indeterminateness; indeterminacy.

indeterminativo *agg* indefinite.

indeterminato *agg* indeterminate; indefinite: *a tempo indeterminato, (agg.)* with no time limit; *(avv.)* to an unspecified date; indefinitely; *(dir.)* sine die *(lat.)* — *rimandare qcsa a tempo indeterminato,* to put sth off indefinitely.

indeterminazione *sf* indetermination; indecision.

indi *avv (lett.: di tempo)* then: *indi a poco,* shortly afterwards.

indiano *agg e sm* **1** *(dell'India)* Indian; *(spesso, impropriamente)* Hindu. **2** *(dell'America)* (Red) Indian. □ *in fila indiana,* in single file — *far l'indiano,* to pretend not to have understood (not to have heard) sth; to turn a deaf ear to sth.

indiavolato *agg* **1** *(indemoniato)* possessed. **2** *(fig.: vivace)* restless: *un bambino indiavolato,* an unruly child. **3** *(trascinante, p.es. di danza, ecc.)* frenzied. **4** *(fig.: tremendo)* terrible; awful.

indicare *vt* **1** *(in generale)* to show*; *(piuttosto formale)* to indicate; *(con l'indice e fig.)* to point (at, to sth, sb); *(per estensione: far notare, mettere in evidenza)* to point (sth) out (to sb); *(segnare)* to mark; *(con cartelli indicativi)* to sign-post: *L'ago rosso indica la quantità di benzina erogata,* The red needle indicates (*o* shows) the quantity of petrol delivered — *Tutte e due le lancette dell'orologio indicavano le dodici,* Both the hour hand and the minute hand pointed to twelve — *indicare la strada a qcno,* to show sb the way — *indicare qcno col dito,* to point at sb — *Indicò sulla carta il punto con una matita rossa,* He marked the point on the map with a red pencil — *I luoghi sono tutti ben indicati lungo il percorso,* The places are all well sign-posted along the route. **2** *(denotare)* to show*; to denote; to be* a proof (of sth); *(significare)* to mean*: *Tutto ciò indica molta buona volontà,* All this denotes (All this is a proof of) real good-will — *La loro risposta indica che stanno preparando una guerra,* Their reply shows (*o* means) that they are preparing for war. **3** to mention; to indicate; *(per sommi capi)* to outline; *(suggerire)* to suggest; *(suggerire vagamente)* to hint; *(precisare)* to state: *Si indicò un contributo di cinque milioni,* A contribution of five million lire was mentioned — *M'indicò solo qualcosa circa le sue intenzioni,* He just hinted something of his intentions to me. **4** *(consigliare)* to advise; *(prescrivere)* to prescribe; *(richiedere)* to need: *È indicata una cura a base di calcio e vitamina A,* I would advise (I would prescribe) a course of calcium and vitamin A — *L'aspirina non è indicata in questi casi,* Aspirin is not advisable (is not indicated) in such cases.

indicativamente *avv* approximately; as a rough guide.

indicativo *agg* **1** indicative *(anche gramm.)*. **2** *(di prezzo, quotazione)* approximate: *a titolo puramente indicativo,* by way of example only. **3** *(rivelatore)* revealing.

□ *sm* **1** *(gramm.)* indicative. **2** *(computeristica)* label; *(telefonia)* routing (*o* dialling) code; code number; *(USA)* area code.

indicato *agg* **1** *(adatto)* suitable; apt. **2** *(consigliabile)* advisable (*cfr.* **indicare 4**).

indicatore *sm* **1** indicator; gauge: *indicatore della benzina,* petrol gauge — *indicatore della pressione,* pressure gauge. **2** *(prontuario, ecc.)* directory; *(guida)* guide. □ *indicatore stradale,* sign-post — *cartello indicatore,* road sign; traffic sign.

indicazione *sf* **1** indication *(anche med.)*. **2** *(istruzione)* direction: *indicazioni per l'uso,* directions for use. **3** *(informazione)* information *(sempre al sing.)*.

indice *sm* **1** *(della mano)* forefinger; index finger; *(anat., anche)* index *(pl.* indexes*)*: *mettere l'indice su qcsa, (fig.)* to draw (sb's) attention to sth; to point out sth. **2** *(di uno strumento)* indicator; *(ago)* needle; *(lancetta)* pointer; hand: *indice luminescente,* luminous pointer — *indice luminoso mobile, (su quadrante)* spot. **3** *(valore, numero)* index *(pl.* indices*)*; value: *indice del costo della vita,* cost of living index — *indice di gradimento, (di programmi radiotelevisivi)* audience reaction (*o* appreciation) index — *indice di posa,* exposure index — *indice del punto di rottura,* shatter index — *indice di rifrazione,* refractive index; index of refraction. **4** *(di un libro)* contents *(pl.)*; *(alfabetico, analitico)* index *(pl.* indexes*)*. **5** *(segno, indicazione)* sign; index *(pl.* indexes*)*; indication: *È un indice di debolezza,* It is a sign (It is indicative) of weakness. □ *l'Indice, (stor., religione, e fig.)* the Index — *numero indice,* index number (*o* figure).

indicibile *agg* indescribable; inexpressible; ineffable *(lett.)*; unspeakable *(generalm. spreg.)*.

indicibilmente *avv* unspeakably; inexpressibly; ineffably *(lett.)*; indescribably.

indietreggiamento *sm* withdrawal.

indietreggiare *vi* to draw* back; to take* a step (a few steps) backwards; to give* way; to retire; to retreat *(anche mil.)*; to fall* back *(generalm. mil.)*.

indietro *avv* **1** *(stato, anche fig.)* back; behind: *State indietro!,* Stand back! — *stare un po' più indietro,* to stand a little farther back — *tenere indietro qcno,* to hold sb back — *essere indietro,* to be behind; *(mentalmente)* to be backward; *(col lavoro)* to be behind (*o* behindhand) in (*o* with) one's work; *(coi pagamenti)* to be in arrear(s) with one's payments; *(di orologio)* to be slow; *(di paese arretrato)* to be behind the times — *rimanere indietro,* to be (to remain, to be left) behind. **2** *(moto, anche* all'indietro*)* back; backward(s): *avanti e indietro,* backwards and forwards; back and forth; to and fro — *marcia indietro, (naut.)* movement astern; *(di veicolo)* backing; reversing — *andare indietro,* to go backwards — *andare avanti e indietro,* to go to and fro — *non andare né avanti né indietro,* to go neither backwards nor forwards; *(fig.)* to make no progress; to have come to (to be at) a standstill — *cadere all'indietro,* to fall backwards — *viaggiare all'indietro, (in treno)* to travel with one's back to the engine — *dare indietro, (indietreggiare)* to recoil; to recede; to draw back; to go backwards — *fare marcia indietro, (di automobile)* to reverse; to back; to go into reverse; *(fig., di persona)* to beat a (hasty) retreat — *fare un passo indietro,* to step back a pace; *(fig.)* to take a step backward — *guardare (voltarsi) indietro,* to look back; to look (to turn) around — *rimandare indietro,* to send back — *Torna indietro!,* Come back! — *saltare indietro,* to jump back — *tirarsi indietro,* to draw back *(anche fig.)* — *mettere indietro l'orologio,* to put one's watch back.

3 *(naut.)* astern: *indietro adagio (indietro mezza, indietro tutta),* slow speed (half speed, full) astern — *all'indietro, (naut.)* abaft; aft.

4 *(di ritorno)* back: *dare indietro qcsa, (restituire)* to give sth back.

indifendibile *agg* indefensible.

indifeso *agg* **1** *(senza difesa)* undefended; *(disarmato)* disarmed. **2** *(fig.: inerme)* defenceless; helpless.

indifferente *agg* **1** *(la stessa cosa)* all the same; indifferent: *Mi è proprio indifferente che tu vada o no,* It's all the same to me whether you go or not. **2** *(che non presenta interesse) Quella donna mi è indifferente,* I have no feelings for that woman either way. **3** *(insensibile)* indifferent (to sth); uninterested (in sth); unmoved (by sth). **4** *(senza importanza)* unimportant: *una somma non indifferente,* a considerable (*o* appreciable, sizeable) sum of money; a large sum.

□ *sm e f.* indifferent: *fare l'indifferente,* to pretend not to care (about sth).

indifferentemente *avv* indifferently; without distinction.

indifferenza *sf* indifference; lack of concern (*o* interest).

indifferenziato *agg* indifferentiated.

indifferibile *agg* unable to be deferred (*o* put off); that (*o* which) cannot be put off; pressing: *un* *impegno indifferibile,* a commitment (an engagement) which cannot be put off.

indigeno *agg* native; indigenous.
□ *sm* native; local inhabitant.

indigente *agg* poor; poverty-stricken; needy; indigent.

indigenza *sf* indigence; poverty: *vivere nell'indigenza,* to live in poverty.

indigeribile *agg* **1** indigestible *(anche fig.).* **2** *(fig.: di persona)* unbearable; *(di cosa)* unpalatable.

indigestione *sf* indigestion; dyspepsia: *fare indigestione di qcsa,* to eat too much (of sth); *(di films, romanzi, ecc.)* to have an overdose (a surfeit) of sth.

indigesto *agg* **1** indigestible: *cibi indigesti,* heavy food. **2** *(fig.)* heavy.

indignare *vt* to make* (sb) indignant; to arouse (sb's) indignation; to shock.
□ **indignarsi** *v. rifl* to be* indignant.

indignato *agg* indignant: *essere indignato contro qcno (per qcsa),* to be indignant with sb (at sth).

indignazione *sf* indignation: *con indignazione,* indignantly.

indimenticabile *agg* unforgettable.

indimostrabile *agg* indemonstrable.

[1]**indio** *agg e sm* Indian.

[2]**indio** *sm (chim.)* indium.

indipendente *agg* **1** *(libero)* independent; free: *essere indipendente da qcno (qcsa),* to be independent of sb (sth). **2** *(senza connessione)* unrelated. □ *proposizione indipendente, (gramm.)* main clause.
□ *sm (politica)* independent.

indipendentemente *avv* **1** *(in modo libero)* independently; freely. **2** *(a prescindere da)* aside (*o* apart) (from sth).

indipendenza *sf* independence; freedom.

indire *vt* to announce; to proclaim *(non comune); (radunare)* to summon; to call: *indire un referendum (le elezioni),* to hold a referendum (an election).

indirettamente *avv* indirectly.

indiretto *agg* indirect: *per vie indirette,* indirectly — *prova indiretta, (dir.)* circumstantial evidence.

indirizzare *vt* **1** *(mettere l'indirizzo)* to address; *(per estensione: mandare)* to send* *(cfr.* **3**, *sotto): indirizzare una lettera (un pacco postale, ecc.) a qcno,* to address a letter (a parcel, *ecc.*) to sb. **2** *(rivolgere la parola)* to address; to speak* (to sb): *indirizzare la parola a qcno,* to address sb. **3** *(rivolgere)* to turn; to refer; *(dirigere, mandare qcno in un luogo, ecc.)* to send* (sb) on; to direct; to refer: *indirizzare i passi verso un luogo,* to turn one's steps *(lett. e scherz.* to wend one's way*)* towards a place — *indirizzare il pensiero a qcno (qcsa),* to turn one's thoughts to sb (sth) — *È indirizzata a me quell'osservazione?,* Does that remark refer to me? — *Lo indirizzai all'altro sportello,* I sent him on to (I directed him to) the other counter — *Lo indirizzarono al direttore generale,* He was referred to the general manager — *indirizzare i propri sforzi verso la pace,* to direct one's efforts towards peace. **4** *(instradare, avviare, guidare)* to train; to educate; to bring* (sb) up as; to have* (sb) trained (*o* educated, brought up) as: *Lo indirizzarono al sacerdozio fin da bambino,* He was trained for the ministry from childhood — *indirizzare qcno alla pittura (alla musica, ecc.),* to have sb trained as a painter (a musician, *ecc.*).
□ **indirizzarsi** *v. rifl* **1** *(dirigersi)* to go*; to make* one's way; to direct one's steps: *Si indirizzò verso casa,* He went home; He made his way home. **2** *(rivolgersi)* to address oneself; to apply; to refer: *Quando hai bisogno d'aiuto, indirizzati a me,* When you need help, apply to me (refer to me, come to me) — *A chi devo indirizzarmi?,* Who(m) must I apply to?

indirizzario *sm (elenco)* list of addresses; *(di una ditta)* mailing list; *(piccola rubrica)* address book.

indirizzo *sm* **1** *(postale)* address: *indirizzo del mittente,* address of (the) sender — *Indirizzo illeggibile: ritornare al mittente,* Address illegible: return to sender — *Fateci sapere se cambiate indirizzo,* Let us know if you change your address — *macchina per indirizzi,* addressing machine; addressograph. **2** *(discorso, messaggio ufficiale)* discourse; speech; address. **3** *(criterio, tendenza, linea di condotta)* course; trend; line; approach; line of approach; *(direzione, piega)* direction; turn: *mutare indirizzo, (fig.)* to follow a new course — *seguire un buon indirizzo,* to be on the right lines — *seguire l'indirizzo del partito,* to follow the party line — *prendere un cattivo indirizzo, (nella vita)* to take an evil course — *I miei affari hanno preso un indirizzo buono (cattivo),* My affairs have taken a turn for the better (worse) — *prendere un indirizzo di studi classici,* to take up classical studies (*o* classics) — *Facoltà di Scienze Politiche, indirizzo sociologico,* Political Science Faculty, sociology section (*o* course).

indisciplina *sf* lack of discipline; *(p.es. di una classe)* unruliness: *un atto di indisciplina,* a breach of discipline.

indisciplinatamente *avv* in an unruly manner; without discipline.

indisciplinatezza *sf* unruliness; insubordination.

indisciplinato *agg* undisciplined; unruly; *(disobbediente)* insubordinate; rebellious.

indiscreto *agg* indiscreet; *(invadente)* intrusive; *(curioso)* inquisitive.

indiscrezione *sf* **1** indiscretion. **2** *(pettegolezzo)* gossip; *(talvolta)* indiscretion. **3** *(fuga di notizie)* unconfirmed report; leak.

indiscriminato *agg* indiscriminate: *fare uso indiscriminato di qcsa,* to make indiscriminate use of sth.

indiscusso *agg* undiscussed.

indiscutibile *agg* indisputable; unquestionable.

indiscutibilmente *avv* unquestionably; indisputably.

indispensabile *agg* indispensable: *il minimo indispensabile,* the bare minimum.
□ *sm* the bare necessities *(pl.);* what is necessary: *Portati solo l'indispensabile,* Bring only what is absolutely necessary.

indispensabilità *sf* indispensability.

indispettire *vt* to irritate; to vex.
□ **indispettirsi** *v. rifl* to get* vexed (*o* cross, angry).

indispettito *agg* vexed; cross; angry.

indisponente *agg* irritating; annoying.

indisporre *vt* to put* (sb) off; to antagonize; to put* (sb's) back up *(fam.): Il suo comportamento mi indispone,* His behaviour puts my back up.

indisposizione *sf* indisposition; slight ailment (*o* illness).

indisposto *agg* unwell; indisposed.

indissolubile *agg* indissoluble.

indissolubilità *sf* indissolubility.

indissolubilmente *avv* indissolubly.

indistinguibile *agg* indistinguishable.

indistintamente *avv* **1** *(senza fare distinzioni)* indiscriminably; in the same way; without distinction. **2** *(in modo vago, confusamente)* indistinctly faintly.

indistinto *agg* indistinct; faint.

indistruttibile *agg* indestructible.

indistruttibilità *sf* indestructibility.

indisturbatamente *avv* without being disturbed.

indisturbato *agg* undisturbed.
indivia *sf* endive; *(talvolta, erroneamente)* chicory.
individuale *agg* individual: *gara individuale,* race for individual competitors — *lezione individuale,* private lesson — *lezioni individuali,* individual tuition.
individualismo *sm* individualism.
individualista *sm e f.* individualist.
individualistico *agg* individualistic.
individualità *sf* individuality.
individualizzare *vt* to individualize.
individualmente *avv* individually.
individuare *vt* **1** to individualize; to differentiate. **2** *(localizzare)* to locate; to spot; *(distinguere)* to pick (sb) out; to identify; to single (sb) out; *(scoprire)* to find* out. **3** *(isolare)* to isolate.
individuazione *sf* **1** individualization. **2** *(localizzazione)* location; *(riconoscimento)* singling out; identification.
individuo *sm* **1** individual; person. **2** *(uomo)* man *(pl.* men*)*; fellow; chap; guy *(USA)*; individual *(generalm. spreg.)*; character *(fam.)*.
indivisibile *agg* indivisible.
indivisibilità *sf* indivisibility.
indiviso *agg* undivided; *(dir.)* joint.
indiziare *vt* to throw* suspicion (on sb): *essere indiziato di qcsa,* to be suspected of sth.
indiziario *agg* presumptive; circumstantial: *prova indiziaria,* circumstantial evidence.
indiziato *agg* suspected. □ *sm* suspect.
indizio *sm* **1** sign; indication; *(traccia)* clue. **2** *(dir.)* circumstantial evidence *(solo al sing.)*.
indizione *sf* **1** announcement; proclamation. **2** *(stor.)* (cycle of) indiction.
indocile *agg* recalcitrant; rebellious; intractable; *(riferito ad animali)* unmanageable; restless.
indole *sf* nature; character; disposition; temperament: *essere di indole buona,* to be good-natured.
indolente *agg* **1** slothful; lazy. **2** *(med.: che non dà dolore)* painless; indolent.
indolentemente *avv* lazily; slothfully.
indolenza *sf* laziness; indolence.
indolenzimento *sm* ache; aching.
indolenzire *vt* to make* (sth) ache; to numb.
indolenzito *agg* aching; sore; numb: *essere tutto indolenzito,* to be aching all over.
indolore *agg* painless: *parto indolore,* painless birth.
indomabile *agg* untamable.
indomani *sm l'indomani,* the following (the next) day; *(lett.)* the morrow.
indomato *agg* untamed; *(di cavallo)* not broken.
indomito *agg* indomitable; unconquerable.
indoramento *sm* gilding.
indorare *vt* **1** to gild; *(dei raggi del sole, ecc.)* to touch (sth) with gold: *indorare la pillola, (fig.)* to gild the pill. **2** *(cucina)* to cook (sth) in batter. □ *indorare i capelli,* to dye one's hair honey-blonde.
indoratore *sm* gilder.
indoratura *sf* gilding.
indossare *vt* **1** to wear*; to have* (sth) on. **2** *(mettere addosso)* to put* (sth) on; to slip into (sth).
indossatore *sm* male model.
indossatrice *sf* model; mannequin.
indosso *avv* on: *avere indosso qcsa,* to have sth on — *mettere (mettersi) indosso qcsa,* to put sth on — *portare indosso qcsa,* to wear sth.
indotto *agg* (*p. pass. di* **indurre** ⇨) induced.
□ *sm (elettr.)* armature; rotor: *corpo dell'indotto,* armature spider.
indottrinamento *sm* indoctrination.
indottrinare *vt* to indoctrinate.
indovinabile *agg* guessable.
indovinare *vt* **1** to guess: *Non posso indovinare i tuoi pensieri,* I can't guess your thoughts — *Indovina cosa ho in mano!,* Guess what I have in my hand! — *indovinare giusto,* to guess right — *Hai indovinato giusto!,* You've guessed right!; Right!; You've got it! — *Riesci ad indovinare la mia età?,* Can you guess how old I am? — *tirare a indovinare,* to take a wild guess — *Non lo so: cerco solo d'indovinare,* I don't know; I'm only guessing. **2** *(azzeccare)* to hit* it; to hit* the mark; to hit* the nail on the head; to guess right: *Non ne indovina una,* He is never right; He never does anything right; Nothing he tries ever turns out right — *Chi l'indovina è bravo,* Your guess is as good as mine. **3** *(predire, prevedere, divinare)* to foretell*; to divine: *indovinare il futuro,* to foretell the future.
indovinato *agg (ben riuscito)* successful; *(ben scelto)* well chosen.
indovinello *sm* riddle.
indovino *sm* fortune-teller; soothsayer. □ *gioco dell'indovino,* blind man's buff.
indubbiamente *avv* undoubtedly; undeniably.
indubbio *agg* undoubted; undeniable: *una cosa di indubbio valore,* a thing of undoubted value — *È indubbio che...,* It is undeniable that...; There can be no doubt that...
indubitabile *agg* indubitable; undeniable.
indubitabilmente *avv* indubitably; undoubtedly; undeniably.
indubitato *agg* undoubted; undenied.
indugiare *vi,* **indugiarsi** *v. rifl* to linger (over sth); to dilly-dally *(fam.)*; to dally *(lett.)*: *Ci indugiavamo a guardare le vetrine,* We stopped to do some window-shopping — *indugiare su un argomento,* to dwell upon a subject — *senza indugiare,* without delay.
indugio *sm* delay: *senza indugio,* without delay.
induismo *sm* Hinduism.
indulgente *agg* indulgent; lenient: *Sii indulgente!,* Don't be too severe! — *essere indulgente con (verso) qcno,* to be indulgent towards sb.
indulgenza *sf* **1** forbearance; *(clemenza)* clemency; forgiveness. **2** *(religione)* indulgence.
indulgere *vi* to indulge (in sth).
indulto *sm* **1** *(religione)* dispensation. **2** *(dir.)* pardon.
indumento *sm* garment; *(al pl.)* clothes; clothing *(collettivo, sing.)*.
indurimento *sm* hardening.
indurire *vt (anche fig.)* to harden; to toughen.
□ **indurirsi** *v. rifl* **1** to go* tough (*o* hard); to harden. **2** *(del cemento, ecc.)* to set*.
indurre *vt* **1** *(persuadere, spingere)* to induce (sb to do sth); to persuade (sb to do sth); to make* (sb do sth); to lead* (sb to do sth); to impel (sb to do sth): *Chi ti ha indotto a fare una cosa simile?,* Who induced you to do such a thing? — *Cerca di indurlo a venire,* Try to persuade him to come — *Non c'indurre in tentazione,* Lead us not into temptation *(stile biblico)* — *indurre qcno in errore,* to mislead sb. **2** *(elettr.)* to induce. **3** *(filosofia)* to infer.
□ **indursi** *v. rifl (decidersi)* to make* up one's mind (to do sth); to decide (to do sth): *Non sapeva indursi a lasciarla,* He couldn't make up his mind to leave her.
industre *agg* industrious; painstaking.
industria *sf* **1** industry: *commercio e industria,* commerce and industry — *l'industria della seta,* the silk industry — *l'industria chimica (meccanica, tessile, ecc.),* the chemical (mechanical, textile, *ecc.*) industry

— *l'industria petrolifera,* the oil industry — *l'industria siderurgica,* the iron and steel industry — *industria pesante (leggera),* heavy (light) industry — *capitano d'industria,* captain of industry; *(se molto importante e ricco)* tycoon — *l'industria editoriale,* the publishing trade. **2** *(laboriosità)* industry; industriousness; application; diligence; *(abilità)* skill: *cavaliere d'industria, (iron.)* swindler.

industriale *agg* industrial.
□ *sm* industrialist; businessman *(pl.* -men*): piccolo industriale,* small-scale industrialist.

industrialismo *sm* industrialism.

industrializzare *vt* to industrialize.

industrializzazione *sf* industrialization.

industriarsi *v. rifl* to do* one's best.

industriosamente *avv* industriously.

industrioso *agg* industrious; hard-working.

induttivamente *avv* inductively.

induttività *sf* induction.

induttivo *agg* inductive.

induttore *sm* inductor.

induzione *sf* induction: *procedimento per induzione,* argument by induction.

inebetire *vt* to stupefy; to stun.
□ *vi* to become* stupid.

inebetito *agg* dull; stunned: *uno sguardo inebetito,* a blank look.

inebriamento *sm* inebriety; intoxication.

inebriare *vt* **1** *(anche fig.)* to intoxicate; to go* to sb's head; to make* (sb) drunk. **2** *(fig.)* to ravish: *una musica che inebria,* stirring music.
□ **inebriarsi** *v. rifl* **1** to get* drunk; to become* inebriated. **2** *(fig.)* to go* into raptures.

ineccepibile *agg* unexceptionable.

inedia *sf* starvation. □ *morire d'inedia, (fig.)* to be bored to death; to die of boredom.

inedito *agg* unpublished. □ *sm* unpublished work.

ineducatamente *avv* impolitely.

ineducato *agg* **1** impolite. **2** *(non colto)* uneducated; uncultivated.

ineffabile *agg* inexpressible; *(lett.)* ineffable.

ineffettuabile *agg* impraticable; unfeasible.

inefficace *agg* inefficacious; ineffectual.

inefficiente *agg* inefficient.

inefficienza *sf* inefficiency.

ineguaglianza *sf* **1** inequality. **2** *(di superficie)* unevenness.

ineguale *agg* unequal; *(irregolare)* irregular; *(di superficie)* uneven.

inegualmente *avv* unequally; irregularly; unevenly.

inelegante *agg* inelegant.

ineleganza *sf* inelegance; coarseness.

ineleggibile *agg* ineligible.

ineleggibilità *sf* ineligibility.

ineluttabile *agg* ineluctable.

ineluttabilità *sf* ineluctability.

ineluttabilmente *avv* ineluctably.

inenarrabile *agg* indescribable.

inequivocabile *agg* unequivocal; unambiguous.

inequivocabilmente *avv* unequivocally.

inerente *agg* concerning; regarding; inherent (in sth).

inerenza *sf* inherence.

inerme *agg* unarmed; defenceless.

inerpicarsi *v. rifl* to clamber (up); to claw (to force) one's way up.

inerte *agg* **1** inactive; sluggish. **2** *(chim.)* inert.

inerzia *sf* **1** inactivity; sluggishness. **2** *(fis.)* inertia: *forza di inerzia,* force of inertia *(anche fig.).*

inesattezza *sf* inexactitude; inaccuracy: *lavoro pieno di inesattezze,* a highly inaccurate piece of work.

[1]**inesatto** *agg (non esatto)* inexact; inaccurate; *(erroneo)* wrong.

[2]**inesatto** *agg (non riscosso)* uncollected.

inesaudibile *agg* unable to (*o* which cannot) be granted *(predicativo).*

inesaudito *agg* ungranted.

inesauribile *agg* inexhaustible; endless.

inesauribilità *sf* inexhaustibility.

inesauribilmente *avv* endlessly; inexhaustibly.

inesausto *agg* unexhausted.

ineseguibile *agg* impracticable; impossible to perform *(predicativo).*

ineseguito *agg* not carried out *(predicativo);* unperformed.

inesigibile *agg* uncollectable.

inesistente *agg* non-existent; inexistent.

inesistenza *sf* non-existence.

inesorabile *agg* inexorable; relentless.

inesorabilità *sf* inexorability; relentlessness.

inesorabilmente *avv* inexorably; relentlessly.

inesperienza *sf* inexperience: *sbagliare per inesperienza,* to err through inexperience.

inesperto *agg* **1** inexpert. **2** *(senza pratica)* inexperienced; untrained; unskilled.

inesplicabile *agg* inexplicable.

inesplicabilmente *avv* inexplicably.

inesplorato *agg* unexplored.

inesploso *agg* unexploded.

inespressivo *agg* inexpressive.

inesprimibile *agg* inexpressible.

inespugnabile *agg* **1** impregnable. **2** *(fig.)* invincible.

inespugnato *agg* unconquered.

inestimabile *agg* inestimable; invaluable; priceless.

inestimabilmente *avv* inestimably; invaluably.

inestinguibile *agg* **1** inextinguishable *(anche fig.);* unquenchable. **2** *(inesauribile)* inexhaustible; unfailing.

inestirpabile *agg* ineradicable.

inestricabile *agg* inextricable.

inestricabilmente *avv* inextricably.

inettitudine *sf* **1** unaptness; unfitness. **2** *(sciocchezza)* ineptitude; foolishness.

inetto *agg* **1** unsuitable; unsuited; inadequate. **2** *(sciocco)* inept.
□ *sm* incompetent individual.

inevaso *agg* outstanding: *corrispondenza inevasa,* unanswered mail.

inevitabile *agg* inevitable; unavoidable.
□ *sm* (the) inevitable.

inevitabilità *sf* inevitableness; unavoidableness.

inevitabilmente *avv* inevitably; unavoidably.

inezia *sf* trifle; (mere) nothing: *L'ho pagato un'inezia,* I got it for a song *(fam.).*

infagottare *vt* to wrap up; to muffle up.
□ **infagottarsi** *v. rifl* to wrap (oneself) up; to muffle oneself up; *(vestirsi inelegantemente)* to be* dressed like a tramp: *essere tutto infagottato,* to be all muffled up.

infallibile *agg* infallible; *(sicuro)* sure: *un segno infallibile di pioggia,* a sure sign of rain.

infallibilità *sf* infallibility.

infallibilmente *avv* infallibly; *(fam.: sempre)* always.

infamante *agg* defamatory.

infamare *vt* to defame; *(dir.)* to slander.

infamatorio *agg* defamatory.

infame *agg* **1** infamous; base: *casa infame,* house of ill fame. **2** *(fam.)* awful; abominable; shocking; lousy *(fam.): Che tempo infame!,* What awful (*o* abominable) weather!

infamia *sf* **1** infamy; *(vergogna)* shame; disgrace. **2** *(azione)* infamous (*o* shameful, disgraceful) action.

infangare *vt* **1** to cover (sth) with mud. **2** *(fig.)* to disgrace; to besmirch.

infangato *agg* **1** muddy: *scarpe infangate,* muddy shoes. **2** *(fig.)* disgraced.

infante *sm e f. (stor. anche* infanta*)* **1** infant; baby; babe. **2** *(stor.)* Infante *(f.* Infanta*).*

infanticida *sm e f.* infanticide.

infanticidio *sm* infanticide.

infantile *agg* babyish; childish; puerile; *(med.)* infantile: *asilo infantile,* kindergarten; nursery school.

infantilismo *sm* infantilism.

infantilmente *avv* childishly.

infanzia *sf* **1** *(prima infanzia)* infancy; babyhood; *(seconda infanzia)* childhood; *(fig.: periodo iniziale)* early period; dawn; infancy: *durante l'infanzia della scienza...,* when science was in its infancy... **2** *(i bambini)* children *(pl.): giardino (asilo) d'infanzia,* kindergarten; nursery school — *nido d'infanzia,* day-nursery — *letteratura per l'infanzia,* children's books.

infarcimento *sm* stuffing; cramming.

infarcire *vt* to stuff; to cram *(spesso spreg.); (p.es. una torta)* to fill: *infarcire un tacchino di castagne,* to stuff a turkey with chestnuts — *infarcire un discorso di citazioni,* to cram a speech with quotations.

infarinare *vt* to flour; to dust (to dredge) (sth) with flour: *infarinare la carne,* to dredge meat with flour.
□ **infarinarsi** *v. rifl* **1** to get* covered with flour. **2** *(scherz.: incipriarsi)* to powder oneself.

infarinatura *sf* **1** dusting with flour. **2** *(fig.)* smattering: *un'infarinatura di scienza,* a smattering of science.

infarto *sm* infarct; infarction.

infastidire *vt* to bother; to irritate; to annoy.
□ **infastidirsi** *v. rifl* to become* (to get*) annoyed.

infaticabile *agg* indefatigable; untiring; tireless.

infaticabilmente *avv* tirelessly; untiringly; indefatigably.

infatti *congiunz* in fact; as a matter of fact; *(invero)* really; actually; indeed.

infattibile *agg* impracticable; unfeasible.

infatuare *vt* to infatuate.
□ **infatuarsi** *v. rifl* to become* infatuated (with sb); to fall* (for sb).

infatuazione *sf* infatuation; crush: *avere un'infatuazione per qcno (per qcsa),* to fall for sb.

infausto *agg* ill-omened; unhappy; unfortunate: *prognosi infausta,* fatal prognosis.

infecondità *sf* sterility; barrenness.

infecondo *agg* sterile; barren.

infedele *agg* **1** unfaithful; faithless. **2** *(fig.)* inaccurate.
□ *sm e f.* infidel: *gli infedeli,* the infidels.

infedeltà *sf* **1** unfaithfulness; faithlessness. **2** *(fig.)* inaccuracy. **3** *(atto)* unfaithful act (*o* word).

infelice *agg* **1** *(triste)* unhappy; sad; unfortunate; unlucky: *una vita infelice,* an unhappy life — *sentirsi infelice,* to feel unhappy (*o* sad) — *avere l'aria infelice,* to look unhappy (*o* sad) — *un uomo dall'aria infelice,* a sad-looking man. **2** *(inopportuno)* ill-timed; untimely; unseasonable; inopportune; *(imbarazzante)* awkward: *La tua osservazione è molto infelice,* Your remark is very untimely — *uno scherzo infelice,* an ill-timed joke — *essere in una situazione infelice,* to be in an awkward situation — *una parola (un termine) infelice,* an inappropriate word. **3** *(mal riuscito)* unsuccessful; *(talvolta)* unhappy; *(mal fatto)* bad; poor: *un romanzo infelice,* an unsuccessful novel — *una traduzione infelice,* a bad (a poor) translation. **4** *(mal disposto)* uncomfortable; inconvenient: *una casa infelice,* an inconvenient house.
□ *sm* wretch; unfortunate (*o* unhappy) person: *gli infelici,* the unfortunate.

infelicemente *avv* **1** unhappily; unluckily. **2** *(in modo non opportuno)* inappropriately. **3** *(con esito negativo)* unsuccessfully.

infelicità *sf* **1** unhappiness; sorrow; *(tristezza)* sadness. **2** *(inopportunità)* inopportuneness.

infeltrire *vt e i.,* **infeltrirsi** *v. rifl* to felt.

inferi *sm pl* **1** *(inferno)* hell *(sing.).* **2** *(gli dèi infernali)* the gods below.

inferiore *agg* **1** *(più basso)* lower *(anche fig.): la parte inferiore di un edificio,* the lower part of a building — *le classi inferiori,* the lower classes — *la parte inferiore di qcsa,* the underside (the bottom) of sth — *un grado (un prezzo, una velocità, ecc.) inferiore,* a lower degree (price, speed, *ecc.*) — *labbro (mascella) inferiore,* lower lip (jaw) — *il corso inferiore d'un fiume,* the lower reaches *(pl.)* of a river. **2** *(meno buono)* inferior; low: *Questo tessuto è inferiore a quello,* This fabric is inferior to that — *merce di qualità inferiore,* low-quality goods — *essere inferiore alla media,* to be below average; to be sub-standard. **3** *(geografia)* southern: *l'Italia inferiore,* Southern Italy. **4** *(anat.)* lower; inferior: *le estremità inferiori,* the lower extremities. □ *ufficiale inferiore,* subaltern; subordinate officer — *le classi inferiori, (d'una scuola)* the junior classes — *La tua statura è inferiore alla mia,* You are shorter than I (am) — *inferiore di forze,* weaker in forces — *Era inferiore alla propria fama,* He was not up to his reputation.
□ *avv (di sotto)* below: *Abita al piano inferiore,* He lives on the floor below.
□ *sm* subordinate; inferior; underling; minion *(scherz.).*

inferiorità *sf* inferiority: *inferiorità di numero,* numerical inferiority — *complesso d'inferiorità,* inferiority complex.

inferire *vt* **1** to infer; to deduce. **2** *(infliggere, causare)* to inflict (sth on sb): *inferire un colpo,* to strike a blow *(anche fig.).* **3** *(naut.)* to hoist; to bend*.

infermeria *sf* infirmary; *(naut.)* sick-bay.

infermiera *sf* nurse; *(capo sala)* nursing-sister: *una infermiera diplomata,* a trained nurse.

infermiere *sm* male nurse.

infermità *sf* infirmity; sickness; *(malattia)* illness: *infermità di mente, (dir.)* insanity.

infermo *agg* sick; ill; infirm.
□ *sm* invalid.

infernale *agg* infernal; hellish; *(fig., anche)* awful; terrible: *le divinità infernali,* the infernal gods — *C'è un caldo infernale,* It's awfully hot. □ *pietra infernale,* lunar caustic; toughened silver nitrate.

inferno *sm* hell *(anche fig.); (riferito a una battaglia, una tempesta, ecc.)* inferno: *una vita d'inferno,* a life of torment — *Questa casa è un inferno,* This house is hell — *Va' all'inferno!,* Go to hell! — *mandare qcno all'inferno,* to tell sb to go to hell. □ *soffrire le pene dell'inferno,* to suffer the torments of the damned — *Nell'aula pareva si fosse scatenato l'inferno,* All hell broke out in the courtroom — *La via dell'inferno è lastricata di buone intenzioni, (prov.)* The road to hell is paved with good intentions.

inferocire *vt* to make* (sb) fierce.
□ *vi e* **inferocirsi** *v. rifl* to become* fierce.

inferriata *sf* grille; grating.

infervoramento *sm* excitement; zeal.
infervorare *vt* to arouse enthusiasm (in sb).
□ **infervorarsi** *v. rifl* to be* filled with enthusiasm; to get* excited.
infervorato *agg* excited.
infestamento *sm* infestation.
infestare *vt* to infest.
infesto *agg* harmful; hurtful.
infettare *vt* **1** to infect; to pollute. **2** *(fig.)* to infect; to corrupt.
□ **infettarsi** *v. rifl* **1** to become* infected. **2** *(fig.)* to become* corrupted.
infettivo *agg* infectious; catching.
infetto *agg* infected; contaminated; tainted.
infezione *sf* infection: *infezione da virus,* a virus infection.
infiacchimento *sm* enfeeblement.
infiacchire *vt* to weaken; to tire; to enfeeble.
□ *vi e* **infiacchirsi** *v. rifl* to weaken.
infiacchito *agg (fiacco)* weak; feeble.
infiammabile *agg* **1** inflammable; *(tecnologia)* flammable: *non infiammabile,* flameproof; *(talvolta, comm.)* non-flam. **2** *(fig.)* fiery; inflammable.
infiammabilità *sf* inflammability.
infiammare *vt* **1** to set* (sb) on fire; to ignite; to set* ablaze; *(fig.)* to inflame; to excite; to kindle. **2** *(med.)* to inflame; to irritate.
□ **infiammarsi** *v. rifl* **1** to catch* fire; to burn*; to flare up; *(fig.)* to get* excited: *infiammarsi di passione,* to be inflamed with passion. **2** *(med.)* to become* inflamed (*o* irritated).
infiammativo, infiammatorio *agg* inflammatory.
infiammazione *sf* inflammation.
infiascare *vt* to put* (sth) into flasks.
inficiare *vt* to invalidate.
infido *agg* treacherous; unreliable; faithless.
infierire *vi* to behave with ferocity; to act cruelly; *(imperversare)* to rage *(anche fig): infierire contro qcno,* to act cruelly towards sb — *Infieriva il temporale,* The storm was raging.
infiggere *vt* to drive*; to plunge; to stick* *(fam.); (fig.)* to fix: *infiggere qcsa nella mente,* to fix sth in one's mind.
□ **infiggersi** *v. rifl* to penetrate; to fix; to go* deep: *infiggersi nella mente,* to be deeply impressed on one's mind.
infilare *vt* **1** to thread: *infilare un ago (perle, ecc.),* to thread a needle (pearls, *ecc.*). **2** *(infilzare)* to run* (sth, sb) through; to pierce; to transfix: *infilare qcno con la spada,* to run sb through (with a sword) — *infilare quaglie nello spiedo,* to put quails on the spit; to spit quails. **3** *(introdurre, mettere)* to insert; to put*; to slip (sth) in (on, into, *ecc.*); to stick* *(fam.): infilare la chiave nella toppa,* to insert the key in the lock; to put the key in the keyhole — *Le infilò l'anello al dito,* He slipped the ring on her finger — *Infilò il suo braccio al mio,* She slipped her arm through mine — *infilare una mano in tasca,* to slip (to put, to stick) one's hand in one's pocket. **4** *(indossare)* to slip (sth) on; to put* (sth) on; to pull (sth) on: *Infilò la sottoveste,* She slipped on her petticoat. **5** *(imboccare una via, ecc.)* to take*; *(l'uscio)* to slip (through, in, out); *(voltando, o arrivando di lato)* to turn into (*o* onto): *infilare un sentiero,* to take a path — *Infilai la porta,* I slipped through the door; *(uscendo)* I slipped out; *(entrando)* I slipped in — *Lo sapevo che avresti infilato la strada sbagliata,* I knew that you would take the wrong turning. **6** *(fig.: imbroccare)* to hit*; to strike*; to take*: *Non ne infila una,* He never hits the right one. **7** *(mil.)* to enfilade.
□ **infilarsi** *v. rifl* **1** *(tra la folla)* to thread one's way (through the crowd). **2** *(introdursi)* to slip (into, through, *ecc.*): *I bambini s'infilarono nel letto,* The children slipped into bed. **3** *(indossare)* to slip (sth) on; to put* (sth) on; to pull (sth) on: *S'infilò la gonna,* She slipped on her skirt — *infilarsi un paio di 'blue-jeans',* to pull on a pair of jeans.
infilata *sf* **1** *(serie)* string; row; *(di stanze)* suite. **2** *(mil.)* enfilade: *battere d'infilata,* to enfilade.
infiltramento *sm* filtering; filtration.
infiltrarsi *v. rifl* **1** to infiltrate; to penetrate; to seep through. **2** *(fig.: insinuarsi)* to worm one's way (into sth).
infiltrazione *sf* infiltration *(anche fig.);* seepage.
infilzare *vt* to pierce; to transfix; to spike; *(da parte a parte)* to run* (sb) through; *(conficcare)* to stick*; *(infilare)* to string*; *(in uno spiedo)* to spit: *infilzare un palo nel terreno,* to stick a pole in the ground — *infilzare un pollo nello spiedo,* to spit a chicken.
□ **infilzarsi** *v. rifl* to run* oneself through; to be* transfixed; *(conficcarsi)* to stick*: *Lo spillo mi si infilzò nel dito,* I got the pin stuck in my finger.
infilzata *sf* row; string; series: *un'infilzata di bugie,* a string of lies.
infimo *agg* lowest; mean. □ *merce di qualità infima,* extremely shoddy goods.
infine *avv* **1** finally; *(finalmente)* at last; in the end; eventually. **2** *(insomma)* in short.
infingardaggine *sf* laziness; sloth.
infingardo *agg* lazy; slothful.
□ *sm* slacker; skiver *(fam.);* lazy-bones *(fam.).*
infinità *sf* **1** infinity. **2** *(moltissimi)* infinite (*o fam.* tremendous) number; infinity: *C'era un'infinità di gente,* There was an enormous crowd.
infinitamente *avv* **1** infinitely; *(senza fine)* endlessly. **2** *(fam.)* awfully: *Mi dispiace infinitamente,* I'm awfully sorry.
infinitesimale *agg* infinitesimal.
infinitesimo *agg* infinitesimal.
infinitivo *agg e sm* infinitive.
infinito *agg* **1** infinite; endless; *(innumerevole)* innumerable; numberless; countless: *infiniti ringraziamenti, (lett.)* a thousand thanks. **2** *(gramm.)* infinitive.
□ *sm* **1** infinite; *(matematica, ottica, ecc.)* infinity: *all'infinito,* endlessly; for ever; ad infinitum *(lat.); (matematica)* to infinity. **2** *(gramm.)* infinitive.
infinocchiare *vt (fam.)* to hoodwink; to take* (sb) in; to make* a fool (of sb).
infiorare *vt* **1** to deck (to decorate) with flowers; to strew* with flowers. **2** *(fig.)* to decorate: *stile infiorato,* flowery style. **3** *(fig., iron.)* to pepper; to cram; to fill; to stud.
infirmare *vt* to invalidate.
infischiarsi *v. rifl* not to care less (about sth); *(più fam., da taluni considerato volg.)* not to care (to give) a damn (about sth): *Me ne infischio, (fam.)* I couldn't care less; I don't give a damn.
infisso *sm (di porta, finestra)* frame; casing.
infittire *vt* to thicken. □ *vi e rifl* to thicken; to grow* thick.
inflazionare *vt* to inflate.
inflazione *sf* inflation: *inflazione strisciante,* creeping inflation.
inflazionista *sm e f.* inflationist.
inflazionistico *agg* inflationary.
inflessibile *agg* inflexible; unbending; rigid.
inflessibilità *sf* inflexibility.

inflessibilmente *avv* inflexibly; unbendingly; rigidly.
inflessione *sf* inflexion.
infliggere *vt* to inflict; *(imporre)* to impose (on).
influente *agg* influential: *essere influente su qcno,* to have influence with sb.
influenza *sf* **1** influence. **2** *(med.)* influenza; flu *(fam.).*
influenzale *agg* influenza *(attrib.).*
influenzare *vt* to influence.
influenzato *agg* **1** influenced. **2** *(med.)* sick with influenza: *essere influenzato,* to have the flu — *essere a letto influenzato,* to be in bed with flu; to be down with flu.
influire *vi* to influence; to have* an influence (upon sb, sth): *influire molto,* to have a great influence.
influsso *sm* influence.
infocare *vt* **1** to make* (sth) red-hot. **2** *(fig.)* to enflame; to kindle.
□ **infocarsi** *v. rifl* **1** to get* hot. **2** *(fig.)* to be* enflamed.
infocato *agg* **1** red-hot. **2** *(fig.)* fiery; burning: *guance infocate,* flushed cheeks.
infognarsi *v. rifl* to sink*; to get* deeply (into sth): *infognarsi nei debiti,* to get deeply into debt.
in-folio *agg e sm* folio.
infoltire *vt* to thicken; to make* (sth) grow thicker.
□ *vi* to thicken.
infondatezza *sf* groundlessness; baselessness.
infondato *agg* groundless; unfounded; baseless: *voci infondate,* groundless rumours.
infondere *vt* to infuse; to instil; to inspire: *infondere coraggio in qcno,* to infuse courage into sb; to give sb courage — *infondere nuovo vigore,* to give new life — *Le tue parole m'infondono un po' di speranza,* Your words inspire me with a little hope.
inforcare *vt* **1** *(prendere con la forca)* to pitchfork. **2** *(un cavallo, una bicicletta)* to mount. **3** *(gli occhiali)* to put* on.
inforcatura *sf* **1** *(biforcazione)* crotch *(anche anat.).* **2** *(nel gioco degli scacchi)* double check.
informale *agg* informal; *(di pittura)* non-figurative; non-representational.
informare *vt* **1** to inform; to acquaint: *informare qcno di qcsa,* to inform sb about sth; to acquaint sb with sth — *È un ragazzo informato,* He is a well-informed chap — *male informato,* misinformed. **2** *(dare una certa impronta) informare il carattere di qcno,* to mould sb's character.
□ **informarsi** *v. rifl* to inquire; to enquire (about sb, sth): *informarsi della salute di qcno,* to inquire after sb's health.
informatica *sf* informatics *(col v. al sing.).*
informativo *agg* informative: *a titolo informativo,* for information only.
[1]**informatore** *agg* informing; inspiring.
[2]**informatore** *sm* **1** informer: *informatore della polizia,* common informer (*o* spy); nark *(nel gergo della malavita).* **2** *(collaboratore di un giornale)* informant.
informazione *sf* information *(solo al sing.); (tec., computeristica, ecc.)* data *(solo pl.; ma ora spesso - impropriamente - con il v. al sing.): una informazione,* a piece of information — *Le informazioni sono ottime,* The information is very good — *servizio informazioni,* information service — *ufficio informazioni,* information bureau; inquiry office — *richiesta d'informazioni,* inquiry — *assumere informazioni su qcno,* to inquire after sb — *chiedere informazioni su qcsa,* to ask about sth — *Servizio Informazioni Militari,* Intelligence Service.
informe *agg* shapeless; formless; *(non definito)* vague.
infornare *vt* to put* (sth) into the oven; *(pane)* to bake.
infornata *sf* **1** batch; baking. **2** *(fig.)* crop; bunch. **3** *(sl.: teatro al completo)* packed house.
infortunarsi *v. rifl* to have* an accident.
infortunato *agg* injured in an accident *(predicativo);* (accidentally) injured.
infortunio *sm* accident: *infortuni sul lavoro,* industrial accidents — *assicurazione contro gli infortuni,* accident insurance.
infortunistica *sf* (scientific) study of (industrial) accidents.
infortunistico *agg* accident *(attrib.).*
infossamento *sm* hollow; depression.
infossare *vt* to put* (sth) in a ditch (in a pit).
□ **infossarsi** *v. rifl* to become* hollow; to sink*.
infossato *agg* hollow; sunken: *occhi infossati,* sunken eyes.
infradiciare *vt* **1** to drench; to soak. **2** *(rendere marcio)* to rot; to make* (sth) go bad.
□ **infradiciarsi** *v. rifl* **1** to get* drenched (*o* soaked). **2** *(diventare marcio)* to rot; to go* rotten (*o* bad).
infradiciato *agg* wet through *(solo predicativo);* drenched; soaked.
inframmettenza *sf* interference; meddling.
inframmettere *vt* to put* (sth) in the way (of sth).
□ **inframmettersi** *v. rifl* to interfere (with, in sth); to meddle (with, in sth).
infrangere *vt* **1** to crush; to smash; to shatter; *(fig.)* to break*; to shatter: *un cuore infranto,* a broken heart — *un idolo infranto,* a fallen idol. **2** *(un patto, una legge, ecc.)* to break*; to violate.
□ **infrangersi** *v. rifl* to break*; *(fig.)* to be* shattered; to smash: *Le onde s'infrangevano contro gli scogli,* The waves were breaking (*o* dashing) against the rocks.
infrangibile *agg* unbreakable; *(di un vetro)* shatter-proof.
infrarosso *agg* infra-red.
infrascritto *agg* undermentioned.
infrasettimanale *agg* midweek; weekday *(entrambi solo attrib.): una vacanza infrasettimanale,* a midweek holiday.
infrastruttura *sf* infrastructure.
infrazione *sf* infraction; violation: *infrazione di contratto,* breach of contract.
infreddolirsi *v. rifl* to get* (to feel*) cold.
infreddolito *agg* cold.
infrequente *agg* infrequent; rare.
infrequenza *sf* infrequency; rareness.
infrollire *vi,* **infrollirsi** *v. rifl* **1** *(della selvaggina)* to become* high. **2** *(di persona)* to weaken; to decay.
infruttifero *agg* unfruitful: *capitale infruttifero,* idle capital — *deposito infruttifero,* non interest-bearing deposit.
infruttuosamente *avv* fruitlessly; unsuccessfully.
infruttuoso *agg* fruitless; unsuccessful.
infuori *avv* out; outwards: *all'infuori,* outwards. □ *all'infuori di,* except; apart from; with the exception of.
infuriare *vi* to rage.
□ **infuriarsi** *v. rifl* to fly* into a rage; to lose* one's temper.
infuriato *agg* furious; enraged.
infusibile *agg* infusible.
infusibilità *sf* infusibility.

infusione *sf* infusion: *'Lasciare in infusione per cinque minuti',* 'Leave to infuse for five minutes'.
[1]**infuso** *agg (nell'espressione) scienza infusa, (iron.)* innate knowledge; *(prescienza)* second sight.
[2]**infuso** *sm* infusion.
infusorio *agg* infusorial. □ *sm* infusorian.
ingabbiare *vt* **1** to put* (sth) into a cage; *(imballare)* to crate. **2** *(fig.)* to put* (sb) into prison.
ingaggiare *vt* to engage; *(soldati)* to enlist; to enrol; *(calciatori, ecc.)* to sign on: *ingaggiare battaglia,* to engage battle.
□ **ingaggiarsi** *v. rifl* **1** *(di cavo, ecc.)* to become* tangled. **2** *(arruolarsi)* to enlist; to join up.
ingaggiatore *sm (mil.)* recruiting officer.
ingaggio *sm* **1** engagement; signing on. **2** *(mil.)* enlistment. **3** *(hockey)* bully-off.
ingagliardire *vt* to invigorate; to strengthen.
□ **ingagliardirsi** *v. rifl* to pluck up courage.
ingannabile *agg* deceivable.
ingannare *vt* to deceive; *(imbrogliare)* to cheat; to swindle; to take* (sb) in *(fam.); (essere infedele a)* to be* unfaithful (to sb): *Si lascia ingannare facilmente,* He is easily taken in; He is a gullible sort of person — *ingannare la fame,* to beguile one's hunger — *ingannare il tempo,* to wile away the time; to kill time.
□ **ingannarsi** *v. rifl* to deceive oneself; to be* wrong; to be* mistaken: *T'inganni,* You are mistaken (*o* wrong); You're barking up the wrong tree *(fam.)* — *Se non m'inganno...,* If I'm not mistaken (*o* wrong)... — *ingannarsi di grosso,* to be greatly mistaken.
ingannatore *sm* deceiver; *(imbroglione)* cheat.
□ *agg* deceiving; deceptive.
ingannevole *agg* **1** deceptive; misleading; deceitful. **2** *(illusorio)* deceptive; misleading: *apparenza ingannevole,* deceptive appearances *(pl.).*
ingannevolmente *avv* deceptively; misleadingly; deceitfully.
inganno *sm* deception; deceit; *(frode, imbroglio)* fraud; trick; *(caccia)* decoy: *inganno ottico,* optical illusion — *con l'inganno,* by fraud — *trarre in inganno qcno,* to deceive sb — *cadere in inganno,* to deceive oneself — *un pietoso inganno,* a white lie.
ingarbugliare *vt* **1** to confuse; to entangle. **2** *(confondere)* to confuse; to mix (sth) up.
□ **ingarbugliarsi** *v. rifl* to get* entangled; to get* mixed up.
ingarbugliato *agg* **1** tangled. **2** *(fig.)* muddled; involved.
ingegnarsi *v. rifl* **1** *(sforzarsi in ogni modo)* to do* one's best; to try hard. **2** *(arrangiarsi)* to contrive; to manage: *ingegnarsi per vivere,* to live by one's wits.
ingegnere *sm* engineer *(NB: non è mai usato come titolo appellativo nei paesi di lingua inglese).*
ingegneria *sf* engineering: *ingegneria civile (chimica, nucleare),* civil (chemical, nuclear) engineering — *una laurea in ingegneria,* an engineering degree.
ingegno *sm* talent; intelligence; brains *(pl.);* wits *(pl.); (astuzia, abilità)* ingenuity; *(genio)* genius; great mind; *(inclinazione, disposizione)* talent; gift: *un uomo di grande ingegno,* a man of great talent (intelligence) — *È un bell'ingegno,* He has a good brain — *un'alzata d'ingegno,* a brain-wave — *avere ingegno,* to be talented — *avere un ingegno matematico,* to have a mathematical mind — *non mancare d'ingegno,* to have one's share of brains — *dar prova d'ingegno,* to show ingenuity — *lavorare d'ingegno,* to use one's brains (one's wits) — *aguzzare l'ingegno,* to sharpen one's wits.
ingegnosamente *avv* ingeniously; cleverly.
ingegnosità *sf* cleverness; ingeniousness.
ingegnoso *agg* clever; ingenious.
ingelosire *vt* to make* (sb) jealous.
□ **ingelosirsi** *v. rifl* to become* jealous.
ingemmare *vt* **1** to adorn (to stud) with jewels. **2** *(bot.)* to bud.
ingenerare *vt* to generate; to give* birth (to sth).
ingenerosamente *avv* ungenerously; meanly.
ingeneroso *agg* ungenerous; mean.
ingente *agg* huge; enormous; colossal.
ingentilimento *sm* refinement.
ingentilire *vt* to refine; to civilize.
□ **ingentilirsi** *v. rifl* to become* refined.
ingenuamente *avv* ingenuously; naively.
ingenuità *sf* ingenuousness.
ingenuo *agg* ingenuous; naïve.
□ *sm* simpleton: *Non fare l'ingenuo!,* Don't pretend to be naïve!
ingerenza *sf* interference.
ingerire *vt* to swallow; to imbibe.
□ **ingerirsi** *v. rifl* to interfere (in sth).
ingessare *vt* to put* (sth) in plaster: *Mi hanno ingessato il braccio,* They have put my arm in plaster — *Non posso scrivere col braccio ingessato,* I can't write with my arm in plaster.
ingessatura *sf* plaster; *(med.)* plaster cast.
ingestione *sf* ingestion.
inghiaiare *vt* to spread* (sth) with gravel; *(ferrovia)* to ballast.
inghiaiata *sf* ballast.
inghiottimento *sm* swallowing; swallow; *(affrettato)* gulping.
inghiottire *vt* to swallow; *(consumare)* to swallow up; *(in modo affrettato)* to gulp (down): *inghiottire una pillola (una ingiuria),* to swallow a pill (an insult) — *inghiottire le lacrime,* to hold back one's tears — *Il buio della caverna lo inghiottì,* He was swallowed up in the darkness of the cave — *Le spese legali inghiottirono i suoi risparmi,* His savings were swallowed up by the legal costs.
inghirlandare *vt* to wreathe; to garland.
□ **inghirlandarsi** *v. rifl* to garland oneself.
ingiallimento *sm* yellowing.
ingiallire *vt* to make* yellow; to yellow.
□ *vi e* **ingiallirsi** *v. rifl* to turn yellow; to yellow.
ingiallito *agg* yellowed: *ingiallito dal tempo,* yellowed with age.
ingigantire *vt* to magnify; to blow* up *(sl.); (fig.)* to exaggerate.
□ *vi e* **ingigantirsi** *v. rifl* to become* huge.
inginocchiamento *sm* **1** kneeling; genuflexion. **2** *(di un vaso sanguigno, ecc.)* kinking.
inginocchiarsi *v. rifl* **1** to kneel (down); to go* down on one's knees. **2** *(sottomettersi)* to bow down (to sb).
inginocchiato *agg* kneeling; on one's knees.
inginocchiatoio *sm* prie-dieu *(fr.).*
ingioiellare *vt* to decorate (to stud) with jewels; to bejewel.
ingiù *avv* down; downwards (⇨ *anche* **giù**): *all'ingiù,* downwards — *essere rivolto all'ingiù,* to be turned downwards; to be downturned — *Il pipistrello era appeso con la testa all'ingiù,* The bat was hanging head down(wards) — *cadere all'ingiù,* to fall down(wards).
ingiungere *vt* to order; to enjoin *(GB).*
ingiunzione *sf* order; injunction: *procedimento di ingiunzione, (dir.)* summary order.
ingiuria *sf (offesa)* insult; offence; injury; outrage; *(torto)* wrong; *(danno)* damage; harm; injury; *(impro-*

perio) invective; abuse; *(dir.)* defamation; slander: *coprire qcno di ingiurie,* to shower abuse on sb — *le ingiurie del tempo (degli anni),* the ravages of time.
ingiuriare *vt* **1** to abuse; to insult. **2** *(fare torto)* to wrong. **3** *(dir.)* to slander; to libel; to defame.
ingiuriosamente *avv* abusively; offensively; outrageously.
ingiurioso *agg* abusive; offensive; outrageous.
ingiustamente *avv* unjustly; unfairly.
ingiustificabile *agg* unjustifiable; inexcusable.
ingiustificatamente *avv* without justification.
ingiustificato *agg* unjustified.
ingiustizia *sf* **1** injustice; unfairness; *(torto)* wrong. **2** *(l'atto)* injustice: *commettere (subire) un'ingiustizia,* to commit (to suffer) an injustice.
ingiusto *agg* unjust; inequitable; iniquitous; unfair; *(illegittimo)* unlawful; *(immotivato, infondato)* unfounded; unjustified.
inglese *agg* English; *(correntemente ma impropriamente = 'britannico')* British: *all'inglese,* in an (*o* the) English fashion (*o* manner) — *cittadino inglese,* British subject — *il governo inglese,* the British government. □ *giardino all'inglese,* landscape-garden — *partire (filarsela) all'inglese,* to go off without saying a word; to slip away; to take french leave — *sale inglese,* Epsom salts *(pl.)* — *zuppa inglese,* trifle — *riso all'inglese,* plain boiled rice (with oil or butter) — *carattere inglese, (tipografia)* copperplate.
□ *sm* **1** *(la lingua)* English; the English language: *l'inglese americano,* American English — *parlare un buon inglese,* to speak good English; to speak English well. **2** *(abitante, nativo)* Englishman *(pl.* -men*)*; *(f.)* Englishwoman *(pl.* -women*)*: *gli inglesi, (come nazione)* the English; the British; *(in generale)* English (*o* British) people.
inglobare *vt* to absorb.
ingloriosamente *avv* ingloriously.
inglorioso *agg* inglorious.
ingobbire *vi* to become* hunchbacked; to get* a round back.
ingoiare *vt* to swallow; to engulf *(anche fig.)*; to gulp down; *(divorare)* to devour *(anche fig.)*; to gobble; *(fig.: sopportare)* to bear*; to endure; to suffer: *ingoiare amarezze (soprusi),* to endure sorrows (abuses) — *ingoiare il rospo,* to swallow a bitter pill.
ingolfamento *sm (mecc.)* flooding.
ingolfarsi *v. rifl* **1** *(del mare)* to form a gulf. **2** *(fig.)* to get* involved; to become* immersed; to become* engrossed; *(immergersi)* to be* immersed; to immerse oneself; to be* absorbed; to plunge (into sth): *ingolfarsi nei debiti,* to be (to get) up to one's ears in debt. **3** *(di carburatore)* to flood.
ingolfato *agg* **1** deeply in; immersed; engrossed; absorbed. **2** *(di carburatore)* flooded.
ingolosire *vt* to make* one's mouth water; to whet one's appetite; *(fig.)* to attract.
□ *vi (anche* **ingolosirsi**, *rifl.)* to become* greedy; *(fig.)* to become* very keen (on sth).
ingombrante *agg* bulky; cumbersome; awkward.
ingombrare *vt* to encumber; to get* in the way (of sth); to clutter (up); *(ostacolare)* to hamper; *(appesantire)* to burden; *(ostruire)* to obstruct.
ingombro *agg* encumbered; obstructed; cluttered *(fam.)*: *una scrivania ingombra di carte,* a desk cluttered with papers.
□ *sm* encumbrance; obstacle; impediment; *(peso)* burden: *essere d'ingombro,* to be (to get) in the way — *dimensioni di ingombro,* overall size.
ingordamente *avv* greedily; covetously.
ingordigia *sf* greed *(anche fig.)*; greediness.
ingordo *agg* **1** greedy; *(bramoso)* covetous. **2** *(eccessivo)* exorbitant.
□ *sm* glutton.
ingorgare *vt* to block; to clog (up).
□ **ingorgarsi** *v. rifl* to clog (up); to get* blocked (*o* clogged) (up).
ingorgo *sm* blockage; choking up; *(del traffico)* jam; snarl: *punto d'ingorgo,* bottleneck.
ingozzare *vt* **1** to swallow (to stuff) down; to gobble up *(anche fig.)*. **2** *(fig.)* to stomach. **3** *(ingrassare animali)* to fatten up; *(nutrire qcno eccessivamente)* to stuff.
ingranaggio *sm* **1** gear; cog: *ingranaggio conico,* bevel gear — *ingranaggio della retromarcia,* reverse gear. **2** *(fig.: funzionamento)* mechanism; *(fig.: attività complessa)* wheels within wheels: *capire l'ingranaggio,* to learn the mechanism — *lasciarsi prendere nell'ingranaggio, (fig.)* to get caught up in the wheels.
ingranare *vt* to put* (sth) in gear; to engage.
□ *vi* to be* in gear; to mesh; *(fig., fam.)* to get* along well; to come* off well: *non riuscire a ingranare, (in un lavoro)* not to get off the ground.
ingranchire *vt* to benumb.
□ **ingranchirsi** *v. rifl* to become* (to go*) numb; to become* cramped.
ingrandimento *sm* enlargement *(anche di una fotografia)*; *(sviluppo, aumento)* development; growth; increase; *(di prestigio, rango)* aggrandizement; *(ottica)* magnification: *lente di ingrandimento,* magnifying glass; magnifying lens.
ingrandire *vt* to enlarge *(anche di fotografia)*; to blow* up *(solo di fotografia)*; to augment; to increase; to magnify; *(esagerare)* to magnify; to exaggerate; to overstate; *(ottica)* to magnify.
□ *vi (diventare grande, più grande)* to increase; to grow* taller; to become* greater; to increase in size.
□ **ingrandirsi** *v. rifl* to increase; to become* larger; to become* greater; *(crescere)* to develop; to grow*; *(svilupparsi)* to extend.
ingranditore *sm* enlarger.
ingrassaggio *sm* greasing.
ingrassare *vt* **1** to fatten (up); to make* fat. **2** *(concimare)* to manure; to fertilize. **3** *(congegni, meccanismi)* to grease; to oil; to lubricate.
□ *vi* **1** to put* on weight; to become* fat; to fill out; to fatten. **2** *(fig.: prosperare)* to thrive*; to prosper.
□ **ingrassarsi** *v. rifl* **1** to put* on weight; to become* fat; to fill out; to fatten. **2** *(fig.: prosperare)* to thrive*; to prosper.
ingrassatore *sm* **1** *(chi lubrifica)* greaser. **2** *(dispositivo)* lubricator; *(a pressione)* grease gun; *(raccordo per l'immissione di grasso)* nipple.
ingrasso *sm* **1** fattening: *buoi da ingrasso,* fat stock. **2** *(concime)* manure; *(concimazione)* fertilising; manuring.
ingraticciata *sf* trellis (-work).
ingratitudine *sf* ingratitude; ungratefulness.
ingrato *agg* **1** ungrateful; *(che non dà soddisfazione)* thankless; unrewarding; *(duro, difficile)* hard; difficult; heavy; *(spiacevole)* unpleasant; displeasing. **2** *(di terra)* poor; sterile; barren.
ingravidare *vt* to make*, to get* (sb) pregnant; to get* (sb) with child *(lett., Bibbia)*; to get* (a girl) into trouble *(sl.)*.
□ *vi* (*anche* **ingravidarsi**) to become* pregnant; to start a baby *(fam.)*; to be* expecting *(fam.)*.
ingraziare *vt,* **ingraziarsi** *v. rifl* to win* *(p.es.* favours*)* for oneself; to get* into sb's good books;

(spreg.) to ingratiate oneself with sb; to suck up to (to toady to) sb; *(convincere con moine)* to get* round sb.

ingrediente *sm* ingredient *(anche di un romanzo, ecc.)*.

ingresso *sm* entrance; way in; *(l'atto dell'entrare)* entry; entrance; ingress; going in; *(facoltà, diritto di accesso)* admission; admittance; entrance; *(luogo per cui si entra)* hall; hallway: *ingresso libero,* admission free — *Ingresso proibito agli estranei (ai non addetti ai lavori),* No admittance except on business — *Vietato l'ingresso,* No admittance — *prezzo d'ingresso,* entrance-fee — *biglietto d'ingresso,* admission ticket.

ingrinzire *vi,* **ingrinzirsi** *v. rifl* to wrinkle; to crease.

ingripparsi *v. rifl (mecc.)* to seize (up); to bind*.

ingrossamento *sm (gonfiamento)* swelling; *(med., non comune)* tumefaction; *(aumento)* increase; *(di spessore)* thickening; *(metallurgia)* coarsening.

ingrossare *vt* to make* (sth) bigger; to make* (sth) big; to enlarge; to broaden; *(ispessire)* to thicken; *(accrescere, aumentare)* to increase; *(gonfiare)* to swell*: *Questo soprabito ti ingrossa,* This overcoat makes you (look) bigger — *ingrossare le file,* to swell the ranks.

□ *vi e* **ingrossarsi** *v. rifl* **1** to grow* big; to grow* bigger; *(irrobustirsi)* to become* (to grow*) stout; to put* on weight; *(aumentare)* to increase; to swell*; to rise*. **2** *(della femmina di un animale: diventare gravida)* to become* pregnant.

ingrosso *sm (nella locuzione avverbiale) all'ingrosso* **1** wholesale: *commercio all'ingrosso,* wholesale trade. **2** *(pressapoco)* roughly; approximately; nearly; *(alla carlona)* carelessly; roughly; badly.

ingrugnato *agg* grumpy; shirty *(fam.)*.

inguadabile *agg* unfordable.

inguaiare *vt,* **inguaiarsi** *v. rifl* to get* (sb) into trouble; to get* (sb) into hot water *(fam.)*.

inguainare *vt* to sheathe; *(di indumenti)* to fit (sb) like a second skin.

ingualcibile *agg* crease-resisting; no-crush.

inguaribile *agg* incurable.

inguaribilmente *avv* incurably.

inguine *sm* groin.

ingurgitare *vt (liquidi)* to gulp (sth) down; *(solidi)* to throw* (sth) down.

inibire *vt* to prevent; to forbid*; *(med.)* to inhibit; *(dir.)* to prohibit; to enjoin *(GB)*; to restrain.

inibito *agg* **1** forbidden. **2** *(psicologia)* inhibited.

inibitoria *sf (dir.)* injunction.

inibitorio *agg* **1** inhibiting; inhibitory. **2** *(dir.)* prohibiting.

inibizione *sf* **1** prevention; restraint; forbidding. **2** *(psicologia)* inhibition. **3** *(dir.)* prohibition.

iniettare *vt* to inject. □ *iniettarsi di sangue, (riferito agli occhi)* to become* bloodshot.

iniettore *sm* injector; vaporizer.

iniezione *sf* injection.

inimicare *vt* to estrange; to make* an enemy (of sb). □ **inimicarsi** *v. rifl* to become* (sb's) enemy; to get* on the wrong side (of sb).

inimicizia *sf* enmity; hostility: *acquistarsi inimicizie,* to make* enemies.

inimitabile *agg* inimitable; matchless; unable to be imitated *(predicativo)*.

inimitabilmente *avv* inimitably.

inimmaginabile *agg* unimaginable; *(sorprendente)* unexpected; undreamt-of.

ininfiammabile *agg* non-flam; uninflammable.

inintelligibile *agg* **1** *(superiore all'intelligenza degli uomini)* beyond human understanding. **2** *(poco chiaro)* incomprehensible; *(di suono, ecc.)* unintelligible; *(di calligrafia)* illegible.

ininterrottamente *avv* continuously; uninterruptedly; unceasingly; non-stop: *dormire ininterrottamente per dieci ore,* to sleep uninterruptedly for ten hours.

ininterrotto *agg* continuous; ceaseless; unceasing.

iniquamente *avv* unjustly; unfairly; iniquitously.

iniquità *sf* **1** *(qualità)* unfairness; injustice; iniquity. **2** *(atto, parola, ecc.)* iniquities *(pl.)*. **3** *(peccato)* sin; wickedness; iniquity.

iniquo *agg* iniquitous; wicked; unjust.

iniziale *agg* initial; inchoate; incipient; beginning; *(introduttivo)* opening; *(primitivo, originale)* first; original: *stipendio iniziale,* commencing salary; starting wage.

□ *sf* initial; first letter.

inizialmente *avv* initially; at first; at the outset.

iniziare *vt e i.* **1** *(cominciare)* to begin*; to start; to initiate *(linguaggio formale e burocratico)*; *(intraprendere)* to take* up: *È tempo di iniziare il lavoro,* It's time to start (to begin) work; It's time we started (we began) work — *Iniziò a piovere,* It started raining (to rain) — *iniziare le trattative con qcno,* to start (to enter into) negotiations with sb — *iniziare un viaggio,* to start on (to begin) a journey — *Le lezioni iniziano alle nove,* Classes begin at nine — *iniziare un'attività commerciale,* to start a commercial enterprise — *iniziare una nuova professione (carriera),* to take up a new profession (career) — *iniziare la conversazione con qcno,* to start (to enter into) conversation with sb — *iniziare la pubblicazione d'una rivista,* to start a magazine — *iniziare una riforma,* to initiate a reform. **2** *(avviare)* to open; to start: *iniziare il dibattito,* to open the debate — *iniziare le ostilità,* to open hostilities; to open fire. **3** *(iniziare qcno)* to initiate: *iniziare qcno ai misteri della magia nera,* to initiate sb into the mysteries of black magic — *iniziare qcno allo studio della matematica,* to initiate sb into the study of mathematics.

iniziatico *agg* **1** initiatory; initiation *(attrib.)*. **2** *(per estensione: oscuro)* mysterious.

iniziativa *sf* initiative; enterprise; nous *(fam.)*; gumption *(fam.)*; *(azione, impresa)* undertaking; venture; initiative: *prendere l'iniziativa,* to take the initiative — *di propria iniziativa,* on one's own initiative — *iniziativa privata,* private enterprise.

iniziato *agg (religione e fig.)* initiated.

□ *sm* **1** *(ammesso per la prima volta in un ordine religioso, ecc.)* initiate. **2** *(esperto in una disciplina)* expert: *gli iniziati,* the initiated.

iniziatore *sm* initiator.

iniziazione *sf* initiation.

inizio *sm* beginning; commencement; start; *(in certe espressioni, anche)* outset: *dare inizio a qcsa,* to begin sth; to start sth going — *all'inizio,* at the beginning; at the outset — *fin dall'inizio,* from the (very) beginning; from the start.

innacquare *vt* to water (sth) down; to dilute.

innaffiamento *sm* watering.

innaffiare *vt* to water; to sprinkle; to hose; *(il cibo con vino, ecc.)* to wash down.

innaffiatoio *sm* watering-can.

innaffiatore *sm,* **innaffiatrice** *sf* sprinkler.

innalzamento *sm* raising; *(fig.)* elevation.

innalzare *vt* **1** *(levare verso l'alto)* to raise; to lift up: *innalzare gli occhi al cielo,* to raise one's eyes to heaven — *innalzare il pensiero a Dio,* to lift up (to raise) one's thoughts to God. **2** *(rendere più alto, anche fig.)* to heighten; *(far salire)* to raise: *innalzare lo stile, (fig.)* to heighten one's style. **3** *(promuovere di grado)* to elevate; to raise; to upgrade *(fam.)*: *innalzare qcno agli onori dell'altare,* to raise sb to the altar — *innalzare qcno al settimo cielo,* to praise sb to the skies. **4** *(erigere)* to raise; to erect; to build*; to set* up: *innalzare un monumento a qcno,* to raise a monument to sb — *innalzare un muro (un obelisco),* to erect a wall (an obelisk).

☐ **innalzarsi** *v. rifl* **1** *(levarsi, aumentare)* to rise*: *Le acque si sono innalzate di quasi un metro,* The water has risen (by) nearly one metre. **2** *(ergersi)* to rise*; to stand*: *Davanti a noi s'innalzava una vetta maestosa,* A majestic peak rose up before us. **3** *(in società)* to rise*; to work one's way up. ☐ *innalzarsi al vento, (naut.)* to come head to wind.

innamoramento *sm* falling in love.

innamorare *vt* to make* (sb) fall in love; to cause (sb) to fall in love; to fill (sb) with love; *(per estensione: incantare, deliziare)* to charm; to delight; to fascinate; to enchant; *(appassionare)* to catch* sb's interest.

☐ **innamorarsi** *v. rifl* **1** to fall* in love (with sb); *(fig.: appassionarsi)* to be* passionately fond (of sth); to be* infatuated (with sth); to fall* in love (with sth): *innamorarsi (di qcno) al primo sguardo,* to fall in love (with sb) at first sight. **2** *v. rifl reciproco* to fall* in love (with each other).

innamorata *sf* lover; girl-friend; sweetheart.

innamorato *agg* loving; in love; full of love (for sb); *(fig.: appassionato)* passionately fond (of sth); crazy (about sth): *innamorato cotto, (scherz.)* madly in love; head over heels in love; gone (on sb) *(sl.)*.

☐ *sm* lover; boy-friend; sweetheart.

innanzi **I** *avv* **1** *(di luogo: avanti)* forward; *(in posizione avanzata rispetto ad altri)* in front; *(di tempo)* ahead; well on: *Fatevi innanzi, prego!,* Come (Step) forward, please! — *andare innanzi,* to go forward; to go in front — *tirare innanzi,* to proceed; to go on; *(vivacchiare)* to get by; to (just) keep going — *mettere innanzi delle scuse,* to put forward excuses — *essere innanzi negli anni,* to be getting on.

2 *(di tempo: prima)* before: *come è già stato detto innanzi...,* as has been said before...

3 *(di tempo: in seguito)* onward; on: *d'ora innanzi,* from now on; henceforth *(lett.)*; hereafter *(lett.)* — *Come vedremo innanzi...,* As we shall see later...

II *prep* **1** *(prima; con valore temporale e fig.)* **innanzi tempo,** prematurely; too early — *Morì innanzi tempo,* He died prematurely; He died before his time — **innanzi tutto,** firstly; in the first place — *Innanzitutto stammi a sentire,* Listen to me in the first place.

2 innanzi a, *(in presenza di)* before; in front (of sb); in sb's presence: *innanzi a Dio,* before God; in the sight of God — *innanzi a me,* before me; in my presence.

III *in funzione di agg* before; previous: *la sera innanzi,* the previous evening; the evening before — *l'anno innanzi,* the year before; the previous year.

innanzitempo, innanzitutto *avv* ⇨ **innanzi II.**

innato *agg* innate.

innaturale *agg* unnatural; not natural; *(di atteggiamento)* lacking naturalness.

innegabile *agg* undeniable; *(per estensione: ovvio)* obvious.

innegabilmente *avv* undeniably; obviously.

inneggiamento *sm* praising; extolling.

inneggiare *vi* **1** to sing* hymns (to sb). **2** *(fig.)* to praise; to extol; to sing* the praises (of sb).

innervosire *vt* to make* (sb) nervous; to get* on sb's nerves; to set* (sb) on edge.

☐ **innervosirsi** *v. rifl* to get* upset; to become* irritable.

innescamento *sm* priming.

innescare *vt* **1** *(p.es. una bomba)* to prime. **2** *(fis.)* to trigger off. **3** *(l'amo)* to bait.

innesco *sm* **1** *(dispositivo)* primer. **2** *(fis.)* triggering; seeding.

innestare *vt* **1** to graft *(anche med.)*. **2** *(mecc.)* to engage; *(elettr.)* to plug in: *innestare la frizione,* to engage (*spesso* to let in) the clutch. **3** *(fig.: inserire)* to insert; to fit; to marry up.

☐ **innestarsi** *v. rifl* to blend in (with sth); to be* grafted (on sth).

innestatoio *sm* grafting-knife.

innestatore *sm* grafter.

innestatura *sf* **1** grafting. **2** *(punto)* graft.

innesto *sm* **1** *(l'operazione)* grafting; *(il germoglio che si innesta)* graft; scion; *(med.)* graft. **2** *(mecc.)* clutch; coupling. **3** *(elettr.)* connection; *(spina)* plug.

inno *sm* **1** *(religione)* hymn; *(patriottico, ecc.)* anthem: *inno nazionale,* national anthem. **2** *(fig.)* eulogy.

innocente *agg* **1** innocent; *(dir.)* not guilty. **2** *(privo di malizia)* innocent; *(innocuo)* harmless.

☐ *sm e f.* **1** innocent person: *gli innocenti,* the innocent. **2** *(bambino)* innocent: *la strage degli innocenti, (stor.)* the Massacre of the Innocents. **3** *(al pl.: orfanelli)* orphans; *(trovatelli)* foundlings.

innocentemente *avv* innocently; harmlessly.

innocentista *sm e f.* upholder of sb's innocence.

innocenza *sf* **1** innocence. **2** *(fig.: infanzia)* childhood.

innocuamente *avv* harmlessly; innocuously; inoffensively.

innocuità *sf* innocuousness; harmlessness.

innocuo *agg* harmless; innocuous; inoffensive.

innominabile *agg* unmentionable.

innominato *agg* **1** nameless; unnamed. **2** *(dir.)* innominate. **3** *(anat.)* innominate.

innovare *vt* to introduce novelties (*o* innovations) (into sth); to make* changes (in sth); to reform.

innovatore *agg* innovating. ☐ *sm* innovator.

innovazione *sf* innovation.

innumerevole *agg* countless; innumerable.

inoccultabile *agg* unconcealable.

inoculare *vt* **1** to inoculate *(spec. vaccino)*. **2** *(fig.)* to imbue; to infect; to implant: *inoculare l'odio nell'animo di qcno,* to imbue sb's mind with hatred; to implant (to sow the seed of) hatred in sb's mind.

inoculazione *sf* **1** inoculation; vaccination. **2** *(fig.)* implanting; imbuing.

inodoro *agg* odourless; *(di fiore)* scentless.

inoffensivo *agg* harmless; inoffensive.

inoltrare *vt (presentare)* to lodge *(spec. un reclamo)*; to present; *(inviare)* to send*; to forward; to pass (sth) on; *(trasmettere)* to pass; to transmit.

☐ **inoltrarsi** *v. rifl* to go* on; to go* forward; to advance; to proceed; to penetrate.

inoltrato *p. pass e agg* (very) late: *a notte inoltrata,* late at night; at dead of night — *a maggio inoltrato,* well into May.

inoltre *avv* besides; furthermore; moreover; in addition.

inoltro *sm* forwarding; passing on: *Con preghiera di inoltro,* Please forward.

inondare *vt* **1** to flood *(anche fig., comm., ecc.)*; to inundate; *(sommergere)* to submerge. **2** *(fig.: riempire)* to fill: *inondare qcno di gioia,* to fill sb with joy.

inondazione *sf* **1** *(l'atto)* flooding. **2** *(l'effetto)* flood *(anche fig.);* inundation.
inoperante *agg* inoperative.
inoperosamente *avv* idly; inactively.
inoperosità *sf* idleness; inactivity; *(di una macchina)* outage.
inoperoso *agg* **1** *(per pigrizia)* idle; *(per costrizione)* inactive; unable to work. **2** *(di macchina)* idle. **3** *(comm.: di capitale)* unemployed; idle.
inopinabile *agg* **1** *(inimmaginabile)* incredible; inconceivable; unimaginable. **2** *(imprevedibile)* unforeseeable.
inopinatamente *avv* unexpectedly; unforeseeably.
inopinato *agg* unexpected; unforeseen.
inopportunamente *avv* inopportunely; unsuitably; untimely.
inopportunità *sf* untimeliness; inappropriateness.
inopportuno *agg* inopportune; untimely; *(poco accorto)* impolitic; *(poco utile)* inexpedient: *Sei capitato in un momento veramente inopportuno,* You've come at quite the wrong moment.
inoppugnabile *agg* incontrovertible.
inoppugnabilità *sf* incontrovertibility.
inoppugnabilmente *avv* incontrovertibly.
inorganico *agg* inorganic.
inorgoglire *vt* to make* (sb) proud; to turn (sb's) head.
□ **inorgoglirsi** *v. rifl* to become* proud; *(eccessivamente)* to get* a swollen head; to become* swollen-headed.
inorgoglito *agg* (over-)proud.
inorridire *vt* to horrify; to fill (to strike*) (sb) with horror; to shock.
□ *vi* to be* horrified; to be* struck with horror.
inospitale *agg* inhospitable.
inospitalità *sf* inhospitableness; inhospitality.
inospitalmente *avv* inhospitably.
inosservabile *agg* unable to be complied with *(predicativo).*
inosservante *agg* failing to comply (with sth) *(predicativo).*
inosservanza *sf* non-observance; failure to comply (with sth).
inosservato *agg* **1** *(che sfugge all'attenzione)* unobserved; unnoticed. **2** *(non rispettato, ecc.)* disregarded; disobeyed.
inossidabile *agg* inoxidizable; *(di acciaio)* stainless.
inquadramento *sm* **1** framing. **2** *(mil.)* formation; regimentation. **3** *(fig.: collocazione)* fitting; placing.
inquadrare *vt* **1** *(mettere in cornice)* to frame; *(fotografia, ecc.)* to frame. **2** *(fig.)* to fit; to fit (sb, sth) into (sth); to place; to situate. **3** *(mil.)* to form; to regiment.
□ **inquadrarsi** *v. rifl* to fit into; to fit in with; to be* part of.
inquadratura *sf* **1** *(atto di inquadrare)* framing. **2** *(fotografia, cinema)* shot; *(serie di fotogrammi)* sequence.
inqualificabile *agg* unspeakably (*o* indescribably) bad; unspeakable; contemptible.
inquietante *agg* worrying; disturbing; disquieting.
inquietare *vt* to worry; to disturb.
□ **inquietarsi** *v. rifl (preoccuparsi)* to get* worried; to be* concerned; *(impazientirsi)* to get* upset.
inquieto *agg* **1** *(irrequieto)* restless; *(turbato)* disturbed. **2** *(preoccupato)* worried; anxious. **3** *(talvolta: stizzito)* cross; put out.
inquietudine *sf* uneasiness; anxiety; apprehension; worry: *nutrire viva inquietudine per qcno (per qcsa),* to be extremely worried about sb (sth).
inquilino *sm* **1** tenant; lodger. **2** *(zool.)* parasite.
inquinamento *sm* pollution.
inquinare *vt (anche fig.)* to pollute; *(talvolta)* to contaminate: *fiumi inquinati,* polluted rivers.
inquirente *agg* investigating; examining: *commissione inquirente,* committee of enquiry.
□ *sm e f.* investigator.
inquisire *vt e i.* **1** to enquire closely (into sth); to investigate. **2** *(con malignità)* to pry (into sth); to probe (into sth).
inquisitivo *agg* enquiring; probing.
inquisitore *agg* searching; inquiring.
□ *sm* inquisitor *(stor. e fig.).*
inquisitorio *agg* **1** inquisitorial. **2** *(dir.)* investigatory.
inquisizione *sf* inquisition *(stor. e fig.).*
insabbiamento *sm* **1** *(di un porto)* silting up. **2** *(fig.: di una pratica, ecc.)* shelving.
insabbiare *vt* **1** to fill (sth) up with sand; to silt up. **2** *(fig.: riferito ad un'indagine, una pratica)* to shelve; to hold* up; to bury.
□ **insabbiarsi** *v. rifl* **1** to become* covered with sand; to silt up; *(di imbarcazione)* to run* aground; to become* stranded. **2** *(fig.)* to be* shelved; to get* held up (*o* bogged down).
insaccare *vt* **1** to put* (sth) in a sack (in sacks); to bag. **2** *(carne tritata)* to make* into sausages. **3** *(stipare)* to stuff (to cram, to squeeze) (sth into sth); *(infagottare)* to dress sb (*fam.* to rig sb out) in baggy clothes. **4** *(mangiare avidamente)* to pack food away; to stuff *(fam.).* **5** *(intascare)* to pocket. **6** *(segnare un goal)* to score; to net.
□ **insaccarsi** *v. rifl* **1** *(infagottarsi)* to dress badly. **2** *(rientrare in se stesso cadendo)* to telescope. **3** *(pigiarsi)* to squeeze. **4** *(del sole)* to go* behind thick clouds. **5** *(delle vele)* to belly.
insaccato *p. pass e agg* sacked; bagged in sacks; *(infagottato)* badly dressed.
□ *sm pl* salami; sausages.
insalata **1** *(la pianta)* lettuce; endive. **2** *(come contorno o come piatto)* salad: *condire l'insalata,* to dress (to put the dressing on) the salad — *insalata verde,* green salad — *insalata mista,* mixed salad — *pollo con insalata,* chicken with salad — *insalata di pollo,* chicken salad. **3** *(fig.)* jumble.
insalatiera *sf* salad-bowl.
insalivare *vt* to insalivate.
insalivazione *sf* insalivation.
insalubre *agg* unhealthy.
insalubrità *sf* unhealthiness.
insalutato *agg (lett.)* unfarewelled *(raro, lett.): partire insalutato ospite,* to slip away without a word.
insanabile *agg* **1** *(inguaribile)* incurable. **2** *(fig.: di una situazione, ecc.)* irremediable. **3** *(fig.: di odio; dolore, ecc.)* implacable.
insanabilmente *avv* incurably; implacably.
insanamente *avv* insanely.
insanguinare *vt* to stain (to cover) (sth) with blood.
□ **insanguinarsi** *v. rifl* to become* blood-stained; to get* (to become*) covered in blood.
insanguinato *agg* bloody; bloodstained.
insania *sf* **1** *(demenza)* madness; folly. **2** *(l'atto)* insane act; act of madness.
insano *agg* insane.
insaponare *vt* **1** to soap; to lather. **2** *(fig.)* to softsoap.
insaponata *sf* (quick) soaping.
insaponatura *sf* (thorough) soaping.
insaporare, insaporire *vt* to flavour; to season.
□ **insaporarsi, insaporirsi** *v. rifl* to acquire flavour; to become* seasoned.
insaporo *agg* tasteless; insipid.

insaputa *sf (solo nelle locuzioni* all'insaputa di *e* a insaputa di*)* without sb's (my, his, *ecc.*) knowledge: *a mia insaputa,* without my knowledge; without my knowing — *all'insaputa di tutti,* without anybody knowing.
insaziabile *agg* insatiable *(anche fig.);* unappeasable *(fig.).*
insaziabilità *sf* insatiability.
insaziabilmente *avv* insatiably.
insaziato *agg* never satisfied; insatiate.
inscatolamento *sm* canning; tinning.
inscatolare *vt* to can; to tin.
inscenare *vt (teatro e fig.)* to stage; to put* (sth) on (*o* on stage); to stage.
inscindibile *agg* inseparable.
inscrivere *vt (matematica)* to inscribe.
inscrutabile *agg* inscrutable.
inscrutabilità *sf* inscrutability; inscrutableness.
inscusabile *agg* inexcusable.
inscusabilmente *avv* inexcusably.
insecchire *vt* to dry up; to wither; to shrivel up.
□ *vi* to become* (to go*) dry; *(di foglie)* to wither; *(di persona)* to become* very thin; to have* a shrunken look.
insediamento *sm* **1** *(l'installare)* installation; *(di sacerdote)* induction. **2** *(mil.)* taking up of a position. **3** *(lo stabilirsi)* settlement; *(illegittimo)* squatting. **4** *(luogo occupato, abitato)* settlement.
insediare *vt* to induct; to install.
□ **insediarsi** *v. rifl* **1** *(assumere una carica, ecc.)* to take* up office. **2** *(installarsi, stabilirsi)* to install oneself.
insegna *sf* **1** *(di strada, locale, ecc.)* sign; signboard: *all'insegna dei Tre Re,* at the sign of the Three Kings — *un'insegna al neon,* a neon sign. **2** *(al pl.: emblema, simbolo)* insignia *(pl.); (bandiera)* banner; standard; flag; colours *(pl.);* ensign; *(distintivo)* badge: *all'insegna di..., (fig.)* under the banner of... **3** *(motto)* motto; watchword; slogan.
insegnabile *agg* teachable; able to be taught.
insegnamento *sm* **1** teaching; instruction; *(privato)* tuition: *darsi (dedicarsi) all'insegnamento,* to become a teacher; to take up teaching. **2** *(ammaestramento, lezione)* warning; lesson; *(precetto, norma)* precept; teaching *(generalm. pl.): Questo ti serva da insegnamento,* Let this be a warning (a lesson) to you.
insegnante *agg* teaching: *il corpo insegnante,* the teaching staff; the Faculty *(USA, all'università).*
□ *sm e f.* teacher; (school)-master *(m.);* (school)-mistress *(f.); (talvolta)* instructor: *insegnante elementare,* primary school teacher — *insegnante universitario,* university teacher.
insegnare *vt* **1** to teach*; to instruct; *(addestrare, preparare, allenare)* to train: *insegnare qcsa a qcno,* to teach sth to sb; to teach sb sth — *insegnare l'inglese a qcno,* to teach sb English. **2** *(mostrare, indicare)* to show*; to tell*; to indicate: *insegnare la strada a qcno,* to show sb the way.
□ *vi* to teach*; to be* a teacher.
□ *Come Lei m'insegna...,* As you so rightly remark... — *T'insegno io a rigare diritto!,* I'll teach you not to misbehave! — *insegnare a volare agli uccelli, (fig.)* to teach one's grandmother how to suck eggs.
inseguimento *sm* pursuit: *gettarsi all'inseguimento di qcno,* to set off in pursuit of sb.
inseguire *vt* to pursue *(anche fig.);* to run* after.
inseguitore *sm* pursuer.
insellamento *sm (di nave)* sag.
insellare *vt (sellare)* to saddle.
□ **insellarsi** *v. rifl (cedere al centro)* to sag; to cave in *(fam.).*
insellato *agg* **1** saddled. **2** *(curvo)* saddle-backed. **3** *(di nave)* sagged.
insellatura *sf* **1** *(curvatura del dorso)* curvature; *(di cavallo)* saddle; *(in patologia)* lordosis. **2** *(sella montana)* saddle.
inselvatichire *vt* to make* (sth, sb) go (*o* become) wild.
□ *vi e* **inselvatichirsi** *v. rifl* to revert to the wild state; to become* wild.
inseminare *vt* to inseminate.
inseminazione *sf* insemination.
insenatura *sf (sulla costa)* inlet; cove; creek; *(di monti)* dip; downward (*o* inward) curve.
insensatamente *avv* foolishly; senselessly.
insensatezza *sf* **1** foolishness; stupidity; silliness. **2** *(azione insensata)* foolish act; *(parole insensate)* nonsense.
insensato *agg* foolish; senseless; *(sciocco)* silly; nonsensical; *(folle)* crazy; mad.
insensibile *agg* **1** *(lievissimo)* imperceptible; insensible. **2** *(che non sente)* numb; insensitive. **3** *(per estensione: indifferente, freddo)* insensitive; unmoved; impassive: *essere insensibile ai rimproveri,* to be unmoved by scolding — *avere un carattere insensibile,* to have an insensitive character.
insensibilità *sf* insensitiveness; *(indifferenza)* indifference.
insensibilmente *avv* **1** *(in modo lieve)* slightly; imperceptibly. **2** *(in modo impassibile)* insensitively; unfeelingly; impassively; indifferently.
inseparabile *agg* inseparable.
□ *sm (zool.)* love-bird.
inseparabilità *sf* inseparability.
insepolto *agg* unburied.
inserimento *sm* **1** insertion; fitting; *(fig.)* inclusion. **2** *(elettr.)* connection; plugging in.
inserire *vt* **1** to insert; to fit (sth) in; *(in uno spazio limitato, tra due elementi)* to sandwich; *(includere)* to include; *(allegare)* to enclose; to inclose: *inserire un nome in un elenco,* to include a name in a list. **2** *(elettr.)* to plug (sth) in; to connect; to switch (sth) on; to turn (sth) on: *inserire l'accensione, (di un'automobile)* to turn on the ignition — *inserire la spina,* to plug (sth) in.
□ **inserirsi** *v. rifl* to get* (into sth); to be* inserted (in *o* into sth); to be* included (in sth).
inserto *sm* **1** *(incartamento)* dossier; file. **2** *(in un settimanale, in un film, ecc.)* insert.
inservibile *agg* unserviceable; useless; (of) no use: *rendere inservibile qcsa,* to put sth out of action.
inserviente *sm* attendant.
inserzione *sf* **1** *(l'introdurre)* insertion. **2** *(annuncio pubblicitario)* announcement; notice; advertisement; insertion: *fare un'inserzione,* to put an advertisement in the paper. **3** *(anat.)* insertion. **4** *(elettr.)* connection; plugging in.
inserzionista *sf e m.* advertiser.
insetticida *agg e sm* insecticide.
insetto *sm* **1** insect; bug *(USA): insetto della Madonna,* ladybird; ladybug *(USA)* — *insetto stecco, (med.)* stick insect. **2** *(persona spregevole)* louse *(pl.* lice*);* worm.
insicurezza *sf* insecurity.
insicuro *agg* insecure.
insidia *sf (inganno, trappola)* trick; trap; *(pericolo)* danger; peril; *(tranello)* snare; allurement.
insidiare *vt e i.* to lay* a trap (for sb); *(fig.)* to

attempt to undermine: *insidiare una donna,* to try to seduce a woman.
insidiatore *sm* tempter.
insidiosamente *avv* insidiously; treacherously.
insidioso *agg* insidious; treacherous: *una domanda insidiosa,* a tricky question.
insieme I *avv* **1** together: *Vivono insieme?,* Are they living together?; Do they live together? — *Andammo tutti insieme a fare una passeggiata,* We all went for a walk together — *Possiamo studiare insieme?,* May we study together? — *Se staremo insieme ce la faremo,* If we stick together we shall get through all right — *Dobbiamo stare insieme se non vogliamo perderci nel bosco,* We must keep (*o* stick *fam.*) together if we don't want to lose one another in the wood — *Questi due tessuti non vanno bene insieme,* These two fabrics don't go together (don't match) — *mettere insieme un po' di denaro,* to put (to get) some money together — *mettere insieme uno spettacolo,* to get a show together — *portare (legare, unire, ecc.) insieme,* to bring (to fasten, to join, *ecc.*) together — *E ora tutti insieme!,* And now, all together please!; All together now! — *Tutto insieme non vale una lira,* The whole lot is hardly worth two farthings; It's not worth a penny all told — *Ho venduto la camera da letto tutta insieme,* I have sold the bedroom suite as a whole (as a unit) — *I due effetti si annullano insieme,* The two effects destroy each other — *mettere insieme una frase,* to make up (to compose) a sentence — *mettere insieme una fortuna,* to make (to amass) a fortune.
2 *(contemporaneamente)* at the same time: *Vuoi fare troppe cose insieme,* You want to do too many things at the same time — *Si sentiva triste ed insieme allegra,* She felt sad and cheerful at the same time — *Abbiamo finito insieme,* We finished at the same time (*o* together) — *piangere e ridere insieme,* to laugh and cry at the same time — *Bevve la birra tutta insieme,* He drank the beer at one gulp (at a draught).
II insieme a (con) *prep* with; in company with; together with; *(contemporaneamente)* at the same time as: *È uscito insieme a un amico,* He went out with a friend — *La fattura, insieme all'assegno che abbiamo ricevuto ieri...,* The invoice, together with the cheque we received yesterday...
III *sm* **1** whole: *nell'insieme,* as a whole; on the whole — *Mi piace nell'insieme,* I like it as a whole — *tutto l'insieme dell'edificio,* the building as a whole — *l'insieme delle prove,* the evidence as a whole (*o* taken together). **2** *(matematica, statistica)* set. **3** *(moda: completo)* outfit; ensemble. **4** *(teatro)* ensemble; whole cast: *l'insieme degli attori,* the (whole) cast — *L'insieme dell'orchestra era scadente,* The ensemble was poor. **5 d'insieme,** *(intiero)* whole; *(globale)* overall: *l'effetto d'insieme,* the overall effect — *uno sguardo d'insieme,* a comprehensive (general) view — *movimento d'insieme,* concerted movement; combined movement — *un pezzo d'insieme, (mus.)* a concerted piece.
insigne *agg* great; famous: *un artefice insigne,* a superlative craftsman.
insignificante *agg* **1** *(senza significato)* meaningless. **2** *(trascurabile)* insignificant; negligible; trifling.
insignire *vt* to decorate; to award; to confer: *insignire qcno di una medaglia,* to decorate sb with a medal; to award sb a medal — *insignire qcno di un titolo,* to confer a title on sb.
insincerità *sf* insincerity.
insincero *agg* insincere; disingenuous; false.
insindacabile *agg* final.
insindacabilità *sf* unreversibleness; irreversibleness.
insinuante *agg* insinuating; *(carezzevole)* coaxing; wheedling.
insinuare *vt* **1** to insinuate; to insert; to probe; to introduce (sth) stealthily. **2** *(fig.)* to insinuate; to imply; to hint. □ *insinuare un credito, (dir.)* to prove a debt.
□ **insinuarsi** *v. rifl* **1** *(infiltrarsi)* to penetrate; *(di liquidi)* to seep. **2** *(fig.: di dubbio, disperazione, ecc.)* to creep* (into sth); *(di persona)* to work (*spreg.* to worm) oneself (*o* one's way) (into sth).
insinuatore *sm* insinuator.
insinuazione *sf* **1** insinuation; hint; innuendo: *fare delle insinuazioni,* to make insinuation; to insinuate. **2** *(dir.)* proof (of a debt).
insipidamente *avv* insipidly.
insipidezza, insipidità *sf* insipidity *(anche fig.)*.
insipido *agg* tasteless; insipid *(anche fig.)*.
insipiente *agg* foolish; unwise.
insipienza *sf* ignorance; foolishness.
insistente *agg* **1** *(ostinato)* insistent; persistent; *(molesto)* annoying; nagging; obstinate. **2** *(persistente)* persistent; incessant.
insistentemente *avv* insistently; persistently; *(in modo molesto)* annoyingly; naggingly.
insistenza *sf* persistence; insistence: *con insistenza,* insistently.
insistere *vi* **1** to insist (on, upon sth); *(perseverare)* to persevere; to keep* on; to keep* trying; to persist. **2** *(molestare)* to nag; to annoy; to badger *(fam.)*.
insito *agg* inherent.
insoddisfatto *agg* **1** *(inappagato)* unsatisfied (with). **2** *(scontento)* dissatisfied; discontented.
insoddisfazione *sf* dissatisfaction.
insofferente *agg* impatient; intolerant; *(irrequieto)* restless; *(indisciplinato)* restive.
insofferenza *sf* impatience; intolerance.
insolazione *sf* **1** *(esposizione al sole)* insolation. **2** *(colpo di sole)* sunstroke; heatstroke.
insolente *agg* rude; insolent; impudent: *avere dei modi insolenti,* to be rude.
insolentemente *avv* rudely; insolently; impudently.
insolentire *vt* to be* rude (*o* insolent) to sb; to insult; to abuse.
□ *vi* to be* rude (*o* insolent).
insolenza *sf* **1** rudeness; insolence; impudence. **2** *(offesa verbale)* insolent (*o* rude) remark.
insolitamente *avv* unusually; strangely.
insolito *agg* unusual; out of the ordinary; *(strano)* strange: *un'esperienza insolita,* a strange experience.
insolubile *agg* insoluble; *(chim.)* undissolvable.
insolubilità *sf* insolubility; *(chim.)* undissolvability.
insoluto *agg* **1** *(non risolto)* unsolved. **2** *(non pagato)* unpaid; outstanding. **3** *(chim.)* undissolved.
insolvente *agg* insolvent.
insolvenza *sf* insolvency.
insolvibile *agg (di un debitore)* insolvent.
insolvibilità *sf* insolvency.
insomma *avv* **1** *(conclusivo)* in short; in a word; in conclusion; to sum up. **2** *(interiezione)* Well!; For heaven's sake!: *Insomma, la smetti?,* Are you going to stop, for heaven's sake?
insommergibile *agg* unsinkable.
insondabile *agg* unfathomable *(anche fig.)*.
insonne *agg* **1** sleepless. **2** *(fig.: sempre desto, vigile)* tireless; indefatigable.
insonnia *sf* insomnia; sleeplessness.
insonnolito *agg* sleepy; drowsy; half asleep.
insopportabile *agg (di dolore)* unbearable;

intolerable; insupportable; *(di persona)* impossible; insufferable.
insopprimibile *agg* unsuppressible.
insordire *vi* to become* (to go*) deaf.
insorgere *vi* **1** *(ribellarsi)* to revolt; to rebel; to rise* up. **2** *(protestare)* to protest. **3** *(manifestarsi all'improvviso: di tempesta, ecc.)* to arise*; *(di difficoltà, ecc.)* to arise*; to crop up: *All'ultimo minuto sono insorte delle difficoltà,* A number of difficulties arose at the last moment.
insormontabile *agg* unsurmountable.
insorto *agg* rebellious; rebel *(attrib.).*
□ *sm* rebel; insurgent.
insospettabile *agg* **1** above suspicion. **2** *(imprevеduto)* unsuspected; unexpected: *Ha mostrato un insospettabile coraggio,* He showed unexpected bravery.
insospettato *agg* **1** unsuspected. **2** *(imprevisto)* unexpected.
insospettire *vt* to make* (sb) suspicious; to arouse (sb's) suspicions.
□ *vi e* **insospettirsi** *v. rifl* to become* suspicious.
insostenibile *agg* **1** *(che non si può difendere)* untenable. **2** *(insopportabile)* unendurable; unbearable; *(di spesa, ecc.)* unable to be borne; unable to be met.
insostituibile *agg* irreplaceable; *(talvolta, di persona)* indispensable.
insozzare *vt* to soil; to smear *(anche fig.).*
insperabile *agg* not to be hoped for; unhoped-for.
insperatamente *avv* unexpectedly.
insperato *agg* unhoped-for; unlooked-for; *(inaspettato)* unexpected.
inspessimento *sm* thickening.
inspessire *vt,* **inspessirsi** *v. rifl* to thicken.
inspiegabile *agg* inexplicable; unaccountable.
inspiegabilmente *avv* inexplicably; unaccountably.
inspiegato *agg* unexplained.
inspirare *vt* to breathe in; to inhale.
inspiratore *agg* inspiratory.
inspirazione *sf* inhalation; *(med., anche)* inspiration.
instabile *agg* unstable; changeable; uncertain; unreliable; *(variabile)* unsettled: *equilibrio instabile,* unstable equilibrium — *tempo instabile,* unsettled (*o* changeable, uncertain) weather — *una persona di umore instabile,* an inconstant (*o* fickle) person.
instabilità *sf* instability; *(del tempo)* changeability; *(di carattere)* inconstancy; fickleness.
installare *vt* to install; *(qcno in una camera, in un albergo, ecc.)* to settle; *(una cosa)* to put* in: *Ci hanno installato il telefono oggi,* They put the telephone in today.
□ **installarsi** *v. rifl* to install oneself; to settle in.
installazione *sf* **1** *(l'atto di installare)* installation. **2** *(impianto)* installation; plant.
instancabile *agg* indefatigable; tireless; untiring: *con pazienza instancabile,* with untiring patience.
instancabilità *sf* indefatigability; tirelessness.
instancabilmente *avv* tirelessly; indefatigably.
instaurare *vt* to found; to set* up; to establish.
instauratore *sm* founder; establisher.
instaurazione *sf* foundation; establishment; *(introduzione)* introduction.
insterilire *vt* to sterilize.
□ *vi* to become* sterile.
instillare *vt* to instil(l) *(anche fig.).*
instillazione *sf* instillation.
instradamento *sm* routing; *(di persona)* setting (of sb) on his way.
instradare *vt* to direct; to route; *(una persona)* to set* (to put*) sb on the right road (on his way).
insù *avv* **1** *(verso l'alto, in generale)* up; upwards: *Perché guardi insù?,* Why are you looking up (*o* upwards)? — *La donna camminava in su e in giù,* The woman was walking up and down — *La chiesa è più in su,* The church is further on (*o* further up) — *a faccia insù,* face upwards.
2 all'insù, up, upwards *(agg.);* upwards *(avv.): un movimento all'insù,* an upward movement — *appeso con i piedi all'insù,* hanging feet up(wards); hanging upside down — *col naso all'insù,* with one's nose in the air — *dal naso all'insù,* with a turned-up (*o* tip-tilted) nose.
3 *(riferito ad età, prezzo, tempo, ecc.)* on; upwards; up to; and more; and over: *ragazzi dai dodici anni in su,* boys from twelve years upwards; boys of twelve and over; *(collettivo)* the over-twelves — *scarpe da 15.000 lire in su,* shoes at 15,000 lire and over; shoes from 15,000 lire upwards — *dal diciassettesimo secolo in su,* from the seventeenth century on.
□ *in su da Bologna,* North of Bologna.
insubordinatezza, insubordinazione *sf* insubordination.
insubordinato *agg* insubordinate.
insuccesso *sm* failure; flop *(fam.).*
insudiciare *vt* to dirty; to soil.
□ **insudiciarsi** *v. rifl* to get* dirty; to mess oneself up: *insudiciarsi le mani, (anche fig.)* to dirty one's hands; to get one's hands dirty.
insufficiente *agg* **1** insufficient; not sufficient; not enough. **2** *(non all'altezza, non adatto)* inadequate; unfit; not equal to; *(a scuola)* below standard; *(in una votazione)* unsatisfactory.
insufficientemente *avv* insufficiently; inadequately.
insufficienza *sf* insufficiency *(anche med.); (carenza)* deficiency; shortage; lack; want; *(incapacità)* inadequacy; unfitness; incapacity; *(povertà)* poorness; *(nelle votazioni scolastiche)* fail. □ *insufficienza di prove, (dir.)* lack of evidence.
insulare *agg* insular *(anche fig.);* island-.
insulina *sf* insulin.
insulsaggine *sf* **1** silliness; foolishness. **2** *(cosa insulsa)* nonsense.
insulsamente *avv* insipidly; dully; sillily.
insulso *agg* insipid; *(noioso)* dull; *(sciocchino)* silly; futile.
insultante *agg* insulting.
insultare *vt* to insult; to affront.
insulto *sm* **1** insult; affront; abuse *(solo come s. collettivo).* **2** *(accesso)* fit; attack; *(med.)* insult. **3** *(danno)* damage; ravages *(pl.).*
insuperabile *agg* **1** impassable; insuperable. **2** *(fig.: insormontabile)* unsurmountable. **3** *(fig.: imbattibile)* unbeatable.
insuperabilità *sf* insuperability.
insuperato *agg* unsurpassed.
insuperbire *vt* to make* (sb) proud; *(spreg.)* to give* (sb) a swollen head: *I troppi successi ti hanno insuperbito,* Too much success has gone to your head.
□ *vi e* **insuperbirsi** *v. rifl* to become* proud; to be* proud; *(spreg.)* to get* swollen-headed.
insurrezionale *agg* insurrection *(attrib.).*
insurrezione *sf* insurrection; revolt.
insussistente *agg* unfounded; groundless; non-existent.
insussistenza *sf* **1** *(inesistenza)* inexistence. **2** *(infondatezza)* baselessness.
intabarrare *vt* to wrap (sb) up in a cloak.

□ **intabarrarsi** *v. rifl* to wrap oneself up.

intaccabile *agg* susceptible to damage; *(di metallo)* corrodible.

intaccare *vt* **1** *(fare una tacca)* to notch; to nick; to dent; to cut* (into sth); to make* a notch (*o* notches) (in sth). **2** *(attaccare, corrodere)* to attack; to corrode; to eat* (sth) away; to bite* (into sth); *(danneggiare)* to damage; *(guastare)* to spoil. **3** *(infettare)* to infect; to contaminate. **4** *(offendere, ledere)* to injure; to offend; to impair; to undermine. **5** *(consumare, dar mano)* to draw* (on sth); to dip (into sth); to eat* (into sth).
□ *vi (balbettare)* to stammer; to stutter.

intaccatura *sf* notch; nick; dent; indentation.

intagliare *vt* to nick; to carve; *(pietra o metallo)* to engrave; to incise.

intagliatore *sm* carver.

intaglio *sm* incision; carving; *(su pietra)* intaglio *(pl.* intaglios*).*

intanarsi *v. rifl (di animali)* to go* to earth; *(fig., anche)* to shut* oneself up.

intangibile *agg* **1** untouchable. **2** *(fig.)* intangible. **3** *(di diritti, ecc.)* inviolable.

intangibilità *sf* **1** *(letteralm.)* untouchability. **2** *(fig.)* intangibility.

intanto *avv (nel frattempo)* meanwhile; in the meantime; *(nello stesso tempo)* at the same time; *(per cominciare)* for one thing; just to begin with; just to set things going: *intanto che,* while — *per intanto, (fam.)* for the moment.

intarsiare *vt* to inlay*: *mobili intarsiati di avorio,* furniture inlaid with ivory.

intarsiatore *sm* inlayer.

intarsiatura *sf* inlaying.

intarsio *sm* inlaid work; inlay; marquetry.

intasamento *sm* clogging; obstruction; *(del traffico)* traffic jam.

intasare *vt* **1** to clog; to obstruct; to choke (up); to block: *Ho il naso intasato,* My nose is stuffed up. **2** *(produrre un ingorgo)* to block; to jam; to obstruct.
□ **intasarsi** *v. rifl* to become* obstructed.

intasatura *sf* stoppage; blockage; obstruction.

intascare *vt* to pocket.

intatto *agg* **1** *(non toccato)* untouched; *(di neve, spiaggia, ecc.)* untrodden; virgin; *(immacolato)* spotless. **2** *(integro)* intact; *(completo)* complete; unbroken; *(illeso)* undamaged; unimpaired; uninjured; intact.

intavolare *vt* to start; to begin*: *intavolare trattative,* to open negotiations; to get negotiations under way.

integerrimo *agg* absolutely honest.

integrabile *agg* integrable.

integrabilità *sf* integrability.

integrale *agg* **1** whole; entire; complete; total; full; integral *(spec. in matematica).* **2** *(di un testo)* unabridged; *(non purgato)* unexpurgated. □ *pane integrale,* wholemeal bread; *(impropriamente)* brown bread.
□ *sm* integral.

integralmente *avv* integrally; wholly; fully; in its entirety; in full.

integrante *agg* **1** integral: *essere parte integrante di qcsa,* to be an integral part of sth. **2** *(complementare)* supplementary.

integrare *vt* **1** to integrate; to complete; to make* (sth) complete. **2** *(aggiungere)* to supplement.

integrativo *agg* integrative; integrating; supplementary.

integratore *sm* integrator.

integrazione *sf* **1** integration. **2** *(aggiunta)* supplement.

integrità *sf* **1** *(totalità)* integrity; entirety. **2** *(onestà)* integrity; uprightness.

integro *agg* **1** *(intero)* entire; whole; integral; *(di un testo)* complete; unabridged. **2** *(incorruttibile)* upright.

intelaiatura *sf* framework; frame; *(di un ponte)* trestle; *(di finestra)* sash.

intellettivo *agg* intellectual.

intelletto *sm* **1** intellect; mind; brain; *(intelligenza)* intelligence; understanding; *(cognizione)* knowledge: *perdere il ben dell'intelletto,* to lose one's reason. **2** *(persona di grande intelligenza)* intellect; mind; brain *(fam.).*

intellettuale *agg* intellectual.
□ *sm e f.* intellectual; highbrow; *(f., talvolta)* bluestocking.

intellettualismo *sm* intellectualism.

intellettualistico *agg* intellectualistic.

intellettualoide *agg* pseudo-intellectual.
□ *sm e f.* would-be intellectual.

intelligente *agg* intelligent; clever *(spesso spreg. e iron.);* brainy *(fam.); (perspicace)* bright; *(svelto)* quick: *un ragazzo intelligente,* an intelligent (a clever, a brainy) boy — *Non mi piace: è fin troppo intelligente,* I don't like him: he's too clever by half.

intelligentemente *avv* intelligently; ingeniously.

intelligenza *sf* **1** intelligence; cleverness: *ragazzi di intelligenza media,* boys of average intelligence (*o* cleverness) — *avere un'intelligenza acuta (pratica, fiacca, ecc.),* to have a sharp (practical, weak, *ecc.*) intelligence (brain, mind): *una ricerca fatta con intelligenza,* a clever piece of research — *studiare con intelligenza,* to study in an orderly (*o* methodical) way. **2** *(comprensione)* understanding: *Questa frase è necessaria per l'intelligenza del testo,* This sentence is vital for the understanding of the text — *a maggiore intelligenza dei lettori,* for the better understanding of the reader; in order to make things clear; for the sake of clarity. **3** *(persona intelligente)* mind; brain *(fam.): È una bella intelligenza,* He has a fine mind. **4** *(teologia: essere intelligente)* intelligence; angel: *le intelligenze celesti,* the intelligences; the angels — *l'intelligenza suprema,* the Supreme intelligence. **5** *(intesa, accordo)* intelligence; agreement; understanding: *intelligenza col nemico,* intelligence with the enemy. **6** *(naut.)* answering pennant.

intelligibile *agg* intelligible.

intelligibilità *sf* intelligibility.

intelligibilmente *avv* intelligibly.

intemerata *sf* rebuke; reprimand; lecture; scolding; telling-off *(fam.): fare un'intemerata a qcno,* to give sb a good telling-off.

intemerato *agg* pure; spotless; blameless.

intemperante *agg* intemperate; immoderate: *essere intemperante nel bere,* to be an immoderate drinker.

intemperanza *sf* intemperance; excess: *intemperanza nel mangiare,* over-eating.

intemperie *sf pl* bad weather *(sing.): resistente alle intemperie,* weatherproof.

intempestivamente *avv* inappropriately; inopportunely.

intempestività *sf* inappropriateness; untimeliness.

intempestivo *agg* inopportune; untimely.

intendente *sm* **1** director; commissioner. **2** *(mil.)* quartermaster.

intendenza *sf* **1** *(mil.)* quartermaster-general's branch.

2 *(di finanza)* inland revenue office. 3 *(stor. fr.)* intendance; intendancy.

intendere *vt* 1 *(comprendere)* to understand*; to comprehend; *(talvolta)* to see*: *Intendo benissimo,* I understand perfectly — *Gli fu fatto intendere che...,* He was made to understand (to see) that... — *Gli fece intendere che non lo aveva mai amato,* She made him see that she had never loved him — *intendere il significato di qcsa,* to understand (to see) the meaning of sth — *dare ad intendere (a qcno) che...,* to give (sb) to understand that... — *farsi intendere,* to make oneself understood — *La vuoi intendere?,* Have you got that into your head? — *Me l'ha data ad intendere,* He quite took me in — *Non la intendo come te,* I don't agree with you — *Non la intendo così,* I do not see it like that; I look on it differently; That's not the way I see it — *S'intende che...,* It is understood that...; It goes without saying that... — *S'intende!,* Of course!; Naturally!; Certainly!

2 *(avere intenzione)* to intend; to mean*: *Non intendo pagare,* I don't intend to pay — *Non intendevo offenderla,* I didn't mean to offend her — *Intendevo il contrario,* I meant the opposite — *Quale dei due intendi?,* Which of the two do you mean? — *E che cosa intende (dire) con questo?,* And what do you mean by that? — *Così voglio e intendo,* Those are my instructions.

3 *(udire, e fig.)* to hear*: *Non ho inteso suonare,* I didn't hear the bell — *Ho inteso che ci lasciate,* I hear you are leaving us — *L'ho inteso dire che...,* I have heard it said that...

4 *(ascoltare, dar retta)* to listen to; to accept; to follow: *Non intende ragione,* He won't listen to reason — *Mio figlio non vuole intendere i miei consigli,* My son doesn't wish to follow my advice.

□ **intendersi** *v. rifl* 1 *(capirsi)* to understand* each other *(tra più di due,* one another*); (essere d'accordo, accordarsi)* to be* in agreement; to come* to an agreement; to come* to terms: *intendersi con qcno,* to be on good terms with sb — *Si intesero subito,* They understood each other at once — *Vediamo di intenderci,* Let us come to some (to an) agreement; *(meno formale)* Let's try and get things straight — *Intendiamoci bene però...,* Let me make it quite clear, though... — *Intesi!,* Agreed!; O.K.!

2 *(essere esperto, pratico)* to have* a good knowledge (of sth); to know* (about sth); to be* a good judge (of sth); to be* a connoisseur (in *o* of sth): *Non m'intendo di jazz,* I know nothing about jazz; I am not a connoisseur of jazz — *Mi spiace, non me ne intendo,* I am sorry, I don't know anything about it — *Te ne intendi di telefoni?,* Do you know anything about telephones? — *Mia sorella s'intende molto di pittura,* My sister has a good knowledge (knows a lot about, knows quite a bit about) painting.

3 **intendersela,** to have* an understanding (with sb): *Se la intendono a meraviglia,* They get on very well together — *Se la intendono da un pezzo,* There has been an understanding between them for some time — *Se l'intendevano quei due furfanti,* Those two scoundrels had it all fixed up between them.

intendimento *sm* 1 knowledge; intelligence. 2 *(intenzione, proposito)* intention.

intenditore *sm* connoisseur; expert. □ *A buon intenditor poche parole, (prov.)* A word is enough to the wise.

intenerimento *sm* 1 *(il diventare tenero)* softening. 2 *(la tenerezza)* tenderness.

intenerire *vt* 1 *(ammorbidire)* to soften; *(la carne)* to tenderize. 2 *(commuovere)* to touch.

□ **intenerirsi** *v. rifl* to be* touched (by sth).

inteneritore *sm* tenderizer.

intensamente *avv* intensely; strongly; highly; deeply.

intensificare *vt* 1 to intensify; to step up: *intensificare la produzione,* to step up production. 2 *(rendere più frequente)* to make* (sth) more frequent.

□ **intensificarsi** *v. rifl* 1 to become* more intense: *Con l'intensificarsi del fenomeno...,* As the phenomenon grows *(o al pass.* grew*)* more intense... 2 *(diventare più frequente)* to become* more frequent.

intensificazione *sf* intensification.

intensità *sf* 1 intensity; intenseness; strength. 2 *(della luce)* power. 3 *(di colori)* intensity; brightness. 4 *(del vento)* force.

intensivamente *avv* intensively.

intensivo *agg* intensive.

intenso *agg* intense; *(forte)* strong; *(profondo)* deep *(detto anche di colori).*

intentare *vt (dir.: nell'espressione) intentare un processo (una causa) contro qcno,* to bring an action against sb; to start proceedings against sb.

intentato *agg* unattempted: *non lasciare nulla di intentato,* to try everything; to leave no stone unturned.

[1]**intento** *agg* intent (on sth); concentrating (on sth); taken up (with sth): *Era intento al lavoro,* He was intent on his work — *Era intento a leggere,* He was busy reading.

[2]**intento** *sm* purpose; aim; intention; object: *con l'intento di...,* with the intention of... — *riuscire nel proprio intento,* to reach one's goal; to achieve one's purpose (*o* aim).

intenzionale *agg* intentional.

intenzionalmente *avv* intentionally; on purpose.

intenzionato *agg* inclined; determined: *essere intenzionato a fare qcsa,* to intend to do sth; to have every intention of doing sth — *essere bene intenzionato a fare qcsa,* to be well (*o* favourably) disposed to do sth — *male intenzionato,* ill-disposed.

intenzione *sf* intention; intent *(spec. dir.); (proposito)* purpose; *(desiderio)* wish; *(idea)* mind: *Non ho la minima intenzione di andarmene,* I haven't the slightest intention of going away — *Mio figlio non ha ancora nessuna intenzione di sposarsi,* My son has no intention of marrying yet — *Ha fatto sapere le sue intenzioni?,* Has she made her intentions known? — *Le sue intenzioni sono buone ma...,* His intentions are good, but... — *Lo farò secondo le tue intenzioni,* I'll do it according to your wishes — *con l'intenzione di far qcsa,* with the intention of doing sth — *sparare con l'intenzione di uccidere, (dir.)* to shoot with intent to kill — *con buone (cattive) intenzioni, (dir.)* with good (evil) intent *(sing.)* — *avere intenzione di fare qcsa,* to have an intention to do sth; to intend to do sth; to be minded to do sth — *avere una mezza intenzione di fare qcsa,* to have half a mind to do sth — *È mia intenzione che tu continui gli studi,* I intend you to continue your studies — *con intenzione,* on purpose; intentionally; designedly — *senza intenzione,* unintentionally; without design — *con piena intenzione,* quite deliberately — *fare il processo alle intenzioni,* to judge sb by his (her, their) intentions.

intepidire *vt* 1 to make* (sth) lukewarm (*o* tepid); *(scaldare)* to warm (sth) up; *(raffreddare)* to cool. 2 *(fig.: attenuare)* to damp; to dampen; to cool.

□ *vi e* **intepidirsi** *v. rifl* 1 to become* lukewarm (*o* tepid); *(scaldarsi)* to warm up; to get* warmer; *(raf-*

freddarsi) to cool; to cool off. **2** *(fig.)* to cool off (*o* down).

interamente *avv* entirely; wholly; completely; quite.

interazione *sf* interaction.

[1]**intercalare** *agg (di mese)* intercalary. □ *coltura intercalare,* catch crop.

[2]**intercalare** *sm* **1** *(parola o frase, ecc.)* mannerism; peculiarity (*o* trick) of speech; pause word. **2** *(geologia)* intercalated layer.

[3]**intercalare** *vt* to insert; to interpose; *(raro)* to intercalate; *(una parola, ecc. nel discorso)* to slip in; to work in: *Cerca sempre di intercalare qualche latinismo,* He always tries to slip in a Latin tag or two.

intercambiabile *agg* interchangeable.

intercambiabilità *sf* interchangeability.

intercapedine *sf* air space; hollow space; gap; void.

intercedere *vi* **1** to intercede: *intercedere presso qcno per qualcun altro,* to intercede with sb for sb else (on sb else's behalf). **2** *(di tempo)* to intervene; to elapse; *(di spazio)* to lie*.

intercessione *sf* intercession.

intercessore *sm* mediator.

intercettamento *sm* interception.

intercettare *vt* to intercept; *(conversazioni telefoniche)* to tap.

intercettazione *sf* interception: *intercettazione telefonica,* (phone) tapping.

intercettore *sm* interceptor.

interclassismo *sm* (movement for) cooperation between the classes; inter-class cooperation.

intercomunale *agg* intercity: *telefonata intercomunale,* trunk-call *(GB);* long-distance (*o* toll) call *(USA).*

intercomunicante *agg* communicating.

intercontinentale *agg* intercontinental.

intercorrente *agg (med.)* intercurrent.

intercorrere *vi* **1** *(di tempo)* to pass; to elapse; to intervene. **2** *(esistere, esserci)* to be*; to exist.

[1]**interdetto** *sm* **1** *(dir.: persona interdetta)* person under a legal disability; *(religione)* person under an interdict. **2** *(comando di magistrato, pena canonica)* interdict.

[2]**interdetto** *agg* **1** *(dir.)* incapable; *(religione)* interdicted. **2** *(sorpreso)* disconcerted; surprised; astonished; perplexed; taken aback: *lasciare interdetto qcno,* to disconcert (to astonish) sb.

interdipendente *agg* interdependent.

interdipendenza *sf* interdependence.

interdire *vt* **1** *(vietare)* to forbid*. **2** *(dir.)* to declare (sb) incapable; to debar (sb from doing sth); *(dir. canonico)* to put* (to place) sb under an interdict; *(talvolta)* to interdict. **3** *(mil., calcio)* to block; to forestall.

interdizione *sf* **1** *(dir.)* prohibition; restraining order; *(dir. canonico)* interdict: *interdizione dai pubblici uffici,* debarment from public office. **2** *(stato di incapacità)* incapacity: *interdizione giudiziale,* disability.

interessamento *sm* **1** interest. **2** *(sollecitudine)* trouble; attention; *(intervento)* good offices *(pl.).* **3** *(preoccupazione)* concern; *(partecipazione)* sympathy. □ *interessamento esteso del cavo orale, (med.)* extensive involvement of the oral cavity.

interessante *agg* **1** interesting. **2** *(importante)* important; significant. **3** *(fam.: piccante)* juicy. □ *essere in stato interessante,* to be pregnant; to be expecting *(fam.);* to be in the family way *(fam.).*

interessare *vt* **1** to interest; to be* interesting; to arouse (sb's) interest: *Rimango a casa perché quella commedia non mi interessa,* I'll stay at home because that play doesn't interest me — *Questo libro dovrebbe interessarti molto,* This book should interest you a great deal; You should be very interested in this book.
2 *(destare l'interesse di qcno per qcsa; fare intervenire qcno a favore d'altri)* to interest (sb in sth); to get*, to make* (sb) take an interest (in sth); to draw* (sb's) attention (to sth); to draw (sth) to (sb's) attention: *Gli insegnanti dovrebbero interessare gli studenti allo studio,* Teachers should get their pupils to take an interest in studying; Teachers should interest their pupils in studying — *Occorre interessare i cittadini ai problemi sociali,* Citizens must be made to take an interest in social problems — *Interesserò il direttore al tuo caso,* I'll draw the manager's attention to your case; I'll bring your case to the manager's attention.
3 *(riguardare da vicino)* to concern; to touch: *Questi argomenti interessano la chiesa,* These subjects concern the Church.
4 *(coinvolgere)* to involve; to concern: *Spero solo che mio figlio non sia interessato nella rapina,* I only hope that my son isn't involved in the robbery — *Temo che l'incidente interessi la polizia,* I'm afraid the accident is a matter for the police.
5 *(comm.: cointeressare)* to give* (sb) a share (an interest): *interessare qcno negli utili d'una azienda,* to give sb a share in the profits of a business.
□ *vi (importare)* to be* important; to matter; to be* of interest (to sb); to be* in the interest (of sb): *Interessa a tutti,* It's important for everyone; It's everybody's business; It is in everybody's interest — *M'interessa veramente sapere cosa le hai detto,* It's really important for me to know what you have told her — *Non m'interessa proprio per niente,* It's quite unimportant for me; I couldn't care less (about it); I don't care a fig *(fam.)* — *Queste cose non mi interessano,* These things don't matter (are of no importance) — *Non sono affari che ti interessino,* It's none of your business — *Non m'interessa ciò che fai,* It doesn't matter to me what you do.
□ **interessarsi** *v. rifl* **1** to take* an interest (in sth); to be* interested (in sth): *interessarsi agli avvenimenti,* to take an interest in events — *interessarsi di pittura,* to take an interest in painting.
2 *(occuparsi, curarsi di)* to interest oneself (on behalf of sb); to care (about, for sb); to bother (about sb); *(occuparsi di una pratica, di un caso)* to take* up: *Mi interessai del suo caso,* I interested myself (I intervened) on her behalf; I took up her case — *Nessuno si interessa di me,* Nobody cares (*o* bothers) about me — *Chi s'interesserà degli orfani?,* Who will care for (Who will look after) the orphans? — *M'interesserò io stesso presso il ministro,* I shall take the matter up myself with the Minister — *Interessati degli affari tuoi!,* Mind your own business!

interessatamente *avv* interestedly; in a self-interested way.

interessato *p. pass e agg* **1** *(coinvolto)* interested; concerned: *le parti interessate,* the parties concerned. **2** *(ispirato dall'interesse)* interested; selfish; biased. □ *sm* (the) person concerned.

interesse *sm* **1** interest: *avere (prendere) interesse a qcsa,* to have (to take) an interest in sth — *Non ho alcun interesse per la politica,* I take no interest in politics. **2** *(tornaconto)* interest: *Lo faccio nel vostro interesse,* I'm doing in your (own) interest — *È nel tuo interesse andarci,* It is in your interest to go there — *nell'interesse dell'umanità,* in the interest(s) of humanity — *nell'interesse della verità,* for truth's sake; in the interest of truth — *agire nell'interesse* *comune,* to act for the common good — *Non ho alcun interesse a farlo,* I have nothing to gain by doing it — *Sa far bene i suoi interessi,* He knows how to take care of himself; *(spreg.)* He knows how to look after number one — *avere un interesse segreto per qcsa,* to have an axe to grind. **3** *(viva partecipazione, entusiasmo)* interest: *Quei fatti sollevarono un grande interesse,* Those events aroused great interest — *Il suo interesse maggiore sembra sia il ballo,* Her chief interest seems to be dancing — *con molto interesse,* with deep interest (*o* concern) — *prendere interesse in qcsa,* to take an interest in sth — *È una faccenda di grande interesse per noi tutti,* It is a matter of great interest to us all. **4** *(comm.: dividendo, percentuale)* interest *(sempre sing.)*: *pagare il dieci per cento di interesse su un prestito,* to pay ten per cent interest on a loan — *fruttare un interesse del quattro per cento,* to yield four per cent interest — *con gli interessi, (anche fig.: in misura superiore)* with interest *(sing.)* — *interesse semplice (composto),* simple (compound) interest — *restituire a qcno una gentilezza con gli interessi, (fig.)* to return sb a kindness with interest. **5** *(al pl.: affari)* interests; business *(sing.)*; affairs: *Ha degli interessi in Brasile,* He has interests (*o* business, business interests) in Brazil — *badare ai propri interessi,* to look after one's own interests (*o* affairs). **6** *(desiderio di lucro)* money; money-making; love of gain: *Quando c'è di mezzo l'interesse...,* When (*o* Where) money is involved... — *Quell'uomo mira solo all'interesse,* That man thinks of nothing but money-making — *Abbiamo litigato per motivi d'interesse,* We've quarrelled over money.

interessenza *sf* share in (*o* of) the profits; *(sulle vendite)* percentage on sales; commission.

interezza *sf* entirety.

interferenza *sf* interference *(vari sensi)*.

interferire *vi* **1** *(fis.)* to interfere (with sth). **2** *(fig.)* to interfere (with sb, in *o* with sth); to meddle (in *o* with sth): *interferire negli affari di qcno,* to interfere in sb's business.

interiezione *sf* interjection.

interim *sm* temporary appointment: *ad interim,* ad interim — *assumere l'interim,* to carry on; to take charge (to take over) temporarily; to take temporary charge.

interinale *agg* temporary; acting: *governo interinale,* caretaker government.

interinato *sm* temporary post.

interino *agg* temporary; acting.
□ *sm (spec. di medico)* locum tenens *(lat., generalm. abbr. in* locum*)*.

interiora *sf pl* entrails; *(come vivanda)* offal *(sing.)*; *(se di volatile)* giblets.

interiore *agg* **1** *(interno)* internal; interior: *parte interiore,* inside; *(archit.)* interior. **2** *(fig.: intimo)* inner: *la vita interiore,* the inner life.

interiorità *sf* inner being; inner man.

interiormente *avv* internally; *(fig.)* inwardly.

interlinea *sf* **1** space between two lines; line space: *leva dell'interlinea,* space bar. **2** *(tipografia)* lead.

interlineare *agg* interlinear.

interlineare *vt* to interline; *(in tipografia, anche)* to lead out.

interlineatura, interlineazione *sf* **1** interlineation. **2** *(tipografia)* leading.

interlocutore *sm* interlocutor.

interlocutoria *sf* interlocutory judgement.

interlocutorio *agg* interlocutory.

interloquire *vi* to join in a discussion; *(intervenire interrompendo)* to interrupt; to chip in *(fam.)*.

interludio *sm* interlude.

intermediario *agg* intermediary.
□ *sm* **1** intermediary; go-between: *fare da intermediario,* to act as a go-between. **2** *(comm.)* agent.

intermedio *agg* intermediate.

intermezzo *sm (teatro, mus.)* intermezzo; interlude.

interminabile *agg* interminable; unending.

interminabilmente *avv* interminably; unendingly.

intermissione *sf* intermission: *senza intermissione,* without stopping.

intermittente *agg* intermittent.

intermittenza *sf* intermittence: *a intermittenza,* intermittent.

internamento *sm* internment; *(in manicomio)* committal.

internare *vt* to intern; *(rinchiudere in manicomio)* to lock (sb) up; to place (sb) under restraint.
□ **internarsi** *v. rifl* to penetrate; to get* deeper.

[1]**internato** *agg* interned. □ *sm* internee.

[2]**internato** *sm (collegio)* boarding-school.

internazionale *agg* international: *di fama internazionale,* internationally famous.
□ *sf (il movimento)* International.
□ *sm (l'inno)* (the) Internationale.

internazionalismo *sm* internationalism.

internazionalista *sf e m.* internationalist.

internazionalità *sf* internationality.

internazionalizzare *vt* to internationalize.

internazionalizzazione *sf* internationalization.

internista *sm* specialist in internal medicine; internist.

interno *agg* **1** internal; interior; inside *(attrib.)*; inner: *combustione interna,* internal combustion — *medicina interna,* internal medicine — *angolo interno, (matematica)* interior angle — *le pagine interne di un giornale,* the inside pages of a newspaper — *emozione interna,* inner emotion. **2** *(riferito ad una nazione)* interior; home; domestic: *commercio interno,* internal (*o* domestic) trade — *disordini interni,* internal disorders — *politica interna,* internal (*o* home) policy. **3** *(geografia)* inland: *mare interno,* inland sea. **4** *(non all'aperto)* indoor; *(entro le mura di un edificio, di una città)* intramural: *gare interne,* indoor games. **5** *(aeronautica)* inboard. □ *alunno interno,* boarder — *la voce interna,* the voice of conscience; the inner man — *commissione interna,* shop committee.
□ *sm* **1** *(parte interna)* inside; *(di stanza, chiesa, ecc.)* interior: *l'interno di una scatola,* the inside of a box — *all'interno,* inside; on the inside — *all'interno di...,* inside... — *una porta chiusa dall'interno,* a door locked on the inside. **2** *(di una regione)* interior; hinterland; outback *(in Australia)*: *i paesi dell'interno,* the regions of the interior. **3** *(al pl.: affari interni)* interior (*o* home) affairs: *Ministero dell'Interno,* Ministry of the Interior; *(GB)* Home Office; *(USA)* Department of the Interior. **4** *(medico interno)* house physician *(GB)*; intern(e) *(USA)*. **5** *(studente)* boarder. **6** *(di condominio)* flat; *(di complesso di abitazioni)* extension; *(di linea telefonica interna)* extension: *telefono 517272, interno 302,* telephone No. 517272, extension 302. **7** *(gioco del calcio)* inside forward: *interno destro (sinistro),* inside-right (inside-left). **8** *(al pl.: riprese cinematografiche o televisive)* interior shots; interiors. **9** *(di pelliccia)* fur lining.

intero *agg* whole; entire; *(intatto)* intact; unbroken; *(completo)* complete; *(totale)* total; *(pieno)* full: *numero intero,* whole number — *latte intero, (non*

scremato) whole milk; full cream milk — *Vi rimasi un mese intero,* I stayed there a whole month.
□ *sm* whole: *per intero,* in full; wholly; in its entirety; entirely — *raccontare una storia per intero,* to tell a story in its entirety — *L'intero è maggiore delle sue parti,* The whole is greater than any of its parts.

interpellanza *sf* interpellation: *presentare un'interpellanza,* to make an interpellation; *(più comune)* to ask a question.

interpellare *vt* **1** to ask; to consult. **2** *(politica, talvolta)* to interpellate.

interplanetario *agg* interplanetary.

interpolare *vt* to interpolate.

interpolatore *sm* interpolator.

interpolazione *sf* interpolation.

interporre *vt* to interpose; to put* between. □ *interporre appello, (dir.)* to appeal.
□ **interporsi** *v. rifl* to come* between; *(tra due contendenti)* to intervene.

interposizione *sf* interposition; intervention.

interposto *agg (nell'espressione) per interposta persona,* through (*o* via) a third party.

interpretare *vt* to interpret *(anche nel senso teatrale); (spiegare)* to explain; *(esporre)* to expound; *(un personaggio)* to impersonate; *(suonare, recitare)* to play: *interpretare male qcsa, (non capire)* to misinterpret sth; to misunderstand sth.

interpretativo *agg* explanatory.

interpretazione *sf* interpretation.

interprete *sm* **1** interpreter. **2** *(mus.)* performer; artist; player; *(cantante)* vocalist; *(teatrale)* actor; impersonator; *(portavoce)* spokesman *(pl.* -men*)*; mouthpiece; *(commentatore)* commentator: *farsi interprete di qcsa,* to voice (to express) sth.

interpungere *vt* to punctuate.

interpunzione *sf* punctuation: *segno d'interpunzione,* punctuation mark.

interramento *sm* covering with earth; *(seppellimento)* burial; *(di fiume)* silting up; *(di mezzo bellico)* digging in.

interrare *vt (seppellire)* to bury; *(un mezzo bellico)* to dig* (sth) in; *(un cavo)* to lay* (sth) underground; *(colmare di terra)* to fill (sth) with earth; *(riempire con sabbia)* to silt (sth) up: *una batteria interrata, (mil.)* a dug-in battery — *piano interrato,* basement.
□ **interrarsi** *v. rifl (ostruirsi)* to silt up.

interrato *sm* basement.

interregno *sm* interregnum *(pl.* interregna *o* interregnums*) (anche fig.)*.

interrogare *vt* **1** to question; to put* questions to (sb); *(esaminare)* to examine; *(consultare)* to consult: *Domani sarai interrogato di storia,* Tomorrow you will be examined in history. **2** *(di inquirenti)* to interrogate; to question; to grill *(fam.)*. **3** *(di avvocato, magistrato, in tribunale)* to cross-examine.

interrogativamente *avv* inquiringly; interrogatively; questioningly.

interrogativo *agg* interrogative; inquiring; questioning: *punto interrogativo,* question mark.
□ *sm* question; *(dubbio)* doubt; *(fig.)* unknown quantity *(anche di persona)*: *Il suo futuro è un interrogativo,* His future is an unknown quantity (an open question).

interrogatorio *agg* interrogatory.
□ *sm* questioning; interrogation; *(di testimoni)* cross-examination: *sottoporre qcno a un interrogatorio,* to interrogate sb; *(in tribunale)* to cross-examine sb.

interrogazione *sf* **1** *(domanda)* question; inquiry: *interrogazione parlamentare,* question — *interrogazione retorica,* rhetorical question. **2** *(a scuola)* oral test. **3** *(dir.: di testimoni)* cross-examination; questioning; *(riferito ad indiziati; spec. se di 'terzo grado')* interrogation.

interrompere *vt* **1** to interrupt; to break*; *(ostruire)* to obstruct; *(arrestare)* to stop; *(sospendere)* to discontinue; to suspend; to leave* off: *interrompere qcno,* to interrupt sb; to break in — *Scusa se ti interrompo, ma...* Excuse my interrupting, but... — *interrompere gli studi,* to interrupt one's studies — *interrompere la visuale,* to obstruct the view — *interrompere il traffico,* to stop the traffic — *interrompere le visite,* to discontinue (paying) visits — *interrompere i pagamenti,* to suspend (to stop) payments — *interrompere i negoziati,* to break off negotiations — *interrompere qcno bruscamente,* to cut sb short — *Alle undici interrompiamo le lezioni per dieci minuti,* At eleven we have a ten-minute break. **2** *(un collegamento)* to cut* (sth) off; *(elettr.)* to disconnect; to switch (sth) off: *La comunicazione è stata interrotta, (al telefono)* The call has been cut off.
□ **interrompersi** *v. rifl* to break* off *(spec. mentre si parla)*; to stop; *(definitivamente)* to cease.

interruttore *sm* switch; *(talvolta)* circuit-breaker.

interruzione *sf* **1** *(in generale)* interruption; discontinuance; *(pausa)* break; intermission; pause; *(del lavoro)* stoppage; *(chiusura)* shutdown. **2** *(elettr.)* break; burnout. □ *interruzione della gravidanza,* miscarriage; *(procurata)* abortion. □ *'Interruzione', (come segnalazione stradale)* 'Road up'; 'Closed to traffic'.

intersecante *agg* intersecting.

intersecare *vt* to intersect; to cut* (sth) across.
□ **intersecarsi** *v. rifl e reciproco* to intersect.

intersecazione, intersezione *sf* intersection.

interstizio *sm* chink; interstice; gap; crevice.

interurbano *agg* interurban: *telefonata interurbana,* trunk call *(GB)*; long-distance (*o* toll) call *(USA)*.

intervallare *vt* to space (out).

intervallato *agg* spaced (out); alternating (with sth).

intervallo *sm* **1** *(di tempo)* interval *(anche a teatro, ecc.)*; pause; break *(spec. a scuola)*; intermission *(spec. a teatro, al cinema: USA)*: *a intervalli,* at intervals; every so often. **2** *(di spazio)* space. **3** *(mus.)* interval.

intervenire *vi* **1** *(intromettersi)* to intervene; *(immischiarsi)* to meddle; to interfere; *(fare opera di mediazione)* to mediate: *intervenire a favore di qcno,* to intervene on sb's behalf. **2** *(partecipare)* to take* part (in sth); to attend; to be* present (at sth): *fare intervenire qcno,* to get sb to attend. **3** *(med.: operare)* to operate. **4** *(dir.)* to intervene.

interventismo *sm* interventionism.

interventista *sm e f.* interventionist.

intervento *sm* **1** intervention; interposition; *(ingerenza)* meddling; interference; *(assistenza)* assistance; help. **2** *(presenza)* presence; attendance; *(partecipazione)* participation. **3** *(chirurgico)* operation.

intervenuto *agg* present.
□ *sm* one of those present; person present: *gli intervenuti,* those present; people present; (the) audience.

intervista *sf* interview: *rilasciare un'intervista,* to give (to grant) an interview.

intervistare *vt* to interview.

intervistatore *sm* interviewer.

intesa *sf* **1** agreement; understanding: *agire d'intesa,* to act in agreement — *essere d'intesa,* to be agreed; to agree. **2** *(politica)* entente *(fr.)*.

inteso *agg* **1** *(stabilito, convenuto)* understood; agreed: *Siamo intesi?,* Agreed? — *Intesi!* Good!; Agreed!;

Right!; Fine!; O.K.! *(fam.)* — *È (Resta) inteso che il pagamento avvenga alla consegna,* It is understood that payment will be made on delivery — *non darsi per inteso,* to refuse to understand. **2 inteso a...,** *(volto a)* meant (to)... *(seguito dall'infinito);* intended (to)... *(seguito dall'infinito);* aimed at... *(seguito dal gerundio).*

intessere *vt* **1** to weave*; to interlace; to braid. **2** *(comporre)* to compose; to make* up; *(lett. o poet.)* to weave*: *intessere elogi a qcno,* to sing sb's praises. **3** *(macchinare)* to weave*; to plot.

intessuto *agg* **1** woven; interlaced. **2** *(pieno)* full.

intestare *vt* **1** to head; *(intitolare)* to entitle; to give* a title: *carta intestata,* headed letter-paper — *intestare una busta,* to address an envelope. **2** *(attribuire la proprietà)* to register: *intestare dei titoli a qcno,* to register shares in sb's name — *intestare un conto a qcno,* to open an account in sb's name. **3** *(falegnameria, ecc.)* to butt; to join (sth) end to end.

□ **intestarsi** *v. rifl* to take* it into one's head (to do sth); to be* determined (to do sth); *(più fam.)* to be* dead set (on doing sth): *Si è intestata a studiare il russo,* She's taken it into her head to learn Russian.

intestatario *sm (comm.)* holder; person entitled.

[1]**intestato** *agg* **1** *(intitolato)* headed: *carta intestata,* headed notepaper. **2** *(comm.)* registered: *A chi è intestato?,* Under what (*o* whose) name is it? **3** *(incaponito)* obstinate; stubborn.

[2]**intestato** *agg e sm (dir.)* intestate.

intestazione *sf* heading; title; *(su carta da lettere)* letter-head.

intestinale *agg* intestinal.

[1]**intestino** *agg* internal; domestic; *(civile)* civil: *lotte intestine,* internal struggles — *guerre intestine,* civil wars.

[2]**intestino** *sm* intestine; gut; guts *(pl., fam.)*: *l'intestino tenue (crasso),* the small (large) intestine.

intiepidire *vt* to make* (sth) tepid; *(rendere più caldo, anche)* to warm (sth) up; *(rendere più freddo, anche)* to cool (sth) down.

□ *vi* to become* tepid; *(diventare più caldo, anche)* to become* warmer; to warm up; *(diventare più freddo, anche)* to become* cooler; to cool off (*o* down) *(anche fig.).*

intimamente *avv* **1** intimately; *(profondamente)* deeply. **2** *(strettamente)* closely.

intimare *vt* **1** *(ingiungere)* to order; to command; to enjoin *(GB).* **2** *(notificare)* to notify; to give* (sb) formal notice (of sth). □ *intimare la resa a qcno,* to summon (to call upon) sb to surrender — *intimare la guerra,* to declare war — *intimare il pagamento,* to enforce payment — *intimare l'arresto a qcno,* to serve sb with a warrant of arrest.

intimazione *sf* **1** order; command; injunction. **2** *(dir.: notifica)* legal notice; summons; *(dichiarazione)* declaration.

intimidatorio *agg* threatening.

intimidazione *sf* intimidation.

intimidire *vt* **1** *(rendere timido)* to make* (sb) shy. **2** *(minacciare)* to intimidate.

□ **intimidirsi** *v. rifl* to become* shy.

intimidito *agg* **1** shy: *sentirsi intimidito,* to feel shy. **2** *(spaventato)* frightened; cowed.

intimità *sf* **1** intimacy; privacy: *disturbare l'intimità di qcno,* to intrude upon sb's privacy — *nell'intimità, (tra amici, ecc.)* among friends; *(nel proprio animo)* in one's heart of hearts; *(nella vita privata)* in one's private life. **2** *(familiarità)* familiarity: *avere (essere in) intimità con qcno,* to be on intimate terms with sb.

intimo I *agg* **1** intimate; close; very friendly: *amici intimi,* close (bosom, intimate) friends — *essere in rapporti intimi con qcno,* to be on intimate terms with sb — *avere rapporti intimi con qcno,* to have intercourse with sb — *un diario intimo,* an intimate diary. **2** *(interno, segreto)* innermost; inner; intimate; *(per estensione: profondo)* deep; deepest; deep-seated; heartfelt: *pensieri intimi,* innermost thoughts — *vita intima,* inner life — *un'intima gioia,* an inner happiness — *un intimo dolore,* a deep (*o* heartfelt) sorrow. □ *avere un'intima convinzione,* to have a feeling in one's bones — *biancheria intima; indumenti intimi,* underclothes *(pl.);* underclothing *(collettivo, sing.); (da donna, anche)* undies *(fam.)* — *parti intime,* private parts — *un pranzo intimo,* an informal dinner; a small dinner-party (among friends); a tête-à-tête dinner.

II *sm* **1** *(amico)* intimate (close, bosom) friend; *(parente)* intimate (*o* close) relative: *per pochi intimi,* for a few close friends. **2** *(dell'animo)* heart; soul: *nel suo intimo,* in his heart — *dall'intimo del suo cuore,* from the very bottom of his heart — *nell'intimo della sua coscienza,* deep down in his conscience — *Nell'intimo è un buon uomo,* He is a good man at bottom (at heart).

intimorire *vt* to frighten.

□ **intimorirsi** *v. rifl* to get* frightened.

intingere *vt* to dip.

intingolo *sm* **1** *(sugo di carne)* gravy. **2** *(carne in umido)* stew. **3** *(salsa)* sauce; dip.

intirizzimento *sm* numbness.

intirizzire *vt* to numb.

□ **intirizzirsi** *v. rifl* to grow* numb (*o* stiff): *intirizzirsi per il freddo,* to grow stiff with cold.

intirizzito *agg* numb: *essere intirizzito dal freddo,* to be numb with cold.

intitolare *vt* **1** to entitle; to give* a title (to sth). **2** *(dedicare)* to dedicate; *(una strada, ecc.)* to call (after sb, sth); to name (after sb, sth).

□ **intitolarsi** *v. rifl* to be* entitled; to be* called.

intitolazione *sf* **1** *(titolo)* title. **2** *(dedica)* dedication.

intoccabile *agg* untouchable.

intollerabile *agg* intolerable; unbearable; awful *(fam.)*: *uno scocciatore intollerabile,* an insufferable bore.

intollerabilità *sf* intolerability; intolerableness.

intollerabilmente *avv* intolerably; unbearably.

intollerante *agg* intolerant; *(impaziente)* impatient.

intollerantemente *avv* intolerantly; impatiently.

intolleranza *sf* intolerance.

intonacare *vt* to plaster; to whitewash.

intonacatura *sf* plastering; whitewashing.

intonaco *sm* plaster: *dare l'intonaco ad una parete,* to plaster a wall. □ *rifarsi l'intonaco, (scherz.)* to touch up one's face.

intonare *vt* **1** *(iniziare a cantare)* to start to sing; *(iniziare a suonare)* to strike* up. **2** *(uno strumento musicale)* to tune. **3** *(armonizzare, anche fig.)* to match; to put* (sth) in harmony; to tone.

□ **intonarsi** *v. rifl* to match: *Le tue scarpe non si intonano col cappotto,* Your shoes don't match (don't go with) your overcoat.

intonato *agg* (*p. pass. di* **intonare**) **1** *(di persona)* able to sing in tune: *essere intonato,* to be (to keep, to stay) in tune. **2** *(di strumento)* in tune *(solo predicativo).* **3** *(fig.: armonizzato)* matching.

intonazione *sf* **1** intonation; *(talvolta)* tone. **2** *(mus.)* tone; fundamental.
intonso *agg* **1** *(non tagliato)* uncut. **2** *(non raso)* unshaven; *(di animali)* unshorn.
intontire *vt* to daze: *avere l'aria intontita,* to look dazed.
□ *vi* to be* bewildered (*o* dazed).
intoppare *vi* to run* (into* sth); to come* up (against sth).
intoppo *sm* obstacle; hindrance; *(fig.)* stumbling-block.
intorbidamento *sm* turbidity; clouding.
intorbidare *vt* **1** to make* (sth) turbid; *(fig.)* to trouble; to confuse: *intorbidare le acque, (anche fig.)* to muddy the waters. **2** *(fig.: offuscare)* to veil; to cloud.
□ **intorbidarsi** *v. rifl* to become* turbid; *(fig.)* to be* troubled; to darken; *(offuscarsi)* to cloud over; to become* veiled.
intorbidato *agg* **1** *(torbido)* turbid. **2** *(confuso)* troubled; confused.
intorno I *avv* around; round about: *guardarsi intorno,* to look around — *tutto intorno,* all around — *d'ogni intorno, (stato)* on all sides; *(moto)* from all sides — *qui intorno,* hereabout(s) — *lì intorno,* thereabout(s).
□ *avere sempre qcno d'intorno,* always to have sb nearby.
II intorno a *prep* **1** *(posizione)* round; around: *intorno a lui,* round him — *La terra gira intorno al sole,* The earth turns round the sun. **2** *(compl. di argomento)* on; about: *scrivere un libro intorno a un argomento,* to write a book on (about) a subject. **3** *(approssimazione)* about; approximately; round about; *(nelle date, ecc.)* circa *(solo nel linguaggio scritto)*; around: *intorno ai 200 chilometri,* about 200 kilometres; approximately 200 kilometres — *Vieni a trovarci intorno a Pasqua,* Come and see us round about Easter — *bronzo dorato, intorno al 1790,* gilt bronze, circa 1790.
intorpidimento *sm* numbness; torpor.
intorpidire *vt* to make* (sth) torpid; to numb; *(rallentare)* to slow (sth) down.
□ *vi* **intorpidirsi** *v. rifl* to become* torpid (*o* numb).
intossicare *vt* to poison.
□ **intossicarsi** *v. rifl* to be* poisoned (by sth).
intossicazione *sf* poisoning; intoxication.
intraducibile *agg* untranslatable.
intralciare *vt* to hamper; to hinder.
intralcio *sm* hindrance; obstacle.
intrallazzare *vi* to act in a shady manner; to have* illegal (*o* shady) dealings (with sb); *(spec. in campo politico)* to gerrymander.
intrallazzatore *sm* racketeer; swindler.
intrallazzo *sm* racket; swindle.
intramezzare *vt* to put* (sth) between (sth); to sandwich.
intramontabile *agg* evergreen; eternal; undying.
intramuscolare *agg* intramuscular.
intransigente *agg* uncompromising; intransigent.
intransigenza *sf* intransigence; intolerance.
intransitabile *agg* impracticable; impassable.
intransitabilità *sf* impracticability; impracticableness.
intransitivamente *avv* intransitively.
intransitivo *agg* intransitive.
intrappolare *vt* to trap; *(fig., anche)* to entrap.
intraprendente *agg* **1** enterprising. **2** *(impertinente)* forward; fresh *(fam.)*.
intraprendenza *sf* initiative; boldness.
intraprendere *vt* to undertake*; to engage in (sth); *(dedicarsi a)* to take* (sth) up: *intraprendere un viaggio,* to set out on a journey.
intrasferibile *agg* untransferable; not transferable.
intrattabile *agg* intractable; *(fam.)* impossible.
intrattabilità *sf* intractability.
intrattenere *vt* **1** *(divertire)* to entertain; to amuse; *(per estensione)* to stay talking (with sb); to engage (sb) in conversation. **2** *(mantenere)* to keep* up: *intrattenere rapporti con qcno,* to keep up relations with sb — *intrattenere una corrispondenza,* to keep up a correspondence.
□ **intrattenersi** *v. rifl* **1** *(stare in compagnia)* to pass the time (with sb). **2** *(dilungarsi su un argomento)* to speak* (on sth); to dwell* (upon sth).
intravedere *vt* **1** to see* (sth) indistinctly; to make* (sth) out; to catch* a glimpse (of sth); to glimpse: *L'ho appena intravisto,* I just caught a glimpse of him — *Si intravede appena,* You can just make it out. **2** *(intuire)* to get* an inkling (of sth); to have* a vague idea (of sth); *(presagire)* to foresee*.
intrecciare *vt* **1** to plait; to braid; to twine; to interlace: *intrecciare le mani,* to clasp one's hands. **2** *(fig.)* to weave*; to interweave*: *intrecciare le fila di un complotto,* to weave a plot. □ *intrecciare le danze,* to dance.
□ **intrecciarsi** *v. rifl* to interlace; to twine; to intertwine; to become* interlaced (*o* twined, intertwined).
intreccio *sm* **1** *(l'intrecciare)* weaving; braiding; plaiting. **2** *(di un tessuto)* weave. **3** *(trama)* plot.
intrepidamente *avv* intrepidly; fearlessly; unflinchingly.
intrepidezza, intrepidità *sf* intrepidity; fearlessness.
intrepido *agg* intrepid; unflinching; *(senza paura)* fearless.
intricare *vt* to entangle.
□ **intricarsi** *v. rifl* to get* entangled.
intrico *sm* tangle; network; *(fig.)* tangle; predicament.
intridere *vt* to soak.
intrigante *agg* intriguing; scheming.
□ *sm* intriguer; schemer.
intrigare *vt* to entangle *(anche fig.)*; to complicate: *intrigare una questione,* to confuse an issue.
□ *vi* to intrigue; to plot; to scheme.
□ **intrigarsi** *v. rifl* to meddle; to interfere.
intrigo *sm* **1** *(situazione imbrogliata)* mess; confused (nasty, tricky) situation. **2** *(manovra)* manoeuvre; *(al pl.)* intrigue *(sing.)*.
intrinsecamente *avv* intrinsically; intimately.
intrinsechezza *sf* intimacy.
intrinseco *agg* **1** intrinsic; inherent. **2** *(intimo)* intimate.
□ *sm* intrinsic value; *(l'essenziale)* essence: *nel suo intrinseco,* in his (*o* her) heart of hearts.
intriso *agg* soaked; sodden *(spec. di pioggia)*: *intriso di sangue,* blood-soaked.
□ *sm* dough; *(per animali)* mash.
intristimento *sm* **1** *(di pianta)* wilting; drooping. **2** *(di persona)* decay.
intristire *vi* **1** *(di pianta)* to wilt; to droop; to wither. **2** *(di persona)* to go* into a decline; to go* to seed; to go* downhill.
introdotto *agg* **1** *(conosciuto)* well-known: *ben introdotto, (di persona)* well-known; well-connected. **2** *(esperto)* well-acquainted (with sth).
introdurre *vt* **1** to introduce; to present: *In quella scena introduce molti personaggi differenti,* In that scene he introduces (he brings in) many different

characters — *introdurre una persona ad un'altra,* to introduce sb to sb else — *introdurre qcno in società,* to introduce sb into society. **2** *(inserire)* to insert; *(inserire con forza)* to push (in, into sth); to thrust*: *introdurre la chiave nella toppa,* to insert (to put) the key into the key-hole — *introdurre una monetina nel distributore automatico,* to put (to insert) a coin in the slot-machine — *introdurre un chiodo (un cavicchio, ecc.),* to drive in a nail (a wooden pin, *ecc.*). **3** *(far entrare)* to let* (sb) in; to show* (sb) in; *(di soppiatto)* to slip (sth) in; to sneak (sth) in; *(in forma solenne)* to usher (sb) in; to lead* (sb) in: *Introduceteli!,* Let them in!; Show them in! — *Il maggiordomo lo introdusse subito nel salotto,* The butler ushered (*o* showed) him immediately into the drawing-room — *Introdusse un rospo nella camera di sua sorella,* He sneaked a toad into his sister's bedroom. **4** *(fig.: iniziare a uno studio)* to introduce (to). **5** *(importare)* to import; to bring* (sth) in; to take* (sth) in; *(di contrabbando)* to smuggle (sth) in (*o* into).

□ *introdurre il discorso su qcsa,* to bring the talk round to sth — *introdurre una modifica,* to make an alteration; to introduce a change.

□ **introdursi** *v. rifl* to get* into (sth); to penetrate (sth); *(furtivamente)* to slip in; to sneak in; *(strisciando)* to creep* in.

introduttivo *agg* introductory.

introduttore *sm* introducer.

introduttorio *agg* introductory.

introduzione *sf* **1** introduction: *scrivere un'introduzione ad un libro,* to write an introduction to a book — *una lettera di introduzione,* a letter of introduction. **2** *(importazione)* import; introduction: *merce di cui è vietata l'introduzione nel paese,* goods which may not be imported.

introito *sm* **1** *(comm.: entrata)* income; *(incasso)* receipts *(pl.)*; takings *(pl.)*. **2** *(religione)* introit.

intromettere *vt* to introduce; to insert; to interpose.

□ **intromettersi** *v. rifl* to interfere; to meddle; *(in un discorso)* to interject; *(interporsi)* to intervene.

intromissione *sf* intervention; *(ingerenza)* interference; intrusion.

intronamento *sm* deafening; stunning.

intronare *vt (assordare)* to deafen; *(intontire)* to stun.

introspettivamente *avv* introspectively.

introspettivo *agg* introspective; inward-looking.

introspezione *sf* introspection.

introvabile *agg (di un libro, ecc.)* unobtainable; *(di persona, anche)* unable to be found; untraceable: *Giovanni è introvabile,* Giovanni is nowhere to be found.

introversione *sf* introversion.

introverso *agg* introverted; introvert.

□ *sm* introvert.

introvertere *vt* to introvert.

intrufolarsi *v. rifl* to slide* (to slip, to sneak) in; to worm one's way in.

intrugliare *vt* to concoct; *(fig.)* to brew.

□ **intrugliarsi** *v. rifl* **1** to get* (oneself) into a mess. **2** to get* involved; to get* mixed up.

intruglio *sm* **1** concoction; brew. **2** *(confusione)* mess.

intrupparsi *v. rifl* to join the crowd; *(spreg.)* to gang up (with sb).

intrusione *sf* intrusion; interference.

intrusivamente *avv* intrusively.

intrusivo *agg* intrusive.

intruso *sm* (**intrusa** *sf*) **1** *(chi si insinua)* intruder; *(ad un ricevimento)* gatecrasher. **2** *(chi si sente estraneo)* outsider: *sentirsi un intruso,* to feel one does not belong.

intuire *vt* to perceive; to realize; to intuit; to twig *(fam.)*; *(presagire)* to feel*; to guess.

intuitivamente *avv* intuitively.

intuitivo *agg* intuitive: *metodo intuitivo,* intuitive method. □ *È intuitivo,* It's obvious.

intuito *sm* **1** intuition: *sapere qcsa per intuito,* to know sth by intuition. **2** *(intelligenza pronta)* perspicacity.

intuizione *sf* intuition; perception.

inturgidito *agg* turgid; swollen.

inumanamente *avv* cruelly; inhumanly.

inumanità *sf* cruelty; inhumanity; brutality.

inumano *agg* inhuman; *(crudele)* inhumane; cruel; *(insensibile)* unfeeling.

inumare *vt* to bury.

inumazione *sf* inhumation.

inumidimento *sm* dampening; moistening.

inumidire *vt (la biancheria)* to damp; to dampen; *(le labbra)* to moisten.

□ **inumidirsi** *v. rifl* to become* damp (*o* moist).

inurbamento *sm* urbanization.

inurbanamente *avv* uncouthly; impolitely.

inurbanità *sf* rudeness.

inurbano *agg* unpolished; impolite; uncouth.

inurbarsi *v. rifl* **1** to move to the town; to become* a city-dweller. **2** *(fig.: raffinarsi nei modi)* to become* refined.

inusato *agg* unaccustomed.

inusitato *agg* unusual; uncommon.

inutile *agg* **1** useless; of no use *(predicativo)*; no good *(predicativo)*: *È inutile che tu cerchi di scusarti,* It's no use your trying to make excuses — *Inutile dirti che...,* There's no point in my telling you that...; I need hardly tell you that... — *È inutile, non ce la farò mai,* It's no good, I'll never make it. **2** *(superfluo)* unnecessary; *(vano)* ineffectual; futile.

inutilità *sf* uselessness; futility.

inutilizzabile *agg* unusable.

inutilmente *avv* uselessly; vainly; pointlessly; *(invano)* in vain.

invadente *agg* intrusive; interfering.

□ *sm* busybody.

invadenza *sf* intrusiveness.

invadere *vt* **1** to invade *(anche fig.)*; to overrun*; to penetrate; to break* into (sth): *La località di mare fu invasa dai turisti,* The seaside resort was overrun by tourists. **2** *(di acque, talvolta fig.)* to flood: *I jeans hanno invaso il mercato,* Jeans have flooded the market. **3** *(diffondersi)* to spread* (over sth). **4** *(infestare)* to ravage; to overrun*. **5** *(usurpare)* to usurp; *(l'animo)* to take* possession (of sb).

invaghirsi *v. rifl* to take* a fancy (to sth); to become* fond (of sth); *(innamorarsi)* to fall* in love (with sth).

invalere *vi* (*usato solo nel p. pass* **invalso**) to take* root; to become* established; to catch* on *(fam.)*: *È ormai invalso l'uso di...,* *(seguito dall'inf.)* It has become (It is now) common practice to...

invalicabile *agg* **1** impassable. **2** *(fig.: insormontabile)* insurmountable.

invalidare *vt* to invalidate.

invalidazione *sf* invalidation.

invalidità *sf* **1** *(dir., ecc.)* invalidity. **2** *(conseguenza di una malattia, ecc.)* disability; disablement.

invalido *agg* **1** *(dir.: non valido)* invalid; null; void. **2** *(handicappato)* disabled; infirm.

□ *sm* disabled person; *(al pl.)* (the) disabled.

invalso *agg* ⇨ **invalere.**

invano *avv* in vain; fruitlessly; to no purpose.

invariabile *agg* **1** stable; invariable. **2** *(gramm.)* indeclinable.
invariabilità *sf* invariability; stability.
invariabilmente *avv* invariably.
invariato *agg* unchanged; stationary.
invasamento *sm* obsession.
[1]**invasare** *vt (ossessionare)* to obsess: *essere invasato dall'ira,* to be fuming (*o* seething) with rage.
[2]**invasare** *vt* **1** *(mettere in vaso)* to pot. **2** *(naut.)* to cradle.
[3]**invasare** *vt* **1** *(idraulica)* to dam up. **2** *(automobilismo: ingolfare)* to flood.
invasatura *sf (naut.)* slipway; slips *(pl.)*.
invasione *sf* invasion; overrunning.
invaso *agg* invaded; overrun.
invasore *sm* invader. □ *agg* invading.
invecchiamento *sm* ag(e)ing.
invecchiare *vt (rendere vecchio)* to age; to make* (sth) old; *(far sembrare più vecchio)* to make* (sb) look older: *Gli acciacchi lo hanno molto invecchiato,* Infirmities have aged him very much — *La barba lo invecchia molto,* His beard makes him look much older — *Ti trovo invecchiato!,* You look older! — *Com'è invecchiato!,* How he has aged! — *Questo cognac viene invecchiato in fusti di rovere,* This brandy is aged in oak casks.
□ *vi* to grow* (to get*) old; to get* on in years; to age: *invecchiare in santa pace,* to grow old gracefully (*o* peacefully) — *invecchiare anzitempo,* to age (to grow old) before one's time. □ *invecchiare nel vizio,* to harden in sin; to become a hardened sinner — *Il cuore non invecchia mai, (prov.)* The heart is ever young.
invece *avv (al contrario)* instead; *(anzi)* on the contrary; *(mentre)* whereas; while; on the other hand; *(ma)* but: *Aveva detto che non veniva, invece è venuto,* He said he wasn't coming, instead of which he has — *Dovevamo partire, invece siamo sempre qui,* We should have left, but we're still here — *Loro vanno sempre al mare; noi invece preferiamo la montagna,* They always go to the seaside, whereas we prefer the mountains. □ *E invece no!,* Certainly not!
□ **invece di,** *(prep.)* instead of; rather than: *Perché non vieni stasera invece di domani?,* Why don't you came this evening instead of tomorrow?
□ **invece che,** *(congiunz.)* instead of; *(piuttosto di)* rather than: *Preferì partire invece che venirmi a trovare,* He chose to leave rather than to come and see me.
inveire *vi* to inveigh (to rail) (against sb); to assail.
invelenire *vt* to embitter.
□ **invelenirsi** *v. rifl* to become* embittered (with); *(contro qcno)* to be* at daggers drawn (with sb) *(fam.)*.
invelenito *agg* **1** embittered. **2** *(irato)* furious.
invendibile *agg* unsaleable.
invendicato *agg* unavenged.
invenduto *agg* unsold.
inventare *vt* **1** to invent; *(scoprire)* to discover, to find* (sth) out. **2** *(immaginare, escogitare)* to invent; to excogitate; *(fingere)* to make* up; to invent; to concoct: *inventare qcsa di sana pianta,* to make sth up (from start to finish); to make up a cock and bull story; to concoct a pack of lies.
inventariare *vt* to make* an inventory.
inventario *sm* **1** *(scorte)* inventory; stock. **2** *(il controllo delle scorte)* inventory; stock-taking: *fare l'inventario,* to take stock.
inventiva *sf* inventiveness.
inventivo *agg* inventive; creative; resourceful.
inventore *sm* inventor.
invenzione *sf* **1** invention. **2** *(frottola)* lie; story.
inverecondia *sf* indecency; shamelessness.
inverecondo *agg* indecent; shameless.
invernale *agg* winter *(attrib.)*.
inverno *sm* winter: *Palazzo d'inverno,* Winter Palace — *nel cuore dell'inverno,* in the depth(s) of winter.
inverosimiglianza *sf* improbability; unlikelihood.
inverosimile *agg* unlikely; improbable; unconvincing; *(per estensione: incredibile)* unbelievable; incredible: *avere dell'inverosimile,* to be incredible.
inverosimilmente *avv* improbably; unconvincingly; incredibly.
inversamente *avv* inversely.
inversione *sf* inversion; *(mecc.)* reversal; reverse: *inversione sessuale,* sexual inversion — *inversione di rotta,* turnabout — *inversione di flusso,* backflow.
inverso *agg* **1** inverse; contrary; *(opposto)* opposite; *(di idea, concetto)* converse: *in senso inverso,* in the opposite direction. **2** *(fam.)* cross; sulky.
□ *sm* converse; opposite; contrary.
invertebrato *agg* **1** invertebrate. **2** *(fig., spreg.)* spineless.
□ *sm* invertebrate.
invertibile *agg* reversible.
invertibilità *sf* reversibility.
invertire *vt* to reverse; to invert; *(capovolgere)* to turn (sth) upside down.
invertito *agg* inverted; *(chim., anche)* invert: *zucchero invertito,* invert sugar.
□ *sm* invert; homosexual.
invertitore *sm (radio)* inverter; *(elettr.)* reverser; *(mecc.)* reversing gear.
invescare *vt* **1** to catch* (sth) with bird-lime. **2** *(fig.)* to entangle; to entice.
□ **invescarsi** *v. rifl (fig.)* to become* involved.
investibile *agg* able to be (which can be) invested *(predicativo)*.
investigabile *agg* investigable.
investigamento *sm* investigation.
investigare *vt* to investigate; to inquire into; *(esaminare)* to examine.
investigativo *agg* investigating *(attrib.)*: *agente investigativo,* detective — *nucleo investigativo,* detective branch.
investigatore *sm* investigator; detective.
investigazione *sf* **1** investigation. **2** *(ricerca erudita)* research.
investimento *sm* **1** *(incidente)* collision; crash. **2** *(di capitale, ecc.)* investment. **3** *(mil.)* blockade; investment. **4** *(naut.)* running aground.
investire *vt e i.* **1** *(dare un'investitura, attribuire)* to invest (sb with sth): *investire qcno di un feudo (di pieni poteri),* to invest sb with a fief (with full powers). **2** *(comm., econ.)* to invest: *investire (del denaro) in buoni fruttiferi,* to invest (money) in savings bonds. **3** *(mil. e fig.: assalire)* to invest; to assail; to attack; to hit*: *La città fu investita da ingenti forze nemiche,* The town was invested (was attacked) by huge enemy forces — *investire qcno di domande,* to ply sb with questions — *investire qcno con insulti,* to hurl insults at sb — *Il tifone investì tutto l'arcipelago,* The typhoon hit the whole archipelago. **4** *(urtare, cozzare)* to collide (with sth); to come* into collision (with sth); *(di navi)* to foul; to fall* foul (of sth); to collide (with sth); *(travolgere)* to run* (sb) over; to knock (sb) over; to run* (sb) down:

Fu investito da un'automobile di piccola cilindrata, He was run over by a small car.
□ **investirsi** *v. rifl* **1** to invest oneself (with sth); to enter thoroughly (into sth): *investirsi di una parte, (teatro)* to enter thoroughly into one's part; to sink (to lose) oneself in one's part (in one's rôle). **2** *(reciproco)* to collide; to run* into each other, *(tra più di due)* into one another: *Le quattro auto s'investirono e fu un macello,* The four cars collided, and there was a shambles.

investitura *sf* investiture.

inveterato *agg* inveterate; *(di persona)* confirmed.

invetriare *vt* to glaze.

invetriata *sf* window; *(porta a vetri)* glass door.

invetriato *agg* glazed.

invettiva *sf* invective; abuse *(sempre sing.).*

inviare *vt* to send*; to dispatch; to consign; *(indirizzare)* to address.

inviato *sm* **1** *(diplomatico)* envoy. **2** *(di giornale)* (newspaper) correspondent: *dal nostro inviato,* from our own correspondent.

invidia *sf* envy: *crepare d'invidia,* to die of envy; to be consumed *(o* green, *fam.)* with envy — *fare invidia,* to make (sb) envious — *per invidia,* out of envy.

invidiabile *agg* enviable.

invidiabilmente *avv* enviably.

invidiare *vt* to envy: *Non t'invidio!,* I don't envy you! — *non aver nulla da invidiare a nessuno,* to be just as good as the next man; to be in no way inferior to anyone; to be second to none.

invidiosamente *avv* enviously.

invidioso *agg* envious: *essere invidioso di qcno,* to be envious of sb; to envy sb.

invigorimento *sm* invigoration; strengthening.

invigorire *vt* to invigorate; to tone up; to strengthen.
□ **invigorirsi** *v. rifl* to become* strong.

inviluppamento *sm* wrapping up; enveloping.

inviluppare *vt* = **avviluppare.**

inviluppo *sm (intrico)* tangle.

invincibile *agg* invincible; unconquerable.

invio *sm* **1** *(l'inviare qcsa)* dispatch; forwarding. **2** *(consegna)* delivery; *(partita di merce)* consignment; shipment: *invio di denaro,* remittance. **3** *(poesia)* envoi.

inviolabile *agg* inviolable; *(intoccabile)* untouchable.

inviolabilità *sf* inviolability.

inviolabilmente *avv* inviolably.

inviolato *agg* inviolate; unprofaned: *foresta inviolata,* virgin forest.

inviperire *vi,* **inviperirsi** *v. rifl* to become* vicious; to get* nasty *(fam.).*

inviperito *agg* furious.

invischiare *vt* **1** to catch* with bird-lime. **2** *(fig.)* to entice; to lure; *(coinvolgere)* to involve.
□ **invischiarsi** *v. rifl (fig.)* to become* involved; to get* mixed up.

invisibile *agg* invisible: *Si era reso invisibile, (scherz.)* He had made himself scarce; He had disappeared from circulation.

invisibilità *sf* invisibility.

inviso *agg* unpopular; disliked: *essere inviso a tutti,* to be unpopular with *(o* disliked by) everyone.

[1]**invitare** *vt* **1** to invite; to ask: *invitare un amico a pranzo,* to invite (to ask) a friend to dinner — *invitare qcno a battaglia,* to challenge sb. **2** *(indurre, invogliare)* to invite; to tempt; to induce; to encourage. **3** *(pregare, chiedere)* to invite; to ask; to request: *invitare qcno a parlare,* to call upon sb to speak — *invitare il nemico alla resa,* to call upon the enemy to surrender. **4** *(convocare)* to convoke; to call; to summon. **5** *(alle carte)* to call; to bid*; *(proporre una quantità di denaro)* to bet*; to stake.
□ **invitarsi** *v. rifl* to come* unasked; to invite oneself.
□ *v. reciproco* to invite each other (one another).

[2]**invitare** *vt* = **avvitare.**

invitato *sm* guest.

invito *sm* **1** *(l'atto di invitare; il biglietto d'invito)* invitation: *solo per invito,* by invitation only. **2** *(convocazione, ingiunzione)* summons. **3** *(allettamento)* temptation; invitation; charm. **4** *(nei giochi di carte)* opening bid; opener. **5** *(archit.)* first step of a staircase.

invitto *agg* **1** unconquered; undefeated. **2** *(invincibile)* invincible: *invitta lealtà,* unswerving loyalty.

invizzire *vi (di un frutto)* to shrivel; *(di persona)* to grow* thin and wrinkled; to become* wizened.

invocare *vt* **1** to invoke; *(implorare)* to beg; *(fare appello)* to appeal (to sth): *invocare aiuto,* to cry for help. **2** *(citare)* to cite; to refer to (sth).

invocativo, invocatorio *agg* invocatory.

invocazione *sf* invocation.

invogliare *vt* to attract; to allure; to tempt; *(indurre)* to induce; *(incoraggiare)* to encourage.
□ **invogliarsi** *v. rifl (incapricciarsi)* to take* a fancy to sth; to desire: *invogliarsi di una donna,* to fall in love with (to fall for) a woman.

invogliato *agg* eager (for sth); interested (in sth).

involare *vt* to steal*.

involarsi *v. rifl* to fly* away *(o* off); to take* flight.

involgere *vt* **1** to wrap up; to envelop: *carta da involgere,* wrapping-paper. **2** *(fig.)* to involve.

involgimento *sm* wrapping up.

involontariamente *avv* unintentionally; involuntarily; accidentally.

involontario *agg* unintentional; involuntary; accidental.

involtare *vt (fam.)* to wrap up.
□ **involtarsi** *v. rifl (fam.)* to wrap oneself up.

involtino *sm (cucina)* meat olive.

involto *sm (fagotto)* bundle; *(pacco)* parcel; package.

involucro *sm* wrapping; wrapper; casing; covering; envelope; *(guscio, struttura esterna)* shell; *(fodero)* sheath; *(di dirigibile)* envelope.

involuto *agg* **1** involved; complex. **2** *(bot., zool.)* involute.

involuzione *sf* **1** involution *(anche med.).* **2** *(regresso)* regression.

invulnerabile *agg* invulnerable.

invulnerabilità *sf* invulnerability.

invulnerato *agg* unscathed; unhurt.

inzaccheramento *sm* splashing.

inzaccherare *vt* to splash (sb) with mud; to muddy.
□ **inzaccherarsi** *v. rifl* to get* muddy.

inzuccherare *vt* **1** to sugar; to sweeten: *inzuccherare la pillola,* to sweeten the pill. **2** *(fig.: lusingare, ecc.)* to butter (sb) up.

inzuppamento *sm* soaking; dipping.

inzuppare *vt* **1** to soak; to drench; to wet (sb) through. **2** *(immergere)* to soak; to steep; to immerse; to dip: *inzuppare dei biscotti nel caffellatte,* to dip *(fam.* to dunk) biscuits in coffee.
□ **inzupparsi** *v. rifl* to get* soaked *(o* drenched); to get* wet through.

inzuppato *agg* soaked; wet through.

io *pron personale* I; *(enfatico, rafforzativo)* I myself; myself; me: *Io sottoscritto...,* I, the undersigned... — *non (certo) io!,* not me! — *Io come io non lo farei,* Personally, I wouldn't do it — *'Chi è?' - 'Sono io',*

'Who is it?' - 'It's me' — *Lo vidi io stesso,* I saw it myself; I saw it with my own eyes — *Ti farò vedere io!,* I'll show you! — *Non sono più io,* I am no longer myself.
□ *sm* (the) ego *(psicologia, filosofia);* (the) self.

iodato *sm* iodate.
iodico *agg* iodic.
iodio *sm* iodine.
ioga *sm* yoga.
ione *sm* ion.
ionico *agg (archit., ecc.)* Ionic.
ionizzare *vt* to ionize.
ionizzazione *sf* ionization.
ionosfera *sf* ionosphere.
iosa *(nella locuzione avverbiale) a iosa,* galore; in great quantity; in abundance: *Ce n'è a iosa,* There's more than enough; There's enough and to spare.
iota *sm* **1** *(lettera greca)* iota. **2** *(fig.)* scrap; jot: *Non mi importa uno iota,* I don't care a scrap.
iperbole *sf* **1** *(retorica e fig.)* hyperbole; *(per estensione)* exaggeration. **2** *(matematica)* hyperbola.
iperbolicamente *avv* hyperbolically.
iperbolico *agg* hyperbolic; *(esagerato)* exaggerated.
ipercritica *sf,* **ipercriticismo** *sm* exaggerated criticism.
ipercritico *agg* hypercritical.
ipersensibile *agg* hypersensitive; *(suscettibile)* touchy. □ *sm* hypersensitive person.
ipersensibilità *sf* hypersensivity.
ipertensione *sf (med.)* hypertension; *(generalm.)* high blood pressure.
iperteso *agg e sm* hypertensive.
ipertiroidismo *sm* hyperthyroidism.
ipertricosi *sf* hypertrichosis.
ipertrofia *sf* hypertrophy.
ipertrofico *agg* hypertrophic.
ipertrofizzato *agg* hypertrophied.
ipnosi *sf* hypnosis.
ipnoticamente *avv* hypnotically.
ipnotico *agg* hypnotic.
ipnotismo *sm* hypnotism; *(un tempo)* mesmerism.
ipnotizzare *vt* to hypnotize; *(incantare)* to mesmerize.
ipnotizzatore *sm* hypnotist.
ipocentro *sm* focus.
ipocondria *sf* hypochondria.
ipocondriaco *agg* hypochondriac.
ipocrisia *sf* hypocrisy; cant.
ipocrita *agg* hypocritical. □ *sm e f.* hypocrite.
ipocritamente *avv* hypocritically.
ipodermico *agg* hypodermic.
ipofisi *sf* hypophysis.
ipogastrico *agg* hypogastric.
ipogeo *agg* hypogean; underground.
□ *sm (archeologia)* hypogeum *(pl.* hypogea*).*
ipostasi *sf* hypostasis.
ipostatico *agg* hypostatic.
ipoteca *sf (di beni immobili)* mortgage; charge; *(di beni mobili)* pledge: *iscrivere un'ipoteca,* to raise a mortgage — *cancellare un'ipoteca,* to pay off (to discharge) a mortgage — *mettere una grave ipoteca su qcsa, (fig.)* to lay a strong claim to sth; *(sport, fam.)* to have sth *(p.es. un campionato)* in one's pocket.
ipotecabile *agg* mortgageable.
ipotecare *vt (beni immobili)* to mortgage *(anche fig.);* *(beni mobili)* to pledge; to pawn; *(meno comune, beni mobili o immobili)* to hypothecate.
ipotecario *agg* mortgage *(attrib.): creditore ipotecario,* mortgagee — *debitore ipotecario,* mortgagor.
ipotensione *sf* low blood pressure; hypotension *(med.).*
ipotenusa *sf* hypotenuse.
ipotesi *sf* hypothesis *(pl.* hypotheses*);* supposition; conjecture: *per ipotesi...,* suppose that...; if by chance... — *nell'ipotesi che...,* if...; in the case that... — *Ammettiamo per ipotesi che...,* Let's suppose that... — *ipotesi di lavoro,* working hypothesis — *nella migliore delle ipotesi,* at best; on the most hopeful view — *nella peggiore delle ipotesi,* at the worst; if the worst comes to the worst.
ipoteticamente *avv* hypothetically.
ipotetico *agg* hypothetical.
ipotiroidismo *sm* hypothyroidism.
ipotrofia *sf* hypotrophy.
ippica *sf* riding; horse-riding; *(corse)* racing; horse-racing. □ *darsi all'ippica, (fig., iron.)* to change one's trade — *Datti all'ippica!, (scherz.)* Why don't you go and take up needlework?
ippico *agg* horse *(attrib.): concorso ippico,* horse show — *gara ippica,* horse race.
ippocampo *sm* sea-horse.
ippocastano *sm* horse-chestnut.
ippodromo *sm* **1** race-course. **2** *(stor. antica)* hippodrome.
ippopotamo *sm* hippopotamus.
ippotrainato *agg* horse-drawn.
iprite *sf* mustard-gas.
ipsilon *sm* **1** *(lettera greca)* ypsilon. **2** Y; y; letter y: *un incrocio a ipsilon,* a Y junction.
ira *sf* anger; wrath; ire *(lett.); (furia)* fury; violence; *(rabbia)* rage: *in un momento d'ira,* in a moment of anger — *l'ira degli elementi,* the fury (the violence) of the elements — *l'ira di Dio,* - **a)** *(letteralm.)* the wrath of God - **b)** *(fig.)* scourge: *E' un'ira di Dio,* He's a scourge - **c)** *(grave disordine)* terrible *(o* almighty) row: *Successe l'ira di Dio,* There was an almighty row; All hell broke loose - **d)** *(moltissimo)* a fortune; a dickens of a lot.
iracondia *sf* wrath; ire.
iracondo *agg* choleric; bad-tempered.
irascibile *agg* irritable; irascible; quick-tempered.
irascibilità *sf* irritability; irascibility.
irato *agg* angry; irate.
ireos *sm (bot.)* iris.
iridato *agg* rainbow-hued. □ *maglia iridata, (per antonomasia)* world champion.
iride *sf* **1** *(arcobaleno)* rainbow. **2** *(anat., bot.)* iris.
iridescente *agg* iridescent.
iridescenza *sf* **1** iridescence. **2** *(fotografia)* fringe.
iris *sf* iris.
irlandese *agg* Irish.
□ *sm* **1** Irishman *(pl.* -men*).* **2** *(la lingua)* Irish.
□ *sf* Irishwoman *(pl.* -women).
ironeggiare *vt* = **ironizzare.**
ironia *sf* irony: *fare dell'ironia,* to speak (to write) ironically; to be ironical *(o* sarcastic).
ironicamente *avv* ironically.
ironico *agg* ironic(al).
ironista *sm e f.* ironist.
ironizzare *vi* to be* ironical (about sth).
irosamente *avv* angrily.
iroso *agg* angry.
irraccontabile *agg* unrepeatable.
irradiamento *sm* irradiation.
irradiare *vt* to irradiate *(anche fig.); (splendere, illuminare)* to shine* upon (sth); to light (sth) up; to illuminate.
□ *vi* to radiate *(anche fig.); (diffondere)* to spread*.

□ **irradiarsi** *v. rifl* to radiate; to spread* out.
irradiazione *sf* **1** *(emissione)* radiation. **2** *(esposizione)* irradiation.
irraggiamento *sm* radiation.
irraggiungibile *agg* unreachable; *(fig.)* unattainable.
irragionevole *agg* **1** *(privo di ragione)* unreasoning; irrational. **2** *(che non vuol intendere ragione)* unreasonable. **3** *(assurdo)* irrational; absurd; *(eccessivo)* preposterous; ridiculous: *Dovevi proprio svegliarmi a quest'ora irragionevole?,* Did you really have to wake me at this ridiculous (*fam.* unearthly, ungodly, unholy) hour?
irragionevolezza *sf* unreasonableness.
irragionevolmente *avv* unreasonably; irrationally.
irrancidimento *sm* turning rancid (*o* stale).
irrancidire *vt* to become* rancid (*o* stale).
irrappresentabile *agg (di spettacolo)* unpresentable.
irrazionale *agg* irrational. □ *sm* irrational.
irrazionalismo *sm* irrationalism.
irrazionalità *sf* irrationality.
irrazionalmente *avv* irrationally.
irreale *agg* unreal; dream-like.
irrealizzabile *agg* unattainable; impractical; unrealizable.
irrealizzato *agg* unrealized; unachieved.
irrealtà *sf* unreality.
irreconciliabile *agg* irreconcilable.
irreconciliabilità *sf* irreconcilability.
irrecuperabile *agg* irretrievable; irrecoverable.
irrecusabile *agg* incontrovertible; *(irrefutabile)* irrefutable.
irredentismo *sm* irredentism.
irredentista *sm e f.* irredentist.
irredentistico *agg* irredentist.
irredento *agg* unredeemed.
irredimibile *agg* irredeemable.
irrefrenabile *agg* uncontrollable.
irrefrenabilmente *avv* uncontrollably.
irrefutabile *agg* irrefutable; indisputable.
irrefutabilità *sf* irrefutability.
irreggimentare *vt* to regiment.
irregolare *agg* **1** irregular; abnormal; *(non conforme)* incorrect; improper: *milizie irregolari,* irregular troops — *verbi irregolari,* irregular verbs — *azione irregolare, (sport)* foul. **2** *(mancante di continuità)* irregular; desultory; *(mancante di uniformità)* uneven. □ *sm (spec. mil.)* irregular.
irregolarità *sf* **1** irregularity. **2** *(del terreno, ecc.)* unevenness. **3** *(illegalità)* illegality; unlawfulness; *(cosa o azione irregolare)* irregularity; *(azione illegale)* offence; *(peculato)* embezzlement; misappropriation; *(sport)* foul.
irreligione *sf* irreligion.
irreligiosamente *avv* irreligiously.
irreligiosità *sf* irreligiousness.
irreligioso *agg* irreligious; heathen.
irremissibile *agg* unpardonable; irremissible.
irremovibile *agg (inflessibile)* adamant; stubborn; *(non modificabile)* unyielding.
irremovibilità *sf (inflessibilità)* stubbornness.
irreparabile *agg* irreparable; *(inevitabile)* inevitable.
irreparabilità *sf* irreparability; *(inevitabilità)* inevitability.
irreparabilmente *avv* irreparably; inevitably.
irreperibile *agg* untraceable; nowhere to be found *(predicativo);* impossible to find *(predicativo): rendersi irreperibile,* to make oneself scarce *(fam.).*
irreperibilità *sf* impossibility of finding.
irreprensibile *agg* faultless; irreproachable.
irreprensibilità *sf* faultlessness; irreproachability.
irreprensibilmente *avv* faultlessly; irreproachably.
irreprimibile *agg* irrepressible.
irrequietezza *sf* restlessness.
irrequieto *agg* restless; fidgety *(fam.); (insofferente)* impatient; restive; *(vivace)* lively: *un temperamento irrequieto,* a restless nature.
irresistibile *agg* irresistible.
irresistibilmente *avv* irresistibly.
irresolutamente *avv* irresolutely.
irresolutezza *sf* irresolution; indecision.
irresoluto *agg* **1** *(di persona: indeciso)* irresolute; undecided. **2** *(non risolto)* unsolved.
irrespirabile *agg* **1** unbreathable; noxious; *(soffocante)* suffocating. **2** *(fig.)* stifling; oppressive.
irresponsabile *agg* irresponsible.
irresponsabilità *sf* irresponsibility.
irresponsabilmente *avv* irresponsibly.
irrestringibile *agg* unshrinkable.
irretire *vt* to ensnare *(anche fig.);* to trap.
irreversibile *agg* irreversible.
irreversibilità *sf* irreversibility.
irreversibilmente *avv* irreversibly.
irrevocabile *agg* irrevocable; *(dir., anche)* final.
irrevocabilità *sf* irrevocability.
irrevocabilmente *avv* irrevocably.
irrevocato *agg* unrevoked.
irriconoscibile *agg* unrecognizable.
irridere *vt* to deride; to mock; to laugh (at sb).
irriducibile *agg* **1** *(di cifra, frazione, ecc.)* irreducible. **2** *(anat.)* irreducible. **3** *(incoercibile)* indomitable.
irriflessione *sf* thoughtlessness.
irriflessivo *agg* thoughtless.
irrigabile *agg* irrigable.
irrigare *vt* **1** to irrigate; *(bagnare)* to water. **2** *(di fiume)* to flow through.
irrigatorio *agg* irrigation *(attrib.).*
irrigazione *sf* irrigation *(anche med.).* □ *irrigazione a pioggia,* sprinkling.
irrigidimento *sm* **1** *(di muscolo)* stiffening; *(di cadavere)* rigor mortis *(lat.): irrigidimento delle arterie,* hardening of the arteries *(anche fig.).* **2** *(del clima)* increasing (*o* increased) cold. **3** *(inflessibilità)* persistence; inflexibility. **4** *(di una pena)* increasing; making more severe; stiffening *(fam.).*
irrigidire *vt* to make* rigid (*o* more rigid); to make* severe (*o* more severe); to stiffen: *irrigidire una pena,* to make a punishment more severe — *Le sofferenze gli irrigidirono il cuore,* His sufferings hardened his heart.
□ **irrigidirsi** *v. rifl* to become* rigid; to stiffen; *(fig.: nel carattere, ecc.)* to become* hard; *(diventare inflessibile)* to become* adamant: *irrigidirsi per il freddo,* to become stiff with cold — *irrigidirsi per la paura,* to be scared stiff — *irrigidirsi sull'attenti,* to stand stiffly to attention.
irriguardosamente *avv* disrespectfully.
irriguardoso *agg* disrespectful.
irriguo *agg* **1** *(irrigato)* (well-)irrigated. **2** *(che irriga)* irrigation *(attrib.).*
irrilevante *agg* insignificant.
irrimediabile *agg* irreparable; irretrievable.
irrimediabilmente *avv* irreparably; irretrievably.
irripetibile *agg* unrepeatable.
irrisione *sf* derision; mockery.
irriso *agg* derided; mocked.
irrisorio *agg* **1** *(derisorio)* derisive. **2** *(insignificante)* ridiculous; laughable; ludicrous: *pagare qcsa a prezzo*

irrisorio, to get sth for a ridiculously low price (*fam.* for a song).

irrispettosamente *avv* disrespectfully.

irrispettoso *agg* disrespectful.

irritabile *agg* **1** irritable; touchy *(fam.).* **2** *(riferito alla pelle)* sensitive.

irritabilità *sf* **1** irritability; touchiness *(fam.).* **2** *(della pelle)* sensitiveness.

irritante *agg* irritating *(anche med.);* provoking.
□ *sm (med.)* irritant.

irritare *vt* to irritate *(med., fig.); (stuzzicare)* to tease; *(seccare)* to annoy; to vex; to rile *(fam.): avere la gola irritata,* to have a sore throat. □ *irritare una piaga, (fig.)* to rub salt into a wound.
□ **irritarsi** *v. rifl* to get* angry; to grow* cross; to get* annoyed.

irritazione *sf* irritation; annoyance.

irriverente *agg* irreverent; disrespectful.

irriverentemente *avv* irreverently; disrespectfully.

irriverenza *sf* irreverence; disrespect.

irrobustire *vt* to fortify; *(una struttura)* to strengthen; to reinforce.
□ **irrobustirsi** *v. rifl* to get* tougher (stronger); to toughen oneself; to make* oneself stronger (*o* tougher).

irrogare *vt* to inflict; to impose.

irrogazione *sf* infliction.

irrompente *agg* impetuous; invading.

irrompere *vi* to burst* (into sth); to rush (into sth); to break* (into sth); to irrupt *(raro: molto formale); (di acque, liquidi in generale)* to pour (into sth); to flood (into sth): *La folla irruppe nello stadio,* The crowd burst into the stadium.

irrorare *vt* to sprinkle; to spray; *(bagnare)* to wet; *(med.)* to supply (with blood, *ecc.*).

irroratore *sm* sprinkler.

irruente *agg* impetuous; *(chiassoso)* boisterous.

irruenza *sf* impetuousness: *con irruenza,* impetuously.

irruzione *sf* **1** inrush; irruption: *fare irruzione,* to break in. **2** *(mil.)* raid.

irsuto *agg* hairy; shaggy; hirsute *(poco comune).*

irto *agg (ispido)* bristly; bristling *(anche fig.); (puntuto, aguzzo)* spiky. □ *essere irto di difficoltà,* to be bristling with difficulties.

iscritto *agg* **1** registered; enrolled. **2** *(scolpito)* engraved. **3** *(geometria)* inscribed.
□ *sm* member; registered member.
□ *per iscritto, (locuzione avverbiale)* in writing: *mettere qcsa per iscritto,* to put sth in writing (*o* in black and white).

iscrivere *vt* **1** to enter; to enrol(l); to register; to put* (sb's) name down (for sth): *iscrivere un nome in un elenco,* to enter a name on a list — *iscrivere qcno ad un club,* to enrol sb as a member of a club — *iscrivere una spesa sul bilancio,* to enter an item (of expenditure) on the balance sheet — *iscrivere una causa a ruolo, (dir.)* to enter a case on the list. **2** *(incidere)* to inscribe; to engrave: *iscrivere un nome su una lapide,* to inscribe (to engrave) a name on a marble slab — *iscrivere qcsa nella memoria di qcno,* to engrave sth on sb's memory. **3** *(geometria)* to inscribe.
□ **iscriversi** *v. rifl* to enter; to join; to enter one's name (for sth); to put* one's name down (for sth); to enrol (oneself): *iscriversi ad una scuola,* to enter a school — *iscriversi ad un'associazione,* to join a club — *iscriversi all'università,* to matriculate; to join the university — *iscriversi ad un corso d'inglese,* to put one's name down (to enrol) for an English course — *iscriversi ad un concorso,* to go in (to enter) for a competition — *iscriversi ad un partito,* to join a political party.

iscrizione *sf* **1** *(scrittura durevole)* inscription. **2** *(registrazione)* registration; entry; *(alla scuola)* enrolment; *(ad una corsa, una gara)* entry; *(ad un esame, un concorso)* entry; *(ad un circolo)* admission: *tassa d'iscrizione,* entry fee; *(ad un circolo)* membership fee — *domanda d'iscrizione,* application for admission — *modulo d'iscrizione,* application (*o* enrolment) form.

islamico *agg* Islamic.

islamismo *sm* Islam.

isobara *sf* isobar.

isobarico *agg* isobaric.

isobata *sf* isobath; depth contour.

isogonico, isogono *agg* **1** *(geometria)* isogonal. **2** *(geografia)* isogonic.

isoipsa *sf* contour line.

isola *sf* **1** *(geografia e fig.)* island; *(come nome proprio, talvolta)* Isle: *le isole britanniche,* the British Isles. **2** *(stradale)* road island: *isola pedonale,* refuge; traffic island; *(zona vietata ai veicoli)* pedestrian precinct — *isola spartitraffico,* island — *isola rotatoria,* roundabout *(GB);* rotary *(USA);* traffic circle *(USA).* **3** *(di portaerei)* island. **4** *(anat.)* islet; insula. **5** *(isolato)* block.

isolabile *agg* able to be (which can be) isolated.

isolamento *sm* **1** isolation *(anche med., politico, ecc.); (ritiro)* privacy; seclusion; *(solitudine)* solitude; *(segregazione)* segregation; confinement. **2** *(mecc., elettr., ecc.)* insulation; *(rivestimento termico)* lagging: *isolamento acustico,* sound-proofing. □ *essere in isolamento, (di prigioniero)* to be in solitary confinement; to be in solitary *(fam.).*

isolano *agg* island *(attrib.);* insular.
□ *sm* islander.

isolante *agg (fis.)* insulating; insulation *(attrib.); (per l'isolamento acustico)* soundproofing *(attrib.).*
□ *sm* **1** *(fis.)* insulator. **2** *(chim., tec.)* insulating material; *(per l'isolamento acustico)* soundproofing material.

isolare *vt* **1** to isolate; to seclude; *(segregare)* to segregate. **2** *(mecc., elettr.)* to insulate: *isolare acusticamente,* to soundproof. **3** *(chim.)* to isolate.
□ **isolarsi** *v. rifl* to seclude oneself; to shut* oneself away; to live apart.

isolatamente *avv* in isolation; separately.

[1]**isolato** *agg* **1** isolated; secluded; sequestered *(raro, lett.); (fuori mano)* outlying; out-of-the-way; *(solitario)* solitary; lonely. **2** *(mecc., elettr.)* insulated: *isolato acusticamente,* soundproofed. □ *un caso isolato,* an isolated example.

[2]**isolato** *sm* **1** block. **2** *(sport)* independent (*o* unattached); competitor.

isolatore *sm* insulator.

isolazionismo *sm* isolationism.

isolazionista *sm e f.* isolationist.

isolazionistico *agg* isolationist *(attrib.).*

isoletta *sf,* **isolotto** *sm* islet.

isomero *sm* isomer.

isometrico *agg* isometric.

isoscele *agg* isosceles.

isoterma *sf* **1** *(meteorologia)* isotherm. **2** *(chim.)* isothermal line.

isotermico *agg* isothermical: *processo isotermico,* isotherm.

isotopo, isotopico *agg* isotopic.
□ *sm* isotope: *isotopo radioattivo,* radioisotope.

ispano- *agg (nei composti)* Hispano-.

ispessimento *sm* thickening.
ispessire *vt* to thicken.
□ **ispessirsi** *v. rifl* to thicken; to become* thick (*o* thicker).
ispettivo *agg* inspection *(attrib.)*; inspectorial.
ispettorato *sm (carica o ente)* inspectorate; *(sede)* inspector's office.
ispettore *sm* inspector; overseer; supervisor *(GB)*: *ispettore di polizia,* detective inspector — *ispettore generale,* inspector general — *ispettore di zona, (comm.)* field supervisor; area inspector — *ispettore (delle) vendite, (comm.)* sales supervisor — *ispettore di produzione, (cinema)* executive producer.
ispettrice *sf* inspector.
ispezionare *vt* to inspect; *(revisionare)* to overhaul.
ispezione *sf* **1** inspection; *(controllo)* check. **2** *(di una macchina)* overhaul. **3** *(med.)* examination; check; check-up. □ *ispezione contabile,* audit.
ispidezza *sf* shagginess.
ispido *agg* **1** bristly; shaggy. **2** *(fig.)* intractable; touchy; bristly.
ispirare *vt* to inspire; *(suscitare)* to arouse; *(suggerire)* to suggest; to instill: *ispirare fiducia,* to inspire confidence.
□ **ispirarsi** *v. rifl* **1** to be* inspired (by sth); to get* inspiration (from sth); to find* inspiration (in sth); to seek* inspiration (in, from sth). **2** *(adeguarsi)* to conform (to sth); *(basarsi)* to be* based (on sth): *ispirarsi al regolamento,* to abide by (to stick to) the rules.
ispirato *agg* inspired; infused (with sth).
ispiratore *agg* inspiring.
□ *sm* source of inspiration; animator.
ispirazione *sf* **1** inspiration: *senza ispirazione,* uninspired. **2** *(idea felice)* good idea; happy thought. **3** *(tendenza)* leaning(s).
israeliano *agg e sm* Israeli.
israelita *sm* Israelite; Jew.
□ *sf* Israelite; Jewess.
israelitico *agg* Israelite; Jewish.
issa *esclamazione* heave!
issare *vt* to hoist; to heave.
istantanea *sf* snapshot *(abbr. fam.* snap).
istantaneamente *avv* instantaneously.
istantaneità *sf* instantaneousness.
istantaneo *agg* instantaneous; instant.
istante *sm* instant; moment: *all'istante,* on the instant; immediately — *Un istante!,* Just a moment! — *da un istante all'altro,* any moment now — *fra qualche istante,* in a few moments — *in questo istante,* this very instant (*o* moment) — *in quel preciso istante,* in that very instant.
istantemente *avv (burocratico)* immediately; at once; without delay: *Vi prego istantemente di rispondere alla mia lettera,* Please reply to my letter at once.
istanza *sf* **1** application; suit; petition; *(richiesta, supplica)* request: *in prima istanza, (dir.)* before the court of first instance — *giudizio di seconda istanza, (dir.)* judgement on appeal — *istanza di divorzio,* petition for divorce — *su istanza di qcno,* at the request (*o* instance) of sb; at sb's request. **2** *(insistenza)* urgency. **3** *(aspirazione, necessità)* aspiration; hope; expectation: *un'istanza legittima,* a legitimate aspiration — *le istanze sociali,* social expectations.
isterico *agg* hysteric(al): *avere un attacco isterico,* to have hysterics.
□ *sm* hysterical person.
isterilire *vt* **1** to sterilize *(anche fig.)*. **2** *(fig.)* to dry (sth) up.
□ **isterilirsi** *v. rifl* **1** to become* barren. **2** *(fig.)* to dry up.
isterilito *agg* barren.
isterismo *sm* hysteria; hysterics *(pl.)*.
istigare *vt* to incite; to stir (sb) up; to instigate: *istigare qcno a fare qcsa,* to put sb up to sth.
istigatore *sm* instigator.
istigazione *sf* instigation; incitement: *istigazione a delinquere, (dir.)* incitement to commit a crime.
istintivamente *avv* instinctively; without thinking.
istintività *sf* instinctiveness.
istintivo *agg* instinctive.
istinto *sm* instinct: *per istinto,* by instinct; instinctively.
istituire *vt* to institute; to establish; to found; to constitute; *(dare avvio)* to initiate; to get* (sth) started; *(dir.: nominare)* to appoint; to nominate.
istituto *sm* **1** institute; *(universitario, anche)* department; *(scuola)* school; institute; college: *Istituto di Fisica,* Department of Physics — *istituto tecnico,* technical high school; technical college — *istituto magistrale,* teachers training college — *istituto di credito,* bank — *istituto di bellezza,* beauty parlour — *istituto di emissione,* issuing bank. **2** *(istituzione)* institution: *istituto giuridico,* (body of) law governing a given subject.
istitutore *sm* **1** *(fondatore)* founder. **2** *(precettore)* tutor.
istitutrice *sf* governess.
istituzionale *agg* **1** *(riferito alle istituzioni)* institutional. **2** *(fondamentale)* basic; *(elementare)* elementary.
istituzione *sf* **1** institution. **2** *(al pl.: principi fondamentali)* institutes; elements.
istmo *sm* isthmus.
istologia *sf* histology.
istologico *agg* histological.
istologo *sm* histologist.
istoriare *vt* to decorate with historical (*o* legendary) scenes.
istoriato *agg* historiated.
istrice *sf* **1** *(zool.)* porcupine. **2** *(fig.)* prickly person.
istrione *sm* **1** *(teatro)* ranter; ham *(sl.)*. **2** *(impostore)* faker.
istrionico *agg* histrionic.
istruire *vt* to instruct; to teach*; *(ammaestrare)* to educate; *(addestrare)* to train; *(dare istruzioni)* to direct; to give* directions (to sb); *(informare)* to inform. □ *istruire un processo,* to prepare a case for trial; to collect the evidence for a case (for a trial).
□ **istruirsi** *v. rifl* **1** to teach* oneself; to improve one's learning: *Si è istruito da sé,* He is self-taught. **2** *(assumere informazioni)* to inform oneself (about sth); to gather information (about sth).
istruito *agg* educated; *(dotto)* learned.
istruttivamente *avv* instructively.
istruttivo *agg* instructive; educational.
istruttore *sm* **1** instructor; teacher: *istruttore di volo,* flying instructor. **2** *(sport)* trainer; coach; instructor. **3** *(mil.)* drill-sergeant.
□ *agg* investigating: *giudice istruttore, (dir.)* investigating magistrate.
istruttoria *sf (dir.)* inquiry; (preliminary) investigation.
istruttorio *agg (dir.)* preliminary: *fase istruttoria,* preliminary stage — *processo istruttorio,* inquiry.
istruzione *sf* **1** *(insegnamento)* education; instruction;

(addestramento) training; *(cultura)* learning; education: *istruzione obbligatoria,* compulsory education — *Ministero della Pubblica Istruzione,* Ministry of Education — *istruzione professionale,* vocational training — *Ha una buona istruzione,* He's an educated man. **2** *(direttiva, disposizione)* order; direction; specification; *(al pl.: indicazioni)* instructions: *foglio istruzioni,* directive — *istruzioni per l'uso,* directions for use. **3** *(dir.: istruttoria)* preliminary investigation.

istupidire *vt* to make* (sb) stupid; to stupefy; *(stordire)* to stun.
□ *vi* to become* stupid.

italianamente *avv* Italian fashion; Italian-style; like an Italian.

italianismo *sm* Italianism.

italianista *sm e f.* Italianist; Italian scholar (*o* specialist).

italianità *sf* Italianness.

italianizzare *vt,* **italianizzarsi** *v. rifl* to Italianize.

italiano *agg* Italian: *all'italiana,* Italian-style.
□ *sm* Italian: *parlare italiano,* to speak Italian; *(fig.)* to speak plainly.

italico *agg* **1** *(stor.)* Italic. **2** *(lett. o scherz.)* Italian. **3** *(tipografia)* italic Aldine.

italiota *sm e f. (stor.)* Italiot(e).

italo- *agg (nei composti)* Italo-.

iter *sm (lat.)* passage; (usual) course; path; iter.

iterare *vt* to repeat.

iterativamente *avv* repetitively.

iterativo *agg* **1** repetitive. **2** *(gramm.)* iterative; frequentative.

iterazione *sf* iteration.

itinerario *sm* itinerary; route.

itterizia *sf,* **ittero** *sm* jaundice; icterus *(med.).*

ittico *agg* fish; fishing *(attrib.): l'industria ittica,* the fishing industry.

ittiologia *sf* ichthyology.

ittiologico *agg* ichthyologic(al).

ittiologo *sm* ichthyologist.

iucca *sf* yucca.

iugulare *agg* jugular.

iunior *agg* = **junior**.

iuta *sf* = **juta**.

ivi *avv* **1** *(lett.)* there: *ivi accluso,* joined thereto — *ivi incluso,* enclosed therein. **2** *(nelle citazioni)* ibidem *(lat.: abbr.* ibid*).*

J

J, j *sm e f.* J, j: *J come Jersey, (al telefono, ecc.)* J for Jack.

jazz *sm* jazz: *un'orchestra (un complesso) jazz,* a jazz band.

jazzista *sm* jazz player.

jazzistico *agg* jazz *(attrib.).*

jodel *sm* yodel.

jolly *sm* **1** *(nelle carte da gioco)* joker. **2** *(sl., sport ecc.)* all-rounder.

judo *sm* judo; ju-jitsu.

junior *sm e f. (al pl.:* juniores*)* junior; colt *(solo m.).*

juta *sf* jute.

K

K, k *sm e f.* K, k: *K come Kursaal, (al telefono, ecc.)* K for King.

[1]**kaki** *agg e sm (colore)* khaki.

[2]**kaki** *sm (bot.)* persimmon.

kaput(t) *agg* ruined; smashed; kaput *(sl.).*

karakiri *sm* harakiri; seppuku.

karatè *sm* karate.

kart *sm* go-kart.

kartismo *sm* (go-)karting.

kasher *sm* kosher.

kepì *sm* kepi.

kermesse *sf* kermis; kermesse *(spec. USA).*

kerosene *sm* kerosene.

kiefer *sm (nuoto)* flip turn.

killer *sm* paid (*o* hired) murderer; killer *(fam.).*

kilowatt *sm* kilowatt: *chilowattora,* kilowatt-hour.

kimono *sm* kimono: *maniche a kimono,* kimono sleeves.

kinderheim *sm (voce tedesca)* crèche *(fr.);* day nursery.

kivi *sm* kiwi.

klaxon *sm* horn.

koala *sm* koala bear.

kolossal *agg e sm* spectacular.

krapfen *sm* doughnut.

kriss *sm* kris; creese.

krug *sm* earthenware tankard.

L

L, l *sm e f.* L, l: *L come Livorno, (al telefono, ecc.)* L for Lucy — *fatto a L (a elle),* L-shaped.

[1]**la** *art determinativo sing f.* ⇨ **il, lo.**

[2]**la** *pron personale accusativo sing f.* **1** *(riferito a persona)* her: *Vorrei tanto incontrarla,* I should very much like to meet her — *Tua sorella? Non l'ho più vista da allora,* Your sister? I haven't seen her since then. **2** *(riferito a cose)* it: *Hai trovato la mia penna? Portala qua,* Have you found my pen? Bring it here — *Voleva la sedia e gliela diedi,* He wanted the chair so I gave it to him. **3** *(usato con valore indeterminato in molte espressioni)* it *(spesso non si traduce): farcela,* to succeed; to manage; to make it — *Me la pagherai cara,* You'll pay dearly (for it) — *prendersela,* to take sth (*o* it) to heart — *Smettila!,* Stop it!

[3]**La** *pron personale (usato per la 2ª persona m. e f. come forma di cortesia)* you: *Molto lieto di conoscerLa!,* Pleased to meet you! — *In che cosa posso aiutarLa?,* Can I help you? — *In attesa di risentirLa...,* Looking forward to hearing from you...

[4]**la** *sm* **1** *(mus. strumentale)* A: *la maggiore,* A major — *la minore,* A minor — *la bemolle,* A flat — *dare il la, (fig.)* to set the tone; to give (sb) a lead. **2** *(mus. vocale)* la.

[5]**là** *avv* there: *È là sul tavolo,* It's there on the table — *È là dove l'hai messa ieri,* It's (there) where you put it yesterday — *Eccolo là!,* There he is! — *Eccoli là!,* There they are! — *là dentro,* inside; in there — *là fuori,* outside; out there — *là sopra; là sotto,* up there; down there — *là in fondo, (laggiù)* over there — *là per là, (sul momento)* there and then; on the spot; *(dapprima)* at first — *di là, (nell'altra stanza)* in there; in the other room; *(da quella parte)* that way — *Chi va (Chi è) là?,* Who goes (Who's) there?
□ *(Ma) va' là!,* Come off it! — *Zitto là!,* Quiet there! — *Alto là!,* Halt! — *(al) di là del fiume,* beyond (on the other side of, across) the river — *l'al di là,* the hereafter; the other life; the world to come — *essere più di là che di qua,* to be more dead than alive — *essere di là da venire,* to be yet to come — *andare in qua e in là,* to go to and fro — *guardare in qua e in là,* to look around; to look here and there — *andare troppo in là, (anche fig.)* to go too far — *essere in là con gli anni,* to be advanced (to be getting on) in years — *più in là, (nel tempo)* later on; *(nello spazio)* further (on) — *da quel giorno in là,* from that day on — *da qui in là, (d'ora in avanti)* from now on (onwards) — *farsi o tirarsi (più) in là,* to move over (*o* along); *(far largo)* to make way — *mandare in là, (differire)* to put off; to defer.

labaro *sm* **1** *(stor.)* labarum *(pl.* labara*); (moderno)* standard; banner. **2** *(fig.)* banner: *raccogliersi sotto lo stesso labaro,* to band together.

labbro *sm* **1** lip; *(anat., anche)* labium *(pl.* labia*): labbro superiore,* upper lip — *labbro inferiore,* lower (*o* under) lip; underlip — *labbra screpolate,* chapped lips — *labbra sporgenti,* protruding lips — *un uomo dalle labbra sottili (carnose),* a thin-lipped (thick-lipped) man — *accostare qcsa alle labbra,* to raise sth to one's lips — *chiudere le labbra, (fig.)* to seal one's lips — *chiudere le labbra a qcno, (fig.)* to seal sb's lips — *leccarsi (schioccare) le labbra,* to lick (to smack) one's lips — *pendere dalle labbra di qcno,* to hang on sb's lips — *Le parole gli morirono sulle labbra,* The words died on his lips. **2** *(orlo)* lip; brim; rim: *I labbri della ferita sono ancora aperti,* The edges of the wound are still open.
□ *dir bene di qcno a fior di labbra,* to pay lip service to sb — *un invito (una scusa) a fior di labbra,* a half-hearted invitation (apology) — *ridere (sorridere) a fior di labbra,* to force a laugh (a smile) — *rimanere a labbra asciutte, (fig.)* to be left empty-handed — *avere il cuore sulle labbra,* to say what one thinks; to be outspoken — *avere qcsa sulle labbra, (sulla punta della lingua)* to have sth on the tip of one's tongue — *bagnarsi le labbra, (fig.)* to have a (small) drink; to wet one's whistle *(fam.)*.

labiale *agg e sf* labial.

labile *agg* **1** fleeting; ephemeral; transient; *(debole)* weak; feeble; *(di persona, anche)* unstable: *memoria labile,* weak (*o* poor) memory. **2** *(chim.)* labile.

labilità *sf* **1** transience; *(debolezza)* weakness; feebleness. **2** *(chim.)* lability.

labirintico *agg* **1** labyrinthine *(anche med.)*. **2** *(fig.: complicato)* tortuous; involved: *ragionamento labirintico,* tortuous reasoning.

labirinto *sm* **1** *(mitologia)* labyrinth; *(per estensione)* maze; labyrinth; *(di viuzze, edificio, palazzo, anche)* warren. **2** *(anat.)* inner ear; labyrinth. **3** *(gioco di pazienza)* maze. **4** *(dedalo artificiale) di siepe ornamentale* maze.

laboratorio *sm* **1** *(per ricerche scientifiche)* laboratory; *(abbr. fam.)* lab *(talvolta* labo*): laboratorio linguistico,* language laboratory. **2** *(di negozio, sartoria, officina, ecc.)* workshop; workroom.

laboriosamente *avv* laboriously; industriously; *(con fatica)* wearisomely.

laboriosità *sf* **1** *(difficoltà di svolgimento)* laboriousness; *(fatica)* wearisomeness. **2** *(attività industriosa)* industriousness; industry.

laborioso *agg* **1** *(operoso)* industrious; hard-working. **2** *(difficile, difficoltoso)* laborious; hard; difficult; tough.

laburismo *sm* Labour; *(talvolta)* socialism.

laburista *agg* Labour *(attrib.)*; *(talvolta)* Socialist.
□ *sm e f.* member of the Labour Party; *(talvolta)* Socialist.

laburno *sm* laburnum.

lacca *sf* **1** lacquer: *lacca del Giappone,* Japanese lacquer; japan. **2** *(per le unghie)* nail varnish (*o* polish). **3** *(per capelli)* hair spray; lacquer.

laccare *vt* **1** to lacquer; to japan; *(smaltare)* to enamel: *laccarsi le unghie,* to varnish one's nails. **2** *(i capelli)* to spray; to set*.

laccatore *sm* lacquerer.

laccatura *sf* lacquering; *(smaltatura)* enamelling; *(dei capelli)* spraying; setting.

lacchè *sm* footman *(pl.* -men*)*; lackey *(anche fig.)*; flunkey *(anche fig.)*.

laccio *sm* **1** *(trappola)* snare *(anche fig.)*: *prendere al laccio,* to snare — *cadere nel laccio,* to fall into the trap. **2** *(cappio)* noose; slip-knot; *(lazo)* lasso; *(stringa)* lace; string; *(di pelle, cuoio)* thong: *laccio emostatico,* tourniquet *(fr.)*.

lacerabile *agg* lacerable; able to be torn.

lacerante *agg* lacerating; tearing; rending: *un urlo lacerante,* a rending (shrill, ear-splitting) cry.

lacerare *vt* to lacerate; *(strappare)* to tear*; *(squarciare)* to rend*: *Si lacerò i vestiti,* He tore his clothes. □ **lacerarsi** *v. rifl* to tear*; to rip; to split*.

lacerazione *sf* **1** laceration; rending; tearing. **2** *(ferita)* wound; laceration. **3** *(fig.)* torment; agony.

lacero *agg* **1** torn; rent; *(di ferita)* lacerated. **2** *(cencioso)* ragged.

laconicamente *avv* laconically; concisely; pithily.

laconicità *sf* laconicism; laconism; pithiness; conciseness.

laconico *agg* *(di persona)* laconic; *(di risposta, ecc.)* pithy; concise.

lacrima *sf* **1** tear: *I suoi occhi si bagnarono di lacrime,* Tears came to (*o* welled up in) his eyes — *Aveva il viso bagnato di lacrime,* The tears were streaming down her face — *un bambino col viso rigato di lacrime,* a child with a tear-stained face — *in lacrime,* in tears; with tears in her (*o* his, their *ecc.*) eyes — *il dono delle lacrime,* the gift of tears — *in questa valle di lacrime,* in this vale of tears — *lacrime di coccodrillo,* crocodile tears — *essere in un mare di (struggersi in) lacrime,* to be all tears — *frenare (ingoiare) le lacrime,* to choke back (to keep back, to check, to restrain) one's tears — *piangere a calde lacrime,* to shed scalding tears — *piangere lacrime amare,* to weep bitter tears — *ridere fino alle lacrime,* to laugh till one cries (till the tears run down one's face) — *rompere (scoppiare) in lacrime,* to burst into tears — *versare lacrime di gioia,* to shed tears of joy — *commuoversi sino alle lacrime,* to be moved to tears — *bere le lacrime, (nascondere un dolore)* to hold back one's tears — *avere le lacrime agli occhi,* to have tears in one's eyes — *non aver più lacrime,* to be past crying — *avere le lacrime in tasca,* to be easily moved to tears — *asciugarsi le lacrime,* to wipe away one's tears; to stop crying — *asciugare le lacrime a qcno, (fig.)* to comfort sb. **2** *(stilla, gocciola)* drop; drip: *solo una lacrima d'olio,* just a drop of oil — *lacrime di resina,* drops of resin.

lacrimale *agg* tear *(attrib.)*; *(anat.)* lachrymal; lacrimal: *vaso lacrimale, (stor.)* tear bottle; lachrymal; lachrymatory — *sacco lacrimale,* tear-sac.

lacrimare *vi* *(piangere)* to weep*; to shed* tears; *(stillare)* to drip; to run* with moisture: *Il fumo fa lacrimare,* Smoke makes one's eyes water (*o* run) — *Mi lacrimano gli occhi,* My eyes are watering.

lacrimazione *sf* weeping; crying; shedding tears; lachrymation *(med.)*; *(provocata da irritazione)* watering of the eyes.

lacrimevole *agg* pitiful; pathetic; moving.

lacrimogeno *agg* lachrymatory *(raro)*: *gas lacrimogeno,* tear gas.

lacrimoso *agg* **1** *(pieno di lacrime)* tearful; lachrymose. **2** *(commovente)* pitiful; pathetic: *una storia lacrimosa,* a pathetic story — *un film lacrimoso,* a tear-jerker *(fam.)*.

lacuna *sf* **1** gap; blank; lacuna *(pl.* lacunae*)*: *colmare una lacuna,* to fill a gap — *lacune della memoria,* lapses of memory. **2** *(tipografia)* blank. **3** *(anat., biol.)* lacuna *(pl.* lacunae*)*.

lacunare *sm* lacunar; sunken panel ceiling.

lacunoso *agg* full of gaps (of blanks); lacunose *(raro)*.

lacustre *agg* lake *(attrib.)*; lacustrine *(non comune)*: *abitazioni lacustri,* lake dwellings.

laddove *avv* where.
□ *congiunz* whereas; while; whilst.

Ladino *agg e sm* Ladin; *(geologia)* Ladinian.

ladra *sf* (woman) thief. □ *gazza ladra* ⇨ **ladro,** *agg.*

ladreria *sf* robbery; stealing: *Chiedere quel prezzo è una ladreria!,* To ask a price like that is daylight robbery!

ladresco *agg* thieving; thievish.

ladro *sm* thief; robber; *(scassinatore)* house-breaker; *(di notte)* burglar; *(borsaiolo)* pickpocket: *ladro di galline (di automobili),* chicken (car) thief — *un ladro matricolato,* a professional thief — *ladro di strada, (stor.)* highwayman; brigand — *ladro in guanti gialli,* gentleman thief — *Al ladro!,* Stop thief! — *ladro di cuori,* lady-killer — *dare del ladro a qcno,* to call sb a thief — *essere vestito come un ladro,* to be dressed like a tramp — *L'occasione fa l'uomo ladro,* Opportunity makes the thief — *Chi è bugiardo è ladro,* Lying and thieving go together — *vergognarsi come un ladro,* to be terribly ashamed — *tempo da ladri,* horrible (foul) weather.
□ *in funzione di agg* thieving; dishonest; *(scherz.)* roguish: *gazza ladra,* thieving magpie — *occhi ladri,* roguish eyes.

ladrocinio *sm* theft; *(dir., anche)* larceny.

ladrone *sm* robber; thief; *(di strada)* highwayman *(pl.* -men*)*; brigand: *ladrone di mare,* pirate.

ladroneria *sf* robbery; theft.

ladruncolo *sm* pilferer; petty thief; *(giovane)* young thief.

laggiù *avv* *(in fondo)* down there; *(lontano, di là)* over there; *(posto a sud)* down there; down South: *Guarda laggiù in fondo!,* Look down there, at the bottom! — *Vedi quell'albero laggiù?,* Can you see that tree over there? — *'Mio fratello è in Inghilterra' - 'Come si trova laggiù?',* 'My brother's in England' - 'How does he like it there (over there)?'.

lagna *sf* **1** *(lamento)* moan; whine; *(pena)* sorrow; grief; affliction. **2** *(cosa noiosa)* bore; drag *(fam.)*; trial. **3** *(persona che infastidisce)* pain in the neck *(fam.)*; nuisance.

lagnanza *sf* complaint; grouse *(fam.)*; *(rimostranza)* expostulation.

lagnarsi *v. rifl* *(lamentarsi)* to moan; to whine; *(dolersi)* to grumble; to grouse *(fam.)*; *(reclamare)* to complain (about sth); to lodge a complaint: *Non mi lagno!, (fam.)* (I) can't grumble!

lagnoso *agg* complaining; whining.

lago *sm* lake; *(in Scozia)* loch; *(in Irlanda)* lough: *il lago Ontario,* Lake Ontario — *il lago di Garda,* Lake Garda. □ *un lago di sangue,* a pool of blood — *un lago di parole,* a flood (a torrent) of words.

laguna *sf* lagoon.

lagunare *agg* lagoon *(attrib.)*.

lai *sm pl* *(poet.)* lamentations.

laicato *sm* laity.

laicismo *sm* secularism; laicism.

laicizzare *vt* **1** to secularize. **2** *(ridurre allo stato laicale)* to laicize.

laicizzazione *sf* **1** secularization. **2** laicization.

laico *agg* lay; secular: *stato laico,* secular state.

□ *sm* **1** layman *(pl.* -men; *f.* laywoman, *pl.* -women*)*. **2** *(religioso non ordinato)* lay brother.

laidamente *avv* **1** foully; filthily. **2** *(in modo osceno)* obscenely.

laidezza *sf* **1** foulness; filth. **2** *(oscenità)* obscenity; indecency.

laido *agg* **1** foul; filthy. **2** *(osceno)* obscene; indecent.

[1]**lama** *sf* blade; cutting edge; *(da pialla)* bit: *lama di rasoio,* razor-blade — *prendere il coltello per la lama, (fig.)* to be at a disadvantage — *una lama a doppio taglio, (fig.)* a two-edged sword; a double-edged weapon — *una buona lama, (fig.)* a good swordsman (*o* blade).

[2]**lama** *sm (zool.)* llama.

[3]**lama** *sm (monaco)* Lama.

lambiccare *vt* to distil. □ *lambiccarsi il cervello,* to rack one's brains.

lambiccato *agg* **1** distilled. **2** *(fig.)* affected; artificial.

lambicco *sm* alembic; retort.

lambire *vt* to lap; to lick *(anche di fiamme);* to lap (up): *Le onde lambivano la spiaggia (le mura della città),* The waves were lapping on the beach (against the city walls) — *Le fiamme lambivano già le tende,* The flames were already licking the curtains — *Il gattino lambiva il latte,* The kitten was lapping up the milk.

lamella *sf* **1** lamina; thin plate. **2** *(anat., bot., zool.)* lamella *(pl.* lamellae*)*.

lamellare *agg* **1** lamellar; lamellate. **2** *(mineraria)* foliated; spathic.

lamentare *vt* to lament (sth; for sth; over sth); *(rammaricarsi)* to regret; to mourn; to bemoan. □ *Non si lamentano vittime,* No victims are (*o* have been) reported.

□ **lamentarsi** *v. rifl* **1** *(gemere)* to moan; to bemoan; to wail. **2** *(lagnarsi)* to complain (about sth); to carp (at sth); to grouse *(fam.); (brontolare)* to grumble: *Non mi lamento!,* I can't complain!

lamentazione *sf* lamentation.

lamentela *sf* complaint; moan *(fam.)*.

lamentevole *agg* **1** plaintive; complaining; moaning: *in tono lamentevole,* in a plaintive tone. **2** *(degno di pietà)* pitiful; pitiable; lamentable.

lamento *sm* **1** lament; lamentation; plaint *(poet.)*. **2** *(gemito)* moan; moaning; wail; whimper. **3** *(lagnanza)* complaint.

lamentosamente *avv* plaintively; complainingly.

lamentoso *agg* = **lamentevole.**

lametta *sf* (razor-)blade.

lamiera *sf* sheet metal; plate; sheeting: *lamiera di acciaio,* sheet steel; steel plate (*o* sheeting) — *lamiera ondulata,* corrugated iron — *lamiera zincata,* galvanized iron — *lamiera stagnata,* tin(-)plate.

lamina *sf* foil; thin layer; thin plate; *(anat., bot., geologia)* lamina *(pl.* laminae *o* laminas*): lamina d'oro,* gold leaf.

[1]**laminare** *agg* laminar.

[2]**laminare** *vt* to roll; *(rivestire di lamine)* to laminate: *laminare a caldo,* to hot-roll — *laminare a freddo,* to cold-roll.

laminato *agg* rolled.

□ *sm* **1** rolled section. **2** *(tessuto)* lamé *(fr.)*.

laminatoio *sm* rolling-mill.

laminatura *sf (fis.)* lamination; *(industria tessile)* rolling.

laminazione *sf (fis.)* lamination; *(metallurgia)* rolling; rolling-mill process.

lampada *sf* lamp; light; *(lampadina elettrica)* bulb; lamp: *lampada ad olio,* oil lamp — *lampada da tavolo,* reading lamp (*o* light); table lamp — *lampada ad arco,* arc lamp — *lampada al neon,* neon lamp — *lampada a pila,* flashlight; torch — *lampada a raggi ultravioletti,* sun lamp; sunlamp — *lampada spia,* warning light; telltale (light).

lampadario *sm* chandelier.

lampadina *sf* (electric-light) bulb (lamp, globe): *lampadina smerigliata,* frosted bulb.

lampante *agg* **1** shining; brilliant. **2** *(fig.)* clear; evident; obvious.

lampara *sf* acetylene lamp.

lampeggiamento *sm* flashing; *(nelle segnalazioni)* blinking; winking.

lampeggiare *vi* **1** to flash; to blink; *(scintillare)* to sparkle. **2** *(impers.)* to lighten. **3** *(con i fari)* to flash one's headlights (at sb).

□ *vt* to flash: *lampeggiare un segnale,* to flash a signal.

lampeggiatore *sm* **1** winking (*o* flashing) light; *(di automobile)* trafficator; flasher. **2** *(fotografia)* flash-lamp.

lampeggio *sm* flashing; winking; blinking.

lampione *sm* street-lamp; *(il palo)* lamp-post; *(di carrozza)* lamp.

lampo *sm* **1** flash of lightning; lightning flash; *(al pl.)* lightning *(sing.): lampi a zig zag (diffusi),* forked (sheet) lightning — *lampi e tuoni,* thunder and lightning — *veloce come il lampo,* as quick as lightning — *correre come un lampo,* to run at lightning speed (*fam.* like greased lightning). **2** *(guizzo di luce e fig.)* flash *(spesso al pl.* flashes*): lampi di luce per segnalazione, (automobilismo)* winking light; flashing light *(USA)* — *un lampo al magnesio,* a magnesium flash (*o* flashlight) — *un lampo di genio,* a flash (a stroke) of genius — *mandare lampi di...,* to flash with...

□ *in un lampo,* in a flash — *passare via come un lampo,* to flash by — *Dopo il lampo il tuono, (prov.)* After a warning the thunderbolt strikes — *La giovinezza è un lampo,* Youth passes in a flash — *chiusura (cerniera) lampo,* zip; zip-fastener; zipper — *guerra lampo,* blitzkrieg *(vocabolo tedesco)* — *una cerimonia lampo,* a lightning ceremony — *uno sciopero lampo,* a lightning strike.

lampone *sm* raspberry: *marmellata di lamponi,* raspberry jam.

lampreda *sf* lamprey.

lana *sf* wool: *l'industria della lana,* the wool industry — *lana naturale (artificiale, di vetro, di acciaio),* natural (artificial, glass, steel) wool — *lana vergine,* new wool — *una matassa di lana,* a skein of wool — *di lana,* woollen; wool *(attrib.)* — *una calza di lana,* a woollen stocking — *articoli di lana,* woollen goods — *tessuto di lana pettinata,* worsted fabric — *pura lana garantita,* guaranteed pure wool.

□ *una bella lana!,* a fine (an old) rascal! — *una testa di lana,* thick curly hair — *andare per lana e tornarsene tosi,* to go for wool and come home shorn — *Meglio dare la lana che la pecora, (prov.)* It's better to give the wool than the sheep — *Il diavolo non ha pecore e va vendendo lana, (prov.)* The devil has no sheep and yet he sells wool.

lanceolato *agg* lanceolate; lance-shaped.

lancetta *sf* **1** *(di orologio)* hand; *(di altro strumento)* pointer: *lancetta dei minuti (delle ore),* minute (hour)-hand. **2** *(med.)* lancet.

[1]**lancia** *sf* **1** *(arma)* lance; spear: *spezzare una lancia in favore di qcno,* to come to sb's defence; to champion sb — *mettere la lancia in resta,* to prepare to meet an

attack. **2** *(guerriero)* lancer. **3** *(becco di estintore, ecc.)* nozzle. **4** *(fiocina)* lance.

[2]**lancia** *sf (naut.)* launch; ship's boat; tender; *(a remi)* dinghy: *lancia di salvataggio,* lifeboat — *lancia a vapore,* steam launch — *lancia a motore,* motor launch — *lancia di parata,* barge.

lanciabombe *sm* bomb-thrower; *(sganciabombe)* bomb-release gear.

lanciafiamme *sm* flame-thrower.

lanciarazzi *sm* rocket launcher.

lanciare *vt* **1** to throw*; to cast*; *(scagliare)* to fling*; to hurl; to toss: *Non lanciare pietre a nessuno,* Don't throw stones at anybody (at people) — *lanciare delle bombe,* to throw bombs — *lanciare una rete in mare,* to cast a net into the sea — *lanciare i dadi,* to throw dice — *lanciare il disco (il giavellotto),* to throw the discus (the javelin) — *lanciare un grido,* to give (to utter) a cry — *lanciare un urlo,* to let out a yell — *lanciare un'occhiata verso qcno,* to dart (to cast) a glance at sb — *lanciare un'idea (una proposta),* to throw out an idea (a suggestion) — *lanciare un cavallo,* to drive a horse at full gallop — *lanciare il motore,* to speed up the engine. **2** *(da un aeroplano)* to drop: *lanciare dei paracadutisti,* to drop parachutists. **3** *(siluri, missili, ecc.; anche fig.)* to launch: *lanciare un siluro,* to fire a torpedo — *lanciare un missile,* to launch a missile — *lanciare un'impresa,* to launch (to float) a business — *lanciare un nuovo libro (un giornale),* to launch (to bring out) a new book (a newspaper) — *lanciare un'attrice,* to launch an actress — *lanciare una campagna pubblicitaria,* to launch (to start) an advertising campaign — *lanciare una nuova moda,* to launch (to start) a new fashion — *lanciare qcno in una carriera,* to launch sb into (to start sb in, to give sb a start in) a profession.

□ **lanciarsi** *v. rifl* **1** to fling* oneself; to throw* oneself; to hurl oneself; to dash (oneself): *lanciarsi in avanti (dentro, fuori, attraverso),* to dash forward (in, out of, through) — *lanciarsi oltre (saltare) qcsa,* to leap over (sth) — *lanciarsi contro qcno,* to dash at sb — *lanciarsi all'inseguimento,* to dash off in pursuit — *lanciarsi nella mischia,* to hurl oneself into the fray. **2** *(con il paracadute)* to drop; to jump; to bale out *(solo in caso di emergenza).* **3** *(fig.: intraprendere, incominciare, ecc.)* to launch out (into, on sth): *lanciarsi in una disputa (in politica),* to launch into a discussion; to launch out into politics.

lanciasagola *sm* line-throwing gun.

lanciasiluri *sm* torpedo tube.

lanciato *agg (di prova di velocità)* flying.

lanciatore *sm (atletica)* thrower; *(baseball)* pitcher; *(cricket)* bowler.

lanciere *sm* **1** *(mil.)* lancer. **2** *(al pl.: il ballo)* (the) lancers *(col v. al sing.).*

lancinante *agg* stabbing; piercing; shooting; *(med.)* lancinating.

lancio *sm* **1** *(l'atto: il lanciare)* throwing; hurling; flinging; *(l'effetto: un singolo lancio)* throw; hurl; fling: *ad un lancio di pietra,* a stone's throw away — *lancio dei dadi,* throw of the dice — *Fu accolto con un lancio di pietre,* He was welcomed with a hail of stones. **2** *(mil.: di ordigni)* charge; firing; discharge: *carica di lancio,* propelling charge — *cabina di lancio,* torpedo compartment (*o* room) — *addetto al lancio, (di un siluro)* valve man. **3** *(da un aeroplano)* drop; *(di bombe, anche)* release: *lancio con apertura ritardata, (di paracadute)* delayed drop — *un lancio notturno,* a night-drop — *direttore di lancio,* dispatcher. **4** *(di aliante)* launch; *(col traino)* tow off. **5** *(missilistica)* launching; blast-off; lift-off: *rampa di lancio,* launching pad (*o* platform, site, stand) — *apparecchiature di lancio,* launching equipment. **6** *(sport)* throw; pitch *(spec. al baseball); (al calcio)* long pass: *il lancio del disco,* the throwing of the discus; the discus *(fam.).* **7** *(pubblicitario)* launching: *il lancio di un prodotto (di un'attrice),* the launching of a product (of an actress) — *offerta di lancio,* introductory offer.

□ **di lancio,** *(subito)* at once; immediately; straight away: *Accettò di lancio la mia proposta di matrimonio,* She accepted my proposal at once.

landa *sf* **1** *(pianura incolta)* heath; moor; moorland. **2** *(pianura sterile)* waste; barren.

landò *sm* landau *(fr.).*

lanetta *sf (lana leggera)* light wool; *(lana mista)* mixed wool.

languente *agg* languishing.

languidamente *avv* languidly; faintly; *(con affettazione)* languidly; languishingly.

languidezza *sf* languor; weakness.

languido *agg* languid; weak; *(sentimentale)* languishing; simpering *(spreg.): con voce languida,* in a languid voice — *guardare qcno con occhi languidi,* to look at sb with languishing eyes.

languire *vi* to languish; to wane; *(del commercio, ecc.)* to be* slack; *(consumarsi)* to pine; to yearn; *(diminuire)* to weaken; *(rallentare)* to slacken; *(appassire)* to droop.

languore *sm* **1** languor; weakness; faintness. **2** *(al pl.: smancerie)* simpering looks. □ *languore di stomaco,* pangs *(pl.)* of hunger.

laniero *agg* wool *(attrib.): l'industria laniera,* the wool industry.

□ *sm* woollen manufacturer.

lanificio *sm* woollen mill.

lanolina *sf* lanolin; wool fat.

lanoso *agg* **1** woolly; woollen. **2** *(simile alla lana)* woolly; wool-like.

lanterna *sf* **1** lantern; *(di macchina da proiezione)* lamp: *lanterna cieca,* dark lantern — *lanterna magica,* magic lantern. **2** *(faro)* lighthouse; *(fanale)* light; beacon. **3** *(archit.)* lantern. **4** *(lucernario)* skylight. **5** *(mecc.)* sleeve; spider. **6** *(scherz., al pl.: occhi)* eyes. **7** *(scherz., al pl.: occhiali)* specs; gig-lamps.

lanternino *sm (nelle espressioni) cercare qcsa col lanternino,* to look high and low for sth — *cercarsele col lanternino,* to be asking for trouble.

lanugine *sf* down.

lanuginoso *agg* downy.

lanuto *agg* woolly.

laonde *avv (lett. o scherz.)* wherefore.

laotiano *agg e sm* Laotian.

lapalissiano *agg* self-evident; obvious.

laparatomia *sf* laparatomy.

lapidare *vt* **1** to stone; to death. **2** *(fig.)* to hurl abuse (at sb); to pull (sb) to pieces. **3** *(molare, pulire, ecc.)* to polish; *(lappare)* to lap.

lapidario *agg* lapidary *(anche fig.): arte lapidaria,* epigraphy.

□ *sm* **1** *(incisore di lapidi)* stone-carver. **2** *(chi faccetta le gemme)* lapidary; gem-cutter. **3** *(museo)* epigraphic museum. **4** *(libro)* lapidary.

lapidazione *sf* stoning.

lapide *sf* **1** *(tombale)* tombstone; headstone. **2** *(commemorativa)* memorial tablet.

lapideo *agg* stone *(attrib.); (fig.)* stone-like.

lapillo *sm* lapillus *(pl.* lapilli*).*

lapis *sm* pencil.

lapislazzuli *sm* lapis-lazuli.

[1]**lappare** *vt (bere)* to lap (up).

[2]**lappare** *vt (mecc.)* to lap.

lappone *agg* Lapp; Lappish.
□ *sm* **1** *(abitante della Lapponia)* Lapp; Laplander. **2** *(la lingua)* Lapp; Lappish.

lapsus *sm (lat.)* lapse; slip: *lapsus linguae,* slip of the tongue.

lardellare *vt (cucina e fig.)* to lard (sth with sth).

lardo *sm* bacon fat; lard: *una palla di lardo, (anche fig.)* a barrel of lard. □ *nuotare nel lardo,* to be rolling in money.

lare *sm (generalm. al pl.)* Lares; *(scherz.)* hearth and home.

larga *(nella locuzione avverbiale) alla larga,* away; at a distance: *stare alla larga da qcno,* to keep away from sb; to give sb a wide berth — *Alla larga!,* Buzz off!; Clear off!

largamente *avv* **1** widely; abundantly; generously. **2** *(diffusamente)* at length; in detail; fully. **3** *(di gran lunga)* by far: *È largamente il migliore,* He's by far the best.

largheggiare *vi* to be* profuse (with, in sth); to lavish; to be* free (with sth): *largheggiare nelle mance,* to tip lavishly; to give lavish tips.

larghezza *sf* **1** width; breadth; broadness: *la larghezza della stanza (della strada),* the width (*o* breadth) of the room (of the road) — *venti metri di (in) larghezza,* twenty metres in width (*o* breadth); twenty metres wide (broad) — *larghezza massima, (di una nave)* beam. **2** *(fig.: liberalità)* liberality; generosity; largeness; *(indulgenza)* indulgence: *larghezza di idee,* largeness (*o* breadth) of mind — *larghezza di vedute,* broad-mindedness — *interpretare qcsa con larghezza,* to put a broad interpretation on sth — *Dona sempre con larghezza,* He always gives generously — *trattare qcno con larghezza,* to treat sb with indulgence (indulgently, not too strictly). **3** *(abbondanza)* abundance; largeness; great number; many; a lot of: *con larghezza di mezzi,* lavishly — *con larghezza di particolari,* with a lot of details; with a wealth of detail.

largire *vt* to bestow; to grant; to lavish.

largitore *sm* bestower; donor.

largizione *sf* donation.

[1]**largo** *agg* **1** wide; broad: *un fiume largo cento metri,* a river a hundred metres wide — *una fronte larga,* a broad brow — *un capello a tesa larga,* a wide-brimmed (a broad-brimmed) hat — *avere le spalle larghe, (anche fig.)* to be broad-shouldered — *a larghi intervalli,* at widely spaced intervals — *vestiti larghi,* loose-fitting clothes — *Questa giacca è larga alla vita,* This coat is loose at the waist.
2 *(fig.: ampio)* broad; wide; large; great; big: *un largo margine di sicurezza,* a wide margin of safety (safety margin) — *in senso largo,* in a broad sense — *nel più largo significato,* in the widest sense — *in larga misura,* to a great extent — *su larga scala,* on a big (on a large) scale — *una pronuncia larga,* a broad accent — *un uomo di manica larga,* an easy-going man — *un individuo dalla coscienza larga,* an unscrupulous person — *larghi poteri,* wide powers — *una larga ricompensa,* a large (a big) reward.
3 *(liberale)* liberal; generous; broad; *(di insegnante)* indulgent: *Mi fu largo di aiuti e di buoni consigli,* He gave me plenty of help and good advice — *un insegnante dalle idee larghe (largo di vedute),* a broad-minded teacher.
4 *(riferito alla pittura, ecc.)* broad; bold: *a tratti larghi,* with broad strokes — *pennellata larga,* bold brush-work.
□ *guardia larga, (scherma)* open guard — *star larghi,* to have plenty of room — *Il mondo è largo, (prov.)* The world is wide; It's a big, wide world — *Largo di bocca, stretto di mano, (prov.)* Big-mouthed, but tight-fisted.

[2]**largo** *sm* **1** width; breadth: *cercare qcno in lungo e in largo,* to look for (sb) everywhere (high and low) — *girare in lungo e in largo,* to tour (to wander) far and wide — *fare largo,* to make room; to make way — *farsi largo, (anche fig.)* to make one's way — *farsi largo tra la folla,* to elbow one's way through the crowd — *Largo ai pompieri!,* Make way for the firemen! — *Largo ai giovani!, (fig.)* Let the young have a go!
2 *(naut.)* open sea; open shore; offing: *una nave al largo,* a ship out at sea (in the offing) — *La nave era dieci miglia al largo,* The ship was ten miles out (at sea) — *andare al largo,* to take to the open sea; to put out (to sea) — *prendere il largo,* to put out to sea; *(fig.: svignarsela)* to run away — *tenersi al largo di qcsa, (anche fig.)* to steer (to keep) clear of sth.
3 *(mus.)* 'largo'.
4 *(piazzetta all'incrocio di due o più strade)* 'largo' *(in Italia);* square: *non lontano da Largo Bernini,* not far from Largo Bernini.
□ ⇨ *anche* **larga,** *sf.*

larice *sm* larch.

laringe *sf* larynx *(pl.* larynges *o* larynxes*).*

laringeo *agg* laryngeal.

laringite *sf* laryngitis.

laringoiatra *sm* throat specialist; laryngologist.

larva *sf* **1** *(entomologia)* larva *(pl.* larvae*).* **2** *(spettro)* ghost; *(persona emaciata)* shadow: *Si è ridotto ad una larva,* He is a shadow of his former self; He's nothing but skin and bones.

larvare *vt* to mask; to disguise.

larvato *agg* masked; disguised.

lasciapassare *sm* pass; permit.

lasciare *vt* **1** to leave*; *(abbandonare)* to leave*; to desert; to abandon; *(rinunciare, anche nei giochi, gare, ecc.)* to give* up; to abandon; *(dimenticare)* to leave* (behind); to forget*: *lasciare un messaggio,* to leave a message — *lasciare detto qcsa a qcno,* to leave word with sb — *Lascia molto a desiderare,* It leaves much to be desired — *Lascia tutto com'è,* Leave everything as it is — *Lasciò la scuola a quattordici anni,* He left school at fourteen — *Lascio questo per domani,* I'm leaving this till tomorrow — *Ha lasciato moglie e cinque figli,* He left a wife and five children — *Fu l'ultimo a lasciare la nave,* He was the last to leave the ship (to abandon ship) — *La moglie l'ha lasciato dopo appena tre giorni,* His wife deserted him after only three days — *Ha dovuto lasciare molti impegni perché malato,* He had to give up a number of engagements owing to illness — *lasciare le speranze,* to give up hope — *Devo tornare a casa: ho lasciato il gas aperto,* I must go back home: I've left the gas on (I've forgotten to turn off the gas) — *Prendere o lasciare,* Take it or leave it — *lasciare qcno a bocca chiusa,* to let sb down; to disappoint sb.
2 *(perdere, rimetterci)* to lose*: *Di questo passo lascerà tutta la sua fortuna al tavolo da gioco,* At this rate, he'll lose his entire fortune gambling — *lasciarci la pelle,* to lose one's life — *lasciare il colore, (di tessuti, ecc.)* to fade.
3 *(riferito ad eredità)* to leave*; to will; *(dir.: riferito a beni mobili)* to bequeath; *(beni immobili)* to devise:

Sua zia gli lasciò molte azioni, His aunt left him a lot of shares — *Morendo lasciò un grande patrimonio,* He left a huge estate when he died — *Mia madre mi ha lasciato una splendida collana,* I've been left a beautiful necklace by my mother — *Questi quadri furono lasciati al museo nel 1962,* These pictures were bequeathed to the museum in 1962.
4 *(conservare, tenere o mettere da parte)* to leave*; to keep*; to save: *Lascia un pezzo di torta a papà!,* Leave a slice of cake for father! — *Puoi lasciare da parte questi dollari per il nostro prossimo viaggio?,* Can you keep (*o* save) these dollars for our next trip?
5 *(dare, affidare)* to leave*; *(cedere, vendere)* to let* (sth) go; to let* (sb) have (sth): *Mi ha lasciato la casa da guardare in sua assenza,* She's left me the house to look after while she's away — *Vi lasciamo la facoltà di decidere come volete,* We're leaving you to decide as you think fit — *Lasciò il ristorante per una sciocchezza,* He let the restaurant go for a song (for nothing).
6 *(mollare, liberare)* to let* (sth) go; to let* go (of sth); to release; to free: *Lascia l'ancora!,* Let go the anchor! — *Lasciarono i cani in libertà,* They let the dogs go — *lasciare libero qcno,* to set (to let) sb free — *lasciar cadere qcsa,* to drop sth; to let sth drop — *lasciare una maglia,* to drop a stitch.
7 *(lasciar fare qcsa a qcno; lasciare che qcno faccia qcsa)* to let* (to allow) sb to do sth: *Per favore, lasciami venire con te,* Please let me come with you — *lasciar entrare (uscire) qcno,* to let sb in (out) — *Lascia che vengano tutti!,* Let them all come! — *Lasciate che facciano da soli,* Let them do it on their own — *Lascialo vivere (in pace, stare)!,* Leave him alone! — *lasciare bollire qcno nel suo brodo,* to let sb stew in his own juice — *lasciar andare (qcno),* to let sb go; to allow sb to go; *(qcsa: dimenticare)* to forget; *(non intervenire)* to let things go their own way; to let things slide — *Lascia andare!,* Forget it! — *lasciar fare, (non preoccuparsi)* not to worry; *(qcno)* to let sb go his own way — *Lascia fare a me,* Leave it to me — *lasciar partire un colpo (d'arma da fuoco),* to fire a shot; to let fire (at) — *Lasciamo stare!,* Let's drop it! — *Lascia perdere!,* Forget it!
8 lasciare di, *(smettere)* to stop; to leave* off: *Non lascia mai di brontolare,* He never stops grumbling.
☐ **lasciarsi** *v. rifl* **1** to let* oneself; to be* *(seguito dal part. pass.): Si lasciò cadere a terra,* He let himself fall to the ground — *lasciarsi ingannare,* to let oneself be taken in; to be taken in — *lasciarsi andare, (anche fig.)* to let oneself go.
2 *(reciproco)* to leave* each other (one another); to part; to separate; *(fam.: riferito a fidanzati, ecc.)* to split* up: *Si lasciarono in tutta fretta,* They left each other (one another) in a great hurry.
lascito *sm* legacy; bequest.
lascivamente *avv* lasciviously; lustfully; lewdly; lecherously.
lascivia *sf* lasciviousness; lewdness; lechery.
lascivo *agg* lascivious; lustful; lewd; lecherous.
lasco *agg* slack; loose; *(naut.)* slack: *terreno lasco,* light (*o* loose) soil.
☐ *sm* **1** *(mecc.: gioco)* slack; play; backlash; *(movimento perduto)* lost motion. **2** *(naut.)* sailing with the wind on the quarter.
lassativo *sm e agg* laxative.
lasso *sm (periodo)* period; lapse; interval.
lassù *avv* **1** up there. **2** *(fig.: in cielo)* up in heaven; above; on high. **3** *(al nord)* up north.
lastra *sf* **1** slab; *(di selciato)* flagstone; paving-stone; *(di ardesia)* slate; *(di ghiaccio)* sheet. **2** *(lamina)* plate; *(di vetro)* sheet; *(fotografica)* plate. ☐ *fare una lastra,* to take an x-ray — *farsi le lastre,* to have some x-rays taken; to get oneself x-rayed.
lastricare *vt* to pave; to flag.
lastricato *sm* (stone) pavement; paving.
lastricatore *sm* paver.
lastricatura *sf* paving; flagging.
lastrico *sm* pavement; paving; *(per estensione: strada)* street. ☐ *essere sul lastrico,* to be on one's beam-ends; to be down-and-out — *gettare qcno sul lastrico,* to turn sb out of house and home; to turn sb out into the street.
lastrone *sm (alpinismo)* sheer (rock) face (*o* wall).
latente *agg* latent.
laterale *agg* side *(attrib.)*; lateral: *via laterale,* side street. ☐ *linea laterale, (calcio, ecc.)* touch-line; *(hockey, tennis)* side-line — *fallo laterale,* (ball in) touch — *rimessa laterale,* throw-in; *(rugby)* line-out.
☐ *sm (calcio)* half.
lateralmente *avv* laterally; sideways: *posare qcsa lateralmente,* to lay sth sideways-on.
laterizi *sm pl* bricks.
latifondista *sm* large landowner; *(talvolta, spreg.)* absentee landlord.
latifondo *sm (stor.)* latifundium *(pl.* latifundia*); (moderno)* vast estate.
latinismo *sm* Latinism.
latinista *sm e f.* Latinist; Latin scholar.
latinità *sf* Latinity.
latinizzare *vt* to latinize.
latino *agg* Latin. ☐ *vela latina,* lateen sail.
☐ *sm* Latin; the Latin language: *latino maccheronico,* dog Latin; mac(c)aronic Latin.
latitante *agg (dir.)* absconding; in hiding *(predicativo): essere latitante,* to be hiding from justice; to be a fugitive from justice; to be at large — *rendersi latitante,* to go into hiding.
☐ *sm* fugitive from justice.
latitanza *sf (nell'espressione) darsi alla latitanza,* to lie low; to go into hiding; to go underground.
latitudine *sf* latitude: *venti gradi di latitudine a sud dell'equatore,* twenty degrees South of the equator.
[1]**lato** *sm* **1** *(geometria)* side; *(parte, fianco)* side; part; flank: *da ogni lato,* from all sides *(pl.)*; from every side — *dai due lati,* on both sides — *a lato di..., (prep.)* beside... **2** *(aspetto)* aspect; side: *considerare ogni lato di una questione,* to study every aspect of a subject — *il lato brutto della vita,* the seamy side of life. **3** *(punto di vista)* part; point of view: *dal lato mio,* for my part.
[2]**lato** *agg (ampio)* broad; wide; comprehensive: *in senso lato,* broadly speaking.
latore *sm* bearer.
latrare *vi* to bark *(anche fig.)*.
latrato *sm* barking.
latrina *sf* (public) lavatory; public convenience *(GB); (mil., da campo)* latrine.
latrocinio *sm* = **ladrocinio.**
latta *sf* **1** tin; tin plate. **2** *(recipiente)* tin; can *(USA): una latta di benzina,* a can of petrol.
lattaia *sf* milkwoman *(pl.* -women*)*.
lattaio *sm* milkman *(pl.* -men*)*.
lattante *agg* breast-fed.
☐ *sm* suckling, *(med.)* nurseling.
latte *sm* milk: *una tazza di latte caldo,* a cup of hot milk — *Vorrei una tazza di caffè e latte,* I should like a white coffee, please — *latte di mucca (di capra, di pecora, di asina),* cow's (goat's, sheep's, ass's) milk —

latte fresco (intero, scremato, pastorizzato), fresh (whole, skim *o* skimmed, pasteurized) milk — *latte acido,* sour milk — *latte in polvere,* dried (*o* powdered) milk — *bidone del latte,* milk-can; churn — *latte di calce,* limewash; milk of lime — *latte di cocco (di mandorle),* coco-nut milk (milk of almonds) — *latte di colla, (legatoria)* size milk — *latte di pesce,* soft roe; milt — *mucca da latte,* milk-cow — *vitello da latte,* sucking calf.
□ *balia da latte,* wet-nurse — *centrale del latte,* central dairy; milk distribution centre — *dente di latte,* milk-tooth — *febbre del latte,* milk fever — *figliuolo (fratello) di latte,* foster son (brother) — *dare il latte, (allattare)* to suckle; to nurse; to breast-feed — *togliere il latte, (svezzare)* to wean — *un (bel) colorito latte e sangue,* a rosy complexion — *il latte dei vecchi,* wine — *latte brulé,* crème caramel — *latte alla crema,* pudding — *avere ancora il latte in bocca,* to be still wet behind the ears — *essere tutto latte e miele,* to be all smiles — *nuotare in un mare di latte,* to be happy; to be as happy as a sand-boy *(fam.)* — *succhiare qcsa col latte,* to be brought up in sth; to take in sth with one's mother's milk — *latte di gallina* ⇨ **gallina.**

latteo *agg* milk *(attrib.); (simile al latte)* milky: *la Via Lattea,* the Milky Way — *crosta lattea,* milk-crust; cradle cap — *dieta lattea,* milk diet.

latteria *sf* dairy.

lattescente *agg* lactescent; milky.

lattescenza *sf* lactescence; milkiness.

lattice *sm* latex.

latticini *sm pl* dairy products.

lattico *agg* lactic.

lattiera *sf* milk-jug.

lattiginoso *agg* **1** milky. **2** *(bot.)* lactiferous.

lattina *sf* tin *(GB);* can *(USA).*

lattoniere *sm* tinsmith; tinker.

lattonzolo *sm* suckling; *(maialino)* sucking-pig.

lattosio *sm* milk sugar; lactose.

lattuga *sf* **1** lettuce. **2** *(della camicia)* jabot; ruffle.

laudabile *agg* praiseworthy.

laudano *sm* laudanum.

laurea *sf* degree; university degree: *ottenere una laurea,* to take a degree (one's degree); to graduate — *laurea ad honorem,* honorary degree; degree 'honoris causa' — *diploma di laurea,* degree certificate — *esame di laurea, (discussione di una tesi, p.es. in Italia)* disputation (of a thesis); *(altrove: esame scritto)* degree examination; finals *(pl.: GB).*

laureando *sm* final-year student; senior *(USA).*

laureare *vt* **1** to confer a degree (upon sb). **2** *(il vincitore di una gara)* to crown.
□ **laurearsi** *v. rifl* **1** to take* a degree; to graduate: *laurearsi in medicina,* to take a degree in medicine — *laurearsi a pieni voti,* to take a first; to graduate with first class honours. **2** *(come campione)* to become* (champion).

laureato *agg e sm* graduate: *essere laureato in medicina,* to have a degree in medicine. □ *poeta laureato,* poet laureate.

lauro *sm (lett.)* laurel; bay: *lauro ceraso,* cherry laurel — *una corona di lauro,* a laurel crown.

lautamente *avv* lavishly; magnificently; abundantly; handsomely.

lautezza *sf* lavishness; abundance; magnificence.

lauto *agg* lavish; magnificent; abundant; large; handsome: *un lauto pranzo,* a lavish meal — *un guadagno lauto,* a handsome profit — *dare laute mance,* to give large tips; to tip lavishly.

lava *sf* lava.

lavabiancheria *sf* washing-machine.

lavabile *agg* washable.

lavabo *sm* **1** *(lavandino)* wash-basin; wash-bowl *(USA); (stanza)* lavatory; wash-room *(USA).* **2** *(in chiesa)* lavabo.

lavacro *sm (lett.)* bath.

lavaggio *sm* **1** washing; wash; *(della tolda)* wash-down; *(della lana)* scouring; *(dei gas)* scrubbing: *lavaggio a secco,* dry cleaning — *lavaggio del cervello,* brain-washing. **2** *(med.)* lavage *(fr.).* **3** *(fase di scarico del motore a due tempi)* scavenge.

lavagna *sf* **1** *(minerale)* slate. **2** *(per aula, ecc.)* blackboard: *scrivere qcsa alla lavagna,* to write sth on the blackboard.

lavamano *sm* wash-basin; *(su trespolo)* wash-stand.

[1]**lavanda** *sf (bot.)* lavender.

[2]**lavanda** *sf* **1** washing; wash. **2** *(med.)* lavage: *fare una lavanda gastrica a qcno,* to use the stomach pump on sb. **3** *(rito della settimana santa)* Maundy.

lavandaia *sf* washerwoman *(pl.* -women*);* laundress.

lavandaio *sm* laundry-man *(pl.* -men*).*

lavanderia *sf* laundry: *lavanderia automatica,* launderette — *lavanderia a secco,* dry cleaner's.

lavandino *sm (da cucina)* sink; *(da bagno)* wash-basin.

lavapiatti *sm e f.* dish-washer; *(sf, macchina)* dishwashing machine.

lavare *vt* **1** to wash; *(l'interno di qcsa)* to wash (sth) out; *(con un getto d'acqua)* to flush (out); *(con il bruschetto)* to scrub; to scour; *(a secco)* to dry-clean; *(con acqua di calce)* to limewash: *lavare i piatti, (fam.)* to wash up *(GB);* to do the washing up *(GB);* to wash (to do) the dishes — *far lavare la camicia,* to have one's shirt washed — *lavare i panni sporchi in pubblico, (fig.)* to wash one's dirty linen in public — *lavarsi le mani (la faccia),* to wash one's hands (one's face) — *lavarsene le mani, (fig.)* to wash one's hands of it (of the matter). **2** *(mondare, purificare)* to purify; to cleanse; to wash away; to wash: *Non c'è colpa che non si possa lavare,* There is no sin that may not be washed away. □ *lavare il capo a qcno, (fam.)* to give sb a good dressing down — *lavare la testa all'asino, (fig.)* to do a useless job — *A lavar la testa all'asino si perde il ranno e il sapone, (prov.)* There's no washing a blackmoor white.
□ **lavarsi** *v. rifl* to wash; to wash oneself *(enfatico);* to wash up *(USA): Desidera lavarsi?,* Would you like to have a wash? — *Questo tessuto si lava bene,* This cloth washes easily (very well) — *Pensa! Riesce già a lavarsi!,* Just think! He can wash himself already!

lavasecco *sm e f.* **1** *(lavanderia)* dry cleaner's. **2** *(macchina)* dry cleaning machine.

lavastoviglie *sf* (automatic) dish-washer; dishwashing machine.

lavata *sf* wash; washing. □ *una lavata di capo, (fig.)* a scolding; a telling-off — *dare a qcno una buona lavata di capo,* to give sb a good scolding.

lavativo *sm* **1** *(med.)* enema; clyster. **2** *(fig.)* good-for-nothing; shirker.

lavatoio *sm* **1** *(locale)* wash-house. **2** *(tavola)* wash-board. **3** *(recipiente)* wash-trough.

lavatore *sm* washer.

lavatrice *sf* washing-machine.

lavatura *sf* **1** washing. **2** *(liquido)* washing-water; *(di piatti)* dish-water.

lavello *sm* wash-basin.

lavico *agg* lava *(attrib.)*; lavic.
lavorabile *agg* workable; *(di metalli, fig.)* malleable.
lavoracchiare *vi* to work on and off.
lavorante *sm* worker; workman *(pl.* -men*)*.
□ *sf* worker.
lavorare *vi* **1** to work; *(con una certa fatica)* to labour; to toil; *(sgobbare, in casa)* to drudge; *(agire, operare)* to work; to be* at work: *Mi piace lavorare con te,* I like working with you — *lavorare sodo,* to work hard; to slog *(sl., spec. studentesco)* — *Il lievito (Il veleno) intanto lavorava,* Meanwhile the yeast (the poison) was at work — *La tua fantasia lavora troppo,* Your imagination works overtime; Your imagination is too lively; You have an excessively lively imagination — *far lavorare qcno,* to make sb work; *(dar lavoro a qcno)* to employ sb; to give work to sb — *far lavorare moltissimo qcno, (fino all'esaurimento)* to keep sb very busy; to work sb to death — *lavorare come un negro (come un cane),* to work like a black (like a dog) — *lavorare troppo,* to overwork (oneself); to overdo it; *(fino a essere stanchissimo)* to work oneself to a standstill (to death) — *lavorare in proprio,* to work for oneself; *(linguaggio burocratico)* to be self-employed — *lavorare in società con qcno,* to work in partnership with sb — *lavorare sotto qcno,* to work under sb — *lavorare a commessa, per conto terzi,* to job — *lavorare a contratto,* to work on contract — *lavorare a cottimo,* to do piecework — *lavorare a giornata,* to work by the day — *lavorare a tempo libero (a tempo perso),* to work in one's spare time — *lavorare otto ore al giorno (sei giorni la settimana),* to work an eight-hour day (a six-day week) — *lavorare di straforo (di soppiatto, di nascosto),* to work secretly — *continuare a lavorare,* to keep on working; to work away — *lavorare d'ago,* to do needle-work — *lavorare a maglia,* to knit — *lavorare di concetto,* to do brain-work — *lavorare da macellaio (da sarto),* to work as a butcher (as a tailor) — *lavorare di schiena,* to work hard — *lavorare sott'acqua, (intrigare)* to intrigue — *lavorare in profondità, (in miniera)* to work underground; to work in depth *(anche fig.)* — *lavorare per la gloria, (fig.)* to work for love (for nothing).
2 *(funzionare: di macchine, ecc.)* to work; to operate; to run*.
3 *(fare affari)* to do* business: *Il nostro albergo lavora molto d'estate,* Our hotel does very good business in the summer.
□ *lavorare di cervello,* to use one's head — *lavorare di fantasia,* to exaggerate; to lay it on thick *(fam.)* — *lavorare di fino,* to be very prudent; to proceed with much cunning — *lavorare di ganasce,* to eat voraciously; to gobble (sth) up; to eat like a horse — *lavorare di gomiti,* to elbow one's way — *lavorare a mano,* to do handwork — *lavorare di mano (rubare),* to steal; *(rubacchiare)* to pilfer; to pinch — *lavorare di mani e di piedi, (non stare fermo)* not to keep still — *Chi non lavora non mangia, (prov.)* No mill, no meal.
□ *vt* **1** to work; *(trattare)* to process; *(pasta, ecc.)* to knead; *(ingredienti)* to mix; to amalgamate; *(materiali)* to work; to process: *lavorare qcsa a macchina,* to machine sth — *lavorare il ferro (il cuoio),* to do iron-work (leather-work); to work iron (leather) — *lavorare d'intarsio,* to inlay — *lavorare l'avorio,* to carve ivory — *lavorare a caldo (a freddo),* to hot-work (to cold-work) — *pezzi lavorati,* machined (*o* processed) pieces — *lavorare un metallo a freddo (a caldo),* to cold-work (to hot-work) a metal — *lavorare la terra,* to till (to cultivate, to plough) the land (the soil).
2 *(pugilato)* to go* on hitting: *lavorare l'avversario ai fianchi,* to work away at one's opponent's ribs.
□ *lavorarsi qcno,* to talk sb round — *lavorarsi la piazza, (p.es. prima di uno spettacolo di circo)* to advertize everywhere; to work up custom; to convince the public; *(p.es. in politica)* to work up support; to propagandize; to canvass.
lavorativo *agg* **1** working: *giornate lavorative,* working days. **2** *(di terreno)* cultivable.
lavorato *agg* (*p. pass. di* **lavorare**) worked; *(trattato, sottoposto a lavorazione)* processed; machined; manufactured; *(di ferro)* wrought; *(non greggio)* finished; *(di terreno)* cultivated; tilled: *prodotto lavorato,* machined product — *lavorato a macchina (a mano),* machine (hand) made — *vasellame finemente lavorato,* finely worked china.
□ *sm* manufactured article; manufactured goods *(pl.)*.
lavoratore *sm* worker; operative; *(operaio)* workman *(pl.* -men*)*; *(bracciante, manovale)* labourer; *(generico, dipendente)* employee: *lavoratore a cottimo,* pieceworker — *lavoratore accanito,* slogger *(sl., spec. studentesco)* — *lavoratore forte (tenace),* hard worker; toiler.
□ *agg* working: *la classe lavoratrice,* the working class.
lavorazione *sf* working; making; manufacture; *(procedimento industriale)* processing; *(fattura)* make; workmanship; *(del terreno)* cultivation; tillage: *lavorazione dei metalli,* metalworking — *lavorazione della carta,* paper-making — *lavorazione della lana,* wool manufacture — *lavorazione a maglia,* knitting — *lavorazione a caldo (a freddo),* hot- (cold-)working — *lavorazione a catena,* line production — *lavorazione a mano,* hand-work — *lavorazione a pieno ritmo,* full-scale processing — *ciclo di lavorazione,* production cycle — *essere in lavorazione (in corso di lavorazione),* to be in (the) course of manufacture — *di facile lavorazione,* easy to work — *di lavorazione orientale,* of oriental make (manufacture).
lavoricchiare *vi* to do little work; *(di negozio)* to have few customers; to do little business.
lavorio *sm* **1** constant work; intense working. **2** *(fig.)* intrigue.
lavoro *sm* **1** work *(solo al sing.)*; *(faticoso)* labour (*USA* labor); toil *(piuttosto lett.)*: *Questo lavoro è assai interessante,* This work is very interesting — *I nostri lavori sono quasi al termine,* Our work is almost at an end (*o* at its end) — *i lavori di una commissione,* the work of a commission — *lavoro (lavori) in corso,* work in progress — *orario di lavoro,* working hours — *condizioni di lavoro,* working conditions — *lavori di casa,* housework — *lavoro intellettuale,* brain-work — *lavoro a ore,* work by the hour — *lavoro a cottimo,* piece-work — *lavoro a catena,* assembly line — *lavoro straordinario,* overtime — *lavoro specializzato,* skilled work — *lavoro fatto a mano,* work done by hand — *lavoro di squadra (d'équipe),* team work — *lavoro in serie,* mass production — *lavoro utile,* output — *abiti da lavoro,* working clothes — *strumenti di lavoro,* tools — *medicina del lavoro,* industrial medicine — *incidente (infortunio) sul lavoro,* industrial accident — *lavoro di bonifica,* land reclamation — *lavoro a maglia,* knitting — *lavoro di cucito,* needlework — *cestino da lavoro,* work-basket (*o* sewing basket) — *tavolino da lavoro,* work table — *abile (inabile) al lavoro,* fit (unfit) for work — *andare al lavoro,* to go to work —

ammazzarsi di lavoro, to work oneself to death — *essere al lavoro,* to be at work (*o* on the job) — *essere senza lavoro,* to be out of work — *lavoro manuale,* manual labour — *lavoro agricolo (dei campi),* agricultural labour — *Fu condannato ai lavori forzati a vita,* He was condemned to hard labour for life — *il frutto del proprio lavoro,* the fruits of one's labours. **2** *(come concetto legale e sociale)* labour; (*USA* labour): *costi del lavoro,* labour costs — *il conflitto tra il lavoro e il capitale,* the conflict between labour and capital — *divisione del lavoro,* division of labour — *mercato del lavoro,* labour market — *Ministero del Lavoro,* Department of Employment — *Festa del Lavoro,* Labour Day — *diritto del lavoro,* labour law. **3** *(impiego, attività o occupazione retribuita)* job: *Che lavoro fai?,* What job do you do? — *Ha un ottimo lavoro in Municipio,* He has an excellent job at the Town Hall — *un lavoro a tempo pieno,* a full-time job — *un lavoro a metà tempo,* a part-time job — *datore di lavoro,* employer — *domande (offerte) di lavoro,* situations wanted (vacant).
4 *(opera: il prodotto del lavoro)* work; piece of work: *Quella chiesa è il lavoro di un famoso architetto,* That church is the work of a famous architect — *Che bel lavoro!,* What a fine piece of work!; *(iron.)* What a mess! — *lavoro drammatico,* play; drama; work — *lavori di difesa,* defences; defensive works — *lavori stradali,* road works — *lavori di scavo,* excavation works; mining; quarrying.
5 *(mecc., fis.)* work *(solo al sing.)*: *lavoro di attrito,* work due to friction.
6 *(l'azione degli agenti naturali)* action: *il lavoro dei venti e della pioggia,* the action of wind and rain.

lazzaretto *sm* lazaret; lazaretto; *(zona di quarantena)* quarantine station; *(ospedale)* isolation hospital.

lazzarone *sm (mascalzone)* rascal; knave; *(poltrone)* slacker.

lazzo *sm* joke; jest; quip; gag.

[1]**le** *art determinativo pl f.* ⇨ **il, lo.**

[2]**le** *pron personale accusativo pl f.* **1** them: *Le vostre cartoline? Le ho ricevute ieri,* Your postcards? I received them yesterday — *Volevi le poesie di Auden? Eccole!,* Did you want Auden's poems? Here they are! **2** *(usato con valore indeterminato in alcune espressioni)* it: *Raccontale a un altro,* Tell it to somebody else — *dirle grosse,* to tell tall stories.

[3]**le** *pron personale compl indiretto sing f.* (to) her: *Le ho detto di non venire prima delle dieci,* I told her not to come before ten — *Le ho dato una penna,* I gave her a pen — *Gliele ho date,* I gave her them; I gave them to her.

[4]**le** *pron personale (usato per la 2ª persona m. e f. come forma di cortesia)* (to) you: *Le è piaciuto il regalo?,* Did you like the gift? — *Le siamo molto grati,* We are most grateful to you — *Le farò avere l'indirizzo,* I'll give you the address.

leale *agg (sincero)* true; sincere; loyal; *(fedele)* faithful; *(onesto)* honest; fair; upright: *un amico leale,* a faithful friend — *un leale suddito di Sua Maestà,* a loyal subject of His (Her) Majesty — *Non è leale da parte tua,* It's not fair of you.

lealismo *sm* loyalty.

lealmente *avv* loyally; faithfully; fairly.

lealtà *sf (fedeltà)* faithfulness; *(sincerità)* sincerity; loyalty; *(onestà)* honesty; uprightness; fairness.

lebbra *sf* leprosy.

lebbrosario *sm* leper hospital.

lebbroso *agg* leprous. □ *sm* leper.

lecca lecca *sm* lollipop; lolly *(fam.)*.

leccapiedi *sm* toady; boot-licker; yes-man.

leccare *vt* **1** to lick: *leccarsi le dita (i baffi),* to lick one's lips — *leccarsi le ferite,* to lick one's wounds *(anche fig.)*. **2** *(fig.: adulare)* to flatter. **3** *(fig.: rifinire eccessivamente)* to over polish.
□ **leccarsi** *v. rifl* to lick oneself.

leccata *sf* lick.

leccio *sm* ilex; holm-oak.

leccornia *sf* titbit; delicacy.

lecitamente *avv* lawfully; legitimately.

lecito *agg* **1** *(legittimo)* lawful; right; correct. **2** *(conveniente, degno)* decent; respectable. **3** *(permesso)* permissible; allowable; allowed; permitted.
□ *sm* right: *confondere il lecito con l'illecito,* to confuse right with wrong; to confuse what is lawful with what is not.

ledere *vt* to injure; to harm; to damage: *ledere la giustizia,* to violate the law — *ledere gli interessi di qcno,* to be prejudicial to sb's interests.

[1]**lega** *sf* **1** *(in politica)* league; alliance: *la Lega delle Nazioni, (stor.)* the League of Nations — *la Lega Santa,* the Holy League — *una lega tra nazioni vicine,* an alliance between neighbouring countries — *lega doganale,* customs league (*o* union). **2** *(associazione)* association; *(in senso peggiorativo: spec. di malviventi)* gang: *la lega dei commercianti,* traders' (*o* trade) association — *una lega di birbanti,* a gang of rascals — *far lega con qcno,* to take up with sb — *far lega insieme,* to hang together; *(peggiorativo)* to gang up with sb — *far lega contro qcno,* to gang up on sb. **3** *(di metalli)* alloy: *far lega, (di metalli)* to alloy — *lega leggera (pesante),* light (heavy) alloy — *lega di stagno, (peltro)* pewter; *(per saldature a stagno)* soft solder — *lega d'acciaio,* steel alloy — *lega fusibile,* fusible alloy — *lega a basso (alto) tenore o percentuale di un metallo,* low- (high-) percentage (*o* content) alloy — *lega per caratteri da stampa,* type metal — *lega per getti,* cast alloy — *lega per lavorazione plastica,* wrought (*o* forging) alloy — *di buona lega,* of very good alloy — *di cattiva lega, (fig.: di persona, ecc.)* of very poor quality; poor quality *(attrib.)*; low; vulgar; shoddy — *gente di bassa lega,* nasty people — *uno scherzo di bassa lega,* a nasty joke; a joke in bad (in poor) taste.

[2]**lega** *sf (misura di lunghezza)* league: *lega terrestre (equivalente a Km. 4,83),* statute league; land league *(GB)* — *lega marina (equivalente a Km. 5,56),* nautical league; marine league *(GB)*.

legaccio *sm* string; lace.

legale *agg* **1** *(della legge, attinente alla legge)* legal; juridical: *spese legali,* legal costs — *termini legali,* prescribed times — *assistenza legale,* legal aid — *medicina legale,* forensic medicine — *corso legale,* legal tender — *studio legale,* lawyer's office — *ufficio legale,* legal department — *numero legale,* quorum — *ora legale,* summer time; daylight saving time — *adire le vie legali,* to institute legal proceedings. **2** *(legittimo)* lawful; legitimate.
□ *sm* lawyer; legal adviser; attorney *(spec. USA)*.

legalità *sf* legality; lawfulness: *nella legalità,* within the law.

legalitario *agg* respectful of legality.

legalizzare *vt* **1** *(autenticare)* to authenticate; to certify. **2** *(rendere legale)* to legalize.

legalizzazione *sf* **1** *(autenticazione)* authentication; ratification; certification. **2** *(il rendere legale)* legalization.

legalmente *avv* legally; lawfully; juridically.

legame *sm* **1** tie; bond; *(amoroso, talvolta)* liaison:

legame di sangue, tie of blood. **2** *(connessione)* link; nexus; connection. **3** *(chim.)* bond.

legamento *sm* **1** *(anat.)* ligament. **2** *(mus.)* ⇨ **legatura 2.**

legante *sm (tec.)* binder; *(della vernice)* vehicle; *(chim.)* ligand.

[1]**legare** *vt* **1** to tie (up); to fasten (up); to bind*; *(un'arteria, ecc.)* to ligate: *Perché hai legato il cane alla gamba del tavolo?,* Why did you fasten (*o* tie up) the dog to the table leg? — *Legalo fisso (saldamente)!,* Bind it (*o* him) fast! — *legare qcno mani e piedi,* to tie sb hand and foot — *legare un pacco con della cordicella,* to tie up a parcel with string — *legare un cartellino a qcsa,* to tie a label on to sth — *legare la lingua a qcno,* to prevent sb from talking — *legare le mani a qcno, (anche fig.)* to tie sb's hands — *Ho le mani legate, (fig.)* My hands are tied — *legarsela al dito, (fig.)* to bear a wrong (an offence, sth) in mind; not to forget it — *Me la legherò al dito!,* I shan't forget it! — *È pazzo da legare,* He is raving mad; He is a raving lunatic. **2** *(fig.: legare fortemente, unire)* to bind*; to tie: *Sono legati da lunga amicizia,* They are bound by a long-standing friendship — *Sono legato per giuramento a fare così,* I am bound by oath to do so — *il potere di sciogliere e di legare, (ecclesiastico)* the power to bind and loose. **3** *(rilegare)* to bind*: *legare un libro in cuoio (in tela),* to bind a book in leather (in cloth). **4** *(incastonare)* to set*; to mount: *legare una gemma in un anello,* to mount a jewel in a ring — *legare un diamante in oro e platino,* to set a diamond in platinum and gold. **5** *(connettere)* to connect: *legare le idee,* to connect one's ideas (one idea with another). **6** *(mus.)* to tie: *legare assieme due note,* to tie two notes. **7** *(metalli)* to alloy.

□ *vi* **1** *(far lega, associarsi)* to join up (with sb); to get* in (with sb); *(accordarsi)* to go* well (with sth). **2** *(fare amicizia)* to team up (with sb): *È un tipo che non lega con nessuno,* He doesn't make friends (associate, mix) with anybody.

□ **legarsi** *v. rifl* **1** to bind* oneself. **2** *(a qcno, di amicizia)* to make* friends with sb; to become* attached to sb: *legarsi a qcno, (anche per affari)* to become attached to sb.

[2]**legare** *vt (dir.)* to bequeath; to leave*; to will; *(di beni immobili)* to devise.

legata *sf* tying up: *dare una legata a qcsa,* to tie sth up.

legatario *sm* legatee.

[1]**legato** *sm (stor.)* ambassador; *(religione)* legate.

[2]**legato** *sm* legacy; bequest; *(di beni immobili)* devise: *fare un legato,* to bequeath; to leave a legacy; *(di beni immobili)* to devise.

[3]**legato** *sm (mus.)* legato.

[4]**legato** *agg (impacciato)* stiff; awkward.

legatore *sm* bookbinder.

legatoria *sf* bindery; binder's.

legatura *sf* **1** tying; fastening; binding *(anche di libri); (di arteria, ecc.)* ligation; ligature. **2** *(mus.)* ligature; *(di note diverse, anche)* slur; *(della stessa nota, anche)* tie. **3** *(tipografia)* ligature. **4** *(oreficeria)* setting; mounting.

legazione *sf* legation.

legge *sf* **1** law; *(regola, norma)* rule; law: *La sua parola è legge,* His word is law — *La legge è uguale per tutti,* All are equal before the law — *la legge di gravità,* the law of gravity — *la legge della foresta,* the law of the forest — *la legge della domanda e dell'offerta, (comm.)* the law of supply and demand — *una legge fondamentale di fonetica,* a basic law (*o* rule) of phonetics — *la legge scritta (non scritta),* written (unwritten) law; Statutory (Customary) Law — *la legge antica (nuova), (religione)* the Mosaic (Christian) Law (*o* dispensation) — *la legge in vigore,* the law in force — *a norma di legge (a termini di legge),* according to the law — *con (tutti) i benefici di legge,* with all legal concessions — *in base alla legge,* under the law — *applicare la legge,* to enforce (to carry out) the law — *conformarsi alla legge (osservare la legge),* to conform to (to obey) the law — *contravvenire alla legge,* to break (*più formale* to contravene) the law — *dare (dettare) legge,* to lay down the law — *eludere la legge,* to evade the law — *essere fuori dalla (in accordo con la) legge,* to be outside (within) the law — *infrangere la legge,* to break the law — *promulgare una legge,* to promulgate a law — *ricorrere alla legge,* to have recourse to the law; to go to law; to go to court — *studiare legge, (all'università)* to read (to study) law — *uno studente in legge,* a law student — *una laurea in legge,* a degree in law; a law degree — *un dottore in legge,* a law graduate — *un uomo di legge,* a lawyer; a man of law — *una persona rispettosa delle leggi,* a law-abiding person — *Chi fa la legge serva la legge, (prov.)* Law-makers should not be law-breakers — *Dai mali costumi nascono le buone leggi, (prov.)* Good laws proceed from bad manners — *Fatta la legge, trovato l'inganno, (prov.)* Every law has a loophole. **2** *(legge parlamentare)* act: *la legge del 1944 sull'istruzione,* the 1944 Education Act — *progetto (disegno) di legge,* Bill — *abrogare una legge,* to repeal an act — *passare una legge,* to pass an act — *la legge del 1689 sui diritti del Parlamento, (stor.)* the Bill of Rights of 1689 — *la legge americana sui diritti del cittadino, (stor.)* the American Bill of Rights.

leggenda *sf* **1** legend. **2** *(fandonia)* tale. **3** *(iscrizione)* inscription; *(didascalia)* caption; *(su medaglie, ecc.)* legend; *(tabella di abbreviazioni, ecc.)* legend; *(su una carta geografica)* key.

leggendario *agg* **1** legendary. **2** *(straordinario)* extraordinary; wonderful.

leggere *vt e i.* **1** to read*; *(attentamente)* to peruse; *(molto superficialmente)* to skim (through sth): *leggere un libro,* to read a book — *È un libro che si fa leggere,* It is a readable (a pleasant) book — *Il suo ultimo romanzo si legge molto meglio del precedente,* His latest novel reads much better (is far more readable; is a much better read) than his previous one — *Si legge nelle antiche leggende che...,* In old legends it is written (it is said) that... — *Il codice vaticano legge differentemente,* The Vatican codex (The codex at the Vatican Library) reads differently (gives a different reading) — *Io leggo diversamente questa frase,* I see (I read) a different meaning in this sentence — *È una persona che ha letto molto,* He is a well-read person — *leggere (qcsa) ad alta voce,* to read (sth) aloud; *(una comunicazione)* to read out (to give out) a notice — *leggere (qcsa) a prima vista,* to read (sth) at sight — *leggere (qcsa) da capo a fondo,* to read (sth) through from beginning to end — *leggere tra le righe,* to read between the lines — *leggere (qcsa) in silenzio (con gli occhi),* to read (sth) to oneself — *leggere la mano a qcno,* to read sb's hand (*o* palm) — *leggere nel cuore (nel pensiero) di qcno,* to read sb's mind (sb's thoughts *pl.*) — *leggere nel futuro, nel libro del destino,* to read (to foresee) the future — *Nell'attesa di leggervi..., (stile comm.)* Awaiting your reply...; Hoping to hear from you...; Looking forward to hearing from you... — *Te lo leggo in faccia,* I can see it (*o* read it) in your face. **2**

(insegnare) to lecture (on sth); to teach*: *Mi piacerebbe molto leggere italiano a Cambridge,* I should very much like to teach (to lecture on) Italian at Cambridge.

leggerezza *sf* **1** lightness; *(di caffè, tè, ecc.)* weakness. **2** *(sconsideratezza)* heedlessness; thoughtlessness; frivolity. **3** *(levità)* lightness; tenuity. **4** *(agilità)* nimbleness; agility.

leggermente *avv* **1** *(senza peso)* lightly. **2** *(lievemente)* slightly. **3** *(sconsideratamente)* thoughtlessly; heedlessly; frivolously.

leggero *agg* **1** light *(anche fig.)*: *Questo abito è troppo leggero per l'inverno,* This suit is too light for winter — *un peso leggero, (pugilato)* a lightweight — *leggero come una piuma,* as light as a feather — *una coperta leggera,* a light(-weight) blanket — *cavalleria leggera,* light cavalry — *armi leggere,* small-arms — *musica leggera,* light music — *atletica leggera,* athletics; track and field events — *avere il sonno leggero,* to be a light sleeper — *dita leggere,* nimble (*o* agile) fingers — *con passo leggero,* with light footsteps — *a cuor leggero,* light-heartedly; with a light heart. **2** *(non forte)* light; *(fig.)* slight; *(di bevande)* weak; *(di pasti)* light: *un leggero odore di canfora,* a slight smell of camphor — *una leggera salita,* a slight slope — *tè leggero,* weak tea — *vino e birra leggeri,* light wine and beer — *tinte leggere,* light shades (*o* colours) — *con un leggero accento francese,* with a slight French accent. **3** *(non grave)* light; slight; minor; small: *una leggera ferita,* a slight (a small) wound — *un leggero raffreddore,* a slight cold — *un leggero errore,* a slight (a minor) mistake — *una leggera spesa,* a small (*o* modest) outlay. **4** *(spensierato)* thoughtless; feather-brained; *(frivolo)* frivolous; *(incostante)* inconstant; fickle; *(di costumi)* loose: *una condotta molto leggera,* very frivolous (thoughtless, fickle) behaviour. **5** *(di musica)* light.
□ *cavarsela alla leggera,* to get off lightly (*o* light) — *prendere qcsa alla leggera,* not to take sth seriously; *(a parole)* to make light (of sth) — *mangiar leggero,* to eat lightly.

leggiadramente *avv* gracefully; exquisitely.

leggiadria *sf* prettiness; gracefulness.

leggiadro *agg* pretty; graceful; exquisite.

leggibile *agg* **1** *(che si riesce a leggere)* legible; readable. **2** *(che vale la pena leggere)* readable; worth reading.

leggibilità *sf* **1** *(di calligrafia)* legibility. **2** *(di opera scritta)* readability.

leggibilmente *avv* legibly.

leggicchiare *vt (leggere a stento)* to plough (to wade) (through sth).

leggio *sm* reading-desk; *(mus.)* music-stand; *(in chiesa)* lectern.

legiferare *vt* to legislate; *(scherz.)* to lay down the law.

legionario *sm* legionary.

legione *sf* legion; *(fig.: moltitudine)* host; multitude: *la Legione straniera,* the Foreign Legion.

legislativo *agg* legislative.

legislatore *sm* legislator; lawmaker; *(stor.)* lawgiver.

legislatura *sf* legislature.

legislazione *sf* legislation.

legittima *sf* legitime *(fr.)*; *(dir. scozzese)* legitim; bairn's part *(fam.)*.

legittimamente *avv* lawfully; legitimately; rightfully.

legittimare *vt* **1** to legitimate; to legitimize. **2** *(giustificare)* to justify.

legittimazione *sf* legitimation.

legittimismo *sm* legitimism.

legittimista *sm* legitimist.

legittimità *sf* legitimacy.

legittimo *agg* **1** legitimate; lawful; rightful: *interesse legittimo,* legitimate interest — *portatore legittimo, (di un titolo di credito)* holder in due course — *erede legittimo,* legal (*o* rightful) heir — *legittima difesa,* self-defence. **2** *(giusto)* just; correct; proper: *un desiderio legittimo,* a proper desire.

legna *sf* wood; *(da ardere)* firewood: *spaccare la legna,* to chop wood — *far legna,* to gather firewood.
□ *aggiungere legna al fuoco, (fig.)* to add fuel to the flames — *portar legna alla selva, (fig.)* to carry coals to Newcastle.

legnaia *sf* wood-shed.

legnaiolo *sm* carpenter.

legname *sm* timber; lumber *(USA)*.

legnata *sf* beating: *dare a qcno un sacco di legnate,* to give sb a good beating.

legno *sm* **1** wood: *lavorazione del legno,* woodwork — *lavoro in legno,* woodwork — *legno compensato,* plywood — *legno dolce,* softwood — *legno duro,* hardwood — *di legno,* wooden — *una gamba di legno,* a wooden leg — *un pavimento di legno,* a wooden floor — *testa di legno, (fig.)* blockhead — *dalla testa di legno,* wooden-headed; stupid. **2** *(fig.: carrozza)* carriage; coach. **3** *(fig.: nave)* vessel; ship; boat. **4** *(al pl., mus.: i legni)* woodwind.

legnosità *sf* **1** woodiness. **2** *(fig.: durezza)* toughness. **3** *(rigidezza)* stiffness.

legnoso *agg* **1** wooden; woody. **2** *(fig.: durezza: p. es. di carne)* tough. **3** *(rigido)* stiff.

leguleio *sm* pettifogger.

legume *sm* **1** pod; legume; pulse. **2** *(al pl., in cucina)* vegetables.

[1]**lei** *pron personale 3ª persona sing f.* **1** *(soggetto, spec. nella lingua parlata)* she; *(ella stessa)* she herself; *(come predicato nominale)* her; *(talvolta, molto formale)* she: *Lei era giovane e bella, lui vecchio e ricco,* She was young and beautiful, he old and rich — *Era lei che voleva lasciarlo,* It was she who wanted to leave him — *Venne qui lei in persona,* She herself came here — *Povera ragazza, non sembra più lei!,* Poor girl, she doesn't seem herself any more (she's not what she was)! — *Beata lei!,* Lucky her! — *È lei!,* It's her!; *(molto formale)* It's she!
2 *(compl.)* her: *Lo diedi a lei, non a lui,* I gave it to her, not to him — *Vidi proprio lei a teatro,* It was her I saw at the theatre.

[2]**Lei** *pron personale (usato per la 2ª persona m. e f. come forma di cortesia)* you: *Lei è stato molto gentile,* It was very kind of you — *Posso invitare Lei e sua moglie a pranzo?,* Can I invite you and your wife to dinner? — *È stato Lei a chiamare?,* Was it you to call (who called)? — *dare del Lei a qcno* ⇨ [1]**dare** *vt e i.* **6.**

lembo *sm* **1** *(di un abito: orlo)* border; edge. **2** *(striscia, zona)* strip: *un lembo di cielo (di terra),* a strip of sky (of land). **3** *(med.)* flap.

lemma *sm* **1** *(filosofia)* lemma *(pl.* lemmas *o* lemmata*)*. **2** *(voce di un vocabolario, ecc.)* headword.

lemme lemme *locuzione avverbiale (fam.)* very slowly.

lena *sf* **1** vigour; energy; stamina: *lavorare di buona lena,* to work (away) with a will. **2** *(respiro)* breath.

lenimento *sm* soothing; mitigation; softening.

lenire *vt* to soothe; to mitigate; to assuage.

lenitivo *agg* sedative; soothing; calming.
□ *sm* sedative; demulcent; palliative.

lenocinio *sm* **1** procuring. **2** *(fig.)* blandishment.

lenone *sm* pimp; pander.
lentamente *avv* slowly.
lente *sf* **1** *(anat., geologia, ottica)* lens: *lenti a contatto,* contact lenses — *lente d'ingrandimento,* magnifying glass. **2** *(al pl.: occhiali)* glasses; spectacles; specs *(fam.).* **3** *(di un pendolo)* bob. **4** = **lenticchia. 5** = **lentiggine.**
lentezza *sf* slowness: *con (molta) lentenza,* (very) slowly.
lenticchia *sf* lentil.
lenticolare *agg* lenticular.
lentiggine *sf* freckle.
lentigginoso *agg* freckled.
lento *agg* **1** slow: *una morte lenta,* a slow death — *cuocere a fuoco lento,* to cook over a low heat; to simmer — *una medicina ad azione lenta,* a slow-acting medicine. **2** *(torpido, pigro)* sluggish; lazy; *(a capire)* slow; slow-witted; stupid; dull. **3** *(allentato)* slack; loose; *(di abito)* loose-fitting. **4** *(mus.)* lento.
lenza *sf* **1** fishing-line. **2** *(fig.)* wily old fox; sly devil; cunning (*o* crafty) bastard *(volg.).*
lenzuolo *sm* sheet: *lenzuolo di sopra (di sotto),* top (bottom) sheet — *lenzuolo funebre,* shroud; winding-sheet.
leone *sm* lion; *(astronomia)* Leo: *leone marino,* sea-lion — *avere un cuor di leone,* to be lion-hearted — *far la parte del leone,* to take the lion's share — *far la volta del leone,* to pace up and down.
leonessa *sf* lioness.
leonino *agg* leonine; lion-like.
leopardo *sm* leopard: *leopardo delle nevi,* snow-leopard.
lepidamente *avv* wittily.
lepidezza *sf* **1** wit; humour. **2** *(detto arguto)* witticism.
lepido *agg* witty; facetious.
leporino *agg* leporine: *labbro leporino,* hare-lip.
lepre *sf* hare.
leprotto *sm* leveret.
lercio *agg* filthy; foul.
lerciume *sm* filth.
lesbico *agg,* **lesbica** *sf,* Lesbian *(spesso con la minuscola).*
lesena *sf (archit.)* pilaster strip.
lesina *sf* **1** awl. **2** *(avarizia)* stinginess; miserliness; *(persona avara)* miser.
lesinare *vt* to grudge; to skimp.
□ *vi* to be* stingy; to be* close-fisted; to skimp: *lesinare sul cibo,* to skimp on the food.
lesionare *vt* to damage; to injure.
lesione *sf* **1** *(med.)* lesion; *(nel linguaggio comune)* wound. **2** *(danno)* damage. **3** *(dir.)* personal injury.
lesivo *agg* damaging; prejudicial; detrimental.
leso *agg* damaged; injured: *parte lesa,* injured party — *lesa maestà,* treason; lese majesty *(anche scherz.);* lèse majesté *(fr.).*
lessare *vt* to boil; to stew.
lessata *sf* boiling; stewing.
lessicale *agg* lexical.
lessico *sm* **1** lexicon; vocabulary. **2** *(dizionario)* dictionary.
lessicografia *sf* lexicography; dictionary-making.
lessicografo *sm* lexicographer.
lessicologia *sf* lexicology.
lessicologo *sm* lexicologist.
lesso *agg* boiled; stewed: *patate lesse,* boiled potatoes.
□ *sm* boiled meat.
lestamente *avv* quickly; swiftly; briskly.
lestezza *sf* quickness.
lesto *agg* quick; swift; rapid; *(vivace)* brisk; lively; active; *(agile)* agile; nimble; *(di mente)* sharp; quick-witted: *lesto di mano,* light-fingered.
□ *avv* quickly; swiftly.
lestofante *sm* swindler; rogue; cheat.
letale *agg* lethal; deadly; mortal.
letamaio *sm* **1** dung-heap; dung-hill. **2** *(fig.)* hovel; pigsty.
letame *sm* **1** manure; dung. **2** *(fig.)* dirt; filth.
letargico *agg* lethargic; *(di animali)* hibernating.
letargo *sm* lethargy; torpor; *(di animali)* hibernation: *essere in letargo,* to be in hibernation — *cadere in letargo, (scherz.)* to fall fast asleep; to drop (to go) right off — *essere caduto in letargo, (scherz.)* to be dead to the world.
letizia *sf* joy; happiness; delight: *vivere in letizia,* to live happily.
letta *sf* hasty reading; glance through: *dare una letta al giornale,* to glance (to skim) through a newspaper.
lettera *sf* **1** *(carattere, segno grafico)* letter: *le ventisei lettere dell'alfabeto inglese,* the twenty-six letters of the English alphabet — *lettere maiuscole e minuscole,* capital and small letters; *(in tipografia)* upper and lower case letters — *lettere a stampatello,* capital letters; block capitals — *scrivere una parola in lettere maiuscole,* to write a word in (block) capitals — *lettere di scatola (cubitali),* huge block capitals — *titolo (di giornale) a lettere cubitali,* banner headline. **2** *(missiva)* letter; epistle *(lett.): Ho alcune lettere da scrivere,* I have some letters to write — *per lettera,* by letter — *lettera per via aerea,* airmail letter — *lettera anonima (minatoria),* anonymous (threatening) letter — *lettera aperta,* open letter — *lettera d'affari,* business letter — *lettera d'amore,* love letter — *lettera di credito, (comm.)* letter of credit — *lettera di presentazione (di raccomandazione),* letter of introduction (of recommendation) — *lettera di sollecitazione (al pagamento), (comm.)* dunning letter; reminder — *lettera di vettura, (comm.)* carriage note; way-bill — *lettera raccomandata (espresso),* registered (express) letter — *cassetta (buca) per le lettere,* letter-box — *carta da lettere,* writing (*o* note) paper; letter paper — *impostare (imbucare) una lettera,* to post a letter. **3** *(al pl.)* letters; literature *(sing.); (studio universitario)* Arts: *un uomo di lettere,* a man of letters — *la repubblica delle lettere,* the Republic of Letters; the world of literature — *belle lettere,* belles-lettres *(fr.)* — *dottore in lettere,* Bachelor of Arts *(abbr.* B.A.*); (di livello superiore, in certe università)* Master of Arts *(abbr.* M.A.*)* — *una laurea in lettere,* an Arts degree — *laurearsi in lettere,* to take an Arts degree — *lettere e filosofia,* the humanities.
□ *lettera morta,* dead letter; *(fig.)* useless (*o* ineffectual) thing — *alla lettera,* literally; word for word — *stare alla lettera (ma non allo spirito),* to stick to the letter (not to the spirit) — *tradurre alla lettera,* to translate literally (word for word) — *un giorno da scrivere a lettere d'oro,* a red-letter day — *scrivere un numero in lettere,* to write a number in words — *avanti lettera,* - **a)** *(sf)* avant la lettre *(fr.)* - **b)** *(avv.)* ante litteram *(lat.).*
letterale *agg* literal.
letteralmente *avv* literally.
letterariamente *avv* in a literary sense; from a literary point of view.
letterario *agg* literary: *agenzia letteraria,* literary agency — *proprietà letteraria,* copyright; literary property.
letterato *agg* well-read; lettered.
□ *sm* man *(pl.* men*)* of letters.

letteratura *sf* literature.

lettiera *sf* **1** bedstead. **2** *(strame)* litter.

lettiga *sf* **1** litter; stretcher. **2** *(portantina)* litter.

lettighiere *sm* litter-bearer; *(infermiere)* stretcher-bearer.

letto *sm* **1** *(il mobile)* bed: *letto ad una piazza,* single bed — *letto a due piazze (matrimoniale),* double bed — *letto ad una piazza e mezzo,* large single bed — *letti gemelli,* twin beds — *letto da campo,* camp bed — *letto pieghevole,* folding bed — *letto ribaltabile a muro,* wall bed; recess bed — *letto a castello,* bunk bed — *letto disponibile,* spare bed — *camera da letto,* bedroom — *colonna di letto,* bedpost — *divano letto,* bed settee; divan bed — *compagno di letto,* bedfellow — *andare a letto,* to go to bed — *andare a letto con le galline,* to go to bed very early — *ora d'andare a letto,* bedtime — *È ora di andare a letto, ragazzi!,* Time for bed (It's bedtime), children! — *andare a letto con qcno, (eufemistico)* to sleep with sb — *essere a letto,* to be in bed — *cadere dal letto,* to fall out of bed — *fare il letto,* to make (to strip) the bed — *ficcarsi (o cacciarsi) a letto,* to dive into (to spring into) bed; to get under the bedclothes — *mandare (mettere) i bambini a letto,* to send (to put) the children to bed — *mettersi (rimanere) a letto, (per indisposizione)* to take (to keep) to one's bed — *rincalzare il letto,* to tuck in the bed-covers (the sheets) — *rivoltarsi nel letto,* to toss and turn in one's bed — *saltar giù dal letto,* to jump out of bed — *morire nel proprio letto,* to die in one's bed — *essere sul letto di morte,* to be on one's death-bed — *letto di dolore,* sick bed — *essere inchiodato a letto,* to be bed-ridden. **2** *(geologia, anat., cucina, ecc.)* bed: *letto del fiume (del mare),* river (sea) bed — *letto dell'unghia,* nail bed — *un pezzo di tonno su un letto di lattuga,* a piece of tunny-fish on a bed of lettuce-leaves.
□ *il letto del vento, (naut.)* the teeth of the wind — *essere in un letto di rose (spine),* to be on clover (on tenterhooks) — *dello stesso letto,* of the same marriage — *figlio di primo (secondo) letto,* child by a first (a second) marriage; child of the first (second) marriage — *Ti hanno buttato giù dal letto stamattina?,* You're up with the lark today?; What got you out of bed so early this morning? — *essere tra letto e lettuccio, (essere malato)* to be an invalid; to be in poor health; *(essere convalescente)* to be convalescent; to begin to get up — *Chi va a letto senza cena tutta la notte si dimena, (prov.)* He who goes to bed supperless, turns and tosses all night.

lettone *agg* Lettish; Latvian.
□ *sm* **1** *(abitante della Lettonia)* Lett; Latvian. **2** *(lingua)* Lettish; Lett.

lettorato *sm* **1** *(religione)* lectorate. **2** *(d'università)* lectorship; lectureship.

lettore *sm* **1** *(persona o apparecchio)* reader. **2** *(religione)* lector; *(insegnante universitario)* lecturer.

lettura *sf* **1** reading: *sala di lettura,* reading room — *essere immerso nella lettura,* to be absorbed in reading — *un libro di facile lettura,* a book that is easy to read; a book that reads well. **2** *(interpretazione)* reading; interpretation. **3** *(lezione, conferenza)* lecture; *(di poesia)* reading. **4** *(al pl.: testi scritti)* literature *(sing.)*: *letture amene,* light literature — *letture edificanti,* improving literature. □ *libro di lettura, (per imparare a leggere)* primer; reader.

leucemia *sf* leukaemia.

leucocita *sm* leukocyte.

[1]**leva** *sf* lever *(anche fig.)*: *leva a mano,* hand lever — *leva del cambio,* speed change lever; gear lever; gearshift — *far leva su qcsa, (letteralm.)* to use sth as a fulcrum; *(fig.)* to appeal to sth; to take advantage of sth — *le leve del comando,* control levers — *avere in mano le leve del potere (del comando), (fig.)* to hold the reins of power.

[2]**leva** *sf* **1** *(mil.)* call-up; conscription; draft *(USA)*: *servizio di leva,* National Service *(GB, abolito nel 1958)* — *visita di leva,* medical examination; medical *(fam.)* — *essere di leva,* to be liable to call-up — *consiglio di leva,* Draft Board *(USA).* **2** *(contingente)* intake: *le nuove leve, (fig.)* the new (*o* rising) generation.

levabile *agg* removable.

levante *sm* **1** East; *(area geografica)* Levant; Near East. **2** *(vento)* east wind.

levantino *agg e sm* Levantine.

levare *vt* **1** *(alzare, sollevare)* to lift; to raise: *levare gli occhi al cielo,* to raise one's eyes to heaven — *levare qcno di peso,* to lift sb bodily — *levare le mani su qcno,* to raise one's hands to sb — *levare la voce,* to raise one's voice; *(fig.)* to spread rumours — *levare il bollore,* to simmer; to come to the boil — *levare l'assedio,* to raise the siege — *levare l'ancora,* to weigh anchor — *Leva!, (naut.)* Hoist!; Hoist away!
2 *(togliere, rimuovere)* to take* away (*o* off); to remove; *(estrarre)* to pull out; to remove; *(sradicando)* to pull up: *Leva la mano dalla mia spalla,* Take your hand off my shoulder — *Levati il cappello,* Take off your hat — *levarsi la maschera, (fig.)* to throw off (to drop) one's mask — *levare un mobile da una stanza,* to remove a piece of furniture from a room — *levare ogni dubbio,* to remove all doubts — *levare una tassa,* to take off (to abolish) a tax — *levare un divieto,* to lift a ban — *levare un dente,* to pull out a tooth — *levare le erbacce,* to pull up the weeds — *levarsi la sete,* to quench one's thirst — *levarsi la fame,* to appease one's hunger — *levarsi la voglia (una curiosità),* to satisfy a whim (one's curiosity) — *levare il fiato a qcno,* to make sb breathless; *(fig.)* to take sb's breath away — *levare la pelle a qcsa,* to skin sth — *levare la seduta,* to declare the meeting at an end — *levare qcsa di mezzo, (spostare)* to get sth out of the way; *(sbarazzarsi, anche fig., di qcno)* to get rid of sb — *levare qcno dai guai,* to get sb out of trouble — *levare le tende,* to strike camp; *(fig.)* to depart — *levare il saluto a qcno,* to cut sb — *levare un segreto di bocca a qcno,* to worm a secret out of sb — *levare il pane di bocca a qcno,* to take the bread out of sb's mouth — *levarsi il pane di bocca, (fig.)* to give the shirt off one's back.
3 *(selvaggina)* to put* up; to flush.
□ **levarsi** *v. rifl* **1** *(alzarsi)* to rise* *(anche fig.)*; *(in piedi)* to stand* up; *(da letto)* to get* up; *(del vento)* to rise*; to get* up; to blow*; *(di astri)* to rise*; to come* up; *(del sole, della luna)* to get* up: *levarsi da tavola,* to rise from the table — *levarsi contro qcno,* to rise up (to rebel) against sb — *levarsi in volo, (di aereo)* to take off; *(di uccello)* to take wing — *Si levò un vento gelido,* An icy wind arose — *al levar del sole,* at sunrise.
2 *(allontanarsi)* to get* out of: *levarsi dai piedi, di mezzo,* to get out of the way — *Levati di torno!,* Get out of my sight!; Clear off!; Scram! *(sl.).*

levata *sf* **1** *(il sorgere)* rising: *la levata del sole,* sunrise. **2** *(da letto)* getting up; getting out of bed; *(med. anche)* getting (patients) back on their feet: *La levata è stabilita per le cinque,* Getting up time is at five. **3** *(raccolta della posta)* collection; clearance. **4** *(rilievo)* survey: *levata topografica,* topographical drawing. **5**

(acquisto all'ingrosso) wholesale purchase. □ *levata di scudi, (fig.)* rebellion; opposition.

levataccia *sf* early rising: *fare una levataccia,* to get up very early; to get up at the crack of dawn *(fam.).*

levatoio *agg (nell'espressione) ponte levatoio,* drawbridge.

levatrice *sf* midwife.

levatura *sf* understanding; talent; intelligence: *essere di scarsa levatura,* to be of poor intelligence.

levigare *vt* to smooth; to polish; *(con carta vetro)* to rub down.

levigatezza *sf* smoothness.

levigatrice *sf* lapping machine.

levigatura, levigazione *sf* **1** smoothing; polishing. **2** *(chim.)* levigation.

levità *sf* lightness.

levitare *vi* to levitate.

levitazione *sf* levitation.

levogiro *agg* laevorotatory; laevogyrous.

levriere *sm* greyhound; whippet.

lezione *sf* **1** lesson; *(collettiva, spec. a scuola)* class; *(universitaria)* lecture: *prendere lezioni di inglese,* to take English lessons — *una lezione di musica,* a music lesson — *un corso di lezioni sulla storiografia moderna, (all'università)* a course of lectures on modern historiography — *Quanto dura la lezione?,* How long does the lesson last? — *Quando cominciano le lezioni?,* When do classes *(se all'università,* lectures*)* begin? — *fare (o dare) lezione,* to take a class; to teach; *(all'università)* to lecture — *saltare (marinare) le lezioni,* to play truant; to cut lessons; to play hookey *(USA)* — *ora di lezione,* lesson; period *(spec. GB, nei licei).* **2** *(compito a casa)* homework: *studiare la lezione,* to do one's homework; to prepare one's lessons. **3** *(rimprovero)* rebuke; reprimand; *(ammonimento)* lesson; warning: *Mi impartì una severa lezione,* He gave me a severe rebuke — *Che questa lezione serva a voi tutti!,* Let this be a lesson (a warning) to all of you! **4** *(di un testo)* reading; variant; interpretation.

leziosaggine *sf* affectation; simpering.

leziosamente *avv* affectedly; with affectation.

lezioso *agg* affected; mincing.

lezzo *sm* **1** stench; stink. **2** *(lordura, anche fig.)* filth.

[1]**li** *art determinativo sing (ant. e nel linguaggio burocratico, ecc.)* the *(generalm. non si traduce): Torino, li 12 luglio 1977,* Turin, July 12 1977; *(ma nello stile molto formale, e talvolta anche quando si legge ad alta voce)* Turin, July the twelfth 1977.

[2]**li** *pron personale accusativo pl m.* them: *Li vedi?,* Can you see them? — *Dammeli,* Give me them; Give them to me — *I Brown? Non li ho più sentiti,* The Browns? I haven't heard from them since. □ *Eccoli!,* Here they are!

[3]**lì** *avv* there: *da qui a lì,* from here to there — *Portalo lì,* Take it there — *lì dentro,* in there — *lì fuori,* out there — *lì sotto,* under there — *lì sopra,* on there — *Eccolo lì!,* There he (*o* it) is! — *ora qui e ora lì,* now here, now there — *Ieri siamo passati di lì ma non ti abbiamo visto,* We went there (*o* that way) yesterday but we didn't see you — *quello lì, (riferito a cosa)* that one (there); *(riferito a persona)* that man over there — *Scendete giù di lì!,* Get down from there! — *State lì (dove siete),* Stay where you are — *Zitto lì!,* Quiet there! — *Fermo lì!,* Stop there!; Stay where you are! — *lì per lì, (sul momento)* there and then; on the spur of the moment; instantly; on the spot; *(dapprima)* at first — *essere lì per fare qcsa,* to be on the verge (on the point) of doing sth — *di lì a un mese,* a month from then; a month later — *di lì a poco,* soon after; after a while — *fin lì,* as far as there; that far; *(fig.)* up to that point; so far — *Andarono fin lì,* They went as far as there — *Fin lì non posso darti torto,* I can't blame you that far — *giù di lì, (circa)* thereabouts — *due anni o giù di lì,* two years or thereabouts — *Sarà qui alle sei o giù di lì,* He will be here at six o'clock or thereabouts — *Non puoi andare (per) di lì,* You can't go that way — *Guarda lì che pasticcio!,* Just look at that mess! — *Ha lo stipendio del figlio, tutto lì,* She has her son's salary and nothing else (and that's all) — *L'inverno era lì alle porte,* Winter was almost on top of us (was getting nearer and nearer) — *Per quella notte tutto finì lì,* That was the end of it for that night — *Oramai coi nostri risparmi siamo lì,* We've almost run through our savings — *Se non ha quarant'anni saremo lì,* If she isn't forty, she can't be far off; She's as near forty as makes no difference.

liana *sf* liana.

libagione *sf* libation.

libanese *agg e sm* Lebanese.

libare *vt* **1** to make* libations to (sth). **2** *(lett.: gustare)* to sip; to taste.

libatorio *agg* libatory.

libbra *sf* **1** *(stor.)* libra *(pl.* librae*).* **2** *(nel sistema dei pesi in vigore in GB e USA)* pound.

libecciata *sf* south-westerly gale.

libeccio *sm* south-west wind.

libellista *sm* pamphleteer; *(diffamatore)* defamer; libeller.

libello *sm* pamphlet.

libellula *sf* dragon-fly.

liberale *agg (in generale)* liberal; *(politica)* Liberal. □ *sm* Liberal.

liberaleggiante *agg* liberalistic.

liberalismo *sm* liberalism.

liberalità *sf* liberality; generosity.

liberalizzare *vt* to liberalize.

liberalizzazione *sf* liberalization.

liberalmente *avv* liberally; plentifully; abundantly; generously.

liberare *vt* **1** to free; to set* (sb, sth) free; to let* (sb, sth) out *(spec. da una gabbia, dalla prigione);* to release; to liberate *(piuttosto formale, generalm. riferito a nazioni occupate dal nemico): liberare un animale da una trappola,* to free an animal from a trap; to set an animal free — *liberare un paese oppresso,* to free a country from oppression — *liberare uno schiavo,* to free a slave — *liberare la mente da pregiudizi,* to free the mind from (*o* of) prejudice — *Il bambino aprì la gabbia e liberò gli uccellini,* The child opened the cage and set the birds free (and let the birds out) — *liberare qcno dalla prigione,* to release sb from (to let sb out of) prison — *liberare qcno da un'obbligazione, (dir.)* to free (to release) sb from an obligation. **2** *(salvare)* to rescue; to save: *liberare qcno da un pericolo (dalla morte, dalla povertà, ecc.),* to rescue (to save) sb from a danger (from death, poverty, *ecc.*) — *'... Ma liberaci dal male',* '... But deliver us from evil' — *Dio ce ne scampi e liberi!,* God forbid! **3** *(sgombrare)* to clear; *(talvolta)* to free: *liberare la strada dalla neve,* to clear the street of snow — *liberare una stanza (un tavolo, ecc.),* to clear a room (a table, *ecc.*) — *liberare un tubo (intasato),* to clear (to free) a pipe. **4** *(mecc.)* to release; to trip. **5** *(chim., fis.)* to liberate; to give* (sth) off; to release. **6** *(pagare per intero)* to pay* (sth) in full: *azioni liberate,* fully paid-up shares.

□ **liberarsi** *v. rifl* to free oneself (of sth); to get rid (of sth); to rid oneself (of sth): *liberarsi dai debiti,* to free oneself from debt; to rid oneself of debts — *liberarsi dai propri impegni,* to free oneself from one's commitments — *liberarsi di un visitatore importuno,* to get rid of an unwelcome visitor.

liberatore *agg* liberating. □ *sm* liberator.

liberazione *sf* **1** liberation; freeing; release; *(di schiavi)* enfranchisement; emancipation; *(salvezza)* rescue; *(dir.: di un accusato)* discharge: *liberazione da un'ipoteca,* freeing of land from a mortgage. **2** *(lo sbarazzarsi)* riddance. **3** *(sgombero)* clearing. **4** *(chim., fis.: di un gas)* giving off; release; liberation.

libercolo *sm* worthless book.

liberiano *agg e sm* Liberian.

liberismo *sm* free trade.

liberista *sm* free trader.

libero *agg* **1** *(non costretto, autonomo, indipendente, ecc.)* free; *(da ipoteche)* unencumbered: *Vuole sentirsi libero,* He wants to feel free; He doesn't want to feel tied — *libero come l'aria,* (as) free as the wind — *dare libero corso alla fantasia,* to give free rein to one's imagination — *avere campo libero,* to have freedom of action — *libero arbitrio,* free will — *esercizi a corpo libero,* floor exercises; callisthenics — *stile libero, (nuoto)* freestyle — *libero da imposte,* duty-free; exempt from taxation — *libero pensatore,* free-thinker — *libero scambio,* free trade — *Ingresso libero,* Admission free — *libero docente,* qualified university lecturer — *libero professionista,* self-employed person — *essere a piede libero,* to be at liberty — *disegno a mano libera,* free-hand drawing — *in carta libera,* on ordinary paper — *certificato di stato libero,* celibacy certificate.

2 *(non occupato, non impegnato)* - **a)** *(di persona: privo di impegni)* free; not engaged: *Siamo liberi fino all'ora di cena,* We're free (We have nothing to do) until dinner-time — *essere libero, (fuori servizio)* to be off duty — *lasciare libero qcno, (dal lavoro)* to let sb off (work) — *Siete liberi domani sera?,* Are you free tomorrow evening?

b) *(riferito a tempo)* free; off: *tempo libero,* free time; spare time — *Non ho più tempo libero,* I no longer have any free time — *Qual è il tuo giorno libero?,* Which is your day off?

c) *(di luogo: vuoto, a disposizione)* free; vacant; available; *(di tassì)* for hire; *(aperto)* open; *(sgombro)* clear: *È libero questo posto?, (in treno, ecc.)* Is this seat free (*o* taken)? — *Nel mio ufficio non ci sono posti liberi,* There are no vacancies (no jobs available) in my office — *Non ci sono più camere libere in tutto l'albergo,* There are no longer any rooms available (*o* free) in the entire hotel — *Lascialo correre all'aria libera,* Let him run about in the open air — *La strada adesso è libera,* The road is clear now — *segnale di via libera,* green light; all clear — *dare via libera a qcno,* to give sb the green light.

3 *(non legato)* free; loose; *(fig.: senza freno)* loose; uninhibited; unrestrained; *(di versi)* free: *Lascia libero il cane,* Leave the dog loose — *versi liberi,* free verse *(sing.)* — *Il tuo linguaggio è troppo libero,* Your language is too uninhibited (*o* coarse) — *una donna di liberi costumi,* a woman of loose morals; a loose woman.

4 *(mecc.)* free; clear; *(chim.)* free: *ruota libera,* free-wheel — *elemento libero,* free element.

□ *sm (calcio)* sweeper.

libertà *sf* **1** liberty; freedom; release *(di prigioniero)*: *Combatterono per la libertà,* They fought for liberty (for freedom) — *libertà di parola (di pensiero, di culto, di stampa, ecc.),* freedom of speech (of thought, of religion, of the press, *ecc.*) — *libertà di coscienza,* liberty (*o* freedom) of conscience — *limitazione della libertà,* restriction of freedom — *concedere la libertà agli schiavi,* to give slaves their freedom; to free slaves — *mettere i prigionieri in libertà,* to set prisoners at liberty; to set prisoners free; to release prisoners — *ottenere la libertà,* to secure one's liberty — *parlare con libertà,* to speak with freedom (*o* freely) — *in tutta libertà,* freely — *prendersi delle libertà con qcno,* to take liberties with sb — *prendersi la libertà di fare qcsa,* to take the liberty of doing sth. **2** *(licenziosità, scorrettezza)* looseness; broadness; coarseness; licentiousness: *libertà di costumi,* looseness of conduct (of behaviour) — *libertà di discorso,* coarseness (broadness) of speech.

□ *libertà provvisoria, (dir.)* release on bail; *(talvolta, impropriamente)* bail — *mettere qcno in libertà provvisoria,* to let sb out (to release sb) on bail — *accordare a qcno la libertà provvisoria,* to grant sb (to let sb out on) bail — *essere in libertà vigilata,* to be on probation — *mettere in libertà l'accusato,* to discharge (to release) the accused — *trattare qcno con troppa libertà,* to be too familiar (*o* over-familiar) with sb — *mettersi in libertà, (a proprio agio)* to make oneself at home (*o* comfortable); *(cambiandosi i vestiti)* to take off one's formal attire (one's outdoor clothes); to get into sth comfortable — *Avevo la libertà di accettare o no,* I was free to accept or refuse.

libertario *agg* anarchic; anarchical.

liberticida *agg e sm* liberticide.

liberticidio *sm* liberticide.

libertinaggio *sm* licentiousness; licence; libertinage.

libertino *sm* libertine.

libico *agg e sm* Libyan.

libidine *sf* lust; lechery; *(fig.)* lust: *libidine del potere,* lust for power.

libidinosamente *avv* lustfully; lecherously; licentiously.

libidinoso *agg* lustful; lecherous; licentious.

libido *sm* libido.

libra *sf* **1** balance. **2** *(astronomia)* Libra; the Scales *(sing.)*.

libraio *sm* bookseller.

librare *vt* to weigh. □ **librarsi** *v. rifl* to hover.

librario *agg* book *(attrib.)*: *il mercato librario,* the book trade.

libratore *sm* glider.

libreria *sf* **1** *(negozio)* bookshop; bookseller's (shop); bookstore. **2** *(scaffali)* bookcase. **3** *(raccolta di libri)* library. **4** *(stanza o, per estensione, biblioteca)* library.

libresco *agg* bookish.

librettista *sm* librettist.

libretto *sm* **1** booklet; (small) book: *libretto degli assegni,* cheque book — *libretto di banca,* pass-book — *libretto di risparmio,* savings book — *libretto di circolazione,* registration book; log book *(fam.)* — *libretto di lavoro,* employment card. **2** *(mus.: di un'opera)* libretto.

libro *sm* **1** book: *libro di testo,* text-book — *libro illustrato,* picture (*o* illustrated) book; book with illustrations — *libro di devozione, di preghiere,* prayer-book — *libro usato,* second-hand book — *libro delle ore,* Book of Hours — *È sempre stato un libro chiuso per me, (fig.)* He has always been a closed book to me — *divorare un libro,* to read a book at a sitting — *divulgare un libro,* to make a book known — *recensire un libro,* to review a book — *parlare* *come un libro stampato,* to talk like a book. **2** *(registro)* register; book; roll: *libro battesimale,* baptismal register — *libro di bordo,* log book; log — *libro catastale,* property register; catastal register — *libri sociali, (comm.)* corporate books — *libro a madre e figlia, (comm.)* counterfoil book — *libro di cassa, (comm.)* cash-book; account-book — *tenere il libro di cassa,* to keep the accounts (the books) — *mettere a libro,* to book; to enter — *libro d'oro,* social register; bluebook *(USA); (di atleti, ecc.)* roll of fame — *libro genealogico,* stud book; *(di bovini)* herd book — *libro mastro,* ledger — *libro paga,* pay-roll — *libro nero,* black list; black book; *(per estensione)* police records *(pl.);* 'rogues' gallery' *(fam.)* — *essere nel libro nero di qcno,* to be in sb's black book (*o* bad books) — *Non sono nel suo libro,* I am not in his good books. **3** *(bot.)* liber *(lat.).*

□ *libro bianco (governativo),* White Paper — *libro azzurro,* blue book — *libro da messa,* missal — *libro giallo (o poliziesco),* thriller; detective story — *libro manoscritto,* manuscript — *porta a libro,* accordion door; folding door.

licantropia *sf* lycanthropy.

licantropo *sm* lycanthrope; *(nel linguaggio comune)* werewolf *(pl.* werewolves*).*

liccio *sm* heddle; heald.

liceale *agg* grammar-school *(attrib.);* high-school *(attrib.).*

□ *sm* high- (*o* secondary-, grammar-) school student (*o* boy, girl).

liceità *sf* lawfulness.

licenza *sf* **1** permission; leave: *licenza di parlare,* leave to speak; permission to speak — *con vostra licenza,* with your permission; *(talvolta)* by your leave — *con licenza parlando,* if you'll excuse (if you don't mind) my saying so. **2** *(dir., comm., ecc.)* licence (*USA* license); permit: *licenza di porto d'armi,* licence to carry arms; gun licence — *licenza di fabbricazione,* manufacturing licence — *licenza di caccia (pesca),* shooting (fishing) licence (*o* permit) — *licenza d'importazione,* import licence (*o* permit) — *licenza esclusiva (non esclusiva), (comm.)* exclusive (*o* sole) (non-exclusive) licence — *sotto licenza, (comm.)* under licence — *licenza d'esercizio, (comm.)* trading licence; licence to carry on business — *licenza matrimoniale,* marriage licence — *chiedere una licenza,* to apply for a licence — *ottenere una licenza,* to be granted a licence — *concedere una licenza,* to grant a licence — *togliere la licenza a qcno,* to take away sb's licence — *essere munito di regolare licenza (a vendere qcsa),* to be licensed (to sell sth). **3** *(permesso di assentarsi, spec. mil.)* leave; furlough *(USA): Il soldato chiese una licenza,* The soldier asked for leave — *Andò a casa in licenza,* He went home on leave — *una licenza di dieci giorni,* ten days' leave — *prendersi una licenza,* to take leave — *licenza per malattia,* sick leave. **4** *(eccessiva libertà, licenziosità)* licence; licentiousness: *Le licenze della ragazza scandalizzarono il paese,* The girl's licentiousness scandalized the village. **5** *(diploma)* school-leaving certificate; diploma: *licenza media,* (middle) school leaving certificate. **6** *(poesia)* envoy; envoi *(fr.).*

licenziamento *sm* dismissal; discharge; sacking *(fam.): licenziamento in tronco,* instant dismissal.

licenziare *vt* **1** *(congedare)* to dismiss; to send* (sb) away; to say* goodbye (to sb). **2** *(mettere fine a un rapporto di lavoro)* to dismiss; to fire *(fam.);* to sack *(fam.); (un funzionario, anche)* to cashier: *licenziare qcno in tronco (su due piedi),* to dismiss sb on the spot. **3** *(conferire un diploma)* to grant a diploma.

□ *licenziare le bozze (per la stampa),* to pass proofs (for the press).

□ **licenziarsi** *v. rifl* **1** *(accomiatarsi)* to take* one's leave; to take* leave; to go* away. **2** *(da un impiego)* to leave*; to resign; to give* up one's job; to collect one's cards *(fam.).* **3** *(conseguire un diploma)* to take* a diploma (a certificate).

licenziatario *sm* licensee.

licenziosamente *avv* licentiously.

licenziosità *sf* licentiousness.

licenzioso *agg* licentious; dissolute.

liceo *sm* **1** high (*o* secondary) school; *(talvolta)* lycée; *(riferito al Regno Unito)* grammar school; high school. **2** *(storia greca)* Lyceum. □ *liceo musicale,* Academy of Music.

lichene *sm (med. e bot.)* lichen.

licitazione *sf* **1** *(offerta all'asta)* bid; *(vendita)* sale by auction: *mettere qcsa in licitazione,* to put sth up for auction. **2** *(nel bridge)* bid.

lido *sm* shore; beach: *prendere il volo per altri lidi, (fig.)* to set out for foreign parts — *ritornare ai patri lidi,* to return to one's native land (*o* shores). □ *il Lido (di Venezia),* the Lido.

lieto *agg* **1** *(contento)* glad; pleased; delighted: *Sono veramente lieto di vederti,* I am really delighted to see you — *Molto lieto!; Lieto di conoscerLa!,* How do you do? **2** *(allegro, felice)* happy; cheerful: *un lieto evento,* a happy event — *... a lieto fine,* ... with a happy ending — *una lieta novella,* a good piece of news — *una lieta accoglienza,* a hearty welcome — *essere (farsi) tutto lieto,* to be (to become) full of joy.

lieve *agg* **1** light; slight; *(delicato)* gentle; delicate; *(debole)* faint. **2** *(trascurabile)* trifling; slight. **3** *(non difficile)* easy.

lievemente *avv* **1** *(in modo leggero)* lightly; delicately; softly; *(in modo debole)* faintly. **2** *(un po')* slightly; a little; somewhat; rather.

lievità *sf* **1** *(leggerezza)* lightness. **2** *(fig.)* levity; *(debolezza)* weakness.

lievitare *vt* to leaven. □ *vi* to rise*.

lievitazione *sf* **1** *(il gonfiarsi)* leavening. **2** *(comm., econ.: aumento)* rise.

lievito *sm* **1** yeast; leaven: *lievito in polvere,* baking powder — *pane senza lievito,* unleavened bread. **2** *(fig.)* stimulus; incitement; ferment.

lift *sm (vocabolo inglese, non usato in queste accezioni in quella lingua)* **1** lift-boy. **2** *(tennis)* top spin.

ligio *agg* faithful; loyal.

lignaggio *sm* lineage; descent.

ligneo *agg* wooden; *(simile a legno)* woody; ligneous.

lignite *sf* lignite.

lilla *sf (bot.)* lilac. □ *sm (colore)* lilac.

lillipuziano *agg* Lilliputian.

lima *sf* file: *lima triangolare,* three-square file — *lima da legno,* rasp — *lima (limetta) per le unghie,* nail-file — *lima sorda,* silent file; *(fig.)* nagging thought — *lavoro di lima,* finishing touches *(pl.).*

limaccioso *agg* slimy.

limare *vt* **1** to file: *limarsi le unghie,* to file one's nails. **2** *(fig.)* to polish.

limatore *sm* **1** filer. **2** *(fig.)* polisher.

limatrice *sf (mecc.)* shaper; shaping machine.

limatura *sf* **1** filing. **2** *(polvere)* filings *(pl.).*

limbo *sm* limbo; *(religione)* Limbo: *Va' al limbo!,* Go to hell!

[1]**limetta** *sf (per le unghie)* nail-file.

[2]**limetta** *sf (bot.)* sweet lemon.

[1]**limitare** *sm* threshold: *essere sul limitare della vita,* to be on the threshold of life.

[2]**limitare** *vt* to limit; to restrict; *(ridurre)* to curtail; to reduce; *(frenare)* to curb; *(delimitare)* to bound. □ **limitarsi** *v. rifl* **1** to limit oneself; to confine oneself: *Si limitò a fare alcune osservazioni,* He confined himself to (*o* to making) a few remarks. **2** *(contenersi)* to stint oneself.

limitatamente *avv* **1** *(non eccessivamente)* not excessively; to a certain (*o* limited) degree. **2** *(con limitazione a)* limited to; restricted to.

limitatezza *sf* narrowness.

limitativo *agg* limiting; limitative; restrictive.

limitato *p. pass e agg* limited; *(definito)* definite; finite; *(esiguo)* modest; scanty; *(stretto)* narrow; small: *di vedute molto limitate,* narrow-minded; parochial.

limitatore *sm (mecc.)* limiting device; *(elettr.)* limiter.

limitazione *sf* limiting; limitation; limit; control; *(restrizione)* restriction; *(delle spese)* retrenchment: *limitazione delle nascite,* birth control — *limitazione degli armamenti,* arms control.

limite *sm* **1** limit; bound *(generalm. al pl.: piuttosto lett. e in certe locuzioni fisse);* boundary (*in senso concreto:* ⇨ *anche il* **3**): *limite di velocità,* speed limit; maximum limit — *limite di peso,* weight limit — *limite di sicurezza,* safety limit — *Dovremmo porre un limite alle spese,* We should set a limit to (our) expenditure — *porre un limite alla prepotenza di qcno,* to set bounds to sb's arrogance — *La sua cupidigia non conosce limiti,* His greed knows no limits (no bounds) — *Anche la mia tolleranza ha un limite!,* There is a limit even to my tolerance! — *i limiti della mente umana,* the boundaries of the human mind — *Vi prego di mantenervi nel limite del ragionevole,* Please keep within the bounds of reason — *entro certi limiti,* within certain limits — *entro i limiti fissati,* within bounds — *senza limite,* without limit; boundless — *Questo passa ogni limite!,* That's the limit! — *fuori dai limiti (di accesso),* out of bounds; off limits — *passare i limiti (ogni limite),* to pass all bounds; to go too far; to be beyond the bounds — *oltrepassare il limite,* to overstep the limit (the mark) — *agire nei limiti d'un mandato,* to act within the limits of one's powers — *limite inferiore d'una funzione, (in matematica)* lower limit. **2** *(detto delle capacità ecc. di una persona)* limitation; limit: *Conosco bene i suoi limiti,* I am well aware of his limitations. **3** *(confine, limite di demarcazione)* boundary; line; *(di nazione)* border: *Questo ruscello fa da limite tra le mie terre e le sue,* This stream forms a boundary between my land and his — *i limiti di una proprietà,* the boundary (the bounds) of an estate — *limiti di proprietà, (topografia)* land boundary — *limite delle nevi perenni,* snow-line — *limite della vegetazione arborea,* tree-line. □ *limite (limiti) d'età,* pensionable age; retirement age — *limite della zona di silenzio, (radio)* skip distance — *limite di rottura,* breaking point — *caso limite,* extreme case.

limitrofo *agg* bordering; neighbouring; adjacent.

limo *sm* slime; mud; mire; *(geologia)* silt.

limonare *vi (fam.)* to pet; to cuddle.

limonata *sf* lemonade; *(spremuta)* lemon juice.

limone *sm* **1** *(il frutto)* lemon: *succo di limone,* lemon juice — *spremuta di limone,* freshly squeezed lemon juice — *spremere qcno come un limone, (fig.)* to squeeze (to suck) sb dry — *un limone spremuto, (fig.)* a person who has been sucked (*o* squeezed) dry. **2** *(l'albero)* lemon tree; lemon.

limonite *sf* limonite.

limosità *sf* sliminess; muddiness.

limoso *agg* slimy; muddy.

limpidamente *avv* clearly; limpidly.

limpidezza *sf* limpidity; purity; transparency; clearness.

limpido *agg* clear *(anche fig.);* transparent; limpid *(lett.); (del cielo, degli occhi, di liquidi)* limpid: *una coscienza limpida,* a clear conscience.

lince *sf* lynx: *avere occhi di lince, (fig.)* to be lynx-eyed.

linceo *agg* lynx-like; lynx *(attrib.).*

linciaggio *sm* lynching.

linciare *vt* to lynch.

linciatore *sm* lyncher.

lindezza *sf* neatness; cleanliness; trimness.

lindo *agg* neat; clean; trim; spick and span *(fam.).*

linea *sf* **1** line *(vari sensi); (nell'alfabeto Morse)* dash: *tracciare una linea,* to draw a line — *linea retta (curva),* straight (curved) line — *linea punteggiata,* dotted line — *linea tratteggiata,* dashed (*talvolta* pecked) line — *mettersi in linea,* to line up — *linea della vita,* line of life; life-line — *linea maschile,* male line — *linea d'acqua (d'immersione),* water-line — *linea di alimentazione, (elettr.)* feeder line; mains — *linea di confine,* boundary line; border — *linea di lavorazione,* processing line — *linea di montaggio,* assembly line — *una nuova linea di prodotti, (comm.)* a new range (*o* line); a new product line; a new line of products — *linea di mira, (mil.)* line of sight — *linea di rottura,* break line; continuous way line — *linea elettrica,* electric line — *linea isolata, (elettr.)* insulated line — *linea spartitraffico,* traffic line — *seguire la linea del partito,* to follow (*fam.* to toe) the party line — *linea di volo,* line of flight. **2** *(linea di comunicazione)* line: *linea aerea,* air line; airline — *linea ferroviaria,* railway line (*o* track); railroad line *(USA)* — *linea sotterranea, (metropolitana)* underground line; subway *(USA)* — *linea interurbana, (telefonia)* long-distance line; toll line *(USA)* — *linea principale, (telefonia)* trunk line; main line — *linea tranviaria,* tram line; streetcar line *(USA); (di autobus)* bus route — *aeroplano di linea,* airliner — *nave di linea,* liner — *servizi di linea,* regular services — *linea di rotta,* (ship's) course; heading — *La linea (ferroviaria) è interrotta,* The line is up — *La linea è occupata, (telefonia)* The line is engaged *(USA* busy*)* — *Non riesco ad avere la linea,* I can't get through. **3** *(mil., sport, ecc.)* line: *vascello di linea,* ship of the line — *soldati di linea,* infantry; front line troops — *una sconfitta su tutta la linea,* a defeat all along the line; a total defeat — *essere in prima linea,* to be in the front line — *linea di attacco, (sport)* forward line — *linea di difesa, (sport)* the backs; the defence — *linea di partenza, (traguardo)* starting (finishing) line — *linea di fondo, (calcio, hockey)* goal line; *(rugby)* dead ball line; *(tennis)* base line — *linea di meta, (rugby)* goal line — *linea di metà campo, (calcio, ecc.)* half-way line — *linea di servizio, (tennis)* service line. **4** *(figura)* figure: *mantenere la linea,* to keep one's figure — *rovinarsi la linea,* to ruin one's figure — *Non hai problemi di linea!,* You don't have to worry about your figure! □ *in linea d'aria,* as the crow flies — *linea spartiacque,* watershed — *in linea di massima,* as a rule — *tracciare qcsa a grandi linee,* to outline sth; to trace the broad outline of sth — *avere qualche linea di febbre,* to have a slight temperature — *passare in seconda linea,* to become of secondary importance.

lineamenti *sm pl* **1** features; lineaments *(non comune).* **2** *(fig.)* outlines.
lineare *agg* **1** linear. **2** *(fig.)* coherent; logical.
linearità *sf* **1** linearity. **2** *(fig.)* coherence.
linearmente *avv* **1** in linear fashion. **2** *(fig.: in modo coerente)* coherently; logically.
lineetta *sf (tratto lungo)* dash; *(trattino d'unione)* hyphen.
linfa *sf* **1** *(bot. e fig.)* sap. **2** *(anat.)* lymph.
linfatico *agg* lymphatic.
□ *sm* **1** lymphatic (*o* sluggish) person. **2** *(anat.)* lymphatic vessel.
linfatismo *sm* lymphatism.
linfocito *sm* lymphocyte.
linfogranuloma *sm* Hodgkin's disease.
lingotto *sm (di oro, d'argento, ecc.)* bar; ingot; *(talvolta al pl.)* bullion *(sing.).*
lingua *sf* **1** *(anat., cucina e fig.)* tongue: *tirare fuori la lingua,* to put (to stick) one's tongue out (at sb) — *con tanto di lingua fuori,* with one's tongue hanging out — *Ha una lingua mordace,* She has a sharp tongue; She is sharp-tongued — *mala lingua,* scandalmonger — *Che lingua!,* What a chatterbox! — *Che lingua lunga!,* Don't you (Doesn't he, *ecc.*) ever stop talking?; What a gossip! — *Si sarebbe morsicato la lingua, (fig.)* He could have bitten his tongue — *avere la lingua sciolta,* to have a ready tongue — *Hai perso la lingua?,* Have you lost your tongue? — *frenare (tenere a posto) la lingua,* to hold one's tongue — *Ce l'ho sulla punta della lingua,* I have it on the tip of my tongue — *Il bambino ha la lingua sporca, (patinosa)* The child's tongue is coated — *lingua glaciale,* ice tongue — *lingua di bue,* ox-tongue — *lingua salmistrata,* corned tongue — *una lingua di fuoco,* a tongue of flame — *una lingua di terra,* a promontory; a tongue of land — *lingua cervina, (bot.)* hart's tongue — *lingue di gatto,* finger biscuits — *lingua delle donne, (giocattolo)* carnival whistle — *Ferisce più la lingua che la spada, (prov.)* The pen is sharper than the sword — *La lingua batte dove il dente duole, (prov.)* The tongue ever turns to the aching tooth.
2 *(linguaggio)* language; *(in certe espressioni)* tongue: *lingua morta,* dead language — *lingua franca,* lingua franca — *i popoli di lingua inglese,* the English-speaking peoples — *La sua lingua madre è il francese,* French is his mother tongue — *studia lingue, (all'università)* He's doing (He's reading) modern languages — *avere un dono per le lingue,* to have a flair (a gift) for languages.
linguaccia *sf (malalingua)* slanderer; backbiter.
linguacciuto *agg* slanderous; gossipy.
linguaggio *sm* language; *(gergo)* jargon; slang: *parlare lo stesso linguaggio, (fig.)* to speak the same language — *linguaggio forense,* legal parlance — *linguaggio infantile,* baby talk — *linguaggio giornalistico,* journalese *(spreg.)* — *linguaggio burocratico,* officialese *(spreg.)* — *esprimersi con un linguaggio indistinto,* to speak indistinctly — *in linguaggio corrente,* in common parlance; in everyday speech.
linguale *agg* lingual.
linguella *sf* **1** *(filatelia)* hinge. **2** *(striscia di feltro)* filtering wick.
linguetta *sf* **1** *(di scarpa)* tongue. **2** *(di una pellicola)* leader. **3** *(di strumento)* reed. **4** *(mecc.)* tang; tongue; *(di rondella)* tab.
linguiforme *agg* tongue-shaped; linguiform.
linguista *sm e f.* linguist.
linguistica *sf* linguistics *(col v. al sing.): linguistica applicata,* applied linguistics.
linguistico *agg* linguistic; language *(attrib.).*
linimento *sm* liniment.
lino *sm (bot.)* flax; *(tessuto)* linen: *filatura del lino,* flax spinning — *fazzoletto di lino,* linen handkerchief.
□ *olio di lino,* linseed oil.
linoleum *sm* linoleum; lino *(fam.).*
linotipia *sf* **1** *(procedimento)* linotyping. **2** *(stabilimento)* linotype shop.
linotipista *sm* linotypist; linotyper.
liocorno *sm* unicorn.
liofilizzare *vt* to lyophilise; to freeze-dry.
lipidi *sm pl* lipids.
liquame *sm* liquid sewage.
liquefare *vt* to liquefy; *(sciogliere)* to melt.
□ **liquefarsi** *v. rifl* to liquefy; *(sciogliersi)* to melt.
liquefazione *sf* liquefaction; melting.
liquidabile *agg* able to be settled (*o* paid).
liquidare *vt* **1** *(uccidere)* to eliminate; to kill; to do* away (with sb); to liquidate. **2** *(sbarazzarsi di una persona)* to get* rid (of sb); *(di una faccenda)* to bring* sth to an end; to tie sth up; to settle. **3** *(pagare, regolare)* to pay*; to settle. **4** *(vendere tutto)* to liquidate *(non comune);* to put* into liquidation; to wind* sth up; to sell* sth off; to clear: *liquidare una società, (comm.)* to liquidate (to wind up) a company.
liquidatore *sm* liquidator.
liquidazione *sf* **1** *(di una ditta)* winding up; *(se fallita)* liquidation. **2** *(di debiti, patrimonio)* settling; settlement; liquidation. **3** *(di merce)* clearance sale. **4** *(indennità)* severance pay; *(se cospicua)* golden handshake *(fam.).*
liquidità *sf* liquidity.
liquido *sm* **1** liquid. **2** *(denaro contante)* ready money; cash; liquid *(sl.).*
□ *agg* **1** liquid. **2** *(comm.)* ready; available.
liquirizia *sf* liquorice (*USA* licorice).
liquore *sm (aromatizzato)* liqueur; *(al pl.: bevande alcooliche in genere)* liquors; spirits *(GB);* liquor *(USA).*
liquoroso *agg (riferito spec. a vini)* sweet; syrupy.
[1]**lira** *sf* **1** *(mus.)* lyre: *uccello lira,* lyre-bird. **2** *(poesia)* poetry.
[2]**lira** *sf* **1** *(moneta italiana e turca)* lira *(pl.* lire, liras*); (di altri paesi)* pound: *un biglietto da diecimila lire,* a ten thousand lira note — *lira sterlina,* pound sterling. **2** *(fig.: denaro)* penny; cent: *non avere una lira,* to be penniless; not to have a cent — *non valere una lira,* to be worthless.
lirica *sf* **1** lyric poetry; *(componimento lirico)* lyric. **2** *(mus.)* opera.
liricamente *avv* lyrically.
lirico *agg* **1** lyric; lyrical. **2** *(mus.)* opera *(attrib.): teatro lirico,* opera house.
lirismo *sm* lyricism.
lisca *sf* **1** *(di pesce)* fishbone; bone. **2** *(della canapa)* tow.
lisciare *vt* **1** *(rendere liscia una superficie)* to smooth; *(piallare)* to plane; to shave; *(levigare, rendere lucido)* to polish; *(brunire)* to burnish: *lisciarsi i capelli,* to smooth down one's hair — *lisciare un'asse di legno,* to plane a board — *lisciare un muro,* to trowel off a wall; to finish a wall — *lisciare il proprio stile, (fig.)* to polish (up) one's style. **2** *(accarezzare)* to stroke; to pat; *(di animale: leccare)* to lick; to clean: *lisciare un cane,* to stroke (to pat) a dog — *La mia gatta liscia sempre i gattini,* My cat is always cleaning (*o* licking) her kittens. **3** *(fig.: adulare)* to flatter; to coax.

□ **lisciarsi** *v. rifl* to preen oneself; to dress oneself with care; to smarten (to doll) oneself up *(fam.).*

lisciata *sf* **1** smoothing: *darsi una lisciata ai capelli,* to smooth down one's hair. **2** *(fig.)* flattery.

lisciatura *sf* **1** smoothing; *(del pelo di un animale)* sleeking; *(ottenuta piallando)* planing; *(lucidatura)* polishing; glossing. **2** *(fig.)* flattering.

liscio *agg* **1** smooth *(anche fig.): fucile a canna liscia,* smooth-bore gun. **2** *(di capelli)* straight. **3** *(di liquore)* neat; straight. □ *ballo liscio,* ballroom dancing — *liscio come l'olio, (fig.)* without a hitch — *andar tutto liscio,* to go very smoothly; to go like clockwork — *passarla liscia,* to get away with it; to get off scot-free *(fam.).*

liscivia *sf* lye.

lisciviare *vt* to wash in lye; to lixiviate *(raro).*

liscoso *agg* full of bones *(predicativo).*

liso *agg* worn; worn out; threadbare.

lisoformio *sm* lysoform.

lista *sf* **1** *(striscia)* strip; *(fascia)* stripe; band; *(riga)* line. **2** *(elenco)* list; *(registro)* register; roll: *lista nera,* black list — *lista di trasferimento, (calcio)* transfer list — *lista dei vini,* wine list — *lista delle vivande (lista del giorno),* menu — *lista degli invitati,* guest list — *lista di nozze,* list of (objects desired as) wedding presents — *lista elettorale, (degli elettori)* electoral register (*o* roll); *(dei candidati)* list (*o* roll) of candidates. **3** *(conto)* bill.

listare *vt* **1** to border; to edge: *listato a lutto,* black-edged. **2** *(registrare)* to list.

listello *sm (archit.)* listel; fillet.

listino *sm* list: *listino prezzi,* price-list — *prezzo di listino,* list price — *listino di Borsa,* Stock Exchange list.

litania *sf* **1** litany. **2** *(fig.)* rigmarole; *(sfilza)* string. □ *lungo come una litania,* never-ending.

lite *sf* **1** *(baruffa)* row; *(zuffa)* brawl; quarrel; *(controversia)* controversy; *(disputa)* argument; *(contrasto)* violent disagreement: *attaccar lite (con qcno),* to pick (to start) a quarrel (with sb) — *metter fine a (comporre) una lite,* to make up (to end) a quarrel. **2** *(dir.)* law-suit; action: *intentar lite a qcno,* to go to law with sb.

litigante *sm* disputant; *(dir.)* litigant: *Tra i due litiganti il terzo gode, (prov.)* While two dogs fight over a bone, the third takes it.

litigare *vi* to quarrel; to argue; *(più forte)* to row; *(discutere)* to debate; to dispute; *(dir.)* to litigate; to go* to law: *litigare per futili motivi,* to quarrel over trifles. □ **litigarsi** *v. reciproco (disputarsi)* to quarrel (over sth); to argue (about sth).

litigio *sm* quarrel; dispute; altercation.

litigiosamente *avv* **1** quarrelsomely; litigiously. **2** *(dir.)* contentiously.

litigioso *agg* **1** quarrelsome; litigious. **2** *(dir.)* contentious.

litografare *vt* to lithograph.

litografia *sf* **1** *(procedimento)* lithography. **2** *(singola riproduzione)* lithograph. **3** *(stabilimento)* lithographic printing works.

litografico *agg* lithographic.

litorale *agg* coastal; coast *(attrib.);* littoral *(non comune).*
□ *sm* coast; shore; littoral *(non comune): il litorale tirrenico,* the Tyrrhenian coast.

litoraneo *agg (attrib.)* shore; coast.

litosfera *sf* lithosphere.

litro *sm* litre, *(USA)* liter.

littore *sm (stor. romana)* lictor.

littorina *sf* (diesel) rail-car.

littorio *agg* **1** *(stor. romana)* lictorian. **2** *(stor. ital. = fascista)* Fascist.

lituano *agg e sm* Lithuanian.

liturgia *sf* liturgy.

liturgicamente *avv* liturgically.

liturgico *agg* liturgical.

liturgista *sm* liturgist.

liutaio *sm* lute-maker.

liutista *sm* lutanist; lute-player.

liuto *sm* lute.

livella *sf* level: *livella a bolla d'aria,* spirit level.

livellamento *sm* levelling.

livellare *vt* to level *(anche fig.).*
□ **livellarsi** *v. rifl* to become* level; *(fig.)* to become* equal; to even out; to balance (out).

livellatore *agg* levelling. □ *sm* leveller.

livellatrice *sf (mecc.)* bulldozer; grader.

[1]**livello** *sm* level *(anche nel senso di grado): il livello del fiume,* the level of the river — *sul (sotto al) livello del mare,* above (below) sea level — *livello culturale,* cultural level — *mettere tutto sullo stesso livello,* to bring everything down to the same level — *consultazioni a livello ministeriale,* consultations at cabinet level — *ad alto livello, (se si tratta di un giudizio qualitativo)* high-level *(attrib.);* of a high standard; *(riferito al grado)* top-level *(attrib.); (al vertice)* summit *(attrib.)* — *conversazioni ad alto livello,* top-level talks. □ *livello massimo,* peak; high; *(di prezzi)* ceiling — *livello minimo,* low; *(di prezzi)* floor — *livello di guardia,* danger level — *livello di piena,* high-water mark — *curva di livello, (isoipsa)* contour line — *indicatore di livello,* level gauge — *passaggio a livello,* level crossing.

[2]**livello** *sm (dir.)* perpetual lease; emphyteusis.

lividamente *avv* lividly *(solo fig.).*

lividezza *sf* lividness.

livido *agg* livid *(anche fig.);* white: *essere livido di rabbia,* to be livid (*o* white) with rage.
□ *sm* bruise.

lividura *sf* bruise.

livore *sm* livid envy.

livrea *sf* **1** livery: *non portare la livrea di nessuno,* to be one's own master. **2** *(di uccelli)* plumage; *(di animali)* coat.

lizza *sf (letteralm. e fig.)* lists *(pl.): entrare (scendere) in lizza,* to enter the lists.

[1]**lo** *art determinativo m. sing* ⇨ **il, lo.**

[2]**lo** *pron personale m., 3ª persona sing* **1** *(come compl. oggetto, riferito a persona)* him: *Il Presidente? Lo vedo tutte le mattine,* The Chairman? I see him every morning. **2** *(riferito a cosa o animale)* it: *Lo mangerò stasera,* I shall eat it this evening — *Daglielo!;* Give it to him!; Give him it!; Give it him! *(meno comune)* — *Vuoi il giornale? - Eccolo!,* Do you want the paper? - Here it is. **3** *(nel significato di 'ciò', 'questo', 'quella cosa')* that; it; so *(così): Me lo disse ieri,* He told me that (*o* so) yesterday — *Non dirlo!,* Don't say it (*o* that)! — *Te lo dicevo io!,* I told you so! — *Lo si dice dappertutto,* So they say everywhere. **4** *(talvolta non lo si traduce, spec. quando si riferisce ad un'intera frase o ad un concetto già espressi) Non lo so,* I don't know — *Dimmelo, vuoi veramente bene a Gianni?,* Tell me, do you really love Gianni? — *Non lo vedi che è inutile insistere?,* Don't you see that it's useless to insist? — *Sembra forte ma non lo è,* He looks strong but he isn't.

lobbia *sf* Homburg (hat).

lobo *sm* lobe.

locale *agg* local.
□ *sm* **1** *(stanza)* room. **2** *(luogo pubblico)* place; *(al pl.)* premises: *locale notturno,* night club; night spot *(sl.)* — *la pianta dei locali,* the plan of the premises. **3** *(treno)* slow (*o* stopping) train; way train *(USA).*

località *sf* place; locality; *(di villeggiatura)* resort.

localizzare *vt* **1** *(circoscrivere)* to localize. **2** *(determinare la posizione)* to locate. **3** *(situare)* to locate.

localizzazione *sf* **1** *(il circoscrivere)* localization. **2** *(determinazione di posizione)* location; position finding. **3** *(il situare)* location. **4** *(med.)* localization.

localmente *avv* locally.

locanda *sf* inn.

locandiera, locandiere *sf e m.* innkeeper.

locandina *sf* handbill; poster; *(per reclamizzare uno spettacolo teatrale)* playbill.

locare *vt (beni mobili)* to hire (out); *(beni immobili)* to rent; *(per un breve periodo)* to hire (out).

locatario *agg e sm (di beni mobili)* hirer; *(di beni immobili)* lessee; *(inquilino)* tenant *(più comune); (talvolta)* licensee.

[1]**locativo** *agg (dir.)* rentable.

[2]**locativo** *agg e sm (gramm.)* locative.

locatore *sm (di beni mobili)* hirer (out); *(di beni immobili)* landlord; lessor.

locazione *sf (di beni mobili)* contract of hire; *(di beni immobili)* lease; licence.

locomotiva *sf,* **locomotore** *sm,* **locomotrice** *sf* locomotive; engine: *locomotiva a vapore,* steam locomotive.

locomozione *sf* locomotion: *mezzi di locomozione,* means of transport.

loculo *sm* **1** burial niche (*o* recess). **2** *(bot.)* loculus *(lat.: pl.* loculi*).*

locusta *sf* locust.

locuzione *sf* expression; locution.

lodabile *agg* praiseworthy; laudable.

lodare *vt* **1** to praise; *(encomiare)* to commend; *(approvare)* to approve of: *Lo lodai per il suo lavoro,* I praised him for his work — *I suoi prodotti furono lodati in parecchie mostre internazionali,* His products were commended in many international exhibitions. **2** *(celebrare con preghiere)* to praise; to thank; to laud *(ant.): Sia lodato il Cielo per questa bella fortuna!,* Thank God (Thank heavens, Praise be to God) for this stroke of luck! — *Dio sia lodato!, (finalmente)* At last!; Thank God! — *Sia lodato Gesù Cristo,* Jesus Christ be praised; God be praised; Praise be to God.
□ **lodarsi** *v. rifl* **1** to boast; to praise oneself: *Non sa fare altro che lodarsi,* He does nothing but blow his own trumpet (sing his own praises) — *Chi si loda s'imbroda* ⇨ **imbrodare. 2** *(compiacersi)* to be* pleased (with sth); to congratulate (sb on sth): *Non posso che lodarmi del tuo impegno,* I cannot be anything but pleased with your diligence; I cannot but congratulate you on your diligence.

lodatore *sm* praiser.

lode *sf* **1** praise; *(approvazione entusiastica)* commendation; *(per estensione: merito)* praise; merit: *un canto (celebrativo) in lode degli antenati,* a song in praise of one's ancestors — *degno di lode,* worthy of praise — *senza infamia e senza lode,* without (either) praise or blame — *a lode del vero,* to tell the truth — *un coro di lodi,* a chorus of praise *(sing.)* — *una laurea con lode,* a first-class degree; a full-honours degree; a degree 'summa cum laude' *(USA)* — *cantare (tessere) le lodi di qcno,* to sing (to be loud in) sb's praises — *cantare le proprie lodi,* to blow one's own trumpet — *enumerare le lodi di qcno,* to enumerate sb's merits — *essere oggetto di lode; riscuotere le lodi,* to be much praised; to be highly commended — *tornare a lode di qcno,* to be much to sb's merit (*o* credit). **2** *(preghiera, canto religioso di ringraziamento)* praise; prayer; hymn: *dar lode a Dio,* to praise (to thank) God — *innalzare una lode alla Vergine,* to sing a song of praise (to offer up praise) to Our Lady (to the Holy Virgin). **3** *(mus., al pl.: per 'laudi')* lauds.

lodevole *agg* praiseworthy; laudable; commendable.
□ *sm (voto scolastico)* excellent.

lodevolmente *avv* laudably; commendably; admirably.

lodola *sf* lark; skylark.

logaritmico *agg* logarithmic.

logaritmo *sm* logarithm.

loggia *sf* **1** *(archit.)* loggia *(pl.* loggias *o* loggie*);* balcony. **2** *(massonica)* lodge. **3** *(bot.)* loculus *(pl.* loculi*).* **4** *(anat.)* cavity.

loggiato *sm* portico; (open) gallery.

loggione *sm* gallery *(anche gli spettatori);* the gods *(sl.).*

logica *sf* logic: *logica matematica,* symbolic logic — *grande capacità di logica,* great power of reasoning — *logica stringente,* strict logic (reasoning) — *a fil di logica; secondo logica; a rigor di logica,* logically; logically speaking — *essere privo di logica,* to be illogical — *la logica dei fatti,* the logic of events.

logicamente *avv* **1** *(in modo logico)* logically. **2** *(a fil di logica, secondo logica)* logically; logically speaking. **3** *(ovviamente)* obviously; of course.

logicità *sf* logicality.

logico *agg* **1** logical: *una conclusione logica,* a logical conclusion. **2** *(fam.: naturale)* natural; *(ovvio)* obvious: *È logico bere quando si ha sete,* It is quite natural to drink when one is thirsty.

logistica *sf* logistics *(col v. al sing.).*

logistico *agg* logistic(al).

loglio *sm* darnel. □ *distinguere il grano dal loglio, (fig.)* to sort the wheat from the chaff; to separate the sheep from the goats.

logoramento *sm* wearing out; *(mecc.)* wear and tear *(anche fig.).*

logorare *vt* **1** to wear*; to wear* (sth, sb) out; *(intaccare)* to impair; to undermine; to affect; to ruin: *Quel lavoro lo logorò,* That work wore him out — *Logorammo tutte le nostre energie in tentativi inutili,* We used up all our energy in useless efforts — *logorare le scarpe (i vestiti),* to wear out one's shoes (one's clothes) — *logorare i tacchi,* to wear down one's heels — *logorarsi i gomiti,* to wear through (at) the elbows — *logorare la resistenza di qcno,* to wear down sb's resistance — *La sua salute fu logorata dai molti piccoli acciacchi,* His health was impaired (*o* undermined) by many small infirmities — *logorato dalle molte prove della vita,* worn out by the many trials of life — *Questo percorso logora molto le macchine,* This route is very hard on cars — *logorarsi l'anima per ottenere qcsa,* to work oneself to the bone to get sth — *logorarsi la vista,* to ruin one's sight — *logorarsi la salute,* to impair (to undermine) one's health — *logorarsi la vista,* to impair one's sight; to ruin one's eyes. **2** *(sciupare)* to waste; *(sperperare)* to fritter away: *logorare il proprio ingegno,* to waste one's talents.
□ **logorarsi** *v. rifl* **1** *(di cose)* to wear* out; to wear* down: *Questa stoffa si logora troppo facilmente,* This material wears out too quickly. **2** *(di persona)* to wear* oneself out: *Mi sto logorando in un lavoro im-*

possibile, I am wearing myself out in an impossible task.

logorio *sm* wear and tear; strain: *il logorio della vita moderna,* the strain of modern life.

logoro *agg* worn; worn-out; *(specialm. di stoffe)* worn through; threadbare; outworn; *(fuori moda)* shabby; *(tutto rovinato)* battered; *(fig.)* worn-out; wasted (away): *Indossava un vecchio cappello logoro,* He was wearing a battered old hat — *scarpe logore,* worn-out (*o* down-at-heel) shoes — *monete logore,* worn-out coins.

lombaggine *sf* lumbago.

lombare *agg* lumbar.

lombata *sf* loin.

lombo *sm* **1** *(anat.)* loin; *(per estensione)* hip. **2** *(cucina)* loin.

lombrico *sm* worm; earthworm.

longanime *agg* persevering; long-suffering; tolerant.

longanimità *sf* perseverance; long-suffering; tolerance.

longevità *sf* longevity; long life.

longevo *agg* long-lived.

longherone *sm* side (*o* longitudinal) member; *(di fusoliera)* longeron; *(di ala)* spar.

longilineo *agg* long-limbed.

longitudinale *agg* longitudinal *(vari sensi).*

longitudinalmente *avv* longitudinally; lengthwise.

longitudine *sf* longitude: *longitudine est,* longitude East — *longitudine in gradi,* longitude in arc *(sing.).*

lontanamente *avv* **1** *(alla lontana)* distantly; remotely: *essere lontanamente imparentati,* to be distantly related. **2** *(per un momento)* slightly; remotely; for a moment: *neanche lontanamente,* not (*o* not even) for a moment.

lontananza *sf* **1** distance: *Si poteva vedere una nave in lontananza,* A ship could be seen in the distance. **2** *(separazione)* separation; absence; being far away: *La lontananza dai suoi amici lo rendeva triste,* Separation (Being far away) from his friends made him sad.

lontano I *agg* **1** *(nello spazio e fig.)* far *(non molto comune come agg. attrib.);* far away *(attrib.);* a long way *(predicativo);* far off *(attrib.);* off *(predicativo);* distant; remote: *Non è lontano,* It's not far — *Il villaggio è ancora piuttosto lontano,* The village is still rather far off (rather a long way off) — *L'albergo è lontano circa due miglia,* The hotel is about two miles away from here (about two miles distant) — *una città lontana,* a far-off city — *uno sguardo lontano,* a far-away (*o* distant) look — *La scuola è un po' più lontana della chiesa,* The school is a little farther than the church — *Ciò che dici è molto lontano dal vero,* What you say is a long way (is very far) from the truth — *C'era un fetore che si sentiva lontano un miglio,* There was a stench you could smell a mile off (a mile away) — *tenere lontano qcsa, qcno,* to keep sth, sb away — *tenere lontano qcno da qcsa,* to keep sb away from sth (out of sth) — *tenersi lontano da qcno,* to keep away from sb.

2 *(distante nel tempo)* far-off; distant; remote: *lontani ricordi della fanciullezza,* far-off recollections of one's youth — *in tempi ormai lontani,* in far-off times — *in un lontano futuro,* in the distant future — *un lontano antenato,* a remote ancestor.

3 *(alieno)* far; unwilling; reluctant; averse: *Sono lontano dal credere che tu possa fare una cosa simile,* I am unwilling to believe (I am far from believing) that you could do such a thing.

4 *(immune, salvo, libero)* far; free; exempt; immune: *O Dio, tienici lontani dal male,* O God, keep us free from evil.

5 *(differente)* far; different; discordant; clashing: *Le nostre idee sono ancora molto lontane per giungere ad un accordo,* Our ideas are still too far apart for agreement.

6 *(vago)* vague; faint; slight; remote: *Non ho la più lontana idea di cosa egli voglia fare,* I haven't the slightest (the faintest) idea what (of what) he wants to do — *un lontano sospetto,* a vague suspicion — *una lontana somiglianza,* a faint likeness — *una somiglianza alla lontana,* a very faint likeness.

7 *(assente)* absent: *gli amici lontani,* absent friends.

8 *(nei rapporti di parentela, ecc.)* distant: *un mio lontano parente; un mio parente alla lontana,* a distant relation of mine — *i suoi lontani antenati,* his distant ancestors — *un mio amico alla lontana,* an acquaintance of mine — *conoscere qcno alla lontana,* to have a slight (a bowing, a nodding) acquaintance with sb.

II *avv* far; far away; far off; a long way off: *Abita molto lontano,* He lives a long way off — *Vengo da lontano,* I have come from very far (from a long way away) — *Ci vedi così lontano?,* Can you see as far as that? Can you see that far? — *La sua sfrontatezza non lo porterà lontano,* His impudence won't carry him (very) far — *Più lontano vai, meglio è per entrambi,* The further away you go the better (it is) for both of us — *da lontano,* from far off; from afar *(piuttosto lett.); (talvolta: in lontananza)* at a distance — *lontano nel passato,* far back in the past — *lontano nel futuro,* in the distant future — *andar lontano, (anche fig.)* to go far — *andare troppo lontano, (fig.)* to go (to carry things) too far — *mirare lontano, (fig.)* to aim high — *tenere lontano, (fig.)* to keep (sb or sth) down (*o* at bay) — *vedere lontano, (fig.)* to see very far. □ *Chi va piano va sano e va lontano, (prov.)* Slow and steady wins the race — *Lontan dagli occhi, lontan dal cuore, (prov.)* Out of sight, out of mind.

lontra *sf* otter.

[1]**lonza** *sf (ant.)* leopard; *(talvolta)* lynx.

[2]**lonza** *sf (lombata)* loin.

loppa *sf* **1** *(pula)* chaff. **2** *(scoria)* dross. **3** *(fig.: cosa da nulla)* dross.

loquace *agg* **1** talkative; loquacious. **2** *(significativo)* eloquent.

loquacità *sf* talkativeness; loquacity.

loquela *sf* power of speech.

lordare *vt* to dirty; to soil; to sully.

□ **lordarsi** *v. rifl* to dirty oneself; to get* dirty.

lordo *agg* **1** *(sporco)* dirty; filthy. **2** *(comm.)* gross: *peso lordo,* gross weight.

lordume, lordura *sm e f.* filth; dirt *(anche fig.).*

[1]**loro** *pron personale 3ª persona pl* **1** *(soggetto, spec. nella lingua parlata)* they; *(come predicato nominale)* themselves: *Loro verranno domani,* They will come tomorrow — *Fa' come loro,* Do as they do — *Sono stati loro a mandare tutto all'aria,* It was they who threw everything up — *Non sembrano più loro,* They are not themselves; They are not as they used to be; They are quite different. **2** *(compl.)* them: *Puoi parlare loro quando ti pare,* You can talk to them when you like — *Voglio bene a voi come a loro,* I love you as much as them — *da loro, (da soli)* by themselves; on their own — *Sta a loro farlo o no,* It's up to them to do it or not.

[2]**loro** *agg e pron possessivo* **1** *(agg.)* their; *(proprio loro)* their own; *(come predicato nominale)* theirs;

their own: *la loro casa,* their house — *alcuni loro amici,* some of their friends; some friends of theirs — *Essi vivono per conto loro,* They are living on their own — *Quella casa non è nostra, è loro,* That house isn't ours, it's theirs — *Questi soldi sono loro,* This money is their own. **2** *(pron.)* theirs: *Questi sono i vostri libri; dateci i loro,* These are your books; give us theirs. **3** *(in frasi con ellissi del sostantivo) Essi vivono del loro,* They live on their income (*o* on what they have; on what they earn) — *Non vogliamo nessuno dei loro,* We don't want anyone of their men (*o* supporters, followers) — *Essi si tengono sempre sulle loro,* They're always keeping to themselves.

[3]**Loro** *pron personale (usato come forma di cortesia)* you: *Loro, signori, capiranno,* You, gentlemen, will understand — *Gentili signori, riferirò Loro ogni cosa appena possibile,* Gentlemen, I will report everything to you as soon as possible.

losanga *sf* **1** *(geometria)* rhombus; rhomb. **2** *(araldica)* lozenge.

losco *agg* sinister; sly; *(di dubbia onestà)* shady-looking; suspicious: *un tipo losco,* a suspicious character; a shady-looking customer *(fam.)* — *affari loschi,* shady business *(sing.)*.

loto *sm* lotus.

lotta *sf* **1** struggle; fight; combat: *la lotta per l'esistenza,* the struggle for existence — *la lotta contro il vizio,* the fight against vice — *lotta di classe,* class struggle — *in lotta aperta,* in open combat. **2** *(dissidio, contrasto)* disagreement; conflict: *essere in lotta con qcno,* to be at odds (*o* at loggerheads) with sb — *la lotta tra il dovere e le passioni,* the conflict between duty and passions. **3** *(sport)* wrestling: *lotta greco-romana,* Graeco-Roman wrestling — *lotta libera,* all-in wrestling; catch; catch-as-catch-can.

lottare *vi* to struggle (with, against sb, sth); to fight* (with, against sb, sth); *(sport)* to wrestle (with, against sb): *lottare contro il sonno,* to fight off sleep; to struggle to stay awake.

lottatore *sm* **1** fighter; struggler. **2** *(sport)* wrestler.

lotteria *sf* lottery; sweepstake: *lotteria di beneficenza,* charity lottery.

lottizzare *vt* to parcel out; to subdivide.

lottizzazione *sf* parcelling out; subdivision; dividing up.

lotto *sm* **1** (state) lottery: *giocare al lotto,* to buy a ticket in a lottery — *vincere al lotto,* to win a prize in a lottery; *(se si vince il primo premio)* to win the lottery — *vincere un terno al lotto, (fig.)* to have a stroke of luck — *dare i numeri del lotto, (fig.)* to talk nonsense. **2** *(comm.: serie)* batch; *(partita, appezzamento)* parcel; lot; *(di terreno)* plot; lot *(spec. USA)*; *(dir.)* parcel: *un lotto di sei sedie,* a lot of six chairs — *lotti in vendita,* lots for sale — *in lotti di venti pezzi,* in batches of twenty.

lozione *sf* lotion: *lozione per capelli,* hair lotion.

lubricamente *avv* obscenely.

lubrico *agg* **1** *(sdrucciolevole)* slippery. **2** *(osceno)* indecent; obscene; lubricous *(lett.)*.

lubrificante *agg* lubricating. □ *sm* lubricant.

lubrificare *vt* to lubricate; to oil; to grease.

lubrificativo *agg* lubricant; lubricating.

lubrificatore *sm* lubricator.

lubrificazione *sf* lubrication; oiling; greasing.

lucchetto *sm* padlock: *chiudere qcsa con il lucchetto,* to padlock sth.

luccicante *agg* shining; sparkling; gleaming; glittering.

luccicare *vi* to sparkle; to glitter; *(brillare)* to shine*; *(delle stelle)* to twinkle: *Le luccicavano gli occhi dalla gioia,* Her eyes sparkled with joy.

luccichio *sm* sparkle; glittering; *(delle stelle)* twinkling.

luccicone *sm* big tear.

luccio *sm* pike.

lucciola *sf* **1** glow-worm; *(volante)* fire-fly; firebug *(USA)*. **2** *(mascherina)* usherette. □ *prendere (scambiare) lucciole per lanterne,* to get the wrong end of the stick; to be fooled; to be taken in.

luce *sf* **1** light *(anche fig.)*: *luce debole e fioca (abbagliante, continua, intermittente),* faint and dim (dazzling, fixed, flashing) light — *luce diretta (riflessa, diffusa, schermata),* direct (reflected, diffused, shaded) light — *luce visibile (invisibile, infrarossa, ultravioletta),* visible (invisible, infrared, ultraviolet) light — *luce calda (fredda, fluorescente),* warm (cold, fluorescent) light — *un raggio (un fascio, uno sprazzo) di luce,* a ray (a beam, a flash) of light — *un anno luce,* a light-year — *un bagno di luce,* a sun-bath — *le luci e le ombre di un quadro,* the light and shade of a painting — *a luce di candela,* by candle-light — *alla luce della luna,* by moonlight — *a luce diurna (del sole),* in (*o* by) daylight — *alla luce del sole, (fig.)* in the light of day; openly; publicly; frankly — *alla luce della fede (del progresso),* in the light of faith (of progress) — *contro luce,* against the light; up to the light — *accendere la luce,* to put on (to switch on, to turn on) the light — *smorzare (ridurre) la luce,* to dim (to soften) the light — *spegnere la luce,* to put off (to switch off, to turn off) the light — *un brillante con una luce perfetta,* a diamond with a perfect (a brilliant) light — *chiudere gli occhi alla luce,* to close one's eyes to the light; *(fig.)* to close one's eyes to the evidence — *dare luce ad una stanza,* to let light into a room — *dare alla luce un bambino,* to give birth to a child — *fare (gettare) luce su un argomento,* to throw (to shed) light on a subject — *mettere in luce,* to show — *mettersi in luce,* to draw attention to oneself — *mettere in piena luce,* to stress; to emphasize — *mettere qcno o qcsa in buona (in cattiva, in una falsa) luce,* to put sb or sth in a good (in a bad, in a false) light — *portare alla luce,* to bring to light — *prendere (ricevere) luce da qcsa,* to be lit by sth — *prendere la luce a qcno, (fargli ombra)* to stand in sb's light — *rendere qcsa alla luce,* to bring sth to light — *vedere la (venire alla) luce, (nascere)* to see the light of day; to be born; *(venire scoperto)* to come to light.

2 *(sorgente luminosa, lampada)* light; lamp; *(sistema di illuminazione)* lighting: *una luce in lontananza,* a light in the distance — *luci della ribalta, (teatro)* footlights; battens — *luci abbaglianti, (automobilismo)* headlights; *(talvolta)* high beams — *luci anabbaglianti (di città, d'incrocio),* anti-dazzle lights; dipped headlights; traffic beams; low beams; town lights — *luci antinebbia, fendinebbia,* foglights; fog lights — *luci d'arresto,* stop-lights; brakelights; stop *(sing.)* — *luci di cortesia (interne),* courtesy lamps; courtesy lights — *luci di direzione,* direction lights; blinkers — *luci di posizione,* parking lights; *(naut. e aeronautica)* navigation lights — *luce di targa,* number-plate light — *luci di delimitazione di aeroporto,* boundary lights.

3 *(vista)* sight; light; *(al pl.: poet. per occhi)* eyes: *Tu sei la luce dei miei occhi,* You are the apple of my eye.

4 *(vano della finestra)* light; opening; window; *(mecc.: apertura)* port; *(diametro interno)* bore: *un negozio a*

due luci, a shop with two windows (two lights) — *luce libera di passaggio,* headroom.
5 *(archit.: di un ponte)* span: *un ponte a cinque luci,* a five-span bridge.
6 *(superficie riflettente)* mirror: *un armadio a tre luci,* a wardrobe with three mirrors.

lucente *agg* shining; bright; glossy.

lucentezza *sf* brightness; brilliance; shine; glossiness.

lucerna *sf* **1** oil-lamp: *saper di lucerna, (fig.)* to smell of the lamp; to reek of midnight oil; to lack inspiration. **2** *(cappello)* cocked hat; three-cornered hat.

lucernario *sm* skylight.

lucertola *sf* lizard.

lucidamente *avv (solo fig.)* lucidly; clearly.

lucidare *vt* **1** to polish. **2** *(ricalcare un disegno)* to trace.

lucidatore *sm* polisher: *lucidatore di mobili,* furniture polisher.

lucidatrice *sf* polishing machine: *lucidatrice per pavimenti,* floor-polisher.

lucidatura *sf* **1** polishing. **2** *(ricalco di disegno)* tracing.

lucidezza *sf* brightness; shininess.

lucidità *sf* lucidity; clearness: *lucidità di mente (di pensiero),* clearness of mind (of thought); clear-headedness — *momenti di lucidità,* lucid intervals.

lucido *agg* **1** polished; *(splendente)* shiny; bright; glossy; *(come vetro)* glassy; glazed: *lucido come uno specchio,* with a mirror finish; so clear you can see your face in it *(fam.)* — *occhi lucidi,* bright (*o* shining) eyes — *non lucido, (di vernice, ecc.)* flat; matt. **2** *(chiaro, preciso)* clear; lucid: *intervalli lucidi,* lucid intervals.
□ *sm* **1** polish; *(splendore)* brightness; sheen; shine: *un tavolo con un bel lucido,* a table with a high polish — *una scatola di lucido per metalli (per scarpe),* a tin of metal (*o* shoe) polish. **2** *(ricalco)* tracing; *(carta ricalcante)* tracing paper.

lucignolo *sm* **1** wick. **2** *(scherz.: di persona)* bean-pole; lamp-post.

lucrare *vt* to earn; to make* (money).

lucrativo *agg* lucrative; profitable.

lucro *sm* profit; gain; lucre: *a scopo di lucro,* for the sake of gain; profit-making — *un'organizzazione senza scopo di lucro,* a non-profit-making organization.

lucroso *agg* lucrative; profitable.

luculliano *agg* Lucullan; *(erroneamente)* Epicurean: *un pranzo luculliano,* a sumptuous banquet.

ludibrio *sm* **1** mockery; scorn: *essere esposto al ludibrio di tutti,* to be held up to everybody's scorn. **2** *(zimbello)* laughing-stock; butt: *essere il ludibrio del paese,* to be the laughing-stock of the village.

ludo *sm (lett.)* spectacle; *(al pl.)* (public) games: *ludi scenici,* dramatic performances.

lue *sf* syphilis.

luetico *agg* syphilitic.

luglio *sm* July.

lugubre *agg* dismal; lugubrious.

[1]**lui** *pron personale 3ª persona sing m.* **1** *(soggetto)* he; *(egli stesso)* he himself; *(come predicato nominale)* him; *(lett.)* he: *Lui comanda, ma lei non obbedisce mai,* He always gives orders, but she never obeys him — *Ha sempre ragione lui!,* He's always right! — *Non fare come lui,* Don't do as he does — *Venga lui, se ha coraggio,* Let him come, if he dares to — *Beato lui!,* Lucky him! — *È lui!,* It's him; *(lett.)* It's he! **2** *(compl.)* him: *Vidi lui e sua moglie,* I saw him and his wife — *Non è da lui fare una cosa simile,* It's not like him to do such a thing. □ *Il mio lui dovrà essere molto ricco,* My future husband will have to be very rich.

[2]**luì** *sm* leaf warbler: *luì piccolo,* chiffchaff.

luigi *sm (moneta)* louis d'or *(fr.)*.

lumaca *sf (chiocciola)* snail; *(limaccia)* slug: *a passo di lumaca,* at a snail's pace — *Sei una lumaca!,* You are a slow-coach!; What a slow-coach you are!

lumacone *sm* **1** slug. **2** *(fig.)* slow-coach.

lume *sm* **1** *(lampada)* lamp; light: *lume a olio (a petrolio),* oil (paraffin) lamp. **2** *(luce e in diverse espressioni)* light: *Un piccolo lume tremolava in lontananza,* A small light was flickering in the distance — *una cenetta al lume di candela,* a supper by candle-light — *far lume a qcno,* to light sb; to show sb the way with a lamp — *il lume della ragione,* the light of reason. **3** *(anat.)* lumen. □ *a lume di naso,* by instinct; by sheer intuition — *il Secolo dei Lumi, (stor.)* the Age of Enlightenment (of Reason) — *perdere il lume della ragione (degli occhi),* to lose one's reason (one's temper); to see red *(fam.)* — *reggere (tenere) il lume,* to hold the lamp; *(fig.: reggere il moccolo)* to play gooseberry — *chieder lumi, (fig.)* to take advice — *ricorrere ai lumi di un avvocato,* to take legal advice.

lumeggiare *vt* **1** *(pittorico e fig.)* to point in the highlights; *(fig.)* to lighten; to explain; to throw* light (on sth). **2** *(illuminare)* to illuminate.

lumicino *sm* small lamp; small light: *cercare qcsa con il lumicino,* to go looking for sth; to hunt high and low for sth — *essere ridotto al lumicino,* to be at death's door.

lumiera *sf* chandelier.

luminare *sm* luminary *(anche fig.)*.

luminaria *sf* public illumination; illuminations *(pl.)*.

luminescente *agg* luminescent.

luminescenza *sf* luminescence.

lumino *sm* small light; *(da notte)* night-light.

luminosamente *avv* luminously; brightly.

luminosità *sf* **1** luminosity; brightness; *(televisione, anche)* brilliance. **2** *(di obiettivo: apertura relativa)* f-number.

luminoso *agg* luminous; bright; shining: *Fu un'idea luminosa,* It was a brilliant idea.

luna *sf* **1** moon: *luna calante,* waning moon — *luna crescente,* crescent moon — *primo quarto di luna,* first quarter — *mezza luna,* half moon *(ma ⇨ anche la fraseologia)* — *le macchie della luna,* the shadows (the dark patches) on the moon — *luna artificiale,* artificial moon; satellite — *raggio di luna,* moonbeam — *Non c'era la luna,* There was no moon — *C'è la luna stasera?,* Is there a moon tonight? — *È luna nuova o piena?,* Is it new moon or full moon? — *Stasera fa la luna,* There is a new moon tonight. **2** *(periodo della rotazione lunare)* lunar month; moon; month; lunation *(raro)*.
□ *chiaro di luna,* moonlight — *illuminato dalla luna,* moonlit — *schieramento a mezza luna, (mil.)* convex front; *(fortificazione)* demi-lune *(fr.)* — *pietra luna, (mineralogia)* moonstone — *luna di miele,* honeymoon — *essere in luna di miele,* to be on one's honeymoon — *mal della luna,* epilepsy — *far vedere la luna nel pozzo,* to lead (sb) up the garden path (to trick, to deceive sb) — *essere nel mondo della luna,* to have one's head in the clouds; to be a day-dreamer; to be absent-minded — *abbaiare alla luna,* to bay to the moon; *(fig.)* to exert oneself for nothing — *avere la luna (per traverso),* to be bad-tempered; to be moody — *essere in buona luna,* to be in a good mood — *chiedere la luna,* to ask for the moon — *promettere la*

luna, to promise the moon (and the stars) — *una faccia di luna piena,* a face like a full-moon; a moon-face — *una notte senza luna,* a moonless night — *una notte di luna,* a moonlit night — *sotto la luna, (fig.)* under the sun.

luna park *sm* amusement park; fun-fair.

lunare *agg* lunar.

lunaria *sf* **1** *(bot.)* honesty. **2** *(mineralogia)* moonstone.

lunario *sm* almanac. □ *(far) sbarcare il lunario,* to scrape a living; to (just) make both ends meet.

lunatico *agg* moody; changeable.
□ *sm* moody person.

lunazione *sf* lunation.

lunedì *sm* Monday: *Al lunedì mi alzo sempre molto presto,* I always get up very early on Monday(s). □ *Gli manca un lunedì,* He is a bit daft.

lunetta *sf* **1** *(archit., mil.)* lunette. **2** *(mecc.)* steady rest: *lunetta mobile,* follower.

lungaggine *sf* slowness; delay.

lungamente *avv* for a long time; at length; long; lengthily.

lunghezza *sf* length: *Il cavallo vinse per una lunghezza,* The horse won by a length — *lunghezza d'onda,* wavelength — *lunghezza fuori tutto, (naut.)* length overall — *lunghezza in piedi, (di pellicola)* footage.

lungi *avv (lett.)* far: *È ben lungi dalla verità,* It's far from being true — *Sono ben lungi dal fare ciò,* I haven't the slightest intention of doing that — *non lungi da...,* not far from...

lungimirante *agg* far-seeing; far-sighted.

lungimiranza *sf* far-sightedness.

[1]**lungo** *agg* **1** long: *calzoni lunghi,* long trousers — *un lungo sentiero,* a long path — *un viaggio lungo,* a long journey — *una sillaba (una vocale) lunga,* a long syllable (vowel) — *essere lungo tre metri,* to be three metres long (three metres in length) — *una lunga vita,* a long life — *tre lunghi giorni,* three long days — *avere la vista lunga,* to be long-sighted — *avere le gambe lunghe,* to be long-legged — *avere la barba lunga, (avere una lunga barba)* to be long-bearded; *(non essersi rasato)* to be in need of a shave — *avere il muso lungo, (fig.)* to have a long face — *fare il muso lungo,* to pull a long face.
2 *(alto)* tall: *Tuo figlio è lungo!,* Your son is ever so tall! — *lungo come una pertica (come un palo),* as tall as a pikestaff.
3 *(diluito)* diluted; weak; thin; watery; watered-down: *brodo lungo,* thin (*o* watery) soup — *caffè lungo,* weak coffee — *vino lungo, (a cui si è aggiunta acqua)* watered-down wine; *(poco corposo)* wine with little body.
4 *(lento)* slow; tedious; long-drawn out: *Quanto siete lunghi ragazzi, forza!,* How slow you are, boys: hurry up! — *essere lungo a fare qcsa,* to take a long time to do sth; to be a long time doing sth (*o* about sth, over sth).
□ *abito lungo, (di sacerdote)* cassock; *(da donna)* evening dress; gown — *lungo disteso,* stretched out — *cadere lungo disteso,* to fall headlong (*o* headfirst) — *lunga esperienza,* long years of experience — *lungo metraggio,* full-length film; feature film — *fare il passo più lungo della gamba,* to bite off more than one can chew — *avere la lingua lunga,* to gossip; to be spiteful — *avere le mani lunghe, (rubare)* to be light-fingered; to steal; *(essere manesco)* to be aggressive — *di lunga memoria,* of lasting memory — *di lunga durata,* long-lasting — *alla lunga; a lungo andare,* in the long run — *di gran lunga,* by far; infinitely; by a long chalk — *di gran lunga migliore,* better by far — *sbagliare di gran lunga,* to be utterly mistaken — *saperla lunga,* to be shrewd; to be long-headed; to know what's what — *farla lunga,* to keep on; to come to no conclusion; to draw out; to go on and on — *Come la fai lunga!,* How you keep on!; I'm afraid you are never going to finish! — *lungo come la quaresima (la fame),* endless; interminable; *(di persona)* as slow as a cart-horse — *a lungo,* (for) a long time; at length — *Non l'aspetterò più a lungo,* I will not wait for her any longer — *tirar di lungo,* to go on one's way; to proceed unperturbed — *far progetti a lunga scadenza,* to plan far ahead; to make long-range plans — *tirare troppo per le lunghe,* to be long-winded; to ramble on — *andare (troppo) per le lunghe,* to take too long (over sth) — *tirare lungo, (mil.)* to overshoot.

[2]**lungo** *sm* length; distance: *misurare qcsa in lungo,* to measure the length of sth — *misurare in lungo e in largo qcsa,* to measure the length and breadth of sth — *per il lungo,* lengthwise; lengthways — *per il lungo e per il largo,* in all directions; from end to end — *salto in lungo,* long jump.

[3]**lungo** *prep* **1** *(durante)* throughout; during. **2** *(per tutta la lunghezza di)* along; right (*o* all) along. **3** *(rasente)* along; alongside; by the side of: *navigare lungo la costa,* to sail along the coast — *La ferrovia scorre lungo il lago,* The railway runs alongside (by the side of) the lake.

lungofiume *sm* riverside road(way); *(talvolta)* embankment.

lungolago *sm* lakeside road(way).

lungomare *sm* seaside road(way); promenade.

lungometraggio *sm* feature film.

lunotto *sm* rear window; backlight: *lunotto termico,* heated rear window.

lunula *sf (anat.)* lunula *(pl.* lunulae*)*; half-moon.

luogo *sm* **1** place; *(talvolta: punto preciso)*; spot; *(in certe espressioni)* scene; site: *Non posso essere in due luoghi nello stesso tempo,* I can't be in two places at once — *luogo di partenza (di arrivo),* place of departure (of arrival) — *luogo aperto,* open place — *sul luogo,* on the spot — *luogo di nascita,* place of birth; birth-place — *luogo di consegna, (comm.)* place of delivery — *il luogo del delitto,* the scene of the crime — *il luogo della battaglia,* the site of the battle — *in nessun luogo,* nowhere — *in ogni luogo,* everywhere — *in qualsiasi luogo,* anywhere — *In qualsiasi luogo si trovi...,* Wherever it (he, she) is...; Wherever it (he, she) may be... — *fuori luogo,* out of place; inopportune — *aver luogo,* to take place; to occur; to happen — *a tempo e luogo,* at the proper time and place — *in primo luogo,* in the first place; first of all — *in secondo luogo,* in the second place; secondly — *unità di luogo, (teatro)* unity of place — *a suo luogo,* at the (*o* in its) proper place — *in luogo di...,* in place of...; instead of... **2** *(passo d'autore)* passage: *un luogo oscuro della Divina Commedia,* an obscure (a difficult) passage from the Divine Comedy — *nel luogo citato,* in the passage quoted; loco citato *(lat.: spesso abbr. in* loc. cit.*)* — *luogo comune,* commonplace. **3** *(geometria)* locus *(pl.* loci*)*.
□ *usanze del luogo,* local customs — *Non è del luogo,* He doesn't come from here (*o* from there); He doesn't live here (*o* there) — *Sono luoghi malfamati,* It's a locality (district, place) with a bad reputation — *dare luogo a qcsa, (causare)* to give rise to sth; *(portare a)* to lead to sth; *(cagionare)* to give cause for sth — *dar luogo a dubbi,* to give rise to doubts — *dar luogo a*

lagnanze, to give cause for complaint — *dar luogo a critiche,* to give rise to criticism — *non luogo a procedere, (dir.)* nonsuit — *pronunciare un non luogo a procedere,* to enter a nonsuit.
luogotenente *sm* **1** deputy; representative. **2** *(mil.)* lieutenant.
luogotenenza *sf* **1** deputyship. **2** *(mil.)* lieutenancy.
lupa *sf* she-wolf.
lupacchiotto *sm* wolf-cub.
lupanare *sm (lett.)* brothel.
lupara *sf* **1** *(fucile)* sawn-off shotgun. **2** *(cartuccia)* buckshot cartridge; *(carica)* buckshot.
lupetto *sm (giovane esploratore)* wolf-cub.
[1]**lupino** *sm* lupin.
[2]**lupino** *agg* wolfish; lupine *(raro).*
lupo *sm* **1** wolf *(pl.* wolves*): lupo delle praterie,* coyote; prairie-wolf — *lupo mannaro,* werewolf — *(cane) lupo, (erroneamente)* Alsatian; German shepherd (dog) — *un lupo in veste di agnello,* a wolf in sheep's clothing — *gridare al lupo,* to cry wolf. **2** *(industria tessile)* willow. **3** *(med.)* lupus. □ *in bocca al lupo!,* good luck! — *tempo da lupi,* horrible weather — *lupo di mare,* sea-dog — *mangiare come un lupo,* to eat like a horse — *avere una fame da lupo,* to be as hungry as a hunter; to be ravenously hungry.
luppolo *sm* hop *(quasi sempre al pl.).*
luridezza *sf* filthiness *(anche fig.).*
lurido *agg* filthy; dirty *(anche fig.).*
luridume *sm* filthiness *(anche fig.).*
lusco *agg* ⇨ **losco.** □ *tra il lusco e il brusco,* at dusk; in the twilight.
lusinga *sf* flattery; allurement.
lusingare *vt* **1** *(adulare)* to flatter. **2** *(allettare)* to allure; to entice.
□ **lusingarsi** *v. rifl* **1** to flatter oneself. **2** *(osar credere)* to take* the liberty of believing; to flatter oneself (that); *(sperare)* to hope: *Mi lusingo di credere che lei non mi abbia dimenticato,* I flatter myself that she has not forgotten me — *Mi lusingo che la cena sia piaciuta a tutti voi,* I do hope you all enjoyed the dinner. **3** *(illudersi)* to fool oneself.
lusingatore *agg* flattering. □ *sm* flatterer.
lusinghevole *agg* flattering; alluring; enticing.
lusinghiero *agg* flattering; alluring; attractive; tempting; pleasing: *una proposta lusinghiera,* an attractive proposition — *risultati lusinghieri,* gratifying results.
lussare *vt,* **lussarsi** *v. rifl* to dislocate; to sprain.
lussazione *sf* dislocation; sprain; *(med. anche)* luxation.
lussemburghese *agg* Luxembourg.
□ *sm e f* Luxemburger. □ *sf (lingua)* Letzeburgesch.
lusso *sm* luxury: *vivere nel lusso,* to live in luxury (in the lap of luxury) — *concedersi il lusso di fare una cosa,* to allow oneself the luxury of doing sth — *È un lusso che non posso permettermi,* This is a luxury I can't afford — *Che lusso!,* How magnificent! — **di lusso,** luxury *(attrib.);* de luxe *(fr.)* — *albergo di lusso,* luxury hotel — *articoli di lusso,* luxury articles — *edizione di lusso,* de luxe edition.
lussuoso *agg* luxurious; sumptuous.
lussureggiante *agg* luxuriant.
lussureggiare *vi* **1** *(essere rigoglioso)* to grow* luxuriantly. **2** *(vivere nel lusso)* to live luxuriously.
lussuria *sf* lust; lasciviousness.
lussuriosamente *avv* lustfully; lasciviously.
lussurioso *agg* lustful; lascivious.
lustrale *agg* lustral.
lustrare *vt* to polish. □ *lustrare le scarpe a qcno, (letteralm.)* to polish (to shine) sb's shoes; *(adulare)* to flatter sb.
□ *vi (risplendere, scintillare)* to glow; to sparkle; to gleam.
lustrascarpe *sm* shoeblack; shoeshine *(USA).*
lustrata *sf* polish; shine.
lustratura *sf* polishing.
lustrino *sm* sequin; spangle.
[1]**lustro** *agg* shiny; polished; lustrous; glossy; glittering: *scarpe lustre,* shiny shoes — *mobili lustri,* polished furniture — *occhi lustri,* lustrous (*o* shining) eyes — *occhi lustri di pianto,* eyes red with tears.
□ *sm* **1** *(lucentezza)* shininess; polish; brilliance: *dare il lustro a qcsa,* to polish (to gloss) sth. **2** *(decoro, vanto)* lustre; fame; glory; prestige: *dare lustro a qcsa,* to throw lustre on sth — *portare grande lustro a qcsa,* to bring great prestige to sth — *acquistare nuovo lustro,* to add new lustre to one's name; to acquire new glory.
[2]**lustro** *sm* **1** *(quinquennio)* lustre; period of five years. **2** *(stor. romana)* lustrum *(pl.* lustrums *o* lustra*).*
luteo *agg* **1** *(lett.)* orange-yellow; saffron *(attrib.);* luteous *(non comune).* **2** *(anat.) corpo luteo,* corpus luteum *(lat.).*
luteranesimo, luteranismo *sm* Lutheranism.
luterano *agg e sm* Lutheran.
lutto *sm* **1** mourning: *lutto stretto,* deep mourning — *abiti da lutto,* mourning clothes — *fascia di lutto,* mourning band — *mezzo lutto,* half mourning — *carta listata a lutto,* black-edged note-paper — *lutto nazionale,* national mourning — *partecipare al lutto di qcno,* to go into mourning for sb — *smettere il lutto,* to come out of mourning. **2** *(perdita)* loss; bereavement: *un grave lutto per il paese,* a great loss for the country.
luttuosamente *avv* mournfully; dolefully.
luttuoso *agg* mournful; doleful.

M

M, m *sm e f.* M, m: *M come Milano, (al telefono, ecc.)* M for Mary (*o* Mike).

ma I *congiunz* **1** but: *Sembra contento ma non lo è,* He seems pleased, but he isn't — *È noioso, ma molto intelligente,* He is boring, but (he's) very intelligent — *Vorrei ma non posso,* I should like to but I can't — *Ma torniamo a quello che dicevamo,* But let's get back to what we were saying — *Ma ti dico che è vero!,* But I tell you it's true! — *Non è per me, ma per lei,* It's not for me but for her — *Fallo se devi, ma ti prego non dirglielo,* Do it if you must, but please don't tell him — *non solo... ma anche...,* not only *(con l'inversione del verbo e del soggetto)* ... but also... — *Non solo è un cretino, ma si compiace di esserlo,* Not only is he an idiot, but he takes a delight in it — *Ma che volete da me?,* What do you want of me? **2** *(tuttavia, eppure)* yet; still; but; *(comunque)* however: *incredibile ma vero,* incredible, yet true — *improbabile ma non impossibile,* unlikely, yet not impossible — *Studiò molto ma non superò l'esame,* He studied hard, yet he failed his examination — *Si è comportato male ma è tuo fratello e dovresti aiutarlo,* He has behaved badly: still, he is your brother and you ought to help him — *Non lo so ma vedremo,* I don't know, however we shall see. □ *Ma bravo!,* You clever boy (*o* chap)! — *Ma che!; Ma neanche per sogno!,* Not at all!; Not on your life! — *Ma no!, (stupore)* Really?; No! (I can't believe it!); *(negazione enfatica)* Certainly not! — *Ma no che non devi farlo!,* Of course you mustn't do it!; You certainly mustn't do it! — *Ma sì!,* Why, of course!; Sure! *(spec. USA);* Certainly! — *Ma sì che è vero!,* Of course it's true!; I assure (I tell) you! — *Ma che stupido!,* What a fool! — *Ma che avete?,* What's wrong with you?; What's the matter with you? — *Ma come? (Come è possibile?),* But how? — *Ma davvero?,* Really? — *Ma insomma, tacete!,* For heaven's sake, shut up! — *Ma va'!,* Go along with you!; Get away! **II** *sm* but: *Però c'è un ma,* There's a but, though — *Non c'è ma che tenga,* But me no buts; It's no use talking about it — *Non mi piacciono i tuoi se e i tuoi ma,* I don't like your ifs and buts — *Con i ma e con i se non si conclude nulla, (prov.)* If ifs and ands were pots and pans, there'd be no trade for tinkers.

macabro *agg* macabre; ghastly; gruesome: *il gusto per il macabro,* a taste for the macabre — *danza macabra,* dance of death; danse macabre *(fr.).*

macaco *sm* **1** *(zool.)* macaco; macaque. **2** *(fig.: persona piccola)* runt; *(stupida)* simpleton.

macadam *sm* macadam.

maccheronata *sf* **1** meal with macaroni; macaroni (spaghetti, pasta) meal. **2** *(fam.)* convivial meal. **3** *(errore)* stupid statement (*o* mistake).

maccherone *sm* macaroni *(usato quasi sempre al sing.): I maccheroni sono un piatto tipico italiano,* Macaroni is a typical Italian dish. □ *come il cacio sui maccheroni, (fam.)* just what the doctor ordered; just the job *(sl.).*

maccheronico *agg* macaronic.

[1]**macchia** *sf* **1** spot; blot *(spec. di inchiostro);* stain *(spec. di sangue); (piccola)* speck; speckle; fleck: *macchia d'inchiostro,* spot (*o* blot) of ink — *macchia di sangue,* blood-stain — *Ci sono macchie di fango sui tuoi calzoni,* There are some spots of mud on your trousers — *Chi ha le macchie, il leopardo o la tigre?,* Which has spots, the leopard or the tiger? — *macchie di caffè (di vino),* coffee (wine) stains — *una macchia di colore,* a speck of colour — *togliere una macchia,* to remove a stain — *fare una macchia su qcsa,* to make a spot upon (to stain, to spot) sth — *La macchia non è andata via; È rimasta la macchia,* The stain is still there; The stain hasn't come out — *Questa macchia non vuole andar via,* This stain won't come out. **2** *(fig.)* spot; stain; blemish; shame; disgrace: *Il suo nome è senza macchia,* There isn't a spot (a stain) on his reputation; His reputation is without blemish. **3** *(med.)* macula; spot. **4** *(astronomia)* spot; patch: *macchia solare,* sunspot — *le macchie della luna,* the patches on the moon. **5** *(pittura, ecc.)* sketch; sketch in outline: *fare (dipingere, abbozzare) alla macchia,* to paint (to sketch) impressionistically — *abbozzato alla macchia,* roughly sketched (*o* painted).

□ *senza macchia,* spotless; stainless *(anche fig.);* unblemished *(solo fig.)* — *avere macchie sulla coscienza,* to have an uneasy conscience — *non avere macchie sulla coscienza,* to have nothing on one's conscience; to have a clear conscience — *Cavaliere senza macchia e senza paura,* Fearless and blameless knight; *(lett.)* 'Chevalier sans peur et sans reproche' *(fr.)* — *con macchie di colore,* mottled — *a macchie bianche,* white-spotted — *macchie sulla pelle,* birthmarks.

[2]**macchia** *sf* **1** scrub; bush; *(sottobosco)* undergrowth. **2** *(la Resistenza francese)* the Maquis *(fr.).* □ *darsi alla macchia,* to take to the woods (the heather) — *alla macchia, (agg. = clandestino)* clandestine; secret; *(avv. = clandestinamente)* secretly; clandestinely.

macchiabile *agg* easily stained.

[1]**macchiaiolo** *agg* wild.

[2]**macchiaiolo** *sm* pointillist: *i (pittori) macchiaioli,* nineteenth-century Florentine impressionists.

macchiare *vt* **1** to stain; to spot; *(ungere)* to smear; *(sporcare)* to soil; to dirty; *(fig.)* to stain; to soil; to sully; to discredit: *macchiare la reputazione di qcno,* to stain (to sully) sb's reputation. **2** *(pittura)* to stipple; to use the pointillist technique.

□ **macchiarsi** *v. rifl* to stain; to stain oneself; to get* dirty; *(fig.)* to soil oneself; to get* soiled; to sully oneself: *una stoffa che si macchia facilmente,* a material that stains easily — *macchiarsi di colpe gravissime,* to be guilty of serious faults.

macchiato *p. pass e agg* stained; *(chiazzato)* spotted; *(di animale, di macchie di luce)* dappled. □ *caffè macchiato,* coffee with (just) a dash of milk.

macchietta *sf* **1** *(piccola macchia)* speck; spot; fleck. **2** *(vignetta)* caricature; *(scenetta, caratterizzazione* *scenica)* sketch; character study. **3** *(tipo originale)* character; odd person.

macchiettare *vt* to spot; to speckle; to dapple.

macchiettato *agg* spotted; speckled; dappled.

macchiettista *sm* **1** *(pittura)* sketcher; caricaturist. **2** *(teatro)* impersonator.

macchina *sf* **1** *(congegno meccanico)* machine; *(al pl.: macchinario)* machinery; *(munita di motore)* engine: *macchina (macchinetta) automatica,* slot machine — *macchina a vapore,* steam engine — *macchina calcolatrice,* calculating machine; *(talvolta)* adding machine — *macchina da (per) cucire,* sewing machine — *macchina da presa,* cinecamera; motion-picture camera — *macchina da proiezione,* projector — *macchina da (per) scrivere,* typewriter — *scrivere a macchina,* to type — *macchina fotografica,* camera; *(a cassetta)* box camera; *(a soffietto)* folding camera — *macchina lavastoviglie, lavapiatti,* dishwasher; dishwashing machine — *macchina per maglieria,* knitting machine — *macchina per pressofusione,* die-casting machine — *macchina rotativa,* rotary machine; *(da stampa)* rotary (printing) press — *andare in macchina, (tipografia)* to go to press — *macchina utensile,* machine tool *(pl.* machine tools*)* — *sala macchine,* engine room; *(tipografia)* printing shop — *fatto a macchina,* machine-made; *(fatto senza cura)* mass-produced — *la civiltà delle macchine,* the machine age.

2 *(per antonomasia: automobile)* car; *(talvolta)* motor car: *andare in macchina,* to go by car; to drive; to motor *(piuttosto desueto)* — *La mia macchina ha qualcosa che non va,* There's something wrong with my car.

3 *(ciclismo, ecc.: misura di lunghezza)* length: *vincere per una macchina,* to win by a length.

4 *(fig.: organismo complesso)* machine; mechanism: *la macchina burocratica,* the bureaucratic machine — *la macchina umana, (fig.)* the human body.

5 *(persona che agisce meccanicamente)* machine; automaton; robot: *Ripete le cose come una macchina,* He repeats things like a machine (*oppure* mechanically).

macchinale *agg* mechanical; automatic.

macchinalmente *avv* mechanically; automatically.

macchinare *vt* to contrive; to scheme; *(ordire, tramare)* to plot; to intrigue; to conspire.

macchinario *sm* machinery.

macchinatore *sm* plotter; intriguer.

macchinazione *sf* plot; intrigue; scheme; machination: *frustrare le macchinazioni di qcno,* to frustrate sb's evil schemes.

macchinetta *sf* small machine; *(fam.: caffettiera)* percolator; *(accendisigari)* lighter.

macchinista *sm* **1** *(ferrovia)* engine-driver *(GB);* motorman *(pl.* -men*) (GB);* engineer *(USA).* **2** *(naut.)* engineer. **3** *(teatro)* stage-hand; grip *(USA).*

macchinosamente *avv* complicatedly; in an involved way; *(spreg.)* over-elaborately.

macchinoso *agg* complicated; involved; intricate; *(spreg.)* over-elaborate.

macchiolina *sf* speck.

macedone *agg e sm e f.* Macedonian.

macedonia *sf* **1** *(cucina)* fruit-salad; macedoine; fruit-cocktail *(USA).* **2** *(sigaretta)* Macedonia cigarette.

macellaio *sm* **1** *(di mattatoio)* slaughterer; *(di negozio)* butcher. **2** *(fig., spreg.)* butcher.

macellare *vt* to slaughter; to butcher *(anche fig.).*

macellazione *sf* slaughter(ing); butchering.

macelleria *sf* butcher's shop.

macello *sm* **1** *(macellazione)* slaughter; slaughtering. **2** *(mattatoio)* slaughter-house. **3** *(fig.)* slaughter; massacre; *(fiasco)* shambles *(sing., sempre preceduto dall'art. indeterminativo): Che macello!,* What a shambles! — *carne da macello, (fig.)* cannon-fodder.

macerare *vt* **1** to macerate *(anche fig.);* to soak; to steep; *(lino, canapa, ecc.)* to ret; *(pelli)* to bate; *(gomma)* to soak. **2** *(fig.)* to distress; to mortify: *macerare le carni,* to mortify the flesh.

□ **macerarsi** *v. rifl (consumarsi)* to wear* oneself out; *(rodersi)* to be* consumed: *macerarsi nel dolore,* to be consumed with grief.

maceratoio *sm (industria tessile)* rettery.

macerazione *sf* **1** soaking; steeping; *(industria, in generale)* maceration; *(industria tessile)* retting; *(di pelli)* bating; *(di gomma)* soaking; *(med.)* maceration. **2** *(fig.)* mortification.

macerie *sf pl* rubble *(sing.);* ruins; *(rottami)* débris *(sing.);* wreckage *(sing.): essere ridotto in macerie dai bombardamenti,* to be reduced to rubble by bombing — *Cercavano tra le macerie dopo l'esplosione,* They were searching among the débris after the explosion.

macero *sm* **1** *(di carta)* pulping. **2** *(stabilimento)* pulping plant: *mandare un libro al macero,* to send a book to be pulped.

machiavellico *agg* Machiavellian; *(per estensione)* unscrupulous.

machiavellismo *sm* Machiavellism.

macigno *sm* **1** rock; boulder: *duro come un macigno,* as hard as a rock (as flint) — *dal cuore di macigno,* hard-hearted. **2** *(arenaria)* layered sandstone.

macilento *agg* emaciated; lean.

macilenza *sf* emaciation; leanness.

macina *sf* **1** millstone. **2** *(fig.)* millstone; heavy burden.

macinabile *agg* grindable.

macinacaffè *sm* coffee-grinder; grinder.

macinapepe *sm* pepper-mill; pepper-grinder.

macinare *vt* to mill; to grind* *(anche caffè, ecc.); (schiacciare)* to crush; *(pestare)* to pound. □ *macinare a due palmenti,* to eat greedly; to eat voraciously — *macinare chilometri (e chilometri),* to eat up the miles.

macinata *sf* grinding: *dare una macinata a qcsa,* to grind sth (hastily, quickly).

macinato *agg* ground; milled; *(schiacciato)* crushed; *(pestato)* pounded: *caffè macinato,* ground coffee.

□ *sm* meal; *(del malto)* grist.

macinatoio *sm* mill; press; *(per olive)* oil-press; *(per minerali)* edge-mill.

macinatore *sm* grinder; miller; *(per olive)* oil-presser.

macinatura *sf* grinding; milling.

macinazione *sf* grinding; milling; *(col pestello)* pounding.

macinino *sm* **1** mill: *macinino del caffè,* coffee-mill. **2** *(scherz.: veicolo malridotto)* old crock; jalopy.

maciullare *vt* **1** *(industria tessile)* to brake; to scutch. **2** *(stritolare)* to crush; to smash.

macrocefalo *agg* macrocephalous; macrocephalic.

□ *sm* macrocephalic.

macrocosmo *sm* macrocosm.

macroscopico *agg* **1** macroscopic(al). **2** *(med.)* gross. **3** *(grossolano)* glaring; gross; *(di ignoranza, sciocchezza)* crass.

macula *sf* macula; spot; stain: *macula lutea, (anat.)* yellow spot.

maculato *agg* **1** spotted; dappled. **2** *(fig., raro)* stained; defiled; polluted.

maculazione *sf* maculation.

madama *sf* **1** gentlewoman *(pl.* -women*);* noblewoman *(pl.* -women*);* lady of quality. **2** *(scherz.)* madam;

milady: *C'erano due vecchie madame nello scompartimento,* There were a couple of old dears *(fam.)* in the compartment.

madia *sf* kneading-trough. □ *avere la madia piena,* to have a well-stocked larder.

madido *agg* wet; damp; moist: *La sua fronte era madida di sudore,* His forehead was damp with sweat.

madonna *sf* Lady; Madonna: *la Madonna,* Our Lady; the Virgin Mary; the Madonna — *la Madonna Addolorata,* Our Lady of Sorrows — *le Madonne di Raffaello,* Raphael's Madonnas. □ *Madonna mia!,* Heavens!; Goodness me!; Good Lord! — *un viso di madonna,* a beautiful face — *essere tutto santi e madonne,* to be a religious fanatic; *(spesso)* to be a hypocrite.

madonnina *sf* (little) image of the Madonna. □ *È una madonnina,* She is a little hypocrite (*o* goody-goody).

madornale *agg* huge; colossal; enormous: *un errore madornale,* a huge (an enormous) blunder; a gross error; a howler *(fam.)* — *una madornale bugia,* a whopper *(fam.)*.

madosca *interiezione* good Lord!

madre *sf* **1** mother; *(di certi animali, anche)* dam: *Era come una madre per noi,* She was like a mother to us — *Il gattino saltò addosso alla madre,* The kitten jumped upon its mother — *È una buona madre di famiglia,* She is a good mother — *fare da madre a qcno,* to be a mother to sb; to mother sb — *ragazza madre,* unmarried mother — *lavoratrice madre,* working mother — *Regina Madre,* Queen Mother — *Madre Badessa,* Mother Abbess; Lady Abbess — *Reverenda Madre,* Reverend Mother — *Madre Superiora,* Mother Superior — *Santa Madre Chiesa,* Holy Mother Church — *essere senza madre,* to be motherless — *madre lingua,* mother tongue — *madre terra,* mother earth — *madre natura,* Mother Nature — *uno scherzo di madre natura,* a freak of nature — *madre spirituale,* godmother — *casa madre,* mother house; *(comm.)* parent company — *libro a madre e figlia,* counterfoiled ledger — *diventar madre,* to give birth to a child — *La rese madre,* He gave her a child — *È come l'ha fatto sua madre,* He is in his birthday suit — ⇨ *anche* **madrepatria, madreperla**. **2** *(anat.) dura madre,* dura mater *(lat.)* — *pia madre,* pia mater *(lat.)*. **3** *(matrice)* matrix. **4** *(dell'aceto)* mother; *(del vino)* dregs *(pl.)*; lees *(pl.)*.

madrelingua *sf* mother tongue.

madrepatria *sf* **1** *(patria)* motherland. **2** *(territorio metropolitano)* mother country.

madreperla *sf* mother-of-pearl.

madreperlaceo *agg* pearly.

madrepora *sf* madrepore.

madreporico *agg* madreporic; madrepora.

madrevite *sf* nut screw; female thread; *(filiera)* die: *madrevite per tubi,* pipe die.

madrigale *sm* madrigal.

madrigalista *sm* madrigalist.

madrina *sf* godmother; sponsor *(anche al varo di una nave)*.

maestà *sf* **1** *(maestosità)* magnificence; grandeur; majesty; loftiness; *(dignità)* dignity. **2** *(titolo)* Majesty: *Vostra Maestà; Maestà,* Your Majesty — *Sua Maestà il Re (la Regina),* His Majesty the King (Her Majesty the Queen) — *delitto di lesa maestà,* lèse-majesté *(fr.)*; high treason. **3** *(arte)* majesty: *in maestà, (araldica)* guardant.

maestosamente *avv* majestically.

maestosità *sf* majesty; stateliness; grandeur.

maestoso *agg* **1** majestic; imposing; lofty; stately. **2** *(mus.)* maestoso.

maestra *sf (insegnante)* school-mistress; school-teacher; teacher: *una maestra di piano,* a piano mistress (*o* teacher) — *maestra giardiniera,* nursery school (*o* kindergarten) teacher. □ *albero di maestra,* mainmast.

maestrale *sm* north-west wind; *(in Provenza)* mistral.

maestranza *sf (al pl.: le maestranze)* workers; hands.

maestria *sf* skill; mastery; *(destrezza)* ability; cleverness; *(per estensione: astuzia)* cunning.

maestro *sm* **1** master; teacher; *(istruttore)* instructor: *maestro di scuola,* school-master; school-teacher — *maestro di danza (scherma, ecc.),* dancing (fencing, ecc.) master — *(arte) i grandi maestri,* the old masters — *maestro di cappella,* choir(-)master — *maestro di sci,* ski (*o* skiing) instructor — *maestro di cerimonie,* Master of Ceremonies *(abbr. spesso in* M.C.*)* — *Non possono essere tutti maestri,* All men can't be masters — *Quello scrittore è un maestro dell'ironia,* That writer is a master (*o* past master) of irony — *il Divino Maestro,* the Divine Master — *Gran Maestro,* Grand Master — *da maestro, (agg.)* masterly; *(avv.)* skilfully. **2** *(mus.: direttore d'orchestra)* conductor; *(compositore)* composer; *(insegnante di musica)* teacher of music; music master; *(come titolo, talvolta)* Maestro. □ *maestro d'ascia,* carpenter; *(in un cantiere navale)* shipwright — *maestro di casa,* house-steward — *maestro d'equipaggio,* boatswain — *maestro di stalla,* Master of Horse — *maestro di giustizia,* executioner — *maestri cantori,* master-singers — *essere maestro in qcsa,* to be master of sth — *L'esercizio è un buon maestro, (prov.)* Practice makes perfect.

II *agg* **1** *(principale)* chief; main: *muro maestro,* main wall — *porta maestra,* main gate — *albero maestro,* mainmast — *vela maestra,* mainsail — *penna maestra, (zool.)* quill — *strada maestra,* high road — *trave maestra,* king-post. **2** *(dotato di grande abilità, magistrale)* skilful; master *(attrib.)*; masterly: *mano maestra,* master-hand — *con mano maestra,* skilfully; in a masterly manner — *colpo maestro,* master-stroke — *fare un tiro maestro a qcno,* to play a dirty trick on sb.

mafia *sf* Mafia; *(talvolta)* Maffia.

mafioso *agg* of the Mafia; pertaining to the Mafia; Mafia *(attrib.)*.

□ *sm* member of the Mafia.

maga *sf* sorceress; enchantress.

magagna *sf (anche fig.)* fault; defect; imperfection; flaw.

magari *avv (forse)* perhaps; maybe.

□ *interiezione* and how!; of course!; you bet!; rather!: *'Ti piacerebbe andare a Venezia?' - 'Magari!',* 'Would you like to go to Venice?' - 'You bet!' (*o* I sure would!).

□ *congiunz* **1** *(anche se)* even if. **2** *(volesse il cielo che)* if only: *Magari fosse vero!,* If only it were true!

magazzinaggio *sm* storage (*o* warehousing) charges.

magazziniere *sm* storeman *(pl.* -men*)*; warehouseman *(pl.* -men*)*.

magazzino *sm* **1** *(deposito)* warehouse; store; storehouse; depôt: *magazzino doganale,* bonded warehouse. **2** *(l'insieme delle merci)* store; stock; inventory: *fondi di magazzino,* unsold stock — *inventario di magazzino,* stock-taking — *merce pronta in magazzino,* goods in stock — *controllo del magazzino,* inventory control. **3** *(emporio)* shop; store *(spec. USA): grande magazzino,* department store. **4** *(fotografia)* magazine. **5** *(riferito ad un calcolatore elettronico)* memory.

maggese *agg* May *(attrib.).* □ *fieno maggese,* first-crop hay.

□ *sm* fallow: *maggese intero,* a year's fallow — *mezzo maggese,* six months' fallow.

maggio *sm* **1** May: *il primo maggio,* May Day; *(festa del lavoro)* Labour Day — *bella come una rosa di maggio,* as beautiful as a rose in May. **2** *(fig.)* bloom; heyday; prime.

maggiolino *sm* **1** May-bug; cockchafer. **2** *(fam.: automobile Volkswagen)* 'beetle'.

maggiorana *sf* marjoram.

maggioranza *sf* majority *(col v. al sing. o al pl.);* great number; greater part; most: *La maggioranza fu favorevole alla proposta,* The majority were (*o* was) in favour of the proposal — *La maggioranza dei presenti abbandonò l'assemblea,* Most of those present walked out of the meeting — *La maggioranza della gente la pensa così,* Most people think so — *La stragrande maggioranza,* the overwhelming majority — *maggioranza assoluta,* absolute majority — *maggioranza relativa,* relative majority — *eleggere a grande maggioranza,* to elect by a large majority — *essere in maggioranza,* to be in (the) majority; to have the majority — *partito di maggioranza,* majority party — *assicurarsi (ottenere) la maggioranza,* to secure a majority.

maggiorare *vt* to increase; to raise; to put* (sth) up.

maggiorato *agg* **1** *(comm.)* increased; raised. **2** *(mecc.)* oversize.

maggiorazione *sf* **1** increase; rise; additional (*o* extra) charge. **2** *(indennità)* allowance: *maggiorazione per fatica,* fatigue allowance.

maggiordomo *sm* butler; house-steward; *(talvolta)* major-domo.

maggiore **I** *agg comp* **1** *(più grande, spec. in senso astratto)* greater; *(in senso materiale)* larger; bigger; *(più alto)* higher: *Devi prestare maggiore attenzione a ciò che fai,* You must pay greater attention to what you are doing — *Il nostro giardino è maggiore del vostro,* Our garden is larger (*o* bigger) than yours — *Mi occorre una somma maggiore,* I need a larger amount. **2** *(di età: più vecchio)* older; *(tra parenti stretti, spec. tra fratelli)* elder *(solo attrib.): Il mio amico Paolo è maggiore di me di due anni,* My friend Paolo is two years older than I am (*o* than me) — *Ha solo un fratello maggiore,* He has only an elder brother — *la maggiore età,* majority — *raggiungere la maggiore età,* to come of age; to reach one's majority — *essere di maggiore età,* to be of age; to be an adult. **3** *(superiore in ordine gerarchico)* chief; senior; *(mil., ecc.)* major: *sergente maggiore,* sergeant-major — *tamburo maggiore,* drum-major — *stato maggiore,* staff; general staff — *premessa maggiore,* major premiss — *asse maggiore,* major axis — *ordini maggiori, (religione)* major orders — *altare maggiore,* high altar — *l'Orsa Maggiore,* the Great Bear; Ursa Major *(lat.).* **4** *(mus.)* major: *sonata in la maggiore,* sonata in A major.

II *agg superl* **1** (the) greatest; (the) largest; (the) biggest; *(tra due termini)* (the) greater; (the) larger; (the) bigger: *Quale dei due laghi è il maggiore?,* Which lake is larger? — *Il Nilo è il maggior fiume d'Egitto,* The Nile is Egypt's biggest river — *Questa volta stanno in uno dei maggiori alberghi,* This time they are staying in one of the biggest hotels — *il maggiore offerente,* the highest bidder. **2** *(riferito all'età)* oldest; *(tra due)* older; *(tra parenti stretti, spec. tra fratelli)* eldest; *(tra due)* elder: *Sono il maggiore della classe,* I am the oldest in my class — *Quale dei due fratelli è il maggiore?,* Which (of the two) brother(s) is the elder? **3** *(di primaria importanza)* (the) greatest; (the) most important; (the) major; *(principale)* chief; main: *le opere maggiori di Manzoni,* Manzoni's major works — *i maggiori pittori del secolo,* the major artists of the century — *i maggiori dirigenti dell'azienda,* the firm's chief executives (*o* managers).

III *sm e f.* **1** *(persona di grado superiore a un'altra)* superior; chief. **2** *(di età)* oldest; eldest; *(tra due)* older; elder: *Scipione il Maggiore,* Scipio the Elder; the elder Scipio. **3** *(mil.)* major; *(aeronautica)* squadron-leader *(GB);* major *(USA).* **4** *(al pl., sm: antenati)* ancestors; forefathers.

□ *andare per la maggiore,* to be popular; to be the in thing *(fam.)* — *la maggior parte,* the majority; most people *(pl.)* — *per la maggior parte,* for the most part — *forza maggiore* ⇨ **forza**.

maggiorenne *agg* of (full) age: *essere maggiorenne,* to be of (full) age; to have attained one's majority — *diventare maggiorenne,* to come of age.

□ *sm e f.* adult.

maggiorente *sm* influential person; personage; *(scherz.)* bigwig; nob *(sl.).*

maggiorità *sf* orderly room; regimental office.

Magi *sm pl* Magi: *i Magi,* the Magi; the Three Kings.

magia *sf* **1** magic; *(sortilegio, stregoneria)* witchcraft; sorcery; *(incantesimo)* spell: *magia nera,* black magic — *magia bianca,* white magic — *come per magia,* as if by magic; like magic. **2** *(fig.)* magic; mysterious charm; fascination.

magiaro *agg e sm* Magyar.

magicamente *avv* magically.

magico *agg* **1** magic; magical: *arti (parole) magiche,* magic arts (words) — *un tocco magico,* a magic touch — *bacchetta magica,* magic wand — *lanterna magica,* magic lantern. **2** *(fig.)* charming; fascinating; magical.

magione *sf* mansion *(anche scherz.).*

magistero *sm* **1** *(maestria)* skill; mastery; *(padronanza)* command. **2** *(insegnamento)* teaching: *facoltà di magistero,* arts faculty. **3** *(negli ordini cavallereschi)* Mastership. **4** *(chim.)* magistery.

magistrale *agg* **1** magistral: *istituto magistrale,* teachers' training college. **2** *(cattedratico, dotto)* magisterial; authoritative: *in tono magistrale,* in a professional tone. **3** *(da maestro, eccellente)* masterly; excellent: *un colpo magistrale,* a masterly stroke; a master-stroke. **4** *(di farmaco)* magistral.

magistralmente *avv* in a masterly way (*o* fashion, manner).

magistrato *sm (funzionario)* officer; official; *(chi amministra la giustizia)* magistrate; judge; justice: *ricorrere al magistrato,* to go to law (to court).

magistratura *sf* **1** *(ufficio, funzione)* magistrature. **2** *(insieme dei magistrati)* the magistracy; the Bench; the Court: *entrare in magistratura,* to become a magistrate (a judge).

maglia *sf* **1** stitch: *maglia a diritto,* plain stitch — *maglia a rovescio,* purl (*o* inverted) stitch — *aumentare una maglia,* to add a stitch — *riprendere una maglia,* to pick (to take) up a stitch — *lasciar cadere una maglia,* to drop (to let down) a stitch — *lavorare a maglia,* to knit; *(all'uncinetto)* to crochet — *lavorazione a maglia,* knitting — *lavoro a maglia,* knitted work; *(all'uncinetto)* crochet work — *a maglia,* knitted — *a maglia rasata,* plain knitted. **2** *(tessuto)* jersey; tricot *(fr.).* **3** *(di rete, ecc.)* mesh: *rete a maglie fitte,* close-mesh net — *rete a maglie grosse,* large-mesh net — *I pesci più piccoli scapparono attraverso le maglie,* The smallest fish got through the meshes. **4** *(mecc.: di catena)* link: *le maglie della catena di una bicicletta,* the links of a bicycle chain — *maglia a mulinello,* swivel link — *maglia per cingoli (da trattore),* (tractor) track link. **5** *(indumento intimo)* vest; *(maglietta sportiva)* jersey; vest; *(calzamaglia)* tights *(pl.)*: *(sport) maglia azzurra,* member of the Italian National team — *maglia iridata,* world cycling champion. **6** *(armatura medievale)* mail; coat of mail.

magliaia *sf* knitter.

magliaio *sm* knitter.

maglieria *sf* knitwear; knitted goods *(pl.)*; hosiery: *negozio di maglieria,* knitwear shop — *macchina per maglieria,* knitting-machine.

maglietta *sf* **1** *(indumento)* vest; jersey. **2** *(anello)* ring; loop; *(della cinghia del fucile)* sling swivel; *(asola)* eye.

maglificio *sm* knitwear factory.

maglio *sm* **1** mallet; *(bastone da polo)* mallet. **2** *(macchina)* hammer: *maglio a vapore,* steam hammer — *stampaggio al maglio,* drop forging. **3** *(anat.)* hammer.

maglione *sm* sweater; *(meno pesante)* jumper.

magma *sm* magma.

magnaccia *sm* pander; pimp.

magnanimamente *avv* magnanimously; generously.

magnanimità *sf* magnanimity; noble-mindedness; *(generosità)* generosity.

magnanimo *agg* magnanimous; liberal; generous.

magnate *sm* magnate; tycoon *(USA).*

magnesia *sf* magnesia; magnesium oxide: *latte di magnesia,* milk of magnesia — *magnesia effervescente,* magnesium citrate.

magnesio *sm* magnesium: *solfato di magnesio,* Epsom salts — *lampo al magnesio,* magnesium light; flash.

magnesite *sf* magnesite; magnesium carbonate.

magnete *sm* **1** magnet: *magnete a ferro di cavallo,* horseshoe magnet. **2** *(mecc.)* magneto: *magnete d'accensione,* ignition magneto.

magnetico *agg* magnetic *(anche fig.).*

magnetismo *sm* **1** magnetism. **2** *(fig.)* magnetism; personal charm.

magnetite *sf* magnetite; lodestone.

magnetizzare *vt* **1** to magnetize. **2** *(ipnotizzare)* to hypnotize; to mesmerize; *(fig.)* to charm; to magnetize.

magnetizzatore *agg* magnetizing.
□ *sm* magnetizer; *(ipnotizzatore)* hypnotist; mesmerist.

magnetizzazione *sf* magnetization: *magnetizzazione residua (rimanente),* remanent magnetization.

magnetofono *sm (a nastro)* tape-recorder; *(a filo)* wire-recorder.

magnificamente *avv* magnificently; splendidly; superbly; sumptuously.

magnificare *vt* to magnify *(non molto comune)*; to glorify; to extol; to praise; *(vantarsi di qcsa)* to boast (of sth).
□ **magnificarsi** *v. rifl* to praise oneself; to boast (of sth).

magnificat *sm* Magnificat; *(per estensione)* song of praise.

magnificenza *sf* **1** magnificence; splendour. **2** *(maestosità)* majesty; grandeur. **3** *(generosità)* generosity; liberality; munificence. **4** *(cosa magnifica)* marvel; *(al pl.: bellezze)* wonders; splendours.

magnifico *agg* **1** magnificent; splendid; grand; superb. **2** *(generoso)* munificent; generous; lavish; liberal. □ *(come s.) fare il magnifico,* to put on airs.

magniloquente *agg* bombastic; magniloquent; grandiloquent.

magniloquenza *sf* bombast; grandiloquence; magniloquence.

magno *agg* great: *aula magna,* great hall — *pompa magna,* pomp and circumstance. □ *Alessandro Magno,* Alexander the Great — *Carlo Magno,* Charlemagne — *Magna Grecia,* Magna Graecia.

magnolia *sf* magnolia.

mago *sm* magician; wizard; sorcerer; *(negromante)* necromancer; *(prestidigitatore)* magician; conjurer. □ *È un mago!,* He's a wizard (a marvel)!

magona *sf* iron-foundry; ironworks.

magone *sm* **1** *(ventriglio)* gizzard. **2** *(fig.: dispiacere)* worry; trouble: *avere il magone,* to be very worried (about sth).

magra *sf* **1** low water: *Il fiume è in (periodo di) magra,* The river is low. **2** *(scarsità)* shortage: *tempi di magra, (fig.)* hard times.

magrezza *sf* **1** meagreness; thinness; leanness. **2** *(scarsità, penuria)* scantiness; poorness. **3** *(di terreno)* sterility. **4** *(di acque)* low level.

magro *agg* **1** thin; *(snello)* slim; lean *(anche di carne macellata)*; *(sottile)* slender: *Dopo la malattia si è fatto molto magro,* He has become very thin since his illness — *magro nel viso,* thin in the face — *dal viso magro,* thin faced — *Vedi quel tipo magro vicino al ponte?,* Can you see that thin (*o* slim) chap over by the bridge? — *essere magro come un chiodo,* to be as lean (as thin) as a rake — *dita magre,* slender fingers — *brodo magro,* thin broth — *Mi piace la carne magra (il prosciutto magro, ecc.),* I like lean meat (lean ham, *ecc.*) — *pasto di magro,* meal of fish — *minestra di magro,* vegetable (*o* thin) soup — *mangiare di magro,* to abstain from meat. **2** *(scarso, insufficiente, povero)* meagre; poor; lean; scanty: *Fu una ben magra ricompensa,* It was a very meagre (*o* poor) reward — *un magro stipendio,* a meagre salary — *un pasto magro,* a poor meal — *terra magra,* barren (*o* poor, sterile) land — *magre scuse,* weak (*o* lame) excuses — *un magro raccolto,* a lean harvest — *annate magre,* lean years — *acque magre,* low waters. □ *sm* **1** *(carne magra)* lean (meat): *Vorrei un bel pezzo di magro,* I should like a nice bit of lean (meat). **2** *(religione)* abstinence; maigre diet: *giorno di magro,* abstinence day; day of abstinence; maigre day.

mah *interiezione* Who knows?; I just don't know!

mai *avv* **1** never *(NB: se è posto all'inizio della frase, richiede l'inversione del verbo e del soggetto)*: *Non va mai a teatro,* He never goes to the theatre — *Non sono mai stato all'estero,* I have never been abroad — *Non lo avrei mai creduto,* I should never have believed it — *In vita mia non ho mai sentito una simile sciocchezza!,* Never in all my life have I heard such nonsense! — *Non sia mai detto che...,* Never let it be said that... — *mai e poi mai!,* never, never! — *mai più,* never more; never again; *(niente affatto!)* certainly not! (on no account!); *(anzi, ma figurati!)* not at all! (by no means!) — *Non mi vedrai mai più,* You will never see me again — *Non lo scorderò mai!,* I shall never forget it! — *ora o mai,* now or never — *Non si sa mai,* You never can tell — *Meglio tardi che mai, (prov.)* Better late than never.
2 ever *(in molte frasi interrogative; se nella frase c'è*

un'altra negazione; se sta per 'talvolta'; o se viene usato in un paragone): Non succede mai niente in questo paese, Nothing ever happens in this village — *Lo hai mai fatto?,* Have you ever done it? — *L'hai mai incontrata quando eri a Roma?,* Did you ever meet her when you were in Rome? — *Siete mai a casa?,* Are you ever at home? — *La finirete mai?,* Will you ever finish it?; Will you ever have done? — *senza averci mai pensato,* without ever having thought of it — *più (meno) che mai,* more (less) than ever — *meglio (peggio) che mai,* better (worse) than ever — *È più bella che mai,* She's more beautiful than ever.
□ *caso mai (se mai),* if anything; if by any chance; just in case — *Caso mai nevicasse...,* If it should snow...; In case it snows... — *Caso mai partisse...,* Just in case he should leave... — *Se mai, lo chiamerei incosciente,* If anything I'd call him reckless — *Se mai la incontrerò, glielo dirò,* If I ever (If I happen to) meet her, I shall tell her — *quanto mai...,* very...; ever so...; extremely...; really... — *Era quanto mai elegante!,* She was ever so smart!; She was really smart! — *Sono quanto mai soddisfatto,* I am very (*o* extremely) pleased with myself — *Quant'è mai superba quella tua amica!,* How haughty that friend of yours is! — *Quanto mai?,* How much?; How long? — *Come mai?,* Why?; How on earth?; How do you make that out? — *Come mai non sei andato anche tu?,* Why on earth didn't you go, too? — *Che (Cosa) mai?,* What on earth? — *Che dici mai?,* What on earth are you saying? — *Dove mai?,* Wherever? — *Quando mai?,* Whenever? — *quasi mai,* hardly ever — *Le voglio un bene che mai,* I love her like anything — *Sarei pronto a fare tutto, ma questo mai!,* I would be prepared to do anything but that!

maiale *sm (l'animale)* **1** pig; boar; *(talvolta)* swine; *(se castrato)* hog: *mangiare come un maiale,* to eat like a pig — *mangiare quanto un maiale,* to make a pig of oneself; to stuff oneself. **2** *(la carne)* pork: *salciccia di maiale,* pork sausage — *arrosto di maiale,* roast-pork — *braciola di maiale,* pork-chop. **3** *(spreg.)* pig; swine. **4** *(mil.: specie di siluro)* chaviot.

maiestatico *agg* of majesty: *il plurale maiestatico,* the royal 'We'.

maiolica *sf* majolica.

maionese *sf* mayonnaise.

mais *sm* maize; Indian corn; sweet corn *(USA);* corn *(USA).*

maiuscola *sf* capital (*o* upper-case) letter: *in maiuscole,* in capitals.

maiuscolo *agg* **1** *(di scrittura)* capital. **2** *(fig.: grandissimo)* enormous; huge; very big; *(madornale)* gross.

mala *sf (sl.)* = **malavita.**

malaccio *sm* serious illness. □ *Non c'è malaccio,* Things aren't so bad.

malaccorto *agg* unwise; ill-advised; *(sconsiderato)* heedless; careless.

malachite *sf* malachite.

malafede *sf* bad faith: *essere in malafede,* to be in bad faith. □ *atti in malafede,* treacherous acts — *possesso in malafede, (dir.)* adverse possession.

malaffare *sm (nelle espressioni) gente di malaffare,* shady characters *(pl., fam.)* — *donna di malaffare,* prostitute.

malaga *sm (vino)* Malaga wine; *(uva)* Malaga grapes *(pl.).*

malagevole *agg (difficile)* difficult; hard.

malagrazia *sf* bad grace; rudeness: *fare qcsa di malagrazia,* to do sth with a bad grace.

malalingua *sf* backbiter; slanderer.

malandato *agg* **1** in bad shape; in bad condition; *(di salute)* in poor health; *(di fabbricato)* dilapidated. **2** *(finanziariamente)* badly off; hard up.

malandrino *sm* crook; scoundrel; rogue.
□ *agg* crooked; *(malizioso)* roguish; mischievous.

malanimo *sm* ill-will; animosity: *fare qcsa di malanimo,* to do sth with a bad grace.

malanno *sm* **1** *(disgrazia)* misfortune; bad luck; mishap; *(guaio)* trouble; *(calamità)* calamity. **2** *(malattia)* ailment; illness; disease; *(disturbo cronico)* infirmity: *prendersi un malanno,* to get ill; to be taken ill — *i malanni della vecchiaia,* the infirmities of old age. **3** *(persona molesta)* pest; pain in the neck *(fam.).*

malaparata *sf* danger; peril: *vedere la malaparata,* to see danger ahead: *Vista la malaparata...,* In view of the danger...; Since things were going badly (were looking black)...

malapena *(nella locuzione avverbiale) a malapena,* scarcely; hardly: *Lo vedevo a malapena,* I could hardly see it.

malaria *sf* malaria.

malarico *agg* malarial; malarious.

malaticcio *agg* sickly; weak; frail: *avere un'aria malaticcia,* to look green about the gills *(fam.).*

malato *agg* ill; *(generalm. predicativo); (indisposto)* unwell; sick; *(in organi particolari)* sore: *essere malato di cuore,* to suffer from heart-disease — *essere malato di cancro,* to have cancer — *essere malato di invidia, (fig.)* to be sick (*o* eaten up) with envy — *Mio figlio è malato di pleurite da due mesi,* My son has been ill with pleurisy for two months — *Quel ragazzo sembra malato,* That boy looks ill (*o* unwell) — *un bambino malato,* a sick child — *Mia moglie è gravemente malata,* My wife is seriously (*o* dangerously) ill — *cadere malato,* to fall ill; to be taken ill — *darsi malato, (mil.)* to go (to report) sick — *una mano malata,* a sore hand — *una mente malata,* an unsound mind — *avere una fantasia (sensibilità) malata,* to have a morbid imagination (sensibility) — *una pianta malata,* a diseased (a languishing) plant — *essere malato allo stomaco,* to have a pain in one's stomach.
□ *sm* sick person; patient: *un malato incurabile,* an incurable — *un malato di mente,* an insane person.

malattia *sf* illness; sickness; *(entità patologica)* disease; *(debilitazione)* infirmity; malady *(spesso fig.);* evil; vice: *assente per malattia,* absent because of sickness — *una malattia diplomatica,* a convenient indisposition — *malattie sociali,* social maladies — *malattie del lavoro,* occupational diseases — *Di che malattia è morto?,* What did he die of? — *guarire una malattia,* to cure a disease — *guarire di una malattia,* to recover from a disease — *prendere (prendersi, buscarsi) una malattia,* to be taken ill.

malauguratamente *avv* unfortunately; unluckily; haplessly.

malaugurato *agg* ill-omened; inauspicious; *(sfortunato)* unfortunate; unlucky; hapless.

malaugurio *sm* bad (*o* ill) omen: *uccello del malaugurio,* bird of ill omen; *(di persona)* Jonah; jinx.

malavita *sf* (the) underworld; criminal life; *(l'insieme delle persone)* gangsters; criminals: *darsi alla malavita,* to become a criminal (a gangster); *(di donna, anche)* to go on the streets; to become a prostitute — *il gergo della malavita,* underworld slang; thieves' cant.

malavoglia *sf* unwillingness: *di malavoglia,* unwillingly; reluctantly.

malavveduto *agg* unwise; inconsiderate.

malavvezzo *agg* ill-bred; ill-mannered.
malaysiano *agg e sm* Malaysian.
malcaduco *sm (fam.)* falling sickness; epilepsy.
malcapitato *agg* unlucky; wretched. □ *sm* unfortunate person; unfortunate.
malcauto *agg* unwise; incautious; rash.
malconcio *agg* in a sorry state; bedraggled *(spec. di indumenti); (malridotto)* knocked about; beaten up *(sl.); (in cattive condizioni)* in a sorry plight.
malcontentezza *sf* dissatisfaction; discontent.
malcontento *agg* dissatisfied (with sth); discontented (with sth); displeased (at sth): *essere malcontento del proprio lavoro,* to be dissatisfied (*o* discontented) with one's job.
□ *sm* **1** discontent; dissatisfaction; *(malcontento politico)* disaffection. **2** *(individuo malcontento)* malcontent.
malcorrisposto *agg* unrequited; not reciprocated.
malcostumato *agg (maleducato)* ill-bred; ill-mannered; impolite.
malcostume *sm* immorality; immoral behaviour.
maldestramente *avv* awkwardly; clumsily.
maldestro *agg* awkward; clumsy; gauche *(fr.); (inesperto)* inexperienced; green.
maldicente *agg* slanderous; disparaging. □ *sm* scandal-monger; backbiter.
maldicenza *sf* slander; malicious gossip; backbiting.
maldisposto *agg* ill-disposed.
[1]**male** *sm* **1** *(il concetto del Male)* evil; ill; *(peccato)* sin: *il bene e il male,* good and evil — *il genio del male,* evil genius — *distinguere il bene dal male,* to know good from evil (right from wrong); to know how to tell good from evil — *fare il male,* to sin. **2** *(dolore fisico)* pain; ache; trouble; *(malattia)* illness; disease: *avere male allo stomaco,* to have a pain in one's stomach — *mal di testa,* headache — *mal caduco,* epilepsy — *mal sottile,* consumption — *mal francese,* syphilis — *mal d'auto,* car-sickness — *mal d'aria,* air-sickness — *mal di mare,* sea-sickness — *mal di pancia,* stomach ache; belly-ache *(fam.);* tummy-ache *(linguaggio infantile)* — *avere mal di gola,* to have a sore throat — *avere mal di denti,* to have toothache — *mal di fegato,* liver trouble — *Il suo male è grave,* His illness is serious; He's seriously ill — *un male inguaribile,* an incurable disease — *far male a qcno, (anche fig.)* to cause sb pain; to hurt sb *(ma cfr. anche il* **3** *sotto)* — *far male,* to ache; to hurt *(anche fig.); (di cibi)* to be bad for one's health — *spettacolo che fa male al cuore,* a painful sight — *Il vino mi fa male,* Wine is bad for my health; Wine does not suit me — *farsi male,* to hurt oneself; to get hurt — *Badate di non farvi male,* Mind you don't hurt yourselves — *Non saltare, potresti farti male,* Don't jump, you might get hurt — *Ti sei fatto male?,* Are you hurt? **3** *(danno)* harm; *(dolore morale)* sorrow: *Non fece mai male a nessuno,* He never did any harm to anybody — *Non c'è niente di male,* There's no harm in it; *(nelle parole dette)* No offence meant — *volere male a qcno,* to hate sb — *La sua morte mi fece molto male,* His death made me very sad. **4** *(sventura, avversità)* evil; ill; misfortune; calamity; *(guaio)* trouble: *i mali della vita,* the evils (ills) of life — *I mali non vengono mai soli,* Misfortunes never come alone — *augurare del male a qcno,* to wish sb ill — *Il male è che...,* The trouble is that... □ *andare a male, (di cibo)* to go bad — *Durante la cerimonia le venne male,* She swooned during the ceremony — *fare male a fare qcsa,* to be wrong in doing sth — *aversela a male,* to be offended; to take it amiss — *metter male tra due persone,* to set two persons against one another — *Non c'è male!,* Pretty well!; Not bad! — *Poco male!,* It doesn't matter! — *meno male* ⇨ **meno** *avv* — *Non sarebbe male se...,* It wouldn't be a bad idea if... — *di male in peggio,* from bad to worse — *A mali estremi, estremi rimedi, (prov.)* Desperate ills need desperate remedies — *Un male tira l'altro, (prov.)* It never rains but it pours — *Non tutto il male vien per nuocere, (prov.)* Every cloud has a silver lining.
[2]**male** *avv* badly; *(in certe locuzioni)* ill: *leggere (scrivere) male,* to read (to write) badly — *comportarsi male,* to behave badly — *Male!, (rimprovero)* That's bad! — *un disegno mal fatto,* a badly done drawing — *parlare male di qcno,* to speak ill of sb — *finire male, (avere un cattivo esito)* to end badly; *(fare una brutta fine)* to come to a bad end; to come to no good — *rispondere male, (sbagliando)* to answer incorrectly; *(sgarbatamente)* to answer back (*o* insolently) — *sentirsi male,* to feel ill — *stare male, (di salute)* to be ill; *(essere disdicevole)* not to be becoming; *(non adattarsi)* not to fit; not to suit — *Sta male che un bambino parli così,* It's not becoming for a child to speak like that — *Questo vestito ti sta molto male,* This dress does not suit you — *Il marrone sta male con il blu,* Brown doesn't go with blue — *passarsela male,* not to get on very well — *Sto male a soldi,* I'm short of money — *capire male,* to misunderstand — *trattare male qcno,* to ill-treat sb — *riuscire male,* to turn out badly — *mettersi male,* to take a bad turn — *Per male che vada...,* However badly things go... — *rimanere male, (essere deluso)* to be disappointed; *(essere dispiaciuto)* to be sorry; *(offendersi)* to be hurt (*o* offended) — *vedere male qcsa, (disapprovare)* to disapprove of sth — *Vedevo male nelle ultime file,* I could not see (I could hardly see) from the back — *Pronuncia male la 's',* He pronounces his s's wrongly — *Sa male la lezione di storia,* He doesn't know his history lesson properly — *Questa traduzione non è niente male,* This translation is quite good — *Ti trovi male con loro?,* Do you feel uneasy with them? — *Bene o male, sistemerò la faccenda,* I shall manage it somehow or other — *Né bene né male,* So so — *Male gliene incolga!,* Woe to him! — *Chi tardi arriva male alloggia, (prov.)* Last come, last served; First come, first served.
maledetta *sf (in espressioni quali) Non ne so una maledetta,* I don't know a damned thing (about sth) — *Non me ne importa una maledetta, (fam.)* I don't give a damn — *alla maledetta,* confusedly; anyhow; any old how *(fam.)* — *Piove alla maledetta,* It's pouring with rain; It's really falling (*o* teeming) down; It's raining cats and dogs.
maledettamente *avv* awfully; terribly; damned *(da taluni considerato volg.): Il professore di matematica è maledettamente pignolo,* The maths master is awfully pernickety *(fam.:* isn't half pernickety) — *Fa maledettamente caldo qui dentro!,* It's damned hot in here!
maledetto *agg* (⇨ *anche* **maledire**) cursed; *(spesso fig.: nefasto)* fatal; unlucky; *(orribile)* horrible; awful; terrible; damned *(da taluni considerato volg.); (insopportabile)* abominable; detestable; *(odioso)* hateful; bloody *(volg.);* ruddy: *Maledetto!, (esclamazione)* Curse!; Curse it! — *una paura maledetta,* a terrible fright.
maledico *agg* slanderous.
maledire *vt* to curse; to swear* (at sb); *(lanciare*

anatema) to anathematize; *(esecrare)* to execrate; *(vituperare)* to vituperate.

maledizione *sf* curse *(anche fig.)*; *(sventura)* misfortune; mishap; bad luck; *(imprecazione)* imprecation: *Maledizione!, (esclamazione)* Curse it!

maleducatamente *avv* rudely.

maleducato *agg* ill-bred; ill-mannered; rude; impolite.
□ *sm* ill-bred (*o* ill-mannered) person.

maleducazione *sf* rudeness; ill-breeding.

malefatta *sf* error; mistake; *(talvolta)* wrongdoing.

maleficio *sm* witchcraft.

malefico *agg* **1** baleful; malefic. **2** *(nocivo)* harmful; maleficent.

maleolente *agg* evil-smelling; malodorous.

malerba *sf* weed.

malese *agg e sm e f.* Malay.

malessere *sm* **1** malaise *(fr.)*; *(disagio, imbarazzo)* discomfort; uneasiness; *(disturbo di stomaco)* qualm; *(indisposizione)* indisposition; slight illness. **2** *(disagio economico)* straits *(pl.)*.

malestro *sm* mischief.

malevolenza *sf* ill-will; malice; malevolence.

malevolo *agg* malevolent; malicious; spiteful.

malfamato *agg* of ill repute *(predicativo)*.

[1]**malfare** *sm* evil-doing.

[2]**malfare** *vi* to do* evil; to do* wrong.

malfatto *agg* **1** badly done (*o* made). **2** *(deforme)* deformed; misshapen; *(brutto)* ugly. □ *(come s.) riparare il malfatto,* to repair the harm done.

malfattore *sm* evildoer; wrongdoer; malefactor; *(criminale)* criminal; *(farabutto)* scoundrel.

malfermo *agg* **1** unsteady; shaky; tottery; wonky *(sl.)*. **2** *(debole)* weak; feeble; *(precario)* unsafe.

malfido *agg* unreliable; untrustworthy.

malfondato *agg* ill-founded.

malformato *agg* ill-formed; misshapen.

malformazione *sf* malformation; *(med.)* deformity.

malgarbo *sm* impoliteness; rudeness: *con malgarbo,* with a bad grace; rudely.

malgascio *agg e sm* Malagasy.

malgiudicare *vt* to misjudge.

malgoverno *sm* **1** misgovernment; misrule; mismanagement. **2** *(disordine di casa, ecc.)* slovenliness; neglect.

malgrado *prep* in spite of; notwithstanding: *malgrado la sua ricchezza,* in spite of his wealth; with (*o* for) all his wealth. □ *mio (tuo, ecc.) malgrado,* in spite of my (your, *ecc.*) wishes.
□ *congiunz* even though; although: *Malgrado faccia così freddo, sto benissimo,* I feel fine, even though it is so cold.

malia *sf* witchery; sorcery; spell *(anche fig.)*; *(fascino)* fascination; charm; *(incantesimo)* enchantment; magic spell: *fare la malia a qcno,* to cast a spell over sb; to bewitch sb; to put a spell on sb.

maliarda *sf* sorceress; enchantress; witch; *(fig.)* enchantress; charmer.

malignamente *avv* maliciously; malignantly *(anche med.)*.

malignare *vi* to malign; to speak* ill (of sb); to slander.

malignità *sf* **1** *(cattiveria)* malice; malignity; malignancy; *(perfidia)* wickedness. **2** *(azione maligna)* malignity. **3** *(med.)* malignancy.

maligno *agg* malicious; malignant; malign; *(perfido)* evil; wicked; *(med.)* malignant.
□ *sm* malignant person: *il Maligno,* the Evil One.

malinconia *sf* melancholy; gloom; *(tristezza)* sadness; *(abbattimento)* low spirits; dejection; *(med.)* melancholia: *mettere da parte (scacciare) la malinconia,* to cast care aside.

malinconicamente *avv* gloomily; in a melancholy way.

malinconico *agg* melancholy; gloomy; *(abbattuto)* depressed; dejected; down in the mouth.

malincuore *(nella locuzione avverbiale) a malincuore,* unwillingly; reluctantly; against one's (his, her, *ecc.*) will.

malintenzionato *agg* ill-intentioned.

malinteso *agg* misconceived; misunderstood; *(falso)* false; *(sbagliato)* mistaken; wrong: *un malinteso senso del dovere,* a mistaken sense of duty.
□ *sm* misunderstanding; misapprehension: *chiarire (dissipare) un malinteso,* to clear up a misunderstanding.

malizia *sf* **1** malice; mischievousness; *(cattiveria)* wickedness; roguishness; *(abilità, astuzia)* artfulness; cunning; slyness: *con malizia,* artfully; cunningly — *con la malizia di una scimmia,* as mischievous as a monkey. **2** *(espediente)* trick; stratagem: *Conosce tutte le malizie del commercio,* He knows all the tricks of the trade.

maliziosamente *avv* maliciously; *(in modo meno cattivo)* mischievously.

malizioso *agg* malicious; *(meno cattivo)* mischievous; *(astuto)* cunning; artful; sly.

malleabile *agg* malleable *(anche fig.)*; *(arrendevole)* compliant; docile; *(sottomesso)* submissive; yielding.

malleabilità *sf* malleability; *(fig., anche)* pliability.

malleolo *sm* malleolus.

mallevadore *sm* guarantor; surety: *rendersi mallevadore di qcno,* to stand surety for sb.

mallevadoria, malleveria *sf* surety; guarantee.

mallo *sm (bot.)* hull.

malloppo *sm* **1** *(fam.: refurtiva)* swag; loot; booty. **2** *(fagotto, anche fig.)* bundle. **3** *(cavo)* trail rope.

malmenare *vt* to ill-treat; to ill-use; *(maltrattare)* to maltreat; to bully; *(ridurre in cattivo stato)* to manhandle: *malmenare il violino,* to play the violin atrociuosly.

malmesso *agg* badly off; in a poor condition; *(malvestito)* poorly dressed.

malnato *agg* ill-born; *(screanzato)* ill-bred; uncouth; *(malvagio)* wicked.

malnutrito *agg* under-nourished; badly fed.

malnutrizione *sf* malnutrition.

malo *agg* bad; wicked: *mala femmina,* prostitute; whore — *mala sorte,* ill luck; bad luck — *mala lingua,* evil (*o* spiteful) tongue — *mala parola,* coarse word; offensive word — *la mala pasqua,* misfortune — *mala riuscita,* failure — *far mala riuscita,* to fail — *di mala grazia,* unwillingly; rudely — *in malo modo,* badly; *(sgarbatamente)* rudely — *a mal partito,* in an awkward situation — *essere ridotto a mal partito,* to be badly off — *arrivare in mal punto,* to arrive at the wrong moment (*o* inopportunely) — *morire di mala morte, (fam.)* to come to a bad (*fam.* a sticky) end — *a mala pena* ⇨ **malapena**.

malocchio *sm* evil eye: *gettare il malocchio su qcno,* to cast a spell on sb — *vedere di malocchio qcno,* to look askance at sb.

malora *sf* ruin: *andare in malora,* to come to grief; to go to the dogs — *mandare qcno in malora,* to ruin sb — *Alla malora!,* Confound it!; The devil take it! — *Va' in malora!,* Go to the devil! □ *È uno strozzino della malora,* He's a bloody shark.

malore *sm* illness: *essere colto da malore,* to be suddenly taken ill.
malpensante *agg* holding erroneous (*o* unorthodox) views.
□ *sm e f.* heretic; rebel.
malridotto *agg* in a bad way; knocked about; in a sorry state.
malsano *agg* **1** *(insalubre)* unhealthy; insanitary. **2** *(malaticcio)* sickly; unhealthy; *(fig.)* morbid; unsound.
malservito *agg* ill-served; *(di trasporti pubblici, ecc.)* badly run.
malsicuro *agg* **1** *(poco stabile, pericolante)* unsafe. **2** *(incerto)* uncertain; dubious; *(di testimonianza)* untrustworthy.
malta *sf* mortar; *(liquida)* grout; larry.
maltempo *sm* bad weather: *... per il maltempo, ...* owing to bad weather.
maltenuto *agg* badly kept.
maltese *agg* Maltese: *febbre maltese,* Malta fever.
□ *sm e f.* Maltese.
malto *sm* malt.
maltollerabile *agg* intolerable; unbearable.
maltolto *agg* ill-gotten; stolen.
□ *sm* ill-gotten goods (*o* gains): *restituire il maltolto,* to give back ill-gotten (*o* stolen) goods.
maltosio *sm* maltose.
maltrattamento *sm* ill-treatment; unkind treatment; ill-usage.
maltrattare *vt* to maltreat; to mishandle; to ill-treat; to maul *(anche fig.); (fig.)* to mangle.
maluccio *avv* rather badly; not very well; poorly.
malumore *sm* bad temper; pique; moodiness; sulkiness; *(astio, rancore)* sullenness; surliness: *di malumore,* bad-temperedly.
malva *sf* **1** *(bot.)* mallow. **2** *(colore)* mauve.
malvagio *agg* wicked; evil; bad: *il Malvagio,* Satan; the Devil.
malvagità *sf* wickedness.
malvasia *sf* **1** *(uva)* malvasia. **2** *(vino)* Malmsey *(detto solo del 'madera');* malvasia.
malversatore *sm* embezzler; peculator.
malversazione *sf* embezzlement; malversation.
malvestito *agg* poorly dressed.
malvisto *agg* disliked (by sb); unpopular (with sb).
malvivente *sm* criminal; crook.
malvivenza *sf* crime; *(i malviventi)* criminals: *La malvivenza è in aumento,* Crime is on the increase; The number of criminals is on the increase.
malvolentieri *avv* unwillingly; reluctantly; against one's will.
[1]**malvolere** *sm* ill-will; animosity; *(svogliatezza)* unwillingness.
[2]**malvolere** *vt* to dislike; to have* a dislike (for sb): *farsi malvolere,* to make oneself disliked (*o* unpopular) — *prendere qcno a malvolere,* to take a dislike to sb.
mamma *sf* **1** mother; *(nel linguaggio infantile)* mummy; mum; ma(m)ma; ma *(USA);* mom *(USA): Mamma mia!,* Gracious me!; Goodness gracious! — *cocco di mamma,* mother's darling — *nudo come mamma lo fece,* stark naked; in one's birthday suit. **2** *(anat.)* breast; mamma. **3** *(del vino)* dregs *(pl.).*
mammalucco *sm* **1** *(stor.)* Mameluke. **2** *(fam.)* fool; simpleton.
mammario *agg* mammary.
mammella *sf* **1** breast; *(med., anche)* mammary gland; *(di animale da latte)* udder. **2** *(altura)* rise; knoll. **3** *(dello zoccolo)* wall.
mammellone *sm (altura, ecc.)* knoll; eminence.
mammifero *agg* mammalian. □ *sm* mammal.
mammillare *agg (anat.)* mamillary.
mammola *sf* **1** *(bot.)* sweet violet. **2** *(fig.)* shrinking violet.
mammona *sm (Bibbia, anche fig.)* Mammon.
mammone *sm (scimmia)* macaco. □ *gatto mammone,* bog(e)y.
mammut *sm* mammoth.
manata *sf* **1** *(colpo)* slap: *Mi diede una manata sulle spalle,* He slapped (He clapped) me on the shoulder. **2** *(manciata)* handful: *a manate, (fig.)* by the bucketful; by the cartload.
manca *sf* **1** *(mano sinistra)* left hand. **2** *(parte sinistra)* left-hand side; left. □ *a dritta e a manca,* on all sides; on (*o* to) right and left (left and right).
mancamento *sm* **1** *(svenimento)* faint; fainting; swoon. **2** *(insuccesso)* failure; failing. **3** *(mancanza)* lack; want; deficiency; *(difetto)* defect; imperfection.
mancante *agg* (⇨ **mancare**) **1** lacking (in sth); wanting (in sth); *(a corto di)* in need (of sth); short (of sth). **2** *(che viene a mancare)* failing. **3** *(perduto)* missing. **4** *(imperfetto)* imperfect; defective. □ *mancante di un braccio (di un occhio),* one-armed (one-eyed).
□ *sm* absentee; absent person.
mancanza *sf* **1** want; lack; *(insufficienza)* shortage; *(assenza)* absence: *Le piante morirono per mancanza d'acqua,* The plants died from want (from lack) of water — *Il suo romanzo denota mancanza di fantasia,* His novel shows want (*o* lack) of imagination — *in mancanza di meglio,* for want of anything better — *mancanza di prove,* lack of evidence — *In mancanza del direttore, potete rivolgervi al signor Rossi,* In the absence of the manager, you can apply to Mr. Rossi. **2** *(fallo)* fault; slip; slip-up *(fam.): Hai commesso una grave mancanza,* You have slipped up badly; You have made a serious mistake — *fare una piccola mancanza,* to make a slip; to slip up. **3** *(imperfezione, difetto)* imperfection; defect; shortcoming: *La sposerai, malgrado tutte le sue mancanze?,* Are you going to marry her, in spite of all her defects? — *cercare di supplire alle proprie mancanze,* to try to make up for one's shortcomings. □ *Sentirò la tua mancanza,* I shall miss you — *in mancanza di...,* in default of...; failing... — *in mancanza d'altro,* failing all else — *mancanza d'educazione,* bad manners — *per mancanza d'accettazione,* due to non-acceptance — *mancanza di promessa,* breach of promise.
mancare *vt e i.* **1** *(non esserci, difettare, scarseggiare)* to be* missing (*o* lacking); to be* short; to lack; to run* low *(NB: l'inglese preferisce di norma la costruzione personale in cui la cosa che manca non figura come soggetto ma come oggetto. Si dirà quindi:* 'to be short of...; to be out of...; not to have enough of...'*): Non posso accompagnarti fino a casa perché mi manca la benzina,* I can't take you home because I haven't enough petrol — *In alcune delle stanze mancavano perfino i rubinetti,* In some of the rooms even the taps were missing — *Manca una delle mie scarpe,* One of my shoes is missing — *Manca la firma,* There's no signature — *Mancava il cibo durante gli ultimi giorni dell'assedio,* Food was short (*o* running low) during the last days of the siege — *Ci manca di nuovo la carta,* We are out of paper again — *Non gli mancano certo i soldi!,* He has plenty of money!
2 mancare di, to be* lacking in; to lack: *Temo che manchi piuttosto di iniziativa,* I'm afraid he's very

lacking in initiative — *Questo paragrafo manca di senso,* This paragraph lacks sense.
3 *(necessitare per raggiungere un certo termine)* to be* left; *(per completare una somma, un numero, ecc.)* to be* needed; to be* required: *Mancano solo due minuti alla partenza della corsa,* There's only two minutes left before the race starts — *Mancano dieci minuti all'una (venti minuti alle due),* It's ten to one (twenty to two) — *Fatti coraggio, manca solo un chilometro!,* Cheer up, there's only one more kilometre left to go! — *Manca il quarto per giocare,* We need a fourth person to play; We need somebody else to make up a four — *Mancano ancora dieci esemplari perché la collezione sia completa,* Ten specimens are still needed (*o* required) to complete the collection.
4 *(essere assente, lontano)* to be* missing; to be* absent; to be* away: *La ragazza mancava da tre mesi quando fu trovata,* The girl had been missing for three months when she was found — *Manca uno dei miei anelli,* One of my rings is missing — *Molti scolari mancano per l'epidemia di rosolia,* Many pupils are absent because of the outbreak of German measles — *Mancherò da Torino per parecchio tempo,* I'll be away from (*o* out of) Turin for some time — *È mancata la luce,* The lights have gone out.
5 *(far difetto)* to miss: *Mi manchi ogni giorno di più,* I miss you more and more every day.
6 *(tralasciare)* to fail; to forget*; *(non mantenere)* to fail to keep; *(sbagliare)* to be* wrong; to make* a mistake; *(fare un torto a qcno)* to do* sb wrong; to wrong sb: *Non mancherò di farti sapere qualcosa al più presto,* I won't fail to let you have some news as soon as possible — *Non mancare di tornare a trovarci presto,* Don't forget (Don't fail) to come and see us again soon — *Mancò alla parola data,* He failed to keep his word; He broke his word — *mancare di parola,* to break one's word — *Fui io a mancare in quell'occasione,* It was I who made a mistake that time; I was the one who was wrong that time — *Avete mancato irreparabilmente verso di me,* You've done me an irreparable wrong — *Mancai verso la mamma,* I was unfair to mother.
7 *(venir meno)* to fail; *(di motore: perdere colpi)* to miss: *All'ultimo momento gli mancò il coraggio,* His courage failed him at the last moment; He lost his nerve at the last moment — *Mi manca il fiato,* I'm out of breath — *Gli mancarono le ginocchia,* His knees gave way — *sentirsi mancare,* to feel faint — *sentirsi mancare il terreno sotto i piedi,* to feel helpless; to feel lost.
8 *(morire)* to die; *(eufemistico)* to be* no more; to pass away: *Gli è mancata la zia ieri,* His aunt died (*o* passed away) yesterday.
9 *(fallire qcsa)* to miss: *mancare il bersaglio,* to miss the target; *(fig.)* to miss the mark — *mancare un'opportunità,* to miss a chance.
□ *mancare di soldi,* to be hard up — *Mi mancò un piede,* I slipped — *Ci mancherebbe altro!,* That would be the last straw!; What next? — *Non ci mancava che questo!,* That's all it needed! — *Gli manca un venerdì,* He's not all there; He's a bit missing in the head (He's a bit barmy) — *Poco mancò che non cadesse svenuto,* He nearly (*o* almost) fainted.

mancato *agg* **1** *(fallito)* unsuccessful; manqué *(fr.)*. **2** *(deceduto)* deceased; dead; died. **3** *(non avvenuto)* non- *(premesso al nome a cui si riferisce)*: *mancata accettazione,* non-acceptance — *mancato pagamento,* non-payment — *mancata comparizione, (dir.)* default — *vincere una causa per mancata comparizione,* to win a case by default.

manchevole *agg* deficient; lacking; *(insufficiente)* insufficient; defective.

manchevolezza *sf* **1** defectiveness; imperfection. **2** *(scorrettezza)* fault.

mancia *sf* tip: *distribuire laute mance,* to give lavish tips; to tip lavishly (*o* handsomely) — *mancia competente,* suitable reward — *dare una mancia di duecento lire,* to tip (sb) two hundred lire; to give (sb) a two-hundred-lire tip.

manciata *sf* handful.

mancina *sf* **1** *(mano)* left-hand; *(lato sinistro)* left-hand side; left. **2** *(donna mancina)* left-hander.

mancinismo *sm* left-handedness.

mancino *agg* **1** left-handed; *(sinistro)* left. **2** *(fig.: maligno)* mischievous; wicked; *(disonesto)* dishonest; *(sleale)* unfair; *(poco pulito)* dirty: *giocare un tiro mancino a qcno,* to play a dirty trick on sb.
□ *sm* left-hander; *(pugilato, anche)* southpaw.

[1]**manco** *agg* ⇨ **sinistro.**

[2]**manco** *avv* ⇨ **nemmeno, neanche.**

mandante *sm* **1** *(dir. processuale)* person issuing an order; *(dir. contrattuale)* person giving a commission; person granting an authority to act. **2** *(istigatore)* instigator.

mandarancio *sm* cross between a mandarin(e) and an orange; *(talvolta, ma erroneamente)* mandarin(e) orange; mandarin(e).

mandare *vt* **1** to send*; *(spedire, inviare)* to send* *(talvolta seguito da* off*)*; *(comm.)* to forward; to dispatch; to ship: *Mi mandò dal farmacista,* He sent me to the chemist's — *Mi manda la mamma!,* Mummy sent me! — *mandare a chiamare (qcno),* to send for (sb) — *mandare a dire qcsa a qcno,* to send word to sb — *mandare a prendere (qcsa),* to send for (sth) — *mandare (qcno) in prigione,* to send (sb) to prison — *Mandami una cartolina quando arrivi,* Send me a postcard when you arrive — *Avete già mandato quelle due lettere, signorina Rossi?,* Have you already sent those two letters off, Miss Rossi? — *mandare due righe a qcno,* to drop sb a line — *Avete già provveduto a mandare le merci richieste?,* Have you arranged for the goods we require to be forwarded yet? — *Se li mandiamo per via aerea, spenderemo molto di più,* If we ship them by air, we'll have to pay a lot more. **2** *(emettere, esalare)* to give* (sth) off (*o* out); to emit; *(un suono)* to utter; *(un sospiro)* to heave; *(lanciare)* to throw*; to hurl; to fling*: *Quella stufa manda un notevole calore,* That stove gives off (*o* out) a lot of heat — *mandare esalazioni nocive,* to emit noxious gases — *Mandò un flebile lamento,* He uttered a feeble groan — *mandare insulti a qcno,* to hurl insults at sb — *Mi deve aver mandato una maledizione!,* He must be cursing me now! **3** *(raro: azionare, far funzionare)* to drive*: *L'acqua manda la macina del mulino,* A millstone is driven by water.
□ *mandare a compimento (effetto) qcsa,* to carry sth out — *mandare all'aria (a monte) qcsa,* to spoil (to ruin) sth; to mess (to muck) sth up *(fam.)*; *(di rapporti, ecc.)* to break off — *mandare a rotoli (in rovina),* to ruin — *mandare all'altro mondo, (fam.)* to finish off — *mandare a morte qcno,* to put (to send) sb to death; to sentence sb to death — *mandar giù (far scendere),* to lower; *(ingoiare)* to swallow — *mandare a picco,* to sink; *(autoaffondare)* to scuttle — *mandare in esilio,* to exile — *mandare in pezzi,* to smash; to break to pieces (to smithereens) — *mandare per le lunghe,* to put off; to delay; to postpone —

mandare a memoria qcsa, to commit sth to memory; to learn sth by heart — *mandare al diavolo (all'inferno) qcno,* to tell sb to go to the devil (to hell, to blazes) — *mandare a spasso qcno,* to give sb the sack (the boot) — *Non gliele mandai a dire,* I told him plainly; I told him so to his face — *Che Dio ce la mandi buona!,* God help us! — *mandare un bacio a qcno,* to blow sb a kiss — *mandare accidenti a qcno,* to call down curses upon sb's head — *mandare avanti qcsa, (fig.)* to keep sth going — *mandare in onda,* to broadcast.

[1]**mandarino** *sm (stor.)* mandarin.

[2]**mandarino** *sm (bot.)* mandarin(e); tangerine.

mandata *sf* **1** *(invio)* consignment. **2** *(di pompa)* delivery. **3** *(di serratura)* turn; turn of the key: *chiudere a doppia mandata,* to double-lock.

mandatario *sm (dir.)* mandatary; mandatory.

mandato *sm* **1** *(comm., dir.)* order; warrant; agency; command: *emettere un mandato di pagamento,* to issue an order for payment (a money order) — *mandato di riscossione,* order for collection — *mandato di credito,* warrant to grant credit. **2** *(dir., ecc.: incarico)* mandate; *(autorità)* authority; power; *(durata dell'incarico)* term of office; mandate: *eccesso di mandato,* ultra vires *(lat.)* — *prorogare il mandato,* to extend (sb's) term of office — *rinnovare il mandato,* to renew (sb's) term of office — *mandato speciale,* special power(s). **3** *(dir.: provvedimento di un giudice, ecc.)* warrant; writ; summons: *mandato di cattura,* warrant of arrest; warrant for the arrest (of sb) — *mandato d'arresto,* (provisional) warrant of arrest — *mandato di comparizione,* summons to appear — *mandato di perquisizione,* search-warrant — *mandato di procura,* warrant (*o* power) of attorney — *mandato giudiziario,* writ.

mandibola *sf* jaw; *(anat.)* mandible.

mandibolare *agg* mandibular.

mandola *sf* mandola.

mandolinata *sf* piece for the mandolin.

mandolinista *sm e f.* mandolin-player.

mandolino *sm* mandolin.

mandorla *sf* **1** almond: *mandorle sgusciate,* shelled almonds — *pasta di mandorle,* almond paste — *dagli occhi a mandorla,* almond-eyed. **2** *(seme di pesca, ecc.)* kernel. **3** *(archit., ecc.)* mandorla.

mandorlato *agg (con mandorle)* with almonds; *(profumato alla mandorla)* almond-flavoured.
□ *sm* almond cake.

mandorlo *sm* almond-tree; almond.

mandragora *sf* mandrake; mandragora.

mandria *sf* **1** herd; drove; *(di ovini, oppure animali da cortile)* flock. **2** *(fig., spreg.: folla)* crowd; herd; droves *(pl.); (fig.: masnada)* bunch.

mandriano *sm* herdsman *(pl.* -men*)*.

mandrillo *sm* **1** *(zool.)* mandril. **2** *(fig.)* lewd man *(pl.* men*)*; lecher; satyr.

mandrino *sm (tec.: albero)* spindle; mandrel; arbor *(USA); (piatto o dispositivo rotante)* chuck; *(allargatubi)* expander.

mandritta *sf (mano)* right hand; *(lato)* right side; right: *a mandritta,* on the right; on the right-hand side.

mane *sf* morning; morn *(lett.): da mane a sera,* from morning till night; all day long.

maneggevole *agg* **1** easy to handle; easily handled; handy; manageable. **2** *(fig.: di persona)* tractable; compliant.

maneggevolezza *sf* **1** manageability; handiness; *(di autoveicolo)* handling. **2** *(fig.: di persona)* docility; tractability.

maneggiare *vt* **1** to handle; *(usare)* to use; to wield; *(trattare)* to treat; to deal (with sth): *maneggiare con cura,* to handle with care — *maneggiare un'ascia,* to wield an axe. **2** *(usare con abilità)* to manage; to control; to manipulate: *maneggiare grossi capitali,* to manage (to manipulate) large sums. **3** *(palpare)* to finger; to touch; *(impastare)* to mould.

[1]**maneggio** *sm* **1** *(uso)* use; handling. **2** *(conduzione)* management; managing; *(controllo)* control; mastery. **3** *(astuzia)* cunning; *(intrigo)* scheme; intrigue; trick. **4** *(pista di equitazione)* exercise track; *(scuola)* riding-school: *arte di maneggio,* horsemanship.

[2]**maneggio** *sm* continuous handling (*o* fingering, touching).

maneggione *sm (persona intrigante)* intriguer.

manesco *agg* **1** pugnacious; quick to use one's (his, ecc.) fists. **2** *(di strumento, arma)* manual.

manetta *sf* **1** *(impugnatura)* handle; *(leva a mano)* hand lever; *(del gas)* throttle: *dare manetta,* to open the throttle; to step on the gas *(fam.)*. **2** *(al pl.)* handcuffs; manacles.

manganato *sm* manganate.

manganellata *sf* blow with a cudgel.

manganello *sm* cudgel; truncheon; night-stick *(USA)*.

manganese *sm* manganese.

mangereccio *agg* edible; eatable.

mangeria *sf* unlawful profit; *(sperpero)* squandering.

mangiabile *agg* edible; eatable.

mangiacarte *sm* petty lawyer; shyster *(spreg., USA)*.

mangiadischi *sm* (portable) record-player.

mangianastri *sm* (portable) tape-recorder.

mangiapane *sm* idler; loafer; layabout; *(buono a nulla)* good-for-nothing.

mangiapreti *sm* rabid anticlerical.

[1]**mangiare** *vt e i.* **1** to eat*; *(fare un pasto)* to have* (to take*) a meal (*o* one's meals): *Dove si mangia oggi?,* Where shall we eat today? — *C'è qualcosa da mangiare?,* Is there anything to eat? — *Non mangiare così in fretta,* Don't eat so quickly — *Di solito mangio a casa (fuori),* I usually have (*o* take) my meals in (out) — *Agli italiani piace mangiare bene,* Italians like eating well (*o* enjoy a good meal) — *Il mio bambino mangia di tutto,* My child will eat anything — *mangiare di gusto,* to eat heartily — *Il colombo mangiava in mano al bambino,* The pigeon was eating out of the child's hand — *mangiare a sazietà,* to eat one's fill — *mangiare troppo (a crepapelle),* to overeat; to stuff oneself with food — *mangiare per tre (per quattro),* to have a huge meal — *mangiare fino alla nausea,* to eat oneself sick — *mangiare come un lupo,* to eat like a horse — *mangiare come un uccellino,* to have the appetite of a sparrow — *mangiare di grasso,* to eat meat — *mangiare di magro,* to eat no meat — *far da mangiare,* to cook; to prepare a meal — *dar da mangiare a qcno,* to feed sb — *mangiare a due palmenti,* to chew greedily — *Si mangia bene in quel ristorante?,* Is the food good at that restaurant?; Does one eat well at that restaurant? — *Qui si mangia male,* The food is poor here — *Chi più mangia meno mangia, (prov.)* He who eats most will eat least — *Mangia da sano e bevi da malato,* Eat plenty and drink sparingly — *Si deve mangiare per vivere, non vivere per mangiare,* We should eat to live, not live to eat. **2** *(divorare, anche fig.)* to eat* up; to devour: *Si è mangiato tutta la torta,* He has eaten up all the cake — *L'invidia lo mangia,* He is eaten up (is devoured)

with envy — *mangiare la strada,* to eat up the miles. **3** *(intaccare, corrodere)* to eat* away (*o* into); to corrode: *La ruggine mangia il ferro,* Rust eats away iron — *L'acqua aveva mangiato la roccia,* Water had eaten away the rock. **4** *(mangiarsi, sperperare)* to squander; to dissipate; to waste: *mangiarsi un patrimonio,* to squander a fortune — *mangiarsi tutto lo stipendio,* to waste all one's salary. **5** *(a scacchi, dama, carte)* to beat*; to take*: *Il cinque mangia il quattro, (a carte)* The five beats the four — *mangiare un pezzo, (a scacchi)* to take a piece — *Mangio il cavallo,* I take the knight.

□ *mangiare la foglia,* to smell a rat — *Mi mangiò diecimila lire,* He cheated me of ten thousand lire — *mangiare del proprio,* to be independent — *mangiare le parole,* to mumble — *Certi meridionali si mangiano la finale,* Some southern Italians clip the final vowel — *mangiare vivo qcno,* to jump down a person's throat; to bite sb's head off — *mangiare la pappa in testa a qcno,* to be much taller than sb — *mangiare a quattro ganasce,* to rob two parties at once; to take bribes from both sides — *mangiare il pane a tradimento,* to eat unearned bread; to be a parasite — *mangiare del pan pentito,* to be repentant; to be in despair — *mangiare le lucertole,* to have a lean and hungry look — *mangiare pane e veleno,* to lead a very uncomfortable life — *mangiarsi il cuore,* to eat one's heart out — *mangiarsi le unghie,* to bite one's nails — *mangiarsi il fegato,* to chafe and fume — *mangiarsi qcno di baci,* to smother sb with kisses; to kiss sb fondly — *mangiarsi qcno con gli occhi, (dal desiderio)* to make eyes at (to ogle) sb — *I pesci grossi mangiano i piccoli,* Big fish swallow up little ones — *Lupo non mangia lupo,* (There is) honour among thieves — *Chi non mangia ha già mangiato,* He who will not eat has already been eating.

[2]**mangiare** *sm (l'atto)* eating; *(cibo)* food; *(cucina)* cooking; *(pasto)* meal: *essere difficile nel mangiare,* to be particular about one's food — *È pronto il mangiare?,* Is the meal (Is lunch, supper, *ecc.*) ready?

mangiarino *sm* dainty.

mangiata *sf* hearty meal; square meal; *(scorpacciata)* bellyful: *farsi una bella mangiata,* to stuff oneself (with sth).

mangiatoia *sf* **1** manger; *(truogolo)* trough; *(scherz.)* table: *Pensa solo alla mangiatoia,* He thinks of nothing else but food. **2** *(fig.: fonte di guadagno)* goldmine

mangiatore *sm* **1** eater; trenchman *(pl.* -men*)*: *mangiatore di spade,* sword-swallower. **2** *(mangione)* big eater.

mangime *sm* fodder; *(per pollame)* chicken feed; poultry-feed; *(per uccelli)* bird-seed; *(conservato in silos)* ensilage.

mangione *sm* big eater; glutton.

mangiucchiare *vt* to nibble; to pick (at sth).

mango *sm* mango *(pl.* mangoes *o* mangos*)*.

mangusta *sf* mongoose *(pl.* mongooses*)*.

mania *sf* mania *(anche fig.)*; *(fig.)* fad; obsession.

maniacalmente *avv* madly; crazily; maniacally.

maniaco *agg* maniacal; *(fig.)* cranky; eccentric; odd; *(fig.: folle)* mad; insane; crazy: *essere maniaco di qcsa,* to be mad (*o* crazy) about sth.

□ *sm* maniac: *un maniaco sessuale,* a sex maniac.

manica *sf* **1** sleeve: *maniche larghe,* loose sleeves — *mezze maniche,* half sleeves (*o* oversleeves) — *avere qcno nella manica,* to have a soft spot for sb — *rimboccarsi (tirarsi su) le maniche,* to roll (to tuck) up one's sleeves — *essere in maniche di camicia,* to be in one's shirt-sleeves — *senza maniche,* sleeveless — *essere di manica larga, (fig.)* to be easy-going; to be very indulgent — *essere di manica stretta, (fig.)* to be strict. **2** *(aeronautica: di pallone)* neck: *manica a vento, (aeronautica, meteorologia)* wind sleeve; wind sock; air sock; *(naut.)* wind scoop; wind sail — *manica degli oblò,* scuttle cowl — *manica rimorchiata, (aeronautica)* drogue; towed target. **3** *(metallurgia: di alto forno)* downtake: *manica di caricamento,* inflation valve — *manica d'aspirazione, (d'una pompa)* suction hose. **4** *(parte di armatura medievale)* sleeve; coat of mail. **5** *(spreg.: banda, manipolo)* band; pack: *una manica di farabutti,* a band (a pack) of scoundrels. □ *È un altro paio di maniche,* That's another kettle of fish; That's quite another matter.

Manica *nome proprio (geografia)* the (English) Channel.

manicaretto *sm* dainty; titbit.

manichetta *sf* **1** *(manica corta)* short sleeve; *(mezza manica)* half sleeve. **2** *(tubo)* hose.

manichino *sm* **1** *(da artista)* lay figure. **2** *(da sarto)* tailor's (*o* dressmaker's) dummy; *(da vetrina)* mannequin; life-size dummy.

manico *sm* handle; haft; *(di cucchiaio o forchetta)* shank; *(bastone)* stick; *(di strumento musicale)* neck; *(di attrezzo)* butt; *(di spada, ecc.)* hilt; *(di ascia)* helve: *manico di scopa,* broomstick — *manico del remo,* oar-handle. □ *avere il coltello per il manico,* to have the upper hand (the whip hand) — *ciurlare nel manico,* to get out of a promise.

manicomio *sm* mental home; lunatic asylum *(ant.)*; madhouse *(fam. e fig.)*.

manicotto *sm* **1** muff. **2** *(mecc.: giunto)* coupling box; sleeve; muff; *(del radiatore)* hose; *(copricanna)* barrel casing.

manicure *sf* **1** *(operatrice)* manicurist. **2** *(trattamento)* manicure.

maniera *sf* **1** manner; way; fashion; style: *Fallo in questa maniera,* Do it in this manner; *(più comune)* Do it this way — *nella solita maniera,* in the usual way (*o* manner, fashion) — *Ti piace la sua maniera di parlare?,* Do you like his way (*o* manner) of speaking? — *nella maniera di Leonardo,* in the manner (*o* style) of Leonardo; after the manner of Leonardo — *uno scrittore di maniera,* a mannered writer — *uno stile di maniera,* a mannered (an affected) style — *Che bella maniera di rispondere!,* That's a fine way of answering! — *Troverò la maniera di aiutarti,* I will find a way to help you — *in ogni (qualunque) maniera,* anyhow — *in qualche maniera,* somehow or other — *in nessuna maniera,* not at all — *di maniera che...,* so that... — *in maniera che...,* in such a way as...; so that... — *in maniera da...,* so as to... — *modo e maniera,* ways and means *(pl.)* — *in (una) certa (qual) maniera,* in a way; in a manner — *fare alla propria maniera,* to have one's own way; to do it (to do things) one's way.

2 *(generalm. al pl.: modi)* manners *(pl.)*: *buone (cattive) maniere,* good (bad) manners — *di buone (cattive) maniere,* well- (ill-) mannered — *Che maniere!,* What manners!; What a way to behave!

manierato *agg* **1** *(di scrittore, ecc.)* mannered. **2** *(ricercato)* affected.

manierismo *sm* mannerism.

manierista *sm e f.* mannerist.

manieristico *agg* manneristic(al).

maniero *sm* manor-house; manor; castle.

manieroso *agg* **1** well-mannered. **2** *(affettato)* affected.

manifattura *sf* **1** *(lavorazione)* manufacture; *(fattura)* make; workmanship. **2** *(fabbrica, stabilimento)* factory; works. **3** *(manufatto)* manufactured article; manufactures *(pl.)*.

manifatturiere *sm* **1** factory operative. **2** *(proprietario)* factory owner.

manifatturiero *agg* manufacturing.

manifestamente *avv* manifestly; evidently; obviously; clearly; visibly.

manifestare *vt* to manifest *(non molto comune; piuttosto formale)*; to show*; *(rivelare)* to reveal; to disclose; *(mettere in luce)* to evince *(piuttosto formale)*; *(esprimere)* to express: *Manifestò l'intenzione di sposare solo uomini ricchi,* She manifested her intention of marrying only rich men — *manifestare la propria gioia,* to show one's joy — *manifestare un segreto,* to reveal (to disclose) a secret.
□ *vi* *(prendere parte a manifestazioni)* to demonstrate; to take* part in a demonstration: *manifestare contro i licenziamenti,* to demonstrate against sackings.
□ **manifestarsi** *v. rifl* to manifest oneself *(non molto comune)*; *(mostrarsi)* to show* oneself; to prove oneself; *(rivelarsi)* to reveal oneself: *Si manifestò per quello che era: un asino calzato e vestito,* He showed (He proved) himself to be what he really was: a conceited ass.

manifestazione *sf* **1** manifestation; outpouring *(spesso al pl.)*; display; *(med.)* manifestation; sign. **2** *(dimostrazione pubblica)* demonstration. **3** *(spettacolo)* show; display.

manifestino *sm* leaflet; handbill.

manifesto *agg* evident; *(ovvio)* obvious; manifest; visible; *(chiaro)* clear; *(noto)* notorious; well-known.
□ *avv* openly; manifestly; visibly: *parlar manifesto,* to speak openly.
□ *sm* **1** placard; poster; *(cartellone)* bill; *(avviso)* notice. **2** *(dichiarazione pubblica di principi, programmi, ecc.)* manifesto. **3** *(comm.)* manifest; freight list.

maniglia *sf* handle; *(da tirare)* pull.

manigoldo *sm* scoundrel; villain.

manipolare *vt* **1** to handle; to treat; to work; *(impastare)* to knead. **2** *(alterare, contraffare)* to adulterate; to falsify; *(cibi, bevande, ecc.)* to doctor. **3** *(fig.)* to manipulate; to control; to manage; to fiddle *(fam.)*.

manipolazione *sf* manipulation; handling; *(adulterazione)* adulteration.

manipolo *sm* **1** *(stor. romana)* maniple. **2** *(fig.: gruppo)* group; handful: *un manipolo di liberi pensatori,* a handful of free-thinkers. **3** *(fascio, mazzo)* sheaf; bundle. **4** *(paramento)* maniple.

maniscalco *sm* **1** farrier; smith. **2** *(stor.)* marshal. **3** *(spreg.)* horse-doctor.

manna *sf* **1** manna *(anche fig.)*; *(fig.: cibo squisito)* delicious food; titbit; delicacy: *aspettare la manna (che cada la manna) dal cielo,* to wait for manna from heaven. **2** *(benedizione)* blessing; *(dono del cielo)* godsend.

mannaia *sf* **1** *(scure)* axe *(anche del boia)*; chopper; *(lama)* blade: *essere sotto la mannaia,* to be in mortal danger. **2** *(da macellaio)* cleaver.

mannaro *agg* *(nell'espressione)* *lupo mannaro,* bog(e)y; bogey-man *(pl.* -men*)*; *(licantropo)* werewolf.

mannite *sf* mannite; mannitol.

mano *sf* **1** *(vari sensi)* hand; *(fig., anche)* hands *(pl.)*; *(controllo)* control: *Mi è sfuggito il piatto di mano,* The plate has slipped out of my hand — *Lavati le mani,* Wash your hands — *Mani in alto!,* Hands up! — *Giù le mani!,* Hands off! — *Ha le mani legate,* His hands are tied *(anche fig.)* — *stringere la mano a qcno,* to shake hands with sb; to shake sb's hand — *Qua la mano!,* Let's shake on it! — *tenersi per mano,* to hold hands with sb — *mano nella mano,* hand in hand — *stare con le mani in mano,* to idle; to loaf — *battere le mani,* to clap one's hands — *chiedere la mano di una donna,* to ask a woman for her hand — *azione di mano, (rugby)* series of passes — *fallo di mano, (calcio)* hands — *a mano,* by hand; hand- — *fatto a mano,* hand-made; made by hand — *cucito a mano,* hand-stitched — *a mano, (portatile)* portable; hand *(attrib.)*; *(che funziona a mano)* hand-driven; hand-operated — *a due mani,* two-handed *(agg.)* — *di prima (seconda) mano,* first- (second-) hand — *notizie di prima mano,* first-hand news — *essere a portata di mano, (di cosa)* to be within reach; to be ready to hand; to be handy — *essere alla mano, (di persona)* to be affable; to be easy to get along with — *denari alla mano,* spot cash — *Biglietti alla mano, prego!,* (Have your) tickets ready, please! — *abitare un po' fuori mano,* to be out of the way; to live off the beaten track — *alzare la mano contro qcno,* to raise one's hand against sb — *tenere le mani a posto,* to keep one's distance — *caricare la mano,* to lay it on; to overdo it; to exaggerate — *dare una mano a qcno,* to give sb a (helping) hand — *dare man forte a qcno,* to support sb; to back sb — *toccare con mano qcsa,* to see sth with one's own eyes — *fare la mano a qcsa,* to get one's hand in at sth — *prendere la mano, (a qcsa: diventare abile)* to be good (at sth); *(a qcno: sottrarsi al controllo)* to get out of hand (of control) — *avere la situazione in mano,* to have the situation under control — *mani di fata,* fairy fingers — *mani di creta (di vetro),* butter fingers — *con mano ferma,* with a steady hand; *(fig.)* with a firm hand — *mano di ferro in guanto di velluto,* an iron hand in a velvet glove — *avere la mano pesante,* to be heavy-handed — *avere le mani bucate,* to spend money like water; to be a spendthrift — *avere le mani lunghe, (avere potere)* to be long-armed; *(rubare)* to be light-fingered — *avere le mani in pasta,* to have a finger in the pie — *fare man bassa di qcsa,* to make a clean sweep (of sth) — *sotto mano, (in segreto)* on the sly — *a mano armata,* armed — *a man salva,* with impunity.
2 *(scrittura)* hand; handwriting; *(stile, impronta)* touch; style: *di sua mano,* in his own handwriting; written by him; holograph *(dir.)* — *a mano libera,* free-hand — *riconoscere la mano di Beethoven,* to recognize the Beethoven touch.
3 *(strato di colore, di vernice)* coat; layer: *prima mano,* first coat; *(strato di fondo)* undercoat; primer — *ultima mano,* finishing coat; top coat — *togliere una mano di vernice,* to strip off a layer of paint — *dare una mano di bianco a una stanza,* to whitewash a room.
4 *(nei giochi a carte)* hand: *fare un'altra mano,* to play one more hand — *Questa è stata una mano sfortunata,* That was an unlucky hand — *Sei tu di mano!,* It's your lead!
5 *(lato)* side: *sulla mano destra (sinistra),* on the right (left); on the right-hand (left-hand) side — *andare contro mano,* to drive on the wrong side of the road — *tenere la propria mano,* to keep on the right side (to one's own side) of the road.

□ **man mano, a mano a mano,** little by little — *man mano che...,* while...; as...

manomesso *agg* ⇨ **manomettere.**

manometro *sm* manometer; gauge, *(USA)* gage; pressure gauge: *manometro campione,* master-gauge.

manomettere *vt* **1** to tamper (with sth); *(danneggiare)* to damage; to spoil; to impair: *Dev'essere stato manomesso,* It must have been tampered with. **2** *(alterare)* to alter; to change; to falsify; *(violare)* to violate; to infringe; to open *(una lettera)* without permission. **3** *(mettere mano)* to start to use; to begin* to use. **4** *(stor. romana)* to manumit; to set* (sb) free.

manomissione *sf* **1** tampering (with sth); opening; searching. **2** *(stor. romana)* manumission.

manomorta *sf (dir.)* mortmain.

manopola *sf* **1** *(di apparecchio)* knob; *(di manubrio)* handlebar grip; hand grip; *(impugnatura)* handle; *(per reggersi in piedi a bordo di un veicolo)* strap. **2** *(scherma)* fencing glove; *(delle antiche armature)* gauntlet; *(guanto con una sola divisione per il pollice)* mitten. **3** *(risvolto della manica)* cuff.

manoscritto *agg* handwritten; *(talvolta)* manuscript; holograph.

□ *sm* manuscript *(abbr.* MS.; *pl.* MSS.*).*

manovalanza *sf* unskilled workers *(pl.);* unskilled labour *(collettivo).*

manovale *sm* labourer; unskilled worker.

manovella *sf* crank; handle: *dare il primo giro di manovella, (cinema)* to begin filming.

manovra *sf* **1** manoeuvre, *(USA)* maneuver: *far manovra, (di automobile)* to manoeuvre — *spazio, margine, posto (per una) manovra,* margin for manoeuvre; *(naut.)* sea room — *camera di manovra, (naut.)* control room — *coperta di manovra, (naut.)* awning deck — *manovra centralizzata,* central control — *manovra per serrare le vele, (naut.)* brail — *manovra di ancoraggio, (naut.)* anchoring — *manovra di punta e tacco, (automobilismo)* heel and toe control (*o* operation) — *sicuro contro false manovre, (di dispositivo)* foolproof. **2** *(fig.: maneggio, intrigo)* manoeuvre; move; artifice; trick: *Si accorsero presto di tutte le sue manovre,* They soon detected (*o* got wise to) all his tricks — *una manovra fraudolenta,* a swindle — *manovre di borsa,* stock market speculation *(sing.)* — *le manovre dei politici,* the manoeuvres (the manoeuvring) of politicians — *manovre di corridoio,* back stairs politics; lobbying — *una manovra falsa,* a false movement; *(fig.)* a false move. **3** *(mil.)* manoeuvre: *grandi manovre,* army manoeuvres; field service (*o* practice) — *manovre combinate,* combined manoeuvres — *zona (terreno) di manovre,* area for manoeuvres — *truppe in manovra,* troops on manoeuvres *(pl.)* — *fare manovre,* to manoeuvre; to perform manoeuvres. **4** *(ferrovia)* shunting *(collettivo: solo al sing.);* marshalling: *stazione di manovra,* marshalling yard; sorting depot; sorting siding — *servizio di manovra,* shunting work — *locomotiva da manovra,* shunting engine — *far manovre,* to shunt — *manovra a spinta,* loose shunting — *manovra dello scambio,* throwing over the points. **5** *(naut., al pl.: per cavi, cordame)* rigging: *manovre dormienti (fisse),* standing rigging — *manovre correnti,* running rigging.

manovrabile *agg* manoeuvrable, *(USA)* maneuvrable.

manovrabilità *sf* manoeuvrability, *(USA)* maneuvrability; controllability.

manovrare *vt* **1** *(azionare)* to operate; *(mediante una manovella)* to crank: *manovrare un meccanismo,* to operate a machine. **2** *(mil.)* to manoeuvre, *(USA)* to maneuver. **3** *(fare agire a proprio piacimento)* to pull the strings; to control; to manage; to handle; *(in modo fraudolento)* to rig.

□ *vi* **1** to move about; to manoeuvre, *(USA)* to maneuver: *Era assai difficile manovrare con tanta nebbia,* It was very hard to manoeuvre in that fog. **2** *(brigare, tramare)* to intrigue; to plot.

manovratore *sm (di macchina)* operator; *(di autoveicolo)* driver; *(di tram)* tram-driver *(GB);* motor-man *(USA); (ferrovia)* shunter; switchman *(pl.* -men*).*

manrovescio *sm (ceffone)* slap; swipe *(fam.);* backhander *(fam.); (con la spada)* back-hand(ed) cut.

mansalva *(nella locuzione avverbiale) a mansalva,* with impunity.

mansarda *sf* **1** gable mansard. **2** *(impropriamente ma comunemente)* attic; *(di lusso)* penthouse: *tetto a mansarda,* mansard-roof.

mansione *sf (ufficio)* office; capacity; *(compito)* task; *(dovere)* duty: *nell'esercizio delle proprie mansioni,* in the performance of one's duty — *nella sua mansione di presidente,* in his capacity as president.

mansueto *agg* meek; mild; *(di animale)* docile.

mansuetudine *sf* meekness; mildness; *(di animale)* docility.

manta *sf* ray; devil-fish.

mantella *sf* mantle; cloak.

mantellina *sf* cape.

mantello *sm* **1** cloak; mantle; *(fig.: coltre)* mantle; *(soprabito)* coat; overcoat; *(di mollusco)* mantle; *(pelliccia, pelo di animale)* coat; hair; fur: *sotto il mantello del patriottismo,* under the cloak (the mantle) of patriotism — *montagne sotto un mantello di neve,* mountains under a mantle of snow; snow-clad mountains. **2** *(in varie tecnologie: rivestimento)* shell; *(di pistone)* skirt. **3** *(geomorfologia)* mantle.

mantenere *vt* **1** to keep*; to maintain; to keep* (sth) up; *(reggere)* to hold*: *mantenere la disciplina (l'ordine),* to keep (to maintain) discipline (order) — *mantenere l'equilibrio,* to keep one's balance — *mantenere qcno in vita,* to keep sb alive — *Un po' di ginnastica ogni giorno ti manterrà in buona salute,* A few exercises every day will keep you in good health — *mantenere le strade,* to maintain the roads — *mantenere le apparenze,* to keep up appearances — *mantenere buone relazioni con i vicini di casa,* to maintain good relations with one's neighbours — *mantenere una posizione, (mil.)* to hold a position — *mantenere fermo (immobile) qcsa,* to hold sth fast; to keep sth steady. **2** *(sostentare)* to maintain; to keep*; *(sussidiare)* to support: *mantenere la famiglia,* to maintain (to keep, to support) one's family. **3** *(osservare)* to keep*: *mantenere un segreto,* to keep a secret — *mantenere la parola data,* to keep one's word. **4** *(sostenere)* to maintain; to support: *mantenere le proprie idee,* to stick to one's guns *(fam.).*

□ **mantenersi** *v. rifl* **1** *(conservarsi)* to hold*; to keep* (oneself); to stay; to remain: *Il cambio della sterlina si mantiene alto,* The rate of exchange of the pound is holding up — *Il tempo si mantiene bello,* The weather is keeping fine (is holding) — *mantenersi giovane,* to keep young — *mantenersi calmo,* to keep one's head *(fam.)* — *mantenersi uniti,* to keep together — *mantenersi fedele a qcno,* to remain loyal (to hold true) to sb. **2** *(sostentarsi)* to keep* oneself; to earn one's living: *lavorare per mantenersi,* to work for one's living — *Si mantiene insegnando,* He earns his living by teaching — *mantenersi da pascià (da nababbo),* to live in luxury (in the lap of luxury).

mantenibile *agg* maintainable; tenable.

mantenimento *sm* **1** *(conduzione)* keeping. **2** *(manutenzione)* upkeep; maintenance; *(conservazione, preservazione)* preservation; *(osservanza, rispetto)* fulfilment: *il mantenimento degli edifici pubblici,* the upkeep of public buildings — *il mantenimento dell'ordine,* the maintenance (the preservation) of order — *il mantenimento delle tradizioni,* the preservation of traditions — *il mantenimento degli impegni presi,* the fulfilment of one's undertakings. **3** *(sostentamento)* maintenance; *(dir.: alimenti)* alimony. □ *dose di mantenimento, (med.)* maintenance dose.

mantenitore *sm,* **mantenitrice** *sf* maintainer; keeper; *(difensore)* defender; *(sostenitore)* supporter: *mantenitore di parola,* one who keeps his word.

mantenuta *sf* kept woman *(generalm. spreg.: pl.* women*)*; mistress.

mantenuto *agg* maintained; kept. □ *sm* gigolo.

mantice *sm* **1** *(anche di apparecchio fotografico)* bellows *(pl.)*. **2** *(di automobile)* hood; folding-top *(USA)*. **3** *(di vettura ferroviaria)* diaphragm. □ *soffiare come un mantice,* to struggle for breath; to puff and blow like a grampus.

mantide *sf* (praying) mantis.

manto *sm* **1** cloak; mantle. **2** *(fig.: coltre)* mantle. **3** *(falsa apparenza)* cloak; pretence. **4** *(protezione)* defence; protection; *(strato protettivo)* surfacing; carpet; blanket; *(edilizia)* mantle; dummy boards: *manto stradale,* feather edge. **5** *(di animale, spec. suino)* skin.

mantovana *sf* **1** *(di tendaggio)* pelmet. **2** *(archit.)* gableboard.

manuale *agg* manual.
□ *sm* **1** handbook; manual: *caso da manuale,* textbook case. **2** *(tastiera d'organo)* manual; keyboard.

manualista *sm* compiler of manuals.

manualistico *agg* textbook *(attrib.)*: *cultura manualistica,* mere textbook knowledge.

manualmente *avv* manually; by hand.

manubrio *sm* **1** handle; *(di bicicletta, moto)* handlebar *(generalm. al pl.)*. **2** *(attrezzo da ginnastica)* dumb-bell; bar-bell. **3** *(anat.)* manubrium.

manufatto *agg* hand-made.
□ *sm* manufactured article *(al pl. spesso* manufactured goods*)*.

manutengolo *sm* accomplice; abettor.

manutenzione *sf* maintenance; upkeep; *(mecc.)* servicing; maintenance: *manutenzione ordinaria,* routine maintenance; ordinary repairs — *riparazioni di piccola manutenzione,* tenant's repairs. □ *azione di manutenzione, (dir.)* action to maintain possession.

manzo *sm* **1** *(l'animale)* bullock; steer. **2** *(la carne)* beef: *manzo in scatola,* corned beef.

maomettanesimo *sm* Mohammedanism; Islam.

maomettano *agg e sm* Moslem; Muslim; Mohammedan.

[1]**mappa** *sf* map; plan: *mappa catastale,* land registry survey.

[2]**mappa** *sf (di una chiave)* ward.

mappamondo *sm* map of the world; *(globo)* globe: *mappamondo celeste,* map of the heavens.

marabù *sm* marabou.

marachella *sf* prank; trick.

maragià *sm* maharaja(h).

marameo *interiezione* Fiddlesticks!; Fiddledeedee!: *fare marameo,* to cock a snook (at sb); to thumb one's nose (at sb).

marangone *sm* cormorant; shag.

maraschino *sm* maraschino.

marasma *sm* **1** *(fig.: grave disordine e decadimento)* decline; ruin; chaos. **2** *(med.)* wasting; decay; atrophy.

maratona *sf* **1** *(sport)* Marathon (race); long-distance race. **2** *(camminata lunga)* long walk. **3** *(fig.: faticaccia)* rush job.

maratoneta *sm* Marathon (*o* long distance) runner.

[1]**marca** *sf* **1** *(segno)* mark; sign; *(a fuoco)* brand: *marca da bollo,* revenue stamp — *marca assicurativa,* insurance stamp — *marca di bordo libero, (naut.)* Plimsoll line. **2** *(fabbricazione, fattura)* make; *(marchio di fabbrica)* brand; trademark: *le migliori marche di sigari,* the best brands of cigars — *di marca; di gran marca,* first quality; first class; choice. **3** *(scontrino)* check. **4** *(carattere)* character: *un'azione di pretta marca criminale,* an act of a clearly criminal character.

[2]**marca** *sf (nell'impero carolingio, ecc.)* March; Mark.

marcantonio *sm* hefty chap.

marcare *vt* **1** to mark; to put* a mark (on sth); *(a fuoco e, fig.: bollare)* to brand. **2** *(fig.: dare risalto)* to mark; to underline; to emphasize; to stress; to lay* stress (on sth). **3** *(calcio: segnare)* to score a goal. **4** *(calcio, ecc.: controllare un altro giocatore)* to mark.

marcatempo *sm* **1** *(uomo)* time-keeper. **2** *(strumento)* time-recorder.

marcatore *sm* **1** marker; brander. **2** *(realizzatore di goal, ecc.)* scorer. **3** *(sport)* marker.

marcatura *sf* **1** *(il marcare)* marking; branding; *(con isotopi)* labelling; tagging. **2** *(marchio)* mark; brand. **3** *(sport: di reti, punti)* scoring. **4** *(sport: controllo di un giocatore)* marking.

marchesa *sf* marchioness; *(non britannica)* marquise *(fr.)*.

marchesato *sm* marquisate.

marchese *sm* marquis; marquess.

marchetta *sf (marca)* national insurance stamp.

marchiano *agg* **1** huge; enormous. **2** *(spropositato)* gross; extraordinary.

marchiare *vt* to mark; to stamp; *(il bestiame o fig.)* to brand.

marchio *sm* **1** mark; stamp; *(a fuoco)* brand: *marchio di fabbrica,* trademark — *marchio depositato,* registered trademark. **2** *(strumento per marchiare)* branding-iron; brand. **3** *(sulla pelle)* weal, *(USA)* wale; mark. **4** *(fig.: caratteristica)* stamp; hallmark; *(macchia infamante)* brand; stain; stigma: *il marchio del genio,* the stamp of genius — *il marchio di Caino,* the brand of Cain.

marcia *sf* **1** *(mil., ecc.)* march: *una marcia di tre giorni,* a three days' march — *una marcia di venti miglia,* a twenty-mile march — *in ordine di marcia,* in marching order — *a marce forzate,* by forced marches — *mettersi in marcia,* to start off; to set out (*o* forth) — *rimettersi in marcia,* to set out (*o* forth) again — *essere in marcia,* to be on the march — *entrare (uscire) a passo di marcia,* to march in (out) — *la marcia su Roma, (stor.)* the march on Rome — *una marcia della pace,* a peace march — *una marcia per i diritti civili,* a civil rights march. **2** *(mus.)* march: *una marcia funebre,* a dead (a funeral) march — *marcia nuziale (trionfale),* wedding (triumphal) march. **3** *(movimento rotatorio di motore)* running; *(di autovettura, su strada)* ride; riding; *(naut., ecc.)* movement: *marcia avanti,* forward movement — *marcia indietro,* reverse movement; *(naut.)* astern movement — *mettere (met-*

tersi) in marcia, to start — *in ordine di marcia,* in running order (*o* condition) — *far marcia avanti,* to go ahead — *far marcia indietro,* to reverse; to back; *(naut.)* to go astern; *(fig.: ritirarsi)* to withdraw — *marcia dolce,* soft running — *marcia a vuoto,* idling; ticking over — *marcia minima (a basso regime),* slow running; *(di contatore elettrico)* creeping — *confortevolezza di marcia,* riding comfort — *senso della marcia,* direction. **4** *(di autoveicolo)* gear; speed: *un cambio a cinque marce,* a five-speed gearbox — *cambio di marcia,* shift — *inversione di marcia,* reverse — *marcia avanti (indietro),* forward (reverse) gear (*o* speed) — *marcia sincronizzata,* synchronized gear — *marcia sovramoltiplicata,* overdrive — *andare a (fare) marcia avanti (indietro),* to go in forward (reverse) gear — *cambiare marcia,* to change gear — *essere in marcia,* to be in gear — *innestare una marcia,* to go into (to select) a gear — *uscire a marcia indietro,* to back out.

marciano *agg* relating to St Mark; St Mark's *(attrib.).*

marciapiede *sm* pavement; sidewalk *(USA); (di stazione ferroviaria)* platform. □ *battere il marciapiede,* to walk the streets — *donna da marciapiede,* prostitute; streetwalker.

marciare *vi* **1** to march; to walk *(anche sport).* **2** *(procedere, andare, funzionare)* to go*.

marciatore *sm* **1** *(atleta)* road-walker. **2** *(dimostrante)* marcher.

marcio *agg* rotten; putrid; *(guasto, spec. di cibo)* bad; spoiled; tainted; decayed; *(fig.: corrotto)* rotten; corrupt; depraved: *un uovo marcio,* a bad (*o* rotten) egg — *frutta marcia,* rotten fruit — *carne marcia,* bad (*o* tainted) meat — *un dente marcio,* a bad (*o* decayed) tooth — *un muro marcio,* a rotten (*o* crumbling) wall — *terreno marcio,* rotten (*o* waterlogged) ground — *una società marcia,* a corrupt society — *essere marcio sino alle midolla, (fig.)* to be rotten to the core *(sing.)* — *durante quelle giornate marce di novembre,* during those rotten (*o* foul) days in November. □ *polmoni marci,* lungs far gone in (*o* with) consumption — *Una pecora marcia ne guasta un branco, (prov.)* One scabby sheep will taint a whole flock — *a mio (suo, ecc.) marcio dispetto,* entirely against my (his, *ecc.*) will — *avere torto marcio,* to be dead (*o* quite) wrong; to be totally in the wrong.

□ *sm* **1** rottenness; badness; *(parte marcia)* rotten part; rot; bad; *(pus)* pus; matter: *Non mangiarlo tutto, butta via il marcio,* Don't eat it all, throw away the rotten part (the bad part) — *puzzare (sapere) di marcio,* to smell (to taste) bad. **2** *(fig.: corruzione)* rottenness; corruption: *C'è del marcio in quella faccenda,* Something is rotten in that affair; There's something corrupt (*o* fishy) about that affair.

marcire *vi* to decay; to go* bad; to go* off; to rot *(anche fig.); (suppurare)* to fester; to suppurate.

□ *vt (far marcire)* to rot: *L'acqua marcì le radici,* Water rotted the roots.

marcita *sf* water meadow.

marciume *sm* **1** rottenness; putrefaction; *(cose marce)* decaying rubbish. **2** *(fig.)* rottenness; corruption; depravity.

[1]**marco** *sm (moneta)* mark; *(tedesco, anche)* Deutschmark.

[2]**marco** *sm (stor.: della stadera)* sliding weight.

marconigramma *sm* marconigram.

marconista *sm* wireless (*o* radio) operator.

marconiterapia *sf* diathermy.

mare *sm* **1** sea; *(sulla Luna, anche)* mare (*pl.* maria); *(acque)* waters: *Il mare è calmo come l'olio,* The sea is like a sheet of glass — *mare poco mosso (mosso),* smooth (slight, moderate) sea — *mare molto mosso (agitato, molto agitato),* rough (very rough) sea — *mare grosso (molto grosso),* high (very high) sea — *mare vecchio (lungo, morto),* hollow sea; swell — *mare territoriale (internazionale),* territorial (international) waters *(pl.)* — *mare libero (aperto),* open sea; the high seas *(pl.)* — *mare chiuso,* inland sea — *mare di poppa (di prua, di traverso),* following (head, abeam) sea — *mare in burrasca,* stormy sea — *mare corto (rotto),* choppy sea — *il mare Adriatico,* the Adriatic Sea — *il mare del Nord,* the North Sea — *il mare della Tranquillità,* the Sea of Tranquillity — *viaggiare per mare,* to travel by sea (by ship) — *spedire via mare,* to ship — *viaggio di (per) mare,* voyage; sea voyage — *acqua di mare,* sea-water — *aria di mare,* sea-air — *bagni di mare,* sea-bathing — *brezza di mare,* sea-breeze — *città di mare,* town on the sea; sea-town — *porto di mare,* seaport — *frutti di mare,* sea-food *(sing.)*; shellfish *(pl.)* — *gente di mare,* sea-folk *(pl.)*; seamen *(pl.)* — *lupo di mare,* sea-dog — *mal di mare,* sea-sickness — *soffrire (non soffrire) il mal di mare, (di solito)* to be a bad (a good) sailor; *(in una data occasione)* to be (not to be) sea-sick — *schiuma di mare,* sea-foam; sepiolite; meerschaum — *uccello di mare,* sea-bird; sea-fowl — *un braccio di mare,* an arm of the sea; an inlet — *il livello del mare* ⇨ **livello** — *il fondo del mare,* the bottom of the sea; the sea bottom; the sea bed — *la riva del mare,* the seaside; *(inteso come spiaggia, litorale)* sea-shore — *al di là del mare,* beyond the sea(s) — *essere in balia del mare,* to be at the mercy of the sea(s) — *in alto mare,* on the high seas — *essere in alto mare, (fig.)* not to know which way to turn — *nave atta a tenere il mare,* seaworthy ship — *nave di alto mare,* sea-going ship — *per mare,* by sea — *mettersi in mare,* to take to the sea — *mettere in mare una barca,* to set a vessel afloat — *prendere il mare, (di persona)* to go to sea; *(di imbarcazione)* to set sail — *forze di terra e di mare, (mil., naut.)* land and sea forces — *battere i mari (correre il mare), (di pirati)* to rove (over) the seas. **2** *(luogo al mare)* seaside: *Lo conobbi l'anno scorso al mare,* I met him last year at the seaside — *una villetta al mare,* a small house (a villa) at the seaside (*o* by the sea) — *un luogo di villeggiatura al mare,* a seaside resort — *andare al mare per le vacanze,* to go to the seaside for one's holidays. **3** *(fig.: grande quantità)* a lot; a great deal; a great number; many; *(grande estensione)* sea; ocean; *(moltitudine)* crowd; multitude: *in un mare di guai,* in a sea of troubles; in great trouble — *essere in un mare di lacrime,* to be in a sea of tears; to be all tears — *un mare di fuoco (di sangue),* a sea of fire (of blood) — *un mare di gente,* a crowd of people; a multitude — *un mare magno,* a bustle; a great confusion.

□ *Un uomo in mare!,* Man overboard! — *cadere in mare,* to fall into the sea; *(da un'imbarcazione)* to fall overboard — *buttare qcsa a mare, (fig.)* to throw sth overboard; to give up an enterprise — *gettare qcsa in mare,* to throw sth overboard; *(se è per ridurre il carico)* to jettison sth — *È una goccia nel mare, (fig.)* It's a drop in the ocean — *un vero porto di mare, (fig.)* a veritable port of call; a regular beehive — *un mare senza fondo, (fig.)* a bottomless pit — *cercare qcno per mare e per terra,* to look for sb up hill and down dale — *portare acqua al mare,* to carry coals to Newcastle — *promettere mari e monti,* to promise wonders (the moon, the earth) — *È bello contemplare il mare dal porto, (prov.)* It's good riding in a safe harbour.

marea *sf* **1** *(movimento periodico)* tide: *alta (bassa) marea,* high (low) tide — *marea crescente (discendente),* flood (ebb) tide. **2** *(fig.)* sea. □ *un'onda di marea,* a tidal wave.

mareggiare *vi* to roll; to swell; *(anche fig.)* to undulate; to fluctuate.

mareggiata *sf* sea-storm; storm.

maremma *sf* swampy coast; fen; marsh.

maremmano *agg* swamp *(attrib.): fieno maremmano,* sainfoin — *febbre maremmana,* swamp fever — *cane maremmano,* Maremma sheepdog.
□ *sm* inhabitant of the Maremma.

maremoto *sm* sea-quake; submarine earthquake: *onda di maremoto,* tidal wave; tsunami *(voce giapponese).*

marengo *sm* napoleon; marengo.

maresciallo *sm* **1** *(ufficiale)* marshal; field-marshal. **2** *(sottufficiale)* warrant-officer: *maresciallo d'alloggio,* quartermaster — *maresciallo maggiore,* sergeant-major.

maretta *sf* **1** choppy sea; short sea. **2** *(fig.)* troubled waters *(pl.).*

marezzare *vt* to vein; to marble; *(vetri, ecc.)* to wave; *(stoffe)* to water.

marezzato *agg* veined; marbled; *(di vetri, ecc.)* waved; *(di stoffe)* watered; *(fotografia)* 'moiré' *(fr.).*

marezzatura *sf* marbling.

marezzo *sm* marbling; *(di vetri, ecc.)* wave; waving; *(di stoffe)* watering; *(fotografia)* 'moiré' *(fr.).*

margarina *sf* margarine; marge *(contraz. fam.).*

margherita *sf* **1** *(bot.)* ox-eye daisy; marguerite. **2** *(perla)* pearl. □ *nodo margherita,* sheepshank knot.

margheritina *sf* **1** *(bot.)* daisy. **2** *(globetto di vetro)* glass bead.

marginale *agg* marginal.

marginalmente *avv* **1** *(letteralm.)* marginally. **2** *(in via secondaria)* incidentally: *Lo disse solo marginalmente,* He only mentioned it in an aside.

marginare *vt* to provide (sth) with a margin; *(tipografia)* to margin.

marginatura *sf* **1** margining. **2** *(in tipografia: insieme di regoli)* furniture.

margine *sm* margin; *(bordo, estremità)* border; edge; *(lato, fianco)* side; *(orlo)* brink; *(contorno)* outline: *a (talvolta in) margine,* in the margin — *con note a margine,* with notes in the margin; with marginal notes — *in margine, (fig.)* secondarily; collaterally — *ai margini della società,* on the fringe of society — *ai margini della legalità,* just inside the law — *lasciare un certo margine,* to leave (to allow) a certain scope (*o* margin) — *margine di sicurezza,* margin of safety; safety margin — *un buon margine di guadagno,* a fair margin of profit (*o* profit margin, margin).

mariano *agg* of Mary; Marian: *il mese mariano,* May.

marina *sf* **1** navy: *servizio in (di) marina,* service in the navy — *arruolarsi in marina,* to join the navy — *la marina mercantile,* the merchant navy; the mercantile marine — *fanteria di marina,* marines. **2** *(poet., lett.)* sea. **3** *(costa)* seashore; coast; *(regione in riva al mare)* seaside; *(con porticciolo)* marina. **4** *(veduta, quadro)* seascape; sea-piece.

marinaio *sm* sailor; *(uomo di mare)* seaman *(pl.* -men*)*; tar *(ant.)*; Jack-tar *(ant.)*; mariner *(lett., poet.)*: *Tutti i marinai in coperta!,* All hands on deck! — *promessa (giuramento) di marinaio,* dicer's oath — *marinaio d'acqua dolce,* landlubber.

marinara *sf* **1** *(abbigliamento)* sailor-suit. **2** *(cappello)* sailor-hat.

marinare *vt* to marinade; to souse: *anguille marinate,* soused eels. □ *marinare la scuola,* to play truant; to play hookey *(USA)* — *marinare una lezione,* to cut a lesson.

marinaresco *agg* sailor-like; seaman-like; seafaring: *canzoni marinaresche,* sea-songs; shanties — *vita marinaresca,* seafaring life — *vecchie carte marinaresche,* old nautical charts — *gergo marinaresco,* sailors' jargon.

marinaro *agg* sea *(attrib.)*; seafaring; nautical: *un borgo marinaro,* a fishing village — *alla marinara,* in nautical fashion — *nuotare alla marinara,* to do the side-stroke — *colletto alla marinara,* sailor collar — *risotto alla marinara,* risotto with sea-food (*o* shellfish).
□ *sm* = **marinaio.**

marinato *agg* marinated; pickled. □ *fritto e marinato, (fig.: conciato per le feste)* knocked about.
□ *sm* marinade.

marineria *sf* **1** *(arte del marinaio)* seamanship. **2** *(flotta, navi)* navy.

marino *agg* sea *(attrib.)*; marine: *paesaggio marino,* seascape — *uccello marino,* sea bird — *cavalluccio marino,* sea-horse — *color blu marino,* navy blue — *acqua marina,* sea water; *(la pietra)* aquamarine; beryl — *stella marina,* starfish.

marioleria *sf* swindle; dirty trick.

mariolo, mariuolo *sm* **1** *(furfante)* rogue; scoundrel; cheat; swindler. **2** *(fam.: monello, birba)* rascal; urchin.

marionetta *sf* **1** marionette; puppet. **2** *(fig.)* puppet; tool.

maritabile *agg* of marriageable age.

maritale *agg* marital.

maritare *vt* **1** to marry; to give* (sb) in marriage; to wed. **2** *(fig.)* to wed; to join.
□ **maritarsi** *v. rifl* to marry; to get* married.

marito *sm* husband: *aver marito,* to be married — *da marito,* marriageable — *una ragazza in età da marito,* a girl of marriageable age.

maritozzo *sm* bun; currant bread.

marittimo *agg* maritime; marine; sea *(attrib.)*; *(navale)* naval; *(relativo alla navigazione)* nautical: *commercio marittimo,* sea trade — *trasporto marittimo,* sea transport.
□ *sm* seaman *(pl.* -men*)*; sailor.

marmaglia *sf* rabble; mob; riff-raff.

marmellata *sf* jam; marmalade *(solo di agrumi)*: *marmellata di ribes,* blackcurrant jam — *marmellata di arance,* marmalade; orange marmalade; orange jam *(USA).*

marmifero *agg (del marmo)* marble *(attrib.).*

marmista *sm* **1** marble-cutter. **2** *(scultore)* marble-carver.

marmitta *sf* **1** *(pentolone)* large pot; pot; casserole; *(mil.)* dixie. **2** *(di automobile)* silencer; muffler. **3** *(mil.: granata)* grenade. □ *marmitta dei giganti, (geologia)* kettle.

marmittone *sm (sl. mil.)* shirker; *(recluta)* raw recruit; rookie *(sl. USA).*

marmo *sm (pietra, opera)* marble; *(lapide)* memorial stone: *cava di marmo,* marble quarry — *lastra di marmo,* marble slab. □ *aver cuore di marmo,* to have a heart of stone — *diventare un pezzo di marmo,* to be like a block of ice.

marmocchio *sm (fam.)* kid; brat.

marmoreo *agg* marble *(attrib.)*; marmoreal: *statua marmorea,* marble statue — *di un pallore marmoreo,* as white as marble; deathly pale.

marmorizzare *vt* to marble; to marbleize *(USA)*.

marmotta *sf* **1** marmot; marmoset; woodchuck *(USA)*. **2** *(fig.)* lazy fellow; sleepy fellow; lazy-bones: *dormire come una marmotta,* to sleep like a dormouse (like a top). **3** *(segnale ferroviario)* dwarf signal; pot signal.

marna *sf* marl.

marocchino *agg* Moroccan.
□ *sm* **1** Moroccan; native of Morocco. **2** *(cuoio)* morocco; morocco leather.

maroso *sm (lett.)* billow; roller; breaker.

marra *sf* **1** hoe; mattock. **2** *(per la calce)* hoe. **3** *(naut.)* fluke.

marrano *sm* **1** *(traditore)* traitor; renegade. **2** *(scherz.: criminale)* crook.

[1]**marrone** *sm* **1** *(varietà di castagna)* maroon. **2** *(il colore)* maroon; brownish red.
□ *agg* brown; chestnut-coloured.

[2]**marrone** *sm* **1** *(animale che guida un branco)* leader. **2** *(errore grossolano)* gross mistake; blunder.

marsigliese *sf* **1** (roofing) tile. **2** *(l'inno nazionale francese)* (the) Marseillaise.

marsina *sf* tail-coat; tails *(pl.)*.

marsupiale *agg e sm* marsupial.

Marte *nome proprio* Mars. □ *campo di Marte,* parade-ground.

martedì *sm* Tuesday: *martedì grasso (di Carnevale),* Shrove Tuesday; *(USA, talvolta)* Mardi Gras *(fr.)*.

martellamento *sm* hammering; pounding *(anche fig.)*; *(di motore)* knocking.

martellare *vt* to hammer; *(fig.: battere insistentemente)* to batter; to strike* hard; to pound; *(fig.: torturare)* to torture; to torment. □ *martellare qcno di domande,* to fire questions at sb; to cross-examine sb; to interrogate sb.
□ *vi* to throb; to pulsate; to thump; to pound: *Il cuore gli martellava in petto,* His heart was pounding.

martellata *sf* hammer blow: *una martellata al cuore (al capo), (fig.)* an unpleasant shock; a heavy blow.

martellato *agg* hammered: *martellato a freddo,* cold-hammered — *martellato a penna,* peened — *cristallo martellato,* faceted crystal.
□ *sm (mus.)* martellato.

martellatura *sf* hammering.

martelletto *sm* hammer; small hammer; *(di giudice, ecc.)* gavel; *(di pianoforte)* hammer; *(di macchina per scrivere)* type-bar; *(del ruttore)* breaker arm; *(dello spinterogeno)* rotor arm.

martellina *sf (di muratore)* pick; mason's hammer; *(per rifinitura di pietre sbozzate)* hack-hammer; facing-hammer; *(di scultore)* marteline; *(di calderaio)* scaling-hammer.

martellinare *vt* to bush-hammer.

martellio *sm* **1** incessant hammering. **2** *(delle tempie)* throbbing.

martello *sm* **1** *(in generale, anche nell'atletica)* hammer; *(mazzuolo)* mallet: *martello da falegname,* claw hammer — *martello a due mani,* fore (*o* up-hand, sledge, two-hand) hammer — *martello da ghiaccio, (alpinismo)* ice-hammer — *martello da roccia, (alpinismo)* piton hammer — *martello perforatore, (da minatore)* rock drill; hammer drill — *martello pneumatico,* pneumatic hammer — *a forma di martello,* hammer-shaped — *un colpo di martello,* a hammer-stroke — *un martello da battere, (da fabbro)* a smith's (*o* hand) hammer — *battere col martello,* to hammer; to beat (to strike) with the hammer — *piantar un chiodo col martello,* to hammer in a nail — *il lancio del martello, (sport)* throwing the hammer; the hammer-throw; the hammer. **2** *(di battente)* knocker; hammer; *(di campana)* hammer; *(di orologio)* striker; *(di battitore d'asta)* gavel; hammer. **3** *(anat.)* malleus *(lat.: pl. mallei)*. **4** *(fig.: tormento)* rack: *il martello della gelosia,* the rack of jealousy.
□ *martello d'arme, (stor.)* martel-de-fer *(fr.)*; martel — *torre martello, (stor.)* martello tower — *martello percussore, (med.)* percussor — *pesce (a) martello,* hammer-fish — *dito a martello, (med.)* hammer-toe — *suonare a martello,* to ring the tocsin (the alarm-bell).

martinello, martinetto *sm* jack: *martinello a vite,* screw jack; jackscrew.

martingala *sf* martingale.

martin pescatore *sm* kingfisher.

martire *sm e f.* martyr: *un martire del dovere,* a martyr to (one's) duty — *un martire della scienza,* a martyr in the cause of science — *fare il (atteggiarsi a) martire,* to make a martyr of oneself; to play the martyr.

martirio *sm* **1** martyrdom *(anche fig.)*. **2** *(fig.)* torture; torment: *essere pronto al martirio,* to be ready to sacrifice oneself.

martirizzare *vt* **1** to martyrize; to martyr. **2** *(fig.)* to torture; to torment; to rack.

martirologio *sm* martyrology: *il Martirologio Romano,* the Martyrs' Calendar.

martora *sf* marten: *martora comune,* pine marten — *martora zibellina,* sable.

martoriare *vt* to rack; to torture; *(fig.)* to torture; to torment.
□ **martoriarsi** *v. rifl* to torture oneself.

marxismo *sm* Marxism.

marxista *agg e sm e f.* Marxist.

marzapane *sm* marzipan.

marziale *agg* **1** martial; *(guerresco)* warlike: *corte marziale,* court-martial — *legge marziale,* martial law — *proclamare la legge marziale,* to declare martial law. **2** *(med.)* iron *(attrib.)*. □ *le arti marziali,* the art of self-defence.

marziano *sm* Martian.

marzio *agg* martian; of Mars. □ *campo marzio,* parade-ground.

marzo *sm* March: *matto come marzo; nato di marzo,* mad as a March hare.

mas *sm* motor torpedo-boat *(abbr. in M.T.B.)*; mosquito boat.

mascalzonata *sf* dirty (*o* nasty) trick.

mascalzone *sm* rascal; scoundrel; blackguard.

mascara *sm* mascara.

mascella *sf* **1** jaw; jowl; chap *(spec. di animale)*; *(anat.)* maxillà: *lavorar di mascelle,* to munch; to gobble — *un uomo dalla mascella forte (pesante),* a heavy-jowled man. **2** *(di tagliola)* jaw.

mascellare *agg* jaw *(attrib.)*; maxillary: *dente mascellare,* grinder; molar tooth.

maschera *sf* **1** mask; *(fig.)* mask; cloak; guise; disguise: *una maschera antigas,* a gas-mask — *maschera da scherma,* fencing-mask; face guard — *maschera per saldatori,* welding-mask — *una maschera di bellezza, (in cosmesi)* a face-pack — *la maschera (il calco) di Chopin,* Chopin's death-mask — *avere il viso che è una maschera, (fig.)* to be too heavily made up — *parere una maschera, (fig.)* to look (so) funny — *portare la maschera,* to wear a mask — *mettersi la maschera,* to put on a mask — *strappare la maschera* *a qcno,* to unmask sb — *gettare la maschera, (anche fig.)* to throw off one's (to pull off one's, to drop the) mask — *Giù la maschera!, (fig.)* Come off it! — *una faccia che era la maschera del dolore,* a face that was a mask of sorrow — *sotto la maschera del gentiluomo,* under the mask (the cloak, the guise) of a gentleman. **2** *(costume)* fancy dress; masquerade dress: *mettersi in maschera,* to put on fancy dress — *un ballo in maschera,* a masked (a fancy-dress) ball. **3** *(persona mascherata)* mask; masker; masquerader. **4** *(inserviente di teatro o di cinema)* usher; attendant; *(donna)* usherette. **5** *(personaggio del teatro popolare)* stock-character; mask-character; 'maschera'. **6** *(mecc., per guidare un attrezzo)* jig; *(modello per ritagliare)* template; *(per stampigliatura di numeri e sigle)* stencil; *(ornamentale)* mask; *(per separazione di colori, in fotomeccanica)* mask. **7** *(di radiatore d'auto)* grill(e); louver; radiator cowl.

mascheramento *sm* masking; *(televisione)* blanking; black-out; *(mil.)* camouflage; *(fig.)* disguise.

mascherare *vt* **1** to mask *(anche fig.)*; to cover (up) with a mask; to put* a mask (on sb); to dress (sb) up: *mascherare un bambino da orsacchiotto,* to dress a little boy up as a teddy bear. **2** *(celare)* to mask; to disguise; to hide*; to conceal: *mascherare l'entrata di una grotta,* to hide (to conceal) the entrance to a cave — *mascherare le proprie intenzioni,* to conceal one's intentions — *mascherare i propri sentimenti,* to hide (to conceal) one's feelings — *Si mascherò la faccia con un fazzoletto nero,* He hid his face with a black cloth. **3** *(mil.: mimetizzare)* to camouflage. **4** *(proteggere durante la verniciatura a spruzzo)* to mask: *nastro adesivo per mascherare,* masking tape; masking.

□ **mascherarsi** *v. rifl* **1** to put* on a mask; *(vestirsi, travestirsi)* to dress up; to masquerade; *(mettersi in costume)* to put* on fancy dress: *Si mascherò da Pulcinella,* He dressed up as Punchinello. **2** *(contraffarsi da, farsi passare per)* to pass oneself off as; to disguise oneself as; to masquerade as: *Si mascherò da gentiluomo,* He passed himself off as a gentleman.

mascherata *sf* masquerade; *(fig.)* deception; masquerade.

mascherato *agg* masked: *corteo mascherato,* masked pageant — *ballo mascherato,* masked (*o* fancy-dress) ball.

mascheratura *sf* masking.

mascherina *sf* **1** *(mezza maschera)* half-mask. **2** masked person; masked child. **3** *(sul muso di un animale)* patch; spot. **4** *(di scarpa)* toe-cap. **5** *(per stampigliare)* stencil; *(calibro sagomato)* template. **6** *(fotografia)* mask. □ *Ti conosco, mascherina!,* You can't fool me!; I know what you're up to!

mascherone *sm* **1** *(archit.)* mascaron; grotesque mask. **2** *(faccia deforme)* mask; disfigured face.

maschiaccio *sm* **1** *(spreg.)* brat. **2** *(ragazzo vivace)* lively (wild, noisy, *ecc.*) child.

maschietta *sf* tomboy. □ *capelli alla maschietta,* bobbed hair; pageboy bob.

maschile *agg* masculine; male; *(virile)* manlike; manly; *(mascolino)* masculine: *genere maschile,* masculine gender — *discendenza maschile,* male line — *scuola maschile,* boys' school.

□ *sm* masculine (gender).

maschio *agg (di sesso maschile)* male; masculine; *(virile)* virile; manlike; manly; *(vigoroso)* vigorous; strong: *un viso maschio,* a manly face — *con voce maschia,* in a manly (*o* powerful) voice — *vite maschia,* male screw.

□ *sm* **1** male *(spec. di animale)*; *(figlio maschio)* son; boy. **2** *(mecc.)* male; male connector; *(pistone)* plunger; *(di rubinetto)* plug; *(naut.)* mast tenon; mast heel. **3** *(di fortezza)* keep; fortified tower; *(normanno)* donjon.

mascolinità *sf* masculinity.

mascolinizzare *vt* to masculinize.

mascolinizzazione *sf* masculinization.

mascolino *agg* masculine; mannish.

mascone *sm* (side of the) bow.

mascotte *sf* mascot.

masnada *sf* gang; band.

masnadiere *sm* robber; highwayman *(pl.* -men*)*.

masochismo *sm* masochism.

masochista *agg e sm e f.* masochist.

massa *sf* **1** mass *(vari sensi)*: *una massa di aria fredda,* a mass of cold air — *una massa di pietrame,* a mass of stones — *massa inerziale (atomica, isotopica),* inertial (atomic, isotopic) mass. **2** *(grande quantità)* mass; bulk; heap; load; lot(s): *mezzi di comunicazione di massa,* (mass) media *(pl.)* — *adunanza in massa,* mass-meeting — *istruire le masse,* to educate the masses — *cultura di massa,* mass culture — *leva in massa, (mil.)* general conscription — *esecuzione in massa,* mass-execution — *far massa,* to mass — *produzione in massa,* mass-production — *vendere in massa, (all'ingrosso)* to sell in bulk — *caricare in massa, (alla rinfusa)* to load in bulk — *partecipare in massa, (in grande numero)* to turn out en masse (in a mass, in a body, all together) — *avere una massa di cose da fare,* to have a lot (a heap) of things to do — *una massa di insulsaggini,* a lot of nonsense. **3** *(la grande maggioranza)* the great majority; the greater part; *(la totalità)* the general body: *La massa della nazione era scontenta,* The great majority of the nation was dissatisfied — *la massa dei creditori,* the general body of creditors. **4** *(combriccola)* band; set; pack: *una massa di farabutti,* a band (a set, a pack) of swindlers. **5** *(comm., ecc.: fondi) massa attiva,* assets *(pl.)* — *massa passiva,* liabilities *(pl.)* — *massa ereditaria, (dir.)* deceased's estate — *massa fallimentare,* bankrupt's assets *(pl.)* — *massa mensa, (mil.)* mess fund. **6** *(elettr.)* earth; ground *(USA)*: *impianto a massa,* earthed (*USA* grounded) system — *collegamento a massa,* bonding; electrical bonding — *massa di ritorno,* return earth (*USA* ground) — *330V verso massa,* 330V to earth (*USA* to ground) — *calza di massa, (di cavi elettrici)* earth braid. **7** *(mecc.)* mass; *(di dispositivo centrifugo, contrappeso)* counterweight. **8** *(pasta di pane, ecc.)* dough: *La massa sta ancora lievitando,* The dough is still rising. **9** *(mil.)* force: *massa di manovra,* main striking force.

massacrante *agg* gruelling; tough.

massacrare *vt* **1** to massacre; to slaughter; to butcher; *(maltrattare)* to maltreat: *massacrare qcno di botte,* to beat sb up; to beat sb to a pulp. **2** *(rovinare)* to ruin; to spoil; to murder.

massacro *sm* **1** massacre; slaughter; butchery; *(carneficina)* carnage; havoc. **2** *(fig.: disastro)* shambles; *(cosa mal fatta)* mess; disgrage.

massaggiare *vt* to massage.

massaggiatore *sm* masseur *(fr.)*.

massaggiatrice *sf* masseuse *(fr.)*.

massaggio *sm* massage *(fr.)*.

massaia *sf* housewife *(pl.* housewives*)*.

massaio *sm* husbandman *(pl.* -men*)*; *(economo)*

steward; *(amministratore)* manager; *(agricoltore, fittavolo)* farmer.

massello *sm (lingotto)* ingot; lump.

masseria *sf (fattoria)* farm; *(tenuta)* estate: *contratto di masseria,* tenancy agreement; lease.

masserizie *sf (spec. pl.)* household effects; household goods; *(mobilia)* furniture *(sing.)*; *(suppellettili)* fittings; chattels *(ant. o scherz.)*.

massicciamente *avv* massively; strongly.

massicciata *sf* road-bed; *(ferrovia)* ballast.

[1]**massiccio** *agg* massive; *(senza parti vuote)* solid; *(grave, pesante)* ponderous; *(di corporatura)* heavy; stout; hefty; *(fermo, sicuro)* staunch; *(intenso)* intense; high; *(forte)* strong; violent: *argento massiccio,* solid silver — *una massiccia scarica di artiglieria,* an intense artillery barrage — *con massiccia partecipazione di pubblico,* with strong public support.

[2]**massiccio** *sm (montagna)* massif *(fr.)*.

massima *sf* **1** *(regola, norma)* maxim; rule; principle; precept: *È una buona massima che vale per tutti,* It is a maxim (a rule, a principle) that holds good for everybody — *per massima, (di solito)* as a rule; *(per principio)* on principle — *in linea di massima, (di solito)* as a rule; generally; *(nell'insieme)* on the whole — *un accordo di massima,* an informal agreement; an agreement in principle — *principi di massima,* general rules — *avere per massima di fare qcsa,* to make a point of doing sth — *stabilire come massima,* to establish as a principle (as a rule). **2** *(detto, motto, proverbio)* saying; aphorism; proverb; motto: *una vecchia massima cinese,* an old Chinese saying — *le massime di mia nonna,* my grandmother's sayings — *La mia massima è vivere e lasciar vivere,* My motto is live and let live. **3** *(grado massimo)* maximum: *La massima (temperatura) di ieri è stata molto elevata,* Yesterday's maximum temperature was very high — *un termometro a (o di) massima,* a maximum thermometer. **4** *(mus. ant.: nota del valore di due lunghe)* large.

massimale *agg* highest; maximum *(attrib.)*; maximal. □ *sm* limit; ceiling: *massimale di reddito,* income limit.

massimalismo *sm* extremism; maximalism.

massimalista *sm* extremist; maximalist.

massimamente *avv* principally; chiefly; mainly; mostly.

massimo **I** *agg superl (il più grande: generalm. in senso astratto)* (the) greatest; *(in senso materiale)* (the) biggest; (the) largest; *(il migliore)* (the) best; *(il più alto)* (the) highest; (the) maximum; peak; top; *(l'estremo)* (the) utmost; *(il più lungo)* (the) longest; *(il più importante)* (the) most important: *Dante è il massimo poeta d'Italia,* Dante is Italy's greatest poet — *il massimo successo discografico dell'anno,* the biggest hit of the year — *C'erano tutte le massime autorità,* All the most important dignitaries were present — *la massima distanza tra due luoghi,* the longest (greatest) distance between two places — *al massimo prezzo,* at the highest price; at top price — *al massimo grado,* to the highest degree — *alla massima velocità,* at the maximum (at top) speed — *il massimo rispetto,* the highest respect (*o* regard) — *con la massima cura,* with the utmost care — *peso massimo, (pugilato)* heavy-weight — *il massimo comun divisore,* the greatest common factor (*o* divisor) — *tempo massimo,* maximum time; *(sport)* time-limit — *in massima parte,* mostly; for the most part.

II *sm* **1** (the) most; (the) maximum *(pl.* maximums, maxima*)*; *(il meglio)* (the) best; *(limite)* limit; end: *È il massimo che io possa fare per te,* It's the most (the best) I can do for you — *il massimo della pena,* the maximum penalty — *col massimo dei voti,* with full marks — *sfruttare qcsa al massimo,* to use sth to the utmost — *lavorare al massimo,* to work flat out; to work at full stretch; *(di fabbrica, ecc., anche)* to be working at peak efficiency — *Mi pagheranno solo 30.000 lire al massimo,* They'll pay me only 30,000 lire at the most — *Sarò a casa a mezzanotte al massimo,* I'll be home by midnight at the latest — *Al massimo dovremo dormire in macchina,* At the worst (If the worst comes to the worst) we'll have to sleep in the car. **2** *(matematica, meteorologia, tec.)* maximum *(pl.* maxima*)*: *il massimo della profondità,* the maximum depth. **3** *(pugilato)* heavyweight: *il campione dei massimi,* the heavyweight champion.

massivo *agg* massive.

masso *sm* large stone; boulder; rock: *dormire come un masso,* to sleep like a log — *Caduta massi!,* Beware: Falling rocks!

massone *sm* mason; freemason.

massoneria *sf* masonry; freemasonry.

massonico *agg* masonic; freemason.

mastello *sm* tub: *mastello per il bucato,* wash-tub.

masticabile *agg* chewable.

masticabilità *sf* chewability.

masticamento *sm* mastication; chewing.

masticare *vt* **1** to masticate; *(più comune)* to chew; *(rumorosamente)* to crunch; to munch *(fam.)*: *Mastica bene il cibo!,* Masticate (Chew) your food well! — *gomma da masticare,* chewing-gum — *masticare qcsa, (fig.: pensare, rimuginare)* to brood over sth; to turn sth over in one's mind; to chew sth over. **2** *(borbottare)* to grumble; to mutter; to mumble; *(storpiare)* to mangle; *(balbettare)* to stammer out: *Non masticare le parole!,* Don't mumble! — *Masticò una scusa e se ne andò via,* He muttered an apology and went away — *masticare l'inglese (un po' di inglese),* to have a smattering of English; to speak broken English; to know a few words of English — *masticare male una lingua, (non saperla parlare)* to mangle a language. □ *masticare amaro, (fig.)* to feel bitter — *masticare veleno, (fig.)* to eat one's heart out — *masticare male qcsa, (fig.)* to put up with sth.

masticatore *sm* chewer; masticator: *masticatore di tabacco,* tobacco-chewer.

masticatorio *agg* masticatory.

masticazione *sf* mastication; chewing.

mastice *sm* **1** *(bot.)* mastic. **2** *(di gomma)* gum mastic; rubber cement; adhesive; *(per tubazioni, vetri)* putty.

mastino *sm* mastiff.

mastite *sf* mastitis.

mastodonte *sm* **1** *(zool.)* mastodon. **2** *(fig.)* colossus; giant.

mastodontico *agg (fig.)* mastodontic *(non comune)*; mammoth; colossal; gigantic.

mastoide *sm* mastoid.

mastoidite *sf* mastoiditis; mastoids *(fam., pl.)*.

mastro *sm* **1** *(appellativo)* master: *mastro impicca, (scherz.)* hangman. **2** *(comm., anche* libro mastro*)* ledger: *registrare a mastro,* to post — *mastro dei clienti,* customer's (*o* petty) ledger.

masturbarsi *v. rifl* to masturbate.

masturbazione *sf* masturbation.

matassa *sf* skein; hank; *(elettr.)* coil: *una matassa ingarbugliata,* a tangle *(anche fig.)* — *il bandolo di una matassa,* the head (the end) of a skein; *(fig.)* the key (the clue) to a difficulty — *cercare il bandolo della* *matassa,* to look for the clue — *trovare il bandolo della matassa,* to find the key to the difficulty.

matematica *sf* mathematics *(sing: abbr. fam.* maths, *USA* math*): Non sono forte in matematica,* I'm not good at mathematics (at maths).

matematico *agg (anche fig.)* mathematical.
□ *sm* mathematician.

materassaio *sm* mattress-maker.

materassino *sm* inflatable mattress.

materasso *sm* mattress.

materia *sf* **1** *(in molti sensi)* matter; *(sostanza)* substance: *la materia prima, primordiale, (filosofia)* the first (primary, primordial) matter — *materia e spirito,* matter and spirit — *materia e forma,* matter and form — *materia grigia,* grey matter — *materia cerebrale,* cerebral matter — *una ferita piena di materia,* a wound full of matter (of pus). **2** *(materiale)* material: *una nazione ricca di materie prime,* a country rich in raw materials — *un articolo fatto di materia plastica,* an article made of plastic material (of plastic) — *materia colorante, (chim.)* dyestuff; dye. **3** *(argomento)* matter; subject; topic; theme: *una materia molto controversa,* a very controversial matter — *tavola (indice) delle materie,* table of contents; contents — *catalogo per materie,* subject catalogue — *in materia di...,* in the matter of...; as far as... is concerned; in the subject of...; as regards...; as for... — *in materia di legge,* in point of law — *non avere competenza in materia,* to have no competence (no authority) here (*o* on such a point, on the subject, on the matter) — *entrare in materia,* to broach a subject; to come to the point; to give one's opinion on a subject. **4** *(disciplina scolastica)* subject: *una materia facoltativa (obbligatoria),* an optional (*o* compulsory) subject — *materie classiche (scientifiche),* classical (scientific) subjects — *essere promosso in tutte le materie,* to pass in all subjects — *la mia materia preferita,* my favourite subject. **5** *(motivo)* matter; ground; cause: *un fatto che può essere materia di processo,* a fact that could be grounds (*o* cause) for legal action — *un particolare che può dar materia a discussioni,* a detail that offers ground for criticism.

materiale I *agg* **1** *(inerente alla materia, al corpo, ecc.)* material; physical; bodily: *interessi materiali,* material interests — *necessità materiali,* material needs — *danno materiale,* material damage — *il mondo materiale,* the material world. **2** *(rozzo, grossolano)* coarse; rude: *È un tipo materiale,* He's a down-to-earth sort of chap. **3** *(effettivo)* real *(ma generalm. si traduce in modo idiomatico): Non ha avuto la possibilità materiale di compiere l'omicidio,* There's no (real) possibility that he could have been the murderer — *Dammi il tempo materiale di arrivare lì,* Give me the time it takes to get there — *Non ho il tempo materiale di farlo,* I just haven't got the time to do it.
II *sm* material *(spesso al pl.* materials*)*; stuff: *Cominceremo quando sarà arrivato tutto il materiale,* We'll start when all the stuff has arrived — *Sta raccogliendo il materiale relativo all'inchiesta,* He's gathering together the material relating to the enquiry — *materiale da costruzione (isolante),* building (insulating) materials *(pl.)* — *materiale bellico,* war materials *(pl.)* — *materiale di recupero,* salvage — *materiale di scarto,* discarded material; scrap — *materiale di riporto,* filling — *materiale alluvionale,* alluvium — *materiale didattico,* teaching equipment — *materiale didattico sussidiario,* teaching aids *(pl.)* — *materiale per pavimenti,* flooring.

materialismo *sm* materialism.

materialista *agg* materialistic(al).
□ *sm e f.* materialist.

materialistico *agg* materialistic.

materialità *sf* **1** materiality. **2** *(grossolanità)* coarseness.

materializzare *vt* to materialize.

materializzazione *sf* materialization.

materialmente *avv* materially; really; simply; quite: *Non sono materialmente in grado di rispondervi,* I am really (*o* simply) not in a position to reply.

maternamente *avv* maternally.

maternità *sf* maternity; motherhood: *ospedale di maternità,* maternity hospital.

materno *agg* maternal; mother *(attrib.)*; *(natio)* native; mother *(attrib.)*: *zio materno,* maternal uncle — *lingua materna,* native (*o* mother) tongue — *scuola materna,* nursery-school.

matita *sf* pencil: *matita a pastello,* pastel crayon — *matita a sfera,* ballpoint pen — *matita copiativa,* indelible pencil — *matita nera,* lead pencil — *matita per le labbra,* lipstick — *matita per gli occhi,* eyeshadow pencil — *matita emostatica,* styptic pencil.

matraccio *sm* cucurbit; round-bottomed flask.

matriarcato *sf* matriarchy.

matrice *sf* **1** *(biologia, matematica, ecc.)* matrix *(pl.* matrices*)*. **2** *(di bollettario)* counterfoil; stub *(USA)*. **3** *(fig.: base)* basis; foundation; background.

matricida *sm e f.* matricide.

matricidio *sm* matricide.

matricola *sf* **1** *(registro)* register; roll; *(elenco)* list; *(numero)* number; *(mecc.)* part number. **2** *(studente)* freshman *(pl.* -men*)*; fresher *(sl.)*: *festa delle matricole,* (freshers') rag *(sl.)*.

matricolare *agg* serial.

matricolato *agg (famigerato)* out-and-out; thorough; downright; *(scherz.)* arch.

matrigna *sf* stepmother; *(fig.)* cruel mother.

matrimoniale *agg* matrimonial; marriage *(attrib.)*: *vita matrimoniale,* married life — *diritto matrimoniale,* marriage law — *anello matrimoniale,* wedding ring — *letto matrimoniale,* double bed — *camera matrimoniale,* double room — *pubblicazioni matrimoniali,* banns.

matrimonio *sm (in generale)* marriage; *(talvolta: stato matrimoniale)* matrimony; wedlock; *(cerimonia)* wedding; *(unione e fig.)* match: *matrimonio civile,* civil marriage — *matrimonio religioso,* religious (*o* church) marriage — *matrimonio misto,* intermarriage; mixed marriage — *un matrimonio bianco,* an unconsummated marriage — *matrimonio di convenienza,* mariage de convenance *(fr.)*; marriage of convenience — *matrimonio d'amore,* love match — *contratto di matrimonio,* marriage contract; marriage settlement — *partecipazione di matrimonio,* wedding announcement — *combinare un matrimonio,* to arrange (to bring about) a marriage — *fare un buon matrimonio,* to make a good marriage (*o* match) — *contrarre (un) nuovo matrimonio,* to remarry.

matrona *sf* matron.

matronale *agg* matronly; matron-like.

matta *sf (carta da gioco)* joker.

mattacchione *sm* gay chap; jolly fellow; practical joker.

mattana *sf* bad temper; pique; tantrum; evil mood; *(capriccio)* whim; caprice; freak.

mattanza *sf* killing of netted tunny fish.

mattatoio *sm* slaughter-house.

mattatore *sm* **1** *(uccisore di animali)* slaughterman *(pl.* -men*)*. **2** *(fig.)* bubbling personality; star: *fare il* *mattatore,* to steal the show; to be fond of the limelight.

matterello *sm* rolling-pin.

mattina *sf* morning; morn *(poet.); (mattinata)* forenoon: *di prima mattina,* early in the morning — *di mattina,* in the morning — *da mattina a sera,* from morning to night; all day long — *una bella mattina, (fig.)* one fine day — *Dura dalla sera alla mattina, (fig.)* (It's) here today, gone tomorrow.

mattinata *sf* **1** forenoon; *(mattina)* morning. **2** *(rappresentazione teatrale)* matinée *(fr.).* **3** *(mus.)* morning serenade; matin song; aubade *(fr.).*

mattiniero *agg* early-rising. □ *sm* early-riser.

mattino *sm* **1** = **mattina.** **2** *(liturgia, mattutino)* matins. **3** *(fig.)* beginning; dawn; morning. **4** *(levante)* east.

matto *agg* **1** mad; crazy *(fam.); (stolto)* daft; foolish; *(med.)* insane; mentally deranged: *diventar matto,* to go mad (*o* crazy); to become insane — *far diventare matto qcno,* to drive sb mad (*o* crazy, out of his mind) — *essere matto dalla gioia,* to be mad (*o* beside oneself) with joy — *fare il matto,* to play the fool — *È matto da legare,* He's raving mad; He is as mad as a hatter (as a March hare) — *È mezzo matto,* He's half-mad; He is not all there *(fam.);* He has a screw loose *(fam.)* — *Sei matto?,* Are you crazy? — *Fossi matto!,* Do you think I'm crazy (*o* daft)? — *Il dolore lo rese matto,* His grief drove him insane (*o* unhinged his mind) — *un comportamento matto,* foolish behaviour — *una gabbia di matti,* a mad-house — *Roba da matti!,* You (he, they, *ecc.*) must be crazy!; What madness! — *una testa matta,* a hot-headed fool — *andare matto per qcsa,* to be crazy about sth; to be very fond of sth — *correre (ridere, urlare) come un matto,* to run (to laugh, to shout) like mad (like a madman) — *un cavallino matto,* a spirited colt — *un cavallo matto, (bizzarro)* a wild horse. **2** *(fam.: grande, forte)* a lot of...; much *(pl.* many*): fare spese matte, (molte spese)* to buy a lot of things; *(sprecare molto denaro in spese assurde)* to squander a lot of money — *avere una voglia matta di,* to be dying for sth (to do sth); to be itching to do sth — *volersi un bene matto,* to be mad about each other; to love each other very much. **3** *(falso, senza valore)* false: *oro matto,* false gold; imitation gold — *gioielli matti,* false (*o* imitation, costume) jewellery — *soldi matti,* false coins. **4** *(opaco)* dull; matt: *tinte matte,* dull (*o* matt) colours. **5** *(debole, infermo)* bad; *(talvolta, fam.)* gammy: *avere una gamba matta,* to have a bad (a gammy) leg. □ *scacco matto,* checkmate — *dare scacco matto,* to checkmate *(anche fig.)* to mate.
□ *sm* madman *(pl.* men*): quel matto del mio amico,* that crazy friend of mine. □ *Non tutti i matti sono al manicomio, (prov.)* The monkeys aren't all in the zoo.

mattoide *agg* crazy; lunatic; dotty *(fam.);* screwy *(sl.).* □ *sm* madcap; odd fellow; mattoid *(raro).*

mattone *sm* **1** brick: *mattone da paramano,* facing brick — *mattone refrattario,* firebrick — *mattone forato,* hollow brick — *fabbrica di mattoni,* brick factory; brickyard — *color mattone,* brick — *rosso mattone,* brick-red. **2** *(fig.: peso)* weight; *(fig.: noia)* nuisance; bore: *Che mattone!,* What a bore! — *un vero mattone,* a perfect nuisance — *un mattone sullo stomaco,* a weight on one's stomach.

mattonella *sf* **1** tile: *a mattonelle,* tiled. **2** *(combustibile)* briquette. **3** *(sponda del biliardo)* cushion.

mattonificio *sm* brick factory.

mattutino *agg* morning *(attrib.).*
□ *sm* matins *(pl.); (suono della campana)* morning bell: *cantare mattutino,* to sing matins.

maturare *vt* **1** to ripen; to mellow; to mature; *(una persona)* to make* a man (a woman) out of sb: *Il sole matura l'uva,* The sun ripens grapes — *Le esperienze lo hanno maturato,* His experiences have made a man out of him. **2** *(fig.: meditare, escogitare)* to work out. **3** *(promuovere, all'esame di maturità)* to pass.
□ *vi* **1** *(divenire maturo)* to ripen; to become* ripe; *(fig.)* to mature; to mellow. **2** *(scadere, spirare)* to fall* due; to mature; to expire; *(divenire esigibile)* to become* payable. **3** *(di un ascesso)* to come* to a head.

maturazione *sf* **1** maturity; ripeness; ripening. **2** *(fine di un periodo, scadenza)* expiration. **3** *(med.)* suppuration; maturation.

maturità *sf* **1** maturity *(anche fig.);* ripeness. **2** *(diploma scolastico)* school leaving certificate.

maturo *agg* **1** ripe; mature *(spec. di persona);* fully developed; *(di vino, ecc.)* mellow: *Questa frutta è matura (troppo matura),* This fruit is ripe (overripe) — *I tempi sono maturi per l'azione,* The time is ripe for action — *È molto maturo per la sua età,* He is very mature for his age — *Le vicissitudini della vita l'hanno reso molto maturo,* The many ups and downs of life have made him very mature (*o* experienced) — *un vino dal gusto maturo,* a mellow wine — *un uomo maturo di anni,* a man of ripe years — *un individuo dall'aspetto maturo,* a mature-looking person — *dopo matura considerazione,* after mature (*o* long, great, careful) consideration; on reflection. **2** *(comm.)* mature; due; fallen due. **3** *(med.)* mature; ripe; *(di ascesso, ecc.)* suppurating; in a state of suppuration.

matusa *sm* old fogey *(fam.);* fossil.

mausoleo *sm* mausoleum.

mazurca *sf* mazurka.

mazza *sf* **1** club; bludgeon; *(bastone da passeggio)* walking stick; cane: *mazza del pittore,* maulstick. **2** *(di guardiaportone, alfiere, ecc.)* staff; wand; mace. **3** *(simbolo del comando)* baton; mace; *(manganello)* cudgel; truncheon; *(mazza d'arme)* mace: *mazza ferrata,* spiked mace. **4** *(grosso martello)* hammer; sledge-hammer; *(di legno)* mallet. **5** *(sport: golf)* club; *(baseball, cricket)* bat; *(polo)* mallet. **6** *(bot., varie piante) mazza d'oro,* yellow loosestrife — *mazza di San Giuseppe,* oleander — *mazza di palude,* reedmace; bulrush.

mazzapicchio *sm* cooper's mallet; *(di macellaio)* club; mallet; *(nei lavori stradali)* handrammer; maul; tamper.

mazzata *sf* **1** blow; stroke. **2** *(fig.)* shock; heavy blow.

[1]**mazzetta** *sf* **1** *(di banconote)* wad. **2** *(di stoffe)* pattern book. **3** *(ventesima parte di una risma)* quire. **4** *(gruppo di cartelle, ecc.)* bundle.

[2]**mazzetta** *sf* **1** *(attrezzo)* mallet; beetle. **2** *(da alpinista)* piton hammer.

[3]**mazzetta** *sf (di porta, finestra)* reveal.

mazziere *sm* mace-bearer.

mazzo *sm* **1** bunch; bundle; pack; *(di funi)* coil: *un mazzo di garofani,* a bunch of carnations — *un mazzo di chiavi (di matite),* a bunch of keys (of pencils) — *un mazzo di sterpi,* a bundle of firewood. **2** *(spreg.: gruppo, congrega)* pack; group; set of people: *mettere tutti nello stesso mazzo,* to mix good and bad. **3** *(carte da gioco)* pack: *fare il mazzo,* to deal — *mischiare il mazzo,* to shuffle. □ *la migliore del mazzo, (fig.)* the best of the bunch.

me *pron personale 1ª persona sing m. e f.* **1** *(compl.)* me; *(me stesso)* myself: *Vuole me, non te,* He wants me, not you — *Ero fuori di me dalla gioia,* I was beside myself with joy — *Dammelo subito!,* Give it (to) me at once! — *Me ne parlerai più tardi,* You can tell me about it later — *Dimmi!,* Tell me! — *Dissi tra me e me...,* I said to myself... — *prima di me,* before me — *da me, (da solo)* by myself — *per me; in quanto a me,* as for me; as for my part; as far as I'm concerned — *secondo me,* to my mind; in my opinion — *la ragazza che fa per me,* the girl for me; the girl I'm after; the girl I'm looking for — *Non sa né di me né di te, (fig.)* It is very dull — *Oggi a me, domani a te, (prov.)* My turn today, yours tomorrow; We must all die — *Chi non è con me è contro di me, (Bibbia)* Who is not with me is against me.

2 *(come predicato nominale e nelle proposizioni comparative)* I; *(fam.)* me: *Se tu fossi me faresti lo stesso,* If you were me, you would do the same — *Egli fece come me,* He did as I did; *(fam.)* He did like me — *È molto più giovane di me,* She is much younger than I (am) — *Povero me!,* Poor me!

3 *(pleonastico: non si traduce) Me lo sono dimenticato,* I forgot about it — *Me lo auguro!,* I certainly hope so!

meandro *sm* meander *(anche fig.).*

meato *sm* meatus.

Mecca *sf* **1** *(geografia e fig.)* Mecca. **2** *(fam.: luogo remoto)* Timbuctoo; North Pole. □ *Ha trovato la Mecca,* He's found a cushy billet *(fam.);* He's on to a good thing.

meccanica *sf* **1** *(scienza)* mechanics *(col v. al sing.): meccanica celeste,* celestial mechanics — *meccanica agraria,* agricultural technology. **2** *(funzionamento, meccanismo)* mechanism; works *(pl.); (di un veicolo)* mechanicals: *la meccanica del corpo umano,* the mechanism of the human body. **3** *(modo in cui si svolge un fatto)* set-up: *la meccanica di una rapina,* the set-up of a robbery.

meccanicamente *avv* mechanically; automatically.

meccanicismo *sm* mechanicalism.

meccanico *agg* mechanical; *(automatico)* automatic; *(fig.)* machine-like; mechanical: *un gesto meccanico,* a mechanical gesture.

□ *sm* mechanic; *(montatore)* fitter.

meccanismo *sm* **1** mechanism; works *(pl.);* machinery. **2** *(funzionamento)* mechanism; structure; *(procedimento)* process; *(movimento)* movement; motion; *(sistema)* apparatus: *meccanismo processuale,* procedural machinery — *il meccanismo della conoscenza,* the process of knowledge — *meccanismi di difesa, (psicoanalisi)* defence mechanisms.

meccanizzare *vt* to mechanize.

meccanizzazione *sf* mechanization.

meccanografico *agg* data-processing *(attrib.): centro meccanografico,* data-processing centre.

mecenate *sm (nome proprio e fig.)* Maecenas; patron.

mecenatismo *sm* patronage.

meco *forma pronominale* with me.

medaglia *sf* **1** medal: *medaglia al valore militare,* medal for (military) valour — *il rovescio della medaglia, (letteralm.)* the reverse of the medal; *(fig.)* the other side of the coin. **2** *(persona decorata)* medallist.

medagliere *sm* **1** collection of medals (*o* coins). **2** *(mobile)* coin cabinet.

medaglietta *sf* **1** small medal (*o* medallion); *(di cane)* dog-tag. **2** *(di deputato)* deputy's badge.

medaglione *sm* **1** medallion. **2** *(gioiello apribile)* locket. **3** *(breve saggio biografico)* portrait; sketch; essay. **4** *(di carne, 'paté', ecc.)* médaillon *(fr.).*

medaglista *sm* **1** *(incisore)* engraver of medals; medallist. **2** *(collezionista)* collector of medals.

medaglistica *sf* medal collecting.

medesimo **I** *agg* **1** *(lo stesso, identico)* same; self-same; very same; very: *Arrivarono entrambi in quel medesimo giorno,* They both arrived on that same (on that very, on that very same) day — *Dice sempre le medesime cose,* He always says the same things — *nel medesimo tempo, (parimenti)* at the same time. **2** *(uguale)* same; *(più formale e meno comune)* like: *Pratichiamo i medesimi prezzi da anni,* We have been asking (*o* quoting) the same prices for years — *Le medesime cause producono i medesimi effetti,* Like causes produce like effects — *due vecchietti della medesima età,* two old men of the same age. **3** *(dimostrativo rafforzativo)* myself (yourself; himself; ourselves, *ecc.*): *Me lo disse lui medesimo,* He himself told me so — *Io medesimo ho gli stessi dubbi,* I myself have the same doubts — *Voi medesimi avete fatto lo stesso,* You yourselves (You too) did the same — *il re e la regina medesimi,* the king and queen themselves.

II *pron dimostrativo (di persona)* the same *(molto formale; generalm. si usa semplicemente un pronome* he, she, *ecc.); (di cosa)* the same thing; the same: *Il medesimo mi rispose in seguito con una seconda lettera,* The same *(più comune* He*)* replied to me later with a second letter — *Puoi comperare il medesimo in qualsiasi altro negozio della città,* You can buy the same thing (the same article, *o semplicemente* the same) at any other shop in town — *Per noi è il medesimo (fa lo stesso),* It's all the same to us — *essere al medesimo (alle solite),* to be up to one's tricks again.

media *sf* **1** average: *media oraria,* average per hour; hourly average — *media mensile,* the month's average — *media annua (annuale),* annual average — *media approssimativa,* rough (*o* approximate) average — *la media dei prezzi,* the average price; the middle price — *in media,* on the average; on average — *alla media di...,* at an average of... — *sopra la media,* above (the) average — *sotto la media,* below (the) average — *calcolare (ricavare) la media,* to calculate (to work out) the average — *prendere una media approssimativa,* to strike a rough average — *fare in media,* to average. **2** *(a scuola)* average mark: *Fu promosso con una buona media,* He got through with a good average mark. **3** *(matematica, ecc.)* mean: *media aritmetica, matematica,* arithmetic(al) mean — *media geometrica,* geometric(al) mean — *media proporzionale,* proportional mean — *media quadratica,* root mean square value — *media armonica,* harmonic mean — *media ponderata, (statistica)* weighted mean. **4** = **scuola media** ⇨ **medio.**

mediamente *avv* on average.

medianico *agg* mediumistic; extra(-)sensory.

medianità *sf* mediumism.

mediano *agg* median; medial; *(intermedio)* middle; medium; mean: *linea mediana, (anat.)* median line; *(nel calcio)* half-way line.

□ *sm (nel calcio)* half-back; half: *mediano di mischia, (rugby)* scrum-half — *mediano di apertura,* fly-half.

mediante *prep* **1** *(per mezzo di)* by means of; by. **2** *(con l'aiuto di)* with the help of; through.

mediatamente *avv* indirectly.

mediato *agg* indirect; intermediate.

mediatore *sm* mediator; go between; intermediary; *(sensale)* middleman *(pl.* -men*);* broker; agent: *me-*

diatore di borsa, stockbroker — *mediatore immobiliare,* estate agent.
☐ *agg* intermediary.

mediatrice *sf* mediatrix.

mediazione *sf* **1** *(l'azione)* mediation; mediating. **2** *(compenso)* brokerage; commission.

medicabile *agg* curable; treatable; able to be medicated.

medicamento *sm* medicine; medicament.

medicamentoso *agg* medicinal.

medicare *vt* to dress; to give* medical treatment; to doctor *(fam.); (trattare opportunamente)* to treat; *(lenire)* to soothe; to heal; to cure.
☐ **medicarsi** *v. rifl* to dress one's own wounds; to doctor oneself *(fam.);* to treat oneself.

medicastro *sm* quack.

medicato *agg* medicated; treated; *(di ferita)* dressed.

medicatore *agg* healing. ☐ *sm* healer.

medicazione *sf* medication; *(di ferita)* dressing: *pacchetto di medicazione, (med.)* field-dressing — *posto di medicazione, (mil.)* first-aid post.

medicina *sf* **1** *(la scienza)* medicine: *studiare medicina,* to study medicine — *facoltà di medicina,* Faculty of Medicine; Medical School — *studente di medicina,* medical student; medic *(fam.)* — *libri di medicina,* medical books — *una laurea in medicina,* a degree in medicine; a medical degree — *medicina legale,* forensic medicine; medical jurisprudence — *medicina industriale (aeronautica, spaziale),* industrial (air, space) medicine — *esercitare la medicina,* to practise medicine. **2** *(medicamento, anche fig.)* medicine; medicament; remedy; cure: *Prenda un cucchiaio di questa medicina tre volte al giorno prima dei pasti,* Take a spoonful of this medicine three times a day before meals — *La miglior medicina in questi casi è il riposo,* In such cases rest is the best medicine — *Poveretto! Credeva che il matrimonio fosse la medicina di tutti i suoi guai,* Poor devil! He thought marriage would be the remedy for all his troubles.

medicinale *agg* medicinal; healing: *una specialità medicinale,* a patent medicine.
☐ *sm* medicine; remedy; drug.

[1]**medico** *sm (in generale)* doctor; medical man *(pl.* men*); (più formale)* physician: *il medico di famiglia (di casa),* the family doctor — *il medico curante,* the doctor in attendance; the doctor in charge of a case — *medico condotto,* medical officer; municipal (*o* panel) doctor — *medico generico,* general practitioner — *medico militare,* (army) medical officer — *medico legale,* police doctor; police surgeon; medical examiner *(USA)* — *medico consulente,* consulting physician — *medico chirurgo,* surgeon — *medico di bordo,* ship's doctor — *una donna medico,* a woman doctor — *andare dal medico,* to go to the doctor's — *consultare un medico,* to see a doctor — *su consiglio del medico,* on medical (on one's doctor's) advice — *chiamare il medico,* to call the doctor — *far chiamare il medico,* to send for the doctor — *seguire i consigli del medico,* to follow the doctor's advice — *Medico, cura te stesso!,* Physician, heal thyself! ☐ *Il tempo è un gran medico, (prov.)* Time is a great healer.

[2]**medico** *agg* medical: *certificato medico,* medical certificate — *ricetta medica,* prescription — *consulto medico,* (medical) consultation — *la professione medica,* the medical profession — *ufficiale medico, (mil.)* medical officer — *sottoporsi a visita medica,* to undergo a medical examination.

medicone *sm (medicastro)* quack.

medievale *agg* medi(a)eval.

medievalismo *sm* medi(a)evalism.

medievalista *sm* medi(a)evalist.

medio *agg* **1** middle; medium; average (⇨ *anche il* **2**); middling *(talvolta spreg.* ⇨ *il* **3**); mean *(generalm. nel linguaggio scientifico): un individuo di statura media,* a man of middle (*o* average, medium) height — *un uomo di media età,* a middle-aged man — *una città di media grandezza,* a town of middling (*o* medium) size — *il ceto medio,* the middle class(es) — *il dito medio,* the middle (the second) finger — *la vena media, (anat.)* the median vein — *un verbo medio, (grammatica greca)* a middle verb — *il termine medio, (filosofia, matematica)* the middle term — *onde medie,* medium waves — *campo medio, (pittura)* middle distance; *(cinema)* medium shot — *il Medio Evo,* the Middle Ages *(pl.)* — *il Medio Oriente,* the Middle East — *il tempo medio di Greenwich,* Greenwich mean time. **2** *(che risulta da una media)* average; mean: *valore medio,* average (*o* mean) value — *prezzo medio,* average price — *produzione media,* average output — *tempo medio, (sport)* average time — *peso medio, (sport)* middle-weight — *allievi d'intelligenza media,* pupils of average intelligence. **3** *(ordinario)* average; ordinary; normal; commonplace; *(mediocre)* middling; mediocre: *un articolo di qualità media,* an article of average (*o* middling) quality.
☐ *istruzione media,* secondary education — *scuola media,* secondary school; high school; junior high school *(USA).*

mediocre *agg* mediocre; *(comune)* commonplace; *(ordinario)* ordinary; indifferent; *(inferiore alla media)* second-rate; *(scadente)* poor: *meno che mediocre,* very poor.
☐ *sm* mediocrity.

mediocremente *avv* indifferently; in a mediocre way.

mediocrità *sf* mediocrity: *l'aurea mediocrità,* the golden mean.

medioevo *sm* Middle Ages *(pl.).*

medioleggero *sm* welter-weight.

mediomassimo *sm* light-heavyweight.

meditabondo, meditativo *agg* meditative; thoughtful; pensive.

meditare *vt* **1** *(pensare su, riflettere)* to meditate (on, upon sth); to ponder (over sth); to reflect (on, upon sth); to think* (sth) over. **2** *(progettare)* to consider; to contemplate; to plan; to design; *(escogitare)* to excogitate; *(tramare)* to plot: *meditare la fuga (la vendetta),* to plan one's escape (one's revenge) — *meditare di fare una visita a Londra,* to contemplate a visit to London; to think about making a visit to London.
☐ *vi* to meditate; to reflect; to ponder; to muse; to brood; to ruminate.

meditatamente *avv* **1** *(con considerazione; avendo riflettuto)* meditatingly; reflectively; musingly. **2** *(per estensione: a bella posta)* on purpose; deliberately.

meditazione *sf* meditation; *(riflessione)* reflection; consideration.

mediterraneo *agg* mediterranean; *(per estensione)* land-locked: *il mare Mediterraneo,* the Mediterranean (Sea).

medium *sm* medium.

medusa *sf* **1** *(mitologia)* Medusa; Gorgon. **2** *(zool.)* jelly-fish; medusa.

mefistofelico *agg* **1** Mephistophelean; diabolical. **2** *(fig.)* cynical.

mefitico *agg* mephitic.

megafono *sm* megaphone; *(con amplificatore)* loud-hailer; *(USA)* bull-horn.
megalomane *sm e f.* megalomaniac.
megalomania *sf* megalomania.
megera *sf (donna brutta e collerica)* hag; harridan; shrew.
meglio I *avv* **1 - a)** better; *(di più)* more; *(più facilmente)* easier; more easily; *(più cortesemente)* more politely: *Questa mattina sta meglio,* He's better this morning — *Nuota meglio di me,* He swims better than me (*o* than I do) — *Lo pagano meglio di me,* They pay him more than me; He's better paid than I am — *Con la macchina posso sbrigare meglio le mie faccende,* I can get things done easier with the car — *Cerca di rispondere un po' meglio,* Try to answer a little more politely — *Va meglio domani per te?,* Would tomorrow suit you better? — *andare di bene in meglio,* to get better and better — *cambiare in meglio,* to change for the better; to improve — *per meglio dire,* so much the better - **b) meglio... che,** *(piuttosto di...)* better... than; rather... than: *Meglio crepare che vivere in queste condizioni,* It would be better to die than to live in these conditions — *Meglio poco che niente, (prov.)* Half a loaf is better than no bread — *Meglio tardi che mai, (prov.)* Better late than never. **2** *(in senso superlativo)* (the) best; *(tra due)* better; (the) best *(fam.)*: *Ha vinto di nuovo la squadra meglio allenata,* Once again the best-trained team won — *Faresti meglio a partire,* You'd better leave; You'd do better to leave.
II *agg (migliore)* better: *È meglio non dirgli niente,* It's better (*o* best) not to tell him anything; *(più comune)* I'd rather (*o* sooner) not tell him anything — *in mancanza di meglio,* for want of anything better — *alla meglio, alla bell'e meglio,* as best as one can; somehow (or other).
III *sm e f.* (the) best; *(la cosa migliore)* (the) best thing; *(la parte migliore)* (the) best part: *avere la meglio,* to have the best of it; to come off best — *fare del proprio meglio,* to do one's best — *Tutto va per il meglio,* Everything's going very well; Everything's turning out for the best.
mela *sf* apple: *mele cotte,* stewed apples — *una mela cotta al forno,* a baked apple — *torta di mele,* apple-tart. □ *mela cotogna,* quince — *gelatina di mele cotogne,* quince jelly — *mela selvatica,* crab-apple.
melagrana *sf* pomegranate.
melagrano *sm* pomegranate (tree).
melancolia *sf* melancholia.
melanismo *sm* melanism.
melanite *sf* melanite.
melanzana *sf* aubergine; egg-plant.
melarancia *sf* orange.
melassa *sf* molasses *(col v. al sing.)*.
melato *agg* honeyed *(anche fig.)*: *parole melate,* honeyed words.
melensaggine *sf* **1** dullness; stupidity; silliness. **2** *(atto melenso)* stupid action; stupidity.
melenso *agg* **1** dull; stupid; awkward; silly. **2** *(insulso, scipito)* insipid.
melico *agg* melic.
melissa *sf* balm.
mellifluamente *avv* mellifluously.
mellifluità *sf* mellifluence.
mellifluo *agg* mellifluous; honeyed: *parole melliflue,* honeyed words.
melma *sf* mire; mud; slime.
melmoso *agg* muddy; miry; slimy.
melo *sm* apple-tree: *melo selvatico,* crab-apple (tree).
melodia *sf* melody: *melodia popolare,* folk-song.
melodico *agg* melodic.
melodiosamente *avv* melodiously.
melodioso *agg* melodious.
melodista *sm e f.* melodist.
melodramma *sm* **1** *(opera)* opera. **2** *(un tempo, spreg.)* melodrama. **3** *(fig.)* melodrama.
melodrammaticamente *avv* melodramatically.
melodrammatico *agg* operatic; *(fig.)* melodramatic.
melograno *sm* pomegranate (tree).
melone *sm* melon: *melone d'acqua,* water melon.
membrana *sf* **1** *(anat., bot.)* membrane. **2** *(lamina sottile)* film; membrane; *(radio, mecc.)* diaphgram.
membranaceo *agg* membranaceous; *(di pergamena)* parchment *(attrib.)*: *codice membranaceo,* parchment codex.
membranoso *agg* membranous.
membratura *sf* structure; frame; framework.
membro *sm* **1** *(anat., pl.* membra*)* limb: *le membra del corpo umano,* the limbs of the human body — *le membra superiori (inferiori),* the arms (the legs) — *un uomo dalle membra vigorose,* a strong-limbed man — *riposare le stanche membra,* to rest one's weary limbs — *perdere (riacquistare) l'uso delle membra,* to lose (to regain) the use of one's limbs — *il membro virile, (anat.)* the membrum virile *(lat.)*; the penis. **2** *(fig., pl.* membra*)* member; limb; part; element; *(matematica, archit., gramm., pl.:* membri*)* feature; term; member: *le varie membra della società,* the various parts (*o* limbs) of society — *i membri di un'equazione algebrica,* the members (*più comune* the right-hand and left-hand sides) of an equation — *i membri di una proposizione,* the members (*o* parts) of a sentence — *i membri di una facciata,* the features (*o* members) of a façade. **3** *(persona, pl.* membri*)* member: *un membro del Parlamento,* a member of Parliament; *(spesso abbr.)* an M.P. — *tutti i membri del comitato,* all the members of the committee — *membro effettivo (corrispondente),* active (corresponding) member — *membro di diritto,* member as of right — *membro onorario,* honorary member — *membro a vita,* life-member — *diventare membro di un club,* to join (to become a member of) a club.
memento *sm* **1** *(religione)* commemoration; remembrance. **2** *(scherz.)* reminder.
memorabile *agg* memorable.
memorabilità *sf* memorability.
memorandum *sm (documento)* memorandum *(pl.* memoranda, memorandums*)*; *(lettera)* memo; *(libretto)* notebook.
memore *agg* mindful; *(riconoscente)* grateful: *essere memore delle gentilezze ricevute,* to be grateful for kindnesses received.
memoria *sf* **1** memory *(anche di calcolatore)*; *(talvolta: mente)* mind: *Ho buona memoria per le date,* I have a good memory for dates — *avere una memoria fedele,* to have a retentive (a reliable) memory — *non avere memoria,* to have a bad memory; to have no memory — *Se la memoria non m'inganna... (Se non mi tradisce la memoria...),* If my memory doesn't deceive me...; If I remember well (*o* right)... — *un errore di memoria,* a lapse of memory — *imparare qcsa a memoria,* to learn sth by heart; *(talvolta, più formale)* to commit sth to memory; to memorize sth — *suonare un brano a memoria,* to play a piece from memory — *cadere dalla memoria,* to slip from the mind — *cancellare qcsa dalla memoria,* to erase sth from one's memory; to efface sth from one's memory

— *cercare (frugare, rivangare) nella memoria,* to search one's memory — *fidarsi della memoria,* to trust (to rely on) one's memory — *imprimere qcsa nella memoria di qcno,* to impress sth on sb's memory — *imprimersi nella memoria,* to stick in sb's (one's) mind — *offuscare la memoria,* to cloud one's memory — *perdere la memoria,* to lose one's memory — *perdere l'uso della memoria, (smarrire l'intelligenza)* to lose one's faculties — *riacquistare la memoria,* to recover one's memory — *richiamare alla memoria,* to call to mind; to remind (sb of sth) — *rinfrescare la memoria a qcno,* to refresh sb's memory — *tenere viva la memoria di qcno,* to keep sb's memory alive (*o* green). **2** *(ricordo)* recollection; memory; remembrance; reminiscence: *Ho solo una vaga (confusa) memoria della mia fanciullezza,* I have only a faint (a dim) recollection of my childhood — *un fatto degno di memoria,* a memorable deed (*o* event) — *una medaglia alla memoria,* a posthumously awarded medal — *mio padre, di cara memoria,* my father of happy (*o* blessed, dear) memory; *(più comune)* my late father — *alla memoria di...,* to the memory of...; in memory of... — *a memoria d'uomo,* within living memory; *(da che mondo è mondo)* from time immemorial — *a nostra memoria,* in our days. **3** *(oggetto che ridesta il ricordo)* souvenir; memento; *(pegno d'amicizia)* keepsake; *(ricordo di famiglia)* heirloom. **4** *(annotazione)* note: *prendere memoria di qcsa,* to make a note of sth. **5** *(annotazione storica)* memoir; memorial; *(monografia storica)* historical record; *(al pl.: memorie biografiche)* memoirs; reminiscences. □ *un esercizio di memoria,* a mnemonic exercise (*o* drill).

memoriale *sm* memorial.

memorialista *sm e f.* memorialist.

memorizzare *vt* **1** to memorize. **2** *(computeristica)* to store.

mena *sf* intrigue; plot.

menabò *sm* dummy.

menade *sf* Maenad; Bacchante.

menadito *(nella locuzione avverbiale) a menadito,* perfectly; very well: *sapere qcsa a menadito,* to know sth inside out; to know sth like the back of one's hand; to have sth at one's finger-tips.

menagramo *sm* jinx; bearer of bad luck.

menare *vt* **1** *(condurre, in qualsiasi direzione)* to lead*; *(via da chi parla)* to take*; *(vicino a chi parla)* to bring*: *Dove mena questo sentiero?,* Where does this path lead to? — *menare le pecore al pascolo,* to lead the sheep to pasture — *menare qcno a scuola,* to take sb to school — *menare qcno a casa,* to bring sb home; *(a casa di qualcun altro)* to take sb to sb else's house — *menare a capo qcsa,* to put an end to sth — *menare a spasso qcno,* to take sb for a walk; *(prenderlo in giro)* to hoax sb; to lead sb up the garden path; to take sb for a ride — *menare qcno per il naso,* to lead sb by the nose — *Tutte le strade menano a Roma, (prov.)* All roads lead to Rome. **2** *(trascorrere)* to lead*; to live; to spend*: *menare una vita tranquilla,* to lead (to live) a peaceful life — *menare una vita da cani (di stenti),* to lead (to live) a dog's life (a miserable existence). **3** *(sferrare)* to hit*; to strike*: *menare calci,* to kick — *menare la frusta, la sferza,* to crack (to wield) the whip — *menare le mani,* to fight; to come to blows; to lay about one — *menare un colpo,* to deal (to deliver) a blow — *menare un pugno,* to land a punch.
□ *menare il can per l'aia, (fig.)* to beat about the bush — *menarla buona a qcno,* to forgive sb — *menarla per le lunghe,* to drag sth out — *menare moglie,* to marry; to take a wife — *menare vanto di qcsa,* to boast of sth — *menare il capo,* to shake one's head — *menare le gambe,* to run away — *menare la lingua,* to gossip; to chat; to tattle — *menare la lingua a danno di qcno,* to speak ill of sb; to backbite — *menare la coda,* to wag one's tail.

menda *sf* defect; flaw; error.

mendace *agg* mendacious.

mendacia *sf* mendacity.

mendicante *agg* begging; mendicant.
□ *sm* beggar.

mendicare *vt e i. (anche fig.)* to beg; to beg for: *andare a mendicare di porta in porta,* to go begging from door to door — *mendicare un favore,* to beg a favour.

mendicità *sf* beggary.

mendico *sm* beggar.
□ *agg* begging; mendicant.

menefreghismo *sm (fam.)* couldn't-care-less attitude; indifference; lack of consideration for others.

menefreghista *sm e f. (fam.)* couldn't-care-less person; person with no consideration for others; person who always looks after number one *(fam.).*

meneghino *agg e sm* Milanese.

menestrello *sm* minstrel *(anche scherz.).*

meninge *sf* meninx *(pl.* meninges*).* □ *spremersi le meningi,* to rack (to cudgel) one's brains.

meningite *sf* meningitis.

menisco *sm* meniscus *(pl.* menisci *o* meniscuses*).*

meno I *avv* **1** *(comp.)* **less; not... so (much)**; *(con gli aggettivi talvolta si preferisce il comparativo del contrario dell'aggettivo: ⇨ gli esempi) meno bello,* less beautiful; not so beautiful; uglier — *meno grande,* not so big; smaller — *meno caro, (di prezzo)* less expensive; not so expensive (*o* dear); cheaper — *Dovresti fumare meno,* You should smoke less; You should not smoke so much — *Il suo ultimo libro è molto meno interessante del primo,* His latest book is (much) less interesting (*o* is duller) than his first — *più o meno,* more or less — *né più né meno,* neither more nor less — *niente meno che...,* no less than... — *sempre meno,* less and less — *La vita diventa sempre meno facile,* Life is getting less and less easy (more and more difficult, harder and harder) — *meno che mai,* less than ever — *ancor meno,* even less — *tanto meno,* so much the less — *Ha cinque anni meno di me,* He's five years younger than I am — *Avrà non meno di sessant'anni,* He can't be less than sixty; He must be at least sixty — *Ne ha tre di meno,* She has three less — *meno che meno,* let alone — *Sarò con te in meno di un'ora,* I'll be with you in less than half an hour — *Meno si studia, meno di impara,* The less you study, the less you learn. **2** *(superl. relativo)* **(the) least**; *(fra due)* **(the) less**: *È il meno intelligente dei due candidati,* He's the less intelligent of the two candidates — *Di tutti i programmi, questo è il meno allettante,* Of all the plans, this is the least attractive — *Meno se ne parla, meglio è,* The least said, the better — *Meno di così non si poteva fare,* This (*o* It) was the least one could do. **3** *(matematica)* minus; *(riferito a temperatura)* minus; below (zero); *(di voto scolastico)* minus: *Cinque meno due fa tre,* Five minus two is (*o* makes) three — *meno dieci, (di temperatura)* minus ten (degrees); ten (degrees) below (zero). □ *venir meno* ⇨ **venire** — *fare a meno di* ⇨ **fare** — *le cinque meno dieci,* ten minutes to five — *meno che, (seguito da agg.)* not at all; not the least bit — *È meno che certo,*

It's not at all certain; It's not the least bit certain — *Meno male!*, (It's) just as well!; Thank goodness! — *Meno male che non piove!*, It's just as well (It's a good job, a good thing) it's not raining! — *il meno possibile,* as little as possible — *essere da meno di qcno,* to be inferior to sb — *Vorrei sapere se sei d'accordo o meno,* I'd like to know whether you agree or not — ... *e tanto meno io!*, ... and neither do I!; *(più forte)* ... and I least of all! — *nientemeno, niente di meno* ⇨ **nientemeno** — *per meno, a meno, (di prezzo)* for less; more cheaply — *È meno che nulla!*, It's worse than useless!

II *agg comp* less; not so much; *(con s. pl.)* fewer; not so many: *C'è meno neve quest'anno,* There's less (*o* not so much) snow this year — *Abbiamo preso meno precauzioni che non la volta scorsa,* We've taken fewer precautions than (*o* not so many precautions as) last time — *Meno storie!*, Stop fussing! — *Meno chiacchiere!*, Not so much chatter!; Less chatter! □ *Meno gente c'è, meglio è,* The fewer (The less *fam.*) the better — *a meno prezzo,* cheaper; at a lower price.

III *sm* (the) least: *È il meno che si possa fare,* It's the least one can do — *Era il meno che potesse capitare,* It was the least that could happen; It could have been worse — *parlare del più e del meno,* to talk of this or that (of one thing and another) — *dal più al meno,* about the same; more or less the same — *per lo meno,* at least — *in men che non si dica,* in the twinkling of an eye; in no time at all; before you could say Jack Robinson.

IV *prep* **1** *(eccetto, fuorché, a parte, tranne)* except (for); but (for); apart (from): *Facciamo inglese tutti i giorni meno il giovedì,* We have English every day except Thursday — *Tutti rimasero uccisi meno tre,* All but three were killed — *Sono tutti qua, meno Giovanni e Luigi,* Apart from Giovanni and Luigi they are all here. **2 a meno di, a meno che... non,** unless: *Non capirò mai questa teoria a meno di leggere tutto il libro,* I shall never understand this theory unless I read the whole book — *Non ti vedrò più, a meno che tu non venga all'aeroporto,* I shan't see you again unless you come to the airport.

menomamente *avv* not at all; not in the least; by no means; in no way; not in the slightest.

menomare *vt* **1** to lessen; to diminish: *menomare i meriti di qcno,* to diminish sb's merits. **2** *(mutilare, danneggiare)* to maim; to impair; to injure; *(rendere inabile al lavoro)* to disable: *Rimase gravemente menomato in guerra,* He was maimed in the war — *rimanere menomato in un incidente,* to be disabled in an accident.

menomato *agg* impaired; injured: *È menomato nella vista (nell'udito),* His sight (His hearing) is impaired. □ *sm* disabled person.

menomazione *sf* **1** diminution. **2** *(danno)* damage: *menomazione fisica,* impairment; disablement.

menopausa *sf* menopause; change of life *(fam.)*; (the) change *(fam.)*.

mensa *sf* **1** table; board: *la mensa del ricco (del povero),* the rich man's (poor man's) table — *i piaceri della mensa,* the pleasures of the table — *prima della mensa,* before dinner — *al levar delle mense,* at the end of (the) dinner — *alzarsi (levarsi) da mensa,* to rise from the table; to leave the table — *far mensa comune,* to eat at the same table — *imbandire (sparecchiare) la mensa,* to lay (to clear) the table — *mettersi (sedersi) a mensa,* to sit (down) at table — *rallegrare la mensa, (di vivande)* to gladden the table; *(di persone)* to keep the table amused. **2** *(mensa universitaria, ecc.)* refectory; students' restaurant; *(mil.: per ufficiali)* mess; officers' mess; *(per soldati)* cookhouse; *(di fabbrica, ecc.)* canteen; works (*o* company) canteen; company restaurant *(USA)*. **3** *(ecclesiastico: la mensa dell'altare)* the altar slab; the 'mensa' — *la Sacra Mensa,* Holy Communion; the Lord's Table — *accostarsi alla Sacra Mensa,* to receive Holy Communion. **4** *(dir. ecclesiastico)* revenue; income: *la mensa del vescovo,* the bishop's revenue.

mensile *agg* monthly.
□ *sm* **1** *(stipendio)* monthly salary. **2** *(rivista)* monthly. **3** *(abbonamento)* one-month season (ticket).

mensilità *sf* monthly payment: *tredicesima mensilità,* (Christmas) bonus; extra month's salary (*o* wages).

mensilmente *avv* monthly; once a month.

mensola *sf* **1** bracket; consol(e); shelf. **2** *(archit.)* corbel.

menta *sf* mint: *menta piperita,* peppermint — *pasticche di menta,* peppermint-drops.

[1]**mentale** *agg (della mente)* mental.

[2]**mentale** *agg (del mento)* mental.

mentalità *sf* mentality: *È una persona dalla mentalità ristretta,* He is a narrow-minded person.

mentalmente *avv* mentally.

mente *sf* **1** mind; intellect; *(memoria)* memory: *una mente sana (debole, malata),* a sound (weak, unsound) mind — *un uomo dalla mente aperta (ristretta),* an open-minded (narrow-minded) man — *un uomo di gran mente,* a great mind — *sano (malato) di mente,* of sound (unsound) mind — *vedere qcsa con l'occhio della mente,* to see sth with (*o* in) the mind's eye — *uno stato di mente,* a state of mind — — *studiare a mente fresca (riposata),* to study with a clear mind — *acuire, aguzzare la mente,* to sharpen one's wits — *avere in mente (ricordare),* to remember; to recall — *avere in mente di fare qcsa,* to have a (good) mind to do sth — *balenare alla mente di qcno,* to flash into sb's (one's) mind — *calcolare a mente,* to reckon mentally — *dire quello che si ha in mente,* to speak one's mind — *essere fuori di mente,* to be out of one's mind — *ficcarsi (mettersi) in mente di fare qcsa,* to take it into one's head to do sth — *levarsi (togliersi) qcsa di mente,* to get sth (*o* an idea) out of one's mind — *fare mente a qcno di qcsa,* to remind sb of sth — *passare (sfuggire, uscire) di mente,* to slip one's memory — *richiamare alla mente,* to call to mind; to recall; to recollect — *Dove sei con la mente?*, A penny for your thoughts! — *Mente sana in corpo sano, (prov.)* A sound mind in a sound body — *saltare in mente,* to come into one's head — *tenere in mente,* to remember; not to forget; to bear (to keep) in mind — *venire in mente a qcno,* to come into sb's mind; to occur to sb; *(di un'idea improvvisa)* to cross sb's mind. **2** *(per estensione: persona di grandi doti intellettuali)* mind; brain; intellect: *le migliori menti della nazione,* the best brains in the country.
3 *(attenzione)* mind; attention: *porre mente a qcsa,* to keep one's mind on sth; to pay attention to sth — *volgere la mente a qcsa,* to turn one's attention to sth. **4** *(intenzione)* mind; intentions *(pl.)*: *la mente del legislatore,* the legislator's intentions — *cambiare mente,* to change (to alter) one's mind.
□ *agire a mente fredda,* to act in cold blood — *considerare a mente fredda,* to consider with indifference — *a mente dell'articolo 90,* in accordance with Article 90.

mentecatto *sm* idiot; fool; imbecile.
□ *agg* imbecile; insane.

mentina *sf* peppermint-drop.

mentire *vi* to lie; to be* a liar: *Tu menti!,* You are lying!; You're a liar! — *mentire spudoratamente,* to tell barefaced lies; to lie cheekily — *mentire per la gola,* to lie in one's teeth (*o* throat).

mentito *agg* false; sham: *sotto mentite spoglie,* in disguise; incognito; *(fig.)* under false colours.

mentitore *sm* liar.

mento *sm* chin: *mento in fuori,* protruding chin — *una persona col doppio mento,* a double-chinned person. □ *l'onor del mento,* the beard.

mentolo *sm* menthol.

mentore *sm* mentor; adviser.

mentre *congiunz* **1** *(temporale)* while; whilst: *Parla sempre mentre mangia,* She always talks while she is eating. **2** *(avversativa)* while; whereas: *Tu sei grassa mentre tua sorella è molto magra,* You are fat, while (*o* whereas) your sister is very thin. **3** *(lett.: finché)* as long as: *Sta' con lei mentre puoi,* Remain with her as long as you can.
□ *nel mentre,* in the meantime; meantine; meanwhile — *in quel mentre,* at that very moment.

menu *sm* **1** *(lista)* menu; *(talvolta)* bill of fare. **2** *(insieme di vivande)* menu.

menzionabile *agg* mentionable.

menzionare *vt* to mention.

menzionato *agg* mentioned: *sopra menzionato,* above-mentioned; foregoing.

menzione *sf* mention: *degno di menzione,* worthy of mention — *fare menzione di qcsa,* to mention sth — *menzione onorevole,* honourable mention.

menzogna *sf* lie; untruth; falsehood: *una pietosa menzogna,* a white lie — *un tessuto di menzogne,* a tissue of lies.

menzognero *agg* lying; untrue; false.

meraviglia *sf* **1** wonder; wonderment; *(sorpresa, stupore)* surprise; astonishment; amazement; awe: *Mi fa meraviglia di te,* I am surprised at you — *Mi fa meraviglia che...,* I am surprised (astonished, filled with wonder) that... — *con meraviglia,* in wonder; in amazement — *con mia grande meraviglia,* to my great astonishment (*o* surprise); to my amazement — *con meraviglia di tutti,* to everybody's surprise — *pieno di meraviglia,* astonished; surprised; amazed — *sopraffatto dalla meraviglia,* wonder-struck; shocked; awe-struck — *muto per la meraviglia,* wonder-struck; struck dumb; aghast — *a meraviglia,* excellently; wonderfully; marvellously; capitally — *Quel cappellino ti sta a meraviglia,* That hat suits you marvellously (suits you to a t) — *andare (procedere) a meraviglia,* to get on (*o* along) excellently (*o* marvellously, fine) — *destare gran meraviglia,* to cause great astonishment — *fare le meraviglie,* to express one's surprise (one's astonishment) — *sentire (apprendere) qcsa con meraviglia,* to be surprised to hear (to learn) sth. **2** *(cosa meravigliosa)* wonder; marvel: *Che meraviglia!,* How marvellous!; How wonderful! — *È una meraviglia!,* It's a wonder!; It's wonderful!; That's marvellous! (fantastic!) — *una meraviglia di ragazza,* a marvellous (a fantastic) girl — *le sette meraviglie del mondo,* the Seven Wonders of the World — *l'ottava meraviglia del mondo,* the Eighth Wonder of the World — *il 'Paese delle Meraviglie',* Wonderland — *dire meraviglie di qcno,* to praise sb to the skies — *far meraviglie,* to work (to do, to perform) wonders (*o* miracles).

meravigliare *vt* to surprise; to astonish; to amaze: *rimanere meravigliato,* to be surprised.
□ **meravigliarsi** *v. rifl* to marvel (at sth); to be* amazed (astonished, surprised) (at sth): *Non c'è da meravigliarsi,* There's nothing to be surprised at — *Mi meraviglio molto che non l'abbia invitato,* I am astonished she didn't invite him — *Non me ne meraviglio,* I don't wonder at it — *Mi meraviglio di lui!,* I am surprised at him!

meravigliosamente *avv* wonderfully; marvellously.

meraviglioso *agg* wonderful; marvellous.

mercante *sm* merchant; trader; dealer: *mercante di bestiame,* cattle dealer — *mercante di schiavi,* slave merchant. □ *fare orecchie da mercante,* to turn a deaf ear (to sth); to pretend not to hear.

mercanteggiabile *agg* negotiable; saleable.

mercanteggiamento *sm* haggling; bargaining.

mercanteggiare *vi* **1** to trade; to deal*: *mercanteggiare in vini,* to deal in wine. **2** *(sul prezzo)* to bargain; to haggle.
□ *vt* to sell*; to prostitute; to traffic (in sth): *mercanteggiare l'onore,* to sell one's honour.

mercantile *agg* mercantile; merchant *(attrib.).*
□ *sm* merchant ship; merchantman *(stor., pl.* -men*).*

mercantilismo *sm* mercantilism.

mercanzia *sf* **1** *(merce)* merchandise; goods *(pl.);* wares *(pl.);* commodities *(pl.): mercanzia fine,* first-rate goods — *saper vendere la propria mercanzia,* to show off one's good points — *Ogni mercante loda la sua mercanzia, (prov.)* No one cries stinking fish. **2** *(spreg.)* rubbish: *Non mi piace quella mercanzia!,* I don't like that rubbish!

mercato *sm* **1** *(il luogo)* market; *(piazza del mercato)* market-place (*o* -square): *Sto andando al mercato,* I am going to market — *mercato rionale (all'aperto, coperto),* local (open-air, covered) market — *mercato del pesce (del bestiame),* fish (cattle) market — *città sede di mercato,* market-town — *giorno di mercato,* market-day. **2** *(econ., finanza)* market: *il Mercato Comune Europeo,* the European Common Market — *comperare qcsa al mercato nero,* to buy sth on the black market — *un mercato sostenuto (fiorente, debole, in ristagno),* a brisk (booming, dull, slack) market — *mercato al rialzo,* bullish market — *mercato al ribasso,* buyer's (*o* bearish) market — *mercato aperto,* open market — *il mercato interno (domestico, nazionale),* the home market — *mercato azionario (dei titoli),* stock-market — *mercato del denaro (dei capitali, delle valute, del lavoro),* money (capital, foreign exchange, labour) market — *controllo (dominio) del mercato,* market control — *un'economia di mercato,* a free economy — *fluttuazioni del mercato,* fluctuations of the market; market fluctuations — *prezzo di mercato,* market price — *valore di mercato,* market value — *ricerche di mercato,* market- (*o* marketing-) research — *conquistare un mercato,* to conquer a market — *essere sul mercato,* to be on the market — *rovinare il mercato,* to spoil the market — *sovraccaricare il mercato,* to flood the market. **3** *(trattazione, affare)* deal; bargain: *turpe mercato,* a dirty deal — *far buon (cattivo) mercato,* to make a good (bad) bargain — *fare mercato di qcsa con qcno,* to bargain with sb for sth — *far mercato del proprio onore,* to prostitute oneself.
4 a buon mercato, *(avv.)* cheaply; *(agg.)* cheap; inexpensive: *un articolo a buon mercato,* a cheap (an inexpensive, a low-priced) article — *comperare qcsa a buon mercato (a miglior mercato),* to buy sth cheap (cheaper) — *cavarsela a buon mercato,* to get off lightly.
□ *(per) sopra mercato,* besides; into the bargain — *Cos'è questo mercato?,* What's all this noise? — *C'era*

un mercato del diavolo, There was an awful din (a hell of a racket).

merce *sf* goods *(pl.)*; commodities *(pl.)*; wares *(pl.)*; merchandise: *Questa merce è molto richiesta,* These goods are in great demand — *La qualità della merce inviataci non è conforme al campione,* The quality of the goods sent to us is not up to the pattern (to the sample) — *merce d'esportazione,* export goods (*o* wares) — *merce in deposito (in magazzino),* stock; goods in store; *(subito disponibile)* goods on hand — *merce esente da dogana,* duty-free goods — *scalo merci,* goods depot — *treno merci,* goods train; freight train *(USA)* — *vagone merci,* goods wagon; freight car *(USA)* — *la Borsa delle Merci,* the Commodities Exchange — *distinta delle merci, (aereo)* freight-manifest; *(mare)* bill of lading; *(ferrovia)* way-bill.

mercè *sf* mercy: *essere alla mercè di qcno,* to be at sb's mercy — *implorare (gridare) mercè,* to cry for mercy — *mercè mia (tua, ecc.),* thanks to me (to you, *ecc.*).

mercede *sf* **1** *(paga)* pay. **2** *(ricompensa)* reward.

mercenario *agg* mercenary: *soldato mercenario,* mercenary soldier — *scrittore mercenario,* hired writer; hack.

□ *sm (mil.)* mercenary.

merceologia *sf* study of marketable goods; study of commodities.

merceologico *agg* market *(attrib.)*; marketing *(attrib.)*.

merceria *sf* **1** *(negozio)* haberdasher's. **2** *(articoli di merceria)* haberdashery.

merciaio *sm* haberdasher.

mercimonio *sm* illicit trade.

mercoledì *sm* Wednesday: *Verrò mercoledì,* I am coming on Wednesday — *Al mercoledì vado sempre a teatro,* I always go to the theatre on Wednesdays; I go to the theatre every Wednesday — *mercoledì delle Ceneri,* Ash Wednesday.

mercurio *sm* mercury; quicksilver.

merda *sf (volg.)* shit; crap *(spec. fig.)*.

merdaio *sm (volg.)* shit-heap.

merdoso *agg (volg.)* shitty; crappy.

merenda *sf* snack; light refreshment: *fare merenda,* to have a snack. □ *C'entra come i cavoli a merenda,* That's beside the point; And what's that got to do with it?

meretrice *sf* whore; harlot.

meretricio *sm* prostitution.

meridiana *sf* sun-dial.

meridiano *agg* midday *(attrib.)*; noon *(attrib.)*: *il sole meridiano,* the midday sun.

□ *sm* meridian.

meridionale *agg* southern; south; meridional: *l'Italia meridionale,* Southern Italy; the South of Italy — *America meridionale,* South America.

□ *sm* southerner; *(spec.)* Southern Italian.

meridionalismo *sm* Southern Italian word (expression, saying, *ecc.*).

meridione *sm* **1** South. **2** *(l'Italia meridionale)* Southern Italy; (the) South of Italy.

meriggiare *vi (ant.)* to have* a siesta; to take* a midday rest.

meriggio *sm (ant.)* noon; midday: *di (sul) meriggio,* at noon.

meringa *sf* meringue.

meritare *vt* **1** to deserve; to merit: *Merita la nostra riconoscenza,* He deserves our gratitude — *Ti meriti un bel ceffone,* You deserve to be slapped — *Te lo meriti!,* You deserve it!; *(iron.)* It serves you right! — *Meritano di più,* They deserve more; They ought to get more — *meritare lode,* to deserve praise — *meritare biasimo,* to deserve blame; to deserve to be blamed. **2** *(procurare, guadagnare)* to earn; to procure: *Il suo ultimo libro gli meritò molta fama,* His last book earned him a great reputation — *Si meritò un bel posto,* He got (He earned himself) a very good position. **3** *(richiedere)* to require; to need: *È una questione che merita la nostra più attenta considerazione,* It is a problem that requires our closest attention. **4** *(valere la pena)* to be* worth: *Oggi non merita andare perché piove,* It's not worth going today because it's raining — *un libro che merita leggere,* a book worth reading — *per quel che merita...,* for what it's worth...

□ *vi* **1** *(aver valore)* to be* worth very much; to be* of great value; to be* very good: *È un libro che merita,* It is a book worth reading (a very worthwhile book). **2** *(rendersi benemerito)* to deserve: *Ha ben meritato della patria,* He has deserved well of his country.

meritevole *agg* deserving; worthy: *Il tuo contegno è meritevole di lode,* Your behaviour is worthy of praise (is praiseworthy) — *essere meritevole di biasimo (di fiducia),* to be blameworthy (trustworthy).

merito *sm* **1** merit; *(valore)* worth; value: *Non c'è merito a fare ciò che fai tu,* There is no merit in doing what you're doing — *un uomo di grande merito,* a man of great merit (*o* value, worth) — *un'opera di poco merito,* a work of little merit (*o* value, worth); a worthless piece of work — *senza merito,* without merit — *secondo i suoi meriti,* according to his (her) merits (*o* deserts) — *promozione per merito,* promotion by merit — *onore al merito,* award for merit — *punti di merito,* good marks; *(talvolta)* merit marks — *per merito di qcsa,* by means of sth (through sth) — *per merito mio (tuo, ecc.),* thanks to me (to you, *ecc.*) — *avere qualche merito,* to be of some merit — *non avere né merito né colpa,* to deserve neither praise nor blame — *entrare nel merito di qcsa,* to enter (to go) into the merits *(pl.)* of sth — *fare (rendere) merito a qcno di qcsa,* to give credit to sb for sth — *rendere merito (onore) al merito,* to praise what is worth praising; *(premiare)* to reward — *rendere merito a qcno per qcsa,* to give credit to sb for sth; *(premiare)* to reward sb for sth — *tornare a merito di qcno,* to be to sb's credit — *Fu merito suo se riuscimmo a finire in tempo,* It was due to him that we managed to finish in time. **2** *(ricompensa)* reward; merit: *Il ben fare non porta merito, (prov.)* Virtue is its own reward — *Dio ve ne renda merito.,* God reward you! **3** *(dir.)* merits *(pl.)*: *il merito di una causa,* the merits of a case. □ **in merito a,** about; as to; as far as; as regards; with regard to; regarding; with respect to — *dare istruzioni in merito,* to give instructions about it (about the matter) — *parlare in merito a qcsa,* to speak (to talk) about sth.

meritorio *agg* meritorious; worthy; deserving.

merlato *agg* **1** *(archit.)* embattled; battlemented; crenellated. **2** *(araldica)* embattled; battled.

merlatura *sf (archit.)* battlements *(pl.)*.

merlettaia *sf* lace-woman *(pl.* -women*)*.

merletto *sm* lace *(solo al sing.)*: *ornato di merletti,* trimmed with lace.

merlo *sm* **1** *(zool.)* blackbird: *merlo acquaiolo,* dipper. **2** *(fig.: sciocco)* fool; simpleton: *Che merlo!,* What a fool! **3** *(archit.)* merlon.

merluzzo *sm* cod: *olio di fegato di merluzzo,* cod-liver oil.

mero *agg* mere; pure; sheer: *per mero caso,* by mere

(by pure) chance — *È una mera fantasia!,* That's pure imagination! — *per mera curiosità,* out of sheer curiosity.

mesata *sf (paga mensile)* monthly wages *(pl.);* month's pay.

mescere *vt* **1** *(versare)* to pour (out). **2** *(mescolare)* to mix.

meschinamente *avv* meanly.

meschineria, meschinità *sf* meanness; stinginess.

meschino *agg* poor; miserable; wretched; *(gretto)* mean; petty: *Me meschino!,* Poor me! — *una vita meschina,* a miserable life — *sentimenti meschini,* petty feelings — *scuse meschine,* lame excuses — *È meschino con tutti,* He is mean to everybody — *fare una figura meschina,* to cut a poor figure.

☐ *sm* poor (*o* wretched) person; *(persona gretta)* stingy (*o* mean) person.

mescita *sf* **1** *(il mescere)* pouring. **2** *(bottega)* wine-shop.

mescitore *sm* barman *(pl.* -men*).*

mescolamento *sm* mixing; mingling.

mescolanza *sf* **1** *(il mescolare)* mixing; blending; mingling. **2** *(miscuglio)* mixture; blend: *fare una mescolanza,* to make a mixture. **3** *(fig.: promiscuità)* (heterogeneous) mixture.

mescolare *vt* **1** to mix *(anche fig.);* to blend *(spec. tè, tabacco, alcoolici).* **2** *(le carte)* to shuffle.

☐ **mescolarsi** *v. rifl* **1** to mix *(anche fig.);* to get* mixed; to mingle; to blend; *(spec. di tè, tabacco, alcoolici): Questi due liquidi si mescolano bene,* These two liquids mix well — *Non mescolarti con quei politicanti,* Don't get mixed up with those politicians. **2** *(immischiarsi)* to meddle (in, with sth); to interfere (with sth).

mescolata *sf* mixing; *(delle carte da gioco)* shuffling; shuffle.

mescolatore *sm* mixer.

mescolio *sm* mixing; mingling.

mese *sm* **1** month: *il corrente mese,* this month — *il mese scorso (prossimo),* last (next) month — *ai primi (agli ultimi) del mese,* early (late) in the month; at the beginning (at the end) of the month — *per la fine mese,* by the end of the month — *per mesi e mesi,* for months and months — *Mia moglie è al sesto mese (di gravidanza),* My wife is in her sixth month. **2** *(stipendio)* month's salary (*o* pay). **3** *(canone d'affitto)* month's rent.

mesocarpo *sm* mesocarp.

mesone *sm* meson.

mesozoico *sm e agg* Mesozoic.

[1]**messa** *sf* Mass; *(nella Chiesa Anglicana)* Communion; Holy Communion: *andare alla messa,* to go to Mass — *ascoltare la messa,* to hear Mass — *dire la messa,* to say Mass — *servire la messa,* to serve (at) Mass — *messa solenne (cantata),* High (Sung) Mass — *messa da morto,* Requiem (Mass) *(anche mus.)* — *libro da messa,* missal.

[2]**messa** *sf* **1** *(l'azione del mettere)* putting; setting; placing: *messa a punto, (mecc.)* tuning-up; setting-up; make-ready; *(di registrazione)* line up; *(delineazione di punti controversi)* definition of the points at issue — *messa in moto, (di motorino d'avviamento)* starter; *(avviamento)* starting — *messa a fuoco, (ottica, fotografia)* focusing — *messa a terra (massa),* earthing *(GB);* grounding *(USA)* — *messa in opera, (di un impianto)* installation — *messa in piega, (di capelli)* set; wave — *messa in orbita,* putting into orbit — *messa in scena* ⇨ **messinscena**. **2** *(germoglio)* sprout; bud. **3** *(raro: posta al gioco)* stake.

messaggeria *sf* parcels office; forwarding agency; mail-service.

messaggero *sm* messenger; harbinger *(lett.).*

messaggio *sm* message.

messale *sm* missal.

messe *sf* **1** *(mietitura)* reaping; harvest. **2** *(raccolta)* crop; *(fig.)* harvest; crop. **3** *(biade)* corn; wheat: *le bionde messi,* the golden corn *(sing.).*

Messia *sm* Messiah.

messianico *agg* Messianic.

messianismo *sm* Messianism.

messicano *agg e sm* Mexican.

messinscena *sf* **1** *(teatro)* mise-en-scène *(fr.);* staging. **2** *(fig.)* play-acting; act; pretence: *È tutta una messinscena, non crederle, (fig.)* Don't believe her, it's just an act (*o* she's just putting it on).

[1]**messo** *agg (nelle espressioni) ben messo (ben vestito),* well dressed; *(robusto)* sturdy; stout; strong — *mal messo (mal vestito),* poorly dressed; *(di salute)* weak; ill; in a poor way; *(di condizioni finanziarie)* badly-off.

[2]**messo** *sm* messenger: *messo del cielo (di Dio),* angel — *messo pontificio,* legate.

mestamente *avv* sadly.

mestare *vt* to stir; to mix.

☐ *vi (fig.)* to intrigue; to meddle.

mestica *sf* priming.

mesticare *vt* to prime; to mix; to prepare (colours, paints).

mestierante *sm (spreg.)* money-grubber; profit-seeker.

mestiere *sm* **1** trade; craft; *(talvolta: lavoro)* job; *(professione)* profession; occupation: *Di mestiere fa il sarto,* He is a tailor by trade (by profession) — *Che mestiere fate?,* What are you?; What do you do?; What is your trade (*o* job)? — *il mestiere del medico, (in generale)* the medical profession; *(più specificamente)* a doctor's job — *il mestiere delle armi,* the profession of arms — *il mestiere del ladro (del parassita, del vagabondo),* the thief's (the parasite's, the vagrant's) life — *arti e mestieri,* arts and crafts — *gli incerti del mestiere, (anche fig.)* the ups and downs of one's (of the) trade; the hazards of one's trade (of the profession) — *i ferri del mestiere,* the tools of one's (*o* the) trade — *campare del proprio mestiere,* to live by (*o* on) one's trade — *esercitare (fare) il mestiere di sarto,* to carry on the trade of tailor; to be a tailor by trade — *esercitare molti mestieri,* to work at many trades; to turn one's hand to a number of jobs — *essere del mestiere,* to be in the same business (in the same line of business); *(fig.)* to know the tricks of the trade; to be an expert — *fare tutti i mestieri,* to turn one's hand to any trade; to be a Jack of all trades — *imparare il proprio mestiere,* to learn one's trade (one's job); *(fig.)* to become an expert — *imparare il mestiere di...,* to learn the craft of... — *sapere il proprio mestiere, (anche fig.)* to know one's trade (one's job) — *Chi vuol far l'altrui mestiere fa la zuppa nel paniere, (prov.)* Everyone to his trade. **2** *(abilità, perizia)* skill; experience; craft: *Ci vuole molto mestiere a fare una cosa simile,* You need a lot of skill to do a thing like that — *avere molto mestiere,* to be an old hand; to be very experienced (*o* skilled). **3** *(spreg.: per professione lucrosa)* business: *Della medicina ha fatto un mestiere,* He has made a business out of medicine; He has turned medicine into a business.

mestizia *sf* melancholy; sadness.

mesto *agg* sad; melancholy; dismal; disconsolate *(solo di persona).*
mestola *sf* **1** ladle. **2** *(cazzuola)* trowel.
mestolata *sf* ladleful.
mestolo *sm* ladle. □ *avere il mestolo in mano, (fig.)* to have the whip-hand; to rule the roost.
mestruale *agg* menstrual.
mestruare *vi* to menstruate.
mestruazione *sf* menstruation.
mestruo *sm* **1** *(chim.)* menstruum *(pl.* menstrua*)*; solvent. **2** *(anat.)* menstrual fluid; menses *(pl.).*
[1]**meta** *sf* **1** *(destinazione)* destination; *(scopo)* purpose; aim; goal: *La nostra meta era Londra,* Our destination was London — *una vita senza meta,* an aimless life — *vagare senza meta,* to wander about aimlessly — *raggiungere la meta,* to reach one's goal. **2** *(storia romana)* meta. **3** *(rugby)* try.
[2]**meta** *sm (chim.)* metaldehyde.
[3]**metà** *sf* **1** half *(pl.* halves*)*: *La metà di dieci è cinque,* Five is half of ten — *la metà di una pera,* half a pear — *Il suo giardino è solo la metà del mio,* His garden is only half as big as mine — *una buona metà,* a good half; rather more than half — *fare metà di qcsa con qcno,* to go half (*o* fifty-fifty) with sb in sth — *Facciamo metà e metà,* Let's take half each; Let's go halves (*o* fifty-fifty) — *metà seta, metà nylon,* half silk and half nylon — *a metà, (avv.)* half; by half — *cotto a metà,* half-cooked — *dire le cose a metà,* to leave certain things unsaid — *fatto a metà,* half-finished; half-done — *fare le cose a metà,* to do things by halves — *lasciare le cose a metà,* to leave things only half done (half finished); to give up halfway — *tagliare qcsa a metà,* to cut sth in half — *vuotare la bottiglia a metà,* to half-empty the bottle — *vendere qcsa a metà prezzo,* to sell sth at half price — *Siamo a metà strada,* We're half way *(anche fig.)* — *a metà pagina,* half-way down the page — *a metà settimana,* by mid-week — *Chi bene incomincia è a metà dell'opera, (prov.)* Well begun is half done. **2** *(parte mediana)* middle: *a metà settimana,* by mid-week — *Siamo già a metà luglio,* We're in the middle of July already; We're half-way through July already — *Il pagamento verrà effettuato a metà del mese,* Payment will be made in the middle of the month — *spaccare qcsa per metà,* to cut sth down the middle. **3** *(scherz.: moglie)* better (*o* other) half: *la mia dolce metà,* my better half.
metabolico *agg* metabolic.
metabolismo *sm* metabolism.
metacarpo *sm* metacarpus.
metadinamo *sf* metadyne.
metafisica *sf* metaphysics *(col v. al sing.).*
metafisico *agg* **1** metaphysical. **2** *(spreg.)* abstruse. □ *sm* metaphysician.
metafora *sf* metaphor: *parlare per metafora,* to speak metaphorically; to speak in an allusive (*o* indirect) manner — *fuor di metafora,* in plain terms.
metaforeggiare *vi* to speak* metaphorically.
metaforicamente *avv* metaphorically.
metaforico *agg* metaphorical.
metallico *agg* **1** *(di metallo)* metal; *(talvolta)* metallic. **2** *(con aspetto caratteristico di metallo)* metallic: *un suono metallico,* a metallic sound.
metallifero *agg* metalliferous.
metallizzare *vt* to metallize: *metallizzato, (agg.: di vernice di carrozzeria)* metallic.
metallizzazione *sf* metallization.
metallo *sm* metal: *una tettoia di metallo,* a metal roof — *una scatola di metallo,* a tin *(GB)*; a can *(USA).*
metallografia *sf* metallography.
metallografico *agg* metallographic.
metalloide *sm* metalloid.
metallurgia *sf* metallurgy.
metallurgico *agg* metallurgic(al).
metalmeccanico *agg (nell'espressione) l'industria metalmeccanica,* metal and mechanical industry. □ *(come sm) i metalmeccanici,* workers in the metal and mechanical industries; metal and mechanical workers.
metamorfico *agg* metamorphic.
metamorfismo *sm* metamorphism.
metamorfosi *sf* metamorphosis.
metanifero *agg* methane-producing.
metanizzazione *sf* methanization.
metano *sm* methane; natural gas; marsh gas.
metanodotto *sm* methane pipe-line.
metanolo *sm* methanol.
metapsichica *sf* metapsychics *(con il v. al sing.).*
metapsichico *agg* metapsychic(al).
metastasi *sf* metastasis *(pl.* metastases*).*
metatarsico *agg* metatarsal.
meteora *sf* meteor. □ *La sua fama passò come una meteora,* His popularity was a nine days' wonder.
meteorico *agg* meteoric.
meteorismo *sm* meteorism; *(veterinaria)* bloat.
meteorite *sm* meteorite.
meteorologia *sf* meteorology.
meteorologico *agg* meteorologic(al) *(spesso abbr. in* met*)*; weather *(attrib.)*: *l'Ufficio Meteorologico dell'Aeronautica,* the Met Office — *bollettino meteorologico,* weather report — *previsioni meteorologiche,* weather forecast *(sing.).*
meteorologo *sm* meteorologist.
meticcio *sm* **1** half-breed; half-caste; mestizo; *(nel Canada)* metis. **2** *(bot.)* hybrid; cross; crossbreed.
meticolosamente *avv* meticulously.
meticolosità *sf* meticulousness; *(scrupolosità)* scrupulousness.
meticoloso *agg* meticulous; pernickety; fussy: *Non essere così meticoloso!,* Don't be so pernickety!
metile *sm* methyl.
metilene *sm* methylene.
metilico *agg* methylic; methyl *(attrib.)*: *alcool metilico,* methyl alcohol.
metodica *sf* methodology; *(per estensione)* method.
metodicamente *avv* methodically.
metodico *agg* methodic(al).
metodismo *sm* Methodism.
metodista *sm e f.* Methodist.
metodo *sm* method: *non avere metodo,* to be unmethodical — *mancanza di metodo,* lack of method.
metodologia *sf* methodology; *(per estensione)* method.
metodologico *agg* methodological.
metopa *sf* metope.
metraggio *sm* **1** length (in metres). **2** *(cine)* footage. □ *corto metraggio,* short (film); second feature — *lungo metraggio,* feature; full-length film.
metratura *sf* length (in metres); footage.
metrica *sf* prosody; metrics *(col v. al sing.).*
metrico *agg* **1** metric: *il sistema metrico decimale,* the metric system. **2** *(riferito alla poesia)* metrical: *poesia metrica,* metrical poetry.
metro *sm* **1** metre, *(USA)* meter: *metro quadrato (cubo),* square (cubic) metre. **2** *(verga per misurare)*

rule; ruler; *(nastro)* tape measure. **3** *(criterio di giudizio)* standard; yardstick: *Non si può giudicarli con lo stesso metro,* You can't judge them by the same standard. **4** *(poesia)* metre, *(USA)* meter.

metronomo *sm* metronome.

metronotte *sm* night-watchman *(pl.* -men*).*

metropoli *sf* metropolis.

metropolita *sm* metropolitan.

metropolitana *sf* underground (railway); metro *(spec. se all'estero);* tube *(GB);* subway *(USA).*

metropolitano *agg* metropolitan.

□ *sm (vigile urbano)* policeman *(pl.* -men*).*

mettere *vt* **1** to put*; to set*; to place; to lay* *(generalm. orizzontalmente);* to stand* *(generalm. verticalmente); (aggiungere)* to add: *Metti questi libri sul tavolo,* Put these books on the table — *Hai messo lo zucchero nel mio tè?,* Did you put any sugar in my tea? — *mettere la firma a un documento,* to put one's signature to (to sign) a document — *mettere fine a qcsa,* to put an end to sth — *mettere qcsa al caldo,* to put sth in a warm place — *mettere qcno a suo agio,* to put sb at his ease — *mettere qcsa ai voti,* to put sth to the vote — *mettere qcno a dieta,* to put sb on a diet — *Metto la macchina a Sua disposizione,* I'm putting my car at your disposal — *mettere qcsa all'asta (in vendita),* to put sth up for auction (for sale) — *mettere una città a ferro e fuoco,* to put a town to fire and sword — *mettere qcsa al sicuro,* to put sth in a safe place — *mettere un libro all'Indice,* to put a book on the Index — *mettere a morte qcno,* to put sb to death — *mettere a posto qcsa,* to put sth in its proper place — *mettere le cose a posto, (fig.)* to put (to set) things right — *mettere qcno alla prova,* to put sb to the test — *mettere qcsa alla prova,* to test sth — *mettere (mettersi) le mani in tasca,* to put one's hand in (into) one's pockets — *mettere qcno in prigione (dentro),* to put sb in prison (inside) — *mettere qcno in manicomio,* to put sb away — *mettere qcsa in serbo (da parte),* to set sth aside; to save sth — *mettere in atto qcsa,* to put sth into action — *mettere in scena qcsa,* to put sth on; to stage sth — *mettere qcsa in commercio (in vendita),* to put sth on the market (on sale) — *mettere in vendita una proprietà,* to put a property up for sale — *mettere qcno in fuga,* to put sb to flight — *mettere qcsa in funzione,* to put sth into service — *mettere qcno in guardia,* to put sb on his guard — *mettere qcsa in pratica,* to put sth into practice — *mettere qcno in libertà,* to set sb free — *mettere piede in un posto,* to set foot in a place — *mettere il cuore in pace,* to set one's heart at rest — *mettere qcsa sul conto di qcno,* to put sth on sb's account — *mettere qcsa per iscritto,* to put sth in writing — *mettere la tovaglia sul tavolo,* to lay the cloth — *mettere le mani su qcsa,* to lay one's hands on sth — *Gli misi la mano sulla spalla,* I laid my hand on his shoulder — *mettere le mani addosso a qcno,* to lay hands on sb — *mettere gli occhi addosso a qcno,* to set eyes on sb — *Io ci metterei un po' di whisky,* I would add a little whisky.

2 metterci *(riferito al tempo: prendere)* to take*; *(di persona: dedicare)* to devote: *Quanto ci hai messo a venire da Milano con il treno?,* How long did you take to come from Milan by train? — *Quanto tempo ci hai messo a scrivere quella lettera!,* What a long time it's taken you to write that letter! — *Quanto ci si mette?,* How long does it take? — *Non ci metterò troppo tempo,* I won't be long — *Devi metterci un po' di buona volontà,* You need to put a bit of good will into it — *Devi mettercela tutta se vuoi riuscire,* You must do your very best (You must really put your heart *o* your back into it) if you want to succeed.

3 *(mettere fuori, mostrare)* to put* forth: *mettere le foglie,* to put forth leaves — *mettere un dente,* to teethe; to cut a tooth — *Il bambino sta mettendo i denti,* The baby is teething — *Sta mettendo la barba,* He's growing a beard — *mettere radici,* to take (to strike) root — *mettere cervello,* to learn sense; to become more sensible — *mettere giudizio,* to become prudent.

4 *(ammettere, supporre)* to suppose; to assume; to grant: *Mettiamo che non sia vero,* Let's suppose it is not true — *Metti che sia come tu pensi,* Assuming (Granting) it's the way you think it is.

5 *(indossare)* to put* on; *(portare)* to wear*; *(infilare)* to slip on: *Che cappello ti metti?,* Which hat are you going to put on? — *Le piace mettere abiti eleganti,* She likes wearing stylish dresses.

6 *(installare, impiantare)* to instal; to lay* on *(più fam.): mettere la luce elettrica,* to lay the electricity on — *mettere il gas,* to lay the gas on — *mettere il telefono,* to put the phone on (*o* in).

7 *(causare, dare)* to give* rise to; to cause; to give*: *mettere la febbre,* to cause fever — *Il tuo racconto mi mette addosso i brividi,* Your story gives me the creeps (*o* makes me shudder) — *Questo tempaccio mi mette addosso una malinconia!,* This awful weather makes me so depressed! — *Il vino mette forza,* Wine gives strength — *mettere fiducia,* to inspire trust — *mettere male tra due persone,* to cause bad feeling between two people.

8 *(fam.: far pagare)* to charge (for sth): *Quanto mette queste ciliege?,* How much do you charge (are you asking) for these cherries?

9 *(ridurre, rendere)* to turn; to set*; to put*; to translate: *mettere qcsa in musica,* to set sth to music — *mettere qcsa in italiano,* to translate sth into Italian.

10 *(paragonare)* to compare: *Non vorrai mettere la tua città con la mia!,* You can't compare your town with mine! — *Il clima qui è molto più mite, vuoi mettere?,* The climate here is much milder, there's no comparison.

□ *mettere a confronto,* to compare; to confront — *mettere a frutto,* to invest; to put out — *mettere a fuoco qcsa, (ottica)* to focus sth — *mettere al bando, (qcsa)* to ban sth; *(qcno)* to banish sb — *mettere a posto qcno,* to put sb in his place — *Lo metterò a posto io!,* I'll fix him! — *mettere al corrente qcno di qcsa,* to acquaint sb with sth — *mettere qcno alla gogna,* to pillory sb — *mettere qcno alla porta,* to show sb the door — *mettere a profitto qcsa,* to turn sth to account — *mettere a profitto un consiglio,* to profit by advice — *mettere a soqquadro,* to turn topsy-turvy — *mettere la testa a partito,* to settle down — *mettere a nudo,* to strip; to denude — *mettere a nuovo,* to renew — *mettere a tacere qcsa,* to hush sth up — *mettere a tacere qcno,* to shut sb up — *metter qcsa in cantiere,* to begin work on sth — *mettere in piazza qcsa,* to broadcast sth; to spread sth — *mettere in chiaro qcsa,* to make sth clear — *mettere in forse (in dubbio) qcsa,* to doubt (to cast doubt) on sth — *Non lo metto in dubbio,* I have no doubt about it — *mettere in fila,* to line up — *mettere qcno in grado di fare qcsa,* to enable sb to do sth — *mettere in rilievo (in luce) qcsa,* to lay stress on sth — *mettere in marcia (in moto) qcsa,* to start sth; to set sth in motion — *mettere in macchina, (tipografia)* to print; to impose — *mettere in onda,* to broadcast — *mettere in opera,* to start up — *mettere in pericolo,* to endanger — *mettere in salvo,* to save — *mettere in guardia,* to warn — *mettere in linea, (al telefono)* to connect — *mettere in comunicazione, (al telefono)* to put through — *mettere in mostra,* to display — *mettere nel sacco qcno,* to fool sb; to cheat sb — *mettere le ali ai piedi,* to lend (sb) wings — *mettere qcno con le spalle al muro (alle strette),* to get sb with his back to the wall — *mettere cura a fare qcsa,* to take care in doing sth — *mettere qcno fuori combattimento, (box)* to knock sb out — *mettere le mani su qcsa,* to take possession of sth — *mettere la mano sul fuoco per qcno,* to speak for sb — *mettere il naso in qcsa,* to stick one's nose into sth — *mettere piede,* to set foot — *mettere i puntini sulle i,* to dot one's i's (and cross one's t's) — *mettere tristezza,* to sadden — *mettere paura,* to frighten — *mettere zizzania,* to sow discord — *mettere troppa carne al fuoco,* to have too many irons in the fire — *non mettere tempo in mezzo,* to waste no time — *mettere sotto,* to put underneath; *(fig.: sopraffare)* to get the upper hand; to overcome — *mettere sotto i piedi qcno,* to trample on sb — *mettere qcno sotto processo, (fig.)* to scrutinize sb — *mettere sotto qcno, (far sgobbare)* to set sb to work — *mettere su casa,* to set up house — *mettere su un negozio,* to open a shop — *mettere su (giù) la pasta,* to put the spaghetti on — *mettere su qcno contro qcno altro,* to set sb against sb else — *E ora, come la mettiamo?,* And now, what are we going to do about it? — *mettere la pulce nell'orecchio a qcno, (prov.)* to sow doubts in sb's mind — *mettere il carro davanti ai buoi, (prov.)* to put the cart before the horse.

☐ **mettersi** *v. rifl* **1** to put* oneself; to place oneself; to set* oneself; to get* in (to): *mettersi nei guai,* to get into trouble — *mettersi a proprio agio,* to make oneself at home — *mettersi a sedere,* to sit down — *mettersi in piedi,* to stand up — *mettersi a letto,* to go to bed; *(ammalarsi)* to take one's bed — *mettersi a tavola,* to sit down at the table — *mettersi a capo di qcsa,* to assume control of sth — *mettersi in mente di fare qcsa,* to take it into one's head to do sth — *mettersi in contatto con qcno,* to get in touch with sb — *mettersi in mezzo,* to intervene — *Mettiti là,* Stand over there — *mettersi in mostra (in vista),* to show off — *mettersi in società con qcno,* to form (to go into) a partnership with sb.

2 *(iniziare)* to begin*; to start; to get* down (to sth): *Si è messo a nevicare,* It's started to snow — *mettersi a studiare,* to start studying — *mettersi al lavoro,* to set to work; to get down to work — *mettersi a correre,* to break into a run — *mettersi sotto, (sgobbare)* to get down to it.

3 *(vestirsi)* to put* on: *mettersi in abito da festa,* to put on one's Sunday best.

4 *(volgersi)* to turn (to): *Le cose si mettono male,* Things are taking a turn for the worse (*o* a bad turn) — *Il tempo si metterà presto al bello,* The weather will turn out fine soon (will clear up soon).

mettifoglio *sm* feeder.

mezza *sf* half-hour: *È la mezza,* It is half past twelve.

mezzadria *sf* sharecropping; share-farming; métayage *(fr.).*

mezzadro *sm* sharecropper; share-farmer.

mezzala *sf (calcio)* inside (forward); striker.

mezzaluna *sf* **1** half-moon; crescent. **2** *(simbolo islamico)* crescent. **3** *(coltello)* (semi-circular) mincing-knife; chopping-knife. **4** *(mil.)* demilune; lunette.

mezzana *sf* **1** *(naut.)* mizzen sail: *albero di mezzana,* mizzen; mizzenmast. **2** *(ruffiana)* procuress.

mezzanino *sm* mezzanine; entresol *(fr.).*

mezzano *agg* middle; middling; medium; average: *di grandezza mezzana,* of medium size; of middle-sized. ☐ *sm* **1** *(mediatore)* go-between; mediator. **2** *(ruffiano)* procurer; pimp.

mezzanotte *sf* **1** midnight: *a mezzanotte,* at midnight. **2** *(nord)* North.

mezzatinta *sf* half-tone *(anche fig.).*

mezzeria *sf* centre line.

[1]**mezzo** *sm* **1** *(strumento o espediente per raggiungere un fine)* means *(sing. e pl.); (modo)* way: *un mezzo di trasporto,* a means of transport — *mezzi di trasporto,* means of transport *(ma cfr. il* **5**, *sotto)* — *mezzi di comunicazione,* means of communication; media — *mezzi di comunicazione di massa,* mass media — *Ormai non c'è mezzo di fermarlo,* There's no means (no way) of stopping him now — *i mezzi di produzione,* the means of production — *con mezzi onesti (disonesti),* by fair (dishonest) means — *con ogni (con qualsiasi) mezzo,* by all (by any) means — *per mezzo (a mezzo) di,* by means of; by; through — *a mezzo posta aerea,* by air-mail — *a mezzo corriere,* by carrier — *a mezzo fattorino,* by messenger — *per mezzo di un mio amico,* by means of (*o* through) a friend of mine — *Il fine giustifica i mezzi,* The end justifies the means.

2 *(al pl.: denaro, ecc.)* means: *una persona di molti (pochi) mezzi,* a person of means (of little means) — *vivere al disopra dei propri mezzi,* to live beyond one's means.

3 *(per estensione: dote)* capacity; gift.

4 *(fis., biol., ecc.)* medium *(pl.* media*).*

5 *(per estensione: mezzo di trasporto)* means of transport; transport; transportation; *(via aerea)* craft: *Avete un mezzo?,* Have you got transport? — *i mezzi pubblici,* public transport — *un mezzo da sbarco,* a landing-craft — *un mezzo anfibio di assalto,* an amphibious assault craft.

[2]**mezzo** **I** *sm* **1** *(metà)* half *(pl.* halves*): Due mezzi fanno un intero,* Two halves make a whole — *Arrivederci alle sette e mezzo,* See you at half past seven (at seven thirty) — *È la mezza, (fam.)* It's half past twelve — *uno e mezzo,* one and a half — *lasciare a mezzo un lavoro,* to leave a job unfinished. **2** *(parte media, centro)* middle; midst; centre: *nel mezzo della piazza,* in the middle (*o* centre) of the square — *nel (bel) mezzo della notte,* in the middle of the night — *il posto di mezzo,* the place (the seat) in the middle — *andare di mezzo,* to get involved — *levare qcno di mezzo,* to get rid of sb — *levarsi, togliersi di mezzo,* to get out; to disappear — *mettersi di mezzo,* to intervene; to interfere — *non porre tempo in mezzo,* to lose no time — *serbare il giusto mezzo,* to find the happy medium — *trovare una via di mezzo,* to find a way out (a compromise) — *tenere una via di mezzo,* to keep (to steer) a middle course — *Non c'è una via di mezzo,* There's no way out; There's no alternative. **3** **in mezzo a...,** in the middle of...; in the midst of...; *(tra)* among... — *in mezzo alla foresta,* in the middle of the forest — *in mezzo alla folla,* among (in the midst of) the crowd — *in mezzo a voi,* among you.

II *agg* **1** half: *Bevve solo mezzo bicchiere di vino,* He drank only half a glass of wine — *una mezza dozzina di uova,* half a dozen eggs — *Gli ci volle una mezza giornata,* It took him half a day — *una mezza festa,* a half-day holiday; a half holiday — *mezza giornata,* half a day — *una mezza cartuccia, (fig.)* a pint-sized person — *una mezza figura,* a mediocre person — *una donna a mezzo servizio,* a part-time domestic help — *lavorare a mezza giornata,* to work half-time; to be on half-time — *un impiego a mezza giornata,* a part-time (a half-time) occupation — *a mezz'asta,* at half-mast — *rilegato in mezza pelle,* half-bound; in half-calf — *mezze misure,* half-measures — *a mezza via (strada) per la stazione,* half-way to the station — *dire una mezza parola a qcno,* to drop sb a hint — *mezzo mondo, (iperbolico: moltissima gente)* just about everyone — *Mal comune mezzo gaudio, (prov.)* A trouble shared is a trouble halved. **2** *(medio)* middle; medium: *un uomo di mezza età,* a middle-aged man — *un individuo di mezza statura,* a man of medium height — *a mezza nave, (avv.)* amidships — *mezz'estate,* midsummer — *un abito di mezza stagione,* a spring and autumn suit. **3** *(quasi un, una)* half; close; near; *(una specie di, fam., spreg.)* kind of; *(debole)* faint; little: *una mezza verità,* a half-truth — *una mezza sconfitta,* a half-defeat — *Ho una mezza speranza che verrà,* I have a faint hope that he will come.

III *avv (a metà)* half; *(quasi)* nearly: *La porta era a metà aperta,* The door was half open — *mezzo addormentato,* half asleep — *mezzo nudo,* half naked.

[3]**mezzo** *agg* **1** *(di frutto)* overripe. **2** *(fig.: corrotto)* corrupt.

mezzobusto *sm* bust; half-length.

mezzofondista *sm* middle-distance runner.

mezzofondo *sm* middle-distance race.

mezzogiorno *sm* **1** midday; noon: *a mezzogiorno,* at noon — *È mezzogiorno,* It's midday; It's twelve o'clock. **2** *(sud)* South: *il mezzogiorno d'Italia,* the South of Italy; *(talvolta)* the Mezzogiorno.

mezzosangue *sm* half-breed.

mezzosoprano *sm* mezzosoprano.

mezzuccio *sm (espediente)* low trick; underhand move.

[1]**mi** *pron personale 1ª persona sing m. e f.* **1** *(compl.)* me: *Non mi lasciare!,* Don't leave me! — *Mi senti?,* Can you hear me? — *Mi dice tutto,* He tells me everything — *Fammi vedere,* Let me see — *Mi comperi un libro?,* Can you buy me a book?; Can you buy a book for me?

2 *(rifl.)* myself *(talvolta non si traduce): Mi presentai al giudice,* I presented myself to the judge — *Mi lavo, mi vesto e sono da te,* I'll wash and get dressed and come straight over — *Mi sono sbagliato,* I have made a mistake.

3 *(con valore rafforzativo, generalm. non si traduce) Statemi bene!,* Get on well! — *Non mi pensavo di arrivare tardi,* I didn't think I would arrive late.

[2]**mi** *sm (mus.)* E; mi: *mi bemolle maggiore,* E flat major.

miagolamento *sm* mewing; miaowing.

miagolare *vi* to mew; to miaow.

miagolio *sm* mewing; caterwauling.

mialgia *sf* myalgia.

miao *voce onomatopeica* miaow.

miasma *sm* miasma *(pl.* miasmata, miasmas*)*.

miasmatico *agg* miasmatic.

[1]**mica** *sf (briciola)* crumb.

□ *avv* **1** *(in frasi negative)* at all; in the least; the least bit: *Non è mica interessante,* It isn't at all (*o* the least bit) interesting; It isn't interesting in the least — *Non costa mica tanto,* It isn't really expensive — *Non ci credo mica!,* I don't believe it one little bit! (*o* for a moment!) — *Mica male!,* Not bad! **2** *(in frasi interrogative: ⇨ gli esempi) Hai mica visto il mio accendino?,* Have you seen my lighter, by any chance?; Do you happen to have seen my lighter?; You wouldn't have seen my lighter, I suppose?

[2]**mica** *sf (mineralogia)* mica.

miccia *sf* fuse.

micia *sf* pussy-cat.

micidiale *agg* deadly *(anche fig.)*; mortal; murderous.

micino *sm* kitten.

micio *sm* pussy-cat; (tom-)cat.

micologia *sf* mycology.

micologo *agg* mycologist.

micosi *sf* mycosis.

microbiologia *sf* microbiology.

microbo *sm* microbe.

microcefalo *agg* microcephalic.

□ *sm* **1** microcephalus. **2** *(fig.)* imbecile; idiot.

micrococco *sm* micrococcus *(pl.* micrococci*)*.

microcosmico *agg* microcosmic.

microcosmo *sm* microcosm.

microfilm *sm* microfilm.

microfilmare *vt* to microfilm.

microfonico *agg* microphonic.

microfono *sm* microphone; mike *(abbr. fam.)*.

microfotografia *sf* **1** *(la tecnica)* microphotography. **2** *(riproduzione)* microphotograph.

micrometro *sm* micrometer.

micromillimetro *sm* micron.

micromotore *sm* small motor; *(motoretta)* motor-scooter; moped.

micron *sm* micron.

microonda *sf* microwave.

microorganismo *sm* micro-organism.

microscheda *sf* microfiche *(fr.)*.

microscopia *sf* microscopy.

microscopico *agg (anche fig.)* microscopic(al).

microscopio *sm* microscope.

microsolco *sm* **1** microgroove. **2** *(disco)* long-playing record *(spesso abbr. in* LP*)*; album *(a 33 giri)*; extended-play record *(a 45 giri: spesso abbr. in* EP*)*.

mida *sm* **1** Midas. **2** *(tartaruga)* green turtle. **3** *(scimmia)* marmoset; tamarin monkey.

midollare *agg* medullar(y).

midollo *sm* **1** *(anat.)* marrow; medulla: *essere bagnato sino al midollo,* to be wet (*o* soaked) to the skin — *Questo freddo mi arriva fino al midollo,* This cold weather chills me to the marrow — *midollo spinale,* spinal cord — *essere senza midollo,* to be spineless — *essere italiano fino al midollo,* to be Italian to the backbone (to the core). **2** *(del legno)* pith. **3** *(fig.: di discorso, ecc.)* pith; core.

miele *sm* honey *(anche fig.)*: *dolce come il miele,* (as) sweet as honey — *luna di miele,* honeymoon — *paroline di miele, (fig.)* honeyed words.

mielina *sf* myelin.

mielite *sf* myelitis.

mietere *vt* **1** to reap; to harvest. **2** *(fig.)* to reap; to mow: *mietere allori,* to reap (to win) laurels — *La guerra miete molte vittime,* War reaps many victims.

mietitore *sm* reaper; mower; harvester.

mietitrice *sf* **1** reaper. **2** *(mecc.)* reaper; reaping-machine; harvester.

mietitura *sf* **1** *(il mietere)* reaping; mowing. **2** *(il tempo in cui si miete)* harvest-time. **3** *(messe, raccolta)* harvest.

migliaio *sm* thousand: *qualche migliaio (alcune migliaia) di lire,* a few thousand lire — *a migliaia,* in thousands; by the thousand — *un migliaio di persone,*

about a thousand people — *parecchie migliaia,* several thousand(s).
migliarini *sm pl (pallini da caccia)* small shot; dust-shot.
migliarino *sm* **1** *(bot.)* gromwell. **2** *(zool.)* yellowhammer: *migliarino di palude,* reed bunting.
[1]**miglio** *sm* **1** *(unità di misura)* mile: *miglio marino,* sea (o nautical) mile — *Si sentiva il fetore ad un miglio di distanza,* You could smell the stench a mile away — *La scuola è a mezzo miglio da qui,* The school is half a mile from here — *Siamo lontani mille miglia, (come punti di vista)* Our views are miles apart — *Il mio albergo è lontano mille miglia,* My hotel is miles away. **2** *(pietra miliare)* milestone.
[2]**miglio** *sm (bot.)* millet: *semi di miglio,* millet-seeds.
miglioramento *sm* improvement; betterment.
migliorare *vt* to improve; to better; to make* (sth) better; to mend: *Ciò non migliorerà la situazione,* That won't make the situation any better; That won't mend matters — *migliorare i propri modi,* to mend one's ways.
□ *vi* to improve; to get* better; to mend: *Spero che la situazione sia migliorata,* I hope the situation has improved — *Il malato migliora di giorno in giorno,* The patient is getting better every day — *Non credo che il tempo migliori,* I don't think the weather will improve.
□ **migliorarsi** *v. rifl* to improve oneself; to better oneself.
migliorativo *agg* curative.
migliore *agg* **1** *(come agg. comp.)* **better**: *È migliore di suo fratello,* He is better than his brother — *Non è migliore degli altri,* He is no better than the others — *È migliore della sua fama,* He's better than he's painted — *molto migliore,* much better — *un po' migliore,* a little better — *per un migliore avvenire,* for a better future — *a un tempo migliore,* at a better (more suitable, more convenient) time — *diventare migliore,* to get better — *rendere migliore,* to make (sth) better; to improve; to better — *passare a miglior vita,* to go to a better place; to breathe one's last. **2** *(come agg. superl.)* **the best**: *i migliori amici del mondo,* the best friends in the world — *senz'altro il migliore,* the very best; far and away the best — *la cosa migliore da farsi,* the best thing to do — *nel migliore dei modi,* in the best (possible) way — *L'ha fatto nel modo migliore,* He did it the best way.
□ *sm e f.* **1** *(comp.)* **better**: *i nostri migliori,* our betters. **2** *(superl.)* **the best**: *I migliori muoiono giovani,* The best die young.
miglioria *sf* betterment; improvement.
mignatta *sf* leech *(anche fig.).*
mignolo *sm (della mano)* little finger; *(del piede)* little toe.
migrare *vi* to migrate.
migratore *agg* migrant; migratory.
□ *sm* migrant.
migratorio *agg* migratory; migrant.
migrazione *sf* migration.
miliardario *sm* millionaire.
miliardo *sm* thousand millions; milliard; billion *(USA).*
[1]**miliare** *agg (nell'espressione) pietra miliare,* milestone *(anche fig.).*
[2]**miliare** *agg (med.)* miliary.
milionaria *sf* millionairess.
milionario *sm* millionaire.
milione *sm* **1** million *(generalm. attrib.)*: *cinque milioni di abitanti,* five million inhabitants — *con tutti i suoi milioni...,* with all his millions... — *Nemmeno per un milione!,* Not on your life!; Not even for a thousand pounds! — *fare i milioni a palate,* to make millions; to make a mint of money; to coin money. **2** *(fig.)* lot; umpteen *(fam.)*: *un milione di scuse,* umpteen excuses.
milionesimo *agg numerale ordinale* millionth.
militante *agg* militant: *partito militante,* militant party — *la Chiesa militante,* the Church Militant.
[1]**militare** *agg* military: *la vita militare,* army life; soldiering.
□ *sm* soldier; military man *(pl.* men*)*: *fare il militare,* to serve in the army; *(come soldato di leva)* to do one's national service.
[2]**militare** *vi* **1** to serve in the army. **2** *(fig.)* to militate; to support: *Troppi fattori militano contro la nostra tesi,* Too many factors militate against our view — *militare nelle file di un partito,* to support a party.
militaresco *agg* soldierly.
militarismo *sm* militarism.
militarista *sm e f.* militarist.
militaristico *agg* militaristic.
militarizzare *vt* to militarize.
militarizzazione *sf* militarization.
milite *sm* **1** militiaman *(pl.* -men*)*; soldier: *il Milite Ignoto,* the Unknown Soldier (*o* Warrior). **2** *(fig.)* supporter.
militesente *agg e sm* (person) exempt from national service.
milizia *sf* **1** *(la professione militare)* soldiering; profession of arms: *darsi alla milizia,* to take up soldiering. **2** *(spesso al pl.: esercito)* army; *(truppa)* troop; force. **3** *(fig.: attività, impegno)* activity; commitment.
millantare *vt* to boast (of sth): *millantare le proprie prodezze,* to boast of one's exploits.
□ **millantarsi** *v. rifl* to boast: *Ti millanti troppo,* You boast too much.
millantatore *sm* boaster; braggart.
millanteria *sf* boasting; bragging: *Queste sono stupide millanterie,* These are ridiculous boasts.
mille **I** *agg numerale cardinale* thousand; *(iperbolico)* hundreds *(pl.)*; dozens *(pl.)*; no end (of): *Ormai si compera poco con mille lire,* There's not much you can still buy with a thousand lire — *Quanti biglietti da mille hai?,* How many thousand lire notes have you got? — *Te l'ho detto mille volte di non attraversare con il rosso!,* I've told you hundreds of times not to cross the road with the red light! — *Ha mille ragioni di lamentarsi,* He's got no end of reasons for complaining — *Mille grazie!,* Thanks a lot! — *Le ho chiesto mille scuse,* I said I was terribly sorry — *Non se ne trova uno su mille come lui,* There's not a person in a thousand like him — *le Mille e una Notte,* the Thousand and one Night; the Arabian Nights — *una cosa da mille e una notte,* a fantastic thing — *essere lontani le mille miglia,* to be miles away.
II *sm* one thousand; a thousand: *nel mille A.C.,* in (the year) one thousand B.C. — *i Mille, (di Garibaldi)* the Thousand.
millefoglie, millefoglio *sm* **1** *(bot.)* milfoil; yarrow. **2** *(cucina)* millefeuilles *(fr.)*; napoleon *(USA).*
millenario *agg* millenary. □ *sm* millennium.
millepiedi *sm* millipede.
millesimo *agg numerale ordinale* thousandth; millesimal: *per la millesima volta,* for the thousandth time.
□ *sm* **1** thousandth; millesimal: *un millesimo di pollice,* one thousandth of an inch; one mil; one thou

(sl.). **2** *(data)* date; *(epoca)* age: *Manca il millesimo,* The date is missing.
milligramma, milligrammo *sm* milligramme; milligram.
millimetro *sm* millimetre, *(USA)* millimeter.
milza *sf (anat.)* spleen; *(carne)* milt. □ *avere male alla milza,* to have a stitch in one's side.
mimare *vt* to mime.
mimesi *sf (imitazione)* imitation.
mimetico *agg* mimetic: *tuta mimetica,* camouflaged combat clothing.
mimetismo *sm* mimicry; *(zool., anche)* mimesis.
mimetizzare *vt* to camouflage *(anche fig.)*.
□ **mimetizzarsi** *v. rifl* to camouflage.
mimetizzazione *sf* camouflage.
mimica *sf* mimicry; *(il gesticolare)* gesticulation.
mimico *agg (teatro)* miming; *(di gesti)* mimic: *arte mimica,* mimicry.
mimo *sm* **1** *(attore, spettacolo)* mime. **2** *(zool.)* mocking-bird.
mimosa *sf* mimosa.
mina *sf* **1** *(cunicolo)* sap; trench. **2** *(ordigno)* mine: *mina a contatto,* contact mine — *mina di fondo,* ground mine — *collocare una mina,* to lay a mine — *far brillare una mina,* to explode a mine — *mina mancata,* misfire. **3** *(di matita)* lead.
minaccia *sf (anche fig.)* menace; threat: *una minaccia alla pace,* a menace to peace — *un discorso pieno di minacce,* a speech filled with threats — *C'è minaccia di temporale,* A storm is threatening (is brewing) — *essere sotto la minaccia di qcsa,* to be under the threat of sth.
minacciare *vt e i.* to threaten; *(anche fig.)* to menace: *Lo minacciarono di morte,* They threatened to kill him — *Minacciarono di vendicarsi,* They threatened revenge — *Le nuvole minacciavano pioggia,* The clouds threatened rain — *Questa specie minaccia di estinguersi,* This species is threatened with extinction — *Mi minacciò con uno sguardo,* He gave me a threatening glance.
minacciosamente *avv* menacingly; threateningly.
minaccioso *agg* threatening; menacing: *con piglio minaccioso,* in a threatening manner — *Il tempo oggi è minaccioso,* The weather is threatening today.
minare *vt* **1** to mine; to undermine: *minare un ponte,* to mine a bridge — *un campo minato,* a minefield. **2** *(fig.)* to undermine; to injure; to ruin; to sap: *Questo vizio mina la Sua salute,* This vice is undermining your health — *minare l'autorità di qcno,* to undermine sb's authority — *La febbre minava le sue forze,* Fever was sapping his strength.
minareto *sm* minaret.
minatore *sm* **1** miner; *(di carbone)* coal-miner. **2** *(mil.)* sapper.
minatorio *agg* threatening; minatory.
minchionare *vt* to make* a fool (of sb); to make* fun (of sb); *(imbrogliare)* to cheat; to bamboozle.
minchione *sm* simpleton; fool.
minchioneria *sf* **1** *(qualità)* foolishness; silliness; stupidity. **2** *(atto o parola da minchione)* foolish deed (*o* word).
minerale *agg* mineral.
□ *sm* mineral; *(che contiene un metallo)* ore: *minerale di ferro,* iron ore.
mineralista *sm* mineralogist.
mineralizzare *vt* to mineralize; *(geologia)* to petrify.
□ **mineralizzarsi** *v. rifl* to mineralize; *(geologia)* to petrify.
mineralizzazione *sf* mineralization; *(geologia)* petrification.
mineralogia *sf* mineralogy.
mineralogico *agg* mineralogical.
mineralogista, mineralogo *sm* mineralogist.
minerario *agg* **1** *(delle miniere)* mining. **2** *(dei minerali)* mineral.
minestra *sf* soup: *minestra in brodo,* thin soup; consommé *(fr.)* — *minestra di verdura,* vegetable soup. □ *È sempre la stessa minestra!,* It's always the same (old) story! — *O mangiar questa minestra o saltar dalla finestra, (prov.)* Take it or leave it.
minestrina *sf* thin soup; broth.
minestrone *sm* **1** vegetable soup; 'minestrone'. **2** *(fig.)* hotchpotch.
mingere *vi* to urinate.
mingherlino *agg* slim; slender; thin; skinny *(fam.)*; *(gracile, delicato)* delicate; frail; weak.
miniare *vt* **1** to miniate; *(manoscritti)* to illuminate. **2** *(fig.)* to embellish; to chisel.
miniatore *sm* miniaturist; *(di manoscritti)* illuminator.
miniatura *sf* miniature; *(di manoscritti)* illumination: *in miniatura,* on a small scale; in miniature.
miniaturista *sm* miniaturist.
miniera *sf* mine *(anche fig.)*: *una miniera di carbone,* a coal-mine — *sfruttare una miniera,* to work a mine — *Questo libro è una miniera di notizie,* This book is a mine of information.
minigolf *sm* miniature golf.
minigonna *sf* miniskirt.
minima *sf* **1** *(mus.)* minim. **2** *(meteorologia)* minimum.
minimamente *avv* in the slightest degree; in the least: *non... minimamente,* not... at all.
minimizzare *vt* to minimize.
minimo I *agg* **1** *(come superl. relativo: il più piccolo)* least; slightest; smallest; *(il più basso)* lowest; minimum *(attrib.)*; minimal: *Non ne ho la minima idea,* I haven't the least (the slightest, the faintest) idea — *Non c'è la minima differenza,* There isn't the least (the slightest) difference — *il prezzo minimo,* the lowest price — *la temperatura minima,* the lowest (*o* minimum) temperature — *senza il minimo sforzo,* without the least effort; taking no pains at all — *senza il minimo errore,* without the slightest mistake; with no mistakes at all — *la larghezza (lunghezza, densità, ecc.) minima,* the minimum width (length, density, *ecc.*) — *minimo comun denominatore,* lowest (*o* least) common denominator *(abbr.* LCD*)* — *minimo comune multiplo,* lowest (*o* least) common multiple *(abbr.* LCM*)* — *ridurre una frazione ai minimi termini,* to reduce a fraction to its lowest terms — *ridurre una cosa (una questione, un problema) ai minimi termini,* to reduce a matter (a question, a problem) to its simplest terms — *È un uomo ridotto ai minimi termini, (in miseria)* He is hard up (down and out, broke). **2** *(come superl. assoluto: piccolissimo)* very small; very slight; slightest; *(bassissimo)* very low; lowest: *Ogni minima cosa lo disturba,* The slightest thing annoys him — *La differenza è minima,* The difference is very slight (very small); There is very little difference; There is no difference to speak of — *a prezzo minimo,* at a very low price; very cheaply.
II *sm* **1** minimum; least: *È il minimo che tu possa fare per lui,* It is the (very) least that you can do for him — *Quant'è il (prezzo) minimo?,* What's the minimum (the lowest) price? — *il minimo di paga,* the minimum wage — *il minimo della pena,* the minimum penalty — *il minimo d'età prescritto,* the minimum (the

lowest) age for (sth) — *al minimo,* at least; at the very least — *ridurre qcsa al minimo,* to reduce sth to a minimum. **2** *(di motore)* idling; slow running: *Questo motore non tiene il minimo,* This engine won't tick over — *girare al minimo,* to idle; to tick over — *minimo di avvicinamento, (aeronautica)* approach idling — *minimo di volo,* flight idling.

minio *sm* red lead.

ministeriale *agg* ministerial: *un decreto ministeriale,* a ministerial decree — *crisi ministeriale,* cabinet crisis.

ministero *sm* **1** *(compito nobile)* office; function: *tradire il proprio ministero,* to fail in one's office. **2** *(consiglio dei ministri, governo)* ministry; government: *sotto il ministero De Gasperi,* during De Gasperi's ministry — *la formazione di un nuovo ministero,* the forming of a new government. **3** *(dicastero)* ministry *(spec. GB);* department *(USA);* board; office.
□ *Pubblico Ministero, (dir.)* Public Prosecutor; *(GB)* Director of Public Prosecutions; *(USA)* Prosecuting Attorney.

ministro *sm* **1** *(religione)* minister; clergyman *(pl. -men);* priest: *Ministro di Dio,* Minister of God — *ministro del culto,* minister of religion. **2** *(politica)* minister; secretary (of State): *Primo Ministro,* Prime Minister — *Ministro degli Esteri,* Minister for Foreign Affairs; *(GB)* Secretary of State for Foreign and Commonwealth Affairs *(generalm. abbr. in* Foreign Secretary*); (USA)* Secretary of State — *Ministro degli Interni,* Minister of the Interior; *(GB)* Home Secretary; *(USA)* Secretary of State for the Interior — *Ministro della Pubblica Istruzione, (GB)* Secretary of State for Education and Science; Minister of Education; *(USA)* Secretary of Health, Education and Welfare — *Ministro del Tesoro, (GB)* Chancellor of the Exchequer; *(USA)* Secretary of the Treasury — *Ministro plenipotenziario,* Minister plenipotentiary — *Ministro senza portafoglio,* Minister without Portfolio. **3** *(fig.)* minister.

minoico *agg* Minoan.

minoranza *sf* minority: *essere in minoranza,* to be in a minority.

minorato *agg* disabled; maimed.
□ *sm* disabled person: *minorato psichico,* mental defective.

minorazione *sf* **1** *(diminuzione)* lessening; diminution. **2** *(menomazione)* disablement; impairment.

minore I *agg comp* **1** less; lesser *(solo attrib.); (più piccolo)* smaller; *(più basso)* lower: *Il danno fu minore del previsto,* The damage was less than expected — *Una parte è minore del tutto,* The part is smaller than the whole — *in misura minore,* to a lesser (a smaller) extent — *un'edizione minore dello stesso dizionario,* a smaller (a shorter) version (*o* an abridged version) of the same dictionary — *a minor prezzo,* cheaper; at a lower price — *a velocità minore,* slower; at a slower speed — *in tono minore,* in a subdued tone. **2** *(di età: più giovane)* younger: *mio fratello minore,* my younger brother — *essere di minore età,* to be under age; to be an infant *(dir.).* **3** *(di secondaria importanza)* minor; *(inferiore)* lower: *un artista minore del periodo Barocco,* a minor artist of the Baroque period — *una questione di importanza minore,* a question of minor importance; a secondary matter — *di minor pregio,* of inferior quality — *premessa minore,* minor premiss — *ordini minori, (religione)* minor orders — *l'Orsa Minore,* the Little Bear; Ursa Minor. **4** *(mus.)* minor: *in chiave minore,* in a minor key *(anche fig.).*
II *agg superl* (the) least; *(il più piccolo)* (the) smallest; *(il più basso)* (the) lowest; *(il più giovane)* (the) youngest: *al minor prezzo possibile,* at the lowest possible price — *la minor distanza,* the shortest distance — *il fratello minore, (tra più di due)* the youngest brother.
III *sm e f.* **1** *(persona più giovane)* youngest; *(tra due)* younger: *Ecco il minore dei suoi figli,* This is his youngest child — *Quale dei due Rossi è il minore?,* Which is the younger of the two Rossis? — *tutti i minori di anni dodici,* all children under twelve. **2** *(dir.: minorenne)* infant; minor: *tutela di minori,* guardianship of minors.

minorenne *agg* under age: *essere minorenne,* to be under age.
□ *sm e f.* minor; *(dir., anche)* infant: *tribunale dei minorenni,* Juvenile Court.

minorile *agg* juvenile.

minorità *sf* minority; *(dir., anche)* infancy.

minoritario *agg* minority *(attrib.).*

minuendo *sm* minuend.

minuetto *sm* minuet.

minugia *sf (per corde di strumenti musicali)* catgut.

minuscola *sf* small (*o* lower case) letter.

minuscolo *agg* little; tiny; minuscule.
□ *sm* small (*o* lower case) letter.

minuta *sf* draft; rough copy; minute.

minutaglia *sf* **1** *(di cose)* odds and ends *(pl.);* petty details *(pl.).* **2** *(pesciolini da friggere)* small fry; fry.

minutamente *avv* minutely.

minutante *agg* person who prepares a draft (*o* minutes).

minuteria *sf* **1** *(ninnoli)* trinkets *(pl.);* knick-knacks *(pl.).* **2** *(mecc., ecc.)* small parts; hardware.

minutezza *sf* minuteness; smallness.

[1]**minuto** *agg* **1** minute; (very) small; *(sottile)* fine; *(delicato)* delicate: *denaro minuto,* small change — *carbone minuto,* small coal — *pioggia minuta,* fine rain (*o* drizzle) — *tagliar minuto,* to chop (sth) up fine — *fattezze minute,* delicate features. **2** *(dettagliato)* detailed; minute. **3** *(di scarso rilievo)* petty; trifling; *(di bassa condizione)* lower-class; common: *gente minuta,* (the) common people *(pl.);* the lower classes *(pl.).* **4** *(comm.)* retail: *vendere al minuto,* to sell retail.

[2]**minuto** *sm* minute: *mezzo minuto,* half a minute — *minuto primo,* minute — *minuto secondo,* second — *Tornerò tra mezzo minuto (due minuti),* I'll be back in a minute (in a jiffy) — *Non ho un minuto da perdere,* I haven't a minute to spare — *Non c'è un minuto da perdere,* There isn't a second to lose — *Sei in ritardo di venti minuti,* You are twenty minutes late — *È una faccenda di due minuti!; È questione di pochi minuti!,* It won't take a minute! — *Conterò i minuti fino al tuo arrivo,* I'll be counting the minutes until you come — *Ha i minuti contati, (ha molta fretta)* He has very little time to spare; *(è in punto di morte)* He's nearly done for; He hasn't much time left to live — *Mancano dieci minuti alle tre,* It's ten (minutes) to three — *Sono le tre e dieci minuti,* It's ten (minutes) past three — *spaccare il minuto, (di orologio)* to keep perfect time; *(di treno, ecc.)* to leave (to arrive) dead on time; to leave (to arrive) on the dot.

minuzia *sf* small detail; *(inezia)* trifle: *perdersi in minuzie,* to waste one's time on trifles.

minuziosaggine, minuziosità *sf* **1** meticulousness; nitpicking *(sl.).* **2** *(per estensione: cavillo)* quibble.

minuziosamente *avv* meticulously.

minuzioso *agg* **1** *(di persona)* meticulous; over-scrupulous. **2** *(di descrizione)* minute: *un'indagine minuziosa,* a detailed investigation.

minuzzolo *sm* bit; shred; scrap; *(di pane)* crumb.

minzione *sf* micturition.

mio *agg e pron possessivo* **1** *(agg.)* my; *(mio proprio)* my own; *(come predicato nominale)* mine; my own: *Questo è mio padre,* This is my father — *La mia vita è in pericolo,* My life is in danger — *Questo danaro è mio,* This money is mine (is my own) — *un mio amico,* a friend of mine; one of my friends — *a casa mia,* at home — *caro mio, (fam.)* old man; old fellow; my dear fellow — *per amor mio,* for my sake; for love of me — *in vece mia,* in my stead; instead of me. **2** *(pron.)* mine: *Giovedì è il tuo compleanno, il mio è sabato,* Next Thursday is your birthday, Saturday will be mine — *Questi guanti sono di Maria, voglio i miei,* These gloves are Maria's, I want mine.
3 *(in frasi con ellissi del sostantivo) Vivo del mio,* I live on my income — *Non ho niente di mio,* I have nothing of my own — *Hai ricevuto l'ultima mia da Venezia?,* Did you get my last letter from Venice? — *Abito con i miei,* I live with my parents — *I miei sono tutti in Italia,* All my relatives (All my folks) are in Italy — *Sono tutti dalla mia,* They are all on my side — *Preferisco stare sulle mie,* I prefer to keep myself to myself — *Anch'io ho passato le mie!,* I've had my difficulties, too! — *Anch'io voglio dire la mia,* I want to have my say too.

miocardio *sm* myocardium.

miocardite *sf* myocarditis.

miocene *sm* Miocene.

miocenico *sm e agg* Miocene.

miope *agg (anche fig.)* short-sighted; near-sighted; *(med.)* myopic.
□ *sm e f.* short-sighted (near-sighted) person; *(med.)* myope.

miopia *sf* short-sightedness *(anche fig.)*; near-sightedness; *(med.)* myopia.

miosotide *sf* forget-me-not.

mira *sf* **1** aim: *pigliare (prendere) la mira,* to take aim — *sbagliare la mira,* to miss one's aim — *avere una buona (cattiva) mira,* to be a good (bad) shot. **2** *(fig.: meta, scopo)* aim; intention; design; purpose; plan; end; *(bersaglio)* target: *La sua unica mira nella vita è la ricchezza,* His only aim in life is to get rich — *Le sue mire sono molto ambiziose,* His designs are very ambitious — *La nostra mira è questa,* Our purpose is this — *Non riuscì a raggiungere la sua mira,* He was unable to carry out his design — *avere delle mire sopra qcno (qcsa),* to have designs on sb (sth) — *cogliere la mira,* to hit (to strike) the target; *(fig.)* to achieve one's aim (to hit the mark) — *avere delle mire alte,* to aim too high. **3** *(di arma da fuoco)* sight.

mirabile *agg* admirable; *(meraviglioso)* wonderful: *con mirabile diligenza (sangue freddo),* with admirable diligence (composure) — *mirabile a dirsi,* wonderful to relate; mirabile dictu *(lat.)*.

mirabilia *sf pl (ant.)* wonders *(pl.)*: *far mirabilia,* to work wonders — *dire mirabilia di qcno,* to speak wonders of sb; to praise sb to the skies — *promettere mirabilia,* to promise the moon.

mirabilmente *avv* admirably.

mirabolante *agg* astonishing; amazing; astounding.

miracolato *sm* miraculously healed person.

miracolo *sm* **1** miracle *(anche fig.)*; *(fig.)* wonder: *La sua guarigione fu un miracolo,* Her recovery was a miracle — *fare miracoli,* to work wonders; to perform miracles — *È un miracolo che non si sia ferito,* It's a wonder he didn't get hurt (he wasn't injured) — *Che miracolo!,* What a miracle (a wonder)! *(anche scherz.)* — *per miracolo,* by a miracle — *scamparla per miracolo,* to escape by the skin of one's teeth. **2** *(sacra rappresentazione)* miracle play. □ *conoscere vita, morte e miracoli di qcno,* to know all about sb; to know everything there is to know about sb; to know every detail of sb's life — *dire miracoli di qcno,* to praise sb to the skies.

miracolosamente *avv* miraculously.

miracoloso *agg* **1** *(incredibile)* miraculous; marvellous; *(prodigioso, portentoso)* prodigious; portentous. **2** *(che fa miracoli)* miraculous; wonder-working.

miraggio *sm* mirage *(anche fig.)*.

mirare *vt* to look (at sth); to stare (at sth); to gaze (on sth); *(ammirare)* to admire; *(considerare)* to consider.
□ *vi* to take* aim; to aim (at sth) *(anche fig.)*: *Mirò e sparò,* He took aim and fired — *mirare a diventare medico,* to aim at becoming a doctor — *A che cosa mira, secondo te?,* What do you think he's driving at?
□ **mirarsi** *v. rifl* to look at oneself: *mirarsi allo specchio,* to look at oneself in the mirror.

miriade *sf* myriad.

miriagramma, miriagrammo *sm* myriagram.

mirino *sm (di arma da fuoco, di strumento ottico)* sight; *(di apparecchio fotografico)* viewfinder.

mirra *sf* myrrh.

mirtillo *sm* bilberry; blueberry; whortleberry.

mirto *sm* myrtle.

misantropia *sf* misanthropy.

misantropico *agg* misanthropic.

misantropo *sm* misanthrope; misanthropist.

miscela *sf* **1** mixture; *(di caffè, tabacco, tè)* blend; *(per estensione: surrogato di caffè)* coffee substitute. **2** *(di olio e benzina)* petroil. □ *miscela anticongelante,* antifreeze.

miscelare *vt* to mix; *(caffè, tabacco, tè)* to blend.

miscelatore *agg* mixing. □ *sm* mixer; blender.

miscellanea *sf* miscellany.

miscellaneo *agg* miscellaneous.

mischia *sf* **1** *(combattimento)* fight; *(zuffa, rissa)* brawl; fray; scuffle: *nel furore della mischia,* in the thick of the fight — *gettarsi nella mischia,* to enter the fray. **2** *(rugby)* scrum; scrummage.

mischiabile *agg* miscible; mixable.

mischiaggio *sm* mixing.

mischiare *vt* to mix; *(miscelare)* to blend; *(le carte)* to shuffle.
□ **mischiarsi** *v. rifl* **1** to mix; to mingle: *mischiarsi alla (tra la) folla,* to mingle with the crowd. **2** *(immischiarsi)* to interfere; to meddle: *mischiarsi negli affari degli altri,* to meddle in other people's affairs.

mischio *agg (raro: misto)* mixed; *(variegato)* variegated.
□ *sm* mixture.

misconoscere *vt* to underestimate; to fail to recognize; to fail to appreciate.

miscredente *agg* misbelieving; *(per estensione)* unbelieving.
□ *sm* misbeliever; *(per estensione)* unbeliever.

miscredenza *sf* misbelief; *(per estensione)* unbelief.

miscuglio *sm* mixture; *(fig.)* medley; hotchpotch.

miserabile *agg* miserable; wretched: *una miserabile esistenza,* a miserable (a wretched) existence — *una pensione miserabile,* a miserable (a paltry) pension — *un miserabile individuo,* a miserable (a wretched) fellow.

□ *sm* wretch; despicable person: *Miserabile! Sei stato tu!,* So it was you, you wretch!

miseramente *avv* miserably; wretchedly.

miserando *agg* pitiable; pitiful.

miserere *sm* miserere.

miserevole *agg* miserable: *condurre una vita miserevole,* to lead a miserable life — *essere in uno stato miserevole,* to be in a pitiful (a sorry) state; to be in a poor way.

miseria *sf* **1** *(indigenza)* poverty; distress; misfortune; wretchedness: *Visse (Morì) in gran miseria,* He lived (died) in great poverty — *cadere in miseria,* to sink into poverty — *essere ridotto in miseria,* to be reduced to poverty — *pianger miseria,* to plead poverty; to exaggerate one's misfortune — *la più nera (squallida) miseria,* the direst poverty. **2** *(scarsità)* lack; dearth; scarcity; scantiness: *Quest'anno c'è una grande miseria di frumento,* Wheat is very scarce this year. **3** *(inezia)* (a) trifle; nothing: *L'ho comprato per una miseria,* I've bought it for next to nothing (for a song) — *Il mio stipendio è una vera miseria!,* My salary is not nearly enough! **4** *(bot.)* spiderwort. □ *Porca miseria!,* Hell!; Damn!; Dammit!; Blast!; Shit! *(volg., USA)* — *fare della miseria,* to be in low water financially — *senza miseria,* generously; unsparingly; with an open hand — *un vestito fatto senza miseria,* a comfortable suit — *non conoscere miseria,* to be well off.

misericordia *sf* **1** mercy; pity: *avere misericordia di qcno,* to have (to take) pity on sb — *invocare misericordia,* to cry for mercy — *senza misericordia, (agg.)* merciless; pitiless; *(avv.)* mercilessly; pitilessly — *Misericordia!,* Good gracious!; My Goodness!; Gosh! — *usare misericordia verso qcno,* to be merciful to sb. **2** *(stor.: pugnale)* misericord.

misericordiosamente *avv* mercifully.

misericordioso *agg* merciful.

misero *agg* **1** *(sventurato, miserabile, infelice)* unfortunate; wretched; unhappy; *(povero)* poor: *una misera fine,* a wretched end — *i miseri mortali,* wretched mankind — *i miseri resti,* the corpse *(sing.);* the mortal remains — *Misero me!,* Poor me!; Woe is me! *(ant., lett. e scherz.).* **2** *(scarso, inadeguato)* scanty; paltry; *(meschino)* mean: *un misero compenso,* a paltry reward — *un misero cappotto, (scarso di misura)* a scanty (a skimpy) coat; *(vecchio, ecc.)* a wretched old coat — *una misera scusa,* a paltry (*o* lame) excuse.

misfatto *sm* crime; misdeed.

misfattore *sm* malefactor.

misirizzi *sm (balocco)* tumbler; wobbly man *(fam.).*

misoginia *sf* misogyny.

misogino *sm* misogynist.

misoneismo *sm* misoneism.

missaggio *sm* mixing.

missare *vt* to mix.

missile *agg e sm* missile: *missile guidato,* guided weapon.

missilistica *sf* rocketry.

missilistico *agg* missile *(attrib.).*

missino *agg* neofascist.

missionario *sm* missionary; *(fig.)* apostle.

□ *agg* missionary.

missione *sf* mission *(vari sensi): essere in missione,* to be on a mission — *compiere la propria missione felicemente,* to complete one's mission successfully — *Credi di avere una missione nella vita?,* Do you think you have a mission in life? — *La missione è vicina al villaggio,* The mission is near the village.

missiva *sf* letter; message; missive *(generalm. scherz.).*

misteriosamente *avv* mysteriously.

misterioso *agg* mysterious.

mistero *sm* **1** mystery *(vari sensi);* enigma: *i misteri di Dioniso,* the Dionysian mysteries — *Non ne faccio un mistero,* I don't make a mystery of it — *essere avvolto nel mistero,* to be wrapped in mystery — *Non è il caso di fare tanti misteri,* There's no need to be so mysterious. **2** *(teatro)* mystery-play; mystery.

mistica *sf* mysticism.

misticamente *avv* mystically.

misticismo *sm* mysticism.

mistico *agg* mystic(al). □ *sm* mystic.

mistificare *vt* **1** *(ingannare)* to hoax; to deceive. **2** *(falsificare)* to falsify.

mistificatore *sm* **1** *(ingannatore)* hoaxer. **2** *(falsificatore)* falsifier.

mistificazione *sf* **1** hoaxing. **2** *(interpretazione deformante)* twisting; deliberate misinterpretation.

mistilineo *agg* mixtilinear.

misto *agg* mixed: *scuola mista,* co-educational school; mixed school — *un fritto misto,* a mixed grill — *matrimonio misto,* mixed marriage — *governo misto,* coalition government — *quattrocento metri misti, (nuoto)* individual medley.

□ *sm* mixture: *un misto di carne alla griglia,* a mixed grill.

mistura *sf* mixture.

misura *sf* **1** measure; measurement: *misura di lunghezza,* linear measure — *misura normale (scarsa),* standard (short) measure — *misura giusta,* fair measure — *misura abbondante,* good measure — *pesi e misure,* weights and measures — *mezze misure, (anche fig.)* half-measures — *abiti su misura,* clothes made to measure — *fare buona misura,* to give full measure — *prendere le misure a qcno,* to measure sb (for sth) — *le misure di una stanza,* the measurements of a room — *di misura inferiore (superiore) al normale,* undersize (oversize) — *avere due pesi e due misure,* to be unfair; to have two different ways of dealing.

2 *(dimensione, taglia)* size: *scarpe di tutte le misure,* all sizes of shoes — *Sono della stessa misura,* They're both of a size; They're the same size — *Di che misura è?,* What size is it? — *Che misura porti di scarpe?,* What size shoes do you take?

3 *(fig.: limite)* limit; bound; extent; measure; *(discrezione, moderazione)* moderation: *Quella donna non conosce misura,* That woman knows no limit — *oltre misura,* beyond measure; excessively — *colmare la misura,* to pass all bounds — *La misura è colma!,* That's the limit!; That's the last straw! — *passare la misura,* to overstep the limit (the mark); to go too far — *senza misura,* without limit; excessively — *in una certa misura,* to a certain extent — *Il suo successo fu in qualche (grande, larga) misura dovuto alla fortuna,* His success was in some measure (in great measure, in large measure) due to good luck — *agire con misura,* to act in (*o* with) moderation; to act moderately — *vincere di misura, (sport)* to win by a narrow margin (by a short head).

4 *(provvedimento)* measure; step: *prendere le misure necessarie,* to take the necessary measures (*o* steps) — *misure di sicurezza,* safety measures — *misure amministrative,* regulations.

5 *(mus.)* measure; time: *misura di quattro quarti,* four-four time; common time.
6 *(poesia)* measure; metre; scansion.
7 *(pugilato, scherma)* striking distance.
□ **a misura che...,** as... — **nella misura in cui...,** to the extent that...

misurabile *agg* measurable.

misurabilità *sf* measurability.

misurare *vt* **1** to measure; *(tec.)* to gauge, *(USA)* to gage; *(col passo)* to pace; *(un terreno)* to survey: *misurare la lunghezza di qcsa,* to measure the length of sth — *misurare la forza del vento,* to measure (to gauge) the strength of the wind — *misurare una stanza,* to pace a room; *(fig.)* to pace up and down a room — *misurare il peso di qcsa,* to weigh sth — *misurare la temperatura a qcno,* to take sb's temperature. **2** *(valutare, giudicare)* to estimate; to judge; to value; to gauge, *(USA)* to gage: *misurare il valore di qcsa,* to estimate the value of sth; to value sth — *misurare le difficoltà (gli ostacoli),* to estimate the difficulties (the obstacles) — *misurare i meriti e i demeriti di qcno,* to judge sb's merits and demerits — *misurare gli altri da se stesso,* to judge (to measure) others by oneself — *misurare qcsa a occhio,* to give a rough estimate of sth — *misurare una distanza a occhio,* to gauge a distance with one's eye. **3** *(provare indumenti)* to try* (sth) on: *Vorrei misurare quel vestito,* I should like to try on that dress. **4** *(limitare, moderare)* to limit; to ration: *misurare le spese,* to limit one's expenses — *misurare il cibo a qcno,* to ration sb's food — *misurare il pane a qcno,* to keep sb short of bread. □ *Il poveretto misurò tutte le scale, (fig.)* The poor fellow tumbled all the way down the stairs — *misurare le parole, (fig.)* to weigh (to measure) one's words.
□ *vi* to measure: *Ogni lato misura venti metri,* Each side measures twenty metres; Each side is twenty metres long.
□ **misurarsi** *v. rifl* **1** to take* one's measurements. **2** *(contendere, gareggiare)* to contend; to compete; to try* one's strength.

misurato *agg* measured; *(equilibrato)* well-balanced; *(prudente)* measured; cautious.

misuratore *sm* **1** *(persona)* measurer; gauger, *(USA)* gager; *(geometra)* surveyor. **2** *(strumento)* gauge, *(USA)* gage meter.

misurazione *sf* measurement; measuring.

misurino *sm* small measure; *(per il latte)* small milk-can.

mite *agg* **1** mild; gentle; *(di animale)* meek; docile; *(clemente)* clement: *È mite come una colomba,* He is as mild as a dove — *clima mite,* mild climate — *un giudice mite,* a clement judge — *venire a più miti consigli,* to adopt a more reasonable attitude *(sing.)*; to see reason *(sing.)*. **2** *(di prezzo)* moderate: *prezzi miti,* moderate prices.

mitemente *avv* mildly; gently; meekly.

mitezza *sf* **1** mildness *(anche di clima)*; meekness. **2** *(moderazione)* moderation.

miticamente *avv* mythically.

miticizzare *vt* to mythicize.

mitico *agg* mythical.

mitigabile *agg* able to be mitigated.

mitigare *vt* to mitigate; to alleviate; to attenuate.
□ **mitigarsi** *v. rifl* **1** to calm down; to relax. **2** *(del clima)* to become* mild.

mitigatore *agg* mitigating. □ *sm* mitigator.

mitigazione *sf* mitigation; *(lenimento, anche fig.)* alleviation; relief.

mitilo *sm* mussel.

mito *sm* myth *(anche fig.)*: *far crollare un mito,* to explode a myth.

mitologia *sf* mythology.

mitologico *agg* mythologic(al).

mitomane *sm e f.* mythomaniac.

mitomania *sf* mythomania.

[1]**mitra** *sf (religione)* mitre, *(USA)* miter: *conferire la mitra,* to mitre.

[2]**mitra** *sm (mil.)* machine-gun.

mitraglia *sf* **1** *(stor.)* grape-shot. **2** *(scherz.: spiccioli)* small change.

mitragliamento *sm* machine-gun fire.

mitragliare *vt* to machine-gun.

mitragliatore *sm* machine-gunner. □ *fucile mitragliatore,* tommy-gun.

mitragliatrice *sf* machine-gun: *mitragliatrice a nastro,* belt-fed machine-gun.

mitragliera *sf* machine-gun.

mitragliere *sm* machine-gunner.

mitrale *agg* mitral.

mitrato *agg* mitred. □ *sm* prelate.

mitridatismo *sm* mithridatism.

mittente *sm* sender: *da ritornare al mittente,* return to sender.

mnemonica *sf* mnemonics *(col v. al sing.)*.

mnemonicamente *avv* *(spreg.)* by rote; mechanically.

mnemonico *agg* **1** *(relativo alla memoria)* mnemonic. **2** *(spreg.)* mechanical; rote.

mo' *sm* (*apocope di* **modo**) way: *a mo' di..., (come)* like — *a mo' di pesce,* like a fish — *a mo' di esempio,* by way of example.

[1]**mobile** *agg* **1** *(che si può muovere)* movable; *(che si muove)* mobile; moving: *feste mobili,* movable feasts — *caratteri mobili, (tipografia)* movable type *(sing.)* — *lineamenti mobili,* mobile features — *beni mobili,* personal estate; personal property; *(in Scozia)* moveable property — *imposta di ricchezza mobile,* income-tax on personal property and earnings; tax on capital, business and wages — *scala mobile,* moving staircase; escalator; *(econ.)* sliding scale — *gru mobile,* walking (*o* travelling) crane — *sabbie mobili,* quicksands — *squadra mobile,* flying squad — *colonna mobile,* mobile column — *libro a fogli mobili,* loose-leaf book. **2** *(incostante, volubile)* fickle; capricious; inconstant; changeable: *La donna è mobile,* Woman is fickle.

[2]**mobile** *sm* **1** piece of furniture; *(al pl.)* furniture *(collettivo in inglese, col verbo al sing.)*: *Ti piace questo mobile?,* Do you like this piece of furniture? — *I nostri mobili sono troppo vecchi,* Our furniture is too old — *mobili intarsiati,* inlaid furniture — *mobile da archivio,* filing cabinet. **2** *(mecc., fis.)* mobile: *il Primo Mobile,* the Primus Mobile *(lat.)*. □ *Sei un bel mobile!,* You are a fine type!; A fine sort of chap you are!

mobilia *sf* furniture.

[1]**mobiliare** *agg* movable: *proprietà mobiliare, (dir.)* personal property; chattels *(pl.)* — *mercato mobiliare,* stock market.

[2]**mobiliare** *vt* to furnish.

mobiliere *sm* *(fabbricante)* furniture-maker; *(venditore)* furniture-seller.

mobilificio *sm* furniture factory.

mobilità *sf* **1** mobility *(anche fig.)*. **2** *(incostanza)* fickleness; changeableness.

mobilitare *vt (mil.)* to mobilize; *(fig., anche)* to get* together.
mobilitazione *sf* mobilization.
mocassino *sm* moccasin.
moccicare *vi* **1** *(del naso)* to run*; to drop: *Ti moccica il naso,* Your nose is running. **2** *(piagnucolare)* to whimper; to whine.
moccio *sm (muco)* mucus; snot *(volg.).*
moccioso *agg* snotty-nosed.
□ *sm* young (*o* little) scoundrel.
moccolo *sm (mozzicone di candela)* candle-end; *(candelina)* small candle; taper.
□ *tenere il moccolo,* to play gooseberry — *tirare moccoli,* to curse; to swear.
moda *sf* **1** fashion; style: *essere vestito all'ultima moda,* to be dressed in the latest fashion (*o* style) — *la moda di Parigi,* Paris fashion(s) — *la moda primaverile,* Spring fashion(s) — *casa (rivista) di moda,* fashion house (magazine) — *alta moda,* haute couture *(fr.)* — *secondo la moda (alla moda),* in the fashion (fashionable) — *essere di moda,* to be in fashion — *essere di gran moda,* to be all the fashion; to be the height of fashion; to be all the rage — *venire di moda,* to come into fashion — *passare di moda,* to go out of fashion — *essere fuori moda,* to be out of fashion — *lanciare una moda,* to set a fashion — *seguire la moda,* to follow the fashion — *il male di moda,* the fashionable ailment — *negozio di mode,* dress-shop; fashion house. **2** *(usanza, maniera)* style; fashion; custom; manner; way: *alla moda di,* after the fashion (*o* manner, style) of — *cantare alla moda dei negri,* to sing in the negro way.
modale *agg* modal.
modalità *sf* modality; formality: *seguire le modalità richieste,* to comply with all the necessary formalities.
modanatura *sf* moulding.
modano *sm* **1** *(modello)* model; mould, *(USA)* mold. **2** *(per le maglie delle reti)* netting-needle.
modella *sf* model: *fare la modella,* to model; to be a model; to work as a model — *fare da modella,* to act as a model.
modellabile *agg* mouldable, *(USA)* moldable.
modellamento *sm* modelling; moulding, *(USA)* molding.
modellare *vt* to model *(anche fig.);* to shape; to mould, *(USA)* to mold; to fashion: *modellare una statua in gesso,* to model (to mould) a statue in chalk — *modellare il proprio stile su quello dei classici,* to model one's style on the classics.
□ **modellarsi** *v. rifl* to model oneself: *modellarsi sull'Ariosto,* to model oneself on Ariosto; to take Ariosto as a model.
modellato *agg* modelled. □ *sm* modelling.
modellatore *sm* modeller.
modellatura, modellazione *sf* **1** modelling; moulding, *(USA)* molding. **2** *(geologia)* mould, *(USA)* mold.
modellismo *sm* model-making.
modellista *sm e f.* model-maker.
modello *sm* **1** *(in generale e anche fig.)* model *(anche attrib.);* pattern: *un modello di cera per una statua,* a wax model for a statue — *gli ultimi modelli della Fiat,* the latest models of Fiat cars — *un modello sportivo,* a sports model — *diversi modelli,* a variety of models — *tutti fatti sullo stesso modello,* all made to the same model (*o* pattern) — *attenersi al modello,* to stick to the model (the pattern) — *prendere qcsa (qcno) a modello,* to take sth (sb) as one's model — *servire da modello,* to serve as a model (a pattern) — *modello di serie,* standard model — *modello in scala,* scale model — *modello in scala ridotta,* miniature; miniature model — *modello radiocomandato, (p.es. un aeroplanino)* radio-controlled model — *un modello di virtù,* a model of virtue — *una madre modello,* a model mother — *una fattoria modello,* a model farm. **2** *(sartoria, moda)* model; fashion; pattern: *gli ultimi modelli di Parigi,* the latest Paris models — *una sfilata di modelli,* a fashion parade — *il modello d'un vestito,* the pattern of a dress. **3** *(stampo, forma)* mould *(anche fig.), (USA)* mold: *due pezzi dello stesso modello,* two pieces made from the same mould — *Sembra che quei due siano fatti sullo stesso modello,* Those two seem to be cast (to have been cast) in the same mould.
moderabile *agg* governable.
moderare *vt* **1** to moderate; to check; to curb: *moderare l'entusiasmo,* to moderate one's enthusiasm — *moderare le parole,* to moderate one's language — *moderare l'ira (le passioni, ecc.),* to check (to curb) one's anger (one's passions, *ecc.*). **2** *(diminuire)* to reduce; to cut* down: *moderare la velocità,* to reduce speed — *moderare le spese,* to cut down one's expenses.
□ **moderarsi** *v. rifl* to control oneself; to go* carefully: *moderarsi nelle spese,* to be a moderate spender — *moderarsi nel bere (nel mangiare),* to be a moderate eater (drinker).
moderatamente *avv* moderately; temperately; in a moderate way.
moderato *agg* **1** moderate. **2** *(mus.)* moderato.
□ *sm* moderate.
moderatore *agg* moderating.
□ *sm* **1** *(persona)* moderator; chairman *(pl.* -men*)* *(anche di dibattito).* **2** *(tec.)* regulator; governor; *(fis.)* moderator.
moderazione *sf* moderation: *con moderazione,* in moderation; moderately.
modernamente *avv* modernly; in a modern way.
modernismo *sm* modernism.
modernista *sm e f.* modernist.
modernità *sf* modernity.
modernizzare *vt* to modernize.
moderno *agg* modern; up-to-date.
□ *sm* **1** *(persona)* modern: *i moderni,* modern people. **2** *(tendenza, ecc.)* modern way; *(nell'arte, ecc.)* modern trend.
modestamente *avv* modestly.
modestia *sf* modesty; decorum; *(nel vestire, ecc.)* unpretentiousness: *falsa modestia,* false modesty — *Non peccare di modestia!,* Don't be too modest! — *non peccare di modestia,* to be vain — *modestia a parte,* in all modesty; though I say it myself.
modesto *agg* **1** modest; unassuming; *(pratico, anche)* bashful; *(nel vestire, ecc.)* unpretentious: *un eroe modesto,* a modest hero — *una casetta modesta,* a modest little house. **2** *(umile)* humble. **3** *(mediocre)* limited; modest.
modicamente *avv* moderately.
modicità *sf* moderateness; *(di prezzo)* cheapness; lowness.
modico *agg* moderate; reasonable; *(a buon mercato)* cheap: *articoli a prezzo modico,* cheap articles; articles at reasonable prices.
modifica *sf* alteration; modification.
modificabile *agg* modifiable; alterable.
modificare *vt* to modify; to alter; to change: *modificare le condizioni di pagamento,* to modify the terms of payment — *modificare il proprio punto di*

vista, to change one's point of view — *modificare una legge,* to amend a law.

modificatore *sm* modifier.

modificazione *sf* modification; alteration; change; *(di una legge)* amendment: *Ci vorrebbe qualche modificazione,* Some modifications would be required — *soggetto a modificazione,* subject to alteration — *apportare delle modificazioni a qcsa,* to make changes in sth.

modista *sf* milliner.

modisteria *sf* milliner's (shop).

modo *sm* **1** *(maniera)* way; manner; *(modo di dire, di scrivere)* expression: *al modo di Raffaello,* in the manner (the style) of Raphael — *Lo facciamo noi in un modo, e voi in un altro,* We'll do it (in) one way and you (in) another — *in un modo o in un altro,* somehow; some way or other; by hook or by crook *(fam.)* — *in questo modo,* in this way; like this — *in quel modo,* in that way; like that — *in qualche modo,* in some way; some way or other; somehow — *allo stesso modo,* in the same way — *in che modo, (relativo e interr.)* how; in what way — *nel solito modo,* as usual; the usual way — *in certo qual modo,* in one way *(con l'accento tonico su 'one')* — *a proprio modo,* in one's own way — *a modo mio,* in my own way — *in tal modo,* in such a way; in this way — *in tutti i modi; in ogni modo; ad ogni modo,* in any case; at any rate; anyhow; anyway — *C'è modo e modo (di fare una cosa),* There are better ways (of doing sth) — *modo di parlare (guidare),* way of speaking (driving) — *modo di pagamento,* means of payment — *secondo il mio modo di pensare,* (according) to my way of thinking; in my opinion — *modo di dire,* idiom; expression; figure of speech — *per modo di dire,* so to speak; so to say; as it were — *modo letterario,* literary turn of phrase.

in modo... - **a)** *formando un avv in* 'ly': *p.es.: in malo modo,* badly — *in particolar modo,* particularly - **b)** *usando la parola* 'way' *preceduta dall'art indeterminativo: in modo strano,* in a strange way — *in modo assurdo,* in a ridiculous way.

di modo che *(così che),* so that; and so: *Non ho studiato molto quest'anno, di modo che sono stato bocciato agli esami,* I didn't study much this year, so (*o* and so) I failed my exams.

in modo che *(seguito dal congiunt. che si traduce con* 'to' *+ l'inf.): fare in modo che qcno faccia qcsa,* to get sb to do sth — *Devi fare in modo che egli arrivi presto,* You must get him to come early.

in modo che... non, *(in frasi negative, si traduce)* to make sure that...; to see that...: *Devi fare in modo che non mangino tutto il cibo,* You must make sure that (*o* see that) they don't eat all the food.

in modo da, *(finale)* so as to; in such a way as to; so that *(+ pron.): Affrettiamoci in modo da non perdere il treno,* Let's hurry, so as not to miss (so that we don't miss) the train.

fare in modo di, to try to: *Dovete fare in modo di finire entro stasera,* You must try to finish by this evening.

2 *(mezzo)* way; means *(sing. e pl.); (occasione)* opportunity: *trovare il modo di fare qcsa,* to find a way (some way, means) of doing sth — *Non c'è modo di arrivarci prima di mezzanotte,* There's no way (no means) of getting there before midnight — *aver modo di far qcsa,* to be able to do sth — *Non ho avuto modo di constatare se i contadini erano mal pagati o no,* I was unable to determine (I couldn't determine) whether the farm workers were badly paid or not — *Il lungo soggiorno in Francia gli diede modo di imparare la lingua perfettamente,* His long stay in France enabled him to learn the language perfectly — *Se tu avessi modo di parlare con lui...,* If you should have the opportunity of speaking to him... — *A chi vuole non mancan modi, (prov.)* Where there's a will there's a way.

3 *(spesso al pl.: contegno, comportamento)* manners *(al pl.): aver bei modi,* to have good manners (to be well-mannered; to be well-bred) — *avere brutti modi,* to have bad manners; to be ill-mannered; to be ill-bred — *con (in) bel modo,* politely — *una persona a modo,* a well-bred person; *(talvolta, se è un uomo)* a gentleman; *(se è una donna)* a lady.

4 *(misura)* measure: *oltre modo,* beyond measure; exceedingly; extremely; excessively — *agire con modo e misura,* to act reasonably and sensibly — *cotto a modo, (bene)* cooked properly; *(a puntino)* done to a turn.

5 *(gramm.)* mood: *modo indicativo (congiuntivo),* indicative (subjunctive) mood.

6 *(tipo di tonalità musicale)* key; *(ant.)* mode: *i modi maggiore e minore,* the major and minor modes — *in modo minore (maggiore),* in a minor (major) key — *modo dorico,* the Dorian mode.

[1]**modulare** *vt* to modulate *(anche fig.).*

[2]**modulare** *agg* modular.

modulatore *sm* modulator: *modulatore di frequenza,* frequency modulator.

modulazione *sf* modulation: *modulazione d'ampiezza,* amplitude modulation *(abbr.* A.M.*)* — *modulazione di frequenza,* frequency modulation *(abbr.* F.M.*).*

modulo *sm* **1** *(modello)* form: *modulo per telegramma,* telegram form — *riempire un modulo,* to fill up (to fill in) a form. **2** *(coefficiente)* modulus; coefficient: *modulo di elasticità,* modulus of elasticity. **3** *(archit.)* module. **4** *(numismatica)* diameter. **5** *(idraulica)* module. **6** *(parte di complesso organico)* module. **7** *(dir.)* precedent; form.

mogano *sm* mahogany.

moggio *sm* bushel: *mettere la lampada sotto il moggio, (Bibbia)* to hide one's light under a bushel.

mogio *agg* dejected; low-spirited; downhearted: *Se ne andò mogio mogio,* He went away crest-fallen.

moglie *sf* wife *(pl.* wives*): avere moglie,* to have a wife — *avere per moglie,* to have as one's wife — *cercar moglie,* to look for a wife — *riuscire una buona moglie,* to make a good wife — *dare la propria figlia in moglie,* to give one's daughter in marriage — *chiedere in moglie,* to ask in marriage — *prender moglie,* to get married — *riprendere moglie,* to marry again — *senza moglie,* wifeless; unmarried — *la moglie di Cesare, (fig.)* Caesar's wife — *Fra moglie e marito non mettere il dito, (prov.)* Never interfere between husband and wife.

moina *sf* blandishment; caress: *fare moine,* to fondle; to caress — *persuadere con le moine,* to wheedle; to cajole.

mola *sf* **1** *(macina del mulino)* millstone. **2** *(mecc.)* grinding wheel; grindstone: *mola smerigliatrice,* lapping wheel.

[1]**molare** *agg* molar: *dente molare,* molar tooth.
□ *pietra molare,* millstone.
□ *sm* molar.

[2]**molare** *vt* to grind*; *(affilare)* to whet; *(il cristallo)* to cut*: *molare il vetro,* to grind glass — *molare un coltello,* to whet a knife.

molato *agg* ground: *vetro molato,* ground glass — *cristallo molato,* cut crystal.

molatrice *sf* grinder.

molatura *sf* grinding.

molazza *sf* muller; pan mill.

mole *sf* **1** *(massa, volume)* mass; bulk. **2** *(dimensione)* size; dimensions *(pl.);* proportions *(pl.): di piccola mole,* of small proportions — *di grande mole,* of large proportions; bulky; massive. □ *un lavoro di grande mole,* a very heavy job — *Che mole quella donna!, (scherz.)* What a mountain of a woman!

molecola *sf* **1** molecule. **2** *(per estensione: particella)* particle.

molecolare *agg* molecular.

molestare *vt* to trouble; to tease; to disturb; to bother; to molest: *Non molestare il cane!,* Don't tease the dog! — *essere molestato dalle mosche,* to be bothered by the flies — *Non molestarmi!,* Don't bother me!

molestatore *sm* molester; disturber.

molestia *sf* nuisance; annoyance; trouble; bother: *recare (procurare) molestia,* to annoy; to tease; to bother.

molesto *agg* troublesome; annoying; vexatious; bothersome.

molla *sf* **1** *(mecc.)* spring: *molla di orologio,* watch-spring — *molla a balestra,* leaf spring — *materasso a molle,* spring-mattress — *scattare come una molla,* to spring up. **2** *(fig.)* mainspring; spur; spring: *Il denaro è la molla del successo,* Money is the mainspring of success. **3** *(al pl.: arnese)* tongs: *molla per il carbone,* coal-tongs — *Devi prenderla con le molle, (fig.)* You have to handle her with kid gloves.

mollare *vt* **1** to slacken; to let* go. **2** *(naut.)* to cast* off; to let* go: *mollare gli ormeggi,* to let go the moorings — *Molla!,* Let go! □ *mollare uno schiaffo a qcno,* to slap sb's face.

□ *vi* to cease; to give* in (*o* up); to desist; to stop: *Quando comincia a parlare non molla più,* When he begins talking he never stops — *Non mollare!,* Don't give up! □ *fare a tira e molla,* to shilly-shally.

molle *agg* **1** soft: *pietra molle,* soft stone — *molle come la cera,* soft as wax — *un cuscino molle,* a soft pillow — *tessuti molli, (anat.)* soft tissues. **2** *(pieghevole)* flexible; supple. **3** *(fig.: mite, dolce)* mild; sweet; soft; *(debole)* weak; feeble; *(di corpo, anche)* flabby: *le sue molli paroline,* her sweet words — *un governo molle,* a weak government — *un ragazzo di indole molle,* a weak-kneed boy — *essere una pappa molle,* to be spineless — *un uomo molle,* a milksop — *una punizione troppo molle,* a feeble punishment. **4** *(rilassato)* loose; lax; *(lascivo)* lascivious: *una vita molle,* a loose life — *molli costumi,* loose morals — *molli amori,* lascivious love-affairs. **5** *(bagnato)* wet; moist; soaked; wet through: *occhi molli di pianto,* eyes wet with tears — *uno straccio molle d'acqua,* a rag soaked with water.

□ *sm* **1** soft part: *Mi piace dormire sul molle,* I like sleeping in a soft bed. **2** *(acqua o altro liquido)* liquid: *mettere i fagioli in molle,* to put the beans to soak; to soak the beans — *mettere a molle il bucato nell'acqua calda,* to let the washing soak in warm water — *Non camminare sul molle!,* Don't walk where it's wet! — *mettere il becco in molle,* to drink; to wet one's whistle.

molleggiamento *sm* **1** springing; *(elasticità)* elasticity; springiness. **2** *(di veicoli)* springing system; suspension.

molleggiare *vt e i.* **1** *(vt)* to spring*. **2** *(vi)* to be* springy (*o* resilient).

□ **molleggiarsi** *v. rifl (fig.)* to walk with a springy step; *(ginnastica)* to do* the kness-bend.

molleggio *sm* **1** springing. **2** *(di veicolo)* springing system; suspension: *provare il molleggio di una automobile,* to test the springs of a car. **3** *(ginnastica)* knees-bend.

mollemente *avv* **1** softly. **2** *(con languore)* loosely; flabbily.

molletta *sf* **1** *(per i capelli)* hair-grip; *(per il bucato)* clothes-peg. **2** *(al pl.)* tongs: *mollette per il ghiaccio (lo zucchero),* ice- (sugar-) tongs.

mollettina *sf* fly-spring.

mollettone *sm* thick flannel.

mollezza *sf* **1** softness; *(flessibilità)* pliability. **2** *(debolezza)* weakness; *(rilassatezza)* looseness: *mollezza del carattere,* weakness of character — *mollezza di costumi,* looseness of morals. **3** *(al pl., fig.)* luxury: *vivere nelle mollezze,* to live in luxury.

mollica *sf* crumb; soft part (*o* inside) of bread; *(al pl.)* crumbs.

molliccio *agg* **1** softish; *(umido)* dampish; moist; wettish. **2** *(flaccido)* limp; flabby: *una mano molliccia,* a limp hand.

□ *sm* damp ground; muddy ground; muddy patch.

mollificare *vt* to soften; *(tenere a mollo)* to soak.

mollusco *sm* **1** *(zool.)* mollusc. **2** *(fig.)* sluggard.

molo *sm* pier; jetty; mole; *(banchina)* dock; quay; wharf.

molosso *sm* **1** *(cane)* Molossian hound. **2** *(poesia)* molossus.

molteplice *agg* manifold; *(numeroso)* various; numerous: *una struttura molteplice,* a manifold structure — *una personalità molteplice,* a many-sided personality — *per molteplici ragioni,* for various reasons — *molteplici significati,* numerous meanings.

molteplicità *sf* multiplicity.

moltiplicabile *agg* multipliable.

moltiplicabilità *sf* ability to be multiplied.

moltiplicando *sm* multiplicand.

moltiplicare *vt* to multiply *(in generale e in matematica);* to increase; to redouble: *moltiplicare due per quattro,* to multiply two by four — *moltiplicare un numero per se stesso,* to multiply a number by itself — *moltiplicare i guadagni,* to increase one's earnings — *moltiplicare gli sforzi,* to redouble one's efforts.

□ **moltiplicarsi** *v. rifl* to multiply; to increase: *I conigli si moltiplicano rapidamente,* Rabbits multiply rapidly.

moltiplicativo *agg* multiplicative.

moltiplicatore *sm* multiplier: *moltiplicatore di frequenza,* frequency multiplier. □ *moltiplicatore di velocità,* overdrive.

moltiplicatrice *sf* calculating machine.

moltiplicazione *sf* multiplication.

moltissimo **I** *agg superl* very much; a great (*o* good) deal; *(al pl.)* very many; a great many: *Ha moltissimo danaro,* He has very much (a great deal of) money — *C'era moltissima gente alla conferenza,* There were very (*o* a great) many people at the conference — *Non ha moltissime possibilità,* He hasn't very many opportunities — *Aspetto da moltissimo tempo,* I've been waiting for a very long time (for ages).

II *avv* a lot; very much; a good (*o* great) deal.

moltitudine *sf* great number; multitude; *(folla)* crowd: *una moltitudine di gente,* a great number of people; a crowd of people; a multitude *(ant.);* a host *(ant.)* — *la moltitudine dei presenti,* the majority of those present.

molto **I** *agg* **1** much *(pl.* many*)*; a great deal (of); good deal (of); a lot (of); lots (of); plenty (of); a great quantity (of): *molte volte,* many times; lots of times — *molti altri,* many others — *con molto affetto,* with much love; with lots of love — *Molta gente pensa così,* Many people think the same way — *È caduta molta neve,* A good deal of snow has fallen — *Ho visto molti paesi,* I've been to many (to lots of) countries — *Non è rimasto molto pane,* We haven't much (*o* a great deal of) bread left — *A molta gente non piace l'odore dell'aglio,* Lots of people don't like the smell of garlic — *Ci sono ancora molte fragole nel mio giardino,* There are still plenty of (lots of) strawberries in my garden — *Non ha fatto molta attenzione,* He didn't pay much attention — *Dovrai fare molta attenzione,* You'll have to be very careful — *Oggi fa molto caldo,* It's very hot today — *Cinquemila al chilo sono molte,* Five thousand lire a kilo is a lot.
2 *(riferito a tempo, talvolta in frasi ellittiche)* a long time *(affermativo)*; a lot of time; long *(interrogativo e negativo)*: *Non abbiamo molto (tempo),* We haven't much time; We haven't long — *Ci vuole molto (tempo)?,* Will it take long? — *È da molto (tempo) che aspetti?,* How long have you been waiting? — *Non lo vedo da molto (tempo),* I haven't seen him for a long time — *fra non molto,* soon; before long.
3 *(riferito a spazio, talvolta in frasi ellittiche)* a long way *(affermativo)*; far *(interrogativo e negativo)*: *È molto lontana la stazione?,* How far is the station? — *È molto lontano da qui,* It's a long way from here.
II *avv* **1** very much; a great deal; a lot; *(seguito da agg. compar.)* much; far; *(seguito da p. pass.)* much; *(seguito da avv.)* very: *Mio figlio lavora molto,* My son works a lot (*o* hard) — *L'hai pagato molto?,* Did it cost a lot?; Did you pay very much (a lot) for it? — *Vale cinquemila lire, a dire molto,* It isn't worth more than five thousand lire, at the most — *Mi piace molto,* I like it very much — *L'aereo è molto più caro del treno,* Flying is much more expensive than going by train — *Il tuo aiuto fu molto apprezzato,* Your help was much appreciated — *Molto bene!,* Very good!; Excellent! — *Scrive molto bene,* He writes very well — *Mi vuole molto bene,* She's very fond of me — *Sono andati molto avanti nel programma,* They've gone a long way ahead in the programme.
2 *(nelle risposte affermative)* very much; indeed.
III *pron* a lot; a great deal; much *(pl.* many*)*; plenty *(solo in frasi affermative)*: *'Quanti saranno?' - ' Non so di preciso, ma saranno in molti',* 'How many will there be?' - 'I'm not certain, but there'll be a lot of them' — *molti di noi,* many of us — *Molti dei suoi amici non sono mai stati in Polonia,* Many of his friends have never been to Poland.

momentaneamente *avv* at the moment; at present; *(temporaneamente)* temporarily.

momentaneo *agg* momentary; *(temporaneo)* temporary.

momento *sm* **1** moment; *(in certe espressioni ⇨ sotto)* instant; time: *in quel momento,* at that moment (*o* instant) — *proprio in quel momento,* that very moment; that instant — *in questo momento,* this moment; at the moment; just now — *Un momento, per favore!,* Just a moment, please! — *in qualunque momento,* at any moment (*o* time) — *a momenti, (a volte)* sometimes; *(fra un momento)* in a moment — *A momenti (Da un momento all'altro) arriverà,* He will be here any moment now — *A momenti le credevo,* I nearly believed her; I was on the point of believing her — *momento culminante,* climax — *Sei arrivato proprio al momento giusto,* You have arrived just at the right moment — *per il momento,* for the moment; for the time being; for the present — *un brutto momento,* a really bad moment; a 'mauvais quart d'heure' *(fr.)* — *l'uomo del momento,* the man of the moment — *senza un momento di esitazione,* without a moment's hesitation — *Se aspetti un momento vengo con te,* If you wait a moment I will come with you — *Lo fece in un momento di disperazione,* He did it in a moment of despair (*o* in desperation) — *Mi piacque fin dal primo momento,* I liked her the moment (*o* as soon as) I saw her — *Forza ragazzi, non c'è un momento da perdere!,* Come on lads, there is not a moment to lose! — *Non ho un momento di tempo per dipingere,* I haven't a moment for painting; I have no time to paint — *Non abbiamo mai un momento libero,* We never have a spare moment; We have no spare time — *Abbiamo passato dei momenti terribili,* We went through terrible times — *Verremo a trovarvi un altro momento,* We shall come and see you another (*o* some other) time — *Smettetela, questo non è il momento di scherzare!,* Stop it, this is no time for joking! **2** *(occasione)* opportunity; chance; right time: *cogliere il momento opportuno,* to take the opportunity (the chance) — *Finalmente trovai il momento opportuno per dirle tutto,* At last I found an opportunity to tell her everything. **3** *(importanza, peso)* importance; moment: *cose di gran momento,* things of great importance (*o* moment). **4** *(fis., mecc.)* moment: *momento d'inerzia,* moment of inertia — *momento di rovesciamento,* tilting moment; overturning moment — *momento di rotazione,* torque — *momento positivo,* right-handed moment — *momento di beccheggio, (aeronautica)* pitching moment — *momento di evoluzione, (naut., aeronautica)* rudder moment.
□ *dal momento che...,* since...; in as much as...; given that... — *Se tu fossi venuto un momento prima, l'avresti vista,* If you had come a little earlier, you would have seen her — *Questo letto dovrebbe essere un momento più morbido,* This bed should be just a bit softer — *tutti i momenti (ogni momento),* continually; always — *i bisogni del momento,* the most urgent needs — *negli ultimi momenti (di vita),* just before dying; just before he (she) died — *non vedere il momento di fare qcsa,* to look forward to doing sth; to be most impatient to do sth.

monaca *sf* **1** nun: *farsi monaca,* to become a nun; to take the veil — *monaca di clausura,* enclosed nun. **2** *(uccello)* nun; smew; *(farfalla)* nun.

monacale *agg* monastic(al); monachal; *(fig.)* austere.

monacanda *sf* novice.

monacare *vt* to put* (sb) into a convent.
□ **monacarsi** *v. rifl (farsi monaco)* to become* a monk; *(farsi monaca)* to become* a nun; to take* the veil (the habit); to enter a convent.

monacato *sm* **1** *(vita monastica)* monastic life. **2** *(l'insieme dei monaci)* brothers *(pl.)*; *(delle monache)* sisters *(pl.)*.

monacazione *sf (il farsi monaco)* taking the habit; *(il farsi monaca)* taking the veil.

monachesimo *sm* monachism.

monachina *sf* **1** little (*o* young) nun. **2** *(zool.)* avocet.

monaco *sm* **1** monk: *farsi monaco,* to become a monk; to take the habit; to enter a monastery — *L'abito non fa il monaco, (prov.)* The cowl does not make the monk. **2** *(scaldaletto)* bed-warmer. **3** *(asta della capriata)* king post; queen post.

monarca *sm* monarch.

monarchia *sf* monarchy.

monarchico *agg* monarchic. □ *sm* monarchist; royalist.

monastero *sm (di monaci)* monastery; *(di monache)* nunnery; convent.

monastico *agg* monastic; *(fig.)* austere.

moncherino *sm* stump (of an arm).

monco *agg* **1** maimed; mutilated: *monco di tutte e due le braccia,* with no arms — *monco di una mano,* one-handed — *monco di un braccio,* one-armed. **2** *(fig.)* incomplete; defective; inadequate.
□ *sm* maimed (*o* mutilated) person.

moncone *sm* stump.

monda *sf* weeding (of rice-fields).

mondana *sf* prostitute.

mondanamente *avv* worldly; in a worldly manner.

mondanità *sf* worldliness; *(cosa mondana)* frivolous thing: *correre dietro alle mondanità,* to pursue the things of this world.

mondano *agg* **1** worldly; earthly: *beni mondani,* worldly goods — *felicità mondana,* earthly happiness. **2** *(di gran mondo)* worldly; society *(attrib.)*; fashionable: *una persona mondana,* a fashionable person; a person in the public eye — *vita mondana,* social life; social whirl *(fam.)*.
□ *sm* man *(pl.* men*)* about town.

mondare *vt* **1** *(sbucciare)* to peel; *(piselli)* to shell; *(fagiolini)* to string*; *(il grano)* to winnow; *(granoturco)* to husk. **2** *(diserbare)* to weed. **3** *(fig.: pulire)* to cleanse: *mondare l'anima dal peccato,* to cleanse the soul of (*o* from) sin.

mondariso *sf* worker in a rice-field.

mondatura *sf* **1** *(dalla buccia)* peeling; *(dalla pula)* winnowing; husking; *(da erbacce)* weeding. **2** *(bucce)* peelings *(pl.)*; *(pula, loppa)* chaff; husks *(pl.)*. **3** *(fig.)* cleansing; purifying.

mondezza *sf* **1** *(pulizia)* cleanliness; neatness. **2** *(immondizia)* rubbish; garbage; trash *(USA)*.

mondezzaio *sm* **1** dust hole; rubbish-heap; *(letamaio)* dung-heap; dunghill. **2** *(fig.)* pigsty; sink: *Questa stanza è un mondezzaio,* This room is a pigsty — *un mondezzaio di vizi,* a sink of iniquity *(sing.)*.

mondiale *agg* **1** world *(attrib.)*; world-wide: *la prima guerra mondiale,* the First World War — *una potenza mondiale,* a world power — *artista di fama mondiale,* world-famous artist — *campionati mondiali,* world championships — *una rete di distribuzione mondiale, (comm.)* a world-wide distribution network. **2** *(fam.: fantastico)* wonderful; great.

mondina *sf (operaia)* worker in a rice-field; rice-weeder; rice-picker.

[1]**mondo** *sm* **1** *(cosmo, universo; corpo celeste; la Terra)* world: *il Tetto del Mondo,* the roof of the world — *in tutto il mondo,* all over the world; all the world over — *fare il giro del mondo,* to go round the world — *Ha girato il mondo,* He has knocked about the world a bit — *Caschi il mondo,* Come what may. **2** *(regno, fig.; ordine sociale; forma di civiltà; ambiente)* world: *il mondo animale,* the animal world (*o* kingdom) — *il mondo esterno,* the external (the outside) world — *il Mondo Antico,* the Old World — *il Mondo Nuovo,* the New World — *il mondo medioevale,* the medieval world — *il mondo della politica,* the world of politics — *il mondo cristiano,* the Christian world; Christendom — *il bel mondo; il gran mondo,* fashionable society — *donna di mondo,* fashionable woman; woman of fashion — *uomo di mondo (che ha molta esperienza),* man of the world; *(mondano)* man about town.
3 *(vita terrena, esistenza umana)* world; life: *mettere al mondo qcno,* to bring sb into the world; to give birth to sb — *essere al mondo,* to be alive — *venire al mondo,* to come into the world; to be born — *essere stanco del mondo,* to be tired (*o* sick) of life — *prendere il mondo come viene,* to take the world as it is; to take things as they come — *Così va il mondo!,* It's the way of the world!; Such is life! — *Non sa stare al mondo,* He's too simple for this world — *l'altro mondo,* the other world; the next world; the world to come — *andare all'altro mondo,* to die; to pass away — *mandare qcno all'altro mondo,* to kill sb.
4 *(la gente)* everybody; people; humanity; the world: *Il mondo è sovente cattivo,* People are often nasty — *Lo sa mezzo mondo,* Everybody knows it — *agli occhi del mondo,* in the eyes of the world — *vivere fuori del mondo,* to live cut off from the world.
5 'un mondo', *(fam. anche avv. con valore di 'molto, moltissimo')* a lot; a great deal; a world; very much; an awful lot: *un mondo di gente,* a lot of people; a crowd of people; a great many people — *Mi ha fatto un mondo di bene vederti,* It's done me a world of good to see you — *Ci siamo divertiti un mondo,* We enjoyed ourselves awfully; We had an awfully good time; We had a whale (*o* no end) of a good time *(fam.)*.
□ *Pareva la fine del mondo!,* It looked as if the end of the world had come — *Non è la fine del mondo!,* It's not the end of the world! — *Il tuo vestito è la fine del mondo,* That dress of yours is simply divine (*o* fabulous) — *Cose dell'altro mondo!,* It's incredible! — *da che mondo è mondo,* since the world began; since things began; from time immemorial — *Il mondo è piccolo,* It's a small world — *vivere nel mondo della luna,* to have one's head in the clouds — *Il mondo è di chi se lo piglia, (prov.)* The world is there for the taking — *Questo mondo è fatto a scale, chi le scende, chi le sale, (prov.)* Everyone has his ups and downs; Life is full of ups and downs — *Tutto il mondo è paese, (prov.)* It's the same the world over — *Il mondo non fu fatto in un giorno, (prov.)* Rome was not built in a day — *Il mondo è bello perché è vario, (prov.)* Variety is the spice of life.

[2]**mondo** *agg* **1** *(mondato, sbucciato)* peeled; husked; *(pulito)* clean. **2** *(fig.)* pure: *un'anima monda,* a pure soul — *una coscienza monda,* a clear conscience.

mondoboia *esclamazione* Good God!; Good heavens!

monegasco *agg e sm* Monegasque; Monacan.

monelleria *sf* prank; trick: *commettere delle monellerie,* to play pranks.

monellesco *agg* prankish; mischievous; rascally.

monello *sm* urchin; scamp; little scoundrel; rascal: *Sei stato tu, brutto monello!,* So it was you, you little scoundrel!

moneta *sf* **1** *(pezzo metallico)* coin; piece: *una moneta di rame,* a copper coin — *una moneta da dieci lire,* a ten-lira piece — *una moneta contraffatta,* a counterfeit coin. **2** *(collettivo: soldi, denaro)* money; cash: *moneta cartacea; carta moneta,* paper money — *moneta legale,* legal tender; currency; *(GB, anche)* coin of the realm — *battere moneta,* to strike (to mint) money — *pagare in moneta sonante,* to pay cash down. **3** *(denaro spicciolo)* change: *Non ho moneta spicciola,* I have no small change — *Hai mille lire di moneta?,* Can you change a thousand-lira note for me? □ *pagare qcno con la sua stessa moneta, (fig.)* to pay sb back in his own coin — *pagare di mala moneta,* to repay with ingratitude — *prendere qcsa per buona moneta,* to presume sth to be true.

monetaggio *sm* minting costs.

monetare *vt* to mint; to coin: *oro monetato,* gold coins *(pl.); (meno comune)* coined gold — *carta monetata,* paper money.

monetario *agg* monetary: *sistema monetario,* monetary system — *mercato monetario,* money market.

monetazione *sf* minting; coining; mintage.

mongolfiera *sf* hot-air balloon; montgolfière *(fr.).*

mongolo *agg e sm* **1** *(etnologia)* Mongol. **2** *(politica)* Mongolian.

mongoloide *agg e sm e f.* mongoloid; *(med., anche)* mongol.

monile *sm* jewel; necklace.

monito *sm* warning; admonition: *Che questo vi serva di monito,* Let this be a warning to you.

monitore *sm* monitor *(anche naut.).*

monoblocco *sm* cylinder block. □ *agg* monobloc; integral; enbloc.

monociclo *sm* monocycle.

monocilindrico *agg* single-cylinder.

monocinetico *agg* monokinetic.

monocolo *sm* monocle; eye-glass.

monocolore *agg* **1** single-colour. **2** *(politica)* one-party.

monocomando *agg* single-control.

monocorde *agg (fig.)* monotonous.

monocordo *sm* monochord.

monocromatico *agg* monochrome; monochromatic.

monocromia *sf* monochrome.

monocromo *agg* monochrome.

monoculare *agg* monocular.

monodia *sf* monody.

monodico *agg* monodic.

monofase *agg* single-phase.

monogamia *sf* monogamy.

monogamico *agg* monogamous.

monogamo *agg* monogamous. □ *sm* monogamist.

monografia *sf* monograph.

monografico *agg* monographic.

monografista *sm e f.* monographer; monographist.

monogramma *sm* monogram.

monolitico *agg* monolithic.

monologo *sm* monologue; *(soliloquio)* soliloquy.

monopattino *sm* (child's) scooter.

monopetto *sm* single-breasted suit.

monoplano *sm* monoplane.

monopolio *sm* **1** monopoly: *monopolio dello stato,* State (Government) monopoly. **2** *(consorzio o concentrazione di imprese)* trust; cartel: *legislazione anti-monopolio,* antitrust legislation (*o* laws).

monopolista *sm* monopolist.

monopolistico *agg* monopolistic.

monopolizzare *vt* to monopolize *(anche fig.).*

monopolizzatore *sm* monopolizer.

monoposto *agg attrib e sm* single-seater.

monorotaia *sf* monorail.

monosci *sm* water-ski.

monosillabico *agg* monosyllabic.

monosillabo *sm* monosyllable: *parlare (rispondere) a monosillabi,* to speak (to answer) in monosyllables.

monoteismo *sm* monotheism.

monoteista *sm e f.* monotheist.

monoteistico *agg* monotheistic.

monotonamente *avv* monotonously.

monotonia *sf* monotony; humdrum; tediousness: *rompere la monotonia della vita di ogni giorno,* to break the monotony of everyday life.

monotono *agg* monotonous; humdrum; tedious; unvarying; dull: *vivere una vita monotona,* to live a humdrum life — *con voce monotona,* in a monotonous (*o* dull) voice — *un discorso monotono,* a tedious speech — *una commedia monotona,* a dull play.

monovalente *agg* monovalent; univalent.

monovalenza *sf* monovalence; univalence.

monsignore *sm* **1** monsignor; 'monsignore' *(pl.* 'monsignori'*).* **2** *(scherz.)* bigwig.

monsone *sm* monsoon: *monsone estivo (invernale),* wet (dry) monsoon.

monta *sf* **1** mounting; covering: *toro da monta,* stud bull — *disponibile per monte,* at stud *(predicativo).* **2** *(luogo dove avviene l'accoppiamento)* stud farm. **3** *(modo di cavalcare)* seat. **4** *(fantino)* mount. **5** *(archit.)* rise.

montacarichi, montacarico *sm* hoist; goods-lift; elevator.

montaggio *sm* **1** *(mecc.)* assembly; assembling; erection: *catena (o linea) di montaggio,* assembly line — *reparto montaggio,* assembly shop. **2** *(edilizia)* erection. **3** *(cinema)* montage *(fr.);* editing; cutting and splicing.

montagna *sf* **1** *(monte)* mountain; *(zona montuosa)* mountains *(pl.): Il Monte Bianco è la più alta montagna d'Europa,* Mont Blanc is the highest mountain in Europe — *una catena di montagne,* a mountain chain — *un luogo di villeggiatura in montagna,* a mountain resort — *andare in montagna,* to go to the mountains — *passare le vacanze in montagna,* to spend one's holidays in the mountains — *il Sermone della Montagna, (Bibbia)* the Sermon on the Mount — *fiori di montagna,* alpine flowers; *(coltivati)* alpines — *mal di montagna,* mountain sickness — *artiglieria di montagna,* mountain artillery; pack artillery. **2** *(fig.)* mountain; pile; heap; lot: *una montagna di debiti (difficoltà),* a mountain of debts (difficulties) — *una montagna di rifiuti,* a heap of rubbish. □ *le montagne russe,* switchback *(GB, sing.);* roller-coaster *(USA, sing.)* — *La montagna ha partorito un topolino,* The mountain laboured and brought forth a mouse.

montagnola *sf* hillock.

montagnoso *agg* mountainous; hilly.

montanaro *agg* mountain *(attrib.);* highland. □ *sm* highlander; mountain-dweller; mountaineer.

montanello *sm* linnet.

montano *agg* mountain *(attrib.): un paese montano,* a mountain village; a village in the mountains.

montante *sm* **1** *(mecc.)* upright; vertical rod; stanchion; *(di automobile)* king pin; strut. **2** *(di finestra)* window-post; *(pilastro)* post; *(di infisso)* jamb. **3** *(calcio)* goal-post. **4** *(pugilato)* uppercut. **5** *(comm.)* total amount; capital plus interest.

montare *vi e t.* **1** to mount; to climb; *(un veicolo)* to get* on (*o* into) (sth): *montare a cavallo,* to mount a horse — *montare le scale,* to climb (to mount) the stairs — *montare la guardia,* to mount guard — *montare sulle spalle di qcno,* to climb on sb's shoulders — *Il bambino montò sul tavolo,* The child climbed onto the table — *montare in bicicletta,* to get on a bicycle — *montare in carrozza,* to get into a carriage — *montare su una automobile,* to get into a car — *montare su un autobus,* to get on (*o* into) a bus — *montare su,* to go up; to climb. **2** *(aumentare)* to rise*:

La marea monta rapidamente, The tide is rising quickly. **3** *(ammontare)* to amount (to sth). **4** *(di animale: coprire, fecondare)* to cover; to mount. **5** *(mecc., ecc.)* to assemble; *(un quadro)* to frame: *montare una macchina,* to assemble a machine — *montare la gomma, (di un'automobile)* to tire — *montare una pellicola,* to edit a film — *montare un quadro,* to frame a picture — *montare i cannoni, (mil.)* to mount a battery — *montare una tenda,* to put up a tent — *montare una pietra preziosa in oro,* to set a precious stone in gold. **6** *(frullare)* to whip; to beat*: *montare la panna,* to whip cream — *montare delle uova,* to beat eggs. **7** *(fig.: esagerare, gonfiare)* to blow* up; to exaggerate.

□ *montarsi la testa,* to get a swollen head; to become swollen-headed — *montare la testa a qcno,* to give sb a swollen head — *montare in collera,* to become (to get) angry — *Il sangue gli montò alla testa,* The blood rose to his head — *far montare la mosca al naso,* to make (sb) angry — *montare in bestia,* to get wild; to see red — *montare in superbia,* to put on airs — *montare un orologio, (caricarlo)* to wind a watch — *montare una casa,* to set up house; to furnish a house.

montatore *sm (mecc.)* fitter; rigger; assembler; *(cinema)* set dresser.

montatura *sf* **1** *(mecc.)* assembling; assembly; fitting. **2** *(di occhiali)* frame. **3** *(fig.)* exaggeration; puff: *una montatura della stampa,* a newspaper stunt — *È tutta una montatura,* It's a put-up job *(fam.).*

montavivande *sm* food-lift *(GB);* dumb-waiter *(USA).*

monte *sm* **1** mount *(lett. e nella toponomia; abbr.* Mt*);* mountain; hill: *il monte Everest,* Mount Everest — *il monte degli Ulivi,* the Mount of Olives — *il Monte Bianco,* Mont Blanc *(anche il dolce)* — *salire su un monte,* to climb a mountain — *una catena di monti,* a mountain chain (*o* range) — *per valli e monti,* up hill and down dale. **2** (*fig.* ⇨ *anche* **montagna 2**) mountain; heap; pile; lot *(fam.): un monte di stracci,* a heap of rags. **3** *(mucchio di carte scartate al gioco)* discarded cards; *(carte avanzate)* stock; talon. **4** *(insieme delle poste dei giocatori o simili)* pool; kitty *(fam.): monte premi,* prize money; jackpot. **5** *(anat.)* mons *(lat.).* **6** *(chiromanzia)* mount.

□ *a monte,* upstream; *(sci)* uphill; *(fig.)* earlier in the process — *in monte, (comm.)* in bulk — *tutt'in monte,* all together — *monte di pietà,* pawnshop — *portare qcsa al monte (di pietà),* to pawn sth — *andare a monte,* to come to nothing — *Il matrimonio andò a monte,* The marriage didn't come off — *mandare (qcsa) a monte,* to cancel; to annul; to break (sth) off; to give (sth) up; to upset; *(fig.)* to stop the game — *La festa fu mandata a monte,* The party was cancelled — *Manderò a monte tutti i suoi piani,* I'll upset all his plans — *promettere mari e monti,* to promise heaven and earth.

montgomery *sm* duffle coat.

montone *sm* ram: *carne di montone,* mutton — *salto del montone, (equitazione)* buck-jump.

montuosità *sf* **1** mountainousness. **2** *(rilievo del terreno)* high point.

montuoso *agg* mountainous; hilly.

monumentale *agg* monumental *(anche fig.).*

monumento *sm* monument *(anche fig.): monumento nazionale,* national monument — *un monumento di sapere,* a monument of learning. □ *andare a visitare i monumenti di una città,* to go and see the sights of a town.

moquette *sf* **1** *(tessuto)* moquette. **2** *(per estensione)* fitted carpet; wall-to-wall carpeting.

[1]**mora** *sf (del gelso)* mulberry; *(del rovo)* blackberry.

[2]**mora** *sf* **1** *(dir.)* delay; default: *essere in mora,* to be in default; to be in arrear(s). **2** *(dilazione)* respite; extension: *concedere una mora,* to grant a respite.

[3]**mora** *sf (negra)* negress; *(donna bruna)* brunette.

morale *agg* moral: *aiuti morali,* moral support *(sing.)* — *senso morale,* moral sense — *significato morale,* moral meaning — *una vittoria morale,* a moral victory — *filosofia morale,* moral philosophy; ethics. □ *uno schiaffo morale,* an affront — *danno morale,* injury to sb's feelings — *ente morale, (dir.)* institution — *capitale morale, (econ.)* virtual capital.

□ *sf* **1** morals *(pl.);* morality: *La morale varia molto da paese a paese,* Morals vary a lot from country to country — *un uomo senza morale,* a man without morals; an immoral man — *un delitto contro la morale,* a crime against morals (*o* morality). **2** *(insegnamento tratto da una favola, un racconto e simili)* moral: *La morale della favola è che...,* The moral (of the tale) is that... — *trarre la morale,* to draw the moral.

□ *sm* morale *(fr.);* moral condition: *Il morale dell'esercito è altissimo,* The morale of the army is very high — *tener su il morale a qcno,* to bolster (to boost) sb's morale; to cheer sb up; to buck sb up *(fam.).*

moraleggiare *vi* to moralize.

moralismo *sm* moralism.

moralista *sm e f.* moralist: *fare il moralista,* to play the moralist.

moralità *sf* **1** morality; morals *(pl.): una persona di dubbia moralità,* a person of doubtful morals. **2** *(teatro)* morality; morality-play.

moralizzare *vt e i.* to moralize.

moralizzazione *sf* moralization.

moralmente *avv* morally.

moratoria *sf (dir.)* moratorium; deferment; postponement: *chiedere la moratoria,* to ask for a postponement.

moravo *agg e sm* Moravian.

morbidamente *avv* softly.

morbidezza *sf* **1** softness. **2** *(arti figurative)* softness; mellowness.

morbido *agg* **1** soft; *(delicato)* delicate; *(vellutato)* mellow; *(di carne, ecc.)* tender: *un cuscino morbido,* a soft pillow — *mani morbide,* soft (*o* delicate) hands — *un allunaggio morbido,* a soft moon-landing — *una pesca morbida,* a mellow peach — *una bistecca morbida,* a tender steak. **2** *(fig.: di stile)* delicate; fluent: *uno stile pittorico morbido,* a delicate pictorial style — *uno stile letterario morbido,* a fluent literary style. **3** *(eccessivamente raffinato)* effeminate; *(lascivo)* lascivious; loose: *costumi morbidi,* loose morals. **4** *(med.: morboso)* morbid.

□ *sm* soft place: *sedere sul morbido,* to sit on sth soft.

morbillo *sm* measles *(col v. al sing.).*

morbo *sm* **1** *(med.)* disease; sickness: *morbo asiatico,* Asian influenza — *morbo caduco,* epileptic fit; falling sickness *(ant.)* — *morbo giallo,* yellow fever. **2** *(fig.)* malady.

morbosamente *avv* morbidly.

morbosità *sf* morbidity.

morboso *agg* morbid *(anche fig.);* diseased: *stato morboso,* morbid condition — *una curiosità (una fan-*

tasia) morbosa, a morbid curiosity (imagination) — *una gelosia morbosa,* pathological jealousy.

morchia *sf* sludge; *(della pipa)* dottle.

mordace *agg* cutting; pungent; sarcastic; mordant: *parole mordaci,* cutting words — *una lingua mordace,* a sharp (*o* caustic) tongue — *una satira mordace,* a pungent satire.

mordacità *sf* pungency; mordacity.

mordente *agg* biting *(anche fig.);* mordant.
□ *sm* **1** *(chim.)* mordant. **2** *(incisività)* bite; push; drive. **3** *(mus.)* mordent.

mordere *vt* **1** to bite* *(anche fig.): Ieri quel tuo cane mi ha morso la gamba,* That dog of yours bit me on the leg yesterday — *Morde il tuo cane?,* Does your dog bite? — *mordere la mano che soccorre, (fig.)* to bite the hand that feeds one — *mordere la polvere, (fig.)* to bite the dust — *mordersi le labbra (la lingua),* to bite one's lips (one's tongue) — *mordersi le mani, (fig.)* to regret; to kick oneself — *Quando lo seppe, si sarebbe morso le mani,* When she heard it, she could have kicked herself — *Chi non può mordere non mostri i denti, (prov.)* If you cannot bite, never show your teeth — *Can che abbaia non morde, (prov.)* Barking dogs seldom bite. **2** *(pungere, irritare, tormentare, anche fig.)* to bite*; to pinch; to sting*; to torment; to prick: *Era tutto morso dalle zanzare,* He was badly bitten by mosquitoes — *Un calabrone mi ha morso la guancia,* A hornet stung me on the cheek — *Gli mordeva la coscienza,* His conscience tormented (*o* pricked) him — *Questo aceto morde la lingua,* This vinegar bites the tongue (*o* is very pungent). **3** *(intaccare, corrodere)* to bite* (into sth); to corrode: *un acido che morde il ferro,* an acid which corrodes iron. **4** *(afferrare, stringere, conficcarsi)* to grip: *mordere l'asfalto, (di pneumatico)* to grip the road. □ *mordere il freno, (fig.)* to champ at the bit.

morello *agg* blackish. □ *sm (cavallo)* black horse.

morena *sf* moraine.

morenico *agg* morainic.

morente *agg* dying; moribund *(anche fig.);* about to die: *civiltà morenti,* moribund civilizations.
□ *sm e f.* dying person.

moresco *agg* Moorish; *(arte, ecc.)* Moresque.

moretta *sf* **1** *(ragazza negra)* negro girl; *(ragazza bruna)* brunette. **2** *(zool.)* tufted duck.

moretto *sm* **1** negro boy; coloured boy; *(ragazzo dalla carnagione scura)* dark boy. **2** *(gelato)* chocolate ice.

morfina *sf* morphine.

morfinomane *sm e f.* morphine addict.

morfinomania *sf* morphine addiction.

morfologia *sf* morphology.

morfologico *agg* morphologic(al).

morfologista *sm e f.* morphologist.

morganatico *agg* morganatic.

moria *sf* high mortality.

moribondo *agg* moribund *(anche fig.);* dying.
□ *sm* dying person.

morigeratamente *avv* soberly; *(rettamente)* uprightly.

morigeratezza *sf* temperance; moderation; *(rettitudine)* uprightness; honesty.

morigerato *agg* moderate; temperate; *(retto)* upright.

morire *vi* **1** *(di cose animate)* to die; *(eufemistico)* to pass away (*o* on); to pass over *(USA);* to expire *(lett.);* to perish *(lett.): Morì giovane (povero),* He died young (poor) — *Nacque pastore, ma morì re,* He was born a shepherd, but he died a king — *morire di crepacuore (di cancro),* to die of a broken heart (of cancer) — *morire per le ferite,* to die from one's wounds *(in guerra),* from one's injuries *(p.es. in un incidente stradale)* — *morire per la patria,* to die for one's country — *morire impiccato,* to die by hanging (on the gallows); to be hanged — *morire sul rogo,* to be burnt at the stake — *morire di spada,* to die by the sword — *morire di fame (di paura),* to die of hunger (of fright) — *morire di morte naturale,* to die in one's bed; to die a natural death — *morire di morte violenta,* to die a violent death; to die with one's boots on *(fam.)* — *lavorare tanto da morire,* to work oneself to death.
2 *(iperbolico; per indicare sentimenti, sensazioni spinte all'estremo)* to die; to be* dying: *morire di fame,* to be dying of hunger; to be starving — *morire dalla curiosità,* to be dying with curiosity — *morire dal ridere,* to die with laughter; to split one's sides laughing *(fam.)* — *morire di noia,* to be bored to death — *morire dalla voglia di qcsa,* to be dying for sth — *morire dalla voglia di fare qcsa,* to be dying to do sth — *essere stanco da morire,* to be dead tired; to be dead on one's feet — *Ho un sonno da morire,* I can hardly keep my eyes open — *Fa un freddo da morire,* It's bitterly cold; It's perishing cold.
3 *(fig.: spegnersi, venir meno)* to go* out; to die out; to die down; to pass away; to come* to a close; to reach one's close; *(di luce, colore)* to fade; *(di suono)* to die away: *Il fuoco del camino sta morendo,* The fire is dying down in the fireplace — *È un'abitudine che sta morendo,* This custom is dying out — *L'impero romano morì prima in Occidente,* The Roman Empire first came to an end in the West — *La luce del giorno moriva a poco a poco,* The daylight was slowly fading — *Il suo grido d'aiuto morì lontano,* His call for help died away in the distance.
4 *(sfociare, terminare)* to end: *La ferrovia muore qui finché non ci sarà il traforo,* The railway ends here until they build the tunnel — *Questo treno muore a Roma,* This train only goes as far as Rome — *Il fiume muore nel lago,* The river loses itself in the lake.
□ *vt* to die *(sempre seguito dal s.* death*): morire una morte eroica,* to die a hero's death.
□ *morire suicida,* to commit suicide; to die by one's own hand *(lett.)* — *far morire qcno (uccidere),* to kill; *(p.es. dal ridere)* to be the death of sb — *Mi fai morire!,* You'll be the death of me!; You're killing me! — *duro da morire,* die-hard — *morire per qcno, (essere infatuato)* to dote on sb; to go overboard for sb *(sl.)* — *Andrò, a costo di morire,* I'll go, even if it kills me — *Non so ancora di che morte devo morire, (fig.)* I don't yet know how things will turn out; I don't yet know what's in store for me — *Meglio (Peggio) di così si muore,* Excellent! (Terrible!), things could hardly have turned out better (worse) — *Che io possa morire se...,* I'll be hanged if... — *Piuttosto morire!,* Over my dead body!; Not on your life! — *Vide morire tutta la sua famiglia,* He outlived all the rest of the family — *Gli è morto il padre,* He has lost his father — *Chi muore giace e chi vive si dà pace, (prov.)* Let the dead bury the dead.

morituro *agg* about to die; doomed to die.

mormone *sm* Mormon.

mormoramento *sm* = **mormorazione.**

mormorare *vi e t.* **1** to murmur; to whisper; to speak* in whispers; *(spec. di acqua)* to babble: *Le mormorò qualcosa all'orecchio,* He murmured (*o* whispered) something in her ear — *Il ruscello mormorava dolcemente,* The brook was murmuring (*o* babbling) softly. **2** *(brontolare, lamentarsi)* to mutter; to complain;

(sparlare di qcno) to slander; to speak* ill (of sb): *mormorare contro qcno,* to complain of sb; to speak ill of sb; to mutter against sb. □ *Si mormora che...,* It is rumoured that...

mormoratore *sm* **1** murmurer; mutterer; grumbler. **2** *(maldicente)* slanderer.

mormorazione *sf* **1** murmuring; muttering; whispering; grumbling. **2** *(maldicenza)* slander.

mormorio *sm* **1** murmur; murmuring; rustling; whispering: *il mormorio della folla,* the murmur of the crowd — *un mormorio di approvazione,* a murmur of assent — *il mormorio delle foglie,* the rustling (*o* whispering) of the leaves — *il mormorio del vento,* the whispering of the wind. **2** *(borbottio)* grumbling; *(maldicenza)* slander.

[1]**moro** *agg* **1** *(della Mauritania, ecc.)* Moorish. **2** *(per estensione)* dark-complexioned; dark; black.
□ *sm* **1** Moor. **2** *(negro)* negro; blackamoor *(fam.).* **3** dark-complexioned person.

[2]**moro** *sm (gelso)* mulberry tree.

morosità *sf* **1** *(l'essere in mora)* being in arrears. **2** *(l'insieme di persone morose)* percentage (*o* number of persons) in arrears.

moroso *agg* in arrear(s); defaulting: *debitore moroso,* defaulting debtor.

morra *sf* mor(r)a: *giocare alla morra,* to play morra.

morsa *sf* **1** vice; *(USA)* vise *(anche fig.): le ganasce di una morsa,* the jaws of a vice. **2** *(archit.)* toothing.

morsettiera *sf* terminal board.

morsetto *sm* **1** clamp; holdfast. **2** *(elettr.)* terminal. **3** *(stringinaso)* nose-clip.

morsicare *vt* to bite*; to nibble.

morsicatura *sf* bite.

morsicchiare *vt* to nibble (at sth).

morso *sm* **1** bite; sting: *il morso di un cane,* a dog bite — *il morso di una zanzara,* a mosquito bite (*o* sting) — *il morso di un serpente,* a snakebite — *il morso della pulce, (anche fig.)* a flea-bite — *dare un morso a qcsa,* to bite sth — *mangiare qcsa a morsi,* to eat sth greedily; to bite away at sth; to gulp sth down — *mangiare qcsa con un morso solo,* to bite sth off; to eat sth at one bite. **2** *(fig.)* sting; pangs *(pl.): il morso della morte,* death's sting — *il morso della fame (del rimorso),* the pangs of hunger (of remorse). **3** *(sapore aspro)* sharp taste (*o* flavour). **4** *(boccone)* morsel; mouthful; bit: *un morso di pane,* a morsel of bread. **5** *(il ferro della briglia)* bit: *mettere (allentare, stringere) il morso,* to use (to loosen, to tighten) the bit — *cavallo delicato di morso,* a soft-mouthed horse.
□ *morso di rana, (bot.)* frog-bit.

mortaio *sm* mortar *(anche mil.).* □ pestare l'acqua nel mortaio, to beat the air.

mortale *agg* **1** *(soggetto a morire)* mortal. **2** *(in ogni altro senso)* deadly; mortal; fatal: *un colpo mortale,* a deadly (*o* fatal) blow — *i sette peccati mortali,* the seven deadly (*o* mortal) sins — *una ferita mortale,* a mortal wound; a fatal injury — *odio mortale,* mortal hatred — *nemico mortale,* mortal enemy — *spoglie mortali,* mortal remains.
□ *sm* mortal: *Noi miseri mortali,* We poor mortals — *Fortunato mortale!,* You lucky fellow!

mortalità *sf* mortality; *(indice di mortalità)* death-rate: *mortalità per incidenti stradali,* road toll; highway toll *(spec. USA);* road accident death-rate.

mortalmente *avv* mortally; fatally: *Fu ferito mortalmente,* He was mortally wounded; He was fatally injured — *offendersi mortalmente,* to be mortally offended — *annoiarsi mortalmente,* to be bored to death.

mortaretto *sm* firework; fire-cracker.

morte *sf* **1** death *(anche fig.): La morte della madre fu per lui un duro colpo,* His mother's death was a great blow to him — *una morte immatura,* an untimely death — *morte naturale,* natural death — *morire di morte naturale,* to die of natural causes — *morte per annegamento,* death from (*o* by) drowning — *la pena di morte,* the death penalty — *atto di morte,* death certificate — *letto di morte,* death-bed — *Il criminale confessò sul letto di morte,* The criminal made a death-bed confession — *fedele sino alla morte,* faithful unto death — *in caso di morte,* in case of death — *uniti nella morte,* united in death — *È questione di vita o di morte,* It is a matter of life or death — *Alla morte dei genitori si trasferì in città,* On his parents' death he moved into the town — *Eravamo annoiati a morte,* We were bored to death (to tears) — *Quel figlio sarà la sua morte,* That child will be the death of him — *Fu la morte delle sue speranze,* It was the death (the end) of his hopes — *affrontare la morte,* to face death — *andare incontro a morte sicura,* to face certain death — *guardare la morte in faccia,* to look death in the face — *correre pericolo di morte,* to run the risk of death — *essere condannato a morte,* to be sentenced to death — *essere ferito a morte,* to be wounded to death — *essere in punto di morte,* to be at death's door — *essere tra la vita e la morte,* to be between life and death — *fare una buona (cattiva) morte,* to make a good (bad) end; to die a good (bad) death — *mettere a morte qcno (dare la morte a qcno),* to put sb to death — *salvare qcno dalla morte,* to rescue sb from death — *trovare (incontrare) la morte,* to meet one's death — *fare la morte del topo,* to be crushed to death — *strappare qcno alla morte,* to snatch sb from the jaws of death. **2** *(culinaria)* the best way of cooking: *La morte del coniglio è alla cacciatora,* The best way of cooking a rabbit is en casserole.
□ *la Buona Morte,* Bona Mors *(lat.)* — *morte civile,* loss of civil rights — *A morte il traditore!,* Hang the traitor!; Death to the traitor! — *A morte il tiranno!,* Down with the tyrant! — *un silenzio di morte,* a death-like silence — *avere la morte nel cuore,* to have a heavy heart; to be heavy-hearted — *avercela a morte con qcno (odiare qcno a morte),* to hate sb like poison; to hate sb's guts *(fam.)* — *darsi la morte,* to commit suicide; to put an end to oneself.

mortificare *vt* to mortify.
□ **mortificarsi** *v. rifl* to feel* mortified.

mortificatore *sm* mortifier. □ *agg* mortifying.

mortificazione *sf* mortification: *È stata per lui una grave mortificazione,* It was a great mortification for him — *la mortificazione della carne,* the mortification of the flesh — *dare una mortificazione a qcno,* to mortify (to humble) sb.

morto **I** *agg* **1** dead *(anche fig.): foglie morte,* dead leaves — *un peso morto,* a dead weight — *pallone morto; palla morta,* dead ball — *una lingua morta,* a dead language — *angolo morto, (mil.)* dead ground — *il Mar Morto,* the Dead Sea — *mare morto,* hollow sea; swell — *stanco morto,* dead tired — *morto e sepolto,* dead and buried — *Cadde morto,* He dropped down (He fell) dead — *Ero più morto che vivo,* I was more dead than alive — *Se ti muovi sei un uomo morto!,* If you so much as move, you're a dead man! — *essere morto al mondo (alla gioia),* to be dead to the world (to pleasure) — *È un uomo morto,*

He is done for; He is a dead dog — *Sono morto!,* I am dead and done for! — *essere morto di fame,* to be starved (to be starving) to death — *essere morto di freddo,* to freeze (to be freezing) to death — *essere morto e stecchito,* to be as dead as a door-nail — *giungere ad un punto morto,* to come to a dead end — *essere lettera morta,* to be a dead letter. **2** *(comm.: stagnante)* slack; dead: *la stagione morta,* the dead season — *Siamo nella stagione morta,* Trade is slack just now. □ *acqua morta,* stagnant (*o* still) water — *un binario morto,* a siding — *terreno morto,* barren (*o* waste) land — *un colore morto,* a dull colour — *nato morto,* stillborn — *capitale morto, (comm.)* unemployed capital — *mano morta, (dir.)* mortmain — *corpo morto, (chim.)* inert body; *(naut.)* mooring buoy — *natura morta,* still life *(pl.* still lifes*)* — *opera morta, (naut.)* upper works; topside — *punto morto inferiore (superiore),* bottom (top) dead centre — *essere mezzo morto dalla paura,* to be frightened to death — *cadere a corpo morto,* to collapse — *buttarsi a corpo morto in qcsa,* to fling oneself into sth — *darsi per morto,* to break off with everybody. **II** *sm* **1** dead man *(pl.* men*)*; the deceased; *(al pl., collettivo)* the dead: *I morti non parlano,* Dead men tell no tales — *i morti e i vivi,* the living (the quick) and the dead — *piangere i morti,* to mourn (for) the dead — *seppellire i morti,* to bury the dead. **2** *(denaro nascosto, tesoro)* hoard of money; treasure. **3** *(nel gioco delle carte)* dummy; dead player. □ *fare il morto,* to feign death; *(nuoto)* to float on one's back — *un morto di fame,* a down and out *(fam.)* — *il Giorno dei Morti,* All Souls' Day — *Passa il morto,* A funeral is passing — *Ci scappa il morto!,* Somebody is going to get killed! — *pallido come un morto,* deathly pale — *cassa da morto,* coffin — *suonare a morto,* to toll — *Sembra un morto che cammini,* He looks like death warmed up.

mortorio *sm* funeral *(anche fig.)*: *La festa fu un vero mortorio,* The party bored everybody to death.

mortuario *agg* mortuary: *camera mortuaria,* mortuary chapel. □ *annunzio mortuario,* obituary.

mosaicista *sm* mosaicist.

[1]**mosaico** *agg (Bibbia)* Mosaic.

[2]**mosaico** *sm (arte, fotografia, malattia)* mosaic; *(fig.)* patchwork; *(miscellanea)* medley; pot-pourri *(fr.)*: *un pavimento a mosaico,* a mosaic pavement (*o* floor).

mosca *sf* **1** fly *(anche nel significato di 'esca')*; house fly: *mosca della carne (o carnaria),* blowfly; bluebottle — *mosca cavallina,* forest fly; horse-fly — *mosca tsé-tsé,* tsetse fly — *Morivano come mosche,* They were dying like flies. **2** *(finto neo)* patch; beauty spot. **3** *(barbetta sul labbro inferiore)* imperial. **4** *(naut.)* fly-boat. □ *Non si sentiva volare una mosca,* You could have heard a pin (a feather) drop — *mosca bianca,* a rarity; a 'rara avis' *(lat.)*; a rare kind of person — *Se gli salta la mosca al naso...,* If he loses his temper... — *essere fastidioso come una mosca,* to be a deadly bore — *fare di una mosca un elefante,* to make a mountain out of a mole-hill — *rimanere con un pugno di mosche in mano,* to be left empty-handed — *aver paura d'una mosca,* to be afraid of one's shadow — *Zitto e mosca!,* Hush! — *peso mosca,* flyweight — *mosca cieca,* blind-man's buff.

moscaiola *sf* **1** meat-safe. **2** *(acchiappamosche)* fly-trap.

moscardino *sm* **1** *(zool.)* dormouse *(pl.* dormice*)*. **2** *(damerino)* dandy.

moscatello *agg* muscatel *(attrib.)*.
□ *sm* muscatel.

moscato *agg* muscat *(attrib.)*: *noce moscata,* nutmeg.
□ *sm* muscat (wine); muscatel.

moscerino *sm* midge; gnat.

moschea *sf* mosque.

moschettato *agg* speckled; spotted.

moschetteria *sf* musketry.

moschettiere *sm* musketeer.

moschetto *sm* musket.

moschettone *sm (gancio)* spring-catch; spring-clip; *(alpinismo)* snaplink.

moschicida *agg* fly-killing: *carta moschicida,* fly-paper.
□ *sm* fly-killer.

moscio *agg* flaccid; flabby; soft; limp; *(fig.)* lifeless; dull: *colletto moscio,* soft collar — *persona moscia,* lifeless (*o* dull) person. □ *parlare con l'erre moscia,* to speak with a French r.

moscone *sm* **1** *(zool.)* bluebottle; blowfly: *moscone d'oro,* rose-fly; gold-bug *(USA)*. **2** *(fig.)* suitor; wooer; admirer. **3** *(imbarcazione)* pedal-boat; pedalo.

mossa *sf* **1** *(movimento)* movement: *una mossa involontaria,* an involuntary movement — *Lo buttai a terra con una mossa,* With one movement I threw him to the ground — *Fece una mossa improvvisa,* He moved suddenly — *Quella ragazza ha delle mosse graziose,* That girl moves gracefully — *fare la mossa, (scherz.)* to wiggle one's hips — *una mossa politica,* a political move. **2** *(passo, movimento, intervento: anche agli scacchi, ecc.)* move: *Quale sarà la nostra prossima mossa?,* What's our next move? — *fare una mossa abile,* to make a clever move — *fare una mossa falsa,* to make a false move *(anche fig.)* — *Non ha fatto una mossa per aiutarmi,* He didn't make so much as a move (He didn't lift a finger) to help me. **3** *(mil.)* strategic move; movement of troops. **4** *(sport)* starting post. □ *essere sulle mosse,* to be about to start; to be on the move — *prendere le mosse,* to start — *rubare la mossa a qcno,* to forestall sb; to leave before sb — *mossa di corpo, (med.)* motion of the bowels — *far mossa, (di vino, latte, ecc.)* to turn sour.

mossiere *sm* starter.

mosso *agg* **1** *(agitato)* rough; agitated; *(vario)* varied; *(ondulato)* wavy: *mare mosso,* rough sea — *paesaggio mosso,* varied landscape — *capelli mossi,* wavy hair. **2** *(mus.)* mosso.

mostarda *sf* mustard. □ *mostarda di Cremona,* glacé fruit pickle.

mosto *sm* must; new wine.

mostra *sf* **1** show; display; exhibition: *la mostra dei fiori,* the flower show — *una mostra di bestiame,* a cattle show — *una mostra d'arte,* an art exhibition (*o* show) — *una mostra di macchine agricole,* an agricultural machinery exhibition — *sala di mostra,* show-room — *vetrina di mostra,* show-window — *mostra campionaria,* trade fair — *essere in mostra,* to be on show. **2** *(carosello mil.)* military review; march-past; *(come spettacolo)* tattoo. **3** *(vetrina di negozio, ecc.)* shop-window; *(bacheca)* show-case. **4** *(incorniciatura di porta)* frame of doorway. **5** *(quadrante dell'orologio)* dial; clock-face.
□ *far mostra di andarsene,* to pretend to leave — *far mostra di cultura,* to show off one's learning — *mettere in mostra qcsa,* to show off sth — *Lo faccio per mostra, (per le apparenze)* I do it for the sake of appearances — *mettersi in mostra,* to make oneself conspicuous.

mostrabile *agg* showable; presentable.

mostrare *vt* **1** *(in generale)* to show*; to display; *(indicare)* to point out; to indicate: *Mi mostrò i suoi ve-*

stiti, She showed me her dresses — *Vuol mostrarmi il passaporto?,* Will you show me your passport, please? — *Mostrò l'automobile nuova a tutti gli amici,* He showed his new car to all his friends — *Ti prego, mostrami come devo fare,* Please show me how to do it — *Non ha nemmeno il coraggio di mostrare il viso,* He daren't even show his face — *Mi mostrò le difficoltà che mi aspettavano,* He pointed out the difficulties that awaited me — *mostrare i denti, (fig.)* to show one's teeth — *mostrare la lingua, (al medico)* to show one's tongue — *mostrare la strada,* to show the way — *mostrare impudicamente le gambe,* to show one's legs shamelessly — *mostrare gran coraggio,* to display great courage — *mostrare paura,* to show signs of fear — *non dimostrare paura,* to display no fear — *mostrare a dito qcsa,* to point to sth — *Non mostra l'età che ha,* He (She) doesn't look his (her) age. **2** *(dimostrare)* to point out; to prove; to demonstrate: *Ve lo mostrerò con un esempio,* I'll prove it to you with an example.

□ **mostrare di** - **a)** *(sembrare)* to seem; to look: *Non mostra di capire,* He doesn't seem to understand — *Mostra di seguire le orme paterne,* He looks as though he is going to follow in his father's footsteps - **b)** *(fingere)* to pretend: *Mostra di non saperne niente,* He pretends to know nothing about it.

□ **mostrarsi** *v. rifl* **1** to show* oneself. **2** *(fingersi)* to pretend (to be): *Vuol mostrarsi all'oscuro di tutto,* He's pretending to be entirely in the dark about it. **3** *(apparire)* to appear: *Non vuol mostrarsi in pubblico,* He doesn't wish to appear in public — *Sarebbe molto meglio per te che ti mostrassi quale veramente sei.* It would be much better for you (You would do much better) to show your true colours.

mostrina *sf* collar (*o* sleeve) badge; flash.

mostro *sm* **1** monster *(anche fig.).* **2** *(fig.: fenomeno)* phenomenon; prodigy: *È un mostro!,* The man's (The woman's) a marvel!

mostruosamente *avv* monstrously.

mostruosità *sf* monstrosity.

mostruoso *agg* monstrous; incredible; scandalous: *delitti mostruosi,* monstrous crimes — *di mostruosa altezza,* of monstrous height.

mota *sf* mud; mire; sludge; slime.

motivare *vt* **1** to state reasons (for sth); to justify: *motivare una sentenza,* to state reasons for a judgement. **2** *(causare)* to cause; to motivate: *motivare una lite,* to cause a quarrel.

motivazione *sf* **1** *(dir.)* statement of motives (of reasons): *motivazione della sentenza,* statement of reasons in the judgement; ratio decidendi *(lat.).* **2** *(psicologia)* motivation.

motivo *sm* **1** motive; reason; ground *(spesso al pl.); (causa)* cause: *Fu spinto da bassi motivi,* He was actuated by low motives — *Che motivo avevi per comportarti così?,* What motive (What grounds) did you have for behaving like that? — *Non ho nessun motivo di crederla infelice,* I have no reason to believe (no grounds for believing) that she is unhappy — *Suo marito non dovrebbe avere motivo di lagnarsi,* Her husband has no reason to complain (no grounds for complaint) — *Paolo fu il motivo della lite,* Paolo was the cause of (the reason for) our quarrel — *Ho buoni motivi per credere che ce la farà,* I have good reasons (good grounds) for believing that he will succeed — *Lo feci per un motivo semplicissimo,* I did it for a very simple reason — *Non era un buon motivo per ferirla,* That wasn't a (good) reason for hurting her feelings — *il motivo per cui...,* the reason why... — *Il motivo per cui non ti credo è che...,* The reason why I don't believe you is that... — *Ecco il motivo per cui non venne,* That's the reason (why) he didn't come — *Ti dirò il motivo,* I'll tell you why — *motivi di famiglia,* family reasons — *per più (diversi) motivi,* for several reasons; for a variety of motives — *per il suddetto motivo,* for the reason stated above; for the above-mentioned reason — *senza motivo, (avv.)* without motive (*o* reason); *(agg.)* groundless; motiveless; senseless. **2** *(mus.)* motif. **3** *(pittura)* subject.

□ *senza un giustificato motivo,* without justification — *a motivo di...,* on account of...; because of...; by reason of... — *dar motivo di,* to cause; to be the cause of — *dar motivo di sospettare,* to cause suspicion — *motivo conduttore, (mus.)* leitmotiv *(vocabolo tedesco).*

[1]**moto** *sm* **1** motion *(spec. fis., tec., ecc.);* movement: *moto alternativo,* reciprocating motion — *moto perpetuo,* perpetual motion — *il moto degli astri,* the movement of the stars — *il moto delle acque,* the movement of the waters — *un verbo di moto,* a verb of motion — *mettere (qcsa) in moto,* to set (sth) in motion; *(un motore)* to start (the engine); *(fig.)* to get sth going (*o* started) — *mettersi in moto,* to get moving; to set off; *(fig.)* to busy oneself — *essere in continuo moto,* to be always on the go. **2** *(esercizio fisico)* exercise: *Un po' di moto non gli farebbe male,* A bit of exercise would do him good. **3** *(gesto)* movement; gesture; *(impulso)* impulse; feeling: *Ebbe un moto d'impazienza,* He made an impatient gesture — *un moto d'affetto,* a feeling of affection. **4** *(sommossa)* rising; *(più forte)* rebellion.

[2]**moto** *sf* (*abbr. fam. di* **motocicletta**) motorbike.

motobarca *sf* motor-boat.

motocarro *sm* three-wheeler van; tricar.

motocarrozzetta *sf* side-car.

motocicletta *sf* motor-cycle; motor-bike *(fam.).*

motociclismo *sm* motor-cycling.

motociclista *sm* motor-cyclist.

motociclo *sm* motor-cycle; motor-bike *(fam.).*

motocross *sm* scrambling; motor-cycle scrambling: *una gara di motocross,* a scramble.

motodromo *sm* speedway.

motofurgone *sm* van.

motolancia *sf* motor-launch.

motonautica *sf* motor-boating; *(sport)* speedboat racing.

motonautico *agg* motor-boat *(attrib.);* speedboat *(attrib.): gare motonautiche,* speedboat races.

motonave *sf* motor-ship *(abbr.* M/S*).*

motopeschereccio *sm* motor-trawler.

motopompa *sf* motor-pump.

motore *agg* motor; motive; driving; propelling: *impulso motore,* motor impulse — *forza motrice,* motive power — *albero motore,* driving shaft; crankshaft — *gruppo motore,* power unit.

□ *sm* **1** *(mecc.)* motor; engine: *motore a scoppio,* internal combustion engine — *motore a due (quattro) tempi,* two- (four-) stroke engine — *messa in fase del motore,* timing — *avviare (spegnere) un motore,* to start (to stop) an engine. **2** *(filosofia e, per estensione, mecc.)* mover; motive force: *il Primo Motore,* the Prime Mover.

motoretta *sf* motor scooter.

motorino *sm* **1** *(motoretta)* moped; motor scooter. **2** *(motore)* motor: *motorino d'avviamento,* starter.

motorio *agg* motor *(attrib.).*

motorista *sm* engineer; motor mechanic.

motorizzare *vt* to motorize.

□ **motorizzarsi** *v. rifl* to get* oneself a car.

motorizzato *agg* 1 *(mil.)* motorized; mechanised. 2 *(tec.)* powered; motor-driven.

motorizzazione *sf* 1 *(mil.)* motorization; mechanisation. 2 number of vehicles per head of a population. □ *ispettorato della motorizzazione,* road traffic authority.

motoscafo *sm* motor-boat.

motosilurante *sf* motor torpedo-boat.

motovedetta *sf* motor patrol vessel.

motoveicolo *sm* motor vehicle.

motoveliero *sm* auxiliary sailing-ship.

motovelodromo *sm* cycle and motor-cycle racing track.

motrice *sf* motor; engine.

motteggiare *vi* to jest; to joke; to banter. □ *vt* to mock; to make* fun (of sb).

motteggiatore *sm* jester; *(burlone)* mocker.

motteggio *sm* 1 sneer; mockery: *Era fatto segno ai motteggi di tutti,* He was the laughing-stock of everybody. 2 *(detto arguto)* witticism; pleasantry.

mottetto *sm* motet.

motto *sm* 1 *(detto faceto, arguto)* witticism; pleasantry; joke. 2 *(massima)* maxim; saying; *(araldica)* motto. 3 *(parola)* word: *senza far motto,* without a word.

movente *sm* motive; cause; reason.

movenza *sf* motion; movement; gesture: *goffo nelle movenze,* clumsy in one's movements.

movibile *agg* movable.

movibilità *sf* movability.

movimentare *vt* to enliven; to animate: *movimentare una festa,* to enliven a party.

movimentato *agg* lively; animated; *(di strada, quartiere)* busy; *(pieno di eventi)* eventful: *una discussione movimentata,* an animated discussion — *una vita movimentata,* a busy (an active) life — *un soggiorno movimentato,* an eventful stay. □ *La commedia è poco movimentata,* The play lacks action.

movimento *sm* 1 *(tec. e in generale)* movement; *(moto)* motion: *movimento muscolare,* muscular movement — *il movimento di un orologio,* the movement of a watch — *movimento di treni,* movement of trains — *eseguire un movimento,* to perform a movement — *essere in movimento,* to be in motion — *essere in gran movimento,* to be on the go — *mettere qcsa in movimento,* to set sth in motion — *Non ho libero il movimento del braccio sinistro,* I cannot move my left arm freely — *fare un movimento col braccio (con la gamba),* to move one's arm (one's leg) — *fare un movimento col capo,* to shake one's head — *fare un movimento con la mano,* to gesture — *fare un movimento falso,* to make a clumsy movement; *(fig.)* to make a false move — *senza movimento,* motionless; lifeless — *invertire il movimento,* to reverse. 2 *(corrente culturale, politica, ecc.)* movement: *movimento letterario (politico),* literary (political) movement — *movimento studentesco,* student movement — *il Movimento, (p.es. il partito falangista)* the Movement. 3 *(traffico)* traffic; *(animazione, vita)* animation; life: *Ci sarà un gran movimento oggi sull'autostrada,* There will be a lot of traffic on the motorway today — *movimento stradale,* road traffic — *C'è poco movimento in questa cittadina,* There isn't much life in this town — *il movimento dei turisti,* the flow of tourism. 4 *(mil.)* movement; tactical manoeuvre; evolution. 5 *(mus.)* movement: *il movimento finale della Quarantesima Sinfonia in sol minore,* the last movement of the Fortieth Symphony in G minor. 6 *(in un quadro, in una composizione letteraria)* movement; action. 7 *(comm.)* movement: *il movimento dei prezzi,* the movement (*o* trend) of prices — *movimento d'affari,* turnover.

moviola *sf* moviola.

mozione *sf* motion: *La mozione fu respinta (approvata),* The motion was rejected (carried).

mozzare *vt* to cut* (sth) off; *(la coda)* to dock: *mozzare la coda ad un cavallo,* to dock a horse. □ *mozzare il fiato a qcno,* to take sb's breath away — *mozzare le parole in bocca a qcno,* to choke sb off; to shut sb up.

mozzicone *sm* stub; stump; butt: *mozzicone di matita,* stub of a pencil — *mozzicone di sigaretta,* cigarette stub; fag-end *(fam.).*

[1]**mozzo** *agg* cut-off; cropped; *(di orecchie di un animale)* docked. □ *fucile a canna mozza,* sawn-off shotgun.

[2]**mozzo** *sm* 1 *(naut.)* ship's boy. 2 *(di stalla)* stable-boy; groom.

[3]**mozzo** *sm* *(mecc.)* hub; *(aeronautica, naut.)* boss: *mozzo della ruota,* wheel-hub.

mucca *sf* cow; milch-cow.

mucchio *sm* heap; mass; pile; stack; lot: *un mucchio di fieno,* a heap of hay — *un mucchio di libri,* a pile of books — *un mucchio di soldi,* heaps (*o* stacks, bags) of money — *un mucchio di gente,* a lot of people; a crowd — *un mucchio di bugie,* a pack of lies — *a mucchi,* in plenty — *mettere tutti in un mucchio, (fig.)* to treat everybody the same way.

mucido *agg* mouldy; musty; rotten; bad: *pane mucido,* mouldy bread — *carne mucida,* bad meat.

mucillagine *sf* mucilage.

mucillaginoso *agg* mucilaginous.

muco *sm* mucus.

mucosa *sf* mucous membrane; mucosa *(pl.* mucosae*).*

mucosità *sf* mucosity.

mucoso *agg* mucous.

muda *sf* 1 *(di uccelli)* moult, *(USA)* molt. 2 *(luogo della muda)* mew. 3 *(fig., scherz.)* small prison.

muffa *sf* mould, *(USA)* mold; mildew: *fare la muffa,* to become mouldy; *(fig.)* to lie on the shelf — *odorare di muffa,* to smell mouldy — *sapere di muffa,* to taste mouldy.

muffire *vi* 1 to grow* musty; to mould, *(USA)* to mold. 2 *(fig.)* to run* (to go*) to seed; to rot; to moulder (away): *Non voglio muffire in questa cittadina noiosa!,* I don't want to go to seed (to rot) in this boring little town!

muffola *sf* 1 *(guanto)* mitten. 2 *(di forno)* muffle: *forno a muffola,* muffle furnace. 3 *(elettr.)* box.

muffosità *sf* 1 mustiness. 2 *(fig., raro)* haughtiness; disdain.

muffoso *agg* 1 musty. 2 *(fig., raro)* haughty; disdainful.

muflone *sm* moufflon *(fr.).*

muggente *agg* 1 bellowing. 2 *(fig.: del mare, del vento, ecc.)* roaring.

mugghiare *vi* 1 to bellow. 2 *(fig.: del mare, del vento, ecc.)* to roar.

mugghio *sm* bellow; *(fig., anche)* roar.

muggine *sm* mullet.

muggire *vi* 1 *(dei bovini)* to low. 2 *(del vento)* to moan; *(del tuono)* to rumble; *(del mare)* to roar.

muggito *sm* 1 bellow. 2 *(fig.: del mare, del tuono, ecc.)* roar.

mughetto *sm* 1 *(bot.)* lily of the valley. 2 *(med.)* thrush.

mugnaio *sm* miller.

mugolare *vi* 1 to howl: *I cani continuarono a mu-*

golare, The dogs went on howling. **2** *(di persona: lamentarsi)* to moan; to groan: *mugolare di dolore,* to groan in (*o* with) pain. **3** *(borbottare)* to mumble.

[1]**mugolio** *sm (olio)* pine oil.

[2]**mugolio** *sm* howling; *(lamentio)* moaning; whining.

mugugnare *vt* to mumble; to mutter.

mugugno *sm* mumbling; muttering.

mula *sf* she-mule; mule.

mulatta *sf* mulatto woman *(pl.* women*).*

mulattiera *sf* mule-track; track.

mulattiere *sm* muleteer; mule-driver.

mulatto *sm* mulatto *(pl.* mulattoes*).*

mulesco *agg* mulish.

muletto *sm* young mule.

muliebre *agg* feminine; womanly; womanish: *grazia muliebre,* feminine grace.

mulinare *vi* **1** to whirl. **2** *(fig.: fantasticare)* to muse; to indulge in fancies.

□ *vt (fig.: architettare)* to plot; to contrive.

mulinello *sm* **1** *(d'acqua)* whirlpool; *(di vento)* eddy; *(tromba d'aria)* whirlwind: *volo a mulinello,* whirling (*o* wheeling) flight. **2** *(di canna da pesca)* fishing-reel. **3** *(naut.)* windlass; *(aeronautica)* test-propeller. **4** *(giocattolo)* wind-vane; windmill. **5** *(ventilatore)* fan; ventilator. □ *fare dei mulinelli col bastone,* to twirl one's stick.

mulino *sm* mill: *mulino ad acqua,* water-mill — *mulino a vento,* windmill — *macina di mulino,* millstone — *ruota di mulino,* mill-wheel — *combattere contro i mulini a vento,* to tilt at (to fight) windmills. □ *essere come un mulino a vento,* to be a weathercock — *parlare come un mulino a vento,* to talk the hind leg off a donkey — *tirare l'acqua al proprio mulino,* to think only of one's own profit; to look after number one *(fam.).*

mulo *sm* **1** mule *(anche fig.): essere testardo come un mulo,* to be as stubborn as a mule — *tirar calci come un mulo,* to kick like a mule. **2** *(volg.: bastardo)* bastard.

multa *sf* fine; penalty; ticket *(USA, ma ora anche GB): incorrere in una multa,* to be fined; to get a ticket — *infliggere una multa a qcno,* to fine sb; to mulct sb.

multare *vt* to fine; to give* (sb) a ticket.

multicellulare *agg* multicellular.

multicolore *agg* many-coloured; multi-coloured.

multiforme *agg* multiform.

multilaterale *agg* multilateral.

multilingue *agg* multilingual.

multimilionario *agg e sm* multimillionaire.

multiplo *agg e sm* multiple.

multisillabo *agg* polysyllabic.

mummia *sf* **1** mummy. **2** *(persona vecchia e magrissima)* living skeleton; bag of bones; *(persona dalle idee antiquate)* old fossil; old fogey.

mummificare *vt* to mummify.

□ **mummificarsi** *v. rifl* to mummify; to become* mummified.

mummificazione *sf* mummification.

mungere *vt* to milk *(anche fig.).*

mungitore *sm* milker.

mungitrice *sf* **1** *(persona)* milker; milkmaid. **2** *(macchina)* milking-machine.

mungitura *sf* milking.

municipale *agg* municipal; local government *(attrib.);* town *(attrib.): impiegati municipali,* local government employees — *palazzo municipale,* town hall — *banda municipale,* town band — *scuole municipali,* council-schools.

municipalità *sf* municipality.

municipalizzare *vt* to municipalize.

municipalizzazione *sf* municipalization.

municipio *sm* **1** *(storia romana)* municipium. **2** *(comune)* municipality; *(amministrazione comunale)* town council; *(sede del municipio)* town hall.

munificamente *avv* munificently.

munificenza *sf* generosity; munificence.

munifico *agg* bountiful; generous; munificent.

munire *vt* **1** to fortify: *munire una città di torri,* to fortify a town with towers. **2** *(provvedere)* to provide; to supply; to furnish: *munire i soldati di vettovaglie,* to supply the soldiers with provisions. □ *munire un documento della firma,* to sign a document — *munire una cambiale della girata,* to endorse a bill.

□ **munirsi** *v. rifl* **1** to fortify oneself; to protect oneself. **2** *(provvedersi)* to provide oneself (with sth); to supply oneself (with sth); to furnish oneself (with sth).

munizione *sf* **1** *(generalm. al pl.)* munitions *(solo al pl.);* ammunition *(solo al sing.): non avere più munizioni,* to be out of munitions (of ammunition). **2** *(raro, scherz.: danaro)* money; dough; cash; *(viveri)* victuals *(pl.);* provisions *(pl.).*

muovere *vt* **1** to move; *(spostare)* to shift: *muovere il braccio (la gamba),* to move one's arm (one's leg) — *Il vento muoveva le cime degli alberi,* The wind moved (*o* stirred) the tree-tops — *muovere mari e monti,* to move heaven and earth — *muovere le truppe,* to move (the) troops. **2** *(scacchi, dama)* to move: *muovere una pedina, (scacchi)* to move a pawn; *(dama)* to move a man — *Tocca a te muovere!,* It's your move! **3** *(fig.: indurre, suscitare)* to move; to excite; to arouse; *(sollevare)* to raise; *(commuovere)* to stir: *La paura lo mosse a parlare,* Fear moved him to speak — *È mosso dall'invidia,* He is moved by envy — *muovere qcno al riso (al pianto, alla compassione),* to move sb to laughter (to tears, to pity) — *muovere la gelosia (l'invidia),* to excite (to arouse) jealousy (envy) — *La triste storia della donna ci muoveva l'animo,* The woman's sad story stirred our hearts — *muovere un dubbio,* to raise a doubt. □ *muovere i primi passi,* to take one's first steps — *muovere l'appetito,* to stimulate the appetite — *muovere guerra,* to wage war — *muovere il campo,* to strike (to break up) camp — *muovere una campagna,* to start a campaign — *muovere una domanda,* to put a question — *muovere critiche,* to arouse criticism — *muovere causa a qcno,* to bring a suit against sb — *non muovere un dito,* not to lift a finger.

□ *vi* **1** *(avanzare)* to move; to go*; to come*; to advance; *(partire)* to start; *(fig.: derivare)* to come*; to derive; to spring*: *Mosse incontro alla madre,* He went towards his mother — *Il treno muove da Roma,* The train starts from Rome (begins its journey in Rome) — *muovere in guerra contro qcno,* to go to war against sb — *muovere alla volta di,* to start for — *Il suo comportamento muove dall'invidia,* His behaviour comes (*o* springs) from envy. **2** *(germogliare)* to bud: *I ciliegi cominciano a muoversi,* The cherry-trees are beginning to bud.

□ **muoversi** *v. rifl* to move; to budge *(fam.); (leggermente)* to stir: *Vi muovete troppo lentamente,* You move too slowly — *Era calmo e non si muoveva una foglia,* It was calm and not a leaf moved (*o* stirred) — *Il vecchio non voleva muoversi,* The old man would not move (*o* budge) — *muoversi da un luogo,* to move from a place — *Non si muove mai di casa da quando è morto suo marito,* Since her husband died she never stirs from the house. □ *Nessuno si muova!,* Nobody move!; Keep still everyone! — *Muoviti!; Muovetevi!,*

Hurry up!; Get a move on! — *Ti muovi?,* Are you coming? — *Deve fare tutto perché sua moglie non può muoversi dal letto,* He has to do everything because his wife is confined to her bed — *'Eppur si muove',* 'And yet it moves' — *Non si muove foglia che Dio non voglia, (prov.)* When God wills, all winds bring rain.

muraglia *sf* wall: *la Grande Muraglia Cinese,* the Great Wall of China.

muraglione *sm* massive wall; *(lungofiume)* embankment.

murale *agg* wall *(attrib.);* mural: *carta murale,* wall map — *corona murale,* mural crown — *pittura murale,* mural.

murare *vt* to wall (sth) up; to brick (sth) up: *murare una porta (una finestra, ecc.),* to wall up a doorway (a window) — *murare viva una persona,* to wall up a person. □ *murare a secco,* to build without mortar; *(fig.)* to eat without drinking.

□ **murarsi** *v. rifl (fig.: tapparsi in un luogo)* to immure oneself: *murarsi nella propria stanza,* to shut oneself up in one's room.

murario *agg* building *(attrib.): l'arte muraria,* the art of building; masonry — *cinta muraria,* city *(o* castle, *ecc.)* wall.

murata *sf* **1** *(muraglia)* wall; city wall. **2** *(naut.)* ship's side.

murato *agg* walled-up; *(cinto da mura)* walled: *un'apertura murata,* a walled-up opening.

muratore *sm* mason; bricklayer: *franco muratore,* freemason. □ *picchio muratore,* nuthatch.

muratura *sf* **1** *(operazione del murare)* walling. **2** masonry: *ponte in muratura,* masonry *(o* stone) bridge — *lavoro in muratura,* brickwork; masonry.

murena *sf* moray eel.

muretto *sm* low wall.

muriatico *agg* muriatic.

murice *sm* murex *(pl.* murices, murexes*).*

muro *sm* **1** *(pl.* **muri**) wall *(vari sensi): muro maestro,* main wall — *muro divisorio,* partition wall — *muro di sostegno,* breast wall — *muro di cinta,* surrounding wall *(o* walls, *pl.)* — *muro d'ala,* wing wall — *muro a secco,* dry wall — *a muro, (di armadio, ecc.)* built-in; wall *(attrib.)* — *un armadio a muro,* a wall cupboard — *appendere un quadro al muro,* to hang a picture on the wall — *con le spalle al muro, (anche fig.)* with one's back to the wall. **2** *(pl.* **mura**) walls: *La città era circondata da alte mura,* The town was surrounded by high walls. □ *il muro del suono,* the sound barrier — *chiudersi tra quattro mura,* to shut oneself up; to seclude oneself — *avere le spalle al muro,* to be in a strong position — *parlare al muro,* to speak to a brick wall — *urtare contro il muro,* to run one's head against a brick wall — *mettere qcno al muro,* to put sb up against a wall; to shoot sb — *I muri hanno orecchi, (prov.)* Walls have ears.

musa *sf* **1** Muse: *le nove Muse,* the nine Muses. **2** *(fig.)* muse; inspiration.

muschiato *agg* musky.

[1]**muschio** *sm (profumeria)* musk.

[2]**muschio** *sm (bot.)* moss: *ricoperto di muschio,* mossy.

muscolare *agg* muscular.

muscolatura *sf* musculature; *(più comune)* muscles *(pl.).*

muscolo *sm* **1** muscle: *un uomo tutto muscoli,* a muscle-man — *scaldare (sciogliere) i muscoli,* to limber up. **2** *(cucina)* red meat. **3** *(zool.)* mussel.

muscolosità *sf* muscularity.

muscoloso *agg* muscular; brawny; sinewy.

muscoso *agg* mossy.

museo *sm* museum: *museo scientifico,* science museum — *museo etrusco,* museum of Etruscan antiquities. □ *roba da museo, (scherz.)* rubbish; junk — *pezzo da museo, (scherz.)* old fossil; museum piece.

museruola *sf* muzzle; *(di cavallo, anche)* nose-band: *mettere la museruola ad un cane,* to muzzle a dog — *mettere la museruola a qcno, (fig.)* to muzzle sb; to shut sb up.

musetto *sm* pretty face.

musica *sf* music *(anche fig.): musica da camera,* chamber music — *musica da ballo,* dance music — *un pezzo di musica,* a piece of music — *musica di scena,* incidental music — *musica di fondo,* background music — *mettere in musica,* to set to music. □ *Per favore, cambia musica!, (fam.)* Turn the record over!; Not that again! — *È la solita musica!,* It's the same (old) story! — *Questa è un'altra musica,* That's another matter.

musicabile *agg* able to be set to music; suitable for setting to music.

musicale *agg* musical *(anche fig.): una commedia musicale,* a musical comedy — *una voce musicale,* a musical voice — *avere un orecchio musicale,* to have a musical ear; to have an ear for music.

musicalmente *avv* musically.

musicare *vt* to set* (sth) to music.

musicassetta *sf* cassette.

musicista *sm e f.* musician.

musico *agg (lett.)* musical; *(poet.)* melodious.
□ *sm* musician.

musicofilo *agg* music-loving. □ *sm* music-lover.

musivo *agg* mosaic *(attrib.).*

muso *sm* **1** *(di animale)* muzzle; snout: *il muso d'un cane (d'una pecora),* a dog's (a sheep's) muzzle — *il muso di un maiale,* a pig's snout. **2** *(scherz. o spreg.: viso umano)* face; mug *(fam.); (talvolta)* nose: *Non m'importa di dirglielo sul muso,* I don't mind telling him so to his face — *rompere il muso a qcno,* to smash sb's face in — *ridere sul muso a qcno,* to laugh in sb's face — *Che brutto muso!,* What an ugly mug! — *fare il muso; mettere su il muso,* to pull a long face; to pout; to sulk — *torcere il muso di fronte a qcsa,* to turn up one's nose at sth — *mettere il muso fuori,* to put one's nose outside. **3** *(di aereo, automobile, ecc.)* nose. □ *È un muso duro,* He is a brazen person — *a muso duro, (avv.)* without losing composure; resolutely.

musone *sm* sulker; surly *(o* sullen) person.

musoneria *sf (fam.)* sulkiness; surliness.

mussola, mussolina *sf* muslin.

mustacchi *sm pl* **1** mustachio *(sing.);* moustache *(sing.), (USA)* mustache *(sing.): avere i mustacchi,* to have a moustache. **2** *(naut.)* guys; bowsprit stays.

musulmano *agg e sm* Moslem; Muslim; Mussulman; Mohameddan.

[1]**muta** *sf* **1** *(cambio)* change; *(di sentinelle)* relief: *dare la muta, (mil.)* to change the guard; to relieve the guard — *muta del vino,* decanting. **2** *(delle penne, pelo)* moult, *(USA)* molt; moulting, *(USA)* molting; *(della pelle)* sloughing; casting-off. **3** *(serie)* set; *(corredo)* change: *una muta di vele,* a set of sails — *una muta di abiti (di biancheria),* a change of clothes (of linen). **4** *(per l'immersione subacquea)* (rubber) suit; wetsuit.

[2]**muta** *sf* **1** *(di cani)* pack (of hounds). **2** *(di cavalli)* team (of horses).

mutabile *agg* changeable; inconstant; mutable.

mutabilità *sf* changeability; inconstancy; mutability.

mutamento *sm* change: *un mutamento di clima,* a change in the climate — *fare un gran mutamento,* to make a great change — *un mutamento in meglio (in peggio),* a change for the better (for the worse).

mutande, mutandine *sf pl* pants *(GB);* briefs *(GB);* shorts *(USA);* underpants *(USA); (da donna o bambino)* knickers; panties; pantees.

mutare *vt* **1** to change: *mutare proposito (idea),* to change one's mind — *mutare padrone,* to change masters *(pl.)* — *mutare tono,* to change one's tune — *mutare colore,* to change colour; *(impallidire)* to turn pale. **2** *(trasformare)* to change; to transform; *(alterare)* to alter: *mutare l'amore in odio,* to change love into hate — *mutare la voce,* to alter one's voice. □ *mutar casa,* to move (house) — *mutare la pelle, (di animali)* to shed (to slough) the skin — *mutare le penne,* to moult — *mutare il vino,* to decant wine.
□ **mutarsi** *v. rifl* **1** *(trasformarsi, alterarsi)* to change; to alter; to turn: *Si è mutato il tempo,* The weather has changed — *I bruchi si mutano in farfalle,* Caterpillars change into butterflies — *Si è mutata in un'altra donna!,* She has become a different woman! **2** *(cambiarsi d'abito)* to change one's clothes.

mutazione *sf* alteration; mutation; change.

mutevole *agg* changeable; mutable; *(volubile)* inconstant; fickle.

mutevolezza *sf* changeability; inconstancy; mutability.

mutilare *vt* to mutilate *(anche fig.);* to maim; to cut* (sth) off: *La scure gli mutilò le dita,* The axe chopped his fingers off — *mutilare un testo,* to mutilate a text.

mutilato *agg* maimed; crippled; mutilated.
□ *sm* disabled man *(pl.* men*);* cripple: *i mutilati di guerra,* disabled civilians and ex-servicemen.

mutilazione *sf* mutilation.

mutilo *agg (lett.)* mutilated.

mutismo *sm* **1** muteness; dumbness; *(psichiatrico)* mutism. **2** *(fig.)* obstinate silence; taciturnity: *chiudersi in un ostinato mutismo,* to maintain an obstinate silence; to shut up like a clam *(fam.).*

muto *agg* **1** dumb; mute: *Quel poveretto è muto dalla nascita,* That poor fellow has been dumb since birth (*o* was born dumb) — *Diventò muto da bambino per un grosso spavento,* A terrible fright left him dumb when he was a child. **2** *(senza parola per un'emozione)* dumb; speechless: *Rimase muto per il terrore,* He was struck dumb with horror — *Rimanemmo muti per lo stupore (vergogna),* We remained speechless with surprise (shame) — *una gioia muta,* speechless joy — *una muta preghiera,* a voiceless prayer. **3** *(silenzioso)* silent; mute; dumb: *Le strade erano mute e deserte,* The streets were silent and deserted — *muto dolore,* silent grief — *muto come una tomba,* as silent as the grave — *muto come un pesce,* as dumb as a fish — *film muto,* silent film — *fare scena muta, (fig.)* not to say a single word — *una scena muta, (teatro, ecc.)* a dumb show — *carta muta,* skeleton (*o* blank) map — *alla muta,* without uttering a word. **4** *(fonetica)* mute; silent: *una consonante muta,* a mute consonant: *L'acca è muta in italiano,* The letter 'h' is silent in Italian.
□ *sm* dumb person; mute: *il linguaggio dei muti,* the deaf-and-dumb language.

mutria *sf* haughtiness; sulkiness.

mutua *sf* sickness benefit fund; *(talvolta)* sick fund: *medico della mutua,* panel doctor — *andare in mutua, (fam.)* to go sick.

mutualistico *agg* **1** *(reciproco)* mutual. **2** *(riferito alla mutualità)* assistance *(attrib.).*

mutualità *sf* mutual assistance.

mutuamente *avv* mutually; reciprocally.

mutuante *agg* lending; loan *(attrib.).*
□ *sm* lender.

mutuare *vt* **1** *(prendere a mutuo)* to borrow. **2** *(dare a mutuo)* to lend*.

mutuato *sm* person insured against illness; *(in un documento)* the insured; the insured person.

mutuatore *sm* borrower.

[1]**mutuo** *agg* mutual; reciprocal: *società di mutuo soccorso,* (mutual) benefit society.

[2]**mutuo** *sm* loan: *mutuo ipotecario,* mortgage loan — *concedere un mutuo,* to grant a loan — *estinguere un mutuo,* to discharge a loan — *dare a mutuo,* to lend: *Fece un mutuo per costruirsi la casa,* He took out a mortgage to build his house.

N

N, n *sm e f.* N, n: *N come Napoli, (al telefono, ecc.)* N for Nellie.
nababbo *sm* nabob *(anche fig.).*
nacchera *sf* **1** *(strumento mus.)* castanet; *(stor.)* kettle-drum; naker. **2** *(zool.)* large bivalve; nacre.
nadir *sm* nadir.
nafta *sf* naphtha; *(per motori Diesel)* Diesel oil: *un bruciatore a nafta,* an oil-fired burner.
naftalina *sf* naphthalene: *naftalina in palline,* moth-balls *(pl.)* — *mettere qcsa in (togliere qcsa dalla) naftalina, (anche fig.)* to put sth in (to take sth out of) moth-balls.
naftolo *sm* naphthol.
[1]**naia** *sf (zool.)* cobra.
[2]**naia** *sf (sl. mil.)* **1** *(servizio militare)* military service; *(GB, anche)* national service; call-up; draft *(USA)*: *fare la naia, (fam.)* to do one's military service. **2** *(vita militare)* military life.
naiade *sf* naiad.
nailon *sm* nylon: *calze di nailon,* nylon stockings.
nanismo *sm* dwarfishness; *(med.)* nanism.
nanna *sf (sl. infantile)* bye-byes; beddy-byes: *andare (mettere qcno) a nanna,* to go (to put sb to) bye-byes — *fare la nanna,* to sleep — *ninna nanna* ⇨ **ninna-nanna.**
nano *agg* dwarfish; dwarf *(attrib.)*: *piante nane,* dwarf plants — *stella nana bianca,* white dwarf.
☐ *sm* **1** *(med. e nelle favole)* dwarf. **2** *(per estensione: persona di bassa statura)* shrimp *(scherz.).*
napoletano *agg e sm* Neapolitan.
nappa *sf* tassel.
nappo *sm (lett.)* goblet; cup; silver jug.
narcisismo *sm* narcissism.
narcisista *sm* narcissist.
narcisistico *agg* narcissistic.
narciso *sm* narcissus.
narcosi *sf* general anaesthesia.
narcotico *agg e sm* narcotic.
narcotizzare *vt* to narcotize.
narcotizzazione *sf* narcotization.
narghilè *sm* hookah; hubble-bubble; narghile *(raro).*
narice *sf* nostril.
narrare *vt* to tell*; to narrate.
narrativa *sf* narrative; *(genere letterario)* fiction.
narrativo *agg* narrative; *(di opera letterario)* fiction *(attrib.).*
narratore *sm* narrator; *(di storie)* story-teller.
narrazione *sf* **1** *(il narrare)* narration; narrative. **2** *(racconto)* tale; story.
nartece *sm* narthex.
nasale *agg* nasal: *cavità (setto) nasale,* nasal cavity (septum) — *pronuncia nasale,* nasal pronunciation.
☐ *sf (fonetica)* nasal consonant.
☐ *sm (parte dell'elmo)* nosepiece.
nasata *sf* blow given with (*o* received on) the nose: *dare una nasata,* to bang one's nose.
nascente *agg* **1** rising; dawning: *la generazione nascente,* the rising generation. **2** *(araldica)* naissant. **3** *(chim.)* nascent. **4** *(erba)* growing.
[1]**nascere** *vi* **1** *(venire al mondo: anche fig.)* to be* born; to come* into the world; to see* the light *(anche fig.)*: *Quando (Dove) sei nato?,* When (Where) were you born? — *Nacque a Genova il 12 ottobre 1896,* He was born in Genoa on October 12, 1896 — *È nato zoppo (ricco),* He was born lame (rich) — *nascer bene (di buona famiglia),* to be well born; to come of a good family — *Quali vantaggi porta nascere donna?,* What are the advantages of being born a woman? — *È nato prematuro,* He was born early; He was a premature baby — *Non sono nato ieri!,* I wasn't born yesterday! — *... quando tu non eri ancora nato,* ... before you were even born; *(talvolta)* ... when you were still a babe in arms — *esser nato con la camicia,* to be born under a lucky star (with a silver spoon in one's mouth) — *Siamo nati per soffrire,* We were born to suffer — *È un bugiardo nato,* He is a born liar — *nascere sotto buona (cattiva) stella,* to be born under a lucky (unlucky, evil) star — *È nato per comandare,* He was born (He was cut out) to be a leader — *Artisti si nasce,* Artists are born, not made — *È nata una nuova stella!, (anche fig.)* A new star is born! — *Deve ancora nascere l'uomo che...,* The man has yet to be born who... — *Paura di lui? Ma se l'ho visto nascere!,* Me, scared of him? Why I've known him since he was a child!
2 *(germogliare, fiorire)* to sprout; to come* up (*o* out); to grow*: *I bucaneve nascono quando l'inverno sta per finire,* Snowdrops come up when winter comes to an end — *nascere spontaneo, (di piante)* to grow wild — *nascere come funghi,* to spring up like mushrooms.
3 *(spuntare: di capelli, corna, ecc.)* to sprout; to begin* to grow: *Solo ai cervi maschi nascono le corna,* Only male deer sprout horns.
4 *(di pulcini, pesci, ecc.)* to be* hatched; to hatch.
5 *(di società, organizzazione, impresa commerciale)* to be* launched.
6 *(sorgere, apparire all'orizzonte)* to rise* *(anche di corsi d'acqua)*; to come* up; *(scaturire)* to rise*; to have* a (its, their) source: *Il sole nasce ogni giorno,* The sun rises every day — *il sole nascente,* the rising sun — *Molti fiumi nascono dai ghiacciai,* Many rivers have glaciers as their source.
7 *(fig.: derivare, aver origine)* to come* (from sth); to arise* (from, out of sth); to be* born (of, from sth); to grow* (out of sth): *L'odio nasce spesso dall'ignoranza,* Hate often arises from (*o* out of) ignorance — *L'esperanto è nato dall'esigenza di migliorare i rapporti fra i popoli,* Esperanto came into being out of (*o* was born of) the need to improve relationships between peoples — *Non si può sapere che cosa ne nascerà,* One cannot tell what will come of it.
8 far nascere *(causare, provocare)* to give* rise (*o* birth) (to sth); to arouse; to call forth: *far nascere un sospetto (uno scandalo),* to give rise to suspicion (to scandal) to — *far nascere un'idea,* to give birth to an

idea — *far nascere un sorriso,* to call forth a smile — *far nascere la speranza di qcsa,* to awaken the hope of sth.

□ *Che cosa è nato prima, l'uovo o la gallina?,* Which came first, the chicken or the egg? — *Mi nasce un dubbio...,* I wonder...; I'm wondering...; I'm beginning to wonder... — *A Patrizia è nata una bambina,* Patrizia has had a girl — *Da cosa nasce cosa, (prov.)* One thing leads to another — *Nessuno nasce maestro, (prov.)* Experts are not found in the cradle — *Si sa come si nasce, ma non come si muore, (prov.)* We know the manner of our birth, but not the manner of our death.

[2]**nascere** *sm (nascita, anche fig.)* birth; *(inizio)* start; beginning; outset; *(sorgere)* rise; rising; *(di piante, foglie, ecc.)* sprouting: *sul nascere,* at birth; *(di pianta e fig.)* in the bud — *fin dal nascere,* (right) from the start — *il nascere del giorno,* daybreak — *il nascere del sole,* sunrise.

nascita *sf* **1** birth: *certificato di nascita,* birth certificate — *atto di nascita,* record of birth — *luogo di nascita,* place of birth; birth-place *(spec. di personaggio storico)* — *essere cieco dalla nascita,* to be blind from birth — *È cieco di nascita,* He was born blind; He has been blind from (his) birth — *essere francese di nascita,* to be French by birth; to be French-born — *l'anniversario della nascita di Garibaldi,* the anniversary of Garibaldi's birth — *alla nascita,* at birth — *controllo delle nascite,* birth-control. **2** *(stirpe, origine, famiglia)* origin(s); birth; family: *essere di umile nascita,* to be of humble (of low) origin(s) — *essere di buona nascita,* to be of good birth; to come of a good family — *essere nobile di nascita,* to be of noble birth; to be high-born.

□ *la nascita del sole,* sunrise; sun-up *(USA)* — *prima della (dopo la) nascita di Cristo,* before (after) Christ.

nascituro *agg* **1** due to be born. **2** *(fig.)* future; forthcoming.

□ *sm* unborn child; *(più comune, anche se improprio)* baby.

nascondere *vt* to hide *(anche fig.);* to conceal: *nascondere un tesoro,* to hide a treasure — *Perché cerchi di nascondere i tuoi sentimenti?,* Why do you try to hide (to conceal) your feelings? — *nascondere qcsa a qcno,* to hide sth from sb. □ *Quelle parole nascondono un'insidia,* There is a trap behind those words — *Mia moglie non mi nasconde nulla,* My wife keeps nothing from me — *Nascose il viso fra le mani,* She buried her face in her hands — *nascondere la propria identità,* to keep one's identity secret — *nascondere il proprio odio,* to disguise one's hatred.

□ **nascondersi** *v. rifl* to hide (oneself); to be* hidden; to keep* out of sight: *Faresti meglio a nasconderti,* You had better hide; *(fig.)* You ought to be ashamed of yourself — *Dove si è nascosto?,* Where is he hiding? □ *giocare a nascondersi,* to play hide-and-seek.

nascondiglio *sm* hiding-place.

nascondino *sm* hide-and-seek.

nascosto *agg* hidden; concealed; *(segreto)* secret.

[1]**nasello** *sm (pesce)* hake.

[2]**nasello** *sm (mecc.)* nib; prong; tooth: *nasello di porta,* catch.

naso *sm* **1** nose: *naso a punta,* pointed nose — *naso all'insù,* turned-up (*o* tip-tilted) nose — *naso aquilino,* aquiline (*o* hook-) nose — *naso schiacciato (a patata),* pug (*o* flattened) nose — *soffiarsi il naso,* to blow one's nose — *avere il naso che cola,* to have a running *(fam.* runny*)* nose — *avere il naso intasato,* to have a blocked-up nose — *essere sotto il naso di qcno,* to be (right) under sb's very nose — *arricciare il naso di fronte a qcsa,* to turn up one's nose at sth — *mettere (ficcare) il naso in qcsa,* to poke (to push, *fam.* to stick) one's nose into sth — *non vedere più in là del proprio naso,* to see no further than the end of one's nose — *parlare con il naso,* to speak through one's nose — *fare un palmo di naso a qcno,* to make a long nose at sb; to cock a snook at sb — *menare qcno per il naso,* to lead sb by the nose. **2** *(mecc.)* snug.

□ *tabacco da naso,* snuff — *fazzoletto da naso,* pocket handkerchief — *a lume di naso,* by guesswork — *giudicare a lume di naso,* to judge instinctively — *Gli montò la mosca al naso,* He lost his patience (his temper); He saw red — *Gli chiuse la porta sul naso,* She shut the door in his face — *Non aveva il coraggio di mostrare la punta del naso,* He didn't dare (to) show his face — *aver (buon) naso,* to have a keen sense of smell; *(fig.)* to have keen judgment; to be a good judge — *non aver naso,* to have no sense of smell — *aver buon naso per qcsa,* to have a flair for sth — *restare con tanto di naso (con un palmo di naso),* to be left empty-handed; to be disappointed — *affilare il naso,* to grow thin — *non ricordarsi dal naso alla bocca,* to have a very bad memory; to have a memory like a sieve *(fam.).*

nassa *sf* **1** *(trappola)* conical wicker-work trap; hoop net. **2** *(chim.)* conical phial. **3** *(zool.)* dogwhelk.

nastrino *sm* ribbon.

nastro *sm* **1** ribbon; riband *(raro); (elastico)* elastic; *(di decorazione)* ribbon; *(di cappello)* band: *nastro da capelli,* hair-ribbon. **2** *(di macchina per scrivere)* ribbon; *(di telescrivente)* (ticker-)tape; *(di registratore, di calcolatore elettronico, ecc.)* tape; *(di trasportatore)* belt; *(di sega)* band; *(di mitragliatrice)* belt; *(di ammortizzatore)* strap: *registratore a nastro,* tape-recorder — *registrare su nastro,* to tape-record — *perforare su nastro,* to punch on tape — *nastro perforato,* punched tape — *nastro metallico,* strip; band iron. **3** *(sport)* tape; *(al pl.: alle corse ippiche)* barrier *(sing.);* starting-gate *(sing.).* □ metro a nastro, tape-measure.

nasturzio *sm* nasturtium.

nasuto *agg* big-nosed; *(fig.: sagace)* sagacious.

natale *agg* birth *(attrib.);* native: *giorno natale,* birthday; the day of one's birth — *terra natale,* native land — *luogo natale,* place of birth; *(di personaggio storico)* birth-place.

□ sm **1** *(Natale)* Christmas: *Buon Natale!,* Happy (Merry) Christmas! — *Babbo Natale,* Father Christmas — *auguri di Natale,* Christmas greetings — *il giorno di Natale,* Christmas Day. **2** *(nascita)* birth; foundation: *il natale di Roma,* the foundation of Rome — *un uomo di illustri natali,* a man of illustrious (of high) birth.

natalità *sf* (number of) births: *quoziente di natalità,* birth-rate; natality. □ *assegno di natalità,* maternity allowance.

natalizio *agg (del Natale)* Christmas *(attrib.); (del giorno di nascita)* birthday; natal *(lett.): vacanze natalizie,* Christmas holidays.

□ *sm (compleanno)* birthday: *celebrare il natalizio di qcno,* to celebrate sb's birthday.

natante *sm* craft *(pl. invariato);* boat.

□ *(come agg.)* floating.

natatorio *agg* swimming; natatorial *(raro): vescica natatoria,* swimming-bladder — *piscina natatoria,* swimming-pool.

natica *sf* **1** *(anat.)* buttock; *(al pl., med.)* nates. **2** *(mollusco)* natica.

natimortalità *sf* natimortality; perinatal death rate.

natio *agg* = **nativo.**

natività *sf* Nativity.

nativo *agg* native *(anche in senso mineralogico);* home *(attrib.); (connaturato)* inborn; innate.
□ *(come s.)* native.

nato *agg* born (⇨ *anche* **nascere**): *Era un pittore nato (Era nato per la pittura),* He was a born painter — *nato morto,* still(-)born — *appena nato,* new-born. □ *essere cieco (sordo) nato,* to be blind (deaf) from birth — *essere nato di sette mesi,* to be seven months old — *la signora Ferrero nata Brambilla,* Mrs Ferrero née Brambilla — *Sembra suo padre nato e sputato,* He is the dead spit (the spitting image) of his father. □ *sm* **1** son; child; little one. **2** *(al pl., di animali)* young; *(di uccelli)* nestlings. □ *i nati del 1945,* those born in 1945.

natura *sf* **1** nature: *lo studio della natura,* nature study — *le leggi della natura,* the laws of nature — *il ritorno alla natura,* the return to nature — *madre natura,* Mother Nature — *secondare la natura,* to aid nature — *lasciar fare alla natura,* to leave it (to leave things) to nature — *essere contro natura,* to be against nature (unnatural, contrary to nature) — *La natura non gli ha dato un'intelligenza vivace,* Nature has not blessed him with a lively intelligence. **2** *(indole, istinto)* nature; instinct; character; temper: *È nella natura del gatto graffiare,* It is the nature of a cat to scratch; A cat's instinct is to scratch — *Quella ragazza è timida per natura,* That girl is shy by nature — *È una natura focosa,* He has a fiery character. **3** *(caratteristiche, genere, qualità)* nature; kind: *I chimici studiano la natura dei gas,* Chemists study the nature of gases — *Lavori di questa natura non m'interessano,* Jobs of this nature don't interest me; This kind of job doesn't interest me.
□ *allo stato di natura,* in the natural state — *natura morta,* still life — *natura viva,* life — *Ogni natura ha il suo istinto,* Every form of life has its own instinct — *la natura umana, (il genere umano)* the human race; *(l'indole dell'uomo)* human nature — *essere buono di natura,* to be good-natured — *pagare in natura,* to pay in kind — *nobile per natura,* of noble birth.

naturale *agg* **1** natural *(vari sensi): storia naturale,* Natural History — *morte naturale,* natural death; *(nella medicina legale, ecc.)* death from natural causes — *morire di morte naturale,* to die a natural death; to die of natural causes — *figlio naturale,* natural son; bastard — *diritto naturale,* natural law — *Non è naturale!,* It isn't natural! **2** *(non artificiale)* natural; real; *(genuino)* genuine; *(grezzo)* raw: *una grotta naturale,* a natural cave — *capelli naturali,* real hair — *vino naturale,* genuine (*o* unadulterated) wine — *olio naturale,* raw oil. **3** *(come risposta: certamente, naturalmente)* of course; naturally; sure *(spec. USA).* □ *vita natural durante,* for the whole of one's life; for the rest of one's days — *vita naturale,* rustic life — *essere naturale nel muoversi (nel parlare),* to move (to speak) naturally — *un ritratto in grandezza naturale,* a life-size portrait.
□ *sm* **1** *(indole, istinto)* nature; instinct; natural bent; disposition. **2** *al naturale (di ritratto, ecc.)* life-size; *(di alimenti)* served raw; plain — *macedonia al naturale,* plain fruit salad; fruit salad on its own. **3** *(raro: nativo di un luogo)* native.

naturalezza *sf* naturalness: *con naturalezza,* naturally — *uno stile che manca di naturalezza,* an affected (*o* stilted) style.

naturalismo *sm* naturalism.

naturalista *sm e f.* naturalist.

naturalistico *agg* naturalistic.

naturalità *sf (dir.)* (right of) citizenship.

naturalizzare *vt* to naturalize.
□ **naturalizzarsi** *v. rifl* to become* naturalized.

naturalizzazione *sf* naturalization.

naturalmente *avv* **1** *(con naturalezza)* naturally; unaffectedly. **2** *(per natura)* naturally; by nature. **3** *(certo, ovviamente)* naturally; of course; certainly.

naturismo *sm* **1** naturism; nudism; nature-worship. **2** *(med.)* naturopathy.

naturista *sm e f.* naturist; nudist; nature-worshipper.

naufragare *vi* **1** *(di nave)* to be* wrecked; to be* lost. **2** *(di persona)* to be* shipwrecked. **3** *(fig.: fallire)* to fail; to come* to grief; to run* on the rocks: *naufragare in porto,* to fail in the home stretch.

naufragio *sm* shipwreck; wreck; *(fig.)* wreck; failure: *fare naufragio,* to be shipwrecked; *(fig.)* to fail; to fall through.

naufrago *sm* shipwrecked person; survivor; *(marinaio)* shipwrecked sailor; *(chi è approdato in un luogo deserto)* castaway.

nausea *sf* **1** *(med.)* nausea. **2** *(fig.: disgusto)* disgust; loathing: *fino alla nausea,* ad nauseam *(lat.)* — *sentir (provare) nausea per qcsa,* to feel sick from sth; *(fig.)* to loathe sth.

nauseabondo, nauseante *agg* **1** nauseating; sickening. **2** *(fig.)* revolting; loathsome; disgusting.

nauseare *vt* to nauseate; to sicken; to make (sb) feel sick; to disgust.

nauseato *agg* nauseated; disgusted (at, by, with sth); sick (of sth).

nautica *sf* navigation; nautical science.

nautico *agg* nautical: *strumenti nautici,* nautical instruments — *sala nautica,* charthouse — *qualità nautiche,* seaworthiness — *sport nautici,* aquatic sports — *sci nautico,* water skiing.

navale *agg* naval: *battaglia navale,* naval battle; *(un tempo)* sea-fight — *cantiere navale,* ship-yard.

navata *sf (centrale)* nave; *(laterale)* aisle: *una chiesa a cinque navate,* a church with nave and double aisles — *a una sola navata,* aisleless.

nave *sf* ship *(anche in astronautica);* vessel *(comm., dir. e talvolta mil. e naut.); (talvolta, spec. se piccola)* craft *(pl. invariato);* boat: *nave ammiraglia,* flagship — *nave a propulsione atomica,* nuclear ship (*o* vessel) — *nave a vapore,* steamship — *nave a vela,* sailing-ship — *nave cisterna,* tanker — *nave petroliera,* oil tanker — *nave civetta,* decoy ship; Q-ship — *nave corazzata,* ironclad (ship) — *nave da battaglia,* battleship — *nave da carico,* cargo ship; cargo boat; freighter; *(spreg.: carretta)* tramp — *nave da guerra,* warship; *(stor.)* man-of-war — *nave d'alto mare,* deep-waterman — *nave di linea,* ship of the line — *nave in servizio di linea,* liner — *nave appoggio,* tender; mother ship *(GB)* — *nave frigorifera,* refrigerator ship — *nave guardacoste,* coastal defence vessel — *nave mercantile,* merchant ship; merchantman — *nave di lungo corso (oceanica),* ocean-going vessel — *nave ospedale,* hospital ship — *nave passeggeri,* passenger ship — *nave scorta,* convoying ship; escort — *nave scuola,* school (*o* training) ship — *nave spaziale,* space ship; space craft — *nave lunare,* moon ship — *fianco (della) nave,* shipboard — *in mezzo alla nave,* midship; amidships — *nave traghetto,* ferryboat; ferry — *nave trasporto,* transport ship — *nave portaerei,* aircraft carrier; flat-top *(USA, fam.)* — *nave da cabotaggio,* coaster — *nave posamine,* minelayer — *nave postale,* mail steamer — *una nave a un ponte (a due, tre ponti),* a single-decker (double-decker, three-decker) ship.

navetta *sf (parte del telaio)* shuttle. □ *treno navetta,* train on ferry (*o* shuttle) service.

navicella *sf* **1** small ship; small craft; boat; *(di pallone aerostatico)* basket; *(di dirigibile)* gondola; nacelle; car. **2** *(per incenso)* incense-boat. **3** *(chim.)* porcelain boat. **4** *(in cucina)* fish-strainer. □ *la navicella di San Pietro,* the barque of St Peter; *(cioè)* the Roman Catholic Church.

navigabile *agg* **1** *(di fiume, ecc.)* navigable. **2** *(di bastimento)* seaworthy.

navigabilità *sf* **1** *(di fiume, ecc.)* navigability. **2** *(di bastimento)* seaworthiness; *(di aeromobile)* airworthiness.

navigante *sm* sailor; seaman *(pl.* -men*)*; crew member *(anche di un velivolo)*.

navigare *vt (percorrere navigando)* to sail.

□ *vi* to sail; to be* at sea: *Ha navigato fin da ragazzo,* He's been at sea since he was a boy — *navigare lungo la costa,* to sail along the coast.

□ *navigare col vento in poppa,* to have the wind behind one; to sail with a favourable wind — *navigare in cattive acque, (fig.)* to be in deep water (in stormy, in troubled waters); *(trovarsi in difficoltà economiche)* to be hard up; *(di azienda che va a rotoli)* to be going downhill — *navigare secondo il vento,* to trim one's sails according to the wind — *navigare sulla scia di qcno,* to follow in sb's wake.

navigato *agg* much travelled *(anche fig.)*; expert; experienced; wise; *(astuto)* cunning: *un uomo navigato,* an experienced man; a man of the world — *un affarista navigato,* a cunning businessman — *una donna navigata,* a woman of the world; a woman who has been around *(fam.)*.

navigatore *sm* **1** *(ufficiale di rotta)* navigator. **2** *(marinaio)* sailor; seaman *(pl.* -men*)*; *(stor.)* navigator; mariner; seafarer.

□ *agg* seafaring.

navigazione *sf* navigation; seafaring: *navigazione fluviale (interna, aerea),* river (inland, air) navigation — *navigazione a vela,* sailing — *compagnia di navigazione,* shipping company; shipping line — *atto alla navigazione, (di nave)* seaworthy; *(di aeromobile)* airworthy — *via di navigazione,* seaway — *Dopo due giorni di navigazione arrivammo a Hong Kong,* After two days at sea we arrived at Hong Kong.

naviglio *sm* **1** *(flotta)* fleet. **2** *(navi)* ships *(pl.)*; craft *(pl.)*. **3** *(canale)* canal; waterway; cut.

nazionale *agg* **1** national. **2** *(di produzione interna)* home-produced; domestic.

□ *sm* member of a national team.

□ *sf* **1** *(sport)* national team. **2** *(sigaretta)* (Italian) state-manufactured cigarette.

nazionalismo *sm* nationalism.

nazionalista *sm e f.* nationalist.

nazionalità *sf* nationality.

nazionalizzare *vt* to nationalize.

nazionalizzazione *sf* nationalization.

nazionalsocialismo *sm (stor.)* National Socialism; Nazi(i)sm.

nazione *sf* nation; country: *la Società delle Nazioni,* the League of Nations — *le Nazioni Unite,* the United Nations (Organization).

nazismo *sm* Nazi(i)sm.

nazista *agg e sm e f.* Nazi.

nazzareno *agg* Nazarene; of Nazareth: *capelli alla nazzarena,* long hair; flowing locks *(scherz.)*.

[1]**né** *congiunz* **1** *(né... né)* neither... nor; *(negando più di due termini)* neither... nor... nor; *(NB: in presenza di altra negazione)* either... or: *Non ho né fame né sete,* I am neither hungry nor thirsty — *Né il padre né la madre né i fratelli poterono fare qualcosa per lui,* Neither his father nor his mother nor his brothers could do anything for him — *Non voglio parlare né con lui né con sua moglie,* I want to talk neither with him nor with his wife; *(meno formale)* I don't want to talk either to him or to his wife — *né l'uno né l'altro,* neither; *(in presenza di altra negazione)* either — *né da una parte, né dall'altra,* on neither side — *Non ho visto né Anna né Carla,* I haven't seen either Anna or Carla — *né più né meno (che...),* neither more nor less (than...).

2 *(neppure, neanche)* neither; nor *(con inversione del soggetto e del verbo)*: *Non disse mai una cosa simile, né la dissi io,* He never said such a thing, and neither (*o* nor) did I — *Non è matto, né lo sono io,* He is not mad, and neither am I.

3 *(e non)* nor *(con inversione del soggetto e del verbo)*; and... not: *Ha voluto fare così, né lo biasimo,* He wanted to do it, and I don't blame him (*o* nor do I blame him).

[2]**ne I** *particella pronominale* **1** of (about, by, with, for) it (*o* him, *o* her, *ecc., a seconda della cosa o persona cui si riferisce e del verbo)*: *Ho fatto questo da me, e ne sono fiero,* I made this myself, and I am proud of it — *Non me ne importa niente,* I couldn't care less about it — *Vidi tutto e ne fui molto impressionato,* I saw everything and was much impressed (by it) — *Ti ho imprestato la mia auto; che ne hai fatto?,* I lent you my car; what did you do with it? — *Te ne pentirai amaramente,* You will be very sorry for it (for this) — *Dammi una mano, per piacere; ne ho molto bisogno,* Please, give me a hand; I need it very much — *Me ne ricordo benissimo,* I remember it (him, her) very well.

2 *(talora si traduce con un agg. possessivo)*: *Uccise i banditi e ne incendiò il covo,* He killed the robbers and set fire to their den — *Ne persi le tracce durante l'ultima guerra,* I lost his (*o* her, their) tracks during the last war.

3 *(partitivo)* some; *(in proposizioni negative e dubitative e talvolta interrogative)* any: *Dammene,* Give me some — *Ne ho,* I have some — *Ne ho molti,* I have a lot — *Eccone!,* Here (There) are some! — *Non ne ho,* I haven't any; I have none — *Ne hai?,* Have you any? — *Non ne hai?,* Haven't you any? — *Ne vuoi?,* Do you want some? — *Quanto (Quanti) ne vuoi?,* How much (How many) do you want? — *Dammene quattro (molti, solo un poco),* Give me four (a lot, just a little) — *Dammene cinque di grandi,* Give me five big ones.

□ *aversene a male,* to take it amiss — *dirne un sacco a qcno,* to give sb a good ticking off; to tell sb off — *farne delle belle (di tutti i colori),* to get up to all sorts of tricks — *saperne delle belle,* to know a lot (about sb or sth). *(Per 'infischiarsene', 'fregarsene', ecc.* ⇨ **infischiare, fregare,** *ecc.)*.

II *particella avverbiale (di moto da luogo)* from here; from there; from it; *(col verbo* to leave, *lasciare, partire)* here; there; it; this place; that place *(spesso sottinteso)*: *Me ne vado subito!,* I am going from here (I am going away, I am leaving this place, I am leaving) at once! — *L'ho visto al circolo, ne vengo ora,* I saw him at the club; I've just come from there

— *Arrivammo a Roma alle 7 e ne ripartimmo poco dopo,* We reached Rome at seven o'clock and left (it) a little later. (*Per 'andarsene'* ⇨ **andare 13**).

neanche *avv (neppure)* not... even; *(senza neppure)* without even; without so much as: *Neanche uno sciocco farebbe una cosa simile,* Not even a fool would do such a thing — *Non lo sposerei neanche fosse d'oro,* I wouldn't marry him even if he were rolling in money — *Se ne andò senza neanche salutare,* He went off without even saying goodbye; He went off without so much as a 'goodbye' — *Ma neanche per sogno! (per idea!),* Not on your life!; Certainly not!; I wouldn't dream of it! — *Ma non ci penso neanche!,* Certainly not!; Such a thought never crosses my mind!
□ *congiunz (e neppure)* neither... nor *(con inversione del soggetto e del verbo);* not... either: *Suo padre non è italiano, e neanche sua madre,* His father isn't Italian, nor is his mother — *Neanche sua sorella parla inglese,* His sister doesn't speak English either — *'Fumi?' - 'Mai' - 'E tuo fratello?' - 'Neanche',* 'Do you smoke?' - 'Never' - 'And your brother?' - 'He doesn't either'.

nebbia *sf* **1** fog; *(foschia)* mist; *(da calore)* haze; *(da rifrazione atmosferica)* mock fog; *(mista a fumo)* smog; *(fis., chim.: di particelle solide sospese in un gas)* smoke; *(di olio, per lubrificazioni)* oil mist: *Sta calando una fitta nebbia,* A thick fog is forming (is coming down); *(più fam.)* It's getting very foggy — *La nebbia si dirada (si dilegua, si alza),* The fog is clearing (lifting, rising) — *Questa nebbia non durerà molto,* This fog won't last long — *nebbia bassa (di mare, di umidità),* ground (sea, wet) fog — *un banco di nebbia,* a fog-bank — *una cortina di nebbia,* a fog- (a mist-) screen; *(mil.)* a smoke-screen — *faro antinebbia,* fog-light — *petardi per la nebbia, (ferrovia)* fog signals — *sirena per la nebbia,* fog horn — *essere bloccato dalla nebbia,* to be fog-bound. **2** *(fig.)* mist; haze; shadow: *nella nebbia dell'ignoranza,* in the shadow (in the haze) of ignorance — *una nebbia di sospetti,* a haze of suspicion. **3** *(malattia dei cereali)* rust; *(degli agrumi, del tabacco)* mildew; blight. **4** *(malattia della cornea)* nebula *(pl.* nebulae*).* □ *camera a nebbia,* cloud chamber.

nebbiogeno *agg* smoke-making: *un (apparecchio) nebbiogeno,* smoke-discharger.

nebbione *sm* thick fog; pea-souper *(GB, fam.).*

nebbioso *agg* foggy; *(con foschia, e fig.)* misty; *(fig.)* misty; hazy; obscure.

nebulizzare *vt* to atomize; to vaporize.

nebulizzatore *sm* atomizer; vaporizer.

nebulizzazione *sf* atomization; vaporization.

nebulosa *sf* nebula.

nebulosità *sf* nebulosity; *(fig.)* haziness; vagueness; obscurity.

nebuloso *agg* nebulous; *(fig.)* hazy; vague; obscure.

nécessaire *sm* dressing-case; toilet-case; beauty-case; *(per unghie)* manicure set; *(per barba)* shaving set; *(per le scarpe)* shoe box; *(per cucire)* sewing-case; *(per lavoro in genere)* work-basket; *(per fumatori)* smoker's set.

necessariamente *avv* necessarily; inevitably.

necessario *agg* **1** necessary; required; needed; *(più forte)* indispensable; *(essenziale)* essential: *i documenti necessari,* the necessary documents — *ritenere necessario qcsa,* to deem sth necessary; to consider sth essential — *avere il tempo necessario per fare qcsa,* to have enough (*o* sufficient) time to do sth; to have the time to do sth — *diventare necessario,* to become necessary; to become a necessity — *rendersi necessario a qcno,* to make oneself indispensable to sb — *Nessuno è necessario in questo mondo,* No-one is indispensable — *È necessario che tu venga subito,* You must come at once; It is necessary for you to come at once — *Non è necessario che tu stia qui,* You need not (*o* needn't) stay here; It is not necessary that you should stay here — *Per quell'impresa è necessario tutto il suo denaro,* All his money is needed (will be needed) for that enterprise — *È necessario il tuo aiuto,* Your help is (much) needed — *Son necessarie tre ore per arrivare a Venezia,* It takes three hours to get to Venice. **2** *(inevitabile)* inevitable.
□ *sm* (the) necessary; necessity *(più spesso al pl.);* what is necessary; what is needed; (the) wherewithal *(fam.); (equipaggiamento)* kit; gear; *(attrezzature)* equipment: *Mancano del necessario,* They lack the most obvious necessities — *Ho tutto il necessario,* I have all I need (all the necessary) — *il puro necessario,* the bare (the barest) necessities — *il necessario per disegnare,* the wherewithal to draw; drawing materials — *il necessario per il campeggio,* camping gear — *il necessario per impiantare un laboratorio,* the essential (the basic) equipment to set up a workshop.

necessità *sf* **1** necessity; *(bisogno)* need: *Se vi è necessità gli darò una mano,* If (it is) necessary (If the necessity should arise, If need be), I'll give him a hand — *Non c'è necessità che tu stia qui,* There is no need for you to stay here; You need not stay here — *le necessità della vita,* the necessities of life — *oggetti di prima necessità,* indispensable articles — *una necessità fisica (logica, matematica),* a physical (logical, mathematical) necessity — *una necessità spirituale,* a spiritual need — *una necessità corporale,* an urgent need; *(ancora più eufemistico)* a call of nature — *fatto in stato di necessità,* done under necessity — *spinto da necessità,* impelled (*o* urged) by necessity — *in caso di necessità,* in case of need; if necessary; if needed; if required; if need be — *per necessità; di necessità,* out of necessity; from necessity; necessarily; unavoidably — *per necessità di denaro,* for need (for want) of money — *secondo la necessità,* as needed; as required — *avere necessità di qcsa,* to need sth — *sentire la necessità di qcsa,* to feel the need of (*o* for) sth — *soddisfare alle necessità di qcno,* to satisfy sb's needs — *fare di necessità virtù,* to make a virtue of necessity — *Necessità non fa legge,* Necessity knows no law — *la necessità cieca,* blind fate. **2** *(scarsità, penuria)* need; want; *(povertà, indigenza)* hardship; indigence; poverty; penury; neediness: *vivere in necessità,* to live in poverty — *trovarsi (versare) in grande necessità,* to be in straitened circumstances; to be in great need; to be in dire straits.

necessitare *vt* to necessitate; *(obbligare)* to force; to oblige.
□ *vi* to need; *(essere necessario)* to be* necessary.

necroforo *sm* **1** undertaker. **2** *(zool.)* sexton-beetle; necrophore.

necrologia *sf* **1** *(annuncio)* obituary (notice). **2** *(orazione funebre)* funeral oration.

necrologio *sm* **1** *(annuncio)* obituary (notice). **2** *(libro)* necrology; death-roll; *(registro)* register of deaths.

necropoli *sf* cemetery; *(archeologia)* necropolis.

necroscopia *sf* post-mortem examination; necropsy; autopsy.

necrosi *sf* necrosis.

necrotico *agg* necrotic.

nefandezza *sf* foulness; baseness; vileness.

nefando *agg* foul; base; vile; abominable.

nefasto *agg (di cattivo auspicio)* ill-omened; unpropitious; *(funesto)* fatal; fateful; sorrowful: *un nefasto presagio,* an evil omen — *È un individuo nefasto,* He's a sinister fellow.

nefrite *sf* **1** *(med.)* nephritis. **2** *(mineralogia)* nephrite; jade.

nefritico *agg (med.)* nephritic.

negare *vt* **1** to deny: *Non posso negarlo!,* I can't deny it! — *Non si può negare (che)...,* It cannot be denied (that)... — *Nego che egli abbia potuto dire una cosa simile,* I deny (I refuse to admit) that he could have said such a thing — *Negò di averlo mai incontrato,* He denied having ever met him — *negare un'accusa, (dir.)* to deny a charge; to plead not guilty. **2** *(rifiutare)* to deny; to refuse: *Non negarmi il tuo aiuto!,* Don't deny (*o* refuse) me your help! — *Gli negò l'assenso,* He refused to give him his assent — *Non mi nega mai niente,* He never refuses me anything — *Si nega qualsiasi riposo,* He denies himself any rest — *negare l'obbedienza a qcno,* to refuse to obey sb. **3** *(rinnegare)* to deny: *negare la propria fede,* to deny one's faith.

□ **negarsi** *v. rifl (rifiutarsi)* to refuse.

negativa *sf* **1** *(fotografia)* negative: *negativa a contatto,* contact negative. **2** *(il negare)* denial: *stare sulla negativa,* to keep saying no. **3** *(risposta)* denial.

negativamente *avv* negatively: *rispondere negativamente,* to reply in the negative.

negativo *agg* **1** *(che nega o si limita a negare)* negative: *La mia risposta è negativa,* My answer is in the negative — *mantenersi negativo, (dir.)* to persist in denying. **2** *(sfavorevole)* unfavourable; *(contrario)* adverse: *critica negativa,* negative criticism — *avere esito negativo,* to be unsuccessful. **3** *(elettr., matematica, fotografia, ecc.)* negative.

□ *sm (fotografia)* negative.

negato *agg* no good (at sth); very bad (at sth); unfit (for sth); not cut out (for sth); hopeless (at sth); a dead loss (at sth) *(fam.): Sei negato per questo tipo di lavoro,* You are not cut out for this kind of work — *È negato per la matematica,* He is hopeless at mathematics.

negazione *sf* **1** *(cosa o azione opposta a qcsa)* negation. **2** *(diniego)* denial. **3** *(gramm.)* negative.

neghittoso *agg* lazy; slothful; indolent.

negletto *agg* neglected; derelict; ignored; *(trascurato)* careless; untidy; *(di abbigliamento)* slovenly.

négligé *sm* négligé(e); house-coat.

negligente *agg* negligent; neglectful; *(sbadato)* careless; inattentive.

□ *sm e f.* careless person.

negligentemente *avv* negligently; neglectfully; *(sbadatamente)* carelessly; inattentively.

negligenza *sf* **1** negligence *(anche dir.);* carelessness; heedlessness; inattention. **2** *(azione negligente)* piece of negligence; careless act.

negoziabile *agg* negotiable.

negoziante *sm* dealer; trader; *(bottegaio)* shopkeeper; tradesman *(pl.* -men*): un negoziante di vino,* a wine dealer — *un negoziante all'ingrosso,* a wholesale trader; a wholesaler — *un negoziante al minuto,* a retailer.

negoziare *vt (trattare, stipulare)* to negotiate; to stipulate; to draw* up; *(comperare e vendere)* to buy* and sell*; to transact: *negoziare un accordo commerciale (un trattato),* to negotiate (to draw up) a trade agreement (a treaty) — *negoziare un affare con qcno,* to negotiate a deal with sb — *negoziare valute estere,* to change (to buy and sell) foreign currency — *negoziare assegni,* to negotiate cheques — *negoziare titoli in borsa,* to deal in shares.

□ *vi* **1** *(discutere)* to negotiate; to enter into negotiations: *Negoziarono inutilmente per dei mesi,* They negotiated for months without getting anywhere. **2** *(commerciare)* to trade (in sth); to deal* (in sth).

negoziato *sm* negotiation; *(di affari)* business deal; transaction; *(accordo)* agreement: *iniziare i negoziati,* to open negotiations; to enter into negotiations.

□ *agg* negotiated; traded; transacted: *una pace negoziata,* a negotiated peace.

negoziatore *sm* negotiator.

negoziazione *sf* negotiation.

negozio *sm* **1** shop; store *(USA): un negozio al dettaglio (all'ingrosso),* a retail (wholesale) shop — *un negozio di scarpe,* a shoe-shop — *un negozio di giocattoli,* a toyshop — *un commesso di negozio,* a shop-assistant — *aprire (chiudere) un negozio,* to open (to shut) a shop. **2** *(traffico)* traffic; *(comm.)* trade; *(affare)* deal; transaction; piece of business; affair: *concludere un buon (un brutto) negozio,* to make a good (a bad) bargain; to bring off (not to bring off) a successful deal — *far negozio di qcsa,* to deal in sth — *Bel negozio!,* Here's a fine state of affairs! — *un negozio poco pulito,* a dirty (a dishonest) business — *un negozio amoroso,* a love affair. **3** *(dir.) negozio giuridico,* legal transaction.

negra *sf* coloured *(USA* colored*)* woman *(pl.* women*);* Negress.

negriero *agg* slave *(attrib.): nave negriera,* slave-ship; slaver.

□ *sm* slave-dealer; *(fig.)* slave-driver.

negro *agg* negro; black; coloured *(USA* colored*).*

□ *sm* Negro; black (*o* coloured, *USA* colored) man; *(spreg.)* black; nigger; *(spreg. o scherz.)* darky: *la tratta dei negri,* the slave trade — *lavorare come un negro, (fig.)* to work like a black (like a nigger).

negroide *agg* negroid.

negromante *sm* magician; wizard.

□ *sf* sorceress.

negromanzia *sf* necromancy.

nembo *sm* nimbus *(pl.* nimbi, nimbuses*);* rain-cloud; storm-cloud; *(fig.)* cloud: *in un nembo di polvere,* in a cloud of dust.

nemesi *sf* nemesis; retribution; *(vendetta)* vengeance; *(destino)* fate.

nemico *sm* enemy; foe *(lett.);* adversary: *Il nemico attaccò all'alba,* The enemy attacked at dawn — *il mio nemico giurato (mortale),* my sworn (mortal) enemy — *i suoi nemici politici,* his political adversaries (opponents) — *il Nemico, (il diavolo)* the Enemy — *mettere in fuga il nemico,* to put the enemy to flight — *passare al nemico,* to go over to the enemy — *Dai nemici mi guardo io, dagli amici mi guardi Iddio, (prov.)* God protect me from my friends: I can protect myself from my enemies — *Molti nemici, molto onore,* It's a great honour to have many foes; Many foes, much honour — *A nemico che fugge ponti d'oro, (prov.)* If your enemy runs away, let gold and silver pave his way.

□ *agg* **1** hostile; adverse; opposed (to sb, to sth): *È nemico di ogni corruzione,* He is opposed to all corruption — *La sorte mi è sempre stata nemica,* Fate has always been against me — *È nemico dell'acqua,* He hates water; He objects to water — *essere nemico di tutti,* to be against everybody — *farsi nemico qcno,* to make an enemy of sb. **2** *(del nemico)* enemy: *le* *trincee nemiche,* the enemy trenches. **3** *(nocivo)* detrimental; harmful.

nenia *sf* **1** *(canto funebre)* dirge; lament. **2** *(canto monotono)* sing-song. **3** *(fig.)* rigmarole; tedious speech; long tale of woe.

neo *sm* **1** mole; birthmark; *(med.)* naevus. **2** *(applicato per civetteria)* beauty-spot; patch. **3** *(piccola imperfezione)* minor blemish; small defect.

neocapitalismo *sm* neo-capitalism.

neocapitalista *agg e sm e f.* neo-capitalist.

neoclassicismo *sm* neo-classicism; revival of classicism.

neoclassico *agg* neo-classic(al).

□ *sm* neo-classicist.

neofascismo *sm* neo-Fascism.

neofito *sm* neophyte; *(fig.)* novice; beginner.

neolatino *agg* Romance; Neo-Latin: *le lingue neolatine,* the Romance languages.

neolitico *agg* Neolithic.

neologismo *sm* neologism; new word.

neon *sm* neon: *una lampada al neon,* a neon lamp — *luce al neon,* neon lighting.

neonato *agg* newborn.

□ *sm* newborn child; baby; *(med.)* newborn; neonate.

neozelandese *agg* New Zealand *(attrib.).*

□ *sm* New Zealander: *i neozelandesi,* the New Zealanders; the Kiwis *(fam.: spec. di squadra sportiva).*

nepalese *agg e sm e f.* Nepalese.

nepente *sm* **1** *(bot.)* pitcher-plant; nepenthe(s). **2** *(bevanda)* nepenthe.

nepotismo *sm* nepotism.

nepotista *agg* nepotist.

neppure *congiunz* = **neanche.**

nequizia *sf* iniquity; wickedness.

nerbare *vt* to flog; to scourge.

nerbata *sf* stroke (with a whip, of the whip); blow.

nerbo *sm* **1** *(staffile)* thong; lash. **2** *(fig.: forza, vigoria)* strength; vigour; *(fig.: punto forte)* backbone; core — *uno stile tutto nerbo (senza nerbo),* a vigorous (feeble) style — *il nerbo dell'esercito,* the backbone of the army.

nerboruto *agg* brawny; strong-limbed; *(forte)* vigorous; tough; *(muscoloso)* muscular; sinewy.

nereggiare *vi* to appear black; to be* black (*o* blackish).

neretto *sm* **1** *(tipografia)* bold(-faced) type. **2** *(giornalismo)* article in bold type.

nerissimo *sm (tipografia)* ultra bold type.

nero **I** *agg* **1** black; *(scuro)* dark; sable *(in araldica): nero come il carbone,* coal-black; *(talvolta)* black as coal — *un uomo con un vestito nero,* a man wearing a black suit; *(in abito da sera)* a man in evening-dress — *una lettera col bordo nero,* a black-edged letter — *borsa nera (mercato nero),* black market — *le camicie nere,* the blackshirts — *libro nero,* black book — *lista nera,* black(-)list — *pelle nera,* dark skin — *pane nero,* brown bread — *vino nero,* red wine — *avere una fifa nera, (fam.)* to be in a blue funk — *le razze nere,* the coloured (*USA* colored) races — *il Continente Nero,* the Dark Continent — *il Mar Nero,* the Black Sea — *pecora nera, (fig.)* black sheep — *un punto nero, (una colpa)* a black mark; a stain; a spot — *Il diavolo non è poi tanto nero come lo si dipinge, (prov.)* The devil is not so black as he is painted. **2** *(sporco)* dirty; black: *un colletto nero,* a dirty collar; a collar black with dirt. **3** *(triste, tetro)* black; gloomy; sad; sombre: *una giornata nera, (triste)* a black (gloomy) day; *(orribile)* an awful day — *pensieri neri,* gloomy thoughts; desperate (morbid, gloomy) ideas — *di umore nero,* in sombre mood — *vedere tutto nero,* to have a gloomy outlook; to look on the dark side of things — *vivere nella più nera miseria,* to live in extreme (*o* dire) poverty. **4** *(empio)* wicked; black: *un'anima nera,* a wicked soul — *un nero insulto,* a wicked affront. □ *l'aristocrazia nera,* the Papal aristocracy — *angelo nero,* devil; demon — *bestia nera, (spauracchio)* bugbear; 'bête noire' *(fr.);* pet abomination — *cronaca nera,* crime page; crime column; crime reports *(pl.);* crime reporting — *pozzo nero,* cesspit; cesspool.

II *sm* **1** black; *(nerezza)* blackness: *una donna vestita di nero,* a woman dressed in black; a woman in mourning (dress); a woman wearing mourning — *una fotografia in bianco e nero,* a black-and-white photograph — *mettere nero su bianco,* to put (sth) down in black and white; *(apporre la firma)* to sign — *nero di anilina (d'avorio, di platino),* aniline (ivory, platinum) black — *nero animale; nero di ossa,* potash; char; bone char; animal charcoal; animal black — *nero minerale,* seacoal — *nero da scarpe,* black shoe-polish; blacking — *nero di fonderia,* blacking; facing — *nero giapponese,* black japan — *nero velluto,* drop black — *nero opaco,* matt black — *i Bianchi e i Neri, (stor.)* the Blacks and the Whites — *dare il nero a qcsa,* to black sth — *parare a nero una chiesa,* to hang a church with black; to drape a church in black — *tingere qcsa di nero,* to dye sth black — *mostrare il nero per il bianco,* to make black equal white; to falsify facts. **2** *(malattia dei cereali)* smut. □ *chiamare nero il nero e bianco il bianco,* to call a spade a spade.

nerofumo *sm* lamp-black; gas-black; *(fuliggine)* soot.

nerone *sm (fig.)* Nero; tyrant.

neroniano *agg* Neronian.

nerume *sm* **1** *(macchia)* black stain; tarnish. **2** *(malattia dei cereali)* smut.

nervatura *sf (anat.)* nerves *(pl.);* sinews *(pl.); (bot., entomologia)* veining; *(archit.)* ribs *(pl.);* ribbing; *(di libro rilegato)* band; *(di tessuto)* ribbing.

nervo *sm* **1** nerve; *(fam.: tendine)* sinew; *(nella carne)* gristle: *il nervo trigemino (ottico),* the trigeminal (optic) nerve — *un attacco (una crisi) di nervi,* a fit of nerves — *tensione di nervi,* nervous tension — *un uomo dai nervi d'acciaio,* a man with iron nerves (with nerves of steel) — *avere i nervi,* to be nervy; to be very irritable (*o* excitable); to be bad-tempered — *avere i nervi tesi (scoperti, a fior di pelle),* to be on edge; to be highly strung; to be in a highly nervous state — *calmare i nervi,* to soothe the nerves — *dare ai nervi a qcno; irritare (urtare) i nervi di qcno,* to get on sb's nerves — *essere malato di nervi,* to have a nervous illness (*o* complaint) — *stare in piedi (andare avanti) a forza di nervi,* to live on one's nerves — *un pezzo di carne tutto nervi,* a gristly piece of meat. **2** *(bot.)* vein; nerve; nervure; rib: *fagiolini senza nervi,* stringless (French) beans. **3** *(fig.: energia, vigore)* strength; vigour; courage: *uno stile senza nervo,* a style without strength; a flabby (weak, flat, insipid) style. **4** *(mus.)* string; cord. **5** *(corda dell'arco)* bow-string: *tendere il nervo,* to pull the bow-string tight (*o* taut).

nervosamente *avv* **1** *(con irritazione)* irritably; crossly; edgily. **2** *(con ansia)* nervously; restlessly.

nervosismo *sm* **1** *(irritazione)* irritability; crossness. **2** *(stato di ansietà)* nervousness.

nervosità *sf* irritability; crossness; restlessness; edginess.

nervoso *agg* **1** *(med.)* nervous; nerve *(attrib.): il* *sistema nervoso,* the nervous system — *terminazione nervosa,* nerve ending — *centro nervoso,* nerve centre — *un esaurimento nervoso,* a nervous breakdown. **2** *(irritabile)* nervous; irritable; excitable; bad-tempered; short-tempered; temperamental; nervy *(fam.): una risata nervosa,* a nervous laugh; *(generico)* nervous laughter — *un ragazzo nervoso,* a nervy child — *un uomo nervoso,* an irritable (a short-tempered, a temperamental) man. **3** *(vivace, vigoroso)* sinewy; muscular; vigorous; robust: *uno stile nervoso,* a vigorous (*o* nervous) style.

□ *sm* **1** *(irritabilità)* irritability; excitability; nervousness: *Si mordeva le mani dal nervoso,* He (She) was biting his (her) hands from nervousness — *Il nervoso non lo lascia mai,* He is always nervous (excitable, temperamental) — *avere il nervoso,* to be on edge; to be very irritable — *dare (fare venire) il nervoso a qcno,* to get on sb's nerves. **2** *(m. e f.: persona nervosa)* irritable (excitable, temperamental) person.

nespola *sf* **1** *(bot.)* medlar. **2** *(fam.: colpo, percossa)* blow; cuff. □ *Nespole!, (esclamazione)* Gosh!; My word!; My Goodness! — *Col tempo e con la paglia maturano le nespole, (prov.)* Everything comes to him who waits.

nespolo *sm* medlar-tree; *(del Giappone)* loquat.

nesso *sm* **1** link; connection; nexus: *Non c'è nesso logico,* There's no logical connection. **2** *(mus.)* tie; ligature.

nessuno I *agg* **1** no: *Nessun uomo è infallibile,* No man is infallible — *in nessun caso,* under no circumstances — *in nessun modo,* on no account; by no means — *in nessun luogo, da nessuna parte,* nowhere; *(talvolta, USA)* no place — *nessuna cosa,* nothing — *per nessuna cosa al mondo,* not for anything in the world; not for all the tea in China — *nessun altro, (riferito a persona)* nobody (*o* no one) else; *(riferito a cosa)* nothing else.

2 *(alcuno, qualche: in frasi interrogative)* any; *(in frasi negative)* no; any: *Ti serve nessun aiuto?,* Do you need any help? — *Non ha nessuna pazienza con i dipendenti,* He has no (He hasn't any) patience with his subordinates — *Questo oggetto non ha nessun valore,* This article has no (hasn't any) value; This article is valueless (*o* worthless).

II *pron* **1** *(riferito a persone)* nobody; no one; *(riferito ad animali, cose)* none; *(riferito a persone, animali, cose, se accompagnato dal partitivo)* none; *(NB: in presenza di altra negazione)* anybody; anyone; any: *Nessuno si muova!,* Nobody move! — *Non c'era nessuno,* Nobody was there; There wasn't anybody there — *Non c'era quasi nessuno,* There was hardly anyone there — *Nessuno venne a darmi una mano,* No one came to help me — *C'è chi possiede molte case, io non ne ho nessuna,* Some people own many houses, I have none — *nessuno di noi (di voi, di loro),* none of us (of you, of them) — *nessuno dei testimoni,* none of the witnesses — *nessuno dei suoi libri,* none of his books — *Non guardo in faccia a nessuno!,* I am no respecter of persons!

2 *(alcuno)* anybody; anyone; any: *C'è nessuno?,* Anybody there?; Anybody at home?; Is anybody in? — *Nessuno l'ha visto?,* Hasn't anybody seen him?

III *sm (solo al sing.)* nobody; nonentity: *E io chi sono, nessuno?,* And what I am then, a nobody? — *Non è proprio nessuno, quello,* That chap's just a nonentity — *figli di nessuno,* unwanted children; children of unknown parents; *(derelitti)* waifs — *sembrare un figlio di nessuno,* to look like a waif; to look like an orphan in the storm — *terra di nessuno, (mil.)* no-man's-land — *roba di nessuno,* no one's property; ownerless property.

nestore *sm (fig.: vegliardo)* Nestor; doyen *(fr.).*

nettamente *avv (chiaramente)* clearly; distinctly; *(decisamente)* decidedly.

nettapenne *sm* pen-wiper.

[1]**nettare** *sm* nectar.

[2]**nettare** *vt* to clean; *(svuotare, pulire bene)* to clean (sth) out; *(lustrare)* to clean (sth) up.

nettezza *sf* cleanness; cleanliness; *(ordine)* tidiness; *(nitore)* neatness; exactness; precision; *(eleganza di stile, ecc.)* neatness; niceness. □ *nettezza urbana,* (municipal) street cleaning and refuse collection service.

netto *agg* **1** *(pulito)* clean; spotless; neat: *mani nette, (anche fig.)* clean hands — *patente netta, (naut.)* clean bill of health. **2** *(chiaro, esatto, preciso)* clean; clear; clear-cut; distinct; sharp; terse: *un colpo netto,* a clean blow — *un profilo netto,* a clear-cut profile — *un rifiuto netto,* a downright refusal — *con contorni netti,* with a sharp outline *(sing.);* with sharp edges. **3** *(comm.)* net; nett: *al netto,* net — *al netto di dazio,* duty-free — *netto di sconto,* net of discount — *peso netto,* net weight — *profitto netto,* net profit.

□ *(come avv.)* clearly; sharply: *dire chiaro e netto,* to say sharply; to state clearly — *uscirne netto,* to come out unscathed.

netturbino *sm* dustman *(pl.* -men*) (GB);* garbage man *(pl.* men*) (USA).*

neurochirurgia *sf* neurosurgery.

neurologia *sf* neurology.

neurologico *agg* neurologic(al).

neurologo *sm* neurologist.

neuropatico *agg* neuropathic.

□ *sm* neuropath.

neurovegetativo *agg* neurovegetative.

neutrale *agg e sm e f.* neutral.

neutralismo *sm* neutralism.

neutralista *agg e sm e f.* neutralist.

neutralità *sf* neutrality.

neutralizzare *vt* to neutralize; *(fig.)* to neutralize; to counterbalance; to counter.

neutralizzazione *sf* neutralization *(vari sensi).*

neutrino *sm* neutrino.

neutro *agg* **1** neutral: *tinta neutra,* neutral colour — *in territorio neutro,* on neutral ground; *(mil.)* in no-man's-land. **2** *(gramm., entomologia)* neuter: *fiore neutro,* neuter (*o* asexual) flower.

□ *sm* **1** *(gramm.)* neuter. **2** neutral wire.

neutrone *sm* neutron.

nevaio *sm* snow-field; *(sopra un ghiacciaio)* névé *(fr.); (erroneamente, per ghiacciaio)* glacier.

neve *sf* snow: *bianco come la neve,* snow-white; (as) white as snow — *La neve era alta due metri,* The snow was two metres deep — *caduta di neve (nevicata),* snowfall — *bufera di neve,* snowstorm; blizzard — *fiocco di neve,* snowflake — *palla di neve,* snowball — *battaglia a palle di neve,* snowball fight — *uomo (pupazzo) di neve,* snowman — *cumulo di neve,* snowdrift — *coltre (manto) di neve,* mantle of snow — *campi di neve,* snowfields — *paesaggio di neve,* snowscape — *limite delle nevi,* snow-line — *coperto di neve,* snow-covered; covered with snow; *(di montagne)* snow-capped — *bloccato dalla neve,* snow-bound; snowed up — *bollettino della neve,* snow bulletin — *occhiali da neve,* snow-goggles (*o* -glasses). □ *neve carbonica, (chim.)* dry ice — *effetto neve, (radar, televisione)* snow — *sbattere (montare) la* *chiara d'uovo a neve,* to beat egg-whites stiff (*o* to a froth).

nevicare *vi* to snow: *nevicare fitto,* to snow hard. □ *Gli era nevicato sui capelli, (fig.)* His hair was turning white.

nevicata *sf* snowfall; fall of snow.

nevischio *sm* sleet.

nevoso *agg* snowy; *(coperto di neve)* snow-covered.

nevralgia *sf* neuralgia.

nevralgico *agg* neuralgic: *punto nevralgico,* sore spot; *(fig.)* crux; crucial point (*o* spot); *(centro)* nerve centre — *Il punto nevralgico del traffico è vicino alla stazione,* The crucial spot as far as traffic is concerned is near the station.

nevrastenia *sf* neurasthenia.

nevrastenico *avv* **1** neurasthenic. **2** *(fig.)* moody; irritable; hysterical.
□ *sm* **1** neurastheni(a)c. **2** irritable (*o* bad-tempered) person.

nevrite *sf* neuritis.

nevrosi *sf* neurosis.

nevrotico *agg e sm* neurotic.

nevvero *avv interr* Isn't that so?: *Hai fretta, nevvero?,* You are in a hurry, aren't you? — *È matto, nevvero?,* He's mad, isn't he? — *Tu non puoi venire, nevvero?,* You can't come, can you?

nibbio *sm* kite.

nicaraguese *agg e sm e f.* Nicaraguan.

nicchia *sf* **1** niche. **2** *(fig.: posticino)* suitable place; *(fig.: impiego comodo)* niche; easy (*sl.* cushy) job.

nicchiare *vi* to shilly-shally; to waver; to hesitate; to hedge.

nichel, nichelio *sm* nickel.

nichelare *vt* to nickel; to nickel-plate.

nichelatore *sm* nickel-plater.

nichelatura *sf* nickel-plating.

nichelino *sm* small coin; nickel *(USA).*

nichilismo *sm* nihilism; negative outlook.

nichilista *sm* nihilist.

nicotina *sf* nicotine.

nidiata *sf (di uccelli)* brood (of nestlings); *(di pulcini, ecc.)* clutch; hatch; *(di topolini, ecc.)* litter: *una nidiata di bambini,* a brood of children.

nidificare *vi* to nest; to build* a nest.

nidificazione *sf* nest-building; nidification.

nido *sm* **1** nest; *(di uccello rapace)* eyrie; *(covo, tana)* den; *(di volpe)* earth; *(fig.: casa)* home; lodging; nest: *un nido di rondine,* a swallow's nest; *(cucina)* chocolate bird's nest — *minestra di nidi di rondine,* birds' nest soup — *un nido di vipere, (anche fig.)* a nest of vipers — *un nido di briganti,* a robbers' den — *un nido di mitragliatrici,* a machine-gun nest — *punto a nido d'ape,* honeycomb stitch — *uccello da nido,* nestling; fledgeling — *abbandonare il nido,* to leave the nest; *(fig.)* to leave home — *andare a nidi,* to go nesting — *cacciare qcno dal nido, (fig.)* to turn sb out; to take sb's place — *far nido,* to nest; to nidificate *(zool.);* to build one's nest — *farsi il proprio nido, (un posticino tranquillo)* to dig oneself in; *(un impieguccio comodo)* to make a snug *(o* cushy, *fam.)* billet for oneself — *tornare al proprio nido,* to come (to go) back home — *A ogni uccello il suo nido è bello, (prov.)* There's no place like home. **2** *(nidiata)* nest(ful); *(covata)* brood. **3** *(asilo nido)* crèche *(fr.);* day nursery.

niellare *vt* to decorate with niello.

niellatura *sf* niello-work.

niello *sm* niello *(pl.* nielli, niellos*).*

niente I *pron* nothing; *(in proposizioni interrogative o in presenza di un'altra negazione)* anything: *Non ho niente da dire,* I have nothing (I haven't anything) to say — *Con niente si fa niente,* You can't do anything with nothing — *Non per niente è il direttore!,* Not for nothing is he the manager! — *niente di grave (d'importante, di meglio),* nothing serious (important, better) — *niente di nuovo sotto il sole,* nothing new under the sun — *Di niente!, (dopo* 'Grazie tante'*)* Don't mention it!; It's (That's) all right!; You're welcome! *(USA, ora anche GB)* — *un buono a niente,* a good-for-nothing — *una persona da niente,* a nonentity; a nullity — *una cosa da niente,* a trifle; nothing important; nothing to worry about; nothing worth bothering about — *il dolce far niente,* 'dolce far niente'; sweet idleness — *Se non ti fa niente, (Se non ti dispiace)* If you don't mind; *(Se non ti disturba)* If it's no trouble to you — *Non serve a niente,* It's no use — *Non fa niente!, (Non importa!)* It is no matter!; It doesn't matter! — *per niente, (gratis)* for nothing; free *(agg.); (quasi gratis)* for a song — *per niente al mondo,* for nothing in the world; not for anything in the world — *non per niente...,* not for nothing... — *come niente, (molto facilmente)* as easy as anything — *come se niente fosse,* as if nothing were the matter — *niente meno che...,* no less than... — *nient'altro,* nothing else — *nient'altro che...,* nothing... but; not... anything but — *nient'altro che la verità,* nothing but the truth — *niente e poi niente; meno che niente; niente di niente,* nothing at all; nothing whatsoever — *avere niente a che fare con qcsa,* to have nothing (not to have anything) to do with sth — *avere niente in contrario,* to have no objection; to have nothing against (it, him, her, *ecc.*) — *arrabbiarsi per niente,* to get angry over nothing — *far finta di niente,* to pretend not to see anything; to turn a blind eye (to sth) — *finire in niente,* to come to nothing; to fall through — *parlare per niente,* to waste one's breath; to waste words — *sapere di niente, (di cibi, ecc.)* to be tasteless — *sapere niente di niente,* to know nothing about anything; *(essere ignorante)* to be a complete ignoramus — *sapere poco o niente di qcno (di qcsa),* to know little or nothing of sb (about sth) — *C'è rimasto niente per me?,* Is there nothing left for me? — *Nessuno fa niente per niente,* Nobody does anything for nothing.

II *sm* **1** *(il nulla)* nothing; nothingness: *Tu sei un niente,* You are nothing (a nobody) — *Dal niente viene niente,* Nothing comes (will come) of nothing — *Il mondo è stato creato dal niente,* The world was created out of nothing — *un bel niente,* absolutely nothing — *venire su dal niente,* to come up from nothing; to be a self-made man (*o* woman).
2 *(cosa minima)* slightest (tiniest) thing: *Basta un niente per turbarlo,* The slightest thing is enough to upset him — *in men che niente,* in less than no time; in an instant; in no time — *ridursi al niente,* to lose everything — *ridursi a un niente, (per consunzione di malattia)* to waste away.

III *come agg (nessuno, alcuno)* no; *(in presenza di altra negazione)* any: *Non ho niente voglia di scherzarci sopra stavolta!,* I'm not at all willing to joke about it this time! — *Niente male!, (entusiasta)* Not bad at all!; Not at all bad!; *(tiepido)* Not too bad! — *Niente paura!,* Never fear!; Don't be afraid!; *(Non preoccuparti)* Don't worry! — *E niente scuse!,* Don't try to make excuses!

IV *come avv (non affatto, punto)* not; not at all: *Quel che tu mi dici non è niente bello,* What you tell me is not at all pleasant — *Non m'importa niente di quel* *che la gente dice!,* I don't care at all (I couldn't care less, I don't give a damn, *fam.*) what people say! — *Non l'ho visto per niente,* I haven't seen him at all.

nientedimeno, nientemeno *avv e interiezione (addirittura)* I say!; You don't say!; Go on! *(fam.);* Fancy that!

□ *congiunz* no (*o* nothing) less than: *Vuole diventare nientemeno che direttore generale!,* He wants to become nothing less than general manager!; He wants to become general manager, no less! *(ant.).*

niffo, niffolo *sm (di maiale)* snout.

nigeriano *agg e sm* Nigerian.

night *sm (locale notturno: voce inglese, non usata in questo senso in quella lingua)* night-club.

nimbo *sm* nimbus *(pl.* nimbi, nimbuses*); (aureola)* halo *(pl.* haloes, halos*).* □ *in un nimbo di luce,* in a blaze of light.

ninfa *sf* **1** nymph *(anche fig.).* **2** *(di insetti)* nymph; chrysalis; pupa *(pl.* pupas, pupae*).*

ninfale *agg* nymph-like; nymphean.

□ *sm* poem about nymphs.

ninfea *sf* water-lily.

ninfeo *sm* nymphaeum.

ninfetta *sf* nymphet.

ninfomane *sf* nymphomaniac; nympho *(abbr. sl.).*

ninnananna *sf* lullaby: *cantare la ninnananna,* to sing a lullaby.

ninnare *vt* to lull (to sing*) a baby to sleep; *(cullare)* to rock a baby to sleep.

ninnolare *vt* to keep* (sb) amused; to amuse.

□ **ninnolarsi** *v. rifl* to play (with sth); *(cincischiare)* to toy (to fiddle) (with sth); *(sprecare il tempo)* to fritter away one's time; to waste one's time.

ninnolo *sm (balocco)* toy; plaything; *(fronzolo)* knick-knack; gew-gaw: *ninnoli e nannoli,* silly odds and ends; trifles — *abbigliarsi di ninnoli,* to cover oneself in bits and pieces of jewellery.

nipiologia *sf* nepiology.

nipote *sm e f.* **1** *(di zii) (m.)* nephew; *(f.)* niece. **2** *(di nonni)* grandchild *(pl.* grandchildren*); (m.)* grandson; *(f.)* grand-daughter. **3** *(al pl.: discendenti)* descendants.

nipotino *sm* grandchild.

nipplo *sm* grease nipple.

nipponico *agg* Japanese.

nirvana *sm* nirvana.

nirvanico *agg* nirvanic.

nitidamente *avv* clearly; sharply; distinctly; brightly.

nitidezza *sf* neatness; cleanliness; clarity; *(di fotografia, ecc.)* sharpness; definition.

nitido *agg* **1** *(pulito)* neat; tidy; spick and span. **2** *(chiaro)* clear; bright. **3** *(ben delineato)* distinct; sharp.

nitore *sm* brightness; shininess.

nitrato *sm* nitrate.

nitrico *agg* nitric.

nitrificare *vt* to nitrify.

nitrificazione *sf* nitrification.

nitrile *sm* nitrile.

nitrire *vi* to neigh; *(talvolta)* to whinny.

[1]**nitrito** *sm (del cavallo)* neigh; neighing.

[2]**nitrito** *sm (chim.)* nitrite.

nitro *sm* nitre; potassium nitrate; *(stor.: salnitro)* saltpetre.

nitrocellulosa *sf* nitrocellulose.

nitrocotone *sm* gun-cotton.

nitrofosfato *sm* nitrophosphate.

nitroglicerina *sf* nitroglycerin(e).

nitroso *agg* nitrous.

niveo *agg* snow-white; snowy.

nivometro *sm* snow-gauge.

nizzardo *agg e sm* native (*o* inhabitant) of Nice; Niçois.

no *particella di negazione* **1** no: *'Vuoi venire?' - 'No!',* 'Do you want to come?' - 'No!' — *Lo vuoi, sì o no?,* Do you want it, yes or no? — *Disse (Rispose) di no,* He said (He answered) no; He replied in the negative — *No, grazie,* No, thanks — *Venite, no?,* You'll come, won't you?

2 *(con avv. e congiunz., anche ellittico)* not: *No certo!,* Certainly not! — *Perché no?,* Why not?; Certainly! — *Come no!,* Certainly! — *Adesso no!,* Not now! — *Ma no!,* Surely not!; Certainly not! — *Sembra (Pare) di no,* Apparently not — *Bello o no, a me piace,* Beautiful or not, I like it.

3 *(con i verbi 'credere', 'pensare', 'sperare') verbo positivo seguito da* not; *verbo negativo seguito da* so: *Credo di no,* I don't think so; I think not — *Spero di no,* I hope not.

□ *far cenno di no,* to shake one's head — *anzi che no,* rather than the reverse — *È simpatico anzi che no,* He's nice rather than the reverse — *or sì or no,* intermittently — *Non sa dire di no,* He is unable to refuse; He doesn't know how to refuse — *Non dico di no,* I must admit — *se no,* if not; otherwise; *(in tono di minaccia)* or else — *'Ti ordino di farlo' - 'E se no?',* 'I tell you to do it' - 'And if I don't?' *sì e no,* - **a)** *(forse)* perhaps; maybe — *Avrà sì e no vent'anni,* She must be about twenty - **b)** *(appena)* just; only — *Saranno sì e no venti in tutto,* There'll be only twenty of them altogether — *un giorno sì, un giorno no,* every other day.

□ *con valore di sm* **1** *(rifiuto)* no; refusal: *un no chiaro e tondo,* a straight no; a flat refusal — *essere tra il sì e il no,* to be unable to make up one's mind.

2 *(voto contrario)* no; *(nelle elezioni in società, anche)* black ball: *i no,* the noes — *Hanno vinto i no,* The noes have it — *essere eletto con dieci sì e tre no,* to be elected with ten for and three against.

nobildonna *sf* noblewoman *(pl.* -women*).*

nobile *agg* **1** noble *(anche fig.); (di nascita)* of noble birth; high-born: *guardia nobile,* sovereign's guard; *(del papa)* papal guard. **2** *(fig.: d'animo, di stile, ecc.)* noble; lofty; dignified: *di animo nobile,* noble-minded — *di cuore nobile,* noble-hearted. □ *metallo nobile,* noble (*o* precious) metal — *piano nobile,* reception rooms *(pl.);* main (*o* most luxurious) floor; *(generalm.)* first floor *(GB);* second floor *(USA).*

□ *sm e f.* noble; nobleman *(pl.* -men*); (f.)* noblewoman *(pl.* -women*).*

nobilesco *agg* noble; aristocratic.

nobiliare *agg* noble: *almanacco nobiliare,* peerage — *titolo nobiliare,* title (of nobility).

nobilitare *vt* **1** to bestow a title (on sb); *(GB)* to raise (sb) to the peerage; to ennoble. **2** *(fig.)* to ennoble; to uplift; to dignify.

□ **nobilitarsi** *v. rifl* to make* oneself famous.

nobilitazione *sf* ennoblement; *(GB)* elevation to the peerage.

nobilmente *avv* nobly.

nobiltà *sf* **1** *(classe sociale)* nobility; aristocracy; peerage. **2** *(fig.: elevatezza)* nobility; noble-mindedness; high-mindedness.

nobiluccio *sm* lordling.

nobiluomo *sm* nobleman *(pl.* -men*);* aristocrat.

nocca *sf* knuckle.

nocchiere, nocchiero *sm (naut.)* coxswain; quartermaster; *(lett.)* pilot.

nocciola *sf* 1 *(frutto)* hazel-nut; cob. 2 *(colore)* light brown; hazel.
nocciolato *sm* nut chocolate; chocolate with nuts.
nocciolina *sf (arachide)* peanut; monkey nut.
[1]**nocciolo** *sm* 1 *(di frutto)* stone; pit *(USA)*: *noccioli di ciliegia,* cherry-stones. 2 *(fig.)* core; heart; kernel: *il nocciolo della questione,* the heart of the matter — *venire al nocciolo,* to come (to get) to the point. 3 *(di reattore nucleare)* core.
[2]**nocciolo** *sm* hazel(-tree).
noce *sm e f.* 1 *(l'albero)* walnut-tree; *(il legno)* walnut; *(il frutto)* walnut; nut; *(colore)* nut-brown: *noce americana,* butter-nut; *(il legno)* hickory — *un guscio di noce, (anche fig.)* a nut-shell; *(barchetta)* a cockle-shell — *noce moscata,* nutmeg — *noce vomica,* nux vomica *(lat.)* — *noce di cocco,* coconut. 2 *(pezzetto, p.es. di burro)* knob. 3 *(fam.: malleolo)* ankle-bone. □ *noce di vitello,* best end of veal.
nocella *sf* 1 *(anat.)* ulnar eminence. 2 *(di compasso)* pivot. 3 *(fam.: nocciola)* hazel-nut.
noceto *sm* walnut grove (*o* orchard).
nocivo *agg* harmful; injurious; deleterious; *(di pianta, spesso)* noxious: *nocivo alla salute,* injurious to health — *animali nocivi,* vermin *(collettivo, sing.)*.
nocumento *sm* injury; harm; damage.
nodale *agg* nodal; *(astronomia)* nodical.
nodo *sm* 1 knot; *(più tecnico)* hitch: *un nodo scorsoio,* a slip-knot; a running knot — *il nodo (scorsoio) del boia,* the hangman's noose — *un nodo semplice,* a simple knot; an overhand knot — *un nodo di gancio semplice (doppio),* a single (double) blackwall hitch — *un nodo falso (sbagliato, incrociato),* a granny's bend; a granny knot — *un nodo d'amore, (motivo ornamentale)* a love-knot — *il nodo gordiano, (stor.)* the Gordian knot — *fare un nodo,* to tie (to make) a knot; to knot — *fare il nodo alla cravatta,* to tie (to knot) one's tie — *disfare un nodo,* to untie (to undo) a knot — *stringere (allentare) un nodo,* to tighten (to loosen) a knot — *farsi un nodo al fazzoletto,* to tie a knot in one's handkerchief — *un nodo inestricabile di capelli, (anche fig.)* a tangle in one's hair.
2 *(punto d'intersezione)* knot; junction; *(di rete di distribuzione)* node; branch point: *un nodo ferroviario (stradale),* a railway (a road) junction.
3 *(fig.: vincolo)* knot; bond *(spesso al pl.)*; tie: *i nodi dell'amicizia,* the bonds (the ties) of friendship — *il nodo coniugale (matrimoniale),* the marriage-tie — *l'amoroso nodo,* the bonds *(pl.)* of love.
4 *(fig.: groppo)* lump: *un nodo di lacrime,* a lump of tears — *un nodo in gola,* a lump in one's throat — *far nodo alla gola,* to stick in the (in one's) throat — *un nodo di tosse,* an attack (a fit) of coughing.
5 *(fig.: difficoltà, intoppo, punto cruciale)* difficulty; puzzle; knotty situation; crux: *il nodo della faccenda,* the crux of the matter — *un nodo inestricabile,* a tangle, a puzzle, a knotty situation — *sciogliere il nodo,* to solve the problem.
6 *(fig.: vortice, turbine)* vortex *(pl.* vortices *o* vortexes*)*: *un nodo di acque (di vento),* a vortex of waters (of wind).
7 *(fig.: gruppo, grappolo)* cluster: *un nodo di perle,* a cluster of pearls.
8 *(intreccio)* plot: *sciogliere il nodo,* to unravel the plot.
9 *(anat., astronomia, bot., fis., geometria)* node; *(nel legno)* knot; knurl: *nodo ascendente (discendente),* ascending (descending) node — *un tronco con molti nodi,* a knotty trunk — *cercare nodi nel giunco, (prov.)* to look for difficulties where there are none.
10 *(naut.: unità di misura)* knot: *fare dieci nodi,* to do ten knots; to travel at ten knots.
□ *Tutti i nodi vengono al pettine, (prov.)* Sooner or later your sins will find you out.
nodosità *sf* 1 knottiness; nodosity. 2 *(nodo)* node. 3 *(anat.)* protuberance; nodosity.
nodoso *agg* knotty; gnarled; *(anat.)* nodose: *un'asse troppo nodosa,* a plank with too many knots.
nodulo *sm* nodule.
noi *pron personale pl* 1 *(soggetto)* we *(anche come pl. di maestà); (in alcuni casi particolari, fam.)* us: *Loro sono partiti ieri: noi partiamo stasera,* They left yesterday: we're leaving this evening — *Possiamo venire anche noi?,* Can we come too? — *noi altri,* we — *noi medesimi; noi stessi,* we ourselves — *'Chi è?' - 'Siamo noi',* 'Who is it?' - 'It's us' — *Siamo stati noi a farlo,* It was we (*o fam.* us) who did it — *Noi, Pio XII...,* We, Pius XII...
2 *(oggetto)* us: *Chi avete chiamato: loro o noi?,* Who did you call: them or us? — *noi altri,* us.
3 *(preceduto da una prep.)* us: *Venite con noi!,* Come with us! — *È per noi?,* Is it for us? — *Tocca a noi,* It's up to us; *(spec. nei giochi)* It's our turn now — *Stavano parlando di noi,* They were talking about us — *da noi,* - **a)** *(nel nostro Paese)* in our country; in Italy *(ecc.)* - **b)** *(nella nostra città, ecc.)* in our town (city, *ecc.*) - **c)** *(a casa nostra: compl. di moto)* to our home; *(fam.)* to our place; home; *(compl. di stato)* at (our) home; *(fam.)* at our place.
4 *(con valore impersonale)* we *(non molto comune)*; you; one: *Se noi vogliamo essere capiti dobbiamo spiegarci in modo chiaro,* If one wants to be understood one must explain oneself clearly.
noia *sf* 1 boredom; tediousness; tedium; mental weariness; ennui *(lett., fr.)*: *Che noia!,* What a bore!; How boring! — *essere una noia,* to be boring (tedious, annoying) — *una noia mortale,* deadly boredom — *la noia di un lungo viaggio,* the boredom (the tedium) of a long journey — *la noia dell'esistenza,* the tedium of life — *ammazzare (vincere) la noia,* to kill (to relieve) boredom — *avere qcsa a noia,* to find sth tedious (boring); to be sick and tired of sth — *dar noia a qcno,* to annoy (to vex, to tease) sb — *far morire qcno dalla noia,* to bore sb stiff; to bore sb to death — *morire dalla noia,* to die of boredom; to be bored to death — *prendere a noia,* to take a dislike (to sb or sth) — *ripetere qcsa fino alla noia,* to repeat sth ad nauseam *(lat.)* — *venire a noia,* to pall; to grow tedious. 2 *(seccatura, fastidio, cosa o persona noiosa o fastidiosa)* bother; annoyance; bore; trouble: *un rumore che dà noia,* an irritating noise — *Che noia!, (Che fastidio)* What a nuisance!; *(Che persona noiosa!)* What a bore! — *le molte e piccole noie della vita,* the many small troubles of life.
noialtri, noialtre *pron personale (soggetto)* we; *(compl.)* us.
noiosamente *avv* boringly; tediously; tiresomely.
noiosità *sf* boringness; tedium.
noioso *agg* boring; tedious; *(fastidioso)* troublesome; tiresome.
□ *sm (persona noiosa)* bore; *(seccatore)* annoying person.
noleggiante *sm* hirer; *(naut.)* charterer.
noleggiare *vt* to hire; to let* on hire; to rent; *(una nave, un aereo)* to charter.

noleggiatore *sm* hirer; *(di una nave, un aereo)* charterer.
noleggio *sm* **1** hire; rent; *(di nave, aereo)* charter: *noleggio automobili,* car-hire — *vettura di noleggio,* car for hire — *dare a noleggio,* to hire (out) — *prendere a noleggio,* to hire; to rent. **2** *(somma versata)* hire; rental. **3** *(rimessa)* hiring place.
nolente *agg* unwilling: *volente o nolente,* willy-nilly *(fam.);* whether you like it or not.
nolo *sm* freight; freight charges *(pl.): contratto di nolo,* charter(-party); *(a tempo)* time-charter; *(a viaggio)* voyage-charter — *costo, assicurazione e nolo,* cost, insurance and freight *(abbr.* c.i.f.*).*
nomade *agg* nomadic. □ *sm* nomad.
nomadismo *sm* nomadism.
nome *sm* **1** name: *Il nome di mio fratello maggiore è Giovanni,* My eldest brother's name is Giovanni — *Gli diedero il nome di Carlo,* They called him Carlo — *Fuori i nomi!,* Who are they?; Tell us their names! — *L'onestà per lui è solo un nome,* Honesty for him is just an empty word — *un bambino senza nome,* a nameless child — *orrori senza nome,* unspeakable (*o* nameless) horrors — *un'opera senza nome,* an anonymous work — *un nome molto venerato,* a name held in great respect — *in nome di Dio,* in the name of God; in God's name; *(per amor di Dio)* for God's sake — *in nome dell'amicizia,* for the sake of friendship; for friendship's sake — *in nome della legge,* in the name of the law — *a nome di...,* in the name of...; *(a favore di)* on behalf of... — *Scrive a nome mio,* He writes in my name (on my behalf) — *Diglielo a nome mio,* Tell him that for me — *a nome di dote,* as dowry — *di nome,* by name; *(nominalmente)* in name — *un ragazzo di nome Enrico,* a boy called Enrico; a boy by the name of Enrico — *il proprietario solo di nome,* the owner in name only — *di nome e di fatto,* in name and in fact — *sotto il nome di...,* under the name of... — *sotto falso nome,* under a false name; *(spec. dir.)* under an alias; incognito — *viaggiare sotto falso nome,* to travel incognito — *nome di battesimo,* Christian name; first name — *nome di famiglia,* surname; family name — *nome e cognome,* full name; Christian name(s) and surname — *nome e indirizzo,* name and address — *scrivere il proprio nome in tutte le lettere,* to write one's name in full — *nome da ragazza,* maiden name — *nome di attore,* stage-name — *nome di religione (di religioso),* religious name — *nome di scrittore,* pen-name; nom de plume *(fr.)* — *avere nome di...,* to be called... — *chiamare qcno per nome,* to call sb by name — *fare il nome di qcno,* to reveal sb's name — *prendere nome da qcno,* to be called after sb.
2 *(fama, reputazione)* name; reputation; renown: *Ha nome di essere molto severo,* He has a name for great strictness; He has the reputation of being very strict — *far onore al proprio nome,* to do honour to one's name — *farsi un nome,* to make a name for oneself; to make one's name — *godere di buon nome (come medico, ecc.),* to have a good reputation (as a doctor, *ecc.*); *(spec. comm.)* to enjoy credit — *macchiare il proprio nome,* to spoil one's name.
3 *(persona celebre)* name; big name; celebrity, great man *(pl.* men*): i più bei nomi del mondo letterario,* the biggest names in the literary world.
4 *(soprannome)* nickname: *Gli diedero il nome di Stecchetto,* They nicknamed him Lanky.
5 *(gramm.)* noun; substantive: *nome comune (proprio, collettivo),* common (proper, collective) noun.
□ *chiamare le cose col proprio nome,* to call a spade a spade; not to mince words.
nomea *sf (spreg.)* (bad) reputation: *Ha la nomea di imbroglione,* He is a notorious swindler.
nomenclatore *sm* nomenclator.
nomenclatura *sf* **1** nomenclature; system of naming. **2** *(serie di nomi)* terminology.
nomignolo *sm* nickname.
nomina *sf* appointment; nomination: *avere, ottenere la nomina di direttore,* to be appointed manager.
nominabile *agg* mentionable: *non nominabile,* unmentionable.
nominale *agg* **1** nominal: *valore nominale,* nominal value; face value — *appello nominale,* roll-call. **2** *(gramm.)* noun *(attrib.);* nominal: *frase nominale,* sentence without a verb.
nominalismo *sm* nominalism.
nominalista *sm* nominalist.
nominare *vt* **1** to name; to call *(anche denominare): nominare una pianta,* to name a plant — *La nominarono Maria,* They named (They called) her Maria — *Non è da nominare galantuomo,* He can't be called a gentleman. **2** *(rammentare, menzionare)* to mention: *Non nominare quell'increscioso episodio,* Please, don't mention that unpleasant business — *Nella lettera ti nomina due volte,* She mentions you twice in her letter — *Mai sentito nominare!,* Never heard of it (of him, *ecc.*)! — *Mi son sentito nominare,* I heard my name mentioned. **3** *(designare, eleggere)* to designate; to appoint; to elect: *Fu nominata erede universale,* She was designated (as) sole heiress — *Lo nominarono senatore,* He was elected senator — *nominare una commissione,* to appoint a committee.
nominatività *sf (comm.)* registration: *nominatività dei titoli,* registration of shares and their transfer.
nominativo *agg* **1** *(gramm.)* nominative. **2** *(comm.)* registered: *titoli nominativi,* registered securities (*o* stock) — *polizza nominativa,* named (*o* special) policy — *libretto nominativo di risparmio,* personal savings-book — *ruolo nominativo,* list of names.
□ *sm* **1** *(gramm.)* nominative. **2** *(nome)* name. **3** *(sigla di nave, aeromobile, ecc.)* call sign.
non *avv* **1** - **a)** not *(si abbrevia spesso in* -n't *quando segue direttamente i verbi ausiliari e difettivi): Non sono Italiani,* They are not (They aren't) Italian — *Non ce l'ha,* He hasn't got it — *Non posso,* I cannot (can't) — *Non lo so,* I don't know — *Non parla inglese?,* Doesn't he speak English? — *Non saprei,* I wouldn't know.
b) *(riferito a un sostantivo determinato: in congiunzione con il verbo)* not; *(usato con il sostantivo)* no: *Non ho soldi,* I haven't any money; I have no money — *Non ho visto nessuno,* I haven't seen anyone; I have seen no one.
c) *(seguito da 'nessuno', 'niente' in funzione di soggetto non si traduce): Non venne nessuno,* Nobody came — *Non è stato fatto niente,* Nothing has been done.
d) *(seguito da 'mai' non si traduce: ma ⇨ gli esempi) Non l'avevo mai sentito,* I had never heard it — *Carla non va mai da nessuna parte,* Carla never goes anywhere; *(più enfatico)* Carla doesn't ever go anywhere.
e) *(seguito da altre espressioni negative)* not: *non... affatto,* not... at all; not... in the least; by no means; simply — *Non lo capisco affatto,* I don't understand it at all; I simply don't understand it.
2 *(pleonastico: spesso non si traduce, ma ⇨ gli esempi sotto): Poco mancò che non svenisse dalla paura,* She almost fainted from fear — *Per poco non giunsero in*

cima, They nearly got to the top — *Non appena avrai finito, consegna tutto,* As soon as you've finished, hand everything over — *Aspetterò finché non torni,* I'll wait until he comes back — *Non puoi non andare a quella cena,* You've just got to go to that dinner; You can't get out of going to that dinner — *... a meno che tu non voglia andare,* ... unless you want to go — *in men che non si dica,* in the twinkling of an eye; before you could say 'Jack Robinson'.

3 *(nelle enumerazioni:* non... e non*)* neither... nor *(o erroneamente* or*)*: *Non l'ha visto e non gli ha parlato,* He has neither seen him nor spoken to him (nor has he spoken to him) — *Non lo conosco e non lo voglio conoscere,* I neither know him nor want to know him (nor do I want to know him).

4 *(con nomi, pronomi, aggettivi, avverbi)* not: *Dallo a Giovanni, non a Giulio,* Give it to Giovanni, not Giulio — *Puoi dipingere dove vuoi, ma non qui,* You can paint where you like, but not here — *Fu dichiarato non colpevole,* He was found not guilty — *'Come ti senti?' - 'Non male',* 'How do you feel?' - 'Not bad'.

5 *(con valore di prefisso, davanti ad aggettivi e sostantivi)* non: *Seguirono una politica di non intervento,* They followed a non-intervention policy — *il non luogo a procedere, (dir.)* non-suit — *non conformista,* non-conformist — *gli abbienti e i non abbienti,* the haves and the have-nots.

□ *se non...,* except (for)...; apart from... — *non più,* no longer — *non più di due giorni,* no longer than two days — *non più tardi del venti gennaio,* no (*o* not) later than January 20th — *non oltre, (di tempo)* no (not) later than; *(di spazio)* no farther than — *un certo 'non so che',* a certain 'je ne sais quoi' *(fr.)* — *non è che...,* it's not that... — *non c'è di che,* not at all; it's a pleasure; don't mention it; you're welcome *(spec. USA).*

se non che ⇨ **senonché; non che** ⇨ **nonché; non ostante** ⇨ **nonostante.**

nona *sf (mus.)* ninth.

nonagenario *agg e sm* nonagenarian; ninety years old *(predicativo);* ninety-year-old *(attrib.).*

nonché *congiunz (tanto meno)* let alone; and still less; and even less; *(e anche)* and also; as well as; and... too; and... as well: *Non lo si può raggiungere, nonché fermare,* He can't be reached, let alone stopped — *È stupido nonché presuntuoso,* He's stupid, and conceited as well.

noncurante *agg* nonchalant; careless; heedless.

noncuranza *sf* nonchalance; carelessness; indifference.

nondimeno *congiunz* nevertheless; however.

none *sf pl (nel calendario romano)* Nones.

nonio *sm* nonius; vernier.

nonna *sf* grand-mother; granny *(fam.);* grandma *(fam.).*

nonno *sm* **1** grandfather; grandpa *(fam.);* gran(d)-dad *(fam.): i miei nonni,* my grandparents. **2** *(al pl.: antenati)* ancestors; forefathers. **3** *(la persona più vecchia di una località)* oldest inhabitant; gaffer *(fam.).*

nonnulla *sm* trifle; bagatelle; mere nothing: *Si arrabbia per un nonnulla,* He gets angry over the slightest things.

nono *agg numerale ordinale e sm* ninth.

nonostante *prep* in spite of; notwithstanding: *nonostante tutti i suoi soldi...,* for all his money...

□ *congiunz (sebbene)* although; though: *nonostante sia tardi...,* although it's late...

non plus ultra *sm* last word (in sth); culmination; acme; ne plus ultra *(lat.).*

nonsenso *sm* nonsense; absurdity.

nontiscordardimé *sm* forget-me-not; myosotis.

norcino *sm (venditore di carne di maiale)* pork-butcher; *(castratore di maiali)* pig-gelder.

nord *sm* north: *del nord,* northern; north *(attrib.);* of the north — *dal nord,* north *(attrib.);* from the north; *(di vento, anche)* northerly — *il Nord America,* North America — *il Mare del Nord,* the North Sea — *il Polo Nord,* the North Pole — *le nebbie del nord,* the northern mists — *andare verso nord,* to go northwards.

nordafricano *agg e sm* North African.

nordamericano *agg e sm* North American.

nordeuropeo *agg e sm* North (*o* Northern) European.

nordico *agg* northern; *(del Nord Europa)* Nordic.

nordista *agg e sm e f. (stor., USA)* Unionist.

norma *sf* **1** rule; precept; norm; *(modello)* standard; *(regolamento)* regulation: *norma di sicurezza,* safety rule (*o* provision) — *le norme vigenti,* the regulations in force — *dettare norme,* to set the standard — *seguire la norma,* to follow (to obey) the rule. **2** *(avvertenza, istruzione)* instruction; direction: *norme per l'uso,* directions for use; instructions — *per tua norma,* for your information (*o* guidance). **3** *(uso, consuetudine)* custom; rule: *di norma,* usually; as a rule; generally. **4** *(statistica)* mode.

normale *agg* normal; usual; regular; *(che funge da norma o modello)* standard; *(geometria)* normal; perpendicular: *la misura normale,* the usual size; the standard size — *a tariffa normale,* at the regular price — *via normale, (alpinismo)* regular (*o* normal) route. □ *scuola normale,* teachers' training college.

□ *sm* normal: *al di sopra (al di sotto) del normale,* above (below) normal.

□ *sf* **1** *(geometria, ecc.)* perpendicular. **2** *(alpinismo)* regular (*o* normal) route: *seguire la normale di nord-ovest,* to follow the regular north-west route. **3** *(burocratico)* circular.

normalità *sf* normality; normalcy *(USA): tornare alla normalità,* to get back to normal.

normalizzare *vt* **1** to bring* (sth) back to normal; to normalise. **2** *(standardizzare)* to standardize.

normalizzazione *sf* **1** normalization. **2** *(standardizzazione)* standardization.

normalmente *avv* normally; usually; as a rule.

normanno *agg e sm (stor. e della Normandia)* Norman.

normativa *sf* body of legislation (of rules).

normativo *agg* normative; rule-making.

normografo *sm* stencil.

norvegese *agg e sm e f.* Norwegian.

nosocomio *sm* hospital.

nossignore *interiez* no, sir!; *(talvolta, spec. USA)* nossir!

nostalgia *sf (di casa, patria, ecc.)* homesickness; *(del passato, ecc.)* nostalgia; *(rimpianto)* yearning; longing: *avere nostalgia,* to be homesick; to feel nostalgia (for sth); *(desiderare molto qcno)* to long for sb; *(sentire la mancanza di qcno)* to miss sb.

nostalgicamente *avv* nostalgically.

nostalgico *agg* nostalgic; *(solo di persona)* homesick: *Era nostalgico di casa sua,* He was homesick.

nostrano *agg* **1** *(di produzione nazionale)* home *(at-*

trib.); not imported. **2** *(prodotto nella zona)* local. **3** *(fatto in casa)* home-made.

nostro *agg e pron possessivo* **1** *(agg.)* our; *(nostro proprio)* our own; *(come predicato nominale)* ours; our own: *la nostra scuola,* our school — *Come sta il nostro Paolo?,* How is our Paolo getting on? — *Magari potessimo avere un giardino tutto nostro!;* If only we could have a garden of our own! — *un nostro amico inglese,* an English friend of ours. **2** *(pron.)* ours: *La vostra traduzione è più facile della nostra,* Your translation is easier than ours — *Il nostro fu un grave errore,* Ours was a big mistake. **3** *(in frasi con ellissi del sostantivo): il nostro, (riferito a scrittore, ecc.)* our author — *Abbiamo speso del nostro,* We have spent our own money — *Campiamo del nostro,* We live on our own income — *Non vorremmo rimetterci del nostro,* We wouldn't like to pay out of our own pocket — *È dei nostri, (parteggia per noi)* He is on our side; *(è un nostro amico)* He's one of us — *Arrivano i nostri!,* Help is on the way!

nostromo *sm* boatswain; bosun *(più comune).*

nota *sf* **1** *(segno, contrassegno)* sign; mark; detail: *le note d'un vero poeta,* the mark *(sing.)* of a true poet — *note lasciate dal tempo,* marks left by time — *note caratteristiche* identification details. **2** *(mus. e fig.)* note: *note alte (acute),* high notes — *note basse (gravi),* low notes — *una nota stonata,* a wrong note; *(fig.)* a jarring note — *le note musicali,* the notes of the scale — *trovare la nota giusta, (generalm. fig.)* to hit the right note — *nota fondamentale,* tonic — *Vi era una nota di amarezza nella sua voce,* There was a note of bitterness in her voice — *portare una nota allegra,* to bring a note of gaiety (a happy note). **3** *(appunto, commento, comunicazione)* note: *prendere nota,* to take note — *prendere nota di qcsa,* to make a note of sth; to take note of sth; to note sth — *Abbiamo preso buona nota di quanto ci scrive...,* We have taken note of the contents of your letter... — *Prendi nota!,* Take note!; *(talvolta)* Mark (You mark) my words! — *scrivere una nota a margine,* to write a note in the margin — *nota diplomatica,* diplomatic note — *nota del traduttore,* translator's note — *una nuova edizione con molte note,* a new edition with copious notes — *note a piè di pagina,* footnotes — *corredare un testo di note,* to annotate a text — *una nota di ringraziamento,* a note of thanks — *uno scambio di note fra due governi,* an exchange of notes between two governments. **4** *(conto)* bill; *(lista)* list: *pagare una nota,* to pay (to settle) a bill — *Mi prepari la nota, per favore,* Please make out my bill — *Fa' una nota di ciò che devo comprare,* Make a list of the things I must buy — *la nota della spesa,* the shopping list.

□ *nota di biasimo,* reprimand — *nota obbligata, (fig.)* the correct conventional phrase — *nota di accredito,* credit note — *dire qcsa a chiare note,* to say sth distinctly — *nota di pegno,* warehouse warrant — *prima nota, (comm.)* waste book — *degno di nota,* noteworthy; worthy of note.

notabile *agg* notable; remarkable; eminent.

□ *sm* prominent person; important personage; notable; worthy *(generalm. scherz.).*

notabilità *sf* notability.

notaio *sm* notary public; notary.

notare *vt* **1** *(segnare)* to mark; *(annotare, prendere nota di)* to note (down); to record; to register; to enter (up): *notare gli errori con la matita rossa,* to mark the mistakes in red pencil — *notare i versi più belli d'una poesia,* to mark the best lines in a poem — *Ho notato tutti i dati sul mio taccuino,* I have noted down all the data in my note-book. **2** *(osservare, accorgersi di)* to observe; to note; to notice: *notare i difetti di qcno,* to note sb's faults — *Vogliate notare che...,* Please note that... — *Non ti ho notato a teatro,* I didn't notice you at the theatre — *Nota bene, (in fondo ad uno scritto)* N.B.; nota bene; *(parlando)* Mind you — *Nota bene, l'ho fatto solo per te,* Mind you, I did it only for you. **3** *far notare qcsa,* to point sth out — *farsi notare,* to call (to draw) attention to oneself; to distinguish oneself.

notariato *sm* office of notary (public); *(talvolta)* notaryship.

notarile *agg* notarial: *studio notarile,* notary's office — *atto notarile,* notarial deed; notarial act — *copia notarile,* certified copy — *procura notarile,* power of attorney.

notazione *sf* notation; *(numerazione)* numbering; *(annotazione)* annotation.

notes *sm* note-book.

notevole *agg (pregevole)* notable; noteworthy; remarkable; *(grande)* considerable.

notevolmente *avv* notably; remarkably; considerably.

notifica *sf* = **notificazione.**

notificare *vt* to notify; to give* notice; *(informare)* to inform (sb of sth); *(comm., anche)* to advise: *notificare un atto di citazione,* to serve a summons (on *o* upon sb).

notificatore *sm* notifier. □ *agg* notifying.

notificazione *sf* notification; *(dir.)* summons; service; *(avviso, manifesto)* notice: *notificazione di comparizione,* summons to appear — *notificazione di una sentenza,* service of a judgment — *dare notificazione di qcsa,* to notify sth — *ricevere notificazione di qcsa,* to be notified of sth.

notizia *sf* **1** piece of news; *(al pl.)* news *(collettivo, sing.): una notizia interessante,* an interesting piece (bit, *o, spec. di giornale,* item) of news; an interesting news item — *Quali sono le ultime notizie?,* What's the latest news? — *Hai notizie di tuo fratello?,* Have you got any news of your brother?; Have you heard from your brother? — *Siamo senza notizie di nostro figlio da molto tempo,* We have had no news from our son for a long time — *La notizia che il nemico era vicino allarmò le autorità,* The news that the enemy was near alarmed the authorities — *Avrai presto mie notizie,* You'll receive news from me before long — *Datemi vostre notizie il più presto possibile,* Give me your news (Let me hear from you) as soon as possible — *'Notizie del giornale radio', (annuncio radiofonico)* 'Here is the news' — *propagazione di notizie false,* spreading of false news. **2** *(lett.: conoscenza, informazione)* knowledge; data; information; *(al pl.: nozioni)* first principles; rudiments: *notizie bibliografiche,* bibliographical data (*o* information) — *per vostra notizia,* for your information — *notizie storiche,* historical information — *portare a notizia di qcno,* to bring to sb's notice — *degno di notizia,* worthy of notice; noteworthy — *cercare notizie sulla vita d'uno scrittore,* to seek out material concerning the life of a writer.

□ *dar notizia di...,* to inform of...; to communicate... — *Non fa notizia,* That's no news; That won't make the headlines — *chiedere notizie di qcno,* to ask about sb — *Corre (Circola) la notizia che...,* There is a rumour (going about) that... — *notizie storiche, (come titolo)* a historical account.

notiziario *sm (cinema)* news(-)reel; *(radio, televisione)* news-bulletin; (the) news; *(bollettino, lettera circolare)* news-letter; *(su di un giornale)* news column.

noto *agg (famoso)* well-known; famous; *(conosciuto)* known; *(familiare)* familiar: *un noto poeta,* a well-known poet — *un uomo noto alla polizia,* a man known (well-known) to the police — *una voce nota,* a familiar voice — *È noto a tutti che...,* It is common knowledge (Everybody knows) that... — *render noto qcsa,* to make sth known.

□ *sm* (the) known; what in known: *dal noto all'ignoto,* from the known to the unknown.

notoriamente *avv* notoriously *(generalm. in senso cattivo): notoriamente disonesto,* notoriously dishonest.

notorietà *sf* notoriety; fame. □ *atto di notorietà, (dir.)* declaration.

notorio *agg* well-known; *(spreg.)* notorious.

nottambulismo *sm* going about at night.

nottambulo *sm* night-bird; night-walker.

nottata *sf* night; long night: *far nottata bianca,* to sit up (to stay up) all night — *perdere la nottata,* to spend a sleepless night.

notte *sf* night: *È rimasto con noi tre notti,* He stayed three nights with us — *Puoi rimanere tutta la notte?,* Can you stay (for) the night (*o* overnight)? — *Ha passato una buona (cattiva) notte,* She has had a good (bad) night — *Abbiamo ballato tutta la notte,* We danced all night (long) — *Che notte terribile è stata!, (per pioggia, temporale, ecc.)* What a dirty night it has been! — *nella (durante) la notte,* in (*o* during) the night — *domenica notte,* on Sunday night — *questa notte, (trascorsa)* last night; *(futura)* tonight — *la notte di Natale,* Christmas night — *viaggiare di notte,* to travel by night — *di notte,* at (*o* by) night — *di giorno e di notte,* night and day; continually — *a notte inoltrata (fatta, alta),* late at night; in the deep of the night — *nel cuore della notte,* at dead of night — *fino a tarda notte,* far into the night — *Si faceva notte,* Night was falling — *sul far della notte,* at nightfall — *camicia da notte,* nightdress; nightgown; nightie *(fam.); (da uomo)* nightshirt — *berretto da notte,* nightcap — *notte bianca,* sleepless night — *far di notte giorno,* to stay up all night; to turn night into day — *montare la notte,* to be on night-duty — *Non ho chiuso occhio tutta la notte,* I didn't sleep a wink all night — *Temo che non passerà la notte,* I fear he won't see this night out; I don't think he'll last the night — *Abbiamo fatto baldoria tutta la notte,* We made a night of it — *Sono cose da Mille e una Notte!,* It's like something out of the Arabian Nights! — *La notte porta consiglio, (prov.)* Night brings counsel.

□ *col favore della notte,* under (the) cover of darkness — *vaso da notte,* chamber pot — *Peggio che andar di notte!,* Worse than ever! — *Buona notte al secchio!,* That's the end of it! — *Ci corre quanto dal giorno alla notte,* They are as different as chalk from cheese — *la notte dei tempi,* the mists of time.

nottetempo *avv* by night; during the night; at night.

nottola *sf* 1 *(pipistrello)* bat; noctule. 2 *(listello)* latch; catch; *(di sega)* tongue.

nottolino *sm (mecc.)* pawl; dog: *nottolino d'arresto,* ratchet; pawl — *nottolino reggispinta,* thrust pawl.

notturno *agg* night *(attrib.);* nocturnal: *volo notturno,* night flight — *locale notturno,* night-club — *guardiano notturno,* night-watchman — *spettacolo notturno,* evening performance.

□ *sm* 1 *(ecclesiastico)* matins; early morning service; nocturn *(raro).* 2 *(arte, mus.)* nocturne.

notula *sf* bill.

nova *sf (stella)* nova *(pl.* novas, novae*).*

novanta *agg numerale cardinale e sm* ninety: *novanta volte, (fig.)* dozens of times; heaps of times — *essere sui novanta, (di età)* to be about ninety; to be in one's nineties. □ *La paura fa novanta, (fig.)* Fear makes people do strange things.

novantenne *agg* ninety years old *(predicativo);* ninety-year-old *(attrib.).*

□ *sm* ninety-year-old man *(pl.* men*); (sf.)* ninety-year-old woman *(pl.* women*).*

novantesimo *agg numerale ordinale e sm* ninetieth.

novantina *sf* about ninety.

nove *agg numerale cardinale e sm* nine: *nove volte su dieci,* nine times out of ten; very often — *la prova del nove,* the rule of nine.

novecentesco *agg* twentieth-century *(attrib.).*

novecentismo *sm* modernism.

novecentista *agg* twentieth-century *(attrib.);* contemporary. □ *come s.* modernist.

novecento *agg numerale cardinale e sm* nine hundred: *il Novecento,* the twentieth century.

novella *sf* 1 short story; *(racconto)* tale; story: *una raccolta di novelle,* a collection of short stories. 2 *(notizia)* piece of news. □ *la Buona Novella,* the Gospel; the Good News.

novelliere *sm* short-story writer.

novellino *agg* inexperienced; green *(fam.);* raw; newly-fledged.

□ *sm* novice; greenhorn *(USA);* tenderfoot *(pl.* tenderfoots*).*

novellistica *sf* 1 *(le novelle)* short stories. 2 *(lo scrivere novelle)* short-story writing.

novello *agg* 1 new; fresh; *(primaticcio)* new; first; early; spring *(attrib.); (di prete, ecc.)* newly-ordained; newly-appointed (to a church); *(di sposa, ecc.)* newly-wed: *patate novelle,* new potatoes — *pollo novello,* spring chicken — *l'età novella,* youth. 2 *(secondo, altro)* second; another: *un novello Mozart,* a second (*o* latter-day) Mozart.

novembre *sm* November.

novembrino *agg* November *(attrib.).*

novemila *agg numerale cardinale e sm* nine thousand.

novena *sf* novena *(pl.* novenae*).*

novenario *agg (prosodia)* of nine syllables: *un (verso) novenario,* a nine-syllable line.

novennale *agg (che ricorre ogni nove anni)* novennial; *(che dura nove anni)* lasting nine years; nine-year *(attrib.): un piano novennale,* a nine-year plan — *buoni novennali del Tesoro,* nine-year Treasury bonds.

noverare *vt* = **annoverare**.

novero *sm* number; list; *(classe, categoria)* class; category: *porre qcno nel novero degli amici,* to number (to count) sb among one's friends.

novilunio *sm* new moon.

novissimo *agg (ultimo)* last.

□ *sm i Novissimi, (religione)* the (Four) Last Things (Death, Judgment, Hell, Heaven).

novità *sf* 1 newness; novelty: *la novità del caso,* the newness (the novelty) of the case — *la novità di un disegno,* the novelty (the originality) of a pattern. 2 *(oggetto, articolo di moda)* novelty: *È un'autentica novità!,* It's a real novelty! — *articoli di novità,* novelties; fancy goods — *l'ultima novità (della moda),* the latest fashion — *correre dietro alle novità,* to follow all the latest trends — *novità librarie,* new books — *novità teatrale,* new play — *Questo libro è una novità,* This book is just out. **3** *(notizie)* news: *Novità?,* Any news? — *Quali sono le ultime novità?,* What's the latest news? — *le novità del giorno,* the day's news.

novizia *sf (religione)* novice.

noviziato *sm* **1** *(religione)* novitiate. **2** *(tirocinio)* apprenticeship.

novizio *sm* **1** *(religione)* novice. **2** *(principiante)* novice; beginner.

nozione *sf* **1** notion; idea; sense: *la nozione del bene e del male,* the notion of good and evil — *Non ha la nozione del giusto,* He has no sense of justice. **2** *(al pl.: primi elementi)* elements; rudiments: *nozioni di fatto,* factual knowledge *(sing.)* — *nozioni di matematica,* (the first) elements of mathematics.

nozionismo *sm* notionalism.

nozze *sf pl* wedding *(sing.); (la cerimonia, anche)* marriage *(sing.);* nuptials *(pl. lett. o scherz.): nozze d'argento (d'oro, di diamante),* silver (golden, diamond)-wedding — *giorno di nozze,* wedding day — *pranzo di nozze,* wedding breakfast (*o* reception) — *regalo di nozze,* wedding present — *viaggio di nozze,* honeymoon — *andare a nozze,* to go to a wedding; *(sposarsi)* to get married — *passare a seconde nozze,* to remarry; to marry (to get married) a second time.

□ *È come andare a nozze,* It is the easiest thing in the world; It's a piece of cake *(sl.)* — *fare le nozze con i fichi secchi,* to do sth on a shoestring; to do sth in a miserly fashion — *finire come le nozze di Pulcinella,* to end up by coming to blows.

nube *sf* cloud *(anche fig.): nubi passeggere,* passing clouds.

nubifragio *sm* downpour; cloud-burst.

nubilato *sm (dir.)* spinsterhood.

nubile *agg* unmarried; single; marriageable; nubile: *età nubile,* marriageable age.

□ *sf* unmarried woman *(pl.* women*);* single woman *(pl.* women*);* spinster *(fam. e dir.).*

nuca *sf* nape (*o* back) of the neck; *(anat.)* nucha *(pl.* nuchae*); (veterinaria, zool.)* nuchal crest.

nucleare *agg* nuclear.

nucleo *sm* **1** *(fis., biol., astronomia)* nucleus *(pl.* nuclei*); (parte centrale)* core. **2** *(unità)* unit; *(gruppo)* group; squad: *nucleo familiare,* family unit — *nucleo di pronto intervento,* flying squad.

nucleolo *sm* nucleolus *(pl.* nucleoli*).*

nudismo *sm* nudism.

nudista *sm e f.* nudist.

nudità *sf* **1** nakedness; nudity: *le nudità (del corpo),* the bare portions of the body. **2** *(fig.: di stile, ecc.)* nakedness; bareness; plainness.

nudo *agg* **1** *(di cose: spoglio)* bare: *essere nudo fino alla cintola,* to be bare to the waist — *braccia nude,* bare arms — *una parete nuda,* a bare wall — *alberi nudi,* bare (*o* naked) trees — *dormire sulla terra nuda,* to sleep on the bare earth — *a testa nuda,* bare-headed; hatless — *a piedi nudi,* barefoot — *cavalcare a dorso nudo,* to ride bareback — *visibile ad occhio nudo,* visible to the naked eye. **2** *(di persona: completamente svestito)* naked; *(talvolta)* nude: *mettersi nudo,* to strip naked — *mezzo nudo,* half-naked — *essere nudo come un verme (completamente nudo),* to bestark naked; to be in the nude; to be in the altogether *(fam.);* to be starkers *(pl.)* — *nudo come mamma l'ha fatto,* as naked as the day he was born; in his birthday suit — *la scimmia nuda,* the naked ape. **3** *(fig.) mettere a nudo qcsa,* to lay sth bare (to reveal sth) — *Voglio sapere la verità nuda e cruda,* I want (to know) the plain unvarnished truth — *nuda proprietà, (dir.)* reversion *(se di beni immobili);* bare right of ownership *(se di beni mobili).*

□ *sm* nude: *dipingere dal nudo,* to paint from the nude.

nugolo *sm* swarm; *(nuvola, anche fig.)* cloud.

nulla (*cfr.* **niente**) **I** *pron indef* nothing; *(in proposizioni interrogative o in presenza di un'altra negazione)* anything: *Non ne so nulla,* I know nothing (I don't know anything) about it — *nulla di buono (di grave, d'importante),* nothing good (serious, important) — *nulla più,* nothing more — *un nulla di buono,* a wicked person; an evil man — *un buono a nulla,* a good-for-nothing — *nulla di nulla,* absolutely nothing; nothing at all — *Non fa nulla,* It doesn't matter; It's all right.

II *sm* **1** nothing; nothingness: *finire nel (in) nulla,* to come to nothing — *venir su dal nulla,* to come up from nothing; to be a self-made man (*o* woman) — *creare qcsa dal nulla,* to create sth from nothing — *ritornare al (sprofondare nel) nulla,* to return to nothingness — *Vendette l'auto per un nulla,* He sold his car for a song. **2** *(cosa minima)* slightest (tiniest) thing: *Basta un nulla per rovinarlo,* The tiniest (*o* slightest) thing is enough to spoil it. **3** *(vanità)* vanity; worthlessness; emptiness.

III *come avv non contare nulla,* to count for nothing.

nulla osta *sm* authorization; permission; permit.

nullatenente *agg* owning nothing; property-less: *essere nullatenente,* to own nothing.

□ *sm* person with no property: *i nullatenenti,* the have-nots *(fam.).*

nullatenenza *sf* absence of means: *certificato di nullatenenza,* declaration that a person is without means.

nullità *sf* **1** nothingness; insignificance. **2** *(dir.)* nullity; invalidity.

nullo *agg (dir.)* null; null and void. □ *incontro nullo, (sport)* draw — *scheda nulla,* spoiled vote — *con risultato nullo,* without result; with no success; to no purpose.

nume *sm* deity; god: *nume tutelare,* tutelary deity; *(fig.: protettore)* protector. □ *Si crede un nume!,* He thinks he's God Almighty! — *Santi numi!,* My goodness!; By heavens!; Heavens!

numerabile *agg* countable.

numerabilità *sf* countability.

numerale *agg e sm* numeral.

numerare *vt* to number; to count; *(elencare)* to enumerate; to number.

numerario *sm (denaro contante)* ready money; *(in metallo)* specie: *numerario di cassa, (comm.)* cash on hand.

numeratore *sm* **1** numerator. **2** *(macchina)* numbering-machine.

numerazione *sf* numbering; *(matematica)* numeration; notation: *numerazione stradale,* street-numbers — *numerazione decimale,* decimal numeration — *numerazione romana,* Roman notation.

numericamente *avv* numerically.

numerico *agg* numerical; digital.

numero *sm* **1** number *(abbr.* No.*); (come segno: romano, arabo)* numeral: *numero cardinale (ordinale),* cardinal (ordinal) number — *numero primo (intero, fisso),* prime (whole, fixed) number — *numero pari (dispari),* even (uneven) number — *numero di telefono,* telephone number — *numero di targa,* registration number — *numero di matricola,* service

number; *(di macchinari)* serial number — *numero della pagina,* page-number — *formare un numero, (al telefono)* to dial a number — *Abita al numero venti,* He lives at number twenty (No. 20) — *giocare (estrarre) un numero, (al lotto)* to play (to draw) a number. **2** *(di giornale)* number; issue: *numero arretrato,* back number — *numero unico,* single number (*o* issue) — *Lo pubblicheranno nel numero di domani,* It will be published in tomorrow's issue. **3** *(quantità)* number: *un gran numero di persone,* a large number of people — *numero legale, (dir.)* quorum. **4** *(di varietà)* turn; number; item: *il primo numero d'un programma,* the first item on a programme. **5** *(di scarpe, cappello, ecc.)* size: *Che numero porti di scarpe?,* What size of shoe do you take?
□ *... di numero,* ... in number — *Erano cinquanta di numero,* They were fifty in number — *Ne voglio tre di numero,* I want three and not one more — *I concorrenti arrivano al numero di cinquanta,* The competitors are as many as fifty — *far numero,* to make up the numbers — *Verrò per far numero,* I will come just to make up the party — *Hai tutti i numeri per riuscire,* You have all the necessary qualities for success — *dare i numeri,* to act (to be acting) a bit queer — *Quel vecchio insegnante è proprio un numero!,* That old teacher is quite a character (a card)! — *numero uno,* first-rate; first-class; A 1 — *È una cantante numero uno,* She is a first-class singer — *È il numero uno del calcio italiano,* He is the No. 1 of Italian football — *nemico pubblico numero uno,* public enemy number one.

numeroso *agg* numerous; big; large.

numismatica *sf* numismatics *(col v. al sing.).*

numismatico *agg* numismatic(al).
□ *sm* numismatist; coin-collector; *(venditore, anche)* coin-dealer.

nuncupativo *agg (dir.)* nuncupative.

nunzio *sm* **1** nuncio: *il nunzio papale,* the (Papal) Nuncio. **2** *(fig.: messaggero, foriero)* messenger; harbinger.

nuocere *vi* to harm; to be* harmful (to sth); to be* detrimental (to sth); to be* bad (for sth); *(danneggiare)* to damage: *Il fumo nuoce alla salute,* Smoking is harmful to (is bad for) one's health — *Ciò nocque molto alla sua reputazione,* That was detrimental to (That damaged) his reputation. □ *Tentar non nuoce, (prov.)* There's no harm in trying — *Non tutto il male viene per nuocere, (prov.)* It's an ill wind that blows nobody any good.

nuora *sf* daughter-in-law.

nuotare *vi* **1** to swim*: *andare a nuotare,* to go swimming — *nuotare a farfalla (a rana, a 'crawl'),* to do the butterfly-stroke (the breast-stroke, the crawl) — *nuotare sul dorso (sul fianco),* to swim on one's back (on one's side). **2** *(fig.: sguazzare)* to wallow: *nuotare nell'abbondanza, nell'oro,* to wallow (*fam.* to be rolling) in money.
□ *vt* to swim*: *nuotare un miglio,* to swim a mile.

nuotata *sf* swim.

nuotatore *sm,* **nuotatrice** *sf* swimmer.

nuoto *sm* swimming: *una gara di nuoto,* a swimming-race — *attraversare un fiume a nuoto,* to swim across a river — *buttarsi a nuoto,* to dive in — *salvarsi a nuoto,* to swim to safety; to swim for one's life.

nuova *sf (novità)* news *(col v. al sing.): Nessuna nuova buona nuova, (prov.)* No news is good news.

nuovamente *avv* again.

nuovo I *agg* **1** new: *anno nuovo,* new year — *luna nuova,* new moon — *vino nuovo,* new wine — *come nuovo,* (as) good as new — *nuovo di zecca; nuovo fiammante,* brand-new — *Questo vestito sembra nuovo,* This dress looks like new — *Mi sento un uomo nuovo,* I feel a new man — *Questo nome non mi è nuovo,* This name is not new to me — *cominciare una nuova vita,* to begin a new life — *provare un sentimento nuovo,* to experience a new feeling — *essere nuovo d'un mestiere,* to be new to a trade (to be inexperienced) — *essere nuovo d'un luogo,* to be new to a place — *i nuovi ricchi,* the newly rich; the new rich; the 'nouveaux riches' *(fr.)* — *nuovo venuto,* newcomer — *metodi nuovi,* modern methods — *parole di nuovo conio,* newly coined words — *un edificio di nuova costruzione,* a newly erected building. **2** *(ulteriore, altro)* further; other; fresh; new: *una nuova difficoltà,* a further difficulty — *fare un nuovo tentativo,* to make another attempt (a fresh attempt); to have another try (another go) — *fare una nuova pausa,* to make another pause — *fino a nuovo ordine,* till further orders — *Prendi un foglio nuovo e ricomincia,* Take a fresh sheet of paper and start again. **3** *(diverso)* different; *(novello)* second: *Ogni giorno mette una camicia nuova,* He wears a different shirt every day — *È un nuovo modo di trattare i clienti questo!,* This is a strange way of treating (to treat) customers! — *È un nuovo Picasso,* He is a second Picasso.
□ *di nuovo,* again — *L'ha fatto di nuovo!,* He's done it again! — *di bel nuovo,* over again — *Scopa nuova spazza bene, (prov.)* A new broom sweeps clean — *Non c'è niente di nuovo sotto il sole, (prov.)* There's nothing new under the sun.
II *sm* newness; novelty: *Che c'è di nuovo?,* What's the news? — *C'è niente di nuovo?,* Is there any fresh news? — *vestirsi di nuovo,* to wear new clothes — *rimettere a nuovo,* to renew; to make (sth) as good as new.

nutria *sf* nutria; coypu.

nutrice *sf* wet-nurse; foster-mother; *(fig.)* foster-parent.

nutriente *agg* nourishing.

nutrimento *sm* nourishment; nutriment; *(dieta)* diet; *(cibo)* food.

nutrire *vt* **1** to feed*; to nourish *(anche fig.): nutrire un bambino,* to feed a child — *nutrire lo spirito,* to nourish the spirit. **2** *(fig.: sentimenti)* to nourish; to foster; to harbour: *nutrire speranza (un sentimento d'odio),* to nourish hope (a feeling of hatred) — *nutrire cattivi pensieri (un desiderio di vendetta),* to foster evil thoughts (a desire for revenge). □ *nutrire gratitudine verso qcno,* to feel grateful (to bear gratitude) towards sb — *nutrire dubbi,* to have doubts.
□ *vi (essere nutriente)* to be* nourishing: *Il pane (la carne, ecc.) nutre,* Bread (meat, *ecc.*) is nourishing.
□ **nutrirsi** *v. rifl* to feed* (on sth): *nutrirsi solo di carne,* to feed only on meat.

nutritivo *agg* nourishing.

nutrito *agg* **1** fed; nourished: *ben (mal) nutrito,* well-fed (under-nourished). **2** *(fig.: fitto)* solid; considerable; substantial: *applausi nutriti,* loud applause *(sing.).*

nutrizione *sf* **1** *(il nutrire)* feeding; nutrition; nourishing. **2** *(cibo, alimento)* food; nourishment.

nuvola *sf* cloud; *(ombra, nebbiosità)* cloudiness; mistiness; *(fig.)* cloud; mist; fog: *una nuvola passeggera, (anche fig.)* a passing cloud — *senza nuvole,* cloudless — *con la testa tra le nuvole,* with one's head in the clouds. □ *cascar dalle nuvole,* to be taken aback; to be very astonished; to be flabbergasted — *essere nelle nuvole,* to be absent-minded — *vivere nelle nuvole,* to live in a dream world.

nuvolaglia *sf* thick bank of clouds.

nuvolo *sm* cloud; *(tempo nuvoloso)* cloudy weather.

nuvolosità *sf* cloudiness.

nuvoloso *agg* cloudy; *(coperto)* overcast: *tempo nuvoloso,* cloudy weather.

nuziale *agg* wedding *(attrib.);* nuptial *(attrib., spesso scherz.): pranzo nuziale,* wedding breakfast (*o* reception) — *velo nuziale,* nuptial veil — *contratto nuziale,* marriage agreement (*o* settlement).

O

[1]**O, o** *sm e f.* O, o: *O come Otranto, (al telefono, ecc.)* O for Oliver. □ *tondo come l'O di Giotto,* simpleton; stupid; simple-minded — *Non saprebbe fare una O col bicchiere,* He is quite helpless; He's a dead loss *(fam.);* He's worth his weight in lead *(fam.).*

[2]**o, oh** *interiezione* **1** O!; Oh!: *O mio Dio!,* O Lord! — *O povero me!,* Oh dear!; Dear me!; Bless my soul! — *O sì!,* Oh yes! **2** *(dial.)* Hey!; I say!: *O che fai?,* I say, what are you doing?

[3]**o, od** *congiunz* **1** or: *La tua macchina è rossa o blu?,* Is your car red or blue? — *Lo vuoi o no?,* Do you want it or don't you? — *Vuoi questo o quello?,* Do you want this one or that one? — *Non m'importa se esci o rimani a casa; Che tu esca o rimanga a casa, non m'importa,* I don't care whether you go out or stay at home.

2 *(altrimenti)* or; or else; otherwise; *(ovvero)* or: *Corri o perderai il treno,* Run or (*o* otherwise) you'll miss the train — *la fonetica o scienza dei suoni,* phonetics or the science of sounds.

3 o... o..., either... or...: *Voglio o quello o niente,* I want either that or nothing — *o l'uno o l'altro,* either — *Puoi prendere o l'uno o l'altro quadro,* You may take either picture.

oasi *sf* oasis *(pl.* oases*): un'oasi di serenità,* an oasis (a haven) of peace.

obbediente, obbedienza, obbedire = **ubbidiente, ubbidienza, ubbidire.**

obbiettare, obbiettivo = **obiettare, obiettivo.**

obbligante *agg* **1** *(vincolante)* binding. **2** *(cortese)* obliging; polite.

obbligare *vt* **1** to force; to oblige; to compel: *obbligare qcno a fare qcsa,* to make sb do sth; to have sb do sth *(USA);* to force (to oblige, to compel, to get) sb to do sth — *Fui obbligato a vendere la macchina,* I was obliged (I was forced) to sell my car — *L'obbligarono ad andare con loro,* She was compelled to go with them; They made her go with them — *Temo che ti obbligheranno a farlo,* I'm afraid they'll force you to (do it); I'm afraid they'll make you (do it). **2** *(per mezzo di un vincolo, spec. dir.)* to bind*: *obbligare qcno a pagare un debito,* to bind sb to pay a debt.

□ **obbligarsi** *v. rifl* to undertake*: *Mi obbligai a pagare entro il mese,* I undertook to pay within the month.

obbligato *agg* **1** *(a fare qcsa)* obliged; compelled; bound; *(a restare in un luogo)* confined: *Sono obbligato a farlo,* I am obliged (am compelled) to do that — *È obbligato a rimanere a letto,* He is confined to bed. **2** *(da riconoscenza)* obliged: *Le sono molto obbligato,* I am much obliged to you. **3** *(prefissato, imposto)* fixed; set: *percorso obbligato,* fixed (*o* set) course — *rime obbligate,* set rhymes. **4** *(mus.)* obbligato.

□ *sm (dir.)* person liable; debtor; obligor.

obbligatoriamente *avv* compulsorily.

obbligatorietà *sf* compulsory nature; compulsoriness.

obbligatorio *agg* **1** compulsory; obligatory: *servizio militare obbligatorio,* compulsory military service — *istruzione obbligatoria,* compulsory education — *fermata obbligatoria,* obligatory stop. **2** *(dir.)* binding: *contratto obbligatorio,* binding contract.

obbligazione *sf* **1** obligation: *contrarre (soddisfare) un'obbligazione,* to contract (to fulfil) an obligation. **2** *(comm.)* bond; debenture: *obbligazione nominativa,* registered debenture — *obbligazione al portatore,* bearer bond — *obbligazioni dello Stato,* Government bonds.

obbligazionista *sm e f.* bondholder; debenture-holder.

obbligo *sm* obligation; duty: *gli obblighi di un buon cittadino,* the obligations of a good citizen — *avere degli obblighi verso qcno (essere in obbligo con qcno),* to be under an obligation to sb; to be obliged to sb — *non avere obblighi con nessuno,* to be under no obligation to anybody — *Non ho l'obbligo di seguirla,* I am not obliged to follow her — *È nostro (vostro, ecc.) obbligo,* It's our (your, *ecc.*) duty — *obblighi di madre,* motherly duties — *sentirsi in obbligo verso qcno,* to feel obliged to sb.

□ *d'obbligo,* obligatory; de rigueur *(fr.)* — *È d'obbligo l'abito da sera,* Evening dress is de rigueur — *una festa d'obbligo,* a day of obligation — *con l'obbligo di...,* on condition that... — *obblighi militari,* military service *(sing.).*

obbrobrio *sm* **1** disgrace; ignominy; opprobrium: *Che obbrobrio!,* What a disgrace! — *Quegli individui sono l'obbrobrio della nazione,* Those men are a disgrace to their country. **2** *(cosa che offende esteticamente)* shocking (*o* ghastly) piece of work: *La nuova stazione ferroviaria è un obbrobrio,* The new railway station is an eyesore (a ghastly sight).

obbrobriosamente *avv* disgracefully; shamefully; ignominiously.

obbrobrioso *agg* shameful; disgraceful; *(brutto)* ugly; ghastly *(fam.).*

obelisco *sm* obelisk.

oberare *vt* to overburden; to overload.

oberato *agg (di debiti)* burdened with debts; *(di lavoro)* overburdened (*o* swamped) with work: *essere oberato di pensieri,* to be weighed down with care.

obesità *sf* fatness; corpulence; portliness; obesity *(med.).*

obeso *agg* fat; corpulent; portly; obese *(med.).*

obice *sm* howitzer.

obiettare *vt* to object: *Non ho nulla da obiettare,* I have no objection — *Si può obiettare che...,* By way of objection, it can be said that...

obiettivamente *avv* objectively; *(imparzialmente)* impartially; unbiasedly.

obiettività *sf* objectivity; *(imparzialità)* impartiality: *giudicare con obiettività,* to be an impartial judge.

obiettivo *agg* objective; detached; *(imparziale)*

impartial; unbiased: *una proposta obiettiva,* an objective proposal — *un giudizio obiettivo,* an impartial (*o* unbiased) judgment.

□ *sm* **1** *(ottica, fotografia)* objective; object glass; lens: *obiettivo a fuoco fisso,* fixed-focus lens — *obiettivo a secco,* dry lens — *obiettivo con lente speculare,* mirror lens — *obiettivo di grande (piccola) lunghezza focale,* long- (short-) focus lens — *obiettivo fotomeccanico,* process lens — *obiettivo quadrangolare,* wide-angle lens. **2** *(mil.)* objective. **3** *(fine, scopo)* object; purpose; aim; goal: *raggiungere il proprio obiettivo,* to attain one's object (one's aim).

obiettore *sm* objector: *obiettore di coscienza,* conscientious objector.

obiezione *sf* objection: *fare (muovere, sollevare) un'obiezione,* to make (to raise) an objection; to object — *Non ho nessuna obiezione a che tu la incontri,* I have no objection to your meeting her — *Nessuna obiezione!,* I've no objection!; No objections! *(pl.).*

obitorio *sm* mortuary; morgue *(USA).*

oblato *sm* oblate.

oblatore *sm* **1** *(benefattore)* benefactor; *(donatore)* donor. **2** *(ad un'asta)* bidder.

oblazione *sf* **1** *(dir.)* settlement out of court. **2** *(offerta dell'oblatore)* donation; *(nella liturgia)* oblation; offertory. **3** *(alle aste)* bid.

obliare *vt* to forget*.

oblio *sm* oblivion; forgetfulness: *cadere nell'oblio,* to sink into oblivion — *sottrarre qcsa (qcno) all'oblio,* to rescue sth (sb) from oblivion — *essere sepolto nell'oblio,* to be sunk in oblivion.

obliquamente *avv* **1** obliquely; *(a sghembo)* aslant; on the slant. **2** *(fig.: di traverso)* askance; sideways: *Mi guardò obliquamente,* He looked at me askance. **3** *(subdolamente)* in an underhand manner.

obliquità *sf* obliquity; obliqueness; *(inclinazione)* inclination; slant.

obliquo *agg* **1** oblique; slanting: *spigolo obliquo,* oblique edge — *casi obliqui, (gramm.)* oblique cases — *taglio obliquo,* slanting cut — *per obliquo,* obliquely; slantingly. **2** *(fig.)* roundabout; *(subdolo)* underhand; crooked; devious: *con mezzi obliqui,* by underhand means — *Non mi piace andare per vie oblique,* I don't like acting in an underhand (a roundabout) manner. **3** *(anat.)* obliquus *(lat.)*: *muscolo obliquo,* obliquus muscle.

obliterare *vt* to obliterate; *(med., anche)* to occlude.

oblò *sm* port-hole; deadlight.

oblungo *agg* oblong.

obnubilazione *sf* obnubilation *(med.)*; beclouded mental state.

oboe *sm* oboe; hautboy *(ant.).*

oboista *sm e f.* oboist.

obolo *sm* **1** *(antica moneta greca)* obol. **2** *(piccola offerta)* mite; small offering. □ *l'obolo di S. Pietro,* Peter's pence *(pl.).*

obsoleto *agg* obsolete; out-of-date.

oca *sf* **1** goose *(pl.* geese*)*; *(oca maschio)* gander: *collo d'oca,* goose-neck — *pelle d'oca,* goose-flesh; goose pimples; goose skin — *far venire la pelle d'oca a qcno,* to give sb the creeps — *oca selvatica,* greylag goose — *penna d'oca,* goose-quill — *passo dell'oca,* goose-step. **2** *(fig., fam.)* goose; fool; idiot: *Ha sposato un'oca, ben gli sta!,* He has married a silly goose, it serves him right! — *sembrare un'oca,* to look a fool (an idiot).

□ *Ecco fatto il becco all'oca!,* That's the finishing touch!; That's finished!; There, that's done! — *camminare in fila come le oche,* to walk in Indian file — *il gioco dell'oca,* (the game of) snakes and ladders.

ocaggine *sf* foolishness; stupidity.

ocarina *sf* ocarina.

occasionale *agg* **1** immediate: *la causa occasionale della sua morte,* the immediate cause of his death. **2** *(fortuito, casuale)* chance *(attrib.)*; casual: *incontro occasionale,* chance meeting — *guadagni occasionali,* casual earnings. □ *causa occasionale, (filosofia)* occasional cause.

occasionalmente *avv* **1** on occasion; *(di quando in quando)* from time to time; occasionally. **2** *(casualmente)* by chance; fortuitously; casually.

occasionare *vt* to occasion; to cause; to bring* (sth) about.

occasione *sf* **1** occasion; opportunity; chance: *approfittare dell'occasione,* to take the opportunity; to profit by the occasion — *Quando si presenta l'occasione,* When (the) opportunity offers — *cogliere l'occasione per fare qcsa,* to seize the occasion (the opportunity) to do sth; to take the opportunity of doing sth (*o* to do sth) — *'Cogliamo l'occasione per inviarvi il ns. listino prezzi', (stile comm.)* 'We are taking this opportunity of sending you our price list' — *perdere un'occasione,* to miss an opportunity. **2** *(circostanza)* occasion: *in occasione di...,* on the occasion of... — *per l'occasione,* for the occasion — *poesia d'occasione,* occasional verse — *all'occasione,* when necessary — *in diverse occasioni,* on several occasions. **3** *(buon affare)* bargain: *Questa macchina è una vera occasione,* This car is a real bargain — *prezzo d'occasione,* bargain price. **4** *(motivo, causa)* occasion; cause: *Non hai occasione di essere triste,* You have no occasion to be sad. □ *comprare qcsa d'occasione,* to buy sth second-hand — *abiti d'occasione,* second-hand clothes — *aspettare l'occasione,* to wait for the right moment — *L'occasione fa l'uomo ladro, (prov.)* Opportunity makes the thief.

occhiaccio *sm (generalm. al pl.)* frown; ugly look: *Mi fece gli occhiacci,* He gave me a dirty look *(sing.).*

occhiaia *sf* **1** *(cavità)* eye-socket. **2** *(spec. al pl.)* rings under the eyes: *avere le occhiaie,* to have rings under one's eyes.

occhialaio *sm* optician.

occhiale *agg* eye *(attrib.)*: *vetro occhiale,* eye-glass.

occhialetto, occhialino *sm* lorgnette *(fr.).*

occhiali *sm pl* glasses; spectacles; *(di protezione, anche)* goggles: *un paio di occhiali,* a pair of glasses (*o* spectacles) — *occhiali da sole,* sun-glasses — *occhiali da naso,* pince-nez *(fr.)* — *occhiali da neve,* snow-goggles — *portare gli occhiali,* to wear glasses.

occhialuto *agg* bespectacled.

occhiata *sf* look; glance: *dare un'occhiata a una rivista,* to have a look at a magazine — *lanciare un'occhiata a qcno,* to glance at sb — *scambiarsi un'occhiata d'intesa,* to exchange meaning (*o* knowing) looks *(pl.).*

occhiato *agg* eyed; spotted; ocellated *(zool.)*: *formaggio occhiato,* cheese with holes in it; holey *(fam.)* cheese.

occhieggiare *vt* to ogle; to eye: *Occhieggiava tutte le ragazze che passavano,* He made eyes at all the girls that passed.

□ *vi (far capolino)* to peep; to peer: *Le stelle occhieggiavano tra le nubi,* The stars were peeping through the clouds.

occhiellatrice *sf* **1** *(asolatrice)* buttonhole-machine. **2** *(punzone)* eyelet-punch.

occhiellatura *sf* buttonholing; *(fila di occhielli)* line of buttonholes.

occhiello *sm* **1** *(asola)* buttonhole; *(per estensione)* eyelet: *portare un fiore all'occhiello,* to wear a flower in one's buttonhole. **2** *(mecc.)* eyelet; eye: *occhiello metallico,* metal eyelet. **3** *(tipografia)* half-title. ☐ *fare a qcno un occhiello nel ventre, (scherz.)* to pierce sb's belly.

occhietto *sm* **1** small (*o* little) eye: *fare l'occhietto a qcno,* to wink at sb. **2** *(tipografia)* half-title.

occhio *sm* **1** *(l'organo della vista)* eye; *(la vista)* sight; eyesight: *Mi fanno male gli occhi,* My eyes hurt — *occhi infossati,* sunken eyes — *occhi sporgenti,* protruding eyes — *occhi a mandorla,* almond eyes; slanting eyes — *occhio di vetro,* glass eye — *palla dell'occhio,* eyeball — *dagli occhi azzurri (neri),* blue-(dark-) eyed — *Aveva gli occhi fuori della testa,* His eyes were popping out of his head — *avere una benda sugli occhi, (fig.)* to be absolutely blind to what's going on — *avere gli occhi dappertutto,* to have eyes in the back of one's head — *aver occhio per qcsa,* to have an eye for sth — *avere gli occhi pesanti,* to be drowsy (*o* sleepy) — *abbassare gli occhi,* to lower one's eyes; to look down — *sollevare gli occhi,* to raise one's eyes; to look up — *avere (tenere) gli occhi aperti,* to keep one's eyes open (*o* skinned, peeled) — *avere gli occhi storti,* to be cross-eyed — *avere l'occhio vitreo,* to have a glassy stare — *ad occhi chiusi,* with (one's) eyes closed — *Lo saprebbe fare ad occhi chiusi, (fig.)* He could do it blindfold — *ad occhio nudo,* with the naked eye — *essere tutt'occhi,* to be all eyes — *sgranare gli occhi,* to open one's eyes wide — *strizzar l'occhio,* to wink — *battere gli occhi,* to blink — *a vista d'occhio,* within sight — *a perdita d'occhio,* as far as the eye can see — *sotto gli occhi di qcno,* under sb's (very) eyes — *in un batter d'occhio,* in the twinkling of an eye; in a trice; before you could say Jack Robinson — *essere cieco da un occhio,* to be blind in one eye — *chiudere un occhio su qcsa,* to turn a blind eye to sth — *guardare qcno dritto negli occhi,* to look sb straight in the eye — *tener d'occhio qcno (qcsa),* to keep an eye on sb (sth) — *aprire gli occhi a qcno su qcsa,* to open sb's eyes to sth — *fare un occhio nero a qcno,* to give sb a black eye — *guardare qcno (qcsa) con la coda dell'occhio,* to look at sb (sth) out of the corner of one's eye — *guardare con tanto d'occhi,* to stand wide-eyed; to gape — *cavare un occhio a qcno,* to gouge out sb's eye — *cavarsi gli occhi,* to ruin one's eyesight — *affaticarsi (logorarsi) gli occhi,* to tire (to strain) one's eyes — *agli occhi del mondo,* in the eyes of the world.

2 *(sguardo)* look; glance: *dare un occhio a qcsa,* to have a look at sth — *a colpo d'occhio,* at a glance — *interrogare qcno con gli occhi,* to give sb a questioning look — *cercare qcno con gli occhi,* to look around for sb — *distogliere gli occhi da qcsa,* to look away from sth — *gettare l'occhio su qcsa,* to cast an eye (to run one's eye) over sth — *fare gli occhi dolci a qcno,* to make (sheep's) eyes at sb.

3 *(cose a forma d'occhio)* eye; *(buco)* hole; *(di una pianta)* bud; *(di patata e simili)* eye; *(macchia sulle penne degli uccelli)* ocellus (*pl.* ocelli); *(oblò sul ponte di una nave)* porthole: *l'occhio del ciclone,* the eye of the hurricane — *gli occhi del formaggio,* the holes in Gruyère (*o* Emmenthal) cheese — *occhio di pernice; occhio pollino, (callo)* corn — *occhio di bue, (tipo di finestra circolare)* bull's eye — *uova all'occhio di bue,* fried eggs; eggs sunny side up *(USA)* — *occhio di gatto, (mineralogia)* cat's eye — *occhio di tigre, (mineralogia)* tiger eye — *occhio di cubia (di prora: sulle navi)* hawsehole; hawse — *occhio magico, (radio)* tuning indicator; 'magic eye' — *occhio fotometrico,* standard eye — *occhio delle molle,* spring eye — *occhio elettrico, (cellula fotoelettrica)* electric eye — *impiombatura ad occhio, (nodo nautico)* eye-splice.

4 *(tipografia)* face; type-face.

☐ *Occhio!,* Mind!; Watch out! — *Occhio alla penna!,* Keep a watch on your pen! — *a quattr'occhi,* in private; in confidence — *ai miei occhi, (secondo me)* in my opinion; in my view — *a occhio e croce,* roughly; about; approximately; at a rough guess; roughly speaking — *a occhio,* roughly speaking — *Non ho chiuso occhio tutta la notte,* I didn't sleep a wink all night — *averne fin sopra gli occhi,* to be fed up with sth; to be sick of sth — *aver debiti fin sopra gli occhi,* to be up to one's eyes in debt — *Ci vuole occhio,* You need to have your wits about you — *costare un occhio della testa,* to be terribly expensive (dear); to cost a fortune; to cost a packet *(fam.)* — *dar nell'occhio,* to be showy — *Darei un occhio per sapere chi l'ha fatto,* I'd give the world (I'd give my right arm) to know who did it — *fare l'occhio a qcsa,* to get used to sth — *che salta agli occhi, (di cose)* eye-catching; striking; evident — *Mi cadde sott'occhio,* I happened to catch sight of it — *perdere il lume degli occhi,* to go off into a rage — *vedere qcno (qcsa) di buon (mal) occhio,* to look favourably (unfavourably) on sb (sth) — *Quattro occhi vedono meglio di due,* Two minds work better than one — *Certo, non l'ha fatto per i tuoi begli occhi!,* He certainly didn't do it for love! — *Occhio per occhio, dente per dente, (prov.)* An eye for an eye, a tooth for a tooth — *Occhio non vede, cuore non duole, (prov.)* What the eye doesn't see, the heart does not grieve over — *Lontano dagli occhi, lontano dal cuore, (prov.)* Out of sight, out of mind — *In terra di ciechi beato chi ha un occhio, (prov.)* In a country of blind men, the one-eyed man is king.

occhiolino *sm* = **occhietto 1**.

occhiuto *agg* **1** *(di pavone, ecc.)* ocellated. **2** *(fig.)* sharp-eyed; shrewd.

occidentale *agg* western; west; occidental: *il versante occidentale,* the west (the western) slope — *paesi occidentali,* western countries — *civiltà occidentali,* western (*o* occidental) civilizations.
☐ *sm e f.* Occidental; westerner.

occidente *sm* west; Occident *(lett.)*: *navigare verso occidente,* to sail towards the west; to sail westwards — *l'Impero d'Occidente,* the Western Empire — *ad occidente dell'Italia,* (to the) west of Italy.

occipitale *agg* occipital.

occipite *sm* occiput.

occludere *vt* to stop (sth) up; to close; to obstruct; to occlude.

occlusione *sf* occlusion.

occlusivo *agg* occlusive.

occluso *agg* occluded; obstructed.

occorrente *agg* necessary; needful; required.
☐ *sm* what is necessary (*o* needed); the needful *(sl.)*: *tutto l'occorrente,* everything necessary — *l'occorrente per scrivere (disegnare, ecc.),* writing (drawing, *ecc.*) materials *(pl.)*.

occorrenza *sf (necessità)* need; necessity; *(evenienza)* eventuality: *le occorrenze della vita,* the necessities of life — *all'occorrenza,* if need be; when required.

occorrere *vi* **1** to be* necessary; to be* required; *(più comune)* to need *(con costruzione personale)*; to have* to *(con costruzione personale);* must* *(inf.* to have* to: *con costruzione personale): Occorre che tu le dica la verità,* You must (You have to) tell her the truth; It's necessary for you to tell her the truth — *Occorre molto denaro,* A lot of money is required (*o* needed); You need a lot of money — *Mi occorrono molti soldi,* I need a lot of money — *Occorreva partir subito,* We had to leave immediately — *Non occorre che tu gli dia il denaro,* You need not give him the money; There's no need for you to give him the money — *Occorre che io vada con loro?,* Must I (Do I have to) go with them? — *Ti occorre altro?,* Do you need anything else? — *Non occorre farlo,* There is no need to do it. **2** *(lett.: accadere)* to happen; to occur.

occultabile *agg* able to be hidden.

occultamente *avv* secretly.

occultamento *sm* concealment; hiding.

occultare *vt* **1** to hide*; to conceal: *occultare un tesoro,* to hide a treasure — *occultare un cadavere,* to conceal a corpse. **2** *(astronomia)* to occult.

□ **occultarsi** *v. rifl* to hide*; to conceal oneself.

occultazione *sf* **1** concealment. **2** *(astronomia)* occultation: *fase di occultazione,* dark interval.

occultismo *sm* occultism.

occultista *sm e f.* occultist.

occulto *agg* **1** *(nascosto)* hidden; concealed; *(segreto)* secret: *pensieri occulti,* secret thoughts. **2** *(arcano)* occult: *le scienze occulte,* the occult sciences; the occult *(sing.).*

occupabile *agg* able to be occupied.

occupare *vt* **1** to occupy: *occupare una città,* to occupy a town — *occupare una casa,* to occupy a house; *(abusivamente)* to squat in a house — *occupare un posto a sedere,* to occupy a seat. **2** *(ricoprire un ufficio, un incarico)* to occupy; to hold*: *occupare un posto importante,* to occupy (to hold) an important position — *occupare una cattedra (universitaria),* to hold a chair. **3** *(impiegare il tempo)* to spend*; to occupy; to take* up: *Occupa il tempo libero leggendo,* He spends his spare time reading — *Questa pratica mi occupa troppo tempo,* This matter takes up too much of my time. **4** *(impegnare)* to occupy; *(tenere occupato)* to keep* busy: *È occupato a tradurre un romanzo inglese,* He is busy with (He is engaged in) the translation of an English novel.

□ **occuparsi** *v. rifl* **1** to occupy oneself (with, in sth); to busy oneself (with sth); to be* interested (in sth); *(provvedere, badare)* to take* care (of sth); to look after (sth): *Si occupa di teatro,* He is interested in the theatre — *Chi di voi si occuperà dei bambini?,* Which of you will take care of the children? — *Di che cosa ti occupi?,* What's your job?; What's your line? *(più fam.).* **2** *(farsi assumere)* to find* a job; to get* (oneself) a job: *Si è occupato in una ditta di farmaceutici,* He has found a job in (*o* with) a pharmaceutical firm. **3** *(impicciarsi)* to interfere; to meddle; to mind: *Non voglio che si occupi di questa faccenda,* I don't want him to meddle in this matter — *Occupati degli affari tuoi!,* Mind your own business!

□ *La legge non si occupa di questo caso,* The law doesn't contemplate this case.

occupato *agg* **1** *(di cosa)* engaged; taken: *Il bagno è occupato,* The bathroom is engaged — *La linea è occupata,* The line is engaged (*USA* is busy) — *Questi posti sono occupati,* These seats are taken — *Questo posto non è occupato,* This seat is free. **2** *(di persona)* busy; engaged; occupied: *È sempre molto occupato,* He is always very busy — *Era occupato a fare una traduzione,* He was busy with (engaged in) a translation — *Stasera sono occupato, mi spiace,* I'm sorry, I have an engagement tonight.

occupatore *sm* **1** occupant; occupier. **2** *(abusivo)* squatter.

occupazione *sf* **1** *(l'atto, l'effetto dell'occupare)* occupation; *(abusiva, p.es. di una casa)* squatting: *un esercito di occupazione,* an army of occupation; an occupying force — *durante l'occupazione tedesca,* during the German occupation — *l'occupazione delle terre da parte dei braccianti,* the occupation of land *(sing.)* by farm labourers. **2** *(lavoro, impiego)* job; occupation; employment *(attività abituale): Dovresti cercare un'occupazione adatta alle capacità di tuo figlio,* You ought to look for a job suited to your son's abilities — *piena occupazione,* full employment — *senza occupazione,* jobless *(agg.);* unemployed *(agg.);* out of work — *investimento per l'occupazione,* investment to create employment — *utili occupazioni per le lunghe serate invernali,* useful occupations for long winter evenings — *occupazioni artistiche (letterarie),* artistic (literary) pursuits. **3** *(dir.)* occupancy.

oceanico *agg* **1** oceanic. **2** *(fig.: immenso)* vast; immense.

oceano *sm* ocean. □ *un oceano di guai, (fig.)* a sea of troubles.

oceanografia *sf* oceanography.

oceanografico *agg* oceanographic(al).

oceanografo *sm* oceanographer.

ocra *sf* ochre.

ocraceo *agg* ochrous; ochraceous.

oculare *agg* ocular; eye *(attrib.): globo oculare,* eyeball — *un testimone oculare,* an eyewitness.

ocularmente *avv* with one's eyes; by eye.

oculatamente *avv* cautiously; prudently; *(con circospezione)* warily; circumspectly; with circumspection.

oculatezza *sf* caution; prudence; *(circospezione)* wariness; circumspection.

oculato *agg* cautious; prudent; circumspect; wary: *una scelta oculata,* a considered (*o* wise) decision. □ *con oculata fede,* with one's own eyes.

oculista *sm e f.* oculist; eye specialist.

oculistica *sf* ophthalmology.

oculistico *agg* oculistic.

odalisca *sf* odalisque.

ode *sf* **1** ode. **2** *(fig.: panegirico)* eulogy; panegyric.

odiabile *agg* hateful; detestable; loathsome.

odiare *vt* to hate; to loathe: *farsi odiare,* to get (to make) oneself hated — *odiare qcno a morte,* to hate the sight of sb; to hate sb's guts *(sl.).*

odiatore *sm* hater; detester.

odierno *agg* **1** today's *(attrib.);* of today: *lezione odierna,* today's lesson — *in data odierna,* under today's date. **2** *(dei nostri giorni, attuale)* present; *(moderno)* modern: *valore odierno,* present value — *gli studi odierni,* modern studies.

odio *sm* hatred; hate; *(avversione)* loathing; strong aversion; dislike; detestation: *Ho in odio quel suo modo di fare,* I hate (I can't bear) his way of doing things — *odio di classe,* class hatred — *in odio a qcno,* against sb — *in odio alla legge, (dir.)* in defiance of the law — *per odio contro qcno,* out of hatred for sb — *accendere (alimentare, fomentare, rinfocolare) gli odi contro qcno,* to kindle (to feed, to foment, to rekindle) hatred against sb — *attirarsi l'odio di qcno,* to make oneself hated by sb — *avere qcsa in odio,* to hate (to abhor, to detest) sth — *essere (venire) in odio a qcno,* to be detested (to be hated) by sb — *portare odio a qcno,* to bear hatred against sb

— *prendere qcno o qcsa in odio,* to conceive a strong aversion against sb or sth — *La verità genera odio, (prov.)* Truth begets hatred.

odiosamente *avv* hatefully; odiously.

odiosità *sf* hatefulness; odiousness.

odioso *agg* hateful; odious.

odissea *sf* Odyssey; *(fig.)* odyssey.

odontoiatra *sm e f.* dentist; dental surgeon.

odontoiatria *sf* dentistry.

odontoiatrico *agg* dental.

odontologia *sf* dentistry.

odontometro *sm (filatelia)* perforation gauge.

odontotecnico *sm* dental mechanic *(GB);* dental technician *(USA).*

odorare *vt* **1** to smell* *(anche fig.): odorare un fiore,* to smell a flower — *odorare un imbroglio,* to smell a rat. **2** *(fiutare, intuire)* to scent; to smell*: *odorare un buon affare,* to scent a bargain — *odorare un pericolo,* to scent a danger. **3** *(rendere odoroso)* to perfume.

☐ *vi* to smell* *(anche fig.): odorare di lavanda,* to smell of lavender — *odorare di buono (di cattivo),* to smell good (bad). ☐ *odorare di santità,* to be in the odour of sanctity.

odorato *sm* (sense of) smell; nose; *(del cane)* scent: *il senso dell'odorato,* the sense of smell — *avere l'odorato fino,* to have a good nose; to have a good sense of smell.

odore *sm* **1** smell; *(profumo)* scent; perfume; *(aroma)* flavour; *(cattivo odore)* (bad) smell; *(più forte)* stench; stink: *odore di cucina,* smell of cooking — *odore di muffa,* mouldy (*o* musty) smell — *una stanza con odore di chiuso,* a room that smells stuffy — *odore di selvaggina,* scent — *rose senza alcun odore,* scentless roses — *avere buon odore,* to smell nice (*o* good) — *mandare (cattivo) odore,* to smell; to smell bad (*o* offensively); to be smelly; to stink — *morire in odore di santità,* to die in the odour of sanctity — *sentire odore di bruciato,* to smell sth burning; *(fig.)* to smell a rat. **2** *(al pl., in cucina)* herbs.

odoroso *agg* sweet-smelling; sweet-scented; *(profumato)* perfumed.

oé *interiezione (per chiamare qcno)* hi; hey.

offa *sf* **1** *(focaccia di farro)* spelt cake. **2** *(fig.: mancia)* bribe; sop: *dare l'offa a qcno,* to throw a sop to sb; to bribe sb.

offendere *vt* **1** to offend: *offendere un amico,* to offend a friend — *offendere Dio,* to offend God; to offend against the Lord — *offendere qcno nell'onore,* to offend sb's honour — *offendere qcno nella persona,* to assault sb. **2** *(violare)* to break*; to infringe; to offend: *offendere la legge (la giustizia),* to break the law — *offendere i diritti di qcno,* to infringe (on) sb's rights. **3** *(danneggiare)* to damage; to harm; to hurt*; *(ferire)* to injure; to wound; *(nuocere)* to be* detrimental (to sth): *Fu offeso ad entrambi gli occhi,* Both his eyes were hurt — *offendere qcno nella proprietà,* to damage sb's property. **4** *(insultare)* to offend; to insult; to outrage; to be* offensive (to sb); *(calunniare)* to slander; to libel *(pubblicamente, spec. attraverso la stampa).*

☐ **offendersi** *v. rifl* to feel* hurt (by sth); to be* offended (by *o* at sth); to take* offence (at sth); to take* umbrage (at sth); *(aversela a male)* to take* (sth, it) amiss: *Si offende facilmente, anche alla minima osservazione,* He is quick to take offence at the slightest remark.

offendibile *agg (mil.)* vulnerable; open to attack.

offensiva *sf* **1** *(mil.)* offensive: *prendere l'offensiva,* to take the offensive. **2** *(per estensione)* offensive; drive: *un'offensiva di pace,* a peace drive (*o* offensive).

offensivamente *avv* offensively; insultingly; injuriously.

offensivo *agg* offensive; *(fig.: ingiurioso, ecc.)* offensive; insulting; injurious.

offensore *sm* offender *(anche dir.); (mil.)* aggressor.

offerente *sm e f.* offerer; *(dir.)* offeror; *(comm.)* tenderer; *(nelle aste)* bidder.

offerta *sf* **1** offer: *accettare qcsa alla prima offerta,* to accept the first offer — *offerte d'impiego, (pubblicità)* positions offered; situations vacant — *un'offerta di aiuto,* an offer of help — *fare (accettare, declinare) un'offerta,* to make (to accept, to decline) an offer. **2** *(donazione)* donation; oblation; offering; *(liturgia)* offertory; offering: *l'offerta del pane e del vino,* the offering of bread and wine — *Si accettano offerte,* Donations are invited — *fare un'offerta,* to make a donation (an offering). **3** *(econ.)* supply: *domanda e offerta,* supply and demand — *offerta globale,* aggregate supply — *curva dell'offerta,* supply curve. **4** *(comm.)* offer; quotation; *(per appalti)* tender; *(nelle aste)* bid; bidding: *offerta affermativa (valida),* firm offer — *offerta a premio,* premium offer — *offerta impegnativa,* binding offer — *offerta di prova,* on-approval offer — *offerta in busta chiusa,* sealed bid — *offerta di adempimento,* tender of performance — *richiesta di offerta,* inquiry — *fare un'offerta,* to make a tender (a bid); to tender; to bid — *far salire le offerte, (nelle aste)* to force up the bidding *(sing.).*

offertorio *sm* offertory.

offesa *sf* **1** offence, offense *(USA);* insult; affront: *un'offesa a Dio e agli uomini,* an offence against God and man — *offesa al pudore,* offence against decency; indecent behaviour — *recare un'offesa a qcno,* to give offence to sb — *subire un'offesa,* to suffer a wrong — *perdonare le offese,* to forgive offences. **2** *(danno)* harm; damage; injury. **3** *(mil.)* offence; offensive: *stare sull'offesa,* to be on the offensive. ☐ *Lo dico senza offesa!,* No offence meant!

offeso *agg* **1** offended; annoyed: *sentirsi offeso per qcsa,* to feel offended at (*o* by) sth — *essere offeso con qcno,* to be annoyed with sb. **2** *(ferito)* injured; *(danneggiato)* damaged.

officiante *agg* officiating. ☐ *sm* officiant.

officiare *vt* to officiate.

officina *sf* workshop; shop; *(di fabbro)* smithy: *officina meccanica,* machine-shop — *officina di montaggio,* assembly shop — *capo officina,* shop foreman — *officina di riparazione,* garage.

officinale *agg* medicinal; official; officinal *(ant.).*

officiosità *sf* courtesy.

officioso *agg* **1** courteous; obliging. **2** *(non ufficiale)* unofficial.

offrire *vt* **1** to offer; to tender; to proffer *(piuttosto formale): offrire il proprio aiuto,* to offer one's help — *offrire i propri servizi,* to offer (to tender, to proffer) one's services. **2** *(presentare)* to present; to afford; to give*: *offrire in dono,* to present as a gift — *offrire il destro,* to afford (to give) the opportunity — *non offrire alcun interesse,* to afford no interest; not to be of interest — *un lavoro che offre molte difficoltà,* a job that presents many difficulties — *una situazione che non offre alcuna via di uscita,* a situation that presents (that allows) no way out — *offrire il fianco alle critiche,* to lay oneself open to criticism. **3** *(dedicare)* to offer (up); to dedicate: *Offrì le sue sofferenze al Signore,* He offered (up) his sufferings to the Lord. **4** *(invitare)* to invite: *Mi offrì* *di passare le vacanze estive a casa sua,* He invited me to spend my summer holidays at his house. **5** *(comm.)* to offer; to tender; *(ad un'asta)* to bid*: *offrire la merce al miglior offerente,* to offer the goods to the highest bidder.

□ **offrirsi** *v. rifl* **1** *(dichiararsi disposto)* to offer oneself; to volunteer: *Si offrì di darmi una mano,* He volunteered to help me. **2** *(esporsi)* to expose oneself; to offer oneself: *offrirsi al pericolo,* to offer (to expose) oneself to danger. **3** *(presentarsi)* to present oneself; to occur; to arise*: *È un'idea che mi si è offerta all'improvviso,* It's an idea that occurred to me suddenly.

offuscamento *sm* obscuring; dimming; darkening.

offuscare *vt (anche fig.)* to darken; to dim; to obscure.

□ **offuscarsi** *v. rifl* to darken; to grow* dark; to grow* dim; to become* obscured *(anche fig.).*

ofidi *sm pl* snakes; ophidians.

oftalmia *sf* ophthalmia.

oftalmico *agg* ophthalmic.

oftalmologia *sf* ophthalmology.

oftalmologo *sm* ophthalmologist.

oftalmoscopia *sf* ophthalmoscopy.

oftalmoscopio *sm* ophthalmoscope.

oggettivamente *avv* objectively.

oggettivare *vt* to objectify.

□ **oggettivarsi** *v. rifl* to become* concrete (*o* real); to assume concrete shape.

oggettivismo *sm* objectivism.

oggettivista *sm e f.* objectivist.

oggettività *sf* objectivity.

oggettivo *agg* **1** objective. **2** *(obiettivo)* objective; impartial: *essere oggettivo nel dare un giudizio,* to be an impartial judge. **3** *(gramm.)* objective; object *(attrib.): una proposizione oggettiva,* an object clause.

oggetto *sm* **1** object; thing; article: *un oggetto inutile,* a useless object (thing; article) — *ufficio degli oggetti smarriti,* lost property office — *oggetti da viaggio,* travelling articles — *oggetti di ceramica (di vetro, di ferro, di latta),* chinaware (glassware, ironware, tinware). **2** *(gramm.)* object: *il soggetto e l'oggetto di una frase,* the subject and the object of a sentence — *complemento oggetto; oggetto diretto,* direct object — *oggetto indiretto,* indirect object. **3** *(argomento)* subject; subject-matter; theme: *l'oggetto di una conferenza,* the subject of a lecture — *la merce in oggetto, (in una lettera comm.)* the above-mentioned goods — *In oggetto a quanto detto devo aggiungere che...,* As regards (In connection with) the above-mentioned subject I must add that... **4** *(motivo)* subject; object: *La pubblicazione fu oggetto di aspre critiche,* The publication was the subject of severe criticism — *oggetto di pietà,* object of pity; (sth) pitied — *oggetto d'invidia,* object of envy; sb *o* sth envied — *È oggetto di invidia da parte di tutti,* He is greatly envied — *essere oggetto di scherno (di risa),* to be a laughing-stock. **5** *(scopo)* object; purpose; aim; end: *l'oggetto del contratto,* the purpose of the contract — *a questo oggetto,* to this end (purpose).

oggi *avv* **1** today; to-day: *la moda d'oggi,* today's fashion; the present-day fashions *(pl.)* — *i giovani d'oggi,* the young people of today — *il giornale d'oggi,* today's newspaper — *a tutt'oggi; fino ad oggi,* till today; up to today; *(finora)* so far; up till now; up to now — *da oggi,* from today; *(da adesso)* now; from now; from this moment — *da oggi in poi; da oggi in avanti,* from today on; from now on — *proprio oggi; oggi stesso,* just today; this (very) day — *oggi (a) otto,* a week today; today week; a week from now; in a week's time — *oggi (a) quindici,* a fortnight today; today fortnight; in a fortnight's time — *oggi a un mese,* a month today; in a month's time — *Non rimandare a domani ciò che puoi fare oggi,* Don't put off till tomorrow what you can do today.

2 *(ora, in questo istante)* at present; at the moment; now: *Oggi come oggi non posso prendere alcuna decisione,* I can't take any decision at present.

3 *(al giorno d'oggi)* nowadays; now; today: *Oggi quasi tutti parlano due lingue,* Nearly everybody speaks two languages nowadays — *Oggi tutti la pensano così,* Everybody thinks so nowadays — *Oggi questa parola non si usa più comunemente,* This word is no longer in common use today.

□ *sm* today; to-day: *l'oggi,* the present time — *dall'oggi al domani,* between today and tomorrow; *(da un giorno all'altro)* from day to day — *Continua a rimandare il matrimonio dall'oggi al domani,* He keeps on postponing his marriage from day to day.

oggigiorno *avv* nowadays; today; in this day and age.

□ *sm* today.

ogiva *sf* **1** *(archit.)* ogive; pointed arch: *a ogiva,* ogival. **2** *(mil.)* ogive; nose. **3** *(aeronautica: del mozzo dell'elica)* spinner.

ogivale *agg* ogival; pointed; *(per estensione)* Gothic.

ogni *agg indef* **1** - **a)** *(ciascuno)* **every**; **each**; *('each' è meno comune e si usa soprattutto nei casi in cui si voglia sottolineare la singolarità di ogni elemento e la differenziazione; 'every' è più generico): Ogni volta che lo vedo mi saluta con molta cordialità,* Every time I see him he greets me very warmly — *Ogni caso deve essere trattato separatamente,* Each case must be (is to be) treated separately — *Hanno esaudito ogni mio desiderio,* They satisfied my every wish — *sotto ogni punto di vista,* from every point of view — *sotto ogni aspetto,* in every way — *ogni cosa,* everything — *in ogni luogo,* everywhere — *ogni volta,* whenever — *ogni tanto,* every now and then; every so often — *ogni qualvolta,* whenever — *il linguaggio di ogni giorno,* everyday language.

b) *(considerando globalmente ogni elemento di un insieme)* **all** *(con il pl.): C'era ogni sorta di bevanda,* There were all kinds of drinks; There were drinks of every kind — *ogni ben di Dio,* all sorts of good things — *Ogni uomo dovrebbe cercare la sua felicità,* All men should search out their own happiness.

c) *(rafforzativo, dà un'impressione di esasperazione)* **every single**: *Ogni volta che ci vado mi servono l'insalata scondita,* Every single time I go there they give me salad without dressing — *Quando parlo inglese mi corregge dopo ogni parola,* When I speak English he corrects me after every single word.

2 *(distributivo)* **every**: *ogni due giorni,* every other day; every two days — *ogni tre (quattro) giorni,* every three (four) days; every third (fourth) day — *Ogni dieci case c'era un soldato con il mitra spianato,* Every ten houses there was a soldier with a machine-gun at the ready.

3 *(qualsiasi)* **any**: *ad ogni costo,* at any cost; at all costs — *ad ogni modo (in ogni modo),* in any case; anyhow; anyway — *in ogni caso,* in any case; at any rate.

ogniqualvolta *congiunz* whenever; every time (that): *ogniqualvolta lo desideri,* whenever you wish.

ognissanti *sm* All Saints' (Day); All Hallows' Day.

ognitempo *agg invariabile (p.es. di aereo)* all-weather.
ognuno *pron indef* **1** everybody; everyone; *(ciascuno)* each; each one; *(tutti)* all: *Ognuno ha i suoi difetti,* Everybody has his own faults; We all have our faults — *Ognuno si alzò all'ora fissata,* Everybody got up at the appointed time — *Ognuno era armato di un bastone,* Each was (All were) armed with a stick; *(più comune)* They were all armed with sticks — *Ognuno ricevette una caramella,* They all got a sweet each; They each got a sweet — *Ognuno lo denigrava,* They all spoke ill of him — *Ognuno per sé e Dio per tutti, (prov.)* Everyone for himself and God for all.
2 *(seguito da partitivo)* each (one); every (single) one; all: *Ognuno di noi ebbe la sua parte,* Each (one) of us got his share — *Ognuno dei ladri fu bastonato di santa ragione,* Every one of the thieves was soundly beaten — *Ognuno di loro cercò di dare una mano,* All of them tried to help — *ognuno di noi (di voi, di loro, ecc.), nessuno escluso,* each and every one of us (you, them, *ecc.*).
oh *interiezione* oh; *(poet.)* o.
ohe *interiezione* ho; hey; hi.
ohi *interiezione* oh: *ohi là!,* hey there!; hi there! *(USA).*
ohibò *interiezione* = **oibò**.
ohimè *interiezione* oh dear!; alas! *(ant.);* alack! *(ant.).*
ohm *sm* ohm.
ohmmetro *sm* ohmmeter.
oibò *interiezione* oh!
olà *interiezione* hey there!; you there!; hi there! *(USA).*
olandese *agg* Dutch; Netherlands *(solo attrib.).*
□ *sm* **1** *(persona)* Dutchman *(pl.* -men*).* **2** *(lingua)* Dutch: *Sai parlare l'olandese?,* Can you speak Dutch?
□ *sf* **1** Dutchwoman *(pl.* -women*).* **2** *(industria cartaria)* hollander; beater. **3** *(industria gomma)* tub washer; beater.
oleandro *sm* oleander.
oleario *agg* oil *(attrib.).*
oleastro *sm* oleaster; wild-olive.
oleato *agg carta oleata,* grease-proof paper — *sale oleato, (chim.)* oleate.
olecrano *sm (anat.)* tip of the elbow; olecranon.
oleico *agg* oleic.
oleifero *agg* oil-yielding: *semi oleiferi,* oil-seeds.
oleificio *sm* oil mill.
oleina *sf* olein.
oleodotto *sm* oil pipeline.
oleografia *sf* oleograph; *(spreg.)* print.
oleografico *agg* oleographic.
oleometro *sm* oleometer.
oleosità *sf* oiliness.
oleoso *agg* oil *(attrib.);* oily: *seme oleoso,* oil-seed — *liquido oleoso,* oily liquid.
olezzante *agg* **1** sweet-smelling; fragrant. **2** *(iron., spreg.)* smelly; stinking.
olezzare *vi* **1** to be* fragrant; to smell* sweet. **2** *(iron.)* to smell*; to stink*; to pong *(fam.).*
olezzo *sm* **1** sweet smell; fragrance. **2** *(iron.)* smell; stink; pong *(fam.).*
olfattivo *agg* olfactory.
olfatto *sm* sense of smell.
olfattorio *agg* olfactory.
oliaggio *sm* oiling; *(industria tessile)* batching.
oliare *vt* to oil; to lubricate; *(industria tessile)* to backwash; to batch.
oliato *agg* **1** *(lubrificato)* oiled; oily. **2** *(condito con olio)* oiled; dressed with oil.
oliatore *sm* **1** oiler; *(a mano)* oil-can. **2** *(punto d'entrata dell'olio)* nipple.
oliatura *sf* = **oliaggio**.
olibano *sm* olibanum.
oliera *sf* oil-cruet.
olifante *sm* oliphant.
oligarca *sm* oligarch.
oligarchia *sf* oligarchy.
oligarchicamente *avv* oligarchically.
oligarchico *agg* oligarchic(al).
oligocene *sm* Oligocene (period).
oligocenico *agg* Oligocene *(attrib.).*
oligominerale *agg* of low mineral content *(solo predicativo).*
olimpia *sf* Olympia.
olimpiaco *agg* Olympic.
olimpiade *sf* **1** *(intervallo di tempo)* Olympiad. **2** *(al pl.)* (the) Olympic games; *(la manifestazione attuale, anche)* (the) Olympics.
olimpicamente *avv* with Olympian calm.
olimpico *agg* Olympic; *(dell'Olimpo o fig.)* Olympian: *i giochi olimpici,* the Olympic games — *calma olimpica,* Olympian calm.
olimpio *agg* Olympian.
olimpionico *sm (vincitore)* Olympic champion; *(partecipante)* Olympic competitor.
Olimpo *nome proprio* Olympus; *(scherz.)* lofty height.
olio *sm* oil: *olio d'oliva,* olive oil — *olio di fegato di merluzzo,* cod-liver oil — *olio di ricino,* castor-oil — *olio da cucina,* cooking oil — *olio da tavola,* salad oil — *olio solare,* suntan oil — *olio combustibile,* fuel oil — *gettare olio sul fuoco, (fig.)* to pour oil on the flames — *colori a olio,* oil-colours — *dipingere a olio,* to paint in oils (in oil-colours) — *quadro a olio,* oil-painting — *sott'olio,* in oil — *sardine sott'olio,* sardines in oil. □ *olio santo,* holy oil; *(per estensione)* Extreme Unction — *essere all'olio santo,* to be at one's last gasp; to be at death's door — *olio di gomito,* elbow-grease — *Oggi il mare è un olio,* The sea is like a millpond today — *È chiaro come l'olio,* It's as plain as the nose on your face.
oliva *sf* **1** olive: *olio d'oliva,* olive-oil — *verde oliva,* olive green — *olive farcite,* stuffed olives. **2** *(anat.)* olive; oliva: *a oliva,* olivary.
olivagno *sm* olivaster; wild-olive.
olivastro *agg* olive-green; olive *(attrib.): dalla carnagione olivastra,* olive-skinned.
□ *sm* olivaster; wild-olive.
olivella *sf* spurge laurel.
oliveto *sm* olive-grove: *il Monte Oliveto,* the Mount of Olives.
olivicoltura *sf* olive-growing.
olivina *sf* olivin(e).
olivo *sm* olive; olive-tree: *un ramoscello di olivo,* an olive-branch — *la Domenica degli Olivi,* Palm Sunday — *il Giardino degli Olivi,* the Garden of Olives.
olla *sf* jar.
olmeto *sm* elm wood.
olmo *sm* elm; elm-tree.
olocausto *sm* holocaust; sacrifice.
olocene *sm* Holocene.
olografo *agg* holograph: *testamento olografo,* holograph (will).
olona *sf* sail-cloth; duck.
oloturia *sf* sea-cucumber.
oltracciò *avv* besides; moreover.
oltraggiabile *agg* open to abuse (to insult).
oltraggiare *vt* to offend; to insult; to outrage.

oltraggiatore *sm* insulter; *(profanatore)* violator.

oltraggio *sm* outrage; insult; offence: *oltraggio all'umanità,* outrage against humanity — *oltraggio al pudore,* offence against decency — *oltraggio a pubblico ufficiale,* insult to a public official — *recare oltraggio a qcno,* to commit an outrage against sb. □ *gli oltraggi del tempo,* the ravages of time.

oltraggioso *agg* outrageous; offensive; abusive; insulting.

oltralpe *avv* beyond the Alps: *d'oltralpe,* transalpine; from the other side of the Alps — *un paese d'oltralpe,* a country beyond the Alps.

oltramontano *agg* from (*o* of) the other side of the Alps.

oltranza *sf ad oltranza,* to the bitter end; to the utterance *(lett.)*: *sciopero ad oltranza,* total (*o* all-out) strike; no-compromise strike — *guerra ad oltranza,* war to the death.

oltranzista *sm e f.* extremist.

oltre I *avv* **1** *(di luogo)* further; farther: *Non andare oltre,* Don't go any further — *Sei andato troppo oltre!, (anche fig.)* You've gone too far!

2 *(di tempo)* longer; more: *Mi è impossibile aspettare oltre,* I can't wait any longer (any more) — *Più oltre mi ripeté di nuovo l'invito,* Later on he invited me again.

3 *(riferito all'età, quantità, ecc.)* over; above: *persone di trenta e quaranta anni e oltre,* people of thirty and forty and over — *essere oltre negli anni,* to be advanced in years; to be rather old — *essere ben oltre negli anni,* to be well on in years.

II *prep* **1** *(compl. di luogo e fig.)* over; beyond; on the other side of; across: *saltare oltre la siepe,* to jump over the fence — *oltre la Manica,* across the Channel — *i governi d'oltre cortina,* the governments beyond the Iron Curtain — *oltre misura,* beyond measure — *oltre ogni credere,* beyond belief; past belief — *oltre ogni dire,* exceedingly; excessively — *oltre ogni speranza,* quite unexpectedly.

2 *(compl. di tempo: più tardi di)* later than; beyond: *Chi verrà oltre le otto e un quarto non potrà entrare,* Those who get here later than a quarter past eight won't be allowed in.

3 *(compl. di quantità: più di)* more than; over; above: *Mi costò oltre mezzo milione,* It cost me over (more than) half a million lire — *un vecchio oltre l'ottantina,* an old man over eighty — *da oltre quattro settimane,* for over four weeks.

4 *(in aggiunta a)* besides; in addition to; *(pure, anche)* as well as: *Oltre che inutile è dannoso,* Besides being useless, it's harmful; It's not only useless but harmful — *Oltre alla suocera detesta anche la moglie,* He hates his wife as well as his mother-in-law — *oltre a...; oltre che...,* besides... — *oltre a ciò,* besides this; not to mention this — *oltre tutto,* and besides.

5 *(all'infuori di, eccetto)* except; beyond: *Oltre noi nessuno può entrare,* No one except us is allowed to enter (is allowed in).

oltrecortina *avv* beyond the Iron Curtain: *un paese d'oltrecortina,* an Iron Curtain country.

oltremanica *avv* across the Channel.

oltremare *avv* overseas; abroad. □ *d'oltremare,* oversea(s); *(talvolta)* ultramarine.

□ *sm* **1** *(pietra)* lapis lazuli. **2** *(colore)* ultramarine.

oltremarino *agg* **1** *(di colore)* ultramarine. **2** *(d'oltre mare)* oversea(s).

oltremisura *avv* above (*o* beyond) measure.

oltremodo *avv* beyond measure; extremely; exceedingly.

oltremondano *agg (dell'altro mondo)* of the other world; ultramundane *(lett.).*

oltremontano *agg e sm* = **oltramontano.**

oltremonte *avv* beyond the mountains; ultramontane. □ *d'oltremonte,* from beyond the mountains.

oltreoceano *agg* oversea(s): *notizie d'oltreoceano,* overseas news; news from overseas.

oltrepassabile *agg* surpassable.

oltrepassare *vt* **1** to go* beyond (sth); to surpass; to pass; to overtake*; to exceed; *(varcare)* to cross: *oltrepassare la sessantina,* to pass the sixty mark — *oltrepassare una macchina in curva,* to pass (to overtake) a car on a bend — *oltrepassare la frontiera,* to cross the frontier. **2** *(naut.: doppiare)* to double; to round. □ *oltrepassare i limiti (la misura),* to go too far.

oltretomba *sm* after-life; hereafter: *l'oltretomba,* the life to come.

omaccio *sm* big ugly man *(pl.* men*).*

omaccione *sm* big man *(pl.* men*).*

omaggio *sm* **1** homage: *rendere omaggio ad un grande genio,* to pay homage to a great genius. **2** *(al pl.)* respects; compliments: *I miei omaggi alla signora,* My respects (*o* compliments) to your wife. **3** *(stor. medievale)* homage. **4** *(offerta, dono)* gift; *(di prodotto pubblicitario)* giveaway; free offer; *(come agg.)* free: *copia in omaggio,* free (*o* presentation) copy — *fare omaggio di un libro,* to send a presentation copy of a book — *un biglietto in omaggio,* a complimentary ticket — *in omaggio alla verità,* if the truth be told.

omaso *sm (dei ruminanti)* third stomach; omasum *(pl.* omasa*)*; manyplies.

ombel(l)icale *agg* umbilical.

ombel(l)ico *sm* navel; umbilicus *(pl.* umbilici*).*

ombilicato *agg* umbilicate.

ombra *sf* **1** *(zona d'ombra, spesso fig.)* shade: *sedersi all'ombra,* to sit in the shade — *le ombre della sera, della notte,* the shades of evening, of night — *mettere qcno (qcsa) in ombra, (fig.)* to put sb (sth) in the shade; to throw sb (sth) into the shade — *tenersi nell'ombra, (anche fig.)* to keep in the shade — *tramare, operare nell'ombra,* to plot; to act secretly — *vivere nell'ombra,* to live in reclusion.

2 *(immagine proiettata)* shadow: *gettare un'ombra,* to cast a shadow — *Gabinetto Ombra, (politica)* Shadow Cabinet — *allenamento contro l'ombra, (pugilato)* shadow boxing — *aver paura della propria ombra,* to be afraid of one's own shadow — *correre dietro alle ombre,* to catch at shadows — *dar corpo alle ombre,* to imagine things — *dar ombra a qcno,* to overshadow (to overshine) sb — *essere (sembrare) l'ombra di se stesso,* to be (to look) the shadow of one's former self — *ridursi un'ombra,* to wear oneself to a shadow — *seguire qcno come un'ombra,* to shadow sb; to stick to sb like a shadow.

3 *(in pittura)* shadow; shade: *in ombra,* in shadow — *le luci e le ombre di un quadro,* the light(s) and shade(s) of a painting.

4 *(protezione, riparo)* shelter; shadow: *sotto l'ombra della legge,* under the shelter of the law.

5 *(spettro)* shade; ghost: *l'ombra del padre di Amleto,* the shade (the ghost) of Hamlet's father — *il regno delle ombre,* the shades.

6 *(traccia)* shadow; hint; suggestion; trace; touch: *Non c'è la minima ombra di verità in ciò che dice,* There isn't the slightest shadow of truth in what he says — *C'era un'ombra di tristezza nei suoi occhi,* There was a hint (a touch) of sadness in her eyes — *Non ho*

l'ombra di un quattrino, I am penniless; I haven't a penny to my name — *senz'ombra di dubbio,* without a shadow of doubt.
7 *(screzio, malinteso)* umbrage; dissension: *un'amicizia senza ombre,* a perfect friendship — *prendere ombra, (di persona)* to take umbrage; to take offence; *(di cavallo)* to shy.
□ *cono d'ombra, (astronomia)* umbra *(lat., pl.* umbrae*)* — *zona d'ombra, (radar)* blind area; *(radio)* radio blackout — *sotto l'ombra dell'amicizia,* under the guise (the pretence) of friendship.
ombratile *agg* = **umbratile.**
ombratura *sf* = **ombreggiatura.**
ombreggiare *vt* to shade.
ombreggiatura *sf* shading; *(tratteggio)* hatching.
ombrella *sf* **1** *(bot.)* umbel. **2** *(ombrello)* umbrella.
ombrellaio *sm (fabbricante)* umbrella-maker; *(rivenditore)* umbrella-seller; *(aggiustaombrelli)* umbrella-mender.
ombrellata *sf* blow with an umbrella.
ombrellifero *agg* umbelliferous.
ombrellino *sm* parasol; sunshade.
ombrello *sm* umbrella *(anche mil.)*: *ombrello da sole,* sunshade; parasol — *portare l'ombrello,* to carry an umbrella — *aprire (chiudere) l'ombrello,* to open (to close) one's umbrella.
ombrellone *sm* sunshade; beach umbrella.
ombretto *sm* eye-shadow.
ombrinale *sm* scupper.
ombrosità *sf* **1** shadiness; shadowiness. **2** *(suscettibilità)* touchiness; *(sospettosità)* suspiciousness; *(di cavalli)* skittishness.
ombroso *agg* **1** shady. **2** *(fig.: sospettoso)* suspicious; touchy; *(di cavallo)* skittish.
omega *sm* omega: *dall'alfa all'omega, (fig.)* from beginning to end.
omelia *sf* homily; sermon.
omeopatia *sf* hom(o)eopathy.
omeopatico *agg (med. e fig.)* hom(o)eopathic: *a dosi omeopatiche,* in very small doses.
□ *sm* hom(o)eopath.
omerale *agg (anat.)* humeral. □ *velo omerale, (liturgia)* humeral veil; humeral.
omerico *agg* Homeric *(anche fig.)*: *i poemi omerici,* Homer's poems; the Homeric poems — *una risata omerica,* Homeric laughter (*o* hearty laughter) — *una mangiata omerica,* an abundant (a hearty) meal.
omero *sm (anat.)* humerus *(pl.* humeri*)*.
omertà *sf* silence; conspiracy of silence; clamming-up *(sl.)*.
omettere *vt* to omit; to leave* (sth) out: *omettere i dettagli,* to leave out the details — *omettere di fare qcsa,* to omit to do sth; to omit doing sth; to neglect to do sth.
ometto *sm* **1** *(nano o bambino)* little man *(pl.* men*)*. **2** *(edilizia)* king post. **3** *(attaccapanni)* coat-hanger.
omiciattolo *sm* dwarf; shrimp; Jack Sprat *(fam.)*.
omicida *agg* murderous; homicidal.
□ *sm e f.* murderer; homicide.
omicidio *sm* murder; homicide: *omicidio colposo,* culpable homicide (*o* manslaughter) — *omicidio preterintenzionale,* involuntary homicide; involuntary manslaughter; murder in the second degree *(USA)* — *omicidio premeditato,* premeditated homicide; murder in the first degree *(USA)* — *omicidio volontario (doloso),* wilful murder; murder with malice aforethought — *tentato omicidio,* attempted murder — *commettere un omicidio,* to commit a murder.
omiletico *agg* homiletic; sermon-like.
omiliario *sm* book of homilies.
ominidi *sm pl* hominids.
omissione *sf* omission; *(dir.)* neglect; failure to act; non-feasance. □ *salvo errori ed omissioni,* errors and omissions excepted *(abbr.* E.& O.E.*)*.
omnibus *sm* omnibus: *un treno omnibus,* a slow stopping train.
omocromia *sf* protective mimicry.
omofonia *sf* homophony.
omofonico *agg* homophonic.
omofono *agg* homophonous; homophonic.
□ *sm* homophone.
omogamico *agg* homogamous.
omogeneamente *avv* homogeneously.
omogeneità *sf* homogeneity.
omogeneizzato *agg* homogenised.
□ *sm pl* homogenised foods.
omogeneo *agg* homogeneous; of the same kind: *rendere omogeneo,* to homogenize.
omologare *vt* **1** *(dir.)* to approve; to agree; to confirm: *omologare un concordato fallimentare,* to approve a scheme of arrangement — *fare omologare un testamento,* to prove a will; to obtain probate of a will. **2** *(ratificare)* to ratify.
omologato *agg (di motore, ecc.)* type-tested; *(di risultato conseguito ad una gara)* homologated.
omologazione *sf* **1** approval; confirmation; *(di un primato)* homologation; certification. **2** *(ratificazione)* ratification.
omologia *sf* homology.
omologico *agg* homological.
omologo *agg* homologous; corresponding.
omonimia *sf* coincidence of names.
omonimo *agg* homonymous.
□ *sm (di parola)* homonym; *(di persona)* namesake: *un mio omonimo,* a namesake of mine.
omosessuale *agg e sm e f.* homosexual.
omosessualità *sf* homosexuality.
omuncolo *sm* = **omiciattolo.**
onagro *sm* **1** *(zool.)* onager; wild-ass. **2** *(stor. mil.)* catapult; onager.
onanismo *sm* onanism; coitus interruptus *(lat.)*; *(impropriamente)* masturbation.
oncia *sf* **1** ounce: *oncia fluida,* fluid ounce. **2** *(fig.)* ounce; small quantity; *(minimo spazio)* inch: *Non cedere di un'oncia,* Don't yield an inch (a step). **3** *(moneta e unità ponderale romana)* uncia. □ *Non hai un'oncia di cervello,* You have no brains at all — *a oncia a oncia,* gradually; little by little.
onciale *agg (di scrittura)* uncial.
oncologia *sf* oncology; study of tumours.
oncologico *agg* oncological.
onda *sf* **1** wave *(anche fig.)*: *onda di marea,* tidal wave — *onde grosse,* billows — *onde lunghe,* rollers — *onde di prua (di poppa),* bow (stern) waves — *capelli a onde,* wavy hair — *un'onda di commozione,* a wave of excitement — *essere sulla cresta dell'onda,* to be on the crest of the wave; to enjoy great favour — *seguire l'onda,* to follow the custom; to go (to swim) with the stream. **2** *(poet.: per mare)* wave(s); main; sea. **3** *(fis.)* wave: *onda luminosa,* light-wave — *onda sonora,* sound-wave — *onda termica, (di calore radiante)* (radiant) heat-wave — *onda d'urto,* shock-wave — *onde radio,* radio waves — *onde corte (medie, lunghe),* short (medium, long) waves — *lunghezza d'onda,* wavelength — *treno d'onde,* wave train — *andare in onda, (radio)* to be broadcast; to go on the air —

mettere, mandare in onda, to broadcast — *onda verde,* synchronised traffic lights *(sl.).*

ondata *sf* wave *(anche fig.); (di sangue)* flush; rush: *Violente ondate si abbattevano contro il molo,* Violent waves were breaking against the pier — *ondata di entusiasmo,* wave of enthusiasm — *ondata di caldo (di freddo),* heat (cold) -wave — *a ondate,* in waves — *ondata di fumo,* gust (*o* billow) of smoke — *Un'ondata di sangue le salì al viso,* The blood rushed to her face.

onde I *congiunz* **1** *(finale: affinché, per)* so that; in order that; so as to; that; to: *Le dico questo onde Lei si possa regolare,* I am telling you this so that you may act accordingly.

2 *(consecutiva: perciò)* therefore; and so: *Onde avvenne che tutti cademmo in acqua,* Therefore (And so) we all tumbled overboard.

II *avv (lett.)* whence; from where: *Non so onde tragga tutti quei soldi,* I don't know where he gets all that money from.

III *pron* whereby; by which; with which; from which: *Cercava dei mezzi onde trarsi d'impaccio,* He was looking for a way out of his trouble — *i molti mali onde siamo afflitti,* the many ills we are subject to.

ondeggiamento *sm* **1** waving; *(di barca, ecc.)* rocking; rolling; *(dell'acqua)* rippling; *(di alberi, di folla)* swaying; *(di bandiere, ecc.)* fluttering; *(di messi)* wavering; rippling; *(di fiamma, ecc.)* flickering. **2** *(incertezza)* wavering; hesitation; dithering *(fam.).*

ondeggiante *agg* **1** waving; *(di barca, ecc.)* rocking; rolling; *(di acqua)* rippling; *(di alberi, di folla)* swaying; *(di bandiera, ecc.)* fluttering; *(di capelli)* flowing; *(di fiamma, ecc.)* flickering. **2** *(incerto, esitante)* wavering; hesitating; vacillating. **3** *(di paesaggio)* rolling.

ondeggiare *vi* **1** *(in genere)* to wave; to sway; *(di barche, ecc.)* to rock; to roll; *(di acqua)* to ripple; *(di bandiera, ecc.)* to flutter; *(di capelli)* to blow*; *(oscillare: di fiammella, ecc.)* to waver; to flicker: *La folla incominciò ad ondeggiare,* The crowd started swaying — *La macchina ondeggiò un poco e poi puntò dritta giù per la scarpata,* The car wavered a little and then headed straight down the slope. **2** *(esitare, essere incerto)* to waver; to hesitate; to dither *(fam.): ondeggiare tra opposti desideri,* to waver between conflicting desires.

ondina *sf* **1** *(mitologia)* undine; water-sprite; water-nymph. **2** *(fig.)* outstanding (woman) swimmer. **3** *(giovane e graziosa bagnante)* bathing beauty *(un po' desueto).*

ondosità *sf* waviness; undulation.

ondoso *agg* **1** wavy; billowy. **2** *(ondulatorio)* undulating; wave-like.

ondulare *vt* to wave: *farsi ondulare i capelli,* to have one's hair waved.

□ *vi* to wave; to undulate; to ripple.

ondulato *agg* undulated; undulating; wavy; *(di cartone, ecc.)* corrugated: *capelli ondulati,* wavy hair — *lamiera ondulata,* corrugated iron.

ondulatorio *agg* undulatory; wave-like: *movimento ondulatorio,* undulatory movement; undulation.

ondulazione *sf* **1** *(movimento ondulatorio)* undulation; waviness; *(fig.)* ripple. **2** *(disposizione a onde)* undulation; waving. **3** *(dei capelli)* wave: *ondulazione permanente,* permanent wave; perm *(abbr. fam.).*

onerare *vt* to burden; to load.

onerario *agg* cargo *(attrib.): nave oneraria,* cargo ship.

onere *sm* **1** burden; load; charge; *(responsabilità)* responsibility: *assumersi un onere,* to take a responsibility upon oneself. **2** *(dir.)* onus *(solo sing.);* burden: *l'onere della prova,* the burden of proof. □ *avere gli oneri e non gli onori,* to work for nothing.

oneroso *agg* oneròus; burdensome; *(fig.)* heavy; hard, onerous: *condizioni onerose,* hard terms. □ *a titolo oneroso, (comm.)* for valuable consideration; for value received.

onestà *sf* **1** *(rettitudine)* honesty; integrity; uprightness; probity: *un commerciante di garantita onestà,* a trader of proven honesty — *un giudice di specchiata onestà,* a judge of unblemished integrity (*o* honesty). **2** *(castità, pudore)* modesty; chastity; virtue: *una donna di dubbia onestà,* a woman of uncertain (*o* doubtful) virtue. **3** *(decoro, decenza)* decency; decorum; propriety: *un'offesa all'onestà,* an offence against decency; a breach of propriety.

onestamente *avv* **1** *(sinceramente)* honestly; frankly. **2** *(con onore)* honourably (*USA* honorably); *(talvolta)* honestly.

onesto *agg* **1** *(retto)* honest; upright; *(onorevole)* honourable; *(giusto)* just; *(equo)* fair: *Ha una faccia onesta,* He has an honest face — *un uomo di onesti principi,* a man of upright principles — *con propositi onesti,* with honest (with honourable) intentions — *una critica onesta,* a just (a fair) criticism — *un giuoco onesto,* fair play — *un divertimento onesto,* an honest pleasure. **2** *(virtuoso, pudico, casto)* honest; virtuous; modest; chaste: *una donna dal comportamento onesto,* a woman of honest (*o* virtuous) behaviour. **3** *(cortese)* polite; courteous; *(bello)* graceful: *un'onesta risposta,* a courteous (polite, graceful) reply.

□ *sm* **1** *(persona onesta)* honest man *(pl.* men*): gli onesti,* honest (*o* honourable) people; *(collettivo)* the honest. **2** *(ciò ch'è onesto)* what is honest (just, fair); honourableness; decency: *nei limiti dell'onesto,* within the bounds of honourableness (of decency) — *accontentarsi dell'onesto,* to be contented (*o* satisfied) with what is fair (just).

onfalite *sf* omphalitis.

onice *sf* onyx.

onirico *agg* oneiric; dreamlike: *una visione onirica,* a dreamlike vision.

onisco *sm* wood-louse *(pl.* wood-lice*).*

onnipotente *agg* omnipotent; almighty; all-powerful: *l'Onnipotente,* God Almighty; the Almighty.

onnipotenza *sf* omnipotence; almightiness: *l'onnipotenza divina,* God's omnipotence.

onnipresente *agg* ubiquitous; omnipresent.

onnipresenza *sf* ubiquity; omnipresence.

onnisciente *agg* omniscient; all-knowing: *l'Onnisciente,* the Omniscient; God.

onniscienza *sf* omniscience.

onniveggente *agg* all-seeing.

onniveggenza *sf* all-seeingness.

onnivoro *agg* omnivorous.

onomastico *agg* onomastic: *lessico onomastico,* onomasticon.

□ *sm* name-day; saint's day; fête day: *Oggi è il mio onomastico,* Today is my saint's day.

onomatopea *sf* onomatopoeia.

onomatopeico *agg* onomatopoetic; onomatopoeic:

parole onomatopeiche, onomatopoeic words; onomatop(e)s.

onorabile *agg* honourable (*USA* honorable).

onorabilità *sf* honour (*USA* honor); respectability; *(buon nome)* reputation.

onorando *agg* honourable (*USA* honorable).

onoranza *sf (spec. al pl.)* honours (*USA* honors); marks of respect.

onorare *vt* **1** *(rendere onore)* to honour (*USA* to honor); to pay* honour (to sb); to hold* in honour; *(solennemente)* to celebrate: *Onora il padre e la madre, (biblico)* Honour thy father and thy mother — *Onorarono i caduti costruendo un asilo,* They honoured the dead by building a kindergarten — *Mi onorò della sua amicizia per anni,* He honoured me with his friendship for years — *Onoravano la memoria degli eroi con canti e danze,* They used to celebrate the memory of the heroes with songs and dances. **2** *(essere un onore)* to be an honour (to sb); to do honour (*o* credit) (to sb): *Tutto ciò ti onora,* All this does you credit. **3** *(comm.)* to honour; to meet*: *onorare la propria firma,* to honour one's signature — *onorare una cambiale,* to honour (to meet) a bill.

☐ **onorarsi** *v. rifl* to feel* (to be*) highly honoured; to be* proud (of sth); to pride oneself (on sth): *Mi onoro di chiamarti amico,* I am (I feel) proud to call you my friend.

[1]**onorario** *agg* honorary: *socio onorario,* honorary member.

[2]**onorario** *sm* fee; honorarium *(pl.* honoraria, honorariums*).*

onoratamente *avv* honourably (*USA* honorably); with honour (*USA* honor).

onorato *agg (onorevole)* honourable (*USA* honorable); honoured (*USA* honored); *(onesto)* honest: *una famiglia onorata,* an honoured family — *una morte onorata,* an honourable death — *una professione onorata,* an honest job — *considerarsi onorato,* to feel honoured — *povertà onorata,* dignified poverty — *l'onorata Società,* the Mafia (*talvolta* Maffia).

onore *sm* **1** honour *(USA* honor, *e così per le accezioni seguenti);* consideration; distinction: *Ha un senso esagerato dell'onore,* He has an excessive sense of honour — *Ne va dell'onore; È in gioco l'onore,* It's a question of honour; Honour is at stake — *un uomo d'onore,* a man of honour; an honourable (*USA* honorable) man — *in onore di...,* in honour of... — *il campo dell'onore,* the field of honour — *un debito d'onore,* a debt of honour — *una partita d'onore,* an affair of honour; a duel — *un socio d'onore,* an honorary member — *un pagamento per onore di firma, (comm.)* a payment for honour supra protest — *far onore alla propria firma,* to honour one's signature — *far onore a un pranzo,* to do honour to a dinner — *far onore agli invitati,* to welcome the guests — *fare gli onori di casa,* to do the honours of the house; to do the honours *(fam.)* — *farsi onore in qcsa,* to distinguish oneself in sth; to excel in sth — *farsi onore di qcsa, (regalarla)* to present (sb) with sth — *avere l'onore di fare qcsa,* to have the honour of doing sth (to do sth) — *tenere in (grande) onore,* to hold in (great) honour (*o* consideration) — *impegnarsi (garantire) sul proprio onore,* to give one's word of honour (for sth, that one will do sth).

2 *(gloria, vanto)* honour; glory; *(credito)* credit; *(ornamento)* ornament: *Quale onore!, (anche iron.)* What an honour! — *È l'onore della sua famiglia,* He is the pride of his family — *l'onore della vittoria,* the honour (the glory) of the victory — *fare onore a qcno; essere per qcno motivo d'onore,* to do sb honour (*o* credit) — *Tutto ciò ti fa grande onore,* All this does you much credit — *Onore al merito!,* Give credit where credit is due!

3 *(atto di omaggio)* honour; homage: *rendere gli onori a qcno,* to do sb the honours — *accogliere qcno con tutti gli onori,* to receive sb with full honours (with great ceremony) — *fare onore a un re,* to honour (to pay homage to) a king — *salire agli onori degli altari,* to be made a saint; to be canonized — *gli onori funebri,* funeral honours — *gli onori militari (navali),* military (naval) honours — *onori di guerra (delle armi),* honours of war — *guardia (scorta, picchetto) d'onore,* guard of honour.

4 *(carica, ufficio)* honour; dignity; office; rank; *(al pl.: onorificenze)* pomp *(sing.);* worldly honours: *Fu scelto all'onore di Primo Ministro,* He was appointed to the office of Prime Minister — *rifiutare gli onori,* to refuse office; to refuse to take office — *la lista degli onori,* the Honours List *(GB).*

5 *(di donna: castità)* honour; chastity; virtue: *l'onore di una fanciulla,* maiden virtue; chastity — *insidiare l'onore di una donna,* to assail a woman's honour — *togliere l'onore (a una donna),* to seduce (a woman).

6 *(nel gioco del bridge, ecc.)* honour.

☐ *a onor del vero,* to tell the truth; truth to tell — *comitato d'onore,* committee of patrons; comité d'honneur *(fr.)* — *una damigella d'onore,* a bridesmaid — *una dama d'onore,* a lady-in-waiting — *una serata d'onore,* a gala evening — *l'onor del mento,* the beard.

onorevole *agg* honourable (*USA* honorable): *una pace onorevole,* an honourable peace — *l'onorevole deputato,* the Honourable Member (of Parliament) — *l'onorevole Rossi,* Mr Rossi; Signor Rossi.

☐ *sm* Member of Parliament; Honourable Member *(non usato come appellativo nei paesi di lingua inglese).*

onorevolmente *avv* honourably (*USA* honorably); with honour (*USA* honor).

onorificenza *sf* honour (*USA* honor); sign of honour; dignity; *(decorazione)* decoration.

onorifico *agg* honorary: *una carica onorifica,* an honorary appointment — *menzione onorifica,* honourable mention.

onta *sf* **1** *(vergogna)* shame; ignominy; infamy; dishonour, *(USA)* dishonor: *arrecare onta a qcno,* to bring shame to sb — *vivere nell'onta,* to live in shame (in dishonour). **2** *(disonore)* dishonour, *(USA)* dishonor; disgrace: *È l'onta della famiglia,* He is a disgrace to his family. **3** *(insulto)* insult; affront: *un'onta da lavarsi col sangue,* an insult to be wiped out with blood.

☐ **ad onta di...,** in spite of...; notwithstanding... — **in onta a...,** in defiance of...; against...

ontano *sm* alder.

ontogenesi *sf* ontogenesis.

ontogenetico *agg* ontogenetic.

ontologia *sf* ontology.

ontologico *agg* ontological.

ontologista *sm e f.* ontologist.

onusto *agg (lett.)* laden; loaded: *onusto di gloria,* covered with glory.

oosfera *sf* oosphere.

oospora *sf* oospore.

opacità *sf* opacity; opaqueness; *(fig.)* dullness; obscurity.

opaco *agg* opaque; *(di colori, suoni e fig.)* dull: *vetro* *opaco,* opaque glass — *un colore opaco,* a dull colour — *un gioco opaco,* a dull game.

opale *sf* opal.

opalescente *agg* opalescent; *(opalino)* opaline.

opalescenza *sf* opalescence.

opalino *agg* opaline; opal; *(opalescente)* opalescent.

opera *sf* **1** *(attività, lavoro)* work: *le opere di Dio,* the works of God; God's works — *all'opera!,* to work! — *essere all'opera,* to be at work — *iniziare (proseguire, completare, coronare) l'opera,* to start (to carry on, to complete, to conclude) the work — *e per compir l'opera..., (iron.)* and as if this (*o* that) were not enough...; ... into the bargain — *E per compir l'opera, le scrisse una letteraccia il giorno dopo,* And as if this were not enough, he wrote her an insulting letter the day after; And the day after he wrote her an insulting letter into the bargain — *mettersi all'opera,* to get down to work (to business) — *mettere in opera qcsa, (renderlo pronto per l'uso)* to make sth ready for use; *(metterlo in azione)* to set sth running (*o* going); *(incominciare a usare)* to start using — *macchinario a piè d'opera, (comm.)* machinery ready for installation — *messa in opera,* installation; *(di tubi)* pipelaying.

2 *(azione)* work; action; deed: *l'opera creatrice di Dio,* God's creative action — *la sua opera politica,* his political achievements *(pl.)* — *un'opera buona,* a good action; a good deed — *un'opera di carità,* a charitable work — *un'opera di misericordia,* a work of mercy — *fare un'opera buona (utile),* to do a good deed (to perform useful work) — *fare opera di pace,* to work for peace — *fare opera di convincimento,* to try to convince (sb) — *Non fiori ma opere di bene,* No flowers, donations to... *(seguito dal nome dell'opera pia scelta dal defunto).*

3 *(prodotto di lavoro)* work; piece of work: *una bella opera!,* a good piece of work! — *opere pubbliche,* public works — *opere di bonifica,* land reclamation works — *opere fluviali (portuarie),* river (dock) works — *opere difensive (di protezione),* defensive (protective) works — *opere di muratura (in pietra),* brickwork (stonework) — *opere d'arte, (di ponti, incastellature, ecc.)* structures — *opere di alta ingegneria,* skilled engineering works — *opera morta, (naut.)* topsides; upperworks — *opera viva, (naut.)* bottom; quickwork.

4 *(prodotto artistico, in generale)* work; *(brano musicale)* opus *(pl., raro,* opera*)*: *un'opera d'arte,* a work of art — *le opere complete di Pavese,* Pavese's complete works; the complete works of Pavese — *l'ultima opera di Beethoven,* Beethoven's last work — *quartetto per archi in sol, opera 77 n. 1, di Haydn,* Haydn string quartet in G major, opus 77 no 1.

5 *(mus.)* opera: *opera buffa,* comic opera — *teatro dell'opera,* opera house; opera theatre — *stagione dell'opera,* opera (*o* operatic) season — *andare all'opera,* to go to the opera.

6 *(aiuto, intervento)* help: *Ho bisogno della tua opera,* I need your help — *per opera di qcno,* thanks to sb; by means of sb; through the action of sb — *Ce l'ho fatta per opera sua,* I've succeeded, thanks to him.

7 *(ente, istituzione)* institution; institute; society; organization: *opere pie,* charitable institutions — *Opera Nazionale Combattenti,* National Institute for Ex-Servicemen; War Veterans Organization.

8 *(mano d'opera)* labour; manpower; *(lavoro a giornata)* day-labour; *(lavoratore a giornata)* day-labourer — *essere a corto di mano d'opera,* to be short of labour — *lavorare a opera,* to work by the day.

operabile *agg (med.)* operable.

operabilità *sf* **1** workability. **2** *(med.)* operability.

operaia *sf* working-woman *(pl.* -women*)*; (female) worker (*o* operative).

operaio *sm* **1** worker *(anche in senso sociologico e politico: cfr. l'agg. attrib., sotto)*; workman *(pl.* -men*)*; working-man *(pl.* -men*)*; labourer, *(USA)* laborer; hand: *È un ottimo operaio,* He is a very good worker — *Abbiamo bisogno di altri cento operai,* We need a hundred more hands (*o* workers) — *operai e impiegati,* blue-collar and white-collar workers — *operaio specializzato o qualificato (non qualificato),* skilled (unskilled) workman — *operaio manovale,* labourer — *operaio a cottimo,* piece-worker — *operaio a giornata,* day-labourer — *operai metallurgici (tessili),* steel (textile) workers — *un operaio tornitore,* a turner; a lathe worker — *un operaio montatore,* a fitter. **2** *(addetto ad una macchina)* operator; operative.

□ *agg attrib* working; worker; *(di, degli operai)* working; workman's; workmen's: *la classe operaia,* the working class — *case operaie,* workmen's houses (*o* dwellings) — *un treno operaio,* a workmen's train — *una società operaia,* a trade union — *il Partito Operaio,* the Workers' Party — *un prete operaio,* a worker-priest — *un'ape operaia,* a worker-bee.

operante *agg* acting; working; *(efficace)* effective; efficacious: *divenire operante,* to come into effect; to become operative — *medico operante,* surgeon.

operare *vt* **1** *(compiere)* to operate; to perform; to work; to do*: *operare il bene,* to do good — *operare miracoli,* to work miracles — *operare una ritirata, (mil.)* to effect (to carry out) a retreat. **2** *(med.)* to operate (on sb): *Mi feci operare di ernia,* I was operated on for rupture — *operare qcno a caldo,* to operate on sb in the acute stage — *operare qcno a freddo,* to operate on sb between attacks — *Devo farmi operare,* I have to undergo on operation — *Fu operato d'urgenza al cuore,* He had (He underwent) an emergency heart operation. **3** *(industria tessile)* to damask; to work with a design.

□ *vi (agire)* to operate; to act; to work: *È un dottore che opera con sangue freddo,* He is a doctor who operates calmly — *Il veleno operò in pochi minuti,* The poison worked in only a few minutes — *operare contro (a favore di) qcno,* to act (to work) against (in favour of) sb — *operare secondo coscienza,* to act according to one's own conscience — *operare allo scoperto,* to act openly (*o* frankly) — *operare su un mercato, (comm.)* to operate on a market — *operare su larga scala,* to operate on a large scale.

operativo *agg* operating; acting; working: *piano operativo, (mil.)* plan of operations.

operato *agg* **1** *(di tessuto)* worked. **2** *(di cuoio)* tooled.

□ *sm* **1** work done; actions *(pl.)*; handiwork *(generalm. scherz.)*. **2** *(med.)* (operated) patient.

operatore *agg* operating; working.

□ *sm* operator: *operatore cinematografico (o televisivo),* cameraman — *operatore di cabina,* projectionist — *operatore economico,* entrepreneur; businessman — *operatore del suono,* recordist.

operatorio *agg* operating: *sala operatoria,* operating theatre.

operazione *sf* **1** operation *(vari sensi, anche med.)*: *fare un'operazione, (matematica)* to do an operation — *un'operazione d'appendicite,* an operation for appendicitis; an appendectomy — *fare un'operazione* *a qcno,* to perform an operation on sb — *subire un'operazione,* to undergo an operation — *base di operazione, (mil.)* base of operations. **2** *(comm.)* transaction: *operazioni di banca,* banking transactions — *operazioni di Borsa,* Stock-Exchange transactions.

opercolo *sm* **1** *(zool.)* operculum *(pl.* opercula*).* **2** *(di tubetto)* diaphragm.

operetta *sf* operetta; light opera.

operettista *sm e f.* operettist.

operettistico *agg* **1** operetta *(attrib.).* **2** *(fig.)* shallow; superficial; frivolous.

operistico *agg* operatic.

operosamente *avv* actively; industriously: *vivere operosamente,* to live an active life.

operosità *sf* industriousness.

operoso *agg* industrious; active; hard-working.

opificio *sm* factory; works *(col v. al sing. o al pl.);* plant; mill.

opimo *agg (lett.)* fertile; fruitful; rich: *spoglie opime, (stor. e fig.)* spolia opima *(lat.).*

opinabile *agg* **1** *(discutibile)* questionable; debatable: *È opinabile,* It's a moot point; It's a question of opinion. **2** *(che si può pensare)* tenable.

opinare *vi e t.* to think*; to opine; *(giudicare)* to judge.

opinione *sf* opinion; conviction; belief; view; feeling; idea: *Ho una mia opinione su questa faccenda,* I have an opinion of my own on this matter — *È un uomo senza opinioni,* He is a man without ideas (without any firm convictions) — *Voglio sentire l'opinione di un medico,* I want to consult a doctor; I want a doctor's opinion — *L'opinione unanime è che...,* Everybody believes that... — *È mia precisa opinione che...,* My precise opinion is that... — *È opinione corrente che...,* It's a common notion that... — *essere dell'opinione che...,* to be of the opinion that... — *l'opinione pubblica,* public opinion — *secondo la mia opinione,* in my opinion; to my mind — *secondo l'opinione degli intenditori,* in the opinion of the experts (the connoisseurs) — *il coraggio delle proprie opinioni,* the courage of one's convictions — *avere una buona (cattiva) opinione di qcno,* to have a good (bad) opinion of sb — *avere grande opinione di sé,* to think highly (*o* a lot) of oneself; to have a high opinion of oneself — *cambiare opinione,* to change one's opinion (one's mind) — *condividere l'opinione di qcno; essere della stessa opinione di qcno,* to share sb's opinion; to agree with sb; to be of the same opinion as sb — *farsi, formarsi un'opinione su qcno o qcsa,* to form an opinion of (*o* on) sb or sth. □ *godere buona opinione,* to enjoy everybody's esteem — *scadere nell'opinione di qcno,* to fall in sb's esteem — *La matematica non è un'opinione, (prov.)* Facts are facts.

oplà *interiezione,* Come on, jump!; *(a qcno che è caduto)* Up you get!

oplita, oplite *sm (stor.)* hoplite.

opossum *sm* opossum; possum.

oppiaceo *agg* opium *(attrib.).*

oppiare *vt* to opiate.

oppiato *agg e sm* opiate.

oppio *sm* opium *(anche fig.).*

oppiomane *sm e f.* opium addict.

oppiomania *sf* opium habit; opiomania.

opponente *agg* opponent; opposing; adverse.
□ *sm e f.* opponent; opposer.

opporre *vt* **1** *(contrapporre)* to oppose; to set* (over) against; to contrast: *È disarmante opporre la mitezza alla violenza,* It is disarming to oppose violence with meekness — *opporre resistenza al nemico,* to offer resistance to the enemy — *opporre un ostacolo a qcno,* to raise an obstacle to sb — *opporre un netto rifiuto,* to give a clean (clear-cut, sharp) refusal. **2** *(obiettare)* to object: *Non ho nulla da opporre,* I have no objection (to make) — *opporre un'eccezione, (dir.)* to raise an objection — *opporre una sentenza, (dir.)* to appeal (against a judgement).
□ **opporsi** *v. rifl* **1** *(fare opposizione)* to oppose; to withstand* (sb, sth); to set* oneself (against sb, sth); to stand* in the way (of sb, sth); *(essere contrario a)* to be* opposed (to sb, sth): *Si oppose a quel matrimonio con tutte le sue forze,* She did everything in her power to prevent the marriage. **2** *(stare di fronte, in opposizione)* to contrast. **3** *(obiettare)* to object: *Mi oppongo, signor Giudice!,* I object, your Honour!

opportunamente *avv* conveniently; suitably.

opportunismo *sm* opportunism; time-serving.

opportunista *sm e f.* opportunist; time-server.

opportunistico *agg* opportunistic.

opportunità *sf* **1** *(l'essere opportuno)* timeliness; opportuneness. **2** *(occasione favorevole)* opportunity; chance; occasion: *avere (cogliere) l'opportunità,* to have (to seize) the opportunity — *lasciarsi sfuggire l'opportunità,* to let the opportunity slip — *politica d'opportunità,* wait-and-see policy.

opportuno *agg* opportune; timely; suitable; right: *una domanda opportuna,* an opportune question — *provvedimenti opportuni,* opportune (timely) measures — *la cura più opportuna,* the most suitable treatment — *scegliere il momento e il luogo opportuno,* to choose the right time and place — *proprio al momento opportuno,* just at the right moment; just in the nick of time *(fam.)* — *Ritenni opportuno andarmene,* I thought it right (better) to leave — *a tempo opportuno,* when the time comes; when the time is ripe.

oppositore *sm* opposer; opponent.

opposizione *sf* opposition; *(dir.)* challenge; objection: *incontrare forte opposizione,* to meet with strong opposition — *vincere l'opposizione dei genitori,* to overcome one's parents' opposition — *passare all'opposizione, (politica)* to pass over to the opposition — *essere all'opposizione,* to be in opposition — *il partito d'opposizione,* the opposition party — *La luna è in opposizione col sole,* The moon is in opposition to the sun — *opposizione di fase, (fis.)* phase opposition; antiphase.

opposto *agg* **1** *(posto di fronte)* opposite; adverse: *il lato opposto della strada,* the opposite side of the road — *la parte opposta a questa,* the part opposite (to) this one — *il pendio opposto,* the adverse slope — *l'uno opposto all'altro,* facing each other. **2** *(contrario)* opposite; adverse; reverse; opposed; opposing; contrary: *andare nella direzione opposta,* to go the opposite (the other) way; *(andare via)* to go off in the opposite direction — *gli ostacoli opposti al nostro piano,* the obstacles to our plan — *il partito opposto,* the opposing party — *punti di vista opposti,* opposite (opposing, contrasting) points of view — *essere diametralmente opposto,* to be diametrically opposed.
□ *all'opposto,* on the contrary — *all'opposto di (quanto)...,* contrary to (what)...
□ *sm* opposite; contrary; reverse: *Sono l'opposto di mia madre,* I am the opposite (the reverse) of my mother — *È tutto l'opposto,* It's quite the reverse (the contrary) — *fare (tutto) l'opposto,* to do quite the reverse.

oppressione *sf* **1** oppression: *il giogo dell'oppressione, (lett.)* the oppressor's yoke. **2** *(fig.)* oppression;

(angoscia) depression; anxiety: *La mancanza di soldi gli dava una grande oppressione,* Lack of money was making him very depressed. □ *Mi sento un'oppressione allo stomaco,* I have a heavy feeling in my stomach.

oppressivo *agg* oppressive.

oppresso *agg* oppressed; weighed down *(anche fig.)*: *una nazione oppressa,* an oppressed country — *oppresso dall'angoscia,* weighed down with anguish. □ *sm (al pl.: gli oppressi)* the oppressed.

oppressore *agg* oppressive. □ *sm* oppressor; tyrant.

opprimente *agg* oppressive; *(di persona)* insufferable: *caldo opprimente,* oppressive heat — *noia opprimente,* boredom.

opprimere *vt* **1** to oppress; to weigh (sb) down; to lie* heavy on (sth); *(sopraffare)* to overwhelm: *cibo che opprime lo stomaco,* food that lies heavy on the stomach — *Questo lavoro mi opprime,* This job is getting me down — *Quest'afa opprime il respiro,* This sultry weather makes it difficult to breathe. **2** *(tiranneggiare)* to oppress.

oppugnabile *agg (di argomenti, ecc.)* **1** confutable; refutable; disputable. **2** *(di fortezza, ecc.)* assailable.

oppugnare *vt* **1** *(assalire)* to assail; to attack. **2** *(fig.: impugnare)* to confute; to refute.

oppugnatore *sm* opposer; opponent; *(attaccante)* assailant.

oppure *congiunz* or; *(altrimenti)* or else; otherwise.

optare *vi* to opt (for sth); *(scegliere)* to choose*; *(decidere)* to decide (on sth); *(in Borsa)* to take* up an option (on sth).

optometria *sf* optometry.

optometro *sm* optometer.

opulento *agg* **1** opulent; *(ricco)* rich; wealthy; affluent; *(abbondante)* abundant. **2** *(di donna formosa)* shapely; buxom; generously endowed *(fam.)*; curvaceous *(sl.)*.

opulenza *sf* opulence; *(ricchezza)* wealth; *(abbondanza)* abundance.

opunzia *sf* prickly pear.

opuscolo *sm* pamphlet; booklet; *(pubblicitario, anche)* brochure; *(religioso)* tract.

opzionale *agg e sm* optional.

opzione *sf* option: *avere un'opzione su qcsa,* to have an option on sth — *diritto di opzione,* (right of) option — *opzione d'acquisto, (in Borsa)* call — *opzione di vendita, (in Borsa)* put.

[1]**ora** *sf* **1** *(unità di tempo)* hour: *Cosa fai qui a quest'ora?,* What are you doing here at this hour? — *L'ora è suonata,* The hour has struck — *un quarto d'ora,* a quarter of an hour — *una mezz'ora,* half an hour — *tre quarti d'ora,* three quarters of an hour — *un'ora e un quarto,* an hour and a quarter — *tariffa a ore,* hourly charge; charge by the hour (per hour) — *quattromila lire all'ora,* four thousand lire an hour — *una donna a ore,* a charwoman — *ore di straordinario,* overtime *(sing.)* — *per ore e ore,* for hours and hours — *a tutte le ore,* at any time; at all hours — *di ora in ora,* hourly — *ogni ora,* hourly; every hour — *una buona ora (un'ora buona),* a good hour; a full hour — *l'ora di punta,* the rush-hour — *nelle prime ore della mattina,* in the early hours of the morning — *le ore piccole,* the small hours — *fare le ore piccole,* to stay up very late (*o* after midnight) — *ore di lavoro (di scuola),* working (school) hours — *un'ora di automobile (di cammino),* an hour's drive (walk) — *un viaggio di due ore,* a two-hour journey — *tre ore di viaggio,* three hours' travelling — *lancetta delle ore,* hour-hand — *l'ora canonica,* the canonical hour; *(generalm. scherz.)* the usual time — *libro d'ore,* book of hours.

2 *(riferito al modo di calcolare il tempo)* time: *Sai leggere l'ora?,* Can you tell the time? — *Che ora è; Che ore sono?,* What time is it? — *Che ora fai?,* What time do you make it?; What's the time? — *Sono le ore venti,* It is eight o'clock (in the evening) — *ora astronomica,* sidereal time — *ora legale (estiva),* summer time — *ora locale,* local time — *ora ufficiale,* standard time — *ora (media) di Greenwich,* Greenwich mean time (*abbr.* GMT) — *ora solare,* solar time.

3 *(momento)* time; moment: *È ora che me ne vada,* It's time for me to go; It's time I went; It's time I was off — *È ora di mangiare,* It's time to eat — *l'ora dei pasti,* meal times *(pl.)* — *l'ora del tè (di colazione, di cena),* tea time (lunch time, dinner time) — *ora di bordo,* ship's time — *ora di apertura (chiusura),* opening (closing) time — *ad una certa ora,* at a certain time — *all'ora stabilita (fissata),* at the appointed time — *alla solita ora,* at the usual time — *Attendo la mia ora,* I'm biding my time — *Non è ancora venuta la mia ora,* My time has not yet come — *morire prima della propria ora,* to die before one's time — *Sto leggendo il giornale per fare l'ora del pranzo,* I'm reading the paper to kill time until lunch. □ *l'ora di porto,* harbour timetable — *Alla buon'ora!,* At last!; Good! — *a tarda ora,* late — *la notte a tarda ora,* late at night — *la notte (scorsa) a tarda ora,* late last night — *da un'ora all'altra,* very quickly; soon; suddenly; in a moment — *di buon'ora,* early — *avere le ore contate,* to have one's hours numbered — *essere alle ventitré ore e tre quarti, (vicinissimo alla morte)* to have one foot in the grave — *le notizie dell'ultima ora,* the latest news; the latest *(fam.)*; *(sul giornale)* stop-press — *una decisione dell'ultima ora,* a last-minute decision — *Non vedo l'ora di rivederti,* I'm looking forward to meeting you again; I'm dying to meet you again — *Le ore del mattino hanno l'oro in bocca, (prov.)* An hour in the morning is worth two in the evening.

[2]**ora I** *avv* **1** *(nell'epoca presente)* now; nowadays; at present; presently *(USA)*; *(in questo momento)* (just) now; at the moment; *(poco fa)* just now; a moment ago; *(fra poco)* shortly; in a moment; now: *Non posso uscire ora,* I can't leave (just) now — *L'ho visto ora,* I saw him just now (*o* a moment ago) — *Ora vengo!,* I'm coming in a minute! — *Ora vedrai,* Now you'll see — *ora come ora,* right now — *E ora?,* And now? — *per ora,* for now; for the moment — *fin d'ora, sin d'ora,* from this moment; as of now — *prima d'ora,* till now — *tre anni or sono,* three years ago.

2 *(nelle correlazioni)* now... now; sometimes... sometimes: *Ora lo vedi, ora non lo vedi,* Now you see it, now you don't — *Ora piange, ora ride,* Sometimes she cries, sometimes she laughs; She cries and laughs by turns.

II *cong* **1** *(dunque)* now; now then: *Ora immaginate che...,* Now imagine that...

2 *(ma, invece)* now; well: *Tu ci credi; ora ti dimostrerò che non è vero,* You believe it; well, I'll show you that it isn't true.

3 ora che..., now that...: *Ora che ci penso,* Now that I come to think of it.

oracolo *sm* oracle *(anche scherz.)*: *l'oracolo di Delfi,* the Delphic oracle — *Parla come un oracolo,* He speaks like an oracle — *consultare un oracolo,* to consult an oracle.

orafo *agg* of a goldsmith: *l'arte orafa,* the goldsmith's craft (art).
□ *sm* goldsmith.

orale *agg e sm* oral: *un esame orale,* an oral examination; an oral *(fam.); (esame di laurea)* viva voce *(lat.: spesso abbr. in* viva*)* — *la cavità orale,* the oral cavity — *per via orale,* by mouth; *(med., anche)* per os *(lat.)* — *Domani avrò l'ultimo orale,* I'll have my last oral tomorrow.

oralmente *avv* orally; by word of mouth.

oramai *avv* ⇨ **ormai.**

orango, orangutan *sm* orang-utan(g).

orario *agg* **1** *(riferito al tempo)* time *(attrib.): segnale orario,* time signal — *fuso orario,* time zone — *disco orario,* parking disk. **2** *(riferito alla velocità)* per hour *(solo predicativo): velocità oraria,* speed per hour. □ *in senso orario,* in a clockwise direction; clockwise.
□ *sm* **1** time; hours *(pl.): essere in orario,* to be on time; to be punctual — *partire in orario,* to leave on time — *orario d'ufficio,* office hours — *orario di apertura,* business hours; hours of business; time (*o* hours) during which something is open — *Qual è il vostro orario di apertura?,* When are you open? — *orario di partenza,* departure times *(pl.)* — *orario delle visite,* visiting hours — *orario ridotto,* short time — *fare l'orario ridotto,* to work short time. **2** *(tabella oraria)* time(-)table; schedule: *orario ferroviario,* railway time(-)table — *orario delle lezioni,* school time-table. □ *orario diurno (notturno),* day (night) shift.

orata *sf* gilthead; sea bream.

oratore *sm* orator; (public) speaker: *oratore sacro,* preacher.

oratoria *sf* oratory; art of public speaking.

oratorio *agg* oratorical.
□ *sm* **1** *(il luogo)* oratory; *(l'ordine)* Oratory. **2** *(mus.)* oratorio.

oratrice *sf* = **oratore.**

oraziano *agg* Horatian: *le satire oraziane,* Horace's Satires.

orazione *sf* **1** prayer: *l'orazione domenicale,* the Lord's Prayer — *libretto delle orazioni,* prayer-book — *dire (recitare) le orazioni,* to say one's prayers. **2** *(discorso)* oration; speech: *un'orazione funebre,* a funeral oration.

orbace *sm* coarse woollen fabric.

orbare *vt* to deprive; to bereave*.

orbe *sm* orb; *(terrestre, terracqueo)* earth; world: *tutto l'orbe cristiano,* all Christianity; Christendom.

orbene *cong* well.

orbita *sf* **1** *(matematica, fis.)* orbit: *l'orbita di un astro,* the orbit of a planet — *essere in orbita,* to orbit; to be in orbit — *mettere in orbita,* to put (sth) orbit; to orbit — *entrare in orbita,* to go into orbit; *(scherz.)* to get going. **2** *(fig.)* orbit; sphere; range. **3** *(anat.)* (eye-)socket; orbit.

orbitale *agg* orbital.

orbitare *vi* to orbit.

orbo *agg (cieco)* blind: *orbo da un occhio,* blind in one eye.
□ *sm* blind person: *botte da orbi,* blows given in blind fury; a shower of blows.

orca *sf* **1** *(mitologia)* sea monster. **2** *(zool.)* killer whale; grampus; orc.

orchessa *sf (nelle favole o fig.)* ogress.

orchestra *sf* **1** orchestra; *(complesso da ballo)* band: *orchestra d'archi,* string orchestra — *orchestra sinfonica,* symphony orchestra — *direttore d'orchestra,* conductor. **2** *(scherz.)* chorus.

orchestrale *agg* orchestral; orchestra *(attrib.): musica orchestrale,* music for orchestra.
□ *sm e f.* musician; player; performer in an orchestra; member of an orchestra.

orchestrare *vt* **1** *(mus.)* to arrange; to orchestrate; to score. **2** *(fig.)* to stage.

orchestrazione *sf* orchestration; scoring.

orchestrina *sf* light orchestra.

orchidea *sf (tropicale)* orchid; *(europea)* orchis; wild orchid.

orcio *sm* pitcher; jug; *(spec. per l'olio)* jar.

orco *sm* **1** *(mitologia)* Hades. **2** *(nelle favole o fig.)* ogre. □ *orco marino, (uccello)* velvet scoter.

orda *sf* horde.

ordalia *sf (stor.)* ordeal.

ordigno *sm (dispositivo)* contrivance; device; *(arnese)* tool; instrument *(anche fig.): ordigno esplosivo,* booby trap — *ordigno diabolico (infernale),* infernal machine.

ordinabile *agg* able to be ordered.

ordinale *agg* ordinal.
□ *sm* **1** ordinal (number). **2** *(religione)* Ordinal; prayer-book.

ordinamento *sm* **1** order; arrangement; layout. **2** *(complesso di norme, di leggi)* rules *(pl.);* regulations *(pl.);* system: *ordinamento scolastico,* school rules (regulations) — *l'ordinamento giudiziario,* the Court system — *ordinamento giuridico,* legal system.

ordinanza *sf* **1** *(amministrativa)* ordinance; by-law; *(giudiziaria)* order; decree. **2** *(mil.)* order; *(attendente)* batman *(pl.* -men*): marciare in ordinanza,* to march in order — *ufficiale d'ordinanza,* orderly officer — *uniforme d'ordinanza (fuori ordinanza),* regulation (non-regulation) uniform.

ordinare *vt* **1** *(sistemare, disporre)* to arrange; *(mettere in ordine)* to put* (to set*) in order; *(rassettare)* to tidy (up); *(di truppe)* to array; to draw* up (sth) in order: *ordinare i propri affari (le proprie cose),* to set one's affairs in order — *ordinare le proprie idee,* to marshal one's ideas; to put one's ideas in order. **2** *(comandare)* to order; to bid*; to command; to tell*; *(dando indicazioni)* to direct: *Mi ordinò di andarmene,* He ordered me to go; He bade me leave — *Ci ordinò di stare zitti,* He told us (We were told) to keep quiet — *Il vigile mi ordinò di accostare al marciapiedi,* The traffic policeman directed me to pull in (*o* over) to the kerb — *ordinare un pranzo,* to order dinner. **3** *(prescrivere)* to order; to prescribe. **4** *(comm.: commissionare)* to order; to commission: *ordinare una partita di caffè,* to order a stock of coffee. **5** *(predisporre a un fine)* to ordain: *Ogni cosa è ordinata a nostro bene,* Everything is ordained for our good (to a good purpose) — *Dio ordina e provvede,* God sees to everything. **6** *(ecclesiastico: conferire gli ordini sacri)* to ordain; to give* holy orders: *Prima di essere ordinato prete era un architetto,* Before being ordained he was an architect.
□ **ordinarsi** *v. rifl* to arrange oneself; *(disporsi)* to draw* (sth) up; *(prepararsi)* to get* (sth) ready.

ordinariamente *agg* **1** *(comunemente)* ordinarily. **2** *(di solito)* usually; *(di regola)* as a rule; *(per lo più)* in most cases; generally.

ordinariato *sm (di un professore universitario)* full professorship; *(di un vescovo)* bishopric.

ordinario I *agg* **1** *(consueto)* ordinary; customary; common; normal: *cose di ordinaria amministrazione,* the usual things; ordinary business *(sing.); (fig.)*

nothing special *(sing.)*; nothing out of the ordinary *(sing.)* — *con la sua ordinaria cocciutaggine,* with his usual (*o* customary) stubbornness — *spese ordinarie* ordinary charges; recurring expenditure *(sing.)* — *a passo ordinario,* at the normal pace — *a tariffa ordinaria,* at the common (*o* ordinary) rate — *frazione ordinaria, (aritmetica)* vulgar fraction. **2** *(medio)* average: *il prezzo ordinario di questo articolo,* the average price of this article — *la statura ordinaria dell'uomo,* the average height of a man. **3** *(non raffinato)* common; *(insignificante)* plain; *(dozzinale)* coarse; cheap; of poor quality: *un uomo ordinario,* a common sort of man — *una ragazza ordinaria,* a plain girl; a plain Jane *(fam.)* — *di stoffa ordinaria,* of coarse (of cheap) material.

II *sm* **1** (the) ordinary; (the) usual: *come d'ordinario; secondo l'ordinario,* as usual; according to custom (to habit) — *d'ordinario,* usually; ordinarily; as a rule — *più dell'ordinario,* more than usual — *fuori dell'ordinario,* out of the ordinary; unusual; extraordinary; outstanding — *uscire dall'ordinario,* to be out of the ordinary; to be exceptional (*o* outstanding) — *un uomo fuori dall'ordinario,* an exceptional man; a man above the common run. **2** *(in varie espressioni: di persona) un ordinario militare (o castrense),* a bishop in ordinary to the forces — *l'ordinario della diocesi,* the diocesan bishop — *(il confessore) ordinario del convento,* the ordinary confessor to the convent — *ordinario di Italiano all'Università di Reading,* (full) professor of Italian at the University of Reading.

ordinata *sf* **1** *(matematica)* ordinate. **2** *(aeronautica)* frame: *ordinata maestra,* main frame. **3** *(l'atto del mettere in ordine)* putting in order; tidying up: *Devo dare una ordinata alle mie carte,* I must put my papers in order; I must tidy up my papers.

ordinatamente *avv* tidily; in an orderly fashion.

[1]**ordinativo** *agg* regulating; governing.

[2]**ordinativo** *sm (comm.)* order.

ordinato *agg* **1** tidy; orderly: *tenere una stanza (una scrivania, ecc.) ordinata,* to keep a room (a desk, *ecc.*) tidy — *un ragazzo ordinato,* a tidy boy — *una mente ordinata,* an orderly (a tidy) mind. **2** *(ecclesiastico)* ordained.

ordinatore *agg* organizing; arranging; ordering.
□ *sm* orderer; organizer; *(impiegato di biblioteca)* cataloguer.

ordinazione *sf* **1** *(comm.)* order: *fare un'ordinazione,* to place an order — *fatto su ordinazione,* made to order. **2** *(ecclesiastico)* ordination.

ordine *sm* **1** *(disposizione)* order; arrangement: *I Suoi documenti non sono in ordine, signore,* Your documents are not in order, sir — *mettere un po' d'ordine in una stanza,* to tidy (up) a room — *mettere (qcsa) in ordine,* to rearrange; to set in order; to order — *narrare qcsa per ordine,* to tell sth in order — *essere in perfetto ordine,* to be in perfect order — *in ordine di data,* in order of time — *in ordine di età (d'importanza),* in order of age (of importance) — *in ordine alfabetico (cronologico, numerico),* in alphabetical (chronological, numerical) order — *in ordine di grandezza, (matematica)* in order of magnitude — *in ordine di arrivo (partenza),* in order of arrival (departure) — *personaggi in ordine di comparsa,* cast in order of appearance — *ordine inverso, (gramm.)* inverse order — *ordine logico,* logical order — *numero d'ordine,* serial number.

2 *(fila)* line; row; *(di archi)* tier; *(di remi)* bank; *(mil.)* array; order; *(serie)* sequence; series: *un lungo ordine di sedie di vari stili,* a long row (series) of chairs in various styles — *in ordine di battaglia,* in battle order (array) — *scompigliare gli ordini del nemico,* to throw the enemy's lines into disorder (into confusion) — *in ordine sparso (chiuso),* in open (close) order — *ritirarsi in buon ordine,* to retire in good order.

3 *(comando)* order; command: *ordine verbale,* verbal order — *ordine scritto,* written order — *fino a nuovo ordine,* until further orders *(pl.)* — *ricevere l'ordine di fare qcsa,* to be ordered to do sth — *obbedire ad un ordine,* to obey an order — *ordine del giorno, (mil.)* order of the day — *essere agli ordini di qcno,* to be under sb's orders; *(fig.)* to be at sb's beck and call — *dare un ordine,* to give an order — *eseguire un ordine,* to carry out (to execute) an order — *per ordine del tribunale,* by order of the Court — *ordine di mobilitazione generale,* general mobilisation order.

4 *(disciplina)* order; orderliness: *l'ordine pubblico,* public order — *le Forze dell'Ordine,* the Police *(pl.)* — *delitto contro l'ordine pubblico,* breach of the peace — *mantenere l'ordine,* to keep order — *richiamare qcno all'ordine,* to call sb to order — *partito d'ordine,* law and order party.

5 *(comm.)* order: *Accusiamo ricevimento del Vs ordine di venticinque frigoriferi,* We acknowledge receipt of your order for twenty-five refrigerators — *ordine d'acquisto (di consegna),* purchase (delivery) order — *ordine di prova (di campione),* trial (sample) order — *ordine permanente,* standing order — *evadere un ordine,* to deal with (to fill) an order — *ordini inevasi,* unfilled orders; backlog *(collettivo)* — *pagabile all'ordine,* payable to order — *d'ordine e conto di...,* by order and for account of...

6 *(classe, categoria)* order; class; category; rank: *ordine di precedenza,* order of rank (of precedence) — *gli ordini sociali,* the ranks of society — *di prim'ordine,* first-class; first-rate — *un pianista di prim'ordine,* a first-class pianist; a pianist of the highest order — *un tiratore di prim'ordine,* a crack shot — *d'infimo ordine,* of the lowest degree.

7 *(genere, tipo)* kind; nature; order: *un problema d'ordine pratico,* a problem of a practical nature — *Questo è un altro ordine di cose,* This is quite a different matter; This is a different matter altogether.

8 *(bot., zool. e archit.)* order: *ordine dorico (ionico),* Doric (Ionic) order — *Il ranuncolo e il tulipano appartengono a due ordini diversi,* The buttercup and the tulip belong to two different orders.

9 *(associazione, congregazione)* association; society; order: *ordine religioso,* religious order — *ordine cavalleresco,* order of chivalry — *l'Ordine degli Avvocati,* the Bar Association — *l'Ordine dei Cavalieri, (stor. romana)* the Equestrian Order — *l'Ordine dei benedettini (dei domenicani),* the Benedictine (Dominican) Order.

10 *(al pl.: il sacramento dell'ordinazione religiosa)* Orders; Holy Orders: *ricevere gli ordini sacri,* to take Orders (*o* Holy Orders) — *ordini minori (maggiori),* minor (major) orders.

□ *impiegato d'ordine,* junior employee; junior clerk — *ordine d'idee,* way of thinking — *entrare nell'ordine d'idee di fare qcsa,* to come round to the idea of doing sth; to take it into one's head to do sth — *ordine del giorno,* agenda — *essere all'ordine del giorno,* to be on the agenda — *È un argomento (questione, problema, ecc.) all'ordine del giorno,* It's an everyday (a common) topic (item, problem, *ecc.*); It's a matter of topical interest — *passare all'ordine del giorno,* to proceed with the business of the day —

parola d'ordine, password — *in ordine a...,* with regard to...; concerning...; as to...

ordire *vt* 1 *(industria tessile)* to warp. 2 *(fig.: tramare)* to plot; to intrigue: *ordire una congiura,* to plot; to hatch a plot. 3 *(fig.: abbozzare)* to work (sth) out; to sketch (sth) out; to rough (sth) out.

ordito *sm* 1 warp: *filo d'ordito,* warp yarn. 2 *(fig.)* web; tissue: *un ordito di menzogne,* a tissue of lies.

orditoio *sm* warping-machine; warping-mill.

orditore *sm* 1 *(operaio)* warper. 2 *(fig.)* schemer; intriguer.

orditura *sf* 1 warping; *(ordito)* warp. 2 *(complesso di strutture)* frame. 3 *(fig.: trama)* plot.

orecchia *sf* 1 = **orecchio.** 2 *(archit.)* crossette. 3 *(zool.)* ormer; ear-shell; abalone *(USA).*

orecchiabile *agg* catchy.

orecchiante *sm* 1 one who sings (*o* plays) by ear. 2 *(dilettante)* amateur; dabbler. 3 *(scherz.)* eavesdropper; spy.

orecchietta *sf* atrium; auricle.

orecchino *sm* ear-ring; ear-drop; pendant.

orecchio *sm* 1 ear: *Mi fischiano gli orecchi, (anche fig.)* My ears are tingling (*o* singing, burning) — *Portava il cappello su un orecchio,* He was wearing his hat over one ear (*o* on one side) — *Non ci sente da quell'orecchio,* He is deaf in that ear *(anche fig.);* He won't listen — *Mi è giunto all'orecchio che...,* It has come to my ears that... — *orecchio esterno,* external (*o* outer) ear; auricle — *orecchio interno,* internal (*o* inner) ear — *mal d'orecchi,* ear(-)ache — *essere sordo da un orecchio,* to be deaf in one ear — *a forma d'orecchio,* ear-shaped — *a portata d'orecchio,* within earshot — *un ragazzo dalle orecchie lunghe,* a long-eared boy — *allungare le orecchie; stare a orecchi tesi; tendere l'orecchio,* to prick up (to cock) one's ears — *aprir bene le orecchie,* to listen carefully — *avere le orecchie lunghe, (fig.)* to be an ass (a blockhead) — *avere orecchio per la musica,* to have an ear (a good ear) for music — *avere gli orecchi foderati di prosciutto; avere il cotone negli orecchi,* not to listen; to be unwilling to pay heed (to sth, sb) — *cantare (suonare) a orecchio,* to sing (to play) by ear — *dare (prestare) orecchio a qcno,* to give ear (to lend an ear) to sb — *entrare da un orecchio e uscire dall'altro,* to go in one ear and out (of) the other — *essere tutt'orecchi,* to be all ears — *far orecchi da mercante* ⇨ **mercante** — *prestar orecchio,* to listen (to sb); to pay heed (to sb) — *rintronare le orecchie, (stordire)* to stun — *tirare le orecchie a qcno,* to pull (to tweak) sb's ears — *turarsi le orecchie,* to stop (to plug) one's ears — *Anche i muri hanno orecchie, (prov.)* Walls have ears — *un suono gradito all'orecchio,* a pleasant sound — *un rumore che stordisce l'orecchio,* a deafening noise — *abbassare le orecchie, (fig.)* to be crestfallen — *mettere a qcno una pulce nell'orecchio,* to drop sb a hint; to make sb suspect sth. 2 *(per estensione: l'udito)* hearing: *essere duro d'orecchi,* to be hard of hearing — *essere delicato d'orecchi,* to have poor hearing. 3 *(di pagina)* turned-down corner; dog-ear: *fare le orecchie a un libro,* to dog-ear the pages of a book. 4 *(di aratro)* mouldboard; *(di ancora)* fluke.

orecchione *sm* 1 large ear. 2 *(mil.: di fortificazione)* bulge; *(di bocca da fuoco)* trunnion. 3 *(zool.)* long-eared bat. 4 *(al pl., med.)* mumps *(col v. al sing.);* epidemic parotitis *(sing.).* 5 *(di poltrona)* wing. □ *orecchione di sollevamento,* lifting lug.

orecchiuto *agg* 1 long-eared; big-eared; with long (*o* big) ears *(predicativo).* 2 *(fig.)* asinine; donkey-like: *Quell'orecchiuto!,* That dunce!

orefice *sm* jeweller, *(USA)* jeweler; goldsmith.

oreficeria *sf* 1 *(l'arte)* goldsmith's art; jeweller's art. 2 *(negozio)* goldsmith's (shop); jeweller's (shop); *(laboratorio)* goldsmith's (jeweller's) workshop. 3 *(articoli)* jewellery.

orfana, orfanella *sf* orphan girl; orphan.

orfano *agg* orphan: *un bambino orfano di padre (di madre),* a fatherless (a motherless) child — *È orfano di madre,* He has lost his mother; His mother is dead — *rimanere orfano,* to be left an orphan.
□ *sm* orphan: *orfano di guerra,* war orphan.

orfanotrofio *sm* orphanage.

orfico *agg* Orphic; Orphean: *inni orfici,* Orphic hymns; Orphics.
□ *sm* Orphist.

organaro *sm* organ-maker; organ-builder.

organetto *sm* 1 *(a manovella, di Barberia)* barrel-organ; street-organ; *(ghironda)* hurdy-gurdy; *(a bocca)* harmonica; *(fisarmonica)* accordion; concertina: *suonatore ambulante di organetto,* organ-grinder. 2 *(zool.)* finch.

organicamente *avv* organically.

organicità *sf* organic unity; organicity.

organico *agg* organic *(anche fig.);* physical: *deperimento organico,* physical decline.
□ *sm* personnel; staff; *(mil.)* cadre: *aumentare l'organico,* to take on more staff.

organigramma *sm* organisation chart.

organino *sm* = **organetto 1.**

organismo *sm* 1 organism: *un organismo vivente,* a living organism. 2 *(fig.)* organism; body; system: *un organismo amministrativo,* an administrative body.

organista *sm e f.* organist.

organistico *agg* organ *(attrib.): musica organistica,* organ music.

organizzare *vt* to organize; to set* up: *organizzare una spedizione,* to organize an expedition; to get an expedition organized. □ *organizzare le idee,* to put (to get) one's ideas in order.
□ **organizzarsi** *v. rifl* to organize oneself; to get* organized: *È ora che vi organizziate,* It's high time you got organized.

organizzativo *agg* organizing.

organizzatore *sm* organizer; promoter; arranger.

organizzazione *sf* organization: *Hanno un'ottima organizzazione,* They are very well organized.

organo *sm* 1 *(anat.)* organ. 2 *(centro di funzioni)* organ; body: *organo direttivo (legislativo),* governing (legislative body. 3 *(pubblicazione, giornale)* organ. 4 *(mus.)* organ; *(USA, talvolta)* pipe-organ: *organo portatile,* harmonium; reed-organ. □ *organo di macchina, (mecc.)* machine member — *organo di trazione,* draft gear — *organo motore,* mover.

organza *sf* organdie.

organzino *sm* organzine.

orgasmo *sm* 1 orgasm. 2 *(fig.)* excitement; anxiety: *stare (essere) in orgasmo,* to be in a flutter; to be agitated; to be on tenterhooks *(fam.)* — *mettere qcno in orgasmo,* to put sb into a flutter.

orgia *sf* orgy *(anche fig.);* saturnalia *(pl.): le orge di Dioniso,* the Dionysian revels — *un'orgia di sangue,* an orgy of blood — *un'orgia di luci (di suoni, ecc.),* a riot of lights (sounds, ecc.).

orgiastico *agg* orgiastic.

orgoglio *sm* pride; *(alterigia)* arrogance: *essere pieno d'orgoglio,* to be puffed up with pride; to be haughty — *È l'orgoglio dei suoi genitori,* He is his parents' pride and joy — *Guardava con orgoglio la sua nuova macchina,* He was looking with pride at his new car.

orgogliosamente *avv* proudly; haughtily.

orgoglioso *agg (fiero)* proud; *(altezzoso)* haughty; supercilious: *essere orgoglioso di qcsa,* to be proud of sth; to take pride in sth.

oricalco *sm* orichalc; *(ottone)* brass.

orientabile *agg* **1** rotary; revolving; swinging. **2** *(fig.: influenzabile)* able to be swayed.

orientale *agg* oriental; eastern: *arte orientale,* oriental art — *lingue orientali,* oriental (*o* eastern) languages — *paesi orientali,* eastern countries — *le Indie Orientali,* the East Indies.

□ *sm* Oriental.

orientalismo *sm* orientalism; oriental scholarship.

orientalista *sm e f.* orientalist.

orientamento *sm* orientation; direction; bearing; *(tendenza)* trend; *(aeronautica, ecc.)* bearing: *senso dell'orientamento,* sense of direction — *centro di orientamento professionale,* vocational guidance centre — *orientamento radio,* radio bearing (*o* orientation, fix) — *perdere l'orientamento,* to lose one's bearings.

orientare *vt* **1** to orientate; to orient: *orientare una carta,* to orientate (to set) a map. **2** *(naut.)* to trim.

□ **orientarsi** *v. rifl* **1** to orientate oneself; to take* (to get*) one's bearings. **2** *(raccapezzarsi)* to find* one's way: *Non riesco proprio ad orientarmi in questa materia,* I can't make head or tail of this subject. **3** *(indirizzarsi)* to take* (sth) up; to go* in (for sth) *(fam.)*: *Penso di orientarmi verso gli studi classici,* I'm thinking of taking up classics.

orientazione *sf* orientation.

oriente *sm* **1** east; orient *(lett.)*: *situato ad oriente,* situated in the east — *da oriente ad occidente,* from east to west — *il Medio (l'Estremo) Oriente,* the Middle (Far) East — *l'Impero d'Oriente,* the Eastern Empire. **2** *(di perla)* orient. **3** *(loggia massonica)* lodge.

orifiamma *sf* oriflamme.

orificio, orifizio *sm* orifice *(anche anat.)*; aperture; opening; hole.

origano *sm* origan; oregano; wild marjoram.

originale *agg* **1** original: *il documento (il testo) originale,* the original document (text) — *il peccato originale,* original sin — *leggere una poesia nella lingua originale,* to read a poem in the original — *ricambi originali,* factory spares. **2** *(nuovo)* new; original; *(ingegnoso)* ingenious; *(creativo)* inventive: *un'impronta originale,* an original touch — *una mente originale,* an original (a creative) mind. **3** *(strano, eccentrico)* odd; queer; quaint; strange; eccentric: *un tipo originale,* a character; a queer (an odd) fish; a queer bird.

□ *sm* **1** original: *L'originale si trova nell'Archivio di Stato,* The original is in the National Record Office — *nell'originale,* in the original — *un originale televisivo,* an original television play; a television original; a teleplay — *una copia molto fedele all'originale,* a good (true, faithful) copy. **2** *(persona eccentrica)* odd person; character; eccentric; queer (*o* odd) fish; queer bird.

originalità *sf* **1** originality: *Quest'opera manca di originalità,* This work lacks originality. **2** *(stravaganza)* eccentricity; oddness.

originalmente *avv* **1** *(in origine)* originally. **2** *(in modo originale)* in an original way.

originare *vt* to originate; to cause; to give* origin (to sth); to bring* (sth) about.

□ *vi (avere origine)* to originate; to take* origin; to be* derived; to arise*.

originariamente *avv* initially; at first.

originario *agg* **1** *(primitivo, autentico)* original. **2** *(oriundo, nativo)* native; indigenous: *Il canguro è originario dell'Australia,* The kangaroo is native (is indigenous) to Australia.

origine *sf* **1** origin; *(inizio)* beginning; *(punto iniziale)* starting-point; initial point: *Bisogna risalire alle origini,* We must go back to the origins (to the beginning) — *le origini dell'umanità,* the origin(s) of man — *avere origine da qcsa,* to originate from (*o* in) sth; to arise from (*o* out of) sth — *dare origine a qcsa,* to give rise to sth; to cause sth; to occasion sth. **2** *(causa, sorgente)* origin; cause; source; *(radice)* root: *l'origine di ogni male,* the origin (source, root) of all evil. **3** *(stirpe)* origin; descent; extraction; parentage; stock; birth: *di umile origine,* of humble descent; of low extraction (birth) — *di nobile origine,* of noble birth (descent, extraction) — *d'origine napoletana,* Neapolitan by birth; of Neapolitan stock (extraction, origin). **4** *(provenienza)* origin; provenance: *certificato di origine, (comm.)* certificate of origin — *grappa di origine dubbia,* 'grappa' of doubtful provenance.

origliare *vi* to eavesdrop.

origliere *sm* pillow.

orina *sf* urine *(solo al sing.)*.

orinale *sm* chamber-pot; jerry *(fam.)*.

orinare *vi* to urinate; to pass water *(fam.)*; to relieve oneself.

orinario *agg* urinary.

orinatoio *sm* (public) urinal: *orinatoio a muro,* wall urinal.

oriundo *agg* native: *È oriundo italiano,* He is of Italian extraction (*o* origin).

□ *sm (sport)* foreign-born person (*o* player).

orizzontale *agg* horizontal: *in posizione orizzontale,* in a horizontal position.

□ *sf (in un cruciverba)* across: *10 orizzontale,* 10 across.

orizzontalità *sf* horizontality; horizontal position.

orizzontalmente *avv* horizontally.

orizzontare *vt* = **orientare.**

orizzonte *sm* horizon *(in ogni senso)*: *il lontano orizzonte,* the far (far-off, distant) horizon — *l'orizzonte visibile,* the apparent (the visible) horizon — *orizzonte artificiale, (aeronautica)* attitude indicator — *l'orizzonte politico,* the political horizon — *gli orizzonti della scienza e della tecnica,* the horizons of science and engineering — *all'orizzonte,* on the horizon; above the horizon — *essere alto (basso) sull'orizzonte,* to be high (low) above the horizon — *aprire nuovi orizzonti,* to open up new horizons (*o* vistas) — *fare un giro d'orizzonte,* to scan the horizon; *(fig.)* to make a general survey (of sth) — *profilarsi all'orizzonte,* to loom on the horizon.

orlare *vt* to hem; to border; to edge.

orlato *agg* hemmed; bordered; edged; *(con bordo applicato)* trimmed: *orlato a giorno,* hem-stitched — *nuvole orlate di rosso,* red-bordered clouds.

orlatore *sm* hemmer.

orlatrice *sf* hemming-machine; hemmer.

orlatura *sf* **1** *(orlo)* hem; *(come ornamento)* border; edge; edging; trimming; *(orlo applicato)* trim. **2** *(l'orlare)* hemming; edging; trimming.

orlo *sm* **1** *(di biancheria, abiti)* hem; *(come ornamento)* border; edging; trimming; *(largo, di cappello)* brim: *orlo a festone,* buttonhole stitch; buttonholing; scalloping — *orlo a giorno (sfilato),* hem-stitch;

openwork (hem); à-jour work — *orlo a pizzo,* lace border — *fare l'orlo a una tovaglia,* to hem a table-cloth — *orlo periferico, (aeronautica)* peripheral hem. **2** *(estremità, margine)* edge; verge; margin; border; *(di dirupi, ecc.)* edge; brink; *(di recipiente, ecc.)* rim; lip; brim: *orlo grezzo, (industria della carta)* mill edge — *a orlo grezzo,* mill-cut — *doppio orlo, (mecc.)* double edge (*o* flange) — *Si aggrappò all'orlo del tetto,* He grasped the edge of the roof — *Il piccolo sbatté il capo sull'orlo del tavolo,* The child bumped his head on the edge of the table — *L'auto si arrestò sull'orlo del fosso,* The car stopped on the brink (edge) of the ditch — *l'orlo arrotondato di un piatto,* the rounded edge of a dish — *pieno fino all'orlo,* full to the brim — *essere (trovarsi) sull'orlo della fossa,* to have one foot in the grave — *essere sull'orlo di un precipizio, (fig.)* to be on the verge (the brink) of ruin — *essere sull'orlo della disperazione (della pazzia),* to be on the verge of despair (of madness). □ *l'orlo della vela, (naut.)* the roping of the sail.

orma *sf* **1** track; *(di piede)* footmark; footprint; *(passo)* footstep: *seguire (calcare) le orme di qcno,* to follow (to tread, to walk) in sb's footsteps (steps, tracks) — *ritornare sulle proprie orme,* to go back on one's tracks — *ritrovare le proprie orme,* to retrace one's steps. **2** *(traccia, odore di selvaggina)* scent: *acchiappare l'orma; fiutare le orme, (di cane da caccia, ecc.)* to pick up the scent — *perdere le orme,* to lose the scent; *(fig.)* to lose the track. **3** *(impronta, segno: anche fig.)* mark; trace; vestige: *Ha lasciato un'orma indelebile in noi tutti,* He has left an indelible mark on all of us — *le orme di una civiltà ormai scomparsa,* the traces (the vestiges) of a now vanished civilization.

ormai, oramai *avv* **1** *(riferito al presente)* by now; by this time; *(adesso)* now; *(a questo punto)* at this point: *Ormai dovrebbe aver capito,* He should have understood by now — *Ormai è tardi,* It's late now — *Ormai non posso fare nulla,* At this point I can do nothing. **2** *(riferito al passato)* by then: *Ormai era troppo tardi,* By then it was too late. **3** *(riferito al futuro)* nearly; almost: *Ormai siamo arrivati,* We have nearly arrived — *È ormai ora di partire,* It's nearly time to leave.

ormeggiare *vt* to moor; to berth; to secure.

□ **ormeggiarsi** *v. rifl* to moor; to berth: *ormeggiarsi ad una boa,* to pick up a buoy — *ormeggiarsi lungo la banchina,* to moor at the quayside.

ormeggio *sm* mooring: *ormeggio di prua (di poppa),* head (stern) mooring — *levare gli ormeggi,* to pick up the moorings — *mollare gli ormeggi,* to let go the moorings — *diritti d'ormeggio,* moorage — *posto d'ormeggio,* berth; moorings *(pl.).*

ormone *sm* hormone.

ormonoterapia *sf* hormonotherapy.

ornamentale *agg* ornamental; decorative.

ornamento *sm* **1** ornament *(anche fig.)*: *aggiungere qcsa per ornamento,* to add sth by way of ornament — *il più bell'ornamento dell'anima,* the finest ornament of the soul. **2** *(mus.)* ornament; grace-note.

ornare *vt (anche fig.)* to decorate; to adorn; to ornament; to embellish: *ornare una tavola di fiori,* to adorn a table with flowers — *ornare lo stile,* to embellish one's style.

□ **ornarsi** *v. rifl* to deck oneself.

ornatezza *sf* ornateness; richness; elegance.

ornativo *agg* decorative; ornamental.

ornato *agg* adorned; decked; embellished; *(di stile)* ornate; flowery: *una fanciulla ornata di virtù,* a girl adorned with virtue — *un balcone ornato di fiori,* a balcony decked with flowers — *prosa ornata,* ornate (flowery) prose.

□ *sm* ornament; decoration.

ornatore *sm* ornamenter; adorner; decorator.

ornatura *sf* ornamentation; adornment; decoration; embellishment.

ornitologia *sf* ornithology.

ornitologico *agg* ornithologic(al).

ornitologo *sm* ornithologist.

ornitorinco *sm* duck-billed platypus; duckbill.

oro *sm* **1** gold: *oro bianco (fino),* white (refined, fine) gold — *oro zecchino (a 24 carati),* pure (24 carat) gold — *oro laminato,* rolled gold — *un braccialetto in oro massiccio,* a solid gold bracelet — *un anello (una moneta) d'oro,* a gold ring (coin) — *capelli d'oro,* golden hair — *il Vello d'Oro,* the Golden Fleece — *placcato oro,* gold-plated — *una miniera d'oro, (anche fig.)* a gold mine — *una pepita d'oro,* a gold-nugget — *un cercatore d'oro,* a gold-digger — *la febbre dell'oro,* gold fever — *la corsa all'oro,* the gold-rush — *dare l'oro,* to gild; *(con lamine)* to gold-plate — *pagare in oro,* to pay in gold — *un cuore d'oro,* a heart of gold — *valere tant'oro quanto uno pesa,* to be worth one's weight in gold. **2** *(al pl.)* things made of gold; gold plate *(sing.)*; *(gioielli)* jewels; jewellery. **3** *(al pl.: seme delle carte da gioco)* diamonds.

□ *un affare d'oro,* a wonderful bargain — *un'occasione d'oro,* a golden opportunity — *un consiglio d'oro,* some very good advice — *una persona d'oro,* a wonderful man (*o* woman) — *un bue d'oro,* a wealthy boor; a nouveau riche *(fr.)* — *pesce d'oro,* goldfish — *Quel che dice lei non è sempre tutto oro colato,* What she says is not always the exact truth (the gospel truth) — *Una pioggerella adesso sarebbe tutt'oro per il grano,* A good shower now would be a godsend for the corn — *Non ci andrei per tutto l'oro del mondo,* I wouldn't go there for all the money in the world (for all the tea in China) — *nuotare nell'oro,* to be rolling in money (in wealth) — *comperare qcsa a peso d'oro,* to pay a king's ransom (to pay handsomely) for sth — *vendere qcsa a peso d'oro,* to sell sth at a very high price — *Non è tutto oro quel che luce, (prov.)* All that glitters is not gold.

orogenesi, orogenia *sf* orogenesis; orogeny.

orografia *sf* orography.

orografico *agg* orographic(al).

orologeria *sf* **1** *(l'arte di costruire orologi)* watchmaking; clockmaking; horology. **2** *(negozio)* watchmaker's (shop). **3** *(meccanismo a orologeria)* clockwork: *movimento ad orologeria,* clockwork movement — *bomba a orologeria,* time-bomb.

orologiaio *sm* watchmaker.

orologio *sm (piccolo e portatile)* watch; *(da tavolo, da muro, ecc.)* clock; *(in genere)* timepiece: *Il mio orologio è avanti (indietro) cinque minuti,* My watch is five minutes fast (slow) — *Che ora fa il tuo orologio?,* What does your watch say?; What time is it by your watch? — *Quest'orologio avanza (ritarda) cinque minuti alla settimana,* This clock gains (loses) five minutes a week — *L'orologio della torre batté la mezzanotte,* The tower clock struck midnight (*o* twelve) — *caricare l'orologio,* to wind (up) one's watch (the clock) — *regolare l'orologio,* to regulate one's watch (the clock) — *mettere l'orologio all'ora esatta,* to set one's watch (the clock); to put one's watch (the clock) right — *orologio da polso,* wrist-watch — *orologio da tasca,* pocket-watch —

orologio da tavolo, table clock — *orologio a carica automatica,* self-winding watch (clock) — *orologio a cronometro (di precisione),* stop-watch — *orologio a cucù,* cuckoo clock — *orologio a ripetizione,* repeater; repeating clock — *orologio a suoneria (a carillon),* chiming clock — *orologio a sveglia,* alarm clock; alarm *(fam.)* — *orologio di controllo (con timbratura dei cartellini),* time-clock; check-clock — *orologio ad acqua,* water-clock — *orologio a pendolo,* pendulum-clock — *orologio a pesi,* grandfather clock; hall clock — *orologio a polvere (a sabbia),* sand-glass; hour glass — *orologio solare,* sun-dial — *cassa dell'orologio,* clock case; watch-case — *catena dell'orologio,* watch-chain — *quadrante dell'orologio,* dial; face; dial plate; hour plate — *un orologio che spacca il secondo,* a very precise watch (clock) — *un'ora d'orologio,* a whole (*o* full) hour.
□ *orologio della morte, (insetto)* death-watch beetle — *avere l'orologio in testa,* to have a good sense of time — *essere un orologio, (essere metodico)* to be very regular in one's habits; to keep regular hours; *(essere sempre puntuale)* to be always on the dot — *funzionare come un orologio,* to be as regular as clockwork — *stare con l'orologio alla mano,* to watch the clock; *(tener molto alla puntualità)* to be a stickler for punctuality.

oroscopo *sm* horoscope: *trarre l'oroscopo,* to cast a horoscope.

orpello *sm* **1** *(lega)* pinchbeck; tinsel; *(fig.)* sham; (false) glitter. **2** *(al pl.: fronzoli)* showy decoration; superficial brilliance.

orrendamente *avv* horribly; dreadfully; hideously.

orrendo *agg* horrible; terrifying; awful; dreadful: *un mostro orrendo,* a horrible monster — *una visione orrenda,* a terrifying (an awful) sight — *una strage orrenda,* a dreadful slaughter.

orribile *agg* horrible; frightful; awful; dreadful: *un orribile delitto,* a horrible crime — *tempo orribile,* awful (dreadful) weather — *Che calligrafia orribile!,* What awful (*o* abominable) handwriting!

orribilmente *avv* horribly; awfully; dreadfully; shockingly; frightfully.

[1]**orrido** *agg* horrid; hideous; dreadful.

[2]**orrido** *sm (dirupo)* ravine; precipice.

orripilante *agg* hair-raising; horrifying.

orripilazione *sf (med.)* horripilation.

orrore *sm* **1** *(raccapriccio)* horror; *(terrore)* terror; dread; *(ripugnanza)* abhorrence; disgust; repugnance; loathing; *(orrore sacro, religioso, reverenziale)* awe; dread; *(condizione orribile)* horror; awfulness; grimness: *l'orrore della morte,* the horror (the terror, the dread) of death — *gli orrori di una notte tempestosa,* the terrors of a stormy night — *gli orrori dell'estrema povertà,* the awfulness (the grimness) of extreme poverty — *una prospettiva che ispira orrore,* a horrible (a hideous, a dreadful, a horror-inspiring) prospect — *avere o sentire orrore di qcsa; avere qcsa in orrore,* to hate sth; to detest sth; to abhor sth; *(provar terrore per)* to dread sth — *essere preso (pervaso, colto) dall'orrore,* to be horror-struck (*o* -stricken); *(da orrore sacro)* to be awe-stricken — *fare, mettere orrore a qcno,* to horrify sb; to fill sb with horror; *(disgustare)* to disgust; *(spaventare)* to fill sb with terror — *La natura ha orrore del vuoto,* Nature abhors a vacuum. **2** *(atrocità)* horror; atrocity; *(cosa orribile)* awful (dreadful, horrible) things: *gli orrori della guerra totale,* the atrocities of total war — *Il tuo compito è un orrore!,* Your homework is awful (is something awful)! — *Ha sposato un orrore di donna (una donna che è un orrore),* He has married a simply horrible woman — *Che orrore!,* How awful (dreadful, horrible)!; What a horrible thing!; That's (That was) horrible!; It's (It was) awful! □ *costare un orrore,* to cost an awful lot of money; to pay a hideous price (for sth).

orsa *sf* she-bear: *(astronomia) l'Orsa Maggiore,* the Great Bear; the Plough; *(USA)* the Dipper — *l'Orsa Minore,* the Little Bear.

orsacchiotto *sm* bear cub; *(di peluche, ecc.)* teddybear.

orsaggine *sf* bearishness; bearish manners *(pl.).*

orso *sm* bear *(anche fig.): orso bianco (polare),* polar bear — *orso bruno,* brown bear — *orso grigio,* grizzly bear; grizzly — *orso del bambù,* panda — *Che orso!,* What a bear! — *l'Isola degli Orsi,* Bear Island. □ *vendere la pelle dell'orso prima di averlo ucciso,* to count one's chickens before they are hatched.

orsù *interiezione* come on!

ortaggio *sm* vegetable: *gli ortaggi,* vegetables; greens.

ortensia *sf* hydrangea.

ortica *sf* (stinging-) nettle. □ *Ci crescono le ortiche,* The place is covered with weeds — *gettare la tonaca alle ortiche, (di prete)* to leave the church.

orticaio *sm* nettle-bed.

orticaria *sf* urticaria; nettle-rash *(più comune).*

orticolo *agg* horticultural: *prodotti orticoli,* vegetables.

orticoltore *sm* horticulturist; *(giardiniere)* gardener.

orticoltura *sf* vegetable growing; horticulture.

ortivo *agg* vegetable *(attrib.);* garden *(attrib.): terreno ortivo,* garden land.

[1]**orto** *sm (familiare)* kitchen garden; *(industriale)* market garden: *orto botanico,* botanical gardens *(pl.).* □ Non è erba del suo orto, It isn't his sort of work — *la via dell'orto,* the easiest way.

[2]**orto** *sm (poet.: alba)* sunrise; dawn; *(oriente)* orient; east.

ortodossia *sf* orthodoxy *(anche fig.).*

ortodosso *agg* orthodox *(anche fig.): la Chiesa Ortodossa,* the Orthodox Church.

ortofrutticolo *agg* fruit and vegetable *(attrib.).*

ortogonale *agg* right-angled; orthogonal.

ortogonalità *sf* squareness.

ortogonalmente *avv* at right angles; *(scientifico)* orthogonally.

[1]**ortografia** *sf* orthography; spelling: *errori di ortografia,* spelling mistakes.

[2]**ortografia** *sf (archit.)* orthograph.

ortografico *agg* orthographic(al): *regole ortografiche,* the rules of spelling.

ortolano *sm* **1** market-gardener; truck-farmer *(USA).* **2** *(zool.)* ortolan.

ortopedia *sf* orthop(a)edics.

ortopedico *agg* orthop(a)edic(al): *un (medico) ortopedico,* an orthop(a)edic surgeon.

ortottero *sm* **1** *(zool.)* orthopter. **2** *(aeronautica)* orthopter; ornithopter.

orza *sf (naut.: fianco della nave sopravvento)* windward side; weatherboard; *(cavo)* bowline; luff tackle: *Orza!,* Luff!; Down helm! — *andare all'orza,* to sail closer to the wind.

orzaiolo *sm* sty; stye.

orzare *vi* to luff; to haul to windward.

[1]**orzata** *sf (naut.)* luff.

[2]**orzata** *sf (bevanda)* (lemon) barley-water; *(sciroppo o latte di mandorle)* almond-milk.

orzo *sm* barley: *acqua d'orzo,* barley-water — *orzo mondo,* hulled barley — *orzo perlato,* pearl-barley.

osanna *interiezione* hosanna; *(fig.)* shout of praise: *cantare osanna,* to sing 'hosanna'.

osannare *vi* to sing* (to cry) 'hosanna'; to sing* hymns of praise.

osare *vt e i.* **1** to dare*; to venture: *Come osi fare una cosa simile?,* How dare you do such a thing? — *Non osa venire perché ha paura,* He dare not *(abbr.* daren't*)* come because he is afraid — *Nessuno ha mai osato di dirglielo in faccia,* No one has ever dared (to) tell him it to his face — *Non osare toccarmi!,* Don't you dare touch me! — *Fu la prima ed unica volta che osai disturbarlo per una cosa simile,* It was the first and only time I dared (to) disturb him for such a thing — *Oso sperare che tu abbia ragione,* I venture to hope that you are right — *Oserei dire,* I dare say; *(talvolta)* I daresay. **2** *(in senso assoluto: avere audacia o temerarietà)* to be* daring; to be* bold: *Ha osato troppo,* He has been too bold (too daring); *(Ha oltrepassato i limiti)* He has gone too far. **3** *(arrischiare)* to risk; to attempt; to venture: *Non posso osare tanto,* I can't risk so much — *osare il tutto per tutto,* to risk (to stake) one's all — *osare ogni cosa (tutto),* to attempt everything; to leave no stone unturned.

oscenamente *avv* obscenely; indecently; lewdly.

oscenità *sf* **1** *(qualità)* obscenity; indecency; lewdness. **2** *(atto o detto osceno)* obscenity; indecency; *(parolaccia)* foul (*o* dirty) word.

osceno *agg* **1** obscene; indecent; lewd. **2** *(ripugnante)* disgusting; shocking. **3** *(pessimo)* shocking; awful; lousy *(fam.)*.

oscillante *agg* **1** *(di prezzi, di temperatura, ecc.)* fluctuating. **2** *(fis.)* oscillating: *corrente oscillante,* oscillating current. **3** *(mecc.)* floating; rocking. □ *circuito oscillante,* oscillator circuit.

oscillare *vi* **1** to swing*; to rock; to oscillate; *(lentamente)* to sway: *far oscillare,* to swing. **2** *(di prezzi, di temperatura, ecc.)* to fluctuate; to go* up and down. **3** *(fig.: tentennare)* to waver; to hesitate. **4** *(fis.)* to oscillate.

oscillatore *sm* oscillator.

oscillatorio *agg* oscillating.

oscillazione *sf* **1** oscillation; swinging; swing; *(di regolatore)* hunting; *(idraulica)* surging: *l'oscillazione di un pendolo,* the oscillation (the swing) of a pendulum. **2** *(di prezzi, di temperatura, ecc.)* fluctuation. **3** *(fis.)* oscillation. □ *oscillazione dell'immagine, (cinema)* unsteady picture — *oscillazione del suono, (cinema)* flutter — *oscillazione ai fusi a snodo, (mecc.)* shimmy.

oscillografo *sm* oscillograph.

oscillometro *sm* oscillometer.

oscilloscopio *sm* oscilloscope.

oscurabile *agg (spec. fig.)* able to be obscured (dimmed, darkened, tarnished).

oscuramente *avv* obscurely; darkly; dimly.

oscuramento *sm* **1** darkening; dimming; clouding over. **2** *(in periodo bellico)* blackout.

oscurantismo *sm* obscurantism.

oscurantista *sm e f.* obscurantist.

oscurare *vt* **1** *(anche fig.)* to darken; to obscure; to overshadow; to cast* a shadow (over sth); *(offuscare, anche fig.)* to dim; to tarnish; to besmirch: *Una grossa nuvola oscurò il cielo,* A big cloud darkened (obscured) the sky — *oscurare la vista,* to dim (to obscure) the sight — *oscurare la gloria (la fama, ecc.) di qcno,* to overshadow sb's glory (sb's fame). **2** *(in periodo bellico)* to blackout.

□ **oscurarsi** *v. rifl* to grow* (to get*) dark; to darken; *(fig.)* to become* tarnished (dim, obscure); to darken; to dim; *(del cielo)* to cloud over: *Il cielo si sta oscurando, (si sta facendo buio)* The sky is growing dark; *(si sta rannuvolando)* The sky is clouding over — *Mi si oscura la vista,* My sight is growing dim — *Si oscurò in volto (Si accigliò),* His face darkened (turned sullen, clouded over).

oscuratore *sm (di sala, ecc.)* dimmer; *(di oblò)* deadlight.

oscurazione *sf* obscuration: *fase di oscurazione, (cinema)* dark interval.

oscurità *sf* **1** darkness; obscurity *(anche fig.): l'oscurità di un passo,* the obscurity of a passage. **2** *(di nascita, ecc.)* obscurity; humbleness.

oscuro *agg* **1** dark; sombre; obscure: *una notte oscura,* a dark night — *camera oscura, (stanzino da sviluppo)* dark-room — *essere all'oscuro,* to be in the dark — *essere all'oscuro di qcsa,* to be in the dark about sth — *essere tenuto all'oscuro di qcsa,* to be kept in the dark about sth. **2** *(triste, fosco)* sad; dark; gloomy: *Oscuri pensieri gli passavano per la mente,* Gloomy thoughts crossed his mind. **3** *(difficile)* hard; difficult: *un avvenire oscuro,* a hard (a difficult) future. **4** *(sconosciuto)* obscure; unknown: *un autore sconosciuto del '600,* an obscure (an unknown) author of the seventeenth century. **5** *(incomprensibile)* obscure: *un brano dal significato oscuro,* an obscure passage. **6** *(umile)* obscure; humble; lowly: *una vita (una morte) oscura,* an obscure life (death) — *essere nato da oscuri parenti,* to be of humble origin.

osmio *sm* osmium.

osmosi *sf* osmosis.

osmotico *agg* osmotic.

ospedale *sm* hospital: *portare qcno all'ospedale,* to take sb to hospital — *ospedale da campo,* field hospital — *ospedale psichiatrico,* mental hospital.

ospedaliere, ospedaliero *agg* of a hospital; hospital *(attrib.): assistenza ospedaliera,* hospital care — *istituti ospedalieri,* hospital departments — *frati ospedalieri,* Brothers Hospitallers.

□ *sm* hospital worker.

ospitale *agg* hospitable.

ospitalità *sf* hospitality: *dare ospitalità a qcno,* to put sb up.

ospitare *vt* to put* (sb) up; to offer (to give*) hospitality; to entertain: *Li ospiterò la prossima estate,* They'll be staying with me next summer — *ospitare amici a pranzo,* to entertain some friends to dinner — *Puoi ospitarmi per stanotte?,* Can you put me up for the night?

ospite *sm e f. (chi ospita)* host *(anche med., fig.); (chi viene ospitato)* guest: *Aspettiamo ospiti a pranzo,* We're expecting some people to dinner. □ *partirsene insalutato ospite,* to slip off (*o* away) without saying goodbye (without taking leave) — *squadra ospite,* visiting team; visitors *(pl.)*.

ospizio *sm* charitable institution; home; *(per viaggiatori, pellegrini)* hospice: *ospizio di mendicità,* poor people's home; *(stor.)* alms-house; poorhouse — *ospizio per i ciechi,* home for the blind.

ossame *sm* **1** heap of bones. **2** *(naut.)* carcass; carcase.

ossario *sm* ossuary; charnel-house *(ant.)*.

ossatura *sf* **1** *(del corpo)* skeleton; bony structure: *essere di ossatura grossa,* to be big-boned — *essere di ossatura minuta,* to have a slender frame. **2** *(struttura fondamentale)* frame; framework; structure; carcass: *l'ossatura d'un ponte,* the framework of a bridge. **3** *(fig.)* structure; framework.

osseo *agg* bony; bone *(attrib.)*; osseous: *tessuto osseo,* bone tissue.

ossequente, ossequiente *agg* deferential; respectful; *(obbediente)* obedient; submissive: *ossequiente alle leggi,* law-abiding.

ossequiare *vt* to pay one's respects (to sb).

ossequio *sm* **1** homage; respect: *in ossequio alla legge,* out of respect for the law. **2** *(al pl.)* respects; regards: *con i nostri deferenti ossequi,* with (our) best regards.

ossequiosamente *avv* deferentially; respectfully; obsequiously.

ossequiosità *sf* deference; respectfulness; *(servilismo)* obsequiousness.

ossequioso *agg* respectful; obsequious: *Sei troppo ossequioso verso il direttore,* You are too obsequious to the manager.

osservabile *agg* noticeable; observable.

osservante *agg* observant; observing: *essere osservante delle leggi,* to be law-abiding.

□ *sm e f.* practising Christian (Jew, *ecc.*).

osservanza *sf* **1** observance; regard. **2** *(religione)* observance. □ *Con profonda osservanza, (nelle lettere, ecc.)* Your obedient servant.

osservare *vt* **1** to watch; to observe; to look (at sth); *(esaminare)* to examine; to look (through sth); *(osservare minuziosamente)* to scan: *Mi osservò per dei minuti,* He watched me for some minutes — *Osservai minuziosamente ogni singola parte,* I examined (I scanned) each single part (of it) — *Osservò i documenti e vide che erano in regola,* He examined (He looked through) the papers and saw that they were in order — *non farsi osservare,* to escape observation (*o* notice). **2** *(notare)* to notice; to note; to observe; to remark; *(far notare)* to point out; to note; to remark; to draw* the attention (of sb to sth); *(obiettare)* to object: *Hai osservato come cammina?,* Did you notice how he walks? — *Osservò che era troppo caro per noi,* He remarked (He pointed out) that it was too dear for us — *Nulla da osservare, (in relazioni burocratiche)* No remarks — *Nulla da osservare?, (dopo una conferenza, ecc.)* Any questions? — *Non ho nulla da osservare,* I have nothing to object — *Fece osservare che...,* He pointed out that...; *(Obiettò che...)* He made the objection that... **3** *(rispettare, mantenere)* to keep*; to observe; to respect; to comply (with sth): *osservare l'ordine,* to keep order — *osservare il silenzio,* to keep silent — *osservare le leggi del Paese,* to comply with the laws of the country — *osservare il precetto festivo,* to keep the feast — *osservare il digiuno,* to fast.

osservatore *sm* observer; *(mil.)* observer; spotter.

osservatorio *sm* **1** *(astronomia)* observatory. **2** *(mil.)* observation post; look-out.

osservazione *sf* **1** observation: *un dato acquisito dopo un'accurata osservazione,* a fact established after careful observation — *l'osservazione delle macchie solari,* the observation of sun-spots — *posto d'osservazione,* observation post; look-out post — *tenere qcno in osservazione, (med., ecc.)* to keep sb under observation. **2** *(commento, nota)* observation; comment; remark; *(obiezione)* objection: *un'osservazione piuttosto sciocca,* a rather silly remark — *un'osservazione molto appropriata,* a very appropriate (pertinent, relevant) remark — *fare una osservazione,* to make a remark — *fare osservazioni,* to raise objections. **3** *(rimprovero)* reproach; criticism: *Non tollera osservazioni da chicchessia,* He won't take criticism from anybody — *fare osservazione a qcno,* to reproach (to criticize) sb. **4** *(osservanza, adempimento)* observance (of sth); compliance (with sth).

ossessionare *vt* to obsess; to haunt; *(infastidire)* to worry; to bother: *Era ossessionato dal pensiero della morte,* He was obsessed by the thought of death — *Smettila di ossessionarmi coi tuoi problemi,* Stop worrying (*o* bothering) me with your problems.

ossessione *sf* obsession *(anche fig.)*.

ossessivamente *avv* obsessively; hauntingly.

ossessivo *agg* obsessive; haunting.

ossesso *agg* obsessed; haunted; *(indemoniato)* possessed.

□ *sm* possessed person: *Urlava come un ossesso,* He was yelling like a madman (like one possessed).

ossia *congiunz (ovvero)* or; *(cioè)* that is; that's to say; *(o per meglio dire)* or rather.

ossicloruro *sm* oxychloride.

ossidabile *agg* oxidizable; oxidable.

ossidabilità *sf* oxidizability; oxidability.

ossidante *agg* oxiding; oxidative.

□ *sm* oxidizer.

ossidare *vt* to oxidize; *(con procedimento anodico)* to anodize.

□ **ossidarsi** *v. rifl* to oxidize; to become* oxidized.

ossidazione *sf* oxidization; oxidation: *ossidazione anodica,* anodizing.

ossidiana *sf* obsidian.

ossidionale *agg (stor.)* obsidional: *monete ossidionali,* obsidional (*o* siege) money.

ossido *sm* oxide: *ossido di carbonio,* carbon monoxide — *ossido di ferro,* iron oxide.

ossidrico *agg* oxyhydrogen *(attrib.)*; oxyhydric: *cannello ossidrico,* oxyhydrogen blowpipe — *saldatura ossidrica,* oxyhydrogen welding.

ossifero *agg* ossiferous.

ossificare *vt e i.* to ossify.

□ **ossificarsi** *v. rifl* to ossify; to become* bone.

ossificazione *sf* ossification; formation of bone.

ossigenare *vt* **1** to oxygenate. **2** *(decolorare)* to peroxide. **3** *(fig.)* to revive; to reintegrate; to breathe new life (into sb or sth).

ossigenato *agg* **1** oxygenated. **2** *(decolorato)* peroxided: *capelli ossigenati,* peroxided (*o* bleached) hair — *una bionda ossigenata,* a peroxide blonde.

ossigenazione *sf* oxygenation.

ossigeno *sm* **1** oxygen. **2** *(fig.)* help; money.

ossitono *agg e sm* oxytone.

ossiuro *sm* pin-worm.

osso *sm* **1** bone: *Si fratturò un osso della spalla,* He broke a bone in his shoulder — *riposare le stanche ossa, (scherz.)* to rest one's weary bones — *un ragazzo dalle ossa grosse (fragili),* a big-boned (a weak-boned) boy — *un tagliacarte d'osso,* a paper-knife made of bone; a bone paper-knife — *carne senza osso,* boned meat — *osso di balena,* whale-bone — *osso di seppia,* cuttle-fish bone. **2** *(di frutta)* stone; pit *(USA)*: *un osso di pesca (di ciliegia, di prugna),* a peach (cherry, plum) stone.

□ *Posa l'osso!,* Drop it! — *essere bagnato fino all'osso,* to be soaked to the skin; to be wet through — *un radicale fino all'osso,* a radical to the core; a dyed-in-the-wool radical — *un freddo che penetra nelle ossa,* biting cold — *un'economia all'osso,* strict economy — *un osso duro,* a hard nut to crack — *un osso che non va giù,* a hard thing to swallow; a big worry — *avere le ossa rotte, indolenzite,* to be aching all over — *buttare un osso a qcno,* to throw a sop to sb — *essere all'osso,* to have nothing left — *essere innamorato fino all'osso,* to be head over heels in love

— *essere pelle e ossa, tutt'ossa,* to be nothing but skin and bone — *essere di carne ed ossa,* to be made of flesh and blood; to be human — *in carne ed ossa,* in the flesh; in person — *lasciarci le ossa, (morire)* to die (in sth); *(rovinarsi)* to get ruined (in sth) — *rompere le ossa a qcno,* to thrash sb; to give sb a good thrashing (beating, hiding) — *rompersi l'osso del collo,* to break one's neck; *(fig.)* to ruin oneself.

ossobuco *sm (cucina)* marrow-bone.

ossuto *agg* bony; big-boned.

ostacolare *vt* to hinder; *(impedire)* to impede; to prevent; *(intralciare)* to hamper: *Non ostacolarlo nel suo lavoro,* Don't hinder him in his work — *ostacolare un matrimonio,* to impede a marriage — *ostacolare il traffico,* to obstruct the traffic.

ostacolista *sm e f.* **1** *(atleta)* hurdler. **2** *(cavallo)* jumper; steeplechaser.

ostacolo *sm* **1** obstacle; hindrance; impediment; handicap; obstruction: *superare ogni ostacolo,* to overcome all obstacles — *essere di ostacolo a qcno,* to be a hindrance to sb; to stand in the way of sb (in sb's way). **2** *(sport)* obstacle; hurdle; fence: *corsa a ostacoli, (atletica)* hurdles; hurdle-race; steeplechase *(anche nell'ippica); (per divertimento)* obstacle race.

ostaggio *sm* hostage: *tenere qcno in ostaggio,* to hold sb as a hostage.

ostare *vt* to be* opposed (to sth); to hinder.

[1]**oste** *sm* innkeeper; landlord; host *(ant.): domandare all'oste se ha buon vino,* to ask silly questions.

[2]**oste** *sm (ant.)* host; army.

osteggiare *vt* to oppose; to be* hostile (to sth).

ostello *sm* hostel; *(casa, dimora)* house; home; abode: *ostello della gioventù,* youth hostel.

ostensibile *agg* able to be shown; demonstrable.

ostensibilmente *avv* visibly; *(palesemente)* obviously.

ostensione *sf* ostension.

ostensivamente *avv* demonstratively.

ostensivo *agg* demonstrative; offering direct proof.

ostensorio *sm* monstrance.

ostentamento *sm* ostentation; show; showiness; showing-off; parading.

ostentare *vt* to display; to parade; to show* off; to make* a show (of sth): *ostentare le proprie ricchezze,* to parade (to show off) one's riches.

ostentatamente *avv* ostentatiously; showily.

ostentatore *sm* boaster; exhibitionist.

ostentazione *sf* ostentation; showing-off; affectation.

osteria *sf* inn; tavern.

ostessa *sf* **1** (woman) innkeeper. **2** *(moglie dell'oste)* innkeeper's wife.

ostetrica *sf* **1** obstetrician. **2** *(levatrice)* midwife.

ostetricia *sf* obstetrics *(col v. al sing.);* midwifery. □ *ostetricia di Socrate,* maieutics *(col v. al sing.).*

ostetrico *agg* obstetric(al): *clinica ostetrica,* maternity home.

□ *sm* obstetrician.

ostia *sf* **1** *(religione)* Host; wafer. **2** *(sfoglia sottile, cialda)* wafer. **3** *(stor.: offerta, vittima)* offering; victim.

ostiario *sm* (church) doorkeeper.

ostico *agg* **1** *(lett.: di sapore sgradevole)* harsh; repulsive; disgusting. **2** *(fig.: duro, difficile)* harsh; difficult: *una materia ostica,* a difficult subject.

ostile *agg* hostile; *(contrario)* contrary; adverse; *(non amichevole)* unfriendly.

ostilità *sf* hostility.

ostilmente *avv* hostilely; with hostility.

ostinarsi *v. rifl* to persist; to insist; to be* determined: *ostinarsi a negare,* to persist in denying — *ostinarsi nell'errore,* to persist in error — *Non serve ostinarsi tanto,* There's no point in being so obstinate.

ostinatamente *avv* obstinately; stubbornly; doggedly.

ostinatezza *sf* obstinacy; stubbornness; *(pertinacia)* pertinaciousness.

ostinato *agg* **1** obstinate; stubborn; pig-headed: *un bambino ostinato,* an obstinate (a stubborn) child — *una resistenza ostinata,* obstinate resistance. **2** *(persistente)* persistent; obstinate: *una febbre ostinata,* a persistent fever — *un freddo ostinato,* a persistent spell of cold weather.

ostinazione *sf* obstinacy; stubbornness; doggedness; *(persistenza)* persistence.

ostracismo *sm* ostracism *(anche fig.): condannare qcno all'ostracismo,* to ostracize sb; to send sb to Coventry *(fam.).*

ostrica *sf* **1** oyster. **2** *(volg.)* spit; gob *(fam.).*

ostricaio *sm* **1** *(venditore)* oyster-man *(pl.* -men*).* **2** *(banco d'ostriche)* oyster-bed; oyster-bank; *(allevamento)* oyster-farm.

ostricoltura *sf* oyster-breeding; oyster-culture.

ostrogoto *agg* **1** Ostrogothic; Ostrogothian. **2** *(fig.: barbarico)* barbarous; barbaric.

□ *sm* **1** Ostrogoth. **2** *(lingua)* Ostrogothic: *parlare ostrogoto, (fig.)* to talk double Dutch.

ostruente *agg* obstructing; obstructive.

ostruire *vt* to obstruct; to block; *(intasare)* to clog: *ostruire un passaggio,* to obstruct a passage — *ostruire il traffico,* to block (to obstruct) the traffic.

ostruito *agg* obstructed; occluded; *(intasato)* clogged.

ostruttivo *agg* obstructive; obstructing.

ostruzione *sf* **1** obstruction *(anche fig.);* blocking up; stoppage: *ostruzione intestinale,* intestinal obstruction (*o* blockage). **2** *(naut.)* barrage.

ostruzionismo *sm* **1** *(parlamentare)* obstructionism. **2** *(sindacale)* working to rule. **3** *(sport)* obstruction.

ostruzionista *sm e f.* obstructionist; *(USA, anche)* filibuster.

ostruzionistico *agg* obstructionist.

otalgia *sf* earache.

otalgico *agg* otalgic.

otarda *sf* great bustard.

otaria *sf* sea-lion.

otite *sf* otitis.

otoiatra *sm e f.* ear-specialist; otologist.

otoiatria *sf* otology.

otorinolaringoiatra *sm e f.* ear, nose and throat specialist; otorhinolaryngologist *(non molto comune).*

otorinolaringoiatria *sf* otorhinolaryngology.

otorrea *sf* otorrhoea.

otre *sm* leather bottle (*o* bag). □ *essere pieno come un otre,* to be stuffed with food; to be as tight as a drum — *un otre di vento,* a self-conceited person; a windbag *(fam.).*

otricolo *sm (anat., bot.)* utricle.

ottaedrico *agg* octahedral.

ottaedro *sm* octahedron *(pl.* octahedra*).*

ottagonale *agg* octagonal.

ottagono *sm* octagon.

ottangolare *agg* octagonal.

ottano *sm* octane: *benzina ad alto numero di ottani,* high-octane petrol.

ottanta *agg numerale cardinale e sm* eighty: *È sopra gli ottanta,* He is in his eighties (*o* over eighty).

ottantenne *agg* eighty-year-old.

□ *sm e f.* octogenarian.
ottantesimo *agg numerale ordinale* eightieth.
ottantina *sf* four-score; group (*o* set) of eighty; *(circa ottanta)* about eighty: *aver passato l'ottantina,* to be over eighty.
ottativo *agg* optative.
ottava *sf* **1** *(liturgia)* octave. **2** *(poesia)* octave; 'ottava rima'; stanza of eight lines. **3** *(mus.)* octave; ottava *(abbr.* 8va*).*
ottavino *sm* **1** *(mus.)* piccolo. **2** *(comm.)* eight per cent commission.
ottavo *agg numerale ordinale* eighth.
□ *sm* **1** *(ottava parte)* eighth part. **2** *(tipografia)* octavo *(abbr.* 8vo*): in ottavo,* in octavo.
ottemperanza *sf* compliance: *in ottemperanza a...,* in compliance with...; in accordance with...
ottemperare *vi* to obey; to comply (with sth).
ottenebramento *sm* overshadowing.
ottenebrare *vt* to overshadow; to darken.
ottenere *vt* to obtain; *(più comune)* to get*; *(guadagnare)* to gain; *(vincere)* to win*; *(raggiungere)* to attain; to reach; to achieve; *(ricavare)* to obtain; to extract: *Ha ottenuto degli ottimi risultati,* He has obtained (attained, achieved) very good results — *Da chi ha ottenuto quel denaro?,* Where did he get that money? — *Non otterrete niente da me!,* You'll get nothing out of me! — *Ottenne di vedere suo figlio per pochi istanti,* She got permission to see her son for a few seconds — *Il vino si può ottenere anche dall'uva da tavola,* Wine can also be obtained from table grapes — *ottenere una strepitosa vittoria,* to win (to gain) a splendid victory — *ottenere la fiducia di qcno,* to gain (to win) sb's trust — *ottenere lo scopo,* to achieve one's aim — *ottenere con le buone,* to get one's way by being fair (*o* reasonable). □ *Chi vuole ottiene, (prov.)* Where there's a will there's a way.
ottenibile *agg* obtainable; *(conseguibile)* attainable; achievable.
ottenimento *sm* obtainment; *(conseguimento)* attainment; achievement.
ottenne *agg* eight-year-old.
ottennio *sm* period of eight years.
ottentotto *agg e sm* Hottentot *(anche fig.).*
ottetto *sm* **1** *(mus.)* octet(te). **2** *(chim.)* octet.
ottica *sf* **1** *(fis.)* optics *(col v. al sing.).* **2** *(complesso di lenti ecc.)* optics *(pl.).* **3** *(fig.: punto di vista)* viewpoint; point of view: *in un'ottica diversa,* from a different viewpoint; in a different light.
otticamente *avv* optically.
ottico *agg* optical; optic: *illusione ottica,* optical illusion — *il nervo ottico,* the optic nerve.
□ *sm* optician.
ottimale *agg* optimal; optimum *(attrib.).*
ottimamente *avv* very well; extremely well.
ottimate *sm (stor.)* optimate.
ottimismo *sm* optimism.
ottimista *sm e f.* optimist.
ottimisticamente *avv* optimistically.
ottimistico *agg* optimistic.
ottimo *agg superl* very good; excellent; first-rate; capital; splendid: *un ottimo ragazzo,* a very good boy; *(riferito ad un uomo)* an excellent chap — *un ottimo pianista,* an excellent (a first-rate) pianist — *un ottimo rimedio,* an excellent remedy — *un'ottima idea,* a capital idea — *godere ottima salute,* to enjoy the best of health.
□ *sm* best; *(talvolta)* optimum.
otto *agg numerale cardinale e sm* **1** *(numero)* eight: *Sono le otto,* It's eight (o'clock) — *l'otto settembre,* September the eighth; the eighth of September — *Mia figlia ha otto anni,* My daughter is eight — *Ho preso otto in matematica,* I got eight (out of ten) in mathematics — *corpo otto, (tipografia)* eight-point. **2** *(tracciato a forma di otto)* figure-of-eight. **3** *(canottaggio)* eight. □ *ottovolante,* switchback; roller-coaster — *oggi otto,* today week — *in quattro e quattr'otto,* in a jiffy (in the twinkling of an eye) — *dare a qcno gli otto giorni,* to give sb a week's notice.
ottobre *sm* October.
ottobrino *agg* of October; October *(attrib.).*
ottocentesco *agg* of the nineteenth century; nineteenth-century *(attrib.).*
ottocentesimo *agg numerale ordinale e sm* eight hundredth.
ottocentista *sm e f.* **1** nineteenth-century artist (writer, poet, *ecc.*). **2** *(studioso)* student of the nineteenth century. **3** *(atleta)* eight-hundred metres runner.
ottocentistico *agg* nineteenth-century *(attrib.).*
ottocento *agg numerale cardinale e sm* eight hundred: *l'Ottocento,* the nineteenth century.
ottomana *sf* ottoman; settee.
ottomano *agg* Ottoman; *(turco)* Turkish.
□ *sm* Ottoman; *(turco)* Turk.
ottomila *agg numerale cardinale e sm* eight thousand.
ottonaio *sm* brazier; brass-worker.
ottoname *sm* brass-ware.
ottonare *vt* to cover (sth) with brass.
ottonario *agg e sm* octosyllabic.
ottonatura *sf* brassing.
ottone *sm* **1** brass. **2** *(al pl.: applicazioni metalliche)* brass fittings: *una maniglia d'ottone,* a brass handle. **3** *(al pl., mus.)* (the) brass *(sing.).*
ottuagenario *agg e sm* octuagenarian.
ottundere *vt* to blunt; to obtund; to dull *(anche fig.).*
ottuplo *agg* eightfold; octuple.
otturamento *sm* obturation; stopping (up); filling; *(intasamento)* clogging.
otturare *vt* to stop; to fill; to plug; to obstruct; *(intasare)* to clog; to choke: *otturare un buco,* to stop a hole — *otturare un dente,* to stop (to fill) a tooth.
□ **otturarsi** *v. rifl* to stop up; to clog; to get* choked up.
otturatore *sm* **1** *(di arma da fuoco)* breech block. **2** *(fotografia)* shutter: *caricare l'otturatore,* to wind up the shutter.
otturatorio *agg (anche anat.)* obturator *(attrib.).*
otturazione *sf* stopping; filling; *(intasamento)* clogging; blocking.
ottusamente *avv* obtusely; in an obtuse manner.
ottusangolo *agg* obtuse-angled.
ottusità *sf* obtuseness *(anche fig.).*
ottuso *agg* obtuse *(anche fig.).*
ovaia *sf (anat., bot.)* ovary.
ovaiolo *agg* egg-laying: *galline ovaiole,* laying hens.
□ *sm* **1** *(venditore)* egg-seller. **2** *(portauovo)* egg-cup.
ovale *agg e sm* oval: *di forma ovale,* oval-shaped.
ovario *sm* ovary.
ovato *agg* ovate: *dalle foglie ovate,* ovate-leafed.
ovatta *sf* cotton-wool; wadding; padding: *ovatta di cellulosa,* cellucotton.
ovattare *vt* to wad; to pad; to stuff (sth) with wadding.
ovazione *sf* ovation; enthusiastic applause *(collettivo).*
ove *avv (lett.)* where.
□ *congiunz (lett.)* **1** *(se)* if; in case: *Ove fosse ne-*

cessaria la mia presenza..., If I should be needed...; If my presence should become necessary... **2** *(mentre)* whereas; while. **3** *(purché)* on condition that; provided that.

ovest *sm* west: *ad ovest,* to the west; in the west — *verso ovest,* westward *(agg.);* westwards *(avv.).*

ovidotto *sm* oviduct.

oviforme *agg* egg-shaped.

ovile *sm* sheepfold; sheep-pen: *ritornare all'ovile,* to return to the fold *(anche fig.).*

ovino *agg e sm* ovine.

oviparo *agg* oviparous.

ovo *sm (nell'espressione) ab ovo,* from the beginning.

ovoidale *agg* ovoid; egg-shaped; *(bot.)* ovate.

ovoide *agg e sm* ovoid.

ovolo *sm* **1** *(bot.)* ovule; *(fungo)* agaric: *ovolo malefico,* fly agaric. **2** *(archit.)* ovolo *(pl.* ovoli*);* echinus *(pl.* echini*).*

ovoviviparo *agg* ovo-viviparous.

ovulazione *sf* ovulation.

ovulo *sm* ovule.

ovunque *avv* = **dovunque.**

ovvero *congiunz* or; or rather.

ovviamente *avv* obviously; evidently; naturally; of course.

ovviare *vi* to remedy; to put* a stop (to sth).

ovvio *agg* obvious; evident; natural: *È ovvio,* It's obvious; It goes without saying; It's as plain as the nose on your face *(fam.).*

oziare *vi* to idle; to idle about; to lounge; to loaf.

ozio *sm* idleness: *ore d'ozio,* idle hours — *ozio forzato,* forced inactivity — *stare in ozio,* to idle about; to be idle — *L'ozio è il padre dei vizi, (prov.)* The devil finds work for idle hands.

oziosaggine *sf* idleness; slothfulness; laziness; sluggishness.

oziosamente *avv* idly; slothfully; in idleness.

oziosità *sf* = **oziosaggine.**

ozioso *agg* idle: *una vita oziosa,* an idle life — *domande oziose,* idle questions.
□ *sm* idler; loafer; layabout.

ozonizzare *vt* to ozonize.

ozonizzatore *sm* ozonizer.

ozono *sm* ozone.

P

P, p *sm e f.* P, p: *P come Palermo, (al telefono, ecc.)* P for Peter.
pacare *vt (raro, lett.: acquietare)* to quieten; to pacate; to pacify; to calm; to soothe.
pacatamente *avv* calmly; placidly; quietly; tranquilly.
pacatezza *sf* calm; calmness; tranquillity; quietness; placidness; placidity.
pacato *agg* quiet; calm; tranquil; placid: *in tono pacato,* in a calm tone; calmly.
pacca *sf (manata)* slap; smack; clout; *(botta)* whack *(fam.)*; wallop *(fam.)*: *Ti ha dato una pacca sulla spalla?,* Did he slap (Did he clap) you on the shoulder?
pacchetto *sm* **1** packet; parcel; pack: *un pacchetto di sigarette,* a packet (a pack) of cigarettes — *pacchetto azionario,* parcel of shares. **2** *(rugby)* pack. **3** *(politica)* package.
pacchia *sf (fam.)* **1** *(mangiata)* hearty meal. **2** *(fig.: cuccagna, manna)* piece of cake *(sl.)*: *È stata una vera pacchia!,* We had a jolly good time!
pacchiano *agg (vistoso e di cattivo gusto)* vulgar; showy; garish: *Trovo che la sua casa è alquanto pacchiana,* I find his house rather vulgar.
pacco *sm* **1** parcel; package: *pacco assicurato,* registered parcel — *a mezzo pacco postale,* by parcel post — *fare un pacco,* to make up a parcel — *carta da pacchi,* wrapping paper; brown paper. **2** *(involto)* bundle; pack: *un pacco di giornali,* a bundle of newspapers.
paccottiglia *sf (merce o oggetti di scarso valore)* trash; junk; shoddy goods *(pl.)*. □ *(bagaglio che un passeggero può portare su una nave)* passenger's personal luggage.
pace *sf* **1** *(assenza di guerra, ecc.)* peace; *(tranquillità, calma)* peace; quietness; tranquillity; *(riposo)* rest; repose: *essere in pace,* to be at peace — *fare la pace (con qcno),* to make peace (with sb) — *lasciare qcno in pace,* to leave sb in peace; to leave sb alone — *in tempo di pace,* in time of peace — *giudice di pace,* justice of the peace — *turbare la pace pubblica,* to disturb the peace — *trattato di pace,* peace treaty — *Alla fine la pace venne firmata fra le due nazioni,* A peace was at last signed between the two nations — *Mio figlio non mi dà un momento di pace,* My son doesn't give me a moment's peace — *la pace della campagna,* the peace of the countryside — *Che pace c'è qui!,* How peaceful (How quiet) it is here! — *la pace dell'anima,* peace of mind — *Pace all'anima sua!,* Peace be with him! — *Riposi in pace,* Rest in peace *(abbr.* R.I.P.*)* — *pace eterna,* eternal rest — *mettersi il cuore in pace,* to set one's mind at rest. **2** *(religione)* kiss of peace.
□ *dare pace a qcno, (iron.)* to kill sb; to put sb out of his misery — *La poveretta se ne andò in pace,* The poor woman passed away — *darsi pace,* to resign oneself — *non darsi pace; non trovare mai pace,* to worry continually; to give oneself no rest — *Con vostra buona pace, me ne vado,* By your leave (With your permission; If you'll excuse me) I'll go — *Dio l'abbia in pace,* God rest him — *Santa pace!,* Oh dear!; Good Lord!; My Goodness! — *pigliarsela in santa pace,* to take it easy; to take one's time — *Siamo pace, (pari)* We are quits — *dare il buono per la pace,* to put up with sth for the sake of peace and quiet — *sopportare in pace i propri affanni,* to put up with one's troubles — *la Pace di Dio, (stor.)* the Truce of God.
pachiderma *sm* **1** pachyderm. **2** *(fig.: persona di scarsa sensibilità)* thick-skinned person.
pachistano *agg e sm* Pakistani.
paciere *sm* peacemaker: *fare da paciere,* to act as a peacemaker.
pacificabile *agg* appeasable; pacifiable.
pacificamente *avv* pacifically; peacefully; placidly.
pacificare *vt (riconciliare)* to reconcile; *(mettere pace)* to pacify: *pacificare due contendenti,* to reconcile two adversaries — *pacificare un paese,* to pacify a country.
□ **pacificarsi** *v. rifl* to become* reconciled; to make* peace; *(fam.)* to make* it up.
pacificatore *sm* peacemaker.
□ *agg* appeasing; *(riconciliatore)* reconciling.
pacificazione *sf* pacification; reconciliation; appeasement.
pacifico *agg* **1** peaceful; pacific; placid *(raro)*: *un uomo pacifico,* a peaceful man — *nazioni pacifiche,* peaceful nations — *l'Oceano Pacifico,* the Pacific Ocean. **2** *(evidente)* obvious; self-evident; clear.
□ *sm* pacific person.
pacifismo *sm* pacifism.
pacifista *sm e f.* pacifist.
pacifistico *agg* pacifist.
pacioccone *sm,* **pacioccona** *sf (fam.: persona grossoccia e bonaria)* plump easy-going person.
padano *agg (del fiume Po)* of the Po; Po *(attrib.)*: *la pianura padana,* the Po plain (*o* valley).
padella *sf* **1** *(cucina)* frying-pan; pan; *(USA anche)* frypan: *pesce in padella,* fried fish — *cadere dalla padella nella brace, (prov.)* to jump out of the frying-pan into the fire. **2** *(per i malati)* bed-pan; *(scaldaletto)* warming-pan. □ *far padella, (gergo venatorio)* to miss the target.
padiglione *sm* **1** *(anche di mostra, di esposizione)* pavilion; *(di ospedale)* block; wing: *tetto a padiglione,* hip roof — *padiglione di caccia,* hunting lodge. **2** *(tenda)* pavilion; tent; *(baldacchino)* canopy: *letto a padiglione,* four-poster (bed). **3** *(anat.)* auricle; *(per estensione: parte del ricevitore telefonico)* earpiece. **4** *(faccetta di pietra preziosa)* pavilion.
padre *sm* **1** father: *È stato come un padre per me,* He has been (like) a father to me — *È padre di quattro figli,* He is the father of four children — *venire trasmesso di padre in figlio,* to be handed down from father to son — *il padre della genetica moderna,* the father of modern genetics — *padre adottivo,* adoptive

(*o* foster-) father — *padre spirituale,* father confessor — *Dio Padre,* God the Father — *il Santo Padre,* the Holy Father — *Padre Francesco,* Father Francesco — *i Padri della Chiesa,* the Fathers of the Church — *'Padre nostro che sei nei cieli...',* 'Our father which art in heaven...' — *'In nome del Padre, del Figlio e dello Spirito Santo',* 'In the name of the Father, the Son, and the Holy Ghost' — *padri coscritti, (stor.)* conscript fathers; senators — *i Padri Pellegrini,* the Pilgrim Fathers. **2** *(pl.: antenati)* ancestors; forefathers: *i nostri padri,* our ancestors; our forefathers. **3** *(di animale)* sire. **4** *(industria discografica)* master negative.

☐ *padre di famiglia,* paterfamilias — *la diligenza del buon padre di famiglia,* ordinary diligence — *Sua moglie lo fece padre d'una bambina,* His wife bore him a daughter.

padreterno *sm* God the Father. ☐ *Non fare il padreterno!, (fam.)* Stop acting like a little tin god! — *Crede di essere un padreterno,* He thinks he's God Almighty.

padrino *sm* **1** *(di battesimo)* godfather; *(al pl.: la coppia)* godparents: *Le farà da padrino,* He'll stand godfather to her. **2** *(in un duello)* second.

padronale *agg* belonging to an owner (*o* master); *(privato)* private: *entrata padronale,* main entrance — *automobile padronale,* private car.

padronanza *sf* mastery; command; *(conoscenza)* (thorough) knowledge: *avere una buona padronanza d'una lingua,* to have a good mastery (a good command, a thorough knowledge) of a language — *padronanza di sé,* self-control.

padronato *sm (la proprietà)* ownership; *(la classe)* proprietorship; the ruling class.

padrone *sm* **1** master *(anche fig.);* boss *(fam.): padrone e garzone,* master and man — *essere padrone in casa propria,* to be master (to be the boss) in one's own home — *essere padrone di una materia (d'una lingua),* to be master of a subject (of a language) — *È padrone della situazione,* He is master of the situation — *farla da padrone,* to play the lord and master. **2** *(datore di lavoro)* boss *(fam.): Il nostro padrone è molto nervoso,* Our boss is very irritable — *Abbasso i padroni!,* Down with the bosses! **3** *(proprietario)* owner; proprietor; *(di terre o di case d'affitto)* landlord: *Chi è il padrone di questo terreno?,* Who is the owner (the proprietor) of this land? — *padrone di casa,* landlord — *fare il padrone in casa altrui,* to behave as though one owns the place. **4** *(modello, stampo, forma)* pattern; model; patron.

☐ *essere sotto padrone,* to be employed — *essere senza padrone,* to be unemployed — *non essere padrone di sé,* to have no self-control — *non essere più padrone di sé,* to have lost control of oneself — *Padrone!,* Granted!; *(iron.)* All right then! — *Vuoi partire? Padrone!,* Do you want to leave? All right, do as you like! — *essere padrone di fare qcsa,* to be at liberty (to have a right) to do sth (*cfr.* **padronissimo**) — *padron mio, (scherz.)* honoured sir — *padrone di causa,* advocate; lawyer.

padroneggiare *vt* to master; to command *(anche fig.): padroneggiare una lingua straniera (uno strumento, ecc.),* to master a foreign language (an instrument, *ecc.*) — *padroneggiare i propri istinti,* to master one's instincts.

☐ **padroneggiarsi** *v. rifl* to control oneself; to retain one's self-control.

padronissimo *sm (fam.: nelle espressioni) Sei padronissimo di...,* You are absolutely free to...; You may do as you like.

paesaggio *sm* **1** scenery; view; landscape: *Il paesaggio era magnifico,* The scenery was wonderful. **2** *(in dipinti o fotografie)* landscape; view: *Non amo molto i dipinti di paesaggi,* I don't like landscapes very much.

paesano *agg* local *(attrib.);* country *(attrib.): alla paesana,* according to the local custom — *cucina paesana,* home cooking — *ballo paesano,* country dance.

☐ *sm* **1** (fellow-)countryman *(pl.* -men*); (talvolta, al pl.)* country folk. **2** *(contadino)* peasant.

paese *sm* **1** *(territorio, terreno, regione)* land; country: *un paese fertile,* a fertile country (*o* land) — *paese collinoso,* hilly country — *Mi piacerebbe visitare paesi sconosciuti,* I should like to visit unknown lands. **2** *(nazione, patria)* country; nation: *paesi europei,* European countries — *paesi in via di sviluppo,* developing countries (*o* nations) — *i paesi di lingua inglese,* the English-speaking countries — *Cose del genere non succedono nel nostro paese,* Things of that sort don't happen in this country — *Il mio paese è l'Italia,* Italy is my country — *amare il proprio paese,* to love one's country — *i Paesi Bassi,* the Low Countries; the Netherlands. **3** *(villaggio)* village; *(cittadina)* town: *un piccolo paese di montagna,* a small mountain village — *paese natio,* native village (*o* town) — *sagra di paese,* village festival.

☐ *il bel paese,* Italy — *il Paese dei Balocchi,* Toy-land — *gente di paese,* country people; provincials — *mandare qcno a quel paese,* to tell sb to go to hell — *Tutto il mondo è paese, (prov.)* People are the same the world over — *Paese che vai usanze che trovi, (prov.)* It takes all sorts to make a world; When in Rome do as the Romans do — *Moglie e buoi dei paesi tuoi, (prov.)* Get your wife and cattle from your own neighbourhood.

paesista *sm e f.* landscape artist (*o* painter).

paesistico *agg* relating to landscape painting; *(attrib.)* landscape.

paf, paffete *voce onomatopeica* bang.

paffuto *agg* plump; chubby.

paga *sf* **1** pay; wages *(pl.): paga giornaliera,* daily pay — *paga base,* basic wage — *busta paga,* pay-packet — *giorno di paga,* pay-day — *libro paga,* pay-roll — *riscuotere la paga,* to draw one's pay. **2** *(pagatore)* payer: *È una mala paga,* He is a bad payer. **3** *(fig.: ricompensa)* reward; recompense.

pagabile *agg* payable: *pagabile alla consegna (a rate),* payable on delivery (by instalments) — *pagabile a vista (al portatore),* payable at sight (to bearer).

pagaia *sf* paddle.

pagamento *sm* payment: *pagamento in contanti,* cash payment — *pagamento in natura,* payment in kind; truck system *(stor.)* — *pagamento in anticipo,* payment in advance — *pagamento differito,* deferred payment — *mancato pagamento,* non-payment — *pagamento rateale,* payment by instalments; hire-purchase *(abbr.* H.P.*)* — *fare pagamenti mensili,* to make monthly payments — *avviso di pagamento,* notice of payment — *dietro pagamento,* against payment; for payment — *facilitazioni di pagamento,* payment on easy terms; easy terms — *pagamento entro sessanta giorni,* payment within sixty days — *condizioni di pagamento,* terms (*o* conditions) of payment — *far fronte a un pagamento,* to meet a payment — *un pagamento per...,* a payment for... — *Resta a pagamento,* (It has) to be paid for — *pa-*

gamento alla consegna (contro assegno), cash on delivery *(abbr.* C.O.D.*)* — *pagamento contro documenti,* cash against documents — *mandato di pagamento,* money-order.

paganesimo *sm* paganism.

pagano *agg e sm* pagan *(anche fig.)*; heathen.

pagare *vt* **1** to pay*: *pagare qcno per qcsa,* to pay sb for sth — *pagare qcsa,* to pay for sth — *pagare un conto,* to pay a bill; *(USA)* to pay a check; *(più formale)* to settle an account — *Quanto hai pagato la tua macchina?,* How much did you pay for your car? — *L'ho pagata un milione,* I paid a million lire for it — *pagare alla consegna (contro assegno),* to pay cash on delivery — *pagare a rate,* to pay by instalments; to buy on hire-purchase — *pagare qcsa in contanti,* to buy sth cash down — *pagare una cambiale,* to pay (to honour) a bill — *non pagare una cambiale,* to dishonour a bill — *pagare in natura,* to pay in kind — *pagare il fio,* to pay the consequences — *pagare lo scotto,* to pay the reckoning — *pagare caro qcsa,* to pay dearly for sth — *pagare salato (un occhio della testa),* to pay through the nose — *A pagare c'è sempre tempo,* Why pay now when you can pay tomorrow? — *Il crimine non paga,* Crime doesn't pay — *far pagare qcsa a qcno,* to charge sb for sth — *Quanto te l'ha fatto pagare?,* How much did he charge you for it? — *farsi pagare,* to enforce payment — *far pagare qcno,* to make sb pay. **2** *(fig.: scontare)* to pay*; *(fig.: ricompensare)* to pay*; to repay*; to reward: *Te la farò pagare!,* I'll make you pay for this! — *Pagherai cara la tua impudenza!,* You'll have to pay for your rashness! — *È così che paghi i miei sacrifici!,* Is that how you repay me? **3** *(offrire)* to give*; to stand* *(fam.)*; to treat: *pagare da bere a qcno,* to stand sb a drink — *Lo zio mi ha pagato un gelato,* My uncle treated me to an ice-cream — *Pago io!, (Tocca a me pagare)* It's on me!; It's my turn!

□ *pagare male qcsa,* to make but a shabby return for sth — *Pagherei un occhio (Non so quanto pagherei) per salvarla!,* I would give the world (What wouldn't I give) to be able to save her! — *pagare il debito della natura,* to die; to go the way of all flesh — *pagare di mala moneta,* to show ingratitude — *pagare qcsa per nuovo,* to buy sth thinking it is new — *Chi rompe paga, (prov.)* Breaker pays; *(avviso)* 'All damage must be paid for' — *Dio non paga solo il sabato, (prov.)* The payments of Heaven are slow but sure.

pagatore *sm* payer: *ufficiale pagatore,* paymaster.

pagella *sf* (school-)report; *(a fine anno)* annual report; *(a fine trimestre)* end-of-term report.

pagello *sm* sea bream.

paggio *sm* page; page-boy. □ *capelli alla paggio,* bobbed hair; page-boy bob; Eton crop.

pagherò *sm (titolo di credito)* promissory note; I.O.U. (= 'I owe you').

pagina *sf* **1** *(facciata di un foglio)* page *(anche fig.)*: *Voltate pagina,* Turn the page over; *(fig.)* Change the subject — *Aprite il libro a pagina dieci, ragazzi,* Open your books at page ten, boys — *È una pagina gloriosa della nostra storia,* It is a glorious page in our history. **2** *(bot.)* blade.

paginatura *sf (raro)* paging; numbering of pages.

paglia *sf* **1** straw: *mucchio di paglia,* heap of straw — *paglia minuta,* chaff — *leggero come la paglia,* as light as a straw — *un materasso di paglia,* a straw mattress — *un uomo di paglia, (fig.)* a man of straw; a dummy — *un cappello di paglia,* a straw hat — *cappello di paglia di Firenze,* leghorn — *l'arte della paglia,* straw-weaving — *color paglia,* straw colour — *capelli color paglia,* straw-coloured hair. **2** *(metallurgia: difetto superficiale d'un laminato)* seam; *(da scoria)* roak. **3** *(naut.)* bitt pin; battledore. □ *fuoco di paglia,* a flash in the pan; a nine days' wonder — *un tetto di paglia,* a thatched roof — *avere la coda di paglia,* to be always suspecting sth; to have a guilty conscience — *mettere paglia al fuoco,* to tempt fate — *avere paglia in becco,* to keep quiet about sth — *paglia di ferro,* iron shavings; *(per pulire le pentole)* steel wool — *paglia di legno, (trucioli)* shavings; excelsior *(USA)*.

pagliaccesco *agg* clownish; *(fig.)* nonsensical.

pagliaccetto *sm (indumento intimo femminile)* combinations *(abbr. fam.* combs, *pl.)*; *(per bambini)* rompers *(pl.)*.

pagliacciata *sf* clownish act *(anche fig.)*; buffoonery.

pagliaccio *sm* clown; buffoon *(spec. fig.: persona poco seria)*: *Sono tutti pagliacci!,* They're all fools!

pagliaio *sm* straw rick; *(spesso, erroneamente)* haystack. □ *cane da pagliaio,* (useless) watch-dog — *È come trovare un ago in un pagliaio!,* It's like looking for a needle in a haystack!

paglericcio *sm* straw mattress; *(mil.)* palliasse *(fr.)*.

paglierino *agg* straw-coloured; pale yellow.

paglietta *sf* **1** *(cappello)* straw hat; *(meno comune)* boater. **2** *(di ferro, per pulire le pentole)* steel wool. **3** *(trucioli di legno per imballaggio)* shavings; excelsior *(USA)*. **4** *(bot.)* palea; pale.

paglione *sm (raro: paglia tritata)* coarsely chopped straw.

pagliuzza *sf* (small piece of) straw; *(di metallo)* sliver; speck; particle.

pagnotta *sf* **1** loaf. **2** *(fig.)* living; bread and butter *(fam.)*: *lavorare per la pagnotta,* to work for one's living.

pago *agg* contented; satisfied: *essere pago di qcsa,* to be contented with sth.

pagoda *sf* pagoda.

paguro *sm* hermit crab.

paio *sm* **1** pair: *un paio di guanti (di scarpe),* a pair of gloves (of shoes) — *un paio di pantaloni,* a pair of trousers. **2** *(circa due; due o tre; alcuni)* a couple; two; two or three; a few: *un paio di settimane,* a couple of weeks — *un paio di matite,* a couple of (two or three, a few) pencils. **3** *(di selvaggina)* brace *(invariabile al pl.)*; *(di buoi)* yoke *(invariabile al pl.)*: *un paio di fagiani,* a brace of pheasants — *quattro paia di lepri,* four brace of hares — *un paio di buoi,* a yoke of oxen — *tre paia di buoi,* three yoke of oxen. □ *È un altro paio di maniche!,* That's quite another matter!; That's another kettle of fish! *(fam.)* — *Sono una coppia e un paio,* They are cast in the same mould; *(iron.)* They're a fine pair — *fare il paio,* to be well matched — *Non saper quante paia fan due buoi,* Not to know how many beans make five.

paiolo *sm* **1** *(recipiente da cucina in rame)* copper pot; cauldron. **2** *(artiglieria)* gun emplacement.

pala *sf* **1** shovel. **2** *(di remo, elica, ventilatore)* blade; vane; *(di ruota)* paddle: *ruota a pale,* paddle-wheel. **3** *(d'altare)* altar-piece. □ *buttar via i quattrini con la pala,* to squander one's money.

paladino *sm (stor. e lett.)* paladin; *(fig.)* champion; advocate: *i paladini di Francia,* the paladins of France — *È divenuto un paladino dell'integrazione razziale,* He's become a champion of racial integration — *farsi paladino di qcsa,* to champion sth.

palafitta *sf* **1** *(abitazione primitiva)* palafitte; pile-dwelling. **2** *(edilizia)* pile-work; piles *(pl.)*; spiles *(pl.)*.
palafittare *vt (rafforzare con palafitte)* to support (sth) with piles.
palafitticolo *sm* lake-dweller.
palafreniere *sm* groom; footman *(pl.* -men*)*.
palafreno *sm* saddle-horse; palfrey *(stor.)*.
palanca *sf* **1** *(trave)* pole; stake; beam. **2** *(naut.)* gangway. **3** *(fam.: denaro)* penny; halfpenny: *Non ho una palanca,* I haven't got a bean.
palanchino *sm* palanquin; palankeen.
palandra, palandrana *sf* frock-coat.
palata *sf (contenuto d'una pala)* shovelful; *(colpo di pala)* blow with a shovel; *(colpo di remo)* stroke. □ *a palate,* in plenty; plentifully — *fare denaro a palate,* to make pots (piles, heaps) of money.
palatale *agg e sf* palatal.
[1]**palatino** *agg (del palato)* palatal; palatine.
[2]**palatino** *agg (del palazzo)* palace *(attrib.)*; palatine. □ *sm (colle di Roma)* Palatine (hill).
palato *sm* **1** *(anat.)* palate: *palato duro (molle),* hard (soft) palate. **2** *(fig.: sensibilità ai gusti)* palate; taste: *avere il palato fine,* to have a delicate palate.
palazzina *sf* **1** small palace; small house. **2** *(casa signorile)* mansion. **3** *(di caccia)* hunting lodge.
palazzo *sm* **1** *(reale, principesco, ecc.)* palace; *(casa signorile)* mansion: *palazzo reale,* Royal Palace. **2** *(edificio)* building; *(di appartamenti)* block of flats; *(di uffici)* office block. □ *palazzo di giustizia,* Law Courts — *il palazzo municipale,* the Town Hall — *dama di palazzo,* courtesan.
palchettista, palchista *sm e f. (chi dispone di un palco a teatro)* box-holder; box-owner.
palchetto *sm* **1** *(a teatro)* box. **2** *(di uno scaffale)* bookshelf.
palco *sm* **1** *(tribuna, pedana)* platform; stand: *rizzare un palco,* to raise a platform — *il palco della banda,* the band-stand. **2** *(impalcatura)* scaffolding; stage; *(tavolato)* flooring; boarding; *(patibolo)* scaffold. **3** *(teatro)* box: *palco d'onore,* royal box — *palco di proscenio,* stage-box. **4** *(naut.)* bridge. **5** *(zool.)* antler. □ *palco improvvisato, (per un oratore)* soap-box.
palcoscenico *sm* stage.
paleo *sm (trottola a cono)* top; spinning-top; peg-top.
paleocene *agg (geologia)* Palaeocene.
□ *sm* Palaeocene; Lower Tertiary.
paleografia *sf* palaeography.
paleografo *sm* palaeographer.
paleolitico *agg* palaeolithic.
paleontologia *sf* palaeontology.
paleontologo *sm* palaeontologist.
paleozoico *agg e sm* Palaeozoic.
palesamento *sm* disclosure; revelation.
palesare *vt* to disclose; to reveal; to make* known.
□ **palesarsi** *v. rifl* to show oneself; to reveal oneself: *Si è palesato un brav'uomo,* He proved to be a good man.
palesatore *agg (che rivela)* revealing.
palese *agg* manifest; evident; obvious; clear: *rendere palese,* to make known; to disclose.
palesemente *avv* manifestly; evidently; obviously; clearly; openly.
palestra *sf* **1** *(sport)* gymnasium *(pl.* gymnasiums *o* gymnasia*)*. **2** *(per estensione: ginnastica)* gymnastics *(pl.)*; *(allenamento)* training: *Dovresti fare un po' di palestra,* You should do some gymnastics — *La scuola è palestra di vita,* School is a good training for life. **3** *(stor.)* wrestling-school.
paletta *sf* **1** small shovel: *paletta per focolare,* fire-side shovel. **2** *(ferrovia)* disk signal. **3** *(mecc.)* blade. **4** *(scapola)* shoulder-blade; *(rotula)* knee-cap. **5** *(piattaforma di legno)* pallet.
palettata *sf* **1** *(quantità)* shovelful. **2** *(colpo di paletta)* blow (with a shovel).
palettatura *sf (mecc.)* blading.
paletto *sm* **1** *(piccolo palo)* stake; post; pole. **2** *(spranga di ferro per porte)* bolt; sliding-bar: *Hai chiuso con il paletto?,* Have you bolted the door? — *togliere il paletto alla porta,* to unbolt the door.
palificazione *sf* piling.
palina *sf* surveyor's stake; ranging rod.
palingenesi *sf (in filosofia e religione)* regeneration; palingenesis; *(per estensione: rinnovamento)* renewal.
palinodia *sf* **1** *(componimento poetico)* palinode. **2** *(per estensione: smentita)* recantation; retraction.
palinsesto *sm* palimpsest.
palio *sm (drappo che spetta al vincitore di una gara)* banner; *(per estensione: premio)* prize; trophy: *correre il palio,* to enter the lists — *vincere il palio,* to win the prize — *mettere qcsa in palio,* to offer sth as a prize.
paliotto *sm* altar-frontal.
palischermo *sm (barca d'appoggio di una nave)* ship's boat; tender.
palissandro *sm* rosewood; palisander.
palizzata *sf* fence; paling; palisade; stockade; *(industria costruzioni)* starling.
palla *sf* **1** ball: *giocare alla palla,* to play ball — *palla di gomma,* rubber ball — *palla da biliardo,* billiard-ball — *una palla di neve,* a snowball — *palla da tennis,* tennis-ball — *palla ovale,* rugby ball; *(il gioco)* rugby; football *(USA)* — *prendere la palla al balzo,* to catch the ball on the rebound; *(fig.)* to seize an opportunity. **2** *(proiettile)* bullet; ball; shot: *palla carica,* filled shell — *palla rovente,* red-hot shell — *palla luminosa,* starshell — *palla incatenata (ramata),* chain shot — *palla stracca (spenta, morta),* spent shot — *palla smorzata,* drop-shot — *palla tagliata,* slice-shot — *sparare a palle,* to fire live shot. **3** *(al pl., volg.: testicoli)* balls; testicles: *dire palle,* to talk balls. □ *palla di cavolfiore,* head of cauliflower — *porre la palla in mano a qcno,* to give sb an opening — *mettere la palla al piede di qcno,* to thwart sb — *dare palla bianca a,* to vote in favour of — *dare palla nera,* to black-ball — *giocare a palle e santi,* to play (to toss for) heads or tails — ⇨ *anche* **pallacanestro, pallamaglio, pallanuoto, pallavolo.**
pallacanestro *sf* basket-ball; *(gioco femminile)* netball.
pallacorda *sf (stor.: il gioco)* tennis; *(il luogo)* tennis-court.
[1]**palladio** *sm (elemento)* palladium.
[2]**palladio** *agg (di Pallade Atena)* Palladian.
□ *sm (raro, lett.: protezione)* palladium; safeguard.
pallamaglio *sf (stor.)* pall-mall.
pallanuoto *sf* water polo.
pallata *sf* blow (from a ball): *fare a pallate di neve,* to throw snowballs.
pallavolo *sf* volleyball.
palleggiamento *sm* ball-playing; *(calcio)* dribbling.
palleggiare *vi* to play ball; to toss a ball; *(calcio)* to dribble; to pass.
□ *vt* to toss.
□ **palleggiarsi** *v. reciproco* to shift (sth) on to each other (one another): *palleggiarsi la responsabilità,* to shift the responsibility from to one another; *(sl.)* to pass the buck to one another.
palleggiatore *sm* dribbler.

palleggio *sm* playing with a ball; *(tennis, ecc.)* knocking a ball about; *(calcio)* dribbling.
palliare *vt* **1** *(lett.: coprire con pallio)* to cover with a pallium *(pl.* pallia *o* palliums*)*. **2** *(fig.: celare)* to cloak; to disguise.
palliativo *sm* palliative.
pallidezza *sf* paleness; pallor; wanness.
pallidiccio, palliduccio *agg* rather pale; wan; palish.
pallido *agg* **1** pale; pallid *(molto meno comune)*: *Sei pallido oggi,* You're looking pale today — *Alla notizia diventò pallido,* He turned pale at the news — *viso pallido,* pale-face — *verde pallido,* pale green. **2** *(di luce e fig.)* faint; feeble; dim: *una luce pallida,* a faint (a feeble, a dim) light — *un pallido ricordo,* a dim memory — *una pallida immagine,* a feeble image — *Non ho la più pallida idea di ciò che stai pensando,* I haven't the faintest (the slightest, the least) idea what you're thinking about.
pallina *sf* **1** little ball; *(biglia)* marble. **2** *(pl.: munizioni)* shot; pellets.
pallino *sm* **1** *(diminutivo di palla)* small ball. **2** *(al biliardo)* cue ball; *(alle bocce)* jack. **3** *(proiettile)* shot *(invariato al pl.)*; pellet: *pallini di piombo,* lead shot. **4** *(su stoffa)* polka dot; spot. **5** *(fig.: fissazione)* craze; mania: *avere il pallino di qcsa,* to have a craze (a mania) for sth; to be crazy about sth.
pallonaio *sm* **1** *(fabbricante)* balloon-maker; *(venditore)* balloon-seller. **2** *(fig.: bugiardo, fanfarone)* boaster; bluffer.
pallonata *sf* **1** *(colpo)* blow with a ball. **2** *(fig.: bugia)* boasting; bluff.
palloncino *sm* **1** *(per bambini)* (toy) balloon. **2** *(lanterna)* Chinese lantern.
pallone *sm* **1** ball; *(gioco del calcio)* football: *giocare a pallone,* to play football *(o fam.* soccer*)*. **2** *(aerostato)* balloon: *pallone frenato,* captive balloon — *pallone sonda,* sounding balloon. **3** *(chim.)* flask; cucurbit. □ *pallone di maggio (di neve), (bot.)* guelder rose; snowball tree — *È un pallone gonfiato,* He is too (*o* very) full of himself; He is puffed up with conceit.
pallore *sm* pallor; paleness.
pallottola *sf* **1** small ball; pellet: *una pallottola di carta,* a paper pellet. **2** *(proiettile)* bullet; shot: *pallottola di fucile,* rifle bullet (*o* shot) — *una pallottola incendiaria (tracciante),* an incendiary (a tracer) bullet. □ *naso a pallottola,* snub nose.
pallottoliere *sm* abacus *(pl.* abaci *o* abacuses*)*.
[1]**palma** *sf (anat.)* palm: *giungere le palme,* to join (to clasp) one's hands — *portare qcno in palma di mano,* to esteem sb highly; to hold sb in great esteem.
[2]**palma** *sf (bot.)* palm *(anche fig.)*: *palma da datteri,* date-palm — *palma da cocco,* coconut-palm — *la Domenica delle Palme,* Palm Sunday — *la palma della vittoria,* the palm of victory — *riportare (conseguire) la palma,* to bear the palm.
palmare *agg* **1** *(anat.)* palmar. **2** *(fig.: lampante)* self-evident; obvious.
palmato *agg* **1** *(bot.: di palma)* palmate. **2** *(zool.: di palmipede)* webbed; palmate.
palmento *sm (macina)* millstone. □ *mangiare a quattro palmenti, (fig.)* to eat greedily; to gorge; to wolf (down) one's food.
palmeto *sm* palm-grove.
palmifero *agg* palm-bearing; palmiferous.
palmipede *sm* palmipede; web-footed animal (*o* bird).
palmizio *sm* **1** *(palma da datteri)* date-palm; palm-tree. **2** *(ramoscello benedetto la Domenica delle Palme)* palm (blessed on Palm Sunday).
palmo *sm* **1** *(anat.)* ⇨ [1]**palma**. **2** *(misura di lunghezza)* span; hand's breadth.
□ *non cedere di un palmo,* not to yield an inch — *a palmo a palmo (a poco a poco),* inch by inch; little by little; *(perfettamente)* perfectly well (*o* thoroughly) — *Il territorio fu conquistato a palmo a palmo,* The territory was won inch by inch — *Conosco la città a palmo a palmo,* I know the town like the back of my hand; I know every inch of the town — *alto un palmo,* tiny — *È alto un palmo da terra e vuol sempre aver ragione,* He is only a kid *(fam.)* and he always wants to be right — *avere il muso lungo un palmo,* to have a long face — *avere un palmo di lingua fuori,* to be out of breath — *restare con un palmo di naso,* to be disappointed; to come away empty-handed.
palo *sm* **1** pole; post; *(di sostegno, ecc.)* stake; *(di fondazione)* pile: *piantare un palo,* to set a pole — *I roseti sono sostenuti da pali,* Rosebushes are supported by stakes — *palo indicatore,* signpost — *palo del telegrafo (del telefono),* telegraph (telephone) pole — *palo a mensola,* bracket-pole — *palo a vite,* screw pile (*o* stake) — *palo di ormeggio,* mooring pile — *palo a traliccio,* pylon. **2** *(araldica)* pale. **3** *(gergo della malavita)* lookout: *fare il (fare da) palo,* to be on the lookout. □ *dritto come un palo,* (as) straight as a die — *saltare di palo in frasca,* to jump from one subject to another; to ramble on — *mettere qcno al palo, (pena del palo)* to impale sb; *(legare qcno ad un palo)* to tie sb to a post — *Sembra che abbia ingoiato un palo,* She is as stiff as a ramrod.
palomba *sf* wood-pigeon.
palombaro *sm* (deep-sea) diver.
palpabile *agg* palpable; *(anche fig.: evidente)* palpable; obvious; evident; patent.
palpabilità *sf* palpability *(anche fig.)*.
palpabilmente *avv* palpably.
palpamento *sm* feeling; touching; fingering; *(med.)* palpation.
palpare *vt* to feel*; to touch; to finger; *(med.)* to palpate.
palpata *sf* touch; feel.
palpazione *sf* touch; *(med.)* palpation.
palpebra *sf* eyelid: *battere le palpebre,* to blink.
palpeggiare *(e derivati)* ⇨ **palpare** *(e derivati)*.
palpitamento *sm* ⇨ **palpitazione.**
palpitante *agg* **1** palpitating; throbbing. **2** *(fig.: vivo)* fascinating; thrilling; exciting: *una notizia di palpitante interesse,* an exciting piece of news.
palpitare *vt* to throb; to palpitate; to tremble; to pulsate: *palpitare d'emozione,* to be throbbing with excitement — *palpitare di paura,* to be trembling with fear — *palpitare per qcno, (stare in ansia)* to tremble for sb; *(essere innamorato)* to be in love with sb.
palpitazione *sf* palpitation *(anche med.)*; throbbing.
palpito *sm* throb; *(battito del cuore)* beat.
paltò, paletot sm overcoat.
paludamento *sm* **1** *(mantello militare)* military cloak; *(manto regale)* royal cloak; mantle. **2** *(spreg.)* get-up: *Egli comparve in uno strano paludamento,* He appeared wearing a strange get-up.
paludato *agg* **1** *(ammantato)* wearing a cloak. **2** *(fig.: solenne)* solemn; high-flown *(spesso spreg.)*: *stile paludato,* solemn style.
palude *sf* marsh; fen; swamp; bog.
paludismo *sm* malaria; marsh fever.

paludoso *agg* marshy; boggy; swampy: *terreno paludoso,* marshland; *(talvolta)* fenland.
palustre *agg* marshy; boggy; swampy; paludal; fen *(attrib.)*; marsh *(attrib.)*: *uccelli palustri,* waders — *febbre palustre,* marsh fever; malaria.
pampino *sm (di vite)* vine-leaf *(pl.* leaves*)*.
panacea *sf* **1** *(toccasana, anche fig.)* panacea; cure-all; universal remedy. **2** *(bot.)* cow parsnip.
panama *sm* Panama (hat).
panare *vt (cucina)* to cover (sth) with bread crumbs; to crumb.
panca *sf* bench; form. □ *far ridere le panche,* to make ridiculous mistakes — *Venite a scuola solo per scaldare le panche,* You only come to school to warm the benches (to keep the benches warm; to count the flies on the ceiling).
pancetta *sf* **1** *(carne)* belly; *(di maiale, anche affumicata)* bacon. **2** *(fig.: adipe)* plumpness: *Hai messo su un po' di pancetta,* You've put on a bit of weight (round the middle).
panchetto *sm* stool; *(sgabello per i piedi)* footstool.
panchina *sf* bench; garden seat.
pancia *sf* **1** belly *(da taluni considerato volg.)*; stomach; tummy *(fam.)*: *a pancia vuota,* with an empty belly; on an empty stomach — *mal di pancia* stomach-ache; belly-ache. **2** *(di persona corpulenta)* paunch; corporation: *mettere su pancia,* to develop a paunch; to grow fat; to get fat (*o* stout) — *Che pancia hai messo su!,* How stout you've got! **3** *(rigonfiamento di muro)* bulge; *(di vela)* belly: *Il muro fa pancia,* The wall is bulging. **4** *(di fiasco, damigiana, ecc.)* belly. □ *stare a pancia all'aria,* to lie on one's back — *tenersi la pancia dal ridere,* to hold one's sides with laughter — *grattarsi la pancia,* to do nothing; to stand idle — *serbare la pancia ai fichi,* to save one's skin; to dodge the column — *Tutto per la pancia,* Everything is spent on food — *pancia a terra,* flat out; ventre à terre *(fr.)*.
panciata *sf* **1** *(urto della pancia)* belly-flop. **2** *(scorpacciata)* bellyful.
panciera *sf* **1** *(ventriera)* body-belt. **2** *(armatura)* tasset.
panciolle *(nella locuzione avverbiale) in panciolle,* idly: *stare in panciolle,* to laze about; to loll about; to lounge.
panciotto *sm* waistcoat.
panciuto *agg (di persona)* paunchy; corpulent; big-bellied; stout; *(rigonfio)* bulging: *un uomo panciuto,* a big-bellied man — *un vaso panciuto,* a round-bellied vase.
pancone *sm* **1** bench; workbench; *(asse spessa)* thick board: *pancone da falegname,* carpenter's bench. **2** *(mus.: di organo)* chest. **3** *(stato di terreno)* sill.
pancotto *sm* bread-soup; pap.
pancreas *sm* pancreas.
pancreatico *agg* pancreatic.
pancromatico *agg* panchromatic.
pandemonio *sm* pandemonium *(anche fig.)*; confusion; uproar.
pandette *sf pl (trattazioni di diritto)* Pandects.
pandora, pandura *sf (cetra a tre corde, mandola)* cithern; pandora.
[1]**pane** *sm* **1** bread: *pane ed acqua,* bread and water — *una fetta di pane,* a slice (a piece) of bread — *un tozzo di pane,* a hunk of bread — *cestino del pane,* bread-basket; *(contenitore)* bread-bin — *pane bianco (scuro),* white (brown) bread — *pan tostato,* toast — *pane fritto,* fried bread — *pan grattato,* bread-crumbs *(pl.)* — *pane casereccio,* home-made bread — *pane integrale,* wholemeal (*o* wholewheat) bread — *pane di segala,* rye bread — *pane azzimo,* unleavened bread — *pane fresco (raffermo),* new (stale) bread — *pane stantio,* very stale (*o* mouldy) bread — *mangiare il pan pentito,* to eat the bread of repentance — *togliere il pane di bocca a qcno,* to take the bread out of sb's mouth — *spezzare il pane della scienza,* to break the bread of knowledge — *Non si vive di solo pane,* Man does not live by bread alone. **2** *(pagnotta, forma di pane)* loaf *(pl.* loaves*)*; *(oggetto a forma di pane)* loaf; cake; *(di metallo)* ingot; pig: *una infornata di pane,* a batch of loaves — *un filone di pane,* a Vienna loaf; a French loaf — *pan di zucchero,* sugar-loaf — *cappello a pan di zucchero,* sugar-loaf hat; conical hat — *un pan di burro,* a pat of butter — *la moltiplicazione dei pani e dei pesci,* the multiplication of the loaves and the fishes. **3** *(fig.: sostentamento, il necessario per vivere)* bread; living; livelihood: *guadagnarsi il pane,* to earn one's bread — *mangiare il pane a tradimento,* to eat unearned bread; not to be worth one's keep — *pane sudato,* hard-earned living — *perdere il pane,* to lose one's livelihood; to lose one's situation.
□ *pane di cuculo, (bot.)* wood-sorrel — *pan porcino, (bot.)* cyclamen — *albero del pane,* bread-fruit tree — *pane di Spagna,* sponge-cake — *il Pan degli Angeli,* the Blessed Sacrament; the Consecrated Host — *dire pane al pane,* to call a spade a spade — *L'ho comprato per un pezzo di pane,* I bought it for a song — *rendere pan per focaccia,* to give tit for tat — *essere come pane e cacio,* to be hand in glove; to be on the best of terms — *essere buono come il pane,* to be good and kind — *trovar pane per i propri denti,* to find one's match — *Se non è zuppa è pan bagnato,* It's all one; It comes to the same thing; Tweedledum and Tweedledee.
[2]**pane** *sm (filetto, di vite)* thread.
panegirico *sm* panegyric; eulogy.
panegirista *sm e f.* panegyrist.
panellenismo *sm* Panhellenism.
panetteria *sf (con forno)* bakery; bakehouse; *(rivendita di pane)* baker's (shop).
panettiere *sm* baker.
panetto *sm* roll: *un panetto di burro,* a roll of butter.
panfilo *sm* yacht.
panfrutto *sm* plum-cake.
pangermanismo *sm* Pangermanism.
pangrattato *sm* bread-crumbs *(pl.)*.
pania *sf* bird-lime; *(fig.: trappola)* snare.
panico *agg* panic: *timor panico,* panic fear.
□ *sm* panic: *essere preso dal panico,* to be panic-stricken — *Non lasciarti prendere dal panico!,* Don't panic!
paniera *sf* large (open) basket.
paniere *sm* basket; hamper *(se con coperchio)*: *un paniere di ciliege,* a basket of cherries — *punto paniere,* basket stitch. □ *fare la zuppa nel paniere,* to labour in vain; to waste one's effort — *rompere a qcno le uova nel paniere,* to upset sb's plans.
panierino *sm* small basket; *(cestino della merenda)* lunch (*o* sandwich) box. □ *aspettare che scenda il panierino dal cielo, (fig.)* to wait for manna to fall from heaven.
panificare *vt (usare qcsa per fare il pane)* to make* (sth) into bread.
□ *vi (fare il pane)* to make* bread.
panificatore *sm* baker; bakery worker.
panificazione *sf* bread-making; baking.
panificio *sm* bakery; bakehouse; baker's (shop).

panino *sm* (bread) roll: *un panino di prosciutto,* a ham roll.

[1]**panna** *sf* cream: *panna liquida,* single cream; *(più spessa)* double cream — *panna montata,* whipped cream.

[2]**panna** *sf* **1** *(naut.)* heaving-to: *essere in panna,* to be hove-to. **2** *(mecc.)* breakdown: *rimanere in panna,* to have a breakdown.

panneggiamento *sm* draping; drapery.

panneggiare *vt* to drape; to adorn (sth) with hangings.

panneggio *sm* drapery.

pannello *sm* panel: *pannello isolante,* insulating panel — *pannello radiante,* radiating panel — *riscaldamento a pannelli radianti,* radiant heating.

pannicolo *sm (anat.)* panniculus *(pl.* pannicula*)*; sheet of tissue.

panno *sm* **1** *(tessuto)* cloth: *panno di lana,* woollen cloth. **2** *(pezzo di tessuto per usi vari)* cloth: *un panno per togliere la polvere,* a dusting cloth — *panni da lavare,* laundry — *essere bianco come un panno lavato,* to be as white as a sheet — *I panni sporchi si lavano in casa,* Do not wash your dirty linen in public. **3** *(al pl.: abiti)* clothes: *Detesto quei vecchi panni,* I can't stand those old clothes — *essere (mettersi) nei panni di qcno,* to be (to put oneself) in sb's shoes — *tagliare i panni addosso a qcno,* to speak ill of sb; to pull sb to pieces. **4** *(pellicola dell'uovo)* skin; *(su un liquido)* film.

pannocchia *sf* **1** *(bot.)* panicle. **2** *(di granoturco)* (maize) cob; *(di orzo, ecc.)* ear.

pannolino *sm* **1** *(per bimbi)* nappy. **2** *(assorbente igienico)* sanitary towel.

panoplia *sf* panoply; *(trofeo)* trophy.

panorama *sm* **1** panorama; view: *Di qua si gode un bel panorama,* We get (We have) a lovely view from here. **2** *(fig.)* outline; summary; survey; *(USA)* overview: *un panorama della letteratura latina,* an outline (a survey) of Latin literature.

panoramico *agg* panoramic: *schermo panoramico,* wide screen.

panpepato *sm* gingerbread.

pantagruelico *agg* Pantagruelian; *(riferito ad un pasto)* gigantic; lavish; *(riferito all'appetito)* huge; enormous.

pantaloni *sm pl* trousers; slacks; pants *(USA)*: *un paio di pantaloni,* a pair of trousers. □ *portare i pantaloni, (fig.)* to wear the breeches (the trousers).

pantano *sm* quagmire *(anche fig.)*; bog; swamp: *trovarsi (cacciarsi) in un bel pantano,* to be in (to get into) a sticky position, *(sl.)* a jam.

pantanoso *agg* boggy; swampy; miry.

panteismo *sm* pantheism.

panteista *sm e f.* pantheist.

panteistico *agg* pantheistic.

pantera *sf* **1** *(zool.)* panther: *le Pantere nere,* the Black Panthers. **2** *(sl.)* police car; prowl car.

pantheon *sm (a Roma)* Pantheon; *(in generale)* pantheon.

pantofola *sf* slipper: *in pantofole,* slippered *(agg. attrib.)*.

pantofolaio *sm* **1** *(non comune: fabbricante di pantofole)* slipper-maker; *(venditore)* slipper-seller. **2** *(fig., spreg.)* stay-at-home sort of person; chicken-hearted person.

pantografo *sm* pantograph: *asta del pantografo,* pantograph trolley. □ *pantografo per incisioni elettriche,* electric etcher.

pantomima *sf* **1** *(teatro)* pantomime. **2** *(fig.)* dumb-show.

pantomimo *sm* mime; pantomime; mimic actor.

panzana *sf* fib; nonsense; story: *raccontar panzane,* to tell fibs — *Panzane!,* Nonsense!

paonazzo *agg* purple; violet; peacock-blue: *Diventò paonazzo dalla rabbia,* He turned purple with rage.

papà *sm* daddy; *(fam.)* dad; pa; pop *(USA)*: *figlio di papà,* spoilt boy.

papa *sm* Pope. □ *andare a Roma e non vedere il papa,* to fail to see the most important thing; *(talvolta)* not to see the wood for the trees — *stare (vivere) come un papa,* to live like a lord — *ad ogni morte di papa,* once in a blue moon — *Morto un papa se ne fa un altro, (prov.)* No one is indispensable.

papabile *agg* **1** *(di un cardinale)* likely to become Pope. **2** *(fig.: di un candidato)* likely to be elected.

papaia *sf* papaw; papaya.

papale *agg* papal; of the Pope.

papalina *sf* skull-cap.

papalino *agg* papal: *truppe papaline,* the Pope's troops.
□ *sm* papist.

paparazzo *sm* free-lance photographer; candid cameraman *(pl.* -men*)*.

papato *sm* papacy; pontificate: *essere elevato al papato,* to be raised to the papacy — *durante il papato di...,* during the papacy (the pontificate) of...

papavero *sm* poppy *(anche fig.)*: *papavero selvatico,* corn poppy. □ *gli alti papaveri, (fig., scherz.)* the bigwigs; the big bugs *(sl.)*.

papera *sf* **1** *(zool.)* young goose *(pl.* geese*)*; gosling. **2** *(fig.: donna stupida)* goose *(pl.* geese*)*. **3** *(errore)* mistake; blunder; slip: *prendere una papera,* to make a blunder (a slip).

papero *sm (zool.)* gosling; young goose *(pl.* geese*)*.

papesco *agg* papal; *(spreg.)* popish.

papessa *sf* papess; she-pope: *la Papessa Giovanna,* Pope Joan.

papilla *sf* papilla *(pl.* papillae*)*.

papillare *agg* papillar; papillary.

papiro *sm* **1** *(bot.)* papyrus *(pl.* papyri*)*. **2** *(foglio, documento)* chit *(fam.)*; *(al pl.: fig., fam.: incartamenti)* papers; bumph *(fam.)*.

papirologia *sf* papyrology.

papirologo *sm* papyrologist.

papismo *sm* Popery.

papista *sm* papist.

papistico *agg* papistic; *(spreg.)* popish.

pappa *sf* pap; *(minestra o simile, troppo cotta)* mush: *pappa molle, (fig.)* mollycoddle. □ *mangiare la pappa in capo a qcno, (essere più alto)* to be much taller than sb; *(essere più furbo)* to have the whip-hand of (*o* over) sb — *scodellare la pappa a qcno,* to iron out all sb's difficulties for him — *trovare la pappa fatta,* to have everything on a plate — *volere la pappa fatta,* to expect too much.

pappafico *sm (velaccino)* skysail.

pappagallescamente *avv* parrot-fashion.

pappagallesco *agg* parrot-like; *(attrib.)* parrot.

pappagallismo *sm* **1** *(il ripetere come un pappagallo)* parrot-like repetition. **2** *(l'abitudine di molestare le donne per strada)* passing compliments on girls in the street.

pappagallo *sm* **1** parrot *(anche fig.)*: *dire (ripetere) qcsa a pappagallo,* to parrot sth; to repeat sth parrot-fashion. **2** *(fig.: molestatore di donne)* wolf; man who passes compliments on girls in the street. **3** *(orinale per malati)* urinal; bedpan; *(fam.)* Dutch clock. **4** *(telefonia: ripetitore)* automatic announcement player.

pappagorgia *sf* **1** *(doppio mento)* double chin. **2** *(di tacchino)* wattle.

pappare *vt* **1** to eat* up; to gobble up (*o* down); to wolf: *Si è pappato tutto,* He has gobbled down everything; He has wolfed the lot. **2** *(fig.)* to make* an illicit gain; to embezzle.

pappata *sf* hearty meal; good feed; *(fam.)* blowout: *fare una bella pappata,* to have a good feed (a blowout).

pappataci *sm* **1** gnat; sand-fly. **2** *(fig.: persona che per opportunismo non reagisce)* person who puts up with insults.

pappatoria *sf* **1** *(il mangiare in abbondanza)* feeding; eating well; *(fam.)* bellyful. **2** *(fig.: mangeria)* pickings *(pl.)*; illicit gains *(pl.)*; loot.

paprica *sf* paprika.

[1]**para** *sf* para (*o* Brazilian) rubber.

[2]**parà** *sm* parachutist; paratrooper; *(al pl.)* paratroops.

[1]**parabola** *sf (racconto)* parable: *parlare per parabole,* to speak in parables.

[2]**parabola** *sf (geometria)* parabola; *(fig.)* rise and fall: *fase ascendente (discendente) della parabola,* upward (downward) slope of a parabola — *essere al vertice della parabola,* to be at the height of one's fame.

parabolico *agg* parabolic(al).

parabordo *sm (naut.)* fender.

parabrezza *sm* windscreen; windshield *(USA)*.

paracadutare *vt* to parachute.

paracadute *sm* parachute: *paracadute freno,* brake parachute — *lanciarsi col paracadute,* to make a parachute jump; *(in caso di emergenza)* to bale out.

paracadutista *sm* parachutist; *(mil.)* paratrooper *(pl.* paratroops*)*.

paracalli *sm (cerotto)* corn-plaster; *(anello protettore)* corn-protector.

paracarro *sm* wayside (*o* roadside) post; kerb-post.

paracenere *sm* fender.

paracleto *sm (Spirito Santo)* Paraclete; Holy Ghost. □ *agg (consolatore)* comforter; consoling.

paracolpi *sm* buffer; *(naut.)* fender; *(per porta)* bumper.

paracqua *sm* umbrella.

paradigma *sm* **1** *(gramm.)* paradigm. **2** *(lett.: esemplare)* example; model.

paradigmatico *agg* paradigmatic; exemplary.

paradisiaco *agg* heavenly; paradisiac(al); celestial.

paradiso *sm* paradise; heaven *(anche fig.)*: *paradiso terrestre,* earthly paradise; garden of Eden — *i santi del paradiso,* the saints of heaven — *la strada del paradiso,* the road to heaven — *'Il Paradiso perduto' di Milton,* Milton's 'Paradise Lost' — *Questo posto sembra un paradiso,* This place is like heaven — *uccello del paradiso,* bird of paradise. □ *paradiso artificiale,* opium den — *una musica di paradiso,* heavenly music — *entrare in paradiso a dispetto dei santi,* to go where one is unwelcome — *sentirsi in paradiso,* to feel in the seventh heaven of delight — *voler andare in paradiso in carrozza,* to expect to have everything served up on a plate.

paradossale *agg* paradoxical.

paradossalmente *avv* paradoxically.

paradosso *sm* paradox.

parafango *sm* mudguard; fender *(spec. USA)*; splash-board.

parafernale *agg (dir.)* paraphernal: *beni parafernali,* paraphernalia.

paraffina *sf* paraffin (wax).

parafiamma *sm (di aereo, ecc.)* fireproof bulkhead.

parafrasare *vt* to paraphrase.

parafrasi *sf* paraphrase.

parafulmine *sm* lightning-conductor (*o* rod).

parafuoco *sm* fire-screen.

paragenesi *sf (geologia)* paragenesis.

paraggio *sm* **1** *(generalm. al pl.)* parts *(pl.)*; quarter; neighbourhood; vicinity: *Abita in questi paraggi,* He lies in this neighbourhood (*o* somewhere around here) — *Non c'è nessuna farmacia nei paraggi,* There is no chemist's in the vicinity — *Come mai ti trovo in questi paraggi?,* What brings you here?; I didn't expect to find you here. **2** *(tratto di mare)* waters *(pl.)*.

paragonabile *agg* comparable: *Il mio stipendio non è neppur lontanamente paragonabile al suo,* My salary is nothing by (*o* in) comparison with his.

paragonare *vt* to compare (to *o* with sth): *Paragona la tua macchina con la mia,* Compare your car with mine — *Il suo appartamento non si può paragonare al nostro,* His flat cannot be compared to ours — *paragonare la terra ad una palla,* to compare the earth to a ball. □ *Non si può neppure lontanamente paragonare a lei,* He is not fit to hold a candle to her. □ **paragonarsi** *v. rifl* to compare oneself; to be* compared.

paragone *sm* comparison: *fare un paragone,* to make a comparison — *stare (reggere) al paragone con qcno,* to bear comparison with sb — *Il paragone non regge,* The comparison won't stand — *I paragoni sono odiosi,* Comparisons are odious — *a paragone di (in paragone a),* in (*o* by) comparison with; compared with — *senza paragone,* beyond compare; out of all comparison; peerless *(agg.)*. □ *pietra di paragone,* touchstone — *portare un paragone,* to give an example — *paragone di virtù,* paragon of virtue.

paragrafo *sm* paragraph; subsection; *(in tipografia)* section-mark.

paralisi *sf* paralysis; palsy *(anche fig.)*: *paralisi infantile,* infantile paralysis; poliomyelitis — *paralisi progressiva,* creeping paralysis — *essere colpito da paralisi,* to be stricken with paralysis; to be palsy-stricken.

paralitico *agg* paralytic; paralysed; palsied. □ *sm* paralytic.

paralizzare *vt* to paralyze; to paralyse; *(fig.)* to palsy.

paralizzato *agg (anche fig.)* paralyzed.

parallasse *sf (astronomia)* parallax: *parallasse in quota,* parallax in altitude.

parallela *sf* **1** parallel (line). **2** *(mil.: linea di trinceramento)* support trench. **3** *(pl.: strumento per tracciare linee parallele)* parallel ruler. **4** *(al pl.: attrezzo ginnico)* parallel bars.

parallelamente *avv* in a parallel way; in parallel.

parallelepipedo *sm* parallelepiped.

parallelismo *sm (anche fig.)* parallelism.

parallelo *agg* parallel *(anche fig.)*. □ *sm* **1** *(geografia)* parallel: *paesi posti sullo stesso parallelo,* countries on the same parallel. **2** *(paragone)* parallel; comparison: *fare un parallelo fra due scrittori,* to draw a parallel between two writers. **3** *(fis.)* parallel.

parallelogrammo *sm* parallelogram.

paraluce *sm (per macchina fotografica)* lens-screen.

paralume *sm* lamp-shade.

paramagnetico *agg* paramagnetic.

paramagnetismo *sm* paramagnetism.

paramento *sm* **1** decoration; hanging *(pl.)*. **2** *(religione)* vestment; *(al pl.)* robes; vestments.

parametro *sm* parameter.

paramosche *sm* fly-net.
parancare *vt (naut.)* to haul (to lift) with a tackle.
paranco *sm (mecc.)* tackle; hoist; *(naut.)* purchase: *paranco di abbandono (ritegno),* careening purchase — *paranco semplice,* single tackle; luff — *paranco di sicurezza,* preventer tackle — *paranco volante,* jigger; handy billy. □ *sotto paranco, (naut.)* alongside.
paraninfo *sm (anche fig.)* paranymph.
paranoia *sf* paranoia.
paranoico *agg* paranoiac.
paranza *sf* sailing (*o* fishing) trawler.
paraocchi *sm pl* blinkers: *avere i paraocchi, (fig.)* to wear blinkers.
parapetto *sm* **1** parapet; *(balaustra)* balustrade; *(di finestra)* (window)-sill. **2** *(naut.)* bulwark; taffrail. **3** *(mil.)* parapet.
parapiglia *sm* turmoil; stampede.
parapioggia *sm* umbrella.
paraplegia *sf* paraplegia.
paraplegico *agg* paraplegic.
parapolvere *sm* dust-cover.
parapsicologia *sf* parapsychology.
parare *vt* **1** *(addobbare)* to adorn; to deck (out); to decorate; to drape: *Il paese era parato a festa,* The village was all decked out — *parare una chiesa a lutto,* to drape a church in black. **2** *(riparare)* to shield; to protect; to shelter; to keep* out (*o* off): *parare qcno da qcsa,* to shield sb from sth — *Mi pari con il tuo ombrello?,* Will you shelter me under your umbrella? — *L'impermeabile para la pioggia,* A raincoat keeps the rain out — *L'ombrellone para il sole,* The sunshade keeps out the sun. **3** *(scansare, evitare)* to parry; to ward off; *(fermare)* to stop; to halt: *parare un colpo,* to parry (to ward off) a blow — *parare un tiro, (calcio, ecc.)* to stop a shot.
□ *vi (mirare)* to lead* (up) to; to aim at; *(fam.)* to get* at; to drive* at: *Vediamo dove va a parare,* Let's see what he is leading up to (he is getting at, he is driving at).
□ **pararsi** *v. rifl* **1** *(abbigliarsi)* to dress (up); to adorn oneself; *(di sacerdote)* to vest oneself. **2** *(ripararsi)* to protect oneself; to take* shelter; to shelter oneself. **3** *(apparire improvvisamente)* to appear; to present oneself; to come* up to: *Gli si parò innanzi il vecchio castello,* The old castle appeared before him.
parasassi *sm* gravel guard.
parascintille *sm* spark-arrester; *(anche mecc.)* spark-screen.
parascolastico *agg* extracurricular; additional.
parasole *sm* **1** parasol; sunshade. **2** *(di macchina fotografica)* lens-hood; lens-screen.
paraspigolo *sm* staff angle.
paraspruzzi *sm* splash preventer; *(nelle automobili)* mudguard; fender *(USA);* splashguard.
parassita *agg* parasitic. □ *correnti parassite,* eddy currents — *rumori parassiti, (radio)* interference.
□ *sm e f.* **1** parasite. **2** *(fig.)* parasite; hanger-on; sponger.
parassitico *agg* parasitic.
parassitismo *sm (biologia e fig.)* parasitism.
parastatale *agg* State- (*o* government-) controlled: *ente parastatale,* government-controlled body.
□ *sm e f.* employee of a government-controlled body.
[1]**parata** *sf* parade *(anche mil.);* show; display: *sfilare in parata davanti a qcno,* to march past sb (on parade) — *abito di parata,* full dress. □ *Vista la mala parata, scappai,* When I saw the way things were going, I ran away (*o* off).
[2]**parata** *sf (il parare)* parry; *(scherma)* parade; parry; *(calcio)* save.
paratia *sf* bulkhead: *paratia stagna,* watertight bulkhead — *paratia di collisione,* forebreak (*o* collision) bulkhead.
paratifo *sm* paratyphoid.
parato *sm* **1** hangings *(pl.);* ornament; tapestry: *parati di velluto rosso,* red velvet tapestries — *carta da parati,* wallpaper. **2** *(naut.)* chocks *(pl.).*
paratoia *sf (per regolare il deflusso dell'acqua)* sluice gate; sluice valve; gate valve; dam.
paratura *sf* decoration; *(pl.)* hangings; tapestries.
paraurti *sm* shock absorber; *(di veicoli)* bumper; buffer.
paravento *sm* screen: *far da paravento a qcno, (fig.)* to screen (to shield) sb.
parcella *sf* **1** *(conto di professionista)* bill; *(di avvocato)* note of counsel's fees. **2** *(per estensione: la cifra)* fee; fees *(pl.);* honorarium (*pl.* honoraria *o* honorariums).
parcheggiare *vt* to park.
parcheggio *sm* parking; *(posteggio)* parking-place; car-park: *Vietato il parcheggio,* No parking.
parchimetro *sm* parking-meter.
[1]**parco** *agg* sparing; frugal; moderate; *(nello spendere)* thrifty; parsimonious: *essere parco di lodi (di parole),* to be sparing of praise (of speech) — *uno che è parco nel mangiare (nel bere),* a moderate eater (drinker) — *essere parco nello spendere,* to be parsimonious (*o* thrifty); to be careful with one's money.
[2]**parco** *sm* **1** park; *(di casa privata)* garden: *Londra è ricca di parchi,* London is full of parks — *parco nazionale,* national park. **2** *(complesso di materiali)* pool; park; *(di veicoli)* fleet: *parco automobilistico,* car park; fleet of cars — *parco d'artiglieria,* artillery park. □ *parco di divertimenti,* pleasure-ground — *parco della Rimembranza,* War Memorial Park.
parecchio **I** *agg indef* **1** *(sing.)* a good deal of; quite a lot of; a fair amount of: *Ho bevuto parecchia birra,* I drank a good deal of beer — *Ci vuole parecchia pazienza,* It takes a good deal of patience — *Ci vorrà parecchio tempo,* It will take quite a lot of time — *Non vedo tua moglie da parecchio tempo,* I haven't seen your wife for quite a time — *parecchio tempo fa,* long ago; a long time ago.
2 *(pl.)* quite a lot of; a good deal of; a good many; several: *Sono parecchi anni che studio inglese,* I have been studying English for several years — *parecchi altri,* a good few more; quite a lot more — *parecchie volte,* a number of times; many a time; several times.
II *pron indef* **1** *(sing.)* quite a lot; a good deal; a fair amount: *'C'è del latte nel frigo?' - 'Parecchio',* 'Is there any milk in the refrigerator?' - 'There's quite a lot' ('There's a fair amount').
2 *(pl.)* several; quite a lot; quite a few: *Eravamo in parecchi alla festa,* There were several (*o* quite a few) of us at the party — *Parecchi me lo hanno detto,* Several people have told me so.
III *avv* **1** *(con agg.)* quite; rather: *Oggi fa parecchio freddo,* It's quite (It's rather) cold today.
2 *(con verbi)* (quite) a lot; (rather) a lot; a good deal: *Abbiamo cantato parecchio,* We sang a lot.
3 *(parecchio tempo)* quite a time; quite a long time; some time: *È da parecchio che non la vedo,* I haven't seen her for some time.
pareggiabile *agg* comparable; able to be equalled; *(di conti)* able to be balanced.

pareggiamento *sm (uguagliamento)* equalizing; putting on an equality; levelling; balancing.

pareggiare *vt* **1** *(livellare)* to level; *(tagliando)* to trim: *pareggiare il terreno (la strada),* to level the ground (the road) — *pareggiare l'erba,* to trim the grass — *pareggiare i capelli a qcno,* to trim sb's hair; to give sb a trim. **2** *(rendere pari)* to equalize; to make* equal; *(comm.)* to balance; to settle; to square: *pareggiare i redditi,* to equalize incomes — *pareggiare il bilancio,* to balance accounts; to balance the budget — *pareggiare i conti,* to balance (to square) the accounts. **3** *(eguagliare)* to equal; to be* equal to; to match: *Nessuna ragazza la pareggia per eleganza,* No girl is equal to her in elegance. **4** *(parificare una scuola)* to recognize (a school) officially; to get* (a school) recognized (by the Board of Education).
□ *vi (sport)* to draw*; to tie: *Le due squadre ieri hanno pareggiato,* The two teams drew yesterday — *pareggiare un incontro,* to draw.
□ **pareggiarsi** *v. rifl (eguagliarsi)* to be* equal; *(comm., anche)* to balance: *Le spese si pareggiano con le entrate,* Expenses are equal to income — *Le loro forze si pareggiano,* Their forces are almost equal.

pareggiatura *sf (livellamento)* levelling.

pareggio *sm* **1** equalization; *(comm.)* balance; settlement: *raggiungere il pareggio, (comm.)* to balance. **2** *(sport)* draw; tie: *fare pareggio,* to draw.

parentado *sm* **1** *(l'insieme dei parenti)* relatives *(pl.)*; relations *(pl.)*; kin: *Mi presentò tutto il suo parentado,* He introduced all his relatives to me. **2** *(vincolo di parentela)* relationship; kinship; kindred.

parentali *sm pl* **1** *(storia romana: riti di commemorazione dei defunti)* Parentalia. **2** *(commemorazione del centenario della morte di personaggio illustre)* memorial celebration; centenary.

parente *sm e f.* relative; relation: *È un mio stretto parente,* He is a near relative of mine — *Siamo parenti stretti,* We are closely related — *un lontano parente,* a distant relation — *un parente acquisito,* a relative by marriage. □ *i parenti più stretti,* the next of kin — *amici e parenti,* kith and kin — *discendere da parenti illustri,* to be of noble extraction (stock, birth) — *La miseria è parente dell'infelicità,* Misery is akin (is closely related) to unhappiness.

parentela *sf* **1** *(vincolo di sangue)* relationship; kinship; consanguinity: *parentela stretta (lontana),* near (distant) relationship — *grado di parentela,* degree of relationship (of consanguinity). **2** *(i parenti)* relatives *(pl.)*; relations *(pl.)*: *Ci sarà tutta la tua parentela?,* Will all your relatives be there? **3** *(fig.)* relationship; connection; relation.

parentesi *sf* **1** parenthesis *(pl.* parentheses*)*; *(digressione)* digression: *Fece una lunga parentesi,* He made a long digression. **2** *(segno grafico)* bracket: *parentesi aperta (chiusa, rotonda, quadrata),* open (closed, round, square) bracket — *chiuso tra parentesi,* in brackets — *mettere qcsa tra parentesi,* to bracket sth. **3** *(fig.)* interval; pause; stop: *fare una breve parentesi,* to make a short pause — *Dopo una breve parentesi a Londra ripartì per l'Italia,* After a short stop in London, he went back to Italy. □ *detto tra parentesi,* incidentally; by the way.

parenteticamente *avv* parenthetically.

parentetico *agg (lett.)* parenthetic(al).

[1]**parere** *vi* **1** *(sembrare)* to seem; to appear; to look (like); *(avere lo stesso gusto)* to taste like; *(avere lo stesso odore)* to smell* like; *(emettere lo stesso suono)* to sound like: *Pare che sia un bravo tipo,* He seems to be a nice chap — *Pareva che fosse stanco,* He seemed (to be) tired; He appeared tired; He looked tired — *Pare di sì,* It seems so; It looks like it — *Pare di no,* It doesn't seem so; It doesn't look like it — *La casa pareva abbandonata,* The house appeared (to be) deserted — *Pare che il tempo voglia rimettersi,* It seems the weather may improve; The weather looks like clearing up — *Pare che voglia nevicare,* It looks like snow — *Pare ammalato,* He looks ill — *Pare una lepre,* It looks like a hare — *a quanto pare,* to judge from appearances (to all appearances) — *per ben parere,* to make a good impression; to cut a fine figure — *per non parere, (per passare inosservato)* in order not to be noticed; *(seguito da agg.)* in order to seem (to appear)...; so as not to seem (to appear)... — *Per non parere calvo, porta una parrucca,* So as not to appear bald (So his baldness wouldn't show), he wore a wig — *Pare zucchero,* It tastes like sugar — *Pare un nome straniero,* It sounds like a foreign name.
2 (**Mi pare, ti pare,** *ecc.: con la costruzione impersonale, nel significato di credere, pensare*) to think* *(con la costruzione personale)*: *Mi pare che faremmo meglio a tornare a casa,* I think we had better go back home — *Che ti pare di queste scarpe?,* What do you think of these shoes? — *Che te ne pare?,* What do you think (of it)? — *Mi è parso d'averlo sentito entrare,* I thought I heard him come in — *Non ti pare strano?,* Don't you think that strange? — *Mi pare di sì,* I think so — *Mi pare di no,* I don't think so — *Mi pareva (bene)!,* I thought as much! — *Mi pare una vita (mi par mill'anni) che non lo vedo,* I am longing to see him again — *Ma ti pare!,* Don't mention it! — *Mi pareva di sognare,* I could scarcely believe my eyes.
3 (**Come vi pare, come ti pare,** *ecc.: con la costruzione impersonale, nel significato di volere*) to like; to think* fit; to please; to want *(tutti con la costruzione personale)*: *Fate come vi pare,* Do as you like; Do as you think fit; Do as you please — *Ti porterò al cinema quando mi parrà,* I'll take you to the cinema when I please (*o* I think fit) — *Faccio quel che mi pare e piace,* I do just as I like.

[2]**parere** *sm (opinione)* opinion; judgement; advice: *Vorrei sentire il tuo parere,* I'd like (to hear) your opinion — *a mio parere,* in my opinion — *Siete tutti del mio parere?,* Do you all agree with me? — *mutar parere,* to change one's mind — *essere del parere che...,* to be of the opinion that...

paresi *sf* paresis.

paretaio *sm (tesa per uccelli)* bird-nets *(pl.)*; *(fig.: trappola)* snare.

parete *sf* wall; *(di montagna)* face; wall: *pareti dipinte (tappezzate),* painted (papered) walls — *le pareti di un bicchiere,* the inside (the inner surface) of a glass — *le pareti dello stomaco,* the walls of the stomach — *parete divisoria,* partition wall — *fra le pareti domestiche,* at home — *la parete nord del Cervino,* the North Face of the Matterhorn.

pargolo *sm (lett.: bimbo)* child *(pl.* children*)*.

pari I *agg invariabile* **1** *(uguale)* equal; (the) same; like; *(simile)* similar: *pari in abilità,* equal in ability — *di pari merito,* of equal (of like) merit — *di pari grado,* of the same (of equal) rank — *due ragazzi di pari altezza,* two boys of equal height — *in pari tempo,* at the same time — *senza pari,* matchless; unequalled — *parlare da pari a pari,* to speak as man to man — *i pari miei,* people like me; the likes of me — *Non m'a-*

spettavo un regalo pari a quello, I didn't expect a present like that (*o* such a present).

2 *(senza dislivelli)* level: *una superficie pari,* a level surface — *saltare a piè pari,* to make a clear jump — *saltare a piè pari una pagina, (fig.)* to skip a whole page.

3 *(divisibile per due)* even: *numeri pari e dispari,* odd and even numbers.

4 *(adeguato, all'altezza di)* equal (to): *Non era pari al compito affidatogli,* He was not equal to the task that was entrusted to him — *essere pari alla bisogna,* to be equal to the emergency.

5 *(sport e fig.: varie espressioni) Ora siamo pari e patta,* Now we are quits — *Tutti pari!,* All quits! — *fare pari (pareggiare),* to draw — *quaranta pari, (tennis)* deuce — *un arrivo a pari merito,* a dead heat.

6 alla pari, - **a)** *(in modo uguale)* in the same way - **b)** *(sullo stesso piano)* at the same level; on the same footing; as an equal: *mettersi alla pari di qcno,* to place oneself at the same level as sb — *vivere alla pari presso una famiglia,* to live au pair with a family - **c)** *(comm.)* at par — *alla pari di cambio,* at par of exchange — *sopra (sotto) la pari,* above (below) par — *vendere alla pari,* to sell at cost price.

di pari passo, - **a)** at the same rate: *procedere di pari passo,* to proceed at the same rate — *andare di pari passo coi tempi,* to keep up with the times - **b)** *di pari passo con...,* together with...: *La ricchezza va di pari passo con l'avarizia,* Wealth goes with stinginess.

al pari di, - **a)** *(allo stesso modo)* in the same way; just like; just as: *Tratta la moglie al pari di una schiava,* He treats his wife just like (in the same way as) a slave - **b)** *(nella stessa misura)* as much as: *Sei alto al pari di lui,* You are as tall as he — *nero al pari dell'inchiostro,* black as ink - **c)** *(in confronto a)* in comparison with; compared to: *Al pari di lei sei bellissima,* In comparison (Compared) with her you are beautiful.

del pari, as well; also; likewise; too: *Conosce del pari il tedesco,* He knows German as well (*o* too).

in pari, *(nelle espressioni) mettersi in pari coi pagamenti,* to pay off arrears — *mettersi in pari col proprio lavoro,* to catch up with one's work.

II *avv (nella locuzione pari pari) ripetere pari pari,* to repeat word for word — *Se ne andò pari pari,* He went away very slowly.

III *sm e f.* **1** equal; peer; like: *non aver pari,* to have no equal; to be unequalled — *State coi vostri pari,* Mix with your equals — *Osate parlare così ad un pari mio?,* Do you dare to speak like that to a man like me? — *da pari a pari,* as equals; as man to man.

2 *(GB, titolo nobiliare)* Peer; Lord: *i Pari d'Inghilterra (del Regno),* the Peers of the United Kingdom (of the Realm) — *moglie di un Pari,* Peeress — *l'ordine dei Pari,* the Peerage.

3 *(numero pari)* even: *giocare a pari e dispari,* to play at odds and even.

[1]**pària** *sm (anche fig.)* pariah.

[2]**parìa** *sf (rango di pari)* Peerage.

parificamento *sm* making equal; recognizing as equal.

parificare *vt* **1** to make* equal; to equalize. **2** *(una scuola)* to recognize officially.

parificazione *sf* **1** equalizing; equalization. **2** *(di una scuola)* official recognition.

parigina *sf* Parisian; Parisienne.

parigino *agg e sm* Parisian.

pariglia *sf* pair; couple: *una pariglia di cavalli,* a pair of horses. □ *rendere la pariglia a qcno,* to give tit for tat.

parimenti *avv* likewise; similarly; also.

parità *sf* parity; equality: *a parità di condizioni,* conditions being equal; under the same conditions — *parità di cambio,* parity of exchange — *parità di diritti,* equal rights *(pl.).*

pariteticamente *avv* jointly; on a fifty-fifty basis.

paritetico *agg* joint: *commissione paritetica,* joint committee.

parlabile *agg* speakable.

[1]**parlamentare** *agg* parliamentary: *repubblica parlamentare,* parliamentary republic — *le usanze parlamentari,* the usages of Parliament.

□ *sm (GB)* Member of Parliament *(abbr.* M.P.*);* parliamentarian; *(USA, ecc.: senatore)* senator; *(deputato)* representative; *(altrove: membro della Camera dei Deputati)* deputy.

[2]**parlamentare** *vi* to discuss; to parley.

parlamentarismo *sm* parliamentary system.

parlamento *sm* **1** Parliament: *sciogliere il parlamento,* to dissolve Parliament — *un ramo del parlamento,* a branch of Parliament. **2** *(ant.: convegno)* assembly; parley.

parlante *agg* speaking; talking; *(fig.: somigliantissimo)* lifelike; *(fig.: evidente)* clear; evident: *Nel film c'era un mulo parlante!,* There was a talking mule in the film! — *un ritratto parlante,* a lifelike portrait — *È il ritratto parlante di suo padre,* She's the very image of her father — *una prova parlante,* a convincing piece of evidence.

parlantina *sf* talkativeness; loquacity: *avere una gran parlantina (la parlantina sciolta),* to have a glib tongue; *(fam.)* to have the gift of the gab — *Che parlantina (ha)!,* What a chatterbox he (*o* she) is!

[1]**parlare** *vi* **1** to speak*; to talk: *parlare al telefono,* to speak (to talk) on the phone — *'Con chi parlo?'; 'Chi parla?',* 'Who's speaking?'; 'Who is that speaking, please?' — *'Parla Bianchi',* 'This is Bianchi speaking' — *Con chi credi di parlare?,* Who do you think you are talking to?; Watch who you are taking to! — *Parliamo d'altro,* Let's speak of (Let's talk about) something else; Let's change the subject — *Lasciatelo parlare!,* Let him have his say; Let him talk — *Non parliamone più,* Let's say no more about it — *Parli sul serio?,* Do you mean it?; Are you serious? — *Parla tanto per parlare,* He just talks for the sake of talking — *far parlare di sé,* to get oneself talked about — *I fatti parlano da soli,* The facts speak for themselves — *far parlare qcno, (permettere)* to let sb speak; *(incoraggiare)* to make sb speak; to get sb to speak; *(costringere)* to make sb talk *(cfr. anche il* **5**, *sotto)* — *per non parlare di...,* not to speak of...; not to mention...; let alone... — *generalmente (teoricamente) parlando,* generally (theoretically) speaking — *parlare tra sé,* to talk to oneself — *parlare a bassa voce,* to speak in a low voice; to speak softly — *parlare ad alta voce,* to speak out loud — *parlare sottovoce,* to speak under one's breath; to speak softly; to whisper — *parlare più forte,* to speak up — *parlare nel naso,* to speak (to talk) through one's nose — *parlare a gesti,* to talk in sign language — *parlare a vanvera (a casaccio),* to talk through one's hat (through the top of one's head) — *parlare in gergo, (professionale)* to talk jargon; *(popolaresco)* to talk slang — *parlare in dialetto,* to talk dialect — *parlare grasso,* to talk smut (*o* dirt) — *parlare forbito,* to speak carefully; to choose one's words — *parlare chiaro,* to speak clearly; *(fig.)* to speak out; to speak one's mind; to put it bluntly —

parlare fuori dai denti; parlare senza peli sulla lingua, to speak plainly; to call a spade a spade — *parlare fra i denti,* to mutter; to talk under one's breath — *Parla con i piedi,* He can't speak properly; He speaks very badly — *Parla come un libro stampato,* He talks just like a book — *parlare al plurale,* to use the royal 'we' — *parlare nel sonno,* to talk in one's sleep — *parlare al vento,* to speak to the winds — *parlare al muro,* to talk to a blank wall — *Parla come un mulino a vento,* He could talk the hind leg off a donkey — *parlare di affari (di politica),* to talk business (politics) — *parlare del proprio lavoro,* to talk shop — *parlare per esperienza,* to speak from experience — *parlare del più e del meno,* to chat about this and that — *Con rispetto parlando...,* If you don't mind my saying so... — *Si parla di formare un comitato,* There is (some) talk of setting up a committee.

2 *(far cenno di)* to mention; *(trattare qcsa per iscritto, estesamente)* to write* about; to deal* with; to discuss: *Il nostro libro non ne parla,* Our book doesn't mention it — *I giornali di oggi ne parlano,* Today's papers mention it; It's mentioned in today's papers — *L'autore parla di strutturalismo a pagina sedici,* The author discusses (*o* deals with) structuralism on page sixteen.

3 *(discutere su, di)* to discuss; to debate; to talk about: *Ne parleremo poi,* We'll discuss this later; We'll talk about this later — *Parlavano ancora circa l'opportunità di aderire alla proposta del ministro,* They were still debating whether to support the minister's proposal — *Per ora non se ne parla,* There's nothing doing for the moment.

4 *(tenere un discorso)* to address: *Il Presidente della Repubblica parlerà alla nazione alle ore venti,* The President will address the nation at eight o'clock.

5 *(confessare)* to talk; *(sl.: 'cantare')* to sing*: *Il prigioniero ha parlato,* The prisoner has talked — *Abbiamo i nostri mezzi per farvi parlare,* We have ways of making you talk.

6 *(ricordare)* to remind; to bring* back memories: *Qui tutto mi parla di te,* Everything here reminds me of you.

□ *vt (una lingua)* to speak*; *(in modo incomprensibile)* to talk: *Parla molto bene il russo,* He speaks Russian very well; He speaks excellent Russian — *Si parla italiano,* Italian spoken here — *parlare arabo (turco),* to talk double Dutch — *Per me è come se parlasse arabo,* It's all Greek to me.

□ **parlarsi** *v. rifl reciproco* **1** to speak* to each other (one another); *(essere in buoni rapporti con qcno)* to be* on speaking terms with sb; to speak*: *Non ci parliamo più,* We aren't on speaking terms any more; We aren't speaking any longer; We don't speak to one another any more.

2 *(fam.: amoreggiare)* to be* courting; to go* steady; *(essere fidanzati)* to be* engaged: *Si parlano da due mesi,* He has been courting her (They have been going steady) for two months.

[2]**parlare** *sm* **1** talk; speech; talking; speaking: *Ci fu un gran parlare,* There was a lot of talk. **2** *(modo di parlare)* way of speaking. **3** *(parlata)* language; *(dialetto)* dialect; *(accento)* accent.

parlata *sf* **1** dialect; accent; *(modo di parlare)* way of speaking: *la parlata romana,* the Roman dialect — *riconoscere qcno dalla parlata,* to recognize sb by his accent. **2** *(discorso)* speech; talk.

parlatore *sm* speaker; talker; *(oratore)* orator: *È un parlatore,* He's a talkative person — *È un gran parlatore,* He's a good talker (a ready speaker).

parlatorio *sm* parlour.

parlottare *vi* to speak* (to talk) in a low voice; to mutter.

parlottio *sm* murmuring; muttering; whispering.

parmigiano *agg* Parmesan; Parma *(attrib.);* from Parma: *formaggio parmigiano,* Parmesan cheese.

parodia *sf* parody; *(imitazione scadente)* poor imitation: *fare la parodia di qcsa,* to parody sth.

parodiare *vt (lett.)* to parody.

parola *sf* **1** word *(anche fig.): Parole, parole, parole!,* Words, words, words! — *Non ho parole per esprimere la mia gratitudine,* I have no words to express my gratitude — *Mi mancarono le parole, (per l'emozione, ecc.)* Words failed me — *la parola giusta,* the right word; the 'mot juste' *(fr.)* — *'Progresso' non è la parola adatta,* 'Progress' is not the word for it — *parola piana (sdrucciola),* word accented on the last syllable but one (but two) — *parola tronca,* word accented on the last syllable — *in una parola,* in a word; briefly; to sum up — *parola per parola,* word for word — *ripetere (tradurre) parola per parola,* to repeat (to translate) word for word — *nel vero senso della parola,* in the true sense of the word — *misurare (pesare) le parole,* to weigh one's words — *Non disse una parola sull'accaduto,* He didn't say a word about the event — *rimangiarsi la parola,* to eat one's words — *Non credo una parola della tua storia,* I don't believe a word of your story — *Il presidente dirà ora alcune parole,* The chairman will now say a few words — *un uomo di poche parole,* a man of few words — *Non sprecare parole con quel cretino,* Don't waste words on that idiot — *dire (mettere) una buona parola per qcno,* to say (to put in) a good word for sb — *Non riuscirono a cavare di bocca una parola al prigioniero,* They could not get a word out of the prisoner — *rubar la parola di bocca a qcno,* to take the words out of sb's mouth — *mettere le parole in bocca a qcno,* to tell sb what to say; to put the words into sb's mouth; to prompt sb — *avere l'ultima parola,* to have the last word — *dire l'ultima parola,* to say the last word — *sulla parola, (subito)* on the word; with the word — *parola d'ordine, (mil.)* password; *(per estensione)* watchword — *La parola d'ordine era resistere fino all'ultimo,* The watchword was resistance to the last man — *La sua parola è legge,* His word is law — *Ricordati le parole che ti ho detto,* Remember (Mark) my words — *la parola di Dio,* the word of God — *venire a parole,* to have words; to quarrel — *fare seguire alle parole i fatti,* to suit the action to the word — *passare dalle parole ai fatti,* to proceed from words to blows.

2 *(impegno, promessa)* word; promise; pledge; undertaking; *(mil. e dir.)* parole: *parola d'onore,* word of honour — *sulla mia parola, (parola d'onore)* upon my word — *dare la propria parola,* to give one's word — *mantenere (mancare) la parola data,* to keep (to break) one's word (one's promise) — *un uomo di parola,* a man of his word — *prendere qcno in parola,* to take sb at his word — *essere di parola,* to be as good as one's word — *essere in parola con qcno,* to be negotiating with sb — *tregua sulla parola, (mil.)* truce on parole.

3 *(facoltà di parlare, favella)* speech: *il dono della parola,* the gift of speech — *libertà di parola,* freedom of speech — *Gli manca solo la parola!,* It only lacks speech!; If it could only speak! — *aver la parola facile,* to have a ready tongue — *non aver la*

parola facile, to be slow of speech — *perdere la parola,* to lose the use of one's tongue; to be speechless; to be tongue-tied.
4 *(diritto di esprimersi) A te la parola (La parola è tua),* It's your turn to speak — *aver la parola,* to be allowed to speak — *dare la parola a qcno,* to give sb the floor; to call upon sb to speak — *La corte dà la parola alla difesa,* The Court calls upon the defence — *togliere la parola a qcno,* to cut sb short; to call sb to order — *chiedere la parola,* to ask leave to speak. □ *parole incrociate,* (a) crossword puzzle — *gioco di parole,* pun; play upon words — *belle parole,* flattering speech; fair words — *... in parola, ...* in question — *la persona in parola,* the person in question — *È una parola!,* It's easier said than done! — *Meno parole!,* Less talk! — *Quante parole!; Tutte parole!,* It's all hot air! — *far parola,* to speak — *non far parola,* to hold one's tongue — *far parola di qcsa con qcno,* to mention sth to sb — *masticare le parole,* to mumble — *rivolgere la parola a qcno,* to address sb — *Mi rivolse la parola in francese,* He addressed me in French — *La parola è d'argento, il silenzio è d'oro, (prov.)* Speech is silver, silence is golden — *A buon intenditor poche parole, (prov.)* One word to the wise (is enough, is sufficient).

parolaccia *sf* bad word; swear-word; four-letter word. □ *Mi disse delle parolacce,* He called me names.

parolaio *sm* **1** *(chiacchierone)* chatterbox; talkative person. **2** *(fanfarone, venditore di fumo)* word-monger; *(fam.)* hot air merchant.
□ *agg (che ciancia a vuoto)* loquacious; wordy; long-winded.

paroliere *sm* writer of popular songs (of lyrics).

parossismo *sm (med.)* paroxysm; *(fig.)* paroxysm; outburst; fit: *un parossismo di rabbia,* a paroxysm (an outburst, a fit) of rage.

parossitono *agg e sm* paroxytone.

parotide *sf* parotid gland.

parotite *sf (med.)* parotitis; *(fam.: orecchioni)* mumps.

parquet *sm* parquet(-flooring).

parricida *sm e f.* parricide. □ *agg* parricidal.

parricidio *sm* parricide.

[1]**parrocchetto** *sm (zool.)* parakeet.

[2]**parrocchetto** *sm (naut.)* fore-topsail: *albero di parrocchetto,* fore-topmast.

parrocchia *sf* **1** *(una delle divisioni di una diocesi)* parish: *la parrocchia, (i fedeli)* the Parish. **2** *(la chiesa parrocchiale)* parish church.

parrocchiale *agg* parish *(attrib.);* parochial.

parrocchiano *sm* parishioner.

parroco *sm (cattolico)* parish priest; *(protestante)* parson; vicar; rector.

parrucca *sf* **1** wig: *Credo porti una parrucca,* I think he wears a wig — *in parrucca,* wigged. **2** *(fig.: capigliatura zazzeruta)* long-hair.

parrucchiere *sm* **1** hairdresser; *(per uomo)* barber. **2** *(chi fabbrica parrucche)* wig-maker.

parruccone *sm (persona d'idee retrive)* old fogey; Colonel Blimp.

parsimonia *sf* thriftiness; frugality: *con parsimonia,* sparingly — *Dovresti usare una maggior parsimonia,* You should be more thrifty (*o* frugal).

parsimoniosamente *avv* parsimoniously; thriftily.

parsimonioso *agg* thrifty; frugal; sparing; parsimonious.

partaccia *sf* **1** *(scenata)* scolding; telling-off: *Gli ho fatto una partaccia,* I've given him a good telling-off. **2** *(brutto ruolo)* terrible part.

parte *sf* **1** *(porzione, componente di un tutto)* part; share; portion: *una parte della responsabilità,* a part (a share) of the responsibility — *le parti del discorso,* the parts of speech — *le parti del corpo,* the parts of the body — *una fuga in tre parti, (mus.)* a three-part fugue — *parti di ricambio,* spare parts; spares — *avere parte in qcsa,* to have a hand in sth — *far parte di qcsa,* to be part of sth; to belong to sth — *fare parte di una commissione,* to be (to sit) on a committee — *prendere parte a qcsa,* to join in sth; to take part in sth — *fare le parti,* to divide sth up; *(distribuire)* to share sth out — *fare la parte del leone,* to take the lion's share — *per la maggior parte,* for the most part — *in parte,* in part; partly — *Il lavoro è già in parte finito,* The job is already partly finished — *in gran parte,* largely; to a large (*o* great) extent.
2 *(espressioni in cui si traduce con un aggettivo o pronome indefinito) una parte,* some — *Una parte degli studenti non si presentò agli esami,* Some of the students did not turn up for the exam — *gran parte di, (sing.)* a lot of; *(pl.)* a great many of — *la maggior parte,* most — *la maggior parte della gente,* most people *(pl.).*
3 *(luogo, regione)* part; region; area; district: *da qualche parte,* somewhere (*USA* some place) — *da qualche altra parte,* somewhere else (*USA* some place else) — *da nessuna parte,* nowhere — *da ogni parte; da tutte le parti,* everywhere — *dalle mie parti,* in my part of the country; in my area — *da queste parti,* in these parts; around here — *dalle parti di Varese,* in the area around Varese; in the Varese district.
4 *(lato: anche fig.)* side: *parte davanti,* front — *parte di dietro,* back; rear — *da questa parte, (stato)* on this side; *(moto)* this way; in this direction — *dall'altra parte,* on the other side — *dalla parte sinistra (destra),* on the left (right) side; *(talvolta)* on the left (right) hand; on the left-hand (right-hand) side — *la parte diritta, (di stoffa)* the right side — *da entrambe le parti, (stato)* on both sides; *(moto)* from both sides — *da una parte..., dall'altra...,* on (the) one hand..., on the other hand... — *d'altra parte,* on the other hand — *da tutte le parti, da ogni parte, (stato)* on all sides; *(moto)* from all sides; from every direction — *essere dalla parte del torto,* to be in the wrong — *farsi da parte,* to move to one side; to move aside; to step aside; to get out of the way — *mettere qcsa da parte,* to lay sth by; to put (to set) sth aside — *Glielo metto da parte, (in un negozio)* I'll put it aside (on one side) for you — *per parte di madre,* on his (my, their, *ecc.*) mother's side — *stare dalla parte di qcno,* to be on sb's side — *prendere le parti di qcno,* to side with sb — *Stettero dalla nostra parte,* They sided with us; They came over to our side — *Non so da che parte incominciare,* I don't know where to start — *da parte a parte,* from side to side; from end to end; right through — *La coltellata l'aveva passato da parte a parte,* The knife went right through him — *Non sappiamo da che parte prenderlo,* We never know how to take him — *Non so da che parte voltarmi,* I don't know which way to turn; I'm at my wits' end.
5 *(ruolo)* part; rôle *(fr.: nel linguaggio teatrale e fig.): la parte principale,* the leading rôle — *una parte secondaria,* a minor (a secondary) rôle — *fare una parte,* to play a rôle — *avere una parte importante,* to play an important rôle; to have an important part — *assegnare una parte a qcno,* to give sb a part; to cast sb for a part (a rôle) — *avere una parte nell'Amleto,* to have a part in Hamlet — *recitare la parte di*

Amleto, to play the title rôle in Hamlet — *fare la parte dello stupido, (fig.)* to play the fool.

6 *(partito)* party; *(fazione)* faction; side: *uomo di parte,* party-man; partisan — *spirito di parte,* party spirit; *(spreg.)* bias; partiality — *un giudizio di parte,* a biased judgement — *la parte guelfa,* the Guelf faction.

7 *(comm., dir.)* party: *parte civile,* plaintiff — *costituirsi parte civile contro qcno,* to bring an action against sb — *la parte contraente (lesa),* the contracting (injured) party — *le parti in causa,* the parties to the case (to the action) — *le due parti, ambo le parti,* both sides.

8 a parte, *(locuzione avverbiale)* - **a)** apart (from): *A parte il suo egoismo, è un'ottima persona,* Apart from his selfishness, he is a splendid fellow - **b)** *(comm.)* under separate cover - **c)** *(separato)* separate; different: *un cassetto a parte,* a separate drawer — *Questo è un problema del tutto a parte,* This is a different problem altogether — *Questo è un caso a parte,* This is an exception; This is a particular case — *Il servizio è compreso a parte?,* Is service included or extra? — *scherzi a parte,* joking apart; seriously; no kidding, though *(fam.)*.

9 da parte di *(locuzione preposizionale)* from: *Molti saluti da parte di mia madre,* Regards from my mother — *da parte mia,* - **a)** *(da me)* from me - **b)** *(per quel che mi riguarda)* for my part; as far as I'm concerned — *da parte mia (tua, ecc.),* ... of me (... of you, *ecc.*) — *È stato molto gentile da parte tua farlo,* It's been very kind of you to do it.

□ *Da dieci giorni a questa parte non s'è più fatto vivo,* I haven't heard from him for ten days now — *prendere qcsa in buona parte,* to take sth in good part — *prendere qcsa in mala parte,* to take sth badly (*o* in bad part, amiss) — *fare una brutta parte a qcno,* to behave badly towards sb; to play sb a dirty trick; to play a mean trick on sb — *essere a parte di qcsa,* to be informed of sth; to be in the know; to be in on sth — *non avere né arte né parte,* to be a good-for-nothing.

partecipabile *agg* communicable.

partecipante *sm e f.* **1** participant; partaker; sharer: *Quanti sono i partecipanti alla gara?,* How many people are taking part (How many entrants are there) in the race? **2** *(persona presente)* person present; person attending; attendee: *I partecipanti al congresso erano molto numerosi,* There was a large attendance at the congress.

□ *agg* (*p. pres. di* **partecipare** ⇨) **1** participating; sharing. **2** *(presente)* present; attending.

partecipare *vi* **1** to participate (in sth); to take* part (in sth): *partecipare ad un complotto,* to participate in a plot. **2** *(condividere)* to share (sth, in sth); to partake* (of, in sth): *Partecipa alle mie gioie e ai miei dolori,* He shares (in) my troubles as well as (in) my joys — *partecipare alle spese,* to share (the) expenses — *partecipare agli utili,* to share (to take a share in) the profits — *partecipare ad un banchetto,* to partake (of) (to take part in) a banquet. **3** *(intervenire, essere presente)* to attend (sth); to be* present (at sth): *Partecipasti alla riunione?,* Did you attend the meeting?; Were you present at the meeting? — *Non partecipai al matrimonio,* I wasn't present at (I didn't go to) the wedding — *partecipare ai lavori d'una commissione,* to sit on a committee. **4** *(essere, diventare partecipe; avere in comune)* to have* something (of the nature) of; to have* something in common with: *Partecipa un po' del carattere della madre,* She has a little (of the nature) of her mother; She has a great deal in common with her mother.

□ *vt* **1** *(rendere noto, annunciare)* to announce; to communicate; to acquaint (sb with sth): *Partecipò il fidanzamento a tutti gli amici,* He announced his engagement to all his friends — *partecipare un segreto a qcno,* to let sb in on a secret. **2** *(lett.: spartire, concedere)* to grant; to bestow (sth on sb).

partecipazione *sf* **1** *(il partecipare)* participation; sharing; *(l'essere presente)* attendance; presence: *La tua partecipazione alla riunione è molto importante,* Your presence at the meeting is very important. **2** *(annuncio, comunicazione)* announcement; communication; *(biglietto)* card: *partecipazione di nozze,* announcement of a wedding — *Quante partecipazioni di nozze hai inviato?,* How many wedding-cards did you send out? **3** *(comm.)* sharing; holding: *partecipazione agli utili,* profit-sharing — *partecipazione di maggioranza,* controlling interest — *partecipazione azionaria,* shareholding — *partecipazione statale,* state ownership.

partecipe *agg* participating; sharing; partaking: *Sono partecipe del vostro dolore,* I offer you my condolences — *far partecipe qcno di qcsa,* to inform sb of sth; to acquaint sb with sth.

parteggiare *vi (fig.: essere dalla parte di qcno)* to take* sb's side; to side with; to support; *(fam.)* to back: *parteggiare per un partito (una causa),* to support a party (a cause).

partenogenesi *sf* parthenogenesis; virgin birth.

partenza *sf* departure; leaving; starting; *(di nave)* sailing; *(di aereo)* take-off; *(di razzo)* blast-off; lift-off; *(atletica, ecc.)* start: *anticipare (rimandare) la partenza,* to put forward (to put off) one's departure — *Saprai tutto alla mia partenza,* You'll know everything on my departure — *ora di partenza,* departure time — *essere pronto per la partenza,* to be ready to leave — *in partenza per...,* leaving for... — *nave in partenza per...,* ship sailing for... — *Presi il primo treno in partenza,* I took the first train leaving (the first train out) — *'Il treno per Parigi è in partenza al binario ventidue',* 'The Paris train is about to leave from platform twenty-two' — *punto di partenza,* starting point — *segnale di partenza,* starting signal — *al segnale di partenza,* at the gun — *linea di partenza, (sport)* starting-line.

particella *sf* **1** *(piccola parte)* particle; small portion; *(fis.)* particle. **2** *(gramm.)* particle: *particella avverbiale,* adverb particle. **3** *(dir.)* small parcel of land.

participio *sm (gramm.)* participle.

particolare *agg* **1** particular; peculiar; special: *aspetto (tono, ecc.) particolare,* particular look (tone, *ecc.*) — *in questo caso particolare,* in this particular case — *per nessuna particolare ragione,* for no particular reason — *Vi misi una cura particolare per farlo bene,* I took particular trouble to get it right — *un argomento di particolare interesse,* a matter of peculiar (particular, special) interest — *in particolare,* in particular; particularly — *niente di particolare,* nothing special — *un favore particolare,* a special favour — *un saluto particolare,* a special greeting. **2** *(privato, personale)* private; personal: *un'udienza particolare,* a private audience — *una lettera particolare,* a personal letter — *ragioni particolari,* private reasons. □ *amicizie particolari,* homosexual friendships (*o* relationships) — *un sapore particolare,* a distinctive flavour.

□ *sm* **1** *(elemento, dettaglio)* particular; detail: *Ci sono alcuni particolari molto interessanti,* There are some very interesting details — *entrare nei particolari,* to go into details — *dare tutti i particolari,* to give full details — *conoscere tutti i particolari,* to be acquainted with all the details (with all the ins and outs, *fam.*) — *su questo particolare,* on this point — *con tutti i particolari,* at full length; with full details. **2** *(mecc.: pezzo)* part; *(elemento singolo d'una macchina, ecc.)* detail; item: *particolare finito,* finished part — *particolare lavorato,* machined part — *particolari costruttivi,* construction details — *particolare conforme (al richiesto),* buy-off item. **3** *(privato cittadino)* (private) person.

particolareggiare *vt e i.* to go* into particulars (about, over sth); to give* minute details (of sth); to describe (sth) in minute detail.

particolareggiatamente *avv* in detail.

particolareggiato *agg* detailed; minute; circumstantial.

particolarismo *sm* particularism.

particolarista *sm e f.* particularist.

particolaristico *agg* particularistic.

particolarità *sf* **1** *(aspetto o proprietà particolare)* particularity; peculiarity. **2** *(circostanza particolare)* detail; particular. **3** *(parzialità)* partiality.

particolarmente *avv* particularly.

partigianeria *sf* partisanship; partiality.

partigiano *agg* partisan; factious; partial: *spirito partigiano,* party spirit — *legge partigiana,* partial law. □ *sm* **1** partisan; follower; supporter. **2** *(mil.)* partisan; resistance fighter; guer(r)illa.

partire *vi* **1** to leave*; to go* away; to be* off; to set* out (*o* off); *(decollare)* to take* off; *(salpare)* to sail: *Sarebbe ora che partissimo,* It's time for us to leave; It's time we left; It's time we were off — *Partiremo per Londra la settimana prossima,* We're leaving for London (We're off to London) next week — *partire in treno (in aereo, ecc.),* to leave by train (by plane, ecc.) — *partire da casa,* to leave home — *partire per l'estero,* to go abroad — *partire per la guerra,* to go to the war — *partire come una freccia (un fulmine),* to be off like a shot — *Partimmo di buon'ora,* We set off early — *Partì per un lungo viaggio,* He set off (*o* out) on a long journey — *È partito con mia moglie,* He has gone off with my wife — *lasciar partire un colpo di fucile,* to fire a gun. **2** *(avere inizio, trarre le mosse)* to start; *(provenire)* to come* (from); *(di motore)* to start: *Il sentiero parte dalla casa abbandonata,* The path starts from the deserted house — *partire bene,* to get off to a good start — *partire da un principio (da una convinzione, ecc.),* to start from a principle (a belief, *ecc.*) — *Tutti i tuoi guai partono dalla tua imprudenza,* All your troubles start (*o* come, stem) from your imprudence — *Mio padre è partito dal niente,* My father started from nothing — *un sospiro che parte dal cuore,* a sigh from the heart — *a partire da domani,* beginning (*o* starting) from tomorrow; as from tomorrow — *A partire dal quindici di questo mese riprenderò il lavoro,* I'll resume work as from the fifteenth of this month — *Il romanzo si fa più interessante a partire da pagina duecento,* The novel becomes more interesting from page two hundred onwards.

□ *vt* **1** *(lett.: dividere)* to separate; to divide. **2** *(lett.: spartire)* to share (out). □ *Partire è un po' morire, (prov.)* Each parting is a little death.

□ **partirsi** *v. rifl* to leave*; to depart: *Si partì dai genitori con dolore,* She left her parents with regret — *partirsi da questa vita,* to depart this life; to pass away; to die; to go the way of all flesh.

partita *sf* **1** *(comm.: di merce)* lot; batch; consignment; parcel: *comprare in partita,* to buy by lots (*o* wholesale) — *Abbiamo ricevuto una nuova partita di caffè dal Brasile,* We have received a new lot of coffee from Brazil — *una partita di merce,* a parcel of goods. **2** *(contabilità)* entry: *annullare una partita,* to cancel an entry — *partita semplice (doppia),* single (double) entry — *un libro a partita doppia,* a ledger — *partite di giro, (comm.)* clearing transactions — *saldare una partita,* to settle an account; *(fig.)* to get one's own back (on sb) — *partita scoperta,* overdrawn account. **3** *(nel bilancio dei pagamenti)* item: *partite visibili e invisibili,* visible and invisible items (*o* exports). **4** *(nel gioco)* match; game: *una partita di calcio,* a game of football; a football match; a football game *(spec. USA)* — *una partita a carte,* a game of cards — *fare (giocare) una partita,* to play (to have) a game; *(alle carte)* to make a four — *assistere ad una partita,* to watch a game (a match) — *perdere (vincere) una partita,* to lose (to win) a game — *dar partita vinta,* to give in; to surrender — *giocare a partita doppia,* to play a double game. **5** *(azione di gruppo)* party: *partita di piacere,* excursion; outing — *partita di caccia,* hunting-party — *essere della partita,* to be one of the party. **6** *(mus.)* partita; *(talvolta, erroneamente)* suite. □ *partita d'onore,* duel — *È una partita chiusa, (fig.)* It's a closed chapter; It's all over now.

partitivo *agg e sm (gramm.)* partitive.

[1]**partito** *agg (araldica)* party: *scudo partito,* party shield.

[2]**partito** *sm* **1** *(politica)* party: *partito laburista (conservatore),* Labour (Conservative) party — *partito socialista (comunista),* Socialist (Communist) party — *i partiti di centro (di destra, di sinistra),* the Centre (the Right, the Left) — *il partito al potere,* the party in power — *il partito dell'opposizione,* the opposition (party) — *partito di massa,* party appealing to the masses — *Non sapevo ti fossi iscritto a quel partito,* I didn't know you had joined that party — *gli iscritti al partito,* the party members — *la linea del partito,* the party line. **2** *(scelta)* choice; *(decisione, determinazione)* decision; resolution; *(in molte locuzioni idiomatiche)* sides *(pl.)*: *Scegli il partito migliore,* Make the best choice — *prendere un partito,* to take a decision — *prendere partito,* to take sides — *prendere partito pro o contro,* to side with or against — *Non so che partito prendere,* I can't make up my mind (to anything) — *per partito preso,* deliberately. **3** *(occasione, offerta di matrimonio)* match: *È il miglior partito della città,* He is the best match in the town. **4** *(stato, condizione)* situation; state: *ridursi a mal partito,* to get into a bad situation — *essere ridotto a mal partito,* to be badly off; to be in a bad way — *essere all'estremo partito (in condizioni disperate),* to be in desperate straits. **5** *(patto, condizione)* condition; terms *(pl.)*: *Non lo farò a nessun partito,* I won't do it on any terms (*o* at any price). **6** *(vantaggio)* profit; advantage; benefit; *(risorse)* resource: *trarre partito da qcsa,* to take advantage of sth; to make a profit on sth — *il mio ultimo partito,* my last resource — *cercare di trarre partito da ogni cosa,* to try to turn everything to account.

□ *mettere il cervello a partito,* to settle down; to become reasonable; to mend one's ways — *ingannarsi a partito,* to be utterly mistaken — *femmina di partito,* prostitute.

partitore *sm* divider.

partitura *sf* **1** *(divisore)* division; partition. **2** *(mus.)* score.

partizione *sf* partition; division.

parto *sm* **1** birth; childbirth; labour (*USA* labor); delivery: *parto gemellare,* multiple birth — *le doglie del parto,* labour pains — *sala parto,* delivery room — *morire di parto,* to die in childbirth. **2** *(fig.)* fruit; product: *un parto della fantasia,* a product of the imagination — *i parti dell'ingegno,* the products of genius.

partoriente *agg* in labour; in labor *(USA);* in childbed; *(med.)* parturient.
□ *sf* woman *(pl.* women*)* in labour (in childbed); woman *(pl.* women*)* lying-in.

partorire *vt e i.* **1** to give* birth (to); to bear*; to bring* forth; to be* delivered of; to beget* *(lett. e ant.): Ha partorito un bel maschietto,* She has given birth to a nice little baby boy. **2** *(di animale feroce)* to cub; *(di cavalla)* to foal; *(di mucca)* to calve; *(di cagna)* to have* puppies; to whelp; to litter; *(di gatta)* to have* kittens; *(di pecora)* to drop; to lamb; *(di scrofa)* to farrow; to litter. **3** *(fig.)* to produce; to cause; to breed*: *Cosa ha partorito stavolta la sua fantasia morbosa?,* What has his morbid imagination produced this time? — *L'invidia partorisce infelicità,* Envy breeds unhappiness — *La montagna ha partorito un topolino,* The mountain has brought forth a mouse *(letteralm.);* The whole thing proved to be a great disappointment *(o fam.* flop*).*

parvenza *sf* **1** *(aspetto)* appearance; aspect. **2** *(ombra)* show; pretence; shadow.

parziale *agg* partial: *essere parziale verso qcno,* to be partial towards sb.

parzialità *sf* partiality; favouritism; *(atto di ingiustizia)* unfairness.

parzialmente *avv* **1** *(in parte)* partially. **2** *(ingiustamente)* in a partial manner: *Il giudice si comportò parzialmente nei confronti dell'imputato,* The judge acted in a partial manner towards the accused.

pascere *vt* **1** to graze; to pasture: *pascere le mucche,* to graze (to pasture) cows. **2** *(fig.)* to feed*; to nourish: *pascere la vista,* to feed one's eyes.
□ *vi* to graze; to feed*: *Le mucche pascevano nei prati,* The cows were grazing in the fields.
□ **pascersi** *v. rifl* **1** to feed* on; to eat* on; to live on: *pascersi di latte,* to feed on milk. **2** *(fig.)* to cherish; to feed* on; to live on: *pascersi di vane speranze,* to live on false hopes — *pascersi di illusioni,* to cherish illusions.

pascià *sm* pasha: *fare il pascià; stare come un pascià,* to live like a lord.

pasciuto *agg* fed; nourished: *ben pasciuto,* well-fed.

pascolamento *sm* pasturage.

pascolare *vt* to graze; to pasture; *(raro, fig.)* to feed*: *pascolare il gregge,* to pasture the flock.
□ *vi* to graze; to pasture.

pascolo *sm* **1** pasture; pasturage: *condurre le mucche al pascolo,* to lead one's cattle to pasture — *un pascolo abbondante,* a rich pasture — *diritto di pascolo,* right of pasture — *pascolo abusivo,* unlawful pasturage. **2** *(fig.)* nourishment; food.

Pasqua *sf* **1** *(cristiana)* Easter: *augurare la buona Pasqua a qcno,* to wish sb a happy Easter — *uovo di Pasqua,* Easter egg — *La Pasqua è alta (bassa) quest'anno,* Easter falls late (early) this year — *passare la Pasqua in famiglia,* to spend Easter with one's family. **2** *(ebraica)* Passover. □ *essere contento come una Pasqua,* to be as merry as a cricket; to be as happy as a sand-boy — *venire la Pasqua di domenica,* to happen just at the right time — *Pasqua delle rose,* Whitsunday; Pentecost.

pasquale *agg* Easter *(attrib.);* pertaining to Easter; *(della Pasqua ebraica)* paschal: *agnello pasquale,* paschal lamb — *vacanze pasquali,* Easter holidays.

pasquinata *sf* lampoon: *scrivere pasquinate,* to lampoon.

passabile *agg* passable; tolerable; fairly good; not bad.

passabilmente *avv* passably; tolerably.

passacavo *sm (naut.)* chock; fairlead.

passafili *sm (industria tessile)* guiding-slit.

passaggio *sm* **1** *(l'atto del passare)* passage; passing; *(spec. di fiume, di mare)* crossing: *il passaggio di un corteo,* the passing of a procession — *il passaggio di un fiume,* the crossing of a river — *di passaggio, (fig.)* in passing; incidentally; *(di transizione)* of transition — *Sono qui solo di passaggio,* I'm just passing through — *velocità di passaggio, (cinematografia)* film speed — *il passaggio da questa vita all'altra,* death; the passing away. **2** *(traffico)* traffic: *In questa strada c'è un gran passaggio,* There is a lot of traffic in this street; This is a very busy street — *impedire il passaggio della strada,* to block the flow of traffic; to obstruct the highway. **3** *(luogo per cui si passa, varco)* passage; crossing; way: *passaggio sotterraneo,* subway; underground passage — *vietato il passaggio,* no thoroughfare; no entry — *un passaggio stretto,* a narrow passage — *il passaggio a Nord-Ovest,* the North-West passage — *passaggio a livello,* grade (*o* level) crossing — *passaggio a livello custodito (incustodito),* guarded (unguarded) level crossing — *passaggio pedonale,* pedestrian (*o* zebra) crossing — *aprirsi un passaggio tra la folla,* to push one's way through the crowd — *State ostruendo il passaggio,* You are in the way there. **4** *(canale, stretto)* strait: *il passaggio dei Dardanelli,* the (Straits of) Dardanelles. **5** *(trasporto marittimo)* passage: *prenotarsi un passaggio per New York,* to book one's passage to New York. **6** *(ospitalità su veicolo)* lift: *dare (chiedere) un passaggio,* to give (to ask for) a lift. **7** *(brano d'un testo)* passage: *un passaggio chiave,* a key passage. **8** *(mus.)* passage: *nota di passaggio,* passing note. **9** *(sport: con la palla)* pass. □ *passaggio d'ispezione, (mecc.)* manhole — *diritto di passaggio,* right of way (*o* easement) — *passaggio di proprietà,* change of hands; changing hands; transfer.

passamaneria *sf* **1** *(i passamani)* trimmings; passementerie. **2** *(fabbrica, negozio di passamaneria)* passementerie factory (shop).

[1]**passamano** *sm (nastro, fettuccia)* braid; trimming.

[2]**passamano** *sm* passing from hand to hand: *fare passamano,* to pass from hand to hand.

passamontagna *sm (tipo di copricapo)* hood; woollen cap; Balaclava (helmet) *(GB).*

passante *sm* **1** passer-by. **2** *(di cintura, ecc.)* loop.

passaporto *sm* passport: *Il mio passaporto sta per scadere,* My passport is about to expire — *richiedere il passaporto,* to apply for a passport.

passare *vi* **1** *(transitare)* to pass; to pass (to go*) by; *(attraversare)* to pass (to go*) through (across, over): *È appena passato,* He has just passed by — *passare oltre,* to proceed; to go on — *passare al largo,* to give (sb, sth) a wide berth — *passare davanti a qcno,* to pass in front of sb — *Mi passò davanti senza vedermi,* He passed by me without seeing me — *La-*

sciatemi passare!, Let me pass!; Let me through! — *Di qua non si passa,* There's no way through here — *Passa via!,* Go away!; Get out! — *passare da (per) un luogo,* to pass by (through) a place — *Il Tevere passa per Roma,* The Tiber flows through Rome — *passare inosservato,* to pass (to go) unnoticed — *Qui non passa mai anima viva,* Nobody ever goes along here — *passare sopra a qcsa, (fig.)* to pass over sth; to overlook sth; *(dimenticare)* to forget sth — *passare per molte mani,* to go through many hands — *passare in altre mani,* to pass into other hands — *passare per la mente,* to cross sb's mind.
2 *(entrare)* to go* (to get*) in; *(uscire)* to go* (to get*) out; *(attraversare)* to get* through: *È riuscito a passare senza pagare,* He managed to get through without paying — *Passiamo in giardino?,* What about going into the garden? — *Falli passare in salotto,* Show them into the sitting-room.
3 *(fare visita)* to call (on sb; at a place): *Il nostro rappresentante passerà da voi la settimana prossima,* Our agent will call on you next week — *Sono passato dal suo ufficio ma non c'era nessuno,* I called at his office but there was nobody — *Passerò da lui stasera,* I'll call at his place tonight — *È passato il postino?,* Has the postman called (*o* been)? — *passare a prendere qcno,* to call for sb.
4 *(trascorrere)* to pass; to go* by; to elapse: *Gli anni passarono,* The years passed (*o* went by) — *man mano che passa il tempo,* as time goes by — *Tutto passa,* All things pass away — *Come passa il tempo!,* How time flies! — *Sono passati quei giorni, purtroppo!,* Those were the days!
5 *(cessare)* to pass (off, over); to cease; to stop; to go*; to be* over; to subside: *Ti è passato il mal di denti?,* Has your toothache gone? — *Il dolore è passato,* The pain has ceased — *Il temporale è passato,* The storm is over — *Ti è passata la collera?,* Has your anger subsided?; Have you got over it? *(fam.)* — *Le passerà, (fam.)* She'll get over it!
6 *(passare da uno stato a un altro)* to change; *(diventare)* to become*: *passare dal pianto al riso,* to change from crying to laughter — *passare a un nuovo lavoro,* to change one's job — *passare a miglior vita,* to pass away; to breathe one's last — *passare a nuove nozze,* to be married again — *passare di grado,* to get a promotion — *Passò direttore generale,* He became (He was promoted to) general manager.
7 *(essere considerato)* to be* considered; to pass (for): *Passa per una ragazza intelligente,* She passes for (She is considered) an intelligent girl — *passare per ricco,* to be considered well off; to be thought rich — *passare per certo,* to be generally accepted — *farsi passare per qcsa,* to pass oneself off as sth — *Si faceva passare per dottore,* He passed himself off as a doctor.
8 *(essere approvato)* to be* passed; to be* accepted; to get* through: *Il progetto di legge passò alla Camera,* The bill was passed in the House — *passare ad un esame,* to pass an examination; to get through an examination.
9 *(esserci, intercorrere)* to be*: *Tra questo quadro e quello passa una bella differenza,* There's a big difference between this picture and that one.
10 *(a carte)* to pass: *Passo!,* I pass!
11 *(al telefono)* to give*; to put* (sb) through to (sb else): *Mi passi la linea,* Put me through.
□ *passare di moda,* to go out of fashion — *passare di padre in figlio,* to be handed down from father to son — *passare per il rotto della cuffia,* to scrape through — *passare a vie di fatto,* to come to blows.
□ *vt* **1** to pass; to pass through; to cross: *passare la dogana,* to pass (to get) through Customs — *passare un fiume (una frontiera),* to cross a river (a frontier) — *passare un fiume a nuoto,* to swim across a river.
2 *(trascorrere)* to pass; to spend*; to while away: *Dove passerai le vacanze?,* Where will you spend your holidays? — *passare la vita a lavorare,* to spend one's life working — *passare il tempo,* to while away the time — *passare il tempo oziando,* to idle one's time away — *passarsela bene (male),* to be well (badly) off — *Come ve la passate?,* How are you getting along? — *passarsela allegramente,* to enjoy oneself; to have a good time.
3 *(far scorrere)* to pass over (*o* across, through): *passare un straccio sul tavolo,* to pass a cloth over the table — *Si passò la mano sulla fronte,* He passed his hand across his forehead — *passarsi la mano sui capelli,* to pass (to run) one's hand through one's hair.
4 *(porgere)* to pass; to hand; *(far avere)* to give*; *(di nascosto)* to slip: *Mi passi quel bicchiere?,* Will you pass me that glass? — *Passalo!,* Hand it over! — *Mi passa solo alcune migliaia di lire alla settimana,* He gives me only a few hundred lire a week — *Il Comune gli passa un sussidio,* The Council gives him an allowance.
5 *(trasmettere)* to pass; to convey: *passare informazioni,* to convey information — *passare un ordine,* to pass an order — *passare parola,* to pass the word on (*o* round).
6 *(fig.: incontrare, attraversare)* to undergo*; to go* through; to suffer; *(sopportare)* to endure: *passare un sacco di guai,* to go through a lot of trouble — *Ne ha passate tante,* He has been through a lot — *passarne di tutti i colori,* to go through thick and thin — *passarla bella, (fam.)* to have a narrow squeak — *passarla liscia (franca),* to get off scot-free.
7 *(fig.: oltrepassare)* to pass; to be* over: *passare il segno (la misura),* to go too far — *passare il peso,* to be overweight — *Ha passato i sessanta,* He is over sixty — *Ha cinquant'anni e passa,* He is fifty and over.
8 *(ammettere, approvare)* to pass; *(perdonare)* to forgive*: *passare un allievo,* to pass a pupil — *passare un progetto di legge,* to pass a bill — *Questa non te la passerò mai!,* I shall never forgive you for this! — *Non me ne passa una,* He doesn't overlook a thing.
9 *(trapassare)* to pass through; to run* through: *passare qcno da parte a parte,* to run sb through — *passare qcno a fil di spada,* to put to the sword.
10 *(in cucina)* to strain: *passare la verdura,* to strain the vegetables.
□ *passare una mozione ai voti,* to put a motion to the vote — *passare in rivista,* to review — *passare qcsa sotto silenzio,* to pass sth over in silence — *passare un esame,* to pass an exam — *essere passato di cottura,* to be overcooked (*o* overdone) — *Acqua passata non macina più, (prov.)* Let bygones be bygones.

passata *sf* **1** *(occhiata veloce)* glance; look: *di passata,* in passing — *Non ho avuto il tempo di leggerlo, gli ho dato solo una passata,* I didn't have time to read it: I only glanced through (I only looked it over). **2** *(spazzolata)* brush; *(spolverata)* dusting; dust; *(mano di vernice)* coat: *Dai almeno una passata per togliere la polvere,* Give it a dust-over — *dare una passata* *con il ferro a qcsa,* to pass the iron over sth. **3** *(in cucina: rosolatura veloce)* quick browning.

passatempo *sm* pastime; amusement; hobby: *Qual è il tuo passatempo preferito?,* What's your hobby? — *Lo faccio per passatempo,* I'm doing it as a pastime.

passato *agg* **1** past; gone; bygone *(in alcune espressioni): nei tempi passati,* in times past — *nelle settimane passate,* for the past few weeks — *le generazioni passate,* past generations — *l'anno passato,* last year. **2** *(gramm.)* past: *il tempo passato,* the past tense. □ *una bellezza passata,* a faded beauty — *frutta passata,* overripe fruit.

□ *sm* **1** (the) past; past time; time(s) gone by: *una donna con un passato,* a woman with a past — *nel passato,* in the past; formerly — *in passato,* in past times; formerly — *... come in passato, ...* as before. **2** *(gramm.)* (the) past tense: *il passato prossimo,* the present perfect (tense) — *il passato remoto,* the (simple) past. **3** *(in cucina)* purée *(fr.); (minestra)* soup: *passato di verdura,* vegetable soup. □ *Mettiamo una pietra sul passato,* Let bygones be bygones.

passatoia *sf* strip of carpet; runner; stair-carpet.

passatoio *sm (pietra o pietre che permettono di passare un corso d'acqua all'asciutto)* stepping-stone(s).

passatore *sm (traghettatore)* ferryman *(pl.* -men*).*

passeggero *agg* passing; *(fig.)* transient; fleeting; short-lived: *nuvole passeggere,* passing clouds — *dolori passeggeri,* transient sorrows — *un capriccio passeggero,* a fleeting fancy — *un successo passeggero,* a short-lived success.

□ *sm (viaggiatore)* passenger: *I signori passeggeri sono pregati di consegnare i loro biglietti al controllore,* Passengers are kindly requested to give their tickets up to the inspector.

passeggiare *vi* to walk; to take* a walk; to go* for a walk; to stroll; to promenade *(spec. sul lungomare): passeggiare lungo la riva di un fiume,* to walk along the bank of a river — *passeggiare lungo il mare,* to promenade along the sea-front — *passeggiare nervosamente nel corridoio,* to walk nervously up and down the corridor.

□ *vt* to walk: *passeggiare un cavallo,* to walk a horse.

passeggiata *sf* **1** walk; stroll; promenade *(non molto comune); (in automobile)* drive; *(in bicicletta, a cavallo)* ride: *una passeggiata in campagna (per i campi),* a walk in the country (through the fields) — *Andiamo a fare una passeggiata,* Let's go for a walk; Let's take a walk. **2** *(luogo destinato al passeggio)* public walk; *(lungomare)* promenade. □ *passeggiata militare,* route march; *(fig.)* walk-over.

passeggiatrice *sf (prostituta)* prostitute; street-walker.

passeggio *sm* **1** walk; stroll; *(scherz.)* constitutional: *andare a passeggio,* to go for a walk. **2** *(luogo destinato al passeggio)* public walk; promenade. **3** *(gente che passeggia)* promenaders *(pl.);* people promenading *(pl.).*

passe-partout *sm (fr.)* master key.

passera *sf* hedge-sparrow. □ *passera di mare,* halibut.

passerella *sf* **1** *(naut.)* gangplank; gangway; *(aeronautica)* catwalk. **2** *(edilizia)* footbridge; gangway; platform; walkway. **3** *(teatro)* (forestage) parade: *fare la passerella,* to parade for the grand finale. **4** *(per indossatrici)* walk.

passero *sm* sparrow: *un volo (uno stormo) di passeri,* a flock of sparrows.

passerotto *sm* **1** fledgling sparrow; young sparrow. **2** *(sproposito)* blunder; oversight; *(errore di stampa)* misprint.

passibile *agg* liable *(spec. dir.);* susceptible: *passibile di multa,* liable to a fine.

passiflora *sf* passion-flower.

passionale *agg* passionate: *È una donna passionale,* She's a passionate woman — *delitto passionale,* crime of passion; *(talvolta)* crime passionnel *(fr.).*

passionalità *sf* passionate temperament; passionateness.

passionalmente *avv* passionately.

passione *sf* **1** passion: *essere accecato dalla passione,* to be blinded by *(talvolta* with*)* passion — *essere schiavo delle passioni,* to be a slave of (*o* to) one's passions — *avere passione per la musica,* to have a passion for music; to be very fond of music — *La caccia è la mia passione,* Hunting is my passion; I adore hunting — *far qcsa per passione,* to do sth out of dedication — *È stata la mia unica passione,* She was the passion of my life. **2** *(pena, sofferenza dello spirito)* sorrow; pain; suffering; anguish; affliction: *morire di passione,* to die of sorrow — *È stata una giornata di passione,* It has been a day of suffering. **3** *(religione)* Passion: *la Settimana (la Domenica) di passione,* Passion Week (Sunday) — *la Passione secondo San Giovanni,* the Passion according to St John — *Mistero della Passione,* Passion play. □ *Mia figlia ha una passione per quel ragazzo,* My daughter has a crush on that boy — *insegnare con passione,* to teach with love — *darsi passione,* to eat one's heart out — *non aver passione per niente,* not to take an interest in anything — *far morire di passione qcno,* to break sb's heart.

passito *sm (vino dolce)* raisin wine.

passivamente *avv* passively.

passività *sf* **1** passivity *(anche chim.);* passiveness. **2** *(comm.)* liabilities *(pl.): passività correnti,* current liabilities.

passivo *agg* passive *(anche gramm., ecc.): resistenza passiva,* passive resistance — *Malgrado i suoi sforzi gli scolari rimasero passivi,* In spite of his efforts the pupils remained passive — *la forma passiva,* the passive form — *obbligazioni passive, (comm.)* passive bonds. □ *cambiali passive,* bills payable — *bilancio passivo,* debit balance.

□ *sm* **1** *(gramm.)* passive (voice). **2** *(comm.)* liabilities *(pl.);* deficit; debts *(pl.): attivo e passivo,* assets and liabilities — *stato del passivo,* statement of liabilities — *passivo previsto,* liabilities expected to rank. □ *rendiconto dell'attivo e del passivo, (in un fallimento)* statement of affairs.

[1]**passo** *sm* **1** step *(anche fig.: misura, provvedimento); (rumore)* footstep; step; stride: *Non senti dei passi nel giardino?,* Can't you hear (foot-)steps in the garden? — *tornare sui propri passi,* to retrace one's steps — *fare un passo avanti (indietro),* to take a step forward (backward) — *È solo pochi passi più avanti,* It's only a few steps further on — *un passo avventato,* a rash step — *un passo falso,* a false step; a mistake; a gaffe — *fare un passo falso,* to stumble; *(fig.)* to make a false step (a mistake, a gaffe, a 'faux pas') — *un passo importante,* an important step (*o* action, decision) — *fare i propri passi (prendere provvedimenti),* to take appropriate steps (*o* action) — *i primi passi,* the first steps — *volgere (dirigere) i propri passi verso qcsa,* to turn one's steps towards sth — *avanzare a piccoli passi,* to toddle along — *camminare a grandi passi,* to stride — *Si allontanò a grandi passi,* He strode away (*o* off) — *La vecchiaia si avvicina a grandi passi,* Old

age is coming on apace. **2** *(distanza d'un passo)* yard; pace: *Ci sono venti passi,* It's only about twenty yards — *La mia scuola è qui a due passi,* My school is within a stone's throw (is only a stone's throw away, is only just around the corner). **3** *(orma)* footstep; footprint; track: *Si vedevano i suoi passi sulla neve,* His footprints could be seen on the snow — *seguire i passi di qcno, (anche fig.)* to tread in sb's footsteps; to follow in sb's tracks. **4** *(andatura, ritmo, velocità)* pace; step; *(tasso)* rate; (modo di camminare) gait; tread: *passo regolare,* regulation pace — *a passo di lumaca,* at a snail's pace — *andare di buon passo,* to go at a good pace; to walk quickly — *allungare il passo,* to quicken one's pace — *rallentare il passo,* to slacken one's pace; to slow down — *cambiare (perdere) il passo,* to change (to fall out of, to lose) step — *essere (non essere) al passo,* to be in (out of) step — *passo di valzer,* waltz-step — *passo dell'oca,* goose-step — *al passo (a passo) d'uomo, (detto di veicoli)* at walking pace; dead slow — *Al passo!, (mil.)* In step! — *'A passo d'uomo', (su un cartello stradale)* 'Dead slow' — *stare (andare) al passo con qcno,* to keep pace (to keep up) with sb — *di questo passo,* at this rate — *La disoccupazione aumenta ad un passo spaventoso,* Unemployment is increasing at a fearful rate — *avanzare a passo di carica,* to advance at the double — *Si fece avanti con passo goffo,* He came forward with an awkward gait (*o* step) — *Riconobbi il suo passo pesante,* I recognized his heavy tread. **5** *(brano)* passage: *passi scelti,* selections. **6** *(mecc.: di una vite, ecc.)* pitch; *(di ordito)* shed; *(di veicolo)* wheelbase. **7** *(di pellicola)* gauge: *pellicola a passo normale (ridotto),* standard (reduced) gauge film.
□ *fare un passo avanti,* to make progress — *fare passi da gigante,* to make great progress — *fare due passi,* to go for a short walk — *fare il gran passo,* to get married; *(morire)* to pass away — *fare il passo più lungo della gamba,* to bite off more than one can chew — *fare il passo secondo la gamba,* to cut one's coat according to one's cloth — *passo passo,* slowly; gently; softly — *a passo a passo,* little by little; bit by bit — *di passo in passo,* in succession — *a ogni passo,* very often; at every moment — *segnare il passo, (anche fig.)* to mark time — *Coraggio! È un passo che devi fare,* Cheer up! It's something you must do (You must make up your mind about that) — *Non muoverò un passo per aiutarvi,* I won't lift (*o* stir) a finger to help you — *e via di questo passo,* and so on — *'Passo e chiudo', (radiocomunicazione)* 'Over and out'.

[2]**passo** *sm* **1** *(passaggio)* passage; way: *dare il passo a qcno,* to give way to sb — *aprirsi il passo con la forza,* to force one's way. **2** *(valico)* pass. □ *uccelli di passo,* migratory birds; birds of passage.

[3]**passo** *agg (appassito, secco)* dried; withered; shrivelled: *uva passa,* raisins *(pl.)*.

pasta *sf* **1** *(impasto per il pane, ecc.)* dough; *(per dolci)* pastry; *(allo stato liquido)* batter: *lavorare la pasta,* to knead (the) dough — *pasta sfoglia,* puff pastry. **2** *(massa molle di sostanze diverse)* paste; pulp: *pasta d'acciughe,* anchovy paste — *pasta dentifricia,* tooth-paste — *pasta di mandorle,* almond-paste — *pasta di legno,* wood pulp — *pasta d'amido,* starch paste. **3** *(pasticcino)* pastry; (tea) cake: *Ho fatto una scorpacciata di paste,* I've stuffed myself with pastries. **4** *(pasta alimentare)* macaroni *(generalm. sing.; termine generico usato nei paesi di lingua inglese per qualsiasi tipo di pasta asciutta);* pasta *(meno comune);* noodles *(pl.);* spaghetti *(sing.)*: *pasta al burro,* plain macaroni *(o* pasta, *ecc.)* with butter — *pasta al sugo,* macaroni *(o* spaghetti, *ecc.)* with sauce *(USA* with gravy*)* — *buttare la pasta,* to put the macaroni on to cook — *condire la pasta,* to season (to pour sauce over) the macaroni. **5** *(indole)* nature: *essere di buona pasta,* to be good-natured — *essere della stessa pasta,* to be cast in the same mould.

pastaio *sm* pasta-maker; *(chi fabbrica la pasta)* maker of pasta (of macaroni); *(chi la vende)* pasta-seller; vendor of pasta.

pasteggiare *vi* **1** *(mangiare)* to have* (sth) for one's dinner; to dine (on *o* off): *pasteggiare a bistecche,* to have steak for one's dinner. **2** *(bere)* to have* (to take*, to drink*) with one's meal (lunch, dinner): *pasteggiare con acqua minerale,* to take (to drink) mineral water with one's meal.

pastella *sf* batter.

pastello *sm* **1** *(tipo di matita)* pastel; coloured crayon: *Le abbiamo regalato dei pastelli,* We gave her a box of pastels. **2** *(dipinto a pastello)* pastel.
□ *in funzione di agg* pastel *(attrib.)*: *Non amo i colori pastello,* I don't like pastel colours.

pasticca *sf* pastille; lozenge; tablet: *pasticche per la tosse,* cough lozenges — *pasticche di menta,* peppermint-drops.

pasticceria *sf* **1** *(tecnica)* pastry-making; confectionery. **2** *(negozio)* confectioner's (shop); pastrycook's shop. **3** *(dolci)* pastry; confectionery.

pasticciare *vt e i.* to make* a mess (of sth); to mess (sth) up; to bungle: *Non pasticciare quel disegno, per favore!,* Don't make a mess of that drawing, please!

pasticciere *sm (chi fa paste e dolci)* pastry-cook; *(chi le vende)* confectioner.

pasticcino *sm* cake; tart; tartlet; small pastry; sweetmeat.

pasticcio *sm* **1** *(cucina)* pie: *pasticcio di mele,* apple-pie — *pasticcio di carne,* meat-pie. **2** *(lavoro disordinato)* mess: *Che pasticcio!,* What a mess! **3** *(faccenda imbrogliata)* trouble; fix; mess; scrape: *essere nei pasticci,* to be in trouble (in a fix) — *Ti sei cacciato in un bel pasticcio!,* A fine mess you've got into! (you're in!) — *mettersi nei pasticci,* to get into trouble — *togliere qcno dai pasticci,* to get sb out of trouble. **4** *(arte)* pastiche *(fr.)*.

pasticcione *sm* bungler; meddler: *Non mi fido di lui; è un pasticcione,* I don't trust him, he's a bungler.

pastificio *sm* pasta factory.

pastiglia *sf* **1** *(pasticca)* lozenge; chop; tablet; pastille. **2** *(elettr.)* paste.

pastina *sf (per minestre)* noodles *(pl.)*; pasta: *pastina in brodo,* broth with pasta in it.

pasto *sm* meal: *ora dei pasti,* meal time — *prima (dopo) i pasti,* before (after) meals — *fare due o più pasti al giorno,* to have two or more meals a day — *mangiare fuori pasto,* to eat between meals — *stare ai pasti; non mangiare fuori pasto,* to eat only at meals — *saltare un pasto,* to skip (to miss) a meal — *saltare i pasti,* to fast — *essere di buon (di scarso) pasto,* to be a good (a poor) eater. □ *dare qcsa in pasto al pubblico,* to make sth common knowledge — *essere dato in pasto ai leoni, (stor. e fig.)* to be thrown to the lions.

pastoia *sf* **1** *(fune per cavalli)* hobble. **2** *(fig.: impedimento, impaccio)* hindrance; obstacle.

pastone *sm* mash; *(per galline)* chicken-feed.

[1]**pastorale** *agg* **1** *(bucolico)* pastoral; bucolic: *poesia pastorale,* pastoral poetry. **2** *(di vescovo)* pastoral: *lettera pastorale,* pastoral letter — *anello pastorale,* bishop's ring.

[2]**pastorale** *sm* **1** *(bastone)* pastoral staff. **2** *(di cavallo)* pastern.
[3]**pastorale** *sf* **1** *(lettera)* pastoral letter. **2** *(mus.)* pastorale.
pastore *sm* **1** shepherd *(anche fig.)*: *il Buon Pastore,* the Good Shepherd — *cane pastore,* shepherd (*o* sheep) dog — *pastore tedesco,* Alsatian; German shepherd dog — *pastore scozzese,* collie. **2** *(sacerdote protestante non anglicano)* minister; pastor; *(sacerdote anglicano)* clergyman *(pl.* -men*)*.
pastorella *sf* **1** (young) shepherdess. **2** *(cappello)* wide-brimmed straw hat. **3** *(poesia)* pastoral poem.
pastorello *sm* (young) shepherd.
pastorizia *sf* stock-raising; *(di ovini)* sheep-rearing.
pastorizio *agg* stock *(attrib.)*.
pastorizzare *vt* to pasteurize.
pastorizzazione *sf* pasteurization.
pastosità *sf* softness; *(di colori)* mellowness.
pastoso *agg* **1** *(morbido)* doughy; soft. **2** *(fig.: senza forti contrasti)* mellow; soft; *(di vino)* mellow.
pastrano *sm* overcoat; *(di foggia militare)* greatcoat.
pastura *sf* **1** pasture; pasturage: *condurre le bestie alla pastura,* to lead one's cattle to pasture. **2** *(fig.)* nourishment; food.
patacca *sf* **1** *(moneta di scarso valore)* worthless coin; farthing; *(oggetto di scarso valore)* piece of rubbish (of junk): *Non vale una patacca,* It's not worth a brass farthing. **2** *(scherz.: medaglia)* decoration; gong *(sl.)*. **3** *(macchia)* large stain; pot: *Hai una bella patacca sulla camicia,* You have a large stain on your shirt.
pataccone *sm* **1** *(fig., spreg.: orologio)* turnip. **2** *(fig.: persona grossa e goffa)* big, clumsy person; slob *(fam.)*.
patapum *interiezione* bang.
patata *sf* potato: *patate fritte,* fried potatoes; chips; french fries *(USA)* — *patate lesse,* boiled potatoes — *patate novelle,* new potatoes — *purea di patate,* mashed potatoes — *patate dolci (americane),* sweet potatoes; batatas. □ *spirito di patata,* poor humour; flat joke — *un sacco di patate, (fig.)* a clumsy person — *naso a patata,* potato nose.
patatrac *interiezione* bang; crash.
□ *sm (crollo, disastro, anche fig.)* disaster; crash; *(dissesto finanziario)* crash.
patella *sf* **1** limpet. **2** *(anat.: rotula)* knee-cap; patella *(pl.* patellas *o* patellae*)*.
patema *sm (ansietà)* trouble; anxiety; worry.
patena *sf* paten.
patentato *agg* **1** licensed. **2** *(fig.)* out and out; downright; thorough: *un cretino patentato,* an out and out fool — *un bugiardo patentato,* a downright liar.
[1]**patente** *agg (evidente)* obvious; clear; evident; patent.
[2]**patente** *sf* licence; license: *patente di guida,* driving licence — *patente di sanità (sanitaria), (naut.)* bill of health. □ *dare a qcno la patente di somaro,* to call sb a qualified ass — *Ma chi t'ha dato la patente?,* Whoever said you were fit to drive?
patentino *sm* temporary licence.
patera *sf (stor.)* patera *(pl.* paterae *o* pateras*)*; small dish.
patereccio *sm* whitlow; paronychia.
paternale *sf* scolding; rebuke; lecture: *fare una paternale a qcno,* to talk to sb like a father; to give sb a lecture; to lecture sb; to give sb a telling-off.
paternalismo *sm* paternalism.
paternalista *sm* paternalist. □ *agg (paternalistico)* paternalistic.
paternalistico *agg* paternalistic.
paternalmente *avv* paternally; like a father.
paternità *sf* **1** paternity; fatherhood. **2** *(nome del padre)* father's name: *Devi aggiungere la paternità sul certificato,* You must write your father's name on the certificate. **3** *(autore)* authorship; paternity.
paterno *agg (dir.)* paternal; father's; *(da padre)* fatherly: *beni paterni,* paternal property — *mio nonno paterno,* my paternal grandfather; my grandfather on my father's side — *un rimprovero paterno,* a fatherly reproach — *la mia famiglia paterna,* my father's family.
paternostro *sm* **1** paternoster; (the) Lord's Prayer. **2** *(grano grosso del rosario)* paternoster (bead). □ *sapere qcsa come il paternostro,* to know sth by heart — *È vero come il paternostro,* It's as true as grass is green.
pateticamente *avv* pathetically.
patetico *agg* **1** pathetic; touching; moving: *una scena patetica,* a touching scene. **2** *(anat.)* pathetic; trochlear: *nervo patetico,* fourth (*o* pathetic) nerve.
□ *sm* **1** pathos; sentimentalism: *rifuggire dal patetico,* to avoid sentimentalism. **2** *(persona svenevole)* sentimental person: *Non fare il patetico,* Don't be so sentimental (so mawkish).
pathos *sm* pathos.
patibolare *agg* sinister; fit for the gallows; fit to be hanged: *L'uomo aveva una faccia patibolare,* The man had a sinister face.
patibolo *sm* gallows *(sing.)*; scaffold; gibbet: *mandare qcno al patibolo,* to send sb to the gallows. □ *Sembra che vada al patibolo,* He looks as though his last hour has come.
patimento *sm* suffering; pain; affliction.
patina *sf* **1** patina. **2** *(strato di vernice)* coat of varnish; *(strato di smalto)* glaze. **3** *(strato di pasta traslucida sulla carta)* coat; *(sulle pelli conciate)* dubbing. **4** *(med.)* fur; coating.
patinare *vt* to varnish; *(porcellane, ecc.)* to glaze; *(pelli)* to dub; *(carta)* to coat.
patinato *agg* varnished; *(di porcellane, ecc.)* glazed; *(di pelli)* dubbed; *(di carta)* coated; *(med.: della lingua)* furred.
patinatura *sf* varnishing; *(di porcellane)* glazing; *(di pelli)* dubbing; *(di carta)* coating.
patio *sm* patio.
patire *vi* **1** *(soffrire, subire)* to suffer; *(talvolta)* to grieve: *patire d'insonnia (d'emicrania),* to suffer from insomnia (migraine) — *patire di gelosia,* to suffer the pangs of jealousy — *patire di cuore,* to suffer from heart-disease; to have a weak heart — *Lo vedi che ci patisco,* You can see I am grieving about it. **2** *(deteriorarsi, guastarsi)* to deteriorate; to go* bad: *La carne patisce al caldo,* Meat goes bad in hot weather.
□ *vt* **1** *(sentire, soffrire)* to suffer; to endure; to go* through; to undergo*: *patire il caldo,* to suffer (from) the heat — *patire un torto,* to suffer a wrong — *patire la sete,* to suffer from thirst; to be dying of thirst — *patire la fame,* to be starving; to starve — *patire il mal di mare,* to be seasick — *Ti hanno fatto patire la fame?,* Did they starve you? — *Quante ingiustizie ho dovuto patire!,* How many wrongs I have had to endure! — *patire le pene dell'inferno,* to suffer like a soul in hell. **2** *(tollerare, sopportare)* to bear*; to stand*; *(permettere)* to allow; to permit: *Non posso patire la tua arroganza,* I cannot bear your arrogance — *Fagli sapere che non patirò questo affronto,* Let him know that I won't take this insult — *Non*

patirò che ti faccia soffrire, I will not allow him to make you suffer. □ *finire di patire,* to end one's sufferings — *Ha finito di patire,* His sufferings are over.

patito *agg* sickly; rundown; suffering.
□ *sm (appassionato)* fan; admirer; enthusiast; *(USA, talvolta)* buff: *un patito della musica leggera,* a light music fan.

patologia *sf* pathology.

patologicamente *avv* pathologically.

patologico *agg* pathological.

patologo *sm* pathologist.

patria *sf* **1** country; native land; motherland; fatherland *(ma solo se riferito a paesi non anglosassoni, spec. la Germania);* mother country; *(fig.)* home; land: *patria d'elezione,* adoptive country — *morire per la patria,* to die for one's country — *Nessuno è profeta in patria, (prov.)* No man is a prophet in his own country — *ritornare in patria,* to return to one's own country *(o* native land, *ecc.)* — *L'Emilia è la patria di grandi cantanti,* Emilia is the home (the land) of great singers — *in patria e all'estero,* at home and abroad. **2** *(luogo natale)* birthplace: *Questo paesino fu la sua patria,* This hamlet was his birth-place — *Recanati è la patria del Leopardi,* Leopardi's birth-place was Recanati. □ *patria celeste,* home in heaven; heavenly home — *l'altare della patria,* the tomb of the Unknown Soldier — *i senza patria,* displaced persons.

patriarca *sm* patriarch.

patriarcale *agg* patriarchal.

patriarcato *sm* **1** *(istituzione sociale)* patriarchy. **2** *(dignità ecclesiastica, dimora di un patriarca)* patriarchate.

patrigno *sm* step-father.

patrimoniale *agg* patrimonial; inherited: *tassa patrimoniale,* property tax.

patrimonio *sm* **1** patrimony; estate; property; *(per estensione)* fortune: *mangiarsi un patrimonio,* to squander a fortune — *patrimonio pubblico,* public property — *ereditare un bel patrimonio,* to inherit a large estate. **2** *(fig.)* heritage; patrimony; fortune: *La sua bellezza è il suo patrimonio,* Her beauty is her fortune — *il patrimonio letterario di una nazione,* the literary heritage of a nation — *Costa un patrimonio!,* It costs a fortune!

patrio *agg* **1** *(del padre)* paternal: *patria potestà,* paternal power. **2** *(della patria)* of one's own country; native: *amor patrio,* love of one's country.

patriota *sm e f.* patriot.

patriottardo *agg* jingoistic(al); fanatically patriotic.
□ *sm* jingoist; fanatical patriot.

patriotticamente *avv* patriotically.

patriottico *agg* patriotic.

patriottismo *sm* patriotism.

patriziato *sm (l'aristocrazia come classe)* patriciate *(spec. stor.);* aristocracy.

patrizio *sm* patrician; aristocrat. □ *agg* patrician; noble; aristocratic.

patrocinante *agg* representing; appearing for; defending.
□ *sm* counsel.

patrocinare *vt* to defend; to support.

patrocinatore *sm* **1** counsel; attorney *(spec. USA).* **2** *(chi protegge le arti, ecc.)* patron.

patrocinio *sm* **1** protection; patronage; support; defence: *con (sotto) il patrocinio di qcno,* with (under) the protection of sb. **2** *(dir.)* legal representation: *patrocinio gratuito,* legal aid. **3** *(religione)* protection; patronage.

patronale *agg* patronal.

patronato *sm* **1** *(patrocinio)* patronage: *'Sotto l'alto patronato del Presidente della Repubblica',* 'Patron: the President'. **2** *(istituzione caritatevole)* charitable institution.

patronessa *sf* patroness.

patronimico *agg* patronymic.

patrono *sm* **1** patron. **2** *(santo)* patron (saint): *San Francesco è il patrono d'Italia,* St Francis is the patron saint of Italy. **3** *(dir.)* (defending) counsel.

[1]**patta** *sf* **1** *(di tasca)* flap; *(per coprire l'abbottonatura)* fly; lap. **2** *(naut.)* fluke.

[2]**patta** *sf (pareggio)* draw *(anche fig.): fare patta,* to draw — *essere pari e patta,* to be quits; to be all square.

patteggiamento *sm* negotiation; bargaining; compromise.

patteggiare *vt* to negotiate; to arrange terms: *patteggiare l'armistizio,* to negotiate the armistice — *patteggiare la resa,* to arrange terms of surrender.
□ *vi* to come* to terms; to discuss terms; to bargain: *patteggiare con la propria coscienza,* to come to terms with one's conscience.

pattinaggio *sm* (ice-)skating; *(a rotelle)* roller-skating; *(artistico)* figure-skating: *pista di pattinaggio,* skating-rink.

pattinare *vi* to skate.

pattinatore *sm* (ice-)skater.

[1]**pattino** *sm* **1** skate: *pattino a rotelle,* roller-skate. **2** *(mecc.)* sliding block; link block. **3** *(aeronautica)* skid. **4** *(ferrovia)* shoe.

[2]**pattino** *sm (barca)* small pleasure-boat.

patto *sm* **1** pact; agreement; understanding; treaty: *stringere (rompere) un patto,* to make (to break) an agreement — *stare ai patti,* to keep to an (to the) agreement — *il Patto Atlantico,* the Atlantic Treaty — *il Patto Sociale,* the Social Contract — *fare i patti col diavolo,* to make a pact with the Devil — *Patti chiari, amicizia lunga, (prov.)* Clear agreements make good friends. **2** *(condizione)* term *(generalm. al pl.);* condition: *venire (scendere) a patti,* to come to terms — *a patto che,* on condition that; provided that — *a questo patto,* on this condition — *a qualunque patto,* at any cost — *a nessun patto,* by no means; on no condition; on no account.

pattuglia *sf* patrol: *essere di pattuglia,* to be on patrol.

pattugliare *vi e t.* to patrol.

pattuire *vt* to negotiate; to arrange terms; to agree (on, upon); to fix; to settle: *pattuire una vendita,* to negotiate a sale — *pattuire la resa,* to arrange terms of surrender — *pattuire le condizioni di pagamento,* to agree upon (to fix) the terms of payment.

pattuito *agg* agreed (upon); fixed; settled; stipulated: *le condizioni pattuite,* the terms agreed upon.
□ *sm* agreement; terms *(pl.).*

pattume *sm (spazzatura)* rubbish; litter; trash *(USA);* garbage *(USA).*

pattumiera *sf* dust-bin; garbage-can *(USA);* trash-can *(USA).*

paturnie *sf pl (nell'espressione) avere le paturnie,* to be in a bad mood.

pauperismo *sm* pauperism.

paura *sf* fear; dread; *(terrore reverenziale)* awe; *(spavento)* fright; scare: *Non riusciva a parlare dalla paura,* He was unable to speak for fear — *Un'improvvisa paura lo colse,* A sudden fear came over him

— *Battevo i denti dalla paura,* My teeth were chattering with fear — *Fui sopraffatto dalla paura,* I was overcome with (*o* by) fear — *Vive nella costante paura della miseria,* He lives in constant dread of poverty — *I gatti hanno paura dell'acqua,* Cats have a dread of water; Cats dread water — *per paura di...,* for fear of... — *Parlavano sottovoce per paura di svegliare il bambino,* They were whispering for fear of waking the baby — *Basta con queste stupide paure!,* Stop your foolish fears! — *Niente paura!,* Don't be afraid!; There's nothing to be afraid of! — *Che paura!,* What a fright! — *sentirsi morire di paura; avere una paura del diavolo; essere morto (mezzo morto) di paura,* to be frightened (*o* scared) to death — *mettere (fare) paura a qcno,* to frighten (to scare) sb — *Stupido! Perché mi hai fatto paura?,* You fool! Why did you scare me? — *aver paura,* to be afraid — *Non aver paura!,* Don't be afraid! — *aver paura di qcsa,* to be afraid of sth; to fear sth — *Mia moglie ha paura d'ingrassare troppo,* My wife is afraid of getting too fat — *Ho paura di sì (di no),* I am afraid (I fear) so (not) — *aver paura della propria ombra,* to be afraid of one's own shadow — *aver paura che...,* to fear (to suspect) that... — *Ho paura che la colpa sia mia,* I am afraid it's my fault. □ *Quella era la mia paura,* That is what I was afraid of — *L'ultimo esame mi fa molta paura,* The last examination makes me very nervous — *È una discesa che fa paura,* It is a terrible (*o* an awful) descent — *La nostra nuova insegnante è brutta da far paura,* Our new teacher is as ugly as sin — *il coraggio della paura,* Dutch courage — *Male non fare, paura non avere, (prov.)* Do no evil and have no fear.

paurosamente *avv* **1** *(in modo tale da incutere paura)* frighteningly; frightfully. **2** *(con paura)* fearfully; timorously.

pauroso *agg* **1** *(che incute paura)* frightful; frightening; dreadful. **2** *(che ha paura)* fearful; afraid; timorous.

pausa *sf* **1** pause; stop; *(sosta nel lavoro, nello studio)* break; rest: *fare una pausa,* to make a pause (a stop); *(nel lavoro, studio)* to have a break (a rest). **2** *(mus.)* rest; pause.

pavana *sf (danza barocca)* pavane.

paventare *vt (lett.: temere)* to fear; to be* afraid of. □ *vi* **1** *(lett.: aver paura)* to be* afraid. **2** *(spaventarsi)* to get* frightened.

pavesare *vt (imbandierare)* to dress (to decorate) with flags.

pavesata *sf* bunting; dressing.

pavese *sm* **1** bunting; flags *(pl.)*. **2** *(stor.)* tall, rectangular shield.

pavidamente *avv* timidly; fearfully.

pavido *agg* timid; fearful; cowardly.
□ *sm* coward.

pavimentare *vt (una strada)* to pave; *(una stanza)* to floor.

pavimentatore *sm* floor-layer.

pavimentatrice *sf* (road-)paver.

pavimentazione *sf (di una stanza)* flooring; *(di una strada)* paving; pavement *(USA)*.

pavimento *sm* **1** floor; flooring: *pavimento di mattonelle,* tiling (*o* tiled) floor — *pavimento a parquet,* parquet (floor). **2** *(anat.)* floor.

pavoncella *sf* lapwing; peewit; plover; curlew.

pavone *sm* peacock *(anche fig.)*.

pavoneggiarsi *v. rifl* to strut about; to show off.

pazientare *vi* to be* patient.

paziente *agg* patient; forbearing: *essere paziente con qcno,* to be patient with sb.
□ *sm e f.* patient.

pazientemente *avv* patiently.

pazienza *sf* **1** patience; forbearance; endurance: *avere (non avere) pazienza con qcno,* to be (not to be) patient with sb — *perdere la pazienza,* to lose one's patience (one's temper) — *mettere alla prova la pazienza di qcno,* to try sb's patience — *Ci vuol pazienza!,* It takes patience!; One must be patient! — *Mi ha fatto perdere la pazienza,* He has made me lose my temper — *gioco di pazienza,* game of patience; puzzle — *con pazienza,* with (*o* in) patience. **2** *(religione: cordone dei frati)* girdle; *(scapolare)* scapular. **3** *(naut.)* belaying pin rack.
□ *Abbia pazienza,* Please don't be annoyed; Please excuse me — *Abbia pazienza, non l'ho fatto apposta!,* Excuse me (Sorry), I didn't do it on purpose! — *Abbi pazienza, leggilo di nuovo!,* Come on, read it again! — *Abbi pazienza, prestami il tuo dizionario,* Please, lend me your dictionary, if you don't mind — *Se non sai rispondere, pazienza!,* If you can't answer, never mind! — *Santa pazienza!,* Oh dear!

pazzamente *avv* madly.

pazzerello *agg* crazy; mad; *(capriccioso)* skittish: *un vento pazzerello,* a playful wind.
□ *sm* crazy person; madman *(pl. -men)*.

pazzerellone *agg (gioviale e spensierato)* carefree; light-hearted.
□ *sm* madcap.

pazzescamente *avv* crazily; foolishly; recklessly; absurdly.

pazzesco *agg* **1** foolish; crazy; reckless: *andare ad una velocità pazzesca,* to go at a reckless speed (at breakneck speed). **2** *(fig.: assurdo)* absurd; preposterous. **3** *(fam.: straordinario)* extraordinary; surprising; incredible: *Ha una cultura pazzesca!,* He's incredibly knowledgeable!

pazzia *sf* **1** madness; lunacy; insanity: *in un eccesso di pazzia,* in a fit of madness. **2** *(cosa irragionevole)* madness; *(idea assurda)* mad idea; *(azione irragionevole)* foolish act; folly; act of folly: *Sarebbe una pazzia andare in montagna oggi,* It would be madness (*o* folly) to go to the mountains today — *Che pazzia!,* What a mad (a crazy, a foolish) idea! — *La dichiarazione di guerra fu una pazzia,* The declaration of war was a foolish act (an act of folly) — *far pazzie, (in generale)* to act like a fool — *Non farò la pazzia di sposarla,* I shall not be so foolish as to marry her.
□ *È ricco sfondato: ecco perché può permettersi simili pazzie,* He is rolling in money, that's why he can afford such wild extravagance — *Quella povera donna commetterà qualche pazzia,* That poor woman will do something desperate — *Il mio principale fa pazzie per la nuova segretaria,* My boss is crazy about the new secretary — *avere un ramo di pazzia,* to be a little crazy.

pazzo *agg* **1** *(anche fig.)* mad; insane; crazy: *Quella donna deve essere un po' pazza,* That woman must be a little mad (*o* insane, crazy) — *pazzo da legare,* raving mad — *essere pazzo dalla gelosia (di gioia, ecc.),* to be mad (*o* crazy) with jealousy (joy, *ecc.*) — *diventare pazzo,* to go mad — *far diventare pazzo qcno,* to drive sb mad (*o* crazy, insane) — *Va pazza per quel cantante,* She is crazy about (is mad on) that singer — *essere innamorato pazzo,* to be madly in love. **2** *(fig.: stravagante, strano)* foolish; crazy: *un'idea pazza,* a foolish (a crazy) idea — *spese pazze,* wild extravagance. **3** *(sfrenato, selvaggio, eccessivo)* wild; uncontrolled: *ira pazza,* wild rage — *Ruppe in una pazza risata,* He burst into an uncontrolled laugh. **4** *(raro: leggero)* thin: *brodo pazzo,* thin broth — *acqua pazza,* thin (*o* tasteless) soup. □ *darsi alla pazza gioia,* to give oneself up to a whirl of pleasure. □ *sm* madman *(pl.* -men*)*; lunatic: *Cose da pazzi!,* That's sheer madness!

peana *sm* pean.

pecari *sm* peccary.

pecca *sf* fault; defect; failing.

peccaminosamente *avv* sinfully; wickedly.

peccaminoso *agg* sinful; wicked: *condurre una vita peccaminosa,* to lead a sinful life.

peccare *vi* **1** to sin; *(commettere errori)* to err; *(trasgredire)* to transgress: *peccare contro il prossimo,* to sin against one's neighbour — *Tutti possiamo peccare,* We are all liable to sin — *peccare contro la legge divina,* to transgress Divine Law — *peccare mortalmente,* to commit a mortal sin — *peccare contro la decenza,* to offend against decency; to transgress the bounds of decency — *peccare per troppa bontà,* to err on the side of goodness — *peccare per leggerezza,* to commit the sin of levity. **2** *(avere dei difetti)* to be* deficient (*o* faulty, at fault); to lack: *Questa automobile pecca nella ripresa,* This car has very poor acceleration — *In questo pecchi un poco,* You are not quite right there — *Questo quadro pecca nel colore,* There is a wrong use of colour in this picture — *peccare per difetto,* to fall short of what is required — *peccare per eccesso,* to exceed what is required. □ *peccare di superbia,* to be too proud — *peccare di ingratitudine,* to be ungrateful.

peccato *sm* sin; *(talvolta)* fault: *il peccato originale,* original sin — *un peccato mortale,* a mortal sin — *peccato di gola,* (sin of) gluttony — *i sette peccati capitali,* the seven deadly sins — *commettere un peccato,* to commit a sin — *rimettere i peccati,* to forgive sins — *vivere nel peccato,* to live in sin — *brutto come il peccato,* as ugly as sin — *peccati di gioventù,* wild oats — *Peccato confessato mezzo perdonato, (prov.)* A fault confessed is half redressed. □ *Che peccato!,* What a pity! — *Peccato che tu non possa venire!,* (It's) a pity that you can't come! — *È proprio un peccato abbattere quell'albero,* It's really a shame to fell that tree.

peccatore *sm,* **peccatrice** *sf* sinner.

pecchia *sf (ape)* bee; honey-bee.

pece *sf* pitch: *nero come la pece, (per l'assenza di colore)* pitch-black; black as pick; *(per la mancanza di luce)* pitch-dark — *pece da calzolaio,* cobbler's wax — *pece greca,* rosin; colophony — *pece liquida,* tar. □ *essere macchiati della stessa pece,* to be tarred with the same brush.

pechinese *agg* Pekin(g)ese. □ *sm (cane pechinese)* Pekin(g)ese dog; *(fam.)* Peke.

pecioso *agg* pitchy.

pecora *sf* sheep *(invariato al pl.)*; *(femmina, anche)* ewe: *la pecora nera della famiglia,* the black sheep of the family — *È una pecora, (fig.)* He is a coward — *pecore bianche, (fig.)* privileged persons — *Chi pecora si fa, il lupo lo mangia, (prov.)* If you behave like a sheep, the wolf will eat you.

pecoraio *sm* **1** shepherd. **2** *(individuo rozzo)* rough sort of fellow.

pecorella *sf* **1** little sheep; *(agnello)* lamb: *pecorella smarrita,* lost sheep. **2** *(nuvoletta)* fleecy cloud: *un cielo a pecorelle,* a mackerel sky — *Cielo a pecorelle, acqua a catinelle, (prov.)* A mackerel sky brings rain.

pecoresco *agg* sheepish.

pecorile *sm (ovile)* sheepfold; sheep-pen.

pecorino *agg* sheep's: *(formaggio) pecorino,* sheep's *(propriamente* ewe's*)* milk cheese.

pecorone *sm (fig.: persona stupida e senza carattere)* blockhead; poor-spirited creature.

pecorume *sm* herd; servile flock (of people).

pectina *sf* pectin.

peculato *sm* peculation; embezzlement of public funds.

peculiare *agg* peculiar; special; particular; characteristic.

peculiarità *sf* peculiarity; characteristic.

peculiarmente *avv* peculiarly; in a peculiar (*o* particular, special) way.

peculio *sm* **1** *(dir. romano)* peculium. **2** *(per estensione: gruzzolo)* savings *(pl.)*.

pecunia *sf (lett.: denaro)* money.

pecuniario *agg* pecuniary: *una pena pecuniaria,* a fine.

pecunioso *agg* rich; wealthy; well provided with money.

pedaggio *sm* toll.

pedagna *sf (naut.)* stretcher; foot-rest.

pedagogia *sf* pedagogy; pedagogics; *(più comune)* education; teaching: *diploma in pedagogia,* teacher('s) training certificate.

pedagogico *agg* pedagogic(al); *(più comune)* teaching *(attrib.)*: *metodi pedagogici,* teaching methods.

pedagogista *sm e f.* pedagogist.

pedagogo *sm* pedagogue; teacher.

pedalare *vi* to pedal; *(andare in bicicletta)* to cycle.

pedalata *sf (colpo sul pedale)* push on a pedal; *(modo di pedalare)* way of pedalling.

pedale *sm* **1** pedal *(di automobile, pianoforte, organo, ecc.)*; treadle: *pedale del freno,* foot-brake (pedal) — *pedale del piano (del forte),* the soft (the loud) pedal — *pedale di avviamento,* kick starter — *pedale di una macchina da cucire,* the treadle of a sewing-machine. **2** *(mus.)* pedal-point. **3** *(del calzolaio)* stirrup. **4** *(calzino)* sock. **5** *(bot.)* foot; trunk; stock.

pedaliera *sf* **1** pedal controls; pedal keyboard. **2** *(mus., di organo, ecc.)* pedal-board. **3** *(di velivolo)* rudder bar; rudder pedals *(pl.)*.

pedana *sf* **1** *(tappeto)* rug; *(scendiletto)* bedside rug. **2** *(sport)* springboard; *(scherma)* board; *(atletica)* run-up. **3** *(sartoria)* tuck. **4** *(di automobile)* running board.

pedante *agg* pedantic. □ *sm* pedant: *fare il pedante,* to be pedantic.

pedanteggiare *vi* to be* pedantic; to play the pedant.

pedanteria *sf* pedantry.

pedantescamente *avv* pedantically.

pedantesco *agg* pedantic.

pedata *sf (calcio)* kick; *(impronta)* footprint; footstep: *dare una pedata a qcno,* to kick sb out — *cacciar fuori qcno a pedate,* to kick sb out.

pederasta *sm* pederast; *(per estensione)* homosexual.

pederastia *sf* pederasty; *(per estensione)* homosexuality.

pedestre *agg* **1** *(a piedi: poco usato)* pedestrian: *milizia pedestre,* foot-soldiers; infantry. **2** *(fig.)* dull; monotonous; pedestrian: *discorso pedestre,* a dull speech.

pedestremente *avv* in a pedestrian way; monotonously.
pediatra *sm e f.* specialist in paediatrics.
pediatria *sf* paediatrics *(con il v. al sing.).*
pediatrico *agg* paediatric: *clinica pediatrica (ospedale pediatrico),* children's hospital.
pedicure *sf (cura dei piedi)* pedicure; chiropody. □ *come sm e f. (chi la pratica)* chiropodist.
pediluvio *sm* foot-bath.
pedina *sf (alla dama)* piece; *(agli scacchi e fig.)* pawn: *muovere una pedina,* to make a move *(anche fig.).*
pedinare *vt* to follow; to shadow; *(fam.)* to tail; to dog: *fare pedinare qcno,* to have sb followed; to put a tail on sb *(fam.).*
pedissequamente *avv* servilely.
pedissequo *agg* **1** servile. **2** *(di traduzioni)* literal.
pedonale *agg* pedestrian: *passaggio pedonale,* pedestrian (*o* zebra) crossing.
pedone *sm* **1** pedestrian: *viale riservato ai pedoni,* footpath. **2** *(agli scacchi)* pawn.
pedula *sf (calzatura, spec. da alpinismo)* walking-boot; climbing-boot.
pedule *sm (parte della calza che copre il piede)* foot.
peggio I *avv* **1** *(comp.)* worse: *di male in peggio,* from bad to worse — *molto peggio,* much worse — *sempre peggio,* worse and worse — *cambiare in peggio,* to change for the worse — *andar peggio,* to worsen; to get worse — *Oggi mi sento peggio,* I am worse today — *Canta ancora peggio,* He sings even worse — *Peggio per te!,* So much the worse for you! — *Ti sei comportato peggio che mai!,* You behaved worse than ever! — *Peggio di così si muore,* It (Things) couldn't be worse; *(come rimprovero)* You couldn't have done worse if you'd tried — *niente di peggio,* nothing worse. **2** *(superl. relativo)* (the) worst: *alla peggio,* at the worst; if the worst comes to the worst — *Chi ha giocato peggio?,* Who played (the) worst? — *tirare avanti alla meno peggio,* to rub along as best one can.
II *(come agg.)* **1** *(comp.)* worse: *Il tuo disegno è peggio del suo,* Your drawing is worse than his. **2** *(superl. relativo)* the worst: *È il peggio romanzo che abbia mai letto,* It is the worst novel I have ever read.
III *sm* the worst; the worst thing; *(la parte peggiore)* the worst part: *temere il peggio,* to fear the worst — *Il peggio che potrebbe accadere...,* The worst thing that could happen... — *avere la peggio,* to get the worst of it — *Il peggio deve ancora venire (non è ancora venuto),* The worst is still to come — *Il peggio è passato,* The worst is over — *essere preparato al peggio,* to be prepared for the worst — *Il peggio della commedia è il primo atto,* The worst part of the play is the first act.
peggioramento *sm* worsening; *(di malattia)* exacerbation; *(fig., anche)* deterioration.
peggiorare *vt* to make* worse; to worsen. □ *vi* to get* (to become*) worse; to worsen: *La poverina peggiora sempre più,* The poor soul is getting worse and worse.
peggiorativo *agg* pejorative *(anche gramm.);* depreciative.
peggiore *agg* **1** *(comp.)* worse: *Questo tessuto è peggiore dell'altro,* This fabric is worse than the other — *La sua traduzione è molto peggiore della tua,* His translation is much worse than yours — *Non ho mai sentito una interpretazione peggiore,* I've never heard a worse performance — *diventar peggiore,* to get worse — *La vita lo rese peggiore,* Life made a worse man of him. **2** *(superl. relativo)* (the) worst: *È il peggior film che abbia mai visto,* It's the worst film I've ever seen — *Tu sei il peggior nemico di te stesso, te lo dico io,* You are your own worst enemy, I assure you — *È la cosa peggiore che potrebbe accadere...,* It's the worst thing that could happen... — *di gran lunga il peggiore,* by far the worst — *nel peggiore dei casi,* if the worst comes to the worst — *nel peggiore dei modi,* in the worst possible way. □ *Non v'è peggiore sordo di chi non vuol sentire, (prov.)* There are (There's) none so deaf as those who do not wish to hear.
pegno *sm* **1** pledge; pawn: *Gli diedi un orologio d'oro in pegno,* I gave him a gold watch as a pledge — *dar qcsa in pegno,* to pledge sth — *prestito su pegno,* loan upon (*o* secured by) pledge — *rinnovare (riscattare) un pegno,* to renew (to redeem) a pledge — *tenere qcsa in pegno,* to hold sth in pawn — *polizza di pegno,* pawn-ticket — *gioco dei pegni,* forfeits — *agenzia di pegno,* pawnshop. **2** *(fig.: segno, testimonianza)* token; pledge: *Le diede un anello in pegno del suo amore,* He gave her a ring as a token of his love — *in pegno d'affetto,* as a token of affection — *in pegno d'amicizia,* as a pledge of friendship. **3** *(nei giochi di società)* forfeit. □ *lettera di pegno, (comm.)* bond note.
pelagico *agg* deep-sea *(attrib.);* pelagic.
pelago *sm (lett.)* open sea; high sea: *un pelago di guai, (fig.)* a sea of troubles.
pelame *sm (vello)* coat of an animal; fur; *(di uccelli)* plumage.
pelamento *sm* ⇨ **pelatura.**
pelandrone *sm* loafer; slacker; layabout.
pelare *vt* **1** *(togliere i peli)* to remove the hairs (from): *pelare qcno, (raderlo a zero)* to cut sb's hair too short (too close); to give sb a crew-cut. **2** *(spennare)* to pluck: *pelare un pollo,* to pluck a chicken. **3** *(spellare)* to skin; *(sbucciare)* to peel: *pelare un coniglio,* to skin a rabbit — *pelare le patate (una mela),* to peel the potatoes (an apple). **4** *(far pagare qcsa in modo esorbitante)* to fleece; to skin; to make* (sb) pay through the nose: *In quel ristorante pelano,* In that restaurant they fleece you. □ *una gatta da pelare,* a hard nut to crack — *Ho altre gatte da pelare,* I have other fish to fry — *Ti sei preso una bella gatta da pelare!,* A fine scrape you've got into! — *un vento (un freddo) che pela,* a biting wind (cold) — *Questo caffè pela!,* This coffee is scalding hot!
□ **pelarsi** *v. rifl* to lose* one's hair.
pelata *sf* **1** peeling; *(spennata)* plucking. **2** *(scherz.: rasatura di capelli)* crop; *(testa calva)* bald head: *Il barbiere ti ha fatto una bella pelata,* You have had a close crop. □ *In quell'albergo gli hanno dato una bella pelata,* They really fleeced him in that hotel.
pelato *agg (calvo)* bald: *una zucca pelata,* a bald head; a bald pate — *avere la testa pelata,* to be bald(-headed).
pelatura *sf* **1** removal of hairs. **2** *(lo spennare)* plucking. **3** *(lo spellare)* skinning; *(lo sbucciare)* peeling.
pellaccia *sf* **1** *(peggiorativo di pelle)* thick skin. **2** *(fig.: persona dotata di grande resistenza)* tough person; *(persona furbastra)* rogue; scoundrel.
pellagra *sf* pellagra.
pellaio *sm (conciatore di pelli)* skin-dresser; leather-dresser; tanner; *(venditore di pelli)* leather merchant; hide merchant.
pellame *sm* hides *(pl.);* skins *(pl.).*
pelle *sf* **1** skin; *(carnagione)* complexion: *pelle chiara,* fair skin (*o* complexion) — *prima (seconda) pelle, (anat.)* outer (true) skin — *essere pelle ed ossa,* to be

all skin and bones — *cambiar pelle, (di rettile)* to cast one's skin. **2** *(pelle conciata)* skin; leather; hide *(se spessa); (di animale da pelliccia)* pelt: *conciare pelli,* to tan hides — *pelle di camoscio,* chamois leather — *pelle di capretto,* kid — *pelle greggia (fresca),* raw hide — *pelle lucida (verniciata),* patent leather — *una borsa di pelle,* a leather bag — *finta pelle,* imitation leather. **3** *(buccia)* peel; skin *(anche del latte);* rind: *pelle d'arancia (di limone),* orange- (lemon-) peel — *la pelle di una banana,* a banana skin. **4** *(metallurgia)* skin. **5** *(fig.: vita)* life: *amici per la pelle,* friends for life — *vendere cara la pelle,* to sell one's life dear — *lasciarci la pelle,* to lose one's life; to be killed; to die — *Ne va della mia pelle,* My life is at stake — *fare la pelle a qcno,* to kill sb — *salvare la pelle,* to save one's skin (one's hide) — *riportare la pelle a casa,* to have a miraculous escape.

□ *pelle di pesce, di diavolo, (industria tessile)* coarse cotton cloth — *pelle d'uovo, (industria tessile)* fine muslin — *tra pelle e pelle,* skin-deep; superficially — *una ferita a fior di pelle,* a graze — *Che buona pelle (pellaccia)!,* What a scoundrel! — *Tu non sai che pelle è quell'uomo!,* You don't know what that man is! — *avere la pelle dura,* to be thick-skinned — *avere la pelle d'oca,* to have goose-flesh — *far venire la pelle d'oca a qcno,* to give sb the creeps; to make sb's flesh creep — *non stare più nella pelle dalla gioia,* to be beside oneself with joy — *Non vorrei essere nella pelle di quella poveretta!,* I wouldn't like to be in that poor woman's shoes! — *mettersi nella pelle di qcno,* to put oneself in sb else's shoes.

pellegrinaggio *sm* pilgrimage: *andare in pellegrinaggio a Lourdes,* to go on (a) pilgrimage to Lourdes.

pellegrinare *vi* **1** *(fare un pellegrinaggio)* to make* (to go* on) a pilgrimage. **2** ⇨ **peregrinare.**

pellegrino *agg* **1** wandering; roaming. **2** *(lett.: straniero)* foreign; alien. **3** ⇨ **peregrino 1.**

□ *sm* pilgrim: *i Padri Pellegrini, (stor.)* the Pilgrim Fathers.

pellerossa *sm e f.* Red Indian; Redskin.

pelletteria *sf (pellame)* hides *(pl.)* leather; *(articoli in pelle)* leather goods *(pl.).*

pellettiere *sm* dealer in leather goods.

pellicano *sm* **1** *(zool.)* pelican. **2** *(leva dentaria)* pelican.

pellicceria *sf* **1** *(pellicce)* furs *(pl.).* **2** *(negozio di pellicciaio)* furrier's (shop).

pelliccia *sf* **1** fur. **2** *(indumento)* fur coat: *una pelliccia di visone,* a mink coat.

pellicciaio *sm* furrier.

pellicola *sf* **1** *(membrana sottile)* thin skin; membrane; film; pellicle. **2** *(fotografia, cinematografia)* film: *pellicola cinematografica,* (cinema) film; motion picture; movie — *pellicola vergine,* unexposed film; film stock.

pellirossa *sm e f.* ⇨ **pellerossa.**

pellucido *agg* (semi-)transparent; diaphanous; pellucid.

pelo *sm* **1** hair *(sing. e collettivo; raramente al pl.: soltanto quando i peli vengono considerati separatamente); (setola)* bristle; *(peluria)* down; *(pelame)* hair; *(mantello)* coat; *(pelliccia)* fur: *Ha molti peli sulle mani,* He has a lot of hair on his hands; He has very hairy hands — *non torcere un pelo a qcno,* not to touch a hair of sb's head; not to lay a finger on sb — *un po' di pelo sul labbro superiore,* a little down on the upper lip — *peli superflui,* unwanted hair — *un animale dal pelo lungo (liscio, ruvido),* a long- (sleek-, rough-) haired animal — *un animale di pelo, (in peluche)* a soft animal; a cuddly toy — *un collo di pelo,* a fur collar — *un giaccone foderato di pelo,* a fur-lined coat.

2 *(di piante)* hair.

3 *(di tessùto grezzo)* pile; *(di tessuto lavorato)* nap: *cotone in pelo, (cardato, pettinato)* carded cotton; teased cotton — *dare il pelo a un panno,* to teasel (to raise) a cloth.

4 *(di muro, marmi, ecc.: crepa)* chink; flaw; crack: *fare, gettare pelo,* to crack; to split.

5 *(superficie)* surface; level: *a pelo d'acqua,* on the surface of the water.

6 un pelo, *(cosa minima, frazione minima di tempo)* anything *(solo in proposizioni negative); (in proposizioni affermative)* nothing; a jot; a bit; a shade; the slightest thing; a hair's breadth: *Tra i due non ci corre un pelo,* There isn't anything to choose (There's nothing to choose) between them — *Questa giacca è un pelo troppo stretta,* This jacket is a bit (a shade) too tight — *Sbagliai il bersaglio per un pelo,* I missed the target by a hair's breadth — *Per un pelo perdevo anche il treno successivo,* I was within a hair's breadth of missing (I came very close to missing, *oppure* I almost missed) the next train as well — *C'è mancato un pelo che m'ammazzassi,* I was within a hair's breadth of killing myself; I nearly killed myself; I nearly got killed — *salvarsi per un pelo,* to escape by the skin of one's teeth.

□ *un giovanottino di primo pelo,* a callow youth; a greenhorn — *andare, stare a pelo,* to suit perfectly (exactly); to fit perfectly — *andare contro pelo,* to go against the grain; *(fig.)* to go the wrong way — *fare il pelo e il contropelo,* to shave with the lie of the hair and then against it; *(fig.: sparlare)* to speak ill (of sb); *(fare una ramanzina)* to give (sb) a good dressing-down — *cercare il pelo nell'uovo, (essere pignolo)* to be very fastidious (*o* fussy); *(cavillare)* to split hairs; *(vederci a fondo in qcsa)* to look closely into sth — *essere dello stesso pelo,* to be tarred with the same brush; to have the same character — *lasciarci il pelo,* to pay dearly (for sth) — *lisciare il pelo a qcno,* to soft-soap sb; to flatter sb; to butter sb up — *non avere peli sulla lingua,* to be outspoken; to be very frank — *Il lupo perde il pelo ma non il vizio, (prov.)* The leopard cannot change its spots.

pelosità *sf* hairiness; shagginess.

peloso *agg (villoso)* hairy; shaggy; hirsute. □ *carità pelosa,* charity motivated by personal interest.

peltro *sm* pewter: *un piatto di peltro,* a pewter plate.

peluria *sf* down; soft hair.

pelvi *sf* pelvis.

pelvico *agg* pelvic.

pena *sf* **1** *(punizione)* punishment; penalty *(spec. dir.); (per estensione: sentenza)* sentence; *(in alcune locuzioni)* pain: *la pena capitale (di morte),* the death penalty — *pene corporali,* corporal punishment — *pena disciplinare,* disciplinary penalty (*o* sanction) — *il massimo (il minimo) della pena,* the maximum (the minimum) penalty — *pena detentiva,* term of imprisonment — *pena pecuniaria,* fine — *pena eterna,* eternal punishment — *sotto pena di...,* under pain of... — *condannare qcno a una pena,* to sentence sb to a penalty; to inflict a punishment (a penalty) on sb — *infliggere una pena di dodici anni,* to pass a sentence of twelve years — *scontare una pena,* to serve a term of imprisonment — *casa di pena,* jail; gaol; *(USA)* penitentiary; *(per minorenni)* Borstal.

2 *(patimento, sofferenza)* pain; suffering; *(tribolazione)* sorrow; pang; affliction; distress; *(grave preoc-*

cupazione) worry; *(compassione)* pity: *le pene dell'inferno, (anche fig.)* the pains (the torments) of hell — *Fu una gran pena per tutti,* It was a great sorrow (*o* grief, distress) for everybody — *essere in pena,* to be worried (*o* distressed) — *dar pena a qcno,* to grieve sb — *un'anima in pena,* a soul in torment — *provar pena per qcno,* to feel sorry (to feel pity) for sb — *Mi fai pena,* I feel sorry for you — *Faceva pena vederlo,* It was painful to look at him — *un lavoro che fa pena,* a very bad job; a poor (*o* shoddy) piece of work. **3** *(disturbo, fatica)* trouble *(spesso collettivo)*; bother: *Non vale la pena,* It's not worthwhile (worth the trouble, worth the candle) — *Non vale la pena andare oggi,* It's not worth going today — *un articolo che vale la pena di leggere,* an article worth reading — *darsi la pena di fare qcsa,* to trouble to do sth; to take the trouble to do (of doing) sth.

□ **a gran pena, a mala pena,** hardly; scarcely.

penale *agg* criminal; penal: *il codice penale,* the criminal code — *diritto penale,* criminal law — *una causa penale,* a criminal case. □ *clausola penale,* penalty clause.

□ *sf* penalty; fine; forfeit: *pagare una penale,* to pay a penalty.

penalista *sm (esperto in diritto penale)* authority on criminal law; *(avvocato)* criminal lawyer.

penalità *sf* penalty.

penalmente *avv* penally; criminally.

penare *vi* **1** to suffer: *penare d'amore,* to suffer from love. **2** *(faticare)* to find* it difficult; to be* hardly able: *Ho penato non poco a trovare quella chiesa,* I had some difficulty in finding that church — *Penavo a seguire quello che diceva,* I could hardly follow what he was saying. □ *Ha finito di penare,* His sufferings are over.

penati *sm pl* **1** *(nella religione romana)* Penates; household gods. **2** *(per estensione)* home *(sing.)*: *tornare ai propri penati,* to go (to come) back home.

pencolare *vi* **1** to hang* down; to be* unsteady; to swing*; *(barcollare)* to totter; to stagger. **2** *(fig.: tentennare)* to waver; to hesitate.

pendaglio *sm* pendant.

[1]**pendente** *agg (p. pres. di* **pendere** ⇨*)* **1** hanging; *(inclinato)* leaning; sloping: *la torre pendente di Pisa,* the Leaning Tower of Pisa. **2** *(comm.: in sospeso)* outstanding: *conto pendente,* outstanding account. **3** *(dir.)* pending: *una causa pendente,* a pending suit. **4** *(fig.: esitante)* wavering; hesitating.

[2]**pendente** *sm (orecchino)* ear-drop; ear-ring; *(ciondolo)* pendant.

pendenza *sf* **1** slope; slant; *(spec. di pendio)* incline; *(ferrovia)* gradient: *la pendenza di un tetto,* the slope of a roof — *una forte pendenza,* a steep slant (*o* incline) — *una pendenza del venti per cento,* an incline of one in five — *pendenza massima, (ferrovia)* maximum gradient. **2** *(comm.)* outstanding account: *regolare una pendenza,* to settle an outstanding account. **3** *(dir.)* pending suit.

pendere *vi* **1** *(essere appeso)* to hang*: *pendere da un chiodo,* to hang on (*o* from) a nail — *pendere dalle labbra di qcno,* to hang upon someone's words. **2** *(essere inclinato; fig.: propendere)* to lean*; to incline; to be* inclined: *Il carico pende un po' a destra,* The load is leaning a little to the right — *Pende verso posizioni estremistiche,* He leans towards extremism — *pendere dalla parte di qcno (qcsa),* to lean towards sb (sth). **3** *(di una superficie)* to slope; to slant; *(di una nave)* to list: *Il pavimento pende un po' da tutte le parti,* The floor slopes slightly in all directions. **4** *(fig.: incombere)* to hang* over; to overhang*; to lie* on: *Su tutti noi pendeva la minaccia di una denuncia,* The threat of prosecution hung over all of us. **5** *(di lite, di causa giudiziaria)* to be* pending: *La causa pende ora dinanzi alla Corte Suprema,* The case is now pending in the High Court. **6** *(esitare)* to hesitate: *pendere tra il sì e il no,* to be unable to make up one's mind.

□ *pendere di sotto, (di sottoveste)* to show beneath — *Purtroppo la bilancia stavolta non pende dalla mia parte,* Unfortunately this is not my favourable opportunity.

pendio *sm* **1** *(luogo in pendenza)* slope; declivity; slant: *Il castello è su un pendio,* The castle stands on a slope. **2** *(pendenza)* slope; slant: *essere in pendio,* to have a slope (a slant); to be in a sloping (a slanting) position; to slope.

pendola *sf* pendulum-clock.

pendolare *agg* pendular; oscillating; swinging.

□ *sm* commuter.

pendolo *sm* **1** *(fig.)* pendulum: *orologio a pendolo,* pendulum-clock. **2** *(edilizia)* plumb-rule; plumb-bob.

pendulo *agg* pendulous; hanging.

pene *sm* penis.

penetrabile *agg* penetrable.

penetrabilità *sf* penetrability.

penetrale *sm (spec. al pl.)* inner sanctum; penetralia; *(fig.)* innermost recesses.

penetramento *sm* penetration; entering.

penetrante *agg* penetrating; piercing; acute; *(del freddo)* biting: *uno sguardo penetrante,* a piercing glance.

penetrare *vt* **1** to penetrate; *(trafiggere)* to pierce; *(entrare)* to enter; *(di liquidi)* to seep through: *Il suo sguardo indagatore mi penetrò dentro,* His enquiring look pierced me — *L'acqua penetrò il primo e il secondo strato,* The water seeped through the first and second layer. **2** *(fig.: comprendere a fondo)* to penetrate; to understand* (sth) fully; to get* to the heart (of sth); *(scandagliare)* to fathom: *È difficile penetrare il suo animo,* It's difficult to understand him (to get into his mind) — *penetrare un mistero,* to get to the heart (the bottom) of a mystery.

□ *vi* **1** to penetrate (into); to get* (to go*, to come*) into; *(di punta acuminata)* to pierce; *(passando da parte a parte)* to pass through; to thrust through: *La lama gli penetrò nei polmoni,* The blade pierced (into) his lungs. **2** *(introdursi furtivamente)* to steal* (to break*, to get*) in (*o* into) sth; *(insinuarsi)* to slip into; to worm one's way into: *I ladri penetrarono per la finestra,* The thieves stole (*o* broke, got) in through the window. **3** *(di notizie, ecc.)* to filter (through). □ *un'aria che penetra nelle ossa,* a freezing (*o* chilly, biting) air — *un grido penetrante,* a piercing (a shrill) cry.

penetrativa *sf* insight; penetration; acuteness (of mind).

penetrativo *agg* penetrating; acute; sharp.

penetrazione *sf* penetration.

penicillina *sf* penicillin.

peninsulare *agg* peninsular.

penisola *sf* peninsula.

penitente *agg* penitent; repentant.

□ *sm e f.* penitent; repentant; sinner.

penitenza *sf* **1** *(religione)* penance: *dare (fare) la penitenza,* to assign (to do) penance — *per penitenza,* as a penance. **2** *(pentimento)* repentance; penitence; contrition. **3** *(nei giochi)* forfeit.

penitenziale *agg* penitential.

penitenziario *sm* prison; penitentiary *(spec. USA).*

□ *agg* penitentiary.

penna *sf* **1** feather; *(spec. come ornamento)* plume; *(al pl.: piumaggio)* feathers; plumage: *una penna d'oca (di struzzo, di pavone),* a goose (an ostrich, a peacock) feather — *penna matta (maestra),* short feather; quill-feather — *ornato di penne,* adorned with feathers (*o* plumes) — *mettere le penne, (di uccelli)* to be fledged; to grow feathers — *un uccellino senza penne,* an unfledged bird — *un uccello che ha appena messo le penne,* a fledgling — *mutare le penne,* to moult — *rimetterci (lasciarci) le penne,* to have one's wings clipped — *farsi bello con le penne del pavone,* to deck oneself out in borrowed plumes. **2** *(da scrivere)* pen; *(per estensione: scrittore)* writer: *penna d'oca,* quill; quill-pen — *penna a sfera,* ball-point pen; 'biro' — *penna stilografica,* fountain-pen — *penna a feltro,* felt-tipped pen — *una scorsa (un errore) di penna,* a slip of the pen — *con un tratto (un frego) di penna,* with a stroke of the pen — *scrivere qcsa a penna,* to write sth in ink — *lasciare qcsa nella penna,* to leave sth out; to omit sth — *passare a penna un disegno,* to ink a drawing — *un disegno a penna,* a pen-and-ink drawing — *un testo a penna,* a manuscript — *un uomo di penna,* a penman; a scholar; a learned man — *una buona penna,* a good writer — *saper tenere la penna in mano,* to write very well; to know how to write. **3** *(naut.)* peak of a lugsail (of a lateen); head of a triangular sail: *Occhio alla penna!,* Mind the wind! **4** *(di martello)* peen. **5** *(mus.: plettro)* plectrum; quill. □ *le Penne Nere,* the 'Alpini'; the alpine regiments.

pennacchio *sm* plume *(anche fig.);* bunch of feathers: *un pennacchio di fumo,* a plume of smoke.

pennellare *vt* **1** to paint; to brush. **2** *(naut.)* to back-wash.

pennellata *sf* stroke of the brush; *(fig.)* stroke: *dare le ultime pennellate,* to put the finishing touches.

pennellatura *sf* **1** brushwork. **2** *(med.)* painting.

pennellessa *sf* flat brush.

pennello *sm* **1** brush; *(per dipingere)* paint-brush: *pennello per la barba,* shaving-brush — *È un quadro dello stesso pennello,* It's a picture by the same artist. **2** *(naut.)* broad pennant. **3** *(idraulica)* groyne. **4** *(fis.)* pencil. □ **a pennello,** perfectly; to perfection — *fare qcsa a pennello,* to do sth to perfection (*o* extremely well) — *stare a pennello,* to fit (sb) to a 't'; to fit (sb) like a glove.

pennino *sm* (pen-)nib.

pennone *sm* **1** pennon; pennant. **2** *(naut.)* yard: *pennone di maestra,* main yard — *pennone di trinchetto,* foreyard.

pennuto *agg* feathered; fledged.

□ *sm* bird.

penombra *sf* **1** half-light; dim light: *nella penombra della sera,* at dusk. **2** *(fis.)* penumbra.

penosamente *avv* painfully; distressingly.

penoso *agg* painful; distressing; *(molesto, spiacevole)* unpleasant: *un silenzio penoso,* a painful silence — *una penosa incombenza,* an unpleasant burden.

pensabile *agg* conceivable; imaginable; thinkable.

pensamento *sm* **1** *(raro: modo di pensare)* way of thinking. **2** *(meditazione)* meditation. **3** *(idea)* thought.

pensante *agg* (*p. pres. di* **pensare** ⇨) thinking.

□ *sm ben pensante* ⇨ **benpensante.**

pensare *vi* **1** to think*: *Ti penso sempre,* I'm always thinking of you — *Pensa prima di parlare,* Think (twice) before you speak — *parole che fanno pensare,* words that make you think — *Devo pensarci su,* I must think it over — *a pensarci...,* when you think of it... — *e pensare che...,* and to think that... — *A cosa pensi?,* What are you thinking of? — *Penso di sì,* I think so — *Penso di no,* I don't think so — *pensare bene (male) di qcno,* to have a good (a bad) opinion of sb — *pensare con la propria testa,* to think with one's head — *Perché non ci hai pensato prima?,* Why didn't you think of it before? **2** *(badare, provvedere)* to mind; to see* (to); to look (after); to take* care (of); to attend (to): *Pensa ai fatti tuoi!,* Mind your own business! — *Ci penso io!,* I'll see to it!; Leave it to me! — *Deve pensare alla famiglia,* He has to think of his family — *Ho altro da pensare adesso!,* I have more important business to attend to now!

□ *vt* **1** to think*; *(supporre)* to suppose: *Che cosa ne pensi?,* What do you think of it? — *Penso che tu abbia ragione,* I think you are right — *Penso che abbia la mia stessa età,* I think (I guess) he is my age — *Ti pensavo più intelligente,* I thought you a more intelligent man; I thought (that) you were more intelligent — *Non ho mai pensato una cosa simile,* I have never thought such a thing — *Pioverà, penso,* I think (*USA* I guess) it's going to rain. **2** *(immaginare)* to imagine; to guess; *(sospettare)* to suspect: *Chi poteva pensare una cosa simile,* Who could have imagined such a thing — *Pensa un po' chi ho incontrato sul bus,* Just guess who I met on the bus — *Ti lascio pensare la mia gioia,* You can imagine how happy I was. **3** *(considerare)* to consider; to think* (over): *Pensa bene che cosa devi dire,* Consider carefully what you're going to say — *Devi pensare che non è più giovane,* You must consider that he is no longer young. **4** *(avere intenzione)* to intend; to mean*; to think*: *Pensa di partire in settimana,* He intends to leave within the week. **5** *(escogitare, architettare)* to think* up; to invent; to plan; to devise; to contrive: *L'hai pensata bella!,* How clever of you! — *pensarne sempre una nuova,* to have always something new up one's sleeve — *Una ne fa e cento ne pensa, (prov.)* He is always up to something. □ *dar da pensare a qcno,* to worry sb — *Pensa e ripensa...,* After raking one's brain...; *(nelle favole)* They (*o* We, I, *ecc.*) thought and thought...

□ **pensarsi** *v. rifl (fam.)* to think* oneself; to consider oneself; to believe oneself: *Si pensa insostituibile,* He thinks himself irreplaceable — *Chi ti pensi di essere?,* Who do you think you are?

pensata *sf* thought; idea: *una bella pensata,* a good idea; a brain-wave.

pensato *agg* (*p. pass. di* **pensare** ⇨) considered; considerate; well thought-out.

pensatoio *sm* place to think; *(scherz.)* thinking-shop; think-tank *(sl.): entrare nel pensatoio,* to put on one's thinking-cap.

pensatore *sm* thinker: *un libero pensatore,* a free-thinker.

pensiero *sm* **1** thought; *(per estensione: mente)* mind: *un nobile (un cattivo) pensiero,* a noble (an evil) thought — *un pensiero gentile,* a kind thought — *al pensiero di (che)...,* at the thought of (that)... — *andare col pensiero a qcsa,* to think of sth; to remember sth — *cacciare via un pensiero cattivo,* to drive away an evil thought — *essere assorto nei propri pensieri,* to be absorbed in thought; *(essere soprappensiero)* to be lost in thought; to be miles away *(fam.)* — *fermare il pensiero su qcsa,* to fix one's attention on sth — *leggere nel pensiero di qcno,* to read sb's mind — *riandare col pensiero,* to call back to one's mind; to go back with one's mind; to recollect; to think back to sth. **2** *(idee, modo di pensare)* thought; ideas *(pl.);*

philosophy; *(opinione)* opinion; mind: *secondo il pensiero filosofico di Kant,* according to Kant's philosophy — *travisare il pensiero di qcno,* to distort sb's ideas (*o* thought) — *libertà di pensiero,* freedom of thought — *secondo il mio pensiero,* in my opinion; to my mind — *dire il proprio pensiero,* to say (to speak) one's mind; *(più forte)* to speak out — *essere dello stesso pensiero,* to be of one mind. **3** *(preoccupazione, ansia)* trouble; worry; care: *una vita piena di pensieri,* a life full of worries; a troubled life — *un uomo senza pensieri,* a happy-go-lucky (*o* carefree) fellow — *una cosa che (non) dà pensiero,* a thing (not) to worry about — *darsi pensiero per qcno (qcsa),* to worry about sb (sth) — *essere (stare) in pensiero per qcno,* to worry about sb; to be anxious about sb — *Ha altri pensieri per la testa,* He has other worries to care about. **4** *(proposito, intenzione)* idea; mind; intention; thought. □ *viola del pensiero,* pansy.

pensierosamente *avv* pensively; thoughtfully.

pensieroso *agg* pensive; thoughtful: *Perché sei così pensieroso?,* Why are you so pensive? — *È un bambino tranquillo e pensieroso,* He's a quiet, pensive (*o* thoughtful) child.

pensile *agg* hanging (down); suspended: *giardini pensili,* hanging gardens; roof-gardens — *ghiacciaio pensile,* hanging glacier.
□ *sm* mobile.

pensilina *sf* cantilever (*o* projecting) roof; *(talvolta)* canopy; *(di stazione)* platform-roof; *(alle fermate dei trasporti pubblici)* bus-shelter.

pensionante *sm e f.* boarder; *(in una casa privata)* lodger; paying-guest.

pensionato *sm* **1** *(chi fruisce di una pensione)* pensioner. **2** *(istituto dove si sta in pensione)* boarding-house; pension; *(per studenti)* boarding-school.

[1]**pensione** *sf* pension; superannuation: *pensione di guerra,* war pension — *pensione di vecchiaia,* old-age pension — *pensione di invalidità,* disability pension — *andare in pensione,* to retire on a pension — *incassare la pensione,* to draw one's pension — *mettere qcno in pensione,* to superannuate (to pension) sb.

[2]**pensione** *sf* **1** *(vitto e alloggio)* board and lodging: *pensione completa,* full board — *mezza pensione,* bed, breakfast & dinner — *essere a pensione,* to live 'en pension' *(fr.)*; to live as a boarder; to board — *tenere qcno a pensione,* to board sb. **2** *(tipo di albergo)* pension *(fr.)*; boarding-house.

pensosamente *avv* pensively; thoughtfully.

pensoso *agg* pensive; thoughtful; wistful; *(lett.: sollecito, preoccupato)* anxious; solicitous; attentive; considerate.

pentaedro *sm* pentahedron.

pentagonale *agg* pentagonal; five-sided.

pentagono *sm* pentagon.

pentametro *sm* pentameter.

pentathlon *sm* pentathlon.

pentatleta *sm e f.* pentathlete.

Pentecoste *sf* Whitsun; Whit Sunday; Whitsunday; Pentecost *(spec. USA)*; *(la festa ebraica)* Pentecost: *la settimana di Pentecoste,* Whitsuntide.

pentimento *sm* **1** repentence; penitence; regret; *(contrizione)* contrition: *mostrare (provare) pentimento,* to show (to feel) repentance (*o* regret). **2** *(ripensamento)* change of mind.

pentirsi *v. rifl* **1** to repent (of sth): *pentirsi di aver fatto qcsa,* to repent doing sth. **2** *(rammaricarsi)* to regret; to be* full of regret; to feel* repentance; to be* (to feel*) sorry: *Te ne pentirai!,* You'll be sorry!; You'll regret it! — *Mi pento di non averlo fatto subito,* I'm sorry (I regret) I didn't do it at once. **3** *(cambiare idea)* to change one's mind.

pentola *sf* pot; pan; *(di coccio)* crock; *(tegame)* saucepan: *una pentola di riso,* a pot (a potful) of rice — *mettere qcsa in pentola,* to put sth in a pot — *pentola a pressione,* pressure cooker. □ *Qualcosa bolle in pentola, (fig.)* Something is brewing; There's trouble brewing — *sapere (immaginare) quello che bolle in pentola,* to know (to guess) what is brewing — *fare la pentola a due manici,* to stand with one's hands on one's hips — *Il diavolo fa le pentole ma non i coperchi, (prov.)* Evil will out.

pentolino *sm (piccola pentola)* small pot; kettle.

penultimo *agg* last but one; penultimate *(lett.)*: *la penultima casa,* the last house but one.

penuria *sf* **1** *(scarsità)* scarcity; shortage; dearth *(solo al sing.)*; *(mancanza)* lack. **2** *(bisogno)* want; need; *(povertà, ristrettezza)* penury; poverty. **3** *(grave carestia)* famine.

penzolare *vi* to dangle; to hang* down; to be* suspended.

penzoloni *avv* dangling; hanging down; drooping: *con le braccia a penzoloni,* with one's arms hanging down — *con la coda (con le orecchie) penzoloni,* lop-tailed (lop-eared); with drooping tail (with drooping ears).

peonia *sf* peony.

pepato *agg* **1** peppered; peppery *(anche fig.)*: *pan pepato,* gingerbread. **2** *(fig.: caustico)* sharp; stinging; biting peppery: *una risposta pepata,* a sharp (a stinging) reply — *un caratterino pepato,* a peppery temper. **3** *(fig.: piccante, eccitante)* piquant; spicy; *(salace, spinto)* salacious: *una barzelletta pepata,* a salacious joke — *particolari pepati della vita amorosa di qcno,* spicy details of sb's love life. **4** *(fig., fam.: troppo caro, troppo costoso)* exorbitant; much too high: *un conto pepato,* an exorbitant bill.

pepe *sm* **1** *(pianta)* black pepper. **2** *(spezia)* pepper: *pepe di Caienna (pepe rosso),* Cayenne; Cayenne pepper; chilli; chilly; chile; chili — *pepe di Giamaica,* Jamaica pepper; allspice; pimento — *pepe in grani,* whole pepper — *pepe macinato,* ground pepper — *granello di pepe,* peppercorn — *sale e pepe, (colore di tessuto, ecc.)* pepper-and-salt — *mettere del pepe,* to put pepper (on sth); to pepper. □ *non sapere né di sale né di pepe,* to be tasteless — *una persona tutto pepe,* a live wire — *È un grano di pepe,* He's a lively little fellow.

peperita *sf* ⇨ **piperita**.

peperone *sm* pepper *(anche la pianta)*; capsicum: *peperoni ripieni,* stuffed peppers — *peperoni sott'aceto,* pickled peppers. □ *avere il naso come un peperone,* to have a big nose — *rosso come un peperone,* as red as a beetroot; as red as a lobster.

pepita *sf* nugget.

peplo *sm* peplos; peplus.

pepsina *sf* pepsin.

peptico *agg* peptic.

per I *prep* **1** *(direzione, anche fig.)* **for; to; on**: *Parto domani per Helsinki,* I'm leaving for Helsinki tomorrow — *È questo l'autobus per la stazione?,* Is this the right bus for the station? — *Presi l'aereo per Parigi e di lì proseguii per Mantes in automobile,* I flew to Paris and then went on to Mantes by car — *Ebbe sempre un gran rispetto per suo padre,* He always showed great respect for his father — *Sono* *per una vita tranquilla,* I am all for a quiet life — *andare matto per qcsa,* to be mad on sth.

2 *(moto attraverso luogo)* **through**; *(in giro per)* **about**; *(in ogni parte)* **all over**: *Sono passato per Beirut andando a Bagdad,* I went through Beirut on my way to Bagdad — *Tagliammo per i boschi,* We took a short cut through the woods — *Passeggiarono per il parco chiacchierando,* They walked about the park chatting — *Sono andato in giro per tutta la città in cerca di un alloggio,* I've been all over the town looking for a flat — *Aveva lividi per tutto il corpo,* There were bruises all over his body.

3 *(stato in luogo)* **in**; **on**; *(in ogni parte, per tutto)* **all over**: *L'ho trovato per terra,* I found it on the ground — *L'ho incontrato per le scale,* I met him on the stairs — *Fa' attenzione! Ci sono i giocattoli dei bambini sparsi per tutto il pavimento,* Be careful! The children's toys are scattered all over the floor.

4 *(scopo, fine, ecc.)* **for**: *L'ha fatto per scherzo,* He did it for fun — *andare per funghi,* to go looking for mushrooms; to go mushrooming — *Per che cosa ti serve?,* What do you need it for?

5 *(causa)* **for**; **because of**; **owing to**; **on account of**; **out of**; **through**; **due to**; **of**; **from**; *(colpa)* **of**; **for**: *Fu licenziato per la sua pigrizia,* He was sacked for laziness — *Per lo sciopero, oggi i treni non viaggiano,* Today there are no trains because of (*o* owing to) the strike — *La battaglia fu persa per un fatale errore tattico,* The battle was lost through a fatal tactical error — *agire per odio (per pietà),* to act out of hate (out of pity) — *morire per un attacco cardiaco,* to die of a heart attack — *morire per le ferite,* to die from one's wounds — *Fu processato per omicidio, ma ebbe solo una condanna per rapina a mano armata,* He was tried for murder, but only convicted of armed robbery.

6 *(mezzo)* **by**; **through**; *(modo, maniera)* **by**; **for**; **in**: *per telefono,* by telephone — *per posta,* by post — *per caso,* by chance — *per fortuna,* fortunately — *L'ho ritrovato per un colpo di fortuna,* I found it through a stroke of luck (by a lucky chance) — *per terra,* by land — *per mare,* by sea — *Lo teneva per mano,* She held him by the hand — *Ci chiamarono per ordine alfabetico,* We were called in alphabetical order.

7 *(a vantaggio di)* **for**: *Lo dico per il tuo bene,* I'm telling you this for your own good.

8 *(tempo continuato)* **for**; **through**; *(enfatico)* **throughout**: *Per secoli si credette che la terra fosse piatta,* For centuries people thought the earth was flat — *Il bambino ha pianto per tutta la notte,* The baby went on crying all through the night (*o* all night long) — *per tutta l'estate,* throughout the summer; the whole summer.

9 *(tempo determinato: entro)* **by**: *per venerdì prossimo,* by next Friday — *Sarò a casa per la fine del mese,* I'll be home by the end of the month.

10 *(misura)* **for**: *Il deserto si estendeva per miglia in tutte le direzioni,* The desert extended for miles in all directions.

11 *(prezzo, stima)* **for**: *La sua collezione fu assicurata per un milione di sterline,* His collection was insured for a million pounds — *Lo ottenni per la metà di quanto avevo offerto un mese prima,* I got it for half the price I'd offered a month before.

12 *(limitazione)* **for**; **by**; **to**: *Questo libro è troppo difficile per loro,* This book is too difficult for them — *per quanto mi riguarda...,* as for me...; as far as I'm concerned... — *So che tu lo odi, ma per me è sempre stato come un fratello,* I know you hate him, but he's always been like a brother to me.

13 *(con valore distributivo)* **by**; **per**; **for**; *(nelle operazioni matematiche)* **by**: *in fila per tre,* by threes — *il quattro per cento,* four per cent — *un biglietto gratis per ogni cinque,* one free ticket for every five — *Metti due bicchieri per persona,* Put out three glasses for each person — *moltiplicare tre per dodici,* to multiply three by twelve.

14 *(in qualità di)* **as**; *(come)* **as**; **for**; *(al posto di)* **for**; **by**: *L'ho scelto per collaboratore,* I've chosen him as my collaborator — *Lo do per scontato,* I take it for granted — *Fu dato per disperso,* He was given up for lost — *Che cosa intendi per riformismo?,* What do you mean by reformism? — *Mi scambiano sempre per mia sorella,* People are always taking me for my sister.

□ *È mio cugino per parte di madre,* He's a cousin on my mother's side — *per amore o per forza,* whether I (you, *ecc.*) like it or not; willy nilly — *per niente al mondo,* for love or money — *per filo e per segno,* word by word; in detail — *Non m'è neanche passato per la testa,* The thought never crossed my mind — *per l'addietro,* in the past; formerly — *per l'appunto,* exactly; just so; precisely — *per il momento,* for the time being — *per poco non...,* nearly... — *per tempo,* early — *per questa volta,* (for) this time.

II *congiunz* **1** *(finale)* to; in order to *(seguiti da infinito)*; for *(seguito da gerundio)*: *Sono qua per aiutarti,* I'm here to help you — *Fece tutto quel che poté per convincerlo,* He did everything he could (in order) to persuade him — *È un mobiletto per tenere la biancheria,* It's a cupboard for keeping linen in.

2 *(causale)* for *(seguito da gerundio)*: *Fu condannato per aver ucciso la moglie,* He was condemned for killing his wife.

3 *(consecutivo)* to: *È troppo bello per essere vero,* It's too good to be true.

4 *(concessivo)* however: *Per forte che tu sia...,* However strong you may be... —

5 stare per...; **essere lì lì per...**, to be about to... *(con l'infinito)*; to be going to... *(con l'infinito)*; to be on the point of... *(seguito dal gerundio)*: *Stavo per uscire,* I was about to go out; I was going to go out — *Stavo per addormentarmi quando suonò il telefono,* I was on the point of falling asleep when the telephone rang.

pera *sf* **1** pear: *pere cotte,* stewed pears — *pere cotte al forno,* baked pears — *cascare come una pera cotta, (innamorarsi facilmente)* to fall head over heels in love — *Non vale una pera cotta,* It's not worth two pence (tuppence, a fig). **2** *(oggetti a forma di pera) (interruttore)* pear-switch; *(bulbo)* bulb; *(per enteroclisma)* rubber-syringe; pear-shaped rubber douche. **3** *(fig., scherz.: testa)* head; pate: *grattarsi la pera,* to scratch one's head.

percalle *sm* cotton cambric.

percallina *sf* glazed cotton.

percentuale *agg* for each hundred; per cent: *interesse percentuale,* per cent interest.

□ *sf* **1** percentage; *(calcolata su sterlina o libbre)* poundage; *(proporzione, rapporto)* proportion: *percentuale di servizio, (in alberghi, ecc.)* service charge. **2** *(provvigione)* commission: *una percentuale del dieci per cento sulle vendite,* a ten per cent commission on sales.

percentualmente *avv* proportionately.

percepibile *agg* **1** *(mediante i sensi)* perceivable;

perceptible; noticeable. **2** *(di stipendio, ecc.)* that may be received; receivable.

percepire *vt* **1** to perceive; to become* aware; to feel*; *(rendersi conto)* to realize; *(udire)* to hear*: *percepire una certa ostilità,* to feel a certain hostility. **2** *(ricevere)* to receive; *(riscuotere)* to cash; to collect: *percepire uno stipendio,* to receive a salary.

percettibile *agg* perceptible: *suoni percettibili,* audible sounds — *in modo percettibile,* perceptibly.

percettibilità *sf* perceptibility.

percettibilmente *avv* perceptibly.

percettivamente *avv* perceptively.

percettività *sf* perceptiveness; perceptive faculty.

percettivo *agg* perceptive.

percezione *sf* perception; discerning: *non avere la percezione di qcsa,* to be unable to understand sth — *Ne ebbi la percezione,* I perceived it.

perché **I** *congiunz* **1** *(in proposizioni interrogative, dirette e indirette)* why; what... for; for what reason; wherefore *(lett.)*: *Perché l'hai fatto?,* Why did you do it?; What did you do it for? — *Dimmi perché l'hai fatto,* Tell me why you did it — *Perché non vieni domani?,* Why don't you come tomorrow? — *Dimmi perché non vieni,* Tell me why you won't come — *Si può sapere perché hai comprato questo arnese?,* May I know why you bought this gadget?; What did you buy this gadget for, may I ask? — *Perché no?,* Why not? — *Ma perché?,* But why? — *Perché andare ora? Perché non andare domani?,* Why go now? Why not go tomorrow? — *Perché mai?,* Why on earth?; What on earth for? — *Ecco perché,* That's why.

2 *(esplicativo causale)* because; as; for: *Vado a casa perché è tardi,* I'm going home because it's late — *Domani non potrò venire perché avrò da fare,* I won't be able to come tomorrow, as I shall be busy.

3 *(introducendo una proposizione finale)* so (that); in order that; so as; to; that: *Ti ho comperato questo libro perché tu possa studiare di più,* I've bought this book for you (so) that (*o* in order that) you may study a little more — *Te lo ripeto perché te lo ricordi,* I will repeat it so that you may remember it.

4 *(introducendo una proposizione consecutiva)* for: *È troppo furbo perché tu gliela possa fare,* He's too cunning for you to cheat him; He's too cunning to be taken in by you.

II *come sm* why; reason; motive: *Ti dico io il perché,* I'll tell you why — *Non capisco il perché,* I don't understand why (*o* the reason) — *Mi sfugge il perché di un simile comportamento,* I can't understand why (*o* the reason) he behaves so — *I perché potrebbero essere parecchi,* There could be several different reasons (*o* motives) — *il perché e il percome,* the why(s) and wherefore(s).

perciò *congiunz* so; for that reason; therefore; thus; *(di conseguenza)* consequently; ergo *(lat., scherz.)*; hence.

percorrere *vt (coprire una distanza)* to cover; *(attraversare)* to cross; *(viaggiare)* to travel; *(battere)* to scour; *(con l'occhio)* to scan: *percorrere tutto un territorio,* to cover an entire region — *percorrere tutta l'Europa in lungo e in largo,* to travel all over Europe — *percorrere i boschi (le campagne),* to scour the woods (the countryside) — *percorrere tutti i gradi di una luminosa carriera,* to follow all the stages of a brilliant career.

percorso *sm (viaggio)* journey; *(distanza)* distance; *(tragitto)* course; run; route; *(mecc.)* run; *(raggio d'azione)* range: *durante il percorso,* during the journey; on the way — *coprire un percorso (di cinquanta miglia),* to cover a distance (of fifty miles) — *seguire il percorso più breve,* to follow the shortest route — *un percorso obbligato,* a set course — *il percorso di un fiume,* the course of a river. □ *percorso netto, (sport)* clear round — *percorso (pista) di prova,* proving ground — *percorso di guerra,* battle-training ground; assault course.

percossa *sf* blow; (hard) stroke; *(al pl.)* beating; trouncing: *essere arrestato per percosse,* to be arrested for assault and battery.

percotitore *sm* **1** *(raro)* striker. **2** *(per estensione: feritore)* wounder.

percuotere *vt* **1** to strike*; to beat*; to hit*; to knock; *(di busse)* to thrash; to trounce; to slosh *(sl.)*; to wallop *(sl.)*: *percuotere qcsa con un bastone,* to strike sth with a stick — *percuotere qcno al mento,* to strike sb on the chin — *percuotere (suonare) i timpani, (mus.)* to beat the kettledrums — *percuotersi il petto,* to beat one's breast — *percuotere qcno a morte,* to thrash the life out of sb. **2** *(fig.)* to strike*; to hit*; *(affliggere)* to afflict; *(devastare)* to devastate; to ravage. □ **percuotersi** *v. rifl* **1** to beat* oneself. **2** *v. reciproco* to hit* (to strike*) each other (one another); *(combattersi)* to fight*.

percussione *sf* percussion *(anche med.)*: *una capsula a percussione,* a percussion cap — *strumenti a percussione,* percussion instruments. □ *percussione dell'imposta, (dir.)* date (*o* moment) on which a tax falls due.

percussore *sm (di arma da fuoco)* firing pin; striker.

perdente *agg* (*p. pres. di* **perdere** ⇨) losing. □ *sm* loser.

perdere *vt* **1** *(cessare di possedere, smarrire)* to lose*: *Ha perso l'orologio,* He's lost his watch — *Ha perso suo fratello di recente,* She lost her brother a short time ago — *perdere la vita,* to lose one's life — *perdere i capelli,* to lose one's hair; to go bald — *perdere il controllo,* to lose one's temper (one's cool, *fam.*) — *perdere la testa (la pazienza),* to lose one's head (one's patience) — *perdere il posto, (di lavoro)* to lose one's job; *(a sedere)* to lose one's place (one's seat) — *perdere una partita (una battaglia),* to lose a match (a battle) — *perdere conoscenza,* to lose consciousness — *perdere la ragione,* to lose one's reason; to go mad — *perdere la faccia,* to lose face — *perdere quota, (di aeroplano)* to lose height; *(fig.)* to lose favour — *perdere terreno,* to lose ground — *perdere la vista,* to lose one's sight — *perdere di vista qcno, qcsa,* to lose sight of sb, sth — *perdere il sonno per qcsa, qcno,* to lose sleep over sth, sb — *Non c'è un momento da perdere,* There is not a moment to lose — *saper perdere,* to be a good loser — *non aver niente da perdere,* to have nothing to lose. **2** *(lasciare sfuggire)* to lose*; to miss: *È stato un peccato perdere quel film,* It's a pity we missed that film — *perdere un'occasione,* to miss a chance — *Non perdere l'unica possibilità di farcela,* Don't lose your only chance of getting through — *perdere il turno,* to miss one's turn — *perdere il treno,* to miss the train — *Non vorrei perdere la coincidenza,* I wouldn't like to miss (*o* lose) my connection. **3** *(sprecare, sciupare)* to waste: *Non voglio perdere una settimana delle mie ferie,* I don't want to waste a week of my holidays — *Non perderei il fiato con lui, se fossi in te,* I wouldn't waste my breath on him, if I were you — *fatica persa,* a waste of time. **4** *(lett.: mandare in rovina)* to ruin: *Il suo orgoglio lo perse,* His pride ruined him. **5** *(rimetterci)* to lose*; *(USA, fam.)* to lose* out; *(comm.)* to make* a loss: *Per non perderci, dovrò alzare i prezzi,* If I'm not going to make a loss, I'll have to put my prices up —

Ci perdi a non assaggiare questa torta, You're missing something if you don't try this cake. **6** *(lasciar sfuggire liquido, gas)* to leak: *Il radiatore perde acqua,* The radiator is leaking. **7 lasciar perdere,** to forget* about sth: *Lascia perdere!,* Forget it!; *(Non prendertela!)* Take it easy! — *Lascia perdere i suoi commenti,* Take no notice of his comments. ☐ *perdere la bussola, (la tramontana)* to lose one's bearings — *Vuoto a perdere,* No deposit; No return — *perdere un'abitudine,* to get out of a habit — *perdere l'anno, (a scuola)* to spend two years in the same class; to repeat a year — *perdere il lume degli occhi,* to be blinded by rage; to fly into a tearing rage — *perdere le staffe,* to fly off the handle — *perdere colpi, (di motore)* to misfire — *Nel paragone ci perde,* He comes off worse by comparison — *Chi perde ha sempre torto, (prov.)* The loser is always wrong — *Il lupo perde il pelo ma non il vizio, (prov.)* The leopard doesn't change its spots.

☐ *vi (diminuire)* to lose* (in): *perdere d'importanza (di valore),* to lose importance; to go down in value.

☐ **perdersi** *v. rifl* **1** *(di persona: smarrirsi)* to lose* oneself; to get* lost; to lose* one's way: *Ci si perde facilmente in una città sconosciuta,* It is easy to get lost in a strange town — *Non perderti in congetture,* Don't get lost in (*o* carried away by) vague conjectures — *Si sarà perso strada facendo,* He must have lost his way. **2** *(di oggetto: andare smarrito)* to be* mislaid; to get* lost; *(di lettere, ecc.)* to get* lost in the post. **3** *(dileguarsi)* to vanish; to disappear; *(di suoni: svanire)* to fade away; *(sfociare)* to flow; to run* into; *(estinguersi)* to die out; to become* extinct: *La lepre si perse rapidissima tra i cespugli,* The hare was quickly lost to view among the bushes — *Il profumo delle rose si perdeva nell'aria,* The scent of the roses was borne away on the air — *un'usanza che si è perduta,* a habit that has disappeared (*o* died out) — *Molte specie animali si stanno perdendo,* Many species of animals are dying out (*o* becoming extinct). **4** *(rovinarsi)* to ruin oneself; to be* ruined; *(sprecarsi)* to waste oneself (*o* one's talents, *o* one's time): *Si perde in mille attività inutili,* He wastes his time on useless activities — *perdersi in chiacchiere,* to waste one's time in talk. **5** *(reciproco)* to lose* sight of each other (one another); to lose* touch: *Finita l'università ci perdemmo di vista,* After we left university we lost touch. ☐ *perdersi in un bicchier d'acqua, (fig.)* to drown in an inch of water — *perdersi d'animo,* to lose heart — *perdersi nei propri pensieri,* to be lost in thought — *Mi ci perdo,* I can't make head or tail of it.

perdibile *agg* liable to be lost.

perdifiato *(nella locuzione avverbiale) a perdifiato,* breathlessly; at the top of one's voice — *gridare a perdifiato,* to shout at the top of one's voice — *correre a perdifiato,* to run breathlessly (at breakneck speed).

perdigiorno *sm e f.* idler; loafer.

perdinci, perdio *interiezione* good Lord!; my goodness!; gosh!; golly!

perdita *sf* **1** loss; *(spreco)* waste; *(privazione)* deprivation; *(in seguito a combattimenti, mil., anche)* casualty; *(morte)* death; loss: *in perdita,* at a loss — *vendere in perdita,* to sell at a loss — *profitti e perdite,* profits and losses — *conto profitti e perdite,* profit and loss account — *una grave (forte) perdita,* a heavy loss — *una perdita irreparabile,* an irreparable loss — *una perdita di tempo,* a waste (a loss) of time — *la perdita di una persona cara,* the loss (the death) of a loved one. **2** *(falla, dispersione)* leak; loss; *(per gocciolamento)* dribble; dripping: *perdita di quota, (di aereo)* loss of height — *una perdita di sangue,* a loss of blood; a haemorrhage.

☐ *perdite bianche, (med.)* whites; leucorrhoea — *a perdita d'occhio,* as far as the eye can see (*o* reach).

perditempo *sm* waste of time.

perditore *sm* loser.

perdizione *sf* **1** *(rovina)* ruin; loss: *andare in perdizione,* to go to ruin. **2** *(dannazione)* perdition; damnation: *È sulla via della perdizione,* He's on the road to perdition — *andare alla perdizione,* to lose one's soul.

perdonabile *agg* pardonable; excusable.

perdonare *vt* **1** to forgive*; to pardon: *perdonare un'offesa a qcno,* to forgive sb (for) an affront — *Per questa volta ti perdono,* This time I shall forgive you — *Non gliela perdonerò mai!,* I shall never forgive him for this! — *Dio ci perdoni!,* May God forgive us! **2** *(scusare)* to excuse; to forgive*; to pardon; *(concedere attenuanti)* to make* allowance(s) for: *Mi perdoni se la disturbo,* Excuse my troubling you; Pardon me for troubling you — *Perdona la mia incompetenza,* Excuse my incompetence — *Bisogna perdonare la sua giovane età,* We must make allowances for her youth. **3** *(risparmiare)* to spare: *La morte non perdona nessuno,* Death spares nobody.

☐ *vi* to forgive*; to pardon: *I suoi genitori non lo hanno ancora perdonato,* His parents haven't yet forgiven him. ☐ *un male che non perdona,* an incurable disease — *un uomo che non perdona,* an inexorable (an inflexible) man.

☐ **perdonarsi** *v. rifl e reciproco* to forgive* each other (one another).

perdono *sm* forgiveness; pardon; *(indulgenza)* indulgence: *chiedere (il) perdono a qcno,* to ask sb for forgiveness — *ottenere il perdono,* to receive forgiveness — *Chiedo perdono se vi ho interrotto,* Please excuse me (Pardon me) for interrupting you.

perdurare *vi* to go* on; to last; to continue; to endure; *(perseverare, persistere)* to persist; to keep* up: *perdurare nel proprio atteggiamento,* to persist in one's attitude.

perdurevole *agg* durable; lasting; continuous.

perdutamente *avv* hopelessly; desperately: *amare perdutamente qcno,* to be desperately in love with sb.

perduto *agg* (*p. pass. di* **perdere** ⇨) **1** lost; *(di occasione, anche)* missed; *(sprecato, sciupato)* wasted: *un'anima perduta,* a lost soul — *tempo perduto,* lost (*o* wasted) time — *fatiche perdute,* wasted effort. **2** *(fig.: smarrito)* bewildered: *vedersi perduto,* to realize the hopelessness of one's position. **3** *(rovinato)* ruined; lost; *(dissoluto)* fallen: *una donna perduta,* a fallen woman *(lett.)*; a prostitute. **4** *(di organo, arto, ecc.)* useless; paralysed.

peregrinare *vi* to wander; to rove; to roam; to travel.

peregrinazione *sf (lett.)* wandering; roaming; peregrination.

peregrinità *sf* rarity; singularity; strangeness: *Fui colpito dalla peregrinità di quell'idea,* I was struck by the singularity of that idea.

peregrino *agg* **1** *(raro)* rare; *(singolare)* uncommon; unusual; out-of-the-way; singular; *(strano)* strange; peculiar; odd; queer; outlandish; *(ricercato)* elegant; refined. **2** *(lett.: ramingo)* vagrant; wandering; *(straniero)* foreign.

perenne *agg* **1** everlasting; eternal; perpetual;

perennial; *(inesauribile)* inexhaustible: *le nevi perenni,* perpetual snow *(sing.).* **2** *(di pianta)* perennial.
perennemente *avv* everlastingly; perennially.
perennità *sf* perpetuity.
perentoriamente *avv* peremptorily; in a conclusive manner.
perentorio *agg* final; conclusive; *(dir.)* peremptory: *termine perentorio,* period which cannot be extended.
perequare *vt* **1** *(rendere uguale)* to equalize. **2** *(distribuire in maniera uguale)* to distribute equally.
perequazione *sf* **1** equalization. **2** *(l'atto di distribuire in maniera uguale)* equal distribution.
peretta *sf (elettr.)* pear-switch.
perfettamente *avv* **1** perfectly; to perfection; *(fam.)* to a 't'. **2** *(completamente)* wholly; entirely; completely; quite; *(sotto ogni riguardo)* in every way. **3** *(ottimamente, abilmente)* admirably; flawlessly.
perfettibile *agg (lett.)* perfectible.
perfettibilità *sf* perfectibility.
perfettivo *agg (lett. e gramm.)* perfective.
perfetto *agg* **1** *(vari sensi, anche gramm.)* perfect; *(impeccabile, ottimo)* flawless; excellent; consummate: *un numero perfetto,* a perfect number — *una esecuzione perfetta,* a perfect (an excellent) performance — *godere perfetta salute,* to enjoy perfect health (the best of health). **2** *(completo)* complete; thorough; absolute; unmitigated; downright: *un perfetto imbecille,* an unmitigated idiot. □ *un insetto perfetto,* an imago.
□ *sm* perfect (tense).
perfezionabile *agg* perfectible; that can be improved; capable of improvement.
perfezionamento *sm* **1** perfecting; finishing; finish. **2** *(miglioramento)* improvement. **3** *(specializzazione)* specialization: *scuola (corso) di perfezionamento,* specialization school (course); post-graduate school (course).
perfezionare *vt* **1** to perfect; to bring* (sth) to perfection; to finish. **2** *(migliorare)* to improve; to better; to amend. **3** *(completare)* to complete; to consummate; *(firmare)* to sign: *perfezionare un contratto,* to sign (to execute) a contract — *perfezionare una tratta, (comm.)* to accept a bill.
□ **perfezionarsi** *v. rifl* **1** to perfect oneself; to become* perfect; *(migliorarsi)* to improve oneself; to improve. **2** *(specializzarsi)* to specialize: *perfezionarsi in francese,* to specialize in French; to improve one's (knowledge of) French.
perfezione *sf* perfection: *portare qcsa a perfezione,* to bring sth to perfection — *alla perfezione, (in modo perfetto)* to perfection; perfectly.
perfidamente *avv* perfidiously; treacherously; perversely.
perfidia *sf* perfidy; perfidiousness; wickedness; *(lett.: tradimento, slealtà)* treacherousness; disloyalty: *con perfidia,* perfidiously.
perfido *agg (traditore, sleale)* treacherous; disloyal; perfidious; *(scellerato)* wicked; mischievous; perverse.
perfino *avv* even; just: *Perfino lui è riuscito!,* Even he managed it! — *Mi ripugna perfino pensarlo!,* It gives me the creeps just to think of it!
perforabile *agg* which can be pierced (*o* perforated).
perforamento *sm* perforating; piercing; perforation; boring; *(in miniere, ecc.)* drilling.
perforare *vt* to pierce; to perforate; *(schede)* to punch; *(mecc.)* to drill; to bore: *Ha avuto il torace perforato,* He's had his chest pierced — *schede perforate,* punched cards — *Perforerò il muro,* I'll drill the wall.
perforatore *sm* perforator.
□ *agg* perforating; piercing.
perforatrice *sf (macchina per perforare)* drill; punch.
perforazione *sf* perforation; *(trivellazione)* boring; drilling; *(med.)* perforation; *(computeristica: di schede)* punching.
perfosfato *sm* superphosphate.
perfusione *sf* perfusion.
pergamena *sf (cartapecora)* parchment; vellum; sheepskin; *(documento scritto su carta pergamena)* parchment: *carta pergamena,* parchment paper.
pergola sf, pergolato *sm* pergola; arbour; bower; vine-trellis.
pericolante *agg* tottering; tottery; almost falling; *(di edificio)* unsafe; *(malsicuro)* shaky; unsteady; insecure; precarious.
pericolare *vi (di casa)* to be* in danger of falling (down); to be* unsafe (*o* precarious, dilapidated).
pericolo *sm* **1** danger; peril; *(rischio)* risk; hazard; *(per estensione: persona pericolosa)* danger; menace: *essere in pericolo,* to be in danger; *(in difficoltà)* to be in distress — *in pericolo di vita (di morte),* in danger of death — *fuori pericolo,* out of danger; *(negli ospedali)* off the danger list — *a proprio rischio e pericolo,* at one's own risk — *affrontare un pericolo,* to face a danger (a risk) — *correre il pericolo di,* to run the risk of (doing sth) — *esporsi al pericolo,* to endanger one's person; to expose oneself to danger; to risk one's life — *mettere qcno in pericolo,* to endanger sb — *rendersi conto di un pericolo,* to realize the danger; to see the risk — *scongiurare un pericolo,* to ward off a danger — *tenersi lontano dal pericolo,* to keep out of danger — *Quell'individuo è un pericolo pubblico,* That man is a public menace (a menace to society).
2 *(fig., fam.: probabilità)* fear; danger; possibility: *Non c'è pericolo!,* There's no fear (of that)! — *Non c'è pericolo che paghi lui,* There is no fear of his paying; He's not likely to pay — *C'è il pericolo che mia madre torni da un momento all'altro,* My mother is likely to (*o* may, might) come back any moment.
pericolosamente *avv* dangerously; riskily.
pericoloso *agg* dangerous; perilous; *(rischioso)* risky; insecure: *È pericoloso sporgersi,* It is dangerous to lean out (of the window) — *gioco pericoloso, (sport)* dangerous play — *essere socialmente pericoloso,* to be a danger to society — *zona pericolosa,* danger zone.
periferia *sf* **1** *(di città)* suburbs *(pl.);* outskirts *(pl.): abitare in periferia,* to live in the suburbs. **2** *(in senso fisico)* periphery; external boundary.
periferico *agg* **1** *(riferito ad una città)* outlying; suburban. **2** *(in senso fisico)* peripheral; *(esterno)* external.
perifrasi *sf* periphrasis *(pl.* periphrases*);* circumlocution.
perifrastico *agg* periphrastic.
perimetrale *agg* perimetric; *(di muri)* boundary *(attrib.);* perimeter *(attrib.).*
perimetrico *agg* perimetric(al).
perimetro *sm* perimeter; external boundary.
periodare *vi (raro)* to compose (to build*, to construct) sentences; to form periods.
□ *come sm (modo di comporre scrivendo)* literary style; style of composition; turn of phrase.

periodicamente *avv* periodically; at intervals; every so often.

periodicità *sf* periodicity; recurrence.

periodico *agg* periodic; periodical; *(ricorrente)* recurrent; *(di avvenimento che si ripete regolarmente)* regular: *sistema periodico (degli elementi),* periodic table (of the elements).

☐ *sm* periodical; magazine; review.

periodo *sm* **1** *(vari sensi, anche geologico)* period; *(epoca, anche)* era: *periodo di prova, (di personale)* probationary period; *(di macchina)* testing period. **2** *(gramm.)* period; sentence. **3** *(med.)* period; stage; phase. **4** *(astronomia)* period; phase. **5** *(elettr.)* cycle.

peripatetica *sf* street-walker; prostitute.

peripatetico *agg e sm* peripatetic; *(stor.)* Aristotelian.

peripezia *sf* **1** *(nel dramma antico)* peripeteia; turn of fortune. **2** *(spec. al pl.)* adventure; vicissitude; ups and downs *(pl.)*; odyssey.

periplo *sm (circumnavigazione)* circumnavigation; periplus *(raro)*; *(lungo viaggio per mare)* long (sea) voyage.

perire *vi* to perish; *(morire)* to die; *(andar distrutto)* to be* destroyed; *(andar perduto)* to be* lost; *(estinguersi)* to come* to an end; to die out; *(nelle imprecazioni: esser dannato)* to be* damned.

periscopico *agg* periscopic: *quota periscopica,* periscope depth.

periscopio *sm* periscope.

peritale *agg* (done) by an expert; expert *(attrib.)*: *prova peritale,* expert evidence.

peritarsi *v. rifl* to hesitate; to have* scruples. ☐ *non peritarsi di dire (fare) qcsa,* to be bold enough to say (to do) sth.

perito *agg* skilled; expert; experienced.

☐ *sm* expert; technician; qualified person; holder of a diploma; *(dinnanzi a un tribunale)* expert witness; *(estimatore)* appraiser; valuer; surveyor: *perito calligrafo,* handwriting expert — *perito navale,* ship surveyor — *albo dei periti,* panel of experts.

peritoneo *sm* peritoneum *(pl.* peritoneums *o* peritonea*)*.

perituro *agg (destinato a perire)* perishable; liable to perish; transient.

perizia *sf* **1** *(maestria, bravura)* expertness; skill; mastery; expertise. **2** *(valutazione)* valuation; estimate; appraisal; survey; *(giudizio tecnico)* expert opinion; expert's report; surveyor's report; *(dinnanzi a un tribunale)* expert evidence.

periziare *vt* to estimate; to value; to survey.

perla *sf* **1** pearl *(anche fig.)*; *(la capsula che contiene un farmaco)* capsule; *(perlina di una collana)* bead: *perle coltivate,* cultured pearls — *perla artificiale,* imitation pearl — *una perla della più bell'acqua,* a pearl of the first water — *una collana di perle,* a pearl necklace; a necklace of pearls — *un giro di perle,* a string of pearls — *un pescatore di perle,* a pearl-diver — *pesca delle perle,* pearl-fishing; pearling — *perla giapponese, (fig.)* blunder; slip; error; howler *(fam.)* — *grigio-perla,* pearl-grey — *madre-perla (madreperla),* mother-of-pearl. **2** *(fig.: persona eccellente)* treasure; model: *una perla di marito,* a model husband; a perfect treasure of a husband — *essere la perla di qcno,* to be the apple of sb's eye.

perlaceo *agg* pearly.

perlato *agg* pearly; *(adorno di perle)* adorned with pearls. ☐ *riso perlato,* pearl rice.

perlina *sf* **1** *(piccola perla)* seed-pearl; *(elemento di una collana)* bead. **2** *(in falegnameria)* matchboard.

perlinaggio *sm* matchboarding.

perlomeno *locuzione avverbiale* at least.

perlustrare *vt* to explore; to scour; to scout; to reconnoitre; *(pattugliare)* to patrol.

perlustratore *sm* scout; policeman *(pl.* -men*)*; soldier on patrol.

perlustrazione *sf* reconnaissance; patrol: *andare in perlustrazione,* to reconnoitre.

permalosamente *avv* sulkily; resentfully.

permaloso *agg* touchy; sulky; resentful; huffy; *(irritabile)* irritable; peevish; crusty; *(fam.)* stuffy.

permanente *agg* permanent; *(fisso)* stationary; fixed: *fortificazione permanente,* fixed defences — *esercito permanente,* standing army — *commissione permanente,* standing committee — *nevi permanenti,* perpetual snow — *colori permanenti,* fast colours — *carta permanente, (di libera circolazione, sulle ferrovie)* free-travel pass.

☐ *sf* permanent wave; *(fam.)* perm.

permanentemente *avv* permanently.

permanenza *sf* **1** *(il permanere)* persistence; permanence. **2** *(soggiorno)* stay: *essere di permanenza,* to live; to be a resident. **3** *(inalterabilità)* permanence; *(di colori)* fastness.

permanere *vi (lett.: rimanere)* to remain; to stay; *(durare)* to last.

permanganato *sm* permanganate.

permeabile *agg* permeable.

permeabilità *sf* permeability.

permeare *vt* to permeate *(anche fig.)*.

permeazione *sf* permeation.

permesso *sm* **1** permission; consent; *(in talune espressioni)* leave: *chiedere il permesso,* to ask for permission — *col vostro permesso,* with your permission; by (*o* with) your leave — *È permesso (entrare)?,* May I come in? — *È permesso (passare)?,* May I get past?; Make way please! — *avere il permesso di fare qcsa,* to be allowed to do sth. **2** *(autorizzazione)* permit; leave; licence; *(di entrata o uscita)* pass; *(congedo)* leave *(USA)*; furlough: *un permesso di quattro giorni,* a four days' leave — *essere in permesso,* to be on leave — *permesso di caccia,* game licence — *rilasciare un permesso,* to grant a permit.

permettere *vt* **1** to allow; to permit; to let*; to enable; *(autorizzare)* to authorize; to entitle: *Non gli permisi di fare una cosa simile,* I didn't allow him to (let him) do such a thing — *Il questore permise la manifestazione,* The chief of police authorized (*o* allowed, gave his consent for) the demonstration — *Non ti permetto di parlare così,* I forbid you to talk like that — *Questi fatti ci permettono di concludere che...,* These facts allow (*o* entitle) us to conclude that... — *Dio permettendo,* God willing — *tempo permettendo; se il tempo lo permette,* weather permitting — *Non è permesso l'accesso ai cani,* Dogs (are) not allowed in.

2 *(nelle forme di cortesia)* may*; to let*; to allow; to permit: *Permette?,* May I?; Do you mind? — *È permesso (entrare)?,* May I come in? — *Permettetemi una parola,* May I say a word? — *Permettete che mi presenti,* Let me introduce myself.

3 *(tollerare, sopportare)* to bear*; to suffer: *Non permetto che lo si prenda in giro a quel modo,* I can't bear (*o* suffer) him to be teased (to be made a fool of) like that.

4 *(prendersi la libertà)* to take* the liberty (of doing sth); *(osare)* to dare: *Mi permetto di farvi presente che...*, I take the liberty of pointing out to you that... — *Mi permetto (Mi permetterò) di scriverLe,* I'm taking (I shall take) the liberty of writing to you — *Come ti permetti di dire una cosa simile?*, How dare you say such a thing?

permissibile *agg* permissible; allowable.

permissivo *agg* permissive.

permuta *sf* exchange; barter; trade-in *(p.es. in cambio di un modello più nuovo): valore di permuta,* trade-in value.

permutabile *agg* exchangeable; commutable.

permutabilità *sf* exchangeability; commutability.

permutare *vt* **1** *(anche dir.)* to exchange; to barter. **2** *(matematica)* to permute.

□ **permutarsi** *v. rifl* to change; to transform oneself.

permutatore *sm* exchanger.

permutazione *sf* **1** exchange; barter. **2** *(matematica)* permutation.

pernacchia *sf (volg.)* raspberry.

pernice *sf* partridge. □ *occhio di pernice, (disegno in un tessuto)* bird's eye pattern; *(tipo di callosità)* corn between the toes.

perniciosamente *avv* perniciously.

perniciosità *sf* perniciousness.

pernicioso *agg* pernicious; harmful; injurious: *dottrine perniciose,* pernicious doctrines — *anemia perniciosa,* pernicious anaemia — *febbre perniciosa,* malignant fever.

perno, pernio *sm* **1** pivot; pin; gudgeon; *(di ruota)* hub; axis; *(cardine)* hinge. **2** *(fig.: principio base)* keystone; pivot; turning-point; *(sostegno)* support: *nave perno,* pivot ship — *fare perno su qcsa,* to pivot on sth.

pernottamento *sm* overnight stay.

pernottare *vi* to stay overnight; to spend* the night.

pero *sm* pear; pear-tree; *(il legno)* pear; pear-wood.

però *congiunz* but; yet; nevertheless; still; *(tuttavia)* however.

perone *sm* fibula *(pl.* fibulae *o* fibulas*)*.

peronospora *sf* mildew.

perorare *vt* to plead; to argue in favour of; to defend.

perorazione *sf* **1** *(difesa)* defence; pleading. **2** *(parte conclusiva di un discorso)* peroration.

perossido *sm* peroxide.

perpendicolare *agg* perpendicular; *(verticale)* vertical; upright.

□ *sf* perpendicular; perpendicular line.

perpendicolarità *sf* perpendicularity.

perpendicolarmente *avv* perpendicularly.

perpendicolo *sm* plumb-line; plummet. □ *a perpendicolo,* vertically; perpendicularly.

perpetrare *vt* to perpetrate; to commit.

perpetrazione *sf* perpetration; committing (of a crime).

perpetua *sf (domestica, spec. di sacerdote)* (priest's) housekeeper.

perpetuamente *avv* perpetually.

perpetuare *vt* to perpetuate; *(immortalare)* to immortalize; to make* eternal.

□ **perpetuarsi** *v. rifl* to become* eternal; to be* perpetuated.

perpetuazione *sf* perpetuation.

perpetuità *sf* perpetuity.

perpetuo *agg* perpetual; never-ending; endless; eternal; immortal; everlasting; *(continuo)* permanent; continual; uninterrupted: *moto perpetuo,* perpetual motion — *vite perpetua,* endless screw — *in perpetuo,* perpetually.

perplessità *sf* perplexity; uncertainty.

perplesso *agg* perplexed; bewildered; confused; puzzled; *(titubante)* hesitant; irresolute: *lasciare, rendere perplesso qcno,* to bewilder sb; to puzzle sb.

perquisire *vt* to search: *Alla dogana fummo tutti perquisiti,* We were all searched at the customs.

perquisitore *sm* investigator; detective.

perquisizione *sf* perquisition; search: *mandato di perquisizione,* search-warrant.

perscrutabile *agg (lett.)* open to investigation.

perscrutare *vt* to investigate; to examine; to inquire; to search out.

persecutore *sm,* **persecutrice** *sf* persecutor.

persecuzione *sf* persecution; *(per estensione, fam.: molestia)* pestering: *mania di persecuzione,* persecution mania — *È una vera persecuzione!*, It's a real pest!

perseguibile *agg (dir.)* indictible.

perseguire *vt* **1** *(fig.: cercare di raggiungere qcsa)* to pursue; to follow. **2** *(dir.)* to prosecute; to indict.

perseguitare *vt* to persecute; to pursue; *(molestare)* to pester; to molest.

perseverante *agg* persevering; persistent.

perseveranza *sf* perseverance; constancy; persistence.

perseverare *vi* to persevere; to keep* on steadily: *perseverare negli studi,* to persevere in one's studies.

persiana *sf* shutter: *persiana avvolgibile,* roller blind.

persiano *agg* Persian: *tappeti persiani,* Persian carpets.

□ *sm* **1** Persian; *(ora)* Iranian. **2** *(gatto)* Persian cat.

persico *agg* Persian: *il golfo Persico,* the Persian Gulf. □ *pesce persico,* perch.

persino *avv* ⇨ **perfino**.

persistente *agg* persistent; persisting; *(insistente)* insisting; *(ostinato)* obstinate; *(incessante)* unceasing; unremitting.

persistentemente *avv* persistently.

persistenza *sf* persistence; *(ostinazione)* obstinacy; stubbornness: *persistenza delle immagini,* persistence of vision.

persistere *vi* to persist; to insist.

perso *p. pass di* **perdere** *e agg* lost; *(sprecato)* wasted: *una giornata persa,* a wasted day — *darsi per perso,* to give oneself up for lost — *perso per perso,* no matter if it's a hopeless attempt — *fare l'avvocato delle cause perse,* to be a defender of lost causes — *fare qcsa a tempo perso,* to do sth in one's spare time.

persona *sf* **1** person *(pl.* persons, people*)*: *una brava persona,* a good person (*o fam.* sort) — *una persona per bene,* a respectable person — *C'erano cinque o sei persone,* There were five or six people — *una persona di fiducia,* a reliable person (*o* man, woman) — *una persona molto importante,* a very important person (*abbr.* VIP); *(fam.)* a big shot — *una persona insignificante,* a person of no importance; *(che non vale nulla)* a nonentity — *una persona molesta,* an importunate person; *(fam.)* a bore — *Per quanto riguarda la mia persona...*, As for myself... — *togliere di mezzo una persona,* to kill sb; *(fam.)* to do sb in — *trattare per interposta persona,* to deal (to negotiate) through a third person (a third party, a nominee, by proxy) — *persona di servizio,* (domestic) servant — **di persona,** in person; personally: *andare di persona,* to go personally; to go in person — *conoscere qcno di persona,* to know sb personally — **in persona,** - a) *(personalmente)* in person; personally: *Lo feci io in* *persona,* I did it personally - **b)** *(personificato)* personified; itself (*o* himself, herself): *l'onestà in persona,* honesty itself — *il diavolo in persona,* the devil in person (*o* personified) — *Venne lui in persona,* The very man (The man himself) came — **per persona**, a head: *Ci sono tre panini per persona,* There are three sandwiches a head (*o* each).

2 *(un tale, qualcuno, ognuno)* somebody; someone; *(in frasi interrogative o negative)* anybody; any one; *(in frasi negative)* nobody; no one: *C'è di sotto una persona che vuole parlarti,* Someone downstairs wants to talk with you — *Qualsiasi persona te lo può dire,* Anybody (Everybody) can tell you this — *Non c'è persona al mondo che possa fare una cosa simile,* No one (Nobody) in the world can do such a thing.

3 *(dir.)* person; body: *persona fisica,* natural person — *persona giuridica,* juridical (*o* legal, artificial) person; body corporate — *una persona giuridica pubblica,* a public body.

4 *(corpo)* body; *(figura)* figure: *Ha delle chiazze rosse per tutta la persona,* He has red spots all over his body — *Quell'abito non è adatto alla sua persona,* That dress does not suit her.

5 *(gramm.)* person: *scrivere (narrare) in prima persona,* to write (to tell) the story in the first person.

personaggio *sm* **1** *(individuo ragguardevole o rappresentativo)* personage; notable. **2** *(tipo)* character. **3** *(di opera letteraria)* character; *(nelle arti figurative)* figure.

personale *agg* personal; individual; private: *opinioni personali,* personal opinions — *questioni personali,* personal matters — *effetti personali,* personal effects — *pronomi personali,* personal pronouns — *per motivi personali,* for personal reasons — *uno stile del tutto personale,* an individual style — *una lettera personale,* a private (a personal) letter — *biglietto personale,* non-transferable ticket — *fallo personale, (pallacanestro, ecc.)* body foul.

☐ *sm* **1** staff; personnel: *capo (direttore) del personale,* personnel manager — *il personale insegnante,* the teaching staff. **2** *(figura)* figure: *un bel personale,* a lovely figure.

☐ *sf (mostra personale)* one-man show.

personalità *sf* **1** personality: *rispettare la personalità di un bambino,* to respect the personality of a child — *essere dotato di una forte personalità,* to have a strong personality. **2** *(per estensione: persona nota)* personality: *personalità del mondo culturale,* personalities of the cultural world — *culto della personalità,* personality cult. ☐ *personalità giuridica,* legal status.

personalmente *avv* personally.

personificare *vt* to personify; to incarnate; *(rappresentare)* to represent; *(simboleggiare)* to symbolize; to be* the symbol of.

personificazione *sf* personification: *È la personificazione dell'avarizia,* He is the personification of avarice.

perspicace *agg* quick to understand; *(della mente)* keen; perspicacious; shrewd; *(lungimirante)* far-sighted.

perspicacia *sf* perspicacity; shrewdness.

perspicuamente *avv* perspicuously.

perspicuità *sf* perspicuity; evidence; clearness.

perspicuo *agg* perspicuous; clearly expressed; evident.

persuadere *vt* **1** *(convincere)* to persuade; to convince; *(indurre)* to induce: *persuadere qcno della verità di qcsa,* to persuade sb of the truth of sth; to persuade sb that sth is true — *lasciarsi persuadere,* to let oneself be convinced. **2** *(ottenere approvazione, ispirare fiducia)* to be* convincing; to win* approval: *un discorso che non persuade,* an unconvincing speech — *un'opera che ha persuaso i critici,* a work that has won the approval of the critics.

☐ **persuadersi** *v. rifl* to be* convinced; to persuade oneself; to convince oneself.

persuasibile *agg* convincing; credible; *(persuadibile)* persuadable.

persuasione *sf* persuasion; *(convincimento)* conviction; belief: *di facile persuasione,* easily convinced.

persuasiva *sf* persuasiveness.

persuasivamente *avv* persuasively.

persuasivo *agg* persuasive; convincing.

persuaso *agg* persuaded; convinced; *(rassegnato)* resigned: *farsi persuaso,* to understand; to be convinced.

persuasore *sm* persuader: *i persuasori occulti,* the hidden persuaders.

pertanto *congiunz* on that account; therefore; consequently; for that (*o* this) reason; so: *non pertanto,* yet; nevertheless — *ciò non pertanto,* notwithstanding this.

pertica *sf* **1** pole; rod; *(attrezzo ginnico)* climbing-pole. **2** *(misura agraria)* perch; pole; rod. **3** *(individuo molto alto)* lamp-post.

pertinace *agg* pertinacious; persevering; *(pervicace)* persisting; persistent; *(deciso)* determined; firm; resolute; *(ostinato)* stubborn; obstinate; *(costante)* constant.

pertinacemente *avv* pertinaciously.

pertinacia *sf* pertinacity; *(determinazione)* determination; resolution; *(fermezza)* firmness; *(costanza)* constancy.

pertinente *agg* pertinent; relevant; germane; *(che compete)* belonging; pertaining to: *non pertinente,* irrelevant.

pertinentemente *avv* pertinently.

pertinenza *sf* **1** pertinence; relevance; relevancy: *essere di pertinenza di qcno,* to be sb's concern (sb's business). **2** *(dir.)* appurtenance(s): *la casa e le sue pertinenze,* the house and its appurtenances.

pertosse *sf* whooping-cough.

perturbare *vt* to perturb; to upset*; to trouble; to derange; to disturb.

☐ **perturbarsi** *v. rifl* to be* perturbed; to be* upset; to trouble.

perturbatore *sm* agitator; trouble-maker.

perturbazione *sf* disturbance; disorder; perturbation: *perturbazione atmosferica,* atmospheric disturbance.

Perù *nome proprio* Peru: *valere un perù, (fam.)* to be worth a fortune; to be worth one's weight in gold.

peruviano *agg e sm* Peruvian.

pervadere *vt* to pervade; to spread* through; *(penetrare)* to penetrate; *(permeare)* to permeate.

pervenire *vi (giungere)* to arrive (at); to reach; to come*; *(conseguire)* to get* to; to reach; to attain; to achieve: *Non ci è ancora pervenuta la vostra lettera,* Your letter has not yet arrived; We have not yet received your letter — *Ogni giorno ci pervengono migliaia di reclami,* Every day we get (we receive) thousands of complaints — *far pervenire qcsa a qcno,* to send sb sth. ☐ *Gli pervenne la metà del patrimonio,* He came into possession of half the estate; Half the estate came to him.

perversamente *avv* perversely.

perversione *sf* perversion; depravity.
perversità *sf* **1** perversity; perverseness; wickedness; villainy; *(fam.)* cussedness. **2** *(azione perversa)* perversity; iniquity.
perverso *agg* perverse; wicked; *(fam.)* cussed.
pervertimento *sm* perversion; perverting.
pervertire *vt* to pervert; *(allontanare dalla retta via)* to lead* (sb) astray; to misguide; *(corrompere)* to corrupt.
pervertito *p. pass e agg* perverted; depraved. □ *sm* pervert.
pervicace *agg* obstinate; stubborn; perverse.
pervicacemente *avv* obstinately; stubbornly; perversely.
pervicacia *sf* obstinacy; stubbornness; perverseness.
pervinca *sf* (lesser) periwinkle: *blu pervinca,* periwinkle blue.
pesa *sf* **1** *(pesatura)* weighing. **2** *(strumento)* weighing machine: *pesa pubblica,* public weighbridge.
pesabile *agg* weighable.
pesante *agg* heavy *(anche fig.);* weighty; *(grave, sovraccarico)* burdensome; stodgy; ponderous; dull; *(privo di agilità)* unwieldy; *(fastidioso)* troublesome; tiresome; boring; *(soffocante)* close; stuffy; sultry; *(serio, preoccupante)* grave; grievous; serious; *(pieno di difficoltà)* difficult; hard; onerous: *sonno pesante,* heavy (*o* profound, deep) sleep — *un pasto pesante,* a heavy (a stodgy, an indigestible) meal — *uno stile pesante,* a ponderous (*o* dull, heavy) style — *un compito pesante,* a difficult (a hard) task — *una responsabilità pesante,* a heavy (an onerous) responsibility — *una situazione pesante,* a grave situation — *acqua pesante,* heavy water — *idrogeno pesante,* heavy hydrogen — *artiglieria pesante,* heavy guns (*o* artillery) — *industria pesante,* heavy industry — *atletica pesante,* weight-lifting and wrestling — *gioco pesante,* rough play — *terreno pesante, (difficile da coltivare)* heavy soil; *(sport)* soggy ground.
pesantemente *avv* heavily.
pesantezza *sf* (*cfr.* **pesante**) heaviness; weight; *(mancanza di agilità)* unwieldiness; *(di terreno)* sogginess; *(sensazione di peso)* heavy feeling.
pesare *vt* to weigh *(anche fig.); (distribuendo)* to weighout; *(fig.)* to weigh up: *pesare la merce,* to weigh the goods — *pesare una persona,* to weigh a person; *(fig.)* to weigh up a person — *pesare le parole (i pro e i contro),* to weigh one's words (the pros and cons). □ *vi* **1** *(avere un certo peso)* to weigh; *(essere pesante)* to be* heavy: *Quanto pesa?,* How much does it weigh? — *Pesa dieci chili,* It weighs ten kilograms — *Come pesa questo bambino!,* This child is very heavy! — *pesare come il piombo,* to be as heavy as lead; to be very heavy. **2** *(gravare, anche fig.)* to lie heavy; to weigh heavily; to be* a burden; *(di costruzioni: poggiare)* to rest on; *(fig.: riuscire gravoso)* to regret *(con costruzione personale); (angustiare)* to worry: *pesare sullo stomaco,* to lie heavy on the stomach — *pesare sulla coscienza,* to lie heavy on one's conscience — *Gli pesa lavorare,* He finds it hard to work — *Mi pesa doverti dire questo,* I very much regret to have to tell you this — *Il muro pesa su fondamenta solide,* The wall rests on strong foundations. **3** *(contare molto)* to count: *Il suo parere pesa molto,* His opinion counts a lot. □ *pesare come una piuma,* to be very light; to be as light as a feather — *pesare sulle spalle di qcno,* to live off sb — *Fa pesare tutto ciò che fa,* He makes you feel the weight of everything he does — *Ho la testa che pesa,* My head feels heavy — *Vale tanto oro quanto pesa,* He is worth his weight in gold.
□ **pesarsi** *v. rifl* to weigh oneself.
pesata *sf* weighing.
pesatrice *sf* weighing-machine.
pesatura *sf* weighing.
[1]**pesca** *sf (frutto)* peach.
[2]**pesca** *sf* **1** fishing: *andare a pesca,* to go fishing — *canna da pesca,* fishing rod — *barca da pesca,* fishing boat — *pesca alla lampara,* jack fishing — *pesca a strascico,* trawling — *pesca con la lenza,* angling — *pesca subacquea,* underwater fishing — *pesca d'altura (d'alto mare),* deep sea fishing — *pesca di frodo,* illegal fishing. **2** *(ciò che si pesca)* draught; catch (of fish): *pesca scarsa (abbondante),* poor (rich, plentiful) catch of fish — *fare una brava pesca,* to get a good catch. □ *pesca di beneficienza,* lucky dip.
pescaggio *sm* **1** *(linea di immersione)* draft; draught. **2** *(capacità di aspirazione di una pompa)* suction lift; height of suction. **3** *(nell'industria mineraria: il ricupero delle aste dei pozzi)* fishing.
pescare *vt* **1** to fish; to fish for; *(prendere)* to catch*; to get*; *(recuperare dall'acqua)* to fish out: *andare a pescare,* to go fishing — *pescare trote,* to fish for trout — *Ho pescato una trota,* I have caught a trout — *pescare con la lenza,* to angle; to fish with rod and line — *pescare con la rete a strascico,* to trawl — *pescare nel torbido,* to fish in troubled waters.
2 *(trovare: una cosa)* to fish out; to find* (out); to pick up; to get*; *(una persona)* to get* hold of; to catch*: *Dove hai pescato quel cappellino?,* Where did you get that hat (from)? — *Dove (Come) hai pescato queste informazioni?,* How did you find out (about this)?; Where did you pick up this information? — *La polizia pescò il colpevole nel giro di poche ore,* The police caught the culprit within a few hours — *Non è facile pescare il responsabile,* It's not (so) easy to find out who did it — *Se ti pesco!,* If I catch you! — *Dove posso pescarlo?,* Where can I get hold of him? — *pescare qcno sul fatto,* to catch sb red-handed.
3 *(estrarre a caso)* to draw* (out); to pick up: *Ho pescato un asso!, (anche fig.)* I've picked up an ace! — *pescare il numero giusto,* to draw out (to pick up) the right number; *(fig.)* to be lucky.
□ *vi (naut.)* to draw*; to go* down: *L'imbarcazione pesca due metri,* The boat draws six feet.
pescata *sf* catch; draught (of fish).
pescatore *sm* **1** fisherman *(pl.* -men*); (persona che pesca per diletto, con la canna)* angler. **2** *(utensile per il recupero)* fishing tool. □ *pescatore di perle,* pearl diver — *martin pescatore,* kingfisher.
pesce *sm* **1** fish *(pl.* fish *o* fishes*): Prese un pesce (due pesci, molti pesci),* He caught a fish (two fishes, a lot of fish) — *Mi piace il pesce,* I like fish — *pesce d'acqua dolce (di mare),* fresh-water (salt-water) fish — *pesce fresco (congelato),* fresh (frozen) fish — *pesce da taglio,* fish sold by the slice — *pesce in bianco,* boiled fish — *pulire il pesce,* to clean (to gut) fish — *lisca di pesce,* fish-bone — *mercato del pesce,* fish-market — *venditore di pesce,* fishmonger — *un fiume ricco di pesce,* a river swarming (abounding in, rich in) fish — *pesce martello,* hammer-fish — *pesce spada,* sword-fish — *pesci rossi,* goldfish. **2** *(al pl.: astronomia, astrologia)* (the) Fishes; Pisces *(lat.).* **3** *(tipografia: salto di composizione)* omission. □ *un grosso pesce, (fig.)* a bigwig; a bigshot; *(nell'esercito)* a brass-hat; a top-brass — *un pesce piccolo, (anche fig.)* (a) small fry — *sano come un pesce,* (as) sound as a bell; (as) fit as a fiddle — *un pesce d'aprile,* a hoax (a

joke, a trick) played on April Fool's Day — *fare un pesce d'aprile a qcno,* to make an April fool of sb — *non essere né carne né pesce,* to be neither flesh, nor fowl nor good red herring — *non sapere che pesci pigliare,* to be at a loss; to be at one's wits' end; not to know which way to turn — *buttarsi a pesce su qcsa,* to make a dive for sth — *prendere qcno a pesci in faccia,* to treat sb like dirt *(fam.)* — *sentirsi come un pesce fuor d'acqua,* to feel like a fish out of water; to feel like a square peg in a round hole; to feel utterly unsuited (to a position) — *Chi dorme non piglia pesci, (prov.)* The early bird catches the worm.

pescecane *sm* **1** *(zool.)* shark; dogfish. **2** *(fig.)* profiteer; shark.

peschereccio *sm* fishing-boat; fishing-vessel; smack.

pescheria *sf (negozio)* fishmonger's (shop); fish-shop; *(mercato)* fish-market.

peschiera *sf* fish-pond; fishery; fish-tank.

pescivendola *sf* fishwife *(pl.* -wives*).*

pescivendolo *sm* fishmonger.

pesco *sm (bot.)* peach-tree: *fiore di pesco,* peach-blossom.

pescosità *sf* abundance of fish.

pescoso *agg* abounding in (*o* teeming with) fish.

pesista *sm (sollevatore di pesi)* weight-lifter.

peso *sm* **1** weight: *peso giusto,* exact weight — *peso abbondante (scarso),* full (short) weight — *aumento del peso,* increase in weight — *peso lordo (netto),* gross (net) weight — *senza peso,* weightless; *(astronomia)* gravity-free — *peso atomico (molecolare),* atomic (molecular) weight — *peso specifico,* specific weight — *avere il peso di...,* to weigh... — *mettere su peso, (fam.)* to put on weight — *a peso,* by weight — *comprare qcsa a peso d'oro,* to buy sth for its weight in gold (*o* very dearly, at a very high price) — *fare buon peso,* to give good weight — *passare il peso,* to be overweight — *rubare sul peso,* to give short weight; to cheat on the weight; *(fam.)* to fiddle the weight — *sollevare qcsa di peso,* to lift sth up bodily — *piegarsi sotto il peso di qcsa,* to give way under the weight of sth — *prendere qcsa di peso, (fig.)* to copy (to lift) sth.

2 *(di bilancia)* weight: *pesi e misure,* weights and measures — *pesi falsi,* false weights — *una serie di pesi,* a set of weights — *orologio a pesi,* grandfather clock; hall clock; clock worked by weights — *usare due pesi e due misure, (fig.)* to judge by two different standards; to be partial; to judge unfairly.

3 *(fig.: importanza)* weight; importance: *una faccenda di gran (di nessun) peso,* a business of great (of no) importance — *avere gran peso,* to carry great weight; to count very much — *dar peso a qcsa,* to give weight to sth; to attach importance to sth.

4 *(carico; fig.: onere)* weight; load; burden: *portare grossi pesi,* to carry heavy loads — *il peso degli anni,* the weight of years — *il peso delle tasse,* the burden of taxation — *essere un peso sullo stomaco,* to be a load (a weight) on sb's stomach — *essere di peso, (un peso)* to be a burden — *liberarsi di un peso,* to free oneself of a burden — *portare il peso di qcsa,* to bear the weight (*o* burden) of sth — *togliere un peso dalla coscienza,* to take a load (a weight) off one's conscience.

5 *(atletica)* weight; shot: *getto del peso,* putting the weight (the shot) — *sollevamento pesi,* weight-lifting.

6 *(pugilato) peso piuma,* feather weight — *peso mosca,* fly weight — *peso gallo,* bantam weight — *peso leggero,* light weight — *peso medio-leggero,* welter-weight — *peso medio,* middle weight — *peso medio-massimo,* light-heavy weight — *peso massimo,* heavy weight.

7 *(sport: recinto del peso)* weighing-in room.

pessimismo *sm* pessimism.

pessimista *sm e f.* pessimist.

pessimisticamente *avv* pessimistically.

pessimistico *agg* pessimistic.

pessimo *agg superl* very bad; *(fam.)* awful; atrocious; rotten; abominable; *(bruttissimo)* very ugly; *(fam.)* horrible; horrific: *un pessimo insegnante,* a very bad teacher — *una pessima cuoca,* a very bad (a rotten) cook — *un pessimo acquisto, (fig.)* a white elephant — *Ha cera pessima,* He looks awful — *tempo pessimo,* horrible (*o* execrable) weather — *pessime maniere (abitudini),* execrable manners (habits) — *pessimo gusto,* very bad (*o* abominable) taste — *essere di pessimo umore,* to be in a very nasty mood.

pesta *sf (traccia, orma, spesso al pl.)* track; trail; *(di animale)* spoor; *(del piede)* footprint; footstep: *essere sulle peste di qcno,* to be on the track of sb; to be on sb's track. □ *essere nelle peste,* to be in trouble — *lasciare qcno nelle peste,* to leave sb in the lurch.

pestare *vt* **1** *(calpestare)* to stamp; to tread* on (*o* upon); to trample on: *pestare i piedi (i calli) a qcno, (fig.)* to tread on sb's toes (*o* corns) — *pestare le orme di qcno,* to tread in sb's footsteps — *pestare i piedi, (fig.: fare i capricci, mostrare impazienza)* to stamp one's foot. **2** *(schiacciare, polverizzare)* to crush; to pound; to grind*: *pestare l'acqua nel mortaio, (fig.)* to waste one's efforts. **3** *(picchiare)* to strike*; to beat*; to hit*; to thrash; *(sul pianoforte)* to pound; to thump.

pestata *sf (atto del pestare)* treading on the (on sb's) foot: *dare una pestata su un piede,* to tread, *(più forte)* to stamp on sb's foot — *ricevere una pestata,* to get one's foot trodden (*o* stamped) on.

pestatura *sf* crushing; pounding; grinding.

peste *sf* **1** (bubonic) plague; pestilence; *(fetore)* stench; *(calamità)* calamity; *(rovina)* ruin: *Peste lo colga!, (ant.)* Plague on him! — *dire peste e corna di qcno,* to speak evil of sb — *brutto come la peste,* as ugly as sin. **2** *(bambino insopportabile)* pest: *Che peste è quel bambino!,* What a pest that child is!

pestello *sm* pestle.

pestifero *agg* pestilential; pestilent; pestiferous; obnoxious; *(puzzolente)* stinking; stenchy.

pestilente *agg* pestilential; pestilent; pestiferous.

pestilenza *sf* **1** *(epidemia)* pestilence; plague. **2** *(odore terribile, fetore)* stench.

pestilenziale *agg* **1** pestilential *(anche fig.).* **2** *(fetido)* stinking.

pesto *agg* crushed; pounded; ground; *(calpestato)* trampled; *(per le percosse)* bruised; beaten: *carta pesta,* papier maché — *un uomo di cartapesta, (fig.)* a spineless individual — *un occhio pesto,* a black eye — *avere gli occhi pesti per la stanchezza,* to have dark rings under one's eyes due to tiredness — *buio pesto,* pitch darkness.

□ *sm* **1** *(nella manifattura della carta: mezza pasta)* half stuff. **2** *(cucina)* 'pesto'; basil and garlic sauce.

petalo *sm* petal.

petardo *sm* **1** *(antico mortaio)* petard. **2** *(bombetta)* fire-cracker; Chinese cracker; petard; fire (*o* Chinese) cracker. **3** *(per segnalazioni ferroviarie)* fog-signal.

petizione *sf* petition: *fare una petizione,* to petition. □ *petizione di principio,* begging the question.

peto *sm* fart.

petraia *sf* ⇨ **pietraia.**

petroliera *sf* tanker; oil-tanker.
petroliere *sm* **1** *(addetto alla lavorazione del petrolio)* worker in the oil industry. **2** *(fam.: industriale petrolifero)* oilman *(pl.* -men*)*.
petroliero *agg* relating to petroleum.
petrolifero *agg* petroliferous; oil-bearing; rich in petroleum; *(attrib.)* oil: *pozzo petrolifero,* oil-well — *giacimento petrolifero,* oil-field — *azioni petrolifere,* oil-shares.
petrolio *sm (grezzo)* petroleum; crude oil; (mineral) oil; *(da illuminazione)* paraffin (oil); kerosene: *lume a petrolio,* paraffin (*o* kerosene) lamp — *pozzo di petrolio,* oil well — *lavorazione del petrolio,* petroleum refining — *trovare il petrolio,* to strike oil.
petroso *agg* ⇨ **pietroso.**
pettegola *sf* gossip.
pettegolare *vi* to gossip; to tattle.
pettegolezzo *sm* gossip; tittle-tattle; *(alle spalle di qcno)* backbiting; *(diceria)* hearsay; *(calunnia, maldicenza)* slander; vilification: *fare dei pettegolezzi,* to gossip — *far nascere (suscitare) pettegolezzi,* to spread stories (*o* gossip).
pettegolio *sm* insistent gossiping; irritating tittle-tattle.
pettegolo *agg* gossipy; fond of gossip.
□ *sm* gossip; tattler.
pettegolume *sm* **1** *(insieme di pettegoli)* bunch of gossips. **2** *(insieme di pettegolezzi)* mass of gossip.
pettinare *vt* **1** to comb; *(acconciare)* to dress; to arrange: *pettinare i capelli a qcno,* to comb sb's hair. **2** *(industria tessile)* to comb; to tease; *(lino o canapa)* to heckle. **3** *(fig., fam.: rimproverare aspramente)* to scold; to find* fault with (sb); to give* (sb) a good dressing-down.
□ **pettinarsi** *v. rifl* to comb one's hair; to arrange one's hair.
pettinata *sf* **1** combing: *dare una pettinata a qcno,* to comb sb's hair. **2** *(strapazzata)* scolding.
pettinato *agg* **1** combed. **2** *(di tessuto: filato a pettine)* carded; combed.
□ *sm (tipo di tessuto)* worsted; combed wool.
pettinatrice *sf* **1** (woman) hairdresser. **2** *(macchina per pettinare)* comber; combing machine; *(per lino o canapa)* hackling machine.
pettinatura *sf* **1** *(azione del pettinare)* combing; *(acconciatura)* hair-do; hairdressing; hair-style. **2** *(industria tessile)* combing; *(di lino, canapa)* hackling; heckling.
pettine *sm* **1** comb; *(industria tessile)* comb; *(per lino o canapa)* hackle. **2** *(tipo di mollusco)* scallop. **3** *(bot.)* shepherd's needle; lady's comb. **4** *(di strumento mus.)* plectrum *(pl.* plectra *o* plectrums*)*. □ *Tutti i nodi vengono al pettine, (prov.)* Truth will out — *parcheggio a pettine,* angle parking.
pettiniera *sf* **1** *(contenitore per pettini)* comb-case. **2** *(ripiano o tavolino per gli oggetti di toeletta)* dressing-table.
pettino *sm (di grembiule o abito da donna)* bib; *(di camicia da uomo)* dickey; (detachable) shirt-front.
pettirosso *sm* robin; red-breast.
petto *sm* **1** *(torace)* chest; *(seno)* breast; *(poet.)* bosom; breast; heart: *petto ampio,* broad chest — *debole di petto,* weak in the chest — *malato di petto,* consumptive — *a petto nudo,* bare-chested *(agg.)*; bare-breast *(avv.)* — *L'acqua gli arrivava fino al petto,* The water was breast-high (was up to his chest) — *petto in fuori,* breast (*o* chest) forward — *voce di petto, (mus.)* voice from the chest — *circonferenza di petto,* chest-measurement; *(di donna)* bust. **2** *(cucina)* breast; brisket: *petto di pollo,* chicken breast — *punta di petto (di manzo),* brisket (of beef). **3** *(di vestito)* breast; *(di camicia)* front: *un vestito a un petto,* a single-breasted suit — *a doppio petto,* double-breasted. □ *allargare il petto, (respirare profondamente)* to take a deep breath; to breathe deeply; *(di sollievo)* to sigh with relief — *avere un bambino al petto,* to breastfeed a baby — *battersi il petto, (anche fig.)* to beat one's breast — *mettersi una mano sul petto, (fig.)* to examine one's conscience; to ask oneself honestly — *tenersi qcsa in petto,* to keep sth to oneself — *prendere qcsa di petto, (di punta)* to face up to sth; *(impegnarsi)* to put one's heart into sth; to undertake sth with enthusiasm.
pettorale *agg* chest; breast *(attrib.)*; pectoral.
□ *sm (bardatura di animale)* breastband; *(di corazza o uniforme)* breastplate; breast-collar; *(paramenti sacri)* pectoral.
pettorina *sf (pettino)* bib.
pettoruto *agg* **1** full-breasted; big-bosomed *(spec. di donna)*. **2** *(fig.: tronfio)* haughty; proud; puffed up.
petulante *agg* brash; arrogant; impertinent; *(di ragazzino)* cheeky; saucy.
petulantemente *avv* petulantly.
petulanza *sf* arrogance; impertinence; sauciness; pertness; cheek.
petunia *sf* petunia.
peuh *interiezione* pooh!
pezza *sf* **1** *(toppa)* patch; *(straccio)* rag; *(ritaglio)* cutting; clipping: *con le pezze ai gomiti,* with patches on the elbows — *bambola di pezza,* rag doll — *mettere una pezza a qcsa, (fig.)* to patch sth up; *(intorno a una ferita)* to dress (a wound) with a bandage. **2** *(rotolo di tessuto)* piece; roll; bolt: *tessuti in pezze,* piece-goods. **3** *(nel linguaggio burocratico: pezza d'appoggio)* paper; voucher. **4** *(nel mantello di un animale: macchia)* patch; spot. **5** *(moneta)* piece. **6** *(araldica)* charge; device. □ *essere una pezza da piedi,* to be a nonentity — *da lunga pezza,* for a long while.
pezzato *agg* patched; speckled; brindled; *(del manto di un cavallo)* flecked with spots; dappled.
pezzatura *sf* **1** dappling; speckling. **2** *(comm.: grandezza dei pezzi)* size.
pezzente *sm e f.* tramp; tatterdemalion; *(spec.: bambino vestito di stracci)* ragamuffin; *(mendicante)* beggar; poor person; *(avaro, spilorcio)* miser.
pezzo *sm* **1** piece; *(pezzetto)* bit; *(parte)* part; portion; *(fetta)* slice; *(taglio)* cut: *un pezzo di pane,* a piece (a bit, a slice) of bread — *un pezzo di carne,* a piece (a bit) of meat; *(un taglio)* a cut of meat — *a (o in) pezzi,* in (*o* into, to) pieces — *andare (rompersi) in mille pezzi,* to break into one thousand pieces; to shatter (to shiver) into small pieces — *essere a pezzi,* to be in pieces; *(essere stanco morto)* to be tired out; *(avere le ossa rotte)* to be aching all over — *fare qcsa a pezzi,* to break sth to pieces; *(strappare)* to pull sth to pieces; *(lacerare)* to tear sth to pieces.
2 *(oggetto o parte singola di un insieme, di una serie)* piece; *(brano di prosa, ecc.)* piece; passage; *(giornalismo)* article: *un costume da bagno a due pezzi,* a two-piece bathing suit — *un servizio da tavola da trentasei pezzi,* a table-service of thirty-six pieces — *i pezzi degli scacchi,* chess-pieces; chessmen — *un pezzo raro,* a rare piece — *un pezzo d'antiquariato,* an antique — *mille lire il pezzo,* one thousand lire each — *un pezzo di Bach,* a piece (a composition) by Bach — *un pezzo dell'Aida di Verdi,* a piece (a passage) from Verdi's 'Aida' — *pezzo forte,* pièce de resistance *(fr.)*; showpiece — *un pezzo di bravura,* a

bravura piece — *un pezzo di cronaca,* a report; a newspaper article.
3 *(tec.)* piece; part: *pezzi di ricambio,* spare parts — *un pezzo grezzo,* a blank — *pezzo lavorato,* machined part (*o* piece) — *montare qcsa pezzo per pezzo,* to assemble sth — *smontare qcsa a pezzi,* to disassemble sth; to take sth to pieces.
4 *(mil.)* piece; gun: *pezzi da fuoco,* guns — *una batteria da tre pezzi,* a three-piece battery — *un pezzo di artiglieria,* a piece of artillery (of ordnance) — *un pezzo da 149,* a 149 mm. gun.
5 un pezzo *(fam. = periodo di tempo)* some time; a long time; quite a long time; quite a bit; quite a while: *È un pezzo che lo conosco!,* I have known him for quite a long time! — *Ci vorrà un bel pezzo perché le cose tornino come prima,* It will take a long time to get things as they were — *Ci starò un bel pezzo,* I'll stay there for quite a bit.
6 *(tratto di spazio)* way; distance: *un bel pezzo di strada,* a good way; a long distance; a long walk — *un bel pezzo da qui,* a long distance (very far) from here.
□ *un pezzo di terra (di cielo),* a patch of land (of sky) — *tutto d'un pezzo,* all of a piece — *essere tutto d'un pezzo,* to be of sterling character — *un bel pezzo d'uomo,* a fine figure of a man — *un pezzo grosso,* a person of importance; a bigwig; a big-shot — *un pezzo d'asino,* an ass; a big fool; a moron — *Pezzo d'imbecille!,* You stupid! — *essere un pezzo di legno,* to be unfeeling; to be callous — *fare qcsa a pezzi e bocconi,* to do sth piecemeal (*o* by fits and starts, by bits and pieces).

pezzuola *sf (cencio)* rag; small piece of cloth; patch; kerchief; *(fazzoletto)* handkerchief.

[1]**piacere** *sm* **1** pleasure; delight; enjoyment: *il piacere della tua compagnia,* the pleasure of your company — *Che piacere vederti!,* What a pleasure (*o* I am delighted) to see you! — *fare piacere a qcno,* to be pleased *(seguito da costruzione personale)* — *È una notizia che mi fa piacere,* I am pleased (very glad) to hear this — *Mi farebbe piacere...,* I'd be pleased... — *Ti farebbe piacere...?,* Would you like...? — *Se ti fa piacere,* If you like; If you wish — *fare qcsa con piacere, (volentieri)* to do sth with pleasure; *(provare piacere)* to be glad (to be happy) to do sth; to like (to enjoy) doing sth
2 *(onore)* honour; pleasure: *Piacere!, (nelle presentazioni)* How do you do?; Pleased to meet you! — *Quale piacere!,* What an honour! — *avere il piacere di...,* to have the honour (the pleasure) of... — *Non ho il piacere di conoscerLa,* I haven't the pleasure of knowing you — *Abbiamo il piacere di informarvi che..., (comm.)* We have pleasure in informing you that... — *Al piacere di leggervi, (comm.)* Looking forward to hearing from you.
3 *(divertimento)* pleasure; fun: *i piccoli piaceri della vita,* the little pleasures of life — *Sei qui a Torino per piacere o per affari?,* Are you here in Turin for pleasure or on business? — *Non è un piacere vivere con lui,* It's no pleasure (no fun) living with him — *denaro per i minuti piaceri,* pocket money — *un viaggio di piacere,* a pleasure trip.
4 *(favore)* favour; kindness: *Mi puoi fare un piacere?,* Can you (Will you) do me a favour? — *Mi puoi fare il (sacrosanto) piacere di smetterla?,* Will you stop it please?; Please stop it! — *Ma fammi il piacere!, (fam.)* Do you mind?; Nonsense! — *fare il piacere di (far qcsa),* to be so kind as (to do sth).
5 *(volere)* will; pleasure: *a piacere,* at will; as (much as) one likes; *(mus.)* ad libitum; in free rhythm — *contro il suo piacere,* against his (*o* her) will — *Fate a piacer vostro,* Do as you please.
□ *Tanto piacere!, (fam.)* So what? — *Dipinge che è un piacere,* He paints beautifully — *Nevica che è un piacere,* It's snowing like nobody's business.

[2]**piacere** *vi* **1** to like; to be* fond (of); to care (for) *(tutti con la costruzione personale);* to please: *Non mi piace questa musica,* I don't like this music — *Quella ragazza non mi piace,* I don't like (I don't care for) that girl — *Ti piace la mia gonna?,* How do you like my skirt? — *Mi piacerebbe stare qui,* I should like to stay here — *Mi sarebbe piaciuto aver fatto diversamente,* I should have liked to have done differently — *Il tuo libro è piaciuto molto,* Everybody liked your book very much; Your book was a great success — *Farò come mi piace,* I'll do as I like (I want) — *Fa' come ti pare e piace,* Do as you please — *Mi piace di più così,* I prefer this way; I like it better this way — *un paese che piace molto,* a very attractive country — *ti piaccia o non ti piaccia,* whether you like it or not.
2 *(mi piacerebbe che...)* I should like...: *Mi piacerebbe che egli venisse a trovarmi,* I should like him to come and see me — *Mi piacerebbe che tu incominciassi a fare qcsa,* I should like you to start doing sth.

piacevole *agg* pleasant; pleasing; *(gradevole)* agreeable; *(grazioso)* pretty; attractive; *(simpatico)* nice; *(delizioso)* lovely; *(divertente)* enjoyable; amusing.

piacevolezza *sf* **1** pleasantness; agreeableness; charm. **2** *(facezia)* pleasantry; jest; *(spreg.: battuta volgare)* dirty remark.

piacevolmente *avv* pleasantly; agreeably.

piacimento *sm* liking; *(volontà)* will; desire; pleasure: *a tuo piacimento,* at your pleasure; as you wish — *a piacimento, (a volontà)* at will.

piaga *sf* **1** sore; ulcer; *(ferita)* wound: *piaga da decubito,* bedsore — *coperto di piaghe,* covered with sores — *riaprire una vecchia piaga,* to reopen an old sore. **2** *(fig.: flagello)* scourge; plague; calamity: *la piaga della delinquenza,* the plague of delinquency. **3** *(fig.: dolore)* sore (*o* sharp) pain; *(fig.: persona molesta, insopportabile)* pest; bore; nuisance. □ *mettere il dito sulla piaga,* to touch on a sore point.

piagare *vt* to ulcerate; to produce a sore on (*o* in); *(ferire)* to wound; to injure.

piaggeria *sf (cortigianeria, adulazione)* flattery; coaxing; wheedling.

piagnisteo *sm* whining; wailing; moaning; *(di bambino)* grizzling.

piagnone *sm* **1** *(chi si lamenta continuamente)* whiner; complainer; moaner; *(di bimbo)* grizzler; cry-baby. **2** *(stor.: persona pagata per piangere ai funerali)* (hired) mourner.

piagnucolamento *sm* constant whimpering; moaning; *(di bambino)* grizzling.

piagnucolare *vi e t.* to whine; to whimper; to snivel; to pule; *(frignare)* to grizzle: *Che cosa stai piagnucolando?,* What are you whimpering about?

piagnucolio *sm* whine; whimper.

piagnucolone *sm* sniveller; whimperer; cry-baby.

piagnucoloso *agg* whining; snivelling; whimpering; *(querulo)* querulous; *(anche di letteratura stucchevole)* maudlin.

pialla *sf* plane; *(piallatrice)* planing machine; planer.

piallare *vt* to plane.

piallata *sf* planing.

piallato *agg* planed; smoothed; polished.

piallatore *sm* planer.

piallatrice *sf* planer; planing machine.
piallatura *sf* planing.
pialletto *sm (per edilizia)* float; *(per carpenteria)* jack-plane.
piana *sf (pianura)* plain; *(terreno pianeggiante)* level ground.
pianale *sm* **1** *(terreno pianeggiante)* level ground; terrace. **2** *(piano di carico di un vagone)* waggon platform; *(carro merci senza sponde)* platform car; flat car *(USA)*.
pianamente *avv* softly; silently; quietly.
pianeggiante *agg* level; flat.
pianeggiare *vt* to level; to make* level.
□ *vi* to be* almost flat.
pianella *sf* **1** *(pantofola)* slipper. **2** *(mattonella)* flat tile. **3** *(stor.: galera)* flat-bottomed galley. **4** *(tipo di elmo)* flat helmet. □ *pianella della Madonna, (bot.)* Lady's slipper.
pianerottolo *sm* landing; *(per estensione: piano)* floor: *Stiamo sullo stesso pianerottolo,* We live on the same floor.
[1]**pianeta** *sm* **1** *(astronomia)* planet. **2** *(fig.: astro)* star. **3** *(foglietto su cui è stampato l'oroscopo)* horoscope.
[2]**pianeta** *sf (paramento sacerdotale)* chasuble; planet.
piangente *agg* in tears; tearful; weeping. □ *salice piangente,* weeping willow.
piangere *vi* **1** to weep*; to cry: *piangere amaramente,* to weep bitterly — *piangere come un vitello,* to blubber — *piangere su qcsa (per qcsa),* to cry (to weep) over (*o* for) sth — *piangere di gioia,* to weep for joy — *piangere di rabbia,* to weep with rage — *sfogarsi a piangere,* to cry one's heart out — *piangere fino ad addormentarsi,* to cry oneself to sleep — *far piangere qcno,* to make sb cry; *(essere commovente)* to be moving; to move sb to tears — *far piangere i sassi,* to be very moving — *un film che fa piangere,* a moving film — *Mi piange il cuore,* It hurts me — *È inutile piangere sul latte versato,* It's no use crying over spilt milk. **2** *(gocciolare)* to drip; to ooze; *(lacrimare)* to water: *Il fumo mi fa piangere,* The smoke makes my eyes water. □ *cose da far piangere,* awful (*o* dreadful) things — *piangere in silenzio,* to suffer in silence.
□ *vt* **1** to weep*: *piangere lacrime amare,* to weep bitter tears — *piangere tutte le proprie lacrime,* to weep one's fill; to have a good cry. **2** *(lamentare)* to lament; to complain of; to bewail; to grieve for (*o* over); *(per un lutto)* to mourn; *(rimpiangere)* to regret; to weep* for: *piangere il proprio triste destino,* to lament (to bewail) one's sad fate — *piangere i propri guai,* to complain of one's misfortunes — *piangere miseria,* to lament one's poverty; to cry poverty — *piangere (la morte di) un amico,* to grieve for (to mourn) a friend — *piangere i propri peccati,* to bewail one's own sins — *piangere il tempo sprecato,* to regret wasted time.
pianificare *vt* to plan.
pianificatore *sm* planner.
pianificazione *sf* planning.
pianista *sm e f.* pianist.
pianistico *agg* piano *(attrib.)*; pianistic: *musica pianistica,* music for pianoforte; piano music.
[1]**piano I** *agg* **1** flat; plane; even; *(regolare, privo di asperità)* smooth; *(a livello)* flush: *una superficie piana,* a plane (a flat, a smooth) surface — *geometria piana,* plane geometry. **2** *(agevole)* easy; *(semplice, chiaro)* simple; plain; clear; *(alla buona)* informally; *(sommesso)* low. □ *Messa piana,* low Mass — *i cento metri piani,* the one hundred metres sprint.
II *avv* slow; slowly; *(quietamente)* quietly; softly; gently; *(con cautela)* carefully: *pian piano, pian pianino,* very gently; very slowly — *andarci piano,* to go carefully *(fam.)* — *Chi va piano va sano e va lontano, (prov.)* Slow and steady wins the race.
III *sm* **1** plain; flat (*o* level) land; level ground; *(superficie piana)* plane *(anche geom.)*: *La strada è in piano,* The road is on level ground — *scendere al piano,* to go down to the plain — *piano orizzontale,* horizontal (*o* ground) plane — *piano verticale,* vertical (*o* standing) plane — *piano inclinato,* inclined (*o* angle-) plane — *in piano,* horizontally — *il piano della sedia,* the seat — *il piano del tavolo,* the top of the table — *un piano di marmo,* a marble slab — *il piano di uno scaffale,* the shelf — *il piano stradale,* the roadway; the road surface. **2** *(di edificio)* floor; storey; story; *(di autobus)* deck: *piano terreno,* ground floor; *(USA)* first floor — *primo piano,* first floor — *una casa di quattro piani,* a four-storey (-storied, -storeyed) house — *un appartamento al quinto piano,* a flat on the fifth floor — *al piano di sopra,* on the upper floor; upstairs — *al piano di sotto,* on the lower floor — *all'ultimo piano,* on the top floor — *un autobus a due piani,* a double-decker. **3** *(livello, anche fig.)* level; line; plane: *a piano pavimento,* at floor level — *a piano terra,* at ground line — *piano di galleggiamento, (naut.)* water plane — *essere sullo stesso piano, (fig.)* to be on the same level (*o* plane). **4** *(geologia: strato)* plane; layer; stratum *(pl.* strata*)*: *a piani alternati,* in alternate layers (*o* strata). **5** *(arte, fotografia, cinema e in alcune espressioni figurative) primo piano,* foreground; *(fotografia)* close shot; *(cinema, televisione)* close-up; *(radio)* fading-in — *primissimo piano, (cinema)* extreme (*o* big) close-up — *un artista di primo piano,* a first-rate artist — *in secondo piano, (pittura)* in the background — *un personaggio di secondo piano,* a secondary (a minor) figure. **6** *(tec.)* plate; plane; plan: *piano alare, (aeronautica)* plane; wing area — *piano d'appoggio,* backing plate — *piano di coda, (aeronautica)* empennage — *piano di scorrimento,* sliding surface; slide; *(di gru)* runway; slide track — *piano stabilizzatore, (aeronautica)* tail plane; *(USA)* stabilizer.
[2]**piano** *sm (disegno, progetto, schema)* plan; project; scheme: *fare dei piani,* to make plans — *mandare a monte i piani di qcno,* to upset sb's plans — *secondo i piani,* according to plan — *un piano a lunga scadenza,* a long-term plan — *un piano quinquennale di sviluppo economico,* a five-year plan of economical development — *il Piano Verde,* the Agricultural Development Scheme — *piano di studi,* syllabus; curriculum — *piano regolatore,* town plan; town-planning scheme — *piano di battaglia,* battle-plan — *piano di guerra,* plan of campaign.
pianoforte *sm* piano; *(talvolta)* pianoforte.
pianola *sf* piano-player; pianola.
pianta *sf* **1** plant; *(albero)* tree; *(arbusto)* shrub: *pianta ornamentale,* ornamental plant — *pianta da frutto,* fruit-bearing plant; *(albero)* fruit tree — *pianta grassa,* cactus-plant; cactus — *pianta acquatica,* water plant — *pianta sempreverde,* evergreen (plant) — *piante d'appartamento,* indoor plants. **2** *(del piede, di scarpa)* sole: *stivali a pianta larga,* wide-soled boots — *Mi fanno male le piante dei piedi,* My feet hurt. **3** *(disegno)* plan; design; *(progetto)* layout; *(carta topografica)* map; plan: *una pianta stradale,* a road map — *la pianta della città,* the map (the plan) of the

town — *una chiesa con pianta a croce greca,* a church on the plan of a Greek cross. □ *essere in pianta stabile,* to be a regular employee; to have job security — *di sana pianta, (totalmente)* entirely; completely; *(dall'inizio)* anew; afresh — *copiare qcsa di sana pianta,* to copy sth entirely (*o* word by word); to lift sth (from).

piantabile *agg* fit for planting.

piantagione *sf* plantation.

piantagrane *sm e f.* trouble-maker; nuisance.

piantamento *sm* planting.

piantare *vt* **1** to plant: *piantare un terreno a patate,* to plant a field with potatoes — *piantare carote,* to plant carrots; *(fig.)* to tell lies; to tell cock and bull stories. **2** *(conficcare)* to drive*; to ram; to set*; *(un coltello)* to thrust; *(una tenda)* to pitch; to put* up; *(porre, collocare)* to place; to put*; to set*: *piantare chiodi,* to drive in nails; *(fig.: far debiti)* to incur debts; to get into debt — *piantare pali nel terreno,* to ram poles into the ground — *piantare i pezzi, (mil.)* to place the guns — *piantare un'azienda,* to set up a business. **3** *(fam.: abbandonare)* to leave*; to desert; to quit; to abandon: *piantare a metà un lavoro,* to leave a job unfinished — *piantare baracca e burattini,* to give up everything — *La fidanzata l'ha piantato,* His fiancée has jilted him — *piantare in asso qcno,* to stand sb up; to leave sb in the lurch. **4 piantarla,** *(fam.)* to stop (doing sth): *Piantala!,* Stop it!; Come off it! — *Piantatela di fare i cretini!,* Stop behaving like idiots! □ *piantare le tende,* to settle down; to take up one's residence — *piantare gli occhi addosso a qcno,* to stare at sb; to fix one's eyes on sb — *piantare una grana,* to cause trouble; to make a fuss.

□ **piantarsi** *v. rifl* **1** to plant oneself; to place oneself: *Si piantò davanti a me e non si mosse,* He planted himself in front of me and wouldn't move. **2** *(v. reciproco, fam.: lasciarsi)* to leave* each other; to leave* one another: *Si sono piantati dopo neanche un anno,* They left one another after less than a year.

piantatore *sm* planter.

pianterreno *sm* ground floor: *Abitano al pianterreno,* They live on the ground-floor — *Scendi al pianterreno?,* Are you going downstairs?

pianto *sm* **1** weeping; *(compianto)* complaint; lamentation; *(poet.)* plaint; *(per estensione: lacrime)* tears *(pl.)*; *(lamento funebre)* keen; mourning; wail; *(afflizione, dolore)* distress; pain; grief: *scoppiare (prorompere) in pianto,* to burst into tears — *muovere al pianto,* to move to tears — *avere il pianto facile,* to cry over nothing. **2** *(fuoriuscita di linfa dalle piante)* bleeding.

piantonamento *sm* guarding.

piantonare *vt* to guard; to mount guard over; *(USA, anche)* to stake out.

[1]**piantone** *sm* **1** *(di pianta)* cutting; shoot. **2** *(di automobile)* steering column.

[2]**piantone** *sm (uomo di guardia, sentinella)* orderly; watchman *(pl.* -men*)*; guard; sentry: *essere di piantone,* to be on orderly duty — *stare di piantone,* to be on the alert.

pianura *sf* plain: *pianura alluvionale,* alluvional plain.

piastra *sf* **1** plate; metal plate; *(lastra)* slab; *(di accumulatore)* grid; plate; *(delle antiche armature)* armourplate. **2** *(med.: terreno di coltura)* dish. **3** *(moneta)* piastre (*USA* piaster).

piastrella *sf (mattonella)* tile; *(sasso piatto)* pebble: *Abbiamo fatto un pavimento a piastrelle,* We've put down a tiled floor.

piastrina *sf* **1** *(piccola piastra)* small plate (*o* plaque); tag; *(di circuito elettrico)* chip. **2** *(piastrino)* badge. **3** *(elemento del sangue)* platelet.

piastrone *sm* **1** large plate; slab. **2** *(zool.)* plastron.

piattaforma *sf* platform *(anche fig.: di movimento politico)*; *(predella)* platform; dais; *(per tuffi)* platform; board; *(mobile, per riprese cinematografiche o televisive)* dolly: *piattaforma di lancio, (per razzi o missili)* launching platform — *piattaforma girevole, (ferrovia)* turntable — *piattaforma continentale,* continental shelf — *piattaforma stradale,* roadbed.

piattaia *sf* plate-rack.

piattello *sm* **1** *(disco per vari usi)* pan; cap. **2** *(bersaglio)* clay-pigeon: *tiro al piattello,* clay-pigeon shooting; skeet *(USA)*.

piattina *sf* **1** (metal) strap. **2** *(piattaforma per trasporto)* truck.

piattino *sm (sottotazza)* saucer; *(piccolo piatto)* small plate; *(manicaretto)* dainty.

piatto I *agg* **1** flat: *pesce piatto,* flat fish — *un piedi piatti,* a flat-foot; a flatty — *dal fondo piatto,* flat-bottomed. **2** *(fig.: scialbo, inespressivo)* dull; flat; dreary; commonplace: *un'esistenza piatta,* a dull (an uneventful) life — *una traduzione piatta,* a dull translation.

II *sm* **1** plate; dish; *(da portata e fig.: vivanda)* dish; *(portata)* course: *un piatto fondo,* a soup plate — *un piatto piano,* a shallow plate — *piatti caldi e freddi,* hot and cold dishes — *il piatto del giorno,* today's course — *Qual è il tuo piatto favorito?,* What's your favourite dish? — *lavare i piatti,* to do the washing up (the dishes); to wash up *(GB)*. **2** *(parte piatta)* flat: *colpire di piatto,* to hit with the flat (of sth). **3** *(oggetti a forma di piatto: di bilancia)* scale-pan; *(di strumento ottico)* stage; *(di grammofono)* turntable. **4** *(al pl., mus.: cimbali)* cymbals. **5** *(alle carte: posta)* kitty: *Il piatto piange,* The kitty is short.

piattola *sf* **1** *(zool.)* crab-louse. **2** *(fig.: persona noiosa)* bore; tiresome person; pain in the neck *(fam.)*.

piazza *sf* **1** square; *(talvolta, nei nomi)* place: *incontrarsi in piazza,* to meet in the square — *la piazza del mercato,* the market-place; the market-square — *una vettura di piazza,* a cab; a hackney-carriage; *(un taxi)* a taxi. **2** *(comm.: mercato)* market: *i prezzi praticati sulla piazza,* the prices quoted on the market; current prices. **3** *(fig.: volgo)* mob; rabble; crowd: *un insulto da piazza,* a vulgar insult. **4** *(mil.: fortezza)* fortress; *(porto fortificato)* fortified harbour. □ *piazza d'armi,* drill-ground — *sembrare una piazza d'armi,* to look very big — *un letto a due piazze (a una piazza),* a double (a single) bed — *scendere in piazza,* to start rioting — *mettere qcsa in piazza,* to make sth public — *far piazza pulita di qcsa,* to make a clean sweep of sth.

piazzaforte *sf* stronghold *(anche fig.)*.

piazzale *sm* **1** open, panoramic square. **2** *(di stazione, ecc.)* service area.

piazzamento *sm (posto raggiunto in una classifica)* place; placing.

piazzare *vt* **1** to place; to set*; to position. **2** *(vendere)* to place; to sell*.

□ **piazzarsi** *v. rifl (in una gara)* to be* placed; *(in una gara di velocità, anche)* to come*.

piazzata *sf* street quarrel (*o* disturbance).

piazzato *agg (in una gara)* placed.

piazzista *sm* salesman *(pl.* -men*)*; *(commesso viaggiatore)* commercial traveller.

piazzuola *sf* **1** *(mil.)* (gun) emplacement. **2** *(per auto-*

mobili in sosta) lay-by. **3** *(nel gioco del golf)* green; *(di partenza)* tee.

picaresco *agg (lett.)* picaresque.

[1]**picca** *sf (ripicca)* spite; pique: *fare qcsa per picca,* to do sth out of spite.

[2]**picca** *sf* **1** pike; pikestaff; *(soldato)* pikeman *(pl.* -men*).* **2** *(al pl.: il seme delle carte da gioco)* spades. □ *rispondere picche (a qcno),* to give (sb) a flat refusal.

piccante *agg* **1** hot; piquant *(anche fig.); (pungente)* pungent; sharp. **2** *(salace)* spicy.

piccarsi *v. rifl* **1** to pique (to pride) oneself (on sth, on doing sth); to claim (to do sth). **2** *(risentirsi, seccarsi)* to take* offence (at sth); to be* offended (at sth): *piccarsi con qcno per qcsa,* to get angry with sb over sth.

piccato *agg (punto sul vivo)* resentful; piqued.

picché *sm (tessuto)* piqué.

picchettamento *sm* **1** *(il piantare picchetti)* staking out. **2** *(sorveglianza sul luogo di lavoro di scioperanti)* picketing.

picchettare *vt* **1** *(piantare picchetti)* to stake; to mark out with stakes; to picket. **2** *(tessuto)* to trim; to edge. **3** *(una fabbrica, ecc., durante uno sciopero)* to picket.

picchettato *sm (mus.)* staccato bowing.

picchettatura *sf* staking out.

[1]**picchetto** *sm* picket; stake; *(piolo)* peg.

[2]**picchetto** *sm (drappello)* picket; guard; *(di scioperanti)* picket: *picchetto d'onore,* guard of honour — *picchetto armato,* armed guard — *ufficiale di picchetto,* orderly officer — *essere di picchetto,* to be on picket-duty.

[3]**picchetto** *sm (gioco di carte)* piquet.

picchiapetto *sm (religione)* hypocrite.

picchiare *vt* **1** *(percuotere)* to beat*; to hit*; *(con i pugni)* to thump: *Non picchiarlo!,* Don't hit him! — *picchiare qcno di santa ragione,* to beat sb soundly; to give sb a good thrashing — *picchiarsi il petto,* to beat one's breast. **2** *(battere)* to strike*; *(sbattere)* to bang; *(bussare)* to knock on (at); *(leggermente)* to tap; *(con martello)* to hammer: *picchiare un pugno sul tavolo,* to bang one's fist on the table — *picchiare il ginocchio contro uno spigolo,* to knock one's knee against a sharp corner.

□ *vi* **1** *(bussare)* to knock: *picchiare alla porta,* to knock at the door — *picchiare a tutti gli usci, (fig.)* to knock at every door; to ask everybody. **2** *(di aereo)* to pitch; to push (over). **3** *(di motore: in testa)* to ping; to pink. □ *picchia e ripicchia,* by dint of perseverance.

□ **picchiarsi** *v. rifl e reciproco* to fight*; to scuffle; to come* to blows.

picchiata *sf* **1** *(botte)* beating; thrashing. **2** *(di aereo)* dive: *scendere in picchiata,* to dive; to nose-dive.

picchiatello *agg* pixilated; slightly crazy; a bit touched *(fam.).*

□ *sm* crazy person; eccentric person.

picchiettare *vt* **1** to tap; to rattle; to drum; to patter; *(mus.)* to play staccato notes. **2** *(naut.: raschiare)* to scrape down.

□ *vi (chiazzare, punteggiare)* to speckle; to spot; to stipple; to fleck.

picchiettato *agg* speckled; spotted; stippled; flecked. □ *sm* staccato bowing.

picchiettatura *sf* spotting; speckling.

[1]**picchio** *sm* knock; *(colpo)* blow.

[2]**picchio** *sm (uccello)* woodpecker.

picchiotto *sm (batacchio)* door-knocker.

piccineria *sf* pettiness; narrowmindedness; meanness; *(azione meschina)* petty trick; petty spite.

piccino *agg* **1** very little; very small; *(minuscolo)* tiny. **2** *(poco importante)* petty; inconspicuous; *(futile)* piddling; trifling. **3** *(gretto, meschino)* mean; limited; stingy; *(di mentalità ristretta)* narrow-minded. □ *farsi piccino,* to hide; to try to escape notice; to cower.

□ *sm* child *(pl.* children*);* little one; *(sl.)* kid; *(neonato)* baby.

picciolo *sm* stalk; stem.

piccionaia *sf* **1** *(colombaia)* pigeon-house; dove-cote; *(sottotetto, solaio)* loft; garret. **2** *(loggione di teatro)* gallery; *(il pubblico del loggione)* the gallery; the gods. □ *tirar sassi in piccionaia, (fig.)* to damage oneself as well as others.

piccione *sm* pigeon; dove; *(piccioncino, piccione implume)* squab; *(fig.: persona ingenua)* simpleton; gull: *piccione viaggiatore,* homing-pigeon; carrier-pigeon — *tiro al piccione,* pigeon-shooting — *pigliar due piccioni con una sola fava,* to kill two birds with one stone.

picco *sm* **1** peak; (mountain-)top; summit: *a picco,* perpendicular; sheer; straight up (*o* down). **2** *(naut.)* gaff; derrick-mast. □ *andare (calare) a picco,* to sink — *mandare a picco,* to sink.

piccolezza *sf* **1** littleness; smallness; minuteness; *(brevità)* shortness; *(insufficienza)* inadequateness; insignificance. **2** *(meschinità)* meanness; stinginess: *piccolezza di mente,* narrow-mindedness. **3** *(inezia)* trifle; pettiness.

piccolo **I** *agg* **1** small; little; *(fam.)* tiny *(questi ultimi due si usano spesso con la sfumatura di 'grazioso, carino'): un piccolo giardino,* a little (a small) garden — *una stanza piccola,* a small room — *una piccola somma di danaro,* a small sum of money — *un piccolo numero di persone,* a small number of people — *in piccole proporzioni; su piccola scala,* on a small scale — *un piccolo possidente,* a small landowner — *le ore piccole,* the small hours — *a piccole dosi,* in small doses. **2** *(di età)* young: *I miei figli sono ancora piccoli,* My children are still young. **3** *(di statura)* short: *Tu sei più piccolo di me,* You are shorter than I (*o* me). **4** *(breve)* short: *una piccola distanza,* a short distance — *un piccolo intervallo,* a short interval. **5** *(fig.: di scarsa importanza)* slight; petty: *un piccolo difetto,* a slight fault — *Queste sono piccole cose,* These are petty things — *piccoli dettagli,* petty details — *piccole spese,* petty expenses. **6** *(fig.: meschino, gretto)* mean; petty; *(ristretto)* narrow: *Non essere così piccolo!,* Don't be so mean! — *mente piccola,* narrow mind — *piccolo boghese, (spreg.)* petit-bourgeois *(fr.).* □ *farsi piccolo,* to cower; *(fig.)* to belittle oneself — *piccola borghesia,* lower middle-class.

II *sm* child *(pl.* children*);* little boy: *i piccoli, (dell'uomo)* the little ones; the children; *(degli animali)* the young — *una gatta con i suoi piccoli,* a cat with its young — *libri per i piccoli,* books for young children. □ *da piccolo,* as a child — *fin da piccolo,* since I was a child — *nel mio (tuo) piccolo,* in my (your) small way.

piccone *sm* pick; mattock; pickaxe.

picconiere *sm* pickman *(pl.* -men*).*

piccozza *sf (da alpinista)* ice-axe.

piceo *agg* **1** pitchy; piceous; pitch-like. **2** *(nero)* pitch-black.

picrico *agg* picric.

pidocchieria *sf* meanness; stinginess; niggardliness; miserliness; *(azione meschina)* mean trick.

pidocchio *sm* **1** louse *(pl.* lice*)*: *pidocchio rifatto,* parvenu; upstart person. **2** *(fig.)* vile creature.

pidocchioso *agg* **1** lousy. **2** *(fig.: spilorcio)* stingy; mean; miserly; niggardly.

piede *sm* **1** foot *(pl.* feet*)*: *dalla testa ai piedi,* from head to foot — *avere male ai piedi,* to have sore feet; to be footsore — *andare a piedi,* to go on foot; to walk — *camminare a piedi nudi,* to walk barefoot — *camminare in punta di piedi,* to walk on tiptoe — *corsa a piedi,* foot-race — *Attenzione ai piedi!,* Mind your feet! — *pestare i piedi,* to stamp one's feet; *(a qcno)* to tread on sb's toes (*o* foot); *(fig.)* to get in sb's way — *gettarsi ai piedi di qcno, (anche fig.)* to throw oneself (to fall) at sb's feet — *cadere in piedi, (anche fig.)* to fall on one's feet — *In piedi!,* On your feet!; Stand up! **2** *(fig.: estremità inferiore; sostegno, oggetto a forma di piede)* foot *(pl.* feet*)*; base: *il piede di una calza,* the foot of a sock (*o* stocking) — *ai piedi del letto,* at the foot of the bed — *a piè (a piede) di pagina,* at the foot of the page — *note a piè di pagina,* footnotes — *il piede di una colonna,* the base of a column — *ai piedi della montagna,* at the foot of the mountain — *piede di porco,* crowbar; *(per forzare usci, ecc.)* jemmy. **3** *(unità di misura lineare pari a 30 cm. circa)* foot *(pl.* feet*)*: *piede quadrato,* square foot — *È alto quasi sei piedi,* He's almost six feet tall *(o* six foot, *fam.)*. **4** *(prosodia)* foot *(pl.* feet*)*: *un verso di cinque piedi,* a five-foot line.
□ *a ogni piè sospinto,* at every step — *su due piedi,* at once; immediately — *a piede libero,* on bail — *essere in piedi,* - **a)** to be standing; to stand - **b)** *(essere alzato)* to be up: *Sei ancora in piedi a quest'ora?,* Are you still up at this time? - **c)** *(dopo una malattia)* to be on one's feet: *È di nuovo in piedi,* He's (back) on his feet again — *essere sul piede di guerra,* to be on a war footing — *essere tra i piedi di qcno,* to be in sb's way — *Togliti dai piedi!,* Get out of my way! — *andare con i piedi di piombo,* to be very cautious — *darsi la zappa sui piedi,* to do oneself harm; to defeat one's own ends — *fare qcsa con i piedi,* to do sth in a slapdash fashion — *ragionare con i piedi,* to reason like a fool — *farsi mettere sotto i piedi (da qcno),* to bow down (to sb) — *non reggersi in piedi,* to be unable to stand on one's feet; *(fig.)* not to stand up; not to hold water — *mettere in piedi qcsa,* to set up (to start off) sth — *Non ci ho mai messo piede,* I've never set foot there — *mettere qcno sotto i piedi,* to push sb around; to despise sb — *prendere piede, (di piante)* to take root; *(di idee)* to get a footing; *(guadagnare terreno)* to catch on; to gain ground — *puntare i piedi, (fig.)* to be obstinate; to stick to one's guns — *avere un piede nella fossa,* to have one foot in the grave — *sentirsi mancare la terra sotto i piedi,* to feel lost; not to know where to turn — *saltare qcsa a piè pari,* to skip through sth; to glide over sth; to by-pass sth — *tenere il piede in due staffe,* to run with the hare and hunt with the hounds; to serve two masters — *rimanere a piedi,* to be left behind; to miss the bus (the boat); to be left in the lurch.

piedistallo, piedestallo *sm* pedestal *(anche fig.)*: *mettere (qcno) su un piedistallo,* to put (sb) on a pedestal — *cadere dal piedistallo,* to tumble off one's pedestal — *fare da piedistallo a qcno,* to support sb; to hold sb up.

piega *sf* **1** pleat; tuck; fold; *(spiegazzatura)* crease; ruck: *a pieghe,* pleated — *la piega dei pantaloni,* the creases in a pair of trousers — *messa in piega,* (hair-)set. **2** *(grinza, ruga)* wrinkle; pucker. **3** *(andamento, tendenza)* turn: *prendere una cattiva piega,* to take a turn for the worse — *non fare una piega, (rimanere imperturbabile)* to be untouched; *(di argomento ineccepibile)* to be dead right; to be flawless.

piegabile *agg* flexible; pliable; folding.

piegabilità *sf* flexibility; pliability.

piegafogli *sm* folding-machine.

piegamento *sm* folding; *(flessione)* flexion.

piegare *vt* to fold; *(flettere)* to bend*; *(fig.: sottomettere)* to submit; to bend*: *piegare un foglio di carta in due,* to fold a paper in two — *piegare un pezzo di ferro,* to bend a piece of iron — *piegare il capo,* to bend one's head; *(per salutare)* to bow one's head; *(fig.)* to submit — *piegare il groppone, (fig.)* to knuckle down to work; to start working hard.
□ *vi* **1** *(volgere)* to bend*; *(voltare)* to turn: *Dopo il ponte la strada piega a destra,* After the bridge the road turns to the right. **2** *(pendere da una parte)* to tilt; *(naut.: inclinarsi)* to heel over; to keel over; to list.
□ **piegarsi** *v. rifl (flettersi)* to bend*; *(cedere)* to yield; to give* in; *(rompersi)* to give* way; *(sottomettersi)* to submit: *Si piegò in avanti per vedere meglio,* He bent forward so that he could see better — *piegarsi al volere di qcno,* to submit to sb's will — *piegarsi in due dal dolore,* to be doubled up with pain.

piegata *sf* folding.

piegatore *sm* folder.

piegatrice *sf* bender; bending machine.

piegatura *sf* **1** *(atto del piegare)* folding; bending. **2** *(punto, segno di una piega)* fold; bend; *(spiegazzatura)* ruck; crease.

pieghettare *vt* to pleat.

pieghettatura *sf* **1** *(il pieghettare)* pleating. **2** *(le pieghe)* pleats.

pieghevole *agg* **1** *(che si piega facilmente)* pliable; pliant; flexible. **2** *(docile)* yielding; docile; submissive; compliant. □ *un tavolo pieghevole,* a folding table.
□ *sm* folder; leaflet; brochure.

pieghevolezza *sf* pliability; flexibility; suppleness; *(fig.)* submissiveness.

pielite *sf* pyelitis.

piena *sf* **1** flood; spate: *un fiume in piena,* a river in flood. **2** *(grande folla, calca)* (big) crowd; throng. **3** *(foga, impeto)* ardour; heat; passion.

pienamente *avv* fully; completely; entirely; quite.

pienezza *sf* fullness; *(compiutezza)* completeness; *(ricchezza)* abundance; *(impeto, foga)* warmth; ardour; heat.

pieno I *agg* full (of); *(ripieno di)* filled with *(solo predicativo)*; *(massiccio)* solid; *(in carne, paffuto)* full; rounded; plump; chubby: *una bottiglia piena di vino,* a bottle full of wine (filled with wine) — *pieno di dubbi,* full of doubts — *luna piena,* full moon — *un mattone pieno,* a solid brick — *una faccia piena,* a plump (a chubby) face — *Mi sento pieno,* I feel full up — *pieno zeppo,* full up; crammed full; *(sovraffollato)* overcrowded; jampacked — *pieno fino all'orlo,* full (*o* filled) to the brim — *pieno di sé,* full of himself; conceited — *a piena velocità,* at full speed — *a piene vele,* under full sails; with all sails — *in pieno, (completamente)* fully; completely; entirely; quite; *(esattamente)* exactly; *(nel mezzo)* in the middle; right; full — *in pieno viso,* full (*o* right) in the face — *a voce piena, (mus.)* with full voice. □ *essere pieno di lavoro,* to be very busy — *pieno di ogni ben di Dio,* blessed with everything — *a piene mani,* abundantly — *cantare a piena gola,* to sing at the top of one's voice — *a pieni voti,* by a unanimous vote; unanimously — *in piena estate,* in the middle of summer; in midsummer — *in pieno giorno,* in broad

daylight — *in piena notte,* at dead of night; in the middle of the night — *in piena stagione,* at the height of the season — *una giornata piena,* a busy (a full) day — *avere le scatole piene di qcno (qcsa), (fam.)* to be fed up (to the teeth) with sb (sth) — *respirare a pieni polmoni,* to breathe deeply.
II *sm* **1** *(colmo)* height; peak: *nel pieno dell'inverno,* in the middle of winter; in the depth(s) of winter — *nel pieno della fioritura,* in full blossom — *essere nel pieno delle proprie forze,* to be at the height of one's powers. **2** *(carico completo)* full load; *(di nave)* full cargo: *fare il pieno di benzina,* to fill up. **3** *(folla)* crowd. □ *pieno d'orchestra, (mus.)* full orchestra.

pienone *sm* **1** large crowd. **2** *(a teatro)* full house.

pienotto *agg* plump; rounded; rather fat; fleshy; chubby.

pietà *sf* **1** pity; *(misericordia)* mercy; *(compassione)* compassion: *avere (sentire, nutrire) pietà,* to feel (to be filled with) pity — *avere pietà di se stesso,* to feel (to be) sorry for oneself — *muovere a pietà,* to move to pity — *chiedere (invocare) pietà,* to cry for mercy — *per pietà,* out of pity (of mercy, of compassion) — *senza pietà,* pitiless; merciless — *Monte di Pietà,* pawn-shop — *fare pietà,* - **a)** *(suscitare pietà)* to arouse pity - **b)** *(fam., di cosa malfatta)* to be pitiful (*o* deplorable); to be in a pitiful state. **2** *(religiosità)* piousness; piety; *(venerazione)* devotion; worship; reverence: *luoghi di pietà,* places of worship — *libri di pietà,* devotional books. **3** *(nelle arti figurative)* pietà.

pietanza *sf (seconda portata)* main course; second course; *(piatto)* dish.

pietismo *sm* **1** *(movimento protestante)* Pietism. **2** *(fig.)* excess piety.

pietosamente *avv* pitifully; mercifully; compassionately.

pietoso *agg* pitiful; *(che sente pietà)* merciful; pitiful; compassionate; *(che suscita pietà)* piteous; pitiful; *(miserevole)* wretched; pitiable; pitiful; *(causato da pietà, dovuto a pietà)* compassionate; *(fam.: meschino)* mean; poor.

pietra *sf* **1** stone: *un mucchio di pietre,* a heap of stones — *un muro di pietra,* a stone wall — *un cuore di pietra,* a stony heart — *duro come la pietra,* as hard as (a) stone — *pietra angolare,* corner-stone — *pietra filosofale,* philosopher's stone — *pietra miliare,* milestone; *(fig.)* landmark — *pietra di paragone,* touchstone — *l'Età della Pietra,* the Stone Age — *male della pietra, (med.)* gravel stone; gall-stone — *cavare sangue da una pietra,* to draw blood from a stone — *scagliare pietre contro qcno, (anche fig.)* to throw (to cast) stones at sb — *non lasciare pietra su pietra,* not to leave a stone standing; to raze (sth) to the ground. **2** *(mineralogia, archit.)* stone; *(preziosa)* precious stone; gem: *cava di pietra,* stone-quarry; stone-pit — *lavorazione della pietra,* stone-work; stone-dressing — *pietra da costruzione,* building (*o* structural) stone — *taglio della pietra,* stone-cutting — *lastra di pietra,* stone slab; *(per lastricare)* flagstone — *pietra calcarea,* limestone — *pietra focaia,* flint — *pietra molare,* grindstone; whetstone — *pietra refrattaria,* fire-stone — *pietra sepolcrale, (verticale)* tombstone; *(orizzontale)* ledger — *pietra dura,* semi-precious stone — *pietra sintetica,* rough synthetic jewel. □ *pietra dello scandalo,* cause of scandal — *far piangere le pietre,* to be extremely moving — *metterci una pietra sopra,* to let bygones be bygones.

pietraia *sf (ammasso di pietre)* heap of stones; *(cava)* quarry.

pietrame *sm* stones *(pl.).*

pietrificare *vt* to petrify *(anche fig.).*
□ **pietrificarsi** *v. rifl* to petrify; to change into stone; to become* petrified.

pietrificato *p. pass e agg* petrified: *pietrificato dal terrore,* petrified with terror.

pietrificazione *sf* petrification.

pietrina *sf (di accendino)* flint.

pietrisco *sm* crushed stone; road-metal.

pietroso *agg* stony; covered with stones.

pievano *sm* parish priest.

pieve *sf* **1** *(chiesa)* parish church. **2** *(giurisdizione)* parish.

piezoelettricità *sf* piezo(-)electricity.

piezoelettrico *agg* piezo(-)electric.

piezometrico *agg* piezometric.

piezometro *sm* piezometer.

pifferaio *sm* fifer; piper.

piffero *sm* fife; pipe; *(il suonatore)* fifer; piper.

pigiama *sm* pyjamas *(pl.);* pyjama suit; *(USA, anche)* pajamas.

pigiamento *sm* pressing; tamping; *(schiacciamento)* crushing; *(spremitura)* squeezing.

pigiare *vt* **1** to press; to tamp; *(schiacciare)* to crush; *(spremere)* to squeeze: *pigiare sull'acceleratore,* to press (down) the accelerator (pedal); *(fam.)* to step on the gas; to put one's foot down — *pigiare l'uva,* to press grapes; to crush grapes — *pigiare il tabacco nella pipa,* to tamp down the tobacco in one's pipe. **2** *(fig.: insistere)* to press; to insist. □ *pigia pigia,* big crowd; throng; tight squeeze.
□ **pigiarsi** *v. rifl* to squeeze oneself; to squeeze one's way; to crowd; to throng.

pigiata *sf* squeeze; squeezing; pressing; crushing: *dare una pigiata a qcsa,* to press (to ram, to tamp) sth down; to squeeze sth in.

pigiatura *sf* pressing; tamping; crushing; squeezing.

pigionale *sm e f.* tenant; *(chi coltiva un podere in affitto)* tenant farmer.

pigionante *sm e f.* tenant; lodger.

pigione *sf* rent: *prendere a pigione (tenere a pigione) qcno,* to lodge sb — *prendere a pigione una casa,* to rent a house — *dare a pigione,* to let — *stare a pigione,* to be a tenant; *(in casa di qcno)* to be a lodger — *stare a pigione presso qcno,* to lodge with sb — *stare a pigione in un luogo, (fig.: starci a lungo)* to make oneself at home somewhere — *prendere qcsa a pigione, (fig.: tenerla a lungo in prestito)* to treat sth as one's own — *avere il cervello a pigione, (fig.)* to be scatterbrained.

piglia *sm (chi piglia)* snatcher; *(il pigliare)* snatching; taking; catching; grabbing. □ *un piglia e lascia,* a taking and leaving — *È un piglia generale,* It's a free-for-all.

pigliabile *agg* seizable.

pigliamosche *sm* **1** *(pianta)* fly-trap. **2** *(uccello)* flycatcher.

pigliare *vt* ⇨ **prendere.**

[1]**piglio** *sm (atto del pigliare)* taking hold; hold; catch: *dar di piglio a qcsa,* to snatch (to take hold of, to seize) sth; *(fig.: iniziare)* to start; to begin*.

[2]**piglio** *sm (espressione)* expression; *(aspetto)* look; appearance; aspect; *(modo)* way; *(tono)* tone.

pigmentazione *sf* pigmentation.

pigmento *sm* pigment.

pigmeo *sm e agg* pygmy; pigmy *(anche fig.).*

pigna *sf* **1** *(bot.)* cone. **2** *(archit.)* crown. □ *largo come* *una pigna verde, (fig.: avaro)* tight-fisted; stingy; mean.

pignatta *sf* pot.

pignolaggine, pignoleria *sf* meticulousness; fussiness; pedantry; fastidiousness.

pignolo *agg* pedantic; meticulous; particular; fussy; *(fam.)* choosey; choosy.
□ *sm* **1** *(pinolo)* pine-seed. **2** *(individuo pedante)* stickler; pedantic person; pedant: *fare il pignolo,* to play the pedant.

pignone *sm* **1** *(argine)* embankment; cut-water; dyke. **2** *(mecc.)* pinion.

pignorabile *agg (dir.)* attachable.

pignoramento *sm* attachment; distraint.

pignorare *vt (dir.)* to distrain; to attach: *pignorare i mobili di qcno,* to distrain upon sb's furniture.

pigolamento *sm* peeping; chirping.

pigolare *vi* to peep; to cheep; to chirp; *(fig., p.es. di bambino)* to whimper; to fret; to whine; to cry fretfully; *(fam.)* to grizzle.

pigolio *sm* peeping; chirping.

pigramente *avv* lazily.

pigrizia *sf* laziness; idleness; sloth; indolence; sluggishness: *per pigrizia,* out of laziness.

pigro *agg* lazy; idle; slothful; indolent; sluggish; *(lento)* slow; inactive; torpid; *(ottuso)* dull; obtuse; slow in understanding.

[1]**pila** *sf* **1** *(catasta)* pile; heap: *una pila di libri (di piatti),* a pile of books (of dishes). **2** *(pilone di ponte)* pier; *(pilastro)* buttress. **3** *(elettr., fis.)* battery; cell; pile: *pila a secco,* dry battery — *pila atomica,* atomic pile; nuclear reactor. **4** *(fam.: lampadina tascabile)* torch.

[2]**pila** *sf (vaschetta)* basin; *(acquaio)* sink: *pila dell'acqua santa,* holy water basin; stoup.

pilaf *sm* pilau; pilaff.

pilastro *sm* pillar *(anche anat. e fig.).*

piletta *sf (di scarico)* drain.

pillacchera *sf* splash; *(fig.: colpa, difetto)* blemish; flaw; defect; fault.

pillare *vt* to ram; to tamp.

pillola *sf* pill: *una pillola amara, (fig.)* a bitter pill — *indorare (zuccherare) la pillola,* to gild (to sugar) the pill — *mandar giù (ingoiare) la pillola,* to swallow the pill — *la pillola, (anticoncezionale)* the pill.

pilone *sm* **1** pylon; *(di ponte)* pier; *(traliccio)* tower; pylon; lattice tower: *pilone d'ormeggio,* mooring mast — *pilone di virata,* turning pylon. **2** *(rugby)* prop; support.

pilota *sm e f. (di velivolo)* pilot *(anche attrib.); (di motocicletta)* rider; *(di auto da competizione)* racing car driver: *pilota collaudatore,* test pilot — *pilota automatico,* autopilot; automatic pilot; gyropilot — *pilota di porto,* harbour pilot — *pilota istruttore,* flying instructor — *pilota spaziale,* space pilot — *secondo pilota,* copilot; second pilot — *impianto pilota,* pilot plant — *classe pilota,* pilot class.

pilotaggio *sm* pilotage; piloting; *(somma dovuta al pilota)* pilotage dues: *scuola di pilotaggio,* flying school.

pilotare *vt (un aeroplano, ecc.)* to pilot; *(una motocicletta)* to ride*; (un'automobile) to drive*.

piluccare *vt* to pick at; to nibble; *(fig.: spillar quattrini)* to fleece; to pick up; *(scroccare)* to scrounge.

pimento *sm (bot.)* pimento; allspice; *(gastronomia)* pimento; red pepper.

pimpinella *sf* pimpernel.

pina *sf* ⇨ **pigna.**

pinacoteca *sf* picture-gallery.

pinastro *sm* pinaster; cluster-pine.

pineale *agg (anat.)* pineal.

pineta *sf* pine-wood; pine-forest.

ping-pong *sm* table-tennis; ping-pong.

pingue *agg* fat; plump; fleshy; *(obeso)* obese; flabby; *(fertile)* fertile; fat; *(ricco)* rich; abundant; *(lucroso)* lucrative.

pinguedine *sf* fatness; plumpness; *(eufemistico, spec. di donna molto grassa)* embonpoint; *(obesità)* obesity; *(adipe)* fat; corpulence.

pinguino *sm* **1** *(zool.)* penguin. **2** *(gelato)* chocolate-coated ice-cream.

pinna *sf* **1** *(zool.)* fin; *(dei cetacei)* flipper. **2** *(di idrovolante)* sponson: *pinne stabilizzatrici, (naut.)* gyrofins. **3** *(per nuotare)* flipper. **4** *(del setto nasale)* wing; ala *(pl.* alae*).* **5** *(mollusco)* fan shell.

pinnacolo *sm* pinnacle; spire; *(di montagna)* pinnacle.

pinnato *agg* pinnate.

pino *sm* pine(-tree): *pino silvestre (o comune),* Scotch fir — *pino marittimo,* cluster-pine — *ago di pino,* pine-needle.

pinocchio *sm (pinolo)* pine-seed.

pinolo *sm* pine-seed.

pinta *sf* pint.

pinza *sf (più spesso al pl.)* **1** pliers *(pl.)*; nipper *(fam.); (tenaglia)* pincers *(pl.); (molle)* tongs *(pl.); (pinzetta)* tweezers *(pl.): pinze divergenti,* expanding pliers — *pinze per fili,* wire nippers — *pinza a tormalina,* tourmaline tongs. **2** *(med.)* forceps: *pinza emostatica,* artery forceps; tourniquet — *pinza da dentista,* dental forceps. **3** *(chele di crostaceo)* nipper; pincers; chela *(pl.* chelae*).*

pinzare *vt* **1** *(fam.: d'insetto)* to sting*; *(di granchio)* to nip. **2** *(con la pinzatrice)* to staple.

pinzata *sf (fam.: puntura d'insetto)* sting; stinging.

pinzuto *agg (con pungiglione)* stinging; *(aguzzo)* sharp.

[1]**pio** *sm (pigolio, pio pio)* peep; peeping; cheeping.

[2]**pio** *agg* **1** *(religioso)* pious; religious; godly; devout: *una vita pia,* a pious life — *luoghi pii,* holy places — *una donna pia,* a pious woman. **2** *(pietoso, caritatevole, profondamente giusto)* compassionate; charitable; upright: *opere pie,* charitable institutions — *animo pio,* upright mind. **3** *(fig.: vano, irrealizzabile)* vain.

pioggia *sf* **1** rain *(anche fig.); (fig.: anche)* flood; shower; *(acquazzone)* shower; *(pioggerella)* drizzle; *(quantità di pioggia)* rainfall: *pioggia torrenziale,* heavy (*o* torrential) rain — *stagione delle piogge,* rainy season — *sotto la pioggia,* in the rain — *una pioggia di complimenti,* a shower of compliments — *minacciare pioggia,* to look like rain — *essere sorpresi dalla pioggia,* to be caught in a shower — *parlare della pioggia e del bel tempo, (fig.)* to talk about nothing in particular; to talk about this and that — *fare la pioggia e il bel tempo, (fig.)* to lay down the law — *far cadere (versare) qcsa a pioggia, (gastronomia)* to add sth slowly; to pour sth in a little at a time. **2** *(difetto di pellicola cinematografica)* rain.

[1]**piombare** *vi* **1** *(cadere a piombo)* to fall* heavily; to plump; to slump; *(sprofondare)* to sink*; to plunge: *piombare su una sedia,* to slump into a chair; to plump (oneself) down in a chair — *piombare nella disperazione,* to sink (to plunge) into despair. **2** *(scagliarsi)* to pounce; to swoop; to fall* upon; *(assalire)* to assault; to attack: *piombare sul nemico,* to pounce on the enemy. **3** *(precipitarsi, giungere inaspettatamente)* to rush; to dash; to come* unexpectedly: *Mi piombarono in casa,* They came unexpectedly — *Agi-*

tatissima piombò nella mia stanza, She dashed into my room excitedly. **4** *(di abito)* to hang*.

[2]**piombare** *vt (chiudere, sigillare)* to seal with lead; to plumb; *(un dente)* to fill; to stop.

piombatura *sf (rivestimento di piombo)* leading; plumbing; *(sigillo)* seal; sealing; lead; *(di un dente)* filling; stopping.

piombifero *agg* lead-bearing; plumbiferous.

piombino *sm* **1** *(nell'edilizia)* plummet; plumb-bob. **2** *(sigillo)* lead seal. **3** *(peso)* lead weight. **4** *(per reti)* sinker; plummet. **5** *(uccello)* kingfisher.

piombo *sm* **1** *(metallo)* lead: *piombo in pani,* pig lead — *una lastra di piombo,* a lead sheet — *ossido di piombo,* lead oxide — *Questa valigia è pesante come il piombo,* This suitcase is as heavy as lead — *Crollò in un sonno di piombo,* He fell heavily asleep — *andare con i piedi di piombo, (fig.)* to proceed very cautiously — *sentirsi sotto una cappa di piombo,* to feel crushed (*o* depressed) — *essere un gatto di piombo,* to be a slow-coach — *di piombo,* leaden; lead *(attrib.).* **2** *(cosa fatta di piombo)* plumb; plummet; lead weight: *filo a piombo,* plumb-line; sounding-line — *a piombo,* plumb; perpendicular — *non essere a piombo,* to be out of plumb — *cadere di piombo,* to plumb down; to fall suddenly. **3** *(proiettile)* bullet; *(pallino)* lead; shot: *sotto il piombo nemico,* under the enemy's fire — *una grandine di piombo,* a shower of lead. **4** *(sigillo)* seal; lead seal. **5** *(al pl.: lastre o lamine di rivestimento)* leads. **6** *(tipografia)* lead.

piomboso *agg* leaden; *(che contiene piombo)* containing lead; *(di composto chimico)* plumbous; plumbic.

pioniere *sm* pioneer *(anche fig.).*

pioppaia *sf,* **pioppeto** *sm (luogo piantato a pioppi)* poplar-wood; poplar-grove.

pioppo *sm* poplar.

piorrea *sf* pyorrhoea.

piota *sf* **1** *(raro, lett.: pianta del piede)* sole. **2** *(zolla)* turf; sod.

piovano *agg* rain *(attrib.).*

piovasco *sm* squall.

piovere *vi impers* **1** to rain *(anche fig.); (attraverso il soffitto)* to drip; to leak; *(fig.: riversarsi)* to pour; *(fig.: giungere inaspettatamente)* to arrive unexpectedly: *piovere a dirotto,* to rain in torrents — *piovere a catinelle,* to rain in buckets; to rain cats and dogs; to rain stair-rods — *stare per piovere,* to be about to rain — *minacciare di piovere,* to look like rain — *piovere dal tetto,* to drip (to leak) from the ceiling — *La luce piove da un lucernario,* The light pours down from a skylight — *Piovevano notizie contrastanti,* Conflicting reports kept pouring in. **2** *(essere spiovente)* to slope. □ *piovere dal cielo,* to fall from heaven — *Piove sempre sul bagnato,* Troubles never come singly — *Tanto tuonò che piovve, (prov.)* It had to happen in the end.

□ *vt (lett.)* to rain; to pour.

piovigginare *vi impers* to drizzle.

piovigginoso *agg* rainy; drizzling.

piovoso *agg* rainy: *un giorno piovoso,* a rainy day.

piovra *sf* **1** *(zool.)* octopus. **2** *(fig.)* bloodsucker; vampire; leech.

pipa *sf* **1** pipe; *(anche)* tobacco-pipe: *pipa di radica,* briar — *pipa orientale, (narghilé)* hookah — *pipa di schiuma,* meerschaum — *porta-pipe,* pipe-rack — *caricare la pipa,* to fill one's (a) pipe — *fumare la pipa,* to smoke one's (a) pipe. **2** *(quantità contenuta in una pipa)* pipe; pipeful. **3** *(scherz.: nasone)* big nose; bottle nose. **4** *(mil., sl.: mostrina)* flash. **5** *(mecc.)* lug.

pipata *sf* **1** *(fumata)* smoke. **2** *(quanto tabacco sta in una pipa)* pipe; pipeful.

piperita *agg (solo in) menta piperita,* peppermint.

pipetta *sf* pipette; *(contagocce)* stactometer.

pi pi *voce onomatopeica* peep; cheep; chirp.

pipì *sf (linguaggio infantile e fam.)* pee: *fare pipì,* to pee.

□ *sm (linguaggio infantile)* penis.

pipistrello *sm* **1** *(zool.)* bat. **2** *(mantello)* sleeveless cloak with large collar.

pipita *sf* **1** *(malattia dei polli)* pip. **2** *(pellicola ai lati dell'unghia)* hangnail.

pira *sf (lett.)* pyre; funeral pile; *(per condannati al rogo)* fire; stake.

piramidale *agg* **1** pyramidal. **2** *(fig.: enorme)* huge; colossal; immense.

piramide *sf* pyramid: *a piramide,* in the shape of a pyramid — *una piramide di libri,* a pyramid (a pile) of books — *la piramide sociale,* the pyramid of society — *una piramide umana,* a human pyramid.

pirata *sm* pirate *(anche fig.);* sea-robber: *nave pirata,* pirate ship — *pirata della strada,* road hog.

pirateria *sf* piracy *(anche fig.).*

piratesco *agg* piratic(al).

piressia *sf* pyrexia; fever.

pirico *agg (solo in) polvere pirica,* gunpowder.

pirite *sf* pyrites.

piroetta *sf* pirouette.

piroettare *vi* to pirouette.

pirofila *sf* heat-resisting pan.

pirofilo *agg* heat-resisting.

piroga *sf* pirogue.

pirogeno *agg* pyrogenic; pyrogenetic.

pirografia *sf* pyrography; poker-work.

piromane *sm e f.* pyromaniac *(raro);* fire-bug.

piro piro *sm (zool.)* sandpiper.

piroscafo *sm* steamship *(abbr.* S/S*);* steamer: *piroscafo di linea,* liner — *piroscafo postale,* mail-boat.

pirotecnica *sf* pyrotechnics.

pirotecnico *agg* pyrotechnic: *spettacolo pirotecnico,* firework display; fireworks.

□ *sm* **1** fireworks maker. **2** *(stabilimento militare)* workshop; munitions.

piscatorio *agg* piscatory: *anello piscatorio,* piscatory ring.

piscia *sf (volg.)* piss; pee; *(fam.)* water.

pisciare *vi* **1** *(volg.)* to piss; to pee; *(fam.)* to make* water; *(di cavalli, ecc.)* to stale: *pisciarsi addosso,* to wet oneself. **2** *(fig., volg., di recipiente: perdere)* to leak. **3** *(fig., volg.: versare, sgorgare)* to spout; to spurt. □ *pisciare su qcsa, (fig.: disprezzare, non curare)* to despise sth.

pisciata *sf (volg.)* piss; pee.

pisciatoio *sm (volg.)* (public) urinal.

piscina *sf* **1** *(vasca)* swimming-pool; pool: *la piscina comunale,* the local swimming baths. **2** *(peschiera)* fish-pond. □ *la piscina probatica,* the Pool of Bethesda — *piscina battesimale,* font.

piscio *sm (volg.)* piss.

piscione *sm* person who passes water frequently; *(per estensione)* baby.

pisello *sm* (green) pea: *piselli in scatola,* tinned peas — *verde pisello,* pea-green.

pisolare *vi* to doze; to sleep* lightly; to have* (to take*) a nap; *(fam.)* to snooze.

pisolino, pisolo *sm* doze; nap; snooze; *(fam.)* forty winks: *schiacciare un pisolino,* to have a snooze.
pispigliare *vi* (*raro* ⇨ **bisbigliare**) to whisper.
pispiglio *sm* (*raro* ⇨ **bisbiglio**) whisper.
pispola *sf* **1** *(uccello)* meadow pipit; *(fischietto che ne imita il verso)* bird-call. **2** *(fig.: fandonia)* wild tale; idle story; *(fam.)* fib; nonsense.
pispolare *vi* to make* a bird call.
pisside *sf* **1** *(vaso liturgico)* pyx; pix ciborium *(pl.* ciboria*).* **2** *(bot.)* pyxidium *(pl.* pyxidia*).*
pissi pissi *sm* whisper.
pista *sf* **1** *(traccia di ruote, ecc.)* track; *(di animali)* track; trail; scent; *(sentiero, via)* track; lane: *pista di traffico,* traffic lane — *un'autostrada a sei piste,* a six-lane motorway — *essere sulla pista di qcno,* to be on sb's track — *essere sulla pista giusta,* to be on the right track. **2** *(sport)* track; course: *pista di ippodromo,* race-course — *pista per corse automobilistiche,* racing track — *pista per gare ciclistiche,* cycling track — *pista per bob,* run — *pista da sci,* ski slope — *pista del circo,* ring — *pista da ballo,* dance-floor — *pista di prova,* test track — *prove su pista,* track events — *andare fuori pista,* to go off the track — *Pista!, (su campi da sci)* Watch out!; Make way! **3** *(aeronautica)* runway; strip: *pista di decollo,* take-off strip; runway; *pista d'atterraggio,* landing strip; runway — *pista d'emergenza,* emergency runway — *pista di rullaggio,* taxiway — *pista di lancio, (spec. di alianti)* launching-strip; *(per missili)* launching-pad. **4** *(di nastro magnetico per registratore)* track: *registratore a doppia pista,* double- (*o* twin-) track tape-recorder.
pistacchio *sm (bot.)* pistachio: *verde pistacchio,* pistachio green.
pistillo *sm* pistil.
[1]**pistola** *sf* **1** pistol: *pistola mitragliatrice,* machine pistol — *pistola a tamburo,* revolver — *colpo di pistola,* pistol-shot. **2** *(arnese per spruzzare)* spray gun. □ *stare con la pistola alla mano,* to be iron-handed.
[2]**pistola** *sf (moneta antica)* pistole.
pistolettata *sf* pistol-shot.
pistolotto *sm (fervorino)* exhortation; admonition; *(chiusa declamatoria)* striking peroration; *(sl. teatrale)* punch line.
pistone *sm* **1** *(mecc. e di strumento musicale)* piston; *(di macchina idraulica)* ram; *(di pompa)* plunger. *pistone a testa convessa,* domed piston — *pistone cavo (a fodero),* trunk piston — *corsa del pistone,* piston stroke — *scampanamento del pistone,* piston slap — *testa del pistone,* piston head — *pistone percussore, (di un maglio)* ram. **2** *(archibugio)* blunderbuss.
pitagorico *agg* Pythagorean: *tavola pitagorica,* multiplication table — *vitto pitagorico,* vegetarian diet.
□ *sm* Pythagorean.
pitale *sm (volg.)* chamber-pot.
pitoccare *vi* to ask alms; to beg *(anche fig.).*
pitoccheria *sf* stinginess; niggardliness; avarice; misery.
pitocco *sm* miser; stingy person; *(mendico)* beggar: *fare il pitocco,* to be stingy; to play the beggar.
pitone *sm (zool.)* python.
pitonessa *sf* pythoness; Pythia; *(per estensione, scherz.: indovina)* fortune-teller.
[1]**pittima** *sf (uccello)* black-tailed godwit.
[2]**pittima** *sf* **1** *(cataplasma)* poultice; plaster. **2** *(fig.: persona noiosa)* bore. □ *pittima veneziana,* dun.
pittore *sm* **1** painter; artist: *pittore astratto,* abstract art painter — *pittore di paesaggi,* landscape painter — *pittore ritrattista,* portrait painter; portraitist — *pittore di maniera,* mannerist. **2** *(fig.: chi descrive vividamente)* portrayer. **3** *(decoratore, imbianchino)* house-painter; whitewasher.
pittorescamente *avv* picturesquely; quaintly.
pittoresco *agg* picturesque; *(di paesaggio, anche)* scenic; *(curioso, interessante)* quaint.
pittoricamente *avv* pictorially.
pittorico *agg* pictorial.
pittrice *sf* (woman) painter; artist.
pittura *sf* **1** *(arte del dipingere)* painting: *pittura a olio,* oil painting — *pittura a tempera,* tempera — *pittura a guazzo,* gouache — *pittura ad acquerello,* water-colour painting — *pittura astratta,* abstract painting — *pittura su tela,* canvas painting — *pittura su tavola,* wood painting; panel painting — *pittura dal vero,* painting from life — *stare come una pittura, (di vestito, p.es.)* to fit (sb) perfectly; to suit (sb) down to the ground (perfectly); to suit sb to a t. **2** *(dipinto)* picture; painting: *una pittura del Tiepolo,* a painting by Tiepolo. **3** *(descrizione)* picture; description; word-painting. **4** *(belletto)* make-up; rouge; *(spreg.)* paint: *una faccia piena di pittura,* a heavily made-up face. **5** *(vernice)* paint: *pittura fresca,* wet paint.
pitturare *vt* to paint *(anche fig.).*
□ **pitturarsi** *v. rifl* to paint one's face; to make* up one's face.
pituitario *agg (anat.)* pituitary: *ghiandola pituitaria,* pituitary gland; hypophysis.
più I *avv* **1** *(comp., con i v. e certe locuzioni avv.)* **more**; *(superl.)* **(the) most**: *Gianni lavora più di Piero,* Gianni works more than Piero — *più o meno,* more or less — *né più né meno,* neither more nor less — *chi più chi meno,* some more, some less — *È quello che legge di più,* He's the one who reads the most — *Più studio l'inglese, più mi piace,* The more I study English, the more I like it — *Più ci penso, meno sono convinto,* The more I think about it, the less sure I am. *Sono più che mai deciso a non rivederla,* I am more than ever determined not to see her again — *Era più che contento,* He was more than happy — *più che certo,* more than certain.
2 *(nel comp. di maggioranza: davanti ad agg. e avv. polisillabi)* **more**; *(con agg. e avv. monosillabi e con alcuni bisillabi)* **-er** *(suffisso): più duro,* harder — *più intelligente,* cleverer; more intelligent — *Questa borsetta è più cara ma è anche molto più elegante,* This handbag is more expensive but it's also much more elegant — *Suo figlio è più furbo che capace,* Her son is more cunning than capable — *più oltre,* farther (*o* further) on — *più tardi,* later (on) — *Mio fratello è più alto di me,* My brother is taller than me (*o* than I am) — *Parla più forte,* Speak louder — *Le cose diventano sempre più complicate,* Things are getting more and more complicated — *Il livello delle acque diventava sempre più alto,* The water level was getting higher and higher.
3 *(nel superl. relativo: con agg. e avv. polisillabi)* **the most**; *(tra due)* **the more**; *(con agg. e avv. monosillabi e con alcuni bisillabi)* **the -est** *(suffisso); (tra due)* **the -er** *(suffisso): È il più ambizioso di tutti i miei amici,* He's the most ambitious of all my friends — *È il più delicato dei due,* He's the more delicate of the two — *Di tutti gli affreschi di Giotto questo è il più bello,* This is the finest of all Giotto's frescoes — *Chi è più giovane, tu o tuo fratello?,* Who is the younger, you or your brother?
4 *(in frasi negative: riferito a quantità)* **not... any more**;

no more; *(riferito a tempo)*** not... any more; not... any longer; no longer; ***(lett.)*** no more; never... again:** *Non ne voglio più,* I don't want any more — *Non ci sono più panini,* There are no more sandwiches; There are no sandwiches left — *Non ne posso più,* I can't stand it any longer — *Non lo sopporto più,* I can't put up with him any more — *senza più parlarne,* without mentioning it again; without saying another word on the subject — *Dopo tutto, non è più un bambino,* After all, he's no longer a child — *Non ritornerà mai più,* He will never come back again.

5 *(in matematica)* **plus; and:** *Due più due fanno quattro,* Two plus two make four; Two and two is four — *Compera il pane più sei uova,* Buy the bread and six eggs as well.

□ *Mai più!,* Never again! — *qualcosa di più,* something more — *due volte più grande di...,* twice as large as... — *tre (quattro volte) più piccolo di...,* three (four) times as small as... — *Ha più di trent'anni,* He's over thirty — *tanto più che...,* all the more so because...; particularly since... — *più che altro,* more than anything else — *il più possibile,* as much as possible; as much as one can — *gridare a più non posso,* to shout as loud as one can (with all one's might, at the top of one's voice) — *al più (tutt'al più),* at the most — *per lo più,* mostly; for the most part — *... e per di più,* what's more; moreover — *per non dir di più,* to say the least — *piuttosto più che meno,* rather more than less.

II *agg* **1** *(comp.)* more; *(superl.)* the most: *Ci vuole più olio,* You (We) need more oil — *Ho più dischi di lui,* I've got more records than him (than he has) — *Chi di voi ha più libri?,* Who has the most books among you? **2** *(alcuni)* several: *Te l'ho già detto più volte,* I've already told you more than once (*o* several times, a number of times).

III *sm* **1** most; *(la cosa più importante)* the most important thing: *Sono sempre io a fare il più del lavoro,* It's always I who have to do (I'm always the one who does) most of the work — *il più delle volte,* most times; mostly; generally — *Il più è ormai fatto,* Most of it is already done — *il di più,* the surplus — *Il più è che ti piaccia,* The most important thing is that you like it — *parlare del più e del meno,* to talk of this and that. **2** *(il simbolo matematico)* plus sign; plus. **3** *(al pl.: la maggioranza)* the majority.

piuccheperfetto *sm* pluperfect (tense).

piuma *sf* feather; down; plume *(spec. ornamentale); (l'insieme delle piume)* plumage: *una piuma di struzzo,* an ostrich feather — *un cuscino (un letto) di piume,* a feather pillow (bed) — *leggero come una piuma,* as light as a feather — *con piume prese a prestito, (fig.)* in borrowed plumes — *metter le prime piume,* to sprout one's first beard — *riposare sulle piume,* to rest at ease; to lie idly. □ *un peso piuma (un piuma),* a feather-weight.

piumaggio *sm* plumage; feathers *(pl.).*

piumato *agg* plumed; covered (*o* adorned) with feathers.

piumino *sm* **1** *(piumaggio)* under-feathers; down. **2** *(coperta imbottita)* quilt; eider-down. **3** *(della cipria)* puff; powder-puff. **4** *(per spolverare)* feather-duster. **5** *(di fucile ad aria compressa)* dart.

piumosità *sf* featheriness; downiness.

piumoso *agg* feathery; downy.

piuolo *sm* peg; (wooden) stake; *(di scala)* rung; *(pilastrino)* post; *(piantatoio)* dibble: *scala a piuoli,* ladder — *dritto come un piuolo,* (as) straight as a post.

piuttosto *avv* **1** *(più facilmente, preferibilmente)* rather; sooner; better; *(invece)* instead: *piuttosto di mattina che di sera,* in the morning rather than in the evening — *Prenderei piuttosto qualcosa di caldo,* I would rather have something hot — *Piuttosto che mentire preferisco tacere,* Rather than lie I prefer to say nothing — *Ti scriverò, o piuttosto verrò da te,* I'll write to you, or better I'll come to your house — *Bevi un po' di vino piuttosto che acqua,* Drink some wine instead of water (rather than water) — *Piuttosto la povertà (la morte)!,* I'd rather be poor (die)! **2** *(alquanto)* somewhat; goodish; in some degree; rather; *(abbastanza)* fairly; rather: *piuttosto sorpreso,* somewhat surprised; rather surprised — *piuttosto caro,* rather expensive — *piuttosto bene,* fairly well — *piuttosto grande,* rather large; fairly large; sizeable.

piva *sf (mus.)* bagpipes. □ *tornarsene con le pive nel sacco, (fig.)* to return empty-handed.

piviale *sm* cope.

piviere *sm* plover: *piviere dorato,* golden plover.

pivieressa *sf* grey plover.

pizza *sf.* pizza. **2** *(di pellicola)* reel.

pizzardone *sm (scherz.: vigile urbano)* policeman *(pl.* -men*); (fam.)* bobby; cop *(USA).*

pizzeria *sf* pizza-restaurant; 'pizzeria'.

pizzicagnolo *sm (salumiere)* pork-butcher; delicatessen seller; *(negozio)* pork-butcher's; delicatessen; charcuterie *(fr.).*

pizzicare *vt* **1** to pinch; to nip; *(torcendo)* to tweak; *(pungere)* to sting*; to prick; *(mordere, beccare)* to bite*; to peck: *pizzicare qcno sulla guancia,* to pinch sb's cheek — *pizzicarsi un dito nella porta,* to pinch (to nip) one's finger in the door — *Una vespa lo pizzicò,* A wasp stung him — *Il gallo mi pizzicò la mano,* The cock pecked my hand — *vento che pizzica,* biting (*o* nipping) wind. **2** *(di sapore piccante o frizzante)* to taste piquant; to taste sharp; to burn*; to burn* the tongue. **3** *(fig.: punzecchiare)* to hurt*; to tease. **4** *(le corde di uno strumento)* to twang; to pluck. **5** *(fam.: rubare)* to pinch; to steal*; *(cogliere in flagrante)* to catch* (sb) red-handed; *(catturare)* to capture; to seize; to take* (sb) by surprise.

□ *vi* **1** to tingle; to itch; to be* itchy; to smart: *sentirsi pizzicare le mani, (anche fig.)* to feel one's hands itching. **2** *(essere piccante)* to be* piquant; to taste sharp (*o* piquant). **3** *(fig.: dare l'impressione di, avere sentore di)* to seem sth of; to be* a bit; to (have* a) savour of: *Queste teorie politiche pizzicano di fanatismo,* These political theories (have a) savour of fanaticism.

pizzicata *sf (pizzico)* pinch; *(delle corde di uno strumento)* plucking; *(puntura)* sting; prick; bite: *una pizzicata di sale (di tabacco da fiuto),* a pinch of salt (of snuff).

pizzicato *sm* pizzicato.

pizzicheria *sf (negozio del salumiere)* delicatessen shop; charcuterie *(fr.); (salumi in genere)* delicatessen.

pizzico *sm* pinch; pinching; *(piccola quantità)* pinch; bit; small amount; *(fig.)* touch; *(pizzicore)* tingle; itch.

pizzicore *sm* itching; itch *(anche fig.).*

pizzicotto *sm* pinch; nip: *dare un pizzicotto a qcno,* to give sb a pinch; to pinch sb.

pizzo *sm* **1** *(merletto, trina)* lace. **2** *(estremità)* end; *(punta)* top; point; *(sommità di un monte)* peak; mountain top. **3** *(barbetta a punta)* pointed beard; goatee; *(alla Napoleone III)* imperial; *(al pl.: basette a punta)* pointed, *(scherz.)* handlebar moustache.

placabile *agg* able to be appeased (*o* placated).

placare *vt* to placate; to appease; to calm; to mollify;

to pacify; *(lenire)* to soothe; to alleviate; to salve; *(attenuare, mitigare)* to allay; to assuage; to lessen: *placare la collera di qcno,* to placate (to appease, to calm) sb's anger — *placare il dolore,* to soothe pain — *placare lo sdegno,* to assuage one's (sb's) wrath.
□ **placarsi** *v. rifl* to calm oneself; to calm down; to grow* calm; to be* appeased; *(di venti, tempeste o passioni)* to subside: *I venti si placarono,* The winds subsided (dropped, died down) — *Il dolore si placherà presto,* The pain will calm down (will be appeased) soon.
placca *sf* **1** plate; metal-plate; *(distintivo, piastrina di riconoscimento)* metal badge; *(commemorativa)* plaque. **2** *(elettr.)* plate; electrode. **3** *(med.: bolla delle mucose o cutanea)* patch; plaque; *(anat.)* plate; patch. **4** *(alpinismo: parete o lastra di ghiaccio priva di appigli)* smooth face.
placcare *vt* to plate.
placcato *agg* plated: *placcato in argento,* silver-plated.
placcatura *sf* plating.
placenta *sf (anat. e bot.)* placenta.
placidamente *avv* placidly; calmly.
placidezza, placidità *sf* placidity; serenity; calm; *(flemma)* phlegm.
placido *agg* placid; calm; untroubled; serene; *(pacifico)* peaceful; pacific; *(mite)* meek; mild; unprotesting.
placito *sm (decreto)* decree; placitum *(pl.* placita*)*.
plaga *sf* region; district.
plagiare *vt* to plagiarize.
plagio *sm* **1** *(letterario, ecc.)* plagiarism. **2** *(dir.)* duress.
planare *vi* to glide; to plane.
planata *sf* glide.
plancia *sf (ponte di comando)* bridge; *(passerella)* gang-plank; gangway; *(cruscotto)* dashboard; facia *(pl.* faciae *o* facias*)*; fascia.
plancton *sm* plankton.
planetario *agg* planetary.
□ *sm* **1** planetarium *(l'apparecchio e anche l'edificio)*. **2** *(mecc.)* crown wheel.
planimetria *sf* planimetry.
planimetrico *agg* planimetric(al).
planimetro *sm* planimeter.
planisfero *sm* planisphere.
plantigrado *agg e sm* plantigrade.
plasma *sm* **1** *(parte del liquido del sangue)* plasma. **2** *(gas ionizzato)* plasma. **3** *(varietà di calcedonio)* plasma.
plasmabile *agg* mouldable.
plasmare *vt* to mould *(anche fig.)*: *plasmare il carattere di una persona,* to mould a person's character.
plastica *sf* **1** *(l'arte del modellare, plasmare)* plastic art; modelling. **2** *(med.)* plastic surgery; *(l'intervento)* plastic operation: *farsi la plastica,* to undergo plastic surgery. **3** *(il materiale)* plastic; plastic substance: *un recipiente di plastica,* a plastic container.
plasticamente *avv* plastically.
plasticità *sf* plasticity.
plastico *agg* plastic: *materiale plastico,* plastic material (*o* substance) — *arti plastiche,* plastic arts — *chirurgia plastica,* plastic surgery — *posa plastica,* plastic pose — *rappresentazione plastica,* plastic representation (*o* model); *(di un territorio)* relief map.
□ *sm* **1** *(modello in rilievo)* plastic model; *(di un territorio)* relief map. **2** *(tipo di esplosivo)* plastic explosive: *bomba al plastico,* plastic bomb.
plastificante *agg* plasticizer.
plastificare *vt* to plasticize.
plastificazione *sf* plasticization.
plastilina *sf (nome commerciale)* plasticine.
platano *sm* plane(-tree).
platea *sf* **1** *(teatro, il primo settore)* stalls; parterre; *(il secondo settore)* pit; *(il pubblico di un determinato teatro)* the pit; the audience; *(il pubblico in generale)* audience: *Uno spettacolo televisivo può avere una platea di milioni di persone,* A television show may have an audience of several million. **2** *(edilizia)* foundation; concrete bed; *(fondo di bacino di carenaggio)* floor. **3** *(geologia)* plateau. □ *platea continentale,* continental shelf.
plateale *agg* **1** *(di estrema evidenza)* patent; ostentatious; theatrical: *un gesto plateale,* an ostentatious gesture. **2** *(volgare)* vulgar; coarse.
platealmente *avv* ostentatiously; vulgarly.
platinare *vt* to platinum-plate; to platinize; *(capelli)* to dye (hair) platinum.
platinato *agg* platinum-plated; *(di capelli)* platinum blonde.
platino *sm* platinum.
platonico *agg* Platonic; *(fig.: ideale)* ideal; idealistic: *amore platonico,* Platonic love — *entusiasmo platonico,* ideal (*o* idealistic) enthusiasm.
plausibile *agg* plausible; reasonable; acceptable; *(lett.: degno di approvazione)* laudable; praiseworthy.
plausibilità *sf* plausibility; reasonableness.
plausibilmente *avv* plausibly.
plauso *sm* **1** *(lett.: applauso)* applause; plaudits. **2** *(fig.: approvazione, lode)* approval; approbation; praise.
plebaglia *sf (spreg.)* mob; rabble.
plebe *sf* **1** common people; populace; lower classes; *(spreg.)* mob; rabble; riff-raff; ragtag and bobtail; hoi polloi. **2** *(stor.: nella Roma antica)* plebs *(pl.)*.
plebeo *agg* plebeian *(anche fig.)*; *(fig., spreg.)* coarse; rude; ignoble.
□ *sm* plebeian; commoner; *(fam.)* pleb.
plebiscitariamente *avv* unanimously.
plebiscitario *agg* unanimous.
plebiscito *sm* **1** plebiscite. **2** *(unanime consenso)* consensus.
pleiade *sf* pleiad: *le Pleiadi,* the Pleiades — *una pleiade, (fig.)* a pleiad; a select group.
plenario *agg* plenary; complete; fully attended.
plenilunare *agg* plenilunar; of the full moon.
plenilunio *sm* full moon; *(lett.)* plenilune.
plenipotenziario *agg e sm* plenipotentiary.
pleonasmo *sm* pleonasm.
pleonasticamente *avv* pleonastically.
pleonastico *agg* pleonastic.
plesso *sm* plexus: *il plesso solare, (anat.)* the solar plexus.
pletora *sf* **1** *(med.)* plethora. **2** *(fig.: eccessiva abbondanza)* over-abundance; excess; plethora.
pletoricamente *avv* inflatedly.
pletorico *agg* plethoric; *(fig.)* plethoric; overfull; overloaded; *(di stile)* inflated; turgid; bombastic.
plettro *sm* plectrum *(pl.* plectra *o* plectrums*)*.
pleura *sf* pleura *(pl.* pleurae *o* pleuras*)*.
pleurico *agg* pleural.
pleurite *sf* pleurisy.
plico *sm* packet (of papers); cover; folder: *in plico a parte,* under separate cover.
plotone *sm* platoon; squad: *plotone d'esecuzione,* firing squad.
plumbeo *agg* leaden *(anche fig.)*; *(fig.: pesante)* heavy; dull; *(noioso)* boring; tedious; *(opprimente, soffocante)* oppressive; sultry; suffocating.

plurale *agg e sm* plural: *al plurale,* in the plural — *un sostantivo al plurale,* a plural noun.

pluralismo *sm* pluralism.

pluralità *sf (maggioranza)* majority; plurality; *(molteplicità)* large number; multiplicity; plurality: *ottenere la pluralità dei voti,* to obtain the majority of votes — *avere una pluralità di intenti,* to have a large number of aims.

pluralizzare *vt* to put* in the plural.

plurimo *agg* multiple.

plurivalente *agg* multivalent; plurivalent.

plusvalore *sm* plus-value; surplus value.

plutocrate *sm* plutocrat.

plutocratico *agg* plutocratic.

plutocrazia *sf* plutocracy.

plutonio *sm* plutonium.

pluviale *agg* pluvial; rain *(attrib.): foresta pluviale,* rain forest — *conduttura pluviale,* waterspout; fall pipe; downpipe.

pluvio *agg (solo come epiteto di Giove)* pluvius: *Giove Pluvio,* Jupiter Pluvius.

pluviometro *sm* rain-gauge; pluviometer.

pneumatica *sf* pneumatics.

pneumatico *agg* pneumatic: *materassino pneumatico,* inflatable mattress — *canotto pneumatico,* rubber boat — *martello pneumatico,* pneumatic hammer — *trapano pneumatico,* pneumatic drill — *macchina pneumatica,* air pump.

□ *sm* tyre; pneumatic tyre: *pneumatico a terra, (sgonfio)* flat tyre — *rigenerare (ricostruire) un pneumatico,* to cap (to recap, to retread) a tyre.

po' ⇨ **poco.**

pochezza *sf* **1** *(scarsezza)* smallness; scantiness; scarcity. **2** *(fig.: meschinità)* meanness; pettiness; *(limitatezza)* narrow-mindedness.

poco I *agg* **1** little *(solo al sing.);* not much (*pl.* not many: ⇨ *il* **2**); *(riferito a tempo)* short; not long; little: *Mangia poca verdura,* He doesn't eat many vegetables — *Ha poco interesse a farlo,* He has little interest in doing it — *Mi sei stato di poco aiuto,* You have been of little help to me — *Ho poco tempo da perdere,* I have little time to waste — *poco tempo fa,* a short time ago; not long ago. **2** *(al pl.)* few; not many; *(alcuni)* a few: *C'erano poche persone,* There were few people — *Inviterò soltanto pochi amici,* I'll only invite a few friends — *Ho poche sigarette,* I've only a few cigarettes — *Poche persone amano camminare oggi,* Not many people like walking nowadays — *Sbrigò tutto in pochi minuti,* He dealt with everything in a few minutes. **3** *(in frasi ellittiche: di tempo)* (a) short time; not long: *fra poco,* soon; in a short time — *Arrivederci fra poco,* See you soon — *Lo conosco da poco,* I have known him for a short time — *poco fa,* a short time ago — *poco dopo,* shortly after — *di lì a poco,* shortly afterwards.

II *pron* **1** (a) little; not much: *C'è chi ha molto danaro, c'è che ne ha poco,* Some people have lots of money, some only a little. **2** *(al pl.)* few; not many: *Pochi sanno esattamente quello che è successo,* Few people know exactly what happened — *pochi ma buoni,* few but good.

III *sm* **1** little: *Gli basta il poco che ha,* The little he has is enough for him. **2 un po' di,** a little (of); a bit (of); some; *(interr.)* any: *Dammi un po' di formaggio,* Give me some cheese — *Hai un po' di latte?,* Have you got any milk? — *Con un po' di pazienza riuscirai a farlo,* With a little patience you'll manage to do it — *un po' di tutto,* a little of everything — *un bel po',* a fair amount; quite a lot — *con quel po' po' di soldi,* with all that money.

IV *avv* **1** *(con v.)* little; not much: *Parla poco,* He doesn't speak much — *Ci vede poco,* He can't see very much (*o* very well) — *Mi piace poco,* I don't like it all that much — *C'è poco da ridere,* There is little to laugh about — *... a dir poco, ...* to say the least. **2** *(con agg. e avv. di grado positivo)* not very *(ma talvolta si adopera un semplice negativo:* ⇨ *gli ultimi due esempi): È un libro poco interessante,* It isn't a very interesting book — *È poco probabile che arrivi prima delle sette,* He isn't very likely to arrive before seven — *essere poco soddisfatto,* to be unsatisfied — *Sta poco bene,* He isn't very well. **3** *(con agg. e avv. di grado comparativo)* not much; little: *poco più,* little more — *poco meno,* little less — *È poco più alta di lui,* She isn't much taller than him; She's slightly taller than him. **4** *(riferito a tempo)* little; short time; nearly: *Mancava poco alla fine,* There was little time (only a short time) to go. **5 un po',** - **a)** a little; a bit; *(riferito a tempo)* little (while); short time: *È un po' seccato per quanto è successo,* He's a bit annoyed over what happened - **b)** *Vorrei stare un po' con voi,* I'd like to stay with you for a while — *Vediamo un po',* Let's see — *Pensa un po'!,* Just think! **6 per poco,** - **a)** *(a poco prezzo)* cheap; for little — *L'ha comperato per poco,* He got it cheap; He got it for a song *(fam.)* - **b)** *(quasi)* nearly; almost: *Per poco non perdeva il treno,* He almost missed the train.

□ *Poco male!,* Never mind!; It doesn't matter! — *un poco di buono,* a good-for-nothing — *una cosa da poco,* something worthless; *(talvolta)* a worthless thing — *a poco a poco,* little by little — *press'a poco,* about — *Ha press'a poco la mia età,* He's about my age.

podagra *sf* gout; podagra.

poderale *agg* relating to a farm: *casa poderale,* farmhouse.

podere *sm* farm; *(piccolo)* croft; *(generico, per proprietà terriera)* estate; holding; *(parte di un beneficio ecclesiastico)* glebe: *rendere quanto un podere, (fig.)* to be very profitable — *aver trovato un podere, (fig.)* to have found a gold-mine.

poderosamente *avv* powerfully; mightily.

poderoso *agg* powerful; very strong; mighty.

podestà *sm (stor.)* head of a commune; mayor *(anche sotto il regime fascista);* captain.

podio *sm* podium (*pl.* podiums *o* podia); *(spec. di direttore d'orchestra);* dais; raised platform; *(di oratore, anche)* rostrum (*pl.* rostrums *o* rostra).

podismo *sm (gara di marcia)* walking; *(gara di corsa)* race; races; running: *fare del podismo,* to be a walker (a runner).

podista *sm e f.* walker; (long-distance) runner; *(fig.: gran camminatore)* good walker; great walker.

podistico *agg* walking; relating to walking; foot *(attrib.): gara podistica,* walking race; foot-race.

poema *sm* **1** poem: *poema eroicomico,* mock-heroic poem — *poema epico,* epic poem; epic — *poema pastorale,* pastoral poem; bucolics — *poema sinfonico,* symphonic poem. **2** *(fig.: di persona o cosa bellissima)* dream; *(fig.: di persona o cosa strana o buffa)* freak.

poesia *sf* **1** poetry: *poesia epica greca,* epic Greek poetry — *poesia romantica,* romantic poetry. **2** *(produzione poetica)* poetical works; poems; poetical writings: *la poesia di Montale,* Montale's poetical works; Montale's poems; Montale's poetry *(se si intende la sua arte poetica).* **3** *(componimento poetico)* poem: *due poesie di Mallarmé,* two poems by

Mallarmé. **4** *(versi)* verse: *in poesia,* in verse — *comporre (mettere) in poesia,* to write in (to turn into) verse. **5** *(illusione, come antitesi di realtà)* illusion; imagination; fantasy: *fare della poesia, (fig.)* to indulge in fancies — *vivere nel mondo della poesia,* to live in a dream world — *Questa è solo poesia!,* This is sheer imagination!; This is quite untrue! **6** *(la capacità di suscitare commozione)* charm; poetry; magic: *la poesia del crepuscolo,* the charm (the magic, the poetry) of twilight.

poeta *sm* **1** poet: *poeta cesareo,* court poet — *poeta laureato,* poet laureate — *poeta da strapazzo,* versemonger. **2** *(spreg.)* dreamy person; dreamer: *fare il poeta, (spreg.)* to live in the clouds.

poetare *vi* to write* poetry.

poetastro *sm (spreg.)* poetaster.

poetessa *sf* poetess; woman poet.

poetica *sf* poetics; poetic theory; art of poetry.

poeticamente *avv* poetically.

poetico *agg* poetic; poetical *(anche fig.); (non reale, inventato)* fictitious; imaginary: *opere poetiche,* poetical works — *licenza poetica,* poetic licence — *linguaggio poetico,* poetic diction.

poetizzare *vt* **1** *(rendere poetico)* to make* poetic; to poeticize. **2** *(mettere in poesia)* to put* into poetry (into verse).

poggia *sf (lato sottovento di imbarcazione)* lee; lee side: *Poggia!,* Up with the helm!

poggiacapo *sm* head-rest; *(striscia di stoffa)* antimacassar.

poggiapiedi *sm* foot-rest.

poggiare *vt (appoggiare)* to lean*, to rest: *poggiare il capo sulla spalla di qcno,* to lean (to rest) one's head on sb's shoulder.

□ *vi* **1** *(basarsi)* to rest; to be* based. **2** *(mil.: spostarsi)* to move. **3** *(naut.: cercare rifugio)* to harbour; to shelter; *(orientare la prua con la direzione del vento)* to bear* up: *Poggia tutto!,* Hard aweather!

poggio *sm* hillock; knoll; small hill; mound.

poggiolo *sm* balcony.

poh *interiezione* pooh!

poi **I** *avv* **1** *(dopo)* then; next; after; afterwards: *Prima uno e poi l'altro,* First one and then the other — *e poi?,* and then?; what then?; what next? — *d'ora in poi,* from now on(wards) — *da allora in poi,* from then onwards — *Poi ti dirò il perché,* I'll tell you why afterwards.

2 *(più tardi)* later; later on: *Andrò poi,* I'll go later — *A poi,* See you later — *prima o poi,* sooner or later.

3 *(inoltre, in secondo luogo: talvolta non si traduce)* (and) then; besides; moreover; *(avversativo)* but: *Innanzitutto non mi piace, poi costa troppo,* First of all I don't like it, and then it's too expensive — *Devi poi sapere che...,* And then you must know that... — *Se questo poi sia vero non lo so,* If this is true I don't know.

4 *(dunque, finalmente)* at last; finally: *Hai poi deciso che cosa fare?,* Have you at last decided what to do? — *Che cosa ho fatto poi di male?,* What have I done wrong, when all's said and done?

5 *(enfatico; talvolta non si traduce)* then: *Lei, poi, non c'entra!,* She simply doesn't come into it! — *Questa poi!,* This is really too much! — *Questo poi non te lo permetto,* I can't allow you this — *E poi si lamentano!,* And then they complain!

□ *Nò e poi no!,* No, no, and no! — *quanto poi...,* as for... — *Quanto poi alla data, decideremo domani,* As for the date we'll decide tomorrow — *quando poi,* (and) when — *Quando poi mi decisi, era troppo tardi,* And when at last I made up my mind, it was too late.

II *in funzione di sm* the future; the time to come; the afterwards: *pensare al poi,* to think of the future — *C'è sempre un prima e un poi,* There is always a cause and an effect — *il senno del poi,* hindsight; wisdom after the event — *Del senno del poi son piene le fosse, (prov.)* Everyone is wise after the event.

poiana *sf* buzzard.

poiché *congiunz* **1** *(giacché)* since; as; seeing that; *(perché)* because; for: *Poiché non abbiamo denaro, non potremo comprarlo,* Since we have no money, we shan't be able to buy it. **2** *(lett.: quando)* when; *(lett.: dopo che)* after: *Poiché ebbe mangiato si alzò e uscì,* When he had eaten he stood up and went out — *Poiché ebbe parlato uscì dalla stanza,* After he had spoken he went out of the room.

poker *sm (il giuoco)* poker; *(la combinazione di quattro carte uguali)* four of a kind: *poker di re (d'assi),* four kings (aces).

polacca *sf* **1** *(donna)* Pole. **2** *(mus.)* polonaise. **3** *(naut.: veliero)* polacre. **4** *(gambaletto allacciato)* laced boot.

polacco *agg* Polish. □ *sm* Pole; *(la lingua)* Polish.

polare *agg* polar; of the pole; pole *(attrib.); arctic: *orso polare,* polar bear — *stella polare,* pole-star; North star; Polaris — *clima polare,* arctic weather.

polarità *sf (fis., ecc.)* polarity.

polarizzare *vt* to polarize *(anche fig.); (fig.)* to attract. □ **polarizzarsi** *v. rifl* **1** to polarize *(anche fig.).* **2** *(fig.)* to converge; to orientate oneself.

polarizzato *agg* polarized.

polarizzatore *sm* polarizer.

polarizzazione *sf* polarization: *togliere la polarizzazione,* to depolarize.

polca *sf* polka.

polemica *sf* controversy; polemic.

polemicamente *avv* polemically; controversially.

polemico *agg* polemic(al); controversial: *con tono polemico,* in a controversial tone.

polemista *sm e f.* controversialist; *(scrittore di libelli)* pamphleteer; *(attaccabrighe)* quarrelsome person.

polemizzare *vi* to engage in controversy.

polena *sf (naut.)* figurehead.

polenta *sf (gastronomia)* 'polenta'; *(fig., spreg.)* mash.

polentone *sm* **1** sluggard; lazy person. **2** *(scherz., fam.)* North Italian; northener.

policlinico *sm* general hospital.

policromo *agg* polychrome; polychromatic; many-coloured.

poliedrico *agg* polyhedral; polyhedric *(anche fig.); (fig.)* many-sided; versatile; multiform.

poliedro *sm* polyhedron *(pl.* polyhedrons *o* polyhedra*).*

polifase *agg* multiphase.

polifonia *sf* polyphony.

polifonico *agg* polyphonic.

poligamia *sf* polygamy.

poligamico *agg* polygamous.

poligamo *agg* polygamous. □ *sm* polygamist.

poliglotta *sm e f.* polyglot.

poliglotto *agg* polyglot.

poligonale *agg* polygonal.

poligono *sm* polygon: *poligono di tiro,* shooting range; rifle range; artillery range — *poligono missilistico,* missile range; missile proving ground.

polimerizzazione *sf* polymerization.

polimero *sm* polymer.

polimorfo *agg* polymorphous; polymorphic; multiform.
poliomielite *sf* poliomyelitis; *(spesso)* polio.
polipo *sm* **1** *(zool.)* polyp. **2** *(med.)* polypus *(pl.* polypi*).*
polisenso *agg* having many meanings. □ *sm* puzzle; pun; riddle.
polisillabo *agg* polysyllabic. □ *sm* polysyllable.
polistirolo *sm* polystyrene.
politecnico *sm* polytechnic.
politeismo *sm* polytheism.
politeistico *agg* polytheistic.
politica *sf* **1** *(arte di governare)* politics *(seguito dal v. al sing.)*; state-craft: *politica interna,* home politics — *darsi alla politica,* to go into (to enter) politics — *discutere di politica,* to discuss (to talk) politics — *fare della politica,* to meddle in politics — *ritirarsi dalla politica,* to retire from political life. **2** *(linea politica)* policy: *la politica estera dell'attuale governo,* the foreign policy of the present Government — *politica economica,* economic policy — *la politica dei redditi,* incomes policy — *una politica accorta,* a wise policy — *la politica del carciofo,* the artichoke-leaf policy; the policy of doing one thing at a time — *una politica sporca,* double dealing — *L'onestà è la miglior politica,* Honesty is the best policy. **3** *(astuzia, diplomazia)* cunning; craftiness; tact; diplomacy: *Con un po' di politica lo convincerai,* With a little tact you will convince him — *Conosco la tua politica!,* I know your game!; I know what your game is!
politicamente *avv* politically.
politicante *sm e f. (spreg.)* (petty) politician.
[1]**politico** *agg* **1** *(della politica)* political; *(sociale)* social: *elezioni politiche,* political (parliamentary) elections — *scienze politiche,* political science — *equilibrio politico,* balance of power — *delitto politico,* political crime — *senso politico,* state-craft — *L'uomo è un animale politico,* Man is a social animal. **2** *(fig.: abile, accorto)* politic; shrewd; *(prudente)* cautious; prudent.
[2]**politico** *sm* politician; statesman *(pl.* -men*).*
polito *agg* polished.
polittico *sm* polyptych.
polivalente *agg* polyvalent.
polivalenza *sf* polyvalence.
polizia *sf* **1** police *(con il v. al pl.)*; *(l'insieme degli agenti)* police force; constabulary: *polizia ferroviaria,* railway police — *polizia stradale,* traffic (*o* highway) police — *polizia sanitaria,* sanitary inspectors — *polizia tributaria,* excise and revenue inspectors — *agente di polizia,* policeman; constable — *chiamare la polizia,* to call the police — *essere ricercato dalla polizia,* to be wanted by the police. **2** *(questura, centrale di polizia)* police headquarters; *(commissariato, posto di polizia)* police station.
poliziesco *agg* police *(attrib.)*; *(spreg.)* bullying; inquisitorial; *(di film, romanzo, ecc.)* detective *(attrib.)*: *racconto (romanzo) poliziesco,* detective story (novel).
poliziotto *sm* policeman *(pl.* -men*)*; *(fam.)* cop; *(GB, fam.)* bobby: *cane poliziotto,* police dog.
polizza *sf (documento)* document; ticket; note; bill; *(di assicurazione)* policy: *polizza del lotto,* lotto ticket — *polizza di pegno,* pawn ticket — *polizza di carico,* bill of lading — *polizza di assicurazione,* insurance policy.
polla *sf* spring (of water).
pollaio *sm* **1** *(edificio)* hen-house; *(recinto)* fowl-run; *(per estensione: luogo per uccelli)* roost. **2** *(fig.: luogo sporco)* pigsty.
pollame *sm* poultry.
pollanca *sf (pollo giovane)* pullet; *(tacchina giovane)* young turkey-hen.
pollastra *sf* **1** pullet. **2** *(scherz.: ragazzotta)* chick *(fam.).*
pollastro *sm* **1** cockerel; young cock. **2** *(giovinetto)* stripling. **3** *(semplicione)* simpleton; mug *(sl.).*
polleria *sf* poulterer's (shop).
pollice *sm* **1** thumb; *(alluce)* big toe: *pollice verso,* thumbs down — *avere il pollice verde,* to have green fingers. **2** *(misura di lunghezza)* inch. □ *non cedere (non mollare) di un pollice,* not to yield (to give) an inch.
pollicoltore *sm* poultry-farmer.
pollicoltura *sf* poultry (*o* chicken) farming.
polline *sm* pollen.
pollino *agg* fowl *(attrib.)*: *occhio pollino,* corn (on the toe).
pollivendolo *sm* poulterer.
pollo *sm* **1** chicken; *(in generale: pollame, carne di pollo)* poultry: *pollo novello,* pullet — *pollo arrosto,* roast chicken — *pollo lesso,* boiled chicken — *pollo alla diavola,* devilled chicken — *brodo di pollo,* chicken broth — *allevamento di polli,* poultry farm — *Il pollo è meno caro quest'anno,* Poultry is less expensive this year. **2** *(semplicione)* simpleton; *(sl.)* mug; fool: *spennare il pollo,* to fleece sb. □ *conoscere i propri polli,* to know whom one has to deal with — *fare ridere i polli,* to make a cat laugh — *andare a letto coi polli,* to go to bed very early — *alzarsi con i polli,* to get up at cock-crow; to be up with the lark.
pollone *sm* sucker; shoot.
polluzione *sf* pollution.
polmonare *agg* pulmonary.
polmone *sm* lung *(anche fig.)*: *polmone d'acciaio,* iron lung — *avere buoni polmoni,* to have good lungs — *respirare a pieni polmoni,* to breathe freely; to take deep breaths — *gridare a pieni polmoni,* to shout at the top of one's voice — *I parchi sono i polmoni di una città,* Parks are the lungs of a town.
polmonite *sf* pneumonia: *polmonite doppia,* double pneumonia.
[1]**polo** *sm* **1** pole: *il polo nord,* the North Pole — *polo magnetico,* magnetic pole — *polo positivo (negativo),* positive (negative) pole — *essere ai poli opposti, (fig.)* to be poles apart. **2** *(punto o elemento centrale, ecc.)* keypoint; hub.
[2]**polo** *sm (sport)* polo.
polpa *sf* **1** *(di un frutto)* pulp; flesh; *(carne magra)* lean; lean meat: *la polpa di una pesca,* the pulp of a peach — *polpa dentaria,* dental pulp. **2** *(al pl.: polpacci)* calves *(pl.)*: *in polpe,* wearing plush breeches. **3** *(fig.: succo, sostanza)* pith; substance; essential part; heart; essence.
polpaccio *sm* calf *(pl.* calves*).*
polpacciuto *agg* plump; fleshy.
polpastrello *sm* finger-tip.
polpetta *sf* **1** meat-ball; rissole; croquette. **2** *(cibo avvelenato)* poisoned bait. □ *fare polpette di qcsa o qcno,* to make mincemeat of sth or sb.
polpettone *sm* **1** meat loaf *(pl.* loaves*).* **2** *(fig.)* muddle; jumble; hotch potch.
polpo *sm* octopus *(pl.* octopuses *o* octopi*).*
polposo *agg* fleshy; succulent: *una pesca polposa,* a succulent peach.
polsino *sm* cuff; wristband.
polso *sm* **1** *(cardiaco)* pulse: *sentire il polso,* to feel sb's pulse — *tastare il polso a qcno, (fig.)* to probe (to sound) sb. **2** *(parte del braccio)* wrist; *(della manica di un indumento)* cuff: *slogarsi il polso,* to dislocate

one's wrist — *orologio da polso,* wrist watch. **3** *(fig.: energia, fermezza)* strength; nerve; firmness; energy; *(fig.: abilità)* skill: *avere abbastanza polso per fare qcsa,* to have the nerve to do sth — *con polso ferreo,* with great strength — *un uomo di polso, (politica)* a strong-arm man — *un lavoro di polso,* a work of great skill. □ *con le manette ai polsi,* handcuffed.

poltiglia *sf* mush; *(commestibile)* gruel; *(da impiastro)* poultice; *(mota, fanghiglia)* slush; slime; mud: *ridurre in poltiglia,* to cook (sth) to a mush; *(fig.)* to make mincemeat of (sb).

poltiglioso *agg* mushy; muddy; slushy.

poltrire *vi* **1** to lie* around: *poltrire sotto le coperte,* to lie lazily in one's bed. **2** *(oziare)* to idle; to live in idleness.

poltrona *sf* **1** armchair; easy-chair: *starsene in poltrona, (oziare)* to idle — *eroe della poltrona,* armchair hero. **2** *(al teatro)* stall. **3** *(carica)* (chair of) office; position; *(sl.)* cushy job.

poltroncina *sf* **1** *(piccola poltrona)* small easy chair. **2** *(al teatro)* back stall.

poltrone *agg* lazy; slothful.
□ *sm* sluggard; lazy person; lazybones *(fam.).*

poltroneria *sf* sloth; laziness; sluggishness; indolence.

poltronesco *agg* lazy; indolent.

poltronissima *sf (al teatro)* (front) orchestra.

polvere *sf* **1** dust: *coperto di polvere,* covered with dust — *pieno di polvere,* full of dust — *togliere la polvere, (spolverare)* to do the dusting; to dust — *gettare polvere negli occhi a qcno,* to throw dust in sb's eyes — *mordere la polvere, (fig.)* to bite the dust — *far mordere la polvere a qcno, (fig.)* to humble sb. **2** *(ottenuta artificialmente)* powder: *polvere di talco,* talc (*o* talcum) powder — *polvere di Cipro, (cipria)* (face) powder — *in polvere,* in powder; powdered; pulverised; ground — *cioccolato in polvere,* chocolate powder; ground chocolate — *ridurre in polvere,* to reduce (sth) to powder; to grind; *(fig.)* to crush; to annihilate; to destroy — *polvere grattarola,* itching powder. **3** *(da sparo)* powder; gunpowder: *polvere nera,* black powder — *polvere senza fumo,* smokeless powder — *la congiura delle polveri,* the Gunpowder Plot — *sentire odore di polvere,* to smell trouble — *dare fuoco alle polveri,* to touch things off — *avere (molta) polvere da sparare,* to be well supplied — *avere le polveri bagnate,* to be unable to make use of one's resources. **4** *(da fiuto)* powdered tobacco; snuff; *(droga)* drug; *(sl.)* pot. **5** *(biblico)* dust. **6** *(vestigia di un'antica civiltà)* dust.

polveriera *sf* powder-magazine.

polverificio *sm* powder-factory; powder-mill.

polverino *sm* **1** sand; dust; *(per asciugare l'inchiostro)* sand; *(l'astuccio)* sand-box. **2** *(per innescare armi da fuoco)* priming; *(fiasca)* powder-flask; powder-horn.

polverio *sm* dust; cloud of dust.

polverizzamento *sm* pulverization.

polverizzare *vt* to pulverize *(anche fig.);* to smash completely; to grind* to powder; *(nebulizzare)* to atomize; *(fig.)* to crush; to destroy; to annihilate.
□ **polverizzarsi** *v. rifl* to pulverize; to be* destroyed; to be* reduced to powder.

polverizzato *agg* pulverized; powdered.

polverizzatore *sm (per insetticida)* duster; *(nebulizzatore)* spray; sprayer; atomizer; *(mecc.)* nozzle; sprayer.

polverizzazione *sf* pulverization; spraying; atomizing.

polverone *sm* (great) cloud of dust.

polveroso *agg* **1** *(coperto di polvere)* dusty; covered with dust. **2** *(simile a polvere)* powdery: *neve polverosa,* powdery snow.

polverulento *agg* powdery.

polverume *sm* heap of dust.

pomata *sf (anche med.)* ointment; salve; *(spec. per capelli)* pomade; *(brillantina)* brilliantine; *(per il viso o la pelle)* cold cream.

pomellato *agg (di cavallo)* dapple(d).

pomello *sm* **1** *(della guancia)* cheek-bone. **2** *(di maniglia, ecc.)* knob; ball; handle.

pomeridiano *agg* afternoon *(attrib.); (dopo l'ora)* p.m. (post meridiem): *un concerto pomeridiano,* an afternoon concert — *alle cinque pomeridiane,* at five p.m. — *nelle ore pomeridiane,* in the afternoon.

pomeriggio *sm* afternoon: *di pomeriggio,* in the afternoon — *questo pomeriggio,* this afternoon — *nel primo pomeriggio,* early in the afternoon — *nel tardo pomeriggio,* late in the afternoon — *Vado in piscina il giovedì pomeriggio,* I go to the swimming-pool on Thursday afternoons (*o* every Thursday afternoon).

pomice *sf* pumice(-stone).

pomiciare *vt* to pumice; to smooth with pumice-stone; *(levigare)* to rub; to sand.
□ *vi (abbandonarsi ad effusioni amorose)* to pet; to neck.

pomiciatura *sf* smoothing with pumice-stone; sanding.

pomo *sm* **1** *(mela)* apple; *(melo)* apple-tree: *pomo granato,* pomegranate — *pomo della discordia,* apple of discord — *pomo di Adamo,* Adam's apple. **2** *(oggetto di forma simile a un pomo)* knob; head; top; *(della sella, di sciabola)* pommel; *(di letto)* knob (on a bedpost); *(dell'asta di una bandiera)* acorn; *(naut.)* Turk's head.

pomodoro *sm* tomato: *salsa (succo) di pomodoro,* tomato-sauce (juice). □ *Diventò rosso come un pomodoro,* He went as red as a beetroot.

[1]**pompa** *sf (fasto)* pomp; splendour; magnificence; *(solennità)* solemnity; solemnness; *(ostentazione, sfoggio)* display; ostentation; showing off: *in pompa magna,* in grand clothes — *far pompa della propria ricchezza (erudizione, ecc.),* to make a parade of (to parade, to show off) one's wealth (one's learning) — *pompe funebri,* - **a)** *(funzione)* funeral; funeral ceremony - **b)** *(impresa)* undertaker.

[2]**pompa** *sf* **1** pump: *pompa aspirante-premente,* lift and force pump — *pompa centrifuga,* centrifugal pump — *pompa di alimentazione, (di auto)* supercharger — *pompa per vuoto,* air pump — *pompa antincendio,* fire pump — *carro-pompa,* fire engine — *adescare (caricare) una pompa,* to prime a pump. **2** *(distributore di carburante)* petrol (*o* fuel) pump. **3** *(mus.: di strumento a fiato)* tuning slide.

pompaggio *sm* pumping: *centrale di pompaggio,* pumping station.

pompare *vt* **1** to pump (up, out); *(azionare una pompa)* to work a pump. **2** *(fig.: adulare)* to puff; to flatter.

pompata *sf* pumping; *(la quantità di una pompata)* pump-full: *dare una pompata ad un pallone,* to pump up a football.

pompatura *sf* **1** pumping; swelling. **2** *(fig.: gonfiatura)* puffing up.

pompeggiare *vi (fare pompa di qcsa, vivere nel lusso)* to make* a display (of sth); to show* (sth) off.
□ **pompeggiarsi** *v. rifl* to show* off; to flaunt oneself; to strut.

pompeiano *agg* Pompeian: *rosso pompeiano,* Pompeian red.
pompelmo *sm* grape(-)fruit.
pompiere *sm* fireman *(pl.* -men*)*: *i pompieri,* the fire-brigade.
pomposamente *avv* pompously.
pomposità *sf* pomp; pomposity; pompousness: *pomposità di stile,* affectation.
pomposo *agg (fastoso)* sumptuous; splendid; magnificent; stately; gorgeous; *(di stile, linguaggio, ecc.)* pompous; affected; high-sounding; turgid; magniloquent; *(appariscente)* ostentatious; meretricious.
ponce *sm* punch.
ponderabile *agg* **1** *(che si può pesare)* ponderable; weighable. **2** *(fig.)* deserving consideration.
ponderabilità *sf* ponderability.
ponderare *vt* to ponder; to consider; to think* over; *(pesare)* to weigh; *(meditare)* to meditate; to muse; *(calcolare statisticamente)* to weigh.
ponderatamente *avv* circumspectly; with deliberation.
ponderatezza *sf* circumspection.
ponderato *agg* **1** *(che agisce con ponderatezza)* prudent; cautious; careful. **2** *(detto o fatto con ponderatezza)* deliberate; mature.
ponderazione *sf* pondering; reflection; consideration.
ponderosamente *avv* laboriously.
ponderoso *agg* **1** *(di gran mole)* ponderous; heavy; bulky. **2** *(arduo)* hard; difficult; laborious; arduous.
ponente *sm* west; *(vento)* west wind; zephyr; *(i paesi occidentali)* the West; western countries.
ponentino *sm* light west wind; westerly breeze.
ponte *sm* **1** bridge: *un ponte a due vie,* a two-way bridge — *ponte in muratura,* masonry bridge — *ponte di ferro,* iron bridge — *ponte di chiatte,* pontoon bridge — *ponte a schiena d'asino,* hump-backed bridge — *ponte sospeso,* suspension bridge — *ponte girevole,* swing (*o* revolving) bridge — *ponte levatoio,* drawbridge — *ponte ferroviario,* railway bridge — *gettare un ponte su un fiume,* to bridge a river. **2** *(impalcatura)* scaffold(ing): *ponte di impalcatura,* catwalk. **3** *(naut.)* deck; bridge: *ponte di comando,* (fore) bridge — *ponte di coperta,* upper deck — *ponte di poppa,* aft deck — *a tre ponti,* three-decker — *Tutti sul ponte!,* All hands on deck! **4** *(usi vari) (ponte di autoveicolo)* axle; *(di autofficina)* hoist; auto-lift; *(stadera)* weighbridge; *(elettr.)* bridge; *(protesi dentaria)* bridge; brace *(USA).* □ *ponte aereo,* airlift — *ponte radio,* radio link — *testa di ponte, (mil.)* bridge-head — *bruciarsi i ponti alle spalle, (fig.)* to burn one's boats — *fare il ponte,* to have an extra long week-end — *fare da ponte a qcsa,* to serve as a bridge across sth — *fare da ponte a qcno, (fig.)* to give a leg up to sb; to support sb — *rompere i ponti con qcno,* to break off with sb.
pontefice *sm (anche fig.)* pontiff; *(nell'antica Roma)* pontifex *(pl.* pontifices*)*: *il Sommo Pontefice,* the Supreme Pontiff; the Pope — *il Pontefice Massimo, (stor.)* the Pontifex Maximus — *Breton, pontefice del surrealismo,* Breton, the high priest of surrealism.
ponteggio *sm* scaffolding; staging: *ponteggio tubolare,* tubular scaffolding.
ponticello *sm* **1** *(diminutivo di ponte)* small bridge. **2** *(mus.)* bridge.
pontiere *sm* pontoneer; pontonier.
pontificale *agg* pontifical; *(scherz.)* condescending; lofty: *paramenti pontificali,* pontificals *(pl.).*
□ *sm* pontificial High Mass; *(libro del rituale)* book of ceremonies.
pontificare *vi* to pontificate *(anche fig.).*
pontificato *sm* pontificate.
pontificio *agg* papal; pontifical.
pontile *sm* jetty; landing-stage.
pontone *sm* pontoon; lighter; flat-bottomed boat: *pontone-gru,* crane pontoon — *pontone armato,* gunboat; monitor.
ponzare *vi* to strain; to meditate upon; to think* about.
□ *vt* to produce after a great effort.
ponzatura *sf* prolonged effort; straining.
popeline *sm* poplin.
popolamento *sm* population; peopling.
popolano *agg* of the (common) people; common; low.
□ *sm* man *(pl.* -men*)* of the people.
[1]**popolare** *agg* popular; *(comune, prevalente, anche)* common; prevalent; *(di costumi, tradizioni, ecc. anche)* folk *(attrib.)*; *(erroneamente, per* democratico*)* democratic: *favore popolare,* popularity — *canzone (musica) popolare,* folk song (music) — *un eroe popolare,* a popular hero — *un governo popolare, (nel senso tradizionale borghese)* a democratic government; *(in senso marxista)* a people's government — *una repubblica popolare,* a people's republic — *prezzi popolari,* popular prices — *case popolari,* council houses — *giudice popolare,* juryman.
[2]**popolare** *vt* to populate; to people; *(vivere, abitare)* to inhabit.
□ **popolarsi** *v. rifl* to become* populated; to become* peopled; *(riempirsi di folla)* to become* crowded; to be* crammed with people.
popolaresco *agg* popular; common; folk *(attrib.).*
popolarità *sf* popularity.
popolarizzare *vt* to popularize; to make* popular; *(divulgare)* to divulgate.
popolato *agg* populated; populous; crowded.
popolazione *sf* population; *(gente in generale)* people; *(popolo, razza, nazione)* people; race; nation: *un aumento della popolazione,* a rise in population; a population increase — *eccesso di popolazione, (sovrappopolazione)* overpopulation — *densità di popolazione,* population density — *una popolazione laboriosa,* (a) hard working people — *popolazioni orientali,* oriental peoples (*o* races).
popolino *sm* (the) common people; *(spreg.)* (the) masses; (the) rabble.
popolo *sm* **1** people; *(nazione)* nation; *(razza)* race: *i popoli europei,* the peoples of Europe — *i popoli di lingua inglese,* the English-speaking peoples — *un popolo pacifico,* a peaceful nation — *un popolo di artisti,* a race of artists.
2 *(l'insieme dei cittadini)* people; *(folla)* crowd: *essere amato dal popolo,* to be loved by the people — *il popolo minuto,* the working classes; the lower classes — *il popolo grasso,* the middle classes; the rich bourgeoisie — *il popolo sovrano,* the sovereign people — *una donna del popolo,* a woman of the people — *a furor di popolo,* by popular acclaim — *venire su dal popolo,* to be of humble origins.
popoloso *agg* populous; densely (*o* thickly) populated.
popone *sm* melon.
[1]**poppa** *sf (di imbarcazione)* stern; *(castello di poppa)* poop; poop deck: *a poppa,* abaft; aft; astern — *vento*

in poppa, aft wind; stern wind — *andare (navigare) con il vento in poppa, (anche fig.)* to sail before the wind.

[2]**poppa** *sf (mammella)* breast; *(di animale)* udder: *bambino da poppa,* suckling; nurseling — *dare la poppa,* to give the breast; to suckle — *levare la poppa, (divezzare)* to wean — *volere ancora la poppa, (fig.)* to behave like a baby.

poppante *sm e f.* suckling; nurseling.
□ *agg* suckling.

poppare *vt* to suck; to suck at the breast; *(bere avidamente)* to lap up; to drink* greedily.

poppata *sf* suck; *(pasto)* feed: *una poppata ogni tre ore,* a feed every three hours — *l'ora della poppata,* feeding time.

poppatoio *sm* feeding-bottle.

[1]**porca** *sf* sow.

[2]**porca** *sf (striscia fra due solchi fatti dall'aratro)* ridge.

porcaccione *sm* swine.

[1]**porcaio** *sm (porcaro)* swineherd; *(mercante di porci)* pig-dealer.

[2]**porcaio** *sm (luogo sudicio)* filthy place; dirty hovel; pigsty *(anche fig.); (fig.: situazione immonda, immorale)* filth.

porcaro *sm* swineherd.

porcellana *sf* **1** *(il materiale e anche gli oggetti)* china; porcelain; *(articoli di porcellana)* chinaware; *(il pezzo singolo)* piece (of china, of porcelain). **2** *(mantello di cavallo)* blue roan. **3** *(zool.)* cowrie.

porcellino *sm* piglet; little pig; *(fig.)* dirty (little) pig: *porcellino di latte,* sucking pig — *porcellino d'India,* guinea-pig.

porcello *sm* young pig; *(fig.)* dirty person.

porcellone *sm* dirty person *(anche fig.);* filthy fellow.

porcheria *sf* **1** *(sudiciume)* dirt; filth; *(fam.: pasticcio)* trash; rubbish. **2** *(azione sporca)* dirty trick; mean trick; *(oscenità)* indecency; obscenity; smut. **3** *(di cibo o bevanda)* disgusting stuff; nasty stuff: *Questa porcheria la chiami birra?,* Do you call this disgusting stuff beer?

porchetta *sf* (roast) sucking pig.

porcile *sm* pigsty *(anche fig.).*

[1]**porcino** *agg* piggish; pig *(attrib.): occhi porcini,* pig eyes.

[2]**porcino** *sm (fungo porcino)* boletus *(pl.* boletuses *o* boleti*);* cèpe *(fr.).*

porco *sm* **1** *(l'animale)* pig; swine *(pl.* swine*) (ant.); (il maschio, non castrato)* boar; *(il maschio, castrato)* hog: *porco selvatico,* wild boar; wild pig — *grasso come un porco,* as fat as a pig — *sudicio come un porco,* as dirty as a pig — *mangiare come un porco,* to eat like a pig — *gettare perle ai porci,* to cast pearls before swine. **2** *(la carne)* pork; pig: *porco salato (affumicato),* bacon — *salsiccia di porco,* pork sausage — *costoletta di porco,* pork chop. **3** *(fig.)* filthy person; dirty person; hog; *(spreg.)* swine: *fare il porco,* to behave like a swine — *parlare da porco,* to talk lewdly.
□ *(in funzione di agg.)* wretched; damned; filthy: *questa porca vita,* this wretched life — *porco Giuda! (porca miseria!, ecc.),* Hell!

porcospino *sm* porcupine *(anche fig.).*

porfido *sm* porphyry.

porgere *vt (dare)* to give*; *(consegnare)* to hand; to deliver; *(passare)* to pass; *(tendere, stendere)* to hold* out; to stretch out; *(offrire)* to offer: *porgere qcsa a qcno,* to give (to hand, to hold out) sth to sb — *porgere la mano,* - **a)** to give (to offer) one's hand - **b)** *(fig.: aiutare)* to give a helping hand; to help; to lend a hand — *porgere i saluti a qcno,* to give one's regards to sb — *porgere aiuto,* to help — *porgere il destro, (l'opportunità)* to give (to offer) the opportunity — *porgere le proprie scuse,* to offer one's apologies — *porgere l'altra guancia,* to turn the other cheek.
□ *porgere ascolto (orecchio),* to listen — *porgere fede,* to believe; to have faith (in sth); to give credit — *porgere il fianco alle critiche,* to expose oneself to criticism; to lay oneself open to criticism.
□ *vi (declamare, recitare)* to declaim; to recite; *(dire)* to speak*: *porgere qcsa con sicurezza (con maestria),* to declaim (to recite) sth cleverly (skilfully).
□ **porgersi** *v. rifl (presentarsi)* to offer; to offer oneself; to be* offered; *(mostrarsi)* to show* oneself.

pornografia *sf* pornography; *(contraz. fam.)* porn.

pornografico *agg* pornographic.

pornografo *sm* pornographer.

poro *sm* pore. □ *sprizzare allegria (salute, rabbia) da tutti i pori,* to be bursting with joy (health, rage).

porosità *sf* porosity; porousness.

poroso *agg* porous.

porpora *sf* **1** purple: *rosso porpora,* purple red — *farsi di porpora per la rabbia,* to become purple with rage — *indossare la porpora,* to wear the purple (*o* purple robes) — *aspirare alla porpora,* to aspire to the purple — *innalzare (levare) alla porpora,* to raise to the purple. **2** *(med.)* purpura.

porporato *sm (cardinale)* cardinal.
□ *agg* dressed (*o* clothed) in purple; wearing purple.

porporino *agg (attrib.)* purple; *(talvolta)* red.

porre *vt* **1** *(mettere)* to put*; to lay*; *(in un certo ordine)* to set*; *(mettere giù)* to lay* down; to put* down; *(collocare, destinare)* to place: *Pose tutto sul tavolo,* He put (He laid, He placed) everything on the table — *Fu posto al comando di un reggimento,* He was placed in command of a regiment — *porre qcsa in disparte,* to lay (to set) sth aside — *porre qcsa ad effetto,* to put sth into effect; to make sth effective; to carry out sth — *porre ai voti,* to put (sth) to the vote — *porre a frutto qcsa, (comm.)* to invest sth; to lay sth out at interest — *porre fiducia in qcno,* to place one's trust in sb — *porre fine a qcsa,* to put an end to sth — *porre le fondamenta, (anche fig.)* to lay the foundations — *porre la firma,* to sign; to put one's signature. **2** *(fig.: supporre)* to suppose: *Poni pure che io abbia torto,* Suppose (that) I am wrong — *Poniamo il caso che...,* Let us suppose that... **3** *(erigere)* to erect; *(dedicare)* to dedicate. **4** *(coltivare)* to plant: *porre un terreno a vigneto,* to plant a field with vines.
□ *porre un nome a qcno,* to give a name to sb — *porre i termini,* to state the terms (of a problem) — *porre una domanda,* to put a question (to sb) — *porre un problema,* to state a problem — *porre freno a qcsa,* to check sth — *porre qcsa in dubbio,* to doubt sth — *porre in evidenza qcsa,* to point out (to stress, to emphasize) sth — *porre mano a qcsa,* to begin sth (*o* doing sth); to start sth (*o* doing sth) — *porre mente a qcsa,* to put (to set) one's mind to sth — *porre a confronto,* to compare; to confront — *porre rimedio,* to (find a) remedy — *senza porre tempo di mezzo,* without delay.
□ **porsi** *v. rifl* **1** *(collocarsi)* to put* oneself; to place oneself; to set* oneself: *porsi a sedere,* to take a seat; to sit down — *porsi come esempio,* to set oneself up as an example. **2** *(accingersi)* to set* to; to set* about:

porsi al lavoro, to set to work — *porsi in cammino,* to set out. □ *porsi in salvo,* to find refuge.

porro *sm* **1** *(ortaggio)* leek. **2** *(verruca)* wart; mole; wen. □ *mangiare il porro dalla coda, (fig.)* to begin at the wrong end.

porroso *agg* warty.

porta *sf* **1** door; *(per estensione: ingresso)* doorway; entrance; *(uscita)* exit: *aprire la porta,* to open the door (the doors) — *porta principale,* main (*o* front) door — *porta laterale,* side door — *porta di servizio,* tradesmen's door; *(talvolta)* back door — *porta girevole,* revolving door — *porta a vetri,* glass door — *porta di sicurezza,* safety door — *porta-finestra,* french window — *porta stagna, (naut.)* watertight door — *accompagnare qcno alla porta,* to see sb to the door — *abitare porta a porta con qcno,* to live next door to sb — *chiudere la porta a chiave,* to lock the door — *chiudere la porta in faccia a qcno, (fig.)* to refuse to help sb — *essere alle porte, (di nemico)* to be at the gates; *(di inverno, ecc.)* to be at the door; to be near; to be approaching — *mostrare la porta a qcno,* to show sb the door — *infilare la porta,* to hurry out of the door — *mettere qcno alla porta,* to throw sb out — *prendere la porta,* to make for the door — *sbattere la porta,* to slam the door — *sfondare la porta,* to break the door down — *sfondare una porta aperta,* to do sth useless. **2** *(ant.: di città)* gate: *fuori porta,* outside the city walls — *vivere fuori porta,* to live just outside the town. **3** *(sport)* goal: *tirare in porta,* to shoot for goal. □ *tenere un processo a porte chiuse,* to hold a trial in camera — *vena porta,* portal vein.

portabagagli *sm* **1** *(facchino)* porter. **2** *(arnese metallico)* luggage *(USA* baggage*)* -rack *(di automobile).*

portabandiera *sm* standard-bearer; ensign.

portabile *agg* portable.

portacappelli *sm* hat-box; band-box.

portacarte *sm* brief-case; paper-holder.

portacenere *sm* ash-tray.

portachiavi *sm* key-ring.

portacipria *sm* (powder-)compact.

portadolci *sm* sweet- (*o* cake-) dish.

portaerei *sf* aircraft-carrier.

portaferiti *sm* stretcher-bearer.

portafiammiferi *sm* match-holder.

portafiori *sm (sostegno)* flower-stand; *(vaso)* vase.

portafogli *sm* ⇨ **portafoglio 1** *e* **2**.

portafoglio *sm* **1** *(per banconote)* wallet; *(meno comune)* pocket-book: *mettere mano al portafoglio,* to pay; to put one's hand in one's pocket — *alleggerire qcno del portafoglio,* to relieve sb of his wallet. **2** *(borsa portadocumenti)* note-case; portfolio. **3** *(fig.: carica ministeriale)* portfolio; ministry; ministerial office: *il portafoglio degli Interni (degli Esteri),* Home (Foreign) Secretaryship — *ministro senza portafoglio,* minister without portfolio. **4** *(comm., econ.: l'insieme dei titoli di credito)* bills in hand; *(di azioni)* portfolio: *portafoglio estero,* foreign bills.

portafortuna *sm* mascot; *(amuleto)* amulet.

portafrutta *sm* fruit-bowl; fruit-dish; fruit-stand.

portagioie *sm* jewel-case; trinket-box.

portainsegna *sm* standard-bearer.

portalampada *sm* lamp-holder; lamp socket.

portale *sm* portal.

portalettere *sm* postman *(pl.* -men*).*

portamento *sm (modo di atteggiare la persona)* carriage; deportment; *(andatura)* gait; *(comportamento, condotta)* behaviour; deportment; *(modi)* demeanour: *un portamento grazioso,* a graceful carriage — *un portamento altezzoso,* a supercilious demeanour.

portamonete *sm* purse: *vuotare il portamonete,* to run out of money; to spend one's last penny.

portante *agg* **1** bearing; load-bearing; supporting: *muro portante,* load-bearing (*o* supporting) wall — *superficie portante, (di velivolo)* supporting surface — *fune portante, (di teleferica)* carrying cable; running cable — *onda portante, (radio)* carrier wave. **2** *(nell'espressione) ben portante, (ben conservato, che porta bene i suoi anni)* well-preserved.
□ *sm (andatura del cavallo)* amble; gait.

portantina *sf* sedan; sedan-chair; *(lettiga)* litter; *(barella)* litter; *(palanchino)* palanquin; palankeen.

portanza *sf (portata)* carrying capacity; *(di velivolo)* lift.

portaombrelli *sm* umbrella stand.

portaordini *sm* messenger; *(mil.)* dispatch-rider.

portapacchi *sm* **1** *(persona che recapita pacchi)* postman *(pl.* -men*)*; carrier; messenger-boy. **2** *(griglia per posare i pacchi)* carrier; luggage-grid; *(rete)* net.

portapenne *sm* penholder.

portare *vt* **1** *(vicino a chi parla)* **to bring***; *(lontano da chi parla; accompagnare)* **to take***; *(senza una direzione precisa)* **to carry** (⇨ *il* **2**, *sotto): Portami quel libro, per favore,* Bring me that book, please — *Porta questo vaso nell'altra stanza,* Take this vase to the other room — *Mi portò a teatro,* He took me to the theatre — *Mi porti a casa?,* Will you take me home?; *(in macchina)* Will you drive me home? (give me a lift home?) — *Queste nuvole porteranno pioggia,* These clouds will bring rain — *portare acqua al proprio mulino,* to bring grist to one's mill.

2 to carry *(anche matematica)*; *(fig.: sopportare)* to bear*: *Portava un sacco sulle spalle,* He was carrying a sack on his shoulders — *portare un bambino in braccio,* to carry a baby in one's arms — *portare l'ombrello,* to carry an umbrella — *Porto sempre con me il passaporto,* I always carry (*o* have) my passport with me — *portare qcno in trionfo,* to carry sb in triumph — *Scrivo sette e porto due,* I put down seven and carry two — *Ognuno ha la propria croce da portare,* Everyone has his own cross to bear.

3 *(andare a prendere)* to fetch; to bring*; *(fam.)* to go* and get*: *Mi porti un bicchier d'acqua?,* Will you fetch me a glass of water?

4 *(condurre)* to lead*; to drive*: *Questo sentiero porta al vecchio castello,* This path leads to the old castle — *Quell'individuo ti porterà su una brutta strada,* That fellow will lead you astray — *portare qcno alla disperazione,* to lead (to drive) sb to despair — *portare qcno alla pazzia,* to drive sb mad.

5 *(indossare, avere)* to wear*; to have* (sth) on: *Portava un abito rosso,* She wore a red dress — *portare gli occhiali,* to wear spectacles — *portare i capelli lunghi (corti),* to wear one's hair long (short); to have long (short) hair — *portare il lutto,* to wear mourning — *portare un fiore all'occhiello,* to wear a flower in one's buttonhole.

6 *(generare, causare)* to bring* about; to cause: *portare danno,* to cause (to do) harm — *portare fortuna,* to bring good luck — *portare iella,* to bring bad luck.

7 *(avere)* to bear*; to have*: *Questo assegno porta una firma falsa,* This cheque bears a false signature — *Porta il nome di suo padre,* He has his father's name — *portare rispetto ai genitori,* to have respect for one's parents; to be respectful to one's parents — *portare pazienza,* to be patient.

8 *(addurre)* to bring* (to put*) forward; to produce; *(riferito ad un'accusa)* to allege: *portare prove (buone ragioni),* to bring forward proof (good reasons).

9 *(di arma da fuoco)* to have* a range of; *(di bilance)* to weigh up to; *(di automezzo)* to have* a load capacity of: *Questo fucile porta fino a trecento metri,* This rifle has a range of more than three hundred metres.

□ *portare qcno alle stelle,* to praise sb to the skies — *portare qcno sul palmo della mano,* to have a high opinion of sb — *portare avanti un lavoro,* to get ahead with one's job — *essere portato alla matematica,* to be inclined to mathematics — *Porta bene i suoi anni,* He does not look his age — *portare via,* to take (to carry) away; *(rubare)* to steal — *Questo lavoro mi ha portato via molto tempo,* This job has taken me a lot of time — *portare un piano a compimento,* to carry out a plan — *portare qcno a conoscenza di qcsa,* to bring sth to sb's knowledge.

□ **portarsi** *v. rifl* **1** *(trasferirsi, spostarsi)* to move; *(andare)* to go*; *(venire)* to come*: *Portati un po' a destra,* Move slightly to the right — *La polizia si portò sul luogo dell'incidente,* The police went to the scene of the accident.

2 *(comportarsi)* to behave: *portarsi bene (male),* to behave well (badly).

portaritratti *sm* photograph-holder.

portariviste *sm* magazine stand.

portaruota *sm* wheel-holder.

portasapone *sm* soap-dish.

portasigarette *sm* cigarette-case (*o* -holder).

portasigari *sm* cigar-case (*o* -box).

portaspazzole *sm* brush-holder.

portaspilli *sm* pin-cushion.

portastendardo *sm* standard-bearer.

portata *sf* **1** *(piatto di un pranzo)* course: *un pranzo di cinque portate,* a five-course dinner.

2 *(naut.: stazza)* tonnage; burden; *(di automezzi, bilance, ecc.)* carrying capacity; *(edilizia)* capacity load; *(di gru, ecc.)* lifting (*o* hoisting) power: *portata lorda,* dead-weight capacity — *portata massima,* maximum capacity.

3 *(di arma da fuoco)* range; *(di cannocchiale)* range; reach; *(di microfono)* beam; *(di segnale luminoso)* light range; *(mecc.: di denti d'ingranaggio)* bearing: *un fucile a lunga portata,* a long-range rifle.

4 *(fig.)* range; reach; *(importanza, significato)* importance; significance; *(comprensione)* grasp; *(livello)* level: *una decisione di grande portata,* a decision of great significance — *essere alla portata di tutti, (accessibile)* to be within the reach of everybody; *(comprensibile)* to be within everybody's grasp — *essere a portata di mano,* to be within reach — *a portata di orecchi,* within hearing; within earshot — *a portata di voce,* within call — *fuori portata,* out of range; *(fig.)* out of reach.

5 *(di fiume)* flow; *(di tubo)* delivery; flow; *(di oleodotto)* pipeline run.

portatile *agg* portable: *televisore portatile,* portable television — *armi portatili,* small arms — *sedia portatile, (stor.)* sedan chair; *(modern)* camp stool.

portatore *sm* **1** bearer *(anche nel senso di latore);* porter. **2** *(med.: individuo che ospita germi patogeni)* carrier; *(insetto portatore)* vector. **3** *(di titoli di credito)* bearer; holder: *titoli al portatore,* bearer bonds — *portatore legittimo,* holder in due course.

portauovo *sm* egg-cup.

portautensili *sm* tool-holder; tool post.

portavivande *sm (recipiente)* mess-tin; billy; billy-can; *(carrello)* dumb-waiter; *(portavivande montacarichi)* food lift.

portavoce *sm* **1** *(tubo)* speaking-tube; *(megafono)* megaphone; loud-hailer. **2** *(di persona)* spokesman *(pl.* -men*); (spreg.)* mouthpiece.

portello *sm* shutter; port; *(di boccaporto)* hatch.

portento *sm* **1** *(avvenimento straordinario)* prodigy; miracle; portent; *(cosa eccezionale)* marvel. **2** *(persona dotata)* prodigy; marvel; phenomenon *(pl.* phenomena*).*

portentosamente *avv* marvellously; portentously.

portentoso *agg* marvellous; wonderful; astonishing; miraculous: *È una cura portentosa,* It's a prodigious cure.

porticato *sm* arcade; colonnade.

portico *sm (di un grosso edificio)* portico; *(davanti a una casa)* porch; *(USA)* veranda; *(lungo una strada)* arcade; *(di una chiesa)* vestibule; *(androne)* porte-cochère *(fr.); (di fabbricato agricolo)* courtyard.

portiera *sf (di autoveicolo)* door; *(tenda)* door-curtain; portière *(fr.).*

portierato *sm* conciergerie *(fr.);* porter's lodge; *(mansioni di portiere)* duties of a porter: *spese di portierato,* porter's dues.

portiere *sm* **1** *(portinaio)* porter; door-keeper; commissionaire. **2** *(sport)* goal-keeper.

portinaia *sf* concierge *(fr.).*

portinaio *sm* porter; door-keeper.

portineria *sf* porter's lodge.

[1]**porto** *sm* **1** port; harbour: *porto fluviale (lacustre),* river (lake) port — *porto marittimo,* seaport — *porto mercantile,* mercantile port — *porto di pesca,* fishing port — *porto militare,* naval port — *porto d'armamento,* home port — *porto di immatricolazione,* port of registry — *porto di scalo,* port of call — *porto franco,* free port; outport — *capitaneria di porto,* harbourmaster's office — *diritti di porto,* harbour dues. **2** *(fig.: meta, rifugio)* port; harbour; haven; shelter: *giungere in porto,* to be in port; to have reached one's goal — *condurre qcsa in porto,* to see sth through; to accomplish sth — *andare a buon porto,* to be successful.

[2]**porto** *sm* **1** *(il portare)* carrying; act of carrying: *porto abusivo di armi,* unlawful carrying of arms — *porto d'armi,* gun licence. **2** *(spesa di trasporto)* carriage; *(per mare)* freight; *(affrancatura)* postage: *porto assegnato (dovuto),* carriage forward — *porto franco (franco di porto),* carriage free.

[3]**porto** *sm (vino)* port.

portoghese *agg e sm e f.* **1** Portuguese. **2** *(sl.: chi assiste a uno spettacolo senza pagare l'ingresso)* gate(-)crasher.

portolano *sm* pilot's book; book of sailing directions; *(stor.)* portolan.

portombrelli *sm* ⇨ **portaombrelli.**

portone *sm* front door; main door; main gate; carriage-entrance; front-entrance.

portuale, portuario *agg* harbour *(attrib.)*: *diritti portuali,* harbour charges (*o* dues).

□ *sm* docker.

portuoso *agg* well supplied with harbours; with many ports.

porzione *sf* **1** portion; part; share: *dividere in porzioni,* to portion; to share out; to divide into portions. **2** *(di cibo)* portion; helping: *mezza porzione,* half a portion — *dare porzioni abbondanti (scarse),* to serve (to give) generous (small) helpings.

posa *sf* **1** *(l'atto di posare)* laying; placing: *la posa della prima pietra,* the laying of the foundation stone. **2** *(quiete, riposo)* rest; peace; *(pausa)* pause: *senza posa,* without rest; without ceasing; incessantly — *non trovar posa,* to find no rest. **3** *(fotografia)* exposure; time exposure: *tempo di posa,* exposure time — *fare sei pose,* to make six exposures. **4** *(atteggiamento di chi deve essere ritratto)* pose; *(seduta)* sitting: *mettersi in posa,* to assume a pose; to sit; to pose. **5** *(atteggiamento)* attitude; posture; *(atteggiamento studiato, affettato)* pose: *una posa naturale,* a natural attitude — *assumere pose da intellettuale,* to pose as an intellectual — *È solo una posa,* It's only a pose. **6** *(chim.: deposito)* sediment. **7** *(mus.)* rest; pause. □ *teatro di posa,* studio.

posacenere *sm* ash-tray.

posamine *sm* mine-layer.

posare *vt* **1** *(deporre)* to put* (down); to lay* (down); *(collocare)* to place; to set*: *Posò il bicchiere sul tavolo ed uscì,* He put (He laid) his glass on the table and went out — *Posa quel coltello!,* Put that knife down! — *posare il bambino nella culla,* to lay the baby in its cradle — *posare la penna,* to put down (to lay down) one's pen — *Posali sul tavolo in cucina,* Place them on the kitchen table, please — *Mi posò la mano sulla spalla,* He laid (He put, He placed) his hand on my shoulder — *posare le armi,* to lay down one's arms — *posare un cavo (una mina, ecc.),* to lay a cable (a mine, *ecc.*). **2** *(metter via)* to leave* off; to put* aside: *È ora di posare il cappotto,* It's time to leave off our overcoats.

□ *vi* **1** *(poggiare su)* to rest; to stand*; *(fig.: fondarsi)* to be* based: *Il ponte posa su pilastri,* The bridge stands (*o* rests) on pillars — *La mia accusa posa sui fatti,* My accusation is based on fact. **2** *(lett.: giacere, riposare)* to rest*; to lie*; to repose. **3** *(atteggiarsi)* to pose: *Sua moglie posa a letterata,* His wife poses as a literary woman. **4** *(di liquido)* to stand*; to settle (down): *Aspetta che posi prima di berlo,* Wait for it to settle before you drink it. **5** *(fotografia: stare fermo)* to pose; to sit*: *Mi chiese di posare per alcune fotografie,* He asked me to pose for a few photographs.

□ **posarsi** *v. rifl* **1** *(di insetto, uccello, ecc.: scendendo dall'alto)* to alight; to settle; *(appollaiarsi)* to perch; *(di velivolo: atterrare)* to land: *L'uccellino si posò sul ramo,* The little bird alighted (*o* perched) on the branch — *La neve si posò sui campi,* The snow settled on the fields. **2** *(sostare)* to rest; to stay*: *I suoi occhi si posarono sul quadro rubato,* His eyes rested on the stolen picture. **3** *(di accento)* to fall*.

posata *sf* **1** *(coperto)* cover (knife, fork and spoon). **2** piece of cutlery *(ma in generale si specifica in ingl.:* knife, fork *o* spoon*): posate,* cutlery — *posate d'argento,* silverware.

posatamente *avv* calmly; staidly.

posatezza *sf* composure; staidness; calm; quietness.

posato *agg* staid; prudent; calm; quiet.

posatore *sm* poseur; affected person (*o* man).

posatrice *sf* poseuse; affected person (*o* woman).

poscia *avv (lett.)* then; afterwards.

poscritto *sm* postscript.

posdomani *avv (dopodomani)* the day after tomorrow.

positiva *sf (fotografia)* positive.

positivamente *avv* positively.

positivismo *sm* positivism.

positivista *sm e f.* positivist.

positivo *agg* positive; *(sicuro, anche reale)* certain; definite; real; concrete; *(costruttivo, efficace, anche)* effective; practical; matter of fact; *(favorevole, anche)* favourable; *(affermativo, anche)* affirmative: *un dato positivo,* a positive fact — *diritto positivo,* positive law — *un metodo positivo,* a positive (an effective) method — *un risultato positivo,* a positive (a favourable) result — *esprimere un giudizio positivo,* to express a favourable opinion — *una risposta positiva,* a positive (an affirmative) answer — *un individuo positivo,* a positive (a matter of fact) person — *badare al positivo,* to be matter of fact.

positura *sf (lett.)* posture; attitude.

posizione *sf* **1** *(in vari sensi, anche fig.)* situation; position; *(fig.: atteggiamento)* attitude: *La loro nuova casa è in una bella posizione,* Their new house stands in a fine situation — *una posizione chiave, (mil.)* a key position — *farsi una posizione,* to acquire a position; to set oneself up — *È imbarazzante per un uomo nella mia posizione,* It's embarrassing for a man in my position — *trovarsi in una posizione difficile,* to be in a difficult situation (*o* position) — *Ho già assunto una posizione ben definita riguardo a questa faccenda,* I have already taken up a definite position on the matter — *Vorrei definire subito la mia posizione,* I should like to define my position immediately — *prendere posizione,* to take sides; *(dopo una certa attesa)* to come down off the fence; *(contro qcno)* to take a stand (against sb) — *linea di posizione,* position line — *posizione di attenti, (mil.)* position of attention. **2** *(gramm., mus.)* position. □ *posizione sociale,* social status — *luci di posizione, (di automobile)* side lights; parking lights; *(di nave)* navigation lights.

posologia *sf* dosage; posology.

posponimento *sm* postponement; delay; putting off.

posporre *vt* **1** to place after; *(subordinare)* to subordinate; to esteem (sth) less than; to place lower. **2** *(differire)* to postpone; to defer; to put* off.

posposizione *sf* postposition.

posposto *agg* **1** placed after. **2** *(differito)* postponed; deferred; delayed; put off.

possedere *vt* **1** *(anche fig.)* to possess; to own; to have* (got); to be* in possession (of): *Non possiede niente,* He possesses nothing; He doesn't own a thing — *Possiede parecchi alloggi,* He owns several flats — *Possiede una macchina?,* Have you got a car? — *Mia moglie possiede molte buone qualità,* My wife has many good qualities — *possedere un segreto,* to be in possession of a secret; to harbour a secret — *Era posseduta dal demone della gelosia,* She was possessed by the demon of jealousy — *possedere una donna,* to possess a woman. **2** *(conoscere a fondo)* to master; to be* master of; to have* a mastery (a good knowledge) of: *possedere una lingua straniera,* to master (to be the master of) a foreign language.

possedimento *sm* **1** *(proprietà)* possession; property; *(possesso)* tenure; *(beni immobiliari)* estate; tenement. **2** *(politico)* possession; colony.

possente *agg* vigorous; powerful; mighty.

possentemente *avv* vigorously; powerfully.

possessione *sf* landed property; estate; property; possession.

possessivo *agg* possessive *(anche gramm.)*: *un temperamento possessivo,* a possessive temperament — *pronome possessivo,* possessive pronoun.

possesso *sm* **1** possession; ownership; *(di carica pubblica)* tenure: *venire in possesso di qcsa,* to come into possession of sth — *essere in possesso (avere il pos-*

sesso) di qcsa, to be in possession of sth — *essere nel pieno possesso delle proprie facoltà,* to be in full possession of one's faculties (*o* senses) — *Siamo in possesso della Vostra lettera del...,* We are in receipt of your letter of... — *prendere possesso di qcsa,* to take possession of sth; *(assumere una carica)* to assume; to take office (as...); to take the chair — *presa di possesso, (di una carica)* installation. **2** *(padronanza)* mastery: *avere il sicuro possesso di una lingua straniera,* to have a secure mastery of a foreign language. **3** *(pl.: possedimenti)* possession; property; *(patrimonio immobiliare)* estate.

possessore *sm* possessor; owner; proprietor; holder.

possessorio *agg* possessory: *provvedimento possessorio,* order for possession.

possibile *agg* possible; *(fattibile, attuabile)* feasible; *(ragionevole, soddisfacente)* reasonable; satisfactory; possible: *contro ogni possibile rischio,* against every possible risk — *un progetto possibile,* a feasible scheme — *una soluzione possibile di un problema,* a satisfactory (a possible) solution of a problem — *il più presto possibile,* as soon as possible — *il più celermente (rapidamente) possibile,* as quickly as possible — *il più tardi possibile,* at the latest possible moment — *Come è possibile lavorare tanto?,* How is it possible to work so much? — *Possibile!?,* Can it be possible!? — *È possibile che egli non venga,* He may not come — *Spero mi sia possibile,* I hope I can — *Possibilissimo!,* Very likely!

□ *sm* possible: *entro (nei) limiti del possibile,* as far as possible — *fare tutto il possibile,* to do one's best; to do everything one possibly can.

possibilità *sf* **1** possibility: *mettere in dubbio la possibilità di qcsa,* to doubt the possibility of sth. **2** *(capacità, facoltà)* power; faculty: *avere la possibilità di fare una cosa,* to have the power to do a thing; to be entitled to do a thing *(ma è più comune l'uso di espressioni più semplici quali* 'can', 'to be able'*)* — *la possibilità di fare amicizie,* the faculty of making friends — *mettere qcno nella possibilità di,* to enable sb to. **3** *(occasione, opportunità)* opportunity; chance; occasion: *appena se ne presenterà la possibilità,* as soon as the opportunity presents itself. **4** *(generalm. al pl.: mezzi)* means; wealth; income; resources: *un uomo di grandi possibilità,* a man of large means — *vivere entro i limiti delle proprie possibilità,* to live within one's means — *vivere al disopra delle proprie possibilità,* to live beyond one's means (*o* income).

possibilmente *avv* if possible.

possidente *sm* property-owner; landowner; man *(pl.* men*)* of property; owner of real estate.

□ *agg* land-owning; property-owning.

posta *sf* **1** *(corrispondenza)* post; mail *(più comune in USA): posta aerea,* air mail — *a giro di posta,* by return of post — *È arrivata la posta?,* Has the post come? — *spedire per posta,* to send by post; to post; to mail — *la posta del mattino (del pomeriggio),* the morning (afternoon) post — *posta in arrivo (in partenza),* incoming (outgoing) mail — *spese di posta,* postage; postal expenses — *fermo posta,* poste restante *(fr.).* **2** *(ufficio postale)* post office; post: *portare lettere alla posta,* to take letters to the post — *Posta Centrale,* General Post Office (G.P.O.) — *Poste e Telegrafi,* Postal and Telegraph services — *Ministro delle poste e telecomunicazioni,* Postmaster-General — *impiegato delle poste,* post-office clerk. **3** *(somma puntata al gioco)* stake: *raddoppiare la posta minima,* to double the minumum stake(s) — *La posta in gioco è alta,* The risk is great. **4** *(stor.: stazione di posta)* stage; post-stage; *(diligenza)* post; mail coach: *correre le poste, (di gran carriera)* to go post-haste. **5** *(decina di rosario)* decade; *(Via Crucis)* station. **6** *(caccia)* position: *fare la posta a qcno,* to waylay sb — *stare (mettersi) alla posta di qcno,* to be on the look-out for sb; to lie in wait for sb. □ **a bella posta,** *(apposta)* on purpose; deliberately.

postale *agg* post *(GB, attrib.);* mail *(spec. USA, attrib.);* postal: *biglietto postale,* letter-card — *cartolina postale,* postcard — *furgone postale,* mail van — *codice di avviamento postale,* post code *(GB);* zip code *(USA)* — *pacco postale,* parcel; packet — *casella postale,* post-office box — *spese postali,* postage — *timbro postale,* post mark; postmark — *unione postale,* postal union — *vaglia postale,* postal order — *servizio postale,* postal (*USA* mail) service — *ufficio postale,* post office — *ufficiale postale,* post master — *spedire qcsa per pacco postale,* to send sth by parcel post.

□ *sm (nave)* packet-boat; mail-boat; packet; *(treno)* mail-train; *(autocorriera)* mail-coach.

postare *vt* to place; to post; to station; *(mil., anche)* to site.

□ **postarsi** *v. rifl* to place oneself; to take* post.

postazione *sf (anche mil.)* placing; posting; stationing.

postbellico *agg* post-war *(attrib.).*

posteggiare *vt* **1** *(fare la posta a qcno)* to lie* in wait for; to waylay. **2** *(parcheggiare)* to park.

posteggiatore *sm (custode)* car park attendant.

posteggio *sm* **1** *(di taxi)* rank; stand. **2** *(parcheggio)* parking place; car park. **3** *(di rivenditore)* stall; stand.

postelegrafico *agg* postal and telegraph(ic).

□ *sm* post-office worker (*o* clerk, employee); clerk (*o* official) of the postal and telegraphic service.

postelegrafonico *agg* postal, telegraphic and telephonic.

□ *sm* post-office clerk (*o* employee).

posteri *sm pl* descendants; posterity *(sing., collettivo): trasmettere qcsa ai posteri,* to hand sth down to posterity.

posteriore *agg* **1** posterior; rear *(attrib.); (di cose in coppia)* hind: *la parte posteriore,* the posterior part; the back — *le luci posteriori di un'automobile,* the rear lights of a car — *le zampe posteriori di un cavallo,* the hind legs of a horse. **2** *(che viene dopo)* posterior; subsequent; later; following: *opere posteriori,* later works — *testamento posteriore,* posterior (*o* subsequent) will.

□ *sm (scherz.)* posterior; buttocks.

posteriormente *avv* subsequently.

posterità *sf* posterity; descendants; *(dir.)* issue.

posticcio *agg* **1** artificial; false; *(simulato)* sham: *capelli (denti) posticci,* false hair (teeth) — *entusiasmo posticcio,* sham enthusiasm. **2** *(provvisorio)* temporary: *ponte posticcio,* temporary bridge.

posticipare *vt* to postpone; to put* off; to defer.

posticipato *agg* postponed; deferred; put off.

posticipazione *sf* postponement; putting off; deferment.

postiglione *sm* postillion.

postilla *sf* (marginal *o* foot-) note; gloss.

postillare *vt* to write* a note; to annotate; to gloss.

postillato *agg* annotated; with notes.

postillatura *sf* **1** annotating; glossing. **2** *(complesso di postille)* notes; glosses.

postino *sm* postman *(pl.* -men*).*

[1]**posto** *sm* **1** *(posizione)* place: *Rimetti i libri a posto,* Put the books back in their proper places — *Non*

vorrei essere al suo posto, I shouldn't like to be in his place (in his shoes) — *mettere qcno a posto,* to put sb in his place — *stare al proprio posto,* to keep one's place — *stare a posto,* to stay in place — *essere fuori posto,* to be out of place — *un posto al sole,* a place in the sun — *prendere il posto di qcno,* to take sb's place — *al posto di,* in (the) place of; instead of — *posto d'onore,* place of honour. **2** *(luogo determinato, mil., ecc.)* post; position; station; point: *posto di guardia,* sentry post — *posti di combattimento,* stations; quarters — *posto di primo soccorso,* first-aid post — *posto di polizia,* police station — *posto di blocco,* road block — *posto emittente (ricevente),* transmitting (receiving) station — *posto di rifornimento,* filling station — *posto di controllo,* check point. **3** *(località)* place; spot: *Non è posto per noi,* It's no place for us — *posto di villeggiatura,* resort; holiday place — *Ci sono dei posti meravigliosi in questa zona,* There are some wonderful places in this area — *la gente del posto,* the people on the spot — *arrivare sul posto,* to reach the spot; to arrive on the scene — *È già sul posto,* He's already on the spot; He's already there. **4** *(spazio)* room; space; *(a sedere)* seat; *(a scuola: banco)* desk; *(al Parlamento)* seat; bench: *far posto,* to make room — *Per voi c'è sempre posto,* There's always room for you — *occupare troppo posto,* to take up too much room — *un posto davanti,* a front seat — *un posto d'angolo,* a corner seat — *Torna al tuo posto!,* Go back to your seat!; *(a scuola)* Go back to your desk! — *posto di guida,* driving (*o* driver's) seat — *prenotare un posto,* to book a seat — *Solo posti in piedi,* Standing room only — *Posti esauriti,* All seats sold — *posto letto, (gergo alberghiero)* bed — *un'automobile a quattro posti,* a four-seater car — *posto in platea, (a teatro)* pit-stall. **5** *(impiego, lavoro)* job; post; situation; employment; position: *posto di fattorino,* job as a messenger — *posto d'insegnante,* teaching post — *cercare un posto,* to be looking for a job — *mettersi a posto,* to find a (good) job — *essere a posto,* to have a good job — *fare domanda per un posto,* to apply for a situation — *occupare un posto ragguardevole,* to hold an important position.

□ *tenere la lingua a posto,* to hold one's tongue — *Mani a posto!,* Keep your hands to yourself!; Hands off! — *mettere le cose a posto,* to put things straight; *(fig.)* to get things straight — *Tutto è a posto, (fig.)* Everything is all right.

[2]**posto** *agg* situated; placed; set; put.

postribolo *sm* brothel; bawdy-house *(lett.)*; house of ill-fame *(lett.)*.

postulante *sm e f.* petitioner.

postulare *vt* to claim; to demand; to beg for; *(lett.)* to postulate.

postulato *sm* postulate. □ *agg* demanded.

postumo *agg* posthumous: *Il libro uscì postumo,* The book was published (*o* came out) after his (her) death (*o* posthumously).

□ *sm pl (med.)* consequences.

potabile *agg* drinkable; potable.

potamento *sm* pruning; lopping.

potare *vt* to prune; to lop.

potassa *sf* potash.

potassico *agg* potassic; potassium *(attrib.)*.

potassio *sm* potassium: *cianuro di potassio,* potassium cyanide.

potatoio *sm* pruning-knife (*o* -hook).

potatore *sm* pruner.

potatura *sf* pruning.

potentato *sm* power; *(stato potente)* powerful nation; *(per estensione: sovrano)* potentate.

potente *agg* powerful; mighty; influential; strong; *(efficace)* potent.

□ *sm* powerful man *(pl.* -men*)*: *i potenti,* the powerful.

potentemente *avv* powerfully.

potenza *sf* **1** *(forza)* power; might; strength: *la potenza del denaro,* the power of money — *la potenza della stampa,* the power of the Press — *un telescopio di grande potenza,* a high-power telescope — *potenza militare,* military strength (*o* might). **2** *(individuo o Stato)* power: *le Grandi Potenze,* the Great Powers — *le potenze delle tenebre,* the powers of darkness. **3** *(mecc.)* power; rating; *(in cavalli)* horse-power; *(fis.)* capacity: *potenza a regime,* power rating — *potenza acustica,* acoustic power — *un calo improvviso di potenza,* a sudden drop in power — *potenza fiscale,* nominal horse-power. **4** *(efficacia)* potency: *la potenza d'un veleno,* the potency of a poison. **5** *(matematica)* power: *elevare un numero alla seconda (alla terza) potenza,* to square (to cube) a number — *la seconda (terza, ecc.) potenza di un numero, (matematica)* the second (third, *ecc.*) power of a number. □ *in potenza, (agg.)* potential; *(avv.)* potentially.

potenziale *sm* potential *(anche fig.)*.

□ *agg* potential: *in modo potenziale,* potentially.

potenzialità *sf* potentiality; (latent) capacity; *(mecc.)* potential.

potenzialmente *avv* potentially.

potenziamento *sm* development; strengthening.

potenziare *vt* to strengthen; to develop.

[1]**potere** *sm* **1** power *(anche fig.)*: *abuso di potere,* abuse of power — *Non è più in mio potere aiutarti,* It is not within my power(s) to help you — *Farò tutto ciò che è in mio potere,* I will do everything in my power — *Ti ho in mio potere,* I have you in my power — *Cadde in suo potere,* She fell into his power — *restare al potere,* to hold power — *il partito che è ora al potere,* the party now in power — *salire al potere,* to seize power; to rise to power — *essere al potere,* to be in power — *concedere pieni poteri a qcno,* to grant full powers to sb — *ricevere pieni poteri,* to be invested with full powers. **2** *(dominio)* sway; *(influenza)* influence; *(autorità)* authority: *avere potere assoluto su un popolo,* to hold complete sway over a people — *Aveva un grande potere su di me,* He had a great influence over me — *Non ha il potere di farlo,* He has no authority to do that. **3** *(possibilità, capacità)* power; capacity: *potere d'acquisto,* purchasing power — *potere calorifico,* heating power. □ *il quarto potere,* the fourth estate; the Press.

[2]**potere** *vt* **1 - a)** *(essere capace, essere in grado e in altre espressioni dove la possibilità dipende dal soggetto)* **can*** *(difettivo)*; **could*** *(difettivo)*; **to be* able**: *Puoi sollevare quel tavolo da solo?,* Can you lift that table alone? — *Non può farcela,* He can't manage — *Non posso partire domani,* I can't leave tomorrow — *Al ritorno potremmo passare da Gianni,* When we return we could call on Gianni — *Se mi dai l'indirizzo, potrò scriverti,* If you give me your address, I'll be able to write to you — *Puoi ritenerti fortunato,* You can consider yourself lucky — *Può diventare molto cattivo,* He can get very nasty.

b) *(nelle interrogative: per chiedere un piacere: 'puoi?', 'potresti?', o un suggerimento: 'posso?')* **can*** *(difettivo)*; **could*** *(difettivo)*: *Che cosa posso fare per te?,* What can I do for you? — *Puoi (Potresti) spedirmi il pacco entro la settimana?,* Can you (Could you) send

me the parcel within the week? — *Posso aiutarti?,* Can I help you?
2 *(possibilità non dipendente dal soggetto)* - **a)** *(per chiedere e dare il permesso)* **may*** *(difettivo);* **might*** *(difettivo); (nelle forme mancanti di 'may' e 'might')* **to be* allowed**; **to be* permitted**; *(fam., meno esitante)* **can*** *(difettivo): Posso entrare?,* May I (Can I) come in? — *Posso usare il telefono?,* May I use the telephone? — *Potete andare a casa,* You can go home — *Pensi che possiamo incominciare prima delle otto?,* Do you think we can start before eight? — *Digli che può venire,* Tell him he can come — *Non si può fumare qui,* Smoking is not allowed here.
b) *(essere probabile)* **may***; **might***; **can*** *(difettivi): Potrebbe essere a casa a quest'ora,* He might be at home by now — *può darsi,* maybe; it may be — *Può darsi che sia vero,* It may be true — *Non è ancora arrivato; può darsi che abbia perso il treno,* He hasn't arrived yet; he may have missed the train — *Chi potrà essere?,* Who can it be? — *Dove possono essersi ficcati?,* Where can they have got to?
c) *(nelle espressioni augurali)* **may*** *(difettivo); (esortativo)* **might*** *(difettivo): Che tu possa avere fortuna!,* May you be lucky! *Potresti almeno aiutarlo,* You might as well help him.
3 *(in alcune espressioni in cui si è riusciti in un'impresa)* **to manage to**; **to succeed in**: *Finalmente poterono toccare la riva,* At last they managed to reach the bank — *Poté farcela facilmente,* He easily managed to do it.
4 *(in senso assoluto)* **to have* influence**; *(talvolta = funzionare)* to work: *Può molto presso il Ministro,* He has a lot of influence with the Minister — *Dove non può il terrore può la dolcezza,* Gentleness works where terror fails — *una persona che può,* a man of means. □ *a più non posso,* as much as one can — *non poterne più,* - **a)** *(fisicamente)* to be tired - **b)** *(di una situazione)* not to be able to stand it any longer; to have had enough — *non potere fare altro che...,* to be unable to do anything but... — *non potere fare a meno di qcsa,* to be unable to do without sth — *Non posso farci niente,* I cannot help it.

potestà *sf* power; authority: *potestà di vita e di morte,* power of life and death — *patria potestà,* parental authority; *(stor.)* patria potestas *(lat.)* — *potestà maritale,* marital authority — *la Potestà Divina,* the Almighty — *cadere in potestà di qcno,* to fall into sb's power; to be at sb's mercy. □ *le Potestà Angeliche,* the Angelic Powers.

povero *agg* **1** *(in vari sensi)* poor; needy; *(fig.: miserabile)* unhappy; wretched; poor; *(fig.: umile)* humble: *I miei genitori sono poveri,* My parents are poor — *un povero diavolo,* a poor wretch (*o* devil); a wretched individual — *Povero me!,* Poor me!; Dear me! — *La povera ragazza si uccise,* The unhappy (The poor) girl committed suicide — *Ho già espresso il mio povero parere,* I have already given my poor (my humble) opinion — *la mia povera dimora, (scherz.)* my humble abode. **2** *(scarso)* poor; scanty; lacking (in); *(di terreno)* barren: *un paese povero di materie prime,* a country poor (*o* lacking) in raw materials — *un raccolto povero,* a poor (a scanty) harvest — *povero di spirito,* poor in spirit; *(fam.)* stupid; simple-minded — *miscela povera (benzina),* weak mixture — *un fiume povero di acqua,* a shallow river. **3** *(semplice, disadorno)* plain; bare: *in parole povere...,* in plain language... — *stile povero,* plain style. **4** *(defunto)* late; poor: *il mio povero nonno,* my late (my poor) grandfather. □ *essere povero in canna,* to be destitute; to be down and out — *È ben povera cosa!,* It's not much!
□ *sm* **1** poor man *(pl.* men*);* pauper: *i poveri,* the poor; the poor and needy — *la carne dei poveri,* poor man's meat — *Non sono mica un povero,* I am not a pauper. **2** *(mendicante)* beggar; mendicant.

povertà *sf* **1** poverty; penury: *voto di povertà,* vow of voluntary poverty — *vivere in povertà,* to live in poverty — *cadere in povertà,* to be reduced to penury — *essere in povertà,* to be poor. **2** *(scarsezza, mancanza)* scarcity; dearth: *povertà di immaginazione, di idee,* dearth of imagination, of ideas — *povertà di affetti,* lack of love — *povertà d'acqua,* shortage (*o* lack) of water. **3** *(meschinità)* meanness; poorness; meagreness; scantiness: *povertà di spirito,* meanness (*o* poorness) of spirit — *povertà di vedute,* meanness of views (of opinions).

pozione *sf* potion; draught.

pozza *sf* pool; puddle.

pozzanghera *sf* puddle; (muddy) pool.

pozzetto *sm* **1** *(di motore)* sump. **2** *(naut.)* stern sheets; cockpit. □ *pozzetto di raccolta detriti,* drain well — *pozzetto intercettatore,* trap — *pozzetto di depurazione,* water filter.

pozzo *sm* well *(anche fig.); (minerario)* pit; shaft; tank; *(nel gioco delle carte)* pool; pack: *pozzo artesiano,* artesian well — *pozzo petrolifero,* oil well — *pozzo delle scale,* stair-well — *pozzo dell'ascensore,* lift well; lift shaft — *pozzo nero,* sinkhole; cesspool; cess-pit — *pozzo di bordo,* fresh-water tank — *pozzo delle catene,* chain locker — *pozzo della sentina,* bilge — *acqua di pozzo,* well water — *un pozzo di scienza,* a well of learning; a fountain of knowledge — *un pozzo di soldi,* pots *(pl.)* of money — *un pozzo senza fondo,* a bottomless well (*o* pit) — *il pozzo di San Patrizio,* the widow's cruse — *far vedere la luna nel pozzo,* to cheat sb.

pragmatismo *sm* pragmatism.

pragmatista *sm e f.* pragmatist.

prammatica *sf (pratica consuetudinaria)* custom; customary manner; regular practice: *essere di prammatica,* to be customary.

prammatico *agg* pragmatic.

pranzare *vi (di sera)* to dine; to have* dinner; *(a mezzogiorno)* to lunch; to have* lunch; *(mangiare)* to eat*: *pranzare in casa,* to dine in — *pranzare fuori,* to dine out — *pranzare in fretta,* to eat hurriedly.

pranzo *sm (il pasto principale della giornata)* dinner; *(la seconda colazione)* lunch; *(più formale)* luncheon; *(banchetto, convito)* dinner-party; dinner; banquet: *ora di pranzo,* dinner time — *pranzo di gala,* gala dinner (*o* banquet) — *pranzo di beneficenza,* charity dinner (*o* luncheon) — *pranzo di nozze,* wedding banquet — *sala da pranzo,* dining room — *invitare qcno a pranzo,* to ask sb to dinner — *dare (offrire) un pranzo,* to give a dinner-party — *pranzo a prezzo fisso,* table d'hôte dinner (*o* lunch) — *dopo pranzo,* after dinner; *(il pomeriggio)* in the afternoon.

prassi *sf (procedura)* practice.

prataiolo *agg* of the fields; of the meadows; field *(attrib.);* meadow *(attrib.).*
□ *sm (fungo)* (field) mushroom.

prateria *sf* grassland; *(in USA e Canada)* prairie.

pratica *sf* **1** practice; custom: *Lo si acquista con la pratica,* It comes with practice — *in pratica,* in practice — *mettere in pratica,* to put into practice — *La pratica val più della grammatica, (prov.)* Practice is better than theory. **2** *(usanza)* custom; practice: *pratiche aborrenti,* abhorrent practices — *pratiche re-*

ligiose, religious practices (*o* observances) — *Questa è la nostra pratica,* This is our practice (custom, way); This is how we do it. **3** *(addestramento)* training; *(apprendistato)* apprenticeship; *(per estensione: esperienza)* experience; practice: *acquistare pratica,* to become proficient through practice; to learn by experience — *Ho fatto una lunga pratica,* I have had a long training — *La pratica è una grande maestra,* Experience is the best teacher — *far pratica negli ospedali,* to walk the hospitals — *fare pratica con un avvocato,* to be articled to a lawyer — *fare pratica con un chirurgo,* to be apprenticed to a surgeon — *fare pratica di uno strumento,* to practise an instrument — *Ha molta pratica del suo mestiere,* He knows his job very well — *Non ho molta pratica negli affari,* I have not a good knowledge of business — *non avere pratica del mondo,* to lack knowledge of the world. **4** *(affare, faccenda)* matter; affair; business: *affidare una pratica a qcno,* to entrust a matter to sb — *condurre una pratica segreta,* to conduct an affair secretly — *sbrigare una pratica,* to settle a matter — *Abbiamo passato la pratica al nostro avvocato,* We have placed the matter in the hands of our lawyer. **5** *(documento)* paper; *(incartamento)* file; dossier; *(caso)* case: *cercare una pratica in archivio,* to look for a file (a dossier) in the archives — *fare le pratiche per il passaporto,* to get the papers for a passport — *accantonare una pratica,* to shelve a case. ☐ *Ha messo in pratica i miei consigli,* He took my advice — *aver pratica di un autore,* to be familiar with an author's work — *fare le pratiche per far qcsa,* to take steps to do sth — *Le pratiche sono già in corso,* Steps are already being taken — *osservare le pratiche religiose,* to fulfil one's religious duties.

praticabile *agg* practicable; *(fattibile, anche)* feasible; possible: *metodi che non sono praticabili,* methods that are not practicable — *un valico praticabile solo in estate,* a mountain pass that is practicable only in summer.
☐ *sm (passerella)* cat-walk; *(teatrale)* stage buildings.

praticabilità *sf* practicability.

praticamente *avv* practically.

praticante *p. pres di* **praticare** (⇨) *e agg* practising; *(rispettoso delle regole, anche)* observant.
☐ *sm e f.* apprentice; beginner; tiro; tyro; *(di avvocato)* articled clerk; pupil; *(spreg.)* empiric; *(ossequiente alle pratiche religiose)* regular church-goer.

praticare *vt e i.* **1** to practise; *(USA, spesso)* to practice; to put* into practice: *praticare la chirurgia,* to practise surgery — *praticare la medicina,* to practise as a doctor — *praticare la religione,* to practise (religion). **2** *(frequentare)* to frequent; to haunt; to associate (with sb); to be* familiar (with sb): *Non pratico quei luoghi,* I don't frequent those places — *Non pratico certa gente!,* I don't associate (I am not familiar) with such people! **3** *(fare)* to make*: *praticare un buco,* to make a hole. ☐ *praticare prezzi,* to quote prices — *praticare una cura,* to try a treatment — *Sono credente ma non pratico,* I am a believer but I don't go to church.

praticità *sf* convenience; practicalness; usefulness.

pratico *agg* **1** practical: *un metodo pratico,* a practical method — *senso pratico,* practical (*o* common) sense — *gente pratica,* practical people. **2** *(funzionale)* practical; convenient; *(spec. di aggeggio)* handy: *una cucina molto pratica,* a very practical kitchen — *Questo regolo calcolatore ti sarà molto pratico,* You'll find this slide rule very handy. **3** *(esperto)* experienced; skilled (in); familiar (with): *un dentista pratico (del suo lavoro),* an experienced dentist — *Sono poco pratico di queste cose,* I'm not very experienced (*o* skilled) in these matters — *Sei pratico di lettere commerciali?,* Are you familiar with business letters? — *È pratico del suo mestiere,* He knows his job — *Sei pratico del luogo?,* Do you know the place? — *Non sono pratico del luogo,* I am a stranger here. ☐ *Vorrei vederti all'atto pratico,* I should like to see you put to the test — *All'atto pratico servì molto poco,* It wasn't very useful in practice — *Siate pratici!,* Be matter-of-fact! — *nella vita pratica,* in real life.

praticone *sm* empiric; one who does sth by rote.

prativo *agg* meadowy; *(attrib.)* grass; meadow: *terreno prativo,* grassland.

prato *sm* meadow; *(per il pascolo)* grass-land; grazing land; *(all'inglese)* lawn: *Fuggì per i prati,* He fled through the meadows — *sedersi sul prato,* to sit on the lawn (on the grass) — *terreno a prato,* land under grass — *Davanti alla casa vogliono solo un prato,* They only want a lawn in front of the house.

pratolina *sf* daisy.

pravo *agg (lett.)* wicked; perverse.

preambolo *sm* preamble; preface; prefatory remark: *fare tanti preamboli,* to beat about the bush — *senza tanti preamboli,* without more ado; without wasting words; right away.

preannunziare *vt (preavvertire, preavvisare)* to inform in advance; to give* advance notice; *(essere il segno premonitore)* to be* a sign of; to bode; to forebode.

preannunzio *sm* announcement.

preavvertire, preavvisare *vt* to inform in advance; to give* advance notice.

preavviso *sm* warning; forewarning; *(riferito a dimissioni, ecc.)* notice: *senza preavviso,* without warning (*o* notice) — *con pochissimo preavviso,* at short notice — *periodo di preavviso,* notice.

prebellico *agg* pre-war.

prebenda *sf* prebend.

precariamente *avv* precariously.

precarietà *sf* precariousness.

precario *agg* precarious; impermanent; *(incerto)* uncertain; *(malsicuro)* unsafe.

precauzionale *agg* precautionary; precautional.

precauzionalmente *avv* precautionally.

precauzione *sf* precaution; *(cautela)* care; prudence: *prendere le opportune precauzioni,* to take the necessary precautions; to take due care — *parlare (agire) con precauzione,* to speak (to act) prudently (with care) — *misure di precauzione,* precautionary measures.

precedente *agg* previous; former: *in una precedente occasione,* on a previous occasion — *in un capitolo precedente,* in a previous chapter — *in un'epoca precedente,* in former times — *il giorno precedente la mia partenza,* the day before (*o* prior to) my departure.
☐ *sm* **1** precedent: *creare un precedente,* to set (to create) a precedent — *senza precedente,* without precedent; unprecedented — *una vendemmia senza precedente,* a vintage without precedent. **2** *(condotta personale)* record: *avere buoni precedenti,* to have a good record — *precedenti penali,* previous offences — *conoscere i precedenti di qcno,* to know sb's record.

precedentemente *avv* previously; on a previous occasion.

precedenza *sf* precedence; *(priorità)* priority: *diritto* *di precedenza, (nelle norme di circolazione)* right of way — *dare la precedenza ai veicoli provenienti dalla destra,* to give way to vehicles coming from the right — *dare assoluta precedenza a un problema,* to give a problem top priority — *in precedenza,* previously; earlier; before; on a previous occasion.

precedere *vt e i.* to precede; to go* (to come*) before; *(essere alla testa)* to head; to go* (to come*) first; *(guidare)* to lead*; *(fare da introduzione)* to preface; *(prevenire, anticipare)* to anticipate: *il capitolo che precede,* the preceding chapter — *Precedimi, ti raggiungerò fra pochi minuti,* Go on, I'll come in a moment — *Il vescovo precedeva la processione,* The bishop headed the procession — *La nostra guida ci precedeva nella grotta,* Our guide led us into the cave — *Poche pagine precedevano il primo capitolo,* A few pages prefaced the first chapter — *Un buon capo precede sempre le mosse dei suoi avversari,* A good leader always anticipates his adversaries' movements — *fare precedere,* to put in front; to send ahead — *farsi precedere,* to announce oneself.

precessione *sf* precession.

precettare *vt* **1** *(richiamare alle armi)* to call to arms; to mobilize. **2** *(requisire)* to requisition; to commandeer; *(dir.: convocare)* to summon; *(ordinare)* to command; to bind* (over).

precettistica *sf* collection of rules (*o* precepts).

precetto *sm* precept; *(norma, regola)* rule; *(consiglio, insegnamento)* counsel; precept; *(ordine)* order; command; *(dir.)* injunction: *essere di precetto,* to be the rule — *i più elementari precetti di prudenza,* the most elementary rules of prudence. □ *cartolina-precetto,* call-up notice.

precettore *sm* tutor; teacher; preceptor.

precipitare *vt* to precipitate *(anche fig.); (scagliare)* to hurl; to hurtle; to fling* down; to cast* down headlong; *(chim.)* to precipitate; *(affrettare, anche)* to hasten: *precipitare una crisi,* to precipitate a crisis — *precipitare il paese nella guerra,* to precipitate the country into war — *precipitare le cose,* to precipitate (to hasten) things — *precipitare un giudizio,* to make a hasty judgement.

□ *vi* **1** to collapse; to fall* headlong; to ruin; *(schiantarsi)* to crash; *(giungere a conclusione)* to come* to a head; *(affrettare le conclusioni)* to hasten; to hurry; to run* to. **2** *(chim.)* to form a precipitate.

□ **precipitarsi** *v rifl* to precipitate oneself *(non molto comune);* to throw* oneself down; *(affrettarsi, lanciarsi)* to hasten; to dash; to rush.

precipitato *p. pass di* **precipitare** *e agg* precipitate; hasty; rash.

□ *sm (chim.)* precipitate.

precipitazione *sf* precipitation *(anche chim. e atmosferica.* □ *con precipitazione,* inconsiderately; hastily; recklessly.

precipite *agg (lett.: a testa in giù)* headlong; *(ripido)* steep.

precipitevolissimevolmente *avv (scherz.)* headlong.

precipitosamente *avv* precipitously.

precipitoso *agg (affrettato)* hasty; hurried; previous; *(avventato)* reckless; imprudent; impulsive; inconsiderate; *(impetuoso)* violent; ruinous; furious; impetuous; *(lett.: scosceso)* precipitous.

precipizio *sm* **1** precipice *(anche fig.); (fig.)* ruin; *(abisso, anche fig.)* chasm; gulf: *essere (trovarsi) sull'orlo del precipizio,* to be on the verge of ruin. **2 a precipizio,** *(a capofitto)* headlong; *(in gran fretta)* hastily; hurriedly; *(avventatamente)* recklessly; imprudently; impulsively; inconsiderately. **3 un precipizio,** *(fig.: una gran quantità)* a flood; a lot; heaps.

precipuamente *avv* mainly; outstandingly; above all.

precipuo *agg* main; chief; most important; principal; *(particolare)* peculiar; particular; outstanding.

precisamente *avv* **1** *(in modo preciso)* precisely. **2** *(= 'per essere più preciso')* to be precise; namely. **3** *(come risposta: proprio così)* quite so.

precisare *vt (determinare, definire)* to specify; to define; to state; *(stabilire, fissare)* to state; to fix: *precisare il significato di una parola,* to specify the meaning of a word — *precisare i compiti di qcno,* to define sb's duties — *precisare il giorno della propria partenza,* to fix the day of one's departure — *precisare la data di una riunione,* to state the date of a meeting; to fix the date for a meeting — *precisare i termini di un contratto,* to state the terms of a contract.

precisazione *sf* specification; precise information.

precisione *sf* precision; accuracy; preciseness; exactness: *badare (tenere) alla precisione,* to be a stickler for accuracy — *mirare (tendere) alla precisione,* to aim at precision (at exactness) — *precisione di tiro,* accuracy of fire — *arma di precisione,* precision weapon — *bilancia di precisione,* precision balance — *strumenti di precisione,* precision instruments — *di precisione, (di macchina, ecc.)* delicate — *precisione di stile (di linguaggio),* preciseness (*o* exactness) of style (of language).

preciso *agg* **1** precise; exact; accurate; *(giusto)* correct; *(definito)* clear; definite: *È mio preciso dovere,* It's my clear duty — *nulla di preciso,* nothing definite. **2** *(di persone)* precise; exact. **3** *(puntuale)* punctual; *(di ore: in punto)* sharp: *alle tre precise,* at three o'clock sharp. **4** *(di parole, ecc.)* very; precise; exact.

□ *avv (precisamente)* exactly; precisely.

precitato *agg (suddetto)* above-mentioned; quoted above; aforesaid.

preclaro *agg (raro)* eminent; (most) illustrious; (most) distinguished.

precludere *vt* to preclude; to bar; to block: *precludere la via a qcno,* to bar (to block) sb's way.

preclusione *sf (l'impedire)* preclusion; *(dir.)* bar.

precoce *agg* **1** precocious: *un bambino precoce,* a precocious child. **2** *(anzitempo)* early; premature; untimely: *uva precoce,* early grapes — *una fine precoce,* an untimely death — *invecchiamento precoce,* premature ageing. □ *delinquenza precoce,* juvenile delinquency.

precocemente *avv* precociously; prematurely.

precocità *sf* precociousness; precocity; early development.

precognizione *sf* precognition; foreknowledge.

preconcetto *agg* preconceived; conceived beforehand: *senza alcuna idea preconcetta,* with no preconceived ideas.

□ *sm* prejudice; preconceived idea (*o* opinion).

preconizzare *vt* **1** to proclaim publicly. **2** *(predire)* to predict; to prophesy.

preconoscenza *sf* foreknowledge.

preconoscere *vt* to know* (sth) beforehand; to have* foreknowledge of (sth).

precorrere *vt* to anticipate; to forestall: *precorrere i tempi,* - **a)** to be in advance of one's time - **b)** *(anticipare i fatti)* to anticipate events.

□ *vi* to run* before.

precorritore *agg* forerunning; anticipating.
□ *sm (raro)* forerunner.
precotto *agg* pre-cooked. *sm* pre-cooked food.
precursore *sm* precursor; forerunner; *(messaggero)* harbinger.
□ *agg* precursory; preceding; *(med., di sintomi)* premonitory.
preda *sf* **1** prey *(anche fig.)*; *(animale braccato)* quarry: *uccelli da preda,* birds of prey — *cadere in preda a qcsa, (anche fig.)* to fall a prey to sth. **2** *(bottino)* booty; plunder; *(naut.: nave nemica sequestrata con il suo carico)* prize: *diritto di preda,* right of plunder — *preda di guerra,* war booty; spoils of war — *dare in preda,* to give over to plunder.
3 *in preda a..., (varie espressioni): essere in preda alle fiamme,* to be ravaged by fire — *in preda all'ira,* overwhelmed (*o* beside oneself) with rage — *in preda a una crisi di nervi (di pianto),* in a fit of nerves (of crying) — *in preda al vizio,* a slave to vice — *darsi in preda alla disperazione,* to give oneself up to despair.
predace *agg* predatory.
predare *vt* **1** *(saccheggiare)* to pillage; to plunder; to sack; to ravage; to maraud. **2** *(vivere di preda, far preda di)* to prey upon (sth).
predatore *sm (di animale)* predator; *(di persona: predone)* plunderer; pillager; looter.
□ *agg* predatory; plundering; pillaging.
predatorio *agg* predatory.
predecessore *sm* **1** predecessor. **2** *(antenato)* ancestor; forbear *(lett.)*.
predella *sf (di cattedra)* platform; *(di altare)* altar-step; predella; *(sgabello)* stool; foot-stool.
predellino *sm (di vettura)* running-board; footboard.
□ *far predellino, (intrecciando per giuoco le mani in due)* to make a chair.
predestinare *vt* to ordain; to foreordain; to predestine.
predestinato *agg* predestined; destined; fated: *un tentativo predestinato all'insuccesso,* an attempt doomed to failure.
predestinazione *sf* predestination; destiny; *(teologia)* predestination.
predeterminare *vt* to predetermine; to preordain; to settle (sth) in advance.
predeterminazione *sf* predetermination.
predetto *agg* above-mentioned; mentioned above; aforesaid; *(presagito)* foretold *(predicativo)*; predicted.
predica *sf* **1** sermon: *una predica interessante,* an interesting sermon. **2** *(fig.: ramanzina)* telling-off; talking-to; lecture. □ *Da che pulpito viene la predica!,* You (He, *ecc.*) should practise what you preach!
predicamento *sm* **1** *(predica)* sermon. **2** *(stima)* esteem; consideration. **3** *(categoria filosofica)* category.
predicante *agg* preaching.
predicare *vt* to preach; *(proclamare)* to proclaim; *(fam.: fare il predicozzo, dar consigli)* to sermonize; to lecture; *(fig.: ripetere mille volte)* to tell* (sb) over and over again: *predicare il Vangelo,* to preach the Gospel — *predicare al vento, (fig.)* to waste one's words; to talk to a brick wall — *predicare a tutti i venti,* to proclaim to the four winds — *Glielo predico tutti i giorni,* I have been telling him over and over again.
predicativo *agg (gramm.)* predicative.
predicato *sm (gramm.)* predicate. □ *essere in predicato di qcsa,* to be considered for sth; to be in line for sth; to be a candidate for sth.
predicatore *agg* preaching; predicant.
□ *sm* preacher; *(sostenitore)* upholder; champion.
predicatorio *agg* sermonizing.
predicozzo *sm (fam.)* lecture; talking-to; *(ramanzina)* telling-off; talking-to: *fare il predicozzo a qcno,* to give sb a lecture.
predigestione *sf* preliminary digestion.
prediletto *agg* favourite; dearest; *(fam.)* pet; darling: *essere il prediletto di qcno,* to be sb's pet (*o* darling).
predilezione *sf* predilection; partiality; preference: *Ha una predilezione per il teatro,* He has a predilection for the theatre; He's very fond of the theatre — *La mia predilezione è la lettura,* Reading is my favourite occupation.
prediligere *vt* to prefer; to have* a preference for; to have* a special liking for; *(fra due)* to like better; to hold* dearer; *(fra più di due)* to like best; to hold* dearest: *Prediligo la musica classica,* I prefer classical music.
predimostrazione *sf* previous demonstration.
predire *vt* to foretell*; to predict; to prophesy; *(il tempo)* to forecast*; *(presagire)* to forebode.
predisporre *vt (preparare in anticipo)* to arrange; to prepare; to get* ready; *(progettare)* to plan; *(med.)* to predispose: *Predisporrà tutto per la gita,* He will arrange everything for the trip.
□ **predisporsi** *v. rifl* to prepare; to get* ready: *predisporsi (con l'animo) a qcsa,* to prepare one's mind for sth.
predisposizione *sf* **1** *(il predisporre)* arrangement; *(med.)* predisposition; proneness: *curare la predisposizione di ogni cosa,* to arrange for everything. **2** *(inclinazione)* natural bent; turn; inclination; tendency; propensity: *predisposizione per la musica,* a natural bent for music.
predizione *sf* prediction; prophecy.
predominante *agg* predominant; ruling; prevalent: *Purtroppo, il colore predominante nella casa è il giallo,* Unfortunately, yellow is the predominant colour in the house — *idea predominante,* ruling idea — *opinione predominante,* prevalent opinion.
predominare *vi* to predominate; to dominate; *(comandare)* to rule; *(prevalere)* to prevail.
predominio *sm* predominance; *(supremazia)* supremacy; *(preponderanza)* prevalence: *avere il predominio,* to have the upper hand — *esercitare il predominio su qcno,* to rule over sb.
predone *sm* plunderer; marauder; robber; *(di mare)* pirate.
preeleggere *vt* to pre-elect.
preelezione *sf* pre-election.
preesistente *agg* pre-existent; pre-existing.
preesistenza *sf* pre-existence.
preesistere *vi* to pre-exist.
prefabbricare *vt* to prefabricate.
prefabbricato *agg* prefabricated.
prefabbricazione *sf* prefabrication.
prefazione *sf* preface; foreword; introduction.
preferenza *sf* preference; (special) liking; *(parzialità)* partiality; bias: *di preferenza,* preferably; *(per lo più)* mostly — *a preferenza di,* rather than — *avere preferenza per qcsa,* to prefer sth; to have a preference for (*o* a bias towards) sth.
preferenziale *agg* preferential; preference *(attrib.)*: *tariffe preferenziali,* preferential tariffs; *(del Commonwealth)* Imperial Preference — *azioni preferenziali,* preference shares.
preferenzialmente *avv* preferentially.
preferibile *agg* preferable; better; to be preferred: *Sarebbe preferibile farlo,* It would be better to do it.
preferibilmente *avv* preferably.

preferire *vt* to prefer; to have* a preference for; *(fra due)* to like better; *(fra più di due)* to like more; to like best; to like most: *Preferisco che tu venga domani,* I prefer you to come tomorrow — *Preferirei andare (non andare) oggi,* I would rather go (not go) today — *Preferirei morire che sposarlo,* I would sooner die than marry him.

preferito *agg* favourite; dearest; *(fam.)* pet; darling: *il mio romanzo preferito,* my favourite novel; the novel I like best (*o* most) — *Maria e la sua amica preferita,* Maria and her bosom friend.

prefetto *sm* **1** *(stor. romana, ecc.)* prefect. **2** *(istitutore)* prefect; monitor.

prefettura *sf* prefecture.

prefiggere *vt (prestabilire)* to fix (sth) beforehand; to pre-arrange; to establish (sth) in advance; *(fissare)* to fix; to establish; to arrange.

□ **prefiggersi** *v. rifl* to intend; to resolve; to determine; to have* (sth) in view.

prefigurare *vt* to prefigure; to foreshadow.

prefigurazione *sf* prefiguration; foreshadowing.

prefisso *agg (prestabilito)* pre-established; predetermined; appointed; *(gramm.)* prefixed: *all'ora prefissa,* at the appointed hour.

□ *sm* **1** *(gramm.)* prefix. **2** *(al telefono, ecc.)* code: *prefisso interurbano,* dialling code.

preformare *vt (lett.)* to preform.

preformazione *sf (lett.)* preformation.

pregare *vt e i.* to pray; *(domandare)* to ask; to beg; to pray; *(richiedere)* to request: *Ti prego di venire subito,* I beg you to come at once — *Prego, s'accomodi, (entri)* Come in, please; *(si sieda)* Take a seat, please — *Prego! (non c'è di che), (in risposta a 'grazie')* Don't mention it!; Not at all!; *(fam.)* It's all right!; It's a pleasure!; You're welcome! *(USA)* — *Prego?,* I beg your pardon?; What did you say, please? — *I passeggeri sono pregati di recarsi all'ufficio passaporti,* Passengers are requested to report to the passport bureau — *farsi pregare,* to stand on ceremony.

pregevole *agg* **1** valuable; precious. **2** *(degno di stima)* worthy; desirable.

pregevolezza *sf* value; goodness; worth.

pregevolmente *avv* worthily.

preghiera *sf* prayer; *(richiesta)* request; *(supplica)* entreaty: *una preghiera d'aiuto,* a request for help — *su preghiera di qcno,* at sb's request — *dire la preghiera prima dei pasti,* to say grace before meals.

pregiare *vt* to value; to esteem; to appreciate; to hold* in great value.

□ **pregiarsi** *v. rifl* **1** *(onorarsi)* to have* the honour (of doing sth); to take* pleasure (in doing sth). **2** *(vantarsi)* to pride oneself; to think* highly of oneself.

pregiato *agg (stimato)* esteemed; valued; prized; *(prezioso)* valuable; precious; *(di ottima qualità)* excellent; fine: *la Vostra pregiata del 3 c.m.,* your letter of the 3rd of this month — *Pregiatissimo signor G. Bianchi, (negli indirizzi)* Mr G. Bianchi; G. Bianchi, Esq; *(all'inizio di lettera)* Dear Mr Bianchi; Dear Sir — *vini pregiati,* fine wines.

pregio *sm (considerazione, stima)* esteem; regard; consideration; *(qualità)* quality; excellence; merit; *(valore)* value; merit; worth: *di gran pregio,* very valuable — *di nessun pregio,* worthless — *avere gran pregio,* to be of great value; to be worth a lot — *essere in gran pregio presso qcno,* to be highly appreciated by sb — *farsi pregio di...,* to have the honour to...

pregiudicante *agg* prejudicial.

pregiudicare *vt* **1** *(nuocere, compromettere)* to harm; to impair; to damage; to compromise; to be* prejudicial to; *(mettere in pericolo)* to jeopardize: *Ciò pregiudicherà il tuo futuro,* That will jeopardize your future. **2** *(giudicare anzi tempo)* to prejudge.

pregiudicato *agg (già giudicato)* prejudged; decided beforehand; *(pieno di pregiudizi)* prejudiced; full of prejudice; *(votato all'insuccesso)* bound to fail; compromised: *un piano già pregiudicato,* a plan doomed to fail from the start.

□ *sm* previous offender; *(fam.)* gaol-bird; old lag: *pregiudicati politici,* political suspects.

pregiudiziale *agg (che è da esaminare prima di decidere)* preliminary.

□ *sf* preliminary (question)

pregiudizialmente *avv* prejudicially.

pregiudizievole *agg (sfavorevole, che può arrecare danno)* prejudicial; detrimental; injurious.

pregiudizio *sm* **1** *(opinione errata)* prejudice; bias; *(superstizione)* superstition: *un individuo senza pregiudizi,* an unprejudiced (an unbiased) person. **2** *(danno)* detriment; damage: *a pregiudizio della sua salute,* to the detriment of his health — *essere di pregiudizio per qcsa,* to be prejudicial (*o* detrimental, *o* harmful) to sth.

pregnante *agg* pregnant; with child *(predicato)*; *(fig.)* pregnant; teeming; rich; full; *(pieno di significato)* full of meaning; weighty; *(gramm.)* pregnant.

□ *sf* pregnant woman *(pl.* women).

pregnantemente *avv* richly; fully.

pregno *agg (gravido)* pregnant; with child; *(fig.)* pregnant; teeming; rich; full; *(impregnato)* impregnated; *(saturo)* saturated.

prego *voce verbale* ⇨ **pregare** *vt e i.*

pregustare *vt* to look forward to sth with expectation (*o* anxiously); to anticipate.

preistoria *sf* prehistory.

preistorico *agg* prehistoric(al); *(fig.)* very old; antediluvian; ancient: *in epoche preistoriche,* in prehistoric times.

prelato *sm* prelate.

prelatura *sf* prelacy.

prelazione *sf (dir.)* pre-emption; *(fra creditori)* priority.

prelegato *sm (dir.)* preferential legacy.

prelevamento *sm* drawing; withdrawing; *(di sangue)* withdrawal; *(somma prelevata)* amount drawn; drawings *(pl.)*: *prelevamento di campione,* drawing of a sample — *prelevamento in banca,* drawing from the bank — *prelevamento di cassa,* cash drawing — *prelevamento su un conto corrente,* drawing on a current account — *prelevamento dalle riserve,* drawing on the reserves.

prelevare *vt* **1** *(denaro)* to take* out; to draw* out; *(merci)* to collect; to take* away; to pick up; *(da un magazzino)* to draw* out. **2** *(med.)* to take*; to collect; *(con siringa)* to withdraw*. **3** *(scherz.: andare a prendere)* to collect; to pick up.

prelibatamente *avv* in a choice manner

prelibato *agg* delicious; excellent; *(attrib.)* choice.

prelievo *sm* **1** ⇨ **prelevamento. 2** *(med.: di sangue, ecc. per analisi)* withdrawal.

preliminare *agg* preliminary; preparatory; introductory: *contratto preliminare,* preliminary agreement.

□ *sm* preliminary *(generalm. al pl.)*; *(questione)* preliminary matter (*o* question); *(primo provvedimento)* preliminary measure; *(premessa)* premise; introduction: *preliminari della pace,* preliminaries to peace — *un preliminare che va chiarito subito,* a preliminary matter requiring immediate clarification.

prelodato *agg (lett.)* above-praised.

preludere *vi* to introduce; to be* the prelude to; *(preannunciare)* to herald; to be* a sign of; to augur.

preludio *sm* **1** prelude *(anche mus.);* preface; introduction; proem. **2** *(segno premonitore)* sign; token; omen; prelude; beginning: *preludio della guerra,* prelude to war.

prematuramente *avv* untimely; prematurely: *morire prematuramente,* to die young.

prematuro *agg* premature; untimely: *parto prematuro,* premature birth — *morte prematura,* untimely death — *È prematuro dire...,* It's too early to say... — *decisione prematura,* hasty decision.
□ *sm* premature baby.

premeditare *vt* to premeditate; to plan; to contrive: *premeditare una fuga,* to plan an escape.

premeditatamente *avv* premeditatedly.

premeditato *agg* premeditated; planned: *omicidio premeditato,* premeditated (*o* wilful) murder.

premeditazione *sf* premeditation: *senza premeditazione,* unpremeditated.

premere *vt* **1** to press; *(talvolta)* to squeeze: *premere un pulsante,* to press a button — *premere il grilletto,* to squeeze the trigger. **2** *(incalzare)* to press; to bear* down: *La folla ci premeva da ogni lato,* The crowd pressed us from all sides — *I soldati premevano sul nemico,* The soldiers bore down on the enemy.
□ *vi* **1** to press *(spesso seguito da* in, on, for, *ecc.: anche fig.): La folla premeva da ogni parte,* The crowd was pressing in from all directions — *Non premere sulla ferita,* Don't press on the wound — *Premono perché si prenda una decisione,* They are pressing for a decision to be made — *Premono su di me per una risposta,* They are pressing me for an answer — *La faccenda preme,* The matter is pressing (is urgent) — *Il tempo preme,* Time presses. **2** *(importare, stare a cuore)* to matter; to be* important: *Se la cosa ti preme,* If it matters to you — *Mi preme vincere,* It is very important that I should win — *Mi preme sapere se sei disposto a venire,* I need to know if you are willing to come — *Se ti preme tua moglie,* If you care for your wife. □ *Non premere troppo su questo tasto,* Don't harp too much on that string — *Questa lettera preme,* This letter is urgent.

premessa *sf (anche filosofia)* premise; premiss; *(introduzione)* introduction; preliminary statement; *(preambolo)* preamble; *(prefazione)* preface: *senza tante premesse, (fam.)* right away; without wasting words.

premesso *agg (già detto, stabilito)* stated beforehand; stated in advance; already stated; *(precedente)* previous; preceding: *premesso che,* considering that; since; *(dir.)* whereas — *Ciò premesso...,* Having said that...; That said...

premettere *vt* **1** to put* forward; to say* first of all; to state beforehand: *Desidero premettere alcune considerazioni,* I wish to make a few points by way of introduction — *Premise subito che non avrebbe pagato,* He stated at once that he would not pay — *Premetto che...,* I must say first of all that... **2** *(mettere prima)* to put* before; to place before: *premettere il nome al cognome,* to put one's Christian name before one's surname.

premiabile *agg* worthy of reward; deserving a prize.

premiando *sm* prize-winner.

premiare *vt* **1** *(dare un premio)* to give* a prize; to award a prize (to sb): *Fu premiato con una medaglia d'argento,* He was awarded a silver medal. **2** *(ricompensare)* to reward: *Vorrei premiare la tua costanza,* I should like to reward your steadfastness.

premiazione *sf* prize-giving; distribution of prizes.

premilitare *agg* pre-military.

preminente *agg* pre-eminent.

preminentemente *avv* pre-eminently.

preminenza *sf* pre-eminence; superiority.

premio *sm* **1** prize; award; *(ricompensa)* reward; recompense; bonus: *premio Nobel,* Nobel prize — *premio di consolazione,* consolation prize — *premio in denaro,* cash prize — *distribuzione dei premi,* prize-giving — *istituire un premio,* to endow a prize — *Gli assegnarono il primo premio,* He was awarded the first prize — *ricevere qcsa in premio,* to receive sth as a prize (*o* reward) — *premio per buona condotta,* reward for good conduct — *premio d'anzianità,* long-service bonus. **2** *(comm.)* premium; *(assegnato dal governo)* bounty: *premio d'assicurazione,* insurance premium — *buono premio,* premium bond — *premio d'assicurazione sulla vita,* life premium — *premio d'esportazione,* bounty on exports. □ *premio d'ingaggio,* transfer fee; signing-on fee.

premonitore *agg* premonitory; forewarning.
□ *sm* premonitor; one who forewarns.

premonitorio *agg* premonitory.

premonizione *sf* premonition; presentiment.

premorire *vi* to predecease; to die before (sb else).

premunire *vt* **1** to fortify (beforehand); to strengthen; *(proteggere)* to protect; to guard: *premunire una roccaforte,* to fortify a stronghold. **2** *(fig.: preavvertire)* to forewarn; *(cautelare)* to make* wary; *(prescrivere)* to preserve: *Ci premunì contro gli eventuali pericoli,* He forewarned us of the possible dangers — *Ci ha premuniti il suo consiglio tempestivo,* His timely advice put us on our guard.
□ **premunirsi** *v. rifl* to secure oneself; to guard oneself; to protect oneself; to take* protective measures; *(rafforzarsi)* to fortify oneself; *(provvedersi)* to provide oneself (with sth).

premunizione *sf* enhanced resistance.

premura *sf* **1** *(cura, sollecitudine)* care; solicitude; thoughtfulness; *(gentilezza)* kindness; *(riguardo)* attention; *(precauzione)* precaution; care: *Ti ringrazio per le tue premure,* Thank you for all your kindness to me — *Mi fece premura di andarlo a trovare,* He entreated me to go and see him — *darsi premura,* to take pains; to take the trouble (of doing sth, to do sth) — *usare ogni premura,* to take all possible care. **2** *(fretta)* hurry; haste: *Non c'è premura,* There's no hurry — *un affare di grande premura,* an urgent matter — *avere premura,* to be in a (great) hurry; *(essere ansioso)* to be anxious (to do sth).

premurosamente *avv* solicitously; thoughtfully.

premuroso *agg* solicitous; thoughtful; considerate; attentive.

premuto *agg* pressed; *(fig.)* urged.

prendere *vt* **1** to take*; *(cogliere, sorprendere)* to catch*; *(afferrare)* to seize; *(andare a prendere)* to collect; to fetch: *prendere l'ombrello,* to take one's umbrella — *prendere una vacanza,* to take a holiday — *prendere lezioni di russo,* to take Russian lessons — *prendere fiato,* to take breath — *prendere l'autobus,* to catch (to take) the bus — *Hanno preso il ladro?,* Did they catch the thief? — *prendere qcno con le mani nel sacco,* to catch sb in the act (*o* red-handed) — *lasciarsi prendere,* to let oneself be caught — *Lo prese per un braccio e lo buttò fuori,* He seized him by the arm and threw him out — *prendere un*

fuggitivo, to catch a fugitive — *prendere l'occasione,* to seize the opportunity — *andare a prendere i bambini all'uscita dalla scuola,* to fetch the children from school — *Vienimi a prendere alle sette,* Come and collect me (*o* pick me up) at six — *Devo andare a prendere la biancheria,* I have to go and collect the washing — *mandare a prendere,* to send for.
2 *(riferito a cibi, bevande, ecc.)* to have*; to take*: *Che cosa prendi?,* What are you having? — *Prenderò solo un panino,* I'll just have a sandwich — *prendere una tazza di tè,* to have a cup of tea — *prendere un boccone,* to have a bite to eat.
3 *(acquistare, ottenere, ricevere)* to get*; to take*; *(impadronirsi)* to take* over: *Hai preso i giornali stamattina?,* Did you get the papers this morning? — *prendersi una sgridata,* to get a telling-off — *prendere la laurea,* to get (to take) one's degree — *prendere una fortezza,* to take (to capture) a fortress — *prendere una persona con la forza,* to take (to capture) a person by force.
4 *(guadagnare)* to earn; *(far pagare)* to charge: *prendere uno stipendio misero,* to earn a miserably low salary — *Quanto ti ha preso?,* How much did he charge you? — *Prende molto per una visita,* He charges a lot for a visit.
5 *(assumere)* to take* (sb, sth) on; to assume; to engage: *prendere qcno a servizio, (alle proprie dipendenze)* to take sb on — *prendere la direzione di un giornale,* to take on (*o* over) the editorship of a newspaper — *prendere il comando,* to take over command — *prendersi la responsabilità di qcsa,* to assume (to take) the responsibility for sth.
6 *(di spazio: occupare)* to take* up; *(di tempo)* to take*: *Tutti quei mobili prendono troppo posto,* All that furniture takes up too much room — *Questo lavoro mi prenderà un'ora,* This job will take me an hour.
7 *(incominciare)* to start; to take* to; *(incamminarsi per)* to set* off; *(andare per)* to take*: *prendere a fare qcsa,* to start doing sth; *(abitudine)* to take to doing sth — *Quando prende a parlare, non la smette più,* When he starts talking he simply never stops — *Prese a bere,* He took to drink — *Prendi la prima strada a sinistra,* Take the first turn to the left — *prendere una scorciatoia,* to take a short cut.
8 *(trattare)* to treat; to handle; to deal* with: *Non sa prenderlo,* He doesn't know how to deal with him — *prendere qcno con le buone,* to treat sb tactfully — *prendere qcno con le cattive,* to be rude to sb — *prendere qcno a pesci in faccia* ⇨ **pesce.**
9 *(contrarre)* to catch*; to get*: *prendere un raffreddore,* to catch a cold — *prendere il morbillo,* to catch measles — *prendere un cattivo odore,* to get a nasty smell.
10 *(ritenere)* to think*; to consider; *(scambiare)* to take*; to mistake*; to think*: *Ti avevo preso per una persona seria,* I had thought you were a serious person — *Per chi si prende?,* Who does he think he is? — *prendere qcno per...,* to take sb for... — *prendere una cosa per un'altra,* to mistake one thing for another.
11 *(fotografia)* to take*; to photograph; to snap *(fam.)*: *prendere una foto a colori,* to take a colour photograph.
12 prendersela to be* upset; to be* annoyed: *Non prendertela!,* Don't worry! — *prendersela con qcno,* to get angry with sb — *Perché te la prendi sempre con me?,* Why do you always pick on me? — *prendersela comoda,* to take it easy — *prendersele,* to get a good hiding.
□ *prendere un'abitudine,* to get into the habit (of doing sth) — *prendere aria,* to get some (fresh) air — *prendere a calci qcno,* to kick sb — *prendere qcsa a prestito,* to borrow sth — *prendere confidenza con qcno, qcsa,* to become familiar with sb, sth — *prendere in giro qcno,* to tease sb; to pull sb's leg — *prendere il largo, (naut.)* to put to sea — *prendere la mano, (equitazione)* to get out of control; *(fig.)* to get out of hand — *prendere in mano qcsa,* to take sth in one's hands; *(fig.)* to take charge of sth — *prendere di mira qcsa,* to aim at sth — *prendere qcsa di petto,* to face up to sth — *prendere piede, (attecchire)* to take root; *(diventare di moda)* to become fashionable — *prendere con le pinze, (qcsa)* to grip (sth) with pliers; *(qcno)* to handle (sb) with kid gloves — *prendere una sbornia,* to get drunk — *prendere il sole,* to sunbathe — *prendere il toro per le corna,* to take the bull by the horns — *prendere o lasciare,* take it or leave it — *Che ti prende?, (fam.)* What's the matter with you? — *Che ti prenda un accidente!, (fam.)* Blast you!
□ *vi* **1** *(voltare)* to turn: *prendere a destra,* to turn right.
2 *(attecchire)* to take* root; *(rapprendersi)* to set*: *È una colla che prende subito,* This glue sets in no time.
□ **prendersi** *v. rifl (attaccarsi)* to hang* on (to sb): *Prenditi a me,* Hang on to me.
□ *v. reciproco (azzuffarsi)* to come* to blows.

prendisole *sm* sun-suit.

prenome *sm* **1** forename; first name. **2** *(di antico romano)* praenomen.

prenominato *agg* above-mentioned; aforesaid.

prenotare *vt* to book; to reserve; to order; to put* one's name down (for sth): *prenotare una camera,* to book (to reserve) a room — *prenotare un posto a teatro,* to book a seat for a theatre — *prenotare un certo numero di copie,* to order (to put one's name down for) a certain number of copies.
□ **prenotarsi** *v. rifl* to book; to put* one's name down (for sth).

prenotazione *sf* booking; reservation *(spec. USA)*: *ufficio prenotazioni,* booking-office.

prensile *agg* prehensile.

preoccupare *vt* to worry; to trouble; to vex; to bother *(fam.)*; to make* (sb) anxious: *Sua moglie lo preoccupa molto,* His wife worries him very much — *Ciò che mi preoccupa è...,* What worries (*o* bothers) me is that...
□ **preoccuparsi** *v. rifl* to worry; to be* troubled; to feel* anxious; *(provvedere a)* to trouble about; to see* to: *Non preoccuparti,* Don't worry — *Non si preoccupi!,* Don't concern yourself!; Don't give the matter a thought!; *(Lasci fare a me!)* Don't trouble yourself!; Let me see to it! — *Devo preoccuparmi di tutto,* I must trouble about everything.

preoccupazione *sf* worry; care; trouble; *(apprensione)* concern; apprehension: *La mia preoccupazione è di fare le cose bene,* My concern is to do things properly — *le piccole preoccupazioni di ogni giorno,* the petty worries of everyday life — *destare qualche preoccupazione,* to cause a certain amount of concern — *essere una preoccupazione per qcno,* to be a great worry to sb.

preordinamento *sm* **1** pre-arrangement; arranging beforehand; predisposition. **2** *(predestinazione)* predestination.

preordinare *vt* **1** to prearrange; to preordain; to

establish (sth) beforehand; to predispose. **2** *(predestinare)* to predestine; to preordain.

preordinatamente *avv* in a preordained way.

preordinazione *sf* **1** prearrangement. **2** *(predestinazione)* predestination.

preparare *vt* to prepare; to make* (ready); to get* (ready); *(la tavola, il fuoco)* to lay*: *preparare una lezione,* to prepare a lesson — *preparare qcno ad una notizia,* to prepare sb for a piece of news — *preparare il letto,* to make the bed — *preparare la cena,* to get supper ready — *preparare la tavola,* to lay the table — *preparare il fuoco,* to lay the fire — *preparare un ragazzo ad un esame,* to prepare (to coach) a boy for an examination — *preparare il terreno,* to prepare the ground; *(fig.)* to pave the way.

□ **prepararsi** *v. rifl* to prepare; to get* ready; to make* preparations: *prepararsi per un esame,* to prepare (to read) for an examination — *Preparatevi!,* Get ready, please! — *prepararsi ad un viaggio,* to make preparations for a journey — *prepararsi per la comunione,* to make one's preparation for communion — *prepararsi a morire,* to prepare for death.

preparativo *agg* preparatory.

□ *sm* preparation: *preparativi per la partenza,* preparations for departure.

preparato *agg* prepared; *(pronto, disposto)* ready; willing; disposed; *(allestito, preordinato)* fitted out; fit; equipped; arranged (for sth); *(esperto)* experienced; well-trained.

□ *sm (prodotto)* preparation; compound; product: *preparati chimici,* chemical compounds; chemicals.

preparatore *sm* preparer.

preparatorio *agg* preparatory.

preparazione *sf* **1** preparation; *(nozioni teoriche)* training; grounding: *fuoco di preparazione, (mil.)* artillery preparation — *tempo di preparazione, (mil.)* preparation-time — *la preparazione agli esami,* preparation for the exams. **2** *(allestimento, disposizione)* preparation; fitting out; equipping: *tempo preparazione macchine,* machine setting time — *preparazione di uno strumento scientifico,* setup. **3** *(tec.)* preparation; *(di materiali tessili)* dressing.

preponderante *agg* preponderant; predominant; prevailing.

preponderanza *sf* prevalence; preponderance; *(maggioranza)* majority; *(superiorità)* superiority; *(supremazia)* supremacy.

preponderare *vi* to prevail over.

preporre *vt* **1** *(porre davanti)* to place (to put*) before. **2** *(preferire)* to prefer; to give* preference to; to set* (sb, sth) above. **3** *(mettere a capo)* to put* (sb) at the head (of sth); to appoint (sb) head (of sth).

prepositivo *agg* prepositional.

preposizione *sf* preposition.

prepotente *agg* **1** *(fortissimo)* overbearing; overpowering. **2** *(di persona: arrogante)* overbearing; domineering; high-handed; arrogant: *fare il prepotente,* to behave (to act) in a high-handed way; to bully.

prepotentemente *avv* **1** *(con prepotenza)* overbearingly. **2** *(con forza)* overpoweringly.

prepotenza *sf* high-handedness; arrogance; domineering (*o* bullying) manner: *vincere di prepotenza, (sport)* to inflict a crushing defeat.

prerogativa *sf* **1** prerogative; privilege. **2** *(qualità, dote)* outstanding feature; prerogative *(lett.).*

presa *sf* **1** *(l'atto del prendere)* taking; catching; seizing; *(conquista, espugnazione)* seizure; capture; taking: *presa di possesso,* taking possession — *presa di posizione,* taking (up) of a stand — *la presa della Bastiglia,* the taking of the Bastille — *la presa di una fortezza,* the seizure (the capture) of a fortress. **2** *(impugnatura)* grip *(anche fig.)*; *(stretta)* hold *(anche fig.)*; grasp: *abbandonare la presa,* to let go one's hold — *allentare la presa,* to release one's hold — *far presa,* to get (to have) a hold — *venire alle prese con qcno,* to come to grips with sb — *avere una presa forte,* to have a firm grasp — *presa scorretta, (boxe)* unfair hold — *È alle prese con la matematica,* He is wrestling with mathematics — *essere alle prese coi creditori,* to be in difficulties with one's creditors — *aver presa su qcno, (fig.)* to have a hold over sb — *L'attore non fece presa sul pubblico, (fig.)* The actor had no grip on the audience. **3** *(di cemento, ecc.)* setting; set: *presa rapida,* quick setting — *far presa,* to set; *(di colla)* to stick; *(di pianta)* to take root. **4** *(con le carte)* trick: *fare tre prese,* to make three tricks. **5** *(d'acqua, d'aria)* intake; *(di gas)* outlet; *(elettr.)* tap; socket: *presa d'aria,* air intake — *presa di corrente,* socket; point — *presa a muro,* wall socket. **6** *(pizzico)* pinch: *una presa di sale,* a pinch of salt. □ *presa in giro,* leg-pull — *macchina da presa,* cine-camera — *presa di tempo, (fotografia)* time exposure — *cane da presa,* setter; retriever — *dar presa alle calunnie,* to give rise to slander — *in presa diretta, (mecc.)* in top-gear.

presagio *sm* sign; *(di cose terribili)* portent; *(pronostico)* prognostication; *(presentimento)* presentiment; premonition; foreboding: *essere di buon presagio,* to be of good omen — *essere di cattivo presagio,* to be of bad omen; to be ominous.

presagire *vt* to presage; to portend; *(presentire)* to have* a presentiment of; *(predire)* to predict; to foretell*; to prognosticate.

presago *agg* foreboding; presaging: *essere presago di qcsa,* to foresee sth; to have a presentiment of sth.

presbiopia *sf* long sight; presbyopia.

presbite *agg* long-sighted; presbyopic *(raro).* □ *sm e f.* long-sighted person.

presbiterio *sm* presbytery.

prescegliere *vt* to choose*; to select; to prefer.

prescelto *agg* selected; chosen.

presciente *agg* foreseeing; prescient.

prescienza *sf* foresight; prescience.

prescindere *vi* to leave* (to put*) aside; to leave* out of consideration: *a prescindere da...,* leaving aside...; apart from... — *Non si può prescindere da quel ch'egli vorrebbe,* His wishes must be taken into consideration.

prescritto *agg* prescribed; fixed; established; *(obbligatorio)* compulsory; obligatory; *(dir.)* statute-barred; *(sorpassato)* obsolete; antiquated; out-of-date: *i libri prescritti,* the prescribed books — *È prescritto l'abito da sera, (su un invito)* Evening dress.

prescrivere *vt* to prescribe *(anche dir.)*; to impose; to fix; to establish; *(imporre, ordinare)* to enjoin; to lay* down; to order.

□ **prescriversi** *v. rifl (andare in prescrizione)* to become* statute-barred.

prescrizione *sf* **1** prescription; *(norma)* rule; precept: *attenersi alle prescrizioni,* to follow the instructions; to keep to the rules — *cadere in prescrizione,* to become statute-barred. **2** *(dir.)* limitation; negative prescription.

presentabile *agg* presentable; *(rispettabile)* respectable: *non presentabile,* unpresentable.

presentabilità *sf* presentability.

presentare *vt* **1** *(far vedere, mostrare)* to present; to show*; *(esibire)* to produce: *Questo caso presenta dei punti interessanti,* This case presents some interesting features — *presentare uno spettacolo,* to present a show — *presentare le armi, (mil.)* to present arms — *presentare il passaporto,* to show one's passport — *presentare un saldo a favore di..., (comm.)* to show a balance in favour of... — *essere presentato a Corte,* to be presented at Court — *presentare una sfida,* to deliver a challenge — *presentare i conti,* to render accounts. **2** *(far conoscere)* to introduce (sb to sb else): *Presentami tua moglie!,* Introduce me to your wife! **3** *(offrire)* to offer; to present; *(proporre, introdurre)* to propose; to introduce: *presentare garanzie,* to offer securities — *presentare un bersaglio,* to offer a target — *presentare le scuse,* to offer one's apologies — *presentare i propri complimenti,* to present one's compliments — *presentare un progetto di legge,* to present (to introduce) a bill — *presentare la propria candidatura,* to offer oneself as a candidate; to propose one's candidature — *presentare i propri omaggi,* to pay one's respects. **4** *(burocratico: inoltrare)* to make*; to submit; to produce: *presentare reclamo,* to make a complaint — *'Presentare domanda entro il trenta di giugno',* 'Applications to be submitted by June 30' — *presentare un documento,* to produce a document — *presentare un'istanza,* to make (to submit, to lodge) a request.

□ **presentarsi** *v. rifl* **1** to present oneself; to turn up *(fam.)*; *(farsi conoscere)* to introduce oneself; *(comparire)* to appear: *presentarsi a casa d'un amico,* to present oneself (to turn up) at a friend's house — *presentarsi a un processo,* to present oneself for trial — *Mi presentai al direttore,* I introduced myself to the manager — *presentarsi alle autorità,* to appear before the authorities — *presentarsi a un esame,* to sit for an examination — *presentarsi bene, (avere un bell'aspetto)* to look well; *(promettere bene)* to promise well.

2 *(offrirsi)* to offer; *(capitare)* to occur; to raise: *Quando si presenta l'occasione,* When opportunity offers (*o* occurs); Should the occasion arise — *presentarsi alla mente di qcno,* to occur to sb's mind — *Prendemmo la prima strada che si presentò,* We took the first street that offered — *Simili incidenti si presentarono diverse volte,* Similar incidents occurred a number of times.

presentatore *sm,* **presentatrice** *sf* **1** *(di notizie)* announcer; *(di quiz)* quiz-master; *(di dischi)* disc-jockey; *(di spettacoli di varietà)* compère; *(sl.)* host; m. c. *(abbr. fam. di* master of ceremonies*).* **2** *(comm.)* bearer; presenter.

presentazione *sf* **1** presentation; *(di una persona a un'altra)* introduction; *(il modo di presentare qcsa)* the way in which sth is presented: *lettera di presentazione,* letter of introduction — *la presentazione di una nuova commedia,* the presentation of a new play. **2** *(comm.)* presenting; demand; production: *presentazione di una tratta,* presenting of a bill — *tratta a presentazione,* cash order; bill (*o* draft) on demand — *contro presentazione di documenti,* upon production of documents; against documents.

[1]**presente** *agg* **1** present; *(attuale)* current: *Eri presente alla cerimonia?,* Were you present at the ceremony? — *presente il sindaco,* in the presence of the mayor — *condizioni presenti,* present conditions — *il tempo presente, (gramm.)* the present tense — *nel presente mese,* in the current month; this month — *nel momento presente,* at present — *Presente!, (a scuola, in risposta alla domanda del professore)* Present!; Here, sir (*o* miss)! **2** *(questo)* this: *il presente libro,* this book — *la presente lettera,* this letter *(ma ⇨ anche sotto, sf).* □ *far presente qcsa a qcno,* to let sb know sth; to inform sb of sth; *(più enfatico)* to point sth out to sb — *Fammi presente quando partirai,* Let me know when you are going to leave — *Non ho presente se ha cantato quella romanza,* I can't remember whether she sang that aria — *avere presente qcsa,* to bear sth in mind; to remember sth — *tenere presente qcsa,* to consider sth.

□ *sm* **1** present: *Non vivi abbastanza nel presente,* You do not live enough in the present — *al presente,* in the present; at present. **2** *(gramm.)* present (tense): *il presente progressivo,* the present continuous tense. **3** *(al pl.)* those present: *Ti ricordi il numero di presenti?,* Can you remember the number of those present? — *esclusi i presenti,* present company excepted.

□ *sf (lettera)* this letter: *con la presente, (lettera comm.)* herewith — *nella presente, (lettera comm.)* herein — *'Con la presente Le facciamo avere un assegno di cinquantamila lire',* 'We have pleasure in enclosing herewith a cheque for fifty thousand lire'.

[2]**presente** *sm (lett.) (regalo)* present; gift.

presentemente *avv* at present; now.

presentimento *sm* foreboding; presentiment.

presentire *vt* to have* a presentiment; to have* a foreboding; *(prevedere)* to foresee*; to anticipate.

presenza *sf* **1** *(in generale)* presence: *alla presenza di... (in presenza di...),* in the presence of... — *La vostra presenza è richiesta,* Your presence is requested — *La presenza del petrolio in questa zona non è sicura,* The presence of oil in this area is not certain — *presenza d'animo (di spirito),* presence of mind. **2** *(il frequentare, spec. a scuola, ecc.)* attendance: *La presenza alle lezioni di musica è facoltativa,* Attendance at the music classes is optional. **3** *(aspetto)* appearance: *(negli annunci) di bella presenza,* of smart (of good) appearance — *un giovane di bella presenza,* a good-looking young man — *non avere presenza,* to be ugly — *un uomo di nobile presenza,* a man of noble presence. □ *fare atto di presenza,* to put in an appearance.

presenziare *vt e i.* to attend; to be* present at; to take* part in.

presepe, presepio *sm (mangiatoia)* manger; *(stalla)* stable; *(ricostruzione natalizia)* Christmas crib; *(pittura)* Nativity.

preservare *vt* to preserve; to protect; to keep*; to guard.

preservativo *agg* preservative.

□ *sm* contraceptive; (protective) sheath.

preservazione *sf* preservation.

preside *sm* principal; *(di scuola)* headmaster *(m.),* headmistress *(f.)*; *(di facoltà universitaria)* dean; head of department.

presidente *sm (di un'assemblea, ecc.)* chairman *(pl.* -men*)*; *(di tribunale)* presiding judge; *(del Consiglio dei Ministri)* Premier; Prime Minister; *(di Camera dei Deputati)* Speaker; *(di Repubblica)* President; *(di un consiglio d'amministrazione)* chairman (of the board).

presidentessa *sf (donna che presiede)* (lady) president; chairwoman *(pl.* -women*) (meno comune)*; *(moglie di presidente)* president's wife; first lady *(USA).*

presidenza *sf* presidency; chairmanship; *(di Primo Ministro)* Premiership; *(di preside)* headmastership; *(di società)* board of directors.

presidenziale *agg* presidential: *il seggio presiden-*

ziale, the chair — *una decisione presidenziale,* a ruling from the chair.

presidiare *vt (mil., anche fig.)* to garrison.

presidiario *agg* of a garrison; *(attrib.)* garrison.

prèsidiato *agg (mil. e fig.)* garrisoned.

presidio *sm* **1** *(mil.)* garrison; *(zona)* command. **2** *(difesa)* defence; *(protezione)* protection; *(med.)* remedy: *a presidio di,* in defence of.

presiedere *vi e t.* to preside (at, *o* over sth); to chair; to be* in the chair; to be* chairman. □ *presiedere alla realizzazione di un piano,* to see a plan through to its completion.

pressa *sf* **1** *(calca)* crowd; press: *far pressa,* to crowd; to throng; to press forward — *far pressa attorno a qcno,* to crowd round sb. **2** *(furia, fretta)* hurry; haste: *far qcsa in pressa,* to do sth hurriedly (in a hurry). **3** *(mecc.)* press: *pressa a vite,* screw press.

pressante *agg* pressing; urgent.

pressantemente *avv* urgently.

pressappoco *avv* about; approximately; roughly; *(fam.)* nearly; pretty much; *(all'incirca)* thereabout(s): *Hanno pressappoco la stessa età,* They are about the same age — *Erano in cinquecento o pressappoco,* There were five hundred of them, or thereabout(s) — *È pressappoco la stessa cosa,* It's pretty much the same thing.

pressare *vt* **1** *(premere con mezzo meccanico)* to press: *pressare a caldo (a freddo),* to hot (cold) press. **2** *(fig.: incalzare)* to press; to urge.

pressatore *sm* presser.

pressatura *sf* pressing.

pressi *sm pl* neighbourhood; vicinity; *(dintorni)* outskirts; environs; surroundings (⇨ **presso 1**).

pressione *sf* pressure; *(di vapore)* steam; steam-pressure; *(di folla)* pressing: *pressione del sangue,* blood pressure — *pressione atmosferica,* atmospheric pressure — *bassa (alta) pressione,* low- (high-) pressure — *pentola a pressione,* pressure cooker — *sotto la pressione del bisogno,* under the pressure of poverty (of need, of want) — *fare pressione su qcno, (fig.)* to put pressure on sb — *mantenere la pressione, (di macchina a vapore)* to keep up steam — *mettere in pressione,* to raise steam.

presso I *prep* **1** *(nelle vicinanze di)* near; in the vicinity of; not far from: *Abita presso Torino,* He lives near (*o* not far from) Turin — *nei pressi di...,* near...; in the vicinity of... — *nei pressi di Firenze,* in the vicinity of Florence. **2** *(accanto a)* beside; by; next to: *Era seduto presso i suoi genitori,* He was sitting beside his parents — *Sta' qui presso a me,* Stay here by me. **3** *(a casa di, nella stessa ditta, nello stesso ufficio, anche fig.)* with; at: *La ragazza abitava presso mio zio,* The girl was living in my uncle's house (at my uncle's) — *presso il signor Mario Rossi, (indirizzo di una lettera),* c/o Mr Mario Rossi *(abbr. di* care of*)* — *Lavoro da molti anni presso il signor Bianchi,* I have been working with Mr Bianchi for many years — *lavorare presso una ditta,* to work at a firm — *ambasciatore presso la Santa Sede,* ambassador to the Holy See — *Ha grande influenza presso il direttore,* He has great influence with (*o* over) the manager. □ *presso il popolo,* among the people; in popular opinion — *essere presso a fare qcsa,* to be about to do (to be on the point of doing) sth.

II *avv* nearby; near; near at hand; close by: *Abitava qui presso,* He lived nearby (*o* near here).

□ *press'a poco,* very nearly; about; approximately — *a un di presso,* nearly; about — *da presso,* closely — *vedere la morte da presso,* to look death in the face — *presso che* ⇨ **pressoché.**

pressoché *avv* nearly; almost.

prestabilire *vt* to pre-establish; to pre-arrange; to fix (sth) before; to decide (sth) in advance: *È già tutto prestabilito,* Everything has already been arranged.

prestanome *sm (dir.)* nominee; *(fig.)* dummy; figurehead; front; front man *(pl.* men*).*

prestante *agg (di bella apparenza)* good-looking; fine-looking; handsome; *(che eccelle)* pre-eminent; outstanding; distinguished.

prestanza *sf (bellezza e vigore fisico)* good looks; fine appearance; handsomeness.

prestare *vt (dare in prestito, e fig.: concedere, dare)* to lend*; to give*: *prestare qcsa a qcno,* to lend sb sth — *Puoi prestarmi il dizionario?,* Can you lend me your dictionary? — *farsi prestare qcsa da qcno,* to borrow sth from sb — *prestare a interesse,* to lend on interest — *prestare orecchio (ascolto),* to lend (to give) an ear; to listen — *prestare manforte,* to give help; to lend a hand — *prestare attenzione,* to pay attention — *prestare obbedienza,* to obey — *prestare aiuto a qcno,* to help sb — *prestare omaggio a qcno,* to render homage to sb — *prestare fede a qcno,* to believe sb; to give credence to sb — *prestare giuramento,* to take the oath — *prestare il fianco a qcsa,* to expose oneself to sth.

□ **prestarsi** *v. rifl* **1** *(essere adatto, ecc.)* to lend* oneself to; to be* suitable (*o* fit) for: *Questo luogo si presta alla meditazione,* This place lends itself to (*o* is suitable for) meditation — *Questo metallo non si presta ad essere lavorato,* This metal does not lend itself to being wrought — *Si presta a diverse interpretazioni,* It lends itself to a variety of interpretations. **2** *(approvare)* to countenance: *Non si presterebbe mai a simili intrallazzi,* He would never countenance such schemes. **3** *(offrirsi)* to lend* a hand; to make* oneself useful: *Si presta sempre volentieri,* He is always willing to lend a hand — *Perché ti prestasti a far questo?,* Why did you consent to do that?

prestazione *sf* **1** *(di atleta, motore)* capability; *(rendimento)* performance *(solo al sing.).* **2** *(pl.: servizi)* services. **3** *(tassa, tributo, contributo)* tax; tribute; charge.

prestigiatore *sm* conjurer; conjuror; *(fig. anche)* juggler.

prestigio *sm* **1** *(prestidigitazione)* sleight-of-hand; prestidigitation: *giochi di prestigio,* conjuring tricks. **2** *(fascino)* prestige; glamour. **3** *(autorità, autorevolezza, fama)* prestige; authority.

prestigiosamente *avv* glamorously.

prestigioso *agg* prestigious; striking; glamorous.

prestito *sm* loan: *prestito bancario (consolidato, fiduciario, irredimibile),* bank (funding, fiduciary, perpetual) loan — *prestito forzoso (grazioso, garantito, ipotecario),* forced (interest-free, secured *o* collateral, mortgage) loan — *prestito obbligazionario,* debenture stock; loan stock — *prestito rimborsabile a vista,* call money — *prestito a breve (a lunga) scadenza,* short-term (long-term) loan — *prestito allo scoperto,* unsecured loan — *chiedere un prestito,* to ask for a loan — *concedere un prestito,* to grant a loan — *contrarre un prestito,* to arrange a loan — *emettere un prestito,* to issue (to float) a loan — *dare qcsa in prestito,* to lend sth to sb — *prendere qcsa in prestito,* to borrow sth from sb — *prestito linguistico,* borrowing from another language, *(talvolta: parola)* loan word.

[1]**presto** *avv* **1** *(entro breve tempo)* soon; in a short

time; shortly; before long: *Tornerò presto,* I'll be back soon; I'll be back shortly — *'Torno presto', (su un biglietto)* 'Back soon' — *Arrivederci a presto!,* See you soon! — *presto o tardi,* sooner or later — *al più presto,* as soon as possible. **2** *(in fretta)* quickly; quick: *far presto,* to be quick; to hurry (up) — *Fate presto!,* Be quick!; Hurry up!; Make haste!; Come along! — *Hai fatto presto!,* You were quick! — *Presto!,* Quick! **3** *(di buon'ora)* early: *al mattino presto,* early in the morning — *Spediteci il catalogo al più presto possibile, (comm.)* Please send us your catalogue at your earliest convenience — *È ancora presto!,* It's still early! — *alzarsi presto al mattino,* to be an early riser. **4** *(per estensione: facilmente)* easily; easy: *Si fa presto a dire!,* That's easily said!; Easier said than done! — *Si fa presto a criticare,* It's easy to criticize.
□ *sm (mus.)* presto.

[2]**presto** *agg (lett.: disposto, pronto)* prepared; ready; *(lesto)* nimble: *presto di mano,* dexterous.

presule *sm (prelato)* prelate; bishop.

presumere *vt e i.* **1** *(pensare, ritenere)* to suppose; to imagine; to presume: *Presumo che farò così,* I suppose I'll do this. **2** *(avere l'ardire, la pretesa)* to presume; to venture: *presumere delle proprie capacità,* to rely too much on one's own ability; to rate oneself too highly — *presumere troppo di sé,* to be presumptuous — *Presunse di poterti criticare!,* He had the nerve (the cheek) to criticize you!

presumibile *agg* presumable; likely.

presumibilmente *avv* presumably.

presuntivamente *avv* calculably.

presuntivo *agg* **1** *(erede, p.es.)* presumptive. **2** *(prevedibile)* foreseeable; calculable: *bilancio presuntivo,* budget statement; anticipated income and expenditure.

presunto *agg* presumed; *(presuntivo)* presumptive; apparent; *(supposto)* supposed; alleged; *(accertato, valutato)* estimated: *morte presunta,* presumption of death — *il presunto colpevole,* the alleged culprit — *il valore presunto,* the estimated value — *le spese presunte,* the anticipated (the estimated) cost.

presuntuosamente *avv* arrogantly.

presuntuosità *sf* arrogance; presumption; presumptuousness.

presuntuoso *agg* conceited; presumptuous; presuming: *un asino presuntuoso,* a conceited ass.
□ *(come sm, nell'espressione) fare il presuntuoso, (fam.)* to be cocky.

presunzione *sf* **1** conceit; conceitedness; presumptuousness; *(fam.)* cockiness: *Scusatemi la presunzione,* Forgive my presumption — *peccare di presunzione,* to be over-confident; to be conceited; *(fam.)* to be cocky. **2** *(congettura)* supposition; assumption: *Era solo una mia presunzione,* It was no more than supposition on my part. **3** *(dir.)* presumption.

presupporre *vt (supporre)* to suppose; to assume; *(implicare)* to imply; to presuppose.

presupposizione *sf* presupposition; premise; *(supposizione)* supposition; *(congettura)* conjecture.

presupposto *sm* presupposition; assumption; premise; *(supposizione)* supposition; *(congettura)* conjecture.
□ *agg* presupposed.

pretaglia *sf (spreg.)* gang of priests.

prete *sm* **1** *(cattolico)* priest; *(meno frequente)* padre; *(anglicano)* clergyman *(pl.* -men*)*; *(protestante)* minister; pastor: *un prete molto zelante,* a very good priest — *boccone da prete,* dainty; tit-bit; delicacy — *scherzo da prete,* bad trick — *governato dai preti,* priest-ridden; ruled by priests — *farsi prete,* to become a priest; to take holy orders — *morire col (senza) prete,* to die with (without receiving) the last Sacrament (the comforts of religion). **2** *(fam.: telaino per scaldaletto)* wooden frame.

pretendente *sm* **1** *(al trono)* claimant; pretender *(spec. di chi accampa diritti infondati).* **2** *(corteggiatore)* suitor.

pretendere *vt* **1** *(voler fare credere)* to claim; to profess; *(presumere)* to think*; *(vantarsi)* to pretend; *(asserire)* to assert: *Pretende di essere un bravo pianista,* He claims to be (He thinks he is) an expert pianist — *Non pretendo di essere colto,* I don't profess to be cultured. **2** *(esigere)* to exact; to demand; to require, to claim; *(aspettarsi)* to expect; *(volere ad ogni costo)* to want: *Pretendeva che gli cedessi la mia stanza,* He wanted me to give him my room — *pretendere un prezzo eccessivo,* to ask a very high price — *Pretendi troppo da lei,* You're expecting too much from her — *pretendere che qcno faccia qcsa,* to expect sb to do sth — *Pretendono che io lavori di domenica,* They expect me to work on Sundays.
□ *vi (aspirare)* to claim to; to lay* claim; to pretend: *pretendere alla corona,* to claim the crown — *pretendere alla mano di una ragazza,* to pretend to a girl's hand — *pretendere all'eredità,* to claim a share of an inheritance.

pretensione *sf* pretension; claim; *(presunzione, arroganza)* arrogance; *(ostentazione)* pretentiousness.

pretenziosamente *avv* pretentiously.

pretenzioso *agg* pretentious.

preterintenzionale *agg (dir.)* unintentional: *omicidio preterintenzionale,* manslaughter.

preterire *vt (omettere)* to omit; *(non osservare, trasgredire)* to transgress; to break*.

preterito *agg* preterit(e); past.
□ *sm* **1** *(gramm.)* preterit(e) (tense). **2** *(scherz.: sedere)* posterior.

pretesa *sf* **1** *(presunzione)* pretension; pretence; claim: *non aver pretese,* to have no pretensions; to lay no claims — *Non ho pretese di eleganza,* I have no pretensions to elegance — *Non ho la pretesa di passare per esperto,* I lay no claims to being an expert; I don't want to set myself up as an expert — *avere la pretesa di...,* to pretend...; to claim... — *Ha la pretesa di essere un grand'uomo,* He claims (He pretends) to be a great man — *senza pretese (pretesa), (agg.)* unpretentious; *(avv.)* unpretentiously — *una persona senza pretese,* an unpretentious person. **2** *(richiesta, esigenza, spesso eccessiva)* claim; demand: *avanzare delle pretese,* to make claims — *Suo marito è un uomo di molte (poche) pretese,* Her husband is a difficult (easy) man to please — *Hai molte pretese,* You expect a great deal — *Non ho la pretesa di riuscire,* I don't expect to succeed — *Non avrai la pretesa che ti dica tutto,* You don't really expect me to tell you everything, do you? — *Indicare pretese, (nelle offerte di impiego)* State salary required. **3** *(pretesto)* pretence: *con la pretesa di,* under pretence of.

pretesco *agg (spreg.)* priestly.

preteso *agg* **1** *(reclamato)* claimed; demanded. **2** *(ritenuto)* pretended; supposed; alleged; asserted.

pretesto *sm* pretext; pretence; excuse; *(occasione)* opportunity: *Sono tutti pretesti,* That's all pretence — *sotto il pretesto di...,* on (*o* under) the pretext of...; under cover of... — *cogliere un pretesto per fare qcsa,* to find a pretext for doing sth.

pretore *sm* **1** *(stor. romana)* praetor. **2** *(dir.)* magistrate.
pretorio *agg (stor.)* praetorian.
□ *sm (stor. mil.)* praetorium.
pretto *agg* pure; genuine; sheer; *(non adulterato)* genuine; unadulterated; unmixed; absolute; downright: *Questa è pretta ignoranza,* This is pure (*o* sheer, downright) ignorance.
pretura *sf* **1** *(dir.)* magistrate's court. **2** *(stor.: carica di pretore)* praetorship.
prevalente *agg* prevalent; prevailing; *(predominante)* predominant; predominating; leading; ruling.
prevalentemente *avv* prevalently; in the main.
prevalenza *sf* **1** prevalence; prevailing; *(predominanza, supremazia)* supremacy: *essere in prevalenza,* - **a)** to be in the majority - **b)** to be mainly (*o* mostly): *Erano in prevalenza (dei) turisti stranieri,* They were mainly foreign tourists. **2** *(idraulica)* head.
prevalere *vi* **1** *(vincere)* to prevail. **2** *(predominare)* to predominate; *(di persona, anche)* to surpass; to excel.
□ **prevalersi** *v. rifl (servirsi)* to avail oneself (of sth); to take* advantage (of sth).
prevaricare *vi* **1** *(trasgredire)* to be* dishonest. **2** *(abusare del potere)* to abuse one's power.
prevaricazione *sf* **1** *(trasgressione)* dishonesty. **2** *(abuso di potere)* abuse of power.
prevedere *vt* **1** to foresee*; *(presagire)* to foretell*; to predict; to forecast*; *(aspettarsi)* to expect; to anticipate: *Prevedo che ci saranno guai,* I anticipate trouble — *Era da prevedere!,* It was (only) to be expected! — *prevedere il futuro,* to foretell the future. **2** *(di legge, di contratti)* to provide for; to envisage: *nei modi previsti dalla legge,* in the manner provided for by the law.
prevedibile *agg* predictable: *Tutto ciò era prevedibile,* All that could have been foreseen.
prevedibilmente *avv* predictably; forseeable.
preveggente *agg* cautious; provident.
preveggenza *sf* caution; foresight.
prevenire *vt* to precede; to anticipate; *(mettere sull'avviso)* to forewarn; *(informare)* to inform; *(evitare)* to avoid; to prevent; to avert; to ward off: *prevenire una malattia,* to prevent an illness.
preventivare *vt* to make* an estimate; to estimate.
preventivato *agg* estimated: *Questa è per ora una spesa non preventivata,* No estimate has yet been made for this expense.
preventivo *agg* preventive; *(med.)* preventive; prophylactic: *carcere preventivo,* preventive detention — *bilancio preventivo, (comm.)* budget — *un calcolo preventivo,* an estimate; a rough estimate.
□ *sm (comm.)* estimate; *(offerta di pagamento)* tender: *fare un preventivo,* to make an estimate; to budget; *(una offerta di pagamento)* to tender.
prevenuto *agg (informato)* informed; acquainted; *(avvisato)* forewarned; *(mal disposto)* prejudiced; bias(s)ed; ill-disposed: *essere prevenuto contro qcno,* to be ill-disposed towards sb.
□ *sm (dir.)* accused.
prevenzione *sf* **1** *(il prevenire)* prevention; preventing; *(misura preventiva)* precautionary measure: *prevenzione infortuni,* accident prevention. **2** *(preconcetto)* prejudice; bias: *senza prevenzioni,* without prejudice; unbias(s)ed — *avere delle prevenzioni contro qcno,* to be prejudiced against sb; to be bias(s)ed against sb.
previdente *agg* provident; prudent.
previdentemente *avv* prudently.
previdenza *sf* thrift; foresight; providence *(ant.)*: *previdenza sociale,* social security — *fondo di previdenza,* national insurance fund — *una persona di grande previdenza,* a (very) far-sighted man — *mancare di previdenza,* to lack foresight; to be short-sighted.
previdenziale *agg* social security *(attrib.)*.
previo *agg* previous; preceding; prior (to); subject (to); *(talvolta, comm.)* against: *previo avviso,* upon notice — *previo esame,* subject to examination — *previo pagamento,* against payment.
previsione *sf* **1** *(il prevedere)* prevision; expectation; *(cosa prevista)* forecast; prediction: *in previsione di,* in anticipation of — *al di là di ogni previsione,* beyond expectation — *secondo le previsioni,* according to expectation(s) — *le previsioni meteorologiche,* the weather forecast. **2** *(comm.)* estimate: *previsione delle spese,* estimate of expenditure — *bilancia di previsione,* budget.
previsto *agg* foreseen; forecast; *(di orari)* scheduled; *(comm.)* estimated; *(dir.)* provided (for): *un avvenimento previsto,* a foreseen event — *all'ora prevista,* at the scheduled time — *la spesa prevista,* the estimated expenditure — *un caso previsto dalla legge,* a case provided for by law.
□ *sm* (what is) expected: *secondo il previsto,* as expected — *più del previsto,* more than expected; *(più a lungo)* longer than expected — *prima del previsto,* earlier than expected.
prevosto *sm (parroco)* parish priest.
preziosamente *avv* preciously.
preziosismo *sm* preciosity; affected style; mannered writing.
preziosità *sf* **1** preciousness; great value. **2** *(fig.: ricercatezza)* preciosity.
prezioso *agg* **1** precious *(vari sensi)*; *(di gran pregio, anche fig.)* precious; of great value; invaluable; *(di gran prezzo)* of great price; costly: *un aiuto prezioso,* an invaluable help — *rendersi prezioso,* to keep to oneself. **2** *(ricercato)* affected; precious.
□ *sm* jewel; valuable *(generalm. al pl.)*.
prezzemolo *sm* parsley: *prezzemolo velenoso,* fool's parsley. □ *essere come il prezzemolo, (fig.)* to be present everywhere; to have a finger in every pie; *(essere un ficcanaso)* to be a nosey parker; to be a busybody — *vecchio come il prezzemolo,* as old as the hills.
prezzo *sm* **1** price: *prezzo lordo (netto),* gross (net) price — *prezzo all'ingrosso (al minuto),* wholesale (retail) price — *prezzo minimo,* minimum (*o* lowest) price; *(ad un'asta)* reserve price — *prezzo di costo,* cost price — *prezzo di listino,* list price — *prezzo di copertina,* published price — *prezzo di vendita,* selling price — *prezzo al pubblico,* selling price; retail price — *prezzo fisso,* fixed price — *metà prezzo,* half-price — *prezzo ridotto, (per venditori)* trade price — *prezzo di favore,* special price — *prezzo globale,* overhead price — *ultimo prezzo,* bottom price — *vendere a poco prezzo,* to sell at a low price; to sell cheap — *vendere qcsa a caro prezzo,* to sell sth at a high price — *praticare buoni prezzi,* to charge fair prices — *ridurre i prezzi al minimo,* to cut prices close — *diminuzione di prezzi,* fall in prices — *pattuire il prezzo,* to agree the price — *non aver prezzo,* to have no price; to be beyond price. **2** *(costo)* cost; price; *(tariffa)* fare; fee; *(al pl.: condizioni)* terms; charges: *a qualunque prezzo,* at any cost (*o* price) — *a prezzo del proprio onore,* at the cost of one's good name — *prezzo del biglietto ferroviario,* train fare — *prezzo d'ingresso,* admission fee. **3**

(valore) value; worth: *cosa di poco prezzo,* thing of little value (*o* worth).
□ *tenere qcsa in gran prezzo,* to hold sth in high esteem — *vendere la vita a caro prezzo,* to sell one's life dearly — *pagare qcsa a caro prezzo,* to pay dearly for sth — *tirare sul prezzo,* to haggle — *discutere sul prezzo,* to bargain — *prezzo del silenzio,* hush-money — *offrire ad un prezzo inferiore,* to underquote — *flessione nei prezzi,* sag — *fare il prezzo, (valutare)* to value — *prezzo dazio compreso (non compreso),* duty paid (unpaid) — *alzare (abbassare) i prezzi (al mercato),* to bull (to bear) the market — *listino dei prezzi, (Borsa)* Stock Exchange quotations — *mettere a prezzo la propria onestà,* to accept bribes.

prezzolare *vt (assoldare)* to hire; *(corrompere)* to bribe.

prezzolato *agg* hired; mercenary: *stampa prezzolata,* venal press.

prigione *sf* **1** *(luogo)* prison; jail; gaol; *(pena)* imprisonment; detention; confinement: *dieci anni di prigione,* ten years' jail; ten years in prison; ten years' imprisonment — *mandare (mettere) qcno in prigione,* to send sb to prison; to put sb in prison; to put sb away — *marcire in prigione,* to rot in jail; to languish in prison — *prigione di rigore,* solitary confinement. **2** *(fig.)* prison; dungeon.

prigionia *sf* imprisonment; captivity; detention; incarceration.

prigioniero *agg* imprisoned; confined; shut up; *(mil.)* taken prisoner.
□ *sm* **1** prisoner: *un prigioniero di guerra,* a prisoner of war *(spesso abbr.* P.O.W.*)* — *fare prigioniero qcno,* to take sb prisoner. **2** *(mecc.)* stud bolt.

[1]**prima I** *avv* **1** before: *Ne so meno di prima,* I know less now than I did before — *Ne so quanto prima,* I know as much as I did before — *Si stava meglio prima,* We were better off before — *molto prima,* long before; a long time before — *poco prima,* a short time before — *dieci pagine prima,* ten pages back — *Non sono più quello di prima,* I am not the man I was before; I am but a pale shadow of my former self — *Siamo più amici di prima,* We are closer friends than ever. **2** *(più presto)* earlier; sooner: *Cerca di alzarti qualche minuto prima,* Try to get up a few minutes earlier — *prima o poi,* sooner or later — *quanto prima,* as soon as possible; very soon; as soon as you (I, he, *ecc.*) can. **3** *(in anticipo)* beforehand; in advance: *Dovresti dirle tutto prima,* You should tell her everything in advance. **4** *(per primo, in primo luogo)* first: *Prima studia, poi gioca,* Study first, play afterwards — *Prima io, poi tu,* First me, then you. **5** *(una volta)* once; formerly: *Prima sapevo suonare il piano,* I could play the piano once — *Prima ci si divertiva così,* Formerly we used to amuse ourselves this way.

II prima di *prep* **1** before: *Prima di partire le dirò tutto,* Before I leave I'll tell her everything — *prima di dormire,* before going to sleep — *prima delle otto,* before eight o'clock — *prima di voi,* before you — *prima di Cristo,* before Christ *(abbr.* B.C.*)*. **2** *(piuttosto)* rather than; sooner than: *Prima la morte che il disonore,* Rather death than dishonour. □ *prima di tutto,* first of all.

III prima di (prima che) *congiunz* before: *Vieni prima che sia troppo tardi!,* Come before it is too late! □ *prima che posso,* as soon (as early) as I can — *Prima che ho potuto,* As soon as I was able; As early as I could.

[2]**prima** *sf* **1** *(di classe scolastica)* first class; first grade *(USA)*; *(di scuola media, di liceo)* first form; *(di liceo, ecc.)* first year. **2** *(di treno, nave)* first class; first: *una cabina di prima,* a first-class cabin. **3** *(teatro)* first night; opening night; première. **4** *(scherma e ginnastica)* basic position; initial position: *mettersi in prima,* to stand to attention. **5** *(comm.)* first: *prima di cambio,* first of exchange. **6** *(nel cambio dell'automobile)* first gear; first. **7** *(della giornata canonica)* prime. **8** *(alpinismo)* first ascent. □ *sulle prime; a tutta prima,* first.

primariamente *avv* primarily; in the first place.

primario *agg* primary; *(primo)* first; *(principale)* principal; chief; head; most important: *una scuola primaria,* a primary school *(GB)* — *l'era primaria,* the Primary era — *il (medico) primario,* the chief (*o* head) physician — *un particolare di primaria importanza,* a detail of the greatest (of primary) importance.

primate *sm* **1** *(vescovo)* primate. **2** *(zool.)* primate.

primatista *sm e f.* record-holder.

primato *sm* **1** *(superiorità)* supremacy; primacy; pre-eminence: *avere (tenere) il primato,* to hold the supremacy. **2** *(sport, ecc.)* record: *a tempo di primato,* in record time — *avere (tenere) il primato,* to hold the record — *segnare (battere) un primato,* to set up (to break, to beat) a record.

primavera *sf* **1** Spring *(anche fig.)*: *la prossima (la scorsa) primavera,* next (last) Spring — *un giorno di primavera,* a Spring day — *avere molte primavere, (fig.)* to be very old; to have seen many summers; to be advanced in years. **2** *(fiore)* cowslip.

primaverile *agg* Spring *(attrib.)*: *stagione primaverile,* springtime.

primeggiare *vi* to excel; to be* pre-eminent; to take* the lead: *In quale sport primeggia?,* What sport does he excel in (*o* at)?

primiera *sf* **1** *(antico gioco di carte)* primero. **2** *(nella scopa e nello scopone)* combination of the first cards in each suit.

primigenio *agg* primaeval; primitive; primordial.

primitivamente *avv* primitively.

primitivo *agg* **1** *(originario, iniziale)* original; early; ancient: *il significato primitivo,* the original meaning — *gli abitanti primitivi,* the early (the ancient) inhabitants. **2** *(fig.: rozzo)* primitive; rude; *(semplice)* simple; *(antico, sorpassato)* old-fashioned: *l'arte primitiva,* primitive art. **3** *(gramm.)* primitive; radical; primary: *un nome primitivo,* a primitive (a primary, a radical) word; a root-word. **4** *(med.)* primary.
□ *sm* **1** primitive man *(pl.* men*)*; aborigine; aboriginal. **2** *(fig.)* uncultured (*o* simple) person. **3** *(arte)* primitive.

primizia *sf* **1** *(di frutta)* first fruit; early fruit; *(di verdura)* first vegetable; early vegetable; primeur *(fr.)*; *(stor., al pl.)* first fruits. **2** *(notizia)* latest news; *(fam.)* hot news; scoop. **3** *(novità)* novelty.

primo I *agg* **1** first: *il primo mese dell'anno,* the first month of the year — *i primi due (tre, ecc.) libri,* the first two (three, *ecc.*) books — *a prima vista,* at first sight — *i primi passi,* the first steps — *il primo nato,* the first-born — *il primo venuto,* the first comer — *(ferrovia) prima classe,* first-class — *prima mano di colore,* first coat of colour — *di prima mano,* first-hand — *prima persona, (gramm.)* first person — *ustioni di primo grado,* first-degree burns — *il primo piano,* the first floor; *(USA)* the second floor — *Fui uno dei primi a sospettare la tresca,* I was one of the first to suspect the plot — *in primo luogo,* in the first place; first of all — *in un primo tempo,* at first; at the start — *dal primo momento,* from the very first — *Elisabetta I,* Elizabeth the First. **2** *(precedente, primo di due)* former: *Tornò al suo primo lavoro,* He went back to his former work — *Preferisco il primo scrittore al secondo,* I prefer the former writer to the latter — *tornare ai primi amori,* to go back to one's former love. **3** *(iniziale)* early: *di prima mattina,* early in the morning — *nelle prime ore del mattino,* in the early hours of the morning — *i primi Cristiani,* the early Christians — *la prima giovinezza,* early youth. **4** *(prossimo)* next; first: *Scenderemo alla prima fermata,* We'll get down at the next stop — *partire col primo treno (aereo),* to leave by the first (the next) train (plane) — *la prima casa dopo la stazione,* the first (the next) house after the station. **5** *(principale, più importante)* chief; principal; main; foremost; *(migliore)* best: *È una delle prime ditte della città,* It's one of the principal (of the best) firms in the town — *Ecco la prima ragione del mio rifiuto,* That's the main reason for my refusal.

□ *prima copia,* master copy — *prima donna, (teatrale)* leading lady; *(opera)* prima donna — *primo violino,* first violin; leader — *Primo Ministro,* Prime Minister — *prima offerta, (comm.)* upset price — *primo piano,* foreground; *(cinematografia)* close-up — *in primo piano,* in the foreground — *(fig.) di primo piano (ordine),* first-rate — *uno scrittore di primo piano (ordine),* a first-rate writer — *numeri primi,* prime numbers — *minuto primo,* minute — *materia prima,* raw material — *Crede che io sia il primo venuto,* He thinks I am a nobody.

II *sm* **1** (the) first; *(il migliore)* the best; the top: *il primo di giugno,* the first of June — *È tra i primi della sua squadra,* He is among the best in his team — *essere il primo della classe,* to be the top of the form — *essere la prima canzone in classifica,* to be the top of the pops. **2** *(pl.: i primi giorni)* the beginning: *ai primi di settembre,* at the beginning of September — *ai primi del Novecento,* in the early twentieth century. □ *il primo dell'anno,* New Year's Day — *il primo d'aprile,* All Fools' Day — *il primo dei figli, (di due)* the elder son; *(di tre o più)* the eldest son.

primogenito *agg* first-born. □ *sm* eldest son.

primogenitore *sm* progenitor.

primogenitura *sf* primogeniture.

primordiale *agg* primordial; original.

primordio *sm (soprattutto al pl.: inizio, origine)* beginning; origin; outset: *i primordi della civiltà,* the dawn of civilization.

primula *sf* primula; *(talvolta = primavera, primula acaulis)* primrose; *(primavera odorosa)* cowslip.

principale *agg* **1** principal; main; chief; most important; foremost; major: *la cosa principale,* the main thing — *la strada principale,* the main road (*o* street) — *il poeta principale di quel periodo,* the foremost poet of the age — *le sue opere principali,* his major works. **2** *(comm.)* head: *la sede principale della nostra ditta,* the head office of our firm.

□ *sm* head; chief; principal; *(fam.)* boss; *(direttore)* manager; *(padrone)* master: *Chi è il principale qua dentro?,* Who's in charge here?

principalmente *avv* principally.

principato *sm* **1** *(ufficio, dignità)* princedom; *(storia romana)* principate; *(territorio)* principality; princedom. **2** *(pl.: gerarchia angelica)* principalities.

principe *sm* prince *(anche fig.)*: *principe consorte,* prince consort — *un principe del sangue (di Casa Reale),* a prince of the blood (royal) — *il principe delle tenebre,* the prince of darkness — *il principe azzurro, (fig.)* prince charming — *vivere come un principe,* to live like a prince.

□ *(attrib.) edizione principe,* editio princeps *(lat.)*: original edition.

principescamente *avv* in a princely way (*o* manner).

principesco *agg* princely; princelike: *Hanno una casa principesca,* They have a splendid house.

principessa *sf* princess: *la Principessa Anna,* Princess Anne.

principiante *sm e f.* beginner; learner; *(apprendista)* apprentice; *(fig., anche)* novice: *un lavoretto da principiante,* a very easy piece of work; *(fam.)* kid's stuff.

principiare *vt e i.* to begin*; to start; to commence: *Principiò a cantare da giovane,* He started singing (He began singing) at an early age — *a principiare dalla prossima settimana,* as (*o* starting) from next week.

principio *sm* **1** beginning; start; commencement *(linguaggio formale e in USA)*: *al principio del mese (dell'anno),* at the beginning of the month (the year) — *proprio dal principio,* from the very beginning; right from the start — *incominciare dal principio,* to start from the beginning; to begin at the beginning; to begin from the start — *dal principio alla fine,* from beginning to end; from start to finish — *al (in, sul) principio,* at the beginning; at first — *il principio della fine,* the beginning of the end. **2** *(legge, norma)* principle: *il principio di Archimede,* the principle of Archimedes — *principi morali,* moral principles — *i principi della fisica,* the principles of physics — *Lo feci per principio,* I did it on principle — *È un uomo di sani principi,* He is a man of sound principles; He is a good-principled man — *essere senza principi,* to have no principles; to be an unprincipled person — *partire dal principio che...,* to start from the principle that... **3** *(causa, origine)* cause; origin: *Dio, principio dell'universo,* God, the prime cause of the universe — *il principio del bene e del male,* the origin of good and evil. **4** *(chim.)* principle.

priora *sf* prioress.

priorato *sm* priorship.

priore *sm (in vari sensi)* prior.

priori *(nella locuzione avverbiale) a priori,* a priori.

priorità *sf* priority; precedence: *azioni di priorità, (comm.)* preference shares; privileged stock — *avere la priorità,* to take priority.

prioritario *agg* priority *(attrib.)*.

prisma *sm* prism *(anche fig.)*.

prismatico *agg* prismatic.

pristino *agg* former; original; pristine *(lett.)*: *rimettere qcsa in pristino,* to restore sth to its former state.

privare *vt* to deprive; to take* away; *(rendere orfano, ecc. e fig.)* to bereave*; *(rifiutare, negare)* to deny: *privare qcno dell'onore,* to deprive sb of honour — *Non lo privai di niente,* I didn't deny him anything — *privare della vista,* to blind — *privare qcno della vita,* to kill sb; to take sb's life.

□ **privarsi** *v. rifl* to deprive oneself; *(negarsi)* to deny oneself; *(rinunciare a)* to give* up sth: *Perché dovrei privarmi del fumo?,* Why should I give up smoking?

privatamente *avv* **1** *(segretamente)* privately; in confidence. **2** *(da privato)* privately.

privatista *sm e f.* private pupil; private student; *(ad un esame)* external candidate.

privativa *sf (esclusiva)* sole right; patent right; *(monopolio)* monopoly: *generi di privativa,* monopolies.

privativo *agg* privative *(anche gramm.);* depriving.

privato *agg* **1** private: *la sua vita privata,* his private life; his privacy — *una faccenda privata,* a private (a personal) matter — *un segretario privato,* a private secretary; a confidential clerk — *in privato; in forma privata,* privately; in private; confidentially — *ritirarsi a vita privata,* to retire. **2** *(privo)* deprived; bereaved; bereft.
□ *sm* private (*o* ordinary) citizen; member of the public: *Non si vende ai privati,* Trade sales only; Wholesale only; No retail sales — *Non trattiamo con i privati,* We don't deal with members of the public; We don't deal direct with the public.

privatore *sm* depriver. □ *agg* depriving.

privazione *sf (il privare, l'essere privato)* deprivation; *(sacrificio)* sacrifice.

privilegiare *vt (concedere un privilegio)* to bestow a privilege (on sb); *(concedere un favore)* to grant sb a privilege.

privilegiato *agg* **1** privileged; *(fig.: dotato)* gifted: *i pochi privilegiati,* the privileged few — *un individio privilegiato,* a privileged (a gifted) man. **2** *(comm.)* privileged; preferred; preferential; preference: *credito privilegiato,* preferential credit — *azioni privilegiate,* preference *(USA* preferred*)* shares; privileged stock.

privilegio *sm* privilege; *(onore, distinzione)* honour; privilege; *(prerogativa)* prerogative; *(vantaggio)* advantage; *(dote)* gift.

privo *agg* devoid (of); void (of); destitute (of); *(privato, orbato)* deprived (of); bereft (of); *(mancante)* lacking in; wanting in: *privo di valore legale,* devoid of legal effect — *privo di logica,* lacking in logic — *privo di fastidi,* carefree — *privo di utilità,* useless — *privo di significato,* meaningless — *privo di sole,* sunless — *privo di luce,* dark — *essere privo di qcsa,* to be without sth — *essere privo di tutto,* to be in want and misery; *(fam.)* to be as poor as a church mouse.

[1]**pro** *sm* **1** *(vantaggio)* benefit; advantage; use; good: *A che pro?,* What for?; What's the use? — *Buon pro ti faccia,* May it do you good — *Buon pro!,* Good health! — *a pro di qcno,* for sb's good — *senz'alcun pro,* to no advantage. **2** *il pro e il contro,* the pro(s) and con(s); the reason for and against, both sides of a (of the) question — *valutare i pro ed i contro,* to weigh the pros and cons.

[2]**pro** *prep* for; in favour of; on behalf of; for the benefit of: *pro memoria,* as a reminder; pro memoria — *pro forma,* for form's sake; as a matter of form; *(comm.)* pro forma — *pro domo sua,* in one's own interest.

[3]**pro** *prefisso* pro-; vice-; deputy: *pro-sindaco,* acting (*o* deputy) mayor *pro-rettore,* pro-rector — *pro-direttore,* deputy manager.

probabile *agg* probable; *(verosimile)* likely: *È abbastanza probabile,* It's fairly probable; It's likely enough — *È probabile che arrivi domani,* He'll probably come tomorrow; He's likely to come tomorrow — *probabilissimo,* very likely.

probabilismo *sm* probabilism.

probabilità *sf* probability *(anche matematica);* likelihood; chance; *(al pl. anche)* odds: *Ha molte probabilità di successo,* He has a good chance of success (of succeeding); He will succeed as likely as not — *una probabilità su cento,* one chance in a hundred — *la minima probabilità,* the slightest (the least) chance — *con tutta probabilità,* in all probability; very probably; most likely.

probabilmente *avv* probably: *Probabilmente hai ragione,* You are probably right.

probante, probativo, probatorio *agg* convincing; *(dir.)* probative.

probità *sf* probity; uprightness; honesty; integrity.

probiviri *sm pl* arbiters; arbitrators.

problema *sm* **1** *(matematica)* problem. **2** *(questione complicata)* question; problem.

problematica *sf* problems *(pl.).*

problematico *agg* problematic(al); *(difficile)* difficult; *(sconcertante)* puzzling; *(incerto)* uncertain.

probo *agg* honest; righteous; upright.

proboscide *sf* **1** *(di insetto)* proboscis *(pl.* proboscises*); (di elefante)* trunk. **2** *(scherz.)* beak; proboscis.

proboviro *sm* ⇨ **probiviri.**

procacciante *agg (spreg.)* profit-hunting.

procacciare *vt,* **procacciarsi** *v. rifl* to get*; to obtain; to get* hold of: *procacciarsi il lavoro,* to get a job — *procacciarsi dei guai,* to get into trouble — *procacciarsi la fiducia di qcno,* to gain sb's confidence — *procacciarsi fama,* to get a reputation; to win fame.

procacciatore *sm,* **procacciatrice** *sf* **1** *(spreg.)* tout. **2** person who sells on commission; dealer: *procacciatore d'affari,* dealer.

procace *agg* cheeky; saucy; impudent; pert; *(provocante)* provoking; *(inverecondo)* immodest; licentious.

procacemente *avv* impudently; cheekily.

procacia, procacità *sf (audacia)* impudence; effrontery; *(sfrontatezza)* shamelessness; *(fam.)* sauciness.

[1]**procedere** *vi* **1** *(in vari sensi, anche fig.)* to proceed *(piuttosto formale);* to go* (on); to continue; *(agire)* to act: *prima di procedere oltre,* before proceeding (before going) any further — *Procedete nel lavoro!,* Please go on (Please proceed) with your work! — *Gli affari procedono bene,* Business is going (on) well — *procedere di buon passo,* to proceed (to walk) at a good pace — *procedere lentamente,* to proceed slowly — *Bisogna procedere con molta cautela,* We must act (We must proceed) very cautiously — *Non mi piace molto il suo modo di procedere,* I don't much like his way of acting *(più fam.* of going on*).* **2** *(iniziare)* to start: *Si proceda al sorteggio,* Let's start drawing lots — *procedere alla votazione,* to start voting; to put (sth) to the vote. **3** *(derivare)* to originate: *Tutto procede dalla vostra ingenuità,* Everything originates (*o* proceeds) from your credulity. **4** *(dir.)* to proceed (against sb); to take* proceedings (against sb): *non luogo a procedere,* nonsuit.

[2]**procedere** *sm* **1** *(il passare, il progredire)* passing; progress: *col procedere degli anni,* with the passing of the years; in the course of time. **2** *(comportamento, condotta)* conduct; behaviour.

procedimento *sm* **1** *(il procedere)* course: *il procedimento dei fatti,* the course of events. **2** *(dir.)* proceedings *(pl.);* process: *iniziare un procedimento contro qcno,* to start (to take) proceedings against sb. **3** *(tec., ecc.: processo)* process: *un procedimento di fabbricazione,* a manufacturing process. **4** *(metodo, maniera)* way of proceeding. **5** *(modo di comportarsi)* conduct; behaviour.

procedura *sf* procedure; practice; *(diritto processuale)* procedure: *secondo la procedura,* according to the usual procedure — *osservare la procedura,* to follow the normal practice — *codice di procedura,* code of procedure.

procedurale *agg* procedural.

procellaria *sf* storm (*o* stormy) petrel.

procelloso *agg (lett.)* stormy *(anche fig.);* tempestuous.

processare *vt (dir.)* to try: *Fu processato per furto,* He was tried for theft — *far processare,* to bring to trial; to prosecute.

processionaria *sf (entomologia)* processionary moth.

processione *sf* procession: *andare in processione,* to go in procession — *andare tutti in processione, (fig.)* to go around in a crowd — *fare come le processioni,* to come back to where one started from.

processo *sm* **1** *(in vari sensi)* process; *(corso, decorso)* course: *processo di sviluppo,* process of growth — *in processo di lavorazione,* in process (in course) of manufacture — *in processo di tempo,* in course of time — *il processo d'una malattia,* the course of an illness — *in processo di stampa,* in course of publication. **2** *(med., tec., chim., ecc.)* process: *processo infiammatorio,* inflammatory process — *processo chimico,* chemical process — *processo di laminazione,* rolling process — *processo delle camere di piombo, (chim.)* lead chamber process. **3** *(dir.)* trial; action; proceedings *(pl.);* case: *essere sotto processo,* to be on trial — *mettere qcno sotto processo,* to bring sb to trial — *intentare un processo contro qcno,* to bring an action against sb — *processo penale,* criminal trial — *processo civile,* civil proceedings (*o* lawsuit) — *perdere un processo,* to lose an action (a case) — *vincere un processo,* to win an action (a case). **4** *(med.)* process; processus: *processo ciliare, (anat.)* ciliary process. □ *processo verbale,* minutes *(pl.).*

processuale *agg* trial *(attrib.): spese processuali,* costs.

procinto *sm (solo nella locuzione) essere in procinto di fare qcsa,* to be on the point of doing sth; to be about to do sth: *Eravamo in procinto di andare a teatro,* We were on the point of going to the theatre.

proclama *sm* proclamation.

proclamare *vt* **1** to proclaim; to announce publicly; *(una legge)* to promulgate. **2** *(affermare decisamente)* to proclaim; to declare; to state: *proclamare la propria innocenza,* to proclaim one's innocence.

proclamatore *sm (banditore)* crier; town-crier.

proclamazione *sf* proclamation; public announcement; *(affermazione decisa)* declaration; statement.

proclive *agg* prone; inclined; *(disposto)* disposed; willing; ready.

procrastinamento *sm* putting off; postponement; procrastination.

procrastinare *vt* to postpone; to put* off; to defer. □ *vi* to procrastinate.

procrastinatore *sm* procrastinator. □ *agg* dilatory.

procrastinazione *sf* putting off; postponement; procrastination.

procreabile *agg* able to be procreated.

procreamento *sm* procreating; generating.

procreare *vt* to procreate; to generate; to beget*.

procreatore *sm* begetter; procreator. □ *agg* procreating.

procreatrice *sf* begetter; procreatrix.

procreazione *sf* procreation; begetting.

procura *sf* power of attorney; proxy; procuration: *lettera di procura,* letter (*o* power) of attorney — *avere la procura di qcno,* to stand proxy for sb — *dare la procura a qcno,* to grant a power of attorney to sb — *per procura,* by proxy; per pro (-curationem) — *sposarsi per procura,* to get married by proxy.

procurare *vt e i.* **1** to procure; to obtain; to provide; *(fam.)* to get*: *procurare un impiego a qcno,* to get sb a job — *procurarsi qcsa,* to procure (to obtain, to get) sth — *procurarsi da vivere (guadagnare),* to get (to earn) one's living; *(del cibo)* to get some food — *procurarsi dei guai,* to get into trouble. **2** *(causare)* to cause; to bring* about: *Gli procurò un sacco di guai,* It caused him a lot of trouble. **3** *(cercare, sforzarsi)* to try; to endeavour; *(trovare il modo)* to manage; *(fare in modo)* to see* (to it); *(assicurarsi)* to make* sure: *Procura di fare del tuo meglio,* Try and do your best.

procuratore *sm* **1** *(dir.)* attorney; *(lett.)* procurator. **2** *(dir., comm.: chi ha mandato di procura)* proxy.

procuratorio *agg (stor.)* procuratorial; *(di dottore in diritto)* relating to a lawyer.

proda *sf (terra)* land; *(sponda di mare)* shore; *(orlo, estremità, margine)* edge; border; side.

prode *agg* brave; valiant; daring.
□ *sm* brave man *(pl.* men*);* valiant man *(pl.* men*);* hero.

prodezza *sf* **1** *(valore)* bravery; prowess; daring; valour; courage: *affrontare il pericolo con prodezza,* to brave danger. **2** *(atto di valore)* exploit; brave deed; feat; *(fam.: bravata)* bravado; reckless act.

prodigalità *sf* **1** *(l'essere prodigo)* prodigality; lavishness; *(generosità)* generosity. **2** *(azione da prodigo)* extravagance; extravagancy; *(sperpero di denaro)* dissipation; squandering; waste of money.

prodigare *vt* to lavish; to bestow; to pour forth; to give* generously (*o* freely); to be* prodigal (of sth with sb): *Gli prodigò tutte le sue cure,* She lavished every care on him.
□ **prodigarsi** *v. rifl* to do* all one can; to do* one's best; to leave* no stone unturned.

prodigio *sm* prodigy; portent; *(meraviglia, cosa meravigliosa)* marvel; wonder: *È un prodigio di memoria,* He has a phenomenal memory — *fare prodigi, (fam.)* to work wonders.

prodigiosamente *avv* prodigiously.

prodigiosità *sf* prodigiousness.

prodigioso *agg* prodigious; miraculous; *(meraviglioso)* wonderful; marvellous.

prodigo *agg* prodigal; extravagant; lavish; *(generoso)* generous; unstinting: *il figliol prodigo,* the prodigal son — *fare il prodigo,* to play the prodigal.

proditoriamente *avv* treacherously.

proditorio *agg* treacherous.

prodotto *sm* **1** *(industria e matematica)* product; *(agricoltura, ecc.)* produce *(collettivo, usato solo al sing.): prodotto principale, caratteristico,* staple product — *prodotti semilavorati,* unfinished products — *prodotti di scarto,* waste products — *prodotti derivati,* by-products — *prodotti agricoli (caseari),* agricultural (dairy) produce — *prodotti chimici,* chemicals. **2** *(risultato, frutto)* result; product; fruit: *prodotto nazionale lordo,* gross national product. **3** *(med.: secrezione)* secretion. **4** *(zootecnia: discendenza)* breed; result; *(incrocio)* crossbreed.

prodromo *sm* **1** *(segno premonitore)* warning (*o* premonitory) sign; harbinger: *Erano i prodromi della prossima rivoluzione,* They were the premonitory signs of the coming revolution. **2** *(med.)* warning symptom; prodrome.

producibile *agg* producible.

produrre *vt* **1** *(in generale)* to produce; *(generare)* to generate; *(fruttare)* to yield *(anche fig.);* to bear*;

(fabbricare) to manufacture; to make*; to build*: *Questi campi non producono un buon raccolto da anni,* These fields have not produced (have not yielded) heavy crops for years — *produrre calore,* to generate heat — *La vendetta produce frutti amari,* Revenge yields bitter fruit — *un albero che produce frutti,* a tree which bears fruit — *La Germania ha prodotto molti grandi musicisti,* Germany has produced many great musicians — *produrre l'effetto contrario,* to produce the opposite effect — *produrre una commedia (un film),* to produce a play (a film) — *Queste automobili si producono in Italia,* These cars are made (are built, are manufactured) in Italy — *produrre qcsa su scala industriale,* to mass-produce sth. **2** *(talvolta: causare)* to cause; to give* rise to: *Il suo discorso produsse una grande delusione,* His speech caused (*o* gave rise to) great disappointment — *produrre danni,* to cause damage. **3** *(presentare)* to produce; *(mostrare)* to exhibit; to show*; *(dir.: citare)* to call; to bring* forward: *produrre documenti,* to produce (to exhibit, to show) documents — *produrre testimoni,* to call (to bring forward) witnesses.

□ **prodursi** *v. rifl* **1** *(esibirsi in pubblico)* to play; to appear: *prodursi nella parte di Macbeth,* to play Macbeth — *prodursi sulla scena,* to appear on the stage. **2** *(accadere)* to happen; to occur: *Questo fenomeno si è prodotto solo una volta nella storia,* This phenomenon has only happened once in history. **3** *(causare a se stesso)* to cause oneself: *prodursi una grave ferita,* to cause oneself a serious injury; to wound oneself badly.

produttivistico *agg* production *(attrib.)*

produttività *sf* productivity.

produttivo *agg* **1** *(che produce)* productive; fertile; fruitful: *terreno molto produttivo,* very fertile land — *un'industria produttiva,* a productive industry. **2** *(che dà un utile)* productive; yielding; bearing: *produttivo di un tagliando annuo,* yielding an annual dividend — *produttivo d'interesse (di reddito),* interest- (*o* revenue-) bearing — *spese produttive,* profit-yielding expenses. **3** *(comm.: riguardante la produzione)* production *(attrib.)*: *ciclo produttivo,* production cycle.

produttore *sm* **1** producer; *(fabbricante)* manufacturer; maker: *un produttore cinematografico,* a film producer — *un produttore di spazzolini da denti,* a tooth-brush manufacturer. **2** *(comm.: agente che procura clienti o contratti)* agent; salesman *(pl.* -men*)*; selling agent.

□ *agg* producing: *paesi produttori di petrolio,* oil-producing countries.

produzione *sf* **1** *(in genere)* production; *(fabbricazione)* manufacture: *produzione in serie,* mass production — *produzione artistica,* artistic production — *produzione drammatica,* theatrical production — *un articolo di produzione tedesca,* an article of German manufacture; a German-made article — *eccesso di produzione,* over-production — *spese di produzione,* production costs — *direttore della produzione, (in un'azienda)* production manager — *direttore di produzione (cinematografico),* producer. **2** *(quantità prodotta)* output; production: *diminuire la produzione annua,* to cut down yearly production (*o* annual output) — *capacità di produzione,* output capacity — *un autore di scarsa produzione,* a writer with a small output — *produzione per ora lavorativa,* output per man-hour. **3** *(l'atto di esibire)* production; exhibition; *(dir.: l'atto di citare)* calling; production: *produzione di documenti,* production (*o* exhibition) of documents — *produzione di testimoni,* production (*o* calling) of witnesses.

proemio *sm (lett.)* proem; *(prefazione)* introduction; preface.

profanamente *avv* profanely.

profanare *vt* to profane; to desecrate; *(fare uso indegno di qcsa)* to pollute; to defile; to violate: *profanare una tomba,* to violate a tomb — *profanare il ricordo di qcno,* to defile sb's memory.

profanatore *sm* profaner; desecrater.

profanazione *sf* profanation; desecration; *(fig.)* violation.

profanità *sf* profanity.

[1]**profano** *agg* **1** *(non sacro)* profane; secular; lay; *(irriverente)* profane; irreverent. **2** *(fig.: non esperto)* ignorant; unskilled; lay.

[2]**profano** *sm* **1** *(cosa non sacra)* profane: *il sacro e il profano,* the sacred and the profane. **2** *(persona non consacrata)* layman *(pl.* -men*)*: *i profani,* the laity. **3** *(fig.: persona non esperta)* non-expert; poor (*o* bad) judge; layman *(pl.* -men*)*.

proferibile *agg* fit to be uttered.

proferimento *sm* pronouncement; utterance.

proferire *vt* **1** *(pronunciare)* to utter; to pronounce; *(esprimere)* to express: *senza proferire parola,* without uttering a word. **2** *(offrire)* to offer; to proffer; to give*.

□ **proferirsi** *v. rifl* to offer (oneself): *Si proferì di aiutarmi,* He offered to help me.

professante *agg* professing.

professare *vt* **1** *(dichiarare apertamente)* to express; to declare; to state; *(una credenza)* to profess; to avow: *professare la propria riconoscenza,* to express one's gratitude. **2** *(esercitare una professione)* to practise.

□ **professarsi** *v. rifl* to profess (oneself); *(dichiararsi)* to declare (oneself).

professionale *agg* professional: *segreto professionale,* professional secret — *scuole professionali,* technical schools — *malattia professionale,* occupational disease.

professionalmente *avv* professionally.

professione *sf* **1** profession; *(dichiarazione pubblica)* declaration; acknowledgement: *una professione di fede,* a profession of faith — *fare professione di qcsa,* to profess (sth). **2** *(mestiere, occupazione)* occupation; *(intellettuale)* profession; *(vocazione)* calling: *una professione molto redditizia,* a very profitable profession — *di professione,* by profession; professional *(agg.)*; professionally *(avv.)* — *un giocatore di rugby di professione,* a professional rugby-player — *le libere professioni,* the professions; the liberal arts — *esercitare la professione di,* to practise the profession of; to profess (sth) — *vivere della propria professione,* to live off one's earnings — *fare qcsa di professione,* to do sth for a living.

professionista *sm* professional man *(pl.* men*)*; *(sport)* professional. □ *sf* professional woman *(pl.* women*)*.

professorale *agg* professorial; *(spreg.)* pedantic.

professorato *sm (universitario)* professorship; *(scolastico)* teaching post.

professore *sm (di scuole medie)* teacher; (school)master; *(incaricato universitario)* lecturer; assistant professor *(USA)*; *(titolare di cattedra universitaria)* professor: *il mio professore d'inglese,* my English teacher — *un professore d'orchestra,* an orchestra-player — *il prof. Satutto,* Professor Know-all.

professoressa *sf (di scuole medie)* teacher; schoolmistress; *(università: incaricata)* lecturer; *(titolare di cattedra)* professor: *una professoressa di pianoforte,* a piano teacher.

profeta *sm* prophet *(anche fig.); (per antonomasia)* Mahomet: *profeta di sventura (di sciagure),* prophet of doom; Cassandra — *profeta cattivo,* false prophet — *Sono stato profeta!,* I guessed right!; I prophesied correctly!

profetessa *sf* prophetess.

profeticamente *avv* prophetically.

profetico *agg* prophetic.

profetizzare *vt* to prophesy; to foretell*; to predict.

profezia *sf* prophecy.

profferire *vt* ⇨ **proferire**.

profferta *sf* offer; *(comm.)* offer; bid.

proficuamente *avv* usefully; advantageously.

proficuo *agg* profitable; useful; advantageous.

profilare *vt* **1** *(ritrarre in profilo)* to profile; to outline; to draw* in profile. **2** *(guarnire di orlatura)* to edge; to border; to trim. **3** *(mecc.)* to profile; *(aerodinamica)* to streamline.
□ **profilarsi** *v. rifl* to stand* out; to loom up; to be* outlined: *profilarsi all'orizzonte,* to loom up on the horizon.

profilassi *sf* preventive treatment; prophylaxis.

profilato *agg* **1** *(delineato nel contorno)* outlined; *(in profilo)* in profile; *(acuto, aguzzo)* sharp. **2** *(orlato)* edged; borded; trimmed.
□ *sm (mecc.)* section; section iron; profile: *profilato a doppio T,* H-beam — *profilato a L,* angle iron *profilato di acciaio,* structural steel.

profilatrice *sf* forming machine.

profilattico *agg* preventive; prophylactic.
□ *sm* contraceptive.

profilatura *sf (di abiti, ecc.)* bordering; edging; *(mecc.)* profiling; forming.

profilo *sm* **1** *(del volto, ecc.)* profile; *(linea di contorno)* contour; outline; *(archit.)* profile; section; *(schizzo)* sketch: *un profilo delicato,* a delicate profile — *di profilo,* in profile — *eseguire un profilo,* to sketch out an outline; to draw an outline. **2** *(breve studio, monografia)* summary; outline; monograph: *un profilo della letteratura nordamericana,* an outline of North American literature — *un ottimo profilo del Manzoni,* an excellent monograph on Manzoni — *il suo profilo psicologico,* his psychological profile. **3** *(tec.)* profile; contour: *profilo alare,* wing contour — *piano con profilo aerodinamico,* aerofoil; airfoil — *profilo della filettatura, (mecc.)* thread form — *profilo dell'eccentrico,* cam contour; cam track — *profilo a evolvente,* involute profile.

profittare *vi* **1** *(avvantaggiarsi, trar profitto)* to take* advantage (of); to profit (by, from); to avail oneself (of): *profittare dei consigli di qcno,* to profit by sb's advice — *profittare di un'occasione,* to avail oneself of an opportunity. **2** *(abusare, profittare malamente)* to abuse; to take* (undue) advantage (of): *Profittò vergognosamente della sua amicizia,* She shamelessly abused his friendship. **3** *(guadagnare)* to make* a profit. **4** *(progredire, trar profitto)* to progress; to make* progress; *(migliorare)* to improve.

profittatore *sm* exploiter: *profittatore di guerra,* war profiteer.

profittevole *agg* profitable; useful; advantageous.

profitto *sm* **1** *(comm.)* profit; *(reddito)* income; *(guadagno su un investimento)* return: *profitto lordo (netto),* gross (net) profit — *conto profitti e perdite,* profit and loss account — *i profitti della vendita di beni immobili,* the profits from the sale of real estate — *partecipazione ai profitti,* profit-sharing. **2** *(vantaggio)* advantage; benefit: *trarre profitto da qcsa,* to take advantage of sth; to profit by sth — *studiare con profitto,* to study with profit — *a profitto di,* for the benefit of — *trarre profitto da una cura,* to feel the benefit of a treatment — *Che profitto ne abbiamo avuto?,* What good did it do us? — *mettere a profitto il tempo,* to make good use of one's time. **3** *(a scuola: progresso negli studi)* achievement; progress; (final) results.

profluvio *sm* **1** *(abbondante flusso)* flood. **2** *(fig.)* stream; flood; *(di gente)* crowd.

profondamente *avv* deeply; deep; *(fig.)* deeply; profoundly; intensely; seriously: *profondamente addormentato,* sound asleep; fast asleep — *dormire profondamente,* to sleep soundly; to sleep like a log.

profondere *vt* to squander; to lavish; to bestow freely; to give* profusely; *(fig.)* to lavish; to pour forth: *profondere denaro e salute,* to squander one's money and health — *profondere lodi,* to lavish praise.
□ **profondersi** *v. rifl* to be* profuse; to be* lavish: *profondersi in mille scuse,* to be profuse in one's apologies — *profondersi in inchini,* to bow to everybody; to bow right and left — *profondersi in ringraziamenti,* to go on thanking everybody.

profondità *sf* depth; *(fig.)* depth; profundity; deepness: *Il lago ha una profondità di venti metri,* The lake is twenty metres deep; The lake is twenty metres in depth — *nella profondità della notte,* in the depth(s) of night; at dead of night — *un'indagine in profondità,* an investigation in depth — *la profondità del suo pensiero,* the profundity of his thought.
□ *profondità del timone, (naut.)* immersion of the rudder — *profondità d'immersione,* draught — *linea di profondità, (naut.)* fathom line; contour line — *misuratore di profondità,* depthometer — *timone di profondità, (aeronautica)* elevator.

profondo *agg* **1** deep: *L'acqua qui non è profonda,* The water is not deep (is shallow) here — *una profonda ferita,* a deep wound — *un suono profondo,* a deep sound — *silenzio profondo,* dead silence — *notte profonda,* the still of the night; the depth of night. **2** *(fig.)* deep; profound; *(grande)* great; *(forte)* strong; intense; deep-rooted; *(amaro)* bitter: *un profondo amore per tutti,* a deep-rooted love for everybody — *una profonda delusione,* a bitter disappointment — *un discorso profondo,* a profound speech — *uno scrittore profondo,* a profound writer.
□ *sm* depth: *dal profondo dell'oceano,* from the depth(s) of the ocean — *nel profondo delle tenebre,* in the dead of night — *nel profondo di sé, dell'animo, del suo cuore,* in the depths of his heart.

profugo *sm* refugee; fugitive. □ *agg* fugitive *(attrib.)*.

profumare *vt* to perfume; to scent: *profumare il fazzoletto,* to scent (to put* scent on) one's handkerchief.
□ **profumarsi** *v. rifl* to perfume oneself; to use scent: *Non mi profumo mai,* I never use scent.

profumatamente *avv* **1** *(generosamente)* generously; liberally; lavishly. **2** *(eccessivamente)* eccessively; dearly: *pagare profumatamente,* to pay dearly; to pay through the nose.

profumato *agg* **1** *(emanante profumo)* sweet-smelling; *(cosparso di profumo)* perfumed; scented: *rose profumate,* sweet-smelling roses — *un fazzoletto pro-*

fumato, a scented handkerchief. **2** *(fig.: generoso)* generous; liberal; lavish.

profumeria *sf (negozio)* perfumery; perfumer's shop; *(arte del preparare i profumi)* perfumery; *(profumi veri e propri)* perfumes; scent.

profumiere *sm* perfumer.

profumo *sm* scent; perfume; fragrance *(anche fig.)*: *il profumo dei fiori,* the scent of flowers — *una boccetta di profumo,* a bottle of perfume (of scent) — *il profumo della giovinezza,* the fragrance of youth — *mandar profumo,* to smell sweet — *Che profumo mandano queste rose!,* How sweet these roses smell!

profusione *sf* profusion; abundance: *a profusione,* in profusion — *fare promesse a profusione,* to make promises left, right and centre — *dare a profusione,* to give lavishly.

profuso *agg* profuse; lavish.

progenie *sf* progeny; offspring; issue; descendants *(pl.)*; stock.

progenitore *sm* ancestor; progenitor.

progenitrice *sf* ancestress; progenitrix *(pl.* progenitrices*)*.

progettare *vt* to plan; to project; to design: *progettare un viaggio,* to plan a journey — *progettare la costruzione d'un nuovo ospedale,* to plan the building of a new hospital.

progettazione *sf* planning; design.

progettista *sm e f.* planner; author (of a project); *(mecc.)* design engineer.

progetto *sm* plan; project; design; *(pianta, tracciato)* lay-out: *il progetto di una nuova scuola,* the plan of a new school — *Quali sono i tuoi progetti per le vacanze?,* What are your plans for the holidays? — *fare progetti,* to make plans. □ *fare progetti campati in aria,* to build castles in Spain (in the air) — *progetto di legge,* bill.

prognosi *sf* prognosis *(pl.* prognoses*)*.

programma *sm* programme *(GB)*; program *(USA)*; *(di elaboratore, anche)* routine: *Che programma hai per stasera?,* What's the program(me) for tonight?; What are you doing tonight? — *Non ho fatto ancora nessun programma,* I haven't made any program(me) yet — *un programma politico,* a political program(me) — *svolgere un programma,* to carry out a program(me) — *stabilire il programma dei lavori,* to draw up a work program(me) — *programma scolastico,* syllabus; outline of a course of studies — *programma delle corse,* race-card. □ *fuori programma, (fig.)* unexpected event; bolt from the blue.

programmare *vt* **1** to programme *(GB)*; to program *(USA)*; to plan. **2** *(di spettacoli)* to put* on; to stage.

programmaticamente *avv* programmatically.

programmatico *agg* programmatic: *discorso programmatico, (politica)* general policy statement.

programmazione *sf* programming; scheduling; *(di spettacoli cinematografici)* times of showing: *di prossima programmazione,* coming shortly.

progrediente *agg* progressing; progressive.

progredire *vi* to progress; to advance; to proceed; *(fare progressi)* to make* progress: *progredire negli studi,* to make progress in one's studies.

progressione *sf* progression *(anche matematica)*; progress; advance; *(mus.)* progression; sequence: *una veloce progressione,* a rapid progress — *aumentare in progressione geometrica, (fig.)* to increase by leaps and bounds.

progressista *agg e sm e f.* progressive.

progressivamente *avv* progressively.

progressivo *agg* progressive.

progresso *sm* progress *(solo al sing.)*: *fare progressi in qcsa,* to make progress in sth — *fare pochi progressi,* to make slow progress. □ *in progresso di tempo,* in the course of time.

proibente *agg* forbidding; prohibitory.

proibire *vt* **1** to forbid*; to prohibit: *proibire a qcno di fare qcsa,* to forbid sb to do sth — *Ti proibisco di parlarmi con questo tono,* I forbid you to speak to me in this way — *Mi proibirono di partire,* I was forbidden to leave. **2** *(impedire)* to prevent; to hinder; to impede. □ *Gli fu proibito l'ingresso,* He was refused admittance.

proibitivamente *avv* prohibitively.

proibitivo *agg* prohibitive.

proibito *agg* forbidden; prohibited: *il frutto proibito,* the forbidden fruit — *Proibito fumare,* No smoking — *Proibito l'ingresso,* No admittance.

proibitorio *agg* prohibitory; restraining.

proibizione *sf* prohibition.

proibizionismo *sm* prohibitionism.

proibizionista *sm e f.* prohibitionist.

proiettare *vt* **1** to project; to cast*; to throw*: *proiettare un raggio di luce su qcsa,* to project a ray of light on to sth — *proiettare un'ombra su qcsa,* to cast (to throw) a shadow on sth. **2** *(geometria)* to project. **3** *(cinema)* to project; to show*; to screen: *proiettare una diapositiva su uno schermo,* to project a slide on a screen — *proiettare una pellicola,* to show a film.

□ **proiettarsi** *v. rifl* to fall* (on); to be* cast: *L'ombra dell'uomo si proiettava sulla porta,* The man's shadow fell on the door.

proiettile *sm* bullet; shell; projectile; missile: *proiettile inesploso,* dud.

proiettivo *agg* projective.

proiettore *sm* projector; *(riflettore)* searchlight; floodlight; *(di automobile)* headlight: *un proiettore cinematografico,* a (motion-picture) projector — *un proiettore per diapositive,* a slide projector.

proiezione *sf* **1** projection: *la proiezione di un'ombra su un muro,* the projection of a shadow on a wall — *proiezione ortogonale,* orthographic projection — *proiezione di Mercatore,* Mercator's projection. **2** *(cinema)* projection; showing: *sala di proiezione,* projection room — *la proiezione di un film,* the showing of a film. □ *conferenza con proiezioni,* lantern lecture; lecture with slides.

prolasso *sm* prolapse.

prole *sf* children; *(lett.)* offspring; progeny; issue; *(di animali)* young *(pl.)*: *morire senza prole,* to die without issue.

proletariato *sm* proletariat; working class.

proletario *sm e agg* proletarian.

proliferare *vi* to proliferate.

prolificare *vi* to prolificate.

prolifico *agg* prolific *(anche fig.)*.

prolissamente *avv* verbosely; with prolixity.

prolissità *sf* prolixity; verbosity.

prolisso *agg* prolix; verbose: *Non essere così prolisso!,* Don't be so long-winded!

prologo *sm* prologue *(anche teatro)*; foreword.

prolunga *sf (elettr., ecc.)* extension.

prolungabile *agg* prolongable; extendable; *(che si può prorogare)* extensible.

prolungabilità *sf* prolongability; *(fig.: prorogabilità)* extensibility.

prolungamento *sm* prolongation; extension; *(conti-*

nuazione) continuation: *il prolungamento di una strada,* the continuation of a street.

prolungare *vt* to prolong; to extend; to lengthen; *(protrarre)* to protract: *prolungare un segmento,* to prolong a segment — *prolungare una linea ferroviaria,* to extend a railway line — *prolungare un discorso,* to protract a speech.

□ **prolungarsi** *v. rifl* to continue; to extend; *(dilungarsi)* to dwell upon: *Il sentiero si prolungava oltre il bosco,* The path continued beyond the wood — *prolungarsi su un argomento,* to dwell upon a subject.

prolusione *sf (discorso)* inaugural speech; inaugural address; *(lezione)* inaugural lecture.

promanare *vi* to emanate.

promemoria *sm* memorandum *(pl.* memorandums *o* memoranda*)*; note.

[1]**promessa** *sf* promise: *fare una promessa,* to make a promise — *mantenere (mancare, non tenere fede a) una promessa,* to keep (to break) a promise — *promessa di matrimonio,* promise of marriage. □ *una giovane promessa del cinema,* a promising young actress — *promessa da marinaio,* dicer's oath — *Ogni promessa è debito, (prov.)* A man's word is his bond.

[2]**promessa** *sf (lett.)* fiancée *(fr.)*.

promesso *agg* promised; *(di sposi)* engaged; betrothed.

□ *sm (lett.)* fiancé *(fr.)*.

promettente *agg* promising.

promettere *vt* **1** to promise: *Mi promise di studiare,* He promised me he would study — *Non prometto nulla, ma farò del mio meglio,* I'm not promising anything, but I'll do my best — *promettere mari e monti,* to promise the earth. **2** *(minacciare)* to threaten: *Quelle nuvole promettono un temporale,* Those clouds threaten (*o* promise) a thunderstorm.

□ *vi (fare sperare)* to promise; to give* hopes: *Quest'anno il raccolto promette (bene),* The harvest is promising this year — *È un allievo che promette (bene),* He is a promising pupil — *promettere male,* to bode ill.

□ **promettersi** *v. rifl (impegnarsi)* to pledge oneself; *(fidanzarsi)* to become* engaged.

prominente *agg* prominent; projecting.

prominenza *sf* prominence; protuberance; *(di terreno)* rise; knoll.

promiscuamente *avv* promiscuously.

promiscuità *sf* promiscuity; *(di cibi, bevande, ecc.)* mixture.

promiscuo *agg* **1** promiscuous. **2** *(di genere gramm.)* common. **3** *(di veicolo)* dual-purpose. □ *scuola promiscua,* co-educational school — *matrimonio promiscuo,* mixed marriage.

promontorio *sm* promontory; headland.

promotore *sm* promoter; organizer.

□ *agg* promoting; organizing.

promovimento *sm* promoting; promotion.

promozione *sf* promotion; preferment; advancement; *(sport, scacchi)* promotion: *ottenere una promozione,* to be promoted; to get a promotion — *ottenere una promozione a pieni voti,* to pass one's exams with full marks — *ottenere la promozione a colonnello,* to be promoted colonel — *promozione delle vendite,* sales promotion.

promulgare *vt* to publish; *(una legge)* to promulgate; *(fig.)* to make* public; to proclaim.

promulgatore *sm* promulgator.

promulgazione *sf* promulgation; (official) publication.

promuovere *vt* **1** *(favorire)* to promote; to encourage; to favour: *promuovere le arti (la cultura),* to promote the arts (learning). **2** *(fare avanzare di grado)* to promote; *(a scuola)* to pass: *Fu promosso colonnello,* He was promoted (to the rank of) colonel — *promuovere la maggior parte dei candidati,* to pass most of the candidates — *essere promosso agli esami,* to pass one's exams. **3** *(provocare)* to raise; to induce; to cause: *promuovere una rivolta,* to raise a revolt — *promuovere vomito,* to induce vomiting — *promuovere sudore,* to cause perspiration. □ *promuovere una sottoscrizione,* to open a subscription — *promuovere un'azione legale contro qcno,* to bring an action against sb.

pronipote *sm* grand-nephew; *(al pl.)* descendants; issue; offspring.

□ *sf* grand-niece.

prono *agg* **1** prone; prostrate: *posizione prona,* prone position. **2** *(fig.)* prone; disposed; inclined: *essere prono al male,* to be prone (to be inclined) to evil.

pronome *sm* pronoun.

pronominale *agg* pronominal.

pronosticamento *sm* prognostication; forecasting; foretelling.

pronosticare *vt* **1** to predict; to foretell*; to forecast*; to prognosticate: *pronosticare il futuro,* to foretell the future. **2** *(di cosa: lasciar prevedere)* to presage; to threaten.

pronosticatore *sm* forecaster; prognosticator.

pronosticazione *sf* prognostication; prognosticating.

pronostico *sm* forecast; prediction; *(segno)* omen: *Non posso fare nessun pronostico,* I can't make any forecast — *Il pronostico non si è avverato,* The prediction has not come true — *godere il favore del pronostico,* to be the favourite; to be expected to win.

prontamente *avv* promptly; quickly; without delay; readily: *I vostri ordini saranno prontamente eseguiti,* Your orders will be promptly executed.

prontezza *sf* readiness; quickness: *avere prontezza di spirito,* to have a ready wit — *avere prontezza di parola,* to have a ready tongue — *avere prontezza di riflessi,* to have quick reflexes — *prontezza all'ira,* quick temper — *con prontezza,* promptly; readily.

pronto *agg* **1** ready; prepared: *La colazione è pronta,* Breakfast is ready — *Sono pronto per incominciare,* I am ready to start — *Sono pronto a tutto,* I am ready for anything — *La tua camicia non è ancora pronta,* Your shirt is not ready yet — *tener pronto qcsa,* to keep sth ready — *ingegno pronto,* ready wit — *tenersi pronto,* to keep ready; to be at the ready — *Pronti! Al tempo! Via!, (inizio di gara)* Ready? - Steady! - Go! **2** *(rapido, immediato, vivace)* quick; prompt: *pronta guarigione,* quick (*o* speedy) recovery — *intelligenza pronta,* quick understanding — *essere pronto all'ira,* to be quick-tempered — *ubbidienza (azione) pronta,* prompt obedience (action) — *pronta consegna, (comm.)* prompt delivery — *pronta spedizione, (comm.)* speedy conveyance — *cemento a pronta presa,* quick-setting cement. **3** *(come interiezione) Pronto!, (al telefono)* Hallo!; Hello!; Hullo! — *Pronto! - Parla Pautasso,* Hullo! - This is Pautasso speaking (*o* Pautasso here) — *Pronti!, (mil.)* Yes, sir! □ *piatti pronti, (sul menù)* 'plats du jour' *(fr.)* — *pronto soccorso,* first aid — *pagamento a pronta cassa,* cash payment; down payment.

prontuario *sm* handbook; reference book: *prontuario dei conti, (comm.)* ready-reckoner.

pronuncia, pronunciabile, *ecc.* ⇨ **pronunzia,** *ecc.*

pronunciamento *sm* pronunciamiento.

pronunzia *sf* pronunciation; *(talvolta)* accent: *Fa' attenzione alla pronunzia!,* Watch your pronunciation! — *Ha una strana pronunzia,* He's got a strange accent — *dizionario di pronunzia,* pronouncing dictionary.

pronunziabile *agg* pronounceable: *difficilmente pronunziabile,* difficult to pronounce.

pronunziamento *sm* pronouncement.

pronunziare *vt* **1** to pronounce: *Come pronunzi questa parola?,* How do you pronounce this word? **2** *(dire, proferire)* to utter: *Non pronunziò una parola,* He did not utter a single word — *pronunziare un discorso,* to deliver a speech — *pronunziare una sentenza,* to deliver (to pronounce) judgement.
□ **pronunziarsi** *v. rifl* to pronounce oneself; to give* one's opinion: *Non vuole pronunziarsi,* He does not want to commit himself.

pronunziato *agg (marcato, spiccato)* pronounced; strongly marked; *(prominente)* prominent: *una simpatia pronunziata,* a pronounced liking — *un accento straniero pronunciato,* a pronounced foreign accent — *un naso pronunciato,* a prominent nose — *un mento pronunciato,* a protruding chin.
□ *sm (sentenza)* pronouncement; *(di tribunale)* judgement.

propagabile *agg* able to be propagated.

propaganda *sf* **1** propaganda: *Fanno propaganda per quel partito,* They are putting out propaganda for that party. **2** *(comm.)* advertising: *Facciamo propaganda ad un nuovo dentifricio,* We are advertising a new tooth-paste. **3** *(notizia poco attendibile)* propaganda.

propagandare *vt* to propagandize.

propagandista *sm e f.* propagandist.

propagandisticamente *avv* propagandistically.

propagandistico *agg* propaganda *(attrib.)*; *(comm.)* advertising *(attrib.)*.

propagare *vt* to propagate *(anche fig.)*; to spread*.
□ **propagarsi** *v. rifl* to spread*; to propagate *(anche fig.)*: *L'epidemia si propagò rapidamente,* The epidemic spread rapidly.

propagatore *sm* propagator.

propagazione *sf* propagation.

propaggine *sf* **1** layer: *riprodursi per propaggine,* to propagate by layers. **2** *(diramazione)* offshoot; ramification. **3** *(rampollo, discendenza)* offspring; descendants *(pl.)*.

propalare *vt* to divulge; to spread* abroad.

propalatore *sm* divulgater.

propalazione *sf* divulgation; spreading abroad.

propano *sm* propane.

propedeutica *sf* propaedeutics *(pl.)*.

propedeutico *agg* introductory.

propellente *agg* propelling; propellent.
□ *sm (combustibile)* fuel.

propendere *vt* to be* inclined to; to be* in favour of: *Propendo a credere che sia colpevole,* I am inclined to believe that he is guilty — *propendere per qcno,* to be favourably inclined towards sb; to side with sb.

propensione *sf* inclination; tendency; propensity; bent: *avere propensione a credere che...,* to be inclined to think that... — *avere propensione per la musica,* to have a bent for music.

propenso *agg* inclined; disposed; ready: *essere propenso ad accettare (a credere, ecc.),* to be inclined (*o* ready) to agree (to think, *ecc.*) — *mostrarsi propenso verso qcno,* to be favourably disposed towards sb.

propileo *sm* propylaeum *(pl.* propylaea*)*.

propinare *vt* to deal*; to serve (up).

propinquo *agg* related.

propiziamente *avv* propitiously.

propiziare *vt,* **propiziarsi** *v. rifl* to propitiate; to conciliate.

propiziativo *agg* propitiatory.

propiziatore *sm* propitiator.

propiziatorio *agg* propitiatory.

propiziazione *sf* propitiation; atonement.

propizio *agg* propitious; favourable; *(opportuno, adatto)* suitable; right: *Questo è il luogo e il tempo propizio per farlo,* This is the right place and time to do it.

proponente *agg* proponent. □ *sm* proposer.

proponibile *agg* able to be proposed; *(dir.)* able to be entertained.

proponimento *sm* resolution; *(intenzione)* intention: *fare buoni proponimenti,* to make good resolutions — *Quali sono i Suoi proponimenti?,* What are your intentions? — *fare proponimento di...,* to resolve to...

proporre *vt* **1** to propose; *(molto meno comune)* to propound; *(suggerire)* to suggest: *Propongo come presidente il signor Smith,* I propose Mr Smith for chairman — *proporre di fare qcsa,* to propose doing sth (to do sth) — *Proponiamo di partire domani,* We propose (We suggest) leaving tomorrow (that we should leave tomorrow) — *proporre un affare (a qcno),* to propose a piece of business (to sb) — *proporre un brindisi,* to propose a toast — *proporre un disegno di legge,* to bring in a bill — *L'uomo propone e Dio dispone, (prov.)* Man proposes, God disposes. **2** *(presentare all'esame)* to set*; to pose: *proporre un quesito,* to set (to pose) a question — *proporre qcsa ad esempio,* to set (to hold) sth up as an example.
□ **proporsi** *v. rifl* to intend; to purpose *(non molto comune)*; to resolve: *Cosa ti proponi di fare oggi?,* What do you intend to do (intend doing) today? — *Si propose di fare un ulteriore tentativo,* He purposed to make (*o* making) a further attempt — *Mi sono proposto di dirle tutto,* I have resolved to tell her everything — *Era quello il fine che si proponeva,* That was the object he had in view.

proporzionale *agg* proportional.

proporzionalità *sf* proportionality.

proporzionalmente *avv* proportionally.

proporzionare *vt* to proportion; to put* (sth) into the right relationship; to tailor: *Bisognerà proporzionarlo allo spazio disponibile,* It will have to be tailored to fit the space available.

proporzionato *agg* proportioned; *(adeguato)* proportional: *un corpo ben proporzionato,* a well-proportioned body — *risultato proporzionato allo sforzo fatto,* results proportional to the effort made.

proporzione *sf* **1** proportion: *mancante di proporzione,* out of proportion — *in proporzione a...,* in proportion to... — *una nave di proporzioni enormi,* a ship of huge proportions — *La delinquenza ha assunto gravi proporzioni,* Criminality has reached serious proportions. **2** *(matematica)* proportion; equality of ratios: *proporzione diretta (inversa),* direct (inverse) ratio. **3** *(chim.)* proportion.

proposito *sm* **1** purpose; *(intenzione)* intention: *È venuto qui col proposito di vederti,* He came here on purpose to see you — *essere fermo (debole) di proposito,* to be firm (weak) of purpose — *di proposito,* *(apposta)* on purpose; deliberately; *(molto sul serio)* seriously — *L'ho fatto di proposito,* I did it on purpose (*o* deliberately) — *dire qcsa di proposito,* to say sth in earnest — *Ciò non serve al mio proposito,* This does not answer my purpose; This does not meet my requirements — *Ciò capita proprio a proposito,* This suits my purpose perfectly; *(al momento opportuno)* This comes just at the right time (in the nick of time) — *la parola a proposito,* the right word; the mot juste *(fr.)* — *fare proposito di...,* to intend to...; to resolve to... — *cambiare proposito,* to change one's mind — *fermo proposito,* fixed intention — *buoni propositi,* good intentions — *senza proposito,* to no purpose. **2** *(argomento, tema)* subject: *Non ho nulla da dire in proposito,* I have nothing to say on that subject — *A questo proposito avrei qualcosa da dire,* I have something to say on this subject — *a proposito di,* with reference to; with regard to; concerning; in connection with; à propos of — *Conosco la persona a proposito,* I know the very person we want — *male a proposito,* unsuitable; ill-timed — *Non è molto a proposito,* This isn't much to the point — *fuori (di) proposito, (agg.)* irrelevant; unsuitable; inappropriate; beside the point; *(avv.)* irrelevantly — *a proposito,* by the way — *A proposito, quand'è che ci invitate a pranzo?,* By the way, when are you going to invite us to dinner?

proposizione *sf* **1** *(gramm.)* sentence; clause. **2** *(matematica)* proposition. **3** *(filosofia)* premise.

proposta *sf* proposal: *fare (accettare) una proposta,* to make (to accept) a proposal — *proposta di matrimonio,* proposal of marriage — *fare una proposta di matrimonio,* to make an offer of marriage; to propose — *proposta di legge,* bill.

propriamente *avv* **1** *(realmente)* really; *(precisamente)* precisely; exactly. **2** *(con proprietà di linguaggio)* properly.

proprietà *sf* **1** *(ciò che si possiede)* property: *proprietà fondiaria,* landed property — *proprietà pubblica,* public property; *(dello Stato)* government property — *proprietà immobiliare (mobiliare),* real (personal) property — *essere di proprietà di qcno,* to be sb's property; to belong to sb — *Questa macchina è di mia proprietà,* This car is my property. **2** *(il titolo di proprietà)* ownership: *diritto di proprietà,* right of ownership — *proprietà letteraria,* copyright — *violazione di proprietà letteraria,* infringement of copyright — *'Proprietà letteraria riservata',* 'All rights reserved' — *trapasso di proprietà,* transfer — *cessione di proprietà,* conveyance. **3** *(qualità, anche chim. e fis.)* property; power: *erbe con proprietà medicamentose,* herbs with healing properties. **4** *(precisione)* propriety; precision; correctness.

proprietaria *sf* owner; proprietress; *(di qcsa che viene affittata)* landlady.

proprietario *sm* owner; *(talvolta)* proprietor; *(di casa data in affitto)* landlord: *proprietario legittimo,* lawful owner — *proprietario terriero,* landowner — *un piccolo proprietario,* a small-holder.

proprio I *agg* **1** *(ad indicare appartenenza, con valore di possessivo)* one's; *(rafforzativo del possessivo)* one's own: *Non si può sfuggire al proprio destino,* One cannot escape one's fate — *Non lo direi se non l'avessi visto con i miei propri occhi,* I wouldn't say it if I hadn't seen it with my own eyes — *badare ai fatti propri,* to mind one's own business — *i propri cari,* one's own people; one's folk — *fare qcsa per conto proprio,* to do sth on one's own — *costruito con le proprie mani,* made with one's own hands — *amor proprio,* self-esteem; self-respect; amour propre *(fr.).* **2** *(personale, particolare, caratteristico)* particular; peculiar (to); typical (of); characteristic (of); *(nel linguaggio scientifico)* inherent (in, to): *L'istinto è proprio degli animali,* Instinct is typical of animals — *L'aggressività non è propria dei timidi,* Aggressive behaviour is not peculiar to shy people. **3** *(appropriato, conveniente)* proper (to); fit (for); suitable (for); right (for); *(predicativo)* suited: *Non trovo il termine proprio,* I can't find the right word — *il significato proprio,* the exact meaning — *in senso proprio, non figurato,* in the proper meaning, not the figurative one — *vero e proprio,* real; proper; regular; veritable *(lett.)* — *Trovammo un vero e proprio caos,* We found a regular chaos. **4** *(matematica, gramm.)* proper: *frazione propria,* proper fraction — *nome proprio,* proper noun.

II *in funzione di pron* one's own: *A proposito di libri, vorrei che domani ciascuno avesse il proprio,* As for the books, I'd like everyone to have his own, tomorrow.

III *sm* one's own: *Teme di rimetterci del proprio,* He's afraid he'll have to pay out of his own pocket — *Bisogna dare a ciascuno il proprio,* To each his own (his due) — *lavorare in proprio,* to be in business on one's own.

IV *avv* **1** *(precisamente)* just; exactly; quite: *Sono tornato proprio adesso,* I've just got back — *Non è proprio ciò che volevo, ma se ti piace...,* It's not exactly what I wanted, but if you like it... — *Non mi pare proprio il momento di discutere,* I don't think this is quite the right moment to argue about it — *proprio così,* just like that — *Proprio così!,* Just so!; Quite! **2** *(veramente)* really; *(addirittura)* quite: *Ma sei proprio cattivo!,* You're really wicked, you know! — *Mi sento proprio stanco,* I feel really tired — *Questo è proprio il colmo!,* This is really the limit! — *Proprio!,* Indeed! **3** *(in frase negative: affatto, per nulla)* ... at all *(ma spesso basta il semplice negativo): Non sono proprio in grado di parlargli,* I'm not ready to talk to him now — *Non vengo, non ne ho proprio voglia,* I'm not coming; I don't feel like it at all! **4** *(in frasi affermative: rafforzativo)* very: *È proprio quello che cercavo!,* That's the very thing I'd been looking for! — *Proprio in quel momento suonò il campanello,* At that very moment the bell rang.

propugnacolo *sm* bastion; bulwark *(anche fig.).*

propugnare *vt* to fight* for; to champion; to uphold*.

propugnatore *sm* advocate; champion; supporter.

propulsione *sf* propulsion: *propulsione a reazione (a razzo),* jet (rocket) propulsion — *a propulsione autonoma,* self-propelled.

propulsivamente *avv* propulsively.

propulsivo *agg* propulsive.

propulsore *sm* propeller. □ *agg* propelling.

proroga *sf* extension (of time); respite; delay; postponement; *(aggiornamento)* adjournment: *una proroga di pagamento,* an extension of payment — *Non possiamo concederVi un'altra proroga,* We cannot grant you a further extension — *la proroga di una riunione,* the adjournment of a meeting.

prorogabile *agg* liable to deferment; subject to extension; able to be extended (*o* deferred).

prorogabilità *sf* extendibility.

prorogare *vt* to extend; *(aggiornare)* to adjourn: *Il termine è stato prorogato,* The period has been extended — *prorogare i termini di un contratto,* to

extend the terms of a contract — *prorogare una seduta,* to adjourn a meeting.
prorompente *agg* bursting out; gushing.
prorompere *vi (anche fig.)* to burst*; to burst* out; to break*; to break* out: *Il fiume proruppe dagli argini,* The river burst its banks — *prorompere in lacrime,* to burst into tears — *prorompere in una risata,* to burst out laughing.
prorompimento *sm* outburst; bursting forth.
prosa *sf* prose: *scrivere in prosa,* to write in prose — *opera in prosa,* prose work — *scrittore di prosa,* prose writer. □ *prosa rimata,* dull verse — *la prosa della vita,* the monotony of everyday life — *compagnia di prosa,* theatrical company — *teatro di prosa,* theatre.
prosaicamente *avv* prosaically.
prosaico *agg* prosaic *(anche fig.)*; commonplace: *cose prosaiche,* commonplace things.
prosapia *sf* stock; lineage: *essere di nobile prosapia,* to be of noble birth.
prosasticamente *avv* prosily.
prosastico *agg* prose *(attrib.)*; *(di versi, ecc.)* prosy.
prosatore *sm* prose-writer.
proscenio *sm* proscenium; stage: *palchi di proscenio,* stage-boxes — *chiamare gli attori al proscenio,* to call the actors back on stage — *chiamare l'autore al proscenio,* to call for the author.
prosciogliere *vt* **1** to release; to free; to set* free; *(dal peccato)* to absolve: *prosciogliere qcno da un voto,* to release sb from a vow — *prosciogliere qcno da una promessa (da un giuramento),* to free sb from a promise (an oath). **2** *(dir.)* to withdraw* a charge; to stay proceedings; to exculpate sb.
proscioglimento *sm (dir.)* **1** *(l'atto del prosciogliere)* stay of proceedings; nolle prosequi *(lat.)*. **2** *(il liberare l'accusato)* release; acquittal; discharge.
prosciolto *agg* released; acquitted *(dir.)*; discharged.
prosciugamento *sm* drying up; drainage; draining; *(bonifica)* reclamation.
prosciugare *vt* to dry up; to drain; *(bonificare)* to reclaim.
□ **prosciugarsi** *v. rifl* to dry up.
prosciutto *sm* ham. □ *avere gli occhi (gli orecchi) foderati di prosciutto, (fig.)* to be blind (deaf) to the facts.
proscritto *agg* proscribed; banished; exiled.
□ *sm* exile.
proscrivere *vt* to proscribe; to banish.
proscrizione *sf* proscription; banishment.
prosecuzione *sf* continuation; prosecution.
proseguimento *sm* prosecution; continuation: *il proseguimento degli studi,* the prosecution of one's studies — *Buon proseguimento!,* All the best!; *(di un viaggio)* Pleasant journey!; *(di una vacanza)* Have a good time!
proseguire *vt* to continue; to go* on; to pursue: *proseguire il cammino,* to continue on one's way — *proseguire gli studi,* to continue (to pursue) one's studies. □ *vi* to go* on; to continue; to pursue: *Prosegui, son tutt'orecchi!,* Go on, I am all ears! — *proseguire a fare qcsa,* to go on (to carry on) doing sth — *Proseguì per Parigi,* He continued his journey to Paris — *Proseguirò nelle ricerche,* I will pursue my inquiries. □ *Far proseguire, (su una lettera)* Please forward.
proselite *sm* ⇨ **proselito.**
proselitismo *sm* proselytism.
proselito *sm* proselyte; convert.
prosindaco *sm* acting (*o* deputy) mayor.
prosodia *sf* prosody.
prosopopea *sf* **1** *(figura retorica)* prosopopoeia. **2** *(fig.: boria)* haughtiness; ostentation; affectation: *avere una grande prosopopea,* to give oneself airs.
prosperamente *avv* prosperously.
prosperamento *sm* prospering; thriving.
prosperare *vi* to prosper; to be* prosperous; to thrive*; to flourish: *Qui prospera la vite,* Vines thrive (*o* do well) here — *Gli affari prosperano,* Business is flourishing.
prosperità *sf (floridezza)* prosperity; welfare; flourishing state; *(ricchezza)* wealth: *essere in prosperità,* to be prosperous; *(di salute)* to be in very good health — *la prosperità della nazione,* the welfare of the nation — *Adesso vivono in grande prosperità,* Now they're very rich.
prospero *agg (fiorente)* prosperous; thriving; flourishing; *(favorevole)* propitious; favourable: *un vento prospero,* a favourable (a fair) wind — *annate prospere,* prosperous years — *un'azienda prospera,* a flourishing (a prosperous) business — *salute prospera,* very good health.
prosperosamente *avv* prosperously.
prosperoso *agg* **1** *(fiorente)* prosperous; thriving; flourishing. **2** *(florido di salute)* prosperous; healthy; lusty: *una vecchiaia prosperosa,* a hale and hearty old age — *una donna prosperosa,* a buxom woman.
prospettare *vt e i.* **1** to put* before; to show*; to state: *Mi hai prospettato solo un lato della faccenda,* You have only put before me one side of the matter — *prospettare i pro e i contro,* to state the pros and cons — *prospettare un'ipotesi,* to formulate a hypothesis. **2** *(affacciarsi)* to face; to front: *Il teatro prospetta (sulla) piazza,* The theatre faces the square.
□ **prospettarsi** *v. rifl* to seem; to appear: *Il problema non si prospetta difficile,* The problem doesn't seem to be difficult.
prospetticamente *avv* in perspective.
prospettico *agg* perspective *(attrib.)*.
prospettiva *sf* **1** perspective: *le leggi della prospettiva,* the laws of perspective — *in prospettiva,* in perspective. **2** *(panorama)* view; panorama. **3** *(fig.)* prospect: *la prospettiva di una vita infelice,* the prospect of an unhappy life — *Ho davanti a me una brutta prospettiva,* My prospects are gloomy — *Non ho nessuna prospettiva,* I have nothing in view — *avere belle (buone) prospettive,* to have good prospects.
prospettivista *sm e f.* perspective artist.
prospetto *sm* **1** *(veduta)* view; outlook; prospect; landscape. **2** *(facciata, fronte)* façade; front: *di prospetto,* facing; full face — *guardare qcsa di prospetto,* to get a front view of sth. **3** *(tabella, specchietto)* prospectus; table; schedule.
prospiciente *agg* facing; looking on to (sth); overlooking: *le finestre prospicienti (verso) il giardino,* the windows looking onto the garden — *L'albergo è prospiciente le montagne,* The hotel has a view of the mountains.
prossimamente *avv* soon. □ *sm (cinema)* trailer.
prossimità *sf* proximity; nearness; vicinity: *in prossimità di...,* in proximity to...; near...; not far from... — *Si era in prossimità delle vacanze,* The holidays were approaching.
[1]**prossimo** *agg superl* **1** *(molto vicino)* near; close; at hand: *La fine della guerra è prossima,* The end of the war is near (is at hand) — *La casa è prossima al fiume,* The house is near the river — *essere prossimo a fare qcsa,* to be on the point of doing sth; to be about to do sth — *essere prossimo alla partenza,* to be on the eve of departure — *Mia figlia è prossima ai*

vent'anni, My daughter is nearly twenty — *causa prossima,* immediate cause — *essere prossimo alla fine,* to be near one's end. **2** *(il più vicino, successivo)* next: *la settimana prossima,* next week — *il mese prossimo,* next month — *l'anno prossimo,* next year — *nei prossimi giorni,* in the next few days — *Lo chiederò alla prossima persona che incontro,* I'll ask the next person I see — *la prossima volta,* next time. □ *passato prossimo,* present perfect — *trapassato prossimo,* past perfect; pluperfect.

[2]**prossimo** *sm* neighbour; fellow creature: *'Amerai il prossimo tuo come te stesso',* 'Thou shalt love thy neighbour as thyself' — *il nostro prossimo,* our fellow creatures. □ *Non seccare il prossimo!,* Don't be troublesome!; Don't bother everybody!

prostata *sf* prostate.

prosternare *vt* to prostrate; to cast* down.

□ **prosternarsi** *v. rifl* to prostrate oneself; to bow down.

prosternazione *sf* prostration.

prostituire *vt* to prostitute.

□ **prostituirsi** *v. rifl* to prostitute oneself; to sell* oneself.

prostituta *sf* prostitute; street-walker.

prostituzione *sf* prostitution; *(fig.)* debasement.

prostrare *vt* **1** to prostrate; to cast* down. **2** *(fig.)* to prostrate; to exhaust; to weary; to overwhelm; *(fam.)* to knock up: *È prostrata dal dolore,* She is prostrated with grief — *La triste notizia lo ha prostrato,* The sad news has overwhelmed him.

□ **prostrarsi** *v. rifl* to prostrate oneself: *Gli si prostrò ai piedi chiedendo pietà,* He fell at his feet and begged for mercy.

prostrato *agg* **1** prostrate; kneeling. **2** *(fig.: esausto, demoralizzato)* prostrate; exhausted; worn out; dejected.

prostrazione *sf* **1** prostration. **2** *(fig.)* prostration; depression; exhaustion; dejection.

protagonista *sm e f.* protagonist *(anche fig.); (attore)* lead.

proteggere *vt* **1** to protect; *(difendere)* to defend; *(riparare)* to shelter; *(custodire)* to watch over: *Dio vi protegga!,* God protect you! — *proteggere dal freddo (dal caldo),* to shelter from the cold (the heat) — *C'è qualche santo che mi protegge!,* Some guardian angel is watching over me! **2** *(favorire)* to favour; *(promuovere)* to promote; to patronize: *La fortuna protegge gli audaci,* Fortune favours the brave — *proteggere le lettere e le arti,* to promote literature and the arts.

□ **proteggersi** *v. rifl* to protect oneself.

proteico *agg* proteic; protein *(attrib.).*

proteina *sf* protein.

protendere *vt (tendere)* to stretch out; to hold* out; to spread*.

□ **protendersi** *v. rifl* to stretch oneself; *(in avanti)* to lean out.

protervamente *avv* insolently.

protervia *sf* arrogance; insolence.

protervo *agg* arrogant; insolent.

protesi *sf (med.)* prosthesis: *protesi dentaria,* dental prosthesis; *(fam.)* false teeth *(pl.);* dentures *(pl.).*

protesta *sf* **1** protest; complaint: *una fiera protesta,* an energetic protest — *fare una protesta,* to make a protest. **2** *(dichiarazione)* protestation: *protesta d'amicizia,* protestation of friendship.

protestante *agg e sm e f.* Protestant.

protestantesimo *sm* Protestantism.

protestare *vt* to protest *(anche comm.): Protesto la mia innocenza,* I protest my innocence — *protestare amicizia,* to protest friendship — *protestare una cambiale,* to protest a bill.

□ *vi* to protest: *protestare contro qcsa,* to protest against sth.

□ **protestarsi** *v. rifl* to declare oneself; to profess oneself; to protest (that one is): *Si protestava mio amico,* He declared that he was my friend; He professed himself my friend — *Si protesta innocente,* He protests that he is innocent.

protesto *sm (dir.)* protest: *in protesto,* under protest — *lasciare andare una cambiale in protesto,* to dishonour a bill.

protettivamente *avv* protectively.

protettivo *agg* protective.

protetto *agg* protected; defended; guarded: *luogo protetto,* sheltered place — *industria protetta,* protected industry.

□ *sm* protégé *(fr.);* favourite.

protettorato *sm (politico)* protectorate.

protettore *sm* **1** protector: *Santo Protettore,* Patron saint — *protettore delle arti,* patron of the arts. **2** *(fam.: sfruttatore di prostituta)* ponce.

protettrice *sf* protectress; patroness. □ *Società protettrice degli animali,* Society for the Prevention of Cruelty to Animals.

protezione *sf* **1** protection: *sotto la protezione di truppe armate,* under the protection of armed troops. **2** *(mecenatismo, patrocinio)* patronage; *(spreg.)* favouritism: *prendere qcno sotto la propria protezione,* to take sb under one's patronage (*o* wing). □ *un'aria di protezione,* a patronizing air — *misure di protezione antiaerea,* air raid precautions — *opera di protezione dell'infanzia,* child-welfare association — *Senza la sua protezione non avrebbe ottenuto quel posto,* She would not have got that post if he had not pushed her.

protezionismo *sm (econ.)* protectionism.

protezionista *sm e f. (econ.)* protectionist.

[1]**protocollare** *agg* protocol *(attrib.).*

[2]**protocollare** *vt* to file; to register.

protocollista *sm* keeper of records; filing clerk.

protocollo *sm* **1** *(registro)* register; record; file; *(ufficio)* record office; registry office. **2** *(trattato internazionale)* protocol. **3** *(complesso di norme)* protocol: *secondo il protocollo,* according to protocol. **4** *(med.)* protocol *(spec. USA).* □ *mettere a protocollo,* to register; to record — *numero di protocollo,* reference number — *carta protocollo,* official stamped paper; *(formato protocollo)* foolscap (paper).

protomartire *sm e f.* first martyr.

protomedico *sm (stor.)* head physician; physician.

protone *sm* proton.

protonotario *sm* protonotary; *(stor.)* chancellor.

protoplasma *sm* protoplasm.

prototipo *sm* prototype *(anche fig.).*

protozoo *sm* protozoon *(pl.* protozoa*).*

protrarre *vt* **1** *(prolungare)* to protract; to prolong: *protrarre le vacanze,* to prolong one's holiday. **2** *(differire)* to defer; to postpone; to put* off: *protrarre la partenza,* to put off one's departure.

□ **protrarsi** *v. rifl* to continue; to go* on: *L'assemblea si protrasse fino alle nove di sera,* The meeting went on till nine o'clock in the evening.

protrazione *sf* protraction; *(differimento)* deferment; postponement.

protuberante *agg* protuberant; prominent.

protuberanza *sf* protuberance; prominence; *(gon-*

fiore) swelling; *(bernoccolo)* bump; lump: *protuberanza solare,* solar prominence.

prova *sf* **1** test; trial; experiment: *essere in prova,* to be on trial — *mettere qcno alla prova,* to put sb to the test — *reggere alla prova,* to stand the test — *Avete messo a dura prova la mia pazienza,* You have put my patience to a severe test — *banco di prova,* testing bench — *periodo di prova,* trial period — *in prova,* on trial; on probation; *(comm.)* on approval — *un'automobile in prova,* a car on trial — *una prova di forza,* a trial of strength — *prova del fuoco, (medioevale)* ordeal by fire; *(fig.)* crucial test — *a tutta prova, (riferito a persona)* reliable; trusty; *(a qualità)* well-tried — *a prova d'urto,* shock-proof — *prova di sicurezza,* reliability test — *prova su strada,* road test — *volo di prova,* test (*o* trial) flight — *ordine di prova, (comm.)* trial order.
2 *(dimostrazione)* proof; demonstration; *(dir.: testimonianza)* evidence: *dar prova di coraggio,* to give a proof of one's courage — *Prova ne sia che...,* The proof is that... — *una prova irrefutabile,* (an) incontestable proof — *fino a prova contraria,* unless one has proof to the contrary — *prova in contrario, (dir.)* evidence to the contrary — *assoluzione per insufficienza di prove,* acquitted on the ground of insufficient proof — *prova a discarico,* evidence for the defence — *prova a carico,* evidence for the prosecution.
a prova di..., - **a)** *(resistente)* -proof — *a prova d'acqua,* waterproof — *a prova di bomba,* bomb-proof - **b)** *(fig.)* as proof of — *a prova della sua amicizia,* as a proof of his friendship.
3 *(tentativo)* attempt; try: *fare una prova,* to try; to have a try; to have a go — *una prova riuscita,* a successful attempt.
4 *(esame)* examination; exam *(fam.)*: *superare una prova scritta,* to pass a written exam — *sostenere una prova,* to sit for (to take) an exam.
5 *(teatro)* rehearsal: *prove generali,* dress rehearsal *(sing.)*.
6 *(bozza)* proof: *correggere le prove di stampa,* to correct the proofs.
7 *(sartoria)* fitting: *mettere in prova, (un abito)* to try on; to fit.
8 *(matematica) la prova del nove,* casting out nines; *(fig.)* crucial test.

provabile *agg* demonstrable; capable of proof.

provare *vt* **1** *(dimostrare)* to prove; to demonstrate: *provare la colpevolezza di qcno,* to prove sb's guilt — *provare un fatto,* to prove a fact — *Vi proverò che è vero,* I shall prove (*o* demonstrate) to you that it is true. **2** *(sottoporre a prova, tentare)* to try: *Perché non provi a scrivere meglio?,* Why don't you try to write better? — *Hai mai provato ad essere gentile con lei?,* Have you ever tried being kind to her? — *Proverò questo calmante,* I will try this sedative — *Perché non provi un po'?,* Why don't you have a try (*o fam.* a go, a bash)? — *Provare per credere, (prov.)* Try and see. **3** *(indumenti, ecc.)* to try on; *(collaudare, ecc.)* to test; to try out; *(assaggiare)* to taste: *provare un abito nuovo,* to try on a new dress — *Prova le mie scarpe!,* Try my shoes on! — *provare una macchina nuova,* to try (out) a new car; *(nella fabbrica)* to test a new car — *provare un motore,* to test an engine — *Prova questo vino!,* Taste this wine! **4** *(sentire)* to feel*; to experience: *provare dolore (pietà),* to feel pain (pity) — *provare la fame (la sete),* to experience hunger (thirst) — *provare grande difficoltà ad imparare qcsa,* to experience great difficulty in learning sth — *provare una delusione,* to meet with a disappointment. **5** *(a teatro, ecc.)* to rehearse: *provare una commedia,* to rehearse a play.
□ **provarsi** *v. rifl* **1** to try; to attempt; to endeavour *(piuttosto formale)*: *Provati a sollevare questo peso,* Try to lift this weight — *provarsi a camminare,* to attempt to walk — *Devi provarti a vincere la timidezza,* You must endeavour to overcome your shyness — *Provati e vedrai!,* You just try! **2** *(indumenti, ecc.)* to try on: *Si provò le scarpe,* He tried the shoes on.
□ *provarsi con qcno,* to measure one's strength (one's ability) with (*o* against) sb.

provato *agg (oltre ai significati del v. 'provare')* **1** *(fedele)* tried; reliable; trustworthy. **2** *(affaticato)* weary.

proveniente *agg* **1** *(che viene da)* coming: *pompelmi provenienti da Israele,* grapefruit (coming) from Israel. **2** *(derivante da)* caused by; originating from.

provenienza *sf* **1** origin; provenance; *(luogo di provenienza)* place of origin: *d'ignota provenienza,* of unknown origin (*o* provenance). **2** *(fonte)* source: *notizie di dubbia provenienza,* news from an unrealiable source.

provenire *vi* **1** to come*: *Questo pacco proviene dall'estero,* This parcel comes from abroad. **2** *(derivare)* to come*; to derive; to proceed; to originate: *Ciò proviene dal fatto che sei troppo gelosa,* It comes from your being too jealous.

provento *sm* proceeds *(pl.)*; income: *I proventi della vendita furono scarsi,* The proceeds of the sale were small.

provenzale *agg e sm e f.* Provençal.

proverbiale *agg* proverbial *(anche fig.)*.

proverbialmente *avv* proverbially.

proverbio *sm* proverb; saying; adage: *come dice il proverbio,* as the saying goes — *gioco dei proverbi,* proverbs; charades — *passare in proverbio,* to become proverbial.

provetta *sf* **1** *(recipiente per analisi chimiche)* test-tube. **2** *(barra di prova per metalli, ecc.)* test-bar.

provetto *agg* skilled; experienced; expert.

provincia *sf* **1** province; district. **2** *(piccoli centri)* provinces *(pl.)*: *abitare in provincia,* to live in the provinces — *venire dalla provincia,* to come from the provinces. **3** *(stor.)* province.

provinciale *agg* provincial: *maniere provinciali,* provincial (*o* unpolished) manners — *linguaggio provinciale,* local language (idiom).
□ *sm e f.* provincial.

provincialismo *sm* provincialism.

provino *sm* test piece; specimen; *(cinematografico)* screen-test.

provocabile *agg* able to be provoked.

provocante *agg* **1** *(irritante)* provoking; irritating; provocative. **2** *(allettante)* inviting; provocative; seductive.

provocare *vt* **1** to provoke; to arouse; to give* rise to; to stir up; to cause: *provocare una sommossa,* to provoke a riot — *provocare qcno all'ira,* to provoke sb to anger — *provocare lo sdegno,* to arouse indignation — *provocare il popolo,* to stir up the people — *provocare il riso,* to cause (to provoke) laughter — *provocare il vomito,* to cause (to induce) vomiting — *provocare il malcontento (lamentele, ecc.),* to give rise to discontent (complaints, *ecc.*). **2** *(sfidare)* to challenge.

provocativo *agg* provocative.

provocatore *sm* provoker.

□ *agg* provocative: *agente provocatore,* agent provocateur *(fr.).*
provocatoriamente *avv* provocatively.
provocatorio *agg* provocative.
provocazione *sf* provocation; *(sfida)* challenge: *Alla minima provocazione scatta,* He flies into a rage at the slightest provocation.
provvedere *vt* **1** to provide; to supply; to furnish *(non molto comune): provvedere qcno di qcsa,* to provide (to supply) sb with sth — *provvedere un negozio di qcsa,* to furnish (to supply) a shop with sth — *Sono già provvisto di tutto ciò che mi abbisogna,* I am already provided with all I need. **2** *(disporre)* to prepare; to get* ready: *È stato provveduto tutto per il ricevimento,* Everything has been prepared (is now ready) for the party.
□ *vi* **1** to provide: *provvedere ai bisogni della famiglia,* to provide for one's family. **2** *(disporre)* to see* (to); to think* (of): *provvedere ad un pagamento,* to see to a payment — *Provvederò io,* I will see to it — *Provvederò che...,* I will see to it that... — *Devo sempre provvedere a tutto,* I must always think of everything. **3** *(prendere provvedimenti)* to take* steps; to take* a decision; *(badare)* to look after; to take* care of; to see* to: *Sarò costretto a provvedere,* I'll be obliged to take steps — *Chi provvederà alla azienda?,* Who will look after the business? — *Io provvederò ai bambini,* I'll take care (I'll see to) the children.
□ **provvedersi** *v. rifl* to provide oneself; to furnish oneself: *provvedersi di denaro per il viaggio,* to provide oneself with money for the journey.
provvedimento *sm* measure; action; *(cautela preventiva)* precaution: *prendere provvedimenti disciplinari contro qcno,* to take disciplinary measures against sb — *provvedimenti igienici,* hygienic precautions.
provveditorato *sm* superintendency: *Provveditorato agli Studi, (*Local) Education Office.
provveditore *sm (soprintendente)* superintendent: *provveditore agli studi,* (local) director of education.
provvidamente *avv* providently.
provvidenza *sf* providence: *Questa pioggia è una vera provvidenza,* This rain is providential — *Fu una vera provvidenza,* It was a real piece of luck.
provvidenziale *agg* providential.
provvidenzialmente *avv* providentially.
provvido *agg* **1** *(provvidente)* provident. **2** *(opportuno)* wise; appropriate; timely.
provvigione *sf* **1** *(comm.)* commission: *Percepisce una provvigione del 5% sul venduto,* He receives a commission of 5% on sales. **2** *(provvista)* supply.
provvisionale *agg (dir.)* provisional. □ *sf (dir.)* damages.
provvisoriamente *avv* provisionally; temporarily.
provvisorietà *sf* temporariness.
provvisorio *agg* provisional; temporary: *governo provvisorio,* provisional government — *impiego provvisorio,* temporary employment — *in via provvisoria,* provisionally; temporarily.
provvista *sf* supply; provision; stock; store: *essere a corto di provviste,* to be short of supplies — *fare provviste per l'inverno,* to lay in stocks for the Winter — *Le provviste si stanno esaurendo,* (Our) supplies are running out — *(fig.) avere una buona provvista di coraggio (di energia, ecc.),* to have a good store of courage (energy, *ecc.*) — *andare a fare le provviste,* to go shopping.
provvisto *agg* **1** provided; supplied; furnished *(tutti con* with*).* **2** *(fig.)* gifted; endowed: *È provvista di un notevole talento,* She's gifted with remarkable talent.
prozia *sf* great-aunt.
prozio *sm* great-uncle.
prua *sf* bow; prow: *a prua,* at the bow; fore *(agg.)* — *da prua a poppa,* fore and aft; from stem to stern — *vento di prua,* head wind — *castello di prua,* forecastle.
prudente *agg* prudent; *(cauto)* cautious; wary; careful; *(discreto)* discreet; *(pauroso)* timid: *Diede una risposta prudente,* He gave a prudent answer — *È una persona prudente,* He's a discreet person — *Sei prudente al volante?,* Are you a careful driver?
prudentemente *avv* prudently.
prudenza *sf* prudence; *(cautela)* caution; circumspection; *(precauzione)* precaution: *avere (usare) prudenza,* to use caution; to be prudent — *per prudenza,* as a precaution — *Prudenza!,* Be careful!; Look out! — *La prudenza non è mai troppa,* One can never be too careful.
prudenziale *agg* prudential; *(cautelativo)* precautionary.
prudenzialmente *avv* prudentially.
prudere *vi* to itch: *Mi prude la schiena,* My back itches — *Mi prude dappertutto,* I am itching all over — *(fig.) sentirsi prudere le mani,* to feel one's hands itching — *(fig.) sentirsi prudere la lingua,* to itch to tell — *(fig.) toccare uno dove gli prude,* to touch sb on the raw.
prugna *sf* plum: *prugna secca,* prune — *color prugna,* plum-coloured.
prugno *sm* plum-tree.
prugnolo *sm* blackthorn; sloe.
prunaio *sm* **1** blackthorn thicket. **2** *(fig.)* tricky (*o* thorny) situation: *Mi son messo in un bel prunaio,* I have got into a fine mess.
prunella *sf* **1** selfheal; *(bot.)* prunella. **2** *(liquore)* plum brandy; slivovitz. **3** *(stoffa)* prunella.
pruneto *sm* blackthorn thicket.
pruno *sm* blackthorn: *(fig.) essere come un pruno nell'occhio,* to be a thorn in the flesh.
prurigine *sf* itch; itching; *(med.)* prurigo.
pruriginoso *agg* **1** itching; itchy. **2** *(fig.: solleticante, stuzzicante)* exciting; provocative.
prurito *sm* **1** itch; itching *(anche fig.): sentire prurito,* to itch — *(fig.) avere il prurito di qcsa,* to have an itch for sth. **2** *(med.)* pruritus.
prussico *agg* prussic: *acido prussico,* prussic acid.
pseudonimo *sm* pseudonym; fictitious name; *(di scrittore)* pen-name; *(di attore)* stage-name: *Lo firmò con uno pseudonimo,* He signed it under a false name.
□ *agg* pseudonymous.
psicanalisi *sf* psychoanalysis.
psicanalista *sm e f.* psychoanalyst.
psicanalitico *agg* psychoanalytic(al).
psiche *sf* psyche; mind.
psichiatra *sm e f.* psychiatrist; specialist in mental diseases.
psichiatria *sf* psychiatry.
psichiatrico *agg* psychiatric: *ospedale psichiatrico,* mental home; *(una volta)* lunatic asylum.
psichico *agg* psychic.
psicologia *sf* psychology.
psicologico *agg* psychological.
psicologo *sm* psychologist.
psicopatico *agg (med.)* psychopathic.
□ *sm* psychopath.
psicosi *sf (med.)* psychosis *(pl.* psychoses*): avere la*

psicosi di qcsa, to have a fixation about sth; to make a fetish of sth.

psicoterapia *sf* psychotherapy.

pubblicabile *agg* publishable; fit for publication.

pubblicamente *avv* publicly.

pubblicano *sm (stor.)* publican; tax-gatherer.

pubblicare *vt* **1** to publish; to bring* out; to issue: *pubblicare un libro,* to publish a book — *pubblicare un giornale (una rivista),* to bring out a newspaper (a magazine) — *pubblicare a puntate,* to serialize — *pubblicare un decreto,* to issue a decree — *Quel libro è stato appena pubblicato,* That book has just come out (is just out). **2** *(divulgare)* to publish; to divulgate; to spread* about.

pubblicazione *sf* **1** publication: *pubblicazione settimanale,* weekly — *pubblicazione mensile,* monthly. **2** *(pl.: di matrimonio)* banns: *Hanno già fatto le pubblicazioni,* The banns have already been published.

pubblicista *sm e f.* **1** *(giornalismo)* correspondent; occasional contributor. **2** *(esperto di diritto pubblico)* publicist.

pubblicità *sf* **1** publicity: *evitare la pubblicità,* to avoid publicity. **2** *(propaganda, comm., ecc.)* advertising: *pubblicità subliminale,* subliminal advertising — *pubblicità sul punto di vendita,* point-of-sale advertising — *La pubblicità è l'anima del commercio,* Advertising is the very soul of commerce — *agenzia di pubblicità,* advertising agency — *far pubblicità ad un prodotto,* to advertise a product — *piccola pubblicità,* small advertisements — *pubblicità luminosa,* luminous signs — *Ti prego, non fare pubblicità!, (fig.)* Please, don't make it public (don't broadcast it)!

pubblicitario *agg* advertising: *annuncio pubblicitario,* advertisement: *trovata pubblicitaria,* publicity stunt (*o* gimmick).
□ *sm* advertising agent.

pubblico I *agg* public; *(dello Stato)* national; state; government *(attrib.)*: *giardini (lavori, servizi) pubblici,* public gardens (works, services) — *ente pubblico,* public body — *Pubblico Ministero,* Public Prosecutor — *l'opinione pubblica,* public opinion — *un nemico pubblico,* a public enemy — *una questione di interesse pubblico,* a public matter — *fare una pubblica protesta,* to make a public protest — *rendere pubblico qcsa,* to make sth public — *debito pubblico,* national debt — *pubblica istruzione,* state education — *scuole pubbliche,* state schools *(GB)*; public schools *(USA).* □ *la Pubblica Sicurezza,* the Police — *agente di pubblica sicurezza,* policeman — *pubblico ufficiale,* civil servant — *la pubblica accusa,* the Prosecution — *Ministero dei Lavori Pubblici,* Ministry of Works — *Ministero della Pubblica Istruzione,* Ministry of Education — *agire per il bene pubblico,* to act for the common good — *fare qcsa di pubblica ragione,* to publish sth; to call attention to sth; to invite comment on sth.
II *sm* **1** public: *il pubblico dei lettori,* the reading public — *Il pubblico non è ammesso,* The public is (*o* are) not admitted — *in pubblico,* in public; publicly — *mettere qcsa in pubblico,* to make sth public; to spread sth abroad — *il favore del pubblico,* public favour — *esporsi al pubblico,* to make a public exhibition of oneself — *essere di dominio pubblico,* to be common knowledge. **2** *(uditorio)* audience; *(spettatori)* spectators: *il pubblico del teatro,* the theatre audience — *parlare davanti ad un folto pubblico,* to speak before a crowded audience.

pube *sm* **1** *(l'osso)* pubis *(pl.* pubes*)*; pubic bone. **2** *(la regione pubica)* pubes *(sing.).*

puberale *agg* puberal: *età puberale,* age of puberty.

pubertà *sf* puberty.

pubico *agg* pubic.

pudibondo *agg* modest; bashful; *(affettatamente modesto)* prudish; demure.

pudicamente *avv* modestly; bashfully.

pudicizia *sf* modesty; pudency; bashfulness; *(se affettata)* prudery.

pudico *agg* modest; bashful; chaste.

pudore *sm* modesty; decency; *(ritegno)* reserve; *(vergogna)* shame: *offesa al pudore,* offence against decency — *non avere pudore,* to have no shame — *Puoi parlare senza pudore,* You can speak without reserve — *senza pudore,* shameless — *per pudore,* out of shame.

puerile *agg* **1** childish; *(da fanciulla)* girlish; *(da fanciullo)* boyish: *l'età puerile,* childhood. **2** *(spreg.)* puerile; childish; silly.

puerilità *sf* **1** puerility. **2** *(spreg.)* childishness; silliness.

puerilmente *avv* childishly.

puerizia *sf* childhood.

puerpera *sf* woman *(pl.* women*)* in childbed; puerpera *(pl.* puerperae*).*

puerperale *agg* puerperal.

puerperio *sm* confinement; lying-in.

pugilato *sm* boxing.

pugilatore, pugile *sm* boxer; pugilist.

pugilistica *sf* boxing.

pugilistico *agg* boxing *(attrib.)*; pugilistic: *incontro pugilistico,* boxing match.

pugnace *agg (lett.)* pugnacious; bellicose.

pugnalare *vt* to stab: *pugnalare qcno alle spalle,* to stab sb in the back.

pugnalata *sf* stab; *(fig.: brutto colpo)* shock; blow: *una pugnalata alla schiena, (fig.)* a stab in the back — *La notizia della sua fuga fu una pugnalata per lui,* The news of her elopement was a shock to him.

pugnalatore *sm* stabber.

pugnale *sm* dagger: *colpo di pugnale,* stab — *Fu ucciso a colpi di pugnale,* He was stabbed to death.

pugno *sm* **1** *(mano serrata)* fist; *(colpo)* punch; blow: *aprire (stringere) il pugno,* to open (to clench) one's fist — *colpire qcno con un pugno,* to strike sb with one's fist — *mostrare i pugni a qcno,* to shake one's fist at sb — *a pugni stretti,* with clenched fists — *Gli sferrò una scarica di pugni,* He gave him a hail (a rain) of blows — *Mi tirò un pugno in un occhio (alla mascella),* He struck (He lauded) me a blow (a punch) in the eye (on the jaw) — *venire a pugni,* to come to blows — *fare a pugni,* to box; to fight; *(fig.)* to clash; to disagree; to contradict; to be contrary — *Ho dovuto fare a pugni per passare (entrare, uscire),* I had to fight (to elbow) my way through (in, out) — *Ma non vedi che questi due colori fanno a pugni fra di loro?,* Can't you see that these colours clash? — *Ciò fa a pugni col buon senso,* That is contrary to common sense. **2** *(manciata)* fistful; handful; bunch *(anche fig.)*: *un pugno di riso (di dollari),* a fistful of rice (of dollars) — *un pugno di eroi,* a handful (a bunch) of heroes — *rimanere con un pugno di mosche,* to be left empty-handed. **3** *(mano, grafia)* hand; handwriting: *di proprio pugno,* in one's own handwriting — *Ho scritto la lettera di mio pugno,* I wrote the letter myself. □ *avere la vittoria in pugno,* to have victory within one's grasp — *tenere qcno in pugno,* to have sb in one's power — *essere un pugno in un occhio,* to be an eyesore — *pugno di ferro,* knuckle duster — *pugno di ferro e guanto di velluto,* an iron hand in a velvet glove.

puh *interiezione* puh!

pula *sf* chaff.

pulce *sf* flea: *color pulce,* puce — *Sei noioso come una pulce!,* How tiresome you are! — *gioco della pulce,* tiddlywinks — *una pulce nell'orecchio,* a nagging suspicion (*o* doubt, *ecc.*) — *mettere a qcno una pulce nell'orecchio,* to make sb suspect sth. □ *Chi dorme coi cani si alza con le pulci, (prov.)* You can't touch pitch and not be defiled.

pulcinella *sm* **1** Punch; Punchinello: *il segreto di pulcinella,* an open secret — *finire come le nozze di pulcinella,* to come to blows. **2** *(fig.: buffone)* fool: *fare il pulcinella,* to play the fool. □ *pulcinella di mare, (zool.)* puffin.

pulcino *sm* **1** chicken; chick *(anche di bambino): essere bagnato come un pulcino,* to be wet through; to be wet to the skin — *sembrare un pulcino bagnato,* to look like a frightened hen — *essere un pulcino nella stoppa,* not to know which way to turn. **2** *(calcio: giovanissimo giocatore)* colt.

pulcioso *agg* full of fleas; flea-ridden.

puledra *sf* filly.

puledro *sm* colt.

puleggia *sf* pulley; *(puleggia scanalata)* sheave.

pulire *vt* **1** to clean; *(lavare)* to wash; *(spolverare)* to dust; *(lucidare)* to polish; *(strofinando)* to wipe; to wipe (sth) clean; *(con una spazzola)* to brush; *(con spazzola, acqua e sapone)* to scrub; *(togliere le erbacce)* to clean (of weeds); to weed: *pulire i vetri delle finestre,* to clean the windows — *pulire la casa,* to clean (out) the house; to dust the house — *far pulire qcsa,* to have sth cleaned (*o* washed, polished). **2** *(levigare)* to burnish.

□ **pulirsi** *v. rifl* to clean oneself; to wash oneself: *pulirsi le unghie,* to clean one's nails — *pulirsi le mani,* to wash one's hands — *pulirsi la bocca,* to wipe one's lips — *pulirsi il naso,* to wipe (to blow) one's nose.

puliscipenne *sm* penwiper.

puliscipiedi, pulisciscarpe *sm* door-mat.

pulita *sf* cleaning; wipe; *(lavata)* wash; *(spazzolata)* brush: *dare una pulita a qcsa,* to give sth a wipe (over) — *darsi una pulita al cappello,* to give one's hat a brush — *Ti sei dato una pulita alle scarpe?,* Have you cleaned (*o* polished) your shoes?

pulitamente *avv* **1** cleanly. **2** *(con garbo)* properly; neatly; daintily. **3** *(onestamente)* honestly; uprightly.

pulitezza *sf* **1** *(pulizia)* cleanness; polish; *(ordine)* neatness. **2** *(fig.: di stile)* polish; refinement.

pulito *agg* **1** clean; *(ordinato)* neat; tidy; spick and span: *una stanza pulita,* a clean (a tidy) room — *scrivere pulito,* to write neatly. **2** *(fig.)* clean; clear: *vita pulita,* clean life — *avere la coscienza pulita,* to have a clear conscience. □ *gioco pulito,* fair play — *osso pulito,* bare bone — *un parlare pulito,* elegant speech — *farla (passarla) pulita,* to carry it off pretty well — *fare piazza pulita,* to make a clean sweep; *(mangiare tutto)* to eat up everything — *Fece piazza pulita dei vecchi mobili,* He made a clean sweep of his old furniture — *lasciare qcno pulito,* to clean sb out.

pulitore *sm* cleaner. □ *agg* cleaning.

pulitrice *sf* **1** cleaner. **2** *(di macchina)* polishing-machine; buffer: *pulitrice a nastro,* belt grinder.

pulitura *sf* cleaning; *(il lucidare)* polishing: *dare l'ultima pulitura,* to put the finishing touches.

pulizia *sf* **1** *(il pulito)* cleaning: *fare le pulizie,* to do the housework (the cleaning). **2** *(l'essere pulito)* cleanliness; cleanness. □ *far pulizia di qcsa, (sbarazzarsi di qcsa)* to make a clean sweep of sth.

pullulare *vi* to swarm; to teem; to pullulate; to mushroom: *La città pullulava (era pullulante) di turisti,* The town was swarming with tourists. □ *I pittori di questo genere pullulano,* Painters of this kind are two a penny.

pullulazione *sf* pullulation; swarm; mushrooming.

pulpito *sm* pulpit: *Da che pulpito viene la predica!,* Look who's talking!; Listen to the pot calling the kettle black! — *montare in pulpito, (fig.)* to sermonize; to preach. □ *(radio)* console; control desk.

pulsante *sm (elettr.)* push-button; plunger; *(di campanello)* bell push; *(di macchina fotografica)* shutter-release.

pulsare *vi* to pulsate *(anche fig.);* to beat*; to throb: *Il suo cuore pulsava piano,* His heart was beating slowly — *Mi pulsano le tempie,* My temples are throbbing.

pulsatile *agg* **1** throbbing; pulsating. **2** *(di strumenti musicali)* percussion *(attrib.).*

pulsatilla *sf* pasque flower.

pulsazione *sf* **1** pulsation *(anche fig.);* beat; throb; throbbing. **2** *(radio)* angular frequency. **3** *(mus.)* beat; vibration.

pulverulento *agg* covered with dust; dusty; powdery; pulverulent.

pulviscolo *sm* dust: *pulviscolo atmosferico,* motes *(pl.).*

pulzella *sf (lett.)* maid.

pum *interiezione* bang!

puma *sm* puma; cougar; mountain lion.

pungente *agg* **1** prickly; stinging. **2** *(fig.)* pungent; piercing; biting; sharp: *un freddo pungente,* a piercing (a biting) cold — *satira pungente,* biting (*o* pungent) satire — *un rimprovero pungente,* a sharp rebuke.

pungentemente *avv* pungently.

pungere *vt* to prick *(con una spina, uno spillo e fig.);* to sting* *(col pungiglione, anche fig.): Le spine di queste rose mi hanno punto,* The thorns of these roses pricked me — *Lo pungeva la coscienza,* His conscience pricked him — *Mi ha punto una vespa,* I have been stung by a wasp — *pungere qcno sul vivo,* to sting (to pierce) sb to the quick — *I suoi insulti mi hanno punto,* I have been stung by his insults. □ *sentirsi pungere,* to feel hurt — *Mi pungeva la curiosità,* I was itching with curiosity — *Il freddo pungeva,* The cold was piercing.

□ **pungersi** *v. rifl* to prick oneself; to sting* oneself; to get* stung: *Mi sono punto il dito!,* I've pricked my finger!

pungiglione *sm* sting.

pungitopo *sm* butcher's broom.

pungolare *vt (incitare i buoi)* to goad *(anche fig.);* to urge; to spur.

pungolo *sm* **1** goad. **2** *(fig.)* spur; prick: *il pungolo dell'ambizione,* the spur of ambition — *il pungolo della fame,* the prick of hunger.

punibile *agg* liable to punishment.

punibilità *sf* liability to punishment.

punire *vt* to punish.

punitivamente *avv* punitively.

punitivo *agg* punitive.

punitore *agg* punishing.

punizione *sf* punishment; *(castigo)* chastisement; *(penalità)* penalty: *andare senza punizione,* to go unpunished — *infliggere una punizione a qcno,* to inflict a punishment on sb.

punta *sf* **1** point; *(estremità)* tip; end: *la punta d'una penna (d'uno spillo, ecc.),* the point of a pen (pin, *ecc.*) — *con la punta all'insù (all'ingiù),* point upwards (downwards) — *scarpe a punta,* pointed shoes — *fare la punta ad una matita,* to sharpen a pencil — *la punta del naso,* the tip of the nose — *camminare in punta di piedi,* to walk on the tips of one's toes (*o* on tiptoe) — *avere qcsa sulla punta delle dita,* to have sth at one's fingertips — *avere qcsa sulla punta della lingua,* to have sth on the tip of one's tongue. **2** *(cima di campanile, albero, ecc.)* top; *(di monte, vetta)* peak. **3** *(promontorio)* cape; headland; promontory; point. **4** *(mecc.: di tornio)* centre; *(per perforazioni)* bit; *(da trapano)* drill. **5** *(fitta)* pain; twinge; *(al fianco)* stitch. **6** *(un po', un pizzico di)* pinch *(di cose in polvere);* bit *(di cose solide);* touch *(di cose astratte): una punta di sale,* a pinch of salt — *una punta di parmigiano,* a bit of Parmesan cheese — *una punta di gelosia,* a touch of jealousy. **7** *(frequenza o intensità massima)* peak: *punte di lavoro,* office peaks — *nei periodi di punta,* in peak periods — *l'ora di punta,* the rush hour. ☐ *cane da punta,* pointer — *punta di petto, (di manzo)* breast of beef — *ferita di punta,* stab-wound — *una punta, (calcio)* forward; attacking forward — *prendere qcsa di punta,* to meet sth head on; to set about sth with enthusiasm — *prendere qcno di punta,* to clash with sb — *Questo vino comincia a prendere un po' di punta,* This wine is beginning to go sour — *mangiare in punta di forchetta,* to eat affectedly — *non vedere più in là della punta del proprio naso, (fig.)* to be narrow-minded.

puntale *sm* **1** metal point; *(d'ombrello, ecc.)* ferrule. **2** *(mecc.)* push-rod. **3** *(naut.: colonna)* pillar; stanchion; *(misura di altezza)* depth. **4** *(di stringa)* tag.

puntare *vt* **1** *(spingere con forza)* to push; *(dirigere, volgere)* to point; *(mirare)* to aim (at); to point (at): *Puntò il bastone in terra,* He pushed the stick into the ground — *Puntò l'indice verso di me,* He pointed his forefinger at me — *puntare un telescopio,* to point (to aim) a telescope — *puntare un fucile verso qcno,* to point (to aim) a gun at sb — *Il cane puntò la lepre,* The hound pointed the hare — *puntare gli occhi addosso a qcno,* to fix one's eyes on sb. **2** *(scommettere)* to bet*; to wager: *Quanto hai puntato su quel cavallo?,* How much did you bet on that horse? ☐ *vi* **1** *(dirigersi)* to head (for): *Puntammo direttamente verso casa,* We headed straight for home — *puntare verso sud,* to head south. **2** *(fare assegnamento)* to rely (on); to count (on): *Puntiamo sul tuo aiuto,* We are counting on your help.
☐ *puntare una sveglia,* to set an alarm-clock — *puntare i gomiti sul tavolo,* to put one's elbows on the table — *puntare i piedi, (fig.)* to dig one's heels in; to refuse to budge — *puntare le vele,* to hoist the sails — *puntare l'attenzione (i propri sforzi) su qcsa,* to direct one's attention (one's efforts) on sth.

puntata *sf* **1** *(di un romanzo, ecc.)* instalment: *Il nuovo romanzo di Eliane uscirà a puntate su una rivista femminile,* Eliane's new novel will be published in instalments (will be serialised) in a women's magazine — *racconto a puntate,* serial story. **2** *(al gioco)* stake; bet. **3** *(visita breve)* flying visit: *Feci una puntata a Roma,* I paid a flying visit to Rome. **4** *(colpo di punta)* thrust. **5** *(aeronautica)* nose-dive. **6** *(mil.)* sortie; strike; raid. **7** *(calcio)* attack.

punteggiamento *sm* dotting; *(i punti)* dots *(pl.).*

punteggiare *vt* **1** to dot; *(segnare)* to mark with dots. **2** *(gramm.)* to punctuate.

punteggiato *agg* **1** dotted: *una linea punteggiata,* a dotted line — *un prato punteggiato di margherite,* a meadow dotted with daisies. **2** *(macchiettato)* spotted; dotted; speckled. **3** *(gramm.)* punctuated: *un periodo mal punteggiato,* a badly-punctuated sentence.

punteggiatura *sf* **1** dotting; speckling. **2** *(gramm.)* punctuation: *segni di punteggiatura,* punctuation marks.

punteggio *sm* score: *Hanno totalizzato un ottimo punteggio,* They have made a very good score — *Il punteggio fu di 4 a 2,* The score was 4-2 (*si legge:* 'four-two').

puntellare *vt* **1** to prop; to shore: *puntellare un ramo,* to prop up a branch — *puntellare un muro,* to shore up a wall — *puntellare un ammalato con dei cuscini,* to prop a patient (up) with pillows. **2** *(fig.)* to support; to back up; to buttress: *puntellare una tesi con buone ragioni,* to give good reasons in support of a thesis. ☐ **puntellarsi** *v. rifl* to seek* support.

puntellatura *sf* propping; shoring; *(i puntelli)* proppings; shores; *(naut.)* shoring; pillaring.

puntello *sm* **1** prop; support; shore; stay. **2** *(fig.)* prop; support.

punteria *sf* **1** *(mecc.)* tappet: *registrare le punterie,* to set the tappets. **2** *(mil.)* laying.

[1]**punteruolo** *sm* drift; pricker; punch; *(per cuoio)* awl; bradawl.

[2]**punteruolo** *sm (zool.)* weevil.

puntiglio *sm* spite; *(ostinazione)* obstinacy; stubbornness: *fare qcsa per puntiglio,* to do sth out of spite.

puntigliosamente *avv* punctiliously.

puntiglioso *agg* punctilious; *(ostinato)* obstinate; stubborn; *(che fa qcsa per ripicca)* spiteful.

puntina *sf* **1** *(da disegno)* drawing pin; thumbtack; *(da calzolaio, ecc.)* tack. **2** *(di grammofono)* needle; stylus. **3** *(mecc.: di candela, ecc.)* point.

puntino *sm* **1** dot; spot: *La nave non era più che un puntino,* The ship was a mere dot — *puntini di sospensione,* dots — *mettere i puntini sulle i,* to dot the i's and cross the t's. **2** *(bikini)* g-string. ☐ **a puntino,** - **a)** *(perfettamente)* perfectly - **b)** *(al momento opportuno)* pat - **c)** *(a pennello)* like a glove; like a dream — *L'arrosto è cotto a puntino,* The roast is done to a turn.

punto *sm* **1** *(vari sensi)* point; *(luogo, anche)* spot; place; *(momento, anche)* moment; instant; *(grado, anche)* degree; stage; *(passo)* passage: *punto cardinale,* cardinal point — *punto di riferimento,* point of reference; *(aeronautica)* check point — *punto debole,* weak point (*o* spot) — *punto di vista,* point of view; viewpoint — *secondo il mio punto di vista,* according to my point of view — *sotto tutti i punti di vista,* from all points of view — *essere a un punto dalla vittoria,* to be one step away from victory — *punto di combustione,* ignition point — *punto di congelamento,* freezing point — *punto di contatto,* point of contact — *punto d'ebollizione,* boiling point — *punto focale,* focal (*o* focusing) point — *punto di giunzione,* junction point — *punto di fuga,* vanishing point — *Da questo punto si gode un bel panorama,* From this point you get a wonderful view — *punto di ritrovo,* meeting place — *punto di vendita,* point of sale — *punto di partenza,* starting point; point of departure — *a un certo punto,* at a certain moment — *fino a un certo punto,* to a certain extent — *arrivare al punto giusto,* to arrive at the right moment — *essere a buon* *punto,* to be at a satisfactory stage — *essere al punto di prima,* to be at the same stage as before — *A che punto sei?,* Where have you got up to? — *a un punto critico,* at a critical point (*o* stage) — *Al punto in cui stanno le cose...,* As matters stand... — *arrivare al punto di (fare qcsa),* to go so far as to do sth — *essere sul punto di fare qcsa,* to be on the point of doing sth; to be about to do sth — *essere in punto di morte,* to be at the point of death — *essere a un punto morto,* to have reached deadlock — *Su questo punto sono d'accordo con te,* I quite agree with you on this point — *venire al punto,* to come to the crux (to the point) — *Questo è il punto,* This is the point — *considerare qcsa punto per punto,* to consider sth in detail (point by point).

2 *(scolastico)* mark: *riportare buoni punti,* to get good marks.

3 *(nel cucito)* stitch *(anche in chirurgia); (per cucitrici)* staple: *aumentare i punti, (nel lavoro a maglia)* to cast on — *diminuire i punti,* to cast off — *punto a catenella,* chain-stitch — *punti lunghi,* long stitches — *togliere i punti,* to take the (*o* sb's) stitches out.

4 *(al gioco)* point; score: *segnare un punto,* to score a point — *Questa carta vale tre punti,* This card is worth three points.

5 *(nella punteggiatura: varie espressioni) punto fermo,* full stop; period *(USA)* — *punto e a capo,* new paragraph — *due punti,* colon — *punto e virgola,* semi-colon — *punto interrogativo,* question mark — *punto esclamativo,* exclamation mark — *puntini di sospensione,* dots.

6 *(mus.)* dot.

□ *di punto in bianco,* all of a sudden; out of the blue — *... in punto,* ... sharp; ... exactly — *alle cinque in punto,* at five sharp — *di tutto punto,* thoroughly; completely — *dare dei punti a qcno,* to knock the spots off sb — *fare il punto della situazione,* to take stock; to see what the situation is (how the land lies) — *mettere a punto qcsa,* to put sth right — *mettere a punto un motore,* to tune up an engine — *mettere i punti sugli i,* to dot one's i's *(anche fig.)* — *per un punto,* by a hair's breadth.

puntone *sm (nell'edilizia)* strut; rafter.

puntuale *agg* **1** punctual; on time: *essere puntuale,* to be punctual — *arrivare puntuale,* to arrive on time — *essere puntuale nei pagamenti,* to pay on the dot. **2** *(accurato)* accurate; precise; exact.

puntualità *sf* punctuality; *(precisione)* precision; exactness: *Richiedo la puntualità,* I insist on punctuality.

puntualmente *avv* **1** punctually. **2** *(regolarmente)* regularly. **3** *(punto per punto)* point by point: *Ho risposto puntualmente a tutte le sue domande,* I have answered all his questions point by point.

puntura *sf* **1** puncture; prick; *(d'insetto)* sting; bite. **2** *(iniezione)* injection; *(fam.)* jab: *fare una puntura a qcno,* to give sb an injection. **3** *(fitta)* stabbing pain; shooting pain: *sentire delle punture alla schiena (al capo, ecc.),* to have shooting pains in one's back (in one's head, *ecc.*).

puntuto *agg* pointed; sharp; piercing.

punzecchiamento *sm* **1** pricking; *(d'insetto)* stinging; biting. **2** *(fig.)* teasing.

punzecchiare *vt* **1** *(in genere)* to prick; *(di insetto)* to sting*; to bite*. **2** *(fig.)* to tease; to torment.

□ **punzecchiarsi** *v. rifl e reciproco* to tease each other (*o* one another).

punzecchiatura *sf* **1** pricking; *(di insetto)* stinging; biting. **2** *(fig.: il ferire a parole)* teasing.

punzonare *vt (mecc.)* to punch; to stamp.

punzonatore *sm* puncher. □ *agg* punching.

punzonatrice *sf (macchinario)* punch; punching-machine; punching-press: *punzonatrice a mano,* hand-metal press.

punzonatura *sf* **1** punching; *(perforazione)* perforation. **2** *(sport)* identification stamp.

punzone *sm* punch; prick punch; drift; driftpin.

[1]**pupa** *sf (bambola)* doll; *(bambina)* little girl; baby; *(ragazza)* doll: *Ciao pupa!,* Hey, baby!

[2]**pupa** *sf (zool.)* pupa *(pl.* pupae *o* pupas*)*; chrysalis *(pl.* chrysalides *o* chrysalises*)*.

pupattola *sf* **1** *(bambolotto)* doll. **2** *(bimbetta)* little girl. **3** *(spreg.)* puppet.

pupazzetto *sm* little puppet.

pupazzo *sm* puppet.

[1]**pupilla** *sf* pupil; *(per estensione: occhio)* eye: *Era la pupilla dei suoi occhi,* She was the apple of his eye.

[2]**pupilla** *sf (minorenne sotto tutela)* (female) ward.

[1]**pupillare** *agg (anat.)* of the pupil; pupillary.

[2]**pupillare** *agg* relating to a ward.

pupillo *sm (minorenne sotto tutela)* ward.

puramente *avv* purely; *(semplicemente)* simply; merely; *(soltanto)* only; *(del tutto)* quite.

purché *congiunz* provided (*o* providing) that; on condition that; if; if only: *Ti porterò al cinema purché tu stia buono,* I'll take you to the cinema provided (that) you behave — *Purché sia vero!, (dubbio)* If it's true!; *(speranza)* If only it's true!

purchessia *agg* any; whichever; of any kind: *Prendi un fazzoletto purchessia,* Take any (*o* whichever) handkerchief you like — *accettare un lavoro purchessia,* to take any kind of job; to take a job of any kind — *in un modo purchessia,* anyhow.

□ *avv* at random.

[1]**puré** *sm* purée *(fr.)*: *puré di patate,* mashed potatoes.

[2]**pure I** *avv* **1** *(anche)* too; as well; also; *(in proposizioni negative: neanche)* either: *Io pure sono stata a Londra,* I, too, have been to London; *(comunemente)* I've been to London, too — *Sono stata pure a Parigi,* I've been to Paris, too — *Pure noi andiamo,* We're going, too — *Pure mia moglie non sa guidare,* My wife can't drive either. **2** *(per estensione: con valore rafforzativo)* certainly; please; by all means; as (*o* if) you like *(talvolta non si traduce)*: *Fate pure,* Please do; By all means — *Va' pure, non m'importa,* Go if you like, I don't care — *Entri pure!,* Please go in! — *Sia pure come tu dici...,* Let's suppose that, as you say...

□ *Bisogna pur campare,* You've got to live, after all — *Credi pure, sei ancora troppo giovane,* Believe me, you're still too young.

II *congiunz* **1** *(con valore avversativo: pur tuttavia)* but; yet; still; however: *Non mi piace, pure devo farlo,* I don't like it, and yet I have to do it. **2** *(con valore concessivo: anche se, quand'anche)* even if; even though: *Pur essendo simpatico a tutti, a me non piace,* Even if everybody likes him, I don't — *Pure perdonandoti, non posso dimenticare,* Even though I forgive you, I can't forget. **3 pur di...; pur che...,** if only...: *Pur di dimagrire, farebbe qualsiasi cosa,* She would do anything to get slimmer — *pur che sia vero,* if only it be true.

purezza *sf* purity *(anche fig.)*; pureness.

purga *sf* **1** purge; purgative; *(lassativo)* aperient; laxative. **2** *(politica)* purge; *(epurazione)* weeding-out.

purgante *sm* purge; purgative; laxative; aperient.

purgare *vt* **1** to purge. **2** *(purificare)* to purify; to depurate: *(fig.) purgare uno scritto,* to expurgate (to bowdlerise) a text. **3** *(fig.: mondare)* to purify; to cleanse; *(espiare)* to purge; to expiate: *purgare il cuore dal peccato,* to cleanse one's heart from (*o* of) sin.

□ **purgarsi** *v. rifl* **1** to purge oneself; to take* a purge. **2** *(purificarsi, mondarsi)* to purge oneself; to purify oneself.

purgatezza *sf (di linguaggio)* purity.

purgativo *agg* laxative; purgative.

purgato *agg* **1** *(depurato)* purged. **2** *(depurato, puro, di stile)* purified. **3** *(di un libro)* expurgated; bowdlerised.

purgatorio *sm* purgatory. □ *agg* purgatorial.

purgatura *sf* purgation.

purgazione *sf* **1** purgation; purification; *(espiazione)* expiation. **2** *(dir.)* freeing: *purgazione dalle ipoteche,* freeing (of an estate) from encumbrances.

purificare *vt* to purify; to cleanse; to purge: *purificare l'anima,* to purify the soul — *purificare l'aria,* to purify the air.

□ **purificarsi** *v. rifl* to purify oneself; to be* purified.

purificativo *agg* purifying.

purificatore *sm* purifier. □ *agg* purifying.

purificazione *sf* **1** purification. **2** *(in religione)* Purification: *la Purificazione della Vergine,* the Purification of the Virgin Mary; Candlemas.

purista *sm e f.* purist.

purità *sf* purity; pureness.

puritanesimo *sm (storia religiosa)* Puritanism.

puritano *sm (storia religiosa)* Puritan *(anche fig.).*

□ *agg* puritanical.

puro *agg* **1** pure; *(casto)* chaste: *acqua pura,* pure water — *seta pura,* pure silk — *oro puro,* pure gold — *anima pura,* pure (*o* chaste) soul — *razza pura,* pure race — *matematica pura,* pure mathematics — *Si esprime nel più puro inglese,* She speaks the purest English — *critica della ragion pura,* critique of pure reason. **2** *(mero, semplice)* mere; pure; sheer; plain: *per puro caso,* by mere chance — *Questa è pura ignoranza,* This is sheer ignorance — *la pura verità,* the plain truth. □ *avere la coscienza pura,* to have a clear conscience — *vino puro,* undiluted wine — *un cielo puro,* a clear sky — *alcool puro,* absolute alcohol.

purosangue *sm (di cavallo)* thoroughbred *(anche agg. e fig., di persona).*

purtroppo *avv* unfortunately: *Purtroppo non posso venire,* Unfortunately I can't come. □ *Lo capisco purtroppo,* I understand only too well — *Purtroppo!,* I'm afraid so!; (All) too true, I'm afraid!

purulento *agg* purulent.

purulenza *sf* purulence.

pus *sm* pus; (purulent) matter.

pusillanime *agg* faint-hearted; weak-kneed; pusillanimous; cowardly; craven.

□ *sm* coward.

pusillanimità *sf* faint-heartedness; cowardice; pusillanimity.

pustola *sf* pimple; pustule.

pustoloso *agg* pimply; covered with pimples.

puta, puta caso *cong (solo nella locuzione) Puta caso che...,* Suppose...; Supposing...

putativo *agg* reputed; *(dir.)* putative: *matrimonio putativo,* putative marriage.

putiferio *sm (schiamazzo)* uproar; shindy; row; *(confusione)* mess; confusion: *fare un putiferio,* to make an uproar; to kick up a shindy.

putredine *sf* **1** rottenness; putridity; *(cosa putrefatta)* rot. **2** *(fig.)* moral corruption.

putrefare *vi,* **putrefarsi** *v. rifl* to go* bad; to decay; to rot; to putrefy.

putrefatto *agg* putrefied; rotten: *cadavere putrefatto,* putrefied corpse — *cibi putrefatti,* rotten food.

putrefazione *sf* putrefaction; decomposition: *in uno stato di avanzata putrefazione,* in an advanced state of decomposition.

putrella *sf (industria edilizia)* I-beam.

putrescente *agg* putrescent.

putrescenza *sf* putrescence.

putrescibile *agg* liable to rot; putrescible.

putrido *agg* **1** putrid; rotten: *pesce putrido,* rotten fish. **2** *(fig.)* corrupt; rotten.

□ *sm (fig.)* corruption; rottenness: *C'è del putrido nel suo animo,* There's something rotten in his soul.

putridume *sm* rot; filth *(anche fig.).*

puttana *sf* whore; prostitute; street-walker; tart *(sl.).* □ *quel figlio di puttana...,* that son of a bitch...

puttaneggiare *vi* to be* a prostitute; to walk the streets.

puttaniere *sm* whore-monger.

putto *sm (amorino, in decorazioni)* cupid; putto.

puzza *sf* ⇨ **puzzo.**

puzzare *vi* to stink*; to smell* (bad); *(sl.)* to hum: *Queste uova puzzano,* These eggs stink — *Gli puzza il fiato,* His breath smells — *puzzare d'aglio (di cipolla, di vino, ecc.),* to smell of garlic (onions, wine, ecc.) — *puzzare di chiuso (di muffa, di vecchio, ecc.),* to smell stuffy (mouldy, old, *ecc.*) — *puzzare d'ipocrisia (di taccagneria, ecc.), (fig.)* to smell of hypocrisy (of miserliness, *ecc.*) — *Puzza di tirchio lontano un miglio,* You can smell the miser a mile away. □ *Ti puzza la salute?,* Don't you care about your health? — *Ti puzzano i soldi?,* Why do you waste your money?; Does money mean nothing to you? — *Questa storia puzza di losco,* There's something sinister in this story.

puzzo *sm* stink; stench; bad (*o* offensive) smell; *(fig.)* smell: *puzzo di uova marce,* stench of rotten eggs — *puzzo di bruciato,* smell of burning. □ *C'è puzzo d'inverosimile nella sua storia,* There's something fishy in his story — *sentir puzzo d'imbroglio,* to smell a rat.

puzzola *sf* polecat; fitchew.

puzzolente *agg* bad-smelling; stinking; fetid.

puzzone *sm* **1** person who stinks. **2** *(fig.)* skunk; stinker.

Q

Q, q *sm e f.* Q, q: *Q come Quarto, (al telefono, ecc.)* Q for Quebec.

qua *avv* **1** *(in questo luogo)* here; *(anche di moto, riferito al luogo vicino a chi parla)* here; hither *(raro, lett.)*: *Io resterò qua,* I'll stay here — *Vieni qua!,* Come here! — *qua e là,* here and there; *(dappertutto)* all over the place — *Eccomi qua!,* Here I am! — *qua dentro (fuori),* in (out) here — *qua giù (su),* down (up) here.
2 *(in locuzioni avverbiali di luogo) di qua,* over here; on this side — *per di qua,* this way — *al di qua del fiume,* on this side of the river — *farsi in qua,* to come close; to draw near — *Puoi farti più in qua?,* Can you come closer?
3 *(con valore temporale) da un po' di tempo in qua,* for some time now — *da tre mesi in qua,* for the last three months — *da quando in qua?,* since when?
□ *essere più di là che di qua, (essere mezzo morto)* to be at one's last gasp — *il mondo di qua,* this world — *Qua la mano!,* Let's shake hands! — *Qua ti volevo!,* I've got you there! — *questo qua,* this one here — *È questo qua che ho scelto,* This is the one I've chosen — *Dammi qua!,* Give it to me!

quacchero *sm e agg* Quaker: *i Quaccheri,* the Society of Friends.

quaderno *sm* **1** *(per i compiti scolastici)* exercise-book; *(per appunti)* note-book; *(amministrativo)* cash-book. **2** *(di giardino)* bed.

quadrangolare *agg* quadrangular: *incontro quadrangolare, (sport)* four-sided contest.

quadrangolo *sm* quadrangle. □ *agg* quadrangular.

quadrante *sm* **1** *(di orologio)* dial; *(orologio a sole)* sundial. **2** *(geometria, astronomia)* quadrant. **3** *(numismatica)* quadrans.

quadrare *vt* **1** *(geometria)* to square; to make* sth square. **2** *(matematica)* to raise (a number) to the power of two; to square. **3** *(contabilità)* to balance; to reconcile.
□ *vi* **1** *(matematica: essere esatto)* to come* out exactly. **2** *(fig.: corrispondere)* to fit in (with sth); to tally (with sth): *Devo ammettere che il tuo racconto quadra con quanto sapevo già,* I must admit that your story fits in with what I already knew. **3** *(fam.: piacere, andare a genio)* to be* to (sb's) liking: *Vi avverto che il vostro modo di agire non mi quadra affatto,* I warn you that your behaviour is not at all to my liking.

quadrato *agg* **1** *(di forma quadrata)* square; *(squadrato)* squared; *(elevato al quadrato)* squared; *(radice quadrata)* square root. **2** *(solido, robusto)* square-built. **3** *(equilibrato)* sound; sensible; well-balanced; *(assennato)* level-headed: *un ragazzo quadrato,* a sound boy — *una persona dalla mente quadrata,* a strong-minded person — *avere le spalle quadrate,* to be square-shouldered.
□ *sm* **1** *(quadrangolo, elemento di forma quadrata)* square: *disegnare un quadrato,* to draw a square — *quadrato magico,* magic square. **2** *(matematica)* square: *cinque elevato al quadrato,* five squared — *elevare un numero al quadrato,* to square a number. **3** *(mil.)* square. **4** *(naut.: sala ufficiali)* wardroom. **5** *(pugilato)* ring. **6** *(tipografia)* quadrat; quad.

quadratura *sf* squaring; *(in geometria astronomica)* quadrature; *(della luna)* quarter: *marea delle quadrature,* neap tide — *quadratura del cerchio,* squaring the circle; *(per estensione)* insoluble problem — *in quadratura, (elettr.)* wattless; in quadrature.

quadrello *sm* **1** *(mattonella quadrata)* square tile. **2** *(aggeggio per tirare righe)* square ruler. **3** *(ago da imballatore)* packing-needle. **4** *(del guanto)* gusset. **5** *(ant., lett.: freccia, dardo)* quarrel.

quadrettare *vt* to divide (sth) into squares; *(tessuti)* to chequer, *(USA)* to checker.

quadrettato *agg* squared; *(tessuto)* check *(attrib.)*; checked; chequered, *(USA)* checkered.

quadretto *sm* **1** *(piccolo quadro)* small picture. **2** *(quadratino)* small square: *carta a quadretti,* squared paper — *stoffa a quadretti,* chequered (*USA* checkered) cloth. **3** *(fig.: scenetta)* picture: *Che delizioso quadretto quei bimbi che giocano!,* What a pretty picture those children playing make!

quadriennale *agg* **1** *(che ricorre ogni quattro anni)* quadrennial. **2** *(che dura quattro anni)* four-year *(attrib.)*; quadrennial.

quadrifoglio *sm* **1** *(bot.)* four-leaved clover. **2** *(crocevia)* clover-leaf. **3** *(archit.)* quatrefoil.
□ *agg* four-leaved.

quadriga *sf* quadriga *(pl.* quadrigae*)*; chariot.

quadriglia *sf (ballo e musica)* quadrille: *comandare la quadriglia,* to lead the quadrille.

quadrilatero *agg* quadrilateral; four-sided; oblong.
□ *sm* **1** *(geometria)* quadrilateral. **2** *(fortezza)* fortress; *(sistema difensivo)* quadrilateral. **3** *(nel gioco del calcio)* box. **4** *(numismatica)* oblong bronze casting; aes signatum *(lat.)*.

quadrilingue *agg* quadrilingual.

quadrimestre *sm* period of four months; four-month period: *ogni quadrimestre,* every four months.

quadrimotore *sm* four-engined aircraft.

quadripartito *agg* quadripartite.

quadrisillabo *agg* quadrisyllabic; tetrasyllabic.
□ *sm* quadrisyllable; tetrasyllable.

quadrivalente *agg* tetravalent.

quadrivio *sm* **1** cross-roads. **2** *(nel medio evo, le quattro materie del gruppo scientifico)* quadrivium.

quadro *sm* **1** *(pittura, dipinto)* picture; painting: *dipingere un quadro,* to paint a picture — *due quadri di Rembrandt,* two paintings by Rembrandt — *quadro a olio,* oil painting — *quadro a acquerello,* water-colour painting — *galleria di quadri,* picture-gallery — *quadri viventi,* tableaux vivants *(fr.)*. **2** *(fig.)* description; outline; picture; *(ambientazione)* setting; *(immagine, scena, spettacolo)* sight: *Questo è il quadro della situazione,* This is how things are (*o* stand) — *un quadro della vita inglese dell'Ottocento,* a general picture of English life in the nineteenth century — *La relazione dà un allarmante quadro della nostra economia,* The report gives an alarming outline (*o* picture) of our economy — *quadro clinico,* clinical picture. **3** *(foglio o tabella contenente dati riassuntivi)* table; chart: *quadro riassuntivo,* summary — *quadro sinottico,* synoptic table. **4** *(oggetto o spazio quadrato)* square: *a quadri,* chequered — *una tovaglia a quadri,* a table-cloth with a check pattern; a check cloth — *Portava pantaloni a grandi quadri rossi,* She wore a pair of trousers with big red squares. **5** *(pannello con apparecchiature di comando o di controllo)* panel; board: *quadro degli interruttori,* switch-board — *quadro a muro,* wall-type board — *quadro di comando,* control board — *quadro a pulsanti,* press-button board — *quadro portastrumenti,* instrument board (*o* panel). **6** *(in teatro e, per estensione, nel cinema: suddivisione di un atto)* scene: *una commedia in due atti e sei quadri,* a play in two acts and six scenes. **7** *(immagine cinematografica o televisiva)* frame: *fuori quadro,* out-of-frame; *(fig.)* ill at ease — *Quadro!, (al cinema)* Focus! — *mettere in quadro,* to frame. **8** *(nell'esercito e in ogni tipo di gerarchia)* cadre; top echelon. **9** *(al pl.: seme delle carte da gioco)* diamonds. □ *quadro di poppa, (naut.)* upper stern — *disporre in quadro, (soldati, atleti)* to draw up in a square — *legge quadro,* outline (*o* skeleton) law.

quadrumane *agg* quadrumanous.

quadrupede *agg* quadruped; *(più comunemente)* four-footed.
□ *sm* quadruped.

quadruplicare *vt* to quadruplicate; to quadruple; to multiply (sth) by four.
□ **quadruplicarsi** *v. rifl* to quadruple.

quadruplice *agg* quadruple; quadruplicate.

quadruplo *agg* four times as much; four times as great; four-fold.
□ *sm* quadruple.

quaggiù *avv* **1** here below; down here. **2** *(fig.: sulla terra)* on the earth; in this life; in this world. **3** *(estensivo: a sud)* here in the south: *da (di) quaggiù,* from down here.

quaglia *sf* quail: *re di quaglie,* corncrake; landrail.

quaglio *sm* ⇨ **caglio.**

qualche *agg indef* **1** *(alcuni, non molti, un numero indeterminato, non molto grande)* - **a) some** *(in proposizioni affermative e nelle interrogative che presuppongono risposta affermativa);* **a few; several**: *qualche giorno fa,* some (a few) days ago — *Sarà qui tra qualche settimana,* He'll be here in a few weeks — *Ho ancora qualche dubbio,* I've still got some doubts — *Puoi imprestarmi qualche libro?,* Can you lend me some books? — *Vuoi qualche rosa da portare a tua madre?,* Would you like some roses to take to your mother? — *qualche cosa,* something (⇨ **qualcosa**) — *qualche volta,* sometimes.
b) any *(in proposizioni dubitative, interrogative, condizionali): Non so se siamo autorizzati a darvi qualche informazione,* I don't know whether we are authorized to give you any information — *Hai qualche cioccolatino per stasera?,* Have you got any chocolates for this evening? — *Non hai qualche scrupolo?,* Haven't you any scruples?
2 *(quantità indeterminata; uno)* **some; a certain amount of:** *Non vado a Londra da qualche tempo,* I haven't been to London for some time — *È un pittore di qualche fama,* He has a certain reputation as a painter; He is a fairly well-known painter — *Dev'essere (un) qualche attore famoso!,* He must be some famous actor!
3 *(uno... o l'altro, qualsiasi, quale che sia, rafforzativo con l'art. indeterminativo)* - **a)** (*cfr.* **1 - a**) **some** (... or other): *Dev'esserci una sigaretta da qualche parte,* There must be a cigarette somewhere or other — *in qualche luogo,* somewhere or other — *in qualche modo,* somehow (or other) — *Dovrò pur trovare qualche soluzione!,* I'll have to find some solution! — *C'è sotto un qualche mistero,* There is some sort of mystery behind it.
b) (*cfr.* **1 - b**) **any**: *in qualche luogo,* anywhere — *in qualche modo,* anyhow — *Non hai visto la mia sciarpa da qualche parte?,* Haven't you seen my scarf anywhere? — *Non penso che ci sia (un) qualche modo per convincerlo,* I don't think there is any way of convincing him.

qualcosa *pron indef (una o poche cose, con valore indeterminato)* - **a)** *(in proposizioni affermative; in proposizioni interrogative che presuppongono risposta affermativa)* **something**: *qualcos'altro,* something else (*o* more) — *Vorrei fare qualcosa,* I'd like to do something — *Dammi qualcosa da leggere,* Give me something to read — *qualcosa di nuovo,* something new — *C'è qualcosa di sbagliato?,* Is there something wrong? — *Qualcosa mi dice che...,* Something tells me that... — *È già qualcosa!,* That's something! — *Va in Svezia o qualcosa del genere,* He is going to Sweden or something (like that) — *Oh, bene! Vuoi fare qualcosa per me?,* Oh, good! Will you do something for me? — *Desideri qualcosa?,* Would you like something?
b) *(in proposizioni dubitative, interrogative, condizionali)* **anything**: *qualcos'altro,* anything else (*o* more) — *Sai qualcos'altro?,* Do you know anything else? — *Ha qualcosa per pulire l'argento?,* Have you anything to polish silver (with)? — *Se qualcosa dovesse muoversi, spara subito,* If anything moves, fire immediately — *Non so se capirò qualcosa, ma tenterò,* I don't know if I'll understand anything, but I shall try.
□ *Beviamo qualcosa?,* Shall we have a drink? — *Il tramonto fu qualcosa di stupendo,* The sunset was something wonderful (was really wonderful) — *qualcosa come, (nientedimeno che)* something like; nothing less than — *Ho fatto qualcosa come trenta chilometri a piedi!,* I've done something like thirty kilometres on foot! — *Spera di diventare qualcosa,* He hopes to achieve something in life *(o fam.* to become a somebody; to get somewhere*)* — *un milione e qualcosa,* a million or more — *avere qualcosa al sole,* to own a piece of land; to have a bit of property.

qualcuno *pron indef* **1** *(alcuni, non molti, una persona)* - **a)** *(in proposizioni affermative; in proposizioni interrogative che presuppongono risposta affermativa)* **somebody; someone**: *C'è qualcuno tra i cespugli,* There's somebody in the bushes — *Qualcuno mi aspettava fuori,* Someone was waiting for me outside — *È venuto qualcuno in più,* Someone extra has come - **b)** *(in proposizioni dubitative, interrogative, condizionali)* **anybody; anyone**: *Se qualcuno cerca me, faccia passare,* If anybody wants to see me, show him in — *C'è qualcuno?,* Is there anyone about?; Anyone at home? — *Non voglio con me qualcuno che mi sia solo di ostacolo,* I don't want anybody with me who would just be a hindrance.
2 *(con valore partitivo)* - **a) some**: *Qualcuno di noi andrà nei pasticci,* Some of us will get into trouble — *Che buoni cioccolatini! Posso prenderne ancora qual-*

cuno?, What lovely chocolates! May I have some more? — *So che c'è qualcuno di voi che non è soddisfatto,* I know that some of you are not satisfied - **b)** **any**: *C'era qualcuno di loro al matrimonio?*, Were any of them at the wedding?
3 *(alcuno, taluni, spesso correlativo di 'altri')* some (of them); some people; *(alcuni, pochi)* a few: *Qualcuno mi ha aiutato, altri sono stati a guardarmi,* Some (of them) helped me and some stood just looking at me — *Temo che qualcuno reagirà,* I'm afraid somebody may react — *'Hai visto i regali?' - 'Ne ho visto qualcuno',* 'Have you seen the presents?' - 'I've seen some (of them)' — *Ho visto molti film, ma solo qualcuno mi ha colpito profondamente,* I've seen many films, but only a few have made a deep impression on me.
4 *(con valore esclamativo e enfatico)* **what (a...)**; *(pl.)* somebody: *Nel suo campo è certamente qualcuno,* He is certainly somebody (*o* a somebody) in his own field.

quale **I** *agg* **1** *(interr.: riferito a un numero indeterminato)* **what**: *Quali sono i suoi progetti?*, What are his projects? — *Quali libri leggete in vacanza?*, What books do you read on holidays?
2 *(tra due, o riferito a un numero limitato)* **which**: *Quale ristorante scegliamo?*, Which restaurant shall we choose!
3 *(correlativo di 'tale')* **(just) as**; **exactly like**: *Il paese era quale l'avevo lasciato,* The village was (just) as I had left it — *tale e quale,* just like; exactly the same — *Sei tale e quale tuo padre,* You are just like your father — *Ho un quadro proprio tale e quale,* I've got a picture exactly like it.
4 *(con valore esclamativo e enfatico)* **what (a)**; *(pl.)* **what**: *Quale fortuna!*, What luck! — *Quale sfortuna!*, What a misfortune! — *Quali stupide idee ti attraversano la testa!*, What stupid ideas you get!
5 *(indef.: qualunque)* **whatever**: *Dovranno pagare, quale che sia l'ammontare del danno,* They'll have to pay up, whatever the amount of the damage.
II *pron interr* **1** *(riferito a numero indeterminato)* **what**: *Qual è il colore dell'armadillo?*, What colour is the armadillo? — *Dimmi quali sono le tue intenzioni,* Tell me what is your mind.
2 *(tra due, o riferito a un numero limitato)* **which**: *Quale di queste cartoline comperiamo?*, Which of these postcards shall we buy? — *'Vorrei una bottiglia di vino rosso' - 'Quale?'*, 'I'd like a bottle of red wine' - 'Which?'.
III *pron relativo* **1** *(soggetto)* - **a)** *(riferito a persone)* **who**; **that**; *(nelle proposizioni incidentali)* **who**: *Tutti coloro i quali sono interessati possono fare domanda,* All those who (that) are interested can apply — *I miei zii, i quali sono emigrati in Belgio...* My uncles, who emigrated to Belgium... - **b)** *(riferito ad animali o cose)* **that**; **which**; *(nelle proposizioni incidentali)* **which**: *È una libreria la quale (più comune 'che') fu aperta cinquanta anni fa,* It's a bookshop that (which) was opened fifty years ago.
2 *(compl. indiretti)* - **a)** *(riferito a persone)* **that**; **who(m)** *(spesso non si traduce)*; *(in proposizioni incidentali)* **who(m)**; *(possessivo)* **whose**: *Chi è la persona con la quale camminavi stamattina?*, Who is the person you were walking with this morning? — *Mio fratello, di cui ti parlavo ieri, sta per arrivare,* My brother, of whom we were talking yesterday, is going to arrive - **b)** *(riferito ad animali o cose)* **that**; **which** *(spesso non si traduce)*; *(in proposizioni incidentali)* **which**; *(possessivo)* **of which**; **whose**: *Il grande magazzino nel quale siamo stati ieri è bruciato stanotte,* The big store (which) we visited yesterday burnt down last night — *La montagna, della quale puoi vedere la cima...*, The mountain, whose summit you can see...
3 *(negli elenchi)* **such as**; **like**: *Alcune erbe quali il timo e il rosmarino sono aromatiche,* Some herbs, such as thyme and rosemary, are aromatic.
IV *avv* **as**: *Fu scelto quale coordinatore dei lavori,* He was chosen as coordinator of the work.
☐ *un certo qual...*, a certain... — *in un certo qual modo,* in a way — *Lo ricorda con un certo qual rimpianto,* His memory of it is tinged with a certain regret — *non so quale,* vague; certain — *Aveva un non so quale tono di mistero,* He had a vague air of mystery about him — *la qual cosa,* which.

qualifica *sf* **1** qualification; *(titolo)* title. **2** rating: *Quell'operaio merita una buona qualifica,* That workman deserves a good rating.

qualificabile *agg* able to be described (*o* classed, regarded) (as sth).

qualificare *vt* **1** *(giudicare, definire)* to judge; to define (sb as sth); to describe (sb as sth); to regard (sb as sth): *qualificare qcno come un buon lavoratore,* to judge sb to be (to define sb as) a good worker. **2** *(attribuire una qualifica)* to qualify; *(caratterizzare)* to characterize: *qualificare qcno all'insegnamento dell'inglese,* to qualify sb to teach (*o* as a teacher of) English — *È un gesto che lo qualifica,* This action characterizes him.
☐ **qualificarsi** *v. rifl* **1** *(attribuirsi una qualifica)* to describe oneself (as sth): *qualificarsi dottore (architetto),* to describe oneself as a doctor (an architect). **2** *(piazzarsi, ottenere una qualifica)* to be* placed: *qualificarsi al secondo posto,* to be placed second. **3** *(sport: superare un turno eliminatorio)* to get* through to the next round *(o, nelle gare di velocità,* heat*)*.

qualificativo *agg* qualifying; qualificative.

qualificato *agg* qualified; competent; entitled; *(che si distingue)* distinguished; remarkable; excellent; *(dotato)* endowed; *(esperto, abile)* skilled: *un medico qualificato,* a qualified doctor — *essere qualificato per un lavoro,* to be competent for (to be entitled to) a job — *uno dei nostri professionisti meglio qualificati,* one of our most distinguished professional men.

qualificazione *sf* **1** achievement of a status; qualifying; obtaining of a qualification. **2** *(dir.)* characterisation. **3** *(sport)* qualifying event; qualifier *(sl.)*.

qualità *sf* **1** *(caratteristica o proprietà innata)* quality; property; nature: *di ottima qualità,* of excellent quality — *di qualità scadente,* of poor quality — *di primissima qualità,* of first-rate (*o fam.* top) quality — *un vino di prima qualità,* a choice (*o* first-rate, *o* top quality) wine — *vino di qualità inferiore,* inferior wine — *controllo di qualità,* quality control — *preferire la qualità alla quantità,* to prefer quality to quantity — *Attrarre il ferro è la principale qualità della calamita,* A magnet's main property is to attract iron — *L'agricoltura dipende dalla qualità del suolo,* Agriculture depends on the nature of the soil. **2** *(specie, genere)* kind; sort; species *(pl.* species*)*; class: *Ci sono molte qualità di riso,* There are many kinds of rice — *Nel negozio vidi articoli di ogni qualità,* I saw articles of all sorts in the shop — *Sai riconoscere le varie qualità di rose?*, Can you recognize the various species of roses? — *Ho imparato a trattare con persone di ogni qualità,* I've learnt to deal with people of all classes. **3** *(solo al pl.: requisiti, doti morali)* qualities; merits; accomplishments: *avere buone qualità,* to have good qualities — *Tu non hai le* *qualità richieste,* You haven't the qualities which are required — *Continuò elencando le qualità di suo fratello,* He went on to list his brother's merits. **4** *(mansione, veste ufficiale)* capacity: *in qualità di tutore,* in one's capacity as guardian — *Ti sto parlando in qualità di avvocato difensore,* I'm speaking to you in my capacity as counsel for the defence.

qualitativamente *avv* qualitatively.

qualitativo *agg* qualitative. □ *sm* quality.

qualmente *avv (lett., solo nell'espressione) come e qualmente,* how and in what way.

qualora *avv* **1** *(nel caso che)* if; in the event of: *qualora venissero,* if they come; in the event of their coming; should they come. **2** *(ogni volta che)* whenever.

qualsiasi, qualunque *agg indef* **1** *(l'uno o l'altro che sia)* - **a)** *(di molti)* any: *qualsiasi cosa,* anything — *Darei qualunque cosa per riavere il mio cane,* I'd give anything to get my dog back — *a qualsiasi costo,* at any cost; at all costs — *in qualsiasi caso,* in any case — *in qualsiasi modo,* anyhow — *uno qualsiasi, (di cosa o di persona)* anyone; *(di cosa)* any — *in qualunque momento,* any time — *Partirò un giorno qualsiasi della settimana,* I'll be leaving any day (*o* sometime) this week.

b) *(di due)* either: *Puoi cominciare a tagliare uno qualsiasi di questi due dolci,* You can start cutting either of these cakes.

2 *(concessivo) (all'inizio di frase)* whatever; *(talvolta, spec. quando si riferisce a persone o cose in numero limitato)* whichever: *Qualunque piega prenda la cosa, io mi terrò al di fuori,* Whatever turn things take (Whichever way it turns out), I'm keeping well out of it — *Qualsiasi cosa io dica, tu mi correggi!,* Whatever I say you correct me! — *Qualunque dei miei figli abbia bisogno di me, non ha che da chiamarmi,* Whichever of my children needs me has only to call me.

3 *(ciascuno, ogni)* each; every: *In qualsiasi parte del mondo ho incontrato gente interessante,* I've met interesting people in every part of the world — *Qualunque uomo ha i suoi diritti,* Every man has his rights — *qualsiasi cosa,* everything — *Qualunque cosa tu faccia, la fai bene,* Everything you do, you do well.

4 *(non particolarmente dotato, ordinario)* ordinary; common: *È una persona qualsiasi,* He's just an ordinary person — *Perché hai preso una bottiglia qualsiasi?,* Why did you take any old bottle (the first bottle which came to hand)? — *Non l'ho notata: è una ragazza qualsiasi,* I didn't notice her: she is a very ordinary (*o* run-of-the mill) sort of girl.

qualsivoglia *agg indef* = **qualsiasi.**

qualunque *agg indef* ⇨ **qualsiasi.**

qualunquismo *sm* indifference to politics.

qualunquista *sm e f.* person indifferent to politics.

quando I *avv* when *(⇨ anche la congiunz.,* **II** *sotto): Quando l'hai saputo?,* When did you hear it (about it)? — *Quando possiamo incontrarci?,* When can we meet? — *Quando ebbe inizio tutta questa storia?,* When did all this business start? — *Nessuno sa quando finiremo,* Nobody knows when we'll finish — *Per l'amor di Dio quando ti decidi a sbrigarti?,* In heaven's name, when are you going to get a move on? — *a quando?,* when? — *da quando?,* since when?; how long? — *fino a quando?,* till when?; how long? — *da quando in qua?,* since when? — *per quando?,* when? — *Di quando è quel vestito?,* When did you buy that suit?; How old is that suit? — *Di quando è quel giornale?,* What is the date of that newspaper? — *di quando in quando,* from time to time; now and then; every so often.

II *congiunz* **1** *(nel momento in cui)* when; *(talvolta: di qualcosa che succede all'improvviso)* than: *Quando stavo a Londra facevo una vita molto diversa,* When I was in London I had a very different sort of life — *Quando entrò, tutti si misero a bisbigliare,* When she came in, everybody started whispering — *Fammi sapere quando potrai venire,* Let me know when you can come — *Perché ti vuoi affannare quando potresti prendertela con calma?,* Why must you get all hot and bothered when you could take it easy? — *Non aveva ancora passato la porta, quando il proiettile lo raggiunse,* No sooner had he reached the door than the bullet hit him — *È una foto di quando eravamo insieme,* It's a snapshot of the time when we were together — *... quand'ecco,* ... when suddenly — *... da quando,* ... since; ... ever since — *fino a quando,* until (*o* till) — *Non avrò pace fino a quando non ti rivedrò,* I shall have no peace until I see you again — *L'ho comprato quel giorno quando (fam.: per 'in cui'; 'nel quale') siamo tornati dalle vacanze,* I bought it the day we came back from the holidays.

2 *(ogni volta che)* whenever; every time: *Quando viene qua ci porta sempre dei regali,* Whenever (Every time) he comes he brings us presents.

3 *(mentre)* while: *Vuoi fare una doccia quando io mi vesto?,* Do you want to have a shower while I'm dressing? — *Sfoderava uno smagliante sorriso quando tutti gli altri erano afflitti,* He wore a brilliant smile while everybody else was grief-stricken.

4 *(se, dal momento che)* if; since, when: *Quando sai di essere in torto è meglio tacere,* If you know you're in the wrong, it's better to keep quiet — *Quand'è così vai pure,* If that's how things are (Since that's how things stand), by all means go — *Quando non fossi'altro, pensa almeno ai bimbi,* If nothing else, at least think of the children — *Quando ti dico che non potevo fare diversamente, è inutile discutere,* When (Since) I tell you that I couldn't act otherwise, there's no point in arguing — *Perché mi chiedi consiglio quando tu hai già deciso?,* Why do you ask my advice if (*o* when) you've already decided?

III *sm* when: *il come e il quando,* the how and the when.

quantità *sf* **1** *(entità indeterminata valutabile con misure di peso, grandezza, ecc.)* quantity; *(abbondanza, gran copia)* quantity; amount; abundance: *Non m'interessa la quantità, ma la qualità,* I'm not interested in quantity, but in quality — *Ho risparmiato una certa quantità di denaro,* I've put away a certain amount of money — *grande (piccola) quantità,* large (small) quantity — *in grande (piccola) quantità,* in small (large) quantities *(pl.)* — *Non posso fornirle la quantità necessaria,* I cannot provide you with the required amount — *Mi raccontò tutta la storia con una quantità di particolari,* He told me the whole story with an abundance of detail. **2** *(gran massa, gran numero, moltitudine, infinità)* a great deal of; a large quantity of; a lot of; lots of; many; a great many: *Ingerì una quantità di cibo,* He swallowed a large (a great) quantity of food — *Ha collezionato una quantità di mobili del 1600,* He has collected a great deal of seventeenth-century furniture — *Avrò una quantità di affari da sbrigare a Londra,* I'll have a lot of business to get through in London — *Ho visto una enorme quantità di farfalle in giardino!,* I saw lots and lots of butterflies in the garden! —

Riunirò una quantità di amici per il mio compleanno, I'm going to get together a great many friends for my birthday — *Non c'è una grande quantità di bei film in questo momento,* There aren't many good films on at the moment — *C'è sempre una quantità di gente ai concerti,* There's always a large audience at the concerts. **3** *(matematica, fis.)* quantity; *(metrica)* quantity: *quantità negativa,* negative (quantity) — *quantità di luce (di elettricità),* quantity of light (electricity) — *quantità di moto,* momentum.

quantitativamente *avv* quantitatively.

quantitativo *agg* quantitative.
□ *sm* quantity; *(partita, lotto)* lot: *sconti per grossi quantitativi,* discounts for large quantities — *quantitativo stabilito (fissato),* quota.

[1]**quanto** **I** *agg* **1** *(interr.)* **how much**; *(pl.)* **how many**: *Quanto filo ti occorre?,* How much thread do you need? — *Quante volte te lo devo dire?,* How many times must I tell you? — *Quanta gente c'era?,* How many people were present?
2 *(esclamativo)* **what**; **what a lot of**; **how much**; *(pl.)* **how many**; *(di tempo)* **how long**; **what a long time**: *Quante storie racconti!,* What a lot of stories you tell! — *Quanta benzina abbiamo consumato!,* What a lot of petrol we've used! — *Quanto chiasso per nulla!,* What a lot of fuss about nothing! — *Quanto tempo è che non ti vedo!,* How long it is since I last saw you!
3 *(relativo)* **as much**; *(pl.)* **as many**; *(in correlazione con 'tanto')* **as**; **as much**; *(pl.)* **as many**: *Gli daremo quanta assistenza potremo,* We'll give him as much help as we can — *Non ho tanta pazienza quanta tu pensi,* I haven't as much patience as you think — *Potete restare per quanti giorni volete,* You can stay as many days as you like (*o* as long as you like) — *Non ho tanti dischi quanti ne ha lui,* I haven't as many records as he has — *Con la sua professione guadagna quanto danaro vuole,* In his profession he earns as much (money) as he likes — *Vorrei aver visto tanti paesi quanti ne hai visti tu,* I wish I had seen as many countries as you have.
4 *(in frasi ellittiche che si riferiscono a tempo)* **how long**; *(quantità, prezzo)* **how much**; *(pl.)* **how many**; *(spazio, distanza)* **how far**: *Quanto ci vorrà per finire il lavoro?,* How long will it take to finish the job? — *Quanto ci metti da casa in ufficio?,* How long does it take you (do you take) to get from home to the office? — *Non mi hai detto per quanto starai via,* You haven't told me how long you'll be away — *Quant'è che non ci vediamo!,* What a long time it's been since we last saw one another! — *Quanto ti è costato?,* How much did it cost you? — *Quanto fa (costa)?,* How much is it (is that)? — *Quanto fa in tutto?,* How much does it come to? — *Quanto c'è da Torino a Venezia?,* How far is it from Turin to Venice? — *Quanti ne abbiamo oggi?,* What's the date today?
II *pron relativo* **1** *(al pl.: tutti coloro che)* **(all) those who**: *Ringraziò quanti erano intervenuti,* He thanked all those who had spoken.
2 *(correlativo di 'tanto')* **as much as**; *(pl.)* **as many as**: *Ha tanti soldi quanti ne può volere,* He has as much money as he likes — *Farò quanto posso,* I'll do as much as I can — *Prendine quanti vuoi,* Take as many as you like.
3 *(quello che, ciò che)* **what**; **all**; *(seguito dal partitivo non si traduce): Quanto ti ho detto deve restare segreto,* What I've told you must remain a secret — *È quanto di meglio ho potuto trovare,* It's the best I could find — *A quanto si dice...,* From what I hear — *Da quanto mi dici,* From what you say — *Per quanto possa fare oggi, non finiremo,* However much I can do, we shan't finish today.
III *avv* **1** *(in frasi interr. ed esclamative: in quale quantità)* **how** *(con agg. o avv.);* **how much** *(con v.): Quanto è lungo?,* How long is it? — *Quanto è bello!,* How nice! — *Quanto hai bevuto?,* How much did you drink? — *Io solo so quanto mi sono disperato per questo,* Only I know how much I despaired over this.
2 *(relativo: nella misura o quantità che)* **as much as**; **all (that)**: *La bambina strillava quanto poteva,* The little girl shrieked as hard as she could (*o* for all she was worth) — *Metti acqua quanto vuoi,* Add as much water as you want.
3 *(in proposizioni comparative, correlativo di 'tanto': con agg. o avv.)* **as... as**; *(negativo)* **so... as**; *(quantità)* **as much as**; *(pl.)* **as many as**; *(negativo)* **so much as**; *(pl.)* **so many as**: *È feroce quanto una tigre,* He's as fierce as a tiger — *Non è stupido quanto gli altri credono,* He's not as stupid as others think — *Non lavora mai quanto potrebbe,* He never works as hard as he could.
4 *(correlativo di 'tanto', con valore di sia... sia)* **both... and**: *Decise di vendere tanto la casa al mare quanto quella in montagna,* He decided to sell both his house at the seaside and the one in the mountains.
in quanto - **a)** *(in qualità di)* as; in so far as; since: *In quanto invalido di guerra, ha diritto all'assistenza sociale,* As a war invalid, he has a right to social welfare payments - **b)** *(poiché)* as; since; because: *Non ti ho telefonato in quanto pensavo di vederti,* I didn't telephone you as I thought I would see you - **c)** *(nella misura in cui)* as far (as much) as: *Cerco di aiutarlo in quanto posso,* I try to help him as much as I can.
per quanto - **a)** *(seguito da agg.)* however; although: *Per quanto antico, è ancora in buono stato,* Although old, it's still in good condition - **b)** *(seguito da v.)* however much: *Per quanto abbia tentato di convincermi, non ho cambiato opinione,* However much he may have tried to convince me, I haven't changed my mind - **c)** *(con valore restrittivo)* as far as: *Per quanto ne so,* As far as I know.
quanto a..., as for...; as far as...: *quanto a voi,* as for you; as far as you are concerned — *Quanto alla partenza, non abbiamo ancora deciso la data,* As far as our departure is concerned, we haven't yet decided the date.
quanto mai - **a)** *(con agg.)* very; extremely; exceptionally: *Oggi sei cattivo quanto mai,* Today you're very naughty — *È una persona quanto mai comprensiva,* He's an exceptionally understanding person - **b)** *(con v.)* very much; a lot; a great deal: *Si divertirono quanto mai,* They had a whale of a time.
quanto prima, *(presto)* soon; before long; in a short time; *(al più presto)* as soon as possible; *(comm.)* at one's earliest convenience: *Verrò quanto prima,* I'll come as soon as possible — *quanto prima, tanto meglio,* the sooner the better — *quanto più... tanto più,* the more... the more — *quanto più... tanto meno,* the more... the less — *tanto quanto,* somewhat; a little — *né tanto, né quanto,* in no way; in no wise — *È quanto dire che...,* It is as much as saying that...

[2]**quanto** *sm (fis.)* quantum *(pl.* quanta*): la teoria dei quanti,* the quantum theory.

quantunque *congiunz* though; although; in spite of the fact that; *(anche se)* even if.

quaranta *agg numerale cardinale e sm* forty: *sui quaranta (di circa quarant'anni),* about forty (years old) — *sopra (sotto) i quaranta,* over (under) forty — *quaranta pari, (tennis)* deuce.

quarantena *sf* **1** period of forty days. **2** *(med.)* quarantine: *essere in quarantena,* to be in quarantine — *uscire di quarantena,* to come out of quarantine — *mettere in quarantena,* to keep in quarantine; to put in quarantine; to quarantine.

quarantenne *sm e f.* forty-year-old person; a man (a woman) of forty.
□ *agg* forty-year-old.

quarantennio *sm* period of forty years; forty-year period.

quarantesimo *agg numerale ordinale e sm* fortieth.

quarantina *sf* about forty; some forty; *(età)* the age of forty; forty years of age: *Era presente una quarantina di persone,* There were about (*o* some) forty people present.

quarantotto *agg numerale cardinale e sm* **1** forty-eight: *il Quarantotto,* the year 1848 (Eighteen forty-eight). **2** *(fig.: confusione, disordine)* mess; uproar: *Che quarantotto!,* What a mess! — *fare un quarantotto,* to raise Cain (hell, the devil, the roof) — *finire a carte quarantotto,* to end in an uproar — *mandare a carte quarantotto,* to mess (things, sth, everything) up.

quaresima *sf* lent; *(digiuno)* fast; *(fig.: penitenza)* penitence: *fare quaresima,* to keep lent; to fast; *(fig.)* to do penance — *rompere la quaresima,* to break one's fast. □ *sembrare una quaresima, (avere l'aria affamata)* to look half-starved — *essere lungo come la quaresima,* to be very slow; to go on and on.

quaresimale *agg* lent *(attrib.)*; lenten.
□ *sm* lent sermon; *(fig.)* long and boring sermon.

quaresimalista *sm* lent preacher.

quarta *sf* **1** *(astronomia)* quarter. **2** *(di corso scolastico)* fourth class; fourth year. **3** *(automobile)* fourth gear; *(generalm.)* top (gear): *partire in quarta, (fig.)* to shoot off; to get off to a flying start. **4** *(naut.)* point of the compass; rhumb. **5** *(mus.)* fourth; interval of a fourth.

quartana *sf* quartan fever (*o* ague).

quartetto *sm* quartet; quartette: *quartetto d'archi; quartetto per archi,* string quartet.

quartiere *sm* **1** *(zona di una città, distretto)* quarter; neighbourhood; district; region: *Vado a stare in un altro quartiere,* I'm moving to another neighbourhood (*o* district) — *quartiere residenziale,* residential quarter — *il Quartiere Latino,* the Latin Quarter — *quartieri alti,* fashionable residential district(s); exclusive neighbourhood *(sing.)*. **2** *(accampamento militare, caserma)* quarters *(pl.)*; barracks *(pl.)*: *quartiere d'inverno (d'estate),* winter (summer) quarters — *quartier generale,* headquarters. **3** *(tregua, anche fig.)* quarter: *senza quartiere,* without quarter — *chiedere (dare) quartiere,* to ask (to give) quarter. **4** *(una delle quattro parti in una suddivisione, per esempio di stemma nobiliare)* quarter; quartering. **5** *(di calzatura)* quarter. **6** *(di una imbarcazione)* aft *(poppa)*; fore *(prora)*; midship *(mezzania)*.

quartiermastro *sm* quartermaster; staff officer.

quartina *sf* **1** *(poesia)* quatrain. **2** *(filatelia)* block of four. **3** *(della bussola)* quarter.

quartino *sm* **1** quarter of a litre; *(caraffa piccola)* small carafe. **2** *(mus.)* small clarinet; flageolet.

quarto *agg numerale ordinale* fourth: *arrivare quarto,* to arrive fourth — *la quarta classe,* the fourth class — *al quarto piano,* on the fourth floor — *Enrico Quarto,* Henry the Fourth — *ingranare la quarta (marcia),* to engage fourth (*o* top) gear — *la quarta potenza, (matematica)* the biquadrate — *il quarto potere,* the press — *il quarto centenario,* the quatercentenary — *il quarto proporzionale, (matematica)* the fourth term in a proportion — *la quarta malattia,* scarlatinella; fourth disease.
□ *sm* **1** *(quarta persona o cosa)* fourth: *fare il quarto a poker,* to make a fourth at poker. **2** *(la quarta parte)* quarter; fourth: *un quarto di bue (di pollo),* a quarter of beef (of chicken) — *un quarto (di litro) di vino,* a quarter of a litre of wine — *un quarto di gallone,* a quart — *un quarto di pinta,* a gill; a quartern — *in quarto, (antico formato di libro)* quarto — *un cappotto tre quarti; un tre quarti,* a three-quarter length coat — *un quarto d'ora (un quarto),* a quarter of an hour (a quarter); fifteen minutes — *le nove e un quarto,* a quarter past nine — *le dieci meno un quarto,* a quarter to ten — *arrivare con un quarto d'ora di ritardo,* to arrive fifteen minutes late — *un quarto d'ora (di), (fig.)* moment; short time — *un quarto d'ora di notorietà,* a moment of fame — *un brutto quarto d'ora,* a nasty time — *avere i propri quarti d'ora (di cattivo umore),* to have one's bad moments — *la luna al primo quarto (all'ultimo quarto),* the moon in its first quarter (in its last quarter) — *un quarto della ruota di un carro,* a part (a segment) of the wheel of a cart — *i quarti di finale, (sport)* the quarter-finals. **3** *(turno di guardia su una nave)* watch. **4** *(araldica)* quarter: *avere tutti i quarti in regola, (scherz.)* to have no blot on one's escutcheon.

quartogenito *agg e sm* fourth-born; fourth child.

quartultimo *agg e sm* fourth from the end; fourth from the last; last but three.

quarzifero *agg* quartziferous.

quarzite *sf* quartzite.

quarzo *sm* quartz.

[1]**quasi** *avv* **1** *(press'a poco, poco meno che)* almost; nearly; *(restrittivo: quasi mai, quasi senza, quasi nulla, ecc.)* hardly; almost: *Il programma è quasi finito,* The programme is almost (is nearly) finished — *Sono quasi le cinque!,* It's nearly (*o* almost) five o'clock! — *Quasi morivo dalla paura,* I almost (*o* nearly) died of fright — *Avevo quasi centomila lire in tasca,* I had nearly (*o* almost) a hundred thousand lire in my pocket — *quasi tutti,* almost all of them; *(riferito a persone, anche)* nearly everybody — *quasi tutti noi,* almost all of us — *Ero quasi senza soldi,* I had almost no (*o* hardly any) money — *Non lo incontriamo quasi mai,* We hardly ever meet him — *Non vedevo quasi niente,* I could hardly see a thing (*o* anything); I could see hardly anything — *Non mi rimane quasi nulla,* I have hardly anything (*o* almost nothing) left — *quasi quasi,* very nearly; for two pins *(fam.)* — *senza quasi,* certainly; definitely; (and) no mistake about it — *Quasi lo faccio da solo,* I've half a mind to do it myself — *Ha tremila bottiglie, o quasi,* He has got three thousand bottles, or thereabouts (or very nearly). **2** *(nei composti)* quasi-: *quasi contratto,* quasi-contract — *quasi ufficiale,* quasi-official.

[2]**quasi, quasiché, quasi che** *congiunz (come se)* as if: *Strillò quasi avesse visto un fantasma,* She screamed as if she had seen a ghost — *Tacque, quasiché si fosse aspettato il rifiuto,* He kept silent, as if he had expected a refusal.

quassù *avv* up here.

quaterna *sf* set of four (winning) numbers: *una quaterna di nomi (di candidati),* a short list of four names (of four candidates).

quaternario *agg* **1** *(geologia)* Quaternary. **2** *(di*

quattro sillabe) of four syllables; *(di quattro versi)* of four lines; *(di quattro elementi)* of four elements.
□ *sm* **1** *(geologia)* Quaternary. **2** *(verso quaternario)* line of four syllables.

quatto *agg (acquattato)* squatting; crouched; huddled (up); *(nascosto)* concealed; *(silenzioso)* silent: *starsene quatto quatto,* to keep as quiet as a mouse.

quattordicenne *agg* fourteen years old *(come predicato);* fourteen-year-old *(attrib.).*
□ *sm e f.* fourteen-year-old boy (*o* girl).

quattordicesimo *agg numerale ordinale e sm* fourteenth.

quattordici *agg numerale cardinale e sm* fourteen: *alle ore quattordici,* at two p.m.

quattrino *sm* **1** *(antica moneta)* quattrino. **2** *(denaro, più spesso al pl.)* cent; farthing; penny; money *(collettivo);* cash *(collettivo): pagare quattrino su quattrino,* to pay in full — *fino all'ultimo quattrino,* to the last penny — *essere senza un quattrino (senza il becco di un quattrino),* to be penniless; not to have a cent; to be stony broke — *non valere un quattrino,* not to be worth a cent (a farthing) — *tirare al quattrino,* to be miserly — *quattrini a palate (come se piovessero),* bags of money — *fior di quattrini,* a pretty penny; heaps of money — *fare quattrini,* to make money — *buttar via i propri quattrini,* to squander one's money — *sciupar tempo e quattrini,* to waste time and money — *essere a corto di quattrini,* to be short of money (short of cash). □ *fare ballare qcno su un quattrino,* to keep sb up to the mark — *ballare su un quattrino,* to watch one's step.

quattro *agg numerale cardinale e sm* **1** four: *il quattro per cento,* four per cent — *le quattro stagioni,* the four seasons — *un numero di quattro cifre,* a four-figure number — *Sono le ore quattro,* It's four o'clock — *una sonata a quattro mani,* a sonata for four hands — *tra quattro mura,* within four walls; in seclusion; in the seclusion of one's own home — *un tiro a quattro,* a coach and four — *quattro alla volta,* four at a time; four by four — *in riga per quattro,* four abreast — *apparecchiare per quattro,* to lay the table for four — *quattro con, (canottaggio)* coxed four — *quattro senza,* coxless four — *tutti e quattro,* all (*o* the) four of us (of you, of them) — *Andiamo tutti e quattro,* Let's all four of us go — *Vennero tutti e quattro,* The four of them came — *prendere un quattro in italiano,* to get four (out of ten) for Italian — *viaggiare ai quattro angoli della terra,* to travel to the four corners of the earth — *disperdere ai quattro venti,* to scatter to the four winds — *diffondere (far sapere) qcsa ai quattro venti,* to spread sth abroad — *gridare qcsa ai quattro venti,* to shout sth from the rooftops. **2** *(giorno del mese)* fourth: *il quattro novembre,* the fourth of November — *al quattro di giugno,* on the fourth of June. **3** *(fig., in varie espressioni, per indicare una quantità limitata, un numero limitato)* a few; very few; a small number; a small amount: *quattro soldi,* a small sum; a small amount of money — *quattro passi,* a stroll; a saunter — *a quattro passi,* very near; no distance at all; within easy walking distance — *fare quattro chiacchiere,* to have a chat — *fare quattro salti in famiglia,* to have a party with a few friends — *quattro gatti,* a mere handful of people.
□ *a quattr'occhi* ⇨ **quattrocchi** — *in quattro e quattr'otto,* in an instant; in less than no time; in the twinkling of an eye — *farsi in quattro,* to do one's utmost — *dirne quattro a qcno,* to tell sb a thing or two — *fare le scale a quattro a quattro,* to dash upstairs (*o* downstairs) — *fare il diavolo a quattro,* to make the devil's own row (the devil of a row) — *È vero come due e due fa quattro,* It's as true as I'm standing here — *Non dire quattro se non l'hai nel sacco, (prov.)* Don't count your chickens before they are hatched.

quattrocchi *sm* **1** *(uccello)* goldeneye. **2** *(scherz.: chi porta gli occhiali)* person who wears glasses. □ **a quattrocchi,** *(locuzione avverbiale)* face to face; *(in privato)* privately; in confidence; in private.

quattrocentesco *agg* of the fifteenth century; fifteenth-century *(attrib.); (riferito all'arte o della letteratura italiana)* quattrocento *(attrib.).*

quattrocentista *sm* **1** quattrocentist; fifteenth-century artist (writer, poet). **2** *(atletica)* 400-metre man (*o* runner); *(nuoto)* 400-metre free-style swimmer.

quattrocento *agg numerale cardinale e sm* four hundred: *il quattrocento,* the fifteenth century; *(arte e letteratura italiana)* the quattrocento.

quattromila *agg numerale cardinale e sm* four thousand.

quello **I** *agg dimostrativo* **1** that; (*pl.* those): *Abito in quella casa bianca,* I live in that white house — *Venne quella stessa sera,* He came that very evening — *L'ho messo su quel tavolo là,* I put it on that table there — *Smettila di giocare con quella radio!,* Stop playing with that radio!
2 *(seguito da una proposizione relativa)* the; what; *(lo stesso di)* the same as: *Vorrei vedere quel famoso quadro,* I'd like to see the famous painting — *Quel poco che ha,* The (*o* What) little he has — *Non ha più quella vivacità di un tempo,* He has lost the (*o* what) liveliness he once had — *È sempre quella,* She is still the same (as she used to be).
3 *(enfatico: un tale)* such: *Mi sono preso uno di quegli spaventi!,* I had such a fright!; I was so frightened!
II *pron dimostrativo* **1** that (one); (*pl.*) those (ones); *(ma seguito da un possessivo si traduce con il cosidetto 'genitivo sassone'): Quella è la mia bicicletta,* That is my bicycle — *quello lì,* that one — *Le tue scarpe e quelle di Maria sono sotto il letto,* Your shoes and Maria's are under the bed — *Quello di Carlo è il lavoro migliore,* Carlo's work is the best.
2 *(seguito da una proposizione relativa)* - **a)** *(riferito a persona)* the one; *(colui)* the man (*pl.* men); *(colei)* the woman (*pl.* women); *(coloro)* those; the people: *Quella che hai visto tu è la figlia minore,* The one (The girl) you saw is the younger (*o* the youngest) daughter — *Tutti quelli che lo conoscono parlano bene di lui,* All the people (All those) who know him speak well of him — *quelli della porta accanto,* the people next door — *È passato quello del gas,* The gas man has been.
b) *(riferito a cosa)* the one: *Ha perso il treno delle otto, così ha dovuto prendere quello che parte mezz'ora dopo,* He missed the eight o'clock train, so he had to catch the one leaving half an hour later — *'Quale libro vuoi dire?' - 'Prendi quello sul tavolo',* 'Which book do you mean?' - 'Take the one on the table'.
3 *(con valore di 'egli')* he; *(ella)* she; *(essi, esse)* they: *Lo chiese a suo figlio e quello gli disse che non ne sapeva nulla,* He asked his son and he told him he didn't know anything about it — *Il viaggio è gratis, e quelli non vogliono andare,* The journey is free, and they don't want to go.
4 *(in correlazione con 'questo')* - **a)** *(il primo... il secondo)* the former... the latter: *Maria e Franca sono in Inghilterra: quella a Blackpool, questa a Brighton,*

Maria and Franca are in England: the former in Blackpool, the latter in Brighton.
b) *(l'uno... l'altro)* the one... the other; *(alcuni... altri)* some... some (*o* others): *Questi parlavano, quelli ridevano...,* Some were talking, some (*o* others) were laughing...
5 quello che, what: *tutto quello che,* all (that) everything — *Ho fatto quello che potevo,* I did what I could — *Avrai quello che ti meriti,* You'll have what you deserve — *Sta male e, quel che è peggio, non vuole il medico,* He isn't well and, what is worse, he refuses to see the doctor.
□ *Quella è vita!,* This is what you call life!; This is the life! — *Quello sì che è buono!,* This really is good! — *Buono quello!, (iron.)* He's (*o* That's) a good one! — *Che vacanza fu quella!,* What a holiday that was! — *Quello si chiama saperci fare!,* That's what I call savoir-faire! — *un litro di quel buono,* a litre of the best — *mandare qcno a quel paese,* to tell sb to go to hell — *in quel di...,* in the neighbourhood... — *in quella (che)...,* at the very moment (that)... — *Ne ho viste di quelle!,* I've seen all sorts of things! — *in quel mentre,* in the meanwhile.

querceto *sm* oak-wood; oak-grove; *(terreno piantato)* oak-plantation.

quercia *sf* oak; oak-tree; *(il legno)* oak: *una porta di quercia,* an oak door — *solido come una quercia,* as strong as an oak.

querciolo *sm* young oak; oakling; oaklet *(non molto comune).*

querela *sf* **1** charge; accusation; complaint; *(dir., anche)* plaint: *sporgere querela contro qcno,* to bring a charge against sb; to lodge a complaint against sb — *ritirare una querela,* to withdraw a charge. **2** *(poet., lett.)* complaint; lamentation; plaint.

querelante *sm e f. (dir.)* complainant.

querelare *vt* to bring* an action (against sb); to charge; to sue.
□ **querelarsi** *v. rifl (lamentare, lamentarsi)* to complain; to lament.

querelato *sm* defendant; accused (person).

querimonia *sf* complaint; lamentation.

querulamente *avv* querulously.

querulo *agg* peevish; querulous.

quesito *sm* question; query; *(dir., anche)* issue; *(problema)* problem: *sciogliere un quesito,* to solve a problem — *proporre un quesito difficile,* to raise (to ask) a difficult question — *Nessun quesito?,* Any queries?

questi *pron personale dimostrativo m. (lett.)* this man *(pl.* men*)*; this person; he; *(quest'ultimo: di due)* the latter.

questionabile *agg* = **discutibile.**

questionare *vi* to dispute; to argue; to quarrel: *Stan sempre lì a questionare,* They argue all the time.

questionario *sm* questionnaire; list of questions.

questione *sf* **1** *(faccenda, problema)* question; matter; *(punto essenziale del problema)* point; *(problema politico)* problem; question: *Vorrei sentire il tuo parere su una questione personale,* I'd like to hear your opinion on a personal matter — *La questione va affrontata con estrema decisione,* The question must be faced with the greatest firmness — *il nocciolo della questione,* the heart of the matter — *questioni politiche (economiche, giuridiche),* political (economic, legal) questions (matters) — *È questione di vita o di morte,* It's a matter (a question) of life and death — *la questione trattata,* the point under discussion — *Qui sta la questione,* This is the point; That is the question — *La questione è che non avete capito niente,* The point is that you haven't understood anything — *Nel 1956 ci furono le due gravi questioni di Suez e dell'Ungheria,* In 1956 there were the two serious problems (*o* questions) of Suez and Hungary — *la questione del Medio Oriente,* the Middle East question.
2 *(argomento, punto in discussione, disputa)* question; controversy; issue; dispute; argument: *sollevare (risolvere) una questione,* to raise (to settle) a question (an issue) — *Il caso in questione è molto delicato,* The case in question (*o* at issue) is very ticklish — *la questione principale,* the main issue — *Non voglio essere chiamato in questione,* I don't want to be dragged into the argument — *Non farne una questione!,* Don't make an issue of it! — *Questa è una questione di lana caprina,* This is a pointless discussion; That's just splitting hairs — *mettere qcsa in questione,* to dispute (to doubt) sth — *Non ci sono questioni nella nostra famiglia,* There's no discord in our family.
3 *(litigio)* quarrel; dispute; fight; *(causa, procedimento legale)* question; lawsuit; point: *Vorrei evitare qualsiasi questione con i miei colleghi,* I'd like to avoid any quarrel with my colleagues — *una questione pregiudiziale,* a preliminary question — *una questione di competenza,* a question of jurisdiction — *una questione di rito,* a point of procedure — *Ci furono infinite questioni legali per l'eredità,* There were endless lawsuits over the inheritance.
4 *(domanda, quesito)* question: *Gli posero una questione imbarazzante,* They put an embarrassing question to him.
5 *(raramente: dubbio)* doubt; question; *(obiezione)* objection: *La riuscita della missione del Primo Ministro è ancora in questione,* The outcome of the Prime Minister's mission is still in doubt — *La sua onestà è fuori questione,* His honesty is not in question — *Non dovreste sollevare questioni futili,* You shouldn't raise futile objections.

questo I *agg dimostrativo* this *(pl.* these*)*: *Questa sedia è mia,* This chair is mine — *in questo momento,* at this moment — *a questo punto,* at this point — *Senti questa!,* Listen to this! — *questa sera,* this evening — *quest'oggi,* today — *Prenderò quest'altra arancia,* I'll take this other orange — *Sono stato poco bene in questi giorni,* I haven't been feeling very well these last few days — *Quest'inverno andrò a sciare,* I'll go skiing this winter — *Non raccontarmi più di queste bugie,* Don't tell me lies of this kind anymore — *Non negare! t'ho visto con questi occhi,* Don't deny it! I saw you with my own eyes. □ *Visitato questo e quel cliente, andai a mangiare,* After visiting various customers, I went to eat — *in questo mentre,* in the meanwhile.
II *pron dimostrativo* **1** this (one) *(pl.* these*)*; *(con valore di* ciò*)* this *(pl.* these*)*; *(in certe espressioni, spec. nel senso di* ciò*)* that *(pl.* those*)*: *Questa è la mia più cara amica,* This is my dearest friend — *Può darmi una fetta di questo?,* Can you give me a slice of this (one)? — *Queste sono le più belle vacanze della mia vita,* This is the happiest holiday I have ever had — *Non sceglierò nessuna di queste,* I won't choose any of these — *Questo è troppo,* This is too much — *Ci mancherebbe questa!,* We'd just need this to crown it all!; That'd really be the limit! — *Questa non dovevi farmela,* You shouldn't have done this to me — *Su questo discuteremo in seguito,* We'll discuss this later

on — *Questo è quanto!,* That's all! — *E con questo me ne vado,* At this point (That said) I'm off.
2 *(quando si riferisce a qcno o qcsa di cui si parla ha valore di pron. personale)* he; she; *(pl.)* they: *Ho implorato i miei fratelli, ma questi furono irremovibili,* I begged my brothers, but they were unshakable.
3 *in correlazione con 'quello':* ⇨ **quello II** *pron dimostrativo* **4 a)** *e* **b)**.
☐ *E con questo?,* So what? — *Non raccontarlo a questo e quello,* Don't tell it to everybody — *Questo poi!,* Go on! — *Questo poi non ci voleva!,* We could have done without this! — *Questa sì che è bella!,* That's a good one! — *per questo,* for this reason — *con tutto questo,* in spite of all this — *questo e altro,* all this and more — *A questo siamo giunti!,* So it's come to this!
questore *sm* **1** police superintendent; chief of police. **2** *(stor. romana)* quaestor.
questua *sf* **1** begging. **2** *(ciò che viene raccolto)* alms; *(colletta)* collection.
questuante *agg* begging: *frate questuante,* mendicant friar.
☐ *sm* beggar.
questuare *vi* to beg; to ask for alms.
questura *sf* **1** police headquarters; police office. **2** *(nell'antica Roma)* quaestorship.
questurino *sm* *(fam.)* policeman *(pl.:* -men*)*; constable; police constable.
qui *avv* **1** *(di luogo)* here: *Vieni qui subito!,* Come here at once! — *Eccomi qui!,* Here I am! — *da qui a lì,* from here to there — *Sta correndo qui e là,* She is running here and there (*o lett.:* hither and thither) — *qui dentro (sotto),* in (down) here — *Perché sei tornato qui?,* Why have you come back here? — *Abita qui vicino,* He lives near here (*o* close by) — *Ogni tanto ho una fitta qui,* I get a pang here from time to time — *Sei di qui?,* Are you from here? — *Non avresti dovuto spingerti fin qui,* You shouldn't have ventured as far as here (*o* this far) — *Guarda qui che pasticcio hai combinato!,* Look what a mess you've made here! — *Scelgo questo qui,* I'd like this one (here) — *Questa casa qui è la più antica della città,* This house (here) is the oldest in the town.
2 *(di tempo: in questo momento)* now; at this moment; *(in questo punto)* at this point of (*o* in) time: *da qui in poi,* from now on; henceforth — *fin qui,* up till now; so far — *di qui a poco,* in a short while (from now) — *Non si sa che cosa possa succedere di qui a domani,* We don't know what's likely to happen between now and tomorrow — *Tornerà di qui a una settimana,* He'll be back a week today — *Qui bisogna pensarci bene,* This requires a lot of thought — *Qui devo terminare il mio racconto,* My story must come to an end here (*o* now) — *Qui stai esagerando!,* Now you're really going too far!
☐ *per di qui,* this way — *Qui casca l'asino!,* There's the rub! — *Qui ti volevo!,* I wanted to catch you there!; Now I've got you! — *Qui ti sbagli!,* This is where you're wrong! — *Fallo qui per qui!,* Do it straightaway (*o* right off, here and now)! — *qui unito,* enclosed herewith — *Di qui consegue che...,* Hence it follows that... — *Rifiutò di spostarsi di qui a lì,* He refused to budge (to stir) an inch.
quiescente *agg* **1** quiescent; at rest; motionless. **2** *(fig.: acquiescente)* acquiescent.
quiescenza *sf* **1** quiescence. **2** *(collocamento a riposo)* retirement: *trattamento di quiescenza,* retirement pension; pension. **3** *(dir.)* abeyance. **4** *(di vulcano)* period of inactivity; dormancy.
quietamente *avv* quietly; peacefully.
quietanza *sf* receipt: *firmare una quietanza,* to sign a receipt — *rilasciare regolare quietanza,* to give a regular receipt — *per quietanza,* paid; received with thanks.
quietanzare *vt* to receipt: *quietanzare una fattura,* to receipt an invoice — *una fattura quietanzata,* a receipted invoice.
quietare *vt* **1** to calm; to soothe; to quieten; *(meno comune)* to quiet. **2** *(appagare)* to satisfy; to appease.
☐ **quietarsi** *v. rifl* to become* calm; to quieten down; to grow* quiet.
quiete *sf* quiet; quietness; *(tranquillità)* tranquillity; *(d'animo)* peace of mind; *(calma)* calm; calmness; *(riposo, requie)* respite; rest; repose; *(assenza di movimento)* rest; stillness; *(lett.: morte)* rest: *turbare la quiete pubblica,* to disturb the (Queen's) peace — *non avere (non trovare) quiete,* to find no rest — *per tua quiete,* for your (*o* your own) peace of mind.
quietismo *sm* quietism; *(apatia, indifferenza)* apathy; indifference.
quietista *sm e f.* quietist.
quieto *agg* quiet; tranquil; calm; *(silenzioso)* sleepy; silent; *(pacifico)* peaceful; pacific; *(immobile)* still; *(mansueto)* tame; docile: *il quieto vivere,* the (*o* a) quiet life — *amare il quieto vivere,* to be fond of a quiet life — *per amore del quieto vivere,* for the sake of peace and quiet — *di quieto e di piano,* smoothly.
quinario *agg* quinary; *(di verso)* of five syllables.
☐ *sm* line of five syllables.
quindi *avv* then; after; afterwards; *(lett.: di qui, di lì)* thence; from there.
☐ *congiunz* then; therefore; consequently.
quindicennale *agg* **1** *(che dura quindici anni)* lasting fifteen years. **2** *(che ricorre ogni quindici anni)* recurring (*o* occurring) every fifteen years.
☐ *sm* fifteenth anniversary.
quindicenne *agg* fifteen years old *(predicativo)*; fifteen-year-old *(attrib.)*.
☐ *sm e f.* fifteen-year-old boy (*o* girl).
quindicennio *sm* period of fifteen years.
quindicesimo *agg numerale ordinale e sm* fifteenth.
quindici *agg numerale cardinale e sm* **1** fifteen: *il quindici per cento,* fifteen per cent — *alle ore quindici,* at three p.m. — *quindici giorni,* a fortnight — *oggi a quindici; tra quindici giorni,* a fortnight today; in a fortnight — *un'assenza di quindici giorni,* a fortnight's absence. **2** *(la squadra del rugby)* fifteen. **3** *(come giorno del mese)* fifteenth: *il quindici dicembre,* the fifteenth of December — *al quindici di aprile,* on the fifteenth of April.
quindicina *sf* **1** *(serie di quindici)* set (*o* series) of fifteen; *(circa quindici)* about fifteen; fifteen or so: *una quindicina di rose,* about fifteen (*o* fifteen or so) roses. **2** *(fam.: periodo di tempo)* fortnight. **3** *(paga)* fortnight's pay (*o* salary).
quindicinale *agg* **1** *(che dura quindici giorni)* a fortnight's *(attrib.)*. **2** *(che ricorre ogni quindici giorni)* fortnightly; bi-monthly; *(di rivista, anche sm)* bi-monthly periodical (*o* magazine).
quinquagenario *agg* fifty years old *(predicativo)*; fifty-year-old *(attrib.)*.
☐ *sm* person of fifty; fifty-year-old person.
quinquagesima *sf* Quinquagesima; the Sunday before Lent.

quinquennale *agg* quinquennial; lasting five years; five-year *(attrib.)*: *piano quinquennale,* five-year plan.
quinquennio *sm* period of five years; quinquennium *(pl.* quinquennia*).*
quinta *sf* **1** *(teatro)* wing: *stare in quinta,* to wait in the wings — *dietro le quinte, (fig.)* behind the scenes. **2** *(classe scolastica)* fifth class; fifth (school) year. **3** *(scherma)* quinte. **4** *(mus.)* (interval of a) fifth.
quintale *sm* a hundred kilograms; quintal.
[1]**quintana** *sf (med.)* quintan fever (*o* ague).
[2]**quintana** *sf (giostra del saraceno)* quintain.
quinterno *sm* five sheets of paper.
quintessenza *sf* quintessence.
quintetto *sm* quintet; quintette.
quinto *agg numerale ordinale* fifth: *arrivare quinto,* to arrive fifth — *la quinta classe,* the fifth class — *abitare al quinto piano,* to live on the fifth floor — *due alla quinta (potenza),* two to the power of five — *la quinta malattia,* erythema infectiosum *(lat.)* — *Carlo Quinto,* Charles the Fifth — *la quinta colonna,* the fifth column — *essere la quinta ruota del carro,* to be the fifth wheel of the coach; to be quite useless. □ *sm* **1** fifth: *la cessione del quinto,* the assignment of a fifth of one's salary. **2** *(costruzione navale)* frame; cant timber.
quintogenito *agg* fifth-born. □ *sm* fifth child.
quintultimo *agg e sm* last but four; fifth from the end.
quintuplo *agg e sm* quintuple.
qui pro quo, quiproquò *sm* misunderstanding; mistake.
quisquilia *sf* trifle: *perdersi in quisquilie,* to get lost in (*o* over) trifles.
quivi *avv (lett.)* there; in that place.
quiz *sm* **1** *(gioco)* quiz. **2** *(erroneamente, per 'domanda')* poser; question: *un gioco a quiz,* a quiz.
quota *sf* **1** share; quota; portion; proportion; *(per estensione: rata)* instalment: *Vi verserò domani la mia quota delle spese,* I'll pay you my share of the expenses tomorrow — *quota d'iscrizione,* entrance-fee; membership fee; *(talvolta)* subscription — *quota d'abbonamento,* subscription — *quota imponibile,* taxable quota; *(più comune)* taxable income — *quota mensile,* monthly instalment — *quota d'ammortamento,* depreciation allowance. **2** *(altitudine, in topografia e aeronautica)* height; altitude; elevation; *(livello di profondità marina)* depth: *quota zero,* sea level — *Il rifugio è a quota 3500,* The hut stands at (a height of) 3500 metres — *La pattuglia conquistò Q (quota) 33,* The patrol captured hill 33 — *quota di volo,* flying height; flight altitude — *quota di navigazione,* cruising height — *volare ad alta (bassa) quota,* to fly high (low) — *prendere (perdere) quota,* to gain (to lose) height — *perdita di quota,* loss of altitude (of height) — *Il sommergibile si portò a quota periscopica,* The submarine went to periscope-depth. **3** *(nelle scommesse sui cavalli)* odds *(pl.).*
quotare *vt* **1** *(valutare, stimare)* to consider; to regard; to esteem; *(apprezzare)* to appreciate: *essere molto quotato,* to be very highly rated; to be well thought of. **2** *(in Borsa)* to quote; *(comm.: assegnare il prezzo)* to state prices (the price); to quote: *azioni quotate in Borsa,* shares quoted on the Stock Exchange. **3** *(obbligare al pagamento di una quota)* to set* (to fix) a quota: *quotare qcno per una somma,* to set sb's quota at a certain figure. **4** *(mettere le quote su un disegno)* to dimension.
□ **quotarsi** *v. rifl* to subscribe: *Si quotarono tutti per cinquemila lire,* They all subscribed five thousand lire.
quotazione *sf* **1** *(l'atto del quotare)* quoting. **2** *(prezzo, valore)* price: *quotazione filatelica,* catalogue value — *le ultime quotazioni di Borsa,* the latest Stock Exchange quotations — *quotazione di Borsa,* Stock Exchange price — *quotazione ufficiale di Borsa,* Stock Exchange list. **3** *(valutazione di una persona, ecc.)* popularity; *(talvolta)* rating.
quotidianamente *avv* daily; every day.
quotidiano *agg* daily; *(ordinario, anche)* everyday *(attrib.).*
□ *sm* daily; daily paper.
quoto *sm* quotient.
quoziente *sm* quotient: *quoziente di intelligenza,* intelligence quotient *(generalm. abbr.* I.Q.*)* — *quoziente reti, (sport)* goal average.

R

R, r *sm e f.* R, r: *R come Roma, (al telefono, ecc.)* R for Roger.
rabarbaro *sm* rhubarb.
rabberciare *vt* to patch (sth) up; *(fig.)* to make* the best of a bad job: *Sono riuscito a rabberciare i vecchi pantaloni,* I've managed to patch up my old trousers — *L'hai offeso e non sarà facile rabberciarla,* You've offended him and it won't be easy to patch it up.
rabberciatura *sf* patch; patching.
rabbia *sf* **1** *(collera, ira)* anger; rage; fury; wrath; *(fig.: di cose inanimate)* rage; fury: *La cosa mi fece una rabbia terribile,* It made me terribly angry — *la rabbia degli elementi,* the fury of the elements — *Li trovai pieni di rabbia,* I found them filled with anger (*più comune* extremely angry) — *Scusami, ma sono fuori di me dalla rabbia,* I'm sorry, but I'm beside myself with rage — *essere preso dalla rabbia,* to fly into a rage. **2** *(dispetto, irritazione)* irritation; annoyance: *Che rabbia!,* What a curse!; What a damned nuisance! **3** *(brama)* frenzy: *la rabbia del denaro,* a frenzied desire for money. **4** *(idrofobia)* rabies *(sing.)*; hydrophobia.
rabbinico *agg* rabbinical.
rabbino *sm* rabbi.
rabbiosamente *avv* angrily; furiously.
rabbioso *agg* **1** *(di temperamento)* hot-tempered; *(di cose inanimate)* furious; raging. **2** *(adirato)* angry; furious. **3** *(idrofobo)* rabid; mad.
rabbonire *vt* to pacify; to appease; to calm (sb) down; to soothe.
☐ **rabbonirsi** *v. rifl* to be* pacified; to be* quietened; to calm down.
rabbrividire *vi (di freddo)* to shiver; *(di spavento)* to shudder: *Rabbrividì e cominciò a battere i denti,* She shivered and her teeth started chattering with cold — *Rabbrividirono alla vista del fantasma,* They shuddered at the sight of thc ghost — *La sola idea mi fa rabbrividire,* The very thought makes me shudder (makes my flesh creep).
rabbuffare *vt* **1** *(scompigliare, arruffare)* to ruffle; to rumple; to disorder. **2** *(sgridare)* to rebuke; to reprove; to reprimand; to scold.
☐ **rabbuffarsi** *v. rifl (di tempo: diventare tempestoso)* to grow* stormy; to threaten a storm; *(del mare)* to become* rough.
rabbuffo *sm (sgridata)* rebuke; reprimand; scolding.
rabbuiare *vi,* **rabbuiarsi** *v. rifl (diventare buio)* to become* (to grow*) dark; to darken *(anche fig.)*.
rabdomante *sm e f.* dowser; (water) diviner: *verghetta da rabdomante,* dowsing-rod.
rabdomanzia *sf* dowsing; (water) divining.
rabescare *vt* to decorate (sth) with arabesques.
rabescato *agg* arabesqued; decorated with arabesques.
raccapezzare *vt* **1** *(riuscire a trovare, mettere insieme con fatica)* to find*; to put* together; to collect; to scrape up: *Raccapezzai soltanto una piccola somma,* I only managed to scrape up a small amount of money. **2** *(capire)* to understand*; to make* out: *Non raccapezzo quello che vuol. dire,* I don't understand what he is trying to say.
☐ **raccapezzarsi** *v. rifl* to find* one's way; to get* to the bottom (of sth): *Non mi ci raccapezzo affatto,* I can't make head or tail of it.
raccapricciante *agg* horrifying; blood-curdling; ghastly; appalling; terrifying: *La vista era raccapricciante,* It was a horrifying sight — *È un ricordo raccapricciante,* It's an appalling memory — *Non ho mai visto un uomo più raccapricciante,* I've never seen a more horrible man — *Rimasero uccisi in un incidente raccapricciante,* They got killed in a ghastly accident.
raccapricciare *vt* to horrify; to terrify; to appal: *far raccapricciare,* to make one's flesh creep.
☐ **raccapricciare** *vi,* **raccapricciarsi** *v. rifl* to be* horrified; to shudder; to be* disgusted (*o* shocked).
raccapriccio *sm* horror; fright; fear: *che suscita raccapriccio,* horrifying.
raccattapalle *sm (tennis)* ball-boy; *(golf)* caddie; caddy.
raccattare *vt* **1** *(raccogliere da terra)* to pick up: *Dovetti raccattare tutti i giocattoli dei bambini,* I had to pick up all the children's toys. **2** *(mettere insieme)* to gather; to collect: *Stanno raccattando informazioni da ogni parte,* They are gathering information on all sides.
racchetta *sf* **1** *(da tennis, ecc.)* racket; *(da neve)* snowshoe; *(da sci)* ski-stick. **2** *(di tergicristallo)* blade.
[1]**racchio** *agg* ugly; ill-shaped; crooked.
[2]**racchio** *sm* small bunch of grapes.
racchiudere *vt* **1** *(contenere)* to contain; to hold*; to enclose: *Il romanzo racchiude la storia della sua vita,* The novel contains the story of his life. **2** *(implicare)* to include; to imply: *La sua risposta racchiude la sua decisione,* His decision is implicit in his answer.
raccogliere *vt* **1** *(raccattare, tirare su da terra) (anche fig.)* to pick up; *(cogliere i prodotti della terra)* to pick; *(mietere)* to reap; to harvest *(anche fig.)*: *Raccogli tutte le briciole, per favore,* Pick up all the crumbs, please — *Puoi raccogliere le riviste sul pavimento?,* Can you pick up the magazines that are on the floor? — *I naufraghi furono raccolti con sollecitudine,* The survivors were quickly picked up — *raccogliere un punto, (nel lavoro a maglia)* to pick up a stitch — *raccogliere impulsi, (fis.)* to pick up impulses — *Gli schiavi negri raccoglievano cotone,* The negro slaves used to pick cotton — *A fine settembre andiamo sempre in campagna a raccogliere l'uva,* At the end of September we always go to the country to pick grapes — *Quest'anno s'è raccolto moltissimo grano,* A great quantity of wheat has been reaped (*o* harvested) this year — *raccogliere i frutti del proprio lavoro,* to reap the fruits of one's labours.
2 *(ricevere, ottenere)* to receive; to obtain: *Il mio programma raccolse l'approvazione di tutti,* My plan received (*o* obtained) everybody's approval — *Raccolse molti onori in vita e dopo morto,* He

received many honours when he was alive and after his death.

3 *(mettere insieme, radunare)* to gather; to get* together; to collect; to assemble; to rally; to find*; *(dare asilo a)* to take* in; to shelter; *(riunire, concentrare)* to condense: *raccogliere notizie (informazioni),* to gather news (information) — *Voglio dare un ricevimento per raccogliere tutti gli amici,* I want to give a party to get all my friends together — *Il capitano poté raccogliere solo dieci volontari,* The captain was only able to find ten volunteers — *raccogliere le idee,* to collect one's thoughts — *Dobbiamo raccogliere almeno diecimila firme,* We must collect at least ten thousand signatures — *Tutti gli amministratori furono raccolti d'urgenza nella sala consiglio,* All the directors were urgently assembled in the board-room — *Il generale raccolse i suoi fidi,* The general rallied his most trusted followers — *L'Inghilterra raccolse molti emigrati francesi,* England sheltered (*o* gave shelter to) many French emigrés.

4 *(collezionare)* to collect; to make* a collection of: *Mio fratello raccoglie conchiglie,* My brother collects shells.

5 *(tirare, ritirare, ripiegare)* to draw*; to fold: *raccogliere le reti,* to draw in the nets; to haul in the nets — *raccogliere le vele,* to take in sail; to furl the sails — *raccogliere le ali, (di uccelli)* to fold the wings.

□ *vi* to take* note (of sth); to take* notice (of sth): *M'indirizzò una frecciata, ma io non raccolsi,* He had a little shot at me, but I took no notice (of it).

□ *raccogliere l'allusione,* to take the hint — *raccogliere il guanto, (di sfida)* to take up the gauntlet — *raccogliere simpatia,* to be well liked; to become popular — *raccogliere fiato,* to breathe deeply — *raccogliere lodi,* to win praise — *un ospizio che raccoglie i trovatelli,* a foundling hospital — *Chi semina vento raccoglie tempesta, (prov.)* Sow wind and reap whirlwind — *Si raccoglie ciò che si semina, (prov.)* As ye sow, so shall ye reap.

□ **raccogliersi** *v. rifl* **1** *(radunarsi, stringersi intorno a qcno)* to gather; to assemble; to crowd; *(adunarsi, di nuvole)* to gather: *I contadini si raccolsero nella piazza del mercato,* The peasants gathered (*o* assembled) in the market-square — *raccogliersi (in folla) intorno a qcno,* to crowd round sb.

2 *(concentrarsi su qcsa)* to concentrate (on sth, on doing sth): *Vorrei raccogliermi per godermi questo pezzo di Vivaldi,* I'd like to concentrate on enjoying this piece by Vivaldi.

raccoglimento *sm* **1** *(raro: atto del raccogliere)* gathering; collecting. **2** *(concentrazione intellettuale)* great attention; concentration; absorption.

raccogliticcio *agg (preso qua e là a caso, anche fig.)* picked up here and there; gathered haphazard; raked up.

□ *sm* haphazard collection; assortment.

raccoglitore *sm* **1** collector; compiler. **2** *(custodia per raccogliere fogli, carte, documenti, ecc.)* file; loose-leaf binder.

raccoglitrice *sf (macchina)* picker.

raccolta *sf* **1** *(raccolta di frutti, ecc.)* harvest; crop; *(stagione del raccolto)* harvest-time: *La raccolta del mais è in ritardo quest'anno,* The maize-crop is late this year — *la raccolta dell'uva,* vintage; grape-harvest — *fare la raccolta di qcsa, (raccogliere)* to harvest sth — *Durante la raccolta ci sarà molto da fare per tutti,* At harvest-time there'll be a lot to do for everybody. **2** *(operazione di raccogliere e mettere insieme)* collection: *chiamare a raccolta le idee,* to collect (to rally) one's ideas — *Bisognerebbe iniziare la raccolta del materiale bibliografico,* We ought to begin collecting the bibliographical data. **3** *(collezione)* collection: *fare la raccolta di qcsa, (collezionare)* to collect sth — *Sta iniziando una raccolta di soldatini di piombo,* He's starting a collection of tin soldiers. **4** *(segnale di adunata, insieme di persone in adunata)* gathering; *(talvolta)* rally: *C'era una gran raccolta di gente,* There was quite a gathering — *chiamare a raccolta i soldati,* to gather the soldiers; to call the troops together — *suonare a raccolta,* to sound the rally — *suonare a raccolta per la ritirata,* to sound the retreat.

raccoltamente *avv* intently; with concentration.

[1]**raccolto** *agg* (*p. pass. di* **raccogliere** ⇨) **1** *(preso da terra, colto)* picked; cut; harvested. **2** *(messo insieme, radunato)* collected; assembled; gathered: *La grande folla raccolta lungo il percorso non lo vide neppure,* The enormous crowd gathered all along the road couldn't even see him. **3** *(ripiegato, raggomitolato)* curled up; drawn up; crouching: *Mi piace leggere seduta in poltrona con le gambe raccolte,* I like reading sitting in an armchair with my legs drawn up. **4** *(fig.: assorto, composto, contenuto)* engrossed; absorbed; intent; thoughtful; meditative; *(quieto)* quiet; tranquil; *(intimo)* cosy; snug: *Aveva un'espressione così raccolta che non osai disturbarla,* She looked so thoughtful that I did not dare to disturb her — *Abitiamo in una zona raccolta e silenziosa,* We live in a tranquil and quiet district — *Ho voluto per me un'angolo raccolto,* I wanted a cosy spot for myself.

[2]**raccolto** *sm* harvest; crop: *Abbiamo avuto un raccolto molto scarso,* We've had a very poor harvest — *Il raccolto del caffè è molto importante per il Brasile,* The coffee crop is very important for Brazil — *il raccolto dell'uva,* vintage; grape-harvest — *l'epoca del raccolto,* harvest-time.

raccomandabile *agg* recommendable; to be recommended; reliable: *Pensi che sia un tipo raccomandabile?,* Do you think he is a reliable sort of person?

raccomandare *vt* **1** *(affidare, dare in custodia)* to entrust; to commit; to hand over; to recommend: *Morendo mi raccomandò la sua famiglia,* As he lay dying, he entrusted his family to me — *Ti raccomando i miei libri durante la mia assenza,* I'll hand over my books to you while I'm away — *raccomandare la propria anima a Dio,* to commit (to recommend) one's soul to God. **2** *(appoggiare, caldeggiare, consigliare)* to recommend: *Mi sono state raccomandate dieci persone per quel posto,* Ten people have been recommended to me for that job — *Quali ristoranti mi raccomandi a Londra?,* What restaurants do you recommend in London? — *Puoi raccomandarmi a qualche persona influente?,* Can you speak favourably of me to (Can you put in a good word for me with) some influential person? **3** *(esortare)* to exhort; to insist on; *(avvisare)* to advise; to warn: *Ci ha raccomandato di fare piano tornando,* She has insisted on our not making any noise when we come back — *Come soldato raccomando soprattutto la disciplina,* As a soldier, I insist upon discipline above all — *Raccomandategli che non lo faccia più,* Advise (Warn) him never to do it again — *raccomandare il segreto,* to enjoin (sb to) secrecy. **4** *(una lettera)* to register: *lettera raccomandata,* registered letter. **5** *(fissare, attaccare a un sostegno)* to fasten; to make* fast; to secure; to fix; to tie: *raccomandare l'ancora,* to fasten the anchor.

□ **raccomandarsi** *v. rifl (implorare)* to beg; to implore; to beseech*; *(affidarsi)* to appeal: *Mi raccomando, non una parola su quest'argomento!,* I beg you (*o* Please), not a single word on this subject! — *Luigi si sta raccomandando a tutti perché lo aiutino a non perdere il posto,* Luigi is imploring everybody to save him from losing his job — *Mi raccomando, non dimenticare d'imbucare la mia lettera!,* Please, don't forget to post my letter! — *Quel ristorante si raccomanda da sé,* That restaurant needs no recommendation — *raccomandarsi a qcno a mani giunte,* to entreat sb — *raccomandarsi alle gambe,* to run away; to take to one's heels — *Mi raccomandai al loro buon senso,* I appealed to their good sense.

raccomandata *sf* registered letter: *fare una raccomandata,* to send a registered letter.

raccomandato *agg* **1** recommended. **2** *(di pacco, lettera)* registered.

□ *sm* person recommended; protégé *(fr.)*: *È un suo raccomandato,* He is one of his protegés.

raccomandazione *sf* **1** *(l'appoggiare qcno presso un altro)* recommendation; *(l'esortare, il dare consigli)* recommendation; advice: *Con le raccomandazioni che ho, otterrò senz'altro il posto,* With the recommendations I have, I'm bound to get the job — *Gli fecero un mucchio di raccomandazioni prima di lasciarlo andare,* They gave him lots of advice before letting him go — *lettera di raccomandazione,* letter of introduction. **2** *(di lettere, ecc.)* registration: *tassa di raccomandazione,* registration fee.

raccomodamento *sm* repairing; mending; adjustment.

raccomodare *vt (riparare, rimettere in ordine)* to repair; to mend; to put* (sth) in order; *(fig.: riassestare)* to put* (sth) to rights; to adjust; to set* (sth) to rights: *Dovresti raccomodare le gambe del tavolo,* You should repair the legs of the table — *Cercarono di raccomodare la sistuazione,* They tried to put the situation right — *Lo vidi che si raccomodava la cravatta,* I saw him while he was straightening his tie.

raccomodatura *sf (riparazione, riassesto)* repair; repairing; mending.

racconciamento *sm* repairing; mending.

racconciare *vt* **1** *(riparare)* to mend; to repair *(anche fig.)*. **2** *(rassettare)* to put* (sth) in order; to tidy (sth) up.

□ **racconciarsi** *v. rifl* **1** *(raro: rassettarsi)* to tidy oneself. **2** *(di tempo, rimettersi al bello)* to clear up; to turn fair; to change for the better.

raccontabile *agg* worth telling.

raccontafavole *sm e f.* story-teller; liar.

raccontare *vt* to tell*; to relate; to narrate; to recount: *raccontare bugie,* to tell lies — *raccontare frottole,* to tell tales; *(fam.)* to kid (sb) — *raccontare una barzelletta,* to tell a joke — *raccontarle grosse,* to spin yarns — *raccontare qcsa per filo e per segno,* to narrate sth in detail; to give chapter and verse for sth — *Raccontami subito tutto,* Tell me the whole story straightaway — *Raccontano che sia stato ucciso,* They say that he was killed — *Quanto ti hanno raccontato dell'intera faccenda?,* How much of the whole matter have you been told? — *L'articolo racconta i fatti con molta chiarezza,* The article relates the facts very clearly — *A me (A chi) la racconti?,* Don't come here with that story!; You can tell that to the marines! — *Va' là, tu la sai raccontare!,* Come off it, that's a tall story!

racconto *sm* story; tale; *(relazione)* relation; account; *(narrazione)* narration; narrative; *(novella)* short story; *(romanzo)* novel: *racconto giallo,* detective-story — *Le piacciono i racconti di fate,* She likes fairy tales — *i racconti di Calvino,* Calvino's short stories — *un racconto storico,* a historical novel — *Fece un racconto assai confuso di ciò che gli era accaduto,* He gave a very confused account of what had happened to him — *Sto leggendo dei racconti inglesi,* I'm reading some English short stories.

raccorciamento *sm* shortening; abridgement.

raccorciare *vt* **1** *(accorciare)* to shorten: *raccorciare un vestito,* to shorten (to take up) a dress. **2** *(abbreviare)* to abbreviate; to abridge.

□ **raccorciarsi** *v. rifl* to become* (to get*) shorter; to draw* in: *Le giornate si stanno raccorciando,* The days are drawing in.

raccordare *vt* **1** *(congiungere, collegare)* to join; to connect; to link; *(ferrovie)* to connect by means of a siding. **2** *(mecc.)* to radius; *(smussare)* to blend.

raccordo *sm* **1** *(mecc.)* connection; connexion; joint; union: *raccordo per tubi,* pipe fitting — *raccordo a tre pezzi,* pipe union — *raccordo a vite,* nipple — *raccordo con diramazione,* branch — *raccordo di fognatura,* house-sewer — *tronco di raccordo,* feeder-line. **2** *(ferrovia)* loop-line; siding; *(di autostrada)* spur road: *raccordo anulare,* ring road.

raccozzare *vt* to gather up; to bring* (to scrape) together.

□ **raccozzarsi** *v. rifl* to get* together; to rally.

rachitico *agg* rickety; *(med.)* rachitic; *(malaticcio, stentato)* stunted; spindly.

□ *sm* rickety person.

rachitismo *sm* rickets.

racimolare *vt* to scrape together; to pick up; to glean.

rada *sf (naut.)* roads *(pl.)*; roadstead: *nave in rada,* roadster — *mettere in rada,* to anchor in the roads.

radar *sm* radar: *radar a onde persistenti,* continuous wave radar — *radar costiero,* shore-based radar — *contatto radar,* radar contact — *attrezzato con radar,* radar-fitted.

radarista *sm* radar controller.

raddensamento *sm* thickening; condensation.

raddensare *vt* to thicken; to condense.

□ **raddensarsi** *v. rifl* to thicken; to become* dense; to condense.

raddolcimento *sm* sweetening; *(fig.)* softening; soothing; alleviation; mitigation.

raddolcire *vt* **1** *(dolcificare)* to sweeten. **2** *(fig.: attenuare, mitigare)* to soften *(anche di suoni, colori)*; to soothe; to alleviate; to mitigate: *raddolcire le sofferenze di qcno,* to alleviate sb's sufferings — *raddolcire un colore,* to soften (to tone down) a colour. **3** *(di metalli)* to soften.

□ **raddolcirsi** *v. rifl* **1** to sweeten; *(fig.)* to be* soothed. **2** *(dell'aria)* to become* milder.

raddoppiamento *sm* doubling; redoubling; duplication.

raddoppiare *vt* **1** *(duplicare)* to double; to redouble; to duplicate: *Riuscii a raddoppiare la vincita,* I managed to double my winnings — *raddoppiare un numero,* to duplicate (to double) a number. **2** *(aumentare)* to double; to redouble; to increase: *Dovete raddoppiare la sorveglianza,* You must double the watch — *raddoppiare i propri sforzi,* to redouble one's efforts.

□ **raddoppiarsi** *v. rifl* to (re)double.

raddoppiato *agg* doubled; redoubled; duplicated.

raddoppio *sm* **1** doubling; redoubling. **2** *(biliardo)* double; doubled. **3** *(equitazione)* gallop. □ *binario di raddoppio,* switch-line; double track.

raddrizzamento *sm* **1** straightening; *(correzione)* correction; redressing. **2** *(fis.)* rectification.

raddrizzare *vt* **1** *(far tornare dritto)* to straighten; to put* (to make*) straight; *(fig.)* to straighten; to put* right; to redress: *Vorrei raddrizzare questa pianta,* I'd like to straighten this plant — *raddrizzare le gambe ai cani,* to attempt the impossible. **2** *(correggere)* to correct; to revise; to redress; to restore: *Dovresti raddrizzare alcuni tuoi giudizi,* You should revise some of your judgments. **3** *(elettr.)* to rectify.

□ **raddrizzarsi** *v. rifl (rimettersi dritto)* to straighten oneself; *(erigersi)* to draw* oneself up.

raddrizzato *agg* **1** straightened; *(corretto)* corrected; redressed. **2** *(fis.)* rectified.

raddrizzatore *sm* **1** straightener. **2** *(fis.)* rectifier.

radente *agg* grazing; glancing; skimming: *volo radente,* grazing flight; hedgehopping — *attrito radente,* sliding friction.

radere *vt* **1** *(eliminare i peli della barba)* to shave*: *Rado prima le guance e poi il mento,* I shave my cheeks first then my chin — *Devo radere la barba due volte al giorno,* I have to shave twice a day — *Oggi voglio farmi radere dal barbiere,* Today I want to be shaved by the barber; I want to get a shave at the barber's today — *Ma chi ti ha rasato i baffi?,* Who has shaved your moustache so badly? **2** *(distruggere, demolire)* to raze; to rase: *radere al suolo,* to raze to the ground — *La capitale è stata rasa al suolo dal terremoto,* The capital has been razed to the ground by an earthquake. **3** *(rasentare, toccare di striscio)* to graze; to skim; to touch (lightly): to shave*: *Gli uccelli volano radenti la superficie del lago,* The birds are skimming (over) the surface of the lake — *A Venezia i canali radono i muri delle case,* In Venice the canals flow right past the walls of the houses.

□ **radersi** *v. rifl* to shave* (oneself): *Mi rado sempre da solo,* I always shave myself — *Non mi piace radermi con il rasoio elettrico,* I don't like shaving with an electric razor.

radezza *sf* thinness; *(scarsezza)* rareness; scarcity; sparseness; *(spazio, intervallo)* interval; *(successione a lunghi intervalli)* infrequency.

radiale *agg* radial. □ *sm (strada radiale)* radial road.

radiante *agg* radiant; beaming: *energia (calore) radiante,* radiant energy (heat) — *pannello radiante,* radiating panel.

□ *sm* radian.

radianza *sf (fis.)* radiance.

[1]**radiare** *vi* to radiate; to beam.

[2]**radiare** *vt* to strike* off; to expel; to remove from; *(dall'università)* to send* down *(GB); (mil.)* to condemn; to decommission: *radiare qcno dall'albo degli avvocati,* to disbar sb — *radiare un'ipoteca,* to extinguish a mortgage.

radiatore *sm* radiator: *radiatore a nido d'api,* honeycomb radiator.

[1]**radiazione** *sf (fis.)* radiation.

[2]**radiazione** *sf* expulsion; striking off: *radiazione d'ipoteca,* extinction of a mortgage.

radica *sf* briar; briar-wood; *(radice)* root: *una pipa di radica,* a briar; a briar pipe.

radicale *agg* **1** *(bot.)* radical; of the root. **2** *(fig.: politica, ecc.)* radical.

□ *sm* **1** *(gramm.)* root (of a word); *(in cinese)* radical. **2** *(matematica, chim.)* radical. **3** *(politica)* Radical.

radicalismo *sm* radicalism.

radicalmente *avv* radically; completely; thoroughly.

radicare *vi (mettere radici, anche fig.)* to root; to take* (to strike*) root.

□ **radicarsi** *v. rifl* to root; to take* (to strike*) root.

radicato *agg* rooted; deep-rooted; deep-seated.

radicchio *sm* chicory.

radice *sf* **1** *(parte di una pianta, anche fig.)* root: *le radici di una pianta,* the roots of a plant — *cuffia della radice,* root-cap — *Sradicò la pianta alla radice,* He pulled up the plant by its (the) root(s) — *mettere (le) radici, (anche fig.)* to take root — *arrossire fino alla radice dei capelli,* to blush to the roots of one's hair — *la radice di un callo,* the root of a corn. **2** *(origine, causa)* root; origin; source: *Mi piace andare alla radice delle cose,* I like to get to the bottom (to the root) of things — *la radice di tutti i mali,* the root of all evil — *La radice delle tue sventure non è solo sfortuna,* The origin (*o* source) of your misfortunes is not only bad luck. **3** *(bot.)* root crop. **4** *(linguistica)* root: *Le radici delle parole denunciano la loro origine,* The roots of words show their origin. **5** *(matematica)* root: *estrarre la radice di un numero,* to extract the root of a number — *radice quadrata (cubica),* square (cube) root — *segno di radice,* radical sign.

[1]**radio** *sm (anat.)* radius *(pl.* radii*).*

[2]**radio** *sm (l'elemento)* radium.

[3]**radio** *sm* **1** *(radiofonia)* radio; wireless; *(apparecchio ricevente)* radio(-set); wireless(-set): *trasmettere per radio,* to transmit (by radio); to broadcast — *Il messaggio sarà trasmesso per radio,* The message will be transmitted by radio (will be broadcast) — *Ho sentito un bellissimo concerto per radio,* I heard a wonderful concert on the radio — *una nuova radio portatile,* a new portable radio — *radio ricevente (trasmittente),* radio receiver (transmitter) — *radio telefono portatile a doppia via,* walkie-talkie — *ascoltare la radio,* to listen in — *ponte radio,* radio-link — *il giornale radio,* the news. **2** *(stazione trasmittente)* broadcasting station; *(sede della radio)* radio: *essere impiegato alla radio,* to work on the radio.

radioamatore *sm* radio-amateur; *(fam.)* ham.

radioascoltatore *sm* listener.

radioattività *sf* radioactivity.

radioattivo *agg* radioactive: *ferro (zolfo) radioattivo,* radio iron (sulphur) — *periodo radioattivo,* half-life.

radioaudizione *sf* listening-in.

radiobussola *sf* radio compass.

radiocomandare *vt* to radio-control.

radiocomandato *agg* radio-controlled.

radiocronaca *sf* broadcast news.

radiocronista *sm e f.* radio commentator.

radiodiffusione *sf* broadcasting.

radiofaro *sm* radio-beacon: *radiofaro di avvicinamento,* approach beacon.

radiofonico *agg* radio; wireless *(attrib.)*: *apparecchio radiofonico,* radio (*o* wireless) set — *trasmissione radiofonica,* (radio) broadcast.

radiofonografo *sm* radiogram.

radiofoto *sf* picture by wire.

radiografia *sf* **1** *(lastra)* radiograph; X-ray

photograph. **2** *(radiologia)* radiography; X-ray photography.
radiogrammofono *sm* radiogram.
radioisotopo *sm* radioisotope.
radiolocalizzatore *sm* radar (apparatus).
radiologia *sf* radiology.
radiologo *sm* radiologist.
radioonda *sf* radio wave.
radioricevente *sf* receiver; radio.
radiosità *sf* radiance; brightness; brilliancy.
radioso *agg* radiant; bright; shining: *un sole radioso,* glorious sunshine.
radiotecnica *sf* radio engineering.
radiotelegrafista *sm e f.* radio operator.
radiotelescopio *sm* radio telescope.
radiotelevisivo *agg* radio and television *(attrib.);* broadcasting *(attrib.): organismo radiotelevisivo,* broadcasting company.
radioterapia *sf* radiotherapy.
radioterapico *agg* radiotherapeutic.
radiotrasmettere *vt (un programma)* to broadcast*; *(un messaggio determinato)* to radio.
radiotrasmettitore *sm* radio transmitter.
radiotrasmissione *sf* broadcast; broadcasting: *radiotrasmissione delle immagini,* photoradio.
radiotrasmittente *sf* broadcasting station; *(apparecchio)* transmitter.
□ *agg* broadcasting.
radium *sm (l'elemento)* radium.
rado *agg* **1** *(non fitto)* thin; *(non folto)* sparse; scattered: *una stoffa rada,* a thin material — *capelli radi,* thin (*o* sparse) hair — *rade case,* scattered houses — *pettine rado,* wide-toothed comb. **2** *(non frequente)* rare; infrequent; occasional: *rade visite,* occasional visits. □ **di rado,** seldom; rarely — *non di rado,* rather often; by no means seldom.
radunabile *agg* assemblable.
radunamento *sm* assembly; assemblage; gathering.
radunare *vt* **1** *(riunire, mettere insieme)* to assemble; to bring* together; to gather together: *Voglio radunare tutti i miei amici,* I want to gather all my friends together — *Radunammo i bambini perché incominciava a piovere,* We collected the children together because it started raining. **2** *(per estensione: ammassare)* to heap; to hoard: *Suo fratello ha radunato grandi quantità di denaro,* His brother has hoarded lots and lots of money.
□ **radunarsi** *v. rifl* to assemble; to gather together; to collect; to congregate; to meet*: *Tutti si radunarono intorno a noi,* Everybody gathered round us — *Ci raduniamo alle sette per partire insieme,* We'll meet at seven so that we can leave together.
radunata *sf,* **raduno** *sm* assembly; meeting; gathering; *(sport)* rally.
radura *sf* glade; open space; clearing.
rafano *sm* horse-radish.
raffaellesco *agg* Raphaelesque.
raffazzonamento *sm* patching-up.
raffazzonare *vt* to patch up.
raffazzonatura *sf* patching-up; botching up; botch.
raffermo *agg* stale: *pane raffermo,* stale (*o* dry) bread.
raffia *sf* raffia.
raffica *sf* **1** *(di vento, neve, ecc.)* squall; gust: *vento a raffiche,* wind blowing in gusts. **2** *(di colpi d'arma da fuoco)* burst; volley. **3** *(fig.)* hail; shower; *(di parole)* spate; outburst.
raffigurabile *agg* **1** representable. **2** *(riconoscibile)* recognizable.
raffiguramento *sm* **1** representation. **2** *(riconoscimento)* recognition.
raffigurare *vt* **1** *(riconoscere)* to recognize. **2** *(rappresentare)* to represent; to portray. **3** *(simboleggiare)* to symbolize: *La croce raffigura la Fede,* The cross symbolizes Faith.
□ **raffigurarsi** *v. rifl (immaginare)* to imagine: *Mi raffiguravo la tua casa completamente diversa,* I imagined your house to be completely different.
raffinamento *sm* refinement; *(il raffinare)* refining.
raffinare *vt* to refine *(anche fig.);* to purify: *raffinare il sale,* to refine salt — *raffinare il proprio gusto (la propria lingua),* to refine one's taste (one's language).
□ **raffinarsi** *v. rifl* to become* refined.
raffinatamente *avv* in a refined manner.
raffinatezza *sf* refinement: *La sua raffinatezza è proverbiale,* Her refinement is proverbial — *le raffinatezze della cucina francese,* the refinements of French cooking — *la raffinatezza della crudeltà,* the subtlety of cruelty.
raffinato *agg* refined *(anche fig.): gusti raffinati,* refined tastes — *stile raffinato,* polished style — *crudeltà raffinata,* subtle cruelty.
□ *sm* refined person.
raffinatura *sf* refining; refinement.
raffinazione *sf* ⇨ **raffinatura.**
raffineria *sf* refinery.
rafforzamento *sm* reinforcement; strengthening; invigoration; invigorating.
rafforzare *vt* to strengthen; to reinforce; to make* (sth) stronger: *rafforzare il tetto,* to reinforce the roof — *rafforzare le proprie opinioni,* to strengthen one's opinions.
□ **rafforzarsi** *v. rifl* to grow* (to get*) stronger.
raffreddamento *sm* cooling; *(freddezza)* coolness.
raffreddare *vt* to cool; to make* (sth) cooler; to chill; *(fig.)* to cool (sth) down: *Hai raffreddato lo champagne?,* Have you cooled (*o* chilled) the champagne? — *Hanno raffreddato il mio entusiasmo,* They have cooled down my enthusiasm — *Il vento sta raffreddando l'aria,* The wind is making the air chilly.
□ **raffreddarsi** *v. rifl* **1** to cool; to get* cold; *(fig.)* to cool down: *Non lasciare che il caffè si raffreddi,* Don't let the coffee get cold — *La nostra amicizia si è raffreddata,* Our friendship has cooled. **2** *(prendere un raffreddore)* to catch* a cold: *Non vorrei che la bambina si raffreddasse,* I shouldn't like the baby to catch a cold.
raffreddato *agg* cooled; chilled; cold: *essere (molto) raffreddato,* to have a (bad) cold (*o* chill).
raffreddatura *sf* cold; *(l'operazione di raffreddamento)* cooling; chilling.
raffreddore *sm* cold; chill: *prendere (prendersi, buscarsi) un raffreddore,* to catch a cold.
raffrenabile *agg* restrainable; controllable.
raffrenamento *sm* restraint; check; control; curbing.
raffrenare *vt (frenare, anche fig.; contenere)* to restrain; to check; to curb; to control: *raffrenare la propria lingua,* to curb one's tongue — *raffrenare i sentimenti,* to control one's feelings.
□ **raffrenarsi** *v. rifl* to restrain oneself; to control oneself; to hold* oneself in check.
raffrontamento *sm* ⇨ **raffronto.**
raffrontare *vt* to compare; to collate.
□ **raffrontarsi** *v. rifl* to agree; to correspond.
raffrontatore *sm* collator.
raffronto *sm* collation; *(più in generale)* comparison.
rafia *sf* raffia.
ragade *sf* chap; crack (in the skin).

raganella *sf* **1** tree-frog. **2** *(mus.)* rattle; clapper.

ragazza *sf* **1** girl; young woman *(pl.* women*)*: *Ha un figlio maschio e due ragazze,* She has a boy and two girls — *nome di ragazza,* maiden name. **2** *(fidanzata)* girl-friend; sweetheart: *Ha la ragazza,* He's engaged. **3** *(donna non sposata)* unmarried woman *(pl.* women*)*; *(dir.)* spinster; *(lett.)* maid.

ragazzaglia *sf,* **ragazzame** *sm* crowd of youngsters; gang of boys.

ragazzata *sf* boyish prank; childish action: *Non fare ragazzate!,* Don't behave like a child!

ragazzo *sm* **1** *(giovinetto)* boy; lad; youth; kid; *(garzone)* boy; shop-boy; errand-boy: *C'erano tre ragazzi all'angolo,* There were three boys at the corner — *Lo so fare fin da ragazzo,* I have known how to do it since I was a boy — *Ehi, ragazzo, non toccare!,* Hey, young fellow, don't touch! **2** *(figlio)* boy; son. **3** *(fidanzato)* boy-friend; sweetheart.

raggiante *agg* radiant; beaming; shining: *raggiante di felicità,* radiant (*o* beaming) with happiness.

raggiare *vi* **1** *(emanare raggi)* to radiate; to be* radiant; *(splendere)* to shine*; *(fig.)* to beam. **2** *(fis.)* to radiate.

□ *vt* to radiate; *(fig.)* to be* radiant (with).

raggiato *agg* radial.

raggiera *sf* radiant crown; halo; aureole; *(ornamento)* sunburst. □ *a raggiera,* like the spokes of a wheel.

raggio *sm* **1** *(fascia, filo di luce, di sole)* ray; beam; *(anche fig.: sprazzo, barlume)* ray; gleam; glimmer: *raggio di sole,* sunbeam; ray of sunlight — *raggio di luna,* moon-beam; ray of moonlight — *raggio riflesso,* reflected beam — *un fascio di raggi luminosi,* a pencil of rays — *un raggio di speranza,* a ray of hope. **2** *(fis.)* ray: *raggi alfa (beta, gamma),* alpha (beta, gamma) rays — *raggi infrarossi (ultravioletti),* infra-red (ultraviolet) rays — *raggi (raggi Röntgen),* x-rays (Röntgen rays) — *raggio catodico,* cathode ray — *raggio positivo,* positive (*o* canal) ray — *raggio cosmico (infracosmico),* cosmic (infra-cosmic) ray. **3** *(matematica, geometria, ecc.)* radius *(pl.* radii, radiuses*)*; *(spazio intorno a un punto, anche fig.)* radius; range: *raggio vettore,* radius vector — *raggio di curvatura,* bending radius — *raggio di una circonferenza,* radius of a circle — *raggio del cerchio inscritto,* inradius — *entro un raggio di un chilometro,* within a radius (a range) of one kilometre — *raggio d'azione,* range (*o* field) of action; beam. **4** *(razza, di ruota)* spoke.

raggiramento *sm* ⇨ **raggiro.**

raggirare *vt* *(abbindolare)* to cheat; to deceive; to swindle; to take* (sb) in; to make* a fool (of sb): *Lo raggirarono con estrema facilità,* They cheated him very easily — *Temo sempre di venir raggirato,* I'm always afraid of being taken in.

□ **raggirarsi** *v. rifl* **1** *(muoversi in giro)* to go* around; to wander about; to hang* about. **2** *(concernere)* to deal with; to be* concerned with.

raggiratore *sm* cheat; swindler; trickster.

raggiro *sm* swindle; trick.

raggiungere *vt* **1** *(un luogo)* to reach; to get* to; to arrive at; *(un'altra persona che viaggia nella stessa direzione)* to catch* up with: *Raggiungemmo la casa dopo una lunga corsa,* We reached the house after a long run — *A che ora pensate di raggiungere la vetta?,* What time do you think you'll get to (you'll reach) the top of the mountain? — *Raggiungemmo Edimburgo tardi nella notte,* We arrived at Edinburgh late at night — *Ci raggiungerà appena potrà,* He will catch us up as soon as he can. **2** *(unirsi a qualcuno)* to join: *Vi raggiungerò per il fine settimana,* I'll join you for the week-end. **3** *(ottenere, conseguire)* to achieve; to attain: *raggiungere il proprio scopo,* to attain one's aim — *raggiungere un accordo,* to come to an agreement. □ *raggiungere il bersaglio,* to hit the target.

raggiungibile *agg* reachable; attainable.

raggiungimento *sm* reaching; attainment; achievement.

raggomitolamento *sm* rolling up; curling up; winding.

raggomitolare *vt* to coil up; to wind* (sth) into a ball; to make* (sth) into a ball; to roll (sth) up.

□ **raggomitolarsi** *v. rifl* to curl (oneself) up.

raggranellare *vt* to scrape up; to scrape together; to gather.

raggrinzamento *sm* wrinkling up; shrinking; shrivelling; crumpling.

raggrinzare *vt* to wrinkle; to crease; to shrivel.

□ **raggrinzarsi** *v. rifl* to become* wrinkled; to crease; to become* creased.

raggruppamento *sm* forming into a group; grouping; *(gruppo)* group; cluster; *(di cose)* assemblage.

raggruppare *vt* to group; to assemble; to form into groups.

□ **raggrupparsi** *v. rifl* to form a group; to assemble; to collect; to gather.

ragguagliabile *agg* comparable.

ragguagliamento *sm* comparison; equalization.

ragguagliare *vt* **1** *(pareggiare)* to equalize; to level; to balance. **2** *(confrontare)* to compare. **3** *(informare)* to inform.

ragguaglio *sm* **1** *(pareggio)* equalization; *(comm.)* balance. **2** *(paragone)* comparison. **3** *(notizia circostanziata)* information; report: *Sto aspettando ulteriori ragguagli,* I'm waiting for further information (*o* details) — *Volle un ampio ragguaglio sulla situazione,* He wanted a full report on the situation.

ragguardevole *agg* **1** *(notabile)* remarkable; notable. **2** *(ingente)* considerable; conspicuous.

ragguardevolezza *sf* importance; conspicuousness.

ragia *sf* resin; rosin. □ *acqua ragia,* turpentine.

ragià *sm* rajah.

ragionamento *sm* **1** reasoning; *(argomentazione)* argument: *Sto cercando di seguire il tuo ragionamento,* I'm trying to follow your reasoning — *Non fare tanti ragionamenti,* Don't talk too much — *Questo ti pare un ragionamento?,* Does this sound like sense to you? **2** *(raro, conversazione)* conversation; talk. **3** *(discussione)* discussion.

ragionare *vi* **1** to reason; to think* logically; *(considerare, discutere)* to argue: *Cerca di ragionare e capirai,* Think about it logically and you'll understand — *Ragiona un po'!,* Think it over a little! — *So già che con lui non si può ragionare,* I know that it's quite impossible to reason (to argue) with him. **2** *(fam.: parlare di)* to talk (sth) over; to discuss: *Perché non ne ragioniamo prima di decidere?,* Why don't we talk it over before deciding? — *Non se ne ragiona neppure,* There's no doubt about it.

ragionatamente *avv* reasonably; sensibly; in a reasonable manner; *(razionalmente)* rationally.

ragionato *agg* **1** reasoned; rational; *(logico)* logical; *(ragionevole)* reasonable; sensible. **2** *(di catalogo)* annotated.

ragione *sf* **1** *(facoltà intellettiva)* reason *(senza l'articolo)*: *il lume della ragione,* the light of reason — *perdere la ragione,* to go out of one's mind; to lose

one's reason — *l'età della ragione,* the years of discretion — *critica della ragione pura,* critique of pure reason.
2 *(causa, motivo, motivazione, argomentazione)* reason; motive; *(talvolta)* account; ground *(generalm. al pl.); (per estensione, scusa)* excuse: *per nessuna ragione,* on no account — *per ragioni di salute,* for health reasons; on health grounds — *Ho le mie ragioni per rifiutare,* I have my reasons for refusing — *Non sappiamo ancora la ragione di tutto questo,* We don't yet know the reason for all this — *Non hai ragione di parlare così male di lui,* You've no reason to speak so badly of him — *Non so che ragione abbia potuto avere,* I don't know what motive he may have had — *ragion d'essere,* raison d'être *(fr.);* reason for existence — *ragion di più...,* all the more reason... — ... *ragion per cui...,* ... that's why...; ... which is why... — *rendersi ragione di una cosa,* to explain sth; to understand the reason for sth — *Ma non è una ragione,* That's no reason — *Non è una ragione di fronte alla giustizia,* It's no excuse in law — *L'ignoranza non è una ragione,* Ignorance is no excuse.
3 *(dir., ecc.: ciò che è giusto)* right; reason: *a ragione o a torto,* rightly or wrongly — *a giusta ragione,* quite properly; and not without reason — *di ragione,* by right — *come di ragione,* as is right; as is proper — *aver ragione,* to be right — *aver ragione da vendere,* to be absolutely right — *Il tempo ci darà ragione,* Time will prove us right — *Sì, ti do ragione, ma solo perché sono stufo di discutere,* Yes, I'll admit you're right, but only because I'm fed up with arguing — *far valere le proprie ragioni,* to assert one's rights; to stand up for one's rights — *a chi di ragione,* to the proper authorities; to whom it may concern — *a maggior ragione,* even more so; all the more reason.
4 *(rapporto, proporzione, misura)* ratio; proportion; *(tasso)* rate: *in ragione diretta (inversa),* in direct (inverse) ratio — *alla stessa ragione,* in the same proportion — *Gli aumenti furono calcolati in ragione del due e mezzo per cento,* The increases were calculated at the rate of two-and-a-half per cent — *Il monte premi fu diviso in ragione del numero delle schede vincenti,* The prize money was divided in proportion to the number of winning tickets — *ragioni di scambio, (comm.)* terms of trade.
5 *(comm.: ragione sociale)* trade (*o* business) name; firm name; style: *creare una ragione sociale,* to set up a business — *la registrazione delle ragioni sociali,* registration of business names.
□ *a ragion veduta,* after due consideration — *aver ragione di qcno (qcsa),* to get the better (the upper hand) of sb (sth) — *Bella ragione!,* What rubbish!; What nonsense!; A fine excuse! — *darle di santa ragione,* to give sb a good beating (hiding, thrashing); *(fam.)* to tan sb's hide — *farsi ragione da soli,* to take the law into one's own hands — *prenderle di santa ragione,* to get a good hiding — *ragion di Stato,* reason of State — *Nella felicità ragione, nella infelicità pazienza, (prov.)* Be reasonable in good fortune, patient in adversity.

ragioneria *sf* book-keeping; accountancy: *ufficio ragioneria,* accounting department.

ragionevole *agg* **1** reasonable; *(dotato di un certo equilibrio)* sensible; *(moderato)* moderate; reasonable: *È molto ragionevole da parte tua fare così,* To act like that is very sensible of you — *Mi sembra una proposta ragionevole,* I think it's a reasonable proposition. **2** *(legittimo, fondato)* well-founded: *I suoi sospetti sono ragionevoli,* His suspicions are well-founded.

ragionevolezza *sf* reasonableness.

ragionevolmente *avv* reasonably; sensibly; in a reasonable manner.

ragioniere *sm* accountant: *ragioniere capo,* chief accountant. □ *il Ragionier Rossi,* Mr Rossi.

ragliare *vi* to bray *(anche fig.).*

raglio *sm* bray; braying *(anche fig.).*

ragna *sf* **1** *(tela del ragno)* cobweb. **2** *(zona logora di un tessuto)* threadbare patch. **3** *(rete per la cattura degli uccelli)* bird-catcher's net; *(fig.: insidia)* snare; trap.

ragnatela *sf,* **ragnatelo** *sm* cobweb; spider's web.

ragno *sm* spider. □ *pesce ragno,* weever — *non saper cavare un ragno dal buco,* to be a good for nothing.

ragù *sm* ragout; *(sulla pasta)* sauce.

raion *sm* rayon.

rallegramento *sm* joy; rejoicing; *(pl.)* congratulations: *fare i propri rallegramenti a qcno,* to congratulate sb (on sth).

rallegrare *vt (rendere allegro, allietare)* to gladden; to make* (sb, sth) cheerful; to cheer (sb) up; to make* (sb) glad: *I fiori rallegravano la stanza,* The flowers made the room cheerful.
□ **rallegrarsi** *v. rifl* **1** *(gioire)* to rejoice; to be* glad; to cheer up: *Mi rallegrai al solo vederlo,* I was glad (It made me glad) just to be able to see him. **2** *(felicitarsi)* to congratulate: *Tutti vogliono rallegrarsi per il tuo fidanzamento,* Everybody wants to congratulate you on your engagement.

rallentamento *sm* slowing down; slackening; relenting.

rallentando *sm (mus.)* rallentando; *(cinema)* slow-motion.

rallentare *vt* **1** *(rendere meno veloce)* to slow; to slow down; to make* slower; to slacken; to reduce the speed of: *rallentare la velocità,* to slacken speed; to slow down; to reduce speed — *rallentare il passo,* to slacken one's pace. **2** *(allentare, rendere meno intenso, diminuire anche di frequenza)* to slacken; to relax; to loosen; to lessen; to make* less frequent: *rallentare una corda,* to slacken a rope — *rallentare la disciplina,* to relax discipline — *rallentare la presa,* to slacken (to relax) one's hold — *rallentare la produzione,* to lessen (to slow down) production — *Egli rallentò le visite,* He made his visits less frequent.
□ *vi* **1** *(calare la velocità)* to slacken; to slow down: *Entrando nel paese rallentai,* As I got to the village I slowed down. **2** *(diminuire d'intensità o frequenza)* to slacken; to become* fewer; to die down; to grow* less: *La produzione ha rallentato notevolmente,* Production has slackened considerably — *La pioggia sta finalmente rallentando,* The rain is easing (is slackening) off at last — *Da allora le sue attenzioni rallentarono,* Since then his kindnesses have become fewer.
□ **rallentarsi** *v. rifl* to slacken; to relax; to get* slack; to loosen; to ease (off): *La tensione si è rallentata,* The tension has eased (has relaxed).

rallentatore *sm* slow-motion camera. □ *procedere al rallentatore, (fig.)* to move in slow-motion; to go slow.

ramaiolo *sm* ladle.

ramanzina *sf* scolding; reprimand; talking to; *(fam.)* telling-off; dressing-down: *fare una ramanzina a qcno,* to scold sb; to give sb a lecture.

ramarro *sm* green lizard.

ramato *agg (rivestito di rame)* copper-plated;

copper-covered; *(color rame)* copper-coloured; copper *(attrib.)*.

ramatura *sf* **1** copper-plating; coppering. **2** *(delle viti)* spraying (with copper sulphate).

ramazza *sf* broom.

ramazzare *vt* to sweep*.

rame *sm* copper: *filo di rame,* copper wire — *solfato di rame,* copper sulphate — *i rami di cucina,* copper utensils — *un'incisione in rame,* a copper plate.

rameico *agg* cupric.

rameoso *agg* cuprous.

[1]**ramifero** *agg (ricco di rame)* rich in copper; copper-bearing.

[2]**ramifero** *agg (ricco di rami)* branchy.

ramificare *vi,* **ramificarsi** *v. rifl* to branch out; to ramify.

ramificazione *sf* ramification; branching out.

ramingo *agg* wandering; roving; errant: *andarsene ramingo,* to wander; to rove.

ramino *sm (il gioco)* rummy.

rammagliare *vt* to darn; to mend a ladder *(GB);* to run* *(USA)*.

rammagliatura *sf* darning; mending.

rammaricare *vt* to grieve; to upset*.

□ **rammaricarsi** *v. rifl* to regret; to be* sorry; *(lamentarsi)* to complain: *Si rammaricò di non averle scritto,* He regretted not having written to her — *Perché devi sempre rammaricarti di qualcosa?,* Why are you always complaining about something?

rammarico *sm* regret; sorrow; grief: *con mio grande rammarico,* much to my regret.

rammemorare *vt* to recollect; to recall.

□ **rammemorarsi** *v. rifl* to remember; to recall; to recollect.

rammemorazione *sf* memory; recollection; remembrance.

rammendare *vt* to darn; to mend; to repair.

rammendatore *sm* darner; mender; repairer.

rammendatura *sf* darning; mending.

rammendo *sm* darn; darning; mend; mending; repair: *palla da rammendo,* darning-ball.

rammentare *vt* **1** *(ricordare)* to remember; to recollect; to recall: *Rammento con precisione quell'avvenimento,* I remember that event quite clearly — *Mi scusi: non riesco a rammentare il suo nome,* I'm sorry, but I can't recollect your name. **2** *(richiamare alla memoria di qcno: anche per somiglianza)* to remind (sb of *o* about sth): *Mi rammenti la riunione di domani!,* Remind me of (*o* about) tomorrow's meeting! — *Lo sai che mi rammenti mio padre?,* Do you know you remind me of my father? **3** *(far menzione)* to mention: *Faresti meglio ad evitare di rammentare queste cose quando sei con lui,* You'd better avoid mentioning these things when you are with him. **4** *(suggerire, in teatro)* to prompt.

□ **rammentarsi** *v. rifl (ricordarsi)* to remember; to recollect; to recall: *Non mi rammento più dell'incidente,* I don't remember the accident — *Ti rammenterai di fargli la commissione?,* Will you remember to deliver the message to him? — *Per quanto io possa rammentare...,* As far as I can recollect... — *non rammentarsi dal naso alla bocca,* to have a very bad memory; to be unable to remember one's own name.

rammollimento *sm* softening: *rammollimento cerebrale,* softening of the brain.

rammollire *vt* to soften *(anche fig.)*.

□ **rammollirsi** *v. rifl (diventare molle, anche fig.)* to soften; to become* soft.

rammollito *agg* **1** soft *(anche fig.);* softened *(anche fig.)*. **2** *(per vecchiaia)* in one's dotage.

□ *sm (vecchio rammollito)* dotard; *(debole di carattere)* imbecile.

ramo *sm* **1** *(di albero, e fig.)* branch: *un piccolo ramo,* a sprig; a twig — *Perché stai tagliando tutti i rami?,* Why are you cutting down all the branches? — *Il loro è il ramo principale della famiglia,* Theirs is the main branch of the family — *L'entomologia è un ramo della zoologia,* Entomology is a branch of zoology. **2** *(derivazione)* branch; arm; *(filone minerario)* vein; *(in anat., di un nervo, ecc.)* ramification; twig; *(di corna)* antler. **3** *(campo d'interessi, di affari, ecc.)* branch; line: *Non posso aiutarti, non è il mio ramo,* I can't help you, it's not in my line. □ *C'è un ramo di pazzia nella famiglia,* There's a touch of madness in the family.

ramolaccio *sm* radish.

ramoscello *sm* twig; sprig; small branch.

ramoso *agg* branchy; branched.

rampa *sf* **1** *(piano con una certa inclinazione)* ramp. **2** *(insieme di scalini)* flight; *(per estensione, salita)* slope; incline. □ *rampa di lancio,* launching pad.

rampante *agg (araldica e fig.)* rampant.

rampicante *agg* climbing; *(di piante)* creeping.

□ *sm* **1** *(pianta)* creeper; wall-creeper. **2** *(uccello)* climber.

rampicatore *agg* climbing. □ *sm* climber.

rampino *sm* **1** *(ferro a uncino)* hook; *(naut.)* grapnel; grappling-hook. **2** *(fig.: cavillo)* pretext: *attaccarsi a tutti i rampini,* to seize upon any pretext. **3** *(raro: rebbio di forchetta)* prong; tine.

rampogna *sf* rebuke; reproach.

rampognare *vt* to rebuke; to reproach; to upbraid.

rampollare *vi* **1** *(zampillare)* to spring* forth; to gush; *(di sorgente)* to rise*. **2** *(fig.: generarsi, derivare; anche, per estensione: discendere)* to spring* up; to arise*; to originate. **3** *(mettere i germogli)* to shoot* out; to sprout.

rampollo *sm* **1** *(sorgente)* spring. **2** *(germoglio)* shoot; sprout. **3** *(discendente diretto)* descendant; scion; *(scherz.: figlio)* son; son and heir; *(fam.)* kid.

rampone *sm* **1** *(fiocina)* harpoon. **2** *(per scarponi)* crampon.

rana *sf* frog: *rana pescatrice,* angler — *uomo rana,* frogman. □ *essere gonfio come una rana,* to be swollen with pride; to be self-conceited — *nuotare a rana,* to swim the breast stroke.

rancidezza *sf* rancidness; rancidity.

rancidire *vi* to become* rancid; to grow* rancid.

rancidità *sf* rancidity.

rancido *agg* **1** rancid; rank. **2** *(fig.: trito, sorpassato, vecchio)* old-fashioned; out-of-date; stale.

□ *sm (gusto)* rancid taste; *(odore)* rancid smell: *sapere di rancido,* to taste rancid — *prendere il rancido,* to become (to turn) rancid.

rancidume *sm* rancidity; rancid stuff; *(fig.)* old fashioned things.

rancio *sm* mess: *l'ora del rancio,* mess-time.

rancore *sm* grudge; rancour; ill-feeling: *serbare rancore a qcno,* to bear sb a grudge — *senza rancore,* with no ill-feeling.

randagio *agg* wandering; stray; lost.

randellare *vt* to club; to cudgel.

randellata *sf* blow (with a club *o* cudgel).

randello *sm* cudgel; club.

rango *sm* **1** *(mil.: schiera; spesso pl.)* rank; line: *uscire* *dai ranghi,* to break the ranks — *rientrare nei ranghi,* to fall in again; *(fig.)* to return to the ranks; to leave public office — *serrare i ranghi,* to close up (to close) the ranks. **2** *(naut.: classe di divisione dei vascelli)* rating. **3** *(fig.: classe, condizione sociale)* rank; degree; station; social standing.

rannicchiare *vt (le gambe)* to tuck up one's legs; *(le spalle)* to hunch one's shoulders.

□ **rannicchiarsi** *v. rifl* to curl (oneself) up; to crouch; to huddle (to cuddle) up: *Il cane si rannicchiò nella sua cuccia,* The dog crouched in his basket — *Rabbrividendo mi rannicchiai sotto le coperte,* Shivering, I cuddled up under the blankets — *rannicchiarsi nel proprio guscio,* to retire into one's shell.

rannicchiato *agg* crouching; cowering; huddled up; squatting.

rannuvolamento *sm* clouding over; darkening.

rannuvolare *vi,* **rannuvolarsi** *v. rifl* **1** to become* cloudy (*o* overcast); to cloud over. **2** *(diventare scuro)* to darken; to grow* dark; *(fig.: rabbuiarsi in viso)* to darken; to become* gloomy.

rannuvolata *sf* clouding over.

rannuvolato *agg* **1** clouded; cloudy; overcast. **2** *(fig.)* gloomy; dark; sullen; frowning.

ranocchia *sf* frog.

ranocchio *sm* **1** frog. **2** *(scherz.: ragazzino)* kid.

rantolare *vi* **1** to wheeze. **2** *(di moribondo)* to have* the death-rattle.

rantolio *sm* heavy breathing; wheezing.

rantolo *sm* **1** heavy breathing; wheeze. **2** *(di moribondo)* death-rattle.

ranuncolo *sm* **1** *(selvatico)* buttercup; crowfoot. **2** *(pianta da giardino)* ranunculus *(pl.* ranunculuses, ranunculi*)*.

rapa *sf* **1** turnip *(anche la sua radice): cime di rapa,* turnip-tops. **2** *(scherz.: testa calva)* bald head. **3** *(persona sciocca)* idiot: *testa di rapa,* blockhead. □ *cavar sangue da una rapa,* to draw blood from a stone.

rapace *agg* predatory; rapacious; *(per estensione: avido)* avid; greedy; rapacious: *uccelli rapaci,* predatory birds; birds of prey.

□ *sm* predatory bird; bird of prey.

rapacità *sf* rapacity; greed.

rapaio *sm* turnip-field.

rapare *vt* to crop; to cut* (sb's hair) very short; to crew-cut.

□ **raparsi** *v. rifl* to have* one's hair cut very short; to have* a crew-cut.

rapata *sf* crew-cutting; crew-cut.

rapato *agg* crew-cut; closely cropped; shorn.

rapida *sf* rapid.

rapidamente *avv* rapidly; swiftly; quickly.

rapidità *sf* swiftness; rapidity; speed; quickness.

rapido *agg* swift; rapid; quick; fast: *rapido come il pensiero,* as quick as thought — *una rapida occhiata,* a swift glance.

□ *sm (tipo di treno)* express train *(GB).*

rapimento *sm* **1** abduction; rape *(di donna);* kidnapping *(spec. di bambino).* **2** *(fig.)* rapture; ravishment; ecstasy; delight.

rapina *sf* **1** robbery; plunder *(anche fig.): rapina a mano armata,* armed robbery — *vivere di rapina,* to live by plunder. **2** *(per estensione: bottino)* loot. **3** *(lett.: di bufera)* violence.

rapinare *vt* to rob; to plunder.

rapinatore *sm* robber; plunderer.

rapire *vt* **1** *(portare via con la forza)* to abduct; to rape; *(ant., poet.)* to ravish; *(bambini)* to kidnap; *(per estensione: rubare)* to steal*; to carry off; to seize; to snatch: *Prima del bambino, avevano già rapito una donna,* Before kidnapping the child, they'd already abducted a woman — *essere rapiti dalla morte,* to be ravished by death. **2** *(avvincere)* to ravish; to enrapture; to entrance: *essere rapito in estasi,* to be in raptures.

rapitore *sm* abductor; *(spec. di bambino)* kidnapper; *(ladro)* stealer; thief.

rappacificamento *sm* reconciliation; reconcilement; pacification.

rappacificare *vt* to pacify; to reconcile.

□ **rappacificarsi** *v. rifl reciproco* to be* reconciled; to make* it up; to make* friends again.

rappacificazione *sf* reconciliation; pacification.

rappattumare *vt* to pacify; to reconcile; to make* up (a quarrel).

□ **rappattumarsi** *v. rifl* to become* reconciled; to get* on good terms again; to be* friends once more.

rappezzamento *sm* patching up; mending.

rappezzare *vt* to patch up; to mend; to put* together.

rappezzo *sm* **1** patch; mending. **2** *(fig.)* makeshift; expedient; *(scusa povera)* flimsy excuse; pretext.

rappigliare *vt,* **rappigliarsi** *v. rifl* to set*; to thicken; to coagulate; *(del latte)* to curdle.

rapportare *vt* **1** *(riferire)* to report; to relate; *(confrontare)* to confront; to compare. **2** *(un disegno)* to reproduce.

□ **rapportarsi** *v. rifl* **1** *(riferirsi)* to refer to; to be* related. **2** *(rimettersi) rapportarsi a qcno,* to take sb's advice; to leave it to sb.

rapportatore *sm (strumento)* protractor; *(topografia)* station.

rapporto *sm* **1** *(relazione, dichiarazione, scritta o verbale)* report; statement; *(mil.: riunione con il comandante)* conference; briefing: *Al suo ritorno, ha scritto un lungo rapporto sul suo viaggio,* When he got back, he wrote a long report on his trip — *Ha finito il rapporto mensile sull'andamento del nostro lavoro?,* Have you finished the monthly statement on the progress of our work? — *Secondo un rapporto ufficiale, il re è fuggito in Svezia,* According to an official report (*o* statement), the king has escaped to Sweden — *Tutti gli ufficiali devono andare a rapporto dal generale alle diciassette,* All officers must report to the general at seventeen hours — *chiamare a rapporto qcno,* to summon sb — *far rapporto di qcsa,* to report sth. **2** *(connessione, correlazione)* relation; relationship; correlation; connection; *(relazione amorosa)* intercourse; (love-)affair; *(riferimento, punto di vista)* reference; respect; connection: *in rapporto a,* with reference to; in connection with; with respect to — *sotto tutti i rapporti,* from all points of view — *sotto questo rapporto,* in this respect — *Non vedo un rapporto tra questi due fatti,* I can't see any connection between these two facts — *Abbiamo rapporti di lavoro, ma siamo anche in rapporti di amicizia,* Our relationship rests on both a business and a friendly basis — *il rapporto fra genitori e figli,* the parent-child relationship — *rompere i rapporti (con qcno),* to break off relations (with sb) — *essere in buoni rapporti con qcno,* to be on good terms with sb — *rapporti sessuali,* sexual intercourse — *Hanno avuto un lungo e tormentato rapporto amoroso,* They've had a long and uneasy love-affair — *mettersi in rapporto con qcno,* to get in touch with sb. **3** *(in matematica, nella scienza, nella tecnica)* ratio: *nel rapporto di uno a dieci,* in the ratio of one to ten

— *rapporto di lavoro, (fis.)* work ratio — *rapporto di trasmissione,* gear — *rapporto totale di trasmissione,* overall gear ratio — *rapporto dei cambi,* gear ratio — *rapporto di compressione,* pressure ratio.

rapprendere, rapprendersi ⇨ **rappigliare, rappigliarsi.**

rappresaglia *sf* retaliation; reprisal: *atti di rappresaglia,* acts of retaliation; reprisals — *misura di rappresaglia,* retaliatory measures.

rappresentabile *agg* **1** able to be represented. **2** *(di una commedia)* able to be performed (*o* put on).

[1]**rappresentante** *agg* (*p. pres. di* **rappresentare** ⇨) representing; figuring.

[2]**rappresentante** *sm e f.* representative; *(comm.)* agent: *rappresentante esclusivo,* sole agent.

rappresentanza *sf* **1** *(anche politica)* representation; *(delegazione)* deputation; delegation: *spese di rappresentanza,* entertainment expenses — *in rappresentanza di...,* on behalf of... — *Agisco in rappresentanza del mio cliente,* I'm acting on behalf of my client. **2** *(comm.)* agency: *rappresentanza esclusiva,* sole agency — *Non ho più la rappresentanza di quella ditta,* I'm no longer the agent for that firm.

rappresentare *vt* **1** *(raffigurare, descrivere)* to represent; to depict: *Questa scultura rappresenta Apollo e Dafne,* This sculpture represents Apollo and Daphne — *Nei suoi drammi ha rappresentato la grande crisi della sua epoca,* In his plays he portrayed the great crisis of his age — *Che cosa intendi rappresentare?,* What are you trying to depict? **2** *(essere il simbolo di)* to symbolize; to represent; to stand* for; to correspond to; *(equivalere, costituire, significare)* to represent; to mean*: *La croce rappresenta la Fede,* The cross symbolizes (*o* is the symbol of) Faith — *Queste righe gialle rappresentano i muri da demolire,* Those yellow lines correspond to the walls which are to be pulled down — *Questo rappresenta una sconfitta per noi,* This is a defeat for us; This means we've been defeated — *Non rappresenti più nulla per me!,* You are no longer anything to me; You don't mean anything to me any more. **3** *(essere il rappresentante di)* to represent; to act for; to be* the agent for (the representative of); *(incarnare l'idea di)* to personify; to be* the essence of: *A quel tempo rappresentavo ufficialmente il governo,* At that time I was the official representative of the Government — *Rappresento anche mia moglie,* I'm acting for my wife too — *'Qual è il Suo lavoro?' - 'Rappresento una ditta di elettrodomestici',* 'What's your job?' - 'I'm an agent for a firm which produces electrical household appliances' — *rappresentare qcno in giudizio,* to appear for sb — *rappresentare un'idea,* to personify an idea. **4** *(mettere in scena)* to perform; to stage; to give*; *(fam.)* to put* on; *(di persona: recitare)* to play; to act: *Hanno deciso di rappresentare 'Re Lear',* They've decided to stage (to perform, to put on) 'King Lear' — *Quest'opera non è stata rappresentata per vent'anni,* This opera has not been performed for twenty years — *Che cosa rappresentano adesso al Royal Theatre?,* What's on now at the Royal Theatre? — *Ha sempre rappresentato parti drammatiche,* She has always played dramatic rôles. **5** *(di spettacoli cinematografici)* to show*: *Che cosa si rappresenta oggi al cinema 'Savoia'?,* What's on (What are they showing) today at the 'Savoia'?

□ **rappresentarsi** *v. rifl* to imagine.

rappresentativamente *avv* representatively; *(più comune)* in a representative manner.

rappresentativo *agg* representative.

rappresentazione *sf* **1** representation *(anche in filosofia);* description. **2** *(spettacolo)* performance: *prima rappresentazione,* first performance; first night; première *(fr.)* — *rappresentazione diurna,* matinée *(fr.)* — *sacra rappresentazione,* mystery play; miracle play. **3** *(dir.)* representation.

rappreso *agg* set; coagulated; *(del latte)* curdled.

rapsodia *sf* rhapsody.

raramente *avv* seldom; rarely: *Raramente ho visto una cosa simile,* Rarely have I seen such a thing.

rarefare *vt* to rarefy.

□ **rarefarsi** *v. rifl* to rarefy; to become* rarefied.

rarefatto *agg* rarefied.

rarefazione *sf* rarefaction.

rarità *sf* **1** rarity; rareness; *(scarsezza)* scarcity; scarceness. **2** *(cosa rara)* rarity; curiosity; curio.

raro *agg* **1** *(non comune, singolare)* unusual; uncommon; exceptional: *È un vino raro,* It's an exceptional wine — *una cosa quanto mai rara,* a most uncommon thing — *metalli rari,* precious metals — *una bestia rara, (fig.)* an extraordinary person; a queer fish (*o* bird). **2** *(infrequente)* rare: *Lo feci in una delle mie rare soste a casa,* I did it during one of my rare visits home — *rare volte,* seldom; rarely.

rasare *vt* **1** *(tagliare con il rasoio)* to shave*: *Vado a farmi rasare dal barbiere,* I'm going to the barber's to get a shave. **2** *(pareggiare)* to trim; to smooth; to clip; to mow*; *(livellare)* to level: *rasare le siepi,* to trim the hedges — *Devo rasare il prato,* I must mow the lawn.

□ **rasarsi** *v. rifl (farsi la barba)* to shave*.

rasatello *sm* sateen.

rasato *agg (di uomo)* shaven; clean-shaven; *(liscio)* smooth; *(pareggiato)* trimmed; clipped; *(falciato)* mown; *(simile a raso)* satiny; satin *(attrib.).*

□ *sm* sateen.

rasatura *sf* **1** *(il radere barba o capelli)* shave; shaving. **2** *(pareggiare, livellare)* trimming; mowing; smoothing. **3** *(ciò che si produce con la rasatura)* trimmings *(pl.);* mowings *(pl.);* clippings *(pl.).*

raschiamento *sm* **1** scraping. **2** *(med.)* curettage.

raschiare *vt* **1** *(levigare, scrostare)* to scrape; to scrape off; to scratch; *(cancellare)* to scratch out; to erase: *Bisogna raschiare le pareti prima di dare la tinta,* We must scrape the walls before painting them — *Sei capace a raschiar via la parola?,* Can you scratch the word out? **2** *(med.)* to curette.

□ *vi (schiarirsi la gola, tossicchiare)* to clear one's throat; to cough.

raschiata *sf* scrape; scraping.

raschiatoio *sm* scraper; *(per metalli)* rabble; *(med.)* curette.

raschiatura *sf* **1** scraping. **2** *(i resti)* scrapings *(pl.).*

raschietto *sm* scraper; *(per cancellare)* erasing knife; eraser: *finito a raschietto,* scrape-finished.

rasentare *vt* **1** *(sfiorare)* to pass very close to; to graze; to skim past; to shave*: *Quel cretino mi ha rasentato con l'automobile!,* That idiot scraped past me with his car! — *Camminavano rasentando i muri con fare sospetto,* They were hugging the walls in a suspicious manner. **2** *(fig.: avvicinarsi molto)* to border upon: *Ciò rasenta la pazzia!,* This borders on insanity! — *Non avrei pensato che tu rasentassi la trentina,* I wouldn't have thought you were coming up for thirty. □ *rasentare il patibolo,* to cheat the gallows — *rasentare il codice penale,* to be only just on the right side of the law; to sail very close to the wind.

rasente *avv e prep* close to; very near; all along: *passare rasente,* to skim (over sth); to graze (sth).

[1]**raso** *agg (senza sporgenze)* smooth; *(per estensione:*

colmo fino al bordo) full (to the brim); level; *(di barba, ecc.)* shaven; close-cropped: *tre cucchiaini rasi,* three level spoonfuls — *pelo raso,* short hair — *campagna rasa,* bare countryside — *bicchiere raso,* glass full to the brim — ⇨ *anche* **tabula rasa.**
□ *(come prep., nell'espressione) volare raso terra,* to hedgehop.

[2]**raso** *sm* satin: *raso operato,* brocaded satin — *un abito di raso,* a satin dress.

rasoiata *sf* razor-slash; razor-cut.

rasoio *sm* razor; *(a mano libera)* cut-throat: *rasoio elettrico (di sicurezza),* electric (safety) razor — *camminare sul filo del rasoio, (fig.)* to walk on a razor's edge — *attaccarsi ai rasoi, (fig.)* to try anything — *affilare un rasoio,* to sharpen a razor.

raspa *sf* file; rasping-file; rasp; *(quadrangolare)* paper; scraper.

raspare *vt* **1** *(levigare con la raspa)* to rasp; to scrape; to file down; *(irritare la gola)* to tickle (to irritate) the throat. **2** *(grattare con le unghie)* to scratch; *(di cavallo)* to paw. **3** *(fam.: rubare)* to pinch; to steal*.
□ *vi* **1** *(produrre un particolare rumore)* to scratch; to rasp. **2** *(scrivere male)* to scrawl. **3** *(armeggiare)* to rummage.

raspatura *sf* **1** rasping; filing; scraping. **2** *(ciò che si asporta raspando)* raspings *(pl.)*; filings *(pl.)*.

raspo *sm* **1** grape-stalk. **2** *(malattia)* ringworm; tinea.

rassegna *sf* **1** *(rivista militare, parata, ispezione)* review; inspection; muster: *passare in rassegna le truppe,* to review (to inspect) the troops — *Domani ci sarà la rassegna militare in onore della Regina Madre,* The military review in honour of the Queen Mother will be held tomorrow. **2** *(esame)* survey; *(resoconto, recensione)* review; report; *(pubblicazione periodica)* review; magazine: *Bisogna fare una rassegna delle merci in magazzino,* We must draw up a survey of the goods in stock — *una rassegna di libri scelti,* a review of selected books — *una rassegna di viaggi,* a travel review (*o* magazine). **3** *(esposizione, mostra)* exhibition: *Si aprirà presto l'annnuale rassegna dell'antiquariato italiano,* The annual Italian antique-dealers' exhibition will open soon.

rassegnare *vt* to hand in; to send* in: *Ho già rassegnato le mie dimissioni,* I've already sent in my resignation — *Il ministro rassegnerà le dimissioni domani,* The minister will resign tomorrow.
□ **rassegnarsi** *v. rifl* to resign oneself (to sth); to submit (to sth): *rassegnarsi alla volontà di Dio,* to submit to God's will — *Non puoi che rassegnarti,* You must accept the inevitable.

rassegnatamente *avv* with resignation; resignedly.

rassegnato *agg* resigned.

rassegnazione *sf* resignation; submission; forbearance.

rasserenamento *sm* clearing up; brightening; cheering up.

rasserenare *vt* **1** *(render sereno)* to clear; to brighten. **2** *(fig.)* to cheer up: *Il vederli lo rasserenò,* The sight of them cheered him up; He cheered up at the sight of them.
□ **rasserenarsi** *v. rifl* **1** *(anche del cielo)* to clear up; to become* clear; to brighten. **2** *(fig.)* to cheer up: *Dopo aver parlato con me, si rasserenò,* After talking to me, she cheered up — *Gli si è rasserenato il viso,* His face brightened.

rasserenatore *agg* soothing; comforting; tranquillizing.

rassettamento *sm* tidying up; setting in order; arrangement.

rassettare *vt* **1** *(riordinare)* to tidy up; to set* (to put*) in order: *Ho passato tutta la mattina a rassettare la casa,* I've spent the whole morning tidying up the house. **2** *(riparare)* to mend; to repair; to patch up; *(fig.: correggere)* to emend; to correct: *Spero di riuscire a rassettartelo ancora una volta,* I hope to be able to mend it for you once again.
□ **rassettarsi** *v. rifl (rimettersi in ordine)* to tidy oneself; to make* oneself tidy.

rassettatura *sf* tidying up; *(il mettere ordine)* arranging; arrangement.

rassicurante *agg* reassuring.

rassicurare *vt* to reassure; *(infondere anche coraggio)* to give* confidence (*o* courage) to: *Posso rassicurarvi su questo,* I can reassure you on this point — *Vedendolo tremante, cercai di rassicurarlo,* As I saw him trembling, I tried to reassure him (to give him courage).
□ **rassicurarsi** *v. rifl* to take* heart; to recover confidence.

rassicurato *agg* reassured; assured; confident.

rassicurazione *sf* assurance; reassurance.

rassodamento *sm* hardening; stiffening; *(fig.: consolidamento)* consolidation; strengthening.

rassodare *vt* **1** *(far diventare sodo)* to harden: *rassodare i muscoli,* to harden the muscles. **2** *(fig.: consolidare)* to cement; to strengthen.
□ **rassodarsi** *v. rifl* to harden; to set*; to set* hard.

rassodato *agg* hardened; stiffened; *(anche fig.)* consolidated.

rassomigliante *agg* ⇨ **somigliante.**

rassomiglianza *sf* resemblance; likeness.

rassomigliare *vi* to be* like; to resemble; to bear* a resemblance to; *(nel fisico)* to look like; to take* after: *Gli rassomigli proprio in tutto,* You take after him in every respect; You are exactly like him — *La bimba rassomiglia al padre da piccolo,* The baby looks like her father did when he was a child.
□ **rassomigliarsi** *v. rifl reciproco* to resemble each other (*o* one another); to be* alike; to be* similar; to be* like each other: *Sono gemelli, ma non si rassomigliano affatto,* They are twins, but they don't resemble each other at all — *Si rassomigliano tanto che non lo distinguo dal fratello,* They are so much alike that I can't tell him from his brother — *rassomigliarsi come due gocce d'acqua,* to be as like as two peas.

rassottigliare *vt* ⇨ **assottigliare.**

rastrellamento *sm* raking; raking up; *(mil.)* mopping up; round-up.

rastrellare *vt* **1** *(usare il rastrello per ripulire)* to rake (up). **2** *(di operazioni) militari, per eliminare forze nemiche)* to mop up; *(di polizia, ecc.)* to comb; to scour; *(con mezzi navali)* to sweep*.

rastrellata *sf* **1** *(il rastrellare)* raking; *(cosa rastrellata)* rakeful; *(colpo di rastrello)* blow (with a rake). **2** *(mil.: persone sorprese nel corso di un rastrellamento)* round-up; bag *(fam.)*.

rastrellatura *sf* ⇨ **rastrellamento.**

rastrelliera *sf* rack; *(scolapiatti)* dish-rack; *(portafieno)* hay-rack: *(aeronautica) rastrelliera di bombe,* stick (*o* salvo) of bombs — *rastrelliera dei fucili,* gun-rack.

rastrello *sm* rake.

rastremare *vt,* **rastremarsi** *v. rifl* to taper.

rastremato *agg* tapered.

rata *sf* instalment: *pagare (qcsa) a rate,* to pay (for sth) by instalments — *acquistare qcsa pagando a rate,* to purchase sth by instalments (*o* on hire purchase); *(sl.)* to buy sth on the never-never.

□ **per (pro) rata,** proportionately; pro rata.

rateale *agg* instalment *(attrib.)*: *pagamento rateale,* instalment.

ratealmente *avv* by instalments.

rateare, rateizzare *vt* to divide into instalments.

rateazione, rateizzazione *sf* division into instalments.

rateo *sm* accrual: *rateo attivo (passivo),* accrued income (expenses).

ratifica *sf* ⇨ **ratificazione.**

ratificare *vt* to ratify; *(confermare)* to confirm.

ratificazione *sf* ratification; confirmation; approval.

ratizzare *vt* ⇨ **rateare.**

rato *agg* ratified; approved; confirmed.

rattemperare *vt* ⇨ **temperare.**

rattenere *vt* ⇨ **trattenere.**

ratticida *sm* rodenticide; rat poison.

rattina *sf (panno cardato)* ratine.

[1]**ratto** *avv* rapidly; quickly; swiftly.

[2]**ratto** *sm (rapimento)* abduction; *(di bambino)* kidnapping; *(lett. o stor.)* rape.

[3]**ratto** *sm (zool.)* rat.

rattone *avv (nella locuzione) ratton rattoni,* stealthily; by stealth.

rattoppamento *sm* ⇨ **rattoppatura.**

rattoppare *vt* to patch (up); to mend; to cobble; *(correggere)* to touch up; *(fig.: rabberciare)* to cobble; to patch up.

rattoppatore *sm* patcher; mender; cobbler *(anche fig.).*

rattoppatura *sf* patching (up); mending; cobbling *(anche fig.).*

rattoppo *sm (toppa)* patch: *mettere un rattoppo,* to put a patch (on sth); to patch (sth).

rattrappimento *sm* benumbment; *(contrazione)* contraction.

rattrappire *vt* to make* stiff; to make* numb; to cramp: *Queste scarpe mi rattrappiscono i piedi,* These shoes cramp my feet.

□ **rattrappirsi** *v. rifl* to become* stiff (*o* numb); *(di stoffa)* to shrink*: *Mi si sono rattrappite le dita per il freddo,* My fingers are numb with cold.

rattrappito *agg* numb; stiff.

rattrarre *vt* ⇨ **rattrappire.**

rattristamento *sm* saddening; *(tristezza)* sadness; affliction.

rattristante *agg* saddening; distressing; disheartening.

rattristare *vt* to grieve; to make* (sb) sad; to sadden; to afflict.

□ **rattristarsi** *v. rifl* to be* sad; to grow* sad; to grieve: *Non rattristarti, vedrai che il cane tornerà,* Don't be sad, the dog will come back, you'll see.

raucedine *sf* hoarseness: *avere la raucedine,* to have a hoarse voice.

rauco *agg* hoarse; raucous.

ravanello *sm* radish.

ravizzone *sm* rape; coleseed: *olio di ravizzone,* rape oil.

ravvalorare *vt* ⇨ **avvalorare.**

ravvedersi *v. rifl (pentirsi)* to mend one's ways; to reform: *Purtroppo non c'è speranza che si ravveda,* Unfortunately there's no hope of his mending his ways.

ravvedimento *sm* repentance.

ravveduto *agg* repentant.

ravviamento *sm (rassettamento)* tidying up; *(riordinamento)* arranging; putting in order.

ravviare *vt* **1** *(rimettere a posto)* to set* (to put*) in order; to tidy; to straighten: *ravviare i capelli,* to tidy (to comb) sb's hair — *ravviare una matassa ingarbugliata,* to disentangle a skein. **2** *(rimettere sulla buona via)* to put* on the right path again.

□ **ravviarsi** *v. rifl* to tidy oneself: *ravviarsi i capelli,* to tidy (to comb) one's hair.

ravviata *sf* tidying up: *darsi una ravviata,* to tidy oneself; *(ai capelli)* to tidy one's hair.

ravvicinamento *sm* **1** approaching; coming closer. **2** *(fig.)* reconcilement; reconciliation; rapprochement *(fr.).*

ravvicinare *vt* **1** *(avvicinare)* to bring* closer. **2** *(confrontare)* to compare. **3** *(fig.: rappacificare)* to reconcile; to bring* together again.

□ **ravvicinarsi** *v. rifl e reciproco (fig.: rappacificarsi)* to come* together again; to be* reconciled; to make* it up.

ravviluppare *vt* ⇨ **avviluppare.**

ravvisabile *agg* recognizable.

ravvisare *vt* to recognize; to see*.

ravvivamento *sm* renewal; *(meno comune)* quickening.

ravvivante *agg* reviving; *(meno comune)* quickening.

ravvivare *vt* **1** *(rianimare, anche fig.)* to revive; to restore (sth, sb) to life; to give* new life (to sth, sb); *(per estensione: infondere nuovo vigore)* to renew; to reinvigorate; to enliven: *ravvivare il fuoco,* to stir the fire — *ravvivare la fantasia,* to quicken the imagination. **2** *(render più vivace)* to animate; to enliven; *(un abito, ecc.)* to brighten up. **3** *(una mola)* to true; to dress.

□ **ravvivarsi** *v. rifl (riprendere vigore, anche fig.)* to revive; to be* revived; to recover.

ravvolgere *vt* (⇨ *anche* **avvolgere**) to wrap (sth) up; to wrap (sth) round and round; to wind* (sth) round; to envelop.

□ **ravvolgersi** *v. rifl* to wrap oneself up.

ravvolgimento *sm* **1** winding up; *(con un involucro)* wrapping up; enveloping. **2** *(fig.: inganno)* trickery; deceit; tortuousness.

ravvolto *agg* **1** wrapped; enveloped. **2** *(involuto)* complicated; involved.

ravvoltolare *vt (avvolgere in fretta)* to wrap (sth) up anyhow.

□ **ravvoltolarsi** *v. rifl* to wrap oneself up; to throw* (sth) round oneself: *Si era ravvoltolata nella coperta,* She had hastily thrown a blanket round herself. □ *ravvoltolarsi per terra,* to roll (about) on the ground — *ravvoltolarsi nel fango,* to wallow in the mud.

rayon *sm (industria tessile)* rayon.

raziocinare *vi* to reason; *(meno comune)* to ratiocinate.

raziocinatore *sm* reasoner.

raziocinio *sm* reasoning; *(meno comune)* ratiocination; *(fam.: buon senso)* sense; common sense.

razionale *agg* **1** rational; reasoning. **2** *(funzionale)* functional; sensible. **3** *(matematica, ecc.)* rational: *numero razionale,* rational number.

□ *sm* rational.

razionalismo *sm* rationalism.

razionalista *sm e f.* rationalist.

razionalistico *agg* rationalistic.

razionalità *sf* rationality.

razionalmente *avv* rationally; logically.

razionamento *sm* rationing.

razionare *vt* to ration.
razione *sf* ration; fixed allowance; *(parte)* portion; share: *mettere qcno a razione,* to put (sb) on rations.
[1]**razza** *sf* **1** race; breed: *la razza umana,* the human race — *una razza di cani,* a breed of dogs — *di razza incrociata,* of mixed breed; cross-breed — *di razza pura,* of pure breed; *(di cavalli)* thoroughbred — *odio di razza,* racial hatred. **2** *(stirpe, discendenza)* race; stock; descent: *essere di buona razza,* to come of good stock. **3** *(sorta, tipo)* sort; kind: *Che razza d'uomo è?,* What sort of a man is he? □ *Ne ho viste di tutte le razze,* I've seen them in all shapes and sizes — *Che razza di farabutto!,* What a scoundrel! — *far razza a sé,* to be standoffish (*o* unsociable).
[2]**razza** *sf (pesce)* ray; skate: *razza cornuta,* devil-fish; sea-devil.
[3]**razza** *sf (di ruota)* spoke.
razzia *sf* raid; foray: *fare una razzia,* to raid.
razziale *agg* racial.
razziare *vt* to raid; to foray.
razziatore *sm* raider.
razzismo *sm* racism; racialism.
razzista *agg e sm e f.* racist; racialist.
razzo *sm* rocket; *(missile)* rocket; missile: *razzo luminoso,* signal rocket; star shell; flare — *motore a razzo,* rocket engine. □ *Andò via come un razzo,* He went off like a shot.
razzolamento *sm* scratching about.
razzolare *vi (dei polli)* to scratch about; *(scherz.: frugare)* to rummage. □ *predicare bene e razzolare male,* to preach one thing and practise another.
[1]**re** *sm* **1** king: *Fu un buon re,* He was a good king — *il re Enrico VIII,* King Henry VIII (*si legge:* 'the eighth') — *Il Barolo è il re dei vini italiani,* Barolo is the king of Italian wines — *il re di quadri,* the king of diamonds. **2** *(birillo)* kingpin. □ *scacco al re,* check — *i Re Magi,* the Magi; the Three Wise Men.
[2]**re** *sm (mus.)* D: *re diesis,* D sharp.
reagente *agg (chim.)* reacting.
□ *sm* reagent.
reagire *vi* **1** to react *(anche chim.).* **2** *(di persona)* to react; to show* opposition: *Non mi aspettavo che reagisse così,* I didn't expect her to react like that.
[1]**reale** *agg* royal: *i principi reali,* the royal princes; the princes of the blood — *Sua Altezza Reale,* His (Her) Royal Highness — *lo stemma reale,* the royal coat-of-arms. □ *pasta reale,* sponge-cake.
□ *sm* member of the royal family; *(pl.: i Reali)* the Royal Family; the King and Queen.
[2]**reale** *agg* **1** *(vero)* real; actual: *Nascondeva la sua reale identità,* He was hiding his real identity — *Questo è un fatto reale,* This is an actual fact. **2** *(dir.)* real. **3** *(matematica)* real.
realista *agg* **1** *(del partito del re)* royalist: *essere più realista del re,* to be more royalist than the king. **2** *(in letteratura e in filosofia)* realist.
realistico *agg* realistic.
realizzabile *agg* able to be obtained (*o* put into effect); *(di beni)* convertible; realizable.
realizzare *vt* **1** *(attuare, conseguire)* to carry out; to achieve; to accomplish; to implement; to realize: *Ce l'ho fatta a realizzare il mio piano,* I have succeeded in carrying out my plan — *Hanno finalmente realizzato il loro sogno,* At last they have realized their dream. **2** *(comm.)* to receive; to get*; to make*: *Non realizzai quel che speravo dalla vendita della casa,* I didn't receive (*o* get, make) as much as I hoped from the sale of the house; The house didn't realize as much as I hoped. **3** *(neologismo, fig.: capire a fondo)* to realize: *Subito non realizzai l'importanza della cosa,* At first I didn't realize how important it was. **4** *(sport)* to score.
□ *vi (convertire in contanti)* to convert into cash: *In questo momento ho bisogno di realizzare,* I need ready cash just now.
□ **realizzarsi** *v. rifl* **1** *(avverarsi)* to come* true; to be* realized: *Le mie previsioni stanno per realizzarsi,* My expectations are going to come true. **2** *(attuare le proprie aspirazioni)* to fulfil oneself.
realizzazione *sf* fulfilment; accomplishment; carrying out; *(conseguimento)* achievement: *la realizzazione delle mie speranze,* the fulfilment of my hopes — *la realizzazione di un piano,* the implementation (*o* realization) of a plan — *realizzazione scenica,* staging.
realizzo *sm* **1** *(comm.)* conversion (into cash). **2** *(vendita forzata)* break-up; *(svendita)* clearance sale.
realmente *avv* really; truly; *(effettivamente)* actually.
realtà *sf* reality: *in realtà,* really; as a matter of fact. □ *la realtà della vita,* life as it is lived — *venire alla realtà dei fatti,* to get down to brass tacks *(pl.).*
reato *sm* crime; *(reato minore)* misdemeanour; offence: *commettere un reato,* to commit a crime — *Fu incolpato di un grave reato,* He was charged with a serious crime — *il corpo del reato,* the substance of the offence; *(dir. o scherz.)* corpus delicti *(lat.)* — *reato di sangue,* wounding; assault — *reato di diffamazione,* slander; libel. □ *Non è mica un reato!,* It's not a crime!; There's nothing wrong about it!
reattanza *sf* **1** *(il fenomeno)* reactance. **2** *(l'apparato)* reactor; impedance coil.
reattivo *agg (chim.)* reactive: *carta reattiva,* test paper.
□ *sm* **1** *(chim.)* reagent. **2** *(per estensione, in psicologia)* test.
reattore *sm* **1** *(nucleare)* reactor; nuclear reactor. **2** *(velivolo)* jet aircraft. **3** *(elettr.)* choke coil.
reazionario *agg e sm* reactionary.
reazione *sf* **1** reaction; *(elettr., radio)* feedback: *reazione a catena,* chain reaction — *reazione acustica,* acoustic feedback — *motore a reazione,* jet engine — *aereo a reazione,* jet plane — *caccia a reazione,* jet fighter plane — *tempo di reazione,* reaction time. **2** *(politica)* reaction; reactionary tendencies.
rebbio *sm* prong.
reboante *agg* high-sounding; resounding; bombastic: *uno stile reboante,* a bombastic style.
rebus *sm* **1** *(gioco)* rebus; puzzle. **2** *(persona incomprensibile)* enigma.
recalcitrare *vi* ⇨ **ricalcitrare.**
recapitare *vt* to deliver.
recapito *sm* **1** address: *Qual è il Suo recapito?,* What is your address? — *far recapito in un luogo,* to use a place as an accommodation address; to be generally found at a certain place — *Ha dato un recapito falso,* She gave a false address. **2** *(ufficio)* office. **3** *(consegna)* delivery: *recapito a domicilio,* delivery to one's house — *recapito immediato,* prompt delivery — *'In caso di mancato recapito, ritornare al mittente',* 'If undelivered, please return to sender'.
recapitolare *vt* ⇨ **ricapitolare.**
recare *vt* **1** *(portare)* to bear* *(anche fig.);* to carry; *(avere in sé)* to contain: *recare i segni della fatica,* to bear the signs of hard work — *Reca la data di ieri,* It bears yesterday's date — *Recammo il messaggio al comandante,* We carried the message to the commandant — *recare in mente,* to bear in mind — *recare ad effetto,* to carry out — *La lettera recava*

anche un racconto dettagliato, The letter also contained a detailed report. **2** *(produrre, arrecare)* to cause; to bring* (about): *Le sue parole gli recarono un barlume di speranza,* Her words brought him a gleam of hope — *Non ho recato danno a nessuno,* I haven't caused anyone any harm — *recare dolore a qcno,* to bring (to cause) sb sorrow — *recare piacere a qcno,* to give sb pleasure. □ *recare a termine,* to finish (off) — *recare grazia a qcno,* to make sb happy.
□ **recarsi** *v. rifl (andare)* to go*: *Ci recammo tutti all'ospedale a visitare la vecchia zia,* We all went to the hospital to see our old aunt.

recedere *vi (fig.: tirarsi indietro)* to give* up; to back down; to recede: *non recedere di un passo,* not to yield (to give) an inch.

recensione *sf* review: *fare la recensione di un nuovo libro,* to review a new book.

recensire *vt* to review.

recensore *sm* reviewer.

recente *agg* recent; new: *di data recente,* of recent date — *notizie recentissime,* latest news — *di recente, (negli ultimi tempi)* recently; lately; *(poco tempo fa)* a short time ago.

recentemente *avv* recently; lately; of late.

recere *vi* to vomit.

recessione *sf* recession; receding: *recessione economica,* recession; slump.

recessivo *agg* recessive.

recesso *sm* **1** recess *(anche fig.).* **2** *(l'atto di recedere)* recession; withdrawing. **3** *(dir.)* withdrawal.

recettività *sf* receptivity; receptiveness.

recettivo *agg* receptive.

recezione *sf* ⇨ **ricezione.**

recidere *vt (tagliare d'un sol colpo)* to cut* (off); to chop off; to lop off; *(amputare)* to amputate: *Recise il fiore per darmelo,* He cut the flower to give it to me — *Perché hai reciso quel ramo?,* Why have you chopped that branch off? — *Il boia gli recise la testa,* The executioner cut his head clean off — *Il chirurgo dovette recidergli la gamba,* The surgeon had to amputate his leg.

recidiva *sf* relapse.

recidivo *agg* relapsing: *criminale recidivo,* habitual criminal.
□ *sm* recidivist.

recingere *vt* to enclose; to surround.

recinto *sm* enclosure; fence; *(di animali da cortile)* pen; *(per bambini)* play-pen; *(sport)* ring: *recinto del peso, (ippica)* weighing-in enclosure — *(borsa valori) recinto delle grida,* floor; pit *(USA).*

recinzione *sf* enclosure; fencing in; *(recinto)* fence; fencing: *recinzione con rete metallica,* wire-net fencing — *recinzione in muratura,* brick wall — *recinzione in tavole,* board fence — *recinzione in steccinato,* rail fence.

recipiente *sm (contenitore per liquidi)* vessel; container; receptacle; *(serbatoio)* vat; *(in latta)* tin; can *(USA).*

reciprocamente *avv* reciprocally; mutually. □ *aiutarsi reciprocamente,* to help each other (*o* one another).

reciprocare *vt,* **reciprocarsi** *v. rifl* to reciprocate.

reciprocità *sf* reciprocity; correlation.

[1]**reciproco** *agg* reciprocal *(anche gramm.);* mutual.

[2]**reciproco** *sm* **1** *(matematica)* reciprocal. **2** *(ottica)* vergency.

recisamente *avv* resolutely; *(bruscamente)* bluntly.

recisione *sf* **1** cutting off. **2** *(fig.)* decisiveness; frankness.

reciso *agg* (*p. pass. di* **recidere** ⇨) **1** *(tagliato)* cut (off); lopped off. **2** *(fig.: brusco)* sharp; blunt; *(risoluto)* definite: *Il suo discorso fu breve, ma reciso,* His speech was short, but to the point — *un no reciso,* a flat 'no'.

recita *sf (teatro)* performance.

recitabile *agg* suitable for performance.

recitare *vt* **1** *(dire a voce alta ciò che si è imparato a memoria)* to say*; to recite. **2** *(in teatro)* to act; to play; to perform: *Recitavano malissimo,* They acted very badly — *Quale parte reciti adesso?,* What part are you playing now? — *Stanno recitando una commedia di Pirandello,* They are performing a play by Pirandello — *A me sembrava che recitasse!, (fig.)* I think she was playing a part!

recitazione *sf* recitation; reciting; *(modo di recitare)* acting: *scuola di recitazione,* dramatic school.

reclamare *vi (protestare)* to protest; *(lamentarsi)* to complain: *reclamare contro qcno (qcsa),* to protest against sb (sth); to complain of sb (sth) — *Ho reclamato presso la ditta,* I made a complaint to the firm.
□ *vt* **1** *(esigere)* to claim; to ask for; to demand: *reclamare un diritto,* to claim a right — *reclamare giustizia,* to ask for justice. **2** *(fig.: richiedere)* to need; to require: *La stanza reclama una bella pulita,* The room needs a thorough cleaning.

réclame *sf (fr.: pubblicità, propaganda)* advertising; publicity; *(avviso pubblicitario)* advertisement; *(fam.)* ad; advert *(GB): fare réclame a qcsa,* to advertise sth.

reclamo *sm (lagnanza, protesta)* complaint; *(sport)* protest: *fare un reclamo (sporgere un reclamo),* to make (to put forward) a complaint.

reclinare *vt* to bend* down; to recline: *reclinare la testa sul tavolo,* to rest one's head on the table.

reclusione *sf* imprisonment; confinement: *reclusione a vita,* life imprisonment.

recluso *agg* secluded; enclosed.
□ *sm* prisoner; convict.

recluta *sf (mil.)* recruit; conscript; *(fam.)* rookie *(USA); (fig.)* recruit; novice.

reclutamento *sm* recruiting; enlistment.

reclutare *vt* to recruit *(anche fig.).*

recondito *agg* **1** *(lontano e nascosto)* hidden; concealed; secluded: *un luogo recondito,* a secluded place. **2** *(intimo, misterioso)* inmost; recondite; secret: *Deve avere delle ragioni recondite per agire così,* He must have some secret reason for behaving like that — *i miei più reconditi pensieri,* my inmost thoughts — *significato recondito,* hidden meaning.

recordman *sm* record-holder.

recriminare *vi* to recriminate; to bring* a counter-charge (against sb); *(lamentarsi)* to complain.

recriminazione *sf* recrimination; counter-charge; counter-accusation; *(lamentela)* complaint.

recrudescenza *sf* recrudescence; fresh outburst (*o* outbreak): *una recrudescenza della violenza razzista,* a fresh outbreak of racist violence — *una recrudescenza della temperatura,* a return of cold weather.

recto *sm (di moneta)* obverse; *(di documento, foglio)* face; recto.

recuperare *vt* ⇨ **ricuperare.**

redarguibile *agg* blameworthy; reprovable.

redarguire *vt* to rebuke; to scold; to chide; *(biasimare)* to blame.

redattore *sm* **1** *(compilatore, estensore)* compiler; writer. **2** *(di giornale)* member of the editorial staff;

(scrittore) feature writer; *(di casa editrice)* editor; member of the editorial staff: *redattore pubblicitario,* copywriter — *redattore-capo,* editor-in-chief. **3** *(ad un congresso)* rapporteur.

redazione *sf* **1** *(stesura)* drawing up; compiling. **2** *(di giornale, di casa editrice)* editorial office (*o* staff). **3** *(differente versione di uno stesso testo)* version.

redditività *sf* profitability.

redditizio *agg* profitable; remunerative. □ *Non è affatto redditizio,* It doesn't pay at all.

reddito *sm* income; revenue; earnings; (net) profit; interest: *imposta sul reddito,* income-tax — *denuncia dei redditi,* tax return — *reddito pubblico,* public revenue — *titoli a reddito fisso,* fixed-interest securities — *il reddito del capitale,* the return on capital — *il reddito di un investimento,* the yield of an investment — *redditi industriali,* industrial profits — *redditi professionali,* professional earnings.

redento *agg* redeemed; *(riscattato)* ransomed. □ *i redenti,* the redeemed.

redentore *sm* redeemer.

redenzione *sf (riscatto, soprattutto in senso religioso)* redemption.

redigere *vt* to write*; to compile *(un elenco, un libro);* to draw* up *(un documento): Il notaio sta redigendo un atto,* The solicitor is drawing up a deed — *redigere un articolo,* to write an article — *redigere un dizionario,* to compile a dictionary.

redimere *vt (liberare, riscattare)* to redeem; to set* free; to liberate: *redimere qcno dal peccato (dal vizio),* to redeem sb from sin (from vice) — *redimere un'ipoteca,* to redeem a mortgage.

□ **redimersi** *v. rifl* to redeem oneself.

redimibile *agg* redeemable; payable; *(di peccato)* redeemable; atonable.

redimibilità *sf* redeemability.

redine *sf (quasi sempre al pl.: briglia)* rein *(anche fig.): tirar le redini,* to draw rein; to rein up — *prendere (lasciare) le redini,* to assume (to drop) the reins — *lasciare le redini sul collo a un cavallo,* to give a horse free rein — *tenere salde le redini di qcsa,* to keep a tight rein on sth.

redivivo *agg* restored to life; returned to life; resurrected *(anche scherz.): Sei tua madre rediviva,* You're the living image of your mother.

reduce *agg* returned; back (from).

□ *sm* survivor: *essere reduce da...,* to be back from... — *essere reduce da una malattia,* to have just got over an illness. □ *reduce dalle patrie galere,* ex-convict; scapegrace.

refe *sm* yarn; *(filo)* thread.

referendum *sm* referendum.

referenza *sf* reference; *(lettera di benservito)* testimonial.

referto *sm* report; *(notizia di reato)* notification of an offence.

refettorio *sm* refectory; dining-hall.

refezione *sf* (school) lunch.

refolo *sm* gust of wind.

refrattarietà *sf* refractoriness.

refrattario *agg* refractory; resistant; *(ostinato)* obstinate; *(intrattabile)* unmanageable: *mattone refrattario,* fire-brick — *rivestimento refrattario, (di forno, ecc.)* fettling — *essere refrattario a qcsa,* to have no aptitude for sth.

refrigeramento *sm* refrigeration; *(raffreddamento)* cooling; *(raggelamento)* freezing.

[1]**refrigerante** *agg* refrigerant; freezing; *(rinfrescante)* cooling; refreshing: *miscela refrigerante,* freezing mixture.

[2]**refrigerante** *sm* **1** *(apparecchio)* refrigerator; cooler; freezer. **2** *(fluido)* coolant.

refrigerare *vt* **1** to refrigerate. **2** *(rinfrescare)* to freshen; to cool; *(per estensione: alleviare, placare)* to soothe.

refrigerativo *agg* refrigerant; refreshing.

refrigerato *agg* refrigerated; chilled; cooled; *(congelato)* frozen; *(fig.)* refreshed: *magazzino refrigerato,* cold store.

refrigeratore *agg* refrigerating; cooling; chilling; freezing.

□ *sm* refrigerator; cooler; freezer.

refrigerazione *sf* refrigeration; cooling; freezing: *refrigerazione ad acqua, (di auto, ecc.)* water-cooling.

refrigerio *sm* **1** *(sensazione di fresco)* coolness. **2** *(fig.: sollievo)* relief.

refurtiva *sf* stolen goods *(pl.);* stolen property.

refuso *sm* **1** *(carattere sbagliato)* wrong fount. **2** *(errore di stampa)* misprint; printing error.

regalare *vt* **1** to give* (as a present); to present; to make* a present of: *Regalò al figlio una favolosa automobile sportiva,* He gave his son a fantastic sports car as a present — *Mi venne regalato un accendino d'oro,* I was presented with a gold lighter — *Ho deciso di regalare quel quadro,* I've decided to make a present of that picture (to give that picture away) — *La moglie gli ha regalato un maschio,* His wife has borne him (has presented him with) a son — *regalare il denaro,* to throw away one's money. **2** *(vendere a buon mercato)* to give* away; to sell* cheap; *(fam.)* to sell for a song: *Ma è regalato!,* It's dirt cheap! — *Per quel prezzo è regalato!,* At that price it's simply given away!

□ **regalarsi** *v. rifl* to allow oneself; *(spesso scherz.)* to regale oneself (with sth): *Mi sono regalato un giorno di vacanza,* I've allowed myself a day off.

regale *agg* royal; kingly; regal; *(da re)* kinglike; *(fig.)* magnificent; splendid; kingly; princely: *un'accoglienza regale,* a royal welcome.

regalia *sf* **1** *(dir.)* prerogative; royal right. **2** *(dono, mancia)* gratuity.

regalità *sf* **1** regality; royalty. **2** *(fig.)* majesty.

regalmente *avv* royally; regally.

regalo *sm* present; gift: *fare un regalo,* to give a present — *dare qcsa in regalo a qcno,* to make sb a present of sth — *regali di Natale,* Christmas presents — *Intendo darglielo come regalo di nozze,* I want to give it to him as a wedding present — *Mi farai un vero regalo se terrai il segreto,* You'll be doing me a great favour if you say nothing about it. □ *Bel regalo!, (scherz.)* That's a nice thing! — *confezione regalo,* gift pack.

regata *sf* regatta; boat-race.

reggente *sm* regent.

reggenza *sf* regency.

reggere *vt* **1** *(sostenere, sorreggere)* to bear*; to support; to carry; to hold*; *(tenere in mano)* to hold*: *Temo che quello scaffale non regga il peso di tutti questi libri,* I'm afraid that shelf won't bear the weight of all these books — *Ci sono quattro piloni che reggono il ponte,* The bridge is supported by four pillars — *Ero così stanco che le gambe non mi reggevano più,* I was so tired my legs wouldn't carry me — *Puoi reggermi Pierino un momento?,* Can you hold Pierino for me a moment? — *Puoi reggere da solo un peso così?,* Can you carry such a weight on your own? — *reggere le redini,* to hold the reins — *Reggimi* *l'ombrello mentro apro la portiera,* Hold the umbrella while I get the door open — *Reggilo, se no cade,* Hold it, or it'll fall.

2 *(sopportare, anche fig.)* to stand*: *In certi momenti non reggo proprio tutte le sue chiacchiere,* There are times when I just can't stand his chatter — *reggere la celia,* to stand a joke (a teasing) — *reggere il vino,* to hold (to take) one's drink.

3 *(guidare, governare)* to guide; to rule (over); to govern; *(dirigere)* to run*; to manage: *Ha retto per decenni le sorti della nazione,* He guided (He ruled) the nation for decades — *Reggono la loro azienda con estrema abilità,* They run (They manage) their firm very ably — *Egli resse il governo in un periodo molto difficile,* He was at the head of (He headed) the government during a difficult period.

4 *(gramm.)* to take*; to govern: *Questa preposizione regge l'accusativo,* This preposition takes the accusative.

□ *vi* **1** *(resistere)* to hold* (out); to resist; *(anche fig.: sopportare)* to stand*; to bear*: *I ribelli non reggeranno a lungo,* The rebels won't hold out much longer — *Assicurati che il ramo regga,* Make sure the branch will hold — *Non reggo più, sto per cadere,* I can't hold out any longer, I'm going to fall — *Ha retto alla tentazione di tornare da lui?,* Did she resist the temptation to go back to him? — *reggere ad una prova,* to stand a test — *Non ha retto al confronto con te,* He didn't stand up to (*o* bear) comparison with you — *reggere alla fatica,* to withstand fatigue; to stand up to hard work — *reggere al fuoco,* to be fireproof — *Non mi resse il cuore di dirglielo,* I hadn't the heart to tell him.

2 *(stare in piedi)* to stand*: *Il monumento reggerà nel tempo,* The monument will stand the test of time (will stand for centuries).

3 *(fig.)* to stand* up; to be* consistent: *Le tue accuse non reggono,* Your accusations don't stand up — *Questo argomento non regge,* This argument will not stand (*o* doesn't hold water).

4 *(durare)* to last; to hold* (out): *Speriamo che il bel tempo regga,* Let's hope the fine weather will last — *Sono convinto che il loro matrimonio non reggerà,* I am convinced their marriage will not last.

□ *reggere il moccolo, (fam.)* to play gooseberry — *reggere l'anima con i denti,* to hold on by the skin of one's teeth.

□ **reggersi** *v. rifl* **1** *(sostenersi, sopportare)* to stand*; to hold* on; to hold* out; to keep* going: *Ha bevuto tanto che non si regge più sulle gambe,* He has drunk such a lot that he can't stand — *Un tempo l'impresa andava bene, adesso si regge a malapena,* At one time the business was going well, now it can only just keep going — *Reggiti alla ringhiera!,* Hold on to the rail! — *reggersi a galla,* to float.

2 *(governarsi)* to be* ruled: *Il paese si reggeva allora a monarchia,* The country was then ruled by a monarchy.

reggetta *sf* strap.

reggia *sf* royal palace.

reggicalze *sf* suspender-belt.

reggilume *sm* lamp-stand.

reggimentale *agg* regimental.

reggimento *sm* **1** *(mil.)* regiment. **2** *(lett.: governo)* rule; government. **3** *(fig.: folla)* crowd; a lot of people; large number; army: *Potresti sfamare un reggimento con tutta questa roba!,* With all this stuff you could feed a whole army!

reggipancia *sm* girdle; body-belt; *(finimento di cavallo)* girth.

reggipenne *sm* pen-stand.

reggipetto *sm* **1** brassière; *(fam.)* bra. **2** *(finimento di cavallo)* neck strap.

reggiseno *sm* brassière; *(fam.)* bra.

regia *sf (teatro)* production; *(cinema)* direction: *cabina di regia,* direction booth (*o* box).

regicida *agg* regicidal. □ *sm* regicide.

regicidio *sm* regicide.

regime *sm* **1** *(forma di governo, sistema politico)* régime; government: *l'antico regime, (prima della Rivoluzione francese)* the old régime; the Ancien Régime *(fr.)* — *il regime fascista,* Fascism; the Fascist régime. **2** *(regolamentazione nei cibi)* regimen: *regime dietetico,* diet — *Sono a regime,* I'm on a diet. **3** *(portata d'acqua di un fiume secondo i periodi)* régime; flow. **4** *(mecc.)* speed: *basso regime,* slow running — *regime massimo,* peak r.p.m. (= revs per minute). □ *regime aureo,* gold standard.

regina *sf* queen *(anche fig. nelle carte, scacchi, ecc.)*: *la regina d'Inghilterra,* the Queen of England — *la regina Maria,* Queen Mary — *la regina madre Elisabetta,* Queen Elizabeth the Queen Mother — *ape regina,* queen bee — *la regina di picche,* the queen of spades — *da regina, (agg.)* queenly; *(avv.)* like a queen.

regio *agg* royal. □ *morbo regio, (med.)* jaundice — *acqua regia,* acqua regia; nitrohydrochloric acid. □ *sm pl (soldati)* king's men.

regionale *agg* regional; local; *(di amministrazione)* provincial.

regionalismo *sm* **1** regionalism; *(campanilismo)* localism. **2** *(modo di dire locale)* local idiom.

regionalista *sm e f.* regionalist; *(campanilista)* localist.

regione *sf* **1** *(zona, territorio)* region; area; district; *(anat.)* region: *le regioni dei tropici,* the tropical regions — *È una regione in cui si producono solamente vini bianchi,* It's an area that produces only white wine — *la regione dei laghi,* the Lake District. **2** *(ente amministrativo)* province; district. **3** *(fig.)* realm; sphere; region: *le regioni della fantasia,* the realms of imagination.

regista *sm* **1** *(teatro e televisione)* producer; stage-manager; *(di un film)* director. **2** *(fig.)* organizer.

registrabile *agg* **1** *(di suoni)* recordable. **2** *(mecc.: regolabile)* adjustable.

registrare *vt* **1** *(scrivere in un registro)* to register; to record; *(prendere nota, anche fig.)* to record: *Per un errore, la sua nascita non fu registrata,* By mistake, his birth wasn't registered — *Il giornale registra oggi un altro assassinio,* The newspaper reports another murder today — *La storia registra i fatti,* History records events — *far registrare,* to register; to check. **2** *(nel linguaggio comm. e protocollare)* to book; to enter; to file: *registrare un ordine,* to book an order — *registrare una fattura (un pagamento),* to enter an invoice (a payment) — *La sua richiesta venne registrata,* His request was filed. **3** *(incidere su nastro)* to tape; to record; to tape-record; *(su un disco)* to record; to cut*. **4** *(mettere a punto)* to adjust; to set*; *(uno strumento musicale)* to set*; to tune; *(in tipografia)* to register; *(in cinematografia)* to synchronize: *registrare i freni,* to adjust the brakes — *registrare un orologio,* to regulate a watch — *registrare un organo,* to set (to tune) an organ.

registrato *agg (di suono, ecc.)* recorded; taped; *(di scrittura)* recorded; on record; entered; *(dir.: di docu-*

mento) registered; *(mecc.: regolato)* adjusted; regulated.

registratore *agg* recording.

□ *sm* recorder: *registratore magnetico,* magnetic recorder; tape-recorder — *registratore di cassa,* cash register.

registrazione *sf* **1** *(comm.)* entry; record: *cancellare una registrazione,* to cancel an entry — *registrazione in fattura,* costing — *registrazione a giornale (a mastro),* entry (posting). **2** *(di un atto)* registration. **3** *(di programma radiofonico o televisivo)* recording; recorded programme: *registrazione su nastro,* tape-recording — *registrazione televisiva,* telerecording — *cabina di registrazione,* monitor-room. **4** *(mecc.)* adjustment; *(messa a punto)* setting: *registrazione della fase,* timing adjustment.

registro *sm* **1** *(quaderno, ecc., su cui si segna qcsa)* register; *(libro commerciale)* register; book: *registro di classe,* class-register — *registro parrocchiale (comunale),* parish (council) register — *registri di stato civile,* registers of births, marriages and deaths — *registro dei soci,* register of members — *registro di magazzino,* warehouse-book — *registro a matrice,* counterpart register — *registro a molte colonne (a una colonna),* multi-column (single-column) book — *registro dei conti di corrispondenza,* draft register — *essere a registro,* to be on record. **2** *(ufficio statale addetto alle registrazioni)* registrar's office; registry: *registro dello stato civile,* registry office — *spese di registro,* registration charges — *tassa di registro,* registration fee. **3** *(ampiezza di voce, anche fig.)* register; *(di strumento musicale)* stop; register: *registro basso (medio, alto),* low (middle, high) register — *Dopo che lo sgridai cambiò registro,* After scolding him, he changed his tune — *registro di organo,* organ stop — *registro di fondo,* foundation stop. **4** *(congegno meccanico)* regulator; adjuster; register; *(di orologio)* regulator; *(di freno)* brake-adjuster; *(valvola che regola l'aria)* register: *registro per ventilazione,* ventilation flap — *valvola di registro,* throttle-valve. **5** *(in tipografia)* register: *in (fuori) registro,* in (out of) register.

regnante *agg* **1** reigning; ruling. **2** *(fig.)* dominant; prevailing; predominant.

regnare *vi* **1** to reign; *(predominare, anche fig.)* to rule; to prevail: *Carlo V regnò su mezza Europa,* Charles V reigned over half Europe — *Il re regna ma non governa,* The king reigns but doesn't rule — *Quando arrivai io regnava il caos,* When I arrived chaos reigned — *Fra loro regna l'intesa,* Mutual understanding reigns between them. **2** *(prosperare, di piante, ecc.)* to flourish: *In tutta la zona regnano le conifere,* Conifers flourish over the whole area.

regno *sm* **1** *(paese retto da una monarchia)* kingdom; *(fig.: dominio di qcno)* kingdom; realm; domain: *La Grecia non è più un regno,* Greece isn't a kingdom any more — *i tre regni della natura,* the three kingdoms of nature — *il regno della musica,* the realm of music — *il regno dell'arte,* the domain of art — *essere nel proprio regno,* to be in one's element. **2** *(sovranità di re e sua durata)* reign: *sotto il regno di Elisabetta I,* in (*o* during) the reign of Elizabeth I.

regola *sf* **1** *(andamento costante, metodo fissato per risolvere qcsa)* rule; *(esempio)* example: *Ci sono fenomeni che non seguono alcuna regola,* There are phenomena which do not follow any rule — *di regola,* as a rule — *le regole di un gioco,* the rules of a game — *Questa è l'eccezione alla regola,* This is the exception to the rule — *L'eccezione conferma la regola,* The exception proves the rule — *le regole grammaticali,* the rules of grammar — *la regola del tre,* the rule of three — *servire di regola,* to serve as an example. **2** *(norma, usanza)* norm; principle; custom; habit: *Non è mai venuto meno alla sua regola di vita,* He has never broken the principles of his life — *È buona regola comportarsi educatamente,* To behave politely is a good habit (*o* rule). **3** *(misura)* measure; moderation; control; *(nel mangiare)* diet: *Non ha regola nel parlare quando è arrabbiato,* He has no control over his tongue when he's angry — *Devi importi una regola nello spendere,* You should set a limit on your spending — *stare ad una regola, (nel mangiare),* to be on a diet. **4** *(ordine religioso)* order; *(norme dell'ordine)* rule: *la regola domenicana,* the Dominican order; the monastic rule of St Dominic.

□ *per tua regola,* for your information — *per vostra norma e regola,* for your guidance and information — *in regola,* in order — *avere le carte in regola,* to have one's papers in order; to have a clear conscience — *essere in regola con i pagamenti,* to be up-to-date with one's payments — *essere in regola con qcno,* to be quits with sb — *fare le cose in regola,* to do things properly — *a regola d'arte,* perfectly; duly; in a workmanlike manner.

regolabile *agg (mecc.)* adjustable.

¹regolamentare *agg* regular; prescribed; regulation *(attrib.)*: *velocità regolamentare,* regulation speed.

²regolamentare *vt* to control (by regulations).

regolamento *sm* **1** regulation; *(di sodalizio, ecc.)* by-law: *regolamento esecutivo,* regulations *(pl.)*; orders *(pl.)* — *regolamento edilizio,* building code — *regolamento interno di una società,* articles *(pl.)* of association. **2** *(comm.)* settlement; balance: *regolamento dei conti,* settlement of accounts; *(fig.)* settling of old scores.

¹regolare *agg (che segue una regola)* regular; *(senza imperfezioni)* normal; *(uniforme, uguale)* even; normal: *tenere un passo regolare,* to keep an even pace. □ *essere regolare, (di persona)* to be punctual.

²regolare *vt* **1** *(ordinare, disciplinare)* to regulate; to adjust; to govern; *(per estensione: guidare)* to guide: *La domanda e l'offerta regolano il mercato,* The market is governed by (the law of) supply and demand — *regolare la propria condotta,* to govern one's conduct — *regolare la velocità (la temperatura),* to regulate (to adjust) the speed (the temperature). **2** *(limitare, ridurre)* to regulate; to turn up (*o* down); to control: *Bisogna regolare il termosifone: è troppo caldo,* We must regulate (*o* turn down) the radiator: it's too hot — *regolare le proprie spese,* to control one's expenses. **3** *(sistemare)* to settle: *In settimana voglio regolare la questione,* By the end of the week I want to settle the matter — *regolare i conti,* to settle accounts. **4** *(modificare, aggiustare)* to adjust; to square; to set*: *regolare un orologio,* to regulate a watch — *regolare le punterie,* to adjust (to set) the tappets. **5** *(sintonizzare)* to tune (in).

□ **regolarsi** *v. rifl* **1** *(agire, procedere)* to act; to do*; to behave oneself: *Vorrei almeno sapere come regolarmi,* I'd at least like to know how to act (*o* what to do) — *Regolati pure come hai sempre fatto finora,* Behave as you've behaved up to now; Act (*o* Do) as you always have — *Regolatevi!,* Behave yourself! **2** *(moderarsi, controllarsi)* to control oneself: *Devi regolarti nel bere,* You must keep an eye on how much you drink.

regolarità *sf* regularity: *con regolarità,* regularly — *prova di regolarità,* reliability trial.
regolarizzare *vt* to regularize; *(sistemare)* to settle.
regolarizzazione *sf* regularization; settlement.
regolarmente *avv* regularly.
regolatamente *avv* according to the rules; *(con moderazione)* moderately; *(debitamente)* duly.
regolatezza *sf* orderliness; moderation; sobriety.
regolato *agg* balanced; orderly; well-regulated; *(moderato)* moderate; *(mecc.: messo a punto)* adjusted; tuned.
[1]**regolatore** *sm (elettr.)* regulator; *(del tiraggio)* damper; *(di motori)* governor; *(di radio, ecc.)* control: *regolatore di tensione,* voltage regulator — *regolatore di giri,* (speed) governor — *regolatore automatico di frequenza,* automatic frequency control — *regolatore di tono (di volume),* tone (volume) control.
[2]**regolatore** *agg* regulating: *principio regolatore,* regulating principle — *piano regolatore di una città,* town-plan.
regolazione *sf* regulation; *(mecc.: messa a punto)* adjustment; tuning.
[1]**regolo** *sm (reuccio)* kinglet; kingling.
[2]**regolo** *sm (uccello)* goldcrest.
[3]**regolo** *sm* **1** *(strumento)* rule: *regolo calcolatore,* slide rule. **2** *(tipografia)* reglet. **3** *(scacchi)* file.
regredire *vi* to go* back; to recede; *(raro)* to regress.
regressione *sf* regression.
regressivamente *avv* regressively; in a backward direction.
regressivo *agg* regressive; retrograde; backward.
regresso *sm* **1** *(il regredire, soprattutto fig.; decadenza)* regression; decadence; decay: *essere in regresso,* to be decadent. **2** *(dir.)* recourse. **3** *(di un'elica)* slip. **4** *(di ferrovie)* switchback; back shunt. **5** *(in biologia)* throwback.
reietto *agg* rejected; castaway; *(ripudiato)* repudiated. □ *sm* outcast; castaway.
reiezione *sf* rejection.
reincarnare *vt* ⇨ **rincarnare.**
reincarnazione *sf* reincarnation; rebirth.
reingaggio *sm* renewal of contract.
reintegrare *vt* **1** *(far ritornare allo stato o condizione precedente: anche fig.)* to restore; to reinstate: *Cerco di reintegrare le mie energie,* I am trying to restore my strength — *Fu reintegrato nel suo ufficio,* He was reinstated in (*o* restored to) his office — *reintegrare il proprio patrimonio,* to restore one's fortune. **2** *(risarcire)* to indemnify; to refund: *essere reintegrato per i danni,* to be indemnified for the damage.
reintegrazione *sf* reinstatement; restoration; reestablishment.
reinvestitura *sf* ⇨ **rinvestitura.**
reità *sf* guiltiness; guilt.
reiterabile *agg* repeatable.
reiteramento *sm* reiteration; repetition.
reiterare *vt* to reiterate; to repeat.
reiteratamente *avv* repeatedly; *(molto meno comune)* reiteratedly; over and over again; again and again.
reiterazione *sf* reiteration; repetition.
relativamente *avv* **1** relatively; comparatively. **2** *(abbastanza)* fairly. □ *relativamente a..., (riguardo a)* as regards...; with regard (*o* reference) to...
relativismo *sm* relativism.
relativista *sm e f.* relativist.
relatività *sf* relativity *(anche in fis.)*; relativeness.
relativo *agg* **1** *(in relazione a qcsa, attinente)* relative; relevant; pertinent; *(gramm.)* relative: *I risultati sono relativi agli sforzi compiuti,* The results are relative to the effort put in — *Mi ha dato una risposta che non era relativa alla domanda,* He gave me an answer which wasn't pertinent (*o* relevant) to the question — *proposizione relativa,* relative clause — *pronome relativo,* relative pronoun. **2** *(non assoluto)* relative; comparative: *Tutto è relativo,* It all depends — *Ho avuto una tranquillità relativa,* I've been left in comparative tranquillity. **3** *(rispettivo)* respective: *Fa' un elenco dei collaboratori e dei loro relativi compiti,* Make a list of the members of the team and their respective tasks.
relatore *sm* **1** referee; rapporteur. **2** *(di comitato, ecc.)* chairman *(pl.* -men*)*. **3** *(portavoce)* spokesman *(pl.* -men*)*. **4** *(di un disegno di legge)* proposer (of a bill).
relazione *sf* **1** *(nesso logico tra due cose)* relation; connection (*o* connexion); relationship; correlation: *relazione di causa ed effetto,* relation (*o* relationship) between cause and effect — *Non vedo alcuna relazione tra questi due crimini,* I can't see any connection between these two crimes — *In relazione a quanto già detto...,* In relation to (With regard to) what has already been said... — *Tutte queste idee sono in relazione tra loro,* All these ideas are connected with each other — *Esiste una relazione costante tra buon governo e libertà,* There's a correlation between wise administration and freedom. **2** *(rapporto con altre persone)* relation; *(conoscenze)* acquaintance; connection; *(rapporto amoroso)* (love-) affair: *relazioni pubbliche (umane),* public (human) relations — *relazione diplomatiche,* diplomatic relations — *Esiste solo una relazione di datore di lavoro e dipendente,* There's just an employer-employee relation — *Stringe facilmente relazioni,* He strikes up an acquaintance with people very easily — *Suo fratello ha molte potenti relazioni,* His brother has many influential acquaintances — *una persona con molte relazioni influenti,* a well-connected person — *La loro relazione è finita,* Their (love-)affair has been broken off — *essere in buone (cattive) relazioni con qcno,* to be on good (bad) terms with sb. **3** *(contatto, collegamento)* contact; touch: *Cercherò di entrare in relazione con lui tramite un mio amico,* I'll try to get in touch with him (to contact him) through a friend of mine. **4** *(rapporto orale o scritto)* report; account: *Vorrei una relazione del tuo viaggio per il giornale,* I'd like to have a report on (an account of) your journey for the paper — *La relazione del delegato fu brevissima,* The delegate's report was very short — *Può farmi una relazione dettagliata delle spese?,* Can you give me a detailed account of all expenses?
relegare *vt* to relegate; to confine; *(bandire)* to banish.
relegazione *sf* relegation; confinement; banishment.
religione *sf* **1** religion: *la religione cattolica (ortodossa),* the Catholic (Orthodox) religion — *la religione di Stato,* the State (the established) religion — *una guerra di religione,* a religious war; a war of religion — *abiurare una religione,* to abjure a religion — *convertirsi alla religione musulmana,* to become a Muslim — *A trent'anni entrò nella religione,* When he was thirty years old he entered a religious order (he took his vows). **2** *(venerazione, culto devoto)* worship; cult: *la religione dell'arte (della patria),* the worship of art (of one's country) — *la religione delle tombe,* grave worship — *Non ha altra religione che il denaro,* Money is his only god. **3** *(esattezza, cosa scrupolosa)* religious (*o* scrupulous) care; earnestness: *I pezzi*

vanno trattati con religione, The pieces must be treated with scrupulous care. □ *Non c'è più religione!,* No one has any sense of values left!

religiosità *sf* religiousness; devoutness.

religioso *agg* **1** *(sacro, devoto)* religious; devout; pious: *contrarre matrimonio religioso,* to marry in church — *insegnamento religioso,* religious education — *un uomo religioso,* a pious (*o* devout) man. **2** *(scrupoloso)* religious; scrupulous; *(riverente)* reverent: *L'ho corretto con religiosa esattezza,* I've corrected it with scrupulous accuracy — *Lo ascoltarono in religioso silenzio,* They listened to him in reverent silence.
□ *sm* religious; *(monaco)* monk; *(frate)* friar.

reliquia *sf* relic *(anche fig.)*.

reliquiario *sm* reliquary.

relitto *sm* wreck *(anche fig.)*; wreckage: *un relitto della società,* an outcast of society.

remare *vi* to row: *remare con la pagaia,* to paddle.

remata *sf* row; *(colpo di remo)* stroke.

rematore *sm* rower; oarsman *(pl. -men)*; oar.

rematrice *sf* rower; oarswoman *(pl. -women)*.

reminiscenza *sf* reminiscence; (vague) memory.

remissibile *agg* pardonable.

remissione *sf* **1** remission *(anche riferito a chi sconta una pena)*: *la remissione dei peccati,* the remission of sins — *la remissione di un debito,* the remission of a debt. **2** *(salvezza, scampo, anche scherz.)* remedy; way out; escape: *Non ci fu remissione, volle raccontarmi tutto,* There was no getting out of it, he wanted to tell me everything — *senza remissione,* unremittingly; without mercy. **3** *(sottomissione)* submission; submissiveness. **4** *(di una malattia)* remission; abatement.

remissività *sf* submissiveness.

remissivo *agg* submissive; yielding; meek; docile.

remo *sm* oar; *(pagaia)* paddle: *remo corto,* scull — *remo lungo,* sweep — *un colpo di remo,* a stroke — *una barca a remi,* a rowing-boat. □ *condannare qcno al remo, (stor.)* to condemn sb to the galleys — *ritirare i remi in barca, (fig.)* to draw in one's horns.

[1]**remora** *sf* **1** *(lett.)* hindrance; obstacle; impediment. **2** *(naut.)* eddy water.

[2]**remora** *sf (pesce)* sucking-fish; remora.

remoto *agg* remote; far off (*o* away); *(fuorivia)* secluded; out-of-the-way. □ *passato remoto, (gramm.)* past (*o* preterite) tense.

rena *sf (sabbia)* sand: *fabbricare sulla rena, (fig.)* to build on sand.

renale *agg* renal; kidney *(attrib.)*; of the kidneys: *una malattia renale,* a kidney disease — *infiammazione renale,* inflammation of the kidneys.

rendere *vt e i.* **1** *(restituire)* to give* (sth) back; to return; to restore; *(dare in cambio)* to return; to give*; to repay; to return: *Puoi rendermi quel libro?,* Can you give me that book back? — *Gli hanno reso tutti i soldi che gli dovevano,* They gave him back all the money they owed him — *'Rendetemi il mio ragazzo', implorava la madre del rapito,* 'Give me my boy back', the kidnapped child's mother implored — *Sarà presto resa loro la libertà,* They will soon be restored to liberty; They will soon be freed (*o* set free) — *Vuoto a rendere, (sulle etichette)* Please return empties — *Spero di poterti rendere tutte le tue cortesie,* I hope to have a chance to repay you for all your kindness — *Non mi ha neanche reso il saluto!,* He didn't even return (o acknowledge) my greeting! — *Quando renderanno la visita?,* When will they pay a return visit? — *rendere pan per focaccia,* to give tit for tat.
2 *(dare)* to give*; to render; to pay: *rendere una testimonianza,* to give evidence; to bear witness — *rendere omaggio a qcno,* to render homage to sb — *rendere gli estremi onori a qcno,* to pay the last honours to sb — *rendere un servizio a qcno,* to do sb a favour; to render sb a service — *rendere grazie,* to give thanks — *rendere conto di qcsa,* to give accounts (*o* an account) of sth; to account for sth.
3 *(fruttare, produrre, usato anche in senso assoluto)* to return; to produce; to yield; to bear*: *Le loro risaie rendono ben poco,* Their rice-fields do not produce (*o* yield) very much; Their rice-fields give a low return (a poor yield) — *Ho fatto un investimento che dovrebbe rendere milioni,* I've made an investment which ought to yield millions — *un investimento che rende,* a profitable investment — *un'impresa che non rende,* an unprofitable business — *obbligazioni che rendono il 6,5%,* banks yielding (*o* bearing) 6.5% interest (*si legge:* 'six point five per cent') — *Fatto così rende molto di più,* Done that way it gives a lot more.
4 *(raffigurare)* to render; to reproduce; to express; *(tradurre)* to render; to translate: *L'attore principale ha reso magnificamente quel tipo di nevrotico,* The leading actor gave a magnificent rendering of that type of neurotic personality — *Il ritrattista non è riuscito a rendere l'espressione dei tuoi occhi,* The artist hasn't succeeded in rendering the expression of your eyes — *Non so se rendo l'idea,* I don't know if I'm making myself clear — *Rende abbastanza l'idea, no?,* It gives a good enough idea, doesn't it? — *rendere un'immagine,* to reproduce (to represent) an image — *Resero perfettamente il suo pensiero,* They expressed (They conveyed) his thought perfectly — *rendere un brano in inglese,* to translate a passage into English.
5 *(far diventare)* to make*; to render: *Ha trovato l'uomo che la può rendere felice,* She has found the man who can make her happy — *La solitudine lo ha reso intrattabile,* Loneliness has made him difficult to get on with — *Questa incertezza mi sta rendendo nervoso,* This uncertainty is making me irritable — *rendere pubblico qcsa,* to make sth public.
□ *rendere la parola a qcno,* to release sb from a promise — *Dio ve ne renda merito!,* God bless you (for it)! — *A buon rendere!,* My turn next time! — *rendere le armi,* to lay down one's arms; to surrender — *rendere l'anima a Dio* ⇨ **anima.**
□ **rendersi** *v. rifl* **1** *(farsi, ridursi)* to become*; to make* oneself; to get*: *rendersi necessario,* to become necessary — *rendersi utile (indispensabile),* to make oneself useful (indispensable) — *Si è reso molto utile,* He has made himself very useful — *Ti stai rendendo ridicolo,* You're making yourself ridiculous — *rendersi conto di qcsa, (capire)* to realize sth; *(spiegarsi)* to explain — *rendersi prigioniero,* to give oneself up.
2 *(recarsi in un certo luogo)* to go*; to proceed *(più formale)*: *Ci rendemmo tutti all'aeroporto per riceverli,* We all went to the airport to welcome them.
3 *(lett. = arrendersi)* ⇨ **arrendersi.**

rendiconto *sm* **1** *(comm.)* account; statement of account. **2** *(resoconto di una relazione, ecc.)* report (of proceedings); minutes *(pl.)*; notes *(pl.)*; memoranda *(pl.)*.

rendimento *sm* **1** *(raro: il rendere)* rendering: *rendimento di grazie,* thanksgiving. **2** *(capacità produttiva)* yield; production; output; *(di motore, ecc.)* efficiency: *rendimento orario,* output per hour — *il rendimento di un'azienda,* the performance of a firm — *massimo rendimento,* peak efficiency — *ren-*

dimento effettivo, rating performance — *rendimento globale,* overall efficiency. □ *lavorare a pieno rendimento,* to work at full steam; to work all out.

rendita *sf (privata)* income; *(dello Stato)* revenue: *vivere di rendita,* to have private means — *rendita nominativa,* registered stock — *rendita vitalizia,* life annuity.

rene *sm* kidney.

renella *sf (med.)* gravel.

renetta *sf (mela)* rennet.

reni *sf pl* loins; *(schiena)* back: *mal di reni,* backache.

reniforme *agg* kidney-shaped; *(solo med.)* reniform.

renitente *agg* unwilling; reluctant; disinclined. □ *essere renitente alla leva,* to fail to register for military service.

renitenza *sf* reluctance. □ *renitenza alla leva,* absenteeism; failure to report for compulsory military service.

renna *sf* reindeer *(pl. invariato); (pelle)* buckskin.

reo *agg* guilty; *(lett.: cattivo)* wicked; evil.
□ *sm* offender; culprit: *reo confesso,* confessed criminal.

reostato *sm* rheostat.

reparto *sm* **1** *(suddivisione di un vasto complesso)* department; division; section; *(di officina)* bay; shop: *il reparto commerciale,* the sales department. **2** *(mil.)* unit; detachment; party: *un reparto d'artiglieria,* an artillery unit.

repellente *agg* repellent; repulsive; repugnant.

repentaglio *sm* danger; hazard; jeopardy: *mettere a repentaglio,* to jeopardize; to risk.

repente *agg* sudden.

repentino *agg* sudden; unexpected: *un repentino cambiamento d'umore,* a sudden change of mood — *La sua reazione fu repentina,* Her reaction was unexpected.

reperibile *agg* able to be found; traceable; *(disponibile)* available. □ *Sei reperibile in questi giorni?,* Can I get hold of you in the next few days? — *Dove sei reperibile?,* Where can I get hold of you?

reperibilità *sf* traceability; availability.

reperire *vt* to find*; to trace.

reperto *sm* finding; *(referto medico)* medical report.

repertorio *sm* inventory; index *(pl.* indexes, indices*)*; list; catalogue; *(teatro)* repertoire; repertory.

replica *sf* **1** *(ripetizione)* repetition. **2** *(obiezione)* objection; *(dir.)* rebuttal. **3** *(copia di un'opera d'arte)* replica; duplicate. **4** *(a teatro)* repeat performance: *avere molte repliche,* to have a long run.

replicabile *agg* repeatable.

replicare *vt* **1** *(ripetere nuovamente qcsa)* to repeat; *(fare)* to do* (sth) over again; *(dire)* to say* (sth) over again. **2** *(rispondere)* to answer; to reply; *(per estensione: obiettare)* to object; to retort.

replicativo *agg* repetitive; reiterative.

reprensione *sf* ⇨ **riprensione.**

repressione *sf* repression; repressing.

repressivamente *avv* repressively.

repressivo *agg* repressive.

represso *agg* repressed; subdued.

repressore *agg* repressive.

reprimere *vt* to repress; to restrain; *(una ribellione)* to suppress; to quell; to put* down; to crush: *Cercarono di reprimere il loro sdegno,* They tried to repress their indignation.
□ **reprimersi** *v. rifl (trattenersi, dominarsi)* to restrain oneself; to check oneself; to control oneself.

reprobo *agg* reprobate; wicked; evil.

repubblica *sf* **1** republic: *reggersi a repubblica,* to have a republican government — *la Repubblica Inglese,* the Commonwealth *(1649-1660)* — *la repubblica letteraria,* the literary world; the republic of letters. **2** *(fam.: disordine)* disorder; confusion; mess.

repubblicano *agg e sm* republican.

repudiare *vt* ⇨ **ripudiare.**

repugnare *vi* ⇨ **ripugnare.**

repulisti *sm (nella locuzione) fare un repulisti,* to make a clean sweep.

repulsione *sf* ⇨ **ripulsione.**

reputare *vt (considerare, ritenere, stimare)* to consider; to deem; to repute; to think*; to judge: *Lo reputavo mio dovere,* I deemed it my duty — *Reputo che sappia come comportarsi,* I think she knows how to behave — *Non lo reputo capace di farlo,* I don't consider (*o* judge) him capable of doing it — *È reputato un ottimo pianista,* He's reputed to be an excellent pianist — *Personalmente non li reputo un granché,* Personally I don't have a very high opinion (I don't think much) of them.
□ **reputarsi** *v. rifl (considerarsi, giudicarsi)* to consider oneself: *Si reputavano troppo furbi,* They considered themselves too clever *(fam.* too clever by half); They had too high an opinion of themselves.

reputazione *sf* ⇨ **riputazione.**

requie *sf (riposo, pace)* rest; peace; *(per estensione: eterno riposo)* eternal rest: *Ho bisogno di un po' di requie,* I need some rest — *non avere (non dare) requie,* to have (to give) no peace. □ *senza requie,* incessantly; unceasingly.

requiem *sm (preghiera)* prayer for the dead; *(messa da requiem)* requiem mass.

requisire *vt* to commandeer; to requisition.

requisito *sm (qualità richiesta per qcsa)* requisite; requirement; qualification: *Il requisito principale è la discrezione,* The first requisite is discretion — *i requisiti per l'ammissione,* the requirements for entrance; entrance requirements — *So di avere i requisiti necessari per quel lavoro,* I know I have the necessary qualifications for that job.

requisitoria *sf (dir.)* final speech for the prosecution; *(fig.: sfuriata)* tirade.

requisizione *sf* commandeering; requisition.

resa *sf* **1** *(l'arrendersi)* surrender: *resa incondizionata,* unconditional surrender — *intimare la resa,* to order (sb) to surrender. **2** *(rendimento)* yield; profit: *Questo materiale è più conveniente perché ha una resa maggiore,* This material is more economical because it gives a better yield — *la resa in peso,* the yield by weight. **3** *(il rendere)* return; restitution; *(comm.)* rendering: *la resa dei giornali invenduti,* the return of unsold newspapers — *la resa dei conti, (comm.)* the rendering (the settling) of accounts — *Non dubitare, verrà presto la resa dei conti, (fig.)* It won't be long before the score is settled; you can be certain of that.

rescindere *vt* to cancel; to annul; to rescind: *rescindere un contratto,* to cancel (to rescind) a contract.

rescindibile *agg* rescindable.

rescissione *sf* rescission; cancellation; annulment.

resecare *vt* to cut* off; to cut* away; *(chirurgia)* to resect.

reseda *sf* mignonette.

resezione *sf* resection.

residente *agg* resident; residing. □ *sm* resident.

residenza *sf* **1** *(soggiorno)* stay. **2** *(luogo dove si abita)* residence; abode *(formale, burocratico)*; *(dimora ufficiale di un ambasciatore, ecc.)* residency: *luogo di residenza,* place of abode — *cambiamento di residenza,* change of abode; change of address —

Fissai la mia residenza all'estero, I took up residence abroad — *'... con obbligo di residenza',* '... residence is required'. **3** *(edificio)* dwelling; residence.

residenziale *agg* residential.

residuato *agg* residual; remaining.
□ *sm* residue; surplus: *residuato bellico,* war surplus.

residuo *agg* residual; remaining; left over.
□ *sm* **1** residue; remainder. **2** *(chim.)* residue. **3** *(matematica)* remainder. □ *residui di merci invendute,* leftover stock *(sing.)* — *residui di scarto,* tailings *(pl.)* — *residuo attivo,* residual asset — *residui della combustione,* combustion products.

resiliente *agg* resilient.

resilienza *sf* resilience; resiliency; toughness: *prova di resilienza,* impact test.

resina *sf* resin: *colla di resina,* resin size.

resinoso *agg* resinous.

resipiscente *agg* repentant; contrite.

resipiscenza *sf* repentance; acknowledgement of error.

resistente *agg* **1** resisting; resistant; *(nei composti)* -proof: *resistente all'acqua (al fuoco)* waterproof (fireproof) — *un uomo resistente alla fatica,* a man who can endure fatigue. **2** *(forte)* strong; tough; *(di colore)* fast; *(di una struttura)* stout; tough.

resistenza *sf* **1** *(movimento o sforzo di opposizione)* resistance *(anche fig.)*; *(forza di sopportazione)* endurance; toughness: *Carlo ha una notevole resistenza alla fatica,* Carlo has a remarkable resistance to fatigue — *resistenza al dolore,* endurance of pain — *Opposero una resistenza passiva,* They put up a passive resistance — *Vinsero la resistenza del nemico,* They broke down the enemy's resistance — *potere di resistenza,* power of endurance — *prova di resistenza,* endurance test — *essere alla fine della propria resistenza,* to be at the end of one's endurance. **2** *(fis., ecc.)* resistance; strength; *(di apparecchio elettrico)* resistance(-coil); resister: *resistenza di attrito,* frictional resistance — *resistenza elastica,* elastic strength — *la resistenza dell'aria (dell'acqua) ad un corpo,* the resistance of the air (of water) to a body — *resistenza all'urto,* impact strength; shock resistance — *resistenza aerodinamica,* drag — *coefficiente di resistenza,* drag coefficient. **3** *(movimento politico)* resistance movement; underground; *(in Francia, durante la 2ª guerra mondiale)* maquis.

resistere *vi* **1** *(opporsi a qcno o qcsa)* to resist; to withstand*; *(ostinatamente)* to hold* out; *(sopportare)* to endure; to put* up with; to stand* (up to): *Non so resistere a questa tentazione!,* I can't resist this temptation! — *Non credo possa resistere ad un altro attacco di cuore,* I don't think he can withstand (he can stand up to) another heart-attack — *Ho dovuto togliermi le lenti a contatto: non le resistevo più,* I had to take my contact lenses out: I couldn't stand them any more — *La città assediata resistette per mesi,* The besieged town held out for months — *resistere alla prova,* to stand the test — *resistere alla sfortuna,* to endure misfortune. **2** *(durare senza subire danni)* to be* proof against; to be* resistant to: *resistere al calore,* to be heat-resistant (heatproof) — *resistere al fuoco,* to be fireproof.

resoconto *sm* report; *(meno formale)* account; statement.

respingente *agg* repellent; repulsive; repugnant.
□ *sm* buffer; bumper *(USA)*.

respingere *vt* **1** *(rimandare indietro, anche fig.)* to repel; to drive* back; to push back; to repulse: *Respinsero gli aggressori,* They drove back the assailants. **2** *(rifiutare)* to reject; to refuse; to decline; *(un'accusa)* to deny; *(una lettera)* to send* back unopened; to return to (the) sender: *Respinse la proposta,* He rejected the proposal. **3** *(bocciare qcno a un esame)* to fail; to reject; *(GB, anche)* to plough: *respingere un candidato a un esame,* to fail a candidate in an examination — *essere respinto in qcsa,* to fail in sth. **4** *(fis.)* to repel.
□ **respingersi** *v. reciproco* to repel each other.

respinto *agg* rejected; *(in un esame)* rejected; *(GB, anche)* ploughed.

respirabile *agg* breathable; respirable.

respirabilità *sf* respirability.

respirare *vi* **1** to breathe *(anche fig.)*; *(per estensione: vivere)* to be* breathing (*o* alive): *Adesso che posso di nuovo respirare, sono molto più tranquillo,* Now I can breathe again, I'm quite reassured — *Volevo essere sicuro che respirasse ancora,* I wanted to be sure that he was still alive. **2** *(riprender fiato)* to get* one's breath: *Lasciatemi respirare; ho corso fin qui!,* Let me get my breath back; I've run all the way here!
□ *vt* to breathe: *respirare aria buona,* to breathe fresh air.

respiratore *sm* respirator; *(aeronautica)* oxygen breathing set; *(del subacqueo)* breathing apparatus.

respiratorio *agg* respiratory.

respirazione *sf* breathing; *(med.)* respiration: *respirazione artificiale,* artificial respiration — *respirazione bocca a bocca,* mouth-to-mouth respiration — *difficoltà di respirazione,* difficulty in breathing; *(sotto sforzo, p.es. di atleta)* shortness of breath.

respiro *sm* **1** *(atto del respirare)* breathing; breath; *(talvolta: sospiro)* sigh: *Udimmo il suo respiro,* We could hear him breathing — *trattenere il respiro,* to hold one's breath — *tirare un profondo respiro,* to take a deep breath — *tirare un respiro di sollievo,* to heave a sigh of relief — *avere il respiro corto,* to be short of breath — *mandare l'ultimo respiro,* to breathe one's last. **2** *(fig.: sollievo, pausa)* rest; respite; breath; *(dilazione di un pagamento)* respite; delay: *un attimo di respiro,* a moment's rest — *lavorare senza respiro,* to work without stopping. **3** *(mus.)* rest; breathing space; pause for breath. □ *di ampio respiro,* far-reaching.

responsabile *agg* responsible; liable; answerable: *Non sono responsabile di ciò,* I'm not responsible for that — *Mi ritengo responsabile io per ciò che avverrà,* I'll answer for what happens — *non essere responsabile delle proprie azioni,* not to be responsible for one's actions.
□ *sm* person responsible; *(capo)* person in charge.

responsabilità *sf* **1** *(in generale)* responsibility: *sotto la mia responsabilità,* on my own responsibility — *La responsabilità è tutta vostra,* The responsibility rests entirely with you — *Gli attribuirono la responsabilità di ciò che era avvenuto,* They held him responsible for what happened. **2** *(dir.)* liability: *responsabilità civile,* civil liability; liability in tort — *società a responsabilità limitata,* limited-liability company.

responsabilmente *avv* responsibly; in a responsible manner.

responso *sm* **1** *(di oracolo)* response. **2** *(iron.: risposta solenne)* reply; opinion; answer.

ressa *sf* crowd; throng; crush: *far ressa intorno a qcno,* to crowd (to throng) round sb.

[1]**resta** *sf (lisca di pesce)* fish-bone.

[2]**resta** *sf (filza di cipolle, agli, ecc.)* string.

[3]**resta** *sf (stor.)* rest: *con la lancia in resta,* with lance in rest.

restante *agg* remaining; left over. □ *sm* remainder; rest.

restare *vi* ⇨ **rimanere.**

restaurabile *agg* restorable.

restaurare *vt* to restore *(vari sensi).*

restauratore *sm* restorer.

restaurazione *sf* restoration.

restauro *sm* restoration: *chiuso per restauri,* closed for repairs — *in restauro,* under repair.

restio *agg* **1** *(di animale)* jibbing; restive. **2** *(di persona: riluttante, contrario a far qcsa)* reluctant; unwilling; loath; averse: *Sembra restio a venire con noi,* He seems reluctant to come with us — *Sono sempre restio a prendere le cose in prestito,* I'm always unwilling to borrow things.

restituibile *agg* returnable.

restituire *vt* **1** *(rendere)* to return; to give* (to hand) back; to restore; to repay*; *(contraccambiare)* to return: *Ricordami di restituirti l'accendino,* Remind me to give you back your lighter — *Ti restituirò i soldi alla fine del mese,* I'll pay you back at the end of the month — *Hanno promesso di restituire la visita,* They promised to return the visit — *restituire a qcno la parola,* to release sb from a promise. **2** *(lett.: rimettere nello stato, nel posto di prima; richiamare, reintegrare)* to restore; to reinstate: *Dopo lo scandalo, non poterono restituirlo al suo grado,* After the scandal, they couldn't restore him to his rank — *restituire qcno alla vita,* to restore sb to life.

restitutore *sm (fotografia)* plotting instrument.

restituzione *sf* restitution; return; *(rimborso)* repayment; paying back.

resto *sm* **1** *(quel che segue, quel che manca a completare qcsa)* remainder; rest: *Se vuoi sapere il resto, torna fra poco,* If you want to know the rest, come back a little later — *Mentre mi interrogava il resto della classe faceva baccano,* While he was testing me, the remainder of the class was kicking up a row — *Sta' tranquillo, il resto lo farò io,* Don't worry, I'll do the rest myself — *L'inizio era buono, ma tutto il resto non valeva niente,* The beginning was good, but everything else was hopeless. **2** *(saldo)* balance: *Può pagare il resto a rate,* You can pay the balance by instalments. **3** *(denaro)* change; *Sto aspettando il resto,* I'm waiting for my change — *Lascia il resto di mancia,* Leave the change as a tip — *Mi spiace, non ho il resto,* Sorry, I've no change — *Ebbe il suo resto,* He got what he deserved. **4** *(in matematica)* remainder: *il resto di una divisione,* the remainder of a division. **5** *(al pl.: ciò che rimane di cose antiche)* remains; *(ruderi)* ruins; *(avanzi)* remnants: *i resti di Babilonia,* the remains (the ruins) of Babylon — *i resti mortali,* the mortal remains — *i resti di un pasto,* the remains of a meal; leftovers *(fam.)* — *Conservano solo i resti della loro antica ricchezza,* They have only a remnant of their former wealth. □ **del resto,** moreover; besides; *(d'altra parte)* on the other hand.

restringente *agg* astringent. □ *sm (med.)* astringent.

restringere *vt* **1** *(stringere, comprimere)* to tighten; to narrow; to squeeze; *(contrarre)* to contract; to shrink*; *(di abiti)* to tighten; to take* in: *Il lavaggio ha ristretto il mio golf,* My pullover has shrunk in the wash — *Sei capace a restringermi la gonna in vita?,* Can you take in my skirt at the waist? **2** *(contenere, limitare)* to limit; to cut* down; to reduce; to restrict; to shorten: *Dovette restringere il discorso per stare nel tempo dato,* He had to reduce (to shorten) his speech to keep within the time limit — *È necessario restringere le spese,* We must cut down expenses. **3** *(fam.: astringere)* to be* astringent; *(costipare)* to be* constipating: *Il limone restringe,* Lemons are astringent.

□ **restringersi** *v. rifl* **1** *(stringersi diminuendo)* to tighten; to narrow; to get* narrower; *(contrarsi)* to contract; *(farsi stretti per tenere meno posto)* to close (to squeeze) up; to draw* nearer (together): *Il fiume si restringe dopo un'ansa,* The river gets narrower after a bend — *Molti corpi si restringono con il freddo,* Many bodies contract because of the cold — *Potete restringervi a tavola? Sta arrivando anche Anna,* Can you sit closer together? (Can you squeeze up a bit?) Anna is coming too. **2** *(ritirarsi, di tessuti)* to shrink*: *Peccato che questo pullover si sia ristretto tanto,* It's a pity that this pullover has shrunk so much. **3** *(limitarsi, contenersi)* to limit oneself; to restrain oneself: *Devi fare meno regali se vuoi restringerti nelle spese,* You shouldn't give so many presents if you want to limit (to cut down) your expenses.

restringimento *sm* **1** tightening; narrowing; *(contrazione)* contraction. **2** *(di tessuto)* shrinking; shrinkage. **3** *(med.)* stricture; stenosis.

restrittivamente *avv* restrictively.

restrittivo *agg* restrictive.

restrizione *sf* restriction: *restrizioni sul commercio estero,* restrictions on foreign trade — *senza restrizioni,* unreservedly — *restrizione mentale,* mental reservations.

retaggio *sm* heritage *(anche fig.).*

retata *sf* netful; haul; *(fig.)* round-up: *una bella retata di pesci,* a good haul of fish — *una retata di contrabbandieri,* a round-up of smugglers.

rete *sf* **1** *(aggeggio per prendere pesci, ecc.)* net; *(fig.: agguato, insidia)* snare; net; trap: *rete da pesca,* fishing-net — *gettare (tirare) la rete,* to cast (to haul in) the nets — *rete a strascico,* trawl(-net) — *rete da paretaio,* bird-catching net — *rete per farfalle,* butterfly net — *tendere la rete a qcno,* to set a snare (a trap) for sb — *prendere qcno nella rete,* to catch sb in the net — *cascare nella rete,* to fall into the trap — *essere preso nella propria rete,* to be caught in one's own trap; to be hoist with one's own petard. **2** *(vari tipi di oggetti o strumenti a maglie) rete del letto,* bedspring — *rete metallica,* wire-netting — *rete per la spesa,* string-bag — *rete per i capelli,* hair-net — *rete parasiluri,* (anti) torpedo-net — *rete della bicicletta,* dress-guard — *rete per i bagagli,* luggage-rack — *calze (di nylon) a rete,* mesh nylons. **3** *(insieme di linee che si intersecano)* network; grid; system; *(anche fig.: complesso sistema con punti di riferimento)* system: *una rete di spie (di informazioni),* a spy (an information) network — *una rete autostradale (ferroviaria),* a motorway (railway) network — *la rete dei meridiani e dei paralleli,* the grid of meridians and parallels — *la rete telefonica,* the telephone network (*o* system) — *rete di distribuzione,* distribution network — *rete commerciale,* sales network — *rete di tubazioni,* piping system — *rete di antenne radio,* aerial array. **4** *(al calcio: porta)* net; *(tennis)* (tennis-)net: *tirare in rete,* to shoot into the net — *scendere a rete, (tennis)* to come up to the net. **5** *(al calcio: gol)* goal: *segnare una rete,* to score a goal. **6** *(omento)* omentum *(pl.* omenta*).*

reticella *sf* **1** *(per capelli)* snood. **2** *(chim.)* wire gauze.

reticente *agg* reticent.

reticenza *sf* reticence: *parlare senza reticenza,* to speak one's mind; to speak out.

[1]**reticolare** *vt* to reticulate.

[2]**reticolare** *agg* reticulated; net-like.

reticolato *agg* reticulated; net-like.
□ *sm* **1** *(disegno a forma di rete)* grid; *(rete metallica)* wire-netting. **2** *(mil.)* barbed wire entanglement.

reticolo *sm* **1** grid; network. **2** *(ottica)* reticle; grating. **3** *(anat.)* reticulum *(pl.* reticula*).* **4** *(fis., chim.)* lattice.

retina *sf* retina *(pl.* retinae, retinas*).*

retina *sf (per i capelli)* hair-net.

retore *sm* rhetorician *(anche fig., spreg.).*

retorica *sf* rhetoric.

retoricamente *avv* rhetorically.

retorico *agg* rhetorical: *domanda retorica,* rhetorical question.

retrattile *agg* retractile; retractable.

retribuire *vt (pagare, compensare)* to pay*; to repay*; to recompense; to reward; to remunerate: *Non siamo ben retribuiti per ciò che facciamo,* We are not well paid for what we do — *Sarete retribuiti secondo i vostri meriti,* You'll be rewarded (*o* recompensed) according to your merits.

retribuzione *sf (compenso per un lavoro svolto, paga)* pay; remuneration; *(per estensione: premio)* reward; recompense.

retrivamente *avv* in a backward (*o* reactionary) manner.

retrivo *agg* **1** backward. **2** *(reazionario)* reactionary.

retro *avv* behind: *Vedi retro,* Please turn over (*o* see overleaf).
□ *sm* back: *sul retro,* on the back; *(di pagina)* overleaf.

retroattivamente *avv* retroactively; retrospectively.

retroattività *sf* retroactivity.

retroattivo *agg* retroactive; *(spec. di legislazione)* retrospective.

retroazione *sf* retroaction.

retrobottega *sf* back-room.

retrocarica *sf* breech-loading: *fucile a retrocarica,* breech-loader.

retrocedere *vi (indietreggiare, anche fig.)* to go* back; to withdraw*; to retreat: *Dovettero retrocedere per non essere accerchiati,* They had to withdraw (to retreat) so as not to be surrounded.
□ *vt (di grado)* to demote; to degrade; *(naut.)* to disrate; *(sport)* to relegate.

retrocedimento *sm* retrocession.

retrocessione *sf* **1** retrocession. **2** *(mil.)* degradation; demotion.

retrocucina *sf* back-kitchen; scullery.

retrodatare *vt* to back-date; to antedate.

retrodatato *agg* back-dated; antedated.

retrogradare *vi* to retrograde.

retrogradazione *sf* retrogradation.

retrogrado *agg* **1** *(che va all'indietro)* retrograde; backward: *moto retrogrado,* retrograde (*o* backward) motion. **2** *(fig.: ostile al progresso)* opposed to change; conservative; *(reazionario in politica)* reactionary; ultra-conversative: *È di idee retrograde,* His ideas are out of date.
□ *sm* reactionary.

retrogressione *sf* regression.

retroguardia *sf* rearguard; *(calcio)* defence: *stare alla retroguardia* to be in the rear; *(fig.)* to hang back.

retromarcia *sf* reverse motion; *(di autoveicolo)* reverse gear; reverse: *andare in retromarcia,* to reverse — *innestare la retromarcia,* to go into reverse.

retroscena *sm* **1** *(teatro)* back-stage: *rimanere nel retroscena, (fig.)* to keep behind the scenes. **2** *(fig.)* intrigue; plot.

retrospettivamente *avv* retrospectively.

retrospettivo *agg* retrospective: *(mostra) retrospettiva,* retrospective exhibition.
□ *sm (in cinematografia)* flashback; cutback.

retrostante *agg* lying behind; at the back.

retroterra *sm* hinterland.

retroversione *sf* **1** retroversion. **2** *(traduzione)* back version.

retrovia *sf (spec. al pl.)* rear; area behind the front: *essere inviato alle retrovie,* to be sent to the rear.

retrovisivo *agg* reflecting what is behind.

retrovisore *sm* rear mirror.

[1]**retta** *sf (geometria)* straight line.

[2]**retta** *sf (solo nella locuzione) dar retta a,* to pay attention to; to listen to; to heed: *Vedo che non mi date retta,* I can see that you are not paying any attention to me — *Da' retta a ciò che ti dico,* Take some notice of what I say.

[3]**retta** *sf (pl.)* terms; charge.

rettale *agg* rectal.

rettamente *avv* **1** *(in modo corretto, giusto)* correctly; rightly. **2** *(in modo onesto)* honestly.

rettangolare *agg* rectangular.

rettangolo *agg* right-angled. □ *sm* rectangle.

rettifica *sf* **1** *(anche fig.)* rectification; correction: *una rettifica dei confini,* a rectification of the boundaries — *Pubblicheranno una rettifica,* They'll publish a corrected version. **2** *(rifinitura)* grinding.

rettificare *vt* **1** *(raddrizzare)* to straighten; *(fig.: modificare correggendo)* to rectify; to correct; to amend: *Cercherò di rettificare quanto ho detto ieri,* I'll try to correct what I said yesterday. **2** *(mecc.)* to grind*; to reface. **3** *(geometria, chim., elettr.)* to rectify.

rettificato *agg* **1** *(corretto)* corrected; rectified. **2** *(chim.)* purified; rectified *(anche elettr.).* **3** *(mecc.)* ground; refaced.

rettificatore *sm* **1** *(mecc.)* grinder. **2** *(radio)* rectifier; detector.

rettificatrice *sf* grinder; grinding-machine.

rettificazione *sf (il rettificare)* rectification *(anche chim., elettr.); (radio)* detection.

rettifilo *sm* straight stretch.

rettile *agg* reptile; reptilian.
□ *sm* reptile; snake *(anche fig.).*

rettilineo *agg* **1** rectilinear. **2** *(retto, onesto)* upright.
□ *sm* straight: *rettilineo d'arrivo,* finishing straight.

rettitudine *sf* rectitude; integrity; uprightness.

retto *agg* **1** *(diritto)* straight; *(in geometria)* right: *linea retta,* straight line — *angolo retto,* right angle. **2** *(fig.: onesto)* upright; honest; straightforward: *Puoi fidarti, è una persona retta,* You can trust him, he is an honest person. **3** *(corretto, esatto)* right; correct; exact: *Questo è l'uso retto della parola,* This is the right use of the word.
□ *sm* **1** *(ciò che è giusto)* right. **2** *(parte anteriore di un foglio)* recto. **3** *(parte dell'intestino)* rectum *(pl.* rectums, recta*).*

rettorato *sm* **1** *(religione)* rectorate. **2** *(di università)* chancellorship; *(talvolta)* rectorship.

rettore *sm* **1** *(religione)* rector. **2** *(di università)* chancellor; *(talvolta)* rector.

rettorica, rettoricamente, rettorico ⇨ **retorica** *e derivati.*

reuma *sm* rheumatism.

reumatico *agg* rheumatic: *dolori reumatici,*

rheumatic pains; *(fam.)* rheumatics — *febbre reumatica,* rheumatic fever.
reumatismo *sm* rheumatism: *avere i reumatismi,* to have rheumatics *(fam.).*
reumatizzarsi *v. rifl* to get* rheumatism.
reumatizzato *agg* affected with rheumatism.
reverendo *agg* reverend *(abbr.* Rev.*): il molto reverendo...,* the Very (the Right, the Most) Reverend...
□ *sm* reverend; *(come appellativo)* Father.
reverenziale *agg* reverential.
reversibile *agg* reversible.
reversibilità *sf* reversibility: *reversibilità dello sterzo,* caster action.
reversione *sf* reversion.
revisionare *vt* **1** to revise; *(verificare, controllare conti, ecc.)* to audit; to check. **2** *(mecc.)* to overhaul.
revisione *sf (il revisionare per correggere o modificare)* revision; review; *(correzione)* correction; *(verifica dei conti)* audit; *(di parti meccaniche)* overhaul; overhauling; *(di un procedimento penale)* rehearing: *revisione delle bozze,* proof-reading.
revisore *sm* reviser; *(di conti)* auditor; *(di bozze)* proof-reader.
revoca *sf* revocation; repeal.
revocabile *agg* revocable.
revocabilità *sf* revocability.
revocare *vt* **1** *(annullare, abrogare)* to revoke; to repeal; to cancel: *revocare un ordine,* to revoke (to cancel) an order. **2** *(lett.: richiamare)* to recall.
revocativo, revocatorio *agg* revoking; revocatory.
revocazione *sf* ⇨ **revoca.**
revolver *sm* revolver. □ *tornio a revolver,* capstan lathe.
revolverata *sf* (revolver) shot.
revulsione *sf* revulsion.
revulsivo *agg e sm* revulsive.
riabbandonare *vt* to abandon again; to leave* again.
□ **riabbandonarsi** *v. rifl* to abandon oneself again; to surrender again.
riabbassare *vt* to lower again.
□ **riabbassarsi** *v. rifl* to lower (to humble) oneself again.
riabbattere *vt* to beat* (to knock) down again.
riabbottonare *vt* to button up again.
□ **riabbottonarsi** *v. rifl* to button oneself up again.
riabbracciare *vt,* **riabbracciarsi** *v. reciproco* to embrace (one another) again.
riabilitare *vt* **1** *(rendere di nuovo abile)* to make* capable again. **2** *(reintegrare qcno nei propri diritti)* to rehabilitate; to restore; to reinstate. **3** *(ripristinare il buon nome di qcno)* to rehabilitate; to whitewash.
□ **riabilitarsi** *v. rifl* to recover one's reputation.
riabilitazione *sf (reintegrazione nei diritti)* rehabilitation; restoration; reinstatement; *(ricupero del buon nome)* rehabilitation; whitewashing; *(di un fallito)* discharge.
riaccendere *vt* to light again; *(con un interruttore)* to switch on again; to turn on again; *(fig.)* to revive.
□ **riaccendersi** *v. rifl* **1** *(illuminarsi di nuovo)* to brighten again. **2** *(riprendere fuoco)* to catch* fire again; *(fig.)* to flare up again; to revive.
riaccompagnare *vt* to reaccompany; to take* back (*o* home).
□ **riaccompagnarsi** *v. reciproco* to come* together again.
riaccostare *vt* to reapproach.
□ **riaccostarsi** *v. reciproco* to come* close (to sth) again; to reapproach.
riacquistare *vt* **1** to buy* back. **2** *(recuperare)* to recover; to get* back; to regain: *riacquistare la libertà (la salute),* to recover one's freedom (one's health).
□ **riacquistarsi** *v. rifl* to recover; to win* back.
riacquisto *sm* repurchase.
riadattare *vt* **1** to readapt. **2** *(rimettere in ordine)* to restore to order.
□ **riadattarsi** *v. rifl* to readapt oneself; to adapt oneself again.
riaddormentare *vt* to put* (sb) to sleep again.
□ **riaddormentarsi** *v. rifl* to fall* asleep again.
riallacciare *vt* **1** to fasten again; to tie up again. **2** *(collegare)* to connect again. **3** *(riprendere)* to renew: to resume: *riallacciare una vecchia amicizia,* to resume an old friendship.
riallungare *vt* to lengthen again.
□ **riallungarsi** *v. rifl* to become* longer again; *(stiracchiarsi)* to stretch oneself again.
rialto *sm* height; rise.
rialzamento *sm* **1** *(rialzo)* height; rise. **2** *(aumento)* rise; increase.
rialzare *vt* **1** *(aumentare d'altezza)* to heighten; to make* higher; *(fig.: aumentare, far salire)* to increase; to raise; to put* up: *Vogliamo rialzare di un piano la casa,* We want to take the house one floor higher (to add a floor to the house) — *Se si devono rialzare i prezzi, bisogna rialzare anche i salari,* If we raise prices, we must increase wages too. **2** *(risollevare)* to lift up again; to raise again: *rialzare la testa (gli occhi),* to lift up one's head (one's eyes) again — *Lo rialzai da terra,* I picked (I lifted) him up (*o* off the ground).
□ *vi (salire)* to go* up; to rise*: *Il termometro rialza,* The thermometer is going up — *Il valore dei titoli rialza,* Shares are going up.
□ **rialzarsi** *v. rifl* **1** *(risollevarsi)* to rise* again; to get* up (again) *(anche dopo una malattia): Mi rialzai con fatica,* I got up with some difficulty — *È difficile rialzarsi dopo un sonnellino,* It's difficult to get up again after a nap — *Si è appena rialzato,* He's only just got up again; He is only just out of bed. **2** *(salire)* to rise* again; to go* up; to increase: *I prezzi si sono rialzati paurosamente,* Prices have gone right (*o* shooting) up again.
rialzista *sm* bull; *(USA)* long of stock.
rialzo *sm* **1** *(aumento)* rise; boom: *Il mercato tende al rialzo,* It's a rising *(o nel linguaggio della Borsa* a bull*)* market — *rialzo massimo,* peak level; all-time high — *tendenza al rialzo,* upward trend — *giocare al rialzo,* to bull. **2** *(prominenza)* height; prominence: *su un rialzo del terreno,* on a rise in the ground.
riammissione *sf* readmission; readmittance.
riandare *vi* to go* again.
□ *vt (ricordare)* to recall; to call back to one's mind.
rianimare *vt* **1** *(ridar forza)* to reanimate; to restore to life; *(med.)* to resuscitate; *(fig.: ravvivare)* to cheer up. **2** *(dar coraggio)* to reanimate; to give* heart.
□ **rianimarsi** *v. rifl* **1** *(riprendere coscienza)* to recover consciousness; to come* round. **2** *(riprendere coraggio)* to take* courage again; to cheer up.
rianimazione *sf* reanimation; *(med.)* resuscitation.
riannebbiare *vt* to fog (to cloud) again.
□ **riannebbiarsi** *v. rifl* to become* foggy again.
riannuvolare *vi,* **riannuvolarsi** *v. rifl* to cloud over again.
riapertura *sf* reopening; *(inizio)* beginning.
riapparire *vi* to reappear; to appear again.
riappendere *vt* to hang* up again.
riappiccicare *vt* to join (to stick*) again.
□ **riappiccicarsi** *v. rifl* to stick* together again.

riappisolarsi *v. rifl* to doze off again; to drop off to sleep again.
riapprovare *vt* to approve again.
riappuntare *vt* **1** *(rifare la punta)* to sharpen again; to resharpen. **2** *(con spilli)* to pin up again.
riaprire *vt (aprire di nuovo, ricominciare, anche fig.)* to open again; to reopen: *Quando riapriranno quel famoso ristorante?,* When will they open that famous restaurant again?
□ **riaprirsi** *v. rifl* to reopen; to open again: *L'università si riapre in novembre,* The University will open again in November.
riarmare *vt* **1** to rearm; to arm again. **2** *(naut.)* to recommission.
□ **riarmarsi** *v. rifl* to rearm oneself; to rearm.
riarmo *sm* rearmament.
riarso *agg* dry; parched.
riasciugare *vt,* **riasciugarsi** *v. rifl* to dry up; to dry again.
riascoltare *vt* to listen again.
riassaggiare *vt* to taste again; to try again.
riassaporare *vt* to savour again; to taste again.
riassettare *vt* to rearrange; to tidy up again.
□ **riassettarsi** *v. rifl* to tidy oneself up again; to put* oneself in order again.
riassetto *sm* rearrangement.
riassicurare *vt* to reinsure.
□ **riassicurarsi** *v. rifl* to reinsure oneself; to renew one's insurance.
riassicurazione *sf* reinsurance.
riassopire *vt* to drowse again.
□ **riassopirsi** *v. rifl* to fall* asleep again.
riassorbimento *sm* reabsorption.
riassorbire *vt* to reabsorb.
riassumere *vt* **1** *(riprendere)* to take* up again; *(assumere di nuovo un subordinato)* to take* on again; to re-employ; to re-engage: *Dopo la lunga malattia, ha riassunto le sue funzioni,* After his long illness, he took up his job again — *Abbiamo deciso di non riassumerlo,* We decided not to take him on again. **2** *(ricapitolare)* to resume; to sum up; to summarize; to recapitulate: *Vorrei almeno riassumerti la storia,* I'd at least like to sum up the story for you. **3** *(dir.)* to resume.
riassuntivo *agg* summarizing; recapitulatory.
riassunto *sm* summary; summing up; resumé *(fr.).*
riassunzione *sf* re-engagement.
riattaccare *vt* **1** *(attaccare di nuovo)* to reattach; *(con colla)* to stick* again; *(col filo)* to sew* on (again): *Puoi riattaccarmi questo bottone?,* Can you sew this button on for me, please? — *riattaccare i cavalli,* to harness the horses again. **2** *(tornare all'attacco)* to attack again. **3** *(riprendere a fare qcsa)* to resume; to begin* again: *Spero che tu non riattaccherai a parlare di quello,* I hope you won't start talking about that again.
□ *vi* **1** *(fam.: ricominciare)* to start (to begin*) again. **2** *(il telefono)* to hang* up.
□ **riattaccarsi** *v. rifl* to adhere again; to stick* again; *(fig.)* to become* attached again.
riattivare *vt* **1** to re-establish; to put* back into service. **2** *(fis.)* to reactivate.
riattraversare *vt* to cross again.
riavere *vt* **1** to have* again: *Ho riavuto quel disturbo alla vista,* I've had that trouble with my eyes again. **2** *(ricuperare)* to have* back; to get* back; to recover: *Non ho mai più riavuto quella lettera,* I've never had that letter back — *Dopo una lunga cura, riebbe l'uso delle gambe,* After long treatment, he recovered the use of his legs. **3** *(far riavere)* to revive.
□ **riaversi** *v. rifl* **1** *(rimettersi in forze)* to get* well again; to recover one's strength; *(rinvenire)* to recover one's senses; to come* round. **2** *(rifarsi di qcsa)* to make* good one's losses; to get* back on one's feet again.
riavvicinare *vt,* **riavvicinarsi** *v. rifl* to reapproach; to approach again.
□ *v. reciproco (riconciliarsi)* to become* reconciled; to make* it up again.
riavvolgere *vt* to rewind*.
riavvolgitore *sm* rewinder.
ribadire *vt* **1** *(un chiodo)* to rivet; to clinch; to fix. **2** *(confermare)* to reaffirm: *Ribadisco quanto ho già affermato,* I reaffirm what I've already said — *ribadire qcsa nella mente di qcno,* to impress sth on sb's mind; to hammer sth into sb's head.
□ **ribadirsi** *v. rifl* to take* root (in one's mind).
ribalderia *sf* dishonesty; knavery; *(azione da ribaldo)* dishonest (*o* knavish) act.
ribaldo *sm* rogue; scoundrel; knave.
ribalta *sf* **1** *(tavola ribaltabile)* folding table; *(di botola)* lid; trapdoor. **2** *(parte del proscenio con le luci)* footlights *(pl.); (il proscenio stesso)* front of the stage. **3** *(fig.: notorietà)* limelight: *venire alla ribalta,* to appear before the curtain — *tornare alla ribalta,* to get back into the public eye; *(fig.: di argomento, problema)* to come up again.
ribaltabile *agg* overturnable; tip-up *(attrib.): un sedile ribaltabile,* a tip-up seat.
□ *sm (autocarro)* dumper.
ribaltamento *sm* turnover; upsetting; tipping.
ribaltare *vt e i.,* **ribaltarsi** *v. rifl* to turn over; to tip over; to upset*; *(naut.)* to capsize.
ribassare *vt* to lower; to reduce.
□ *vi* to fall*; to drop; to go* down.
ribasso *sm* **1** *(calo di prezzi o valori)* fall; reduction: *un ribasso dei prezzi,* a fall in prices — *ondata di ribasso,* slump — *una tendenza al ribasso,* a downward trend — *essere in ribasso, (fig.)* to be under a cloud; to be on the decline — *giocare al ribasso, (Borsa)* to bear — *vendere al ribasso,* to sell off. **2** *(fam.: sconto)* discount: *concedere un ribasso,* to allow a discount.
ribattere *vt* **1** *(letteralm.: battere di nuovo, sconfiggere di nuovo, più volte)* to beat* again; to strike* again; *(ad una porta)* to knock again: *Bisognerebbe ribattere i tappeti,* We (You, *ecc.*) ought to beat the carpets again — *battere e ribattere,* to beat and beat again — *Prova a ribattere; forse non hanno sentito,* Try knocking again; perhaps they didn't hear. **2** *(sport: battere per respingere, anche fig.)* to return; to throw* back: *ribattere la palla,* to return the ball; to send the ball back. **3** *(controbattere)* to confute; to refute; *(dir.)* to refute; *(contraddire)* to retort; to answer back; to argue: *La difesa ribatté tutti gli argomenti e le prove date dall'accusa,* The defence rebutted all the arguments and the evidence presented by the prosecution — *Perché hai ribattuto così villanamente?,* Why did you answer back so roughly? — *È sempre pronta a ribattere,* She's always ready to argue. **4** *(con un martello o simili)* to rivet; to clinch; *(a macchina)* to retype.
ribattuta *sf* **1** beating again; renewed beating. **2** *(sport)* return.
ribellare *vt (raro: indurre alla ribellione)* to incite to revolt; to cause to rebel.
□ **ribellarsi** *v. rifl* to rebel; to rise*; to revolt: *Il popolo*

si ribellò contro il tiranno, The people rose against the tyrant — *ribellarsi dinanzi a qcsa,* to revolt at sth.

ribelle *agg* rebellious; rebel *(attrib.); (non incline alla sottomissione)* disobedient; rebellious; refractory; unruly; *(di malattia)* intractable; resistant to treatment: *Spesso i ragazzi sono ribelli,* Boys are often rebellious (unruly, disobedient) — *truppe ribelli,* rebel troops — *marinai ribelli,* mutinous sailors — *riccioli ribelli,* unruly locks.

□ *sm* rebel.

ribellione *sf* rebellion; revolt: *soffocare una ribellione,* to put down a rebellion — *atto di ribellione,* rebellious act.

ribes *sm (rosso)* redcurrant; *(nero)* blackcurrant.

riboccante *agg* overflowing: *uno stadio riboccante di gente,* a stadium overflowing with people.

riboccare *vi* to overflow*: *riboccare di gioia,* to overflow with joy.

ribollente *agg* boiling; bubbling.

ribollimento *sm* boiling. □ *sentire un gran ribollimento per l'ira (per lo sdegno),* to be boiling over with rage (with indignation).

ribollire *vi* **1** *(bollire di nuovo)* to boil again. **2** *(fermentare)* to ferment; to work. **3** *(fig.: agitarsi, fremere di rabbia)* to boil (over): *Sento ribollirmi il sangue,* My blood is boiling — *ribollire di rabbia,* to boil over with anger.

ribollitura *sf* reboiling; boiling again.

ribrezzo *sm* disgust; horror; shudder; repugnance: *far ribrezzo,* to fill (sb) with disgust; to disgust; to revolt; to make sb's flesh creep — *I serpenti fanno ribrezzo,* Snakes are disgusting (*o* revolting) — *una scena da far ribrezzo,* a revolting scene — *provar ribrezzo,* to feel disgust — *mostrar ribrezzo di qcsa,* to show repugnance at sth.

ributtante *agg* disgusting; repugnant; repulsive.

ributtare *vt* **1** *(buttare di nuovo)* to throw* again; to hurl back. **2** *(respingere)* to repel; to push back.

□ *vi* **1** *(ripugnare)* to disgust; to revolt. **2** *(germogliare)* to sprout.

□ **ributtarsi** *v. rifl* to throw* oneself (down); *(fig.)* to lose* heart.

ricacciare *vt* **1** *(indietro)* to drive* back; to push back; *(respingere)* to repel; *(mandar via di nuovo)* to turn out again: *Dobbiamo ricacciarli tutti,* We must drive them all back — *È stato ricacciato da scuola?,* Has he been turned out of school again? — *Gli ricaccerò in gola le sue parole!,* I'll make him eat (*o* swallow) his words! **2** *(rificcare)* to thrust* again.

□ **ricacciarsi** *v. rifl (cacciarsi di nuovo dentro)* to thrust* oneself again; to plunge again: *La marmotta si ricacciò nella sua tana,* The marmot dived into its hole again — *S'è ricacciato nei guai!, (fig.)* He's got into hot water again!

ricadere *vi* **1** *(cadere nuovamente, anche fig.)* to fall* again; *(scendere dall'alto)* to fall* back down. **2** *(ricadere nell'errore, nel peccato, nel vizio)* to lapse; to fall*; *(nella malattia)* to have* a relapse; to fall* ill again. **3** *(pendere)* to hang* (down): *Un ricciolo le ricadeva sulla fronte,* A curl hung down over her forehead. **4** *(piegarsi)* to bend* (to hang*) down: *I rami ricadono per il peso della neve,* The branches are bending (down) under the weight of the snow. **5** *(riversarsi)* to fall*; *(fam.)* to land: *I lavori più difficili finiscono sempre per ricadere su di noi,* The most difficult jobs always fall to us (*o* land on our shoulders).

ricaduta *sf* relapse *(anche fig.)*: *una ricaduta nel peccato,* a relapse into sin — *fare una ricaduta,* to relapse; to have a relapse.

ricalare *vt e i.* to lower again.

ricalcabile *agg* transferable.

ricalcare *vt* **1** *(calcare di nuovo)* to tread down; to press down: *ricalcare le orme di qcno,* to tread (to follow) in sb's footsteps. **2** *(riprodurre un disegno)* to trace; to transfer; *(fig.: riprodurre, imitare)* to follow; to imitate. **3** *(ribattere un metallo)* to upset*.

ricalcata *sf* pressing down.

ricalcatura *sf* **1** pressing again; pressing down. **2** *(di disegno)* transfer. **3** *(mecc.)* upsetting; heading.

ricalcitrante *agg (fig.)* recalcitrant.

ricalcitrare *vi* **1** *(tirar calci)* to kick out. **2** *(fig.)* to recalcitrate; to kick against; to resist.

ricamare *vt* to embroider *(anche fig.)*: *ricamare una tovaglia,* to embroider a table-cloth — *ricamare a mano,* to hand-embroider — *ricamare un racconto,* to embroider a story — *ricamare molto, (fig.)* to exaggerate.

ricamato *agg* embroidered *(anche fig.)*: *ricamato a mano,* hand-embroidered.

ricamatore *sm* embroiderer.

ricamatrice *sf* embroideress.

ricambiare *vt* **1** *(contraccambiare, restituire)* to return; to repay*; to reciprocate: *Grazie per gli auguri, che ricambio,* Thank you for your good wishes, which I reciprocate — *ricambiare una visita,* to return a visit. **2** *(cambiare di nuovo)* to change again: *Ho ricambiato le tende del salotto,* I've changed the curtains in the drawing room again.

□ **ricambiarsi** *v. rifl e reciproco* **1** to change again: *Non ho voglia di ricambiarmi,* I don't feel like changing (my clothes) again. **2** *(scambiarsi)* to exchange: *ricambiarsi i saluti,* to exchange greetings.

ricambio *sm* **1** *(il ricambiare)* replacement; substitution; *(ricarica)* refill: *pezzo di ricambio,* spare part; spare. **2** *(scambio)* exchange. **3** *(metabolismo)* metabolism: *malattie del ricambio,* metabolism diseases.

ricamo *sm (il ricamare e il prodotto)* embroidery; needle-work; *(fig.)* frills; embroidery: *Sto finendo un ricamo,* I'm finishing a piece of embroidery.

ricantare *vt* **1** *(cantare di nuovo)* to sing* again. **2** *(fam.: ripetere)* to repeat: *ricantare in tutti i toni,* to keep repeating the same thing.

ricapitolare *vt* to sum up; to summarize; to recapitulate; *(fam.)* to recap: *Ricapitolando...,* In short...; To sum up...

ricapitolazione *sf* summing up; summary; recapitulation; *(fam.)* recap.

ricarica *sf* **1** reloading. **2** *(fis.)* recharge.

ricaricare *vt* **1** to reload: *ricaricare un autocarro,* to reload a lorry — *ricaricare un fucile,* to reload a rifle. **2** *(fis.)* to recharge; *(un orologio)* to rewind*.

ricascare *vi (cascare di nuovo)* to fall* again; *(fig.: ricadere)* to relapse.

ricattare *vt* to blackmail.

ricattatore *sm* blackmailer.

ricatto *sm* blackmail: *subire un ricatto,* to be blackmailed — *Questo è un ricatto!,* This is blackmail!; You are blackmailing me!

ricavare *vt* **1** to get* (sth) out of (sb *o* sth); to make*; to obtain: *Da me non ricaverai nulla,* You'll get nothing out of me — *ricavare un profitto,* to make (to derive, to reap) a profit — *Dal mio vecchio vestito ricaverò una gonna,* I'll be able to make a skirt out of my old dress — *Ricavò due milioni dalla vendita dei suoi libri,* He made two million lire from the sale of his books — *Il film è stato ricavato da una storia vera,* The film is based on (has been taken from) a true story. **2** *(in senso astratto: dedurre)* to draw*; to infer: *Puoi ricavare le conclusioni che credi,* You can draw (*o* infer) whatever conclusions you wish.

ricavato *sm* proceeds *(pl.).*

ricavo *sm* proceeds *(pl.);* return.

riccamente *avv* richly; abundantly; plentifully; lavishly.

ricchezza *sf* **1** *(sostanze)* wealth; riches *(pl.): La sua ricchezza deve essere enorme,* His wealth must be enormous — *Lasciò tutte le ricchezze al suo cane,* She left all her riches to her dog — *ricchezza mobile,* personal property. **2** *(abbondanza)* abundance; wealth; plenty: *Hanno una gran ricchezza di idee,* They have an abundance of ideas — *C'è ricchezza d'acqua qui?,* Is there plenty of water here? **3** *(risorsa)* wealth.

[1]**riccio** *agg* curly: *avere i capelli ricci,* to have curly hair.

□ *sm* **1** curl; lock; *(di pellicola)* loop: *farsi i ricci,* to curl one's hair. **2** *(tessuto)* terry. **3** *(mecc.: bava)* burr; *(di tornitura)* chip.

[2]**riccio** *sm (zool.)* hedgehog. □ *riccio di mare,* sea-urchin.

[3]**riccio** *sm (bot.)* chestnut husk.

ricciolo *sm* **1** curl; lock. **2** *(mecc.: bava)* burr; *(di tornitura)* chip.

riccioluto, ricciuto *agg* curly: *una testa riccioluta,* a curly head — *un bimbo riccioluto,* a curly-headed child.

ricco *agg* **1** *(abbondante)* rich (in); abounding (in); full (of): *essere ricco di minerali (vitamine),* to be rich in minerals (vitamins) — *un ricco raccolto,* an abundant harvest — *un lago ricco di pesci,* a lake full of (*o* teeming with) fish — *cibi ricchi di grassi,* foods rich in fat — *un testo ricco di note,* a text with a wealth of annotations (of references). **2** *(facoltoso)* rich; wealthy; well-to-do; affluent; well-off *(fam.): ricco di ogni ben di Dio,* enormously (*fam.* fabulously) rich — *un ricco partito,* a wealthy match. **3** *(prezioso)* costly; valuable; rich; *(sontuoso)* sumptuous: *un ricco regalo,* a costly (a valuable) present.

riccone *sm* nabob; Croesus; magnate.

ricerca *sf* **1** *(l'atto del ricercare)* search; quest; *(di minerali, petrolio, ecc.)* prospecting: *squadra di ricerca,* search party — *andare alla ricerca di qcsa,* to go in search of sth — *essere alla ricerca di qcsa,* to be looking for sth; to be on the look-out for sth — *la ricerca dell'uomo,* man's quest. **2** *(indagine)* inquiry; investigation; *(scientifica o simile)* research *(generalm. sing.): ricerca di mercato,* market research — *Consilio Nazionale delle Ricerche,* National Research Council — *fare ricerche,* to carry out research — *Ha compiuto molte ricerche sulle malattie infettive,* He has done a lot of research on infectious diseases. **3** *(il perseguire)* pursuit: *la ricerca della felicità,* the pursuit of happiness.

ricercare *vt* to look for; to search (for); to seek*; *(perseguire)* to pursue; to seek* after: *ricercare una persona,* to look for a person — *ricercare i fatti,* to look (to inquire) into the facts — *ricercare il piacere,* to pursue pleasure — *ricercare la verità,* to seek the truth — *ricercare le parole,* to choose one's words with care — *ricercare ogni angolo,* to search every corner.

ricercatamente *avv* **1** *(con raffinatezza)* refinedly; *(con affettazione)* affectedly. **2** *(studiatamente)* on purpose.

ricercatezza *sf* **1** refinement: *mancare di ricercatezza,* to lack refinement. **2** *(affettazione)* affectation.

ricercato *agg* **1** *(richiesto, apprezzato)* sought-after; in (great) demand: *È molto ricercato perché gioca bene a bridge,* He's much sought-after because he plays bridge well — *Non teniamo questo articolo perché non è molto ricercato,* We don't keep this article in stock because it's not in great demand. **2** *(molto elegante)* elegant; refined; *(raffinato)* refined; *(affettato, manierato)* affected. **3** *(sforzato)* far-fetched. **4** *(cercato dalla polizia)* wanted.

□ *sm (presunto criminale)* wanted man *(pl.* men*).*

ricercatore *sm* researcher.

ricetta *sf* **1** *(medica)* prescription: *fare una ricetta,* to make up a prescription. **2** *(rimedio, anche fig.)* remedy; formula: *Non ho la ricetta per renderti allegro,* I haven't got the formula to make you happy. **3** *(di cucina)* recipe: *Mi puoi dare la ricetta della tua torta al cioccolato?,* Can you give me the recipe for your chocolate cake?

ricettacolo *sm* receptacle *(anche bot.);* depository; *(ricovero)* den; hide-out: *un ricettacolo di delinquenti,* a den of gangsters.

ricettare *vt* **1** *(raro, lett.: dar ricovero)* to harbour; to shelter. **2** *(essere consapevolmente in possesso di oggetti rubati)* to receive; to be* a receiver (*o fam.* a fence).

ricettario *sm* **1** *(med.)* book of prescriptions. **2** *(cucina)* recipe-book; cookery book.

ricettatore *sm* receiver (of stolen goods); *(fam.)* fence.

ricettazione *sf* receiving (of stolen goods).

ricettività *sf* receptivity.

ricettivo *agg* receptive.

ricetto *sm* shelter: *dare (trovare) ricetto,* to give (to find) shelter.

ricevente *agg* receiving; recipient.

□ *sm* receiver; recipient.

ricevere *vt* **1** *(prendere, riscuotere)* to receive: *ricevere un'offerta (un dono),* to receive an offer (a present) — *'Io sottoscritto dichiaro di aver ricevuto dal Ragionier E. Pautasso la somma di lire centocinquantamila...',* 'Received from Mr E. Pautasso the sum of one hundred and fifty thousand lire...'. **2** *(accogliere)* to receive; to greet; to welcome: *ricevere gli ospiti,* to receive (to welcome, to greet) the guests — *La Signora Caruso riceverà venerdì prossimo,* Mrs Caruso will be at home (will receive) next Friday — *La Regina riceve oggi,* The Queen is giving an audience today — *Il sindaco riceve il pubblico giovedì e sabato,* The mayor will receive members of the public every Thursday and Saturday — *rifiutarsi di ricevere qcno,* to refuse to see sb. **3** *(di albergo, ecc.)* to accommodate; *(dare ricovero)* to shelter; *(accettare ospiti paganti)* to admit; to take* in: *Quell'albergo può ricevere fino a mille ospiti,* That hotel can accommodate (can take) up to a thousand guests — *ricevere un fuggiasco,* to shelter a fugitive — *ricevere pensionanti,* to take in boarders (*o* paying guests). **4** *(comm.)* to take* delivery (of).

ricevimento *sm* **1** *(il ricevere)* receiving; receipt: *il ricevimento di una lettera (di una partita di merci),* the receipt of a letter (of a consignment of goods). **2** *(accoglienza)* welcome; *(ammissione)* admission. **3** *(trattenimento mondano)* reception; party: *Daremo un ricevimento prima di Natale,* We'll give (*o fam.* throw) a party before Christmas — *Dopo il matrimonio ci* *sarà un ricevimento,* There'll be a reception after the wedding.

ricevitore *sm* **1** receiver; recipient. **2** *(apparecchio)* receiver: *ricevitore telefonico,* telephone receiver; *(cornetta)* handset.

ricevitoria *sf* receiving-office; *(postale)* post office: *ricevitoria del lotto,* lottery office.

ricevuta *sf* receipt: *ricevuta a saldo,* receipt in full — *accusare ricevuta di qcsa,* to acknowledge receipt of sth — *ricevuta in carta da bollo,* stamped receipt — *raccomandata con ricevuta di ritorno,* registered letter with acknowledgement of receipt — *Si esige ricevuta,* Receipt requested.

ricezione *sf* **1** reception; *(comm.)* receipt: *accusare ricezione di qcsa,* to acknowledge receipt of sth. **2** *(radiofonia)* reception: *disturbare la ricezione,* to blanket.

richiamabile *agg* liable to recall.

richiamare *vt* **1** *(chiamare di nuovo)* to call again. **2** *(al telefono)* to call back: *Puoi richiamarmi tra cinque minuti?,* Can you call me back in five minutes? **3** *(far tornare)* to call back; to recall; to bring* back; to summon back; *(ritirare)* to withdraw*: *richiamare qcsa alla mente,* to call sth to mind — *richiamare un ambasciatore,* to recall (to summon back) an ambassador — *richiamare qcno dall'esilio,* to call sb back from exile — *richiamare qcno alla realtà,* to bring sb back to earth (to his senses) — *richiamare qcno sotto le armi,* to call sb up again; to recall sb — *richiamare qcno all'ordine,* to call sb to order — *richiamare un cane,* to call off a dog — *richiamare qcno in vita,* to bring sb back to life — *richiamare le truppe,* to withdraw troops. **4** *(attirare)* to draw*; to attract; to entice: *richiamare l'attenzione di qcno su qcsa,* to call (sb's) attention to sth. **5** *(rimproverare)* to rebuke. □ *richiamare il passato,* to recollect the past — *Mi richiama alla mente la mia infanzia,* It reminds me of my childhood — *richiamare un aereo,* to level out an aircraft; *(dopo una picchiata)* to pull an aircraft out of a dive — *richiamare un comando,* *(mecc.)* to return a control.

□ **richiamarsi** *v. rifl* to refer to.

richiamata *sf* **1** recall. **2** *(aereo)* flattening out; *(dopo una picchiata)* recovery; pull-out.

richiamato *sm* recalled serviceman *(pl.* -men*)*.

richiamo *sm* **1** *(atto del richiamare)* recall; call: *richiamo alle armi,* call-up — *vaccinazione di richiamo,* booster dose — *richiamo all'ordine,* call to order. **2** *(mezzo per richiamare, per allettare)* call; *(nella caccia)* bird-call: *il richiamo della foresta,* the call of the wild — *uccello da richiamo,* decoy — *parola che serve da richiamo,* catchword. **3** *(pubblicitario)* appeal. **4** *(avvertimento)* reminder; warning. **5** *(di una molla, ecc.)* return. **6** *(raro: analogia)* analogy. □ *segno di richiamo,* cross-reference mark.

richiedente *agg* applying.

□ *sm* **1** applicant; petitioner. **2** *(dir.)* petitioner.

richiedere *vt* **1** *(domandare di nuovo)* to ask for (sth) again; *(domandare in restituzione)* to ask for (sth) back: *Domani, se posso, glielo richiedo,* I'll ask him for it again tomorrow, if I can — *Mi spiace richiederti già i soldi, ma ne ho bisogno,* I'm sorry to be asking for the money back already, but I need it. **2** *(domandare)* to ask; to request; *(reclamare)* to demand: *Sono costretto a richiedere un prestito,* I'm obliged to ask for a loan — *Richiederò ciò che è mio diritto avere,* I'll demand what I've a right to have — *Questo articolo lo richiedono in pochi,* This item isn't in great demand — *essere (molto) richiesto,* to be in (great) demand; to be sought after — *Come mai sei così richiesto tutto d'un tratto?,* Why are you so sought-after all of a sudden? **3** *(volere)* to request; *(esigere)* to require; to need: *Quale tipo di garanzia è richiesto?,* What sort of guarantee is requested? — *Tutto ciò richiederà tempo e pazienza,* All this will require time and patience.

richiesta *sf* **1** *(documento, atto del richiedere)* request: *dietro richiesta,* on application — *richiesta di offerta,* *(comm.)* inquiry — *a richiesta,* on request; if requested — *a generale richiesta,* by general request; by public demand. **2** *(comm. e econ.: domanda)* demand: *Non c'è attualmente molta richiesta di seta,* Silk is not in great demand at the moment; There is not much demand for silk at present. **3** *(compenso: spesso al pl.)* fee asked.

richiudere *vt (chiudere di nuovo)* to close again; to shut* again; *(chiudere ciò che non sta aperto di solito)* to shut* (up); to close (up): *Prova a richiudere la porta, per favore,* Try to shut the door again, please — *Ho richiuso tutti i cassetti,* I shut (up) all the drawers.

□ **richiudersi** *v. rifl (tornare a chiudersi)* to close (to shut*) again; *(di ferita: rimarginarsi)* to close up.

ricino *sm* castor oil plant: *olio di ricino,* castor oil.

ricognitore *sm (mil.)* scout; *(aereo)* spotter; reconnaissance aircraft.

ricognizione *sf* **1** recognition. **2** *(mil.)* reconnaissance *(abbr. sl.* recce*)*: *fare una ricognizione,* to make a reconnaissance; to reconnoitre.

ricollegare *vt (ricongiungere)* to link again; to join again; *(fig.: stabilire una relazione)* to connect; to associate.

□ **ricollegarsi** *v. rifl e reciproco* **1** *(riferirsi)* to refer: *Mi ricollego a quanto tu dicesti ieri,* I refer to what you said yesterday. **2** *(essere collegato)* to be* connected; to be* associated.

ricollocare *vt* to replace; to put* back.

ricolmare *vt* **1** *(fino all'orlo)* to fill up; to fill to the brim: *ricolmare qcno di gentilezze,* to overwhelm sb with kindness. **2** *(riempire di nuovo)* to fill again.

ricolmo *agg* full; full to the brim; full up: *ricolmo di gioia,* overflowing with joy.

ricombinare *vt* **1** to recombine. **2** *(progettare, stabilire di nuovo)* to replan; to fix again.

ricominciare *vt e i.* to begin* again; to start again; to recommence *(piuttosto formale)*; *(riprendere)* to resume; to take* up again: *Vuoi ricominciare, per favore?,* Can you start again, please? — *Ricomincerò quel lavoro la settimana prossima,* I'll begin that job again next week — *Devo ricominciare daccapo?,* Must I begin all over again? — *Abbiamo ricominciato a studiare,* We've taken up studying again — *Si ricomincia?,* Are you at it again?

ricomparire *vi* to reappear; to appear again.

ricomparsa *sf* reappearance; *(med. anche)* recurrence.

ricompensa *sf* reward; recompense: *in ricompensa di...,* as a return for...; in recompense for... — *E questa è la ricompensa per tutto ciò che ho fatto!,* That's all I get for what I've done!

ricompensabile *agg* able to be rewarded; deserving reward; meritorious.

ricompensare *vt* to reward; to recompense: *ricompensare qcno per le sue gentilezze,* to reward sb for his kindness.

ricompilare *vt* to compile again.

ricompilazione *sf* recompilation.

ricomporre *vt* **1** *(riscrivere)* to rewrite*; to compose again. **2** *(rimettere insieme)* to put* together again; to recompose. **3** *(riordinare, ricostruire)* to reform; to form again: *ricomporre il proprio viso,* to recompose one's features. **4** *(in tipografia)* to reset*.

□ **ricomporsi** *v. rifl* to recompose oneself; to recover oneself; to regain one's composure.

ricomposizione *sf* **1** *(in generale)* recomposition. **2** *(tipografia)* resetting.

ricomprare *vt* **1** *(comprare di nuovo)* to buy* again: *Ha deciso di ricomprare un'automobile blu,* He's decided to buy a blue car again (to buy another blue car). **2** *(riacquistare ciò che s'era venduto)* to buy* back: *Le ricomprerò quell'anello,* I'll buy back that ring for her.

ricomunicare *vt* **1** to communicate again. **2** *(assolvere da scomunica)* to restore to Communion.

□ **ricomunicarsi** *v. rifl* to go* to Communion again.

riconcentrare *vt* to reconcentrate; to concentrate again.

□ **riconcentrarsi** *v. rifl* to concentrate again.

riconciliabile *agg* reconcilable.

riconciliamento ⇨ **riconciliazione.**

riconciliare *vt* to reconcile: *Sono riuscito a riconciliarli,* I've managed to reconcile them (to make peace between them).

□ **riconciliarsi** *v. rifl* to be* reconciled (with each other *o* one another); to make* friends again; to make* it up: *S'è riconciliata con suo fratello,* She's reconciled with her brother — *Io spero che si riconcili con la sua famiglia,* I hope he will make it up with his family.

riconciliazione *sf* reconciliation; reconcilement.

ricondurre *vt* **1** *(condurre di nuovo)* to bring* (to take*) again; to lead* again: *Puoi ricondurlo qui dopo colazione?,* Can you bring him here again after lunch? **2** *(riportare al luogo di provenienza, anche fig.)* to bring* (to take*) back; to lead* back: *L'abbiamo ricondotto a casa completamente ubriaco,* We took him back home completely drunk — *ricondurre qcno alla ragione,* to bring sb back to reason — *ricondurre qcno alla vittoria,* to lead sb back to victory.

riconferma *sf* reconfirmation.

riconfermabile *agg* reconfirmable.

riconfermare *vt* to reconfirm: *riconfermare qcno in una carica,* to reinstate (to reconfirm) sb in his office.

riconfortare *vt* to comfort again.

□ **riconfortarsi** *v. rifl* to take* comfort; to cheer up.

ricongiungere *vt,* **ricongiungersi** *v. rifl* to rejoin; to reunite.

ricongiungimento *sm* rejoining; reunion.

riconnettere *vt* to connect again; to reconnect.

riconoscente *agg* grateful; thankful.

riconoscenza *sf* gratefulness; thankfulness; gratitude: *provare riconoscenza,* to feel gratitude — *esprimere la propria riconoscenza,* to express one's gratitude.

riconoscere *vt* **1** *(ravvisare qcno o qcsa noto)* to recognize: *Quando si voltò, lo riconobbi,* When he turned, I recognized him (I realized who he was) — *Era diventata così grassa che nessuno la riconosceva,* She had got so fat that nobody recognized her — *riconoscere qcno al passo (alla voce),* to recognize sb by his walk (by his voice) — *Si vestirono da donna per non farsi riconoscere,* They dressed themselves up as women so as not to be recognized. **2** *(distinguere, discernere)* to recognize; to realize; to know*; to tell*; *(identificare)* to identify: *Sai riconoscere un buon vino?,* Can you recognize (*o* tell) a good wine? — *Riconobbe subito l'assurdità della situazione,* He at once realized the absurdity of the situation — *Non sa riconoscere il pericolo,* He doesn't realize the danger he's in — *Devi avere sempre i documenti per farti riconoscere,* You should always have your papers with you for identification purposes. **3** *(compiere un riconoscimento ufficiale, ammettere l'esistenza di diritti, ecc.)* to recognize; to acknowledge: *Riconobbe il suo debito,* He acknowledged his debt — *Prima di morire riconobbe i figli naturali,* Before dying he acknowledged his natural (*o* illegitimate) children — *La sua laurea non è riconosciuta in Italia,* His degree is not recognized in Italy — *Nessun tribunale ha finora riconosciuto i suoi diritti,* No Court has so far acknowledged his rights — *Hanno da poco riconosciuto l'indipendenza dell'isola,* The island's independence has only recently been acknowledged (*o* recognized) — *Gli Arabi continuano a non riconoscere l'esistenza dello Stato d'Israele,* The Arabs still do not recognize (*o* acknowledge) the existence of Israel as a state. **4** *(ammettere, confessare)* to acknowledge; to admit; to own: *riconoscere i propri errori,* to acknowledge one's mistakes — *È il classico tipo che non riconosce mai d'aver sbagliato,* He is the type who never admits (*o* acknowledges) that he is mistaken — *Il ragazzo riconobbe d'essersi comportato molto male,* The boy admitted he had behaved very badly — *Dovettero riconoscere d'aver perduto,* They had to admit they had lost. **5** *(ant., mil.: fare una ricognizione)* to reconnoitre: *riconoscere un terreno (un itinerario),* to reconnoitre a terrain (a route). **6** *(raro: ricompensare)* to reward (sb for sth): *I suoi meriti furono riconosciuti,* He was rewarded for his achievements.

□ **riconoscersi** *v. rifl* **1** to recognize oneself; to acknowledge oneself: *Si riconobbero vinti e si arresero,* They acknowledged defeat and gave themselves up — *riconoscersi colpevole,* to acknowledge that one is guilty; to acknowledge (to admit) one's guilt. **2** *v. reciproco* to recognize each other (*o* one another) — *Si incontrarono dopo vent'anni, eppure si riconobbero subito,* They met after twenty years, but they recognized each other (*o* one another) at once.

riconoscibile *agg* recognizable.

riconoscimento *sm* **1** *(il riconoscere)* recognition; *(identificazione)* identification; *(agnizione)* recognition: *Il riconoscimento nel finale era una caratteristica del teatro classico,* A recognition scene in the last act was typical of the classical theatre — *Furono chiamati per il riconoscimento del cadavere,* They were called to identify the body. **2** *(accettazione ufficiale)* recognition; acknowledgement; *(ammissione)* admission: *Il riconoscimento del nuovo Stato avverrà entro pochi giorni,* Recognition of the new State will take place in a few days — *Deve aspettare il consenso della moglie per il riconoscimento del figlio naturale,* He must wait for his wife's consent before he can acknowledge his illegitimate son.

riconquista *sf* reconquest.

riconquistare *vt* to reconquer; to regain; to conquer again; to win* again: *riconquistare la stima di qcno,* to regain sb's esteem.

riconsacrare *vt* to reconsecrate.

riconsegna *sf* redelivery; reconsignment.

riconsegnare *vt* to redeliver; to reconsign *(non molto comune);* to hand back.

riconsiderare *vt* to reconsider.

riconvenzionale *sf (dir.)* counter-claim.

riconversione *sf* reconversion.

riconvertire *vt* to reconvert.

□ **riconvertirsi** *v. rifl* to be* reconverted.

ricoperto *agg* (*p. pass. di* **ricoprire** ⇨) **1** *(ben coperto)* covered up; *(rivestito)* coated; plated; *(di dente)* capped: *ricoperto di cioccolato,* coated with chocolate — *pareti ricoperte di tappezzeria,* papered walls — *ricoperto d'argento,* silver-plated. **2** *(nascosto)* hidden.

ricopertura *sf* cover; covering.

ricopiare *vt* to copy; to copy again: *ricopiare dal vero,* to copy from nature.

ricopiatura *sf* copying; recopying.

ricoprimento *sm* cover; covering.

ricoprire *vt* **1** *(coprire di nuovo)* to re-cover; to cover again; *(coprire bene)* to cover (up); *(proteggere)* to cover; to protect: *La polvere ricoprì tutti i mobili,* All the furniture was covered with dust — *Ci ricoprirono la ritirata, (mil.)* They covered our retreat. **2** *(rivestire)* to coat; to plate; to face; to cover: *ricoprire qcsa di piombo,* to coat sth with lead — *ricoprire qcsa d'oro,* to plate sth with gold. **3** *(fig.)* to load; to overwhelm: *Mi ricoprirono di gentilezza,* They overwhelmed me with kindness — *Da vivo fu ricoperto di onori,* During his life, he was loaded with honours. **4** *(nascondere)* to hide*; to conceal. **5** *(occupare)* to hold*: *Ho scoperto che ricopre una carica importante,* I have found out that he holds an important post.

□ **ricoprirsi** *v. rifl* **1** *(rivestirsi, anche fig.)* to cover oneself; *(ripararsi)* to cover oneself; to protect oneself: *Si ricoprì di gloria, (fig.)* He covered himself with glory. **2** *(rifarsi di una spesa)* to cover: *ricoprirsi della spesa,* to cover one's expenses.

ricordare *vt* **1** *(rammentare)* to remember: *Ricorderò sempre questa vacanza,* I'll remember this holiday for ever — *Nessuno ricorda più il suo cognome,* Nobody remembers his name any longer — *Ricordava d'averlo incontrato,* He remembered meeting him — *per quanto ricordo,* as far as I can remember. **2** *(richiamare alla propria memoria)* to recollect; to recall; to call (sth) to mind; *(richiamare alla memoria altrui)* to remind; to recall: *Non riesco a ricordare il titolo di quel film,* I cannot recall the title of that film — *Questo mi ricorda che devo rinnovare l'abbonamento alla rivista,* This reminds me that I must renew my subscription to the review — *Vuoi ricordarti ciò che mi avevi promesso?,* Would you mind recollecting what you promised me? — *Questa targa ricorda che qui nacque un famoso uomo politico,* This plaque reminds people that here a famous politician was born — *Gli è stato ricordato che doveva venire?,* Has he been reminded that he was to come? — *Ricordami che devo bagnare le piante!,* Remind me I have to water the plants! — *Ricordami a tua madre,* Remember me to your mother. **3** *(rassomigliare)* to look like; to take* after: *Non trovi che la bimba ricorda suo padre?,* Don't you think that little girl looks like her father? (takes after her father?) — *Il suo stile ricorda gli scrittori dell'Ottocento,* His style is reminiscent of the writers of the nineteenth century. **4** *(nominare, menzionare)* to mention; to record: *È un fatto che tutti gli storici ricordano,* That is an event every historian records; This event is mentioned by all historians. **5** *(commemorare)* to commemorate; to celebrate: *È stato ricordato con una solenne cerimonia il suo sacrificio,* His death was commemorated (*o* celebrated) with a solemn ceremony.

□ **ricordarsi** *v. rifl* **1** *(tenere a memoria)* to remember: *Mi ricordo vagamente di quel periodo,* I vaguely remember that time — *Ti assicuro che me ne ricorderò!,* You may be sure I'll remember! — *È possibile che non si ricordino mai nulla?,* How is it they can never remember anything? **2** *(richiamare alla propria memoria)* to recollect; to recall; to bring* (sth) to mind; to remember: *Cerca di ricordarti, è importante!,* Try to recall it: it's important! — *Non poteva ricordarsi di tutto,* He could not possibly recall (*o* remember) everything.

ricordo *sm* **1** memory; recollection; remembrance: *vivere di ricordi,* to live on one's memories; to live in the past — *La mia vacanza ormai è solo un bel ricordo,* My holiday is now no more than a happy memory — *Serbo dei felici ricordi dell'infanzia,* I have happy memories of my childhood — *Ho un vago ricordo,* I've a vague (*o* confused) recollection — *Ho perso ogni ricordo di quella gara,* I've lost all recollection of that particular race — *Non ha nessun ricordo di Roma,* He can't remember a thing about Rome — *Quelle lettere sbiadite risvegliano molti ricordi,* Those faded letters bring back many memories — *Mi fa tremare al solo ricordo,* It makes me shudder just to think of it. **2** *(oggetto che fa ricordare qcsa)* memento *(pl.* mementos *o* mementoes*)*; souvenir *(spec. turistico)*; *(dono che esprime anche affetto)* keepsake; *(richiamo alla memoria)* reminder: *una foto-ricordo,* a souvenir photo — *ricordo di persona,* keepsake; memento — *ricordo di famiglia,* heirloom — *Ti ho portato un piccolo ricordo dalla Polonia,* I have brought you a little souvenir from Poland — *Mi ha dato questo libro come ricordo della sua visita,* He gave me this book as a memento (a reminder) of his visit — *Vuoi accettare questa foto come mio ricordo?,* May I give you this photo as a keepsake? (*o* to remember me by?) — *fare un nodo al fazzoletto per ricordo,* to tie a knot in one's handkerchief as a reminder (*o* to remind oneself of sth). **3** *(nota, appunto)* note; memorandum *(spesso abbr.* memo*)*; *(pl.* memos*)*: *Non vi era alcun ricordo della riunione,* No record was kept of the meeting. **4** *(al pl.: memorie)* memoirs; reminiscences. **5** *(segno, traccia)* reminder; *(scherz.)* souvenir: *Porta ancora sulla faccia un brutto ricordo dell'incidente,* He's been left with a grim reminder of the accident on his face — *Questo graffio è un ricordo che mi ha lasciato il tuo gatto,* Your cat has given me this scratch as a souvenir. **6** *(testimonianza del passato, di una civiltà)* record; trace; *(al pl.)* remains.

□ *un fatto degno di ricordo,* a fact worthy of record — *un francobollo ricordo,* a commemorative stamp — **a ricordo di...**, *(di monumento, p.es.)* in memory of...; as memorial to...; *(di souvenir)* as a souvenir (a reminder, a memento) of...; *(di appunto)* as a reminder of...

[1]**ricorrente** *agg* **1** *(che si ripete)* recurrent; recurring; *(che accade)* occurring. **2** *(anat.)* recurrent.

[2]**ricorrente** *sm (dir.)* petitioner; plaintiff; *(in appello)* appellant.

ricorrenza *sf* **1** recurrence. **2** *(anniversario)* anniversary; *(festa)* festivity.

ricorrere *vi* **1** *(raro: correre di nuovo)* to run* again; *(correre indietro, anche fig.)* to run* back: *Perché ci hai fatto ricorrere a cercarti?,* Why did you force us to run back to look for you? — *Ricorsero a casa, poiché avevano dimenticato un quaderno,* They ran back home, as they had forgotten an exercise-book — *ricorrere con la memoria al passato,* to go back to the past; to think back.

2 *(ripresentarsi ad intervalli, ripetersi periodicamente)* to recur; *(accadere)* to occur; to happen: *Sono fatti che ricorrono ormai quotidianamente,* These are things which occur daily nowadays — *È un tema che*

ricorre in tutta la sua opera, It's a recurring theme throughout his works.
3 *(rivolgersi a qcno)* to apply; to resort (to); to have* recourse (to); *(fare appello a qcno)* to appeal (to); to apply (to); to resort (to); *(usare)* to use: *Sono ricorso subito a lui per aiuto,* I appealed (I applied) to him for help — *Dovettero ricorrere all'avvocato,* They had to appeal to a lawyer — *Ricorriamo fiduciosi alla vostra misericordia e saggezza,* We confidently appeal to your mercy and wisdom — *Se non sei sicuro della traduzione ricorri al dizionario,* If you are not sure about the translation, use the dictionary — *Non si dovrebbe mai ricorrere alla violenza,* Violence should never be resorted to; One should never have recourse to violence — *Ricorsero ad uno stratagemma,* They resorted to a trick.
4 *(dir.)* to apply (to); *(appellarsi)* to appeal (to): *ricorrere alla giustizia,* to apply (to appeal) to justice — *Appena pronunciata la sentenza, l'imputato ricorse in appello,* As soon as sentence was passed, the convicted man lodged an appeal — *ricorrere in Cassazione,* to appeal to the Supreme Court.
5 *(tornare nel tempo, di data)* to fall*: *Quando ricorre l'anniversario del vostro matrimonio?,* When does your wedding anniversary fall? — *Non so quando ricorre il suo onomastico,* I don't know when his name-day is.

ricorso *sm* **1** recourse; resort: *far ricorso a qcno,* to have recourse (*o* resort) to sb — *Devo fare ricorso al vostro senso di responsabilità,* I must appeal to your sense of responsibility. **2** *(dir.: istanza)* petition; appeal; application; *(reclamo)* claim: *presentare un ricorso a qcno,* to file a petition with sb; to appeal to sb — *fare ricorso contro una sentenza,* to appeal against a decision — *Il ricorso fu accolto,* His claim was upheld. **3** *(il ripresentarsi periodico di fatti, ecc.)* return; recurrence: *il ricorso di certi eventi,* the recurrence of certain events — *i corsi e ricorsi storici,* the repetition of historical phenomena.

ricostituente *agg* reconstituent. □ *sm* tonic.

ricostituire *vt* to reconstitute; to re-establish; to re-form: *ricostituire una società,* to reconstitute a partnership — *ricostituire un governo,* to re-form a government.
□ **ricostituirsi** *v. rifl* to recover (one's health).

ricostituzione *sf* reconstitution; re-establishment.

ricostruire *vt* to rebuild*; to reconstruct *(anche fig.)*: *ricostruire una casa,* to rebuild a house — *ricostruire i fatti (un delitto),* to reconstruct the facts (a crime). □ *ricostruire un testo,* to restore a text — *ricostruire un copertone,* to retread a tyre; to recap a tire *(USA)*.

ricostruttivo *agg* reconstructive.

ricostruzione *sf* **1** reconstruction; rebuilding. **2** *(di un copertone)* retreading; *(USA)* recapping.

ricoverare *vt (dar riparo)* to shelter; to give* shelter (to sb); *(in ospedale)* to admit; to receive: *Li ricoverarono per la notte,* They gave them shelter for the night — *Fu ricoverato d'urgenza,* He was admitted as an emergency case — *ricoverare qcno in un ospizio,* to take sb into a home.
□ **ricoverarsi** *v. rifl (rifugiarsi, ripararsi)* to take* shelter; to find* a refuge.

ricoverato *sm (in un ospedale)* in-patient; *(in un ospizio)* inmate.

ricovero *sm* **1** *(il ricoverare)* sheltering: *ricovero in ospedale,* admission to hospital. **2** *(riparo)* shelter; refuge: *Stiamo cercando un ricovero fintanto che durerà la tempesta,* We're looking for a shelter until the storm ends. **3** *(ospizio per persone anziane)* old people's home; *(per persone povere)* poor people's home.

ricreare *vt* **1** *(creare di nuovo)* to re-create. **2** *(ristorare)* to relieve; to restore; *(per estensione: divertire)* to amuse: *ricreare lo spirito,* to restore one's spirits — *uno spettacolo che ricrea la vista,* a sight for sore eyes.
□ **ricrearsi** *v. rifl* to amuse oneself; to enjoy oneself; to take* some recreation: *I ragazzi sono usciti per ricrearsi un po',* The boys have gone out to enjoy themselves a bit.

ricreativo *agg* recreative; amusing.

ricreatorio *agg* recreational.
□ *sm* recreation room; games room.

ricreazione *sf* recreation: *l'ora della ricreazione,* recreation time; play-time; break — *Perché non vi prendete mai un po' di ricreazione? Vi farebbe bene!,* Why don't you ever take any recreation? It would do you good!

ricredersi *v. rifl* to change one's mind.

ricrescere *vi* to grow* again; *(aumentare)* to increase.

ricrescita *sf* new growth; *(aumento)* increase.

ricucire *vt* **1** to sew* again. **2** *(chirurgia)* to stitch; to sew* up. **3** *(scritti, discorsi)* to stick* together; to rehash.

ricucitura *sf* sewing again; sewing up.

ricuocere *vt* **1** to recook; to cook again. **2** *(metallurgia)* to anneal.

ricuperabile *agg* recoverable; *(fig.)* able to be saved.

ricuperare *vt* **1** *(riprendere, riacquistare ciò che s'era perduto)* to recover; to get* back; to regain; *(portare in salvo)* to salvage; to rescue: *ricuperare le forze,* to recover one's strength — *ricuperare il tempo perduto,* to make up for lost time — *Ho ricuperato tutti i miei libri,* I've got all my books back — *Finora solo dieci salme sono state ricuperate,* Up to now only ten bodies have been recovered — *ricuperare una nave,* to refloat a ship — *crediti da ricuperare,* outstanding credits. **2** *(calcio)* to play (a postponed match).

ricuperatore *sm* **1** *(mecc.: p.es. di calore)* recuperator; regenerator; *(di un cannone)* recoil mechanism. **2** *(chi ricupera)* salvager.

ricupero *sm* **1** recovery *(anche fig.)*: *Il ricupero dell'udito lo ha reso felice,* The recovery of his hearing made him happy; He is happy to have got his hearing back — *diritto di ricupero,* right of repurchase (of recovery) — *ricupero di crediti,* collection of debts — *partita di ricupero, (sport)* replay. **2** *(cosa ricuperata)* scrap: *L'ho fatto tutto con ricuperi,* I've made the whole thing out of scrap (out of odds and ends). **3** *(salvataggio)* rescue; salvaging: *Il ricupero del carico fu lungo e difficile,* Salvaging the cargo was a long and difficult job. □ *capacità di ricupero,* resilience — *minuti di ricupero,* injury time.

ricurvo *agg* bent; curved; crooked: *un ramo ricurvo,* a crooked branch — *un bastone ricurvo,* a crook — *un naso ricurvo,* a hooked nose — *avere le spalle ricurve,* to have round shoulders; to be round-shouldered.

ricusa *sf* refusal; denial.

ricusabile *agg* refusable; deniable; *(dir.)* open to challenge.

ricusare *vt* **1** to refuse; to reject. **2** *(dir.)* to challenge; to object to.

ridacchiare *vi* to giggle; to snigger; to titter.

ridanciano *agg* jolly; laughter-loving; merry; humorous: *una storiella ridanciana,* a humorous story.

ridare *vt (dare di nuovo)* to give* again; *(restituire)* to give* back; to return: *Bisogna ridarle la medicina,* We must give her the medicine again — *Quando potrai ridarmi le fotografie?,* When will you be able to give me back the photographs? — *dagli e ridagli,* try and try again.

□ *vi (fam.: manifestarsi)* to break* out again; to reappear.

ridda *sf* **1** *(antica danza)* round dance. **2** *(fig.)* whirl.

ridente *agg* laughing; smiling; *(ameno)* pleasant; charming: *occhi ridenti,* smiling eyes — *paesaggio ridente,* pleasant landscape.

ridere *vi* **1** to laugh (at sb *o* sth): *Ci fece ridere tutti moltissimo,* He made us all laugh very much — *È una storia tutta da ridere!,* That's good for a laugh! — *Scoppiò a ridere improvvisamente,* Suddenly he burst out laughing — *Non c'è niente da ridere,* It's not a laughing matter — *Ci hanno riso in faccia,* They laughed us to scorn (They ridiculed us) — *ridere alle spalle di qcno,* to laugh at sb — *far ridere qcno fino alle lacrime,* to make sb laugh till he cries — *È una cosa da ridere,* This will make you laugh — *L'ho detto per ridere!,* I only said it for fun! — *Egli rideva in cuor suo,* He was laughing up his sleeve — *ridere sotto i baffi,* to laugh in one's beard — *ridere a crepapelle,* to split one's sides with laughter — *ridere come un matto,* to laugh one's head off — *Rido per non piangere!,* I'm only laughing to avoid crying! — *Fa ridere i polli!,* That would make anybody laugh! — *Prendila in ridere!,* Try to look on the funny side! — *Ride bene chi ride ultimo, (prov.)* He who laughs last laughs longest — *È conciata in modo da far ridere,* She is so dolled up as to make one laugh (to be a laughing stock). **2** *(fig., lett.: splendere)* to shine*: *Aveva gli occhi che ridevano di gioia,* Her eyes were shining with joy. **3** *(lett.: arridere)* to smile (on sb *o* sth): *La fortuna gli ha riso,* Fortune smiled on him.

□ **ridersi** *v. rifl* **1** *(farsi beffe)* to make* fun (of sb *o* sth): *Se la ridono di ciò che pensa la gente,* They make fun of what people think — *Ce la ridemmo tutti della sua dabbenaggine,* We all made fun of his simple-mindedness. **2** *(non temere)* to laugh (at sb *o* sth): *Egli si ride dei pericoli,* He laughs at (He scorns) danger — *Me la rido delle tue minacce,* I just laugh at your threats; Your threats just make me laugh.

□ *in funzione di sm* laughter; laughing: *scoppiare dal ridere,* to laugh fit to burst — *Non potemmo trattenerci dal ridere,* We couldn't help laughing — *Si fece un gran ridere su quella storia,* There was a great deal of laughter over that story; We had a good laugh over that story. □ *Che ridere!,* What a laugh!

ridestare *vt* **1** *(destare di nuovo)* to wake* (up); *(anche lett.: svegliare, destare)* to awaken. **2** *(fig.: riaccendere, ravvivare)* to reawaken; to revive.

□ **ridestarsi** *v. rifl* **1** *(risvegliarsi)* to wake* (up) again; *(anche lett.: svegliarsi)* to awake*: *Mi ridestai altre due volte dopo la tua telefonata,* I woke up again twice after your phone call. **2** *(riaccendersi, ravvivarsi)* to be* roused again; to be* revived; to be* kindled: *Si sono ridestati gravi sospetti su di loro,* Serious suspicions about them have been roused again — *Il suo interesse si ridestò improvvisamente,* His interest suddenly revived.

ridicolaggine, ridicolezza *sf* **1** *(l'essere ridicolo)* ridiculousness. **2** *(cosa ridicola)* nonsense *(solo al sing.)*; absurdity *(pl.)*: *Sono solo ridicolaggini,* It's just nonsense.

ridicolo *agg* **1** *(buffo)* ridiculous; funny: *La tua proposta è ridicola,* Your proposal is ridiculous — *Ha una faccia ridicola,* She has a funny face. **2** *(assurdo)* absurd; ridiculous; crazy *(fam.)*: *Ma tutto questo è ridicolo!,* But this is completely absurd (*o* ridiculous)! **3** *(inadeguato)* paltry; laughable: *Mi spiace, ma la vostra offerta è ridicola,* I'm sorry, but your offer is paltry — *Accettarono di farlo per un compenso ridicolo,* They agreed to do it for a paltry remuneration.

□ *sm* absurdity; ridiculousness; *(lato ridicolo)* funny side: *Ti rendi conto del ridicolo della situazione?,* Do you realize the absurdity (the ridiculousness) of the situation? — *Sta cadendo nel ridicolo,* It's becoming ridiculous — *Questa storia mi ha coperto di ridicolo,* This business has made me a laughing-stock — *Non vedo il ridicolo della faccenda,* I can't see the funny side of the matter.

ridimensionamento *sm* **1** reorganisation; reshaping. **2** *(di un fatto storico)* reappraisal.

ridimensionare *vt* **1** *(p.es. un'industria)* to reorganize; to reshape. **2** *(fig.)* to see* (sth) in the right perspective.

ridire *vt* **1** *(dire di nuovo)* to say* again; to tell* again; to repeat: *So che te lo dovrò ridire,* I know I'll have to tell you again. **2** *(riferire)* to repeat: *Spero che non andrai a ridire quello che ti ho confidato,* I hope you won't repeat what I've told you in confidence. **3** *(criticare, obiettare)* to find* fault; to object: *Ma tu trovi a ridire a tutto ciò che faccio!,* But you find fault with everything I do! — *Se non hai nulla a ridire, verrò un'ora dopo,* If you've no objection, I'll come an hour later.

ridivenire, ridiventare *vi* to become* again.

ridonare *vt* to give* again; to give* back; to restore: *ridonare la vita a qcno,* to restore sb to life.

ridondante *agg* redundant.

ridondanza *sf* redundancy; redundance.

ridondare *vi* **1** *(lett.: traboccare)* to overflow* (with); to abound (with, in). **2** *(risultare)* to promote; *(lett.)* to redound (to).

ridosso *sm (riparo posto dietro a qcsa)* shelter; sheltered place; lee *(spec. naut.)*: *Costruimmo la capanna a ridosso della montagna,* We built the hut in the shelter (*o* under the lee) of the mountain — *essere a ridosso di qcsa,* to rise behind sth — *avere qcsa a ridosso,* to have sth at one's back.

ridotta *sf (mil.)* redoubt.

ridotto *agg* reduced: *prezzo ridotto,* reduced price — *essere mal ridotto,* to be in bad condition (in a sorry plight) — *tariffe ridotte,* cheap rates — *orario ridotto,* short time — *edizione ridotta,* abridged edition — *edizione a formato ridotto,* pocket edition.

□ *sm* **1** *(teatro)* foyer. **2** *(mil.)* ⇨ **ridotta.**

riducente *agg* reducing; *(dimagrante)* slimming.

riducibile *agg* reducible.

ridurre *vt* **1** to reduce; to cut* down; to curtail; *(accorciare)* to shorten; to cut* short: *ridurre un prezzo,* to reduce a price — *ridurre le spese,* to reduce (to cut down, to curtail) expenditure — *ridurre il personale,* to cut down the staff; to cut down on staff — *ridurre le vacanze,* to curtail (to cut short) one's holidays — *cfr anche* **ridotto,** *agg.*

2 *(far diventare, trasformare)* to reduce *(anche chim.)*; to turn (into): *ridurre una frazione ai minimi termini,* to reduce a fraction to its lowest terms — *ridurre qcsa in cenere,* to reduce sth to ashes — *ridurre un ossido,* to reduce an oxide — *ridurre un convento in una scuola,* to turn a monastery into a school — *ridurre la casa un inferno,* to turn the house into a hell — *ridurre in pezzi,* to break to pieces — *ridurre lire in sterline,* to turn lire into pounds.

3 *(adattare)* to adapt; *(un brano musicale)* to arrange:

ridurre una commedia per lo schermo, to adapt a play for the screen — *ridurre un brano di musica per chitarra,* to arrange a piece of music for the guitar.
4 *(tradurre)* to translate; to turn (into): *ridurre un brano latino in italiano,* to translate a piece of Latin into Italian.
5 *(spingere, costringere)* to drive*; to reduce: *ridurre qcno alla pazzia,* to drive sb mad — *ridurre qcno alla disperazione (alla miseria, alla rovina),* to reduce (to drive) sb to despair (to poverty, to ruin) — *ridurre qcno al silenzio (alla obbedienza),* to reduce sb to silence (to obedience) — *ridurre qcno in fin di vita,* to reduce sb to his last gasp — *ridurre qcno a mal partito,* to reduce sb to a sorry plight — *Come siamo ridotti!,* What have we come to!
6 *(ricondurre)* to bring* (to take*) back; to lead* back: *ridurre il gregge all'ovile,* to bring back the flock to the fold; to lead the flock back to the fold — *ridurre alla memoria,* to recall to mind — *ridurre qcno alla ragione,* to bring sb to reason.
□ **ridursi** *v. rifl* **1** to reduce oneself; to be* reduced; to come* (down): *Si ridusse a chiedere l'elemosina,* He was reduced to begging — *Tutto si riduce ad un semplice malinteso,* It all comes down to a mere misunderstanding — *Non volevo ridurmi a questo punto,* I didn't want to come this far — *ridursi pelle e ossa,* to be reduced to skin and bone.
2 *(restringersi)* to shrink*.
3 *(ritirarsi)* to retire: *ridursi a vita privata,* to retire into private life.

riduttore *agg* reducing.
□ *sm* **1** reducer *(anche mecc., chim.)*; *(ad ingranaggi)* reduction gear: *riduttore di velocità,* speed-reducer. **2** *(fotografia)* adapter.

riduzione *sf* **1** *(l'atto del ridurre, diminuzione)* reduction; cut; *(sconto)* discount: *riduzione dei prezzi,* reduction in prices; *(econ.)* roll-back — *riduzione dei salari,* cut in wages — *Mi dispiace, signore, non facciamo riduzioni,* Sorry, sir, we don't give any discount. **2** *(matematica, chim.)* reduction. **3** *(mus.)* arrangement; *(teatro)* adaptation. **4** *(chirurgia)* reduction; setting.

riecco *avv* here... again; there... again; *Rieccolo!,* Here (There) he is again! — *Rieccoci a casa!,* Here we are back home again! — *Rieccoti il vocabolario!,* Here's your dictionary back!

riecheggiare *vt e i.* to re-echo.

riedificare *vt* to rebuild*; to build* again; to reconstruct.

riedificazione *sf* rebuilding; reconstruction.

rieducare *vt* to re-educate; to educate again.

rieducazione *sf* re-education.

rieleggere *vt* to re-elect; to elect again.

rieleggibile *agg* re-elegible.

rielezione *sf* re-election.

riempibile *agg* refillable.

riempimento *sm* filling up; refilling.

riempire *vt* **1** *(colmare)* to fill (up); *(imbottire, anche fig.)* to stuff: *riempire una lacuna,* to fill a gap — *Hai riempito i fiaschi di olio?,* Did you fill the flasks up with oil? — *Il suo arrivo ci ha riempiti di gioia,* His coming filled us with joy — *Gli hai riempito la testa di sciocchezze,* You've stuffed his head with nonsense — *Di che cosa riempiamo i panini?,* What shall we fill the sandwiches with? — *Si dovrà presto provvedere a riempire i vuoti, (anche fig.)* We'll soon have to think about filling the vacant places. **2** *(compilare moduli ecc., aggiungendo ciò che manca)* to fill in: *Hai riempito tutti i moduli?,* Did you fill in all the forms?
□ **riempirsi** *v. rifl* **1** *(diventare pieno)* to fill (up): *La casa si è riempita di gente,* The house filled up with people — *I nostri occhi si riempirono di lacrime,* Our eyes filled with tears — *La barca si sta riempiendo d'acqua,* The boat is filling with water. **2** *(mangiare troppo)* to stuff oneself; to cram oneself: *Non riempirti di cioccolatini!,* Don't stuff yourself with chocolates!

riempitivo *agg* filling.
□ *sm* filler; *(pittura)* extender: *È solo un riempitivo,* It's just a mere filler.

riempitura *sf* filling up; refilling.

rientramento *sm* **1** re-entering. **2** *(rientranza)* recess; indentation.

rientrante *agg* re-entering; receding; *(incavato)* hollow; sunken.
□ *sm (mil.)* re-entrant.

rientrare *vi* **1** *(entrare di nuovo)* to re-enter; to enter again; to go* (to come*) back in; *(tornare)* to return; to go* back; to come* back: *Silenzio, sta rientrando il professore!,* Be quiet: the teacher is coming back! — *Siamo appena rientrati a casa da un lungo viaggio,* We are just back from a long journey — *rientrare in sé,* to return to one's senses — *rientrare in possesso di qcsa,* to recover sth — *rientrare alla base, (fig.)* to get back to the starting point (*o mil.* to base) — *rientrare in lizza,* to re-enter the fray; to return to the fray — *rientrare nelle grazie di qcno,* to regain sb's favours; to get back in sb's good books — *rientrare nelle spese,* to be within one's means — *Rientra Enrico IV, (in una commedia)* Re-enter Henry IV.
2 *(restringersi, ritirarsi)* to shrink*: *La stoffa rientrò sensibilmente,* The material shrank perceptibly — *Il legno è rientrato per il caldo,* The wood shrank because of the heat.
3 *(presentare rientranze)* to recede; to curve inwards: *Ci incontreremo dove la strada rientra,* We'll meet where the road curves inwards.
4 *(far parte, essere compreso)* to form part (of); to be* part (of); to be* included (in); to come* into; to fall* (to come*) within: *Sono casi che non rientrano nella norma,* These are cases which don't fall within the standard fixed — *L'escursione non rientra nel programma di oggi,* The trip is not included in to-day's programme — *È un problema che non rientra nelle mie funzioni risolvere,* This is a problem which does not fall within my competence (*o meglio* which I am not competent to deal with).
5 *(non avere uno sviluppo completo)* to be* called off: *All'ultimo momento lo sciopero rientrò,* At the last moment the strike was called off.

rientro *sm* **1** re-entry *(anche di astronave)*; *(ritorno)* return: *Aspettiamo il suo rientro,* We are waiting for him to come back. **2** *(di stoffa)* shrinkage.

riepilogare *vt* to recapitulate; to summarize; to sum up.

riesame *sm* re-examination.

riesaminare *vt* to re-examine; to examine again.

riesporre *vt* to re-expose; to expose again; *(rimettere in mostra)* to re-exhibit; to exhibit again; *(rispiegare)* to re-explain; to explain again.

rievocare *vt* **1** to recall; to call up again; to evoke again. **2** *(commemorare)* to commemorate.

rievocazione *sf* recalling; *(commemorazione)* commemoration.

rifabbricare *vt* to rebuild*; *(rifare)* to remake*.

rifacimento *sm* remaking; *(di opera letteraria)* adaptation; re-writing; *(cinema)* retake.

rifare *vt* **1** *(fare un'altra volta)* to do* (to make*) again (*cfr.* **fare 1** *e* **2**); to remake*: *Purtroppo il disegno è da rifare,* Unfortunately the drawing will have to be done again — *Per fortuna hanno rifatto la pace,* Thank goodness they've made it up again — *rifare qcsa tutto da capo,* to do sth all over again — *È da rifare di sana pianta,* This needs to be redone from scratch — *rifare il letto,* to make one's bed — *rifare le camere,* to do (out) the bedrooms — *rifare un esame,* to take (to sit for) an exam again. **2** *(riparare, accomodare)* to repair: *Il tetto è stato rifatto l'anno scorso,* The roof was repaired last year. **3** *(ripetere, ripercorrere)* to retrace; to go* back (over) *(anche fig.)*: *Sono stufo di rifare sempre lo stesso discorso!,* I am fed up of going back over the same ground again! — *Rifece due volte la strada fino a casa per vedere se trovava la perla,* He retraced his steps twice, as far as his house, to see if he could find the pearl. **4** *(rendere qcsa allo stato primitivo, ripristinare)* to restore; to rebuild*; *(rieleggere)* to re-elect: *Più nessuno lo rifarà sano!,* No one will restore him to health again! — *Lo han rifatto deputato,* They have re-elected him to Parliament — *rifarsi l'occhio (la bocca),* to touch up one's eyes (one's mouth) — *La facciata della chiesa è quasi tutta da rifare,* The front of the church will have to be almost totally restored. **5** *(imitare)* to imitate; to ape; *(contraffare)* to forge: *Rifà benissimo il modo di parlare di Elsa,* He is very good at imitating (*o* aping) Elsa's way of speaking — *rifare il verso di un animale,* to imitate an animal's cry — *Stava già imparando a rifare la mia firma,* He was already learning to forge my signature. **6** *(indennizzare)* to indemnify; to make* good; to refund: *rifare qcno delle spese (dei danni),* to refund sb his expenses (damages).

□ **rifarsi** *v. rifl* **1** *(diventare nuovamente, farsi di nuovo)* to become* (to be*) again: *S'è rifatta rossa di capelli,* She is a red-head again — *Penso che dovresti dimenticare e rifarti una vita,* I think you should forget and start a new life (make a new life for yourself). **2** *(rimettersi fisicamente)* to recover; *(riassestarsi economicamente)* to make* up; *(del tempo: ristabilirsi)* to settle: *Ha impiegato molto tempo a rifarsi dopo l'operazione,* He took a long time to recover after his operation — *Speriamo di rifarci con le vendite nel periodo natalizio,* Let's hope we can make it up with good sales at Christmas — *Il cielo si rifece sereno dopo il temporale,* The sky became settled again after the storm. **3** *(prendersi la rivincita)* to get* even (with sb); to revenge oneself (on sb for sth); to get* one's own back (on sb): *S'è rifatto su di noi per il torto ricevuto,* He got his own back after the wrongs he had suffered. **4** *(cominciare, risalire indietro nel tempo)* to go* back: *rifarsi da capo, (dal principio)* to go back to the beginning; to start all over again; to start again from scratch — *Dobbiamo rifarci all'inizio del secolo per capire questa storia,* We must go back to the turn of the century if we are to understand this story. **5** *(seguire, imitare)* to follow: *Bisogna che ci rifacciamo agli esempi classici,* We need to follow classical examples.

rifatto *agg* (*p. pass. di* **rifare** ⇨) remade; redone: *un villano rifatto,* an upstart; a parvenu.

riferibile *agg* referable.

riferimento *sm* **1** reference: *con riferimento a,* with reference to; *(spesso, nello stile epistolare)* in answer to — *Vorrei avere un riferimento,* I'd like to have something to go by — *segno di riferimento,* reference mark — *punto di riferimento,* reference point; *(topografia)* landmark. **2** *(topografia)* datum *(pl.* datums*)* (-point).

riferire *vt* **1** *(ridire, raccontare)* to report; to tell*; to relate; to refer: *Detesto coloro che riferiscono a tutti ciò che sentono dire,* I hate people who report what they hear to everybody — *Riferirò a tua madre che sei un ragazzino impertinente,* I shall tell your mother that you are a cheeky little boy — *Il giornale riferì alcuni particolari sconvolgenti,* The paper reported a number of disturbing details. **2** *(ascrivere a)* to relate; to ascribe; to attribute: *riferire gli effetti alle cause,* to ascribe (to attribute) effects to causes — *Bisogna riferire molti casi di delinquenza giovanile all'ambiente in cui i giovani sono cresciuti,* Many instances of juvenile criminality are to be ascribed to (*o* attributed to) the environment the young people have grown up in — *Il fatto fu riferito a due diversi motivi,* The event was attributed to (*o* related to) two different causes.

□ *vi (presentare una relazione)* to report; to make* a report: *Controlleremo tutto e poi riferiremo in merito a chi di dovere,* We'll check everything, and then we'll make a report to those in authority.

□ **riferirsi** *v. rifl* **1** *(rapportarsi)* to refer; *(alludere)* to make* (a) reference; *(rimettersi)* to appeal; to have* recourse: *Mi riferivo a quello che dicesti tu,* I was referring to what you said — *Si riferì con aria casuale ad un vecchio scandalo,* He made an off-handed reference to an old scandal — *Mi riferirò al giudizio del magistrato,* I'll appeal to the magistrate. **2** *(riguardare, concernere)* to concern; to relate; to refer; to apply; to have* reference: *Pensi che si riferissero a me?,* Do you think they were referring to me?

rifermare *vt* **1** *(fermare di nuovo)* to stop again. **2** *(fissare di nuovo)* to fix again.

rificcare *vt* to thrust (sth) in again; to rethrust; to drive* (sth) in again.

rifilare *vt* **1** *(raro: filare di nuovo)* to spin again. **2** *(tagliare a filo, filare)* to trim; to edge. **3** *(fam.: ripetere)* to repeat; to report. **4** *(fam.: dare, appioppare)* to deal*: *Mi ha rifilato un colpo in testa,* He dealt (He gave) me a blow in the head. **5** *(fam.: affibbiare)* to palm (sth) off (on sb): *Mi hanno rifilato delle pere marce,* They've palmed off some bad pears on me.

rifilatrice *sf (macchina)* trimmer.

rifinire *vt* **1** *(finire di nuovo)* to finish again. **2** *(portare a termine perfezionando)* to finish off; to put* the finishing touch *o* touches (to sth).

rifinitezza *sf* finish.

rifinitura *sf* **1** finish; finishing touch (*o* touches); trimming. **2** *(guarnizione)* trimming; *(mecc.)* washer; gasket.

rifiorimento *sm* **1** flowering again. **2** *(fig.)* revival.

rifiorire *vi* **1** *(tornare a fiorire)* to blossom (to bloom, to flower) again; to reflower: *Spero che questa azalea rifiorisca,* I hope this azalea is going to bloom again — *Le rose rifioriranno a maggio,* The roses will flower again in May. **2** *(fig.: riprendere forza, attività)* to flourish again; to reflourish; to thrive* again; to bloom again: *Dopo il Mille cominciarono a rifiorire le città,* Cities started flourishing again after the millennium — *La sua salute sta rifiorendo,* His health is blooming again — *Dopo la crisi, le aziende rifioriront,* After the crises, business is flourishing again. **3** *(ricoprirsi di macchie, pustole, muffa, ecc.)* to get* covered (with sth) again; to come* out (in sth) again:

La malattia lo fa rifiorire tutto, His disease brings him out in spots.
□ *vt (lett.: far fiorire, abbellire)* to embellish; to adorn; to make* beautiful: *La felicità rifiorì il suo viso,* Happiness made her face beautiful.

rifiorita *sf* new blooming; new blossoming.

rifioritura *sf* **1** *(nuova fioritura)* new blossom; reflorescence *(raro); (fig.: nuovo sviluppo)* reflourishing. **2** *(abbellimento)* embellishment. **3** *(macchie, pustole ricorrenti)* reappearance of stains, spots, *ecc.*

rifiutabile *agg* refusable; rejectable.

rifiutare *vt* **1** *(non accettare)* to refuse; to turn down; to decline; *(carte)* to renounce: *Hanno rifiutato il nostro regalo?,* Have they refused our present? — *Sono costretto a rifiutare il tuo invito,* I'm obliged to decline your invitation — *Rifiutò tutte le offerte di denaro,* He turned down every offer of money. **2** *(non voler concedere)* to refuse; to deny: *Non rifiutarmi questo favore!,* Don't deny me this favour! — *Il padre ha rifiutato il consenso,* Her father has refused his consent. **3** *(lett.: rinnegare)* to disown; to refuse to recognize.
□ **rifiutarsi** *v. rifl* to refuse: *Si sono rifiutati di collaborare,* They refused to collaborate — *Egli non si rifiuta mai,* He never spares himself.

rifiuto *sm* **1** *(il non accettare)* refusal; rejection; turning down; *(diniego)* refusal; *(di cavallo)* refusal: *un rifiuto netto,* a flat refusal — *opporre un rifiuto,* to refuse — *Sono sicuro che incontrerai un rifiuto,* I'm quite certain you're going to meet with a refusal. **2** *(nei giochi di carte)* pass. **3** *(avanzo, scarto)* waste; *(al pl.: immondizie)* rubbish; litter; trash *(USA): materiale (merce) di rifiuto,* waste-material (goods) — *Butta via tutti i rifiuti!,* Throw away all the rubbish! □ *i rifiuti della società,* the scum (the dregs) of society — *rifiuto di galera,* jailbird.

riflessione *sf* **1** *(meditazione)* reflection; meditation; *(il considerare)* consideration; deliberation; *(esito della riflessione)* deliberation; decision: *Decisero dopo una lunga riflessione,* After lengthy consideration, they took a decision — *Dopo matura riflessione, ho capito che...,* After mature meditation, I came to realize that... — *Far conoscere le proprie riflessioni,* to make one's deliberations known — *senza riflessione,* thoughtlessly; without thinking — *con riflessione,* thoughtfully.
2 *(notazione, osservazione)* reflection; remark; observation: *Il ragazzo ha fatto una giusta riflessione,* That boy made the right observation (*o* remark) — *Ho buttato giù qualche riflessione durante il viaggio,* I jotted down some observations during the journey — *riflessioni filosofiche (storiche),* philosophical (historical) reflections (*o* observations).
3 *(fis.)* reflection; reflexion: *riflessione del terreno,* background return — *riflessione di immagine (luce, suono),* reflection of image (light, sound) — *riflessione multipla del suono,* sound reverberation — *riflessione totale,* total reflection — *angolo di riflessione,* angle of reflection.

riflessivamente *avv* **1** thoughtfully; reflectively. **2** *(gramm.)* reflexively.

riflessivo *agg* **1** thoughtful; reflective; meditative. **2** *(gramm.)* reflexive.

[1]**riflesso** *agg* (*p. pass. di* **riflettere**) **1** reflected: *splendere di luce riflessa, (anche fig.)* to shine with reflected light. **2** *(med.)* reflex; *(per estensione)* involuntary. □ *arte riflessa,* studied art.

[2]**riflesso** *sm* **1** *(luce)* reflection *(GB anche* reflexion, *ma solo in contesti scientifici): Gli basta il riflesso della fama del padre,* He's quite happy to live (to bask) in his father's reflected glory. **2** *(pittura)* reflex; *(fotografia)* highlight; *(sfumatura di colore)* tint; highlight *(spec. dei capelli, al pl.).* **3** *(med.)* reflex; reflex action: *una persona di riflessi lenti,* a sluggish person.
□ **di riflesso,** automatically — *Se lui non vuol pagare verremo a rimetterci noi di riflesso,* If he won't pay, we shall automatically have to bear the loss — **per riflesso,** indirectly; in a roundabout way.

riflettere *vt* **1** to reflect; *(fig.: rispecchiare)* to reflect; to mirror: *Lo specchio rifletteva un'immagine singolare,* The mirror reflected a peculiar image — *Il suo modo di fare riflette la sua cattiva educazione,* His behaviour reflects upon his bad education. **2** *(fis.)* to reflect; to bounce back.
□ *vi (considerare attentamente, ponderare)* to reflect; to ponder (sth; on, upon sth); to consider; to weigh; to think* over: *Rifletti bene su ciò che vuoi veramente fare,* You should reflect carefully as to what you really want to do — *agire senza riflettere,* to act without reflecting (without thinking) — *Non ci ho ancora riflettuto bene,* I have not thought it over enough — *Disse che ci avrebbe riflettuto su,* He said he would think it over — *dopo aver molto riflettuto...,* Having pondered upon it a lot...
□ **riflettersi** *v. rifl* **1** *(riverberarsi)* to be* reflected *(anche fig.);* to be* mirrored: *Le luci si riflettevano sulla strada bagnata,* The lights were reflected on the wet road. **2** *(influire)* to be* reflected; to have* repercussions: *È un cambiamento che si rifletterà su tutta la nostra vita,* This change will have repercussions the whole of our lives.

riflettore *sm* **1** reflector; *(proiettore)* searchlight: *riflettore diffusore,* floodlight — *riflettore lenticolare,* spotlight. **2** *(telescopio)* reflecting telescope.

rifluire *vi (scorrere di nuovo)* to flow again; *(scorrere indietro)* to flow back; *(di marea)* to ebb.

riflusso *sm* reflux; ebb: *il flusso e il riflusso della marea,* the ebb and flow (the flux and reflux) of the tide.

rifocillamento *sm* refreshment.

rifocillare *vt* to refresh; to give* refreshment.
□ **rifocillarsi** *v. rifl* to refresh oneself; to take* refreshment.

rifoderare *vt* to reline; to line again.

rifondere *vt* **1** *(fondere di nuovo)* to remelt; *(metalli)* to recast*; to melt again; *(per estensione, fig.: rimaneggiare)* to recast*; to write* over again: *I Suoi articoli sono stati rifusi,* Your articles have been recast. **2** *(rimborsare, risarcire)* to refund; to pay* back.

rifondibile *agg* **1** *(rimborsabile)* refundable; reimbursable. **2** *(rifusibile)* capable of being remelted.

riforma *sf* **1** *(cambiamento, modifica intesa a migliorare)* reform; reformation; improvement; *(insieme di movimenti religiosi cinquecenteschi)* the Reformation: *la riforma della scuola,* Educational reform — *riforma agraria,* land reform — *una riforma radicale,* a sweeping reform — *la riforma di una teoria cattolica,* the reformation of a Catholic theory. **2** *(riconosciuta inabilità al servizio militare)* invaliding out; *(alla leva)* rejection owing to unfitness for military service.

riformabile *agg* **1** reformable. **2** *(mil.)* liable to be rejected for military service.

riformare *vt* **1** *(formare di nuovo)* to re-form; to form again: *Abbiamo riformato la nostra associazione,* We've formed our association again. **2** *(migliorare,* *correggere)* to reform; to improve; to revise; *(dir.: una sentenza)* to reverse: *riformare i costumi,* to reform manners. **3** *(trasformare)* to change; to transform. **4** *(dichiarare inabile al servizio militare)* to invalid (sb) out; *(alla leva)* to reject (sb) as unfit.

□ **riformarsi** *v. rifl* to re-form; to form again.

riformativo *agg* reformative; reformatory.

riformato *agg* **1** reformed; formed again. **2** *(religione)* reformed. **3** *(di recluta)* declared unfit for military service.

riformatore *sm* reformer. □ *agg* reforming.

riformatorio *sm* reformatory.

riformismo *sm* reformism.

riformista *sm e f.* reformer.

riformistico *agg* reformist.

rifornimento *sm* **1** *(il rifornire)* supplying; providing; restocking; *(di carburante)* refuelling: *stazione di rifornimento,* filling-station; petrol station. **2** *(scorta, provviste)* stock; *(pl.)* supplies; provisions: *Abbiamo un buon rifornimento di riso,* We've got a large stock of rice — *Non ci arrivano i rifornimenti fino a lunedì,* Our supplies won't arrive till Monday.

rifornire *vt* to supply (sth to sb, *oppure* sb with sth) to provide: *Gli elicotteri stanno ora rifornendo di viveri i paesi isolati per la neve,* Helicopters are now supplying food to the villages cut off by snow — *rifornire di carburante,* to refuel; to fill up — *Se non ci riforniscono di benzina, andremo a piedi!,* If they don't provide us with petrol, we'll go on foot!

□ **rifornirsi** *v. rifl (fare provvista)* to get* in a supply (of sth); to stock up (with sth): *Devo rifornirmi di zucchero,* I must get some sugar — *In Svizzera si sono riforniti di cioccolato,* They stocked up with chocolate in Switzerland — *rifornirsi di acqua, (naut.)* to take on water.

rifrangente *agg* refractive; refracting.

rifrangere *vt* to refract.

□ **rifrangersi** *v. rifl* to be* refracted; *(di onde)* to break*.

rifrangibile *agg* refrangible.

rifratto *agg* refracted.

rifrazione *sf* refraction.

rifriggere *vt* **1** *(friggere di nuovo)* to fry again; to fry up. **2** *(fig.: dire e ridire le stesse cose)* to serve up again; to harp on; to keep* on repeating: *Ma queste sono cose fritte e rifritte!,* But these things have been said a thousand times! (*o* repeated over and over again!: *cfr. anche* **rifritto**).

□ *vi (friggere a lungo)* to fry (to be* fried) too long.

rifritto *agg* **1** fried again. **2** *(fig.)* stale; musty: *idee fritte e rifritte,* stale ideas; rehashed ideas. □ *sapere di rifritto,* to have a stale taste.

rifuggire *vt* **1** *(fuggire nuovamente)* to escape again; to flee* again; to run* away again: *Tentò di rifuggire, ma gli andò male,* He tried to run away again, but he was unlucky. **2** *(fig.: aborrire)* to be averse (to sth); to shrink* (from sth); to be* reluctant (to do sth); to avoid (doing sth); to shun (sth *o* sb): *Rifugge da tutti i ricevimenti,* He shuns any party — *Constatammo che rifuggiva sempre dal parlare di sé,* We realized he was always reluctant to talk about himself. **3** *(raro: rifugiarsi fuggendo)* to take* refuge; to seek* shelter; to escape: *Rifuggirono spaventati nelle caverne,* They took fright and sought shelter in the caves.

□ *vt (raro: scansare)* to shun; to avoid; to shrink* from: *Dovrebbe rifuggire le cattive amicizie,* He should avoid bad company.

rifugiarsi *v. rifl* to take* refuge (shelter, cover); to seek* shelter; to take* to; *(fig.)* to seek* refuge (solace, comfort): *Ci rifugeremo in un paese neutrale,* We'll seek refuge in a neutral country — *Si rifugiarono sui monti,* They took to the mountains — *Si rifugiò nella meditazione,* He sought solace in meditation.

rifugiato *sm* refugee.

rifugio *sm* shelter; refuge *(anche fig.)*: *Cercava un rifugio per non bagnarsi troppo,* He was looking for (a) shelter so as not to get wet to the skin — *dare (trovare) rifugio,* to give (to find) shelter — *rifugio antiaereo,* air-raid shelter — *La fede è un rifugio per lui,* Faith is a refuge for him.

rifulgente *agg (anche fig.)* refulgent *(raro)*; shining.

rifulgere *vi (anche fig.)* to shine* brightly; to glow: *rifulgere di gioia,* to glow with joy.

rifusibile *agg* remeltable.

rifusione *sf* **1** *(nuova fusione)* remelting. **2** *(rimborso)* reimbursement; refund; repayment; *(risarcimento)* indemnity; compensation: *rifusione dei danni,* compensation for damages.

rifuso *agg* **1** *(fuso di nuovo)* remelted. **2** *(rimborsato)* reimbursed; refunded.

riga *sf* **1** *(linea diritta)* line; *(serie di parole in linea)* line: *Ne conosceva a memoria ogni riga,* He knew every line by heart — *un quaderno a righe,* a ruled exercise book — *l'ultima riga di un paragrafo,* break(-line) — *Mandami due righe appena puoi,* Drop me a line as soon as you can — *leggere fra le righe,* to read between the lines — *fare una riga a maglia,* to knit a round.

2 *(serie di persone o cose, fila)* row; line: *I bambini uscivano da scuola in riga,* The children were coming out of school in a line — *Rompete le righe!,* Break ranks! — *mettersi in riga,* to line up — *in riga per cinque,* in rows (*mil.* ranks) of five — *Riga dest(ra)! Riga sinist(ra)!,* Right (left) dress! — *stare in riga, (fig.)* to toe the line; to behave properly.

3 *(striscia)* stripe: *Indossava un orrendo vestito a righe,* He was wearing an awful striped suit — *tessuto a righe,* striped material — *Il divano lo vedrei bene a righe,* That sofa would look well covered with striped material.

4 *(scriminatura)* parting: *La riga in mezzo non le dona,* That parting in the middle doesn't suit her — *Da che parte la riga?,* Which side do you want the parting?

5 *(regolo)* rule; ruler: *riga da disegno,* drawing rule — *riga a T,* T-square.

6 *(mus.)* stave; staff: *Il mi è sulla prima riga in basso,* E is on the bottom stave.

rigaglie *sf pl* giblets.

rigagnolo *sm* rivulet; brook; rill *(ant. e lett.)*.

rigare *vt* **1** *(tracciare righe)* to rule; *(rovinare con incisioni)* to score: *un vestito rigato,* a striped dress. **2** *(solcare)* to furrow; to stream down; to run* down: *lacrime che rigano il viso,* tears streaming (*o* running) down one's face. **3** *(un'arma)* to rifle. □ *rigare diritto, (fig.)* to do one's duty; to behave well; *(fam.)* to go straight; to toe the line.

rigattiere *sm* second-hand dealer; *(fam.)* junk dealer; rag and bone man *(pl.* men*)*.

rigatura *sf* **1** ruling; lining. **2** *(di arma da fuoco)* rifling.

rigenerare *vt* **1** *(generare di nuovo, anche fig.)* to regenerate; to recreate. **2** *(ripristinare, riparare)* to regenerate; *(un pneumatico)* to retread; to recap *(USA)*: *rigenerare un cuscinetto,* to repair a bearing.

□ **rigenerarsi** *v. rifl* to reproduce oneself; to grow* again.

rigeneratore *sm* regenerator: *un rigeneratore dei capelli,* a hair restorer — *rigeneratore termico,* heat-exchanger.

rigenerazione *sf* regeneration *(anche fig.); (di una gomma)* retreading; recapping *(USA).*

rigettabile *agg* rejectable.

rigettare *vt* **1** *(gettare di nuovo)* to throw* (to fling*, to hurl) again; *(gettare indietro)* to throw* back. **2** *(respingere)* to reject; *(anche fig.: rifiutare)* to repel; *(mil.)* to drive* back: *Rigettò indignato la proposta,* He rejected the proposal indignantly. **3** *(fam.: vomitare)* to vomit; *(fam.)* to throw* up. **4** *(germogliare di nuovo)* to shoot* (to sprout, to bud) again.

□ **rigettarsi** *v. rifl* to throw* oneself again; *(fig.)* to fall* back.

rigetto *sm* **1** *(rifiuto)* rejection; refusal; turning down. **2** *(espulsione di organo trapiantato, anche med.)* rejection. **3** *(geologia)* throw; *(orizzontale)* heave.

righello *sm* rule; ruler: *righello graduato,* scale.

rigidamente *avv* **1** rigidly; stiffly. **2** *(in modo severo)* strictly; severely.

rigidezza *sf* **1** *(rigidità)* rigidity; stiffness; inflexibility. **2** *(fig.: rigore, inflessibilità)* rigidity; strictness; severity.

rigidità *sf* **1** *(l'essere rigido, anche fig.)* rigidity; stiffness; *(rigore climatico)* harshness. **2** *(fig.: severità)* severity; strictness. **3** *(fis., elettr.)* (electrical) strength.

rigido *agg* **1** *(non flessibile)* rigid; stiff: *Ha una gamba rigida,* He's got a stiff leg. **2** *(intensamente freddo)* severe; harsh; very cold: *L'inverno scorso fu molto rigido,* Last winter was very severe. **3** *(fig.: duro, inflessibile)* strict; severe; stern: *È un padre molto rigido,* He's a very strict father — *modi rigidi,* stiff manners.

rigiramento *sm* turning again (*o* round).

rigirare *vt* **1** *(girare nuovamente, ripetutamente)* to turn again; to turn round again; *(andare e venire continuamente)* to go* up and down: *Dovetti rigirarmi: la prima volta non l'avevo visto,* I had to turn round again; I had not seen him the first time — *Certo che tu la fai rigirare,* I see you are very skilful in managing her. **2** *(percorrere girando attorno)* to go* round; *(ripercorrere lo stesso cammino)* to go* round again: *Rigirammo la collina e ci ritrovammo nel luogo di partenza,* We went all round the hill, and found ourselves back where we had started from — *Rigirammo tutta la casa per trovarlo,* We kept going round the whole house to look for him.

□ *vi (andare in giro)* to walk about: *Rigirarono a lungo nei dintorni,* They walked about the neighbourhood for a long time — *Rigirarono per la città senza meta,* They wandered aimlessly around the town.

□ **rigirarsi,** *v. rifl (voltarsi indietro)* to turn round; *(di continuo)* to turn over (*o* about): *Si rigirarono per salutarci,* They turned to wave to us — *Non ci si rigira più,* We can't turn about, here — *Perché continui a rigirarti nel letto?,* Why do you keep turning about in your bed?

rigiro *sm* **1** *(il rigirare)* turning round; winding; *(fig.: garbuglio di parole)* rigmarole: *far troppi rigiri di parole,* to beat about the bush. **2** *(fig.: imbroglio, raggiro)* trick; subterfuge; underhand dealing; ruse.

rigo *sm* **1** line: *scrivere un rigo,* to drop a line. **2** *(mus.)* staff; stave.

rigoglio *sm* luxuriance; bloom; vigour: *in pieno rigoglio,* in full bloom.

rigogliosamente *avv* luxuriantly; vigorously.

rigoglioso *agg (anche fig.)* luxuriant; vigorous; blooming: *crescere rigoglioso,* to grow luxuriantly; to be thriving.

rigonfiamento *sm* swelling; inflation; bulge; protuberance.

rigonfiare *vt* to swell* again; to inflate again; *(pneumatici)* to pump up.

□ **rigonfiarsi** *v. rifl* to swell* again; to swell* up; to bulge.

rigonfio *agg* swollen (with); inflated (with).

□ *sm* swelling; bulge.

rigore *sm* **1** *(clima rigido, gran freddo)* rigour (*USA* rigor); severity; harshness; *(lett.: rigidità)* rigidity: *i rigori dell'inverno,* the rigours of winter. **2** *(severità, durezza)* severity; rigour; strictness; *(rigorosità)* rigour: *Furono puniti con eccessivo rigore,* They were punished with unwonted rigour (*o* strictness) — *La legge fu applicata in tutto il suo rigore,* The law was applied in all its severity (*o* rigour) — *il rigore di una vita solitaria e di meditazione,* the strictness of a lonely and meditative life — *È di rigore l'abito da sera,* Evening dress required — *cella di rigore,* confinement cell (*o* isolation cell). **3** *(med.: spasmo)* rigour; grip. **4** *(esattezza, coerenza)* rigour; exactness; exactitude: *A rigore, si dovrebbe fare così,* Strictly speaking (For exactness' sake) we should do it like this — *a rigor di termini (di logica),* strictly (logically) speaking. □ *(calcio di) rigore,* penalty (kick).

rigorismo *sm* rigorism.

rigorosamente *avv* rigorously; strictly; severely.

rigorosità *sf* rigorousness; rigour; strictness.

rigoroso *agg* **1** *(severo)* strict; severe; rigorous: *Dovrò essere molto rigoroso con te,* I'll have to be very strict with you — *disciplina rigorosa,* strict (*o* severe) discipline. **2** *(scrupoloso)* scrupulous; rigorous: *una definizione rigorosa,* a strict (a rigorous) definition — *contrappunto rigoroso, (mus.)* strict counterpoint.

riguadagnare *vt* **1** *(guadagnare di nuovo)* to earn again. **2** *(ricuperare)* to regain; to recover; to win* back: *Stanno riguadagnando terreno!,* They're regaining ground! — *Dovrete riguadagnare il tempo perduto,* You'll have to make up for lost time. **3** *(raggiungere)* to regain; to reach again; *(una strada, una rotta)* to get* back on (*o* onto) again: *Riguadagnarono le mura appena in tempo,* They regained the walls just in time.

riguardante *agg* regarding; concerning.

riguardare *vt* **1** *(guardare di nuovo)* to look (at sb *o* sth) again; *(raro: guardare attentamente)* to examine; to check (sth) over: *Lo riguardò ma non lo riconobbe di nuovo,* He looked at him again, but again he did not recognize him — *Prima di pagare riguarderò bene tutti i conti,* Before paying, I'll check all my accounts again. **2** *(considerare, stimare)* to regard; to consider; to look on (sb *o* sth): *L'aveva sempre riguardato come buon amico,* He had always regarded him as a good friend — *Fu subito riguardato come un ficcanaso,* He was at once looked on (*o* thought of) as a nosey-parker. **3** *(concernere, riferirsi)* to regard; to concern: *È una faccenda che riguarda solo la ditta,* This is a matter which concerns the firm only — *Son cose che non mi riguardano per niente,* These things don't concern me at all — *Per quel che ti riguarda, noi agiremo come ti ho detto,* As far as you are concerned, we'll do as I told you we would. **4** *(aver cura di, custodire con attenzione)* to take* care of (sb *o* sth); to hold* (sb *o* sth) carefully: *È un vaso fragilissimo, riguardalo!,* It's a very fragile vase, hold it carefully.

□ *vi (raro: essere situato, volto)* to overlook; to face; to look on (sth): *Le sue finestre riguardavano verso il lago,* His windows looked on the lake.

□ **riguardarsi** *v. rifl* **1** *(aver riguardo di sé)* to take* care of oneself; to look after oneself: *Dopo quella malattia dovrà riguardarsi a lungo,* After that illness, he'll have to take care of himself for a long time — *Riguardati sempre dai pericoli!,* Watch out for danger! **2** *(fare attenzione a)* to beware of sb (sth): *Riguardati da quell'uomo!,* Beware of that man!

riguardo *sm* **1** *(cura, attenzione, cautela)* care: *Devi aver riguardo della tua salute,* You must take care of your health — *Toccano tutto senza il minimo riguardo,* They handle everything without the least care — *Ho deciso di parlare senza riguardi,* I decided to speak openly (without caring about the consequences) — *Abbiti riguardo!,* Take care of yourself!
2 *(stima, rispetto, considerazione)* regard; consideration; respect: *Fu trattato con estremo riguardo,* He was treated with extreme consideration — *Agisce senza riguardo per nessuno,* He behaves without any consideration for anybody — *Devi aver riguardo per la sua età!,* You must have respect for his age! — *una persona di riguardo,* a person of consequence — *una visita di riguardo,* a courtesy visit — *mancare di riguardo verso qcno,* to be rude to sb — *Lo aiuterò ma solo per riguardo a suo fratello,* I'll help him, but only out of regard for his brother.
3 *(relazione, attinenza)* regard; respect; connection: *Al riguardo dovremo parlarci a lungo,* As regards this we'll have to have a long talk — *Non ci vedo alcun riguardo con ciò che volevo io,* I don't see any connection between this and what I wanted — *riguardo a me (a lui, ecc.),* as far as I am (he is, *ecc.*) concerned; as for me (for him, *ecc.*) — *riguardo a questo,* with regard to this — *sotto ogni riguardo,* in every respect.

riguardosamente *avv* respectfully.

riguardoso *agg (rispettoso, premuroso)* respectful; considerate; thoughtful: *Devi essere riguardoso con lui,* You must be respectful to him — *Il suo contegno era poco riguardoso,* Her behaviour was thoughtless (*o* inconsiderate).

riguarire *vt* to cure again; to heal again.

□ *vi* to recover again; to heal up again.

rigurgitante *agg* **1** regurgitating; *(brulicante)* crowded; swarming: *rigurgitante di bambini,* swarming with children. **2** *(traboccante)* overflowing.

rigurgitare *vi* **1** *(scorrere indietro, traboccare)* to gush back (*o* out); to regurgitate; to overflow*; to spew. **2** *(fig.: essere strapieno)* to swarm; to be* packed (with); to teem: *Il cinema rigurgitava di spettatori,* The cinema was packed (with people).

□ *vt* to bring* up.

rigurgito *sm* **1** *(med.)* regurgitation; gushing back. **2** *(il traboccare)* overflowing; overflow. **3** *(fig.: risveglio, rifioritura)* revival.

rilanciare *vt* **1** to throw* (to hurl) again; to throw* (to hurl) back: *Provarono a rilanciarlo,* They tried to throw it again — *Rilanciami il pallone!,* Throw me the ball back! **2** *(fig.: rendere nuovamente attuale)* to bring* in again; to re-launch. **3** *(ad un'asta)* to raise; *(a poker)* to raise.

rilancio *sm* **1** throwing (*o* flinging, hurling) again; *(di una moda)* revival. **2** *(aumento dell'offerta o della posta)* raising.

rilasciare *vt* **1** *(lasciare di nuovo)* to leave* again. **2** *(concedere)* to grant; to give*; *(un certificato)* to issue; *(consegnare)* to deliver: *Non rilascerò interviste,* I won't grant any interviews. **3** *(liberare)* to release; to set* free. **4** *(raro: allentare)* to relax; to loosen.

□ **rilasciarsi** *v. rifl* **1** *(rilassarsi)* to relax; *(di tessuto)* to distend. **2** *(lasciarsi di nuovo)* to leave* each other (*o* one another) again.

rilascio *sm* **1** *(il rilasciare)* release; dismissal; *(di un prigioniero)* release; setting free. **2** *(concessione)* grant; *(consegna)* delivery; *(di un documento)* issue.

rilassamento *sm* relaxation *(anche med.)*; relaxing; slackening.

rilassare *vt (distendere)* to relax; *(allentare)* to slacken; to loosen.

□ **rilassarsi** *v. rifl (distendersi)* to relax; *(allentarsi)* to slacken; *(di muscoli)* to distend: *Vorrei rilassarmi un po' prima di uscire,* I'd like to relax a little before going out.

rilassatezza *sf* laxity; looseness.

rilassato *agg* relaxed; slack; *(fig.)* lax; loose.

rilegare *vt* **1** to tie again; to bind* again. **2** *(libri)* to bind*: *Farò rilegare questi libri in pelle,* I'll have these books bound in leather.

rilegato *agg* bound: *rilegato in pelle,* leather-bound — *rilegato in tela,* cloth-bound.

rilegatore *sm* bookbinder; binder.

rilegatura *sf* binding; bookbinding: *rilegatura in pelle,* leather-binding.

rileggere *vt* **1** to read* over again; to reread*: *leggere e rileggere qcsa,* to read sth over and over again. **2** *(rivedere)* to revise.

rilento *(nella locuzione avverbiale) a rilento,* slowly; *(cautamente)* cautiously.

rilevamento *sm* **1** *(topografico)* survey. **2** *(naut.)* bearing: *rilevamento alla bussola,* compass bearing. **3** *(rialzo, sporgenza)* prominence; projection.

rilevante *agg* remarkable; considerable; important.

rilevare *vt* **1** *(raro: levare di nuovo)* to take* away (again); to take* off (again): *Sei tu che hai rilevato quel libro di storia dalla scrivania?,* Was it you who took that history book from my desk? **2** *(trarre)* to get*; *(apprendere)* to learn*: *Rilevò la notizia da un settimanale,* He got (*o* learnt) the news from a magazine — *Il quadro fu rilevato da un primo abbozzo,* The painting was based on a rough sketch. **3** *(cogliere, mettere in evidenza per la discussione, ecc.)* to point out; to bring* out; *(notare)* to notice; *(esaminare)* to survey: *Non hai rilevato tutti gli aspetti del problema,* You have not brought out all the sides of the problem — *Ha subito rilevato che c'era stato uno spostamento,* He noticed (*o* realized) at once that something had been moved. **4** *(raccogliere dati per una descrizione)* to collect; *(in topografia)* to survey; to plot: *Stanno rilevando le cifre per una statistica aggiornata,* They are collecting data in order to prepare some up-to-date statistics — *Hanno iniziato rilevando le parti montuose,* They started by plotting the hilly parts. **5** *(subentrare a qcno in un esercizio commerciale)* to take* over: *Hanno rilevato da poco un ristorante che è una miniera d'oro,* They recently took over a restaurant which is a gold-mine. **6** *(dare il cambio)* to relieve; *(andare a prendere)* to call for: *Stava aspettando il collega del turno successivo che lo rilevasse,* He was waiting for his colleague from the next shift to relieve him — *Lo rileviamo all'ufficio e lo portiamo da voi,* We'll call for him at his office and bring him to your place. **7** *(prendere)* to take*: *rilevare le impronte digitali,* to take sb's fingerprints. **8** *(naut.)* to take* the bearing (of sth): *Rilevate la posizione di quella nave rispetto a noi!,* Take that ship's bearing(s) relative to us!

□ *vi* **1** *(sporgere, costruire in rilievo)* to lift: *Quel plastico va bene: forse bisogna rilevarlo di qualche centimetro nell'angolo a destra,* That relief map is all right: maybe we should lift it up a bit in the right-hand corner. **2** *(raro, lett.: importare)* to be* important: *Non seppero mai quanto la cosa rilevasse,* They never realized how important the business was.

rilevato *agg* in relief; *(sporgente)* projecting; protruding; prominent.

rilievo *sm* **1** relief: *carta in rilievo,* relief map — *ricamo in rilievo,* raised embroidery. **2** *(insieme di alture)* high ground: *È nevicato sui rilievi alpini,* It has snowed on the Alps. **3** *(fig.: risalto, rilevanza)* importance; stress: *Non volli dar rilievo alla cosa,* I didn't want to stress it — *occupare un posto di rilievo,* to hold a prominent position — *pubblicare con grande rilievo,* to put into headlines — *cose di rilievo,* matters of importance; matters worthy of note — *di poco rilievo,* of little importance; of no great importance — *di nessun rilievo,* of no importance (*o* account) — *mettere in rilievo qcsa,* to point sth out; to draw attention to sth. **4** *(osservazione, soprattutto critica)* remark; criticism: *Non posso fare a meno di fare alcuni rilievi,* I can't help making a few remarks. **5** *(in topografia)* survey.

rilucente *agg* resplendent; shining; bright.

rilucentezza *sf* resplendence; brilliance.

rilucere *vi* to shine; to be* bright.

riluttante *agg* reluctant.

riluttanza *sf* reluctance: *mostrare riluttanza,* to show reluctance; to hang back.

riluttare *vi* to be* reluctant; to hang* back.

[1]**rima** *sf* rhyme: *rime alternate,* alternate rhymes — *rima baciata,* rhymed couplets — *far rima,* to rhyme — *mettere in rima,* to put into rhyme (*o* verse). □ *rispondere a qcno per le rime, (fam.)* to give sb tit for tat; to give a sharp answer; to answer sb back.

[2]**rima** *sf* slit; *(anat.)* rima *(pl.* rimae*)*.

rimandare *vt* **1** *(mandare di nuovo)* to send* again; *(mandare indietro, far tornare al luogo di provenienza)* to send* back; *(restituire)* to return; to send* back; to give* back: *Ti rimando via, se continui così,* If you go on like that, I'll send you away again — *Puoi rimandarmi le foto per posta quando le avrai viste?,* Can you send me back (Can you return) the photographs by post after you've looked at them? **2** *(posporre)* to postpone; to put* off; to defer: *La riunione è stata rimandata,* The meeting has been postponed — *Ho dovuto rimandare la partenza,* I had to put off leaving. **3** *(licenziare)* to dismiss. **4** *(non approvare un candidato facendogli ripetere un esame)* to make* sb repeat an examination.

□ *vi (far riferimento)* to refer: *Qui il testo rimanda al primo volume,* Here there is a reference to the first volume.

rimando *sm* **1** *(differimento)* postponement; deferment; adjournment. **2** *(sport)* return. **3** *(richiamo al lettore)* reference. □ *di rimando,* in return.

rimaneggiamento *sm* **1** rearrangement; readaptation. **2** *(rimpasto politico)* shuffle.

rimaneggiare *vt* **1** to rehandle. **2** *(adattare, rifare)* to adapt; to adjust; *(un ministero)* to shuffle.

rimanente *agg (restante)* remaining; *(lasciato)* left over: *la parte rimanente,* the remainder.

□ *sm* remainder; rest: *Pagherò il rimanente alla consegna,* I'll pay the remainder on delivery — *Quando mi puoi dare il rimanente?,* When can you give me the rest? — *i rimanenti,* the remainder; the others. □ *del rimanente, (raro)* however.

rimanenza *sf* remainder; remnant: *le rimanenze di merce in magazzino,* left-over stock — *rimanenze,* remnants.

rimanere *vi* **1** *(fermarsi, restare, stare fermo)* to stay; to remain; to persist; *(di atteggiamenti ecc. e di modi di essere)* to stay; to keep*: *Rimani lì, non muoverti!,* Stay there (Stay where you are), don't move! — *Rimarrò in città ancora un po' di giorni,* I shall stay in town a few days more — *rimanere alzato,* to stay up — *rimanere a casa,* to stay (to remain) at home — *rimanere in carica,* to stay in office — *rimanere fuori casa,* to stay out (*o* outside) — *rimanere assente,* to stay away — *rimanere a cena,* to stay to dinner — *rimanere dentro (fuori),* to stay in (out) — *rimanere a letto,* to stay in bed — *rimanere sul luogo,* to remain on the spot — *rimanere indietro, (lett. o fig.)* to remain behind — *Il pericolo rimane,* The danger persists — *rimanere insieme,* to keep (to stay) together — *rimanere calmo,* to stay (to keep) calm — *rimanere fedele,* to remain faithful — *rimanere uniti,* to remain united.

2 *(essere d'avanzo)* to remain; to be* left; to have* (sth) left *(con la costruzione personale)*: *Rimane ancora da dire che senza il loro consenso il progetto fallirà,* It still remains to be said that without their agreement the plan will fail — *Rimane ben poco per pagare il conto dell'albergo,* There is very little left to pay the hotel bill — *Non mi (gli, ecc.) rimane nulla,* I (they *ecc.*) have nothing left.

3 *(essere, diventare, venirsi a trovare in una determinata situazione)* to be*; to become*: *La stazione rimane sulla sinistra,* The station is on the left — *Dove rimane?,* Where is it?; Whereabouts is it? — *rimanere assente,* to be away (*o* absent) — *rimanere all'asciutto (o al verde),* to be penniless; to be broke — *rimanere d'accordo con qcno,* to be in agreement with sb; to agree with sb — *rimanere di stucco,* to be taken aback — *rimanere in dubbio,* to be in doubt — *rimanere male,* to be disappointed; to feel bad about sth — *È rimasto male,* He took it badly — *rimanere ucciso,* to be killed; to be struck dead — *rimanere ferito,* to be wounded — *rimanere senza,* to bc (to run) out of — *rimanere vedovo,* to become (to be) a widower; to be left a widower — *rimanere vedova,* to be a widow; to become a widow; to be left a widow — *rimanere a bocca aperta,* to gape; to stand gaping; to stand open mouthed — *rimanere con un palmo di naso,* to feel done — *essere rimasto a corto di qcsa,* to be short of sth; to have run short of sth — *Rimasi a piedi,* I had to walk — *rimanere indietro, (fig.)* to fall behind; to get behind — *Sono rimasto molto indietro con i miei studi,* I'm a long way behind with my studies.

4 *(restare attonito)* to be* surprised (*o* astonished, astounded): *Quando lo vidi così invecchiato, rimasi,* I was astonished to see him so old.

5 *(dipendere da, spettare a)* to rest with; to depend on: *Comunque sia, la decisione rimane a lui,* Whatever happens, the decision rests with him.

6 *(convenire, restare d'accordo)* to agree: *Siamo rimasti che Roberto mi avrebbe telefonato all'ora di colazione,* We agreed that Roberto would telephone

me at lunchtime — *rimanere di fare qcsa,* to agree to do sth.
7 *(lett.: cessare, fermarsi)* to stop.
□ *Rimanga fra noi,* Don't breathe a word of it; Keep it under your hat — *Dove siamo rimasti?,* Where did we leave off?; Where had we got to?; Where did we stop? — *Ha voluto fare tutto da solo e c'è rimasto,* He tried to do it all on his own and burnt his fingers — *rimanere sullo stomaco,* not to agree with; *(fig.)* to rankle — *Non posso mangiare aglio, perché mi rimane sullo stomaco,* I can't eat garlic, because it doesn't agree with me — *Il suo modo di fare altezzoso mi rimane sullo stomaco,* His snooty manner rankles with me.

rimangiare *vt* to eat* again: *Stai rimangiando?,* Are you eating again?
□ **rimangiarsi** *v. rifl (ritrattare)* to go* back on (sth); to retract; to take* back: *Non è il tipo che si rimangia una promessa,* He's not the kind of man to go back on his word.

rimarchevole *agg* remarkable; notable.

rimare *vt e i.* to rhyme.

rimarginare *vt* to heal *(anche fig.).*
□ **rimarginarsi** *v. rifl* to heal up *(anche fig.).*

rimaritare *vt,* **rimaritarsi** *v. rifl* to remarry; to marry again; to get* married again.

rimasticare *vt* **1** to remasticate; to chew again. **2** *(fig.)* to chew over (*o* upon); to meditate on.

rimasuglio *sm* remainder; residue; remnants *(al pl.);* remains *(pl.);* scraps; *(di cibo)* leftovers: *i rimasugli d'un pranzo,* the remains of a dinner.

rimato *agg* rhymed.

rimatore *sm* rhymer; versifier.

rimbalzare *vi* **1** to rebound; to bound back; to bounce. **2** *(di proiettile)* to ricochet. □ *far rimbalzare,* to bounce.

rimbalzo *sm* **1** rebound; bounce: *di rimbalzo,* on the rebound; *(fig.)* in retort. **2** *(di proiettile)* ricochet. □ *fare un rimbalzo,* to rebound; to bound back; to bounce.

rimbambimento *sm* dotage.

rimbambire *vi* to dote; to be* in one's dotage.

rimbambito *agg* **1** *(letteralm., di vecchio)* doting; in one's dotage. **2** *(rincretinito)* stupid; weak-minded; half-baked.
□ *sm* dotard: *un vecchio rimbambito,* an old dotard.

rimbeccare *vt (fig.)* to retort; to return blow for blow; to answer back.

rimbellire *vt* to embellish.
□ *vi* to grow* (to become*) beautiful.

rimbiancare *vt* to whiten again; *(a calce)* to whitewash again.
□ *vi* to become* (to grow*) white again.

rimboccare *vt (ripiegare all'estremità)* to turn up (*o* down); to fold in; to tuck up: *rimboccare un lenzuolo,* to turn down a sheet — *rimboccarsi le maniche, (fig.)* to roll up one's sleeves; *(fam.)* to get down to it.

rimboccatura *sf,* **rimbocco** *sm* **1** *(il rimboccare)* tucking up; turning up; *(di lenzuolo)* turning down. **2** *(parte rimboccata)* tuck; turn-up; turn-down. **3** *(cucito)* tuck; fold.

rimbombante *agg (echeggiante, risonante)* thundering; booming; *(fig.)* resounding; high-sounding; bombastic.

rimbombare *vi* to roar; to thunder; to rumble; to boom.

rimbombo *sm* boom; roar; rumble; thunder.

rimborsabile *agg* reimbursable; repayable.

rimborsare *vt* to reimburse; to pay* back; to repay*; to refund: *Il prezzo del biglietto verrà rimborsato,* Tickets will be reimbursed (*o* refunded) — *Paga tu, per favore, ti rimborserò domani,* Can you pay for me, please, I'll pay you back tomorrow — *Dovrete rimborsare le spese processuali,* You'll have to pay your opponent's costs.

rimborso *sm* repayment; reimbursement; refund: *il rimborso di un prestito,* (the) repayment of a loan — *avere un rimborso,* to be reimbursed — *ottenere il rimborso fiscale,* to get a tax refund.

rimboscamento *sm* reafforestation.

rimboscare *vt* to reafforest.
□ **rimboscarsi** *v. rifl* to take* to the woods; to hide* in the woods.

rimboschimento, rimboschire ⇨ **rimboscamento, rimboscare.**

rimbrottare *vt* to reproach; to scold; to rebuke; to give* (sb) a lecture.

rimbrotto *sm* reproach; rebuke; scolding.

rimediabile *agg* remediable: *È cosa rimediabile,* There's a way out.

rimediare *vt (fam.: procurare)* to scrape up (*o* together): *Sono riuscito a rimediare qualcosa da mangiare,* I've managed to scrape up something to eat — *rimediare una scusa,* to think up an excuse — *Abbiamo rimediato la colazione,* We had a scratch lunch.
□ *vi* **1** *(trovar rimedio a)* to remedy; to find* a remedy for; to provide a remedy for; to make amends for *(un'offesa): Dobbiamo rimediare alla gaffe che abbiamo fatto,* We must make amends for the brick we dropped. **2** *(provvedere)* to do* sth about sth else; to take* steps: *Come si rimedia?,* What can we do about it?

rimediato *agg* scraped up; put together.

rimedio *sm* **1** *(medicina)* remedy; cure; treatment; *(fig.)* remedy; cure: *Non c'è un rimedio veramente efficace contro il raffreddore,* There's no really effective remedy for a cold — *un rimedio per tutti i mali,* a cure-all; a panacea. **2** *(via d'uscita, espediente)* remedy; way out; help: *Non c'è rimedio,* There is nothing to be done about it; There's no way out — *A mali estremi, estremi rimedi, (prov.)* Desperate ills demand desperate remedies.

rimeditare *vt* to meditate again; to remeditate.

rimembranza *sf* memory; recollection; remembrance: *dolci rimembranze,* sweet memories — *parco delle rimembranze,* memorial park.

rimembrare *vt* to remember; to recollect.

rimenare *vt* **1** *(ricondurre)* to take* (to bring*) back. **2** *(dimenare)* to shake* up; to stir.

rimeritare *vt (lett.)* to remunerate; to recompense.

rimescere *vt* to pour (sth) out again.

rimescolamento *sm* **1** mixing up; stirring up; *(di carte)* shuffle; shuffling. **2** *(turbamento)* stirring in the blood; shock.

rimescolanza *sf* mixture.

rimescolare *vt* **1** *(mescolare di nuovo)* to mix up again; to stir again; to stir up. **2** *(mescolare bene e a lungo)* to mix up; to stir up; *(le carte)* to shuffle: *Devi rimescolarlo in continuazione,* You must stir it up continuously; You must keep stirring it — *Hai rimescolato le carte?,* Have you shuffled the cards? **3** *(fig.: agitare)* to upset*; to disturb; *(rinvangare)* to look back upon; to rake up: *rimescolare vecchie storie,* to rake up old matters.
□ **rimescolarsi** *v. rifl* **1** *(turbarsi, agitarsi)* to be* upset (*o* shocked); *(di cose)* to become* agitated: *Mi si rimescola il sangue alla sola idea,* My blood runs cold

at the very thought. **2** *(immischiarsi)* to meddle; to interfere; *(confondersi fra altri)* to mingle with; to lose* oneself in.

rimescolata *sf* stir; mixing up; stirring up; *(di carte)* shuffle; shuffling: *dare una rimescolata alla minestra,* to give the soup a stir; to stir the soup — *dare una rimescolata alle carte,* to shuffle the cards.

rimescolio *sm* **1** continuous stirring. **2** *(turbamento)* shock. **3** *(trambusto)* turmoil; bustle.

rimessa *sf* **1** *(atto o effetto del rimettere)* replacing; replacement; *(di motore)* restarting: *una rimessa in scena,* a revival. **2** *(locale per autoveicoli)* garage; *(per aerei)* hangar; *(per tram, bus, ecc.)* depot; *(per carrozze)* coach-house. **3** *(immagazzinamento di scorte)* store; reserve. **4** *(invio di denaro)* remittance; *(invio di merce)* consignment: *fare una rimessa in denaro a qcno,* to remit a sum of money to sb. **5** *(scapito)* loss: *vendere a rimessa,* to sell at a loss. **6** *(germoglio)* shoot; sprout. **7** *(nello sport: il rimettere la palla in campo) (tennis)* return; *(calcio: laterale)* throw-in; *(dal fondo)* goal-kick; *(di un attaccante)* bringing on-side; *(rugby)* line-out; throw-in.

rimestare *vt* **1** to stir again (*o* up). **2** *(fig.)* to raise again; to stir up again; *(spreg.)* to drag up again.

rimestio *sm* continuous stirring.

rimettere *vt* **1** *(mettere di nuovo)* to put* (on, *ecc.*) again; *(rimettere a posto)* to put* back; to replace: *Rimettiti il cappotto perché usciamo subito,* Put your coat on again: we are going out presently — *Non rimettono mai nulla a posto,* They never put things back in their place; They never replace anything — *rimettere in discussione,* to bring up for discussion again — *rimettere in gioco, (calcio, rugby)* to throw in — *rimettere in uso,* to bring into use again — *rimettere qcsa al suo posto,* to replace sth — *rimettere la spada nel fodero,* to sheathe one's sword — *rimettere sul trono,* to restore to the throne — *È una vecchia cascina rimessa a nuovo,* It's an old farmhouse has been restored — *Giurò di non rimettere più piede in quel negozio,* He swore he would never set foot in that shop again — *rimettere bocca,* to intervene again — *rimettere mano a qcsa,* to get on with sth — *rimettere una frattura,* to set a fracture — *rimettere in marcia,* to restart — *Quel medico l'ha rimesso in piedi!,* That doctor set him on his feet again!

2 *(raro: restituire)* to give* back; to return; *(mandar indietro)* to send* back: *rimettere la palla,* to put the ball back into play; to return the ball — *Gli rimise la sua promessa e tutti i regali ricevuti,* She gave him back his promise with all the gifts she had got from him.

3 *(affidare)* to refer; to leave*; to submit; to entrust: *Rimettemmo la faccenda a chi di dovere,* We referred the matter to the right person — *Ha rimesso la decisione a me,* He left me to decide — *Ho rimesso la mia vita nelle sue mani,* I entrusted my life to him — *rimettere l'anima a Dio,* to entrust one's soul to God.

4 *(perdonare)* to remit; to forgive*: *rimettere un'offesa,* to forgive a slight — *Gli fu rimessa la pena,* His conviction was quashed — *rimettere i peccati,* to forgive (sb's) sins — *Rimetti a noi i nostri debiti come noi li rimettiamo ai nostri debitori,* Forgive us our trespasses, as we forgive those who trespass against us.

5 rimetterci *(fam.: perdere)* to lose*; to ruin: *Non voleva rimetterci di tasca sua,* He didn't want to lose any money himself — *Non ci hai rimesso molto a startene a casa,* You didn't lose much by staying at home — *Ci ho rimesso la vista a fare quel lavoro,* I lost my sight by working at that job — *Ci stai rimettendo la salute!,* You are ruining your health! — *Non ci rimetto niente a provare!,* I've got nothing to lose (if I try)! — *Ci ha rimesso una gran parte del suo patrimonio,* He lost most of his estate — *rimetterci le penne, (fig.)* to go broke; to lose one's shirt.

6 *(differire)* to put* off; to defer; to postpone *(una riunione, un'assemblea già in corso)* to adjourn: *È un problema che non si può rimettere a domani,* It's a problem that can't be put off until tomorrow — *Fummo costretti a rimettere al mese successivo la nostra vacanza,* We were forced to postpone our holidays to the next month — *L'assemblea fu rimessa a data da destinarsi,* The meeting was adjourned to a date to be fixed later.

7 *(inviare, soprattutto di valori)* to remit; *(recapitare)* to hand; to deliver: *Vi rimetteremo l'assegno al più presto,* We'll let you have the cheque as soon as possible — *La citazione è stata rimessa a lui personalmente,* The summons was delivered to him personally — *Il saldo vi sarà rimesso alla fine dei lavori,* The balance will be remitted to you when the work is finished.

8 *(vomitare)* to bring* (to throw*) up; to vomit; to be* sick: *Sto per rimettere,* I'm going to be sick — *Non può più mangiare che subito rimette,* As soon as he eats anything, he throws it up — *Il puzzo era così terribile che mi venne da rimettere,* The stink was so awful that I felt sick.

9 *(raro: recuperare)* to catch* up on; to recover: *rimettere il sonno (il tempo perduto),* to catch up on sleep (on lost time).

□ *vi (ricrescere, riprodursi)* to grow* again: *Le unghie rimettono velocemente,* Fingernails grow again quickly.

□ **rimettersi** *v. rifl* **1** *(mettersi di nuovo)* to put* (to set*) oneself again; to start again: *S'è rimesso a studiare il tedesco,* He has started to study German again — *Dopo colazione ci rimettiamo in viaggio,* After lunch we'll start moving again — *Rimettiti a sedere!,* Sit down again!

2 *(ristabilirsi)* to recover: *Non mi sono ancora rimessa da quell'operazione,* I haven't yet recovered from that operation — *Spero che tu ti rimetta dallo spavento,* I hope you'll recover from the shock — *rimettersi in sesto,* to recover one's position.

3 *(di tempo: mettersi al bello)* to clear up; to settle: *Speriamo che il tempo si rimetta,* Let's hope the weather clears up.

4 *(affidarsi)* to rely on; to entrust oneself; to submit (to sb): *Mi rimetto alla tua comprensione,* I rely on your understanding — *Quando dovrete decidere non rimettetevi ad altri,* When you have to decide, don't rely on others — *Si rimise alla volontà di Dio,* He submitted to God's will.

rimirare *vt* to gaze (to stare) at.

□ **rimirarsi** *v. rifl* to admire oneself.

rimodernamento *sm* remodelling; modernizing.

rimodernare *vt* to modernize; to remodel.

□ **rimodernarsi** *v. rifl* to bring* oneself (to get*) up-to-date; to move with the times.

rimodernatura *sf* ⇨ **rimodernamento.**

rimonta *sf* **1** *(sport)* recovery; *(sl.)* come-back. **2** *(mil.)* remount. **3** *(di una galleria)* slant.

rimontare *vt* **1** *(risalire)* to go* up; *(percorrere contro vento)* to sail into the wind; *(percorrere contro corrente)* to go* against the tide: *rimontare un fiume,* to go (to sail) up a river — *rimontare la corrente,* to sail upstream — *rimontare un promontorio,* to double a headland. **2** *(ricomporre)* to reassemble: *rimontare un motore,* to reassemble an engine. **3** *(rinnovare)* to remodel; *(un paio di scarpe)* to vamp. **4** *(rifornire di cavalli)* to remount. **5** *(ricuperare gradualmente uno svantaggio)* to reduce (to make* up).

□ *vi* **1** *(salire di nuovo)* to remount; to mount again; to get* in (on, up) again: *rimontare a cavallo,* to get on horseback again. **2** *(fig.: risalire)* to go* back; to date back: *Dicono che la sua famiglia rimonta alle Crociate,* They say his family goes back to the Crusades.

rimorchiare *vt* to tow; *(fig.)* to take* in tow; to lug; to drag along: *rimorchiare un'automobile (una nave),* to tow a car (a ship) — *Dovremmo rimorchiarci tutte queste valige?,* Should we lug all these suitcases along with us? — *Dovetti rimorchiare anche sua sorella,* I had to take her sister in tow too — *Mi lascerò rimorchiare,* I'll let myself be carried along.

rimorchiatore *sf (naut.)* tug; tug-boat; *(aereo)* towplane.

rimorchio *sm* **1** *(il rimorchiare)* tow; towing: *chiedere rimorchio,* to ask for a tow — *andare (essere) a rimorchio,* to be towed — *prendere a rimorchio,* to take in tow — *spese di rimorchio,* towage. **2** *(veicolo trainato)* trailer; *(naut.)* tow: *rimorchio stradale,* trailer-truck — *fanale di rimorchio,* towing light. **3** *(cavo)* tow; towrope; towline; *(gancio)* tow-hook.

rimordere *vt* **1** *(mordere di nuovo)* to bite* again; *(a propria volta)* to bite* back. **2** *(fig.: tormentare)* to torment; to prick: *Mi rimorde ancora la coscienza per quel che feci allora,* My conscience still pricks me for what I did then.

rimorso *sm* remorse; regret; *(per estensione)* conscience: *provar rimorso,* to feel remorse — *non aver rimorsi,* to have no regrets — *rimorso di coscienza,* remorse (*o* pang) of conscience — *essere preso dai rimorsi,* to be conscience-stricken; to be stricken with remorse.

rimostranza *sf* remonstrance; complaint; protest; expostulation: *Le sue rimostranze ebbero il voluto effetto,* His remonstrances had the desired effect — *fare una rimostranza a qcno,* to remonstrate with sb.

rimostrare *vt (far vedere di nuovo)* to show* again.

□ *vi (protestare)* to remonstrate; to protest.

rimovibile *agg* removable; *(sormontabile)* surmountable.

rimozione *sf* **1** removal; *(di automobili)* towing away. **2** *(da un incarico)* dismissal; discharge.

rimpastare *vt* **1** *(impastare di nuovo)* to knead again; to re-knead; to mix up again. **2** *(fig.: ricomporre, rimaneggiare)* to rearrange; to recast*; *(un ministero)* to reshuffle.

rimpasticciare *vt* to bungle again; to botch up again.

rimpasto *sm* **1** *(l'impastare di nuovo)* kneading again; mixing up again. **2** *(il rimaneggiare)* rearrangement; *(di un ministero)* reshuffle: *C'è stato un rimpasto governativo,* There's been a Cabinet reshuffle.

rimpatriare *vt* to repatriate; to send* back to his (her, their, *ecc.*) country.

□ *vi* to return to one's country; to repatriate.

rimpatrio *sm* repatriation: *ottenere il rimpatrio,* to be repatriated.

rimpennarsi *v. rifl* to acquire a new plumage.

rimpettire *vi,* **rimpettirsi** *v. rifl* to swell* with pride.

rimpetto *avv e prep* opposite; face to face: *di rimpetto a,* opposite (to); face to face with — *la casa di rimpetto alla scuola,* the house opposite the school.

rimpiallacciare *vt* to veneer again.

rimpiangere *vt* to regret; to lament: *Rimpiango sempre quei giorni,* I always regret those days — *Rimpiangeremo molto la sua perdita,* We shall feel his loss very much.

rimpianto *agg* regretted; lamented: *il rimpianto dott. Tal dei Tali,* the late lamented Doctor So and So.

□ *sm* regret: *Ho molti tristi rimpianti,* I've many sad regrets.

rimpiastrare *vt* to re-plaster; to daub again.

rimpiastricciare *vt* to daub again; to smear again.

□ **rimpiastricciarsi** *v. rifl* to plaster oneself; *(sporcarsi)* to get* dirty (*o* soiled).

rimpiattare *vt (nascondere)* to hide*; to conceal.

□ **rimpiattarsi** *v. rifl (nascondersi)* to hide* (oneself); to conceal oneself: *fare a rimpiattarsi, (giocare a rimpiattino)* to play hide-and-seek.

rimpiazzare *vt (sostituire)* to replace; to substitute; to take* sb's place: *Ti rimpiazzo io se vuoi,* I'll take your place, if you want me to — *Fu rimpiazzato immediatamente,* It was replaced at once — *Devi pensare tu a farti rimpiazzare,* It's your job to find a substitute.

rimpiazzo *sm* **1** *(il rimpiazzare)* substitution; replacement. **2** *(sostituto)* substitute; replacement.

rimpicciolire, rimpicciolirsi ⇨ **impicciolire, impicciolirsi.**

rimpinzamento *sm* stuffing; cramming.

rimpinzare *vt* to stuff (with); to cram (with).

□ **rimpinzarsi** *v. rifl* to stuff oneself (with).

rimpolpare *vt* **1** *(rimettere in carne)* to fatten. **2** *(arricchire)* to enrich; to increase.

□ **rimpolparsi** *v. rifl* **1** *(rimettersi in carne)* to put* on flesh; to grow* fat. **2** *(arricchirsi)* to become* rich.

rimproverabile *agg* reproachable; reprehensible.

rimproverare *vt* **1** *(ammonire, sgridare)* to reproach; to reprove; to rebuke; to upbraid; to scold; to chide; *(fam.)* to tell* off; *(in modo ufficiale)* to reprimand; *(biasimare)* to blame; to criticize: *Non serve più rimproverarlo, ora bisogna punirlo,* It's no use scolding him anymore: he's got to be punished — *Fu rimproverato dal professore,* He was reprimanded (*o* scolded) by his teacher — *Dopo essere stato ufficialmente rimproverato, l'ufficiale fu esonerato dal servizio,* Having been officially reprimanded, the officer was dismissed — *'Spero che non mi rimprovererai se ti dico la verità',* I hope you won't blame me if I tell you the truth — *Non posso che rimproverarti la tua testardaggine,* I cannot but blame you for your pig-headedness. **2** *(raro: rinfacciare)* to reproach (sb with sth); to blame (sb for sth): *Per tutta la vita rimproverò alla nuora le sue modeste origini,* For the whole of his life he blamed his daughter-in-law for her humble birth.

□ **rimproverarsi** *v. rifl e reciproco* **1** to reproach oneself (with sth); to blame oneself (for sth): *È bello non aver nulla da rimproverarsi,* It's good not to have anything to blame oneself for (*o* to reproach oneself with). **2** *(pentirsi di qcsa)* to regret; to repent (of); to blame oneself (for): *Per molti anni si rimproverò di non essersi laureato,* For many years he regretted not getting a degree — *Ho dovuto rimproverarmi più volte di esser stato troppo sincero,* I often had to blame myself for being too sincere. **3** to reproach (to blame) each other (*o* one another): *Continuano a rimproverarsi di tutto l'un con l'altro,* They keep reproaching (*o* blaming) one another.

rimprovero *sm* reproof; reproach; *(di tono ufficiale)* reprimand; rebuke; *(sgridata)* scolding; telling-off *(fam.)*: *Ti prenderai un bel rimprovero!,* You'll get a good telling-off! — *muovere (fare) un rimprovero a qcno,* to reproach (to rebuke) sb.

rimuginare *vt* **1** *(raro: agitare frugando)* to rummage; to turn things upside down. **2** *(fig.: agitare nella mente)* to keep* on turning (sth) over in one's mind; to brood on (*o* over): *Su che cosa stai rimuginando?,* What are you brooding over? — *Non serve rimuginare sempre le stesse cose,* It doesn't help to go on brooding over the same things all the time.

rimunerare *vt* to remunerate; to reward; to recompense.

□ *vi (dare profitto)* to be* profitable (*o* remunerative); to pay*.

rimunerativo *agg* remunerative; rewarding; profitable; paying.

rimunerazione *sf* remuneration; reward; recompense.

rimuovere *vt* **1** *(raro: muovere di nuovo)* to move again. **2** *(toglier via, allontanare, spostare)* to remove; to get* rid of; to eliminate; *(fig.: distogliere)* to dissuade; to deter: *Riuscirono a rimuovere tutti gli ostacoli,* They managed to remove (to get rid of) all the obstacles — *Non potete rimuovermi dal mio proposito,* You cannot deter me from my purpose. **3** *(destituire)* to remove; to dismiss: *Dopo lo scandalo, il presidente lo rimosse dalla sua carica,* After the scandal, the President dismissed (*o* removed) him from his office.

□ **rimuoversi** *v. rifl (allontanarsi da un'idea)* to budge.

rimutare *vt* to change again.

rinascente *agg* renascent; reviving; returning; *(di erba, ecc.)* growing again.

rinascenza *sf* **1** *(rinascita)* rebirth; revival. **2** *(stor.: Rinascimento)* (the) Renaissance (*o* Renascence).

rinascere *vi (nascere di nuovo)* to be* born again; *(rivivere)* to return to life; to revive *(anche fig.)*; *(germogliare di nuovo)* to grow* again; to spring* up again: *Se potessi rinascere, vorrei essere diverso,* If I could be born again, I'd like to be different — *Mi sentii rinascere,* I felt a new man (*o* woman) — *È rinato dopo quell'operazione,* He's a new man after that operation — *Spero che questa pianta rinasca,* I hope this plant will grow again.

rinascimentale *agg* of the Renaissance; Renaissance *(attrib.)*.

rinascimento *sm (stor. e lett.)* (the) Renaissance (*o* Renascence): *il Rinascimento Italiano,* the Italian Renaissance; the Renascence (*o* Revival of Learning) in Italy — *un tavolo di stile Rinascimento,* a Renaissance table.

rinascita *sf* rebirth; revival.

rinavigare *vt e i.* to sail again.

rincagnarsi *v. rifl* to scowl.

rincagnato *agg* pug; snub.

rincalcare *vt* to pull down; to push down; to press down.

rincalzamento *sm (in agricoltura)* earthing up; *(rimboccamento, di lenzuola, ecc.)* tucking in; tucking up; *(fig.: di mobili, ecc.)* reinforcement; strengthening; propping up; support.

rincalzare *vt* **1** *(sostenere)* to support; *(sorreggere)* to prop up; *(rinforzare con sostegni piante, ecc.)* to earth up; *(un mobile)* to prop; to fix. **2** *(rimboccare: p.es. le coperte del letto)* to tuck in.

rincalzata, rincalzatura *sf (agricoltura)* earthing up.

rincalzo *sm* **1** *(agricoltura)* earthing up. **2** *(rinforzo)* support; reinforcement; *(sport)* reserve: *truppe di rincalzo, (mil.)* reinforcements; reserves.

rincamminarsi *v. rifl* to resume one's way; to set* out again.

rincantucciare *vt* to corner; to put* (sth) in a corner; *(spingere qcsa in un cantuccio)* to drive* sth into a corner.

□ **rincantucciarsi** *v. rifl* to creep* into a corner; *(nascondersi)* to hide* oneself (in a corner).

rincarare *vt (aumentare un prezzo)* to increase, to raise (the price of); *(fig.: aggravare qcsa)* to aggravate: *Dovremmo rincarare gli affitti,* We should increase the rents — *rincarare il latte,* to raise the price of milk — *rincarare la dose,* to make things worse.

□ *vi* to become* dearer; to rise*; to go* up in price: *Da domani rincara anche il giornale,* The papers are going up, too, as from tomorrow.

rincarnare *vt* **1** *(reincarnare)* to reincarnate. **2** *(rimettere in carne, ingrassare)* to fatten again; to make* fat again.

□ **rincarnarsi** *v. rifl* **1** *(rimettersi in carne)* to put* on flesh; to put* on weight. **2** *(rimarginarsi, di ferita)* to heal. **3** *(reincarnarsi)* to be* reincarnated.

rincarnazione *sf* reincarnation.

rincaro *sm* rise (*o* increase) in prices; price rise: *C'è stato un rincaro dei generi alimentari,* There's been an increase in the price of food.

rincasare *vi,* **rincasarsi** *v. rifl* to return home; to go* back home; to come* back home.

rincatenare *vt* to chain up again.

rincattivire *vt* ⇨ **incattivire.**

rinchiudere *vt* to shut* up; to lock up; to shut* in; to enclose.

□ **rinchiudersi** *v. rifl* to shut* oneself up; to lock oneself in: *rinchiudersi in convento,* to enter (to withdraw into) a monastery; to become* a monk (a nun).

rinchiuso *agg* enclosed; shut in; shut up; *(a chiave)* locked up.

□ *sm* enclosed place; enclosure; *(recinto)* enclosure; pen: *odore di rinchiuso,* musty smell; *(aria viziata)* stuffy air.

rincitrullire *vt* to drive* (to make*) silly.

□ **rincitrullirsi** *v. rifl* to grow* silly; to grow* (to become*) stupid; to become* a fool; to go* daft *(fam.)*.

rincollare *vt* to glue again; to paste again.

rincollo *sm (di acque)* obstruction.

rincominciare *vt* to begin* again; to start again: *ricominciare qcsa daccapo,* to start sth over again — *Ricominciò a piovere,* It started raining again.

rincontrare *vt,* **rincontrarsi** *v. rifl* to meet* again.

rincontro *sm* **1** meeting. **2** *(pl.: segni, ecc.)* reference marks.

rincorare *vt* to encourage; *(confortare)* to comfort; to cheer up.

□ **rincorarsi** *v. rifl* to take* heart; to feel* encouraged; to cheer up.

rincorporare *vt* to reincorporate.

rincorrere *vt* to run* after; to pursue; to chase.

□ **rincorrersi** *v. reciproco* to run* (to chase) after each other (*o* one another): *giocare a rincorrersi, (fam.)* to play tag.

rincorsa *sf* run; run-up; sprint: *prendere la rincorsa,* to take a run-up.

rincrescere *vi (con la costruzione impersonale: causare dispiacere)* to regret; to be* sorry; *(dispiacere)* to mind *(tutti con la costruzione personale)*: *Disse che le rincresceva, ma non poteva proprio venire,* She said she was sorry, but she really could not come — *Se non ti rincresce, ricordamelo ancora,* Remind me of it again, if you don't mind — *Queste sono cose che rincrescono,* These are very regrettable matters — *Certo che rincresce lasciar perdere tutto così,* Of course it's a pity to let everything go like that.

rincrescimento *sm* regret: *con mio grande rincrescimento,* much to my regret — *provare rincrescimento per qcsa,* to feel sorry for sth.

rincrudimento *sm* aggravation; worsening: *Ci fu un rincrudimento del tempo,* The weather got worse.

rincrudire *vt* to aggravate; to make* worse; to worsen.

□ **rincrudirsi** *v. rifl* to get* (to become*) worse; to worsen; *(di tempo)* to get* colder.

rinculare *vi (indietreggiare)* to draw* back; to back; to recoil; *(di cannone, ecc.)* to recoil; to kick.

rinculata *sf* drawing back; recoiling.

rinculo *sm (di arma da fuoco)* recoil; kick.

rincupire *vi,* **rincupirsi** *v. rifl* to grow* darker; *(fig.)* to become* gloomy; to cloud over.

rindebitarsi *v. rifl* to run* (to get*) into debt again.

rindossare *vt* to put* on again.

rinettare *vt* to clean up again; to reclean.

rinevicare *vi* to snow again.

rinfacciamento *sm* throwing in sb's teeth; *(rimprovero)* reproach; scolding.

rinfacciare *vt* **1** *(rimproverare)* to reproach; to rebuke; to scold; to cast* in sb's teeth. **2** *(ricordare in modo umiliante, con risentimento)* to bring* up.

rinfervorare *vt* to enliven; to rouse to fresh enthusiasm.

□ **rinfervorarsi** *v. rifl* to be* filled with new fervour.

rinfiammare *vt* to set* on fire again; to rekindle.

□ **rinfiammarsi** *v. rifl* to burst* into flame again; *(fig.)* to get* excited again.

rinfilare *vt* **1** to rethread; to thread again. **2** *(indossare di nuovo)* to put* on again.

rinfittire *vt* to thicken; to make* thicker.

□ *vi* to thicken; to get* (to grow*) thicker.

rinfocolamento *sm* rekindling; stirring up again.

rinfocolare *vt* **1** *(attizzare il fuoco)* to poke. **2** *(fig.: ravvivare)* to rekindle; to stir up; to revive; to excite again: *Ciò non fece che rinfocolare la sua rabbia,* That only stirred up his anger.

□ **rinfocolarsi** *v. rifl* to be* rekindled; to be* stirred up again.

rinfoderare *vt* **1** *(la spada, ecc.)* to sheathe again; to put* (sth) back into its sheath. **2** *(rimettere la fodera a qcsa)* to reline.

□ **rinfoderarsi** *v. rifl (fig.)* to retire into oneself; to withdraw* into one's shell.

rinfornare *vt* to put* back into the oven.

rinforzamento *sm* strengthening; bracing; reinforcement; *(industria costruzioni)* backing; stiffening; propping up; *(fotografia)* intensifying.

rinforzare *vt* **1** *(rinvigorire)* to strengthen; to make* stronger; *(rendere più saldo)* to reinforce; to back; to support; to prop up; *(fig.: rafforzare)* to support; to back: *La ginnastica ti rinforzerà,* Exercise will make you stronger — *Bisogna rinforzare il tetto,* We must prop the roof up. **2** *(accrescere mezzi militari)* to reinforce.

□ **rinforzarsi** *v. rifl* to strengthen oneself; to become* stronger; to be* strengthened; *(di vento)* to stiffen.

rinforzo *sm* **1** *(il rinforzare)* strengthening; reinforcement; *(ciò con cui si rinforza)* reinforcement; *(appoggio, supporto)* backing; propping up; *(nelle costruzioni)* bracing; *(per calzature)* support; *(fig.)* support; help: *Mandarono i due fratelli di rinforzo,* The two brothers were sent to help. **2** *(mil., generalm. pl.)* reinforcements.

rinfrancare *vt* to reassure; to encourage; to hearten.

□ **rinfrancarsi** *v. rifl* to be* reassured; to take* heart again; to recover oneself; to pluck up courage again.

rinfrescamento *sm* freshening-up; refreshing; cooling; cooling down.

rinfrescante *agg* refreshing; cooling.

□ *sm (bibita)* refreshing drink; cooling drink.

rinfrescare *vt* **1** *(refrigerare)* to cool; to make* cooler; to refresh: *Vorrei un gelato per rinfrescarmi la gola,* I'd like to have an ice-cream to cool my throat — *rinfrescare l'aria in una stanza,* to change the air in a room. **2** *(ant.: ristorare)* to refresh; *(raro, fig.: ravvivare)* to freshen up: *rinfrescare la memoria a qcno su qcsa,* to freshen up sb's memory. **3** *(rinnovare)* to renovate; to freshen up; to renew; to restore; to do* up: *Dobbiamo rinfrescare pareti e soffitti,* We must do up the walls and ceilings.

□ *vi* **1** *(diventare più fresco)* to cool; to get* cooler. **2** *(del vento)* to freshen.

□ **rinfrescarsi** *v. rifl* **1** *(lavarsi)* to freshen (oneself) up: *Vorrei rinfrescarmi prima di uscire a cena,* I'd like to freshen (myself) up before going out to dinner. **2** *(ristorarsi col cibo, ecc.)* to take* some refreshment.

rinfrescata *sf* **1** *(di tempo, ecc.)* cooling; cooling down. **2** *(fam.: lavata)* freshening up; *(con spruzzi d'acqua)* sprinkling: *darsi una rinfrescata,* to freshen oneself up. **3** *(naut.: aumento di forza del vento)* steady increase in wind; freshening.

rinfresco *sm (servizio di bevande, ecc.)* light refreshment; *(ricevimento con rinfresco)* cocktail party; party; reception; *(pl.: i cibi, ecc.)* refreshments.

rinfurbire *vi* to get* more cunning.

rinfusa *sf (nell'espressione avverbiale e aggettivale) alla rinfusa,* in jumbled confusion; *(di merce)* in bulk.

ringagliardimento *sm* reinvigoration; strengthening.

ringagliardire *vt* to reinvigorate; to strengthen.

□ **ringagliardirsi** *v. rifl* to become* more vigorous; to become* stronger.

ringalluzzare, ringalluzzire *vt* to embolden; to make* proud; to elate.

□ *vi (anche* **ringalluzzirsi**, *v. rifl.)* to get* elated; to become* cocky; to grow* bolder; to get* jaunty.

ringhiare *vi* to snarl *(anche fig.).*

ringhiera *sf (di terrazzo)* railing(s); *(di scala)* banisters *(pl.).*

ringhio *sm* snarl; growl.

ringhiosamente *avv* with a snarl *(anche fig.).*

ringhioso *agg* snarling *(anche fig.);* growling.

ringhiottire *vt* to swallow again *(anche fig.).*

ringiovanire *vt (far ritornare giovane)* to make* (sb) young again; to rejuvenate; *(far sembrare giovane)* to make* (sb) look younger: *Non c'è nessuna cura che ti possa ringiovanire,* There's no treatment capable of making you young again — *Questa pettinatura ti ringiovanisce molto,* This hairstyle makes you look years younger.

□ *vi* to get* (to become*) young again; to grow* young again; to regain a youthful appearance.

ringoiare *vt* **1** to swallow up again. **2** *(ritrattare)* to withdraw*; to take* back.

ringozzare *vt* ⇨ **ingozzare.**

ringrandire *vt* to enlarge; to make* larger.

□ **ringrandirsi** *v. rifl* to grow* larger; to become* larger.

ringrassarsi *v. rifl* to grow* fat; to grow* fatter; to put* on weight again.
ringraziamento *sm* thanks *(pl.); (religione)* thanksgiving: *molti ringraziamenti,* many thanks; thanks very much — *Fa' i miei ringraziamenti a tuo padre,* Please express my thanks to your father.
ringraziare *vt* to thank: *Vi ringrazio sentitamente,* (I) Thank you sincerely — *La (Ti, Vi) ringrazia molto,* Thank you very much; Many thanks — *ringraziare qcno per (o di) qcsa,* to thank sb for sth — *Le scrivo per ringraziarla del regalo,* I'm writing to you to thank you for the present — *Non hai che da ringraziare te stesso,* You have only yourself to thank — *Dio sia ringraziato,* Thanks be to God.
ringuainare *vt* to sheathe again.
rinite *sf* rhinitis.
rinnegare *vt* to disown; to renounce; to repudiate: *rinnegare la propria religione,* to deny one's religion.
rinnegato *agg* disowned; repudiated.
□ *sm* renegade; *(politica)* turncoat; deserter.
rinnegatore *sm* denier; renouncer.
rinnestare *vt* **1** *(agricoltura)* to graft again; *(riattaccare)* to reattach. **2** *(mecc.: di marcia)* to re-engage.
rinnesto *sm* **1** *(agricoltura)* new graft; regrafting. **2** *(ricongiungimento)* reattachment; rejoining.
rinnovabile *agg* renewable.
rinnovamento *sm* renewal; renovation; *(rinascita)* revival.
rinnovare *vt* **1** *(rendere nuovo)* to renew; *(modificare, cambiare)* to change (⇨ *anche il* **3**): *Hanno rinnovato il loro repertorio,* They have renewed their repertoire — *rinnovare l'aria,* to change the air — *La sua presenza rinnovò il suo dolore,* His being there renewed their sorrow — *rinnovare la società, (fig.)* to renew (to reform) society. **2** *(fare di nuovo)* to renew; to repeat: *rinnovare una domanda,* to repeat a question — *rinnovare un contratto,* to renew a contract — *rinnovare un assalto,* to renew an attack — *rinnovare i ringraziamenti,* to renew (to repeat) one's thanks — *rinnovare le scuse,* to renew one's apologies. **3** *(cambiare, sostituire)* to change; to renew: *Tutto il personale dell'albergo è stato rinnovato,* All the hotel staff has been changed — *Mi piacerebbe rinnovare completamente il mio guardaroba,* I would like to renew my wardrobe from scratch.
□ **rinnovarsi** *v. rifl* **1** *(tornar nuovo)* to be* renewed; to be* made new: *La ragazza s'è rinnovata frequentando quell'ambiente raffinato,* That girl was renewed, just by mixing with those refined people. **2** *(ripetersi)* to happen again; to be* repeated; to reoccur: *È un'occasione che non si rinnova sovente,* It's an opportunity that's not often repeated.
rinnovatore *agg* renewing; renovating. □ *sm* renewer.
rinnovazione *sf* renewal *(anche di cambiale);* renewing; renovation.
rinnovo *sm* renewal.
rinobilitare *vt* to ennoble again; to dignify again.
rinoceronte *sm* rhinoceros *(pl.* -oses, -os *o* -i*)*.
rinomanza *sf* renown; fame.
rinomato *agg* renowned; well-known; celebrated; famous; *(talvolta, spec. USA)* famed.
rinominare *vt* **1** to name (to mention) again; to renominate. **2** *(rieleggere)* to elect again; to re-elect; *(designare di nuovo)* to appoint again; to reappoint.
rinotificare *vt* to notify again.
rinquattrinare *vt* to supply with (more) money.
rinsaccarsi *v. rifl* to hump one's shoulders.
rinsaldamento *sm* consolidation; strengthening.
rinsaldare *vt* to strengthen; to consolidate.
□ **rinsaldarsi** *v. rifl* to become* stronger; to be* strengthened (*o* fortified).
rinsanguare *vt (fig.)* to give* new strength (*o* vigour, a boost) to; to reinvigorate.
□ **rinsanguarsi** *v. rifl* **1** *(riprendere vigore)* to get* stronger. **2** *(rifornirsi di denaro)* to recoup oneself.
rinsanire *vi (riaversi da una malattia)* to recover (one's health); *(ricuperare la sanità mentale)* to become* sane again; to recover one's sanity.
rinsavire *vi* to recover one's wits; to become* sensible again.
rinselvatichire *vt* to make* wild again.
□ *vi* to grow* wild again.
rinserrare *vt (chiudere)* to shut* in; to shut* up; *(chiudere di nuovo)* to shut* again; *(chiudere a chiave)* to lock.
□ **rinserrarsi** *v. rifl* to shut* oneself in (*o* up); *(a chiave)* to lock oneself in (*o* up).
rinsudiciare *vt* to dirty (to soil) again.
□ **rinsudiciarsi** *v. rifl* to become* (to get*) dirty (*o* soiled) again.
rintanarsi *v. rifl* to re-enter a den; *(fig.: nascondersi)* to hide* up; to conceal oneself.
rintenerire *vt (intenerire di nuovo, raro)* to soften again; *(fig.)* to move again.
□ **rintenerirsi** *v. rifl* to be* moved (*o* affected) again.
rinterramento *sm* filling up (with earth); silting up.
rinterrare *vt* to fill up (with earth); to silt up; *(riseppellire)* to bury again.
rinterro *sm* bank; silt.
rinterrogare *vt* to question again; to requestion.
rintoccare *vi (di campana)* to toll.
rintocco *sm* tolling; knell: *suonare a rintocchi,* to toll.
rintonacare *vt* to plaster again; to replaster.
rintonaco *sm* new coat of plaster; new plaster.
rintracciabile *agg* traceable.
rintracciare *vt (seguire una traccia fino al ritrovamento)* to trace; to track; to track down; *(trovare)* to find*: *Bisogna rintracciare il mandante del crimine,* The instigator of the crime must be traced — *Non sono riuscito a rintracciarlo, signorina,* I can't trace (*o* find) him, Miss — *rintracciare la selvaggina,* to track game — *rintracciare una citazione,* to track down a quotation — *Vanno rintracciate le cause,* The reasons must be found.
rintronamento *sm* stunning; dinning; deafening; *(rimbombo)* roaring; thundering.
rintronare *vt (stordire)* to stun; to din; to deafen.
□ *vi (rimbombare)* to boom; to resound; to roar; to thunder.
rintrono, rintuono *sm* boom; roaring; thundering.
rintuzzare *vt* **1** *(spuntare)* to blunt; to dull. **2** *(reprimere)* to repress; to check; to abate. **3** *(ribattere)* to fling* back; to retort: *rintuzzare un'accusa,* to fling back an accusation.
rinuncia, rinunzia *sf* renunciation; *(anche religione)* renouncing; giving up; *(dir.)* waiver; release; disclaimer; quitclaim: *rinunzia agli atti del giudizio,* abandonment of a claim.
rinunciare, rinunziare *vi* to renounce; to give* up; *(a un diritto)* to resign: *Ho dovuto rinunziare all'idea di partire,* I had to give up the idea of leaving — *rinunziare al trono,* to renounce the throne — *Rinunziarono ai loro diritti,* They resigned their rights — *Sto rinunziando alla speranza,* I'm giving up hope — *Ci rinuncio!,* I give up!
rinunciatario, rinunziatario *sm* renouncer.
rinvenibile *agg* retraceable.
rinvenimento *sm* **1** *(ritrovamento)* recovery; *(sco-*

perta) discovery. **2** *(il rinvenire da uno svenimento)* recovery; coming to one's senses. **3** *(in metallurgia)* drawing; tempering.

rinvenire *vt (trovare)* to find*; *(ritrovare)* to recover; *(scoprire)* to find* out; to discover: *Fu rinvenuto cadavere,* He was found dead.

□ *vi* **1** *(riprendere i sensi)* to recover one's senses; to come* to oneself; to come* round: *Rinvenni quasi subito,* I came round almost at once — *far rinvenire qcno,* to bring sb round. **2** *(ridiventare morbido)* to soften; to get* soft: *far rinvenire delle prugne secche,* to soften some prunes. **3** *(ridiventare fresco)* to revive: *Vedo che le rose stan rinvenendo dopo che le hai tagliate,* I can see the roses are reviving (*o* coming on again) after you cut them.

rinverdire *vt* to make* green again; *(fig.: speranze, ecc.)* to reawaken*; to rekindle; to revive.

□ *vi (rinverdirsi)* to become* green again.

rinvestimento *sm (comm.)* reinvestment.

rinvestire *vt (comm.)* to reinvest; to invest again.

rinviare *vt* **1** *(rimandare)* to put* off; to postpone; to defer; *(di una seduta, ecc.)* to adjourn: *Hanno deciso di rinviare l'inaugurazione,* They've decided to put off the opening — *La causa fu rinviata,* The case was adjourned — *Non si può più rinviare l'operazione,* The operation cannot be postponed any longer. **2** *(mandare indietro)* to return; to send* back.

rinvigorimento *sm* reinvigoration; *(rafforzamento)* strengthening.

rinvigorire *vt* to reinvigorate; to strengthen.

□ **rinvigorirsi** *v. rifl* to regain strength; to gain strength; to grow* strong again.

rinvilire *vt* to lower; to cheapen; to reduce: *rinvilire i prezzi,* to lower prices.

□ *vi (perdere di prezzo)* to become* cheaper; to drop (to fall*) in price.

rinvio *sm* **1** putting off; postponement; deferment; delay; *(aggiornamento)* adjournment: *Non voglio rinvii,* I don't want any delays — *Fu deciso il rinvio del processo,* It was decided to adjourn the trial. **2** *(il rimandare indietro)* sending back; return. **3** *(mecc.)* transmission. **4** *(sport)* return. **5** *(rimando)* reference.

riobbligare *vt* to oblige again; to compel again.

□ **riobbligarsi** *v. rifl* to bind* oneself again.

rioccupare *vt* to reoccupy; to occupy again.

rioccupazione *sf* reoccupation.

rionale *agg* local; district *(attrib.)*; ward *(attrib.)*: *mercato rionale,* local market.

rione *sm* quarter; district; ward.

riordinamento *sm* rearrangement; reordering; *(di stanza)* tidying-up; *(riorganizzazione)* reorganization; *(riforma)* reform; reforming.

riordinare *vt* **1** *(rimettere in ordine)* to put* (sth) in order again; to tidy (sth) up; to rearrange: *Sto finendo di riordinare la casa,* I'm about to finish tidying up the house. **2** *(stabilire nuovi ordinamenti)* to reform; to reorganize. **3** *(dare un nuovo comando)* to order again.

□ **riordinarsi** *v. rifl (rimettersi in ordine)* to put* oneself in order; to tidy oneself up: *Spero che ti riordinerai per venire a cena!,* I hope you'll tidy yourself up before coming to dinner!

riordinatore *sm* reorganizer; reformer.

riordinazione *sf (comm.)* re-order; new order.

riorganizzare *vt* to reorganize; to organize again.

riottosamente *avv* quarrelsomely.

riottoso *agg (litigioso)* quarrelsome; cantankerous; turbulent; *(indocile, restio)* unruly; refractory.

ripa *sf* steep bank; *(luogo scosceso)* embankment: *uccelli di ripa,* wading birds; waders.

ripagare *vt* **1** *(pagare una seconda volta)* to pay* (sb for sth) again: *Volevano farmi ripagare la poltrona,* They wanted me to pay for the armchair again. **2** *(ricompensare, anche contraccambiare)* to repay*; to pay* back; to recompense; to reward: *ripagare qcno con la stessa moneta,* to repay in the same coin. **3** *(risarcire)* to replace: *Ripagherà tutto ciò che ha rotto,* He will replace every single thing he broke.

riparabile *agg* repairable; mendable; *(fig.)* emendable.

riparabilità *sf* repairability.

[1]**riparare** *vt* **1** *(proteggere)* to shelter; to protect; to shield; to screen; *(mil.)* to cover: *Si riparò la faccia con le mani,* He protected (*o* shielded) his face with his hands — *Mi ha riparato con il suo corpo,* He shielded me with his body — *Riparami le spalle!,* Cover my shoulders! — *Questo tetto non ripara dalle intemperie!,* This roof does not shelter us from the weather! — *Perché non ripari gli occhi dal sole?,* Why don't you shield your eyes against the sunshine? **2** *(risarcire)* to redress; to make* amends (for); to make* up (for); to make* good: *Ripareremo tutti i nostri torti,* We'll make amends for all our misbehaviour — *L'ho fatta grossa, e non so come riparare,* Now I've really gone and done it, and I don't know how to make amends for it (*o* make up for it). **3** *(un esame)* to repeat an examination. **4** *(aggiustare)* to repair *(anche mecc.)*; to mend; to fix; *(naut.)* to refit; *(edilizia)* to restore: *In cucina c'è un rubinetto da riparare,* There's a tap (that) needs fixing in the kitchen — *È una bella casa, ma sarebbe molto da riparare,* It's a nice house, but it would now heavy restoration work — *riparare un motore,* to recondition an engine.

□ *vi (provvedere)* to remedy; to make* up (for sth); to redress; to make* good: *Alla fine riparammo a tutti gli inconvenienti,* Finally we managed to make up for every inconvenience — *È una perdita a cui non potremo riparare,* We'll never be able to make good the loss.

□ **ripararsi** *v. rifl (mettersi al riparo, in salvo)* to protect oneself: *Stava nella buca, cercando di ripararsi dal vento e dalla neve,* He was in the hole, trying to protect himself from the wind and snow.

[2]**riparare** *vi (rifugiarsi per sfuggire a qcsa)* to take* refuge: *Durante il fascismo, molti italiani ripararono all'estero,* During the Fascist period, many Italians took refuge abroad.

riparazione *sf* **1** *(aggiustatura)* repair; repairing; reparation; *(mecc.)* repair; fixing; *(di aerei o navi)* mending; *(di opere architettoniche)* restoration: *carro riparazioni,* breakdown truck — *essere in riparazione,* to be under repair — *strada in riparazione, (segnalazione stradale)* road up. **2** *(fig.)* reparation; satisfaction; atonement; amends; redress: *chiedere riparazione,* to demand reparation (*o* satisfaction) — *in riparazione d'un torto,* as amends for a wrong — *esami di riparazione,* resit exams; Autumn examinations (for candidates who failed in the Summer).

riparlare *vi* to speak* again; to talk again; *(discutere di nuovo di qcsa)* to talk sth over: *Ne riparleremo,* We must talk it over again.

riparo *sm* **1** *(protezione)* shelter; cover; protection: *Avete trovato un riparo?,* Have you found somewhere to shelter? — *mettersi al riparo,* to get under cover — *Sono ormai al riparo,* They're safe by now — *al riparo dal sole (dal vento),* sheltered from the sun (from the mind). **2** *(schermo, difesa)* protection;

defence; *(pl. mil.: bastione)* fortification: *farsi riparo,* to protect oneself. **3** *(rimedio)* remedy: *Non c'è riparo a ciò,* There's no remedy for this — *correre ai ripari,* to do sth about sth else — *senza riparo,* irretrievably — *metter riparo a un inconveniente,* to put a stop to a nuisance. **4** *(mecc.)* guard.

ripartibile *agg* divisible; which can be divided (distributed, shared out).

ripartimento *sm (sezione)* division; section.

[1]**ripartire** *vi (partire di nuovo)* to leave* again; to be* off again; to start out again; *(di motori, ecc.)* to start again: *Mi spiace, non potremo vederci, perché io riparto domani,* I'm sorry, but we shan't be able to see each other as I'm leaving tomorrow — *Dopo la pioggia, non riesco a far ripartire l'automobile,* I can't get the car to start after the rain.

[2]**ripartire** *vt (spartire)* to divide; to parcel out; to share (out); *(distribuire)* to distribute: *La proprietà deve essere ripartita,* The estate must be divided (*o* parcelled) out — *Ripartiremo le spese fra noi,* We'll share the expenses; We'll divide the expenses between us.

ripartizione *sf* **1** *(divisione, distribuzione)* division; sharing out; distribution; apportionment: *la ripartizione di uno Stato,* the division of a State — *Vogliamo un'equa ripartizione dei profitti,* We want an equal distribution of profits. **2** *(ciascuna parte di una spartizione)* share; portion; division; *(di terreno)* lot; block; *(comm.)* allotment. **3** *(reparto di un'amministrazione)* division; department; section.

ripassare *vt* **1** *(passare di nuovo)* to cross (*meno comune* to traverse) again; to recross; to go* through (across, over) again: *I due contrabbandieri ripassarono il confine,* The two smugglers crossed the border again — *Tra pochi giorni ripasserà l'Atlantico,* In a few days he will cross the Atlantic again.
2 *(rivedere, rileggere, ripercorrere, ritracciare)* to revise; to read* (sth) over again; to go* through (sth) again; to have* a look (at sth) again; to look (sth) over again; *(ritoccare)* to give* a finishing touch (to); to retouch; *(mecc.)* to overhaul: *Non disturbarmi, devo ripassare la lezione,* Don't disturb me, I have my lesson to go through again — *Hanno preparato l'articolo, ma lo ripasserà ancora il direttore,* They've got the piece ready, but the editor still has to look it over — *Il disegno è pronto, va solo ripassato a inchiostro,* The drawing is ready, it merely has to be gone over again with ink — *La pulizia è fatta, Lei non ha che da ripassare,* The cleaning is done, you have only to give the finishing touches — *ripassare al trapano,* to redrill — *ripassare un motore* to overhaul an engine.
3 *(dare di nuovo)* to hand again; to pass again: *Ripassami il giornale quando hai finito di leggerlo, per favore,* Hand me the paper again as soon as you have finished of reading it, please — *Mi ripassi il sale, per piacere?,* Can you pass me the salt again, please?; Could I have the salt back, please?
4 *(far passare di nuovo: col colino)* to strain again; to restrain; *(col setaccio)* to sift again: *Bisogna ancora ripassare la verdura,* The vegetables should be strained again — *ripassare il caffè,* to repercolate coffee; to percolate coffee again.
5 *(scherz.: picchiare energicamente)* to give* a sound thrashing (to sb); to beat*: *Poveretto, l'hanno ripassato ben bene!,* Poor chap, he's had a sound thrashing!
□ *vi (ritornare in un luogo)* to pass again (through a place); to call (on sb) again: *Ha detto che ripasserà a ritirare i soldi,* He said he would call again to get the money — *Ripasserai da Milano al ritorno?,* Will you be passing through Milan again, on your way back? — *Ripassa più tardi, siamo occupati!,* Call again later, we're busy now!

ripassata *sf* **1** *(scorsa)* another look; look through; *(di materia scolastica, ecc.)* brush-up; brushing-up. **2** *(pulita)* clean; going over; *(ai calzoni, ecc., col ferro da stiro)* press; *(a mobili)* polish; *(di colore, vernice)* fresh coat; new coat: *Dia una ripassata al motore, per favore,* Run your eye over (Take a look at) the engine, please. **3** *(fam.: sgridata)* scolding; telling-off; lecture: *Le diede una ripassata coi fiocchi,* He gave her a good scolding.

ripasso *sm* **1** *(ritorno)* return. **2** *(revisione)* revision: *Faremo il ripasso dei primi capitoli,* We shall go through the first chapters.

ripensamento *sm* reflection; second thought; *(cambiamento d'idea)* change of mind.

ripensare *vi* **1** *(pensare di nuovo)* to think* (of sth) again; to think* (sth) over: *Ci devo ripensare,* I need to think it over — *Ora che ci ripenso...,* Now that I come to think of it... **2** *(cambiare idea)* to change one's mind: *Ci ho ripensato, vengo con voi,* I've changed my mind, I'll come with you.
□ *vt (lett.: ricordare)* to recall.

ripercossa *sf* repercussion.

ripercuotere *vt* to beat* again; to strike* again.
□ **ripercuotersi** *v. rifl* **1** to be* reflected; to reverberate; to come* back. **2** *(fig.)* to influence; to affect; to have* an effect on.

ripercussione *sf* repercussion *(anche fig.).*

riperdonare *vt* to forgive* again.

ripesare *vt* to reweigh; to weigh again.

ripescare *vt* to fish up (*o* out); *(fig.: riprendere)* to catch* again; *(fig.: ritrovare)* to find* again.

ripetente *agg* repeating. □ *come sm* student repeating a year: *i ripetenti,* repeat students.

ripetere *vt* **1** *(rifare)* to repeat; *(ottenere di nuovo)* to repeat; to get* again: *Potete ripetere l'esperimento?,* Can you repeat the experiment? — *Contate di ripetere il successo dell'anno scorso?,* Do you plan to repeat last year's success? — *Non ha mai ripetuto un anno a scuola!,* He never repeated a year at school! **2** *(ridire)* to repeat; to say* (to tell*) again: *Puoi ripetermi la domanda?,* Can you repeat the question, please? — *Non fa che ripetere le stesse cose,* He keeps repeating the same things — *Non me lo feci ripetere due volte!,* I didn't wait to be told twice! — *Fece ripetere la lezione al fratellino,* He had his little brother repeat his lesson again — *tornare a ripetere qcsa,* to repeat sth again — *Paganini non ripete!, (fam.)* I never plant my cabbage twice! **3** *(dir.)* to ask (to claim) back: *ripetere la liquidazione di una parte dell'eredità,* to claim back part of one's inheritance. **4** *(derivare)* to spring* from; to be* derived from.
□ **ripetersi** *v. rifl* **1** *(ridire, rifare)* to repeat oneself: *L'oratore non fece che ripetersi,* The speaker kept repeating himself. **2** *(tornare a succedere)* to be* repeated; to repeat oneself: *La storia non sempre si ripete,* History very seldom repeats itself — *Speriamo che questo fatto non si ripeta più,* Let's hope this won't happen ever again.

ripetitore *sm* **1** *(tec.)* repeater; relay; *(in acustica)* echoer: *ripetitore televisivo,* television relay. **2** *(insegnante)* coach; *(per gli esami)* crammer.

ripetizione *sf* **1** *(il ripetere)* repetition: *fucile a ripetizione,* repeating rifle. **2** *(il trattare di nuovo una materia)* revision. **3** *(lezione privata)* private lesson: *andare a ripetizione,* to take private lessons — *dare* *ripetizioni a qcno,* to coach sb; *(per un esame importante)* to cram sb. **4** *(mus.)* practice. **5** *(dir.)* claiming back; recovery.

ripetutamente *avv* repeatedly; over and over again; again and again.

ripiano *sm* **1** *(di scaffale)* shelf *(pl.* shelves). **2** *(pianerottolo)* landing. **3** *(terreno pianeggiante)* level ground; terrace. □ *a ripiani,* terraced; in terraces; *(di scaffale)* with shelves.

ripiantare *vt* to plant again; to replant.

ripicca *sf* resentment: *per ripicca,* out of resentment; out of spite (*o* pique).

ripicchiare *vt e i.* to beat* again; to hit* again; *(alla porta)* to knock again.

ripidamente *avv* steeply.

ripidezza *sf* steepness.

ripido *agg* steep; precipitous.

ripiegamento *sm* refolding; folding again; bending; *(mil.)* withdrawal; retreat.

ripiegare *vt* **1** *(piegare di nuovo)* to fold again; to refold; *(piegare più volte)* to fold up. **2** *(reclinare, abbassare)* to lower: *Ripiegò il capo e s'addormentò,* She lowered her head and fell asleep.

□ *vi* **1** *(indietreggiare sotto la spinta d'un nemico)* to retreat; to withdraw*; to fall* back. **2** *(fig.: trovare un ripiego)* to make* do with; to fall* back on.

□ **ripiegarsi** *v. rifl* **1** *(flettersi, incurvarsi)* to bend* (down). **2** *(fig.)* to retire (to withdraw*) into oneself.

ripiegatura *sf (piega)* fold.

ripiego *sm* expedient; makeshift; way out: *Spero di trovare un ripiego,* I hope to find a way out — *vivere di ripieghi,* to live by one's wits — *di ripiego,* second best; makeshift — *una soluzione di ripiego,* a makeshift solution.

ripieno *agg* **1** *(ben pieno)* full; full up; replete; *(fig.: pervaso)* filled; overflowing (with). **2** *(cucina)* stuffed: *tacchino ripieno,* stuffed turkey.

□ *sm* **1** *(ciò che serve a riempire qcsa)* filling; padding; *(gastronomia)* filling; *(di pollame)* stuffing. **2** *(cosa che serve da riempitivo)* make-weight; *(riempitivo)* filler.

ripigliare *vt* **1** *(fam.: pigliare di nuovo)* to take* again; *(riprendere)* to take* back; *(riafferrare)* to catch* again; *(ricuperare)* to recover; to regain. **2** *(ricominciare)* to begin* again; to resume. **3** *(riaccettare)* to re-engage.

□ *vi (riaversi)* to recover.

□ **ripigliarsi** *v. rifl (correggersi)* to correct oneself.

ripopolamento *sm* repopulating; repopulation.

ripopolare *vt* to repeople; to repopulate.

□ **ripopolarsi** to be* repeopled (*o* repopulated).

riporre *vt* **1** *(rimettere a posto)* to put* back; to replace: *Puoi riporre la teiera dov'era?,* Can you put the tea-pot back where it was? **2** *(mettere da parte)* to put* away; *(nascondere)* to hide*; to conceal: *Ho riposto tutte le cose che non vanno più alla bimba,* I put away all the things that don't fit the baby any more. **3** *(porre di nuovo, riproporre)* to put* (to propose) again: *Riporrai la tua candidatura?,* Will you stand as candidate again? **4** *(collocare)* to place; to put*; to lay*; to repose: *Ripongo tutta la mia fiducia in lei,* I put all my trust in her — *riporre le proprie speranze in qcno (qcsa),* to repose one's hopes in sb (sth).

□ **riporsi** *v. rifl* **1** *(mettersi di nuovo)* to place oneself again; to resume: *riporsi a sedere,* to sit down again — *riporsi a scrivere,* to take up writing again. **2** *(mettersi da parte)* to hide* (to conceal) oneself.

riportare *vt* **1** *(portare di nuovo)* to bring* (to take*) again: *Spero che non mi riporterai in quel ristorante!,* I hope you won't take me to that restaurant again! **2** *(portare indietro, restituire)* to bring* (to take*) back; to carry back: *Lo hanno appena riportato a casa dall'ospedale,* He's just been brought back from hospital — *Dovreste andargli a riportare il cane,* You should go and take him back his dog. **3** *(riferire)* to report; to relate; *(citare)* to quote; *(di giornale)* to carry; to report: *È sua abitudine riportare tutto ciò che sente in giro,* It's a habit of his to report all he hears — *Nessun giornale riportò la notizia,* No papers reported the news — *Le sue frasi ingiuriose furono riportate nell'articolo,* His insulting words were reported in the article. **4** *(ridurre in disegno)* to transfer: *Riportalo a scala 1:10,* Transfer it to scale 1:10. **5** *(portar via tornando da un luogo)* to carry away; *(a casa)* to take* (to bring*) home; *(fig.: conseguire, ottenere)* to get*; to receive; to carry off: *Dalla Turchia abbiamo riportato due stupendi tappeti,* We brought two superb carpets back home from Turkey — *Abbiamo riportato un'ottima impressione,* We got (*o* carried away with us) a very good impression — *Hanno riportato una grande vittoria,* They carried off a great victory — *Il poveretto riportò la frattura di una gamba,* The poor chap got a broken leg. **6** *(matematica: fare un riporto)* to carry (over); to bring* forward; *(comm.)* to carry forward. **7** *(trascrivere)* to transcribe; to copy (out).

□ **riportarsi** *v. rifl* **1** *(tornare con la mente)* to go* back: *Bisogna riportarsi molto indietro nel tempo per trovare un caso simile,* One must go back a long way to find a case like that. **2** *(richiamarsi, riferirsi)* to refer; *(rimettersi)* to rely (on sth): *Mi riportavo a cose di conoscenza comune,* I was referring to things we all knew — *Si riporterà al vostro competente giudizio,* We'll rely on your expert judgment. **3** *(ritornare)* to go* back: *Dopo un giro nella campagna toscana, si riportarono alla strada verso sud,* After touring the Tuscan countryside, they went back to the southbound road.

riporto *sm* **1** carry-over; amount carried forward; *(in Borsa: contratto)* contango contract: *tasso di riporto,* contango rate. **2** *(in sartoria o calzoleria)* appliqué. □ *terra di riporto,* embankment — *materiale di riporto,* filling material.

riposante *agg* restful; peaceful; *(calmante)* soothing.

riposare *vi* **1** *(fermarsi, smettere di fare qcsa)* to rest; to have* (to take*) a rest; *(per estensione: dormire)* to sleep*; *(essere sepolto)* to lie* (buried): *Adesso smettiamo: è ora di riposare,* Now let's stop: it's time to rest — *Stanotte non sono riuscito assolutamente a riposare,* Last night I couldn't rest at all — *La salma riposa nella tomba di famiglia,* The body now rests in the family vault — *riposare in pace,* to sleep in peace — *riposare sugli allori,* to rest on one's laurels. **2** *(di terreno: restare improduttivo)* to rest; to lie* fallow: *Adesso è il momento di lasciar riposare il terreno,* Now is the time to let the soil lie fallow. **3** *(poggiare)* to rest (on); to be* supported by; to be* built (on); *(fig.: confidare)* to rely upon; to put* one's trust in: *Il passero riposava sul davanzale,* The sparrow was resting on the window-sill — *Le nostre ultime speranze riposano su di te...,* Our last hopes rely upon you... **4** *(di liquido o di pasta)* to settle; *(talvolta)* to rest; to stand*: *Lascia riposare un bel po' il vino,* Leave the wine to settle for a while — *Prepara la pasta e poi lasciala riposare mezz'ora,* Get the pasta ready, then let it stand for half an hour.

□ *vt* **1** *(far riposare)* to rest: *Aveva bisogno di riposare* *gli occhi,* He needed to rest his eyes; His eyes were in need of a rest — *Una settimana in campagna ti riposerà la mente,* A week in the country will give your mind a rest. **2** *(posare di nuovo)* to replace; to place (to put*) back; to lay* down again: *Riposò il lavoro a maglia per rispondere al telefono,* She put her knitting down again to answer the 'phone — *Perché non riposi mai le cose dove le hai prese?,* Why do you never put things back (*o* replace things) where you got them from?

□ **riposarsi** *v. rifl (prendere riposo)* to rest; to have* a rest; to take* a rest; *(sdraiarsi)* to lie down: *Perché non ti riposi un po' se hai mal di schiena?,* Why don't you rest for a bit, if you've got back-ache? — *È una donna infaticabile: non si riposa mai,* She is a tireless woman: she never rests.

riposata *sf (riposo)* rest; *(pausa)* pause; stop; break.

riposatamente *avv* restfully.

riposato *agg* rested; fresh; *(di liquidi)* settled.

riposo *sm* **1** rest; *(lett.)* repose; *(sonno pomeridiano)* nap: *Spero di avere qualche minuto di riposo,* I hope to have a few minutes' rest — *una giornata di riposo,* a day's rest — *un giorno di riposo,* a day off — *Fai un riposo dopo colazione se sei così stanco,* If you are so tired, have a nap after lunch — *a riposo,* in retirement — *andare a riposo,* to retire — *mettere qcno a riposo, (per malattia)* to put sb on the sick-list; *(per anzianità)* to superannuate sb — *Buon riposo!,* Sleep well! — *Stasera riposo, (di spettacolo teatrale)* No performance tonight — *Riposo!, (mil.)* Stand at ease! — *l'eterno riposo,* the eternal sleep. **2** *(lett.: pace, quiete)* peace; tranquillity; quiet. **3** *(mus.)* pause. **4** *(di terreno)* fallow: *terra in riposo,* fallow (*o* uncultivated) land.

ripostiglio *sm* **1** *(luogo nascosto)* hiding-place. **2** *(stanza di disimpegno)* storeroom; lumber-room; *(stipetto)* cupboard. □ *nei ripostigli del suo cuore,* in the depths of his heart.

riposto *agg (nascosto)* secret; concealed; hidden; *(appartato)* secluded.

riprendere *vt* **1** *(prendere di nuovo)* to take* (again); *(raccogliere)* to pick up (again); *(acchiappare di nuovo)* to catch* (again): *Avete ripreso lo stesso alloggio dell'anno scorso in montagna?,* Did you take the same flat as last year in the mountains? — *Riprendete i vostri posti,* Take your seats again — *riprendere le armi,* to take to arms again — *riprendere moglie (marito),* to get married again — *Hai ripreso il raffreddore?,* Have you caught a cold again? — *L'ho ripreso al volo mentre se ne andava,* I caught him by chance just as he was leaving.

2 *(prendere indietro)* to take* back; to get* back; *(talvolta, andare a prendere, spec. una persona)* to collect; to fetch; to pick up: *Puoi riprendere i tuoi libri, li ho già letti,* You can take your books back: I've read them already — *S'è ripreso il suo regalo!,* He took his present back! — *Non riuscirò mai a riprendere i soldi che Alberto mi deve,* I'll never manage to get back the money Alberto owes me.

3 *(rioccupare, riconquistare)* to retake*; to recapture: *La fortezza fu ripresa di notte,* The fortress was recaptured at night — *Hanno ripreso le posizioni abbandonate qualche giorno fa,* They retook the positions they had abandoned some days ago.

4 *(anche fig.: recuperare)* to recover: *riprendere fiato (forza),* to recover one's breath (one's strength) — *riprendere i sensi, (fig.)* to recover consciousness — *riprendere quota, (fig.)* to regain altitude; to be flying high again.

5 *(ricominciare dopo una pausa)* to begin* (to start) again; to resume; *(in un discorso: continuare, sopraggiungere)* to continue; to go* on; to add: *Hanno ripreso l'attività dopo una lunga crisi,* They have resumed their activity (They have started working again) after a long crisis — *riprendere il discorso,* to go on with the talk (*o* speech) — *riprendere il cammino,* to resume one's journey — *'E poi' riprese Roberto 'dovresti smetterla adesso!',* 'And then' Roberto added 'you should stop now!'.

6 *(ammonire, rimproverare)* to reprove; to find* fault (with sb, sth); to reprimand; to scold: *È molto disobbediente, devo riprenderlo sovente,* He is very disobedient, I keep having to reprimand (to scold) him.

7 *(riprodurre, ritrarre)* to portray: *Solo lui poteva riprenderti così bene,* He's the only one who could have portrayed you (*o* done your portrait) so faithfully.

8 *(in cinema o fotografia: fare una ripresa)* to take*; to shoot*; to film: *Dobbiamo ancora riprendere un primo piano della protagonista,* We still have to shoot a close-up of the leading lady.

9 *(nel cucito: ritoccare una cucitura)* to take* in: *La giacca va tutta ripresa perché così cade male,* That coat must be taken in: as it is, it fits badly — *riprendere un punto (una maglia),* to pick up a stitch.

10 *(riassumere)* to resume; *(impiegati, ecc.)* to re-engage: *Hanno ripreso il governo del paese,* They have resumed the government of the country — *Fu licenziata ma poi la ripresero,* She was dismissed, but later they re-engaged her (*o* they took her back).

11 *(ripresentare)* to revive: *Verrà ripresentata un'opera da lungo tempo dimenticata,* A long-forgotten work will be revived.

□ **riprendersi** *v. rifl* **1** *(recuperare forza)* to recover; *(rimettersi da uno smarrimento)* to collect oneself: *riprendersi da una malattia,* to recover from an illness — *Ero molto emozionato, ma adesso mi sto riprendendo,* I was very moved, but now I am collecting myself.

2 *(correggersi, ravvedersi)* to correct oneself; to check oneself; to pull oneself up: *Stava per tradirsi ma si riprese in tempo,* He was about to betray himself, but he checked himself in time.

riprensibile *agg* reprehensible; reprovable; blameworthy.

riprensione *sf* reprehension; reproof; censure.

riprensivo *agg* reprehensive.

ripreparare *vt* to prepare (sth) again; to get* (sth) ready again.

ripresa *sf* **1** *(il riprendere)* resumption; recommencement; renewal; restarting; *(il riconquistare)* recapture: *la ripresa delle trattative,* the resumption of negotiations — *la ripresa delle ostilità,* the renewal of hostilities — *a più riprese,* several times over. **2** *(di lavoro teatrale)* revival. **3** *(di motore)* acceleration; pick-up. **4** *(in fotografia)* shot; exposure. **5** *(in cinematografia)* take; shot: *ripresa diretta, (in televisione)* live broadcast. **6** *(mus.)* repeat; *(talvolta)* reprise *(fr.)*. **7** *(secondo tempo di una partita di calcio)* second half (of a game); *(scherma)* bout; *(pugilato)* round. **8** *(econ.: dopo una recessione)* recovery. **9** *(da una malattia)* recovery.

ripresentare *vt (riproporre)* to present again; to re-present; to put* forward again; *(fare di nuovo le presentazioni)* to introduce again: *ripresentare una que-*

stione, to put forward a question again — *ripresentare due persone,* to introduce two people again.

□ **ripresentarsi** *v. rifl (tornare a presentarsi)* to present oneself again; to re-present oneself; *(proporsi come candidato)* to stand again: *Mi ripresenterò all'esame,* I'll re-present myself for the examination; *(più comune)* I'll sit the exam again — *quando si ripresenterà l'occasione,* when the opportunity presents itself again.

ripristinamento *sm* restoration; reinstatement.

ripristinare *vt* to restore; to reinstate; to re-establish; *(una legge)* to bring* into force again; *(un'usanza)* to bring* back into use; to revive; to renew.

ripristinato *agg* restored; re-established; reinstated; *(di usanze)* revived.

ripristino *sm* restoration; reinstatement; *(di usanze)* revival.

riproducibile *agg* reproducible.

riprodurre *vt* **1** *(presentare di nuovo)* to reproduce; to produce (to present) again. **2** *(fig.: riferire)* to reproduce: *Non so riprodurre in parole il mio pensiero,* I can't translate my thought into words — *riprodurre un suono,* to reproduce a sound. **3** *(fare una copia)* to reproduce; to produce a copy of. **4** *(stampare, ripubblicare)* to print; to publish.

□ **riprodursi** *v. rifl* **1** to reproduce. **2** *(formarsi di nuovo)* to form again.

riproduttività *sf* reproductivity.

riproduttivo *agg* reproductive.

riproduttore *agg* reproducing; *(attinente alla riproduzione)* generating: *organi riproduttori,* organs of reproduction.

□ *sm* reproducer; *(animale destinato alla riproduzione)* parent. □ *riproduttore acustico (fonografico),* pick-up.

riproduzione *sf* **1** reproduction *(vari sensi).* **2** *(copia)* copy; replica; reproduction: *Devo dire che è una bella riproduzione,* I must admit that's a beautiful copy. **3** *(ristampa)* reprint: *diritto di riproduzione, (dir.)* copyright.

ripromettere *vt* to promise again.

□ **ripromettersi** *v. rifl* **1** *(aspettarsi, sperare)* to expect; to hope: *Che cosa ti riprometti da quest'incontro?,* What do you expect from this meeting? **2** *(intendere)* to intend: *Mi riprometto di scriverti al più presto,* I intend to write to you very soon.

riproporre *vt* to propose again; to re-propose.

riprova *sf* new evidence; fresh proof; *(matematica)* proof; *(conferma)* confirmation; *(verifica)* verification: *a riprova di...,* as (a) proof of... — *testimone a riprova, (dir.)* refuting witness.

[1]**riprovare** *vt* **1** *(provare di nuovo)* to try again; to test again. **2** *(esperimentare di nuovo)* to experience again. **3** *(confermare)* to prove.

□ **riprovarsi** *v. rifl* to try again.

[2]**riprovare** *vt* **1** *(lett.: disapprovare)* to reprove; to disapprove (of); to criticize; to condemn; to censure: *Il suo comportamento fu riprovato da tutti,* His behaviour was disapproved of by everybody. **2** *(rifiutare ad un esame, ant.)* to reject; to fail: *Furono riprovati tutti e due allo stesso esame,* They were both failed in the same examination.

riprovatore *sm* reprimander; critic.

riprovazione *sf* reproof; *(disapprovazione)* disapproval; censure; criticism.

riprovevole *agg* reprehensible; blameworthy.

riprovevolmente *avv* reprehensibly.

ripubblicare *vt* to publish again; to republish.

ripubblicazione *sf* republication.

ripudiabile *agg* able to be repudiated.

ripudiare *vt* to repudiate; to disown; *(sconfessare)* to disavow; *(respingere)* to reject.

ripudio *sm* repudiation; disavowal; rejection.

ripugnante *agg* **1** *(disgustoso)* repugnant; disgusting; revolting: *Non riesco a mangiarlo, è ripugnante,* I cannot eat it, it's disgusting — *La scena era assolutamente ripugnante,* It was an absolutely revolting sight. **2** *(avverso)* repugnant; opposed (to); contrary (to).

ripugnantemente *avv* repugnantly; disgustingly; revoltingly.

ripugnanza *sf* **1** *(disgusto, avversione)* repugnance; aversion; repulsion; disgust; dislike: *Sento ripugnanza per il suo modo di fare,* Her behaviour is repugnant to me — *avere ripugnanza a fare qcsa,* to loathe doing sth. **2** *(riluttanza)* reluctance: *Ha sempre ripugnanza a mentire,* He's always reluctant to lie.

ripugnare *vi* **1** *(disgustare)* to disgust; to fill with disgust; to revolt: *Tutto mi ripugna,* Everything disgusts me — *Mi ripugna l'idea di tornare là,* I loathe the idea of going back there. **2** *(essere contrario, avverso)* to be* contrary (to); to be* inconsistent (with); to stand* against: *Non posso fare ciò che ripugna alla mia coscienza,* I can't do what's contrary to my conscience.

ripulimento *sm* cleaning up.

ripulire *vt* **1** *(pulire di nuovo)* to clean again; *(pulire bene, a fondo)* to clean (up); to tidy (up): *Devo ripulire la casa ogni volta che vengono i bambini,* I have to clean the house up every time the children come. **2** *(fare piazza pulita)* to clean out; to make* a clean sweep of; *(rubando)* to ransack; *(mangiando)* to eat* up; to finish off: *Vorrei ripulire la casa di tutto,* I'd like to make a clean sweep of everything in the house — *Mi hanno ripulito la cassaforte,* They've ransacked my safe — *ripulire qcno, (fig.)* to clean sb out — *Ripulimmo tutto ciò che trovammo nel frigorifero,* We ate up (We finished off) everything we found in the refrigerator. **3** *(fig.: limare)* to polish (up); to refine: *ripulire il proprio stile (le proprie maniere),* to polish (up) one's style (one's manners).

□ **ripulirsi** *v. rifl* **1** *(lavarsi, rimettersi in ordine)* to clean oneself up; to tidy oneself: *Devo ripulirmi dopo questo lavoro,* I must tidy myself up after this work. **2** *(raffinarsi)* to refine oneself; to polish up one's manners.

ripulita *sf* clean up; cleaning up; *(fig.)* clean-up; clean sweep: *dare una ripulita a qcsa,* to clean up sth — *darsi una ripulita,* to tidy oneself up.

ripulitore *sm* cleaner; *(di pezzi di fonderia, ecc.)* trimmer.

ripulitura *sf* cleaning (up); *(di statua, ecc.)* finishing touches; *(in metallurgia)* trimming; *(ciò che si accumula nel ripulire)* cleanings *(pl.).*

ripullulare *vi* to spring* up again; to bud again.

ripulsa *sf* refusal; rejection; repulse: *ricevere una ripulsa,* to meet with a refusal.

ripulsione *sf* repugnance; repulsion *(anche mecc.);* aversion.

ripulsivo *agg* repulsive *(anche mecc.);* repellent; revolting; loathsome.

riquadramento *sm* squaring.

riquadrare *vt (rendere quadro, squadrare)* to square *(anche in matematica);* to make* square.

riquadratore *sm (decoratore)* decorator.

riquadratura *sf* squaring; *(decorazione)* decorating;

decoration; *(spazio quadrato)* square; *(archit.: pannello)* panel.

riquadro *sm* square; *(pannello)* panel.

risacca *sf* undertow; backwash.

risaia *sf* rice-field; *(in Oriente)* paddy field.

risaldare *vt* to resolder; to weld again; *(saldare assieme)* to weld; *(fig.)* to mend; to consolidate.

risaldatura *sf* welding (again); soldering (again); *(parte risaldata)* weld; soldering.

risalire *vt* **1** *(salire di nuovo)* to go* (to come*) back up; to climb up (to ascend) again: *Dovette risalire tre rampe di scale,* She had to go back up three flights of stairs. **2** *(andare contro corrente)* to go* up; *(di pesce)* to run* up: *Risalimmo il fiume fino alla capanna,* We went up the river to the hut — *risalire la corrente,* to go upstream.

□ *vi* **1** *(salire di nuovo)* to go* (to come*) up again; to re-ascend; to climb up again: *Risali in camera a prendere il passaporto,* Go up to your room and fetch your passport — *risalire sul trono,* to re-ascend the throne — *Risalì a cavallo e partì,* He mounted his horse again and left. **2** *(rincarare di prezzi, andare su di temperatura)* to rise* again; to go* up again: *Aspetto che le azioni risalgono per vendere,* I'm waiting for the shares to go up before selling. **3** *(riandare col pensiero, rimontare a tempi passati)* to go* back; to trace back; to date back: *Bisogna risalire alle cause,* We must go back to the causes — *È una amicizia che risale all'infanzia,* It's a friendship which dates back to my childhood — *La sua famiglia risale al tempo delle Crociate,* His family dates back to the Crusades.

risalita *sf* fresh (*o* new) ascent; going up again; *(econ., comm.)* new rise: *la risalita dei prezzi,* the renewed rise of prices. □ *mezzi di risalita, (di stazione invernale)* lifts.

risaltare *vt (saltare di nuovo)* to jump (over) again; to leap* (over) again: *Il cane risaltò il fosso,* The dog jumped over the ditch again.

□ *vi (fare spicco)* to show* up; to catch* the eye; *(emergere)* to stand* out; *(archit.: sporgere)* to jut out: *fare risaltare,* to enhance; to show up — *È un particolare che non risalta,* It is a detail that does not catch the eye — *Risaltava su tutti per la sua intelligenza,* He stood out from the rest owing to his intelligence.

risalto *sm* prominence; relief; *(sporto, rilievo)* projection: *dar risalto a qcsa,* to give prominence to sth; *(sottolineare con enfasi)* to lay emphasis on sth; to stress sth — *far risalto,* to stand out.

risanabile *agg* **1** curable; healable. **2** *(di terreno)* reclaimable.

risanamento *sm* curing; healing; *(guarigione)* recovery; restoration to health; *(bonifica di terreni, ecc.)* reclamation; *(di città, di quartieri popolari)* slum-clearance; *(comm.: di bilancio, ecc.)* balancing.

risanare *vt* **1** *(guarire)* to heal; to cure; to restore to health: *Quella cura gli ha risanato il fegato,* That treatment cured his liver. **2** *(bonificare)* to reclaim: *Risanarono tutta la palude,* They reclaimed the whole marsh. **3** *(comm.: riassestare)* to balance; to put* on an even keel.

□ *vi (ricuperare la salute)* to recover; to get* well again.

risanguinare *vi* to bleed* again.

risapere *vt* to come* to know; to get* to know; to hear* (of sth): *Venne a risapere la cosa,* He came to know of it — *È una cosa risaputa,* It's common knowledge; It's well-known — *È risaputo che...,* Everyone knows that...

risarcibile *agg (comm.)* able to be indemnified; indemnifiable.

risarcimento *sm* compensation; indemnity; reparation: *risarcimento dei danni,* compensation for damage — *richiesta di risarcimento dei danni,* claim for damages — *avere diritto al risarcimento dei danni,* to be entitled to damages.

risarcire *vt (ripagare)* to indemnify; to compensate; to make* good; to make* up for: *risarcire una perdita,* to make good a loss — *Voglio essere risarcito per tutte le spese che ho fatto,* I want to be indemnified for all the money I've spent.

risata *sf* laughter; laugh; burst of laughter: *fare una bella risata,* to have a good laugh — *scoppiare in una risata,* to burst out laughing — *una grassa risata,* a hearty laugh — *Che risate!,* How we laughed! — *una risata beffarda,* a sneer.

riscaldamento *sm* heating: *Bisogna tenere il riscaldamento molto basso per la carenza di gasolio,* The heating must be kept very low because of the shortage of fuel oil — *riscaldamento centrale,* central heating — *riscaldamento a pannelli radianti,* radiant heating; panel heating — *riscaldamento ad aria calda,* hot blast heating — *impianto di riscaldamento,* heating system.

riscaldare *vt* **1** *(scaldare di nuovo)* to warm up (*o* again); to heat up (*o* again): *Non avete che da riscaldare il goulash,* You merely have to heat the goulash up — *Mi riscaldi quel po' di caffè?,* Will you heat that coffee up again? **2** *(rendere caldo)* to warm; to heat; to get* (sth) warm: *Questa casa non si può riscaldare più di così,* This house cannot be heated more than this — *Il sole ci riscaldò un po',* The sun warmed us a little — *Non riesco a riscaldarmi le mani,* I can't get my hands warm. **3** *(fig.: eccitare, accendere)* to warm up; to stir up; to excite: *Direi che ti riscaldi troppo facilmente,* I would say you are too easily excited — *L'oratore riuscì a riscaldare la gente che l'ascoltava,* The speaker succeeded in stirring up the people listening to him (*o* his audience). **4** *(rendere più brillante, più caldo)* to brighten (up).

□ *vi (med.: infiammare)* to inflame; to get* inflamed.

□ **riscaldarsi** *v. rifl* **1** *(diventare caldo)* to warm oneself; to warm up; to get* warm: *Sto aspettando che l'acqua si riscaldi,* I am waiting for the water to get warm (to warm up) — *Cercarono di riscaldarsi vicino al termosifone,* They tried to warm themselves (to get warm) near the radiator. **2** *(fig.: infervorarsi, adirarsi)* to warm up; to get* excited; to get* angry: *Quando parla di politica si riscalda subito,* When he speaks of politics he gets all excited — *Si riscaldò tanto che giunse a dargli un pugno,* He got so excited that he landed him one.

riscaldato *agg* **1** heated; warm: *In questo periodo la casa non è riscaldata,* At this time of the year the house isn't heated. **2** *(eccitato)* excited; *(arrabbiato)* angry. **3** *(di cibi)* warmed up: *Le patate sono riscaldate?,* Are the potatoes warmed up? □ *minestra riscaldata, (fig.)* stale ideas.

riscaldatore *sm* heater; radiator: *riscaldatore a raggi infrarossi,* infra-red heater.

riscaldo *sm (med.)* inflammation.

riscattabile *agg* ransomable; *(comm.)* redeemable.

riscattare *vt* **1** *(liberare qcno dietro pagamento)* to ransom; to redeem; *(fig.: redimere)* to redeem: *Il bambino rapito non è ancora stato riscattato,* The kidnapped boy hasn't been ransomed yet — *Riscattò* *la sua vita morendo eroicamente,* He redeemed his life by his heroic death. **2** *(comm.)* to redeem; to pay* off; to buy* back: *riscattare da ipoteca,* to redeem from a mortgage.

☐ **riscattarsi** *v. rifl (redimersi, liberarsi da qcsa di vergognoso)* to redeem oneself.

riscatto *sm* **1** *(il liberare dietro pagamento)* ransom; redemption; *(fig.: redenzione)* redemption. **2** *(prezzo versato)* ransom. **3** *(dir.: liberazione da un obbligo)* redemption; *(di una polizza)* surrender.

rischiaramento *sm (illuminazione)* illumination; lighting up; *(di tempo atmosferico)* clearing up; brightening; *(schiarimento di liquidi, ecc.)* clarification; clarifying.

rischiarare *vt* **1** *(illuminare)* to light up; to illuminate; to give* light to; *(un colore)* to brighten. **2** *(fig.: rendere più chiaro)* to enlighten; to light up; to clear (up): *È l'unica cosa che gli rischiara la sua monotona vita,* It's the only thing that brightens up his monotonous life — *rischiarare la voce,* to clear one's throat.

☐ **rischiararsi** *v. rifl* **1** *(schiarirsi)* to light up; *(di tempo)* to clear up; to brighten; *(di acqua)* to clarify. **2** *(fig.: diventare più chiaro)* to get* clearer: *L'orizzonte si sta finalmente rischiarando,* I'm beginning to see daylight at last.

rischiare *vt* to risk: *Rischiò la vita per niente,* He risked his life for nothing.

☐ *vi* to run* the risk (of doing sth): *Rischiò di morire soffocato,* He ran the risk of being suffocated. ☐ *Rischia di piovere,* There's a chance it may rain; There's a risk of it raining.

rischio *sm* risk; hazard; *(comm.)* risk: *Devo correre il rischio,* I must run (*o* take) the risk — *a rischio di...*, at the risk of... — *a proprio rischio e pericolo,* at one's own risk — *mettere a rischio la vita,* to risk one's neck — *La merce viaggia a rischio del destinatario,* Goods are sent at consignee's risk — *rischi di guerra,* war risks — *politica del rischio calcolato,* brinkmanship.

rischiosamente *avv* riskily; hazardously; dangerously.

rischioso *agg* risky; hazardous; dangerous: *È un affare un po' rischioso,* It's rather a risky business.

risciacquamento *sm* rinsing

risciacquare *vt* to rinse; to rinse out.

risciacquata *sf* **1** rinse; rinsing: *dare una risciacquata a qcsa,* to give sth a rinse. **2** *(fig.: sgridata)* rebuke; reproach; scolding; *(fig.: predicozzo)* lecture: *dare una risciacquata a qcno,* to scold sb; to lecture sb.

risciacquatura *sf* rinse; rinsing; *(acqua usata)* dishwater; rinsing water.

risciacquo *sm (med.)* mouthwash.

riscontare *vt (comm.)* to rediscount.

risconto *sm* **1** rediscount; rediscounting. **2** *(attivo)* deferred charge; prepayment; *(passivo)* deferred income.

riscontrabile *agg* **1** *(che si può riscontrare)* verifiable; able to be checked. **2** *(che si può trovare)* able to be found.

riscontrare *vt* **1** *(confrontare)* to compare; to collate: *Devo prima riscontrare i due esemplari,* I must first compare the two specimens. **2** *(verificare)* to verify; to check: *Stava riscontrando i conti,* He was checking the accounts. **3** *(rilevare)* to find*; to notice: *Abbiamo riscontrato qualcosa d'irregolare nei suoi documenti,* We have found (*o* noticed) something irregular in his papers.

☐ **riscontrarsi** *v. rifl (corrispondersi)* to correspond; to match; to tally.

riscontratore *sm* verifier; checker: *riscontratore dei conti, (contabilità)* check clerk.

riscontro *sm* **1** *(paragone, confronto)* comparison; collation: *non trovar riscontro in,* not to be found in — *fare un (mettere a) riscontro,* to make a comparison. **2** *(riprova, conferma)* check; verification: *riscontro dei conti,* checking (*o* audit) of accounts — *fare il riscontro di qcsa,* to check sth. **3** *(corrispondenza)* match; parallel; pendant *(fr.)*; *(tra due meccanismi)* fit; match: *far riscontro a,* to be a match for. **4** *(per estensione: corrente d'aria)* draught. **5** *(risposta di lettera)* reply; answer. **6** *(di portiere)* striker.

riscoprire *vt* to rediscover.

riscossa *sf* revolt; insurrection.

riscossione *sf* collection: *riscossione di tasse,* collection of taxes — *le riscossioni,* the takings.

riscrivere *vt e i.* **1** to write* again; to rewrite*. **2** *(scrivere in risposta)* to reply; to answer.

riscuotere *vt* **1** *(scuotere di nuovo)* to shake* again; *(scuotere energicamente)* to shake*; *(fig.)* to rouse; *(svegliare)* to awaken: *Tentai di riscuoterlo, ma era troppo abbattuto,* I tried to rouse him, but he was too depressed. **2** *(percepire, ricevere una somma di denaro)* to collect; to draw*; to receive; *(una tratta, ecc.)* to cash: *riscuotere lo stipendio,* to draw one's salary — *riscuotere un assegno,* to cash a cheque — *Non posso imprestarti nulla perché non ho ancora riscosso,* I can't lend you anything, because I haven't got my money yet. **3** *(fig.: ottenere)* to gain; to earn; to get*: *La commedia sta riscuotendo un successo eccezionale,* The play is meeting with outstanding success — *Non riscuote molte simpatie,* He's not very well liked.

☐ **riscuotersi** *v. rifl* **1** *(trasalire)* to start; to give* a start: *Al rumore si riscosse,* When he heard the noise, he started (he gave a start). **2** *(risvegliarsi)* to come* to; to rouse oneself; *(riprendere i sensi)* to come* round.

riscuotibile *agg* collectable; *(di assegno)* cashable.

risecchire *vi* to become* (to get*) dry; to dry up; to wither; to shrivel: *un viso risecchito,* a withered face — *pane risecchito,* stale bread.

risentimento *sm* grudge; resentment: *con risentimento,* resentfully — *portare risentimento contro qcno,* to bear a grudge against sb.

risentire *vt* **1** *(sentire di nuovo)* to feel* again; *(ascoltare ancora)* to hear* again; to re-hear*: *Mi fai risentire quella registrazione?,* Will you let me hear that recording again? — *Pensavo che il dolore fosse ormai passato quando incominciai a risentirlo,* I had thought the pain was over, when I started feeling it again.

2 *(patire, sentire soffrendo)* to feel*; to suffer: *Risentiva ancora la perdita dei genitori,* He still felt his parents' death — *Ne abbiamo risentito l'effetto qualche giorno dopo,* We felt the effect some days later.

3 *(trarre di conseguenza)* to get*; to feel* the effects (of sth): *Risentirono grandi vantaggi da quello stato di confusione,* They got a lot of positive advantages out of that muddle.

☐ *vi (mostrare gli effetti)* to show* traces; *(portare le conseguenze)* to feel* the effect: *Purtroppo il film risente di una certa mentalità,* Unfortunately the film shows traces of a certain way of thinking — *La ragazza risente adesso del cattivo esempio della* *madre,* The girl is now feeling the effects of her mother's bad example.

□ **risentirsi** *v. rifl* **1** *(lett.: destarsi)* to awaken; *(riaversi)* to recover one's senses; to regain consciousness: *Si risentì solo dopo qualche giorno,* He only recovered his senses (*o* regained consciousness) after some days. **2** *(offendersi)* to resent (sth); to take* offence (at sth): *Non si può più dirgli nulla perché si risente subito,* Nobody can tell him anything, since he immediately takes offence — *risentirsi con qcno,* to be offended with sb — *Si sono risentiti della vostra indifferenza,* They resented your indifference.

□ *v. reciproco (udirsi di nuovo)* to hear* each other (*o* one another) again; to talk to each other (*o* one another) again: *A risentirci!,* Goodbye for now!

risentitamente *avv* resentfully; with resentment.

risentitezza *sf* resentment.

risentito *agg* **1** *(sdegnato)* resentful; *(arrabbiato)* angry; cross; *(offeso)* offended. **2** *(marcato, pronunciato)* strongly-marked; well-marked; pronounced. **3** *(forte, vivace)* bold; strong; vigorous.

riseppellimento *sm* reburial.

riseppellire *vt* to rebury; to bury again.

riserbare *vt* ⇨ **riservare.**

riserbo *sm* reserve; reservedness; discretion; caution; *(ritegno)* self-restraint: *senza riserbo,* unreservedly — *uscire dal proprio riserbo, (fam.)* to come out of one's shell.

riserva *sf* **1** *(provvista, materiale di ricambio, ecc.)* reserve; reserve stock *(anche fig.);* supply; stock: *Hai una riserva di zucchero?,* Have you got a stock of sugar? — *riserve auree (monetarie),* gold (monetary) reserves — *merci in riserva,* goods in stock — *pezzi di riserva,* spare parts — *Abbiamo esaurito tutte le riserve!,* We've used up all our reserves! — *Avevano in riserva una sorpresa per me,* They had kept back a surprise for me — *essere in riserva, (di automobilista, automobile)* to be short of petrol.

2 *(restrizione, limitazione)* reserve; reservation: *fatte le debite riserve,* with due reservations — *Accettò con alcune riserve,* He agreed with some reservations — *Voglio adesioni senza riserve,* I want agreement without reservations — *riserva mentale,* mental reservation — *Abbiamo combinato ma con riserva di cambiare,* We have arranged everything, but with the reservation that we can change when we feel like it — *I medici non hanno ancora sciolto la riserva,* The doctors have not yet agreed to lift their reservations — *vendita con riserva di proprietà,* conditional sale.

3 *(nell'esercito)* reserve *(anche di atleta, giocatore di rincalzo): truppe di riserva,* reserves (*o* supporting) troops — *un generale della riserva,* a general, retired *(di solito abbr. in* ret.*)* — *chiamare la riserva,* to call up the reserves — *passare alla riserva,* to be placed on the reserve list — *Andrà ai campionati, ma solo come riserva,* He'll go to the championship, but merely as a reserve player.

4 *(territorio controllato dove sono stanziate popolazioni indigene)* reservation: *una riserva indiana,* an Indian reservation.

5 *(di caccia, pesca)* preserve: *Di solito cacciamo in riserva,* We usually shoot over a preserve.

riservare *vt* **1** *(tenere in serbo)* to reserve; to keep*; to set* (sth) aside; to put* (sth) by: *Riserva le tue energie per domani,* Keep your strength for tomorrow — *riservarsi un diritto,* to reserve a right. **2** *(prenotare)* to book; to reserve: *Ho riservato tre camere con bagno,* I have reserved three rooms with bath. **3** *(dare, dimostrare)* to give*: *riservare a qcno un trattamento di favore,* to give sb special treatment.

□ **riservarsi** *v. rifl* **1** *(preservarsi)* to reserve oneself: *Oggi non vado, mi riservo per domani,* I shan't go today, I'll reserve myself for tomorrow. **2** *(riservare per sé)* to reserve: *riservarsi il diritto di fare qcsa,* to reserve the right to do sth — *riservarsi la prognosi,* to reserve one's prognosis. **3** *(ripromettersi)* to intend; to propose (to do sth): *Mi riservavo di dirtelo alla prima occasione,* I intended to tell you on the next occasion — *Ci riserviamo di mandarvi qualche campione della nostra produzione,* We propose to let you have (We shall be sending you) some samples of our products.

riservatamente *avv* **1** reservedly. **2** *(in confidenza)* confidentially.

riservatezza *sf* reservedness; reserve; discretion; *(ritegno)* self-restraint.

riservato *agg* **1** *(tenuto a disposizione, in serbo)* reserved: *Mi spiace, ma questo tavolo è riservato,* I'm sorry, but this table is reserved — *posti riservati,* reserved seats. **2** *(destinato a una sola persona o a poche persone)* private; confidential; *(su una lettera)* personal: *Vorrei avere con lei una conversazione riservata,* I'd like to have a confidential (*o* private) conversation with you. **3** *(discreto, pieno di riserbo)* reserved; discreet; restrained: *È perfin troppo riservato,* If anything, he's somewhat too reserved.

riservista *sm (mil.)* reservist.

risibile *agg* laughable; funny; ludicrous; ridiculous.

risibilmente *avv* laughably.

risicare *vt* to risk; to venture: *Chi non risica, non rosica, (prov.)* Nothing ventured, nothing gained.

risico *sm* risk: *andare a risico di far qcsa,* to run the risk of doing sth.

risicoltore *sm* rice-grower.

risicoltura *sf* rice-growing.

risiedere *vi* to reside; *(abitare)* to live; to dwell*.

risigillare *vt* to reseal; to seal again.

risipola *sf* ⇨ **erisipela.**

risma *sf (di carta)* ream; *(fig.: tipo)* kind; sort: *gente d'ogni risma,* people of all kinds; all kinds of people — *essere della stessa risma,* to be all of a kind.

[1]**riso** *sm* laughter; laugh; *(poet., fig.)* smile; splendour; brightness: *Ci accolse con un riso aperto,* He welcomed us with a hearty laugh — *uno scoppio di risa,* a burst of laughter — *Non furono capaci di frenare il riso,* They couldn't help laughing — *essere oggetto di riso,* to be a laughing-stock — *sbellicarsi dalle risa,* to split one's sides with laughter. □ *mettere qcsa in riso,* to turn sth into ridicule — *Buon riso fa buon sangue, (prov.)* Laugh and grow fat.

[2]**riso** *sm (cereale)* rice: *minestra di riso,* rice-soup; soup with rice — *riso in bianco,* plain boiled rice with butter — *riso soffiato,* oven-popped rice; puffed rice — *riso brillato,* husked rice — *farina di riso,* rice-flour.

risoffiare *vi* to blow* again.

risognare *vt* to dream* again.

risolare *vt* to sole; to resole.

risolatura *sf* soling; resoling.

risollevare *vt* to raise again; to lift again; *(fig.: confortare, ecc.)* to comfort; to cheer: *Quell'assegno mi risollevò il morale,* That cheque cheered me up (*o* bucked my spirits up).

risolubile *agg* solvable; resolvable.

risolutamente *avv* resolutely; firmly.

risolutezza *sf* resoluteness; decidedness; firmness.

risolutivo *agg* resolutive; resolutory; *(determinante)* decisive.

risoluto *agg (deciso)* resolute; resolved; determined; firm; *(disciolto)* dissolved.

risolutore *sm* resolver.

risoluzione *sf* **1** *(il risolvere)* resolution; *(in matematica: soluzione)* solution. **2** *(decisione)* resolution; decision: *La vostra è una saggia risoluzione,* Yours is a wise decision — *prendere una risoluzione,* to decide. **3** *(dir.)* discharge; cancellation. **4** *(risolutezza)* resolution; strength: *Dovresti dirglielo con maggiore risoluzione,* You should put it to him more strongly.

risolvente *agg* resolvent; resolving.
☐ *sm (med.)* resolvent.

risolvere *vt e i.* **1** *(sciogliere un problema, trovare una soluzione)* to solve; to work out; to resolve; *(addivenire ad un accordo)* to settle; to define; *(raro: dissipare)* to disperse; to dissolve: *Nessuno è ancora riuscito a risolvere il problema,* So far nobody has succeeded in solving the problem — *Sei capace di risolvere questi indovinelli?,* Can you solve these riddles? — *Risolveremo questa controversia al più presto,* We'll define this dispute as soon as possible — *La questione è ormai risolta,* The question has now been settled. **2** *(decidere, stabilire)* to resolve; to decide: *Alla fine risolse di andare di persona,* In the end he decided to go there himself. **3** *(raro: indurre qcno a fare qcsa)* to persuade; to convince: *L'ho risolto a fare il primo passo,* I persuaded (*o* convinced) him to make the first move. **4** *(facilitare una guarigione)* to resolve: *Il processo infiammatorio è da risolvere per prima cosa,* The inflammatory process is the first thing to resolve. **5** *(chim.: scomporre)* to resolve; to reduce; to break* down. **6** *(rescindere)* to rescind; to annul; to cancel: *risolvere un contratto,* to cancel (to rescind) a contract.
☐ **risolversi** *v. rifl* **1** *(decidersi)* to decide; to make* up one's mind: *Dovrai pur risolverti in un senso o nell'altro,* You'll have to make up your mind one way or another — *Speriamo tutti che lui si risolva a lasciarla,* We are all hoping he will make up his mind to leave her. **2** *(andare a finire in)* to change; to turn (into): *Tutto si risolverà per il meglio,* Everything will change for the better (will work out all right) — *Il loro tentativo s'è risolto in un clamoroso fallimento,* Their attempt turned into (ended in) a resounding defeat. **3** *(di malattia)* to clear up; to disappear: *È un'influenza che si risolverà in una settimana circa,* It's a strain (of influenza) which will disappear in about a week.

risolvibile *agg* **1** solvable; resolvable; soluble. **2** *(dir.)* annullable; rescindable; able to be dissolved.

risolvibilità *sf* **1** resolvability. **2** *(dir.)* resolution; dissolution; solvability; annulment.

risommare *vt* to sum up again; to add up again.

risonante *agg* resonant; resounding.

risonanza *sf* resonance; sonority; *(fig.: rinomanza)* renown; fame; celebrity; echo; sound: *cassa di risonanza,* resonance box — *circuito di risonanza, (radio)* resonator — *avere risonanza, (di notizie: propagarsi)* to be known (to spread) far and wide; *(dar luogo a discussioni)* to give rise to a great deal of discussion; to arouse considerable interest — *entrare in risonanza, (acustica)* to resonate.

risonare *vt (suonare di nuovo)* to ring* again; *(un pezzo di musica)* to play again.
☐ *vi* to resound; to echo; to ring* (out): *Le campane non fecero che suonare e risuonare per tutto il giorno,* The bells did nothing but ring all day — *All'improvviso risuonarono delle grida strazianti,* Heart-rending cries rang out all of a sudden — *Le sue ultime parole risuonano ancora nelle mie orecchie,* His last words are still ringing in my ears — *Il suo nome risuona ovunque nel paese,* His name resounds (*o* is heard) all over the country.

risonatore *sm (radio, ecc.)* resonator.

risone *sm* paddy rice; paddy.

risorgere *vi* **1** *(sorgere di nuovo)* to rise* again; to spring* again. **2** *(tornare in vita)* to rise* from the dead; to be* resurrected; to come* back to life again. **3** *(fig.: riprendersi, rifiorire)* to be* restored; to flourish again; to revive: *Le sue speranze stanno risorgendo,* His hopes are reviving.

risorgimentale *agg (stor.)* of the (Italian) Risorgimento.

risorgimento *sm* **1** revival; renaissance; rising from the grave. **2** *(stor.)* Risorgimento.

risorsa *sf* **1** resource *(spesso al pl.)*: *Le nostre risorse sono al limite,* Our resources are almost finished. **2** *(mezzo, espediente)* resource; expedient; resort: *Quella era la mia ultima risorsa,* That was my last resort — *È un uomo pieno di risorse,* He's a very resourceful man — *essere senza risorse,* to be without resources.

risospingere *vt* to drive* again; to push again.

risotto *sm* risotto; rice stew.

risottomettere *vt* to subjugate again; to subdue again.
☐ **risottomettersi** *v. rifl* to submit again; to yield again.

risovvenirsi *v. rifl (lett.)* to remember; to recollect.

rispalmare *vt* to spread* again.

rispargere *vt* to spread* again; to scatter again.

risparmiare *vt* **1** *(mettere da parte, spec. denaro, anche fig.)* to save; to put* by; to put* away; to economize; *(non spendere, fare economia)* to save; *(talvolta)* to spare: *Non riesco a risparmiare niente con tutti questi aumenti di prezzo,* With all these price increases I can't save at all (I can't put anything away) — *risparmiare tempo,* to save time. **2** *(evitare spese, astenersi da qcsa)* to save; to spare; *(non affaticare)* to spare: *Vado fin lì, così risparmio la telefonata,* I'll just pop over and save the cost of a telephone call — *risparmiare il biglietto del treno,* to save the train fare — *risparmiare il fiato,* to save one's breath — *Se vieni tu, mi risparmi una faticaccia,* If you come you'll save me (*o* spare me) a lot of drudgery — *Devo risparmiare il più possibile la vista,* I have to save my eyesight as far as possible — *Avrebbe potuto risparmiarsi il disturbo,* He could have saved himself the trouble. **3** *(concedere, salvare)* to spare: *risparmiare la vita a qcno,* to spare sb's life — *Nessuno fu risparmiato dalla terribile epidemia,* Nobody was spared by the appalling epidemic — *Le sue critiche non hanno risparmiato nessuno,* His criticisms spared no one.
☐ **risparmiarsi** *v. rifl (aver cura e riguardo di sé)* to spare oneself: *È il tipo di persona che non si risparmia certo,* He's not the sort to think of sparing himself.

risparmiatore *agg* thrifty; saving.
☐ *sm* saver; thrifty person.

risparmio *sm* saving; *(i risparmi)* savings: *È buona cosa abituare i bambini al risparmio,* It's a good thing to get children used to saving — *Viveva dei propri risparmi,* She lived on her savings — *Non sei capace a fare risparmi,* You aren't able to economize — *senza risparmio,* without stint; lavishly — *per risparmio di tempo,* (in order) to save time.

rispecchiare *vt (riflettere)* to reflect; *(specchiare)* to mirror; *(fig.: riflettere)* to reflect; to show*: *Il mare rispecchiava la luna,* The sea reflected the moon — *Spero che le tue parole rispecchino i tuoi veri sentimenti,* I hope your words reflect (*o* show) your true feelings.

□ **rispecchiarsi** *v. rifl* to be* reflected; to be* mirrored.

rispedire *vt (spedire di nuovo)* to send* again; to forward again; to dispatch again; *(spedire indietro)* to send* back.

rispedizione *sf* reforwarding; redispatch; redispatching; *(al mittente)* sending back.

rispettabile *agg* **1** *(meritevole di rispetto)* respectable; estimable; worthy *(anche scherz.).* **2** *(ragguardevole)* considerable; appreciable.

rispettabilità *sf* respectability.

rispettabilmente *avv* respectably.

rispettare *vt* **1** *(avere stima, deferenza)* to respect; to honour; *(non violare, non offendere)* to respect: *rispettare i diritti (le idee) degli altri,* to respect other people's rights (*o* ideas) — *rispettare il proprio padre,* to honour one's father — *Abbiamo rispettato il suo ultimo desiderio,* We have respected his last wish — *farsi rispettare,* to command respect — *Sa farsi rispettare, non amare,* He can make others respect him, but not love him; He can command respect, but not love — *rispettare la propria firma,* to honour one's signature — *rispettare una cambiale,* to honour a bill. **2** *(osservare secondo regole prestabilite)* to respect; to observe; to comply (with): *rispettare le leggi,* to respect (to observe) the law — *far rispettare la legge,* to enforce the law — *Vogliamo rispettare un'antica tradizione,* We want to respect (to comply with) an old tradition — *L'inquilino non ha rispettato il contratto,* The tenant has not complied with the terms of the contract.

□ **rispettarsi** *v. rifl (aver stima e considerazione di se stessi)* to respect oneself; to have* self-respect: *uno che si rispetti,* a respectable person.

rispettivamente *avv* respectively: *Le mie sorelle gemelle, Valentina e Serena, sono rispettivamente insegnante e architetta,* My twin sisters Valentina and Serena are a teacher and an architect respectively. □ **rispettivamente a...,** by comparison with...; considering...

rispettivo *agg* respective.

rispetto *sm* **1** *(sentimento di considerazione, deferenza)* respect; deference: *Tratta tutti con molto rispetto,* He treats everyone with great respect (*o* deference) — *aver rispetto per qcno,* to have respect for sb — *il rispetto di se stesso,* self-respect — *portare rispetto a qcno,* to respect sb — *Hanno molto rispetto di loro stessi,* They have great self-respect — *una persona che incute un grande rispetto,* a person who commands great respect — *fare qcsa per rispetto a qcno,* to do sth out of respect for sb — *perdere il rispetto,* to lose others' respect — *mancare di rispetto a qcno,* to be lacking in respect towards sb; to be disrespectful to sb — *con rispetto parlando,* speaking with respect; if you'll excuse my saying so — *con il dovuto rispetto,* with (all) due respect — *Porti i miei rispetti ai suoi genitori,* My respects (My regards) to your parents. **2** *(osservanza)* observance: *il rispetto della legge,* the observance of the law. **3** *(riguardo, relazione)* respect: *È un passo sbagliato, sotto tutti i rispetti,* It's a mistake in all respects. □ **rispetto a...,** as regards...; as to...; with regard to... — *'Rispetto alla vostra richiesta, non possiamo ancora rispondervi in merito',* 'As regards (As to, With regard to) your request, we are unable to reply as yet' — **a rispetto di..., rispetto a...,** in comparison with...; compared to...; with respect to... — *Mi è sembrato piccolo rispetto a quello di prima,* It seemed small to me compared to the earlier one.

rispettosamente *avv* respectfully.

rispettoso *agg* respectful.

risplendente *agg (anche fig.)* resplendent; shining; bright; sparkling; *(rilucente)* glowing; *(luccicante)* glittering: *La casa era risplendente di argenteria ed ottoni,* The house was resplendent with silver and brass — *un sole risplendente,* (a) bright sun.

risplendere *vi* to shine*; to glitter; *(scintillare)* to sparkle; *(fig.)* to shine*; to be* brilliant; to be* famous; to be* glorious: *risplendere di gioia (di bellezza),* to be radiant with joy (with beauty).

rispondente *agg* suitable; fit; proper; corresponding; in harmony (with); *(comm.)* reliable.

rispondenza *sf* correspondence; harmony; conformity.

rispondere *vi e t.* **1** to answer; to reply (to sb); to respond *(lett.)*: *rispondere a qcno,* to answer sb; to reply to sb — *Sai rispondere a questa domanda?,* Can you answer this question? — *Non ha mai risposto alle mie lettere,* He has never answered (*o* replied to) my letters — *rispondere al telefono,* to answer the telephone — *rispondere ad un invito,* to reply to (to answer) an invitation — *rispondere di sì (di no),* to answer yes (no) — *rispondere all'appello,* to answer the roll; *(fig.)* to answer the call — *rispondere evasivamente,* to reply evasively; to give an evasive reply (*o* answer) — *rispondere a tono,* to give a reasonable (an appropriate) answer — *rispondere per le rime,* to give a sharp answer; *(fig.)* to pay sb back in his own coin — *rispondere con un'alzata di spalle (con un cenno del capo, con una risata),* to reply with a shrug of the shoulders (with a nod, with a laugh) — *rispondere per iscritto,* to answer (to reply) in writing — *rispondere al fuoco del nemico,* to reply to the enemy's fire.

2 *(ribattere, rimbeccare)* to answer back: *rispondere ai propri genitori,* to answer one's parents back.

3 *(rendersi responsabile)* to answer for (sth, sb); to be* responsible (*o* liable) for (sth, sb); *(farsi garante di)* to vouch (for sb, sth): *Risponderò io della sua condotta,* I will answer (*o* vouch) for his behaviour myself — *Bada che non rispondo di niente,* I'm not responsible for anything, mind — *rispondere dei danni,* to be liable for damages — *Pagherà, ne rispondo io,* He will pay, you take my word for it.

4 *(soddisfare, corrispondere)* to answer (sth *o* to sth); to correspond (to sth): *La sua proposta non rispondeva alle nostre esigenze,* His proposal did not answer to our needs — *rispondere ad uno scopo,* to answer a purpose — *rispondere al nome di,* to answer to the name of — *rispondere all'attesa di qcno,* to come up to expectation — *Risponde alla mia idea della donna ideale,* She corresponds to my idea of the ideal woman.

5 *(obbedire)* to respond; to obey: *Il cavallo risponde alla briglia,* Horses respond to the bridle — *rispondere ad un trattamento,* to respond to a treatment.

6 *(a carte)* to reply.

risposare *vt,* **risposarsi** *v. rifl* to marry again; to remarry.

risposta *sf* **1** *(il rispondere, ciò che si risponde)* answer; reply: *Hai sempre la risposta pronta, eh?,* You've always got a ready answer, haven't you? —

Non è degno di risposta, It's not worthy of a reply — *'Siamo in attesa di una Vostra risposta... (di un cenno di risposta)...',* 'We await your reply...' — *in risposta a...,* in reply to... — *lasciare (una lettera) senza risposta,* to leave (a letter) unanswered — *Per tutta risposta uscì sbattendo la porta,* All the reply he gave was to go out slamming the door — *Si pone sempre delle domande senza risposta,* He is always asking questions to which there is no answer — *Mi ha lasciato senza risposta,* He left me speechless. **2** *(nella scherma)* riposte; counterthrust; counterblow: *botta e risposta,* blow and counterblow; *(fig.)* quick repartee; cut and thrust. **3** *(responso)* response. **4** *(mus.: nella fuga)* answer.

rissa *sf* brawl; quarrel; row; *(dir.)* affray.

rissosamente *avv* quarrelsomely.

rissoso *agg* quarrelsome; wrangling; brawling.

ristabilimento *sm* re-establishment; restoration; *(guarigione)* recovery.

ristabilire *vt* **1** *(stabilire di nuovo)* to establish again; to re-establish; to restore: *ristabilire la monarchia,* to re-establish the monarchy — *ristabilire l'ordine,* to restore order. **2** *(rimettere in salute)* to restore (sb) to health.

□ **ristabilirsi** *v. rifl* **1** *(rimettersi in salute)* to recover: *Si ristabilì molto in fretta,* He recovered very quickly. **2** *(stabilirsi di nuovo)* to settle again: *Stanno per ristabilirsi nella loro vecchia casa,* They are going to settle in their old house again.

[1]**ristagnare** *vt (ricoprire di stagno)* to re-tin; to tin again; *(risaldare)* to resolder; to solder again.

[2]**ristagnare** *vt (far cessare di scorrere)* to make* stagnant; to staunch.

□ *vi* to stagnate; to become* stagnant; *(di sangue)* to cease flowing; *(fig.)* to be* stagnant; to slacken.

□ **ristagnarsi** *v. rifl* to become* stagnant; to slacken.

ristagno *sm (di acqua)* stagnation; *(di sangue)* staunching; *(fig.)* stagnation; slackening; standstill; *(comm.)* slack period: *C'è un ristagno negli affari,* Business is slack (*o* sluggish).

ristampa *sf* reprint; reprinting; (new) impression: *seconda ristampa,* second impression — *essere in ristampa,* to be reprinting.

ristampare *vt* to reprint; to print again; to republish.

[1]**ristorante** *sm* restaurant; *(di stazione ferroviaria)* refreshment-room; buffet: *vagone (carrozza) ristorante,* dining-car.

[2]**ristorante** *agg* refreshing; restorative.

ristorare *vt (dar ristoro, anche fig.: rifocillare)* to refresh; to restore: *Un buon sonno ti ristorerà,* A good sleep will refresh you — *Ci vorrebbe un brodo caldo per ristorarci,* Hot broth is what we need to restore us.

□ **ristorarsi** *v. rifl* to refresh oneself; to take* refreshment; *(cibarsi)* to eat* sth; *(riposarsi)* to rest.

ristorativo *agg* refreshing; restorative.

□ *sm* refreshment.

ristornare *vi e t.* **1** to bounce; to rebound. **2** *(contabilità)* to transfer to another account.

ristoro *sm* **1** *(sollievo)* relief; solace. **2** *(genere di conforto)* refreshment: *Questa bevanda è un ottimo ristoro,* This drink is an excellent pick-me-up — *posto di ristoro,* refreshment room.

ristrettezza *sf* **1** *(strettezza)* narrowness. **2** *(fig.: limitatezza, grettezza)* meanness; poverty: *ristrettezza di idee,* poverty of ideas — *ristrettezza mentale,* narrow-mindedness. **3** *(fig.: scarsità)* lack; want; *(pl.: difficoltà finanziarie)* straits; straitened circumstances: *vivere in ristrettezze,* to live in straitened circumstances — *Non posso ancora pagarti: mi trovo in ristrettezze,* I can't pay you back yet: I'm in financial straits.

ristretto *agg* **1** *(stretto)* narrow: *Non ci potevamo muovere in quello spazio ristretto,* We couldn't move in that narrow space. **2** *(gretto)* narrow; mean: *È di idee ristrette,* He's a narrow-minded person. **3** *(limitato, rigoroso)* narrow; limited; restricted: *significato (uso) ristretto,* narrow meaning (restricted use) — *una cerchia ristretta,* a narrow circle — *un pranzo ristretto,* an intimate meal. **4** *(ridotto)* reduced: *prezzi ristretti,* rock-bottom prices. **5** *(condensato)* condensed: *brodo ristretto,* consommé *(fr.)* — *caffè ristretto,* strong coffee. **6** *(scarso)* scanty; poor: *Hanno mezzi ristretti,* They have insufficient means; They have barely enough to live on.

□ *sm* **1** *(riassunto)* summary; précis. **2** *(prezzo)* rock-bottom price.

ristringere *vt* **1** *(stringere di nuovo)* to tighten again. **2** *(la mano a qcno)* to shake* hands with sb again.

risucchiare *vt* to suck again; to resuck; *(travolgere, trascinare)* to draw*.

risucchio *sm* whirlpool; eddy; *(di corrente, ondata)* undertow.

risultante *agg* resulting; consequent; resultant.

□ *sf* resultant.

risultanza *sf (spesso al pl.)* result; issue; outcome *(solo sing.).*

risultare *vi* **1** *(derivare come conseguenza)* to turn out; to result; to come* (out of); to follow; to ensue: *Risultò poi che era tutta colpa sua,* It turned out that it was all his fault — *Risulteranno solo guai da questa tua decisione,* Only trouble can come of (can result from) your decision — *Che cosa è risultato dall'inchiesta?,* What came out of the inquiry?; What was the result of the inquiry? — *Risultò che non aveva fatto nulla,* It turned out that he hadn't done anything — *Ne risulta che...,* Consequently... **2** *(rivelarsi, apparire)* to appear; to be*: *Risulta chiaro che...,* It appears (It is) clear that... **3** *(riuscire)* to turn out; to come* out: *Risultò primo su un centinaio di candidati,* He came first out of a hundred candidates. **4** *(con la costruzione impersonale:* mi risulta *ecc. nel significato di apparire certo, essere evidente)* to understand*; to hear*; to know* *(tutti con la costruzione personale): Mi risulta che fossero in due,* I understand (I hear) that there were two of them — *Gli risulta che stiano per espatriare,* He has heard that they are about to leave the country — *Non mi risulta di conoscerLa, signore,* I don't think I know you, sir.

risultato *sm* result; issue; outcome: *Ti comunicherò presto i risultati,* I'll let you know the results soon — *E questo è il bel risultato!,* And this is what it led to! — *Il risultato di questa prova non è sicuro,* The outcome of this test is uncertain — *aspettare il risultato di qcsa,* to await the issue of sth — *risultato di parità, (sport)* draw; tie.

risurrezione *sf* resurrection; return to life; revival.

risuscitamento *sm* resuscitation; revival.

risuscitare *vi* to resuscitate; to come* back to life again; to rise* again (from the dead).

□ *vt (far tornare in vita)* to resuscitate; to revive; to bring* back to life; to raise from the dead; *(fig.: ristorare, restaurare, rimettere in uso)* to revive; to bring* back into use; to restore: *Si dice che risuscitasse i morti,* They say that he resuscitated (*o lett.* woke) the dead — *Questo vino mi ha risuscitato,* This wine has given me new life; This wine has put new life into me — *Intendono risuscitare tutte le vecchie* *tradizioni,* They mean to revive all the old traditions — *risuscitare dall'oblio,* to rescue from oblivion.

risvegliare *vt* **1** *(svegliare di nuovo)* to wake* (up) again; to rouse again. **2** *(svegliare)* to wake* up; to awake*; to rouse; *(fig.: richiamare, smuovere)* to awaken; to arouse; to revive; to stimulate; to excite: *Mi ha risvegliato il telefono,* The telephone woke me up — *Speriamo di risvegliare il loro interesse,* We hope to arouse (to awaken) their interest — *Hai risvegliato la mia curiosità,* You've aroused my curiosity — *Dovresti risvegliare la memoria,* You should refresh your memory — *Non volevo risvegliare vecchie memorie,* I didn't want to stir up old memories.

□ **risvegliarsi** *v. rifl* to wake* up; to awake*; to rouse; *(fig.)* to be* aroused: *A che ora ti risvegliasti quel giorno?,* At what time did you wake up that day? — *La sua attenzione si risvegliò all'improvviso,* His attention was suddenly aroused.

risveglio *sm* **1** *(lo svegliarsi)* reawakening: *al mio (suo) risveglio...,* when I (he, she) woke up... **2** *(fig.: rinnovamento, ritorno)* revival; renewal.

risvolta *sf* **1** *(svolta)* bend; turn. **2** ⇨ **risvolto.**

risvoltare *vt e i.* to turn again.

risvolto *sm* **1** *(della giacca)* lapel; *(della manica)* cuff; *(di tasca)* flap; *(dei pantaloni)* turn-up. **2** *(di copertina)* inside cover; *(testo pubblicitario)* blurb. **3** *(aspetto secondario di una questione)* aspect; *(sl. giornalistico)* angle; implication.

ritagliare *vt* to cut* out.

ritagliatore *sm* cutter.

ritaglio *sm* cutting; clipping; offcut; *(di stoffa)* scrap; remnant: *ritagli di giornale,* newspaper cuttings. □ *Lo farò nei ritagli di tempo,* I'll do it when I have a few moments to spare; I'll do it in my spare time (in odd moments).

ritardante *agg* retarding; delaying.

ritardare *vi* **1** *(essere in ritardo)* to be* late; *(di orologio: essere indietro)* to be* slow: *Ritardai molto a rispondere,* I was very late in answering. **2** *(tardare a giungere)* to be* delayed; to arrive late: *Il telegramma ritardò per via dello sciopero,* The telegram was delayed because of the strike.

□ *vt* to delay; to postpone; to defer; to put* off; to hold* up; *(di moto)* to retard: *Questo inconveniente sta ritardando tutto il programma,* This difficulty is holding up (is delaying) the entire programme — *Abbiamo deciso di ritardare la partenza,* We've decided to put off (to postpone) our departure — *La telefonata di sua suocera la fece ritardare,* Her mother-in-law's phone call held her up.

ritardatario *sm* late-comer.

ritardatore *agg* delaying. □ *sm* delayer; retarder.

ritardo *sm* **1** delay; hold-up: *essere in ritardo,* to be late — *giungere in ritardo,* to arrive late — *riguadagnare il ritardo,* to make up the delay — *Non ammetto ritardi,* I won't tolerate any delay — *È in ritardo di un quarto d'ora, (di orologio)* It's a quarter of an hour slow. **2** *(mus.)* retardation; suspension. **3** *(astronomia)* retardation.

ritegno *sm* **1** *(freno, riserbo)* reserve; reservedness; restraint: *senza ritegno,* without reserve — *Non riuscii a vincere il suo ritegno,* I didn't succeed in breaking through her reserve. **2** *(mecc.)* stop; check: *valvola di ritegno,* check-valve.

ritemprare *vt* to strengthen; to fortify; to restore; *(metalli)* to harden again; *(di matita)* to sharpen again.

□ **ritemprarsi** *v. rifl* to acquire new strength; to get* stronger; to fortify oneself.

ritenere *vt* **1** *(trattenere, contenere)* to hold* (back); to retain; to detain; to keep*; *(fermare)* to stop: *ritenere le lacrime,* to hold back one's tears — *Non ritiene alcun cibo, poverino,* He can't keep his food down, poor chap. **2** *(ricordare)* to remember; to retain: *Non ritiene niente di ciò che impara,* He doesn't remember a thing of what he learns — *Ha un'estrema difficoltà a ritenere i nomi,* He finds it extremely difficult to remember names. **3** *(trattenere qcsa o parte di essa)* to withhold*; to deduct: *Mi ritengono il tredici per cento sullo stipendio,* They withhold (They deduct) thirteen per cent of my salary. **4** *(credere, stimare)* to think*; to believe; to feel*; to deem; *(considerare)* to consider; to believe: *Ritengo che sarebbe stato un grave errore,* I think (I believe, I feel) that it would have been a serious mistake — *Si ritiene che abbia attraversato la frontiera al Brennero,* It is thought (*o* believed) that he crossed the frontier at the Brenner Pass — *Abbiamo ritenuto di far bene avvertendola,* We felt we were doing right to warn her — *Ritieni di poter decidere da solo?,* Do you think (*o* feel) you can decide on your own? — *Tutti lo ritengono un pazzo,* Everybody thinks (*o* believes) he is mad; Eeverybody considers him to be mad — *Non ritengo necessario darvi spiegazioni,* I don't think there is any need to give you any explanations — *Ritengo di sì,* I think so — *Ritengo di no,* I don't think so; I think not.

□ **ritenersi** *v. rifl* **1** *(considerarsi)* to regard oneself; to consider oneself: *Si ritiene infallibile nei suoi giudizi,* He considers his judgement to be infallible. **2** *(lett.: trattenersi)* to restrain oneself; to stop (oneself); to control oneself: *Si ritenne a stento dallo scoppiare in una risata,* He only just managed to stop himself bursting out laughing.

ritentare *vt* to try again; to attempt again; to reattempt.

ritenuta *sf* **1** deduction; *(sulla paga, anche)* stoppage. **2** *(naut.)* guy-rope.

ritenutezza *sf* reserve; reservedness; discretion.

ritenuto *agg* reserved; discreet; cautious; self-possessed.

ritenzione *sf (med.)* retention; *(deduzione)* deduction.

ritirare *vt* **1** *(tirare di nuovo)* to throw* again: *Prova a ritirare la palla!,* Try throwing the ball again! **2** *(fare un'altra tiratura)* to reprint: *Stanno pensando di ritirare un altro migliaio di copie,* They are thinking about reprinting another thousand copies. **3** *(tirare indietro, ritrarre)* to withdraw*; to draw* back; to move away; to take* back; *(fig.: revocare, ritrattare)* to retract: *Lo costrinsero a ritirare la sua candidatura,* They forced him to withdraw his candidature — *Ritira il braccio, potresti farti male,* Move your arm away, you might hurt yourself — *Ritirò tutto ciò che aveva detto,* He took back all he had said — *Purtroppo hanno ritirato la loro offerta,* Unfortunately they have withdrawn their offer — *Stanno cercando di indurmi a ritirare la protesta,* They are trying to get me to withdraw the complaint — *ritirare qcsa dalla circolazione,* to withdraw sth from circulation — *Ha ritirato la confessione fatta ieri,* He has retracted the confession he made yesterday. **4** *(richiamare)* to withdraw*: *È stato deciso di ritirare le truppe d'occupazione,* It has been decided to withdraw the occupying troops. **5** *(farsi consegnare)* to collect; *(riscuotere)* to draw*; to withdraw*: *Devo passare oggi a ritirare quel pacco,* I must go and collect that parcel today — *Hanno dovuto ritirare* *tutto il liquido dalla banca,* They had to withdraw all their cash from the bank.

☐ **ritirarsi** *v. rifl* **1** *(allontanarsi, appartarsi)* to retire; *(andarsene a letto, anche)* to go* to bed; to leave* sb; to withdraw*; to draw* back; *(abbandonare una attività)* to retire: *Scusatemi se mi ritiro, ma sono stanco morto,* Please excuse me if I retire (*più comune:* if I go to bed) but I'm dead tired — *È pentito di aver accettato, ma non può ritirarsi,* He regrets having accepted, but he can't withdraw (*o* draw back) now — *Dopo lo scandalo è stato costretto a ritirarsi,* After the scandal he was forced to retire — *È vero che ti ritiri in campagna?,* Is it true you're retiring to the country? — *ritirarsi in buon ordine,* to retire in good order — *La Corte sta per ritirarsi,* The Court is about to adjourn. **2** *(di soldati: indietreggiare)* to retreat; to withdraw*; to retire: *I nemici si stavano ritirando,* The enemy was retreating (was on the retreat). **3** *(di acque: defluire)* to fall*; to subside; *(di marea)* to ebb; *(del mare, definitivamente)* to recede: *Le acque si stanno ritirando, ma il raccolto è perduto,* The floods are subsiding, but the harvest is lost — *Il mare si è ritirato nei secoli e adesso la città ne dista nove chilometri,* The sea has receded over the centuries, and now the city is nine kilometres inland — *La marea incomincerà fra poco a ritirarsi,* In a short while the tide will begin to ebb. **4** *(di tessuti: restringersi)* to shrink*: *La lana si ritira in acqua calda,* Wool shrinks in hot water.

ritirata *sf* **1** retreat; withdrawal: *battere in ritirata, (anche fig.)* to beat a retreat — *fare una ritirata strategica, (fig.)* to make a strategic withdrawal. **2** *(rientro in caserma, annunciato con suono di tromba)* retreat; tattoo. **3** *(gabinetto)* lavatory; toilet; *(una volta)* retiring-room; rest-room *(USA)*.

ritiratamente *avv* in retirement; secludedly.

ritiratezza *sf* seclusion; retirement.

ritirato *agg* **1** *(appartato)* secluded; retired; sequestered: *fare una vita ritirata,* to live a secluded (a retired) life; to live in retirement (in seclusion) — *Vorrei stare in un posticino ritirato,* I'd like to stay in a sequestered spot. **2** *(ristretto)* shrunk(en).

ritiro *sm* **1** *(il ritirare)* withdrawal; *(riscossione)* collection: *il ritiro delle truppe,* the withdrawal of the troops — *il ritiro di banconote dalla circolazione,* the withdrawal of bank-notes from circulation — *Verrò per il ritiro della posta,* I'll come and collect the post (*USA* mail). **2** *(luogo appartato)* retreat; secluded place: *Quel luogo è un ottimo ritiro,* That place is a really good retreat — *ritiro spirituale,* spiritual retreat. **3** *(l'allontanarsi da un'attività)* retirement; retiring; *(il rinunciare a fare qcsa)* retirement; withdrawal: *Pensa già al proprio ritiro,* He's already thinking about retiring — *in ritiro,* retired; pensioned. **4** *(contrazione)* shrinkage; contraction. **5** *(confisca)* confiscation.

ritmare *vt* to beat* out; to mark; to mark (by rhythm).

ritmica *sf* rhythm; rhythmics.

ritmicamente *avv* rhythmically.

ritmico *agg* rhythmic; rhythmical; marked by rhythm.

ritmo *sm* **1** rhythm *(anche mus. e fig.)*. **2** *(mecc.)* rate.

rito *sm* **1** rite; ritual; *(cerimonia)* ceremony; rite: *riti pagani,* heathen (*o* pagan) rites. **2** *(pratica abituale)* usage; custom; *(scherz.)* ritual: *È di rito,* It's customary; It's the custom — *cose di rito,* habitual things.

ritoccare *vt* **1** *(toccare di nuovo)* to touch again; to retouch. **2** *(correggere)* to touch up; to retouch: *ritoccare una fotografia,* to retouch a photograph. **3** *(i prezzi)* to readjust: *Le nostre tariffe sono state ritoccate,* Our prices have been readjusted.

☐ **ritoccarsi** *v. rifl (rifarsi il trucco, ecc.)* to freshen up.

ritoccata *sf* touching up; retouching; retouch: *dare una ritoccata,* to touch up; to retouch.

ritocco *sm* retouch; additional touch; fresh touch.

ritogliere *vt* **1** *(levare di nuovo)* to take* off again: *Dovette ritogliersi il cappotto,* He was obliged to take his coat off again. **2** *(prendere di nuovo)* to take* again; *(riprendere ciò che era stato dato)* to take* back: *Hanno ritolto la penna dalla mia scrivania,* They've taken my pen from my desk again — *Teme che le ritolgano il figlio per affidarlo al padre,* She's afraid they could take back her son and hand him over to his father.

ritorcere *vt* **1** *(torcere nuovamente)* to twist again; to wring* out again. **2** *(fig.: rivolgere contro)* to retort. **3** *(industria tessile)* to twist; to twine.

ritorcimento *sm* twisting again; retwisting; *(fig.: ritorsione)* retorting; retort.

ritornare *vi* **1** *(tornare)* to return; *(andare dietro)* to go* back; *(venire indietro)* to come* back: *Quando ritornerai in Inghilterra?,* When will you return (*o* go back) to England? — *Vorrei che tu ritornassi presto a trovarmi,* I'd like you to come back and see me soon — *Dobbiamo ritornare alle origini,* We must go back to the beginning — *Perché ritorni sempre su questo argomento?,* Why do you keep coming back to (*o* harping on) this topic? — *ritornare in sé,* to come to one's senses; to come round. **2** *(ricomparire)* to come* back; to reappear; *(ricorrere)* to recur: *Da quando ti è ritornata l'infezione?,* When did the infection come back (*o* reappear)? — *Questa situazione ritorna ad intervalli regolari,* This situation recurs at regular intervals. **3** *(ridiventare)* to become* *(con un agg.)* again: *ritornare nuovo,* to become new again — *Non riesco a fare ritornare pulita la moquette,* I can't get the carpet clean.

☐ *vt (restituire)* to return; to give* back: *'Le ritorniamo la fattura regolarmente quietanzata', (corrispondenza commerciale)* 'We have pleasure in returning the invoice, duly receipted'.

☐ **ritornarsene,** to return; *(andar indietro)* to go* back; *(venire indietro)* to come* back.

ritornello *sm* **1** *(cantato)* refrain; chorus. **2** *(nella musica barocca)* ritornello. **3** *(fig.)* bore; tedious subject: *ripetere sempre lo stesso ritornello,* to harp (to keep harping) on the same subject.

ritorno *sm* **1** return: *Aspettiamo con ansia il suo ritorno,* We are anxiously awaiting his return — *al mio (suo) ritorno,* on my (his, her) return; when I come (he, she comes) back. **2** *(a intervalli)* recurrence: *Tutti gli anni all'inizio dell'inverno c'è un ritorno di influenza,* Every year, at the beginning of winter, there is a recurrence of influenza. **3** *(comm.: varie espressioni) conto di ritorno,* redraft account — *carico (nolo) di ritorno,* homeward cargo (freight) — *merci di ritorno,* returned goods; returns — *vuoti di ritorno,* empties. **4** *(mecc.: di molla)* recovery; *(di pistone)* reversal: *ritorno di fiamma, (mecc.)* backfire; flashback — *ritorno di un pezzo metallico dopo la piegatura,* spring-back. **5** *(televisione)* flyback; *(radio)* return; echo: *ritorno acustico,* acoustic feedback.

ritorsione *sf* retort; retorting; *(rappresaglia)* retaliation; reprisal.

ritorto *agg* twisted; twined; *(curvo)* crooked; bent; *(contorto)* contorted; tortuous.

ritradurre *vt* to retranslate; to translate again; to translate back.

ritrarre *vt* **1** *(ritirare, tirare indietro)* to draw* back; to draw* in; to withdraw*: *ritrarre il braccio (la mano),* to draw back one's arm (one's hand) — *Il pescatore ritrasse la rete,* The fisherman drew in his net. **2** *(allontanare, distogliere)* to turn away; to turn aside: *ritrarre gli occhi da uno spettacolo orrendo,* to turn one's eyes away (aside) from a horrible sight — *Ritrasse lo sguardo disgustata,* She turned her eyes away in disgust. **3** *(trarre, ricavare)* to get*; to derive; to obtain: *ritrarre molto (poco) vantaggio da qcsa,* to derive much (little) benefit from sth — *ritrarre una buona rendita,* to receive a good income. **4** *(raffigurare, rappresentare)* to draw*; to represent; to portray; to show*; to reproduce; to depict: *ritrarre a memoria,* to draw from memory — *Questo dipinto ritrae una scena di caccia,* This painting represents (*o* shows) a hunting scene — *L'artista ritrasse benissimo i suoi lineamenti in questo ritratto,* The artist has reproduced (*o* portrayed) her features very well in this portrait — *ritrarre al vivo (dal vero),* to paint (to draw, *ecc.*) a portrait from life — *ritrarre in grandezza naturale,* to reproduce life-size — *ritrarre in poche parole,* to draw (to depict) in a few words — *ritrarre qcsa a fosche tinte,* to paint a black picture (of sth). **5** *(dedurre, concludere)* to deduce; to be* able to tell: *Dalle sue parole ritraggo che non è affatto contento,* From what he says I deduce (I can tell) that he is not at all pleased.

□ *vi (raro: assomigliare)* to take* after: *Il ragazzo ritrae dal nonno,* The boy takes after his grandfather.

□ **ritrarsi** *v. rifl* **1** *(ritirarsi, allontanarsi)* to withdraw*; to retire; to draw* back; to shrink* *(generalm. per la paura)*: *Si ritrasse disgustato,* He withdrew (He drew back, He retired) in disgust — *Si ritrasse nel suo angolo,* She withdrew (She shrank) into her corner. **2** *(sottrarsi)* to withdraw*; to get* out: *Volevamo ritrarci da quella situazione, ma non era facile,* We wanted to withdraw from (to get out of) that situation, but it wasn't an easy task. **3** *(raffigurarsi)* to portray oneself; to depict oneself; to represent oneself: *Si era ritratto in veste di guerriero,* He had portrayed himself as a warrior. **4** *(restringersi, ritirarsi, spec. di stoffa)* to shrink*.

ritrattabile *agg* retractable.

ritrattare *vt* **1** *(trattare di nuovo)* to treat again; to re-treat. **2** *(ritirare, rinnegare una propria affermazione)* to retract; to withdraw*; to take* back; *(pubblicamente)* to recant: *Al processo ritrattò ciò che aveva confessato prima,* At the trial he retracted what he had previously confessed — *Furono costretti a ritrattare pubblicamente le loro idee,* They were obliged to recant their opinions.

□ **ritrattarsi** *v. rifl* to take* back (to withdraw*) one's words; to recant.

ritrattazione *sf* retraction; recantation; withdrawal.

ritrattista *sm e f.* portrait-painter; portraitist.

[1]**ritratto** *agg* (*p. pass. di* **ritrarre** ⇨) **1** *(tratto indietro)* drawn back. **2** *(dipinto, rappresentato)* portrayed; depicted; represented.

[2]**ritratto** *sm* **1** *(opera d'arte)* portrait; *(per estensione: descrizione)* account; description: *A Natale mi regalò il suo ritratto,* He gave me his portrait as a Christmas present — *Si sta facendo fare il ritratto,* She's having her portrait painted — *un ritratto somigliante,* a lifelike (a faithful) portrait — *ritratto in miniatura,* miniature — *Mi fece un ritratto terribile di quei posti,* He gave me a horrifying description of those places. **2** *(immagine somigliantissima)* (living) image; picture: *La piccola è il ritratto di Roberto,* The baby is the very image of Roberto — *Sei il ritratto della salute!,* You look the very picture of health!

ritrazione *sf* retraction.

ritrito *agg* stale; trite; hackneyed.

ritrosamente *avv* **1** reluctantly. **2** *(con timidezza)* coyly; bashfully; shyly.

ritrosia *sf* reluctance; aversion; *(timidezza)* shyness; bashfulness; coyness.

ritrosità *sf* ⇨ **ritrosia.**

ritroso *agg* **1** *(che si muove all'indietro)* backward; retreating; *(fig.: che rifugge, schivo)* bashful; shy; *(di fanciulla)* coy: *andare a ritroso,* to move backwards — *Non fare il ritroso!,* Don't be shy! — *Le fanciulle sono oggi meno ritrose d'un tempo!,* Nowadays girls aren't so coy as they used to be! **2** *(riluttante)* reluctant; averse; opposed: *È sempre ritroso a parlare in pubblico,* He's always reluctant to speak in public.

ritrovabile *agg* able to be found; *(ricuperabile)* recoverable.

ritrovamento *sm* finding again; recovery; *(scoperta, invenzione)* discovery; finding out; invention.

ritrovare *vt* **1** *(rinvenire)* to find* (again); to turn up *(più fam.)*; to refind*; to retrace; *(imbattersi, incontrare di nuovo)* to meet* with; to meet* again; *(scoprire)* to find*; to discover: *ritrovare un oggetto smarrito,* to find (to turn up) a lost object again — *ritrovare un sentiero,* to retrace a path — *ritrovare i propri passi (la strada percorsa),* to retrace one's steps (one's way, one's path) — *Hai mai ritrovato la penna che avevi perduto?,* Did you ever find that pen you lost? — *Lo ritrovarono in fondo alla strada,* They found him (again) at the end of the street — *ritrovare un vecchio amico,* to meet with an old friend; to meet an old friend again — *La soluzione del caso non è stata mai ritrovata,* The case was never solved. **2** *(riacquistare, recuperare)* to recover: *ritrovare la salute (il coraggio, la calma),* to recover one's health (one's courage, one's calm) — *Dopo la malattia ha ritrovato la sua forma migliore,* Since his illness, he has recovered his best form. **3** *(ravvisare, riconoscere)* to recognize, to see*: *ritrovare un motivo musicale,* to recognize a tune — *Non riesco a ritrovarlo in questa lettera,* I can't recognize (*o* see) him in this letter — *Ritrovava nel figlio il volto del marito scomparso,* She saw (She recognized) her dead husband's features in her son. **4** *(far visita)* to see* (again); to visit (again); to call upon: *Venite a ritrovarmi presto,* Come and see (*o* visit, *o* call upon) me again soon.

□ **ritrovarsi** *v. rifl e reciproco* **1** *(incontrarsi)* to meet* each other (*o* one another); to meet* again: *Ci siamo ritrovati proprio per caso,* We met each other (*o* one another) quite by chance — *Ci ritroveremo qui alle cinque,* We'll meet here again at five. **2** *(imbattersi, capitare)* to find* oneself; to happen to be; to meet* with: *Ci ritrovammo improvvisamente davanti a una vecchia casa,* Suddenly we found ourselves in front of an old house. **3** *(raccapezzarsi, capacitarsi)* to see* one's way (clear); to make* (sth) out: *È così ingarbugliato che non mi ci ritrovo,* It's so confused that I can't make it out. **4** *(sentirsi a proprio agio)* to be* (to feel*) at ease: *In questa casa così grande non mi ci ritrovo,* I don't feel at ease (I am ill at ease) in such a large house.

ritrovato *sm* invention; discovery; *(espediente)* way; expedient; device; contrivance.

ritrovatore *sm* discoverer; inventor; finder.

ritrovo *sm* **1** *(riunione)* meeting; reunion; gathering. **2** *(il luogo)* meeting-place; haunt.

ritto *agg* **1** *(dritto in piedi)* upright; standing; straight; erect: *stare ritto,* to stand upright; to stand straight up — *Avevo i capelli ritti per la paura,* My hair was standing on end with fright — *Non riesco più a stare ritto,* I'm unable to stand any longer — *ritto come un fuso,* as straight as a post. **2** *(destro)* right: *andare a ritta,* to go right — *il lato ritto,* the right side.
□ *sm* **1** *(diritto)* right side: *né per ritto né per rovescio, (fig.)* in no wise. **2** *(puntello verticale)* upright; prop.

rituale *agg* ritual; customary; according to custom.
□ *sm* ritual; ceremonial.

ritualismo *sm* ritualism.

ritualista *sm e f.* ritualist.

ritualmente *avv* ritually.

riunione *sf* **1** meeting; gathering; assembly; *(fam.)* get-together: *prender parte a una riunione,* to attend a meeting — *tenere una riunione,* to hold a meeting — *una riunione di famiglia,* a family reunion — *riunione mondana,* social gathering; party — *sala delle riunioni,* assembly-room; conference-room. **2** *(nuova unione)* reunion; *(riconciliazione)* reconciliation.

riunire *vt* **1** *(unire di nuovo)* to re-unite; to put* together again; to bring* together again: *Sei capace a riunire tutti i pezzi?,* Are you able to put all the pieces together? **2** *(riconciliare)* to reconcile; to bring* together again: *Credo che si dovrebbe fare qualcosa per riunirli,* I think we should do something to reconcile them. **3** *(adunare)* to gather (together); to collect; to get* together: *Vorrei riunire alcuni amici venerdì sera,* I'd like to get a few friends together on Friday evening — *Riunì in fretta i suoi effetti personali e partì,* He gathered up his belongings in a hurry and left.
□ **riunirsi** *v. rifl* **1** *(tornare a stare insieme)* to be* reunited; to come* together again; to join again: *A Londra ci riuniremo al gruppo,* We'll be joining the party again in London — *Si riunirono solo per i figli,* The only came together again because of the children. **2** *(adunarsi, fare una riunione)* to gather; to meet*; *(allearsi)* to unite: *Domani si riunirà il Consiglio di Amministrazione,* The Board will meet tomorrow — *Si riunirono per combatterci,* They united to fight us.

riunito *agg* reunited; united; joined; combined.

riuscibile *agg* likely to succeed.

riuscire *vi* **1** *(aver successo)* to be* successful; to succeed; to be* a success: *riuscire nella vita (nella carriera),* to be successful in life (in one's career) — *riuscire a un esame,* to succeed in an examination; *(più comune)* to pass (to get through) an examination — *Riuscirono al quinto tentativo,* They succeeded at the fifth attempt — *non riuscire,* to be unsuccessful; to fail; not to succeed — *L'esperimento non riuscì,* The experiment was unsuccessful (*o* failed, *o* did not succeed).
2 *(essere capace a fare qcsa)* to be* able *(con l'inf.);* can* *(con l'inf. senza* 'to'*);* to manage *(con l'inf.);* to succeed (in doing sth): *Riuscirai a convincerli?,* Will you be able to convince them? — *Non riesco a vedere così lontano,* I can't see that far — *Non riesco a trovare il mio ombrello,* I can't find my umbrella — *Prova se riesci (se ti riesce)!,* Try if you can!; See if you can do it! — *Non ci riesco!,* I can't! — *Ci riuscirai!,* You'll manage! — *Riesci da solo?,* Can you manage on your own? — *Nonostante tutto riuscì a non perdere la calma,* In spite of everything he managed to keep his temper (he succeeded in keeping his temper).
3 *(rivelarsi, aver esito, andare a finire)* to turn out; to prove to be; to be* in the end: *Tutto riuscì bene,* Everything turned out all right — *La giornata riuscì piovosa,* The day turned out wet — *I loro sforzi riuscirono inutili,* Their efforts proved to be useless.
4 *(avere attitudine)* to be* good at; to be* clever at: *Il ragazzo riesce bene in letteratura,* The boy is good (*o* clever) at literature.
5 *(mirare, tendere)* to drive* at; to lead* up to: *Non vedo dove vuoi riuscire con questo discorso,* I can't see what you are driving at.
6 *(uscire di nuovo)* to go* (to come*) out again; *(condurre, sboccare)* to lead*: *Andò in casa, poi riuscì quasi subito,* He went home, then he went (*o* came) out almost at once — *La strada riusciva in una grande piazza,* The street led to a large square.
7 *(apparire, risultare)* to be*; to prove: *Questo non mi riesce nuovo,* This is not new to me — *Riesce antipatico a tutti,* He is disliked by everyone.

riuscita *sf (risultato)* result; outcome; issue; *(buona prova)* success: *Quale fu la riuscita?,* What was the result? — *La sua riuscita sorprese tutti,* His success surprised everybody — *cattiva riuscita,* lack of success; failure — *Quest'abito ha fatto una buona riuscita,* This dress has worn well.

riva *sf (di mare, di lago)* shore; *(di fiume)* bank: *sulla riva del mare,* on the seashore — *andare in riva al mare,* to go to the seaside — *tenersi a riva,* to keep close to the shore — *venire a riva,* to come ashore; *(fig.)* to reach the end — *Egli sta sulla riva sinistra del fiume,* He lives on the left bank of the river.

rivaccinare *vt* to revaccinate; reinoculation.

rivaccinazione *sf* revaccination; reinoculation.

rivale *agg* rival.
□ *sm e f.* rival; competitor: *senza rivali,* unequalled; matchless; unrivalled.

rivaleggiare *vi* to rival; to compete; to vie.

rivalersi *v. rifl* **1** *(valersi di nuovo)* to make* use (of sth) again. **2** *(rifarsi di qcsa su qcno)* to make* good one's losses: *Non so se posso rivalermi su di lui,* I don't know if I can make good my losses at his expense.

rivalità *sf* rivalry; competition.

rivalsa *sf* **1** *(rivincita)* revenge; *(rappresaglia)* retaliation; reprisal. **2** *(risarcimento)* reimbursement; compensation; *(comm.)* redraft; cross-bill: *con diritto di rivalsa,* with a right to reimbursement.

rivalutare *vt* to revalue.

rivalutazione *sf* revaluation; revalorization.

rivangare *vt* to dig* up again *(anche fig.).* □ *Non rivangare il passato!,* Let bygones be bygones!; Don't rake up the past!

rivedere *vt* **1** to see* again; to meet* again; *(tornare in un luogo)* to return (to); to go* back (to); to come* back (to): *rivedere un amico dopo molti anni,* to see (to meet) a friend again after many years — *Non lo rivedremo mai più,* We shall never see him again — *Beato chi ti (lo) rivede!,* What a pleasure to see you (him) again! — *Chi si rivede!,* Look who's here! — *rivedere il proprio paese dopo una lunga assenza,* to return (to go back, to come back) to one's home town after a long absence — *Chi non muore si rivede,* Those who do not die come back; *(iron.)* How strange to see you again! — *Rivide il sole (la luce) dopo tre anni di prigionia,* After three years' imprisonment he was set free. **2** *(rileggere, ripassare)* to re-read*; to read* over again; to look over again; to review *(USA);*

(ricontrollare) to revise; to check; *(correggere)* to correct: *rivedere il capitolo,* to read (to look) the chapter over again — *Devo rivedere alcuni testi su questo argomento,* I must re-read some books on this subject — *Mi diede il manoscritto da rivedere,* He gave me the manuscript to re-read (to look over again, to revise, to correct) — *edizione completamente riveduta,* (completely) revised edition — *rivedere bozze,* to read (to correct) proofs — *rivedere le bozze di un libro,* to proof-read a book. **3** *(comm., ecc.: esaminare, controllare, revisionare)* to examine; to inspect; to check; to revise; to review: *rivedere vecchi registri,* to examine old records — *rivedere i costi,* to check the accounts — *rivedere l'impianto di riscaldamento,* to inspect the heating system — *rivedere le proprie previsioni (i propri preventivi),* to revise one's estimates. **4** *(ritoccare, modificare)* to revise: *rivedere i prezzi,* to revise prices — *rivedere le proprie opinioni politiche,* to revise one's political opinions. **5** *(passare in rivista)* to review: *rivedere un reparto,* to review a unit. **6** *(mecc.)* to overhaul: *far rivedere il motore di un'automobile,* to have the engine of a car overhauled. □ *rivedere le bucce a qcno,* to find fault with sb; to nag sb; to criticize sb adversely.

□ **rivedersi** *v. rifl e reciproco* to see* each other (*o* one another) again; to meet* again: *rivedersi dopo molti anni,* to meet again after many years — *A rivederci! (Arrivederci!),* Goodbye!; See you again (soon)! — *Rivediamoci!,* Let's meet again! — *Ci rivedremo!,* Be seeing you!; See you again! — *Ci rivedremo tra un'ora,* We'll meet again in an hour — *Ci rivedremo a Filippi!,* We shall meet again!; My day will come!; *(lett., ant.)* Thou shalt see me at Philippi!

rivedibile *agg* revisable; subject to revision; *(mil.)* temporarily unfit; remanded.

riveditore *sm* reviser.

riveduta *sf (rapida revisione)* quick revision; second glance (*o* look): *Bisogna ancora dare una riveduta alle bozze,* We still have to take a second look at the proofs.

riveduto *agg* revised; checked; corrected.

rivelabile *agg* revealable; discoverable.

rivelare *vt* **1** *(svelare)* to reveal; to disclose; *(teologia)* to reveal: *Non devi rivelare quel nome,* You mustn't reveal that name — *Ha finalmente rivelato le proprie intenzioni,* At last he's disclosed his intentions. **2** *(manifestare)* to show*; to display; to reveal: *Non ha mai rivelato il suo disappunto,* He's never shown his disappointment — *Rivelò un talento eccezionale,* She revealed an exceptional talent.

□ **rivelarsi** *v. rifl* to show* oneself: *Si rivelò un vero disastro come insegnante,* He showed himself to be a complete disaster as a teacher — *S'è rivelato un bravo attore,* He's proved (himself) to be a good actor.

rivelatore *agg* revealing.

□ *sm* **1** *(chi rivela)* revealer. **2** *(apparecchio)* detector; coherer; *(fotografico)* developer.

rivelazione *sf* **1** revelation *(anche in teologia): Fu una vera rivelazione per me,* It was a real revelation to me — *conoscere per rivelazione,* to know by revelation. **2** *(fis., ecc.)* detection.

rivendere *vt* **1** *(vendere di nuovo)* to sell* again; *(vendere ciò che si era precedentemente comprato)* to sell* back. **2** *(vendere al dettaglio)* to retail; to sell* retail. **3** *(fig.: superare)* to surpass: *Mi rivendono tutti in furbizia,* Everybody surpasses me in cunning.

rivendicare *vt* to claim; to vindicate: *rivendicare i propri diritti,* to claim one's rights.

□ **rivendicarsi** *v. rifl (vendicarsi di nuovo)* to revenge (to avenge) oneself again; to take* one's revenge again.

rivendicatore *sm* vindicator; claimer; claimant.

rivendicazione *sf* claim.

rivendita *sf* **1** *(l'atto del rivendere)* resale; reselling. **2** *(negozio)* retail-shop; shop.

rivenditore *sm* retailer; *(di roba usata)* second-hand dealer; *(chi rivende una cosa acquistata)* reseller.

rivendugliolo *sm* small shopkeeper; *(ambulante)* pedlar; hawker.

rivenire *vi* to come* again; to come* back; to return; *(rinvenire)* to come* to; to recover one's senses.

riverberare *vt* to reverberate; to send* back; to throw* back; to reflect.

□ **riverberarsi** *v. rifl* to reflect; to be* reflected *(anche fig.).*

riverbero *sm* reverberation; *(di luce)* reflection; glint; gleam; *(molto forte, abbagliante)* glare: *Il forte riverbero mi fa male agli occhi,* The glare hurts my eyes — *di riverbero,* by reflection — *a riverbero,* reverberatory.

riverente *agg* respectful; reverent.

riverentemente *agg* respectfully; reverently; with reverence.

riverenza *sf* **1** *(deferenza)* reverence; respect: *Lo trattavano con profonda riverenza,* They treated him with deep respect — *Fu un atto di riverenza,* It was an act of reverence. **2** *(inchino)* bow; curtsey: *La bimba imparò a fare la riverenza,* The little girl learnt to make (to drop) a curtsey.

riverenziale *agg* reverential: *timore riverenziale,* dread.

riverenzialmente *avv* reverentially.

riverire *vt* **1** *(portare rispetto)* to respect; to revere; to show* reverance; to venerate; to honour: *Sono riveriti da tutti,* They are respected (and honoured) by all. **2** *(fare atto d'ossequio)* to give* one's respects (*o* regards) to sb: *Riverisca il Presidente, per favore!,* Please, give my respects to the President!

riverito *agg* revered; respected; honoured.

riversare *vt* **1** *(versare di nuovo)* to pour again; to pour out again: *Mi riversi da bere, per favore?,* Can you pour me out another glass, please? **2** *(versare)* to pour; to pour out; *(fig.: rovesciare addosso a qcno)* to throw*; to lavish: *Ha riversato tutto il suo amore sul figlio,* She's lavished all her love on her son — *riversare nel lavoro le proprie energie,* to throw oneself into one's work — *Non bisogna riversare su di lui tutto il biasimo,* We mustn't throw all the blame on him.

□ **riversarsi** *v. rifl* **1** *(di fiume: gettarsi)* to flow* (into). **2** *(confluire)* to pour: *Tutti si riversarono fuori dall'edificio urlando,* Everybody poured out of the building shouting.

riversibile *agg* reversible; revertible; subject to reversion; *(dir.)* reversionary.

riversibilmente *avv* reversibly.

riversione *sf* reversion.

riverso *agg* on one's back; supine.

□ *sm* ⇨ **rovescio.**

rivestimento *sm* covering; *(di vernice, ecc.)* coating; *(di cemento, ecc.)* facing; *(cucina)* coating; *(interno)* lining: *Il cassetto ha un rivestimento di carta,* The drawer has a paper lining.

rivestire *vt* **1** *(vestire nuovamente)* to dress again; to clothe again; to reclothe; *(per estensione: fornire di abiti)* to clothe; to fit out: *Ho dovuto rivestire la bambina,* I had to dress the baby again — *In primavera sarò completamente da rivestire,* In spring I'll have to renew all my clothes. **2** *(ricoprire, foderare)* to cover; to coat; to clothe; *(internamente)* to line: *Dobbiamo rivestire i divani,* We must cover the sofas — *Il dolce era rivestito di zucchero,* The cake was coated with sugar — *rivestire con mattonelle,* to tile. **3** *(fig.: ricoprire un ufficio, ecc.)* to hold*: *Egli rivestì molte cariche importanti,* He held many important positions. **4** *(indossare)* to put* on. **5** *(fig.: assumere)* to take* on: *Ciò non riveste carattere d'urgenza,* This is not a matter of urgency.

□ **rivestirsi** *v. rifl* **1** *(vestirsi di nuovo)* to dress oneself again; to clothe oneself again; to put* on one's clothes again. **2** *(cambiarsi o provvedersi di abiti)* to change one's clothes; to get* oneself new clothes: *Mi dai il tempo per rivestirmi?,* Will you give me time to change my clothes? — *Aspetto lo stipendio per rivestirmi,* I'm waiting for my salary so that I can get some new clothes. **3** *(indossare)* to put* on: *Si rivestì dell'armatura,* He put on his armour.

rivestitura *sf* ⇨ **rivestimento.**

rivetto *sm* rivet.

riviera *sf* coast; stretch of coast; Riviera *(spec. la riviera italiana o francese).*

rivierasco *agg* coast *(attrib.)*; coastal.

rivincere *vt* to win* again; to win* back.

rivincita *sf* **1** return match; return game: *concedere la rivincita,* to give the chance of revenge. **2** *(vendetta)* revenge: *prendersi la rivincita,* to take one's revenge.

rivista *sf* **1** *(revisione)* revision. **2** *(mil.)* review: *passare in rivista,* to review. **3** *(pubblicazione)* magazine; *(specializzata, scientifica)* review; journal: *una rivista settimanale,* a weekly magazine — *una rivista economica,* an economic review. **4** *(spettacolo di varietà)* revue; show.

rivivere *vt* to relive; to live through (sth) again: *Non vorrei rivivere quella notte terribile,* I shouldn't like to live through that terrible night again.

□ *vi* **1** *(vivere di nuovo)* to live again; to come* to life again; *(di usi, tradizioni)* to come* back into use (into favour); *(riapparire)* to relive; to live again: *Sta rivivendo la magia,* There's a revival of interest in magic — *Spera che il suo ingegno riviva in suo figlio,* He hopes his intelligence will come out again in his son. **2** *(riacquistare forza)* to revive: *Mi sento rivivere, finalmente!,* I feel quite myself again, at last!

rivo *sm* rivulet; stream *(anche fig.)*; *(ruscello)* brook.

rivogare *vi (vogare di nuovo)* to row again; to paddle again.

rivolere *vt* to want back; *(volere di nuovo)* to want again.

rivolgere *vt* **1** *(girare)* to turn: *rivolgere la chiave nella serratura,* to turn the key in the lock — *rivolgere lo sguardo verso qcno (qcsa),* to turn one's eyes towards (*o* to) sb (sth) — *rivolgere il pensiero (a qcsa),* to turn one's thoughts (to sth) — *rivolgere qcsa nella mente,* to turn sth over in one's mind; to brood over sth; to think over sth; to meditate upon sth. **2** *(volgere dalla parte opposta)* to turn away (*o* aside, back, round); *(rovesciare)* to turn upside-down: *Rivolse il capo e mi guardò,* He turned back (*o* round) and looked at me — *Rivolse il capo con aria contrariata,* She turned her head away (*o* aside) with a look of annoyance — *Il vento rivolse la barca,* The wind turned the boat upside down (*o* capsized the boat). **3** *(dirigere, indirizzare)* to address; to apply to; *(dedicare)* to devote: *rivolgere la parola a qcno,* to address sb; to speak to sb — *Non rivolgo la parola ai cafoni come te!,* I don't speak to louts like you! — *rivolgere a qcno le proprie parole,* to address one's words to sb — *Ciò che ho detto non è rivolto a te,* What I have said does not apply to you — *Rivolgemmo grandi sforzi a quell'impresa,* We devoted great efforts to that enterprise.

□ **rivolgersi** *v. rifl* **1** *(girarsi)* to turn round; *(distogliere lo sguardo)* to turn away: *Rivolgendosi vide che l'altra macchina li seguiva,* As he turned he could see the other car was following them — *Si rivolse per non vederla,* He turned away so as not to see her. **2** *(rigirarsi)* to roll over; to turn over; *(girare)* to revolve: *rivolgersi nel letto,* to roll over (to turn over) in bed — *La terra si rivolge intorno al sole,* The earth revolves around the sun. **3** *(darsi, applicarsi)* to turn to; to give* oneself to; to devote oneself to: *Dopo aver abbandonato la musica, si è rivolto alla pittura,* Since giving up music, he has turned to (*o* devoted himself to) painting. **4** *(indirizzarsi a qcno)* to turn to; to ask: *Si rivolse per aiuto ad un vecchio amico,* He turned to an old friend for help — *Mi rivolgevo proprio a te!,* It's you I was speaking to!; I was speaking to you! — *Rivolgersi in portineria, (su un cartello)* Apply at the porters' lodge — *Rivolgersi in segreteria,* Apply to the secretary — *Ci rivolgemmo al console per ottenere il visto,* We applied to the consul for a visa — *Puoi sempre rivolgerti ad un vigile,* You can always ask a policeman. **5** *(dirigersi)* to go*; to make* one's way to: *rivolgersi verso casa,* to go home; to make one's way home. **6** *(ribellarsi)* to rebel; to revolt; to rise* (up).

rivolgimento *sm* upheaval *(anche fig.)*; *(disordine)* disturbance; disorder; trouble; confusion; *(rivoluzione)* revolution; *(mutamento)* change.

rivolo *sm* rivulet; stream.

rivolta *sf (ribellione improvvisa)* revolt; rebellion; *(ammutinamento)* mutiny.

rivoltante *agg* revolting; disgusting; sickening.

rivoltare *vt* **1** to turn; to turn over (again); to turn round (again); *(sottosopra)* to turn upside-down; *(mettendo l'interno verso l'esterno)* to turn inside out: *rivoltare le pagine di un giornale,* to turn the pages of a newspaper back on themselves — *rivoltare le zolle in un campo,* to turn (over) the soil in a field — *far rivoltare un abito,* to have a dress (a suit) turned — *Sa come rivoltare le cose in suo favore,* He knows how to turn things to account — *rivoltare la frittata,* to turn the omelette over; *(fig.)* to give one's words a different meaning; to change one's tune — *rivoltare la barca e dirigersi verso il porto,* to turn the boat round (again) and sail to the harbour — *rivoltare un sacco, (per vuotarlo)* to turn a bag upside-down (*o* inside out) — *rivoltare una federa,* to turn a pillow-case inside-out — *rivoltare la colpa a qcno altro,* to cast the blame on sb else. **2** *(sconvolgere)* to turn; to upset*: *Il solo pensiero del cibo mi rivoltava lo stomaco,* The mere thought of food turned (*o* upset) my stomach — *Il suo cinismo ci rivolta,* His cynicism revolts us. **3** *(rimestare)* to mix: *rivoltare l'insalata,* to mix the salad. **4** *(mettere contro)* to turn against; to turn on: *Le cattive compagnie lo hanno rivoltato contro la moglie,* Bad companions turned him against his wife.

□ **rivoltarsi** *v. rifl* **1** to turn over again; to turn round: *Si voltava e rivoltava nel suo letto,* He kept turning over and over again in his bed — *Si rivoltò e corse verso casa,* He turned round and ran home — *rivoltarsi nella tomba,* to turn in one's grave. **2** *(ribellarsi)* to turn on; to turn against; to revolt; to rebel: *Si rivoltò contro il padre che lo sgridava,* He turned on (*o* against) his father who was scolding him — *Il cane si rivoltò contro di me e mi morse la gamba,* The dog turned on me and bit me on the leg — *La nostra sen-*

sibilità si rivolta all'idea di tanta crudeltà, Our sensitivity revolts at the thought of such cruelty. **3** *(sconvolgersi)* to turn; to heave: *Mi si rivolta lo stomaco al pensiero,* My stomach turns at the thought. **4** *(mutarsi)* to change; to alter: *La situazione si è rivoltata,* The situation has changed.

rivoltato *agg* turned; turned out; *(con la parte interna messa al di fuori)* turned inside out; *(araldica)* regardant.

rivoltella *sf* revolver: *una rivoltella a sei colpi,* a six-chambered revolver; *(fam.)* a six-shooter.

rivoltellata *sf* revolver shot.

rivoltolamento *sm* rolling over; turning over.

rivoltolare *vt* to roll over; to turn over; *(mettere in disordine)* to turn upside down.

☐ **rivoltolarsi** *v. rifl* to roll over; to roll about; to wallow; to welter.

rivoltoso *agg* rebellious; turbulent; mutinous; revolutionary.

☐ *sm* rebel; rioter; mutineer.

rivoluzionare *vt* to revolutionize.

rivoluzionario *agg e sm* revolutionary.

rivoluzione *sf* **1** revolution *(anche fig.).* **2** *(fam.: confusione)* mess; disorder; confusion: *Ma qui c'è una rivoluzione!,* What an awful mess! **3** *(movimento di un corpo o di un astro)* revolution; rotation.

rizoma *sm* rhizome.

rizzare *vt* **1** *(levare)* to set* up; to lift up; to raise; to hoist: *Puoi rizzare quel palo?,* Can you set up that pole? — *Rizzarono la bandiera sulla vetta,* They hoisted their flag on the peak — *rizzare le orecchie,* to prick up one's ears — *rizzare la cresta,* to put on airs. **2** *(innalzare, costruire)* to erect; to build*; to raise: *Gli rizzarono un monumento,* They erected (*o* raised) a monument to him.

☐ *v. rifl* **1** *(diventar dritti)* to stand* on end: *Gli si rizzarono i capelli per il raccapriccio,* His hair was standing on end with horror. **2** *(levarsi)* to stand* up; to rise* to one's feet: *Si rizzò a fatica,* He stood up (He rose to his feet) painfully.

roba *sf* **1** stuff; thing(s); *(personale)* belongings: *Chiami vino questa roba?,* Do you call this stuff wine? — *Non c'era roba da mangiare,* There wasn't a thing to eat; There was nothing to eat — *Le piace la roba dolce,* She is fond of sweet things — *Che roba è questa?; Cos'è questa roba?,* What is this stuff? — *Come puoi dire una roba simile?, (fam.)* How can you say such a thing? — *Devo farti vedere una roba,* I have something to show you — *Hai messo in valigia la tua roba?,* Have you packed your things (*o* belongings)?

2 *(beni)* goods; property; *(ricchezze)* fortune; riches: *roba di casa,* household goods (*o* stuff) — *roba di valore,* valuable goods; valuables — *roba a buon mercato,* cheap goods — *roba di prima qualità,* first-quality (*o* first-class, first-rate) goods — *roba di scarto,* rejects; discarded goods — *roba usata,* second-hand goods (*o* things) — *Ha scialacquato tutta la sua roba,* He has squandered all his property (*o* fortune) — *Non pensa che a fare (ad accumulare) roba,* He thinks of nothing but making money (*o* getting rich).

3 *(faccenda, questione)* matter; business: *Questa non è roba che ci riguardi,* This matter does not concern us; This is not our business; This is no business of ours — *È roba da poco,* It is of no importance — *Una roba da forca!,* A hanging matter!

4 *(stoffa, materiale)* stuff; *(indumenti)* clothes: *roba da lavare (da stirare),* clothes to be washed (ironed) — *roba invernale (estiva),* winter (summer) clothes.

☐ *Che roba!,* What rubbish! — *Bella roba!,* A fine thing indeed! — *Roba da matti (da chiodi)!,* It's enough to make you weep!; Sheer lunacy (*o* madness)! — *avere roba in corpo,* to have something on one's mind — *La roba va alla roba, (prov.)* Money breeds money — *La roba non è di chi la fa, ma di chi la gode, (prov.)* Goods are theirs that enjoy them.

robinia *sf* false acacia; robinia; locust-tree.

robustamente *avv* robustly; sturdily; vigorously.

robustezza *sf* robustness; strength; vigour; sturdiness.

robusto *agg* robust; strong; sturdy; vigorous; stout; *(grasso)* fat: *È una ragazza robusta,* She's a strong girl — *un robusto appetito,* a robust (a good) appetite — *stile robusto,* vigorous style — *essere un po' robusto,* to be a bit fat.

¹rocca *sf* fortress; fort; stronghold; *(roccia)* rock; *(vetta)* peak; summit; top.

²rocca *sf (per filare la lana)* distaff.

rocchetto *sm* reel; bobbin; *(elettr.)* coil; *(mecc.)* sprocket.

roccia *sf* **1** rock; *(sul mare)* cliff; *(a picco)* crag: *Vorrei prendere il sole sulle rocce,* I'd like to sunbathe on the rocks. **2** *(come sport)* climbing; rock-climbing: *Tu fai della roccia?,* Are you a rock-climber? — *scarponi da roccia,* climbing boots.

rocciatore *sm* rock-climber; *(talvolta)* cragsman *(pl. -men).*

roccioso *agg* rocky; stony.

roco *agg* ⇨ **rauco.**

rodaggio *sm* running in: *L'automobile è in rodaggio,* The car is being run in — *'In rodaggio',* 'Running in'.

rodare *vt* to run* in.

rodere *vt* **1** to gnaw; *(rosicchiare)* to nibble: *Il cane stava rodendo un osso,* The dog was gnawing (on) a bone. **2** *(corrodere)* to corrode; to attack; to bite* into; to eat* into; to wear* away; *(erodere)* to erode: *Le piaghe gli rodevano la pelle,* The sores ate into his skin — *La ruggine rode il ferro,* Rust corrodes iron — *La rabbia gli rodeva il fegato,* Anger ate his heart out — *Il mare rode la roccia,* The sea erodes rocks. **3** *(consumare)* to gnaw (at); to wear* (out); to torture; to torment; to consume: *Il rimorso lo rode,* He is consumed with remorse. **4** *(scherz.: mangiare)* to eat*: *Non c'è rimasto più niente da rodere!,* There's nothing left to eat! ☐ *rodere il freno,* to champ (to bite) the bit; to chafe under restraint — *un osso duro da rodere, (fig.)* something difficult to do; a hard nut to crack — *Acqua cheta rode i ponti, (prov.)* Still waters run deep.

☐ **rodersi** *v. rifl e reciproco* **1** to gnaw; to bite; to nibble: *Si rodeva le unghie nervosamente,* He was gnawing his finger-nails nervously. **2** *(preoccuparsi)* to worry; to be* worried; *(angustiarsi)* to pine away; *(logorarsi)* to be* consumed (with); to wear* oneself out: *rodersi per l'esito di un esame,* to worry about the results of an examination — *Si rode di rimorso,* He is consumed with remorse — *rodersi il fegato (l'anima, il cuore),* to eat one's heart out. **3** *(odiarsi, detestarsi)* to hate each other (one another).

rodimento *sm* gnawing; *(fig.)* worry; anguish; anxiety.

rodio *sm (l'elemento)* rhodium.

roditore *sm* rodent.

☐ *agg* gnawing; rodent; biting; corroding.

rododendro *sm* rhododendron.

rodomontata *sf* rodomontade.

rodomonte *sm* braggart.
rogare *vt* to draw* up (a deed); to stipulate.
rogatoria *sf (dir.)* interrogatory.
rogazione *sf* rogations *(pl.)*.
roggia *sf* small channel; irrigation ditch.
rogito *sm* notarial deed; instrument.
rogna *sf* **1** *(scabbia)* itch; scabies; *(di animale in genere)* itch; mange; *(di pecora)* scab. **2** *(fig.: molestia, cosa fastidiosa)* trouble; worry; nuisance: *Stai cercando rogna?,* Are you asking for trouble?
rognone *sm* kidney.
rognoso *agg* **1** scabby; *(di cane, pecora)* mangy. **2** *(fig.)* troublesome.
rogo *sm* **1** *(il supplizio)* stake; *(pira)* pyre; *(rogo funebre)* funeral pyre; *(falò)* bonfire: *mandare (condannare) qcno al rogo,* to condemn sb to the stake (*o* to be burned at the stake) — *morire sul rogo,* to suffer (to be burned) at the stake; to be burned alive. **2** *(incendio)* fire; *(particolarmente)* holocaust.
rollare *vt* ⇨ **rullare**.
rollio *sm* ⇨ **rullio**.
romanamente *avv* in the Roman way; after the Roman fashion. □ *salutare romanamente,* to give the Fascist salute.
romancio *agg e sm* Romansch.
romanesco *agg* of the dialect of Rome.
□ *sm* Roman dialect.
romanico *agg* **1** *(archit.)* Romanesque; *(in GB)* Norman: *arco romanico,* round arch. **2** *(neolatino)* Romanic; Romance *(attrib.)*.
□ *sm* Romanesque.
romanismo *sm* **1** idiom of the Roman dialect; peculiarity of the Roman dialect. **2** *(della Chiesa romana)* loyalty to the Roman Church.
romanista *sm e f.* Romanist.
romanità *sf* Roman spirit; Romanity; *(l'insieme dei popoli soggetti a Roma)* the peoples subjected to Roman rule; the Roman world.
romano *agg e sm* Roman: *Chiesa romana,* Church of Rome. □ *fare alla romana,* to go Dutch.
romanticamente *avv* romantically.
romanticheria *sf* romance; sentimentality.
romanticismo *sm* romanticism.
romantico *agg* romantic.
romanticume *sm* romantics *(pl.)*; exaggerated romanticism.
romanza *sf* verse tale; romance; *(aria)* aria; *(pezzo strumentale)* romance.
romanzare *vt* to romanticize; to novelize.
romanzescamente *avv* in a romantic way; as in a novel; adventurously.
romanzesco *agg* adventurous; romantic; of fiction.
romanziere *sm* novelist.
[1]**romanzo** *agg* Romance; Romance language: *filologia romanza,* Romance philology.
[2]**romanzo** *sm* **1** *(componimenti medievali; per estensione: storia romantica, incredibile, esagerata)* romance: *le romanze cavalleresche,* courtly romances — *Stai facendo un romanzo di questo semplice caso,* You are turning this simple case into a romance — *Il suo primo incontro con lei fu proprio un romanzo,* His first meeting with her was quite a romance. **2** *(opera narrativa moderna)* novel: *i romanzi di Sciascia,* the novels of Sciascia — *romanzo storico,* historical novel — *romanzo d'appendice,* serial story — *romanzo a tesi,* problem novel — *romanzo ciclico,* saga; saga novel — *romanzo nero,* Gothic novel — *romanzo fiume,* roman fleuve *(fr.)* — *romanzo giallo,* thriller; murder story; detective story (*o* novel) — *romanzo rosa,* romantic novel — *romanzo sceneggiato,* novel adapted for the stage (for television). **3** *(genere letterario)* fiction: *Dickens è considerato un maestro del romanzo,* Dickens is considered a master of fiction — *È eccellente sia in poesia che nel romanzo,* He is excellent in both poetry and fiction. □ *fare della storia un romanzo,* to novelize history.
rombare *vi* to thunder; to roar; to rumble.
rombico *agg* rhombic.
[1]**rombo** *sm (figura geometrica)* rhomb; rhombus *(pl.* rhombuses, rhombi*)*.
[2]**rombo** *sm (il rumore)* roar; rumble; *(tuono)* thunder.
[3]**rombo** *sm (pesce)* turbot; brill.
romboidale *agg* rhomboid; rhomboidal.
romboide *agg e sm* rhomboid.
romeno *agg e sm* Rumanian; Romanian.
rompere *vt* to break* (⇨ *anche* **rotto**): *rompere un piatto (un bicchiere),* to break a plate (a glass) — *rompere il ramo di un albero,* to break (off) a branch of a tree — *rompere le catene, (anche fig.)* to break the chains; to get free from one's chains — *rompere gli argini,* to break the banks — *rompere la monotonia,* to break the monotony — *rompere il ghiaccio,* to break the ice — *rompere il sonno,* to interrupt (one's) sleep — *rompere il silenzio,* to break the silence — *rompere il digiuno,* to break (one's) fast — *rompere un contratto,* to break a contract — *rompere un accordo (una tregua),* to break an agreement (a truce) — *rompere un'amicizia,* to break off a friendship — *rompere il fidanzamento,* to break off an engagement — *rompere l'incantesimo,* to break the spell — *rompere i cordoni,* to break through a cordon — *rompere le reni (la schiena) a qcno,* to break sb's back — *Rompemmo la resistenza del nemico,* We broke (through) the enemy's resistance — *rompere le file, (mil.)* to break ranks — *Rompete le file!, (mil.)* Dismiss! — *rompere la consegna, (mil., ecc.)* to break bounds — *Chi rompe paga ed i cocci sono suoi,* If you break you pay, and the broken bits you can take away.
□ *vi* **1** to break*: *Il mare rompeva sul litorale,* The waves were breaking on the beach — *La nave ruppe contro le rocce,* The ship broke up on the rocks. **2** *(un legame)* to break* with (sth): *rompere con le vecchie abitudini,* to break with old habits — *Ho rotto con lui diversi anni fa,* I broke with him many years ago. **3** *(prorompere, scoppiare)* to burst*: *rompere in pianto (in lacrime),* to burst into tears. **4** *(schiarirsi)* to clear up: *Le nuvole rompevano ad oriente,* The clouds were clearing up in the East.
□ *rompere il capo a (fare ammattire) qcno,* to drive sb crazy; to puzzle sb — *rompere la faccia (il muso, le ossa) a qcno,* to bash sb's face in *(fam.)* — *rompere le orecchie, (assordare)* to deafen; to stun — *rompere la folla (la calca),* to break up a crowd — *rompere il blocco,* to run the blockade — *rompere una lancia per (in favore di) qcno,* to take up the cudgels for sb — *rompere i ponti con qcno,* to fall out with sb — *rompere le uova nel paniere a qcno,* to upset sb's plans; to put a spoke in sb's wheel — *essere rotto a tutte le fatiche,* to be inured to any kind of fatigue — *essere rotto ad ogni vizio (a tutti i vizi),* to be thoroughly vicious — *rompere le scatole (l'anima, i coglioni, ecc.) a qcno,* to get on sb's nerves (*o* wick, *fam.)* — *La vuoi smettere di rompere?,* Do you mind?; Why don't you knock it off? *(fam.)*; Give over, will you? *(fam.)*.
□ **rompersi** *v. rifl* **1** to break*: *Il vetro si rompe facilmente,* Glass breaks easily — *rompersi una gamba,* to

break a (*o* one's) leg — *rompersi l'osso del collo (il collo),* to break one's neck — *rompersi in due,* to break in two — *La corda si ruppe,* The rope broke. **2** *(scoppiare)* to burst*; to rupture: *L'ascesso (La vescica) si ruppe,* The abscess (The blister) burst. □ *rompersi la schiena,* to work hard; to tire oneself out; to overwork — *rompersi la testa (il capo) su qcsa,* to beat (to cudgel, to rack, to puzzle) one's brains about (*o* over) sth.

rompiballe *sm e f.* nuisance; bore; tiresome person.

rompicapo *sm* **1** *(fastidio)* trouble; annoyance; nuisance; worry; *(problema)* problem. **2** *(indovinello)* riddle; puzzle.

rompicollo *sm* **1** *(persona)* madcap; dare-devil; reckless person. **2** *(luogo)* dangerous place; breakneck place: *a rompicollo,* hurriedly; rashly; headlong.

rompighiaccio *sm* ice-breaker; ice-boat.

rompimento *sm* ⇨ **rottura.**

rompiscatole *sm e f.* nuisance; bore; tiresome person.

roncola *sf* pruning knife; pruning hook; bill-hook.

roncolo *sm* gardening knife. □ *gambe a roncolo,* bow-legs.

ronda *sf (giro di guardia)* rounds *(pl.); (stor. o naut.)* watch; *(soldati di guardia)* patrol: *far la ronda,* to do the rounds — *essere di ronda,* to be on patrol — *la ronda di notte, (stor.)* the night watch — *Passa la ronda,* The patrol is going the rounds. □ *fare la ronda ad una donna,* to court a woman.

rondella *sf* washer: *rondella rotonda (quadrata),* round (square) washer — *rondella di sicurezza,* lock-washer — *rondella aperta,* open (slip) washer — *rondella di rame,* rove.

rondine *sf* swallow: *rondine di mare,* tern — *coda di rondine,* tailcoat; *(fam.)* tails — *a coda di rondine,* dove-tailed. □ *Una rondine non fa primavera,* One swallow does not make a summer.

rondò *sm (mus.)* rondo; *(poet.)* rondeau; rondel.

rondone *sm* swift.

ronfare *vi* to snore; *(anche)* to sleep* soundly; *(di gatto)* to purr; *(di cavallo)* to snort.

ronzamento *sm* ⇨ **ronzio.**

ronzare *vi (di insetti)* to buzz; to hum; *(di api, anche)* to drone; *(di frecce)* to hum; *(di pallottole)* to whine; *(di aeroplani)* to drone; to whine: *Mi stanno ronzando le orecchie,* My ears are buzzing. □ *Lui le ronza intorno da mesi,* He's been hanging about her for months — *Mi sembra che ti ronzino strane idee per la testa,* I think you have some strange ideas in your head (*fam.:* some strange bees in your bonnet).

ronzino *sm* nag; jade; broken-down horse.

ronzio *sm* buzz; buzzing; humming; drone.

rorido *agg* dewy.

[1]**rosa** *agg e sm (colore)* pink.

[2]**rosa** *sf* **1** *(il fiore)* rose: *rosa di Natale,* Christmas rose — *rosa canina,* dogrose; wild briar — *un bottone di rosa,* a rosebud — *essere fresca come una rosa,* to be as fresh as a daisy — *legno di rosa,* rosewood — *all'acqua di rose,* milk-and-water (*o* tepid, mild, lukewarm) — *la guerra delle due Rose,* the Wars of the Roses — *rosa dei venti,* compass-card; compass rose. **2** *(insieme dei pallini da caccia)* burst pattern. **3** *(insieme di candidati)* list. □ *Non c'è rosa senza spine, (prov.)* There's no rose without a thorn — *Se son rose fioriranno, (prov.)* The proof of the pudding is in the eating.

rosaio *sm* rose-garden; *(arboscello)* rose-bush.

rosario *sm* **1** *(la preghiera e la corona)* rosary: *dire il rosario,* to say one's beads; to say the rosary. **2** *(fig.: sequela)* series; train; sequence.

rosato *agg (roseo)* rosy; pink; *(con essenza di rose)* rose *(attrib.).*
□ *sm (vino)* vin rosé.

roseo *agg* rosy; rose-coloured; pink; blooming. □ *vedere tutto roseo,* to see the bright side of everything.

roseto *sm* rose-garden; rosary.

rosetta *sf* **1** *(gemma)* rose-diamond; rose-cut diamond. **2** *(coccarda)* rosette. **3** *(rondella)* washer.

rosicare *vt* to nibble (at sth); to gnaw (at sth). □ *Chi non risica non rosica...* ⇨ **risicare.**

rosicchiamento *sm* gnawing; nibbling.

rosicchiare *vt* to gnaw; to nibble. □ *un osso duro da rosicchiare,* a hard nut to crack.

rosmarino *sm* rosemary.

roso *agg (rosicchiato)* gnawed; nibbled; *(corroso)* corroded; *(consumato)* worn out; eaten; eaten up.

rosolaccio *sm* corn poppy; field poppy.

rosolare *vt* to brown.
□ **rosolarsi** *v. rifl (al sole)* to bask (in the sun); *(al fuoco)* to toast oneself; *(di carne, ecc.)* to brown; to get* brown.

rosolia *sf* German measles; roseola.

rosolio *sm* rosolio.

rosone *sm (apertura)* rose-window; *(ornamento)* rose; rosette.

rospo *sm* **1** toad. **2** *(fig.: persona brutta)* ugly person; *(fig.: persona poco socievole)* unsociable person. □ *ingoiare un rospo,* to swallow a bitter pill.

rossastro *agg* reddish; ruddy.

rosseggiante *agg* reddish.

rosseggiare *vi* to redden; to turn red; to become* reddish; to be* reddish.

rossetto *sm (per le labbra)* lipstick; *(per le guance)* rouge.

rossiccio *agg* reddish; light red.

rosso *agg* red: *vino (inchiostro) rosso,* red wine (ink) — *la Bandiera Rossa,* the Red Flag — *carne rossa,* red meat — *vedere rosso,* to see red — *le Camicie Rosse,* the Red Shirts — *la Croce Rossa,* the Red Cross — *l'Armata Rossa,* the Red Army — *capelli rossi,* red hair — *una persona dai capelli rossi,* a red-haired person; a redhead — *con gli occhi rossi (di pianto),* with red eyes — *diventare rosso, (di vergogna, imbarazzo)* to turn red; to blush; *(di collera)* to go red in the face; to flush — *pesce rosso,* goldfish — *essere rosso come un gambero,* to be as red as a beetroot (as a lobster).
□ *sm* **1** red: *rosso scuro (fiammante),* dark (fiery) red — *rosso di piombo,* red lead — *rosso di anilina,* aniline red — *essere in rosso, (comm.)* to be in the red — *puntare sul rosso,* to bet on the red — *essere vestito di rosso,* to be dressed in red — *Rosso di sera bel tempo si spera,* Red sky at night, shepherd's (*o* sailor's) delight — *Rosso di mattina, brutto tempo s'avvicina,* Red sky in the morning, shepherd's (*o* sailor's) warning. **2** *(segnale di arresto o di pericolo)* red light: *fermarsi al rosso,* to stop at the red light — *attraversare con il rosso,* to cross on the red light. **3** *(politica: socialista, comunista)* Red; commy: *i Rossi,* the Reds; the commies. □ *rosso d'uovo,* yolk.

rossore *sm* **1** *(colore rosso)* red; *(rossezza)* redness. **2** *(della pelle: irritazione)* redness; red spots. **3** *(della pelle: per pudore, vergogna)* blush; *(per rabbia)* flush. **4** *(fig.)* shame: *senza rossore,* shameless — *non sentire rossore,* to feel no shame.

rosticceria *sf* roast meat shop; rôtisserie *(fr.).*

rosticciere *sm* proprietor of a roast meat shop.
rostrato *agg* rostrated; beaked; *(stor.)* rostral.
rostro *sm* 1 *(becco)* bill; beak; *(anat., zool.)* rostrum *(pl.* rostrums, rostra*)*. 2 *(pl.: tribuna)* rostrum *(pl.* rostrums, rostra*)*. 3 *(di ponte)* cutwater.
rotabile *agg* carriageable; carriage *(attrib.)*: *materiale rotabile, (ferrovia)* rolling stock.
rotaia *sf* 1 *(di ferrovia)* rail: *rotaia corta,* make-up rail — *terza rotaia,* contact rail — *uscir dalle rotaie, (fig.)* to go off the rails. 2 *(solco di ruote)* rut; wheel-track.
rotante *agg* revolving; rotating; rotary.
rotare *vi* to rotate; to revolve; to wheel; to round.
□ *vt* to rotate; to roll.
rotativa *sf* rotary machine; rotary press.
rotativo *agg* rotary; rotating; rotative.
rotatorio *agg* rotatory; rotating; rotary.
rotazione *sf* 1 *(movimento rotatorio)* rotation: *rotazione in senso orario (antiorario),* clockwise (anticlockwise) rotation — *senso di rotazione,* direction of rotation. 2 *(fig.: avvicendamento)* rotation; *(in agricoltura)* rotation: *rotazione dei raccolti,* rotation of crops.
roteare *vt e i.* to rotate; to roll; to wheel.
roteazione *sf* rotation; wheeling; turning round.
rotella *sf* 1 *(piccola ruota)* small wheel; roller: *pattini a rotelle,* roller-skates — *rotella alla base della gamba di un mobile,* castor — *avere una rotella fuori posto,* to have a screw loose. 2 *(piccolo scudo)* round shield; buckler. 3 *(anat.)* knee-cap; patella. 4 *(pl.: negli ottoni)* rotary valve.
rotocalco *sm* rotogravure; *(il giornale)* magazine; illustrated magazine.
rotolante *agg* rolling.
rotolare *vt* 1 *(far avanzare qcsa che gira su se stesso)* to roll; to bowl: *Se non puoi spostare la botte, rotolala,* If you cannot shift the barrel, roll it — *rotolare (giù per) le scale,* to roll (to fall) down the stairs. 2 *(raro: arrotolare)* to roll up; to wind* up.
□ *vi (procedere rotolando)* to roll: *La pallina da golf rotolò lontano dalla buca,* The golf-ball rolled far from the hole.
□ **rotolarsi** *v. rifl* to roll; to roll about: *Mi piacerebbe rotolarmi sulla neve come i bambini,* I'd like to roll on the snow like children do — *rotolarsi nel fango,* to wallow in the mud.
rotolo *sm (involto cilindrico)* roll; *(di corda)* coil: *Aveva un rotolo sotto il braccio,* He had a roll under his arm. □ *andare a rotoli, (fig.)* to fail; to go to rack and ruin — *mandare a rotoli, (fig.)* to ruin; to overthrow.
rotolone *sm (caduta)* tumble; fall: *fare un rotolone,* to have a tumble — *cadere rotoloni,* to tumble (to fall) down; to go rolling down.
rotonda *sf (archit.)* rotunda; *(spiazzo)* terrace.
rotondeggiante *agg* roundish.
rotondeggiare *vi* to have* (to get*) a roundish shape.
□ *vt* to make* round; to make* roundish.
rotondezza, rotondità *sf* roundness; rotundity.
rotondo *agg* round *(anche fig.)*; rotund; *(grassoccio)* plump; rotund: *Cerchiamo un tavolo rotondo,* We're looking for a round table — *Mi sembrò una donna alquanto rotonda,* She looked a rather plump woman to me — *in cifra rotonda,* in round figures — *stile rotondo,* rotund style.
rotore *sm* rotor.
[1]**rotta** *sf* 1 *(disfatta)* rout; retreat: *mettere in rotta (il nemico),* to put to rout; to defeat — *Riuscirono a mettere in rotta il nemico,* They managed to rout the enemy — *I soldati sono in rotta,* The soldiers are retreating. 2 *(rottura di argini)* breach; *(fig.: rottura di relazioni)* break: *Siamo in rotta con loro,* We are on bad terms with them — *andare a rotta di collo,* to go at breakneck speed.
[2]**rotta** *sf (via da seguire, per nave o aeroplano)* course: *La nave sta cambiando rotta,* The ship is changing her course — *rotta di sicurezza,* searched channel — *ufficiale di rotta,* navigating officer — *in rotta per...,* bound for...; heading for... — *far rotta per Genova,* to be bound for Genoa — *far rotta verso Sud, ecc.,* to steer southwards, *ecc.* — *mantenere la rotta,* to stand on (to hold the) course.
rottame *sm* scrap; *(di incidente, naufragio, ecc.)* wreck; wreckage; *(fig.)* wreck: *rottami di ferro,* scrap-iron — *rottami galleggianti,* flotsam — *essere ridotto ad un rottame,* to be reduced to a wreck.
rotto *agg* (*p. pass. di* **rompere** ⇨) 1 broken: *un braccio rotto,* a broken arm — *con voce rotta,* in a broken voice — *con voce rotta dai singhiozzi,* in a voice broken by (with) sobs — *una strada rotta (impraticabile),* a broken (impassable) road. 2 *(stracciato)* torn: *un vestito rotto,* a torn dress (suit). 3 *(avvezzo)* accustomed; *(dedito)* given; addicted; *(resistente, disponibile)* inured: *essere rotto alla fatica,* to be accustomed to fatigue — *essere rotto ad ogni vizio,* to be given (*o* addicted) to every vice — *essere rotto a tutte le esperienze,* to be inured to every experience. □ *avere (sentirsi) le ossa rotte,* to be aching all over — *Ho le gambe (le ossa) rotte per il gran camminare,* My legs (My bones) are aching with all that walking.
□ *sm* 1 *(nella locuzione) per il rotto della cuffia,* by the skin of one's teeth — *cavarsela (passare) per il rotto della cuffia,* to escape by the skin of one's teeth. 2 ... *e rotti, (al pl.: spiccioli, quantità minima imprecisata)* ... odd: *cinquecento e rotti,* five hundred odd.
rottura *sf* 1 breakage; break; breach; hole; *(frattura)* fracture: *Non ci sono rotture,* There aren't any breakages; Nothing's broken. 2 *(fig.)* break; *(di un fidanzamento)* breaking off; *(med.)* rupture: *rottura delle relazioni diplomatiche (di negoziati),* breaking off of diplomatic relations (of negotiations) — *una rottura di contratto,* a breach of contract — *punto di rottura,* breaking point. □ *una rottura di scatole,* a bore; a drag — *So che è una rottura, ma...,* I know it's a drag, but...
rovente *agg* red-hot; scorching; burning.
rovere *sm e f.* oak; bay oak.
rovescia, (alla) *locuzione avverbiale* inside out; back to front; upside down. □ ⇨ *anche* **rovescio** *sm.*
rovesciamento *sm* upsetting; overturning; *(di imbarcazione)* capsizing; *(politico)* overthrowing.
rovesciare *vt* 1 *(capovolgere)* to upset*; to tip (up, over); to overturn; to turn upside down; *(un'imbarcazione)* to capsize: *rovesciare una bottiglia,* to upset a bottle — *Rovesciò la clessidra e attese,* He turned the sand-glass upside-down and waited — *Rovesciò la sedia,* He tipped the chair up; He overturned the chair — *Non rovesciare la barca,* Don't upset (*o* capsize) the boat. 2 *(rivoltare)* to turn inside-out: *rivoltare una calza (una manica),* to turn a stocking (a sleeve) inside-out. 3 *(versare, anche fig.)* to pour; *(accidentalmente)* to spill*; *(fig.: con impeto)* to shower: *Continuavano a rovesciare acqua sulle fiamme,* They kept on pouring water on the flames — *Rovesciò su di noi il racconto delle sue sventure,* He poured out the tale of his misfortunes — *Attento a non rovesciare il latte,* Be careful not to spill the milk — *La donna rovesciava insulti sulla rivale,* The woman was

showering insults upon her rival. **4** *(fig.: mutare radicalmente)* to reverse; *(abbattere, far cadere)* to overthrow*: *rovesciare la situazione,* to reverse a situation: *rovesciare il governo,* to overthrow the government. **5** *(gettare)* to throw*; to spill*: *Il cavallo si spaventò e fummo rovesciati dal carro nel pantano,* The horse shied and we were all thrown (*o* tipped) out of the cart into the ditch — *Rovesciò indietro il capo e rise,* She threw her head back and laughed — *rovesciare la colpa addosso a qcno,* to cast (to put, to lay) the blame upon sb. **6** *(vomitare)* to vomit; to throw* up. □ *rovesciare il sacco,* to make a clean breast of it.

□ **rovesciarsi** *v. rifl* **1** *(capovolgersi)* to upset*; to overturn; *(di imbarcazione)* to capsize: *L'autobus si rovesciò nella scarpata,* The coach overturned on the embankment — *La barca si rovesciò,* The boat capsized. **2** *(riversarsi)* to pour; *(cadere)* to fall*; *(impetuosamente)* to shower: *La gente si rovesciò fuori in preda al panico,* The crowd poured out panic-stricken — *Il temporale si rovesciò su di noi improvvisamente,* The storm suddenly fell on us — *Un nugolo di pietre si rovesciò sugli attaccanti,* A hail of stones fell upon the attackers. **3** *(stendersi, lasciarsi cadere)* to throw* oneself (down).

rovescio *agg* **1** *(riverso)* supine; (lying) flat on the back; *(contrario, inverso)* reverse. **2** *(in espressioni avverbiali* **a rovescio, alla rovescia,** *ecc.) (capovolto)* upside-down; *(con l'interno verso l'esterno)* inside-out; *(con il davanti dietro)* back to front; *(fig.)* the wrong way; wrongly; badly: *mandare tutto a rovescio,* to turn everything upside-down — *capire qcsa a rovescio,* to misunderstand sth — *per diritto e per rovescio,* in any case — *il conto alla rovescia,* the count-down.

□ *sm* **1** reverse; back; reverse side; other side; wrong side: *il rovescio di una moneta,* the reverse of a coin — *il rovescio della medaglia, (fig.)* the other side of the picture — *non avere né diritto né rovescio,* to make no sense. **2** *(contrario)* opposite; contrary; reverse: *fare sempre il rovescio di quanto si dovrebbe,* to always do the opposite (the reverse) of what one should. **3** *(disavventura, danno, disastro)* set-back; reverse; *(mil.)* defeat: *rovescio di fortuna,* setback; stroke of bad luck — *un rovescio finanziario,* a financial reverse — *subire numerosi rovesci,* to meet with a lot of setbacks. **4** *(violenta precipitazione atmosferica, e anche fig.: diluvio, turbine)* shower; heavy rain; hail; *(acquazzone)* downpour; *(di insulti, ecc.)* volley: *frequenti rovesci di pioggia,* frequent showers — *un rovescio di improperi,* a shower (a volley) of insults. **5** *(al tennis)* backhand; backhand stroke. **6** *(schiaffo)* backhander.

roveto *sm* bramble-bush: *il roveto ardente, (nella Bibbia)* the burning bush.

rovina *sf* **1** *(caduta, crollo)* fall; collapse; *(frana)* landslide. **2** *(fig.: disfacimento)* ruin; collapse; destruction; overthrow; downfall — *la rovina delle sue speranze,* the ruin (the collapse) of his hopes — *andare in rovina,* to go to ruin — *Fu la rovina di quella famiglia,* He was (It was) the ruin of that family. **3** *(rudere, avanzo)* ruin *(generalm. pl.)*; remain *(generalm. pl.)*: *le rovine di una vecchia abbazia,* the ruins of an old abbey. **4** *(violenza, furia)* violence, fury: *L'uragano travolse tutto nella sua rovina,* The hurricane swept everything away in its violence (*o* fury).

rovinare *vt* **1** *(guastare)* to spoil; to ruin *(anche fig.)*: *La sabbia ha rovinato i panini,* The sand has spoilt (*o* ruined) the sandwiches — *Sono rovinato!,* I'm ruined! **2** *(abbattere, demolire)* to pull down; to demolish.

□ *vi* **1** *(crollare)* to crash; to collapse; to crumble; *(precipitare)* to crash down: *La torre rovinò con un boato,* The tower crashed (*o* collapsed) with a roar — *La massa di neve rovinò a valle,* The huge mass of snow crashed down the mountainside. **2** *(precipitare, assalire con cieca violenza)* to rush; to dash: *Il branco infuriato rovinò verso di noi,* The herd rushed (*o* dashed) at us in a fury.

□ **rovinarsi** *v. rifl* **1** to ruin oneself; to be* ruined: *Si sta rovinando,* He is ruining himself. **2** *(guastare)* to ruin; to spoil: *rovinarsi la salute,* to ruin one's health — *rovinarsi l'appetito,* to spoil one's appetite.

rovinato *agg* ruined *(anche fig.)*.

rovinio *sm* downfall; *(il rumore)* succession of crashes; crash.

rovinosamente *avv* ruinously.

rovinoso *agg* ruinous; *(violento)* violent; furious.

rovistare *vt* to rummage; to search through; to ransack.

rovistatore *sm* rummager; ransacker.

rovo *sm* bramble; blackberry bush.

rozza *sf* jade; broken-down horse.

rozzamente *avv* roughly; coarsely; in a rude manner.

rozzezza *sf* roughness; coarseness; rudeness.

rozzo *agg* **1** *(grezzo)* rough; coarse: *panno rozzo,* coarse material — *La lavorazione è rozza,* The workmanship is rough. **2** *(non raffinato)* rough; coarse; uncouth; rude; crude; *(per estensione: primitivo)* primitive; *(per estensione: inesperto)* unskilled: *linguaggio rozzo,* coarse language — *modi rozzi,* rough (*o* rude) manners — *un uomo rozzo,* an uncouth man.

ruba *sf (nelle locuzioni) andare a ruba,* to sell like hot cakes — *mettere a ruba,* to pillage; to plunder.

rubacchiare *vt* to pilfer.

rubacuori *sm e f.* charmer; heart-breaker; lady-killer.
□ *agg* bewitching; ravishing; fetching.

rubare *vt* to steal* *(anche fig.)*; *(rapinare, derubare)* to rob; *(rubacchiare, compiere piccoli furti)* to pilfer; to filch: *rubare l'argenteria,* to steal the silver — *rubare qcsa a qcno,* to steal sth from sb; to rob sb of sth — *rubare un segreto (un'idea),* to steal a secret (an idea) — *rubare in banca,* to rob a bank — *rubare il vento, (naut.)* to steal the wind — *rubare il cuore a qcno,* to steal sb's heart; to seduce sb; to charm sb. □ *rubare il tempo a qcno,* to waste a person's time — *rubare il sonno a qcno,* to deprive sb of sleep — *rubare il mestiere a qcno,* to do sb out of a job; to put sb out of business — *rubare una mossa a qcno,* to steal a march on sb — *rubare la parola a qcno,* to take the words out of sb's mouth — *rubare sul peso,* to give short weight — *rubare sulla spesa, (fare la cresta)* to save out of the shopping money — *rubare con gli occhi,* to covet.

□ **rubarsi** *v. rifl e reciproco (contendersi)* to contend; to vie; to compete; to contest: *Se lo rubavano l'un l'altro per potersi complimentare con lui,* They were all competing (with one another) in order to congratulate him.

ruberia *sf* theft; stealing; pilfering.

rubicondo *agg* ruddy; rubicund.

rubinetto *sm* tap; water tap; faucet *(USA)*: *aprire (chiudere) il rubinetto,* to turn on (to turn off) the tap.

rubino *sm* ruby *(anche il colore)*; *(di orologio)* jewel.

rubizzo *agg* hale; in good health; vigorous.

rublo *sm* rouble.

rubrica *sf* **1** *(indice alfabetico)* index; *(quaderno con i* *margini a scaletta)* index-book; *(d'indirizzi)* address-book: *rubrica telefonica,* telephone-book. **2** *(sezione fissa in un giornale)* column; page; *(in un periodico)* survey; *(di trasmissione televisiva)* spot. **3** *(regola liturgica)* rubric.

ruca, ruchetta, rucola *sf (bot.)* rocket.

rude *agg* rude; rough; *(aspro)* harsh; *(sgarbato)* coarse; ill-mannered; impolite.

rudemente *avv* rudely; roughly; harshly.

rudere, rudero *sm* ruin; remains; *(fig.)* wreck.

rudezza *sf* rudeness; roughness; coarseness.

rudimentale *agg* rudimentary; rough.

rudimentalmente *avv* rudimentarily.

rudimento *sm* rudiment; first step; first stage; first principle; first element.

ruffa *sf* scramble; uproar.

ruffiana *sf* procuress.

ruffianeggiare *vi* to procure; to pimp.

ruffianeria *sf* procuring; pandering.

ruffianescamente *avv* panderingly.

ruffianesco *agg* pandering.

ruffianesimo *sm* procuring.

ruffiano *sm* procurer; pimp; pander.

ruga *sf* wrinkle.

ruggente *agg* roaring.

ruggine *sf* **1** rust: *prendere la ruggine,* to get rusty. **2** *(fig.: astio, malanimo)* bad blood; grudge; rancour: *avere della ruggine con qcno,* to bear a grudge against sb. **3** *(dei cereali)* rust; blight; smut.

rugginosità *sf* rustiness.

rugginoso *agg* rusty *(anche fig.); (di grano)* blighted.

ruggire *vi* to roar *(anche fig.).*

ruggito *sm* roar *(anche fig.).*

rugiada *sf* dew *(anche fig.).*

rugiadoso *agg* dewy *(anche fig.).*

rugosità *sf* wrinkledness; *(irregolarità)* roughness; unevenness.

rugoso *agg* wrinkled; *(irregolare)* uneven; rough.

rullaggio *sm* taxiing: *pista di rullaggio,* taxiway; *(erroneamente per 'pista di decollo')* runway.

rullare *vi e t.* to roll; *(di aereo)* to taxi.

rullio *sm* rolling; roll; *(di aereo)* taxiing.

rullo *sm* **1** *(di tamburo)* roll. **2** *(cilindro per vari usi)* roller; roll; *(di macchina per scrivere)* platen; *(di macchina per stampare)* roller: *rullo compressore,* steam-roller — *rullo per filigranare (la carta),* dandy roll (*o* roller) — *rullo di proiettore,* guide roller — *catena a rulli,* roller chain — *cuscinetto a rulli,* roller-bearing. **3** *(rotolo di pellicola)* roll of film; *(cinematografica)* reel.

rumba *sf* rumba.

rumeno *agg e sm* Rumanian; Romanian.

ruminante *sm e agg* ruminant.

ruminare *vt* to ruminate *(anche fig.);* to chew the cud.

ruminazione *sf* rumination; chewing the cud.

rumore *sm* **1** noise; din; *(per estensione: tumulto)* uproar: *Il rumore mi spaventò,* The noise frightened me — *un rumore metallico,* a clang — *un rumore infernale,* an infernal noise; an awful din; a hell of a din *(fam.)* — *levarsi a rumore,* to rise; to be in an uproar — *Il suo arrivo ha messo tutti a rumore,* His arrival has caused great excitement — *mettere a rumore un accampamento,* to give the alarm. **2** *(voce, notizia non fondata)* rumour: *L'ho sentito dire, ma forse è solo un rumore,* I've heard the news, but perhaps it's only a rumour. **3** *(scalpore)* interest; sensation: *La notizia fece molto rumore,* The news aroused great interest.

rumoreggiante *agg* noisy; roaring; rumbling; clamorous.

rumoreggiare *vi* to rumble; to make* a noise; to roar; *(in assemblee, ecc.)* to interrupt.

rumorio *sm* noise; prolonged noise; low rumbling.

rumorosamente *avv* noisily; loudly; in a noisy manner.

rumoroso *agg* noisy; full of noise; loud.

ruolo *sm* **1** *(elenco per fine burocratico-amministrativo)* roll; list; *(per estensione: novero)* category: *ruolo d'anzianità,* seniority list — *il ruolo degli insegnanti,* the list of state teachers — *ruolo dell'imposta,* tax roll — *personale di ruolo,* permanent staff — *passare di ruolo,* to become established — *mettere a ruolo una causa, (dir.)* to enter a case for trial. **2** *(parte teatrale)* rôle; *(fig.: funzione)* part; rôle: *Aveva il ruolo di Cleopatra,* She played the rôle of Cleopatra — *Ha svolto un ruolo importante in quella storia,* He had an important part in that story.

ruota *sf* wheel: *ruote anteriori (posteriori),* front (rear) wheels — *ruota a raggi,* spoked wheel — *ruota del vasaio,* potter's wheel — *ruota dentata,* cog wheel — *ruota di scorta,* spare wheel — *ruota del timone,* steering wheel — *ruota d'ingranaggio (motrice),* gear- (driving-) wheel — *essere l'ultima ruota del carro,* to be the least important member of the group; to count for nothing — *mettere i bastoni fra le ruote a qcno,* to put a spoke in sb's wheel. □ *Gli sono arrivato a ruota,* I arrived hot on his heels — *moschetto a ruota,* wheel-lock musket — *piroscafo a ruota,* paddle-steamer — *fare la ruota,* to show off.

rupe *sf* rock; cliff; crag.

rupestre *agg* craggy; rocky; rock *(attrib.).*

rupia *sf* rupee.

rurale *agg* rural; country *(attrib.): casa rurale,* farmhouse — *scuola rurale,* country school. □ *sm* country people; country folk.

ruralizzare *vt* to ruralize.

ruscello *sm* brook; stream.

ruspa *sf* bulldozer.

ruspante *agg* scratching about: *pollo ruspante,* farmyard chicken; free-range chicken.

ruspare *vi* to scratch about; *(per cercare le castagne)* to gather chestnuts; to glean. □ *vt* to smooth with a scraper.

russare *vi* to snore.

russo *agg e sm* Russian.

rusticamente *avv* rustically.

rusticano *agg* rustic; rural; country *(attrib.).*

rustichezza, rusticità *sf* rusticity.

rustico *agg* **1** *(campagnolo)* country; rural; *(che imita la rozzezza campagnola)* rustic; simple: *danze rustiche,* country dances — *tradizioni rustiche,* rural customs — *una casa rustica,* a cottage — *mobili rustici,* rustic furniture. **2** *(ruvido, scontroso)* rough; unrefined; unsophisticated; rustic. □ *sm* **1** *(fabbricato annesso a ville o fattorie)* outhouse; labourer's cottage. **2** *(raro, lett.: contadino)* peasant.

ruta *sf* rue.

rutilante *agg* shining; glowing; brilliant.

ruttare *vi* to belch; to burp *(fam.).*

rutto *sm* belch; *(fam.)* gurk.

ruttore *sm* contact-breaker; trembler.

ruvidamente *avv* roughly; coarsely; rudely.

ruvidezza, ruvidità *sf* roughness; coarseness; rudeness.

ruvido *agg* rough; bristly; coarse; rude.

ruzzare *vi* to romp; to frolic; to play about.

ruzzolare *vi* to tumble down.
□ *vt* to roll.

ruzzolata *sf* tumble.

ruzzolio *sm* tumbling; rolling.

ruzzolone *sm* tumble; heavy fall: *fare un brutto ruzzolone,* to have (to take) a nasty tumble.

ruzzoloni, a *locuzione avverbiale* tumbling down: *andare (cadere) a ruzzoloni,* to tumble down.

S

S, s *sm e f.* **1** S, s: *(al telefono) S come Savona,* s for sugar — *a forma di s,* S-shaped — *curva a s,* S bend. **2** *(abbr. di santo)* St; *(SS.: abbr. di santissimo)* Holy.
sabato *sm* Saturday; *(Bibbia)* Sabbath: *di sabato; il sabato; al sabato,* on Saturday; *(tutti i sabati)* on Saturdays — *sabato prossimo (scorso),* next (last) Saturday. □ *sabato che verrà, (scherz.)* never.
sabba *sm* witches' sabbath.
sabbia *sf* sand; *(meno fine)* grit: *sabbia di mare,* sea-sand — *sabbie aurifere,* placer — *sabbie mobili,* quicksand — *cava di sabbia,* sandpit — *bagno di sabbia,* sand-bath — *tempesta di sabbia,* sand-storm — *tromba di sabbia,* sand-spout — *seminare nella sabbia,* to plough (to sow) the sand — *scrivere sulla sabbia,* to write in water.
sabbiatura *sf* sand-bath; *(mecc.)* sand-blasting.
sabotaggio *sm* sabotage: *sabotaggio parlamentare,* obstructionism; filibustering *(spec. USA).*
sabotare *vt* to sabotage.
sabotatore *sm* saboteur.
sacca *sf* **1** bag; *(bisaccia)* wallet; *(zaino)* kitbag; pack: *sacca da viaggio,* travelling-bag. **2** *(insenatura)* inlet; creek. **3** *(mil.)* pocket. □ *una sacca d'aria,* an air-pocket.
saccarina *sf* saccharin.
saccarosio *sm* saccharose; sucrose.
saccente *agg* pretentious; conceited; self-important; bumptious: *fare il saccente,* to parade (to show off) one's knowledge; to be a know-all (a show-off). □ *sm* know-all; pedant; wiseacre; show-off.
saccentemente *avv* pedantically; pretentiously; conceitedly.
saccenteria *sf* pretentiousness; self-conceit; pedantry; showing-off.
saccheggiamento *sm* sack; sacking; plunder; plundering; raiding; looting; pillage.
saccheggiare *vt* to sack; to ravage; to pillage; to plunder; to loot: *saccheggiare un autore,* to plunder an author's work; to plagiarize an author — *saccheggiare la dispensa,* to raid the larder — *saccheggiare una banca,* to raid a bank.
saccheggiatore *sm* sacker; pillager; plunderer; looter; *(anche fig.)* ravager.
saccheggio *sm* sack; pillage; plunder: *dare il saccheggio a una città,* to sack a town.
sacchetto *sm* (small) bag; pouch.
sacco *sm* **1** sack; *(talvolta)* bag: *un sacco di patate (di carbone),* a sack of potatoes (of coal) — *sacco di canapa (di iuta),* hemp (jute) sack — *tela di (da) sacco,* sackcloth; sacking — *vestire di sacco,* to put on sackcloth and ashes — *ago da sacco,* packing needle — *a sacco, (di indumento)* sacklike — *abito a sacco,* loose dress; sack dress — *corsa nei sacchi,* sackrace — *sacco da montagna,* rucksack; knapsack — *sacco a pelo,* sleeping bag — *un sacco da viaggio,* a travelling-bag — *un sacco d'ossa,* a bag of bones. **2 un sacco** *(fam.)* - **a)** *(grande quantità)* a lot; lots *(pl.)*; pack; heap; bags *(sl.)*; sackful: *un sacco di gente,* a lot of people; lots of people — *fare un sacco di domande,* to ask a lot of questions — *dire un sacco di bugie,* to tell a pack of lies — *un sacco di soldi (di quattrini),* heaps (*o* bags) of money — *avere un sacco di quattrini,* to be rolling in it *(fam.)* — *un sacco di cenci (di stracci),* a bundle of rags — *un sacco di guai,* bags of trouble - **b)** *(come avv.: moltissimo, 'un mondo')* a lot; awfully; terribly: *Mi piace un sacco,* I like it awfully; I'm terribly fond of it. **3** *(anat.)* sac. **4** *(fam.: pancia, stomaco)* belly; stomach: *riempirsi il sacco,* to fill one's belly. **5** *(saccheggio)* sack; pillage: *il sacco di Roma,* the sack of Rome — *mettere a sacco una città,* to sack (to pillage) a town. **6** *(fam.: banconota da 1000)* thousand lire; thousand-lire note: *Ci ho rimesso dieci sacchi,* I had to pay out (I lost) ten thousand lire. **7** *(da pugilato)* punching ball; punchball.
□ *colazione al sacco,* packed lunch; sandwich lunch; *(durante una scampagnata)* picnic — *colmare il sacco,* to pass the limit; to overstep the mark — *vuotare il sacco, (fig.)* to speak out; to speak one's mind — *tenere (reggere) il sacco a qcno,* to aid and abet sb — *mettere nel sacco qcno,* to swindle sb; to cheat sb; *(superarlo)* to override sb — *cogliere qcno con le mani nel sacco,* to catch a person red-handed — *fare una cosa con la testa nel sacco,* to do sth recklessly — *tornare con le pive nel sacco,* to come back empty-handed (*o* bitterly disappointed) — *È farina del suo (tuo) sacco,* It's his (your) own work — *comprare (vendere) la gatta nel sacco,* to buy (to sell) a pig in a poke — *fare il sacco a qcno, (nel letto, con un lenzuolo)* to make sb an apple-pie bed.
sacerdotale *agg* priestly; sacerdotal.
sacerdote *sm* priest; *(fig.)* devotee: *il Sommo Sacerdote, (Bibbia)* the High Priest — *i sacerdoti della giustizia,* the devotees of justice — *farsi sacerdote,* to become a priest; to enter the Church — *ordinare sacerdote qcno,* to ordain sb priest.
sacerdotessa *sf* priestess.
sacerdozio *sm* priesthood; ministry; *(assunzione del sacerdozio)* entering the ministry (the Church).
sacrale *agg* sacral *(anche anat.)*; *(sacro)* sacred.
sacralmente *avv* sacredly.
sacramentale *agg* sacramental; *(scherz.)* ritual. □ *sm pl* sacramentals.
sacramentare *vt e i. (bestemmiare)* to swear*; to curse.
sacramento *sm* **1** sacrament: *amministrare i sacramenti,* to administer the sacraments — *accostarsi ai (ricevere i) sacramenti,* to receive the sacraments — *con tutti i sacramenti, (fig., fam.)* with all due ceremony; properly. **2** *(giuramento)* oath.
sacrario *sm* **1** *(archit.)* sacrarium *(pl.* sacraria*)*. **2** *(santuario)* sanctuary; shrine; *(fig.)* bosom. **3** *(monumento in ricordo)* memorial. **4** *(vaschetta nella sacrestia)* piscina; sacrarium.
sacrificare *vt* to sacrifice; to immolate; *(fig.)* to sacrifice; to dedicate; *(fig.: rinunciare a)* to give* up;

(sprecare) to waste: *sacrificare il proprio talento,* to waste one's talents — *Dovetti sacrificare le vacanze per preparare un esame,* I had to give up my holidays to study for an exam.
□ *vi* to sacrifice; to make* offerings.
□ **sacrificarsi** *v. rifl* to sacrifice oneself *(anche fig.)*; to lay* down one's life.

sacrificato *agg* **1** *(letteralm.)* sacrificed. **2** *(sprecato, non valorizzato)* wasted. **3** *(di stenti, sacrifici)* of sacrifice(s); of privation(s).

sacrificio *sm* sacrifice *(anche fig.)*; immolation; *(offerta)* offering: *il sacrificio di sé,* self-sacrifice — *fare sacrificio di sé,* to give one's life — *fare dei sacrifici, (anche fig.)* to make sacrifices — *offrire qcsa in sacrificio,* to offer sth as a sacrifice.

sacrilegamente *avv* sacrilegiously.

sacrilegio *sm* sacrilege *(anche fig.)*.

sacrilego *agg* sacrilegious.

sacripante *sm* bully; swashbuckler.

sacro *agg* sacred; holy: *un luogo sacro,* a sacred (a holy) place — *un tempio sacro a Giove,* a temple sacred (*o* dedicated) to Jupiter — *le Sacre Scritture,* the Holy Scriptures — *la Sacra Famiglia,* the Holy Family — *i sacri bronzi,* the church bells — *un sacro dovere,* a solemn (a sacred) duty — *fuoco sacro; morbo sacro, (fam.)* shingles; herpes — *osso sacro, (anat.)* sacrum *(pl.* sacra*)*.
□ *sm* **1** sacred: *il sacro e il profano,* the sacred and the profane. **2** *(anat.)* sacrum *(pl.* sacra*)*.

sacrosanto *agg* sacrosant; most sacred; *(indubitabile)* indisputable; indubitable. □ *due sacrosanti schiaffoni, (scherz.)* a couple of well-deserved slaps.

sadicamente *avv* sadistically.

sadico *agg* sadistic. □ *sm* sadist.

sadismo *sm* sadism.

saetta *sf* **1** arrow; *(lett.)* dart; bolt; *(astronomia)* Sagitta; Arrow: *correre come una saetta,* to fly like an arrow. **2** *(fulmine)* thunderbolt: *veloce come una saetta,* as quick as lightning — *Ti venga una saetta!, (fam.)* Confound you! **3** *(lancetta di orologio)* hand; *(punta di trapano a mano)* bit; *(rinforzo di capriata in legno)* strut. **4** *(fam.: persona vivace)* live-wire. **5** *(sport: tiro forte e improvviso)* lightning shot. **6** *(matematica)* sagitta *(pl.* sagittae*)*.

saettante *agg* darting; shooting.

saettare *vt (scagliare saette)* to dart; to shoot* *(anche fig.)*: *Saettava in giro sguardi furiosi,* He was darting furious looks at everyone — *saettare in porta, (calcio)* to score a lightning goal.

saettatore *sm* archer; bowman *(pl.* -men*)*.
□ *agg* darting; shooting.

saga *sf* saga.

sagace *agg* sagacious; shrewd; *(saggio)* wise; *(astuto)* astute.

sagacemente *avv* shrewdly; sagaciously.

sagacia, sagacità *sf* sagacity; sound judgement; shrewdness. □ *con sagacia,* shrewdly; sagaciously.

saggezza *sf* wisdom.

saggiamente *avv* wisely; judiciously; sensibly.

saggiare *vt* to test; to assay; to try.

saggiatore *sm* **1** tester; assayer. **2** *(bilancia)* assay balance.

saggina *sf* sorghum; millet: *saggina da granate,* broom corn.

[1]**saggio** *agg* wise; experienced; *(prudente)* prudent; *(di buon senso, ragionevole)* sensible; judicious.
□ *sm (persona saggia)* wise person; sage.

[2]**saggio** *sm* **1** *(scritto)* essay: *i Saggi di Montaigne,* Montaigne's Essays — *scrivere un saggio,* to write an essay. **2** *(campione)* specimen; sample; assay: *una copia in saggio,* a specimen copy — *spedire qcsa in saggio,* to send sth on trial. **3** *(esempio tipico)* example; instance; *(dimostrazione, prova)* proof: *un saggio della sua ignoranza,* an example of his ignorance — *dare saggio di sé, della propria bravura,* to give proof of one's skill. **4** *(prova sperimentale)* test; *(dei metalli)* assay: *banco di saggio,* assay office. **5** *(nelle scuole)* performance; display. **6** *(comm.: tasso)* rate: *saggio d'interesse,* rate of interest; interest rate — *saggio di sconto,* rate of discount.

sagittario *sm (arciere)* archer; bowman *(pl.* -men*)*; *(il segno zodiacale)* Sagittarius; (the) Archer.

sagola *sf* line: *sagola da scandaglio,* sounding line.

sagoma *sf* **1** *(profilo, forma)* profile; outline; shape: *La sagoma di una nave avanzava nella nebbia,* The outline of a ship loomed up in the fog. **2** *(da bersaglio)* outline target. **3** *(fonderia)* sweep; *(carpenteria)* pattern; *(mecc.)* template; *(ferrovia)* gauge; *(della stadera)* counterpoise. **4** *(persona buffa, originale)* funny chap; queer fellow: *È una bella sagoma,* He is a real character — *Che sagoma!,* What a funny chap he is (*o* you are)!

sagomare *vt* to shape; to model; to form.

sagomatura *sf* **1** shaping; forming; modelling. **2** *(sagoma)* shape; outline; profile.

sagra *sf* festival.

[1]**sagrato** *sm* churchyard.

[2]**sagrato** *sm (imprecazione)* oath; curse: *tirar sagrati,* to swear; to curse.

sagrestano *sm* sacristan; *(scaccino)* beadle.

sagrestia *sf* sacristy; *(di chiesa anglicana, anche)* vestry.

saio *sm (monacale)* cowl; habit.

[1]**sala** *sf* hall; room: *sala da ballo,* dance-hall; *(più lussuosa)* ball-room — *sala da concerto,* concert-hall — *sala delle riunioni,* conference room; *(di corporazioni, ecc.)* guild-hall — *sala da pranzo,* dining-room; *(per banchetti)* banquet-hall — *sala consiglio, (di consiglio d'amministrazione)* board room — *sala d'attesa,* waiting-room — *sala di ricevimento,* drawing-room; parlour — *giuochi di sala,* parlour games — *sala corse,* betting shop — *sala stampa,* press-room — *sala operatoria,* operating-theatre — *sala caldaie, (naut.)* stoke-hold — *sala macchine,* engine-room — *sala nautica,* chart-room.

[2]**sala** *sf (mecc.: asse)* axle; axle-tree.

[3]**sala** *sf (bot.)* bur-reed.

salace *agg* salacious; indecent; *(piccante)* spicy; juicy.

salacemente *avv* salaciously.

salacità *sf* salacity; salaciousness; *(carattere piccante)* spiciness.

salamandra *sf* salamander *(anche fig.)*: *salamandra acquaiola,* newt. □ *avere la pelle di salamandra,* to have skin like asbestos.

salame *sm* **1** salami *(sing.)*; sausage. **2** *(fig.: uno stupido)* dumb idiot; dope *(fam.)*; moron *(USA)*; lummox *(fam., USA)*.

salamelecco *sm* salaam; low bow: *fare salamelecchi,* to bow and scrape.

salamoia *sf* brine; pickle: *mettere in salamoia,* to pickle. — *olive in salamoia,* pickled olives.

salare *vt* to salt; to put* salt in; to add salt to; *(per conservare)* to corn; to salt (down).

salariale *agg* wage *(attrib.)*; pay *(attrib.)*: *un aumento salariale,* a wage (*o* pay) increase.

salariato *agg* salaried; hired.
□ *sm* wage-earner; wageworker.

salario *sm* wage *(generalm. al pl.)*; pay; *(di alti im-*

piegati: stipendio) salary: *salario a cottimo,* piece rate — *salario netto,* take-home pay — *un salario di fame,* a starvation wage.

salassare *vt (praticare un salasso)* to bleed*; to let* blood from; *(fig.)* to drain; to get* money out from; to bleed*.

salasso *sm* bleeding; bloodletting; *(fig.)* drain on the purse; heavy expense; heavy loss.

salatino *sm* salty biscuit; cracker.

salato *agg* **1** salty; salt *(attrib.)*: *Questa minestra è salata,* This soup is salty — *acqua salata,* salt water. **2** *(conservato in sale)* salt; salted; corned: *carne salata,* salted meat — *manzo salato,* salt (*o* corned) beef. **3** *(fig.: caro, costoso)* expensive; costly; dear; very high: *un conto salato,* a very high bill — *pagare salato,* to pay through the nose — *pagarla salata, (fig.)* to pay (very) dear for it (for sth). **4** *(fig.: mordace)* biting; keen: *un discorso salato,* a biting speech — *una risposta salata,* a sharp retort.

□ *sm* **1** *(sapore salato)* salty taste: *Preferisco il salato al dolce,* I'd rather have salty than sweet things. **2** *(salume, affettato)* salami.

salatura *sf* salting.

saldamente *avv* firmly; compactly; tenaciously.

saldare *vt* **1** to weld; to solder: *saldare a stagno, a dolce,* to soft-weld — *saldare a punti,* to spot-weld. **2** *(di fratture ossee)* to join; to mend. **3** *(pareggiare, pagare)* to pay*; to balance; to settle; to square (up): *saldare un conto,* to balance (to settle) an account — *saldare una partita, (anche fig.)* to settle a matter. **4** *(fig.: rinsaldare, rafforzare)* to consolidate; to strengthen.

□ **saldarsi** *v. rifl (di metalli)* to weld; *(di ferita)* to heal; *(di ossa)* to knit; to mend.

saldatore *sm* **1** *(operaio saldatore)* welder. **2** *(utensile)* soldering-iron.

saldatrice *sf* welding machine; welder.

saldatura *sf* **1** *(operazione del saldare)* welding; soldering: *saldatura continua,* seam welding — *saldatura provvisoria,* tack-welding. **2** *(punto di saldatura)* weld; welded joint; soldered joint. **3** *(di ossa)* knitting; *(di ferite)* healing.

saldezza *sf* firmness; steadiness; strength: *saldezza di principi,* firmness (*o* strength) of principle.

[1]**saldo** *agg* firm; steady; strong; solid; *(fig., anche)* staunch; sound: *un appoggio saldo,* a steady (a safe) support — *salde ragioni,* solid reasons — *un uomo di saldi principi,* a man of sound (of staunch) principles — *saldo come una roccia,* (as) firm as a rock; *(di persona, anche)* (as) strong as a lion — *stare, tenersi saldo (sulle gambe),* to stand firm; to hold one's ground — *essere saldo di principi,* to stand by one's principles; to be staunch.

[2]**saldo** *sm* **1** *(di un conto)* settlement: *a saldo di ogni nostro avere,* in full settlement — *ricevuta a saldo,* receipt in full — *pagare a saldo,* to pay in full. **2** *(pareggiamento di partita)* balance; settlement: *saldo attivo (passivo),* credit (debit) balance — *saldo a conto nuovo,* balance carried forward — *presentare un saldo,* to show a balance. **3** *(svendita)* clearance sale: *saldi invernali (estivi),* winter (summer) sales — *a prezzi di saldo,* at bargain prices.

sale *sm* **1** salt: *sale grosso (da cucina),* coarse (kitchen-, table-) salt — *sale fino (da tavola),* white (table) salt — *sale inglese,* Epsom salts — *sali da bagno,* bath-salts — *sali aromatici,* smelling salts — *senza sale,* saltless; unsalted; *(riferito ad una dieta)* salt-free — *essere giusto di (andare bene di) sale,* to be salted to taste — *mettere sotto sale,* to pickle — *rimanere di sale, (fig.)* to be spellbound; to be struck dumb — *sapere di sale,* to taste salty; *(fig.)* to taste bitter. **2** *(logica, buon senso)* logic; common sense; (good) judgement; *(fam.)* mother-wit: *Non c'è sale in quello che dici,* You're talking nonsense — *un uomo con sale in zucca,* a man of good judgement; a man of sense; *(intelligente)* a clever man — *una zucca senza sale, (fig.)* a blockhead — *prendere qcsa con un grano di sale, (fig.)* to take sth with a pinch of salt. **3** *(arguzia)* wit: *un tizio tutto sale e pepe,* a lively character.

salgemma *sm* rock salt.

salice *sm* willow; willow-tree: *salice piangente,* weeping willow.

saliceto *sm* willow-grove.

saliente *agg (notevole)* outstanding; conspicuous; salient; *(sporgente)* protruding; outstanding; *(crescente)* rising; growing; increasing: *i punti salienti di un'argomentazione,* the main points of an argument — *marea saliente,* rising tide.

□ *sm (sporgenza)* protrusion; *(mil.)* salient; *(archit.)* salient.

saliera *sf* salt-cellar.

salifero *agg* saliferous; salt-bearing.

salina *sf* salt-works; salt-pond.

salinaio *sm* salter.

salinità *sf* salinity; saltness.

salino *agg* saline; salty.

salire *vi e t.* **1** to go* (to come*) up; to climb; to ascend; to mount; *(sorgere, levarsi)* to rise*: *Sali qui!,* Come on up! — *Siamo saliti con l'ascensore,* We went (*o* came) up in the lift — *salire al piano di sopra,* to go upstairs — *salire sopra uno sgabello,* to mount a stool — *salire sopra un albero,* to climb a tree — *salire al trono,* to mount (to ascend) the throne — *La strada saliva improvvisamente,* The road climbed (*o* ascended, *o* went up) suddenly — *Il barometro (La temperatura) sale,* The barometer (The temperature) is rising — *La nebbia saliva dalla valle,* The mist was ascending (was rising) from the valley — *salire alla testa, (ubriacare, anche fig.)* to go (to mount) to one's head — *salire nella stima di qcno,* to rise in sb's esteem. **2** *(su una bicicletta, su un autobus, su un treno)* to get* on; *(su un'automobile)* to get* in (*o* into); *(a cavallo)* to mount: *Salì in macchina e partì,* He got into his car and drove off — *salire a bordo,* to go (to get) on board; to board — *far salire qcno (sulla propria automobile),* to give sb a lift. **3** *(crescere)* to rise*; *(aumentare)* to increase; *(ammontare)* to mount; to amount: *Il livello del fiume sale,* The level of the river is rising — *I prezzi salgono sempre più,* Prices are increasing more and more; Prices are on the up and up — *Il conto salì a quasi un milione,* The bill amounted to almost a million. □ *salire di grado,* to move up a grade; to be promoted — *salire in cattedra, (fig.)* to pontificate; to assume airs of infallibility — *salire in gran fama,* to get on in the world — *salire dal niente,* to come (to rise) from the gutter; to be a self-made man.

saliscendi *sm* **1** latch. **2** *(fig.)* series of ups and downs.

salita *sf* **1** climb; (upward) slope; *(ferrovia)* gradient; up-grade; slope; *(archit.)* rise; gradient: *una ripida salita,* a steep slope; a hard climb — *in salita,* on the climb — *corsa in salita, (di gare)* climb — *(di stantuffo) corsa di salita,* upstroke — *andare (essere) in salita,* to go (to be) uphill — *fare una salita,* to climb a slope. **2** *(il salire)* climbing; climb; ascent: *una salita che durò quattro ore,* an ascent (a climb) that took four hours; a four-hour ascent (*o* climb) — *salita a candela, (aeronautica)* zooming. **3** *(aumento)* rise;

increase; *(forte sbalzo)* jump: *un'improvvisa salita dei prezzi,* a sudden rise in prices.

saliva *sf* saliva; spittle.

salivale, salivare *agg* salivary.

salivare *vi* to salivate.

salivazione *sf* salivation.

salma *sf* corpse; dead body.

salmastro *agg* brackish; saltish: *acque salmastre,* brackish waters — *piante salmastre,* estuary plants. □ *sm* brackish taste: *sapere di salmastro,* to taste brackish; to taste saltish.

salmeria *sf* baggage-train.

salmì *sm* salmi.

salmista *sm* psalmist: *il Salmista,* the Psalmist; King David.

salmistrare *vt* to salt.

salmo *sm* psalm: *il Libro dei Salmi,* the Book of Psalms; the Psalter. □ *Tutti i salmi finiscono in gloria, (prov.)* All's well that ends well.

salmodia *sf* psalmody.

salmodiare *vi* to chant psalms; to sing* hymns.

salmodico *agg* psalmodic.

salmone *sm* salmon; *(il colore)* orange-pink; salmon: *salmone affumicato,* smoked salmon.

salnitro *sm* saltpetre; nitre.

salone *sm* **1** saloon; (large) hall; *(meno comune)* salon *(fr.)*: *salone da ballo,* ballroom — *salone da barbiere,* hairdresser's saloon — *vettura salone, (ferrovia)* saloon carriage; Pullman; parlor-car *(USA)*. **2** *(mostra)* exhibition; show.

salottiero *agg* drawing-room *(attrib.)*. □ *un tipo salottiero,* a socialite.

salotto *sm* **1** *(per il ricevimento di ospiti)* drawing-room; reception-room; *(salottino)* parlour (*USA* parlor); *(soggiorno)* sitting-room; living-room: *i mobili del salotto,* drawing-room suite — *conversazioni da salotto,* drawing-room conversation. **2** *(letterario)* salon *(fr.)*; *(talvolta)* conversazione.

salpare *vt (recuperare)* to raise: *salpare l'ancora,* to weigh (the) anchor.
□ *vi (partire)* to sail; to set* sail.

salpinge *sf* Fallopian tube; salpinx *(pl.* salpinges*)*.

salsa *sf* sauce: *salsa di pomodoro,* tomato-sauce. □ *in tutte le salse,* in all ways — *Costa più la salsa che l'arrosto,* The trimmings cost more than the dress.

salsedine *sf (salinità)* saltiness; salinity; *(gusto, sapore salso)* saltiness; saltishness; brackishness: *Aveva il viso incrostato di salsedine,* His face was crusted with dried salt — *un vento impregnato di salsedine,* a salt-laden wind.

salsiccia *sf* sausage.

salsiera *sf* sauce-boat.

salso *agg* salty; saline; briny.
□ *sm* briny taste; salty taste.

saltamartino *sm (fam.: grillo)* cricket; *(cavalletta)* grasshopper; *(giocattolo)* jumping jack; *(fig.: bambino vivace)* imp.

saltare *vi e t.* **1** to jump; *(talvolta)* to leap*; *(di scatto)* to spring*; *(saltellare)* to hop; to skip; to bound; to bounce; *(volteggiando sulle mani o per mezzo di un'asta)* to vault: *saltare in piedi,* to jump (to leap, to spring) to one's feet — *saltare una pozzanghera,* to jump (over) a puddle — *saltare a piè pari,* to jump with both feet together — *saltare dalla propria sedia,* to jump (to leap) out of one's chair — *saltare in acqua,* to jump (to dive) into the water — *saltare per la gioia,* to jump (to be jumping) for joy — *saltare fuori dal letto,* to spring out of bed — *saltare su un piede solo,* to hop (on one foot) — *saltare con la corda,* to skip.
2 *(schizzare, volare via)* to come* off: *Saltarono tutti i bottoni,* All the buttons came off — *fare saltare il tappo di una bottiglia,* to pop the cork of a bottle.
3 *(saltare in aria)* to blow* (up); to explode: *È saltata una valvola,* A fuse has blown (has gone) — *far saltare in aria,* to blow up — *far saltare una polveriera,* to blow up a powder magazine — *fare saltare le cervella a qcno,* to blow sb's brains out — *fare saltare una serratura,* to break a lock open.
4 *(fig., di istituzione)* to collapse; to fall*; to fail; *(di azienda)* to go* bankrupt: *far saltare qcno,* to throw sb out (of office); to sack sb; to fire sb — *Hanno fatto saltare l'Amministratore Delegato,* The Managing Director has been thrown out (*o* fired, *o* sacked) — *far saltare il governo,* to bring about the downfall of the government; to put the government out of office — *È saltata la banca nazionale,* The National Bank has gone bankrupt — *far saltare il banco,* to break the bank.
5 *(salire, montare)* to jump into; to get* on; to get* into; to mount: *saltare su un tassì,* to jump into (to get into) a taxi — *saltare a cavallo,* to mount (to leap onto) one's horse.
6 *(omettere)* to leave* out; to omit; *(sorvolare)* to skip: *saltare una pagina,* to omit (to leave, to skip over) a page — *saltare i pasti,* to miss one's meals — *saltare un ballo,* to sit out a dance — *saltare alla terza pagina,* to skip to the third page — *saltare una classe,* to skip a class — *saltare una difficoltà,* to get round a difficulty.
7 *(rosolare)* to sauté; to fry quickly: *saltare al burro,* to sauté in butter.
8 saltar fuori, - **a)** *(dire, fare ad un tratto)* to come* out with: *saltar fuori con una proposta,* to come out with a proposal - **b)** *(apparire improvvisamente)* to come* forward; to come* out of nowhere: *Da dove salti fuori?,* And where did you spring from? - **c)** *(venire trovato)* to be* found: *Le chiavi non saltarono fuori,* The keys could not be found — *Bisogna far saltare fuori i soldi in qualche modo,* We've got to find the money somehow.
□ *saltare di palo in frasca,* to switch from one subject to another — *saltare al collo di qcno, (abbracciare)* to embrace sb; to throw one's arms around sb's neck — *saltare in mente (in testa),* to cross one's mind; to come into one's head — *saltare agli occhi,* to be immediately evident — *Le è saltato il ticchio (il grillo),* She was seized with a sudden whim; She took a fancy — *Gli saltò la mosca al naso,* He lost his temper — *saltare in bestia,* to lose one's temper — *fare saltare un bambino sulle ginocchia,* to dandle a child on one's knees — *saltare il fosso, (fig.)* to cross the Rubicon.

saltatore *sm (sport, ippica)* jumper; *(acrobata)* tumbler.

saltellamento *sm* leaping; jumping; hopping; skipping.

saltellare *vi* to hop; to trip; to skip; *(di gioia)* to frisk; to caper; to prance; *(fig., di cuore: palpitare)* to throb; to thump.

saltelloni *avv* by jumps; skippingly; by leaps.

salterello *sm* **1** little hop; little jump; *(danza popolare)* saltarello. **2** *(fuoco d'artifizio)* cracker. **3** *(di clavicembalo)* jack.

salterio, saltero *sm* **1** *(strumento)* psaltery. **2** *(libro)* psalm-book; psalter.

saltimbanco *sm* **1** tumbler; acrobat; gymnast. **2** *(ciar-*

latano) charlatan; mountebank; quack; *(opportunista)* turncoat.

salto *sm* **1** jump; leap; spring; *(balzo)* bound; *(con l'asta, sulle braccia)* vault: *salto in alto,* high jump — *salto in lungo,* long jump — *salto da fermo,* standing jump — *salto triplo,* hop; step and jump — *salto con l'asta,* pole-vault — *salto mortale,* somersault — *fare un salto mortale,* to turn a somersault — *fare i salti mortali, (fig.)* to move heaven and earth. **2** *(dislivello, sbalzo)* drop; fall; *(cambiamento)* change: *un salto di parecchi metri,* a drop of several metres — *un improvviso salto di temperatura, (un aumento)* a sudden rise in temperature; *(una diminuzione)* a sudden drop in temperature — *un salto di vento,* a change of wind — *C'è un salto di cinque righe,* Five lines have been left out.

□ *a salti,* by fits and starts; *(a grandi balzi)* by leaps and bounds — *in un salto,* in one bound; *(fig.)* in the twinkling of an eye; *(fam.)* in a jiffy — *in quattro salti,* no sooner said than done — *di primo salto,* at once — *un salto nel buio,* a leap in the dark — *fare un salto,* to jump; to leap; to spring — *fare un salto (a Venezia),* to pop over (to Venice) — *fare un salto (da un amico),* to drop in (on a friend) — *fare quattro salti,* to have a dance.

saltuariamente *avv* at irregular intervals; every now and then; desultorily.

saltuario *agg* irregular; desultory.

salubre *agg* healthy; salutary; salubrious.

salubrità *sf* salubrity; healthfulness.

salumaio *sm* pork-butcher; delicatessen-seller.

salume *sm* salt pork; salami.

salumeria *sf* pork-butcher's (shop); delicatessen (shop); charcuterie *(fr.).*

salumiere *sm* ⇨ **salumaio.**

salumificio *sm* salami factory.

[1]**salutare** *vt* **1** to greet; to salute *(anche mil.); (incontrando qcno)* to say* hullo; *(accomiatandosi)* to say* goodbye; *(portare i saluti)* to give* one's regards: *salutare qcno con un cenno del capo,* to greet sb with a nod; to nod to sb — *salutare qcno con un sorriso,* to greet sb with a smile; to smile at sb — *salutare qcno togliendosi il cappello,* to take one's hat off to sb — *salutare qcno con un inchino,* to bow to sb — *salutare qcno con un cenno della mano,* to wave to sb — *Non ha nemmeno salutato,* He didn't even say hallo *(o* goodbye *secondo il caso)* — *Salutami Giorgio,* Give my regards to Giorgio — *mandare a salutare qcno,* to send one's regards to sb — *passare a salutare qcno, (fargli visita)* to call on sb; to drop in on sb — *salutare qcno (alla stazione, all'aeroporto, ecc.), (alla partenza)* to see sb off; *(all'arrivo)* to meet sb — *salutare la bandiera,* to salute the flag — *salutare (qcno) con una salva di cannoni,* to fire a salute (in sb's honour) — *Ti (La) saluto!, (parlando)* Goodbye!; Be seeing you! — *Distintamente Vi salutiamo, (in una lettera commerciale)* Yours faithfully — *Ti (La, Vi) saluto (cordialmente, affettuosamente, ecc.),* - **a)** *(nei rapporti formali)* Yours sincerely; Yours truly; Very truly yours - **b)** *(meno formale)* My best regards; My kindest regards - **c)** *(informale)* Affectionately yours; With love. **2** *(accogliere)* to welcome; to greet; to hail *(lett.); (considerare con compiacimento)* to take* pleasure in; to be* pleased; to enjoy: *Il suo ingresso venne salutato da uno scroscio di applausi,* His entrance was greeted (was hailed) with loud applause — *Fu salutato campione,* He was acclaimed as (was proclaimed) the champion — *Salutiamo con soddisfazione l'inizio di relazioni migliori,* We take great pleasure in starting better relations.

□ **salutarsi** *v. reciproco* to greet each other *(o* one another): *Si salutarono freddamente,* They greeted each other coldly — *non salutarsi più,* to have broken off relations; to be no longer on speaking (on friendly) terms.

[2]**salutare** *agg* salutary; healthful; beneficial; good for one (for you, *ecc.).*

salute *sf* health; *(benessere)* welfare; well-being; *(sicurezza)* safety; *(salvezza)* salvation: *il ritratto della salute,* the picture of (good) health — *di salute cagionevole,* in poor health; sickly; *(fam.)* poorly — *la salute pubblica,* public welfare — *una casa di salute,* a nursing-home — *utile alla salute,* healthful; wholesome; good for one (for you) — *dannoso alla salute,* unhealthy; unwholesome; bad for one (for you) — *per motivi di salute,* on medical grounds; for health reasons; on account of poor health.

□ *Salute!, (dopo uno starnuto)* Bless you!; *(per esprimere meraviglia)* Gracious me! — *Alla salute!, (a un brindisi)* Cheers!; Good health! — *Come stai di salute?,* How are you feeling? — *Il moto è salute,* Exercise is good for the health — *bere, brindare alla salute di qcno,* to drink sb's health; to drink to the health of sb — *conservarsi in salute,* to keep well — *crepare di salute,* to be bursting with health — *essere giù di salute,* to be feeling bad — *essere in buona salute,* to enjoy good *(o* excellent) health; *(fam.)* to be in fine fettle — *guastarsi la salute,* to ruin one's health; *(fig.: prendersela troppo)* to take things too much to heart — *ricuperare la salute,* to recover one's health; *(fam.)* to pull round.

salutista *sm e f.* **1** health fiend. **2** *(chi fa parte dell'Esercito della Salvezza)* salvationist.

saluto *sm* greeting; salute *(spec. mil.); (di benvenuto)* welcome; *(di addio)* good-bye; *(pl.: ossequi)* regards; best wishes: *Saluti da Venezia,* Greetings (Best wishes) from Venice — *Saluti alla Sua gentile Signora,* My regards to your wife — *Vogliate gradire i nostri più cordiali saluti; Con i migliori saluti,* Yours faithfully; Yours truly — *un cenno di saluto, (col capo)* nod; *(con un inchino)* bow; wave; *(alla scherma)* salute — *scambiare i saluti,* to exchange greetings — *fare il saluto, (mil.)* to salute — *fare un cenno di saluto a qcno, (col capo)* to nod to sb; *(togliendosi il cappello)* to raise one's hat to sb; *(inchinandosi)* to bow to sb; *(con la mano)* to wave one's hand to sb — *levare (togliere) il saluto a qcno,* to fail to greet sb; *(fam.)* to cut sb — *rendere il (rispondere al) saluto,* to return sb's salute *(o* greeting).

salva *sf (anche fig.)* salvo *(pl.* salvos, salvoes*); (di pallottole)* volley; *(mil., di benvenuto)* salute: *una salva di ventun colpi,* a salute of twenty-one guns — *cartucce da salva, a salve,* blank-cartridges — *un colpo a salva,* a blank shot — *una salva di fischi (di applausi),* a round of hisses (of applause).

salvabile *agg* saveable; that *(o* which) can be saved.

□ *(usato come s. nella locuzione) salvare il salvabile,* to salvage all that one can.

salvacondotto *sm* safe-conduct.

salvadanaio *sm* money-box.

salvagente *sm* lifebelt; lifebuoy; *(a giubbotto)* life-jacket; *(piattaforma stradale)* street refuge; street-island.

salvaguardare *vt* to safeguard; to protect; to guard; to defend.

salvaguardia *sf* safeguard; protection; defence: *sotto* *la salvaguardia della legge,* under the protection of the law.

salvamento *sm* safety; deliverance; rescue; *(del peccato)* salvation: *trarre a salvamento,* to save; to deliver — *giungere a salvamento,* to get in safely; to save oneself.

salvapunte *sm (di matita, ecc.)* cap; *(di scarpa)* tip.

salvare *vt* **1** to save; to rescue; to salvage; to retrieve; *(liberare)* to set* free; to deliver: *salvare uno che sta affogando,* to save sb from drowning — *salvare la vita a qcno,* to save sb's life — *salvare le apparenze,* to save (to keep up) appearances — *salvare la faccia,* to save one's face — *salvare il salvabile* ⇨ **salvabile** — *salvare la pelle,* to save one's skin (one's bacon) — *salvare la situazione,* to save the situation — *salvare qcsa (qcno) dall'oblio,* to rescue sth (sb) from oblivion — *salvare una casa dall'incendio,* to save a house from fire — *salvare qcno dalla rovina,* to retrieve sb from ruin — *salvare la porta (la propria rete),* to save a goal — *salvare qcno dalla paura (dalla tirannia),* to set sb free (to deliver sb) from fear (from tyranny) — *salvare capra e cavoli,* to have one's cake and eat it — *Dio ti salvi!,* God save you! — *Dio ci salvi!,* May God deliver us! **2** *(proteggere)* to preserve; to protect; to guard; *(tutelare)* to safeguard: *salvare i propri interessi,* to protect (to safeguard) one's own interests — *salvare la reputazione,* to guard one's reputation — *salvare qcsa dalla ruggine,* to protect sth from (*o* against) rust.

□ **salvarsi** *v. rifl* to save oneself; *(scampare)* to escape; *(proteggersi)* to protect oneself; to defend oneself; *(cercare scampo, rifugiarsi)* to seek* refuge; to take* shelter: *salvarsi l'anima,* to save one's soul — *salvarsi dalla morte,* to save oneself from death; to escape death — *salvarsi dalla maldicenza,* to protect oneself from slander — *salvarsi dalle critiche,* to escape criticism — *salvarsi sulle montagne,* to seek refuge (to take shelter) in the mountains — *salvarsi a stento (per un pelo, per il rotto della cuffia, in corner),* to escape by the skin of one's teeth — *Si salvi chi può!,* Every man for himself!

salvataggio *sm* rescue; *(naut.)* salvage: *battello di salvataggio,* life-boat — *cintura di salvataggio,* life-jacket; life-belt — *squadra di salvataggio,* rescue team — *società di salvataggio,* salvage company — *compenso di salvataggio,* salvage (money) — *correre al salvataggio di qcno,* to go to sb's rescue.

salvatore *sm* deliverer; rescuer; saviour (*USA* savior): *il Salvatore,* the Saviour; Our Saviour; the Redeemer.

salvazione *sf* salvation.

[1]**salve** *interiezione* hello!

[2]**salve** *sf* ⇨ **salva**.

salvezza *sf* salvation; *(sicurezza)* safety; *(scampo)* escape: *Tu sei la mia salvezza,* You are my salvation — *Trovò la sua salvezza nel lavoro intenso,* He found his salvation in hard work — *ancora di salvezza,* sheet-anchor *(anche fig.)* — *una via di salvezza,* a way out; a means of escape — *partita della salvezza, (sport)* sink-or-swim match; decisive game — *l'Esercito della Salvezza,* the Salvation Army — *cercar salvezza nella fuga,* to seek safety in flight.

salvia *sf* sage: *verde salvia,* sage green.

salvietta *sf* napkin; table-napkin; serviette: *salvietta di carta,* paper serviette.

[1]**salvo** *agg* safe; *(al sicuro)* secure: *avere salva la vita,* to have one's life spared — *rubare a man salva,* to steal to one heart's content (with a free hand) — *uscir salvo da un'impresa,* to come safely out of an adventure — *sano e salvo* ⇨ **sano 2**.

□ *sm* safety: *essere in salvo,* to be safe — *mettere qcsa in salvo,* to save (to rescue) sth; *(in luogo sicuro)* to put sth in a safe place; *(in serbo)* to put sth by; to put sth aside — *mettersi in salvo,* to take shelter (*o* refuge).

[2]**salvo** *locuzione avverbiale (eccetto)* except; with the exception of; barring: *tutti salvo cinque,* all except five of them — *salvo il vero,* if I am not mistaken — *salvo imprevisti,* barring accidents — *salvo contrordini,* unless countermanded — *salvo controindicazione, (med.)* unless contraindicated — *salvo ulteriori informazioni,* unless otherwise advised — *salvo errori e omissioni,* errors and omissions excepted *(abbr.* E. and E.*)* — *salvo venduto,* subject to being unsold — *salvo buon fine,* if duly paid; upon collection — *salvo casi di forza maggiore, (comm.)* acts of God excepted; *(fam.)* circumstances permitting.

□ **salvo che** *congiunz* except (that); apart from the fact (that); *(a meno che)* unless: *È una bella macchina, salvo che costa troppo,* It's a nice car, except that it costs too much.

samaritano *agg e sm* Samaritan *(anche fig.)*.

[1]**sambuco** *sm (la pianta)* elder; *(le bacche)* elderberries *(pl.)*.

[2]**sambuco** *sm (tipo di imbarcazione)* sambuk.

Samo *nome proprio* Samos. □ *portare vasi a Samo,* to carry coals to Newcastle.

samovar *sm* samovar.

sanabile *agg* curable *(anche fig.)*; *(rimediabile)* rectifiable; remediable: *un errore sanabile,* a retrievable error.

sanabilità *sf* curability; ability to be cured (to be put right, to be remedied).

sanamente *avv* healthily.

sanare *vt* **1** to cure; to heal *(anche fig.)*; *(guarire)* to restore to health: *Il tempo sana tutte le piaghe,* Time heals all sorrows. **2** *(di terreni: bonificare)* to reclaim. **3** *(correggere)* to correct; to put* right; to rectify; *(dir.)* to emend.

sanato *sm (vitello castrato)* fatted calf.

sanatoria *sf* emendation.

[1]**sanatorio** *agg* emendatory.

[2]**sanatorio** *sm* sanatorium.

sancire *vt (imporre d'autorità)* to decree; to enact; *(sanzionare)* to sanction; to ratify.

sancta sanctorum *sm* Holy of Holies; tabernacle; *(fig.)* sanctum.

sandalo *sm* **1** *(calzatura)* sandal. **2** *(bot.)* sandal; sandalwood. **3** *(barca)* punt.

sandolino *sm* small canoe.

sangallo *sm* broderie anglaise *(fr.)*.

sangue *sm* **1** blood: *sangue venoso (arterioso),* venous (arterial) blood — *esame del sangue,* blood-test — *cavata di sangue, (salasso)* blood-letting — *trasfusione di sangue,* blood transfusion — *donatore (donatrice) di sangue,* blood donor — *tracce (macchie) di sangue,* bloodstains — *essere macchiato di sangue,* to be bloodstained — *costare sangue,* to cost bloodshed; to cost life — *morire in un lago (una pozza) di sangue,* to die in a pool of blood — *un fatto di sangue,* a bloody crime — *una grave perdita di sangue,* (a) heavy loss of blood — *spargimento di sangue,* bloodshed — *avere orrore del sangue,* to abhor bloodshed — *senza spargimento di sangue, (agg.)* bloodless; *(avv.)* without bloodshed; bloodlessly — *animali a sangue caldo (freddo),* warm- (cold-) blooded animals — *avere il sangue caldo,* to be hot-

blooded — *non avere sangue nelle vene,* to be cold-blooded — *non avere più sangue addosso; non avere più una goccia di sangue nelle vene,* to be ice-cold — *battesimo di sangue,* baptism of blood — *il Preziosissimo Sangue,* the Most Precious Blood — *occhi iniettati di sangue,* bloodshot eyes — *versare fiumi di sangue,* to shed rivers of blood — *dare (versare) il proprio sangue per qcsa,* to give (to shed) one's blood for sth — *grondare sangue,* to bleed; to drip with blood — *sputare sangue,* to spit blood — *sudare sangue,* to sweat blood — *picchiare qcno a sangue,* to beat (sb) till one draws blood — *essere assetato di sangue,* to be bloodthirsty — *scrivere a caratteri di sangue,* to write in blood — *succhiare il sangue a qcno,* to suck sb's blood; to bleed sb white — *sentirsi ribollire il sangue,* to feel one's blood boil — *Non c'è (Non corre) buon sangue,* There is bad blood (between them) — *mettere cattivo sangue tra le persone,* to make bad blood between people — *cavar sangue da una rapa,* to get blood from (*o* out of) a stone. **2** *(famiglia, stirpe, discendenza)* blood; family; stock; descent; *(razza)* race: *legami del sangue,* blood relations; blood bonds — *di sangue nobile (plebeo),* of noble (humble) birth — *sangue blu,* blue blood — *quelli del proprio sangue,* one's own kindred — *sangue del proprio sangue,* one's own flesh and blood — *la voce del sangue,* family instinct; the call of blood — *avere lo stesso sangue,* to be of the same blood — *principe del sangue,* prince of the (royal) blood — *un cavallo puro sangue,* a thoroughbred horse — *un sangue misto,* a mongrel — *un mezzo sangue,* a half-breed — *di sangue nero,* of black race.
□ *al sangue, (di bistecca)* underdone; rare — *piangere lacrime di sangue,* to shed bitter tears — *un duello (uno scontro) all'ultimo sangue,* a duel (a fight) to the death — *guastarsi il sangue (farsi cattivo sangue) per qcsa,* to worry about sth — *avere qcsa nel sangue,* to have sth in one's blood; to have an inborn aptitude for sth — *sangue freddo,* sang froid; calmness — *mantenere (conservare, non perdere) il proprio sangue freddo,* to show one's sang froid (one's calmness); *(fam.)* to keep one's cool — *Calma e sangue freddo!,* Keep calm! — *a sangue caldo,* in hot blood — *a sangue freddo,* in cold blood — *uccidere qcno a sangue freddo,* to kill sb in cold blood — *Il sangue non è acqua, (prov.)* Blood is thicker than water — *Buon sangue non mente, (prov.)* Blood will tell — *Il riso fa buon sangue,* Laughter is good for one's health — *Sangue di Giuda! (di Bacco!),* Judas!

sanguigna *sf* **1** *(argilla)* iron oxide. **2** *(disegno)* sanguine.

sanguigno *agg (del sangue)* blood *(attrib.)*; *(che abbonda di sangue e fig.)* sanguine; full-blooded; *(color sangue)* blood-red; *(bot.)* sanguineous; sanguine: *i vasi sanguigni,* the blood-vessels — *un temperamento sanguigno,* a sanguine temperament.
□ *diaspro sanguigno,* bloodstone; heliotrope.

sanguinaccio *sm* blood sausage; black pudding.

sanguinante *agg* bleeding; *(di carne poco cotta)* underdone.

sanguinare *vi* to bleed* *(anche fig.)*.

sanguinario *agg* sanguinary; bloodthirsty.

sanguinolento *agg* bleeding; dripping blood; *(macchiato, sporco di sangue)* stained with blood.

sanguinosamente *avv* bloodily; *(fig.)* violently: *vendicarsi sanguinosamente di una offesa,* to take violent revenge for an offence.

sanguinoso *agg (cruento)* bloody; sanguinary; *(sanguinario)* bloody; bloodthirsty; murderous; *(sporco di sangue)* bloody; blood-stained; gory; *(fig.: grave, mortale)* mortal; deadly.

sanguisuga *sf* leech *(anche fig.)*: *appiccicarsi come una sanguisuga,* to stick like a leech.

sanità *sf* **1** *(qualità di ciò che è sano, anche fig.)* soundness: *la sanità dei suoi principi,* the soundness of his principles — *sanità mentale,* sanity; soundness of mind — *in perfetta sanità di corpo e di mente,* perfectly sound in mind and body; in possession of one's full faculties. **2** *(salute)* health; healthiness: *Servizio di Sanità Pubblica,* Public Health Service — *ufficio di sanità,* health office — *Ministero della Sanità,* Ministry of Health — *le truppe di sanità,* the Army Medical Corps. **3** *(salubrità, integrità)* salubrity; wholesomeness.

sanitario *agg* sanitary; health *(attrib.)*; medical: *misure sanitarie,* health precautions — *impianti sanitari,* sanitary fittings — *cassetta sanitaria,* medical bag — *il Corpo Sanitario Militare,* the Army Medical Corps — *ufficiale sanitario,* health-officer.
□ *sm* doctor.

sano *agg* **1** sound *(quasi in ogni senso)*; *(salutare, salubre)* healthy; health-giving; *(spec. di clima)* salubrious; *(spec. di cibo e fig.)* wholesome: *una costituzione sana,* a sound constitution — *una vita sana,* a healthy life — *essere (mantenersi) sano,* to be (to keep) healthy (*o* well) — *sano e vispo (vegeto, arzillo),* spry — *una sana e robusta costituzione,* a strong and healthy constitution — *Sta sano!,* Keep well!; Look after yourself! — *essere sano di mente,* to be sane; to be of sound mind — *essere sano come un pesce,* to be in the best of health. **2** *(integro, intatto)* sound; intact; safe; unhurt; undamaged; unimpaired: *sano e salvo,* safe and sound. **3** *(onesto, morale)* good; honest; upright; sound: *ambiente sano,* good environment — *principi sani,* sound principles — *una educazione sana,* a good (a sound, an upright) education.
□ **di sana pianta,** *(completamente)* from top to bottom; entirely; completely; *(da capo)* all over again; from scratch — *inventare qcsa di sana pianta,* to invent sth completely — *rifare qcsa di sana pianta,* to start sth from scratch; to start sth all over again.

sansa *sf* olive husks.

sanscrito *sm* Sanskrit.

santabarbara *sf* powder-room; gunpowder-room.

santamente *avv* holily; devoutly: *vivere santamente,* to live a saintly life.

santificante *agg* sanctifying.

santificare *vt* **1** to sanctify; to make* holy; to hallow: *Sia santificato il tuo nome,* Hallowed be Thy Name — *santificare le feste,* to keep (to honour) the Lord's day; to observe holy days. **2** *(canonizzare)* to canonize; to saint.
□ **santificarsi** *v. rifl* to become* a saint; to become* holy.

santificato *agg* sanctified.

santificazione *sf* sanctification.

santino *sm* holy picture.

santità *sf* sanctity; holiness; saintliness: *in odore di santità,* in the odour of sanctity — *Sua Santità,* His Holiness.

santo *agg* **1** holy; *(benedetto)* blessed; *(sacro)* sacred; *(per estensione: pio)* pious; *(da santo)* saintly: *olio santo,* holy oil — *la Settimana Santa,* Holy Week — *una guerra santa,* a holy war — *le sante reliquie,* the sacred relics — *un sant'uomo,* a holy (a pious) man — *condurre una vita santa,* to live a holy (a pious, a saintly) life — *il Santo Sepolcro,* the Holy Sepulchre — *il Santo Padre,* the Holy Father — *la Santa Sede,* the Holy See — *lo Spirito Santo,* the Holy Spirit; the Holy Ghost — *il Santo Uffizio,* the Holy Office; the Inquisition — *la Terra Santa,* the Holy Land — *Anno Santo,* Jubilee Year — *la Santa Comunione,* Holy Communion — *la Santa Vergine,* the Blessed Virgin. **2** *(fig.: miracoloso)* prodigious; miraculous; extraordinary; *(giusto)* quite right: *una santa medicina,* an extraordinary (a prodigious) medicine — *sante parole,* true words. **3** *(davanti ai nomi propri, spesso abbr. in San)* saint *(abbr.* St *o* S; *pl.* Sts *o* SS*): San Giovanni (Santo Stefano),* Saint John (Saint Stephen) — *la Chiesa di San Pietro,* St Peter's; St Peter's Church. **4** *(fig., come rafforzativo, in espressioni diverse) tutto il santo giorno,* all day long; the whole blessed day — *Fammi il santo favore di tacere!,* For heaven's sake, please, keep silent! — *di santa ragione,* quite rightly — *Gliele ha date di santa ragione,* He beat him black and blue — *vivere in santa pace,* to live in peace — *Lasciatemi in santa pace!,* Let me alone! — *Santa pazienza!,* God give me patience! — *Santo Dio!; Santo cielo!,* Good Lord!; Good Heavens! □ *il Giovedì Santo,* Maundy Thursday — *il Venerdì Santo,* Good Friday.

□ *sm* **1** saint *(abbr.* St *o* S; *pl.* Sts *o* SS*): i santi del Paradiso,* the saints in Heaven — *santo patrono,* patron saint — *i Santi, tutti i Santi (Ognissanti),* All Saints' Day — *vivere (morire) come un santo,* to live (to die) like a saint — *avere una pazienza da santo,* to have a saintly (a saintlike) patience. **2** *(santino, immagine sacra)* holy picture; small holy picture: *distribuire (regalari) santi,* to distribute (to present) holy pictures. **3** *(fam.: onomastico)* saint's-day; name-day. □ *avere qualche santo dalla propria parte,* to have a guardian angel — *non sapere a che santo votarsi,* to be at one's wits' end — *Non c'è santo che tenga; Non ci sono santi che tengano,* at any cost — *non essere uno stinco di santo,* to be very far from being a saint; to be no saint — *Passata la festa, gabbato il santo!, (prov.)* Once on shore pray no more!

santone *sm* **1** holy man *(pl.* men*)*; santon; *(eremita)* hermit. **2** *(bigotto)* bigot; church-goer.

santuario *sm* sanctuary; shrine.

sanzionare *vt* **1** to sanction; *(ratificare)* to ratify; to approve; *(confermare)* to confirm. **2** *(fare oggetto di sanzioni punitive)* to apply sanctions (against sb).

sanzione *sf* **1** sanction; ratification; approval; confirmation. **2** *(penalità)* sanction: *le sanzioni contro l'Italia,* the sanctions against Italy — *cadere sotto le sanzioni della legge, (violare la legge)* to break the law; *(essere processato e punito)* to be brought to trial and punished.

sapere *vt* **1** *(conoscere)* to know*; *(essere consapevole di)* to know*; to be* aware (of); *(essere al corrente di)* to know*; to be* acquainted (with): *Sa tutto,* He knows everything — *Non sapevo che cosa fosse successo,* I didn't know what had happened — *So quali potranno essere le conseguenze,* I know (I am aware) what the consequences will be — *Non so se tu abbia ragione,* I don't know whether (*o* if) you are right — *Fammi sapere se vieni,* Let me know if you come — *Lo so,* I know (it) –*Non lo so,* I don't know it — *Lo sapevo!,* I knew it! — *Chi sa?,* Who knows?; *(Chissà mai?)* I wonder — *Che ne so?,* How should I know? — *Non ne so nulla,* I don't know anything about it — *Che io sappia, non è ancora arrivato,* As far as I know he hasn't arrived yet — *Dio sa,* Heaven knows; God knows; Nobody knows — *Sai, non è molto bello,* It's not very nice, you know? — *Se tu sapessi!; Se sapeste!,* If only you knew! — *Si sa, (Lo sanno tutti)* Everybody knows; It is well known; *(naturalmente)* of course; naturally — *Non si sa mai,* You never know; One never knows — *A saperlo!,* If only I knew it! — *Ad averlo saputo!,* If only I had known! — *Buono a sapersi!,* That's worth knowing! — *sapere qcsa a memoria,* to know sth by heart — *sapere qcsa a menadito,* to know sth thoroughly; to have sth at one's finger-tips — *sapere qcsa per filo e per segno,* to know sth like the back of one's hand; to know the long and the short of sth — *sapere il proprio mestiere, (anche fig.)* to know one's business — *sapere il fatto proprio,* to know a thing or two; to know what's what — *sapere per esperienza,* to know by experience — *saperla lunga,* to know a lot; to be a sly one — *un certo non so che,* a certain something — *Non so come,* I don't know how.

2 *(essere capace)* can* *(v. difettivo);* to be* able (to); *(talvolta)* to know* how to; *(avere imparato)* can*: *Sai battere a macchina?,* Can you type? — *Sai guidare?,* Can you drive? — *Non so nuotare,* I can't swim — *Saprebbe indicarmi la strada più breve?,* Could you show me the shortest way? — *Non sa distinguere il prezzemolo dal cerfoglio,* He can't tell parsley from chervil — *Non so farlo,* I don't know how to do it — *Sa l'inglese e il francese,* He has learnt (He can speak) English and French — *saperci fare, (in un lavoro)* to know one's job; *(con la gente)* to know how to deal with people.

3 *(venire a sapere, a conoscenza)* to learn*; to hear*; to get* (to know): *L'ho saputo da buona fonte,* I've heard (I've got) it from a good source; It came to my knowledge from a good source — *L'abbiamo saputo dai giornali,* We learnt it from the papers.

4 *(avere il presentimento)* to know*; to have* a feeling; to feel*: *Sapevo che l'esame sarebbe andato bene,* I knew (I had a feeling) that the exam would go all right.

□ *vi* **1** *(avere odore)* to smell* (of sth) *(anche fig.); (avere sapore)* to taste (of sth): *Questo arrosto sa di buono,* This roast-beef smells good — *Sa di cipolla,* It tastes of onion — *Sa di niente,* It's tasteless; *(fig.: di persona)* He's (She's) dull; He's (She's) insipid — *Mi sa di bruciato,* It tastes burnt (to me); *(fig.)* I smell a rat — *sapere di stantio,* to taste stale.

2 *(aver sentore, pensare, supporre, scommettere)* to think*; to guess; to bet*: *Mi sa che qui non arriva nessuno,* I think (I guess) nobody will come — *Mi sa che come al solito dovrò pagare io,* I bet I must pay as usual — *Mi sa di poco di buono,* He seems no good to me — *Mi sa che gli sia successo qualcosa,* I have a feeling (I fear) that something has happened to him.

□ *in funzione di sm* knowledge; *(cultura, erudizione)* learning; erudition: *il sapere umano,* human knowledge — *amante del sapere,* fond of learning — *un uomo di grande sapere,* a man of great learning; a learned man — *il saper fare,* know-how; *(con le persone)* savoir faire *(fr.);* tact — *il saper vivere,* knowledge of the world.

sapidamente *avv* tastily.

sapidità *sf* sapidity.

sapido *agg* savoury; palatable; sapid.

sapiente *agg* wise; *(lett.)* sage; *(iron.)* sapient; *(colto)* learned; *(dotto)* scholarly; *(abile, esperto)* clever; *(di animale: ammaestrato)* trained: *un uomo sapiente,* a wise man; a sage.

□ *sm (uomo saggio)* wise man *(pl.* -men*)*; *(lett.)* sage; *(uomo colto)* learned man *(pl.* men*)*; man of learning;

(studioso) scholar; savant *(generalm. iron.)*; *(uomo saccente, sapientone)* wiseacre: *i sapienti,* the wise.

sapientemente *avv* sapiently; wisely; *(abilmente)* cleverly.

sapientone *avv* wise man *(pl.* men*)*; *(iron.)* know-all; wiseacre.

sapienza *sf (saggezza)* wisdom; *(sapere, conoscenza)* knowledge; *(cultura)* learning; scholarship; erudition: *con la sapienza del poi,* with the wisdom of hindsight.

saponata *sf (acqua e sapone)* soap-suds; *(schiuma abbondante)* lather; *(fig.: adulazione)* soft soap; flattery. □ *fare la saponata, (di cavallo chè suda)* to be lathered in sweat.

sapone *sm* soap: *un pezzo di sapone,* a cake of soap — *sapone per barba,* shaving-soap. □ *una ragazza tutta acqua e sapone,* an unsophisticated girl — *dar del sapone a qcno, (fig.: adularlo)* to soft-soap sb — *rimetterci il ranno e il sapone,* to waste powder and shot.

saponetta *sf* soap cake; soap ball; cake (*o* ball) of (toilet) soap.

saponificare *vt* to saponify.

saponificazione *sf* saponification.

saponificio *sm* soap-factory.

saponoso *agg* soapy.

sapore *sm* taste; *(aroma)* flavour; savour; *(fig.)* zest; spice; relish; flavour: *Che sapore ha?,* What does it taste like? — *aver sapore di...,* to taste like... — *sentire il sapore di qcsa,* to taste sth. □ *Ha il sapore della novità,* It smacks of novelty — *Questa informazione ha un sapore di vero, (fig.)* This piece of information has all the appearance of being true — *non avere né amore né sapore, (fig.)* to be insensitive.

saporire *vt* **1** to flavour; to give* flavour (to sth). **2** *(gustare, apprezzare)* to relish.

saporitamente *avv* with relish; with gusto; zestfully: *dormire saporitamente,* to sleep soundly.

saporito *agg* tasty; savoury; *(fig.)* spicy; piquant: *una battuta saporita,* a witty remark — *un sonno saporito,* a sound sleep.

saporosamente *avv* tastily; *(fig.)* spicily; piquantly.

saporoso *agg* savoury; tasty.

saputello *sm* little know-all; little prig.

saputo *agg* **1** *(di cosa)* known; *(noto)* well-known: *saputo e risaputo,* well-known; *(trito)* hackneyed; hoary; *(di barzelletta, ecc.)* stale. **2** *(di persona: esperto)* well-informed; *(dotto)* learned; *(spreg.)* pedantic; priggish: *un ragazzo saputo,* Mr. Know-All; *(spreg.)* a little prig.
□ *sm* wiseacre; know-all: *fare il saputo,* to show off one's knowledge; to try to be too clever.

sarabanda *sf* saraband; *(fig.)* merriment; uproar.

saraceno *agg grano saraceno,* maize; Indian corn. □ *sm* Saracen.

saracinesca *sf (di porta, di finestra)* shutter; *(di chiusa idraulica)* sluice-gate; flood-gate; *(di castello, ecc.)* portcullis. □ *valvola a saracinesca,* slide valve; gate valve.

saracino *agg e sm* ⇨ **saraceno.**

sarcasmo *sm* sarcasm.

sarcasticamente *avv* sarcastically.

sarcastico *agg* sarcastic; caustic; taunting; *(sardonico)* sardonic; *(beffardo)* scornful: *con un sorriso sarcastico,* with a sneer; with a sardonic smile.

sarchiare *vt* to hoe; to harrow.

sarchiatura *sf* hoeing; harrowing.

sarchiello, sarchio *sm* hoe.

sarcofago *sm* sarcophagus *(pl.* sarcophagi*)*; stone coffin; *(di marmo)* marble coffin.

sarda *sf* pilchard; sardine.

sardina *sf* sardine: *pigiati come sardine,* packed (in) like sardines.

sardo *agg e sm* Sardinian.

sardonicamente *avv* sardonically; scornfully; sneeringly.

sardonico *agg* sardonic; *(beffardo)* mocking; scornful: *riso sardonico,* sardonic laugh.

sargasso *sm* sargasso; gulf-weed: *Mar dei Sargassi,* Sargasso Sea.

sarmento *sm* sarmentum *(pl.* sarmenta*)*; shoot.

sarta *sf* dressmaker; seamstress; sempstress.

sartia *sf* shroud.

sarto *sm* tailor; *(da donna)* dressmaker: *un vestito fatto dal sarto,* a tailor-made suit (*o* dress) — *fare il sarto,* to be a tailor (*o* dress-maker).

sartoria *sf* **1** tailor's workshop. **2** *(arte, lavoro del sarto)* tailoring; dressmaking.

sassafrasso *sm* ⇨ **sassofrasso.**

sassaia *sf (riparo o argine)* stone-dike; *(luogo sassoso)* stony place; *(strada sassosa)* stony road.

sassaiola *sf (pioggia di sassi)* shower (*o* volley) of stones; *(scontro a sassate)* stone-fight.

sassata *sf* blow from (*o* with) a stone: *fare a sassate,* to throw stones at each other (at one another) — *prendere qcno a sassate,* to pelt sb with stones — *uccidere qcno a sassate,* to stone sb to death.

sassifraga *sf* saxifrage.

sasso *sm* stone; *(ciottolo)* pebble; *(roccia)* rock: *a un tiro di sasso,* within a stone's throw — *una casa di sassi,* a house of stone — *un cuore di sasso,* a heart of stone — *una spiaggia di sassi,* a pebbled beach — *una fortezza costruita sul sasso,* a fortress built on rock — *duro come il sasso,* as hard as stone *(anche fig.)*. □ *far piangere i sassi; far pietà ai sassi,* tc make the very stones weep — *rimanere (restare) di sasso,* to be dumbfounded.

sassofonista *sm e f.* saxophonist; saxophone player.

sassofono *sm* saxophone.

sassofrasso *sm* sassafras.

sassolino *sm* small stone; *(ciottolo)* pebble.

sassoso *agg* stony; full of stones.

Satana *nome proprio* Satan; the Evil One; the Devil.

satanasso *sm* Satan; *(diavolo)* devil; *(persona prepotente)* bully.

satanicamente *avv* satanically; diabolically; devilishly.

satanico *agg* Satanic; *(diabolico)* diabolic(al); devilish.

satellite *agg* satellite *(attrib., anche fig.)*; *(secondario)* secondary; minor.
□ *sm* satellite; secondary planet; *(spreg.: seguace)* satellite; hanger-on.

satin *sm* satin.

satinare *vt* to satin; to glaze.

satinato *agg* satined; glazed; satin *(attrib.)*.

satira *sf* satire.

satireggiare *vt* to satirize.

satiresco *agg* satyr-like.

satiricamente *avv* satirically.

satirico *agg* satiric(al). □ *sm* satirist.

satiro *sm* satyr.

satollare *vt* to satiate; to stuff.
□ **satollarsi** *v. rifl* to stuff (oneself).

satollo *agg* satiated; gorged; surfeited.

satrapo *sm (stor.)* satrap; *(fig.)* despot.

saturare *vt* to saturate *(chim., fis. e fig.)*; *(inzuppare,* *impregnare)* to soak; *(fig.: riempire, rimpinzire)* to fill; to cram; *(fig.: stipare)* to stow.

□ **saturarsi** *v. rifl* to become* saturated: *saturarsi di fumetti,* to stuff one's head with comics.

saturazione *sf* saturation.

saturnino *agg* **1** *(di Saturno)* Saturnine. **2** *(fig.)* saturnine; gloomy. **3** *(med.)* saturnine.

saturnismo *sm* lead-poisoning.

saturo *agg* saturated (with sth); *(impregnato)* soaked; *(fig.: pieno)* full; *(rimpinzato)* crammed.

saudita *agg* Saudi: *Arabia Saudita,* Saudi Arabia.

□ *sm e f.* Saudi Arabian.

sauro *agg e sm* sorrel.

savana *sf* savanna(h).

savio *agg* wise; *(assennato, ragionevole)* sensible; *(prudente)* prudent; *(accorto)* cautious; wary.

savoiardo *agg* Savoyard. □ *sm* Savoyard; *(biscotto)* finger-biscuit.

saziabile *agg* satiable.

saziabilità *sf* satiableness.

saziare *vt* to satiate; to slake; to cloy; to glut; *(appagare)* to gratify; to satisfy; *(riempire, stuccare)* to fill; to fill (sb) up: *saziare l'appetito,* to cloy the appetite — *Le patate mi saziano presto,* Potatoes soon make me feel full.

□ **saziarsi** *v. rifl (riempirsi di cibo)* to stuff oneself (with sth); to eat* (to have*) one's fill; to be* full; *(essere soddisfatto)* to be* satisfied; *(stancarsi)* to get* tired; to grow* weary; to get* fed up.

sazietà *sf* satiety; surfeit; repletion; *(fig.: noia, disgusto)* weariness: *Mangiò a sazietà,* He ate his fill — *a sazietà, (anche fig.)* as much as one wants — *averne a sazietà, (fig.)* to have quite enough.

sazio *agg* satiated *(anche fig.);* full up; full to repletion; stuffed; *(soddisfatto)* satisfied; *(stufo)* tired; weary; *(arcistufo)* fed up with; sick of: *Non è mai sazio,* He's always hungry; *(fig.)* He's never satisfied — *sentirsi sazio,* to be (to feel) full; to have had enough.

sbaccellare *vt* to shell; to husk.

sbaciucchiamento *sm* continuous pecking and kissing; billing and cooing.

sbaciucchiare *vt,* **sbaciucchiarsi** *v. rifl* to kiss (to peck) over and over again; to bill and coo.

sbadataggine *sf (noncuranza)* carelessness; heedlessness; *(sconsideratezza)* thoughtlessness; *(inavvertenza)* inadvertence; *(trascuratezza)* carelessness; *(negligenza)* negligence; *(azione, parola, ecc. sbadata)* a careless (*o* thoughtless) act, word, *ecc.*: *una sbadataggine,* a piece of carelessness — *per sbadataggine,* through inadvertence (*o* negligence) — *una sbadataggine imperdonabile,* an awful blunder.

sbadatamente *avv* heedlessly; thoughtlessly; carelessly; absent-mindedly.

sbadato *agg (disattento)* inattentive; *(distratto)* absent-minded; *(spensierato)* thoughtless; *(sventato)* reckless; *(trascurato)* careless; *(negligente)* negligent.

sbadigliamento *sm* yawning; gaping; yawn.

sbadigliare *vi* to yawn; to gape: *sbadigliare di noia (di fame),* to yawn from boredom (from hunger).

sbadiglio *sm* yawn: *fare uno sbadiglio,* to yawn — *far morire di sbadigli, (fig.)* to bore (sb) to death.

sbafare *vt* **1** to devour; to gulp down; to knock down: *sbafare come un maiale,* to gobble up one's food like a pig. **2** *(scroccare)* to sponge; to scrounge; to cadge: *sbafare un pranzo,* to sponge a dinner.

sbafatore *sm* **1** *(mangione)* glutton. **2** *(scroccone)* sponger; scrounger; cadger.

sbafo *sm* sponging; scrounging; cadging: *a sbafo,* by sponging; by scrounging; *(gratis)* without paying; free.

sbagliare *vt e i.* to mistake*; to make* a mistake (*o* mistakes); to go* wrong; to err; *(i calcoli)* to miscalculate; *(mancare, fallire)* to miss; *(aver torto)* to be* wrong; to be* in the wrong; to be* mistaken: *sbagliare casa (porta),* to mistake the house (the door) — *La strada è quella; non puoi sbagliare,* That's the way; you can't miss it (you can't go wrong, you can't mistake it) — *sbagliare a leggere,* to make a mistake (*o* mistakes) in reading — *sbagliare il bersaglio,* to miss the target — *sbagliare numero, (al telefono)* to get (to dial) the (*o* a) wrong number — *sbagliare mestiere,* to choose the wrong job — *Sbagli a pensar male di lui,* You are wrong (in the wrong) if you have a bad opinion of him — *Se credi così, sbagli,* If you believe that, you're mistaken — *Non vorrei sbagliare (Sbaglierò) ma...,* I may be wrong (*o* mistaken) yet... — *Sbaglio o sta piovendo?,* Am I wrong, or is it raining? — *sbagliare di grosso,* to be greatly mistaken; to be completely wrong; to be right out *(fam.)* — *Hai sbagliato tutto,* You've got it all wrong; You've bungled everything — *sbagliare di poco,* to be not far wrong (not far out, *fam.*). □ *Sbagliando s'impara, (prov.)* Practice makes perfect.

□ **sbagliarsi** *v. rifl* to make* a mistake; to be* mistaken; to be* wrong; *(nei calcoli)* to miscalculate: *È lì che ti sbagli!,* That's where you're wrong! — *sbagliarsi spesso,* to make a lot of mistakes — *Può darsi che mi sbagli...,* I may be wrong (be mistaken)... — *Non ci si può sbagliare,* You can't go wrong.

sbagliato *agg* (*p. pass. di* **sbagliare** ⇨) wrong; mistaken; erroneous *(piuttosto formale);* incorrect; *(di calcolo)* miscalculated: *fare qcsa in modo sbagliato,* to do sth wrong; to do sth the wrong way — *idee sbagliate,* mistaken (*o* wrong) ideas — *È tutto sbagliato!,* It's all wrong! — *dare una risposta sbagliata,* to give a wrong answer; to answer wrong — *una mossa sbagliata, (anche fig.)* a false move — *una interpretazione sbagliata,* an erroneous interpretation.

sbaglio *sm* mistake; error; *(colpa)* fault; *(passo falso)* false step: *È stato uno sbaglio!,* It was a mistake! — *commettere uno sbaglio,* to make a mistake — *un grosso sbaglio,* a blunder — *un lieve sbaglio,* a slight error; *(una svista)* an oversight; a slip — *uno sbaglio di identità,* a case of mistaken identity — *uno sbaglio di ortografia,* a spelling mistake — *per sbaglio,* by mistake — *Lo sbaglio è stato mio solamente,* It was only my fault.

sbalestramento *sm* tossing; shaking; *(fig.)* idle talk; wandering.

sbalestrare *vt* **1** *(scagliare)* to hurl; to fling*; to throw*. **2** *(mandar lontano)* to pack off. **3** *(raro: squilibrare)* to throw* off balance.

□ *vi (divagare)* to wander; to digress.

sbalestrato *agg (squilibrato)* unbalanced; deranged; *(sconsiderato)* rash; reckless; inconsiderate.

sballare *vt* **1** *(disimballare)* to unpack. **2** *(contar balle)* to tell* stories; to spin* yarns: *sballarle grosse; sballare frottole,* to tell tall stories. **3** *(sbagliare per eccesso)* to overestimate: *sballare il conto,* to make a bill come to too much.

□ *vi* **1** *(perdere la posta per eccesso di punti, alle carte)* to go* out; to go* bust. **2** *(scherz.: andare all'altro mondo)* to kick the bucket; to die.

sballato *agg* **1** *(disimballato)* unpacked. **2** *(fig.: squilibrato)* unbalanced; unsettled; deranged; *(non logico, assurdo)* absurd; *(ridicolo)* preposterous: *una mente sballata,* a deranged mind — *un ragionamento* *sballato,* a preposterous line of reasoning. **3** *(fig.: inventato)* invented; made up; trumped up; *(senza fondamento)* without foundation; *(falso)* false; untrue: *una notizia sballata,* a trumped-up story. **4** *(scherz.: morto)* dead.

sballottamento *sm* tossing; shaking from side to side; pushing about.

sballottare *vt* to toss; to toss about; *(far sobbalzare)* to jolt; to jolt about; *(spingere qua e là)* to push about: *sballottare qcno da un posto all'altro,* to drive sb from pillar to post.

sballottio *sm* continual tossing (*o* shaking).

sbalordimento *sm* astonishment; *(meraviglia)* wonder; *(stupore)* amazement; *(confusione, perplessità)* confusion; bewilderment; *(stordimento)* dizziness.

sbalordire *vt* to astonish; to amaze; to bewilder; *(stupire)* to daze; to stun: *una cosa da (far) sbalordire,* a stunning thing; an amazing (*o* astonishing) thing.

sbalorditivo *agg* astounding; amazing; startling; astonishing.

sbalordito *agg* astonished; amazed; bewildered; in bewilderment; *(stordito, confuso)* stunned; dazed; astounded; confounded; stupefied: *Si guardò attorno sbalordito,* He looked round in bewilderment — *rimanere sbalordito alle parole di qcno (alla vista di qcno),* to be amazed at sb's words (at seeing sb).

sbalzare *vt* **1** to throw*; to toss; to fling*. **2** *(fig.: allontanare da una carica)* to dismiss; to remove: *sbalzare qcno da un incarico,* to dismiss sb; to sack sb; to give sb the sack; *(fam.)* to kick sb out. **3** *(modellare a sbalzo)* to emboss.

□ *vi (balzare)* to bounce; to spring*; *(saltare)* to jump; to leap*.

sbalzellare *vt e i.* to bounce to and fro (*o* up and down); to jolt; to jerk.

sbalzelloni *avv* by fits and starts; joltingly; jerkingly: *muoversi a sbalzelloni,* to walk by fits and starts.

sbalzo *sm* **1** *(sussulto)* jolt; jerk; start; *(salto)* jump; leap; *(rimbalzo)* bounce: *a sbalzi,* joltingly; jerkingly; *(a sprazzi)* by fits and starts; in spurts; *(saltuariamente)* at intervals; on and off: *di sbalzo, (improvvisamente, di scatto)* suddenly; with a jerk; with a leap; *(di rimbalzo)* on the bounce — *dare uno sbalzo,* to jerk; to give a start — *muoversi a sbalzi,* to jolt along; to jerk along. **2** *(cambiamento rapido)* sudden change; jump: *uno sbalzo di temperatura,* a sudden change in (*o* of) temperature; a sharp rise (*o* drop) in the temperature — *gli sbalzi della vita,* the ups and downs (of life). **3** *(lavoro a rilievo)* embossed work; *(archit.)* overhang: *a sbalzo,* overhanging — *lavorare a sbalzo, (a rilievo)* to emboss.

[1]**sbancare** *vt* to break* (the bank); *(fig.: rovinare)* to ruin; to bankrupt.

[2]**sbancare** *vt* to level; to make* flat.

sbandamento *sm* **1** *(mil.)* disbanding; breaking the ranks. **2** *(naut.)* heeling over; list; listing; *(di veicolo)* skid; skidding; sideslipping *(di aereo).* **3** *(fig.)* confusion; breakup.

sbandare *vt* to disband; to disperse; to scatter; to break up.

□ *vi* **1** *(di automobili)* to skid; *(di aerei)* to sideslip. **2** *(naut.)* to list; to heel.

□ **sbandarsi** *v. rifl* to disband; to disperse.

sbandata *sm (di veicolo)* skid; skidding; *(di nave)* list; listing; *(fig.)* confusion. □ *prendersi una sbandata per qcno,* to get a crush on sb; to fall head over heels in love with sb.

sbandato *agg* scattered; stray; *(fig., in senso morale)* mixed-up.

□ *sm* straggler; *(fig., in senso morale)* mixed-up person.

sbandieramento *sm* waving (*o* displaying) of flags; *(fig.)* display; parade.

sbandierare *vt* to wave; to display; *(fig.)* to display; to parade.

sbandierata *sf* waving of flags.

sbaragliare *vt* to rout *(anche sport); (disperdere)* to disperse; to break* up.

sbaraglio *sm* rout; *(mischia)* fight: *buttarsi allo sbaraglio,* to throw oneself into the fight; *(fig.)* to expose oneself to danger — *essere allo sbaraglio, (fig.)* to be in danger (in jeopardy) — *mettere allo sbaraglio,* to endanger; to jeopardize.

sbarazzare *vt* to clear; to clear up (*o* away); to rid* (sb of sth); *(togliere via)* to remove: *sbarazzare la tavola,* to clear the table — *sbarazzare una stanza,* to clear up a room.

□ **sbarazzarsi** *v. rifl* to get* rid (of); to rid* oneself (of): *Si sbarazzò di lei al più presto,* He got rid of her as soon as possible.

sbarazzino *sm* scamp; little scoundrel.

□ *agg* mischievous.

sbarbare *vt* **1** *(estirpare)* to uproot; to root out; to eradicate; to weed out. **2** *(radere la barba)* to shave; to give* (sb) a shave.

□ **sbarbarsi** *v. rifl* to shave (oneself); to have* a shave.

sbarbatello *sm* greenhorn.

sbarbatrice *sf* shaving-machine.

sbarcare *vt (di persone, da una nave)* to disembark; to land; to put* ashore; *(da un autobus)* to put* down; *(da un aereo)* to land; *(di merci)* to unload; to discharge.

□ *vi* **1** *(scendere da una nave)* to land; *(da un autobus)* to get* off; to alight*; *(da un aereo)* to land. **2** *(mil.)* to land. □ *sbarcarsela; sbarcarla,* to rub along; to get by — *sbarcare il lunario,* to make both ends meet.

sbarcatoio *sm* landing-place; landing-stage.

sbarco *sm* landing; disembarkation; *(di merci)* unloading; discharge: *allo sbarco,* on landing; *(di merci)* on unloading — *luogo di sbarco,* landing-stage; landing-place — *ponte di sbarco,* gangway — *mezzo da sbarco, (mil.)* landing-craft — *truppe da sbarco,* marines — *unità da sbarco,* landing-force; landing-parties — *testa di sbarco,* beach-head.

sbarra *sf* **1** bar *(anche fig.);* rod; *(in tribunale)* bar; *(ginnastica)* bar: *una sbarra di ferro,* an iron bar — *sbarra di sicurezza,* safety-rod — *sbarra spaziatrice, (di macchina da scrivere)* space-bar — *sbarra a bilico, (di passaggio a livello)* barrier — *essere dietro le sbarre,* to be behind bars. **2** *(naut., del timone)* tiller. **3** *(ortografia)* slanted (*o* oblique) stroke. **4** *(araldica)* bar. **5** *(aeronautica)* stick.

sbarramento *sm* **1** *(lo sbarrare)* barring; closing; *(di una valle)* damming; *(di un porto)* blocking. **2** *(opera o struttura per sbarrare)* barrage; barricade; obstruction; *(di corso d'acqua)* dam; weir: *diga di sbarramento,* barrage. **3** *(mil.)* barrage; defence. **4** *(di un assegno)* crossing.

sbarrare *vt* **1** to bar *(anche fig.); (ostruire)* to obstruct; to block; *(un corso d'acqua)* to dam: *sbarrare il passo a qcno,* to bar sb's way. **2** *(spalancare)* to open wide. **3** *(un assegno)* to cross. **4** *(cancellare)* to cross out; to strike* out; to put* a stroke through.

sbarrato *agg* **1** barred; *(ostruito)* obstructed; blocked; closed up: *strada sbarrata,* blocked road; *(nella segna-*

letica) No thoroughfare. **2** *(spalancato)* wide open. **3** *(di assegno)* crossed.

sbassamento *sm* lowering.

sbassare *vt* to lower; to abate.

sbatacchiamento *sm* banging; clashing; *(di porta, finestra)* slamming; *(di ali)* flapping.

sbatacchiare *vt* to bang; to slam; *(gettare sbatacchiando)* to slap; to slap down; *(vele, ali, pale)* to flap. □ *vi* **1** to bang; to slam; *(di vele, ecc.)* to flap; to be* flapping. **2** *(andare a sbattere)* to bump; to knock.

sbattere *vt* **1** to bang; to beat*; to knock; *(scuotere)* to shake*; *(una porta, uno sportello)* to slam; *(urtare contro qcsa)* to bump: *sbattere il pugno sul tavolo,* to bang one's fist on the table — *sbattere il capo contro il muro,* to bang (to beat) one's head against the wall (*o* a brick wall) — *sbattere un tappeto,* to beat a carpet — *sbattere un cuscino,* to shake (up) a cushion — *uscire sbattendo la porta,* to go out slamming the door — *sbattere la porta in faccia a qcno,* to slam the door in sb's face — *sbattere il piede per terra,* to stamp one's foot on the ground. **2** *(ali, vele, drappi)* to flap. **3** *(scagliare)* to throw*; to fling*; to hurl; to chuck *(fam.);* to cast* *(raro);* to dash: *sbattere via qcsa,* to throw sth away; to chuck sth out *(fam.)* — *sbattere in prigione,* to fling (sb) into prison — *sbattere fuori qcno,* to throw sb out — *sbattere qcsa in faccia a qcno,* to cast sth in sb's teeth. **4** *(in cucina)* to beat* (up); *(montare)* to whip: *sbattere le uova,* to beat eggs — *panna sbattuta,* whipped cream. **5** *(fam.: accentuare il pallore)* to make* pale: *Quest'abito ti sbatte molto,* This dress does not flatter you. □ *non sapere dove sbattere la testa,* to be at one's wits' end. □ *vi* to bang; to beat*; *(di ali, vele, drappi)* to flap; *(di porta)* to slam.
□ **sbattersene** *(volg.: infischiarsene),* not to care a hoot — *Me ne sbatto!,* I don't care a hoot (a damn, *da taluni considerato volg.*); I couldn't care less.

sbattezzare *vt* to force (sb) to abjure Christianity.
□ **sbattezzarsi** *v. rifl* **1** to abjure Christianity. **2** *(cambiar nome)* to change one's name. □ *Si sbattezzerebbe per un bicchier di vino!,* He would do anything for a glass of wine!

sbattimento *sm* **1** banging; slamming; *(scuotimento)* shaking; tossing; *(di cose metalliche)* clattering; rattling; *(di vele, ali, pale)* flapping; *(aeronautica: vibrazione)* flutter. **2** *(di uova)* beating; whipping.

sbattuta *sf* shake; shaking; toss; tossing.

sbattuto *agg* **1** *(sballottato)* tossed; knocked about; battered. **2** *(di uova, ecc.)* beaten; whipped. **3** *(fig.: abbattuto)* depressed; dejected; downcast; *(stanco morto)* tired out; *(smorto)* wan; dull; gloomy; *(pallido)* pale: *avere un'aria sbattuta,* to look down in the mouth.

sbavagliare *vt* to ungag.

sbavare *vi (mandar bava)* to dribble; to slaver; to slobber; *(di un colore)* to run*; *(di rossetto)* to smear; *(di penna)* to smudge; *(tipografia)* to smudge; to blur. □ *vt* **1** *(sporcare di bava)* to dribble over; to smudge; to smear. **2** *(un metallo)* to trim; to clean; to clip; *(un pezzo lavorato)* to burr; to deburr.
□ **sbavarsi** *v. rifl* to dribble all down (oneself).

sbavatura *sf* **1** slaver; slobber; *(di lumaca)* slime; *(di colori e caratteri tipografici)* smudge; blur; *(di rossetto)* smear. **2** *(metallurgia)* trimming. **3** *(ricciolo, bavatura di metallo)* burr; *(da stampo)* overpress. **4** *(di foglio di carta)* uncut edge.

sbellicarsi *v. rifl (nell'espressione) sbellicarsi dalle risa,* to split one's sides with laughter; to roar with laughter.

sbendare *vt* to unbandage; to remove the bandage(s) from.
□ **sbendarsi** *v. rifl* **1** to remove one's bandage(s). **2** *(di fasciatura che si disfa)* to come* unwound.

sberleffo *sm* grimace; *(di scherno)* jeer; sneer: *fare uno sberleffo (gli sberleffi),* to grimace; to make grimaces; to make faces.

sberrettarsi *v. rifl* to take* off (to doff) one's cap.

sbevazzamento *sm* drinking; tippling.

sbevazzare *vi* to drink* heavily; to drink* like a fish; to drink* immoderately; to tipple; *(fam.)* to booze; to soak.

sbevazzatore *sm* tippler; heavy drinker.

sbiadire *vi* to fade; *(scolorire)* to lose* colour; *(impallidire)* to become* pale.
□ *vt* to fade.

sbiadito *agg (scolorito)* faded; colourless; *(chiaro)* pale; washed out; *(fig.: scialbo)* colourless; dull; monotonous: *marron sbiadito,* pale brown — *uno stile sbiadito,* a dull (*o* colourless) style — *una persona sbiadita,* a colourless person.

sbiancare *vt* to whiten; *(di tessuto)* to bleach.
□ *vi* to whiten; to turn white; to bleach; *(sbiadire)* to fade; to lose* (its) colour; *(impallidire)* to go* (to turn, to grow*) pale; to blanch.
□ **sbiancarsi** *v. rifl* to whiten; to become* white; *(impallidire)* to grow* pale; *(scolorire)* to fade; to lose* colour.

sbiancato *agg* whitish; pale; colourless.

sbiancatore *sm* whitener; *(industria tessile)* bleacher.

sbieco *agg (inclinato)* sloping; slanting; aslant *(predicativo): di sbieco,* on the slant; slantingly; askew; *(fig.: di traverso)* askance — *Mi guardò di sbieco,* He looked askance at me — *presa di sbieco, (fotografia)* angle shot — *tagliato a sbieco, (mecc.)* chamfered; bevelled — *tagliare una stoffa di sbieco,* to cut a cloth on the bias (*o* slantingly).

sbigottimento *sm* dismay; consternation; awe.

sbigottire *vt (sgomentare)* to dismay; to frighten; *(terrificare)* to terrify; *(turbare)* to upset*; to perturb; *(riempire di meraviglia)* to astonish; to amaze; to dumbfound; to flabbergast.
□ *vi e* **sbigottirsi** *v. rifl* to be* dismayed; to be* appalled; *(per la meraviglia)* to be* amazed; to be* terrified.

sbilanciamento *sm* loss of balance; upset.

sbilanciare *vt* **1** to overbalance; to put* out of balance; to throw* off balance. **2** *(fig.: dissestare)* to unsettle; to derange.
□ *vi (perdere l'equilibrio)* to be* out of true; to be* off balance; *(pendere da una parte)* to be* down on one side.
□ **sbilanciarsi** *v. rifl* **1** *(perdere l'equilibrio)* to lose* one's balance; to overbalance. **2** *(fig.: dissestarsi)* to get* into difficulties. **3** *(compromettersi)* to compromise oneself; *(nel parlare)* to exaggerate. **4** *(nello spendere)* to be* lavish in spending; to be* a spendthrift; to spend* beyond one's means.

sbilanciato *agg* out of balance; unbalanced; upset.

sbilancio *sm* **1** *(mancanza di equilibrio)* lack of balance; loss of equilibrium. **2** *(fig.: eccesso)* excess; *(sproporzione, diseguaglità)* disproportion; imbalance. **3** *(sbalzo)* leap; jump; sudden change; *(in su)* sudden rise; *(in giù)* sudden fall (*o* drop). **4** *(comm.: perdita)* deficit; loss; deficiency.

sbilenco *agg* **1** crooked; distorted; misshappen; *(di gambe)* bandy: *un'andatura sbilenca,* a crooked gait

— *un bambino dalle gambe sbilenche,* a bandy-legged (a bow-legged) child. **2** *(fig., di idee, ecc.)* twisted; preposterous.

sbirciare *vt* **1** *(guardare di sottecchi)* to peep (to peek) at; to look stealthily at; *(di sfuggita)* to look hastily at; to steal a glance at; *(di traverso)* to cast a sidelong glance at. **2** *(scrutare, squadrare)* to scan; to eye.

sbirciata *sf* glance; peep; peek; furtive glance.

sbirraglia *sf* police; policemen; cops; *(fam.)* the law.

sbirro *sm* policeman *(pl.* -men*); (fam.)* bobby; *(GB)* copper; *(USA)* cop; *(spreg.)* pig.

sbizzarrirsi *v. rifl* to satisfy one's whims; to have* one's own way; to take* one's pleasure.

sbloccamento *sm* **1** unblocking; clearing; *(di prezzi, ecc.)* decontrol. **2** *(mecc.)* release. **3** *(ferrovia)* clearing; signal; go-ahead signal. **4** *(mil.)* raising the blockade (the siege). □ *sbloccamento della crisi internazionale,* easing of international tension.

sbloccare *vt* **1** *(svincolare)* to unblock; to clear; to free: *sbloccare i prezzi,* to decontrol prices. **2** *(mecc.)* to release. **3** *(ferrovia: dar via libera)* to give* the go-ahead signal. **4** *(mil.)* to raise the blockade (the siege).

sblocco *sm* **1** *(mil.)* raising (a siege, a blockade). **2** *(mecc.)* release; unblock. **3** *(econ.)* decontrol: *sblocco dei prezzi,* unfreezing of prices.

sboccare *vi* **1** *(di fiumi)* to flow into; to run* into; to debouch; *(di strade)* to lead* to (*o* into); *(di valle, ecc.)* to open to (*o* into); to come* out (at a place); *(fig.: andare a finire)* to come* to; to turn into; to find* an outlet. **2** *(di folla: irrompere)* to pour into; to rush into.

□ *vt* **1** *(rompere all'imboccatura)* to chip. **2** *(togliere un po' di liquido)* to skim off; to spill out.

sboccataggine *sf* coarseness of language.

sboccato *agg (fig., di persona)* foul-mouthed; foul-tongued; *(scurrile)* scurrilous; *(grossolano)* coarse.

sbocciamento *sm* ⇨ **sboccio.**

sbocciare *vi* **1** *(bot. e fig.)* to blossom; to bloom; to flower. **2** *(fig.: nascere)* to rise* (from); to spring* (from); *(incominciare)* to start; to begin*.

□ *vt (tirare di boccia)* to bowl out (*o* over, *o* down).

sboccio *sm* blooming; blossoming *(anche fig.);* flowering.

sbocco *sm* **1** *(lo sboccare di corsi d'acqua)* flowing (into). **2** *(foce)* mouth; river mouth; *(bocca)* mouth; *(varco)* opening; passage; *(via d'uscita)* outlet; passage; *(di fogna)* outfall: *strada senza sbocco,* dead end; cul-de-sac *(fr., anche se non esiste l'espressione in quella lingua).* **3** *(comm.)* outlet; *(mercato)* market: *trovare nuovi sbocchi,* to find new markets. **4** *(di sangue)* expectoration (of blood).

sbocconcellamento *sm* nibble; nibbling; *(di piatto, ecc.)* chip.

sbocconcellare *vt* **1** *(mangiare a piccoli bocconi)* to nibble; to nibble at; to peck at. **2** *(dividere in pezzettini)* to divide into small parts; to tear* to pieces. **3** *(di terrecotte, vetri: scheggiare)* to chip.

sbocconcellato *agg* half-eaten; nibbled; *(rotto all'imboccatura)* chipped.

sbollire *vi* **1** *(cessare di bollire)* to stop boiling. **2** *(fig.: calmarsi, placarsi)* to cool down; to calm down.

sbolognare *vt* to palm (sth) off (on sb); *(sbarazzarsi)* to get* rid of.

sbornia *sf* drunkenness; intoxication *(anche fig.): avere la sbornia,* to be drunk; to be blind- (dead-) drunk; to be drunk as a lord — *prendere una sbornia,* to get drunk; *(bere e far baldoria)* to go on a binge.

sborniare *vt* to make* (sb) drunk.

□ **sborniarsi** *v. rifl* to get* drunk.

sborniato *agg* drunk; blind-drunk.

sbornione *sm* drunkard.

sborsare *vt (tirar fuori, pagare)* to pay*; to pay* out; *(fam.)* to shell out; to fork out; *(spendere)* to spend*.

sborso *sm (lo sborsare)* payment; disbursement; *(denaro sborsato)* outlay; disbursement; money paid out: *rifondere uno sborso,* to refund an out-of-pocket expense.

sboscamento *sm* disafforestation; clearing of trees.

sboscare *vt* to disafforest; *(spec. USA)* to deforest; to clear of trees.

sbottare *vi* to burst* out; to blurt out; to speak* up: *sbottare a ridere,* to burst out laughing — *sbottare a piangere,* to burst into tears.

sbottata *sf* outburst.

sbottonare *vt* to unbutton.

□ **sbottonarsi** *v. rifl* **1** to unbutton oneself. **2** *(fig.: sfogarsi, confessare)* to unbosom oneself; to bare one's heart; to reveal one's feelings.

sbottonatura *sf* **1** unbuttoning. **2** *(fig.)* unbosoming. **3** *(agricoltura)* ripping of buds.

sbozzare *vt* to outline; to sketch out; *(una pietra)* to scabble; *(scultura)* to rough-hew; *(carpenteria)* to rough; to rough-shape; *(alla pialla)* to rough-plane; *(mecc.)* to rough-machine.

sbozzatore *sm* rough-hewer.

sbozzatura *sf* rough-hewing; outline.

sbozzo *sm* rough sketch; outline.

sbozzolare *vi* **1** *(levare i bozzoli dal bosco)* to take* the cocoons (from the branches). **2** *(uscire dal bozzolo)* to come* out (of the cocoon).

sbracare *vt* to take* sb's trousers *(talvolta* breeches) off.

□ **sbracarsi** *v. rifl* to take* off one's trousers *(talvolta* breeches*);* to slacken (to undo) one's belt (one's buttons). □ *sbracarsi dalle risa,* to split one's sides with laughter.

sbracciare *vi,* **sbracciarsi** *v. rifl* **1** *(agitare le braccia)* to gesticulate; to saw* the air. **2** *solo rifl (tirarsi su le maniche)* to roll up (to tuck up) one's sleeves. **3** *(fig.: adoprarsi in ogni modo)* to spare no efforts; to do* one's best; to do* everything possible.

sbracciato *agg* bare-armed; with bare arms; *(di abito)* short-sleeved; sleeveless.

sbraitamento *sm* shouting; bawling; clamouring.

sbraitare *vi* to shout; to bawl; to clamour.

sbranamento *sm* tearing to pieces; laceration.

sbranare *vt* to tear* to pieces; to lacerate; to rend*.

sbrancare *vt* to take* from the flock; *(disperdere)* to disperse; to scatter.

□ **sbrancarsi** *v. rifl* to disperse; to stray.

sbrattare *vt (pulire)* to clean; *(sgombrare)* to clear.

sbrattata *sf* cleaning; cleansing; clearing: *dare una sbrattata a qcsa,* to tidy (to clear) sth up.

sbreccare *vt* to chip.

sbrecciare *vt* to make* a breach; to breach.

sbriciolamento *sm* crumbling.

sbriciolare *vt* **1** to crumb; to break* into crumbs. **2** *(fig.: annientare, distruggere)* to finish; to destroy.

□ *v. rifl* to crumble; *(andare in rovina)* to crumble away.

sbriciolatura *sf* crumbling.

sbrigare *vt* **1** to dispatch; to expedite; *(finire)* to finish; to get* through; *(eseguire)* to carry out; to execute; *(sistemare, risolvere)* to arrange; to solve; to settle; to fix up: *sbrigare un affare,* to dispatch (to finish) a matter — *sbrigare un'ordinazione,* to carry out (to execute) an order — *sbrigare una vertenza,* to settle a dispute. **2** *(occuparsi)* to attend to; to deal* with; to satisfy: *sbrigare la corrispondenza,* to deal with one's correspondence — *sbrigare un cliente,* to attend to a customer.

□ **sbrigarsi** *v. rifl* **1** *(affrettarsi)* to be* quick; to buck up; to make* haste; to hasten; to hurry up; to get* on with it; to get* a move on: *Sbrigati!,* Get on with it!; Buck up!; Get a move on!; Look lively! — *Digli di sbrigarsi,* Tell him to be quick (to get a move on, to buck up). **2** *(sbarazzarsi)* to get* rid of; to be* rid of; to rid* oneself of: *sbrigarsi di un seccatore,* to get rid of a bore.

sbrigativamente *avv* quickly; expeditiously; hurriedly.

sbrigativo *agg* hasty; speedy; expeditious; *(rapido)* swift; quick; rapid; *(affrettato)* hurried; hasty; *(superficiale)* superficial; *(dinamico, deciso)* go-ahead; resolute: *una risposta sbrigativa,* a hasty answer — *un giudizio fin troppo sbrigativo,* a pretty superficial judgement — *un direttore sbrigativo,* a go-ahead manager — *in modo sbrigativo,* in all haste; hurriedly; *(brusco)* brusquely.

sbrigliamento *sm* **1** unbridling. **2** *(med.)* freeing (of an artery, nerve, *ecc.*).

sbrigliare *vt* **1** *(levare la briglia)* to unbridle. **2** *(fig.: dar piena libertà)* to set* free; to let* loose; to allow full play (to): *sbrigliare la fantasia,* to let one's fancy roam. **3** *(chirurgia)* to free.

sbrigliatezza *sf* unruliness; lack of restraint; sprightliness.

sbrigliato *agg* **1** unbridled; unreined; reinless. **2** *(fig.)* unbridled; uncontrolled; unrestrained; *(indisciplinato)* unruly; wild.

sbrinamento *sm* defrosting.

sbrinare *vt* to defrost.

sbrinatore *sm* defroster.

sbrindellare *vt* to tear* to pieces (to shreds); to tatter.

□ *vi (cadere a brandelli)* to hang* (down) in tatters.

sbrindellato *agg* in rags; tattered and torn; torn to shreds.

sbrodolamento *sm* soiling; staining.

sbrodolare *vt* **1** to soil; to stain. **2** *(fig.)* to pad.

□ **sbrodolarsi** *v. rifl* to get* soiled; to spill* (sth) on one's clothes.

sbrodolone *sm* sloven *(anche fig.).*

sbrogliare *vt* **1** to disentangle; to undo*; to unravel: *sbrogliare la matassa, (fig.)* to find a solution. **2** *(risolvere, sbrigare)* to dispatch; to get* through: *sbrogliare un affare urgente,* to settle an urgent matter. **3** *(sgombrare)* to clear (out).

□ **sbrogliarsi** *v. rifl (anche fig.)* to disentangle (oneself); *(liberarsi)* to free oneself (from sth); *(sbarazzarsi)* to get* rid (of sth); *(farcela)* to manage: *sbrogliarsela, (fig.)* to get out of a difficulty — *sbrogliarsela da sé,* to manage by oneself — *Che si sbroglino da soli!,* Let them get themselves out of their own mess!

sbronza *sf* ⇨ **sbornia.**

sbronzo *agg* drunk; blind-drunk; *(fam.)* sozzled; tight.

sbruffo *sm* **1** spatter; splutter; *(spruzzo)* sprinkle: *uno sbruffo di profumo,* a sprinkle of perfume. **2** *(fig.: mancia disonesta)* bribe: *prendere lo sbruffo, (fig.)* to take a bribe.

sbucare *vi* **1** *(uscire da un buco)* to pop (to come*) out. **2** *(uscire fuori improvvisamente)* to spring*: *Sbucò improvvisamente da dietro la curva,* He suddenly shot out from round the corner — *Da dove sbuchi tu?* Where did you spring from?

□ *vt (far uscire dal buco)* to drive* out (of a hole); to flush out of; *(animale selvatico)* to rouse.

sbucciamento *sm* peeling; skinning.

sbucciapatate *sm* potato-peeler.

sbucciare *vt* to peel; to skin; to pare: *sbucciare patate,* to peel potatoes — *sbucciare una banana,* to peel a banana — *sbucciare una mela,* to peel an apple.

□ **sbucciarsi** *v. rifl* **1** *(prodursi un'abrasione)* to graze oneself: *Si sbucciò il ginocchio,* He grazed his knee. **2** *(di serpente, ecc.: cambiare la pelle)* to cast (its) skin; to slough (off). □ *sbucciarsela, (fig.)* to get off cheaply.

sbucciatura *sf* **1** skinning; scratch; excoriation. **2** *(pelatura)* peeling.

sbudellamento *sm* **1** disembowelment. **2** *(colpo al ventre)* stab in the stomach.

sbudellare *vt* to disembowel; to gut; *(pollo)* to draw*; *(pulire)* to clean; *(fig.: ferire)* to stab in the stomach.

□ **sbudellarsi** *v. rifl e reciproco,* to stab each other (*o* one another): *sbudellarsi dalle risa,* to split one's sides with laughter.

sbuffare *vi* to snort; to puff; *(per impazienza, anche)* to fume; *(ansimare)* to pant: *La locomotiva uscì sbuffando dalla stazione,* The engine puffed out of the station — *sbuffare di rabbia,* to snort (to fume) with rage.

□ *vt* to puff; to blow* out: *Mi sbuffò il fumo in faccia,* He puffed smoke into my face.

sbuffata *sf* puffing; *(d'impazienza, ecc.)* snort.

sbuffo *sm* puff; whiff; gust; *(d'impazienza, ecc.)* snort. □ *maniche a sbuffo,* puffed sleeves; bishop sleeves; leg-of-mutton sleeves.

sbugiardare *vt* to give* the lie (to sb); to convict (sb) of falsehood.

sbullonare *vt* to unbolt.

scabbia *sf* scabies; itch; *(veterinaria)* scab.

scabbioso *agg* scabby; *(med.)* scabious.

scabro *agg* **1** rough; uneven *(anche fig.).* **2** *(di stile)* concise; harsh.

scabrosamente *avv* roughly; unevenly; *(fig.)* indelicately.

scabrosità *sf* roughness; unevenness *(anche fig.); (fig.)* thorniness; indelicacy.

scabroso *agg* rough; uneven; scabrous; *(fig.: difficile a trattarsi)* difficult; thorny; *(sconveniente)* indelicate; scabrous; indecent.

scacchi *sm pl (il gioco)* ⇨ **scacco 1.**

scacchiera *sf* chess-board; *(per la dama)* draught-board: *a scacchiera,* chequered (*USA* checkered).

scacchiere *sm* **1** *(mil.)* area of operations. **2** *(GB: erario)* Exchequer: *il Cancelliere dello Scacchiere,* the Chancellor of the Exchequer.

scacchista *sm e f.* chess-player.

scacciacani *sm* dummy pistol.

scacciamosche *sm* fly-whisk.

scacciapensieri *sm* **1** *(mus.)* jew's-harp. **2** *(svago, passatempo)* pastime; recreation.

scacciare *vt* to drive* away (*o* out); to chase away; *(licenziare)* to dismiss; *(fam.)* to fire; to sack. □ *Chiodo scaccia chiodo,* One pain drives out another.

scaccino *sm* church-cleaner.

scacco *sm* **1** *(al pl.: il gioco)* chess; *(al pl.: i pezzi)* chessmen: *giocare a scacchi,* to play chess — *una partita a scacchi,* a game of chess. **2** *(nel gioco degli* *scacchi, la mossa particolare)* check: *dare scacco al re,* to check the king — *dare scacco matto, (anche fig.)* to checkmate. **3** *(fig.: sconfitta, mortificazione)* check; setback; reverse; reversal; loss; failure; humiliating defeat; mortification: *subire uno scacco,* to suffer a reverse (a setback, a humiliating defeat) — *tenere qcno in scacco,* to keep sb in check; to checkmate sb. **4** *(disegno)* check: *un disegno a scacchi,* a check pattern; a checkered pattern. □ *vedere il sole a scacchi,* to be behind bars; to be in jail.

scadente *agg* **1** *(comm.)* shoddy; inferior; third-rate; *(insufficiente)* poor; *(senza valore)* worthless. **2** *(giunto alla scadenza)* expiring; falling due.

scadenza *sf (comm.)* maturity; term of maturity; *(di contratto)* expiry: *fino a scadenza,* till maturity; till due — *in ordine di scadenza,* as they fall due — *di prossima scadenza, (comm.)* with a short time to run; *(di contratto)* expiring shortly; due to expire shortly — *alla scadenza, (comm.)* when due; at maturity; *(di contratto)* on expiry — *con scadenza al 15 maggio, (entro il)* by May 15th; *(di effetto, cambiale)* due on May 15th; *(di contratto)* expiring on May 15th — *a breve scadenza,* within (*o* in) a short time; soon — *un progetto a breve (lunga) scadenza,* a short-term (long-term) project.

scadenzario, scadenziere *sm* memorandum book; book; *(USA, fam.)* tickler.

scadere *vi* **1** *(perdere valore, stima)* to decline; to sink* (in sb's esteem); *(diminuire)* to decrease; to go* down; to fall* off: *scadere nella stima dei propri amici,* to decline (to sink) in the estimation of one's friends — *scadere agli occhi di qcno,* to lose credit in sb's eyes; to sink (to fall) in sb's esteem — *scadere di peso,* to lose weight. **2** *(di un periodo di tempo: finire, spirare)* to expire: *Il termine scade oggi,* The term expires today. **3** *(divenire pagabile, esigibile)* to become* (to be* due, to fall*) due; to mature: *una cambiale che scade tra una settimana,* a promissory note falling due in a week's time. **4** *(naut.)* to fall* to leeward; to drift; to make* leeway (⇨ *anche* **scaduto** *agg. e* **scadente** *agg.).*

scadimento *sm* decline; decay.

scaduto *agg* (*p. pass. di* **scadere** ⇨) *(di documento)* expired; lapsed; *(comm.)* due; overdue; *(fig.: appassito)* faded; deteriorated; worn out: *il mese appena scaduto,* the month just ended — *una cambiale scaduta,* an overdue bill — *interessi scaduti,* matured interest *(sing.)* — *azioni scadute,* forfeited shares — *essere scaduto nella stima di qcno,* to have lost sb's esteem.

scafandro *sm* diving-suit; diving-dress.

scaffalare *vt* **1** *(libri, ecc.)* to put* on shelves; to shelve. **2** *(una parete)* to fit with shelves; to shelve.

scaffalatura *sf* shelving; shelves *(pl.).*

scaffale *sm (mobile)* bookcase; set of shelves; *(di magazzino)* stand; *(a rastrelliera)* rack.

scafo *sm* hull; body; *(aeronautica)* hull: *ossatura di scafo,* hulk — *longitudinalmente allo scafo,* fore and aft — *trasversalmente allo scafo,* athwartship.

scagionare *vt (dir., ecc.)* to acquit; to exculpate; *(scusare)* to excuse; to justify.

□ **scagionarsi** *v. rifl* to excuse oneself; to justify oneself; to prove oneself innocent.

scaglia *sf (zool.)* scale; *(di materiale duro)* chip; *(di sapone, ecc.)* flake: *scaglie di pesce,* fish scales — *scaglie di legno,* wood chips — *tetto a scaglie,* roof with overlapping tiles — *sapone a scaglie,* soap-flakes.

scagliare *vt* **1** to fling*; to hurl; *(con una fionda)* to sling*; *(lanciare)* to throw*; to fling*. **2** *(levare le scaglie)* to scale.

□ **scagliarsi** *v. rifl* **1** to hurl oneself; to fling* oneself; *(assalire)* to assail; *(di onde: infrangersi)* to dash: *scagliarsi in avanti,* to rush forward — *scagliarsi ingiuriando contro qcno,* to abuse sb. **2** *(rompersi in scaglie)* to flake off; to chip; *(squamarsi)* to lose* its scales.

scagliola *sf* **1** *(polvere di gesso)* scagliola. **2** *(tipo di erba)* canary-grass.

scaglionamento *sm* arrangement in echelons.

scaglionare *vt* **1** *(mil.: disporre)* to draw* up in echelon; to echelon. **2** *(fig.)* to space out; to stagger: *scaglionare i pagamenti,* to space out payments.

scaglione *sm* **1** *(di monte)* terrace. **2** *(mil.)* echelon; *(pl.: galloni)* chevrons *(fr.)*; *(fam.)* stripes: *a scaglioni,* in echelon. **3** *(araldica)* chevron *(fr.).* **4** *(econ.)* bracket; income bracket *(USA).*

scagnozzo *sm* **1** *(spreg.: tirapiedi)* understrapper; hanger-on: *L'ho visto con i suoi scagnozzi,* I saw him with his gang of hangers-on. **2** *(artista di poco valore)* third-rate artist.

scala *sf* **1** *(fissa)* staircase; stairway; stairs *(pl.);* flight of stairs: *una scala di marmo (legno, pietra),* a marble (wooden, stone) staircase — *una rampa di scale,* a flight of stairs — *fare le scale, (su e giù)* to go up and down the stairs — *salire (scendere) le scale,* to go upstairs (downstairs); to climb the stairs — *scendere le scale,* to go downstairs — *scala a chiocciola,* spiral (*o* winding) staircase — *scala di servizio,* backstairs — *scala di sicurezza (antincendio),* fire-escape — *la ringhiera della scala,* the banisters — *la tromba del scale,* the stair-well. **2** *(portatile)* ladder: *scala di corda,* rope ladder — *scala volante,* firemen's ladder — *scala a forbice,* step ladder — *la scala di Giacobbe,* Jacob's ladder. **3** *(successione, sequenza)* order; sequence; series; range: *una scala di diverse tonalità,* a range of different colours. **4** *(mus.)* scale; key: *scala maggiore (minore),* major (minor) scale — *la scala di si bemolle minore,* the scale of B flat minor — *far le scale, (al pianoforte, ecc.)* to practise scales. **5** *(cartografia, negli strumenti di misurazione e, per estensione: misura, proporzione)* scale: *scala termometrica,* thermometer scale — *la scala Mercalli,* Mercalli's scale — *la scala della bilancia,* the scale — *disegno in scala,* drawing to scale; scale drawing — *in scala di uno a diecimila,* on the scale of one to ten thousand — *scala mobile, (econ.)* sliding scale; cost of living index — *su vasta scala,* on a large scale — *su scala ridotta,* on a small scale — *su scala nazionale (industriale),* on a national (an industrial) scale. **6** *(nel gioco delle carte)* straight: *scala reale, (poker)* straight flush. □ *scala orizzontale, (ginnastica)* horizontal bars — *scala mobile,* moving staircase; escalator; *(econ.)* sliding scale.

scalamento *sm* **1** *(raro: atto dello scalare)* climbing; scaling. **2** *(detrazione)* deduction.

scalare *vt* **1** to scale; to climb*: *scalare le mura di una città,* to scale the walls of a city — *scalare una montagna,* to climb a mountain. **2** *(ridurre)* to scale down; *(detrarre)* to deduct: *scalare un debito,* to pay off a debt by instalments. **3** *(disporre in ordine decrescente)* to grade (down).

scalata *sf* scaling; climbing; *(arrampicata)* climb; ascent: *dare la scalata a qcsa,* to scale (to climb) sth.

scalato *agg* graduated.

scalatore *sm* (mountain) climber; rock climber.

scalciare *vi* to kick.

scalciata *sf* kick; kicking out.

scalcinatamente *avv (fam.)* seedily; shabbily.

scalcinato *agg* **1** *(senza intonaco)* unplastered. **2** *(fig.)* down at heel; shabby; seedy.

scaldabagno *sm* water-heater; *(GB, anche)* geyser: *scaldabagno ad accumulazione,* storage water heater.

scaldaletto *sm* warming-pan; bed-warmer.

scaldapiatti *sm* plate-warmer.

scaldapiedi *sm* foot-warmer.

scaldare *vt (anche fig.)* to warm (up); to heat (up): *scaldare il latte,* to warm (up) the milk — *Mi scalda il cuore rivederti,* It warms my heart to see you again — *scaldare la sedia (il banco, ecc.),* to be lazy.
□ *vi* to get* (too) hot.
□ **scaldarsi** *v. rifl* **1** *(anche fig.)* to warm up; to get* warm; to warm oneself: *scaldarsi troppo,* to get overheated *(anche fig.).* **2** *(eccitarsi)* to get* (to become*) excited; to get* worked up; *(irritarsi)* to get* angry: *scaldarsi per un nonnulla,* to get excited (to get angry) over nothing — *Non scaldarti,* Don't get excited; Keep cool.

scaldata *sf* heating; warming: *dare una scaldata a qcsa,* to warm sth (up).

scaldavivande *sm* dish-warmer.

scaldino *sm* brazier.

scaleno *agg (anat. e geometria)* scalene.

scaletta *sf* **1** little staircase; small ladder. **2** *(nei capelli)* step.

scalfire *vt* to scratch; to graze; *(fig.)* to undermine.
□ **scalfirsi** *v. rifl* to get* scratched.

scalfittura *sf* scratch.

scalinata *sf* flight of steps; (wide) staircase.

scalino *sm* step *(anche fig.);* stair; *(di scala a pioli)* rung *(anche fig.): il primo (l'ultimo) scalino,* the bottom (the top) stair — *Attento allo scalino!,* Mind the step! — *cominciare dal primo scalino, (fig.)* to start on the lowest rung — *raggiungere lo scalino più alto, (fig.)* to reach the highest rung.

scalmana *sf* **1** *(raffreddore)* chill; *(vampata di calore)* (hot) flush: *prendere una scalmana,* to catch a chill. **2** *(fig.: infatuazione)* craze: *prendersi una scalmana per qcno,* to develop a craze for sb; to take a fancy to sb.

scalmanarsi *v. rifl (affannarsi)* to fuss (over); *(riscaldarsi)* to get* heated (*o* excited); to get* hot under the collar; *(darsi da fare)* to bustle about; to take* sth in one's stride.

scalmanata *sf* fuss; rush.

scalmanato *agg* excited; in a fuss; *(senza fiato)* out of breath.

scalmo *sm (di barche a remi)* rowlock; thole-pin: *fuori scalmo,* outrigger.

scalo *sm* **1** *(per varare)* slipway; slip. **2** *(fermata intermedia)* stop; *(naut.)* post of call: *fare scalo a,* to call at — *volo senza scalo,* non-stop flight. **3** *(ferrovia)* goods station; freight yard *(USA);* depot *(USA).*

scalogna *sf* bad luck.

scalognato *agg* unlucky; down on one's luck.

scalogno *sm,* **scalogna** *sf (tipo di cipolla)* shallot.

scalone *sm* wide (*o* grand) staircase.

scalpellare *vt* to chisel; *(med.)* to scalpel.

scalpellino *sm* stone-mason; stone-cutter.

scalpello *sm* chisel; *(mineraria)* bit; *(chirurgia)* scalpel: *scalpello da falegname,* woodworking chisel — *scalpello da muratore,* stone chisel. □ *l'arte dello scalpello,* sculpture.

scalpicciare *vi* to shuffle one's feet; to tramp.

scalpiccio *sm* tramping; tramp; shuffling of feet.

scalpitamento *sm* pawing.

scalpitare *vi (di animali)* to paw the ground; *(di persona)* to stamp.

scalpitio *sm* pawing; stamping of feet.

scalpore *sm* fuss; noise: *tanto scalpore per nulla,* a lot of fuss about (*o* over) nothing — *destare (fare) scalpore,* to cause a sensation; *(fam.)* to make a splash; to be headline news — *Quel film fece molto scalpore,* That film caused a great sensation — *Il suo matrimonio farà molto scalpore,* Her marriage will be the talk of the town.

scaltramente *avv* shrewdly; astutely; craftily; artfully.

scaltrezza *sf* shrewdness; astutely; craftiness; artfulness; slyness.

scaltrire *vt* to sharpen (sb's) wits; to make* (sb) shrewd; to smarten (sb).
□ **scaltrirsi** *v. rifl* to become* shrewd; to become* cunning; *(acquistare perizia)* to become* experienced; to get* to know the tricks of the trade: *Quel ragazzo si è scaltrito abbastanza,* That boy has learned a thing or two.

scaltrito *agg* shrewd; sly; *(esperto)* expert; experienced; skilled.

scaltro *agg* sharp; shrewd; sly; crafty.

scalzacane *sm* **1** *(persona malvestita)* down-and-out; tramp. **2** *(persona incompetente)* bungler.

scalzamento *sm* **1** undermining *(anche fig.).* **2** *(agricoltura)* hoeing.

scalzare *vt* **1** to take* (sb's) shoes and socks off. **2** *(agricoltura)* to hoe up; to bare the roots of. **3** *(fig.)* to undermine: *scalzare le fondamenta di un edificio,* to undermine the foundations of a building — *scalzare l'autorità di qcno,* to undermine sb's authority. □ *scalzare qcno da una carica,* to oust sb from office.
□ **scalzarsi** *v. rifl* to take* one's shoes and socks off.

scalzato *agg* undermined *(anche fig.).*

scalzo *agg* barefoot; barefooted; *(ordini religiosi)* sandalled: *andare scalzo,* to go barefoot.

scambiare *vt* to exchange; *(per errore)* to mistake*; *(barattare)* to barter; *(fam.)* to swap; *(cambiare una banconota)* to change: *scambiare due parole,* to exchange a few words — *scambiare una persona per un'altra,* to mistake one person for another. □ *Ho scambiato il mio cappello con un altro,* I took the wrong hat by mistake.
□ **scambiarsi** *v. rifl* to exchange; to exchange with each other (*o* one another); *(fam., spec. tra collezionisti)* to swap: *Le due ragazze si scambiarono gli abiti,* The two girls exchanged dresses — *scambiarsi saluti (occhiate),* to exchange greetings (glances) — *Ci scambiamo dei dischi,* We swap records.

scambiato *agg* **1** exchanged. **2** *(sbagliato)* wrong; mistaken.

scambievole *agg* reciprocal; mutual.

scambievolezza *sf* reciprocity; mutuality.

scambievolmente *avv* mutually; reciprocally: *Si augurarono scambievolmente buon anno,* They wished each other a Happy New Year.

scambio *sm* **1** exchange; *(fam.)* swap: *uno scambio di saluti (di cortesie, di regali),* an exchange of greetings (courtesies, presents) — *uno scambio di prigionieri,* an exchange of prisoners — *uno scambio di vedute,* an exchange of views — *Facciamo uno scambio?,* Shall we do a swap? **2** *(traffico, commercio)* trade; *(baratto)* barter: *libero scambio,* free trade. **3** *(equivoco, errore)* mistake; error: *uno scambio di identità,* a case of mistaken identity. **4** *(ferroviario)* points *(pl.).*

scambista *sm* **1** *(deviatore)* switch-man *(pl.* -men*);* *(GB, anche)* pointsman *(pl.* -men*).* **2** *(commerciante)* trader.

scamiciato *agg* in one's (my, his, her, *ecc.*) shirt-sleeves; coatless.
□ *sm* **1** *(politica)* extremist; revolutionary; *(lett.)* sansculotte *(fr.)*. **2** *(abito)* sleeveless dress or jacket.
scamosciare *vt* to oil-tan.
scamosciato *agg* shammy; suède *(fr.)*; oil-tanned.
scamosciatura *sf* oil-tanning.
scampagnata *sf* trip to the country; *(talvolta)* picnic: *fare una scampagnata,* to go for a day's outing.
scampanamento *sm (mecc.)* piston slap.
scampanare *vt* **1** to chime; to peal. **2** *(mecc.)* to slap. **3** *(di abito, anche v.i.)* to spread* out; to flare.
scampanellare *vi* to ring* long and loudly.
scampanellata *sf* long (and) loud ring.
scampanellio *sm* continuous loud ringing.
scampanio *sm* pealing; chiming.
scampare *vt (salvare)* to save; *(evitare)* to escape; to elude; to avoid: *scampare qcno dalla rovina,* to save sb from ruin — *scampare la morte (un pericolo),* to escape death (a danger). □ *scamparla bella (per un miracolo),* to have a lucky escape; to escape by the skin of one's teeth — *Dio ce ne scampi e liberi!,* God forbid!
□ *vi* to escape; *(rifugiarsi)* to take* refuge; to shelter: *scampare dalla strage,* to escape from the massacre — *scampare all'estero,* to take refuge abroad.
[1]**scampo** *sm* escape; way out: *Dobbiamo trovare uno scampo,* We must find a way out — *Non c'è via di scampo,* There's no escape (no way out) — *Cercarono scampo nella fuga,* They sought safety in flight.
[2]**scampo** *sm* prawn.
scampolo *sm* remnant: *vendita di scampoli,* remnant sale. □ *Le scriverò appena avrò uno scampolo di tempo,* I'll write to her as soon as I have some spare time — *uno scampolo d'uomo,* a shrimp.
scanalare *vt* **1** to groove; to channel. **2** *(archit.)* to flute. **3** *(mecc.)* to groove; to spline.
scanalato *agg* **1** grooved; channelled. **2** *(archit.)* fluted. **3** *(mecc.)* grooved; splined.
scanalatura *sf* **1** grooving; groove. **2** *(archit.)* flute; fluting. **3** *(mecc.)* spline; groove; slot.
scandagliare *vt* **1** to sound. **2** *(fig.)* to probe; to test; to sound: *scandagliare le intenzioni di qcno,* to sound sb out.
scandaglio *sm* **1** *(strumento)* sounding line; lead line: *scandaglio acustico,* echo sounder — *gettare lo scandaglio,* to heave the lead — *fare scandagli,* to take soundings. **2** *(lo scandagliare)* sounding *(anche fig.)*.
scandalismo *sm* scandalmongery.
scandalista *sm* scandalmonger.
scandalistico *agg* scandal-mongering.
scandalizzamento *sm* scandalization; scandalizing.
scandalizzare *vt* to scandalize; to shock.
□ **scandalizzarsi** *v. rifl* to be* scandalized; to be* shocked: *Si scandalizza per un nonnulla,* He is easily shocked.
scandalo *sm* disgrace; scandal: *Questo film è uno scandalo,* This film is a disgrace — *Sei la pietra dello scandalo,* You are a disgraceful example — *fare uno scandalo,* to stir up a scandal — *dare scandalo,* to scandalize. □ *gridare allo scandalo,* to cry shame.
scandalosamente *avv* scandalously.
scandaloso *agg* scandalous; shocking; outrageous.
scandire *vt* **1** *(un verso)* to scan; *(le parole)* to syllabize. **2** *(mus.)* to stress. **3** *(televisione)* to scan.
scannamento *sm* throat-cutting; butchery.
scannare *vt* **1** to cut* the throat of; *(uccidere barbaramente)* to slaughter; to butcher. **2** *(fig.)* to fleece; to skin: *In quell'albergo ti scannano,* In that hotel they fleece you — *Le tasse lo hanno scannato,* He's been crippled (*o* bled white) by taxation.
scannatoio *sm* slaughter house.
scannatore *sm* cut-throat; slaughterer.
[1]**scanno** *sm* bench; seat.
[2]**scanno** *sm (banco di sabbia)* sand-bank.
scansafatiche *sm* slacker; shirker; lazy-bones.
scansare *vt* **1** *(spostare)* to remove; to shift. **2** *(evitare)* to avoid; to escape; to shun; *(parare)* to parry; to ward off: *scansare un pericolo,* to avoid (to escape from) a danger — *scansare una persona,* to shun a person.
□ **scansarsi** *v. rifl* to get* out of the way; to move aside: *Per favore scansati!,* Please get out of the way!
scansia *sf* (set of) shelves; *(per libri)* bookcase.
scanso *sm* avoidance: *a scanso di...,* to avoid...; to prevent... — *a scanso di equivoci,* to prevent any misunderstanding.
scantinato *sm* basement.
scantonamento *sm* **1** *(girare l'angolo)* turning (a corner). **2** *(fig.: evitare)* avoiding. **3** *(eliminazione degli spigoli)* rounding (of corners).
scantonare *vi (girar l'angolo per non essere visto)* to duck round a corner; *(svignarsela)* to slink away; to slip off; to take* French leave.
scanzonatamente *avv* freely and easily.
scanzonato *agg* easy-going; free and easy.
scapaccione *sm* slap; smack; clout: *dare uno scapaccione a qcno,* to slap (to smack) sb — *prendere uno scapaccione,* to be slapped — *prendere qcno a scapaccioni,* to box sb's ears; to slap sb. □ *essere promosso a scapaccioni, (a scuola)* to be pushed through an examination; *(in una azienda, sl.)* to be kicked upstairs.
scapataggine *sf* heedlessness; recklessness; *(azione da scapato)* thoughtless action.
scapatamente *avv* heedlessly; recklessly.
scapato *agg* thoughtless; reckless; irresponsible.
□ *sm* reckless fellow; *(sventato)* scatter-brain.
scapestrataggine *sf* dissoluteness; licentiousness; *(azione da scapestrato)* dissolute (*o* licentious) action.
scapestratamente *avv* wildly; unrestrainedly; licentiously.
scapestrato *agg* dissolute; loose; licentious; wild.
□ *sm* loose person.
scapigliare *vt* to dishevel; to ruffle; to rumple.
□ **scapigliarsi** *v. rifl* to ruffle (to rumple) one's hair.
scapigliato *agg* **1** *(spettinato)* ruffled; tousled; dishevelled. **2** *(sfrenato, fig.)* disorderly; loose; dissolute.
scapigliatura *sf* **1** dissoluteness; licentiousness; looseness. **2** *(stor. lett.)* 'Scapigliatura'; Bohemianism.
scapitare *vi* to suffer loss; to lose*: *scapitare nella stima (nella reputazione),* to lose* (to damage) one's credit (one's reputation).
scapito *sm* loss; damage; detriment *(anche fig.)*: *vendere a scapito,* to sell at a loss — *con nostro grave scapito,* to our great damage (*o* loss) — *a scapito di...,* to the detriment of...
scapola *sf (anat.)* scapula *(pl.* scapulae *o* scapulas*)*; shoulder-blade.
scapolo *sm* bachelor.
□ *agg* single; unmarried.
scappamento *sm* **1** *(di motore)* exhaust: *tubo di scappamento,* exhaust pipe. **2** *(di orologio)* escapement.
scappare *vi* **1** *(fuggire)* to escape; to flee*; to run* away; to get* away; *(liberarsi)* to get* free; to break* loose: *scappare di casa,* to run away from home —

scappare all'estero, to flee the country — *Sono scappati insieme,* They escaped (They fled, They got away) together — *Di qui non si scappa!,* There's no escape!; There's no mistaking!; There's no getting out of this! — *Gli anni scappano,* The years slip by. **2** *(andare in fretta, correre, affrettarsi)* to hurry away; to dash (off); to fly*; to run* off; to be* off: *scappare a casa,* to hurry home — *Devo scappare,* I must dash (*o* fly) — *Scappi già?,* Are you off already? — *scappare a gambe levate (a rotta di collo),* to take to one's heels. **3** *(sfuggire)* to slip; to escape: *Il pesce mi scappò di mano,* The fish slipped out of my hand — *Mi è scappato di mente il suo nome,* His name has slipped (has escaped from) my mind — *Non è che volesse dirlo; gli è scappato di bocca,* It's not that he meant to say it; it just slipped out — *lasciarsi scappare qcsa,* to let slip sth; to miss sth — *lasciarsi scappare un'occasione,* to let slip (to miss) an opportunity — *lasciarsi scappare l'autobus,* to miss the bus. **4** *(fare, dire inaspettatamente)* to come* out (with); to burst* forth (*o* out): *scappare fuori con una risata,* to burst out laughing — *scapparsene con un'uscita infelice,* to come out with an unfortunate remark — *Gli scappò detto...,* He blurted out...

scappata *sf* **1** *(breve visita)* call; short visit: *fare una scappata da qcno,* to pay a short visit to sb; to call on sb; *(fam.)* to drop in on sb — *Farai una scappata da noi?, (fam.)* Will you pop over and see us? — *Devo fare una scappata in campagna,* I must have a day out in the country. **2** *(scappatella)* prank; escapade. **3** *(di cavallo)* stampede.

scappatoia *sf* way out; loophole; *(sotterfugio)* subterfuge: *ricorrere ad una scappatoia,* to resort to a subterfuge.

scappellare *vt (naut.)* to unrig; to mast.

☐ **scappellarsi** *v. rifl* to raise one's hat; to take* off one's hat.

scappellata *sf* greeting (by raising one's hat); bow: *fare una scappellata a qcno,* to raise one's hat to sb.

scappellotto *sm* slap; smack; cuff: *dare uno scappellotto a qcno,* to slap (to smack) sb.

scappucciare *vt* to remove the hood from.

☐ **scappucciarsi** *v. rifl* to take* one's hood off.

scarabeo *sm* scarab (beetle); *(iconografia egizia)* scarab; scarabaeus *(pl.* scarabaeuses *o* scarabaei*).*

scarabocchiare *vt* to scribble; to scrawl.

scarabocchio *sm* **1** scribble; scrawl; *(macchia d'inchiostro)* blot. **2** *(fig., di persona)* runt; shrimp.

scarafaggio *sm* cockroach; black-beetle.

scaramanzia *sf* superstitious practice; lucky word (action, *ecc.*): *per scaramanzia,* for luck — *toccare ferro per scaramanzia,* to touch wood for luck.

scaramuccia *sf* skirmish *(anche fig.).*

scaraventare *vt* **1** to hurl; to fling*. **2** *(trasferire un impiegato)* to shift; *(fam.)* to dump.

☐ **scaraventarsi** *v. rifl* to hurl oneself; to fling* oneself: *scaraventarsi addosso a (contro) qcno,* to hurl oneself at sb.

scarceramento *sm* release (*o* freeing) from prison; setting free.

scarcerare *vt* to release (sb) from prison; to set* (sb) free.

scarcerazione *sf* release from prison.

scardare *vt* to husk.

scardinare *vt (di porta, ecc.)* to unhinge; to take* (sth) off its hinges; *(fig.)* to undermine.

scarica *sf* **1** *(di arma da fuoco)* volley; discharge: *una scarica di artiglieria,* a volley of artillery. **2** *(in genere)* volley; shower *(anche fig.): una scarica di frecce,* a volley of arrows — *una scarica di pugni,* a shower of blows — *una scarica di insulti,* a shower (a flood) of insults. **3** *(elettr.)* discharge; *(radio: disturbo di ricezione)* disturbance; atmospherics *(pl.): scarica di un accumulatore,* discharge of a battery. **4** *(evacuazione intestinale)* motion; movement (of the bowels).

scaricabarili *sm (nella frase) giocare a scaricabarili,* to throw the responsibility on sb else; *(fam.)* to pass the buck.

scaricamento *sm* unloading; discharging; unburdening; *(comm.)* lighterage.

scaricare *vt* **1** to discharge *(anche elettr.);* to unload; *(svuotare)* to empty: *scaricare il bagaglio,* to discharge (to unload) the luggage — *scaricare una nave,* to discharge (to unload) a ship — *scaricare una cisterna,* to empty a rain-water tank — *scaricare un'arma (togliere la carica),* to unload a gun — *scaricare le acque di lavorazione,* to discharge waste water — *scaricare zavorra, (da un aerostato)* to throw out ballast; *(da una nave)* to jettison ballast. **2** *(lasciar cadere, liberare)* to release; *(fig.: liberare, alleggerire)* to disburden; to unburden; to lighten; to relieve; to release: *scaricare una bomba da un aereo,* to release a bomb from an aircraft — *scaricare la propria coscienza,* to disburden (to unburden, to relieve) one's conscience. **3** *(trasferire)* to lay* (sth) upon (sb); to put* (sth) upon (sb): *scaricare la responsabilità su qcno,* to lay the responsibility upon sb — *scaricare la colpa addosso a qcno,* to put the blame on sb. **4** *(fig.: sfogare)* to vent: *scaricare la propria rabbia su qcno,* to vent one's rage upon sb. **5** *(sparare)* to shoot*: *scaricare il fucile su (contro) qcno,* to shoot one's gun at sb. ☐ *scaricare improperi su qcno,* to heap insults on sb.

☐ **scaricarsi** *v. rifl* **1** to discharge oneself; to unload oneself; *(svuotarsi, sbarazzarsi)* to empty; to empty oneself; to relieve oneself. **2** *(alleggerirsi)* to disburden; to unburden; to lighten. **3** *(distendersi, rilassarsi)* to relax: *scaricarsi bevendo una tazza di tè,* to relax with a cup of tea. **4** *(riversarsi, fluire)* to discharge itself; to flow; to empty: *Il fiume si scarica nel lago,* The river flows into the lake. **5** *(cadere, piombare)* to fall* on; to strike*; to hit*; *(imperversare)* to break*: *Il fulmine si scaricò sulla quercia,* The lightning struck the oak — *Il temporale si scaricò sulla pianura,* The storm broke on the plain. **6** *(esaurirsi)* to run* down: *La batteria si è scaricata,* The battery has run down (*o* is flat).

scaricato *agg* unloaded; discharged; *(di orologio)* unwound; run down; *(di una molla)* released.

scaricatore *sm* **1** unloader: *scaricatore di porto,* docker; lumper. **2** *(fig.)* discharger; arrester. ☐ *scaricatore d'acqua,* water trap — *scaricatore d'aria,* air escape.

[1]**scarico** *agg* **1** unloaded; discharged; *(vuoto)* empty; *(privo)* devoid (of). **2** *(che ha esaurito la carica)* down; run down; exhausted; *(di batteria)* flat; *(senza cartucce)* unloaded; discharged. **3** *(fig.: alleggerito, alleviato)* burdenless; relieved; *(sereno)* untroubled; serene; *(di cielo)* cloudless; *(di molla)* released: *un capo scarico, (fam.)* a madcap.

[2]**scarico** *sm* **1** unloading; discharging; *(svuotamento)* emptying: *operazioni di scarico,* unloading operations. **2** *(smaltimento dei rifiuti)* dumping; *(fogna)* sewer; *(grondaia)* water drain: *Divieto di scarico,* No dumping — *acqua di scarico,* waste water — *tubo di scarico,* waste pipe; *(di drenaggio)* drain pipe; *(scappamento)* exhaust pipe — *valvola di scarico,* exhaust valve; *(fig.)* safety valve. **3** *(generalm. pl.: rifiuti)* refuse; waste. **4** *(giustificazione)* justification; excuse;

defense. **5** *(in mare, in caso di avaria)* jettison. □ *registro di carico e scarico, (comm.)* stock book.

scarlattina *sf (med.)* scarlet fever; scarlatina.

scarlatto *agg* scarlet: *rosso scarlatto,* scarlet red. □ *sm* scarlet.

scarmigliare *vt* to ruffle; to rumple; to tousle. □ **scarmigliarsi** *v. rifl* to ruffle one's hair.

scarnare, scarnificare *vt (togliere la carne in superficie)* to unflesh; to strip the flesh from; *(togliere la carne attorno)* to tear flesh from.

scarnificazione *sf* stripping of flesh; *(nella concia delle pelli)* fleshing.

scarnito *agg* stripped of flesh; made lean; thin.

scarno *agg* thin; meagre; skinny: *un viso scarno,* a meagre face — *mani scarne,* skinny hands — *stile scarno,* bare (*o* concise) style.

scarola *sf (bot.)* wild endive; prickly lettuce.

scarpa *sf* **1** shoe; *(con il collo alto)* boot: *scarpe di cuoio,* leather shoes — *un paio di scarpe,* a pair of shoes — *scarpe di vernice,* patent leather shoes — *scarpe con il tacco basso (alto),* low-heeled (high-heeled) shoes — *scarpe che calzano bene (male),* well-fitting (ill-fitting) shoes — *scarpe da tennis,* tennis shoes — *scarpe da ginnastica,* gym shoes; plimsolls — *scarpe (scarpine) da ballo,* dancing shoes — *lustrascarpe,* shoeblack — *calzascarpe,* shoehorn — *scarpe chiodate, (per l'atletica leggera)* spiked running shoes; *(fam.)* spikes — *fare risuolare le scarpe,* to have one's shoes soled — *pulirsi le scarpe,* to clean one's shoes — *Che numero di scarpe porti?,* What size shoes do you wear? **2** *(freno, puntello, cuneo di carro)* skid; drag; buffer. **3** *(pendio)* slope: *muro di scarpa,* scarp wall.
□ *Quell'autista è proprio una scarpa,* That driver is a dead loss — *vecchia scarpa, (spreg.)* old iron — *scarpa dell'ancora,* anchor bed; anchor fluke chock — *fare le scarpe a qcno, (fig.: giocarlo)* to do sb down — *rimetterci anche le scarpe,* to have all one's trouble for nothing — *avere il cervello nelle scarpe (nella suola delle scarpe),* to have no sense at all — *morire con le scarpe ai piedi,* to die in one's boots — *Non è neanche degno di lustrarle le scarpe,* He isn't even fit to clean her shoes.

scarpaio *sm (venditore ambulante)* street vendor of shoes; *(fam.: calzolaio)* shoemaker.

scarpata *sf (ripido pendio)* slope.

scarpiera *sf (mobile per scarpe)* shoe-rack; *(borsa da viaggio per scarpe)* shoe-bag.

scarpinata *sf* long walk; long tramp.

scarpone *sm* **1** boot; hobnailed boot; *(da sci)* ski-boot; *(da scalatore)* climbing boot. **2** *(scherz.: soldato appartenente al corpo degli Alpini)* mountain soldier.

scarrozzare *vt* to take* (sb) out for a drive (in a carriage).

scarrozzata *sf* drive (in a carriage).

scarsamente *avv* scantily; sparely; sparingly.

scarseggiare *vi* **1** *(mancare)* to be* lacking (in); to be* short (of); *(del vento)* to drop: *scarseggiare di buon senso,* to be lacking in (to lack) common sense — *scarseggiare di denaro,* to be short of money. **2** *(incominciare a mancare)* to run* short: *I viveri scarseggiano,* Food is running short.

scarsella *sf* purse; (money) bag.

scarsezza, scarsità *sf* scarcity; shortage; *(mancanza)* lack; want: *scarsezza di mezzi (di denaro),* lack of means (of money) — *scarsezza di fantasia (di ingegno),* lack of imagination (of intelligence) — *C'è grande scarsezza di verdura,* Vegetables are very scarce.

scarso *agg* scarce; scanty; poor; *(manchevole, insufficiente)* insufficient; short: *un raccolto scarso,* a poor harvest — *un vento scarso,* a feeble wind — *essere scarso d'ingegno,* to be lacking in intelligence — *nutrimento scarso,* insufficient nourishment — *peso scarso,* short weight — *misura scarsa,* short measure — *tempi scarsi,* hard times; times of want — *illuminazione scarsa,* faint lighting. □ *annata scarsa,* lean year — *cinque miglia scarse,* a bare five miles; barely five miles — *È un chilo scarso,* It's barely a kilo.

scartabellare *vt* to run* through; to skim through the pages of a book.

scartafaccio *sm* scribbling block (*o* -pad); note-book; writing-pad; *(GB, comm.)* waste-book.

scartamento *sm (ferrovia)* gauge: *scartamento normale (ridotto),* standard (narrow) gauge. □ *a scartamento ridotto, (fig.)* in dribs and drabs.

scartare *vt* **1** *(un pacco, ecc.)* to unwrap. **2** *(nel gioco delle carte)* to discard. **3** *(respingere, eliminare)* to discard; to reject; to set* apart: *scartare un'ipotesi,* to discard a hypothesis — *scartare qcno alla visita di leva,* to reject sb for military service. **4** *(calcio)* to shake* off; to elude.
□ *vi (deviare bruscamente)* to swerve; to skid: *L'automobile scartò a sinistra,* The car swerved to the left.

scartata *sf* **1** *(brusco sbandamento)* swerve; skid: *fare una scartata a destra (a sinistra),* to swerve (to skid) the right (left). **2** *(nel gioco delle carte)* discard; discarding.

scarto *sm* **1** *(lo scartare)* discard; discarding; *(la cosa scartata)* scrap; waste: *roba di scarto,* rubbish; refuse. **2** *(nel gioco delle carte)* discard. **3** *(fig., di persona)* trash. **4** *(variazione)* change; *(statistica)* spread.

scartocciare *vt* **1** to unwrap; to take* (sth) out of its paper. **2** *(agricoltura)* to strip (maize).

scartoffia *sf (spreg.: incartamento)* paper work; *(al pl.)* heap of papers.

scassare *vt* **1** *(rompere)* to break*; to ruin; to smash. **2** *(agricoltura)* to plough deeply; to turn over. **3** *(togliere da una cassa)* to unpack; to unbale.

scassinamento *sm* breaking open; *(di un'abitazione)* housebreaking; *(effrazione notturna)* burglary.

scassinare *vt* to break* open.

scassinatore *sm (ladro)* house-breaker; *(notturno)* burglar; *(in una banca)* bank-robber.

scasso *sm (lo scassinare una serratura)* lock-picking; *(furto con scasso)* house-breaking; burglary.

scatenamento *sm* unchaining; *(fig.)* bursting; raging.

scatenare *vt (fig.)* to raise; to stir up.
□ **scatenarsi** *v. rifl* **1** *(sfrenarsi)* to get* loose; to unbridle oneself; *(avventarsi)* to rush; to hurl oneself: *I tifosi si scatenarono contro l'arbitro,* The fans rushed upon the referee. **2** *(scoppiare)* to break* out: *Si scatenò una rivolta,* A revolt broke out.

scatenato *agg (fig.)* wild; furious; violent; unrestrained: *tempesta scatenata,* violent tempest — *Quel bambino è un diavolo scatenato,* That child is a real pest.

scatola *sf* **1** box; *(di latta)* tin; can *(USA)*: *una scatola di cioccolatini,* a box of chocolates — *una scatola (scatoletta) di sardine,* a tin of sardines — *carne in scatola,* tinned meat; canned meat *(USA)*. **2** *(mecc.)* box; case; housing. □ *scatola armonica (musicale),* musical box — *a lettere di scatola,* in block letters — *scatola cranica,* cranium; *(scherz.)* brain box — *comprare (vendere) qcsa a scatola chiusa,* to buy (to sell) a pig in a poke — *averne le scatole piene di qcsa* *(di qcno), (volg.)* to be fed up to the back teeth with sth (sb) — *rompere le scatole a qcno, (volg.)* to get sb's goat; to get on sb's nerves.

scatolame *sm* **1** *(insieme di scatole)* tins *(pl.)*; cans *(pl., USA)*. **2** *(commestibili in scatola)* tinned food; canned food *(USA)*.

scatolificio *sm (fabbrica di scatole)* box-factory.

scattare *vi* **1** *(di molla e simili)* to go* off; *(di interruttore e simili)* to trip: *scattare a vuoto,* to misfire — *fare scattare,* to release. **2** *(per estensione: balzare, saltare)* to spring* (up); *(adirarsi)* to lose* one's temper; to fly* into a temper: *scattare sull'attenti,* to spring to attention — *Scatta per un nonnulla,* He loses his temper over nothing — *scattare in piedi,* to spring to one's feet — *scattare come una molla,* to spring up. **3** *(fotografia)* to take*; *(fam.)* to shoot*: *scattare un'istantanea,* to take a snap.

scatto *sm* **1** *(dispositivo)* release; click: *scatto automatico,* automatic release; *(fotografia)* self-timer — *Sentì lo scatto della serratura,* He heard the click of the lock — *serratura a scatto,* spring-lock. **2** *(di telefono)* unit. **3** *(balzo)* spring; *(accesso)* outburst; fit; access; *(impulso)* impulse: *uno scatto d'ira,* a fit of anger — *avere degli scatti,* to lose one's temper — *camminare (parlare) a scatti,* to walk (to talk) jerkily. **4** *(atletica)* burst of speed; sprint; dash. **5** *(anche di grado, ecc.)* step. □ **di scatto,** suddenly; all of a sudden.

scaturire *vi* **1** to spring*; to gush; to spout; to flow: *Scaturiva acqua dalla roccia,* Water was gushing from the rock. **2** *(avere origine, derivare)* to arise*; to originate; to derive.

scavalcare *vt* **1** *(passare sopra)* to stride* over; to jump over: *scavalcare una siepe,* to jump over a hedge — *scavalcare un ostacolo,* to get over (to surmount) an obstacle — *scavalcare una maglia,* to pass over a stitch. **2** *(fig.)* to supplant; *(sport)* to overtake*: *Il nuovo impiegato ha scavalcato tutti,* The new clerk has supplanted everybody. **3** *(disarcionare)* to unhorse.

scavare *vt* **1** to dig*; to excavate; *(un foro: trivellare)* to bore; *(rendere cavo)* to hollow (out): *scavare un fosso,* to dig a hole — *scavare una trincea,* to excavate (to dig) a trench — *scavare un pozzo,* to bore a well — *scavare una galleria nella montagna,* to bore a tunnel through a mountain — *un viso scavato dalla fatica,* a face hollowed by strain — *scavare un tronco per farne una canoa,* to hollow out a tree-trunk to make a canoe — *scavarsi la fossa (con le proprie mani),* to dig one's own grave. **2** *(riportare alla luce)* to excavate; to dig* up: *scavare una città sepolta,* to excavate a buried city. **3** *(fig.: indagare)* to dig*; to search: *scavare nell'animo di qcno,* to dig into sb's mind — *scavare nel passato di qcno,* to search sb's past. **4** *(allargare)* to widen; to enlarge: *scavare le maniche di un vestito,* to widen (to enlarge) the sleeves of a dress.

scavato *agg (fig.)* hollow; sunken; emaciated: *guance scavate,* hollow (*o* sunken) cheeks.

scavatore *sm* digger.

scavatrice *sf (macchina per scavare)* excavator; digger: *scavatrice pneumatica,* pneumatic digger — *scavatrice per fossi,* ditching-machine — *scavatrice a cucchiaia,* power-shovel.

scavatura *sf* **1** digging; escavating; *(terra scavata)* spoil. **2** *(scollo di un vestito)* neck-hole.

scavezzacollo *sm* daredevil; reckless fellow: *a scavezzacollo,* at a breakneck pace; at breakneck speed; headlong — *correre a scavezzacollo,* to run headlong.

scavo *sm* **1** excavation; dig. **2** *(incavatura)* hole: *scavo della manica,* arm-hole.

scegliere *vt* **1** to choose*; to select; to pick (out): *Di due mali scegli il minore!,* Choose the lesser of two evils! — *Scegli le mele più mature,* Pick out the ripest apples — *scegliere un libro (un regalo, ecc.),* to select a book (a present, *ecc.*). **2** *(preferire)* to prefer; to like better. □ *Non c'è da scegliere,* There is no choice — *C'è da scegliere,* There's plenty to choose from — *scegliere in isposa,* to take to wife — *scegliere il campo, (sport)* to toss for ends.

sceicco *sm* sheikh.

scelleraggine, scellerataggine, scelleratezza *sf* **1** wickedness; evil; atrocity. **2** *(atto da scellerato)* wicked act; misdeed; crime.

scelleratamente *avv* villainously; wickedly; nefariously; iniquitously.

scellerato *agg* wicked; evil; villainous.
□ *sm* villain; wretch.

scellino *sm (inglese)* shilling; *(fam.)* bob; *(austriaco)* schilling.

scelta *sf* choice; pick; selection: *libera scelta,* free choice — *Non hai altra scelta,* You have no choice — *Non c'è scelta,* There is no choice — *scelta di poesie,* selection of poems — *fare una scelta,* to make a choice — *fare la propria scelta,* to take one's choice — *frutta o formaggio a scelta,* choice of fruit or cheese — *merce di prima scelta,* first (best, top) quality goods — *merce di seconda scelta,* inferior quality goods — *promozione a scelta,* promotion according to merit.

scelto *agg* choice; select; selected; picked: *frutta scelta,* choice fruit — *brani scelti,* selected passages; excerpts — *vini scelti,* selected (*o* choice) wines — *una compagnia scelta,* a select company — *corpo scelto,* picked troops — *un pubblico scelto,* a select audience; a chosen few.

scemare *vt* to diminish; to lessen; to reduce; to decrease; to lower: *scemare i prezzi,* to reduce prices.
□ *vi* **1** to diminish; to lessen; to go* down; to drop: *scemare di peso,* to lose weight. **2** *(di astro)* to wane; to be* on the wane.

scemato *agg (diminuito, ridotto)* diminished; reduced; lessened; decreased; waned; *(indebolito)* weakened.

scemenza *sf* **1** stupidity; idiocy. **2** *(atto da scemo)* stupid act: *Non dire scemenze,* Don't talk nonsense.

scemo *agg* stupid; silly; foolish.
□ *sm* fool; idiot: *Non fare lo scemo!,* Don't be stupid!; Don't play the fool!

scempiaggine *sf* **1** *(l'essere sciocco, scemo)* foolishness; silliness. **2** *(comportamento o frase stupida)* silly act; piece of nonsense.

scempiare *vt (sdoppiare)* to make* single.

scempiato *agg* **1** *(sdoppiato)* single; undoubled. **2** *(scemo)* stupid.

[1]**scempio** *agg* **1** stupid; silly; foolish. **2** *(semplice)* single.

[2]**scempio** *sm* havoc; slaughter; *(fig.)* ruin: *fare scempio di qcsa,* to make havoc of sth; *(fig.)* to ruin sth.

scena *sf* **1** *(palcoscenico)* scene; stage; *(per estensione: il teatro)* the stage; the theatre; *(in uno studio televisivo)* set: *messa in scena,* mise-en-scène; staging — *cambiamento di scena,* scene shift *(anche fig.)* — *dietro la scena,* behind the scenes — *entrare in scena, (a teatro)* to enter the stage; to come on; *(televisione)* to come on set; *(fig.)* to come on the scene — *essere di scena,* to be on stage; *(televisione)* to be on set —

mettere in scena, to stage — *andare in scena, (di un'opera)* to be performed — *scomparire (uscire) di scena, (fig.)* to leave the scene; to disappear — *per la prima volta sulle nostre scene...,* for the first time on our stage... — *abbandonare la scena (le scene),* to leave the stage — *calcare le scene,* to be an actor (an actress) — *Chi è di scena?,* Whose turn is it? **2** *(in un dramma: parte di un atto)* scene; *(singola ripresa cinematografica)* shot: *scena a sorpresa,* surprise scene — *scena madre,* main scene — *scena finale,* final (*o* ending) scene — *colpo di scena,* coup-de-scène — *scena muta,* mute scene — *fare scena muta, (generalm. fig.)* not to utter a word — *girare una scena, (cinema, televisione)* to shoot a scene — *scene da 'La Vie de Bohème',* scenes from 'La Vie de Bohème' — *Ci furono scene di panico,* There were panic scenes. **3** *(scenata, alterco)* scene; row: *Niente scene, ti prego!,* No scenes, please!; Don't make a row, for God's sake! **4** *(vista)* scenery; view; *(spettacolo)* scene; sight: *Ci fermammo ad ammirare la scena,* We stopped to admire the scenery (the view) — *Era una scena disgustosa,* It was a disgusting sight. □ *avere scena, (di attore)* to have presence.

scenario *sm* scenery.

scenata *sf* scene; row; quarrel.

scendere *vi* **1** *(muoversi in discesa; fig.: calare)* to go* (to come*) down; to descend; *(di fiume)* to rise*: *scendere dalle scale,* to come downstairs — *scendere dal letto,* to get out of bed; to get up — *Non è ancora sceso,* He's not down yet — *scendere da un albero,* to climb down (to get down from) a tree — *scendere in cantina,* to go down to the cellar — *Scendo subito!,* I'll be right down!; I'm coming straight down! — *far scendere qcno, (chiamare qcno da sotto)* to call sb down (*o* downstairs); *(mandare giù qcno)* to send sb down; *(da un veicolo)* to let sb get out — *I soccorritori scesero a valle al tramonto,* The rescuers made their way down at sunset — *Attila scese in Italia nel quinto secolo,* Attila descended on Italy in the fifth century — *Molti fiumi scendono dalle Alpi,* Many rivers rise in the Alps.

2 *(abbassarsi di livello)* to lower; to become* lower; to drop; to fall*: *La temperatura è scesa sensibilmente,* The temperature has dropped noticeably — *I prezzi non accennano a scendere,* Prices are showing no sign of falling — *scendere nella stima di qcno,* to go down in sb's estimation — *scendere in basso, (fig.)* to go to the bad — *Il livello delle acque sta finalmente scendendo,* The floods are at last beginning to go down — *La voce mi è scesa tutt'a un tratto,* My voice suddenly became hoarse.

3 *(ricadere)* to come* down; to hang* down; to fall*: *I riccioli le scendevano sulle spalle,* Her curls hung down to her shoulders.

4 *(essere in discesa)* to slope (downwards); to descend; to run* down: *Appena sotto il ghiacciaio, la pista scendeva ripidissima,* Just below the glacier, the ski-run (*o* pista) sloped down very steeply — *La strada scende con moltissime curve,* The road descends in an endless series of curves.

5 *(di astri)* to set*; to go* down; to sink*; *(di notte)* to fall*: *Il sole sta scendendo,* The sun is setting (*o* going down) — *Sta scendendo la notte,* Night is falling.

6 *(mettere piede a terra, smontare dall'alto)* to get* down (*o* off); *(da autobus, treno, ecc.)* to get* off; *(talvolta)* to get* out (of); *(piuttosto formale)* to alight; *(da automobile)* to get* out (of); *(da cavallo, bicicletta, ecc.)* to get* off; to dismount (from); to alight *(piuttosto formale)*; *(atterrare)* to land: *Il cocchiere scese per abbeverare i cavalli,* The coachman got down to water the horses — *Avrei voglia di scendere per sgranchire le gambe,* I should like to get out and stretch my legs — *Dovrei scendere all'angolo,* I've got to get off at the corner — *Scendere dalla porta anteriore, (avviso)* Passengers must alight at the front of the bus — *Scese dalla bicicletta e l'appoggiò al muro,* He dismounted and propped his bicycle against the wall — *scendere a terra, (da una imbarcazione)* to go ashore.

7 *(sostare)* to stay at; to put* up at; to stop at: *A quale albergo scendete di solito a Venezia?,* What hotel do you usually stay at in Venice? — *Furono costretti a scendere per la notte all'unica locanda,* They were forced to put up for the night at the only inn.

8 *(umiliarsi, piegarsi)* to stoop (to); to lower oneself (to); *(lett.)* to fall* (to): *Non voglio assolutamente scendere a compromessi!,* I'm determined not to stoop to compromises! — *Disperati, scesero a pianti e suppliche,* In desperation they fell to weeping and pleading.

□ *vt* **1** *(percorrere uno spazio in discesa)* to go* down; to come* down; to descend: *scendere un pendio,* to go (to come) down a slope — *Scese i gradini correndo,* He ran down the steps — *scendere le scale in gran fretta,* to hurry downstairs.

2 *(dial.: far scendere, portare giù)* to bring* down; to take* down; to get* down; to carry down; to let* down: *scendere il bagaglio,* to take (to get) the luggage down — *Puoi scendere il secchio?,* Can you let the bucket down?

□ *scendere in lizza (in campo),* to enter the lists (the field) — *scendere in piazza, (di manifestazioni, ecc.)* to come out into the streets — *scendere nei particolari,* to go (to enter) into details — *scendere a più miti consigli,* to listen to reason — *scendere a patti (trattative) con qcno,* to come to terms with sb — *Le sue parole mi scesero al cuore,* His words touched my heart — *scendere dalla cattedra, (fig.: smettere di fare il saccente)* to get off one's high horse.

scendiletto *sm (tappeto)* bedside mat (*o* rug).

sceneggiare *vt* to dramatize; to adapt (sth) for the stage.

sceneggiatore *sm (cinema)* script-writer; scenario writer.

sceneggiatura *sf (cinema)* scenario; script.

scenicamente *avv* scenically; dramatically; theatrically.

scenico *agg* scenic; theatrical; stage *(attrib.)*: *apparato scenico,* stage properties *(pl.)* — *allestimento scenico,* staging.

scenografia *sf (teatro)* scenography; scene-painting; stage-decoration; *(cinema)* setting; art-direction.

scenograficamente *avv* scenographically.

scenografico *agg* scenographic(al).

scenografo *sm (teatro)* scenery designer; scene painter; *(cinema)* art director.

sceriffo *sm* sheriff.

scervellarsi *v. rifl* to rack one's brains; to puzzle one's brains.

scervellatamente *avv* brainlessly; mindlessly.

scervellato *agg* brainless; mindless; hare-brained; flighty.

□ *sm* brainless person.

scetticamente *avv* sceptically *(GB)*; skeptically *(USA)*.

scetticismo *sm* scepticism *(GB)*; skepticism *(USA)*.

scettico *agg (filosofia)* sceptic *(GB);* skeptic *(USA); (fig.)* sceptical *(GB);* skeptical *(USA).*
□ *sm (filosofia)* Sceptic *(GB);* Skeptic *(USA); (di persona che dubita)* sceptic *(GB);* skeptic *(USA).*
scettro *sm* sceptre *(anche fig.): deporre lo scettro,* to lay down the crown; to abdicate — *usurpare lo scettro,* to usurp the throne.
sceverare *vt (lett.)* to sever; to separate; to divide; to part.
scevro *agg* free (from); devoid (of); exempt (from): *scevro di colpa,* free from blame — *un'asserzione scevra di verità,* a statement devoid of truth.
scheda *sf* (index) card; (application) form; *(per votazione)* ballot-paper; voting paper: *scheda perforata,* punched card.
schedare *vt* to file; to catalogue; to index.
schedario *sm* card-index; catalogue; *(mobile)* filing-cabinet.
schedato *agg* indexed; filed. □ *persona schedata dalla polizia,* person known to the police; person with a police record.
schedatura *sf* filing; indexing.
scheggia *sf* splinter; chip; *(piccola)* sliver: *una scheggia di legno,* a wood splinter — *una scheggia di granata,* a shell splinter.
scheggiare *vt,* **scheggiarsi** *v. rifl* to splinter; to break* into splinters; to chip: *Questi piatti si scheggiano facilmente,* These plates chip easily.
scheggiatura *sf* **1** splintering; chipping. **2** *(schegge)* splinters; chips. **3** *(punto scheggiato)* split.
scheletricamente *avv* in a skeleton-like way; *(fig.)* essentially.
scheletrico *agg* **1** *(dello scheletro)* skeleton *(attrib.).* **2** *(come uno scheletro)* skeleton-like. **3** *(fig.: essenziale, sintetico)* skeleton *(attrib.).*
scheletrire *vt* to reduce to a skeleton; *(fig.)* to cut* down to the essentials.
□ **scheletrirsi** *v. rifl* to be* reduced to a skeleton (to a bag of bones).
scheletrito *agg* reduced to a skeleton; emaciated.
scheletro *sm* skeleton *(anche fig.): essere ridotto uno scheletro,* to be reduced to a skeleton — *lo scheletro di un edificio (di un romanzo, ecc.),* the skeleton of a building (of a novel, *ecc.*).
schema *sm* **1** outline; project; scheme: *lo schema di un romanzo,* the outline of a novel. **2** *(fis., elettr.)* diagram; layout: *schema elettrico,* wiring diagram; circuitry. **3** *(modello, sistema)* fixed pattern (*o* system): *ribellarsi agli schemi,* to break away from fixed patterns. **4** *(filosofia)* schema *(pl.* schemata*).* □ *schema di legge,* bill.
schematicamente *avv* schematically.
schematico *agg* schematic: *in modo schematico,* schematically; in outline.
schematizzare *vt* to reduce to essentials.
scherma *sf* fencing: *maestro di scherma,* fencing master — *tirare di scherma,* to fence.
schermaglia *sf (fig.: discussione polemica)* skirmish; discussion; contest.
schermare *vt* **1** *(mettere uno schermo)* to screen. **2** *(fis.)* to shield.
schermirsi *v. rifl* to defend oneself; to protect oneself: *schermirsi dal sole,* to protect oneself from the sun — *schermirsi da qcsa,* to parry (to ward off, to fend off) sth — *schermirsi da domande imbarazzanti,* to fend off embarrassing questions.
schermistico *agg* fencing.
schermitore *sm* fencer.
schermo *sm* **1** *(riparo, difesa)* protection; defence; shelter; shield: *trovare schermo,* to find protection (*o* shelter) — *fare schermo agli occhi con la mano,* to shield one's eyes with one's hand. **2** *(cinema, televisione, ecc.)* screen: *proiettare sullo schermo,* to screen — *diva dello schermo,* film star. **3** *(elettr.)* shield; screen; *(ottica)* screen; *(fotografia)* filter; *(mecc.)* baffle.
schermografia *sf* X-ray.
schermografico *agg (attrib.)* X-ray.
schernire *vt* to mock (at); to sneer (at); to scoff (at); to jeer (at).
scherno *sm* sneer; derision; mockery: *parole di scherno,* sneering (*o* mocking) words — *essere lo scherno di tutti,* to be a laughing-stock.
scherzare *vi (giocare)* to play; *(non agire o parlare sul serio)* to joke; to jest *(meno comune); (prendere alla leggera)* to play (with); to trifle (with); to laugh at: *scherzare con i gattini,* to play with the kittens — *scherzare su tutto,* to joke about everything — *Gli piace scherzare,* He likes joking; He likes a laugh — *Stavo solo scherzando,* I was only joking — *Non è un uomo con cui si possa scherzare!,* He is not a man to jest (to trifle) with! — *Non si sa quando scherza e quando dice sul serio,* You can't tell when he is joking and when he actually means what he says — *C'è poco da scherzare!,* It's no joke!; It's no laughing matter! — *Non è giusto scherzare con i sentimenti altrui,* It's wrong to play (to trifle) with sb's feelings — *Non scherzare col fuoco!,* Don't play with fire! — *La luce le scherzava in viso,* The light was playing on her face — *Scherza coi fanti e lascia stare i santi!,* Don't laugh at what's sacred!
□ *vt (non comune: canzonare)* to make* fun of; to poke fun at; to ridicule.
scherzo *sm* **1** joke; jest; *(divertimento)* fun: *uno scherzo innocente,* an innocent (a harmless) joke — *senza scherzo,* no joke; seriously — *Non è uno scherzo!,* It's no joke!; It's no laughing matter! — *scherzi a parte,* joking apart — *mettere da parte lo scherzo,* to put joking aside — *stare allo scherzo,* to take a joke — *fare uno scherzo a qcno,* to play a joke on sb (*ma* ⇨ *anche il* **2**) — *volgere qcsa in scherzo,* to turn sth into a joke — *per scherzo,* in fun; in play — *neanche per scherzo,* not at all; by no means. **2** *(trucco, tiro, colpo)* trick: *un cattivo (brutto, disonesto, sporco) scherzo,* a dirty trick — *uno scherzo da prete,* a trick in bad taste; a nasty trick — *fare uno scherzo a qcno,* to play a trick on sb — *fare un brutto scherzo a qcno,* to play a dirty trick on sb; *(fig.: venir meno all'aspettativa)* to let sb down. **3** *(effetto particolare)* play; effect: *lo scherzo della luce sull'acqua,* the play of sunlight upon water — *scherzi d'acqua,* waterworks — *scherzi di suoni e di luci,* sound and light effects. **4** *(inezia)* trifle: *Per lui quell'esame è uno scherzo,* That exam is a mere trifle to him. **5** *(mus.)* scherzo; *(lett.)* humorous piece (*o* composition). □ *uno scherzo di natura,* a freak of nature.
scherzosamente *avv* playfully; jokingly; humorously; facetiously.
scherzoso *agg* playful; facetious; humorous: *un'osservazione scherzosa,* a facetious remark.
schettinaggio *sm* roller-skating.
schettinare *vi* to roller-skate.
schettino *sm* roller-skate.
schiacciamento *sm* **1** crushing; squashing; flattening: *schiacciamento di un astro,* flattening of a planet. **2** *(di pneumatico)* deflation.
schiaccianoci *sm* nutcrackers *(pl.).*

schiacciante *agg (incontestabile)* evident; incontestable; incontrovertible.
schiacciapatate *sm* potato-masher.
schiacciare *vt* **1** to crush; to squash; *(noci)* to crack: *schiacciare una serpe,* to crush a snake — *schiacciare un cappello,* to squash a hat — *schiacciare patate,* to mash potatoes — *schiacciare noci,* to crack nuts — *schiacciare il mozzicone della sigaretta,* to stub out a cigarette end. **2** *(sopraffare, annientare)* to overwhelm; to crush: *schiacciare i propri nemici,* to overwhelm one's enemies — *schiacciare qcno con prove concrete,* to overwhelm sb with concrete evidence. □ *schiacciare il pedale del freno,* to slam down the brake (the pedal) — *schiacciare uno studente agli esami,* to plough a student — *schiacciare un sonnellino,* to have (to take) a nap.
□ **schiacciarsi** *v. rifl* to squash; to get* crushed (*o* squashed): *schiacciarsi un dito,* to crush one's finger.
schiacciasassi *sm (macchina con rullo compressore)* road-roller.
schiacciata *sf* crushing; squashing; squeeze; flattening: *dare una schiacciata a qcsa,* to give sth a squeezing; to squeeze sth.
schiacciato *agg (appiattito)* flat: *naso schiacciato,* flat (*o* snub) nose — *di forma schiacciata,* flattened; flat.
schiaffare *vt* to fling*; to throw*: *schiaffare dentro qcno, (fig.)* to put sb inside; to clap sb in jail.
□ **schiaffarsi** *v. rifl (gettarsi, buttarsi)* to fling* (to throw*) oneself.
schiaffeggiare *vt* to slap; to smack; to cuff.
schiaffo *sm* **1** slap; smack; box on the ear: *dare uno schiaffo a qcno,* to give sb a box on the ear — *prendere qcno a schiaffi,* to box sb's ears; to slap sb's face — *prendere uno schiaffo,* to be slapped — *una faccia da schiaffi,* a brazen face. **2** *(fig.)* humiliation; insult: *schiaffo morale,* humiliation; rebuff; slap in the face. **3** *(biliardo)* rebound shot.
schiamazzare *vi* **1** *(di galline e volatili)* to cackle; to squawk. **2** *(di persone)* to clamour; to shout; to make* a noise.
schiamazzatore *sm* rowdy; noisy person.
schiamazzio *sm* continual cackling (*o* squawking).
schiamazzo *sm* din; uproar; cackling; squawking: *schiamazzi notturni,* rowdiness at night.
schiantare *vt (anche fig.)* to break*; to split*; to tear*: *schiantare il cuore a qcno,* to break sb's heart — *Il fulmine schiantò l'albero,* Lightning split the tree.
□ *vi* to split; to burst*: *schiantare dalle risa,* to split one's sides with laughter — *Schiantò in una risata,* He burst out laughing.
□ **schiantarsi** *v. rifl (anche fig.)* to break*; to split*; to burst*; to crash: *Mi si schianta il cuore,* My heart is breaking — *La macchina si schiantò contro il muro,* The car crashed into the wall.
schianto *sm* **1** crash; crack; burst. **2** *(acuto dolore)* pang; great blow; sudden blow: *provare uno schianto al cuore,* to feel a sudden pang in one's heart. **3** *essere uno schianto, (fig., fam.)* to be* fantastic (splendid, marvellous, wonderful, *ecc.*): *Quella ragazza è uno schianto,* That girl is just splendid — *La tua nuova pelliccia è uno schianto,* Your new fur coat is marvellous.
schiappa *sf* **1** *(scheggia)* (wood) splinter. **2** *(fig.: persona incapace e inesperta)* duffer; booby; dead-loss; washout: *In tutti gli sport è una vera schiappa,* He's a washout in every sport.
schiarimento *sm* **1** clearing up; brightening. **2** *(delucidazione)* explanation: *dare ampi schiarimenti,* to give a full explanation.
schiarire *vt* **1** to clarify; to make* clear; to brighten: *schiarire un liquido,* to clarify (to refine) a liquid — *schiarirsi le idee,* to get one's ideas straight — *schiarire una fotografia,* to brighten a photograph. **2** *(diradare)* to thin: *schiarire un bosco,* to thin a wood. **3** *(sbiadire)* to fade: *Il sole schiarisce le tende,* Sunlight fades the curtains.
□ *vi e* **schiarirsi** *v. rifl* **1** to clear up; to become* clear; *(divenire limpido)* to clarify; *(illuminarsi, ravvivarsi)* to brighten; to grow* brighter; to light* (up); *(rianimarsi)* to brighten; *(diradarsi)* to thin out: *schiarire, schiarirsi la gola,* to clear one's throat — *Il cielo si va schiarendo, (è l'alba)* It's getting light; *(si sta rasserenando)* The sky is clearing up; *(la nebbia si sta diradando)* The fog is thinning out — *La sua fronte si schiarì,* His brow brightened (lit up). **2** *(scolorire)* to fade: *Questo colore schiarisce facilmente,* This colour fades easily.
schiarita *sf* clearing up; turn for the better; *(fig.: miglioramento)* improvement.
schiatta *sf (famiglia)* race; line; stock.
schiattare *vi* to burst*: *schiattare dalla rabbia,* to burst with anger.
schiavismo *sm* slavery; *(stor.)* anti-abolitionism.
schiavista *sm* **1** *(fautore dello schiavismo)* anti-abolitionist. **2** *(mercante di schiavi)* slave-trader.
schiavitù *sf (anche fig.)* slavery; bondage; *(di animali)* captivity: *ridurre in schiavitù,* to reduce to slavery — *cadere in schiavitù,* to fall into captivity — *liberare dalla schiavitù,* to release from bondage.
schiavo *agg* enslaved; subject: *un popolo schiavo,* a subject people. □ *essere schiavo delle passioni (del bere, ecc.),* to be a slave to passion (to drink, *ecc.*) — *È schiavo della moglie,* He is at his wife's beck and call.
□ *sm* slave *(anche fig.); (stor. medioevale o fig.)* serf: *il commercio (la tratta) degli schiavi,* the slave trade.
schidione *sm* spit.
schiena *sf* **1** back: *un dolore alla schiena,* a pain in the back; a back pain — *mal di schiena,* backache — *il filo della schiena,* the spine; the backbone — *a schiena d'asino,* hump-backed — *voltare la schiena a qcno (qcsa),* to turn one's back on sb (sth) — *piegare la schiena,* to bend; to submit oneself; to stoop — *colpire qcno alla schiena,* to stab sb in the back. **2** *(raro: dorsale)* ridge. □ *lavoro di schiena,* hard work — *a forza di schiena,* by hard work; by working hard — *avere buona schiena,* to be a hard worker — *rompersi la schiena,* to work hard; to break one's back — *avere molti anni sulla schiena,* to have many years on one's shoulders — *giocare di schiena, (di cavallo, asino)* to buck; to kick out.
schienale *sm* **1** back: *appoggiato allo schienale della sedia,* leaning against the back of the chair. **2** *(di bestia macellata)* spinal marrow. **3** *(naut.)* backboard.
schiera *sf* **1** *(mil.)* formation; rank; array: *sbaragliare le schiere nemiche,* to put the enemy's ranks to rout. **2** *(per estensione: moltitudine)* crowd; group; band: *una schiera di persone,* a crowd of people — *una schiera di teppisti,* a band of hooligans — *a schiere,* in crowds; in flocks.
schieramento *sm* lining up; drawing up; marshalling; *(mil.)* deployment; array.
schierare *vt (mil.)* to draw* up; to array; to deploy.
□ **schierarsi** *v. rifl* **1** to draw* up: *schierarsi in ordine di battaglia,* to draw up in fighting order. **2** *(fig.)* to

side with; to take* sides with: *schierarsi con qcno (dalla parte di qcno),* to take sides with sb.

schiettamente *avv* genuinely; purely; sincerely; frankly; openly.

schiettezza *sf* frankness; sincerity; openness: *una persona di rara schiettezza,* a person of rare sincerity — *parlare con schiettezza,* to speak openly (*o* plainly).

schietto *agg* **1** *(sincero, franco)* plain; frank; sincere; straight: *una risposta schietta,* a plain answer — *una persona schietta,* a frank person — *essere schietto con qcno,* to be frank with sb — *È la schietta verità,* It's the plain truth — *a dirla schietta,* to speak plainly (*o* openly). **2** *(puro)* pure; *(genuino)* genuine; *(sano)* sound: *linguaggio schietto,* pure language — *vino schietto,* genuine wine — *frutta schietta,* sound fruit.

schifare *vt* to loathe: *Schifa tutto quello che sua moglie cucina,* He loathes everything his wife cooks.
□ **schifarsi** *v. rifl* to loathe; to feel* repugnance (for).

schifezza *sf* loathing; disgust; *(cosa schifosa)* disgusting thing; object of loathing: *È una schifezza!,* It's disgusting!

schifiltoso *agg* faddy; fastidious; hard to please.

schifo *agg* ⇨ **schifoso.**
□ *sm* disgust; loathing; nausea: *provare schifo per qcsa,* to feel disgust for sth — *fare schifo,* to disgust; to fill with disgust — *Mi fa schifo,* It makes me sick — *È uno schifo!,* It's disgusting!

schifosaggine, schifosità *sf* loathsomeness; nastiness; filthiness; *(cosa schifosa)* revolting thing.

schifosamente *avv* filthily; loathsomely; nastily; repugnantly.

schifoso *agg* disgusting; loathsome: *uno spettacolo schifoso,* a disgusting sight — *una persona schifosa,* a despicable person. □ *Hai avuto una fortuna schifosa!,* You have been awfully lucky!

schioccare *vt* to crack; to smack; to snap: *schioccare (far schioccare) una frusta,* to crack a whip — *schioccare (o far schioccare) le dita,* to snap one's fingers; *(le articolazioni)* to crack one's fingers — *schioccare la lingua,* to click one's tongue — *schioccare un bacio,* to give a smacking (a loud) kiss.
□ *vi* to crack; to smack; to snap.

schioccata *sf* crack (of a whip).

schiocco *sm (di frusta)* crack; smack; *(di labbra)* smack: *un bacio con lo schiocco,* a smack on the lips.

schiodare *vt* to draw* out a nail (from); to unrivet.

schiodatura *sf* removal of nails; unriveting.

schioppettata *sf* gun-shot.

schioppo *sm* gun; rifle: *a un tiro di schioppo,* within gunshot.

schiudere *vt* to open: *schiudere le labbra a un sorriso,* to part one's lips in a smile.
□ **schiudersi** *v. rifl* to open; *(di uova)* to hatch.

schiuma *sf* **1** foam; froth; *(del sapone)* lather: *la schiuma delle onde,* the foam of the waves — *un bicchiere di birra con molta schiuma,* a glass of beer with a lot of froth on it — *estintore a schiuma,* foam extinguisher. **2** *(feccia)* scum; dross; dregs: *la schiuma della società,* the scum of society. □ *avere la schiuma alla bocca, (fig.)* to foam with rage; to be foarning at the mouth — *fare schiuma,* to lather — *togliere la schiuma,* to skim.

schiumare *vt (togliere la schiuma)* to skim.
□ *vi (fare schiuma)* to foam; to froth; *(del sapone)* to lather.

schiumarola *sf* skimmer; skimming-spoon.

schiumogeno *agg* foaming.

schiumoso *agg* **1** frothy; foamy. **2** *(di sapone)* foaming; lathering.

schivare *vt* to avoid; to evade: *schivare una persona (un incidente, un pericolo),* to avoid a person (an accident, a danger) — *schivare una domanda (un colpo),* to evade a question (a blow).

schivo *agg* shy; bashful; coy; *(ritroso)* reluctant; unwilling.

schizofrenia *sf (med.)* schizophrenia.

schizofrenico *agg e sm (med.)* schizophrenic.

schizzare *vt* **1** to squirt; to spurt; to spit*: *schizzare seltz in un bicchiere,* to squirt soda-water into a glass — *schizzare veleno,* to spit poison — *schizzare bile,* to vent one's spite — *schizzare fuoco dagli occhi,* to flash fire from one's eyes — *schizzare salute,* to be bursting with health. **2** *(bagnare, insozzare, ecc.)* to splash; to spatter: *schizzare (qcno, qcsa) di fango,* to splash (to spatter) (sb, sth) with mud. **3** *(abbozzare, fare uno schizzo)* to sketch; *(tracciare)* to draft: *schizzare un profilo,* to sketch a profile — *schizzare un progetto,* to draft a project.
□ *vi* **1** *(venir fuori)* to spurt; to squirt; to gush; to jet. **2** *(sgusciare, guizzare)* to dart; to flash; *(balzare)* to spring*; to leap*; to jump; to pop: *schizzare (via) dalle mani,* to dart out of one's hands — *La macchina schizzò via a folle velocità,* The car flashed past at an incredible speed — *Appena mi vide schizzò dal letto,* As soon as he saw me he sprang (he leapt) out of bed — *Gli schizzarono gli occhi fuori dalle orbite,* His eyes started out of his head.

schizzata *sf* spurt; gush; splash; plop.

schizzinosamente *avv* fastidiously; squeamishly; finically.

schizzinoso *agg* squeamish; *(nel mangiare)* finicky; particular: *Come sei schizzinoso!,* How finicky you are!

schizzo *sm* **1** squirt; spurt; spatter; splash: *uno schizzo d'acqua,* a squirt of water — *schizzi di fango sui calzoni,* splashes (*o* spatters) of mud on one's trousers. **2** *(disegno)* sketch; *(abbozzo)* draft; outline: *fare uno schizzo,* to sketch.

sci *sm* **1** *(attrezzo per sciare)* ski. **2** *(lo sport)* skiing: *maestro di sci,* skiing instructor — *fare dello sci,* to do some skiing; to go skiing.

scia *sf* **1** *(d'una nave)* wake; *(di vapore, fumo, d'un razzo, ecc.)* trail; *(di profumo, ecc.)* waft; whiff *(anche spreg.).* **2** *(fig.)* track; footsteps: *seguire la scia di qcno,* to follow in sb's footsteps.

scià *sm (imperatore dell'Iran)* shah.

sciabecco *sm* xebec.

sciabica *sf (naut.)* (large) trawl net.

sciabola *sf* sabre.

sciabolata *sf* sabre-cut; *(fig.)* slashing; slash.

sciabolatore *sm* swordsman *(pl.* -men*).*

sciabordare *vt* to stir; to shake*.
□ *vi* to lap; to wash.

sciabordio *sm* swash; swashing; *(delle onde)* beating; *(più dolce)* lapping.

sciacallo *sm* jackal *(anche fig.).*

sciacquadita *sm* finger-bowl.

sciacquare *vt* to rinse (out): *sciacquarsi la bocca (le mani, ecc.),* to rinse one's mouth (one's hands, *ecc.*).
□ **sciacquarsi** *v. rifl* to rinse oneself.

sciacquata *sf* rinse.

sciacquatura *sf* rinsing; sluicing; *(l'acqua usata per sciacquare)* slops; *(spreg.: minestra)* dish-water.

sciacquio *sm (delle onde)* lapping; splashing.

sciacquo *sm* mouthwash.

sciacquone *sm (dispositivo per scaricare acqua nel*

gabinetto) flushing device; *(serbatoio di gabinetto)* W.C. cistern; *(spesso)* flush.

sciagura *sf (disgrazia)* disaster; calamity; accident; *(per estensione: destino avverso)* misfortune.

sciaguratamente *avv* unfortunately; unluckily; wretchedly.

sciagurato *agg* **1** *(sfortunato)* unlucky; unfortunate; ill-starred. **2** *(scellerato)* wicked; evil.

scialacquamento *sm* squandering; extravagance.

scialacquare *vt* to squander; to waste; to dissipate.

scialacquatore *sm* squanderer; spendthrift.

scialacquio *sm* (continuous) squandering; (constant) extravagance.

scialacquone *sm (fam.)* waster; *(lett.)* wastrel; *(fam.)* squanderer.

scialare *vt* to squander; to dissipate; *(fam.)* to blue; to blow.

□ *vi* to squander (*fam.* to blue, to blow) money; to spend money extravagantly: *scialare in divertimenti (in pranzi, vestiti, ecc.),* to squander money on amusements (dinners, suits, *ecc.*) — *Non c'è da scialare,* There's little to spare.

scialbo *agg* **1** pale; wan; faint; colourless. **2** *(fig.: insignificante)* insignificant; *(fam.)* wishy-washy: *Sua moglie è giovane ma scialba,* His wife is young but insignificant (*o* but she lacks personality).

scialle *sm* shawl.

scialo *sm* **1** waste; squandering; *(prodigalità)* lavishness: *fare scialo di qcsa,* to waste sth. **2** *(pompa, sfoggio)* display; ostentation.

scialone *sm* squanderer; spendthrift.

scialuppa *sf* sloop; shallop: *scialuppa di salvataggio,* lifeboat.

sciamare *vi* to swarm *(anche fig.).*

sciame *sm* swarm *(anche fig.)*: *uno sciame di api,* a swarm of bees — *uno sciame di scolari,* a swarm of schoolboys.

sciancato *agg* crippled; lame; *(p.es. di mobile)* rickety; unsteady.

□ *sm* cripple.

sciarada *sf* charade.

[1]sciare *vi* to ski: *andare a sciare,* to go skiing.

[2]sciare *vi (naut.)* to back.

sciarpa *sf* scarf.

sciata *sf* skiing; run.

sciatica *sf* sciatica.

sciatico *agg* sciatic.

sciatore *sm* skier.

sciattamente *avv* slovenly; sloppily; untidily.

sciatteria, sciattezza *sf* slovenliness; untidiness.

sciatto *agg* **1** slovenly; untidy; *(fam.)* tatty; sloppy. **2** *(di prosa, scrittore, ecc.)* careless; slipshod; clumsy.

sciattona *sf* slut; slattern.

sciattone *sm* sloven; slovenly fellow.

scibile *sm (conoscenza)* knowledge.

sciente *agg (che sa)* knowing; *(raro: cosciente)* aware.

scientemente *avv* knowingly.

scientificamente *avv* scientifically.

scientifico *agg* scientific.

scienza *sf* **1** science: *scienza pura,* pure science — *scienza delle costruzioni,* construction theory. **2** *(il sapere)* knowledge: *l'albero della scienza,* the tree of knowledge. □ *arca (pozzo) di scienza,* walking encyclopaedia — *uomo di scienza,* man of learning; scientist — *con scienza,* with full knowledge — *senza scienza di lettere,* unread; unlettered — *sapere qcsa di sicura (certa) scienza,* to know sth for certain — *spezzare il pane della scienza,* to teach — *Ha scienza infusa,* He flatters himself that he knows everything — *Facoltà di Scienze,* Faculty of Natural Sciences.

scienziato *sm* scientist.

scilinguagnolo *sm* **1** *(anat.)* tongue-string; fraenulum. **2** *(fig.)* tongue; speech; loquacity: *avere lo scilinguagnolo sciolto,* to have a ready (a glib) tongue; *(fam.)* to have the gift of the gab.

scimitarra *sf* scimitar.

scimmia *sf (zool., anche fig.)* monkey; ape; *(fig.: persona d'aspetto sgradevole)* monkey-face. □ *fare la scimmia a qcno,* to ape (to mimic) sb.

scimmiescamente *avv* ape-like way; monkey-like way.

scimmiesco *agg* monkey-like; monkeyish; simian.

scimmiottare *vt* to ape; to mimic.

scimmiottatura *sf* imitation.

scimmiotto *sm* (young) monkey; *(fig.)* person as ugly as a monkey; *(scherz.: bambino)* little monkey.

scimpanzé *sm* chimpanzee.

scimunitaggine *sf* **1** silliness; foolishness. **2** *(atto da scimunito)* silly (*o* foolish) action.

scimunito *agg* silly; foolish; stupid.

□ *sm* fool; blockhead; stupid.

scindere *vt* **1** to divide; to separate; to sever; to split*. **2** *(chim.)* to resolve.

□ **scindersi** *v. rifl* to split* (up): *Il partito si è scisso in piccoli gruppi,* The party has split up into small groups.

scintilla *sf* spark *(anche fig.)*; sparkle: *scintilla d'accensione,* ignition spark — *la scintilla del genio,* the spark of genius — *mandare (fare) scintille,* to give off sparks; to spark — *la scintilla che fece scoppiare la guerra,* the spark that set off the war.

scintillamento *sm* sparkling; twinkling; glittering; scintillation.

scintillante *agg* sparkling; twinkling; glittering.

scintillare *vi (anche fig.)* to sparkle; to twinkle; to glitter; to scintillate: *I suoi occhi scintillavano di gioia,* Her eyes sparkled with joy.

scintillio *sm* sparkling; twinkling; flashing.

scioccamente *avv* sillily; foolishly; stupidly.

sciocchezza *sf* **1** foolishness; silliness; stupidity. **2** *(atto, parola sciocca)* foolish (*o* silly, stupid) action; foolish (*o* silly, stupid) thing; nonsense: *Non commettere questa sciocchezza!,* Don't do such a foolish thing! — *Non dire sciocchezze!,* Don't talk nonsense! — *Sciocchezze!,* Nonsense! **3** *una sciocchezza, (cosa da nulla, inezia)* a trifle: *È una sciocchezza, ma quello che conta è il pensiero,* It's only a trifle, but it's the thought that counts — *Questo vestito costa una sciocchezza,* This dress costs a mere trifle.

sciocco *agg* **1** silly; foolish; stupid. **2** *(insipido)* tasteless; insipid.

□ *sm* fool; silly; blockhead; simpleton.

sciogliere *vt* **1** *(disfare)* to undo*; *(slegare)* to untie; *(allentare)* to loose; to loosen: *sciogliere le fasciature,* to undo the bandages — *sciogliere un nodo,* to untie a knot — *sciogliere i lacci del busto,* to loose (to loosen) the laces of one's (of sb's) corset — *sciogliere la lingua,* to loosen one's (sb's) tongue — *scioglilingua,* tongue-twister. **2** *(liberare)* to release; to set* free; *(dal guinzaglio)* to unleash; *(srotolare, spiegare)* to unfurl: *sciogliere i cani,* to unleash the dogs — *sciogliere qcno da un impegno,* to release sb from an engagement — *sciogliere le vele, (salpare)* to unfurl the sails; to set sail; to sail. **3** *(liquefare)* to melt*; *(fare una soluzione)* to dissolve: *sciogliere il ghiaccio,* to melt (the) ice; *(fig.)* to break the ice — *sciogliere sale nell'acqua,* to dissolve salt in water. **4** *(interrompere,* *disgregare)* to dissolve; to break* (sth) up: *sciogliere un contratto,* to dissolve a contract — *sciogliere un matrimonio,* to dissolve a marriage — *sciogliere una società,* to dissolve (*più comune* to wind up) a business partnership — *sciogliere il Parlamento (le Camere),* to dissolve Parliament (the two Houses) — *sciogliere l'esercito,* to disband (to break up) the army — *sciogliere l'assemblea,* to dissolve (to adjourn) a meeting. **5** *(adempiere, soddisfare)* to fulfil: *sciogliere un voto,* to fulfil a vow. **6** *(trovare una soluzione)* to solve; to resolve: *sciogliere un dilemma,* to solve (to resolve) a dilemma. **7** *(dissipare)* to dispel; to dissipate: *sciogliere un sospetto (un dubbio),* to dispel a suspicion (a doubt). **8** *(rendere agile)* to loosen up; to limber up; to warm up: *sciogliere le dita intorpidite dal freddo,* to warm up one's numb fingers — *sciogliere i muscoli prima di una partita,* to limber up (to warm up, to loosen up) one's muscles before a match. **9** *(lett.: elevare, innalzare)* to raise; to deliver: *sciogliere un canto alle Muse,* to raise a poem to the Muses.

□ **sciogliersi** *v. rifl* **1** *(liberarsi)* to free oneself; to release oneself: *sciogliersi dai legami,* to free oneself from all ties — *sciogliersi dalle inibizioni,* to release oneself from inhibitions. **2** *(fondersi, liquefarsi)* to melt*; *(fare soluzione)* to dissolve: *Il burro si scioglie facilmente,* Butter melts easily — *Queste pere si sciolgono in bocca,* These pears melt in the mouth — *sciogliersi in lacrime,* to burst into tears — *Il rame si scioglie nell'acido nitrico,* Copper dissolves in nitric acid. **3** *(terminare)* to be* dissolved; to break* up; to end; *(disperdersi)* to scatter: *L'assemblea si sciolse nel pomeriggio,* The meeting was dissolved (*o* broke up, *o* ended) in the afternoon — *Il corteo si sciolse,* The procession scattered (*o* broke up).

scioglilingua *sm* tongue-twister.

scioglimento *sm* **1** dissolution; break-up; *(di neve, ghiaccio, ecc.)* melting: *lo scioglimento di una società (di un matrimonio, ecc.),* the dissolution (*o* break-up) of a partnership (marriage, *ecc.*). **2** *(epilogo, d'un dramma, racconto, ecc.)* unravelling; dénouments *(fr.).* □ *scioglimento d'una assemblea,* the breaking-up of a meeting — *lo scioglimento di un voto,* the fulfilment of a vow.

sciolina *sf* ski-wax.

scioltamente *avv* nimbly; fluently; smoothly.

scioltezza *sf (di movimenti)* nimbleness; agility; *(nel parlare)* fluency; *(disinvoltura)* ease; facility: *scioltezza di stile,* smoothness of style.

sciolto *agg* loose *(agile);* nimble; agile; *(disinvolto)* easy; smooth; *(nel parlare)* fluent; ready: *capelli sciolti,* loose hair. □ *versi (endecasillabi) sciolti,* blank verse *(sing.)* — *Questi cioccolatini si vendono sciolti,* These chocolates are sold loose — *avere la lingua sciolta,* to have a ready tongue; *(fam.)* to have the gift of the gab.

scioperante *sm* striker. □ *agg (in sciopero)* on strike; striking.

scioperarataggine, scioperatezza *sf* idleness; laziness.

scioperare *vi* to go* (to be*) on strike; to strike*.

scioperatamente *avv* lazily; idly: *vivere scioperatamente,* to live lazily.

scioperato *agg (che non ha voglia di lavorare)* idle; lazy: *fare una vita da scioperato,* to live in idleness. □ *sm* idler; layabout; loafer.

sciopero *sm* strike; *(USA, anche)* walkout: *sciopero generale,* general strike — *sciopero a scacchiera,* staggered strike — *sciopero a singhiozzo,* on-off strike — *sciopero di solidarietà,* sympathetic strike — *sciopero bianco,* work to rule — *sciopero selvaggio,* wild-cat strike — *sciopero della fame,* hunger-strike — *diritto di sciopero,* right to strike — *far sciopero,* to strike; to go on strike; to come out on strike.

sciorinamento *sm* **1** *(raro: stendere all'aria i panni)* airing. **2** *(fig.)* display; showing-off.

sciorinare *vt* **1** *(stendere all'aria)* to hang* out: *sciorinare il bucato,* to hang out the washing. **2** *(fig.)* to display; to show off: *sciorinare la propria cultura,* to show off one's knowledge.

sciovia *sf* ski-lift.

scipitaggine, scipitezza *sf* insipidity; tastelessness; *(fig.)* dullness.

scipitamente *avv* insipidly; tastelessly; *(fig.)* foolishly.

scipito *agg* tasteless; insipid; *(fig.)* dull; stupid; foolish.

scippare *vt* to snatch.

scippatore *sm* bag-snatcher.

scippo *sm* bag-snatching.

scirocco *sm* sirocco; south-east wind.

sciroppato *agg* (preserved) in syrup: *pesche sciroppate,* peaches in syrup; *(più comune)* tinned (*USA* canned) peaches.

sciroppo *sm* syrup.

sciropposo *agg* syrupy.

scisma *sm* schism.

scismatico *agg e sm* schismatic.

scissione *sf* **1** division; separation. **2** *(biologia, fis.)* fission; *(petrochimica)* cracking.

scissionismo *sm (politica)* formation of splinter parties.

scissionista *sm* member of a splinter (*o* rebel) group.

scissura *sf* **1** *(anat.: fessura)* scissure. **2** *(fig.: dissidia)* split; dissension; disagreement.

sciupare *vt* **1** *(danneggiare)* to spoil; to damage; to misuse; *(rovinare)* to ruin: *sciupare una vacanza,* to spoil (to ruin) a holiday. **2** *(sperperare)* to waste; to squander; *(consumare)* to consume; to wear* out: *sciupare tempo e denaro,* to waste time and money — *sciupare un patrimonio,* to squander a fortune — *sciupare la vista,* to ruin ones eyes; to wear out one's eyesight — *sciupare un'occasione,* to waste (to miss) an opportunity.

□ **sciuparsi** *v. rifl* **1** to spoil; to be* (to get*) spoiled: *una stoffa che si sciupa subito,* a cloth that soon spoils (soon gets spoiled). **2** *(deperire nel fisico)* to wear* oneself out; to waste away; *(affaticarsi)* to strain; to overwork: *Si è molto sciupato con tanto lavoro,* He wore himself out with so much hard work — *Non sciuparti a scrivere un rigo di risposta!,* Don't ruin your health (Don't overwork yourself) writing a few lines in reply!

sciupato *agg (sprecato)* wasted; *(logoro)* worn out; *(di persona)* run down: *Sei un po' sciupato!,* You look run down!

sciupio *sm* waste; squandering; wastage: *sciupio di tempo (di denaro),* waste of time (of money).

sciupone *agg* wasteful.

□ *sm* wasteful person; squanderer; spendthrift.

scivolamento *sm* **1** *(lo scivolare)* sliding; *(lo sdrucciolare)* slipping; *(lo slittare)* skidding; *(di velivolo)* sideslipping. **2** *(geologico)* slip.

scivolare *vi* **1** to slip *(spesso involontariamente): scivolare su una buccia di banana,* to slip on a banana skin — *La coperta scivolò via dal letto,* The blanket slipped off the bed — *far scivolare qcsa nelle mani di* *qcno,* to slip sth into sb's hand — *far scivolare qcsa in tasca,* to slip sth into one's pocket — *Scivolò via senza essere visto,* He slipped away without being seen — *Gli anni scivolarono via,* The years slipped by. **2** *(volontariamente)* to slide*: *I ragazzi scivolavano allegramente sul ghiaccio,* The boys were merrily sliding about on the ice — *È meglio scivolare su questo argomento,* We had better slide over this subject. **3** *(con movimento continuo ed uniforme, anche mus.)* to glide: *I cigni scivolavano leggeri sull'acqua,* The swans were gliding lightly on the water. **4** *(fig.)* to lapse; to slip; to slide*: *scivolare nelle cattive abitudini,* to slip (to slide) into bad habits — *scivolare nel ridicolo,* to lapse into absurdity — *scivolare nella recessione,* to slide into a recession — *scivolare d'ala, (di aereo)* to sideslip.

scivolata *sf* **1** slide; sliding: *fare una scivolata, (volontariamente)* to slide; to have a slide; *(involontariamente)* to slip. **2** *(automobilismo)* skidding; *(aeronautica)* sideslip.

scivolato *agg (mus.: di nota)* glided.

scivolo *sm* **1** *(dei bambini)* slide. **2** *(industria)* chute; shoot; *(per imbarcazione)* slipway.

scivolone *sm* slip.

scivoloso *agg* slippery.

sclerosi *sf* sclerosis.

scocca *sf (di un'automobile)* body.

scoccare *vt* **1** to shoot*; to fling*; to dart: *scoccare una freccia,* to shoot an arrow — *scoccare un bacio,* to give a loud kiss (*o* a smack). **2** *(le ore)* to strike*: *L'orologio scoccò le cinque,* The clock struck five.

□ *vi* **1** to shoot* out; to dart. **2** *(di ore)* to strike*: *Scoccava la mezzanotte,* It was striking midnight.

scocciante *agg* tiresome; annoying.

scocciare *vt (fig.)* to bore; to bother; to annoy: *Non scocciarmi!,* Don't bother me!

□ **scocciarsi** *v. rifl* to get* bored; to be* fed up (with): *Mi sono proprio scocciato,* I am fed up with this work.

scocciatore *sm* bore; tiresome person.

scocciatura *sf* bother; nuisance; bore.

scodella *sf* soup-plate; *(ciotola o contenuto)* bowl.

scodellare *vt* to dish (out); to serve (up); to ladle (out): *scodellare la minestra,* to ladle (out) the soup — *scodellare fandonie, (fig.)* to tell fibs — *scodellare promesse, (fig.)* to pour forth promises.

scodellato *agg* dished out; served up.

scodinzolare *vi* to wag (its) tail; *(fig.)* to swagger; *(fam., di donna)* to waggle one's hips.

scodinzolio *sm* wagging.

scogliera *sf* cliff; *(barriera corallina sommersa o affiorante)* reef.

scoglio *sm* **1** rock; *(appena affiorante)* reef. **2** *(fig.: difficoltà)* difficulty; stumbling-block; obstacle.

scoglioso *agg* rocky; full of rocks.

scoiattolo *sm* squirrel.

scolamento *sm* draining; dripping.

scolapasta *sm* colander; cullender.

scolapiatti *sm* draining-board; *(a rastrelliera)* plate-rack.

scolara *sf* schoolgirl.

scolare *vt* to drain (dry); *(con un colino)* to strain: *scolare la pasta,* to strain macaroni.

□ *vi* to drip; to drain.

□ **scolarsi** *v. rifl* to drain; to drink* off: *scolarsi una bottiglia di brandy,* to drain a bottle of brandy.

scolaresca *sf* student body; pupils; *(di una classe)* class.

scolaresco *agg* schoolboy *(attrib.).*

scolaro *sm* schoolboy; pupil; student.

scolasticamente *avv* scholastically.

scolastico *agg* school *(attrib.);* scholastic *(anche filosofia): anno scolastico,* school year.

scolatura *sf (lo scolare)* draining; dripping; *(acqua di scolatura* drain-water; drains *(pl.);* drips *(pl.).*

scoliosi *sf (med.)* scoliosis.

scollacciato *agg* **1** low-necked; décolleté *(fr.): un abito scollacciato,* a low-necked dress — *C'erano molte signore scollacciate,* There were a lot of women in low-necked dresses. **2** *(fig.)* licentious; immoral; lewd.

scollare *vt* **1** *(fare lo scollo)* to cut* the neck-hole. **2** *(staccare cose incollate)* to unglue; to detach; to take* off; *(chirurgia)* to strip.

□ **scollarsi** *v. rifl* **1** *(indossare un abito scollato)* to put* on a low-necked dress. **2** *(staccarsi)* to come* unstuck (*o* unglued).

[1]**scollato** *sm (abito)* low-necked dress; *(di abito, di persona)* décolleté.

[2]**scollato** *agg (staccato)* unstuck; disconnected; detached.

[1]**scollatura** *sf (scollo)* neck-hole; neck-opening; *(lo scollare un vestito)* neck cutting.

[2]**scollatura** *sf (lo staccarsi di cose incollate)* unsticking; coming unstuck.

scollegamento *sm* disconnection; separation.

scollegare *vt* to disconnect; to detach; to separate.

scollo *sm* neck-hole; neck-opening; *(moda)* neckline.

scolo *sm* drain; drainage; draining; *(condotto)* drain; drain-pipe; *(med.)* discharge; blenorrhagia.

scoloramento *sm* discoloration; fade.

scolorare *vt* to discolour; to fade.

□ **scolorarsi** *v. rifl* to discolour; to lose* colour; to fade; *(impallidire)* to pale; to grow* pale.

scolorimento *sm* discoloration; fading.

scolorina *sf* ink-remover; ink-eradicator; *(smacchiatore)* stain-remover.

scolorire, scolorirsi ⇨ **scolorare.**

scolorito *agg* faded; discoloured; *(sbiancato)* bleached; *(di volto, ecc.)* pale; wan.

scolpare *vt* to exculpate; *(giustificare)* to justify.

□ **scolparsi** *v. rifl* to exculpate oneself; *(giustificarsi)* to justify oneself; *(scusarsi)* to apologize.

scolpire *vt* **1** to carve; to sculpture; *(incidere)* to cut*; to engrave: *scolpire un busto,* to carve (to sculpture) a bust — *scolpire un'iscrizione su una lapide,* to engrave an inscription on a tombstone. **2** *(fig.: imprimere)* to engrave; to impress: *scolpire un nome nella memoria,* to engrave (to impress) a name upon one's memory. **3** *(fig.: scandire)* to stress; to pronounce distinctly.

scolta *sf* watch; sentry: *fare la scolta,* to be on sentry go.

scombaciare *vt (disgiungere)* to unfix; to separate.

□ *vi (di colori, ecc.)* not to match; not to correspond; not to tally.

scombinare *vt* **1** *(mettere in disordine)* to upset*; to put* into disorder; to disarrange. **2** *(una composizione tipografica)* to squabble; to distribute. **3** *(mandare a monte)* to break* off.

scombinato *agg* disarranged; upset; *(fig.: sconclusionato)* muddled; confused.

scombinazione *sf* disarrangement; upsetting.

scombro *sm* mackerel.

scombussolamento *sm* upsetting; bedevilment; muddling up; disturbance; confusion.

scombussolare *vt* to upset*; to muddle up; *(frastornare)* to confuse; to make* giddy; to disturb.

□ **scombussolarsi** *v. rifl* to be* upset (*o* troubled); to lose* one's bearings.

scombussolio *sm* great confusion; muddle; bustle.

scommessa *sf* bet; wager; *(posta)* stake: *fare una scommessa,* to bet; to lay a wager — *perdere una scommessa,* to lose a (*o* one's) bet.

scommettere *vt* **1** to bet*; to wager; to stake; *(puntare, anche)* to punt: *Non scommetto mai,* I never bet; I never make bets — *scommettere la testa,* to stake one's life — *Ci scommetto la testa!,* I'd stake my life on it! **2** *(fig.: essere sicuro)* to be* certain; *(fam. anche)* to bet*: *Scommetto che oggi non piove,* I bet it won't rain today.

scommettitore *sm* gambler; punter; better; bettor.

scomodamente *avv* uncomfortably; inconveniently; uneasily.

scomodare *vt e i.* to inconvenience; to disturb; to trouble; *(seccare)* to bother; to annoy.

□ **scomodarsi** *v. rifl* to trouble; to trouble oneself; to bother.

scomodità *sf* discomfort; *(disagio)* uneasiness; *(difficoltà)* hardship; *(fastidio)* trouble; annoyance.

scomodo *agg* uncomfortable; *(fastidioso)* inconvenient; troublesome; bothersome; *(che mette a disagio)* uneasy; *(ingrombrante)* cumbersome; cumbrous.

□ *sm* trouble; inconvenience; discomfort.

scompaginamento *sm* upsetting; disarrangement; *(tipografia)* breaking up.

scompaginare *vt* **1** to upset*; to disarrange; to throw* into disorder. **2** *(tipografia)* to break* up.

□ **scompaginarsi** *v. rifl* to dismember; to disintegrate; to break* up.

scompagnamento *sm* *(lo spaiare)* uncoupling; unmatching; *(il separare)* separation; separating.

scompagnare *vt* to separate; to part; to split* up; *(spaiare)* to uncouple; to unmatch.

□ **scompagnarsi** *v. rifl* to part; to separate.

scompaiato *agg* unmatched; odd.

scomparire *vi* **1** to disappear; *(svanire)* to vanish; to fade (away); *(ritirarsi)* to retire; to quit the scene. **2** *(sfigurare)* to cut* a poor figure; *(aver poco risalto)* to look insignificant; to be* lost: *In quell'angolo buio il quadro scompare,* The picture's lost in that dark corner.

scomparsa *sf* **1** disappearance. **2** *(morte)* death.

□ *a scomparsa, (di mobile)* foldaway *(attrib.)*.

scompartimento *sm* compartment; partition; division: *scompartimento stagno,* water-tight compartment — *scompartimento di prima classe, (ferrovia, naut.)* first-class compartment.

scompartire *vt* to divide; to share; to distribute; to allot.

scompenso *sm* *(tecnico)* lack of compensation; *(med.)* decompensation.

scompigliamento *sm* disarrangement; upsetting; *(disordine)* muddle; disorder; confusion; *(trambusto)* bustle; *(spec. dei capelli)* tousling; dishevelling.

scompigliare *vt* to disarrange; to upset*; to muddle up; *(vesti)* to rumple; *(capelli)* to tousle; to dishevel.

□ **scompigliarsi** *v. rifl* to become* (to get*) upset; to make* a fuss; to worry; to agitate; to trouble.

scompiglio *sm* disarrangement; disorder; mess; muddle; confusion; *(trambusto)* uproar; bedlam; *(fam.)* row: *portare (gettare) lo scompiglio,* to throw into disorder.

scomponibile *agg* able to be taken apart; dismountable.

scomporre *vt* **1** to separate; *(disfare)* to undo*; *(dividere)* to divide; to split* up; *(mettere in disordine)* to put* into disorder; to disarrange; to break* up; *(scompigliare)* to rumple. **2** *(turbare)* to upset*; to trouble; to discompose; to ruffle. **3** *(matematica)* to factorize. **4** *(tipografia)* to distribute; to squabble.

□ **scomporsi** *v. rifl* to be* upset; to lose* one's calm *(o fam.* one's cool*)*; to be* troubled: *senza scomporsi,* without getting upset; without losing one's cool *(più fam.)*.

scomposizione *sf* separation into parts; breakdown; splitting up; breaking up; *(tipografia)* distribution; squabbling: *scomposizione (di un numero) in fattori,* factorization — *scomposizione di una forza,* resolution of a force — *scomposizione dell'immagine, (televisione)* image scanning.

scompostamente *avv* improperly; unbecomingly.

scompostezza *sf* discomposure.

scomposto *agg* decomposed; broken up; *(disordinato)* untidy; disordered; *(di abito)* rumpled; *(di capigliatura)* tousled; ruffled; *(sconveniente, sguaiato)* indecent; unseemly; unbecoming; ill-mannered.

scomputo *sm* deduction.

scomunica *sf* **1** excommunication: *lanciare la scomunica,* to excommunicate — *avere la scomunica addosso, (fig.)* to be under a curse; to be very unlucky. **2** *(fig.: espulsione)* expulsion.

scomunicare *vt* to excommunicate *(anche fig.)*.

scomunicato *agg* excommunicated.

□ *sm* excommunicated person; excommunicate: *una faccia da scomunicato,* a sinister countenance.

sconcatenare *vt* to unlink; to disconnect.

sconcatenato *agg* unlinked; disconnected.

sconcertare *vt* to disconcert; *(sconvolgere, mandare all'aria)* to upset*; to spoil; *(rendere perplesso)* to puzzle; to nonplus; to baffle; to bewilder; to confuse; *(fam.)* to flummox; *(turbare)* to trouble; to disturb; to worry.

□ **sconcertarsi** *v. rifl* to be* disconcerted (*o* baffled, nonplussed, puzzled); *(turbarsi)* to worry; to be* troubled.

sconcertato *agg* disconcerted; upset; *(reso perplesso)* bewildered; puzzled.

sconcerto *sm* discomfiture; perturbation; *(mancanza di armonia)* discord.

sconcezza *sf* indecency; obscenity; *(azione sconcia, anche)* dirty trick: *dire sconcezze,* to use foul language — *È una vera sconcezza!,* It's quite disgusting!

sconciamente *avv* indecently; obscenely; lewdly.

sconciare *vt* to spoil; to mar; *(deformare)* to deform.

sconcio *agg* **1** indecent; disgusting; *(scurrile)* bawdy; obscene; lewd. **2** *(deforme)* deformed; ill-shapen.

□ *sm* disgrace; *(lavoro malfatto)* mess; botch.

sconclusionatamente *avv* inconclusively; incoherently.

sconclusionato *agg* incoherent; inconclusive; *(privo di senso)* meaningless; senseless; *(privo di logica)* illogical; *(privo di nesso)* disconnected.

sconcordante *agg* discordant; *(disarmonico)* harsh; jarring.

sconcordanza *sf* discordance; discord.

scondito *agg* unseasoned.

sconfacevole *agg* unsuitable; *(disdicevole)* unbecoming.

sconfessare *vt* to disavow; to disown; to repudiate; *(ritrattare)* to recant; to retract; *(negare)* to deny.

sconfessione *sf* disavowal; disowning; repudiation; *(ritrattazione)* recantation; retraction.

sconficcamento *sm* drawing out; taking out; extraction.

[1]**sconfiggere** *vt* to defeat; to beat*; to best; to trounce; *(sottomettere)* to vanquish; to conquer.

[2]**sconfiggere** *vt (sconficcare)* to pull out; to extract; to remove.

sconfinamento *sm* crossing the border; *(fig.)* exceeding the limits.

sconfinare *vi* to cross the border; to trespass; to go* beyond the limits; *(fig.)* to go* too far: *Non dovresti sconfinare dal tema,* You should always stick to the subject.

sconfinato *agg* limitless; boundless; unbounded; *(smisurato)* unmeasured.

sconfitta *sf* defeat *(anche fig.); (disastrosa)* rout.

sconfitto *agg* defeated *(anche fig.);* vanquished.

sconfortante *agg* discouraging; disheartening.

sconfortare *vt* to discourage; to cause discomfort; to deject; to distress; to dishearten.
□ **sconfortarsi** *v. rifl* to lose* courage; to get* discouraged; to become* depressed; to be* dejected.

sconforto *sm* discouragement; depression; dejection.

scongiungere *vt* to disjoin; to disconnect; to separate; to disunite.

scongiungimento *sm* disconnection; separation.

scongiurare *vt* **1** *(compiere un esorcismo)* to exorcize; to exorcise. **2** *(implorare)* to beseech*; to implore; to entreat; to beg: *Ti scongiuro!,* I beseech you! **3** *(allontanare, evitare)* to avoid; to avert; to prevent.

scongiuro *sm* exorcism: *fare gli scongiuri,* to cross one's fingers; to touch wood — *Fatti i debiti scongiuri, dovremmo essere a casa per le undici,* We should be home by eleven, touch wood.

sconnessamente *avv* disconnectedly; disjointedly: *parlare sconnessamente,* to talk gibberish.

sconnessione *sf* disconnection; disconnectedness; *(incoerenza)* incongruity; incoherence.

sconnesso *agg* disconnected; *(privo di nesso, incoerente)* disjointed; incoherent; illogical; incongruous.

sconosciuto *agg* unknown; unheard-of; *(non scandagliato)* unfathomed; *(inesplorato, anche fig.)* uncharted; unexplored; *(misconosciuto)* disregarded; ignored; unappreciated; *(poco noto, oscuro)* obscure; *(non ancora individuato)* unidentified.
□ *sm* stranger; *(dir.)* person unknown.

sconquassamento *sm* ⇨ **sconquasso.**

sconquassare *vt* **1** to smash; to break* up; to shatter; *(rovinare)* to destroy; to ruin. **2** *(scombussolare, sconvolgere)* to upset*.

sconquassato *agg* shattered; smashed; *(rovinato)* ruined.

sconquassatore *sm* shatterer.

sconquasso *sm* violent shaking; smash; shattering; *(confusione)* mess; confusion; disorder.

sconsacrare *vt* to deconsecrate.

sconsacrazione *sf* deconsecration.

sconsideratamente *avv* inconsiderately; carelessly; heedlessly; rashly.

sconsideratezza *sf* heedlessness; recklessness; lack of consideration; *(imprudenza)* imprudence; *(leggerezza)* thoughtlessness; carelessness.

sconsiderato *agg* inconsiderate; thoughtless; reckless; heedless; *(irresponsabile)* irresponsible; *(imprudente)* imprudent.

sconsigliabile *agg* inadvisable.

sconsigliare *vt* to dissuade (sb from sth); to advise (sb against sth): *Mi sconsigliò di partire,* He advised me against leaving.

sconsigliato *agg* imprudent; *(incauto)* heedless; reckless; *(avventato)* rash.

sconsolante *agg* sad; distressful; disconsolate.

sconsolatamente *avv* disconsolately.

sconsolato *agg* disconsolate; *(triste)* dismal; gloomy; sad; miserable; *(inconsolabile)* inconsolable.

scontabile *agg (comm.)* discountable.

scontare *vt* **1** to discount; *(dedurre)* to deduct: *scontare degli effetti,* to discount bills — *scontare un importo dal totale,* to deduct an amount from the total — *prezzo scontato,* price with discount. **2** *(pagare)* to pay* (off): *scontare un debito,* to pay (off) a debt. **3** *(espiare, subire le conseguenze)* to expiate; to pay* for; *(una pena carceraria)* to serve: *scontare i propri peccati,* to expiate one's sins — *scontare le conseguenze della propria imprudenza,* to pay for one's imprudence — *Avrai da scontarla, prima o poi!,* You'll have to pay for it soon or later! — *scontare una sentenza,* to serve a sentence — *scontare la propria pena,* to serve one's time. **4** *(prevedere, essere scontato, dare per scontato)* to take* for granted: *Il suo successo era già scontato,* His success was taken for granted. **5** *(superare influssi, tendenze, ecc.)* to overcome*: *Non era facile scontare l'esperienza della prosa manzoniana,* The influence of Manzoni's prose style was not easy to overcome.

scontato *agg* (*p. pass. di* **scontare** ⇨).

scontentare *vt* to displease; to dissatisfy; *(deludere)* to disappoint.

scontentezza, scontento *sf e m.* discontentedness; dissatisfaction; discontent.

scontento *agg* displeased; dissatisfied; discontent.

scontista *sm (comm.)* discounter.

sconto *sm* **1** discount: *sconto bancario,* bank discount — *sconto commerciale,* trade discount — *sconto di pronta cassa,* discount for cash — *tasso di sconto,* bank rate; discount rate. **2** *(abbuono)* allowance; *(riduzione)* reduction; rebate; *(detrazione)* deduction; detraction. **3** *(espiazione)* expiation: *fare qcsa a sconto delle proprie colpe,* to do sth in expiation of one's fault.

scontrare *vt* **1** *(imbattersi)* to meet*; to fall* in with; to run* across; to encounter: *scontrare un amico,* to meet (to fall in with, to run across) a friend. **2** *(attaccare battaglia)* to meet* (in conflict); to clash (with): *scontrare le forze nemiche,* to meet (to clash with) the enemy forces. **3** *(naut.)* to meet*; to reverse the rudder.
□ **scontrarsi** *v. rifl e reciproco* **1** *(raro: imbattersi)* to meet*; to fall* in with; to run* across; to encounter. **2** *(venire a collisione)* to collide (with); to come* into collision (with); *(contro un ostacolo fisso)* to run* (to crash) into: *Le due navi si scontrarono nella nebbia,* The two ships collided in the fog — *L'autista perse il controllo e l'auto si scontrò contro un muro,* The driver lost control and the car ran into a wall. **3** *(venire a battaglia)* to clash; to meet* (in conflict): *I due eserciti si scontrarono fuori della città,* The two armies clashed outside the town. **4** *(fig.: divergere, essere in contrasto)* to clash; to collide; to be* opposed (*o* in conflict): *Le nostre opinioni si scontrano nettamente,* Our opinions clash (are in conflict).

scontrino *sm* ticket; coupon; check *(USA)*: *scontrino di controllo,* tally — *scontrino di consegna,* delivery-note.

scontro *sm* **1** *(collisione)* collision; crash; *(combat-*

timento di breve durata) engagement; combat; clash; encounter; *(contrasto di opinioni, diverbio)* altercation; dispute; clash; quarrel. **2** *(scherma)* combat. **3** *(mecc., spec. pl., di argano, ecc.)* pawl.

scontrosamente *avv* peevishly; morosely; sullenly.

scontrosità *sf* peevishness; sullenness; *(permalosità)* touchiness.

scontroso *agg* bad-tempered; unsociable; surly; morose; *(fam.)* cross; *(permaloso)* touchy.

sconvenevole *agg* ⇨ **sconveniente.**

sconveniente *agg* **1** *(che non conviene)* unprofitable; *(svantaggioso)* disadvantageous. **2** *(scorretto)* unseemly; improper; unbecoming; *(indecente)* indecent; not decent. □ *prezzi sconvenienti,* unattractive prices.

sconvenientemente *avv* unprofitably; disadvantageously; unbecomingly; unsuitably.

sconvenienza *sf* **1** unseemliness; indelicacy; indecency. **2** *(svantaggio)* unprofitableness; disadvantage.

sconvenire *vi* to be* unsuitable; to be* unbecoming; to be* indecorous.

sconvolgere *vt* **1** *(turbare profondamente)* to upset*; to convulse; to throw* into confusion: *sconvolgere lo stomaco,* to upset one's stomach. **2** *(mettere in disordine)* to disarrange; to muddle up.

sconvolgimento *sm* upheaval; convulsion; perturbation; *(grave disordine)* mess; muddle; *(scompiglio)* turmoil; confusion.

sconvolto *agg* upset; convulsed; distraught; *(sottosopra)* topsy-turvy; upside-down; in a muddle; *(in tempesta)* stormy; rough.

scopa *sf* **1** *(granata)* broom; *(ramazza)* besom; *(di fibra o setola)* brush: *magro come una scopa,* as thin as a broomstick — *dar di scopa,* to sweep. **2** *(tipo di arbusto)* broom. **3** *(gioco di carte)* 'scopa'.

scopare *vt* **1** to sweep (with a broom). **2** *(volg.)* to have intercourse with (a woman).

scopata *sf* **1** *(colpo di scopa)* blow with a broom; *(pulitura con scopa)* sweep; sweep-up; sweep-out. **2** *(volg.)* intercourse.

scopatura *sf* sweeping.

scoperchiare *vt* **1** to take* the lid off; to uncover; *(rimuovere il tetto)* to unroof. **2** *(aprire)* to prize open.

scoperchiatura *sf* uncovering; *(di una casa, ecc.)* unroofing.

scoperta *sf* discovery; *(invenzione)* invention; *(rinvenimento)* find; finding; *(smascheramento)* detection: *Che scoperta!; Bella scoperta!,* What a great discovery that is!

scopertamente *avv* openly.

scoperto *agg* (*p. pass. di* **scoprire** ⇨) **1** found out; discovered; *(smascherato)* unmasked; *(identificato)* detected: *vedersi (sentirsi) scoperto,* to realise one has been discovered (*o* detected). **2** *(privo di copertura, di protezione)* uncovered; unsheltered; unprotected; naked; exposed; *(spoglio)* bare; *(aperto)* open: *dormire scoperto,* to sleep uncovered — *a capo scoperto,* with one's head bare; bare-headed — *assegno scoperto,* uncovered cheque — *automobile scoperta,* open car; convertible. □ *a viso scoperto; alla scoperta,* frankly; openly — *parlare scoperto,* to speak openly (frankly) — *giocare a carte scoperte,* to put one's cards on the table.

□ *sm* **1** open space; outdoor place; *(spiazzo)* esplanade: *dormire allo scoperto,* to sleep in the open air; to sleep outdoors. **2** *(comm.)* overdraft: *andare allo scoperto,* to overdraw one's account — *vendere allo scoperto,* to sell short.

scopetta *sf (spazzola)* brush.

scopettoni *sm pl (strisce di barba lungo le gote)* side-whiskers.

scopiazzare *vt* to copy badly; *(plagiare)* to plagiarize.

scopiazzatura *sf* (bad) copying.

scopino *sm (spazzino)* street-sweeper; street-cleaner; *(scopetta)* brush.

scopo *sm* **1** *(proposito)* purpose; *(intento)* aim; object; intent *(spec. dir.)*; *(fine)* end; *(portata)* purview; scope: *scopo meritorio,* worthy purpose — *scopo indegno,* dishonest purpose — *con lo scopo preciso di...,* with the main object of... — *Sono venuto qui con lo scopo preciso di incontrarlo,* I came here with the set purpose of meeting him — *con lo (allo) scopo di...,* in order to... *(seguito dall'infinito)*; in order that... — *senza scopo, (agg.)* aimless; *(avv.)* aimlessly — *A che scopo?,* What for? — *a scopo di lucro,* for gain; for profit; for money — *andare diritto allo scopo,* to go straight to the point — *Sono questioni che vanno oltre lo scopo della nostra indagine,* These are questions that lie outside the purview of our inquiry — *avere uno scopo,* to have an aim; to aim (at) — *raggiungere il proprio scopo,* to gain (to win, to achieve) one's end — *È l'unico scopo della sua vita,* It's his aim in life. **2** *(bersaglio)* target; aim: *falso scopo, (balistica)* auxiliary aiming point; laying mark for indirect fire — *mira a scopo, (topografia)* target rod.

scopone *sm (gioco delle carte)* 'scopone'.

scoppiare *vi* **1** to burst* *(anche fig.)*; *(esplodere, anche)* to explode: *L'ascesso (Il pneumatico) è scoppiato,* The abscess (The tyre) burst — *Scoppiò una bomba,* A bomb burst (exploded) — *scoppiare in lacrime,* to burst into tears — *scoppiare dalla voglia di far qcsa,* to be bursting to do sth — *scoppiare di impazienza,* to be bursting with impatience — *scoppiare di salute,* to be bursting with health. **2** *(manifestarsi improvvisamente)* to break* out: *La peste scoppiò in tutto il paese,* Plague broke out all over the country. **3** *(nel gergo sportivo: cedere improvvisamente)* to fade away; to collapse.

scoppiettamento *sm* crackling; *(il crepitare)* crepitating; crepitation.

scoppiettante *agg* crackling; *(crepitante)* crepitating; *(fig.)* rippling.

scoppiettare *vi (crepitare)* to crepitate; to splutter; to crackle; *(di motore)* to chug; *(risonare)* to resound.

scoppiettio *sm* crackle; crackling sound; *(di motore)* chug; chugging.

scoppio *sm* **1** burst; bursting; outburst; gust *(anche fig.)*; *(esplosione)* explosion; blast: *lo scoppio di una granata,* the burst of a shell — *Lo scoppio mi scagliò a terra,* The explosion (The blast) hurled me to the ground — *motore a scoppio,* internal combustion engine; explosion engine — *camera di scoppio,* combustion chamber — *a scoppio ritardato, (anche fig.)* delayed-action — *lo scoppio della rivolta, (fig.)* the outbreak (the outburst) of the rebellion — *lo scoppio di un'epidemia, (fig.)* the outbreak of an epidemic — *scoppio di collera,* tantrum. **2** *(il rumore)* bang; crash; *(di una frusta)* crack; pop; *(di tuono)* peal; *(di riso)* gale: *uno scoppio di riso,* a gale of laughter — *uno scoppio di tuono,* a peal of thunder. □ *di scoppio, (locuzione avverbiale)* suddenly; all of a sudden; abruptly.

scoppola *sf* **1** smack; slap; *(fig.)* hard blow. **2** *(dial.: berretto)* beret.

scopribile *agg* discoverable.

scoprimento *sm* uncovering; disclosure; exposure; *(invenzione, nuova conoscenza)* discovery; finding out.

scoprire *vt* **1** *(togliere ciò che copre)* to uncover; to bare; *(togliere il coperchio)* to take* the lid off; *(mettere a nudo)* to lay* (sth) bare; to leave* (sth) bare; *(per estensione: mostrare, far vedere)* to show; to expose; to reveal; to bare; *(mettere in mostra)* to display: *scoprire una pentola,* to uncover (to take the lid off) a saucepan — *scoprire l'estremità di un filo elettrico,* to bare the end of an electric wire — *Il mastino scoprì i denti,* The mastiff bared its teeth — *scoprirsi il capo,* to bare the (*o* one's) head — *scoprire le gambe,* to bare (to show, to display) one's legs — *un abito che scopre le spalle,* a dress that exposes the shoulders (that leaves the shoulders bare) — *scoprire i propri sentimenti,* to show (to reveal) one's feelings — *scoprire i propri piani,* to reveal (to discharge) one's plans — *scoprire il proprio gioco, (fig.)* to put one's cards on the table.

2 *(una statua, ecc.)* to unveil; to inaugurate.

3 *(lasciare indifeso)* to expose; to uncover: *scoprire il fianco, (fig.)* to leave one's flank exposed.

4 *(trovare, arrivare a conoscere)* to find* out; to discover; *(rendere noto)* to make* known; *(schiudere, svelare)* to disclose; to unveil; to expose; *(scovare)* to unearth; to detect; *(smascherare)* to unmask: *scoprire il gioco di qcno,* to find sb out — *Ti ho scoperto!,* I've found you out!; I've got you! — *scoprire l'errore,* to find the error — *scoprire un errore,* to discover (to find out the mistake) — *scoprire il colpevole,* to detect (to find out, to unmask) the culprit — *scoprire la verità,* to discover (to find out, to detect) the truth — *scoprire una nuova medicina,* to discover a new medicine — *scoprire un'attrice,* to discover an actress — *scoprire una tomba etrusca,* to unearth an Etruscan tomb — *scoprire nuovi orizzonti, (fig.)* to disclose new horizons — *Bravo! Hai scoperto l'America!, (iron.)* Queen Anne's dead!

5 *(scorgere)* to catch* sight of; to espy *(non comune)*; to descry; *(avvistare)* to sight: *scoprire il mare in lontananza,* to catch sight of the sea in the distance — *scoprire una nave (un'isoletta),* to sight a ship (a small island).

6 *(ant.: esplorare)* to explore: *scoprire un territorio palmo a palmo,* to explore a region thoroughly.

scopritore *sm* discoverer.

scoraggiamento *sm* discouragement; disheartenment; *(abbattimento)* dejection; depression.

scoraggiante *agg* discouraging; disheartening; depressing.

scoraggiare *vt* to discourage; to dishearten; to daunt; to dispirit; *(deprimere)* to deject; to depress; *(rendere malsicuro)* to unnerve; to unman.

□ **scoraggiarsi** *v. rifl* to get* discouraged; to be* dispirited; to lose* courage; to become* disheartened; *(deprimersi)* to become* depressed.

scoraggiato *agg* discouraged; disheartened; dejected.

scoramento *sm* dejection.

scorbutico *agg (affetto da scorbuto)* scorbutic; *(fig.)* crabbed; bad-tempered; cantankerous; *(fam.)* cross.

scorbuto *sm* scurvy.

scorciare *vt* to shorten; to make* shorter; *(rappresentare in scorcio)* to foreshorten.

□ **scorciarsi** *v. rifl* to shorten; to get* shorter.

scorciatoia *sf* short cut.

scorciatura *sf* shortening.

scorcio *sm (rappresentazione in scorcio)* foreshortening; *(breve periodo finale)* tail-end; end; close: *di scorcio,* foreshortened; in perspective; *(fig.: di sfuggita)* hastily — *scorcio panoramico* glimpse; vista.

[1]**scordare** *vt* to forget*: *scordare un indirizzo,* to forget an address.

□ **scordarsi** *v. rifl (dimenticarsi)* to forget*.

[2]**scordare** *vt (guastare l'accordatura di uno strumento)* to put* out of tune; to untune.

□ **scordarsi** *v. rifl (perdere l'accordatura)* to be* (to get*) out of tune.

scorfano *sm (pesce)* scorpion-fish.

scorgere *vt* **1** to make* out; to discern; to descry *(non comune)*; to perceive; *(distinguere)* to distinguish; *(avvistare)* to sight; to catch* sight of; *(vedere)* to see*; *(notare)* to notice: *scorgere una luce nella nebbia,* to make out (to discern, to distinguish) a light in the fog — *scorgere qcno tra la folla,* to perceive (to see, to notice) sb in the crowd — *farsi scorgere,* to be noticed — *senza farsi scorgere,* unnoticed. **2** *(accorgersi, rendersi conto)* to realize; to see*; to understand*; to be* aware: *scorgere il proprio errore,* to realize (to see, to understand) one's mistake — *scorgere un pericolo,* to realize (to be aware of) a danger.

scoria *sf* slag; dross; *(fig.)* dross; *(di combustione)* cinders *(pl.)*: *scoria vulcanica,* scoria — *scorie radioattive,* radioactive waste *(sing.)* — *scorie Thomas,* basic slag — *liberare il proprio stile dalle scorie della cultura,* to free one's style from the dross of erudition.

scornare *vt* **1** *(privare delle corna)* to dishorn. **2** *(beffare)* to mock; to laugh scornfully at; to deride.

□ **scornarsi** *v. rifl* **1** to break* the horns. **2** *(fig.)* to fail miserably.

scornato *agg* dishorned; unhorned; *(fig.)* abashed; crestfallen.

scorniciare *vt (togliere dalla cornice)* to unframe.

scorno *sm* shame; ignominy.

scorpacciata *sf* bellyful: *fare una scorpacciata di qcsa,* to stuff oneself with sth; to have a bellyful of sth.

scorpione *sm* scorpion; *(astronomia, astrologia)* Scorpio.

scorporare *vt* **1** to discorporate. **2** *(comm.)* to break* down.

scorporo *sm (comm.)* breakdown; breaking up: *scorporo di fattura,* breakdown of invoice items.

scorrazzare *vi e t.* to run* about; *(girovagare)* to wander; to rove; to roam: *scorrazzare da un lavoro all'altro,* to shift from one job to another.

scorreggia *sf* wind; breaking wind; fart *(volg.)*.

scorreggiare *vi* to break* wind; to fart *(volg.)*.

scorrere *vi* **1** to run*; *(rotolare)* to roll; *(scivolare, anche fig.)* to slide*; to glide; *(fluire)* to flow; to stream: *scorrere sui binari,* to run on rails — *lasciare scorrere l'acqua,* to let the water run; to leave the water running — *L'acqua scorre lungo il canale,* The water runs (*o* flows) along the channel — *I cassetti di questo tavolo scorrono agevolmente,* The drawers of this desk slide easily — *Il sudore scorreva abbondante sul suo volto,* Sweat was streaming down his face — *Il racconto scorre senza intoppi,* The story flows smoothly along. **2** *(trascorrere, passare)* to pass quickly; to elapse; to fly*: *I giorni scorrevano rapidi,* The days passed quickly (*o* flew by).

□ *vt* **1** *(compiere scorrerie)* to ravage; to raid; to make* incursions; to plunder; to pillage: *scorrere la campagna,* to ravage the countryside. **2** *(dare una scorsa, un'occhiata)* to run* one's eye over; to glance over (*o* through): *scorrere un conto,* to run one's eye over a bill — *scorrere una relazione,* to glance over (*o* through) a report — *scorrere il giornale,* to run one's eye over the newspaper.

scorreria *sf* raid; foray: *fare una scorreria,* to go on a foray; to foray.

scorrettamente *avv* incorrectly; *(indecorosamente)* indecorously.

scorrettezza *sf* incorrectness; *(sgarbatezza)* impoliteness; *(errore)* mistake; error.

scorretto *agg* **1** *(errato)* mistaken; erroneous; incorrect; wrong; *(inesatto)* inexact. **2** *(sconveniente)* improper; unseemly; *(sleale)* unfair; unjust; wrong; unprofessional; *(indecente)* indecent: *gioco scorretto,* foul play — *una partita scorretta,* a match full of fouls by both sides.

scorrevole *agg* **1** *(che scorre)* flowing; smooth-running; *(su una guida)* sliding: *porta scorrevole,* sliding door. **2** *(fluente, anche fig.)* fluent; smooth.

scorrevolezza *sf* fluency; smoothness.

scorrevolmente *avv* fluently; smoothly: *Parla scorrevolmente tre lingue,* He (*o* She) speaks three languages fluently.

scorribanda *sf* raid; foray; *(fig.)* excursion.

scorrimento *sm (lo scorrere)* flowing; rolling; *(su una guida)* slide; sliding; *(scivolamento)* slip; slipping; *(elettr.)* slip; *(televisione)* hunting: *lo scorrimento del traffico,* traffic flow — *scorrimento molecolare,* creep.

scorsa *sf (sguardo veloce)* glance: *dare una scorsa a un libro,* to take a quick look through a book; to leaf (*fam.* to flip) through a book.

scorso *agg* **1** last; past: *l'anno scorso,* last year. **2** *(nelle lettere commerciali)* ultimo *(generalm. abbr.* ult., *poco comune e usato solo per i mesi).*

□ *sm* slight mistake; slip; *(svista)* oversight.

scorsoio *agg* running: *un nodo scorsoio,* a noose; a slip-knot.

scorta *sf* **1** escort; *(a cavallo o in motocicletta)* outrider; *(seguito)* retinue; *(guida)* guidance; guide; *(sorveglianza, custodia)* guard; custody: *scorta d'onore,* guard of honour — *essere di scorta a qcno,* to escort sb — *sotto buona scorta,* under good guard. **2** *(provvista)* supply; provision: *di scorta (di ricambio),* spare — *ruota di scorta,* spare wheel. **3** *(pl.: riserve di materiale)* store; stock: *scorte vive, (in un'azienda agraria)* livestock *(sing. o pl.)* — *scorte morte, (macchine, attrezzi, ecc.)* dead stock *(sing.).*

scortare *vt* to escort; to convoy.

scortecciare *vt* to bark; to strip; to peel (off) *(vernice, intonaco, ecc.).*

□ **scortecciarsi** *v. rifl* to peel off; to be* stripped.

scortese *agg* discourteous; impolite; unmannered; unkind; unmannerly; *(sgarbato)* rude; rough.

scortesemente *avv* discourteously; impolitely; unkindly.

scortesia *sf* discourtesy; impoliteness; *(sgarbo)* rudeness; roughness; coarseness; *(offesa)* offence.

scorticamento *sm* **1** skinning; flaying; *(abrasione)* abrasion; scraping off; excoriation. **2** *(fig.: di denaro)* fleecing.

scorticare *vt* **1** *(spellare, scuoiare)* to skin; to flay. **2** *(graffiare)* to graze; *(produrre una abrasione)* to scrape; to bark. **3** *(fig.)* to skin; to fleece.

scorticatoio *sm* flaying-knife.

scorticatore *sm* **1** flayer; skinner. **2** *(fig.)* skinflint; money-grubber.

scorticatura *sf* flaying; skinning; *(escoriazione)* abrasion; excoriation; *(sbucciatura)* graze.

scortichino *sm (coltello)* flaying-knife; *(scorticatore di bestie)* flayer; skinner; *(fig.: strozzino)* skinflint.

scorza *sf* **1** *(corteccia)* bark; *(buccia)* rind; peel; *(crosta)* crust; *(copertura, rivestimento)* coat. **2** *(fig.: pelle)* skin; *(fig.: aspetto esteriore)* appearance; surface: *avere la (essere di) scorza dura,* to be thick-skinned — *penetrare oltre la scorza,* to get below the surface — *Se riesci a penetrare oltre la scorza, scopri che è affettuoso e sensibile,* If you can get below the surface, you'll find he is warm-hearted and considerate.

scoscendere *vt e i.* to cleave; to split*.

□ **scoscendersi** *v. rifl (franare, rovinare)* to crash down; to ruin; to collapse; *(fendersi)* to split*; to cleave.

scosceso *agg* steep; craggy; falling sharply.

scossa *sf* shake; shaking; *(violenta e improvvisa, anche da corrente elettrica)* shock; *(sobbalzo)* jolt; jerk; bump; *(fig.: duro colpo, sciagura)* shock; blow; disaster: *violente scosse (di terremoto),* violent shakes (*o* shocks) — *prendere la scossa,* to get a shock — *procedere a scosse,* to move along by jerks; to jolt along — *Fu una scossa per le nostre speranze,* It was a blow to our hopes.

scosso *agg* (*p. pass. di* **scuotere** ⇨) shaken; shocked; *(sconvolto)* upset; *(emozionato)* moved; excited; roused; *(turbato)* troubled; worried; *(logorato)* shattered; broken: *avere i nervi scossi,* to have shattered nerves.

scossone *sm* jerk; jolt: *procedere a scossoni,* to jolt along.

scostamento *sm* removal; removing; shifting aside.

scostare *vt* to remove; to push away; to push aside; *(naut.)* to sheer off.

□ **scostarsi** *v. rifl (allontanarsi)* to go* (to draw*) away; *(farsi da parte)* to stand* aside; *(deviare, anche fig.)* to deviate; to swerve; to turn away; to wander: *scostarsi per lasciar passare qcno,* to stand aside to let sb pass — *scostarsi dalle proprie abitudini,* to deviate (to turn away) from one's habits.

scostumatamente *avv* ill-manneredly; boorishly; licentiously.

scostumatezza *sf* dissoluteness; licentiousness.

scostumato *agg* dissolute; licentious; *(sfrontato)* shameless; *(villano, maleducato)* uncouth; rough; uncivil; ill-mannered; boorish.

□ *sm* dissolute (*o* licentious) person; *(maleducato)* boor.

scotennare *vt* to flay; to skin; *(togliere il cuoio capelluto)* to scalp.

[1]**scotta** *sf (naut.)* sheet: *scotta di coltellaccio,* deck sheet.

[2]**scotta** *sf (siero non rappreso)* whey.

scottante *agg* burning; scalding.

scottare *vt* **1** *(con un liquido, con il vapore, ecc.)* to scald; *(con il fuoco: bruciare)* to burst*; *(bruciacchiare)* to scorch: *Il sole gli scottò le gambe,* The sun burnt his legs. **2** *(sbollentare)* to scald; *(cuocere appena)* to half-cook: *uova appena scottate,* half-cooked eggs. **3** *(fig.: offendere, irritare)* to hurt*; to offend; to irritate; *(pungere)* to sting*; to nettle.

□ *vi* **1** to burn*; to be* burning; to be* (scorching) hot: *La sua fronte scottava per la febbre,* His forehead was burning with fever — *La sabbia scotta oggi,* The sand is scorching hot today — *Questa roba scotta, devi liberartene!, (gergo della malavita)* This stuff is hot, you must get rid of it! **2** *(di bevande)* to scald; to be* (too) hot; *(di cibi)* to be* (too) hot. **3** *(fig.)* to be* burning: *un problema che scotta,* a burning problem — *Il terreno gli scottava sotto i piedi,* He was burning (*o* itching) to be off.

□ **scottarsi** *v. rifl* **1** to burn*; to burn* oneself; to scald oneself. **2** *(fig.)* to get* one's fingers burnt.

scottata *sf (cucina)* half-cooking; *(in acqua bollente)* scalding: *dare una scottata a qcsa,* to half-cook (to scald) sth.

scottatura *sf* **1** *(da liquidi o vapore)* scald; *(spec. il segno su un tessuto o su una superficie)* scorch; *(bruciatura)* burn; burning; *(da sole)* sunburn; *(brevissima cottura)* light cooking; *(vescica da scottatura)* blister. **2** *(fig.)* disappointment; sting; sharp pain.

[1]**scotto** *agg (troppo cotto)* over-cooked; overdone.

[2]**scotto** *sm (conto, tassa)* scot: *pagare lo scotto,* to pay one's scot; to pay for sth.

scovare *vt* **1** *(selvaggina, volatili)* to put* up; to flush; to rouse; *(stanare)* to drive* out; to put* up. **2** *(riuscire a trovare)* to discover; to unearth.

scovolo *sm (di arma da fuoco)* cleaning-rod; *(di caldaia, ecc.)* cleaning-brush; tube-brush; swab.

scozzese *agg* Scottish; Scots *(meno comune, riferito più che altro alle persone); (di whisky ed altri prodotti)* Scotch: *tessuto scozzese,* tartan — *gonnellino scozzese,* kilt — *doccia scozzese,* shower with alternately hot and cold water; *(fig.)* alternation of pleasant and unpleasant events.

□ *sm e f.* Scot; Scotsman *(pl.* -men*)*; Scotswoman *(pl.* -women*)*.

□ *sm (l'idioma)* Scotch *(comune, ma considerato erroneo dagli scozzesi)*; Scots.

□ *sf (danza tipica)* schottische *(voce tedesca)*.

scozzonare *vt* **1** *(addomesticare)* to break*; to train; to tame. **2** *(fornire i primi rudimenti, dirozzare)* to initiate; to teach* the rudiments.

scozzonatura *sf (di cavallo, ecc.)* training; breaking-in.

scranna *sf* bench: *sedere a scranna,* to mount the bench; to pontificate; to lay down the law.

scratch *sm (voce inglese: nel tennis) vincere per scratch,* to win by a walk-over.

screanzato *agg* uncouth; ill-mannered; coarse.

□ *sm* ill-mannered person; boor.

screditare *vt* to discredit; *(diffamare)* to defame; to decry.

□ *v. rifl* to be* discredited; to lower one's reputation; to cheapen oneself.

screditato *agg* discredited; in disrepute; out of favour.

scremare *vt* to skim.

scremato *agg* skimmed.

scrematrice *sf* skimming machine.

scrematura *sf* skimming.

screpolare *vi,* **screpolarsi** *v. rifl* to crack; to chap; *(di superficie stradale)* to craze.

screpolato *agg* cracked; chapped; *(di superficie stradale)* crazed.

screpolatura *sf* fissure; cranny; crack; chap *(spec. della pelle)*.

screziare *vt* to streak; to speckle; to variegate.

screziato *agg* speckled; pied; dappled; variegated; *(multicolore)* multicoloured; motley.

screziatura *sf* streakinness; speckledness; variegation.

screzio *sm* friction; discord; disagreement.

scriba *sm (stor.)* scribe.

scribacchiare *vt* to scribble.

scribacchino *sm* scribbler; hack-writer; hack.

scricchiolamento *sm* creaking; *(di denti)* grinding.

scricchiolare *vi* to creak.

scricchiolio *sm* creak; creaking.

scricciolo, scriccio *sm* wren.

scrigno *sm* casket; *(astuccio)* case; *(forziere)* coffer.

scriminatura *sf (dei capelli)* parting of the hair.

scristianizzare *vt* to unchristianize; to turn from Christianity.

scriteriato *agg* brainless; scatterbrained; senseless.

□ *sm* senseless person; scatterbrain.

scritta *sf (iscrizione)* inscription; writing; *(atto notarile)* deed; bond; contract; *(avviso)* notice.

scritto *agg* (*p. pass. di* **scrivere** ⇨) **1** written *(anche fig.)*; in writing; scripted: *un ordine scritto,* a written order; an order in writing — *una legge non scritta,* an unwritten law — *lingua scritta,* written language — *un discorso scritto,* a written (a scripted) speech — *scritto a mano,* hand-written — *scritto a macchina,* type-written. **2** *(fig.: impresso, stampato)* impressed; written: *una vergogna scritta in fronte,* shame written all over one's face. **3** *(fig.: destinato)* fated; bound to happen; destined: *Era scritto che dovesse finire così,* It was fated that it should finish this (*o* that) way; It was bound to happen.

□ *sm* **1** *(opera scritta)* writing; work; *(documento)* written document; *(lettera)* letter; *(biglietto)* note: *scritti giovanili,* youthful (*o* juvenile) writing; early works — *scritti postumi,* posthumous writings — *uno scritto di poche righe,* a short note — *uno scritto di ringraziamento,* a letter of thanks; *(più fam.)* a thank-you letter. **2** *(grafia)* hand; handwriting; writing: *uno scritto illeggibile,* an illegible hand (writing). □ *per scritto (iscritto); in scritto,* in writing.

scrittoio *sm* writing-desk; writing-table; *(studio)* study.

scrittore *sm* writer; *(autore)* author: *scrittore di romanzi,* novelist — *crampo dello scrittore,* writer's cramp.

scrittrice *sf* writer; author; *(meno comune)* authoress.

scrittura *sf* **1** writing: *scrittura a mano,* handwriting — *scrittura a macchina,* typewriting — *apprendere l'uso della scrittura,* to learn the use of writing. **2** *(calligrafia)* hand; writing; handwriting: *una scrittura nitida,* a clear hand. **3** *(spesso al pl.: la Bibbia)* scripture. **4** *(dir.)* document; agreement; contract: *scrittura privata,* simple contract. **5** *(teatro, cinema, ecc.)* contract; engagement. **6** *(nella contabilità: registrazione)* entry: *scritture contabili,* books (of account).

scritturabile *agg (teatro)* suitable for engagement; that may be engaged; *(comm.)* enterable; suitable for entry.

[1]**scritturale** *agg* scriptural.

[2]**scritturale** *sm* clerk.

scritturare *vt* to engage; to give* (an actor) a part.

scrivania *sf* writing-desk.

scrivano *sm* clerk; copyist: *scrivano di bordo, (naut.)* second mate.

scrivere *vt* **1** to write*; *(in modo illeggibile)* to scribble; to scrawl: *scrivere una lettera (un libro, le proprie memorie),* to write a letter (a book, one's memoirs — *scrivere una domanda (un certificato, un assegno),* to write an application (a certificate, a cheque) — *scrivere per i giornali (per il teatro),* to write for the papers (for the stage) — *scrivere di astrologia (di letteratura, ecc.),* to write about astrology (literature, *ecc.*) — *scrivere a mano,* to write by hand — *scrivere a macchina,* to type; to typewrite — *macchina da scrivere,* typewriter — *scrivere a ma-*

tita (a penna), to write in pencil (in ink) — *scrivere sotto dettatura,* to write from (*o* to) dictation — *scrivere a caratteri cubitali, (anche fig.)* to write in large letters — *scrivere alla lavagna (sul muro),* to write on the blackboard (on the wall) — *'Cosa fa?' - 'Sta scrivendo',* 'What's he doing?' - 'He is writing' — *'Cosa fa?' - 'Scrive',* 'What does he do?' - 'He's a writer' — *guadagnarsi da vivere scrivendo,* to live by writing (*o* by one's pen) — *chi scrive,* the present writer — *scrivere bene,* to write well; *(essere un bravo scrittore)* to be a good writer — *scrivere una pagina gloriosa nella storia del proprio paese,* to write a glorious page in the history of one's country — *scrivere alla moglie,* to write to one's wife — *scrivere due righe a (qcno),* to drop (sb) a line; to write sb (*o* to sb) — *Come scrisse Guicciardini...,* As Guicciardini wrote... — *Come scrive il Rossi...,* As Rossi has it...
2 *(riferito all'ortografia)* to spell*; to write*: *Come si scrive questa parola?,* How do you spell this word? — *scrivere qcsa a tutte lettere,* to write sth in full; *(fig.)* to spell sth out.
3 *(imprimere, fissare)* to impress; to write*: *scrivere nel cuore (nella mente),* to impress on one's heart (mind).
4 *(descrivere)* to write* about: *scrivere le imprese di qcno,* to write about sb's enterprises.
5 *(ascrivere, attribuire)* to ascribe; to attribute: *scrivere qcsa a lode di qcno,* to ascribe sb praise for sth.
6 *(comm.)* to make* an entry; to enter; *(registrare)* to record: *scrivere una spesa (un'entrata),* to enter an expenditure (a profit).

scroccare *vt* to sponge; to scrounge.

[1]**scrocco** *sm* sponging; scrounging: *vivere a scrocco,* to sponge one's living; to be a sponger.

[2]**scrocco** *sm (scatto)* click; spring: *coltello a scrocco,* clasp-knife.

scroccone *sm* sponger; sponge.

scrofa *sf* sow.

scrollamento *sm* shaking; *(di spalle)* shrugging.

scrollare *vt* to shake*; *(scuotere, agitare)* to toss: *scrollare il capo,* to shake one's head — *scrollare le spalle,* to shrug one's shoulders — *scrollare i rami di un albero,* to shake (to toss) the branches of a tree — *scrollarsi qcsa di dosso,* to shrug sth off.
☐ **scrollarsi** *v. rifl* to rouse (to stir) oneself.

scrollata *sf* shake; shaking; *(di spalle)* shrugging; shrug.

scrollo *sm* shaking.

scrosciante *agg* pelting; *(di applausi, ecc.)* thundering; *(di risa, ecc.)* roaring.

scrosciare *vi* to rumble; to roar; to thunder; *(della pioggia)* to pelt; to beat* down.

scroscio *sm* **1** rumble; rumbling; roar; burst; thunder; *(della pioggia)* pelting. **2** *(med.)* crepitation.

scrostamento *sm (di intonaco, ecc.)* scraping; peeling; stripping; *(nella fucinatura)* descaling.

scrostare *vt* to scrape; to peel; to strip; *(togliere le incrostazioni)* to descale; *(togliere la crosta di una ferita)* to remove (to peel off) the scab.
☐ **scrostarsi** *v. rifl* to fall* (to peel) off; to flake.

scrostatura *sf* **1** *(atto dello scrostare)* cutting (*o* taking) the crust off; *(crosta)* crust. **2** ⇨ **scrostamento.**

scrotale *agg* scrotal.

scroto *sm* scrotum.

scrupolo *sm* **1** scruple: *essere pieno di scrupoli,* to be full of scruples (very scrupulous) — *farsi scrupolo di qcsa,* to have scruples about sth — *non avere scrupoli,* to have no scruples — *mettere da parte gli scrupoli,* to put aside all scruples — *senza scrupoli,* without scruple — *onesto fino allo scrupolo,* utterly honest; scrupulously honest. **2** *(diligenza, precisione)* care; diligence; accuracy: *con scrupolo,* with the utmost care. **3** *(la ventiquattresima parte dell'oncia)* scruple.

scrupolosamente *avv* scrupulously; fastidiously: *Gli riferì scrupolosamente quanto aveva sentito,* He scrupulously reported to him what he had heard.

scrupolosità *sf* scrupulousness; *(meticolosità)* fastidiousness.

scrupoloso *agg* scrupulous; *(diligente, preciso)* punctilious: *essere troppo scrupoloso,* to be over-scrupulous.

scrutamento *sm* scrutiny; scrutinizing; scanning.

scrutare *vt* to scan; to peer; *(i lineamenti, un volto)* to peruse; *(vagliare)* to scrutinize; to examine; *(indagare)* to investigate; to search; to inquire into: *scrutare l'orizzonte,* to scan the horizon — *scrutare ogni aspetto di una questione,* to scrutinize (to inquire into) every aspect of a matter — *scrutare le intenzioni di qcno,* to investigate (to search, to inquire into) sb's intentions.

scrutatore *sm* investigator; *(alle elezioni)* scrutineer.
☐ *agg* searching; scrutinizing.

scrutinamento *sm* scrutinization; scrutinizing; *(nelle elezioni, anche)* ballot; poll.

scrutinare *vt* to scrutinize.

scrutinatore *sm* scrutineer.

scrutinio *sm* **1** scrutiny; *(computo dei voti alle elezioni)* poll; *(controllo di tale computo)* scrutiny; *(sistema di votazione)* voting. **2** *(scolastico)* end of term (end of year) assessment of progress.

scucire *vt* to unsew*; to undo*; to unstitch; to unseam *(anche fig.).*

scucito *agg (fig.)* rambling; incoherent; disconnected.

scucitura *sf* unsewing; unstitching; unseaming.

scuderia *sf* stable; *(sport)* team.

scudetto *sm (calcio, ecc.)* championship; shield.
☐ *innesto a scudetto,* eye-graft.

scudiere, scudiero *sm (stor.)* squire; esquire; *(ufficiale di corte)* equerry; *(titolo onorifico, primo scudiere)* Master of Horse: *pantaloni alla scudiera,* knee-breeches — *stivali alla scudiera,* hunting-boots.

scudisciare *vt* to lash; to switch; to whip.

scudisciata *sf* lash; blow with a switch (with a whip).

scudiscio *sm* lash; switch; *(frusta)* whip.

scudo *sm* **1** shield; *(piccolo)* buckler: *una levata di scudi,* an outcry; a revolt — *portare qcno sugli scudi,* to acclaim sb. **2** *(schermo protettivo)* shield; screen; *(difesa)* defence; protection: *fare (da) scudo,* to shield — *farsi scudo,* to shield oneself — *farsi scudo di qcsa (di qcno),* to use sth (sb) as a shield — *scudo aereo,* air defence — *scudo missilistico,* missile defence — *scudo di prua, (aeronautica)* bow cap; nose cap. **3** *(di crostaceo)* shell; carapace. **4** *(antica moneta)* scudo; scute; ecu; escudo; *(pl., generico per denaro)* money. **5** *(stemma)* shield; escutcheon: *scudo di poppa,* ship's nameplate; escutcheon.

scugnizzo *sm* urchin; street-urchin.

sculacciare *vt* to spank.

sculacciata *sf* spanking.

sculaccione *sm* spank.

sculettare *vi* to waddle; to sway one's hips.

scultore *sm* sculptor: *scultore in legno,* carver; wood-carver.

scultoreo, scultorio *agg* sculptural; statue-like.

scultrice *sf* sculptress.

scultura *sf* sculpture.

scuola *sf* school; *(istruzione)* education; *(l'insegnamento)* training; teaching; lessons *(pl.)*; *(esempio)* example: *scuola materna,* nursery school — *scuola* *elementare,* primary school — *scuola media,* secondary school; *(USA: media inferiore)* junior high school; *(superiore)* high school — *scuola serale,* evening school — *scuola per corrispondenza,* correspondence school — *scuola pubblica,* State School; *(USA)* public school — *scuola privata, (GB)* public school; *(USA)* private school — *scuola dell'obbligo,* compulsory education — *la riforma della scuola,* the reform of education — *scuola di taglio,* school of dress-making — *scuola di ballo,* school of dancing — *scuola di recitazione,* dramatic school — *scuola di disegno,* drawing school — *scuola (di) guida,* driving school — *scuola alta, (equitazione)* haute école — *nave scuola,* training ship — *cantiere scuola,* apprentices' school — *una scuola a due piani,* a school-(building) of two storeys — *una vecchia scuola,* an old school (*o* schoolhouse) — *una scuola prefabbricata,* a prefab(ricated) school — *l'apertura delle scuole,* the beginning of school (of the school year) — *la chiusura delle scuole,* the end of the school year — *Domani non ci sarà scuola,* There will be no school (no lessons) tomorrow — *Vieni a fare una passeggiata dopo la scuola?,* Will you come for a walk after school? — *frequentare la scuola,* to attend (to go to) school — *marinare la scuola,* to play truant — *La scuola è in gita oggi,* The school is on a trip today — *È un insegnante di scuola,* He's a school teacher — *fare scuola,* to teach — *tenere scuola,* to keep school — *sotto la scuola di..., alla scuola di...,* under the teaching of... — *la scuola del Bramante,* the school of Bramante — *un caposcuola,* a master; the founder of a school; a leader — *la scuola poetica siciliana,* the Sicilian poetic school — *un dipinto di scuola lombarda,* a painting of the Lombardy school — *Questo ti sia di scuola,* This should be an example for you.

scuotere *vt* **1** to shake*; *(agitare)* to toss; *(le spalle)* to shrug; *(dimenare)* to wag; to waggle; *(con un colpetto)* to flip: *scuotere i rami di un albero,* to shake the branches of a tree — *scuotere un tappeto,* to shake a carpet — *scuotere qcno per le spalle,* to shake sb by the shoulders — *scuotere il capo,* to shake one's head — *scuotere il dito,* to shake one's finger (at sb) — *scuotere la cenere da un sigaro,* to flip the ash off a cigar — *Il mare tempestoso scuoteva la nave,* The stormy sea tossed the ship — *Scosse le spalle per mostrare la sua indifferenza,* He shrugged (his shoulders) to show his indifference — *Il cane scuoteva la coda,* The dog was wagging its tail. **2** *(per togliere la polvere, ecc.)* to shake* out; *(per liberarsi di qcsa, anche fig.)* to shake* off; to throw* off: *scuotere il giogo della schiavitù,* to throw off the yoke of servitude. **3** *(destare, anche fig.)* to wake* up; to stick up; to stir up; to rouse: *scuotere qcno dal sonno,* to wake sb up from his sleep; to awaken sb — *scuotere qcno dall'indolenza,* to wake (to rouse) sb up from his sloth — *Ha bisogno di qcno che lo scuota un po',* He needs sb to wake him up a bit; He needs waking up; He needs a shaking. **4** *(turbare, sconvolgere)* to shock; to trouble; to upset*: *I suoi nervi furono scossi a quella vista,* Her nerves were shocked at the sight — *Nulla lo scuote,* Nothing ever troubles him.

□ **scuotersi** *v. rifl* **1** to shake* oneself; *(destarsi)* to wake* up; to rouse oneself; to stir oneself. **2** *(liberarsi)* to shake* off; to get* rid of: *scuotersi di dosso i pregiudizi (le cattive abitudini),* to shake off one's prejudices (bad habits) — *scuotersi di dosso qcsa,* to get rid of sth; to rid oneself of sth. **3** *(turbarsi)* to be* shaken (*o* startled, upset); to be* troubled. □ *Scuotiti!,* Shake yourself!; Wake up!

scure *sf* ax(e); *(accetta)* hatchet: *scure a doppio taglio,* double-headed axe — *tagliato con la scure, (anche fig.)* rough-hewn — *essere condannato alla scure,* to be sent to the block — *darsi la scure sui piedi,* to cut one's own throat; to rap one's own knuckles.

scurezza *sf* darkness; obscurity.

scurire *vt e i.* to darken; *(attenuare)* to tone down.
□ **scurirsi** *v. rifl* to darken; to grow* dark (*o* darker).

scuro *agg* **1** *(privo di luce)* dark; *(contrario di chiaro)* dim; dusky; *(di colore)* deep; dark; *(di carnagione)* swarthy: *una notte (una stanza) scura,* a dark night (room) — *occhi scuri,* dark eyes — *rosso scuro,* dark (*o* deep) red. **2** *(oscuro)* obscure; *(fig.: corrucciato)* grim; dismal; dark; worried; sad; *(difficile)* hard; difficult.
□ *sm* **1** *(buio)* dark; darkness; dusk: *vestire di scuro,* to wear dark clothes — *essere allo scuro di qcsa,* to be in the dark about sth; to be unaware of sth. **2** *(scuretto)* blind; shutter.

scurrile *agg* scurrilous; gross; indecent; foul-mouthed.

scurrilità *sf* grossness; indecency; scurrility.

scurrilmente *avv* scurrilously; indecently; grossly.

scusa *sf* **1** *(discolpa, giustificazione, ragione attenuante)* apology; excuse: *una lettera di scuse,* a letter of apology — *una scusa buona (valida),* a good (a valid, a sound) excuse — *una povera scusa,* a lame excuse — *una scusa inconsistente,* an insubstantial excuse — *presentare le proprie scuse,* to give (to offer) one's excuses — *chiedere scusa,* to apologize — *Chiedo scusa!, (prima di una richiesta)* Excuse me!; I beg your pardon!; *(per una mancanza)* I am sorry!; Sorry! — *fare le proprie scuse,* to make one's excuses — *La tua azione non ha scusa,* There is no excuse for your action — *Non si accettano scuse!,* No excuses! — *avere sempre una scusa pronta,* always to have an excuse ready — *Questa è una scusa bella e buona!,* That's some excuse! — *Non è una scusa!,* That's no excuse! **2** *(pretesto)* pretext; pretence; plea: *trovare una scusa per fare qcsa,* to find a pretext for doing sth — *con la scusa dell'amicizia (della religione, ecc.),* under the pretence of friendship (religion, *ecc.*) — *Giustificò il suo fallimento con la scusa della cattiva salute,* He justified his failure with the plea of ill health.

scusabile *agg* excusable; pardonable.

scusare *vt* to excuse; *(perdonare)* to forgive*; to pardon; *(giustificare)* to justify: *scusare la condotta di qcno,* to excuse sb's conduct — *Niente può scusare il suo comportamento,* Nothing can excuse (can justify) his behaviour — *Vi prego di scusare il mio ritardo,* Please excuse my lateness; Please excuse me for being late — *Sei scusato!,* You're excused! — *Mi devi scusare ma non posso venire,* You must excuse me but I can't come.
□ **Scusi (Scusa, Scusate),** *(prima di una richiesta)* Excuse me; *(talvolta)* I beg your pardon; *(per una mancanza)* I'm sorry — *Scusi (Scusa, Scusate), che ore sono?,* Excuse me, what time is it? — *Scusi tanto!,* I am (so) sorry! — *Scusi se La disturbo,* Please excuse me!; So sorry to bother you! — *Scusi, come ha detto?,* Pardon?; I beg your pardon?
□ **scusarsi** *v. rifl* to apologize; to excuse oneself; *(trovar scuse)* to find* excuse: *scusarsi con qcno (presso qcno),* to apologize to sb — *Chi si scusa si accusa,* Qui s'excuse s'accuse *(fr.).*

sdaziabile *agg (comm.)* clearable.

sdaziamento *sm* clearance (through the customs); customs clearance.
sdaziare *vt* to clear; to get* out of customs; to pay* the customs duties (on sth).
sdebitarsi *v. rifl* to pay* off one's debts; to pay* a debt; *(liberarsi dai debiti)* to get* out of debt; *(fig.: disobbligarsi)* to return a favour; *(ripagare)* to repay*.
sdegnare *vt* **1** to disdain; to spurn; to scorn; to loathe; *(disprezzare)* to despise: *sdegnare le lodi,* to disdain praise — *sdegnare il pericolo,* to scorn danger — *sdegnare la compagnia di qcno,* to spurn sb's company. **2** *(indignare, provocare sdegno)* to make* indignant; to offend: *Le sue parole mi sdegnarono,* His words made me indignant (offended me).
☐ **sdegnarsi** *v. rifl* to be* offended; to get* angry: *sdegnarsi con (contro) qcno,* to be offended (to get angry) with sb.
sdegnato *agg* indignant; irritated; angry.
sdegno *sm* **1** disdain; indignation; *(ira)* anger: *trattenere lo sdegno,* to keep back one's indignation. **2** *(disprezzo)* disdain; contempt; scorn.
sdegnosamente *avv* disdainfully; indignantly; haughtily.
sdegnosità *sf* disdainfulness; *(alterigia)* haughtiness.
sdegnoso *agg* disdainful; *(sprezzante)* scornful; supercilious; *(arrogante)* haughty; arrogant.
sdentare *vt* to break* the teeth (of sth).
☐ **sdentarsi** *v. rifl* to lose* one's teeth.
sdentato *agg* toothless; without teeth.
sdilinquimento *sm* swoon; fainting fit; *(svenevolezza)* languor; softness; mawkishness.
sdilinquire *vt* to weaken; to make* feeble (*o* languid).
☐ **sdilinquirsi** *v. rifl* to weaken; to be* faint; to swoon; *(fig.)* to become* soft; to become* foolishly sentimental.
sdilinquito *agg* watery; sloppy; wishy-washy; *(svenevole)* sentimental; mawkish.
sdoganamento *sm* clearance (through the customs).
sdoganare *vt* to clear (through the customs).
sdolcinatamente *avv* mawkishly; sloppily.
sdolcinatezza *sf* mawkishness; *(svenevolezza)* sentimentality; softness.
sdolcinato *agg* mawkish; maudlin; sugary; treacly; *(fam.)* soppy.
sdolcinatura *sf* sentimentality; maudlin behaviour; mawkish manners.
sdoppiamento *sm* splitting; division: *uno sdoppiamento della personalità,* a splitting of the personality.
sdoppiare *vt,* **sdoppiarsi** *v. rifl* to divide into two parts; to halve; to separate; to split.
sdorare *vt* to ungild; to remove the gilding (from sth).
sdottorare, sdottoreggiare *vi* to put* on learned airs; to show* off one's learning.
sdraia *sf (sedia)* deck-chair.
sdraiare *vt* to lay* down; *(mettere a letto)* to put* to bed.
☐ **sdraiarsi** *v. rifl* to lie* down; *(allungarsi)* to stretch oneself.
sdraiato *agg* lying (down): *essere sdraiato,* to be lying (down) — *stare sdraiato,* to lie (down).
sdraio *sm (sedia a sdraio)* deck-chair.
sdrammatizzare *vt* to undramatize.
sdrucciolamento *sm* slipping; sliding.
sdrucciolare *vi* **1** to slither; to slip; to slide *(anche fig.)*: *sdrucciolare in un argomento delicato,* to move onto a delicate subject. **2** *(toccare appena, sorvolare)* to touch lightly upon; to slide over: *sdrucciolare su una questione importante,* to touch lightly upon an important matter.
sdrucciolevole *agg* slippery; slithery.
sdrucciolio *sm* slipping.
sdrucciolo *agg (gramm.)* proparoxytone.
☐ *sm* **1** *(verso)* dactylic verse. **2** *(ripido pendio)* steep slope; steep path: *a sdrucciolo,* steeping; steep — *mettersi su uno sdrucciolo, (fig.)* to ride (to be riding) for a fall.
sdrucciolone *sm* slip: *fare uno sdrucciolone,* to slip (down).
sdrucire, sdruscire *vt (strappare, lacerare)* to tear*; to rend*; to rip; *(consumare)* to wear* out; *(scucire)* to unstitch; to unseam.
☐ **sdrucirsi** *v. rifl (strapparsi)* to tear*; to rend*; to rip; *(consumarsi)* to wear* out; *(scucirsi)* to come* (to become*) unstitched.
sdrucito, sdruscito *agg (strappato)* rent; *(consunto)* worn out; threadbare; *(scucito)* unstitched.
sdrucitura *sf (strappo)* tear; rent; rip; tearing; rending; ripping up; *(logorio)* wear and tear; *(scucitura)* unseaming; unstitching.
[1]**se** *congiunz* **1** *(condizionale e concessiva)* if: *Se piove (Se pioverà) non verrò,* If it rains I won't come — *Domani, se non sbaglio, toccherà a te,* If I'm not mistaken it's your turn tomorrow — *Se ti pesco un'altra volta, vedrai!,* If I catch you again, you'll see! — *se poi...,* if... — *Se poi venisse (Se per caso venisse, Se mai venisse),* If he should come; Should he come — *Se fossi in te non lo comprerei,* If I were you (*USA,* If I was you) I wouldn't buy it — *Se dice così, è per un motivo preciso,* If he says that (*o* so), it's for some precise reason — *se d'altra parte,* if on the other hand — *se invece,* if on the contrary — *Se anche potessi non lo farei,* I wouldn't do it even if I could — *Non ci andrebbe anche se gli pagassero il biglietto,* He wouldn't go even if they paid for his ticket — **come se...,** as if... — *E, come se non bastasse...,* And, as it that wasn't enough... — *Come se non sapessi!,* As if I didn't know! — **se no,** *(altrimenti)* or; or else; otherwise; *(in caso negativo)* if not — *Corri, se no arriverai tardi!,* Run, or (else) you'll be late! — *Fallo subito, se no non esci,* Do it at once, otherwise you can't go out — **se non,** *(tranne)* except; *(anzi)* if not — *Questa proposta è buona, se non addirittura migliore,* This proposal is good, if not actually better — **se non che,** except that; but — *se non fosse che (o per)...,* if it weren't that (for)...; were it not that (for)...; but for the fact that...; but for... — **se non altro,** if only; if nothing else; at least — *Se non altro studia,* At least he studies (if nothing else) — **se pure,** *(quand'anche)* even if; *(sebbene)* even though; *(e forse)* and perhaps; if — *Lo firmerò, se pure non concordi completamente con quanto è scritto,* I'll sign it even though I'm not entirely in agreement with what it says — **se mai,** - **a)** *(caso mai)* if; in case: *Se mai non dovessimo vederci, telefonami,* In case (If) we don't see each other, telephone me - **b)** *(in tal caso)* in that case; if necessary: *Dallo a mia madre, se mai,* Give it to my mother, if necessary - **c)** *(nella peggiore delle ipotesi)* at worst — **E se...,** - **a)** *(per introdurre un suggerimento)* What about...?; Suppose...: *E se ci andassimo?,* Suppose we go! — *E se ci bevessimo una bella birra?,* What about (What do you say to) drinking a glass of beer? - **b)** *(per introdurre una supposizione)* What if? **2** *(dubitativa)* whether; if: *Non so se tu abbia ragione,* I don't know whether (if) you're right — *Mi domando*

se faccio bene a fare questo, I wonder whether (if) I am right to do this.
3 *(ottativa: magari)* if only: *Se l'avessi saputo prima!,* If only I had known it before!; Had I but known it before! — *Oh, se tu fossi qui!,* If only you were here!; I wish you were here!
□ *Ma se ti ho visto io!,* But I saw you myself! — *Pensa un po' se non sono contento!,* You can imagine how happy I am! — *Sai bene se ho bisogno di te!,* You know well how much I need you! — *Se lo so!,* Of course I know! — *Se Dio vuole, ce l'ho fatta,* Thank God (Finally) I made it.
□ *in funzione di sm* if: *C'è un solo grosso se,* There's just one big if.

[2]**sé** *pron rifl 3ª persona* **1** *(indef.)* one(self); *(m.)* him(self); *(f.)* her(self); *(neutro)* it(self); *(pl.)* them(selves): *Ognuno fa per sé,* Everyone manages for himself — *Lo portò in viaggio con sé,* He took it with him on his trip — *È il tipo di donna che ama solo se stessa,* She is the kind of woman who loves herself and no one else — *Decisero allora di farlo da sé,* They decided to do it themselves — *Non pensa che a sé,* He thinks only of himself — *È pieno di sé,* He's full of his own importance; He's self-important — *sicuro di sé,* sure of oneself — *parlare fra sé e sé,* to talk to oneself — *essere fuori di sé,* to be beside oneself — *tornare in sé,* to come to (to recover) consciousness — *fare da sé,* to do sth by oneself (*o* alone) — *Va da sé che...,* It goes without saying that... — *La cosa di per sé non è preoccupante,* The thing in itself gives no cause for concern — *un caso a sé,* a special case — *Chi fa da sé fa per tre, (prov.)* If you want something done, do it yourself.
2 (*talvolta si traduce con forme composte di* **self**) *padronanza di sé,* self-control — *fiducia in sé,* self-confidence — *un uomo che s'è fatto da sé,* a self-made man.

sebaceo *agg* sebaceous.

sebbene *congiunz* even though; although; in spite of the fact that.

sebo *sm (chim., biologia)* sebum.

secca *sf* **1** shoal *(anche fig.: insidia);* sandbank; reef; shallow(s): *andare (dare) in secca,* to run into a shoal. **2** *(difficoltà, imbarazzo)* trouble; difficulty: *abbandonare qcno nelle secche,* to leave sb in the lurch.

seccamente *avv* curtly; abruptly; sharply: *Il ragazzo rispose seccamente al rimprovero del maestro,* The boy replied abruptly to the teacher's reproach.

seccante *agg* annoying; troublesome; *(fastidioso)* tiresome; irksome; *(noioso)* boring; tedious.

seccare *vt* **1** *(rendere secco)* to dry; *(completamente)* to dry up *(anche fig.); (inaridire)* to sear; *(essiccare con calore)* to parch; *(avvizzire)* to wither; *(prosciugare)* to drain: *La lunga siccità seccò tutti i pozzi,* The long drought dried up all the wells. **2** *(importunare)* to annoy; to pester; *(fam.)* to rile; *(infastidire)* to bore; to nag; to irk; to bother; *(stancare, irritare)* to weary; to irritate; to vex; to tire: *Non (mi) seccare!,* Don't bother (me)!; Don't get on my nerves!
□ *vi (diventare secco)* to dry up; *(avvizzire)* to wither.
□ **seccarsi** *v. rifl* **1** *(diventare secco)* to dry up *(anche fig.); (avvizzire)* to wither. **2** *(infastidirsi)* to get* bored; to be* annoyed; to be* vexed; *(stancarsi)* to become* weary; *(offendersi)* to be* offended; *(arrabbiarsi)* to get* angry; to be* angry.

seccato *agg* **1** dried up; *(avvizzito)* withered; *(prosciugato)* drained. **2** *(infastidito)* annoyed; bored; vexed; *(indispettito)* disappointed; irritated; *(stanco)* tired; weary.

seccatore *sm* bore; tiresome person; nuisance.

seccatura *sf (fastidio, guaio)* annoyance; bore; trouble; nuisance: *evitare una seccatura,* to get out of a boring engagement (*o* task) — *Che seccatura!,* What a nuisance!

secchezza *sf (anche fig.)* dryness; aridity; *(magrezza)* thinness; leanness; meagreness.

secchia *sf* **1** bucket; pail *(anche per indicare la quantità contenuta in un secchio).* **2** *(sl. scolaresco: secchione)* swot. **3** *(antica unità di misura)* firkin.

secchiello *sm* small bucket: *secchiello del ghiaccio,* ice-bucket.

secchio *sm* pail; bucket.

secchione *sm* **1** *(per il calcestruzzo, di colata, ecc.)* ladle. **2** *(fam.: studente sgobbone)* swot; grub *(USA).*

secco I *agg* **1** *(molti sensi)* dry; *(di terreno arido)* dry; *(disseccato)* dried; dried up; *(appassito)* withered; parched; dead: *pane secco,* dry bread — *una tosse secca,* a dry cough — *un vino secco,* a dry wine — *foglie secche,* withered (*o* dried) leaves — *fichi secchi,* dried figs — *uva secca,* raisins. **2** *(magro, di persona)* thin; skinny; lean; gaunt: *secco come un chiodo,* as thin as a rake. **3** *(brusco, spiccio di modi o parole)* cold; stiff; harsh; flat; blunt; curt: *una risposta secca,* a curt answer — *un no secco,* a flat denial; a point-blank refusal; a straight 'no'. **4** *(repentino, preciso)* sharp: *un colpo secco in testa,* a sharp blow on the head — *con un colpo secco,* with a (*o* one) single blow. **5** *(al giogo delle carte)* bare. □ *a titolo secco, (econ.)* ex coupon; ex dividend — *cedolare secca, (econ.)* all-inclusive tax on bonds (*o* on dividends) — *corso secco, (in borsa)* plus accrued interest — *un terno secco al lotto,* a stake placed on only three numbers — *avere la gola secca,* to be very thirsty; to feel dry — *avere l'asso secco, (alle carte)* to have the ace bare — *fare secco qcno,* to shoot sb down; to kill sb instantly (*o* outright) — *restarci secco,* to die instantly — *vincere un terno secco, (fig.)* to have a wind-fall.
II *(come avv.)* dryly; *(bruscamente)* sharply; bluntly; curtly: *Mi rispose secco: 'Non vengo',* He answered sharply: 'I'm not coming'.
III *(come s.)* **1** dryness; *(parte secca)* dry part; *(terreno asciutto)* dry ground: *un muro a secco,* a dry (a dry-stone) wall — *una pittura a secco,* a painting on dry plaster — *una pila a secco,* a dry cell; a dry battery *(USA)* — *andare, restare in secco,* to dry out — *lavare a secco,* to dry-clean — *lavatura a secco,* dry-cleaning. **2** *(clima asciutto)* dry climate; dry weather; *(siccità)* drought. **3** *(non comune: persona magra)* thin person; *(fam.)* dry bones: *la sagra dei grassi e dei secchi,* the festival of the fat and of the thin.
□ *una nave in secco,* a ship aground — *andare in secco, (naut.)* to ground — *rimanere in secco, (anche fig.)* to be stranded — *tirare in secco, (una nave)* to strand a ship; to drift a ship aground; *(una barca)* to beach a boat — *lasciare qcno in secco, (anche fig.)* to leave sb stranded; *(fig.)* to leave sb in the lurch — *essere a secco di quattrini, rimanere al secco,* to be (to be left) penniless; to be broke — *a secco di vele, (naut.)* under bare poles — *una virata a secco, (naut.)* a sharp tacking; *(aeronautica, ecc.)* a sharp turn — *a secco, (improvvisamente)* suddenly; unexpectedly.

seccume *sm (foglie e rami secchi)* withered branches and leaves.

secernere *vt* to separate; *(di ghiandole)* to secrete.

secessione *sf* secession: *Guerra di Secessione, (stor.)* American Civil War.

seco *forma pronominale* **1** *(con sé)* with one; with him; with her; with it; with them; *(su di sé)* on one; on him; on her; on it; on them: *aver seco del denaro,* to have some money on one (him, her, them). **2** *(tra sé)* to oneself; to himself; to herself; to themselves.

secolare *agg* **1** *(vecchio di secoli)* age-old; centuries-old: *tradizioni secolari,* age-old traditions. **2** *(che avviene ogni secolo)* centenary. **3** *(della vita laica)* secular; lay; civil: *abito secolare,* civilian clothes *(pl.)* — *braccio secolare,* secular arm — *clero secolare,* secular clergy — *foro secolare,* civil court. **4** *(mondano, terreno)* wordly; secular: *beni secolari,* worldly wealth.
□ *sm* layman *(pl.* -men*)*: *i secolari,* the laity.

secolarizzare *vt* to secolarize; to laicize.
□ **secolarizzarsi** *v. rifl (di sacerdote, religioso)* to unfrock oneself.

secolarizzazione *sf* secularization.

secolo *sm* **1** *(periodo di cento anni)* century: *il secolo scorso,* the last century — *il ventesimo secolo,* the Twentieth Century — *del ventesimo secolo,* twentieth-century *(attrib.)* — *al principio (a metà, alla fine) del secolo,* at the beginning (in the middle, at the end) of the century — *nel secondo secolo avanti (dopo) Cristo,* in the second century B.C. (A.D.) — *l'avvenimento del secolo,* the event of the century — *cinque secoli fa,* five centuries ago; five hundred years ago. **2** *(per estensione: era, epoca, età, tempo)* era; epoch; age; time: *È un secolo che t'aspetto!,* I have been waiting for you for ages! — *il secolo d'oro delle Scienze,* the golden age of Science — *il secolo dei lumi,* the Age of Enlightenment — *coll'andare (nel corso) dei secoli,* in the course of ages (of time) — *dal principio (nella notte) dei secoli,* from time immemorial — *per tutti i secoli dei secoli,* world without end. **3** *(il mondo, le cose mondane)* world; worldly things; things mundane: *le cure del secolo,* worldly cares — *ritirarsi dal mondo,* to retire from the world (from wordly life) — *Fratel Ermenegildo, al secolo Giovanni Ferrero,* Brother Ermenegildo, in the world Giovanni Ferrero — *la cantante francese 'Frou-Frou', al secolo Berthe Fleurdorge,* the French singer 'Frou-Frou', real name Berthe Fleurdorge.

seconda *sf* **1** *(classe scolastica)* second class; second grade; *(ferrovia: seconda classe)* second class. **2** *(marcia di automobile)* second speed; second gear. **3** *(mus.)* second; interval of a second. **4** *(scherma, ginnastica)* seconde. **5** *(comm.)* second: *seconda di cambio,* second of exchange.
□ *punizione di seconda, (calcio)* free kick — *comandante in seconda,* second-in-command — *a seconda di,* according to; in accordance with — *a seconda, (naut.)* with the current; with the wind — *Tutto gli va a seconda, (fig.)* It's all plain sailing for him.

secondare *vt* to indulge; to comply with; *(appoggiare)* to support; to back up; to second; to uphold*; *(aiutare)* to help; to assist; to favour: *secondare i capricci di qcno,* to indulge (to comply with) sb's fancies — *secondare una proposta,* to support (to second) a proposal.

secondario *agg* secondary; *(subordinato)* subordinate; *(minore)* minor: *scuole secondarie,* secondary schools — *di secondaria importanza,* of secondary (of minor) importance — *albero secondario, (mecc.)* driven shaft; countershaft — *una linea secondaria, (ferrovia)* a branch line — *un prodotto secondario,* a by-product — *un ufficio secondario,* a branch office.

secondino *sm* warder; jailer; gaoler.

[1]**secondo** *agg numerale ordinale* **1** second: *secondo atto,* the second act — *al secondo piano,* on the second floor — *un posto di (in) seconda fila,* a second-row seat — *secondo piatto,* second course — *figlio di secondo letto,* son of the second marriage — *ustioni di secondo grado,* second-degree burns — *Carlo II,* Charles the Second — *passare a seconde nozze,* to marry again; to get married for the second time — *elevare alla seconda potenza,* to square; to raise to the power of two. **2** *(altro, nuovo, aggiuntivo, diverso)* second; new; extra; additional; other: *Fu considerato quasi un secondo Manzoni,* He was considered as almost a second Manzoni — *avere un secondo fine,* to have a hidden motive — *senza secondi fini,* with no ulterior motives. **3** *(meno importante, inferiore)* second; second-rate; second-class: *un albergo di seconda categoria,* a second-class hotel — *uno scrittore di second'ordine,* a second-rate writer — *merce di seconda qualità,* second-quality goods *(pl.)* — *di seconda mano,* second-hand — *una seconda parte,* a supporting rôle. **4** *(favorevole)* favourable; propitious: *avere gli astri secondi,* to be under a lucky star. □ *seconda colazione,* lunch — *comandante in seconda; secondo comandante,* second-in-command.
□ *sm* **1** *(chi è secondo; secondo piatto)* second: *il secondo (piatto),* the second course; the main course. **2** *(minuto secondo)* second: *la lancetta dei secondi,* the second hand — *in un secondo (in pochi secondi, anche fig.),* in a second; in a few seconds; in a moment. **3** *(nei duelli, nella boxe)* second: *Fuori i secondi!,* Seconds out of the ring!
□ *(come avv.)* secondly: *Innanzitutto non mi piace; secondo, non ho i soldi,* In the first place I don't like it; second, I haven't the money.

[2]**secondo** **I** *prep* **1** according to; in accordance with; in conformity with; in compliance with: *secondo me,* to my mind; in my opinion — *Secondo le vostre istruzioni..., (nella corrispondenza commerciale)* According to (In conformity with) your instructions... — *Secondo gli accordi già stipulati...,* As previously agreed... — *secondo l'ordine dato,* as per order given — *il Vangelo secondo Matteo,* the Gospel according to St Matthew; St Matthew's Gospel — *agire secondo coscienza,* to act according to one's conscience — *dare a ciascuno secondo il dovuto,* to give everybody their due (according to their merit) — *vestire secondo la moda italiana,* to dress after (*o* following) the Italian fashion; to dress in the Italian way. **2** *(nella stessa direzione)* with; along: *andare secondo il vento,* to sail with the wind; *(fig.)* to go with the stream. **3** *(ellittico per 'a seconda dei casi')* it (all) depends; that depends: *'M'impresti dei soldi?' - 'Secondo!',* 'Will you lend me some money?' - 'That depends!'.
II secondo che, *congiunz* according to whether.

secondogenito *agg* second-born; junior.
□ *sm* second-born son (*o* child).

secretivo *agg (biologia)* secretive; secretory.

secreto *agg* secreted. □ *sm* secretion.

secretore *agg* secretory. □ *sm* secretory organ.

secrezione *sf* secretion.

sedano *sm* celery.

sedare *vt* to assuage; to mitigate.

sedativo *agg e sm* sedative; lenitive.

sede *sf* **1** seat *(anche fig.)*; *(centro di attività)* centre; center *(USA)*; *(residenza)* residence; *(dimora)* abode; *(luogo)* place: *la sede del Parlamento (del Governo,* *del Papato),* the seat of Parliament (of Government, of the Papacy) — *una sede d'esami,* an examination centre — *la sede dell'accento,* the place of the accent — *avere (cambiare) sede,* to have (to change) one's residence — *trasferire ad altra sede,* to transfer to another town. **2** *(ecclesiastico)* see: *la Santa Sede,* the Holy See — *la Sede Apostolica,* the Apostolic See — *durante la sede vacante, in sede vacante,* the see being vacant — *una sede vescovile,* a see; a diocese. **3** *(comm.)* office; registered office: *la sede legale di una persona giuridica,* the registered (the head) office of a body corporate — *la sede centrale della nostra ditta,* the head (the main) office of our firm — *la sede di Milano,* the Milan office — *essere in sede,* to be in the office. **4** *(sessione)* session; sitting; stage: *in sede d'esami,* during the examination — *in separata sede,* in a special session; at a separate session; *(in privato)* in private — *in sede referente, (alla Camera)* in the examining commission; in committee; at the bill stage — *in sede legislativa,* in legislative sitting — *deliberare in sede di bilancio,* to debate the budget; *(comm.)* to consider the accounts — *liquidare in sede separata, (comm.)* to settle at a separate session. **5** *(mecc., ecc.)* seat; seating; *(di cuscinetto)* housing: *sede delle valvole,* valve seat; valve face — *sede di bloccaggio,* lock slot — *sede di rotolamento,* race — *sede stradale,* roadway — *sede tramviaria,* tram-lane; tram-lines *(pl.).*

sedentario *agg* sedentary: *È un sedentario,* He's a sedentary chap.

[1]**sedere** *vi* **1** *(stare seduto)* to sit*; to be* sitting; to be* seated; *(esercitare il proprio ufficio, aver seggio)* to sit*: *sedere su una sedia,* to sit on a chair — *Sedevano in comode poltrone vicino al fuoco,* They were sitting (*o* seated) in comfortable arm-chairs near the fire — *Sedeva tranquilla a cucire,* She was quietly sitting and sowing — *alzarsi da sedere,* to stand up; to get up — *posti a sedere,* seats — *Dategli da sedere!,* Give him a chair! — *Ora siede in Parlamento,* Now he sits in Parliament.

2 *(mettersi a sedere)* to sit* down; to take* a seat: *Sedette accanto a me e incominciò a parlare,* He sat by me and started talking — *Balzò a sedere sul letto terrorizzato,* He sat up in his bed, frightened to death — *Sedete, prego!,* Sit down, please!; Take a seat!

3 *(ant., lett.: giacere)* to be* situated; to lie*: *L'antica città sedeva in una piana a pochi chilometri dal mare,* The ancient city lay on level ground a few miles from the sea.

□ **sedersi** *v. rifl* to sit*; to sit* down; to take* a seat: *Non mi seggo ora,* I won't sit down, now — *Siediti per favore, non continuare a passeggiare,* Take a seat, please, stop walking up and down — *Possiamo sederci?,* Can we sit down?; May we take a seat?

[2]**sedere** *sm* **1** *(atto del sedere)* sitting. **2** *(deretano)* bottom; buttocks *(pl.); (fam., GB)* bum; *(volg.)* arse; ass *(USA): dare un calcio nel sedere a qcno,* to kick sb's behind; to kick sb in the behind (*o volg.* in the arse).

sedia *sf* chair: *sedia a dondolo,* rocking chair — *sedia a rotelle,* wheel-chair — *sedia a sdraio,* deck chair — *sedia elettrica,* electric chair.

sedicenne *agg* sixteen-year-old; sixteen years old; aged sixteen.

□ *sm* sixteen-year-old boy; *(sf)* girl aged sixteen.

sedicente *agg* self-styled; would-be.

sedicesimo *agg numerale cardinale e sm* sixteenth.

sedici *agg numerale cardinale* sixteen: *di sedici anni,* sixteen years old — *il sedici maggio,* the sixteenth of May — *alle ore sedici,* at four p.m.

□ *sm (deretano)* behind; bum *(fam., GB); (volg.)* arse; ass *(USA).*

sedile *sm (panchina)* bench; *(generico: posto per sedersi)* seat; chair: *sedile anteriore (posteriore),* front (back) seat — *sedile pieghevole, (strapuntino)* folding seat — *(di aereo) sedile catapultabile,* ejector seat — *sedile girevole,* swivel chair.

sedimentare *vi* to sediment.

sedimentario *agg* sedimentary.

sedimentazione *sf* sedimentation.

sedimento *sm* sediment; *(deposito)* deposit; *(fondi)* dregs *(pl.).*

sedizione *sf* sedition; mutiny.

sediziosamente *avv* seditiously; mutinously.

sedizioso *agg* seditious.

seducente *agg* seductive; charming; alluring; *(tentatore)* tempting; enticing; attractive: *una proposta seducente,* a tempting (an attractive) proposal — *un sorriso seducente,* a seductive (a charming) smile.

sedurre *vt* to seduce; to fascinate; to charm; *(allettare)* to allure; to attract; to tempt; *(ingannare)* to mislead*; to cheat; to deceive; to beguile.

seduta *sf* **1** *(assemblea)* session; *(riunione)* meeting; *(spiritica)* séance; *(la durata della seduta)* sitting: *tenere una seduta,* to have a meeting; to be in session — *aprire la seduta,* to open the meeting — *rinviare la seduta,* to adjourn the meeting — *togliere la seduta,* to declare the meeting closed — *seduta stante, (nel corso della seduta)* during the sitting; *(immediatamente)* ⇨ **stante** *agg.* — *seduta segreta,* segret session. **2** *(lo stare in posa)* sitting. **3** *(consultazione)* consultation: *avere una seduta con il proprio psicanalista,* to have a session with one's psychoanalyst. **4** *(momento di un trattamento terapeutico)* visit.

seduttore *sm* seducer.

seduzione *sf* seduction; fascination; *(attrazione)* attraction; allurement; *(tentazione)* temptation; enticement.

sega *sf* saw: *sega a mano,* hand saw — *sega circolare,* circular saw — *sega chirurgica,* amputation saw — *sega da traforo,* fret-saw — *coltello a sega,* bread knife; saw-edged knife — *pesce sega,* saw-fish.

segala *sf* rye: *pane di segala,* rye-bread.

segaligno *agg (di segala)* rye *(attrib.); (simile a segala)* rye-like; *(fig., di persona)* thin; lank; lean; wiry.

segare *vt* **1** to saw*: *segare legna,* to saw wood — *Questa lama è smussata e non sega,* This blade is blunt and won't saw. **2** *(tagliare)* to cut*. **3** *(fig.: stringere forte)* to cut* into: *La cravatta mi segava il collo,* My tie was cutting into my neck. **4** *(mietere)* to reap; to mow*.

segatrice *sf (macchina)* sawing-machine; mechanical saw.

segatura *sf* **1** sawdust. **2** *(azione del segare)* sawing; *(mietitura)* mowing; reaping.

seggio *sm* **1** seat; chair; *(stallo)* stall: *ottenere (conquistare) dieci seggi,* to win ten seats — *perdere cinque seggi,* to lose five seats. **2** *(seggio elettorale)* poll; voting station; *(i componenti)* board of scrutineers.

seggiola *sf* ⇨ **sedia**.

seggiolaio *sm* chair-maker; *(chi ripara)* chair mender; *(chi vende)* chair-seller.

seggiolone *sm* big chair; *(poltrona)* arm-chair; *(per bambini)* high chair.

seggiovia *sf* chair-lift.

segheria *sf* sawmill.
seghetta *sf* small saw.
seghettare *vt* to serrate.
seghettato *agg* serrated; jagged; saw-toothed.
seghetto *sm (per metalli, ecc.)* hack-saw.
segmentare *vt* to divide into segments.
segmentazione *sf* segmentation.
segmento *sm* **1** segment; *(di motore)* piston-ring; *(per i freni)* brake-lining. **2** *(fig.: sezione)* section; sector.
segnacarte *sf* book-mark; book-marker.
segnacaso *sm (gramm.)* preposition; particle.
segnacolo *sm* mark; sign; emblem; symbol.
segnalare *vt* **1** to signal; *(comunicare)* to notify; to announce: *segnalare una svolta a sinistra,* to signal a turning to the left — *segnalare l'arrivo di un treno,* to announce the arrival of a train — *segnalare l'approssimarsi di una perturbazione,* to signal an approaching storm — *segnalare qcsa alle autorità,* to notify the authorities of sth. **2** *(mettere in evidenza)* to point out; *(richiamare l'attenzione su)* to draw* attention to: *segnalare un errore,* to draw attention to a mistake. **3** *(raccomandare)* to recommend: *segnalare qcno per un impiego,* to recommend sb for a post — *segnalare un buon romanzo,* to recommend a good novel — *farsi segnalare da una persona autorevole,* to be recommended by an important person.
□ **segnalarsi** *v. rifl (mettersi in evidenza, farsi notare)* to distinguish oneself.
segnalato *agg (illustre, famoso)* eminent; prominent; remarkable; well-known; famous; celebrated; distinguished; *(grande)* great; big; considerable.
segnalatore *sm* signaller; *(naut.)* signalman *(pl.* -men*)*.
segnalazione *sf* **1** *(il segnalare)* signalling; signal: *segnalazioni acustiche,* sound signalling — *segnalazione in codice,* coding. **2** *(comunicazione)* announcement; *(notifica)* notification: *la segnalazione dell'arrivo di una nave,* the announcement that a ship is arriving. **3** *(il richiamare l'attenzione)* pointing out; indication: *degno di segnalazione,* noteworthy; worthy of note. **4** *(raccomandazione)* recommendation: *fare una segnalazione,* to recommend.
segnale *sm* signal; sign; *(luminoso)* beacon; *(segnacarte, segnalibro)* marker; bookmark: *segnale di pericolo,* signal of danger — *segnale stradale,* road sign — *segnale di soccorso,* distress signal — *segnale orario,* time signal — *segnale di allarme,* alarm signal; *(ferrovia)* emergency brake — *segnali direzionali, (di autovettura)* directionals — *segnale di occupato, (telefono)* busy tone — *segnale di linea libera,* dialling tone — *segnale di chiamata,* ringing tone; *(radio)* call signal — *segnale di immagine,* picture (*o* video) signal — *segnale di pericolo,* warning sign; *(radio)* distress signal.
segnaletica *sf* signals *(pl.)*; signs *(pl.)*: *segnaletica stradale,* traffic signs.
segnaletico *agg* characteristic: *dati segnaletici,* identification marks.
segnalibro *sm* book-mark; book-marker.
segnaprezzo *sm* price-tag.
segnapunti *sm* **1** *(ufficiale di gara)* scorer. **2** *(tabellone)* score board.
segnare *vt e i.* **1** to mark; to put* a mark (on sth); *(col marchio)* to brand; *(tracciare)* to draw*; to trace; to mark out: *i prezzi segnati, (comm.)* the prices marked (*o* quoted) — *segnare i prezzi sulla merce,* to mark (the) prices on (the) goods — *segnare le pecore,* to brand the sheep. **2** *(scalfire)* to scratch; to mark; to leave* a mark. **3** *(prendere nota di)* to note (down); to write* down; to make* a note of; *(registrare)* to record; to enter: *segnare tutte le spese,* to note down (to keep a record of) expenditure — *segnare qcsa nella memoria,* to impress sth on one's memory. **4** *(sport)* to score: *segnare una rete,* to score a goal — *segnare i punti ad un gioco (al biliardo, ecc.),* to keep the score. **5** *(indicare)* to indicate; to show*; *(col dito)* to point at; *(di orologio, ecc.)* to say*; to tell*; to point to; to read*: *segnare qcno a dito, (fig.)* to point a scornful finger at sb — *Il mio orologio segna le cinque,* My watch says five — *Il tachimetro segnava i centosessanta all'ora,* The speedometer read a hundred and sixty kilometres per hour. **6** *(firmare)* to sign. □ *segnare il passo, (anche fig.)* to mark time.
□ **segnarsi** *v. rifl* **1** to cross oneself; to make* the sign of the cross. **2** *(annotarsi)* to note (down); to make* a note of: *Aspetta che mi segno il numero!,* Wait; I must note (*o* make a note of) the number. □ *Ti sei segnato bene (o male) stamattina?, (fig.)* Did you get out of bed on the right (on the wrong) side this morning?
segnatamente *avv* mainly; chiefly; especially.
segnatario *sm* signatory; signer.
segnato *p. pass e agg* (⇨ **segnare**) **1** *(marcato)* marked; signed; *(marchiato)* branded: *segnato da Dio, (fig.)* deformed; ill-favoured. **2** *(deciso, stabilito)* fixed; settled: *La sua morte è segnata,* His fate is sealed.
segnatore *sm* marker.
segnatura *sf (atto del segnare)* marking; stamping; *(con marchio)* branding; *(nelle biblioteche: sigla di catalogazione)* press mark; *(tipografia)* signature; signature mark; *(sport: classifica)* score.
segno *sm* **1** mark; sign; *(marchio)* brand; *(macchia)* spot; stain; *(graffiatura)* scratch; *(cicatrice)* scar; *(voglia)* birth-mark: *un segno di riconoscimento,* a sign of recognition — *segni caratteristici,* special peculiarities — *lasciare il segno,* to leave a mark (a stain); *(fig.: rimanere impresso)* to leave a mark — *farsi il segno della croce,* to make the sign of the cross; to cross oneself — *Metti un segno a pagina tre,* Make a mark on page three — *perdere il segno, (leggendo)* to lose one's (*o* the) place.
2 *(ortografico)* mark; sign; *(matematico, astronomico, musicale)* sign; symbol: *segni d'interpunzione,* punctuation marks — *segni algebrici,* algebraic signs (*o* symbols) — *il segno più (meno),* the plus (minus) sign.
3 *(traccia)* mark; sign; trace; *(impronta)* impression; mark; print; *(orma)* footprint; *(di carro, ecc.: solco)* rut; track; *(fig.: vestigio)* vestige; trace; remains *(pl.)*: *Vidi il segno dei loro passi sulla neve,* I saw their footprints in the snow.
4 *(indizio)* sign; indication; *(sintomo)* symptom; *(prova)* sign; token; proof; *(auspicio)* omen; *(presagio)* presage: *Se non scrive è segno che tutto va bene,* If he doesn't write it's a sign that all's well — *un buon (cattivo) segno,* a good (bad) omen — *segno premonitore,* warning (sign) — *come segno del suo amore,* as a token of his love — *dare segni di miglioramento (di pazzia),* to show signs of improvement (of madness) — *non dare segni di vita,* to give (to show) no sign of life.
5 *(simbolo)* symbol; sign; *(emblema)* emblem; *(insegna)* sign; ensign: *Al segno dell'amicizia, (insegna di osteria)* At the sign of Friendship.
6 *(gesto, cenno)* sign; gesture; *(con la mano, anche)* wave; *(con il capo: di assenso, di saluto)* nod: *un segno di saluto,* a greeting nod — *con segni di malcelata stizza,* with a gesture of ill-concealed annoyance —

far segno a qcno, (col capo) to nod to sb; to give a nod to sb; *(con la mano)* to beckon (to) sb; to wave one's hand to sb; to make a sign to sb — *fare segno di sì,* to nod consent (*o* agreement) — *fare segno di no,* to shake one's head — *dire qcsa a segni,* to say sth in sign language.
7 *(bersaglio)* target; mark: *tiro a segno,* target-shooting; target-practice — *mettere a segno un colpo,* to hit the target (the mark) — *cogliere il segno; andare a segno,* to hit the target (the mark *o* the bull's eye); to strike home; *(indovinare)* to guess right — *essere fatto segno a qcsa,* to be the object (the target, the butt) of (*o* for) sth.
8 *(limite, punto)* limit; extent; point; *(grado)* degree; measure: *a tal segno che...,* to such a degree that... — *passare il segno,* to overstep all limits — *per filo e per segno,* in detail; in all details.
9 *(astrologia)* sign: *sotto il segno del Leone,* under the sign of Leo.

sego *sm* tallow: *una candela di sego,* a tallow candle.

segregare *vt* to segregate; to isolate; to put* apart; to seclude; *(in un posto segreto)* to secrete.
□ **segregarsi** *v. rifl* to seclude; to keep* oneself apart; to isolate oneself.

segregato *agg* segregated; isolated; *(appartato)* secluded; *(solitario)* solitary: *vivere segregato,* to lead a sequestered (a secluded) life.

segregazione *sf* segregation; seclusion: *segregazione razziale,* racial segregation; *(in Sud Africa)* apartheid.

segreta *sf (prigione)* cell; dungeon.

segretamente *avv* secretly; in secret; *(confidenzialmente)* confidentially; in private; in confidence; *(furtivamente)* on the sly.

segretaria *sf* secretary: *(cinema) segretaria di edizione,* continuity girl.

segretariato *sm (carica)* secretaryship; *(locale)* secretariat.

segretario *sm* secretary: *segretario particolare,* private secretary — *segretario comunale,* town clerk — *Segretario di Stato,* Secretary of State — *sottosegretario,* undersecretary — *segretario galante,* book of love-letters — *fare da segretario a qcno,* to act as a secretary to sb.

segreteria *sf* **1** *(insieme di persone)* secretariat(e); *(carica)* secretaryship; *(ufficio)* administrative office. **2** *(sécretaire)* sécretaire. □ *segreteria telefonica, (servizio pubblico)* general information service; *(macchina)* automatic answering device.

segretezza *sf* secrecy; secretness: *in segretezza,* in secret; secretely; *(confidenzialmente)* in confidence; confidentially.

segretissimo *agg* top secret.

segreto *agg* secret; *(nascosto)* hidden; secluded; secret; *(discreto)* discreet; *(privato)* private; *(subdolo)* underhand: *una società segreta,* a secret society — *agente segreto,* a secret agent — *polizia segreta,* secret police — *fondi segreti d'investimento, (econ.)* secret investment funds — *tenere segreto qcsa,* to keep sth secret — *un amico segreto e fidato,* a discreet and trusting friend — *nei suoi appartamenti segreti,* in his private rooms — *con tutte le sue mene segrete,* with all his underhand scheming (*o* intrigues).
□ *sm* **1** secret; *(segretezza)* secrecy: *il segreto di essere felice senza quattrini,* the secret of being happy with no money — *un segreto di Stato,* a secret of State — *il segreto di Pulcinella,* an open secret — *i segreti del mestiere,* the tricks of one's trade — *un segreto professionale,* a professional secret — *il segreto d'ufficio, (in generale)* professional secrecy — *un segreto di fabbricazione,* a secret of manufacture — *nel segreto della confessione,* in confession; in the secrecy of the confessional — *in segreto,* in secrecy; secretly; confidentially; *(dentro di sé)* in one's heart — *custodire (rivelare, tradire) un segreto,* to keep (to disclose, to betray) a secret — *essere parte del segreto,* to be in (in on) the secret — *partecipare un segreto a qcno,* to let sb into a secret — *lasciarsi sfuggire un segreto,* to let a secret out; *(fam.)* to let the cat out of the bag — *strappare un segreto di bocca a qcno,* to fish out a secret from sb — *una rottura del segreto istrutorio, (dir.)* a breach of judicial secrecy — *violazione del segreto epistolare,* violation of the secrecy of correspondance. **2** *(parte recondita)* secret; depth; *(fig.: intimità)* depths *(pl.)*: *nel segreto della foresta,* in the depths of the forest — *nel segreto della sua anima,* in the depths of one's heart (of one's conscience).

seguace *sm* follower; *(discepolo)* disciple.

seguente *agg* following; *(nel tempo)* next: *l'anno seguente,* the following (the next) year. □ *I nomi erano i seguenti...,* The names were as follows...

segugio *sm* hound; bloodhound; *(fig.)* detective; policeman *(pl.* -men*)*; sleuth *(fam.)*; bloodhound.

seguire *vt e i.* **1** to follow; *(continuare)* to continue: *Seguitemi!,* Follow me! — *Mi segui?,* - **a)** *(Per favore segui)* Will you follow me? - **b)** *(Mi spiego?)* Do you follow me? — *Non seguo più!,* I don't follow! — *seguire le orme di qcno,* to follow in sb's footsteps; *(fig.)* to follow in sb's tracks; to dance to sb's tune — *seguire l'esempio di qcno,* to follow sb's example — *il caso che segue,* the following case; the case that follows — *Ne segue che...,* It follows that... — *come segue,* as follows — *Segue lettera,* Letter following (*o* follows) — *Segue, (in un testo a stampa)* To be continued — *Segue a pagina 98,* Continued on page 98 — *Segue a tergo,* Continued on next page; Please turn over — *Segue al prossimo numero,* To be continued in the (in our) next issue — *con (tutto) quel che segue,* and all the rest. **2** *(inseguire, pedinare)* to follow; to pursue; to shadow. **3** *(andare, procedere per)* to follow; to take*; to go* (on); to proceed along; *(per estensione: attenersi a)* to follow; to conform to: *seguire la corrente,* to go down the stream; *(fig.)* to go with the stream — *seguire una pista giusta (sbagliata),* to be on the right (the wrong) track — *seguire la via gerarchica,* to go through official channels. □ *A una disgrazia ne segue un'altra, (prov.)* It never rains but it pours.

seguitare *vt* **1** to continue; to prosecute: *seguitare un ragionamento,* to continue a discussion — *seguitare gli studi,* to prosecute one's studies. **2** *(di cane da caccia)* to chase; to pursue.
□ *vi* **1** to go* on; to keep* on; to continue; *(insistere)* to persist (in); to persevere (at, in): *seguitare a piovere,* to go on (to keep on) raining — *Seguita a portare quel suo cappello fuori moda,* She persists in wearing that old-fashioned hat. **2** *(venire come conseguenza)* to follow; to ensue from; to result from. **3** *(continuare, seguire)* to follow; to come* after: *Seguitarono tempi difficili,* Hard times followed (came after).

seguito *sm* **1** *(scorta)* retinue; suite; train; attendants *(pl.)*; *(seguaci)* followers: *il presidente e il suo seguito,* the president and his retinue — *al seguito dell'ambasciatore,* among the ambassador's suite — *l'arbitro con un seguito di tifosi inferociti,* the referee with a train of enraged fans — *viaggiare senza seguito,* to travel unattended. **2** *(per estensione: consenso, favore)* following: *un agitatore politico senza seguito,* a political agitator with no followers (no following) — *avere molto seguito,* to have a large following — *non avere molto seguito,* not to have much of a following. **3** *(continuazione)* continuation; *(serie, sequela)* series; train; sequence; succession; *(strascico)* consequence; sequel: *un seguito di disgrazie,* a series (a great number, a lot) of misfortunes — *il seguito dei suoi pensieri,* the train (the succession) of his (of her) thoughts — *Fu una cosa senza seguito,* It ended there; There was no sequel — *'A seguito della Vostra lettera del...',* 'Following your letter of...' — *far seguito a qcsa,* to follow up sth — *'Facendo seguito alla nostra raccomandata del...',* 'Further to (With further reference to) our registered letter of...' — *di seguito,* in succession; *(senza interruzione)* without interruption; uninterruptedly — *e così di seguito,* and so on; and so forth, *ecc.* — *in seguito a,* in consequence of; owing to; on account of; because of — *dar seguito a qcsa,* to carry out (to execute) sth.

sei *agg numerale cardinale e sm* six: *sei uova,* six eggs — *il sei di maggio,* (on) the sixth of May — *una bimba di sei mesi,* a six-month-old baby.

seicento *agg numerale cardinale e sm* six hundred: *il Seicento (il secolo XVII),* the seventeenth century; *(riferito all'arte italiana)* the Seicento.

seimila *agg numerale cardinale e sm* six thousand.

selce *sf* flint; flintstone.

selciaio, selciatore *sm* paver; flagger.

selciare *vt* to pave; to flag.

selciato *agg* paved; flagged.
□ *sm* pavement.

selciatura *sf* paving; flagging.

selcioso *agg* flinty.

selenico *agg (letteralm.: lunare)* lunar; *(chim.)* selenic.

selenio *sm (mineralogia)* selenium.

selettivamente *avv* selectively.

selettività *sf* selectivity.

selettivo *agg* selective.

selettore *sm* selector; *(manopola, bottone)* switch: *selettore d'onda,* wave selector.
□ *agg* selective.

selezionare *vt* to select; *(scegliere)* to sort; to choose*; to pick up.

selezionatrice *sf (macchina)* sorting-machine; grader.

selezione *sf* **1** selection; choice; *(telefono)* dialling: *eseguire una selezione,* to dial a number. **2** *(mecc.)* gearshift. **3** *(di capi di bestiame)* grading (up). **4** *(insieme di cose o persone scelte)* selection. □ *selezione attitudinale,* aptitude testing.

sella *sf* **1** saddle *(anche di bicicletta o motocicletta o fig.): sella all'inglese,* English saddle — *sella da amazzone,* side-saddle — *cavallo da sella,* saddle horse — *sella allungata, (da motocicletta)* panseat — *saper stare in sella,* to ride well; to be a good rider. **2** *(di montagna)* saddle; *(valico)* col. **3** *(taglio di carne)* saddle. **4** *(ogni oggetto a forma di sella)* saddle; seating.

sellaio *sm* saddler.

sellare *vt* to saddle.

sellato *agg* saddled.

sellatura *sf* saddling.

selleria *sf* saddlery; saddler's (shop).

sellino *sm* saddle; small saddle: *sellino posteriore,* pillion.

seltz *sm* seltz; soda: *whisky e seltz,* whisky and soda — *acqua di seltz,* soda-water.

selva *sf* **1** wood; woods; forest *(anche fig.).* **2** *(poetico per albero)* tree; *(legno)* wood. **3** *(fig.: intrico)* maze; labyrinth; *(gran quantità)* mass; large number; *(folla)* crowd; multitude; great number. **4** *(lett.)* collection.

selvaggiamente *avv* savagely.

selvaggina *sf* game.

selvaggio *agg* wild; *(non coltivato)* uncultivated; *(non domato)* untamed; *(incivile, primitivo)* uncivilized; savage; primitive; *(di paesaggio, ambiente)* desolate; waste; *(orrido)* horrid; *(barbaro, crudele)* barbarous; brutal; cruel; horrible; *(rozzo)* rough; rude; *(violento)* violent; uncontrolled: *un fiore selvaggio,* a wild flower — *una tribù selvaggia,* a wild (an uncivilized, a savage) tribe — *un rito selvaggio,* a wild (a primitive, a savage) rite — *una landa selvaggia,* a wild (a desolate, a waste) plain — *un crimine selvaggio,* a ferocious crime — *una passione selvaggia,* a wild (a violent, an uncontrolled) passion.
□ *sm* savage *(anche fig.).*

selvaticamente *avv* wildly; *(in modo poco socievole)* unsociably.

selvatichezza *sf* wildness; savageness; *(fig., di modi, ecc.)* rudeness; harshness.

selvatico *agg* wild; untamed *(di animale non domestico); (poco socievole)* unsociable; *(rustico)* rustic; rude; unrefined; uncouth: *anatra selvatica,* wild duck — *rosa selvatica,* wild rose — *gatto selvatico,* wild (*o* untamed) cat — *modi selvatici,* rustic (*o* unrefined, uncouth) manners.
□ *sm* **1** wild animal. **2** *(odore)* smell of wild animals: *puzzare di selvatico,* to smell wild (*o* gamy) — *sapere (avere sapore) di selvatico,* to taste wild (*o* gamy).

selvaticume *sm* wildness.

selvicoltore *sm* forester; silviculturist.

selvicoltura *sf* forestry; silviculture.

selvoso *agg* woody; wooded.

semaforo *sm* traffic-lights *(pl.); (ferrovia)* semaphore; *(naut.)* signal-station.

semantica *sf* semantics *(con il v. al sing.).*

semantico *agg* semantic.

sembiante *sm* appearance; aspect: *far sembiante,* to feign; to pretend — *avere il sembiante di qcsa,* to look like sth.

sembianza *sf* aspect; appearance; look; *(immagine)* image; *(lineamenti)* features; countenance: *sotto le sembianze di...,* with an appearance of... — *a sembianza di...,* in the aspect of... — *con allegra sembianza,* with a cheerful appearance — *di belle sembianze,* good-looking.

sembrare *vi* **1** *(parere)* to seem; to appear; to look; *(assomigliare)* to resemble; to look like: *sembrare facile (difficile),* to seem easy (difficult) — *sembrare triste,* to appear (to look) sad — *sembrare uno sciocco,* to appear (to look like) a fool — *sembrare un tipo in gamba,* to seem a smart person — *sembrare finto,* to look sham (*o* artificial, false) — *Sembra tutto suo padre,* He's the image of his father; He quite resembles his father. **2** *(dare l'impressione)* to look like; to sound; *(avere il sapore)* to taste like; *(al tatto)* to feel* like; *(all'olfatto)* to smell* like; *(all'udito)* to sound like: *Sembra che voglia piovere,* It looks like rain — *La spiegazione sembra chiara,* The explanation sounds clear — *Questo sembra proprio caffè,* This really tastes like coffee — *Le carezzai i capelli: sembravano seta,* I caressed her hair: it felt like silk. **3** *(pensare, ritenere; usato impersonalmente o riflessivamente)* to seem; to appear *(entrambi con costruzione tanto personale quanto impersonale);* to sound *(con la costruzione impersonale);* to think* *(con la costruzione personale); (volere, preferire)* to like; to wish; to prefer: *Sembra che il piano funzioni,* It seems that the scheme works; The scheme seems to work — *Sembrerebbe che abbiamo fatto male a venire,* We would seem to have done wrong to come (*o* in coming) here; It would seem that we did wrong to come here — *Mi sembra che tu abbia torto,* I think you are wrong; You seem to be wrong to me; It seems to me that you are wrong — *Se ti sembra di venire, vieni,* If you like (*o* wish) to come, come.

seme *sm* **1** seed *(anche fig.); (di cereali)* grain; *(di agrumi e frutta)* pip; *(gheriglio)* kernel; *(popolare: nocciolo)* stone: *un sacchetto di semi,* a packet of seed(s) — *gettare (spargere) il seme,* to scatter seed — *seme santo,* worm seed — *semi di zucca, (semini)* pumpkin seeds — *olio di semi,* seed oil — *semi di lino,* linseed — *grano da semi,* seed-corn. **2** *(fig., lett.: stirpe, razza, discendenza)* seed; stock; race; breed; *(fig.: origine, causa)* cause; source; germ; origin: *il seme della violenza,* the seed (the germ) of violence. **3** *(liquido seminale)* semen; sperm; *(lett.)* seed. **4** *(il simbolo delle carte da gioco)* suit. □ *Di uomini simili si è perso il seme, (fig.)* They don't make men of his kind any more.

sementa *sf (semi)* seeds *(pl.); (semina)* sowing: *tempo della sementa,* sowing-season; seed-time.

semente *sf* seed.

semenza *sf* **1** seeds *(pl.).* **2** *(discendenza)* seed; offspring; progeny. **3** *(fig.: causa, origine)* seed; cause; origin; spring; source.

semenzaio *sm* seed-bed.

semestrale *agg* six-monthly; half-yearly.

semestralmente *avv* six-monthly; every six months; half-yearly.

semestre *sm* half-year; period of six months; semester.

semiacerbo *agg* half-ripe.

semiaperto *agg* half-open.

semiarco *sm (archit.)* haunch.

semiasse *sm (geometria)* semi-axis *(pl.* -axes*); (di auto)* half-shaft.

semiautomatico *agg* semi-automatic.

semibarbaro *agg* half-savage; semi-barbarian.

semibiscroma *sf (mus.)* sixty-fourth (note); hemidemisemiquaver.

semibreve *sf (mus.)* semibreve; whole note.

semicadenza *sf (mus.)* half-cadence; semi-cadence.

semicerchio *sm* half-circle; *(geometria)* semicircle.

semichiuso *agg* half-closed; half-shut.

semicingolato *agg* half-tracked; half-track *(attrib.): un semicingolato,* a half track.

semicircolare *agg* semicircular.

semicircolo *sm* semicircle.

semicroma *sf (mus.)* semiquaver; sixteenth note.

semicupio *sm* hip-bath.

semicuscinetto *sm (di macchinari)* half-bearing.

semidiametro *sm* semi-diameter; radius *(pl.* radii, radiuses*).*

semidio *sm* demigod.

semidotto *agg* half-erudite.

semifinale *sf (sport)* semifinal.

semifinalista *sm e f.* semifinalist.

semifreddo *agg* half-cold.
□ *sm* soft ice-cream.

semigratuito *agg* half-price.

semilavorato *agg* semi-manufactured; semi-finished.
□ *sm* unfinished (*o* semimachined) product.

semiliquido *agg e sm* semiliquid.

semilunare *agg* semilunar; half-moon-shaped.

semiminima *sf (mus.)* crotchet; quarter note.

semimorto *agg* half-dead.

semina, seminagione *sf* sowing; seeding: *tempo della semina,* seed-time.

seminabile *agg* sowable.

seminale *agg* seminal.

seminare *vt* **1** to sow* *(anche fig.);* to seed: *seminare l'orzo,* to sow barley — *seminare un campo a grano,* to sow a field with corn — *seminare al vento (sulla rena), (fig.)* to sow in the wind (in the sand) — *Chi semina vento raccoglie tempesta, (prov.)* Sow the wind and reap the whirlwind — *Chi non semina non miete, (prov.)* He that does not sow, does not mow. **2** *(spargere disordinatamente)* to scatter; to seed; to sow*; *(diffondere)* to spread*; *(disseminare)* to disseminate; *(causare)* to cause: *seminare indumenti per tutta la stanza,* to scatter one's clothes all over the room — *seminare maldicenza (zizzania),* to sow (to spread) slander (discord) — *seminare lutti,* to cause mourning. **3** *(distanziare, distaccare)* to outdistance; to leave* behind; to draw* away from; to shake* off: *seminare un inseguitore,* to shake off a pursuer — *seminare tutti gli altri concorrenti,* to outdistance (to leave behind) all one's competitors.

seminario *sm* **1** *(istituto religioso)* seminary. **2** *(convegno di studi)* seminar. **3** *(semenzaio)* seed-bed.

seminarista *sm* seminarist.

seminato *agg* **1** sown; spread; scattered; disseminate; *(cosparso)* strewn: *un campo di battaglia seminato di caduti,* a battlefield strewn with dead bodies. **2** *(araldica)* semée *(fr.).*
□ *sm* sown field (*o* land, *o* ground). □ *andare fuori (uscire) dal seminato,* to digress; to wander from the subject.

seminatoio *sm* seeder.

seminatore *sm* sower.

seminatrice *sf* sowing-machine; seeding-machine.

seminfermità *sf* partial infirmity: *seminfermità mentale,* partial insanity.

seminterrato *sm* basement.

seminudo *agg* half-naked.

semiretta *sf* half-line.

semiscoperto *agg* half-discovered.

semisecolare *agg* semi-secular.

semiselvaggio *agg* half-savage.

semiserio *agg* half-serious; semi-comic.

semisfera *sf* hemisphere.

semisferico *agg* hemispheric(al).

semispento *agg* half-burnt; nearly out; half-extinguished; *(fig.)* lifeless; half-dead; languishing; faint.

semita *agg* Semitic; Semite.
□ *sm e f.* Semite.

semitico *agg* Semitic.

semitono *sm* semitone.

semitrasparente *agg* semitransparent.

semitrasparenza *sf* semi-transparency.

semiufficiale *agg* semi-official.

semivestito *agg* half-dressed.

semivivo *agg* half-alive; half-dead.

semivocale *sf* semivowel.

semivocalico *agg* semivocalic.

semola *sf* **1** *(crusca)* bran. **2** *(fam.: lentiggini)* freckle; freckles. **3** *(fam.: semolino)* semolina.

semolino *sm* semolina.

semovente *agg* self-propelled.
□ *sm (pezzo di artiglieria)* mobile howitzer.

semovenza *sf* self-propulsion.

sempiterno *agg* eternal; everlasting; sempiternal.

semplice **I** *agg* **1** simple; single; *(non ricercato)* simple; plain; ordinary; common; *(facile)* simple; easy:

consonante semplice, (gramm.) single consonant — *tempo semplice, (gramm.)* simple tense — *un narciso semplice,* a single narcisus — *equazione semplice,* simple equation — *interesse semplice, (comm.)* simple interest — *partita semplice, (comm.)* single-entry book-keeping — *la regola del tre semplice,* the rule of three — *in parole semplici,* in plain words — *acqua semplice,* plain water; tap-water. **2** *(enfatico: solo, null'altro che)* simple; mere; bare; sheer; pure; just: *la verità pura e semplice,* the mere (the bare, the plain) truth; the truth pure and simple — *fare affidamento sulla semplice parola di qcno,* to rely on the mere word of sb — *una pazzia pura e semplice,* sheer madness — *in base a una semplice congettura,* on a mere suggestion — *per la semplice ragione che,* for the simple reason that; simply because — *un ladro puro e semplice,* just a thief; nothing but a thief — *un marinaio semplice,* a non-commissioned sailor; an ordinary seaman; a rating. **3** *(di persona: schietto, sincero)* simple; straightforward; artless; guileless; *(alla buona)* simple; plain; homely; *(ingenuo)* simple; simple-minded; ingenuous; naive: *gente semplice,* simple (*o* homely) folk — *alla semplice,* with simplicity; simply.

II *sm (persona semplice)* simple (*o* open, *o* straightforward) man *(pl.* men*)*; *(semplicione)* simpleton: *Beati i semplici,* Blessed are the simple.

semplicemente *avv* **1** simply; plainly; *(senza artificio o malizia)* simply; in simple manner; frankly; artlessly; candidly. **2** *(solamente)* simply; merely; just: *Gli dissi semplicemente che...,* I just told him that...

semplicione *sm* simple; good-natured person; naive person.

□ *agg* simple; good-natured; naive.

semplicioneria *sf* naiveté; simple-mindedness.

sempliciotto *sm* simpleton.

semplicismo *sm* superficiality.

semplicista *sm e f.* **1** superficial person. **2** *(erborista)* herbalist.

semplicisticamente *avv* superficially.

semplicistico *agg* superficial.

semplicità *sf* **1** simplicity; simpleness; plainness; *(naturalezza)* naturalness; artlessness. **2** *(ingenuità)* simplicity; simple-mindedness; ingenuousness; naiveté *(fr.)*.

semplificare *vt* to simplify; to make* simple; *(facilitare)* to make* easy.

semplificazione *sf* simplification.

sempre *avv* **1** always; *(in alcuni nomi composti e con il senso di perennità)* ever: *Al mattino sono sempre qui,* I'm always here in the morning — *Leggo sempre di sera,* I always read in the evening — *Sono sempre stato bene,* I've always been well — *quasi sempre,* nearly always — *non sempre,* not always — *da sempre,* from time immemorial — *di sempre, (locuzione aggettivale)* usual; habitual; *(spreg.)* the same old — *con la cortesia di sempre,* with his (her) usual kindness — *È la persona di sempre,* He is the same person (as before); He hasn't changed — *ora e sempre,* now and for ever — *un rischio sempre presente,* an ever-present risk — *Sempre avanti!,* Keep straight on! — **per sempre,** for ever; *(definitivamente)* for good — *Te ne vai per sempre?,* Are you leaving for good? — *una volta per sempre,* once (and) for all — *Vostro per sempre, (nella corrispondenza)* Yours ever; Ever yours.

2 *(continuamente, tutto il tempo)* all the time; *(a ogni ora)* at all times; always; *(in ogni circostanza)* on all occasions: *Piovve sempre,* It rained all the time — *Telefona sempre,* He rings up at all times; He's always ringing up — *Lui c'è sempre!,* He's present on all occasions!; He never fails to turn up!

3 *(ancora)* still: *Scii sempre?,* Do you still go skiing? — *Sempre qui?,* Still here? — *C'è sempre speranza,* There's still hope — *Penso sempre che tu abbia torto,* I still think you're wrong.

4 *(concessivo: pur sempre)* always; still; anyhow; nevertheless: *È invecchiato, ma è sempre lucido,* He's grown old, but he's still got a clear head — *È pur sempre tua madre,* She's still your mother.

5 **sempre che ...,** provided (that); if; *(ammesso che)* supposing that; granted that; *(ammesso che non)* unless: *Domani andremo in gita, sempre che non piova,* We're off on a trip tomorrow, if it doesn't rain (provided it doesn't rain).

6 *(rafforzativo: davanti a un agg. o avv. comparativo si ripete il comparativo) sempre meglio (peggio),* better and better (worse and worse); still better (still worse); increasingly better (increasingly worse) — *sempre più,* more and more; still more — *sempre meno,* less and less; still less — *sempre più in alto,* higher and higher; up and up — *sempre più facile,* easier and easier — *sempre più difficile,* more and more difficult.

sempreverde *agg e sm* evergreen.

semprevivo *sm* houseleek.

senape *sf* mustard *(anche come agg. per indicare il colore)*.

senapismo *sm* **1** *(cataplasma)* mustard plaster; mustard poultice. **2** *(fig.: seccatura)* bore; nuisance; pest.

senato *sm* senate; *(uno dei due rami del Parlamento)* Upper House.

senatore *sm* senator.

senatoriale, senatorio *agg* senatorial.

senescenza *sf* senescence.

senile *agg* senile.

senilità *sf* senility; old age.

senilmente *avv* in a senile way.

senno *sm* sense; judgement; wisdom: *una ragazza di senno,* a girl of good sense; a sensible (a wise) girl — *un ragazzo senza senno,* a senseless (a brainless, a foolish) boy — *Dove hai senno?,* Have you no sense at all?; Are you off your head? — *una cosa fatta con senno,* a sensible thing — *a mio senno, (a mio avviso)* in my judgement; to my mind; in my opinion; *(come credo meglio)* as I think best — *essere in senno,* to be in one's (right) senses — *essere fuori di senno,* to be out of one's senses (one's wits) — *tornare in senno,* to recover one's mind; to come to one's senses — *far tornare in senno qcno,* to bring sb to his senses — *perdere il senno, uscire di senno,* to lose one's wits; to go mad; to be off one's head.

□ *fare di proprio senno,* to have one's own way — *il senno di poi,* hindsight — *Del senno di poi son piene le fosse, (prov.)* It's easy to be wise after the event.

sennonché, se non che *congiunz* but; except that.

se no, sennò *avv e congiunz* otherwise.

seno *sm* **1** *(mammella)* breast; *(per estensione: grembo)* bosom; womb; lap; *(fig.: animo)* breast; bosom; heart: *il frutto del tuo seno,* the fruit of thy womb — *in seno ad Abramo,* in Abram's bosom — *nel seno della Chiesa,* in the bosom of the Church — *nel seno della terra,* in the bosom (in the depths, in the bowels) of the earth — *la furia che gli (le) ardeva in seno,* the rage burning in his (her) breast — *allattare, nutrire un bimbo al seno,* to breast-feed a child — *mettere (nascondere) qcsa in seno,* to put (to hide) sth in one's bosom — *portare un figlio in seno,* to carry a child in one's bosom — *scaldare, scaldarsi una serpe in seno,* to nurse (to cherish) a snake in one's bosom — *stringere qcno al seno,* to press (to hug) sb to one's breast (*o* bosom) — *in seno al comitato (al partito),* within (*o* among) the committee (the party). **2** *(piega, recesso)* fold; recess. **3** *(anat.: cavità)* sinus *(pl.* sinuses, sinus*).* **4** *(insenatura)* inlet; creek; cove; bay. **5** *(trigonometria)* sine; *(abbr.)* sin: *seno e coseno,* sine and cosine.

senofobia *sf* xenophobia.

senofobo *sm* xenophobe. □ *agg* xenophobian.

sensale *sm e f.* agent; broker.

sensatamente *avv* sensibly; judiciously.

sensatezza *sf* good sense; prudence; sensibleness.

sensato *agg* sensible; judicious.

sensazionale *agg* sensational.

sensazione *sf* sensation; *(impressione, sentimento)* feeling: *a sensazione,* sensational — *fare sensazione,* to make a sensation.

sensibile *agg* **1** *(che ha sensibilità)* sensitive; *(talvolta, piuttosto desueto)* sensible; sensitized: *un termometro molto sensibile,* a highly sensitive thermometer — *un cuore sensibile,* a sensitive (a tender, a feeling) heart — *il mondo sensibile,* the sensitive world — *avere la pelle sensibile,* to have a sensitive skin; *(fam.)* to be thin-skinned — *essere sensibile a qcsa,* to be sensitive (*o* susceptible) to sth — *essere molto sensibile alla gentilezza di qcno,* to be (very) sensible of sb's kindness; to appreciate sb's kindness (very much). **2** *(facile a commuoversi)* tender-hearted; *(ipersensibile)* tender-skinned; *(permaloso)* touchy. **3** *(ciò che si può percepire coi sensi)* sensible; perceptible: *la realtà sensibile,* perceptible reality. **4** *(notevole)* considerable; appreciable; sensible; tangible; notable; serious: *sensibili danni,* considerable (*o* serious) damage — *una sensibile diminuzione di prezzi,* a considerable (a notable) fall in prices. **5** *(mus.)* sensible (note *o* tone); leading (note). □ *il regno (il mondo) del sensibile,* the sensitive world.

sensibilità *sf* **1** sensibility; sensitiveness; *(fotografia, chim., fisiologia, psicologia, radio, ecc.)* sensitivity: *la sensibilità della pelle,* the sensibility of the skin — *la sensibilità di una pellicola,* the sensitivity of a film. **2** *(di emozioni, dell'animo)* sensitivity; sensitiveness; *(delicatezza)* delicacy; *(finezza)* refinement; sensibility; *(buon cuore)* tender-heartedness; *(suscettibilità)* touchiness; susceptibility.

sensibilizzare *vt* **1** *(fotografia)* to sensitize. **2** *(rendere cosciente, partecipe)* to make* aware: *sensibilizzare la pubblica opinione a qcsa,* to make the public aware of sth.

sensibilizzazione *sf (fotografia)* sensitization.

sensibilmente *avv* sensitively; *(notevolmente)* considerably; notably; sensibly.

sensitivamente *avv* sensitively.

sensitività *sf* sensitivity.

sensitivo *agg* **1** *(atto a sentire)* sensory; sensitive: *la facoltà sensitiva,* the sensory faculty — *l'anima sensitiva,* the sensitive soul. **2** *(dei sensi)* sensitive; sensuous. **3** *(di animo sensibile)* sensitive; impressionable; *(di buon cuore)* tender-hearted; *(suscettibile)* touchy; susceptible.
□ *sm (persona dotata di acuta sensibilità)* sensitive.

senso *sm* **1** sense: *i cinque sensi,* the five senses — *gli organi del senso,* the organs of sense; the sense-organs — *un sesto senso,* a sixth sense — *senso dell'orientamento,* sense of direction — *il senso del bello,* the sense of beauty — *senso dell'umorismo,* sense of humour — *essere fuori dei sensi,* to be out of one's senses — *riprendere i sensi,* to recover (to regain) consciousness; *(fam.)* to come round.
2 *(sensazione)* sense; sensation; feeling: *un senso di benessere,* a sense (a feeling) of well-being — *un senso di soffocamento,* a sensation of suffocation — *Il sangue gli fa senso,* Blood sickens him.
3 *(al pl.: sensualità)* senses *(pl.)*; sensuality; lust (of the flesh); flesh: *il piacere dei sensi,* the pleasure of the senses (of the fesh) — *soddisfare i (abbandonarsi ai) sensi,* to gratify one's senses — *mortificare i sensi,* to mortify the flesh.
4 *(coscienza, consapevolezza)* sense; consciousness: *senso comune,* common sense — *senso morale,* moral sense — *il senso del dovere,* the sense of duty — *un uomo di buon senso,* a man of good sense (of sound judgement).
□ *Con i sensi della mia stima,* With the expression of my esteem; *(in chiusa di lettere commerciali)* Yours faithfully (sincerely, truly).

sensoriale *agg* sensorial.

sensorio *agg* sensory; sensorial.

sensuale *agg* sensual; voluptuous; carnal: *un (uomo) sensuale* a sensual (a voluptuous) man; a sensualist.

sensualità *sf* sensuality; voluptuousness.

sensualmente *avv* sensually.

sentenza *sf* **1** *(dir.)* judgement; decision: *pronunciare una sentenza di morte contro qcno,* to sentence sb to death — *ricorrere contro una sentenza,* to appeal against a decision — *una sentenza di condanna,* a conviction — *una sentenza passata in giudicato,* res judicata *(lat.).* **2** *(aforisma)* aphorism; maxim; precept; *(detto)* saying; saw: *sputar sentenze,* to play the wiseacre; to talk sententiously. **3** *(opinione)* opinion; mind: *mutar sentenza,* to change one's mind.

sentenziare *vi* **1** *(dir.)* to order; to decide. **2** *(giudicare con poca competenza)* to be* sententious.

sentenziosamente *avv* sententiously.

sentenzioso *agg* sententious.

sentiero *sm* path *(anche fig.)*; pathway; footpath; track; *(scorciatoia)* by-path; by-way: *un ripido sentiero di montagna,* a steep mountain path — *il sentiero della gloria,* the path to glory — *allontanarsi dal retto sentiero, (fig.)* to go astray; to leave the straight and narrow path — *uscire dal sentiero battuto, (anche fig.)* to go off the beaten track — *essere sul sentiero di guerra,* to be on the war-path *(anche scherz.).*

sentimentale *agg* sentimental; romantic; *(sdolcinato)* mawkish: *un romanzo sentimentale,* a sentimental novel — *fare il sentimentale,* to sentimentalize — *per motivi sentimentali,* for sentimental reasons.

sentimentalismo *sm* sentimentalism.

sentimentalità *sf* sentimentality.

sentimentalmente *avv* sentimentally.

sentimento *sm* **1** *(affetto, passione, sensibilità)* feeling; sentiment; passion; *(al pl.: modo di sentire)* feelings *(pl.)*: *con sentimento,* with great feeling; *(mus.)* with sentiment — *il sentimento che ci unisce,* our common feeling — *controllare i propri sentimenti,* to control one's feelings — *parlare al sentimento,* to appeal to sentiment — *toccare la corda del sentimento,* to appeal to feelings — *offendere i sentimenti di qcno,* to hurt sb's feelings — *un uomo di nobili sentimenti,* a man of lofty feelings — *un giovane di buoni sentimenti,* a good-natured young man. **2** *(coscienza, senno)* sense; consciousness: *il sentimento del bene e del male,* the sense of good and evil — *il sentimento morale (religioso, estetico),* the moral (religious, aesthetic) sense — *essere fuori dei sentimenti,* to be off one's head; to be mad — *riacquistare i sentimenti, (rinsavire)* to recover one's senses. **3** *(opinione)* opinion; mind; sentiment; feeling: *i suoi sentimenti religiosi,* his (*o* her) religious feelings — *mutar sentimenti,* to change one's mind; to change one's point of view.

sentina *sf* **1** *(naut.)* bilge: *acqua di sentina,* bilge-water — *pompa di sentina,* bilge-pump. **2** *(fig.)* den; sink.

sentinella *sf* sentry; *(meno comune)* sentinel: *essere di sentinella,* to be on sentry-duty; to be on guard; *(marciare avanti e indietro)* to be on sentry-go — *(fig.) fare la sentinella,* to keep watch; to stand guard — *montare di sentinella, (anche fig.)* to mount guard — *dare il cambio alla sentinella,* to relieve the guard.

sentire *vt* **1** *(avere una sensazione)* to feel*; *(fig., anche)* to have* a feeling: *Sento un dolore al ginocchio,* I feel a pain in my knee — *Senti quanto pesa,* Feel how much it weighs — *Sento che succederà qualcosa,* I feel (I have a feeling) that something is going to happen — *sentire caldo (il caldo),* to feel warm (the heat) — *sentire freddo (il freddo),* to feel cold (the cold) — *sentire fame, sete,* to feel hungry, thirsty — *sentir sonno,* to feel sleepy — *sentir nausea,* to feel sick *(anche fig.); (fam.)* to feel queasy — *sentire il solletico,* to be ticklish — *sentire la mancanza di qcno,* to miss sb — *non sentire nulla, (essere indifferente)* to be indifferent; *(essere insensibile)* to be insensible — *non sentire più le gambe, (fig.)* to be hardly able to stand — *In questi giorni il caldo si fa sentire,* The heat has really made itself felt these last few days.

2 *(apprendere col tatto)* to feel*; *(col gusto)* to taste; *(con l'odorato)* to smell*: *sentire il polso,* to feel the pulse — *Senti questo vino,* Taste this wine — *Sento un sapore strano,* I can taste sth strange — *Lo sentii al gusto,* I realized what it was by tasting it (by the taste) — *Sento odor di muffa qua dentro,* I smell mould here — *sentire odor di bruciato,* to smell burning; *(fig.)* to smell a rat.

3 *(udire)* to hear*: *Non ti sento,* I can't hear you — *sentir messa,* to attend (to hear) mass; to be at mass — *Ho sentito dire che...,* I heard that... — *Fatti sentire, (Parla forte)* Speak up; *(Dài tue notizie)* Let me hear from you.

4 *(ascoltare)* to listen (to); *(conoscere)* to hear*; to know*; *(consultare)* to consult: *Non vuole sentire ragioni!,* He won't listen to reason! — *Ma senti un po'!,* Listen to that now! — *Statemi bene a sentire,* Just listen to me — *A sentir lui...,* From what he says...; According to him... — *Vorrebbe sentire che cosa ne pensi,* He would like to know what you think about it — *Faresti meglio a sentire il tuo avvocato,* You had better consult (*o* see) your lawyer — *farsi sentire, (fig.)* to make oneself heard — *sentire le due campane, (fig.)* to listen to both sides — *non sentirci da un orecchio,* to be deaf in one ear; *(fig.)* to turn a deaf ear — *stare a sentire (da) dietro l'uscio,* to eavesdrop.

□ *vi* **1** *(udire)* to hear*; *(avere il gusto di)* to taste of; to smack of; *(avere l'odore di)* to smell* of; *(al tatto)* to feel*: *Non sento molto bene,* I can't hear very well — *non sentirci,* to be deaf — *Sente un po' di fragola,* It tastes a little of strawberry — *sentire di muffa,* to smell musty — *Senti com'è morbido,* Feel how smooth it is.

2 *(stimare, pensare)* to think*; *(vedere)* to see*: *Dico quello che sento,* I say what I feel (I think) — *Senti che cosa vuole,* See what he wants.

□ **sentirsi** *v. rifl* **1** to feel*; *(essere, stare)* to feel*; to be*: *Come ti senti?,* How do you feel?; How are you? — *Non mi sento bene,* I'm feeling unwell; I'm not (feeling) very well — *Mi sento svenire,* I feel faint — *Mi sento morire,* I feel I would die — *Mi sento obbligato a dirti che...,* I feel obliged to tell you that...

2 sentirsi di fare qcsa, sentirsela *(essere disposto)* to feel* up to doing sth; *(avere desiderio, voglia)* to feel* like doing sth: *Non me la sento di partire con questo tempo,* I don't feel like leaving with such a weather — *sentirsi a proprio agio,* to feel at home — *sentirsi a disagio,* to feel uneasy.

3 *(distinguere mediante l'udito)* to tell*: *Si sente subito che è tedesco,* You can tell at once that he is German.

□ *in funzione di sm (sentimento)* feeling; feelings *(pl.)*: *uno scrittore di alto sentire,* a writer of noble feelings.

sentitamente *avv* sincerely; warmly: *Vi ringraziamo sentitamente per la vostra cortesia,* We thank you sincerely for your kindness.

sentito *agg* **1** *(udito)* heard: *per sentito dire,* by hearsay. **2** *(vivo, sincero)* deeply felt; sincere; heartfelt.

sentore *sm* inkling; *(segnale)* sign; mark; clue; *(sintomo)* symptom: *aver sentore di qcsa,* to get wind of sth.

senza *prep* without; -less *(agg.)*; -lessly *(avv.)*: *Non posso vivere senza di loro,* I can't live without them — *senza niente,* without anything — *senza di noi (lui, voi),* without us (him, you) — *senza amici,* friendless; without friends; without a friend; with no friends — *senza fallo,* without fail; certainly — *senza un soldo,* penniless — *senza senso,* senseless — *persona senza scrupoli,* unscrupolous person — *senza fine,* endless *(agg.)*; endlessly *(avv.)* — *lavoro fatto senza cura,* work done carelessly — *senza parlare,* without talking; without saying anything — *senza spese, (comm.)* no charge — *L'ha fatto senza che io glielo dicessi,* He did it without my telling him — *senza contare che...,* without taking into account that...; not taking into account that...; not counting that... — *senza dire che..., (tanto più che)* not to say that... — *essere senza qcsa,* not to have sth; to be without sth — *Siamo rimasti senza vino,* We have no wine left — *Siamo senza zucchero,* We have run short of sugar — *fare senza qcsa,* to do (to go) without sth.

□ *senz'altro,* certainly; definitely — *quattro senza, (naut.)* coxless four.

senzatetto *sm e f.* homeless person.

sepalo *sm* sepal.

separabile *agg* separable.

separabilità *sf* separability; separableness.

separare *vt* **1** to separate; *(dividere)* to divide; to disjoin; to disunite; to put* apart; to set* asunder; *(segregare)* to segregate: *tenere qcno separato,* to keep sb apart; to segregate sb — *conti separati, (al ristorante)* separate bills — *I Pirenei separano la Spagna dalla Francia,* The Pyrenees divide Spain from France — *separare due contendenti,* to separate (to divide) two fighters — *separare qcsa con un colpo, (staccarlo)* to strike off sth. **2** *(distinguere)* to distinguish; to separate: *separare il bene dal male,* to distinguish good from evil. **3** *(comm.: suddividere)* to break* down. **4** *(chim., fis.)* to split*; to separate *(ant.)*. **5** *(metallurgia)* to win*.

□ **separarsi** *v. rifl e reciproco* to part; to leave* one another; *(riferito a due coniugi)* to separate.

separatamente *avv* separately.

separatismo *sm* separatism.

separatista *sm e f.* separatist *(usato anche come agg.).*

separato *agg* separate; separated; *(distinto)* distinct: *in camere separate,* in separate rooms — *in separata sede, (in privato, senza testimoni)* in private; in confidence — *vivere separati,* to live separate; to live apart.

separatore *agg* separating.
□ *sm* separator: *separatore centrifugo,* centrifugal separator — *separatore di polvere,* dust trap.

separazione *sf* separation; parting; division: *separazione legale,* legal separation — *una separazione di fatto, (dir.)* a de facto separation — *una separazione molto triste,* a very sad separation (*o* parting).

sepolcrale *agg* sepulchral; mortuary; *(fig.: triste, cupo)* sepulchral; funereal; dismal; gloomy: *pietra sepolcrale,* tombstone — *poesia sepolcrale, (stor. lett.)* 'graveyard' poetry.

sepolcreto *sm* burial ground; cemetery.

sepolcro *sm* sepulchre; tomb; *(tomba)* grave; burial place: *un sepolcro imbiancato, (fig.)* a whited sepulchre; a hypocrite — *i cavalieri del Santo Sepolcro,* the knights of the Holy Sepulchre — *con un piede nel sepolcro,* with one foot in the grave — *condurre al sepolcro, (far morire)* to drive (sb) to the grave; to cause (sb's) death — *scendere nel sepolcro,* to sink into the grave; to die.

sepolto *agg (seppellito)* buried; *(fig.: immerso)* buried; steeped; immersed; plunged; *(fig.: nascosto)* buried; hidden; concealed: *morto e sepolto,* dead and buried.
□ *sm* (*f.* **sepolta**) buried person: *i sepolti,* the dead — *le sepolte vive,* cloistered nuns.

sepoltura *sf* burial; interment; sepulture; *(sepolcro, tomba)* grave; tomb: *accompagnare qcno alla sepoltura, (seppellire)* to bury sb; *(partecipare alla sepoltura)* to attend sb's funeral — *privare qcno della sepoltura ecclesiastica,* to deny (sb) Christian burial.

seppellimento *sm* burial; interment.

seppellire *vt* **1** to bury; to inter: *seppellire i morti,* to bury the dead — *seppellire qcno, (anche fig.: vederlo morto, volerlo morto)* to see sb dead; to bury sb. **2** *(fig.: ricoprire)* to bury; *(nascondere)* to bury; to hide. **3** *(fig.: dimenticare)* to bury; to forget*: *seppellire il passato,* to let bygones be bygones.
□ **seppellirsi** *v. rifl (fig.)* to bury oneself; to shut* oneself up; to sequester oneself: *seppellirsi in casa,* to shut oneself up in one's house — *seppellirsi tra i libri,* to bury oneself in one's books.

seppellitore *sm* grave-digger.

seppia *sf* cuttle-fish: *osso di seppia,* cuttle-fish bone — *nero di seppia,* sepia.

seppure, se pure *congiunz* even if; even though.

sepsi *sf* sepsis.

sequela *sf* **1** succession; chain; sequence. **2** *(med.)* sequela *(generalm. pl.:* sequelae*).*

sequenza *sf* sequence *(anche nel linguaggio cinematografico); (sequela)* sequence; succession; series; chain; train; run; *(al gioco delle carte)* sequence; flush: *una sequenza reale,* a straight flush.

sequenziale *sm* book of liturgical sequences.

sequestrabile *agg* seizable; sequestrable.

sequestrante *sm* sequestrator; confiscator.

sequestrare *vt* **1** *(beni, ecc.)* to sequestrate; to sequester; to attach; to distrain (upon sth): *Gli sequestrarono metà dello stipendio,* They attached half of his salary — *sequestrare i mobili a qcno,* to distrain upon sb's furniture. **2** *(togliere dalla circolazione)* to confiscate; to take* away; *(confiscare)* to confiscate; to seize: *sequestrare un giornale,* to confiscate (to sequestrate) a newspaper — *sequestrare un corpo di reato,* to take charge of a corpus delicti — *sequestrare qcno,* to detain sb unlawfully; to carry sb away by force; *(per ricatto)* to kidnap sb. **3** *(segregare)* to segregate; to seclude; to keep* apart: *essere sequestrato in casa,* to be kept indoors.

sequestro *sm* **1** *(dir.: provvedimento giudiziario cautelare)* sequestration; attachment; *(per debiti)* distress; distraint: *ordine di sequestro,* writ of distress — *una nave sotto sequestro,* a distrained ship — *eseguire un sequestro,* to levy a distraint. **2** *(confisca)* confiscation; seizure; sequestration. **3** *(di persona)* false imprisonment; unlawful restraint; *(per ricatto)* kidnapping.

sequoia *sf* sequoia.

sera *sf* evening; nightfall: *Si fa sera,* It's getting dark — *questa sera,* this evening; to-night — *giornale della sera,* evening paper — *domani sera,* tomorrow evening — *una sera sì e una sera no,* every other night — *di sera; la sera,* in the evening — *di prima sera,* early in the evening; at dusk — *verso sera,* at dusk; at nightfall — *la sera del tre di maggio,* on the evening of the third of May — *dalla mattina alla sera,* from morning to night — *un abito da sera,* an evening dress — *dare la buona sera,* to say good-evening.

serafficamente *avv* angelically; seraphically.

serafico *agg* seraphic; angelic.

serafino *sm* seraph *(pl.* seraphs, seraphim*).*

serale *agg* evening *(attrib.)*; night *(attrib.)*: *scuola serale,* evening (*o* night) school.

seralmente *avv (tutte le sere)* every evening; *(di sera)* in the evening.

serata *sf* **1** evening; night: *passare la serata con qcno,* to spend the evening with sb. **2** *(ricevimento serale)* evening party; soirée *(fr.).* **3** *(spettacolo serale)* evening performance: *serata di gala,* gala performance — *serata di addio,* farewell performance — *l'incasso della serata,* the evening's takings.

serbare *vt* **1** *(mettere da parte)* to lay* aside; to put* by; to store up: *Serbava le noccioline per i nipotini,* He laid aside the hazelnuts for his grandchildren. **2** *(mantenere, conservare)* to keep*: *Serbami un posto, se puoi,* Keep a seat for me, if you can. **3** *(nutrire in sé)* to harbour; to nurse *(odio, rancore, ecc.)*; to nourish; to cherish *(speranza, ecc.).*
□ **serbarsi** *v. rifl* to keep*: *serbarsi a lungo, (di frutta, ecc.)* to keep well.

serbatoio *sm* tank; *(talvolta)* reservoir: *serbatoio della benzina,* petrol tank — *serbatoio di alimentazione (di compensazione, di livello),* feed (surge, gauge) tank — *serbatoio della penna stilografica,* barrel — *carro serbatoio,* tanker.

[1]**serbo** *sm* custody; deposit; keeping: *tenere (avere) qcsa in serbo,* to hold (to have) sth in one's custody — *mettere in serbo qcsa,* to put sth aside.

[2]**serbo** *agg e sm* Serbian; Serb.

serenamente *agg* serenely; calmly.

serenata *sf* serenade: *fare la serenata,* to serenade; to sing (to play) a serenade.

serenità *sf* **1** serenity; *(pace, quiete)* peace; calmness; tranquillity: *affrontare la vita con serenità,* to face life with serenity — *giudicare con serenità,* to judge fairly. **2** *(titolo onorifico)* Serenity; Serene Highness.

sereno *agg* serene; clear; *(limpido)* limpid; *(senza nubi)* cloudless; *(fig.: tranquillo)* serene; placid; unperturbed; *(fig.: imparziale)* unbias(s)ed; impartial; fair; objective: *una notte serena,* a clear (a cloudless) night — *una vita serena,* a placid life — *un giudizio*

sereno, an impartial judgment — *un fulmine a ciel sereno,* a bolt from the blue — *dormire a ciel sereno,* to sleep in the open; to sleep under the stars.
□ *sm* clear sky; serenity; *(fig.: calma)* calm; tranquillity: *al sereno,* in the open (air) — *rimettersi al sereno, (del tempo)* to clear up.

[1]**sergente** *sm* sergeant: *sergente maggiore,* sergeant-major.

[2]**sergente** *sm (arnese da falegname)* clamp; carpenter's clamp.

seriamente *avv* seriously; in earnest.

serico *agg (simile a seta)* silky; *(di seta)* silk *(attrib.);* silken.

sericoltore, sericultore *sm* sericulturist; silkgrower.

sericoltura, sericultura *sf* sericulture.

serie *sf* **1** series *(pl. invariato): una serie di sconfitte,* a series (a succession) of defeats — *una serie di conferenze,* a course of lectures — *la serie armonica (atomica),* the harmonic (atomic) series — *numero di serie,* serial number — *in serie, (elettr., ecc.)* in series — *produrre in (gran) serie,* to mass-produce — *prodotto in serie,* mass-produced — *fabbricazione o produzione in serie,* mass production — *modello di serie,* current production model — *modello fuori serie,* special model; *(automobile)* custom-built car — *ridurre in serie,* to serialize. **2** *(successione)* series; succession; sequence; course; chapter. **3** *(collezione, complesso)* set: *una serie di chiavi (di francobolli, di libri scientifici),* a set of keys (of stamps, of science books). **4** *(fila)* row; range; line.

serietà *sf* seriousness; earnestness; *(gravità)* gravity; *(severità)* strictness: *con tutta serietà,* in all seriousness — *agire con serietà,* to act in all seriousness; to act in a responsible manner.

serio *agg* sober; earnest; serious; *(grave)* serious; grave: *È un giovane molto serio,* He's a very sober (*o* serious) young man — *È una ragazza seria,* She's not a frivolous girl — *È una ditta seria,* It's a respectable (a responsible) firm — *un problema molto serio,* a very serious (*o* difficult) problem.
□ *sm* seriousness: *il serio e il faceto,* the serious and the humorous. □ **sul serio,** - **a)** in earnest; seriously; *(davvero)* really; indeed: *Dici sul serio?,* Do you really mean it?; *(fam.)* No kidding? — *fare sul serio,* to be in earnest - **b)** *(moltissimo)* very much; a lot: *Mi sono divertito sul serio,* I really enjoyed myself very much.

sermone *sm* sermon; *(fam.: predicozzo)* lecture; talking-to; *(fam.: sgridata)* telling-off; *(fam.)* ear-bashing: *il Sermone della Montagna, (Vangelo)* the Sermon on the Mount — *fare un sermone,* to deliver (to preach) a sermon.

serpe *sf* snake; serpent. □ *a serpe, (a spirale)* winding; serpentine; *(tortuoso)* sinuous; tortuous — *scaldare (scaldarsi) una serpe in seno,* to nurse a viper in one's bosom; to warm (to cherish) a snake in one's bosom.

serpeggiamento *sm* winding; meandering.

serpeggiante *agg* winding; tortuous; *(a zigzag)* zigzagging.

serpeggiare *vi* to wind*; to meander; to twist; *(per evitare attacchi nemici)* to weave*; *(strisciare)* to creep*; *(insinuarsi, diffondersi)* to spread*.

serpentario *sm* **1** *(uccello)* secretary bird; serpent-eater. **2** *(luogo di allevamento di serpenti)* snake-house.

serpente *sm* **1** snake; *(meno comune)* serpent: *serpente a sonagli,* rattlesnake — *serpente dagli occhiali,* cobra — *serpente di mare,* sea snake; *(leggendario)* sea serpent; *(fig.)* sensational news story — *spoglia di serpente,* slough — *una borsetta di serpente,* a snakeskin purse. **2** *(persona malvagia)* snake; serpent. **3** *(econ.)* snake.

serpentina *sf* **1** *(stor.)* serpentine. **2** *(geologia)* serpentine. **3** *(mecc.)* worm-wheel; *(storta)* retort; *(tubo a spirale)* coil; *(bot.)* snakeweed. □ *strada a serpentina,* winding road.

serpentino *agg* serpentine; snake-like; *(velenoso)* poisonous.
□ *sm (mecc.)* coil.

serra *sf* **1** *(sbarramento)* dike; *(catena montuosa allungata)* sierra. **2** *(giardinaggio)* greenhouse; conservatory; *(se riscaldata)* hot-house: *un fiore di serra, (anche fig.)* a hothouse flower.

[1]**serraglio** *sm (di circo)* menagerie; *(luogo chiuso)* enclosure.

[2]**serraglio** *sm (palazzo del sultano)* seraglio; *(harem)* harem.

serramanico *sm (solo nell'espressione) a serramanico,* folding: *coltello a serramanico,* spring-knife; jack-knife; flick-knife.

serramento *sm (il serrare)* locking; bolting; tightening; clenching; *(infisso)* frame; *(serratura)* lock; *(al pl.:* **serramenti** *o* **serramenta***)* window (*o* door) frames.

serranda *sf (di negozio)* shutter; *(a griglia)* grill; *(di chiusa)* lock-gate.

serrare *vt e i.* **1** *(chiudere)* to shut*; to close; *(rinchiudere)* to enclose; *(a chiave)* to lock; *(con chiavistello)* to bolt: *serrare bottega, (anche fig.)* to shut up shop; to close down — *La porta non serra bene,* The door does not close well (*o* won't close). **2** *(stringere con forza)* to tighten; to close; *(essere stretto)* to be* tight; *(i pugni, i denti)* to clench; *(le labbra)* to set*; to tighten; *(la gola, il cuore: per l'emozione ecc.)* to choke; *(con le mani, con le braccia)* to clasp: *Queste scarpe mi serrano troppo,* These shoes are too tight — *serrare qcno al cuore (al seno),* to clasp sb in one's arms. **3** *(ridurre, accorciare)* to close; to reduce: *serrare le file, la fila, (anche fig.)* to close the ranks — *serrare le vele, (naut.)* to take in (to furl) the sails — *serrare il vento, (naut.)* to haul the wind. **4** *(accelerare)* to speed* up; to accelerate; to increase: *serrare il ritmo di lavoro,* to speed up work — *a ritmo serrato,* at a brisk pace. **5** *(mil.: incalzare, premere)* to press hard on (sb): *serrare il nemico da vicino,* to press the enemy hard. **6** *(sbarrare)* to block: *serrare il passaggio (la strada),* to block the way.
□ **serrarsi** *v. rifl* **1** *(chiudersi)* to close; to shut*; *(rinchiudersi)* to close oneself; to shut* oneself; *(a chiave)* to lock oneself in. **2** *(stringersi)* to tighten; *(di denti, di pugni)* to clench. **3** *(avvicinarsi, accostarsi)* to hug: *serrarsi alla costa,* to hug the coast. **4** *(accalcarsi)* to press; to crowd; to close up; *(addosso a qcno, in maniera ostile)* to close in on sb.

serrata *sf (sospensione forzata dal lavoro)* lock-out.

serratamente *avv* closely; compactly; *(concisamente)* concisely.

serrato *agg (chiuso)* closed; shut; *(compatto)* close; compact; tightly-woven; *(fig.: stringato)* concise; *(incalzante)* fast: *uno stile serrato,* a concise style — *trotto serrato,* fast trot; quick trot.

serratura *sf* **1** lock: *serratura a molla con scatto,* latch — *serratura di sicurezza,* safety-lock — *serratura inglese,* dial-lock — *buco della serratura,* key-hole — *forzare una serratura,* to force a lock — *passare per il buco della serratura, (fig.)* to scrape through (an exam). **2** *(cerniera, chiusura)* fastener: *serratura lampo,* zip-fastener.

serva *sf* maid-servant; woman-servant.

servaggio *sm* serfdom; servitude; slavery; bondage.

servente *agg* serving; attendant: *cavalier servente,* gallant; cicisbeo.

□ *sm (di cannone)* gunner.

servibile *agg* serviceable; usable.

servigio *sm* service; favour.

servile *agg* servile; slavish; menial; *(fig.: basso, vile)* obsequious; servile; abject; fawning; *(gramm.)* auxiliary: *lavori servili,* menial (*o* servile) tasks — *obbedienza servile,* obsequious (*o* servile) obedience — *un adulatore servile,* a fawning flatterer.

servilismo *sm* servility.

servilità *sf* slavishness; servility.

servilmente *avv* servilely; slavishly; *(grettamente)* meanly.

servire *vt* **1** *(in genere, anche fig.)* to serve: *servire una causa,* to serve a cause — *servir Messa,* to serve at Mass — *Per servirLa,* At your service — *Sei servito!, (iron.: Ti sta bene!)* It serves you right! — *Adesso ti servo io, (iron.)* I'll serve you out now! — *servire un pezzo d'artiglieria, (mil.)* to serve a gun — *servire una palla, (tennis, ecc.)* to serve a ball.

2 *(accudire, badare a)* to serve; to attend (to); *(fare)* to do*: *Sto servendo un cliente,* I'm serving a customer — *La servo subito,* I'll serve you right — *In che cosa posso servirLa?,* What can I do for you?

3 *(di personale di servizio)* to wait (on); to await (upon); to attend (upon *o* on); *(lavorare in qualità di)* to work: *Non le bastano tre cameriere per servirla,* Three maids are not enough to attend (*o* to wait) upon her — *Lo serviva come segretario,* He worked as his secretary — *servire due padroni,* to serve two masters.

4 *(offrire da mangiare, bere, ecc.)* to serve; to help: *Ci servirono una frittata con rane,* They served us an omelette with frogs — *Mi servì una grossa fetta di torta,* He helped me to a big slice of cake — *Il pranzo è servito,* Dinner's ready (*o* is served).

5 *(essere utile)* to serve; to help; to be* helpful; to be* of use; to be of service; to come* in handy: *Se ti serve, prenditelo,* If it can be of any use to you, take it — *Non serve,* It's useless; It's no good — *Non serve che tu lo dica; devi farlo,* It's no use your saying it; you must do it.

6 *(al gioco delle carte)* to deal*: *essere servito, (al poker)* to stand pat.

□ *vi* **1** *(prestar servizio)* to serve: *Servo in questa famiglia dal 1965,* I've been serving in this family since 1965 — *Servì in Marina,* He served in the Navy.

2 *(a tavola)* to wait; to serve.

3 *(essere utile, giovare)* to be* of use; to be* used (for sth); to be* helpful; to be* of service; to serve; to help; *(occorrere)* to need: *A che serve?,* What's the use of it?; What is it for? — *Il coltello serve per tagliare,* A knife is used for cutting — *un tavolo che serve da scrivania,* a table that serves as a desk — *Ciò ti serva di esempio,* Let that be a lesson to you — *Ti serve qualcosa?, (Posso aiutarti?)* Can I help you?; *(Ti occorre qualcosa?)* Is there anything you need? — *Mi serve una persona capace,* I need a clever man.

4 *(al gioco delle carte)* to deal*; *(al tennis)* to serve: *Tocca a te servire,* It's your trim to serve.

□ **servirsi** *v. rifl* **1** *(usare)* to use; to make* use (of): *Si servì della mia macchina,* He used my car — *Si servì del mio indirizzo per non so che cosa,* He made use of my address: I don't know what for — *Me ne servo molto,* I use it a lot.

2 *(di cibi o bevande)* to help oneself: *Serviti!,* Help yourself!

3 *(comperare, procurarsi)* to buy*; to get*: *Non mi servirò mai più da lui,* I won't buy anything from him any longer — *Mia madre si è sempre servita da lui,* My mother has always been a customer of his.

servitore *sm* **1** servant: *servitore in livrea,* liveried (*o* livery) servant — *fare il servitore,* to be a servant. **2** *(attaccapanni mobile)* hall-stand.

servitù *sf* **1** servitude; slavery; bondage; *(fig.: cattività)* captivity; bondage; *(fig.: legame)* slavery; tie: *ridurre un popolo in servitù,* to reduce a people to slavery. **2** *(dir.)* servitude; *(diritto angloamericano)* easement: *servitù di passaggio,* right of way. **3** *(l'insieme dei servitori)* domestic staff; servants *(pl.)*.

servizievole *agg* obliging; serviceable; kind; helpful.

servizievolmente *avv* obligingly; kindly; helpfully.

servizio *sm* **1** *(domestico, pubblico impiego, militare, nei pubblici esercizi)* service; *(in alcune espressioni, spec. mil.)* duty: *essere a servizio,* to be in service — *andare a servizio,* to go into service — *donna di servizio,* maid — *donna a mezzo servizio,* charwoman; daily help — *porta di servizio,* service door; back door — *essere di servizio, (di turno)* to be on duty; *(mil.)* to be on active service; *(di navi, ecc.)* to be on commission; *(di congegni, ecc.)* to be in working order — *essere fuori servizio, (di persone)* to be off duty; *(di navi, ecc.)* to be out of commission; *(di congegno, ecc.)* to be out of order (out of use) — *essere fuori per servizio,* to be out on official business — *entrare in servizio, (di persone)* to start work; *(di autobus, ecc.)* to start running; *(di congegni, ecc.)* to start operating — *lasciare il servizio, (smettere di lavorare)* to stop work; to knock off; *(dimettersi)* to resign (from one's post); *(andare in pensione)* to retire; *(mil.)* to leave the army — *servizio di guardia,* watch duty; turn of duty — *ufficiale di servizio,* orderly officer — *fare servizio, (di autobus, ecc.)* to run; to operate; *(di negozi, uffici)* to be open — *servizio di linea,* regular (*o* scheduled) service — *stazione di servizio,* filling station; service station — *area di servizio,* service area — *turno di servizio,* shift — *Servizio 10%,* Service charge: 10% — *Lire 15.000, servizio compreso,* 15,000 lire, service included (*o* including service) — *mettere qcsa al servizio di qcno,* to put sth at sb's disposal — *servizio a domicilio,* home delivery — *servizio postale,* postal (*USA* mail) service — *i servizi pubblici,* public services; *(i gabinetti)* public convenience *(sing.)* — *servizi sportivi,* sports amenities — *servizi di sanità (di assistenza),* health (maintenance) service.

2 *(servizio religioso)* service: *servizio funebre,* funeral service — *servizio divino,* divine service.

3 *(fig.: favore)* service; turn; favour: *un grandissimo servizio,* a very big favour — *fare un servizio a qcno, (un lavoro)* to do sb a service; *(un favore)* to do sb a favour — *Bel servizio mi ha reso!, (iron.)* A fine favour he did me!

4 *(reparto)* department; service: *servizio acquisti,* purchasing department — *servizio segreto,* secret service.

5 *(serie di oggetti)* service; set: *un servizio da tè,* a tea-service; a tea-set — *servizio all'americana,* place mats.

6 *(servizi igienici)* bathroom; bathroom and lavatory: *un appartamento con doppi servizi,* a flat with two

bathrooms — *Dove sono i servizi?,* Where's the bathroom (*o* the toilet)?
7 *(resoconto giornalistico)* articles; feature; *(talvolta)* series of articles: *un servizio sulla droga,* an article (a feature) on drugs — *un servizio speciale del giornale radio,* a special news programme.
8 *(al tennis)* serve; service.
servo *sm* servant; *(fig.: schiavo)* slave: *servo di Dio,* servant of God — *servo della gleba,* serf; villein — *È il servo delle proprie passioni,* He is a slave to (*o* the slave of) his own vices (*o* passions). □ *servo muto, (GB)* dumb-waiter.
servoçomando *sm* servo-control.
servofreno *sm* brake booster; *(freno)* power brake.
servomezzi *sm pl (contabilità)* utilities.
servomotore *sm* servomotor.
servosterzo *sm* power steering.
sesamo *sm* sesame.
sessanta *agg numerale cardinale e sm* sixty: *gli anni sessanta,* the Sixties.
sessantenne *agg* sixty-year-old *(attrib.);* sixty years old *(come predicato).*
□ *sm e f.* sixty-year-old person.
sessantesimo *agg numerale ordinale e sm* sixtieth.
sessantina *sf* about sixty; some sixty.
sessione *sf* session; term.
sesso *sm* **1** sex: *il gentil sesso,* the fair (the gentle) sex — *persone d'ambo i sessi,* both males and females. **2** *(organi genitali)* genitals *(pl.).*
sessuale *agg* sexual; sex *(attrib.).*
sessualità *sf* sexuality.
sessualmente *avv* sexually.
sesta *sf* **1** *(l'ora canonica)* sext; *(mus.)* sixth. **2** *(compasso)* pair of compasses.
sestante *sm* sextant.
sesterzio *sm* sesterce; sestertius *(pl.* sestertii*).*
sestetto *sm* sextet.
sestina *sf (poesia)* sestina; sextain; six-line stanza.
[1]**sesto** *agg numerale ordinale e sm* sixth: *Enrico VI,* Henry the Sixth.
[2]**sesto** *sm (ordine)* **1** order: *essere fuori sesto,* to be out of order — *mettere qcsa in sesto,* to put sth in order; to put sth straight; to settle sth. **2** *(archit.)* curve of an arch: *sesto acuto,* ogive — *arco a sesto acuto,* pointed (*o* ogival) arch — *arco a tutto sesto,* round arch.
sestultimo *agg* sixth from the last; last but five.
sestuplo *agg* sextuple; sixfold.
seta *sf* silk: *tessuto di seta,* silk fabric — *articoli di seta,* silks — *baco da seta,* silkworm — *morbido come la seta,* silky; (as) soft as silk.
setacciare *vt* to sieve; to sift *(anche fig.).*
setaccio *sm* sieve.
setaiolo *sm (operaio)* silk worker; silk weaver; *(industriale)* silk manufacturer; *(commerciante)* silk-merchant; silk-dealer.
sete *sf* thirst; *(fig.: desiderio ardente)* thirst; longing; yearning; craving: *sete di vendetta,* thirst for revenge — *avere sete,* to be thirsty; *(fam.)* to feel dry — *avere sete di qcsa, (anche fig.)* to thirst for (*o* after) sth; to yearn for (*o* after) sth; to be eager for sth; to long for sth — *avere sete di sangue,* to be blood thirsty.
seteria *sf (fabbrica)* silk factory; *(al pl.: articoli di seta)* silks; silk goods.
setificio *sm* silk factory; silk mill.
setola *sf* bristle.
setoloso *agg* bristly.
setta *sf (religione)* sect; *(fazione, associazione)* faction; party; society: *fare setta,* to plot; to conspire.
settanta *agg numerale cardinale e sm* seventy: *gli anni settanta,* the Seventies.
settantenne *agg* seventy-year-old *(attrib.);* seventy years old *(come predicato).*
□ *sm e f.* seventy-year-old person.
settantesimo *agg numerale ordinale* seventieth.
settantina *sf* about (*o* some, nearly) seventy: *un individuo sulla settantina,* a man (of) about seventy.
settario *agg* factious; party *(attrib.);* sectarian.
□ *sm* partisan; sectarian.
settarismo *sm* sectarianism; fanaticism.
sette *agg numerale cardinale e sm* **1** seven: *il sette di settembre,* (on) the seventh of September — *un ragazzo di sette anni,* a seven-year-old boy. **2** *(fam.: strappo)* tear; rent: *farsi un sette sui pantaloni,* to tear (to rip) one's trousers. **3** *(nuoto)* swimming team.
settebello *sm* **1** seven of diamonds. **2** *(ferrovia)* luxury train.
settecentesco *agg* eighteenth-century *(attrib.);* of the eighteenth century.
settecento *agg numerale cardinale e sm* seven hundred: *il Settecento,* the eighteenth century; *(riferito all'arte italiana)* the Settecento.
settembre *sm* September.
settembrino *agg* of September; September *(attrib.).*
settemila *agg numerale cardinale e sm* seven thousand.
settenario *agg* septenary: *un verso settenario,* a septenary line; a septenarious; *(di sette sillabe)* a seven-syllabled line; *(di sette piedi)* a seven-foot line.
□ *sm* septenary; septenarious *(pl.* septenarii*).*
settennale *agg e sm* septennial.
settenne *agg* seven-year-old *(attrib.);* seven years old *(come predicato).*
□ *sm* seven-years-old child.
settentrionale *agg* northern; northerly; north *(attrib.): l'America settentrionale,* North America — *l'Italia settentrionale,* North(ern) Italy — *venti settentrionali,* north (*o* northerly, northern) winds; winds from the north.
□ *sm (abitante del nord)* northerner.
settentrione *sm* north: *gli abitanti del Settentrione,* the people of the north.
setter *sm* setter.
setticemia *sf* septicaemia.
settico *agg* septic.
settima *sf (mus.)* seventh; *(liturgia)* seventh-day requiem.
settimana *sf* **1** week: *settimana corta,* five-day week — *fine settimana,* week-end — *la settimana prossima (scorsa),* next (last) week — *ogni settimana,* every week — *ogni due settimane,* every other week — *ogni tre settimane,* every three weeks — *di settimana in settimana,* from week to week — *fra una settimana,* in a week's time; in a week — *essere di settimana,* to be on duty (for the week). **2** *(paga settimanale)* week's pay; week's wages *(pl.): lavorare a settimana,* to be paid by the week.
settimanale *agg* weekly. □ *sm (rivista, pubblicazione)* weekly magazine; weekly.
settimanalmente *avv* weekly; every week; once a week.
settimino *agg* **1** seven months'. **2** *(mus.)* septet.
□ *sm* child born at seven months.
settimo *agg numerale ordinale e sm,* seventh: *essere al settimo cielo,* to be enraptured; to be in the seventh heaven of delight.
setto *sm* septum *(pl.* septa*).*
settore *sm* sector; *(mil.)* sector; area; *(mecc.)* sector;

quadrant; *(fig.: campo)* field; *(sport)* half: *un esperto nel settore missilistico,* an expert in the field of missiles; a missile expert.

settoriale *agg* sectorial.

settorialmente *avv* sectorially.

severamente *avv* severely; rigorously; strictly; sternly.

severità *sf* severity; strictness; sternness; *(gravità)* seriousness; gravity.

severo *agg* severe; *(austero)* stern; austere; *(rigoroso)* strict; severe; hard: *una severa punizione,* a hard (a harsh) punishment — *È severo con tutti,* He's strict with (He's hard on) everybody.

sevizia *sf* cruelty; brutality; torture: *sottoporre a sevizie,* to torture.

seviziare *vt* to torture.

sezionamento *sm* sectioning; *(dissezione)* dissection; dissecting.

sezionare *vt* to section; to divide; *(med.)* to dissect.

sezione *sf* **1** section; part; *(di miniera)* panel: *un trattato diviso in tre sezioni,* a treatise divided into three sections — *sezione longitudinale,* longitudinal section — *sezione trasversale,* cross-section. **2** *(disegno tecnico)* section; cross-section; sectional drawing; cutaway view: *sezione alare,* wing section — *sezione maestra, (naut.)* midship (*o* main) section. **3** *(med., anat.)* dissection. **4** *(reparto, suddivisione)* department; division; unit: *sezione chirurgica,* surgical department — *sezione di lingue orientali,* Oriental Languages Department — *Sezione Motori Avio,* Aero-engine Division — *una sezione elettorale,* an electoral division — *sezione civile (penale),* civil (criminal) division — *una sezione di polizia, (commissariato)* a police station. □ *sezione d'indotto, (elettr.)* armature winding element — *sezione d'urto, (fis. atomica)* cross-section — *riduzione di sezione, (industria)* scarcement.

sfaccendare *vi* to be* busy about the house; to bustle about.

sfaccendato *agg* idle: *essere sfaccendato,* to be idle. □ *sm* loafer; idler; layabout: *fare lo sfaccendato,* to be an idler; to lounge about.

sfaccettare *vt* **1** to facet; to cut* facets on (a gem); to cut* into facets. **2** *(fig.)* to examine the different facets of.

sfaccettatura *sf (l'operazione)* faceting; *(la parte sfaccettata)* facets *(pl.)*.

sfacchinare *vi* to toil; to drudge; to work like a slave.

sfacchinata *sf* hard work; drudgery.

sfacciataggine *sf* impudence; insolence; shamelessness; *(fam.)* cheek; cheekiness: *Che sfacciataggine!,* What impudence!; What cheek!

sfacciatamente *avv* impudently; cheekily; pertly.

sfacciato *agg* impudent; shameless; *(fam.)* cheeky; saucy; pert; *(di colore)* gaudy; bold; *(di luce)* dazzling; glaring: *Sei uno sfacciato!,* You are impudent!; You're cheeky! — *fare lo sfacciato,* to be impudent.

sfacelo *sm (rovina, disfacimento)* decay; ruin; break-up; *(crollo)* collapse; downfall: *Sei uno sfacelo!, (scherz.)* You're a disaster!

sfagno *sm* sphagnum *(pl.* sphagna*)*; bog-moss.

sfaldabile *agg* flaky; scaly.

sfaldamento *sm* flaking; scaling.

sfaldare *vt* to flake; to scale.

□ **sfaldarsi** *v. rifl* to flake off; to scale off.

sfaldatura *sf* flaking; scaling; flaking off; scaling-off; *(geologia)* cleavage.

sfalsare *vt* to stagger; to offset*.

sfamare *vt* to appease (to satisfy) sb's hunger; to supply food (for sb); to feed*: *Deve sfamare cinque figli,* He has to feed five children.

□ **sfamarsi** *v. rifl* to satisfy one's hunger; *(mangiare)* to eat*; to feed* oneself: *Non ha di che sfamarsi,* He has nothing to eat.

sfare *vt* ⇨ **disfare.**

□ **sfarsi** *v. rifl* to melt*; to dissolve; *(disfarsi)* to get* rid of.

sfarfallamento *sm* **1** *(dei bachi)* coming out of the cocoon; *(lo svolazzare)* fluttering; flitting. **2** *(di ruote)* wobble; *(di valvole, ecc.)* floating; surging; dancing. **3** *(cinema)* flicker.

sfarfallare *vi* **1** *(dei bachi)* to come* out (to emerge) from the cocoon. **2** *(svolazzare, anche fig.)* to flutter: *Sfarfalla da un'amicizia all'altra,* She flits from one friendship to another. **3** *(cinematografia)* to flicker. **4** *(di ruote e mecc.)* to wobble. **5** *(di fiori: perdere i petali)* to drop (to shed, to lose*) one's petals. **6** *(fam.: commettere spropositi)* to make* howlers (*o* a lot of silly mistakes); *(dire sciocchezze)* to talk nonsense.

sfarfallio *sm* flitting about; *(ottica)* flickering; flicker.

sfarzo *sm* splendour; pomp; magnificence; *(ostentazione)* display.

sfarzosamente *avv* sumptuously; pompously; magnificently; *(con sfoggio)* gorgeously; garishly.

sfarzosità *sf* sumptuousness; pompousness; pomp; *(sfoggio)* gorgeousness; garishness.

sfarzoso *agg* sumptuous; luxurious; splendid; *(vistoso)* gorgeous; showy; gaudy; garish.

sfasamento *sm* **1** *(mecc.)* phase-displacement; phase difference. **2** *(fam.: disorientamento, confusione)* aberration; confusion.

sfasare *vt (fis.)* **1** to dephase; to put* (sth) out of phase; *(elettr.)* to lower the power factor (of sth). **2** *(fig.)* to confuse; to disorientate.

sfasato *agg* **1** *(di corrente elettrica e di valvole, motori)* with faulty timing. **2** *(fam.: incoerente)* inconsistent; *(disorientato)* confused; bewildered; *(stordito)* stunned; daze; giddy; *(matto)* cracked; mentally deranged; off one's head: *È un tipo un po' sfasato,* He's a bit crackers; He is off his head.

[1]**sfasciamento** *sm (il togliere la fascia o le fasce)* removal of bandage; unbandaging; *(del bambino)* unswaddling.

[2]**sfasciamento** *sm (il rompere, il guastare)* breaking up; breakdown; collapse; ruin.

[1]**sfasciare** *vt (disfare la fasciatura)* to unbandage; *(levare dalle fasce)* to unswaddle.

□ **sfasciarsi** *v. rifl* to fall* to pieces; to crash; to shatter; *(crollare, anche fig.)* to crumble; to go* to pieces; *(del corpo)* to get* flabby; to go* to seed: *Alla morte del padre l'impresa si sfasciò,* When the father died the firm went to pieces.

[2]**sfasciare** *vt (rompere)* to shatter; to smash; to break* up.

[1]**sfasciato** *agg (senza le fasce)* unbandaged; *(di bambino)* unswaddled.

[2]**sfasciato** *agg (rotto, rovinato)* smashed; ruined; in pieces; *(di corpo: sformato)* flabby; slack.

sfasciatura *sf* unbandaging; removal of bandages; *(di bambino)* unswaddling.

sfasciume *sm* wreck; ruin *(anche fig.)*.

sfatamento *sm* discrediting; disproving; debunking; *(di una teoria)* exploding.

sfatare *vt* to discredit; to disprove; to explode: *sfatare una diceria,* to discredit a rumour — *sfatare una tesi,* to explode a theory.

sfatato *agg* discredited; disproved; exploded.

sfaticata *sf* hard work; great effort.

sfaticato *agg* lazy; *(ozioso)* idle.
□ *sm* idler; layabout; loafer; slacker.

sfatto *agg* **1** undone; unmade; *(rovinato, anche fig.)* ruined; *(senza più forma)* out of shape: *Il letto era sfatto,* The bed was unmade. **2** *(liquefatto)* melted; *(troppo cotto)* overdone; overcooked; *(troppo maturo)* overripe; *(floscio, vizzo, avvizzito)* withered; shrivelled. **3** *(di persona appesantita nel corpo)* flabby; fat; *(avvizzito)* withered; *(stanco morto)* tired out; exhausted.

sfavillamento *sm* shine; sparkle; glitter.

sfavillante *agg* sparkling; glittering; gleaming; scintillating.

sfavillare *vi* **1** *(mandare faville)* to spark; to give* out sparks. **2** *(risplendere di luce intensa)* to sparkle; to glitter. **3** *(fig.)* to sparkle; to beam; to be* radiant; to scintillate.

sfavillio *sm* sparkling; gleaming; glittering.

sfavore *sm* disfavour; disapproval.

sfavorevole *agg* unfavourable; *(negativo)* negative; *(contrario, avverso)* contrary; adverse: *Il tempo è sfavorevole,* The weather is unfavourable — *avere un'opinione sfavorevole di qcno,* to have a low (*o* poor) opinion of sb; to hold sb in low esteem.

sfavorevolmente *avv* unfavourably.

sfebbrare *vi* to recover from a high temperature: *Entro un paio di giorni sfebbrerà,* His temperature will go down in a couple of days.

sfebbrato *agg* of normal temperature.

sfegatarsi *v. rifl* to wear* oneself out; *(sgolarsi)* to talk (to shout) oneself hoarse.

sfegatato *agg* fanatical; passionate; ardent.

sfera *sf* **1** *(geometria, astronomia, astronautica)* sphere: *la sfera celeste,* the sky; *(lett.)* the celestial sphere; the spheres *(pl.)*; the heavens *(pl.)* — *la sfera terrestre,* the earth. **2** *(mecc.)* ball: *cuscinetti a sfere,* ball-bearings — *penna a sfera,* ballpoint (pen). **3** *(di ostensorio)* orb; *(di orologio: quadrante)* dial; clock-face; *(lancetta)* hand; pointer. **4** *(fig.: campo, settore)* sphere; field; circle: *nella sua sfera sociale,* in his social circle.

sfericità *sf* sphericity.

sferico *agg* spherical.

sferisterio *sm* court (for certain ball games).

sferragliare *vi* to rattle.

sferrare *vt* **1** *(un cavallo, ecc.)* to unshoe; *(un galeotto)* to unshackle; to unfetter; to free (sb) from irons. **2** *(fig.: tirare, lanciare con forza)* to launch; to deliver; to lend*: *sferrare un attacco,* to launch an attack — *sferrare un calcio a qcno,* to lash out at sb — *sferrare un pugno a qcno,* to deal a blow.
□ **sferrarsi** *v. rifl* **1** *(di cavallo: perdere i ferri)* to lose* a shoe. **2** *(fig.: avventarsi)* to hurl oneself; to rush; *(fig.: non contenersi più)* to break* loose.

sferruzzare *vi* to knit.

sferza *sf* whip; lash: *la sferza del vento,* the lash(ing) of the wind — *la sferza del sole,* the burning (the merciless) rays of the sun — *adoperare la sferza,* to whip; to lash; to flog; to scourge.

sferzare *vt* to whip; to lash; to flog; to scourge *(anche fig.)*: *Le onde sferzavano la scogliera,* The waves lashed against the cliffs — *sferzare a sangue,* to slash — *sferzare i vizi,* to scourge (to reprimand) vice.

sferzata *sf* **1** *(singolo colpo)* cut (*o* blow) with a whip. **2** *(più colpi: anche fig.)* thrashing; lashing; slashing; *(rimprovero pungente)* sharp rebuke.

sfiancare *vt (spossare)* to wear* out; to tire out; to exhaust; *(fam.)* to knock up.
□ **sfiancarsi** *v. rifl (rompersi nei fianchi)* to give* way; to cave in; to burst*; *(fig.: cedere per lo sforzo)* to tire oneself out; to exhaust oneself; to break* down; *(fam.)* to be* knocked up.

sfiancato *agg* **1** worn out; done out; knocked out. **2** *(magro, ossuto)* bony; skinny.

sfiatare *vi* to exhale; to leak.
□ **sfiatarsi** *v. rifl (sgolarsi)* to talk oneself hoarse; to talk oneself breathless.

sfiatato *agg* breathless; out of voice; voiceless; *(ansimante)* panting; *(rauco)* hoarse; *(di strumento a fiato)* cracked; *(di motore)* sluggish.

sfiatatoio *sm (zool.)* blowhole; *(mecc.)* breather; vent-hole; *(industria costruzioni)* vent-hole; ventilation opening: *sfiatatoio antincendio,* fire vent.

sfibbiare *vt,* **sfibbiarsi** *v. rifl* to unfasten; to unbuckle; to unclasp: *sfibbiare (sfibbiarsi) la cintura,* to unfasten one's belt.

sfibramento *sm (il privare delle fibre)* removal of fibres; *(fig.)* exhaustion; enervation; weakening.

sfibrante *agg* exhausting; unnerving; wearying.

sfibrare *vt* **1** *(svigorire)* to enervate; to debilitate; *(indebolire)* to weaken; to enfeeble; *(spossare)* to exhaust; to wear* out; to knock up: *Lo ha sfibrato il troppo lavoro,* He has overworked himself. **2** *(il legno, per la preparazione della carta)* to grind*; *(sfilacciare stracci)* to break*.
□ **sfibrarsi** *v. rifl* **1** *(svigorirsi)* to exhaust oneself; to get* enervated; to wear* oneself out; to overwork oneself. **2** *(sfilacciarsi)* to fray.

sfibrato *agg* **1** exhausted; unnerved; worn out. **2** *(privo delle fibre)* de-fibred.

sfida *sf* challenge; defiance; *(pugilato)* challenge fight: *cartello di sfida,* challenge cartel — *in tono di sfida,* defiantly — *lanciare una sfida,* to issue a challenge; to shout a challenge (at sb) — *raccogliere una sfida,* to accept a challenge.

sfidante *agg* challenging; defying.
□ *sm e f.* challenger.

sfidare *vt* **1** to challenge; to defy; to dare*: *Ti sfido a fare una cosa simile!,* I challenge (I defy, I dare) you to do such a thing! — *sfidare qcno a duello (a poker),* to challenge sb to a duel (to a game of poker) — *sfidare qcno alla corsa,* to challenge sb to a race. **2** *(affrontare con coraggio)* to brave; to face; to withstand; to dare: *Sfidò mille volte il pericolo,* He faced danger a thousand times over — *sfidare la tempesta,* to brave the storm. □ *Sfido io!,* Of course!; Naturally!; I quite believe it!
□ **sfidarsi** *v. reciproco* to challenge each other (*o* one another).

sfidato *agg* challenged; defied.
□ *sm* challengee; *(nello sport)* defender.

sfidatore *sm* ⇨ **sfidante.**

sfiducia *sf* **1** mistrust; distrust; lack of confidence: *avere sfiducia di se stesso,* to mistrust one's own powers — *nutrire sfiducia per qcno,* to mistrust sb; to have no trust in sb. **2** *(politica)* no-confidence: *voto di sfiducia,* no-confidence vote — *votare la sfiducia,* to pass a vote of no-confidence.

sfiduciare *vt* to discourage; to dishearten; to undermine sb's confidence.
□ **sfiduciarsi** *v. rifl* to lose* confidence; to lose* heart; to be* disheartened; to get* (to become*) discouraged.

sfiduciato *agg* discouraged; disheartened.

sfigurare *vt (deturpare, rovinare)* to disfigure; to deface; to spoil; to ruin.
□ *vi* **1** *(fare cattiva figura)* to cut* a poor (a sorry, a bad) figure; to make* a bad impression. **2** *(non armo-*

nizzarsi) not to match; not to suit; to be* unsuitable; not to go* well (with sb).

□ **sfigurarsi** *v. rifl* to get* disfigured; *(stancarsi eccessivamente)* to wear* oneself out.

sfigurato *agg* disfigured; defaced.

sfilacciare *vt* to fray.

□ **sfilacciarsi** *v. rifl* to fray; to become* frayed.

sfilacciato *agg* frayed.

sfilacciatura *sf (l'operazione)* fraying; unravelling; *(nella manifattura della carta)* rag grinding; *(la parte sfilacciata)* threads *(pl.)*; fraying.

sfilamento *sm* **1** unravelling; unthreading; unstringing. **2** *(di paracadute)* opening; deployment.

sfilare *vt* **1** *(un tessuto, un orlo)* to pull the threads out (of sth); to take* the threads (from sth); *(un ago)* to unthread; *(delle perle)* to unstring*; *(un arrosto dallo spiedo)* to unspit*(a roast): *sfilare la corda, (alpinismo, ecc.)* to pay out the rope — *sfilare la carne,* to remove the nerves from a piece of meat — *sfilare il rosario,* to tell one's beads; *(fig.: dire ogni sorta di male su qcno)* to speak ill of sb; to say all possible evil (of a person) — *sfilare bugie,* to tell a string of lies. **2** *(togliere di dosso)* to take* off; to slip* off: *Si sfilò gli stivali,* He took off his boots — *sfilare il portafogli a qcno,* to slip sb's wallet out of his pocket. **3** *(far perdere il filo a una lama, ecc.)* to blunt the edge (of sth).

□ *vi (procedere in fila)* to march past; to pass by; to parade: *sfilare in parata,* to march on parade; to march past.

□ **sfilarsi** *v. rifl* **1** *(disfarsi nel filato)* to come* (to become*) unthreaded; *(smagliarsi, di calze, ecc.)* to ladder; to run*; *(uscire o sfuggire dal filo, ecc.)* to come* unstrung; to come* off; *(di filo con ago)* to come* out of the needle. **2** *(togliersi di dosso)* to take* off; to slip* off: *Si sfilò un guanto e gli diede una sberla,* She slipped off one of her gloves and gave him a box on the ear.

sfilata *sf* **1** *(parata)* parade; *(mil.)* march past: *sfilata di un corteo,* procession — *sfilata di moda,* fashion parade. **2** *(fila)* long line; long row; *(sfilza)* series; string; succession.

sfilato *sm (tipo di ricamo)* hemstitch.

sfilatura *sf* unthreading; unstringing; *(smagliatura in una calza)* ladder; run.

sfinge *sf* sphinx *(anche fig.)*.

sfinimento *sm* faintness; weariness; exhaustion; *(svenimento)* fainting fit; swoon; *(esaurimento)* breakdown.

sfinire *vt* to exhaust; to wear* out; to tire out.

□ *vi (venire meno)* to faint: *Mi sento sfinire,* I feel faint; I think I'm going to faint.

sfinitezza *sf* exhaustion; weariness.

sfinito *agg* exhausted; worn out.

sfintere *sm* sphincter.

sfiondare *vt* to sling*; to throw*; to hurl.

sfioramento *sm* **1** grazing; skimming; brushing (against sth); *(fig.)* skimming; touching (on, upon sth). **2** *(geologia)* outcrop.

sfiorare *vt* **1** to skim; to skim along (*o* over, through) sth; to touch; to brush against (sth): *L'aereo sfiorò le cime degli alberi,* The plane touched the tops of the trees — *sfiorare la superficie dell'acqua,* to skim the surface of the water; to skim over the water — *Non mi sfiorò il minimo dubbio al riguardo,* No doubt crossed my mind. **2** *(fig.: trattare superficialmente)* to touch on; to skim over. **3** *(essere vicino a)* to be* close to: *Sfiorava i duecento chilometri all'ora,* He was travelling just on two hundred kilometres an hour — *sfiorare la vittoria,* to come very close to winning. **4** *(scremare)* to skim.

sfiorire *vi (bot.)* to drop petals; *(appassire, anche fig.)* to wither; to fade; to fade away; to decay.

sfiorito *agg (anche fig.)* faded; withered.

sfioritura *sf (anche fig.)* fading; withering.

sfittare *vt* to vacate.

□ **sfittarsi** *v. rifl* to become* vacant.

sfitto *agg* vacant; unlet; untenanted.

sfocare *vt* to put* out of focus.

sfocato *agg* out of focus.

sfociamento *sm* flowing into.

sfociare *vi* to flow into.

sfoderamento *sm* unsheathing; *(sfoggio)* display; showing off.

sfoderare *vt* **1** *(levare le fodere)* to unline; to take* the lining out. **2** *(togliere dal fodero)* to unsheathe; to remove (to draw*) from the sheath (from the scabbard). **3** *(fig.: tirar fuori)* to draw* out; *(fare sfoggio di)* to show* off; to parade; to make* a display of.

sfoderato *agg* **1** unlined. **2** *(senza fodero)* unsheathed.

sfogare *vt (dare sfogo a)* to relieve; to vent; to give* vent to; to let* out; to wreak; to pour off; *(far uscire)* to let* out; to let* off; to give* outlet to; to discharge: *Sfogò la sua gioia,* He gave vent to his joy — *sfogare la propria stizza su qcno,* to vent one's ill-humour (one's spleen) on sb — *far sfogare una piaga,* to open a wound; to allow pus to escape — *far sfogare qcsa,* to let sth out — *far sfogare una malattia,* to let a disease take its course — *lasciar sfogare qcno, (lasciare che sfoghi il suo dolore)* to let sb vent his sorrow; *(lasciarlo parlare fino ad esaurimento)* to let sb say his fill; *(concedergli la possibilità di sfogare la sua vivacità, p.es. riferito a bambini, ecc.)* to let sb run wild (*o* work off steam).

□ *vi (uscire)* to come* (out); to go* (out); to get* out; to find* vent; to find* an outlet; *(prorompere)* to burst* out; to pour out; *(trovar sollievo)* to find* vent; to find* relief: *L'acqua sfoga attraverso questo tubo,* The water goes (*o* comes) through this pipe — *L'indignazione generale sfogò in una sommossa,* Public indignation burst into a rebellion — *La ferita sfoga,* The wound is letting out pus (*o* is open).

□ **sfogarsi** *v. rifl* **1** to relieve (to give* vent to) one's feelings; *(fig.: togliersi un peso)* to get* a load off one's chest; *(fig.: confidarsi)* to open one's heart; to unburden one's heart (*o* soul): *Si sfogò su di me (Sfogò su di me la sua ira),* He gave vent to his anger on me. **2** *(levarsi la voglia, dicendo o facendo qcsa)* to say* (to take*) one's fill: *Si sfogò a correre per tutto il santo giorno,* He let off steam by running (about) all day long.

sfoggiare *vt e i.* to show* off; to display; to parade.

sfoggio *sm* display; show; parade; ostentation; pomp: *fare sfoggio di qcsa,* to show sth off.

sfoglia *sf (lamina)* plate; foil; leaf; lamina; *(falda)* flake; scale. □ *pasta sfoglia,* puff-paste; puff-pastry.

sfogliare *vt* **1** *(levare le foglie)* to strip the leaves off; to strip sth of its leaves; *(un fiore)* to pluck the petals (of a flower) *sfogliare il granoturco,* to strip maize; to husk corn-cobs. **2** *(voltare le pagine)* to turn (over) the pages; to leaf through. **3** *(leggiucchiare)* to skim through (sth).

□ **sfogliarsi** *v. rifl* **1** *(perdere le foglie)* to shed* (to lose*) leaves. **2** *(squamarsi, sfaldarsi)* to exfoliate; to scale.

[1]**sfogliata** *sf* **1** *(scorsa, rapida lettura)* glance: *dare una sfogliata al giornale,* to glance at the newspaper; to

skim through the newspaper. **2** *(il togliere le foglie)* clipping: *dare una sfogliata alla siepe,* to clip a hedge.

[2]**sfogliata** *sf (il dolce)* puff-pastry; puff.

sfogo *sm* **1** *(apertura)* vent; outlet: *apertura di sfogo,* vent-hole. **2** *(libera manifestazione di stati d'animo)* vent; outburst: *Dà sfogo alla sua ira in modo molto puerile,* He gives vent to his wrath in a childish way — *uno sfogo di lacrime,* an outburst of tears — *dare sfogo alla fantasia,* to give free play to one's imagination. **3** *(sollievo)* relief: *Fu uno sfogo per lui,* It was a relief to him — *avere uno sfogo con qcno, (confidarsi)* to unbosom oneself to sb. **4** *(comm.: sbocco, mercato)* outlet; market; ready market: *merce che non trova sfogo,* goods that don't sell; goods for which there is no market. **5** *(med.)* rash; eruption. **6** *(archit.)* rise.

sfolgorante *agg* blazing; flaming; flashing; *(scintillante)* sparkling; glittering; *(brillante, anche fig.)* brilliant: *sotto un sole sfolgorante,* under a blazing sun — *sfolgorante di bellezza,* ablaze with beauty.

sfolgorare *vi* to blaze; to glare.

sfolgorio *sm* blaze; blazing; glare.

sfollagente *sm* truncheon; baton.

sfollamento *sm* dispersion; dispersal; *(evacuazione)* evacuation; *(abbandono)* abandonment.

sfollare *vt* to disperse; *(svuotare)* to empty; *(mil.)* to evacuate: *Il temporale sfollò le strade,* The thunderstorm emptied the streets.

☐ *vi* to disperse; *(mil.)* to evacuate: *sfollare da una città,* to evacuate a city.

sfollato *agg* evacuated. ☐ *sm* evacuee.

sfoltimento *sm* thinning.

sfoltire *vt* to thin; *(eliminando)* to thin out; *(riducendo)* to thin down.

sfondamento *sm* breaking *(anche fig.)*; *(mil.)* break through.

sfondare *vt* **1** *(rompere il fondo)* to break* (through) the bottom (of sth); to knock the bottom out (of sth); *(schiantare)* to smash in (*o* down); to crash into: *sfondare il pavimento,* to break through the floor — *sfondare una scatola,* to smash in a box — *sfondare una barca,* to stave in a boat. **2** *(abbattere, scassinare)* to break* through; to break* (to smash) down; to burst* (to force) open; to crack: *sfondare una porta chiusa,* to break down a closed door; to force a door open. **3** *(mil.)* to break* through; to pierce: *sfondare le linee,* to break through the enemy lines.

☐ *vi* **1** *(sprofondare, cedere)* to give* way; to sink*. **2** *(aver successo)* to arrive; to have* success; to be* successful; to make* one's way; to break* through: *Non ce la fece a sfondare,* He never arrived; He never broke through.

☐ **sfondarsi** *v. rifl* **1** to break* (to burst*) at the bottom; *(sfasciarsi)* to be* smashed in. **2** *(rompersi per il troppo logorio)* to become* worn through.

sfondato *agg* shattered; broken; *(di scarpa, ecc.: logoro, consumato)* worn out; *(privo di fondo)* bottomless; without a bottom; *(fam.: ingordo)* voracious; insatiable. ☐ *ricco sfondato,* rolling in wealth.

☐ *sm (pittura prospettica murale)* decoration of walls *ecc.* with pictures of the sky and architectural features.

sfondo *sm* background; *(vista)* view; sight; *(fig.: ambiente)* background; setting: *sullo sfondo,* in the background — *una villa con uno sfondo sul lago,* a villa with a view over the lake.

sforacchiare *vt* ⇨ **foracchiare, bucherellare.**

sforbiciare *vt* to cut* (with scissors); to scissor.

☐ *vi* to make* a scissors movement (with the legs).

sformare *vt* **1** to deform; to pull out of shape; to spoil (the shape of). **2** *(togliere dalla forma)* to remove from the mould; *(in fonderia)* to shake* out; *(in cucina: di budino, ecc.)* to turn out.

☐ **sformarsi** *v. rifl* to get* out of shape; to lose* one's shape.

sformato *agg (che ha perduto la forma)* shapeless.

☐ *sm (cucina)* (type of) soufflé *(fr.)*; flan; timbale *(fr.)*.

sfornare *vt* to take* out of the oven; *(fam.: fare, produrre in abbondanza)* to bring* out; to turn out; to dish up.

sfornire *vt* to deprive; to strip.

☐ **sfornirsi** *v. rifl* to deprive oneself; to be* deprived (of).

sfornito *agg* **1** lacking (in); without; *(di negozio)* out of: *sfornito di mezzi,* without means. **2** *(mil.)* undefended.

sfortuna *sf* bad luck; ill luck; misfortune: *È perseguitato dalla sfortuna,* He is dogged by misfortune — *Ebbe la sfortuna di...,* He was so unlucky as to...

sfortunatamente *avv* unfortunately; unluckily.

sfortunato *agg* unfortunate; unlucky; luckless: *essere sfortunato,* to be unlucky; to be down on one's luck.

sforzare *vt* **1** *(forzare)* to force; to strain: *sforzare la voce,* to force (to strain) one's voice — *sforzare la vista,* to strain one's eyes — *sforzare una pianta (un fiore),* to force a plant (a flower) — *sforzare le vele, (naut.)* to crowd with sail. **2** *(costringere)* to force; to compel. **3** *(scassinare)* to force; to force open; to break* open.

☐ **sforzarsi** *v. rifl* **1** *(storcersi)* to strain; to sprain: *Si sforzò il polso,* He sprained his wrist. **2** *(tentare, adoperarsi)* to try; to endeavour; to strive*; *(fare del proprio meglio)* to do* one's best; to try one's best; *(fare di tutto)* to try hard; to spare no pains: *Sforzati di capire: è una cosa grave!,* Try and understand, it's something serious! — *sforzarsi per nulla,* to waste one's efforts.

sforzatamente *avv* **1** with much effort. **2** *(contro la propria volontà)* against one's will.

sforzato *agg* forced; *(non naturale)* false; unnatural; strained.

sforzatura *sf* **1** forcing; straining; *(esagerazione)* exaggeration. **2** *(effrazione)* forcing; forcing open; breaking open.

sforzo *sm* **1** effort; exertion; endeavour: *senza sforzo,* without (any) effort — *uno sforzo di volontà,* an effort of will — *fare uno sforzo,* to make an effort; to strain oneself — *fare ogni sforzo (tutti gli sforzi possibili),* to make every effort; to strive hard; to leave no stone unturned. **2** *(tensione eccessiva)* strain; overexertion: *un grande sforzo di nervi,* a great nervous strain — *Non fare sforzi!,* Don't strain yourself! **3** *(mecc.)* stress; strain; effort; pull; force: *sforzo di flessione,* bending (*o* transverse) stress — *sforzo di taglio,* shearing stress — *sforzo di torsione,* torsional stress — *mettere sotto sforzo,* to put under stress — *sostenere lo sforzo,* to stand (to bear) the strain — *sforzo alla barra,* drawbar pull — *sforzo di trazione,* tractive effort (*o* force). **4** *(conato di vomito)* retch: *fare degli sforzi,* to retch; to be retching.

sfottere *vt* to tease; to pull sb's leg.

☐ **sfottersi** *v. reciproco* to tease each other (*o* one another).

sfracellare *vt* to smash; to shatter; to break* in pieces.

□ **sfracellarsi** *v. rifl* to crash; to smash up; to be* shattered.

sfrangiare *vt* to form a fringe; to undo* a fringe.
□ **sfrangiarsi** *v. rifl* to fray out.

sfrangiato *agg* fringed; frayed.

sfrangiatura *sf* fringing; fraying.

sfrattare *vt* to turn out; to evict; to expel.

sfrattato *agg* turned out; evicted; expelled.
□ *sm* evicted person.

sfratto *sm* turning out; eviction: *ordine di sfratto,* eviction order; notice to quit — *dare (ricevere) lo sfratto,* to give (to receive) notice to quit.

sfrecciare *vi* to dart.

sfregamento *sm* friction; rubbing.

sfregare *vt* to rub; *(graffiare)* to scrape; to scratch; to mark.

sfregata *sf* rub; rub-up; *(graffio)* scratch; mark.

sfregatura *sf* rubbing; *(graffio)* scratch; mark.

sfregiare *vt* to slash; to gash; *(fig.: deturpare)* to deface; to disfigure; *(fig.: macchiare)* to taint; to tarnish.

sfregiatore *sm* defacer; disfigurer; *(con un'arma)* slasher.

sfregio *sm* **1** slash; gash; *(cicatrice)* scar; *(deturpazione)* disfigurement; *(graffio)* scratch: *un tavolo pieno di sfregi,* a table full of (*o* covered with) scratches. **2** *(fig.: offesa)* disgrace; offence; affront; insult: *fare uno sfregio a qcno,* to insult sb.

sfrenare *vt* to unbridle; to let* loose; to give* free play to.
□ **sfrenarsi** *v. rifl* to let* oneself go; to run* wild.

sfrenatamente *avv* without restraint; wildly; *(dissolutamente)* dissolutely.

sfrenatezza *sf* lack of restraint; wildness; *(licenziosità)* dissoluteness; licentiousness.

sfrenato *agg* unbridled; uncontrolled; unrestrained; wild *(anche fig.)*; *(dissoluto)* licentious; dissolute; *(eccessivo)* excessive: *ragazzo sfrenato,* wild (*o* unruly, boisterous) boy.

sfriggere, sfrigolare *vi* to sizzle; to frizzle; to sputter.

sfrigolio *sm* sizzling; frizzling; sputtering.

sfringuellare *vi* to twitter; to warble; *(cianciare)* to chatter; *(spifferare)* to blab.

sfrondamento *sm* **1** stripping of leaves; pruning. **2** *(fig.)* pruning; curtailing; cutting.

sfrondare *vt* **1** *(levare le fronde)* to strip of leaves; *(sfoltire)* to thin out: *sfrondare un ramo,* to strip a branch of its leaves — *sfrondare una pianta, (sfoltirne i rami)* to thin out the branches of a tree. **2** *(fig.)* to curtail; to cut*; to prune.
□ **sfrondarsi** *v. rifl (perdere le foglie)* to shed* the (*o* its) leaves.

sfrontataggine, sfrontatezza *sf* impudence; forwardness; cheek; cheekiness: *Che sfrontataggine!,* What impudence!; What cheek! — *Ebbe la sfrontataggine di tornare,* He had the cheek to come back again.

sfrontatamente *avv* impudently; cheekily; pertly.

sfrontato *agg* impudent; forward; cheeky; pert.
□ *sm* impudent (*o* shameless) fellow.

sfruttamento *sm* exploitation *(anche fig.)*.

sfruttare *vt* **1** to exploit: *sfruttare al massimo,* to exploit to the utmost; *(fig.)* to make the best of (sth). **2** *(far lavorare senza adeguato compenso)* to exploit; to overwork; to sweat: *Sfruttava gli operai,* He sweated his workers. **3** *(approfittare di)* to profit (by); to avail oneself of; to take* advantage of: *Sfruttò un'occasione favorevole,* He took advantage of a very favourable opportunity — *un'occasione da sfruttare,* a chance not to be missed. **4** *(abusare di)* to exploit; to abuse; to take* advantage (of).

sfruttato *agg* exploited.

sfruttatore *sm* exploiter; profiteer; speculator; *(di donne)* souteneur *(fr.)*; *(sl.)* ponce.

sfuggente *agg* elusive; *(di lineamento)* receding: *un mento sfuggente,* a receding chin.

sfuggevole *agg* fleeting; transient; fugitive.

sfuggevolezza *sf* fleetingness.

sfuggevolmente *avv* fleetingly.

sfuggire *vi* to escape; to slip: *Non gli sfugge nulla,* Nothing escapes him — *Mi sfugge il suo nome,* His name escapes me (*o* has slipped from my mind) — *Sfuggì alla morte per un pelo,* He escaped death by the skin of his teeth — *La tazza gli sfuggì di mano,* The cup slipped from his hand — *lasciarsi sfuggire qcsa,* to let sth slip — *lasciarsi sfuggire una buona occasione,* to let a good opportunity slip — *lasciarsi sfuggire un segreto, (fam.)* to let the cat out of the bag.
□ *vt (schivare)* to escape; to avoid; to shun.

sfuggita *(nelle locuzioni avverbiali) di sfuggita; alla sfuggita,* quickly; hurriedly; in passing: *vedere di sfuggita,* to get a glimpse (of).

sfumare *vi (svaporare)* to evaporate; *(svanire)* to vanish; to disappear; *(andare in fumo)* to end in smoke; to come* to nothing; to fail; *(di colori, ecc.)* to shade off; to shade away; to fade (into); to gradate: *un giallo che sfuma nel verde,* a yellow fading into green.
□ *vt* **1** *(far evaporare)* to evaporate. **2** *(colori)* to shade off; to tone down; *(con sfumino)* to soften; to stump. **3** *(suoni)* to tone down; to fade down.

sfumato *agg* **1** *(svaporato)* evaporated; *(dileguato)* vanished; disappeared; *(andato in fumo)* gone up in smoke; lost: *un buon affare sfumato,* a good deal gone up in smoke — *un matrimonio sfumato,* a broken-off engagement. **2** *(di disegno)* soft; shaded; *(di luce)* soft; mellow; faint; *(di suoni)* soft; faint; toned down; faded down.

sfumatura *sf (lo sfumare)* shading (off); *(gradazione)* gradation; shade; nuance *(fr.)*: *una precisa sfumatura di significato,* an exact shade of meaning — *le varie sfumature del grigio,* the different shades of grey.

sfuriata *sf* outburst of rage; fit of passion; *(rabbuffo)* scolding; tirade; talking to; telling off; *(cosa fatta in fretta e furia)* rush: *una sfuriata di vento,* a gust of wind — *una sfuriata di pioggia,* a gust of rain; a shower — *fare una sfuriata, (fam.: rimproverare)* to tell sb off; to blow sb up; *(lavorare in fretta e in furia)* to work like fury — *prendersi una sfuriata,* to be told off.

sgabello *sm* stool; *(per appoggiare i piedi)* foot-stool: *farsi sgabello di qcno,* to exploit sb; to make use of sb.

sgabuzzino *sm* closet; lumber-room.

sgambare *vi (camminare molto in fretta)* to walk hard; to walk fast; *(a lunghi passi)* to stride*.

sgambata *sf* long walk; march; *(corsa)* run.

sgambato *agg* **1** *(senza gambo)* stalkless; stemless. **2** *(stanco)* tired out; footsore. **3** *(di calza)* short; *(di costume da bagno)* legless.

sgambettare *vi* **1** *(menare le gambe)* to kick one's legs. **2** *(camminare a passi piccoli e veloci)* to trip; to scurry; to scuttle; *(di bambino)* to toddle.
□ *vt (fare lo sgambetto)* to trip.

sgambetto *sm* trip: *dare (fare) lo sgambetto a qcno,* to trip sb; *(fig.)* to oust sb; to supplant sb.

sganasciare *vt (slogare le ganasce)* to dislocate sb's jaw; *(fig.: sconnettere, rompere)* to disconnect; to break*.

□ **sganasciarsi** *v. rifl* to dislocate one's jaw: *sganasciarsi dalle risa,* to split one's sides (to roar) with laughter — *sganasciarsi dagli sbadigli,* to yawn away.

sganciamento *sm* **1** unhooking; unfastening; *(di vetture ferroviarie)* uncoupling; slipping; *(mecc.)* release; releasing. **2** *(di bombe, ecc.)* releasing; dropping. **3** *(mil.: rottura del contatto)* loss of contact; disengagement.

sganciare *vt* **1** to unhook; to unfasten; *(ferrovia)* to detach; to slip; to uncouple; *(mecc.)* to release. **2** *(bombe, ecc.)* to release; to drop. **3** *(fam.: sborsare)* to cough up.

□ **sganciarsi** *v. rifl* to come* unhooked; to come* off the hook; *(ferrovia)* to come* uncoupled; *(fig.: staccarsi, liberarsi)* to get* away from; to get* clear of: *sganciarsi dal nemico,* to disengage from the enemy; to break off an engagement.

sgangheramento *sm* unhinging; disconnection; *(lo sfasciare)* breaking; shattering.

sgangherare *vt* **1** *(togliere dai gangheri)* to unhinge; to take* off the hinges; to remove from the hinges. **2** *(sfasciare)* to break*; to shatter.

□ **sgangherarsi** *v. rifl* to come* out of the hinges; to get* unhinged; *(sfasciarsi)* to break*; to get* shattered: *sgangherarsi dalle risa,* to split one's sides with laughter; to burst with laughing.

sgangherataggine *sf* ricketiness; ramshackleness; *(sguaiataggine)* grossness; coarseness; boisterousness.

sgangheratamente *avv* coarsely; grossly; boisterously: *ridere sgangheratamente,* to roar with laughter; to split one's sides with laughter.

sgangherato *agg* unhinged; *(di casa, mobili, ecc.)* rickety; ramshackle; *(fig.: sconnesso, sconclusionato)* disconnected; incoherent; *(sguaiato)* coarse; boisterous: *una porta sgangherata,* an unhinged door — *una risata sgangherata,* a boisterous laugh.

sgarbatamente *avv* rudely; impolitely; gruffly; roughly.

sgarbatezza *sf* **1** *(l'essere sgarbato)* rudeness; impoliteness. **2** *(atto sgarbato, offesa)* impolite act; incivility: *Non mi piacciono le sue sgarbatezze,* I don't like his bad manners (his rudeness) — *fare una sgarbatezza a qcno,* to be rude to sb.

sgarbato *agg* rude; ill-mannered; impolite; *(scortese)* unkind; *(rude)* rude; rough; gruff: *una persona sgarbata,* a rude person; a boor.

sgarberia *sf,* **sgarbo** *sm* rudeness; impoliteness; *(offesa)* offence; piece of rudeness; *(atto sgarbato)* incivility; rude act.

sgargiante *agg* garish; showy; gaudy.

sgarrare *vt e i.* to be* mistaken; to be* wrong; to make* a mistake; *(di orologio che avanza)* to gain; *(di orologio che ritarda)* to lose*; *(fig.: fare qcsa che non va)* to do* sth wrong: *Il mio orologio non sgarra mai,* My watch keeps perfect time (is never wrong) — *Giovanni non sgarra mai un minuto, (fig.)* Giovanni is never late — *Ha sgarrato e gliela hanno fatta pagare cara,* He made a mistake and they made him pay dearly for it.

sgattaiolare *vi* to slink away (*o* off); *(svignarsela)* to slip away; to steal* away; to sneak away; to sheer off; *(cavarsi di impiccio)* to wriggle out of.

sgelare *vt e i.,* **sgelarsi** *v. rifl* to thaw; to melt*.

sgelo *sm* thaw.

sghembo *agg* **1** oblique; slanting; *(storto)* crooked. **2 a sghembo,** obliquely; aslant; slantingly; *(storto)* crookedly — **di sghembo,** *(di sbieco)* on the bias — *tagliare a (o di) sghembo,* to cut on the bias — *camminare a sghembo,* to walk crabwise.

□ *sm* obliquity.

sgherro *sm* bravo *(pl.* bravos, bravoes*)*; hired ruffian.

sghignazzamento *sm* scornful laughing; derisive laughing.

sghignazzare *vi* to laugh scornfully; to sneer.

sghignazzata *sf* scornful laugh; guffaw; derisive laughter.

sgobbare *vi* to work hard; *(fam.)* to slog; to drudge: *sgobbare per un esame,* to grind (to cram) for an exam — *sgobbare sui libri,* to study hard; to grind away at one's books.

sgobbata *sf* drudgery; piece of hard work.

sgobbone *sm* hard worker; slogger; *(studente sgobbone)* swot.

sgocciolamento *sm* dripping; trickling; *(difetto di verniciatura)* runs *(pl.)*; tears *(pl.)*.

sgocciolare *vi* to drip; to trickle; to dribble; to leak.

sgocciolatoio *sm* drip; drip-stone.

sgocciolatura *sf (lo sgocciolare)* dripping; *(ultime gocce)* last drops *(pl.)*; *(di vernice data male)* tears.

sgocciolio *sm* dribbling; trickling; dripping; leaking.

sgocciolo *sm (sgocciolatura)* dripping; *(ultime gocce)* last drops *(pl.)*: *essere agli sgoccioli,* to be at the very end (of sth); *(non poterne più)* to be at the end of one's tether; *(stare per morire)* to be at one's last gasp.

sgolarsi *v. rifl* to shout oneself hoarse: *sgolarsi invano,* to waste one's breath.

sgomberare, sgombrare *vt* to clear; to clear out; *(svuotare)* to empty out; *(evacuare)* to evacuate; to abandon: *sgomberare la mente da qcsa,* to clear (to free) the mind from sth — *sgomberare il passo a qcno,* to make way for sb — *far sgomberare un luogo,* to clear a place.

□ *vi* to clear; to clear off; to clear out: *(evacuare)* to evacuate; *(lasciare l'alloggio, cambiar casa)* to move out; to move (house).

sgombero *agg e sm* ⇨ **sgombro.**

[1]**sgombro** *agg* clear of; free from; *(vuoto)* empty.

□ *sm* removal.

[2]**sgombro** *sm* mackerel.

sgomentare *vt* to dismay; to appal; to daunt; to frighten.

□ **sgomentarsi** *v. rifl* to be* dismayed; to be* appalled; to get* frightened.

sgomento *sm* dismay; consternation.

□ *agg* dismayed; appalled.

sgominare *vt* to rout; to defeat; to disperse; to overthrow*.

sgomitolare *vt,* **sgomitolarsi** *v. rifl* to unwind*.

sgonfiamento *sm* deflation; deflating.

sgonfiare *vt* to deflate; to empty (of air); *(togliere il gonfiore)* to bring* down; to deflate; to prick; *(fam.: importunare)* to annoy; to bother; *(sl. giornalistico)* to play down: *Va a sgonfiare tutti con le sue domande da cretino, (fam.)* He annoys everybody with his silly questions.

□ *vi* to be* deflated; to go* flat; *(fig.)* to go* down.

□ **sgonfiarsi** *v. rifl* **1** to go* down. **2** *(perdere la superbia)* to be* deflated.

sgonfiato *agg* deflated; flattened; flabby; *(fig., fam.)* debunked: *un pallone sgonfiato,* a pricked balloon *(anche fig.)*.

sgonfiatura *sf* deflation; deflating; *(seccatura)* bother; *(fig., fam.)* debunking.
sgonfio *agg* deflated. □ *sm (sbuffo)* puff.
sgorbia *sf* gouge; hollow chisel.
sgorbiare *vt* **1** to scrawl; to scribble; *(imbrattare)* to daub; *(macchiare)* to blot; to stain. **2** *(carpenteria)* to gouge; to cut* with a gouge.
sgorbio *sm* scrawl; scribble; *(imbratto)* daub; *(macchia)* blot; stain; *(fig.: cosa mal fatta)* daub; scrabble; *(fig.: persona orribile)* fright; sight; deformed person: *Sei uno sgorbio con quel cappellino,* You look a fright with that hat — *uno sgorbio di donna,* a very ugly woman.
sgorgamento *sm* gushing out; spurting; spouting.
sgorgare *vi (di liquidi)* to gush; to spurt; to spout; to well up; *(di lacrime)* to flow; *(di parole)* to spring*; to come* straight.
□ *vt (sbloccare)* to unblock.
sgorgo *sm* gush; spout: *a sgorgo,* in profusion.
sgozzare *vt* to cut* sb's throat; to slaughter; *(fig.: con l'usura, ecc.)* to fleece; to bleed*.
sgozzatura *sf* slaughter; throat-cutting.
sgradevole *agg* unpleasant; disagreable; nasty; bad.
sgradevolmente *avv* unpleasantly; disagreably; nastily.
sgradire *vt* to dislike.
sgradito *agg* unpleasant; undesirable; unwelcome: *riuscire sgradito,* to be unwelcome; not to be appreciated.
sgrammaticato *agg* grammatically wrong; ungrammatical; *(scorretto)* incorrect: *in modo sgrammaticato,* ungrammatically.
sgrammaticatura *sf* grammatical mistake; bad grammar.
sgranare *vt* **1** *(piselli, ecc.)* to shell; to hull; *(sgusciare)* to husk; *(cotone)* to gin: *sgranare gli occhi,* to open one's eyes wide; to stare (at sb) — *sgranare il rosario,* to tell one's beads. **2** *(fam.: mangiare con gusto)* to crunch; to eat* up: *sgranare biscotti,* to crunch biscuits. **3** *(mecc.: disinserire)* to throw* out of gear.
□ **sgranarsi** *v. rifl* **1** to crumble. **2** *(mecc.)* to go* out of gear.
sgranato *agg* shelled; husked; *(di occhio)* wide open.
sgranatrice *sf* husker; shelling-machine; *(del cotone)* cotton-gin.
sgranatura *sf* shelling; husking; *(del cotone)* ginning.
sgranchire *vt,* **sgranchirsi** *v. rifl* to stretch; to stretch one's limbs (legs).
sgranellare *vt* to pick grapes.
sgranocchiare *vt* to munch; to crunch.
sgrassante *agg* degreasing; scouring.
sgrassare *vt* to take* out grease; to remove fat; *(industria tessile)* to degrease; to scour.
sgrassatore *sm* degreaser.
sgrassatura *sf* degreasing; *(industria tessile)* scouring.
sgravare *vt (alleggerire)* to lighten; *(fig.)* to relieve (sb of sth); to free (sb from sth).
□ **sgravarsi** *v. rifl* **1** to unburden oneself: *sgravarsi la coscienza,* to ease one's conscience. **2** *(partorire)* to be* delivered of a child; *(di animali)* to bring* forth.
sgravio *sm* alleviation; relief; *(alleggerimento)* lightening; unloading: *a (per) sgravio di coscienza,* for conscience' sake.
sgraziatamente *avv* in an awkward way; awkwardly; clumsily.
sgraziato *agg* awkward; clumsy; graceless.
sgretolamento *sm* crumbling; shattering; mouldering.
sgretolare *vt* to crumble.
□ **sgretolarsi** *v. rifl* to crumble; to moulder; to fall* to pieces.
sgretolio *sm* crumbling; mouldering.
sgridare *vt* to scold; to rebuke; *(fam.)* to lecture; to tell* off.
sgridata *sf* rebuke; scolding; lecture; talking-to; telling-off; dressing down.
sgroppare *vi (di cavallo)* to buck.
□ *vt (guastare la groppa, rovinare)* to break* the back (of); *(stancare, affaticare)* to tire out.
□ **sgropparsi** *v. rifl* to break* one's back; to get* a sore back; *(fam.: sgobbare)* to slog away.
sgroppata *sf* **1** buck-jump. **2** *(breve cavalcata)* short ride; *(sport.: allenamento ciclistico)* training spin. **3** *(grave fatica)* fag *(fam.)*: *Che razza di sgroppata!,* What a fag!
sgropponare, sgropponarsi *vt e i.* ⇨ **sgroppare.**
sgropponata *sf* drudgery; piece of drudgery; fag; piece of hard work.
sgrossamento *sm* rough-shaping; thinning down; paring down.
sgrossare *vt* **1** to whittle down (*o* away); to thin down; to pare down; *(sbozzare)* to rough-shape; to rough out; to rough hew; *(al tornio)* to rough-turn; *(al laminatoio)* to rough-roll. **2** *(fig.)* to polish; to refine; *(educare, anche)* to educate: *Cinque anni di collegio non sono serviti neppure a sgrossarlo,* Five years of boarding school haven't even knocked the rough edges off him.
sgrossatura *sf* rough-shaping; thinning down; paring down.
sgrovigliare *vt* to disentangle; to unravel.
sguaiataggine *sf* **1** vulgarity; coarseness; rudeness. **2** *(atto sguaiato)* vulgar (*o* coarse, rude) action.
sguaiatamente *avv* rudely; roughly: *ridere sguaiatamente,* to laugh coarsely.
sguaiato *agg (volgare)* coarse; crude; vulgar; *(sconveniente)* unbecoming; unseemly; *(impudente)* impudent; shameless; *(di voce, di risa)* boisterous.
□ *sm* coarse person; impudent fellow; lout.
sguainare *vt* to unsheathe; to draw*: *sguainare la spada,* to draw one's sword.
sgualcire *vi* to crumple; to crease.
□ **sgualcirsi** *v. rifl* to crumple; to crease; to get* crumpled: *un tessuto che non si sgualcisce,* a crease-resisting material.
sgualcitura *sf* crumple.
sgualdrina *sf* trollop.
sguardo *sm* **1** look; *(breve)* glance; *(lungo)* gaze; *(fisso)* stare; *(d'ira)* glare: *dare uno sguardo a qcsa,* to have a look (a glance) at sth; to run one's eyes over sth — *Vuoi dare uno sguardo a questo?,* Will you have a look (a glance) at this? — *lanciare uno sguardo a qcsa,* to glance at sth — *cercare qcno con lo sguardo,* to look round for sb — *degnare qcno di uno sguardo,* to look at sb — *Non la degnò di uno sguardo,* He didn't even look at her — *uno sguardo triste,* a sad look — *al primo sguardo,* at first sight; at (the) first glance — *uno sguardo vitreo,* a glassy stare — *fissare lo sguardo, tenere lo sguardo fisso su qcsa,* to stare at sth. **2** *(per estensione: occhi)* eyes: *occhi senza sguardo,* dull (*o* lifeless) eyes — *con lo sguardo basso,* with downcast eyes — *esposto agli sguardi,* exposed to view — *fin dove arriva lo sguardo,* as far as the eye can see — *distogliere lo sguardo da qcsa,* to look away from sth — *sfuggire agli sguardi,* to

escape (to slip) sb's notice — *sollevare lo sguardo,* to raise one's eyes; to look (to glance) up — *soffermarsi con lo sguardo,* to let one's eyes dwell upon sth — *volgere lo sguardo,* to turn one's eyes — *attirare gli sguardi di qcno,* to draw (to attract) sb's attention. **3** *(vista, paesaggio)* view: *bello sguardo,* fine view — *una camera con uno splendido sguardo sul lago,* a room with a beautiful view of the lake.

sguarnire *vt* **1** *(togliere le guarnizioni)* to strip of trimmings; to strip the trimmings from (*o* off). **2** *(mil.: smantellare)* to dismantle; *(lasciare indifeso)* to leave* undefended.

sguattera *sf* scullery-maid.

sguattero *sm* scullery-boy.

sguazzare *vi* **1** *(diguazzare)* to splash; to paddle; to dabble. **2** *(avvoltolarsi)* to wallow; to roll: *sguazzare nel fango, nel brago, (anche fig.)* to wallow in mud — *sguazzare nell'oro,* to be rolling in money — *sguazzare nell'ozio,* to wallow in idleness. **3** *(di liquidi in recipienti)* to splash; to slosh; *(fare cic ciac)* to squelch: *L'acqua gli sguazzava nelle scarpe,* The water squelched in his shoes. **4** *(starci largo)* to be* lost: *Ci sguazzo in questo vestito,* I'm lost in this suit; This suit is much too big for me.

sguinzagliare *vt* to unleash; to release; to let* loose; *(fig.)* to set* (on): *sguinzagliare la polizia (i cani) dietro a qcno,* to set the police (the dogs) on sb.

sgusciare *vi* **1** *(sfuggire)* to slip; to slip through (*o* out of) sth; to wriggle out (of sth): *Il cane sgusciò dalla catena,* The dog slipped his chain — *Il pesce mi sgusciò di mano,* The fish wriggled out of my hand. **2** *(fig.: svignarsela)* to slip away; to steal* away (*o* out); to sneak away (*o* off); to slink away (*o* off). **3** *(fig.: venir fuori)* to slink out. **4** *(uscire dall'uovo)* to hatch.

□ *vt (levar dal guscio)* to shell; to hull; to husk.

□ **sgusciarsi** *v. rifl (di vegetali)* to come* out of the pod (of the shell); *(perdere la spoglia, di serpi, ecc.)* to slough; to lose* (to cast*) the skin.

[1]**si** *pron* **I** *(rifl.)* - **a)** oneself *(impers.)*; himself *(m.)*; herself *(f.)*; itself *(neutro)*; themselves *(pl.)*: *tagliarsi,* to cut oneself — *Si è tagliato,* He has cut himself — *Si è tagliata,* She has cut herself — *Si sono tagliati,* They have cut themselves — *Ormai sono abbastanza grandi per lavarsi da soli,* They're old enough to wash themselves by now — *guardarsi allo specchio,* to look at oneself in the mirror - **b)** *(con i verbi riflessivi detti 'impropri' si traduce con l'agg. possessivo) Lella si sta pettinando,* Lella is combing her hair — *lavarsi le mani,* to wash one's hands — *mettersi la giacca,* to put on one's jacket - **c)** *(con i verbi intransitivi pronominali generalmente non si traduce) La macchina si è fermata qui,* The car stopped here — *alzarsi tardi,* to get up late — *annoiarsi,* to get bored — *arrabbiarsi,* to get angry — *'Ti ricordi?' - 'Certo che mi ricordo!',* 'Do you remember?' - 'Of course I remember!' — *Preparati!,* Get ready!

II *(reciproco)* each other *(tra due)*; one another *(tra più di due)*; *(talvolta si omette in inglese)*: *I due si amano molto,* The pair love each other very much — *Si scrivono molto?,* Do they write to each other often? — *I capi dei tre sindacati si sono incontrati ieri,* The heads of the three unions met yesterday.

III *(indef.)* one; you; we; they; people: *Non si sa mai,* One (*o* you) never can tell; You never know — *Si dice che...,* They say that...; It is said that...; People say that... — *Mi si dice che...,* I am told that... — *Si vede che è inglese,* One (*o* You) can see he's English — *Qui si parla troppo,* There's too much talking going on around here.

IV *(per formare la costruzione passiva impersonale) Il pane si vende al peso,* Bread is sold by weight — *Si parla inglese,* English spoken — *Si fa un'ottima grappa qui,* An excellent 'grappa' is made here; They make an excellent 'grappa' here.

[2]**sì** *avv* **I** *(particella di affermazione)* yes: *Rispondi sì o no!,* Answer yes or no! — *né sì né no,* neither yes nor no — *forse che sì forse che no,* maybe or maybe not; maybe yes, maybe no — *Sì certo! Ma sì!,* Yes!; Certainly!; Of course!; *(fam., spec. USA)* Sure! — *Se sì...,* If the answer is 'yes'... — *rispondere di sì,* to say yes; to answer in the affirmative — *Pare di sì,* It's seems so — *Penso di sì,* I think so — *Spero di sì,* I hope so — *'Vuoi stare qui?' - 'Sì',* 'Do you want to stay here?' - 'Yes, I do' — *'Puoi stare qui adesso?' - 'Sì',* 'Can you stay here now?' - 'Yes, I can' — *'Verrai domani?' - 'Sì',* 'Will you come tomorrow?' - 'Yes, I will'; 'Are you coming tomorrow?' - 'Yes, I am' — *dire di sì,* to say yes; to consent — *fare cenno di sì,* to nod one's consent. □ *Questa sì che è bella!,* That's a good one! — *Sì, domani!, (iron.)* You'll be lucky! — *E si che...,* And yet...; And I think that... — *uno (un giorno) sì uno no,* every other (day).

II *sm* **1** yes; *(consenso)* yes; consent; assent: *Il vostro sì sia sì e il no no,* I want a firm yes or no; Be definite about your answer — *essere tra il sì e il no,* to be unable to make up one's mind; to be hesitant (*o* wavering, uncertain). **2** *(voto favorevole)* aye; ay: *Vincono i sì,* The ayes have it.

[3]**sì** *avv* **1** *(= così ⇨)* so; such; as: *un errore sì grande,* so great an error — *un ragazzo sì intelligente,* such a clever boy — *sì... come,* as... as — *non sì... come,* not so... as.

2 sì che (sì da), so... as; so... that: *far sì che..., far sì da...,* to manage to (do sth); to succeed in (doing sth) — *Fece sì che lei venisse promossa,* He managed to get her through — *Farò sì che questa scena non si ripeta,* I will make sure (I will see) that there is no repetition of this scene — *fare sì che qcno faccia una cosa,* to get sb to do sth.

[4]**si** *sm (mus.)* B: *si maggiore (minore),* B major (minor) — *Preludio e Fuga in si bemolle,* Prelude and Fugue in B flat major.

sia... sia *congiunz* **1** *(o... o)* whether... or; either... or: *Sia ti piaccia, sia non ti piaccia,* Whether you like it or not — *Sia domani, sia dopodomani, va bene lo stesso,* Either tomorrow or the day after tomorrow will be all right. **2** *(entrambi, tanto... quanto)* both... and: *Sia lui sia sua moglie sono torinesi,* Both he and his wife are from Turin.

sibilante *agg* hissing; sibilant. □ *sm (fonetica)* sibilant.

sibilare *vi* to hiss; to sibilate; *(fischiare)* to whistle.

sibilla *sf* sibyl.

sibillino *agg* sibylline *(anche fig.)*.

sibilo *sm* **1** hiss; hissing; whistling. **2** *(med.)* sibilus; sibilant rale *(fr.)*.

sic *avv* sic *(lat.)*.

sicario *sm* hired assassin; cut-throat.

sicché *congiunz (così che)* so... that; *(e perciò)* so; therefore; thus; *(allora, dunque)* well; then: *Era debolissimo sicché fu portato all'ospedale,* He was so weak that he had to be taken to hospital; He was very weak and had to be taken to hospital — *Sicché, non vieni?,* Well, aren't you coming?; You are not coming, then?

siccità *sf* drought; dry weather: *un periodo di siccità,* a dry spell.
siccome *avv* as.
□ *congiunz* as; since: *Siccome volevo che sapesse la verità, le diedi la lettera,* As I wanted her to know the truth, I gave her the letter.
siciliano *agg e sm* Sicilian.
sicumera *sf* presumption; haughtiness; ostentation.
sicura *sf* safety-catch.
sicurezza *sf* **1** *(certezza)* certainty; conviction; *(attendibilità)* reliability; *(fiducia)* confidence; trust; assurance: *rispondere con sicurezza,* to answer with certainty (with conviction) — *sicurezza di sé,* self-confidence; self-assurance — *ispirare sicurezza,* to inspire confidence. **2** *(immunità da pericolo)* safety; safeness: *misure di sicurezza,* safety (*o* precautionary) measures — *dispositivo di sicurezza,* safety device — *valvola di sicurezza,* safety valve — *margine di sicurezza,* safety limit; *(spesso)* danger limit — *spilla di sicurezza,* safety pin — *'Allacciate le cinture di sicurezza',* 'Fasten safety belts' — *uscita di sicurezza,* emergency-door (*o* -exit) — *una cassetta di sicurezza,* a strong-box — *per maggior sicurezza,* for safety's sake. **3** *(sicurezza nazionale, ecc.)* security: *servizi di sicurezza,* security forces; security police — *le forze di Pubblica Sicurezza,* the Police; the Police Force. **4** *(garanzia)* guarantee; warranty *(USA).*
sicuro **I** *agg* **1** *(che non presenta pericoli)* safe; secure; *(protetto)* protected; sheltered; secure: *sicuro come in una botte,* (as) safe as the Bank of England; (as) safe as anything; (as) safe as houses. **2** *(certo)* sure; certain; *(garantito)* certain; assured: *Ne sei sicuro?,* Are you sure? (*o* certain?) — *morte sicura,* certain death — *sicuro di sé,* self-confident; self-assured; sure of oneself — *in mani sicure,* in safe hands. **3** *(comm.: di investimenti, ecc.)* sound: *un affare sicuro,* a sound piece of business; a sound prospect. **4** *(che non sbaglia)* unfailing; unerring; secure; *(saldo)* steady; firm; secure; *(calmo)* calm; firm; quiet; *(fidato, attendibile)* reliable; trusty; trustworthy; safe: *con mano sicura,* with a firm hand — *una mira sicura,* an unfailing aim — *a colpo sicuro,* without fail — *da fonte sicura,* from a reliable source; on good authority. **5** *(esperto)* skilful; skilled; good; expert.
II *sm* **1** *(luogo sicuro)* safety; safe place: *essere al sicuro,* to be in safety; to be safe — *mettere al sicuro,* to put in a safe place; to put away safely. **2** *(certezza)* certainty: *di sicuro,* certainly; for certain; surely; sure enough; for sure — *sapere di sicuro,* to know for certain — *dar qcsa per sicuro,* to be sure about sth.
III *avv (certamente)* certainly; of course; *(nelle risposte)* Quite so!; *(fam., spec. USA)* sure: *Sicuro che ci vado!,* Of course I'm going!; Sure I'm going!
sidereo *agg* sidereal.
siderurgia *sf* iron metallurgy; (the) iron and steel industry.
siderurgico *agg* iron *(attrib.).* □ *sm* iron worker.
sidro *sm* cider.
siepe *sf* hedge; *(fig.)* fence; barrier: *siepe viva,* quickset hedge — *corsa (con) siepi, (sport)* steeplechase; *(sl.: ippica)* sticks — *cingere di siepe,* to hedge; to surround with a hedge — *far siepe, (sbarrare, impedire)* to bar; to stop.
siero *sm* serum: *siero anti-vipera,* snake bite serum — *siero della verità,* truth serum (*o* drug) — *siero di latte,* whey.
sierosità *sf* serosity.
sieroso *agg* serous.
siesta *sf* siesta; nap: *fare la siesta,* to take a nap.
siffatto *agg* such.
sifilide *sf* syphilis.
sifilitico *agg* syphilitic.
sifone *sm* siphon: *sifone per il seltz,* soda-water siphon.
sigaraio *sm (chi fa i sigari)* cigar-maker; *(chi li vende)* cigar-seller.
sigaretta *sf* cigarette.
sigaro *sm* cigar.
sigillare *vt* **1** to seal; to affix an official seal. **2** *(fig.: chiudere ermeticamente)* to seal up; to close hermetically; *(fig.: finire)* to round off; to set* the seal on.
sigillo *sm* seal; *(comm.)* mark; *(fig.)* impression: *sotto sigillo,* under seal — *un anello con sigillo,* a signet-ring — *apporre i sigilli,* to affix an official seal — *Ha il sigillo alle labbra,* His lips are sealed.
sigla *sf (segno)* mark; *(firma abbreviata)* initials *(pl.)*; *(monogramma)* monogram; *(abbreviazione)* abbreviation; *(se fa 'parola')* logogram; *(USA, anche)* logo: *sigla commerciale,* trade name — *sigla musicale,* signature tune — *sigla automobilistica,* abbreviation of province on number-plate — *mettere la propria sigla,* to initial; to put one's initials (to sth, upon sth).
siglare *vt* to initial; to put* one's initials (to *o* upon).
sigma *sm* **1** *(lettera dell'alfabeto greco)* sigma. **2** *(anat.)* sigmoid flexure.
significante *agg* significant; meaningful; expressive.
significare *vt* **1** *(voler dire)* to mean*; to signify: *Cosa significa tutto ciò?,* What does all this mean? **2** *(valere)* to mean*; to matter; to signify: *La tua presenza qui significa molto per noi,* Your presence here means a lot to us. **3** *(simboleggiare)* to stand* for; to symbolize; to denote. **4** *(manifestare, esprimere)* to make* known; to show; to signify. **5** *(comunicare, far sapere)* to inform; to notify: *significare per lettera,* to notify by letter.
significativamente *avv* significantly; meaningfully.
significatività *sf (statistica)* significance.
significativo *agg* significant; *(espressivo)* significant; meaningful; expressive.
significato *sm* meaning; import; sense; *(valore, importanza)* purport; significance: *una frase dal significato dubbio,* a sentence of dubious meaning — *senza significato,* meaningless.
significazione *sf* signification; meaning.
signora *sf* **1** *(donna)* woman *(pl.* women*)*; *(donna distinta)* lady; *(donna ricca)* rich woman; *(moglie)* wife; *(padrona, anche fig.)* mistress: *È una vera signora,* She is a (real) lady — *I miei omaggi alla Sua signora,* My best regards to your wife — *Vive da signora,* She lives like a duchess — *Nostra Signora, (la Vergine)* Our Lady. **2** *(se il termine è seguito da nome proprio)* Mrs *(abbr. di* Mistress*)*: *il signore e la signora Black,* Mr and Mrs Black; Mr Black and his wife. **3** *(se il termine è seguito da nome comune, quest'ultimo non si traduce) Buon giorno, signora maestra,* Good morning, madam — *Scusi, signora guardia, (scherz.)* Excuse me, officer — *Buon giorno, signora duchessa,* Good morning, Your Ladyship — *la signora duchessa,* Her Grace. **4** *(come vocativo)* madam; *(pl.)* ladies; *(se riferito a nobildonna)* milady: *Buon giorno, signora,* Good morning, madam — *Signore e Signori!,* Ladies and Gentlemen! — *Gentile signora, (all'inizio di una lettera)* Dear madam.
signore *sm* **1** *(uomo)* man *(pl.* men*)*; *(gentiluomo)* gentleman *(pl.* -men*)*; *(uomo ricco)* rich man; *(stor.)* seigneur; seignior; lord; *(padrone, anche fig.)* lord; master; *(religione)* Our Lord; God: *Conosco quel si-*

gnore, I know that man — *È un vero signore,* He is a real gentleman — *Vive da gran signore,* He lives like a lord — *il signore di questa regione,* the master (the lord) of this land — *Il Signore ti benedica,* God bless you — *essere signore di se stesso,* to be one's own master. **2** *(se il termine è seguito da nome proprio)* Mr *(abbr. di* Mister*)*: *Il signor Black,* Mr Black — *I signori Black, (marito e moglie)* Mr and Mrs Black; *(ditta commerciale)* Messrs Black. **3** *(se il termine è seguito da nome comune non si traduce) Buon giorno, signor maestro,* Good morning, sir — *il signor maestro,* our schoolmaster — *Riverisco, signor duca,* My regards to Your Grace — *il signor duca,* His Grace. **4** *(come voc.)* sir; *(religione)* Lord; God: *Arrivederla, signore,* Good-bye, sir — *Signori!,* Gentlemen!; Sirs! — *Gentili signori, (all'inizio di una lettera)* Dear Sirs; Gentlemen *(USA)* — *Signore, pietà,* Lord, have mercy on us.

signoreggiare *vt* **1** to rule; to dominate. **2** *(fig.)* to master; to dominate; to rule. **3** *(soprastare)* to dominate; to command.
□ *vi* to rule (over); to domineer; *(tiranneggiare)* to lord it over: *Signoreggiò sulla città per molti anni,* He ruled the town for many years — *Gli piace signoreggiare su tutti,* He likes to lord it over everyone.

signoria *sf* **1** *(dominio, governo)* rule; lordship. **2** *(stor.)* Seigniory. **3** *(titolo di onore)* Lordship; *(riferito a una donna)* Ladyship: *Salutò Sua Signoria e partì,* He took leave of His Lordship and left. **4** *(nella corrispondenza)* you: *Informiamo Vs/ Signoria che...,* We wish to inform you that... — *La Vostra Signoria è invitata a...,* You are invited to...; We have pleasure in inviting you to...

signorile *agg* **1** *(riferito a uomo)* gentlemanly; gentlemanlike; *(riferito a donna)* ladylike. **2** *(distinto)* distinguished; refined.

signorilità *sf* **1** *(di uomo)* gentlemanliness; *(di donna)* gentlewomanliness. **2** *(distinzione)* distinction; refinement.

signorilmente *avv* in a gentlemanly way; in a gentlewomanly way.

signorina *sf* **1** young lady; girl: *Non conosco quella signorina,* I don't know that girl — *un libro per signorine,* a book for young ladies. **2** *(figlia)* daughter; *(padroncina)* young mistress; *(donna nubile)* unmarried woman *(pl.* women*)*; *(zitella)* spinster; miss *(generalm. spreg. o scherz.)*: *Saluti alla signorina,* My regards to your daughter — *La signorina è gentile con tutti,* The young mistress is kind to everybody — *È ancora signorina,* She is still unmarried. **3** *(davanti al nome o al voc.)* miss.

signorino *sm* master; young master: *il signorino Paolo,* master Paolo — *Il signorino è uscito,* The young master has gone out.

signorotto *sm* squire.

silente *agg (lett.)* silent; quiet.

silenziatore *sm* silencer; muffler.

silenzio *sm* **1** silence: *un silenzio assoluto,* a complete silence — *Silenzio!,* Silence!; Keep quiet!; Stop talking!; *(Taci, Tacete!)* Shut up! — *costringere, ridurre al silenzio, (anche mil.)* to silence; to reduce to silence — *fare, restare in silenzio,* to be (to keep) silent; to keep quiet; to stop talking — *mettere qcsa in silenzio,* to hush sth up — *rompere il silenzio,* to break silence. **2** *(fig.: quiete)* silence; stillness; quiet; hush: *nel silenzio della notte,* in the still of the night. **3** *(mil.)* lights-out: *suonare il silenzio,* to sound lights-out.

silenziosamente *avv* silently; quietly; in silence.

silenzioso *agg* silent; quiet; *(taciturno)* taciturn; *(senza rumori)* quiet; still; noiseless: *un angolo silenzioso,* a quiet corner — *rimanere, starsene silenzioso,* to keep silent.

silfide *sf* sylph *(anche fig.)*.

silicato *sm* silicate: *silicato di potassio,* potassium silicate.

silice *sf* silica.

siliceo *agg* siliceous; silicious.

silicio *sm* silicon.

silicone *sm* silicone.

silicosi *sf* silicosis.

sillaba *sf* syllable: *una parola di una sola sillaba,* a monosyllable — *una parola di due sillabe,* a word of two syllables — *non dire una sillaba, (fig.)* not to say a word.

sillabare *vt* to syllabicate; to syllabify; to syllabize.

sillabario *sm* spelling-book; primer; ABC.

sillabico *agg* syllabic(al).

silloge *sf (lett.)* anthology; collection.

sillogismo *sm* syllogism.

sillogizzare *vi* to syllogize.

silo *sm* silo *(pl.* silos*)*.

silofonista *sm* xylophonist.

silofono *sm* xylophone.

silografia *sf* **1** *(tec.)* xylography. **2** *(stampa)* xylograph; wood-engraving; woodcut.

siluramento *sm* torpedoing.

silurante *sf* torpedo boat.

silurare *vt* to torpedo *(anche fig.)*.

siluro *sm* **1** *(mil.)* torpedo *(pl.* torpedoes*)*: *camera siluri,* torpedo compartment — *rete antisiluro,* torpedo-net. **2** *(pesce)* sheat-fish.

silvano *agg (lett.)* silvan; sylvan.

silvestre *agg* silvan; sylvan; *(selvatico)* wild.

silvicoltore *sf* silviculturist.

silvicoltura *sf* silviculture.

simbiosi *sf* symbiosis.

simboleggiare *vt* to symbolize; to denote; to signify; to stand* for.

simbolicamente *avv* symbolically.

simbolico *agg* symbolic(al).

simbolismo *sm* symbolism.

simbolo *sm* symbol; *(religione)* symbol; creed.

similare *agg* similar.

similarità *sf* similarity.

similarmente *avv* similarly; likewise.

simile I *agg* **1** like (sb, sth); similar (to sb, in sth); alike *(attrib.)*: *simile a tutti gli altri,* like all the others — *due triangoli simili,* two similar triangles — *avere gusti simili,* to have similar tastes — *e (cose) simili,* and the like; and such — *in simile modo,* similarly; in a similar way; in like manner. **2** *(tale, di tal fatta)* such: *una cosa simile,* such a thing; a thing like that — *Non ho mai sentito una cosa simile!,* I've never heard such a thing! — *cose simili; roba simile,* such things; things like that. □ *qualcosa di simile,* something like that; something of that sort; some such thing — *niente di simile,* nothing like that; nothing of the sort; no such thing.
II *sm* **1** *(cosa o persona simile)* like: *e simili,* and the like. **2** *(il prossimo)* fellow creature: *amare i propri simili,* to love one's fellow creatures. □ *Ogni simile ama il proprio simile, (prov.)* Birds of a feather flock together.

similitudine *sf* **1** *(retorica)* simile: *usare similitudini,* to use similes. **2** *(somiglianza)* similarity *(anche geometrica)*; likeness.

similmente *avv* similarly; likewise.

similoro *sm* tombac(k); Dutch metal.
simmetria *sf* symmetry.
simmetricamente *avv* symmetrically.
simmetrico *agg* symmetric(al).
simonia *sf* simony.
simpatia *sf* liking; fancy; *(attrazione)* inclination; attraction; *(med., fis.)* sympathy; *(fig.: solidarietà)* fellow-feeling; solidarity; *(fig.: armonia, di colori, ecc.)* harmony: *Ho una simpatia particolare per lui,* I have a special liking for him; I am partial to him — *Si acquistò la simpatia generale,* He made himself popular with everybody — *avere simpatia per...,* to be fond of...; to like... — *parole di simpatia,* sympathetic words — *le mie simpatie e antipatie,* my likes and dislikes — *per simpatia,* out of sympathy — *avere una reciproca simpatia,* to be fond of (to like) each other — *prendere in simpatia,* to take a liking (a fancy) to; to take to.
simpaticamente *avv* kindly; pleasantly: *Rispose simpaticamente che l'automobile era a nostra disposizione,* He kindly replied that the car was at our disposal.
simpatico *agg* nice; *(piacevole)* pleasant; agreeable; *(attraente)* attractive; *(med., fis.)* sympathetic: *un ometto simpatico,* a nice (a genial) little man — *una simpatica serata,* a pleasant evening — *in un ambiente simpatico,* in congenial surroundings — *inchiostro simpatico,* invisible (*o* sympathetic) ink.
simpatizzante *agg* sympathizing.
□ *sm e f* sympathizer.
simpatizzare *vt* **1** to take* a liking to: *Simpatizzarono sin dal primo istante,* They took an immediate liking to each other. **2** *(avere affinità di idee, ecc. con)* to sympathize with.
simposio *sm (anche fig.)* symposium *(pl.* symposia, symposiums*)*.
simulacro *sm* statue; image; simulacrum *(pl.* simulacra*)*; *(parvenza)* image; simulacrum; shadowy likeness: *un simulacro di bronzo,* a bronze simulacrum — *un simulacro dell'antico splendore,* a shadow of the old splendour.
simulare *vt* to feign; to simulate; to pretend; to sham; *(imitare)* to imitate; to simulate; *(contraffare)* to counterfeit: *Simulò un'influenza per stare a casa da scuola,* He pretended to have 'flu to get out of going to school — *Simulò la sua voce per non farsi riconoscere,* He disguised his voice to prevent being recognised — *Non simulare!,* Don't pretend!
simulatamente *avv* feignedly.
simulato *agg* simulated; feigned; pretended.
simulatore *sm* simulator; shammer; liar.
simulatorio *agg* simulated; feigned.
simulazione *sf* simulation.
simultanea *sf* simultaneous translation: *tradurre in simultanea,* to interpret simultaneously.
simultaneamente *avv* simultaneously.
simultaneità *sf* simultaneity; simultaneousness.
simultaneo *agg* simultaneous; contemporary; contemporaneous.
sinagoga *sf* synagogue.
sinceramente *avv* sincerely; frankly; honestly.
sincerare *vt (rendere qcno certo di qcsa)* to convince; to persuade: *Non mi ci volle molto a sincerarlo,* It didn't take me long to convince him.
□ **sincerarsi** *v. rifl* to make* sure: *Mi sincerai che avrebbe pagato,* I made sure he would pay me.
sincerità *sf* sincerity; sincereness; honesty; *(franchezza)* frankness; candour: *in tutta sincerità,* in all sincerity — *con sincerità,* sincerely; with all one's heart.
sincero *agg* sincere; true; honest; *(franco)* frank; candid; open; *(genuino, non adulterato)* pure; unadulterated: *un amico sincero,* a true friend — *per essere sincero,* to be quite honest.
sincopato *agg (gramm., mus.)* syncopated.
sincope *sf* **1** *(gramm., mus.)* syncopation. **2** *(med.)* syncope.
sincronia *sf* synchrony.
sincronicamente *avv* synchronously.
sincronismo *sm* synchronism.
sincronizzare *vt* to synchronize.
sincronizzato *agg* synchro-mesh: *cambio sincronizzato,* synchro-mesh gear.
sincronizzatore *sm* synchronizer.
sincronizzazione *sf* synchronization.
sincrono *agg* synchronous.
sindacabile *agg (verificabile)* verifiable; checkable; controllable; *(censurabile)* censurable; *(criticabile)* criticizable.
sindacale *agg* **1** *(di sindaci)* relating to auditors: *collegio sindacale,* auditors *(pl.)*. **2** *(di sindacato)* trade-union *(attrib.)*.
sindacalismo *sm* syndicalism; trade-unionism *(GB)*.
sindacalista *sm* syndicalist; trade-unionist *(GB)*.
sindacare *vt* **1** *(verificare)* to verify; *(controllare)* to check; to control; to inspect; *(contabilità, in ragioneria)* to audit; to examine and verify. **2** *(fig.: censurare)* to censure; to criticize; to judge: *Non hai il diritto di sindacare la mia vita privata,* You have no right to censure my private life.
sindacato *sm* **1** *(associazione)* association; union; *(cartello)* trust; pool; cartel: *un sindacato industriale,* a manufacturing trust — *un sindacato misto,* a mixed association — *sindacato dei lavoratori,* trade union *(GB)*; labor union *(USA)* — *il sindacato del crimine,* the crime racket — *riunirsi in sindacato,* to form a union. **2** *(ufficio di sindaco)* mayoralty; mayorship.
sindaco *sm* **1** mayor: *il sindaco di Londra,* the Lord Mayor of London. **2** *(in ragioneria)* auditor: *sindaco effettivo,* regular auditor — *sindaco supplente,* acting auditor.
sinderesi *sf (fam.)* wits *(pl.)*.
sindrome *sf* syndrome.
sinecura *sf* sinecure.
sinedocche *sf* synecdoche.
sinfonia *sf* symphony: *la quarantesima sinfonia di Mozart,* Mozart's fortieth symphony.
sinfonico *agg* symphonic; symphony *(attrib.)*: *orchestra sinfonica,* symphony orchestra.
singhiozzare *vi* **1** *(avere il singhiozzo)* to hiccup; to hiccough. **2** *(piangere a singhiozzi)* to sob.
singhiozzo *sm* **1** *(tic respiratorio)* hiccup; hiccough: *avere il singhiozzo,* to hiccup; to have hiccups. **2** *(sussulto di pianto)* sob: *dire qcsa fra i singhiozzi,* to sob sth out — *addormentarsi fra i singhiozzi,* to sob oneself to sleep. **3** *(sbalzo, interruzione)*: *a singhiozzo; a singhiozzi,* by fits and starts — *sciopero a singhiozzo,* on-off strike.
[1]**singolare** *agg* **1** *(gramm.)* singular. **2** *(unico, eccellente)* excellent; extraordinary; unique: *un dono singolare,* an extraordinary quality; a unique gift. **3** *(insolito)* singular; unusual; uncommon; *(raro)* rare; unique; *(strano)* strange; peculiar. **4** *(eccentrico)* odd; queer; quaint: *un tipo singolare,* a quaint (a queer) fellow. **5** *(singolo)* single: *sfidare a singolar tenzone,* to challenge to a single combat.
[2]**singolare** *sm* **1** *(gramm.)* singular. **2** *(tennis)* single.

singolareggiare *vi* to stand* out; to excel.
singolarista *sm e f. (tennis)* single player.
singolarità *sf* **1** oneness. **2** *(eccellenza)* excellence; rarity; singularity. **3** *(originalità)* originality; singularity; *(stranezza)* strangeness; oddity; queerness.
singolarmente *avv* **1** *(a uno a uno)* one by one; singly; separately. **2** *(particolarmente)* particularly; *(specialmente)* especially.
singolo *agg* single; separate; individual: *un caso singolo,* a single (a separate) case — *una cabina singola,* a single cabin — *collegamento singolo, (in telefonia, ecc.)* simplex line.
□ *sm* **1** *(indiviso)* individual. **2** *(tennis)* single; *(canottaggio)* single scull.
siniscalco *sm* seneschal.
sinistra *sf* **1** *(mano sinistra)* left; left hand; *(lato sinistro)* left; left side; left-hand side; *(riva sinistra)* left bank; *(araldica)* sinister: *Scrive con la sinistra,* He writes with the (with his) left hand — *È qui a sinistra,* It is here on the left — *Gira a sinistra,* Turn to the left — *In Italia sorpassiamo sulla sinistra,* In Italy we overtake on the left — *Attenti a sinistra!,* Eyes left! — *Fronte a sinistra!,* Left wheel! — *Squadra a sinistra!,* Left turn! — *a destra e a sinistra, (da ogni parte)* everywhere. **2** *(politica)* left; left wing: *uno di sinistra,* a left-winger — *una svolta a sinistra,* a swing to the left. **3** *(naut.)* port: *Accostare a sinistra!,* Steer to port! — *Tutto a sinistra!,* Hard aport!
sinistramente *avv* ominously; sinisterly.
sinistrato *agg* damaged; injured; *(bombardato)* bomb-damaged.
□ *sm* homeless person; victim.
[1]**sinistro** *agg* **1** left; left-hand: *la gamba sinistra,* the left leg — *dalla parte sinistra,* on the left; on the left-hand side. **2** *(avverso, di cattivo augurio)* sinister; ominous; ill-omened. **3** *(bieco, minaccioso)* sinister; grim; threatening; menacing: *un luogo sinistro,* a sinister place — *un aspetto sinistro,* a grim appearance.
[2]**sinistro** *sm* **1** *(incidente)* accident; mishap. **2** *(pugilato)* left; straight left; *(calcio)* left foot.
sinistroide *agg* left-wing.
□ *sm* left-winger; *(spreg.)* leftist.
sinistrorso *agg* sinistrorse.
sinodo *sm* **1** *(religione)* synod. **2** *(astronomia)* conjunction.
sinonimo *agg* synonymous. □ *sm* synonym.
sinottico *agg* synoptic(al): *tavole sinottiche,* synoptic tables.
sinoviale *agg* synovial.
sinovite *sf* synovitis.
sintassi *sf* syntax.
sintattico *agg* syntactic(al).
sintesi *sf* synthesis *(pl.* syntheses); *(riassunto)* resumé; summary; summing up; précis: *in sintesi, (per farla breve)* summing up; in short — *fare una sintesi di qcsa,* to sum sth up; to summarize sth.
sinteticamente *avv* synthetically; concisely: *Esposero sinteticamente il loro pensiero,* They gave a concise outline of their thought.
sintetico *agg* **1** synthetic(al): *fibre sintetiche,* synthetic (*o* man-made) fibres. **2** *(lett.: conciso)* synthetic; concise.
sintetizzare *vt* to synthetise; to synthetize; to synthesize.
sintomatico *agg* symptomatic(al).
sintomo *sm* symptom; *(fig.)* symptom; sign: *un sintomo di debolezza,* a sign of weakness.
sintonia *sf (radio)* tuning.
sintonico *agg* tuned.
sintonizzabile *agg* tunable: *non sintonizzabile,* non-tunable.
sintonizzare *vt* to tune in.
sintonizzato *agg* tuned: *non sintonizzato,* untuned.
sintonizzazione *sf* tuning.
sinuosità *sf* sinuosity; sinuousness; *(tortuosità)* sinuosity; winding; bending; *(di fiume, ecc.)* meandering.
sinuoso *agg* sinuous; *(tortuoso)* tortuous; bending; winding; meandering; *(lett. e fig.)* tortuous; meandering.
sinusite *sf* sinusitis.
sinusoidale *agg* sinusoidal.
sionismo *sm* Zionism.
sionista *sm e f.* Zionist.
sipario *sm* curtain; drop-curtain; *(fig.: cortina)* curtain; *(fig.: velo)* veil; covering: *alzare (calare) il sipario,* to raise (to lower) the curtain — *calare il sipario su,* to bring the curtain down on.
sire *sm* Sire.
sirena *sf* **1** *(mitico e fig.)* siren; mermaid. **2** *(acustica)* siren; hooter: *sirena d'allarme,* alarm siren — *sirena da nebbia,* foghorn — *la sirena della fabbrica,* the factory siren (*o* whistle).
siringa *sf* **1** *(med.)* syringe; *(catetere)* catheter. **2** *(mecc., ecc.)* syringe; gun: *siringa per dolci,* cream- (*o* pastry-) syringe — *siringa per olio,* oil syringe — *siringa per grasso,* grease gun. **3** *(mus.)* syrinx *(pl.* syringes); Pan-pipe. **4** *(bot.)* syringa; lilac.
sirte *sf* sandbank; *(fig.: insidia)* trap; snare; quicksand.
sismico *agg* seismic.
sismo *sm* earthquake; *(fig.)* upheaval.
sismografo *sm* seismograph.
sissignore *avv* yes, sir.
sistema *sm* **1** system; *(procedimento)* process: *sistema metrico decimale,* metric system — *il sistema monetario di un paese,* the monetary system of a country — *sistema nervoso,* nervous system — *sistema orografico,* orographic system — *sistema filosofico,* philosophical system; system of philosophy — *sistema a tre colori, (fotografia)* three-colour process. **2** *(metodo)* method; system; *(fam.: modo)* way: *lavorare con sistema, senza sistema,* to work with (without) method — *un nuovo sistema di illuminazione pubblica,* a new system of street-lighting — *Hai un sistema per vincere alla roulette?,* Have you got a sure system to win at roulette? — *Ha un sistema di vita che io disapprovo,* I don't like his way of living at all — *Dovrai cambiare sistema se vuoi ottenere qualcosa,* You'll have to change your methods if you want to get somewhere — *Bel sistema di risolvere le cose!,* That's a pretty way to get everything solved!
sistemare *vt* **1** *(collocare)* to put*; to place; to locate; to fix; *(mettere in ordine)* to arrange; to set* (in order): *Devo ancora sistemare la biancheria,* I still have to put the linen in order. **2** *(definire, regolare, saldare)* to define; to fix up; to settle: *sistemare una faccenda,* to settle a matter — *sistemare un conto,* to settle an account — *Ti sistemo io, vedrai!,* I'll soon fix you, you'll see! — *sistemare qcno per le feste, (fig.)* to fix sb up; to give sb a good (a sound) thrashing. **3** *(trovare alloggio a qcno)* to fix (to put*) sb up; *(trovare un lavoro a qcno)* to fix sb up; to find* sb a job: *sistemare qcno per la notte,* to fix sb up (with a bed *o* for the night); to fix sb a bed. **4** *(ridurre a sistema)* to systemize; to systematize.
□ **sistemarsi** *v. rifl* **1** to settle; to settle down; to put*

(oneself) right: *cose che si sistemano da sole,* things that put themselves right. **2** *(sedersi comodamente)* to settle oneself down. **3** *(trovare un lavoro)* to find* a job. **4** *(sposarsi)* to get* married: *una ragazza che vuole solo sistemarsi,* a girl who is out to get married.

sistematicamente *avv* systematically.

sistematico *agg* systematic(al); *(metodico)* methodical.

sistemazione *sf* **1** *(assetto, ordine)* arrangement; placing: *La sistemazione dei mobili lasciava a desiderare,* The arrangement of the furniture was not very happy. **2** *(alloggio)* accommodation. **3** *(accomodamento, composizione)* settlement; settling; arrangement; *(fam.)* fixing up. **4** *(lavoro, posto)* position; post; job. **5** *(messa a punto, organizzazione)* setting up.

[1]**sito** *agg (situato)* placed; situated; located.

[2]**sito** *sm* **1** *(luogo)* situation; site; spot. **2** *(contrada)* country; place: *lontani siti,* far-off (*o* faraway) countries.

situare *vt* to place.

situazione *sf (condizione, stato)* position; situation; *(circostanza avversa)* plight: *nella tua situazione...,* in your position...; in your place... — *esporre la situazione,* to put the case — *essere padrone della situazione,* to be master of the situation — *essere all'altezza della situazione,* to be up to (to be able to cope with) the situation — *trovarsi in una situazione critica,* to be in a difficult (in an awkward) position; *(non sapere cosa fare)* to be all at sea; to be at sixes and sevens.

slabbrare *vt* **1** *(scheggiare, rompere ai bordi)* to chip (to break*) the rim: *una brocca slabbrata,* a jug with its rim broken (*o* chipped). **2** *(allargare ai bordi)* to open (out); to enlarge; to widen.

□ *vi* **1** *(traboccare)* to brim over; to overflow. **2** *(allargarsi ai bordi)* to open out; to widen at the brim: *Questo vaso slabbra troppo,* This vase is too wide at the brim.

□ **slabbrarsi** *v. rifl* **1** *(rompersi ai bordi)* to get* chipped on the edge. **2** *(allargarsi ai bordi)* to open at the edge.

slabbratura *sf* **1** chipping; *(orlo scheggiato)* chipped edge. **2** *(allargamento di ferita, ecc.)* opening; widening; enlarging. **3** *(mecc.)* burr; bur.

slacciare *vt* to unlace; to undo*; to untie; to loosen; *(bottoni)* to unbutton: *Si slacciò le scarpe,* He unlaced his shoes — *slacciare un nodo,* to untie (to loosen) a knot.

□ **slacciarsi** *v. rifl* to come* unlaced (untied, undone).

slacciato *agg* unlaced; untied.

slanciare *vt* to hurl; to fling*; to throw*.

□ **slanciarsi** *v. rifl* **1** to hurl oneself; to throw* oneself; to rush; to dash: *Gli si slanciò contro,* He hurled himself at (*o* upon) him — *slanciarsi in un'impresa rischiosa,* to venture upon a pretty risky enterprise. **2** *(protendersi, elevarsi)* to rear upwards.

slanciato *agg (alto e snello)* tall and slim; slim; slender; well-built: *un colonnato slanciato,* a slender (a graceful) colonnade.

slancio *sm* **1** rush; impetus: *Prese poco slancio e cadde in acqua,* He did not get up enough speed and fell into the water — *di primo slancio,* at the first go — *gettarsi con slancio,* to make a rush (a dash) at — *prendere lo slancio,* to gather impetus; to take a run; to make a dash. **2** *(impulso)* impulse; *(repentino)* fit; outburst: *Non faccio niente di slancio,* I don't do anything on impulse — *in uno slancio di generosità,* in a fit (in an outburst) of generosity — *di slancio, (di scatto, nel sollevamento pesi)* with a snatch. **3** *(fig.: energia)* energy; ardour; élan *(fr.); (entusiasmo)* enthusiasm; *(fam.)* go: *pieno di slancio,* full of go. **4** *(naut.)* rake: *slancio di prua,* rake of the bow.

slavato *agg (scolorito)* faded; washed out; *(spento)* dull; insipid.

slavina *sf* landslide; *(di neve)* snowslide; avalanche.

sleale *agg* disloyal; unfaithful; unfair: *un colpo sleale,* an unfair blow — *gioco sleale,* foul play.

slealmente *avv* disloyally; unfaithfully; unfairly: *agire slealmente,* to play foul; to resort to foul play.

slealtà *sf* disloyalty; unfaithfulness; unfairness.

slegamento *sm* **1** untying; unfastening; undoing. **2** *(fig.)* looseness; disconnectedness; disconnection.

slegare *vt* **1** to untie; to undo*; to unfasten; to loosen: *Mi slegò le mani,* He untied (He unbound) my hands. **2** *(liberare)* to set* free; to release; *(un cane dal guinzaglio)* to unleash: *Slegò i prigionieri,* He set the prisoners free; He released the prisoners.

□ **slegarsi** *v. rifl* to get* loose.

slegatamente *avv* loosely; disconnectedly.

slegato *agg* **1** untied; loose; unbound. **2** *(fig.)* disconnected.

slegatura *sf* **1** untying; unfastening; loosening. **2** *(fig.)* disconnection; inconsistency.

slip *sm (da bagno)* (bathing-)slips *(pl.); (mutandine)* briefs *(pl.).*

slitta *sf* sledge; sleigh; *(piccola)* toboggan; *(mecc.)* slide; *(di tornio)* saddle; *(di pressa)* ram; *(di gruppo elettrogeno, ecc.)* slide; *(di affusto di cannone)* chassis; gun-carriage: *slitta a vela, (sport)* iceboat — *andare in slitta,* to sledge; to sleigh; to ride in a sledge (in a sleigh).

slittamento *sm* **1** *(automobilismo)* skidding; skid; *(aeronautica)* side-slip; *(mecc.: scorrimento)* slipping; *(cinema)* slippage; *(fig.)* sliding; *(di valuta)* fall. **2** *(posticipazione)* postponement; deferment; delay.

slittare *vi* **1** *(automobile)* to skid; to slide*; *(aeronautica)* to side-slip; *(mecc.)* to slip; *(fig.: allontanarsi dalla linea normale)* to slide*; *(fig., di moneta: perdere valore)* to lose* value; to fall*: *L'auto slittò fuori strada,* The car skidded off the road — *Il Partito slitta sempre più a sinistra,* The Party is sliding increasingly to the left. **2** *(andare in slitta)* to sledge; to sleigh. **3** *(fig.)* to be* put off.

slittata *sf* skid.

slittino *sm* toboggan.

slittovia *sf* sledge-lift.

slogare *vt* to dislocate; to put* out of joint: *avere tutte le ossa slogate, (fig.)* to be tired out.

□ **slogarsi** *v. rifl* to dislocate: *Si slogò la caviglia,* He dislocated his ankle.

slogato *agg* dislocated.

slogatura *sf* dislocation.

sloggiare *vt* to dislodge; to drive* out.

□ *vi* to dislodge *(anche mil.)*; to move out; to clear out.

smaccato *agg* sickly-sweet; sickening.

smacchiare *vt* to clean; to remove stains from.

smacchiatore *sm* stain-remover; spot-remover.

smacchiatura *sf* cleaning; removing of stains: *smacchiatura a secco,* dry-cleaning.

smacco *sm (insuccesso, sconfitta umiliante)* humiliating defeat.

smagliante *agg* glowing; beaming; shining; dazzling; *(fig.: brillante)* brilliant; bright.

smagliare *vt* **1** *(rompere, disfare le maglie di un tessuto)* to undo*; *(di rete)* to break* the meshes (of);

(di armatura, di catena) to break* the links. **2** *(sciogliere dalle maglie)* to unbale.

☐ **smagliarsi** *v. rifl* **1** *(di calza)* to ladder; to run*. **2** *(di pelle)* to become* lined (*o* stretched).

smagliatura *sf* **1** *(di calze, ecc.)* ladder; *(di rete)* broken meshes; *(di catena, ecc.)* broken links; *(fig.)* defect; fault: *Il romanzo presenta qualche smagliatura qua e là,* The novel has some weak patches in various places. **2** *(linea sulla carta)* stretch mark (*o* line). **3** *(med.)* stria (*pl.* striae).

smagnetizzare *vt* to demagnetize.

smaliziare *vt (scaltrire)* to smarten (sb) up; *(rendere edotto)* to put* (sb) wise (to sth); *(fam.)* to sharpen (sb) up; to teach* (sb) a thing or two.

☐ **smaliziarsi** *v. rifl* to acquire proficiency; to learn* a thing or two (about sth).

smaliziato *agg* cunning; artful; crafty.

smaltare *vt* to enamel; *(ceramica, foto)* to glaze.

smaltato *agg* enamelled; enameled *(USA)*.

smaltatura *sf* enamelling; *(ceramica, foto)* glazing.

smaltimento *sm* **1** *(digestione)* digestion. **2** *(vendita)* selling off; clearance.

smaltire *vt* **1** *(digerire)* to digest; *(fig.)* to digest; to swallow: *smaltire una sbornia,* to get over a drunken bout. **2** *(tollerare, sopportare)* to tolerate; to endure; to put* up with. **3** *(fare, finire)* to get* through: *Devo smaltire un sacco di lavoro,* I've got a heap of work to get through. **4** *(dare scolo)* to carry off. **5** *(comm.: svendere, liquidare)* to sell* off.

smalto *sm* enamel; *(fotografia, ecc.: lustro)* glaze; *(pl., araldica)* tincture: *vernice a smalto,* enamel paint — *smalto per le unghie,* nail-polish; nail-varnish — *una collezione di smalti antichi,* a collection of old enamels — *perdere lo smalto, (fig.: appannarsi, decadere)* to lose one's shine.

smanceria *sf* mawkishness; affectation: *fare smancerie,* to be mawkish (*o* affected).

smania *sf* **1** fidgets *(pl.)*; agitation; flutter; *(frenesia)* craze; mania: *dare in ismanie,* to have the fidgets; to be in a flutter. **2** *(desiderio ardente)* mad desire; longing; craving; yearning: *avere la smania di fare qcsa,* to be eager to do sth.

smaniante *agg* **1** fidgety; restless. **2** *(desideroso)* eager; longing; yearning.

smaniare *vi* **1** *(essere in agitazione)* to have* the fidgets; to be* in a flutter; to be* restless; *(nel letto)* to toss and turn. **2** *(desiderare ardentemente)* to long; to yearn; to crave (for sth): *Smaniava di partire,* He longed to be off.

smaniosamente *avv* eagerly.

smanioso *agg* eager; longing; yearning; *(fam.)* crazy; *(irrequieto)* restless: *smanioso d'imparare,* eager to learn — *smanioso di vendetta,* thirsting for vengeance.

smantellamento *sm* **1** dismantling; dismantlement. **2** *(mecc.)* stripping.

smantellare *vt* to dismantle.

smargiassata *sf* boasting; bragging.

smargiasso *sm* braggart; boaster; swaggerer: *Smettila di fare lo smargiasso,* Stop bragging.

smarginare *vt* to trim the edge; *(tipografia)* to drop.

smarrimento *sm* **1** loss; losing; *(disguido di lettera o pacco)* miscarriage. **2** *(fig.)* aberration; *(sbigottimento)* bewilderment; dismay; *(scoraggiamento)* depression; *(svenimento)* swoon; fainting-fit.

smarrire *vt* **1** to lose*; to mislay: *smarrire la strada,* to lose one's way; to go astray; to lose oneself; to get lost — *smarrire la ragione,* to lose one's reason (one's wits) — *smarrire i sensi,* to swoon — *smarrire il filo del discorso,* to lose one's (*o* the) thread. **2** *(turbare)* to bewilder; *(sbigottire)* to dismay.

☐ **smarrirsi** *v. rifl* **1** to lose* one's way; to go* astray; to get* lost. **2** *(turbarsi)* to be* bewildered; *(sbigottirsi)* to be* dismayed.

smarrito *agg* **1** *(perduto)* lost; mislaid; *(randagio)* stray. **2** *(fig.: sbigottito)* bewildered: *con aria smarrita,* bewildered; puzzled; in bewilderment.

smascellamento *sm* dislocation of the jaw.

smascellare *vi* to dislocate the jaw (of).

☐ **smascellarsi** *v. rifl* to dislocate one's jaw: *smascellarsi dalle risa,* to split one's sides with laughter; to roar with laughter.

smascheramento *sm* unmasking *(anche fig.)*.

smascherare *vt* to unmask; *(fig.)* to expose; to unmask; to disclose; to uncloak.

☐ **smascherarsi** *v. rifl* to take* off one's mask; *(fig.)* to reveal oneself in one's true colours.

smembramento *sm* dismemberment *(anche fig.)*.

smembrare *vt* to dismember *(anche fig.)*.

smemorataggine *sf* forgetfulness; obliviousness; *(dimenticanza)* lapse of memory; *(mancanza di memoria)* lack of memory; *(balordaggine)* senselessness; foolishness; stupidity.

smemorato *agg (dimentico)* forgetful; oblivious; *(distratto)* absent-minded; *(sbadato)* mindless; thoughtless; heedless; *(che ha perso la memoria)* scatter-brained.

☐ *sm e f. (persona distratta)* absent-minded person; *(persona sbadata)* heedless fellow; *(che ha perso la memoria)* scatter-brain.

smentire *vt* **1** to belie; to give* the lie to. **2** *(negare)* to deny; *(sconfessare)* to disavow: *La notizia fu smentita immediatamente,* The news was denied at once.

smentita *sf* denial; refutation; *(sconfessione)* disavowal: *dare la smentita a qcno,* to give sb the lie.

smeraldo *sm* emerald: *verde smeraldo,* emerald-green — *un anello con uno smeraldo,* an emerald ring.

smerciabile *agg* saleable; sellable; marketable.

smerciare *vt* to sell* (off).

smercio *sm* sale: *Questo articolo ha poco smercio,* This article does not sell easily.

smerdare *vt* **1** *(volg.: sporcare di merda)* to foul *(anche fig.)*; to dirty (with shit, with excrement). **2** *(fig.: svergognare)* to shame. **3** *(raro: pulire dalla merda)* to clean.

smerigliare *vt* to polish with emery; *(mecc.)* to grind*; to lap: *smerigliare il vetro,* to frost glass.

smerigliato *agg* emery *(attrib.)*; polished with emery; *(mecc.)* ground; lapped: *carta smerigliata,* emery paper — *vetro smerigliato,* frosted glass.

smerigliatura *sf* emery polishing; *(mecc.)* grinding; lapping.

smeriglio *sm* **1** emery: *mola a smeriglio,* emery wheel. **2** *(uccello)* merlin. **3** *(pesce)* porbeagle; mackerel-shark.

smerlare *vt* to scallop; to border (to trim) with scallops.

smerlatura *sf* scalloping; scallop-edging.

smerlo *sm* scallop: *punto a smerlo,* buttonhole stitch.

smesso *agg* left-off; cast-off; old: *abiti smessi,* left-off clothes — *Mi dà sempre i suoi abiti smessi,* She always gives me her old dresses.

smettere *vt* **1** *(interrompere)* to stop; to cease; to desist; *(un'abitudine)* to give* up: *Smetti di far quel rumore,* Stop making that noise — *Smise di piovere,* It stopped raining — *Smettila!,* Stop it! — *Smetti di fumare,* Give up smoking. **2** *(non indossare più)* to leave* off; to stop wearing; to cease to wear: *È ora di smettere questa maglia,* It is time to leave off this pullover. **3** *(fam.: cessare di lavorare)* to stop work; to leave* off work; *(fam.)* to knock off: *A che ora smetti stasera?,* When do you knock off tonight?

smezzare *vt* to halve; to divide into halves: *smezzare una torta,* to halve a cake; to cut a cake in half.

smidollare *vt (togliere il midollo)* to take* the marrow out; *(togliere la mollica)* to remove the inside from a loaf; *(fig.: svigorire, infiacchire)* to weaken; to wear* out: *gioventù smidollata,* spineless youth.

□ **smidollarsi** *v. rifl* to lose* one's strength; to grow* weak.

smidollato *agg* spineless.

smilitarizzare *vt* to demilitarize.

smilitarizzazione *sf* demilitarization.

smilzo *agg* thin; lean; slender; *(fig.: esile, scarno)* spare.

sminuire *vt* to diminish; to lessen: *sminuire l'importanza di qcsa,* to play sth down.

□ **sminuirsi** *v. rifl* to belittle oneself.

sminuzzamento *sm* breaking (*o* cutting) into small pieces; crumbling.

sminuzzare *vt* **1** *(ridurre in pezzetti)* to break* into tiny pieces; to pull to pieces; to cut* up; to chop up; *(tritare)* to mince; *(sbriciolare)* to crumble; to break* up. **2** *(fig.: esporre con minuzia)* to enter into all the details.

smistamento *sm* clearing; *(postale)* sorting; *(ferrovia)* shunting; switching: *luogo (ospedale) di smistamento, (mil.)* clearing station (hospital) — *stazione di smistamento,* shunting station; switchyard *(USA).*

smistare *vt* **1** to sort out; to sort; *(mil.)* to post; *(ferrovia)* to shunt; to switch: *smistare un reggimento,* to post a regiment. **2** *(sport: passare)* to pass.

smisuratamente *avv* beyond measure; excessively.

smisuratezza *sf* excessiveness; enormousness.

smisurato *agg* unbounded; boundless; endless; *(grandissimo)* huge; enormous; immense; *(esorbitante)* exorbitant; excessive: *un'ambizione smisurata,* boundless ambition.

smitizzare *vt* to debunk.

smobilitare *vt (mil.)* to demobilize; *(fam.)* to demob.

smobilitazione *sf (mil.)* demobilization; *(fam.)* demob.

smoccolare *vt* to snuff; to trim the wick of: *smoccolare una candela,* to snuff (out) a candle.

□ *vi (fam., scherz.)* to swear*.

smoccolatoio *sm* snuffers *(pl.).*

smodatamente *avv* beyond measure; immoderately; excessively.

smodato *agg* immoderate; excessive; unrestrained.

smoderatamente *avv* immoderately; excessively.

smoderatezza *sf* immoderateness; excessiveness.

smoking *sm (voce di derivazione inglese, non usata in questo senso in quella lingua)* dinner-jacket; tuxedo *(USA).*

smonacare *vt* to uncloister.

□ **smonacarsi** *v. rifl* to leave* the cloister.

smontabile *agg* demountable; detachable.

smontaggio *sm* disassembly.

smontare *vt* **1** *(scomporre in parti)* to take* to pieces; *(mecc.)* to dismantle; to disassemble; to dismount; *(smontare totalmente)* to strip (down); *(una porta)* to unhinge; to unhang*; *(un gioiello)* to unset*. **2** *(far scendere)* to drop; to set* (sb) down; to put* (sb) down. **3** *(far sgonfiare, afflosciare)* to make* (sth) flop; to make* (sth) settle: *Il calore smonta la panna,* Heat makes cream settle. **4** *(fig.: scoraggiare, deprimere)* to dishearten; to discourage; to cool (sb's enthusiasm); to dampen (sb's spirits): *Quella scena lo smontò,* That sight cooled his enthusiasm.

□ *vi* **1** *(scendere da un mezzo di trasporto)* to alight*; to get* off; to get* out; to get* down; *(da cavallo, ecc.)* to dismount; to alight*: *smontare dal servizio,* to stop work; *(fam.)* to go off duty; to knock off. **2** *(di colori: sbiadire)* to fade. **3** *(sgonfiarsi, afflosciarsi)* to flop; to settle; to sag.

□ **smontarsi** *v. rifl (fig.: perdere l'entusiasmo)* to cool down.

smontatura *sf* disassembly.

smorfia *sf* **1** grimace; wry face: *fare una smorfia,* to grimace; to distort one's face — *fare smorfie,* to make faces. **2** *(moina, atto lezioso)* simper.

smorfioso *agg* mincing; affected; simpering.

smorto *agg* **1** *(pallidissimo)* deadly pale; wan. **2** *(fig.: privo di vivacità o vigore espressivo)* lifeless.

smorzamento *sm* **1** *(attenuamento di luce)* shading; dimming; *(di colori)* toning down; *(di suoni)* damping; lowering; deadening; *(di vibrazioni, movimento)* damping. **2** *(lo spegnere)* putting out. **3** *(fig.: di sete, passioni, ecc.)* quenching; appeasing.

smorzare *vt* **1** *(diminuire)* to diminish; to lessen; to weaken; to slacken; to mitigate; to assuage; to damp; to dampen. **2** *(attenuare: la luce)* to dim; to soften; to shade; to abate; *(colori)* to soften; to tone down; *(suoni)* to lower; to deaden; to muffle. **3** *(fig.: attutire, estinguere)* to quench; to appease; to mitigate; to damp; to dampen: *smorzare la sete,* to quench one's thirst — *smorzare il dolore,* to assuage a pain. **4** *(dial.: spegnere)* to put* out; to extinguish: *smorzare una candela,* to put out (to blow out) a candle — *smorzare la calce,* to slake lime.

□ **smorzarsi** *v. rifl* **1** *(attenuarsi, svanire)* to grow* fainter; to slacken; to fade away; to die away. **2** *(quietarsi)* to be* appeased; to be* assuaged; to fade. **3** *(spegnersi)* to go* out.

smorzata *sf (sport)* drop-shot.

smorzato *agg* damped; muffled; softened; toned down: *con voce smorzata,* in a muffled voice — *colori smorzati,* toned-down colours.

smosso *agg (spostato)* shifted; displaced; *(malfermo)* loose: *un dente smosso,* a loose tooth — *terra smossa,* loose soil.

smottamento *sm* landslip; landslide.

smottare *vt* to slip down; to slide* down.

smottatura *sf* landslip; landslide.

smozzicare *vt* **1** to mangle; to hack to pieces. **2** *(fig.: sillabe o parole)* to clip; *(il discorso)* to mumble.

smungere *vt (sfruttare)* to drain; to fleece; *(fam.)* to soak.

smunto *agg (scarno, emaciato)* lean; thin; emaciated; *(pallido)* pale; *(consunto, sfinito)* worn-out.

smuovere *vt* **1** to move; to remove; to shift; to displace: *smuovere la terra,* to dig (to turn) the ground — *smuovere i muscoli, (sport)* to loosen up. **2** *(fig.: dissuadere)* to move; to dissuade. **3** *(fig.: commuovere, persuadere)* to move; to touch; to affect.

□ **smuoversi** *v. rifl* **1** to move; to be* loose: *Mi si smuove un dente,* I have a loose tooth. **2** *(cambiar di posto)* to move about; to shift about. **3** *(fig.: cambiar proposito)* to change one's mind. **4** *(commuoversi)* to be* moved (touched, affected). **5** *(incominciare ad agire)* to take* action.

smurare *vt* to unwall.

smussare *vt* **1** to blunt; *(arrotondare lo spigolo)* to remove sharp corners; to bevel; to chamfer. **2** *(fig.)* to smooth; to soften.

□ **smussarsi** *v. rifl* to get* blunt.

smussato *agg* blunted; *(fig.)* smoothed; softened.

smussatura *sf* blunting; *(arrotondamento di uno spigolo)* bevelling; chamfering; *(parte smussata)* bevel; chamfer.

snaturamento *sm* change of nature.

snaturare *vt* **1** to denaturalize; to pervert the nature (of sth). **2** *(fig.: cambiare)* to change; to alter; to pervert; *(travisare)* to distort; to mispresent.

snaturato *agg* unnatural; inhuman; heartless; wicked; cruel: *una madre snaturata,* an unnatural mother.

snazionalizzare *vt* to denationalize.

snazionalizzazione *sf* denationalization.

snebbiare *vt* **1** to drive* away the fog. **2** *(fig.)* to clear.

snellezza *sf* slenderness; slimness; *(agilità)* nimbleness; agility.

snellire *vt* **1** to make* slender. **2** *(fig.: semplificare)* to simplify; to streamline.

☐ **snellirsi** *v. rifl* to grow* slender (*o* slim); to slim down.

snello *agg* slender; slim; *(agile)* nimble; agile; quick; *(spigliato)* brisk; swift; easy; free and easy: *con dita snelle,* with nimble fingers — *dalla corporatura snella,* slimly built.

snervamento *sm* enervation; *(metallico)* yield: *carico di snervamento,* yield point.

snervante *agg* enervating; exhausting.

snervare *vt* to enervate; to exhaust; to wear* out.

snervatezza *sf* enervation; *(fiacchezza)* feebleness; weakness.

snervato *agg* enervated; nerveless; *(fiacco)* feeble; weak.

snidare *vt* to drive* out; to flush; to dislodge *(anche fig.): snidare una lepre,* to flush a hare — *snidare il nemico,* to dislodge the enemy.

snobbare *vt* to snub; to cold-shoulder.

snobismo *sm* snobbishness; snobbery.

snobistico *agg* snobbish.

snocciolare *vt* **1** to stone; to pit *(USA): snocciolare susine,* to stone plums. **2** *(tirar fuori, pagare)* to pay* out; *(fam.)* to fork out. **3** *(fig.: proferire rapidamente)* to blurt out; *(dire per filo e per segno)* to recount: *Snocciola fandonie a tutt'andare,* He blurts out an endless string of lies — *Snocciolò tutto quello che sapeva,* He recounted all he knew.

snodare *vt* **1** *(disfare un nodo)* to unknot; to untie (to undo*) a knot; *(slegare)* to loose; to unfasten; *(liberare)* to free; to unbind*. **2** *(fig.: sciogliere)* to loose; to loosen; *(rendere pieghevole)* to make* supple; to exercise.

☐ **snodarsi** *v. rifl* **1** to come* loose; to come* untied; to come* undone. **2** *(di membra, ecc.)* to become* supple. **3** *(di serpente, ecc.)* to wriggle. **4** *(di strada, ecc.)* to wind*.

snodato *agg* *(slegato)* untied; loose; *(agile)* supple; *(flessibile)* flexible; *(pieghevole)* jointed; folding; *(slogato, di giuntura)* dislocated; put out: *una bambola snodata,* a jointed doll — *un metro snodato,* a folding rule.

snodatura *sf* **1** untying; loosening; unknotting. **2** *(articolazione)* articulation; joint.

snodo *sm* articulation; joint: *snodo a ginocchiera,* toggle joint — *snodo sferico,* ball joint — *fuso a snodo,* stub axle.

snudare *vt* **1** *(raro: denudare)* to bare; to lay* bare. **2** *(sguainare)* to unsheathe; to draw*.

soave *agg* sweet; soft; tender; gentle; *(mite)* mild; *(piacevole)* pleasant; *(gradevole)* agreeable.

soavemente *avv* sweetly; softly.

soavità *sf* sweetness; softness.

sobbalzare *vi* to jerk; to jolt; to bounce; to jump up; *(fig.: trasalire)* to start; to give* a start; to leap*: *Mi sobbalzò il cuore,* My heart leapt — *sobbalzare di paura,* to start back in fear.

sobbalzo *sm* jerk; jolt: *di sobbalzo,* with a start — *procedere a sobbalzi,* to jerk (to jolt) along.

sobbarcarsi *v. rifl* to take* upon oneself; to undertake*.

sobborgo *sm* suburb.

sobillare *vt* to instigate; to stir up; to incite.

sobillatore *sm* instigator.

sobrietà *sf* moderation; sobriety; *(nel bere e nel mangiare)* temperance.

sobrio *agg* sober; moderate; *(parco, frugale)* abstemious; *(fig.: semplice)* sober; simple: *vestire in modo sobrio,* to dress soberly.

socchiudere *vt* to half-close; to leave* ajar; *(aprire un po')* to half-open.

socchiuso *agg* half-open; half-closed; *(di porta, ecc.)* ajar.

soccombere *vi* **1** to succumb; to yield; to give* away; to surrender. **2** *(morire)* to succumb; to die. **3** *(uscire sconfitto)* to lose*: *soccombere in giudizio, (perdere la causa)* to lose* a case; *(sl. forense)* to go* down.

soccorrere *vt* to assist; to help; to succour; to come* to the rescue of.

soccorrevole *agg* helpful; helping; relieving.

soccorritore *sm* helper.

soccorso *sm* help; aid; assistance; relief; succour: *fondi di soccorso,* relief funds — *pronto soccorso,* first aid — *società di mutuo soccorso,* friendly society; (mutual) benefit society — *venire in soccorso,* to come to the aid of; to help; to succour.

socia *sf* ⇨ **socio.**

socialdemocratico *agg* Social Democratic. ☐ *sm* Social Democrat.

socialdemocrazia *sf* Social Democracy.

sociale *agg* **1** social: *assistente sociale,* welfare officer — *previdenza sociale,* social security. **2** *(comm.: di una società) capitale sociale,* share capital — *contratto sociale, (stor.)* social contract; *(comm.)* memorandum of association — *patrimonio sociale,* partnership (*o* corporate) property — *ragione sociale,* style — *sede sociale,* head office — *statuto sociale,* articles *(pl.)* of association.

socialismo *sm* Socialism.

socialista *sm e f.* Socialist.

socializzare *vt* to socialize.

socializzazione *sf* socialization.

socialmente *avv* socially.

società *sf* **1** *(in generale)* society; community: *essere utile alla (pericoloso per la) società,* to be useful (*o* a danger) to society — *la società del benessere,* the 'affluent society' — *la vita in società,* community life (*o* living). **2** *(associazione)* society; association; circle; club; fellowship: *società di mutuo soccorso,* friendly society; (mutual) benefit society — *società operaia,* trade union — *società cooperativa,* cooperative society. **3** *(lega, alleanza)* league; union: *la Società delle Nazioni, (stor.)* the League of Nations. **4** *(comm.)* company; partnership: *società assicurativa,* insurance company — *società finanziaria,* holding company — *società anonima (per azioni),* joint stock company; corporation *(USA)* — *società a responsabilità limitata,* limited (*o* limited liability) company — *società a responsabilità illimitata,* joint stock company with unlimited liability — *società in acco-*

mandita, (a capitale limitato) limited partnership — *entrare in società con qcno, (comm.)* to enter into partnership with sb — *fare società con qcno,* to associate oneself with sb — *formare (liquidare) una società, (comm.)* to form (to wind up) a partnership — *società in nome collettivo,* general partnership — *atto costitutivo di una società,* memorandum of association — *statuto di una società,* articles of association (of partnership). **5** *(ceto elevato, mondano)* society: *il fior fiore della società,* the cream of society — *l'alta società,* high society — *abito da società, (da uomo, da donna)* evening dress; full dress; *(smoking)* dinner jacket; tuxedo *(USA); (frac)* tail-coat; evening dress — *giochi di società,* parlour games; party games — *ai margini della società,* on the fringe(s) of society — *frequentare la società,* to move in society — *debuttare in società,* to come out. **6** *(compagnia)* company; society: *cercare la società di qcno,* to seek sb's company.

socievole *agg* sociable; friendly.

socievolezza *sf* sociability; friendliness.

socievolmente *avv* sociably; in a friendly way.

socio *sm* **1** member; associate; *(di un'accademia)* fellow; member: *socio onorario,* honorary member. **2** *(comm.)* partner; associate: *socio accomandatario,* unlimited (*o* general) partner — *socio attivo o gerente,* active (*o* managing) partner — *socio nominale,* nominal partner — *socio occulto,* sleeping partner.

sociologia *sf* sociology.

sociologico *agg* sociological.

soda *sf* soda; sodium carbonate.

sodalizio *sm (associazione)* association; society; *(confraternita)* brotherhood; *(amicizia)* friendship.

soddisfacente *agg* satisfactory; satisfying; adequate.

soddisfacentemente *avv* satisfactorily; adequately.

soddisfacimento *sm* satisfaction; gratification; *(adempimento)* fulfilment.

soddisfare *vt e i.* **1** to satisfy; to gratify; to please: *soddisfare il pubblico,* to please the public. **2** *(adempiere, far fronte)* to fulfil; to discharge; to meet*; to answer; to comply (with): *soddisfare un dovere,* to fulfil (to discharge) a duty — *soddisfare le esigenze di qcno,* to meet sb's needs — *soddisfare un obbligo,* to discharge an obligation. **3** *(riparare, fare ammenda)* to give* satisfaction (for); to atone (for); to make* amends (for): *soddisfare una offesa,* to make amends for an offence. **4** *(pagare)* to pay* off: *soddisfare i propri creditori,* to pay off one's creditors.

□ **soddisfarsi** *v. rifl* to satisfy oneself; to be* satisfied (*o* content, pleased, gratified).

soddisfatto *agg* (*p. pass. di* **soddisfare** ⇨) **1** satisfied; pleased; gratified; contented; content: *Sei soddisfatto ora?,* Are you satisfied now? — *Non è mai soddisfatto,* He is never satisfied — *Sono assai soddisfatto di lui,* I am very pleased with him — *non soddisfatto,* dissatisfied. **2** *(adempiuto)* satisfied; fulfilled; performed. **3** *(pagato)* paid; paid-off; paid-up.

soddisfazione *sf* **1** satisfaction; gratification; contentment; content; *(gusto, piacere)* pleasure; relish; enjoyment: *con mia (grande) soddisfazione,* to my (great) satisfaction — *riuscire (essere) di piena soddisfazione,* to be entirely satisfactory — *dare (domandare) soddisfazione,* to give (to ask) satisfaction — *Non dà soddisfazione,* It's not very satisfying — *Che soddisfazione provi a trattarli così?,* What pleasure do you get out of treating them like that? **2** *(adempimento)* satisfaction; fulfilment. **3** *(saldo)* settlement; balance; paying-off. **4** *(riparazione)* satisfaction; reparation; atonement; amends *(pl.).*

sodezza *sf* solidity; hardness.

sodico *agg* sodic; sodium *(attrib.).*

sodio *sm* sodium: *bicarbonato di sodio,* sodium bicarbonate — *cloruro di sodio,* sodium chloride.

sodo *agg* hard; solid; compact; consistent; *(di terreno)* unbroken; *(fig.)* firm; solid; sound: *un uovo sodo,* a hard-boiled egg — *argomenti sodi,* solid reasons — *un pugno sodo,* a heavy (a vigorous) blow — *darle sode, (fig.)* to strike sb hard — *star sodo,* to stand firm.

□ *sm (terreno)* firm ground: *posare sul sodo, (anche fig.)* to stand on firm ground — *venire al sodo,* to come to the point.

□ *avv (intensamente)* a lot; very much; a great deal: *dormire sodo,* to sleep like a log — *mangiare sodo,* to eat a lot — *lavorare sodo,* to work hard — *picchiare sodo,* to give a good thrashing.

sodomia *sf* sodomy.

sodomita *sm* sodomite.

sofà *sm* sofa.

sofferente *agg* **1** suffering; *(malato)* ill; not well; poorly: *essere sofferente di cuore,* to suffer from heart-trouble. **2** *(raro: tollerante)* tolerant.

sofferenza *sf* **1** suffering; pain: *compagno di sofferenza,* fellow-sufferer. **2** *(ritardo)* delay: *cambiale in sofferenza,* unpaid bill.

soffermare *vt* to detain; to stop.

□ **soffermarsi** *v. rifl* to stop; to pause; *(fig.)* to dwell; to linger: *Si soffermò a lungo su quell'argomento,* He dwelt on that point at length — *soffermarsi sui particolari,* to go into details.

sofferto *agg* suffered; endured.

soffiare *vi* **1** to blow*; *(sbuffare, ansimare)* to puff; to pant; *(di gatto, ecc.)* to spit*: *Il vento soffia da nord,* The wind is blowing from the north — *soffiare come un mantice,* to puff and blow; to puff (to blow) like a grampus — *soffiare nel fuoco,* to blow on the fire; *(fig.)* to stir up strife; to fan the flame of discord — *soffiare su una candela (spegnendola),* to blow out a candle. **2** *(fig.: fare la spia)* to spill* the beans; to talk: *soffiare alla polizia,* to tip off the police.

□ *vt* **1** to blow*; to puff: *soffiarsi il naso,* to blow one's nose — *soffiare il vetro,* to blow glass. **2** *(nel gioco della dama: mangiare)* to huff; to remove. **3** *(fig.: rubare)* to relieve; to steal*; to pinch *(fam.): soffiare la palla a qcno, (p.es. al calcio)* to take the ball away from sb. **4** *(riferire in segreto)* to reveal; to disclose; to talk; to spill* the beans: *soffiare un segreto,* to reveal a secret — *soffiare qcsa nell'orecchio di qcno,* to whisper sth in sb's ear; to prompt (sth to sb).

soffiata *sf* **1** puff; blow: *Si diede una soffiata al naso,* He blew his nose. **2** *(spiata)* tip-off.

soffiatore *sm* blower.

soffiatura *sf* blowing: *soffiatura del vetro,* glass-blowing.

soffice *agg* soft; tender; *(cedevole)* yielding; *(fig.)* soft; gentle.

sofficemente *avv* softly.

sofficità *sf* softness.

soffietto *sm* bellows *(pl.); (d'una carrozza)* hood; *(fig., giornalismo)* puff: *il soffietto di una macchina fotografica,* the bellows of a camera — *a soffietto,* folding.

soffio *sm* **1** puff; whiff; *(alito)* breath; *(raffica)* gust; blast: *con un soffio,* with a puff — *il soffio animatore,* the breath of life — *il soffio gelido del nord,* the icy blast from the north. **2** *(fig.: ispirazione)* breath; inspiration: *soffio poetico,* poetical inspiration. **3** *(di gatto, ecc.)* spit; spitting; *(di radio, microfono, registratore, ecc.)* hiss; hissing; *(di altre apparecchiature elettriche)* hum. **4** *(med.)* murmur; puff; *(asmatico, ecc.)* wheeze: *un soffio al cuore,* a murmur in the heart; a cardiac murmur — *un fastidioso soffio bronchiale,* an annoying chesty wheeze. □ *in un soffio, d'un soffio (in un attimo),* in an instant; in a flash; in a twinkle; *(sottovoce)* in a whisper — *per un soffio, (per un pelo)* by the skin of one's teeth.

soffione *sm* **1** *(geologia)* fumarole; smoke-hole; jet of boiling (of hot) vapour. **2** *(bot.)* dandelion. **3** *(canna di ferro per soffiare sul fuoco)* blow-pipe; fire-blower; *(soffietto)* bellows *(pl.)*. **4** *(fam.: spione)* spy; informer.

soffitta *sf* attic; garret; loft.

soffitto *sm* ceiling: *soffitto a cassettoni,* lacunar ceiling — *soffitto a volta,* arched ceiling.

soffocamento *sm* ⇨ **soffocazione.**

soffocante *agg* choking; stifling; suffocating: *caldo soffocante,* stifling heat.

soffocare *vt e i.* **1** to choke *(anche fig.); (per il caldo)* to stifle; *(per mancanza di aria)* to suffocate; to smother; *(fino a morire)* to choke (sb) to death; to smother; *(strangolare)* to strangle; *(strozzare)* to throttle: *Aiuto! Soffoco!,* Help! I'm choking (I'm suffocating)! — *un giardinetto soffocato dalle erbacce,* a small garden choked with weeds — *Qua dentro si soffoca!,* It's stifling in here! — *soffocare le fiamme,* to smother (to put out) the flames — *Soffocarono il principe con un guanciale,* They smothered the prince with a pillow. **2** *(fig.: reprimere)* to stifle; to choke down; to quell; to repress; *(mettere a tacere)* to hush up: *soffocare un singhiozzo (uno sbadiglio, il proprio risentimento),* to stifle a sob (a yawn, one's resentment) — *soffocare una rivolta,* to repress (to put down) a rebellion — *soffocare uno scandalo,* to hush up a scandal.

soffocazione *sf* choking; stifling; suffocation: *morire per soffocazione,* to be choked to death.

soffregamento *sm* gentle rubbing.

soffregare *vt* to rub (gently).

soffribile *agg* sufferable; bearable; endurable.

soffriggere *vt e i.* to fry lightly; to fry.

soffrire *vt e i.* **1** to suffer; *(fig.: patir danno, andar di mezzo)* to be* injured; to be* impaired: *soffrire il mal di mare,* to suffer from sea-sickness; to be sea-sick — *soffrire di mal di testa,* to suffer from head-aches — *soffrire le pene dell'inferno,* to suffer (to go through) hell — *soffrire in silenzio,* to suffer in silence — *La sua salute ne soffrì moltissimo,* His health was much impaired. **2** *(fig.: sopportare, tollerare)* to bear*; to stand*; to endure; to put* up (with sb, sth): *Non posso soffrire il rumore,* I can't bear (*o* stand) noise — *Non posso soffrire quel tipo lì,* I can't stand that chap.

soffritto *sm* lightly-fried onions; browned onions.

soffuso *agg* suffused (with); overspread (with).

sofisma *sm* sophism.

sofista *sm* sophist.

sofistica *sf* sophistry.

sofisticamente *avv* in a quibbling way.

sofisticamento *sm* sophistication; *(adulterazione)* adulteration.

sofisticare *vi* to sophisticate; *(sottilizzare)* to quibble; to cavil; to carp; to split* hairs; to be* captious. □ *vt (adulterare)* to adulterate; to doctor; to sophisticate.

sofisticato *agg* **1** adulterated. **2** *(ricercato)* sophisticated; refined; subtle; *(di persona)* sophisticated.

sofisticazione *sf* sophistication; adulteration: *sofisticazione di cibi,* adulteration of foodstuffs.

sofisticheria *sf* sophistry; quibbling; quibble.

sofistico *agg* sophistic(al); *(cavilloso)* captious; cavilling; pedantic.

soggettista *sm* scenario writer; scenarist *(USA)*.

soggettivamente *avv* subjectively.

soggettività *sf* subjectivity; subjectiveness.

soggettivo *agg* subjective.

soggetto *agg* **1** *(sottoposto)* subject: *un popolo soggetto,* a subject people — *merce soggetta (non soggetta) alla dogana,* dutiable (non-dutiable) goods. **2** *(esposto)* subject; liable; prone; *(incline)* inclined (to sth): *essere soggetto alla tentazione,* to be subject to temptation — *essere soggetto a modifiche,* to be subject to alteration; to be liable to be changed — *essere soggetto all'ira,* to be prone to anger — *essere soggetto a raffreddori,* to be prone to colds.
□ *sm* **1** *(argomento)* subject *(anche mus.); (tema)* theme *(anche mus.)*; topic; subject-matter: *il soggetto di un film,* the subject (the theme) of a film — *cambiare soggetto,* to change the subject; to talk about something else. **2** *(gramm.)* subject. **3** *(individuo)* subject *(anche med.)*; fellow; individual; chap: *un soggetto nevrotico,* a neurotic subject — *un soggetto pericoloso,* a dangerous fellow — *un cattivo soggetto,* a bad lot; a scamp; a worthless fellow (*o* sort). □ *recitare a soggetto,* to act extempore.

soggezione *sf* **1** subjection; submission. **2** *(riguardo timoroso)* awe; *(disagio)* uneasiness: *un uomo che ispira soggezione,* an awe-inspiring man — *Si fece avanti con un po' di soggezione,* He stepped forward rather shyly — *avere soggezione,* to feel uneasy — *tenere qcno in soggezione,* to hold sb in awe — *non avere soggezione di nessuno,* to fear no man.

sogghignare *vi* to sneer; to grin.

sogghigno *sm* sneer; grin.

soggiacere *vi* **1** *(essere sottoposto)* to be* subjected. **2** *(essere soggetto)* to be* subject; to be* exposed; to be* liable. **3** *(soccombere)* to succumb; *(morire)* to die.

soggiogamento *sm* subjugation; subjection.

soggiogare *vt* to subjugate; to subdue *(anche fig.)*.

soggiogatore *sm* subjugator.

soggiornare *vi* to stay*; to remain; to stop; *(dimorare)* to live.

soggiorno *sm* **1** stay; visit: *per un breve soggiorno,* for a short visit — *imposta di soggiorno,* visitor's tax. **2** *(luogo di soggiorno o dimora)* sojourn. **3** *(salotto)* living-room. □ *permesso di soggiorno,* residence permit.

soggiungere *vt e i.* to add.

soggolo *sm* *(di monaca)* wimple; *(di cavallo)* throat-lash; throat-band; *(di berretto mil.)* chin-strap.

soglia *sf* **1** threshold; door-sill: *varcare la soglia,* to cross the threshold; *(entrare)* to enter; to come in; to go in; *(uscire)* to go out. **2** *(fig.)* threshold; beginning; dawn(ing): *La primavera è alle soglie,* Spring is near — *alle soglie della vita,* at the beginning (at the dawn) of life. **3** *(scienza, tecnica, ecc.)* threshold.

soglio *sm* throne.

sogliola *sf* sole.

sognabile *agg* imaginable; conceivable; *(desiderabile)* desirable.

sognante *agg* dreamy.

sognare *vt e i.* **1** to dream*(of *o* about sb, sth); *(a occhi aperti, fantasticare)* to day-dream*: *Mi sembrava di sognare!,* I thought I was dreaming! — *Che fai,* *sogni?*, Are you dreaming? — *Ti ho sognato stanotte,* I dreamed of you last night — *Ho sognato di morire (che ero morto),* I dreamed that I was dying (that I was dead) — *Ho sempre sognato di fare un viaggio in Grecia,* I've always dreamed of a trip to Greece — *sognare un cattivo sogno,* to have (to dream) a bad dream (a nightmare). **2** *(immaginare)* to dream*; to fancy; to imagine: *Me lo sarò sognato,* I must have dreamed it — *Chi si sarebbe sognato di vederlo lì?*, Who would ever have dreamed of seeing him there?

sognatore *sm* dreamer.

sogno *sm* dream *(anche fig.)*; *(fantasticheria)* fancy; reverie; day-dream: *È tutto un sogno,* It's all a dream — *La vita è un sogno,* Life is like a dream — *l'interpretazione dei sogni,* the interpretation of dreams — *un sogno a occhi aperti,* a waking dream; a day-dream — *fare un sogno,* to have a dream — *Sogni d'oro!*, Sweet dreams! — *Pareva un sogno,* It was like a dream — *il mondo dei sogni,* dreamland — *È una casetta che è un sogno,* It's a dream of a house. □ *Neanche (Neppure, Nemmeno) per sogno!*, Not at all!; By no means!; Not in the least!; Not on your life! *(fam.)*; *(in risposta ad una richiesta)* You'll be lucky!

soia *sf (bot.)* soya-bean.

sol *sm (mus.)* sol; G: *sol minore,* G minor.

solaio *sm* **1** *(industria delle costruzioni)* floor: *solaio in cemento armato,* reinforced concrete floor — *solaio a travi di legno,* wooden-beam floor. **2** *(soffitta)* attic; garret; *(granaio)* loft.

solamente *avv* only; merely; just; but: *Ne ho solamente uno,* I have only one — *non solamente... ma anche...*, not only... but also... — *solamente che... (non fosse che...)*, were it not that...

solare *agg* solar; sun *(attrib.)*: *il sistema solare,* the solar system — *i raggi solari,* the sun's rays — *luce solare,* sunlight; sunshine — *crema solare,* sun(-tan) cream. □ *plesso solare, (anat.)* solar plexus.

solario *sm* solarium *(pl.* solaria*)*.

solatio *agg* sunny; *(esposto a mezzogiorno)* sunny; facing south; on the south side: *terre solatie,* sunny lands.

solcabile *agg* ploughable; arable; plowable *(USA)*.

solcare *vt* to plough; to furrow; *(mecc.: scanalare)*; to groove: *un volto solcato da rughe,* a face furrowed with wrinkles — *solcare le onde,* to plough the waves.

solcatura *sf* **1** ploughing; furrowing; plowing *(USA)*. **2** *(mecc.)* grooving.

solco *sm* **1** *(generalm. in agricoltura)* furrow; *(piccolo, da semina)* drill; *(di carriaggi)* track; rut. **2** *(di nave)* wake; *(di disco, ecc.)* groove. **3** *(geologia)* crack; crevice. □ *uscire dal solco,* to go off the beaten track; *(andar fuori strada)* to go astray; *(trovare un nuovo modo di vita)* to get out of the rut.

soldataglia, soldatesca *sf* mob of soldiers; soldiery.

soldatesco *agg* soldierly; soldierlike; military.

soldatino *sm* little soldier: *soldatino di piombo,* tin soldier.

soldato *sm* soldier: *soldato di fanteria,* foot soldier; infantry soldier; infantry man — *soldato semplice,* common (*o* private) soldier; enlisted man *(USA)* — *soldato scelto,* lance corporal — *soldato di ventura (mercenario),* soldier of fortune — *essere un buon (un cattivo) soldato,* to be a good (a poor) soldier — *fare il soldato,* to be a soldier; to be in the army; to do one's military service — *andare soldato,* to go into the army.

soldo *sm* **1** *(stor. romana)* solidus; *(stor. ital.)* soldo; *(stor. fr.)* sou. **2** *(soldino)* coin; copper; penny *(pl.* pence*)*; cent: *senza un soldo,* penniless; hard up; broke *(attrib.)* — *roba da quattro soldi,* very cheap stuff; worthless thing; twopenny-halfpenny stuff — *un lessicografo da pochi soldi,* a poor (an incompetent) lexicographer. **3** *(al pl.: denaro)* money: *un uomo pieno di soldi,* a man with plenty of money; a very rich man — *far soldi,* to make money — *i soldi per le spese spicciole,* pocket-money. **4** *(paga)* pay; *(salario)* wages *(pl.)*: *essere al soldo di qcno,* to be in sb's pay.

sole *sm* sun; *(luce del sole)* sunlight; sunshine: *sedersi al sole,* to sit in the sun — *prendere il sole,* to lie in the sun; to sunbathe; to sun oneself — *illuminato dal sole,* sunlit — *C'è un magnifico sole,* It's very sunny today — *bruciato (abbronzato) dal sole,* sunburnt — *esposto al sole,* exposed to the sun — *raggio di sole,* sunbeam; ray of sunshine — *occhiali da sole,* sunglasses — *un colpo di sole,* a touch of sunstroke — *una giornata senza sole,* a sunless day — *al levar (al tramonto) del sole,* at sunrise (at sunset, *o* at sundown). □ *bello come il sole,* as beautiful as the morning star — *È chiaro come il sole,* It's clear as daylight — *il Re Sole,* the Sun King; 'le Roi Soleil' *(fr.)* — *avere qcsa al sole, (fig.)* to have a piece of land — *andare a vedere il sole a scacchi, (fig.)* to be put behind prison bars — *far le cose alla luce del sole, (fig.)* to do things openly (*o* in the light of day).

solecismo *sm* solecism; blunder.

soleggiare *vt* to sun; to expose (sth) to the sun.

soleggiato *agg* exposed to the sun; *(pieno di sole)* sunny; full of sunshine: *una camera soleggiata,* a sunny bedroom.

solenne *agg* **1** solemn; formal; *(grave)* grave: *Messa Solenne,* Solemn Mass — *giuramento solenne,* solemn oath — *con tono (con aria) solenne,* solemnly. **2** *(fig.: terribile)* terrific; very bad; *(fig.: famoso, matricolato)* first-rate; downright; perfect: *un solenne raffreddore,* a very bad cold — *un solenne bugiardo,* a first-rate (a downright, a perfect) liar. **3** *(mus.)* grave.

solennemente *avv* solemnly; with solemnity; *(in pompa magna)* with full ceremony.

solennità *sf* **1** solemnity; formality; impressiveness; *(gravità)* gravity. **2** *(festa, ricorrenza)* solemnity; festival; feast; festivity; *(rito, cerimonia)* rite; ceremony.

solennizzare *vt* to solemnize; *(celebrare)* to celebrate.

solere *vi* to be* in the habit of; *(al pass.)* used to *(difettivo)*; *(lett.)* to be* wont to: *Mio padre suole alzarsi presto la mattina,* My father is in the habit of getting up early in the morning; My father usually gets up early in the morning — *Da ragazzo solevo giocare a pallone,* When I was a boy I used to play football — *Talvolta la macchina suole impuntarsi senza causa apparente,* Occasionally the machine will go wrong without any apparent cause. □ *come si suol dire,* as they say — *come suole accadere,* as usually happens.

solerte *agg* industrious; active; diligent.

solertemente *avv* industriously; diligently.

solerzia *sf* industriousness; activity; diligence.

soletta *sf* **1** *(di calze)* stocking-foot; sole (of stocking). **2** *(di scarpe)* sock; loose sole; insole; inner sole. **3** *(edilizia)* slab.

solettatura *sf* **1** insertion of sock (of inner sole). **2** *(industria costruzioni)* slab; slabbing.

solfa *sf* **1** *(solfeggio)* sol-fa; scale; tonic sol-fa: *battere la solfa,* to beat time. **2** *(fig.)* old story; grind: *Basta con questa solfa!*, I've had enough of that old story —

È sempre la solita solfa!, It is always the same old story (*o* grind)!
solfara *sf* sulphur mine; sulphur deposit.
solfatara *sf* sulphurous volcano; solfatara.
solfato *sm* sulphate: *solfato di sodio,* sodium sulphate.
solfatura *sf* sulphuring.
solfeggiare *vt* to sol-fa.
solfeggio *sm* solfeggio.
solfidrico *agg* sulphuretted.
solfito *sm* sulphite.
solfo *sm* ⇨ **zolfo.**
solforare *vt* to sulphurate; to sulphurize.
solforazione *sf* sulphuration; sulphurization.
solforico *agg* sulphuric.
solforoso *agg* sulphurous: *anidride solforosa,* sulphur dioxide.
solfuro *sm* sulphide: *solfuro di carbonio,* carbon disulphide.
solidale *agg* **1** *(dir.)* joint and several; jointly liable: *responsabilità solidale,* joint and several liability. **2** *(concorde)* in agreement: *Sono solidale con te,* I'm in agreement with you.
solidalmente *avv* jointly.
solidamente *avv* solidly; firmly.
solidariamente *avv* solidly; *(dir.)* jointly and severally.
solidarietà *sf* solidarity; *(dir.)* joint responsibility; joint liability.
solidario *agg* joint and several.
solidezza *sf* ⇨ **solidità.**
solidificare *vt e i.* to harden; to solidify.
☐ **solidificarsi** *v. rifl* to harden; to solidify.
solidità *sf* **1** solidity *(anche fig.); (robustezza)* massiveness; staunchness; sturdiness; *(fig.: validità)* validity: *la solidità di un edificio (di un argomento),* the solidity of a building (of an argument). **2** *(di tinte)* fastness: *Garantiamo la solidità di queste tinte,* We guarantee the fastness of these dyes.
solido *agg* **1** solid *(anche fig.); (robusto)* sturdy; massive; massy; staunch; *(in senso economico)* reliable: *allo stato solido,* in a solid state — *geometria solida,* solid geometry — *spalle solide,* solid (*o* sturdy) shoulders — *una solida posizione economica,* a solid (a reliable) economic situation. **2** *(di tinta)* fast. ☐ *in solido,* jointly and severally.
☐ *sm* solid.
soliloquio *sm* soliloquy: *fare un soliloquio,* to soliloquize.
solingo *agg* solitary; lonesome; lonely.
solipsismo *sm (filosofia)* solipsism.
solista *sm (mus.)* soloist.
☐ *agg* solo: *violino solista,* solo violin.
solitamente *avv* usually; generally; in general; as a rule.
[1]**solitario** *agg* solitary; lonely; alone *(solo attrib.); (di luogo, anche)* secluded; deserted. ☐ *passero solitario,* blue rock-thrush — *verme solitario,* tapeworm.
[2]**solitario** *sm* **1** *(brillante, gioiello)* solitaire. **2** *(gioco con le carte)* patience: *fare un solitario,* to play patience.
solito *agg* usual; customary; habitual; *(fam.: immancabile)* inevitable: *il solito caffè,* the usual cup of coffee — *la solita vita,* the usual (the customary) life — *i soliti ignoti,* the usual persons unknown — *la sua solita passeggiata,* his usual (his habitual) stroll — *un turista giapponese con la solita macchina fotografica,* a Japanese tourist with his inevitable camera — *il solito furbo (il solito deficiente),* the inevitable smart Alec (*o* half-wit) — *la solita storia,* the same old thing (*o* story). ☐ *essere solito fare qcsa,* to be used (*o* accustomed) to doing sth; to be in the habit of doing sth; *(lett.)* to be wont to do sth — *È solito lavorare quindici ore al giorno,* He's in the habit of working fifteen hours a day — *Era solito andarci tutte le settimane,* He used to go there every week.
☐ *sm* the usual thing; the usual: *Il solito, per favore!, (al bar, ecc.)* The usual, please! — *come al solito,* as usual — *secondo il proprio solito,* as one usually does — *farne una delle solite,* to play one of one's old tricks — *Siamo alle solite!,* It's always the same old story!; *(fam.)* Here we go again!
☐ **di solito (per il solito),** usually; as a rule: *Di solito mi alzo alle sette,* I usually get up at seven.
solitudine *sf* solitude; loneliness; *(isolamento)* seclusion; *(luogo solitario)* solitude; solitary place.
sollazzamento *sm* amusement; entertainment.
sollazzare *vt* to amuse; to keep* sb amused; to divert; to entertain.
☐ **sollazzarsi** *v. rifl* to amuse oneself; to enjoy oneself; to have* a very good time.
sollazzevole *agg* amusing; entertaining; jovial.
sollazzo *sm (divertimento)* enjoyment; pleasure; amusement; *(zimbello)* butt; laughing-stock.
sollecitamente *avv* promptly; quickly; expeditiously.
sollecitamento *sm* urging; pressing; solicitation; soliciting.
sollecitare *vt* **1** to urge; to solicit; to press; to request earnestly. **2** *(accelerare)* to speed* up; to hurry. **3** *(stimolare)* to stimulate; to rouse; to excite. ☐ *sollecitare il pagamento,* to dun; to press (sb) for payment.
☐ **sollecitarsi** *v. rifl* to hurry up; to make* haste; to hasten (to do sth).
sollecitativo *agg* urging; pressing.
sollecitatore *sm* urger; pleader.
sollecitatorio *agg* soliciting: *lettera sollecitatoria,* reminder; soliciting (*o* dunning) letter.
sollecitazione *sf* **1** solicitation; earnest request; entreaty; *(pressione)* pressure; urging: *sollecitazione di pagamento,* dun — *cedere alle sollecitazioni di qcno,* to yield to sb's entreaties. **2** *(mecc.)* stress; strain: *sollecitazione di torsione,* bending stress — *sollecitazione di rottura,* breaking strain.
sollecito *agg* **1** *(rapido, pronto)* prompt; speedy; ready: *una sollecita risposta,* a prompt reply. **2** *(preoccupato, premuroso)* anxious; solicitous; eager; thoughtful; painstaking; studious; *(attento)* careful; attentive; considerate; *(diligente, solerte)* diligent; industrious: *sollecito dell'altrui benessere,* anxious (solicitous, thoughtful) for others' comfort.
☐ *sm* reminder.
sollecitudine *sf* **1** *(prontezza)* promptness; dispatch; speed; readiness. **2** *(preoccupazione, premura)* anxiety; concern; care; solicitude; eagerness; *(diligenza, solerzia)* diligence; industriousness. ☐ *con cortese sollecitudine,* at your earliest convenience.
solleone *sm* **1** dog-days *(pl.).* **2** *(calura intensa)* summer heat.
solleticamento *sm* tickling.
solleticante *agg* tickling; *(stimolante)* stimulating; *(allettante)* tempting; *(appetitoso)* appetizing.
solleticare *vt* to tickle *(anche fig.); (fig.: stimolare)* to excite; *(fig.: lusingare)* to flatter; *(fig.: tentare)* to tempt: *solleticare l'immaginazione,* to tickle (to excite) one's fancy — *solleticare l'amor proprio,* to flatter one's (sb's) amour-propre (*o* vanity) — *solleticare l'appetito,* to tempt the appetite.
solletico *sm* **1** tickling: *fare il solletico a qcno,* to

tickle sb — *patire (soffrire) il solletico,* to be ticklish. **2** *(fig.: stimolo)* prick; spur; stimulus; *(fig.: voglia)* fancy.

sollevabile *agg* liftable; raiseable; able to be raised.

sollevamento *sm* **1** lifting; raising; hoisting; *(per mezzo di martinetto)* jacking — *sollevamento pesi, (sport)* weight-lifting. **2** *(tumulto, rivolta)* revolt; rebellion. **3** *(decollo)* take-off.

sollevare *vt* **1** *(alzare)* to lift; to raise: *sollevare un peso,* to lift a weight — *sollevare qcsa da terra,* to lift sth off the ground — *sollevare uno che è in ginocchio,* to raise sb from his knees — *sollevare gli occhi,* to lift up (to raise) one's eyes — *sollevare il bicchiere,* to raise one's glass. **2** *(far sorgere, anche fig.)* to raise: *sollevare una nuvola di polvere,* to raise a cloud of dust — *sollevare proteste,* to raise protests — *sollevare una questione (un dubbio, un'obiezione),* to raise a matter (a doubt, an objection) — *far sollevare un putiferio,* to raise hell (*o* the devil, Cain). **3** *(fig.: far insorgere)* to raise; to arouse; to stir up: *sollevare il popolo contro le forze occupanti,* to stir up the people against the occupying forces. **4** *(confortare)* to comfort; to relieve: *Mi hai sollevato da un grosso peso,* You have relieved me of a big burden — *sollevare una persona afflitta,* to comfort a person in affliction.

□ **sollevarsi** *v. rifl* **1** to rise*; to get* up; to arise* *(anche fig.).* **2** *(ribellarsi)* to rise*; to rebel: *La popolazione si sollevò contro il tiranno,* The population arose (*o* rebelled) against the tyrant. **3** *(riaversi)* to recover; to get* over (sth).

sollevatore *sm* **1** *(congegno)* lifter; hoist. **2** *(sport: pesista)* weight-lifter.

sollevazione *sf* **1** rising; uprising. **2** *(fig.: ribellione)* insurrection; revolt.

sollievo *sm* relief; solace; comfort: *un sollievo momentaneo,* a reprieve — *dare (recare) sollievo,* to give (to bring) relief; to relieve — *cercare sollievo nella musica,* to find solace in music — *cercare sollievo alla sofferenza,* to seek relief from pain — *tirare un respiro di sollievo,* to heave a sigh of relief.

solluchero *sm* rapture; ecstasy; thrill: *andare in solluchero,* to go into raptures.

solo **I** *agg* **1** *(da solo, senza compagnia)* alone *(predicativo);* by oneself; on one's own; *(solo e triste)* lonely; lonesome: *vivere solo,* to live alone (*o* by oneself) — *Vive solo, (Non è sposato)* He's single; He's unmarried — *tutto solo,* all alone — *sentirsi solo,* to feel lonely — *far qcsa da solo,* to do sth by oneself (*o* on one's own) — *L'ha fatto da solo,* He did it himself (*o* on his own) — *parlare da solo,* to speak (to talk) to oneself.

2 *(preceduto dall'articolo: unico)* only; *(uno solo)* one; only one; *(con valore avv.: soltanto)* only; just; *(esclusivo)* sole: *una sola volta,* once only; only once — *avere un figlio solo,* to have only one son — *Tu sei la mia unica e sola speranza,* You are my one and only hope — *credere in un solo Dio,* to believe in one God — *C'era un solo amico a salutarlo,* There was only one friend to greet him — *Non c'era uno (uno solo),* There wasn't a single one; There was not even one — *È il solo proprietario,* He's the sole owner.

3 *(al pl.: solamente)* only: *una rivista per soli uomini,* a magazine for men only.

4 *(semplice, mero)* mere; only; alone: *un solo cenno,* a mere nod — *Il solo pensiero mi preoccupa,* The mere thought worries me — *L'uomo non vive di solo pane,* Man does not live by bread alone — *Ingresso riservato ai soli soci,* Members only.

□ *da solo a solo,* in private; tête-à-tête — *giacca a un petto solo,* single-breasted jacket — *Come te ce n'è uno solo,* There's no one else like you.

II *avv* only; just: *Ha solo un anno più di me,* He's only one year older than me — *L'ha solo visto una volta,* He's only seen him once — *non solo... ma anche...,* not only... but also (*o* even)...; *(in frasi negative)* not only... but... either — *Non solo non studi, ma non ascolti neppure,* Not only you don't study, but you don't listen either.

III *congiunz* only: *solo che, (soltanto che)* only; but; the only thing is that; *(purché)* provided that; if only — *Ho finito il lavoro, solo che non so se va bene,* I've finished my work, but I don't know if it's all right — *Solo che i miei mi diano il permesso, partirò subito,* If only my people will let me, I'll leave at once.

IV *sm* the only one: *Sono il solo a studiare,* I am the only one studying — *un a solo, (mus.)* a solo.

solstizio *sm* solstice.

soltanto *avv* **1** only; *(semplicemente)* merely; simply: *Ha fatto soltanto un errore (un errore soltanto),* He's made only one mistake — *Soltanto lui può dirlo,* Only he (He alone) can tell you that. **2** *(appena)* just: *Siamo arrivati soltanto ora,* We've only just arrived.

□ *congiunz (ma, però, tuttavia)* but; only: *Mi piace, soltanto non ho i soldi,* I like it, but I haven't the money — *soltanto che...,* only that...

solubile *agg* **1** soluble: *caffè solubile,* instant coffee. **2** *(risolvibile)* solvable; soluble.

solubilità *sf* **1** solubility. **2** *(risolvibilità)* solvability.

soluzione *sf* **1** *(di un problema)* solution: *la soluzione di un grave problema,* the solution of a difficult problem — *una soluzione buona (sbagliata),* a good (wrong) solution — *venire (giungere) a una soluzione pacifica,* to arrive at a peaceful solution — *Non c'è altra soluzione,* There's no other solution. **2** *(chim.)* solution; *(med.)* tincture. **3** *(accordo)* agreement; *(assolvimento, pagamento)* payment: *pagare in un'unica soluzione,* to pay a lump sum. **4** *(modello, versione)* model; version. □ *senza soluzione di continuità,* uninterruptedly; without a break.

solvente *agg* **1** *(chim., ecc.)* solvent. **2** *(comm., dir.)* paying; solvent.

□ *sm* **1** *(chim., ecc.)* solvent. **2** *(comm., dir.)* payer.

solvenza *sf* solvency.

solvibile *agg (comm.)* solvent.

solvibilità *sf (comm.)* solvency.

soma *sf* burden; load; weight *(anche fig.): bestia da soma,* beast of burden.

somara *sf* she-ass; *(fig.)* ass.

somaraggine *sf* asinity; stupidity.

somaro *sm* ass *(anche fig.);* donkey.

somatico *agg* somatic.

somigliante *agg* resembling; similar (to sb); alike *(predicativo).* □ *un ritratto somigliante,* a good likeness.

somiglianza *sf* likeness; resemblance; similarity: *Non riesco a vedere nessuna somiglianza con il padre,* I can't see any resemblance with his father — *C'è solo una vaga somiglianza,* There's only a slight resemblance — *a somiglianza di...,* in the image (*o* likeness) of... — *a immagine e somiglianza di Dio,* in God's own image and likeness.

somigliare *vi* to resemble; to be* like; to look like; to be* similar; to take* after: *Somiglia ad un totem indiano,* It resembles (It's like, It looks like) an Indian totem — *Somiglia alla sorella,* She is like her sister — *Somiglia al padre,* He takes after his father — *Gli assomigli negli occhi,* You have eyes like his; Your eyes are like his; You have the same eyes — *Assomiglia*

tutto al povero nonno, He is the living image of his late grandfather.
□ *vt (lett.: paragonare)* to compare.
□ **somigliarsi** *v. rifl e reciproco* to be* alike; to resemble each other (*o* one another): *I due fratelli si somigliano molto,* The two brothers are very much alike — *somigliarsi come due gocce d'acqua,* to be as like as two peas.

somma *sf* **1** addition; sum; *(risultato di una somma)* (total) amount: *fare una somma,* to make an addition; to cast up — *Quant'è la somma?,* What is the (total) amount? — *la somma totale,* the sum total. **2** *(quantità di danaro)* amount; sum: *Posso pagare solo la metà di quella somma,* I can pay only half that amount — *una grossa somma,* a large sum (of money) — *È una bella somma!,* That's a good round sum! **3** *(fig.: insieme di più cose)* sum; *(conclusione)* conclusion: *la somma degli affari,* the sum of business — *Questa è la somma di quanto hai detto,* This is the conclusion of what you've been saying — *tirare le somme, (fig.)* to sum up; to draw conclusions — *Tirate (Tirando) le somme...,* All things considered... — *in somma,* in conclusion; in short; to sum up (*ma* ⇨ *anche* **insomma**).

sommamente *avv* extremely; in the highest degree.

sommare *vt* to sum up; to add up (together). □ *tutto sommato,* after all; everything considered.
□ *vi (ammontare)* to add up to; to give* as a result; to amount.

sommariamente *avv* summarily; *(in breve)* in short; briefly.

sommario *agg* summary *(anche dir.); (breve)* brief; *(approssimativo)* rough.
□ *sm* **1** *(breve riassunto)* summary; précis *(fr.);* digest; abstract; résumé *(fr.).* **2** *(compendio, trattazione sintetica)* summary; compendium; outline; synopsis *(pl.* synopses*).* **3** *(indice)* table of contents; index *(pl.* indexes, indices*).*

sommergere *vt* to submerge; to sink*; *(inondare)* to flood; to inundate; to swamp *(anche fig.); (fig.: avere la meglio, vincere, annientare)* to overwhelm: *sommergere qcno di richieste,* to inundate sb with requests — *sommergere nell'oblio,* to sink into oblivion.

sommergibile *sm* submarine; *(stor., di sottomarino tedesco)* U-boat. □ *agg* submersible.

sommergibilista *sm* submariner.

sommersione *sf* submersion; submerging.

sommerso *agg* submerged; sunk.

sommessamente *avv* **1** *(a bassa voce)* in a low voice; quietly; softly. **2** *(in modo sottomesso, mite)* submissively; docilely; meekly.

sommesso *agg* **1** *(di voce, tono, ecc.)* subdued; low; soft *(usato anche come avv.): parlare sommesso,* to speak in a low voice. **2** *(sottomesso, docile)* submissive; docile; *(mite)* meek.

somministrare *vt* to administer; to supply; to give*: *somministrare viveri (medicine),* to administer food (medicines) — *somministrare punizioni,* to administer punishment.

somministratore *sm* one who administers.

somministrazione *sf (med.)* administration.

sommissione *sf* submission; submissiveness.

sommità *sf* summit *(anche fig.);* highest point; top *(anche fig.);* vertex *(pl.* vertices*): raggiungere la sommità di una collina,* to reach the summit of a hill — *alla sommità del potere,* at the summit of power.

sommo *agg* highest; topmost; *(importantissimo)* most important; *(grandissimo)* very great; greatest; *(supremo)* supreme; superlative; *(straordinario)* excellent; sublime: *un bene sommo,* a very great (*o* most important, supreme) advantage — *in sommo grado,* in the highest degree — *il Sommo Pontefice,* the Supreme Pontiff; the Pope. □ *per sommi capi,* summarily; in short; in a few words; briefly.
□ *sm (sommità)* summit; top; vertex *(pl.* vertices*).*

sommossa *sf* rebellion; riot; revolt; rising; insurrection; sedition.

sommozzatore *sm* frogman *(pl.* -men*).*

sonabile *agg* playable.

sonagliera *sf* collar with bells.

sonaglio *sm* harness-bell: *serpente a sonagli,* rattlesnake.

sonante *agg* sounding; ringing: *una vittoria sonante,* a resounding victory. □ *moneta sonante,* coin — *denaro sonante,* ready money; cash.

sonata *sf* **1** *(di campanello, ecc.)* ringing; ring. **2** *(di esecuzione musicale)* performance; playing. **3** *(composizione musicale)* sonata. **4** *(fam.: imbroglio)* cheat; swindle; *(fam.: duro colpo)* heavy blow; *(fam.: conto salato)* huge bill.

sonda *sf* **1** *(per la perforazione del suolo)* drill: *sonda a rotazione,* rotary drill — *sonda a percussione,* percussion drill — *sonda campionatrice,* core drill; sampler. **2** *(med.)* probe; sound. **3** *(spaziale)* probe: *sonda spaziale,* space probe — *sonda atmosferica; pallone sonda,* meteorological balloon. **4** *(naut.)* sounding line; line and plummet. **5** *(mecc.)* feeler.

sondabile *agg* soundable.

sondaggio *sm* **1** sounding; probing; *(del sottosuolo)* boring; drilling: *impianto di sondaggio,* rig. **2** *(inchiesta, indagine)* survey; poll; research: *fare (compiere) dei sondaggi,* to conduct research; to inquire — *un sondaggio di opinioni,* a public opinion poll — *studio di sondaggio,* feasibility study.

sondare *vt* **1** to sound: *sondare le intenzioni (ecc.) di qcno,* to sound sb out on sth. **2** *(investigare)* to probe.

soneria, suoneria *sf* striking (*o* chiming) mechanism (of a clock); *(congegno di segnalazione)* bell; chime: *soneria d'allarme,* alarm-bell — *soneria elettrica,* electric-bell.

sonetto *sm* sonnet.

sonnacchiosamente *avv* drowsily; sleepily.

sonnacchioso *agg* sleepy; drowsy; *(fig.: lento, torpido)* sluggish; torpid.

sonnambulismo *sm* sleep-walking; *(med.)* somnambulism.

sonnambulo *sm* sleep-walker; somnambulist.

sonnecchiare *vi* to doze; to drowse; to nod *(anche fig.: prestare minore attenzione): Qualche volta anche Omero sonnecchia,* Homer sometimes nods.

sonnifero *agg* sleep-inducing; soporific; narcotic; somniferous.
□ *sm* sleeping-pill; *(pozione)* sleeping-draught; narcotic.

sonniloquio *sm* somniloquy.

sonno *sm* sleep: *sonno agitato,* troubled sleep — *sonno tranquillo,* peaceful sleep — *sonno ristoratore,* restful sleep — *sonno leggero (pesante),* light (sound) sleep — *il sonno eterno,* death — *prendere sonno,* to get off to sleep; to fall asleep — *riprendere sonno,* to go to sleep again — *perdere il sonno,* to become wakeful — *far venire sonno a qcno (conciliare il sonno),* to make sb sleepy — *essere preso dal sonno,* to be heavy with sleep — *cascare dal sonno, (essere morto di sonno),* to be ready to drop with sleep — *essere nel primo sonno,* to be in one's first sleep — *fare tutto un sonno,* to sleep through the night —

parlare nel sonno, to talk in one's sleep — *dormire il sonno del giusto,* to sleep the sleep of the just — *un paese immerso nel sonno, (fig.)* a sleepy town — *malattia del sonno,* sleeping-sickness. □ *dormire sonni tranquilli, (fig.)* to have no qualms.

sonnolento *agg (che ha sonno)* almost asleep; heavy with sleep; *(che causa sonno)* causing sleep; soporific; *(nei due sensi)* sleepy; somnolent; drowsy; *(fig.: torpido, lento)* sluggish; torpid; drowsy.

sonnolenza *sf* sleepiness; drowsiness; somnolence; *(fig.: pigrizia, torpore)* laziness; sluggishness.

sonoramente *avv* **1** *(rumorosamente)* sonorously. **2** *(fig.: duramente, clamorosamente)* soundly; roundly: *Fu sonoramente battuto,* He was soundly beaten.

sonorità *sf* sonority; sonorousness; resonance.

sonorizzare *vt* to add a sound-track (to a film); to score.

sonorizzazione *sf* addition of a sound-track; scoring.

sonoro *agg* **1** sonorous; sounding; resonant; resounding; *(rumoroso)* loud: *una voce sonora,* a sonorous voice — *applauso sonoro,* loud applause — *una risata sonora,* a loud laughter. **2** *(fig.: clamoroso)* resounding: *una sonora sconfitta,* a resounding defeat. **3** *(fig.: enfatico, retorico)* high-sounding. **4** *(fis.)* sound *(usato attrib.): onde sonore,* sound waves — *cinema sonoro,* sound film — *colonna sonora,* sound track — *effetti sonori,* sound effects. **5** *(linguistica)* voiced. □ *sm (cinema sonoro)* sound film; *(fam.)* talkie; *(parte sonora di ripresa cinematografica)* sound; *(colonna sonora)* sound track: *dall'avvento del sonoro...,* since the advent of sound films...; since the early days of the talkies.

sontuosamente *avv* sumptuously.

sontuosità *sf* sumptuousness; luxuriousness.

sontuoso *agg* sumptuous; luxurious.

sopire *vt* **1** *(placare)* to soothe; to appease; to lull; to allay; to calm. **2** *(meno comune: fare addormentare)* to send* (sb) to sleep; to make* (sb) drowsy; to lull (sb) to sleep.

sopore *sm* **1** drowsiness. **2** *(med.: stato patologico)* sopor; stupor.

soporifero *agg* soporific; sleep-inducing.

sopperire *vi* to provide (for); to supply; *(far fronte)* to meet*; to face; to cope (with); to make* up (for).

soppesare *vt* to weigh (sth) in one's hands; *(fig.)* to weigh; to consider.

soppiantare *vt* to supplant; to supersede; to oust; to displace.

soppiatto *agg (poco comune)* stealthy; concealed. □ *(nella locuzione avverbiale) di soppiatto,* stealthily; by stealth; secretly; furtively: *penetrare (in un luogo) di soppiatto,* to creep (to steal) into a place.

sopportabile *agg* endurable; bearable; tolerable.

sopportabilità *sf* endurableness; bearableness.

sopportamento *sm* endurance; tolerance; suffering.

sopportare *vt* **1** *(reggere, sostenere)* to support; to take*; to bear*; to sustain: *Questo ponte non sopporta autocarri pesanti,* This bridge cannot take heavy lorries. **2** *(soffrire, patire)* to suffer; to sustain; to undergo*; *(resistere)* to resist; to withstand*; to stand* (for); to endure; *(tollerare)* to bear*; to take*; to tolerate; to suffer: *sopportare il dolore (la sofferenza),* to bear (to endure, to undergo) pain (*o* suffering) — *Non sopporterò la tua impudenza!,* I won't suffer (tolerate, stand for) your impudence! — *Questa pianta non sopporta il freddo,* This plant can't stand the cold.

sopportazione *sf* endurance; tolerance.

soppressione *sf* **1** *(vari sensi)* suppression; *(abolizione)* abolition; *(abrogazione)* repeal; *(cancellazione)* deletion: *soppressione di stato, (dir.)* concealment of birth. **2** *(uccisione)* killing; murder; elimination. **3** *(televisione)* blanking; blackout *(USA).*

sopprimere *vt* **1** *(vari sensi)* to suppress; *(abolire)* to abolish; *(abrogare)* to repeal; to revoke; to cancel; to quash. **2** *(cancellare)* to delete; *(eliminare)* to eliminate. **3** *(uccidere)* to kill; to murder; to dispatch; to do* away with; to eliminate.

sopra I *prep* **1** *(a contatto diretto)* on; *(talvolta)* upon; *(indicante moto, talvolta)* onto: *I giornali dovrebbero essere sopra la scrivania,* The papers should be on the desk — *Il castello è sopra una collina,* The castle stands upon a hill — *Mi buttai sopra di lui per fermarlo,* I threw myself on him to stop him — *Posò i libri sopra il tavolo,* He put the books on the table — *L'uccello cadde sopra l'erba,* The bird fell onto the grass.

2 *(con l'idea di ricoprimento o, fig., di dominio o senza contatto)* over: *Aveva un cappotto sopra le spalle,* He had a coat over his shoulders — *Abbiamo una casa sopra il lago,* We have a house over the lake — *Carlo V regnò sopra molte nazioni,* Charles the Fifth reigned over many countries — *L'aereo volava sopra la città,* The plane was flying over the town.

3 *(in alto, al di sopra, anche fig.)* above: *Il falco volteggiò minacciosamente sopra di noi,* The hawk circled menacingly above us — *a pochi metri sopra il livello del mare,* a few metres above sea level — *Ci sono dieci gradi sopra zero,* It's ten degrees above zero.

4 *(oltre)* over; *(più di tutto)* more than: *È sopra i trent'anni ormai,* He's over thirty by now — *Hanno speso sopra i quaranta milioni,* They've spent over forty million — *Lo voglio sopra ogni altra cosa,* I want it more than anything else.

5 *(al piano superiore)* above.

□ *essere sopra pensiero, (più comune: soprappensiero)* to be lost (*o* deep) in thought — *avere da fare fin sopra i capelli,* to be up to one's eyes (in sth) — *averne fin sopra i capelli,* to be fed up with sth; to be sick and tired of sth — *riportare vittoria sopra vittoria,* to gain one victory after another — *passare sopra a qcsa,* to overlook sth — *tornare sopra qcsa,* to go back to sth — *dormire sopra a qcsa, dormirci sopra, (fig.)* to sleep on sth — *Pensaci sopra!,* Think it over! — *Mettici una pietra sopra!,* Let bygones be bygones! — *prendere qcsa sopra di sé, (fig.)* to take sth on (*o* upon) oneself.

II *avv* **1** *(prima)* above: *per le ragioni sopra indicate,* for the above-mentioned reasons — *come sopra,* as above — *da quanto sopra,* from the foregoing; from what has already been said.

2 *(su una parte più elevata)* up; *(ad un piano superiore)* upstairs: *Posalo lì sopra!,* Put it up there! — *È ora di andare sopra a dormire,* It's time to go up to bed — *Sopra stanno dei bambini molto rumorosi,* Some very noisy children live upstairs.

3 *(in superficie)* on top: *C'è la marmellata sopra,* There's jam on top — *L'ho messo nella valigia, ma sopra,* I put it in the suitcase, but on top.

□ *al di sopra di,* over; above; beyond — *essere al di sopra di una certa età,* to be over a certain age — *al di sopra di ogni sospetto,* entirely above suspicion — *È nel cassetto di sopra, (ad un altro)* It's in the drawer above; *(a tutti)* It's in the top drawer — *Tu sei in una*

delle stanze di sopra, You've got one of the top rooms — *quelli di sopra,* the people upstairs.
III *sm (parte superiore)* top; upper part; *(lato superiore)* top; top side: *Il sopra del tavolo è di noce,* The top of the table is made of walnut.
soprabito *sm* overcoat; top-coat.
sopraccennare *vt* to mention above (*o* higher up).
sopraccennato *agg* above-mentioned; mentioned above *(predicativo).*
sopracciglio *sm* eyebrow.
sopracciliare *agg* eyebrow *(attrib.);* of the eyebrow.
sopraccitato *agg* above-quoted; *(sopraccennato)* above-mentioned; *(sopraddetto)* above-stated.
[1]**sopraccoperta** *sf* **1** *(coperta)* coverlet; counterpane; bedspread. **2** *(di un libro)* jacket; dust-jacket; wrapper.
[2]**sopraccoperta** *avv (naut.)* on deck.
sopraddetto *agg* above-stated; *(sopraccennato)* above-mentioned.
sopraelevare *vt* to raise; to take* up; *(una curva, una strada)* to bank; to camber.
sopraelevata *sf* **1** elevated (*o* overhead) railway (*o* road). **2** *(curva)* banked (*o* cambered) curve.
sopraelevazione *sf* **1** *(di un edificio)* raising; *(parte sopraelevata)* extra storey. **2** *(ferrovia)* superelevation.
sopraeminente *agg* supereminent.
sopraesposto *agg* above-stated; above-mentioned.
sopraffacimento *sm* overcoming; overwhelming; over-powering.
sopraffare *vt* to overwhelm; to overcome*; to get* the better (of).
sopraffazione *sf* overpowering; overcoming; overwhelming.
sopraffino *agg* **1** excellent; first-rate; *(comm.)* of extra (*o* top) quality; superfine. **2** *(fig.)* consummate; extreme.
sopraggitto *sm* whipping; overcasting. □ *punto a sopraggitto, (cucito)* whip-stitch.
sopraggiungere *vi* **1** to come* (to arrive) unexpectedly; *(di persona, fam.)* to turn up. **2** *(accadere)* to happen unexpectedly; to supervene.
□ *vt* to overtake*; to come* upon (sb) suddenly (*o* by surprise); *(raggiungere)* to catch* up with; to overtake*: *Il temporale ci sopraggiunse,* We were overtaken by a storm.
sopraggiunta *sf (nuova aggiunta)* (extra) addition: *per sopraggiunta,* in addition; moreover; besides.
sopraindicato *agg* above-stated; above-mentioned.
sopralluogo *sm* on-the-spot investigation; inspection.
soprammenzionato *agg* above-mentioned; mentioned above *(predicativo).*
soprammercato *sm (nella locuzione) per soprammercato,* into the bargain; in addition; *(fig.: per di più)* besides that.
soprammobile *sm* knick-knack; ornament.
soprannaturale *agg e sm* supernatural.
soprannome *sm* nickname.
soprannominare *vt* to nickname.
soprannominato *agg* **1** *(con il soprannome di)* nicknamed. **2** *(nominato sopra)* above-mentioned; above-stated.
soprannumerario *agg* supernumerary; extra.
soprannumero *agg e sm* supernumerary.
soprano *sm e f.* soprano *(pl.* sopranos*): un mezzo soprano,* a mezzo-soprano — *una voce da soprano,* a soprano voice.
soprappassaggio *sm* overbridge; fly-over; overpass *(USA).*
soprappensiero *agg* lost in thought; *(distratto)* absent-minded.
□ *avv* lost in thought; absent-mindedly.
soprappeso *sm* overweight; extra weight: *per soprappeso,* for good measure.
soprappetto *sm (di armatura)* breast-plate.
soprappiù *sm* surplus; extra; overplus: *per soprappiù,* in addition — *essere in soprappiù,* to be in excess.
soprascarpa *sf* overshoe; galosh.
soprascritta *sf (iscrizione)* inscription.
soprasensibile *agg* supersensible.
soprassalto *sm* start; jump; jerk: *di soprassalto,* with a start; suddenly; all of a sudden — *svegliarsi di soprassalto,* to wake up with a start; to awake all of a sudden (*o* suddenly).
soprassedere *vi* to postpone; to delay; to defer; to put* off; *(aspettare)* to wait: *soprassedere a qcsa,* to postpone (to put off) sth.
soprassegnare *vt* to make* a mark above; *(contrassegnare)* to mark.
soprassegno *sm* mark.
soprastare *vi* **1** ⇨ **sovrastare. 2** *(sovrintendere, controllare)* to superintend; to oversee*; to supervise.
soprastruttura *sf* superstructure.
soprattassa *sf* additional tax; extra tax; extra charge.
soprattutto *avv* **1** above all; most of all. **2** *(specialmente)* chiefly; particularly; especially.
sopravanzare *vt (superare)* to surpass; to exceed; to excel; to go* beyond.
□ *vi* **1** *(avanzare, rimanere in eccedenza)* to be* left; to remain. **2** *(sporgere)* to jut out; to stand* out; to be* out of line.
sopravanzo *sm (eccedenza)* surplus; *(rimanenza)* remainder; residue: *di sopravanzo, (più che a sufficienza)* more than enough; *(in aggiunta)* in addition.
sopravvalutare *vt* to over-estimate; to overvalue; to overrate.
sopravveniente *agg* coming; supervening.
sopravvenienza *sf* **1** unexpected event; sudden occurrence. **2** *(contabilità)* non-operating item: *sopravvenienza attiva,* non-operating profit — *sopravvenienza passiva,* non-operating loss.
sopravvenire *vi* **1** to supervene; to turn up; *(comparire)* to appear; *(intervenire)* to intervene; *(giungere)* to arrive; to come* up; *(del cattivo tempo, del buio, ecc.)* to set* in; to come* on. **2** *(accadere)* to happen; to come* about.
sopravvento *avv (naut.)* windward; in the windward: *navigare sopravvento,* to have the weather-gauge — *tenersi sopravvento,* to keep the weather-gauge — *barra sopravvento,* weather helm.
□ *sm* **1** *(naut.)* windward; windward side. **2** *(fig.: vantaggio, superiorità)* advantage; superiority; upper hand: *avere (prendere) il sopravvento,* to have (to get) the upper hand; *(sopraffare)* to overwhelm.
sopravvissuto, sopravvivente *agg* surviving.
□ *sm* survivor.
sopravvivenza *sf* survival; outliving.
sopravvivere *vi* to survive; to outlive; to live on; *(durare più a lungo)* to outlast: *Riuscirono a sopravvivere alla sciagura,* They managed to survive the disaster — *L'opera d'arte sopravvive all'artista,* A work of art outlives (*o* outlasts) its author.
soprelevare *vt* ⇨ **sopraelevare.**
soprintendente *sm* superintendent; supervisor.
soprintendenza *sf* superintendence; supervision;

oversight; *(direzione)* direction; *(ente)* board; authority.

soprintendere *vi* to superintend; to oversee*; to control; to manage; to supervise: *soprintendere ai lavori,* to oversee (to direct) the works.

sopruso *sm* outrage; abuse; abuse of power.

soqquadro *sm* disorder; confusion; muddle; mess: *mettere qcsa a soqquadro,* to turn sth upside down.

sorba *sf* sorb-apple; sorb. □ *Col tempo e con la paglia maturano le sorbe, (prov.)* Everything comes to him who waits.

sorbettiera *sf* bucket for making ice-cream; *(elettrica)* ice-cream maker; sorbetière *(fr.)*.

sorbetto *sm* ice-cream; *(più precisamente)* sorbet *(fr.)*. □ *diventare un sorbetto,* to be freezing — *Non è un sorbetto!,* It's not a pleasant matter!; It's no joke!

sorbire *vt* **1** to sip; to sip up. **2** *(fig.: anche sorbirsi, sopportare)* to bear*; to suffer; to put* up with: *Ho dovuto sorbire quella noiosissima conferenza,* I had to put up with that boring lecture.

sorcio *sm* mouse *(pl.* mice*)*: *fare la fine del sorcio, (fig.)* to be caught; to come to a sticky end.

sordamente *avv* dully.

sordastro *agg* deafish; hard of hearing.

sordidamente *avv* **1** sordidly; filthily. **2** *(in modo spilorcio)* stingily; meanly.

sordidezza *sf* **1** *(meno comune: sporcizia)* dirtiness; filthiness. **2** *(avarizia)* stinginess; miserliness; niggardliness; meanness.

sordido *agg* **1** sordid *(anche fig.)*. **2** *(sozzo)* filthy. **3** *(avaro)* stingy; niggardly; miserly; mean.

sordina *sm (mus.)* mute: *mettere la sordina,* to mute; to muffle the sound. □ *in sordina,* stealthily; *(di nascosto)* on the sly — *suonare un pezzo in sordina,* to play a piece in a minor key.

sordità *sf* deafness.

sordo *agg* **1** deaf *(anche fig.)*: *essere sordo dalla nascita,* to be deaf from birth — *diventar sordo,* to become deaf — *essere sordo da un orecchio,* to be deaf in one ear — *essere sordo come una campana,* to be as deaf as a post — *essere sordo ad ogni consiglio,* to be deaf to all advice. **2** *(di rumore, di suono, ecc.)* dull; hollow: *un rumore sordo,* a dull noise — *una esclamazione sorda,* a stifled cry. **3** *(di dolore)* dull. **4** *(fonetica)* unvoiced. □ *sorda ostilità,* underhand opposition — *un colpo sordo,* a thump; a thud.

□ *sm* deaf person: *i sordi,* the deaf — *Non fare il sordo!,* Don't pretend to be deaf!; Don't turn a deaf ear! — *Non c'è peggior sordo di chi non vuol sentire, (prov.)* There's none so deaf as those who don't want to hear.

sordomutismo *sm* deaf-mutism.

sordomuto *agg* deaf and dumb. □ *sm* deaf-mute.

sorella *sf* sister *(anche nel senso di suora e fig.)*: *essere fratello e sorella,* to be brother and sister — *Era una sorella per lui,* She was a sister to him — *sorella maggiore (minore),* elder (younger) sister — *sorella di latte,* foster-sister — *navi sorelle,* sister ships — *Sorelle della Misericordia,* Sisters of Mercy.

sorellastra *sf* half-sister; step-sister.

[1]**sorgente** *agg (p. pres. di* **sorgere** ⇨*)* rising; arising.

[2]**sorgente** *sf* spring; *(fonte, anche fig.)* source; *(fig.)* origin; cause: *sorgente curativa,* spa — *sorgenti minerali,* mineral springs — *acqua di sorgente,* spring water — *le sorgenti del Nilo,* the sources of the Nile — *risalire alla sorgente, (fig.)* to go back to the source — *una sorgente luminosa,* a light source — *sorgente petrolifera,* oil well.

sorgere *vi* **1** to rise* *(anche fig.)*: *Il sole sorge ad oriente,* The sun rises in the East — *al sorgere del sole,* at sunrise — *far sorgere,* to raise; to bring forth; to bring about — *Dove sorge il Tamigi?,* Where does the Thames rise? — *Sorgi e cammina,* Rise (Arise) and walk. **2** *(fig.: nascere, scaturire)* to arise*: *Sorsero nuove difficoltà,* New difficulties arose — *Mi sorse il sospetto (il dubbio) che...,* I began to suspect (to doubt) that... — *far sorgere un sospetto,* to give rise to (to raise) suspicion.

sorgiva *sf* spring.

sorgivo *agg* spring *(attrib.)*.

soriano *agg* Syrian. □ *gatto soriano,* tabby (cat).

sormontamento *sm* surmounting.

sormontare *vt* **1** to surmount: *essere sormontato da qcsa,* to be surmounted by sth; to have sth on top — *un cappello sormontato da una grande piuma,* a hat with a large feather on top. **2** *(di acque)* to overflow: *Il fiume ha sormontato gli argini,* The river overflowed its banks. **3** *(fig.)* to overcome*; to get* over: *sormontare tutte le difficoltà,* to surmount (to overcome) all difficulties — *sormontare ogni ostacolo,* to surmount (to get over) every obstacle.

□ *vi (meno comune: superare)* to surpass; to excel; to exceed; *(sovrapporsi)* to overlap.

sornione *agg* sly. □ *sm* sly dog; sly-boots *(fam.)*.

sorpassare *vt* **1** *(superare)* to surpass; to excel; to exceed; to outdo*: *sorpassare ogni aspettativa,* to surpass every expectation. **2** *(oltrepassare)* to go* beyond; to pass. **3** *(di autoveicoli)* to overtake*.

sorpassato *agg* out-of-date; old-fashioned.

sorpasso *sm* overtaking: *Vietato il sorpasso,* No overtaking.

sorprendente *agg* surprising; astonishing; amazing; *(fam.)* incredible; *(straordinario)* miraculous; extraordinary; remarkable; egregious.

sorprendentemente *avv* surprisingly; astonishingly; amazingly.

sorprendere *vt* **1** *(cogliere di sorpresa)* to surprise; to catch*; to take* by surprise; to overtake*: *sorprendere qcno con le mani nel sacco,* to surprise (to catch) sb red-handed (*o* in the act) — *sorprendere la buona fede di qcno,* to take advantage of sb's confidence — *essere sorpreso da un temporale,* to be caught in a storm; to be overtaken by a storm — *essere sorpreso dalla morte,* to be overtaken by death. **2** *(meravigliare)* to surprise; to astonish; to amaze: *Le sue parole ci sorpresero molto,* His words surprised (*o* amazed) us a great deal; We were greatly surprised at his words. **3** *(una conversazione)* to overhear*.

□ **sorprendersi** *v. rifl* **1** *(trovarsi all'improvviso, accorgersi)* to catch* oneself; to realize: *Mi sorpresi a pensare sempre alla stessa cosa,* I caught myself (I realized I was) always thinking of the same thing. **2** *(essere sorpreso)* to be* surprised: *non sorprendersi di niente,* to be surprised at nothing — *Non c'è proprio da sorprendersene!,* There is nothing to be surprised at!; No wonder! — *Non mi sorprenderei se accadesse il peggio,* I shouldn't be surprised if the worst happened.

sorpresa *sf* **1** surprise; *(stupore, meraviglia)* amazement; astonishment: *Che sorpresa!,* What a surprise! — *con mia viva sorpresa,* much to my astonishment (to my surprise) — *avere sorprese in serbo per qcno,* to have some surprises in store for sb — *uovo di Pasqua con la sorpresa,* Easter egg with a surprise inside — *provare viva (una grande) sorpresa nell'apprendere qcsa,* to be greatly surprised (to be amazed) to learn sth. **2** *(irruzione improvvisa)* raid. □ **di sorpresa,** - **a)** surprise *(con valore di attrib.)*: *un* *attacco di sorpresa,* a surprise attack - **b)** *(avv.)* unexpectedly; by surprise; suddenly: *cogliere qcno di sorpresa,* to take sb by surprise (*o* unawares) — *agire di sorpresa,* to act suddenly.

sorpreso *agg (stupito)* surprised; astonished: *Sono sorpreso di ciò,* I'm surprised at that.

sorreggere *vt* **1** to hold* up; to sustain; to support; to prop up: *sorreggere qcno che barcolla,* to hold up (to sustain) sb who is tottering. **2** *(fig.: sostenere)* to sustain; to help; to encourage.
□ **sorreggersi** *v. rifl (appoggiarsi)* to lean* against (on); *(reggersi in piedi)* to stand* upright.

sorridente *agg* smiling.

sorridere *vi* **1** to smile *(anche fig.)*: *Non sorride mai,* He never smiles — *La fortuna (La vita) mi sorride in questo momento,* Fortune (Life) is smiling upon me at the moment — *Sorrideva amaramente,* He smiled a bitter smile. **2** *(sedurre, attrarre)* to appeal: *Mi sorride l'idea di una vacanza imprevista,* The idea of an unexpected holiday appeals to me.

sorriso *sm* smile *(anche fig.)*: *un accenno di sorriso,* a faint smile — *il sorriso della primavera,* the smiles of Spring — *un sorriso di approvazione,* a smile of approval.

sorsata *sf* draught.

sorseggiare *vt* to sip.

sorso *sm* **1** *(piccolo)* sip; *(più lungo)* draught; *(spec. se rumoroso)* gulp: *bere a piccoli sorsi,* to take small sips; to sip — *un sorso d'acqua,* a draught (a gulp) of water — *bere a lunghi sorsi,* to take long draughts — *sorso a sorso,* in sips — *mandare giù qcsa in un sorso (d'un sorso),* to swallow sth at one gulp; to gulp down sth. **2** *(piccola quantità)* drop: *Solo un sorso, per favore!,* Just a drop, please!

sorta *sf* sort; kind; class: *cose di ogni sorta,* things of all kinds (of all sorts); all kinds (all sorts) of things. □ *senza difficoltà di sorta,* without any difficulty whatever; with no difficulties.

sorte *sf* **1** *(destino, fato)* fate; destiny; fortune; *(in certe espressioni: fortuna)* luck: *tentare la sorte,* to tempt Fate — *abbandonare qcno alla propria sorte,* to leave sb to his fate — *essere in balìa della sorte,* to be at the mercy of fate — *essere schiavo della propria sorte,* to be a slave to one's own destiny — *buona (cattiva) sorte,* good (bad) luck — *per buona (mala) sorte,* luckily (unluckily) — *sperare nella sorte,* to trust to luck — *tentare la sorte,* to try one's luck — *Sorte volle che...,* It happened that... — *La buona sorte volle che ci fosse ancora una camera libera,* As luck would have it (Luckily) there was still a room free — *fare buon viso a cattiva sorte,* to make the best of a bad job — *nella buona e nella cattiva sorte,* through thick and tin — *La tua sorte è segnata,* Your hour has struck. **2** *(caso imprevisto)* chance: *affidarsi (rimettersi) alla sorte,* to trust to chance — *a sorte,* at random — *per sorte,* by chance — *estrarre (tirare) qcsa a sorte,* to draw lots for sth. **3** *(condizione)* lot; state: *toccare in sorte a qcno,* to fall to sb's lot — *lamentarsi della propria sorte,* to complain of one's lot. □ *gettare le sorti,* to tell fortunes — *le sorti dell'umanità,* the future of mankind.

sorteggiare *vt* to draw* (by lot); to draw* lots (for sth); to cast* lots (for sth): *Sorteggiò tre nomi,* He drew three names.

sorteggio *sm* drawing lots; draw: *fare il sorteggio,* to draw lots — *fare un sorteggio,* to hold a draw.

sortilegio *sm* sorcery; *(divinazione)* divination.

[1]**sortire** *vt* to get*; to have*; to be* endowed with: *sortire un buon carattere,* to get (to have, to be endowed with) a good temper — *sortire un buon esito,* to succeed; to be successful.

[2]**sortire** *vi* **1** *(essere sorteggiato)* to be* drawn (by lot); to come* up (*o* out). **2** *(fam.: uscire)* to go* (to come*) out. **3** *(mil.: fare una sortita)* to make* a sortie.

sortita *sf* **1** *(mil.)* sortie; sally. **2** *(entrata in scena)* entrance. **3** *(uscita spiritosa)* witty remark; sally.

sorvegliante *sm* guard; watchman *(pl.* -men*)*; keeper; caretaker: *sorvegliante di notte,* night watchman.

sorveglianza *sf* guard; watch; surveillance.

sorvegliare *vt* **1** to watch (over). **2** *(sovraintendere)* to superintend; to oversee*; to manage; *(controllare)* to control. **3** *(badare)* to look after; to attend to; to keep* an eye on.

sorvolare *vt e i.* **1** *(di aeromobile)* to fly* over; *(di aerostato)* to sail over. **2** *(lasciare da parte)* to pass over; to pay* no attention; to overlook.

sosia *sm* double; second self.

sospendere *vt* **1** *(appendere)* to suspend; to hang* (up): *sospendere un lampadario al soffitto,* to suspend (to hang) a chandelier from the ceiling — *sospendere un quadro,* to hang (up) a picture — *La vita dell'uomo è sospesa ad un filo,* Man's life hangs by a thread. **2** *(interrompere)* to stop; to halt; to suspend; to interrupt; to call a halt (to sth); *(rinviare)* to adjourn; to defer: *sospendere i lavori,* to stop the works — *sospendere una cura,* to stop a treatment — *sospendere i pagamenti,* to stop (to suspend) payments — *sospendere le pubblicazioni,* to suspend publication — *sospendere un assegno,* to stop a cheque — *sospendere una riunione,* to adjourn a sitting. **3** *(per punizione)* to suspend: *sospendere (un sacerdote) a divinis,* to suspend a priest from the exercise of his religious functions — *sospendere un alunno,* to suspend a pupil.
□ ⇨ *anche* **sospeso,** *agg.*

sospendibile *agg* suspensible.

sospensione *sf* **1** *(vari sensi)* suspension: *sospensione di un giocatore (di uno studente),* suspension of a player (of a student) — *sospensione da una carica,* suspension from an office. **2** *(interruzione)* interruption; stoppage; suspension; *(rinvio)* adjournment *(spec. di una seduta)*; postponement: *sospensione della paga,* stoppage (of pay) — *sospensione di pagamenti (consegne),* suspension (*o* interruption) of payments (deliveries) — *sospensione di una sentenza,* postponement of a decision — *sospensione di una seduta,* adjournment (of a meeting). **3** *(ansia, incertezza)* suspense; anxiety; apprehension: *tenere in grande sospensione d'animo,* to keep in great suspense. **4** *(chim., mecc., ecc.)* suspension: *sospensione cardanica,* gimbals — *particelle di polvere in sospensione,* suspended dust particles. □ *puntini di sospensione,* (line of) dots; suspension points.

sospensivo *agg* suspensive. □ *punti sospensivi,* (line of) dots.

sospensorio *sm* **1** suspensory. **2** *(di atleta)* athletic supporter.

sospeso *agg* (*p. pass. di* **sospendere** ⇨) **1** *(appeso, sollevato)* suspended; hanging; hanging up; pendent; *(pendulo)* pendulous; swinging; suspended: *sospeso nel vuoto,* suspedend in space — *un ponte sospeso,* a suspension bridge. **2** *(per punizione)* suspended; *(GB, di studente universitario)* rusticated. **3** *(rinviato)* postponed; adjourned; *(interrotto)* interrupted. **4** *(ansioso, incerto)* anxious; unsettled: *con l'animo sospeso,* in suspense; anxiously — *col fiato sospeso,* with bated breath — *stare (tenere qcno) in sospeso,* to be (to keep sb) in suspense. □ **in sospeso,** pending; unsettled;

outstanding — *corrispondenza in sospeso,* outstanding correspondence — *conti in sospeso,* unsettled accounts (*o* bills) — *una questione in sospeso,* a pending matter.
□ *sm (pratica in sospeso)* outstanding (*o* pending) matter.

sospettabile *agg* open (*o* liable) to suspicion.

sospettare *vt* to suspect; to surmise; *(subodorare, anche)* to guess: *sospettare qcno di menzogna,* to suspect sb of being a liar — *sospettare un'imboscata,* to suspect an ambush — *Non sospettavo tanta intelligenza in lei,* I didn't suspect she had that much intelligence.
□ *vi* to suspect; to mistrust; to distrust; to doubt: *sospettare di tutto e di tutti,* to mistrust everything and everybody.

sospetto *agg* suspicious; suspect; *(di dubbia onestà)* shady: *un personaggio sospetto,* a suspicious (a shady) character — *Le sue affermazioni sono sospette,* His statements are suspect.
□ *sm* suspicion; *(fam.: idea, piccolissima quantità)* inkling; suspicion; *(lett.)* soupçon *(fr.): nutrire dei sospetti,* to have a suspicion — *far sorgere (suscitare) dei sospetti,* to arouse suspicion — *al di sopra di ogni sospetto,* above suspicion — *un sospetto d'aglio nell'insalata,* a suspicion (a soupçon) of garlic in the salad.

sospettosamente *avv* suspiciously.

sospettosità *sf* suspiciousness.

sospettoso *agg* suspicious; distrustful.

sospingere *vt* to push; to drive*; *(lievemente)* to waft; *(fig.: condurre, indurre)* to drive*; *(fig.: spronare)* to urge; to impel: *Una lieve brezza sospingeva la barca,* A light breeze wafted the boat — *sospingere qcno alla disperazione,* to drive sb to desperation — *Le sue parole ci sospinsero all'azione,* His words impelled (*o* urged) us to action. □ *a ogni piè sospinto,* again and again; continually; every moment.

sospinto *agg* (*p. pass. di* **sospingere** ⇨).

sospirare *vi* to sigh *(anche fig.): sospirare di sollievo,* to sigh with relief — *sospirare per qcno (qcsa),* to sigh (to pine) for sb (sth) — *sospirare per la lontananza di qcno,* to grieve at sb's absence.
□ *vt* to long for; to pine for; to sigh for: *sospirare le vacanze,* to long for the holidays — *sospirare la pace,* to sigh for peace — *Perché ti fai sempre sospirare così?,* Why do you always keep me waiting so long? — *far sospirare qcno,* to make sb suffer — *sospirare il passato,* to regret the past.

sospirato *agg* longed-for; yearned-for; craved-for.

sospiro *sm* sigh *(anche fig.): un profondo sospiro,* a heavy sigh — *un sospiro di sollievo,* a sigh of relief — *un sospiro di vento,* a breath of wind — *il Ponte dei Sospiri,* the Bridge of Sighs — *esalare l'ultimo sospiro,* to breathe one's last. □ *a sospiri,* slowly; little by little; at long intervals — *pagare un debito a sospiri,* to pay a debt off very slowly.

sospirosamente *avv* plaintively.

sospiroso *agg* sighing; plaintive.

sosta *sf* **1** *(fermata)* stop; halt *(spec. mil.); (permanenza)* stay: *una sosta di pochi minuti,* a stop of two minutes — *L'ufficiale ordinò una sosta,* The officer called a halt — *Facemmo una sosta di due settimane a Parigi,* We stopped for a fortnight in Paris. **2** *(pausa, intervallo)* pause; interval; intermission; lull; *(interruzione)* break; interruption; *(riposo, tregua)* rest; respite: *senza sosta,* incessantly; continually; again and again — *una sosta per la colazione,* a break for lunch — *una sosta nella conversazione,* a pause (a lull) in the conversation. □ *Divieto di sosta,* No parking.

sostantivare *vt* to substantivize; to use (sth) as a substantive.

sostantivo *agg* substantive. □ *sm* substantive; noun.

sostanza *sf* **1** *(essenza)* substance; essence: *Io bado alla sostanza e non alla forma,* I mind the substance not the form — *la sostanza di un discorso,* the substance (the essence, the essential points) of a speech — *sacrificare la sostanza per l'apparenza,* to sacrifice the substance for the shadow — *in sostanza, (in conclusione)* to sum up; in conclusion; *(essenzialmente)* in substance. **2** *(materia in genere)* matter; substance; stuff: *sostanza organica (inorganica),* organic (inorganic) matter — *sostanze radioattive,* radioactive substances — *sostanze alimentari,* foodstuffs — *sostanza colorante,* dye; dyestuff — *cibo di sostanza,* nourishing (*o* substantial) food — *cibo di poca sostanza,* unsubstantial food. **3** *(spesso pl.: patrimonio)* property; patrimony; substance; estate; riches; wealth: *ereditare le sostanze di qcno,* to inherit sb's property (*o* estate, wealth) — *accumulare sostanze,* to accumulate wealth — *dissipare le proprie sostanze,* to waste (*o* to squander, *o fam.* to fritter away) one's substance.

sostanziale *agg* substantial; essential.

sostanzialmente *avv* substantially; essentially.

sostanziosamente *avv* substantially.

sostanzioso *agg* **1** *(considerevole)* substantial; large; considerable; *(nutriente)* nutritious; nourishing; *(ricco di sostanza)* rich; *(di terreno, anche)* fertile. **2** *(fig.)* valuable; profitable.

sostare *vi* to stop; to stay; to halt; to pause; to rest.

sostegno *sm* **1** support; prop *(anche fig.); (fig.)* stay; reliance: *a sostegno di...,* in support of... — *Egli è il principale sostegno della famiglia,* He's the chief support (*o* prop, stay) of the family. **2** *(mecc.)* support; brace; standard; *(edilizia e costruzioni navali)* shore.

sostenere *vt* **1** *(sorreggere, p.es. persona o struttura)* to support; to hold* up; *(spec. cosa pericolante)* to prop up; *(un peso)* to sustain; to carry; to bear* (the weight of): *Il tetto è sostenuto da enormi pilastri,* The roof is supported (*o* held up) by massive pillars — *Quello scaffale non sosterrà il peso della statuetta,* The shelf will not bear the weight of the statuette.
2 *(sopportare)* to stand*; to stand* up to; to sustain; *(prendere su di sé)* to bear*; to take* upon oneself: *sostenere il confronto con qcno,* to stand (to bear) comparison with sb — *sostenere la concorrenza,* to stand up to the competition — *sostenere una prova,* to stand up to a test — *sostenere le spese di qcsa,* to bear the cost of sth; to meet the expenses.
3 *(resistere a)* to withstand*; to resist; to stand* up to: *sostenere un attacco,* to resist an attack — *La cavalleria sostenne una carica frontale,* The cavalry withstood a head-on charge.
4 *(appoggiare)* to back up; to support; to uphold*; *(finanziariamente)* to back; *(proteggere, aiutare)* to help; to assist; to stand* by; *(difendere)* to defend; *(provvedere al mantenimento di)* to support; to maintain; to keep*; to provide for: *I suoi amici lo sostennero in quel momento difficile,* His friends backed him up (*o* supported) at that difficult time — *sostenere un partito politico,* to back a political party — *sostenere il proprio punto di vista,* to defend one's point of view — *sostenere una teoria,* to defend (to back up, to uphold) a theory — *sostenere la verità,* to uphold the

truth — *Sostiene da solo tutta la sua famiglia,* He supports his entire family by himself.
5 *(affermare, asserire)* to maintain; to assert: *Continua a sostenere la sua innocenza,* He continues to maintain (to assert) his innocence; He continues to maintain that he is innocent — *sostenere i propri diritti,* to assert one's rights.
6 *(nutrire, dar vigore a)* to sustain; to nourish; to be* nourishing; to be* maintaining: *Questo preparato ti sosterrà durante gli allenamenti,* This preparation will sustain you throughout your training — *La carne sostiene,* Meat is nourishing (*o* sustaining).
7 *(mantenere alto)* to keep* up *(anche fig.)*: *sostenere i titoli (i prezzi),* to keep up share prices (prices) — *sostenere il buon nome di una società,* to keep up the good name of a company.
□ *Sa sostenere una conversazione in spagnolo,* He can carry on a conversation in Spanish — *sostenere la conversazione,* to keep the conversation going — *Non riuscivo a sostenere il suo sguardo,* I couldn't stand up to his gaze — *sostenere una carica (una funzione),* to hold an office — *sostenere un esame,* to take (to sit for) an examination — *sostenere una parte,* to play a rôle; to act a part — *sostenere una nota, (mus.)* to hold a note — *sostenere il mare, (di nave)* to ride well; *(di persona)* to be a good sailor.
□ **sostenersi** *v. rifl* **1** *(reggersi in piedi)* to stand*; to stand* up; *(appoggiarsi a qcno, qcsa)* to support oneself on (*o* against) sb, sth; to lean on sb, sth; *(fig.: reggere)* to stand* up; to hold* water: *Per camminare deve sostenersi a un bastone,* In order to walk he has to lean on a stick — *Questa teoria non si sostiene,* This theory won't stand up (*o* doesn't hold water).
2 *(mantenersi)* to sustain oneself (on); to keep* up one's strength: *Mangia molta carne per sostenersi,* He eats a lot of meat in order to keep his strength up.

sostenibile *agg (di idee, ecc.)* tenable; maintainable; *(sopportabile)* bearable; endurable.

sostenibilità *sf* tenability; *(sopportabilità)* bearableness; endurability.

sostenimento *sm* **1** *(sostegno)* support; assistance. **2** *(sostentamento)* sustenance; *(cibo)* food; nourishment.

sostenitore *sm* supporter; stalwart; seconder; *(sostenitore fanatico)* devotee; *(chi difende una tesi)* vindicator: *socio sostenitore,* subscribing member.

sostentamento *sm* sustenance; maintenance: *mezzi di sostentamento,* nourishment; food.

sostentare *vt* to support; to maintain.
□ **sostentarsi** *v. rifl* to support oneself; to subsist: *sostentarsi a base di verdura,* to subsist on vegetables.

sostenutezza *sf* stiffness; reserve; reservedness; standoffishness.

sostenuto *agg* **1** *(rigido, formale)* stiff; formal; *(freddo)* cold; *(superiore)* haughty; lofty; *(riservato, distaccato)* reserved; standoffish; *(di stile: elevato, nobile)* lofty; noble; distinguished: *fare il sostenuto,* to be standoffish. **2** *(comm.: stabile)* steady; firm: *un mercato sostenuto,* a steady market. **3** *(mus.)* sostenuto.

sostituibile *agg* replaceable.

sostituire *vt* to replace; to take* the place of; *(di persona, anche)* to step into the shoes of; to substitute: *Gli autobus hanno sostituito i tram in molte città,* Buses have replaced trams in many towns — *sostituire margarina al burro,* to substitute margarine for butter.

sostitutivo *agg* substitutive.

sostituto *sm* **1** substitute; deputy; assistant; *(fam.: tirabuchi)* stop-gap. **2** *(sostituto procuratore)* Assistant Public Prosecutor.

sostituzione *sf* replacement; substitution; displacement; supersession; *(cambiamento)* change; *(dir.)* substitution: *in sostituzione di,* instead of; as a substitute for; in the place of.

sostrato *sm* **1** underlayer; foundation; *(anche fig.)* substratum (*pl.* substrata). **2** *(chim.)* substrate.

sottacere *vt* to fail to mention; to leave* out; to omit (to say).

sottaceto *agg* pickled: *funghi sottaceto,* pickled mushrooms — *mettere sottaceto,* to pickle.
□ *sm pl sottaceti,* pickles.

sottacqua *avv* under water. □ *lavorare sottacqua, (fig.)* to scheme; to do (sth) on the sly.

sottana *sf* petticoat; underskirt; *(gonna)* skirt; *(fam.: tonaca)* soutane; cassock. □ *star sempre attaccato alle sottane della mamma,* to be always tied to one's mother's apron strings — *correre dietro a tutte le sottane,* to chase after the skirts.

sottecchi *avv* stealthily; by stealth; furtively.

sottendere *vt (geometria)* to subtend.

sottentramento *sm* replacement; substitution; *(successione, nuova direzione, ecc.)* take-over.

sottentrare *vi* ⇨ **subentrare.**

sotterfugio *sm* subterfuge; trick; expedient; shift; *(fam.)* dodge: *ricorrere a un sotterfugio,* to resort to a subterfuge (a shift) — *di sotterfugio,* secretly; stealthily — *senza sotterfugi,* openly; frankly.

sotterra *avv* underground: *volersi nascondere sotterra, (fig.)* to wish that the earth would open and swallow one.

sotterrabile *agg* able to be buried; able to be put underground.

sotterramento *sm* burying; laying underground; *(sepoltura)* burial; interment.

sotterraneo *agg* **1** underground; subterranean: *una ferrovia sotterranea,* an underground railway. **2** *(fig.: nascosto, clandestino)* secret; clandestine; underground: *manovre sotterranee,* secret manoeuvres — *organizzazione sotterranea,* clandestine (*o* underground) organization.
□ *sm (prigione)* dungeon; *(cantina)* cellar; vault; *(cripta)* crypt; vault.

sotterrare *vt (interrare)* to earth up; to bury; to put* underground; *(seppellire)* to bury; to inter; *(fig.: dimenticare)* to sink*: *Il cane sotterrò l'osso,* The dog buried the bone — *essere morto e sotterrato,* to be dead and buried — *sotterrare tutti, (sopravvivere a tutti)* to outlive everybody.

sottigliezza *sf* **1** slimness; slenderness; thinness; tenuity. **2** *(fig.: acutezza)* subtlety; acuteness. **3** *(cavillo)* quibble; *(fam.)* metaphysics: *Senza tante sottigliezze!,* No metaphysics!

sottile *agg* **1** thin; *(tenue)* tenuous; *(snello)* slim; slender: *sottile come una ragnatela,* (as) thin as a cobweb — *uno strato sottile,* a thin layer — *una figura sottile,* a slim figure — *una voce sottile,* a thin voice — *mal sottile,* consumption. **2** *(fig.: puro)* pure; *(leggero)* light; *(fine)* fine; thin; *(delicato)* delicate: *aria sottile,* pure (*o* light) air — *un venticello sottile,* a light breeze — *un profumo sottile,* a delicate (a fine) perfume. **3** *(acuto)* subtle; sharp; keen; acute; *(astuto)* sly; cunning: *un ingegno sottile,* a subtle mind — *un'analisi sottile,* an acute analysis — *un piano sottile,* a sly (a cunning) plan.
□ *sm (nelle locuzioni) guardare troppo per il sottile,*

to split hairs; to miss the wood for the trees — *senza guardare troppo per il sottile,* without splitting hairs.

sottilizzare *vi* to split* hairs; to make* subtle distinctions.

sottilmente *avv (acutamente)* subtly; with nice distinctions.

sottintendere *vt* to understand*; to imply: *Si sottintende!,* It's obvious!; Of course! — ⇨ *anche* **sottinteso.**

sottinteso *agg* understood; implied: *È sottinteso che...,* It's understood that... — *Ciò è sottinteso!,* That's understood!; That's obvious!; Of course!
□ *sm* implication; mental reservation; arrière pensée *(fr.): senza sottintesi,* frankly; openly — *parlare (esprimersi) per sottintesi,* to drop hints; to hint.

sotto I *prep* **1** *(con verbi di stato in luogo e di moto)* under; *(a contatto diretto o, comunque, con l'idea di ricoprimento)* underneath; beneath: *Il tesoro era nascosto sotto l'albero (proprio sotto la bara, sotto la sabbia),* The treasure was hidden under the tree (just underneath the coffin, beneath the sand) — *Ha una cicatrice sotto il mento,* He's got a scar under his chin — *Metti una bacinella sotto il rubinetto che gocciola,* Put a basin under the leaky tap — *Il cane dorme sempre sotto il tavolo,* The dog always sleeps under the table — *Aveva un libro sotto il braccio,* He was carrying a book under his arm — *Lo troverai sotto quella pila di abiti sporchi,* You'll find it underneath that pile of dirty clothes — *L'hai proprio sotto il naso!,* It's right under your nose! — *Mi piace camminare sotto la pioggia,* I like walking in the rain — *dormire sotto le stelle,* to sleep beneath the starry sky — *finire sotto una macchina,* to end up under a car — *Non c'è niente di nuovo sotto il sole,* There's nothing new under the sun — *Ti aspetto sotto casa,* I'll wait for you by your front door — *mettere qcsa sotto i denti,* to have a bite to eat.
2 *(più in basso)* below; *(a sud di)* south of; below; *(di età: inferiore a)* under; below the age of: *Quest'anno le gonne usano sotto il ginocchio,* Skirts are below the knee this year — *sotto zero,* below zero — *È appena sotto l'Equatore,* It's just below (*o* south of) the Equator — *Napoli è sotto Roma,* Naples is south of Rome — *bambini sotto i dieci (anni),* children under ten (of ten and under; below the age of ten).
3 *(fig., con l'idea di soggezione, dipendenza, minaccia, ecc.)* under: *gemere sotto la tirannia,* to groan under tyranny — *sotto l'effetto dell'alcool,* under the effect of alcohol — *essere sotto i ferri,* to be under the surgeon's knife; to be on the operating table — *promettere sotto giuramento,* to promise under oath — *l'Inghilterra sotto i Tudor,* England under the Tudors.
4 *(con valore temporale: in prossimità di)* at; around; *(durante)* during; at the time of: *L'ho visto sotto Natale,* I saw him at (*meno preciso* around) Christmas — *Ormai siamo sotto le feste,* The holidays are upon us — *Visse sotto Napoleone,* He lived at the time of Napoleon — *L'Armata spagnola fu sconfitta sotto il regno di Elisabetta I,* The Armada was defeated during the reign of Queen Elizabeth I.
5 *(fig.: per indicare sorveglianza, ecc.)* under: *sotto scorta,* under escort — *tenere qcsa sott'occhio,* to keep an eye on sth — *tenere qcsa sotto chiave,* to keep sth under lock and key.
6 *(cucina)* in: *sott'olio,* in oil.
□ *ridere sotto i baffi,* to laugh up one's sleeve — *agire sotto l'impulso del momento,* to act on the spur of the moment — *sotto pena di morte,* under penalty of death.
II *avv* **1** below; underneath: *Sotto c'è il lago,* There's the lake below — *Sotto c'è uno strato di materiale isolante,* Underneath there's a layer of insulating material — *più sotto,* further down.
2 *(al piano inferiore)* downstairs; down: *Ti aspetto sotto,* I'll wait for you downstairs — *Serena è sotto in cantina,* Serena is down in the cellar — *quelli di sotto,* the people downstairs.
3 *(sotto gli abiti)* underneath: *Sotto aveva soltanto una canottiera di cotone,* Underneath he only had a cotton vest on.
4 *(oltre, per es. in uno scritto)* below; further on; later: *Vedi sotto,* See below — *Ci fermeremo sotto su questo argomento,* We'll say more about this subject further on (*o* later).
□ *mettere (prendere) sotto qcno,* to run sb over; to knock sb down — *mettersi sotto,* to get down (to sth); to set to work (on sth) — *Qui c'è sotto qcsa,* There's something behind this — *sotto sotto,* - **a)** *(in fondo)* right down; well down; at the bottom - **b)** *(fig.: nell'intimo)* deep down; in one's heart of hearts — *di sotto,* below.
III *sm* bottom; underneath; *(lato inferiore)* underside: *il sotto di una pentola,* the bottom of a saucepan.

sottoascella *sm* dress-shield.

sottobanco *avv* underhand; under-the-counter: *vendere sottobanco,* to sell under-the-counter.
□ *mettere, passare qcsa sottobanco, (fig.)* to hush sth up.

sottobicchiere *sm* glass-mat; mat; coaster *(USA).*

sottobosco *sm* underwood; underbrush; brushwood; undergrowth.

sottobraccio *avv* arm-in-arm.

sottocapo *sm* assistant manager; assistant chief; *(naut.)* coxwain: *sottocapo cannoniere,* gunner's mate — *sottocapo timoniere,* coxwain's mate.

sottocchio *avv* in front of one; before one; under one's eyes; before one's eyes: *Ho sottocchio il tuo componimento,* I have your paper before me — *Tieni sottocchio il bambino!,* Keep an eye on the child!

sottoccupazione *sf* underemployment.

sottochiave *avv* under lock and key; locked up: *mettere sottochiave,* to put (sb, sth) under lock and key; to lock (sb, sth) up.

sottocipria *sf* foundation cream.

sottocoda *sf* crupper.

sottocommissione *sf* subcommittee.

sottocoperta *sf (naut.)* lower deck; under-deck.
□ *avv* below decks; under hatches; below: *andare sottocoperta,* to go below.

sottocoppa *sf* **1** saucer; mat. **2** *(di automobile)* underpan.

sottocosto *avv* below cost.

sottocuoco *sm* under-cook.

sottocutaneo *agg* subcutaneous.

sottofascia *avv* in (*o* under) a wrapper.

sottofondo *sm* **1** *(edilizia, ecc.)* foundation. **2** *(sfondo)* background: *con un sottofondo di musica classica,* with a background of classical music.

sottogamba *avv (fig.)* carelessly. □ *prendere qcsa sottogamba, (fig.)* to make light of sth; to attach no importance to sth.

sottogola *sm* throat-latch.

sottogonna *sf* petticoat.

sottogruppo *sm* **1** *(in generale)* sub-group. **2** *(nell'industria)* sub-assembly.

sottolineare *vt* **1** to underline. **2** *(fig.)* to stress; to point out; to underline *(non molto comune);* to emphasize: *'Dobbiamo sottolineare che nessuna richiesta formale ci è mai pervenuta', (corrispondenza* *comm.)* 'We must stress (*o* point out) that no formal request has ever been received'.

sottolineatura *sf* underlining.

[1]**sottomano** *avv* **1** *(a portata di mano)* at hand; close by; within easy reach: *Ha sempre sottomano ciò che gli occorre,* He always has what he needs at hand. **2** *(scherma, equitazione, ecc.)* underhand: *(negli scacchi) muovere sottomano,* to play black. **3** *(di nascosto)* secretly; furtively; underhand.

☐ *in funzione di sm (mancia)* tip; gratuity.

[2]**sottomano** *sm (cartella)* writing pad.

sottomarino *agg* undersea; submarine.

☐ *sm* submarine; *(stor., della flotta tedesca)* U-boat.

sottomesso *agg* **1** *(soggiogato)* subdued; subjugated; subject. **2** *(docile, obbediente)* submissive.

sottomettere *vt* **1** *(soggiogare)* to subject; to subdue; to subjugate; to reduce (sb) to obedience; *(conquistare)* to conquer; to vanquish: *sottomettere al proprio dominio,* to subject to one's rule — *sottomettere le proprie passioni,* to subdue one's passions. **2** *(sottoporre)* to submit: *sottomettere nuove proposte,* to submit new proposals. **3** *(sacrificare)* to sacrifice: *sottomettere i propri interessi al bene comune,* to sacrifice one's interest to the common good (⇨ *anche* **sottomesso**).

☐ **sottomettersi** *v. rifl* to submit oneself; *(piegarsi)* to yield; to knuckle under.

sottomissione *sf* **1** subduing; subjugation; conquest. **2** *(l'essere sottomesso)* submission; *(docilità, obbedienza)* submissiveness; respectfulness; obedience.

sottopancia *sf* belly-band; girth-strap; saddle girth.

sottopassaggio *sm* underpass; underground passage; *(pedonale)* subway; *(in una stazione ferroviaria)* subway.

sottoporre *vt* **1** to submit; to subject; to place under; *(esporre)* to expose: *sottoporre qcno ad una ferrea disciplina,* to subject sb to an iron discipline — *Non sottoporlo a rischi inutili,* Don't expose him to unnecessary risks. **2** *(fig.: presentare)* to submit: *Sottoporrò il progetto al giudizio del mio avvocato,* I will submit my plan to the judgment of my lawyer

☐ **sottoporsi** *v. rifl* to subject oneself; to submit oneself: *sottoporsi ad un intervento chirurgico,* to undergo an operation.

sottoposto *agg* submitted; subjected; subject; *(esposto)* exposed.

☐ *sm* subordinate; dependant; subject.

sottoprefetto *sm* sub-prefect.

sottoprezzo *avv* below the normal price; at a reduced price.

sottoprodotto *sm* by-product.

sottordine *sm* suborder: *essere, trovarsi in sottordine,* to be in a subordinate position — *passare in sottordine,* to become subordinate.

sottoscala *sf* understairs *(pl.)*; space under the stairs.

sottoscritto *agg* **1** *(firmato)* signed. **2** *(linguaggio burocratico)* undersigned. **3** *(comm., p. es. di un'emissione di azioni)* subscribed; underwritten.

☐ *sm* **1** (the) undersigned: *Io sottoscritto...,* The undersigned... *(seguito dal verbo alla 3ª persona)* — *Noi sottoscritti...,* We the undersigned... *(seguito dal verbo alla 1ª persona)* — *capitale sottoscritto,* subscribed capital. **2** *(scherz.: io)* yours truly.

sottoscrittore *sm* subscriber.

sottoscrivere *vt e i.* **1** *(firmare)* to sign; to subscribe. **2** *(aderire, impegnarsi)* to subscribe; to underwrite*.

sottoscrizione *sf (firma)* signing; signature; *(adesione, impegno)* subscription: *aprire (fare) una sottoscrizione,* to open (to raise) a subscription.

sottosegretario *sm* under-secretary; assistant secretary.

sottosezione *sf* subsection.

sottosopra *avv* upside-down; topsy-turvy *(anche fig.)*; *(fig.)* in a mess; in confusion; in a clutter; in a turmoil: *mettere qcsa sottosopra,* to turn sth upside down; *(sconvolgere)* to upset.

☐ *sm* confusion; mess; turmoil.

sottospecie *sf* subspecies *(pl. invariato).*

sottosquadro *sm* undercut; back-draft.

sottostante *agg* (situated) below; (lying) beneath; *(inferiore)* lower: *le colline sottostanti,* the hills below.

sottostare *vi* **1** *(stare sotto)* to lie* under. **2** *(subire)* to undergo*. **3** *(essere sottoposto)* to be* subject to (sth); *(fig.: piegarsi, cedere)* to yield.

sottostazione *sf* substation.

sottosterzante *agg (automobile)* under-steering.

sottosuolo *sm* underground; subsoil; *(seminterrato, di casa)* basement.

sottosviluppato *agg* underdeveloped.

sottotenente *sm (mil.)* second lieutenant; *(naut.)* sub-lieutenant.

sottoterra *avv* underground.

sottotetto *sm (industria costruzioni)* garret.

sottotitolo *sm* sub-title.

sottovalutare *vt* to undervalue; to underrate; to understimate.

☐ **sottovalutarsi** *v. rifl* to undervalue oneself.

sottovaso *sm* mat.

sottovento *sm (naut.)* leeside; leeward; lee: *costa di sottovento,* lee-shore.

☐ *avv e agg* leeward: *navigare sottovento,* to pass (to sail) the leeward (of sth). ☐ *le Isole Sottovento, (geografia)* the Leeward Islands.

sottoveste *sf* petticoat; underskirt; slip.

sottovoce *avv* in a low voice.

sottrarre *vt* **1** *(portar via)* to take* away; to withdraw*; to make* away with; to remove; to abstract; *(rubare)* to steal*; to purloin: *sottrarre denaro,* to make away with (to steal) some money — *sottrarre qcsa alla vista di qcno,* to conceal sth from sb's eye. **2** *(matematica)* to subtract; to take* away; *(detrarre)* to deduct: *sottrarre 7 da 21,* to subtract 7 from 21. ☐ *sottrarre qcno alla morte,* to rescue sb from death.

☐ **sottrarsi** *v. rifl* to get* out (of); to escape (from); to evade; to withdraw* (from): *sottrarsi alla giustizia,* to evade justice — *sottrarsi alla morte (ad una punizione),* to escape death (*o* a punishment) — *sottrarsi al proprio dovere,* to evade (to shirk) one's duty.

sottrazione *sf* **1** *(aritmetica)* subtraction. **2** *(detrazione)* deduction. **3** *(asportazione)* removal; withdrawal; *(furto)* theft; *(di documenti)* abstraction; *(dir., di minori)* abduction.

sottufficiale *sm (mil.)* non-commissioned officer *(generalm. abbr. in* NCO*)*; *(naut.)* petty officer.

sovente *avv* often; frequently: *più sovente,* oftener; more frequently.

soverchiamente *avv* excessively; immoderately.

soverchiamento *sm* overwhelming; overpowering; crushing.

soverchiare *vt* **1** *(sopravanzare)* to surpass; *(traboccare, superare gli argini)* to overflow. **2** *(superare, essere superiore)* to overcome*; to excel; to outdo*; *(travolgere)* to overwhelm: *soverchiato dalla fatica,* overwhelmed by fatigue — *forze soverchianti,* overwhelming forces. **3** *(sopraffare)* to browbeat*; to overpower.

soverchiatore *sm* oppressor.

soverchieria *sf* abuse (of power); vexation; imposition.

soverchio *agg* excessive; extreme; overmuch; overabundant.
□ *sm* excess; superabundance; surplus: *averne di soverchio,* to have more than enough.

sovesciare *vt (agricoltura)* to plough in.

sovescio *sm* ploughing in.

sovietico *agg e sm* Soviet.

sovietizzare *vt* to sovietize.

sovietizzazione *sf* Sovietization.

sovra- *per i termini quali* **sovraccoperta, sovraesposto, sovraindicato** ⇨ *le forme più comuni in* **sopra-**.

sovrabbondante *agg* superabundant; redundant; superfluous; excessive.

sovrabbondanza *sf* superabundance; redundance; excess.

sovrabbondare *vi* to be* superabundant; to superabound; to overbound; to be* in excess.

sovraccaricare *vt* to overload.

sovraccarico *agg* overloaded; overburdened: *sovraccarico di lavoro,* overworked — *un autobus sovraccarico,* an overloaded bus.
□ *sm* overload; excessive burden.

sovraesporre *vt (fotografia)* to overexpose.

sovraffollato *agg* overcrowded; packed; *(fam.)* jam-packed.

sovraimposta *sf* ⇨ **sovrimposta.**

sovralimentazione *sf (mecc.)* boosting.

sovrana *sf* sovereign; queen; *(moneta)* sovereign.

sovranamente *avv* **1** *(in modo sovrano, raro)* sovereignly; supremely. **2** *(stupendamente)* splendidly; superbly.

sovraneggiare *vt* to rule; to dominate; to domineer.

sovranità *sf* sovereignty; supreme authority; *(superiorità)* supremacy.

sovrannaturale *agg e sm* supernatural.

sovrano *agg* sovereign; supreme: *potere sovrano,* sovereign power — *un rimedio sovrano,* a sovereign (an excellent) remedy — *Il silenzio regnava sovrano,* Silence reigned supreme.
□ *sm* sovereign; ruler; monarch; potentate.

sovrapponimento *sm* superimposing; superimposition.

sovrappopolare *vt* to overpopulate.

sovrappopolato *agg* overpopulated.

sovrappopolazione *sf* overpopulation.

sovrapporre *vt* to superimpose; to put* on top; to place on; to lay* on: *sovrapporre i propri interessi al dovere,* to put one's own interests before one's duty.
□ **sovrapporsi** *v. rifl* **1** *(essere sopra)* to be* superimposed; to be* one upon another; to overlap: *tegole che si sovrappongono,* roof tiles that overlap (each other). **2** *(porsi al di sopra)* to place oneself above; *(sostituirsi)* to replace; to usurp. **3** *(aggiungersi)* to add up.

sovrapposizione *sf* superimposition *(anche fig.); (mecc., radio)* overlap.

sovrappressione *sf* overpressure.

sovrapprezzo *sm* surcharge; overprice.

sovrapproduzione *sf* overproduction.

sovrastampa *sf* overprint.

sovrastampare *vt* to overprint.

sovrastare *vi e t.* **1** to overhang*; to dominate; *(guardare su, affacciarsi)* to overlook. **2** *(incombere)* to overhang*; to impend; to be* imminent; *(minacciare)* to threaten. **3** *(superare)* to surpass; to excel; to be* superior; to outdo*.

sovrasterzante *agg (automobilismo)* over-steering.

sovrastruttura *sf* superstructure.

sovratensione *sf (elettr.)* overvoltage; excess voltage.

sovreccitabile *agg* overexcitable.

sovreccitabilità *sf* overexcitability.

sovreccitare *vt* to overexcite.

sovreccitato *agg* overexcited.

sovreccitazione *sf* overexcitement.

sovrimporre *vt* to superimpose.

sovrimposta *sf* additional tax.

sovrimpressione *sf* overprint.

sovrintendere *vi* ⇨ **soprintendere.**

sovrumano *agg* superhuman; supernatural.

sovvenire *vt (aiutare)* to help; to assist; to aid; to give* assistance.
□ *vi* **1** *(venire in aiuto)* to help; *(finanziare)* to subsidize. **2** *(ricordare)* to remember; *(venire in mente)* to occur (to sb); to remind.
□ **sovvenirsi** *v. rifl* to remember.

sovvenzionare *vt* to subsidize; *(finanziare)* to finance.

sovvenzione *sf* subsidy; grant.

sovversione *sf* overthrow; subversion.

sovversivo *agg* subversive.
□ *sm* subversive element; extremist.

sovvertimento *sm* subversion; overthrow; overthrowing; overturning; upsetting.

sovvertire *vt* to subvert; *(rovesciare)* to overthrow*.

sovvertitore *sm* subverter.

sozzamente *avv* filthily; foully.

sozzo *agg* filthy; foul.

sozzume *sm* filth; foulness.

sozzura *sf* filthiness *(anche fig.);* filth; foulness.

spaccalegna *sm* wood-cutter.

spaccamento *sm* splitting; cleaving; *(di legna)* chopping.

spaccamontagne *sm* swaggerer; braggart.

spaccapietre *sm* stone-breaker.

spaccare *vt* to split*; to cleave*; to rive; *(rompere)* to break*; *(a martellate)* to knap; *(fare a pezzi, p.es. la legna)* to chop; to hew*. □ *un sole che spacca le pietre,* a blazing sun — *un orologio che spacca il minuto,* a watch (a clock) that is dead right — *spaccare un capello in quattro, (fig.)* to split hairs — *spaccare la faccia a qcno,* to bash sb's face in — *O la va o la spacca!,* It's all or nothing!
□ **spaccarsi** *v. rifl* to split*; to cleave*; to rive*; *(rompersi)* to break*.

spaccata *sf* **1** *(lo spaccare)* splitting; cleaving; *(di legna, ecc.)* chopping. **2** *(ginnastica)* (the) splits *(pl.).* **3** *(nel gergo della malavita: di vetrina)* smash-and-grab raid.

spaccato *agg* **1** split; cleft; riven; broken; chopped. **2** *(fam., fig.: del tutto simile)* exactly like; *(completo, autentico)* through and through: out and out; arrant.
□ *sm (rappresentazione grafica)* vertical section; cross- section.

spaccatura *sf* splitting *(anche fig.);* cleaving; breaking; *(fessura, incrinatura)* crack; *(geologia)* fissure.

spacchettare *vt* to unpack; to unwrap.

spacciabile *agg* saleable; *(fig.)* easily disposed of.

spacciare *vt* **1** *(vendere rapidamente)* to sell* out; to sell* quickly. **2** *(gabellare, far circolare illecitamente)* to palm off; to pass off; to peddle; *(fam.)* to push: *spacciare droga,* to peddle *(fam.* to push) drugs. **3** *(divulgare)* to circulate; to give* out; to tell*: *spacciare* *false notizie,* to circulate false news. **4** *(fam.: dare per spacciato qcno)* to give* (sb) up.

□ **spacciarsi** *v. rifl* to give* oneself out (to be); to pass oneself off as: *spacciarsi per barone,* to give oneself out to be a baron; to pass oneself off as a baron.

spacciatore *sm* peddler; seller; *(di stupefacenti, anche)* pusher; *(divulgatore)* spreader: *uno spacciatore di notizie false,* a spreader of rumours.

spaccio *sm* **1** *(vendita)* sale: *spaccio di stupefacenti,* drug trafficking. **2** *(negozio)* shop; *(mil., ecc.)* canteen.

spacco *sm* split; cleft; *(incrinatura)* crack; fissure; *(apertura di vestiti)* vent: *innesto a spacco,* cleft-graft — *farsi uno spacco,* to tear (sth).

spacconata *sf* brag; boast.

spaccone *sm* swaggerer; braggart.

spada *sf* **1** sword: *la spada di Damocle,* the sword of Damocles — *sguainare la spada,* to draw (to unsheathe) one's sword — *rimettere la spada nel fodero,* to sheathe one's sword — *incrociare la spada con qcno, (anche fig.)* to cross swords with sb — *passare a fil di spada,* to put (sb) to the sword. **2** *(pl.: seme delle carte da gioco)* spades. □ *a spada tratta,* vigorously; impetuously; with all one's might — *dritto come una spada,* (as) straight as a die — *essere una buona spada,* to be a good swordsman — *pesce spada,* swordfish.

spadaccino *sm* swordsman *(pl.* -men*);* fencer.

spadaio *sm* sword-maker.

spadata *sf* sword-cut; sword-thrust.

spadista *sm* fencer.

spadroneggiare *vi* to play the master; to domineer; to swagger.

spaesato *agg* **1** *(fig.)* bewildered; lost; out of one's element. **2** *(letteralm.: fuori dal proprio paese)* out of one's country.

spaghetto *sm* **1** *(cordicino)* small string. **2** *sm pl* spaghetti *(col v. al sing.).* □ *(fam.: paura)* funk; fright: *prendersi lo spaghetto,* to be in a funk.

spaginare *vt* to alter the paging (of a book).

spaginatura *sf* altering of the pagination (*o* paging).

spagliare *vt* to take* the straw off (sth).

□ *vi (uscire dagli argini, di fiume)* to overflow.

□ **spagliarsi** *v. rifl* **1** to lose* the straw. **2** *(di fiume: straripare)* to overflow.

spagnolesco *agg* Spanish-like.

spagnoletta *sf* **1** *(di cotone, ecc.)* spool. **2** *(fam.: arachide)* peanut.

spagnolismo *sm* Hispanicism; *(modo di fare)* Spanish manners *(pl.).*

spagnolo *agg* Spanish: *un cane spagnolo,* a spaniel.

□ *sm* Spaniard.

spago *sm* string; twine; *(cordino)* cord; *(da imballaggio)* pack-thread: *un gomitolo di spago,* a ball of string — *legare qcsa con uno spago,* to tie sth with string. □ *dare spago a qcno, (fam.)* to give sb plenty of rope.

spaiamento *sm* uncoupling.

spaiare *vt* to uncouple.

spaiato *agg* uncoupled; unpaired.

spalancamento *sm* opening; flinging open; throwing open.

spalancare *vt* to open wide; *(una porta, ecc.)* to fling* open; to throw* open; to unbar; to yawn: *La porta era spalancata,* The door was wide open — *spalancare la bocca,* to open one's mouth wide; to gape — *a bocca spalancata,* with one's mouth open wide; gaping.

□ **spalancarsi** *v. rifl* to open wide; to be* flung open; to unbar; to yawn: *Un baratro si spalancò sotto i nostri piedi,* A gulf yawned at our feet.

spalare *vt* **1** to shovel (away). **2** *(il grano)* to winnow.

spalata *sf* shovelful.

spalatore *sm* shoveller.

spalatura *sf* **1** shovelling. **2** *(del grano)* winnowing.

spalla *sf* **1** shoulder: *spalle curve,* round (*o* stooping) shoulders — *spalla a spalla,* shoulder to shoulder — *portare qcsa sulle spalle,* to carry sth on one's shoulders — *avere le spalle larghe,* to have broad shoulders *(anche fig.)* — *essere stretta di spalle (di giacca, ecc.),* to be narrow across the shoulders — *alzare (scrollare) le spalle, stringersi nelle spalle,* to shrug one's shoulders — *un'alzata di spalle,* a shrug — *dalle spalle larghe (quadrate, curve),* broad (square, round) -shouldered — *prendersi qcsa sulle proprie spalle, (fig.)* to shoulder sth — *lavorare di spalle,* to shoulder one's way along. **2** *(pl.: schiena)* back *(sing.): dire qcsa dietro le spalle di qcno,* to say sth behind sb's back — *ridere alle spalle di qcno,* to laugh at sb behind his back — *avere le spalle al muro,* to have one's back to the wall — *mettere qcno con le spalle al muro,* to put (to get) sb with his back to the wall — *voltare le spalle a qcno (qcsa), (anche fig.)* to turn one's back on sb (sth) — *una pugnalata alle spalle,* a stab in the back. **3** *(teatro)* fall-guy.

□ *violino di spalla,* first (*o* second) violin — *fare (tenere) spalla a qcno,* to support sb; to give a helping hand to sb — *buttarsi qcsa dietro le spalle,* to discard sth; to take no further notice of sth — *avere la famiglia sulle spalle,* to have to support one's family — *avere un certo numero di anni sulle spalle,* to begin to feel one's age; to be getting on in years — *vivere (mangiare) alle spalle di qcno,* to live at sb's expense — *sorprendere qcno alle spalle,* to fall upon sb suddenly — *alle spalle di,* following behind — *Eravamo proprio alle tue spalle,* We were just behind you — *assalire il nemico alle spalle,* to take the enemy in the rear — *Il nemico volse le spalle,* The enemy took flight — *fare da spalla a qcno, (teatro)* to act as a foil to sb.

spallata *sf* push (*o* heave) with the shoulder(s); *(alzata di spalle)* shrug (of the shoulders).

spalleggiamento *sm* backing (up); support; supporting; help.

spalleggiare *vt* to back up; to support.

spalletta *sf* **1** parapet. **2** *(argine)* embankment; retaining wall; *(di finestra, ecc.).* **3** splay; embrasure.

spalliera *sf* **1** *(schienale)* back; *(di letto)* bedpost. **2** *(agricoltura, giardinaggio)* espalier; lattice-work. **3** *(naut.)* half deck; blackboard. **4** *(attrezzo ginnico)* wall bars *(pl.).*

spallina *sf (mil.)* epaulette; *(più in generale)* shoulder strap; *(di sottoveste, ecc.)* shoulder strap; *(imbottitura)* shoulder padding: *guadagnarsi le spalline, (mil.)* to win one's epaulettes.

spalluccia *sf (nella locuzione) fare spallucce,* to shrug (one's shoulders).

spallucciata *sf* shrug (of one's shoulders).

spalmare *vt* to spread* (with); to cover over; to smear; to coat: *spalmare qcsa di burro,* to spread sth with butter; to butter (sth) — *spalmare di pece la carena di una nave,* to cover over the keel of a ship with pitch — *spalmare d'olio,* to oil; to spread (sth) with oil — *spalmare di grasso,* to rub (sth) with grease; to grease.

□ **spalmarsi** *v. rifl* to smear oneself (with sth); to rub oneself (with sth); to paint oneself.

spalmata *sf* smearing; spreading; *(di grasso)* greasing; *(di olio)* oiling; *(di pece)* pitching; tarring.
spalmatura *sf* smearing; spreading; *(di grasso)* greasing; *(di olio)* oiling; *(di pece)* pitching; tarring.
spalto *sm* **1** *(mil.)* glacis. **2** *(al pl.: dello stadio)* terraces; bleachers *(USA)*.
spampanamento *sm (di viti, ecc.)* thinning out.
spampanare *vt* **1** to strip off foliage; *(sfoltire)* to thin out. **2** *(fam.: vantarsi)* to boast; to put* on airs; to give* oneself airs; to brag.
□ **spampanarsi** *v. rifl* to overblow*; to be* overblown.
spanciare *vt (sbudellare)* to gut.
□ *vi* **1** *(far pancia, anche fig.)* to belly; to swell* out; to bulge. **2** *(di aereo)* to belly-flop.
□ **spanciarsi** *v. rifl (nella locuzione) spanciarsi dal ridere,* to split one's sides with laughter.
spanciata *sf (di aereo, di tuffatore)* belly-flop.
spandere *vt* **1** *(distendere)* to spread* (out); to lay* out: *spandere la cera sul pavimento,* to spread wax on the floor — *spandere le vele sulla spiaggia,* to spread (to open) the sails on the beach. **2** *(versare, spargere)* to shed*; to pour out; to spill*; to slop: *spandere lacrime amare,* to shed bitter tears — *spandere vino sulla tovaglia,* to spill wine on the table-cloth — *spandere acqua, (orinare)* to make (to pour) water. **3** *(effondere)* to give* off; *(un profumo)* to spread*; to shed*; *(luce)* to give* out: *Le gardenie spandevano un profumo molto intenso,* The gardenias gave off a very strong scent — *La lampada ad olio spandeva poca luce,* The oil lamp gave out little light. **4** *(divulgare)* to spread*; to divulge: *spandere notizie false (allarmanti),* to spread false (alarming) news. **5** *(sperperare)* to squander: *spendere e spandere,* to squander money; to spend money like water.
□ **spandersi** *v. rifl* **1** *(allargarsi)* to spread*; to spread* out. **2** *(riversarsi)* to pour.
spanna *sf* span (of the hand): *essere lungo una spanna,* to be a span wide. □ *alto una spanna, (fig.)* tiny — *avere la vista corta una spanna,* to see no further than the end of one's nose.
spannare *vt (latte, ecc.)* to skim the cream off (sth).
spannatura *sf* skimming.
spannocchiare *vt* to husk.
spantanarsi *v. rifl* to get* out of the mud.
spappolare *vt* to pulp; to mash.
□ **spappolarsi** *v. rifl* to go* to pulp; to get* mashed.
spappolato *agg* pulpy; mashy; mashed.
sparare *vt* to fire; to shoot* *(anche sport);* to snipe; *(con una pistola)* to pistol: *sparare calci,* to kick; to lash out. □ *spararle (spararne di) grosse,* to talk big; to tell tall stories.
□ *vi* to fire; to shoot*: *sparare a un coniglio,* to shoot (to fire) at a rabbit — *sparare a zero,* to fire point-blank — *sparare a vista,* to shoot on sight.
□ **spararsi** *v. rifl* to shoot* oneself.
sparata *sf* discharge; letting off; shooting; *(fig.: spacconata)* brag; boast.
sparato *sm (di camicia)* shirt-front.
sparatore *sm* shooter.
sparatoria *sf* shooting; firing; exchange of shots; *(fra malviventi)* shoot-out.
sparecchiamento *sm* clearing (the table), *(oppure)* (of the table).
sparecchiare *vt* to clear: *sparecchiare la tavola,* to clear the table.
spareggio *sm* **1** *(contabilità)* difference; disparity; deficit. **2** *(sport)* play-off.
spargere *vt* to scatter; to sow*; to spread*; *(versare)* to shed*; to pour; *(cospargere)* to strew*; to sprinkle; to dredge; *(diffondere, far circolare)* to spread*; to circulate: *spargere la semente,* to scatter (to sow) seed — *spargere lacrime (sangue),* to shed tears (blood).
□ **spargersi** *v. rifl* to spread*; *(disperdersi)* to scatter; to spread*: *Si sparse la voce che...,* A rumour spread that...
spargimento *sm* scattering; spreading; strewing; *(di sangue)* bloodshed: *senza spargimento di sangue,* without bloodshed.
sparire *vi* **1** to disappear; to vanish; to go* out of sight; to be* gone: *sparire tra la folla,* to disappear in the crowd. **2** *(estinguersi, perire)* to die out; to pass away. □ *far sparire qcsa (rubare),* to steal; to pilfer; to pinch; *(occultare)* to conceal; *(consumare)* to put away — *far sparire qcno, (ucciderlo)* to do away with sb — *Sparisci!,* Scram!
sparizione *sf* disappearance.
sparlare *vi* **1** to speak* evil (of sb); to blacken (sb); to run* down. **2** *(parlare a sproposito)* to speak* out of turn; *(parlare volgarmente)* to use bad language.
sparo *sm* **1** *(l'atto dello sparare)* firing. **2** *(colpo; anche il rumore)* shot: *lo sparo di un fucile,* a rifle-shot.
sparpagliamento *sm* scattering; spreading.
sparpagliare *vt (in generale)* to scatter; to strew*; to throw* about; to disperse.
□ **sparpagliarsi** *v. rifl* to scatter; to struggle; to disperse.
sparso *agg* (*p. pass. di* **spargere** ⇨) **1** scattered; dispersed. **2** *(versato)* shed. **3** *(cosparso)* covered; strewn (with). **4** *(sciolto)* loose. □ *in ordine sparso,* in open order.
spartano *agg e sm* Spartan.
spartiacque *sm* watershed.
spartibile *agg* divisible.
spartineve *sm* snow-plough.
spartire *vt* **1** to divide; to share out. **2** *(separare)* to part; to separate. □ *avere a che spartire con qcno,* to have dealings with sb; to have sth in common with sb.
spartito *sm (mus.)* score.
spartitraffico *sm (isola)* (traffic) island; *(colonnina)* traffic (bollard); *(linea bianca)* white line; *(di autostrada)* median strip.
spartizione *sf* partition; division; sharing out; *(scriminatura)* parting.
sparuto *agg* gaunt; thin; emaciated.
sparviere, sparviero *sm* **1** *(falco)* sparrow-hawk. **2** *(edilizia)* mortar-board.
spasimante *agg* suffering; tortured.
□ *sm* suitor; wooer; lover: *fare lo spasimante, (fam.)* to spoon.
spasimare *vi* **1** to suffer terribly; to suffer agonies. **2** *(desiderare ardentemente)* to long (for sth); to desire (sth) earnestly; to yearn for sth: *spasimare per qcno,* to be madly in love with sb.
spasimo *sm* spasm; *(acuto dolore)* agony; pain; pang.
spasmo *sm* spasm.
spasmodicamente *avv* spasmodically.
spasmodico *agg* spasmodic(al).
spassare *vt* to amuse.
□ **spassarsi** *v. rifl* to enjoy oneself; to have* a good time; to amuse oneself; to lark. □ *spassarsela,* to have a (very) good time; to have the time of one's life; to have a whale of a time.
spassionatamente *avv* dispassionately.
spassionatezza *sf* dispassionateness; *(imparzialità)* impartiality.
spassionato *agg* dispassionate; *(imparziale)* impartial; unbias(s)ed.
spasso *sm* **1** fun; merriment; lark: *darsi agli spassi,* to

lark; to have a (very) good time (a whale of a time) — *prendersi spasso di qcno,* to make fun of sb; to poke fun at sb — *essere uno spasso,* to be great fun. **2** *(passeggio)* walk; stroll: *andare a spasso,* to go for a walk (for a stroll) — *portare qcno a spasso,* to take sb for a walk.
□ *mandare qcno a spasso, (sbarazzarsene)* to get rid of sb; *(licenziarlo)* to give sb the sack; to dismiss sb — *essere a spasso, (disoccupato)* to be out of work — *Andate a spasso!,* Clear off!; Get lost!
spassosamente *avv* amusingly; funnily.
spassoso *agg* funny; amusing.
spastoiare *vt* to unshackle; to set* free.
spato *sm* spar.
spatola *sf* spatula; spatule: *a spatola,* spatule(d) — *spatola di decoratore,* broad knife; putty knife.
spatriare *vt e i.* to expatriate.
spauracchio *sm (spaventapasseri)* scarecrow; *(fig.)* bugbear; bogy; fright: *fare da spauracchio,* to be the bugbear.
spaurire *vt* to frighten; to give* a fright; to scare.
□ **spaurirsi** *v. rifl* to be* scared (*o* frightened); to take* fright.
spaurito *agg* scared; frightened.
spavaldamente *avv* boldly; defiantly.
spavalderia *sf* boldness; arrogance; insolence.
spavaldo *agg* defiant; jaunty; bold: *con aria spavalda,* defiantly.
spaventapasseri *sm* scarecrow *(anche fig.).*
spaventare *vt* to frighten; to scare; to appal; *(intimorire)* to cow; to daunt; to dismay.
□ **spaventarsi** *v. rifl* to get* scared (*o* frightened); to take* fright.
spaventato *agg* frightened; scared; in a fright; *(fam.)* in a funk.
spaventevole *agg* **1** terrific; fearful; frightful; appalling; frightening. **2** *(fig.: enorme)* terrific; awful; enormous; huge.
spaventevolmente *avv* frightfully.
spavento *sm* **1** fright; fear; dismay: *essere pieno di spavento,* to be filled with fright — *dare uno spavento a qcno,* to give sb a fright — *morire di (dallo) spavento,* to be scared to death — *essere uno spavento,* to be a fright — *per lo spavento,* out of fright. **2** *(malattia dei cavalli)* spavin.
spaventosamente *avv* frightfully; terribly; awfully.
spaventosità *sf* frightfulness; hideousness.
spaventoso *agg* **1** *(anche fig.)* frightful; fearful; appalling; dreadful; terrible; horrible; awful. **2** *(fig.: enorme)* enormous; huge.
spaziale *agg* **1** spatial: *concetto spaziale,* spatial concept. **2** *(relativo allo spazio aereo o cosmico)* space *(attrib.): volo spaziale,* space flight.
spaziare *vt* to range *(anche fig.); (vagare)* to roar; to rove.
□ *vt (tipografia)* to space.
spazieggiare *vt* to space *(anche tipografia).*
spazieggiatura *sf* spacing *(anche tipografia).*
spazientirsi *v. rifl* to lose* one's patience.
spazientito *agg* out of patience.
spazio *sm* **1** space: *lo spazio a quattro dimensioni,* space-time continuum — *l'uomo nello spazio,* man in space — *lo spazio interstellare,* interstellar space — *lo spazio interplanetario,* interplanetary space. **2** *(distanza)* distance: *spazio di frenata,* breaking-distance. **3** *(posto)* room; space: *Abbiamo bisogno di spazio,* We need more room — *spazio vitale,* living space (*o* room); *(stor.: teoria nazista)* 'lebensraum' *(voce tedesca)* — *occupare troppo spazio,* to take up too much room — *C'è spazio solo per due,* There's only room for two — *dare, fare spazio ai giovani,* to make room for youth. **4** *(di tempo)* space; period; space of time; interval: *in un breve spazio di tempo,* in a short space (*o* period) of time. **5** *(tipografia)* space: *spazio finissimo,* hair-space — *spazio in bianco,* blank (space) — *spazio, (tra i caratteri)* pigeon-hole.
spaziosamente *avv* spaciously.
spaziosità *sf* spaciousness; wideness; vastness; roominess.
spazioso *agg* spacious; vast; roomy.
spazzacamino *sm* sweep; chimney-sweep(er).
spazzaneve *sm* snow-plough.
spazzare *vt* to sweep* *(anche fig.): spazzare il pavimento (una stanza),* to sweep the floor (a room) — *Il vento spazzò via le nuvole,* The wind swept the clouds away — *spazzare la città dai delinquenti,* to sweep the town of criminals — *spazzare il terreno, (di proiettile)* to sweep the ground — *spazzare il nemico,* to disperse the enemy — *Scopa nuova spazza bene, (prov.)* A new broom sweeps clean.
spazzata *sf* sweep; sweeping: *dare una bella spazzata ad una stanza,* to sweep out a room.
spazzatore *sm* **1** sweeper. **2** *(fig.)* scavenger.
spazzatura *sf* **1** *(lo spazzare)* sweeping. **2** *(rifiuti)* sweepings *(pl.)*; refuse; dirt; rubbish: *cassetta (bidone) della spazzatura,* dust bin; rubbish bin; trash can *(USA)*; garbage can *(USA)* — *buttar qcsa nella spazzatura,* to throw sth into the dustbin. □ *trattare qcno come spazzatura,* to treat sb like dirt.
spazzaturaio *sm* dustman *(pl.* -men*).*
spazzino *sm* **1** road (*o* street-) sweeper. **2** *(spazzaturaio)* dustman *(pl.* -men*).*
spazzola *sf* brush: *spazzola per le scarpe,* shoe-brush — *spazzola per i capelli,* hair-brush — *capelli a spazzola,* crewcut — *baffi a spazzola,* toothbrush moustache.
spazzolare *vt* to brush: *spazzolarsi bene le scarpe,* to give a good brush to one's shoes.
spazzolata *sf* brush; brushing: *dare una spazzolata a qcsa,* to brush sth.
spazzolino *sm* (small) brush: *spazzolino da denti,* tooth-brush.
specchiarsi *v. rifl* **1** to look at oneself in a mirror: *specchiarsi in qcno,* to model oneself on sb. **2** *(riflettersi)* to be* reflected.
specchiato *agg (fig.)* upright; honest; spotless.
specchiera *sf* **1** *(specchio grande)* large mirror; *(mobile)* full-length mirror. **2** *(toeletta)* dressing-table.
specchietto *sm* **1** hand-mirror: *specchietto retrovisore,* driving mirror; rear-view mirror — *specchietto per le allodole, (fig.)* false inducements; window-dressing. **2** *(prospetto)* table; summary.
specchio *sm* **1** mirror *(anche fig.)*; looking-glass; glass: *guardarsi nello specchio,* to look at oneself in the mirror (in the glass) — *Gli occhi sono lo specchio dell'anima,* The eyes are the mirror (the windows) of the soul — *armadio a specchio,* wardrobe with a mirror — *galleria degli specchi,* hall of mirrors — *scrittura a specchio,* mirror-writing — *specchio a mano,* hand-mirror — *specchio riflettore (parabolico),* reflecting mirror (parabolic mirror; reflector) — *specchio ustorio,* burning-glass — *specchio frontale (rinoscopico), (med.)* forehead (rhinoscopic) mirror — *specchio di Venere, (bot.)* Venus' looking-glass — *liscio come uno specchio,* as smooth as a mirror — *pulito come uno specchio,* as clean as a new pin. **2** *(per estensione: prospetto)* prospectus; register; schedule; *(orario)* time-table: *specchio delle assenze,*

register of absences — *specchio delle pendenze, (comm.)* schedule of outstanding accounts — *specchio degli esami,* time-table — *specchio delle ore lavorative,* time-sheet. **3** *(fig.: esempio, modello)* pattern; model; example; mirror: *È uno specchio di onestà,* He is a pattern of virtue (of integrity, of honesty) — *farsi specchio di qcno,* to take one's example from sb. **4** *(naut.: quadro di poppa)* transom; *(nella pallacanestro: tabellone)* backboard; *(nel calcio: della porta)* goal. □ *uno specchio d'acqua,* a sheet of water — *a specchio dell'acqua, (in riva a)* on the shore; *(di mare)* on the seashore.

speciale *agg* **1** special; *(particolare)* particular: *Non è niente di speciale!,* It's nothing special! **2** *(scelto)* choice; special: *frutta speciale,* choice fruit. □ *in modo speciale,* especially; specially; in a special manner (*o* way).

specialista *sm e f.* specialist.

specialità *sf* speciality; specialty *(spec. USA).*

specializzare *vt* to specialize.

□ **specializzarsi** *v. rifl* to specialize.

specializzato *agg* specialized; *(di operaio, ecc.)* skilled; master *(attrib.): operaio specializzato (non specializzato),* skilled (unskilled) worker.

specializzazione *sf* specialization.

specialmente *avv* specially; especially; in particular.

[1]**specie** *sf* **1** *(scientifico)* species *(pl. invariato): l'origine della specie,* the origin of species. **2** *(tipo)* kind; sort; *(varietà)* variety; description; type: *Che specie d'individuo sei?,* What sort of a man are you? — *Me ne disse di ogni specie,* He abused me very much — *gente di ogni specie,* people of all kinds — *frutta esotica di ogni specie,* tropical fruit of all kinds — *ogni specie di frutta esotica,* all kinds of tropical fruit — *articoli di ogni specie,* articles of every kind (*o* description) — *una specie di 'charleston',* a sort of Charleston. **3** *(aspetto, forma)* appearance; shape; form; *(liturgia)* species *(pl. invariato): in (sotto) specie di angelo,* in the shape of an angel — *in specie di uomo,* in human form — *sotto le specie del pane e del vino,* under the species of bread and wine.

□ *in specie,* especially; in particular — *sotto specie di, (col pretesto di)* with the pretext of; with the excuse of — *nella specie,* in this particular case — *fare specie,* to surprise; to impress — *Mi fa specie che egli non sia venuto,* It surprises me that he hasn't come.

[2]**specie** *avv* especially; particularly.

specifica *sf* detailed list (*o* note); bill.

specificabile *agg* specifiable.

specificamente *avv* specifically; particularly; precisely.

specificare *vt* to specify; to state fully and clearly.

specificatamente *avv* in a specific manner (*o* way); specifically.

specificativo *agg* specifying.

specificazione *sf* specification: *complemento di specificazione, (gramm.)* genitive case.

specifico *agg* specific: *peso specifico,* specific gravity.

speciosamente *avv* speciously.

speciosità *sf* speciosity; speciousness.

specioso *agg* specious.

speco *sm* cavern; cave; den.

specola *sf* observatory.

speculabile *agg* open to speculation.

[1]**speculare** *vt (indagare)* to speculate on (*o* upon): *speculare sulla natura umana,* to speculate upon human nature.

□ *vi* to speculate; to gamble: *speculare in borsa,* to speculate (to gamble) on the stock exchange.

[2]**speculare** *agg* specular; mirror *(attrib.): immagine speculare,* mirror image; reflection — *scrittura speculare,* mirror-writing.

speculativo *agg* speculative.

speculatore *sm* speculator; gambler: *speculatore al rialzo,* bull — *speculatore al ribasso,* bear.

speculazione *sf* speculation *(anche comm.): una speculazione filosofica,* a philosophic speculation — *fare delle speculazioni sbagliate,* to make some bad speculations.

spedire *vt* **1** *(in genere)* to send*; to dispatch; *(per posta)* to post; to mail; to send* by post; *(per via aerea)* to airmail; to send* by air; *(via terra)* to forward; to ship; *(via mare)* to ship; to send* by sea: *Vi abbiamo spedito la merce oggi,* We dispatched the goods to you today — *spedire per pacco postale,* to send by parcel-post; to post; to mail — *spedire per raccomandata,* to send by registered mail — *spedire in contrassegno,* to send (sth) cash on delivery *(abbr.* C.O.D.*)* — *spedire come campione,* to send by sample post — *spedire in busta aperta,* to send by book post (as printed matter) — *spedire sotto fascia,* to send under cover — *spedire sotto plico a parte,* to send under separate cover — *spedire a mezzo corriere,* to send (sth) through a forwarding agent — *spedire a piccola (a grande) velocità,* to send (sth) by slow (*o* by fast, by passenger) train — *spedire qcno all'altro mondo, (fig.)* to send sb to kingdom come. **2** *(sbrigare, eseguire)* to dispatch; to execute; to settle; to finish (off): *spedire una pratica,* to dispatch a deal — *spedire una ricetta medica,* to make up a prescription. **3** *(compilare, stendere)* to draw* up; to compile: *spedire un breve (una bolla),* to draw up a papal brief (a bull). □ *spedire una causa, (dir.)* to enter a case (for trial).

speditamente *avv* expeditiously; quickly; speedily.

speditezza *sf* quickness; promptness; expedition.

speditivo *agg* quick; speedy; expeditious.

spedito *agg* quick; prompt; ready; *(sciolto nel parlare, nel leggere, ecc.)* fluent.

speditore *sm* sender; forwarder; shipper.

spedizione *sf* **1** *(comm.)* forwarding; consignment; shipment; *(di corrispondenza, pacchi postali)* dispatch: *agenzia di spedizione,* forwarding (*o* shipping) agency — *bollettino (bolletta) di spedizione,* consignment (*o* carriage) note — *spese di spedizione,* forwarding (*o* shipping) charges — *ufficio spedizioni,* shipping department — *fare una spedizione,* to send a consignment. **2** *(mil. e in genere)* expedition: *organizzare una spedizione di soccorso,* to organize a relief expedition — *corpo di spedizione,* expeditionary force.

spedizioniere *sm* forwarding-agent; shipping agent.

spegnere *vt* **1** to extinguish; *(un fuoco, la luce)* to put* out; *(una candela)* to put* (to blow*) out; *(con un interruttore)* to switch off; *(il gas)* to turn off: *spegnere il motore,* to switch off the engine — *spegnere una sigaretta,* to stub out one's cigarette — *spegnere la calce viva,* to slake (to quench) lime — *spegnere una fornace (un forno),* to damp down a furnace. **2** *(fig.: estinguere, far cessare)* to extinguish; to stifle; to kill; to quench: *Ciò spense il suo entusiasmo,* That stifled his enthusiasm — *spegnere la sete,* to quench one's thirst. **3** *(comm.)* to pay off; to discharge; to extinguish: *spegnere un debito,* to pay off a debt — *spegnere un'ipoteca,* to discharge a mortgage.

□ *spegnere la polvere,* to lay the dust — *spegnere l'abbrivio, (naut.)* to check the way.

□ **spegnersi** *v. rifl* **1** to be* extinguished; to go* out; to die out; *(di fuoco)* to burn* out; *(di apparecchiatura)* to stop. **2** *(affievolirsi, scomparire)* to fade away; to die away (*o* down). **3** *(morire)* to pass away; to die: *Si è spento serenamente all'età di novant'anni,* He died (He passed away) peacefully at the age of ninety.

spegnibile *agg* extinguishable.

spegnimento *sm* extinction.

spegnitoio *sm* snuffer.

spegnitore *sm* extinguisher.

spelacchiato *agg* scanty-haired; mangy; *(di tessuti, pellicce)* worn-out; shabby.

spelare *vt* **1** to unhair. **2** *(fig.)* to fleece.

□ **spelarsi** *v. rifl* to lose* one's hair.

spelato *agg* hairless; *(di tessuto, pelliccia)* worn out; shabby.

spelatura *sf* removal of hair; *(parte spelata)* hairless patch.

speleologo *sm* speleologist; *(erroneamente: chi visita caverne naturali come sport)* caver.

spellare *vt* **1** to skin. **2** *(fig.)* to fleece: *In quel negozio ti spellano,* They fleece you in that shop.

□ **spellarsi** *v. rifl* **1** to peel off: *Mi si spella il viso,* The skin is peeling off my face. **2** *(escoriare)* to graze: *Mi sono spellato il ginocchio,* I have grazed my knee.

spellatura *sf* skinning; flaying; *(escoriazione)* excoriation.

spelonca *sf* cavern; den *(anche fig.)*.

spelta *sf* spelt.

spendaccione *sm* spendthrift; squanderer.

spendere *vt e i.* **1** to spend*: *Spendi troppo!,* You spend too much money! — *Quanto hai speso per quell'auto?,* How much did you spend on (did you pay for) that car? — *spendere un patrimonio (un occhio della testa) per qcsa,* to spend a fortune (a lot of money) on sth — *spendere molto in vestiti,* to spend a lot on clothes — *spendere e spandere,* to squander one's money; to throw one's money around (*o* about) — *andare al mercato a spendere,* to go to the market to do one's shopping — *far spendere,* to charge — *Quanto ti hanno fatto spendere?,* How much did they charge you? — *Chi più spende meno spende, (prov.)* Cheapest is dearest; He who spends most spends least. **2** *(per estensione: impiegare)* to spend*; to expend*; *(servirsi di)* to use: *Spese la gioventù nell'ozio,* He spent his youth doing nothing — *Ha speso un'ora per fare queste poche osservazioni,* He's taken an hour to make those few observations — *spendere tempo e fatica,* to expend time and energy — *Puoi spendere il mio nome se vuoi,* You may use my name if you wish.

□ **spendersi** *v. rifl (solo nell'espressione) spendersi a favore di qcno,* to exert oneself (to take trouble) on sb's behalf.

spendereccio *agg* spendthrift; *(attrib.)* prodigal.

spennacchiamento *sm* plucking.

spennacchiare *vt* **1** to pluck. **2** *(fig.)* to fleece.

□ **spennacchiarsi** *v. rifl* to lose* one's feathers.

spennacchiato *agg* plucked.

spennacchio *sm* ⇨ **pennacchio.**

spennare *vt* **1** to pluck. **2** *(fig.)* to fleece.

□ **spennarsi** *v. rifl* to lose* one's feathers.

spennellare *vt e i.* to paint.

spennellata *sf* stroke (of the brush); brush stroke.

spennellatura *sf* painting.

spensieratamente *avv* thoughtlessly; in a carefree (in a happy-go-lucky) fashion; gaily.

spensieratezza *sf* lightheartedness.

spensierato *agg* carefree; happy-go-lucky.

spento *agg* (*p. pass. di* **spegnere** ⇨) **1** out *(predicativo)*; extinguished. **2** *(fig.: estinto, morto)* extinct; dead: *un vulcano spento,* an extinct volcano — *una civiltà (una lingua) spenta,* a dead civilization (language). **3** *(smorto)* dull; dead; lifeless: *colori spenti,* dull colours — *con voce spenta,* in a feeble voice — *uno sguardo spento,* a lifeless look.

spenzolare *vt e i.* to dangle; to hang* down.

spenzoloni *avv* hanging; dangling (⇨ **penzoloni**).

[1]**spera** *sf* **1** *(lett.)* sphere; globe; *(raggio)* beam. **2** *(specchietto rotondo)* (small round) mirror.

[2]**spera** *sf (naut.)* sheet anchor.

sperabile *agg* to be hoped for: *È sperabile che...,* It's to be hoped that...

speranza *sf* hope; *(aspettazione)* hope; expectation; *(fiducia)* hope; trust: *Sono andato fino a Parigi nella speranza di vederlo,* I went all the way to Paris in the hope of seeing him — *una vaga speranza,* a lingering hope — *pieno di speranza,* hopeful — *senza speranza, (agg.)* hopeless; *(avv.)* hopelessly — *vivere di speranza,* to live on hopes — *'Nella speranza di leggervi presto...', (nella corrispondenza)* 'Hoping to hear from you soon'; 'Looking forward to hearing from you soon'; *(più formale)* 'We (*o* I) look forward to hearing from you' — *riporre le proprie speranze in qcno (in qcsa),* to set (to rest) one's hopes on sb (in sth) — *oltre ogni speranza,* past (*o* beyond) all hope — *abbandonare ogni speranza,* to give up all hope — *Non c'è più speranza,* There's no more hope — *È la mia ultima speranza,* It's my last hope — *le giovani speranze del calcio italiano,* the young hopes of Italian football — *Lasciate ogni speranza (voi che entrate),* Give up all hope (ye who enter here) — *Finché c'è vita c'è speranza, (prov.)* While there's life there's hope. □ *il Capo di Buona Speranza,* the Cape of Good Hope — *un giovane di ottime speranze,* a promising young fellow.

sperare *vi e t.* **1** to hope (for, *o* in sth, in sb, to do sth): *sperare nel successo,* to hope for success — *il successo tanto sperato,* a hoped-for success — *Speriamo in bene,* Let's hope for the best — *Spero nel suo aiuto,* I am hoping for his help — *Spero di rivedervi presto,* I hope to see you again soon — *continuare a sperare,* to hope on; to keep on hoping — *Lo spero bene!,* I certainly hope so!; I should hope so! — *Spero di sì,* I hope so — *Spero di no,* I hope not. **2** *(aspettarsi)* to expect: *Non speravo che egli venisse,* I didn't expect him to come.

sperdere *vt (lett.)* to disperse; to scatter; *(raro: smarrire)* to lose*.

□ **sperdersi** *v. rifl (smarrirsi)* to lose* oneself; to get* lost; to lose* one's way: *Si erano sperduti nella nebbia,* They had lost their way in the fog.

sperduto *agg* **1** *(smarrito)* lost; *(a disagio)* uncomfortable; ill at ease: *Si sentiva sperduto in mezzo a tutta quella gente,* He felt ill at ease among all those people. **2** *(solitario, isolato)* secluded; out-of-the-way; *(selvaggio)* wild: *Vorrei abitare in un paesetto sperduto,* I wish I could live in a secluded (in an out-of-the-way) village — *Che luogo sperduto!,* What a wild place!

sperequazione *sf* disproportion; inequality.

spergiurare *vi* to perjure oneself; to forswear* oneself.
spergiuro *agg* perjured. □ *sm* **1** *(persona)* perjurer. **2** *(giuramento)* perjury.
spericolato *agg* reckless; daring. □ *sm* reckless (*o* daring) fellow; dare-devil.
sperimentale *agg* experimental.
sperimentalmente *avv* experimentally.
sperimentare *vt* to experiment; to try; to test.
sperimentato *agg* **1** *(esperto)* expert; experienced. **2** *(provato)* tested; tried; proved: *un metodo sperimentato,* a tried method — *di sperimentata fedeltà,* of proved fidelity.
sperimentatore *sm* experimenter.
sperma *sm* sperm.
spermatozoo *sm* spermatozoon *(pl.* spermatozoa*)*.
speronare *vt (naut.)* to ram.
speronata *sf (naut.)* ramming.
sperone *sm* **1** spur. **2** *(naut.)* ram.
sperperamento *sm* squandering; wasting; dissipation.
sperperare *vt* to squander; to waste; to dissipate.
sperperatore *sm* squanderer; waster.
sperpero *sm* squander; squandering; waste; wasting; dissipation.
sperso *agg* lost *(anche fig.)*; stray *(spec. di animale domestico)*.
sperticarsi *v. rifl (fig.)* to exaggerate. □ *sperticarsi nel lodare qcno,* to be loud in praising sb.
sperticato *agg* excessive; exaggerated.
spesa *sf* **1** expenditure *(collettivo)*; expense *(spesso al pl.)*; cost *(spesso al pl.)*; outlay: *spesa pubblica,* Government expenditure — *spesa statale,* State (*o* government) expenditure — *spese generali,* overheads; general expenses; fixed costs — *spese di amministrazione (d'esercizio, di gestione),* administrative (operating, working) expenses — *spese d'impianto (di magazzino, di manutenzione),* installation (housing *o* inventory, maintenance) costs (*o* charges) — *spesa preventivata,* estimated cost — *costo spese,* expense account — *nota spese,* bill of costs — *una spesa di tre milioni di lire,* an expenditure (an outlay) of three million lire — *a proprie spese,* at one's expense; *(fig.)* to one's expense — *a spese altrui,* at other people's expense — *coprire le spese,* to cover the cost(s) — *essere sulle spese,* to support oneself; to keep oneself — *fare le spese, (fig.: rimetterci)* to bear the cost; to pay for sth — *far fronte a una spesa,* to meet an expense — *lavorare per le spese,* to work for one's keep — *ridurre le spese,* to cut down on expenses — *sostenere le spese di qcsa,* to bear the cost of (sth); to pay for (sth).
2 *(comm.)* charge; expense; cost *(tutti generalm. al pl.)*: *spese varie (minute, impreviste),* sundry (petty, unforeseen) expenses — *spese d'imballaggio (di magazzinaggio, postali, di spedizione),* packing (storing, postal, forwarding) expenses (*o* charges) — *spese di viaggio,* travelling expenses — *spese a carico del destinatario,* charges forward — *esente da spese; spese pagate,* charges paid; free of charge; no charge — *escluse le spese,* charges excluded; exclusive of charges — *incluse le spese,* charges included; inclusive of charges.
3 *(imposta, tassa, dazio)* due *(generalm. al pl.)*, duty; charge; expense: *spese di bollo,* stamp dues — *spese di registro,* registration dues — *spese di dogana,* Customs duties (*o* charges, expenses).
4 *(compera)* purchase; shopping; buy: *una buona spesa,* a good buy — *Per me questa è una grossa spesa,* For me this is a lot of money — *le spese di Natale,* Christmas shopping — *giorno della spesa,* shopping day — *borsa della spesa,* shopping bag — *fare la spsa,* to do the shopping — *fare grandi spese,* to spend a lot; to make a lot of purchases.
spesare *vt* to pay sb's expenses.
spesato *agg* with (all) expenses paid: *essere spesato,* to have all one's expenses paid.
spessire *vt e i.* to thicken.
□ **spessirsi** *v. rifl* to thicken; to become* thick.
spesso *agg* **1** thick; dense: *una nebbia spessa,* a thick (a dense) fog — *una minestra spessa,* a thick soup — *un muro spesso,* a thick wall. **2** *(per estensione: numeroso)* frequent. □ *spesse volte,* often.
□ *avv* often; frequently: *Mia moglie va spesso a teatro,* My wife often goes to the theatre — *Siamo andati spesso a trovarla,* We have often been to see her — *non spesso,* seldom; rarely; not often — *anche troppo spesso,* all too often — *spesso e volentieri,* very often.
spessore *sm* thickness: *avere lo spessore di cinque centimetri,* to be five centimetres thick.
spettabile *agg* respectable; honourable; *(nella corrispondenza non si traduce)*.
spettacolo *sm* **1** *(rappresentazione)* performance; show: *Quando termina l'ultimo spettacolo?,* When does the last performance end? — *uno spettacolo di varietà,* a variety show. **2** *(vista)* sight; view; spectacle: *Che spettacolo!,* What a sight! — *uno spettacolo orribile,* a horrible spectacle; an awful sight. □ *dare spettacolo (di sé),* to make an exhibition (a spectacle) of oneself.
spettacolosamente *avv* spectacularly; in a spectacular way (*o* manner).
spettacoloso *agg* spectacular; impressive.
spettante *agg* due.
spettanza *sf* **1** concern: *Non è di mia spettanza,* It is no concern of mine. **2** *(pl.)* what is owing: *Non ho ancora avuto le mie spettanze,* I haven't got what is owing to me (what I'm owed).
spettare *vi* **1** *(toccare)* to be* up (to); to be* the duty (the concern) of; to be* the turn of: *Spetta a te dirle tutto,* It's up to you to tell her everything — *Spetta a lui sistemare la faccenda,* It is his duty to settle the matter — *Spetta a noi pagare,* It's our turn to pay. **2** *(spettare per diritto)* to be* due (to): *Questo è tutto quello che vi spetta,* This is all that is due to you; This is all you are entitled to — *Mi spetta questa somma,* I am owed this sum. □ *Non spetta a te giudicare,* It's not your job to judge.
spettatore *sm* spectator; onlooker; *(astante)* bystander; *(pl.: spettatori)* audience *(sing.)*: *Sono stato spettatore di un terribile incidente,* I witnessed a terrible accident — *C'erano moltissimi spettatori,* There was a very large audience.
spettinare *vt* to ruffle (sb's) hair: *Smettila di spettinarmi!,* Stop ruffling my hair!
□ **spettinarsi** *v. rifl* to ruffle one's hair.
spettinato *agg* uncombed; unkempt; ruffled: *Sei sempre spettinata,* Your hair is always untidy.
spettrale *agg* ghostly; ghastly; spectral; ghost-like.
spettro *sm* **1** ghost; spectre *(spesso fig.)*; phantom: *credere agli spettri,* to believe in ghosts — *sembrare uno spettro,* to look like a ghost — *lo spettro della fame,* the spectre of hunger. **2** *(fig.)* spectrum *(pl.* spectra*)*: *uno spettro infrarosso (ultravioletto),* an infra-red (ultraviolet) spectrum.
spezie *sf pl* **1** *(considerate singolarmente)* spices *(pl.)*: *La cannella e la noce moscata sono spezie,* Cinnamon

and nutmeg are spices. **2** *(collettivo)* spice *(sing.): un budino con molte spezie,* a pudding with a lot of spice in it.

spezzabile *agg* breakable.

spezzare *vt* to break* *(anche fig.): spezzare un bastone,* to break a stick — *spezzare la giornata,* to break up the day — *Non spezzarle il cuore,* Don't break her heart — *spezzare un viaggio,* to break one's journey — *spezzare una lancia in favore di qcno,* to break a lance in sb's defence.

□ **spezzarsi** *v. rifl* to break* *(anche fig.): Il ramo si spezzò e cadde,* The branch broke and fell down — *Mi si spezza il cuore,* My heart is breaking. □ *Non posso spezzarmi in due,* I can't be in two places at once — *Mi spezzo ma non mi piego!,* I'll go down fighting!

spezzatino *sm* stew: *spezzatino di vitello,* veal stew.

spezzato *agg* broken.

□ *sm (abito)* sports jacket *(o* blazer, *secondo il caso)* and trousers.

spezzettamento *sm* breaking *(o* cutting, chopping) into small pieces.

spezzettare *vt* to break* (to divide, to cut*, to chop) into small pieces.

spezzone *sm* **1** *(bomba d'aereo)* incendiary bomb; *(a mano)* stick; grenade. **2** *(di lamiera o di profilato)* crop end.

spia *sf* **1** spy; *(riferito a bambini)* telltale; sneak; *(confidente della polizia)* nark *(GB, sl. della malavita): fare la spia,* to play the spy; *(riferito a bambini)* to sneak. **2** *(fig.: sintomo, indizio)* sign; symptom; proof. **3** *(di porta: spioncino)* peep-hole; judas; spy-hole. **4** *(indicatore)* indicator; gauge; lamp; light: *spia dell'olio,* oil gauge *(o* window) — *spia luminosa,* warning light; telltale light — *lampada spia,* pilot lamp.

spiaccicare *vt* to squash; to crush; to smash.

□ **spiaccicarsi** *v. rifl* to squash; to crush.

spiaccichio *sm* squashing.

spiacente *agg* sorry: *Sono davvero spiacente!,* I'm awfully sorry!

spiacere ⇨ **dispiacere.**

spiacevole *agg* unpleasant; disagreeable.

spiacevolezza *sf* unpleasantness; disagreeableness.

spiacevolmente *avv* unpleasantly; disagreeably.

spiaggia *sf* beach; *(spec. vista dal mare)* shore: *Andiamo in spiaggia!,* Let's go to the beach! — *I bambini sono in spiaggia,* The children are on the beach — *Non si vedeva più la spiaggia,* We could no longer see the shore.

spianare *vt* **1** to level; to make* level; to smooth *(anche fig.): spianare il terreno,* to level the ground; to make the ground level — *spianare il fucile,* to level one's gun (at sb, sth) — *spianare la fronte,* to smooth one's brow — *spianare ogni difficoltà,* to smooth away every obstacle — *spianare la via (il cammino) a qcno,* to smooth (to pave) the way for sb. **2** *(mecc., ecc.)* to level (off); to surface; to flash; *(rendere liscio)* to smooth; *(rullare)* to roll; to straighten out; to flatten: *spianare a livello, (mecc.)* to flush — *spianare una lamiera,* to straighten out (to flatten) a sheet — *spianare la pasta, (in cucina)* to roll out the dough. **3** *(radere al suolo)* to raze (to the ground). **4** *(spiegare)* to explain; to make* plain.

□ *vi (pianeggiare)* to be* level; to be* flat.

□ **spianarsi** *v. rifl* to become* smooth; to smooth down.

spianata *sf* **1** *(lo spianare)* levelling; flattening; smoothing. **2** *(luogo spianato)* esplanade.

spiano *sm (luogo spianato)* open space. □ *a tutto spiano,* without interruption; profusely; lavishly — *lavorare a tutto spiano,* to work full out.

spiantamento *sm* uprooting.

spiantare *vt* **1** *(una pianta)* to uproot; *(un palo, ecc.)* to dig* out. **2** *(fig.: rovinare)* to ruin; to destroy.

spiantato *agg* **1** *(di pianta)* uprooted; *(di palo, ecc.)* dug out. **2** *(fig.)* penniless; down and out; *(fam.)* stony-broke.

□ *sm* penniless person; down and out.

spiare *vt* **1** *(far la spia, ecc.)* to spy on (upon); *(fig., per curiosità)* to pry into; *(investigare)* to investigate: *spiare qcno attraverso il buco della serratura,* to watch sb through the keyhole — *spiare i segreti della natura,* to investigate the secrets of nature. **2** *(aspettare con ansia)* to watch (out) for; to wait for; to be* waiting for: *spiare l'occasione opportuna,* to watch for one's opportunity.

spiata *sf* tip-off.

spiattellamento *sm* blabbing (out); blurting (out).

spiattellare *vt* to tell* flatly; to blurt out; to speak* (out); *(fam.)* to spill the beans: *Spiattellò tutto,* He blurted it all out.

spiazzo *sm* open place; *(radura)* clearing.

spiccante *agg* striking; showy; bright.

spiccare *vt* **1** *(cogliere, staccare)* to pick (off); to pluck (off); to detach; *(tagliare, mozzare)* to cut* off; to sever: *spiccare un fiore,* to pick a flower. **2** *(compiere un brusco movimento di stacco) spiccare il volo,* to fly up; *(fig.)* to take (to) flight — *spiccare un balzo (un salto),* to take a leap — *spiccare il bollore,* to begin to boil. **3** *(pronunciare distintamente)* to pronounce distinctly. **4** *(emettere)* to issue; to draw*: *spiccare un ordine di cattura,* to issue a warrant for an arrest — *spiccare (una) tratta, (comm.)* to draw (to issue) a bill.

□ *vi* to stand* out; to stick* out; to be* conspicuous: *Spicca fra tutti per la sua integrità,* He stands out among them all for his integrity — *Questa tinta non spicca molto,* This shade doesn't stand out much — ⇨ *anche* **spiccato,** *agg.*

spiccatamente *avv* distinctly; clearly; conspicuously.

spiccato *agg* distinct; marked; strong: *avere una spiccata inclinazione per qcsa,* to have a marked inclination for sth.

spicchio *sm (di agrumi)* segment; *(di aglio)* clove; *(fetta)* slice. □ *spicchio sferico, (geometria)* sector of a sphere — *uno spicchio di luna,* a crescent moon.

spicciare *vt* to dispatch; to get* through; to finish off: *spicciare una faccenda,* to dispatch a piece of business — *spicciare un lavoro,* to finish off a piece of work. □ *spicciare un cliente,* to serve (to attend) a customer quickly.

□ **spicciarsi** *v. rifl* to hurry up; to make* haste; to be* quick: *Spicciatevi!,* Hurry up!; Be quick!

spicciativamente *avv* quickly; swiftly; speedily.

spicciativo *agg* quick; swift; speedy; prompt.

spiccicare *vt* to detach; to unstick*; to take* off. □ *spiccicare le parole,* to speak distinctly — *Quando è in compagnia non spiccica una parola,* He never opens his mouth when there are other people present.

□ **spiccicarsi** *v. rifl (di cosa)* to come* off; *(di persona)* to get* away from; to tear* oneself away from: *Devo spiccicarmi di dosso quel seccatore,* I must get rid of that bore.

spiccio *agg* quick; prompt; expeditious: *una risposta spiccia,* a quick answer — *il modo più spiccio,* the most expeditious way — *È una cosa spiccia,* It's quickly done — *andare per le spicce,* to go straight to the point. □ *denaro spiccio,* small change.

spicciolato *agg* in coins. □ *alla spicciolata,* a few at a time; in dribs and drabs.

spicciolo *agg* **1** *(di denaro)* small; loose: *moneta spicciola,* small change. **2** *(semplice, ordinario)* simple; common.

□ *sm* small coin; change: *Non ho spiccioli,* I have no change — *Non ho uno spicciolo,* I am penniless; I haven't a cent.

spicco *sm* relief: *fare spicco,* to stand out; to catch the eye.

spider *sm* sports car; *(fam.)* spider; *(una volta)* speeder.

spidocchiare *vt* to delouse.

□ **spidocchiarsi** *v. rifl* to delouse oneself.

spiedata *sf* meat on a spit.

spiedino *sm* kebab; brochette *(fr.).*

spiedo *sm* **1** *(cucina)* spit: *allo spiedo,* on the spit. **2** *(arma)* spear.

spiegabile *agg* explicable; explainable.

spiegamento *sm* spreading; unfolding; *(mil.)* deployment.

spiegare *vt* **1** to explain; *(esporre)* to expound; *(interpretare)* to interpret; *(commentare)* to comment on: *Spiegami come hai fatto,* Explain (Tell me) how you did it — *spiegare una teoria,* to expound a theory. **2** *(stendere, dispiegare)* to spread* out; to lay* out; to unfold; to unfurl *(una bandiera, una vela): spiegare la tovaglia,* to spread out the tablecloth — *spiegare le ali,* to unfold one's wings *(anche fig.)* — *spiegare una bandiera,* to unfurl a flag — *spiegare le vele (tutte le vele),* to unfurl the sails; to pack on all sail. **3** *(mil.)* to deploy: *spiegare le truppe in ordine di battaglia,* to deploy the troops in battle order. **4** *(dar prova di)* to display: *Spiegò un coraggio da leone,* He displayed great courage.

□ **spiegarsi** *v. rifl* **1** *(detto di problema)* to be* clear: *Si spiega benissimo,* It's perfectly clear. **2** *(di persona)* to explain oneself; to make* oneself understood; to make* oneself (one's meaning) clear: *Lasciate che mi spieghi!,* Let me explain myself! — *Non so se mi spiego,* I don't know if I'm making myself clear — *Mi spiego?,* Do I make myself understood (*o* clear)?; Do you see what I mean? — *Spiegati meglio!,* Make your meaning clearer! **3** *(stendersi, dispiegarsi)* to unfold; to spread* out; *(aprirsi)* to open (out); *(di vele, ecc.)* to unfurl.

□ *v. reciproco* to get* things straight; to make* things (*o* it) clear; to be* clear (about sth): *Spieghiamoci!,* Let's get this straight! — *Spieghiamoci, non è che io intenda pagare,* Let's be quite clear about this, I don't intend paying (*o* to pay).

spiegato *agg* open; unfolded; spread; *(di vele)* unfurled. □ *a voce spiegata,* at the top of one's voice.

spiegatura *sf* spreading out; unfolding.

spiegazione *sf* explanation: *fare una spiegazione chiara,* to make a clear explanation — *domandare una spiegazione a qcno,* to ask sb for an explanation — *domandare spiegazioni a qcno,* to call sb to account — *avere una spiegazione con qcno (venire a una spiegazione),* to have it out with sb — *Esigo una spiegazione,* I demand an explanation.

spiegazzare *vt* to crumple (up); to crush (up); *(sgualcire)* to crease: *spiegazzare un foglio di carta,* to crush up a sheet of paper.

spietatamente *avv* ruthlessly; pitilessly; mercilessly.

spietatezza *sf* ruthlessness; pitilessness; mercilessness.

spietato *agg* ruthless; pitiless; cruel; implacable: *parole spietate,* ruthless words — *essere spietato con qcno,* to be pitiless towards sb — *concorrenza spietata,* cut-throat competition. □ *fare una corte spietata a qcno,* to court sb persistently.

spifferare *vt (raccontare senza riserbo)* to blurt out*; to speak* out; *(fam.)* to spill* the beans: *Spifferò tutto,* He blurted it all out.

□ *vi* **1** *(suonare il piffero)* to pipe; to play the pipe. **2** *(del vento)* to whistle.

spifferata *sf* tune on a pipe.

spiffero *sm (d'aria)* draught.

spiga *sf (infiorescenza in genere)* spike; *(di grano)* ear: *mettere le spighe,* to come into ear. □ *pavimento a spiga,* herring-bone floor — *punto a spiga,* herring-bone stitch — *tessuto a spiga,* twill (*o* twilled) cloth.

spigato *agg* twilled; herring-bone.

spighetta *sf* **1** *(bot.)* spikelet. **2** *(trecciolina di seta o cotone)* braid.

spigliatamente *avv* easily; freely.

spigliatezza *sf* ease; free and easy manner.

spigliato *agg* carefree; free and easy.

spigolare *vt* to glean *(anche fig.).*

spigolatura *sf* **1** gleaning *(anche fig.).* **2** *(al pl.: notizie, curiosità)* gleanings; odds and ends of news.

spigolo *sm* edge *(anche geometrico);* corner: *spigolo vivo (smussato),* sharp (rounded) corner — *battere contro lo spigolo di qcsa,* to knock against the corner of sth. □ *smussare gli spigoli, (fig.)* to patch things up.

spilla *sf (gioiello)* brooch; *(spillo)* pin.

spillaccherare *vt* to brush the mud off (sth).

spillare *vt* **1** *(forare la botte)* to broach; to tap. **2** *(vino)* to tap; to draw*. **3** *(fig.)* to tap: *spillare denaro a qcno,* to squeeze money out of sb. **4** *(le carte da gioco)* to fan.

□ *vi* to drip.

spillatico *sm* pin-money.

spillo *sm* **1** pin: *spillo da balia (di sicurezza),* safety-pin — *spillo da cravatta,* tie-pin — *capocchia di spillo,* pinhead — *cuscinetto per spilli,* pin cushion — *colpo di spillo, (fig.)* pin-prick. **2** *(stiletto per forare botti)* broach. **3** *(mecc.)* plunger; valve core: *valvola a spillo,* needle valve. □ *uccidere qcno a colpi di spillo, (fig.)* to worry sb to death; to torment sb — *tacchi a spillo,* stiletto heels.

spillone *sm* hat-pin.

spilluzzicare *vt* **1** to nibble; to peck at. **2** *(rubacchiare)* to pilfer.

spilluzzico *sm* nibble: *a spilluzzico,* bit by bit; little by little; a little at a time.

spilorceria *sf* **1** meanness; stinginess; niggardliness. **2** *(atto da spilorcio)* stingy action.

spilorciamente *avv* stingily.

spilorcio *agg* stingy; niggardly; mean.

□ *sm* stingy person; miser; niggard.

spilungone *sm* lanky person (*o* fellow); spindleshanks; *(fam.)* lamp-post.

spina *sf* **1** thorn; *(fig.)* thorn; torment; aching pain; sorrow; grief; difficulty: *una spina a un fianco (un dolore acuto),* a thorn in one's side — *una corona di spine,* a crown of thorns — *avere una spina nel cuore, (fig.)* to have an aching pain in one's heart; to have a thorn in one's side; to have an aching heart — *togliere a qcno una spina dal cuore,* to take a thorn out of one's side — *essere, stare sulle spine,* to be on tenterhooks — *Non c'è rosa senza spina, (prov.)*

There's no rose without thorns. **2** *(anat.: dorsale)* spine; backbone: *un individuo senza spina dorsale, (fig.)* a spineless individual; an individual with no backbone. **3** *(lisca di pesce)* fishbone; bone: *un disegno a spina di pesce,* a herring-bone pattern. **4** *(elettr.)* plug: *spina di prova,* test plug — *spina di contatto,* connecting plug — *spina con interruttore,* switch plug — *spina tripolare,* three-pin plug. **5** *(di botte)* bung-hole: *birra alla spina,* draught beer. **6** *(mecc.)* pin; peg: *spina conica (di torsione, di riferimento),* taper pin; torque pin; dowel.

spinacio *sm* **1** *(la pianta)* spinach beet. **2** *(al pl., come contorno)* spinach *(sing.)*: *Gli spinaci fanno bene,* Spinach is good for you.

spinale *agg* spinal: *midollo spinale,* spinal cord.

spinapesce *(nella locuzione avverbiale) a spinapesce,* herring-bone *(attrib.)*.

spinato *agg* **1** barbed: *filo spinato,* barbed wire. **2** *(a spina di pesce)* herring-bone *(attrib.)*.

spinetta *sf* spinet.

spingere *vt* **1** to push; to shove; *(con forza, una spada, una vanga, ecc.)* to thrust*; *(ficcare)* to drive*; *(forzare, tendere)* to strain: *Spingere, (scritto su una porta)* Push — *Non spingere!,* Don't push! — *Smettetela di spingere!,* Stop pushing (*o* shoving)! — *spingere indietro (avanti),* to push back (forward) — *Spinse la poltrona verso l'angolo,* He shoved the armchair towards the corner — *spingere lontano lo sguardo,* to strain one's eyes into the distance — *spingere coi remi, (naut.)* to row; to push on the oars — *spingere con la pertica, (naut.)* to punt. **2** *(fig.)* to drive*; *(indurre)* to induce; *(istigare)* to incite; to egg (sb) on; to impel; *(stimolare)* to urge; *(costringere)* to compel; to force: *Questo lo spinse alla pazzia,* This drove him mad — *L'oratore li spinse a ribellarsi,* The speaker incited them to rebel. **3** *(fig.: portare)* to carry: *Spinse lo scherzo oltre i limiti,* He carried his joke too far.

□ **spingersi** *v. rifl* **1** to push; *(andare)* to go*; to venture: *spingersi avanti,* to push forward — *spingersi troppo lontano, (anche fig.)* to go too far — *L'anno dopo si spinsero fino al Polo,* The following year they ventured as far as the Pole. **2** *(gettarsi, anche fig.)* to throw oneself. **3** *(fig.: osare)* to venture; to dare.

spino *sm (bot.)* thorn-tree; thorn-bush.

□ *agg (nelle seguenti denominazioni) pero spino,* prickly pear — *uva spina,* gooseberry.

spinone *sm* griffon.

spinoso *agg* **1** thorny; prickly. **2** *(fig.: scabroso)* thorny; ticklish; delicate.

spinotto *sm* gudgeon-pin.

spinta *sf* **1** push; *(forte)* shove: *dare una spinta a qcno,* to give sb a push (a shove); to push (to shove) sb. **2** *(fig.: stimolo)* stimulus *(pl.* stimuli*)*; spur. **3** *(fig.: aiuto, appoggio)* push; helping-hand: *dare una spinta a qcno,* to give sb a helping-hand — *Va avanti a forza di spinte,* He manages to get ahead with a good deal of help. **4** *(fis.)* thrust: *spinta idrostatica,* buoyancy.

spinterogeno *sm* coil ignition.

spinterometro *sm* spark-gap.

spintone *sm* shove; violent push: *dare uno spintone a qcno,* to give sb a shove — *avanzare a forza di spintoni,* to elbow one's way forward; *(a forza di raccomandazioni)* to get elbowed upwards.

spiombare *vt* to break* the seals off; to unseal.

□ *vi* **1** to weigh as heavy as lead. **2** *(spostarsi dalla linea a piombo)* to lean* (from the vertical).

spionaggio *sm* spying; *(spec. dir.)* espionage.

spioncino *sm* peep-hole; spy-hole; judas-hole.

spione *sm* spy; informer; *(sl. scolastico, GB)* sneak.

spiovente *agg* drooping; flowing: *baffi spioventi,* drooping moustache — *palla (tiro) spiovente, (calcio)* drop shot.

□ *sm* **1** *(spartiacque)* watershed; *(versante)* slide; slope. **2** *(archit.)* skew. **3** *(calcio)* drop shot.

spiovere *vi* **1** to stop raining: *Aspetta che abbia spiovuto!,* Wait till it has stopped (till it stops) raining! **2** *(scolare)* to drain; *(scorrere in giù)* to flow down. **3** *(ricadere)* to fall*; to come* (to hang*) down: *I capelli le spiovevano sul viso,* Her hair was hanging down over her face.

spira *sf* **1** coil: *a spire (fatto a spira),* coiled; in coils; spiral. **2** *(mecc.)* turn; coil. **3** *(al pl., di serpente)* coils. **4** *(archit.)* scroll.

spiraglio *sm* **1** air-hole; vent; fissure. **2** *(soffio d'aria)* breath of air. **3** *(raggio di luce)* gleam (*o* glimmer) of light. **4** *(fig.: barlume)* gleam; glimmer; glimpse.

spirale *agg* spiral.

□ *sf* **1** spiral: *a spirale,* spiral-shaped. **2** *(molla)* spring: *molla a spirale, (di orologio)* hair-spring.

spirare *vi* **1** *(soffiare)* to blow*: *Non spira un alito di vento,* There isn't a breath of air — *Spira aria di burrasca, (fig.)* There is a storm in the air — *Qui non spira buon vento per te, (fig.)* It's not too healthy for you around here. **2** *(morire)* to pass away; to breathe one's last. **3** *(scadere)* to expire. **4** *(emanare)* to emanate.

□ *vt (emanare)* **1** to emanate; to exhale. **2** *(poet.: ispirare)* to inspire.

spirato *agg* (*p. pass. di* **spirare** ⇨) **1** *(morto)* dead. **2** *(scaduto)* expired; fallen due.

spiritato *agg* **1** *(posseduto dal demonio)* possessed (by an evil spirit). **2** *(spaventato)* terrified; frightened; *(irrequieto, vivace)* fretful; restless.

□ *sm* **1** *(ossesso)* possessed person. **2** *(fig., di bambino)* imp; little devil.

spiritello *sm (folletto)* elf; goblin; *(bambino vivace)* imp; restless child.

spiritico *agg* spiritualistic; spiritistic.

spiritismo *sm* spiritualism; spiritism.

spiritistico *agg* spiritualistic.

spirito *sm* **1** *(l'essere spirituale)* spirit; *(talvolta: anima)* soul; *(le cose dello spirito)* spiritual things; *(fantasma)* phantom; ghost; spirit: *i valori dello spirito,* spiritual values — *filosofia dello spirito,* mental philosophy — *Dio è puro spirito,* God is a pure spirit — *lo spirito vitale,* the vital spirit — *essere con qcno nello spirito,* to be with sb in spirit — *esalare lo spirito,* to breathe one's last — *Lo spirito è pronto ma la carne è debole,* The spirit is willing but the flesh is weak — *Dedicò tutta la vita allo spirito,* He dedicated himself entirely to spiritual things — *spirito angelico,* angel — *spirito folletto,* sprite; elf — *lo Spirito Santo,* the Holy Ghost — *lo Spirito del Male,* the Evil One; the devil — *Aveva paura degli spiriti,* He was afraid of ghosts.

2 *(persona)* mind; *(capo, guida)* mind; leader; head: *i grandi spiriti del passato,* the great minds of the past — *il vero spirito della rivolta,* the actual leader of the revolt.

3 *(disposizione d'animo)* spirit; attitude; feeling; *(disposizione intellettuale, morale di un'epoca ecc.)* spirit: *risollevare lo spirito a qcno,* to cheer sb up; to give sb courage — *essere in buone condizioni di spirito,* to be in good spirits — *con molto spirito di sacrificio,* with a great spirit of sacrifice — *spirito materno,* maternal attitude — *spirito di parte,* partisan spirit; party spirit — *spirito di corpo,* esprit de corps *(fr.)*; corporate

feeling — *lo spirito di un'epoca,* the spirit of an age — *lo spirito della legge,* the spirit of the law.
4 *(arguzia)* wit; *(umorismo)* humour; *(vivacità)* liveliness; life: *una persona di spirito; un bello spirito,* a witty person; *(che ha il senso dello spirito)* a person with a sense of humour — *un motto di spirito,* a witticism — *una battuta di spirito,* a witty remark; a wisecrack *(fam.)* — *con prontezza di spirito,* with ready wit — *spirito di patata,* stale humour — *essere giù di spirito,* to be in low spirits — *fare dello spirito,* to be witty; to try to be funny.
5 *(chim.)* spirit; alcohol: *ciliege sotto spirito,* cherries in alcohol — *lampada a spirito,* spirit-lamp — *imposta sugli spiriti,* tax on spirits — *spirito di legno,* wood-spirit; methyl alcohol — *spirito di vino,* wine-spirit; ethyl alcohol — *spirito denaturato,* methylated spirits.
□ *spirito dolce, (gramm. greca)* smooth breathing — *spirito aspro, (gramm. greca)* rough breathing.

spiritosaggine, spiritosità *sf* witticism; *(spreg.)* poor humour; facetiousness.

spiritosamente *avv* wittily.

spiritoso *agg* witty; clever. □ *Non fare lo spiritoso!,* Don't be facetious!

spirituale *agg* spiritual: *esercizi spirituali,* spiritual exercises. □ *padre spirituale,* father confessor.

spiritualismo *sm* spiritualism.

spiritualmente *avv* **1** spiritually. **2** *(dal punto di vista spirituale)* from the (*o* a) spiritual point of view.

spiumacciare *vt* to shake* up.

spiumacciata *sf* shake-up.

spiumare *vt* **1** to pluck; to strip off the feathers (from sth): *spiumare un pollo,* to pluck a chicken. **2** *(fig.: sottrarre denaro a qcno)* to fleece.
□ **spiumarsi** *v. rifl* to lose* one's feathers; to moult.

spizzico *sm (nella locuzione avverbiale) a spizzico,* bit by bit; little by little; a little at a time.

splendente *agg* resplendent; bright; shining.

splendentemente *avv* brightly; shiningly.

splendere *vt e i.* ⇨ **risplendere.**

splendidamente *avv* splendidly; magnificently.

splendidezza *sf* splendour; magnificence; gorgeousness; grandeur; *(magnificenza)* magnificence.

splendido *agg* **1** splendid; wonderful; *(di tempo, anche)* glorious; *(sfarzoso)* gorgeous; magnificent; splendid; grand; *(di luce)* bright; shining; brilliant: *una splendida giornata,* a glorious day. **2** *(fig.: ottimo)* very good; excellent; splendid: *un'occasione splendida,* a splendid (a wonderful) opportunity; a very good chance — *un'idea splendida,* a wonderful (very bright, brilliant) idea. **3** *(di persona: munifico)* magnificent; liberal; (very) generous.

splendore *sm* **1** *(anche fig.)* splendour; brightness; brilliance: *Ha una moglie che è uno splendore,* His wife is a ravishing beauty — *Che splendore di ragazza!,* What a beautiful girl! **2** *(spec. al pl.: fasti, magnificenza)* splendour; magnificence: *Sono finiti gli splendori!,* The days of splendour are over!

spodestare *vt (di proprietà)* to deprive (sb) of (his) property; to dispossess (sb); *(di potere)* to deprive (sb) of power; *(un re)* to depose; to dethrone.

spodestato *agg* deprived of power (of authority); *(privato del trono)* dethroned.

spoetizzare *vt* to disenchant.

spoglia *sf* **1** *(lett.: abito)* vestment; clothes *(pl.)*: *sotto mentite spoglie,* in disguise; in borrowed plumes. **2** *(al pl., poet.: salma)* mortal remains *(pl.)*. **3** *(di serpente, ecc.)* slough; cast-off skin. **4** *(al pl.: bottino di guerra)* spoils *(pl.)*; booty: *spoglie opime,* spolia opima *(lat.)*. **5** *(mecc.)* rake; *(fonderia)* draft.

spogliamento *sm* **1** *(atto dello spogliare)* undressing. **2** *(ingiusta appropriazione)* spoliation; deprivation. **3** *(saccheggio)* pillage.

spogliare *vt* **1** to strip; to bore; to denude: *spogliare l'altare,* to strip the altar — *spogliare il riso,* to husk rice; to polish rice — *spogliare un osso,* to take all the flesh off a bone. **2** *(svestire)* to undress; to strip: *spogliare l'abito, (di frate: rinunciare ai voti)* to give up (to renounce) one's vows. **3** *(fig.: privare)* to strip; to deprive; to divest *(tutti con* of*)*: *Fu spogliato di ogni autorità,* He was stripped of all his authority. **4** *(depredare)* to rob; to strip; *(saccheggiare)* to plunder; to pillage; to despoil. **5** *(fare lo spoglio)* to go* through: *spogliare la corrispondenza,* to go through the mail.

spogliarellista *sf* stripper.

spogliarello *sm* strip-tease.

spogliatoio *sm* dressing-room; *(guardaroba)* cloak-room.

spogliatore *sm* plunderer; pillager; despoiler.

spogliatura *sf* undressing.

[1]**spoglio** *agg (svestito)* undressed; *(nudo)* bare: *rami spogli,* bare branches.

[2]**spoglio** *sm (conteggio)* counting; *(esame, scrutinio)* scrutiny; perusal; examination: *lo spoglio dei voti,* the counting of the votes; the count — *procedere allo spoglio dei voti,* to count the votes — *Lo spoglio di questi documenti richiederà molto tempo,* The perusal (The examination) of these papers will require a long time — *fare lo spoglio della corrispondenza,* to go through the mail.

spola *sf* shuttle; spool. □ *fare la spola,* to go to and fro — *fare la spola tra una città e un'altra, (di autobus, ecc.)* to shuttle (to ply) between one town and another.

spoletta *sf* **1** spool; *(di macchina da cucire)* shuttle. **2** *(di congegno esplosivo)* fuse: *spoletta a tempo,* time fuse.

spoliazione *sf* **1** *(appropriazione ingiusta)* spoliation; deprivation. **2** *(saccheggio)* pillage.

spolmonarsi *v. rifl* to talk (to shout, *ecc.*) until one is blue in the face.

spolpare *vt* **1** to strip (sth) of (its) flesh. **2** *(fig.)* to fleece; to skin.

spoltronire *vt* to wake* up; to cure (sb) of laziness.
□ **spoltronirsi** *v. rifl* to shake* off one's laziness.

spolverare *vt* to dust; *(col battipanni)* to beat* the dust (off sth); *(spazzolare)* to brush: *spolverare le spalle (il groppone) a qcno, (fig.)* to dust sb's jacket; to beat sb — *spolverare un dolce di cioccolata (di zucchero, ecc.),* to dust a cake with chocolate (sugar, *ecc.*).
□ *I ladri spolverarono tutto,* The thieves made a clean sweep of everything — *Non mangiava da due giorni e spolverò tutto in un attimo,* He had not eaten for two days and wolfed everything in a flash.
□ **spolverarsi** *v. rifl* to dust (to brush) oneself.

spolverata *sf* brushing; dusting: *dare una spolverata a qcsa,* to dust (to brush) sth — *dare una spolverata di zucchero ad una torta,* to dust a cake with sugar.

spolveratore *sm* duster.

spolveratura *sf* **1** dusting; *(con la spazzola)* brushing. **2** *(fig.: infarinatura)* smattering: *avere una spolveratura di latino,* to have a smattering of Latin.

spolverino *sm* duster; feather duster.

spolverio *sm* **1** cloud of dust. **2** *(scherz.: scorpacciata)* blow-out.

spolverizzare *vt* **1** *(polverizzare)* to pulverize; to

powder. **2** *(aspergere)* to dust; to sprinkle. **3** *(pittura)* to pounce.
☐ **spolverizzarsi** *v. rifl* to pulverize; to powder.
spolverizzatore *sm* pulverizer; sprayer.
spolvero *sm* **1** *(lo spolverare)* dusting; *(lo spazzolare)* brushing. **2** *(strato di polvere)* dust: *spolvero di carbone,* coal dust — *spolvero di farina,* fine dust — *uno spolvero di zucchero,* a sprinkling of sugar. **3** *(fig.: infarinatura)* smattering. **4** *(nel disegno)* pounce.
sponda *sf* **1** *(riva, spec. di fiume)* bank; side; *(di lago, del mare)* shore: *sulla sponda del fiume,* by the side of the river. **2** *(bordo)* edge; border; *(del tavolo da biliardo)* cushion: *sulla sponda del letto,* on the edge of the bed. **3** *(parapetto)* parapet.
spondeo *sm (poesia)* spondee.
sponsale *agg* nuptial. ☐ *sm pl* nuptials.
spontaneamente *avv* spontaneously.
spontaneità *sf* spontaneity; spontaneousness.
spontaneo *agg* spontaneous.
spopolamento *sm* depopulation.
spopolare *vt* to depopulate.
☐ *vi (avere molto successo)* to draw* the crowds.
☐ **spopolarsi** *v. rifl* to depopulate; to become* depopulated.
spopolato *agg* depopulated; *(deserto)* desert; lonely.
spora *sf (bot., zool.)* spore.
sporadicamente *avv* sporadically.
sporadico *agg* sporadic.
sporcacciona *sf* slut; filthy woman *(pl.* women*).*
sporcaccione *sm* pig; bastard; filthy man *(pl.* men*).*
sporcare *vt* **1** to dirty; to make* dirty; to soil; to foul. **2** *(fig.: macchiare)* to stain; to soil.
☐ **sporcarsi** *v. rifl* to get* dirty; to dirty oneself: *Non sporcarti!,* Don't get dirty! — *sporcarsi le mani,* to dirty one's hands; *(fig.)* to soil one's hands.
sporcizia *sf* **1** dirtiness; filthiness; *(cosa sporca)* dirt; filth. **2** *(fig.)* obscenity; indecency; turpitude.
sporco *agg* **1** dirty; filthy; soiled; foul; *(macchiato)* stained: *Hai la faccia sporca,* Your face is dirty — *La tovaglia è sporca di vino,* The cloth is stained with wine. **2** *(fig.)* dirty; obscene: *È uno sporco individuo,* He is a dirty fellow — *barzellette sporche,* dirty (*o* obscene) jokes — *parole sporche,* four-letter words. ☐ *avere la coscienza sporca,* to have a bad conscience — *avere la fedina penale sporca,* to have a (police) record — *L'ha fatta sporca!,* He has behaved disgracefully!
sporgente *agg* projecting; jutting (out) protruding; protuberant: *denti sporgenti,* protruding teeth.
sporgenza *sf* projection; protrusion; protuberance; prominence.
sporgere *vt* to stretch out; to hold* out; to put* out: *Sporse un braccio dal finestrino,* He put an arm out of the window. ☐ *sporgere querela,* to lodge a complaint.
☐ *vi* to jut out; to project; *(sovrastare)* to overhang*: *un chiodo che sporge dal muro,* a nail jutting out of the wall — *scogli che sporgono sul mare,* rocks overhanging the sea.
☐ **sporgersi** *v. rifl* to lean* out: *È pericoloso sporgersi dalla finestra,* It's dangerous to lean out of the window.
sport *sm* sport: *sport estivi (invernali),* summer (winter) sports — *praticare uno sport,* to go in for a sport. ☐ *fare qcsa per sport,* to do sth for fun (for a pastime).
sporta *sf* basket; hamper; *(per la spesa)* shopping basket: *Aveva la sporta piena al braccio,* She had a full shopping basket on her arm. ☐ *un sacco e una sporta, (fig.)* a great amount — *Me ne ha dette un sacco e una sporta,* He gave me a piece of his mind.
sportello *sm* **1** door; *(di portone)* wicket: *lo sportello di un'automobile (di un vagone ferroviario),* the door of a car (of a railway carriage) — *lo sportello d'una gabbia,* the door of a cage. **2** *(d'ufficio, banca)* counter; window; *(di biglietteria)* (ticket-)window.
sportivamente *avv* sportingly.
sportivo *agg* sporting; sports *(attrib.)*: *la stampa sportiva,* the sporting press — *i giornali sportivi,* the sports papers — *abiti sportivi,* sports clothes — *spirito sportivo,* sporting spirit — *un campo sportivo,* a sports field.
☐ *sm* **1** *(chi pratica uno o più sport)* sportsman *(pl.* -men*)*; sporting man *(pl.* men*).* **2** *(chi segue lo sport)* fan.
sposa *sf* bride; spouse; *(moglie)* wife *(pl.* wives*)*: *Arriva la sposa!,* Here comes the bride! — *la sposa di Dio,* the Bride of Christ (of the Church) — *una sposa di Cristo (di Gesù),* a bride of Christ; a nun. ☐ *abito da sposa,* wedding-dress — *dare qcno in sposa,* to give sb in marriage — *promessa sposa,* betrothed.
sposalizio *sm* wedding; nuptial ceremony.
sposare *vt* **1** *(prendere qcno in matrimonio)* to marry; to get* married (to sb); to take* (sb) in marriage: *sposare qcno di grado sociale inferiore,* to marry beneath one. **2** *(dare in matrimonio)* to marry; to marry (sb) off; to give* (sb) in marriage: *Hanno sposato tutte le loro figlie,* They've married off all their daughters. **3** *(unirsi in matrimonio)* to marry; to join (sb) in marriage: *La sposerai?,* Will you marry her? **4** *(fig.: unire, combinare)* to wed*; to unite; to match; *(abbracciare)* to embrace; to espouse: *sposare assieme colori diversi,* to match different colours — *sposare una causa sbagliata,* to embrace a wrong cause — *sposare Gesù,* to take the veil; to become a nun.
☐ **sposarsi** *v. rifl* to marry; to get* married; *(fig.: unirsi, combinarsi)* to wed*; to unite; to match: *Ci sposeremo a maggio,* We're going to get married in May.
sposato *agg* married; wedded *(anche fig.).*
sposo *sm* bridegroom: *sposi novelli,* newly-wedded couple; *(fam.)* newly-weds — *una coppia di sposi,* a married couple — *Gli sposi escono dalla chiesa,* The bride and groom are coming out of the church.
spossante *agg* tiresome; exhausting; enervating.
spossare *vt e i.* to wear* out; to tire out; to exhaust; to enervate; to be* tiring: *Il troppo lavoro spossa,* Too much work tires you out (*o* is tiring).
☐ **spossarsi** *v. rifl* to wear* (to tire) oneself out; to get* exhausted.
spossatezza *sf* tiredness; weariness; exhaustion.
spossato *agg* tired out; weary; exhausted; worn out.
spossessare *vt* to dispossess; to deprive.
☐ **spossessarsi** *v. rifl* to divest oneself.
spostamento *sm* **1** shift; shifting; moving. **2** *(naut.)* displacement.
spostare *vt* **1** to move; to displace; to shift: *Ho spostato i mobili del salotto,* I have moved (*o* shifted) the furniture in the sitting room — *spostare una parola in una frase,* to change the position of a word in a sentence. **2** *(trasferire)* to move; to transfer: *spostare un impiegato da un ufficio ad un altro,* to move (to transfer) an employee from one office to another. **3** *(differire)* to defer; to delay; to postpone; *(cambiare)* to change: *spostare la partenza di pochi giorni,* to postpone leaving for a few days — *spostare l'orario delle lezioni,* to change the timetable. **4** *(ro-*

vinare) to ruin; *(turbare)* to upset*; to trouble. **5** *(mus.)* to transpose. **6** *(naut.)* to weigh.
□ **spostarsi** *v. rifl* to move; to shift; *(poco)* to budge: *Spostati di qua (devo passare io)!,* Move out of my way!

spostato *agg* **1** shifted; out of place. **2** mixed-up: *ragazzi spostati,* mixed-up kids.
□ *sm* misfit.

spranga *sf* bar; bolt.

sprangare *vt* to bar; to bolt: *Trovarono la porta sprangata,* They found the door barred (*o* bolted).

sprazzo *sm* **1** *(spruzzo)* splash: *uno sprazzo d'acqua,* a splash of water. **2** *(raggio, anche fig.)* flash; gleam: *uno sprazzo di speranza,* a gleam of hope — *uno sprazzo d'ingegno,* a brainwave.

sprecare *vt* to waste; to squander: *sprecare il fiato,* to waste one's breath — *È fiato sprecato,* It's a waste of breath — *sprecare il tempo,* to waste (to fritter away) one's time — *sprecare soldi,* to waste (to squander) money; to throw money away — *sprecare un pallone, (calcio)* to miss a chance.

spreco *sm* waste: *Che spreco!,* What a waste! — *spreco di tempo e di denaro,* waste of time and money — *fare spreco di qcsa,* to waste sth — *Ha fatto spreco della vita,* He has wasted his life.

sprecone *sm* squanderer; waster; spendthrift.

spregevole *agg* despicable; contemptible; mean; vile.

spregevolmente *avv* despicably; contemptibly.

spregiare *vt* to despise; to look down on.

spregiativamente *avv* **1** disparagingly. **2** *(gramm.)* pejoratively.

spregiativo *agg* ⇨ **dispregiativo.**

spregiatore *sm* despiser; scorner.

spregio *sm* contempt; disdain; scorn: *avere a spregio qcno,* to hold sb in contempt — *mostrare spregio per qcno (qcsa),* to show (one's) contempt for sb (sth) — *Lo ha fatto per spregio,* He did it out of spite.

spregiudicatamente *avv* unscrupulously.

spregiudicatezza *sf* unscrupulousness.

spregiudicato *agg* **1** *(senza scrupoli)* unscrupulous. **2** *(libero da pregiudizi)* unprejudiced; unbiased.
□ *sm* unscrupulous person.

spremere *vt* to squeeze *(anche fig.);* to press: *spremere il succo d'una arancia,* to squeeze an orange — *spremere lacrime,* to squeeze out tears — *spremere denari a qcno,* to squeeze money out of sb. □ *spremere i panni,* to wring clothes — *spremere il sugo da qcsa, (fig.)* to get the substance out of sth — *spremersi le meningi,* to rack one's brains.

spremilimoni *sm* lemon-squeezer.

spremitoio *sm* squeezer.

spremitura *sf* squeezing; squashing.

spremuta *sf* juice: *spremuta di limone (arancia),* fresh lemon (orange) juice.

spretare *vt* to defrock.
□ **spretarsi** *v. rifl* to leave* the church.

spretato *sm* defrocked priest.

sprezzante *agg* contemptuous; scornful; disdainful; *(altezzoso)* haughty: *sguardo (sorriso) sprezzante,* scornful (*o* disdainful) look (smile) — *essere sprezzante del pericolo,* to be scornful of danger — *avere un'aria sprezzante,* to have a haughty and contemptuous manner — *mostrarsi sprezzante,* to look down on other people.

sprezzantemente *avv* scornfully; disdainfully; contemptuously; haughtily.

sprezzo *sm* scorn; disdain; contempt.

sprigionamento *sm (emanazione)* emission; *(di odori, gas)* exhalation: *sprigionamento di calore,* emission of heat.

sprigionare *vt* to emit; to give* off; to exhale: *sprigionare calore,* to give off (to emit) heat — *sprigionare gas (vapore),* to exhale (to give off) gas (steam).
□ **sprigionarsi** *v. rifl* to be* given off; to be* emitted; to issue.

sprillare *vt* to squirt; to pour out; to jet; to spurt.

sprillo *sm* spurt; spout; jet.

sprizzare *vt e i.* to sprinkle; to emit; to spirt. □ *sprizzare salute da tutti i pori,* to exude health from every pore; to be bursting with health.

sprizzo *sm* **1** spurt; spray; squirt. **2** *(fig.)* flash; gleam.

sprofondamento *sm* sinking; *(crollo)* collapse: *lo sprofondamento d'una nave,* the sinking of a ship — *lo sprofondamento di un tetto,* the collapse of a roof.

sprofondare *vt* to sink*; to founder; *(far cadere)* to cause (sth) to fall; to make* (sth) collapse: *Il troppo peso sprofondò il pavimento,* The excessive weight made the floor collapse (*o* give in).
□ *vi* **1** *(cadere)* to sink*; to founder; *(andare a fondo)* to go* to the bottom: *La nave sprofondò in pochi minuti,* The ship sank (*o* went down) in a few minutes. **2** *(crollare)* to collapse; *(cedere)* to sink*; to subside; to give* way; *(cadere, precipitare)* to fall* (down): *Il pavimento è sprofondato al centro,* The pavement has sunk (has subsided) in the middle — *Sprofondò nel buco,* He fell into the hole — *sprofondare in una poltrona,* to sink (to drop down) into an armchair.
□ **sprofondarsi** *v. rifl* **1** *(affondare)* to sink*: *sprofondarsi in una poltrona,* to sink into an armchair. **2** *(fig.: essere assorto)* to sink*; to be* absorbed; to be* engrossed; to be* plunged in (*o* into) sth: *sprofondare nel lavoro,* to be engrossed (to bury oneself) in one's work — *sprofondare nei propri pensieri,* to be absorbed in one's own thoughts.

sprofondato *agg* (*p. pass. di* **sprofondare** ⇨) **1** sunk; sunken: *essere sprofondato in un divano,* to be sunk in a sofa. **2** *(fig.)* immersed; absorbed; deep: *essere sprofondato nella meditazione,* to be deep in meditation — *essere sprofondato nella lettura,* to be absorbed in reading.

sproloquio *sm* rigmarole; rambling speech.

spronare *vt* **1** to spur (on); to set* spurs (to): *spronare un cavallo,* to spur on a horse. **2** *(fig.)* to spur; to incite; to urge; to stimulate: *spronare qcno allo studio,* to incite sb to study.

spronata *sf* spurring *(anche fig.);* touch of the spur.

spronatore *sm* spurrer.

sprone *sm* **1** spur: *dar di sprone ad un cavallo,* to set spurs to a horse; to spur on a horse. **2** *(fig.)* spur; stimulus: *non aver bisogno di sproni,* not to need the spur — *essere di sprone a qcno,* to be a stimulus to sb. □ *a spron battuto,* at top (at full) speed; *(fig.)* in a great hurry.

sproporzionale *agg* disproportional.

sproporzionalità *sf* disproportion.

sproporzionalmente *avv* out of proportion.

sproporzionatamente *avv* disproportionately.

sproporzionato *agg* **1** disproportionate; out of proportion: *Ha le gambe sproporzionate al corpo,* His legs are out of proportion to his body. **2** *(eccessivo)* excessive; exaggerated; inordinate; disproportionate: *un prezzo sproporzionato,* an excessive price.

sproporzione *sf* disproportion; want of proportion: *sproporzione d'età,* disproportion in age — *C'è troppa sproporzione fra il prezzo e il valore di quel* *quadro,* The price of that painting is out of all proportion to its worth.

spropositatamente *avv* out of all proportion; disproportionately.

spropositato *agg* **1** *(pieno di spropositi)* full of blunders. **2** *(sproporzionato)* enormous; huge; inordinate.

sproposito *sm* **1** blunder; (gross) mistake; error: *Ha fatto lo sproposito di licenziarsi,* He has made the gross mistake of giving up his job — *uno sproposito di grammatica,* a grammatical howler — *fare (commettere) uno sproposito,* to do sth silly; *(uccidersi)* to take one's own life. **2** *(quantità, somma enorme)* excessive (*o* vast) amount: *Mangia uno sproposito di pane,* He eats a vast amount of bread — *Costa uno sproposito,* It costs the earth. ☐ *Non dire spropositi!,* Don't talk nonsense! — *parlare (rispondere, ecc.) a sproposito,* to speak (to answer, *ecc.*) inopportunely (not to the point).

sprovvedere *vt* to deprive.
☐ **sprovvedersi** *v. rifl* to deprive oneself.

sprovvedutamente *avv* **1** unpreparedly. **2** *(alla sprovveduta)* unexpectedly; unawares.

sprovveduto *agg* *(impreparato)* unprepared; unready; *(con scarse doti culturali)* uneducated; ignorant: *essere sprovveduto di fronte alla vita,* to be unprepared to face life's difficulties. ☐ *alla sprovveduta,* unexpectedly — *cogliere qcno alla sprovveduta,* to take sb unawares.
☐ *sm* unprepared person.

sprovvisto *agg* unprovided (with); destitute; lacking (sth): *Il negozio era sprovvisto di tutto,* The shop was out of everything. ☐ *alla sprovvista,* unexpectedly — *cogliere qcno alla sprovvista,* to take sb unawares.

spruzzamento *sm* spraying; sprinkling.

spruzzare *vt* to spray; to sprinkle; *(inzaccherare)* to spatter; to splash: *spruzzare di fango,* to spatter with mud.

spruzzata *sf* **1** spray; spraying; sprinkle; *(di seltz, ecc.)* squirt. **2** *(pioggerella)* drizzle.

spruzzatore *sm* **1** sprayer; spray. **2** *(di carburatore)* jet.

spruzzatura *sf* **1** spraying; sprinkling; jet: *spruzzatura a caldo (freddo),* hot (cold) spraying. **2** *(sostanza spruzzata)* spray; splash.

spruzzo *sm* spray; sprinkle; sprinkling; splash: *uno spruzzo d'acqua,* a sprinkle of water — *uno spruzzo di fango,* a splash of mud.

spudoratamente *avv* impudently; shamelessly.

spudoratezza *sf* impudence; shamelessness: *avere la spudoratezza di fare qcsa,* to have the cheek to do sth.

spudorato *agg* impudent; shameless; brazen.
☐ *sm* impudent (*o* shameless) fellow.

spugna *sf* **1** sponge: *pescatore di spugne,* sponge-fisher — *passare la spugna su qcsa, (fig.)* to pass the sponge over sth; to say no more about sth. **2** *(tessuto)* sponge-cloth: *asciugamano di spugna,* bath towel. **3** *(fig.: di persona)* soak. ☐ *gettare la spugna,* to throw up the sponge; to throw in the towel — *bere come una spugna,* to drink like a fish.

spugnatura *sf* sponging.

spugnosità *sf* sponginess.

spugnoso *agg* spongy.

spulare *vt* to winnow; to fan.

spulatura *sf* winnowing; fanning.

spulciare *vt* **1** to remove fleas from; *(fam.)* to de-flea. **2** *(fig.)* to scrutinize; to examine carefully.

spulciatura *sf (fig.)* scrutiny; thorough examination.

spuma *sf* **1** foam; froth *(spec. di una bevanda): la spuma delle onde,* the foam of the waves — *la spuma del vino,* the froth of wine. **2** *(bibita gassosa)* lemonade. **3** *(cucina)* mousse. ☐ *spuma di mare, (mineralogia)* meershaum.

spumante *agg* foamy; frothy; foaming; *(di vino)* sparkling: *essere spumante di rabbia,* to be foaming with rage.
☐ *sm* sparkling wine; *(fam.)* bubbly.

spumeggiante *sm* foaming; foamy; frothy; *(di vino)* sparkling.

spumeggiare *vt* to foam; to froth; *(di vino)* to sparkle.

spumone *sm* **1** *(dolce)* puff. **2** *(gelato)* soft ice (with whipped cream).

spumosità *sf* frothiness; foaminess.

spumoso *sm* foamy; frothy.

[1]**spuntare** *vt* **1** *(guastare, rompere la punta)* to blunt; to break* the point (of sth): *spuntare un coltello,* to blunt a knife — *spuntare una matita,* to break the point of a pencil; to break a pencil — *un eroe dalla spada spuntata,* a hero with a blunt sword; a sham hero. **2** *(tagliare la punta, accorciare leggermente)* to cut* the tip off (sth); to trim: *spuntare un sigaro,* to cut the tip off a cigar; to trim a cigar — *spuntare una siepe,* to trim a hedge — *spuntare i capelli a qcno,* to trim sb's hair; to give sb a trim — *farsi spuntare i capelli,* to have one's hair trimmed; to have a trim. **3** *(staccare qcsa di appuntato)* to unpin: *Spuntò il nastro del cappellino,* She unpinned the ribbon on her hat. **4** *(controllare apponendo un segno di penna, ecc.)* to tick off; to check: *Spuntò i numeri delle fatture già pagate,* He ticked off (He checked) the numbers of the invoices already paid. **5** *(superare)* to overcome*: *spuntare una difficoltà,* to overcome a difficulty — *spuntarla,* to make it; to succeed; to win through; to get through — *Con me non la spunterà!,* He won't succeed with me! — *Alla fine la spunteremo,* We'll win through in the end.
☐ *vi* **1** *(nascere, cominciare a vedersi; sorgere del sole, ecc.)* to rise*; *(di pianticelle, ecc.)* to sprout; *(di capelli, ecc.)* to begin* to grow: *Il sole spunta alle sei e trenta,* The sun rises at half past six — *quando spunta il giorno,* when day breaks — *Spuntano le prime foglie,* The first leaves are sprouting — *Gli spuntarono lacrime di gioia,* Tears of joy rose to (*o* welled up in) his eyes — *Un pallido sorriso gli spuntò sulle labbra,* A wan smile crossed his lips — *Gli spuntano i primi dentini,* He's cutting his first teeth. **2** *(apparire all'improvviso)* to appear; to come* out: *Spuntò di dietro alla siepe impugnando un fucile a canne mozze,* He appeared (He came out) from behind the hedge, with a sawn-off shot-gun in his hand — *spuntare all'angolo,* to appear round the corner. **3** *(emergere)* to stick* out: *Spuntava con la testa dal cespuglio,* His head stuck out above the bush.
☐ **spuntarsi** *v. rifl* **1** *(perdere la punta)* to lose* the (*o* its) point; to get* blunt: *Mi si è spuntata la matita,* My pencil is blunt. **2** *(staccarsi)* to come* unpinned: *Mi si è spuntato il nastro,* My ribbon has come unpinned. **3** *(fig.: smussarsi, perdere forza)* to lose* strength; *(fig.)* to wane; *(fig.: svanire urtando, rimanere senza effetto)* to die down; to disappear; to vanish: *Il suo entusiasmo si spuntò contro impreviste difficoltà,* His enthusiasm waned in the face of unexpected difficulties.

[2]**spuntare** *sm* break; breaking; *(delle piante)* sprouting: *allo spuntar del giorno,* at daybreak —

allo spuntar del sole, at sunrise — *lo spuntare delle foglie,* the sprouting of the leaves.

spuntato *agg* blunt.

spuntatrice *sf* **1** *(mecc.)* chamfering-machine. **2** *(industria tessile)* snipping-machine; snipper.

spuntatura *sf* **1** blunting; trimming; removal of the tip; *(parte tagliata)* trimmings *(pl.)*; ends *(pl.)*: *spuntatura di sigari,* cigar ends. **2** *(mecc.)* chamfering; *(metallurgia)* crop ends *(pl.)*. **3** *(industria tessile)* snipping.

spuntellare *vt* to unprop; to remove the props from.

spuntino *sm* snack: *fare uno spuntino,* to have a snack.

spunto *sm* **1** *(teatro)* cue: *dare lo spunto,* to give the cue. **2** *(per estensione: occasione, punto di partenza)* starting point; rise; origin: *prendere lo spunto da qcsa,* to take sth as a starting point — *dare lo spunto,* to give rise to. **3** *(di vino)* acidity.

spunzonare *vt* **1** to prod *(anche fig.)*. **2** *(dare gomitate)* to elbow; to nudge.

spunzonata *sf* **1** thrust (with a spike); prod. **2** *(gomitata)* push (with the elbow).

spunzone *sm* **1** spike. **2** *(colpo di gomito)* push (with the elbow).

spurgare *vt* to clean; to purge; to clear: *spurgare una fogna,* to purge a sewer — *spurgare il petto dal catarro,* to clear one's chest of phlegm.

□ **spurgarsi** *v. rifl (espettorare)* to expectorate.

spurgo *sm* **1** *(lo spurgare)* cleaning; purging; *(l'espettorare)* expectorating. **2** *(ciò che si elimina spurgando)* discharge; *(catarro)* expectoration; phlegm.

spurio *sm* spurious; illegitimate.

sputacchiare *vt e i.* to spit*.

sputacchiera *sf* spittoon.

sputacchio *sm* spit.

sputapepe *sm* petulant person.

sputare *vt e i.* to spit* *(anche fig.)*: *sputar sangue,* to spit blood *(anche fig.)* — *sputar fuoco,* to spit fire — *sputar addosso a qcno,* to spit at (*o* on) sb — *sputare in faccia a qcno,* to spit in sb's face — *Vietato sputare,* No spitting — *Sputa fuori!,* Spit it out! *(anche fig.)*. □ *sputare i polmoni, (per la tosse)* to cough one's lungs up; *(sfiatarsi a parlare)* to talk till one is blue in the face — *sputare sentenze,* to play the wiseacre — *sputare su qcno (qcsa),* to despise sb (sth).

sputasentenze *sm e f.* know-all; wiseacre.

sputo *sm* spit; spittle: *essere appiccicato con lo sputo, (fig.)* to be stuck on with spit.

squadernare *vt* to open right out.

[1]**squadra** *sf (da disegno)* square; *(mecc.)* plate; square: *squadra a T,* T-square — *essere a squadra,* to be at right angles — *essere fuori squadra,* to be out of square; *(fig.)* to be out of sorts — *uscire di squadra,* to be out of line; *(fig.)* to go astray.

[2]**squadra** *sf* **1** *(anche sport)* team: *una squadra di calcio,* a football team — *lavoro a squadre,* team-work. **2** *(di operai, ecc.)* gang; team: *capo squadra,* foreman; ganger. **3** *(di polizia, soldati, pompieri)* squad: *la squadra mobile (volante),* the Flying Squad — *la squadra di turno,* the duty-squad. **4** *(naut.)* squadron.

squadrare *vt* **1** to square; to make* square; to draw* a square on: *squadrare un foglio da disegno,* to square a drawing sheet — *squadrare il legno,* to square timber. **2** *(guardare, fissare)* to look (to stare) at sb; to measure (sb) with one's eye: *squadrare con sospetto,* to stare at sb (to eye sb) with suspicion — *squadrare qcno da capo a piedi,* to look (to stare at) sb up and down.

squadrato *agg* squared.

squadratura *sf* squaring.

squadriglia *sf* squadron: *comandante di squadriglia, (aeronautica)* squadron-leader; *(naut.)* commodore — *una squadriglia di caccia, (aeronautica)* a fighter squadron.

squadrone *sm* squadron.

squagliamento *sm* melting.

squagliare *vt* to melt*: *È facile squagliare il burro,* It's easy to melt butter.

□ **squagliarsi** *v. rifl* **1** *(fondersi, sciogliersi)* to melt*: *Il gelato si squagliò,* The ice cream melted. **2** *(scherz., fam.: squagliarsela, svignarsela)* to steal* (out, off, away); to sneak (out, off, away); to slink* (out, away, off).

squalifica *sf* disqualification.

squalificare *vt* to disqualify.

squalificazione *sf* disqualification.

squallidamente *avv* squalidly; bleakly; drearily.

squallidezza *sf* bleakness; squalor; dreariness.

squallido *agg* squalid; bleak; dreary; gloomy; dismal; *(tetro)* cheerless; sad; *(sordido)* sordid; dingy; *(misero)* miserable; wretched.

squallore *sm* squalor; bleakness; *(miseria)* misery; dire poverty: *vivere nello squallore,* to live in dire poverty (in squalor).

squalo *sm* shark.

squama *sf* **1** scale; squama *(pl.* squamae*)*. **2** *(scaglia)* plate.

squamare *vt* to scale; to remove (the) scales from (sth).

□ **squamarsi** *v. rifl* to scale off; *(sfaldarsi)* to flake (off).

squamoso *agg* scaly; scaled; squamous.

squarciagola *(nella locuzione avverbiale) a squarciagola,* at the top of one's voice.

squarciamento *sm* tearing; rending; laceration.

squarciare *vt* **1** to rip; to tear*; to rend*; *(lacerare)* to lacerate. **2** *(fig.: aprire)* to rip open; to tear* open; *(fig.: svelare)* to unveil; *(fig.: disperdere, fugare)* to dispel: *squarciare il mistero,* to unveil (to dispel) the mystery.

□ **squarciarsi** *v. rifl* to lacerate; to part; to tear*; to rend*; to rip.

squarcio *sm* **1** laceration; rift; rent; tear; *(ferita)* gash. **2** *(stralcio)* passage; extract; excerpt.

squartamento *sm* quartering; cutting up.

squartare *vt* to quarter; to cut* up; to dismember.

squartatore *sm* quarterer.

squartatura *sf* quartering; cutting up.

squassamento *sm* jolting; violent shaking; shock.

squassare *vt* to shake* violently.

squasso *sm* violent shake.

squattrinare *vt* to leave* (to make*) penniless.

□ **squattrinarsi** *v. rifl* to remain penniless; to beggar oneself.

squattrinato *agg* penniless.

□ *sm* penniless person; person without a penny (a cent).

squilibrare *vt* to unbalance; to put* (sth) out of balance.

□ **squilibrarsi** *v. rifl* to lose* one's balance.

squilibrato *agg* **1** *(sbilanciato)* unbalanced. **2** *(privo di equilibrio, fig.)* insane; senseless; mad; *(sconvolto)* deranged.

□ *sm* lunatic; madman *(pl. -men)*; senseless person.

squilibrio *sm* **1** unbalance; lack (*o* loss) of balance. **2** *(med.)* derangement; mental disturbance.

squilla *sf* **1** *(di campane)* pealing; *(di trombe, ecc.)* blaring: *la squilla della sera, dell'Angelus,* the

Angelus-bell; the Ave-bell; the ringing of the Angelus. **2** *(campano delle vacche)* cow-bell; *(delle pecore)* sheep-bell.

squillante *agg* shrill; sharp; sharp and piercing; high-pitched: *con voce squillante,* in a shrill voice.

squillare *vi (di campana)* to peal; *(di tromba)* to blare; *(di telefono, ecc.)* to ring*.

squillo *sm* ring; ringing; *(di strumento a fiato)* blast; call; *(di campana)* peal; *(di telefono)* ring; *(di riso)* peal. □ *ragazza squillo,* call-girl.

squinternare *vt* to disarrange; to put* out of order; *(fig.)* to upset*; to ruin; to discompose.

squinternato *agg* disarranged; out of order; *(fig.)* upset.

squisitamente *avv* exquisitely; consummately.

squisitezza *sf* **1** exquisiteness; excellence; *(raffinatezza)* refinement; elegance; *(perfezione)* perfection; rare quality; *(estrema delicatezza)* delicacy; *(estrema sensibilità)* keenness. **2** *(al pl.: leccornie)* titbit; *(cortesie)* kindnesses *(pl.)*.

squisito *agg* exquisite; delicious; excellent; *(raffinato)* refined; cultivated; *(perfetto)* perfect; pure; consummate; *(sensibile, delicato)* keen; delicate: *un pranzo squisito,* an exquisite (an excellent) dinner — *un dolce squisito,* a delicious sweet — *un gusto squisito,* a refined (a cultivated) taste — *una squisita sensibilità,* a keen (a delicate) sensibility.

squittire *vi* to squeak; to squeal.

sradicamento *sm (anche fig.)* uprooting; eradication.

sradicare *vt* to eradicate; to uproot; to root up; *(fig.)* to root out: *sradicare un albero,* to eradicate (to uproot, to root up) a tree — *sradicare l'ignoranza (la delinquenza),* to root out (to eradicate) ignorance (crime).

sradicato *agg* uprooted; *(fig.)* maladjusted; *(disadattato)* misfit.

sragionamento *sm* false reasoning; irrational talk; nonsense.

sragionare *vi* to talk nonsense.

sregolatamente *avv* immoderately; disorderly; *(dissolutamente)* dissolutely: *bere sregolatamente,* to drink too much (*o* immoderately) — *vivere sregolatamente,* to lead a disorderly life.

sregolatezza *sf* disorder; intemperance; wildness; excess; *(dissolutezza)* debauchery; profligacy; dissipation; *(stranezza, eccentricità)* extravagance; recklessness: *una vita di sregolatezze,* a disorderly life; a life of excesses.

sregolato *agg* unruly; inordinate; *(scapestrato, dissoluto)* immoderate; extravagant; dissolute; wild; reckless; profligate.

stabbio *sm* **1** *(recinto per animali)* fold; pen; *(porcile)* pigsty. **2** *(letame)* manure; dung.

stabile *agg* **1** stable; firm; fixed; steady; *(costante)* constant: *rendere stabile una seggiola,* to make a chair steady; to fix a chair — *un governo stabile,* a stable government — *un'offerta stabile,* a firm offer — *un impiego stabile,* a steady job — *un proposito stabile,* a constant (a steady, an unchanging) purpose — *prezzi stabili,* steady (*o* firm) prices — *tempo bello, stabile,* set, fair weather. **2** *(permanente)* permanent; *(duraturo)* durable; lasting; *(immutevole)* unchanging: *in pianta stabile,* on the permanent staff; permanent — *avere stabile dimora in un luogo,* to have permanent residence in a place — *orchestra stabile,* permanent orchestra — *direttore stabile,* permanent conductor. **3** *(di colori)* fast. □ *compagnia stabile,* repertory company — *teatro stabile,* civic repertory theatre — *beni stabili,* buildings.
□ *sm (edificio)* building; house; *(teatro stabile)* civic repertory theatre; *(compagnia stabile)* repertory company.

stabilimento *sm* **1** *(industriale)* plant; *(fabbrica)* factory; *(officina)* workshop; works *(pl. o sing.)*; *(opificio)* mill. **2** *(edificio di pubblica utilità)* establishment: *stabilimento idroterapico,* hydropathic establishment; *(fam.)* hydro — *stabilimento balneare,* bathing establishment; lido — *stabilimento di pena (carcerario),* prison. **3** *(presidio commerciale, stanziamento territoriale)* settlement: *stabilimenti inglesi in India,* English settlements in India — *stabilimenti penali in Australia,* penal settlements in Australia.

stabilire *vt* **1** *(fissare)* to establish; to fix; to settle; *(convenire)* to agree (on sth, to do sth); to state: *Stabilì la propria dimora a Torino,* He fixed his residence in Turin — *stabilire un prezzo,* to fix a price — *Stabilirono le condizioni della resa,* They settled the conditions for surrender — *stabilire i termini di pagamento, (comm.)* to state the terms of payment. **2** *(fondare, istituire)* to found; to establish; *(costituire)* to set* up: *Stabilì un nuovo primato,* He set up a new record. **3** *(decidere)* to decide (upon): *È stato stabilito il giorno della riunione?,* Has the date of the meeting been decided? — *Stabilimmo il da farsi,* We decided upon what to do. **4** *(decretare, deliberare)* to establish; to decree: *stabilire qcsa per legge,* to decree sth by law. **5** *(definire)* to define: *stabilire i confini di un campo,* to define the limits (the boundary) of a field — *stabilire i doveri di qcno,* to define sb's duties. **6** *(accertare)* to establish; to ascertain: *stabilire i fatti,* to ascertain the facts.
□ **stabilirsi** *v. rifl* to establish oneself; to settle: *Si stabilirono in campagna,* They settled in the country.

stabilità *sf* **1** stability; steadiness; *(fermezza)* firmness; staunchness: *la stabilità di una costruzione,* the stability of a building — *la stabilità di una nave (di un aereo),* the stability of a ship (of an aircraft) — *la stabilità dei prezzi,* the steadiness of prices. **2** *(di colori)* fastness.

stabilizzare *vt* to stabilize; *(comm., anche)* to peg.
□ **stabilizzarsi** *v. rifl* to settle; to become* stable.

stabilizzatore *sm* stabilizer; *(aeronautica)* tailplane: *stabilizzatore giroscopico,* gyro-stabilizer.

stabilizzazione *sf* stabilization.

stabilmente *avv* steadily; firmly; *(permanentemente)* permanently.

staccabile *agg* detachable.

staccamento *sm* detachment.

staccare *vt* **1** to detach; *(tirando)* to pull off; *(strappando)* to tear* (to rip) off (*o* out, *o* down); *(tagliando)* to cut* off; *(tirar giù)* to take* (to pull) down; *(togliere)* to take* off: *staccare un tagliando,* to detach a coupon — *Staccò il quadro dalla parete,* He took down the picture from the wall — *staccare un assegno, (dal libretto)* to tear off a cheque; *(emetterlo)* to write out a cheque — *Gli staccarono la testa con un solo colpo,* They cut his head off (They cut off his head) at a single blow — *Non le ha potuto staccare gli occhi di dosso,* He hasn't been able to take his eyes off her.

2 *(slegare)* to loose(n); to unfasten; to untie; to unbind*; *(sganciare)* to unhook: *staccare i cavalli,* to unharness the horses — *staccare i buoi,* to unyoke the oxen.

3 *(separare)* to separate: *staccare le parole,* to

enunciate carefully — *staccare le note, (mus.)* to play staccato.

4 *(spostare, scostare)* to move sth (away); to remove; to pull away: *staccare un mobile dalla parete,* to move a piece of furniture away from the wall.

5 *(sport: lasciare indietro)* to leave* (sb) behind; *(più in generale)* to shake* off: *Li staccò subito al primo giro,* He left them behind on the first lap.

□ *vi* **1** *(risaltare, spiccare)* to stand* out; to catch* the eye: *È un colore che stacca poco,* It's not a colour that catches the eye.

2 *(fam.: cessare il lavoro)* to knock off: *A che ora stacchi domani?,* When do you knock off tomorrow?

□ **staccarsi** *v. rifl* **1** to come* off; to come* out; *(per rottura)* to break* off: *Si è staccata l'etichetta,* The label has come off — *Mi si è staccato un bottone,* I've lost my button.

2 *(separarsi, lasciare)* to separate (from sb); to leave* (sb): *Si staccò dai suoi molto giovane,* He left his family while he was still very young — *Non si staccò da sua moglie neanche per un minuto,* He didn't leave his wife even for a minute.

3 *(scostarsi)* to get* away; to move* away; to leave*: *Si staccò dal gruppo e poi sparì,* He moved away from the group and disappeared.

4 *(slegarsi)* to break* loose; to break* away; *(sganciarsi)* to get* unhooked: *Nella salita si staccò il rimorchio,* The trailer broke loose during the climb.

5 *(fig.: rinunciare, abbandonare)* to give* up: *Non è facile staccarsi dai piccoli vizi,* It isn't easy to give up little bad habits.

6 *(sport: distaccare)* to draw* ahead; *(più velocemente)* to shoot* ahead: *Nella dirittura di arrivo si staccarono in tre per la volata,* On the home straight three of them drew ahead for the final sprint.

7 *(essere differente)* to be* different; to differ: *Questa copia si stacca molto dall'originale,* This copy is very different from the original.

stacciare *vt* to sift; to sieve.

staccio *sm* sifter; sieve: *passare qcsa allo staccio,* to sift sth.

staccionata *sf (steccato)* stockade; *(alle corse ippiche)* hurdle.

stacco *sm* **1** *(separazione)* separation; *(distacco)* detachment; *(intervallo)* interval; gap; space; pause: *uno stacco tra due frasi,* an interval (a pause) between two sentences. **2** *(forte contrasto)* sharp contrast: *troppo stacco tra le due tesi,* too great a gap (too sharp a contrast) between the two views — *fare stacco (spiccare),* to stand out; to be prominent. **3** *(atletica, ecc.)* take-off. □ *stacco d'abito,* suit length.

stadera *sf* steelyard; Roman balance: *stadera a ponte,* weigh-bridge.

stadio *sm* **1** stadium *(pl.* stadia *o* stadiums*)* *(anche stor. romana)*; sports ground. **2** *(ant.: misura greca)* stadium. **3** *(fase periodo, grado)* phase; stage; step: *essere ad uno stadio avanzato,* to be at an advanced stage.

staffa *sf* **1** stirrup: *infilare il piede nella staffa,* to put one's foot into the stirrup — *accorciare (allungare) la staffa,* to shorten (to lengthen) the stirrup strap — *essere con il piede in staffa, (fig.)* to be ready to start — *perdere le staffe,* to lose one's stirrups; *(fig.)* to lose one's temper — *tenere (avere) il piede in due staffe,* to have a foot in both camps; to run with the hare and hunt with the hounds — *il bicchiere della staffa,* the stirrup-cup. **2** *(in varie tecnologie)* hanger; *(supporto)* bracket; *(mensola)* console; console table; *(fascetta)* strap; *(morsa)* clamp; clip; *(fonderia)* flask; moulding-box; *(predellino di carrozza)* footboard. **3** *(anat.)* stirrup; stirrup-bone; stapes. **4** *(alpinismo)* climbing ladder. □ *staffa scalare, (nei conti correnti bancari)* interest table.

staffetta *sf* dispatch-rider *(spec. mil.)*; courier; runner: *corsa a staffetta,* relay race — *locomotiva staffetta,* pilot engine. □ *fare da staffetta, (fig.)* to fetch and carry.

staffiere *sm* groom; *(servitore di casa signorile)* footman *(pl.* -men*)*.

staffilamento *sm (anche fig.)* scourging; lashing; flogging.

staffilare *vt (anche fig.)* to scourge; to lash; to flog.

staffilata *sf* lash; *(al calcio)* tremendous shot.

staffilatore *sm (anche fig.)* scourger; lasher; flogger.

staffilatura *sf* scourging; lashing; flogging; whipping.

staffile *sm* **1** scourge; lash; flog. **2** *(striscia di cuoio cui sta appesa la staffa)* stirrup-leather; stirrup-strap.

stafilococco *sm* staphylococcus *(pl.* staphylococci*)*.

staggio *sm (di scala a pioli)* side-piece; *(regolo di telaio da ricamo)* support; *(di gabbia)* bar; rod; *(di rete da uccellare)* bar; *(sbarra da ginnastica)* bar.

stagionale *agg* seasonal: *lavoro stagionale,* seasonal work.

□ *sm o f.* seasonal (*o* temporary) worker.

stagionare *vt* to season *(spec. il legno)*; to mature *(spec. il formaggio, ecc.)*; to ripen *(il formaggio, ecc.)*; to weather *(spec. all'aria aperta)*; to age *(spec. vini o liquori)*: *legno stagionato,* seasoned wood — *vino stagionato in fusti di rovere,* wine aged in oak casks.

□ **stagionarsi** *v. rifl e i.* to season; to mature.

stagionato *agg* seasoned; mature; *(asciugato all'aria aperta)* weathered; *(scherz.: attempato)* elderly; rather old; of many winters.

stagionatura *sf* seasoning; *(maturazione)* ripening; *(di legname, anche)* weathering.

stagione *sf* **1** season: *essere di stagione (fuori stagione),* to be in season (out of season) — *di mezza stagione, (agg.)* between-season; mid-season — *la stagione delle piogge,* the rainy season — *stagione morta, (comm.)* slack time; dead (*o* dull, off) season — *l'alta stagione,* the high season — *prezzi di bassa stagione,* low-season (*o* off-season) charges. **2** *(periodo, tempo)* season *(anche a teatro)*; period; time: *la stagione della caccia,* the season for game — *Fu scritturato per tre stagioni di seguito,* They signed him on three seasons running — *la stagione dell'opera,* the opera season — *la stagione delle rose,* the rose season — *la stagione dei raccolti,* harvest-time. **3** *(tempo atmosferico)* weather: *Abbiamo avuto una stagione molto secca quest'anno,* We've had very dry weather the whole year round.

stagliare *vt* to cut* roughly; to cut* unevenly; to hack; to hew*.

□ **stagliarsi** *v. rifl* to stand* out; to be* delineated.

stagliato *agg* **1** silhouetted; in outline; projected: *una torre stagliata contro il cielo,* a tower silhouetted against the sky. **2** *(di roccia, tagliata grossolanamente)* sheer; unevenly cut.

stagnaio *sm* tinker; tin-smith; *(lattoniere)* tin-plater.

stagnamento *sm* stagnation; stagnating.

stagnante *agg* stagnant.

[1]**stagnare** *vt* **1** *(metallurgia)* to tin; to tin-plate; *(saldare)* to solder. **2** *(rendere impermeabile)* to waterproof. **3** *(chiudere)* to staunch.

[2]**stagnare** *vi (di acqua, ecc.)* to stagnate; to be* stagnant.

stagnatura *sf* tinning; tin-plating; *(saldatura)* soldering.
stagnino *sm* tinker; tin-smith.
[1]**stagno** *sm* tin: *stagno per saldatura,* solder — *saldare a stagno,* to solder; to soft-solder.
[2]**stagno** *sm (acqua stagnante)* pond; pool; mere.
[3]**stagno** *agg* **1** *(a tenuta d'acqua)* waterproof; watertight; proof; *(d'aria)* airtight; *(di luce)* lightproof: *compartimento stagno,* watertight compartment — *paratia stagna,* watertight bulkhead — *portello stagno,* watertight door. **2** *(solido, robusto)* compact; solid; staunch; heavy; robust.
stagnola *sf* tin-foil; silver paper.
staio *sm* bushel: *a staia,* bushels of (sth); a lot of (sth). □ *cappello a staio,* top hat.
stalagmite *sf* stalagmite.
stalattite *sf* stalactite.
stalla *sf (per i cavalli)* stable; *(per i buoi)* cowhouse; cowshed; byre; *(per i maiali)* pigsty; *(genericamente: costruzione annessa alla casa rurale)* outhouse; *(l'insieme degli animali)* cattle; herd of cattle: *ragazzo (garzone, mozzo) di stalla,* stable boy — *una camera che sembra una stalla,* a room like a pigsty — *sembrare allevato in una stalla, (di persona)* to appear to have been brought up in a pigsty — *chiudere la stalla dopo che i buoi sono fuggiti,* to lock the stable door after the horse has bolted — *passare dalle stelle alle stalle,* to go from riches to rags.
stallaggio *sm* stabling.
stalliere *sm* stableman *(pl.* -men*)*; stable-boy; groom.
stallo *sm* **1** stall; seat. **2** *(aeronautica)* stall. **3** *(agli scacchi)* stalemate: *trovarsi in una situazione di stallo, (fig.)* to reach (a) stalemate; to have come to a standstill.
stallone *sm* stallion.
stamane, stamattina *avv* this morning.
stambecco *sm* ibex; bouquetin *(fr.)*.
stamberga *sf* hovel.
stambugio *sm* hole; dark little room.
stame *sf* **1** *(bot.)* stamen *(pl.* stamens *o* stamina*)*. **2** *(di lana, ecc.)* wool; fine carded wool; *(fig.: filo)* thread: *recidere lo stame della vita, (letteralm.)* to cut the thread of life.
stamigna, stamina *sf (per far bandiere, ecc.)* bunting.
staminale *sm* futtock.
stampa *sf* **1** *(l'arte e la pratica della stampare)* printing; *(in alcune locuzioni)* press: *La stampa fu inventata alcuni secoli fa,* Printing was invented some centuries ago — *a stampa,* in print; printed — *in corso di stampa,* in the press; in print; in printing — *dare alla stampa,* to send to press — *fuori stampa,* out of print — *bozze di stampa,* (printer's) proofs — *errore di stampa,* misprint; printing error — *stampa a mano,* hand-printing — *stampa in rilievo,* relief-printing — *stampa a contatto,* contact printing. **2** *(cosa stampata, anche una fotografia)* print; *(incisione)* engraving; *(litografia)* lithograph: *una preziosa stampa dell'Ottocento,* a valuable nineteenth-century print (*o* engraving) — *una stampa molto nitida,* a very clear print — *Stampe, (nelle spedizioni postali)* Printed Matter. **3** *(giornali e giornalisti)* press: *la stampa estera,* the foreign press — *libertà di stampa,* freedom of the press — *conferenza stampa,* press-conference — *tribuna stampa,* press gallery; *(sport)* press-box — *ritagli della stampa,* press-cuttings — *avere una buona (una cattiva) stampa,* to have a good (a bad) press; to be well (badly) received by the press. **4** *(fig.: tipo, genere)* kind; type; sort: *Ma che stampa d'uomo è?,* What sort of (a) man is he?
stampabile *agg* printable; fit to print: *non stampabile,* unprintable.
stampaggio *sm* **1** *(stampa)* printing. **2** *(mecc.: con pressa, a freddo)* pressing; presswork; *(con pressa, a caldo)* hot-pressing; press-forging; *(con maglio, a caldo)* drop-forging; *(a mano, di fabbro)* swaging; *(di piega, per lamiere)* forming; *(di plastica)* moulding; *(coniatura)* coinage.
stampante *agg* printing.
stampare *vt* **1** to print; *(pubblicare)* to publish; to print: *Furono stampate soltanto cinquemila copie,* Only five thousand copies were printed — *stampare a mano,* to print by hand — *stampare a colori,* to print in colour — *Ha già stampato parecchi romanzi,* He has already published several novels — *Si stampi, (su una bozza)* Passed for printing. **2** *(fig.: imprimere)* to stamp; to plant; to imprint; to print: *Fece stampare le sue iniziali su tutti gli articoli,* He had his initials printed (*o* stamped) on all the articles — *stampare orme,* to make footprints — *stampare un bacio,* to plant (to imprint) a kiss — *stampare una bugia,* to invent a lie — *stampare figli, (scherz.)* to beget (many) children. **3** *(mecc.: con pressa)* to press; *(con pressa a caldo)* to hot-press; to press-forge; *(con maglio)* to drop-forge; *(a mano)* to swage; to stamp: *stampare un ferro di cavallo,* to stamp a horse shoe. □ **stamparsi** *v. rifl (fig.)* to impress (sth) firmly: *Stampati bene in mente che...,* Impress firmly in your mind (Get it into your head) that...
stampatello *sm* block letters *(pl.)*; capital letters *(pl.)*: *in stampatello,* in block letters; in capitals.
stampato *agg* **1** (*p. pass. di* **stampare** ⇨) printed; stamped; *(pubblicato)* published; edited: *stampato alla macchia,* printed (*o* published, edited) secretly — *parlare come un libro stampato,* to talk like a book — *circuito stampato,* printed circuit — *stampato fuori centro, (di francobollo)* off-centre. **2** *(impresso, chiaramente visibile)* impressed; imprinted: *portare stampato in viso il proprio dolore,* to have one's grief impressed on one's face. **3** *(tecn.)* pressed; *(a caldo)* press-forged.
□ *sm* **1** *(opuscolo)* booklet; *(foglio)* leaflet; brochure; *(modulo)* form; (printed) form; blank form; print; *(stampe)* printed matter. **2** *(tessuto)* print: *stampato di cotone,* printed cotton fabric.
stampatore *sm* **1** printer. **2** *(mecc.: addetto alle presse)* pressman *(pl.* -men*)*. **3** *(addetto ai magli)* hammerman *(pl.* -men*)*.
stampatrice *sf (macchina)* printing-machine; printing-press; *(di pellicole cinematografiche)* printer; printing-machine.
stampatura *sf* **1** *(stampa)* printing. **2** *(mecc.: con pressa)* pressing; presswork; *(con maglio)* forging; *(di plastica)* moulding. **3** *(coniatura)* coinage.
stampella *sf* crutch: *camminare con le stampelle,* to go on crutches; to walk with the aid of crutches.
stamperia *sf* printing-house; printing-works.
stampigliare *vt* to stamp; to print.
stampigliato *agg* stamped; printed.
stampigliatura *sf* stamping; printing.
stampinare *vt (riprodurre con stampino)* to stencil; *(forare con stampino)* to punch.
stampino *sm* stencil; stencil-plate; *(punteruolo)* punch; *(piccolo stampo)* little mould.
stampo *sm* **1** mould *(anche fig.)*; *(matrice)* matrix *(pl.* matrices *o* matrixes*)*; *(mecc.)* die; swage; *(punzone)* punch; *(per conio)* minting die; *(stampino)* stencil;

(impronta, marchio) stamp; mark: *stampo da budino,* pudding mould — *essere fatto con lo stesso stampo,* to be cast in the same mould — *Di uomini simili si è perso lo stampo,* They don't make men like him any more. **2** *(fig.: indole, carattere)* stamp; nature; *(fig.: stile)* style; *(fig.: sorta, tipo)* kind; sort; type; class: *un gentiluomo di vecchio stampo,* a gentleman of the old stamp (*o* school) — *Non voglio avere niente a che fare con persone di quello stampo!,* I don't want to have anything to do with people of that sort! **3** *(sagoma di uccello usata dai cacciatori)* decoy. **4** *(pl.: i buchi in un ferro di cavallo)* nail holes (in a horseshoe).

stampone *sm* proof-sheet; sheet.

stanare *vt* to drive* out; to dislodge *(anche fig.)*; *(di selvaggina)* to put* up; to flush.

stancamente *avv* wearily.

stancante *agg* (*p. pres. di* **stancare** ⇨) tiresome; wearisome; tiring.

stancare *vt* **1** to tire; to tire (sb) out; to weary; to fatigue; *(sforzare)* to strain; to exhaust: *La lunga camminata lo stancò,* The long walk tired him out — *La lettura stanca gli occhi,* Reading strains one's eyes — *stancare il nemico (la pazienza di qcno),* to exhaust the enemy (sb's patience). **2** *(infastidire, annoiare)* to bore; to bother; to annoy; to pall: *pettegolezzi che stancano tutti,* gossiping that bores everybody.
□ **stancarsi** *v. rifl* **1** to tire; to get* tired; to weary; to grow* weary; to be* bored: *Si stanca facilmente, poveretto,* He tires easily (He gets tired easily), poor chap — *Non si stanca mai di ripeterlo,* He never tires of repeating it. **2** *(stancarsi di qcsa)* to get* tired of sth; to grow* weary of sth.

stanchevole *agg* ⇨ **stancante.**

stanchezza *sf* tiredness; weariness; fatigue: *avvertire i primi segni (sintomi) di stanchezza,* to feel the first symptoms of tiredness.

stanco *agg* **1** tired; weary; fatigued; *(sfinito)* exhausted; strained; worn out: *essere (sentirsi) stanco,* to be (to feel) tired — *essere stanco morto,* to be dead tired (dog-tired, tired out, exhausted) — *essere nato stanco,* to be a lazy fellow; to be born tired — *essere stanco di vivere,* to be weary of life — *terreno stanco,* exhausted (*o* overworked) soil — *un mercato stanco, (comm.)* a dull (a slack) market. **2** *(seccato)* bored; sick; *(stufo)* fed up: *essere stanco di qcno (qcsa),* to be bored (*o* sick, fed up) with sb (sth). **3** *(ant.: sinistro)* left.

standardizzare *vt* to standardize.

standardizzato *agg* **1** standardized. **2** *(prodotto in serie)* mass-produced.

standardizzazione *sf* **1** standardization. **2** *(produzione in serie)* mass-production.

stanga *sf* **1** *(spranga)* bar; cross-bar; *(di carro o carrozza)* bar; shaft; wooden pole; *(di aratro)* beam. **2** *(fig.: di persona)* tall and lanky person; spindleshanks.
□ *una stanga di ghiaccio,* an ice block.

stangare *vt* **1** *(sbarrare)* to bar. **2** *(colpire)* to blow* with a bar; to thrash; to cudgel. **3** *(fare pagare troppo)* to bleed*.

stangata *sf* **1** blow with a bar. **2** *(fig.)* blow.

stanghetta *sf* **1** small bar; *(di serratura)* bolt; *(di occhiali, ecc.)* bar; arm. **2** *(mus.)* bar-line.

stangone *sm* **1** big bar. **2** *(fig.: spilungone)* strapper; lanky person.

stanotte *avv* **1** *(questa notte)* this night; *(che verrà)* to-night; tonight. **2** *(appena trascorsa)* last night.

stante *agg (p. pres. di* **stare***: nelle locuzioni) a sé stante,* - **a)** apart; separate; distinct - **b)** *(fig.)* special; particular; out of the way; uncommon; exceptional: *seduta stante,* straight out; straight away; immediately; at once; abruptly; with no more ado.
□ *prep* considering; in view of; as a (in) consequence of: *stante la presente situazione,* considering the present situation — *stante le pressanti richieste,* as a consequence of the insistent demands — *Stante che...,* Since...; As...; Seeing that...

stantio *agg* stale: *sapere di stantio,* to taste stale.

stantuffo *sm* piston; *(di pompa, anche)* plunger: *dotato di (con) motore a stantuffo, (di velivolo)* piston-engined.

stanza *sf* **1** room: *una stanza con una bella vista sul mare,* a room with a beautiful view of the sea — *un appartamento di sette stanze,* a flat of seven rooms; a seven-roomed (seven-room) flat — *la stanza accanto,* the next room. **2** *(permanenza)* stay; sojourn; *(dimora, residenza)* residence; place of residence; abode; dwelling place: *avere (prendere) stanza in un luogo,* to have (to take up) one's residence (one's abode) in a place; to settle down in a place — *essere di stanza, (mil.)* to be stationed. **3** *(metrica)* stanza. □ *stanza di compensazione, (banca)* clearing house.

stanziamento *sm* appropriation; setting apart; allocation: *uno stanziamento di fondi,* an appropriation of funds.

stanziare *vt (comm.)* to appropriate; to set* apart; to allocate.
□ **stanziarsi** *vi* to settle; to fix one's home; *(mil.)* to be* quartered.

stappare *vt* to uncork; *(da tappo metallico)* to uncap: *stappare gli orecchi,* to remove earwax; to clear the wax (from sb's ears).

stare *vi* **1** *(rimanere)* - **a)** to stay; to remain; to be*; *(in piedi)* to stand*; *(seduto)* to sit*: *Starò a casa stasera,* I'll stay at home tonight — *Posso stare qui solo una settimana,* I can stay here only a week — *Non mi piace stare qui sotto la pioggia,* I don't like to stay here the rain — *stare sdraiato,* to lie down — *È stato a letto per tre giorni,* He has been in bed for three days — *stare in ginocchio,* to kneel down — *stare in disparte (indietro),* to stand aside (back) — *stare sveglio,* to stay awake.
b) *(seguito da inf.: si traduce in modo idiomatico o non si traduce): Le piace stare a chiacchierare,* She likes to stand chattering — *stare a vedere,* to (wait and) see; *(iron.: scommettere)* to bet — *Voglio stare a vedere che cosa succederà,* I want to see what is going to happen — *Stai a vedere che ha ragione lui!, (iron.)* You'll see, he'll turn out to be right! — *Stammi a sentire,* Now listen to me.
2 *(abitare)* to live; to stay: *Sta con i genitori,* He lives with his parents — *Sta da solo,* He lives on his own — *Starà da sua zia per le vacanze estive,* He will stay with his aunt for the summer holidays.
3 *(essere)* to be*; to stand*; *(riferito a condizioni di salute, economiche, ecc.)* to be*; *(essere situato)* to be*; to lie*; to be* located; *(matematica)* to be*: *Come stai?,* How are you? — *stare bene,* to be fine (*o* well); *(essere ricco)* to be well-off — *stare male,* to be ill — *Le cose stanno così,* This is how things are — *Stando così le cose...,* If that is how things are (*o* matters stand)... — *Non mi piace stare da solo,* I don't like to be alone — *stare tra l'incudine e il martello,* to be between the devil and the deep blue sea — *Stai tranquillo!,* Be calm!; Don't worry! — *Stai zitto!,* Be quiet!; Keep quiet!; *(fam.)* Shut up! — *Stai sicuro che me la pagherà!,* You can be sure he'll pay me for it!

— *Dove sta la stazione?,* Where's the station? — *15 sta a 30 come 20 sta a 40,* 15 is to 30 as 20 is to 40.
4 *(andare)* to go*: *Sono stato a Milano ieri,* I went to Milan yesterday — *Oggi sono stato due volte in biblioteca,* I have gone (I have been) to the library twice today.
5 - **a)** *(seguito dal gerundio)* to be*: *Sto lavorando,* I'm working — *Stanno leggendo,* They're reading - **b)** *(stare per)* to be*; to be* going to; to be* (just) about to; to be* on the point of: *Sto per partire,* I'm about to leave; I'm leaving — *Stavamo proprio per venire da te,* We were just about to come over to you.
6 *(consistere)* to consist; to lie*; to be*; *(dipendere)* to depend (on): *La difficoltà sta nell'organizzazione,* The difficulty lies in the organization — *Tutto sta nell'arrivare in tempo,* It all depends on arriving on time.
7 *(parteggiare per)* to side with: *Lui stava sempre con il più forte,* He always sided with the strongest one — *Ma tu con chi stai?,* Whose side are you on?; Who(m) do you side with?
8 stare a, - **a)** *(attenersi)* to keep* (to); to stick (to): *Devi stare a quel che ti dico io,* You must keep to what I say to you — *stare alle regole,* to keep to the rules; to stick to the rules — *stare ai fatti,* to keep (to stick) to the facts.
b) *(toccare, spettare)* to be* up to; *(essere la volta di qcno)* to be* one's turn: *Non sta a me decidere una cosa simile,* It's not up to me to decide (on) such a thing — *Sta a te adesso,* It's your turn now.
9 stare bene, *(riferito a capi di vestiario)* to fit; *(a colori, stile, ecc.)* to suit; *(fig.: addirsi)* to be* fitting; to be* becoming; to be* proper: *Quella giacca ti sta proprio bene,* That jacket fits you beautifully — *Non sta bene dire certe cose,* It's not proper to say certain things.
10 starci, - **a)** *(essere contenuto)* to go* into; to be* held; *(invertendo il soggetto e l'oggetto)* to hold*; to contain: *Quant'acqua ci sta in quella bottiglia?,* How much water will that bottle hold? — *Qui il pianoforte non ci sta,* There's no room for the piano here — *Ci stanno al massimo settanta persone in questa sala,* This hall will hold a maximum of seventy people — *Quante volte ci sta il sette nel trentacinque?,* How many times does seven go into thirty-five? - **b)** *(essere d'accordo)* to agree: *Ci stai a fare un regalo alla professoressa?,* Do you agree to give the teacher a present? — *Io non ci sto,* I won't — *'Andiamo al cinema?' - 'Io ci sto',* 'Shall we go to the cinema?' - 'Sure'.
□ *stare a cuore, (riferito a qcno, qcsa)* to have (sb, sth) at heart — *stare agli scherzi,* to take sth in good part — *stare alla larga da qcno, qcsa,* to give sb, sth a wide berth — *stare con l'acqua alla gola,* to have one's heart in one's mouth — *stare a bocca aperta,* to be open-mouthed — *stare con le mani in mano,* to twiddle one's thumbs — *stare dietro a qcno,* to dog sb's footsteps; *(per sorvegliarlo)* to keep an eye on sb; *(fam.: fare la corte)* to run after sb — *stare in forse,* to be doubtful; to be in doubt — *Stai fresco!,* You're kidding! — *Stai fresco se credi che paghi lui!,* If you think he'll pay you've got another think coming! — *stare saldo, (anche fig.)* to stand firm; to stand fast — *stare su, (con la schiena)* to stand upright; *(alzato la sera)* to stay up; *(fig.: con lo spirito)* to keep one's spirits up — *stare sulle sue,* to keep aloof; to stand on one's dignity — *lasciar stare, (non toccare qcsa)* to keep one's hands off sth; to leave sth alone; *(non disturbare qcno)* to leave sb alone; *(non darsi da fare)* to leave it; not to bother — *Lascia stare quel vaso,* Keep your hands off that vase — *Lascia stare il gatto,* Leave the cat alone — *Lascia stare, lo farà mia sorella più tardi,* Leave it; my sister will do it later — *Fatto sta che...,* The fact is that... — *Ben ti sta!,* Serves you right!
□ **starsi, starsene** *v. rifl* to be*; *(rimanere)* to stay; to keep*: *starsene in disparte,* to stand aside — *Se ne stava zitto zitto,* He kept quiet — *Stasera me ne sto a casa,* Tonight I'm staying at home.

starna *sf* grey partridge.

starnazzare *vi (di uccelli)* to flap (its, their, *ecc.*) wings in the dust; *(fam.)* to have* a dust-bath.

starnutire *vi* to sneeze.

starnuto *sm* sneeze.

stasare *vt* to unclog; to unstop; to unblock; to free.

stasera *avv* this evening; to-night; tonight.

stasi *sf* **1** *(arresto)* stoppage; stop; standstill; *(scarsa attività)* inactivity; sluggishness. **2** *(med.)* stasis; stagnation.

statale *agg* of the state; state *(attrib.);* government *(attrib.): impiegato statale,* state employee; civil servant — *gli statali,* civil servants.
□ *sm e f.* **1** *(dipendente dello Stato)* state employee; civil servant *(GB).* **2** *(strada statale)* main road.

statalizzare *vt* to nationalize.

statalizzazione *sf* nationalization.

statere *sm (numismatica)* stater.

statica *sf* statics.

statico *agg* static; *(inattivo)* inactive; *(in posizione di riposo)* at rest.

statista *sm* statesman *(pl.* -men*);* politician.

statistica *sf* statistics.

statisticamente *avv* statistically.

statistico *agg* statistical.

stato *sm* **1** *(situazione, condizione)* state; condition; situation; *(posizione fisica)* position; posture; *(la condizione di un oggetto, anche)* order; repair; trim; *(rango)* status; rank; class: *lo stato delle cose,* the state of things — *lo stato del malato,* the state (the condition) of the patient — *in ottimo stato,* in very good condition; in fine fettle; *(di cosa)* in good repair — *in pessimo stato,* in very bad condition; in a terrible plight; *(di cosa)* in very bad repair — *essere in stato di ubriachezza,* to be under the influence of drink — *essere in stato di gravidanza (in stato interessante),* to be pregnant; to be with child. **2** *(posizione sociale)* position; *(giuridica)* status: *migliorare il proprio stato,* to improve one's position — *stato nubile,* spinsterhood — *stato libero (celibe),* bachelorhood — *stato coniugale,* marital status; wedlock — *stato vedovile,* widowhood — *stato civile,* registry office — *ufficiale di stato civile,* registrar — *stato di famiglia,* family situation — *stato di servizio,* record of service — *stato delle anime, (registro di una parrocchia)* parish register — *stato giuridico,* juridical status; legal standing — *stato di fallimento,* bankruptcy — *stato di necessità,* necessitous situation — *stato di insolvenza,* insolvency — *stato patrimoniale,* statement of assets and liabilities; balance sheet — *stato passivo,* net deficiency. **3** *(organismo politico)* state; nation; *(governo)* government: *uno Stato democratico (totalitario),* a democratic (totalitarian) State — *uno Stato cuscinetto,* a buffer State — *uno Stato guida,* a leading State (*o* Power) — *affare di Stato,* affair of State — *fare di ogni cosa un affare di Stato,* to complicate things; to make things difficult — *colpo di Stato,* coup d'état *(fr.)* — *esame di Stato,* state examination — *ragione di Stato,* reason of

State; the interests of the State ... *...mo di Stato,* statesman — *Segretario di Stato,* Secretary of State. □ *stato d'animo,* frame of mind; mood — *stato di incoscienza,* unconsciousness — *uno stato febbrile,* a feverish state — *in stato di coma,* in a coma — *in stato di ipnosi,* in a trance — *allo stato brado,* running wild — *stato di efficienza,* serviceability — *stato di emergenza,* state of emergency — *stato d'assedio,* state of siege — *stato di guerra,* state of war — *essere in stato di accusa,* to be under accusation — *essere in stato di arresto,* to be under arrest — *essere in stato di detenzione,* to be in gaol — *gli Stati Generali,* the States General — *il Terzo Stato,* the Third Estate — *il Quarto Stato,* the proletariat — *lo Stato Maggiore,* the General Staff — *Capo di Stato Maggiore,* Chief of Staff.

statolatria *sf* state-worship; worship of the State.

statore *sm* stator.

statua *sf* statue: *una statua di marmo,* a marble statue — *immobile come una statua,* (as) still as a statue; stock-still.

statuario *agg* statuary.

statuetta *sf* statuette; small statue.

statuire *vt* to decree; to ordain.

statura *sf* stature *(anche fig.)*; size; height; *(fig., anche)* eminence; grandeur; excellence.

status quo *sm* status quo; existing state of affairs.

statuto *sm* **1** *(stor.)* statute; *(costituzione)* constitution. **2** *(ordinamento di una società)* articles *(pl.)* of association.

stazionamento *sm* standing; stopping.

stazionare *vt* to stand*; to stay; to stop; *(parcheggiare)* to park.

stazionarietà *sf* stationariness.

stazionario *agg* stationary.

stazione *sf* **1** *(fermata, luogo di fermata)* station: *stazione ferroviaria,* railway station — *capostazione,* station master — *stazione degli autobus,* bus station — *stazione capolinea,* terminus (station) — *stazione di rifornimento,* filling station; gas station *(USA)*; service station *(USA)* — *le stazioni della Via Crucis,* the stations of the Cross. **2** *(distaccamento)* station; post: *stazione di polizia,* police station — *stazione di frontiera,* frontier post — *stazione trasmittente (radio),* broadcasting station. **3** *(luogo di soggiorno o di villeggiatura)* resort: *stazione climatica (invernale, balneare),* health (winter, seaside) resort — *stazione sciistica,* skiing resort. **4** *(osservatorio scientifico)* observatory; station: *stazione di ricerche sperimentali,* research station.

stazza *sf* tonnage: *stazza lorda (netta),* gross (net) tonnage.

stazzare *vt (misurare la stazza di una nave)* to measure the tonnage (of a ship).
□ *vi (avere una determinata capacità)* to have* a tonnage of.

stazzatura *sf (misurazione)* measurement; *(capacità)* tonnage.

stazzo *sm* fold; pen; *(porcile)* pigsty.

stazzonamento *sm* crumpling; creasing; rumpling.

stazzonare *vt* to crumple; to crease; to rumple.

steatite *sf* steatite; soapstone.

stecca *sf* **1** small stick; *(di traliccio, di veneziana)* lath; *(di persiana di legno)* louver-board; *(di ventaglio, ombrello)* rib; *(di avvolgibile)* slat; *(di corsetto, busto)* whalebone; *(asta da bigliardo)* cue; *(med.: per tenere in posizione un arto fratturato)* splint. **2** *(di sigarette)* pack. **3** *(canto)* false note. □ *fare (prendere) una stecca,* to fluff a stroke *(al golf, al bigliardo, ecc.)*; to fluff a note *(cantando)*.

[1]**steccare** *vt (chiudere con steccato)* to fence; to fence in; *(med.: fasciare con stecca)* to put* (sth) in splints.

[2]**steccare** *vi (mus.)* to sing* (to play) a false note.

steccato *sm* fence; *(intorno a edificio in costruzione)* hoarding; *(alle corse ippiche)* rails; *(palizzata)* paling; stockade.

steccatura *sf* fencing.

stecchetto *sm* (small) stick. □ *essere a stecchetto,* to be short of (sth); to be on short rations (short commons) — *tenere qcno a stecchetto,* to keep sb on short rations.

stecchino *sm (stuzzicadenti)* toothpick.

stecchire *vt (uccidere sul posto)* to kill (sb, sth) on the spot; to kill (sb, sth) stone dead.
□ *vi* **1** *(assottigliarsi)* to grow* very thin; to become* as thin as a rake. **2** *(diventare secco)* to dry up.

stecchito *agg (magrissimo)* extremely thin; skinny; *(avvizzito)* withered; dried up; *(rigido)* stiff: *morto stecchito,* stone dead — *cadere stecchito,* to be struck dead — *lasciare stecchito qcno,* to dumbfound sb; to strike sb dumb with surprise.

stecco *sm* dry twig; stick.

steccone *sm* post; stake.

stele *sf* stele *(pl.* stelae*)*.

stella *sf* **1** star: *stella cadente,* shooting star; falling star — *la Stella Polare,* the North Star; the Pole Star; Polaris — *una notte senza stelle (piena di stelle),* a starless (a starry) night — *a stella,* starlike; star-shaped — *collegamento a stella, (elettr.)* Y-connection; star connection — *vedere le stelle, (fig.)* to see stars — *dormire sotto le stelle,* to sleep out (in the open). **2** *(fig.: destino)* star; fate; destiny: *La sua stella sale (sta tramontando),* His star (*o* sun) is on the ascendant (is falling) — *essere nato sotto una buona (cattiva) stella,* to be born under a lucky (an unlucky) star — *seguire la propria stella,* to follow one's own destiny — *Ringrazia la tua buona stella!,* Thank your lucky stars! **3** *(fig., del cinema, ecc.)* star: *una stella della televisione,* a telestar. **4** *(tipografia)* asterisk; star. **5** *(mecc.)* row: *stella semplice (doppia), (motore)* single- (double-) row. **6** *(di cavallo: chiazza bianca)* blaze; star. **7** *(rotella dello sperone)* rowel. □ *Povera stella!,* Poor thing! — *I prezzi sono alle stelle,* Prices are sky-high — *stella alpina,* edelweiss — *stella di mare,* starfish — *stella filante,* streamer.

stellante *agg (lucente)* starry; bright; shining.

[1]**stellare** *agg* **1** stellar; of stars; astral; star *(attrib.)*; *(a forma di stella)* star-shaped. **2** *(di motore)* radial.

[2]**stellare** *vt* to stud (to adorn) with stars.
□ **stellarsi** *v. rifl* to fill with stars.

stellato *agg* **1** starry; starred; *(illuminato dalle stelle)* starlit; *(punteggiato di stelle)* star-spangled; *(a forma di stella)* star-shaped; star *(attrib.)*: *cielo stellato,* starry sky — *la bandiera stellata,* the star-spangled banner; the Stars and Stripes — *la repubblica stellata,* the United States of America — *ricamo stellato,* star embroidery — *punto stellato, (di ricamo)* cross-stitch — *bastione stellato,* star-shaped rampart. **2** *(di imbarcazione)* wedgelike. **3** *(di animale, spec. cavallo)* blazed. □ *stellato di poppa, (naut.)* run — *stellato di prua,* entrance.

stelletta *sf* **1** *(mil.)* star. **2** *(tipografia)* asterisk.

stellettare *vt (tipografia)* to mark with asterisks; to asterisk.

stelloncino *sm* short paragraph; item of news.

stelo *sm* **1** *(bot.)* stem; stalk. **2** *(mecc.)* stem; shaft;

shank: *stelo di rotaia,* web — *stelo di stantuffo,* piston rod.

stemma *sm* coat of arms; escutcheon.

stemperamento *sm* **1** dilution; dissolving. **2** *(di metalli)* untempering.

stemperare *vt* **1** *(diluire)* to dilute *(anche fig.); (sciogliere)* to melt*; to dissolve; *(la calce)* to slake. **2** *(togliere la tempera a un metallo)* to untemper. **3** *(spuntare una matita)* to blunt.

☐ **stemperarsi** *v. rifl* **1** to melt*; to be* melted: *stemperarsi in lacrime,* to melt into tears. **2** *(di matita, spuntarsi)* to become* blunt.

stempiarsi *v. rifl* to go* bald.

stempiato *agg* going bald; bald at the temples.

stendardo *sm* standard; ensign; banner; *(bandiera)* flag.

stendere *vt* **1** *(spalmare, distribuire)* to spread*; to lay*: *stendere il burro sul pane,* to spread butter on bread. **2** *(spiegare)* to spread* out; to lay* out; *(appendere)* to hang* out: *stendere la tovaglia,* to lay the table-cloth — *stendere le reti,* to lay (to spread, to set) the nets — *stendere il bucato,* to hang out the washing (the clothes). **3** *(allungare, distendere)* to stretch (out): *stendere le gambe,* to stretch (out) one's legs — *stendere la mano, (per chiedere l'elemosina)* to hold one's hand out — *far stendere qcno,* to make sb lie down. **4** *(di metalli: spianare)* to hammer out. **5** *(mettere per iscritto)* to draw* up; to draft: *stendere una relazione,* to draft a report. **6** *(gettare a terra)* to knock (sb) down.

☐ **stendersi** *v. rifl* **1** *(estendersi)* to stretch; *(distendersi, allungarsi)* to stretch oneself out. **2** *(sdraiarsi)* to lie* down.

stenditoio *sm* tenter; *(della biancheria)* clothes-line.

stenodattilografia *sf* shorthand typing.

stenodattilografo *sm* shorthand typist.

stenografare *vt* to shorthand; to take* down (to write*) in shorthand.

stenografato *agg* (written) in shorthand.

stenografia *sf* shorthand; stenography.

stenografo *sm* shorthand writer; stenographer.

stentare *vi* **1** to find* (sth) difficult; to find* (sth) hard; to have* difficulty in (*o* over): *stentare a leggere (a imparare una lingua),* to find reading (learning a language) difficult — *Stento a crederlo,* I can hardly believe it — *Stentava a farsi capire,* He could hardly make (He had difficulty in making) himself understood. **2** *(condurre vita grama)* to be* badly off: *Ha finito di stentare,* His sufferings are over.

☐ *vt (nella locuzione) stentare la vita (il pane),* to be hard up; to be badly off; to find difficulty in earning a living (*o* one's bread).

stentatamente *avv* with difficulty.

stentatezza *sf* difficulty; *(povertà)* poverty; destitution.

stentato *agg* **1** hard; difficult; straitened; *(faticoso)* troublesome; tired; laboured. **2** *(patito)* stunted; scrubby; *(forzato)* forced; *(non spontaneo)* insincere; feigned; false. ☐ *vita stentata,* hard life — *pane stentato,* hard-earned bread.

[1]**stento** *sm* **1** *(fatica)* effort; toil: *con molto stento,* with much difficulty — *a stento,* hardly; with difficult. **2** *(sofferenza)* suffering; pain; *(privazione, povertà)* privation; poverty: *vivere di (tra gli) stenti,* to lead a miserable (poor) life; to lead a wretched existence.

[2]**stento** *agg* ⇨ **stentato.**

stentoreo *agg* stentorian.

steppa *sf* steppe.

sterco *sm* excrement; *(di animale)* dung.

stercoraceo, stercorario *agg* stercoraceous; stercoral. ☐ *scarabeo stercoraceo,* dung-beetle.

stereo, stereofonico *agg* stereophonic; stereo *(attrib.).*

stereoscopico *agg* stereoscopic.

stereoscopio *sm* stereoscope.

stereotipare *vt* to stereotype *(anche fig.).*

stereotipato *agg* stereotyped *(anche fig.).*

stereotipia *sf* stereotyping; *(lastra)* stereotype (plate).

stereotipo *agg* stereotype; stereotyped *(anche fig.).*

sterile *agg* sterile *(anche fig.); (di terreno, anche)* barren; waste; *(privo di frutti, anche fig.)* fruitless: *una landa sterile,* a barren (a waste) plain — *una discussione sterile,* a sterile (a fruitless) discussion — *garza sterile,* sterile gauze.

sterilire *vt (anche fig.)* to sterilize.

☐ **sterilirsi** *v. rifl* to become* barren *(anche fig.);* to become* sterile.

sterilità *sf* **1** barrenness; sterility; unproductiveness. **2** *(inutilità)* uselessness; sterility.

sterilizzare *vt* to sterilize.

sterilizzatore *sm* sterilizer.

sterilizzazione *sf (med.)* sterilization; sterilizing.

sterilmente *avv* in a sterile way.

sterlina *sf* pound (sterling): *un biglietto da cinque sterline,* a five pound note; *(fam.)* a fiver — *un biglietto da dieci sterline,* a ten-pound note; *(fam.)* a tenner.

sterminabile *agg* exterminable.

sterminare *vt* to exterminate; to destroy.

sterminatamente *avv* boundlessly; endlessly.

sterminatezza *sf* boundlessness; unboundedness.

sterminato *agg* boundless; unbounded.

sterminatore *agg* exterminatory; destroying.

☐ *sm* exterminator; destroyer.

sterminio *sm* **1** extermination; havoc; massacre; *(carneficina)* slaughter: *fare uno sterminio,* to make havoc (of) — *campo di sterminio,* death camp. **2** *(fig., fam.: gran quantità)* lots and lots; an endless quantity: *Possiede uno sterminio di libri,* He has lots and lots (He has a dickens of a lot) of books.

sterno *sm* breast bone; sternum *(pl.* sterna*).*

sternutire *vi* ⇨ **starnutire.**

sterpaglia *sf* brushwood; heap of brushwood.

sterpaia, sterpaio *sf e m.* brake; brushwood.

sterpeto *sm* scrub; undergrowth; brushwood.

sterpo *sm* dry twig; dry shoot; *(pruno)* thorn.

sterposo *agg* scrubby.

sterrare *vt* to excavate; to dig* out.

sterratore *sm* digger; navvy *(GB).*

sterro *sm* digging out; excavation; *(terra scavata)* excavated material; spoil.

stertore *sm* stertorous breathing.

stertoroso *agg* stertorous.

sterzare *vt e i.* to steer; to turn.

sterzata *sf* turn of the steering wheel.

sterzo *sm (automobilistico)* steering: *sterzo reversibile,* self-centering steering.

stesa *sf (serie di cose stese)* display; *(mano di vernice, ecc.)* coat (of paint, *ecc.*).

steso *p. pass e agg* ⇨ **stendere.**

stessere *vt (disfare)* to unweave*; to undo*.

stesso **I** *agg dimostrativo* **1** *(medesimo, identico)* same: *gli stessi libri,* the same books — *lo stesso giorno,* the same day — *nel (al) tempo stesso,* at the same time; *(inoltre)* and yet — *È sempre la stessa*

storia, It's the same old story — *proprio lo stesso,* the very same; the self same.
2 *(rafforzativo: proprio, preciso, esatto)* very: *In quello stesso momento lo vidi,* In (At) that very moment I saw him — *oggi stesso,* this very day.
3 *(rafforzativo di pronomi personali e sostantivi: proprio, in persona)* -self *(pl.*– selves*)*; in person: *io stesso,* I myself; I... myself — *tu stesso,* you yourself; you... yourself — *egli stesso,* he himself; he... himself — *ella stessa,* she herself; she... herself — *noi stessi,* we ourselves; we... ourselves — *voi stessi,* you yourselves; you... yourselves — *essi (loro) stessi,* they themselves; they... themselves — *Ci andrò io stesso,* I'll go there myself — *Me lo mostrò lei stessa,* She showed it to me herself — *Lo stesso direttore ne comperò una,* The manager himself bought one — *Il presidente stesso vi partecipò,* The president in person (personally) attended it.
4 *(rafforzativo dei pronomi riflessivi)* -self *(pl.* -selves*)*; *ma* ⇨ *anche il* **3** *sopra: me stesso,* myself — *noi stessi,* ourselves; *(pl. di maestà)* ourself — *Conosci te stesso, (ant.)* Know thyself — *Ama solo se stesso,* He only loves himself — *Di per se stesso questo non è importante,* In itself this is not important.
5 *(rafforzativo degli aggettivi possessivi)* own: *L'ho fatto con le mie stesse mani,* I made it with my own hands.
II *pron dimostrativo* **1** *(la stessa persona)* the same; same person: *È sempre lo stesso che parla,* It's always the same person talking.
2 *(la stessa cosa)* the same: *Per me fa lo stesso,* It's (all) the same to me — *Se per te fa lo stesso...,* If it's all the same to you...
III *avv (in ogni modo, comunque)* all the same; just the same; anyway; anyhow: *Ci andrò lo stesso,* I'll go all the same (*o* anyway, *o* anyhow).

stesura *sf* **1** *(l'atto dello stendere)* drawing up; writing out; wording: *la stesura di un contratto,* the drawing up of a contract. **2** *(il documento)* draft: *prima stesura,* first draft.

stetoscopio *sm* stethoscope.

stia *sf* hen-coop.

stigio *agg* Stygian; infernal.

stigliatrice *sf* hackling-machine.

stigma *sm* **1** *(di fiore e di animale)* stigma *(pl.* stigmas*)*. **2** *(marchio, segno caratteristico)* brand; mark; stigma *(pl.* stigmas*)*.

stigmatico *agg* stigmatic.

stigmatizzare *vt* to stigmatize.

stilare *vt* to draw* up; to write* out; to draft.

[1]**stile** *sm* style; *(maniera)* manner; habit; way: *uno stile disadorno,* a bare style — *stile seicento,* seventeenth-century style — *lo stile di un calciatore,* the style of a soccer player — *una persona di stile,* a stylish person — *È suo stile...,* It is his style... — *con stile,* in style; stylishly — *in grande stile,* in grand style; in (the) grand manner; on a large scale — *secondo lo stile di...,* in the style of... — *avere stile,* to be stylish — *non avere stile,* to lack style. □ *stile libero, (nuoto)* crawl; freestyle.

[2]**stile, stilo** *sm* **1** *(stor.)* stylus; style; *(per intagliare)* graver; *(stiletto)* stiletto *(pl.* stilettoes *o* stilettos*)*. **2** *(tipografia)* stylet; small dagger.

stilettata *sf (colpo di stiletto)* stab; *(fig.: trafittura, dolore acuto)* pang; stabbing pain; shooting pain.

stiletto *sm* **1** stiletto *(pl.* stilettoes, stilettos*)*. **2** *(tipografia)* stylet; small dagger.

stilista *sm e f.* stylist.

stilistico *agg* stylistic.

stilita, stilite *agg e sm (stor.)* stylite; pillar-saint.

stilizzare *vt* to stylize.

stilizzato *agg* stylized.

stilla *sf* drop: *una stilla d'acqua,* a drop (a bit) of water.

stillare *vt e i.* to drip; to exude; to ooze; to trickle.
□ **stillarsi** *v. rifl stillarsi il cervello,* to rack one's brains.

stillicidio *sm* dripping; stillicide: *servitù di stillicidio, (dir.)* right to discharge rainwater on servient tenement.

stilobate *sm (archit.)* stylobate.

stilografico *agg* stylographic: *penna stilografica,* fountain pen.

stima *sf* **1** *(buona opinione, credito)* estimation; esteem; regard; respect; consideration; credit; *(fam.)* kudos: *una manifestazione di stima,* a demonstration of esteem — *godere la stima di tutti,* to enjoy general estimation — *crescere nella stima di qcno,* to gain (to go up) in sb's estimation — *tenere qcno in molta (poca) stima,* to hold sb in high (low) esteem — *perdere la stima di qcno,* to lose sb's esteem — *successo di stima,* succès d'estime *(fr.)*. **2** *(valutazione, spec. economica)* estimate; appraisal; valuation; computation; calculation: *valore di stima,* estimated value — *stima catastale,* cadastral survey — *fare la stima di qcsa,* to estimate (to make an estimate of) sth — *stima della posizione, (naut.)* dead reckoning.

stimabile *agg* **1** estimable; respectable. **2** *(valutabile)* valuable; worth.

stimabilità *sf* **1** respectability; respectableness. **2** *(valore)* value.

stimare *vt* **1** *(valutare)* to estimate; to value; to assess; to appraise; to calculate: *stimare un podere,* to estimate (to assess) the value of an estate — *stimare un danno,* to assess damage — *stimare ad occhio e croce,* to make a rough estimate (of sth) — *stimare una distanza,* to calculate a distance. **2** *(pensare, ritenere, giudicare)* to consider; to think*; to judge: *Non stimo necessario interpellarlo,* I don't think it necessary to contact him — *Non lo stimo capace di una cosa simile,* I don't think he is capable (I don't consider him capable) of doing such a thing; He would never do such a thing.
□ **stimarsi** *v. rifl* **1** *(avere grande considerazione di sé)* to rate oneself highly; to have* a high opinion of oneself: *Si stima troppo,* He rates himself too highly. **2** *(giudicarsi)* to consider oneself: *Si stima al di sopra di ogni regola,* He considers himself above the rules. □ *Puoi stimarti fortunato,* You can consider yourself lucky.

stimato *agg* esteemed; valuable; *(valutato)* valued.

stimatore *sm* appraiser; valuer.

stimolante *agg* stimulant; exciting.

stimolare *vt* **1** *(pungolare)* to goad; to prod. **2** *(fig.)* to stimulate; to rouse; to excite; to stir; *(acuire)* to whet: *stimolare qcno all'azione,* to stimulate (to rouse) sb to action — *stimolare la curiosità,* to stir (to excite) curiosity — *stimolare la digestione,* to stimulate the digestion.

stimolatore *agg* stimulatory; stimulative.
□ *sm* stimulator; inciter. □ *stimulatore cardiaco,* pacemaker.

stimolazione *sf* stimulation; incitation; incitement.

stimolo *sm* **1** stimulus *(pl.* stimuli*)*; incentive; spur; incitement; *(impulso)* impulse; impulsion: *agire sotto lo stimolo di qcsa (qcno),* to act under the stimulus of sth (sb). **2** *(morso, puntura)* pang; prick; sting: *sentire* *gli stimoli della fame (del rimorso),* to feel the pangs of hunger (of remorse).

stinco *sm* shin-bone; *(anat.)* tibia *(pl.* tibiae*)*; shank; *(di quadrupede)* cannon-bone. □ *allungare gli stinchi, (fig.)* to turn up one's toes; to die — *non essere uno stinco di santo,* to be far from being a saint; to be no angel; to be a rogue — *rompere gli stinchi a qcno, (fig.)* to be a bother to sb; to make oneself a nuisance to sb; to get sb's goat.

stingere *vt* to fade; to discolour: *La luce stinge le tende,* The sunlight fades the curtains.
□ *vi* to fade; to lose* colour: *Questa stoffa stinge (si stinge) facilmente,* This material fades easily.

stinto *agg* (*p. pass. di* **stingere** ⇨) faded.

stipare *vt* to cram; to stuff; to pack; to stow: *stipare gente su un autobus già affollato,* to pack people into an already overcrowded bus — *stipare roba in un baule,* to cram (to stuff, to stow) things into a trunk.
□ **stiparsi** *v. rifl* to crowd together; to throng.

stipato *agg* crammed; stuffed; *(affollato)* crowded; thronged; *(pieno zeppo)* cram-full; chock-full; jam-packed *(fam.)*.

stipatura *sf (asportazione di erbe, ecc.)* clearing away of weeds (of brushwood, *ecc.*).

stipendiare *vt* to pay* (sb); to pay* a salary to (sb).

stipendiato *agg* salaried; paid.

stipendio *sm* salary; *(settimanale)* wages *(pl.)*.

stipettaio *sm* cabinet-maker.

stipite *sm* **1** *(archit.)* jamb; side post; doorpost; *(di finestra)* window post; *(di portone o cancello)* gate post. **2** *(bot.)* stem; stalk; trunk. **3** *(ceppo, famiglia)* stock; *(antenato)* ancestor; common ancestor.

stipo *sm* cabinet.

stipulare *vt* **1** to enter into (a contract); *(concordare)* to agree upon; *(redigere)* to draw* up. **2** *(firmare)* to sign.

stipulato *agg* agreed upon; contracted; signed.

stipulazione *sf (contratto)* contract; *(accordo)* agreement; *(redazione, stesura)* drawing-up.

stiracalzoni *sm* trouser-press.

stiracchiamento *sm* stretching; *(fig.: di prezzo)* bargaining.

stiracchiare *vt e i.* **1** to stretch: *stiracchiare le gambe,* to stretch one's legs. **2** *(fam.: risparmiare)* to scrape; *(fam.: mercanteggiare, discutere sul prezzo)* to haggle; to chaffer: *stiracchiare la vita,* to scrape a living; to scrape along — *stiracchiare il prezzo (sul prezzo) di qcsa,* to haggle about the price of sth. **3** *(fam.: forzare, falsare il significato)* to distort; to twist; to force: *stiracchiare il significato di una parola,* to twist the meaning of a word.
□ **stiracchiarsi** *v. rifl* to stretch oneself.

stiracchiato *agg* (*p. pass. di* **stiracchiare** ⇨) *(spec. fig.)* forced; distorted; far-fetched.

stiracchiatura *sf* **1** stretching. **2** *(forzatura)* forced interpretation.

stiramento *sm* stretching; *(med.)* traction: *stiramento muscolare,* sprain.

stirare *vt* **1** to stretch. **2** *(col ferro caldo)* to iron.
□ **stirarsi** *v. rifl* to stretch (oneself).

stiratrice *sf* **1** *(donna)* ironing-woman *(pl.* women*)*; *(macchina)* ironing-machine. **2** *(mecc., di lamiere)* stretching-machine.

stiratura *sf* **1** *(di tessuti)* ironing. **2** *(industria tessile)* drawing; *(mecc., di lamiere)* stretching.

stireria *sf* ironing-shop; *(più in generale: lavanderia)* laundry.

stiro *sm* ironing: *ferro da stiro,* an iron; a flat-iron.

stirpe *sf (casata, famiglia)* stock; family; *(lignaggio)* lineage; ancestry; *(origine)* origin; *(nascita)* birth; extraction; *(discendenza, progenie)* descent; issue; offspring; *(spreg.)* spawn: *essere di nobile stirpe,* to be of noble birth.

stitichezza *sf* constipation.

stitico *agg* **1** costive; constipated. **2** *(fig.: avaro)* stingy; mean; miserly.

[1]**stiva** *sf (naut.)* hold; bunk. □ *stiva per il carbone,* bunker.

[2]**stiva** *sf (manico dell'aratro, stegola)* plough-handle; plough-tree.

stivaggio *sm* stowage: *spese di stivaggio,* stowage charges; stowage.

stivalata *sf* blow with a boot.

stivale *sm* **1** boot: *stivali da equitazione,* riding boots — *stivali da pesca,* fisherman's boots — *stivali da palude,* waders — *stivali alla scudiera,* Wellington boots — *lustrare gli stivali a qcno, (fig.)* to lick sb's boots. **2** *(bicchiere)* boot-shaped beer glass. □ *avvocato dei miei stivali,* third-rate lawyer — *lo Stivale,* Italy.

stivamento *sm* stowage; stowing.

stivare *vt* **1** *(naut.)* to stow. **2** *(stipare)* to stuff; to cram; to pack; to stow.

stivatore *sm* stevedore; longshoreman *(pl.* -men*)*.

stizza *sf* huff; ill-humour; ill-temper; anger; irritation: *pieno di stizza,* in a huff; angry — *fremere per la stizza,* to fume with anger.

stizzire *vt* to irritate; to make* (sb) angry; to annoy.
□ **stizzirsi** *v. rifl* to get* angry: *stizzirsi per niente,* to get angry over trifles.

stizzito *agg* cross; huffy; *(arrabbiato)* angry. □ *(con valore avverbiale)* crossly; huffily; angrily.

stizzosamente *avv* crossly; huffily; angrily.

stizzoso *agg* huffy; cross; peevish; irascible; angry; *(litigioso)* fractious.

stoccafisso *sm* stock-fish. □ *essere magro come uno stoccafisso,* to be as thin as a lath.

stoccata *sf* **1** stab; poke; prod; dagger-thrust; *(scherma)* lunge; *(calcio: tiro in porta)* shot. **2** *(fig.: battuta allusiva)* thrust; rapier-thrust; quip. **3** *(fig.: richiesta di denaro)* sudden request for a loan: *tirare una stoccata a qcno,* to touch sb for some cash *(fam.)*.

[1]**stocco** *sm (arma da taglio)* rapier: *bastone da stocco,* sword-stick; sword-cane.

[2]**stocco** *sm (stelo del mais)* corn-stalk.

stoffa *sf* **1** cloth; material; *(tessuto)* fabric; textile: *tre metri di stoffa,* three metres of cloth — *una stoffa che stinge,* a material which fades — *stoffa di seta (cotone),* silk (cotton) fabric. **2** *(fig.)* stuff: *avere della stoffa,* to have good stuff; to be of good stuff — *Non ha la stoffa dell'eroe,* He is not the stuff heroes are made of.

stoicamente *avv* stoically.

stoicismo *sm (filosofia)* Stoicism; *(fig.)* stoicism; forbearance.

stoico *agg* Stoic; Stoical; *(fig.)* stoic.
□ *sm* Stoic; *(fig.)* stoic.

stola *sf* stole.

stolidamente *avv* stupidly.

stolidezza, stolidità *sf* stupidity.

stolido *agg* foolish; stupid.
□ *sm* blockhead; stupid person.

stolone *sm (bot.)* runner.

stoltamente *avv* stupidly.

stoltezza *sf* stupidity.

stolto *agg* foolish; stupid.
□ *sm* blockhead; stupid person.

stomacare *vt* to nauseate; to disgust; to sicken.

□ **stomacarsi** *v. rifl* to feel* disgusted; to sicken; to become* disgusted (with); to get* sick (of sth); to be* nauseated (by sth).

stomachevole *agg (anche fig.)* nauseating; sickening; disgusting.

stomaco *sm* **1** stomach; *(nel linguaggio infantile)* tum; tummy; *(di animale)* maw: *stomaco debole (forte),* weak (strong) stomach — *a stomaco vuoto,* on an empty stomach — *a stomaco pieno,* on a full stomach — *mal di stomaco,* stomach (*fam.* tummy) ache — *riempire (riempirsi) lo stomaco,* to fill one's stomach — *guastare (guastarsi) lo stomaco,* to ruin the (to ruin one's) stomach — *essere delicato di stomaco,* to have a weak stomach; to have a delicate digestion — *avere uno stomaco di ferro (di struzzo),* to have a cast-iron stomach — *avere qcsa sullo stomaco,* to have sth lying heavy on one's stomach — *essere di stomaco delicato, (fig.)* to be squeamish. **2** *(fig.: capacità, forza, coraggio)* nerve; courage; *(fam.)* guts *(pl.)*; strength, willingness; *(fig.: sfacciataggine)* cheek; impudence: *avere lo stomaco di rispondere per le rime,* to have the nerve (the guts) to pay sb back in the same kind — *Ha avuto lo stomaco di chiedermi di fare il suo lavoro,* He had the cheek to ask me to do his work for him. □ *avere qcno sullo stomaco,* to be sick of sb — *dare di stomaco,* to retch; to vomit — *dare allo stomaco; rivoltare lo stomaco,* to sicken; to nauseate.

stonare *vt e i.* **1** *(nel canto)* to sing* out of tune; *(suonando)* to play out of tune; to be* out of tune *(anche fig.).* **2** *(non intonarsi)* to clash; to jar; *(essere inappropriato)* to be* out of place. **3** *(frastornare)* to bewilder; to disturb; to distract.

stonato *agg* (*p. pass. di* **stonare** ⇨) **1** out of tune: *una nota stonata, (fig.)* a false note. **2** *(inappropriato)* out of place. **3** *(frastornato)* bewildered; disconcerted.

stonatura *sf* false note; *(fig.)* jarring note; false note; something jarring.

stoppa *sf* tow; *(per calafatare)* oakum; *(per accendere il fuoco, stoppaccio)* tinder: *carne che sembra stoppa,* stringy meat — *capelli di stoppa,* flaxen (*o* tow-coloured) hair. □ *avere gambe di stoppa,* to be weak in the legs — *uomo di stoppa,* man of straw; man of no account — *essere come un pulcino nella stoppa,* to be helpless.

stoppaccio *sm* wad; wadding.

stoppaccioso *agg* towy; *(di carne, ecc.)* stringy; tough.

stoppia *sf* stubble.

stoppino *sm* **1** *(di candela)* wick. **2** *(industria tessile)* rove. **3** *(miccia per fuochi artificiali)* wick; fuse.

stopposo *agg* towy; *(di carne, ecc.)* stringy; tough.

storcere *vt* **1** to twist; to wrench; to wrest; to warp; to distort *(anche fig.)*; *(falsare, anche)* to alter; to misrepresent: *storcere un braccio a qcno,* to twist sb's arm — *storcere il naso,* to turn up one's nose — *storcere la bocca,* to make a wry mouth — *storcere gli occhi,* to roll one's eyes. **2** *(slogarsi)* to sprain; to dislocate; to wrench: *storcersi una caviglia (il polso),* to sprain one's ankle (one's wrist) — *storcere il significato delle parole di qcno,* to twist (to distort) the meaning of sb's words — *storcere i fatti,* to alter (to misrepresent) the facts.

□ **storcersi** *v. rifl (contorcersi)* to twist; to double: *storcersi per il dolore,* to twist in pain — *storcersi per le risa,* to double (to be doubled up) with laughter.

storcimento *sm* twisting; wrenching.

stordimento *sm* stunning; stupefaction.

stordire *vt* **1** *(tramortire)* to stun; *(intontire)* to daze; *(frastornare)* to bewilder; to shock; to stun; *(stupefare)* to stupefy; to astound; to astonish: *Il colpo mi stordì,* The blow stunned me — *un baccano che stordisce,* a dazing noise — *La poveretta era stordita dalla folla e dal traffico,* The poor soul was bewildered by the crowd and the traffic — *una bellezza che stordisce,* a stunning beauty. **2** *(attenuare, attutire)* to deaden; to dull: *medicina per stordire il dolore,* medicine to deaden the pain.

□ **stordirsi** *v. rifl* to dull one's senses: *stordirsi per non pensare al passato,* to dull one's senses in order to blot out the past — *Beve per stordirsi,* He drinks to take his mind off things.

storditaggine *sf* carelessness; thoughtlessness.

storditamente *avv* carelessly; thoughtlessly.

stordito *agg* (*p. pass. di* **stordire** ⇨) **1** *(tramortito)* stunned; senseless; *(intontito)* dazed; muzzy; *(frastornato)* giddy; bewildered; mazed; shocked; *(sbalordito)* astonished. **2** *(sventato)* scatter-brained; heedless; thoughtless; reckless; careless.

□ *sm* scatter-brain.

storia *sf* **1** history: *insegnare storia,* to teach history — *una lezione di storia,* a history lesson — *le lezioni della Storia,* the lessons of History — *passare alla storia,* to become history — *storia dell'arte,* history of art; art history — *storia naturale,* natural history — *'Storia della Letteratura Italiana',* 'History of Italian Literature'. **2** *(racconto)* story; tale: *la storia della sua vita,* the story of his life — *È una lunga storia,* It's a long story — *È sempre la stessa storia,* It's always the same (old) story — *raccontare una storia,* to tell a story — *una storia di fate,* a fairy-tale (*o* -story). **3** *(bugia)* story; lie; *(fam.)* fib: *Storie!,* Nuts!; Humbug! — *Sono tutte storie!,* It's all lies!; It's nothing but a pack of lies! **4** *(obiezione, scusa)* objection; excuse; pretext: *Non fare tante storie!,* Don't make so much fuss! — *Basta con queste storie!,* That's enough fuss!; Enough of all this! — *fare storie (obiezioni),* to raise objections.

storicamente *avv* historically.

storicità *sf* historicity.

storico *agg* historic; historical. □ *sm* historian.

storiella *sf (fam.)* story; fib; lie; *(barzelletta)* funny story; joke.

storiografia *sf* historiography.

storiografo *sm* historian.

storione *sm* sturgeon.

stormire *vi* to rustle.

stormo *sm* flock *(anche fig.)*; swarm *(anche fig.)*; *(di volatili)* flight. □ *suonare a stormo,* to sound the alarm.

stornare *vt* **1** *(allontanare)* to avert; to divert; to deflect; to turn aside; to turn back; *(evitare)* to avoid; to ward off: *stornare un pericolo (uno scandalo),* to avert a danger (a scandal). **2** *(dissuadere)* to dissuade; to deter: *stornare qcno da un proposito,* to dissuade sb from a purpose. **3** *(contabilità)* to transfer; to reverse: *stornare un importo,* to transfer an amount — *stornare una scrittura,* to reverse an entry. **4** *(annullare)* to cancel: *stornare un contratto,* to cancel a contract.

stornello *sm* **1** *(canto popolare)* stornello (*pl.* stornelli). **2** *(zool.: storno)* starling.

[1]**storno** *sm* starling.

[2]**storno** *agg (mantello di cavallo)* dapple-grey; grey: *una cavalla storna,* a dapple-grey mare — *un cavallo storno,* a dapple-grey.

[3]**storno** *sm (contabilità)* transfer.

storpiamento *sm* maiming; crippling; deforming; *(fig.)* mangling.

storpiare *vt* to cripple; to maim; *(fig.)* to mangle; to mispronounce: *La caduta lo storpiò,* The fall crippled him — *storpiare un verso,* to mangle a verse — *storpiare i nomi,* to mispronounce names.
☐ **storpiarsi** *v. rifl* to cripple oneself.

storpiato *sm (storpio)* cripple.

storpiatura *sf* crippling; maiming; mangling; mispronunciation; *(lavoro male riuscito)* botch; clumsy patch.

storpio *agg* crippled; maimed. ☐ *sm* cripple.

[1]**storta** *sf* **1** twist; wrench; sprain: *prendere una storta,* to sprain oneself (one's leg, ankle, *ecc.*). **2** *(svolta, tortuosità)* bend; curving; winding.

[2]**storta** *sf* **1** *(recipiente di vetro)* retort. **2** *(arma da taglio)* sabre; curved sword.

stortezza *sf (anche fig.)* crookedness.

storto *agg* crooked; twisted; bent; *(fam.)* cock-eyed; *(degli occhi)* squinting; *(delle gambe)* bandy; *(fig.)* wrong; false: *Ti sei messo il cappello storto,* You have got your hat on crooked — *Camminava tutto storto,* He walked crooked (*o* bent) — *idee storte,* wrong ideas — *Mi va tutto storto oggi,* Everything is going wrong today — *prendere tutto per storto,* to misunderstand completely.

stortura *sf* distortion; deformity; *(errore)* mistake; error; blunder.

stoviglie *sf pl* kitchenware; crockery; tableware; *(posate)* cutlery: *lavare le stoviglie,* to wash up; to do the washing up.

strabico *agg* squint-eyed; cross-eyed; *(fam.)* cock-eyed.
☐ *sm* squint-eyed person; squinter.

strabiliante *agg* amazing; astonishing.

strabiliare *vt* to amaze; to astonish; to astound.
☐ *vi (strabiliarsi)* to be* amazed; to be* astonished.

strabiliato *agg* amazed; astonished.

strabismo *sm* squint; *(med.)* strabismus: *essere affetto da strabismo,* to squint; to have a squint.

straboccamento, straboccare ⇨ **traboccamento, traboccare.**

strabocchevole *agg* exorbitant; excessive; extraordinary; enormous.

strabuzzare *vt* ⇨ **stralunare.**

stracarico *agg* overloaded; *(fig.)* overburdened.

stracaro *agg* very expensive; very dear.

stracca *sf* tiredeness; fatigue: *avere la stracca,* to be tired out — *prendere la stracca,* to get tired.

straccamente *avv* wearily; tiredly.

straccare *vt* to tire out; to weary; to knock up; *(tediare)* to bore.
☐ **straccarsi** *v. rifl* to get* tired; to be* tired out; to be* worn out.

stracchezza *sf* tiredness; fatigue.

stracciabile *agg* tearable.

stracciaiuolo *sm* ⇨ **cenciaiolo.**

stracciamento *sm* tearing; *(a pezzettini)* shredding; *(per lungo, di stoffa)* rending; *(industria tessile)* combing.

stracciare *vt* **1** to tear*; to tear* up; to tear* off: *stracciare in due un foglio di carta,* to tear a sheet of paper in two — *stracciare completamente una lettera,* *(ridurla in pezzettini)* to tear a letter to pieces (to bits); to tear a letter up. **2** *(industria tessile)* to comb. **3** *(fam., fig.: stravincere)* to crush: *stracciare ogni altro concorrente,* to crush all one's competitors.
☐ **stracciarsi** *v. rifl* to tear*; to get* torn; to split* up.

stracciato *agg* (*p. pass. di* **stracciare** ⇨) torn; ragged; in rags: *tutto stracciato,* all tattered and torn.

stracciatura *sf* tearing; *(a pezzettini)* shredding; *(per lungo, di stoffa)* rending; *(strappo)* tear; rent.

straccio *agg* torn; rugged; *(di carta)* waste: *cestello della carta straccia,* waste-paper basket.
☐ *sm* rag; shred; scrap *(anche fig.)*; *(panno, cencio)* cloth; *(industria tessile)* combings: *vestito di stracci,* dressed in rags — *straccio per la polvere,* duster — *uno straccio per lucidare la macchina,* a rag (a cloth) to polish the car with — *ridursi (sentirsi) uno straccio,* to be (to feel) worn out (*o* worn to pieces) — *Non c'era uno straccio di prova contro di me!,* There wasn't a rag (a scrap, a shred) of evidence against me! — *Raccogli i tuoi stracci e vattene!,* Collect your bits and pieces together and get out! ☐ *Gli stracci volano in aria,* The weakest goes to the wall — *uno straccio di marito,* an apology for a husband.

straccione *sm* ragged person; ragamuffin; tatterdemalion.

straccioso *agg* ragged; in rags.

stracco *agg* **1** knocked up; tired out; exhausted; dead tired *(fam.)*: *stracco sfinito,* dog-tired; dead-tired — *terreno stracco,* exhausted (*o* overworked) soil — *alla stracca,* wearily; lazily. **2** *(fig.)* poor; weak; feeble; lukewarm: *un'amicizia stracca,* a lukewarm friendship.

stracontento *agg (fam.)* as pleased as Punch.

stracotto *agg* overdone. ☐ *sm* stew.

stracuocere *vt* to overdo*.

strada *sf* **1** road; *(di città)* street: *Attraversò la strada improvvisamente,* He crossed the road (the street) suddenly — *Abita in una strada molto tranquilla,* He lives in a very quiet street — *una strada di campagna,* a country road — *la strada maestra,* the main road; the highway — *strada mulattiera,* mule-track; bridle-path — *strada ferrata,* railway — *strada scorciatoia,* by-road; short-cut — *strada traversa, secondaria,* by-road; side-street; by-way — *strada senza uscita,* blind alley; dead end; cul-de-sac *(anche fig.)* — *strada dissestata,* unmade-up road — *strada in costruzione,* road under construction — *strada a doppia carreggiata,* dual carriageway *(GB)*; divided highway *(USA)* — *strada a quattro corsie,* four-lane highway (*o* motorway) — *strada di circonvallazione,* ring road; by-pass — *strada radiale,* radial road — *per la strada, nella strada,* in the street; on the road; on the way — *all'angolo della strada,* at (*o* on) the street corner — *dall'altra parte della strada,* across the road (the street) — *a due ore di strada (a piedi),* two hours' walk away; *(in macchina)* two hours' drive away — *codice della strada,* highway code; traffic regulations; rules of the road — *un fuoristrada, (automobile)* an all-terrain vehicle — *tenuta di strada, (di autoveicolo)* road-holding; roadbility — *l'uomo della strada,* the man in the street; the common man — *un bandito di strada,* a highwayman — *una donna di strada,* a street-girl; a street-walker; a prostitute — *un ragazzo di strada,* a street urchin — *un luogo fuori strada,* an out-of-the-way place — *andare fuori strada,* to go off the road; *(fuori pista)* to go off the track; *(fig.)* to go the wrong way; to go wrong — *cambiare strada,* *(anche fig.)* to change direction — *chiedere strada,* to ask to get past — *essere fuori strada, (fig.)* to be off the beaten track; to be on the wrong track.
2 *(cammino)* way: *È questa la strada per la stazione?,* Is this the way to the station? — *Non vedo altra strada davanti a me,* I can't see any other way in front of me — *fare strada,* to lead the way — *Faccio strada io?,* Shall I lead the way? — *strada facendo,* on the

way — *perdere la strada,* to lose one's way — *andare per la propria strada,* to go one's own way — *domandare la strada,* to ask the way — *far molta strada, (anche fig.)* to go a long way — *far la strada con qcno,* to walk (to go) with sb — *far la strada a piedi,* to go on foot; to walk; *(in auto)* to go by car; to drive — *farsi strada, (anche fig.)* to make one's way; *(a fatica)* to push one's way — *fermarsi a metà strada, (fig.)* to stop short — *mettere qcno sulla buona (cattiva) strada, (anche fig.)* to put sb on the right (wrong) track (*o* road) — *tagliare la strada,* to cross the road — *tagliare la strada a qcno,* to cut across in front of sb; *(fig.)* to stand in sb's way; to block sb's way; to obstruct sb's career — *trovare la propria strada,* to find one's way.
3 *(fig.: via, mezzo)* way; course; means: *Tentò inutilmente ogni strada,* He tried every means without success.
☐ *trovare la strada fatta, (fig.)* to have everything on a silver plate — *Tutte le strade conducono a Roma, (prov.)* All roads lead to Rome.

stradale *agg* road *(attrib.)*; of the road: *carta stradale,* road map — *cartello stradale,* road (*o* street) sign — *lavori stradali,* road works — *polizia stradale,* traffic police — *piano stradale,* road surface — *codice stradale,* highway code — *manutenzione stradale,* upkeep of the roads.
☐ *sf* traffic police.

stradario *sm* road-map; *(di città)* street-guide.

stradino *sm* roadman *(pl.* -men*)*.

stradivario *sm* Stradivarius; *(fam.)* strad.

strafalcione *sm* blunder; stupid mistake; *(fam.)* howler.

strafare *vi* to overdo*: *Vuole sempre strafare,* He always wants to overdo things.

strafatto *agg (di frutto)* overripe.

strafine *agg* superfine; top quality.

straforo *sm (nella locuzione avverbiale) di straforo,* secretly; stealthily; on the sly.

strafottente *agg* arrogant; impudent.

strafottenza *sf* arrogance; impudence.

strage *sf* **1** slaughter; massacre; shambles; carnage; extermination; *(fig.)* ruin; destruction; damage; havoc: *fare strage,* to slaughter; to play havoc; to make havoc — *la strage degli innocenti,* the slaughter (the massacre) of the innocents. **2** *(fig.: gran quantità)* lots and lots: *Ce n'era una strage,* There were lots and lots.

stragiudiziale *agg (dir.)* extrajudicial.

stragonfio *agg* over-inflated.

stragrande *agg* huge; enormous. ☐ *la stragrande maggioranza,* the overwhelming majority.

stralciare *vt* **1** to extract; to take* out; to take* away: *stralciare un brano da un capitolo,* to extract (to take out) a passage from a chapter. **2** *(comm.)* to remove; *(liquidare)* to liquidate; to wind* up: *stralciare una partita da un conto,* to remove an item from an account — *stralciare una società commerciale,* to liquidate a business (a company). **3** *(togliere i tralci)* to prune.

stralcio *sm* **1** *(l'atto dello stralciare)* extracting; taking out. **2** *(ciò che viene stralciato)* extract; excerpt. **3** *(liquidazione)* liquidation; winding up.
☐ *agg (solo nelle espressioni) legge stralcio,* abridged version of an Act — *Ufficio Stralcio,* Liquidation Office.

strale *sm* **1** *(poet., fig.)* dart; arrow. **2** *(colpo)* blow; *(dolore)* shooting pain; stab of pain.

stralunamento *sm* rolling.

stralunare *vt* to roll: *stralunare gli occhi,* to roll one's eyes.

stralunato *agg* **1** out of one's wits; distracted; greatly upset; *(stordito)* dizzy; giddy; groggy. **2** *(degli occhi)* wild; rolling; *(sbarrati)* wide open; staring.

stramaledire *vt* to curse heartily.

stramaturo *agg* overripe.

stramazzare *vi* to fall* heavily; to tumble down.

[1]**stramazzo** *sm (caduta pesante)* heavy fall: *Cadde giù di stramazzo,* He fell heavily to the ground.

[2]**stramazzo** *sm (pagliericcio)* pallet; straw mattress.

stramberia *sf* **1** queerness; strangeness; oddity; eccentricity. **2** *(scherzo strambo)* prank.

strambo *agg* **1** queer; strange; odd; unusual; peculiar. **2** *(storto: di occhi)* squinting; *(di gambe)* bandy.

strame *sm* litter; straw. ☐ *Faccian letto di lor strame!,* Let them stew in their own juice! — *Asino che ha fame mangia d'ogni strame!, (prov.)* A hungry horse makes a clean manger!

stramortire *vi* ⇨ **tramortire**.

strampalato *agg* illogical; incoherent; queer; odd; extravagant; *(fam.)* misbegotten.

strampaleria *sf* oddity; queerness; quaintness.

stranamente *avv* strangely; oddly.

stranezza *sf* oddity; queerness; eccentricity.

strangolamento *sm* strangling; strangulation; throttling; *(fig.)* choking.

strangolare *vt* to strangle; *(strozzare)* to throttle; *(fig.)* to oppress; to choke.

strangolatore *agg* strangulatory; strangling. ☐ *sm* strangler; throttler.

straniero *agg* **1** foreign; *(estraneo, anche)* alien: *lingue straniere,* foreign languages. **2** *(nemico)* of the enemy; enemy *(attrib.)* — *un esercito straniero,* an enemy army. **3** *(esotico)* exotic; outlandish: *mode straniere,* exotic (*o* outlandish) fashion.
☐ *sm* foreigner; *(burocratico o spreg.)* alien; *(estraneo)* stranger; *(nemico)* enemy: *lo straniero oppressore,* the alien oppressor.

strano *agg* **1** strange; odd; queer; *(fam.)* rum; weird; *(insolito)* unfamiliar; unaccustomed; unusual; *(curioso)* curious; singular; quaint; *(incomprensibile)* unaccountable; *(soprannaturale)* weird; eerie; eery; *(esotico)* outlandish; *(bizzarro)* droll; bizarre; fantastic: *Che strano!,* How strange (*o* odd)! **2** *(lett.* ⇨ **estraneo**).

straordinariamente *avv* extraordinarily.

straordinarietà *sf* extraordinariness; uncommonness.

straordinario *agg* **1** *(fuori del comune)* extraordinary; uncommon; unusual; exceptional; *(sorprendente)* unheard of; spectacular; amazing; stupendous; *(fam.)* tremendous; *(fam.)* stunning; *(inimmaginabile)* fantastic; inconceivable: *assemblea straordinaria,* extraordinary meeting — *imposta straordinaria,* special tax — *treno straordinario,* special train — *dividendo straordinario,* cash bonus — *lavoro straordinario,* overtime — *impiegato straordinario, (assunto temporaneamente)* temporary (extra) clerk. **2** *(notevole)* remarkable; super; superlative; *(fam.)* terrific; *(fam.)* famous.
☐ *sm (lavoro straordinario)* overtime: *essere in straordinario,* to be on overtime — *farsi pagare lo straordinario,* to obtain extra payment (to get paid extra) for overtime.

strapagare *vt* to overpay*.

straparlare *vi* **1** *(dire sciocchezze)* to talk nonsense. **2** *(farneticare)* to rave.

strapazzamento *sm* **1** *(il trattar male qcno)* ill-treatment; mistreatment. **2** *(lo stancarsi eccessivamente)* overworking.

strapazzare *vt* **1** to ill-treat; to treat badly; to maltreat; to ill-use. **2** *(sgridare)* to scold; to reprimand. **3** *(fare o eseguire male)* to mangle; to bungle; to botch. **4** *(cuocere rimestando)* to scramble: *uova strapazzate,* scrambled eggs. **5** *(affaticare)* to overwork.

□ **strapazzarsi** *v. rifl (lavorare troppo)* to overwork oneself; *(stancarsi troppo)* to tire oneself out; to wear* oneself out; *(trascurarsi)* to be* careless about oneself.

strapazzata *sf* **1** *(sgridata)* rebuke; telling off; scolding. **2** *(faticata)* overwork; fatigue.

strapazzo *sm* **1** overwork; excessive work; fatigue. **2** *(rimprovero)* scolding; reprimand; rebuke; *(insulto)* abuse. □ *da strapazzo,* coarse; rough; *(fig.: privo di valore)* worthless; feeble; third-rate — *un avvocato da strapazzo,* a third-rate (*o* hack) lawyer.

strapieno *agg* overfull; full up; *(traboccante)* overflowing.

strapiombare *vi (non essere a piombo, sporgere in fuori)* to be* out of the perpendicular; to lean* out; to be* out of true: *strapiombare su qcsa,* to overhang sth.

strapiombo *sm* projection; overhang; precipice: *La casa è su una roccia a strapiombo sul lago,* The house is on a cliff which falls sheer to the lake.

strapotente *agg* overpowerful; excessively powerful.

strapotenza *sf* excessive power.

strappamento *sm* tearing; ripping.

strappare *vt* **1** *(lacerare)* to tear*; to rip; *(completamente)* to tear* up: *Strappò la lettera in mille pezzi,* He tore up the letter in small pieces. **2** *(torcendo)* to wrench; *(fig.)* to wring*; *(afferrando saldamente e velocemente)* to snatch; *(tirando)* to tear*, to pull (up, out, away); *(sradicando)* to uproot; to pull out: *strappare la maniglia da una porta,* to wrench the handle off a door — *strappare qcno alla morte,* to snatch sb from death — *Strappò l'involucro,* He tore away the wrapping — *farsi strappare un dente,* to have a tooth pulled; to have a tooth out — *strappare le male erbe,* to pull up weeds — *strappare lacrime a qcno,* to wring tears from sb; to move sb to tears — *strappare un favore a qcno,* to wring (to wrench) a favour from sb — *strappare un segreto (la verità) a qcno,* to wring a secret from sb; to get (to wring) the truth out of sb.

□ **strapparsi** *v. rifl* **1** to tear*; to get* torn. **2** *(staccarsi, allontanarsi)* to tear* oneself away (from sth).

strappata *sf* pull; tug; wrench.

strappo *sm* **1** *(nel vestito)* tear; rent; *(muscolare)* sprain; tear. **2** *(strattone)* pull; jerk; tug; snatch; *(infrazione)* breach; infringement; *(eccezione)* exception: *fare uno strappo alla regola,* to make an exception to the rule. **3** *(fam.: passaggio in macchina)* lift. **4** *(ciclismo)* spurt; *(sollevamento pesi)* snatch. □ *a strappi,* jerkily; by fits and starts.

strapuntino *sm* **1** folding seat; gangway seat. **2** *(naut.)* mattress.

strapunto *sm* quilt.

straripamento *sm* flooding; overflowing.

straripare *vi* to flood; to overflow.

strascicamento *sm* trailing; dragging; *(di piedi)* shuffling; *(di parole)* drawling.

strascicare *vt* to trail; to drag (out); *(le gambe)* to shuffle; *(le parole)* to drawl (out): *strascicare un lavoro,* to drag out (to go slow in) one's work.

□ **strascicarsi** *v. rifl* to drag oneself; to shuffle (along).

strascichio *sm* ⇨ **strascicamento.**

strascico *sm* **1** *(lo strascicare)* trailing; dragging; *(di gambe, ecc.)* shuffling; *(di parole)* drawl; drawling. **2** *(parte di un abito)* train. **3** *(naut.)* trawl: *rete a strascico,* trawl-net — *pesca a strascico,* trawling. **4** *(corteo, accompagnamento, codazzo)* train: *Era seguito da uno strascico di curiosi,* He was followed by a string of inquisitive people. **5** *(fig.: conseguenze negative)* aftermath; after-effects *(pl.).* **6** *(segno lasciato dalle lumache)* trail. □ *caccia alla volpe con lo strascico,* drag hunt.

strascinamento *sm* ⇨ **trascinamento.**

strascinare *vt* ⇨ **trascinare.**

stratagemma *sm* stratagem; expedient; trick; device; *(fam.)* dodge: *ricorrere ad uno stratagemma,* to resort to a stratagem.

stratega *sm* strategist.

strategia *sf* strategy.

strategico *agg* strategic(al).

stratificare *vt* to stratify.

□ **stratificarsi** *v. rifl* to become* stratified.

stratificato *agg* stratified.

stratificazione *sf (geologia)* stratification; *(in metallurgia)* bedding.

strato *sm* **1** layer; bed; *(rivestimento)* coat; coating: *gli strati alti dell'atmosfera,* the upper layers of the atmosphere — *uno strato di vernice,* a coat of paint — *uno strato di panna dolce,* a layer of sweet cream — *strato filtrante,* filter bed — *strato sensibile, (fotografia)* sensitive layer (*o* surface) — *strato sottile,* film. **2** *(geologia)* stratum *(pl.* strata); bed; *(di miniera)* seam. **3** *(in meteorologia)* stratus *(pl.* strati). **4** *(fig.: ceto, classe, grado sociale)* stratum *(pl.* strata).

stratosfera *sf* stratosphere.

stratosferico *agg* **1** stratospheric. **2** *(fam.)* fantastic; *(sproporzionato)* disproportionate; out of (all) proportion.

stravaccato *agg (dial., fam.)* sprawling.

stravagante *agg* queer; odd; eccentric. □ *rime stravaganti,* additional poems.

□ *sm* queer fellow; odd person; character.

stravaganza *sf* oddness; queerness; strangeness; *(azione bizzarra)* eccentricity.

stravecchio *agg* very old; mature; ripe.

stravedere *vt (vedere male)* to see* (sth) wrongly; to take* a biased view (of sth). □ *stravedere per qcno,* to be crazy about sb.

stravincere *vt* to crush.

□ *vi* to win* all long the line; to win hands down.

straviziare *vi* to be* intemperate; *(mangiare e bere troppo)* to eat* (to drink*) to excess.

stravizio *sm* intemperance; excess; *(eccesso nel mangiare)* overeating; *(nel bere)* overdrinking.

stravolgere *vt* **1** *(storcere)* to twist; to writhe; to wrench; *(fig.)* to twist; to distort; to warp: *stravolgere i fatti,* to distort (to twist) the facts. **2** *(scuotere con violenza)* to rock; to shake*. **3** *(turbare)* to upset*.

stravolgimento *sm* twisting; contortion; *(mentale)* mental agitation.

stravolto *agg* (*p. pass. di* **stravolgere** ⇨) **1** twisted; contorted. **2** *(fig.)* upset; agitated; *(di occhi)* wild.

straziante *agg* heartrending; agonizing; torturing: *un dolore straziante, (morale)* heartrending grief; *(fisico)* agonizing pain — *un grido straziante,* a piercing shriek.

straziare *vt* **1** to tear* apart; to tear* to pieces; to lacerate. **2** *(fig.)* to rend*; to torment; to torture; to harrow; to rack: *straziare l'animo a qcno,* to rend sb's heart — *straziare le orecchie,* to grate (to jar) upon one's ears. □ *straziare un patrimonio,* to dissipate a fortune — *straziare un lavoro,* to bungle a piece of work — *straziare un pezzo di musica,* to mangle a piece of music.

straziato *agg* torn; tormented: *Il paese era straziato dalla guerra civile,* The country was torn by civil war.

strazio *sm (scempio)* havoc; *(tormento)* torment; torture; agony; *(fig.: pasticcio)* mess. □ *Sei uno strazio!,* You are a pest! — *Il tuo compito è uno strazio,* Your homework is a mess — *fare strazio di qcno,* to tear sb to pieces — *fare strazio di qcsa, (fig.)* to play havoc with sth.

strega *sf* witch; hag; *(fattucchiera)* sorceress: *È una vecchia strega!,* She is an old hag! — *caccia alle streghe,* witch-hunt. □ *punto a strega,* herring-bone stitch.

stregamento *sm* bewitching; bewitchment; *(fig.)* enchanting; seduction.

stregare *vt* to bewitch *(anche fig.);* to cast* a spell on (sb).

stregato *agg* bewitched.

stregone *sm* wizard; sorcerer.

stregoneria *sf* **1** witchcraft; sorcery. **2** *(incantesimo)* spell.

stregua *sf* rate; standard; measure; way: *a questa stregua,* at this rate — *alla stessa stregua,* in the same way.

stremare *vt* to exhaust; to tire out.

stremato *agg* exhausted; tired out.

strenna *sf* gift; present: *strenne natalizie,* Christmas presents.

strenuamente *avv* strenuously; valiantly.

strenuo *agg* **1** valiant; brave; bold; strenuous. **2** *(infaticabile)* indefatigable; strenuous.

strepitare *vi* to shout and yell; to make* a din; to make* an uproar.

strepito *sm* uproar; din; great noise; *(di cosa metallica)* clang; clank; clash; *(clamore)* clamour: *fare strepito,* to make an uproar (a big noise, a din, a shindy *fam.*); *(fig.: avere grande successo)* to be a hit.

strepitosamente *avv* clamorously; strikingly.

strepitoso *agg* **1** *(che fa rumore)* noisy; loud; uproarious. **2** *(che desta stupore)* clamorous; striking: *Fu un successo strepitoso,* It was a striking success.

streptococco *sm* streptococcus *(pl.* streptococci*).*

stretta *sf* **1** grasp; grip; clutch; firm hold: *una stretta di mano,* a handshake — *una stretta di spalle,* a hug — *la stretta del freddo,* the grip of the frost. **2** *(angoscia, senso di pena)* pang; anguish: *una stretta al cuore,* a pang in one's heart. **3** *(calca)* press: *nella stretta della folla,* in the press of the crowd. **4** *(geografia)* mountain pass. **5** *(mus.)* rapid finale. **6** *(fase risolutiva)* last stage; final stretch. □ *alla stretta dei conti,* after all; on the whole; in conclusion — *essere alle strette,* to be up against it (at the end of one's tether) — *mettere qcno alle strette,* to press sb hard; to put sb with his back to the wall — *trovarsi in una stretta,* to be in a predicament.

strettamente *avv* **1** *(in modo stretto)* tightly; tight: *Tienti stretto!,* Hold tight! **2** *(rigorosamente)* close; closely; strictly: *rispettare strettamente le regole,* to stick closely to the rules.

strettezza *sf* **1** narrowness; tightness. **2** *(stretta amicizia)* closeness. **3** *(pl.: difficoltà finanziarie)* straitened circumstances; financial difficulties *(pl.); (povertà)* poverty; *(stenti)* hardship: *essere in strettezze,* to be hard up — *vivere nelle strettezze,* to live in poverty. **4** *(fig.: scarsità)* lack; scarcity; shortage; scantiness: *per strettezza di tempo,* for lack of time.

[1]**stretto** *agg* **1** narrow; *(di abiti, scarpe, ecc.)* narrow; tight: *strada stretta,* narrow road — *entro stretti limiti,* within narrow limits — *pantaloni stretti,* narrow (*o* tight) trousers — *scarpe strette in punta,* shoes which are tight across the toes. **2** *(serrato)* tight; fast; clenched; *(legato)* bound; *(per estensione)* constricted; forced (⇨ *anche* **stringere**): *tenere stretto qcsa,* to hold sth fast (*o* tight) — *a denti stretti,* with clenched teeth — *legare stretto qcsa,* to tie sth up — *essere stretto in una morsa,* to be bound in on all sides — *essere stretto nelle catene,* to be bound in chains — *essere stretto dal bisogno,* to be constrained by want. **3** *(addossato, vicino)* close; very near; *(pigiato)* packed: *Camminavano stretti stretti,* They walked close together — *Si teneva stretto al muro,* He kept very close to the wall — *Eravamo stretti come sardine,* We were packed in like sardines. **4** *(intimo, prossimo)* close: *un parente stretto,* a close relation — *Sono stretti amici,* They are close (*o* bosom) friends. **5** *(fonetica)* close; *(di dialetto)* broad: *una vocale stretta,* a close vowel — *una pronuncia molto stretta,* a very close pronunciation — *parlare un piemontese stretto,* to speak broad Piedmontese dialect. **6** *(preciso, esatto)* precise; exact; strict: *in senso stretto,* in a strict sense; strictly speaking — *la stretta verità,* the naked truth. **7** *(rigoroso)* strict; close: *sotto la stretta sorveglianza di,* under strict (*o* close) supervision of — *un ordine religioso di stretta osservanza,* a religious order of strict discipline — *solo lo stretto necessario,* only what is strictly necessary. **8** *(tirchio)* close-fisted; stingy; niggardly.

[2]**stretto** *sm* strait: *lo stretto di Messina,* the straits of Messina.

strettoia *sf* **1** *(passaggio ristretto)* narrow passage. **2** *(fig.: circostanza difficile)* difficulty; difficult situation; *(fam.)* tight spot.

stria *sf* stripe; streak; *(med.)* stria *(pl.* striae*).*

striare *vt* to stripe; to streak.

striato *agg* striped; streaked.

striatura *sf* streaking; striping; striation.

stricnina *sf* strychnine.

stridente *agg* **1** shrill; sharp; jarring; strident. **2** *(fig.)* clashing; violent: *un contrasto stridente,* a violent contrast.

stridentemente *avv* shrilly; sharply; *(della voce, anche)* stridently.

stridere *vi* **1** to squeak; to shriek; to creak; to rasp; *(di grilli, ecc.)* to chirp. **2** *(fig.: contrastare fortemente)* to clash; to jar.

stridio *sm* creaking; screeching; shrieking.

strido *sm* scream; shriek; squeak; screech.

stridore *sm* screeching; creaking; shrieking; *(di denti)* gnashing.

stridulo *agg* shrill; piercing; strident.

strigare *vt* ⇨ **districare.**

striglia *sf* curry-comb.

strigliare *vt* **1** *(un cavallo, ecc.)* to curry. **2** *(fig.: criticare aspramente)* to lash; to scourge; *(sgridare)* to scold; to rebuke.

strigliata *sf* **1** *(di cavallo, ecc.)* curry-combing. **2** *(fig.)* scolding; telling off; rebuke.

strigliatore *sm* groom.

strigliatura *sf* curry-combing.

strillare *vi* to scream; to shriek; to cry out; to yell.

strillo *sm* scream; shriek; yell; shrill cry.

strillone *sm* **1** *(chi strilla)* screamer. **2** *(venditore ambulante di giornali)* news-man *(pl.* men*);* news-boy.

striminzire *vt* to tighten.

striminzito *agg* stunted; withered; shrivelled.

strimpellamento *sm* strumming; thrumming; *(sul*

violino) scraping; *(sulla chitarra)* strumming; twanging.

strimpellare *vt* to strum; to pound; *(uno strumento a tasti)* to strum; *(un violino, ecc.)* to scrape; *(una chitarra)* to strum; to twang.

strimpellatore *sm* strummer; thrummer; scraper; twanger.

strinare *vt (bruciacchiare)* to singe.

strinato *agg* singed: *odore di strinato,* smell of singeing. □ *È un magro strinato,* He's as thin as a lath (as a rake).

stringa *sf* lace; shoelace; bootlace.

stringare *vt* **1** *(stringere con una stringa)* to lace. **2** *(fig.: condensare)* to condense; to make* concise (*o* succinct).

stringatamente *avv* concisely; succinctly.

stringato *agg* **1** *(allacciato con stringa)* laced up. **2** *(fig.: condensato)* condensed; concise; succinct.

stringente *agg* **1** *(pressante)* urgent; pressing. **2** *(convincente)* cogent; persuasive.

stringere *vt* **1** *(serrare, premere)* to squeeze; to press; to clasp; to grasp; to grip; *(fino a chiudere)* to close; to shut*: *Mi strinse il braccio sino a farmi male,* He squeezed my arm until it hurt — *stringere la mano a qcno, (in segno di saluto)* to shake hands with sb; to shake sb by the hand — *stringere qcno fra le braccia,* to clasp sb in one's arms — *Lo strinsi alla vita perché non scappasse,* I gripped him tightly by the waist so that he couldn't escape — *Strinse la spada in pugno,* He grasped the sword in his hand — *stringere i denti,* to clench one's teeth; *(fig.)* to set (to grit) one's teeth — *stringere gli occhi,* to close one's eyes — *stringere i pugni,* to clench one's fists — *stringere il cuore,* to wring one's heart.

2 *(abbracciare)* to embrace; to hug; to clasp: *La strinse a sé con veemenza e la baciò,* He hugged her and kissed her — *La madre strinse il bimbo al petto,* The mother clasped her child to her bosom.

3 *(di capo di vestiario: comprimere, stare stretto)* to be* tight; *(riprendere)* to take* in: *Le scarpe mi stringono in punta,* The shoes are tight across the toes — *La giacca mi stringe un po' qui nella spalla,* The jacket is a little tight here at (*o* across) the shoulders — *Le stringerò un poco la manica,* I will take in the sleeve a little.

4 *(restringere)* to tighten; *(mecc.)* to tighten; to close; to shut*; *(di bulloni, ecc.: avvitare stretto)* to screw tight; to tighten: *Stringi forte tutte le viti!,* Tighten up all the screws! — *stringere i freni,* to put on the brakes; *(fig.)* to tighten the reins — *stringere la cinghia, (anche fig.)* to tighten one's belt.

5 *(cingere, circondare)* to surround; to enclose; to encircle: *stringere una città d'assedio,* to besiege a town.

6 *(anche vi: urgere, premere)* to press; to force; *(accelerare)* to accelerate; to quicken; to speed* up: *Bisogna stringere i tempi,* We must speed things up — *Il tempo stringe!,* Time presses (*o* is pressing)!; It's getting on! — *stringere il tempo, (mus.)* to quicken the tempo — *stringere il passo, (al ballo)* to quicken the step.

7 *(fare, stipulare)* to make*: *stringere un accordo (un contratto),* to make an agreement (a contract) — *stringere amicizia con qcno,* to become friends with sb.

8 *(naut.)* to haul; to tack: *stringere il vento al massimo,* to close-haul — *stringere a dritta (a sinistra), (naut.)* to haul to starboard (to port).

□ *stringi, stringi,* in conclusion; to sum up — *Stringi!,* Cut it short!; Get on with it! — *Stringi ancora a destra, (parlando a chi guida un'automobile)* Turn the wheel a bit harder to the right — *Chi troppo abbraccia nulla stringe, (prov.)* Grasp all, lose all.

□ **stringersi** *v. rifl (accostarsi)* to draw* close (to); to press (against); to hug; *(stare vicino a)* to keep* close (to); *(fare spazio)* to squeeze (oneself) up; to make* room: *Il bambino si strinse forte alla madre,* The child drew close to (*o* hugged) its mother — *stringersi al muro,* to keep close to the wall — *Stringetevi un po', ci sono anch'io!,* Squeeze up a bit (Make room), I'm here too! □ *stringersi nelle spalle,* to shrug one's shoulders.

stringimento *sm* pressing; squeezing; tightening; clasping; grasping: *uno stringimento di cuore, (fig.)* a clutching at one's heart.

striscia *sf* **1** strip; *(piccola)* slip; *(riga)* stripe: *a strisce,* striped. **2** *(di aeroporto)* landing-strip; runway. **3** *(pl.: zebre)* zebra crossing. **4** *(pl.: fumetti)* comic strip; comics *(pl.)*. **5** *(scia)* trail; streak.

strisciamento *sm* **1** creeping; crawling; *(trascinando)* dragging. **2** *(fig.)* flattery; adulation; blandishment.

strisciante *agg* **1** creeping; crawling: *inflazione strisciante,* creeping inflation. **2** *(fig.)* flattering; fawning; servile. **3** *(bot.)* creeping; repent; *(zool.)* reptant.

strisciare *vi,* **strisciarsi** *v. rifl* **1** to crawl; to creep*; *(fig.)* to grovel: *strisciare ai piedi di qcno,* to grovel at sb's feet. **2** *(sfiorare, radere)* to graze; to skim.

□ *vt* **1** *(strascicare)* to drag; to shuffle. **2** *(sfiorare)* to graze.

strisciata *sf* creeping; crawling; *(trascinando)* dragging; *(sfregando)* rubbing.

striscio *sm* graze: *di striscio,* glancingly — *colpire qcno (qcsa) di striscio,* to graze sb (sth).

striscione *sm* **1** *(grossa striscia)* large stripe. **2** *(per pubblicità, ecc.)* banner.

stritolamento *sm* grinding; crushing; *(fig.)* smashing.

stritolare *vt* **1** to grind*; to crush; to break* into small pieces. **2** *(fig.)* to crash; to smash; to defeat; to destroy.

stritolato *agg* ground down; crushed; broken to bits.

stritolatore *sm* grinder; crusher.

strizzare *vt (spremere)* to squeeze; *(torcere)* to wring* (out). □ *strizzare l'occhio,* to wink.

strizzata *sf* squeeze; wring; wringing; *(d'occhio)* wink.

strizzatura *sf* squeezing; wringing.

strofa *sf* strophe.

strofinaccio *sm (per spolverare)* duster; wiper; *(per asciugare)* cloth; *(straccio)* rag.

strofinamento *sm* rubbing; *(per pulire)* wiping.

strofinare *vt (fregare)* to rub; *(passare lo strofinaccio)* to wipe.

□ **strofinarsi** *v. rifl* to rub* oneself: *strofinarsi le mani, (per scaldarsi)* to chafe one's hands. □ *strofinarsi a qcno, (adularlo)* to fawn on sb; to coax sb.

strofinata *sf* rub; wipe.

strofinio *sm* rubbing; wiping.

strombare *vt* to splay.

strombatura *sf* splay.

strombazzare *vt* to trumpet; *(fig.)* to trumpet; to noise abroad; to proclaim; *(vantare)* to boast; to brag (of sth): *strombazzare i propri meriti, le proprie virtù,* to blow one's own trumpet — *strombazzare qcsa ai quattro venti,* to proclaim sth to the four winds.

strombazzata *sf* trumpeting; *(fig.)* noising abroad.

strombettare *vi* to blow* the trumpet (badly); *(di clackson)* to honk.

strombettata *sf* trumpeting; honking.

strombettio *sm (continuo strombettare)* (continuous) trumpeting (*o* honking).
stroncamento *sm* cutting off; breaking off.
stroncare *vt* **1** to cut* off; to break* off. **2** *(fig.: criticare aspramente)* to run* down; to lash; to slate. **3** *(reprimere)* to crush; to break*: *stroncare una rivolta,* to crush a revolt — *stroncare la resistenza del nemico,* to break the enemy's resistance. □ *stroncare la vita di qcno,* to cut short sb's life.
stroncatura *sf* **1** cutting off; breaking off. **2** *(critica radicale)* harsh criticism.
stronzio *sm* strontium.
stronzo *sm* **1** *(letteralm.)* turd *(volg.)*; shit *(volg.)*. **2** *(volg.: persona)* turd; shit; bastard *(volg.)*.
stropicciamento *sm* rubbing; *(di piedi)* shuffling.
stropicciare *vt,* **stropicciarsi** *v. rifl* to rub; *(gualcire)* to crumple; to crease; to wrinkle: *Si stropicciò il vestito,* His suit got creased — *stropicciarsi le mani (gli occhi),* to rub one's hands (eyes).
□ **stropicciarsene,** *(volg.)* not to give* a damn (for *o* about sth): *Me ne stropiccio di voi!,* I don't give a damn (about you)!
stropicciata *sf* rub.
stropicciatura *sf* **1** rubbing; scrubbing; *(di piedi)* shuffling. **2** *(gualcimento)* creasing; wrinkling; rumpling.
stropiccio *sm* rubbing; *(di piedi)* shuffling.
strozza *sf* throat; throttle; gullet.
strozzamento *sm* **1** *(lo strangolare)* strangling; throttling. **2** *(restringimento)* narrowing; narrow passage.
strozzare *vt* **1** to throttle; to strangle; to choke. **2** *(fig., fam.: spennare, pelare)* to fleece; to rook.
strozzato *agg* *(p. pass. di* **strozzare** ⇨) strangled; throttled; choked: *ernia strozzata, (med.)* strangulated hernia.
strozzatoio *sm* compressor.
strozzatore *sm* throttler; strangler.
□ *agg* throttling; strangling; choking.
strozzatura *sf* **1** strangling; throttling; choking. **2** *(restringimento, di strada, ecc.)* narrow passage; narrowing; *(di recipiente)* narrow neck; bottleneck.
strozzinaggio *sm* usury.
strozzino *sm* usurer; (grasping) moneylender; *(fam.)* shark.
struggente *agg* yearning.
struggere *vt* to melt*; to liquefy.
□ **struggersi** *v. rifl* **1** to melt*; to liquefy. **2** *(fig.: consumarsi, affliggersi)* to be* consumed; to pine (away); to be* distressed: *Si struggeva dal desiderio di vedermi,* He was consumed with a desire to see me; He was desperately anxious to see me — *struggersi di gelosia,* to be consumed with jealousy — *struggersi in lacrime,* to melt into tears — *struggersi d'amore per qcno,* to be in love with sb.
struggimento *sm* torment; *(ansia di qcsa)* longing (for sth).
strumentale *agg (mus.)* instrumental.
strumentazione *sf* **1** *(mus.)* instrumentation. **2** *(insieme di strumenti)* set of instruments; instrumentation.
strumentista *sm* **1** *(mus.)* instrumentalist. **2** *(aiutante che porge i ferri al chirurgo)* instruments sister; assistant.
strumento *sm* **1** instrument; *(arnese)* implement; tool: *strumenti di precisione,* precision instruments — *strumenti di misura,* measuring instruments. **2** *(fig.: mezzo)* tool; instrument: *farsi strumento di qcno,* to use sb as a pawn. **3** *(mus.)* instrument: *strumenti a percussione,* percussion instruments — *strumenti a fiato,* wind instruments — *strumenti a corda,* string instruments; strings. **4** *(dir.: atto)* instrument; deed; record.
strusciare *vt e i.* **1** *(strofinare)* to rub. **2** *(logorare)* to wear* out.
□ **strusciarsi** *v. rifl* **1** *(strofinarsi)* to rub oneself. **2** *(fig.: adulare)* to adulate; to fawn (over).
strusciata *sf* rubbing.
strutto *sm* lard; fat.
struttura *sf* **1** structure; frame; construction: *struttura portante,* carrying structure; framework — *a struttura compatta,* close-grained — *la struttura di una frase,* the construction of a sentence. **2** *(fig.)* organization; composition; structure: *struttura sociale,* social structure.
strutturale *agg* structural.
strutturalismo *sm* structuralism.
strutturalista *sm e f.* structuralist.
strutturalistico *agg* structuralist(ic).
struzzo *sm* ostrich; *(australiano)* emu; cassowary: *avere uno stomaco da struzzo,* to have the digestion of an ostrich. □ *fare la politica dello struzzo,* to bury one's head in the sand.
stuccamento *sm* stuccoing.
stuccare *vt* **1** to stucco; to cover (to coat) with stucco; *(masticiare)* to putty; *(tappare, tamponare)* to stopper; *(turare con stucco)* to fill. **2** *(fig.: saziare, nauseare)* to sicken; *(annoiare)* to bore; to tire out.
stuccatore *sm* plasterer; stucco-worker.
stuccatura *sf* plastering; plaster-working; stucco-work.
stucchevole *agg* **1** nauseous; nauseating; cloying. **2** *(noioso)* boring; tedious; tiresome; *(ripugnante)* loathsome.
stucchevolezza *sf* tiresomeness; affectation; artificiality; nauseousness.
stucchevolmente *avv* nauseatingly; tiresomely.
stucco *sm* **1** stucco *(pl.* stuccoes*)*; plaster; *(da vetri)* putty. **2** *(decorazione a stucco)* stucco work. □ *restare di stucco, (fig.)* to be dumbfounded; to be taken aback.
studente *sm* student; *(allievo)* pupil.
studentesca *sf* students *(pl.)*; student body.
studentesco *agg* student *(attrib.)*: *il corpo studentesco,* the student body.
studentessa *sf* (girl-)student.
studiabile *agg* able to be studied.
studiacchiare *vt e i.* to study listlessly.
studiare *vt* **1** to study; *(per estensione: imparare)* to learn*; *(fam.)* to do*; *(all'università)* to study; *(GB, anche)* to read*: *far studiare qcno (obbligarlo a studiare),* to make sb study; *(fargli intraprendere gli studi)* to put sb through his studies — *Non abbiamo ancora studiato il (tempo) passato,* We haven't learnt *(fam.* done*)* the past tense yet — *Ha studiato filosofia con Schrunz,* He studied philosophy with (*o* under) Schrunz — *Studia medicina da tre anni,* He has been reading medicine for three years — *studiare a memoria una poesia,* to learn a poem by heart. **2** *(esaminare, considerare)* to study; to examine; to consider; to look into; *(pesare)* to weigh; *(escogitare)* to work out: *Studierò la soluzione migliore e ti farò sapere,* I'll try to work out the best solution and let you know — *Studia bene le parole prima di parlargli,* Weigh your words before talking to him — *Vorrei studiare le varie possibilità,* I'd like to consider (to look into) the various possibilities.
□ **studiarsi** *v. rifl (ingegnarsi)* to try; to endeavour.

studio *sm* **1** study; studying; *(lavoro)* work; *(ricerca)* research *(generalm. sing.)*: *Dedica allo studio parecchie ore al giorno,* He devotes several hours a day to study — *studi liberali,* liberal studies — *un uomo di studio,* a studious (a learned) man; a scholar — *una borsa di studio,* a scholarship; a bursary — *programma di studio,* syllabus; curriculum — *Ha fatto i suoi studi a Tubinga,* He studied at Tübingen University — *È frutto di anni di studio,* It's the result of years of work — *Sta facendo degli studi sul tibetano,* He is doing some research on Tibetan. **2** *(zelo, cura)* care; pains *(pl.)*: *Fece tutto ciò con molto studio,* He did all this with much care; He took great pains over all this — *a bello studio,* on purpose. **3** *(progetto)* design; project: *essere allo studio,* to be under consideration. **4** *(mus.)* study; étude *(fr.)*; *(saggio letterario)* essay; monograph; *(disegno)* drawing; study: *uno studio in re minore,* an étude in D minor — *uno studio dal vero,* a study from life — *uno studio su Hemingway,* a critical essay (a monograph) on Hemingway. **5** *(stanza per studio)* study: *Stava leggendo nel suo studio,* He was reading in his study. **6** *(cinematografico, televisivo, di pittore, ecc.)* studio *(pl.* studios). **7** *(stanza di professionista, ufficio)* office; *(di medico)* surgery *(GB)*; consulting room: *studio legale,* solicitor's office; *(di un 'barrister' ⇨)* chambers *(pl.)*.

studioso *agg* studious: *(lett.) studioso di,* desirous of. □ *sm* scholar; student: *uno studioso di storia greca,* a student of Greek history.

stufa *sf (spec. a legna)* stove; *(elettrica)* heater; fire; radiator: *stufa a gas,* gas-fire.

stufare *vt* **1** *(cucina)* to stew. **2** *(fig.: dare fastidio)* to bore; to weary.
□ **stufarsi** *v. rifl (fig., fam.)* to get* bored; to grow* weary.

stufato *sm (cucina)* stew; stewed meat.

stufo *agg (fam.)* bored; fed up; sick and tired.

stuoia *sf* mat.

stuoino *sm* door-mat.

stuolo *sm* troop; group; band; crowd; *(di uccelli)* flock.

stupefacente *agg* amazing; astonishing.
□ *sm* drug; narcotic; *(fam.)* dope: *Fu arrestato per detenzione di stupefacenti,* He was arrested for being in possession of drugs.

stupefare *vt* to amaze; to astonish; to surprise.
□ **stupefarsi** *v. rifl* to be* amazed (*o* astonished).

stupefazione *sf* amazement; astonishment; stupefaction.

stupendamente *avv* stupendously; splendidly.

stupendo *agg* stupendous; marvellous; splendid; gorgeous; terrific.

stupidaggine *sf* **1** stupidity; foolishness. **2** *(azione, detto stupido)* stupid (silly, foolish) thing: *Non dire stupidaggini!;* Don't talk nonsense! — *Questa è una stupidaggine,* This is just nonsense. **3** *(cosa da poco)* trifle: *L'ho comprato per una stupidaggine,* I bought it for nothing.

stupidamente *avv* stupidly; foolishly.

stupidità *sf* ⇨ **stupidaggine.**

stupido *agg* stupid; silly; foolish; *(detto di persona, anche)* half-witted; thick-headed.
□ *sm (persona stupida)* stupid person; half-wit; fool: *Non fare lo stupido!,* Don't be a (Don't play the) fool!

stupire *vt e i.* to amaze; to astonish; to fill (sb) with wonder.
□ **stupirsi** *v. rifl* to be* amazed; to be* astonished (at sth); to wonder (at sb, sth).

stupore *sm* astonishment; amazement; great surprise; wonder; *(med.)* stupor; stupefaction: *riempire qcno di stupore,* to fill sb with wonder; to amaze sb — *fare stupore,* to be astonishing.

stupro *sm (violenza carnale)* rape.

stura *sf (di bottiglia)* uncorking; *(di botti)* removal of the bung: *dare la stura ad una bottiglia,* to uncork a bottle. □ *dare (prendere) la stura,* to let oneself go.

sturabottiglie *sm* corkscrew.

sturamento *sm* uncorking; opening.

sturare *vt* to uncork; to open; *(una botte)* to take* out the bung.

stuzzicadenti *sm* toothpick.

stuzzicamento *sm* **1** *(punzecchiamento)* prodding; poking. **2** *(di denti, ecc.)* picking. **3** *(l'attizzare)* poking; stirring. **4** *(il molestare)* exciting; stirring. **5** *(lo sfregare, lo sfregarsi)* rubbing.

stuzzicante *agg* stimulating; *(appetitoso)* appetizing; *(eccitante)* exciting.

stuzzicare *vt* **1** *(punzecchiare)* to prod; to poke: *stuzzicare una piaga,* to probe a wound. **2** *(frugare)* to pick: *stuzzicare i denti,* to pick one's teeth. **3** *(attizzare)* to poke; to stir; to incite: *stuzzicare il fuoco,* to poke (to stir) the fire. **4** *(molestare)* to tease; to vex; to provoke: *stuzzicare un vespaio,* to stir up a hornets' nest. **5** *(stimolare)* to excite; to stir; to whet: *Ciò stuzzicò la mia curiosità,* That excited my curiosity — *stuzzicare l'appetito,* to give sb an appetite; to whet one's appetite. **6** *(sfregare, strofinare)* to rub. □ *Non stuzzicare il cane che dorme, (prov.)* Let sleeping dogs lie.

stuzzichino *sm* **1** *(chi stuzzica)* tease; person given to teasing. **2** *(spuntino)* appetizer; snack.

su I *prep* **1** *(stato in luogo)* - **a)** *(a contatto diretto e in alcune espressioni fig.)* on; upon; next to; *(con l'idea di rivestimento)* over: *La bottiglia è sul tavolo,* The bottle is on the table — *L'ho trovato sulla spiaggia,* I found it on the beach — *stampato su pergamena,* printed on parchment — *La sua interpretazione si basa su un errore,* His interpretation is based on a mistake — *Sono allergico alla lana sulla pelle,* I can't wear wool next to my skin — *Scese con l'impermeabile sul pigiama,* He came down with a mackintosh over his pyjamas.
b) *(senza contatto e in alcune espressioni figurative)* over; *(in alto, al di sopra di)* above; *(lungo)* on: *Stiamo volando sul Monte Bianco,* We're flying over Mont Blanc — *C'è ancora una mela fra le foglie proprio sulla tua testa,* There's still one more apple among the leaves right above your head — *La località è a 300 m sul livello del mare,* The place is 300 metres above sea level — *avere un vantaggio su qcno,* to have an advantage over sb — *dormire sul lavoro,* to fall asleep over one's work — *vegliare su qcno,* to watch over sb — *Torino è sul Po,* Turin is (*o* lies) on the Po.
2 *(indicante moto: contro)* on; at; against; *(verso)* onto; *(direzione)* to; towards; for: *La polizia aprì il fuoco sui dimostranti,* The police opened fire on the demonstrators — *la Marcia su Roma,* the March on Rome — *Scagliò pietre su di lui,* He threw stones at him — *La grandine picchiava sui vetri,* The hail was beating against the windows — *scagliare maledizioni su qcno,* to hurl curses at sb — *La porta del palazzo dà sulla via principale,* The gate of the palace opens onto the main street — *La mia camera s'affaccia sul lago,* My room looks out over the lake — *L'aeroporto di Fiumicino è chiuso: ci dirigiamo quindi su Napoli,*

Fiumicino Airport is closed, so we are now flying towards Naples — *Dopo Marsiglia, facemmo rotta su Genova,* On leaving Marseilles, we headed for Genoa.
3 *(a proposito di)* on; about: *Hai letto il nuovo libro su Picasso?,* Have you read the new book on Picasso? — *La sa lunga sulla storia greca,* He knows a lot about Greek history.
4 *(circa)* about: *costare sulle diecimila lire,* to cost about ten thousand lire — *essere sulla quarantina,* to be about forty — *sul far del giorno, (lett.)* about daybreak.
5 *(secondo)* to; according to: *lavorare su ordinazione,* to work to order — *scarpe su misura,* shoes made to measure — *agire su richiesta di qcno,* to act according to sb's request — *credere sulla parola,* to rely on sb's word — *fare (parlare) sul serio,* to be (to speak) in earnest; to mean business *(fam.)* — *su vostro consiglio,* on your advice.
6 *(dopo)* on top of: *È meglio non bere una limonata sul latte,* It's better not to drink lemonade on top of milk.
7 *(nel senso di derivazione)* (based) on: *Compose una rapsodia su un tema di Vivaldi,* He composed a rhapsody on a theme by Vivaldi.
□ *L'ho letto sul giornale,* I read it in the paper — *su due piedi,* there and than; on the spot — *sull'istante,* immediately; at first; *(solo alla fine della frase)* at once — *sul momento,* at first; *(a fine frase)* at once — *essere sul punto di,* to be on the point of; to be about to; to be going to — *star sulle sue,* to keep oneself to oneself — *uno su trenta,* one out of thirty — *nove volte su dieci,* nine times out of ten — *far promesse su promesse,* to make one promise after another — *sul presto (tardi),* early (late) — *stare sulle spese,* to spend more than (one) expected — *andare (montare) su tutte le furie,* to lose one's temper; to go off the deep end.
II *avv* **1** *(in o verso l'alto; anche rafforzativo o pleonastico)* up; *(indosso)* on; *(preceduto da altro avv. di luogo)* up; upwards; upstairs; *(nelle locuzioni su per, da su, di su)* up: *Guarda su, per favore!,* Look up, please! — *Balzò su spaventato,* He jumped up frightened — *Venite un po' su!,* Come on up for a bit! — *Andate in su?,* Are you going up? — *È andato su a riposarsi,* He's gone upstairs to have a rest — *Mettilo qui su,* Put it up here — *Su le mani!,* Hands up! — *Risalì su su fino alle origini,* He went right back to the origins — *alzarsi su,* to get up — *saltar su a dire che...,* to jump up and say that... — *L'ho incontrato su per le scale,* I met him on (*o* upon) the stairs — *Vi abbiamo visti da su,* We saw you from above (*o* from up there) — *Il droghiere è più su,* The grocer's is further up the road — *un poco più su del ginocchio,* a little above the knee — *Aveva su una bellissima gonna,* She had a lovely skirt on; She was wearing a lovely skirt.
2 *(in frase esortative)* come on: *Su, fatti coraggio!,* Pull yourself together! — *Su, svelta!,* Come on!; Hurry up! — *Su con la vita!,* Cheer up!
□ *su e giù,* up and down; to and fro — *su per giù,* more or less; about; approximately; roughly — *venir su bene,* to turn out well; *(di piante)* to come up well — *venir su dal niente,* to work one's way up from nothing; to be a self-made man — *metter su qcno contro qcno altro,* to turn sb against sb else — *essere su di giri,* to feel on top of the world — *metter su casa,* to set up house — *metter su famiglia,* to get married — *metter su uno studio (una fabbrica),* to open up an office (a factory) — *metter su l'acqua, (per la pasta, ecc.)* to put the water on — *metter su arie,* to put on airs — *metter su superbia,* to get on one's high horse — *Non c'è da riderci su,* There's nothing to laugh about — *dal numero dodici in su,* from number twelve on — *dalle cinquemila lire in su,* from five thousand lire and over — *i vecchi dai sessantacinque in su,* old people of sixty-five or more (*o* and over) — *Da Genova in su c'è molto più traffico,* There's a lot of trafic from Genoa on (*o* up).

subacqueo *agg* **1** *(bot., zool.)* subaqueous; subaquatic. **2** *(naut.)* submarine. **3** *(sport)* underwater *(attrib.)*: *pesca subacquea,* underwater fishing.
□ *sm* underwater fisherman *(pl.* -men*)*.

subaffittare *vt* to sublet*; to sublease.

subaffitto *sm* subletting; sublease.

subaffittuario *sm* subtenant.

subagente *sm* subagent.

subalpino *agg* subalpine.

subalterno *agg* subordinate; *(logica)* subaltern.
□ *sm* inferior; *(mil.)* subaltern.

subbia *sf* chisel.

subbiare *vt* to chisel.

subbio *sm (di telaio)* beam.

subbuglio *sm* hubbub; turmoil; *(scompiglio)* muddle; mess; *(trambusto)* bustle; fuss; *(disordine)* disorder; confusion; mess: *Non mettere tutto in subbuglio!,* Don't mess everything up!

subcosciente *agg e sm* subconscious.

subcoscienza *sf* subconsciousness.

subdolamente *avv* in an underhand (in a deceitful) way; deceitfully.

subdolo *agg* underhand; shifty; deceitful; *(fam.)* sneaky.

subentrare *vi* to take* the place (of); to take* over (from).

subire *vt* to undergo*; to pass through; to meet* with; to experience; to suffer: *subire un'operazione,* to undergo an operation — *subire una perdita,* to suffer a loss — *subire una sconfitta,* to suffer a defeat; to be defeated — *subire le conseguenze di qcsa,* to pay for sth; to suffer the consequences of sth.

subissare *vt* **1** *(far sprofondare)* to sink*; to ruin. **2** *(fig.: colmare)* to overwhelm.

subisso *sm* **1** *(grande rovina)* utter ruin; collapse: *andare in subisso,* to collapse. **2** *(grande quantità)* a shower (of); heaps *(pl.)* of; a lot (of): *un subisso d'applausi,* a burst of applause.

subitamente *avv* suddenly; unexpectedly; all at once.

subitaneamente *avv* suddenly.

subitaneità *sf* suddenness.

subitaneo *agg* sudden; subitaneous; quick: *un moto subitaneo,* an instinctive movement.

[1]**sùbito** *agg* sudden; unexpected.

[2]**sùbito** *avv* at once; immediately; straight (*o* right) away; in no time: *Vai subito!,* Go at once (*o* immediately)! — *Ritorno subito,* I won't be long; I'm coming (I'll be) straight back; *(come avviso, p.es. su una porta)* Back shortly; Back soon — *Vengo subito,* I'm just coming; I'm coming right now — *Subito, signore,* Right away, sir. □ *subito dopo,* soon afterwards — *subito prima,* just before — *Subito pronto!,* I'll (It'll) be ready in no time!

[3]**subìto** *agg* (*p. pass. di* **subire** ⇨).

sublimare *vt* **1** *(chim.)* to sublimate. **2** *(fig.)* to make* sublime. **3** *(psicologia)* to sublimate.

sublimato *sm* sublimate.

sublimazione *sf* sublimation.

sublime *agg* sublime; lofty; excellent.
□ *sm* (the) sublime.
sublimità *sf* sublimity; excellence.
sublinguale *agg* sublingual.
subodorare *vt* to get* wind of; to suspect: *Lo subodoravo, ma non ne ero sicura,* I suspected it, but I wasn't sure (of it).
subordinare *vt* to subordinate.
subordinata *sf* subordinate (*o* dependent) clause.
subordinatamente *avv* subordinately; dependently.
subordinato *agg (anche gramm.)* subordinate; dependent; secondary.
□ *sm* subordinate; inferior.
subordinazione *sf* subordination.
subornare *vt* to suborn; to bribe.
subornatore *sm* suborner.
subornazione *sf* subornation.
suburbano *agg* suburban.
suburbio *sm* suburb.
succedaneo *agg* succedaneous; *(di cibo)* ersatz.
□ *sm (surrogato)* succedaneum (*pl.* succedanea); substitute; *(di cibo)* ersatz.
[1]**succedere** *vi* **1** *(subentrare)* to succeed (sb *o* to sb); to take* over (from sb); to step into sb's shoes; *(di re, ecc.)* to succeed (sb). **2** *(accadere)* to take* place; to happen; to occur: *Cosa sta succedendo?; Che cosa succede?,* What is happening?; What's up? — *Cosa ti succede?,* What is the matter with you? — *qualsiasi cosa succeda,* whatever happens — *Sono cose che succedono,* These things happen (*o* will happen) — *Succederà il finimondo!,* There'll be hell to pay! **3** *(seguire)* to follow; to be* followed by.
□ **succedersi** *v. reciproco* to follow each other (*o* one another); to follow one upon the other.
[2]**succedere, succedersi** *sm* succession; sequence; train; course; run: *il succedersi degli avvenimenti,* the course of events — *un succedersi di disgrazie,* a run of misfortune.
successione *sf* **1** succession. **2** *(serie, seguito)* course; train. **3** *(dir.)* succession: *tassa di successione,* death (*o* estate) duty — *liquidare una successione,* to wind up an estate.
successivamente *avv* **1** *(uno dopo l'altro)* successively; in succession; one after the other. **2** *(dopo)* soon after; soon afterwards; then; before long.
successivo *agg* successive; following; next; subsequent.
successo *sm* **1** success: *Il successo gli ha dato alla testa,* Success has gone to his head — *non aver successo,* to fail — *Non ha avuto successo all'esame,* He has failed his exam — *senza successo (inutilmente),* without success; in vain — *aver successo con qcno,* to be popular with sb — *avere molto successo in qcsa,* to be a great success; to be very successful (in sth). **2** *(esito)* outcome. **3** *(discografico, ecc.)* hit: *il successo del giorno, (disco, teatro, ecc.)* the latest hit.
successore *sm* successor.
succhiamento *sm* sucking.
succhiare *vt* to suck; *(assorbire)* to absorb; to suck up; *(fig.)* to suck; to drink* in; *(centellinare)* to sip: *succhiare il sangue a qcno, (fig.)* to suck sb's blood; to suck the life-blood out of sb. □ *succhiare qcsa col latte materno, (fig.)* to learn sth at one's mother's knee — *succhiare la ruota di qcno, (ciclismo)* to stick to sb's wheel; to ride in sb's wake.
succhiata *sf* suck; sucking.
succhiatoio *sm (di ape, ecc.)* tongue.
succhiello *sm* gimlet; auger.
succintamente *avv* concisely; briefly; succinctly.
succintezza *sf* conciseness; brevity; succinctness.
succinto *agg* **1** *(di vestiti)* scanty; short. **2** *(di discorsi, ecc.)* concise; brief; succinct.
succitato *agg* mentioned above; above-mentioned; aforementioned.
succo *sm* **1** juice: *succo di pompelmo,* grapefruit juice — *succhi gastrici,* gastric juices. **2** *(fig.)* gist; pith; essence: *il succo del discorso,* the gist of the speech — *il succo della questione,* the point of the matter.
succosamente *avv* **1** juicily. **2** *(fig.)* pithily.
succosità *sf* juiciness; *(fig.)* pithiness.
succoso *agg* juicy; *(fig.)* pithy.
succube, succubo *sm e f. (lett.: demone)* succuba (*pl.* succubae) *(f.)*; succubus (*pl.* succubi) *(m.)*; *(per estensione)* man (woman) dominated by somebody.
succulento *agg* **1** *(succoso)* juicy; succulent. **2** *(gustoso e ricco)* rich.
succursale *sf (comm.)* branch; branch office.
sud *sm* south: *andare a sud,* to go south — *verso sud,* southwards — *del sud,* southern — *America del Sud,* South America — *L'Italia è a sud della Svizzera,* Italy is to the south of Switzerland — *il Sud, (in generale)* the South; *(in Italia)* the 'Mezzogiorno' — *il profondo Sud,* the deep South.
sudante *agg* sweating.
sudare *vt e i.* **1** to perspire; to sweat; *(fig.)* to sweat; to toil: *sudare molto,* to perspire a lot; to sweat profusely; *(essere molto sudato)* to be bathed in perspiration — *Mi fece sudare da mattina a sera,* He made me sweat from morning till night — *sudare freddo,* to be in a cold sweat — *sudare sangue,* to sweat blood — *sudare sette camicie,* to work oneself to death (⇨ *anche* **sudato,** *agg.*). **2** *(trasudare)* to sweat; to exude moisture; *(stillare)* to ooze; to drip with moisture.
□ **sudarsi** *v. rifl* to get* (sth) by the sweat of one's brow; to earn (sth) the hard way: *sudarsi il pane,* to earn one's living by the sweat of one's brow.
sudario *sm (religione)* sudarium; *(stor.)* vernicle.
sudata *sf* sweat: *fare una sudata,* to sweat profusely.
sudaticcio *agg* damp with perspiration; sweaty.
sudato *agg* perspiring; *(abbondantemente)* sweating; in a sweat: *con mani sudate,* with sweaty hands — *Era tutto sudato,* He was sweating all over. □ *denaro sudato,* hard-earned money.
suddetto *agg* above-named; aforesaid.
sudditanza *sf* subjection.
suddito *agg e sm* subject.
suddividere *vt* to subdivide.
suddivisibile *agg* subdivisible; which (*o* that) can be subdivided.
suddivisione *sf* subdivision; division; split.
sudiceria *sf* **1** dirtiness; filthiness; griminess. **2** *(cosa sudicia)* filthy thing; dirty thing; *(fig.: oscenità)* obscenity: *un libro pieno di sudicerie,* an obscene book — *dire sudicerie,* to be foul-mouthed.
sudicio *agg* dirty; filthy; grimy; *(fig.)* obscene; filthy: *panni sudici,* dirty clothes.
□ *sm (sudiciume)* dirt; filth; grime.
sudiciona *sf* slattern; slut *(anche fig.)*.
sudicione *sm* dirty man (*pl.* men); filthy fellow.
sudiciume *sm* dirt; filth; grime; *(fig.)* obscenity; filth.
sudista *agg (storia americana)* Southern; Confederate.
□ *sm* Confederate.
sudore *sm* **1** perspiration; *(abbondante)* sweat: *grondare di sudore,* to be running with sweat; to be bathed in perspiration. **2** *(fig.)* sweat; toil: *frutto dei*

miei sudori, fruit of my labours — *col frutto della tua (sua) fronte,* by the sweat of your (his) brow.

sudorifero, sudorifico *agg* sudoriferous; sudorific; perspiratory; *(attrib.)* sweat.
□ *sm (med.)* sudorific.

sufficiente *agg* **1** sufficient; *(abbastanza)* enough *(avv.): Credi che questo sia sufficiente per due?,* Do you think this will be sufficient (*o* enough) for two? — *ragione sufficiente,* sufficient reason — *Non è sufficiente,* It's insufficient; Its not enough — *È più che sufficiente,* It's more than enough — *tempo sufficiente,* enough time; time enough. **2** *(di qualifica)* fair; satisfactory: *voto sufficiente,* pass mark; fair. **3** *(presuntuoso)* presumptuous; self-sufficient; self-important; conceited: *Parla con un certo tono sufficiente che non mi piace,* He talks with a rather conceited tone which I don't like.
□ *sm* bare essentials *(pl.);* enough: *Ha il sufficiente per vivere,* He has enough to live on.

sufficientemente *avv* sufficiently; enough: *È sufficientemente caldo,* It is warm enough.

sufficienza *sf* **1** sufficiency; sufficient quantity: *a sufficienza,* enough; sufficiently. **2** *(termine scolastico)* pass mark; pass. **3** *(alterigia)* self-importance; conceit: *con aria di sufficienza,* conceitedly.

suffisso *sm* suffix.

suffragare *vt* **1** to support; to back. **2** *(religione)* to pray (for sb); to intercede for (sb).

suffragazione *sf (religione)* intercession.

suffragetta, suffragista *sf* suffragette; feminist.

suffragio *sm* **1** *(voto)* vote; suffrage: *dare il proprio suffragio a qcno,* to give one's vote to sb. **2** *(appoggio)* support; help; *(approvazione)* approval. **3** *(religione)* intercessory prayer: *far dire una messa di suffragio per qcno,* to have a mass said for sb's soul.

suffumicamento *sm* fumigating.

suffumicare *vt* to fumigate.

suffumigio *sm* fumigation.

suggellare, suggello ⇨ **sigillare, sigillo.**

suggerimento *sm* **1** suggestion; indication; hint: *dietro suggerimento di qcno,* as suggested by sb — *Fu un buon suggerimento,* It was a good suggestion (a good piece of advice). **2** *(teatro, ecc.)* prompting.

suggerire *vt* **1** to advise; to suggest: *Gli suggerii di consultare uno psichiatra,* I advised him to see (I suggested that he see) a psychiatrist — *Cosa mi suggerisci di fare?,* What do you advise me to do? **2** *(teatro, ecc.)* to prompt; to give* a (*o* the) cue: *Mi suggerì la battuta sbagliata,* He gave me the wrong cue. **3** *(far venire in mente qcsa a qcno)* to suggest sth to sb; to make* sb think of sth.

suggeritore *sm* suggester; *(nel teatro)* prompter.

suggestionabile *agg* suggestible.

suggestionabilità *sf* suggestibility.

suggestionare *vt* to influence by means of suggestion.

suggestione *sf* suggestion *(anche med.); (dir.)* undue influence.

suggestivamente *avv* suggestively *(non molto comune);* evocatively.

suggestivo *agg (raro: che suggestiona)* suggestive; *(che evoca)* evocative.

sugherificio *sm* cork-factory.

sughero *sm* **1** cork; *(albero)* cork-tree; cork-oak. **2** *(turacciolo)* cork; stopper.

sugheroso *agg* corky; *(attrib.)* cork.

sugna *sf* lard.

sugnoso *agg* lardy.

sugo *sm* **1** *(di frutta)* juice. **2** *(di carne)* gravy; *(salsa, di pomodoro, ecc.)* sauce. **3** *(fig.)* pith; gist; essence; *(gusto)* pleasure; satisfaction: *un discorso senza sugo,* an empty speech — *una vita senza sugo,* a dull life.

sugosità *sf* juiciness.

sugoso *agg* **1** juicy; succulent. **2** *(fig.: sostanzioso)* concise; full of substance; pithy.

suicida *sm e f.* suicide. □ *agg* suicidal.

suicidarsi *v. rifl* to commit suicide; to kill oneself.

suicidio *sm* suicide *(anche fig.).*

suino *sm* swine *(pl.* swine*);* pig.
□ *agg* pig *(attrib.): carne suina,* pork.

sulfamidico *agg* sulphamidic. □ *sm* sulphonamide; sulphamide.

sulfureo *agg* sulphureous.

sullodato *agg* above-mentioned.

sultana *sf (moglie di un sultano)* sultana.

sultanina *agg uva sultanina,* sultanas *(pl.).*

sultano *sm* sultan: *vivere come un sultano, (fig.)* to live like a lord.

sunteggiare *vt* to summarize; to sum up.

sunto *sm* summary; précis *(fr.).*

suntuosità *sf* ⇨ **sontuosità.**

suntuoso *agg* ⇨ **sontuoso.**

suo *agg e pron possessivo* **1** *(agg. m.)* his; *(f.)* her; *(riferito ad animale o cosa)* its; *(suo proprio: m.)* his own; *(f.)* her own; *(neutro)* its own; *(come predicato nominale, m.)* his; his own; *(f.)* hers; her own; *(neutro)* its; its own: *la sua casa,* his (her) house — *la sua stessa vita,* his (her) own life — *Fa sempre a modo suo,* He always does things his own way — *per amor suo,* for his (her) sake — *Il suo pelo è grigio,* ts coat is grey.

2 *(pron. m.)* his; *(f.)* hers; *(neutro)* its: *Sono stufo di prestargli la macchina; quando arriverà la sua?,* I'm fed up with lending him my car; when will his arrive?

3 *(in frasi con ellissi del sostantivo) Suo devotissimo..., (in chiusa di lettera)* Yours faithfully — *Vive del suo,* He lives on his own money (on his income); He has independent means — *Andò a passare le vacanze dai suoi,* He went to spend his holidays with his folks (*o* his people, *o* his family).

suocera *sf* mother-in-law. □ *Non fare la suocera!, (fam.)* Don't nag!

suocero *sm* father-in-law.

suola *sf* **1** sole: *una scarpa a doppia suola,* a double-soled shoe — *rimettere le suole,* to re-sole. **2** *(di forno)* hearth; bottom. **3** *(di rotaia)* flange. **4** *(mineralogia)* floor. **5** *(ferodo, spessore del ceppo di un freno)* lining. **6** *(di aratro)* share. **7** *(zool.)* sole.

suolo *sm* **1** ground; soil; land; *(fig.: paese)* soil; land: *un suolo fertile,* good land — *cadere al suolo,* to fall to the ground — *radere (qcsa) al suolo,* to raze (sth) to the ground. **2** *(strato)* layer.

suonare *vt* **1** *(annunciare con un suono)* to sound: *suonare la ritirata (l'allarme),* to sound the retreat (the alarm) — *suonare il gong,* to sound the gong — *suonare il silenzio,* to sound lights-out — *suonare la sveglia, (mil.)* to sound the reveille — *suonare il clacson,* to hoot. **2** *(campanello, campane)* to ring*: *Il signore ha suonato?,* Did you ring, sir? — *suonare a martello,* to ring the tocsin — *suonare a distesa,* to peal — *suonare a morto,* to toll; to knell. **3** *(uno strumento)* to play: *suonare il violino (il pianoforte),* to play the violin (the piano) — *suonare a orecchio,* to play by ear. **4** *(di orologio)* to strike*: *L'orologio ha suonato le sette,* The clock has struck seven. **5** *(lett.: si-*

gnificare) to mean*: *Le sue parole suonano disprezzo,* His words mean contempt.
□ *vi* **1** to sound; *(di campane, campanello)* to ring*: *Il campanello (Il telefono) suona,* The bell (The telephone) is ringing. **2** *(mus.)* to play. **3** *(di orologio)* to strike*: *Erano suonate le cinque,* Five o'clock had struck. **4** *(di parole, versi, ecc.)* to sound; to ring*: *Suona strano,* It sounds strange — *Suona male,* It sounds wrong; It doesn't sound right — *Suona falso,* It doesn't ring true. **5** *(risuonare)* to ring*; to resound: *I suoi lamenti mi suonano ancora nell'orecchio,* His moans are still ringing in my ears. □ *suonarle a qcno,* to give sb a good thrashing.

suonata *sf* **1** *(fam.: imbroglio)* cheat; swindle; *(fam.: duro colpo)* heavy blow; *(fam.: conto salato)* huge bill. **2** *(mus.)* = **sonata 3**.

suonato *agg* **1** *(compiuto, finito)* past; well over: *Si alzò alle undici suonate,* He got up after eleven. **2** *(rimbambito)* silly; weakminded: *Ha settant'anni suonati,* He is well over seventy. **3** *(di pugile)* punch-drunk.

suonatore *sm* player; *(esecutore)* executant; performer; musician: *un suonatore di violino,* a violin player; a violinist — *un suonatore ambulante,* a strolling musician. □ *Buonanotte (ai) suonatori!,* And that's that!

suono *sm* sound: *colonna del suono,* sound track — *senza suono,* soundless — *al suono di...,* to the sound of... — *il muro (la barriera) del suono,* the sound barrier — *la velocità del suono,* the speed of sound. □ *suoni e canti,* music and songs — *il suono delle campane,* the ringing (the chiming) of the bells.

suora *sf* nun; sister *(anche come appellativo).*

superabile *agg* surmountable; superable.

superabilità *sf* superability.

superaffollamento *sm* overcrowding.

superaffollato *agg* overcrowded; *(fam.)* jam-packed.

superalimentazione *sf* supernutrition.

superallenamento *sm (sport)* overtraining.

superamento *sm* **1** overcoming; getting over; *(di un esame)* getting through. **2** *(di automobile)* overtaking.

superare *vt* **1** *(oltrepassare, essere superiore a)* to surpass; to exceed; to best; to be* over; to be* ahead (of sb); *(riferito a persone)* to surpass; to excel: *I risultati superano ogni aspettativa,* The results exceed all expectations — *Non superare il limite di velocità,* Don't exceed the speed-limit — *In inglese supera tutti,* He beats everyone in English — *superare qcno in qcsa,* to exceed (to surpass) sb in (*o* at) sth — *superare qcno di cinque punti (di dieci minuti),* to be five points (ten minutes) ahead of sb — *superare se stesso,* to surpass oneself — *superare in altezza (in lunghezza, in larghezza),* to be higher (longer, wider) — *superare in numero,* to exceed in number; to outnumber — *superare in peso,* to exceed in weight; to be heavier; to outweigh — *superare nel prezzo,* to exceed in price; to cost more. **2** *(fig.: vincere)* to overcome*; to surmount; to get* over (*o* through): *Superò ogni difficoltà,* He overcame (He got over) every difficulty — *Devo superare un esame molto difficile,* I must pass (*o* get through) a very difficult exam — *superare un ostacolo,* to get over an obstacle — *superare un primato,* to break a record. **3** *(oltrepassare, di autoveicolo, ecc.)* to pass; to overtake*: *Mi superò sulla destra e in curva,* He overtook me on the right and on a bend. **4** *(oltrepassare un fosso, ecc.)* to get* over; to get* through; *(un fiume, ecc.)* to cross; *(un muro, ecc.)* to climb: *Non ci fu facile superare il campo minato,* We didn't find it easy to cross (to get through) the minefield.

superbia *sf* haughtiness; arrogance; pride; (self-) conceit: *montare in superbia,* to put on airs.

superbo *agg* **1** proud; haughty; arrogant: *punire i superbi,* to punish the proud. **2** *(fig.: magnifico)* superb; splendid; magnificent; *(fig.: altissimo)* lofty; sublime.

superficiale *agg* superficial *(anche fig.); (affrettato)* hasty; *(attrib.)* surface: *una conoscenza superficiale,* a superficial knowledge; a smattering: *tensione superficiale, (fis.)* surface tension — *una ferita superficiale,* a surface wound.

superficialità *sf* superficiality *(anche fig.).*

superficialmente *avv* superficially.

superficie *sf* **1** surface *(anche fig.);* surface area; face: *superficie piana (liscia, ruvida),* plane (smooth, rough) surface — *superficie superiore (inferiore),* top (bottom) surface — *superficie di scorrimento, (mecc.)* way — *superficie di appoggio,* supporting surface — *venire in superficie,* to come to the surface — *naviglio di superficie,* surface ships. **2** *(geometria, ecc.)* area: *la superficie del triangolo,* the area of a triangle — *le misure di superficie,* the square measures — *su una vasta superficie,* over a vast area — *superficie velica, (naut.)* sail area. □ *una conoscenza solo alla superficie,* superficial (surface) knowledge — *un'amicizia che è rimasta alla superficie,* a surface friendship; an acquaintance.

superfluità *sf* superfluity; *(eccesso)* excess.

superfluo *agg* superfluous; unnecessary; needless; redundant: *spese superflue,* superfluous (*o* unnecessary) expenses — *È superfluo dire che...,* It goes without saying that...
□ *sm* surplus.

superiora *sf* Mother Superior.

superiore *agg* **1** *(in senso assoluto)* superior: *una mente superiore,* a superior brain; a highly gifted person — *merce di qualità superiore,* goods of superior (of excellent) quality — *Mi guardò con aria superiore,* He looked at me with an air of superiority (with a superior air). **2** *(con valore comp.)* superior; *(più alto, anche fig.)* higher; *(più alto di statura)* taller; *(più grande)* larger; bigger; greater: *superiore a tutti gli altri per cultura,* superior to all the others in knowledge — *a un prezzo superiore,* at a higher price — *superiore a tutti i suoi contemporanei,* greater than all his contemporaries. **3** *(di grado superiore)* senior; higher; *(riferito a studi)* advanced: *Frequenta una classe superiore,* He is in a senior (an upper, a higher) class — *scuola superiore,* senior high-school — *Istituto di Studi Superiori,* Institute for Advanced Studies — *matematica superiore,* advanced mathematics. **4** *(che sovrasta, che sta a monte)* upper; *(per estensione: che sta a nord)* northern: *il labbro superiore,* the upper lip — *al piano superiore,* on the upper floor; *(di una casa a due piani)* on the first floor — *il corso superiore del Tamigi,* the upper reaches of the Thames — *la Gallia superiore,* northern Gaul. **5** *(al di sopra)* above; *(oltre)* beyond: *superiore alla media,* above the average — *un individuo al di sopra di ogni sospetto,* a person above (all) suspicion — *Ciò è superiore alle mie possibilità economiche,* This is beyond my means. □ *padre superiore,* father superior — *madre superiora,* mother superior.
□ *sm* superior: *chiedere il permesso ai propri superiori,* to ask permission of one's superiors.

superiorità *sf* superiority: *complesso di superiorità,* superiority complex.
superlativamente *avv* superlatively; extremely well.
superlativo *agg* superlative *(anche gramm.);* excellent.
□ *sm (gramm.)* superlative degree.
supero *sm (comm.: eccedenza, avanzo)* surplus; excess.
supersonico *agg* supersonic.
□ *sm* supersonic plane.
superstite *sm* survivor. □ *agg* surviving.
superstizione *sf* superstition.
superstiziosamente *avv* superstitiously.
superstizioso *agg* superstitious.
superuomo *sm* superman *(pl.* -men*).*
supervisione *sf* supervision.
supervisore *sm* supervisor.
supino *agg* **1** *(che sta sulla schiena)* supine; lying on one's back: *cadere supino,* to fall on one's back. **2** *(fig.: inerte)* servile; supine: *obbedienza supina,* servile obedience.
□ *sm (gramm.)* supine.
suppellettile *sf (quasi sempre al pl)* furnishings; articles (*o* pieces, items) of furniture; household goods; fittings *(tutti pl.).*
suppergiù *avv* about; nearly; approximately; roughly.
supplementare *agg* supplementary *(anche in geometria);* additional; extra: *tariffa supplementare,* additional charge — *angoli supplementari,* supplementary angles — *paga supplementare,* extra pay — *ore lavorative supplementari,* overtime — *treno supplementare,* relief-train.
supplemento *sm* **1** extra portion; supplement. **2** *(appendice)* appendix *(pl.* appendices, appendixes*).* **3** *(sovrapprezzo)* extra charge; additional charge.
supplente *agg* temporary; substitute.
□ *sm e f. (nelle scuole)* temporary (*o* substitute) teacher; supphy teacher.
supplenza *sf* temporary post.
suppletivamente *avv* in a supplementary way.
suppletivo *agg* supplementary.
suppletorio *agg* supplementary.
supplica *sf* petition; supplication; entreaty.
supplicante *agg* suppliant. □ *sm* petitioner; suppliant.
supplicare *vt* to beg; to implore; to entreat; to supplicate; to beseech*; to plead (for).
supplichevole *agg* supplicatory; suppliant; petitioning; imploring; beseeching: *un atto supplichevole,* a suppliant attitude — *uno sguardo supplichevole,* a beseeching glance; an imploring look.
supplichevolmente *avv* imploringly.
supplire *vt e i.* **1** *(sostituire)* to replace; to take* the place of. **2** *(compensare)* to make* up for.
suppliziare *vt* to torture; to torment.
supplizio *sm* **1** torture; torment; punishment: *il supplizio di Tantalo,* the torment of Tantalus — *l'ultimo (l'estremo) supplizio,* capital punishment — *andare al supplizio,* to go to the scaffold. **2** *(fig.)* agony; torment; torture: *Stare con lui è un supplizio!,* Being with him is agony!
supponibile *agg* imaginable; presumable.
supporre *vt* to suppose; to imagine; to assume; *(presumere)* to presume; to guess; *(pensare)* to think*: *Supponi che io abbia ragione,* Suppose I'm right — *Suppongo di sì (di no),* I suppose so (not) — *Suppongo sia ammalato,* I assume *(fam.* I take it*)* he's ill.
supporto *sm* support; rest; stand; mounting; *(di albero)* bearing; *(staffa)* bracket; *(di rotaia, ferrovia)* chair.
suppositivo *agg* hypothetical; conjectural.
supposizione *sf* supposition; assumption; (piece of) guesswork: *È solo una mia supposizione,* It's just a supposition of mine — *una supposizione infondata,* a groundless assumption.
supposta *sf* suppository.
suppurare *vi* to suppurate; to come* to a head.
suppurazione *sf* suppuration.
supremamente *avv* supremely.
supremazia *sf* supremacy.
supremo *agg* **1** supreme: *il bene supremo,* the supreme good — *l'Ente Supremo,* the Supreme Being; God — *la Corte Suprema di Giustizia,* the Supreme (the High) Court of Justice — *il comando supremo,* the supreme (the high) command — *la sede del Comando Supremo,* the General Headquarters *(abbr.* G.H.Q.*)* — *il comandante supremo dell'esercito,* the commander-in-chief of the army. **2** *(principale)* prime; chief; main: *le ragioni supreme per quella scelta,* the main reasons for that choice. **3** *(massimo)* supreme; greatest; highest; extraordinary: *in grado supremo,* in the highest degree — *con uno sforzo supremo,* with an extraordinary (a supreme) effort. **4** *(ultimo)* last: *i supremi conforti della fede,* the last consolations of religion; the last sacraments — *l'ora suprema, (della morte)* one's last hour.
surgelamento *sm* deep-freeze.
surgelare *vt* to deep-freeze*.
surgelati *sm pl* (deep-)frozen food (*o* foods).
surrealismo *sm* surrealism.
surrealista *sm e f.* surrealist.
surrealistico *agg* surrealistic.
surrenale *agg* adrenal.
surrettiziamente *avv* surreptitiously.
surrettizio *agg* surreptitious.
surriscaldamento *sm (in generale)* overheating; *(fis.)* superheating; superheat.
surriscaldare *vt (in generale)* to overheat; *(fis.)* to superheat.
□ **surriscaldarsi** *v. rifl (di motore)* to get* overheated.
surriscaldato *agg (in generale)* overheated; *(fis.)* superheated.
surrogabile *agg* replaceable.
surrogare *vt* to replace; to substitute.
surrogato *sm* substitute. □ *surrogato del caffè,* coffee substitute; ersatz coffee.
surrogazione *sf* substitution.
suscettibile *agg* **1** susceptible: *suscettibile di sviluppo,* susceptible of development. **2** *(sensibile)* sensitive; *(permaloso)* susceptible; touchy: *un tipo molto suscettibile,* a touchy fellow.
suscettibilità *sf* **1** susceptibility. **2** *(permalosità)* touchiness; sensitivity: *offendere (urtare) la suscettibilità di qcno,* to hurt sb's feelings.
suscitamento *sm* stirring up; incitement.
suscitare *vt* to stir up; to excite; to stimulate; to rouse; to kindle; *(provocare)* to provoke; to cause; to stir up: *suscitare l'ammirazione,* to arouse (to excite) admiration — *suscitare il riso,* to provoke laughter — *suscitare uno scandalo,* to provoke a scandal; to give rise to scandal.
suscitatore *sm* exciter; inciter; instigator.

susina *sf* plum: *susina di macchia,* sloe — *susina regina Claudia,* greengage.
susino *sm* plum-tree.
susseguente *agg* subsequent; following; next; immediately after.
susseguentemente *avv (in seguito)* subsequently; afterwards.
susseguire *vt e i.* to follow; to succeed; to come* after.
□ **susseguirsi** *v. reciproco* to follow one another (*o* each other).
sussidiare *vt* to subsidize.
sussidiario *agg* subsidiary; auxiliary; reserve *(attrib.).*
sussidio *sm* **1** subsidy; subvention; relief: *sussidio di studio,* study grant — *sussidio di disoccupazione,* unemployment benefit — *percepire il sussidio di disoccupazione,* to be on the dole — *chiedere un sussidio,* to ask for assistance. **2** *(aiuto)* help; aid; assistance: *sussidi didattici,* teaching aids.
sussiego *sm* haughtiness; hauteur; imposing air: *trattare qcno con sussiego,* to treat sb condescendingly.
sussiegosamente *avv* haughtily; condescendingly.
sussiegoso *agg* haughty; condescending.
sussistenza *sf* **1** *(il sussistere)* subsistence; existence. **2** *(approvvigionamenti)* provisioning; victualling.
sussistere *vi* **1** to exist; *(esserci)* to be*. **2** *(essere valido, reggere)* to hold* good; to hold* water.
sussultare *vi* to start; to give* a start; to tremble; *(di cose)* to shake*: *sussultare di gioia,* to jump for joy.
sussulto *sm* start; jump; leap; tremor.
sussultorio *agg* jerky; jumpy; *(della terra)* rumbling.
sussurrare *vt* **1** *(bisbigliare)* to whisper; to murmur: *bisbigliare qcsa all'orecchio di qcno,* to whisper sth in sb's ear. **2** *(dire in segreto)* to whisper *(generalm. impers.): Si sussurra che sia scappata di casa,* The story goes (It is whispered) that she has run away from home.
□ *vi (di fronde)* to rustle; *(di acque)* to murmur; *(sparlare)* to whiper (against).
sussurrio *sm* whispering; murmuring; *(di foglie)* rustling.
sussurro *sm* whisper; murmur; *(di foglie)* rustle.
sutura *sf* suture.
suturare *vt* to suture.
svagare *vt* **1** *(divertire, ricreare)* to amuse; to entertain; to keep* sb amused. **2** *(distrarre)* to distract; to divert; to distract sb's attention.
□ **svagarsi** *v. rifl* to amuse oneself; to relax; to need some amusement; *(fam.)* to have* fun; *(distrarsi)* to daydream; to wander.
svagataggine, svagatezza *sf* absent-mindedness; abstraction.
svagatamente *avv* absent-mindedly; abstractedly.
svagato *agg* absent-minded; abstracted.
□ *sm* absent-minded person.
svago *sm* relaxation; amusement; diversion; recreation; *(divertimento)* amusement; entertainment; *(passatempo)* hobby.
svaligiamento *sm* robbery; plundering; *(di casa)* burglary; house-breaking.
svaligiare *vt* to rob; to plunder; *(una casa)* to burgle.
svaligiatore *sm* robber; plunderer; *(di case)* burglar; house-breaker.
svalutare *vt* **1** *(ridurre il valore, ufficialmente)* to devalue. **2** *(merci)* to depreciate; to undervalue.
svalutazione *sf* **1** *(econ.: di moneta)* devaluation. **2** *(comm.: di merci)* depreciation; undervaluation; *(di un'attività)* write-down; *(totale)* write-off.
svanimento *sm* vanishing; fading away; disappearance; *(di forze)* weakening.
svanire *vi (dileguarsi)* to vanish; to disappear; *(perdere d'intensità)* to fade (away); *(perdere l'aroma o l'essenza)* to grow* weaker; to lose* (its) flavour; *(fig.: andare in fumo)* to be* lost; to vanish.
svantaggio *sm* **1** disadvantage; drawback; *(fam.)* snag: *Lo svantaggio è che...,* The snag is that... — *a svantaggio di...,* to the disadvantage of... **2** *(danno)* detriment: *a mio svantaggio,* to my detriment. **3** *(sport, ecc.)* handicap: *essere in svantaggio di tre reti,* to be three goals down (*o* behind) — *tre metri di svantaggio,* three metres behind.
svantaggiosamente *avv* unfavourably; disadvantageously.
svantaggioso *agg* disadvantageous; unfavourable; *(dannoso)* detrimental; prejudicial.
svaporamento *sm* evaporation.
svaporare *vi* **1** *(evaporare)* to evaporate; *(svanire)* to vanish; to evaporate; *(perdere forza)* to lose* strength. **2** *(fig.: diminuire, calmarsi)* to cool down; to fade away; to die down; to disappear.
svariatezza *sf* variety.
svariato *agg* varied; various.
svarione *sm (grosso errore)* blunder.
svasato *agg* **1** *(di abito)* bell-shaped. **2** *(mecc.)* countersunk.
svasatura *sf* **1** *(nel giardinaggio: il cambiar vaso)* repotting; *(il togliere dal vaso)* planting out. **2** *(mecc.: apertura a campana)* flaring; countersink (hole). **3** hollow; *(archit.)* embrasure. **4** *(di abito)* flaring.
svasso *sm (maggiore)* great crested grebe; *(piccolo)* black-necked grebe.
svastica *sf* swastika.
svecchiamento *sm* renewal; modernization.
svecchiare *vt* to renew; to modernize; to bring* (sth) up to date: *Molte norme sarebbero da svecchiare,* Many rules should be brought up to date.
svedese *agg* Swedish. □ *sm* Swede; *(la lingua)* Swedish.
sveglia *sf* **1** *(atto di svegliare o svegliarsi)* getting up: *La sveglia è alle quattro,* We have to get up at four o'clock. **2** *(segnale)* call; early call; *(mil.)* reveille: *suonare la sveglia, (mil.)* to sound the reveille. **3** *(orologio a sveglia)* alarm(-clock): *Regolai la sveglia alle cinque,* I set the alarm(-clock) for five.
svegliare *vt* **1** to wake* up; *(lett.)* to wake*; to rouse: *Svegliami presto domani mattina,* Wake me up (call me) early tomorrow morning. **2** *(fig.: destare, scuotere)* to awake*; to arouse; to wake* up; to rouse: *svegliare l'appetito,* to arouse (to stimulate) sb's appetite — *svegliare la curiosità,* to awaken sb's curiosity — *Devi svegliare quel ragazzo: non fa mai niente,* You must liven up that boy: he never does a thing. □ *Non svegliare il can che dorme, (prov.)* Let sleeping dogs lie.
□ **svegliarsi** *v. rifl* **1** to wake* up: *Mi sveglio sempre alle cinque in punto,* I always wake up at five sharp — *Svegliatevi (Svegliati)!,* Wake up! **2** *(fig.)* to be* awakened; to rekindle; to rouse. **3** *(fig., di vento: levarsi)* to rise*. **4** *(di persona: scaltrirsi)* to become* sharp; to wake* up; to become* canny.
svegliarino *sm* **1** alarm-clock. **2** *(fam.)* reminder.
sveglio *agg* **1** *(desto)* awake. **2** *(pronto)* quick-witted; sharp; smart.
svelamento *sm* revelation; disclosure.
svelare *vt* **1** *(togliere il velo)* to unveil. **2** *(fig.: rivelare)* to disclose; to reveal; *(mostrare)* to show*: *svelare un*

segreto, to reveal (to disclose) a secret — *svelare il proprio carattere,* to show one's nature.

□ **svelarsi** *v. rifl* to reveal oneself; to show* oneself.

svelatore *sm* discloser; revealer.

svelenire *vt* to unpoison; *(fig.)* to remove the sting from.

□ **svelenirsi** *v. rifl (sfogarsi)* to give* vent to one's anger.

svellere *vt* to uproot; to eradicate *(anche fig.).*

sveltamente *avv* quickly; readily.

sveltezza *sf* **1** *(rapidità)* quickness; *(prontezza)* readiness; promptness; *(velocità)* speed: *sveltezza di mano,* quickness (*o* sleight) of hand — *sveltezza di mente,* quickness (*o* readiness) of mind. **2** *(forma slanciata)* slimness; slenderness: *la sveltezza di una guglia,* the slenderness of a spire.

sveltire *vt* **1** to quicken; to make* quicker; *(accelerare)* to speed up: *sveltire il passo,* to quicken one's (*o* the) pace — *sveltire il traffico,* to speed up the traffic — *sveltire la produzione,* to speed up production. **2** *(rendere più agile)* to make* nimbler; *(rendere più elastico)* to make* suppler; *(rendere più snello)* to slim: *Questo vestito ti sveltisce molto,* This dress slims you (makes you slim, makes you look slimmer). **3** *(semplificare)* to simplify; *(accorciare)* to shorten: *Bisogna sveltire la procedura,* We must simplify the procedure — *Questo romanzo va sveltito,* This novel needs shortening. **4** *(riferito a persone: svegliare)* to quicken; to liven up; to smarten up; to make* supple; *(affinare)* to polish.

□ **sveltirsi** *v. rifl* **1** *(diventare più veloce)* to become* quicker; *(diventare più agile)* to become* nimbler; *(diventare più snello)* to slim; to become* slim; *(diventare più elastico)* to become* suppler. **2** *(fig., riferito a persona)* to quicken up; to wake* up; to liven up; to smarten up; to become* sharp.

svelto *agg* **1** *(rapido, pronto)* quick; ready; *(fig.: intelligente)* alert; sharp; smart; *(fam.)* bright: *svelto di mano, (di ladro)* light-fingered; *(manesco)* free with one's fists — *alla svelta,* quickly — *essere svelto di lingua,* to have a ready tongue. **2** *(slanciato)* slim; slender; svelte.

□ *avv* quickly; quick; fast: *fare svelto,* to be quick; to hurry up.

svenare *vt* **1** to open sb's veins. **2** *(fig.: estorcere denaro a qcno; dissanguarlo)* to bleed*.

□ **svenarsi** *v. rifl* to open (to sever) one's veins.

svendere *vt* to undersell*; to sell* (sth) at a loss; to sell* (sth) below cost.

svendita *sf (comm.)* selling off; (clearance) sale.

svenevole *agg* languishing; sentimental; mawkish; affected.

svenevolezza *sf* sentimentality; mawkishness; affectation.

svenevolmente *avv* sentimentally; mawkishly.

svenimento *sm* faint; fainting; swoon: *avere uno svenimento,* to faint; to swoon.

svenire *vi* to faint; to swoon.

sventagliare *vt* to fan.

□ **sventagliarsi** *v. rifl* to fan oneself.

sventagliata *sf* **1** fanning. **2** *(scarica di mitra)* sweeping (*o* fanning) burst of fire.

sventare *vt* **1** to foil; to thwart; to frustrate: *sventare un complotto,* to foil a plot. **2** *(naut.)* to spill*; to wind* from.

sventataggine, sventatezza *sf* thoughtlessness; absent-mindedness; carelessness; rashness; *(atto sventato)* thoughtless action.

sventatamente *avv* carelessly; thoughtlessly; absent-mindedly.

sventato *agg* **1** *(p. pass. di* **sventare**: *reso vano)* foiled; frustrated; thwarted. **2** *(sbadato)* careless; thoughtless; absent-minded.

sventolamento *sm (di mani)* waving; *(di bandiere, ecc.)* flapping; fluttering.

sventolare *vt e i. (un fazzoletto)* to wave; to flutter; *(una bandiera, anche)* to fly*; *(il grano)* to winnow; *(per il vento)* to flap.

□ **sventolarsi** *v. rifl* **1** *(farsi vento)* to fan oneself. **2** *(ondeggiare al vento)* to fly*; to flutter; to wave.

sventramento *sm* **1** *(togliere le interiora)* gutting; drawing. **2** *(stor., nell'esecuzione di una condanna a morte)* disembowelling; drawing. **3** *(il demolire interi quartieri)* demolition.

sventrare *vt* **1** to disembowel; to rip open; to open up; *(pesci)* to gut; *(pollame)* to draw*. **2** *(fig.: quartieri malsani)* to clear; to demolish; to knock down.

sventura *sf* **1** *(sfortuna)* misfortune; bad luck: *compagno di sventura,* companion in misfortune — *portare sventura,* to bring bad luck. **2** *(disavventura)* misfortune; mishap. **3** *(calamità)* calamity; catastrophe.

sventuratamente *avv* unluckily; unfortunately; unhappily.

sventurato *agg* unlucky; unfortunate; unhappy.

□ *sm* unlucky person; wretch.

sverginare *vt* to deflower.

svergognare *vt* to shame; to put* to shame; to humiliate.

svergognato *agg* shameless; impudent; bare-faced; brazen: *È una svergognata,* She is a shameless woman.

svergolamento *sm* twist; warp.

svergolare *vt* to warp *(anche di aerei);* to twist.

svernamento *sm* wintering.

svernare *vi* to winter.

svestire *vt* to undress *(anche fig.);* to take* off; to strip; to divest.

□ **svestirsi** *v. rifl* to undress (oneself); to take* all one's clothes off: *svestirsi nudo,* to strip naked.

svezzamento *sm* weaning.

svezzare to wean.

sviamento *sm* **1** deviation; turning aside; going astray. **2** *(ferrovia)* running off the lines: *(di vagone ferroviario)* derailment.

sviare *vt* **1** *(distrarre, stornare)* to divert; to distract: *sviare il discorso,* to change the subject — *sviare l'attenzione di qcno,* to divert sb's attention. **2** *(traviare, corrompere)* to lead* astray; to corrupt.

□ *vi (smarrire la via)* to stray; to wander; to go* astray: *Sviammo dal sentiero senza accorgerci,* We strayed from the path without realising it.

□ **sviarsi** *v. rifl* to go* astray; to deviate; to run* off the rails.

sviato *agg (traviato)* led astray; misled; misguided; *(corrotto)* corrupted.

svicolare *vi* to turn the corner; *(scantonare per sfuggire qcno)* to slip away; to dodge.

svignare *vi,* **svignarsela** *v. rifl* to slide away; to slink off (*o* away); to slip away; to steal* away; *(battersela)* to beat* it; to be* off.

svigorimento *sm* weakening; enfeeblement; loss of vigour.

svigorire *vt* to weaken; to enfeeble; to debilitate; to attenuate.

□ **svigorirsi** *v. rifl* to grow* weak; to become* enfeebled; to lose* one's vigour; to deteriorate.

svilimento *sm* depreciation.

svilire *vt* to depreciate.

svillaneggiare *vt* to insult; to abuse.

sviluppare *vt* **1** *(incrementare, fare crescere)* to develop; to expand; to grow*; to increase: *Bisogna sviluppare le vendite anche sui mercati esteri,* We must expand sales on foreign markets too — *sviluppare un'azienda,* to develop (to expand) a business. **2** *(rinvigorire)* to strengthen; to develop; *(per estensione: migliorare)* to improve: *sviluppare i muscoli,* to develop the muscles — *È un esercizio che sviluppa molto la memoria,* It's an exercise that is very good for improving one's (*o* the) memory. **3** *(produrre)* to produce; to generate; *(provocare)* to start: *Questo processo sviluppa un'enorme quantità di energia,* This process generates an enormous quantity of energy — *Quella scintilla sviluppò un enorme incendio,* That spark started a big fire. **4** *(svolgere, trattare ampiamente)* to work out; to enlarge; to amplify; *(in matematica)* to develop: *sviluppare una trama,* to work out a plot — *sviluppare un argomento,* to enlarge on a plot — *sviluppare un'equazione,* to develop an equation. **5** *(in fotografia)* to develop: *sviluppare una pellicola,* to develop a film. **6** *(disfare, sciogliere un viluppo)* to loose; to undo*; to free; to untie: *sviluppare un fagotto,* to undo a bundle — *sviluppare un pacco,* to untie (to unwrap) a parcel.

□ **svilupparsi** *v. rifl* **1** to develop; *(crescere)* to grow*; *(espandersi, aumentare)* to develop; to expand; to increase; *(rinvigorirsi)* to strengthen; to be* strengthened: *L'azienda si sviluppò sino a raggiungere dimensioni europee,* The firm expanded to European dimensions. **2** *(scoppiare)* to break* out; *(iniziare)* to start; to begin*: *Si sviluppò improvvisamente un furioso incendio,* A raging fire suddenly broke out — *L'epidemia si sviluppò ai primi di aprile,* The epidemic started early in April.

sviluppo *sm* **1** development: *Attendiamo ulteriori sviluppi,* We are awaiting further developments. **2** *(crescita)* growth; *(espansione, aumento)* development: *l'età dello sviluppo,* puberty — *nel suo pieno sviluppo,* fully developed — *raggiungere il pieno sviluppo,* to reach full growth — *lo sviluppo delle vendite,* the expansion of sales; the increase in sales — *paesi in via di sviluppo,* developing countries. **3** *(elaborazione)* development; working out; *(mus.)* development; development section; *(fotografia)* development: *lo sviluppo di una espressione algebrica,* the development of an algebraic equation. **4** *(sprigionamento, produzione)* generation; production; development: *lo sviluppo di gas,* the generation of gas. **5** *(estensione)* extent; *(lunghezza)* length: *lo sviluppo della rete autostradale,* the total length of the motorway (of the autostrada) network.

svincolamento *sm* **1** liberation; release; setting free; disengagement. **2** *(sdoganamento)* clearance.

svincolare *vt* **1** to release; to free; to set* free; to disengage. **2** *(alla dogana)* to clear; *(di poderi, ecc. da ipoteche)* to redeem; *(di bagaglio, alla stazione)* to collect.

□ **svincolarsi** *v. rifl* to release oneself; to get* free; to free oneself; to disengage oneself.

svincolo *sm* **1** *(comm.)* release; clearing; clearance; *(di fondi, oggetti impegnati)* redemption: *certificato di svincolo,* clearance certificate. **2** *(di autostrada)* spur.

sviolinare *vt (fam.)* to fawn (on); to sing* the praises (of); to flatter.

sviolinatura *sf* fawning; flattery.

svisamento *sm (travisamento)* distortion; misrepresentation.

svisare *vt (travisare)* to distort; to alter; to misrepresent; to twist; *(interpretare male)* to misinterpret.

svisceramento *sm* **1** *(raro: il togliere le viscere)* disembowelling. **2** *(fig.: l'indagare a fondo)* thorough examination; exhaustive research; dissection.

sviscerare *vt* **1** *(sventrare)* to gut; to disembowel. **2** *(fig.)* to examine thoroughly; to dissect; to go* deeply into (sth).

□ **sviscerarsi** *v. rifl* to be* consumed (with sth): *sviscerarsi d'amore,* to get consumed with love (for sb) — *sviscerarsi per qcno,* to be very fond of sb.

svisceratamente *avv* passionately; with all one's heart; heart and soul.

svisceratezza *sf* passion; ardent love; deep affection; devoted attachment.

svista *sf* oversight; mistake.

svitare *vt* to unscrew.

svitato *agg* **1** unscrewed. **2** *(strambo)* eccentric; mad: *È un po' svitato,* He's got a screw loose somewhere.

svizzero *agg* Swiss.

□ *sm* **1** Swiss. **2** *(soldato pontificio)* Swiss guard.

svogliare *vt* to distract.

□ **svogliarsi** *v. rifl* to lose* one's interest (in sth); to lose* one's taste (for sth).

svogliataggine, svogliatezza *sf* listlessness; unwillingness; indolence; *(pigrizia)* laziness.

svogliatamente *avv* listlessly; lazily.

svogliato *agg* listless; unwilling; indolent; lazy.

□ *sm* slacker; lazy-bones.

svolazzamento *sm* flying about; flying here and there; *(di uccelli, insetti)* flitting; fluttering.

svolazzante *agg* **1** *(che vola qua e là)* flying about; *(di uccelli, insetti)* flitting; fluttering; *(di capelli)* wind-swept. **2** *(fig.)* fickle; unstable.

svolazzare *vi* **1** to flutter; to flit. **2** *(essere mosso dal vento)* to flap. **3** *(fig.: vagare qua e là con la mente)* to wander; to skip from one thought to another; to have* a grasshopper mind.

svolazzo *sm* **1** *(lo svolazzare)* flutter; flitting; *(di veste)* flapping. **2** *(ghirigoro finale a penna)* flourish. **3** *(ornamenti superflui)* excessive ornamentation.

svolgere *vt* **1** to unwind*; *(srotolare una bobina)* to unreel; to unroll; *(spiegare)* to unfold; to display; *(discincartare, aprire)* to unwrap; to open out. **2** *(trattare)* to develop; to treat; *(scrivere)* to write*; *(risolvere)* to solve; to work out: *svolgere una tesi,* to develop a thesis — *svolgere un tema,* to write an essay — *Ha svolto il problema da solo,* He has solved (*o* worked out) the problem by himself. **3** *(fare)* to do*; *(esercitare)* to carry out; *(completare)* to complete; to carry out: *Ringraziamoli per il lavoro svolto,* Let's thank them for the work they've done — *Svolge un'attività molto redditizia,* He has a very profitable occupation — *Svolse il programma fin nei minimi particolari,* He carried out (He completed) his programme down to the last detail. **4** *(distogliere)* to divert; *(dissuadere)* to dissuade: *svolgere qcno da qcsa,* to divert sb from sth.

svolgimento *sm* **1** *(di una bobina, ecc.)* unwinding; paying-out. **2** *(esecuzione)* carrying out. **3** *(trattazione)* treatment; *(sviluppo)* development: *lo svolgimento dei fatti,* the course of events.

svolta *sf* **1** turn; bend; turning; curve; winding: *È proibita la svolta a destra,* No right turn — *svolta a* *sinistra, (politica)* swing to the left. **2** *(fig.)* turning-point: *Capì di trovarsi ad una svolta della sua vita,* She knew she was at a turning-point in her life.

svoltare *vi (girare)* to turn: *svoltare a sinistra (a destra),* to turn to the left (to the right) — *svoltare l'angolo,* to turn (round) the corner.

□ *vt (svolgere)* to unroll.

svoltata *sf (lo svoltare)* turning; *(svolta)* turn.

svoltolamento *sm* rolling (about).

svoltolare *vt* to unwrap; to unroll.

□ **svoltolarsi** *v. rifl* to turn (to roll) over and over.

svuotare *vt* to empty out; to clear out; *(fig.)* to deprive.

T

T, t *sm e f.* T, t: *T come Torino, (al telefono, ecc.)* T for tango; T for Tommy — *fatto a T,* T-shaped.
tabaccaio *sm* tobacconist: *andare dal tabaccaio,* to go to the tobacconist's — *negozio di tabaccaio,* tobacconist's shop.
tabaccheria *sf* tobacconist's (shop); tobacco shop.
tabacchiera *sf* snuff-box *(anche anat.).*
tabacco *sm* tobacco; *(da masticare)* chewing tobacco; *(da fiutare)* snuff: *una presa di tabacco,* a pinch of tobacco — *pianta del tabacco,* tobacco plant. □ *un pullover tabacco,* a tobacco-brown pullover.
tabarro *sm* cloak.
tabella *sf* table; list; schedule; *(quadro)* board: *tabella degli orari,* time-table — *tabella dei prezzi,* price-list — *tabella di marcia,* schedule — *tabella della febbre,* temperature chart.
tabellone *sm* **1** notice-board; *(allo stadio, ecc.)* score-board; results-board; *(per affissioni pubblicitarie)* hoarding; billboard. **2** *(pallacanestro)* backboard.
tabernacolo *sm* **1** *(Bibbia)* Tabernacle. **2** *(ciborio)* tabernacle. **3** *(cappella)* shrine.
tabloide *sm* **1** *(giornale)* tabloid. **2** *(compressa)* tablet.
tabù *sm e agg (anche fig.)* taboo.
tabula rasa *locuzione lat* erased tablet; *(fig.)* clean slate: *essere tabula rasa,* to have a blank mind; to be an ignoramus — *far tabula rasa,* to make a clean sweep; to sweep the board; *(consumare tutto)* to polish everything off; *(allontanare tutti)* to turn everyone out; to get rid of everybody.
tabulato *sm (elaborazione dati)* print-out.
tabulatore *sm* tabulator.
tacca *sf* **1** *(incisione, contrassegno)* notch; cut; mark; *(tipografia)* nick: *tacche di contrassegno,* tally marks — *tacche di mira, (su un'arma da fuoco)* backsight notches. **2** *(fig., per estensione: statura, levatura)* size; height; quality; kind; stamp: *della stessa tacca,* of the same kind — *di mezza tacca, (letteralm.)* of medium height; *(fig.)* shoddy; worthless. **3** *(fig.: neo, difetto)* blemish; fault; flaw. **4** *(macchia sul pelo di animali)* spot.
taccagneria *sf* stinginess; meanness; niggardliness; miserliness.
taccagno *agg* stingy; mean; niggardly; miserly. □ *sm* miser; niggard; skinflint.
tacchettio *sm* tapping (of heels).
tacchetto *sm* **1** *(spec. nelle calzature da donna)* high heel. **2** *(nelle scarpe dei calciatori, ecc.)* stud.
tacchino *sm* turkey; *(il maschio)* turkey-cock: *essere rosso come un tacchino,* to be as red as a turkey(-cock) — *arrosto di tacchino,* roast turkey — *Sembra un tacchino quando fa la ruota!,* He is as proud as a peacock (as a turkey-cock)!
taccia *sf* **1** *(imputazione)* charge. **2** *(cattiva reputazione)* bad reputation.
tacciare *vt* to charge; to accuse; to call: *tacciare qcno di negligenza,* to accuse sb of negligence — *Fu tacciato di vile,* He was called a coward; He was accused of being a coward.
tacco *sm* **1** *(di scarpa)* heel: *tacchi alti (bassi, a spillo),* high (low, stiletto) heels — *scarpe con i tacchi alti,* high-heeled shoes — *far rifare i tacchi (il tacco) ad un paio di scarpe,* to have a pair of shoes re-heeled — *alzare i tacchi, (fig.)* to run away; to take to one's heels — *mettersi al tacco di qcno, (pedinarlo)* to dog sb's footsteps — *colpo di tacco, (calcio)* heel kick. **2** *(tipografia)* lay-mark; interlay; underlay. **3** *(cuneo per sostegno)* block; *(aeronautica)* chock.
taccuino *sm* note-book; memo-book.
[1]**tacere** *vi* **1** *(stare zitto, anche fig.)* to be* silent (*o* quiet); to stop speaking; *(rimanere in silenzio)* to keep* silent (*o* quiet); to say nothing; to hold* one's tongue: *Tutto tacque,* Everything was quiet — *Tutti tacquero,* Everybody stopped talking; Everybody was silent — *Tace perché è sospettosa,* She's silent (She's keeping quiet, She's saying nothing) because she's suspicious — *Per fortuna so tacere in certi casi!,* Fortunately I know how to keep quiet in certain circumstances! — *Adesso taci!,* Now hold your tongue!; *(più fam.)* Shut up! — *far tacere qcno (qcsa),* to silence sb (sth); to shut sb (sth) up — *Fatelo tacere!,* Shut him up! — *mettere a tacere (qcno),* to silence (sb); to hush (sb) up — *Non posso tacere che...,* I cannot help (I cannot refrain from) remarking that...; I cannot avoid saying that... — *Chi tace acconsente, (prov.)* Silence implies consent. **2** *(non far rumore)* to be* still; to be* hushed; *(di strumenti musicali, ecc.)* not to be playing; to stop playing: *Tutto taceva,* Everything was still — *I violini tacquero,* The violins stopped playing — *Tacquero le foglie al cadere del vento,* The leaves were hushed as the wind dropped. □ *vt (non dire, passare sotto silenzio)* to say* nothing (about sth); to be* (to keep*) silent (about sth); *(omettere)* to omit; to leave* (sth) out; not to mention; *(nascondere)* to keep* secret; to hush (sth) up: *fare (mettere a) tacere,* to silence — *I giornali tacciono l'accaduto,* The papers say nothing about the event — *Sono costretto a tacere il suo nome,* I must not mention his name — *Perché hai taciuto le vere ragioni?,* Why did you keep quiet about (Why did you hide) the real reasons?
□ **tacersi** *v. rifl* to be* silent; *(più fam.)* to shut* up.
[2]**tacere** *sm* silence: *Un bel tacer non fu mai scritto, (prov.)* Silence implies consent.
tachicardia *sf* tachycardia.
tachimetro *sm* speedometer; tachometer; *(di bicicletta)* cyclometer.
tacitamente *avv* **1** *(silenziosamente)* silently; in silence. **2** *(clandestinamente)* secretly. **3** *(in modo sottinteso)* tacitly.
tacitare *vt* **1** *(mettere a tacere)* to silence; to hush up: *tacitare qcno,* to silence sb — *tacitare uno scandalo,* to hush up a scandal. **2** *(dir., comm.)* to pay off; to

satisfy: *tacitare i creditori,* to pay off (to satisfy) one's creditors.

tacito *agg* **1** *(silenzioso)* silent; in silence; *(lett.: quieto)* still; silent: *Se ne stette tacito tutto il tempo,* He kept silent all the time — *un tacito lago,* a still lake. **2** *(sottinteso, inespresso)* tacit; implied; secret: *una tacita intesa (promessa),* a tacit agreement (promise) — *un tacito consenso,* (an) implied consent — *un amore tacito,* a secret love.

taciturnità *sf* taciturnity.

taciturno *agg* taciturn; silent; reserved.

tafano *sm* gadfly; horse-fly.

tafferuglio *sm* brawl; scuffle: *fare (creare) un tafferuglio,* to brawl; to scuffle.

taglia *sf* **1** *(somma promessa a chi cattura un bandito, ecc.)* reward; price; *(USA, anche)* bounty; *(tributo di guerra)* tribute: *C'è una grossa taglia sui rapitori,* A big price has been set on the heads of the kidnappers — *cacciatore di taglie,* bounty-hunter. **2** *(prezzo del riscatto)* ransom: *La famiglia si rifiutò di pagare la taglia,* The family refused to pay the ransom. **3** *(statura)* height; figure: *una ragazza dalla taglia slanciata,* a girl with a slim figure. **4** *(misura convenzionale per le confezioni)* size: *Di solito porto una taglia più grande,* I usually take a larger size — *abiti per taglie forti,* outsize clothes.

tagliaborse *sm* pickpocket.

tagliaboschi *sm* wood-cutter.

tagliacarte *sm* paper-knife.

taglialegna *sm* wood-cutter.

tagliando *sm* coupon; voucher: *tagliando di controllo,* contents slip.

tagliapietre *sm* stone-cutter.

tagliare *vt* **1** to cut*; *(carni)* to carve; *(l'erba)* to mow*; *(il grano)* to reap; *(alberi)* to fell: *Taglialo con il coltello!,* Cut it with the (*o* your) knife! — *tagliare qcsa a fette,* to cut sth into slices — *tagliare qcsa a metà,* to cut sth in half (in two) — *Taglia la torta in quattro,* Cut the cake into quarters (into four equal slices) — *Devo tagliare le unghie alla bambina,* I must cut the baby's nails — *tagliare la testa a qcno,* to cut sb's head off; to decapitate sb — *Sull'autostrada c'è una nebbia che si potrebbe tagliare con il coltello,* The fog on the motorway is so thick you could cut it with a knife — *farsi tagliare i capelli,* to have (to get) one's hair cut; to have a haircut; *(spuntarli)* to have a trim — *Che peccato che tu ti sia tagliata i capelli!,* What a pity you've cut your hair! — *Si tagliò una guancia facendosi la barba,* He cut his cheek while shaving — *Tentò il suicidio tagliandosi le vene,* He tried to commit suicide by cutting his veins. **2** *(med.: amputare)* to amputate: *Dopo l'incidente gli dovettero tagliare due dita,* After the accident they had to amputate two of his fingers. **3** *(intersecare)* to cut* across; to cross; to intersect: *Il negozio si trova dove il Corso taglia questa via,* The shop is where the Corso crosses this street (is at the intersection of the Corso and this street) — *tagliare la rotta ad un'altra nave,* to cut across the bows of another ship — *tagliare la strada a qcno, (automobilismo)* to cut in; *(fig.)* to bar sb's way; to cut off sb's route; to get in sb's way; to thwart sb's plan(s). **4** *(impedire, interrompere)* to cut* off; to interrupt; to stop; *(emarginare)* to cut* off (*o* out): *Bisogna cercare di tagliare loro la ritirata,* We must try to cut off their retreat — *Il padre gli tagliò i viveri,* His father cut off his allowance — *Quando tornò a Bologna si trovò tagliato fuori dalle vecchie amicizie,* When he returned to Bologna, he found himself cut off from his old friends. **5** *(ridurre, sopprimere)* to cut*: *L'articolo è stato tagliato perché eccessivamente lungo,* The article was cut because it was too long — *Spero che non taglino quella bellissima scena,* I hope they won't cut that lovely scene. **6** *(vini)* to blend; to mix. **7** *(nei giochi di carte)* to cut*. **8** *(tennis, ecc.)* to slice.

□ *vi (prendere la via più breve)* to cut* (across, over, ecc.): *Quando hai passato il ponte, taglia per i prati,* When you've crossed the bridge, cut across the fields.

□ *tagliare la corda,* to make off — *tagliare i panni addosso a qcno,* to speak ill of sb — *tagliare la testa al toro,* to settle the question once for all — *tagliare le funi, (naut.)* to slip the cable; to set sail — *tagliare le gambe a qcno, (stancarlo molto)* to tire sb out; to exhaust; *(di vino: dare alla testa)* to go to sb's head; to make sb tipsy — *tagliare le spese,* to cut expenses; to reduce expenditure.

□ **tagliarsi** *v. rifl (spaccarsi)* to split*: *Il vestito s'è tagliato nelle maniche,* The sleeves of this suit have split.

tagliata *sf* **1** *(operazione del tagliare)* cut; cutting: *una tagliata ai capelli,* a haircut. **2** *(falciatura)* mowing; *(mietitura)* reaping; *(l'abbattere alberi)* felling. **3** *(tennis, ecc.)* slice; *(scherma)* cut.

tagliato *agg* (*p. pass.* di **tagliare** ⇨) **1** *(lavorato, ridotto)* cut: *ben tagliato, (di abito)* well cut; *(di persona)* well built — *tagliato con l'accetta,* roughly made; *(di persona)* rough-hewn. **2** *(predisposto, inclinato)* cut out; fit: *Non è tagliato per la politica,* He's not cut out for politics — *Non sei tagliato per una ragazza come lei,* You aren't the right type for a girl like her.

tagliatore *sm* cutter.

tagliatrice *sf* cutter; *(macchina)* cutter-machine.

taglieggiare *vt* to impose a fine (a tribute) (on sb); to tax; to exact a tribute (from sb); to extort money (from sb).

tagliente *agg* sharp; *(fig.: di lingua, di vento)* biting.

tagliere *sm* trencher; chopping-board.

taglierina *sf* cutter; trimmer.

taglio *sm* **1** *(il tagliare)* cutting; cut; *(falciatura)* mowing; *(del fieno)* haymaking; *(mietitura)* reaping; *(spaccatura)* cut; *(med.: incisione)* incision; *(amputazione)* amputation: *il taglio del bosco,* tree-cutting — *un taglio di capelli,* a hair-cut — *il taglio della testa,* beheading; decapitation — *taglio cesareo, (med.)* caesarian section — *il taglio di un istmo,* the cutting of an isthmus. **2** *(risultato dell'atto di tagliare)* cut: *Nel film c'erano molti tagli,* There were many cuts in the film — *un taglio alle spese,* a cut (a reduction) in expenditure — *farsi un taglio al dito,* to cut one's finger. **3** *(maniera, stile con cui si taglia)* cut; *(di abiti, linea)* style: *andare a lezioni di taglio,* to go to dress-making classes — *maestro di taglio,* cutter; tailor — *Mi piacciono i vestiti di taglio classico,* I like clothes with a classic cut. **4** *(di carne)* cut; *(di stoffa)* length: *un bel taglio di carne,* a fine cut (of meat) — *Prenderò dei tagli di stoffa in fabbrica,* I shall get some lengths of cloth from the factory. **5** *(parte affilata di una lama; e per estensione: lato, fianco, margine)* edge: *arma da taglio, (spada)* sword; *(coltello)* knife; *(pugnale)* dagger — *un'arma a doppio taglio, (generalm. fig.)* a double-edged weapon — *di taglio; per taglio,* on (the) edge; edgewise; obliquely. **6** *(formato, misura)* denomination; *(taglia)* size: *Il riscatto fu pagato in banconote di piccolo taglio,* The ransom was paid in notes of small denomination. **7** *(di vini)* blending: *vini da taglio,* blending wine; wines used for blending. **8** *(sport)* spin: *colpire la palla di* *taglio,* to spin (to chop) the ball. **9** *(lineetta addizionale di lettera o nota musicale)* stroke. □ *dare un taglio netto a qcsa,* to put an end to sth — *venire (cadere) a taglio, (fig.)* to come at the right time.

tagliola *sf* **1** trap; gin. **2** *(fig.)* trap; snare.

taglione *sm* talion *(poco comune);* retaliation: *la legge del taglione,* 'lex talionis' *(lat.);* the law of retaliation; 'an eye for an eye, and a tooth for a tooth'.

tagliuzzamento *sm* mincing; cutting into little bits.

tagliuzzare *vt* to mince; to cut* into little bits; to chop (up); to hash (up).

tahitiano *agg e sm* Tahitian.

tailandese *agg* Thai.

□ *sm (lingua)* Thai.

□ *sm e f. (abitante)* Thai; Thailander.

tailleur *sm (fr.)* suit; costume.

talamo *sm* **1** *(letto nuziale)* (nuptial) couch; *(camera nuziale)* bridal chamber. **2** *(anat.)* thalamus *(pl.* thalami*).* **3** *(bot.)* receptacle.

[1]**talare** *agg* reaching to the heels *(solo predicativo).* □ *abito talare,* cassock.

[2]**talare** *sm (al pl.: mitologia)* winged sandals; talaria.

talco *sm* talc: *talco borato (boro talco),* talcum powder.

tale I *agg* **1** *(dimostrativo)* such; this *(pl.* these*);* that *(pl.* those*); (sopraddetto)* above-mentioned; aforesaid; above: *Tali condizioni non sono soggette a cambiamenti,* Such (*o* These) conditions are not subject to change — *Non posso essere sicuro che nutra tali sentimenti verso di me,* I can't be sure that he has such feelings about me — *la tale e talaltra cosa,* this and that — *Tale situazione non deve continuare,* This situation must not continue.

2 *(così grande)* such (a...); such a terrible (an awful)...: *Ho fatto un tale pasticcio!,* I've made such a (such an awful) mess! — *C'era un tale rumore che non riuscivamo a parlarci,* There was such a noise (such an awful noise, so much noise) that we couldn't talk to one another — *La paura fu tale che scappammo tutti,* We were so afraid that we all fled — *La sua imprudenza fu tale da preoccuparci molto,* His imprudence was such as to give us a lot of worry; His imprudence was such that we were very worried.

3 *(preceduto dall'art. determinativo, per indicare persona o cosa indeterminata)* such and such: *Ha detto che sarebbe arrivato il tal giorno, alla tal ora,* He said he would arrive on such and such a day at such and such a time — *il signor tal dei tali,* Mr Such and Such; Mr So and So.

4 *(in correlazione con* quale, *indica identità)* like: *Tale padre, tale figlio,* Like father like son — *Il posto è tale e quale me l'avevi descritto,* The place is just like (just as) you described it to me — *È tale quale il suo!,* It's just like his!

5 *(con l'art. indeterminativo: un certo)* a; certain; one: *È venuto un tale dottor Bianchi,* A Mr Bianchi has come — *Ha una tal quale aria di superiorità che indispettisce, (fam.)* He has a rather off-putting air of superiority.

II *pron indef* someone; somebody; a fellow; a certain man *(pl.* men*);* a chap; *(f.)* a girl; a woman *(pl.* women*): C'è un tale che ti vuole al telefono, mamma!,* There's someone on the 'phone for you, Mum! — *Me l'ha detto un tale che ho incontrato,* I was told it by someone I met — *Non mi piace quel tale che continua a gironzolare qua attorno,* I don't like that fellow who keeps hanging around here.

[1]**talento** *sm* **1** *(capacità, ingegno)* talent; skill; genius; intelligence; *(attitudine, disposizione)* talent; aptitude; gift: *È una donna di molto talento,* She's a woman of great talent; She's a very talented woman. **2** *(lett.: desiderio, voglia)* pleasure; will: *a proprio talento,* at one's pleasure.

[2]**talento** *sm (stor.: misura di peso, moneta)* talent.

talismano *sm* talisman; amulet; charm.

tallo *sm* thallus *(pl.* thalli *o* thalluses*); (germoglio)* sprout.

tallonare *vt* **1** to follow (sb) closely; *(pedinare)* to tail; *(in gare da corsa)* to be* hard on sb's heels. **2** *(calcio)* to back-heel; *(rugby)* to hook; to heel.

tallonatore *sm (rugby)* hooker.

talloncino *sm (cedoletta staccabile)* coupon; detachable slip; voucher.

tallone *sm (dei piedi e delle calze)* heel: *tallone d'Achille,* Achilles' heel *(anche fig.).*

talmente *avv* - **a)** *(con agg. e avv.)* so: *È talmente carina che la corteggiano tutti,* She is so pretty that all the men run after her — *Mi sento talmente bene qui che non me ne andrei più,* I feel so fine here that I should like to stay for ever — *Era talmente diverso da quel che immaginavo,* He (It) was so different from how I imagined him (it).

b) *(con un verbo)* so much; in such a way; to such an extent: *Ci siamo talmente divertiti,* We enjoyed ourselves so much; We had such a good time — *Hanno talmente apprezzato quel salame che ne hanno chiesto dell'altro,* They enjoyed that salami so much that they've asked for some more.

talora *avv* sometimes; at times; now and then; on occasion.

talpa *sf* **1** *(zool.)* mole: *essere cieco come una talpa,* to be as blind as a bat (*o* mole) — *pelliccia da talpa,* moleskin. **2** *(fig.: persona di mente ottusa e poco pronta)* blockhead; narrow-minded person; dullard.

taluno *agg indef (solo al pl.:* taluni, talune*)* some; certain.

□ *pron indef (al sing.)* somebody; someone; *(al pl.)* some; some people: *Taluno s'inquietò,* Somebody (Someone) became impatient — *Taluni ebbero il permesso di uscire prima,* Some (people) were allowed to go out earlier.

talvolta *avv* sometimes; on occasion; occasionally.

tamarindo *sm (bot., e bevanda)* tamarind.

tamburato *agg (falegnameria)* boxed; hollow.

tambureggiamento *sm* drumming.

tambureggiante *agg* drumming.

tambureggiare *vi* to drum.

tamburellare *vi* to drum.

tamburello *sm* **1** *(mus.)* tambourine; timbrel *(raro);* tabor *(ant.).* **2** *(telaio)* tambour.

tamburino *sm* **1** *(suonatore)* drummer. **2** *(sl.)* entertainments page.

tamburo *sm* **1** *(strumento)* drum: *suonare (battere) il tamburo,* to play (to beat) the drum — *a suon di tamburo,* to the sound of drums — *mazze (bacchette) per tamburo,* drum-sticks — *pesce tamburo,* drumfish. **2** *(chi suona il tamburo)* drummer: *tamburo maggiore, (mil.)* drum major. **3** *(archit.)* drum; tambour. **4** *(mecc., ecc.)* drum; *(di rivoltella)* cylinder; *(di orologio)* barrel; *(di cardatrice)* swift; *(per freni)* drum; *(del timone)* rudderhead; *(della ruota)* paddlebox: *pistola a tamburo,* revolver. □ *a tamburo battente, (fig.)* at once; immediately; without delay.

tamerice *sf* tamarisk.

tamponamento *sm* **1** *(di automobile)* nose to tail crash; *(a catena)* pile-up; *(ferroviario)* hit from the back; *(manovra di smistamento)* loose shunting. **2**

(l'uso di tamponi) plugging; padding; *(per medicazioni)* tamponage; tamponing. □ *gioco di tamponamento, (calcio)* defensive play.

tamponare *vt* **1** *(urtare)* to bump into (sth) (from behind); to crash into (sth) (from behind): *venire tamponato,* to be hit from behind. **2** *(mettersi tamponi)* to pad; *(medicarsi con tamponi)* to tampon; to plug. □ *tamponare una falla, (fig.)* to plug a gap.

tampone *sm* **1** plug; pad; *(per medicazioni)* tampon: *finitura a tampone,* french-polishing. **2** *(per timbri)* ink-pad. **3** *(carta assorbente)* blotting-pad; blotter. **4** *(respingente)* buffer. **5** *(chim.)* buffer.

tam-tam *sm* Chinese gong; tam-tam.

tana *sf* **1** den; hole; *(del leone)* lair; *(del coniglio)* burrow; *(della volpe)* earth. **2** *(fig.: covo)* den; *(nei giochi infantili)* home. **3** *(fig.: squallida abitazione)* hole.

tandem *sm* **1** tandem (bicycle): *marciare in tandem,* to drive tandem. **2** *(coppia di atleti)* perfect pair. □ *fare qcsa in tandem,* to work together.

tanfo *sm* stench; stink; nasty smell.

tangente *agg* tangent.

□ *sf* **1** *(geometria)* tangent: *filare per la tangente, (fig.)* to slip away. **2** percentage; share; *(spec. in traffici loschi)* cut *(fam.)*; rake-off *(sl.)*.

tangenza *sf* **1** *(geometria)* tangency: *punto di tangenza,* tangent point. **2** *(aeronautica)* ceiling.

tangenziale *agg (geometria)* tangential.

□ *sf (strada)* ring road; circular road; by-pass.

tangenzialmente *avv* tangentially.

tanghero *sm* boor; lout.

tangibile *agg* tangible.

tangibilità *sf* tangibility.

tangibilmente *avv* tangibly.

tango *sm* tango.

tanica *sf* (petrol-)can; jerry-can.

tannino *sm* tannin.

tantalo *sm* **1** *(Tantalo, nome proprio)* Tantalus: *il supplizio di Tantalo,* the torments of Tantalus. **2** *(zool.)* wood ibis.

tantino *sm* bit; little bit; tiny bit; *(di liquidi)* drop: *Dammene un tantino,* Give me just a tiny bit — *Prenda ancora un tantino di dolce,* Do have a little more cake — *Dammi ancora un tantino di whisky,* Give me just another drop of whisky.

□ **un tantino,** *(locuzione avverbiale)* a little; a bit: *L'ho trovato un tantino seccato,* I found him a little (a bit) annoyed — *Possiamo fermarci un tantino?,* Can we stop for a little while? (for a moment?).

tanto I *agg indef* **1** *(molto)* much *(pl.* many*)*; (such) a lot of; *(così grande)* so much; so great; such; *(così lungo)* so long: *Ha tanto tempo libero,* He has a lot of free time — *Hanno tanti bambini,* They have many (*o* a lot of) children — *Ho tanta voglia di partire,* I very much want to leave; I do so want to leave — *Ho comperato tante belle cose,* I've bought (such) a lot of nice things — *Perché c'era tanta gente?,* Why were there so many people? — *Ci sono tante cose da fare che non riesco mai a riposarmi,* There are so many things (There's such a lot) to do that I never get a moment's rest — *tanto tempo,* such a long time — *tanta strada da fare,* such a long way to go. **2** *(in correlazione con quanto)* as much *(pl.* as many*)*; *(negativo, anche)* so much *(pl.* so many*)*; *(altrettanto)* as much *(pl.* as many*)*: *Ti darò tanti soldi quanti ne vuoi,* I'll give you as much money as you like.

II *pron indef* **1** *(al pl.: molte persone)* many people; a lot of people; *(enfatico)* so many people: *Tanti non amano la montagna,* Many people don't like the mountains — *Lo hanno visto in tanti,* A lot of people saw him — *Non vennero tanti quanti ci aspettavamo,* Not as many came as we expected — *una persona come tante,* an ordinary sort of person — *uno dei tanti,* one of many. **2** *(molto)* a lot; much *(pl.* many*)*; a great deal: *'C'è del latte in casa?' - 'Ce n'è tanto!',* 'Is there any milk in the fridge?' - 'Yes, there's a lot' — *Se volete dei libri ne ho tanti,* If you want some books, I've got plenty. **3** *(con valore neutro)* (so) much: *Costa un tanto al metro,* It costs so much per metre — *pagare un tanto al mese,* to pay so much a month. **4** *(con valore dimostrativo: questo, quello)* this; that: *Tanto mi basta,* This (*o* That) is enough for me.

III *avv* **1** *(così, in questo modo)* - **a)** *(con aggettivi o avverbi)* so: *È tanto gentile,* He's so kind — *È stato tanto disonesto da farmi pagare due volte,* He was so dishonest that he made me pay twice over - **b)** *(con verbi o sostantivi)* (so) much; such a lot; so: *Non legge tanto,* He doesn't read much — *Gli piace tanto il gelato!,* He does so like ice cream! **2** *(altrettanto)* - **a)** *(con aggettivi)* as; *(negativo)* so; as: *È tanto bello quanto simpatico,* He's as handsome as he is pleasant — *Non sono tanto ricchi quanto vogliono far credere,* They're not so rich (*o* as rich) as they'd like people to think - **b)** *(con sostantivi)* both... and: *Vorrebbe tanto l'uno come l'altro,* He'd like both one and the other - **c)** *(con verbi)* as much (as): *Ne voglio tre volte tanto,* I want three times as much. **3** *(molto: con aggettivi)* very; so; *(con verbi)* very much; a lot: *È proprio tanto triste,* He's really very miserable — *Ti ringrazio tanto,* Thank you very much — *Spende tanto in sigarette,* He spend a lot (of money) on cigarettes — *Ho tanto da studiare,* I have a lot to study; *(più comune)* I've a lot of studying to do — *Starai tanto in Inghilterra?,* How long will you stay in England? — *Non stare fuori tanto!,* Don't stay out too long! — *È da tanto che non lo vedo,* I haven't seen him for a long time — *fra non tanto,* in a short time. **4** *(solo, soltanto)* just: *tanto per cambiare,* just for a change — *Leggo tanto per fare qcsa,* I'm reading just for the sake of doing something — *Non parlare tanto per parlare,* Don't talk just for the sake of talking — *per una volta tanto,* for once in a while. **5** *(davanti a comparativi)* so much (the)...; all the...: *tanto meglio,* so much the better — *È tanto più interessante per questo,* This makes it all the more interesting.

IV *congiunz* **1** *(comunque)* however; but; in any case: *Parla pure, tanto nessuno ti ascolta,* Say what you like (*o* Go ahead): in any case nobody's listening. **2** *(per esprimere sfiducia)* anyway; in any case; after all: *Non prendertela, tanto non vale la pena,* Don't let it get you down: it simply isn't worth it — *Non andarci, tanto fa lo stesso,* Don't go (there): it doesn't matter in any case (*o* anyway).

□ *Sono arrivati a tanto?,* Did they go so far? — *Ci metterò un'ora, a dir tanto,* It'll take an hour, at the most — *tanto di guadagnato,* all the better; so much the better — *fare tanto di cappello a qcno,* to take off one's hat to sb — *rimanere con tanto di naso,* to be let down — *È tanto se riesce a fare la metà del lavoro per stasera,* It'll be quite something if he gets through half of the work by this evening — *tant'è,* never mind — *quanto più... tanto più...,* the more... the more... — *Quanto più lo vedo tanto meno mi piace,* The more I see it, the less I like it — *tanto più che...,* all the more so...; especially as... — *ogni tanto,* every now and then; every so often; once in a while — *Ci telefoniamo ogni tanto,* We ring one another up every so often — *di tanto in tanto,* from time to time —

ogni tanti giorni alla settimana, every few (*o* so many) days a week — *quel tanto che,* (just) as much as — *Per quel tanto che ne so,* For all I know — *dirne tante, (raccontare storie)* to talk a lot of nonsense — *Gliene ho dette tante e poi tante,* I really told him where he got off *(fam.)* — *prendersene tante,* to get a real thrashing.

tapino *agg* wretched. □ *sm* wretch.

tapioca *sf* tapioca.

tapiro *sm* tapir.

tappa *sf* **1** *(posto in cui si fa sosta)* halting-place; *(fermata)* halt; stop. **2** *(parte di viaggio o percorso tra due fermate)* stage; *(di corsa ciclistica, ecc.)* section; lap; stretch; stage: *Ci arriveremo in due tappe,* We'll arrive there in two stages. **3** *(fig.: fase)* stage: *La civiltà progredisce a tappe,* Civilization progresses by stages. □ *bruciare le tappe, (fig.)* to shoot ahead; to make great strides.

tappabuchi *sm (fam.)* stopgap.

tappare *vt (turare con un tappo)* to stop (up); to cork; to plug; to bung; to block up: *tappare un buco,* to stop up (to plug) a hole; *(fig.: rimediare a qcsa)* to stop a gap; *(fig.: pagare un debito)* to pay a debt — *tappare una bottiglia,* to cork a bottle — *tappare una botte,* to bung a barrel — *tappare tutte le entrate,* to block up all the entrances — *tapparsi il naso,* to hold one's nose — *tapparsi gli occhi (gli orecchi),* to close one's eyes (one's ears) — *tapparsi la bocca,* to cover one's mouth — *tappare la bocca a qcno, (fig.)* to stop a person's mouth; to keep sb quiet; to shut sb up.

□ **tapparsi** *v. rifl* **1** *(chiudersi in casa)* to shut* oneself up: *Mi sono tappato in casa a studiare,* I've shut myself up in the house to study. **2** *(imbacuccarsi: raro)* to muffle oneself up; to wrap oneself up.

tapparella *sf (fam.: persiana avvolgibile)* rolling shutter; roller blind.

tappeto *sm* carpet; *(piccolo)* rug; *(molto piccolo)* mat; *(drappo per coprire un tavolo)* tablecloth; *(nel pugilato)* canvas: *un tappeto cinese,* a Chinese carpet — *battere i tappeti,* to beat the carpets — *tappeto da bagno,* bath mat — *tappeto da tavolo,* table cover.

□ *tappeto erboso,* lawn — *tappeto verde,* green baize; *(per estensione: bisca)* gambling den — *mettere (mandare) qcno al tappeto, (nel pugilato)* to knock sb down — *bombardamento a tappeto, (mil.)* pattern bombing — *Il problema è stato messo sul tappeto, (fig.)* The question has now been put forward (brought out into the open).

tappezzare *vt* **1** *(rivestire pareti, ecc., con carta o altro)* to paper; to plaster; *(con stoffa)* to tapestry; to hang* (sth) with tapestry; *(foderare)* to upholster. **2** *(fig.: rivestire, attaccare dappertutto)* to cover; to plaster.

tappezzeria *sf* **1** *(di carta)* wall-paper; *(di stoffa)* tapestry; hangings *(pl.)*; soft furnishings *(pl.)*; *(fodera per sedili, ecc.)* upholstery *(collettivo)*. **2** *(arte del tappezziere)* upholstery; *(bottega)* upholsterer's (shop). □ *fare tappezzeria, (ad un ballo) (fig.)* to be a wallflower.

tappezziere *sm* upholsterer.

tappo *sm* **1** plug; stopper; bung; *(a capsula)* cap; *(di sughero)* cork: *tappo di radiatore,* cap — *tappo di scarico,* drain plug — *tappo di sicurezza,* safety valve — *sapere di tappo, (di vino)* to be corked — *Peccato, il vino sa di tappo,* A pity, the wine is corked. **2** *(fig., spreg.: persona piccola)* fat (*o* stumpy) little person; podgy person.

tara *sf* **1** *(peso)* tare: *tara media (d'uso),* average (customary) tare. **2** *(deformazione ereditaria)* taint; hereditary defect; *(per estensione: difetto)* defect; flaw; fault. □ *fare la tara a un racconto, (fig.)* to take a story with a grain of salt; not to give too much credit to a story.

tarabuso *sm* bittern.

tarantella *sf* **1** *(danza)* tarantella. **2** *(ragno)* tarantula.

tarantola *sf* **1** *(ragno)* tarantula. **2** *(geco)* gecko.

tarare *vt* **1** *(comm.)* to tare. **2** *(mecc.)* to set*; to adjust; *(calibrare)* to calibrate.

tarato *agg (di persona)* defective; with a hereditary defect (*cfr.* **tarare**).

taratura *sf* **1** *(comm.)* taring. **2** *(mecc.)* setting; *(calibratura)* calibration.

tardare *vi* **1** *(essere, arrivare in ritardo)* to be* late: *Roberto ha telefonato che tarderà per cena,* Roberto has phoned to say he'll be late for dinner. **2** *(indugiare, essere molto lungo nel fare qcsa)* to delay; to be* late; to be* long: *tardare a far qcsa,* to be long (*o* late) in doing sth — *Tardammo a partire a causa del traffico,* We were delayed by the traffic; We couldn't get away on account of the traffic — *Non tardare a farmi sapere,* Let me know soon.

□ *vt* to delay; to put* (sth) off; to postpone; to hold* back: *tardare un lavoro,* to delay a job.

tardi *avv* late: *Si sta facendo tardi,* It's getting late — *più tardi,* later — *Più tardi capirai,* You'll understand later on — *presto o tardi,* sooner or later — *far tardi,* to be late; *(stare alzato fino ad ora avanzata)* to stay up late — *Verrò domani sul tardi,* I'll come tomorrow late in the day — *Arrivederci a più tardi,* See you later — *al più tardi,* at the latest — *Meglio tardi che mai, (prov.)* Better late than never.

tardigrado *agg e sm* tardigrade.

tardivamente *avv* late; tardily *(raro)*.

tardivo *agg* **1** *(che tarda a svilupparsi)* late; *(di persona)* backward; retarded. **2** *(che arriva tardi)* tardy; belated.

tardo *agg* **1** *(pigro, lento)* sluggish; lazy; slow; *(ritardato di mente)* slow-witted; backward: *essere tardo nei movimenti,* to be slow (*o* sluggish) in one's movements — *I ragazzi sono entrambi tardi,* The two boys are both backward. **2** *(di tempo: inoltrato)* late: *Siamo tornati a tarda notte,* We came back late at night — *il tardo Rinascimento,* the late (*o* later) Renaissance. **3** *(tardivo, fuori tempo)* tardy.

tardona *sf (scherz.)* mutton dressed like (dressed up as) lamb.

targa *sf* **1** *(lastra in metallo con iscrizione)* plate; *(di pietra)* slab; *(in legno)* shingle *(USA)*; *(di un'automobile)* number plate *(GB)*; license plate *(USA)*; *(placca, come premio, ecc.)* plaque; *(di porta)* name-plate; door-plate; *(di via)* street-sign; *(ornamento architettonico)* shield. **2** *(mecc.: di una macchina)* rating plate: *dati di targa,* rating *(sing.)*. **3** *(scudo)* targe; shield.

targare *vt* to register.

targhetta *sf (su una porta)* door-plate; *(su una valigia, ecc.)* label; *(su macchinari)* data plate; rating plate.

tariffa *sf (prezzo stabilito)* rate; charge; tariff; *(listino dei prezzi)* price list; scale of charges: *tariffe ferroviarie,* railway rates (*o* fares) — *tariffa ridotta,* reduced rate — *tariffa professionale,* professional fee(s) — *tariffa telefonica,* telephone charge.

tariffario *sm* tariff; price-list; scale of charges.

□ *agg* tariff *(attrib.)*; price *(attrib.)*: *norme tariffarie,* standard tariffs — *barriere tariffarie,* tariff barriers.

tarlare *vi,* **tarlarsi** *v. rifl (di legno)* to be* (to get*) worm-eaten; *(di stoffa)* to be* (to get*) moth-eaten.

tarlatura *sf* **1** *(galleria)* worm-hole. **2** *(tritume)* dust from worm-holes.
tarlo *sm* **1** *(del legno)* woodworm; *(della stoffa)* clothes-moth. **2** *(fig.)* worm (of conscience); canker: *il tarlo della follia,* the canker of madness.
tarma *sf* moth; clothes-moth.
tarmare *vi,* **tarmarsi** *v. rifl* to get* moth-eaten.
tarmicida *sm* moth-killer.
tarocco *sm* tarot.
tarpare *vt* to clip *(anche fig.): tarpare le ali a qcno,* to clip sb's wings.
tarsia *sf* tarsia; inlay work.
tarsio *sm* tarsier.
tarso *sm* tarsus *(pl.* tarsi*).*
tartagliamento *sm* stuttering; stammering.
tartagliare *vi* to stutter; to stammer.
☐ *vt (borbottare)* to mutter.
tartaglione *sm* stutterer; stammerer.
tartana *sf (naut.)* tartan.
tartarico *agg* tartaric.
[1]**tartaro** *agg e sm* Tartar.
[2]**tartaro** *sm (incrostazione)* tartar.
tartaruga *sf* **1** tortoise; *(marina)* turtle: *pettine di tartaruga,* tortoise-shell comb. **2** *(fig.: persona lenta)* sluggard; slowcoach.
tartassare *vt (vessare)* to harass; to vex; *(fam.: maltrattare)* to ill-treat; to bully: *tartassare i sudditi,* to harass (to vex) one's subjects — *tartassare qcno ad un esame,* to be hard on (to grill) sb in an exam — *tartassare uno strumento,* to strum (to scrape) an instrument; *(scherz.)* to torture an instrument.
tartina *sf* canapé *(fr.).*
tartufato *agg* truffled.
tartufo *sm* **1** truffle: *tartufo d'America,* Jerusalem artichoke. **2** *(nome proprio; e, per estensione, ipocrita, bigotto)* Tartuffe. ☐ *tartufo di mare,* Venus clam.
tasca *sf* **1** pocket: *tasca dei pantaloni,* trouser pocket — *tasca interna (esterna),* inner (outer) pocket — *orologio da tasca,* pocket watch — *mettere qcsa in tasca,* to put sth in one's pocket; to pocket sth — *metter mano alla tasca,* to be ready to pay — *pagare di tasca propria, (anche fig.)* to pay out of one's own pocket — *avere le tasche vuote, (fig.)* to be penniless — *starsene con le mani in tasca, (anche fig.)* to stand around with one's hands in one's pockets. **2** *(divisione di portafoglio, valigia, ecc.)* division; pocket; compartment. **3** *(di marsupio)* pouch. ☐ *A me non viene niente in tasca,* I don't get anything out of it; I have nothing to gain (from it) — *avere le tasche piene di qcsa, (fig.)* to be fed up (to the teeth) with sth; to be sick and tired of sth — *conoscere qcsa come le proprie tasche,* to know sth like the back of one's hand.
tascabile *agg (attrib.)* pocket; pocket-size: *guida (dizionario) tascabile,* pocket guide (dictionary) — *coltello (corazzata) tascabile,* pocket knife (battleship) — *formato tascabile,* pocket-size.
☐ *sm (libro)* paperback.
tascapane *sm* (small) haversack.
taschino *sm* small pocket; *(di giacca)* breast pocket; *(per l'orologio)* fob.
tassa *sf* **1** *(pagamento che si fa allo Stato o ad ente pubblico per determinati servizi)* duty: *tassa sul bollo,* stamp duty — *tassa di consumo,* excise duty — *tassa di pedaggio,* toll — *tassa d'ancoraggio,* anchorage; groundage. **2** *(d'iscrizione, ecc.)* fee: *tassa di iscrizione,* entrance fee — *tassa d'esame,* examination fee — *tasse scolastiche,* school fees. **3** *(fam.: imposta, tributo)* tax: *agente delle tasse,* tax-collector — *tassa sul reddito,* income tax — *tassa di successione,* death (*o* estate) duty — *tassa fondiaria,* land tax — *tassa di circolazione,* road fund duty *(GB)* — *tassa di soggiorno,* non-resident tax; tourist tax — *pagare le tasse,* to pay one's taxes — *esente da tasse,* exempt from taxes; tax-free; duty free — *tassa sui cani,* dog licence fee.
tassabile *agg* taxable; subject to tax; dutiable; subject to duty.
tassametro *sm* taximeter; meter *(fam.).*
tassare *vt* **1** *(sottoporre a tassazione, stabilire un contributo)* to tax; to levy a tax (on sth); to charge. **2** *(una lettera)* to surcharge. **3** *(valutare per la tassazione)* to assess.
☐ **tassarsi** *v. rifl* to agree on a contribution; to agree to pay (to contribute): *Ci siamo tassati per duemila lire,* We agreed to pay two thousand lire each.
tassativamente *avv* definitely; absolutely.
tassativo *agg* peremptory; definite; absolute; specific; explicit; precise.
tassazione *sf* **1** taxation; assessment. **2** *(tassa)* tax.
tassellare *vt* **1** *(mettere tasselli)* to reinforce; to dowel; *(intarsiare, lavorare a mosaico)* to tessellate; to inlay. **2** *(ritagliare pezzetti da qcsa)* to plug; to wedge; to put* in plugs (*o* wedges).
tassello *sm* **1** *(di legno, per riparazione o restauro)* peg; dowel; reinforcement; small block; *(di stoffa, ecc.)* gusset; *(edilizia)* nog; *(metallurgia)* dolly block; loose piece; *(per decorazione)* tessera *(pl.* tesserae*)*; inlay. **2** *(pezzetto tagliato da qcsa, p.es. un'anguria, per assaggio, ecc.)* sample plug.
tassì *sm* taxi; cab *(spec. USA).*
tassista *sm* taxi-driver; cabman *(pl.* -men*).*
[1]**tasso** *sm (zool.)* badger.
[2]**tasso** *sm (bot.)* yew.
[3]**tasso** *sm (incudine)* stake; square anvil.
[4]**tasso** *sm (comm.)* rate: *tasso d'interesse (di sconto),* interest (discount) rate — *tasso ufficiale di sconto,* Bank rate *(GB)*; official rate of discount *(USA)* — *tasso di sviluppo,* rate of growth; growth rate — *tasso di mortalità,* death rate.
tassonomia *sf* taxonomy.
tastare *vt* **1** *(toccare)* to touch; *(palpare)* to feel*; to finger: *tastare il polso a qcno, (anche fig.)* to feel sb's pulse. **2** *(sondare)* to sound; to try; *(scandagliare)* to fathom: *tastare il fondo,* to try the bottom — *tastare il terreno,* to explore the ground; *(fig.)* to see how the land lies; to put out a feeler; to sound sb out; to feel one's way.
tastata *sf* touch; touching; feeling: *dare una tastata a qcsa,* to touch (to feel) sth.
tastiera *sf (di pianoforte, clavicembalo, ecc., e anche di macchina per scrivere)* keyboard; *(di strumento ad arco)* finger-board.
tasto *sm* **1** *(l'atto del tastare)* feel; touch: *andare a (riconoscere al) tasto,* to go (to recognize) by the touch. **2** *(di strumento musicale, di macchina per scrivere)* key: *tasto di ritorno,* back spacer; return key — *tasto Morse,* Morse key — *battere i tasti, (di macchina per scrivere)* to tap the keys. **3** *(fig.: argomento)* subject; matter: *Hai toccato un tasto delicato,* You've touched on a delicate subject — *Certi tasti non vanno toccati,* There are certain subjects that must not be touched upon; One should keep off certain subjects — *toccare il tasto giusto,* to strike the right note.
tastoni *(nella locuzione avverbiale) a tastoni,* gropingly: *andare a tastoni,* to feel (to grope) one's way.
tata *sf (linguaggio infantile: bambinaia)* nanny.

tattica *sf* **1** *(mil., fig.)* tactics *(pl.: spesso col v. al sing.)*. **2** *(prudenza)* tactical approach; *(accortezza)* tact: *Qui bisogna usare un po' di tattica,* This situation requires a tactical approach (requires careful handling). **3** *(sport: sistema di schieramento)* line-up; *(condotta di gara)* tactics *(pl.)*.

tatticamente *avv* tactically.

tattico *agg* tactical. □ *sm* tactician.

tattile *agg* tactile.

tatto *sm* **1** *(organo di senso)* touch: *conoscere qcsa al tatto,* to tell (to know) sth by the touch. **2** *(accortezza)* tact: *pieno di tatto,* full of tact — *senza tatto,* tactless.

tatuaggio *sm* tattoo; tattooing.

tatuare *vt* to tattoo.

□ **tatuarsi** *v. rifl (farsi tatuare)* to have oneself tattooed.

tatuato *agg* tattooed.

taumaturgo *sm* miracle-worker; *(stor.)* thaumaturge.

taurino *agg* **1** taurine. **2** *(fig.)* bull-like: *dal collo taurino,* bull-necked.

tauromachia *sf* bull-fighting; tauromachy.

tautologia *sf* tautology.

tautologico *agg* tautological.

taverna *sf* **1** *(osteria, bettola)* tavern; hostelry; *(in GB)* public house *(abbr. fam.* pub*)*: *discorsi da taverna,* vulgar talk. **2** *(trattoria a carattere rustico)* restaurant; inn.

taverniere *sm* innkeeper; host; pub-keeper *(fam.)*.

tavola *sf* **1** *(mobile e fig.)* table: *È ora di apparecchiare la tavola!,* Time to lay the table! — *tavola da pranzo,* dinner table — *tavola operatoria,* operating table — *biancheria da tavola,* table-linen — *i piaceri della tavola,* the pleasures of the table — *Mettiamo le carte in tavola,* Let's put our cards on the table — *i Cavalieri della Tavola Rotonda,* the Knights of the Round Table — *Ci siamo appena seduti a tavola,* We've just sat down to lunch (to dinner) — *Il pranzo è in tavola,* Dinner is served — *A tavola!,* Dinner's ready! **2** *(asse rettangolare)* plank; *(piano di legno)* board; *(di marmo)* slab: *tavolo da stiro,* ironing board — *tavola per disegnare,* drawing board — *le tavole del palcoscenico,* the boards. **3** *(banco di lavoro)* bench: *tavola da falegname,* carpenter's bench. **4** *(prospetto, tabella, lastra incisa)* table; *(indice)* index: *la tavola dei pesi e delle misure,* the table of weights and measures — *tavola pitagorica,* multiplication table — *le tavole della Legge,* the Tables of the Law. **5** *(pagina illustrata di un libro)* plate; illustration; *(quadro)* painting: *Sta preparando le tavole per un libro di fiabe,* He is preparing the plates for a book of fairy-tales — *Il volume ha bellissime tavole fuori testo,* The book has some superb full-page plates — *Hanno una bella tavola del Canaletto,* They have a fine Canaletto. □ *tavola calda,* snack bar; hot-lunch counter — *tavola reale, (gioco)* backgammon — *amare la tavola,* to be fond of eating.

tavolaccio *sm* plank-bed.

tavolata *sf* table; company seated at table.

tavolato *sm* **1** *(assito)* wood-floor; plank-floor; *(di muro)* boarding; *(naut.)* planking. **2** *(altipiano)* table-land. **3** *(anat.)* table.

tavoletta *sf* **1** *(medicinale)* tablet; *(di cioccolata)* bar; *(di sapone)* cake. **2** *(frattazzo)* float. □ *tavoletta pretoriana,* plane table — *andare a tavoletta,* to press the accelerator right down; *(USA)* to step on the gas.

tavoliere *sm* **1** *(da dama)* draught board; *(da scacchi)* chess-board; *(tavolo da gioco)* gaming-table. **2** *(altipiano)* table-land; *(bassopiano)* lowland.

tavolino *sm* small (*o* little) table; *(scrivania)* desk; writing table: *tavolino da notte,* bedside-table — *tavolino da gioco,* gambling-table; card-table. □ *stare tutto il giorno a tavolino,* to spend all day studying — *al tavolino,* in theory; on paper *(fam.)*.

tavolo *sm* table. □ *tavolo da disegno,* drawing desk — *tavolo di commutazione,* switchboard — *tavolo da stiro,* ironing-board.

tavolozza *sf* palette *(anche fig.)*.

tazza *sf* **1** cup; *(grossa, anche)* mug; *(contenuto della tazza stessa)* cup(ful): *tazza da tè,* tea-cup — *bere una tazza di tè,* to drink a cup of tea. **2** *(di gabinetto)* pan; bowl.

[1]**te** *pron personale 2ª persona sing m. e f.* **1** *(compl.)* you; *(te stesso)* yourself: *Vuole te,* He wants you — *Abbiamo parlato di te poco fa,* We spoke of you a few minutes ago — *Cercavano te,* They were looking for you — *Fallo da te,* Do it yourself — *Te lo darò domani,* I'll give it to you tomorrow — *Te ne farò avere uno,* I'll let you have one — *Tocca a te!,* It's your turn! — *secondo te,* in your opinion; according to you — *riguardo a te,* as for you — *per quanto riguarda te,* as far as you are concerned.
2 *(come predicato nominale e nelle proposizioni comparative)* you: *Se fossi (in) te...,* If I were you... — *Non sono bravo come te,* I'm not as good as you (are) — *Lavoro quanto te,* I work as much as you (do) — *Povero te!,* Poor you!
3 *(pleonastico: non si traduce) Te lo ricordi?,* Do you remember him (*o* it)?

[2]**tè** *sm* tea.

teatrale *agg* theatrical *(anche fig.)*.

teatralità *sf* theatricality.

teatralmente *avv* theatrically.

teatrante *sm e f.* **1** *(raro)* actor; comedian; *(spreg.)* second-rate actor. **2** *(fig.: persona che declama, ecc.)* tub-thumper.

teatrino *sm* **1** *(balocco)* toy theatre. **2** *(teatro di burattini)* puppet theatre.

teatro *sm* **1** theatre, *(USA)* theater; *(scena, palcoscenico)* stage; scene: *Conosci molta gente di teatro?,* Do you know many theatre people (theatrical people, actors)? — *Stasera andiamo a teatro,* We're going to the theatre this evening — *Luigi va molto a teatro,* Luigi is a great theatre-goer (*o* playgoer) — *teatro all'aperto,* open-air theatre — *teatro stabile,* local repertory theatre — *Quell'attrice dovrà scegliere tra cinema e teatro,* That actress will have to make a choice between the screen and the stage — *A quella ragazza piacerebbe fare del teatro,* That girl would like to go on the stage (would like to become an actress) — *teatro esaurito,* full house — *teatro di prosa,* playhouse — *teatro anatomico,* anatomy theatre — *frequentatore di teatri,* theatre-goer — *teatro d'opera,* opera — *teatro di posa, (cinematografia)* studio — *colpo da teatro,* coup de théâtre *(fr.)*. **2** *(pubblico)* audience; theatre. **3** *(produzione teatrale)* theatre; drama; plays *(pl.)*; dramatic works *(pl.)*: *teatro classico (moderno),* classical (modern) theatre — *il teatro di Alfieri,* Alfieri's plays (*o* dramatic works) — *il teatro italiano del Seicento,* seventeenth-century Italian theatre. **4** *(luogo d'azione o di avvenimenti importanti)* scene; site: *Questo luogo fu teatro di una famosa battaglia,* This is the site of a famous battle — *il teatro del delitto,* the scene of the crime.

tebaide *sf (fig.: posto deserto e solitario)* solitude; desert; hermitage.

teca *sf* **1** case; casket; *(reliquiario)* reliquary; shrine. **2** *(anat.)* brain pan.

tecneto *sm* technetium.

tecnica *sf* **1** *(modo di procedere)* technique. **2** *(tecnologia)* technology.
tecnicamente *avv* technically.
tecnicismo *sm* **1** technicality. **2** *(termine)* technical term. **3** *(predominio della tecnica)* pure technique. **4** *(uso eccessivo di termini tecnici)* technical jargon.
tecnico *agg* technical: *linguaggio tecnico,* technical language — *Istituto Tecnico,* Technical School.
□ *sm* technician; engineer.
tecnigrafo *sm* universal drafting device.
tecnocrate *sm* technocrat.
tecnocrazia *sf* technocracy.
tecnologia *sf* technology.
tecnologico *agg* technological.
tecnologo *sm* technologist.
teco *pron personale (lett.: con te)* with you.
tedesco *sm e agg* German.
tediare *vt (annoiare, importunare)* to bore; to tire; to weary; to bother.
□ **tediarsi** *v. rifl* to get* bored.
tedio *sm (senso di noia)* boredom; weariness; ennui *(fr.); (noia)* tedium.
tediosamente *avv* tediously.
tediosità *sf* tediousness; tiresomeness; wearisomeness.
tedioso *agg* tedious; tiresome; wearisome; boring.
tedoforo *sm* torch-bearer.
tegame *sm* pan; saucepan; *(il contenuto di un tegame)* panful. □ *uova al tegame,* fried eggs.
tegamino *sm* pan.
teglia *sf* baking-pan; baking-tin.
tegola *sf* **1** tile: *tetto di tegole,* tile roof — *coprire con tegole un tetto,* to tile a roof. **2** *(fig.: brutto colpo)* blow: *È stata una vera tegola per noi!,* It has been a terrible blow for us!
tegumento *sm* integument.
teiera *sf* tea-pot: *copri-teiera,* tea-cosy.
teismo *sm* theism.
teista *sm* theist.
tek *sm (l'albero e il legno)* teak.
tela *sf* **1** *(tessuto di lino, ecc.)* cloth; *(tessuto per vele, ecc.)* canvas: *Ho comprato una bella tela per farne grembiali,* I've bought some lovely cloth (a lovely piece of cloth) to make some aprons — *un libro rilegato in tela,* a clothbound book — *tela grezza,* unbleached linen — *tela cerata,* oilcloth — *tela da asciugamani,* towelling — *tela da camicie,* shirting — *tela da lenzuola,* sheeting — *tela per borse (valigie),* bagging — *tela da imballaggio,* pack-cloth — *tela da materassi,* ticking — *tela da sacco,* sacking; sackcloth — *tela di lino,* linen — *tela batista,* cambric — *tela gommata,* rubberized canvas — *la tela di Penelope, (fig.)* endless task. **2** *(quadro su tela)* painting; canvas: *Hanno acquistato alcune tele dell'Ottocento,* They've bought some nineteenth-century paintings. **3** *(nei pneumatici)* ply; warp. **4** *(sipario)* curtain. **5** *(trama, intrigo)* plot: *Hanno ordito un'abile tela contro di lui,* They have organized a clever plot against him — *la tela di un romanzo,* the plot of a novel. □ *tela di ragno,* cobweb — *tela metallica,* wire mesh; wire netting — *far tela, (svignarsela)* to run away; to clear out; to beat it *(fam.)* — *Tela!, (fam., fig.)* Beat it; Hop it!
telaio *sm* **1** *(macchina per tessere)* loom; frame: *telaio a mano,* hand-loom — *telaio meccanico,* power-loom — *telaio per maglieria,* knitting frame — *telaio da ricamo,* embroidery frame; tambour. **2** *(intelaiatura)* frame: *telaio da finestra,* window frame; *(scorrevole)* sash. **3** *telaio di automobile,* chassis *(pl. invariato);* frame. **4** *(in tipografia)* chase.
teleabbonato *sm* (television) licence-holder.
telearmi *sm pl* guided weapons.
telecamera *sf* television camera; telecamera.
telecomandato *agg* remote-controlled; radio-controlled.
telecomando *sm* remote control.
telecomunicazioni *sf pl* telecommunications.
telecronaca *sf* television news; newsreel.
telecronista *sm e f.* television commentator; commentator.
telediffondere *vt* to telecast*.
teledramma *sm* teleplay.
teleferica *sf* cableway; aerial ropeway.
telefilm *sm* telefilm.
telefonare *vt e i.* to telephone; to phone; to ring* (up): *Franca mi ha telefonato la novità,* Franca phoned (*o* rang) to tell me the news — *Puoi telefonarmi alle tre?,* Can you ring me (up) at three? — *Sono venuto perché non riuscivo a telefonarti,* I've come because I couldn't get you on the phone.
telefonata *sf* telephone call; phone call; call: *telefonata interurbana,* trunk call *(GB);* long-distance call *(USA)* — *Fammi una telefonata,* Give me a ring; Call (Ring) me up.
telefonia *sf* telephony: *telefonia senza fili,* wireless telephony; radio-telephony.
telefonicamente *avv* by telephone; over the phone.
telefonico *agg* telephone *(attrib.);* telephonic: *apparecchio telefonico,* telephone — *centralino (elenco) telefonico,* telephone exchange (directory) — *cabina telefonica,* call-box; telephone kiosk.
telefonista *sm e f. (di centrale telefonica)* operator; *(di centralino, in un ufficio, ecc.)* telephonist.
telefono *sm* telephone; phone *(abbr. fam. assai comune): telefono a gettoni,* coin-box; pay phone *(USA)* — *telefono duplex,* party-line — *telefono interno,* interphone; extension phone — *un colpo di telefono,* a telephone call — *rispondere al telefono,* to answer the phone — *essere desiderati al telefono,* to be wanted on the (tele)phone — *essere abbonato al telefono,* to be on the phone — *Avete il telefono?,* Are you on the phone? — *parlare al telefono,* to speak on the phone — *parlare per telefono,* to speak by telephone.
telefoto *sf* telephoto.
telefotografia *sf (il sistema)* telephotography; *(singola immagine trasmessa)* telephotograph.
telegiornale *sm* television news (-reel); news *(fam.).*
telegrafare *vt* to telegraph; to wire *(fam.); (intercontinentale, per cavo sottomarino)* to cable.
telegrafia *sf* telegraphy.
telegraficamente *avv* **1** by telegram; by wire; by cable; telegraphically. **2** *(fig.)* concisely; tersely.
telegrafico *agg* **1** telegraphic; telegraph *(attrib.).* **2** *(fig.)* concise; terse.
telegrafista *sm e f.* **1** telegraphist; telegraph operator; *(mil.)* signaller. **2** *(addetto alla manutenzione)* repairman *(pl.* -men*).*
telegrafo *sm* telegraph; *(ufficio del telegrafo)* telegraph-office: *telegrafo senza fili,* wireless — *cavo (palo) del telegrafo,* telegraph cable (pole). □ *telegrafo sottomarino,* submarine cable — *telegrafo ottico,* semaphore.
telegramma *sm* telegram; wire *(fam.); (intercontinentale, per cavo sottomarino)* cable: *per telegramma,* by wire; by cable — *fare un telegramma,* to send a telegram (a wire, a cable) — *telegramma con risposta*

pagata, reply-paid telegram — *telegramma lettera,* day letter telegram.

teleguidato *agg* guided.

telemetro *sm* telemeter; *(per apparecchi fotografici o mil.)* rangefinder.

teleobiettivo *sm* telephoto lens.

telepatia *sf* telepathy; *(talvolta)* thought transference.

telepaticamente *avv* telepathically; by telepathy.

telepatico *agg* telepathic.

teleria *sf* **1** *(merce)* linen and cotton goods *(pl.).* **2** *(negozio)* draper's (shop).

teleromanzo *sm* television serial.

teleruttore *sm* remote control switch.

teleschermo *sm* television screen.

telescopico *agg* telescopic.

telescopio *sm* telescope.

telescrivente *sf* teleprinter.

teleselezione *sf* subscriber trunk dialling system *(abbr. GB:* STD*);* direct dialling: *Si può telefonare a Parigi in teleselezione?,* Can one dial Paris direct?

telespettatore *sm* (tele)viewer.

teletrasmettere *vt* to telecast*.

teletrasmettitore *sm* teletransmitter.

teletrasmissione *sf* telecast.

televisione *sf* **1** television *(abbr. fam.* TV*): guardare la televisione,* to watch television — *alla televisione,* on television — *L'ho visto in televisione, (fam.)* I saw it on TV *(sl.* on the box; on the telly*).* **2** *(apparecchio televisivo)* television set; telly *(sl.).*

televisivo *agg* television *(attrib.).*

televisore *sm* television set; telly *(sl.).*

tellina *sf* clam.

tellurico *agg* telluric: *scossa tellurica,* earthquake; shock.

telo *sm* sheet; length of cloth; *(sipario)* drop curtain: *gonna a teli,* flared skirt — *telo di salvataggio,* jumping sheet.

telone *sm* **1** curtain; screen. **2** *(per proteggere merci)* tarpaulin.

[1]**tema** *sf (lett.)* fear: *per tema che...,* for fear that...; lest...

[2]**tema** *sm* **1** *(soggetto)* theme; subject; topic; *(motivo di fondo)* theme: *attenersi al tema,* to keep to the subject; to stick to the point — *uscire di tema,* to wander away from the subject; to digress — *temi d'attualità,* topics of the day. **2** *(mus.)* theme. **3** *(componimento)* essay; composition: *come scrivere un tema,* how to write an essay — *È molto bravo nei temi,* He's very good at writing essays. **4** *(in glottologia)* theme; stem.

tematica *sf* themes *(pl.).*

tematico *agg* thematic.

temerariamente *avv* rashly; recklessly.

temerarietà *sf* rashness; temerity; recklessness; *(grande audacia)* foolhardiness.

temerario *agg* rash; reckless; foolhardy.

temere *vt e i.* **1** to fear *(generalm. considerato piuttosto formale, tranne nell'espressione* to fear for*); (più comune)* to be* afraid (of sth); to dread; *(rifuggire da qcsa)* to shrink* (from sth): *temere la morte,* to fear death; to be afraid of death — *Temo che non mi abbia sentito,* I fear (I'm afraid) he hasn't heard me — *temere per (di) qcsa,* to fear for sth — *Temeva per la salute della bambina,* She feared for the child's health — *Venite avanti, che cosa temete?,* Come on, what are you afraid of? — *Temo che perderemo il treno, se non ti sbrighi,* I afraid (I fear) we'll miss the train if you don't hurry up — *Non temere nulla!,* Don't be afraid (of anything)!; *(lett.)* Fear nothing! — *Non temere, lo sistemo io!,* Don't be afraid *(lett.* Never fear*),* I'll deal with him! — *Temevo di sbagliare, così ho rinunciato,* I was afraid of making a mistake so I gave up — *Teme qualsiasi responsabilità,* He shrinks from (He dreads) all responsibility — *Si dice che i vampiri temano la luce,* They say that vampires fear (are afraid of) the light. **2** *(rispettare, riverire)* to respect; to revere; to fear: *temere i genitori,* to respect one's parents — *temere Dio,* to fear God. **3** *(risentire negativamente di qcsa)* not to be* able to stand: *Questi prodotti temono la luce,* These goods cannot stand the light; *(più comune)* These goods must be kept in a dark place — *Teme l'umidità, (p.es. su un'etichetta)* Store in a dry place; Keep dry.

temerità *sf* temerity.

temibile *agg* to be feared; dangerous.

tempaccio *sm* nasty *(o* foul) weather.

tempera *sf* **1** *(modo di dipingere)* tempera; distemper: *disegno a tempera,* wash drawing. **2** *(dipinto)* watercolour.

temperamatite *sm* pencil-sharpener.

temperamento *sm* **1** *(l'atto del temperare)* tempering. **2** *(fig.: mitigamento)* tempering; mitigation; *(accomodamento)* arrangement; compromise. **3** *(indole, carattere)* temperament; disposition; *(carattere forte)* force of character; strength of character (of will): *un temperamento nervoso (sanguigno),* a nervous (sanguine) temperament — *un temperamento dolce e remissivo,* a sweet and submissive disposition — *È una donna di grande temperamento,* She's a very strong-willed woman.

temperante *agg* temperate; moderate.

temperanza *sf (capacità di moderarsi, misura)* temperance; moderation; self-control: *temperanza nel mangiare (di linguaggio),* moderation in eating (in one's language).

temperare *vt* **1** *(mitigare, moderare)* to temper; to mitigate; to moderate: *Il dolore gli ha temperato il carattere,* Sorrow has tempered his character — *temperare le passioni,* to restrain one's passions. **2** *(fare la punta ad una matita, ecc.)* to sharpen. **3** *(ant., in pittura)* to temper; to mix. **4** = **temprare.**

temperato *agg* **1** *(moderato, non eccessivo)* temperate; moderate; *(di clima)* mild; temperate: *essere temperato nel bere,* to drink in moderation. **2** *(appuntito)* sharpened. **3** *cfr.* **temprare.** □ *Il clavicembalo ben temperato,* The Well-Tempered Clavier — *cuocere a fuoco temperato,* to simmer.

temperatura *sf* **1** temperature: *Ci sono grandi sbalzi di temperatura dal giorno alla notte,* There are considerable changes in the temperature between day and night — *temperatura assoluta,* absolute temperature — *temperatura di ebollizione (di congelamento),* boiling (freezing) temperature *(o* point) — *temperatura di condensazione,* dew point — *Questo vino va servito a temperatura ambiente,* This wine should be served at room temperature *(o* chambré, *fr.)* — *misuratore di temperatura,* temperature gauge — *temperatura e pressione normali,* standard temperature and pressure. **2** *(del corpo umano)* temperature; *(se molto elevata, anche)* fever: *Ha ancora qualche linea di temperatura,* He's still got a bit of a temperature — *Dovresti prendergli la temperatura verso le quattro del pomeriggio,* You should take his temperature around four in the afternoon.

temperino *sm* **1** penknife; pocket-knife. **2** *(temperamatite)* pencil-sharpener.

tempesta *sf* storm; tempest *(anche fig.)*; *(gragnuola)* shower; hail: *tempesta di neve,* snowstorm; blizzard — *tempesta di vento,* gale; hurricane — *tempesta di grandine,* hail-storm — *tempesta di sabbia,* sand-storm — *tempesta magnetica,* magnetic storm — *essere in tempesta, (del mare)* to be stormy — *tempesta con tuoni e lampi,* thunderstorm — *Il suo discorso provocò una tempesta,* His speech raised a storm — *Una tempesta di pugni lo abbatté,* A shower of blows knocked him down — *C'è aria di tempesta,* There's a storm brewing (*o* in the air) — *Fu una tempesta in un bicchier d'acqua,* It was a storm in a teacup.

tempestare *vi (essere in tempesta)* to storm; to be* stormy; *(fig.: imperversare)* to rage; *(fam.: grandinare)* to hail.

□ *vt* **1** *(colpire, con colpi fitti e violenti)* to batter; to assail; to storm: *tempestare qcno di pugni,* to rain blows on sb. **2** *(fig.)* to harass; to badger; to annoy: *tempestare qcno di domande,* to harass (to beset) sb with questions. **3** *(ornare fittamente)* to stud: *un diadema tempestato di smeraldi,* a diadem studded with emeralds.

tempestivamente *avv* at the right moment; in time.

tempestività *sf* timeliness; opportuneness.

tempestivo *agg* timely; opportune.

tempestosamente *avv* stormily.

tempestoso *agg* stormy *(anche fig.)*.

tempia *sf* temple: *avere le tempie bianche,* to be white (*o* grey) at the temples; to be getting old.

tempio *sm* **1** *(non cristiano)* temple: *tempio ebraico,* synagogue. **2** *(cristiano)* church; *(di alcune sette)* temple. **3** *(fig.)* shrine; temple.

tempismo *sm* sense of timing.

tempista *sm* **1** *(mus.)* player who keeps perfect time. **2** *(fig.)* one who times something nicely. **3** *(cronometrista)* timekeeper.

templare *sm (stor.)* Templar.

tempo *sm* **1** time: *Ci vuole tempo,* It takes time — *Il tempo stringe,* Time presses (*o* is pressing) — *tempo solare (siderale),* solar (sidereal) time — *tempo reale,* real time — *Mi spiace, ma non ho trovato il tempo di farlo,* I'm sorry, but I couldn't find time (*o* the time) to do it — *Non c'è il tempo materiale,* There simply isn't the time — *Sei arrivato a tempo di record!,* You got there (*o* here) in record time! — *un impiego a tempo pieno,* a full-time job — *Che cosa fai nel tempo libero?,* What do you do in your spare time? — *Lo faccio nei ritagli di tempo (a tempo perso),* I do it in my spare time (when I've got a spare moment) — *Un tempo ci vedevamo più spesso,* At one time we saw each another more often — *Andiamo, è tempo!,* Let's go: it's time! — *Tempo di andare!,* Time to go! — *È tempo ormai che tu ti metta a lavorare,* It's time you got down to work — *a tempo e luogo,* at the right time and in the right place — *a suo tempo, (riferito al futuro)* in due course; at the proper time; *(riferito al passato)* at the proper time — *per qualche tempo,* for some time; for a while — *al tempo stesso,* at the same time; at one and the same time — *Siamo a tempo (in tempo)?,* Are we in time? — *Ha fatto il suo tempo,* He's had his day — *con l'andare del tempo; col tempo, (riferito al passato)* as time passed; *(riferito al futuro)* in time; as time passes; with the passing of time — *marciare con i tempi, (fig.)* to keep up with the times — *col passare del tempo,* with the passing of time — *C'è tempo!,* There's plenty of time! — *Non è più tempo per...,* It's too late to... — *C'è sempre tempo per quello,* There's always time for that — *Non c'è tempo da perdere,* There's no time to lose — *perder tempo,* to waste time — *ingannare (ammazzare) il tempo,* to kill time — *Chi ha tempo non aspetti tempo, (prov.)* Make hay while the sun shines; A stitch in time saves nine — *Bisogna dare tempo al tempo, (prov.)* Time is a great healer — *molto tempo prima (dopo),* long before (after) — *tempo di posa,* exposure time — *al tempo dei tempi,* long ago — *da quanto tempo?,* how long? — *in questi ultimi tempi,* lately — *nel più breve tempo possibile,* as quickly as possible — *per tempo,* early — *poco tempo dopo,* a little later.

2 *(stagione)* season; time: *È arrivato il tempo della caccia,* The hunting season is upon us — *tempo d'estate,* summertime.

3 *(epoca, periodo)* time *(spesso pl.)*; days *(pl.)*; age; period: *ai tempi della Rivoluzione Francese,* during the period of the French Revolution — *È un'usanza la cui origine si perde nella notte dei tempi,* It's a custom whose origin dates from time immemorial — *ai miei tempi,* in my time *(sing.)*; in my day *(sing.)* — *in quel tempo,* then; at that time — *in quei tempi,* in these times — *in tempo di guerra (di pace),* in wartime; in peace-time — *coi tempi che corrono,* in these times; in this day and age — *Avete precorso i tempi!,* You're ahead of the times! — *documenti del tempo,* documents of the time (of the period); contemporary documents — *Quelli erano tempi!,* Those were the days! — *il buon tempo antico,* the good old days.

4 *(condizioni atmosferiche)* weather: *tempo bello,* good weather — *tempo brutto (da cani, da lupi),* bad (foul, filthy) weather — *Che tempo fa?,* What's the weather like? — *... se il tempo lo permette, ...* weather permitting — *Abbiamo avuto un tempo splendido per tre settimane,* We had splendid weather for three weeks — *Sento che sta per cambiare il tempo,* I can feel that the weather is going to change — *le previsioni del tempo,* the weather forecast *(sing.)*.

5 *(mus.)* tempo *(pl.* tempos *o* tempi*)*; time; *(misura)* measure; *(battuta)* beat: *a tempo di valzer,* waltz time (three-four time) — *essere a (fuori) tempo,* to be in (out of) time — *segnare (battere) il tempo,* to beat time.

6 *(parte di una composizione musicale)* movement; *(metà di un film)* half; part; *(atto)* act: *il secondo tempo di un film,* the second half (*o* part) of a film — *una sinfonia in cinque tempi,* a symphony in five movements.

7 *(parte, fase)* part; phase; stage: *L'esercizio va eseguito in tre tempi,* The exercise is to be done in three stages — *Il piano verrà sviluppato in tre tempi successivi,* The plan will evolve in three successive stages — *in un primo tempo,* in the first (*o* preliminary) stage (*o* phase).

8 *(mecc.: riferito ad un motore)* stroke: *un motore a due tempi,* a two-stroke engine.

9 *(gramm.)* tense: *Sai coniugarmi il tempo presente di questo verbo?,* Can you conjugate this verb for me in the present tense?

[1]**temporale** *agg (anat.)* temporal.

[2]**temporale** *agg* **1** *(religione, ecc.)* temporal; *(talvolta)* worldly. **2** *(gramm.)* temporal; time *(attrib.)*: *congiunzione temporale,* temporal conjunction — *una proposizione temporale,* a time clause — *avverbi temporali,* adverbs of time.

[3]**temporale** *sm* (thunder-)storm *(anche fig.): C'è aria di temporale,* There's a storm brewing.
temporalesco *agg* stormy.
temporalità *sf* temporality.
temporaneamente *avv* temporarily.
temporaneità *sf* temporariness.
temporaneo *agg* **1** *(provvisorio)* temporary. **2** *(passeggero)* passing.
temporeggiamento *sm* temporization; procrastination.
temporeggiare *vi* to temporize; to procrastinate.
temporeggiatore *sm* temporizer; procrastinator.
temporizzatore *sm* timer.
tempra *sf* **1** *(di metalli)* hardening; *(per immersione)* quenching; *(di vetro)* tempering. **2** *(fig.: indole, carattere)* character; temperament.
temprare *vt* **1** *(metalli)* to harden; *(per immersione)* to quench; *(vetro)* to temper. **2** *(fig.: fortificare)* to strengthen; *(formare)* to form; to mould.
□ **temprarsi** *v. rifl* to become stronger (*o* tougher, harder).
tenace *agg* **1** *(di cosa materiale: che non si deforma)* tenacious; strong; *(viscoso)* viscous; *(adesivo)* adhesive: *filo tenace,* tenacious (*o* strong) thread — *colla tenace,* adhesive glue. **2** *(fig.: saldo, fermo)* tenacious; firm; resolute; strong-minded; dogged; persevering; persistent: *odio tenace,* persistent hate — *un uomo tenace,* a persevering (a strong-minded) man — *una memoria tenace,* a retentive (a very good) memory.
tenacemente *avv* tenaciously; doggedly; resolutely.
tenacia *sf* tenacity; perseverance; firmness of purpose.
tenacità *sf (di metalli)* toughness; cohesiveness.
tenaglia *sf* **1** *(strumento per stringere, tirare, ecc.)* pincers; tongs; nippers *(tutti pl.).* **2** *(ciò che ha forma di tenaglia; fortificazione)* tenail(le); *(chele di crostacei, fam.: pl.)* pincers; nippers: *movimento a tenaglia,* pincer movement. □ *Bisogna cavargli le parole di bocca con le tenaglie, (fig.)* You have to drag every word out of him.
tenda *sf* **1** *(interna, di finestra)* curtain; *(USA, se non trasparente)* drapes *(pl.): tirare le tende,* to draw the curtains. **2** *(esterna: tendone)* awning. **3** *(da campeggio o accampamento militare)* tent; *(padiglione)* marquee: *piantare le tende,* to pitch the tents; *(fig.)* to go and live in a place — *levare le tende,* to strike camp; *(fig.)* to leave a place — *dormire sotto la tenda,* to sleep in a tent (in tents, under canvas) — *tenda ad ossigeno,* oxygen-tent.
tendenza *sf* **1** *(propensione, disposizione)* inclination; bent; leaning; tendency: *Ha una notevole tendenza alla musica,* She has a remarkable bent for music — *Dicono che ha buone tendenze naturali,* They say he has good natural tendencies. **2** *(corrente, orientamento generale)* tendency; trend: *una tendenza al rialzo (al ribasso), (in Borsa)* a bullish (bearish) trend — *tempo nuvoloso, con tendenza a precipitazioni locali,* cloudy, with a likelihood of local showers; cloudy, possibility of rain in places.
tendenziale *agg* tendential.
tendenzialmente *avv* tendentially.
tendenziosamente *avv* tendentiously.
tendenziosità *sf* tendentiousness.
tendenzioso *agg* tendentious.
tendere *vt* **1** *(tirare, spiegare tirando)* to tighten; to strain; to pull (sth) out; *(distendere)* to bend*; to stretch; to lay* *(anche fig.: preparare): Hanno teso una fune,* They've stretched a rope — *tendere l'arco,* to draw one's bow — *Non tendere troppo quella corda, si spezzerà,* Don't strain that rope too much, it'll break — *tendere le reti,* to spread the nets — *tendere un'insidia,* to lay (to set) a trap. **2** *(allungare, porgere)* to stretch out; to hold* (sth) out: *La bimba tendeva le braccia alla mamma,* The little girl held out her arms to her mother — *Tendevo il collo per vedere, ma c'era troppa gente davanti,* I craned my neck to see, but there were too many people in front of me — *tendere la mano,* to hold out one's hand — *S'è ridotto a tendere la mano,* He's been reduced to begging — *Tendi l'orecchio, ho udito qualcosa,* Listen, I heard something — *tendere la mente a qcsa,* to give thought to sth.
□ *vi* **1** *(aspirare, mirare)* to aim (at sth); to intend: *Tende a farsi riconoscere come unico erede,* He aims to get himself recognized as sole heir — *Capii subito che tendevano a rimanere soli,* I realised at once that they intended to stay on their own — *tendere a una meta,* to have an aim. **2** *(propendere, inclinare)* to tend; to incline; to be* inclined; to trend; *(di colori)* to verge (on sth): *Quell'individuo tende alla misoginia,* That chap tends (is inclined) to be a woman-hater — *Devo fare attenzione a quanto mangio perché tendo ad ingrassare,* I have to be careful what I eat, as I tend to put on weight — *I prezzi tendono al rialzo in autunno,* Prices have a tendency to rise in Autumn — *È un colore che tende più al viola che al rosso,* It verges more on purple than on red — *Il tempo è variabile, ma tendente al bello,* The weather is variable, tending to fine — *vini che tendono al dolce,* sweetish wines; wines which are on the sweet side.
tendine *sm* sinew; *(anat.)* tendon.
tendiscarpe *sm* shoe-tree.
tenditore *sm* turnbuckle. □ *tenditore a puleggia,* idler.
tendone *sm* awning; *(di circo)* tent; big top *(sl.).*
tendopoli *sf* camp; canvas town.
tenebra *sf* (*solitamente al pl.:* **tenebre**) **1** *(oscurità assoluta)* dark; darkness; obscurity; *(fig.: ignoranza, oscurantismo)* darkness; *(fig.: mistero)* mystery: *col favore delle tenebre,* under cover of darkness — *al cader delle tenebre,* at nightfall — *Non ne so niente: è tutto avvolto nelle tenebre,* I don't know anything about it: the whole thing's wrapped in mystery — *le tenebre del Medioevo,* the darkness of the Middle Ages. **2** *(liturgia)* Tenebrae *(lat.).*
tenebrosamente *avv* darkly; murkily; gloomily.
tenebrosità *sf* darkness; murkiness; gloom; *(fig.)* secrecy; mysteriousness.
tenebroso *agg* dark; murky; gloomy; obscure; *(fig.)* mysterious; sinister.
tenente *sm (mil.)* lieutenant: *tenente di vascello,* sub-lieutenant.
tenenza *sf* lieutenancy.
teneramente *avv* tenderly; softly; delicately.
tenere *vt* **1** *(avere in mano o tra le mani, trattenere, reggere, e fig.)* to hold*: *tenere qcsa lento (stretto),* to hold sth loosely (tightly) — *tenere qcno per mano,* to hold sb's hand; to hold sb by the hand — *un'automobile che tiene bene la strada,* a car that holds the road well — *tenere una riunione (una seduta),* to hold a meeting (a sitting, a session) — *tenere una nota, (mus.)* to hold (to sustain) a note — *Militari con il mitra spianato tenevano indietro i dimostranti,* Soldiers with machine guns levelled held back (*o* kept back) the demonstrators — *I due agenti non riuscivano a tenerlo,* The two policemen couldn't hold him — *tenere il fiato,* to hold one's breath — *Tieni! (Eccotelo!),* Here! (Here you are!) — *tenere un di-*

scorso, to deliver a speech — *tenere una conferenza,* to give a lecture — *tenere le lacrime,* to keep back one's tears — *tenere su il morale di qcno,* to bolster sb's morale — *tenere le parti di qcno,* - **a)** *(in una determinata occasione)* to side with sb - **b)** *(d'abitudine)* to be on sb's side — *tenere dietro a una persona,* to keep up with sb — *tenere una cattiva condotta,* to behave badly; to be badly behaved.

2 *(mantenere in una determinata posizione o condizione, conservare, avere)* to keep*: *Questa giacca a vento mi tiene caldo,* This windcheater keeps me warm — *tenere la porta chiusa (aperta),* to keep the door shut (open) — *Tienilo per te!, (fig.: È un segreto)* Keep it to yourself (under your hat)!; *(Non darlo a nessun altro)* Keep it; it's for you! — *Mi tieni un posto, per favore?,* Keep me a place, please — *tenere qcsa a (in) mente,* to keep sth in mind — *Mi dispiace, signora, non teniamo quella marca,* I'm sorry, Madam, we don't keep that make — *tenere fede a qcsa,* to keep faith with sth — *tenere qcno all'oscuro di qcsa,* to keep sb in the dark about sth — *tenere qcno informato di qcsa,* to keep sb informed about sth — *tenere (il) banco, (al gioco)* to keep the bank — *tenere qcsa in serbo,* to keep sth in reserve — *tenere qcsa al fresco,* to keep sth in a cool place — *Tenere al fresco,* Keep cool.

3 *(avere la capacità, contenere)* to hold*; to take*: *Questo cesto non tiene più di due chili di biancheria,* This basket won't hold more than two kilos of washing.

4 *(occupare)* to take* up: *Quell'enorme tavola barocca tiene quasi tutta la sala da pranzo,* That enormous baroque table takes up almost the entire dining room.

5 *(gestire)* to keep*; to run*: *Tenere un bar non è cosa facile,* Running a bar is not easy.

6 *(seguire una direzione, una linea di condotta, ecc.)* to follow; to keep* (to sth); *(procedere o stare nello stesso settore)* to keep* (to sth): *tenere la strada giusta,* to follow the right road; *(fig.)* to keep to the right path — *tenere la destra (sinistra),* to keep to the right (left).

7 *(considerare, stimare)* to consider; to regard; to hold*; to deem *(raro)*: *E dire che l'avevo sempre tenuto per il miglior dizionario!,* And to think that I'd always considered it (regarded it) as the best dictionary! — *tenere caro qcno (qcsa),* to hold sb (sth) dear — *tenere qcsa in molto (poco, nessun) conto,* to consider sth of great (little, no) account — *tenere qcno in grande considerazione,* to hold sb in great esteem.

8 *(portare, avere addosso)* to wear*; to have*; to keep*: *Tenevo i capelli lunghi allora,* I wore (I kept) my hair longer then.

9 *(nell'Italia meridionale: avere)* to have*: *'Tengo moglie e tre figli', disse,* 'I have a wife and three children', he said.

□ *tenere bene il mare, (di nave)* to ride well; *(di persona)* to be a good sailor — *tenere a battesimo qcno,* to stand godfather (*o* godmother) for sb — *tenere il broncio,* to sulk; to be in the sulks — *tenere conto di qcsa,* to consider sth; to bear sth in mind — *tenere presente qcsa,* to bear sth in mind; to pay attention to sth — *tenere una dieta,* to keep to a diet — *tenere mano,* to help; *(tra complici)* to aid and abet — *tenere testa (a qcno),* to hold one's own (with sb) — *una stoffa che tiene l'acqua,* a waterproof material.

□ *vi* **1** to hold*: *ragioni che non tengono,* reasons that don't hold (won't hold water) — *Non c'è ragione (scusa) che tenga,* There's no reason (excuse) for it — *tenere duro, (fig.)* to hold on — *un colore che tiene,* a fast colour.

2 tenere per... *(essere a favore di)* to be* for (sb, sth); to be* on sb's side: *tenere per una squadra,* to support a team.

3 tenere da *(somigliare)* to be* like (to take* after) sb.

4 tenere a...; tenerci - **a)** to be* keen (on sth, on doing sth); *(volere)* to want: *Tengo a precisare che...,* I want to point out that... — *Tengo molto ad andarci,* I'm very keen on going (there) - **b)** *(aver caro)* to value: *Ci tengo molto a questi libri,* I value these books very highly - **c)** *(importarsene)* to care (about sth).

tenerezza *sf* **1** tenderness; fondness: *con tenerezza,* tenderly. **2** *(al pl.)* caresses.

tenero *agg* **1** *(morbido, cedevole)* tender; soft; *(delicato, appena nato)* tender; delicate: *carne tenera,* tender meat — *cera tenera,* soft wax — *un uovo tenero,* a lightly-boiled egg — *tenera età,* tender age — *dalla più tenera età,* from one's earliest youth — *una tenera pianticella,* a delicate little plant — *un tenero azzurro,* a soft blue. **2** *(fig.: dolce, affettuoso)* tender; fond; affectionate: *un uomo dal cuore tenero,* a tender-hearted man — *un marito tenero,* a loving husband — *parole tenere,* fond words.

□ *sm* **1** *(parte tenera)* soft (*o* tender) part. **2** *(punto debole)* soft spot. **3** *(affetto, tenerezza)* affection; tenderness: *C'è del tenero tra loro?,* Are they fond of each other? — *avere del tenero per qcno,* to have a soft spot for sb.

tenerume *sm* **1** *(parte tenera)* soft part; *(cartilagine)* cartilage. **2** *(smancerie)* sentimentality; slobbering.

tenia *sf* tapeworm.

tenibile *agg* tenable.

tennis *sm* tennis: *tennis su prato,* lawn-tennis — *campo da tennis,* tennis court — *tennis da tavolo,* ping-pong; table-tennis — *giocatore di tennis,* tennis-player.

tennista *sm e f.* tennis-player.

tennistico *agg* tennis *(attrib.)*.

tenore *sm* **1** *(maniera, modo di procedere)* way; tenor: *il tenore di vita della classe operaia,* the way of life (standard of living) of the working class. **2** *(tono, contenuto)* tenor; content(s): *Avrebbe dovuto cambiare il tenore del suo discorso,* He should have changed the tenor of his speech — *Questo liquore ha un basso tenore alcoolico,* This liqueur has a low alcohol content (is not very alcoholic). **3** *(registro di voce maschile, persona)* tenor. □ *a tenore di legge,* by law; according to the law — *'a tenore dell'articolo 17 comma c...',* 'according to article 17, paragraph c...'.

tenorile *agg* tenor *(attrib.)*.

tensione *sf* **1** *(il tendere)* tension; *(fig.: stato di eccitazione, irrigidimento)* tension; strain; stress: *la tensione di un arco,* the tension of a bow — *tensione nervosa,* nervous tension; stress — *tensione mentale,* mental stress — *Non si può sempre vivere in uno stato di tensione,* You cannot live in a continuous state of stress — *C'è di nuovo un clima di tensione tra Egitto e Israele,* Relations between Egypt and Israel are tense (are strained) again. **2** *(med.: pressione)* pressure: *tensione sanguigna,* blood pressure. **3** *(fis., elettr.)* tension; voltage: *alta (bassa) tensione,* high (low) tension — *tensione di placca (di griglia),* plate (grid) voltage — *sotto tensione,* live; hot *(sl.)* — *tensione di vapore,* vapour pressure — *elevare la tensione di qcsa,* to boost sth. **4** *(scienza delle costruzioni)* stress; strain.

tentabile *agg* **1** *(che si può tentare)* attemptable. **2** *(che si lascia tentare)* temptable.

□ *sm* everything possible: *tentare il tentabile,* to try every possibility; to leave no stone unturned.

tentacolare *agg* tentacular; *(fig.: di città)* spreading; sprawling.

tentacolo *sm* **1** tentacle. **2** *(fig.)* grip.

tentare *vt e i.* **1** *(azzardare, provare a fare qcsa)* to try; to attempt; to make* an attempt; *(sforzandosi)* to endeavour: *Ha tentato di picchiarmi, ma io mi sono difeso,* He tried to hit me, but I defended myself — *Ti prometto che tenterò,* I promise you I'll try (I'll make an attempt) — *Tentarono in ogni modo d'impedirgli di entrare,* They tried everything to stop him getting in — *Vuoi tentare la fortuna?,* Want to try your luck? — *Le abbiamo tentate tutte!,* We tried every way we could think of! — *Fu condannato per tentato omicidio,* He was convicted of attempted homicide — *Tentar non nuoce, (prov.)* There is no harm in trying. **2** *(lett.: saggiare, tastare)* to try; to test; *(toccare)* to touch; to feel*: *Tentate prima il terreno con un bastone,* Test the ground with a stick first — *Tentai le sue intenzioni,* I sounded out his intentions; I sounded him out — *tentare le corde, (di uno strumento)* to touch the strings. **3** *(corrompere, indurre in tentazione)* to tempt; *(allettare, attirare)* to entice; to attract; to lure; to tempt: *Eva fu tentata da Lucifero,* Eve was tempted by Lucifer — *Fui tentato di dirgli tutto ciò che sapevo,* I was tempted to tell him all I knew — *Quel film mi tenta molto,* That film tempts (*o* attracts) me a lot — *Il progetto mi tenterebbe, ma in questo momento non ho i mezzi,* The plan is very attractive, but I haven't the money at the moment.

tentativo *sm* attempt; try: *Farò l'ultimo tentativo,* I'll make a final attempt; I'll have a last try *(o fam.* go*).*

tentatore *sm* tempter. □ *agg* tempting.

tentazione *sf* temptation; *(desiderio)* wish; desire: *Fummo indotti in tentazione,* We were led into temptation — *resistere ad una tentazione,* to resist temptation — *Ebbi la tentazione di rivelargli il segreto,* I was tempted to tell him the secret — *Avevo una gran tentazione di scappar via,* I had a great desire to run away.

tentennamento *sm* **1** *(oscillazione, traballamento)* shaking; tottering; staggering. **2** *(esitazione)* hesitation; indecision.

tentennare *vi* **1** *(traballare)* to waver; to shake*; to wobble; to totter; to stagger: *Uscì dal bar tentennando,* He came tottering out of the bar. **2** *(fig.: esitare)* to hesitate; to waver: *Tentennò a lungo prima di accettare,* He hesitated a long time before accepting.

□ *vt (scuotere, dondolare)* to shake*: *Tentennò il capo,* He shook his head.

tentennio *sm* **1** continued shaking. **2** *(fig.)* constant indecision.

tentoni *(nella locuzione avv.) a tentoni,* gropingly: *andare a tentoni,* to feel (to grope) one's way.

tenue *agg* **1** *(esile)* slender; thin; fine; *(debole)* feeble; weak: *un tenue velo,* a thin veil — *un tenue suono,* a faint sound — *con voce tenue,* in a feeble voice. **2** *(esiguo)* small: *un tenue guadagno,* a small (a meagre) profit. **3** *(leggero, lieve, delicato)* slight; soft; *(pallido)* pale: *Fece soltanto un tenue accenno,* He dropped just a slight hint — *un tenue color rosa,* a soft (*o* pale) pink — *un tenue lassativo,* a mild laxative. □ *l'intestino tenue,* the small intestine.

tenuemente *avv* tenuously; weakly.

tenuità *sf* **1** *(esilità)* slenderness; tenuity; thinness; *(esiguità)* smallness. **2** *(lievità, leggerezza, delicatezza)* slightness; weakness; softness.

tenuta *sf* **1** *(capacità)* capacity: *Questa botte ha una tenuta di cinquanta litri,* This barrel will hold fifty litres. **2** *(capacità di non lasciar filtrare)* seal: *tenuta a liquido (a secco),* wet (dry) seal — *a tenuta d'aria,* airtight — *a tenuta d'acqua,* waterproof. **3** *(resistenza: di atleti, ecc.)* staying power; endurance: *non avere tenuta,* to have no staying power. **4** *(possedimento agricolo)* estate; holding; farm; property; ranch *(USA).* **5** *(abbigliamento)* clothes; *(divisa)* uniform: *tenuta da lavoro,* working clothes — *tenuta di gala,* gala uniform — *in tenuta di gala, (fig.)* in one's best clothes — *alta tenuta, (uniforme militare)* full dress. **6** *(modo di tenere i registri)* book-keeping. □ *tenuta di strada,* road-holding qualities *(pl.).*

tenutaria *sf* madam.

tenutario *sm* owner; proprietor; *(chi gestisce)* manager.

tenuto *agg (p. pass. di* **tenere** ⇨; *e nella locuzione) essere tenuto a far qcsa,* to be obliged (*o* bound) to do sth.

tenzone *sf* **1** combat; contest: *singolar tenzone,* single combat; duel. **2** *(lett.: medioevale)* tenson; tenzon; contest in verse.

teocratico *agg* theocratic.

teocrazia *sf* theocracy.

teologale *agg* theological.

teologia *sf* theology: *dottore in teologia,* Doctor of Divinity.

teologicamente *avv* theologically.

teologico *agg* theological.

teologo *sm* theologian.

teorema *sm* theorem.

teoretica *sf* theoretic philosophy.

teoreticamente *avv* theoretically.

teoretico *agg* theoretic(al); speculative.

teoria *sf* **1** theory; view: *in teoria,* in theory; theoretically — *Io sono della teoria che...,* I hold the view that... — *le nuove teorie d'insegnamento,* new theories on education. **2** *(fila, corteo)* procession; long series; string: *una teoria di macchine,* a stream of cars.

teorica *sf* theory.

teoricamente *avv* theoretically.

teorico *agg* theoretic(al). □ *sm* theoretician.

teorizzare *vt* to theorize.

teosofia *sf* theosophy.

teosofico *agg* theosophical.

teosofo *sm* theosophist.

tepore *sm* warmth.

teppa *sf* mob; rabble; hooligans *(pl.);* vandals *(pl.).*

teppismo *sm* hooliganism; vandalism.

teppista *sm* hooligan; vandal; hoodlum *(USA).*

terapeutica *sf* therapeutics *(col v. al sing.).*

terapeutico *agg* therapeutic(al).

terapia *sf* treatment; therapy.

terga *sf pl (di animale)* hind-quarters: *volgere le terga,* to turn tail.

tergere *vt* **1** *(asciugare)* to wipe (sth) off; to dry. **2** *(pulire)* to clean.

tergicristallo *sm* windscreen wiper.

tergiversare *vi* to hesitate; to beat* about the bush *(fam.);* to tergiversate *(lett.).*

tergiversazione *sf* hesitation; tergiversation *(lett.).*

tergo *sm* back: *È scritto a tergo,* It's on the back — *Vedere a tergo,* Please turn over *(abbr.* P.T.O.*)* —

voltare il tergo, to turn one's back. □ *Per 'volgere le terga'* ⇨ **terga**.

termale *agg* thermal: *stazione termale,* spa.

terme *sf pl* thermal (*o* hot) baths; hot springs; *(stazione termale)* spa *(sing.)*.

termicamente *avv* thermally.

termico *agg* thermic; thermal; heat *(attrib.)*: *trattamento termico,* heat treatment.

terminabile *agg* terminable.

terminale *agg* terminal *(anche med.)*; boundary *(attrib.)*: *pietra terminale,* boundary stone.
□ *sm* **1** *(elettr., elaborazione dati, ecc.)* terminal. **2** *(aerostazione)* air terminal.

terminare *vt* to finish; to end; to terminate: *Ho appena terminato l'università,* I've just finished University.
□ *vi (finire, arrivare al termine)* to end; to finish; to terminate: *Lo spettacolo terminerà tardi,* The performance will end late — *La strada termina davanti alla stazione,* The road ends in front of the station — *L'assemblea è terminata,* The meeting is over.

terminazione *sf* **1** *(fine)* end. **2** *(desinenza)* ending; termination.

termine *sm* **1** *(limite)* limit *(anche fig.)*; *(confine)* boundary; *(palo di confine)* boundary post; landmark: *Ho dovuto imporre un termine,* I had to set a limit — *Bisogna restare nei termini,* We (you, they, *ecc.*) must stay within the limits — *il termine ovest del campo,* the western limit (*o* boundary) of the field. **2** *(limite di tempo)* term; date; time; *(scadenza)* termination; expiry: *un prestito a breve termine,* a short-term loan — *un contratto a termine, (comm.)* a time-contract — *Speditela prima dello scadere dei termini,* Send it off before the term expires (before the expiry date) — *Se il lavoro non sarà finito entro il termine convenuto, adiremo le vie legali,* If the work is not finished by the time agreed on (within the time stipulated), we shall take legal proceedings — *termine di preavviso,* notice — *decorrenza di termini,* expiry dates; deadlines. **3** *(conclusione, fine)* end; close: *Si deve porre termine a questa situazione,* We must put an end to this situation — *al termine dell'assemblea,* at the end of the meeting — *portare a termine qcsa,* to bring sth to an end; to carry sth through. **4** *(regolamento, condizione posta, rapporto)* term *(anche fig.)*: *i termini dell'accordo,* the terms of the agreement — *a termine di legge,* according to the law; in accordance with the law; as the law directs — *Siete sempre in buoni termini?,* Are you still on good terms? **5** *(parola)* word; term: *un termine tecnico,* a technical term — *Puoi esprimerti con termini più semplici?,* Can you put it in simpler terms? — *in questi termini...,* as follows...; thus... — *a rigor di termini,* strictly speaking — *In quali termini gli avevi scritto la proposta?,* In what terms did you make the proposal? — *Misura i termini!,* Watch your words! — *mezzi termini,* half measures — *senza mezzi termini,* clearly; in no uncertain terms. **6** *(filosofia, matematica)* term: *un termine di paragone,* a term of comparison — *ridurre ai minimi termini, (matematica)* to reduce to the lowest terms. □ *complemento di termine, (gramm.)* indirect object.

terminologia *sf* terminology.

termitaio *sm* termitarium *(pl.* termitaria*)*; termitary.

termite *sf* termite; white ant.

termoconvettore *sm* convector.

termocoperta *sf* electric blanket.

termocoppia *sf* thermocouple.

termodinamica *sf* thermodynamics *(col v. al sing.)*.

termodinamico *agg* thermodynamic(al).

termoelettricità *sf* thermoelectricity.

termoelettrico *agg* thermoelectric(al).

termoforo *sm* warming pad; warmer.

termoionico *agg* thermionic.

termometro *sm* thermometer; *(per estensione)* temperature: *Il termometro sale (scende),* The temperature is rising (falling).

termonucleare *agg* thermonuclear.

termos *sm* vacuum flask; thermos; thermos flask.

termosifone *sm* **1** *(radiatore)* radiator. **2** *(sistema di riscaldamento)* central heating.

termostatica *sf* thermostatic.

termostatico *agg* thermostatic.

termostato *sm* thermostat; *(talvolta)* thermo-switch.

terna *sf* tern; set of three; *(di candidati)* list of three candidates; *(più comune)* short list.

ternario *agg* ternary.

terno *sm (gioco del lotto)* tern; set of three numbers. □ *un terno al lotto, (fig.)* a stroke of luck.

terra *sf* **1** *(il pianeta e anche la crosta terrestre)* earth: *Un tempo si credeva che la terra stesse al centro dell'universo,* At one time it was thought that the Earth was at the centre of the Universe — *movimenti della terra,* earthquakes — *né in cielo né in terra,* neither in heaven nor on earth — *essere molto terra terra, (fig.)* to be very down to earth. **2** *(per estensione: mondo, vita terrena)* world: *su questa terra, (fig.)* in this world — *Ha lasciato i piaceri e i dolori della terra,* He has left the pleasures and the pain of this world — *La riconoscenza non è di questa terra,* Gratitude is not of this world. **3** *(parte emersa dalle acque; territorio; regione; nazione; anche terreno coltivabile; proprietà)* land: *per terra e per mare,* by land and by sea — *terra di nessuno,* no-man's land — *una lingua di terra,* a tongue (a narrow strip) of land — *Andarono a cercar fortuna in terre lontane,* They went to seek their fortune in distant lands — *terre fertili,* fertile land *(sing.)* — *terre alte (basse),* high- (low-) lands — *Ognuno ama la propria terra,* Everyone loves his own country (his native land) — *Fu costretto a vivere in terra straniera,* He was forced to live in a foreign country *(oppure* in a foreign land, *piuttosto lett.)* — *la Terra Santa,* the Holy Land — *le terre artiche,* the Arctic regions — *È proprietario di molte terre,* He owns a lot of land — *scendere a terra, (naut.)* to go ashore; to land. **4** *(terreno)* ground; *(suolo)* soil; *(pavimento)* floor: *dormire per terra,* to sleep on the ground; *(se in casa)* to sleep on the floor — *cadere per terra,* to fall to the ground; to fall on the floor — *una terra arida,* arid soil — *raso terra,* to the ground — *una gomma a terra,* a flat tyre — *una presa a terra, (elettr.)* an earth terminal — *Mi sentii mancare la terra di sotto i piedi,* I felt the ground sink beneath my feet — *essere a terra, (riferito alle finanze)* to be broke; *(riferito alle morale)* to feel low; to be in low spirits. **5** *(varie sostanze naturali usate per manufatti)* clay; loam: *terra di Siena,* raw Sienna — *terra da porcellana,* kaolin — *terra da pipe,* pipe-clay — *vasi (stoviglie) in terra,* earthenware — *terra cotta,* terracotta.

terracotta *sf* terracotta. □ *vasellame di terracotta,* earthenware.

terraferma *sf* land; dry land; mainland; *(scherz.)* 'terra firma' *(lat.)*.

terraglia *sf* earthenware *(collettivo)*.

terranova *sm (tipo di cane)* Newfoundland dog.

terrapieno *sm* **1** embankment; bank; platform. **2** *(mil.)* rampart.
terrazza *sf* terrace.
terrazzo *sm* balcony; terrace.
terremotato *agg* devastated by earthquakes.
□ *sm (di persona)* person rendered homeless by an earthquake; earthquake victim.
terremoto *sm* **1** earthquake; 'quake *(fam.)*: *scossa di terremoto,* earthquake shock. **2** *(fig.: persona vivacissima)* lively person; live wire.
[1]**terreno** *agg* **1** *(di questo mondo)* earthly; worldly: *vita terrena,* earthly life; life on this earth — *beni terreni,* worldly goods. **2** *(a livello della strada: attrib.)* ground: *piano terreno,* ground floor *(GB)*; first floor *(USA)*.
[2]**terreno** *sm* **1** *(distesa di superficie terrestre)* ground; °terrain; *(distesa o appezzamento di terreno coltivabile o proprietà)* land; *(area fabbricabile)* building site: *guadagnare (perdere) terreno, (anche fig.)* to gain (to lose) ground — *preparare il terreno,* to prepare the ground; *(fig.)* to pave the way (for sb, sth) — *tastare il terreno,* to test (to explore) the ground; *(fig.)* to get information; to see how the land lies — *Mi sentii mancare il terreno sotto i piedi,* I felt as though the ground had opened beneath my feet — *un appezzamento di terreno,* a piece of land — *terreno fabbricabile,* building land; land for building. **2** *(suolo)* soil: *terreno a vasta percentuale minerale,* soil rich in minerals. **3** *(campo di battaglia)* (battle-)field; *(campo da gioco)* field: *Molti uomini rimasero sul terreno,* Many soldiers were left on the field — *scendere sul terreno, (mil.)* to go into battle; *(sport: di giocatori)* to take the field — *non voler scendere sul terreno,* to refuse to fight. **4** *(fig.: argomento, soggetto di discorso)* subject; sphere.
terreo *agg* **1** earthy. **2** *(di colorito)* sallow; wan; ashen.
terrestre *agg* terrestrial; earthly; land *(attrib.)*: *paradiso terrestre,* earthly Paradise — *esercito terrestre,* land forces *(pl.)*.
□ *sm e f.* terrestrial.
terribile *agg* **1** terrible; awful; dreadful; frightful. **2** *(fam.: formidabile)* terrific; fantastic: *un'intelligenza terribile,* (a) terrific intelligence — *Fa un freddo terribile,* It's terribly (frightfully, awfully) cold.
terribilmente *avv* terribly; awfully; dreadfully; frightfully: *Era terribilmente arrabbiato,* He was terribly angry.
terriccio *sm* soil; mould.
terrier *sm (cane)* terrier.
terriero *agg* landed: *proprietà terriera,* landed property — *proprietario terriero,* landowner.
terrificante *agg* terrifying; horrifying.
terrificare *vt* to terrify.
terrigno *agg* earthly.
terrina *sf (grande, per la minestra, ecc.)* tureen; *(più piccola)* bowl; dish.
territoriale *agg* territorial.
territorialità *sf* territoriality.
territorio *sm* territory; *(regione)* district.
terrone *sm (spreg.)* Southern Italian.
terrore *sm* **1** terror; dread; fear: *Lo guardai con terrore,* I looked at him in terror (in fear) — *incutere terrore a qcno,* to strike terror into sb — *avere il terrore di qcsa,* to have a dread of sth; to dread sth. **2** *(persona che incute terrore)* terror; bugbear: *La banda è il terrore della città,* The gang is the terror of the town — *Quel professore è il suo terrore,* That teacher is his bugbear. □ *il Terrore, (stor. fr.)* the Terror.
terrorismo *sm* terrorism.
terrorista *sm e f.* terrorist.
terroristico *agg* terroristic; terrorist.
terrorizzare *vt* to terrorize.
terroso *agg* earthy.
terso *agg* clear; *(di stile)* polished.
terza *sf* **1** *(a scuola)* third class; third grade *(USA)*. **2** *(ferrovia)* third class: *viaggiare in terza,* to travel third. **3** *(mus.)* third. **4** *(religione)* tierce. **5** *(scherma)* tierce.
terzana *agg (febbre)* tertian (fever).
terzarolo *sm* reef.
terzetto *sm* **1** triplet. **2** *(mus.)* terzetto; trio.
terziario *agg e sm* tertiary: *(il) settore terziario,* the services sector.
terzina *sf (mus., letteratura)* tercet.
terzino *sm (calcio)* (full) back.
terzo I *agg* third: *Sto al terzo piano,* I live on the third floor — *Riccardo III,* Richard the Third — *una pensione di terzo ordine,* a third-class boarding house — *in terzo luogo,* thirdly; in the third place — *il Terzo Stato,* the Third Estate. □ *Non vorrei fare il terzo incomodo,* I shouldn't like to be the odd man out — *terzo arbitro, (dir.)* umpire — *terzo acquirente, (dir.)* subsequent buyer — *la Terza Italia,* modern Italy — *Terzo Ordine, (religione)* tertiary order — *la terza pagina,* the literary page — *il Terzo Mondo,* the Third World.
II *sm* **1** *(terza parte)* third: *A te spetta solo un terzo,* You're only entitled to a third. **2** *(generalm. al pl.: dir. = terza persona)* third party; *(in generale: altre persone)* third persons: *in mano di terzi,* in the possession of a third party — *agire per conto di terzi,* to act on behalf of a third party — *vendere a terzi,* to sell to outside parties — *Non farlo sapere a terzi!,* Don't tell anybody else! — *il terzo incomodo,* the old man out.
III *(in funzione di avv.)* third; thirdly.
terzogenito *agg e sm* third-born.
terzultimo *agg e sm* antepenultimate; last but two.
tesa *sf* **1** *(falda)* brim: *un cappello a tesa larga,* a wide-brimmed hat. **2** *(il tendere le reti)* spreading of nets.
tesaurizzare *vi* to hoard; to store up *(anche fig.)*.
teschio *sm* skull.
tesi *sf* **1** *(dissertazione)* thesis *(pl.* theses*)*: *tesi di laurea,* degree (*o* graduation) thesis (*o* dissertation). **2** *(teoria, proposizione da dimostrare)* thesis; theory: *sostenere la propria tesi,* to uphold one's own thesis (*o* theory) — *commedia (romanzo) a tesi,* a play (a novel) with a message.
teso *agg* (*p. pass. di* **tendere** ⇨) taut; tight; stretched; strained; tense: *situazione tesa,* tense situation — *avere i nervi tesi,* to be on edge; to have overstrung nerves — *avere il volto teso,* to look strained — *Sono in rapporti tesi con mio fratello,* I'm not on very good terms with my brother; Relations between my brother and myself are rather strained — *Son qua con le orecchie tese!,* I am all ears!
tesoreria *sf* treasury.
tesoriere *sm* treasurer.
tesoro. *sm* **1** *(cosa di valore, anche fig. riferito a persona)* treasure; *(per estensione: enorme somma, patrimonio)* fortune: *trovare un tesoro,* to find a treasure — *caccia al tesoro,* treasure hunt — *In pochi anni ha accumulato un tesoro,* He has amassed a fortune in a few years — *far tesoro di qcsa,* to prize sth highly; to treasure sth; *(giovarsene)* to put sth to good use. **2** *(erario pubblico)* treasury: *Buoni del Tesoro,* Treasury Bonds — *Ministro del Tesoro,* Chancellor of the

Exchequer *(GB)*; Secretary of the Treasury *(USA)*. **3** *(opera enciclopedica)* thesaurus; treasury. **4** *(appellativo affettuoso)* love; dear; darling.

tessera *sf* **1** *(carta di riconoscimento, ecc.)* card; ticket; pass: *tessera d'iscrizione,* membership card — *tessera ferroviaria,* season ticket; railway pass — *tessera di riconoscimento,* identity card. **2** *(tassello di mosaico)* tessera *(pl.* tesserae*)*.

tesseramento *sm* **1** *(per razionamento)* rationing. **2** *(iscrizione)* enrolment.

tesserare *vt* **1** *(razionare)* to ration. **2** *(iscrivere)* to enrol; to register; to give* a membership card (to sb).

tesserato *agg* **1** *(razionato)* rationed. **2** *(di persona)* registered.

□ *sm (iscritto ad un'associazione qualsiasi)* (fully-paid-up) member; *(iscritto ad un partito politico)* card-carrying member.

tessere *vt* to weave*; *(fig.)* to spin*; to weave*: *tessere una congiura,* to weave a plot; to plot — *tessere inganni,* to spin a web of deceit — *tessere le lodi di qcno,* to sing sb's praises; to speak in praise of sb — *tessere un'azione d'attacco, (calcio)* to develop an attack.

tesserino *sm* = **tessera 1.**

tessile *agg* textile.

□ *sm (al pl.)* **1** *(prodotti tessili)* textiles. **2** *(lavoratori dell'industria tessile)* textile workers; weavers.

tessitore *sm* **1** *(operaio)* weaver. **2** *(uccello)* weaver-bird. **3** *(orditore)* schemer.

tessitura *sf* **1** weaving; *(fig.: trama, ecc.)* thread; *(modo di disporre i fili, ecc.)* texture: *tessitura meccanica,* power-loom weaving. **2** *(mus.)* tessitura.

tessuto *sm* **1** *(prodotto della tessitura)* fabric; material; cloth: *tessuto di lana,* woollen fabric — *tessuto di seta,* silk material; silk — *tessuto spigato,* twill — *fabbrica di tessuti,* cloth manufacturer — *negozio di tessuti,* draper's shop. **2** *(anat.)* tissue. **3** *(fig.)* tissue; web: *Il suo racconto era un tessuto di menzogne,* Her story was a tissue (a web) of lies.

testa 1 *(capo, e in alcune espressioni figurative)* head: *Quel bimbo ha la testa molto grossa,* That child has a big head — *avere mal di testa,* to have a headache — *avere un cappello in testa,* to have a hat on (*o* on one's head) — *È più alta di me di tutta la testa,* She's a head taller than me — *un cenno con la testa,* a nod — *dalla testa ai piedi,* from head to toe — *camminare a testa alta,* to walk with one's head held high — *a testa bassa, (fig.)* with head low — *una testa calda,* a hot-head — *cadere a testa in giù,* to fall head downwards (*o* head-first) — *diecimila a testa,* ten thousand lire per head (*o* each) — *testa o croce?,* heads or tails? — *Il whisky gli è andato alla testa,* The whisky has gone to his head — *mettere qcsa in testa a qcno, (ricordargli qcsa)* to get sth into sb's head; *(dargli a credere)* to put sth into sb's head — *Mettitelo bene in testa,* Remember that — *Levatelo dalla testa,* Get it out of your head — *montarsi la testa,* to get big-headed — *Chissà che cosa gli è saltato in testa,* I wonder what has got into his head — *avere la testa in aria, (fig.)* to be a daydreamer — *perdere la testa, (fig.)* to lose one's head — *far girare la testa a qcno,* to make sb's head spin — *fare la testa come un pallone a qcno,* to talk sb's head off — *vincere per una testa,* to win by a head.

2 *(mente, cervello)* head; mind; brain: *adoperare la testa,* to use one's head (*o* brain) — *avere una bella testa,* to have a fine brain — *lavoro di testa,* brain-work — *fare le cose senza testa,* to act without thinking — *Non mi è neppure passato per la testa,* It didn't even cross my mind — *Mi è passato di testa,* It slipped my mind — *Ho già un'idea in testa,* I have already an idea in my mind — *avere la testa a posto,* to have one's head screwed on.

3 *(oggetto a forma di testa)* head; *(estremità o parte anteriore di un oggetto)* head; top; front; *(bot.: bulbo)* bulb: *la testa di un martello,* the head of a hammer — *la testa del letto,* the head of the bed — *testa di ponte,* bridge(-)head — *Il suo nome era in testa alla pagina,* His name was at the head (at the top) of the page; His name headed the page — *in testa al treno,* at the front of the train — *una testa d'aglio,* a bulb of garlic — *testa del pistone,* piston head — *battere in testa,* to ping; to knock.

□ *testa di legno,* blockhead; *(persona ostinata)* stubborn person — *testa matta,* madcap; crackpot — *testa di rapa,* blockhead — *testa vuota,* empty skull — *testa di moro, (colore)* auburn — *Fu un colpo di testa, (fig.)* It was a rash act — *avere la testa dura,* to be stubborn (*o* obstinate) — *Vuole sempre fare di testa sua,* He wants to have his way all the time — *essere in testa,* to be in the lead — *tenere testa a qcno,* to oppose sb — *Ne ho fin sopra la testa di tutti voi,* I'm fed up to the teeth with the lot of you — *non sapere dove battere la testa,* not to know which way to turn — *prendersi una lavata di testa,* to get a good telling-off — *mettere la testa a partito,* to become sensible — *testa-coda,* about-face.

testamentario *agg* testamentary: *ultime disposizioni testamentarie,* last will and testament *(sing.)*.

testamento *sm* **1** *(dir.)* will; testament: *fare testamento,* to make a (*o* one's) will — *lasciare qcsa per testamento a qcno,* to leave sth to sb in one's will; to bequeath (to will) sth to sb — *testamento spirituale,* spiritual testament. **2** *(parte della Bibbia)* Testament: *l'Antico (il Nuovo) Testamento,* the Old (the New) Testament.

testardaggine *sf* stubbornness.

testardamente *avv* stubbornly.

testardo *agg* stubborn.

testare *vt (dir.)* to make* a (*o* one's) will.

testata *sf* **1** *(parte superiore estrema o frontale di un corpo, ecc.)* head; *(di missile)* warhead: *la testata di una colonna,* the head of a column — *la testata del letto,* the bedhead — *la testata di un ponte,* the head (the mainstay) of a bridge. **2** *(parte superiore della prima pagina di un giornale)* heading; head. **3** *(colpo dato o ricevuto con la testa)* blow with the head; butt.

testatore *sm* testator.

teste *sm* witness: *teste d'accusa (a difesa),* witness for the prosecution (for the defence).

testé *avv (lett.: proprio ora)* just now; a moment ago.

testicolo *sm* testicle.

testiera *sf* **1** *(del letto)* bedhead; *(di poltrona)* headrest. **2** *(parte di finimenti di cavallo)* head-stall; trappings *(pl.)*. **3** *(forma per cappelli, parrucche, ecc.)* block.

testimone *sm e f.* **1** *(chi vede o sente qcsa; dir.: chi depone in tribunale)* witness: *testimone oculare,* eye witness — *essere testimone di nozze,* to be a witness at a wedding — *il testimone dello sposo,* the best man — *testimone a carico (a discarico),* witness for the prosecution (for the defence) — *Vorrei parlarti senza testimoni,* I'd like to have a word with you alone. **2** *(atletica)* baton.

testimoniale *agg (dir.)* relating to a witness or witnesses; witness *(attrib.)*: *prova testimoniale,* evidence given by the witnesses — *esame testimoniale,* examination of the witnesses.

testimonianza *sf (dir.)* evidence; testimony; *(per estensione: prova, dimostrazione)* proof; token: *falsa testimonianza,* false testimony — *Questa è una testimonianza della mia buona volontà,* This is a proof of my goodwill — *in testimonianza della mia amicizia,* as a token of my friendship.

testimoniare *vt* to witness; to testify: *testimoniare il falso,* to give false evidence; to perjure oneself; to bear false witness *(ant.).*

□ *vi* to bear* witness; *(dir.)* to give* evidence: *testimoniare a favore di qcno (contro qcno),* to give evidence for sb (against sb).

testimonio *sm* **1** *(raro: dimostrazione)* proof; evidence. **2** *(fam.)* = **testimone 1.**

testina *sf* **1** *(gastronomia)* calf's head. **2** *(di registratore, giradischi)* head.

testo *sm* text: *libri di testo,* textbooks — *traduzione con testo a fronte,* parallel text — *un errore di testo,* a textual error. □ *far testo,* to be an authority; to be authoritative — *È un'opera che fa testo,* It's a standard work — *il testo della legge,* the letter of the law.

testone *sm* **1** big head. **2** *(fig.: sciocco)* blockhead; fathead; *(testardo)* stubborn person.

testuale *agg* **1** *(del testo)* textual. **2** *(preciso)* exact; precise.

testualmente *avv* literally; word for word.

testuggine *sf* **1** *(zool.)* tortoise; *(marina)* turtle. **2** *(stor. mil.)* testudo *(pl.* testudos*).*

tetano *sm* tetanus; lockjaw *(fam.).*

tetraedro *sm* tetrahedron *(pl.* tetrahedrons *o* tetrahedra*).*

tetraggine *sf* darkness; gloom; dismalness.

tetragonale *agg* tetragonal.

tetragono *agg* **1** tetragonal. **2** *(fig.)* firm; steadfast; unflinching.

□ *sm* tetragon.

tetramente *avv* gloomily; dismally.

tetro *agg* dark; gloomy; dismal: *Sono d'umore tetro oggi,* I feel gloomy today.

tetta *sf (fam., generalm. al pl.)* boobs; tits; knockers.

tettarella *sf (del poppatoio)* teat; *(ciuccio)* dummy.

tetto *sm* **1** roof: *tetto a terrazza (a punta),* flat (steep) roof — *tetto ad una falda,* lean-to roof — *tetto a due falde,* saddle roof — *tetto apribile, (di automobile)* sunshine roof; sliding roof — *tetto rigido,* hardtop — *stanza a tetto,* attic; garret; top-floor room. **2** *(fig.: casa)* home: *abbandono del tetto coniugale, (dir.)* desertion — *essere senza tetto,* to be homeless — *i senza tetto,* the homeless.

tettoia *sf* roof; penthouse; *(talvolta)* roofing.

tettonica *sf* tectonics *(col v. al sing.).*

tettonico *agg* tectonic.

tettuccio *sm* canopy.

teutone *sm* Teuton.

teutonico *agg* Teutonic.

thrilling *sm (voce di derivazione inglese, non usato come sostantivo in quella lingua)* thriller; *(se si tratta di un libro)* whodunnit *(fam.).*

ti *pron personale 2ª persona sing m. e f.* **1** *(compl.)* you: *Eccoti!,* Here (There) you are! — *Non ti vedo!,* I can't see you! — *Ti ha dato i suoi libri?,* Did he give you his books?; Did he give his books to you? — *Ti preparo la colazione,* I'm getting breakfast for you — *Fatti sentire!,* Let me hear from you!; *(al telefono)* Ring me up! **2** *(rifl.)* yourself *(talvolta non si traduce): Lavati!,* Wash yourself!, Go and have a wash! — *Non ti muovere!,* Don't move!; Stay where you are! **3** *(con valore rafforzativo, generalm. non si traduce) Ti sei meritato questo e altro!,* You deserved all this and more besides! — *Chi ti credi di essere?,* Who do you think you are?

tiara *sf* tiara.

tibetano *agg e sm* Tibetan.

tibia *sf* **1** *(anat.)* shin-bone; tibia. **2** *(mus.)* flute; tibia.

[1]**tic** *sm (involontario movimento di un muscolo)* tic.

[2]**tic** *voce onomatopeica* tick.

ticchettare *vi* to tick.

ticchettio *sm* ticking; tapping.

ticchio *sm* **1** *(tic)* tic. **2** *(ghiribizzo)* fancy; whim: *Spero non ti salti il ticchio di...,* I hope you won't take it into your head to...

tictac *voce onomatopeica (di orologio)* tick tock; *(di tacchi)* tip tap.

tiepidamente *avv* tepidly; *(fig.: senza entusiasmo)* without enthusiasm.

tiepidezza *sf* tepidity; tepidness.

tiepido *agg* lukewarm; tepid; *(fig., anche)* half-hearted.

tifare *vi (fare il tifo per qcno, qcsa)* to shout (for sb, sth); to be* a fan (of sb, sth).

tifo *sm* **1** *(med.)* typhus. **2** *(fig.: fanatismo)* fanaticism; great enthusiasm: *fare il tifo per qcno,* to be a fan of sb.

tifoide *agg* typhoid.

tifone *sm* typhoon.

tifoso *sm* fan; *(calcio, anche)* supporter.

tight *sm (abito da cerimonia, voce di derivazione inglese, non usata come sostantivo in quella lingua)* morning dress.

tiglio *sm* **1** *(bot.)* lime; linden *(raro): infuso di tiglio,* lime tea. **2** *(fibra)* fibre.

tiglioso *agg (fibroso)* fibrous; *(di carne)* stringy; tough.

tigna *sf* tinea; ringworm.

tignosamente *avv* meanly; stingily.

tignoso *agg* **1** *(affetto da tigna)* affected with ringworm. **2** *(gretto, meschino)* mean; stingy.

tigrato *agg* striped; *(di gatto)* tabby.

tigre *sf* tiger; *(femmina)* tigress.

tigrotto *sm* tiger cub.

timballo *sm* **1** *(mus.)* kettledrum; timbal. **2** *(cucina)* pie: *timballo di maccheroni,* baked macaroni.

timbrare *vt* to stamp; *(affrancare)* to postmark.

timbratrice *sf* stamping-machine.

timbratura *sf* stamping.

timbro *sm* **1** *(per bollare)* stamp: *timbro di gomma,* rubber stamp — *timbro postale,* postmark. **2** *(di voce o di strumento)* timbre *(fr.).* **3** *(fig.: di componimento, ecc.)* tone; cadence.

timidamente *avv* shyly; timidly; bashfully.

timidezza *sf* shyness; timidity; bashfulness.

timido *agg* shy; timid; bashful: *essere timido come un coniglio,* to be (as) shy as a mouse.

□ *sm* a shy (timid, bashful) person: *fare il timido,* to be shy; *(fingendo)* to pretend to be shy.

timo *sm* **1** *(bot.)* thyme. **2** *(anat.)* thymus.

timone *sm* **1** *(naut.)* rudder; helm *(anche fig.); (di aereo)* rudder: *timone di profondità,* elevator — *ruota del timone,* steering-wheel — *barra del timone,* tiller — *essere al timone, (anche fig.)* to be at the helm — *prendere il timone, (anche fig.)* to take the helm — *perdere il timone,* to lose one's way. **2** *(di carro)* shaft; *(di aratro)* beam; *(di rimorchio)* drawbar.

timoniere *sm* helmsman *(pl.* -men*);* steersman *(pl.*

-men*); (di piccola imbarcazione)* coxwain *(generalm. abbr. in* cox*).*

timoratamente *avv* respectfully; God-fearingly; devoutly.

timorato *agg* respectful; scrupulous: *timorato di Dio,* God-fearing; devout.

timore *sm (paura, apprensione)* dread; fear; *(soggezione)* awe; fear: *timor di Dio,* fear of God — *Non aver timore!,* Don't be afraid!; *(Non preoccuparti!)* Don't worry! — *aver timore di qcno,* to be afraid of sb — *per timore che...,* for fear that...; lest... — *timor panico,* panic.

timorosamente *avv* fearfully; timidly.

timoroso *agg* fearful; timorous; timid.

timpano *sm* **1** *(anat.)* eardrum; tympanum *(pl.* tympana *o* tympanums*).* **2** *(mus.)* kettledrum; timpano *(pl.* timpani*).* **3** *(archit.)* tympanum *(pl.* tympana *o* tympanums*);* gable.

tinca *sf* tench.

tinello *sm (di una casa grande)* breakfast-room; small dining-room; *(tinello-cucina, negli appartamenti moderni)* large kitchen; kitchen-cum-dining-room.

tingere *vt* **1** *(mutare il colore)* to dye; *(fig.)* to tinge: *Ho deciso di tingere questo vecchio pullover bianco,* I've decided to dye this old white pullover — *Lo fai tingere di rosso?,* Are you going to have it dyed red? — *farsi tingere i capelli,* to have one's hair dyed — *L'alba tingeva di rosa la vallata,* The dawn tinged the valley pink. **2** *(macchiare, sporcare)* to stain; to spot; to dirty: *Oh! hai tinto tutto il vestito con gli acquerelli!,* Oh, you've stained your dress all over with the water-colours! — *Attenzione a non tingere il muro con il carbone!,* Mind you don't dirty the wall with the coal!

□ **tingersi** *v. rifl* **1** to dye; *(colorarsi leggermente)* to be* tinged: *Perché ti vuoi tingere bionda?,* Why do you want to dye your hair blonde? **2** *(macchiarsi, sporcarsi)* to dirty oneself; to stain oneself: *tingersi le mani,* to dirty one's hands. **3** *(truccarsi)* to make* oneself up; to do* one's face *(fam.): Sei troppo tinta, come sempre,* You've got too much make-up on, as usual — *tingersi le labbra,* to paint one's lips; to use lipstick.

tino *sm* vat; tub; *(per metalli)* shaft.

tinozza *sf* vat; tub; *(per il bucato)* wash-tub; *(per il bagno)* bath-tub.

tinta *sf* **1** *(materiale per tingere o colorare)* dye; dyestuff; *(vernice)* paint: *Usa una buona tinta per i capelli,* Use a good dye for your hair — *Bisogna dare una seconda mano di tinta,* We must give it another coat of paint. **2** *(colore)* colour; hue; *(colore lieve e delicato)* tint; tinge; *(sfumatura)* shade *(anche fig.): Mi piacciono le case con tinte calde,* I like houses painted in warm colours — *Ha perso la tinta,* It has lost its colour; It's faded — *C'era una tinta di pessimismo nelle sue parole,* There was a shade (a hint) of pessimism in his words. □ *a fosche tinte, (generalm. fig.)* in dark colours — *a forti tinte,* powerful *(agg.);* sensational *(agg.)* — *calcare le tinte,* to lay sth on a bit thick — *attenuare le tinte,* to underplay sth a little; to play sth down — *mezza tinta,* mezzotint.

tintarella *sf* tan; suntan: *prendere la tintarella,* to get sun-tanned; to get a tan.

tinteggiare *vt* to paint; to tint; to tinge; *(un muro)* to colour-wash.

tinteggiatura *sf* painting.

tintinnare *vi* to tinkle; *(più forte)* to ring*; to jingle; *(di bicchieri)* to clink.

tintinnio *sm* tinkling; *(più forte)* ringing; jingling; *(di bicchieri)* clinking.

tintore *sm* dyer.

tintoria *sf* **1** *(laboratorio)* dye-works; dyeing-plant; *(negozio)* cleaner's. **2** *(l'arte del tingere)* dyeing.

tintura *sf* **1** dyeing. **2** *(il colorante)* dye. **3** *(medicamento)* tincture.

tipaccio *sm* rogue; rascal; scoundrel; swine *(volg.);* bastard *(volg.).*

tipicamente *avv* typically.

tipico *agg* **1** typical: *È proprio tipico di lui!,* That's just typical of him! **2** *(caratteristico)* characteristic; *(tipico del luogo, della zona)* local.

tipizzare *vt* to typify; *(standardizzare)* to standardize.

tipizzazione *sf* typification; *(standardizzazione)* standardization.

tipo *sm* **1** *(cosa o persona dotata di speciali caratteristiche)* type; *(esemplare)* model; standard; *(simbolo)* symbol: *il tipo nordico (latino),* the Nordic (Latin) type — *un personaggio tipo,* a standard character — *fare tipo,* to set an example; to be a model — *Questo è il primo tipo in produzione,* This is our first model. **2** *(genere)* type; kind; quality; sort: *Abbiamo molti tipi di abiti,* We've got many kinds of clothes — *sul tipo di...,* like... — *un soprabito tipo 'Loden', (fam.)* a Loden-type overcoat. **3** *(fam.: individuo)* fellow; chap; guy *(USA); (persona bizzarra)* type; character: *Conosci quel tipo?,* Do you know that fellow? (that chap?) — *È veramente un bel tipo!,* He's quite a character! **4** *(caratteri tipografici, solitamente al pl.)* type.

tipografia *sf* **1** *(l'arte tipografica)* typography; *(più in generale)* printing. **2** *(stamperia)* printing works (*o* shop); printer's.

tipografico *agg* typographic(al); printing *(attrib.): uno stabilimento tipografico,* a printing works.

tipografo *sm* printer; typographer.

tip tap *sm* tapping.

tirabaci *sm* kiss-curl.

tiraggio *sm* draught; draft.

tiranneggiamento *sm* tyrannizing.

tiranneggiare *vt (letteralm.)* to tyrannize; to oppress; *(per estensione: dominare)* to order (sb) about; to push (sb) around: *Sono stufo di farmi tiranneggiare da te!,* I'm fed up with being ordered about by you!

tirannia *sf* tyranny *(anche fig.);* despotism.

tirannicamente *avv* tyrannically; tyrannously.

tirannicidio *sm* tyrannicide.

tirannico *agg* tyrannical; tyrannous.

tirannide *sf* tyranny.

tiranno *sm* tyrant; despot; oppressor; ruler.

□ *agg* tyrannical; tyrannous.

tirante *sm* **1** *(mecc.)* tie rod; stay rod; *(barra)* draw rod. **2** *(naut.)* guy. **3** *(aeronautica)* wire. **4** *(edilizia)* tie-beam; stay; brace.

tirapiedi *sm* **1** *(stor.: aiutante del boia)* hangman's assistant. **2** *(fig.)* hanger-on; underling; understrapper; yes-man *(pl.* -men*).*

tirapugni *sm* knuckleduster.

tirare *vt* **1** to draw*; to pull; *(fig.: attrarre, attirarsi)* to draw*; to attract; to lead*; to win* (sb) over: *Un solo cavallo tirava il carro,* A single horse pulled (*o* drew) the cart — *Cerchiamo di tirare la corda contemporaneamente,* Let's try to pull the rope together — *Bambini! Smettetela di tirarvi per i capelli!,* Stop pulling one another's hair, children! — *Puoi tirare in là a piedi e farmi passare?,* Can you move your legs over and let me pass? — *Bisognerebbe tirarti le orecchie!,* You need a ticking-off! — *tirare fuori qcsa,* to pull out sth — *tirare conclusioni,* to draw conclusions — *Fece di tutto per tirarla dalla sua parte,* He did all he could to win her over. **2** *(trascinare)* to drag: *La bimba stava tirando il suo carrettino,* The little girl was pulling her cart — *Provarono a tirare il tavolo contro il muro,* They tried to drag the table against the wall — *tirare in lungo qcsa,* to drag sth out — *tirare a riva una barca,* to pull (to haul) a boat ashore. **3** *(gettare scagliando, lanciare)* to throw*; *(pesantemente)* to heave; *(con disinvoltura)* to toss: *Hanno tirato una bomba contro la sede del partito!,* They've thrown a bomb at party headquarters! — *Se disturbano ancora tirerò un secchio d'acqua giù dalla finestra,* If they keep on disturbing us I shall throw a bucket of water out of the window — *Stava lì a tirar sassi nell'acqua,* He stood there throwing (*o* tossing) stones into the water — *Tira tu (i dadi)!,* You throw (the dice)! — *tirare calci,* to kick — *tirare pugni,* to punch. **4** *(stampare)* to print; to pull: *Hanno tirato subito cinquantamila copie del libro,* They printed fifty thousand copies immediately. **5** *(succhiare, assorbire)* to absorb; to drink* (in); to suck (up): *Oggi il bambino ha tirato troppo latte,* Baby has drunk too much milk today — *La terra tirava avidamente l'acqua dopo la lunga siccità,* The earth drunk in the water greedily after the long drought. **6** *(tracciare, disegnare)* to draw*. **7** *(tendere)* to stretch; *(allungare)* to draw* (out): *tirare un elastico,* to stretch a rubber band — *tirare un metallo,* to draw (out) a piece of metal. **8** *(ricavare, trarre)* to get*: *tirare molte copie da un negativo,* to get a lot of prints from a negative — *tirare le somme,* to reach a conclusion; to total — *tirare partito da qcsa,* to get profit (advantage) out of sth — *tirare le conseguenze,* to draw the consequences.

□ *vi* **1** to pull; to draw*: *Temo che il camino non tiri bene,* I fear the chimney isn't drawing well — *tirare avanti,* to go on. **2** *(fig.: tendere, mirare a)* to aim at; to want (to do sth); to be* after sth; to have* an eye on; *(fam.: essere incline a)* to be* inclined; to have* a tendency to: *Secondo loro tira a sposarla per i soldi,* They say he wants to marry her for her money — *Il ragazzo sembra intelligente, ma tira sempre a fare il meno possibile,* The boy seems bright, but he's inclined to do as little as possible. **3** *(di colore: tendere a)* to approach; to verge on; to shade into: *Non mi piace quel giallo, tira troppo al verde,* I don't like that yellow, there's too much green in it. **4** *(soffiare del vento)* to blow*: *Rientra, tira un'aria gelida!,* Come back in, there's a freezing mind blowing! **5** *(di abito: essere stretto)* to be* tight: *È un bel vestito ma ti tira sulle spalle,* It's a fine suit, but it's tight across the shoulders. **6** *(cessare, ridurre le spese)* to bargain; to haggle: *Io non sono capace di tirare sul prezzo,* I am not able to bargain. **7** *(con arma da fuoco)* to shoot*; to fire; *(avere una certa gittata)* to have*... range: *Sai tirare bene?,* Can you shoot well? — *tirar frecce,* to shoot arrows — *Sono pezzi in grado di tirare a chilometri di distanza,* These guns can shoot (*o* fire) from several kilometres away.

□ *tirare in ballo qcsa,* to bring up sth — *tirare le reti,* to haul in the nets — *tirare un sospiro,* to give a sight — *tirare su, (sollevare)* to hitch up; *(prendere su)* to take up; *(allevare)* to bring up — *tirare su con il naso,* to sniff — *tirare su le maniche,* to tuck up one's sleeves — *tirare su la testa,* to raise one's head — *tirare a lustro,* to polish — *tirare la cinghia,* to tighten one's belt — *tirare la cuoia,* to breath one's last — *tirare qcsa per le lunghe,* to spin sth out — *tirare l'acqua al proprio mulino,* to bring grist to one's own mill — *tirare a sorte,* to draw lots — *tirare avanti,* to go on; *(faticosamente)* to struggle on — *tirar baci,* to blow kisses — *tirare il collo (a una gallina),* to wring a (chicken's) neck — *tirare diritto,* to go straight on — *tirar fuori delle storie,* to make up stories — *tirare via qcsa, (fare qcsa frettolosamente)* to botch sth; to do sth in a hurry — *giocare a tira e molla,* to play fast and lose.

□ **tirarsi** *v. rifl* to draw* (oneself); to pull (oneself): *Perché ti tiri sempre indietro?,* Why do you always draw back? — *Tirati indietro che sposto il tavolo,* Move back so I can shift the table — *Tirati dietro la porta!,* Shut the door after you! — *tirarsi su le maniche,* to pull up (to roll up) one's shirtsleeves — *S'è tirato addosso l'antipatia di tutti,* He drawn everybody's dislike on himself — *Tirati su quando lo vedi entrare,* Get up when he comes in.

tirastivali *sm* boot-jack.

tirata *sf* **1** *(l'atto del tirare)* pull; draw; *(strattone)* tug; *(di sigaretta)* puff: *tirata d'orecchi,* ear-pulling; *(fig.)* scolding; ear-bashing *(sl.)* — *dare una tirata (una tiratina) d'orecchi a qcno, (fam.)* to give sb a lecture. **2** *(lavoro o percorso compiuto senza interruzioni)* go; stretch; sitting; *(di lavoro, viaggio)* haul: *Vorrei leggerlo in una sola tirata,* I'd like to read it all at one go (at one sitting) — *Ho fatto tutta la strada in una sola tirata,* I drove all the way in one stretch — *È stata una bella tirata,* It's been a long job (a long haul). **3** *(discorso interminabile, invettiva)* tirade; diatribe.

tirato *agg* (*p. pass. di* **tirare** ⇨) **1** pulled. **2** *(spec. del volto)* drawn. **3** *(spilorcio)* stingy.

tiratore *sm* shot: *tiratore scelto,* marksman; sniper — *franco tiratore,* - **a)** sniper; franc-tireur *(fr.)* - **b)** *(politica)* person who votes against his own party.

tiratura *sf* **1** *(numero di copie stampate)* run; edition; printing; *(di giornali)* circulation: *una prima tiratura di quindicimila copie,* a first run (edition, printing) of fifteen thousand copies — *un quotidiano ad altissima tiratura,* a newspaper with a wide circulation — *La prima tiratura è esaurita,* The first edition is sold out. **2** *(lo stampare)* printing. **3** *(l'atto del tirare)* drawing; pulling.

tirchiamente *avv* stingily; meanly; tight-fistedly.

tirchieria *sf* stinginess; meanness; tight-fistedness; niggardliness.

tirchio *agg* stingy; mean; tight-fisted; close-fisted; niggardly.

□ *sm* miser; tightwad *(fam.)*.

tiremmolla *sm* **1** *(fam.: esitazione)* vacillation; indecision; shilly-shallying *(fam.)*. **2** *(persona che esita)* shilly-shallyer.

tiritera *sf* rigmarole. □ *la solita tiritera,* the same old story.

tiro *sm* **1** *(traino)* draught; *(per estensione: gli animali che trainano)* team: *un cavallo da tiro,* a draught-horse — *un tiro a quattro (a sei),* a carriage and four (and six). **2** *(con arma da getto)* throw; cast; *(con arma da fuoco)* range; fire; *(sparo)* shot; *(lo sparare)* shooting: *a un tiro di sasso (di schioppo),* a stone's throw away — *un tiro con l'arco,* a bow(-)shot — *il tiro con l'arco, (lo sport)* archery — *un tiro di dadi,* a throw (a toss) of the dice — *un tiro magnifico,* a magnificent shot — *Ha un tiro infallibile,* He's an infallible shot — *tiro radente,* grazing fire — *tiro d'artiglieria,* artillery fire — *tiro di sbarramento,* barrage — *tiro a segno,* target-shooting; *(il luogo)* shooting range — *tiro al piattello,* clay-pigeon (*USA* skeet) shooting — *tiro al piccione,* pigeon shooting — *poligono di tiro,* rifle-range; *(per artiglieria)* range — *sbagliare il tiro,* to miss the target. **3** *(tirata)* pull; tug: *Dai un tiro alla corda,* Give a pull on the rope — *il tiro della fune, (sport)* tug-of-war. **4** *(scherzo)* trick: *Mi hanno giocato un gran brutto tiro,* They have played an ugly trick on me; They've pulled a fast one on me *(sl.).* **5** *(fam.: boccata di sigaretta, ecc.)* puff; drag *(sl.): Mi dai un tiro per favore?,* Give me a puff (a drag)! □ *venire a tiro,* to come within range — *Se mi viene a tiro lo schiaffeggio,* I'll punch him if I get the chance — *essere fuori tiro,* to be out of range — *essere a tiro,* to be within range.

tirocinante *sm* apprentice; trainee; novice.

tirocinio *sm* apprenticeship; novitiate; training: *fare il tirocinio,* to do one's training (one's apprenticeship).

tiroide *sf* thyroid.

tiroideo *agg* thyroid *(attrib.);* thyroidal.

tirolese *agg e sm e f.* Tyrolean; Tyrolese.
□ *sf (danza)* Tyrolienne.

tisana *sf* infusion; decoction; herb tea.

tisi *sf* tuberculosis *(spesso abbr. in* TB*);* consumption *(fam.).*

tisichezza *sf* **1** *(med.)* tuberculosis. **2** *(gracilità)* extreme thinness.

tisico *agg* **1** *(med.)* tuberculous; consumptive: *morir tisico,* to die of consumption. **2** *(fig.: di piante)* stunted.
□ *sm* TB sufferer; consumptive.

[1]**titanico** *agg* titanic; gigantic.

[2]**titanico** *agg (chim.)* titanic.

titanio *sm* titanium.

titano *sm (mitologia)* Titan; *(fig.: gigante, colosso)* titan.

titillamento *sm* titillation.

titillare *vt* to titillate; to tickle.

titillatore *sm (mecc.)* tickler.

[1]**titolare** *agg* regular; titular.
□ *sm* **1** *(di cattedra, ecc.)* holder; *(di istituto, ecc.)* principal; *(di azienda, negozio)* owner; *(calcio)* regular player: *il titolare di una cattedra,* the holder of a chair — *il titolare di una scuola,* the principal of a school — *il titolare di un negozio,* the owner of a shop; a shop-owner. **2** *(religione)* titular.

[2]**titolare** *vt* **1** *(raro: dare un titolo nobiliare)* to give* a title to sb. **2** *(raro: intitolare)* to title. **3** *(chim.)* to titrate.

titolato *agg* titled. □ *sm* nobleman *(pl.* -men*).*

titolo *sm* **1** *(di libro)* title; *(testata)* headline: *il titolo di un romanzo (di un film),* the title of a novel (a film). **2** *(denominazione della carica, del grado di nobiltà, ecc.)* title; qualification: *Ha il titolo di conte,* He has the title of count — *La regina gli conferì il titolo di cavaliere,* He was knighted by the Queen. **3** *(accademico)* qualification: *Vanta tantissimi titoli accademici,* He has a heap of academic qualifications — *Quali sono i suoi titoli?,* What are his qualifications? **4** *(diritto)* right; title; *(ragione)* reason: *titolo di proprietà,* title — *A quale titolo può reclamare l'eredità?,* By what right is he claiming the inheritance? — *Questo ti pare un titolo sufficiente?,* Do you think this is a sufficient reason? **5** *(comm.: in generale)* security; *(obbligazione)* bond; security; *(azione)* share; stock; *(documento)* document: *titoli di Stato,* State bonds; Government securities — *titoli privilegiati,* preference stock; preference shares *(GB)* — *titoli al portatore,* bearer bonds — *titoli di credito,* documents of credit. **6** *(chim.)* titre, *(USA)* titer; strength; *(di metallo prezioso)* percentage; *(di tessuto)* count; number.
□ **a titolo di...,** by way of...; as... — *a titolo di esempio,* by way of example — *a titolo di favore,* as a favour — *a titolo di prestito,* as a loan — *a titolo personale,* in a personal capacity — *a titolo di prova,* on trial.

titubante *agg* hesitating; hesitant; irresolute; faltering; undecided.

titubanza *sf* hesitation; hesitancy; indecision; perplexity.

titubare *vi* to hesitate; to falter; to waver.

tizio *sm* chap; fellow; guy *(USA): Non conosco quel tizio,* I don't know that fellow (that guy). □ *Tizio, Caio, Sempronio,* Tom, Dick and Harry *(fam.).*

tizzone *sm* brand; firebrand.

to' *interiezione* **1** *(Prendi!)* Here you are!; Here!; Take it! **2** *(Guarda un po'!)* Well now!; Look!

toboga *sm* toboggan; sledge.

toccabile *agg* touchable.

toccante *agg (p. pres. di* **toccare** ⇨*)* **1** *(riguardante)* touching; regarding. **2** *(commovente)* touching.

toccare *vt* **1** *(generalm.)* to touch; *(fig.: sfiorare un argomento)* to touch (on sth); to mention: *Non posso averti fatto male, ti ho appena toccato!,* I can't have hurt you, I hardly touched you! — *Non toccare il muro, la tinta è ancora fresca,* Don't touch the wall, the paint's still wet — *Non ti permetto di toccare la roba nei miei cassetti,* I won't have you touching (*o fam.:* mucking about with) the stuff in my drawers — *toccare qcno col gomito,* to nudge sb — *toccare qcno sulla spalla,* to tap sb on the shoulder — *toccare il fondo, (fig.)* to touch rock bottom — *Tocca ferro!,* Touch wood! — *È meglio non toccare quest'argomento quando c'è lui,* It's better not to mention (to touch on, to get onto) this subject when he's present.
2 *(pervenire, raggiungere)* to touch; to reach: *Riesci a toccare il fondo vicino a quello scoglio?,* Can you touch bottom (the bottom) near those rocks? — *Il vestito le toccava solo il ginocchio,* Her dress only reached her kness — *Si sposò appena toccò i 21 anni,* She got married as soon as she reached 21 — *toccare appena la cinquantina,* to be nearly fifty — *Ho toccato i 180 nel rettilineo,* I touched 180 on the straight.
3 *(commuovere)* to move; to touch; *(offendere, ferire)* to hurt*; to offend: *La sua generosità la toccò profondamente,* His generosity moved (*o* touched) her deeply — *Sperava di toccarmi con le sue allusioni,* He hoped to hurt me by (*o* with) his allusions — *Non credevo che lo avrei toccato così sul vivo,* I didn't think I would touch him to the quick — *Non tocco cibo dall'altro ieri,* I haven't eaten a thing since the day before yesterday — *Sono stanchissimo, non ho toccato il letto per tre notti,* I'm all in, I've been on my feet for three nights running — *Non toccherò libro durante le vacanze!,* I shan't even open my books during the holidays! — *toccare con mano,* to find out (to see) for oneself — *toccare uno strumento, (mus.)* to play an instrument — *toccare il cielo con il dito,* to be in the seventh heaven — *toccare terra, (atterrare)* to land — *Non avresti dovuto toccarlo nelle sue idee politiche,* You shouldn't have attacked his political views.
4 *(colpire)* to hit*; to strike*: *La freccia non toccò il bersaglio,* The arrow did not hit the target (missed the target) — *toccare nel segno, (fig.)* to hit the mark.
5 *(tastare)* to feel*; *(talvolta)* to finger; to handle: *Toccò il vestito per vedere se era veramente di seta pura,* She felt the dress to see if it was really pure silk

— *Si prega di non toccare le merci esposte,* Please do not handle the goods on display.

6 *(riguardare)* to concern; to affect; *(dir.)* to touch and concern: *Questo è un problema che non mi tocca,* This is a problem which doesn't concern (doesn't affect) me.

7 *(ricevere botte, sgridate, ecc.)* to get*; to receive: *toccare una buona razione (di botte),* to get a good hiding — *toccarle,* to get beaten up.

8 *(fare scalo)* to call at; to stop over (at): *Il transatlantico toccò Lisbona,* The liner called at Lisbon.

□ *vi* **1** *(capitare, succedere)* to happen; to fall*; to befall*: *Perché toccano sempre a me i compiti sgradevoli?,* Why do the unpleasant jobs always fall on (*o* to) me (*o* on my shoulders)? — *Gli è toccata un'eredità inaspettata,* He received an unexpected inheritance — *Che cosa mi tocca sentire?,* What's this I hear?

2 *(spettare di diritto o dovere)* to concern; to fall* (to sb); to be* sb's duty; to be* entitled (to sth); to have* a right (to sth); *(essere di turno)* to be* sb's turn: *La decisione non tocca a me,* The decision doesn't concern me; It's not up to me to decide — *A lui toccò metà della somma,* Half the amount fell to him; He got half the amount — *La scelta tocca a te,* It's up to you to choose — *Tocca a te fare il discorso,* It's your job to make the speech — *Adesso tocca a te,* Now it's your turn; *(negli scacchi, ecc., anche fig.)* It's your move — *A chi tocca, tocca, (prov.)* It's all in the game; That's life; If your number comes up, there's not much you can do about it.

3 *(essere obbligato)* to be* obliged (to do sth); to have* (to do sth): *Gli toccò arrendersi per salvare la vita,* He was obliged to surrender to save his life — *Ti toccherà aspettare un'ora o più,* You'll have to wait an hour or more.

□ **toccarsi** *v. rifl* **1** to touch (oneself): *È quello che si sta toccando la fronte,* He's the one that's touching his forehead.

2 *(reciproco)* to touch each other (one another); to meet*: *Gli estremi si toccano, (prov.)* Extremes meet.

toccasana *sm* cure-all; panacea.

toccata *sf* **1** *(l'atto del toccare)* touch; touching. **2** *(mus.)* toccata.

toccato *agg* (*p. pass. di* **toccare** ⇨) **1** touched. **2** *(un po' pazzo)* touched.

[1]**tocco** *agg* **1** *(di frutto guasto; raro)* touched; spoilt. **2** *(di persona un po' matta)* touched; queer in the head.

[2]**tocco** *sm* **1** *(il toccare)* touch; *(di artista)* touch; *(colpo di pennello)* stroke: *Si è incrinato al primo tocco,* It has cracked at the first touch — *Stiamo dando gli ultimi tocchi,* We are giving the finishing touches — *Ho riconosciuto il suo tocco,* I recognized his touch — *Fa meraviglie con pochi tocchi di pennello,* He works marvels with a few strokes of the brush. **2** *(colpo)* knock; tap: *Il campanello è guasto: da' due tocchi alla porta,* The door-bell isn't working: knock on the door a couple of times. **3** *(rintocco di campana)* stroke; *(rintocco funebre)* toll; tolling; knell; knelling: *al tocco,* at one p.m.

[3]**tocco** *sm (pezzo)* piece; hunk; chunk: *un tocco di pane,* a piece of bread. □ *È un bel tocco di ragazza, (fam.)* She's a fine strapping girl.

[4]**tocco** *sm (tipo di berretto tondo e senza tesa)* brimless hat; *(di magistrati, ecc.)* cap; *(accademico)* cap; mortar board *(sl. universitario)*; *(da donna)* toque.

toeletta *sf* ⇨ **toilette.**

toga *sf* **1** *(stor.: di senatore romano)* toga. **2** *(di magistrato, ecc.)* robe; gown.

togato *agg* **1** *(stor.)* clad in a toga; toga'd. **2** *(di magistrato, ecc.)* robed; gowned; wearing a gown; in his robes (*o* gown)

togliere *vt* **1** *(rimuovere, levar via)* to take* away (*o* off, from); *(strappar via)* to remove; to take*: *Hai tolto tu il mio libro dalla scrivania?,* Was it you who took (*o* removed) my book from the desk? — *togliersi la voglia,* to satisfy an urge to do sth — *Da dove ha tolto questo segnalibro?,* Where has he taken this bookmark from? — *Togli il cane dal divano!,* Remove the dog from (*o* Move the dog off) the divan! — *togliersi la giacca,* to take off one's jacket — *Si tolse il cappello e si sedette,* He took off his hat and sat down — *togliersi la vita,* to take one's own life; to commit suicide — *Ha quell'idea fissa che nessuno riesce a togliergli,* He's got that idée fixe which nobody can get out of his head — *Era un testimone scomodo così l'han tolto di mezzo,* He was a difficult witness, so they got him out of the way — *togliere il saluto a qcno,* not to greet sb any more; to cut sb dead — *Ciò non toglie che...,* That does not prevent... **2** *(detrarre)* to take*; to take* off (*o* away): *Togli dal mio debito quel che mi devi,* Take what you owe me off my debt — *Non sai togliere tre da cinque?,* Can't you take away three from five? **3** *(liberare)* to free; to rescue; to relieve: *Volle togliersi il peso dalla coscienza,* He wanted to relieve (to get a weight) off his conscience — *Mi hai tolto una grande preoccupazione!,* You've freed me of a great worry! — *L'han tolto dall'orfanotrofio per adottarlo,* They removed him from the orphanage in order to adopt him.

□ **togliersi** *v. rifl (levarsi, partirsene)* to get* off (*o* away, out): *Togliti dai piedi!,* Get out of my way!; Get out! — *Togliti subito dalla mia poltrona!,* Get out of my armchair! — *Almeno s'è tolto di mezzo!,* At least he's cleared out (*o* made himself scarce)!

toilette (toeletta, toletta) *sf* **1** *(mobile)* dressing-table. **2** *(stanza)* dressing room; *(eufemistico per ritirata)* lavatory; toilet; bathroom. **3** *(acconciatura, trucco, ecc.)* toilet: *fare toilette,* to get dressed; to make oneself up. **4** *(abbigliamento)* dress; attire; toilet *(raro)*. **5** *(chirurgia)* toilet.

tolda *sf* deck.

tollerabile *agg* tolerable; bearable.

tollerabilmente *avv* tolerably.

tollerante *agg* tolerant.

tolleranza *sf* **1** tolerance; indulgence; *(nei confronti di altri religioni, ecc.)* toleration. **2** *(comm.)* allowance. **3** *(mecc.)* tolerance; allowance. **4** *(med.)* tolerance. □ *casa di tolleranza,* brothel.

tollerare *vt* to stand*; to be* able to stand (sb, sth); to bear*; to be* able to bear (sb, sth); to put* up (with sb, sth); to allow; to tolerate; *(usare indulgenza)* to make* allowances (for sb, sth): *Non ha mai tollerato suo fratello,* He has never been able to stand his brother — *Non tollererò che ti insultino,* I won't allow them to insult you — *Fino a poco tempo fa non tolleravo il salmone,* Till recently I couldn't stand salmon — *Non tollero il freddo eccessivo,* I can't stand (*o* bear) really cold weather — *Non tollero il suo disprezzo,* I will not tolerate her contempt.

tolto *sm (nella locuzione) il mal tolto,* ill-gotten gains *(pl.)*.

tomaia *sf* upper; vamp.

tomba *sf* **1** grave; tomb: *essere muto come una tomba,* to be as silent as the grave — *avere un piede nella tomba,* to have one foot in the grave. **2** *(luogo tetro)* tomb: *La casa sembrava una tomba,* The house looked like a tomb.

tombale *agg* grave *(attrib.)*; tomb *(attrib.)*: *pietra tombale,* tombstone; gravestone.

tombarolo *sm* grave-robber.

tombino *sm (chiusino)* manhole cover.

tombola *sf* **1** *(gioco)* bingo; tombola. **2** *(fam.: caduta)* tumble; fall.

tombolo *sm* **1** *(cuscinetto per fare pizzi)* lace-pillow. **2** *(monticello di sabbia)* sand dune. **3** *(fam.: persona grassoccia)* tubby person; fatty.

tombolotto *sm (diminutivo di tombolo: persona grassoccia)* fatty; tubby (*o* podgy) person.

tomo *sm* **1** volume; tome. **2** *(fam.: tipo)* funny chap; queer sort (*o* customer); card: *Sei un bel tomo!,* You're a funny one!

tonaca *sf (abito dei frati)* cowl; frock; *(delle monache)* (nun's) habit; *(abito sacerdotale)* cassock; soutane *(fr.)*: *gettare la tonaca alle ortiche,* to give up the cowl.

tonale *agg* tonal.

tonalità *sf* tonality *(anche mus.)*; key *(solo mus.)*.

tonante *agg* thundering.

tonare *vi* = **tuonare**.

tondeggiante *agg* roundish; round.

tondeggiare *vi* to be* roundish.

tondello *sm* = **tondino 4**.

tondino *sm* **1** *(piattino)* saucer; *(sottobicchiere)* mat; coaster *(USA)*. **2** *(per cemento armato)* iron rod. **3** *(archit.)* astragal. **4** *(numismatica)* flan; blank.

tondo *agg* **1** *(di forma rotonda)* round. **2** *(fig.: esatto)* exact; full; *(di cifra, numero)* round: *fare (il prezzo, ecc.) tondo,* to round up (*o* down) — *Sono mille lire tonde,* It's exactly one thousand lire — *cifra tonda,* round figure — *Non ci siamo incontrati per un anno tondo,* We haven't met for a full year. □ *parlare chiaro e tondo,* to speak openly; to speak out; to tell sb one's mind.

□ *sm* **1** *(cerchio, ecc.)* round; circle; *(scultura o dipinto)* tondo (*pl.* tondi); *(piatto)* plate: *a tutto tondo,* in full relief. **2** *(in tipografia)* Roman type.

tonfo *sm* **1** *(rumore sordo)* thud; bang. **2** *(caduta)* heavy fall; *(in acqua)* splash.

tonica *sf (mus.)* tonic; key-note.

tonico *agg* tonic *(vari sensi)*: *accento tonico,* tonic (*o* stress) accent — *acqua tonica,* tonic water.

□ *sm* tonic: *Prendi un tonico,* Take a tonic.

tonificante *agg* tonic; *(di aria)* bracing.

tonificare *vt* to tone up; to brace; to invigorate.

tonnara *sf (reti)* tunny-fishing nets *(pl.)*; *(luoghi)* tunny-fishing grounds *(pl.)*.

tonnato *agg (gastronomia)* with (*o* in) tunny-flavoured mayonnaise.

tonnellaggio *sm* tonnage.

tonnellata *sf* ton; *(se metrica, anche)* tonne.

tonno *sm* tunny (fish) *(GB)*; tuna (fish) *(USA)*.

tono *sm* **1** *(modulazione di voce o suono, grado d'intensità di colori, carattere)* tone *(anche fig.)*; air: *Mi rispose in tono molto secco (altezzoso),* He answered me in a very sharp (haughty) tone — *Amo i toni caldi,* I like warm tones — *Bisogna ammettere che la casa ha un certo tono,* Admittedly, the house has a certain air about it — *Quest'anno la festa sarà in tono minore,* The party will have a more subdued air this year — *darsi tono,* to put on airs — *essere giù di tono,* to be not oneself; to be out of sorts; to be under the weather — *tono muscolare,* muscle tone. **2** *(mus.)* tone; *(armonia)* tune; *(tonalità)* key: *tono maggiore (minore),* major (minor) key — *essere in (fuori) tono, (mus. e fig.)* to be in (out of) tune — *essere in tono con qcsa,* to be in tune (in keeping) with sth — *Questo giallo non è in tono con gli altri colori,* This yellow does not match (does not tone in with) the other colours — *rispondere a tono,* to answer to the point.

tonsilla *sf* tonsil: *farsi togliere le tonsille,* to have one's tonsils out.

tonsillectomia *sf* tonsillectomy; tonsil operation.

tonsillite *sf* tonsillitis.

tonsura *sf* tonsure.

tonsurare *vt* to tonsure.

tontina *sf* tontine.

tonto *agg* dull; slow; stupid.

□ *sm* simpleton; fool; dullard: *fare il finto tonto,* to pretend to be a fool.

topaia *sf* **1** rats' nest. **2** *(fig.)* hovel.

topazio *sm* topaz.

topica *sf* **1** *(retorica)* topic. **2** *(fig.)* blunder: *fare una topica,* to make a blunder.

topicida *sm* rat-poison; rat-killer.

topico *agg (med.)* topical; local.

topinambur *sm* Jerusalem artichoke.

topo *sm* mouse (*pl.* mice); *(ratto)* rat: *topo campagnolo,* harvest mouse — *topo di chiavica,* brown rat — *topo d'acqua,* water rat — *fare la fine del topo,* to be caught like a rat in a trap — *Quando il gatto è via, i topi ballano, (prov.)* When the cat's away, the mice will play. □ *topo di biblioteca, (fig.)* bookworm — *topo d'albergo, (fig.)* hotel-thief.

topografia *sf* topography.

topografico *agg* topographic(al): *carta topografica,* map.

topolino *sm* **1** (young) mouse (*pl.* mice). **2** *(nome proprio)* Mickey Mouse. **3** *(l'automobile)* 'Topolino'.

topologia *sf* topology.

toponimia *sf* toponymy.

toponimo *sm* place-name.

toporagno *sm* shrew.

[1]**toppa** *sf (rattoppo)* patch.

[2]**toppa** *sf (serratura)* lock; *(buco della serratura)* keyhole.

torace *sm* chest; *(anat., zool.)* thorax (*pl.* thoraxes *o* thoraces).

toracico *agg* chest *(attrib.)*: *gabbia toracica,* rib cage; thoracic cage.

torba *sf* peat.

torbidamente *avv* turbidly.

torbidezza *sf* turbidity; turbidness.

torbido *agg (non chiaro e limpido)* turbid; cloudy; muddy; *(fig.)* turbid; troubled; *(fig.: sinistro)* gloomy.

□ *(in funzione di sm)* **1** *(situazione equivoca)* something fishy; something brewing: *Ho intuito che c'era del torbido,* I guessed there was something fishy — *pescare nel torbido, (fig.)* to fish in troubled waters. **2** *(al pl.: disordini, tumulti)* disturbances; disorders: *La polizia sta indagando dopo i torbidi di ieri,* The police are making inquiries after yesterday's disturbances.

torbiera *sf* peat-bog; peat-moss.

torboso *agg* peaty.

torcere *vt* **1** to twist; *(con forza, stringendo)* to wring* (out): *Bisogna torcere il filo per legarlo,* You need to twist the thread in order to tie it — *Mi ha torto un braccio,* He twisted my arm — *Devi torcere bene i panni prima di stenderli,* You must wring the clothes well before putting them out to dry — *Gli avrei volentieri torto il collo,* I could cheerfully have wrung his neck — *Me ne ha dato del filo da torcere quel tipo!,* That character has given me a lot of trouble! — *Non gli dovete torcere un capello,* You must not

touch a hair of his head — *torcere la bocca,* to make a wry mouth. **2** *(curvare)* to bend*: *Tentò di spezzare il ramo, ma riuscì solo a torcerlo,* He tried to snap the branch but only succeeded in bending it.
☐ **torcersi** *v. rifl* to twist; to writhe: *Non torcerti così per vedere chi c'è dietro la porta!,* Don't twist round like that to see who is behind the door! — *Si stava torcendo dal mal di pancia,* He was writhing with stomach-ache — *torcersi dal ridere,* to split one's sides with laughter.

torchio *sm* press: *torchio da uva,* wine-press — *essere sotto il torchio, (essere in stampa)* to be in the press; *(fig.)* to be hard pressed; *(essere interrogato)* to be grilled — *fare gemere i torchi,* to churn out (*seguito da un compl. diretto, p.es.* novels).

torcia *sf* torch; brand *(lett.): torcia a vento,* wind-proof torch — *torcia a pila,* torch; flashlight.

torcicollo *sm* **1** stiff neck; crick in the neck; *(med.)* torticollis; wryneck. **2** *(uccello)* wryneck.

torciera *sf* candlestick.

torcimento *sm* twisting; twist.

tordela *sf* mistle (*o* missel) thrush.

tordo *sm* thrush; song thrush. ☐ *tordo sassello,* redwing.

torero *sm* bull-fighter; toreador.

torio *sm* thorium.

torma *sf* **1** *(di animali)* herd. **2** *(di persone)* crowd; swarm; throng.

tormalina *sf* tourmaline.

tormenta *sf* snowstorm; blizzard.

tormentare *vt* to torment; to torture; *(per estensione: dare fastidio, affliggere)* to annoy; to worry; to pester; to badger; to vex: *Era tormentato dai rimorsi,* He was tormented by feelings of remorse — *Hai finito di tormentarmi con i tuoi problemi?,* Will you stop pestering me with your problems?
☐ **tormentarsi** *v. rifl* to torment oneself; to worry; to fret.

tormentato *agg* (*p. pass. di* **tormentare**) tormented; *(inquieto, angosciato)* restless; haunted; hagridden.

tormentatore *sm* tormentor; torturer.

tormento *sm* torment; torture; *(fig.: afflizione)* torment.

tormentosamente *avv* painfully.

tormentoso *agg* tormenting; painful.

tornaconto *sm* profit; advantage; benefit: *Guarda solo al suo tornaconto,* He is only interested in what he can get out of it.

tornado *sm (turbine)* tornado; *(erroneamente, per uragano)* hurricane.

tornante *sm* hairpin bend; sharp turn.
☐ *agg (nella locuzione) ala tornante, (calcio)* link man.

tornare *vi* **1** to return; *(essere di ritorno)* to be* back; *(andare di nuovo)* to go* back; *(venire di nuovo)* to come* back: *Hanno deciso di tornare a piedi,* They've decided to return on foot — *Mi piacerebbe tornare a Londra un giorno,* I should like to return (to go back) to London one day — *Non torneremo mai più in questo ristorante,* We shall never come back to this restaurant again — *È tornata dal marito,* She has gone back to her husband — *Tornate presto!,* Come back soon! — *Ti è tornato alla mente il suo nome?,* Has his name come back to you? — *Non tornerò certo sulla mia decisione,* I certainly shall not go back on my decision — *Gli sono tornate le forze,* He has got his strength back — *Lo vogliono far tornare,* They want him back — *Si è tornati alla moda anni '30,* There has been a return to the fashions of the Thirties — *E adesso torniamo a noi,* And now let's get back to us — *tornare a bomba,* to get back to the subject — *È tornata a galla quella vecchia questione,* That old problem has come back to the surface again — *Pensi che torneranno alla carica?,* Do you think they'll insist? — *Quelli erano tempi felici che non torneranno più,* Those were happy times which will never come back — *tornare a dire (a fare) qcsa,* to repeat sth — *tornare in sé,* to come to one's senses — *Perché vuoi tornare sull'argomento?,* Why do you want to come back to that subject? — *tornare sui propri passi,* to retrace one's steps — *tornare via,* to leave once more. **2** *(ridiventare)* to come* back; to become* again; to return to; to recover: *Chi non vorrebbe tornare giovane?,* Who wouldn't like to become young again? — *Purtroppo non è mai più tornata quella di prima,* Unfortunately he has never really recovered — *Stanno tornando di moda le mantelle,* Capes are coming back into fashion again. **3** *(essere, risultare)* to be*; to come to*: *È un nome che non mi torna nuovo,* It's a name that is not new to me — *Questo torna a tuo onore,* This does you credit (is to your credit) — *Dichiarò che non gli tornava comodo farlo,* He said that it wasn't convenient. **4** *(riuscire giusto, quadrare)* to be* right (*o* correct); to come* out right: *Non mi tornano mai i conti,* My accounts are never right; My accounts never balance — *Rifai l'addizione e vedi se torna!,* Do the sum again and see if it comes out right! **5** *(raro, lett.: volgersi, trasformarsi)* to turn (into); to be* changed into: *Alla notizia il loro riso tornò in pianto,* Their laughter turned into tears at the news.
☐ *vt* **1** *(lett.: riportare, anche fig.)* to return; to give* back: *Dovete ritornargli l'appartamento nelle condizioni in cui ve l'ha lasciato,* You must return the flat to him in the same condition he left it in. **2** *(lett., poet.: volgere)* to turn: *tornare il viso verso qcsa,* to turn one's face towards sth.

tornasole *sm* litmus: *cartina di tornasole,* litmus paper.

tornata *sf* sitting.

torneare *vi (stor.)* to tourney; to joust.

tornella *sf* turnstile.

torneo *sm* **1** *(stor.)* tournament; tourney; jousting. **2** *(sport: bridge, ecc.)* tournament.

tornio *sm* lathe: *tornio da banco (frontale),* bench (face) lathe — *tornio verticale,* boring mill.

tornire *vt* **1** *(mecc., ecc.)* to turn. **2** *(fig.)* to polish (up); to shape.

tornito *agg* (*p. pass. di* **tornire**) **1** *(mecc.)* turned. **2** *(fig.: piacevolmente rotondeggiante)* well-shaped; shapely; *(fig.: ben rifinito)* polished.

tornitore *sm* turner.

tornitura *sf* turning.

torno *sm (nella locuzione) in quel torno di tempo,* at about that time. ☐ *torno torno, (locuzione avverbiale)* round about; all round — *Non posso levarmelo di torno,* I can't get rid of him — *Levati di torno!,* Clear off!; Clear out!

[1]**toro** *sm* **1** bull; *(fig.)* robust (*o* strong) person: *essere forte come un toro,* to be as strong as a bull — *prendere il toro per le corna, (fig.)* to take the bull by the horns — *tagliare la testa al toro,* to cut the Gordian knot; to settle the question. **2** *(astronomia)* Taurus; the Bull.

[2]**toro** *sm (anat., archit., geometria)* torus *(pl.* tori*).*

torpedine *sf* **1** *(zool.)* torpedo *(pl.* torpedoes*);* numb-fish. **2** *(mil.)* torpedo *(pl.* torpedoes*); (mina subacquea)* submarine mine.

torpediniera *sf* torpedo-boat.

torpedo *sf (automobile)* tourer.
torpedone *sm* (motor-)coach; *(all'antica)* charabanc.
torpidamente *avv* torpidly.
torpidezza *sf* torpidity; torpidness; sluggishness.
torpido *agg* torpid; sluggish.
torpore *sm* **1** torpor; numbness. **2** *(fig.: torpore mentale)* sluggishness.
torre *sf* **1** tower *(anche mil.): la Torre di Londra (di Babele),* the Tower of London (of Babel) — *Il castello ha molte torri,* The castle has many towers — *una torre d'avorio,* an ivory tower — *torre di controllo,* control tower — *torre corazzata,* turret. **2** *(mecc.)* tower: *torre di raffreddamento,* cooling-tower — *torre di trivellazione,* derrick. **3** *(gioco degli scacchi)* castle; rook.
torrefare *vt* to toast; to roast.
torrefazione *sf* **1** toasting; roasting; torrefaction. **2** *(negozio-bar)* coffee-shop; café *(fr.).*
torreggiare *vi* to tower (over sb, sth).
torrente *sm* torrent; stream; *(fig.: flusso impetuoso)* flood: *un torrente in piena,* a stream (a torrent) in full flood — *un torrente di lacrime (d'improperi),* a flood of tears (of insults) — *piovere a torrenti,* to rain in torrents; to pour.
torrentizio *agg* torrential; torrent-like.
torrenziale *agg* torrential.
torrenzialmente *avv* torrentially; in torrents.
torretta *sf (archit.)* small tower; gazebo; *(mecc.)* turret; *(di sommergibile)* conning tower; *(di carro armato o aereo)* turret.
torrido *agg* torrid; burning; very hot: *la zona torrida,* the torrid zone.
torrione *sm* **1** *(di castello)* tower; keep. **2** *(in montagna)* tower; gendarme.
torrone *sm* nougat *(fr.).*
torsione *sf* **1** torsion; twisting; *(violenta)* wrenching: *bilancia di torsione,* torsion-balance — *sollecitazione di torsione,* torsional stress. **2** *(in ginnastica)* twist.
torso *sm* **1** *(di persona)* trunk; torso. **2** *(di statua)* torso *(pl.* torsoes*).*
torsolo *sm* core.
torta *sf* cake; pie; *(crostata)* tart. □ *spartirsi la torta,* to share out the spoils; to split the loot *(fam.).*
tortiera *sf* baking-pan; cake-pan; cake-tin.
tortiglione *sm* spiral.
tortino *sm* pie; *(erroneamente, per frittata)* omelette *(fr.);* omelet.
[1]**torto** *agg* twisted; *(storto)* crooked.
[2]**torto** *sm* **1** wrong: *essere (mettersi) dalla parte del torto,* to be (to put oneself) in the wrong — *far torto a qcno,* to wrong sb — *Questo ti fa torto,* This does not do you justice — *Gli ho fatto molti torti,* I've wronged him many times; I've done him many wrongs — *avere torto (torto marcio),* to be wrong (dead wrong) — *riparare un torto,* to right a wrong — — *dare torto a qcno,* to consider sb wrong; to decide against sb — *a torto,* wrongly; wrongfully — *Protesta, ma a torto,* He is wrong to protest. **2** *(colpa)* fault; wrong: *Pagherò i miei torti,* I'll pay for my faults — *avere dei torti,* to be guilty of wrongdoing — *Non ha tutti i torti,* There's something in what he says.
tortora *sf* turtle-dove.
tortuosamente *avv* tortuously.
tortuosità *sf* tortuosity.
tortuoso *agg* **1** *(sinuoso, pieno di curve)* winding; tortuous. **2** *(ambiguo)* tortuous; *(sleale)* crooked: *ragionamenti tortuosi,* tortuous arguments — *mezzi tortuosi,* crooked means.
tortura *sf* torture *(anche fig.): mettere qcno alla tortura,* to torture sb.
torturare *vt* to torture; to torment *(anche fig.): torturarsi il cervello,* to rack (to cudgel) one's brains.
□ **torturarsi** *v. rifl (fig.)* to torment oneself; to worry.
torvamente *avv* grimly; *(in modo minaccioso)* threateningly.
torvo *agg* grim; surly; *(minaccioso)* threatening.
tosaerba *sf* lawn-mower.
tosare *vt* **1** to shear*; to clip; to crop; to cut*; *(siepi)* to prune: *Finalmente ti sei fatto tosare!,* At last you've had your hair cut! **2** *(pelare, portar via denaro a qcno)* to fleece.
tosatore *sm* shearer; clipper.
tosatrice *sf (macchina)* clippers *(pl.);* electric shears *(pl.); (per prato erboso)* lawn-mower.
tosatura *sf* shearing.
toscano *agg* Tuscan. □ *sm* **1** Tuscan. **2** *(sigaro)* strong cigar.
tosone *sm* fleece: *il Toson d'Oro,* the Golden Fleece.
tosse *sf* cough: *avere la tosse,* to have a cough — *tosse asinina (canina),* whooping cough; *(med.)* pertussis — *un accesso di tosse,* a fit of coughing — *un colpo di tosse,* a cough.
tossicchiare *vi* to cough slightly; to clear one's throat.
tossicità *sf* toxicity.
tossico *agg* toxic; poisonous.
□ *sm* poison. □ *amaro come il tossico,* as bitter as gall.
tossicologia *sf* toxicology.
tossicologo *sm* toxicologist.
tossicomane *sm e f.* drug addict.
tossicomania *sf* addiction to drugs; drug addiction.
tossina *sf* toxin.
tossire *vi* to cough.
tostapane *sm* toaster.
tostare *vt (il pane, ecc.)* to toast; *(caffè, mandorle, ecc.)* to roast.
tostatura *sf* toasting; *(di caffè, ecc.)* roasting.
tostino *sm* roaster; *(generalm., per caffè)* coffee-roaster.
[1]**tosto** *avv (lett.: presto, subito)* soon; at once; immediately; quickly: *ben tosto,* very soon — *tosto o tardi,* sooner or later — *tosto che...,* as soon as...
[2]**tosto** *agg (fig.: sfacciato, impudente)* brazen: *faccia tosta,* cheek; brazen face — *Che faccia tosta!,* What cheek!
[3]**tosto** *sm (forma italianizzata dell'inglese* toast = *'pane tostato')* toasted cheese sandwich.
tot *agg e pron indef* **1** *(tanti, tante)* so many; *(un tanto)* so much: *Supponi di spendere tot lire...,* Suppose you spend so many lire... — *Se guadagni tot e spendi tot...,* If you earn so much, and spend so much... **2** *(tale)* such and such: *Si sono decisi di incontrarsi il mese tot ed il giorno tot,* They decided to meet on such and such a day of such and such a month.
totale *agg* total; entire; whole; complete; utter: *eclissi totale,* total eclipse — *silenzio totale,* absolute (*o* total) silence — *disastro totale,* utter (*o* complete) disaster.
□ *sm* total: *sul totale,* on the whole — *in totale,* in all — *fare il totale (di qcsa),* to add (sth) up — *Fa' il totale di tutti i numeri!,* Add up all the figures!
totalità *sf* totality; whole: *preso nella sua totalità,* taken as a whole — *la (quasi) totalità dei votanti,*

(almost) all the voters — *la (quasi) totalità della gente,* (almost) everybody.

totalitario *agg* **1** total; absolute. **2** *(di regime politico)* totalitarian.

totalitarismo *sm* totalitarianism.

totalizzare *vt* to total; *(sport)* to score; to notch up *(fam.).*

totalizzatore *sm* **1** result register. **2** *(alle corse dei cavalli)* totalizator; tote *(fam.).*

totalizzazione *sf* totalization.

totalmente *avv* totally; entirely; wholly; completely; utterly; in its entirety.

totano *sm* squid.

totem *sm* totem.

totocalcio *sm* football pool *(spesso pl.,* football pools, *o abbr.* the pools*).*

tottavilla *sf* woodlark.

tournée *sf* tour.

tovaglia *sf* table-cloth; *(d'altare)* altar-cloth: *stendere la tovaglia,* to lay the (table-)cloth.

tovagliolo *sm* napkin; table-napkin; serviette *(fam.).*

[1]**tozzo** *agg* squat; stocky; stumpy; thickset.

[2]**tozzo** *sm* piece; bit; morsel: *un tozzo di pane,* a crust of bread — *per un tozzo di pane,* very cheap; for nothing; for a song — *guadagnarsi il proprio tozzo di pane,* to earn one's living (one's daily bread).

tra *prep* (⇨ *anche* **fra**) **1** *(compl. di relazione, di posizione: fra due)* **between**; *(fra più di due: generalm.)* **among**: *Devo scegliere tra due strade,* I must choose between two roads — *C'incontrammo tra casa sua e casa mia,* We met between his house and mine — *Detto tra noi...,* Between ourselves...; Between you and me... — *È una bella vallata tra alte montagne,* It's a beautiful valley among high mountains — *La Svizzera si trova tra l'Italia, la Francia, l'Austria e la Germania,* Switzerland lies between Italy, France, Austria and Germany — *Lavora tra Parigi e Milano,* He works partly in Paris and partly in Milan; He divides his time between Paris and Milan.

2 *(compl. di moto attraverso luogo)* through; into: *un raggio di sole tra le persiane,* a sunbeam through the shutters — *La lepre sparì tra i campi,* The hare disappeared into the fields — *tra la folla,* in the middle of the crowd.

3 *(compl. di tempo)* in; within: *Sarò di ritorno tra un mese,* I'll be back within a month — *tra poco (tra breve, tra non molto),* before long; shortly; in a short while.

4 *(partitivo)* of; *(raro)* among: *Tra i due fratelli è il più intelligente,* He's the more intelligent of the two brothers.

5 *(compl. di causa)* what with: *Tra lo studio e lo sport non ho mai tempo per mangiare,* What with studying and sport I never have time to eat — *tra una cosa e l'altra...,* what with one thing and another...

□ *pensare tra sé e sé,* to think to oneself — *tra me,* to myself — *tra l'altro,* moreover; furthermore — *tra tutto,* in all.

traballante *agg (barcollante)* staggering; tottering; *(di veicoli)* shaking; shaky; *(di sedia, ecc.)* rickety.

traballare *vi* **1** *(vacillare, barcollare, anche fig.)* to totter; to stagger; to shake*; to reel; to lurch; *(di bambini)* to toddle: *L'uomo uscì traballando dopo il colpo ricevuto,* The man staggered out after the blow — *Il suo prestigio traballa,* His prestige is tottering. **2** *(procedere a balzelloni: di veicoli)* to jerk; to jolt; to bump: *procedere traballando,* to jerk (to jolt, to bump) along.

traballio *sm* staggering; tottering; shaking.

trabiccolo *sm* **1** *(contenitore di scaldino)* bed-warmer. **2** *(scherz.: veicolo)* rickety (*o* ramshackle) vehicle; *(mobile)* rickety piece of furniture.

traboccamento *sm* overflow.

traboccante *agg* overflowing; brimming (*o* running) over.

traboccare *vi* to overflow* *(anche fig.);* to spill; to brim over; to pour: *Stai attento! L'acqua sta per traboccare dalla brocca,* Careful! The jug is nearly overflowing (with water) — *L'acqua traboccava dal radiatore,* Water was pouring from the radiator — *Avevo il cuore traboccante di gioia,* My heart was overflowing with joy — *Il latte è traboccato,* The milk has boiled (has run) over. □ *Quella fu la goccia che fece traboccare il vaso,* That was the last straw (the straw that broke the camel's back) — *La bilancia traboccava in tuo favore,* The balance tipped in your favour.

trabocchetto *sm* pitfall; snare; trap *(anche fig.): una domanda trabocchetto,* a trick question.

tracagnotto *agg* squat; stocky; thickset; sturdy.

tracannare *vt* to gulp (sth) down.

traccheggiare *vi (raro: temporeggiare)* to temporize; to dally.

□ *vt (tenere in sospeso qcsa, qcno)* to withhold* sth; to keep* sb in suspense; to dally with sb.

traccia *sf* **1** *(segno sul terreno)* track *(spesso al pl.);* mark; *(orma di persona)* footstep; footprint; *(ininterrotta)* trail; spoor *(soprattutto di animali selvaggi): Seguimmo le tracce della Land Rover nel deserto,* We followed the tracks (the trail) of the Land Rover across the desert — *essere sulle tracce di qcno,* to be on sb's track (*o* tracks) — *Vedevo le tracce dei suoi passi nel fango,* I could see his footprints in the mud — *Il ferito lasciò una traccia di sangue lungo tutto il sentiero,* The injured man left a trail of blood along the path — *Dovemmo ammettere che avevamo perso le tracce del fuggitivo,* We had to admit we had lost the trail of the fugitive — *essere in traccia di qcsa,* to be searching for sth. **2** *(fig.: segno)* sign; mark; *(per estensione: indizio)* sign; clue; trace; *(vestigia del passato)* trace; mark; vestige: *Ha sul viso le tracce della sua tragica avventura,* Her tragic experience has left its mark on her face — *Ogni traccia può essere utile alla polizia,* Any clue may be of use to the police — *L'assassino si dileguò senza lasciare traccia,* The murderer slipped away leaving no clues (no trace) — *Scarse sono le tracce di molte civiltà mesopotamiche,* The traces of many Mesopotamian civilizations are few and far between — *Furono ritrovate le tracce di un insediamento umano,* Traces of a human settlement were found. **3** *(abbozzo)* outline; scheme; general plan: *Ho buttato giù una traccia del progetto,* I've roughed out a sketch of the project. **4** *(di magnetofono: pista)* track.

tracciamento *sm* tracing; *(di una strada)* layout.

tracciante *agg (nelle locuzioni) proiettile tracciante,* tracer bullet — *elemento tracciante,* trace element.

tracciare *vt (segnare la traccia, disegnare)* to trace (sth) (out); *(spec. sul terreno)* to mark (sth) out; to lay (sth) out; *(sulla carta)* to map (sth) out (*o* off); to draw*; to sketch (sth) out; *(una curva)* to plot; *(un progetto, ecc.)* to outline: *tracciare un campo da tennis,* to mark out a tennis court — *tracciare i confini,* to mark out the boundaries — *tracciare qcsa a grandi linee,* to outline sth; to make a rough plan of sth — *tracciare un itinerario,* to map out a route — *tracciare uno schema,* to draw a diagram — *tracciare lo schema di un discorso,* to sketch out a speech —

tracciare la rotta (di una nave), to plot the course (of a ship) — *tracciare un arco,* to describe an arc.

tracciato *sm* **1** *(tracciamento)* tracing; layout. **2** *(abbozzo)* sketch.

trachea *sf* windpipe; *(anat.)* trachea *(pl.* tracheae *o* tracheas*)*.

tracolla *sf* shoulder-belt; baldric *(stor.)*: *borsa a tracolla,* shoulder bag; tote bag *(USA)*.

tracollare *vi* **1** *(perdere l'equilibrio)* to lose* one's balance. **2** *(crollare)* to fall* down.

tracollo *sm* *(crollo, rovina)* collapse; *(fisico)* breakdown; *(finanziario)* crash; collapse.

tracoma *sm* trachoma.

tracotante *agg* overbearing; arrogant; haughty; overweening.

tracotanza *sf* arrogance; haughtiness.

tradimento *sm (l'atto del tradire)* betrayal; *(inganno)* treachery; *(dir. e politico)* treason: *alto tradimento,* high treason — *a tradimento,* by treachery; treacherously; *(all'improvviso)* unexpectedly; unawares — *mangiare il pane a tradimento,* to fail to earn one's keep — *Questo è un tradimento!, (fam.)* This is a dirty trick!

tradire *vt* **1** to betray *(anche fig.: rivelare)*; to give* (sb) away; *(ingannare, deludere)* to deceive; *(venir meno alla fedeltà)* to be* unfaithful (to sb): *Giuda tradì Gesù,* Judas betrayed Jesus — *tradire un segreto (la fiducia di qcno),* to betray a secret (sb's trust) — *La sua faccia tradiva il disappunto,* His face betrayed disappointment — *Il suo nuovo film ha tradito le aspettative,* His new film has failed to come up to expectation — *Tradiva sia il marito sia l'amante,* She was unfaithful to both her husband and her lover — *Se la memoria non mi tradisce...,* If my memory doesn't deceive me... — *tradire un giuramento,* to break one's oath. **2** *(mancare)* to fail: *Sento che le forze mi tradiscono,* I feel my strength is failing me — *tradire l'ospitalità,* to fail in one's duty as a host. □ **tradirsi** *v. rifl* to betray oneself; to give* oneself away: *Fa' attenzione a non tradirti!,* Take care you don't (Take care not to) give yourself away!

traditore *sm* traitor; betrayer; *(ingannatore)* deceiver: *un traditore della patria,* a traitor to one's country. □ *agg* treacherous; *(ingannatore)* deceitful; false.

traditrice *sf* traitress; betrayer; *(ingannatrice)* deceiver.

tradizionale *agg* traditional; customary; conventional.

tradizionalismo *sm* traditionalism.

tradizionalista *sm e f.* traditionalist.

tradizionalmente *avv* **1** *(in modo tradizionale)* traditionally; customarily. **2** *(secondo la tradizione)* by tradition; by custom.

tradizione *sf* **1** tradition: *per tradizione,* traditionalty; by tradition — *mantenere (rompere) una tradizione,* to keep up (to break) a tradition. **2** *(dir.: trasferimento di possesso)* transfer; delivery.

tradotta *sf* troop-train.

traducibile *agg* translatable.

tradurre *vt* **1** to translate: *Stiamo traducendo dall'inglese in italiano,* We are translating from English into Italian — *Devo tradurre alla lettera o a senso?,* Must I translate literally or freely? — *tradurre a prima vista,* to translate at sight. **2** *(fig.: esprimere, manifestare, realizzare)* to express: *tradurre il proprio pensiero,* to express one's thoughts — *tradurre in atto,* to bring to effect; to put into practice. **3** *(condurre, trasferire)* to take*; to transfer: *Fu tradotto in carcere,* He was taken to prison — *tradurre da un carcere all'altro,* to transfer from one prison to another.

traduttore *sm* translator.

traduzione *sf* **1** translation: *una traduzione dal greco in italiano,* a translation from Greek into Italian. **2** *(trasporto di detenuti)* transfer.

traente *sm* drawer.

traenza *sf* drawing.

trafelato *agg* panting; breathless; out of breath.

trafficante *sm e f.* trader; dealer: *trafficante di droga,* pusher *(sl., ma è il termine più comune)*; dope peddler.

trafficare *vi* **1** *(commerciare)* to trade (in sth); to deal* (in sth); to traffic* (in sth) *(soprattutto illecitamente)*; to do* business (in sth): *Traffica principalmente con l'Oriente,* He trades mainly with the East — *trafficare in stupefacenti,* to traffic in drugs; to peddle drugs. **2** *(darsi da fare, essere in faccende)* to bustle about; to rush about; to busy oneself.

traffico *sm* **1** *(commercio, spesso non lecito)* trade; trading; dealing: *traffico di stupefacenti,* trade in drugs; drug-trafficking; drug-peddling — *traffico clandestino di valuta estera,* illicit trading in foreign currency — *far traffico di qcsa,* to peddle sth. **2** *(movimento di veicoli, ecc.)* traffic: *traffico stradale (aereo),* road (air) traffic — *traffico portuale,* harbour movements *(pl.)* — *ore di grande (poco) traffico,* rush (slack) hours — *ingorgo di traffico,* traffic jam. **3** *(trambusto)* uproar; *(fastidio)* bother.

trafiggere *vt* *(ferire, trapassare con un'arma da taglio; fig.: addolorare)* to wound; to stab; to transfix; to pierce *(anche fig.)*: *Il suo rifiuto gli trafisse il cuore,* Her refusal pierced his heart.

trafila *sf* **1** *(procedura)* procedure; proceeding: *Dovremo seguire la solita trafila,* We shall follow the usual procedure — *le trafile burocratiche,* bureaucratic procedure(s); red tape *(fam., collettivo)*. **2** *(mecc.)* die; die-plate; drawplate; extruder.

trafilare *vt* to draw*.

trafilati *sm pl* wirework *(sing.)*.

trafilatura *sf (mecc.)* (wire-)drawing; *(per la gomma)* straining.

trafiletto *sm* *(su un giornale)* short article; *(satirico)* lampoon.

traforare *vt* **1** to bore (through); *(il terreno)* to drill; *(perforare)* to perforate; to pierce. **2** *(nel ricamo)* to embroider (sth) with openwork.

traforatrice *sf* fret-sawing machine.

traforazione *sf* perforation; *(traforo)* boring.

traforo *sm* **1** *(il traforare)* boring; drilling; perforation; tunnelling. **2** *(galleria)* tunnel. **3** *(in falegnameria)* fretwork; *(in oreficeria)* filigree work; *(nel ricamo)* openwork.

trafugamento *sm* stealing; filching; purloining.

trafugare *vt* to steal*; to filch; to purloin.

tragedia *sf* tragedy *(anche fig.)*: *una tragedia di Alfieri,* a tragedy by Alfieri — *Nella vita è passata attraverso molte tragedie,* She has lived through many tragedies; Her life has been beset by many tragedies — *Che tragedia!,* What a tragedy!; *(meno forte)* What a pity! — *Non fare tragedie!,* Don't make such a fuss! *(sing.)* — *Ogni volta che lo vede fa una tragedia,* Every time she meets him she makes a scene.

tragediografo *sm* dramatist; tragedian.

traghettare *vt* to ferry.

traghettatore *sm* ferryman *(pl.* -men*)*.

traghetto *sm* **1** *(il traghettare)* ferrying; ferry-crossing; *(il luogo)* ferry. **2** *(mezzo per traghettare)* ferry-boat.

tragicamente *avv* tragically.

tragicità *sf* tragicality; tragic quality; tragicalness.

tragico *agg* tragic(al): *stile tragico,* tragic style — *le regole dell'arte tragica,* the rules of tragedy — *Il poveretto fece una tragica fine,* The poor chap came to a tragic end.
□ *sm* **1** *(tragediografo)* tragedian; dramatist. **2** *(attore)* tragedian. **3** *(tragicità)* tragic quality; tragicalness; tragic part (*o* side): *Il tragico della faccenda è che...,* The tragic part (*o* side) of the affair is that...

tragicomico *agg* tragi-comic.

tragicommedia *sf* tragi-comedy.

tragitto *sm* **1** journey; *(per mare, ecc.)* passage; crossing. **2** *(per estensione: cammino)* way; path: *lungo il tragitto,* on the way (*o* road).

traguardo *sm* **1** *(in una gara)* finishing-post; winning-post; finishing line: *tagliare il traguardo,* to pass the finishing post; to cross the finishing line. **2** *(fig.: meta)* goal; aim; target. **3** *(negli strumenti ottici)* level; back sight.

traiettoria *sf* trajectory; path.

trainare *vt* to drag; to draw*; *(rimorchiare)* to haul; to tow. □ *farsi trainare, (fig.)* to get oneself taken round — *Vi andai trainato, (fig.)* I went there unwillingly.

traino *sm* **1** *(il trainare)* towing; tow; drawing; dragging; haulage: *gancio da traino,* hitch. **2** *(slitta)* sledge; sled. **3** *(carico, peso)* load.

tralasciare *vt* **1** *(sospendere)* to interrupt; to break*; to put* (sth) aside; to give* (sth) up. **2** *(omettere, trascurare)* to leave* (sth) out; to omit; to pass (sth) over; to skip.

tralcio *sm* shoot; *(spinoso)* briar *(talvolta* brier*)*.

traliccio *sm* **1** *(tela robusta)* ticking. **2** *(struttura a graticcio)* trellis; trellis-work; lattice-work. **3** *(per cavi ad alta tensione)* pylon.

tralice *(solo nella locuzione avverbiale) in tralice,* slantingly; askance; obliquely.

tralignamento *sm* degeneration.

tralignare *vi* to degenerate.

tralucente *agg* **1** translucent. **2** *(brillante)* shining.

tralucere *vi* **1** *(trasparire)* to shine* through; to be* transparent. **2** *(brillare)* to shine* (with sth).

tram *sm (GB)* tram; tram-car; *(USA)* trolley-car; street-car.

trama *sf* **1** *(di tessuto)* weft; woof. **2** *(fig.: macchinazione, complotto)* conspiracy; plot; intrigue: *ordire una trama contro qcno,* to lay (to hatch, to weave) a plot against sb. **3** *(intreccio)* plot: *Nel libro non c'è una vera trama,* There's no real plot in the book.

tramandare *vt* to hand (sth) down (*o* on); to transmit: *tramandare qcsa di padre in figlio,* to hand sth down from father to son.

tramare *vt* **1** *(intrecciare)* to weave*. **2** *(macchinare, complottare)* to plot; to scheme; to intrigue.

trambusto *sm* turmoil; uproar; confusion: *Dopo il comizio ci fu un gran trambusto in città,* After the meeting the city was in a turmoil — *Aveva l'animo in trambusto,* He was very upset — *C'è trambusto perché stiamo traslocando,* Everything's in a state of confusion because we are moving.

tramestio *sm (trambusto)* bustle; bustling; fuss.

tramezza *sf* **1** *(divisione)* partition. **2** *(di scarpa)* slipsole.

tramezzino *sm* sandwich.

tramezzo *sm* division; partition.

tramite *sm (passaggio intermedio: anche fig.)* way: *l'unico tramite tra Est e Ovest,* the only way from East to West. □ *fare qcsa per il tramite di qcno,* to do sth through sb — *fungere da tramite,* to act as a go-between.
□ *prep* through; via; by: *Ve lo spediamo tramite corriere,* We are despatching it by carrier.

tramoggia *sf* **1** *(edilizia)* hopper. **2** *(mecc.)* feedbox.

tramontana *sf* **1** *(settentrione)* north. **2** *(vento che soffia da settentrione)* north wind. □ *perdere la tramontana, (fig., fam.)* to lose one's bearings (one's head).

tramontare *vi* **1** *(del sole)* to set*; to go* down: *Il sole era appena tramontato,* The sun had just set. **2** *(fig.: calare, svanire)* to fade; to wane: *Le mie speranze stanno tramontando,* My hopes are fading.
□ *come sm* = **tramonto.**

tramonto *sm* **1** *(di astri, in generale)* setting; *(del sole)* sunset; sundown: *dall'alba al tramonto,* from dawn to dusk. **2** *(fig.: declino)* end; wane; decline: *essere al tramonto,* to be on the wane; to wane; *(di persona anziana)* to decline.

tramortimento *sm* faint; fainting fit; swoon.

tramortire *vt* to stun. □ *vi* to faint; to swoon.

trampoliere *sm* wader.

trampolino *sm* spring-board; diving-board; *(per il salto con gli sci)* ski-jumping board. □ *far da trampolino a qcno, (fig.)* to give sb a leg up.

trampolo *sm* **1** stilt. **2** *(al pl., fig.: tacchi altissimi)* very high heels. □ *reggersi sui trampoli, (di azienda, di persona)* to be shaky; *(di argomentazione)* not to hold water.

tramutamento *sm* transformation.

tramutare *vt* to transform; to change.
□ **tramutarsi** *v. rifl* to be* transformed.

trance *sf (voce fr.)* trance: *essere in stato di trance,* to be in a trance — *cadere in trance,* to fall (to go) into a trance.

tranche *sf (voce fr.)* block; instalment; portion; stage: *un'emissione di azioni in tre tranches,* a share issue in three blocks — *pagamento in tre tranches mensili,* payment in three monthly instalments.

trancia *sf* **1** *(cesoia)* shears *(pl.)*; shearing machine. **2** *(fetta)* slice.

tranciare *vt (tagliare con la trancia)* to shear*.

tranello *sm* **1** trap; snare: *cadere in un tranello,* to fall into a trap; to be caught in a snare. **2** *(difficoltà che trae in inganno)* pitfall.

trangugiamento *sm* gulp; *(fig.)* swallow.

trangugiare *vt* to gulp down; *(fig.)* to swallow.

tranne *prep* but; except: *Tutti andarono, tranne Luca,* Everybody went, except Luca; Everybody but Luca went.

tranquillamente *avv* **1** *(con tranquillità)* quietly; peacefully; calmly; tranquilly. **2** *(senza timore)* confidently; calmly; without hesitation: *Gli dissi tranquillamente ciò che pensavo di lui,* I told him quite calmly just what I thought of him. **3** *(senza pericolo)* safely; in safely; without danger. **4** *(comodamente)* easily.

tranquillante *agg* tranquillizing; soothing; reassuring.
□ *sm (med.)* tranquillizer.

tranquillità *sf* calm; peace; peacefulness; quiet; stillness; *(interiore)* tranquillity: *la tranquillità del mare,* the calmness of the sea — *la tranquillità della notte,* the stillness (the still) of the night — *tranquillità d'animo,* peace of mind — *il Mare della Tranquillità, (sulla Luna)* the Sea of Tranquillity.

tranquillizzare *vt* **1** *(calmare)* to tranquillize; to calm; to quiet; to soothe. **2** *(rassicurare)* to reassure; to set sb's mind at rest.

□ **tranquillizzarsi** *v. rifl* **1** to calm oneself; to quieten down. **2** to set* one's mind at rest; to be* reassured.

tranquillo *agg* quiet; peaceful; calm; tranquil; *(fermo)* still; undisturbed; untroubled: *È un luogo tranquillo,* It's a peaceful (a quiet, an undisturbed) spot — *carattere tranquillo,* tranquil character — *Giaceva tranquillo,* He lay there quite still.

□ *Ho la coscienza tranquilla,* I've an easy conscience — *Non sono tranquillo riguardo a lui,* I don't feel sure about him — *Sta' tranquillo!, (Non preoccuparti!)* Don't worry! — *Puoi star tranquillo!,* You needn't worry! — *Lasciami tranquillo!,* Leave me alone!; Let me be!

transalpino *agg* transalpine.

transatlantico *agg* transatlantic.

□ *sm (nave)* transatlantic liner.

transazione *sf* **1** *(compromesso)* settlement; compromise; *(dir., anche)* composition: *transazione amichevole,* amicable agreement — *venire ad una transazione,* to reach a compromise — *venire a una transazione con la propria coscienza,* to make a bargain with one's conscience. **2** *(transazione commerciale)* deal; transaction.

transenna *sf* **1** *(di finestra)* grating. **2** *(barriera)* barrier.

transetto *sm* transept; crossing.

transeunte *sm (lett.)* transient; ephemeral.

transfert *sm (voce fr.)* **1** *(macchina utensile)* transfer machine. **2** *(psicologia)* transference.

transfuga *sm* **1** deserter; runaway. **2** *(voltagabbana)* turncoat.

transiberiano *agg* Trans-Siberian.

transigere *vi* **1** *(giungere ad una transazione)* to reach (to come* to) an agreement; to come* to terms; to compromise: *Da quel che ho capito, non transigeranno mai,* As far as I know, they will never reach an agreement. **2** *(comm.)* to compound: *transigere su un debito,* to compound a debt — *transigere con i propri creditori,* to compound with one's creditors. **3** *(cedere, venire a patti moralmente)* to yield: *non transigere in fatto di puntualità,* to be a stickler for punctuality — *È un tipo che non transige,* He's the adamant type.

transitabile *agg* practicable; passable.

transitabilità *sf* practicability.

transitare *vi* to pass; to go* through.

transitivo *agg* transitive.

transito *sm* **1** *(passaggio)* transit: *passeggeri in transito,* passengers in transit; transit passengers — *diritto di transito,* right of way — *Divieto di transito,* No thoroughfare — *stazione di transito,* intermediate station — *Il transito è interrotto,* The road is closed; *(per lavori)* The road is up — *uccelli di transito,* birds of passage. **2** *(raro, lett.: morte)* death; *(nei dipinti)* dormition.

transitoriamente *avv* transitorily; *(più comune)* temporarily.

transitorietà *sf* transitoriness; temporariness.

transitorio *agg* transitory; temporary; *(fuggevole)* transient.

transizione *sf* transition: *governo di transizione,* stop-gap (*o* caretaker) government.

transpolare *agg* trans-polar: *la rotta transpolare,* the polar route.

transustanziazione *sf* transubstantiation.

trantran *sm (fam.)* routine; daily round: *il nostro solito trantran,* our humdrum life; the usual routine; the daily round.

tranvai *sm* tram *(GB);* trolley-car *(USA);* street-car *(USA).*

tranvia *sf* tramway; tramline.

tranviario *agg* tram *(attrib.): un biglietto tranviario,* a tram ticket — *una linea tranviaria,* a tramline.

tranviere *sm* **1** *(manovratore)* tram-driver; street-car operator *(USA).* **2** *(bigliettaio)* conductor.

trapanare *vt* **1** to drill; to bore. **2** *(chirurgia)* to trephine; to trepan.

trapanazione *sf* **1** drilling; boring. **2** *(chirurgia)* trepanation.

trapano *sm* **1** *(mecc. e odontoiatria)* drill. **2** *(chirurgia)* trephine; trepan.

trapassabile *agg* pierceable.

trapassamento *sm* piercing.

trapassare *vt* **1** *(passare da parte a parte)* to pierce; to run* (sth) through; *(trafiggere)* to transfix: *La spada gli trapassò il petto,* The sword pierced his chest. **2** *(lett.: attraversare)* to cross.

□ *vi* **1** *(passare)* to pass. **2** *(morire)* to pass away; to die: *Tutto trapassa,* Everything passes away.

trapassato *agg* dead; deceased.

□ *sm* **1** *(gramm.)* past perfect (tense); pluperfect (tense). **2** *(al pl.)* (the) dead.

trapasso *sm* **1** *(passaggio, transizione)* transition. **2** *(guado, valico)* crossing; passing; passage. **3** *(comm.)* transfer. **4** *(lett.: morte)* passing (away); death. **5** *(equitazione)* rack.

trapelare *vi* **1** *(di liquido, attraverso fessure)* to seep (through); to leak out; to ooze; to filter (through); to trickle; *(di luce)* to filter. **2** *(fig.: venirsi a sapere)* to leak (out); to become* known: *La notizia trapelò da una agenzia di stampa,* The news leaked out from a press agency — *lasciar trapelare un segreto,* to let a secret (leak) out — *Dalle sue parole trapelava l'emozione,* His words betrayed his emotion.

trapezio *sm* **1** *(geometria)* trapezium *(pl.* trapeziums *o* trapezia*);* trapezoid *(USA).* **2** *(ginnastica)* trapeze. **3** *(anat.)* trapezius.

trapezista *sm e f.* trapeze artist.

trapezoidale *agg* trapezoidal.

trapezoide *sm* **1** *(geometria)* trapezoid; trapezium *(USA).* **2** *(anat.)* trapezium.

trapiantabile *agg* transplantable.

trapiantare *vt* to transplant *(anche fig.).*

□ **trapiantarsi** *v. rifl (andare a vivere in un altro luogo)* to move (to); to settle (in).

trapianto *sm* transplantation; transplant *(spec. med.).*

trappista *sm* trappist (monk).

trappola *sf* trap: *cadere in una trappola,* to fall into a trap — *prendere qcno (qcsa) in trappola,* to trap sb (sth).

trapunta *sf* quilt.

trapuntare *vt* **1** to quilt. **2** *(ricamare)* to embroider.

trapunto *agg* **1** quilted. **2** *(ricamato)* embroidered: *un cielo trapunto di stelle,* a star-spangled sky; a starry sky.

□ *sm* **1** quilting. **2** *(ricamo)* embroidery.

trarre *vt* **1** to draw* *(anche fig.);* to pull: *Ha tratto ispirazione da una storia vera,* He drew his inspiration from a true story — *Trai la spada, fellone!,* Draw your sword, felon! — *Puoi trarre tu le conclusioni,* You can draw your own conclusions — *trarre origine,* to originate — *trarre in inganno qcno,* to deceive sb. **2** *(ottenere, ricavare)* to get*; to obtain; to derive: *Non ne trassi certo vantaggi,* I certainly didn't get any advantages out of it — *Vorrei trarne una certa soddi-*

sfazione, I should like to get some satisfaction out of it. **3** *(guidare, condurre)* to lead*: *Non ci disse mai ciò che l'aveva tratto là,* He never told us what had led him there. **4** *(gettare)* to throw*; to cast*: *trarre i dadi,* to throw (to cast) the dice. **5** *(comm.)* to draw*: *trarre una cambiale,* to draw a bill.

□ **trarsi,** *v. rifl* **1** to draw*: *Si trasse indietro scusandosi,* He drew back with an apology. **2** *(cavarsi)* to get* (out of): *Si è tratto a fatica da quell'imbroglio,* He got out of that scrape with difficulty.

trasalire *vi (sussultare)* to start; to give* a start; to leap*; to jump: *Quando lo vidi, trasalii,* I gave a start when I saw him — *Trasalì di gioia,* She jumped for joy — *far trasalire qcno,* to make sb jump; to startle sb; to give sb a start — *Perché mi hai fatto trasalire?,* Why did you startle me?

trasandare *vt* to neglect.

trasandato *agg (di aspetto)* neglected; *(nel lavoro, ecc.)* careless; slovenly; *(spec. di vestiti);* tatty; shabby: *È trasandato nel suo lavoro,* He's a slovenly (a careless) worker.

trasbordare *vt* **1** to transfer. **2** *(naut.)* to transship.

□ *vi* **1** to change. **2** to transship.

trasbordo *sm* transfer; *(naut.)* transshipment.

trascendentale *agg* transcendental.

trascendente *agg* transcendent; *(matematica e filosofia)* transcendental.

trascendenza *sf* transcendence; transcendency.

trascendere *vt* to transcend; to surpass; to go* beyond (sth); to rise* above (sth).

□ *vi (eccedere)* to let* oneself go; to go* too far; to go* to excess; to overdo* it: *trascendere nel bere,* to drink to excess — *È un tipo che non trascende mai,* He's the kind of man who never goes too far (who never overdoes it).

trascinare *vt* **1** *(tirare trascinando, anche fig.; condurre a forza)* to drag; *(talvolta, fig.);* to take*; to lead*: *Perché trascini la gamba destra?,* Why are you dragging your right leg? — *trascinare qcno in tribunale,* to take sb to court — *trascinare qcno nel fango,* to drag sb in the mud — *Mi hanno trascinato al cinema, ma non ne avevo alcuna voglia,* They dragged me off to the cinema but I hadn't the slightest desire to go — *trascinare qcno sulla via del male,* to lead sb astray. **2** *(fig.: trasportare)* to carry (away); *(attirare)* to attract: *Era uno che sapeva trascinare le folle,* He knew how to carry the crowds with him.

□ **trascinarsi** *v. rifl* **1** to drag oneself along; to trail along: *Si trascinarono fino alla casa ancora sotto shock,* They dragged themselves to the house, still suffering from shock. **2** *(fig.: protrarsi)* to drag (on): *Questa storia si è trascinata per troppo tempo ormai,* This business has been dragging on far too long now.

trascoloramento *sm* discoloration.

trascolorare *vi* to change colour; *(lett.: impallidire)* to grow* pale.

trascorrere *vt* **1** *(raro e lett.: percorrere)* to go* about; to wander about. **2** *(di tempo: passare)* to spend*; to pass: *Abbiamo trascorso con loro ore piacevoli,* We have spent some very pleasant hours with them — *Quanto tempo hai trascorso a Londra?,* How long did you stay in London?; How much time did you spend in London? — *È uno che non sa come trascorrere il tempo,* He's one of those people who just don't know how to pass the time. **3** *(percorrere qcsa rapidamente con la mente)* to run* over (sth) in one's mind.

□ *vi* **1** *(passare)* to pass; to go* by; to elapse *(piuttosto formale): I giorni trascorsero veloci e tutto finì,* The days passed (*o* went by) quickly and everything came to an end — *Quanto tempo è trascorso da allora!,* What a long time has passed (has elapsed) since then! **2** *(andare troppo oltre)* to go* too far; to overstep the mark (the limit); to let* oneself go: *trascorrere i limiti,* to go too far; to overstep the limit.

[1]**trascorso** *agg* past.

[2]**trascorso** *sm (errore, fallo)* fault; slip; lapse; error.

trascritto *agg* transcribed.

trascrivere *vt* **1** to transcribe. **2** *(dir.)* to record; to register.

trascrizione *sf* **1** transcription. **2** *(dir.)* registration.

trascurabile *agg* negligible.

trascurare *vt* **1** *(non curare)* to neglect. **2** *(tenere in poco conto)* to disregard; *(non tenere in conto)* to overlook; to leave* (sth) out of account.

□ **trascurarsi** *v. rifl* to take* no care of oneself; to let* oneself go to pieces.

trascuratamente *avv* carelessly; negligently.

trascuratezza *sf* carelessness; negligence; *(nel vestire)* slovenliness.

trascurato *agg* **1** careless; negligent; *(nel vestire)* slovenly. **2** *(curato male)* neglected.

□ *sm* slovenly (*o* shabby) person.

trasduttore *sm* transducer.

trasecolamento *sm* amazement.

trasecolare *vi* to be* amazed (*o* astonished); to be* shocked.

trasferibile *agg* transferable: *non trasferibile,* non-transferable; *(di assegno)* not negotiable.

trasferimento *sm* **1** transfer: *Ha chiesto il trasferimento,* He's asked for a transfer — *trasferimento d'indirizzo,* change of address. **2** *(l'atto del trasferirsi)* move. **3** *(dir.: di beni immobili)* conveyance.

trasferire *vt* to transfer; to remove; *(dir.)* to convey: *Minacciano di trasferire la sede centrale a Firenze,* They are threatening to transfer the head office to Florence — *Vorrei trasferire il mio domicilio,* I'd like to move (to change my address).

□ **trasferirsi** *v. rifl (cambiare sede, casa, ecc.)* to move; to go*: *Si sono trasferiti in campagna,* They have moved into the country — *Si sono trasferiti all'estero,* They have gone (to live) abroad.

trasferta *sf* **1** *(servizio fuori residenza)* transfer: *Il magistrato è in trasferta per un'indagine,* The magistrate is away on an investigation. **2** *(sport)* away: *giocare in trasferta,* to play away — *partita in trasferta,* away game (*o* match). **3** *(indennità)* subsistence (*o* living-away) allowance.

trasfigurare *vt* to transfigure; to transform: *Il dolore gli aveva trasfigurato il viso,* Pain had transfigured her face — *Il matrimonio ti ha trasfigurata!,* Marriage has transformed you!

□ **trasfigurarsi** *v. rifl* to change one's appearance; to be* transformed.

trasfigurazione *sf* transfiguration.

trasfondere *vt (raro)* to transfuse; *(fig.)* to instil (sth into sb).

trasformabile *agg* transformable; *(di automobile)* convertible.

trasformare *vt* **1** to transform; to change (sth into sth); to convert (sth into sth); to turn (sth into sth). **2** *(al rugby)* to convert: *(calcio) trasformare un rigore,* to score off a penalty.

□ **trasformarsi** *v. rifl* to transform oneself; to be* transformed; to change: *La strega si trasformò in sor-*

ridente vecchina, The witch changed (*o* transformed herself) into a smiling old woman.

trasformatore *sm* transformer: *trasformatore di corrente,* current transformer — *trasformatore riduttore,* step-down transformer — *trasformatore bifase,* two-phase transformer.

trasformazione *sf* **1** transformation; change; conversion. **2** *(rugby)* conversion.

trasformista *sm e f.* **1** transformist *(anche in politica).* **2** *(teatro)* quick-change artist.

trasfusione *sf* transfusion.

trasgredire *vt e i.* to infringe; to transgress; to break*; to violate: *trasgredire una (o a una) legge,* to infringe (to break) a law — *trasgredire un ordine,* to disobey an order.

trasgressione *sf* **1** *(violazione di un ordine)* infringement; transgression. **2** *(geologia)* transgression.

trasgressore *sm* transgressor; infringer; breaker.

traslato *agg* metaphoric; figurative.

□ *sm (retorica)* metaphor.

traslatore *sm* **1** *(computeristica)* translator. **2** *(telegrafia)* repeater.

traslazione *sf* **1** *(mecc.)* traverse; translation. **2** *(trasferimento)* transfer; *(di una salma)* transporting. **3** *(dir.)* transfer; conveyance.

traslocare *vt* to move; to remove; to transfer.

□ *vi* to move; to move house; to shift; to change one's address: *Quand'è che traslocate?,* When are you moving?

trasloco *sm* removal: *fare trasloco,* to move; to move house.

traslucidità *sf* translucency.

traslucido *agg* translucent.

trasmettere *vt* **1** to transmit *(anche fis.);* to pass on; to hand on; *(comunicare)* to convey: *trasmettere una malattia,* to transmit a disease — *Potevo trasmettere tutte le mie sensazioni,* I was able to convey all my sensations — *Trasmetti i miei migliori saluti ai tuoi genitori,* Give your parents my best regards. **2** *(inviare)* to send*; *(mandare in onda per radio, ecc.)* to send*; to transmit; to broadcast*: *trasmettere una notizia (un telegramma),* to send an item of news (a telegram) — *trasmettere per televisione,* to televise; *(talvolta)* to telecast — *trasmettere sull'intera rete,* to network — *trasmettere per filo,* to send by wire; to telegraph; to pipe *(fam.).* **3** *(dir.)* to assign; to convey; to transfer: *trasmettere un titolo,* to convey a title.

trasmettitore *sm* transmitter.

trasmigrare *vi* to transmigrate *(anche fig.).*

trasmigrazione *sf* transmigration.

trasmissibile *agg* transmissible; transmittable.

trasmissibilità *sf* transmissibility.

trasmissione *sf* **1** transmission; conveyance. **2** *(passaggio di caratteri biologici)* transmission. **3** *(programma radiofonico)* transmission; broadcast; *(televisivo)* telecast; *(per estensione)* programme: *'La trasmissione del giornale radio è terminata',* 'That is the end of the news'. **4** *(mecc.: comunicazione del movimento)* drive; transmission: *trasmissione anteriore,* front-wheel drive — *albero di trasmissione,* propeller (*o* driving) shaft. **5** *(al pl., mil.)* signals.

trasmissivo *agg* transmissive.

trasmittente *agg* transmitting: *un apparecchio trasmittente,* a transmitting set; a transmitter.

□ *sm* transmitter; transmitting set.

□ *sf* transmitting station.

trasmutabile *agg* transmutable.

trasmutazione *sf* transmutation.

trasognamento *sm* day-dreaming.

trasognare *vi* to day-dream*; to be* lost in reverie.

trasognato *agg* dreamy; day-dreaming; lost in reverie; faraway.

trasparente *agg* **1** transparent; *(di tessuto, vestito, anche)* see-through; diaphanous. **2** *(molto sottile)* wafer-thin.

□ *sm* **1** *(intelaiatura di carta o tela)* transparency. **2** *(teatro)* scrim. **3** *(cinema, televisione)* background. **4** *(tessuto posto sotto un merletto)* backing.

trasparenza *sf* transparency. □ *Guardalo in trasparenza!,* Look at it against the light!

trasparire *vi* **1** *(apparire attraverso: della luce)* to shine* (to gleam, to appear) through; *(p.es. di sottovestc)* to show* through: *Una debole luce traspare dal buco della serratura,* A faint light is gleaming through the keyhole. **2** *(fig.: rivelarsi)* to show*; to be* evident: *Cercai di non lasciar trasparire la mia ansia,* I tried not to betray my anxiety; I tried not to let my anxiety show. **3** *(raro: essere trasparente)* to be* transparent.

traspirare *vi* **1** to perspire; *(di piante)* to transpire. **2** *(fig.: palesarsi)* to transpire; to leak out.

traspirazione *sf* perspiration; *(delle piante)* transpiration.

trasporre *vt* to transpose.

trasportabile *agg* transportable; conveyable.

trasportare *vt* **1** to transport; to move; to take*; to carry; to convey; *(fig.)* to carry away; *(togliere)* to remove: *Devo trasportare tutto per far posto a mio nipote,* I must move everything to make room for my grandson — *Fu trasportato d'urgenza in ospedale,* He was taken urgently (*o* rushed) to hospital — *Trasporta solo passeggeri,* It carries passengers only — *Mi sono lasciato trasportare dall'ira,* I let myself get carried away by my anger — *L'entusiasmo lo trasportò e gli fece dire alcune sciocchezze,* His enthusiasm carried him away and made him say a number of stupid things. **2** *(trasferire)* to transfer; to remove: *L'amministrazione è stata trasportata qua,* The administrative department has been transferred here. **3** *(posporre)* to postpone; to defer: *Così dovemmo trasportare i nostri festeggiamenti al week end successivo,* So we had to postpone our celebrations until the following weekend. **4** *(mus., ecc.: trasporre)* to transpose.

□ **trasportarsi** *v. rifl* **1** to go*; to betake* oneself. **2** *(spostarsi con il pensiero)* to go* back (in thought); to go* forward.

trasportatore *sm* **1** *(chi effettua trasporti, spedizioniere)* transporter; carrier; haulier; teamster *(USA);* trucker *(USA).* **2** *(macchina per trasporto di materiali)* conveyer; conveyor; carrier: *trasportatore aereo,* overhead conveyer — *trasportatore a nastro,* conveyer belt — *trasportatore a tazze,* skip hoist.

trasporto *sm* **1** transport; transportation *(USA);* conveyance; carriage; transfer; *(di merci)* freight; carriage; shipment *(spec. via mare); (su strada)* haulage; trucking *(USA): i trasporti pubblici,* public transport *(sing., collettivo)* — *il Ministero dei Trasporti,* the Ministry of Transport *(GB);* the Department of Transportation *(USA)* — *mezzi di trasporto,* means of transport — *distanza di trasporto,* haul — *trasporto al destinatario,* carriage forward — *spese di trasporto,* carriage; freight charges — *franco di trasporto,* carriage free — *nave da trasporto,* cargo ship; freighter — *impresa di trasporti,* haulage contractors *(pl.);* trucking company *(USA)* — *compagnia di trasporti,* forwarding agency; *(marittima)* shipping agency — *aeroplano da trasporto,* freighter; *(per truppe)* transport — *contratto di trasporto ma-*

rittimo, affreightment — *trasporto funebre,* funeral. **2** *(fig.: impeto)* transport; rapture: *un trasporto d'ira,* a transport of rage — *Sta lavorando con grande trasporto,* He's working with great enthusiasm — *in un momento di trasporto,* in a moment of rapture. **3** *(mus.)* transposition. **4** *(nei lavori di restauro)* transfer.

trasposizione *sf* transposition.

trassato *sm* drawee.

trastullare *vt* **1** *(far divertire)* to amuse; to play (with sb). **2** *(illudere)* to beguile; to lead* (sb) by the nose.
□ **trastullarsi** *v. rifl* **1** *(giocare, divertirsi)* to play; to amuse oneself. **2** *(perder tempo, gingillarsi)* to trifle.

trastullo *sm* **1** *(divertimento)* amusement; sport; pastime. **2** *(gioco)* plaything; toy; *(zimbello)* plaything.

trasudamento *sm* **1** *(della pelle)* perspiration; sweat. **2** *(di cose, per l'umidità)* oozing; seepage.

trasudare *vi* **1** *(gocciolare)* to seep; to ooze: *Il sudore gli trasudava dalla fronte,* Sweat oozed from his forehead. **2** *(di latta, ecc.)* to sweat; *(di bitume)* to bleed.
□ *vt (filtrare, lasciar passare)* to ooze (with sth): *La casa trasuda umidità dopo la lunga pioggia,* The house is oozing with damp after so much rain.

trasudato *sm* transudate.

trasversale *agg* transverse; oblique; cross *(attrib.)*: *muscolo trasversale,* transverse muscle — *trave trasversale,* cross girder — *via trasversale,* cross-street; side-street — *inclinazione trasversale, (di aereo)* bank.
□ *sf* **1** *(linea geometrica)* transversal. **2** *(strada)* turning.

trasversalmente *avv* crosswise; transversally: *L'automobile andò a mettersi trasversalmente sulla strada,* The car ended up across the road.

trasverso *agg* transverse.
□ *sm* cross-beam.

trasvolare *vt (passare volando)* to fly* (across sth): *Trasvolammo l'Atlantico da Toronto a Milano,* We flew across the Atlantic from Toronto to Milan.
□ *vi (trattare di sfuggita)* to skim over; to deal* (with sth) cursorily.

trasvolata *sf* long-distance flight; crossing (by air).

trasvolatore *sm* long-distance flier.

tratta *sf* **1** *(l'atto del tirare, strappo)* pull; tug. **2** *(traffico illegale di persone)* trade; traffic: *la tratta dei negri,* the slave trade — *la tratta delle bianche,* white-slave traffic; the white-slave trade. **3** *(comm.: titolo di credito)* draft; bill: *tratta a vista,* sight draft — *cambiale tratta,* bill of exchange — *tratta allo scoperto,* overdraft — *spiccare una tratta su qcno per qcsa,* to draw on sb for sth. **4** *(di spazio)* distance; stretch; stage; *(ferrovia: di percorso)* section. **5** *(di tempo)* period.

trattabile *agg* **1** *(di argomento)* able to be dealt with; discussable: *prezzo cinque milioni, trattabile,* price five million, negotiable. **2** *(di persona: affabile)* tractable; amenable. **3** *(di metallo: lavorabile)* treatable; easy to work.

trattamento *sm* **1** *(modo di trattare)* treatment; *(tec., anche)* treating; *(cura medica)* treatment: *il trattamento dei prigionieri,* the treatment of prisoners — *trattamento termico,* heat treatment — *trattamento a freddo,* cold-treating — *Dopo un trattamento a base di calcio sto meglio,* After calcium treatment I feel much better — *trattamento di favore,* special treatment (*o* consideration) — *Abbiamo avuto un buon trattamento,* We've been well treated — *tutto trattamento, (pensione completa)* board and lodging. **2** *(stipendio, paga)* conditions *(pl.)*; pay; salary; wages *(pl.)*: *Firmerò il contratto se il trattamento sarà soddisfacente,* I'll sign the contract if the conditions are satisfactory.

trattare *vt* **1** *(discutere, esporre un argomento)* to treat; to deal* with; to discuss: *Prima o poi dovremo trattare anche quell'argomento,* Sooner or later we'll have to deal with that topic, too — *Devono ancora trattare le condizioni per la resa,* They still have to discuss the conditions for the surrender.
2 *(avere a che fare con qcno, comportarsi con qcno)* to treat; to deal* with; to behave towards: *Sono stato trattato malissimo,* I've been extremely badly treated — *Vuole essere sempre trattato con i guanti,* He always wants to be treated with kid gloves — *Tratta la moglie da pazza,* He behaves towards his wife as if she were mad.
3 *(riferito a negoziati)* to deal*; to negotiate; *(mil., anche)* to treat (for): *Tratteremo un contratto importante domani,* We shall be negotiating an important contract tomorrow — *S'incomincia a trattare la pace,* They are beginning to treat for peace.
4 *(raro: frequentare)* to frequent: *Per fortuna non trattò mai tipi simili,* Fortunately he never frequented such people.
5 *(lavorare una sostanza)* to work in: *Tratta l'ottone veramente bene,* He works beautifully in brass.
6 *(tec., chim.)* to treat: *Va trattato con un acido,* It must be treated with acid.
7 *(maneggiare, anche fig., per usare)* to handle: *Tratta quei cristalli con grande delicatezza,* Handle those crystals with great care.
8 *(curare)* to treat; to cure: *Questa malattia renale non può essere trattata che con la dialisi,* This kidney disease can only be cured by dialysis.
□ *vi* **1** *(avere a che fare con qcno)* to treat (with); to deal* (with); *(negoziare)* to negotiate: *Non voglio più trattare con un simile cafone,* I don't want to have any more dealings with such a boor — *Tratteranno direttamente con il presidente,* They will be dealing (*o* negotiating) directly with the chairman.
2 *(parlare, discutere su qcsa o qcno)* to deal* with (sth); *(di libri, anche)* to be* about (sth): *Tratteranno dei nuovi metodi audiovisivi per l'insegnamento,* They will be dealing with new audiovisual teaching methods.
□ **si tratta...** *v. impers* to be* a question (of); to be* a matter (of) *(ma spesso si traduce in modo idiomatico: ⇨ sotto)*: *Si tratta di decidere ora,* A decision must be taken now — *Quando si tratta di fare qualcosa di faticoso, non c'è mai,* When something tiring has to be done he's never around — *Ti dirò domani di cosa si tratta,* I'll tell you tomorrow what it's about — *Si tratta di una questione di vita o di morte,* It's a matter of life or death — *Di che si tratta?,* What's it about?
□ **trattarsi** *v. rifl (dedicare particolari riguardi alla propria persona)* to do* oneself well: *Ci trattiamo sempre molto bene,* We always do ourselves well.

trattario *sm* drawee.

trattatista *sm e f.* writer of a treatise.

trattativa *sf (generalm. al pl.)* negotiation(s); *(comm.)* dealings: *trattative in corso,* negotiations pending — *entrare in trattative per una vendita,* to enter into negotiations for a sale — *essere in trattative con qcno,* to be negotiating with sb.

trattato *sm* **1** *(accordo)* treaty: *trattato di pace,* peace treaty — *rompere un trattato,* to abuse a treaty. **2** *(dissertazione)* treatise.

trattazione *sf* **1** *(di un argomento)* treatment. **2** *(comm.: di affari)* handling; management; dealing.

tratteggiare *vt* **1** *(tracciare linee a tratti brevi, abbozzare)* to dash; to sketch; to outline; *(ombreggiare)* to hatch. **2** *(fig.: descrivere)* to describe.

tratteggiato *agg* **1** *(abbozzato)* sketched. **2** *(descritto)* described; drawn; represented. **3** *(disegnato a trattini)* dashed: *una linea tratteggiata,* a broken (*o* dashed) line.

tratteggio *sm* **1** *(il tratteggiare)* hatching. **2** *(disegno a trattini)* dash; *(ombreggiatura)* hatch; *(in cartografia)* hachure. **3** *(descrizione)* description.

trattenere *vt* **1** *(frenare, tener dentro)* to hold*; to keep* (sth) back; to repress; to restrain; to stop: *Non potei trattenere le lacrime,* I couldn't keep back my tears — *Perché non l'avete trattenuto?,* Why didn't you restrain him? — *Trattieni la tua rabbia ed ascoltami,* Keep your temper and listen to me — *Non so che cosa mi abbia trattenuto dal picchiarlo,* I can't think what stopped me from hitting him. **2** *(tenere, bloccare, non lasciare la presa)* to keep*; to detain; to retain; *(far restare qcno)* to make* sb stay (behind): *Scusami del ritardo, mi hanno trattenuto in ufficio,* Excuse my being late, I was kept in the office — *È stato trattenuto due giorni in prigione,* He was kept in prison for two days — *Lo trattennero a pranzo,* They made him stay to lunch — *Nulla può trattenermi in questo posto,* Nothing will make me stay here. **3** *(non consegnare)* to keep* (back); to withhold*: *Mi trattengono lo stipendio in attesa di chiarificazioni,* They are withholding my salary pending clarification. **4** *(detrarre da una somma)* to deduct; to take* (sth) off: *Con la nuova tassazione ci trattengono una percentuale più alta dallo stipendio,* They deduct a higher percentage of our salary under the new tax arrangements. **5** *(intrattenere)* to entertain: *Decise di suonare il piano per trattenere gli ospiti,* He decided to play the piano to entertain his guests.

☐ **trattenersi** *v. rifl* **1** *(frenarsi)* to restrain oneself; to refrain (from doing sth); to hold* oneself back; *(astenersi da)* to help doing; to keep* oneself; to avoid doing: *Trattenetevi dal ridere per favore,* Please refrain from laughing — *Non poté trattenersi dal gridare,* He couldn't help shouting — *Ti avverto che non mi tratterrò dal dire tutto,* I warn you I shan't hold anything back. **2** *(restare, fermarsi)* to stop; to stay; to remain: *Quanto ti trattieni a Torino?,* How long will you be stopping (be staying) in Turin? — *Spero che la prossima volta vi tratterrete più a lungo,* I hope you'll stay longer next time. **3** *(indugiare)* to dwell* on (sth); to linger over (sth): *L'insegnante si trattenne a lungo sulla Rivoluzione Industriale,* The teacher dwelt at some length on the Industrial Revolution.

trattenimento *sm* **1** *(divertimento, passatempo)* entertainment; *(ricevimento)* party; reception. **2** *(indugio)* delay.

trattenuta *sf* deduction.

trattino *sm* dash; *(nelle parole composte)* hyphen.

[1]**tratto** *agg* (*p. pass. di* **trarre**): *a spada tratta,* with drawn sword; *(fig.)* ready for action.

[2]**tratto** *sm* **1** *(tirata)* pull; tug; *(tiro)* throw; shot; *(colpo)* stroke. **2** *(linea)* line; outline; *(colpo di penna, di pennello)* stroke: *disegnare qcsa a grandi tratti,* to outline (to sketch) sth — *tratto d'unione,* hyphen — *Cancellalo con un tratto di penna!,* Cross it out (with a stroke of the pen)!; Strike it through!; Put a line through it! **3** *(modo di fare)* bearing; manners *(pl.)*; behaviour, *(USA)* behavior; *(impulso, gesto)* action; gesture: *Lo riconobbi per il suo tratto signorile,* I recognized him by his refined manners — *l'amabilità del suo tratto,* the friendliness of his behaviour — *Fu un tratto di bontà,* It was a good action (a kind-hearted action). **4** *(parte: di spazio)* distance; stretch; way; *(tappa)* leg; *(di percorso su mezzo pubblico)* section: *Dobbiamo attraversare un piccolo tratto di mare,* We must cross a small stretch of sea — *Mi seguirono per un lungo tratto,* They followed me a long way (for a considerable distance) — *L'ultimo tratto del viaggio fu il più noioso,* The last leg of the journey was the most boring. **5** *(di tempo, periodo)* period; while: *Stette zitto solo per un breve tratto di tempo,* He was silent for only a short while — *ad un tratto (tutto d'un tratto; a tratti),* suddenly; all of a sudden — *di tratto in tratto; a tratti,* from time to time; every now and then. **6** *(brano)* passage; section: *Per ora ho letto solo dei tratti qua e là,* So far I've only read some passages here and there. **7** *(di solito al pl.: lineamenti)* features; *(fig.: caratteristica)* trait; feature: *Ha un viso dai tratti regolari,* She has regular features — *Razionalismo ed empirismo furono tratti salienti del Settecento,* Rationalism and empiricism were salient traits (*o* features) of the eighteenth century.

[1]**trattore** *sm (proprietario di trattoria)* innkeeper; restaurant proprietor.

[2]**trattore** *sm* tractor; *(cingolato)* caterpillar tractor; crawler.

trattoria *sf* (small) restaurant; inn; *(in Italia)* trattoria.

tratturo *sm* sheep-track.

trauma *sm* trauma *(pl.* traumas; *talvolta, med.,* traumata*); (mentale, anche)* shock.

traumatico *agg* traumatic.

travagliare *vt* to torment; to trouble; to afflict; to harass.

☐ **travagliarsi** *v. rifl* to worry.

travagliato *agg* **1** *(tormentato)* troubled; tormented; *(infelice)* unhappy. **2** *(difficoltoso)* hard; difficult.

travaglio *sm* **1** *(lavoro duro)* labour; toil. **2** *(del parto)* labour; travail *(lett.).* **3** *(angoscia)* trouble; anguish; suffering; travail *(lett., piuttosto ant.).*

travasare *vt* to pour (sth) off; to decant *(un vino pregiato).*

☐ **travasarsi** *v. rifl* to spill.

travaso *sm* **1** pouring off; *(di vino)* decantation. **2** *(med.)* effusion: *travaso di bile,* bilious attack.

travata, travatura *sf* beams; framework; truss; *(di ponte, anche)* girder.

trave *sf* beam; girder; rafter: *trave maestra,* main girder — *trave di chiglia, (naut.)* bar keel — *trave di colmo, (di tetto)* ridgepole; roof tree — *trave in aggetto,* overhanging beam.

travedere *vi* **1** *(prendere un abbaglio, ingannarsi)* to mistake* one thing for another; to be* mistaken: *Ero così stanco che travedevo,* I was so tired that I mistook one thing for another. **2** *(nutrire un amore sviscerato per qcno)* to be* crazy about: *A quel tempo travedevo per lui,* At that time I was crazy about him.

traveggole *sf pl (solo nella locuzione) avere le traveggole,* to mistake* one thing for another; to see* double.

traversa *sf* **1** *(sbarra di sostegno, transenna)* cross-bar; cross-piece; traverse; transom; *(calcio)* cross-bar. **2** *(traversina fra le rotaie)* sleeper; tie *(USA).* **3** *(via traversa)* side-road; cross-road. **4** *(telo, nel letto)* underblanket; drawsheet.

traversare *vt e i.* **1** (⇨ *anche* **attraversare**) to cross *(anche fig.): Traversò il fiume a nuoto,* He swam across the river — *Come ha potuto traversarti la mente un'idea simile?*, How could such an idea cross your mind? **2** *(calcio)* to cross. **3** *(alpinismo)* to traverse.

traversata *sf* crossing; passage; *(alpinismo)* traverse.

traversia *sf* **1** *(spec. al pl.: avversità, sventura)* misfortune; mishap; accident. **2** *(raro: vento)* on-shore wind (*o* gale).

traversina *sf (di binario ferroviario)* sleeper; tie *(USA).*

[1]**traverso** *agg (trasversale, obliquo)* transverse; cross; oblique: *per vie traverse, (fig.)* by underhand methods.

[2]**traverso** *sm* **1** *(il senso della larghezza)* width: *di traverso, (dalla parte sbagliata)* askew; askance; obliquely; in the wrong way — *andar di traverso, (di cibo)* to go down the wrong way — *guardare qcno di traverso, (letteralm.)* to look at sb out of the corner of one's eye; *(fig., per sospetto, ecc.)* to look askance at sb — *Sembra che tutto mi vada per traverso,* Everything seems to be going wrong for me — *capire per il traverso,* to misunderstand. **2** *(naut.)* beam; side: *al traverso,* abeam; abreast — *per il traverso,* athwart.

traversone *sm (sport)* cross.

travertino *sm* travertine.

travestimento *sm* disguise.

travestire *vt* **1** to disguise. **2** *(alterare)* to alter; to transform. **3** *(mettere in parodia)* to parody; to travesty.
□ **travestirsi** *v. rifl* to disguise oneself; *(per un ballo)* to dress up: *Si travestirono da poliziotti,* They disguised themselves as policemen.

[1]**travestito** *agg* (*p. pass. di* **travestire**) **1** disguised. **2** parodied.

[2]**travestito** *sm* transvestite; *(erroneamente, per 'omosessuale')* homosexual.

travet *sm* clerk; pen-pusher.

traviamento *sm (fig.)* corruption; aberration.

traviare *vt* to lead* (sb) astray; to corrupt.
□ **traviarsi** *v. rifl* to go* astray; to stray.

traviato *agg* misled; corrupt; perverted.

travisamento *sm* alteration; distortion; misinterpretation.

travisare *vt* to alter; to distort; to misinterpret; to misrepresent.

travolgente *agg* overwhelming; sweeping; overpowering: *una vittoria travolgente,* a sweeping victory — *una passione travolgente,* an overpowering passion.

travolgere *vt* **1** *(trascinare via con violenza)* to sweep* (sb, sth) away; to carry (sb, sth) away; *(investire)* to run* (sb) over; to knock (sb) down: *La slavina travolse tre auto,* The avalanche swept away three cars — *Rimase paralizzato dopo essere stato travolto da una motocicletta,* He was left paralyzed after being run over (knocked down) by a motor-cycle. **2** *(sopraffare)* to rout; to crash; to overwhelm *(anche fig.): I tedeschi travolsero i francesi a Sédan,* The Germans routed the French at Sédan — *Fu travolto dalle passioni,* He was overwhelmed by passion *(sing.).* **3** *(raro, lett.: capovolgere)* to overturn; to overthrow*; to turn upside down.

trazione *sf (mecc.)* traction *(anche med.); (nelle automobili)* drive: *trazione a vapore (elettrica),* steam (electric) traction — *trazione anteriore,* front-wheel drive. □ *resistenza alla trazione,* resistance to tensile stress.

tre *agg numerale cardinale e sm e f.* three: *Avevo tre anni,* I was three years old — *Verrò alle tre,* I'll be there by three (o'clock) — *il tre per cento,* three per cent — *Sto al tre,* I live at number three — *il tre giugno,* June the third — *tre volte,* three times; *(talvolta, ormai lett.)* thrice — *tre volte tanto,* three times as much — *E tre!,* That's the third time! — *Non c'è due senza tre,* It's bound to happen a third time — *È tre volte buono,* He's too good — *Ci penserò tre volte,* I'll think about it very carefully — *Le disgrazie vengono sempre a tre per volta, (prov.)* It never rains but it pours.

trebbia *sf* **1** *(la trebbiatura)* thrashing; threshing. **2** *(macchina agricola)* threshing-machine; thrasher; thresher.

trebbiare *vt* to thresh.

trebbiatrice *sf* threshing-machine.

trebbiatura *sf* threshing; thrashing.

treccia *sf* plait; braid; *(di capelli, anche)* pigtail: *farsi le trecce,* to plait one's hair — *conduttore a treccia,* plaited conductor.

trecentesco *agg* fourteenth-century *(attrib.).*

trecentesimo *agg numerale ordinale e sm* three hundredth.

trecentista *sm e f.* fourteenth-century writer (*o* artist).

trecento *agg numerale cardinale e sm* three hundred.
□ *sm* the fourteenth century; *(per l'arte italiana)* the Trecento.

tredicenne *agg* thirteen years old; thirteen-year-old *(attrib.).*
□ *sm e f.* thirteen-year-old.

tredicesima *sf* thirteenth (*o* extra) month's pay; Christmas bonus.

tredicesimo *agg numerale ordinale e sm* thirteenth.

tredici *agg numerale cardinale e sm e f.* thirteen.

tregenda *sf* **1** gathering of witches; witches' sabbath: *notte di tregenda,* Walpurgis night; *(fig.)* stormy night. **2** *(pandemonio)* pandemonium.

tregua *sf* **1** *(pausa in una guerra, ecc.)* truce. **2** *(fig.: riposo, pace)* rest; respite: *Il dolore non mi dava tregua,* The pain gave me no respite (*o* peace) — *senza tregua,* incessantly; ceaselessly.

tremare *vi* to tremble; to shake*; *(di freddo)* to shiver; *(fremere)* to quiver; *(tremare molto)* to quake; to shudder; *(per estensione: aver paura)* to be* afraid (of sb, sth): *Tremo per te,* I tremble for you — *tremare di paura,* to shake with fear — *Uscendo sul balcone tremai,* I shivered when I went out on the balcony — *Avevo le labbra che tremavano durante l'orale,* My lips were quivering during the oral examination — *Io non tremo davanti a nessuno,* I'm not afraid of anybody.

tremarella *sf (fam.)* shivers *(pl.);* blue funk *(sl.): aver la tremarella,* to have the shivers; to have got the wind up; to be shaking in one's shoes.

tremebondo *agg (lett.)* trembling.

tremendamente *avv* terribly; awfully; frightfully; dreadfully; tremendously.

tremendo *agg* **1** terrible; awful; frightful; dreadful. **2** *(grande e grave)* tremendous; enormous: *avere una fame tremenda,* to be terribly (*o* awfully, *ecc.*) hungry — *C'è un caldo tremendo qui dentro,* It's terribly (*o* awfully, *ecc.*) hot in here.

trementina *sf* turpentine.

tremila *agg numerale cardinale e sm* three thousand.

tremito *sm* tremble; shake; shudder; *(per il freddo)* shiver.

tremolare *vi* to shake*; to tremble; to quiver *(anche di foglie); (di luce)* to flicker; *(di stelle)* to twinkle.

tremolio *sm* trembling; quivering; *(di luce)* flickering; *(di stelle)* twinkling.
tremolo *agg* trembling; tremulous; *(di luce)* flickering; *(di foglie)* quivering: *pioppo tremolo,* aspen; asp.
□ *sm* **1** *(mus.)* tremolo. **2** *(albero)* aspen; asp.
tremore *sm* trembling; shaking.
tremulo *agg* trembling; twinkling; flickering.
trenino *sm* **1** *(giocattolo)* toy train; *(modellino)* model train. **2** *(piccolo treno)* miniature train.
treno *sm* **1** train: *un viaggio in treno,* a train journey — *viaggiare in treno,* to travel by train (by rail) — *Il treno è in ritardo,* The train is late — *treno accelerato,* local train; slow stopping train — *treno espresso (rapido),* express train — *il treno delle nove,* the nine o'clock train — *treno merci,* goods train — *treno festivo,* holiday train — *treno turistico,* special excursion train — *prendere (perdere) il treno,* to catch (to miss) the train. **2** *(mil.: servizio di trasporto)* convoy. **3** *(ant., lett.: scorta)* train; retinue: *Il re di Francia giunse con il suo treno,* The king of France arrived with his retinue. **4** *(fig.: modo di vivere)* way (*o* standard) of living; *(talvolta)* life-style: *Ha un treno di vita che deve costargli un patrimonio,* His way of living must cost a fortune. **5** *(serie)* set; *(mecc., fis.)* train: *un nuovo treno di gomme,* a new set of tyres — *treno di ingranaggi (di onde),* gear (wave) train. **6** *(di veicolo trainante, trattore)* trailer: *treno stradale, (autotreno)* truck; trailer; load carrier. **7** *(di animale)* quarter(s): *treno anteriore (posteriore),* fore (hind) quarters.
trenta *agg numerale cardinale e sm* thirty: *Quando fu presa questa foto avevo trent'anni,* I was thirty when this photograph was taken — *Ieri era il trenta,* Yesterday was the thirtieth. □ *trenta e quaranta, (carte)* trente et quarante *(fr.)* — *Chi ha fatto trenta può fare trentuno,* If you have got so far, you might as well finish the job (you might as well go the whole hog) — *prendere trenta, (in un esame all'università)* to get full marks.
trentamila *agg numerale cardinale e sm* thirty thousand.
trentatrè *agg numerale cardinale e sm* thirty-three.
trentennale *agg (attrib.)* thirty-year.
trentenne *agg* thirty years old; thirty-year-old *(attrib.)*.
□ *sm* man *(pl.* men*)* of thirty; *sf* woman *(pl.* women*)* of thirty.
trentennio *sm* thirty years *(pl.)*; thirty-year period; three decades *(pl.)*.
trentesimo *agg numerale ordinale e sm* thirtieth.
trentina *sf* **1** about thirty. **2** *(i trent'anni)* the age of thirty: *Si avvicina alla trentina,* He's getting on for thirty.
trentuno *agg numerale cardinale e sm* thirty-one.
trepidamente *avv* anxiously.
trepidante *agg* anxious; trembling.
trepidare *vi* to be* anxious; to tremble; to be* in a flutter; to be* all of a flutter.
trepidazione *sf* anxiety; trepidation.
trepido *agg* anxious.
treppiede *sm* tripod.
trequarti *sm* **1** *(giaccone, soprabito)* three-quarter-length coat. **2** *(chirurgia)* trocar. **3** *(rugby)* three-quarter.
tresca *sf* intrigue; *(amorosa)* affair.
trescare *vi (ordire intrighi)* to intrigue; to plot; *(avere un amorazzo)* to have* an affair (with sb).
trespolo *sm* stand.
triade *sf* triad *(anche mus.)*.
triangolare *agg* triangular.
triangolazione *sf* triangulation.
triangolo *sm* **1** *(geometria, mus., fis. e fig.)* triangle: *triangolo delle linee di posizione, (navigazione)* cocked hat — *il solito (o classico) triangolo,* the eternal triangle — *collegamento a triangolo,* delta connection. **2** *(pannolino per neonato)* napkin; nappy *(fam., ma più comune)*; diaper *(USA)*.
tribale *agg* tribal.
tribolamento *sm* tribulation.
tribolare *vt (affliggere)* to afflict; to vex; to harass; to trouble.
□ *vi* **1** *(penare, soffrire)* to suffer (from sth); to be* tormented (by sth): *tribolare per tutta la vita,* to have a life full of hardship — *Il poveretto ha finito di tribolare,* Death has put an end to the poor chap's sufferings. **2** *(fare fatica)* to toil; to have* a lot of trouble: *Ho dovuto tribolare prima di metterlo in moto,* I had no end of trouble getting it started.
tribolato *agg (p. pass. di* **tribolare***)* troubled; tormented; afflicted; harassed; vexed: *una vita tribolata,* a hard life; a life full of trouble(s).
tribolazione *sf* tribulation; suffering.
tribolo *sm* **1** *(cespuglio spinoso)* thorn; bramble. **2** *(leguminosa)* ribbed mellilot. **3** *(fig.: tribolazione)* tribulation.
tribordo *sm (fam.: dritta)* starboard side: *di tribordo,* starboard.
tribù *sf* **1** tribe: *vita di tribù,* tribal life. **2** *(fig.: gran numero)* crowd; tribe; gang: *Hanno una tribù di figli,* They've got a whole tribe (*o* gang) of children.
tribuna *sf* **1** *(podio per oratori)* tribune; rostrum *(pl.* rostrums *o* rostra*)*; platform. **2** *(spazio riservato ad alcune categorie di uditori)* gallery: *tribuna della stampa,* press gallery. **3** *(negli stadi)* stand: *la tribuna centrale,* the grandstand. **4** *(archit.)* apse; dome.
tribunale *sm* tribunal; court *(più comune)*; *(palazzo del tribunale)* courthouse: *tribunale civile,* civil court; court of law — *tribunale penale,* criminal court — *tribunale militare,* court martial — *chiamare in tribunale,* to summon — *trascinare qcno in tribunale,* to take sb to court — *presidente del tribunale,* presiding judge.
tribunizio *agg (stor.)* tribunician.
tribuno *sm (stor. e fig.)* tribune; *(spreg.)* demagogue.
tributare *vt* to bestow; to grant; to give*; to pay* (tribute).
tributario *agg* **1** *(geografia)* tributary. **2** *(che deve pagare un tributo)* tributary. **3** *(relativo ai tributi)* fiscal; tax *(attrib.)*: *ordinamento tributario,* tax system — *diritto tributario,* tax (*o* taxation) law — *polizia tributaria,* Treasury agents *(USA)*; tax police.
tributo *sm* **1** *(ciò che si paga o si dà per obbligo, dovere, ecc.; fig.: riconoscimento di meriti)* tribute: *imporre un tributo ad un paese sconfitto,* to lay a defeated country under tribute — *pagare il proprio tributo alla patria,* to do one's duty to one's country. **2** *(tassa)* tax; *(comunale)* rate.
tricheco *sm* walrus.
triciclo *sm* tricycle; three-wheeler.
tricipite *sm e agg* triceps.
triclinio *sm* triclinium *(pl.* triclinia*)*.
tricolore *agg* three-coloured; *(sport)* Italian.
□ *sm (bandiera)* tricolour; *(spesso)* the Italian (*o* French, *ecc.)* flag.
tricorno *sm* three-cornered hat; tricorne; *(di sacerdote)* biretta.
tric trac *sm* **1** *(rumore)* tip tap. **2** *(gioco)* backgammon.
tridente *sm* **1** trident. **2** *(da fieno)* hayfork.

tridimensionale *agg* **1** three-dimensional. **2** *(scient.)* tridimensional.
trielina *sf* trichloroethylene; grease- (*o* stain-) remover *(fam.).*
triennale *agg* **1** *(della durata di tre anni)* triennial; three-year *(attrib.).* **2** *(ogni tre anni)* three-yearly.
triennio *sm* triennium; three years *(pl.);* three-year period.
trifase *agg (fis., elettr.)* three-phase *(attrib.).*
trifoglio *sm* clover; trefoil; *(in Irlanda)* shamrock.
trifolato *agg* **1** *(condito con tartufo)* truffled. **2** *(condito con aglio e prezzemolo)* thinly sliced and cooked in oil with garlic and parsley.
trifora *sf* window with three lights.
triforcare *vt,* **triforcarsi** *v. rifl* to divide into three branches.
triforcuto *agg* three-pronged.
[1]**trigemino** *sm (anat.)* trigeminus; trigeminal nerve.
[2]**trigemino** *agg* trigeminous; triple: *parto trigemino,* birth of triplets.
trigesimo *agg numero ordinale* thirtieth. □ *sm* thirtieth day.
triglia *sf* mullet. □ *fare l'occhio di triglia a qcno,* to cast (to make) sheep's eyes at sb.
trigonometria *sf* trigonometry.
trigonometrico *agg* trigonometrical.
trilingue *agg* trilingual.
trillare *vi* to trill *(anche mus.); (di campanello)* to ring*.
trillo *sm* trill.
trilogia *sf* trilogy.
trimestrale *agg (spec. di riviste, di pagamenti)* quarterly; *(più in generale)* three-monthly.
trimestre *sm* **1** quarter; *(a scuola)* term; trimester *(USA).* **2** *(rata trimestrale)* three-monthly (*o* quarterly) instalment; *(compenso trimestrale)* three months' pay.
trina *sf (pizzo)* lace *(solo al sing.).*
trincare *vt (fam.)* to gulp; to swill; to drink* greedily; to toss (sb) off (*o* down).
trincea *sf* **1** *(mil.)* trench: *guerra di trincea,* trench warfare. **2** *(scavo per strada, ferrovia, ecc.)* cutting.
trinceramento *sm* entrenchment.
trincerare *vt (munire di trincee)* to entrench. □ **trincerarsi** *v. rifl* **1** *(proteggersi con trincee)* to entrench oneself. **2** *(fig.: farsi forte di qcsa)* to entrench oneself (behind sth); to take* refuge (behind sth): *Si trincerò dietro a un cumulo di giustificazioni,* He took refuge behind a heap of excuses.
trincetto *sm* shoemaker's knife.
trinchettina *sf* fore-topmast staysail.
trinchetto *sm* **1** *(albero)* foremast. **2** *(pennone)* foreyard. **3** *(vela)* foresail.
trinciante *sm* chopper.
trinciapollo *sm* poultry shears *(pl.).*
trinciare *vt* to cut* (sth) up; *(la carne)* to carve; *(tagliare fine)* to mince; to hash; to chop (up); to shred: *trinciare il tabacco,* to cut up tobacco. □ *trinciare giudizi,* to express hasty judgements — *trinciare l'aria,* to beat the air; to make sweeping gestures. □ **trinciarsi** *v. rifl (tagliarsi, consumarsi)* to wear* out.
trinciato *sm (tabacco)* shag.
trinciatore *agg* shredding. □ *sm* shredder.
trinciatrice *sf* shredder; slicer.
trinità *sf* trinity: *la Santissima Trinità,* the Holy Trinity.
trinomio *sm* trinomial.
trio *sm* **1** *(mus. e fig.)* trio. **2** *(gruppo di tre persone, anche)* threesome.
trionfale *agg* triumphal.
trionfalmente *avv* triumphally.
trionfante *agg* triumphant.
trionfare *vi* **1** *(prevalere)* to triumph: *trionfare su qcno, qcsa,* to triumph over sb, sth — *Wellington trionfò sui Francesi a Waterloo,* Wellington triumphed over the French at Waterloo. **2** *(esultare)* to triumph; to boast. **3** *(superare)* to get* over; to overcome*: *trionfare delle numerose difficoltà,* to get over many difficulties.
trionfatore *sm* victor. □ *agg* triumphing.
trionfo *sm* **1** *(grande vittoria, successo clamoroso)* triumph *(anche stor. romana: corteo trionfale);* success; *(gloria celeste)* glory: *portare in trionfo qcno,* to carry sb in triumph; to carry sb shoulder-high — *arco di trionfo,* triumphal arch. **2** *(alzata, centro tavola)* centre-piece; épergne *(fr.).* **3** *(tarocco)* court card. **4** *(spettacolo, corteo rinascimentale)* pageant.
tripartire *vt* to divide into three (parts).
tripartito *agg* tripartite; divided into three.
tripla *sf (mus.)* triple time.
triplano *sm* triplane.
triplicare *vt* to triple; to treble.
triplice *agg* triple: *in triplice copia,* in triplicate.
triplo *agg* triple; treble; threefold. □ *il salto triplo,* the hop, step and jump.
□ *sm* three times as much; triple.
tripode *sm* tripod.
trippa *sf* **1** *(gastronomia)* tripe. **2** *(volg.: pancia)* belly; paunch: *mettere su trippa,* to get flabby.
tripudiare *vi* to rejoice.
tripudio *sm* **1** *(esultanza)* exultation; jubilation; rejoicing. **2** *(fig.: di colori)* galaxy (of colours). **3** *(stor.)* tripudium.
triregno *sm (tiara del papa)* papal tiara.
trireme *sf* trireme.
tris *sm (serie di carte)* three of a kind: *tris di assi,* three aces.
trisavola *sf* great-great-grandmother.
trisavolo *sm* great-great-grandfather.
trisecare *vt* to trisect.
trisillabico *agg* trisyllabic.
tristamente *avv* only too well: *Quel criminale è tristamente noto,* That criminal is only too well known.
triste *agg (di persona: malinconico, addolorato)* sad; unhappy; sorrowful; grieved; *(di evento, ecc.: infelice)* unhappy; *(di luogo: cupo)* gloomy; dreary; dismal; bleak; depressing: *Notai che era triste,* I noticed that she was sad — *Fu una triste esperienza,* It was an unhappy experience — *La villa era buia e triste,* The house was dark and gloomy — *C'è un tempo triste,* The weather is depressing.
tristemente *avv* sadly; sorrowfully; unhappily.
tristezza *sf* sadness; sorrow; melancholy; *(fig.: di luoghi)* gloominess.
tristo *agg* **1** *(lett.: sciagurato)* wretched. **2** *(cattivo, infido)* wicked; bad; nasty; *(infame)* wicked. **3** *(misero, meschino)* mean; poor; miserable; wretched.
□ *sm (raro)* wicked person.
tritacarne *sm* mincer; mincing machine.
tritare *vt* to mince; to chop; *(pestare)* to grind*: *carne tritata,* mince — *cipolle tritate,* chopped onions.
tritatutto *sm* mincer.
trito *agg* **1** *(tritato)* minced. **2** *(raro: consunto)* worn out. **3** *(fig.: ovvio, frusto)* trite; commonplace; stale; hackneyed: *espressioni trite,* hackneyed phrases; clichés *(fr.).*
tritolo *sm* trinitrotoluene *(generalm. abbr. in* TNT*).*
tritone *sm* newt.
trittico *sm* triptych.

triturare *vt* to grind*; *(di persona, animale: masticare)* to chew up.

triumvirato *sm* triumvirate.

triumviro *sm* triumvir.

trivella *sf (da falegname)* auger; *(per miniera)* drill; *(per i pozzi)* borer; drill.

trivellare *vt* to bore; to drill.

trivellatura, trivellazione *sf* drilling; boring; sinking: *trivellazione a getto,* jetting — *torre di trivellazione,* derrick.

triviale *agg* vulgar; low; coarse.

trivialità *sf* **1** vulgarity; coarseness. **2** *(espressione triviale)* vulgar (*o* coarse) expression: *dire trivialità,* to use coarse language.

trivialmente *avv* vulgarly; coarsely.

trivio *sm* **1** *(crocicchio)* crossroads: *gente (parole) da trivio,* vulgar people (words). **2** *(nel Medioevo)* trivium; grammar, rhetoric and logic.

trocheo *sm* trochee.

trofeo *sm* trophy; *(mil.)* booty; spoils.

troglodita *sm* **1** troglodyte; cave-dweller. **2** *(fig.)* rough man *(pl.* men*)*; *(spreg.)* lout; boor; trog *(sl.)*.

trogolo *sm* trough.

troia *sf* **1** *(scrofa)* sow. **2** *(prostituta)* whore; harlot.

troiano *agg e sm* Trojan.

troica *sf (slitta e fig.)* troika.

tromba *sf* **1** *(strumento musicale)* trumpet; *(mil.)* bugle: *un concerto per tromba,* a trumpet concerto — *un concerto per quattro trombe,* a concerto for four trumpets (and orchestra) — *dar fiato alle trombe,* to sound the trumpets — *le trombe del Giudizio,* the last trump *(sing.)* — *partire in tromba, (fam.)* to start off with a bang. **2** *(per estensione: suonatore)* trumpeter; *(mil.)* bugler. **3** *(pompa)* pump: *tromba aspirante,* suction pump. **4** *(oggetto, ecc., a forma di tromba per tirare il vino)* pump; siphon; *(del grammofono, dell'automobile)* horn; *(dell'elefante)* trunk; *(tromba acustica)* ear trumpet; hearing aid. **5** *(vano delle scale)* well. **6** *(meteorologia) tromba d'aria,* whirlwind; tornado — *tromba marina,* waterspout. **7** *(anat.)* tube: *tromba d'Eustachio,* Eustachian tube.

trombare *vt* **1** *(volg.)* to fuck. **2** *(scherz.: bocciare)* to fail; to reject; *(per estensione)* to wreck.

trombetta *sf* trumpet.

trombettiere *sm* trumpeter; *(mil.: di buccina)* bugler.

trombone *sm* **1** *(mus.)* trombone. **2** *(fig., scherz. o spreg.)* windbag. **3** *(schioppo a canna corta)* blunderbuss.

trombosi *sf* thrombosis.

troncamento *sm* **1** cutting off; breaking *(anche fig.)*; *(abbreviazione)* abbreviation. **2** *(gramm.)* apocope.

troncare *vt* **1** *(spezzare)* to break* (sth) off; *(con un coltello, le cesoie, ecc.)* to cut* (sth) off; to shear* (sth) off; *(mutilare)* to mutilate: *troncare il capo a qcno,* to behead (to decapitate) sb. **2** *(fig.: interrompere bruscamente)* to break* (sth) off; to interrupt; to cut* (sth) short: *troncare un fidanzamento (una conversazione),* to break off an engagement (a conversation) — *Uno scandalo troncò la sua brillante carriera,* A scandal cut short (*o* put an end to) his brilliant career — *troncare la parola in bocca a qcno,* to cut sb short; to butt in on sb. **3** *(gramm.)* to apocopate. **4** *(fig.: stancare)* to wear* (sb) out; to tire. □ *troncare le braccia a qcno, (fig.)* to discourage sb; to take all the life out of sb — *troncare le speranze di qcno,* to kill sb's hopes.

troncatura *sf* truncation; cutting (off); *(mecc.)* cropping; *(metallurgia)* sprueing.

tronchesina *sf* snippers *(pl.)*; *(per tagliare le unghie)* nail-clippers *(pl.)*.

[1]**tronco** *agg* **1** *(mozzo, rotto)* broken; *(mutilato)* maimed; *(spezzato)* cut off; *(geometria)* truncated: *un ramo tronco,* a broken branch — *con voce tronca,* in a broken voice. **2** *(gramm.)* elided.

□ **in tronco** *(nelle locuzioni) licenziare in tronco qcno,* to sack sb on the spot; to fire sb — *lasciare in tronco qcsa,* to leave sth unfinished (*o* in the air) — *arrestarsi in tronco,* to stop short.

[2]**tronco** *sm* **1** *(fusto arboreo)* trunk; *(d'albero abbattuto)* log; *(ceppo)* stump: *S'appoggiò a un tronco d'albero,* He leaned against a tree-trunk — *I tronchi galleggianti giunsero alla segheria,* The logs floated down to the saw-mill — *Ho inciampato in un tronco d'albero,* I tripped over a tree-stump. **2** *(stirpe)* stock: *Le due famiglie provengono dallo stesso tronco,* The two families are of the same stock. **3** *(anat.: parte compresa fra torace e addome; per estensione, parte centrale di un oggetto)* trunk. **4** *(in geometria)* frusture; truncated figure: *tronco di cono,* a truncated cone. **5** *(archit.: fusto)* shaft. **6** *(fig.: tratto di strada, linea ferroviaria, ecc.)* section; *(diramazione)* branch: *S'inaugurerà fra breve un nuovo tronco dell'autostrada,* A new section of the motorway will be opened shortly.

troncone *sm* **1** stump. **2** *(pezzo di un oggetto lungo)* piece; fragment.

troneggiare *vi* **1** *(sedere maestosamente, spiccare per maestosità)* to dominate; to lord it (over sb, sth); to stand* out; to be* the centre of attention; *(far bella mostra di sé: detto anche di cose)* to reign (over sb, sth). **2** *(raro: sovrastare)* to tower (over sb, sth).

tronfiamente *avv* conceitedly; pompously.

tronfiezza *sf* conceitedness; *(di stile)* pomposity.

tronfio *agg* conceited; puffed-up; *(di stile)* pompous: *camminare tutto tronfio,* to strut along.

trono *sm* **1** *(seggio di monarca, ecc.; e, per estensione, autorità regale)* throne: *salire al trono,* to ascend the throne; to come to the throne — *succedere al trono,* to accede to the throne. **2** *(al pl.: settimo ordine angelico, nella teologia cattolica)* Thrones.

tropicale *agg* tropical.

tropico *sm* tropic.

troppo I *avv* **1** *(con agg. e avv.)* too: *Era perfin troppo perfetta,* She was almost too perfect — *Sei troppo buono,* You're too good — *Troppo gentile!,* You're too kind! — *Stai andando troppo in fretta,* You're going too fast — *proprio troppo caro,* much (*o* far) too expensive — *Si sentiva troppo male per continuare,* He felt too ill to carry on — *Fa troppo freddo per uscire,* It's too cold to go out. **2** *(con v.)* too much: *Bevi troppo; è per questo che ingrassi,* You drink too much, that's why you are getting fat — *Stai facendo perfin troppo,* You are doing too much, if anything. **3** *(di tempo)* too long: *È troppo ormai che mi dici le stesse cose,* You've been telling me the same things far too long now — *Ho aspettato troppo: me ne vado!,* I've been waiting (I've waited) too long: I'm off! □ *Si stanca proprio troppo,* He gets too tired — *anche troppo,* only too... *(con agg.)*; only too much *(con verbi)*.

II *agg* too much; *(pl.)* too many: *Hai messo troppo sale nel riso,* You've put too much salt in the rice — *Ha avuto troppe delusioni nella vita,* He has had too many disappointments in his life — *... per troppo tempo,* ... too long — *L'han tenuto in sospeso per* *troppo tempo,* They've kept him in suspense for too long.

III *pron* too much; *(pl.)* too many; *(di persone)* too many (people): *Troppi la pensano come te,* There are too many people who think as you do — *Questo è troppo!,* This is just too much! — *Me ne hai dato troppo,* You've given me too much — *Posali, ne hai presi troppi,* Put them down, you've taken too many. □ *Mi facevano sentire di troppo,* They made me feel unwanted — *Ero di troppo,* I was in the way — *Ne ho uno di troppo,* I've got one too many — *Ha bevuto qualche bicchiere di troppo,* He's had one or two too many — *Il troppo storpia,* Enough's enough; Enough's as good as a feast; You can have too much of a good thing.

trota *sf* trout: *trota salmonata,* rainbow trout.

trottare *vi* to trot; *(fig.: andare in fretta)* to trot along; to walk fast; to run*; *(scherz.)* to be* on the trot; to be* kept on the trot.

trottata *sf* trot; *(fig., fam.)* run.

trottatoio *sm* riding field.

trottatore *sm* trotter.

trotterellare *vi* to trot; *(fig.: di persona)* to trot along; to jog along; *(spec. di bimbi)* to toddle.

trotto *sm (di cavallo; anche fig.: andatura sostenuta di persona)* trot: *andare al trotto,* to trot — *al gran trotto,* at a smart (*o* brisk) trot — *al piccolo trotto,* at a jog-trot; at a gentle trot — *trotto all'inglese,* rising (*USA* posting) trot — *mettere un cavallo al trotto,* to trot a horse — *corse al trotto,* trotting-races — *rompere il trotto,* to break into a canter.

trottola *sf* **1** top; spinning-top. **2** *(pattinaggio)* pirouette.

trovabile *agg* findable; discoverable; obtainable: *Questo libro è difficilmente trovabile,* This book is not easy to find.

trovadore *sm (stor.)* troubadour.

trovadorico *agg* troubadour *(attrib.).*

trovamento *sm (ritrovamento)* discovery.

trovare *vt* **1** *(in generale)* to find*; *(scoprire)* to find* (sth) out; to discover: *Hai trovato il libro che cercavi?,* Have you found the book you were looking for? — *Come lo trovi?,* How do you find it? (*cfr. anche il* **4**) — *L'ho trovata molto cresciuta,* I found her much grown — *Li trovò piuttosto freddi,* He found them rather cold — *L'hai trovato a casa?,* Did you find him in? — *trovare l'espressione giusta,* to find the right expression (the mot juste, *fr.*) — *trovare da ridire su qcsa,* to find fault with sth — *Trovi sempre da ridire;* You're always finding fault (*o* criticizing) — *È una che trova da ridire su tutto,* She always finds something to criticize — *trovare una scusa,* to find an excuse — *Chi cerca trova, (prov.)* He who seeks, finds — *Hanno trovato un nuovo metodo,* They've found a new method — *trovare da mangiare (da dormire),* to find something to eat (somewhere to sleep).

2 *(incontrare)* to meet*; to meet* with (sth); to come* across (sb, sth); to find*: *Trovarono molti ostacoli nella loro strada,* They met with (*o* found) a lot of obstacles on the way — *Lo trovammo per caso in Piazza San Marco,* We met him by chance (We bumped into him; We came across him) in Piazza San Marco — *Ha trovato la morte sulla autostrada,* He met his death *(meglio* was killed*)* on the motorway.

3 *(sorprendere, cogliere)* to catch*: *Lo trovarono che si iniettava dell'eroina,* They caught him as he was giving himself a shot of heroin — *trovare qcno in flagrante,* to catch sb red-handed — *L'ho trovata di nuovo con lui,* I caught her with him again.

4 *(ritenere)* to think*; to find*; to consider: *Trovi che vada bene?,* Do you think it's all right? — *Io lo trovo di pessimo gusto,* I find (I consider) it in very bad taste — *Non troviamo giusto buttare i soldi così,* We don't consider (don't think) it right to throw money down the drain like that.

5 *(visitare)* to see*: *Viene a trovarmi oggi pomeriggio,* He is coming to see me this afternoon — *andare a trovare qcno,* to go and see sb; to visit sb; *(qcno che non si vede da tempo)* to look sb up — *Bisogna che andiamo a trovare il nonno,* We must go and see grand-dad.

□ **trovarsi** *v. rifl* **1** *(capitare)* to find* oneself: *Nel sogno mi trovai sulla cima d'una montagna,* In my dream I found myself on a mountain-top — *S'è trovato per puro caso da queste parti,* He found himself in these parts quite by chance.

2 *(essere situato)* to be*; *(di luoghi)* to be* situated *(piuttosto formale): Sa dirmi dove si trova l'Hotel Danieli?,* Can you tell me where the Hotel Danieli is, please? — *Il lago si trova a sud,* The lake is situated to the south.

3 *(stare, essere, sentirsi)* to be*; to feel*: *trovarsi a disagio,* to feel ill at ease — *Ho saputo che si trova a letto malato,* I hear he's ill in bed — *Non sapevo più dove mi trovavo,* I didn't know where I was.

4 *(reciproco: vedersi, incontrarsi)* to meet*; to see*: *Ci trovammo per caso,* We met them by chance — *Dove ci troviamo?,* Where shall we meet? — *Si trovano tutti i sabati a colazione,* They see one another for lunch (They meet for lunch) every Saturday.

trovarobe *sm (teatro)* property-man *(pl.* -men*);* property-master.

trovata *sf* **1** invention; contrivance; trick; expedient; lucky find. **2** *(idea felice)* brain-wave; bright idea; gimmick *(sl. pubblicitario).* **3** *(battuta)* witty remark.

trovatello *sm* foundling.

trovatore *sm (stor.)* troubadour.

truccare *vt* **1** *(con cosmetici, anche a teatro)* to make* (sb) up; *(travestire, camuffare)* to disguise: *La truccai da giapponese,* I disguised her as a Japanese. **2** *(alterare qcsa, spec. per scopi disonesti)* to fix; to rig; *(documenti, conti)* to doctor; *(carte da gioco)* to mark; *(dadi)* to load: *truccare un incontro di pugilato,* to rig (to fix) a boxing match — *truccare un'asta,* to rig (to fix) an auction — *truccare un motore,* to hot up (*sl.* to soup up) an engine.

□ **truccarsi** *v. rifl* **1** *(usando cosmetici, ecc.)* to make* (oneself) up. **2** *(camuffarsi)* to disguise oneself.

truccatura *sf* **1** make-up; *(teatro)* make-up; disguise. **2** *(trucco, messinscena)* trick; fake.

trucco *sm* **1** *(artificio)* trick; *(imbroglio)* trick; deceit. **2** *(teatro, ecc.)* make-up.

truce *agg* **1** *(minaccioso)* fierce; threatening; grim. **2** *(crudele)* cruel. **3** *(feroce)* savage.

trucidare *vt* to slay; to slaughter; to murder.

truciolo *sm* shaving; chip.

truculento *agg* truculent.

truffa *sf* swindle; fraud; cheating: *essere accusato di truffa,* to be charged with fraud.

truffaldino *agg* fraudulent. □ *sm* swindler.

truffare *vt* to cheat; to swindle; *(dir.)* to defraud; to cheat; to deceive: *truffare qcno di qcsa,* to cheat (to swindle) sb out of sth.

truffatore *sm* cheat; swindler.

truogolo *sm* trough.

truppa *sf* **1** *(mil.)* force; troops *(pl.): truppe da sbarco,* landing force *(sing.)* — *uomini di truppa,* ordinary (*o* private) soldiers; privates; *(di cavalleria)* troopers — *graduati di truppa,* non-commissioned officers *(spesso abbr. in* N.C.O.'s*).* **2** *(fig.: un insieme di persone)* troop; crowd; band.

tse-tse *sf* tsetse-fly.

tu *pron personale 2ª persona sing m. e f.* **1** *(come soggetto)* you: *Tu dovresti capire una volta per tutte che...,* You should understand once and for all that... — *Questo lo dici tu!,* That's what you say! — *Tu stesso l'hai ammesso,* You yourself admitted it — *Contento tu, contenti tutti,* If you are satisfied, so are we all. **2** *(ant.)* thou: *tu stesso,* thou thyself.

□ *(come sm) darsi del tu,* to be on familiar terms (with sb); *(gramm.)* to use the familiar form of address — *a tu per tu con qcno (qcsa),* face to face (very close) to sb (sth) — *trovarsi a tu per tu con qcno (qcsa),* to come very close to sb (sth); to be face to face with sb (sth) — *parlare a tu per tu con qcno,* to have a heart-to-heart talk with sb.

tuba *sf* **1** *(stor.)* bugle; horn. **2** *(strumento moderno)* tuba. **3** *(cappello)* top-hat. **4** *(anat.)* tube. **5** *(sl. mil.: recluta)* rookie.

tubare *vi* to coo *(anche fig.).*

tubatura, tubazione *sf* piping; pipes *(pl.);* pipe-line.

tubercolare *agg* **1** *(riferito a tubercolo)* tubercular. **2** *(riferito a tubercolosi)* tuberculous.

tubercolo *sm* tubercle; tubercule.

tubercolosi *sf* tuberculosis *(spesso abbr. in* T.B.*);* consumption *(fam.).*

tubercoloso *agg* tuberculous.

□ *sm* consumptive.

tubero *sm* tuber.

tuberosa *sf* tuberose.

tubetto *sm* tube.

tubino *sm* **1** *(cappello)* bowler *(GB);* derby *(USA).* **2** *(abito)* sheath gown.

tubo *sm* **1** pipe; tube: *tubo dell'acqua (del gas),* water-(gas-) pipe — *tubo della stufa,* stovepipe — *tubo di scappamento, (di automobile)* exhaust-pipe — *tubo di scarico,* drain-pipe; waste pipe — *tubo da saggio,* test-tube — *tubo a raggi catodici,* cathode ray tube — *tubo lanciamine,* mine shaft. **2** *(condotto anatomico)* canal; duct: *tubo digerente,* alimentary canal (*o* tract).

□ *Non capisce un tubo di niente!, (fam.)* He hasn't the vaguest idea about anything!; He doesn't understand a thing! — *Non si capisce un tubo!, (fam.)* It's as clear as mud!

tubolare *agg* tubular. □ *sm (pneumatico)* tubeless tire.

tucano *sm* toucan.

tuffare *vt* to plunge; to dip.

□ **tuffarsi** *v. rifl* to dive; to plunge *(anche fig.): Si tuffò nel mare da una scogliera,* He dived into the sea from a cliff — *Mi sono tuffato nel lavoro per dimenticare,* I've plunged into my work in order to forget.

tuffatore *sm,* **tuffatrice** *sf* diver.

tuffetto *sm* dabchick; little grebe.

tuffo *sm* dive *(anche di aereo: picchiata);* plunge; *(sport, spesso al pl.)* diving: *fare un tuffo,* to dive; to plunge; *(fam.: fare un breve bagno)* to have a quick dip. □ *uccelli di tuffo,* divers — *Ebbi un tuffo al cuore,* My heart gave a sudden leap.

tufo *sm (geologia)* tufa; *(se vulcanico)* tuff.

tuga *sf* deckhouse; wheelhouse.

tugurio *sm* hovel *(anche fig.).*

tulipano *sm* tulip.

tulle *sm (fr.)* tulle.

tumefare *vi,* **tumefarsi** *v. rifl* to swell*.

tumefatto *agg* swollen.

tumefazione *sf* swelling; tumefaction.

tumidezza, tumidità *sf* swelling; tumescence.

tumido *agg* tumid; swollen; *(fig.: di stile)* pompous.

tumore *sm* **1** *(med.)* tumour, *(USA)* tumor; *(cancro)* cancer: *un tumore al cervello,* a brain tumour. **2** *(in senso lato)* swelling.

tumulare *vt* to bury; to inter.

tumulazione *sf* burial; burying; interment.

tumulo *sm* **1** *(archeologia)* tumulus *(pl.* tumuli*);* barrow. **2** *(tomba)* grave; tomb.

tumulto *sm* **1** *(confusione)* tumult *(anche fig.);* uproar; turmoil. **2** *(sollevazione, rivolta)* riot.

tumultuante *agg* tumultuous; riotous.

□ *sm* rioter.

tumultuare *vi* to riot.

tumultuosamente *avv* riotously; uproariously.

tumultuoso *agg* tumultuous; riotous; uproarious.

tundra *sf* tundra.

tungsteno *sm* tungsten; wolfram.

tunica *sf* **1** *(stor.)* tunic; *(ora: abito femminile)* long, narrow dress. **2** *(anat., bot.)* membrane; tunica.

tunnel *sm* tunnel: *tunnel aerodinamico,* wind tunnel. □ *tunnel della trasmissione,* transmission shaft housing — *fare il tunnel, (calcio)* to kick the ball through one's opponent's legs.

tuo *agg e pron possessivo* **1** *(agg.)* your; *(tuo proprio)* your own; *(come predicato nominale)* yours; your own: *Posso leggere il tuo giornale?,* Can I read your paper? — *Queste tue idee sono piuttosto sciocche,* These ideas of yours are rather silly — *Lo farò per amor suo,* I'll do it for love of him — *Questa borsa è tua?,* Is this bag yours?

2 *(pron.)* yours: *Se mi porti il mio libro ti rendo il tuo,* If you bring my book back, I'll give you yours.

3 *(in frasi con ellissi del sostantivo) Come mi hai comunicato nella tua ultima...,* As you told me in your last (letter)... — *Spero di vederti presto, affettuosamente tuo...,* I hope to see you soon, affectionately yours (*o* yours affectionately) — *Papà è sempre dalla tua,* Father is always on your side — *Vuoi sempre dire la tua, vero?,* You always want to have your say, don't you? — *Non rendere conto a nessuno del tuo,* There's no need to justify yourself — *Vivi del tuo?,* Do you live on your income? — *Come stanno i tuoi?,* How are your family (*o* your parents)? — *Salutami i tuoi,* Give your people my best regards.

tuonare *vi* **1** *(impers.)* to thunder: *Perché ti spaventi quando tuona?,* Why do you get scared when it thunders? **2** *(fig.: produrre un rumore simile al tuono)* to boom; to thunder; *(parlare a gran voce, lanciare invettive)* to thunder: *Il vecchio incominciò a tuonare contro la gioventù,* The old man started to thunder against the young — *La valanga si staccò tuonando,* The avalanche broke away with a noise like thunder.

tuono *sm* **1** thunder: *tuoni e fulmini,* thunder and lightning — *con voce di tuono,* in a thundering voice. **2** *(per estensione: fragore, rombo)* boom; roar; thunder.

tuorlo *sm* yolk.

tuppertù *avv* ⇨ **tu.**

turacciolo *sm (tappo)* stopper; bung; *(di sughero)* cork.

turare *vt* to stop (up); to plug; to cork; to fill up: *turare la bocca a qcno,* to silence sb; to stop sb's mouth; to shut sb up — *turarsi gli orecchi,* to stop (to block) one's ears — *turarsi il naso,* to hold one's nose.

□ **turarsi** *v. rifl* to become* blocked (*o* stopped)

[1]**turba** *sf* rabble; crowd; throng; *(spreg.)* mob: *C'era una turba di gente,* There was a crowd of people.
[2]**turba** *sf (med.)* disorder; disturbance: *turbe psichiche,* mental disorder(s).
turbamento *sm* perturbation; disturbance; *(emozione)* emotion; *(sconvolgimento)* upsetting.
turbante *sm* turban.
turbare *vt* to disturb; to trouble; to upset*: *turbare la pace (la quiete pubblica),* to disturb the peace — *turbare il silenzio,* to break the silence — *La notizia mi turbò per tutto il giorno,* The news upset me all day long.
☐ **turbarsi** *v. rifl* to get* upset; to become* agitated; to become* uneasy; to be* perturbed.
turbatore *sm* disturber. ☐ *agg* disturbing.
turbina *sf* turbine: *turbina a gas,* gas turbine.
turbinare *vi* to whirl *(anche fig.)*; to eddy.
turbine *sm* **1** whirl; whirling movement: *turbine di vento,* whirlwind; tornado; twister *(USA, fam.)*; *(sul mare)* water-spout — *turbine di neve (di sabbia),* snow- (sand-) storm — *turbine di polvere,* dust-devil. **2** *(fig.)* whirl; bustle; storm: *un turbine di idee,* a whirl of ideas — *un turbine di passioni,* a storm of passions.
turbinio *sm* **1** (continual) whirling; eddying. **2** *(fig.)* bustle; turmoil; storm; restless throng.
turbinoso *agg* whirling; stormy.
turbodinamo *sf* turbo-generator.
turboelica *sf* propjet. ☐ *sm* turbo-prop.
turbogeneratore *sm* turbo-generator.
turbolento *agg* **1** turbulent; tumultuous; riotous; *(sfrenato)* unruly; boisterous. **2** *(agitato)* stormy; turbulent.
turbolenza *sf* turbulence *(anche fis.)*; unruliness.
turbonave *sf* turbine steamship.
turboreattore *sm* turbojet (engine).
turcasso *sm* quiver.
turchese *sf (pietra dura)* turquoise.
☐ *agg e sm (colore)* turquoise.
turchiniccio *agg e sm* blue-grey; greyish blue.
turchino *agg e sm* deep blue.
turcimanno *sm* dragoman *(pl.* dragomans *o* dragomen*)*; *(scherz.)* interpreter.
turco *agg* Turkish: *caffè (bagno) turco,* Turkish coffee (bath) — *divano alla turca,* divan — *ferro turco,* horse-shoe — *sedere (sedersi) alla turca,* to sit cross-legged — *gabinetto alla turca,* Asian toilet.
☐ *sm* **1** *(abitante della Turchia)* Turk. **2** *(la lingua)* Turkish: *parlare turco,* to talk double-Dutch. ☐ *fumare come un turco,* to smoke like a chimney — *bestemmiare come un turco,* to swear like a trooper.
turgidezza, turgidità *sf* turgidity.
turgido *agg* **1** turgid. **2** *(fig.: di stile)* pompous; bombastic.
turgore *sm (lett.)* turgidity.
turibolo *sm* thurible; censer.
turismo *sm* tourism; touring: *Ente per il Turismo,* Tourist Board — *Ministero del Turismo,* Ministry of Tourism.
turista *sm e f.* tourist; tripper *(spreg.)*.
turistico *agg* tourist *(attrib.)*; touristic: *un ufficio turistico,* a tourist agency — *una visita turistica,* a sight-seeing tour.
turlupinare *vt* to cheat; to swindle.
turlupinatore *sm* cheat; swindler.
turlupinatura *sf* cheating; swindling.
turnista *sm e f.* shift worker.
turno *sm* **1** turn: *Entrerò quando sarà il mio turno,* I'll go in when it's my turn (when my turn comes) — *a turno,* in turn; by turns; *(di due persone, anche)* turn and turn about. **2** *(periodo di servizio)* shift; spell; *(di guardia)* duty; *(naut., anche)* watch: *essere di turno,* to be on duty — *turno di notte,* night shift — *ufficiale di turno,* duty officer — *medico di turno,* doctor on duty. ☐ *turno eliminatorio, (sport)* preliminary heat (*o* round).
turpe *agg* **1** *(disonesto)* base; vile; disgraceful. **2** *(osceno, vergognoso)* filthy; foul; shameful.
turpemente *avv* basely; disgracefully; shamefully.
turpiloquio *sm* coarse language; obscene (*o* foul) language.
turpitudine *sf* turpitude; baseness.
turrito *agg* turreted; many-towered.
tuta *sf* suit; *(mil. o da lavoro)* overalls *(pl.)*; *(per bambino: tutina)* rompers *(pl.)*; romper suit: *tuta sportiva,* track suit — *tuta spaziale,* space suit.
tutela *sf* **1** *(dir.)* guardianship; tutelage; wardship: *avere la tutela di qcno,* to be sb's guardian — *essere sotto la tutela di qcno,* to be sb's ward — *Il bambino è ancora sotto tutela,* The child still has a guardian. **2** *(dir.: protezione)* protection; *(generalm.: protezione, salvaguardia)* protection; defence: *a tutela degli interessi di qcno,* in defence of sb's interests.
[1]**tutelare** *vt* to protect; to defend; to safeguard.
☐ **tutelarsi** *v. rifl* to take* precautions; to protect oneself.
[2]**tutelare** *agg* guardian *(attrib.)*; tutelar; tutelary: *angelo tutelare,* guardian angel — *giudice tutelare,* tutelary judge — *leggi tutelari,* protective legislation.
tutore *sm* guardian: *Fu nominato un tutore,* A guardian was appointed.
tutorio *agg* tutelary.
tuttavia *congiunz* however; nevertheless; still; but; yet: *Non volevo venire; tuttavia adesso potrei cambiare idea,* I didn't want to come; but now I might change my mind (however, I might change my mind now) — *Non sei stato buono, tuttavia ti perdonerò,* You haven't been good; still, I'll forgive you.
tutto I *agg* **1** *(al sing.)* all; whole *(con il significato di 'intero': sempre con l'art.:* ⇨ *gli esempi)*: *Tutto il biasimo si riversò su di lui,* All the blame fell on him — *con tutto il mio (suo, ecc.) cuore,* with all my (his, her, *ecc.*) heart — *Ho mangiato tutto un formaggio,* I've eaten a whole cheese — *Avete mangiato tutto il formaggio?, (tutto quello che c'era)* Have you eaten all the cheese?; *(l'intera forma)* Have you eaten the whole cheese? — *tutta la mia vita,* all my life; the whole of my life — *tutto il giorno; tutta la notte,* all day (long); all night (long) — *In tutto il mondo non c'è nessuno come lui!,* There's no one else like him in the whole world! (in all the world!) — *I nostri prodotti sono usati in tutto il mondo,* Our products are used all over the world (the world over, worldwide) — *L'epidemia si è propagata rapidamente per tutto il paese,* The epidemic spread rapidly throughout the country — *Le inventano proprio tutte!,* What will they think of next?
2 - **a)** *(al pl.: la totalità)* all; all of *(con pron. personale)*: *Tutte le nazioni hanno una capitale,* All countries have a capital city — *Tutti gli alberghi erano pieni,* All the hotels were full — *Tutti i suoi figli sanno nuotare,* All his children can swim; His children can all swim — *Ha fatto un regalo a tutti noi,* He gave all of us a present; He gave us all a present — *Gli operai tutti decisero di scioperare,* The workers all decided to come out on strike — *tutti e*

due, both — *tutti e tre (quattro),* all three (all four) — *una volta per tutte,* once and for all.
b) *(ogni)* every; *(ciascuno)* each: *Vado a trovarlo tutti i sabati,* I go and see him every Saturday — *Ha frugato in tutti i cassetti, ad uno ad uno,* He rummaged in every drawer, one after the other — *una cosa di tutti i giorni,* an everyday matter.
c) *(qualsiasi)* any: *Si può giocare a golf a tutte le età,* One can play golf at any age — *a tutti i costi,* at any cost; at all costs — *in tutti i modi,* anyway; in any case; at any rate — *Tutte le occasioni sono buone per me,* I'll take anything that's going.
II *(con funzione avverbiale: soltanto, completamente)* completely; all; quite; *(talvolta)* very *(in locuzioni diverse): È tutto falso,* It's all a lie — *Era tutto disperato,* He was quite upset — *essere tutto contento,* to be very happy — *tutto il contrario,* quite the contrary — *essere tutto casa e famiglia (chiesa, ecc.),* to be very much the family man — *È tutta bontà sua!,* It's all thanks to him! — *È tutta una chiacchiera,* It's nothing but gossip — *un uomo tutto d'un pezzo,* a straight (an impeccable) person — *È tutt'altra cosa,* It's quite another matter (quite different) — *tutt'intorno,* all around — *del tutto,* completely — *È tutt'uno per me,* It's all the same to me — *a tutta velocità (birra),* at full speed — *a tutta prova,* quite safe — *a tutto spiano; a tutto andare,* without stopping; at full blast; flat out — *di tutto punto,* entirely — *È tutt'uno con il suo direttore,* He's hand in glove with his boss — *Suo figlio è tutto lui,* His son's exactly like him.
III *pron* **1** *(sing.)* - **a)** *(ogni cosa)* all; everything: *Questo è tutto,* That's all — *Tutto è finito,* It's all over — *Ti ho detto tutto,* I've told you everything — *Dammi tutto quello che hai,* Give me all (*o* everything) you have — *Adesso tutto dipende da te,* Now everything depends on you - **b)** *(qualsiasi cosa)* anything: *È capace di tutto per denaro,* He'll do anything for money - **c)** *(la cosa più importante)* everything; the most important thing: *Tutto sta nel cominciare,* Everything turns on getting started — *L'intelligenza è tutto,* Intelligence is everything (is the most important thing) — *tutto quanto,* everything — *in tutto e per tutto,* in all respects; completely — *Ho fatto di tutto,* I did everything in my power (everything I could, all I could).
2 *(al pl.: tutta la gente, tutte le persone)* all; *(ognuno)* everyone; everybody; *(con un pron. personale)* all of: *Vennero tutti a casa mia,* They all came to my home — *Tutti vorrebbero vivere in pace,* Everybody would like to live in peace — *Tutti aspettavano il proprio turno,* Everybody was waiting his turn — *Tutti noi abbiamo bisogno di soldi,* All of us need money.
□ *con tutto ciò, (nonostante ciò)* for all that; nevertheless — *Con tutto questo, egli l'ama ancora,* In spite of this, he still loves her — *con tutto che, (benché)* though; although — *tutt'al più,* at the most — *tutt'a un tratto,* all at once — *a tutt'oggi,* up to now — *tutt'altro!,* not at all! — *È tutt'altro che contento,* He's not at all pleased; He's far from being pleased — *essere tutt'occhi (tutt'orecchi),* to be all eyes (ears) — *da per tutto* ⇨ **dappertutto** — *prima di tutto (per prima cosa),* first of all; *(in primo luogo)* in the first place — *dopo tutto...,* after all... — *a tutta prima,* at first; at first sight — *Non è tutt'oro quel che luccica, (prov.)* All that glitters is not gold.
IV *sm (totale, complesso, insieme)* whole; *(ogni cosa)* everything: *Il tutto fa diecimila lire,* The whole lot comes to ten thousand lire — *Il tutto si rivelò molto deludente,* The whole affair turned out to be a great disappointment — *prendere la parte per il tutto,* not to be able to see the wood for the trees — *giocare il tutto per tutto,* to stake everything on a single throw.

tuttofare *agg* general.
□ *sm e f.* general servant (*o* help); factotum *(scherz.): domestica tuttofare,* maid of all work.

tuttora *avv* still: *Siamo tuttora impegnati,* We are still busy.

tze-tze *sf* = **tse-tse.**

tzigano *agg* Tzigane. □ *sm* Tzigane; (Hungarian) gipsy.

U

U, u *sm e f.* U, u: *U come Udine, (al telefono, ecc.)* u for uniform: *curva a U,* hairpin bend — *inversione ad U,* U-turn.

ubbia *sf* **1** *(superstizione)* prejudice; superstitious idea. **2** *(fisima)* fad; whim.

ubbidiente *agg* obedient; *(cedevole)* docile.

ubbidientemente *avv* obediently.

ubbidienza *sf* obedience; submission; compliance; *(ad un sovrano, ecc.)* allegiance: *per ubbidienza,* out of obedience — *in ubbidienza alle regole,* in compliance with the rules.

ubbidire *vt e i.* **1** *(seguire gli ordini, ecc.; o fig.: essere docile)* to obey; to comply (with sth) — *ubbidire alle leggi,* to obey the law *(sing.)* — *farsi ubbidire da qcno,* to compel obedience from sb. **2** *(sottomettersi, rassegnarsi)* to submit (to sb); to yield (to sb). **3** *(di macchine, apparecchiature)* to respond (to sth); to answer.

ubertoso *agg (lett.)* rich; fertile.

ubi *avv lat (nell'espressione) ubi consistam,* point of reference.

ubicare *vt* to situate; to locate.

ubicazione *sf* site; situation; location.

ubiquità *sf* ubiquity; onnipresence: *Non ho il dono dell'ubiquità, (scherz.)* I can't be in two places at once.

ubriacare *vt* to get* (sb) drunk; to intoxicate; to inebriate: *Il successo l'ha completamente ubriacato,* Success has gone to his head.

□ **ubriacarsi** *v. rifl* to get* drunk *(anche fig.);* to become* intoxicated; *(fam.)* to get* tight (sozzled, pickled).

ubriacatura *sf* **1** *(sbornia)* drinking bout; booze-up *(fam.);* blind *(fam.).* **2** *(infatuazione)* infatuation; crush *(fam.).*

ubriachezza *sf* drunkenness; intoxication.

ubriaco *agg* drunk *(anche fig.);* intoxicated; tight *(fam.);* sozzled *(fam.);* pickled *(fam.);* drunken *(attrib.): essere ubriaco di qcsa,* to be drunk (to be intoxicated) with sth — *essere ubriaco fradicio,* to be as drunk as a lord; to be dead (*o* blind) drunk *(fam.)* — *un uomo ubriaco,* a drunken man; a drunk.

□ *sm* drunk.

ubriacone *sm* drunkard.

uccellagione *sf* **1** fowling; shooting: *uccellagione alle starne,* partridge-shooting. **2** *(quantità di uccelli presi)* bag.

uccellame *sm (quantità di uccelli presi)* bag.

uccelliera *sf* aviary.

uccello *sm* **1** bird; *(talvolta, piuttosto ant., lett.)* fowl *(invariato al pl.): uccello di rapina,* bird of prey — *uccelli selvatici,* wild-fowl — *uccello del malaugurio,* bird of ill omen; *(fig.: di persona)* Jonah; prophet of doom — *uccel di bosco, (fig.)* fugitive; runaway — *una veduta a volo d'uccello* ⇨ **veduta 3. 2** *(volg.: pene)* cock; prick.

uccidere *vt (far morire, anche fig. o iperbolico)* to kill; *(assassinare)* to murder; *(ammazzare con arma da fuoco)* to shoot*; *(massacrare)* to massacre; *(in battaglia, anche)* to slay*; *(macellare)* to slaughter; to butcher; *(condurre alla morte: di malattia, ecc.)* to be* the death (of sb): *Fu ucciso in guerra,* He was killed in the war — *Li uccise a sangue freddo,* He murdered them in cold blood — *uccidere qcno a pugnalate,* to stab sb to death — *uccidere qcno con il veleno,* to poison sb.

□ **uccidersi** *v. rifl* **1** *(restare ucciso)* to be* killed; *(per colpa propria, anche presunta)* to kill oneself. **2** *(suicidarsi)* to commit suicide; to kill oneself.

□ *v. reciproco* to kill each other (one another).

uccisione *sf* killing; *(da o di animale selvatico)* kill; *(assassinio)* murder; *(in massa)* slaughter; massacre.

ucciso *agg (p. pass.)* ⇨ **uccidere.**

□ *sm* dead man *(pl.* men*);* victim: *gli uccisi,* the slain.

uccisore *sm* killer; *(assassino)* murderer; *(massacratore)* slaughterer; slayer.

udibile *agg* audible.

udienza *sf* **1** *(attenzione prestata)* attention: *dare udienza a qcno (qcsa),* to listen (to pay attention) to sb (sth); to give sb (sth) one's attention. **2** *(incontro, colloquio)* interview; *(molto formale)* audience: *ottenere un'udienza privata,* to be granted a private audience — *rifiutare un'udienza a qcno,* to refuse sb admittance. **3** *(dir.)* hearing; sitting: *udienza a porte chiuse,* hearing *(penale,* trial) in camera *(lat.)* — *L'udienza è fissata per la prossima settimana,* The hearing has been set down for next week — *ruolo delle udienze, (civili)* cause list; *(penali)* calendar.

[1]**udire** *vt* **1** *(sentire, sentir dire)* to hear*: *Avete udito la notizia?,* Have you heard the news? — *Il giudice udì entrambi i coniugi,* The judge heard both husband and wife. **2** *(ascoltare)* to listen (to sth): *udire i consigli di qcno,* to follow sb's advice.

[2]**udire** *sm* hearing.

uditivo *agg* auditory.

udito *sm* hearing; the sense of hearing: *aver l'udito ottuso (grosso); essere duro d'udito,* to be hard of hearing — *avere l'udito fine,* to have sharp ears.

uditore *sm* **1** hearer. **2** *(ascoltatore)* listener. **3** *(a scuola)* pupil who attends lessons, but is not enrolled.

uditorio *sm* audience; listeners *(pl.): parlare a un vasto uditorio,* to address a large audience.

[1]**ufficiale** *agg (pubblicamente autorizzato)* official; *(formale)* formal: *nella sua carica ufficiale,* in his official capacity — *Mi fu detto in forma ufficiale,* I was told officially — *essere in visita ufficiale,* to be on an official visit. □ *gara ufficiale, (sport)* competition game (match, race, *ecc.*).

[2]**ufficiale** *sm* officer; *(funzionario)* official; officer; functionary: *ufficiale di complemento,* reserve officer — *ufficiale di collegamento,* liaison officer — *ufficiale di guardia,* officer of the watch — *ufficiale ai rifornimenti,* quarter-master — *ufficiale di rotta,* navigator — *primo ufficiale, (naut.)* first mate — *ufficiale in seconda,* executive officer; second in command; *(naut.)* mate — *ufficiale di gara,* race official — *ufficiale giudiziario,* bailiff; tipstaff; sheriff — *ufficiale dello Stato civile,* registrar — *uf-*

ficiale postale, postmaster — *pubblico ufficiale,* public official.

ufficialessa *sf* **1** = [2]**ufficiale. 2** *(scherz.)* officer's wife.

ufficialità *sf* **1** *(qualità)* official nature. **2** *(l'insieme degli ufficiali)* officers *(pl.).*

ufficialmente *avv* officially.

ufficiante *agg* officiating. □ *sm (sacerdote)* officiant.

ufficiare *vi* to officiate.

□ *vt (linguaggio burocratico)* to invite.

ufficio *sm* **1** *(comm. e in generale)* office; *(talvolta)* bureau; *(agenzia)* agency; *(reparto, divisione)* department: *Verrò di nuovo in ufficio domani mattina,* I'll be at the office again tomorrow morning — *un palazzo adibito ad uffici,* an office-block — *ufficio acquisti,* purchasing department; buying office — *ufficio collocamento, (privato)* employment agency; *(statale)* Labour Exchange; Employment Exchange — *ufficio commerciale,* sales office; sales department — *ufficio personale,* personnel department — *ufficio informazioni,* information bureau — *ufficio del Turismo,* Tourist Office (*o* Bureau) — *ufficio prenotazioni,* booking office — *ufficio postale,* Post-Office — *capo ufficio,* chief clerk; head of a department — *mobili per ufficio,* office furniture — *lavoro d'ufficio,* office work — *orario d'ufficio,* office hours.

2 *(compito, dovere morale)* duty; *(funzione)* function: *Ha sempre adempiuto correttamente al suo ufficio,* He has always carried out his duties properly — *mancare al proprio ufficio,* to fail in one's duty — *l'ufficio di padre (d'insegnante),* the duty of a father (of a teacher).

3 *(carica, le funzioni da essa derivanti)* office; position: *coprire un ufficio,* to hold a position (an office) — *Non se la sente di continuare a ricoprire un ufficio di così grande responsabilità,* He no longer feels able to fill such a responsible position — *L'ufficio di direttore generale resta ancora vacante,* The position (The office) of General Manager is still open (*o* vacant) — *comunicazioni d'ufficio,* official communications — *difensore d'ufficio,* counsel for the defence (appointed by the Court) — *provvedere (scrivere) d'ufficio,* to act (to write) officially; *(dir.)* to act ex officio *(lat.).*

4 *(favore, servigio; per estensione: raccomandazione, generalm. al pl.)* offices; services: *Ce l'ho fatta tramite i suoi buoni uffici,* I managed it through his good offices.

ufficiosamente *avv* unofficially.

ufficiosità *sf* unofficial (*o* semi-official) nature.

ufficioso *agg* unofficial; semi-official: *una bugia ufficiosa,* a white lie — *in via ufficiosa,* unofficially.

uffizio *sm (religione)* office: *dire l'uffizio,* to say office. □ *il Sant'Uffizio, (stor.)* the (Holy) Inquisition.

[1]**ufo** *(nella locuzione avverbiale) a ufo,* free of charge; without paying: *mangiare a ufo,* to sponge a meal (off sb) — *vivere a ufo,* to be a sponger.

[2]**ufo** *sm (fam.: abbr. dell'inglese* unidentified flying object*)* flying saucer.

ugandese *agg e sm e f.* Ugandan.

ugello *sm* nozzle.

uggia *sf* **1** *(noia)* boredom; *(fastidio)* bore: *Che uggia!,* What a bore! — *prendere in uggia qcno,* to grow tired of sb; to take a dislike to sb — *avere l'uggia,* to be in a bad mood — *avere qcno (qcsa) in uggia,* to have a dislike for sb (sth); to be unable to bear *(più fam.* to stick, to stomach*)* sb (sth). **2** *(raro: ombra)* shade; shadow; gloom.

uggiolare *vi* to whine; to whimper.

uggiolio *sm* whining; whimpering.

uggiosamente *avv* tediously; boringly.

uggiosità *sf* boredom; irritation; *(del tempo)* gloominess.

uggioso *agg* **1** *(noioso)* boring; tedious; *(fastidioso)* tiresome; wearisome; irksome: *un libro uggioso,* a boring book — *una giornata uggiosa,* a dull (a gloomy) day. **2** *(annoiato, infastidito)* bored; irritated.

ugola *sf (anat.)* uvula: *un'ugola d'oro, (scherz.)* a golden voice — *rinfrescarsi (bagnarsi) l'ugola,* to wet one's whistle.

ugonotto *sm* Huguenot.

uguagliamento *sm* equalization.

uguaglianza *sf* equality; parity: *essere su una base di uguaglianza con qcno,* to be on a footing of equality (on an equal footing, on equal terms) with sb.

uguagliare *vt* **1** *(rendere uguale)* to equalize; to make* (sth) equal; *(livellare)* to level *(anche fig.);* to even up; to smoothe out; to iron out: *uguagliare i redditi,* to equalize incomes — *uguagliare tutti gli uomini,* to make all men equal — *uguagliare una siepe,* to level (to trim) a hedge — *uguagliare le differenze sociali,* to smoothe out social differences. **2** *(essere uguale a)* to equal; to be* equal (to sth): *uguagliare un primato,* to equal a record. **3** *(considerare uguale)* to compare; to consider (sth) equal (to sth else).

□ *vi (raro: essere uguale)* to be* equal.

□ **uguagliarsi** *v. rifl (considerarsi uguale)* to consider oneself equal (to sb); *(paragonarsi)* to compare oneself (to *o* with sb).

uguale *agg* **1** equal; (the) same; like; alike *(predicativo); (identico)* identical: *La torta fu divisa in tre parti uguali,* The cake was divided into three equal parts — *Le nostre idee in proposito sono uguali,* Our ideas on the matter are the same — *La tua macchina per scrivere è uguale alla mia?,* Is your typewriter like mine? (the same as mine?) — *Trovo che quelle gemelle sono del tutto uguali,* Those twins look perfectly alike (identical) to me — *Per me è uguale,* It's all the same to me — *Non c'è nessuno uguale a lui,* He has no equal. **2** *(uniforme, che non muta)* steady; even; the same; uniform; *(fig.: coerente)* consistent: *Il tran tran della vita è sempre uguale,* Life's routine is always the same. □ *uguale al campione, (comm.)* up to sample.

□ *sm (persona della stessa classe, ecc.)* equal: *Non troverò mai più il tuo uguale,* I shall never find your equal — *Il mio cane non ha l'uguale,* There isn't another dog like mine.

ugualmente *avv* **1** *(allo stesso modo)* equally; (in) the same way; alike. **2** *(tuttavia, malgrado tutto)* just the same; all the same.

uh *esclamazione* **1** *(di raccapriccio)* ugh. **2** *(di dolore)* ah; ow. **3** *(di meraviglia)* oh.

uhm *esclamazione* h'm; hm.

ulano *sm* lancer; uhlan.

ulcera *sf* ulcer.

ulcerare *vt,* **ulcerarsi** *v. rifl* to ulcerate.

ulcerativo *agg* ulcerative; ulcerous.

ulcerazione *sf* ulceration.

ulna *sf* ulna.

ulteriore *agg* ulterior; further: *ulteriori ricerche (indagini),* further enquiries. □ *Gallia Ulteriore, (stor.)* Further Gaul.

ulteriormente *avv* **1** *(ancor più)* further. **2** *(in seguito)* later; subsequently.

ultima *sf (fam. per ellissi, da* **ultimo***)* **1** the latest; *(di notizia, anche)* the latest news: *Hai sentito l'ultima?,*

Have you heard the latest? **2** *(lettera)* last; last letter: *... nella nostra ultima...,* ... in our last...
ultimamente *avv* lately; recently.
ultimare *vt* to complete; to finish.
ultimatum *sm* ultimatum.
ultimazione *sf* completion.
ultimo I *agg* **1** *(in assoluto)* last: *Sono all'ultima pagina,* I'm on the last page — *l'ultimo quartetto di Haydn,* Haydn's last string quartet — *Quella fu l'ultima volta,* That was the last time — *Lo tengo per ultimo!,* I'm keeping it till last! — *Vuole sempre avere l'ultima parola,* He always wants to have the last word — *fino all'ultimo centesimo,* down to the last cent — *l'ultimo arrivato,* the last to come; the latest to arrive; the late comer — *dare l'ultima mano (l'ultimo tocco) a qcsa,* to add the finishing touch (a few finishing touches) to sth — *esalare l'ultimo respiro,* to breathe one's last — *in ultimo luogo,* finally — *È l'ultima goccia che fa traboccare il vaso, (prov.)* It's the last straw that breaks the camel's back.
2 *(il più vicino al momento presente)* latest; newest; *(più moderno, aggiornato)* most up-to-date: *Era vestita all'ultima moda,* She was dressed in the latest fashion — *Hai letto l'ultimo romanzo di Graham Greene?,* Have you read Graham Greene's latest (novel)? — *Voglio sentire le ultime notizie,* I want to hear the latest news — *Questo è l'ultimo tipo, signora,* This is the latest type, Madam — *negli ultimi tempi,* (just) lately.
3 *(fig.: più lontano)* farthest; utmost; *(lett.: massimo, sommo)* highest; topmost; top; *(infimo, più basso)* lowest; *(fig.: minimo)* least: *La spedizione era ormai giunta agli ultimi confini della terra,* The expedition was now at the farthest ends of the earth — *le ultime vette della scienza,* the highest reaches of science — *l'ultimo piano,* the top floor — *all'ultimo grado,* to the last (the highest) degree — *Mi faccia l'ultimo prezzo,* What's your lowest price? — *Era una pensione d'ultimo ordine,* It was a really low (*o* tenth-rate) boarding-house — *Questa è l'ultima delle mie preoccupazioni,* This is the least of my worries — *essere l'ultima ruota del carro,* to be quite unimportant; to be the least important person.
4 *(filosofia: fondamentale)* ultimate: *Dio è causa ultima,* God is the ultimate cause — *Bisogna vedere la ragione ultima delle cose,* One must try to see the ultimate cause of things.
II *sm* (the) last: *l'ultimo fra noi,* the last among us — *Mi pagano all'ultimo del mese,* They pay me (I am paid) on the last day of the month. □ *all'ultimo,* in the end — *fino all'ultimo,* to the last; till the end — *in ultimo,* at the end; eventually — *essere l'ultimo della classe,* to be bottom of the class — *quest'ultimo, (di due)* the latter.
ultimogenito *agg* youngest; last-born *(attrib.).*
□ *sm* last-born (child).
ultra *avv* extremely; *(come prefisso)* ultra-. □ *non plus ultra, (lat.)* ne plus ultra; acme.
□ *sm e f.* extremist.
ultrademocratico *agg* ultra-democratic.
□ *sm* ultra-democrat.
ultramarino *agg* overseas; oversea.
ultramontano *agg e sm* ultramontane.
ultrapotente *agg* **1** very (*o* most) powerful. **2** *(radiofonia)* high-power *(attrib.).*
ultrarapidità *sf* great speed; *(fotografia)* ultrarapidity.
ultrarapido *agg* very quick; *(fotografia)* ultrarapid; high-speed.
ultrasensibile *agg* ultra-sensitive.
ultrasensibilità *sf* ultra-sensitivity.
ultrasonico *agg* ultrasonic; supersonic.
ultrasuono *sm* ultra-sound; *(al pl.)* ultrasonic waves.
ultraterreno *agg* heavenly.
ultravioletto *agg* ultra-violet.
ulula *sf* hawk owl.
ululante *agg* howling.
ululare *vi* to howl.
ululato *sm* howl; howling.
ululo *sm* howl; howling.
umanamente *avv* humanly; humanely (*cfr.* **umano** *agg* **1** *e* **2**).
umanarsi *v. rifl* to become* incarnate; to be* made flesh.
umanesimo, umanismo *sm (stor.)* humanism.
umanista *sm e f. (stor.)* humanist.
umanistico *agg* **1** *(stor.)* humanistic. **2** *(classico)* classical; *(letterario)* literary.
umanità *sf* **1** *(natura d'uomo)* humanity; human nature. **2** *(comportamento umano)* humanity; humaneness; human kindness. **3** *(l'insieme degli uomini)* humanity; mankind.
umanitario *agg e sm* humanitarian.
umanitarismo *sm* humanitarianism.
umanizzare *vt* to humanize.
umano *agg* **1** *(dell'uomo)* human: *Errare è umano,* To err is human — *È umano che tu reagisca così,* It's quite natural that you should react like that. **2** *(ricco di umanità)* considerate; human; humane: *È un tipo molto umano,* He's a very human sort of chap.
□ *sm* **1** *(ciò che è proprio dell'uomo)* humanness; *(riferito al comportamento, anche)* humaneness: *L'umano in lui è la sua mancanza di spirito vendicativo,* His lack of vindictiveness shows the human side of his nature. **2** *(raro, lett., al pl.: esseri umani)* human beings; humans: *gli umani e le loro sventure,* human beings and their misfortunes.
umbilicato *agg* umbilicate; navel-shaped.
umbilico *sm (anat., fig.)* umbilicus; *(più comune)* navel.
umerale *agg* humeral.
umettare *vt* to moisten; to dampen; to wet.
□ **umettarsi** *v. rifl* to moisten.
umidezza *sf* moistness; dampness.
umidiccio *agg* dampish.
umidificare *vt* to humidify.
umidificatore *sm* humidifier.
umidità *sf* dampness; moisture; humidity: *umidità relativa,* relative humidity — *Questa pianta ha bisogno di umidità,* This plant needs moisture — *'Teme l'umidità'* ⇨ **temere 3** — *Vicino al fiume c'è molta umidità,* It's very damp by the river. □ *macchie di umidità,* mildew.
umido *agg* damp; humid *(spec. dell'aria); moist (di cose solide): tempo umido,* damp weather — *aria umida,* humid air — *terra umida,* moist earth.
□ *sm* **1** *(umidità)* dampness. **2** *(in gastronomia)* stew: *carne in umido,* stewed meat; meat stew; stew — *funghi in umido,* stewed mushrooms.
umile *agg* humble; modest; unpretentious: *di umili natali,* of humble origin (*o* birth) *(sing.)* — *umili pretese,* modest demands — *lavori umili,* menial tasks.
umiliante *agg* humiliating.
umiliare *vt* to humiliate; to humble; to mortify.

☐ **umiliarsi** *v. rifl* to humble oneself; to lower oneself; to stoop: *umiliarsi a elemosinare,* to stoop to begging.

umiliazione *sf* humiliation.

umilmente *avv* humbly.

umiltà *sf* **1** humility. **2** *(bassezza di condizioni)* humbleness: *Non rinnegò mai l'umiltà delle sue origini,* He never denied the humbleness of his birth; He never denied his humble birth.

umore *sm* **1** *(liquido biologico)* humour, *(USA)* humor; *(di pianta)* sap. **2** *(disposizione costante o temporanea dell'animo, capriccio)* humour, *(USA)* humor; temper; mood; spirits *(solo pl.)*; whim: *È una persona di umore molto irascibile,* He's a very ill-tempered person — *essere di buono (cattivo) umore,* to be in a good (bad) mood (*o* temper) — *essere di umore instabile,* to be moody — *Perché assecondi tutti i suoi umori?,* Why do you give in to all his whims?

umorismo *sm* humour, *(USA)* humor: *mancare del (non avere il) senso dell'umorismo,* to have no sense of humour.

umorista *sm e f.* humo(u)rist.

umoristicamente *avv* humorously.

umoristico *agg* humorous; funny: *una storiella umoristica,* a funny story — *un giornale umoristico,* a humorous magazine.

un, una *art indeterminativo* ⇨ **uno.**

unanime *agg* unanimous: *con voto unanime,* by a unanimous vote.

unanimemente *avv* unanimously.

unanimità *sf* unanimity: *essere eletto all'unanimità,* to be elected unanimously — *approvare qualcosa all'unanimità,* to decide sth nem. con. *(lat.: abbr. di* nemine contradicente*)*.

uncinare *vt* to hook.

uncinato *agg* hooked; *(di amo)* barbed. ☐ *croce uncinata,* swastika.

uncinetto *sm* crochet-needle: *lavoro a uncinetto,* crochet work.

uncino *sm* **1** hook. **2** *(pugilato)* hook. **3** *(scherz.: scarabocchio)* scrawl. **4** *(fig.: pretesto)* pretext; excuse: *attaccarsi a tutti gli uncini, (fig.)* to pick holes in sth.

undicenne *agg* eleven years old; eleven-year-old *(attrib.)*.

☐ *sm e f.* eleven-year-old boy (*o* girl).

undicesimo *agg numerale ordinale e sm* eleventh.

undici *agg numerale cardinale e sm e f.* eleven: *Sono le undici,* It's eleven o'clock. ☐ *l'undici giugno,* the eleventh of June; June the eleventh.

undicimila *agg numerale cardinale e sm e f.* eleven thousand.

ungere *vt* **1** *(spalmare di grasso)* to grease; to smear (sth) with grease (with butter, with fat, *ecc.*); *(ingrassare)* to grease; *(lubrificare)* to oil; to lubricate: *ungere le ruote a qcno, (fig.)* to grease sb's palm. **2** *(insudiciare)* to dirty; to make* (sth) greasy. **3** *(fig.: blandire)* to flatter; to soothe; to butter (sb) up *(fam.)*. **4** *(consacrare)* to anoint.

☐ **ungersi** *v. rifl* **1** *(spalmarsi di sostanze oleose)* to cover oneself with oil; to grease oneself. **2** *(insudiciarsi)* to get* grease (*o* oil) on one's clothes: *Guarda come ti sei unto!,* Look how greasy (how dirty) you've got!

ungherese *agg e sm e f.* Hungarian *(anche la lingua)*.

unghia *sf* **1** nail; finger-nail; *(al pl. fig.: grinfie)* clutches: *Non mangiarti le unghie!,* Don't bite your nails! — *le unghie dei piedi,* toe-nails — *un'unghia incarnata,* an ingrowing nail — *forbici (smalto) per unghie,* nail scissors (varnish) — *limetta per unghie,* nail-file — *difendersi coi denti e con le unghie,* to fight tooth and nail — *avere le unghie lunghe, (fig.)* to be light-fingered — *essere nelle unghie di qcno,* to be in sb's clutches — *Se mi capita sotto le unghie, lo sistemo io!,* Just wait till I get hold of him (till I get my hands on him)! **2** *(di animale)* claw; *(di uccello predatore)* talon; *(zoccolo)* hoof *(pl.* hoofs *o* hooves*)*: *mettere fuori le unghie, (anche fig.)* to put out one's claws. **3** *(archit.)* groin. **4** *(naut.: dell'ancora)* peak; bill. **5 un'unghia,** *(quantità minima)* tiny bit; hair; shade; hair's breadth: *C'è mancata un'unghia!,* It was a near miss! — *Bisogna tenerlo più stretto di un'unghia,* You (We, *ecc.*) must keep it a shade tighter.

unghiata *sf* **1** *(graffio)* scratch: *dare un'unghiata a qcno,* to scratch sb. **2** *(intaccatura)* nick.

unghiato *agg* clawed.

unghietta *sf* **1** *(utensile)* chisel. **2** *(bot.)* unguis.

unghione *sm* claw; *(di animale a unghia fessa)* hoof *(pl.* hoofs *o* hooves*)*.

ungitore *sm* greaser; oiler.

ungitura *sf* greasing; oiling.

unguento *sm* unguent; ointment.

unibile *agg* unitable; joinable.

unicamente *avv* only; solely.

unicamerale *agg* unicameral.

unicameralismo *sm* unicameralism.

unicellulare *agg* unicellular.

unicità *sf* unicity; singleness.

unico *agg* **1** only; one; *(esclusivo)* sole; *(singolo)* single: *Non è divertente essere figlio unico,* It's no fun being an only child — *Era il mio unico rivale,* He was my only rival — *Lo nominarono erede unico,* They appointed him their sole heir — *È agente unico per l'Italia,* He is sole agent for Italy — *un atto unico,* a one-act play — *una strada a senso unico,* a one-way street — *una ferrovia a binario unico,* a one-track (a single-track) railway — *un numero unico, (di una rivista, ecc.)* a special issue. **2** *(incomparabile)* unique: *Ah, sei veramente unica!,* You really are unique! — *È unico nel suo genere,* It's unique of its kind — *un pezzo unico,* a unique example (*o* specimen).

☐ *sm (l'unico)* the only one; the only person: *Sei l'unico a crederlo,* You're the only one who believes him (*o* to believe him).

☐ *sf (l'unica)* the only thing; *(modo)* the only way: *L'unica è di scappare finché c'è ancora tempo!,* The only thing is to get out while there's still time!

unicorno *agg* one-horned. ☐ *sm* **1** *(mitologia)* unicorn. **2** *(narvalo)* narwhal.

unificabile *agg* unifiable.

unificare *vt* **1** to unify. **2** *(standardizzare)* to standardize.

unificativo *agg* unifying.

unificato *agg* **1** unified. **2** *(standardizzato)* standardized: *(di prezzi)* levelled.

unificazione *sf* **1** unification. **2** *(standardizzazione)* standardization.

uniformare *vt* **1** *(rendere uniforme)* to make* (sth) uniform; to standardize. **2** *(adeguare)* to conform.

☐ **uniformarsi** *v. rifl (adeguarsi)* to conform; to comply (with sth).

[1]**uniforme** *agg* **1** uniform; even; regular; unvarying. **2** *(monotono)* unbroken; monotonous.

[2]**uniforme** *sf* uniform; dress: *uniforme da combattimento,* battledress — *uniforme da campagna,* field-service dress — *uniforme di fatica,* fatigue dress — *alta uniforme,* full dress — *indossare l'uniforme,* to become a soldier; to join up; to join the army.

uniformemente *avv* **1** *(in modo uniforme)* uniformly;

evenly; regularly. **2** *(in conformità)* in accordance (with sth).

uniformità *sf* uniformity; *(regolarità)* evenness. □ *in uniformità con...*, in accordance with...

unigenito *agg* only; *(religione)* only-begotten.
□ *sm* only child; *(religione)* (the) Only Begotten Son.

unilaterale *agg* unilateral; one-sided.

unilateralità *sf* unilaterality; one-sidedness.

unilateralmente *avv* unilaterally.

uninominale *agg (nell'espressione) collegio uninominale,* single-member constituency.

unione *sf* **1** union; *(mecc.)* junction; *(mecc.)* joining; *(il mescolarsi)* blending: *Non c'è stata una vera e propria unione,* There was no real union — *l'unione di due pezzi,* the junction (the joining) of two components — *unione di suoni (di colori),* blending of sounds (of colours). **2** *(matrimoniale)* match: *La loro unione non fu felice,* Theirs was not a happy match. **3** *(associazione, lega)* society; union; league; association; *(federazione politica)* union; *(coalizione)* coalition: *Unione Doganale,* Customs Union — *l'Unione Sovietica,* the Soviet Union — *l'unione delle sinistre,* the left-wing coalition. **4** *(fig.: concordia, intesa armonica)* union; unity; concord; agreement: *Tra loro c'è una perfetta unione,* There is complete agreement between them — *Da quando manca l'unione tra i due soci la fabbrica va a rotoli,* Since the two partners fell out the factory has been going to the dogs — *L'unione fa la forza, (prov.)* Unity is strength.

unire *vt* **1** *(congiungere, unificare, fondere)* to unite; to join; to combine; *(mescolando)* to blend: *I comuni interessi li unirono,* They were united by common interests — *È giunto il momento di unire le nostre forze,* The time has come for us to join forces — *Sarebbe meglio unire i due letti,* It would be better to join the two beds together — *unire suoni (colori),* to blend sounds (colours) — *unire due persone in matrimonio,* to join two persons in matrimony; to marry a couple. **2** *(mettere in comunicazione, collegare)* to link; to join; to connect: *L'isola sarà presto unita alla città da un ponte ferroviario,* The island will shortly be linked to the city by a railway bridge. **3** *(aggiungere)* to add: *Dovrai unire qualche altra spezia,* You'll have to add some other spices. **4** *(accludere)* to enclose.
□ **unirsi** *v. rifl* **1** *(congiungersi, far fronte comune)* to unite; to be* united: *Se vogliamo sconfiggerli, dobbiamo unirci,* If we want to defeat them, we must unite (we must join forces) — *Tutti si unirono sotto la sua bandiera,* They all united under his standard — *In lui l'intelligenza si unisce alla capacità lavorativa,* His intelligence is combined with a capacity for work. **2** *(mettersi insieme)* to get* together; *(accompagnarsi)* to join: *Speriamo di unirci a voi dopo cena,* We hope to join you after dinner — *Si sono uniti a una cattiva compagnia,* They've got into bad company — *unirsi in matrimonio,* to marry; to get married. **3** *(fig.: armonizzarsi, accordarsi)* to blend: *I due colori si uniscono molto bene,* The two colours blend extremely well.

unisessuale *agg* unisexual.

unisessualità *sf* unisexuality.

unisono *agg* **1** unisonous; unisonant; *(di corda)* unison. **2** *(fig.)* concordant.
□ *sm* **1** unison: *rispondere all'unisono,* to answer in unison. **2** *(fig.)* agreement; harmony: *essere all'unisono,* to be in full agreement.

unità *sf* **1** unity; unitedness; *(l'essere uno, unico)* oneness: *le tre unità del dramma greco,* the three unities of Greek drama — *unità d'intenti,* unity of intent — *L'unità d'Italia risale al 1861,* Italian unity dates from 1861 — *l'unità di Dio,* the oneness of God — *Il libro non è male ma manca di unità,* The book is not bad, but it lacks unity. **2** *(misura)* unit: *unità di peso (di tempo, di misura),* unit of weight (of time, of measurement) — *Hai contato le decine e le unità?,* Have you counted the tens and units? — *una unità familiare,* a family unit. **3** *(mil.)* unit: *unità motorizzata (corazzata),* motorized (armoured) unit. **4** *(marina militare)* ship; vessel; craft; unit: *Alcune unità della flotta statunitense sono nel Mediterraneo,* A number of units (ships, vessels) of the United States Navy are in the Mediterranean.

unitamente *avv* **1** *(d'accordo)* in unison; unitedly. **2** *(insieme a)* together (with sth): *Gli consegnai la cartella unitamente ai denari,* I gave him the briefcase together with the money. **3** *(in modo uniforme)* evenly.

unitario *agg* **1** unitary. **2** *(religione)* unitarian.
□ *prezzo unitario,* unit price.
□ *sm* Unitarian.

unitarismo *sm (religione)* Unitarianism.

unito *agg (p. pass. di* **unire***)* **1** *(compatto)* united; *(di tessuto)* closely woven; *(denominazione di Stati, ecc.)* United. **2** *(di colore, tinta)* plain. **3** *(aggiunto)* added. **4** *(accluso)* enclosed.

universale *agg* universal; general; *(mondiale)* world *(attrib.)*; worldwide: *avere l'approvazione universale,* to meet with general approval — *erede universale,* universal legatee. □ *il giudizio universale,* the Last Judgement.

universalità *sf* **1** *(valore universale)* universality. **2** *(totalità)* total number.

universalizzare *vt* to make* (sth) universal.

universalmente *avv* universally.

università *sf* university: *l'università di Firenze,* Florence University; the University of Florence — *un professore d'università,* a university professor — *università popolare,* open university.

universitario *agg* university *(attrib.)*.
□ *sm* university student; undergraduate.

universo *sm* universe; world: *il padrone dell'universo, (scherz. e iron.)* the Lord of Creation; God Almighty.

univocamente *avv* univocally.

univoco *agg* univocal.

uno, una I *agg numerale cardinale e sm e f.* one; a *(an davanti a vocale o h)*: *È l'una,* It's one o'clock — *un libro e due riviste,* one book and two magazines — *È stato tenuto in prigione per una settimana,* They kept him in prison for one week (*o* a week) — *Non ha una lira,* He hasn't a penny (*o* a cent) — *contare da uno a dieci,* to count from one to ten.

II *art indeterminativo* a *(an davanti a vocale o h)*: *un giornale,* a newspaper — *un'arancia,* an orange — *È un ottimo insegnante,* He's an excellent teacher.

III *pron indef* **1** one: *uno di noi (di loro),* one of us (of them) — *uno dei tre (dei cinque),* one of the three (of the five) — *uno di tre (di sei),* one of three (of six) — *uno di questi (quei) giorni,* one of these (those) days — *Ne abbiamo venduto uno molto bello ieri,* We sold a very fine one yesterday — *a uno a uno,* one by one; one after the other — *uno dei tanti,* one of the many — *uno per (alla) volta,* one at a time — *dall'uno all'altro,* from one to the other. **2** *(qualcuno, un tale)* somebody; someone; a man; a woman; *(un tizio)* a person; a fellow; a chap: *C'è uno che vuol vederLa,* There's someone to see you; There's a man who wants to see you. **3** *(sostituendo la costruzione impersonale con 'si': 'non si sa mai', ecc.)* one; you: *Uno non sa mai che cosa dire, (impers.)* One never knows what to say; You never know what to say. **4 l'uno e l'altro; sia l'uno**

che l'altro, both — *gli uni e gli altri, (soggetto)* they all; *(compl.)* them all. **5 l'uno l'altro,** each other; *(di più di due)* one another — *l'uno o l'altro,* either; one or the other — **né l'uno né l'altro,** *(con v. positivo)* neither; *(in presenza di un'altra negazione)* either.

□ *Ne hai di nuovo fatta una delle tue?,* Have you been up to your tricks again? — *Ne ha fatta una delle sue,* He's been (*o* gone) and done it again — *Ne ha fatta una grossa,* He's done something really bad — *Ne vuol sentire una?,* Shall I tell you something? — *... per dirne una,* ... just to give you an example — *Paghiamo metà per uno,* Let's go fifty-fifty (*o* halves) — *Abbiamo fatto un po' per uno,* We each did a part of it (*o* a bit of it) — *Facciamo un po' per uno?,* Shall we do a part each?; Let's all do a share — *Non gliene va bene mai una,* Nothing ever goes right for him.

unto *agg* (*p. pass. di* **ungere**) **1** greasy; oily. **2** *(sporco)* dirty: *unto e bisunto,* filthy dirty. **3** *(consacrato)* anointed.

□ *sm* **1** grease; *(in cucina)* fat: *una macchia d'unto,* a grease-spot. **2** *(consacrato)* anointed: *l'Unto del Signore,* the Lord's Anointed.

untore *sm (stor.)* plague-spreader.

untuosamente *avv* unctuously.

untuosità *sf* **1** greasiness; oiliness. **2** *(fig.)* unctuousness.

untuoso *agg* **1** greasy; oily. **2** *(fig.)* unctuous.

unzione *sf* unction *(anche fig.)*: *l'estrema unzione,* extreme unction.

uomo *sm* **1** *(essere umano; maschio; individuo)* man (*pl.* men); human being; person (*pl.* people); *(adulto)* adult; grown man (*pl.* men): *L'uomo è un essere razionale,* Man is a rational being — *È un uomo buono e generoso,* He's a good, generous man — *uomo d'affari,* businessman — *una rivista per soli uomini,* a magazine for men only — *un uomo da nulla,* a (mere) nobody; a nonentity — *l'uomo della strada,* the man in the street; the common man — *l'uomo del giorno (del momento),* the man of the hour — *uomo di legge (di lettere),* man of law (of letters) — *uomo di mare,* seaman — *un uomo finito,* a 'has-been' — *un uomo di mondo,* a man of the world — *da uomo a uomo,* as man to man — *Sei un uomo fatto ora!,* You're a grown up man now! — *uomo nuovo,* upstart — *uomo di paglia,* figurehead — *uomo di studio,* scholar — *un pezzo d'uomo,* a big man — *come un sol uomo,* as one man — *Non piangere, sii uomo!,* Don't cry, be a man! — *l'uomo nero,* the bogey (man) — *comportarsi da uomo,* to behave manfully — *un sarto da uomo,* a men's tailor — *un abito da uomo,* a man's suit. **2** *(addetto a qcsa, incaricato)* workman (*pl.* -men); *(domestico)* servant; manservant: *Il biglietto l'ha portato l'uomo del conte,* The card was brought by the Count's man — *l'uomo della luce,* the electricity man — *l'uomo delle pulizie,* the cleaner — *l'uomo del gas,* the gasman. **3** *(individuo, tipo)* man (*pl.* men); fellow; chap; *(USA)* guy: *Oggi ho visto girare degli strani uomini qua intorno,* Today I saw some strange men round here — *È un brav'uomo,* He's a decent sort of chap — *Non è uomo da sopportare questo affronto,* He's not one to put up with this affront. **4** *(fam.: marito)* husband; man (*pl.* men): *È vedova: il suo uomo è morto in guerra,* She's a widow: her husband died in the war — *Così, caro il mio uomo...,* So, my dear fellow...

□ *a memoria d'uomo,* in human memory — *gli uomini, (il genere umano)* mankind — *a passo d'uomo,* at a walking pace — *farsi uomo,* to grow up — *Uomo avvisato mezzo salvato, (prov.)* Forewarned is forearmed — *L'uomo propone e Dio dispone, (prov.)* Man proposes, God disposes — *dispositivo di uomo morto, (ferrovia)* dead-man control (*o* handle).

uopo *sm (lett.)* need: *all'uopo,* in case of need — *essere (fare) d'uopo,* to be necessary.

uovo *sm* egg: *un uovo alla coque,* a boiled egg — *uova in camicia,* poached eggs — *un uovo sodo,* a hard-boiled egg — *uova strapazzate,* scrambled eggs — *uovo di Pasqua,* Easter egg — *uova di giornata,* new-laid eggs — *bianco d'uova,* white of egg; egg white — *rosso (tuorlo) d'uovo,* egg yolk — *guscio d'uovo,* egg-shell — *fare l'uovo, (di gallina)* to lay an egg — *testa d'uovo, (fig., scherz.)* egg-head — *fatto a uovo,* egg-shaped — *posizione a uovo, (sci)* tuck; egg position. □ *cercare il pelo nell'uovo, (fig.)* to split hairs; to find fault with the smallest detail — *rompere le uova nel paniere a qcno, (fig.)* to upset sb's plans; to put a spoke in sb's wheel — *Meglio un uovo oggi che una gallina domani, (prov.)* A bird in the hand is worth two in the bush — *È l'uovo di Colombo,* It's as plain as the nose on your face.

upupa *sf* hoopoe.

uragano *sm* **1** hurricane. **2** *(fig.)* storm.

urango *sm* orang-outan.

uranio *sm* uranium.

urbanamente *avv* politely; urbanely; courteously.

urbanesimo, urbanismo *sm* urbanization.

urbanista *sm e f.* town-planner.

urbanistica *sf* town-planning.

urbanistico *agg* town-planning *(attrib.).*

urbanità *sf* urbanity: *urbanità di modi,* urbane manners.

urbanizzare *vt* to urbanize.

urbanizzazione *sf* urbanization.

urbano *agg* **1** *(della città)* urban; city *(attrib.);* town *(attrib.)*: *centro urbano, (insediamento)* town; township. **2** *(gentile e educato)* polite; urbane; courteous.

urbe *sf (solo nell'espressione) l'Urbe,* the Eternal City; Rome.

uremia *sf* uraemia, *(USA)* uremia.

uremico *agg* uraemic, *(USA)* uremic.

uretere *sm* ureter; urinary duct.

uretra *sf* urethra.

urgente *agg* urgent; *(talvolta, su un dispaccio, un telegramma)* immediate.

urgentemente *avv* urgently: *intervenire urgentemente,* to take emergency action.

urgenza *sf* urgency; hurry; rush: *Non c'è urgenza,* There's no urgency (hurry) — *Avevo una gran urgenza di uscire,* I was in a great hurry to go out — *una chiamata d'urgenza,* an urgent call — *con urgenza,* urgently — *con la massima urgenza,* with the utmost speed — *soccorso d'urgenza,* first-aid — *un intervento d'urgenza, (med.)* an emergency operation.

urgere *vt (lett.: incalzare)* to urge.

□ *vi* to be* urgently required; to be* urgent: *Urge aiuto,* Help is urgently required — *Urge che tu lo faccia,* You must do it immediately — *Urge!, (p.es. scritto su una pratica)* Urgent!

uria *sf (zool.)* guillemot.

urico *agg* uric.

urina *sf* urine.

urinario *agg* urinary.

urlare *vi e t. (gridare, sbraitare)* to shout; to yell; *(più acuto)* to scream; *(molto acuto)* to shriek; *(spec. di cane e del vento)* to howl; *(di bambino che piange, anche)* to bawl: *Urlò di dolore,* He shouted (He yelled) with pain — *Non hai bisogno di urlare, ti sento be-*

nissimo, There's no need to shout, I can hear you perfectly — *Il cane si mise a urlare,* The dog began to howl — *urlare come un ossesso,* to yell like one possessed; to yell one's head off *(fam.)* — *C'era la tempesta e il vento urlava,* There was a storm blowing and the wind was howling — *Quel bambino non fa che urlare,* All that child does is howl; That child does nothing but scream — *Anna urlò di paura appena lo vide,* Anna screamed in terror as soon as she saw it — *La strega urlò la sua maledizione e morì,* The witch shrieked her curse and died.

urlatore *sm* **1** howler; bawler; shouter. **2** *(cantante)* pop-singer.
□ *agg* howling; bawling; shouting: *scimmia urlatrice,* howler monkey.

urlio *sm* howling; shouting.

urlo *sm* shout; cry; yell; *(acuto)* shriek; *(di scherno, di dolore)* howl: *un urlo di gioia,* a shout of joy — *gettare un urlo,* to give a yell — *l'urlo del vento (dei lupi),* the howling of the wind (of the wolves) — *un urlo di dolore,* a cry (a howl) of pain.

urlone *sm* shouter.

urna *sf* **1** urn. **2** *(nelle votazioni)* ballot-box: *andare alle urne,* to go to the polls.

urologia *sf* urology.

urologico *agg* urological.

urologo *sm* urologist.

urrà *interiezione* hurrah; hooray. □ *sm* hurrah; cheer.

urtante *agg* *(fig.: p. pres. di* **urtare 2**) irritating; annoying.
□ *sm (naut.)* **1** *(di mina)* horn. **2** *(di nave)* bilge-keel.

urtare *vt e i.* **1** *(colpire, andare a battere)* to knock *(talvolta seguito da* against *o* into*)*; to bump (into sth); to collide (with sth); to strike*; to run* (to come*) up (against sth); *(spingere)* to shove; to push; *(inciampare)* to stumble (over sth): *Urtai la sua macchina uscendo dal parcheggio,* I knocked against (I bumped into) his car as I was leaving the car park — *Urtò violentemente la testa nella porta bassa,* He bumped his head sharply against (He gave his head a sharp bump on) the low door — *Andò ad urtare contro un albero,* He bumped into a tree; He collided with *(piuttosto scherz.)* a tree; *(in automobile, a velocità sostenuta)* He crashed into a tree — *Urtai nel tavolo e mi feci un grosso livido,* I bumped into the table and got a big bruise — *Sono caduta perché ho urtato in un tubo,* I fell down because I stumbled over a pipe — *Abbiamo urtato in un cumulo di difficoltà,* We came up against a whole heap of difficulties — *urtare qcsa di striscio,* to graze sth; to rub against sth; to glance (off sth). **2** *(fig.: indisporre, indispettire)* to irritate; to annoy; to vex; to upset*; *(offendere)* to hurt*; to offend: *Non vorrei urtarlo; è sempre così nervoso!,* I shouldn't like to upset (to annoy, to vex, *ecc.*) him; he's always so irritable! — *Questa è la cosa che urta di più,* This is the most irritating (*o* annoying) thing — *Scherzavo, non volevo affatto urtarti!,* I was only joking: I certainly didn't mean to hurt (to offend) you! — *Peccato che tutto gli urti i nervi!,* It's a pity everything gets on his nerves!
□ **urtarsi** *v. rifl* **1** *(fig.: indispettirsi, irritarsi)* to become* irritated (at sth, over sth); to get* cross (at sth, over sth); *(essere offeso)* to take offence (at sth): *Non guardarli troppo a lungo, perché si urtano molto,* Don't look at them too long: they easily get irritated (get cross) — *Non devi urtarti per un nonnulla!,* You mustn't get cross over nothing. **2** *v. reciproco* **1** *(spingersi, investirsi)* to push; to shove; *(entrare in collisione)* to collide: *I due treni si urtarono per un errore di segnalazione,* The two trains collided because of a wrong signal. **3** *(fig.: venire a contrasto)* to clash: *Si urtarono per una questione di principio,* They clashed over a matter of principle.

urtata *sf* push; shove *(fam.)*.

urto *sm* **1** *(colpo, spinta)* push; shove *(fam.)*: *L'urto mi mandò a gambe all'aria,* The push (The shove) sent me head over heels — *Cerca di non darmi urti mentre mi metto le lenti a contatto,* Try not to bump (to jog) me while I'm putting my contact lenses in — *urto di nervi,* irritation — *urto di vomito,* retch. **2** *(mecc.: incontro di due corpi)* impact. **3** *(scontro, collisione)* bump; collision; crash; impact: *Nell'urto sono morte molte persone,* Many people died in the collision (the crash). **4** *(scontro di eserciti)* attack: *Colti di sorpresa, i soldati non riuscirono a sostenere l'urto del nemico,* Taken by surprise, the troops failed to hold the enemy attack — *l'urto dell'attacco,* the brunt of the attack — *massa d'urto,* shock troops. **5** *(fig.: contrasto)* clash; conflict; collision: *C'è stato fra loro un urto di interessi,* Their interests have clashed — *È già da un pezzo che sono in urto,* I have been in conflict (with him, them, *ecc.*) for some time — *Mi sembra che il tuo modo di vivere sia in urto con i tuoi principi,* It seems to me that your way of life clashes (is in conflict) with your principles — *essere (mettersi) in urto con qcno,* to be in (to get into) conflict with sb. □ *dose d'urto, (med.)* massive dose.

usabile *agg* usable; utilizable *(spec. USA)*.

usanza *sf (consuetudine)* custom; *(moda)* fashion: *cucinare all'usanza cinese,* to cook Chinese style (in the Chinese way). □ *Paese che vai, usanze che trovi, (prov.)* When in Rome, do as the Romans do.

usare *vt* **1** *(mettere a profitto)* to use; to make* use of; *(impiegare)* to employ; *(maneggiare)* to handle; *(esercitare, far valere)* to make* use of; to take* advantage (of): *Non posso usare sempre il denaro di Gianni,* I can't keep using Gianni's money — *Dovrebbero usare meglio il loro tempo libero,* They ought to make better use of their spare time — *Usa le pinze per estrarre il chiodo,* Use the pliers to get the nail out — *Vorrei che tu usassi la massima cura nel trasportarlo,* I'd like you to handle it with the greatest care — *Vedo che non sai usare molto l'ago!,* I can see you are not much use with a needle! — *Sai usare il battitappeto?,* Can you use a carpet-beater? — *Se usasse il cervello, ci arriverebbe!,* If he used his brains he'd manage! — *Fui costretto a usare la forza,* I was obliged to use force — *Cerca di usare dei termini appropriati,* Try to use the correct terminology — *Se l'ho preso è per usarlo, non per starlo a guardare,* If I took it, it was because I meant to use it, not just look at it — *Caro ragazzo, usa altri modi con me!,* My dear young man, where are your manners! **2** *(fare: in espressioni di cortesia)* to be* (so) kind: *Può usarmi la cortesia di chiudere la finestra?,* Would you be so kind as to close the window? — *Ci hanno usato così tante gentilezze che non sappiamo come ricambiare,* They have been so kind to us that we don't know how to repay them. **3** *(agire con)* to exercise; to act with; to be* *(seguito da agg.)*: *usare pietà,* to be merciful — *usare prudenza,* to be prudent (*o* careful); to act prudently (*o* with care) — *usare violenza a qcno,* to force sb. **4** *(avere l'abitudine di) (al pass.)* used to...; *(al pres.)* usually... *(seguito dal v.)*: *Mio nonno usava dire che...,* My grandfather used to say that... — *La società usa chiudere per quattro settimane,* The company usually closes for four weeks. **5** *(consumare)* to use up:

Ho usato tutto il tuo profumo!, I've used up all your perfume!

□ *vi* **1** *(servirsi, usufruire)* to make* use of; to use: *Scusami, ma devo usare di un po' del tuo prezioso tempo,* Excuse me, but I must take up some of your valuable time — *usare di un diritto,* to take advantage of a right — *Non puoi usare del nome altrui per questi loschi traffici,* You cannot use somebody else's name for this underhand business. **2** *(essere di moda)* to be* fashionable; to be* in fashion; to be* in: *Non hai idea di quanto usino questi vestiti lunghi quest'anno!,* You've no idea how fashionable these long skirts are this year! — *Usano di nuovo i tacchi altissimi,* High heels are in again. **3** *(impers.: essere solito, rientrare nell'abitudine)* to be* customary; to be* the custom: *Qui si usa così, e tu dovresti adeguarti,* This is the custom here, and you should accept it — *Come s'usa, rispose a tutti i biglietti,* He replied to all the cards, as is customary — *In questo albergo (si) usa andare a cena in abito da sera,* In this hotel it is the custom to dress for dinner.

usato *agg* **1** *(non più nuovo)* used; *(di seconda mano)* second-hand; *(di francobollo)* used. **2** *(lett.: abituato)* used to; accustomed to; inured to. **3** *(lett.: solito, usuale)* usual; customary. **4** *(adoperato)* in use: *Questi metodi sono ora poco usati,* These methods are now out of use — *Questa parola è usata?,* Is this word in use?

□ *sm* **1** *(ordinario)* ordinary: *cose fuori dell'usato,* things which are out of the ordinary; unusual things. **2** *(roba di seconda mano)* second-hand goods *(pl.)*: *il mercato dell'usato,* the second-hand market.

usbergo *sm* **1** hauberk. **2** *(fig.)* protection.

usciere *sm* messenger; doorkeeper; *(fam.: ufficiale giudiziario)* bailiff; process server: *mandare gli uscieri a casa,* to put the bailiffs in.

uscio *sm* door: *stare sull'uscio,* to stand on the doorstep — *l'uscio di casa,* the front-door — *abitare uscio a uscio con qcno,* to live next door to sb — *Fu messo all'uscio,* He was turned out; They showed him (*o* He was shown) the door — *prendere (infilare) l'uscio, (andarsene)* to take oneself off — *Non si trovano ad ogni uscio, (fig.)* They don't grow on every hedgerow; They don't grow on trees — *trovarsi tra l'uscio e il muro, (fig.)* to be with one's back to the wall — *stringere qcno tra l'uscio e il muro, (fig.)* to put sb with his back to the wall.

uscire *vi* **1** to go* out; to leave*; *(venire fuori)* to come* out; *(lasciare il lavoro, l'ufficio, ecc.)* to leave*; *(andare a spasso)* to go* out; *(andare o venir fuori con una certa difficoltà)* to get* out: *Esco a comperare il giornale,* I'm going out to buy a paper — *uscire di corsa,* to run out — *Il direttore è uscito un momento,* The manager has gone out for a few moments — *Mi dispiace, sono le sei e il direttore è già uscito,* I'm sorry, but it's six o'clock and the manager has already left (*o* gone) — *Esci alla mezza?,* Do you leave the office at twelve thirty? — *Quando escono i ragazzi dalla scuola?,* What time do the children come out of school? — *Stasera usciamo, vuoi?,* Shall we go out this evening? — *Penso che dovresti uscire un po',* I think you ought to get out for a bit — *L'entrata è così stretta che non è facile uscire,* The entrance is so narrow that it's not easy to get out — *Sono nei guai! Dovrai aiutarmi a uscirne fuori,* I'm stuck! You'll have to help me get out — *Non preoccupatevi, il cane non può uscire,* Don't worry, the dog can't get out — *uscire al largo,* to head out to sea — *uscire di scena, (di attore)* to go off; to exit; to leave the stage; *(fig.)* to leave the scene — *Esce il re,* Exit the king — *uscire dall'auto,* to get out of the car — *uscire dall'ospedale,* to leave hospital — *uscire dal carcere,* to come out of prison; to be let out of jail — *Uscite subito di lì!,* Come out of there at once! — *Di dove sei uscito?,* Where did you spring from?
2 *(di fluidi, gas, ecc.)* to come* out; to flow*; *(per una perdita)* to leak; to escape.
3 *(di strada: sboccare)* to lead* (into sth).
4 *(di giornale, libro, ecc.)* to come* out; to be* on sale; to be* published (*o* issued); *(di prodotto industriale o artigianale: essere fabbricato)* to be* created; to be* designed.
5 *(essere sorteggiato)* to come* out; to be* drawn.
6 *(sporgere da una superficie)* to stick* out; to jut out; to protrude.
7 *(deviare, sconfinare)* to leave*; to go* (to run*) off (sth); *(fig.)* to be* outside (sth); to be* (to lie) beyond (sth): *Il treno uscì dai binari,* The train left the rails — *uscire dai binari, (fig.)* to go off the rails — *L'automobile uscì dalla strada,* The car ran off the road — *uscire dal seminato, (fig.)* to wander off the subject; to digress — *uscire di mano, (fig.)* to get out of control (out of hand) — *uscire di senno,* to go out of one's mind — *entrare da un orecchio ed uscire all'altro,* to go in by one ear and out at the other — *uscire dai gangheri, (fig.)* to go off the deep end; to lose one's temper; to fly off the handle — *Ciò esce dalla mia competenza,* This is outside my province (*o* beyond my power) — *Esce dalle sue possibilità,* It lies beyond his capabilities.
8 *(passare da uno stato, condizione ecc. ad un altro)* to leave* (sth) behind; to get* out (of sth); to come* out (of sth): *uscire dall'adolescenza,* to leave one's adolescence behind; to become a man (*o* a woman) — *uscire sano e salvo da qcsa,* to get (to come) out of sth (*o* to come through sth) safe and sound — *uscire dal riserbo,* to come out of one's shell; to drop one's reserve — *uscirne per il rotto della cuffia,* to get out by the skin of one's teeth.
9 *(liberarsi)* to get* out (of sth); to get* clear (of sth): *uscir fuori da una situazione spiacevole,* to get out of an unpleasant situation.
10 *(risultare)* to come* out (of sth); to result (from sth); to be* the result (of sth); to be* the outcome (of sth); *(trarre la propria origine)* to come* from: *uscire bene (male),* to turn out well (badly) — *uscire vincitore,* to come out the winner; to come out on top — *uscire dal popolo,* to come up in the world; to spring from the people.
11 *(dire all'improvviso)* to come* out (with sth): *uscire con delle osservazioni fuori luogo,* to come out with some impertinent remarks.
12 *(gramm.: avere desinenza)* to end (in sth).
13 *(ricavarsi)* to be* able to be got out (of sth) *(con costruzione impers.)*; to come* out (of sth): *Dovrebbero uscire due vestitini da questo scampolo,* It ought to be possible to get a couple of children's dresses out of this remnant.

uscita *sf* **1** *(l'atto dell'uscire)* exit; getting out; going (*o* coming) out; leaving; *(ma in generale è più comune una costruzione verbale: ⇨ gli esempi)*; *(econ.)* outflow; *(elettr.)* output: *All'uscita si ricordò di ciò che avrebbe dovuto fare,* When he came out, he remembered what he ought to have done — *Il giovane conte fu rapito all'uscita dal tennis,* The young count was kidnapped as he left the tennis courts — *Ricordami di comprare la frutta all'uscita dall'ufficio,* Remind me to buy the fruit when I leave the office — *Alla sua uscita, tutti si misero a parlare di lei,* As soon as she left, everybody began to talk about her — *bolletta d'uscita,* exit document — *permesso d'uscita,* exit permit; exeat — *buona uscita, (di una casa)* key-money; *(liquidazione)* leaving-bonus — *Oggi è il mio giorno d'uscita,* Today is my day off — *I soldati sono in libera uscita,* The soldiers are off duty. **2** *(apertura, varco)* exit; way out; door; *(sbocco, anche mecc.)* outlet: *Ci siamo rivisti all'uscita,* We saw one another again at the exit — *uscita di sicurezza,* emergency exit — *Mi sa indicare l'uscita, per favore?,* Can you show me the exit (*o* the way out) please? — *La casa ha una sola uscita?,* Has the house got only one exit? — *Consegni il biglietto all'uscita,* Please give up your tickets on the way out — *strada senza uscita,* blind alley; dead-end; *(sui cartelli)* cul-de-sac *(fr., ma improprio).* **3** *(mil.: sortita)* sortie; sally: *Fecero un'uscita e massacrarono i nemici durante il sonno,* They made a sortie and killed the enemies in their sleep. **4** *(teatro: uscita di scena)* exit; *(entrata)* entrance. **5** *(fig.: via di salvezza, soluzione)* way out: *So che non ho più via d'uscita,* I know I have (*o* there is) no way out — *Le dimissioni sono ormai l'unica uscita possibile,* Resignation is the only way out now. **6** *(in un bilancio: le spese)* expenditure; outlay; expense: *Questo mese abbiamo avuto molte uscite non previste,* We have had a lot of unexpected expenditure this month — *Non si riesce mai a far quadrare uscite e entrate,* One can never square expenditure and income. **7** *(fig.: battuta, frase scherzosa)* joke; witty remark: *Questa uscita fece ridere tutti,* This witty remark made everyone laugh. **8** *(desinenza)* ending. **9** *(pubblicazione)* publication; issue. **10** *(nei giochi di carte)* lead.

usignolo *sm* nightingale. □ *cantare come un usignolo, (fig.)* to sing like a lark.

[1]**uso** *sm* **1** use; *(scopo)* purpose; *(talvolta, riferito alla lingua)* usage: *fare un uso eccessivo di qcsa,* to use sth too much (too heavily) — *fare uso di droghe,* to take drugs — *fare uso di un diritto,* to exercise a right — *uso indebito,* unlawful use — *uso errato (sbagliato),* misuse — *istruzioni per l'uso,* instructions (for use) — *pronto per l'uso,* ready for use; ready to use — *per uso personale,* for one's own (*o* personal) use — *per proprio uso e consumo,* at one's own disposal — *soltanto per uso esterno,* for external use only — *per uso interno,* to be taken internally — *Perse l'uso della gamba destra in un incidente,* He lost the use of his right leg in an accident — *l'uso della parola,* the power of speech — *perdere l'uso della ragione,* to be out of one's mind — *servire per molti usi,* to serve many purposes — *per tutti gli usi,* all-purpose — *una grammatica ad uso dei licei,* a grammar-book for use in secondary schools — *una parola di uso corrente,* a word in current use; a current word — *d'uso antiquato,* obsolete — *d'uso dialettale,* dialectal — *fuori uso, (inservibile)* out of use; unserviceable; *(guasto)* not working — *fuori d'uso, (obsoleto)* no longer used (*o* current); obsolete; *(fuori moda)* old-fashioned — *l'uso corretto di una parola,* the correct (*o* proper) usage of a word. **2** *(abitudine, usanza, costume)* habit; custom; usage; *(maniera)* style; way; *(al pl.: convenzioni)* conventions *(pl.)*; *(dir.: consuetudine)* custom; *(per estensione: moda)* fashion: *gli usi e i costumi di un popolo,* the customs of a people — *È d'uso dalle nostre parti,* It's customary down our way — *usi locali,* local customs — *Ho cucinato questo piatto all'uso cinese,* I've cooked this dish in the Chinese way (*o* fashion) — *frasi d'uso,* conventional expressions — *tornare in uso,* to come back into use (*o* fashion). **3** *(esercizio, pratica)* practice: *Imparerai meglio il francese con l'uso,* You'll improve your French with practice.

[2]**uso** *agg (lett.: avvezzo, abituato)* used to...; accustomed to...: *essere uso a qcsa,* to be used (*o* accustomed) to sth — *Non era uso a quel genere di cose,* He wasn't used to that sort of thing.

ussaro, ussero *sm* hussar.

usta *sf* scent.

ustionare *vt* to scald; *(med.)* to burn*. □ *grandi ustionati, (s. pl.)* major burn cases.

ustione *sf* burn; scald.

usuale *agg* usual; common; ordinary.

usualmente *avv* usually; normally.

usucapione *sm* prescription; adverse possession; *(dir. romano)* usucapion.

usufruire *vi* **1** *(dir.)* to have* a life interest (in sth). **2** *(valersi di qcsa)* to take* advantage (of sth): *usufruire di un vantaggio,* to make use of an advantage.

usufrutto *sm (dir.)* life interest; *(dir. romano)* usufruct.

usufruttuario *agg e sm (dir.)* tenant for life; life tenant; *(dir. romano)* usufructuary.

[1]**usura** *sf* **1** usury. **2** *(fig.)* interest.

[2]**usura** *sf (logorio)* wear; wear and tear.

usuraio *sm* usurer; money-lender.

usurpamento *sm* usurpation; encroachment.

usurpare *vt* to usurp: *usurpare il diritto di qcno,* to encroach upon sb's rights.

usurpatore *sm* usurper.

usurpazione *sf* usurpation.

utensile *sm* utensil; tool; implement: *utensili da cucina,* kitchen utensils — *utensili da falegname,* carpenter's tools — *utensile meccanico,* power tool — *borsa (cassetta) degli utensili,* tool kit; set of tools; tool box — *macchina utensile,* machine tool.

utensileria *sf* **1** tools *(pl.).* **2** *(reparto d'officina)* tool-room.

utente *sm e f.* user; consumer; *(del telefono)* subscriber; *(della radio, televisione)* licence-holder.

utenza *sf* **1** *(uso di servizio pubblico)* right of use; usage. **2** *(l'insieme degli utenti:* ⇨ **utente**) users *(pl.)*; consumers *(pl.)*; subscribers *(pl.)*; licence-holders *(pl.).*

uterino *agg* **1** *(anat.)* uterine. **2** *(dir.: discendente della stessa madre)* uterine; on the mother's side *(predicativo): fratello uterino,* step-brother on the mother's side.

utero *sm* uterus; womb.

[1]**utile** *agg* useful; helpful; handy *(fam.)*; *(utilizzabile)* usable; serviceable: *Mi ha dato utili consigli,* He gave me some useful advice *(sing.)* — *Non ritengo utile fare un viaggio apposta per quello,* I don't think there is any point in making a journey just for that — *Tieni quella carta, ti può venire utile!,* Keep that paper, it may be useful (it may come in handy)! — *Giulia si è resa molto utile,* Giulia made herself very useful — *Di tutto questo spazio ce n'è ben poco di utile,* Not much of this space is actually useful — *Sarà utile informarsi sui treni,* It would be useful (*o* worthwhile) to find out about the trains — *Per fortuna è arrivato in tempo utile,* Fortunately he arrived in time.

[2]**utile** *sm* **1** *(ciò che serve)* what's useful; the useful; utility; benefit: *unire l'utile al dilettevole,* to combine the useful and the pleasurable; to combine business with pleasure — *badare solo all'utile,* to bother only about what's useful. **2** *(econ.: guadagno, profitto)* profit; benefit: *utile lordo (netto),* gross (net) profit — *Non ne trassi alcun utile,* I made no profit; I got

nothing out of it — *Vi darà un utile del dieci per cento,* It will yield you ten per cent profit — *Dobbiamo dividere gli utili,* We must share out the profits — *una partecipazione agli utili,* a share in the profits — *(sistema per) la partecipazione agli utili,* profit-sharing. **3** *(comm.: interesse)* interest: *prestar denaro con un utile molto alto,* to lend money at a high interest rate — *un utile del tre per cento,* three per cent interest; interest of three per cent.

utilità *sf* **1** utility; usefulness: *l'utilità di sapere l'inglese,* the usefulness of knowing English — *essere di grande utilità,* to be (to prove) very useful — *Non è di nessuna utilità,* It's no use. **2** *(econ.)* utility: *opera di pubblica utilità,* work of public utility — *espropriazione per utilità pubblica,* compulsory purchase for public purposes. **3** *(vantaggio)* profit; benefit; advantage.

utilitaria *sf (automobile)* small car; runabout; utility car; subcompact *(USA).*

utilitario *agg e sm* utilitarian.

utilitarismo *sm* Utilitarianism.

utilitarista *sm e f.* utilitarian.

utilitaristico *agg* utilitarian.

utilizzabile *agg* usable; utilizable *(spec. USA).*

utilizzare *vt* to use; to utilize.

utilizzazione *sf* use; utilization.

utilizzo *sm* **1** *(linguaggio burocratico: utilizzazione)* use; utilization. **2** *(comm.: di un credito)* availment.

utilmente *avv* usefully: *impiegare utilmente il proprio tempo,* to put one's time to good use.

utopia *sf* utopia.

utopista *sm e f.* utopian.

utopistico *agg* utopian.

uva *sf* grapes *(solo pl.: ma nei composti si usa la forma* grape*): un chicco d'uva,* a grape — *un grappolo d'uva,* a bunch of grapes — *succo d'uva,* grape-juice — *uva passa,* raisin — *uva spina,* gooseberry — *uva sultanina,* currant; sultana.

uvetta *sf* raisins *(pl.).*

uxoricida *sm* uxoricide.

uxoricidio *sm* uxoricide.

V

V, v *sm e f.* V, v: *V come Venezia, (al telefono, ecc.)* V for Victor — *un oggetto fatto a v,* a V- (*o* Vee-) shaped object.

vacante *agg* vacant: *carica vacante,* vacancy.

vacanza *sf* **1** *(giorno o periodo non lavorativo)* holiday; vacation *(spec. USA)*: *Dove vai quest'anno in vacanza?,* Where are you going on holiday this year? — *essere in vacanza,* to be on holiday — *durante le vacanze di Natale (di Pasqua),* during the Christmas (Easter) holidays — *le vacanze estive,* the Summer holidays; *(all'università)* the long vacation *(sing.)* — *un giorno di vacanza,* a holiday; a day's holiday; *(dal lavoro)* a day off — *Posso prendermi un giorno di vacanza domani?,* May I take the day off tomorrow? — *far vacanza,* to take a holiday; *(essere assente)* to be absent. **2** *(GB, del Parlamento)* recess. **3** *(riferito ad una carica, un ufficio, che è vacante)* vacancy: *durante la vacanza della sede pontificia,* during the vacancy of the Papacy (of the pontifical See) — *Sono spiacente di informarLa che non c'è alcuna vacanza al momento,* I am sorry to inform you that we have no vacancies at present.

vacare *vi* to be* vacant.

vacca *sf* **1** cow: *vacca da latte,* milch cow; milker — *latte di vacca,* cow's milk — *le sette vacche grasse (magre), (Bibbia)* the seven fat (lean) kine — *essere in tempo di vacche grasse (magre),* to be going through a prosperous (a lean) period; to have struck a good (a bad patch). **2** *(spreg.: donnaccia)* bitch; cow. □ *vacca di mare, (manato)* manatee; sea-cow.

vaccheria *sf* **1** *(stalla)* cowshed. **2** *(latteria)* dairy-farm.

vaccinare *vt* to vaccinate; to inoculate.

vaccinazione *sf* vaccination; inoculation: *fare la vaccinazione,* to be vaccinated (*o* inoculated).

vaccino *agg (di vacca)* cow *(attrib.)*; *(bovino)* bovine: *latte vaccino,* cow's milk.
□ *sm* vaccine.

vacillamento *sm* **1** tottering; wobbling; shaking. **2** *(di luci)* flickering. **3** *(fig.)* shakiness.

vacillante *agg* **1** *(incerto, barcollante)* tottering; staggering; unsteady; wobbly *(fam.)*: *andatura vacillante,* tottering gait. **2** *(fig.: malsicuro, scosso)* shaky; vacillating; wavering; uncertain: *fede vacillante,* shaky (*o* wavering) faith — *salute vacillante,* uncertain health. **3** *(di fiamma, di luce)* flickering.

vacillare *vi* **1** *(barcollare)* to totter; to stagger; to wobble; to be* unsteady. **2** *(fig.: essere incerto)* to be* shaky; to vacillate; to waver; to shilly-shally. **3** *(di fiamma, di luce)* to flicker.

vacuità *sf* emptiness; vacuity; inanity; empty-headedness.

vacuo *agg (fig.)* empty; vacant; vacuous; *(anche vano)* vain: *una mente vacua,* a vacuous (a blank) mind — *promesse vacue,* empty (*o* vain) promises — *occhi vacui,* expressionless eyes.
□ *sm* vacuum.

vademecum *sm* vade-mecum.

va-e-vieni *sm* coming and going; hustle and bustle: *teleferica va-e-vieni,* to-and-fro aerial ropeway.

vagabondaggio *sm* **1** *(vita di vagabondo)* vagabondage; *(dir.)* vagrancy: *darsi al vagabondaggio,* to take to the road. **2** *(l'andare in giro senza una meta precisa)* roaming; roving; wandering.

vagabondare *vi* **1** *(fare il vagabondo)* to be* a tramp (a vagabond); *(dir.)* to be* a vagrant. **2** *(vagare senza una meta precisa)* to wander; to ramble; to roam; to rove: *vagabondare con il pensiero, (fig.)* to let one's thoughts wander.

vagabondo *sm* **1** tramp; vagabond; bum; *(USA, dir.)* vagrant. **2** *(persona oziosa)* idler; loafer; layabout. **3** *(scherz.)* rolling stone; gadabout.
□ *agg* **1** vagabond; vagrant; roving: *una vita vagabonda,* a vagabond (a vagrant) life. **2** *(di animali)* stray. **3** *(fig.)* wandering; roving: *avere una mente vagabonda,* to have a grasshopper mind.

vagamente *avv* vaguely.

vagante *agg* **1** wandering: *mina vagante,* drifting mine. **2** *(di corrente elettrica, di pallottola, ecc.)* stray.

vagare *vi* to wander; to roam; to rove: *vagare d'affetto in affetto,* to drift from one love to another — *vagare di pensiero in pensiero,* to muse.

vagheggiamento *sm* **1** *(lett.: contemplazione)* contemplation; *(sguardo amoroso)* admiring (*o* longing) gaze. **2** *(aspirazione)* aspiration; longing; yearning.

vagheggiare *vt* **1** *(lett.: contemplare con compiacimento ed amore)* to gaze (upon sb) fondly; to look lovingly (on, at sb); to contemplate (sb) with pleasure. **2** *(considerare con desiderio o amore)* to long (for sth); to yearn (for sth); to dream* (of sth); to cherish.
□ **vagheggiarsi** *v. rifl (guardarsi, considerarsi con compiacimento)* to look at oneself admiringly; to admire oneself.

vaghezza *sf* **1** *(imprecisione)* vagueness; indetermination. **2** *(bellezza)* beauty; charm; grace. **3** *(desiderio)* fancy; longing; yearning: *Mi punse vaghezza di rivederlo,* I longed to see him again.

vagina *sf* **1** *(anat.)* vagina; birth canal *(fam.)*. **2** *(fodero)* sheath.

vaginale *agg* vaginal.

vagire *vi* to whimper; to wail.

vagito *sm* **1** whimper; wail; *(med.)* vagitus. **2** *(al pl., fig.)* dawnings; stirrings.

[1]**vaglia** *sf (pregio)* merit; worth; ability.

[2]**vaglia** *sm (titolo di credito)* money order: *vaglia postale,* postal order — *vaglia bancario,* bank draft — *vaglia cambiario,* promissory note — *fare un vaglia,* to make out a money order.

vagliare *vt* **1** *(passare al vaglio)* to sift *(anche fig.)*; *(il grano)* to winnow; to sieve; *(la ghiaia)* to riddle; to screen. **2** *(fig.: esaminare a fondo)* to examine closely; to consider thoroughly; to weigh: *vagliare i pro e i contro,* to weigh the pros and cons.

vagliatura *sf* **1** sifting; winnowing. **2** *(industria)* riddling; screening. **3** *(scarti)* screenings *(pl.)*; siftings *(pl.)*.

vaglio *sm* **1** *(setaccio)* sieve; sifter; *(per uso industriale)* riddle; screen. **2** *(esame approfondito)* close examination; sifting: *passare qcsa al vaglio,* to sift sth.

vago *agg* **1** *(indeterminato, poco chiaro)* vague; uncertain; indefinite; hazy; faint: *Ha dato una risposta molto vaga,* He gave a very vague reply — *C'è una vaga nebbiolina,* There's a hazy mist — *Non ne avevo la più vaga idea,* I hadn't the faintest (the vaguest, the slightest) idea — *una vaga somiglianza,* a slight (*o* faint) resemblance. **2** *(lett.: leggiadro)* charming; lovely; pleasing; graceful. **3** *(lett.: pieno di desiderio)* fond (of sth); desirous (of sth); longing (for sth); eager (for sth).
□ *sm* **1** *(ciò che è vago e indeterminato)* vagueness: *tenersi nel vago,* to stick to general terms; to keep things vague — *Preferisco tenermi nel vago,* I prefer not to commit myself. **2** *(anat.)* vagus.

vagolare *vi (lett.)* to wander.

vagoncino *sm (da miniera)* tram; car; truck; *(vettura)* van.

vagone *sm* **1** *(per merci)* waggon *(GB)*; truck *(GB)*; freight car *(USA)*. **2** *(per viaggiatori)* carriage; coach; passenger car *(USA)*: *vagone letto,* sleeper; sleeping car; wagon-lit *(fr.)* — *vagone ristorante,* dining car; diner *(USA)* — *vagone di servizio,* caboose *(USA)*.

vaio *agg (screziato)* dappled.
□ *sm (araldica)* vair.

vaiolato *agg* pitted.

vaiolo *sm (med.)* smallpox.

vaioloso *agg* variolar; variolous.
□ *sm* person suffering from smallpox.

valanga *sf* **1** avalanche. **2** *(fig.)* flood; shower; avalanche; stream: *Le lettere arrivarono a valanghe,* The letters flooded in. □ *a valanga, (locuzione avverbiale)* headlong.

valchiria *sf* Valkyrie.

valdese *agg e sm e f. (stor.)* Waldensian.

valente *agg* **1** skilful; capable; talented. **2** *(valoroso)* valiant.

valentia *sf* skill; capability.

valentuomo *sm* worthy *(anche scherz.)*.

valenza *sf* valence; valency.

valere *vi e t.* **1** *(avere un certo valore, prezzo, merito)* to be* worth: *La sterlina vale oggi circa millecinquecento lire,* The pound sterling is worth about fifteen hundred lire today — *È una bella ragazza, ma come attrice non vale gran che,* She's a pretty girl, but she isn't worth much as an actress — *Devi prenderlo per quel che vale,* You must take it for what it's worth — *un uomo che vale molto,* a man of worth — *Gli oggetti belli valgono molto,* Beautiful things are very expensive — *Vale tanto oro quanto pesa (Vale un Perù o un tesoro),* It's worth its weight in gold — *Non vale un fico secco,* It's not worth a brass farthing — *Non vale niente,* It's not worth anything; It's worthless *(ma ⇨ anche il* **6** *sotto)*.
2 *(avere autorità, contare)* to count; to be* of account; to have* weight: *Il suo parere vale per me più di quello degli altri,* His opinion counts for me more than anyone else's — *Val meglio tacere,* It is better to keep quiet; You (I, he, *ecc.*) had better keep quiet.
3 *(aver vigore)* to be* in force; *(essere regolare, valido)* to be* valid; *(fig.: essere giusto)* to be* fair: *È un decreto che non vale più,* This decree is no longer in force — *La patente senza bollo non vale,* A driving licence is not valid without a revenue stamp — *Non vale, io non ci sto!,* It's not fair, I'm not having any! — *Questo esempio vale in ogni caso,* This example is valid in all cases — *Per quanto vale ancora il mio abbonamento?,* How long has my subscription got to run?
4 *(giovare, servire)* to be* of use; to serve; *(lett.)* to be* of avail; to avail: *A che cosa t'è valso arrabbiarti tanto?,* What was the use of your getting so angry? — *L'irruzione della polizia valse a sventare altri crimini,* The police raid served to prevent a number of other crimes — *Prendersela non vale nulla,* It's no use taking it to heart; There's no point in taking it to heart — *Questo varrà a proteggerti?,* Will this be enough to protect you?
5 *(essere uguale in valore)* to be* equal to; to be* worth; *(corrispondere, significare)* to mean*; to amount to: *C'è soltanto Gianni, ma vale per tre,* There's only Gianni, but he's worth three — *Nessuna vale lei,* She's worth more than anyone else — *Così come l'hai espresso vale una critica,* As you put it, it amounts to a criticism — *vale a dire...,* that is to say...; which means... — *Si rifiutarono di fare il lavoro, vale a dire che lo dovemmo fare noi,* They refused to do the job, which meant we had to do it ourselves.
6 *(avere una certa abilità)* to be* good at: *A scacchi non vale niente,* He's no good at chess.
7 *(fruttare)* to bring* in: *Quella proprietà vale parecchi milioni all'anno,* That property brings in a good few million lire a year.
8 *(cagionare, procurare)* to bring*; to earn*: *Il suo comportamento pigro gli valse il soprannome di Plantigrado,* This lazy behaviour earned him the nickname of 'Plantigrade' — *La sua impulsività gli vale tante critiche,* His impulsiveness earns him a lot of criticism.
9 valersi di qcsa, to use sth; to avail oneself (of sth) *(piuttosto formale)*; to make* use (of sth); to take* advantage (of sth): *Mi varrò delle mie conoscenze per venirne fuori,* I shall make use of my acquaintances in order to get out of it — *Si valgono di lui come pedina,* They use him like a pawn.
□ *Tanto vale,* It's just the same; One may (might) as well — *Tanto vale che ce ne andiamo,* We may as well go away; We had better go away — *L'uno vale l'altro,* One is as bad as the other — *Ne vale la pena?,* Is it worthwhile?; Is it worth the trouble? — *far valere le proprie ragioni,* to make oneself heard — *far valere i propri diritti,* to assert (to enforce) one's rights (*o* claims) — *farsi valere,* to make oneself appreciated (felt, respected) — *La scommessa non vale,* The bet is off — *Contro la forza la ragione non vale,* Right is powerless against might; *(più comunemente)* Might is right.

valeriana *sf (bot., chim. e med.)* valerian.

valevole *agg* **1** *(utile)* good. **2** *(di biglietto, ecc.)* valid.

valicabile *agg* passable.

valicare *vt (attraversare)* to cross; *(guadare)* to ford; to wade.

valico *sm* **1** pass. **2** *(guado)* ford. **3** *(l'attraversare)* crossing; *(il guadare)* fording.

validamente *avv* validly; effectively.

validità *sf* **1** validity. **2** *(forza delle membra)* strength.

valido *agg* **1** *(valevole)* valid: *Il suo permesso non è più valido, signore,* Your permit is no longer valid (is out of date), sir — *un testamento (un matrimonio) valido,* a valid will (marriage) — *Le sue rivendicazioni furono giudicate valide,* His claims were judged to be valid. **2** *(adatto, abile per qcsa)* fit: *essere valido alle armi,* to be fit for (military) service. **3** *(efficace)* effective; efficacious; substantial; worthwhile: *Op-*

posero una valida resistenza, They offered *(fam.* They put up*)* an effective resistance — *La sua relazione fu l'unica valida,* His was the only worthwhile report — *un valido rimedio,* an efficacious remedy — *dare un valido contributo,* to give a substantial contribution — *essere di valido aiuto a qcno,* to prove of great help to sb; to be a real help to sb. **4** *(che ha fondamento)* sound; good; well-grounded; well-founded: *una ragione (una scusa) valida,* a good reason (excuse) — *una obiezione valida,* a sound objection. **5** *(forte, vigoroso)* strong; *(di persona, anche)* able-bodied: *essere valido di corpo (di mente),* to be strong (*o* healthy) in body (in mind) — *Queste porte non mi sembrano valide,* These doors don't look strong enough to me — *un'arma valida,* a powerful weapon — *Tutti gli uomini validi cercarono di dare un aiuto,* All the able-bodied men tried to help.

valigeria *sf* **1** *(negozio)* leather-goods shop. **2** *(fabbrica)* leather factory. **3** *(collettivo)* leather goods *(pl.)*.

valigia *sf* suitcase; bag: *valigia di pelle,* leather case — *valigia di tela, (mil.)* kitbag — *valigia diplomatica,* diplomatic bag — *fare (disfare) le valigie,* to pack (to unpack) — *fare le valigie, (fig.)* to pack one's bags; to pack up.

valigiaio *sm* **1** *(chi fabbrica)* trunk-maker. **2** *(chi vende valigie, ecc.)* leather-goods seller.

vallata *sf* valley; vale *(poet.)*.

valle *sf* **1** valley; *(GB, anche)* dale; vale *(poet.)*: *scendere a valle,* to go downhill; *(di fiume)* to flow down — *per valli e per monti,* up hill and down dale — *a valle,* downstream; *(nello sci)* downhill; further down the road *(fig.)*. **2** *(sorta di laguna)* marshes *(sempre pl.)*; *(GB)* broads; fens.

[1]**valletta** *sf* narrow valley.

[2]**valletta** *sf (televisione)* assistant.

valletto *sm* **1** valet; footman *(pl.* -men*)*: *valletto d'arme,* squire. **2** *(televisione)* assistant.

valligiano *sm* inhabitant of a valley; valley-dweller; *(GB, anche)* dalesman *(pl.* -men*)*.

vallo *sm* **1** *(stor.)* vallum *(lat.)*; wall. **2** *(trincea)* trench.

[1]**vallone** *sm* deep valley.

[2]**vallone** *agg e sm (della Vallonia)* Walloon.

valore *sm* **1** *(in generale e in fisica, matematica, musica, ecc.)* value; *(talvolta)* worth; *(di persona)* merit: *Dovremmo avere sempre la massima considerazione per i valori umani,* We (One) should always have the highest consideration for human values — *valori tonali (spaziali),* tonal (spatial) values — *una scala di valori,* a scale of values — *un giudizio di valore,* a value-judgment — *valore assoluto,* absolute value — *valori estremi,* fringe values — *valori morali (estetici),* moral (aesthetic) value — *un avvocato di valore,* a lawyer of merit — *avere coscienza del proprio valore,* to be aware of one's own merit(s).

2 *(fam.: prezzo, costo, anche fig.)* value; price; *(fig.: pregio)* value; worth: *un quadro di valore,* a painting of great value; a valuable painting — *Il valore del terreno è aumentato enormemente,* The value of land has risen enormously — *Quest'anno hanno acquistato merce per il valore di venti milioni,* This year they have bought goods to the value of twenty million (goods worth twenty million, twenty million's worth of goods) — *aumentare (diminuire) di valore,* to increase (to diminish) in value — *oggetti di valore,* valuables — *roba di poco valore,* cheap stuff — *privo di valore,* valueless; worthless — *campione senza valore,* free sample; commercial sample — *spedire qcsa come campione senza valore,* to send sth by sample post — *Imposta sul Valore Aggiunto (abbr.* IVA*)*, Value Added Tax *(abbr.* VAT*)* — *valore reale,* real value — *valore nominale,* nominal value; par value; face value — *valore commerciale,* market value — *valore di realizzo,* break-up value.

3 *(coraggio)* bravery; courage; valour; gallantry: *Si sono difesi con enorme valore,* They defended themselves with great bravery (*o* courage) — *atti di valore,* acts of bravery (of gallantry) — *una medaglia al valore militare,* a medal for gallantry.

4 *(al pl.: oggetti preziosi)* valuables: *lasciare in banca tutti i valori,* to deposit all one's valuables in the bank.

5 *(al pl.: titoli, azioni, ecc.)* stocks and shares; securities: *la Borsa Valori,* the Stock Exchange — *valori mobiliari,* transferable securities — *corso dei valori,* quotations of securities.

6 *(importanza, efficacia)* importance; weight; *(significato)* value; meaning; *(validità)* value; worth: *Credo che non abbia ben capito il valore che ha per noi la sua presenza qua,* I don't think he has understood the importance to us of his presence here; I don't think he realizes how important his presence here is to us — *il valore preciso di una parola,* the exact meaning of a word — *Non so se l'ho preso nel giusto valore,* I don't know if I've understood it right — *S'è riconfermato il valore del suo metodo,* The worth of his method has been confirmed — *Le tue parole non hanno alcun valore,* Your words count for nothing; Your words are as good as worthless — *Questo documento non ha alcun valore legale,* This document has no legal value (no value in law) — *dare molto (poco) valore a qcsa, (fig.)* to set a high (a low) value on sth — *dare troppo valore a qcsa,* to overvalue sth — *argomenti di gran valore,* sound (*o* valid) arguments.

□ *valori attivi, (econ.)* assets — *valori passivi, (econ.)* liabilities — *valore locativo, (tassa)* property tax — *valori bollati,* revenue stamps — *mettere in valore qcsa, (fig.)* to show sth to its best advantage — *aver valore di qcsa,* to be equivalent (*o* tantamount) to sth; to amount to sth — *Quello che hai detto ha il valore di una confessione,* What you have said amounts (is tantamount) to a confession — *un pronome con valore di sostantivo,* a pronoun used as (*o* acting as) a noun.

valorizzare *vt* **1** *(sfruttare, usare)* to turn (sth) to account; to use (sth) to advantage; to exploit; to utilize. **2** *(aumentare di valore)* to increase the value (of sth); to make* (sth) valuable: *Se costruiranno la strada, i nostri terreni saranno valorizzati,* If the road is built, it will increase the value of our land. **3** *(mettere in risalto)* to bring* (sth) out; to make* the most (of sth).

□ **valorizzarsi** *v. rifl* to make* the most of oneself; to show* oneself to the best advantage.

valorizzazione *sf* **1** exploitation. **2** *(aumento di valore)* increase in value.

valorosamente *avv* valiantly; bravely.

valoroso *agg* **1** *(mil.)* valiant; brave; courageous. **2** *(abile)* competent. **3** *(sport)* hard-working; game.

valuta *sf* **1** *(moneta)* currency; money: *valuta estera,* foreign currency — *valuta pregiata,* hard currency — *valuta a corso legale,* legal currency; *(GB, anche)* coin of the realm — *valuta in contanti,* cash payment — *controllo della valuta,* exchange control. **2** *(tempo per la decorrenza degli interessi)* value: *valuta immediata,* value this day — *valuta retrodatata,* back-dated value — *valuta 1° aprile,* interest to run from April 1st.

valutabile *agg (calcolabile)* reckonable; assessable.

valutare *vt* **1** *(stimare il valore di qcsa, anche fig.)* to value; to appraise; *(stabilire un valore)* to assess; *(cal-*

colare) to reckon; to evaluate: *La casa è stata valutata cinquanta milioni,* The house has been valued at fifty million lire — *Il suo ingegno non è sufficientemente valutato,* His talent is not sufficiently appreciated. **2** *(vagliare)* to consider; to weigh; *(tener conto)* to take* (sth) into account.

valutativo *agg* valuational.

valutazione *sf* estimation; reckoning; evaluation; rating: *fare la valutazione di un terreno,* to make a valuation of a piece of land.

valva *sf* valve.

valvassore *sm (stor.)* vavasour.

valvola *sf* **1** *(mecc.)* valve: *valvola a due vie,* two-way valve — *valvola a farfalla, (di motore)* throttle; *(di stufa)* butterfly-valve — *valvola di scarico,* exhaust-valve — *valvola termostatica,* thermostat — *valvola di sicurezza,* safety-valve. **2** *(elettr.)* valve; tube: *valvola a raggi catodici,* cathode ray-tube. **3** *(fusibile)* fuse: *È saltata una valvola,* A fuse has blown. **4** *(anat.)* valve.

valzer *sm* waltz: *fare un (giro di) valzer,* to waltz; *(fig.)* to dance attendance (on sb).

vampa *sf* **1** *(calore intenso)* heat; blaze; *(del sole)* burning heat; *(ondata di calore)* flash; blast; blowback; *(fiamma)* blaze; flame. **2** *(flusso di calore al viso)* flush; *(per vergogna)* blush.

vampata *sf* **1** *(vampa di forte calore)* burst (*o* gust) of heat; rush of hot air; *(fiammata)* flame; burst of flame. **2** *(flusso di calore al viso)* flush; *(per vergogna)* blush.

vampeggiare *vi* **1** *(raro: mandar vampe di calore)* to give* off gusts of heat; *(di fiamma)* to blaze; to flame. **2** *(avvampare di rossore)* to flush; to blush.

vampirismo *sm* vampirism.

vampiro *sm* **1** *(zool.)* vampire (bat). **2** *(fig.)* vampire; bloodsucker: *donna vampiro,* vamp.

vanagloria *sf* boastfulness; vainglory.

vanaglorioso *agg* boastful; vainglorious.

vanamente *avv* **1** vainly; emptily. **2** *(in vano)* vainly; in vain.

vandalico *agg* vandal.

vandalismo *sm* vandalism.

vandalo *sm* **1** *(stor.)* Vandal. **2** *(fig.)* vandal.

vaneggiamento *sm* raving.

vaneggiare *vi* to rave.

vanello *sm* lapwing.

vanesio *agg* foppish. □ *sm* fop; dandy.

vanessa *sf* vanessa: *vanessa del cardo,* painted lady — *vanessa dell'ortica,* small tortoiseshell — *vanessa atalanta,* red admiral — *vanessa antiopa,* Camberwell beauty — *vanessa io,* peacock.

vanga *sf* spade.

vangare *vt* to spade; to dig*.

vangata *sf* **1** *(il vangare)* digging over. **2** *(terra rivoltata)* newly-dug earth. **3** *(colpo di vanga)* blow with a spade. **4** *(quantità di terra smossa con un colpo di vanga)* spadeful.

vangatura *sf* digging.

Vangelo *sm* **1** Gospel; *(per estensione: il libro)* the Gospels *(pl.)*. **2** *(fig.: fondamento ideologico)* bible; gospel; *(fig.: verità inconfutabile)* gospel; gospel truth.

vaniglia *sf (la pianta e l'essenza)* vanilla.

vanigliato *agg* vanilla *(attrib.)*.

vaniloquio *sm* raving; *(fig.)* idle talk; twaddle.

vanità *sf* **1** *(l'esser vano)* vanity. **2** *(leggerezza di mente)* vanity; conceit: *Lo fa per vanità,* He does it out of vanity.

vanitosamente *avv* vainly; conceitedly.

vanitoso *agg* vain; conceited.

[1]**vano** *agg* **1** *(senza una base)* vain; empty. **2** *(senza effetto)* vain; useless: *Ogni sforzo riuscì vano,* All our (his, your, *ecc.*) efforts were in vain. **3** *(di persona: vuoto, fatuo)* vain; conceited; light-headed. **4** *(raro, lett.: vuoto all'interno)* empty.

[2]**vano** *sm* **1** *(spazio vuoto)* hollow; space; *(apertura)* opening: *C'è già un vano per gli scaffali,* There's already a space for the bookshelves — *vano dell'ascensore,* lift-shaft — *vano delle scale,* stairwell. **2** *(ambiente, stanza)* room: *un appartamento di dieci vani,* a ten-room flat.

vantaggio *sm* **1** *(utile, profitto)* advantage; profit; benefit: *ricavare (trarre) vantaggio da qcsa,* to get an advantage out of sth; to profit by sth — *andare a vantaggio di qcno,* to be (to turn) to sb's advantage — *a mio (tuo, suo) vantaggio,* to my (your, his) advantage — *con reciproco vantaggio,* to the advantage of both parties — *cercare solo il proprio vantaggio,* to live only for oneself; to think only of one's own interests — *Fece tutto a vantaggio degli altri,* Everything he did was for the benefit of others. **2** *(condizione favorevole, privilegio, superiorità)* advantage: *Hanno il vantaggio del numero,* They've got the advantage of numbers — *avere il vantaggio del sole (del vento),* to have the advantage of the sun (of the wind) — *La vita gli ha dato molti vantaggi sugli altri,* Life has given him many advantages over others — *Ti hanno dato il vantaggio di poter scegliere,* You've had the advantage of being able to choose — *prendere (acquistare) vantaggio su qcno,* to gain an advantage over sb. **3** *(nello sport: distacco su un avversario)* lead; *(alla partenza)* start; odds *(pl.)*; *(tennis)* vantage; van *(fam.)*; advantage; *(golf)* handicap: *Vinse con dieci metri di vantaggio,* He won with a lead of ten metres — *dare un vantaggio di un punto a qcno,* to give sb a start of one point (a one-point start) — *dare del vantaggio a qcno,* to give sb odds. **4** *(sovrappiù)* extra; overplus: *dare un vantaggio sul peso,* to give good measure. **5** *(tipografia)* galley.

vantaggiosamente *avv* advantageously; profitably.

vantaggioso *agg* advantageous; profitable; favourable.

vantare *vt* **1** *(decantare)* to praise; to extol; to boast (of sth): *vantare un successo,* to boast of a success — *vantare un diritto,* to set up a claim. **2** *(andare orgoglioso di qcno, qcsa)* to boast (of *o* about sb, sth). □ **vantarsi** *v. rifl* **1** *(andar fiero di qcsa)* to be* proud (of sth): *Si vantava delle sue disonestà,* He was proud of his dishonesty. **2** *(millantare i propri meriti, ecc.)* to boast; to blow* one's own trumpet; to brag; to swank *(sl.)*: *Non fa che vantarsi,* He does nothing but boast.

vanteria *sf* boasting; bragging.

vanto *sm* boast; vaunt; *(stor.)* challenge: *menar vanto,* to brag — *darsi vanto di qcsa,* to pride oneself on sth — *il vanto della costanza,* the virtue of constancy — *dare a qcno il vanto di qcsa,* to give sb the credit for sth.

vanvera *(nella locuzione avverbiale) a vanvera,* at random; haphazardly.

vapore *sm* **1** *(chim., fis.)* vapour, *(USA)* vapor; fume *(generalm. al pl.)*: *vapore acqueo,* water vapour; steam — *vapori di benzina,* petrol fumes. **2** *(acqueo)* steam: *una macchina a vapore,* a steam engine — *cuocere al vapore,* to steam — *un ferro a vapore,* a steam iron — *a tutto vapore,* at full speed. **3** *(piroscafo)* steamer; steamboat.

vaporetto *sm* small steamship; steamer; *(in città, p.es.*

a Venezia) water(-)bus; *(fluviale)* river steamer; *(lacuale)* lake steamer.

vaporiera *sf* locomotive; steam-engine; engine.

vaporizzare *vt e i.* **1** to vaporize. **2** *(trattare con vapore)* to steam.

☐ **vaporizzarsi** *v. rifl* to evaporate.

vaporizzatore *sm* vaporizer; *(nebulizzatore)* atomizer.

vaporizzazione *sf* vaporization; evaporation.

vaporosamente *avv* vaguely.

vaporosità *sf* **1** flimsiness; gauziness; *(di capelli)* fluffiness. **2** *(indeterminatezza)* vagueness.

vaporoso *agg* **1** flimsy; gauzy; *(dei capelli)* fluffy. **2** *(indeterminato)* vague.

varano *sm* monitor (lizard).

varare *vt* **1** to launch *(anche fig.)*: *varare una nave,* to launch a ship — *varare una legge,* to pass a law. **2** *(sport: scegliere)* to choose*; to pick.

varcabile *agg* passable.

varcare *vt (attraversare: talvolta anche fig.)* to cross; to pass; *(oltrepassare, spec. fig.)* to overstep: *varcare la soglia,* to cross the threshold — *varcare i limiti,* to overstep (to exceed) the limits (the bounds). ☐ *Ha varcato la cinquantina,* He is (just) over fifty.

varco *sm (apertura, passaggio)* (narrow) way; opening; passage: *aprirsi un varco,* to force a way (an opening) — *aprirsi un varco tra la folla,* to push (to force) one's way through the crowd — *aspettare al varco,* to lie in wait (for sb); *(fig.)* to bide one's time.

varechina *sf* bleach.

variabile *agg* **1** *(del tempo, ecc.)* variable; changeable; unsettled; *(di persona)* moody; temperamental. **2** *(gramm., matematica)* variable.

☐ *sf (matematica)* variable.

variabilità *sf* variability; changeableness; variableness: *indice di variabilità, (statistica)* variance.

variamente *avv* variously.

variante *agg* varying; changing.

☐ *sf* variant; variation; different form; *(sport)* alternative route.

varianza *sf (statistica)* variance.

variare *vt (cambiare)* to change; to alter; to vary: *Hanno variato l'orario,* They have changed (*o* altered) the timetable — *variare la pena secondo il delitto,* to make the punishment fit the crime.

☐ *vi (diventare diverso)* to vary; to change: *Il tempo sta per variare,* The weather is going to change — *Tanto per variare!,* Just for a change!

variatore *sm (mecc.)* variator: *variatore di fase,* phase transformer — *variatore di frequenza, (elettr.)* frequency changer (*o* converter).

variazione *sf* **1** *(l'atto, l'effetto del variare)* variation; change; *(modifica)* alteration. **2** *(mus.)* variation.

varice *sf* varicose vein; *(med., anche)* varix *(pl.* varices*)*.

varicella *sf* chicken-pox; varicella *(med.)*.

varicoso *agg* varicose.

variegato *agg* variegated; many-coloured; varicoloured.

varietà *sf* **1** variety; *(differenza)* difference. **2** *(genere, specie)* variety *(spec. nel linguaggio scientifico)*; kind; sort.

☐ *sm (spettacolo)* variety (show) *(GB)*; vaudeville *(USA)*: *teatro di varietà,* music-hall *(GB)*; vaudeville (theater) *(USA)*.

vario *agg* **1** *(non uniforme)* varied: *un paesaggio vario,* a varied landscape — *umore vario,* uncertain temper — *Il mondo è bello perché è vario, (prov.)* Variety is the spice of life. **2** *(molteplice e differente)* various; different. **3** *(al pl.: numerosi, molti)* various; several: *Lo vidi varie volte,* I saw him several times — *in vari modi,* in various ways; in a variety of ways.

☐ *sm* **1** *(la varietà)* variety: *un amante del vario,* a lover of variety. **2** *(al pl.: parecchi)* several people.

variopinto *agg* many-coloured; variegated.

varo *sm (naut. e fig.)* launch; launching.

vasaio *sm* potter.

vasca *sf* **1** basin; cistern; *(da bagno)* bath; bathtub; tub. **2** *(piscina)* (swimming-) pool; *(se all'esterno, anche)* swimming-bath. **3** *(per estensione: lunghezza di una piscina)* length: *fare dieci vasche, (fam.)* to swim ten lengths. **4** *(in varie tecnologie)* tank; vat; chest; tub; kettle; *(di chiusa)* chamber; coffer. **5** *(in un giardino zoologico)* pit.

vascello *sm* vessel; *(da guerra)* warship: *capitano di vascello,* captain — *tenente di vascello,* lieutenant.

vaschetta *sf* dish; cup; *(di carburatore)* float chamber; *(serbatoio per inchiostro, ecc.)* fountain; *(distributore)* dispenser: *vaschetta di cacciata,* flush tank; cistern.

vascolare *agg* **1** *(anat., bot.)* vascular. **2** *(ceramica)* vase *(attrib.)*.

vaselina *sf* vaseline.

vasellame *sm (di porcellana)* china; porcelain; *(d'oro, d'argento)* plate; *(da tavola)* crockery; tableware.

vasino *sm (fam.)* potty.

vasistas *sm* transom window; fanlight *(USA)*.

vaso *sm* **1** vase; *(talvolta)* pot *(di solito rotondo)*: *un vaso di porcellana giallo,* a yellow porcelain vase — *un vaso di fiori,* a vase of flowers — *un vaso da fiori, (per fiori recisi)* a flower-vase; *(per piante, generalm. di terracotta)* a flower-pot — *il vaso di Pandora,* Pandora's box. **2** *(barattolo)* jar; pot; *(botte per vino)* barrel; cask; vat: *un vaso di sottaceti,* a jar of pickles — *mettere in vaso,* to pot. **3** *(recipiente in generale)* vessel; box; can; container; jar; pot; *(del gabinetto)* lavatory pan; toilet bowl: *Il liquido era poi raccolto in un grande vaso,* The liquid was then collected in a large vessel — *i vasi sacri,* the sacred vessels — *il Vaso d'Elezione, (San Paolo)* the Chosen Vessel — *vaso di espansione,* expansion tank; hydraulic air vessel — *vaso poroso,* porous pot — *un vaso d'acqua (di terra),* a jar of water (of earth) — *vaso da notte,* chamber-pot. **4** *(anat.)* vessel: *vasi sanguigni,* blood vessels.

☐ *portare vasi a Samo, (fig.)* to take (to carry) coals to Newcastle.

vassallaggio *sm* **1** *(stor.)* vassalage. **2** *(fig.)* subjection; servitude.

vassallo *sm* **1** *(feudale)* vassal; *(per estensione)* subject. **2** *(raro, lett.: servo)* servant.

☐ *agg* vassal; subject; dependent.

vassoio *sm* **1** tray: *un vassoio da tè,* a tea-tray. **2** *(strumento da muratore)* mortar-board; hawk; hod.

vastità *sf* vastness *(anche fig.)*.

vasto *agg* **1** *(di grande estensione)* vast; boundless. **2** *(fig.)* wide; far-reaching; extensive: *di vaste vedute,* open-minded; broad-minded — *di vaste proporzioni,* extensive — *su vasta scala,* on a vast scale — *di vasta cultura,* widely-read.

vate *sm (lett.)* **1** *(profeta)* prophet. **2** *(poeta)* bard *(stor. e lett.)*.

vaticinante *agg* prophetic.

vaticinare *vt* to prophesy; to foretell*.

vaticinio *sm* **1** *(profezia)* prophecy; prediction. **2** *(divinazione)* divination.

vattelapesca! *esclamazione* who knows?

[1]**ve** *pron personale 2ª persona pl (m. e f.) (forma di* [1]**vi** *usata davanti a certi altri pron.)* you (⇨ [1]**vi**).

[2]**ve** *avv (forma di* [2]**vi** *usata davanti a certi altri pron.)* there (⇨ [2]**vi**).

vecchiaia *sf* **1** old age: *il bastone della vecchiaia, (fig.)* the staff of (sb's) old age. **2** *(persone vecchie)* old people *(pl.)*; the old *(pl.)*.

vecchiezza *sf* (old) age.

vecchio *agg* **1** old *(anche logoro, usato)*; *(antico)* ancient: *ai vecchi tempi,* in the old days; in ancient times — *vestiti vecchi,* old clothes — *il Vecchio Testamento,* the Old Testament — *vecchio come il cucco,* as old as the hills — *una vecchia volpe,* a cunning old fox — *essere vecchi del mestiere,* to have been a long time in the trade; to be an old hand at the job — *pane vecchio,* stale bread — *vino vecchio,* mellow wine. **2** *(più vecchio)* elder: *Plinio il Vecchio,* Pliny the Elder.

□ *sm* **1** *(di persona)* old man *(pl.* men*)*; old boy *(fam.)*; old chap *(fam.)*; *(fam.: padre)* old man *(solo al sing.)*; *(al pl.)* old people; old folks *(talvolta* folk*)*; *(fam.: genitori)* parents; people; folks *(USA)*. **2** *(al pl.: gli antenati)* ancestors; *(gli antichi)* the ancients; the people of old. **3** *(ciò che è disusato)* the old.

vecchiume *sm (spreg.)* rubbish; trash.

veccia *sf* vetch; tare.

vece *sf* **1** *(raro, lett.: mutamento)* mutation; chance. **2** *(al pl.: mansioni)* place; *(sing.)*; stead *(sing.)*: *fare le veci di qcno,* to take over from sb; to take sb's place — *Può fare le mie veci?,* Can you take my place? — *'firma del padre o di chi ne fa le veci',* 'signature of parent or guardian' — *in vece di...,* (⇨ *anche* invece*)* in place of... — *in vece mia (tua, sua),* in my (your, his, her) place (*o* stead).

vedere *vt e i.* **1** - **a)** to see*; *(andare a vedere, visitare)* to see*; to visit; *(cose in movimento — anche al cinema, alla televisione, ecc.)* to watch: *Lo vedo con l'occhio della mente,* I can see him in my mind's eye — *vedere una partita di calcio,* to watch a soccer match — *Di lì poteva vedere senza essere visto,* From there he could see without being seen — *veder doppio,* to see double; *(med.)* to have double vision — *veder la luce, (nascere)* to see the light; to be born — *Vedere per credere, (prov.)* Seeing is believing — *Stiamo a vedere che cosa succede,* Let's wait and see what happens — *far vedere qcsa a qcno,* to show sth to sb; to let sb see sth — *Fammelo vedere!,* Let me see it!; Let me have a look at it! — *andare a vedere qcno,* to go to see sb; to go and see sb; to visit sb — *Devo vedere mia nonna domani,* I must see (*o* visit) my grandmother tomorrow — *Vedi pagina 16,* See page 16 — *Vedi Napoli e poi muori,* See Naples and (then) die — *Non si vedeva anima viva,* There wasn't a living soul to be seen — *È da vedere, (di spettacoli, ecc.)* It's worth seeing — *È ancora da vedere se si sposeranno,* It remains to be seen whether they will get married — *Vedessi che bello!,* You ought to see it! — *Visto che sei tu che paghi...,* Seeing as you're paying... — *È brutto, ma almeno non si vede,* It's ugly, but at least it doesn't show.

2 farsi vedere, - **a)** *(quando si è attesi)* to show* up; to turn up; *(occasionalmente)* to show* one's face; to put* in an appearance: *Non si sono più fatti vedere,* They haven't so much as shown their faces since then — *Fatti vedere ogni tanto!,* Come and see me (*o* us) once in a while - **b)** *(farsi esaminare da un medico)* to be* examined; to have* a check-up.

3 *(fig.: capire)* to understand*; to see*: *Non vedo dove vuoi arrivare,* I don't understand (I can't see) what you're driving at — *Vedi, avevo ragione io!,* You see, I was right (all along)! — *Non vedi che sta male?,* Can't you see he's unwell?

4 *(esaminare)* to have* a look at; to examine; to look through; to check: *vedere i conti,* to check (to examine) the accounts — *Ho visto tutte le proposte, ma non posso accettarle,* I've looked through all the proposals, but I can't accept them — *Ho fatto vedere Pierino dal dottore, e ha detto che sta bene,* I had the doctor look at (*o* examine) Pierino, and he said he's all right.

5 *(fare in modo)* to see*; to try; to take* care; to make* sure: *Vedi di non sbagliare questa volta,* See you don't (Try not to, Take care not to) make any mistakes this time — *Vedrò di finire entro sera,* I'll try to (I'll try and) finish by this evening — *Non prometto niente, ma vedrò,* I can't promise anything, but I'll see what I can do.

6 *(ricevere)* to have*: *Mi dissero che sarei stato ben pagato, ma non ho ancora visto un soldo,* They told me I'd be well paid, but I haven't had a penny yet.

□ *Ti vedo bene oggi,* You're looking well today — *veder bene (male) qcsa,* to approve (to disapprove) of sth — *essere ben visto,* to be well thought of — *essere mal visto,* not to be well thought of; to be disapproved of — *Non ha niente a che vedere con...,* It has nothing to do with... — *La vedremo!*; *Te la farò vedere!,* I'll show you!; You'd better look out! — *Toh chi si vede!,* Look who's here! — *vederci bene (male),* to have good (bad) sight — *Vedi tu,* It's up to you — *Vedi tu che cosa bisogna fare,* You decide what's to be done — *a mio modo di vedere,* as I see it; in my opinion; to my way of thinking — *Si vede che mi sono sbagliato,* I must have been mistaken — *Ci vedo poco chiaro in questa faccenda,* I think there is something fishy here — *Voglio veder chiaro in questa faccenda,* I want to get to the bottom of this business — *non vederci più, (perdere il controllo dei propri nervi)* to lose one's temper; to see red; to lose one's head; to go off the deep end; *(essere diventato cieco)* to have gone blind — *Non ci vedevo più dalla rabbia,* I was blind with rage — *Non ci vedo più dalla fame,* I'm starving to death — *vedere le stelle, (fig.)* to see stars — *Non posso vedere quell'individuo,* I cannot stand (*o* bear) that man; I cannot bear the sight of that man — *... e chi s'è visto s'è visto!,* ... and that's that! — *dare a vedere, (dimostrare)* to show; *(fingere)* to pretend — *Dava a vedere di essere...,* He showed he was... — *non vedere l'ora di fare qcsa,* to look forward to doing sth; to be longing to do sth — *Me la son vista brutta,* I had a narrow escape — *stare a vedere,* to stand watching; to look on — *accompagnare qcno a vedere qcsa, (luoghi, monumenti ecc.)* to show sb round — *A vederlo, si direbbe che è onesto,* To look at him (By the look of him), you would say he is honest — *Vuoi vedere che questa volta perde?,* I'll bet you he loses this time — *Io non la vedo tanto bene, (non mi piace l'idea)* I don't think it's a very good idea — *Chi vivrà vedrà, (prov.)* Time will show.

□ **vedersi** *v. rifl* **1** to see* oneself; *(fig.: trovarsi)* to see* oneself; to find* oneself: *vedersi allo specchio,* to see oneself in the mirror — *quando si videro circondati dal nemico...,* when they saw themselves (*o* found themselves) surrounded by the enemy...

2 *(forma negativa: non sentirsi, non trovarsi a proprio agio)* - **a)** *(ipotesi)* to be* unable to see oneself (doing sth): *Non mi ci vedo a fare quel tipo di lavoro,* I can't see myself doing a job like that - **b)** *(condizione già sperimentata)* to be* unable to stand (the sight of

oneself): *Non mi ci posso vedere con questo cappello,* I can't stand the sight of myself in this hat.
3 *(vedersela, cavarsela)* to see* about sth; to deal* with sth: *Vedetevela voi!,* See about it yourselves!; You deal with it!
4 *(reciproco)* to meet* (to see*) each other (one another): *Non ci vedremo mai più,* We shall never meet again — *Ci vedremo presto,* We'll see each other again soon.

vedetta *sf* **1** *(luogo)* look-out: *stare in vedetta,* to be on the look-out. **2** *(sentinella)* look-out; vedette *(fr.).* **3** *(naut.)* patrol vessel. **4** *(teatro, anche* vedette *fr.)* star. **5** *(calcio) la vedetta della classifica,* the team at the top of the table.

vedova *sf* **1** widow: *rimanere vedova,* to be left a widow — *vedova bianca,* grass widow — *figlio unico di madre vedova, (scherz.)* the last of its kind. **2** *(uccello)* widow (*o* whydah) bird. **3** *(pianta)* scabious.
□ *vedova nera, (ragno)* black widow.

vedovanza *sf (di donna)* widowhood; *(di uomo)* widowerhood.

vedovile *agg* widowed; *(di vedova, anche)* widow's *(attrib.); (di vedovo, anche)* widower's *(attrib.): abito vedovile,* widow's weeds — *usufrutto vedovile, (di vedova)* dower; *(di vedovo)* curtesy *(ant.).*
□ *sm (dir. scozzese: di vedova)* jus relictae *(lat.);* wife's part *(fam.); (di vedovo)* jus relicti *(lat.).*

vedovo *sm* widower.
□ *agg* **1** widowed: *un uomo vedovo,* a widower. **2** *(privo)* deprived; bereft.

vedretta *sf* (small) glacier; nevé *(fr.).*

veduta *sf* **1** *(lett.: vedere)* sight: *a prima veduta,* at first sight. **2** *(vista, panorama)* view; panorama; *(posto degno di nota)* sight; *(raro: campo visivo)* sight: *Dalla mia finestra avevo una veduta splendida del lago di Garda,* From my window I had a fine view of Lake Garda — *le principali vedute di Londra,* the sights of London — *essere fuori di veduta,* to be out of sight (out of view). **3** *(raffigurazione di un paesaggio)* view: *Mi ha portato alcune vedute di Firenze,* She brought me some views of Florence — *una veduta panoramica,* a panorama — *una veduta a volo d'uccello,* a bird's eye view — *una veduta aerea, (fotografia)* an air photo. **4** *(generalm. al pl.: opinione, convincimento)* view; opinion; idea: *Nessuno conosce le sue vedute su questo,* Nobody knows his views (his opinions) on this — *una persona di larghe vedute,* a person with a broad outlook *(sing.);* a person of wide views; a broad-minded person. **5** *(generalm. al pl.: proposito, intenzione)* view; aim. **6** *(dir.)* window with a view.

veemente *agg* vehement; violent.

veemenza *sf* vehemence; violence.

vegetale *agg e sm* vegetable: *olio (grasso) vegetale,* vegetable oil — *crine vegetale,* vegetable horsehair.

vegetare *vi* to vegetate *(anche fig.).*

vegetariano *agg e sm* vegetarian: *un regime vegetariano,* a vegetarian diet.

vegetativo *agg* vegetative.

vegetazione *sf* vegetation.

vegeto *agg* **1** thriving; flourishing. **2** *(di persona)* strong; robust: *essere vivo e vegeto,* to be alive and kicking.

veggente *sm* **1** *(raro: persona che vede)* person able to see; sighted person. **2** *(profeta)* seer; *(indovino)* clairvoyant; fortune-teller.

veggenza *sf* prophecy; *(chiaroveggenza)* clairvoyance.

veglia *sf* **1** *(per guardia, lavoro, ecc.)* watch; vigil: *fare la veglia tutta la notte,* to keep watch all night — *stare a veglia,* to stay awake; to stay up late — *ore di veglia,* waking hours; hours of vigil — *essere tra la veglia e il sonno,* to be half asleep — *veglia funebre,* vigil; *(in Irlanda)* wake — *veglia pasquale,* Easter vigil. **2** *(festicciola)* all-night party. **3** *(il vegliare per insonnia)* wakefulness; sleeplessness.

vegliardo *sm (lett.)* venerable old man *(pl.* men*).*

vegliare *vi* **1** *(non dormire)* to keep* awake; to stay up; to stay up late: *Vegliai finché non arrivarono,* I kept awake (I stayed up, I sat up) until they arrived — *Ho dovuto vegliare fino a tardi per studiare,* I had to stay up late to study. **2** *(stare attento a qcsa, vigilare su qcno)* to watch (over sth, sb); to look (after sth, sb); to take* care (of sth, sb): *Dovresti vegliare su di lui,* You should look after him.
□ *vt* to watch (over sb); to stay up (with sb): *vegliare un malato,* to watch by the bedside of a sick person — *vegliare un morto,* to wake a corpse *(in Irlanda).*

veglione *sm* **1** ball; dance; *(con maschere)* masked ball. **2** *(anche 'veglionissimo')* New Year's Eve dance (*o* ball).

veicolo *sm* **1** vehicle; conveyance *(dir., linguaggio formale): Ci sono molti veicoli in circolazione,* There are lots of vehicles on the roads — *veicolo a tre ruote,* three-wheeler — *veicolo spaziale,* space-craft. **2** *(fig.: di malattia, ecc.)* carrier; *(di idee, ecc.)* vehicle; *(eccipiente)* vehicle; excipient.

vela *sf* **1** sail; *(al pl., talvolta)* canvas *(sing.): barca a vela,* sailing boat; yacht; *(piccola o media, anche)* dinghy — *a vele spiegate,* under sail *(sing.);* under canvas — *issare le vele,* to hoist the sails — *ammainare le vele,* to strike (to lower) the sails — *calare le vele,* to lower the sails; *(fig.)* to give in; to give up — *far vela,* to set sail; *(fig.)* to leave — *andare a gonfie vele,* to be under full sail *(sing.); (fig.)* to be going fine; to go at a fine pace. **2** *(lo sport)* sailing; yachting: *Pratico la vela tutte le domeniche,* I go sailing every Sunday. **3** *(volo a vela)* soaring; gliding. **4** *(archit.: spicchio della volta)* panel: *volta a vela,* dome vault; cap vault — *campanile a vela,* bell gable.

velaccio *sm (naut.)* topgallant.

[1]**velame** *sm (naut.)* sails *(pl.).*

[2]**velame** *sm (lett., anche fig.)* veil.

[1]**velare** *vt* **1** *(coprire con un velo)* to veil *(anche fig.);* to cover (sth) with a veil; *(per estensione: nascondere)* to hide*; to conceal; to disguise. **2** *(fig.: appannare)* to dim; to darken; to cloud; to obscure: *Il pianto le velò gli occhi,* Tears dimmed her eyes — *velare la luce,* to shade the light — *Il suo discorso era velato d'ironia,* His speech was cloaked in irony. □ ⇨ *anche* **velato.**
□ **velarsi** *v. rifl* **1** *(coprirsi con un velo)* to veil oneself; to cover oneself; *(per estensione: nascondersi)* to hide* oneself; to conceal oneself. **2** *(annebbiarsi)* to mist; *(di vista)* to grow* dim; to grow* misty; *(di voce: spegnersi)* to grow* husky; to thicken.

[2]**velare** *agg e sf (fonologia)* velar.

velatamente *avv* covertly.

velato *agg* **1** *(coperto, appannato)* veiled; low. **2** *(della voce)* husky; *(di suono)* muffled. **3** *(di allusione)* concealed; hidden; *(di accenno)* veiled. □ *occhi velati,* misty eyes — *zucchero velato,* icing sugar — *calze velate,* transparent stockings; *(di nailon, di seta, anche)* sheer-nylon (sheer-silk) stockings.

[1]**velatura** *sf* **1** *(il velare)* veiling; dimming. **2** *(fotografia)* fog. **3** *(pittura)* glazing.

[2]**velatura** *sf* **1** *(naut.)* sails *(pl.): forzare la velatura,* to crowd (on) sail. **2** *(di aerodina)* lifting surfaces *(pl.).*

veleggiamento *sm* **1** sailing. **2** *(aeronautica)* soaring.

veleggiante *agg* **1** sailing. **2** *(aeronautica)* soaring.

veleggiare *vi* **1** to sail. **2** *(aeronautica)* to soar. □ *vt* **1** *(poet.)* to sail. **2** *(guarnire di vele)* to rig with sails: *La nave è stata veleggiata,* The ship has been rigged with sails.

veleggiata *sf* **1** *(il veleggiare)* sailing. **2** *(gita, se lunga)* cruise.

veleggiatore *sm* **1** *(imbarcazione)* yacht. **2** *(aliante)* sailplane; glider. **3** *(chi naviga)* sailor. **4** *(chi guida un aliante)* glider pilot; sailplaner.

veleggio *sm* **1** *(naut.)* sailing. **2** *(aeronautica)* gliding; soaring; *(distanza)* float.

velenifero *agg* poisonous: *ghiandola velenifera,* poison sac.

veleno *sm* **1** poison *(anche fig.)*; venom *(spec. di serpe)*: *veleno per topi,* rat-poison — *avere del veleno in corpo,* to be rotten through and through — *Non è mica veleno!,* It won't poison you! **2** *(rancore)* venom; virulence; gall: *una penna intinta nel veleno,* a pen dipped in gall — *masticare veleno, (fig.)* to swallow one's anger — *sputare veleno, (fig.)* to give vent to one's spite.

velenosamente *avv* poisonously; venomously; *(fig.)* maliciously; spitefully.

velenosità *sf* poisonousness; venomousness *(anche fig.)*.

velenoso *agg* poisonous; venomous *(spec. di serpe)*; *(fig.)* venomous; malicious; biting: *una lingua velenosa,* a venomous (a spiteful) tongue — *un'osservazione velenosa,* a malicious remark — *satira velenosa,* biting satire.

veleria *sf (officina)* sailmaker's yard.

veletta *sf (di cappello)* veil.

velico *agg* sailing *(attrib.)*; sail *(attrib.)*: *gara velica,* sailing race; regatta — *superficie velica,* sail area — *sistema velico,* set of sails.

veliero *sm* sailing ship; wind-jammer; clipper *(stor.)*: *veliero a tre alberi,* bark; barque; three-master.

velina *sf* **1** tissue-paper; *(per copie)* copy paper; *(foglio)* flimsy. **2** *(copia di lettera)* carbon copy; flimsy. **3** *(giornalismo)* bulletin; press release.

velino *sm* cellophane.

velivolo *sm* aircraft; aeroplane, *(USA)* airplane.

velleità *sf* fancy desire; wish; *(voglia infondata)* daydream.

velleitariamente *avv* fancifully; wishfully.

velleitario *agg* fanciful; wishful. □ *sm* wishful thinker.

vellicare *vt* to tickle; to titillate.

vello *sm* **1** fleece: *il Vello d'Oro,* the Golden Fleece. **2** *(per estensione: pelle non tosata)* skin: *vello di capra,* goatskin — *vello di leone,* lionskin.

velloso *agg* fleecy; shaggy; hairy.

vellutato *agg* velvety; velvet *(attrib.)*; *(bot., anche)* velutinous.

velluto *sm* velvet: *velluto a riccio,* pile velvet — *velluto a coste,* corduroy velvet; corduroy — *velluto di cotone,* velveteen — *un pugno di ferro in un guanto di velluto, (fig.)* an iron hand in a velvet glove — *camminare sul velluto,* to walk with a velvet tread; *(procedere con facilità)* to have an easy passage.

velo *sm* **1** *(tessuto leggerissimo)* voile *(fr.)*; gauze; muslin: *Indossavano begli abiti di velo,* They wore magnificent dresses of voile. **2** *(nell'abbigliamento femminile, anche religioso)* veil: *In alcuni paesi le donne arabe portano ancora il velo,* In some countries, Arab women still wear veils *(pl.)* — *la danza dei sette veli,* the dance of the seven veils — *velo nuziale (da lutto),* bridal veil (mourning veil) — *prendere il velo,* to take the veil; to become a nun — *deporre il velo,* to leave the convent; to return to the world; to cast off the veil. **3** *(fig.: strato leggero)* veil; film; *(maschera)* cloak; mask: *un velo di polvere,* a thin layer of dust — *un velo d'acqua,* a sheet of water — *un velo di ghiaccio,* a film of ice — *un velo di malinconia,* a touch of melancholy — *i veli della notte, (lett.)* the shades of night — *un velo di lacrime (di nebbia),* a veil of tears (of mist) — *far velo a qcsa,* to obscure sth; to hide sth; *(rendere cieco)* to blind — *Il suo amore per lei gli fa velo,* He is blinded by his love for her — *stendere un pietoso velo su qcsa,* to draw a veil of kindness over sth — *il mortal velo,* the mortal coil — *sotto il velo dell'amicizia,* under the guise (the mask, the cloak) of friendship — *Mi cadde il velo dagli occhi,* The scales fell from my eyes — *il velo dell'ignoranza,* the veil of ignorance. **4** *(in fotografia)* fog; haze; *(radiologia)* fog. **5** *(anat., bot.)* velum: *velo palatino,* soft palate — *velo virginale, (fam.)* hymen.

veloce *agg* fast; quick; swift; rapid: *essere veloce come un fulmine,* to be as quick as lightning — *più veloce del pensiero,* quicker than thought.

velocemente *avv* fast; quickly; rapidly; swiftly.

velocipede *sm* velocipede *(stor., raro)*; boneshaker *(scherz.)*.

velocista *sm (sport)* sprinter.

velocità *sf* **1** speed; velocity *(anche fis.)*; rate; *(fig., anche)* quickness; rapidity; swiftness: *la velocità del suono (della luce),* the speed of sound (of light) — *ad una velocità di ottanta km all'ora,* at a speed (at a rate) of eighty km per (*o* an) hour — *velocità di salita,* rate of climb — *velocità media,* average speed — *velocità massima,* top (*o* maximum) speed — *velocità di crociera,* cruising speed — *limite di velocità,* speed limit — *velocità limite,* maximum velocity — *a tutta velocità,* at full (at top) speed — *indicatore di velocità,* speedometer — *a grande velocità,* fast; at high speed; *(nelle spedizioni)* by fast (by passenger) train — *a piccola velocità,* slow; at a low speed; *(nelle spedizioni)* by slow (by goods) train — *La sua velocità nel decidere lasciò tutti perplessi,* His quickness in deciding (His rapid decision) left everybody puzzled. **2** *(marcia)* gear: *cambio di velocità,* gearbox; transmission *(USA)* — *prima velocità,* first (*o* bottom) gear — *quarta velocità,* fourth (*spesso* top) gear.

velodromo *sm* cycle-track.

veltro *sm* greyhound.

vena *sf* **1** *(vaso sanguigno, anche fig.)* vein; *(per estensione: venatura; anche fig.: accenno, traccia)* vein; streak; *(del legno)* grain *(solo a sing.)*: *vene varicose,* varicose veins — *tagliarsi le vene,* to cut one's veins (one's wrists) — *Colsi una vena d'ironia nelle sue parole,* I caught a vein (a streak) of irony in his words. **2** *(filone minerario)* vein; lode; *(di carbone)* seam; *(d'acqua)* underground stream; spring: *una vena d'oro,* a vein of gold — *acqua di vena,* spring water. **3** *(disposizione creativa)* gift; inclination; talent; knack; *(tendenza)* streak; *(umore)* vein; disposition: *Mi manca la vena,* I haven't the gift (the knack) — *Tutta la famiglia ha una vena di pazzia,* The entire family has a streak of insanity in it — *Possiede una notevole vena umoristica,* He's got a remarkable streak of humour — *Oggi non sono in vena,* I'm not in the right mood (*o* vein) today; I don't feel in the mood today — *Sei in vena di scherzare?,* Are you in a joking mood? — *Oggi non sono in vena di studiare,* I don't feel like studying today — *fare qcsa di buona vena,* to do sth willingly (in good part) — *essere in vena di generosità,* to be in a giving mood. □ *essere* *sulla vena, (di vino in cui s'avverte il dolce)* to be at its best — *Non ha sangue nelle vene,* He's soft; He's got no guts — *L'idea mi fece ribollire il sangue nelle vene,* The idea made my blood boil — *Non le rimase sangue nelle vene,* Her courage failed her; Her blood ran cold.

venale *agg* **1** *(da vendersi)* for sale *(predicativo); (relativo a vendita)* selling; sale *(attrib.): prezzo venale,* current selling price — *valore venale,* market value. **2** *(fig.)* venal.

venalità *sf (fig.)* venality.

venalmente *avv* venally.

venatorio *agg* hunting *(attrib.): l'arte venatoria,* the art of hunting; hunting — *la stagione venatoria,* the hunting season.

venatura *sf* vein; *(di foglie, ecc.)* venation.

vendemmia *sf* **1** *(l'operazione)* grape-gathering; grape-harvest; *(il raccolto)* (grape-) harvest. **2** *(il periodo)* vintage; vintage-time.

vendemmiaio *sm (stor.)* Vendémiaire.

vendemmiare *vi* to harvest (to gather) grapes.
□ *vt* to harvest.

vendemmiatore *sm* vintager.

vendere *vt* **1** to sell*; *(dir., talvolta)* to vend: *Vendette tutte le sue proprietà,* He sold all his estates — *Vendono fiori al mercato rionale,* They sell flowers at the local market — *vendere al miglior offerente,* to sell to the highest bidder — *vendere per vendere,* to sell at any price — *vendere i propri favori,* to sell one's favours — *vendere l'onore,* to sell one's honour — *vendere cara la pelle,* to sell one's life dearly — *vendere per contanti (a credito),* to sell for cash (on credit) — *vendere all'ingrosso (al minuto),* to sell wholesale (retail) — *vendere a peso (a misura, al metro),* to sell by weight (by the measure, by the metre) — *vendere al pezzo,* to sell singly — *vendere a rate,* to sell by instalments; to sell on hire purchase; to sell on the never-never *(fam.)* — *vendere di seconda mano,* to sell second-hand — *vendere sotto costo,* to sell below cost price (below cost); to sell off — *vendere l'anima,* to pawn one's shirt — *vendere l'anima al diavolo,* to sell one's soul to the devil — *vendere moneta,* to change money (*o* currency) — *vendere all'asta,* to auction — *l'arte del vendere,* salesmanship.
2 *(dare per lucro, tradire, prostituire)* to betray; to prostitute; to surrender (sth) for private gain: *vendere la patria,* to betray one's country — *vendere il proprio corpo,* to prostitute oneself.
3 *(un calciatore)* to transfer.
4 vendersi *(passivo: costare)* to cost*; *(avere un buon mercato)* to sell*: *La carne si vende a prezzi esorbitanti oggi,* Meat costs a fortune nowadays — *Questi articoli non si vendono più,* These articles don't sell any more — *Il suo ultimo libro si vende benissimo,* His latest book is selling very well — *Vendesi casa,* House for sale — *Vendonsi conigli,* Rabbits for sale.
□ **vendersi** *v. rifl* to sell* oneself; to betray oneself; *(prostituirsi)* to hire oneself out; to prostitute oneself: *vendersi al nemico,* to sell oneself to the enemy.
□ *vendere fumo,* to talk hot hair; to bluff — *vendere parole,* to talk big — *saper vendere la propria merce,* to know how to blow one's own trumpet — *'Da vendere',* 'For sale' — *averne da vendere,* to have some to spare; to have more than one needs — *Ce n'è da vendere,* There's more than enough — *aver ragioni da vendere,* to have an extremely strong case; to be dead right — *Te la vendo come l'ho comprata,* I'm just repeating what I was told — *Questa non me la vendi!,* You can't make me believe that! — *vendere la pelle dell'orso prima che sia ucciso, (prov.)* to count one's chickens before they are hatched — ⇨ *anche* **venduto,** *agg.*

vendetta *sf* vengeance; revenge; *(faida)* vendetta; blood-feud: *per vendetta,* in revenge — *prendersi una vendetta su qcno,* to take vengeance upon sb — *gridar vendetta, (anche di colpe)* to cry out for vengeance; *(scherz.)* to be terrible — *avere la vendetta nel cuore,* to harbour thoughts of revenge — *il giorno della vendetta,* the Day of Judgment.

vendibile *agg* saleable; marketable.

vendicabile *agg* able to be revenged *(predicativo).*

vendicare *vt* to revenge; to avenge.
□ **vendicarsi** *v. rifl* to avenge oneself; to take* vengeance (on sb for sth); to be* revenged (on sb for sth): *vendicarsi di un'ingiuria,* to avenge an insult.

vendicativo *agg* vindictive.

vendicatore *sm* avenger; revenger.

vendita *sf* **1** sale: *essere in vendita,* to be for sale (on sale) — *vendita all'asta,* auction sale — *vendita all'ingrosso (al minuto),* wholesale (retail sale) — *vendita a rate,* hire purchase — *vendita a domicilio,* door-to-door selling — *prezzo di vendita,* selling price — *reparto vendite,* sales department — *vendita per contanti (a credito),* cash (credit) sale — *vendita per corrispondenza,* mail-order selling — *vendita di beneficenza,* sale of work. **2** *(smercio)* sale: *avere un'ottima vendita,* to sell very well. **3** *(spaccio)* shop.

venditore *sm* seller; vendor: *venditore ambulante,* pedlar; hawker — *venditore di fumo, (fig.)* swindler; con man *(sl.).*

venduto *agg* **1** sold. **2** *(fig.: corrotto)* corrupt; bought.
□ *sm* **1** *(comm.: merce venduta)* goods sold *(pl.).* **2** *(di persona)* corrupt individual.

veneficio *sm* poisoning.

venefico *agg* poisonous *(anche fig.).*

venerabile *agg* venerable.

venerabilità *sf* venerability; venerableness.

venerando *agg* venerable.

venerare *vt* **1** to revere. **2** *(religione)* to venerate.

veneratore *sm* venerator.

venerazione *sf* **1** reverence: *avere della venerazione per qcno,* to show reverence to sb; to show sb reverence. **2** *(religione)* veneration.

venerdì *sm* Friday: *il Venerdì Santo,* Good Friday.
□ *Gli manca un venerdì, (scherz.)* He's a bit odd; He has a screw loose.

Venere *nome proprio e sf* **1** *(la dea della bellezza, l'astro)* Venus; *(per estensione: donna di grande bellezza)* Venus; beauty: *Non è una venere,* She's no Venus *(fam.* no chicken*)* — *bella come una venere,* as beautiful as a goddess. **2** *(fig.)* sensuality; sex; *(per estensione: meretrice)* prostitute. **3** *(fam.)* Friday.

venereo *agg* venereal.

veneziana *sf (persiana)* Venetian blind; venetian *(fam., generalm. al pl.).*

veneziano *agg e sm* Venetian.

venezuelano *agg e sm* Venezuelan.

venia *sf (lett.)* pardon: *chiedere venia a qcno per qcsa,* to apologize to sb for sth.

veniale *agg* venial; excusable: *una bugia veniale,* a white lie.

venialità *sf* veniality.

venire I *vi* **1** to come*; *(giungere)* to arrive; to come*; to come* in: *Verrò a vederti oggi pomeriggio,* I'll come and see you in the afternoon — *Vieni ad aprirmi!,* Come and let me in! — *Siete venuti solo per criticare?,* Have you only come to criticize? — *far* *venire qcno,* to get sb to come; to send for sb — *Facciamo venire il medico,* Let's send for the doctor — *Fallo venire qui,* Get him to come here; *(USA)* Have him come here — *Verrà la mia ora,* My time will come — *È venuta a piedi,* She came on foot — *Mi è venuta un'idea,* An idea has come to me — *andare e venire,* to come and go — *venir giù (su),* to come down (up) — *venir via,* to come away — *venir dentro,* to come in — *venire fuori con qcsa,* to come out with sth; *(talvolta, più formale)* to issue sth — *Vennero fuori con una inaspettata dichiarazione,* They came out with (*o* They issued) an unexpected statement — *venire addosso a qcno,* to come straight for sb; *(urtare)* to bump into sb — *venire incontro a qcno,* to come to meet sb — *negli anni a venire,* in (the) years to come — *Non sono ancora venuti,* They haven't come (*o* arrived) yet — *Eccolo che viene!,* There he comes! — *Vieni a proposito!,* You couldn't have come at a better time! — *Speriamo che vengano a patti,* Let's hope they come to terms (*o* reach agreement) — *venire alle mani (ai ferri corti),* to come to blows (to grips) — *venire alla luce,* to come to light; *(nascere)* to see the light of day; to be born — *venire al mondo,* to come into the world — *venire al dunque,* to come to the point — *venire in possesso di qcsa,* to come into possession of sth; to acquire sth — *venire al sodo,* to come to the point — *venire di moda,* to come into fashion — *la settimana che viene,* next week; *(talvolta)* the coming week.

2 *(di festa: cadere)* to fall*: *Pasqua viene sempre di domenica,* Easter always falls on a Sunday.

3 *(accedere, capitare, manifestarsi, rivelarsi)* to come*; to come* on; to start; to happen; to rise*: *D'improvviso venne la pioggia,* The rain came on (*o* started) suddenly — *Poi verranno i guai!,* Then the trouble will start!; That's when the touble'll start! — *Mi viene il raffreddore,* I can feel a cold coming on — *Gli vennero le lacrime agli occhi,* The tears rose (*o* started) to his eyes — *Quando verrà l'occasione, conta su di me,* When the time comes, you can count on me — *Penso che un giorno o l'altro ti verranno utili,* I think they will come in handy some day.

4 *(impers.: sentire l'impulso di)* to feel* like *(seguito dal gerundio)*: *Mi sta venendo sonno,* I feel like sleeping — *Gli venne da piangere,* He felt like crying.

5 *(avere origine)* to come* (of, from); to derive (from): *Viene da una famiglia aristocratica,* He comes of an aristocratic family — *un vocabolo che viene dal greco,* a word derived from Greek — *venire dalla gavetta (dal niente),* to come up from the ranks.

6 *(nascere, creare, svilupparsi)* to grow*; *(di piante)* to come* up: *Mi sembra che venga su piuttosto maleducato,* He seems to be growing up into a rather ill-mannered sort of boy — *Le piante non vengono a questa temperatura,* Plants won't grow at this temperature.

7 *(riuscire)* to come* off; to come* out; to turn out; *(risultare)* to come* to; to come* out at: *Com'è venuto il soufflé?,* How has the soufflé turned out? — *venir bene,* to turn out well; to be a success — *venir male,* to turn out badly; to be a failure — *Non mi vengono i conti,* My accounts won't come out right — *Ho diviso per tre e mi è venuto 1650,* I've divided by three and it comes to 1650 (and I get 1650).

8 *(costare)* to cost*; to come* (out at): *Viene diecimila lire il metro,* It costs ten thousand lire a metre — *A rate ti viene molto di più,* It will cost a lot more (It'll come a lot dearer) on hire purchase.

9 *(di numero sorteggiato)* to come* out.

10 *(fam.: spettare)* to be* due: *Aspetta, ti viene ancora una carta!,* Wait: there's another card due to you!

11 *(cedere, staccarsi)* to come* out; to come* off: *Sto tirando, ma la maniglia non viene!,* I'm pulling, but the handle won't come off! — *T'è venuto via un bottone,* You have lost a button — *Viene via la tinta, (riferito a vernice)* The paint's coming off; *(riferito a tinta per tessuti)* The dye is coming out.

12 venir meno, *ecc. (svenire)* to faint; *(mancare)* to fail: *Si sentì venir meno,* She fell faint — *Gli sono venute meno le forze,* His strength has failed him.

13 *(seguito da gerundio: indica un'azione in svolgimento)* to be* (doing sth): *Ma che cosa mai vieni dicendo?,* What on earth are you saying? — *Mi vengo persuadendo ogni giorno di più che avevi ragione tu,* Every day I grow more convinced that you were right.

14 *(= essere, nella coniugazione passiva)* to be*: *Viene ormai accettata da tutti,* It's accepted by everybody now — *L'abbazia venne distrutta durante la guerra,* The abbey was destroyed during the war.

15 *(sl.: giungere all'orgasmo sessuale)* to come*.

16 venirsene *(vi pronominale: recarsi in qualche posto, venir via)* to come* (away): *Se ne veniva lentamente verso la cascina,* He was coming slowly towards the farm — *Finita la cerimonia, ce ne venimmo via tutti,* When the ceremony was over we all come away.

□ *venire in mente a qcno,* to occur to sb — *Non mi è mai venuto in mente di chiederglielo,* It never occurred to me to ask him — *venire a sapere qcsa,* to learn sth — *venire a capo di qcsa,* to conclude sth; to finish sth — *venire a capo di un problema,* to solve a problem — *Alla lunga mi è venuto a noia,* Eventually I got bored — *venire a dire qcsa,* to mean sth — *Che ti venga un accidente!,* Drop dead!

II *in funzione di sm* **1** coming: *C'era un andare e venire affannato,* There was a lot of coming and going.

2 *(venuta)* arrival.

venoso *agg* venous.

ventaglio *sm* **1** fan: *a ventaglio, (agg.)* fan-shaped; *(avv.)* fan-wise — *disporsi a ventaglio, (mil.)* to fan out. **2** *(econ.)* range. **3** *(zool.)* fan coral; scallop.

ventata *sf* **1** gust (of wind). **2** *(fig.)* wave: *una ventata di patriottismo,* a wave of patriotism.

ventennale *agg* **1** *(che dura vent'anni)* twenty-year *(attrib.)*. **2** *(che ricorre ogni vent'anni)* ventennial.
□ *sm* twentieth anniversary.

ventenne *agg* twenty years old; twenty-year-old *(attrib.)*.
□ *sm e f.* twenty-year-old.

ventennio *sm* (period of) twenty years: *il ventennio (fascista),* the Fascist period.

venti *agg numerale cardinale e sm e f.* twenty: *ventuno,* twenty-one — *ventidue,* twenty-two — *Ha passato i venti,* He is over twenty — *Sono le venti (le ventitré),* It is eight p.m. (eleven p.m.) — *le ore ventiquattro,* twelve p.m.; midnight.

venticello *sm* breeze.

ventilare *vt* **1** *(spargere sementi)* to winnow; to fan. **2** *(fig.: un'idea, ecc.)* to ventilate; to air. **3** *(cambiare l'aria)* to air; *(con mezzo meccanico)* to ventilate; *(facendo vento)* to fan: *ventilare i polmoni,* to ventilate the lungs.

ventilato *agg* (*p. pass. di* **ventilare**) airy; well-aired: *troppo ventilato,* windy — *poco ventilato,* airless.

ventilatore *sm* fan; ventilator: *un ventilatore da soffitto,* a ceiling fan.

ventilazione *sf* **1** ventilation. **2** *(di sementi)* winnowing. □ *senza ventilazione,* without a breath of wind.

ventimila *agg numerale cardinale e sm e f.* twenty thousand.

ventimillesimo *agg numerale ordinale e sm* twenty-thousandth.

ventina *sf* about twenty; score: *una ventina d'anni,* about twenty years — *essere sulla ventina,* to be about twenty.

ventino *sm (monetina da poco)* bit.

ventiquattrore *sf pl* period of twenty-four hours. □ *sf (sing., invariabile al pl.)* **1** *(valigia)* overnight case (*o* bag). **2** *(gara)* twenty-four hour race.

ventisette *sm (giorno del mese)* pay-day *(spec.* of civil servants*).*

ventitré *sf pl (nell'espressione) portare il cappello sulle ventitré,* to wear one's hat on a slant (at a rakish angle).

vento *sm* **1** wind; *(leggero)* breeze; *(molto forte)* gale: *Tira un forte vento,* The wind is blowing hard; It's blowing hard; There's a strong wind blowing — *Si sta alzando il vento,* The wind is getting up — *È caduto il vento,* The wind has dropped — *È mutato il vento,* The wind has shifted (has changed) — *gettare qcsa al vento,* to throw sth to the winds *(pl.)* — *gridare qcsa ai quattro venti,* to shout sth to the four winds (from the housetops) — *vento di tramontana,* North wind — *venti alisei,* trade-winds; trades — *vento dominante,* prevailing wind — *vento contrario,* head wind — *una raffica (un soffio) di vento,* a gust (a puff) of wind — *turbine di vento,* whirlwind — *nodo di vento,* whirlwind; hurricane — *bufera di vento,* windstorm — *vento debole,* gentle wind; light breeze — *vento di burrasca,* gale — *vento solare,* solar wind — *al vento, (naut.)* windward — *vento di prua,* head wind — *vento di coda,* tail wind — *essere sotto vento, (naut.)* to be to leeward; to be down wind — *avere il vento in poppa, (naut.)* to sail before the wind; to be to leeward; *(fig.)* to be doing fine; to be in luck's way — *mulino a vento,* windmill — *giacca a vento,* wind-cheater; anorak — *manica a vento,* windsock — *galleria del vento,* wind tunnel — *con i capelli al vento,* with windswept hair — *secondo il vento che tira,* how the wind blows. **2** *(fam.: peto)* fart *(volg.);* wind. **3** *(strallo, fune)* guy rope. □ *rosa dei venti,* compass-card — *essere una piuma al vento, (di persona)* to be a weathercock (a turncoat, a fickle person) — *farsi vento,* to fan (oneself) — *navigare secondo il vento, (fig.)* to go (to swim) with the tide — *parlare al vento,* to talk to a brick wall — *un uomo gonfio di vento,* a windbag — *vento di fronda, (lett., fig.)* spirit of opposition (of rebellion) — *Qual buon vento ti porta?,* What lucky chance brings you here? — *fatica buttata al vento,* wasted effort — *Spira vento cattivo per noi,* It's an awkward time for us; We are going through a difficult period — *Chi semina vento raccoglie tempesta, (prov.)* Sow wind and reap whirlwind.

ventola *sf* **1** fan. **2** *(mecc.)* fan; impeller. **3** *(idraulica)* sluice. □ *muro a ventola,* partition; dividing wall — *orecchie a ventola,* protruding ears.

ventosa *sf* **1** *(zool.)* sucker. **2** *(med.)* cupping-glass; *(ostetricia)* vacuum extractor. **3** *(mecc.)* sucker; suction disk.

ventosità *sf* **1** windiness. **2** *(med.)* flatulence. **3** *(fig.)* bombast; hot air.

ventoso *agg* **1** windy *(anche fig.);* windswept: *una giornata ventosa,* a windy day — *una pianura ventosa,* a windswept plain — *un discorso ventoso,* a windy speech. **2** *(med.)* flatulent. □ *sm (stor. fr.)* ventôse.

ventre *sm* **1** *(med.)* stomach; abdomen; belly *(fam.);* tummy *(fam.);* guts *(pl., sl.); (viscere)* bowels *(pl.): avere male al ventre,* to have a stomach-ache (*fam.* a tummy-ache) — *ventre a terra,* at full gallop; flat-out; ventre à terre *(fr.).* **2** = **utero.** **3** *(fig.: parte rigonfia di qcsa)* belly. **4** *(fig.: grembo)* bowels *(pl.): il ventre della terra,* the bowels of the earth.

ventresca *sf* **1** *(di tonno)* undercut. **2** *(per estensione: tonno)* tunnyfish *(GB);* tunny *(GB);* tuna fish *(USA).* **3** *(di maiale)* bacon.

ventricolare *agg* ventricular.

ventricolo *sm* ventricle.

ventriera *sf* body-belt; girdle.

ventriglio *sm* gizzard.

ventriloquio *sm* ventriloquism.

ventriloquo *agg* ventriloquial. □ *sm* ventriloquist.

ventura *sf (destino, sorte)* chance; fortune; *(buona sorte)* luck: *andare alla ventura,* to trust to luck — *alla ventura, (raro)* at a venture — *farsi dire la buona ventura,* to have one's fortune told — *soldato di ventura,* soldier of fortune; mercenary.

venturiero *agg e sm* freelance.

venturo *agg* coming; next: *l'anno venturo,* next year; the coming year — *la lezione ventura,* the next lesson.

venusto *agg* beautiful; *(di donna, anche)* comely.

venuta *sf* coming; *(arrivo)* arrival: *alla venuta di...,* on the arrival of... — *alla mia (tua) venuta,* when I (you) arrived...; on my (your) arrival...

venuto *sm* comer: *i primi venuti,* the first arrivals; the first to arrive — *un nuovo venuto,* a newcomer — *fidarsi del primo venuto, (fig.)* to trust the first person who comes along; to trust any old Tom, Dick or Harry *(fam.)* — *non essere il primo venuto,* to be somebody — *Bada come parli, giovanotto, perché io non sono il primo venuto qui,* Watch your tongue, young man, I'm not just anybody around here.

vera *sf* **1** *(parapetto)* parapet. **2** *(anello)* wedding-ring.

verace *agg* **1** *(vero)* true. **2** *(di persona: sincero)* truthful; sincere.

veracità *sf* veracity; truthfulness.

veramente *avv* **1** *(in verità)* truly; *(davvero)* really; indeed: *Ero veramente sconvolto,* I was really upset — *Sei stato veramente gentile,* You've been very kind indeed. **2** *(a dire il vero)* to tell the truth; as a matter of fact: *Veramente non ci penso più,* To tell the truth, I don't think of it any more. **3** *(però, nondimeno)* actually: *Veramente io non ne sapevo nulla,* I didn't know anything about it, actually.

veranda *sf* veranda(h); porch *(USA).*

verbale *agg* verbal; *(per estensione)* oral: *ordine verbale,* spoken command — *traduzione verbale,* verbal (*o* literal) translation. □ *sm (di assemblea, ecc.)* minutes *(pl.); (dir.)* record; *(per la polizia)* statement; report: *libro dei verbali,* minute-book — *mettere qcsa a verbale,* to enter sth in the minutes.

verbalizzare *vt* to put* (sth) on record (in the minutes); to set* (sth) down (in writing).

verbalmente *avv* verbally; orally.

verbena *sf* verbena; vervain.

verbo *sm* **1** *(gramm.)* verb. **2** *(parola)* word: *Non disse verbo,* He didn't say a word — *il Verbo di Dio,* the Word of God.

verbosamente *avv* verbosely; wordily.

verbosità *sf* verbosity; wordiness.

verboso *agg* verbose; wordy.

verdastro *agg* greenish.

verdazzurro *agg* blue-green.

verde *agg* **1** green; *(araldica)* vert: *legumi verdi,* green vegetables; greens *(fam.)*: *fagiolini verdi,* green beans; French beans — *insalata verde,* green salad — *verde bottiglia,* bottle-green — *verde bandiera,* bright green — *verde oliva,* olive green — *verde pisello,* pea green. **2** *(acerbo, fresco)* green; unripe; *(per estensione: giovane, giovanile)* green; young; *(vegeto)* vigorous; lively; flourishing: *Non mangiare quella mela, è troppo verde,* Don't eat that apple, it's too green (it's unripe) — *legna verde,* green wood — *Ricordo i miei verdi anni,* I remember my salad days (my youth) — *nella più verde età,* in one's earliest youth — *una verde vecchiaia,* a green old age. **3** *(di persona: livido)* green; white; livid: *essere verde d'invidia,* to be green with envy — *Quando lo rividi era verde,* When I saw him again, he was livid — *essere verde di bile,* to be white with fury. □ *rider verde,* to force a hollow laugh — *tappeto verde,* green baize; *(fig.)* gambling table — *Perse una fortuna al tappeto verde,* He lost a fortune gambling.

□ *sm* **1** *(il colore)* green; *(la parte verde di qcsa)* green; the green; the green part: *Il verde è un colore molto riposante,* Green is a very restful colour — *Ricordati di attraversare solo con il verde!,* Remember you must only cross when it's green! (when the lights are green!) — *Mangia il verde, è la parte migliore!,* Eat the green: it's the best part! **2** *(vegetazione)* green; greenery; foliage: *In questa zona non c'è un filo di verde,* In this area there's not a spot of green (a blade of grass) — *S'inoltrarono nel verde del bosco,* They plunged into the greenery of the woods — *Vuole un po' di verde?, (dalla fioraia)* Would you like some greenery? — *una siepe di verde,* an evergreen hedge — *mettere le bestie al verde,* to turn cattle out to grass. □ *S'è ridotto al verde,* He has lost all his money — *essere al verde,* to be hard up; to be penniless; to be broke — *essere nel verde degli anni,* to be in the prime of life.

verdeggiante *agg* **1** verdant. **2** *(rigoglioso)* thriving.

verdeggiare *vi* **1** *(apparire verde)* to be* verdant. **2** *(diventare verde)* to turn green; to begin* to be green.

verderame *sm* verdigris.

verdetto *sm* **1** *(dir.)* verdict: *emettere un verdetto contro (a favore di) qcno,* to bring in a verdict against (for) sb — *verdetto di condanna (di assoluzione),* verdict of guilty (of not guilty). **2** *(sport)* decision. **3** *(fig.: giudizio)* judgement; opinion: *il verdetto della storia,* the verdict of history.

[1]**verdone** *agg e sm* deep green.

[2]**verdone** *sm* **1** *(uccello)* greenfinch. **2** *(verdesca)* blue shark.

verdura *sf (ortaggi)* greens *(pl.)*; vegetables *(pl.)*.

verecondia *sf* modesty; shyness.

verecondo *agg (lett.)* modest; shy.

verga *sf* **1** *(bacchetta)* rod *(anche come simbolo di potere)*; stick; *(se flessibile)* birch; switch; cane; *(del mago)* wand; *(del direttore d'orchestra)* baton. **2** *(lingotto)* bar. **3** *(bot.) verga d'oro,* golden rod. **4** *(di telaio a mano)* leash rod; lease bar. **5** *(anat.)* penis; virga. **6** *(raro: ramoscello)* twig.

vergare *vt* **1** *(rigare)* to line. **2** *(scrivere)* to write*; to jot (sth) down. **3** *(battere)* to flog; to beat*; to cane.

vergata *sf* stroke (with a rod, with a cane).

vergatina *sf* manifold paper.

vergato *agg* **1** lined: *carta vergata,* laid paper. **2** *(scritto)* written.

verginale *agg* virginal; virgin *(attrib.)*.

vergine *agg* virgin; pure: *una foresta vergine,* a virgin forest — *un cuore vergine,* a pure heart — *una pellicola vergine,* an unexposed film — *un nastro vergine,* a bare tape.

□ *sf e m.* **1** virgin. **2** *(sf., astronomia)* Virgo; the Virgin.

verginità *sf* virginity: *rifarsi una verginità,* to establish one's innocence; to clear one's name.

vergogna *sf* **1** shame; *(talvolta)* disgrace: *Che vergogna!,* How shameful!; What a disgrace! — *Vergogna!,* Shame!; Shame on you! — *arrossire di vergogna,* to blush for shame — *avere (sentire) vergogna,* to be (to feel) ashamed — *Non hai vergogna?,* Aren't you ashamed? — *essere senza vergogna,* to be shameless. **2** *(raro: pudore)* confusion; embarrassment; *(timidezza)* bashfulness. **3** *(onta)* shame; disgrace; dishonour: *Ci ha coperti di vergogna,* She has brought shame on us — *essere la vergogna della famiglia,* to be the black sheep of the family. **4** *(al pl.)* private parts.

vergognarsi *v. rifl* **1** *(sentir vergogna)* to be* ashamed; to feel* ashamed: *Vergognati!,* You ought to be ashamed of yourself! — *Mi vergogno di quello che ho detto,* I'm ashamed of what I said. **2** *(aver soggezione)* to be* shy (*o* bashful): *È un bambino che si vergogna molto,* He's a very shy child.

vergognosamente *avv* **1** *(sentendo vergogna)* ashamedly. **2** *(timidamente)* shyly; bashfully. **3** *(biasimevolmente)* shamefully; disgracefully.

vergognoso *agg* **1** *(che sente vergogna)* ashamed. **2** *(timido, verecondo)* shy; bashful; modest. **3** *(che causa vergogna)* shameful; disgraceful.

veridicità *sf* truthfulness.

veridico *agg* truthful.

verifica *sf* verification; check; test: *verifica contabile,* audit — *verifica di cassa,* cash inspection.

verificabile *agg* verifiable.

verificare *vt* to check; *(confermare un'ipotesi, ecc.)* to verify; *(dir.)* to prove; *(comm.)* to audit; to inspect: *Verifica se tutto va bene,* Check if (Find out whether) everything is all right — *verificare una teoria,* to verify a theory — *verificare i conti,* to audit the accounts.

□ **verificarsi** *v. rifl* **1** *(dimostrarsi vero)* to come* true; to prove correct. **2** *(accadere)* to happen; to occur; to come* about; to come* to pass: *Se dovesse verificarsi qualche incidente...,* If any incident(s) should occur...; If anything untoward happens...

verificatore *sm* checker; tester.

verismo *sm* realism.

verista *agg* realistic. □ *sm e f.* realist.

verità *sf* truth; *(veridicità, anche)* truthfulness: *Questa è la pura verità,* This is the plain (the absolute) truth — *la verità pura e semplice,* the plain unvarnished truth — *verità rivelata, (di fede)* revealed truth — *essere la bocca della verità,* to be the very soul of truth; to be truth personified — *in verità (per la verità),* really; truly; in fact; verily *(stile biblico, ant.)* — *dire la verità,* to speak (to tell) the truth — *a dire la verità...,* to tell the truth... — *tutta la verità, nient'altro che la verità,* the whole truth, nothing but the truth — *siero della verità,* truth drug; truth serum.

veritiero *agg* truthful; exact.

verme *sm* worm *(anche fig.)*: *verme solitario,* tapeworm; *(med.)* taenia — *avere i vermi,* to have worms. □ *essere nudo come un verme, (poverissimo)* to be as poor as a church mouse; *(svestito)* to be stark naked.

vermifugo *agg* vermifugal. □ *sm* vermifuge.

vermiglio *agg e sm* vermilion.

verminoso *agg* verminous.
vermut *sm* vermouth.
vernacolo *agg e sm* vernacular: *scritto in vernacolo,* written in the vernacular.
vernice *sf* **1** paint; *(trasparente)* varnish: *una mano di vernice,* a coat of paint — *'Vernice fresca!',* 'Wet paint!' — *vernice a fuoco,* stove enamel — *vernice a smalto,* enamel-paint; lacquer. **2** *(pellame)* patent leather. **3** *(fig.: apparenza superficiale)* veneer; *(di cultura)* smattering: *Ha solo una vernice di buona educazione,* He has just a veneer of good manners. **4** *(inaugurazione di una mostra)* varnishing-day.
verniciare *vt* **1** to paint; *(con vernice trasparente, a spirito)* to varnish: *verniciare a smalto,* to lacquer — *verniciare a spruzzo,* to spray. **2** *(lucidare)* to polish; *(a tampone)* to french-polish. **3** *(metalli)* to dress.
verniciatore *sm* painter; varnisher.
verniciatura *sf* **1** painting; *(con vernice trasparente, a spirito)* varnishing: *verniciatura a mano,* brush-painting — *verniciatura a fuoco,* stove enamelling. **2** *(lucidatura)* polishing; *(a tampone)* french-polishing. **3** *(di metalli)* dressing.
vero I *agg* **1** true *(anche fig.: intenso, profondo): Ho dovuto convincermi che era vero,* I had to convince myself that it was true — *È una storia vera,* It's a true story — *Com'è vero che io son qui,* As true as I stand here; As sure as I'm standing here — *Non è vero!,* That's not true!; It's a lie! — *Fosse vero!,* If only it were true! — *Com'è vero Iddio,* In God's truth — *Non mi pare vero di essere qui,* I can hardly believe I'm here — *Ha una vera passione per il suo lavoro,* He is truly (*o* sincerely) keen on his job — *vero com'è vero il sole,* as true as grass is green; as sure as eggs is eggs *(fam.).*
2 *(effettivo, reale)* real; *(genuino, autentico)* genuine; veritable: *il vero colpevole,* the real culprit — *È un vero signore,* He is a real gentleman — *vera seta,* real (*o* genuine) silk — *Non ha mai svelato il vero motivo,* He's never revealed the real reason — *Questo è vero whisky scozzese,* This is genuine Scotch whisky — *È whisky scozzese, di quello vero,* It's Scotch whisky, the genuine article (the real thing) — *La vera erede è lei,* She is the rightful (the true) heiress — *Questa automobile è una vera cinque posti,* This car is a true five-seater.
3 *(spesso, con valore enfatico: perfetto)* thorough; perfect; downright; *(più fam.)* right; regular; prize; proper: *Sono stato un vero stupido!,* I've been a perfect fool (a proper fool, a prize idiot)! — *una vera menzogna,* a downright lie — *Sei un vero bastardo!,* A right bastard you are!; You're a bastard and no mistake! — *È un tradimento vero e proprio!,* It's (a) downright betrayal!
4 *(esatto)* right; correct: *La vera parola per definirlo è...,* The right word to define it is... — *Questa non è la vera traduzione,* This is not the correct translation — *chiamare le cose con il loro vero nome,* to call things by their right name; to call a spade a spade.
5 *(realistico)* lifelike; true to life: *I personaggi della commedia sono estremamente veri,* The characters of the play are extremely lifelike (are very true to life).
6 Non è vero?, Isn't that so? — **È vero?,** Is that so? — *Non sei arrabbiato con me, vero?,* You aren't cross with me, are you? — *Non se n'è andato, vero?,* He hasn't gone away, has he? — *È tuo fratello, non è vero?,* He's your brother, isn't he? — *L'avete rubato, non è vero?,* You've stolen it, haven't you? — *Sarebbero già qui ormai, non è vero?,* They'd be here by now, wouldn't they?
□ *tant'è vero che...,* so much so that... — *È uno che non usa quasi mai la macchina di servizio, tant'è vero che lo vedo sempre in giro a piedi,* He hardly ever uses the official car, so much so that I always see him around the place on foot.
II *sm* **1** *(verità)* truth: *saper distinguere il vero dal falso,* to know how to distinguish truth from falsehood — *a dire il vero...,* to tell the truth... — *Pensi che ci sia del vero?,* Do you think there is any truth in it? — *a onor del vero,* for truth's sake; in truth *(lett.)* — *Lo so per vero,* I know it for a fact — *essere nel vero,* to be right. **2** *(natura, realtà)* life: *disegno dal vero,* drawing from life — *rappresentare dal vero,* to represent (from) life — *grande al vero,* life-size.
verosimiglianza *sf* verisimilitude.
verosimile *agg* likely; probable: *Non mi sembra verosimile,* I don't think it very likely — *Il racconto era verosimile,* It was a likely story.
verricello *sm* windlass; winch.
verro *sm* boar.
verruca *sf (med., bot.)* verruca; wart.
verrucoso *agg (med., bot.)* verrucose; warty.
versamento *sm* **1** pouring; *(traboccamento)* spilling; *(spargimento, spec. di sangue)* shedding; *(med.)* effusion. **2** *(comm.)* deposit; paying-in; *(talvolta: pagamento)* payment: *fare un versamento, (in banca)* to make a deposit; *(altrove)* to make a payment.
[1]**versante** *sm (declivio)* slope.
[2]**versante** *sm e f. (chi versa)* depositor.
[1]**versare** *vt* **1** to pour *(spesso seguito da* out, in, *ecc.): Versami dell'acqua per favore,* Pour me (out) some water, please — *versare da bere a qcno,* to pour (out) a drink for sb; to pour sb a drink — *Versa la farina nello stampo,* Pour the flour into the mould — *Gli versarono addosso dell'acqua gelata,* They poured ice-cold water on him — *versare la colpa su qualcun altro,* to put (to lay) the blame on somebody else. **2** *(riversare, spargere)* to shed*: *Versò fiumi di lacrime per lui,* She shed buckets (*o* floods) of tears over him — *Non versarono il sangue invano,* They did not shed their blood in vain — *versare fiumi d'inchiostro,* to spill gallons of ink. **3** *(rovesciare)* to spill*: *Chi ha versato dell'olio in cucina?,* Who has spilt oil in the kitchen? **4** *(di fiume: immettere)* to empty: *Quel fiume versa le sue acque nel Lago Ontario,* That river flows into (*o* empties its waters into) Lake Ontario. **5** *(depositare denaro, ecc.)* to pay*: *Ho versato l'assegno sul tuo conto,* I paid the cheque into your account — *versare a mezzo assegno,* to pay by cheque — *Versano in banca tutti i loro risparmi,* They pay all their savings into the bank — *Devo versare qualcosa come caparra?,* Should I put down some money as a deposit?
□ *vi* **1** *(perdere)* to leak: *Il serbatoio dell'acqua versa,* The water tank leaks. **2** *(traboccare)* to overflow; to boil over: *La pentola sta versando,* The saucepan is boiling over. **3** *(sboccare, confluire)* to flow; to empty.
□ **versarsi** *v. rifl* **1** *(rovesciarsi)* to spill*: *S'è versata l'acqua dalla brocca,* Water has spilt from the jug. **2** *(sfociare)* to flow: *Il fiume si versa nel mare,* The river flows into the sea.
[2]**versare** *vi (essere, trovarsi)* to be*; to live: *La sua famiglia versa in gravi difficoltà finanziarie,* Her family is in serious financial difficulties — *Versava in pericolo di vita,* He was in danger of dying — *versare in*

cattive acque, to be in dire straits; to be in serious trouble.

versatile *agg* versatile.

versatilità *sf* versatility.

versato *agg* **1** poured; *(rovesciato)* spilt; *(sparso)* shed. **2** *(pratico)* versed; skilled. **3** *(comm.)* paid; paid-in; paid-up: *capitale versato,* paid-up capital.

verseggiare *vt e i.* to versify.

verseggiatore *sm* versifier; *(spreg.)* poetaster.

versetto *sm (Bibbia)* verse.

versificare *vt* to versify.

versificatore *sm* versifier.

versificazione *sf* versification.

versione *sf* **1** *(traduzione)* translation. **2** *(racconto)* version; account. **3** *(prodotto)* version; model.

[1]**verso** *sm* **1** *(riga di poesia)* line; verse *(con pl.* verse, *talvolta* verses, *spec. se si considerano separatamente);* line of verse; *(componimento poetico)* verse; poetry; poem: *mezzo verso,* half a line — *un verso greco,* a line of Greek verse — *versi sciolti,* blank verse *(sing.)* — *una strofa di tre versi,* a three-line verse — *commedia in versi,* verse comedy — *mettere in versi qcsa,* to put sth into verse — *Amo i versi di Leopardi,* I like Leopardi's poetry (*o* poems).

2 *(rumore)* sound; noise; *(grido tipico)* cry; *(di uccelli)* call; note; song: *Chi sta facendo un verso?,* Who's making a noise (a strange sound)? — *Quasi mai capita di sentire il verso dei venditori ambulanti,* Hardly ever does one hear the pedlar's cry — *Nel silenzio della notte si sentiva il verso della belva ferita,* In the silence of the night we could hear the cry of the wounded beast — *il verso dell'allodola,* the note (*o* call) of the skylark.

3 *(non molto comune: cadenza, intonazione)* cadence; intonation; sound: *il verso dei Genovesi,* the cadence of (the) Genoese.

4 *(gesto caratteristico)* (peculiar) gesture: *Fa mille versi mentre parla,* She makes many (a lot of) gestures while speaking — *fare il verso a qcno,* to mimic sb; to imitate sb.

5 *(di stoffa, pelo)* grain; *(anche fig.): Devi spazzolare secondo il verso del pelo pulendo questo tappeto,* You must brush with the grain when you clean this carpet — *Bisogna prenderlo per il suo verso, (fig.)* We must take him as we find him; We must approach him the right way — *Bisogna prendere le cose per il loro verso,* One must take things as they come.

6 *(senso, direzione)* direction *(anche matematica, fis.);* way; *(lato)* side; angle *(anche fig.): Finalmente stiamo andando nel verso giusto,* We are going in the right direction at last — *Prendi per questo verso!,* Take (Come) this way! — *per un verso..., per l'altro...,* in some ways..., in others...; on the one hand..., on the other... — *lasciar andare le cose per il loro verso,* to let things take their course (*o* go their way) — *Hai considerato la proposta da tutti i versi possibili?,* Have you considered the proposal from all possible angles? — *Non mi pare che questo argomento fili per il verso giusto,* I think this argument doesn't hold.

7 *(modo, maniera)* manner; way; *(possibilità)* means; *(motivo)* way; reason: *Non ci fu verso di fargli intendere ragione,* There was no way of making him listen to reason — *per ogni verso,* in any case — *per un verso,* in one way; for one reason — *ora per un verso ora per un altro,* in one way and another; for one reason or another.

[2]**verso** *sm* **1** *(di moneta, ecc.)* reverse; reverse side. **2** *(di pagina)* verso.

[3]**verso** *prep* **1** *(in direzione di)* towards, *(talvolta)* toward; in the direction of *(anche fig.); (contro)* against: *Stiamo andando verso le montagne,* We are going towards the mountains — *Scivoliamo verso l'inflazione,* We are sliding towards inflation — *Non ho guardato verso le scale,* I didn't look in the direction of the staircase — *Verso dove?,* In which direction?; Which way? — *verso l'alto,* upward(s) — *verso il basso,* downward(s) — *verso est, ovest, nord, sud,* eastward(s), westward(s), northward(s), southward(s) — *verso casa,* homeward(s) — *andare verso casa,* to make for home — *verso di me (te, lei, ecc.),* towards me (you, her, *ecc.*) — *La mia finestra guarda verso il lago (guarda verso il sud, il nord, ecc.),* My window faces the lake (faces south, north *oppure* southwards, northwards, *ecc.*) — *guardare verso il cielo,* to look skywards (*o* heavenwards) — *Si gettarono verso il nemico,* They threw themselves against (*o* on) the enemy.

2 *(compl. di stato in luogo: nei pressi di)* near: *Sta verso il Duomo,* He lives near the Cathedral.

3 *(compl. di tempo: poco prima)* towards; *(circa)* about; around: *verso il tramonto (verso sera),* towards dusk (evening) — *verso l'alba; verso mezzogiorno,* around dawn; about midday (*o* noon) — *Arriveremo verso mezzogiorno,* We'll arrive about midday (around noon) — *È verso i quarant'anni,* She's about (*o* around) forty; She's getting on for forty.

4 *(nei confronti di)* to; towards; for: *Verso di noi è sempre stato gentile,* He's always been kind to us — *Quella ragazza non sente affetto verso nessuno,* That girl doesn't feel anything for anybody — *Hai mancato verso di me,* You've wronged me.

5 *(comm.: contro)* against: *consegna verso pagamento,* delivery against payment.

vertebra *sf* vertebra.

vertebrale *agg* vertebral: *la colonna vertebrale,* the spinal column.

vertebrato *agg e sm* vertebrate.

vertente *agg (dir.)* pending.

vertenza *sf* controversy; dispute: *vertenza sindacale,* labour dispute.

vertere *vi* **1** to concern; to be* about (*o* on) (sth): *La conferenza verteva sui problemi ecologici,* The lecture was about environmental problems. **2** *(di controversia)* to be* pending; to be* in process.

verticale *agg* vertical.

☐ *sf* **1** vertical. **2** *(ginnastica)* handstand. **3** *(nel gioco delle parole incrociate)* down.

verticalità *sf* verticality.

verticalmente *avv* vertically; *(all'insù)* straight up; *(all'ingiù)* straight down.

vertice *sm* **1** *(geometria)* vertex *(pl.* vertices*).* **2** *(cima)* top; summit; *(fig.: culmine)* height: *un rimpasto al vertice,* a shuffle at the top — *una conferenza al vertice,* a summit conference.

vertigine *sf* dizziness; giddiness; *(med.)* vertigo: *aver le vertigini,* to feel (to be) giddy (*o* dizzy) — *un attacco di vertigini,* a fit of giddiness *(sing.);* a giddy turn *(fam.)* — *L'improvvisa ricchezza gli ha dato le vertigini,* His unexpected wealth has gone to his head.

vertiginosamente *avv* **1** dizzily; giddily. **2** *(rapidamente)* very fast; vertiginously.

vertiginoso *agg* **1** dizzy; giddy; vertiginous. **2** *(di velocità)* breakneck; extremely fast.

verza *sf* savoy; savoy cabbage.

verzellino *sm* serin.

verzura *sf* greenery.

vescia *sf* **1** *(loffa)* wind. **2** puff-ball. □ *fare la vescia, (fig.)* to bubble and squeak.
vescica *sf* **1** bladder; *(anat.)* vesica. **2** *(sulla pelle)* blister.
vescovado *sm* bishop's palace.
vescovato *sm* **1** *(dignità)* bishopric. **2** *(durata della carica)* episcopate.
vescovile *agg* episcopal.
vescovo *sm* bishop: *vescovo ausiliare,* suffragan bishop.
vespa *sf* **1** wasp: *vitino di vespa, (fig.)* wasp-waist. **2** *(moto)* motor scooter.
vespaio *sm* **1** wasps' nest; *(fig.)* hornets' nest: *suscitare un vespaio,* to stir up a hornets' nest. **2** *(med.)* honeycomb ringworm; favus. **3** *(edilizia)* loose stone foundation.
vespasiano *sm* (public) urinal.
vespertino *agg (lett.)* evening; eventide.
vespro *sm* **1** *(funzione religiosa)* Vespers *(pl.)*. **2** *(sera)* evening.
vessare *vt* to oppress.
vessatorio *agg* oppressive.
vessazione *sf* oppression.
vessillifero *sm* **1** *(stor.)* standard-bearer. **2** *(fig.)* pioneer; precursor.
vessillo *sm* **1** standard; banner; *(bandiera)* flag. **2** *(stor.)* vexillum *(lat.)*.
vestaglia *sf* dressing-gown; *(da donna, anche)* house-coat.
vestale *sf* **1** *(stor.)* vestal virgin. **2** *(scherz.)* die-hard.
veste *sf* **1** *(vestito, abito)* dress; *(da donna e in certi altri casi)* frock; skirt; gown; *(sottoveste)* petticoat: *Si mise una veste elegante,* She put on a smart dress — *la veste di un giudice,* a judge's gown *(o* robes, *pl.)* — *veste da camera,* dressing-gown — *veste talare,* cassock — *veste da cerimonia,* robes *(pl.)*. **2** *(al pl., collettivo)* clothes; clothing *(sing.)*; garments: *vesti maschili,* men's clothing — *vesti invernali (estive),* winter (summer) clothes — *strapparsi le vesti di dosso,* to tear off one's clothes. **3** *(rivestimento)* casing: *la veste d'un fiasco,* the casing of a flask — *Il tubo è ricoperto con una veste metallica,* The pipe is covered with a metal casing — *veste editoriale,* lay-out; format. **4** *(fig.: apparenza)* aspect; appearance: *Nascondeva il tradimento sotto una veste d'amicizia,* He concealed his treachery under the appearance of friendship — *Si presentò in veste di persona onesta,* He passed himself off as an honest person. **5** *(diritto, autorità)* right; authority; *(funzione)* quality; capacity: *Mi spiace: non ho veste per intervenire,* I'm sorry: I've no authority to interfere — *Ve lo dico nella mia veste di amministratore,* I'm telling you this in my capacity as director — *in veste ufficiale,* in an (in my, in his, *ecc.*) official capacity.
vestiario *sm* clothing; wardrobe.
vestibolo *sm* **1** *(di un edificio)* hall; lobby; *(di un teatro)* foyer *(fr.)*; *(di mezzo di trasporto)* vestibule. **2** *(anat.)* vestibule.
vestigio *sm* **1** footprint. **2** *(fig.)* trace; vestige. **3** *(al pl.: ruderi)* ruins.
[1]**vestire** *sm* **1** *(abiti)* clothes: *spendere molto poco nel vestire,* to spend very little on clothes. **2** *(modo di vestire)* way of dressing; taste in clothes.
[2]**vestire** *vt* **1** *(mettere i vestiti indosso a qcno)* to dress; to clothe: *Verrà la sarta a vestire la sposa,* The dressmaker will come to dress the bride. **2** *(procurare vestiti per qcno, anche fig.)* to clothe; *(p.es. soldati)* to fit (sb) out: *Vestire una famiglia numerosa è un grosso problema,* Clothing a large family is a big problem — *vestire gli ignudi,* to clothe the naked — *Quella sarta veste tantissime signore,* That dressmaker makes clothes for a large number of women. **3** *(mettersi)* to put* (sth) on: *Vestì un grembiule per non sporcarsi,* She put on an apron so as not to get dirty — *Vestì l'abito monacale,* She took the veil; She became a nun — *vestire l'abito talare,* to become a priest — *vestire le armi,* to join the army — *vestire la toga,* to become a lawyer — *Cristo vestì l'umana carne,* Christ took on human form. **4** *(indossare)* to wear*; to have* (sth) on: *Vestiva un abito lungo rosa,* She was wearing a long pink dress — *vestire la divisa,* to wear uniform. **5** *(fig.: ricoprire)* to cover: *La neve vestì di bianco tutta la città,* The snow covered the town with a white mantle — *La glicine vestiva i muri della casa,* The wistaria covered the walls of the house. **6** *(di un vestito, anche in senso assoluto)* to fit: *Questo abito ti veste molto bene,* This dress fits you very well.
□ *vi* (⇨ *anche* **vestito,** *agg.*) **1** *(avere, mettersi indosso)* to be* dressed; to dress; to wear*: *Mi piace vestire in modo sportivo,* I like to dress casually — *Peccato che non sappia vestire,* It's a pity she doesn't know how to dress — *Perché vesti sempre di verde?,* Why do you always wear green?; Why are you always dressed in green? — *vestire a lutto,* to wear mourning. **2** *(di un vestito, anche in senso assoluto)* to fit: *Ha dei pantaloni che vestono bene,* She has well-fitting trousers.
□ **vestirsi** *v. rifl* **1** *(indossare, mettersi i vestiti)* to dress (oneself); to get* dressed; to put* sth on: *Vai a vestirti, è tardi!,* Go and get dressed, it's late! — *È molto lungo vestirsi per andare a sciare,* It takes a long time to dress (oneself) to go skiing — *vestirsi a festa,* to put on one's Sunday best. **2** *(portare)* to wear*: *Dovresti vestirti di lana qui in montagna,* You should wear wool up here in the mountains. **3** *(mascherarsi)* to disguise oneself; to dress up: *Non ci si veste più per le feste di Capodanno,* No one dresses up any more for New Year parties — *Si vestì da fantasma per spaventarli,* He disguised himself (He dressed up) as a ghost to frighten them. **4** *(rifornirsi di vestiti)* to dress; to clothe oneself; *(farsi fare i vestiti)* to have* one's clothes made: *Si veste senza spendere troppo,* She dresses without spending too much — *Si sono sempre vestiti dai migliori sarti,* They've always had their clothes made by the best tailors. **5** *(fig.: ricoprirsi)* to be* covered (with sth): *I campi s'erano vestiti di rossi papaveri,* The fields were covered with red poppies.
[1]**vestito** *agg (in generale)* dressed; *(di toga)* robed; *(provvisto di abiti)* clothed; *(talvolta: coperto)* clad: *ben vestito (mal vestito),* well- (badly-) dressed — *Arrivò vestito di velluto a coste,* He arrived dressed in corduroy — *Mi sembri vestito troppo leggermente,* You look too lightly clad (to me). □ *un asino calzato e vestito,* a complete and utter fool — *nascer vestito,* to be born with a silver spoon in one's mouth.
[2]**vestito** *sm (da uomo)* suit; outfit; *(da donna)* dress; frock; *(al pl.)* clothes: *un vestito a due pezzi, (da donna)* a two-piece suit; *(da uomo)* jacket and trousers — *vestito spezzato, (giacca e pantaloni di colore diverso)* (sports) jacket and trousers — *vestiti di poco conto, (per tutti i giorni)* casual clothes — *vestito da cerimonia,* full dress — *vestito da sera,* evening dress — *Ho bisogno dei miei vestiti estivi,* I need my summer clothes.
vestizione *sf* taking the habit; *(di una monaca)* taking the veil.
veterano *agg* veteran.

□ *sm* **1** veteran *(anche stor.)*. **2** *(fam.: persona esperta)* old hand.

veterinaria *sf* veterinary science.

veterinario *agg* veterinary. □ *sm* veterinary surgeon, *(spesso abbr. in)* vet.

veto *sm* veto: *porre (opporre) il veto a qcsa,* to veto sth.

vetraio *sm* glazier.

vetrario *agg* glass *(attrib.)*: *l'arte vetraria,* the art of glass-making.

vetrata *sf* **1** (large) glass window: *vetrate a colori,* stained glass windows. **2** *(porta)* glass door.

vetrato *agg* glazed: *carta vetrata,* glass-paper.

vetreria *sf* **1** glass works *(pl. o sing.)*. **2** *(oggetti)* glassware.

vetrificare *vt e i.,* **vetrificarsi** *v. rifl* to vitrify.

vetrina *sf* **1** *(di negozio)* shop-window: *dare un'occhiata alle vetrine,* to go window-shopping. **2** *(bacheca)* show-case; display case. **3** *(vernice vetrosa)* glaze. □ *mettersi in vetrina, (fig.)* to show off.

vetrinista *sm e f.* window-dresser.

[1]**vetrino** *agg* brittle.

[2]**vetrino** *sm* slide.

vetrioleggiare *vt* to throw* vitriol (at sb); to injure (sb) with vitriol.

vetriolo *sm* vitriol.

vetro *sm* **1** *(materiale)* glass: *vetro di sicurezza,* safety glass — *vetro blindato,* bullet-proof glass — *lavoro in vetro,* glasswork — *oggetti di vetro,* glassware — *carta-vetro,* glass-paper. **2** *(di finestra)* window-pane; pane; *(spesso)* window: *Mi hanno rotto tutti i vetri,* They've broken all my windows. **3** *(di orologio da polso)* watch-glass; crystal.

vetrocemento *sm* concrete-framed glass panels *(pl.)*.

vetroso *agg* vitreous.

vetta *sf* **1** top; *(di montagna, anche)* summit; peak: *Fummo in vetta alle sei,* We reached the summit at six o'clock — *di vetta in vetta,* from peak to peak. **2** *(naut.)* end. **3** *(fig.: primo posto)* head; top. **4** *(fig., spec. al pl.: apice)* height; peak.

vettore *sm* **1** *(geometria, fis.)* vector. **2** *(dir.)* carrier. **3** *(epidemiologia)* vector; carrier.

vettovaglia *sf (spec. al pl.)* provisions; victuals.

vettovagliamento *sm* victualling; provisioning.

vettovagliare *vt* to victual; to provision.

vettura *sf* **1** *(carrozza)* coach; carriage; *(ferroviaria)* carriage; coach; car *(USA)*; *(tranviaria)* tram; streetcar *(USA)*: *In vettura!,* All aboard! **2** *(automobile)* car: *vettura di piazza,* taxi; cab *(spec. USA)* — *vettura da corsa,* racing-car — *vettura d'epoca,* vintage car.

vetturino *sm* coachman *(pl.* -men*)*.

vetusto *agg* old; ancient; *(talvolta, lett.)* olden.

vezzeggiamento *sm* fondling; caressing.

vezzeggiare *vt* to fondle; to caress.

vezzeggiativo *sm* **1** diminutive. **2** *(nomignolo)* pet name.

vezzo *sm* **1** *(abitudine)* habit; trick: *Lo fa per vezzo (È un suo vezzo),* It's a habit of his. **2** *(al pl.: grazie)* charm *(sing.)*. **3** *(al pl.: moine)* affectation *(sing.)*; affected ways: *fare vezzi ad un bambino,* to fondle a child. **4** *(collana)* necklace; *(aderente)* choker.

vezzoso *agg* **1** *(aggraziato)* charming; graceful; pretty. **2** *(lezioso)* affected; mincing: *fare il vezzoso,* to turn on the charm *(fam.)*.

[1]**vi** *pron personale 2ª persona pl (m. e f.)* **1** *(voi, a voi: compl. oggetto e compl. di termine)* you: *Lieto di vedervi,* Glad to see you — *Vi stavo cercando,* I was looking for you — *Vi darò il mio indirizzo,* I'll give you my address — *Ma chi (vi) credete di essere?,* Well, who do you think you are? **2** *(con i v. rifl.)* yourselves *(spesso è sottinteso)*: *Divertitevi!,* Enjoy yourselves! — *Alzatevi!,* Get up! — *Ma non vi siete ancora vestiti?,* Haven't you got dressed yet? **3** *(con i v. reciproci: tra due)* each other; *(tra più persone)* one another: *Perché non vi aiutate?,* Why don't you help each other (one another)?

□ *pron dimostrativo (= ci)* it: *senza farvi caso,* without paying attention to it — *Non vi ho mai creduto,* I've never believed it.

[2]**vi** *avv di luogo* **1** *(lì, ci)* there: *Non vi andai,* I didn't go there — *Vi trovammo alcuni amici,* We found some friends there — *Vi sono più modi di farlo,* There are several ways of doing it. **2** *(qui)* here.

[1]**via** *sf* **1** *(strada)* road; *(di città)* street; *(stor., fig.)* way; *(in un indirizzo italiano)* Via: *la via per Londra (di Londra),* the road to London; the London road — *dall'altra parte della via,* on the other side of the street (of the road) — *Prendi la seconda via a sinistra,* Take the second street on the left — *via maestra, (p.es. una strada statale)* main road; highway — *la via principale, (di una città)* the main street — *via senza uscita,* dead end; blind alley; cul-de-sac *(fr.)* — *Sto in via Gramsci,* I live in Via Gramsci — *la via Appia,* the Appian Way — *la Via Crucis,* the Way of the Cross; *(fig.)* hell on earth *(fam.)* — *la Via Lattea,* the Milky Way.

2 *(percorso)* route; way; *(di proiettile: traiettoria)* path: *Dimmi la via più breve per casa tua,* Tell me the shortest way to your house — *via d'accesso,* approach route; approach — *a mezza via,* half-way — *una via difficile, (alpinismo)* a tough route — *aprire una via,* to open (up) a new route — *una via ferrata,* - **a)** *(in montagna: percorso attrezzato con corde fisse)* a route with fixed ropes - **b)** *(ferrovia)* railway; railroad *(USA)*; permanent way.

3 *(fig.: cammino)* path; way; track; *(fig.: linea di condotta)* course; line: *la via del vizio,* the path of vice — *la via battuta,* the beaten track — *essere su una brutta via,* to be on the wrong track — *tornare sulla retta via,* to come back to the straight and narrow path — *È una via che dovremmo seguire,* It's a line we should follow — *via di mezzo,* middle course; compromise; alternative.

4 *(modo, procedimento)* way; *(mezzo)* means *(sing. o pl.)*; method: *Non c'è via di farglielo capire,* There's no way of making him understand (to make him understand) — *Ho provato tutte le vie,* I've tried every possible way — *in via amichevole (in via di amicizia),* in a friendly way; as a friend — *per via di terra (di mare),* by land (by sea) — *(per) via aerea,* - **a)** *(posta)* by air (mail); *(talvolta)* par avion *(fr.)* - **b)** *(di persona, merce)* by air; by plane — *spedire qcsa per via aerea,* to despatch sth air-mail; to airmail sth — *in via provvisoria,* provisionally — *scendere a vie di fatto,* to have recourse to violence *(sing.)* — *adire le vie legali,* to have recourse to legal action *(sing.)*; to go to court (over *o* about sth) — *per via diplomatica,* through diplomatic channels *(pl.)* — *la via giudiziaria, (anche al pl.)* legal channels *(pl.)* — *per vie traverse,* by underhand means (*o* methods) — *per via di esempio,* as an example; by way of example.

5 *(anat.: condotto)* duct; tract; passage: *le vie respiratorie,* the respiratory tracts — *le vie biliari,* the bile ducts — *per via orale,* orally; per os *(lat.)*.

6 *(carriera)* career: *Prenderà la stessa via di suo padre,* He'll follow the same career as his father — *La tua*

laurea ti apre molte vie, Your degree will open a number of doors for you.
□ *foglio di via,* - **a)** *(mil.)* travel warrant - **b)** *(dir.)* expulsion order — *per via di (a causa di),* on account of; because of — *parente per via femminile,* related on the female (*o* distaff) side — *La casa è in via di costruzione,* The house is in the course of construction — *in via di guarigione,* in the process of healing.

[2]**via I** *avv* **1** *(con verbi di moto, per esprimere allontanamento)* away; *(più brusco)* off: *Andate via!,* Go away; Clear off!; Clear out!; Get out! — *Se ne andò via,* He went away — *Dovremmo andar via,* We should be off — *E ce ne andammo via...,* And off we went... — *dar via qcsa,* to give sth away — *Lo danno via per niente,* They're giving it away for nothing — *portar via qcsa,* to take sth away; to carry sth off — *Portatelo via!,* Take him (*o* it) away! — *Questo lavoro porterà via molto tempo,* This job will take a long time — *buttare (gettare) via qcsa,* to throw sth away; to chuck sth out *(fam.).* **2** *(fuori)* out; away: *Mi dispiace: il dottore è via,* I'm sorry: the doctor's out *(è via di casa);* the doctor's away *(è via di città)* — *Andrà via questa macchia?,* Will this stain come out?
□ *e così via; e via dicendo,* and so on — *via via..., (man mano...)* as... — *via via che arrivano...,* as they come... — *Sta via via cambiando,* It's changing little by little — *andar via, (di merci)* to sell like hot cakes.
II *come interiezione* **1** *(per cacciare qcno) Via!,* Go away!; Clear out!; Beat it! *(fam.); (ad animali)* Shoo!: *Via di lì!,* Get away from there! **2** *(per far partire)* go!: *Pronti? - Via!,* Get set! - Go! — *Uno, due, tre, via!,* One, two, three, go! **3** *(per esortare)* come on!; *(per esprimere impazienza)* come now!; *(per esprimere incredulità)* come off it!: *Via! dateci dentro, ragazzi!,* Come on, put your backs into it, boys! — *Ma via!,* Nonsense! — *Via! Non ci credo assolutamente!,* Come off it! I don't believe a word of it!
III *come sm* starting-signal; signal to start: *dare il via,* to give the signal to start; *(fig., anche)* to give the green light — *dare il via ai lavori,* to begin work; to start work.

viabilità *sf* **1** *(stato, condizioni di una strada)* road conditions *(pl.);* state of the roads; *(transitabilità, praticabilità di una strada)* suitability of the roads for traffic; use of the roads. **2** *(insieme di norme)* traffic control. **3** *(rete stradale)* road system; roads *(pl.);* network of roads.

viadotto *sm* viaduct; road (*o* rail) bridge.

viaggiante *agg* travelling: *il personale viaggiante, (ferrovia)* trainmen *(pl.).*

viaggiare *vi* **1** to travel; to journey; to make* a trip; *(di rappresentante)* to travel: *viaggiare per mare,* to voyage — *viaggiare in aereo,* to fly; to travel (to go) by air — *viaggiare per terra e per mare,* to travel by land and by sea — *viaggiare per divertimento (per affari),* to travel for pleasure (on business) — *aver molto viaggiato,* to be much travelled; to be a well-travelled person; to have been around a lot — *viaggiare per conto di una ditta,* to travel for a firm — *viaggiare in prima classe,* to travel first class. **2** *(di mezzo di trasporto)* to travel; to run*: *L'auto viaggiava a folle velocità,* The car was travelling at breakneck speed — *Il treno viaggia con un'ora di ritardo,* The train is running one hour late. **3** *(di merci)* to be* carried; to travel: *viaggiare a rischio del destinatario,* to be carried at consignee's risk.
□ *vt* to travel (over *o* round sth); *(visitare, percorrere)* to journey sth through: *viaggiare il mondo,* to travel round the world — *viaggiare l'Europa in lungo e in largo (da un capo all'altro),* to travel from one end of Europe to the other; to travel all over Europe.
□ *come sm* travel; travelling.

viaggiatore *sm* **1** traveller. **2** *(passeggero)* passenger.
□ *agg* travelling: *commesso viaggiatore,* travelling salesman — *piccione viaggiatore,* carrier pigeon; homing pigeon.

viaggio *sm* **1** journey; trip *(generalm. più breve);* voyage *(anche fig. e per mare); (in aereo)* flight; *(traversata)* passage; crossing; *(per turismo)* tour: *mettersi in viaggio,* to set out on a journey (on a trip); to start off — *un viaggio attraverso i secoli,* a journey through the centuries — *essere in viaggio,* to be on a journey; to be travelling — *viaggio d'andata,* outward journey — *viaggio di ritorno,* return (*o* homeward) journey — *un viaggio di andata e ritorno,* a round trip — *un viaggio d'affari,* a business trip — *viaggio di nozze,* honeymoon (trip) — *fare un viaggio intorno al mondo,* to make a journey round the world *(se turistico,* a world tour*)* — *Ci vorranno due viaggi per scaricare tutta questa roba,* It will take two trips to unload all this stuff — *Buon viaggio!,* Have a good journey!; Bon voyage! *(fr.).* **2** *(il viaggiare)* travel; travelling: *agenzia di viaggi,* travel agency — *I viaggi sono la passione di molta gente,* Many people are extremely fond of travelling (of travel) — *abito da viaggio,* travelling clothes — *compagno di viaggio,* fellow-traveller. □ *Non posso andarci, è un viaggio!,* I can't go, it would take all day to get there!

viale *sm* avenue; *(talvolta, spec. USA)* boulevard *(fr.); (strada privata)* drive.

vialetto *sm* path.

viandante *sm* wayfarer; traveller.

viatico *sm* viaticum.

viavai *sm* **1** coming and going; bustle. **2** *(mecc.: di stantuffo, ecc.)* alternating movement.

vibrante *agg* vibrating; quivering; vibrant: *vibrante di passione,* quivering with passion.

vibrare *vt* **1** *(agitare prima di lanciare)* to wave; to brandish; to shake*; *(per estensione: lanciare)* to hurl; to fling*; to throw*; to loose; to let* fly. **2** *(appioppare)* to deal*; to strike*; to deliver. **3** *(sottoporre a vibrazione)* to shake*.
□ *vi* **1** *(fis.: essere in vibrazione)* to vibrate; to flutter. **2** *(fig.: fremere)* to shake*; to tremble; to quiver: *vibrare d'ira,* to shake with anger. **3** *(risuonare)* to resound; to vibrate; *(di sentimenti: trasparire)* to ring* through.

vibratile *agg* vibratile.

vibrato *sm (mus.)* vibrato.

vibratore *sm* vibrator: *vibratore a cicala,* buzzer.

vibratorio *agg* vibratory: *massaggio vibratorio,* vibro-massage.

vibrazione *sf* **1** *(fis.)* vibration. **2** *(fig.)* palpitation; quiver.

vibrione *sm* cholera bacillus.

vicario *sm* vicar. □ *agg* suffragan.

vice *sm* substitute; deputy.

viceammiraglio *sm* vice-admiral.

vicebrigadiere *sm* sergeant.

vicecapo *sm* assistant chief (*o* head); deputy: *vicecapo della polizia,* assistant chief of police.

vicecommissario *sm* assistant commissioner.

viceconsole *sm* vice-consul.

vicedirettore *sm* assistant (*o* deputy) manager; *(di una scuola)* assistant headmaster; *(di un giornale)* assistant (*o* deputy) editor.

vicegerente *sm* vicegerent.

vicegovernatore *sm* vice-governor.

vicemadre *sf* foster-mother.

vicenda *sf* **1** *(l'alternarsi o la serie di avvenimenti)* course (of events): *la vicenda delle stagioni,* the alternation of the seasons — *una continua vicenda di speranze e delusioni,* a continuous procession of hopes and disappointments — *l'umana vicenda,* life; life's pattern; life's course. **2** *(evento, fatto)* event; circumstance: *le vicende della vita,* life's ups and downs; the vicissitudes of life — *narrare le proprie vicende,* to tell the story of one's life. **3 a vicenda,** - **a)** *(a turno)* in turn(s): *Vegliarono a vicenda,* They took it in turn to keep watch - **b)** *(l'un l'altro)* each other *(fra due);* one another *(fra molti): Si complimentarono a vicenda,* They congratulated each other (one another).

vicendevole *agg* reciprocal; mutual.

vicendevolmente *avv* **1** *(reciprocamente)* mutually. **2** *(a turno)* in turn.

vicepadre *sm* foster-father.

viceprefetto *sm* subprefect.

vicepresidente *sm* vice-president; vice-chairman *(pl.* -men*);* deputy chairman *(pl.* -men*).*

viceré *sm* viceroy.

vicereale *agg* viceregal.

vicereame *sm* viceroyalty.

viceregina *sf* vicereine.

vicesegretario *sm* under-secretary.

viceversa *avv* vice versa: *Il marito deve sempre aiutare la moglie e viceversa,* A husband must always help his wife and vice versa. □ *Facemmo il viaggio da Torino a Venezia e viceversa in un solo giorno,* We did the trip from Turin to Venice and back in only a day.

□ *congiunz* on the other hand: *Vorrei venire con voi, viceversa sono stanco,* I'd like to come with you, on the other hand I'm tired.

vichingo *agg e sm (stor.)* Viking.

vicinanza *sf* **1** nearness; closeness; proximity; vicinity; *(fig.: affinità)* similarity: *vicinanza di idee,* similarity of ideas — *Adesso siamo in vicinanza del mare,* We are close to the sea now — *la vicinanza delle ferie,* the approach of the holidays; *(più comune)* the approaching holidays *(pl.).* **2** *(al pl.: zone circostanti)* neighbourhood, *(USA)* neighborhood *(sing.);* vicinity *(sing.);* surroundings; environs *(fr.): Cerchiamo alloggio nelle vicinanze,* We are looking for a flat in the neighbourhood — *Affittarono una villa nelle vicinanze di Palermo,* They rented a villa in the neighbourhood of Palermo (*oppure* near Palermo) — *Siena e le sue vicinanze,* Sienna and its surroundings (*o* environs).

vicinato *sm* **1** *(zona circostante)* neighbourhood, *(USA)* neighborhood. **2** *(insieme dei vicini)* neighbours, *(USA)* neighbors *(pl.).* **3** *(rapporti tra vicini)* neighbourliness, *(USA)* neighborliness.

viciniore *agg (nel linguaggio burocratico)* neighbouring, *(USA)* neighboring.

[1]**vicino I** *agg* **1** *(di luogo e fig.)* near; nearby; neighbouring, *(USA)* neighboring; close *(spesso fig.); (accanto)* next: *Eravamo vicini a casa quando si mise a piovere,* We were near home when it started raining — *il vicino oriente,* the Near East — *È vicino il giornalaio?,* Is the newsagent's nearby? — *È vicino?,* Is it near here? — *un parente vicino,* a close relation — *Hanno messo i quadri troppo vicini,* They've put the pictures too close together — *Andiamo spesso a cavallo nella campagna vicina,* We often go riding in the neighbouring countryside — *uno Stato vicino,* a neighbouring country — *Traslocheranno nella stanza vicina,* They'll be moving into the next room — *Abitiamo nella casa vicina,* We live next door — *Vedo che hai idee vicine alle mie,* I see you have ideas approaching my own — *Ci trovammo vicini a tavola,* We were neighbours at table.

2 *(di tempo)* nearby; near at hand; close upon; near; imminent: *Le vacanze sono vicine,* The holidays are near (*o* approaching) — *La fine è vicina,* The end is imminent (is near, is at hand) — *essere vicini a fare qcsa,* to be about to do sth — *essere vicini alla fine, (di una cosa)* to be nearly finished — *È vicino ai quarant'anni,* He's nearly forty; He's just on forty — *Bisogna trovare un rifugio, il temporale è vicino,* We must find somewhere to shelter, there's a storm coming.

II *avv* near; nearby; close; close by; near at hand; close at hand: *Mi ricordo che il ristorante è qui vicino,* I remember the restaurant is near here — *Non so se quest'odore venga da vicino,* I don't know if this smell is coming from nearby — *Stai vicino!,* Keep close to me! — *Si tiene sempre il telefono vicino,* He always keeps the telephone close at hand — *Puoi venire più vicino?,* Can you come closer (*o* nearer)? — *da vicino (da poca distanza),* close to; at close quarters.

III vicino a *prep* near; close to; beside; by; next to: *Stanno in un villaggio vicino a Londra,* They live in a village near London — *Vieni a sederti vicino a me!,* Come and sit next to me! (by me!) — *Sembri più alto vicino a tuo fratello,* You look taller beside your brother — *Vicino al fiume c'era molta nebbia,* There was a great deal of fog by the river. □ *Si sentiva vicino a morire,* He felt at death's door.

[2]**vicino** *sm* neighbour, *(USA)* neighbor: *il mio vicino di casa,* my next-door neighbour — *il mio vicino di tavola,* my neighbour at table — *il mio vicino (di posto, di banco),* the person next to me; the person beside me; the person who has the seat next to mine.

vicissitudine *sf* vicissitude *(spec. al pl.): le vicissitudini della vita,* the vicissitudes (the ups and downs) of life.

vicolo *sm* alley; lane: *vicolo cieco,* blind alley *(anche fig.);* cul-de-sac *(fr.).*

video *sm* video; television.

vidimare *vt* to certify.

vidimazione *sf* authentication.

viennese *agg e sm e f.* Viennese.

vieppiù *avv* more and more.

vietare *vt (d'autorità)* to forbid* (sth; sb to do sth); *(spec. dir.)* to prohibit (sth; sb from doing sth); *(impedire)* to stop; to prevent *(idem): Il medico le vietò gli alcoolici,* The doctor forbade her to drink alcohol — *Mi è stato vietato di svelare il segreto,* I've been forbidden to disclose the secret — *È vietato calpestare l'erba,* It is forbidden to walk on the grass; *(più comune)* Do not walk on the grass; Keep off the grass — *È strettamente vietato l'ingresso,* Strictly no admittance — *Chi ti vieta di andare?,* Who's stopping you from going? — *Nulla vieta che tu parta,* There's nothing stopping (*o* preventing) you from going; There's no reason why you shouldn't (*o* can't) go. □ *Vietato ai minori di anni quattordici,* Children under fourteen not admitted; No admittance to children under fourteen — *Vietato fumare,* Smoking prohibited; No smoking — *Sosta Vietata,* No Parking — *Senso Vietato,* No Entry.

vietnamita *agg e sm e f.* Vietnamese.

vieto *agg (lett.)* **1** *(antiquato)* old-fashioned. **2** *(stantio)* stale *(anche fig.); (di burro o lardo)* rancid.

vigente *agg* in force *(solo predicativo): secondo le*

norme vigenti, in compliance with regulations (with the regulations in force).

vigere *vi (lett.)* to be* in force; *(di usanza)* to be* the custom.

vigilante *agg* vigilant; watchful.
□ *sm e f.* guardian.

vigilanza *sf* watchfulness; vigilance; *(di operai, scolari, ecc.)* supervision; oversight; *(da parte della polizia, ecc.)* surveillance; *(cura)* attention; supervision: *comitato di vigilanza,* committee of inspection; *(talvolta)* vigilance committee — *vigilanza speciale,* surveillance — *vigilanza notturna,* night-watchman service — *vigilanza delle strade,* traffic control — *squadra di vigilanza,* strike picket.

vigilare *vt* to keep* an eye (on sb); to watch (over sb): *Fateli vigilare!,* Have them watched! — *Ho chiamato una baby-sitter a vigilare i bambini,* I've got a baby-sitter to keep an eye on (to mind) the children — *Vorrei che continuaste a vigilarlo,* I'd like you to go on keeping an eye on him — *vigilare i lavori,* to supervise (to oversee) the work *(sing.).*
□ *vi* to keep* watch; to be* on the alert; to be* on the look-out; to be* on guard: *È rimasto qualcuno a vigilare?,* Has somebody been left on guard? — *Vigila e non sarai preso di sorpresa,* Keep on the alert and you won't be taken by surprise.

vigilato *agg* watched.
□ *sm* person under police surveillance.

vigilatore *sm* supervisor; overseer.

vigilatrice *sf* supervisor; *(di bimbi)* baby-minder.

vigile *agg* vigilant; watchful.
□ *sm vigile urbano,* local policeman — *vigile del fuoco,* fireman.

vigilia *sf* **1** *(giorno che precede un evento importante)* eve; day before: *la vigilia di Natale,* Christmas eve — *Alla vigilia del matrimonio fuggì con un pittore,* The day before her marriage, she eloped with a painter. **2** *(fig., per estensione: periodo di tempo che precede un avvenimento)* verge; brink: *alla vigilia della guerra,* on the brink of war — *alla vigilia del fallimento,* on the verge of bankruptcy. **3** *(digiuno)* fast; fasting; *(astinenza)* abstinence; *(giorno di astinenza)* day of abstinence: *osservare la vigilia,* to fast. **4** *(lett.: veglia notturna)* vigil; watch; *(usanza cavalleresca)* vigil (of arms); *(turno di guardia)* watch.

vigliaccamente *avv* in a cowardly way.

vigliaccheria *sf* **1** *(esser vigliacco)* cowardice: *Ti accusano di vigliaccheria,* They are accusing you of cowardice. **2** *(atto del vigliacco)* act of cowardice.

vigliacco *agg* cowardly; faint-hearted.
□ *sm* **1** *(codardo)* coward. **2** *(scherz.: persona che entra subdolamente nelle grazie di qcno)* wheedler; cajoler; flatterer.

vigna *sf* **1** *(vigneto)* vineyard: *la vigna del Signore,* the Church; the Lord's vineyard. **2** *(vite)* vine; vines *(pl.).* **3** *(fonte di lucro)* goldmine; godsend: *trovare la vigna di Cristo,* to strike it rich (*o* lucky).

vigneto *sm* vineyard.

vignetta *sf* vignette; illustration; *(umoristica)* cartoon.

vignettista *sm e f.* comic illustrator; cartoonist.

vigogna *sf* vicuna *(l'animale e la lana).*

vigore *sm* **1** vigour, *(USA)* vigor; strength; energy; *(della mente, ecc.)* power; force: *lavorare con vigore,* to work hard — *cibo che dà vigore,* invigorating food — *Sta riprendendo vigore,* He's recovering his strength. **2** *(dir.: di trattati, accordi, leggi, ecc.)* force; effect; validity: *entrare in vigore da..., (di leggi, ecc.)* to come into force on...; to become effective from...; *(di accordi)* to come into effect on...

vigoria *sf* vigour, *(USA)* vigor; strength.

vigorosamente *avv* vigorously; strongly.

vigorosità *sf* vigorousness; strength.

vigoroso *agg* vigorous; strong.

vile *agg* **1** *(vigliacco)* cowardly; faint-hearted; pusillanimous. **2** *(basso, meschino)* base; mean; contemptible: *Fu una vile menzogna,* It was a contemptible lie. **3** *(di umili origini)* humble; low. **4** *(di basso costo)* cheap; poor.
□ *sm* coward.

vilipendere *vt* to scorn; to hold* (sb) in contempt; to revile.

vilipendio *sm* **1** contempt; scorn. **2** *(delle tombe)* sacrilege. **3** *(dir.: ma il reato non è contemplato dalla legge in GB e USA, salvo - in alcuni casi - il vilipendio alla religione)* offensive talk (*o* behaviour): *vilipendio allo Stato,* offensive behaviour towards the State.

vilipeso *agg* scorned; reviled.

villa *sf* **1** *(fuori città)* country house (*o* residence); villa *(spec. se in Italia).* **2** *(in città)* detached residence; *(talvolta)* villa.

villaggio *sm* village.

villanamente *avv* rudely; boorishly; impolitely.

villanata *sf* rude action; incivility.

villanesco *agg* rude; boorish.

villania *sf* **1** rudeness; bad manners; boorishness. **2** *(sgarbo, azione villana)* rude action. **3** *(frase villana, ingiuria)* abuse *(collettivo);* insulting language; rude word.

villano *agg* rude; rough; impolite; boorish; ill-mannered: *È stato molto villano con me,* He was very rude to me — *modi villani,* bad manners.
□ *sm* **1** *(persona rozza e incivile)* boor; lout; ill-mannered person: *villano rivestito,* upstart; nouveau riche *(fr.: pl.* nouveaux riches*).* **2** *(villico)* peasant; countryman *(pl.* -men*).*

villanzone *sm* churl; boor; lout.

villeggiante *sm* holiday-maker; tourist; vacationer *(USA).*

villeggiare *vi* to spend* one's holiday(s); to vacation *(USA).*

villeggiatura *sf* *(periodo di vacanza)* holiday(s); vacation *(USA): Passerò la villeggiatura in campagna,* I'll spend my holidays in the country — *La mia villeggiatura sarà molto breve quest'anno,* My holiday(s) will be very short this year — *luogo di villeggiatura,* holiday resort.

villetta *sf* little (detached) house; *(in campagna, spec. se di stile rustico)* cottage.

villico *sm* countryman *(pl.* -men*).*

villino *sm* = **villetta.**

villosità *sf* hairiness.

villoso *agg* hairy.

vilmente *avv* **1** *(vigliaccamente)* in a cowardly way. **2** *(meschinamente)* meanly; basely; contemptibly.

viltà *sf* **1** *(codardia)* cowardice; *(l'atto)* cowardly action. **2** *(lett.: bassezza)* baseness; badness.

viluppo *sm* tangle *(anche fig.).*

vimine *sm* osier; withy *(dial.): un cesto di vimini,* a wicker (*o* wickerwork) basket.

vinaccia *sf* residue of grapes after pressing; marc *(fr.).*

vinaio *sm* wine-merchant; vintner.

vin brûlé *sm (fr.)* mulled wine.

vincente *agg* winning. □ *sm* winner.

vincere *vt e i.* **1** *(concludere qcsa favorevolmente:*

anche ottenere qcsa, guadagnare qcsa al gioco) to win*: *Abbiamo vinto!,* We've won! — *Vinsero tutte le battaglie ma persero la guerra,* They won every battle but lost the war — *Ha vinto una bella somma al gioco,* He's won a remarkable amount of money gambling — *vincere un premio,* to win a prize — *vincere una causa,* to win a law-suit — *vincere per un pelo,* to win by the skin of one's teeth — *Abbiamo vinto la partita,* We've won the game — *Non sono mai riuscito a vincere un premio,* I've never succeeded in carrying off (in winning) a prize — *vincere una prova,* to pass a test. **2** *(superare, sopraffare)* to overcome*; *(più forte)* to overwhelm; *(sconfiggere)* to beat*; to defeat; to vanquish; *(prendere una città, ecc.)* to take*: *Alla fine vinse tutte le opposizioni,* He overcame all opposition in the end — *Dovresti cercare di vincere la tua timidezza,* You should try to overcome your shyness — *Fui vinto dalla stanchezza e dall'emozione,* I was overcome (*o* overwhelmed) by tiredness and emotion — *Lo vinco sempre a tennis,* I always beat him at tennis — *Abbiamo vinto i nemici,* We've defeated our enemies (the enemy) — *vincere una rivolta,* to put down a rebellion. **3** *(soggiogare, domare)* to master: *vincere se stesso,* to master oneself — *vincere i propri istinti,* to master one's instincts — *lasciarsi vincere dalla tentazione,* to yield (to give way) to temptation. **4** *(superare in qcsa)* to outdo*; to surpass; *(talvolta)* to outshine*: *Puoi vincerli almeno in astuzia,* You can at least outdo them in cunning — *vincere qcno in dottrina,* to outshine sb in learning — *La vinci in intelligenza, non certo in bellezza,* You surpass her in intelligence, though certainly not in beauty. **5 vincerla,** to get* the better (of sb); to get* the upper hand: *Con me non la vincerà,* He won't get the better of me — *Vuole sempre vincerla (averla vinta con qcno),* She always wants to get the upper hand (of sb). □ *vincere un terno al lotto, (fig.)* to have a stroke of luck — *La parola d'ordine è 'Vincere'!,* The watchword is 'Victory'!

vincita *sf* **1** *(il vincere)* win. **2** *(ciò che si vince)* win; *(il denaro stesso)* winnings *(pl.).*

vincitore *sm* winner: *ritornare vincitore,* to return triumphant.
□ *agg* winning; victorious.

vincolare *vt* **1** *(legare, anche fig.)* to bind*; *(essere d'impaccio)* to impede; to encumber. **2** *(comm.: assoggettare a vincoli di tempo)* to tie (sth) up; to lock (sth) up: *vincolare il capitale,* to tie up one's capital — *in conto vincolato,* on fixed deposit. **3** *(dir.)* to fetter; to encumber; to charge.

vincolo *sm* **1** *(legame; fig.: obbligo di natura morale)* tie; bond: *i vincoli del sangue,* the ties of blood — *vincolo matrimoniale,* bond of matrimony — *vincolo legale,* binding obligation; restrictive clause (*o* covenant); encumbrance — *libero da ogni vincolo,* free of encumbrances. **2** *(mecc.)* constraint; restraint.

vindice *agg (lett.)* avenging. □ *sm* avenger.

vinello *sm* thin wine; *(spreg. o scherz.)* little wine; little local brew.

vinicolo *agg* wine *(attrib.).*

vinificazione *sf* wine-making.

vinile *sm* vinyl.

vino *sm* wine: *vino spumante,* sparkling wine — *vino da pasto,* table-wine — *vino in bottiglia,* choice wine — *vino d'annata,* vintage wine — *commerciante di vini,* wine-merchant — *vino di mele,* cider — *Buon vino fa buon sangue, (prov.)* Good wine makes people good-humoured — *dir pane al pane e vino al vino,* to call a spade a spade.

vinoso *agg* **1** wine *(attrib.): colore vinoso,* wine-colour; wine; wine-red. **2** *(che sa di vino)* winy. **3** *(di cavallo)* red roan.

vinto *agg* (*p. pass. di* **vincere**) *(battuto)* beaten; defeated; vanquished; *(sopraffatto)* overcome: *darsi per vinto,* to give up; to give in — *darla vinta a qcno,* to give in to sb; to spoil; to indulge — *volerla vinta,* to want one's own way — *dare partita vinta,* to concede a victory.
□ *sm (al gioco)* loser: *i vinti, (in battaglia)* the defeated; the vanquished — *Guai ai vinti,* Vae victis *(lat.);* Woe to the conquered.

[1]**viola** *sf* violet; viola: *viola del pensiero,* pansy.
□ *agg e sm (il colore)* violet; purple.

[2]**viola** *sf (mus.)* **1** *(lo strumento moderno)* viola. **2** *(lo strumento antico)* viol: *viola da gamba,* bass viol; viola da gamba.

violaceo *agg* violet; purple; violaceous.

violaciocca *sf* stock: *violaciocca gialla,* wallflower.

violare *vt* **1** *(non rispettare, trasgredire)* to violate; to transgress; to infringe; to break*: *violare un accordo (un giuramento),* to violate (to break) an agreement (an oath) — *violare un segreto,* to break a secret — *violare una legge,* to infringe (to break) a law — *violare un brevetto,* to infringe a patent — *violare il domicilio di qcno, (dir.)* to enter sb's house unlawfully; *(a forza)* to break into sb's house; to break in *(vi).* **2** *(profanare)* to violate; to profane; to desecrate; to break* into; to contaminate; to spoil; to corrupt: *violare una chiesa,* to profane a church — *violare una tomba,* to break into a tomb. **3** *(violentare)* to rape.

violatore *sm* **1** *(chi trasgredisce)* breaker; infringer; violator. **2** *(profanatore)* profaner. **3** *(di una donna)* rapist.

violazione *sf* **1** violation; breach. **2** *(profanazione)* desecration; profanation. □ *violazione di domicilio, (dir.)* unlawful entry; *(a forza)* house-breaking.

violentare *vt* **1** to violate: *violentare una donna,* to rape a woman. **2** *(fig.)* to outrage.

violentemente *avv* violently.

violento *agg* violent; *(di vento, corrente)* strong; stiff: *febbre violenta,* high fever — *rimedio violento,* drastic remedy.
□ *sm* violent man *(pl.* men*)*; brute.

violenza *sf* violence; force: *violenza privata,* duress; coercion — *ricorrere alla violenza,* to resort to violence — *far violenza a se stesso,* to do oneself violence — *con dolce violenza,* with gentle force (*o* firmness) — *violenza carnale,* rape.

violetta *sf* violet.

violetto *agg e sm* violet.

violinista *sm e f.* violinist; fiddler *(fam.).*

violino *sm* **1** *(strumento)* violin; fiddle *(fam.): chiave di violino,* treble (*o* violin) clef; key of G. **2** *(suonatore)* violinist; *(in un complesso)* violin: *primo violino,* leader *(di un'orchestra);* first violin *(di un'orchestra, di un quartetto, ecc.)* — *violino di spalla,* first (*o* second) violin; *(scherz.)* henchman; sidekick *(sl.).* **3** *(scherz.: sgobbone)* swat; slogger; teacher's pet.

violoncellista *sm e f.* cellist; violoncellist *(raro).*

violoncello *sm* cello; violoncello.

violone *sm* violone; *(talvolta)* bass viol; *(erroneamente)* double bass.

viottola *sf,* **viottolo** *sm* path; lane.

vipera *sf (serpente)* viper *(anche fig.);* adder: *vipera soffiante,* puff adder.

viperino *agg* viperish *(anche fig.);* viperine.

viraggio *sm* **1** *(naut.)* tacking. **2** *(aeronautica)* turning. **3** *(chim.)* colour change; *(fotografia)* toning.
virago *sf* virago; termagant.
virale *agg* viral.
virare *vi* **1** *(naut.)* to tack: *virare di bordo,* to veer; to come about; *(fig., scherz.)* to push off. **2** *(aeronautica)* to turn. **3** *(fotografia)* to tone. **4** *(chim.)* to change colour.
virata *sf* **1** *(naut.)* tacking. **2** *(aeronautica)* turn; bank. **3** *(sport)* turn.
virginia *sm (tabacco)* Virginia; *(sigaro)* Virginia cigar; *(sigaretta)* Virginia cigarette.
virgola *sf* **1** comma: *punto e virgola,* semi-colon. **2** *(nelle frazioni decimali)* (decimal) point: *Hai omesso la virgola!,* You've left out the decimal point! — *cinque virgola sette,* five point seven — *zero virgola cinque,* point five — *virgola mobile,* floating point. **3** *(ciocca)* kiss-curl. □ *bacillo virgola,* cholera (*o* comma) bacillus.
virgolette *sf pl* inverted commas; quotation marks; quotes *(USA): tra virgolette,* in inverted commas.
virgulto *sm (lett.)* **1** *(rampollo)* shoot; scion *(anche fig.)*. **2** *(arboscello)* young tree.
virile *agg* manly; masculine; virile: *una donna d'animo virile,* a strong-minded woman — *l'età virile,* manhood — *membro virile,* penis — *uno stile virile,* a vigorous style — *linguaggio virile,* firm language.
virilità *sf* **1** manliness; virility. **2** *(età virile)* manhood.
virilmente *avv* in a manly (*o* virile) way.
virtù *sf* **1** virtue: *Bisogna amare la virtù,* We should love virtue — *La virtù è premio a se stessa,* Virtue is its own reward — *virtù civile,* civil virtue — *le virtù cardinali (teologiche),* the cardinal (theological) virtues — *un fiore di virtù,* a paragon of virtue. **2** *(dote, pregio)* virtue; merit; good quality: *Ha molte virtù ma è tanto noioso!,* He has many virtues (many good qualities), but he's so boring! — *Peccato che tu non abbia la virtù della discrezione,* It's a pity you haven't the virtue of discretion — *fare di necessità virtù,* to make a virtue of necessity. **3** *(proprietà intrinseca, facoltà)* faculty; power; property: *la virtù dell'esempio,* the power of example — *la virtù divina,* the divine power — *le virtù delle erbe,* the properties of herbs — *Quest'erba ha virtù medicinali,* This herb has medicinal properties — *in virtù di...; per virtù di...,* through...; by virtue of...; by means of... — *in virtù della legge,* by law — *in virtù della legge n. 274 del 1975,* in accordance with Law No. 274 of 1975 — *per virtù della preghiera,* by virtue of prayer; through prayer. **4** *(energia morale)* strength; valour; courage. **5** *(lett.: persona virtuosa)* virtuous (person): *perseguitare la virtù,* to persecute the virtuous.
virtuale *agg* virtual *(vari sensi, anche fis.)*.
virtualmente *avv* virtually; to all intents and purposes: *Virtualmente è il capo,* He's virtually the boss; To all intents and purposes he's the boss.
virtuosamente *avv* virtuously.
virtuosismo *sm* virtuosity.
virtuosità *sf* **1** virtuousness. **2** *(virtuosismo)* virtuosity.
virtuoso *agg* virtuous.
□ *sm* **1** virtuous man *(pl.* men*)*. **2** *(mus. e talvolta nelle altre arti)* virtuoso: *un virtuoso di violino,* a violin virtuoso; a virtuoso violinist.
virulento *agg* virulent *(anche fig.)*.
virulenza *sf* virulence.
virus *sm* virus *(pl.* viruses*)*.
vis-à-vis *locuzione avverbiale (fr.)* face to face; opposite.
□ *sm (carrozza, divano)* vis-à-vis; sociable.
viscerale *agg* **1** visceral. **2** *(fig.)* heartfelt; deep-down; *(profondamente radicato)* fervent; rabid: *anticomunismo viscerale,* rabid anticommunism.
viscere *sm* **1** *(organo interno, pl.* visceri*)* viscus *(pl.* viscera*)*; *(al pl.: intestini)* intestines; bowels; innards *(fam.)*; *(al pl.: di animale o scherz.)* entrails. **2** *(f., pl.* viscere*)* womb; uterus; *(per estensione: cuore, sentimento)* heart; love. **3** *(f., pl.* viscere: *parti interne di qcsa)* bowels: *le viscere della terra,* the bowels of the earth.
vischio *sm* **1** *(bot.)* mistletoe. **2** *(pania)* birdlime. **3** *(fig.: inganno)* trap: *prendere al vischio,* to trap.
viscidità *sf* viscidity; stickiness; *(di animale e anche fig., di persona)* sliminess; slipperiness.
viscido *agg* viscid; sticky; *(scivoloso, e anche fig.: sfuggente)* slimy; slippery.
viscidume *sm* slime.
vis comica *sf* comic vein.
visconte *sm* viscount.
viscontea *sf* viscount(c)y.
viscontessa *sf* viscountess.
viscosa *sf* viscose.
viscosità *sf* **1** viscosity. **2** *(vischiosità)* stickiness.
viscoso *agg* **1** viscous. **2** *(appiccicaticcio)* sticky.
visibile *agg* **1** visible; *(evidente)* evident; manifest; clear. **2** *(di luogo pubblico, ecc.)* open; *(per estensione: di persona disponibile)* available: *Il direttore non è visibile per nessuno,* The manager is not seeing anyone.
visibilio *sm* **1** *(fam.: gran numero, gran quantità)* great number; host; mass. **2** *(nella locuzione) andare (mandare qcno) in visibilio,* to go (to throw sb) into ecstasies (*o* raptures).
visibilità *sf* visibility: *scarsa visibilità,* poor visibility.
visibilmente *avv* visibly; clearly.
visiera *sf* **1** *(dell'elmo)* visor. **2** *(tesa)* peak. **3** *(maschera)* fencing-mask; *(per operaio saldatore)* face shield; *(per proiettori di automobile)* eyebrow *(sl.)*: *visiera parasole,* glare shield; sun visor.
visionare *vt* to screen.
visionario *agg* visionary. □ *sm* visionary; day-dreamer.
visione *sf* **1** *(allucinazione, sogno, apparizione)* vision; *(per estensione: pensiero)* dream. **2** *(il vedere)* sight; vision; *(scena)* sight: *prender visione di qcsa,* to take note of sth — *mandare qcsa in visione,* to send sth for examination; *(comm., anche)* to send sth on approval — *prima visione, (cinema)* first showing (*o* screening); first release. **3** *(idea, concetto)* view: *farsi una chiara visione degli avvenimenti,* to get a clear view (*o* idea) of the facts.
visita *sf* **1** visit; *(di breve durata: visitina)* call: *essere in visita,* to be on a visit — *Una visita a quella chiesa è indispensabile,* A visit to that church is a must — *fare una visita a qcno,* to pay sb a visit; to call on sb; *(riferito ad una visita più breve)* to pop in on sb *(fam.)* — *Ci hanno fatto una visita ieri,* They paid us a visit (They called on us) yesterday — *Gli faccio sovente una visitina in negozio,* I often call on him at his shop; I often pop in at his shop — *biglietto da (o di) visita,* visiting card — *scambiarsi visite,* to exchange visits; *(più in generale: non riferito ad un momento particolare)* to be on visiting terms — *visita di congedo (di cortesia),* farewell (courtesy) visit — *una visita di Santa Elisabetta, (scherz.)* a very long visit. **2** *(esame medico)* examination; *(a domicilio)* visit; call: *farsi fare una visita,* to have a medical examination — *una visita di controllo,* a medical; a check-up — *visita fiscale,* official medical check — *giro di visite,* round of visits; *(di medico, ecc.)* rounds *(pl.)* — *Il*

dottore è tornato adesso da un giro di visite, The doctor has just come back from his rounds — *marcar visita, (mil.)* to attend sick parade; *(per estensione)* to be off sick. **3** *(ispezione, controllo)* inspection; examination; *(di ecclesiastico)* visitation: *visita sanitaria (doganale),* sanitary (customs) inspection — *una visita di controllo,* a search; a check — *una visita pastorale,* a pastoral visitation. **4** *(per estensione: persona in visita)* visitor; caller: *Ieri ho avuto tantissime visite,* I had a lot of visitors (*o* callers) yesterday.

visitare *vt* **1** *(andare a trovare qcno)* to visit; to pay* (sb) a visit; to call (on sb); to see*: *Bisogna andare a visitarli,* We must pay them a visit — *Da allora non è più venuto a visitarmi,* He hasn't called on me (He hasn't been to see me) since then — *Posso venirti a visitare?,* May I come and see you? — *Furono visitati dalla sventura,* Misfortune came upon them (*ant.* visited them). **2** *(andare a vedere un luogo)* to visit: *visitare un paese straniero,* to visit (to tour) a foreign country — *far visitare un luogo a qcno,* to show sb over a place; to show (sb) round — *Se verrai ti farò visitare il castello!,* If you come, I'll show you over the castle! — *visitare i monumenti, ecc.,* to go sightseeing; to see (*fam.* to do) sights — *visitare i musei,* to look round the museums — *Ha visitato tutti i negozi della zona senza trovarlo,* She's been into every shop in the district, but she hasn't found it. **3** *(esaminare clinicamente)* to examine: *Ti ha visitato bene l'oculista?,* Did the eye specialist examine you thoroughly (give you a thorough examination)? — *Lo fecero visitare,* They had him medically examined — *Mi spiace, ma il dottore sta visitando,* I'm sorry, the doctor is examining a patient; *(se è fuori)* I'm sorry, the doctor is out on his rounds. **4** *(raro: ispezionare)* to inspect.

visitatore *sm* **1** visitor; caller; *(ecclesiastico)* visitor. **2** *(raro, ant.: ispettore)* inspector.

visitazione *sf* Visitation.

visivamente *avv* visually.

visivo *agg* visual.

viso *sm* face; *(espressione)* expression: *accendersi in viso,* to grow red in the face; to flush; to blush — *dire qcsa sul viso a qcno,* to tell sb sth to his (her, their) face — *viso a viso,* face to face — *cambiar viso,* to change one's expression — *far buon viso a qcno (qcsa),* to welcome sb (sth) — *far buon viso a cattivo gioco,* to make the best of a bad job; to put on a good face; to put a good face on it — *a viso aperto,* openly; frankly; fearlessly — *viso pallido,* paleface *(anche scherz.)*.

visone *sm* mink: *una pelliccia di visone,* a mink coat.

visore *sm* viewer.

vispo *agg* lively; sprightly: *vispo come un uccello,* as lively as a cricket — *un bambino vispo,* a lively child.

vissuto *agg* **1** lived. **2** *(ricco di esperienze, anche spreg.)* experienced. ☐ *vita vissuta,* real life.

vista *sf* **1** *(facoltà o atto del vedere)* sight: *L'occhio è l'organo della vista,* The eye is the organ of sight — *avere la vista buona (cattiva),* to have good (bad) sight (*o* eyesight) — *perdere la vista,* to lose one's sight — *perdere di vista qcno,* to lose sight of sb; *(fig.)* to lose touch with sb — *riacquistare la vista,* to regain one's sight — *avere la vista lunga, (letteralm. e fig.)* to be long-sighted; *(fig.)* to have great foresight — *avere la vista corta,* to be short-sighted — *avere una vista d'aquila,* to be eagle-eyed (*o* lynx-eyed) — *Eravamo in vista dell'isola,* We were in sight (within sight) of the island — *La sua sola vista mi dà sui nervi,* Even the sight (The very sight) of him gets on my nerves — *sfuggire alla vista,* to pass unobserved — *Lo conosco soltanto di vista,* I only know him by sight — *sparare a vista,* to shoot on sight — *pagabile a vista, (comm.)* payable at sight — *a prima vista,* at first sight; at sight; on sight — *È capace di tradurre a prima vista,* He can translate at sight — *Ti stai logorando la vista,* You're straining your eyes — *malattie della vista,* eye diseases — *fin dove mira la vista (a vista d'occhio),* as far as the eye can see — *Stai crescendo a vista d'occhio!,* You're growing before my very eyes! — *Mi sono saziato la vista,* I've grown tired of looking — *guardare a vista qcno,* to keep sb under observation — *volo a vista,* contact flying. **2** *(panorama, veduta, scena)* sight; view; *(campo visivo)* view: *La vista del cadavere lo lasciò paralizzato,* The sight of the corpse froze him to the spot — *La vista dall'aereo era favolosa,* The view from the plane was fabulous — *impedire la vista,* to block the view — *La nave stava uscendo dalla nostra vista (di vista),* The ship was passing from our view — *Tieni tutto in vista!,* Keep everything in sight! — *avere qcsa in vista, (letteralm.)* to have sth in sight; *(fig.)* to have sth in view — *punto di vista,* point of view.

☐ *Terra in vista!,* Land ho! — *far vista di...,* to pretend to... — *in vista di...,* considering...; in view of...; on account of... — *essere in vista, (di persona)* to be in the public eye; *(di cosa)* to stand out; *(di avvenimento)* to be imminent — *mettere in vista qcsa,* to show sth off; to display sth to advantage — *un uomo in vista,* an eminent man; a well-known man; a man in the public eye — *fare bella vista di sé,* to show oneself to advantage.

vistare *vt* **1** *(un passaporto)* to visa. **2** *(una domanda)* to approve; to okay *(fam.)*.

[1]**visto** *sm* **1** *(su un passaporto)* visa: *visto d'ingresso (d'uscita),* entry (exit) visa. **2** *(firma di approvazione)* approval; OK *(fam.)*.

[2]**visto** *agg* (*p. pass. di* **vedere**) seen; *(dir.)* in accordance with; in the light of: *visto il suo coraggio...,* in consideration of his courage... — *ben visto,* well liked; popular — *mal visto,* ill-liked (frowned upon) — *visto che...,* since...; as...; seeing that...; *(dir.)* whereas...

vistosamente *avv* showily; gaudily.

vistosità *sf* showiness; gaudiness.

vistoso *agg* **1** *(molto appariscente)* showy; flashy; *(di colore)* gaudy; *(di abito)* striking. **2** *(notevole)* considerable; huge.

visuale *agg* visual: *angolo visuale,* visual angle; *(fig.)* perspective.

☐ *sf* **1** view; sight: *una bella visuale,* a fine view — *Che bella visuale!, (scherz. iron.)* What an eyeful! **2** *(ottica)* line of sight; *(talvolta)* visibility: *lunghezza della visuale libera,* visibility distance.

visualmente *avv* visually.

[1]**vita** *sf* **1** *(l'esistenza, il vivere, anche fig.)* life; existence; *(modo di vivere)* way of life: *la vita eterna (mondana),* eternal (social) life — *l'altra vita,* the next life; the life to come — *le Vite di Plutarco (dei Santi),* Plutarch's Lives (the Lives of the Saints) — *un luogo dove non v'è traccia di vita,* a place with no sign of life — *dare qcno alla vita (dare la vita a qcno),* to give birth to sb — *essere in vita,* to be alive — *uscir di vita,* to die — *salvare la vita a qcno,* to save sb's life — *far tornare alla vita qcno,* to bring sb back to life — *troncare la vita a qcno,* to cut short sb's life; to cut sb off in his prime — *essere pieno di vita,* to be full of life — *togliersi la vita,* to take one's own life; to commit suicide — *cambiare vita,* to turn over a new leaf — *fare (condurre) una vita ritirata (povera),*

to lead a retired (poor) life — *avere una doppia vita,* to lead a double life — *fare una gran vita,* to lead a life of luxury — *fare la vita,* to be a prostitute — *ragazza di vita,* prostitute — *una vita da cani,* a dog's life — *essere nel fiore della vita,* to be in the prime of life — *essere in fin di vita,* to be at death's door; to be in extremis *(lat.);* to be done for *(fam.)* — *essere senza vita (privo di vita),* to be lifeless (*o* dead) — *aspettazione di vita,* expectation of life — *una questione di vita o di morte,* a question of life and death — *pericolo di vita,* danger of death — *Non ho mai sentito una cosa simile in vita mia!,* I've never heard anything like it in my life! — *O la borsa o la vita!,* Your money or your life! — *Che vita!,* What a life! — *Come va la vita?,* How's life? — *Che vuoi? È la vita!,* What do you expect? That's life! — *Ne va della vita,* His (Your *ecc.*) life is at stake.

2 *(durata della vita)* life; lifetime; lifespan: *Fu condannato a vita,* He was sentenced to life imprisonment; He received a life sentence — *vita natural durante,* during one's lifetime; for the duration of one's natural lifetime — *presidente a vita,* president for life — *socio a vita,* life member — *Capita solo una volta nella vita,* It happens only once in a lifetime — *La vita media di un elefante è di cinquant'anni,* The average lifespan of the elephant is fifty years.

3 *(ciò che è necessario per vivere)* living; livelihood; *(il costo della vita)* cost of living: *La vita è diventata molto più cara negli ultimi mesi,* The cost of living has gone up a lot in the last few months — *guadagnarsi la vita,* to make a living — *guadagnarsi la vita scrivendo,* to make (to earn) one's living by writing — *guadagnarsi la vita a stento,* to scrape a living.

4 *(vitalità, animazione)* vitality; animation; life; liveliness: *Non c'è molta vita in questa città,* There isn't much life in this town — *dare vita alla compagnia,* to liven up the company; to be the life and soul of the party — *un quadro senza vita,* a lifeless (*o* dull) painting.

[2]**vita** *sf (anat.)* waist: *aver la vita snella,* to have a slim waist; to be slim-waisted — *prendere (afferrare) qcno per la vita,* to seize sb by the waist — *una vita di vespa,* a wasp-waist — *Su con la vita!,* Keep your shoulders back!; *(fig.)* Chin up!; Cheer up!

vitaccia *sf* hard (*o* rotten) life; lousy existence *(fam.).*

vitaiolo *sm* playboy; bon viveur *(fr.).*

vitale *agg* **1** vital *(vari sensi): spazio vitale,* lebensraum *(vocabolo tedesco).* **2** *(med.)* viable.

vitalità *sf* **1** vitality. **2** *(fig.: importanza)* importance. **3** *(med.)* viability.

vitalizio *agg* life *(attrib.).* □ *sm* life annuity; annuity for life.

vitamina *sf* vitamin: *vitamina A (B, C, ecc.),* vitamin A (B, C, *ecc.*).

vitaminico *agg* vitaminic.

[1]**vite** *sf (bot.)* vine: *vite bianca,* bryony — *vite del Canadà,* Virginia creeper; woodbine *(USA).*

[2]**vite** *sf* **1** *(mecc.)* screw: *vite di fermo,* grub screw — *vite di avanzamento,* feed screw — *vite senza fine,* worm screw — *un giro di vite, (letteralm. e fig.)* a turn of the screw; *(fig.)* a crackdown — *vite prigioniera,* stud bolt — *vite madre,* lead screw. **2** *(di aereo)* spin; *(orizzontale)* roll; *(rapida)* flick roll: *cadere a vite,* to go into a spin — *vite piatta,* flat spin.

vitello *sm* **1** calf: *un vitello di latte,* a sucking calf. **2** *(cucina)* veal. **3** *(cuoio)* calf.

vitellone *sm* **1** fatted calf. **2** *(cucina)* veal. **3** *(fig.)* good-for-nothing; young layabout.

viticcio *sm* tendril.

viticoltore *sm* vine-grower; viticulturist.

viticoltura *sf* vine-growing; viticulture.

vitifero *agg (lett.)* vine-bearing.

vitigno *sm* (species of) vine; cépage *(fr.).*

vitreo *agg* **1** *(vetroso)* vitreous. **2** *(simile al vetro)* glassy: *uno sguardo vitreo,* a glassy stare. **3** *(anat.)* vitreous.

□ *sm (anat.)* vitreous; vitreous body.

vittima *sf* victim: *le vittime del terremoto (dell'inondazione),* the earthquake (flood) victims — *Povera vittima!,* Poor creature!; Poor hard-done-by old thing! — *fare la vittima,* to act the victim — *una vittima del dovere,* a martyr to duty.

vittimismo *sm* self-pity; *(med.)* persecution complex.

vitto *sm* **1** food. **2** *(pasti)* board: *vitto e alloggio,* board and lodging.

vittoria *sf* victory; *(sport)* win: *conseguire una vittoria,* to win (to gain) a victory — *aver la vittoria in pugno,* to be sure of victory — *disperare della vittoria,* to despair of winning — *cantar vittoria,* to exult (to crow) over a victory; *(prematuramente)* to count one's chickens before they're hatched — *una vittoria di Pirro,* a Pyrrhic victory.

vittoriosamente *avv* victoriously.

vittorioso *agg* victorious; winning.

vituperabile *agg* open to vituperation *(predicativo).*

vituperare *vt* to vituperate; to revile.

vituperativo *agg (non comune)* vituperative.

vituperazione *sf* vituperation.

vituperevole *agg* shameful; despicable.

vituperio *sm* **1** insult: *coprire qcno di vituperi,* to cover sb with insults. **2** *(causa di disonore)* disgrace.

viuzza *sf* narrow street; narrow lane; alley; alley-way.

viva *esclamazione* long live! *(seguito sempre dal soggetto); (talvolta)* Vivat! *(lat.).*

vivacchiare *vi (tirare avanti alla bell'e meglio)* to live from hand to mouth; to get* a bare living; to manage (to scrape a living); to get* along (somehow); to struggle along; to rub along: *'Come vanno le cose?' - 'Si vivacchia',* 'How are things?' - 'I get along (I manage)'.

vivace *agg* **1** *(esuberante, brioso)* lively; sprightly; vivacious *(generalm. di donna): Sono ragazzi molto vivaci,* They are very lively boys — *Hai un'immaginazione troppo vivace,* You've got too lively an imagination. **2** *(di colore: gaio)* lively; bright; vivid; *(di luce, anche)* brilliant: *La stanza era dipinta di un rosso vivace,* The room was painted bright red — *una luce vivace,* a brilliant light. **3** *(acuto, pronto)* quick; sharp: *intelligenza vivace,* quick intelligence — *parole vivaci,* sharp words.

vivacemente *avv* in a lively way; brightly; *(talvolta, di donna)* vivaciously.

vivacità *sf* liveliness; sprightliness; vivacity; *(di colore)* brightness.

vivaddio *esclamazione* by Jove!

vivaio *sm* **1** *(di allevamento)* nursery; *(per pesci, anche)* rearing-pond. **2** *(per mantenere in vita certi animali)* vivarium; *(per pesci)* pond; fish-pond. **3** *(fig.)* nursery; breeding-ground; *(spreg.)* hotbed.

vivamente *avv* warmly.

vivanda *sf* **1** food. **2** *(piatto)* dish.

vivandiere *sm (f.* vivandiera*) (stor.)* sutler; vivandière *(fr., raro).*

Vive *(voce verbale lat.: tipografia, ecc.)* Stet! *(lat.).*

vivente *agg* living; alive *(predicativo): È il massimo* *poeta vivente,* He's the greatest living poet — *È ancora vivente la sua ex moglie?,* Is his ex-wife still alive? — *La bambina è l'immagine vivente del padre,* The little girl is the living (the spitting) image of her father.

□ *sm (essere vivente)* living being.

[1]**vivere** *vi* **1** *(essere in vita)* to live; to be* alive: *Viviamo in un'epoca difficile,* We are living in difficult times — *vivere fino a tarda età,* to live to a great age (a ripe old age) — *cessare di vivere,* to die; to pass away — *vivere a lungo,* to be long-lived — *non vivere a lungo,* to be short-lived — *modo di vivere,* way of life.

2 - **a)** *(condurre la vita)* to live: *viver bene,* to live in comfort; to live comfortably — *vivere felice,* to live happily — *vivere di stenti,* to live in hardship; to lead a hard life — *vivere nel peccato,* to live in sin — *vivere da signore,* to live like a lord (like a king) — *vivere libero,* to live a free man — *vivere schiavo,* to live the life of a slave — *viver da bestia,* to live wretchedly; to live a wretched life — *vivere da santo,* to live a saintly life — *vivere alla giornata,* to live from hand to mouth.

b) *(vivere di qcsa)* to live on sth; *(di mezzi, espedienti)* to live by sth: *vivere di carne (di verdura),* to live on meat (on vegetables) — *aver di che vivere,* to have enough to live on — *Non si vive di solo pane,* Man cannot live by bread alone — *vivere alle spalle di qcno,* to live at sb's expense; to sponge on sb; to live off sb — *vivere di rendita,* to live on a private income; to have private means — *vivere di espedienti,* to live by one's wits — *vivere del proprio lavoro (della propria penna),* to live by one's work (by one's pen) — *vivere con lo stipendio,* to live on one's salary (*o* wages); to live within one's income

c) *(campare a stento)* to get* by; to (just) manage: *Hanno appena di che vivere,* They only just get by — *'Come vanno le cose?' - 'Si vive',* 'How are things?' - 'I manage (I get by)' (⇨ *anche* **vivacchiare**).

3 *(abitare, aver casa, stare)* to live: *viver da solo,* to live alone — *vivere in campagna (in città),* to live in the country (in town) — *La famiglia Bianchi vive al settimo piano,* The Bianchi family live on the seventh floor — *vivere con qcno,* to live (to cohabit) with sb.

4 *(durare)* to live on; to live *(di cose immateriali);* to last; to endure; to be* alive: *La sua fama vivrà nella memoria degli uomini,* His fame will live on in the memory of men — *un libro che vivrà sicuramente per secoli,* a book that will certainly live for centuries — *tradizioni che vivono ancora,* traditions that are still alive.

5 *(comportarsi)* to behave *(spesso seguito da* well, properly, *ecc.): Bisognerebbe che tu imparassi a vivere,* You ought to learn how to behave.

□ *vt* to lead* *(una vita);* to have* *(un'esperienza): vivere una vita tranquilla (misera),* to lead a calm (a wretched) life — *Ho vissuto un attimo di terrore,* I had a moment of terror — *vivere la propria parte,* to live one's rôle.

□ *il tempo che ancora mi rimane da vivere,* what I have left of life — *essere stanco di vivere,* to be tired of life — *Lasciatemi vivere!,* Leave me in peace!; Let me alone! — *vivere di sospetti,* to feed on suspicion — *Chi vivrà vedrà,* Time will show — *Vivi e lascia vivere,* Live and let live — *S'impara a vivere fino alla morte,* You're never too old to learn — ⇨ *anche* **viva**, **Vive**.

[2]**vivere** *sm* life; living: *modo di vivere,* way of life (of living) — *per amore del quieto vivere,* for the sake of a quiet life.

viveri *sm pl* provisions; victuals; foodstuffs; supplies; food *(sing.): La città mancava di viveri,* The town was running short of provisions (victuals, supplies) — *tagliare i viveri a qcno,* to cut off sb's supplies — *rifornire di viveri un esercito,* to victual an army — *trasporto dei viveri,* food transport.

vivezza *sf* vividness; liveliness; *(di colori)* brightness.

vividamente *avv* vividly.

vivido *agg* vivid; lively; *(di colori)* bright.

vivificante *agg* **1** invigorating. **2** *(fig.)* encouraging.

vivificare *vt* **1** *(dar vita)* to invigorate. **2** *(fig.)* to encourage.

vivificatore *sm* animator. □ *agg* animating.

vivificazione *sf* vivification.

viviparo *agg* viviparous.

vivisezionare *vt* **1** to vivisect. **2** *(fig.)* to examine (sth) minutely.

vivisezione *sf* **1** vivisection. **2** *(fig.)* minute examination.

vivo I *agg* **1** *(che è in vita; anche fig.)* living; alive; live *(solo predicativo); (chiaro, vivido)* vivid; clear: *Non abbiamo incontrato anima viva,* We didn't meet a living soul — *lingue vive,* living (*o* modern) languages — *pietra viva,* living rock — *pesci vivi,* live fish — *più morto che vivo,* more dead than alive — *essere vivo e vegeto,* to be alive and well; to be alive and kicking — *essere sepolto vivo,* to be buried alive — *una questione viva,* a live question — *Ha una viva immaginazione,* She's got a vivid imagination — *tener viva la conversazione,* to keep the conversation going.

2 *(vivace, animato)* lively; animated: *Ha un carattere molto vivo,* He has a lively nature — *Dopo, ci fu un vivo dibattito,* Afterwards there was an animated discussion — *È una città molto viva,* It's a very lively town — *occhi vivi,* sparkling eyes. **3** *(intenso)* intense; strong; *(di sentimento: grande)* great; *(profondo)* deep: *Una viva commozione m'impedì di parlare,* Intense emotion prevented me from speaking — *un vivo desiderio,* a strong (an intense) desire — *Ci penso con vivo rammarico,* I think of it with great regret — *con i più vivi ringraziamenti...,* (with) warmest thanks... — *Espressero il loro vivo dolore,* They expressed their deep sorrow — *una viva impressione,* a deep impression. **4** *(di colore, luce: brillante)* bright: *Dipingeremo la stanza d'un giallo vivo,* We'll paint the room bright yellow. **5** *(acuto)* keen; sharp: *È dotato di una viva intelligenza,* He has a keen intelligence — *un vivo dolore,* a sharp pain. □ *mangiar vivo qcno, (fig.)* to glare fiercely at sb; to look daggers at sb — *farsi vivo,* to give news of oneself (to turn up) — *a viva forza,* by sheer force — *argento vivo,* quicksilver — *calce viva,* quick-lime — *di vivo cuore,* wholeheartedly — *forza viva,* kinetic energy; *(fig.)* vital forces *(pl.)* — *spese vive,* out-of-pocket expenses — *a fuoco vivo,* over a high flame — *dalla sua viva voce,* from his own lips — *Ne serberemo vivo il ricordo,* We'll keep his memory green.

II *sm* **1** *(persona vivente)* living person; living man *(pl.* men*): i vivi,* the living; the quick *(lett.).* **2** *(parte sensibile)* living part; quick; *(parte sostanziale)* heart: *pungere sul vivo qcno,* to pierce (to touch) sb to the quick — *entrare nel vivo di una questione,* to get to the heart of the matter — *dal vivo del mio cuore,* from the bottom of my heart. □ *al vivo,* lifelike; to the life — *una trasmissione dal vivo,* a live transmission — *tagliare al vivo, (tipografia)* to bleed — *ritrarre al* *vivo,* to paint (to draw) true to life — *descrivere qcsa al vivo,* to give a true-to-life description of sth.

viziare *vt* **1** to impair; to vitiate; to debase. **2** *(essere troppo indulgente)* to spoil. **3** *(dir.)* to vitiate; to invalidate. **4** *(corrompere)* to spoil; to debase; *(macchiare)* to stain.

viziato *agg* **1** *(di persona: diseducato)* spoilt. **2** *(dir.)* invalid. **3** *(inquinato)* polluted; *(di aria)* stale.

vizio *sm* **1** vice; *(cattiva abitudine)* bad habit: *Il lupo perde il pelo ma non il vizio, (prov.)* A wolf is still a wolf, even in sheep's clothing. **2** *(errore)* mistake; *(imperfezione)* defect; flaw; *(anat.)* defect; vitium *(lat.); (dir.)* defect; flaw; *(irregolarità)* invalidity: *vizio di mente, (dir.)* non compos mentis *(lat.)* — *vizio di consenso,* invalid consent.

viziosamente *avv* corruptly.

viziosità *sf* **1** corruptness; viciousness *(raro).* **2** *(l'esser difettoso)* defectiveness.

vizioso *agg* **1** corrupt; debased; vicious *(raro).* **2** *(difettoso)* defective; *(imperfetto)* incorrect. □ *circolo vizioso,* vicious circle.
□ *sm* corrupt (*o* depraved) person.

vizzo *agg* withered.

vocabolario *sm* **1** *(dizionario)* dictionary; vocabulary: *Guarderò nel vocabolario,* I'll look it up in the dictionary. **2** *(lessico)* vocabulary; lexicon. □ *La puntualità è una parola che non esiste nel suo vocabolario, (fig.)* He doesn't know the meaning of the word punctuality.

vocabolarista *sm e f.* lexicographer.

vocabolo *sm* word; term.

[1]**vocale** *agg* vocal *(anche anat.).*

[2]**vocale** *sf* vowel.

vocalico *agg* vocalic; vowel *(attrib.).*

vocalizzare *vt* to vocalize.

vocalizzazione *sf* vocalization.

vocalizzo *sm (mus.)* vocalization; *(al pl., impropriamente)* embellishments.

vocalmente *avv* vocally.

vocativo *agg e sm* vocative.

vocazione *sf* vocation; calling; *(per un certo mestiere, ecc.)* bent; inclination: *La musica è la sua vocazione,* Music is his vocation — *Non ho vocazione per trattare con i bambini,* I'm not cut out for (I'm no good at) dealing with children.

voce *sf* **1** voice: *Oggi non ho voce,* Today I'm out of voice — *perdere la voce,* to lose one's voice — *Ha una voce acuta e antipatica,* She has a shrill, unpleasant voice — *una voce di tenore,* a tenor voice — *la voce della coscienza,* the voice of conscience — *con tutta la voce che aveva in corpo,* at the top of his voice. **2** *(urlo, chiamata, ecc.)* shout; word: *Ti daremo una voce appena siamo pronti,* We'll give you a shout as soon as we are ready — *Ci siamo dati la voce,* We've passed the word round. **3** *(anche fig.: di animali)* call; cry; *(di uccelli)* song; *(di strumento musicale)* tone; *(per estensione: rumore)* sound: *la voce di un animale,* the call (the cry) of an animal — *la voce del sangue,* the call of kinship — *la voce dell'allodola,* the song of the sky-lark — *la voce di un pianoforte,* the tone of a piano — *la voce del vento,* the sound of the wind. **4** *(opinione)* opinion: *La voce pubblica accusa il Presidente,* Public opinion is accusing the President. **5** *(informazione imprecisata, indiscrezione)* rumour: *spargere una voce,* to spread a rumour — *Per ora sono soltanto voci,* So far there've only been rumours — *Corre voce che...,* It's rumoured that... **6** *(gramm.: forma di un verbo)* part; voice: *'Cadde' è voce del verbo 'cadere',* 'Cadde' is part of the verb 'cadere' — *la voce attiva (passiva),* the active (passive) voice. **7** *(vocabolo)* word; *(in un dizionario: lemma)* headword; *(per estensione, in un annuario, ecc.: intestazione)* heading; *(singolo elemento di una lista)* item: *una voce arcaica,* an archaic word — *'Farcela' va cercato sotto la voce 'fare',* You should look up 'farcela' under the headword 'fare' — *Puoi trovare il numero sotto la voce 'ristoranti',* You'll find the number under the heading 'restaurants' — *Molte voci del catalogo sono inutili,* Many items in the catalogue are useless.
□ *parlare ad alta voce,* to speak aloud — *sotto voce,* in an undertone; under one's breath; sotto voce — *a portata di voce,* within hearing — *aver voce in capitolo,* to carry weight; to have a say in the matter — *non aver voce in capitolo,* to have no say in the matter — *Non devi darmi sulla voce!,* You mustn't contradict me! — *Voce!,* Speak up!

[1]**vociare** *sm (il parlare a voce alta)* shouting; bawling; *(chiacchiere, pettegolezzi)* gossip.

[2]**vociare** *vi* **1** *(parlare ad alta voce)* to shout; to bawl. **2** *(far commenti, pettegolezzi)* to gossip (about sth, sb).

vociferare *vt (insinuare)* to rumour *(generalm. nella forma passiva ed impersonale): Si vocifera che...,* It is rumoured that...; The story goes that...; Rumour has it that...

vocio *sm* shouting.

voga *sf* **1** *(il vogare)* rowing; *(singola spinta, colpo)* stroke: *voga corta,* fast rate of striking — *voga lunga,* paddling — *voga reale,* standing on the oars — *voga alla veneziana,* rowing with a stern oar. **2** *(stor.: l'insieme dei vogatori)* crew. **3** *(nell'uso moderno: vogatore, nell'espressione) prima voga,* stroke. **4** *(impeto)* enthusiasm: *mettersi con voga al lavoro,* to set to work with a will. **5** *(grande diffusione)* popularity; fashion: *essere in voga,* to be popular; to be in fashion; to be in *(fam.);* to be in vogue *(lett.)* — *la voga degli abiti lunghi,* the fashion for long dresses — *una persona in voga,* a popular person.

vogare *vi e t.* to row; *(con i remi corti)* to scull; *(dando il ritmo)* to stroke: *Vogavano quaranta palate al minuto,* They were striking forty to the minute; They were rowing forty strokes to the minute.

vogata *sf* **1** row: *fare (farsi) una vogata,* to go for a row; to go rowing. **2** *(singola spinta)* stroke.

vogatore *sm* **1** rower; oarsman *(pl.* -men*); (sport, anche)* oar: *il primo vogatore,* stroke. **2** *(attrezzo)* sculling machine. **3** *(maglietta)* vest.

voglia *sf* **1** *(propensione a far qcsa)* will: *Vi misi veramente la mia buona voglia, ma non riuscii,* I really put my good will in it, but I didn't succeed — *aver voglia di fare qcsa,* to want to do sth; to feel like doing sth (*ma* ⇨ *anche il* **2**) — *Non ho più voglia di venire,* I don't want to come anymore — *Avevano solo voglia di divertirsi,* They just wanted to enjoy themselves — *contro voglia,* against one's will — *di buona voglia,* with a will; willingly; with pleasure — *di malavoglia,* unwillingly; reluctantly — **2** *(desiderio)* wish; desire; craving; longing; *(capriccio)* fancy; whim; *(fam., di gestante)* craving: *Non ho voglia di scherzare,* I have no wish to joke — *Avevo voglia di uscire per una passeggiata,* I wanted to go out for a walk — *Avrei veramente voglia di vederti,* I'd really love to see you — *Sì, adesso ho voglia di bere,* Yes, now I feel like drinking — *le voglie umane,* human desires — *Mi fai venire voglia di ridere!,* You make me laugh! — *togliersi una voglia,* to satisfy a longing — *avere una gran voglia di qcsa,* to long for sth; to be longing for sth — *Muoio dalla voglia di sapere* *tutto!,* I'm dying to know everything! — *Non puoi soddisfare ogni tua voglia!,* You can't satisfy all your whims! — *Mi fa venire voglia di...,* It makes me want to... — *Improvvisamente mi venne voglia di ballare,* I was suddenly seized by a desire to dance — *Quand'ero incinta, avevo una persistente voglia di spaghetti,* I had a persistent craving for spaghetti while I was pregnant. **3** *(fam.: macchia della pelle)* birthmark.

vogliosamente *avv* willingly; with a will.

voglioso *agg* greedy; covetous; *(meno forte)* longing; yearning.

voi *pron personale m. e f. 2ª persona pl* **1** *(soggetto)* you; ye *(ant.); (in funzione predicativa)* you: *Cosa ne pensate voi?,* What do you think of it? — *Siete voi gli ultimi,* You are the last — *voi stessi,* you yourselves — *Beati voi!,* Lucky you! — *Non sarete voi a farmi cambiare idea,* You won't make me change my mind — *Se io fossi in voi,* If I were you — *voi altri,* you; you people; *(spreg.)* you lot; *(i restanti)* the rest of you — *Voi verrete entrambi con noi?,* Will both of you come with us? — *voi tre,* the three of you — *voi tutti; tutti voi,* all of you — *Non sembrate più voi!,* You are not looking quite yourselves! **2** *(pron. di cortesia in uso durante il periodo fascista e ancora in certe regioni e ceti sociali)* you: *Sono io che devo ringraziare Voi, signore,* I'm the one who must thank you, sir — *Voi prendete le mie valigie, Battista!,* You take my suitcases, Battista! **3** *(come compl. oggetto e nei casi obliqui)* you: *Stiamo aspettando voi!,* We're waiting for you! — *Ho invitato voi, non loro!,* I've invited you, not them! — *Lo racconterò soltanto a voi!,* I'll tell it to you only! — *A voi!,* It's your turn! — *tra voi e me,* between you and me — *da voi,* in your country — *da voi, (da soli)* by yourselves.

voialtri *pron* ⇨ **voi 1.**

volano *sm* **1** *(la palla)* shuttlecock; *(il gioco)* badminton; shuttlecock and battledore *(ant.).* **2** *(mecc.)* flywheel. **3** *(fig.: deposito di pezzi)* floating stock. □ *volano di cassa,* floating assets.

[1]**volante** *agg* flying: *disco volante,* flying saucer — *macchina volante, (scherz.)* flying machine — *cervo volante, (aquilone)* kite; *(insetto)* stag-beetle — *foglio volante,* loose leaf; insert — *otto volante,* switchback *(GB);* roller coaster *(USA).*
□ *sm (spec. al pl.)* bird.
□ *sf (polizia)* flying-squad.

[2]**volante** *sm* steering wheel; *(spesso)* wheel: *mettersi al volante,* to take the wheel — *stare al volante,* to drive; to be behind the wheel — *un asso del volante,* an ace driver.

volantino *sm* **1** *(mecc.)* handwheel. **2** *(foglietto)* leaflet; handbill.

volare *vi* **1** to fly* *(anche fig.): volar via,* to fly away — *volar alto (basso),* to fly high (low) — *Stiamo volando sulle Alpi,* We're flying over the Alps — *Non ha mai volato attraverso l'oceano,* She's never flown over the ocean — *Domani voleremo da Parigi a Stoccolma,* Tomorrow we'll be flying from Paris to Stockholm — *Non riesce mai a far volare il suo aquilone,* He can never get his kite to fly; He never manages to fly his kite — *Non si sentiva volare una mosca,* You could have heard a pin drop — *Il vento mi ha fatto volar via tutti i fogli,* The wind has blown away all my sheets of paper — *Uno di questi giorni farò volar i libri dalla finestra,* One of these days I'll throw my books out of the window — *volar giù,* to fall. **2** *(di tempo: passare velocemente)* to fly*; to pass quickly: *Il tempo vola,* Time flies — *I giorni volano e non abbiamo ancora concluso niente,* The days are flying past and we haven't settled anything yet. **3** *(fig.: andare velocissimi)* to rush; to hurry; to fly*: *Dobbiamo volare: è tardissimo!,* We must hurry: it's terribly late! — *L'automobile volava verso l'ospedale,* The car flew (*o* sped) towards the hospital — *Volo e torno,* I'll be back in no time. **4** *(fig.: diffondersi)* to fly*; to spread*: *Il suo nome volò per tutto il mondo,* His name quickly spread all over the world.

volata *sf* **1** *(volo)* flight: *fare una volata fuori dall'uscio, (fig.)* to fly through the door. **2** *(gruppo di uccelli)* flock. **3** *(spostamento veloce, corsa)* rush: *di volata,* quickly; rapidly — *Le vacanze sono passate di volata,* The holidays have flown past (*o* by). **4** *(sport)* final sprint: *vincere in volata,* to sprint home to win; *(tennis)* volley. **5** *(di un cannone)* muzzle. **6** *(di mine)* volley.

volatile *agg* **1** *(chim.)* volatile. **2** *(raro)* winged.
□ *sm* bird; winged creature.

volatilizzare *vt e i.* to volatize.
□ **volatilizzarsi** *v. rifl* to disappear; to vanish into thin air; *(rendersi irreperibile)* to make* oneself scarce.

volatore *sm (raro)* flyer. □ *agg* flying.

volente *agg* willing: *volente o nolente,* whether I (you, we, they) like (*o* he, she likes) it or not; *(GB, talvolta, fam.)* willy-nilly.

volenterosamente *avv* willingly.

volentieri *avv* **1** willingly; with pleasure: *Lo faccio sempre volentieri,* I always enjoy doing it — *spesso e volentieri,* very often. **2** *(certamente sì)* of course!: *Molto volentieri!,* Gladly!; I'd love to!

[1]**volere 1** *(fermamente)* to want (sth; to do sth): *Vuole farcela a tutti i costi,* He wants to succeed at all costs — *Vuoi saperlo?,* Do you want to know? — *Volle sapere la verità,* He wanted to know the truth — *Non sanno che cosa vogliono,* They don't know what they want — *Volendo puoi sempre farlo,* You can always do it, if you really want to.

2 *(desiderare)* to wish *(piuttosto formale);* to long; to like; to want: *Se volete, possiamo andare a fare una gita domani,* If you wish (*o* like), we can go on an outing tomorrow — *Fa' come vuoi,* Do as you like — *Voglio rivederla,* I'm longing to see her again — *Puoi prenderne quanti vuoi,* You can have as many as you like (*o* want).

3 *(cercare)* to want; to look for: *Chi vuole?,* Who are you looking for? — *C'è tua madre che ti vuole!,* Your mother wants you!; Your mother's looking for you!

4 - **a)** *(al condizionale:* Vorrei, Vorresti, *ecc..., non interrogativo)* should like; would (like): *Vorrei andare al cinema stasera,* I'd like to go to the cinema tonight — *Mi vorrebbero più attivo,* They'd like me to be more active.

b) *(per esprimere un desiderio irraggiungibile o difficile da realizzare)* to wish *(seguito dal passato): Vorrei essere ricco,* I wish I were rich — *Avrebbe voluto tornare al paese natale,* He wished he could have gone back to his native country; He would have liked to return to his native country.

5 *(interrogativo, con funzione di offerta o richiesta:* Vuoi?; Vorresti? *seguito da un oggetto o da una proposizione implicita)* to want; will (have); would (like); should like: *Vuoi una tazza di tè?,* Will you have a cup of tea?; Would you like a cup of tea? — *Non vuole sedersi?,* Won't you sit down? — *Vorrebbe essere così gentile da passare da me stasera?,* Would you be so kind as to call on me tonight? — *Vuoi andare?,* Do you want to go?; Would you like to go? —

Andiamo fuori a cena, vuoi?, Let's go out for dinner, would you like that?

6 volere che qcno faccia qcsa, - **a)** *(con funzione di richiesta o offerta)* to want (sb to do sth); shall I (we)...?: *Vuoi che me ne vada?,* Do you want me to go?; Shall I go? — *Vuoi che apra la finestra?,* Shall I open the window?

b) *(affermativa: con funzione di ordine o di desiderio)* to want (sb to do sth): *Voglio che partiate immediatamente,* I want you to leave immediately — *L'insegnante vuole che restiamo ancora un'ora in classe,* The teacher wants us to stay another hour in the classroom — *Suo padre vuole che prosegua gli studi,* His father wants him to continue his studies — *Vorrei che mi capissi,* I wish you could understand me.

7 *(avere intenzione di)* to be* going to; to intend; to mean*; to want: *Che cosa vuoi fare adesso?,* What are you going to do now?; What do you intend (*o* want) to do now? — *Volevo sempre scriverti ma non ho mai trovato il tempo,* I kept intending to write to you, but I never found the time — *Voleva partire subito ma dovette cambiare idea,* He intended (He meant) to leave at once, but he had to change his mind.

8 *(essere disposto a)* will *(difettivo);* to be* willing; to want: *Vuol firmare questo documento?,* Will you sign this paper? — *Se vorrete concederci un ulteriore sconto..., (comm.)* If you are willing to grant us a further discount... — *Non vuole stare a sentire i problemi degli altri,* He won't (He's unwilling to) listen to other people's problems — *Stamattina la macchina non voleva partire,* This morning my car wouldn't start (*o* refused to start).

9 *(richiedere, pretendere)* to want; to expect; *(far pagare)* to ask; to charge; to want: *Volete troppo da noi,* You expect too much from us — *Che cosa vuoi da me?,* What do you expect from me?; What do you want me to do? — *Quanto vuole per questo tavolo?,* How much are you asking for this table?

10 *(comandare, stabilire)* to will; to decree; to require; *(decidere)* to decide: *L'ha voluto il fato,* Fate willed it so — *La legge vuole così,* The law requires it.

11 *(credere, ritenere)* to think*; to hold*; *(tramandare)* to say*; to have* it: *Vuoi che sia già uscito?,* Do you think he's already gone out? — *Così vuole un vecchio proverbio piemontese,* So says an old Piedmontese proverb.

12 *(permettere)* to let* (sb do sth); to allow (sb to do sth); to say* yes: *Verrò solo se mia madre vuole,* I'm coming only if my mother allows me to.

13 voler dire, *(intendere, significare)* to mean*; *(voler arrivare a)* to get* at: *Vuoi dire che...,* You mean that... — *L'ho fatto tutto io, voglio dire, quasi tutto,* I did it all myself — I mean, almost all of it — *Vuol dire poco,* It doesn't mean much — *Non vuole dire niente,* It doesn't mean anything — *Che cosa vuol dire l'inglese 'cup'?,* What does the word 'cup' mean? — *Che cosa vorresti dire?,* What are you getting at? — *Volevo ben dire...,* I knew it; I was sure.

14 *(aver bisogno di)* to need; to want; to require: *Questi mobili vogliono molta cura,* This furniture needs (requires) a lot of care — *un bambino che vuole molto affetto,* a child that needs a lot of affection; a child greatly in need of affection.

15 volerci, - **a)** *(essere necessario, riferito a cose)* to need; to want; to take*: *Ci vorrebbe un bicchierino di grappa,* What you need now is a small glass of grappa — *Quanta stoffa ci vuole per una gonna?,* How much material do you need for a skirt? — *Ci vuole altro!,* It would take a lot more than just that! **b)** *(riferito al tempo)* to take*: *Quanto tempo ci vuole da qui alla stazione?,* How long does it take to get to the station from here? — *Ci vuole troppo tempo per arrivare lassù,* It will take too long to get up there — *Non ci voleva molto a capire,* It didn't take long to understand.

16 *(essere imminente)* to be* going to; to look like: *Questo tempo vuole fare un temporale prima di notte,* It looks as if there'll be a storm before nightfall — *Sembra che voglia mettersi al bello,* I think it's going to be fine.

17 *(gramm.: reggere)* to take*: *Questo verbo vuole l'accusativo,* This verb takes the accusative.

18 voler bene, *(amare)* to love; *(avere un debole per qcno)* to be* fond of: *volersi bene, (tra due)* to love each other; *(tra più di due)* to love one another — *Si vogliono molto bene,* They love each other — *farsi voler bene,* to win sb's favour — *voler male a qcno,* to dislike sb.

19 volerne, to have* a grudge against sb; to have* it in for sb *(fam.)* — *Non me ne volere,* Don't hold it against me.

□ *senza volerlo,* without meaning it — *L'ha detto senza volerlo,* He didn't mean it — *neanche a volerlo,* not even if you try — *Voglia il cielo che...,* Let's hope... — *Se Dio vuole,* God willing — *Se Dio vuole, siamo arrivati a casa,* Thank God, home at last — *come Dio volle,* at last; finally; in the end — *volere o no,* whether you (we, they, *ecc.*) like it or not — *Qui ti voglio!,* Let's see what you can do — *Vuoi vedere che...,* I bet you that... — *Vuole favorire?,* Would you like some? — *Che cosa vuole che le dica?,* What can I say? — *voler piuttosto,* to prefer; to have better; would rather — *Vorrei vederlo piuttosto che scrivergli,* I'd rather see him than write to him — *vuoi... vuoi..., (sia... sia)* both... and — *Chi troppo vuole nulla stringe, (prov.)* Grasp all, lose all.

[2]**volere** *sm* **1** *(volontà)* will; *(desiderio)* desire: *Sia fatto il volere di Dio,* God's will be done — *per volere di suo padre,* as his (her) father desired; in obedience to his (her) father's will. **2** *(il desiderare)* wish: *Volere è potere, (prov.)* Where there's a will, there's a way.

volgare *agg* **1** *(popolare)* popular; common; *(talvolta)* common-or-garden: *Conosco il nome volgare, non quello scientifico,* I know the common name, not the scientific one — *parole dell'uso volgare,* everyday speech — *l'opinione volgare,* the general (*o* common) opinion. **2** *(corrente, comune)* common; vulgar; low-class; *(triviale)* coarse; unrefined. **3** *(linguistica)* vernacular; vulgar: *latino volgare,* vulgar Latin.

□ *sm* vernacular; vulgar tongue; *(generalm.)* Italian: *dire una cosa in buon volgare, (fig.)* to say sth in plain English.

volgarità *sf* **1** coarseness; vulgarity; *(di persona, anche)* dirty-mindedness; smuttiness. **2** *(espressione, parola triviale)* dirt; filthy (*o* foul) language; smut.

volgarizzare *vt* **1** *(tradurre in volgare)* to translate (sth) into the vernacular. **2** *(rendere accessibile a tutti)* to popularize.

volgarizzatore *sm* **1** *(chi traduce)* translator. **2** *(chi divulga, popolarizza)* popularizer.

volgarizzazione *sf* **1** *(volgarizzamento)* vulgarization. **2** *(divulgazione)* popularization.

volgarmente *avv* **1** *(comunemente)* popularly. **2** *(in modo volgare)* in a vulgar (*o* coarse) way.

Volgata *sf (Bibbia)* Vulgate.

volgere *vi* to turn: *Devi volgere a destra per arrivare* *in piazza,* You must turn right to get to the square — *La situazione volge al peggio,* The situation is taking a turn for the worse — *Il tempo volge al bello,* The weather is changing for the better — *Il sole volge al tramonto,* The sun is setting — *volgere al termine,* to be nearly over (*o* finished) — *Le nostre vacanze volgono al termine,* Our holidays are nearly finished. □ *vt* **1** *(dirigere verso qcsa)* to turn: *In quel momento volse gli occhi verso di noi,* At that moment she turned her eyes towards us — *Volgi la mente ad altro!,* Turn your mind to something else! — *Alla fine volsi la situazione a mio vantaggio,* In the end I turned the situation to my own advantage — *volgere in fuga il nemico,* to put the enemy to flight — *Tutti hanno volto la loro ira contro di lui,* Everybody turned (*o* directed) their anger against him — *volgere le armi contro qcno,* to take up arms against sb. **2** *(cambiare qcsa in qcsa altro)* to turn; to put*; *(tradurre)* to put* (sth) into (sth); to translate: *Non volgere sempre tutto in tragedia!,* Don't always turn everything into a tragedy! — *Raccontando che cos'era successo, volse i fatti a suo favore,* In telling us what had happened, he twisted the facts to his advantage — *volgere qcsa in ridicolo,* to turn sth into a joke — *volgere un brano in latino,* to put (to translate) a passage into Latin. **3** *(girare)* to turn: *volgere la chiave nella toppa,* to turn the key in the lock — *volgere le spalle a qcno,* to turn one's back to (*o* on) sb; *(fig.)* to give sb the cold shoulder — *volgere qcsa nella mente,* to turn sth over and over in one's mind.

□ **volgersi** *v. rifl* **1** *(voltarsi)* to turn (round): *Si volse e mi sorrise,* He turned round and smiled at me. **2** *(fig.: dedicarsi)* to take* (sth) up; to turn: *Infine si volse allo studio della storia,* In the end she took up history. **3** *(tramutarsi)* to change; to turn: *Da quando la loro amicizia s'è volta in rivalità?,* Since when has their friendship turned (*o* changed) to rivalry?

volgo *sm* common people; lower classes *(pl.)*; hoi polloi *(lett.: vocaboli greci)*; herd *(spreg.)*; mob *(spreg.)*: *uscire dal volgo,* to come up (to rise) from nothing (from the gutter).

voliera *sf* aviary.

volitivamente *avv* wilfully.

volitivo *agg* **1** volitive *(spec. gramm.: altrimenti raro).* **2** *(di persona)* strong-willed. □ *forza volitiva,* will-power.

volizione *sf* volition.

volo *sm* **1** *(anche fig.)* flight; *(il volare)* flying: *il volo di un uccello,* the flight of a bird — *il volo degli uccelli,* the flight of birds — *colpire un uccello in volo,* to shoot a bird in flight (on the wing) — *spiccare il volo,* to fly away (*o* off) — *prendere il volo, (di uccello)* to take flight; *(di aereo)* to take off; *(di persona, fig.)* to escape; to flee; to make off; *(di cosa: sparire)* to disappear; *(di cosa: venire rubato)* to be stolen — *a volo di uccello,* as the crow flies — *vedere qcsa a volo d'uccello, (fig.)* to have a bird's eye view of sth — *durata del volo,* flying time — *volo strumentale,* instrument (*o* blind) flying — *volo a vista,* contact flying — *volo di collaudo,* test flight — *volo a vela,* soaring; gliding — *volo senza scalo,* non-stop flight — *volo notturno,* night flight — *volo spaziale,* space flight — *essere atto al volo,* to be able to fly; *(di velivolo)* to be airworthy — *Va in volo a Francoforte?,* Are you going to fly to Frankfurt? — *Il Suo volo è alle 18,30, signore,* Your flight is at 18.30, sir — *i voli della fantasia,* flights of fancy — *un volo pindarico,* a Pindaric flight. **2** *(caduta)* fall: *Fece un volo dalla finestra del terzo piano senza farsi male,* She fell out of the window of the third floor without hurting herself — *far fare un volo a qcsa,* to throw sth away — *far fare un volo a qcno,* to throw (to kick) sb out *(fam.)* — *calcio al volo, (rugby)* punt. **3** *(salto, p.es. del portiere, nel calcio)* leap. **4** *(stormo)* flight; flock: *uno volo di uccelli,* a flight of birds.

□ *dare libero volo alla fantasia,* to give one's fancy full rein — **al volo** *(rapidamente),* quickly; *(subito)* at once; *(tempestivamente)* on the spot — *capire qcsa al volo,* to grasp sth (*sl.* to cotton on to sth) immediately — *cogliere al volo qcsa,* to leap at sth — **di volo,** in a hurry.

volontà *sf* will; *(forza di volontà)* will-power; *(dir.)* intent: *contro la mia volontà,* against my will — *la volontà di Dio,* the will of God — *Non ho più volontà,* I've no will (no will-power) left — *Ha la volontà di riuscire,* He's willing to succeed — *di propria spontanea volontà,* of one's own free will — *Siamo di una sola volontà,* We are of one mind (of the same mind) — *le estreme volontà di qcno,* sb's last (*o* dying) wishes — *dettare le ultime volontà,* to dictate (one's) last will and testament — *buona volontà,* goodwill — *Ciò non dipende dalla mia volontà,* That's beyond my control.

□ **a volontà,** at pleasure; as much as you want (*o* like); *(nelle ricette, ecc.)* to taste — *Prendine a volontà,* Take as much (as many) as you want (*o* like).

volontariamente *avv* voluntarily.

volontario *sm* volunteer.

□ *agg* voluntary; intentional: *omicidio volontario,* murder — *morte volontaria,* suicide.

volonteroso *agg* willing.

volpe *sf* **1** fox; *(la femmina)* vixen: *caccia alla volpe,* fox-hunting — *volpe argentata,* silver fox — *una pelliccia di volpe,* a fox fur. **2** *(fig.: di persona)* sly dog; old fox. **3** *(med.)* alopecia. □ *volpe di mare,* thresher shark.

volpino *agg* foxy; fox-like; vulpine: *astuzia volpina,* foxiness.

□ *sm* Pomeranian (dog).

volpone *sm* old fox *(anche fig.)*.

volt, volta *sm* volt.

ˈ**volta** *sf* **1** time: *Non è la prima volta, e non sarà l'ultima,* It's not the first time, and it won't be the last — *Tre volte due fa sei,* Three times two is (*o* makes) six — *l'ennesima volta,* the umpteenth time — *l'altra volta (la scorsa volta),* last time — *questa volta,* this time — *un'altra volta (la prossima volta),* next time — *Dimmi una cosa per volta!,* Tell me one thing at a time! — *ogni volta; tutte le volte,* every time; whenever — *troppe cose alla volta,* too many things at a time (at once, at the same time) — *una volta,* once — *ancora una volta,* once again — *una volta per tutte,* once and for all — *una volta sola,* just once; only once; once only — *per una volta,* for once — *per questa volta,* just this once — *Una volta che l'hai detto non puoi tirarti indietro,* Once you've said it there's no turning back — *una volta tanto,* once in a while; *(questa volta)* just this once — *due volte,* twice; two times — *nove volte su dieci,* nine times out of ten — *tre volte al giorno dopo i pasti,* three times a day, after meals — *a volte,* sometimes — *tante di quelle volte,* so many times; so often — *uno (una) per volta (o alla volta),* one at a time — *un po' alla volta,* a little at a time — *una volta o l'altra,* some time or other; *(prima o poi)* sooner or later; one day — *una volta ogni tanto,* every so often — *volta per volta,* each time — *poche volte,* rarely; seldom; not often —

spesse volte, often — *molte volte,* very often — *quante volte?,* how many times?; how often? — *certe volte (alle volte, delle volte),* at times; on occasion. **2** *(turno)* turn: *Finalmente è giunta la mia volta!,* At last my turn has come! — *a mia volta,* in my turn. **3** *(giro)* turning; turn; *(svolta)* turn; bend: *due volte della chiave,* two turns of the key — *La strada fa una volta,* The road makes a turn; The road bends.
☐ *C'era una volta..., (nelle fiabe)* Once upon a time there was... — *Questa è la volta buona!,* This is it! — *Gli ha dato di volta il cervello,* He's gone off his head — *Smettila una buona volta!,* For heaven's sake stop it! — *a volta di corriera,* by return (of post).

[2]**volta** *sf* **1** *(svolta)* turning; *(curva)* turn; bend; curve; *(di un cavo)* kink; bend. **2** *(direzione)* direction: *alla volta di casa,* in the direction of home — *Domani partiremo alla volta della Grecia,* We'll set out for Greece tomorrow.

[3]**volta** *sf* **1** *(archit. o per estensione)* vault; *(di un forno)* scaffold: *volta a botte (a crociera),* barrel (cross) vault — *soffitto a volta,* vaulted roof — *chiave di volta, (anche fig.)* keystone. **2** *(anat.)* roof; vault: *volta del palato,* roof of the mouth; palate — *volta cranica,* skullcap; calvaria.

voltabile *agg* turnable; *(rivoltabile)* reversible.

voltafaccia *sm* **1** turning round; turn about. **2** *(il cambiare opinione)* volte-face *(fr.)*. **3** *(il venir meno a una promessa, ecc.)* let-down.

voltagabbana *sm* turncoat; weathercock.

voltaggio *sm* voltage.

voltaico *agg* voltaic.

voltametro *sm* voltameter; coulometer.

voltare *vt* **1** *(girare)* to turn; *(rovesciare, rivoltare)* to turn (sth) over; *(rigirare)* to turn (sth) round: *voltare gli occhi,* to turn one's eyes — *voltare le spalle a qcno,* to turn one's back on sb *(anche fig.)* — *Voltate a destra e troverete la casa,* Turn right and you'll find the house — *voltare la pagina,* to turn (over) the page — *Volta pagina!, (fam.)* Let's change the subject! — *Devi voltare l'automobile e tornare indietro,* You must turn the car round and go back — *voltare sottosopra,* to turn upside down — *voltare qcsa in scherzo,* to make a joke of sth. **2** *(tradurre)* to translate.
☐ *vi* **1** *(cambiar direzione)* to turn; to turn round: *Volti a sinistra, poi a destra,* Turn left, and then right. **2** *(mutare)* to change; to turn; *(del vento)* to shift; *(in senso antiorario)* to back; *(in senso orario)* to veer: *Il tempo s'è voltato al brutto,* The weather has turned nasty.
☐ **voltarsi** *v. rifl (girarsi)* to turn; *(rigirarsi)* to turn round; *(rivoltarsi)* to turn over: *Voltati indietro e guardami!,* Turn round and look at me! — *voltarsi contro qcno,* to turn against sb — *Non so da che parte voltarmi,* I don't know which way to turn — *Mi sono voltato e rivoltato tutta la notte,* I tossed and turned the whole night.

voltastomaco *sm (fam.)* nausea *(anche fig.)*: *far venire a qcno il voltastomaco,* to turn sb's stomach.

voltata *sf* turn; turning; bend.

volteggiamento *sm* **1** dancing about. **2** *(di uccelli, aerei, ecc.)* circling. **3** *(ginnastica)* vaulting.

volteggiare *vi* **1** to dance about. **2** *(di uccelli, aerei, ecc.)* to circle. **3** *(ginnastica)* to vault.

volteggio *sm (ginnastica)* vaulting.

[1]**volto** *agg* **1** *(rivolto)* turned. **2** *(dedito)* devoted.

[2]**volto** *sm* face; countenance *(lett., riferito all'espressione)*: *guardare qcno in volto,* to look sb in the face.

voltolarsi *v. rifl* to roll about; to wallow.

voltometro *sm* voltmeter.

voltura *sf* transfer.

volubile *agg* **1** *(mutevole)* fickle; inconstant. **2** *(bot.)* voluble; twining.

volubilità *sf* fickleness; inconstancy.

volubilmente *avv* volubly.

volume *sm* **1** *(spazio e misura, anche riferito al suono)* volume: *ridurre (abbassare) il volume della radio,* to turn down the volume of the radio; to turn down the radio — *a pieno (tutto) volume,* at full volume; (at) full blast. **2** *(massa)* size; bulk; *(quantità globale)* quantity; amount; *(di produzione, di affari, ecc.)* volume: *un volume di capelli,* a mass of hair. **3** *(libro)* volume; *(opera, testo)* work.

volumetrico *agg* volumetric.

voluminosità *sf* voluminosity.

voluminoso *agg* voluminous; bulky.

voluta *sf* **1** *(archit.)* volute; scroll. **2** *(spira)* spiral.

voluttà *sf* **1** *(piacere sensuale)* voluptuousness. **2** *(ebbrezza)* pleasure; joy.

voluttuario *agg* **1** voluptuary; sensual. **2** *(di lusso)* inordinate.

voluttuosamente *avv* voluptuously.

voluttuoso *agg* voluptuous.

vomere, vomero *sm* **1** ploughshare. **2** *(anat.)* vomer.

vomitare *vt* **1** to be* sick; to spew; to puke *(USA)*; to vomit *(med.)*; to bring* up *(fam.)*; to throw* up *(fam.)*: *Sento che mi viene da vomitare,* I feel I'm going to be sick. **2** *(fig.: di insulti, ecc.)* to spit* out; to pour forth; *(di vulcano)* to vomit; to belch forth.

vomito *sm* **1** *(l'atto del vomitare)* vomiting; sickness; being sick *(fam.)*: *conato (sforzo) di vomito,* attempt at vomiting; retch — *far venire il vomito a qcno,* to make sb sick. **2** *(ciò che si è vomitato)* vomit.

vongola *sf* clam; cockle.

vorace *agg* **1** voracious; ravenous; greedy. **2** *(fig.)* destructive; voracious.

voracemente *avv* voraciously; ravenously; greedily.

voracità *sf* voracity; ravenousness; greed: *voracità di danaro,* greed for money.

voragine *sf* abyss; depth.

vortice *sm (d'acqua)* whirl; eddy; *(gorgo)* whirlpool; *(d'aria)* vortex; *(di vento)* whirlwind; *(fig.)* whirl; vortex.

vorticosamente *avv* in whirls.

vorticoso *agg* whirling; swirling.

vostro *agg e pron possessivo* **I** *(agg.)* your; *(vostro proprio)* your own; *(come predicato nominale)* yours; your own: *Da quando non avete notizie di vostro figlio?,* Since when haven't you heard from your son? — *un vostro amico,* a friend of yours — *Questi passaporti sono vostri?,* Are these passports yours?; Do these passports belong to you?
II *(pron.)* yours: *Quelli non sono i vostri libri. Ecco i vostri!,* These are not your books. Here are yours! — *Credo che questo quadro sia proprio uguale al vostro,* I think this painting is exactly (the same as) yours.
☐ *(in frasi con ellissi del sostantivo) La vostra ultima non è mai arrivata,* Your latest (letter) has never arrived — *Alla vostra!, (brindisi)* Your health!; Cheerio!; Cheers! — *Facendo così ci rimetterete del vostro,* If you behave like that, you'll lose your own (money) — *Sono dalla vostra,* I am on your side — *Dite pure la vostra,* Have your say; Speak out — *E i vostri, come stanno?,* And what about (And how are) your people? — *Salutatemi i vostri,* Many greetings (All the best) to your people.

votante *agg* voting. ☐ *sm* voter.

votare *vi* to vote; to give* (to register) one's vote: *votare per (contro) qcno (qcsa),* to vote for (against) sb (sth) — *votare in favore di qcsa,* to vote in favour of sth — *votare per alzata di mano,* to vote by a show of hands — *votare scheda bianca,* to return a blank voting paper — *Per ora hanno votato poche persone,* Few people have gone to the polls so far. □ *vt* **1** *(dare il voto a qcno)* to vote for sb; to vote in favour of sb. **2** *(sottoporre a votazione)* to put* (sth) to the vote; to take* a vote (on sth). **3** *(approvare)* to pass; *(per estensione)* to decide: *Fu votato che...,* It was decided that... **4** *(offrire in voto)* to dedicate. □ **votarsi** *v. rifl* to devote oneself; to dedicate oneself: *Non so più a che santo votarmi,* I'm at my wits' end.

votato *agg* **1** *p. pass di* **votare** *vt* **1, 2, 3** ⇨. **2** *(p. pass.: dedicato)* dedicated (to); given up (*o* over) to. □ *essere votato alla morte,* to face (to risk) death.

votazione *sf* **1** *(alle elezioni)* voting; poll; *(per estensione: il risultato)* vote: *prendere parte alle votazioni,* to go to the polls — *votazione segreta,* secret voting (*o* ballot) — *con votazione unanime,* unanimously — *La nuova legge è in corso di votazione,* The new Bill is before the House. **2** *(scolastica)* mark; grade *(USA).*

votivo *agg* votive.

voto *sm* **1** *(promessa)* vow: *fare un voto,* to make a vow — *far voto di fiducia,* to make a vow to do sth; to vow to do sth — *Fu sciolta dal suo voto,* She was released from her vow — *prendere (fare, pronunziare) i voti,* to take (one's) vows. **2** *(ex-voto)* votive offering; votive tablet (*o* picture). **3** *(giudizio di merito)* mark; grade *(USA): Passò tutti gli esami con il massimo dei voti (a pieni voti),* He passed all the examinations with full marks — *Hai di nuovo preso un brutto voto?,* Have you got a bad mark again? **4** *(in un'elezione)* vote; *(per estensione: votazione, suffragi raccolti)* vote; poll: *il diritto di voto,* the right to vote — *voto di fiducia,* vote of confidence — *voto per alzata e seduta,* rising vote — *Darò a lui il mio voto,* I'll vote for him — *mettere qcsa ai voti,* to put sth to the vote — *scheda di voto,* voting-paper; ballot paper — *a maggioranza dei voti,* by a majority vote — *emettere un voto preponderante,* to give a casting vote — *Il nostro partito ha adesso il maggior numero di voti,* Our party is now at the head of the poll. **5** *(generalm. al pl.: desiderio)* desire; *(augurio)* wish: *È nei voti di tutti che...,* It's everybody's desire that... — *Formulo voti per il Suo successo,* My best wishes for your success.

vulcanico *agg* volcanic *(anche fig.); (solo fig.)* hot-headed; impetuous.

vulcanismo *sm* volcanism.

vulcanizzare *vt* to vulcanize; to cure.

vulcanizzatore *sm* vulcanizer.

vulcanizzazione *sf* vulcanization; cure.

vulcano *sm* volcano *(pl.* volcanoes*): un vulcano attivo,* a live (an active) volcano — *un vulcano inattivo,* a dormant volcano — *un vulcano spento,* an extinct volcano. □ *Mio fratello è un vulcano,* My brother is bursting with energy — *aver la testa come un vulcano,* to be given to flashes of imagination — *essere sopra un vulcano, (fig.)* to be on the edge of a volcano; to be on dangerous ground.

vulcanologia *sf* volcanology.

vulcanologo *sm* volcanologist.

vulnerabile *agg* vulnerable: *lato vulnerabile, (fig.)* weak spot.

vulnerabilità *sf* vulnerability.

vulnerare *vt* **1** to wound. **2** *(fig.)* to violate.

vulva *sf* vulva.

vuotaggine *sf* vacuity; emptiness.

vuotare *vt (un baule, un armadio, ecc.)* to empty; *(un bicchiere, ecc.)* to drain; to empty; *(una sala)* to clear; *(sgombrare)* to clear out; *(naut.)* to bail out; *(un pozzo, ecc.)* to drain: *Vuota la tua stanza e poi riordinala,* Clear out your room and then tidy it up — *Durante le vacanze i ladri le hanno vuotato la casa,* During her holidays the burglars carried off everything in the house (stripped the house) — *vuotare il sacco, (fig.)* to speak out one's mind; to have one's say; *(confessare)* to spill the beans — *vuotare le tasche a qcno,* to clean sb out; to strip sb of all his money. □ **vuotarsi** *v. rifl* to empty; to be* emptied.

vuotata *sf* emptying out: *dare una vuotata a qcsa,* to empty sth out.

[1]**vuoto** *agg* **1** empty *(anche fig.): La stanza era completamente vuota,* The room was completely empty — *bere a stomaco vuoto,* to drink on an empty stomach — *La sua vita ora è vuota,* Her life is empty now; Her life lacks purpose now — *una testa vuota,* an empty-headed (a very silly) person — *parole vuote,* empty words — *Scusami, la mia mente è del tutto vuota,* I'm sorry; my mind is a complete blank — *rimanere a mani vuote,* to be left empty-handed; *(fig.)* to have one's hopes dashed; to be disillusioned. **2** *(sprovvisto, privo)* devoid (of sth); lacking (in sth): *È una ipotesi vuota di senso comune,* It's an assumption that is devoid of common sense — *In questo momento sono vuota di idee,* At the moment I'm lacking in ideas — *parole vuote di senso,* senseless words. **3** *(non occupato)* vacant; unoccupied: *Per favore, questo posto è vuoto?,* Is this seat vacant, please? — *La casa è temporaneamente vuota,* The house is temporarily unoccupied.

[2]**vuoto** *sm* **1** *(spazio privo di materia)* void; *(fis.)* vacuum: *scomparire nel vuoto,* to disappear (to vanish) into thin air — *vuoto assoluto,* absolute vacuum — *chiuso sotto vuoto,* vacuum-sealed — *(confezionato) sotto vuoto spinto,* vacuum-packed. **2** *(spazio vuoto)* empty space; blank; gap; *(posto non occupato)* empty place; *(anche fig.: mancanza)* gap; void: *Ci sono molti vuoti in questo muro,* There are many hollow spaces in this wall — *colmare i vuoti,* to fill in the blanks — *C'è un vuoto tra le sue opere giovanili e quelle tarde,* There is a gap between his early works and his later ones — *Ieri sera al concerto c'erano parecchi vuoti,* There were many empty seats last night at the concert — *Ha lasciato un gran vuoto fra noi,* He has left a real gap; We miss him very much — *Sento un gran vuoto,* I feel very lonely. **3** *(recipiente svuotato)* empty: *vuoto a rendere, (su una etichetta)* Please return empties — *Vuoto a perdere,* No money back on empties. **4** *(vacuità)* emptiness; vacuity; inanity. **5** *(nella locuzione* **a vuoto**, *inutilmente)* in vain; uselessly; to no purpose: *andare a vuoto,* to come to nothing; to fall flat — *un assegno a vuoto,* a dud cheque — *funzionamento a vuoto, (mecc.)* idling — *girare a vuoto, (mecc.: di motore)* to idle. □ *vuoto di cassa, (comm.)* cash deficit — *fare il vuoto intorno a sé,* to isolate oneself — *vuoto d'aria,* air pocket.

W

W, w *sm e f.* W, w: *W come Washington, (al telefono, ecc.)* W for William.
walchiria *sf* = **valchiria**
walzer *sm* = **valzer.**
water *sm* toilet; lavatory; loo *(fam.);* water-closet *(spesso abbr. in* W.C.*).*
watt *sm* watt.
wattora *sm* watt-hour.
welter *sm* welter; welterweight.
western *sm* western.
wolframio *sm* tungsten; wolfram.
würstel *sm* frankfurter; wienerwurst *(spesso abbr. in* wiener*).*

X

X, x *sm e f.* X, x: *X come Xanthia, (al telefono, ecc.)* X for x-ray (*o* Xmas). □ *a x,* x-shaped — *gambe a x, (scherz.)* bandy legs — *raggi x,* x-rays — *il signor X,* Mr. X — *il giorno (l'ora) x,* such-and-such a day (hour); *(di evento cruciale)* D-day (H-hour).
xeno *sm* xenon.
xenofobia *sf* xenophobia.
xenofobo *sm* xenophobe.
xères *sm* sherry.
xifoide *agg* xiphoid. □ *sm o f.* xiphoid process.
xilofono *sm* xylophone.
xilografia *sf* xylography.
xilografo *sm* xylographer.

Y, y *sm e f.* Y, y: *Y come York, (al telefono, ecc.)* Y for Yankee. □ *a y,* y-shaped.
yak *sm* yak.
yoga *sm* yoga; *(praticante)* yogi.
yogurt *sm* yogurt; yoghurt.
yprite *sf* mustard gas.

Z

Z, z *sm e f.* Z, z: *dall'a alla z,* from a to z — *Z come Zara, (al telefono, ecc.)* z for zebra.
zabaglione, zabaione *sm* zabaglione.
zacchera *sf* mudsplash.
zaccheroso *agg* mud-splashed; muddy.
zaffata *sf* **1** *(odore)* stench; whiff. **2** *(spruzzo)* spurt.
zafferano *sm* **1** *(fiore)* autumn crocus; saffron: *zafferano bastardo,* safflower; bastard saffron. **2** *(droga)* saffron.
□ *come agg* saffron: *gabbiano zafferano,* lesser black-back.
zaffiro *sm* sapphire *(anche fig., come agg.).*
zaffo *sm* **1** *(di botte)* bung. **2** *(med.)* plug.
zagara *sf (fiore dell'arancio)* orange-blossom.
zaino *sm* knapsack; rucksack; haversack.
zampa *sf* **1** *(di cane, gatto, ecc.)* paw; *(con zoccolo)* hoof *(pl.* hoofs *o* hooves*)*; foot *(pl.* feet*)*; *(di insetto)* leg; foot *(pl.* feet*)*; *(di uccello)* claw; *(di maiale o pecora, spec. come cibo)* trotter: *zampe di gallina, (fig.: rughe)* crow's feet; *(scritto illeggibile)* scrawl. **2** *(di mobile)* leg. **3** *(fig.: gamba d'uomo)* foot *(pl.* feet*)*: *camminare a quattro zampe,* to crawl on all fours; to crawl on one's hands and knees. **4** *(scherz., fam.: mano)* hand; paw: *Giù le zampe!,* Hands off!
zampare *vi (scalpitare)* to paw (at); to paw the ground.
zampata *sf* **1** blow with a paw (*o* hoof); *(calcio)* kick. **2** *(impronta)* hoof-mark; claw-mark; footprint; track.
zampettare *vi (scherz.)* to toddle; to trip; *(di animale)* to scamper; to trot.
zampetto *sm (di maiale)* trotter; *(di agnello)* leg.
zampillante *agg* gushing; spurting.
zampillare *vi* to gush; to spurt.
zampillio *sm* gushing; spurting.
zampillo *sm* jet; spurt.
zampino *sm* (little) paw: *metter lo zampino in qcsa, (fig.)* to have a hand in sth; to have a finger in the pie.
zampirone *sm (scherz.)* cheap cigarette.
zampogna *sf* bagpipe.
zampognaro *sm* piper.
zana *sf* **1** *(cesta)* basket. **2** *(culla)* cradle.
zangola *sf* churn.
zanna *sf* **1** *(di elefanti, cinghiali, ecc.)* tusk; *(dei carnivori)* fang. **2** *(scherz. o spreg.: dente umano)* fang: *mostrar le zanne, (fig.)* to bare one's fangs; to show one's teeth — *levare le zanne a qcno, (fig.)* to draw sb's teeth. **3** *(dentaruolo)* teething ring.
zannata *sf* **1** *(colpo)* thrust. **2** *(segno)* scar.
zanni *sm* **1** *(teatro)* zany. **2** *(persona goffa)* clown; half-wit; zany.
zanzara *sf* **1** *(insetto)* mosquito: *puntura di zanzara,* mosquito-bite. **2** *(fig.: persona che infastidisce)* pest; nuisance.
zanzariera *sf* mosquito-net.
zappa *sf* hoe. □ *darsi la zappa sui piedi, (fig.)* to cut the ground from under one's own feet.
zappare *vt* to hoe.
zappata *sf* **1** *(colpo)* blow from (*o* with) a hoe. **2** *(lo zappare)* hoeing.
zappatore *sm* **1** hoer. **2** *(mil.)* sapper.
zappatrice *sf (macchina)* hoe: *zappatrice rotante,* rotary hoe.
zappatura *sf* hoeing.
zar *sm* czar; tsar; tzar.
zarevic *sm* csarevitch; csarewitch; tsarevitch; tsarewitch.
zarina *sf* czarina; tsarina; tzarina.
zarista *agg e sm* czarist; tsarist; tzarist.
zattera *sf* raft.
zatterone *sm (edilizia)* slab.
zavorra *sf* **1** ballast: *gettare via la zavorra,* to jettison ballast. **2** *(fig.: cosa ingombrante e di poco valore)* rubbish; lumber *(GB)*; dead weight. **3** *(fig.: di persona)* dead weight; *(sport)* passenger.
zavorrare *vt* to ballast.
zazzera *sf* **1** long hair; *(spreg.)* mop: *portare la zazzera,* to wear one's hair long. **2** *(di foglio di carta: riccio)* edge untrimmed.
zazzeruto *agg* long-haired.
zebra *sf* **1** *(zool.)* zebra. **2** *(passaggio pedonale)* zebra crossing.
zebrato *agg* striped.
[1]**zecca** *sf (officina)* mint: *nuovo di zecca,* brand-new.
[2]**zecca** *sf (zool.)* tick.
zecchino *sm* sequin. □ *oro zecchino,* pure gold; *(fig.)* gospel truth.
zefir *sm (tessuto)* zephyr.
zefiro *sm* zephyr; breeze.
zelante *agg* zealous; eager.
zelantemente *avv* zealously; with zeal.
zelatore *sm* zealot.
zelo *sm* zeal; eagerness: *lavorare con zelo,* to work eagerly, with zeal.
zenit *sm* zenith.
zenzero *sm* ginger: *pan di zenzero,* gingerbread.
zeppa *sf* **1** *(cuneo)* wedge; *(per turare)* bung. **2** *(fig.: rimedio)* stop-gap: *mettere una zeppa a qcsa, (fig.)* to patch sth up. **3** *(fig.: riempitivo)* expletive word (*o* sentence); padding *(collettivo, spreg.)*. **4** *(giornalismo)* space filler.
zeppo *agg* (packed) full; crammed; cram-full: *pieno zeppo,* packed full; chock-full — *Il suo libro è pieno zeppo d'errori,* His book is full of mistakes.
zerbino *sm (stuoia)* door-mat.
zero *sm* **1** *(in matematica)* nought; zero; cipher (cypher); *(nel calcio)* nil; *(nel tennis)* love; *(fis.)* zero; *(fig.)* nought; nothing: *un numero con una fila di zeri,* a number with a row of noughts — *ora zero,* zero hour — *zero assoluto,* absolute zero — *sopra (sotto) zero,* above (below) zero — *prendere zero d'inglese,* to get nought in English — *sparare a zero, (mil., ecc.)* to fire at zero elevation; to fire point blank; *(fig.)* to attack violently — *Il risultato della partita fu uno a zero,* The result of the match was one-nil — *ridurre (ridursi) a zero, (anche fig.)* to reduce (to be reduced)

to nothing. **2** *(telefono)* o *(pronunciato* ou*): 'Che numero hai?' - '57080',* 'What's your telephone number?' - 'Five, seven, o, eight, o'. □ *con i capelli tagliati a zero,* with close-cropped hair — *Non vale uno zero,* It's not worth a brass farthing; I wouldn't give twopence (*o* tuppence) for it.
zeta *sf* zed *(GB)*; zee *(USA)*.
zeugma *sm* zeugma.
zia *sf* aunt.
zibaldone *sm* **1** *(quaderno)* commonplace book. **2** *(fig., spreg.)* hotchpotch.
zibellino *sm* sable.
zibetto *sm* civet.
zigano *agg e sm* Tzigane; gypsy; gipsy.
zigolo *sm* bunting: *zigolo giallo,* yellowhammer.
zigomo *sm* cheek-bone; zygoma.
zigote *sm* zygote.
zigrinare *vt* to knurl; to grain; *(numismatica, anche)* to mill *(generalm. al p. pass.)*.
zigrino *sm* **1** *(pelle)* shagreen. **2** *(zool.)* dogfish.
zigzag *sm* zigzag: *a zigzag,* zigzag — *andare a zigzag,* to zigzag.
zigzagare *vi* to zigzag.
zimarra *sf* long robe; *(di prete)* cassock.
zimbellare *vt* to decoy; *(fig.: adescare)* to entice; to lure; to seduce.
zimbello *sm* **1** *(uccello da richiamo)* decoy; *(fig.: lusinga)* decoy; lure. **2** *(oggetto di burle)* laughing-stock.
zincare *vt* to zinc plate; to galvanize.
zincato *agg* galvanized; zinc-plated.
□ *sm* zincate.
zincatura *sf* zinc-plating; galvanization.
zinco *sm* zinc: *di zinco,* zinc *(attrib.)*.
zincografia *sf* zincography.
zincografo *sm* zincographer.
zingaresco *agg* gypsy *(attrib.)*; gipsy *(attrib.)*.
zingaro *sm* **1** gypsy; gipsy: *fare una vita da zingaro,* to lead a wandering life. **2** slovenly (*o* disreputable) person; sloven.
zinnia *sf* zinnia.
zio *sm* uncle: *zio paterno,* uncle on one's father's side — *zio d'America, (fam.)* rich uncle; *(per estensione)* rich relation.
zipolo *sm* bung; spigot.
zircone *sm* zircon.
zirlare *vi* to whistle.
zirlo *sm* (thrush's) whistle.
zitella *sf* spinster: *una vecchia zitella, (scherz., spreg.)* an old maid: *È ancora zitella!,* She's still on the shelf! *(fam.)*.
zitellona *sf* old maid.
zitellone *sm (scherz.)* old bachelor.
zittio *sm* hissing.
zittire *vi e t.* to hiss.
zitto *agg* silent; quiet: *stare zitti,* to be quiet — *Sta' zitto!,* Shut up! — *Zitti!,* Quiet!; Sh!
zizzania *sf* **1** *(bot.)* darnel. **2** *(fig.)* discord: *seminar zizzania,* to stir up trouble; to make mischief; to sow discord.
zoccolante *agg (nell'espressione) frati zoccolanti,* observants.
zoccolare *vi* to clatter.
zoccolatura *sf (di parete)* skirting; skirting board.
zoccolo *sm* **1** clog; sabot *(fr.)*. **2** *(di equino)* hoof *(pl.* hoofs *o* hooves*)*. **3** *(di colonna, ecc.)* base; plinth; *(battiscopa)* skirting board; wainscot. **4** *(di freno)* shoe. **5** *(di lampada)* base. **6** *(strato di terra o neve sotto le scarpe)* clod.
□ *zoccolo continentale,* continental shelf.
zodiacale *agg* zodiacal.
zodiaco *sm* zodiac: *le costellazioni dello zodiaco,* the signs of the zodiac.
zolfanello *sm* sulphur match; match. □ *accendersi come uno zolfanello, (fig.)* to flare up easily.
zolfara, zolfatara *sf* sulphur-mine.
zolfare *vt* to sulphur.
zolfo *sm* sulphur.
zolla *sf* **1** sod; turf. **2** *(di zucchero)* lump. □ *avere quattro zolle, (fig.)* to own a tiny piece of ground.
zolletta *sf* lump.
zona *sf* **1** *(in generale, in geografia, astronomia, matematica, ecc.)* zone: *zona glaciale,* frigid (*o* glacial) zone — *zona di alta (bassa) pressione,* area of high (low) pressure — *zona torrida,* torrid area — *zona di depressione,* trough — *zona di guerra,* war zone — *zona d'influenza,* zone of influence — *zona neutra,* neutral zone — *zona d'ascolto, (radio)* service area. **2** *(territorio, regione, area con caratteristiche distintive)* area; zone; belt; region; district; *(sport)* area: *una zona deserta,* a desert area (zone, region) — *zona depressa, (econ.)* depressed area — *zona verde, (urbanistica)* parks and gardens area; green belt — *zona residenziale,* residential area (*o* district) — *zona disco,* restricted parking area — *zona pedonale,* pedestrian precinct — *zona di confine,* frontier territory (*o* area); borderland — *in zona, (nel bridge)* vulnerable — *segnare (vincere) in zona, (calcio)* to score the winning goal in the last minute; *(fig.)* to pull sth off at the last minute.
zonzo *(nella locuzione avverbiale) andare a zonzo,* to go for a stroll.
zoo *sm (fam.)* zoo.
zoofilo *sm* zoophile; zoophilist; *(più comune)* animal-lover.
□ *agg* zoophilous.
zoofobia *sf* zoophobia.
zoogeografia *sf* zoogeography.
zoografia *sf* zoography.
zoologia *sf* zoology.
zoologico *agg* zoological: *giardino zoologico,* zoological gardens *(pl.)*; *(generalm. abbr. in)* zoo.
zoologo *sm* zoologist.
zootecnica *sf* zootechnics.
zootecnico *agg* zootechnical; livestock *(attrib.)*: *il patrimonio zootecnico di un paese,* the livestock resources of a country.
□ *sm* zootechnician.
zoppaggine *sf* limping.
zoppicamento *sm* limping.
zoppicante *agg* **1** limping; hobbling. **2** *(di tavolo, ecc.)* rickety. **3** *(fig.: debole)* unsound.
□ *versi zoppicanti,* halting verses.
zoppicare *vi* **1** to limp. **2** *(vacillare)* to be* unsteady; to be* wobbly; to be* shaky. **3** *(di ragionamento, ecc.)* to be* unsound; not to hold* water; not to stand* up to examination. **4** *(essere debole in un determinato campo)* to be* weak (*o* shaky): *Zoppica in inglese,* He's weak in English — *Zoppica da quel piede, (fig.)* That's not one of his strong points.
zoppiconi *avv* haltingly.
zoppo *agg* **1** lame; limping. **2** *(vacillante)* rickety; wobbly; shaky. **3** *(fig.: debole)* weak; halting; lame; unsound.
□ *sm* cripple; lame man *(pl.* men*)*.
zoticamente *avv* boorishly; rudely; roughly.
zotico *agg* boorish; rough; uncouth.
□ *sm* boor; oaf; yob *(sl.)*.
zoticone *sm* boor; ill-mannered person.

zuava *sf* zouave (jacket): *calzoni alla zuava,* plus-fours.
zuavo *sm (mil.)* zouave.
zucca *sf* **1** pumpkin. **2** *(scherz.: testa)* head; pate: *essere una zucca vuota,* to be empty-headed — *non aver sale in zucca,* to be a blockhead.
zuccata *sf* bang with the head.
zuccherare *vt* to sugar; to sweeten.
zuccherato *agg* **1** sugared; sweetened. **2** *(fig.)* sugary; honeyed.
zuccheriera *sf* sugar-basin; sugar-bowl.
zuccheriero *agg* sugar *(attrib.).*
zuccherificio *sm* sugar-refinery.
zuccherino *agg* sugary; sweet.
□ *sm* **1** sweetmeat; sugar-plum. **2** *(fig.: consolazione)* sop: *dare lo zuccherino a qcno,* to fob sb off with sth.
zucchero *sm* sugar: *canna da zucchero,* cane sugar — *zucchero in zollette,* lump sugar — *zucchero in polvere,* granulated (*o* caster) sugar — *zucchero a velo,* icing sugar — *zucchero bruciato,* caramel — *zucchero filato,* candy floss; cotton candy. □ *a pan di zucchero,* conical; sugar-loaf *(attrib.).*
zuccheroso *agg* **1** sugary. **2** *(fig.: mellifluo)* honeyed; sugary: *parole zuccherose,* honeyed words. **3** *(spreg.)* sickly; soppy *(fam.).*
zucchetto *sm* skull-cap.
zucchina *sf,* **zucchino** *sm* courgette *(fr. in GB);* zucchini *(USA: pl. anche* zucchinis*).*
zuccone *sm* **1** *(testa grossa)* big head. **2** *(stupido)* blockhead; *(ostinato)* pig-headed fool.
zuffa *sf* brawl; scuffle.
zufolamento *sm* **1** *(mus.)* piping. **2** *(fischio)* whistling.
zufolare *vt* **1** *(mus.)* to pipe. **2** *(fischiare)* to whistle. □ *zufolare qcsa negli orecchi a qcno,* to whisper sth in sb's ear.
zufolata *sf* **1** *(mus.)* piping. **2** *(fischio)* whistle.
zufolatore *sm* **1** *(mus.)* piper. **2** *(fischiatore)* whistler.
zufolo *sm* whistle; *(strumento)* flageolet.
zulù *sm* **1** Zulu. **2** *(fig.)* boor.
zumare *vi* to zoom.
zuppa *sf* **1** *(minestra)* soup: *zuppa di pesce,* fish-soup. **2** *(confusione)* confusion; mess; mix-up; muddle. **3** *(mescolanza di cose eterogenee)* hotchpotch. **4** *(noiosa lungaggine)* bore. □ *zuppa inglese,* trifle — *Se non è zuppa è pan bagnato,* It's six of one and half-a-dozen of the other.
zuppiera *sf* (soup-)tureen.
zuppo *agg (molto bagnato)* soaked; wet through; drenched; sopping wet.